Wolfgang Arens/Franz Tepper (Hrsg.)
Praxisformularbuch Gesellschaftsrecht
De Gruyter Praxishandbuch

Praxisformularbuch Gesellschaftsrecht

Schriftsätze – Verträge – Erläuterungen

Herausgegeben von
Wolfgang Arens/Franz Tepper

4. Auflage

DE GRUYTER

Rechtsanwalt und Notar *Wolfgang Arens*, Spieker/Arens/Leiner/GbR, Rechtsanwälte – Notare, Bielefeld;
Rechtsanwalt Dr. *Franz Tepper*, LL.M., Attorney at Law (New York), Brandi, Rechtsanwälte, Gütersloh.

Bis zur 3. Auflage als *Arens – AnwaltFormulare* im AnwaltVerlag, Bonn erschienen.

ISBN 978-3-11-027075-4
e-ISBN 978-3-11-031040-5

Bibliografische Information der Deutschen Nationalbibliothek
Die Deutsche Nationalbibliothek verzeichnet diese Publikation in der Deutschen
Nationalbibliografie; detaillierte bibliografische Daten sind im Internet
über http://dnb.d-nb.de abrufbar.

© 2013 Walter de Gruyter GmbH, Berlin/Boston
Satz: jürgen ullrich typosatz, Nördlingen
Druck: Druckerei C.H. Beck, Nördlingen
♾ Gedruckt auf säurefreiem Papier
Printed in Germany

www.degruyter.com

Vorwort

Mehr als fünf Jahre nach der Vorauflage erscheint nun das „Praxisformularbuch Gesellschaftsrecht" in der 4. Auflage, und zwar mit erweitertem Herausgeberkreis, in einem anderen Verlag und unter einem geänderten Titel. Als Mitherausgeber verantwortet nunmehr Herr Rechtsanwalt Dr. Franz Tepper auch dieses Werk, ebenso wie das „Schwesterwerk", nämlich das „Praxishandbuch Gesellschaftsrecht", das in der 2. Auflage parallel nunmehr auch vom Verlag de Gruyter herausgebracht wird. Der Verlag de Gruyter hat beide bisher im Deutschen AnwaltVerlag herausgegebenen Werke in sein Verlagsprogramm aufgenommen und ergänzt damit sein umfangreiches wirtschaftsrechtliches, insbesondere gesellschaftsrechtliches, Verlagsprogramm.

Während dieses Werk in der Vorauflage noch unter dem Titel „AnwaltFormulare Gesellschaftsrecht" und das Schwesterwerk noch unter dem Titel „Das gesellschaftsrechtliche Mandat" herausgegeben wurden, soll durch die Änderung der beiden Titel deutlich werden, dass beide Werke sich nicht ausschließlich an den anwaltlichen Praktiker wenden, sondern an alle beteiligten Berufskreise, also auch an Notare, Wirtschaftsjuristen, Richter und Rechtspfleger sowie an Kammern und Verbände und an ähnliche Institutionen, die Befassung mit gesellschaftsrechtlichen Fragen haben und die gesellschaftsrechtlichen Beratungs- und Gestaltungsbedarf haben.

Die bisher bewährte Konzeption beider Werke wurde jedoch aufrechterhalten. Ebenso ist der bewährte Autorenkreis weitestgehend unverändert geblieben und lediglich durch wenige neue Mitautoren ergänzt worden. Weiterhin sind die Autoren ausschließlich berufliche Praktiker im Bereich des jeweils von ihnen verantworteten Themenbereichs. Da das Werk unter dem Motto „Aus der Praxis für die Praxis" gestaltet wurde, liegen die inhaltlichen Schwerpunkte auf der Darstellung der für die Praxis wesentlichen Grundlagen und einem breiten Angebot an praxistauglichen Mustern. Das Werk hat konzeptionell keine wesentlichen Änderungen erfahren. Nach der Darstellung der rechtlichen Grundlagen werden typische Sachverhalte dargestellt und dazu Muster für gesellschaftsrechtliche Verträge bzw. Vertragsklauseln, für notarielle Urkunden und Registeranmeldungen sowie für Schriftsätze angeboten. Die Muster stehen – wie schon in den Vorauflagen – dazu auch in elektronischer Form zur Verfügung. Durch drucktechnisch hervorgehobene Checklisten, Übersichten, Beispiele, Hinweise und Praxistipps werden zusätzlich schnell und leicht lesbare Zusatzinformationen vermittelt.

Die Rechtsentwicklungen seit der Vorauflage, also sowohl die Gesetzesänderungen als auch die aktuelle Rechtsprechung, wurden selbstverständlich von den Autoren berücksichtigt, insbesondere die durch das Gesetz zur Modernisierung des GmbH-Rechts und zur Bekämpfung von Missbräuchen (MoMiG) herbeigeführten Änderungen. So hat auch die „Unternehmergesellschaft (haftungsbeschränkt)" Aufnahme in das Werk gefunden.

Jedem Praktiker ist bewusst, dass das Arbeiten mit Mustern eine ganz entscheidende Erleichterung der täglichen Arbeit ist, jedoch jedes Muster in jedem Einzelfall und seinen einzelnen Passagen jeweils darauf hin überprüft werden muss, ob es für den konkreten Lebenssachverhalt unverändert übernommen werden kann oder teilweise geändert und ergänzt werden muss. Die Herausgeber und die Autoren sind insoweit für Anregung und Kritik dankbar und werden geeignete Hinweise gern in der nächsten Auflage berücksichtigen.

Der besondere Dank der Herausgeber gilt zunächst dem Autorenkreis, der die erheblichen Arbeitsbelastungen, die durch die Rechtsänderungen, den Zeitablauf und den Verlagswechsel bedingt waren, mit großer Geduld, mit großem Verständnis und mit großem Engagement getragen haben. Der Dank der Herausgeber gilt aber auch den Verantwortlichen des de Gruyter-Verlages, die das Werk seit der Übernahme mit sehr viel Langmut, Einfühlungsvermögen und unermüdlichem Optimismus auf Verlagsseite betreut und begleitet haben und dafür Sorge getragen haben, dass es zeitgleich zu dem Schwesterprojekt „Praxishandbuch Gesellschaftsrecht" erscheinen kann, so dass die Verzahnungen der beiden Werke noch einmal deutlich optimiert werden konnten.

Bielefeld/Gütersloh im November 2012   Die Herausgeber

Wolfgang Arens   Rechtsanwalt und Notar
Dr. Franz Tepper, LL.M   Rechtsanwalt, Attorney at Law (New York)

Inhaltsübersicht

Autorenverzeichnis —— XI

Musterverzeichnis —— XIII

Abkürzungsverzeichnis —— XXV

Kapitel 1 Rechtsformwahl

    Wolfgang Arens/Dr. Christian Pelke, LL.M.
    § 1 Die Rechtsformwahl —— 1

Kapitel 2 Personengesellschaften

    Dieter Uloth
    § 2 Die Gesellschaft bürgerlichen Rechts (GbR) —— 57

    Dr. Jürgen Bechtloff
    § 3 Die offene Handelsgesellschaft (OHG) —— 94

    Dr. Andrea Lichtenwimmer/Wolfgang Arens/Markus Frank
    § 4 Die Kommanditgesellschaft (KG) und die GmbH & Co. KG —— 166

Kapitel 3 Kapitalgesellschaften

    Dr. Andrea Lichtenwimmer/Wolfgang Arens/Markus Frank
    § 5 Die Gesellschaft mit beschränkter Haftung (GmbH) —— 233

    Dr. Hans-Christoph Ihrig/Dr. Jens Wagner
    § 6 Die Aktiengesellschaft (AG) und die Kommanditgesellschaft auf Aktien (KGaA) —— 445

Kapitel 4 Weitere Körperschaften

    Dr. Hans-Jürgen Schaffland/Gernot Krause
    § 7 Die Genossenschaft —— 641

    Dr. Paul Terner/Dr. Daniel J. Fischer
    § 8 Der Verein —— 698

    Lars Wegener
    § 9 Der Versicherungsverein auf Gegenseitigkeit (VVaG) —— 765

    Dr. K. Jan Schiffer/Matthias Pruns
    § 10 Die Stiftung —— 797

Kapitel 5 Sonderformen gesellschaftsrechtlicher Gestaltungen

Wolfgang Arens
§ 11 Die Betriebsaufspaltung —— 845

Wolfgang Arens
§ 12 Die Innengesellschaften —— 872

Wolfgang Arens
§ 13 Der Nießbrauch an Gesellschaftsanteilen —— 936

Kapitel 6 Gesellschaftsformen von Freiberuflern

Dr. Peter Heid
§ 14 Die Freiberufler-Personengesellschaften —— 965

Dr. Peter Heid
§ 15 Die Freiberufler-Kapitalgesellschaften —— 1050

Kapitel 7 Freiwilliger Unternehmensbeirat

Dr. K. Jan Schiffer
§ 16 Der freiwillige Unternehmensbeirat —— 1063

Kapitel 8 Umwandlung

Wolfgang Arens/Ulrich Spieker
§ 17 Grundlagen des Umwandlungsrechts – Zivilrecht —— 1091

Matthias Diehm
§ 18 Umwandlungssteuerrecht – Grundzüge —— 1152

Wolfgang Arens/Ulrich Spieker
§ 19 Die Verschmelzung (§§ 2–122l UmwG) —— 1217

Wolfgang Arens/Ulrich Spieker
§ 20 Die Spaltung (§§ 123–173 UmwG) —— 1249

Wolfgang Arens/Ulrich Spieker
§ 21 Der Formwechsel (§§ 190–304 UmwG) —— 1317

Wolfgang Arens
§ 22 Die Vermögensübertragung (§§ 174–189 UmwG) —— 1376

Ulrich Spieker/Wolfgang Arens
§ 23 Das Spruchverfahren im Rahmen einer Umwandlung —— 1385

Kapitel 9 Unternehmensverträge

Wolfgang Arens/Ulrich Spieker/Prof. Thomas Reich/Timo Fries
§ 24 Die Unternehmensverträge —— 1411

Kapitel 10 Unternehmenskauf

Dr. Michael Oltmanns, LL.M.
§ 25 Der Unternehmenskauf —— 1473

Kapitel 11 Europäische und internationale Bezüge des Gesellschaftsrechts

Dr. Franz Tepper, LL.M.
§ 26 Joint Venture-Vereinbarungen —— 1563

Dr. Franz Tepper, LL.M.
§ 27 Internationale Schiedsvereinbarungen —— 1586

Dr. Franz Tepper, LL.M.
§ 28 Grenzüberschreitender Beherrschungsvertrag —— 1601

Dr. Franz Tepper, LL.M.
§ 29 Die Europäische wirtschaftliche Interessenvereinigung (EWIV) —— 1612

Kapitel 12 Unternehmensbezogene Vollmachten und Vertretungsnachweise im Gesellschaftsrecht

Dr. Ralf Leiner
§ 30 Unternehmensbezogene Vollmachten —— 1633

Wolfgang Arens
§ 31 Vertretungsnachweise im Gesellschaftsrecht —— 1664

Kapitel 13 Handelsregistersachen und unternehmensrechtliche Verfahren

Dr. Peter-Hendrik Müther
§ 32 Die Grundlagen —— 1673

Dr. Peter-Hendrik Müther
§ 33 Die GmbH im Handelsregister —— 1690

Dr. Peter-Hendrik Müther
§ 34 Die Aktiengesellschaft im Handelsregister —— 1740

Dr. Peter-Hendrik Müther
§ 35 Die Personenhandelsgesellschaften im Handelsregister —— 1761

Dr. Peter-Hendrik Müther
§ 36 Das Zwangs- und Ordnungsgeldverfahren
sowie die Verfahren auf Eintragungen von Amts wegen —— 1781

Dr. Peter-Hendrik Müther
§ 37 Die Rechtsbehelfe und Rechtsmittel —— 1796

Kapitel 14 Notarkosten im Gesellschaftsrecht

Klaus Sommerfeldt
§ 38 Grundlagen des notariellen Kostenrechts —— 1811

Klaus Sommerfeldt
§ 39 Anmeldungen zum Handelsregister —— 1831

Klaus Sommerfeldt
§ 40 Errichtung von Gesellschaften, Gesellschaftsbeteiligungen, Eintritt und Ausscheiden von Gesellschaftern, Mitbeurkundung von Beschlüssen —— 1853

Klaus Sommerfeldt
§ 41 Beschlüsse von Gesellschaftsorganen —— 1872

Klaus Sommerfeldt
§ 42 Gesellschaftsbeteiligungen, Geschäftswertfragen —— 1883

Klaus Sommerfeldt
§ 43 Umwandlungsvorgänge —— 1889

Klaus Sommerfeldt
§ 44 Euro-Umstellung —— 1911

Klaus Sommerfeldt
§ 45 Nebentätigkeiten —— 1916

Stichwortverzeichnis —— 1931

Autorenverzeichnis

Wolfgang Arens
Rechtsanwalt und Notar, Fachanwalt für Handels- und Gesellschaftsrecht, für Arbeitsrecht und für Steuerrecht, Bielefeld

Dr. Jürgen Bechtloff
Rechtsanwalt und Notar, Fachanwalt für Handels- und Gesellschaftsrecht, Bremen

Matthias Diehm
Diplom-Betriebswirt (FH), Zeil am Main

Dr. Daniel J. Fischer
Rechtsanwalt und Steuerberater, Bonn

Markus Frank
Rechtsanwalt, Fachanwalt für Steuerrecht, Berlin

Timo Fries
Steuerberater, Diplom-Betriebswirt (FH), Aschaffenburg

Dr. Peter Heid
Rechtsanwalt, Fachanwalt für Steuerrecht, Fachanwalt für Insolvenzrecht, vereidigter Buchprüfer, Fulda

Dr. Hans-Christoph Ihrig
Rechtsanwalt, Mannheim

Dr. Ralf Leiner
Rechtsanwalt, Bielefeld

Dr. Andrea Lichtenwimmer
Notarin, Diplom-Kauffrau, Ingolstadt

Dr. Peter-Hendrik Müther
Vorsitzender Richter am Landgericht, Berlin

Dr. Michael Oltmanns, LL.M.
Rechtsanwalt und Steuerberater, Stuttgart

Dr. Christian Pelke, LL.M.
Rechtsanwalt, Bielefeld

Prof. Thomas Reich
Notar, Steuerberater, Ludwigstadt

Dr. Hans-Jürgen Schaffland
Rechtsanwalt, Bonn

Dr. K. Jan Schiffer
Rechtsanwalt, Bonn

Klaus Sommerfeldt
Justizamtsrat, Enger

Ulrich Spieker
Rechtsanwalt und Notar, Fachanwalt für Arbeitsrecht, Fachanwalt für Steuerrecht, Bielefeld

Dr. Franz Tepper, LL.M.
Rechtsanwalt, Attorney at Law (New York), Gütersloh

Dr. Paul Terner, LL.M.
Notar, Neuss

Dieter Uloth
Rechtsanwalt, Diplom-Betriebswirt, Fulda

Dr. Jens Wagner
Rechtsanwalt, München

Lars Wegener
Rechtsanwalt, Hamburg

Musterverzeichnis

§ 1	Die Rechtsformwahl
§ 2	Die Gesellschaft bürgerlichen Rechts (GbR)

1. Grundstücksverwaltungsgesellschaft (kapitalistische Vertragsgestaltung) —— 86
2. Unternehmenstragende Erwerbsgesellschaft (personalistische Vertragsgestaltung) —— 90

§ 3	Die offene Handelsgesellschaft (OHG)

3. Basisvertrag Gründung einer OHG —— 138
4. Handelsregisteranmeldung bei OHG-Errichtung —— 147
5. Schenkungsweise Übertragung eines Anteils mit qualifiziertem Widerrufsvorbehalt —— 152
6. Handelsregisteranmeldung bei einer Anteilsübertragung —— 154
7. Gesellschaftsbeschluss über die Zulässigkeit einer Anteilsverpfändung —— 157
8. Verpfändungsvertrag —— 158
9. Beschluss über die Auflösung der OHG mit anschließender Liquidation —— 163
10. Handelsregisteranmeldung über die Auflösung mit Liquidation —— 164
11. Anmeldung des Erlöschens beim Handelsregister —— 165

§ 4	Die Kommanditgesellschaft (KG) und die GmbH & Co. KG

12. Einfacher KG-Vertrag —— 190
13. Ausführlicher KG-Vertrag —— 194
14. KG mit Schiedsklausel und Beiratsverfassung —— 199
15. Handelsregisteranmeldung —— 205
16. Ausschließungsklage —— 209
17. Auskunftsklage eines Kommanditisten —— 214
18. Unterlassungsklage eines Kommanditisten nach § 112 HGB —— 217
19. Gesellschaftsvertrag der Komplementär-GmbH —— 222
20. Gesellschaftsvertrag der Kommanditgesellschaft —— 224
21. Handelsregisteranmeldung Komplementär-GmbH —— 230
22. Handelsregisteranmeldung KG —— 230

§ 5	Die Gesellschaft mit beschränkter Haftung (GmbH)

23. Gründungsprotokoll —— 271
24. Einfacher Gesellschaftsvertrag —— 272
25. Anmeldung zum Handelsregister —— 273
26. Gesellschafterliste —— 274
27. Gründungsprotokoll —— 275
28. Ausführlicher Gesellschaftsvertrag ohne Mehrheitsgesellschafter —— 276
29. Anmeldung zum Handelsregister —— 281
30. Gründungsprotokoll —— 282
31. Einfacher Gesellschaftsvertrag —— 284
32. Sachgründungsbericht —— 285
33. Handelsregisteranmeldung einer Sachgründung —— 285
34. Musterprotokoll zur Gründung einer Einpersonengesellschaft —— 287
35. Anmeldung zum Handelsregister —— 288
36. Anstellungsvertrag mit einem Fremdgeschäftsführer —— 297

37.	Anstellungsvertrag mit einem Gesellschafter-Geschäftsführer —— 300
38.	Einberufung einer Gesellschafterversammlung —— 320
39.	Ankündigung von Gegenständen zur Tagesordnung —— 325
40.	Einberufung einer zweiten Gesellschafterversammlung bei Beschlussunfähigkeit der ersten Gesellschafterversammlung —— 326
41.	Einberufungsverlangen von Minderheitsgesellschaftern —— 326
42.	Einberufung durch Minderheitsgesellschafter nach vergeblichem Einberufungsverlangen —— 328
43.	Verlangen von Minderheitsgesellschaftern, Gegenstände auf die Tagesordnung zu nehmen —— 329
44.	Ankündigung von Gegenständen zur Tagesordnung durch Minderheitsgesellschafter —— 330
45.	Protokoll der Gesellschafterversammlung —— 332
46.	Verlangen um Auskunft und Einsicht —— 333
47.	Antwortschreiben —— 333
48.	Mitteilung des gefassten Gesellschafterbeschlusses —— 334
49.	Klage auf gerichtliche Entscheidung über das Auskunfts- und Einsichtsrecht —— 334
50.	Verkaufs- und Abtretungsvertrag mit Teilung von Geschäftsanteilen —— 342
51.	Angebot zum Erwerb eines Geschäftsanteils (Optionsvertrag) —— 344
52.	Verpfändung von Geschäftsanteilen zur Sicherung von Ansprüchen aus einer Geschäftsverbindung —— 346
53.	Verpfändung wegen Sicherung von Darlehensansprüchen —— 348
54.	Einfache Barkapitalerhöhung durch Ausgabe neuer Geschäftsanteile mit Übernahmeerklärungen —— 378
55.	Anmeldung einer Barkapitalerhöhung zum Handelsregister —— 380
56.	Kapitalerhöhung aus Gesellschaftsmitteln —— 380
57.	Handelsregisteranmeldung einer Kapitalerhöhung aus Gesellschaftsmitteln —— 382
58.	Kapitalerhöhung im Schütt-aus-hol-zurück-Verfahren —— 382
59.	Anmeldung der Kapitalerhöhung im „Schütt-aus-hol-zurück-Verfahren" zum Handelsregister —— 383
60.	Muster einer Beschlussfassung über eine ordentliche Kapitalherabsetzung —— 384
61.	Muster einer Handelsregisteranmeldung einer ordentlichen Kapitalherabsetzung —— 386
62.	Muster einer Beschlussfassung über eine vereinfachte Kapitalherabsetzung —— 386
63.	Handelsregisteranmeldung einer vereinfachten Kapitalherabsetzung —— 388
64.	Kapitalerhöhung und gleichzeitige Kapitalherabsetzung —— 389
65.	Handelsregisteranmeldung einer vereinfachten Kapitalherabsetzung mit gleichzeitiger Kapitalerhöhung —— 391
66.	Forderungsverzicht gegen Besserungsschein —— 392
67.	Rangrücktrittsvereinbarung zwischen Gesellschafter und Gesellschaft —— 393
68.	Ordentliche Kündigung —— 428
69.	Liquidationsbeschluss —— 429
70.	Anmeldung der Liquidation —— 429
71.	Anmeldung der Vollbeendigung —— 430
72.	Ausschlussklage —— 430
73.	Auflösungsklage —— 434
74.	Nichtigkeitsklage —— 436
75.	Nichtigkeitsfeststellungsklage —— 438
76.	Einstweiliger Rechtsschutz gegen Abberufungsbeschluss —— 441
77.	Durchsetzung der Abberufung im Wege der einstweiligen Verfügung —— 443

§ 6 Die Aktiengesellschaft (AG) und die Kommanditgesellschaft auf Aktien (KGaA)

78. Gründungsprotokoll —— 467
79. Satzung der Vorrats-AG (einfache Fassung) —— 468
80. Bestellung des ersten Vorstands —— 469
81. Bestätigung des Kreditinstituts über die Einlageleistung —— 470
82. Gründungsbericht gem. § 32 AktG —— 470
83. Gründungsprüfungsbericht von Vorstand und Aufsichtsrat gem. §§ 33, 34 AktG —— 471
84. Antrag auf Bestellung eines Gründungsprüfers —— 471
85. Bericht des Gründungsprüfers gem. §§ 33, 34 AktG —— 472
86. Liste der Aufsichtsratmitglieder gem. § 37 Abs. 4 Nr. 3a AktG —— 473
87. Anmeldung der Gesellschaft zum Handelsregister —— 473
88. Satzung der AG (ausführliche Fassung für Publikums-AG) —— 474
89. Gründungsprotokoll einer Sachgründung —— 482
90. Festsetzungen der Sacheinlage (Auszug aus der Satzung) —— 484
91. Einbringungsvertrag —— 484
92. Gründungsbericht gem. § 32 AktG bei Sachgründung —— 485
93. Gründungsprüfungsbericht von Vorstand und Aufsichtsrat gem. §§ 33, 34 AktG bei Sachgründung (Auszug) —— 486
94. Bericht des Gründungsprüfers gem. §§ 33, 34 AktG bei Sachgründung (Auszug) —— 487
95. Anmeldung der Gesellschaft zum Handelsregister —— 487
96. Nachgründungs- und Einbringungsvertrag —— 490
97. Nachgründungsbericht des Aufsichtsrats gem. §§ 52 Abs. 3, 32 Abs. 2 und 3 AktG —— 491
98. Einladung zur Hauptversammlung – Tagesordnungspunkte Kapitalerhöhung gegen Sacheinlage, Zustimmung zum Nachgründungsvertrag, Änderungen der Satzung —— 492
99. Anmeldung des Nachgründungs- und Einbringungsvertrages, des Beschlusses über die Kapitalerhöhung, der Durchführung der Kapitalerhöhung und der Satzungsänderung zum Handelsregister —— 493
100. Einladung zur Hauptversammlung – Tagesordnungspunkte reguläre Kapitalerhöhung, Schaffung eines genehmigten Kapitals —— 503
101. Zeichnungsschein —— 506
102. Einladung zur Hauptversammlung – Tagesordnungspunkt Umwandlung von Nennbetrags- in Stückaktien —— 506
103. Einladung zur Hauptversammlung – Tagesordnungspunkt Umwandlung von Vorzugs- in Stammaktien, Sonderbeschluss der Stammaktionäre, Anpassung des genehmigten Kapitals —— 507
104. Einladung zur Hauptversammlung – Tagesordnungspunkt Umwandlung von Inhaber- in Namensaktien —— 509
105. Bestellung eines Vorstandsmitglieds —— 532
106. Anmeldung der Bestellung eines Vorstandsmitglieds zum Handelsregister —— 533
107. Widerruf der Bestellung eines Vorstandsmitglieds —— 533
108. Anmeldung des Widerrufs der Bestellung eines Vorstandsmitglieds zum Handelsregister —— 534
109. Geschäftsordnung des Vorstands einer nicht mitbestimmten oder nach dem DrittelbG einfach mitbestimmten Gesellschaft —— 534
110. Erklärung zum Corporate Governance Kodex gem. § 161 AktG —— 537
111. Tagesordnungspunkt der Hauptversammlung zur Befreiung von der Pflicht zur individuellen Offenlegung der Vorstandsbezüge —— 538

112.	Bekanntmachung nach § 97 Abs. 2 AktG —— 557	
113.	Antrag nach § 98 AktG auf gerichtliche Entscheidung —— 558	
114.	Einreichung zu Gericht nach § 106 AktG —— 558	
115.	Einberufung der ordentlichen Hauptversammlung —— 575	
116.	Gegenantrag eines Aktionärs nach § 126 AktG —— 588	
117.	Zugänglichmachen eines Gegenantrags nach § 126 AktG mit Stellungnahme des Vorstands —— 588	
118.	Antrag auf gerichtliche Entscheidung über das Auskunftsrecht nach § 132 AktG —— 588	
119.	Anfechtungsklage —— 589	
120.	Bekanntmachung nach § 246 Abs. 4 AktG —— 590	
121.	Einladung zur Hauptversammlung – Tagesordnungspunkt Ermächtigung zur Ausgabe von Optionsrechten und Schaffung eines bedingten Kapitals —— 598	
122.	Einladung zur Hauptversammlung – Tagesordnungspunkt Ermächtigung zum Erwerb eigener Aktien —— 611	
123.	Mitteilung nach § 30b Abs. 1 S. 1 Nr. 2 WpHG im Bundesanzeiger —— 613	
124.	Beschluss des Vorstands über Erwerb eigener Aktien —— 613	
125.	Zustimmungsbeschluss des Aufsichtsrats zum Beschluss des Vorstands über Veräußerung eigener Aktien —— 614	
126.	Verlangen des Hauptaktionärs —— 618	
127.	Einladung zur Hauptversammlung – Tagesordnungspunkt Übertragung von Aktien gegen Barabfindung —— 619	
128.	Anmeldung der Übertragung von Aktien gegen Barabfindung zum Handelsregister —— 620	
129.	Mitteilung über den Erwerb einer Beteiligung nach § 20 Abs. 1 AktG —— 624	
130.	Mitteilung über die Abgabe einer Beteiligung nach § 20 Abs. 5 AktG —— 625	
131.	Bekanntmachung der AG nach § 20 Abs. 6 AktG im Bundesanzeiger —— 625	
132.	Mitteilung der späteren Entwicklung zur Ein-Mann-Aktiengesellschaft —— 625	
133.	Mitteilung des Abgebenden nach § 21 WpHG —— 625	
134.	Mitteilung des Übernehmenden nach § 21 Abs. 1 S. 1 WpHG —— 626	
135.	Veröffentlichung der Mitteilung durch die Gesellschaft nach § 26 Abs. 1 WpHG —— 626	
136.	Bekanntmachung nach § 26 Abs. 1 S. 2 WpHG —— 626	
137.	Veröffentlichung der Mitteilung über Directors' Dealings durch die Gesellschaft nach § 15a Abs. 4 WpHG —— 627	
138.	Satzung einer GmbH & Co. KGaA —— 634	

§ 7 Die Genossenschaft

139.	Satzung einer Genossenschaft —— 644	
140.	Verschmelzungsvertrag —— 661	
141.	Gemeinsamer Verschmelzungsbericht (§ 8 UmwG) —— 665	
142.	Verschmelzungsgutachten (Langfassung) —— 686	
143.	Notarielle Beurkundung des Verschmelzungsbeschlusses —— 690	
144.	Anmeldung zum Genossenschaftsregister —— 690	
145.	Spaltungsplan —— 694	
146.	Gutachten bei Ausgliederung gemäß §§ 125, 81 UmwG und zur Werthaltigkeit der Sacheinlagen nach § 8 Abs. 1 Nr. 5 GmbHG —— 695	
147.	Notarielle Beurkundung —— 696	
148.	Ausgliederung —— 697	

§ 8 Der Verein

149. Niederschrift über die Gründung eines Vereins —— 707
150. Erstanmeldung eines Vereins —— 707
151. Vollmacht für Anmeldungen zum Vereinsregister —— 711
152. Satzung eines eingetragenen, steuerlich gemeinnützigen Vereins —— 711
153. Anmeldung einer Vorstandsänderung —— 715
154. Anmeldung einer Satzungsänderung —— 717
155. Anmeldung der Auflösung/Liquidatorenbestellung —— 718
156. Satzung eines gemeinnützigen nichtrechtsfähigen Vereins (Kurzfassung) —— 730
157. Schiedsgerichtsordnung —— 736
158. Beantragung einer vorläufigen Bescheinigung zum Empfang steuerbegünstigter Spenden —— 742
159. Unschädlichkeit eines Aufwendungsersatzes für Funktionäre —— 745
160. Erläuterung des Werbeaufwandes zur Gewinnung von Mitgliedern —— 745
161. Schreiben an das Finanzamt mit dem Ziel der Anerkennung des Vereins als gemeinnützige Körperschaft (§ 5 Abs. 1 Nr. 9 KStG) —— 748
162. Einnahmen aus der Überlassung des Vereinsnamens —— 749
163. Mitteilung über die Verwendung von Vereinsmitteln zum Ausgleich von Verlusten des wirtschaftlichen Geschäftsbetriebes —— 751
164. Anfrage wegen Zweckbetriebseinordnung nach § 67a Abs. 3 AO —— 753
165. Eigenverbrauch —— 755
166. Hinweis auf steuerfreie Spendeneinnahmen —— 758
167. Bewertung von Sachspenden —— 759
168. Spenden in Form von Sachleistungen —— 759
169. Zuwendungsbestätigung für Mitgliedsbeiträge und Geldzuwendungen an eine steuerbegünstigte juristische Person des Privatrechts/Zuwendungsbestätigung für Sachzuwendungen —— 762

§ 9 Der Versicherungsverein auf Gegenseitigkeit (VVaG)

170. Satzung eines großen VVaG —— 780
171. Voranfrage bei der BaFin bezüglich einer beabsichtigten Satzungsänderung —— 789
172. Eintragung einer Satzungsänderung, bzw. einer Vorstandsbestellung —— 790
173. Beschluss über den Formwechsel eines VVaG in eine AG nach §§ 190 ff. UmwG unter Berücksichtigung der sich aus §§ 291–300 UmwG ergebenden Besonderheiten —— 791
174. Anmeldung des Formwechsels eines VVaG in eine AG nach §§ 296, 198, 246 Abs. 1 und 2 UmwG —— 793
175. Anzeige einer Beteiligung am Gründungsstock des A-VVaG —— 795

§ 10 Die Stiftung

176. Errichtung einer rechtsfähigen Stiftung zu Lebzeiten —— 835
177. Errichtung einer unselbstständigen/treuhänderischen Stiftung zu Lebzeiten —— 836
178. Stiftungssatzung einer selbstständigen Stiftung (einfach) —— 836
179. Satzung einer selbstständigen steuerbegünstigten Stiftung (einfach) —— 837
180. Mustersatzung nach Anlage 1 zu § 60 AO —— 838
181. Unternehmensverbundene Stiftung (Komplementärstiftung) —— 840

§ 11 Die Betriebsaufspaltung

182. Bei Verpachtung des gesamten Betriebes —— 864
183. Bei Verpachtung von Teilen des Betriebes —— 864

184. Bei Nichtmitverpachtung eines Firmenwertes —— 864
185. Bei Nichtvorhandensein eines Firmenwertes —— 864
186. Pachthöhe —— 865
187. Bei unentgeltlicher Überlassung —— 865
188. Bei Verpflichtung zur entschädigungslosen Rückgabe —— 865
189. Bei Verpflichtung zur (teil-)entgeltlichen Rückgabe —— 865
190. Ergebnis- und umsatzbezogener Mietvertrag im Rahmen einer (echten) Betriebsaufspaltung —— 865
191. Aufhebungs- und Übernahmevereinbarung mit den in die Betriebsgesellschaft zu übernehmenden Arbeitnehmern —— 871

§ 12 Die Innengesellschaften

192. Notarielle Doppelvollmacht —— 911
193. Vermerk, den der Notar auf dem Genehmigungsbeschluss anbringt —— 911
194. Vertrag über die Errichtung einer typischen stillen Gesellschaft mit einem Einzelkaufmann —— 912
195. Vertrag über die Errichtung einer atypischen stillen Gesellschaft mit einer GmbH & Co. KG —— 917
196. Vertrag über die Errichtung einer GmbH & atypisch Still —— 922
197. Schenkung einer typischen Unterbeteiligung an einem Komplementäranteil —— 925
198. Schenkung einer typischen Unterbeteiligung an einem Kommanditanteil —— 929

§ 13 Der Nießbrauch an Gesellschaftsanteilen

199. Schenkweise Einräumung eines Zuwendungsnießbrauchs an einem GmbH-Anteil —— 949
200. Schenkung eines GmbH-Anteils unter Nießbrauchvorbehalt —— 952
201. Schenkung eines Quotennießbrauchs an einem GmbH-Anteil (unentgeltlicher Zuwendungsnießbrauch) —— 958
202. Vermächtnisnießbrauch an einem Gesellschaftsanteil —— 962

§ 14 Die Freiberufler-Personengesellschaften

203. Sozietätsvertrag zwischen zwei Rechtsanwälten —— 1004
204. Schiedsvertrag —— 1013
205. Sozietätsvertrag zwischen fünf Rechtsanwälten —— 1015
206. Vertrag einer interprofessionellen Partnerschaft zwischen Rechtsanwälten, Steuerberatern und Wirtschaftsprüfern —— 1028
207. Partnerschaftsregisteranmeldung —— 1042
208. Vertrag einer Bürogemeinschaft zwischen zwei Rechtsanwälten —— 1043
209. Vertrag über die Zusammenarbeit zwischen Rechtsanwalt und Steuerberater —— 1048

§ 15 Die Freiberufler-Kapitalgesellschaften

210. Vertrag einer Wirtschaftsprüfungs- und Steuerberatungs-GmbH —— 1054
211. Anmeldung der GmbH zum Handelsregister —— 1061

§ 16 Der freiwillige Unternehmensbeirat

212. Vereinbarung mit einem Beiratsmitglied —— 1082
213. Satzung eines beratenden Beirats —— 1082
214. Kurze, einfache Beiratssatzung —— 1084
215. Ausführliche, eher traditionelle Beiratssatzung (GmbH & Co. KG) —— 1085
216. Moderne Beiratssatzung (GmbH) —— 1087
217. Geschäftsordnung für einen Beirat —— 1089

§ 17 Grundlagen des Umwandlungsrechts – Zivilrecht

218. Vollmacht zur Umwandlung —— 1148
219. Empfangsquittung des Betriebsrates i.S.v. §§ 5 Abs. 3, 194 Abs. 2 UmwG —— 1149
220. Empfangsbestätigung des Betriebsrates mit Verzicht auf die Einhaltung der Monatsfrist nach §§ 5 Abs. 3, 194 Abs. 2 UmwG —— 1149
221. Separater Antrag auf Bestellung des Gründungsprüfers gem. § 33 AktG bei Umwandlungsvorgängen, die mit der Gründung einer AG verbunden sind —— 1149
222. Unterrichtung nach § 613a Abs. 5, Abs. 6 BGB i.V.m. § 324 UmwG —— 1150

§ 18 Umwandlungssteuerrecht – Grundzüge

§ 19 Die Verschmelzung (§§ 2–122l UmwG)

223. Verschmelzungsvertrag —— 1228
224. Verschmelzungsbeschluss des übernehmenden Rechtsträgers mit Verzichtserklärung der Gesellschafter auf Erstellung eines Verschmelzungsberichts, auf Verschmelzungsprüfung und auf Erstellung eines Verschmelzungsprüfungsberichts und mit Anfechtungsverzicht —— 1230
225. Verschmelzungsbeschluss des übertragenden Rechtsträgers mit Verzichtserklärung der Gesellschafter auf Erstellung eines Verschmelzungsberichts, auf Verschmelzungsprüfung und auf Erstellung eines Verschmelzungsprüfungsberichts und mit Anfechtungsverzicht —— 1231
226. Anmeldung der Verschmelzung zum Register des übernehmenden Rechtsträgers —— 1232
227. Anmeldung der Verschmelzung zum Register des erlöschenden Rechtsträgers —— 1234
228. Verschmelzungsvertrag —— 1235
229. Handelsregisteranmeldung zum Register der GmbH als übertragendem Rechtsträger —— 1238
230. Handelsregisteranmeldung zum Register der Einzelfirma als übernehmendem Rechtsträger —— 1238
231. Einladung an die Aktionäre der Mutter-AG —— 1239
232. Bekanntmachung und Einladung im elektronischen Bundesanzeiger —— 1240
233. Einreichung des Entwurfs des Verschmelzungsvertrages zum Handelsregister der übernehmenden AG gem. § 62 Abs. 3 UmwG —— 1242
234. Verschmelzungsvertrag einer Konzernverschmelzung (Verschmelzung einer Tochtergesellschaft auf die Mutter-Aktiengesellschaft) —— 1242
235. Anmeldung zum Handelsregister der übertragenden GmbH —— 1246
236. Anmeldung zum Handelsregister des übernehmenden Rechtsträgers —— 1247

§ 20 Die Spaltung (§§ 123–173 UmwG)

237. Umwandlungsurkunde —— 1260
238. Sachgründungsbericht der Gesellschafter des übertragenden Rechtsträgers als Gründungsgesellschafter —— 1267
239. Handelsregisteranmeldung des übernehmenden Rechtsträgers —— 1268
240. Handelsregisteranmeldung des übertragenden Rechtsträgers —— 1269
241. Spaltungsvertrag und Gesellschafterbeschlüsse —— 1271
242. Handelsregisteranmeldung des übertragenden Rechtsträgers —— 1278
243. Handelsregisteranmeldung des übernehmenden Rechtsträgers —— 1278
244. Aufspaltungsvertrag und Aufspaltungsplan nach § 123 Abs. 1 Nr. 1 und Nr. 2, Abs. 4 UmwG mit Gesellschafterversammlungen und Verzichtserklärungen —— 1280
245. Anmeldung zum Handelsregister B des neu entstehenden Rechtsträgers —— 1290

246. Anmeldung zum Handelsregister B des bereits bestehenden Rechtsträgers —— 1291
247. Anmeldung zum Handelsregister A des übertragenden Rechtsträgers —— 1292
248. Sachgründungsbericht der Gründungsgesellschafter des neu entstehenden Rechtsträgers —— 1293
249. Ausgliederungsplan —— 1296
250. Anmeldung zum Handelsregister der neu entstehenden GmbH —— 1299
251. Anmeldung zum Handelsregister des erlöschenden einzelkaufmännischen Unternehmens —— 1301
252. Muster der Spaltungs- und Ausgliederungsvereinbarungen nebst Gesellschafterbeschlüssen —— 1304
253. Anmeldung zum Handelsregister der Besitz-GmbH & Co. KG —— 1313
254. Anmeldung zum Handelsregister der Betriebs-GmbH & Co. KG —— 1314
255. Anmeldung zum Handelsregister der (erlöschenden) Einzelfirma —— 1315

§ 21 Der Formwechsel (§§ 190–304 UmwG)

256. Treuhandvertrag zur Aufnahme der künftigen Komplementär-GmbH in die übertragende GmbH mit treuhänderischer Geschäftsanteilsübertragung und aufschiebend bedingter Rückabtretung des damit verbundenen Kapitalanteils —— 1333
257. Formwechselbeschluss nach dem „Identitätsgrundsatz" mit Verzicht auf die Erstellung eines Umwandlungsberichts —— 1335
258. Formwechselbeschluss nach dem „Beitrittsmodell" mit Verzicht auf die Erstellung eines Umwandlungsberichts —— 1336
259. Anmeldung des Formwechsels zum Register der formwechselnden GmbH —— 1337
260. Anmeldung des Formwechsels zum Handelsregister der formgewechselten KG —— 1338
261. Anmeldung des Formwechsels nur zum Register der formwechselnden GmbH —— 1339
262. Formwechselbeschluss —— 1343
263. Anmeldung des Formwechsels einer KG in eine GmbH zum Handelsregister —— 1347
264. Formwechselnde Umstrukturierung einer GmbH & Co.KG in eine GmbH nach dem sog. erweiterten Anwachsungsmodell —— 1348
265. Anmeldung des Erlöschens der Kommanditgesellschaft —— 1354
266. Anmeldung zum Handelsregister der GmbH —— 1354
267. Formwechselnde Umwandlung einer GmbH in eine AG mit Euro-Umstellung, Kapitalerhöhung und Anteilsübertragung auf neue Gesellschafter —— 1357
268. Gründungsbericht der Gründer der Aktiengesellschaft —— 1364
269. Gründungsprüfungsbericht der Mitglieder des Vorstandes und des Aufsichtsrates —— 1365
270. Protokoll der ersten Sitzung des Aufsichtsrates —— 1366
271. Handelsregisteranmeldung —— 1366
272. Niederschrift der Hauptversammlung mit Formwechselbeschluss und Geschäftsführerbestellung —— 1369
273. Anmeldung des Formwechsels zum Handelsregister —— 1372
274. Einladung zur Hauptversammlung mit Tagesordnung, Entwurf der Umwandlungsbeschlussfassung und Barabfindungsangebot —— 1374

§ 22 Die Vermögensübertragung (§§ 174–189 UmwG)

275. Ausgliederungserklärung nebst Ausgliederungsplan —— 1378
276. Handelsregisteranmeldung der durch die Ausgliederung entstehenden Gesellschaft —— 1382
277. Sachgründungsbericht zur Ausgliederung eines kommunalen Eigenbetriebes auf eine GmbH zur Neugründung —— 1384

§ 23 Das Spruchverfahren im Rahmen einer Umwandlung

278. Antrag auf bare Zuzahlung gem. § 15 Abs. 1 UmwG, §§ 1 Nr. 4, 4 SpruchG —— 1408

§ 24 Die Unternehmensverträge

279. Beherrschungs- und Ergebnisabführungsvertrag (Organschaftsvertrag) —— 1454
280. Zustimmungsbeschluss der Gesellschafterversammlung der beherrschten GmbH —— 1456
281. Zustimmungsbeschluss der Gesellschafterversammlung der herrschenden GmbH —— 1456
282. Anmeldung des Organschaftsvertrages zum Handelsregister —— 1457
283. Isolierter Ergebnisabführungsvertrag —— 1458
284. Zustimmungsbeschluss der Gesellschafterversammlung der gewinnabführungspflichtigen GmbH —— 1460
285. Zustimmungsbeschluss der Gesellschafterversammlung der gewinnabführungsberechtigten GmbH & Co. KG —— 1461
286. Anmeldung des Ergebnisabführungsvertrages zum Handelsregister —— 1461
287. Betriebspachtvertrag —— 1464
288. Zustimmungsbeschluss der Hauptversammlung der Verpächterin —— 1468
289. Zustimmungsbeschluss der Gesellschafterversammlung der Pächterin (Obergesellschaft) —— 1468
290. Anmeldung des Betriebspachtvertrages zum Handelsregister —— 1469
291. Betriebsführungsvertrag —— 1471

§ 25 Der Unternehmenskauf

292. Geheimhaltungsvereinbarung —— 1500
293. Letter of Intent —— 1502
294. Due Diligence Checkliste —— 1504
295. Kauf sämtlicher Geschäftsanteile einer GmbH —— 1507
296. Kauf sämtlicher Aktien einer AG —— 1521
297. Kauf sämtlicher Gesellschaftsanteile/Geschäftsanteile einer GmbH & Co. KG —— 1533
298. Unternehmenskaufvertrag —— 1547

§ 26 Joint Venture-Vereinbarungen

299. Joint Venture-Vertrag zur Gründung eines Gemeinschaftsunternehmens (deutsch) —— 1573
300. Sample Joint Venture Agreement (englisch) —— 1577
301. Joint Venture zur Entwicklung eines neuen Produktes (englisch) —— 1580

§ 27 Internationale Schiedsvereinbarungen

302. Standardschiedsklausel – DIS, deutsch —— 1596
303. Standardschiedsklausel – DIS, englisch —— 1596
304. Standardschiedsklausel – ICC, deutsch —— 1597
305. Standardschiedsklausel – ICC, englisch —— 1597
306. Standardschiedsklausel – UNCITRAL, deutsch —— 1597
307. Standardschiedsklausel – UNCITRAL, englisch —— 1597
308. Ad-hoc-Schiedsvereinbarung, deutsch —— 1597
309. Ad-hoc-Schiedsvereinbarung, englisch —— 1599
310. Antrag auf Beginn des schiedsrichterlichen Verfahrens (§ 1044 ZPO) —— 1600

§ 28 Grenzüberschreitender Beherrschungsvertrag

311. Beherrschungsvertrag mit deutscher Aktiengesellschaft —— 1609

§ 29 Die Europäische wirtschaftliche Interessenvereinigung (EWIV)

312. EWIV-Gründungsvertrag —— 1626
313. Anmeldung zum Handelsregister —— 1631

§ 30 Unternehmensbezogene Vollmachten

314. Erteilung einer Einzelprokura durch eine Kommanditgesellschaft —— 1657
315. Anmeldung der erteilten Einzelprokura zum Handelsregister —— 1657
316. Prokuraerteilung mit Immobiliarklausel durch einen Einzelkaufmann —— 1658
317. Anmeldung der erteilten Prokura zum Handelsregister —— 1658
318. Prokuraerteilung – gemischte Gesamtvertretung – durch eine GmbH —— 1658
319. Anmeldung der erteilten Prokura – gemischte Gesamtvertretung – durch eine GmbH —— 1658
320. Erteilung der Gesamtprokura mit Immobiliarklausel – gleichzeitig für alle Niederlassungen – durch eine GmbH —— 1659
321. Anmeldung der Gesamtprokura mit Immobiliarklausel – gleichzeitig für alle Niederlassungen – durch eine GmbH zum Handelsregister —— 1659
322. Erteilung der Niederlassungsgesamtprokura für eine GmbH —— 1659
323. Anmeldung der Niederlassungsgesamtprokura zum Handelsregister —— 1659
324. Anmeldung des Erlöschens der Prokura für eine GmbH —— 1660
325. Einfache Handlungsvollmacht —— 1660
326. Handlungsvollmacht für eine Zweigniederlassung —— 1660
327. Erteilung der Befugnis zur Zeichnung „im Auftrag" („i.A."-Zeichnung) —— 1660
328. Notarielle Gründungsvollmacht – Spezialhandlungsvollmacht – zur Gründung einer AG —— 1661
329. Eingeschränkte Generalvollmacht für eine GmbH mit Immobiliarklausel —— 1661
330. Umfassende Bankvollmacht —— 1662
331. Handelsregistervollmacht eines Kommanditisten für die gesetzlichen Vertreter der (GmbH & Co.) KG —— 1662
332. Kraftloserklärung einer Vollmacht —— 1663
333. Antrag an das zuständige Amtsgericht —— 1663

§ 31 Vertretungsnachweise im Gesellschaftsrecht

334. Beglaubigung einer Namensunterschrift nebst Vertretungsbescheinigung nach § 21 Abs. 1 Nr. 1 BNotO für eine GmbH & Co. KG —— 1666
335. Firmenbescheinigung nach § 21 Abs. 1 Nr. 2 BNotO für eine Personenhandelsgesellschaft —— 1667
336. Firmenbescheinigung nach § 21 Abs. 1 Nr. 2 BNotO für eine Kapitalgesellschaft —— 1667
337. Umwandlungsbescheinigung nach § 21 Abs. 1 Nr. 2 BNotO —— 1667
338. Unterschriftsbeglaubigung mit Vertretungsbescheinigung für einen OHG-Gesellschafter —— 1668
339. Unterschriftsanerkennung mit Vertretungsbescheinigung für einen Geschäftsführer einer GmbH & Co. KG —— 1668
340. Unterschriftsbeglaubigung mit Vertretungsbescheinigung für gesamtvertretungsberechtigte Vertretungsorgane einer Aktiengesellschaft —— 1669

341. Unterschriftsbeglaubigung mit Vertretungsbescheinigung für einen im eigenen und im fremden Namen handelnden Beteiligten —— 1670
342. Einfacher Beglaubigungsvermerk für eine beglaubigte Abschrift —— 1671

§ 32 Die Grundlagen

§ 33 Die GmbH im Handelsregister

343. Erstanmeldung einer GmbH —— 1708
344. Antrag auf Bestellung eines Notgeschäftsführers —— 1716
345. Anmeldung der Auflösung —— 1735
346. Anmeldung der Fortsetzung —— 1737

§ 34 Die Aktiengesellschaft im Handelsregister

347. Antrag auf Bestellung eines externen Gründungsprüfers —— 1746
348. Erstanmeldung einer Aktiengesellschaft —— 1747
349. Bestellung eines Aufsichtsratsmitgliedes nach § 104 Abs. 2 AktG —— 1751

§ 35 Die Personenhandelsgesellschaften im Handelsregister

§ 36 Das Zwangs- und Ordnungsgeldverfahren sowie die Verfahren auf Eintragungen von Amts wegen

350. Einspruch gegen ein Zwangsgeld —— 1794
351. Widerspruch gegen eine Löschungsankündigung nach § 394 FamFG —— 1795

§ 37 Die Rechtsbehelfe und Rechtsmittel

352. Beschwerde gegen einen Zurückweisungsbeschluss bei der Ersteintragung einer GmbH —— 1808
353. Beschwerde gegen die Bestellung eines Notgeschäftsführers entsprechend § 29 BGB —— 1809

§ 38 Grundlagen des notariellen Kostenrechts

§ 39 Anmeldungen zum Handelsregister

§ 40 Errichtung von Gesellschaften, Gesellschaftsbeteiligungen, Eintritt und Ausscheiden von Gesellschaftern, Mitbeurkundung von Beschlüssen

§ 41 Beschlüsse von Gesellschaftsorganen

§ 42 Gesellschaftsbeteiligungen, Geschäftswertfragen

§ 43 Umwandlungsvorgänge

§ 44 Euro-Umstellung

§ 45 Nebentätigkeiten

Abkürzungsverzeichnis

a.A.	anderer Auffassung
a.a.O.	am angegebenen Ort
a.E.	am Ende
a.F.	alte Fassung
a.M.	anderer Meinung
AAA	American Arbitration Association
abl.	ablehnend
Abl	Amtsblatt
Abs.	Absatz
Abschn.	Abschnitt
Abt.	Abteilung
abw.	abweichend
ÄndG	Änderungsgesetz
AfA	Absetzung bzw. Abschreibung für Abnutzung
AFG	Arbeitsförderungsgesetz
AG	Aktiengesellschaft; Amtsgericht; Die Aktiengesellschaft (Zeitschrift)
AGB	Allgemeine Geschäftsbedingungen
AGS	Anwaltsgebühren Spezial (Zeitschrift)
AHB	Allgemeine Bedingungen für die Haftpflichtversicherung
AKB	Allgemeine Bedingungen für die Kraftfahrtversicherung
AktG	Aktiengesetz
AktStR	Aktuelles Steuerrecht
allg.M.	allgemeine Meinung
Alt.	Alternative
Anh.	Anhang
Anm.	Anmerkung
AnSVG	Anlegerschutzverbesserungsgesetz
AnwBl	Anwaltsblatt
AO	Abgabenordnung
AP	Arbeitsrechtliche Praxis
ARB	Allgemeine Bedingungen für die Rechtsschutzversicherung
ArbG	Arbeitsgericht
ArbGG	Arbeitsgerichtsgesetz
ArbNErfG	Gesetz über Arbeitnehmererfindungen
ArbSchG	Arbeitsschutzgesetz
arg.	argumentum
Art.	Artikel
ARUG	Gesetz zur Umsetzung der Aktionärsrechterichtlinie
ASiG	Gesetz über Betriebsärzte, Sicherheitsingenieure und andere Fachkräfte für Arbeitssicherheit
AStG	Außensteuergesetz
AuA	Arbeit und Arbeitsrecht
Aufl.	Auflage
AuR	Arbeit und Recht
AVB	Allgemeine Versicherungsbedingungen
AWG	Außenwirtschaftsgesetz
Az.	Aktenzeichen
BA	Bundesanstalt/-agentur für Arbeit
BABl	Bundesarbeitsblatt
BAG	Bundesarbeitsgericht
BAGE	Entscheidungen des Bundesarbeitsgerichts

BAnz	Bundesanzeiger
BauGB	Baugesetzbuch
BaWü	Baden-Württemberg
BayObLG	Bayerisches Oberstes Landesgericht
BayVerfGH	Bayerischer Verfassungsgerichtshof
BayVGH	Bayerischer Verwaltungsgerichtshof
BB	Betriebs-Berater (Zeitschrift)
BBodSchG	Bundes-Bodenschutzgesetz
Bd.	Band
BDI	Bundesverband der Deutschen Industrie
Beschl.	Beschluss
BetrAVG	Gesetz zur Verbesserung der betrieblichen Altersversorgung
BetrVG	Betriebsverfassungsgesetz
BeurkG	Beurkundungsgesetz
BewG	Bewertungsgesetz
BfA	Bundesversicherungsanstalt für Angestellte
BFH	Bundesfinanzhof
BFH/NV	Sammlung der Entscheidungen des BFH
BFHE	Entscheidungen des Bundesfinanzhofs
BGB	Bürgerliches Gesetzbuch
BGBl	Bundesgesetzblatt
BGH	Bundesgerichtshof
BGHZ	Entscheidungen des Bundesgerichtshofs in Zivilsachen
BilMoG	Gesetz zur Modernisierung des Bilanzrechts
Bl	Blatt
BLZ	Bankleitzahl
BMF	Bundesministerium der Finanzen
BNotO	Bundesnotarordnung
BörsG	Börsengesetz
BORA	Berufsordnung der Rechtsanwälte
BPatG	Bundespatentgericht
BR	Bundesrat
BRAGO	Bundesrechtsanwaltsgebührenordnung
BRAK-Mitt	Mitteilung der Bundesrechtsanwaltskammer
BRAO	Bundesrechtsanwaltsordnung
BR-Drucks	Bundesrats-Drucksache
BReg	Bundesregierung
BRH	Bundesrechnungshof
BSG	Bundessozialgericht
BStBl	Bundessteuerblatt
BT	Bundestag
BT-Drucks	Bundestags-Drucksache
BuW	Betrieb und Wirtschaft (Zeitschrift)
BVerfG	Bundesverfassungsgericht
BVerfGE	Entscheidungen des Bundesverfassungsgerichts
BVerwG	Bundesverwaltungsgericht
BVerwGE	Entscheidungen des Bundesverwaltungsgerichts
BW	Baden-Württemberg
BWNotZ	Zeitschrift für das Notariat in Baden-Württemberg
CISG	United Nations Convention on Contracts for the International Sale of Goods
DAV	Deutscher Anwaltverein
DB	Der Betrieb (Zeitschrift)
DBA	Doppelbesteuerungsabkommen

DBW	Die Betriebswirtschaft (Zeitschrift)
DepotG	Depotgesetz
ders.	derselbe
DIS	Deutsche Institution für Schiedsgerichtsbarkeit e.V.
DJ	Deutsche Justiz (Zeitschrift)
DNotI	Deutsches Notarinstitut
DNotI-R	Informationsdienst des Deutschen Notarinstituts – Report
DNotZ	Deutsche Notarzeitschrift
Drucks	Drucksache
DStR	Deutsches Steuerrecht (Zeitschrift)
DStRE	DStR-Entscheidungsdienst
DStZ	Deutsche Steuer-Zeitung, Ausgabe A und B
DSWR	Datenverarbeitung Steuer, Wirtschaft, Recht
DÜG	Diskontsatzüberleitungsgesetz
DZWiR	Deutsche Zeitschrift für Wirtschaftsrecht
e.G.	eingetragene Genossenschaft
e.V.	eingetragener Verein
EFG	Entscheidungen der Finanzgerichte (Zeitschrift)
EG	Europäische Gemeinschaft, Einführungsgesetz
EGAktG	Einführungsgesetz zum Aktiengesetz
EGAO	Einführungsgesetz zur Abgabenordnung
EGBGB	Einführungsgesetz zum Bürgerlichen Gesetzbuch
EGGVG	Einführungsgesetz zum Gerichtsverfassungsgesetz
EGHGB	Einführungsgesetz zum Handelsgesetzbuch
EGInsO	Einführungsgesetz zur Insolvenzordnung
EGV	Einigungsvertrag
EGZPO	Einführungsgesetz zur Zivilprozessordnung
EGZVG	Einführungsgesetz zu dem Gesetz über die Zwangsversteigerung und die Zwangsverwaltung
Einf.	Einführung
Entsch.	Entscheidung
Entw.	Entwurf
EPÜ	Europäisches Patentübereinkommen
ErbSt	Erbschaftsteuer
ErbStB	Der Erbschaft-Steuer-Berater (Zeitschrift)
ErbStDV	Erbschaftsteuer-Durchführungsverordnung
ErbStG	Erbschaft- und Schenkungsteuergesetz
Erg.	Ergänzung
ESt	Einkommensteuer
EStB	Der Ertrag-Steuer-Berater (Zeitschrift)
EStDV	Einkommensteuer-Durchführungsverordnung
EStG	Einkommensteuergesetz
EStR	Einkommensteuer-Richtlinien
EU	Europäische Union
EuGH	Europäischer Gerichtshof
EuGVÜ	Europäisches Übereinkommen über die gerichtliche Zuständigkeit und die Vollstreckung gerichtlicher Entscheidungen in Zivil- und Handelssachen
EuGVVO	Verordnung (EG) über die gerichtliche Zuständigkeit und die Anerkennung und Vollstreckung von Entscheidungen in Zivil- und Handelssachen
Euro-EG	Euro-Einführungsgesetz
EuZW	Europäische Zeitschrift für Wirtschaftsrecht
EWG	Europäische Wirtschaftsgemeinschaft
EWiR	Entscheidungen zum Wirtschaftsrecht (Zeitschrift)
EWIV	Europäische Wirtschaftliche Interessenvereinigung
EWIV-VO	Verordnung zur Einführung einer Europäischen wirtschaftlichen Interessenvereinigung

EWS	Europäisches Wirtschafts- und Steuerrecht (Zeitschrift)	
EzA	Entscheidungssammlung zum Arbeitsrecht	
f., ff.	folgende, fortfolgende	
FamFG	Gesetz über das Verfahren in Familiensachen und in den Angelegenheiten der Freiwilligen Gerichtsbarkeit	
FamG	Familiengericht	
FamRZ	Zeitschrift für das gesamte Familienrecht	
FG	Finanzgericht, Freiwillige Gerichtsbarkeit	
FGG	Gesetz betr. die Angelegenheiten der freiwilligen Gerichtsbarkeit	
FGO	Finanzgerichtsordnung	
FGPrax	Praxis der Freiwilligen Gerichtsbarkeit	
FinMin	Finanzministerium	
Fn	Fußnote	
FR	Finanzrundschau (Zeitschrift)	
FS	Festschrift	
GBl	Gesetzblatt	
GBO	Grundbuchordnung	
GbR	Gesellschaft des bürgerlichen Rechts	
GDV	Gesamtverband der Deutschen Versicherungswirtschaft e.V.	
GebrMG	Gebrauchsmustergesetz	
GenG	Genossenschaftsgesetz	
GeschmMG	Geschmacksmustergesetz	
GewO	Gewerbeordnung	
GewSt	Gewerbesteuer	
GewStDV	Gewerbesteuer-Durchführungsverordnung	
GewStG	Gewerbesteuergesetz	
GewStR	Gewerbesteuer-Richtlinien	
GG	Grundgesetz	
ggf.	gegebenenfalls	
GKG	Gerichtskostengesetz	
GmbH	Gesellschaft mit beschränkter Haftung	
GmbH i.G.	Gesellschaft mit beschränkter Haftung in Gründung	
GmbHG	GmbH-Gesetz	
GmbHR	GmbH-Rundschau	
GmbH-StB	Der GmbH-Steuer-Berater (Zeitschrift)	
GMVO	Verordnung (EG) über die Gemeinschaftsmarke	
GoA	Geschäftsführung ohne Auftrag	
GoB	Grundsätze ordnungsgemäßer Buchführung	
grds.	grundsätzlich	
GrdstVG	Grundstückverkehrsgesetz	
GrEStG, GrErwStG	Grunderwerbsteuergesetz	
GroßK	Großkommentar	
GüKG	Güterkraftverkehrsgesetz	
GVG	Gerichtsverfassungsgesetz	
GWB	Gesetz gegen Wettbewerbsbeschränkungen	
h.M.	herrschende Meinung	
HaustürWG	Gesetz über den Widerruf von Haustürgeschäften und ähnlichen Geschäften	
HessStiftG	Hessisches Stiftungsgesetz	
HGB	Handelsgesetzbuch	
HR	Handelsregister	
HRefG, HRRefG	Handelsrechts-Reformgesetz	
HRegGeb-NeuOG	Handelsregistergebühren-Neuordnungsgesetz	

Hrsg./hrsg.	Herausgeber/herausgegeben
HRV	Handelsregisterverfügung, Handelsregisterverordnung
Hs.	Halbsatz
HWO	Handwerksordnung
i.A.	im Auftrag
i.d.F.	in der Fassung
i.d.R.	in der Regel
i.E.	im Ergebnis
i.G.	in Gründung
i.L.	in Liquidation
i.S.d./v.	im Sinne des/der/von
i.Ü.	im Übrigen
i.V.	in Vertretung
i.V.m.	in Verbindung mit
i.W.	in Worten
IAS	International Accounting Standards
ICC	International Chamber of Commerce
IDW	Institut der Wirtschaftsprüfer in Deutschland
IHK	Industrie- und Handelskammer
INF	Die Information über Steuer und Wirtschaft (Zeitschrift)
insg.	insgesamt
InsO	Insolvenzordnung
InVo	Insolvenz und Vollstreckung (Zeitschrift)
IStR	Internationales Steuerrecht (Zeitschrift)
IWB	Internationale Wirtschaftsbriefe (Zeitschrift)
JbFAStR	Jahrbuch der Fachanwälte für Steuerrecht
JStG	Jahressteuergesetz
JuMiG	Justizmitteilungsgesetz und Gesetz zur Änderung kostenrechtlicher Vorschriften und anderer Gesetze
JuS	Juristische Schulung (Zeitschrift)
JVKostO	Verordnung über Kosten im Bereich der Justizverwaltung
JZ	Juristenzeitung
Kap.	Kapitel
KapCoRiLiG	Kapitalgesellschaften- u. Co-Richtlinie-Gesetz
KapErhG	Gesetz über steuerrechtliche Maßnahmen bei Erhöhung des Nennkapitals aus Gesellschaftsmitteln
KapMuG	Kapitalanleger-Musterverfahrensgesetz
KfH	Kammer für Handelssachen
Kfz	Kraftfahrzeug
KG	Kommanditgesellschaft; Kammergericht
KGaA	Kommanditgesellschaft auf Aktien
KGR	Kammergericht-Report
KindRG	Kindschaftsrechtsreformgesetz
KölnKomm	Kölner Kommentar
KonTraG	Gesetz zur Kontrolle und Transparenz im Unternehmensbereich
KÖSDI	Kölner Steuerdialog
KostO	Kostenordnung
krit.	kritisch
KSchG	Kündigungsschutzgesetz
KSt	Körperschaftsteuer
KStDV	Körperschaftsteuer-Durchführungsverordnung
KStG	Körperschaftsteuergesetz

KStR	Körperschaftsteuer-Richtlinien
KWG	Kreditwesengesetz
LBO	Landesbauordnung
LCIA	London Court of International Arbitration
LG	Landgericht
Lit.	Literatur
LSG	Landessozialgericht
m.w.N.	mit weiteren Nachweisen
MarkenG	Markengesetz
MBO-Ä	Musterberufsordnung für Ärzte
MDR	Monatsschrift für Deutsches Recht (Zeitschrift)
MHbeG	Minderjährigenhaftungsbeschränkungsgesetz
MinBl	Ministerialblatt
mind.	mindestens
Mio.	Million
MitBestErgG	Mitbestimmungsergänzungsgesetz
MitBestG	Mitbestimmungsgesetz
MittBayNot	Mitteilungen des Bayerischen Notarvereins, der Notarkasse und der Landesnotarkasse Bayern
MoMiG	Gesetz zur Modernisierung des GmbH-Rechts und zur Bekämpfung von Missbräuchen
MünchGesR	Münchener Handbuch des Gesellschaftsrechts
MüKo	Münchener Kommentar
MusterBO-Ä	Musterentwurf einer Berufsordnung für die deutschen Ärzte
MwSt	Mehrwertsteuer
n.F.	neue Fassung
n.r.	nicht rechtskräftig
n.v.	nicht veröffentlicht
NaStraG	Namensaktiengesetz
NJW	Neue Juristische Wochenschrift (Zeitschrift)
NJW-RR	NJW-Rechtsprechungs-Report (Zeitschrift)
NotBZ	Zeitschrift für die notarielle Beratungs- und Beurkundungspraxis
Nr.	Nummer
NVersZ	Neue Zeitschrift für Versicherung und Recht
NW	Nordrhein-Westfalen
NWB	Neue Wirtschaftsbriefe (Zeitschrift)
NZA	Neue Zeitschrift für Arbeitsrecht
NZG	Neue Zeitschrift für Gesellschaftsrecht
NZI	Neue Zeitschrift für Insolvenz und Sanierung
OFD	Oberfinanzdirektion
OFH	Oberfinanzhof
OHG	Offene Handelsgesellschaft
OLG	Oberlandesgericht
OLGR	OLG-Report
OWi	Ordnungswidrigkeit
OWiG	Ordnungswidrigkeitengesetz
p.a.	pro anno
PatG	Patentgesetz
PartGG	Partnerschaftsgesellschaftsgesetz
PBefG	Personenbeförderungsgesetz
Pkw	Personenkraftwagen

r+s	Recht und Schaden (Zeitschrift)
RAe	Rechtsanwälte
RBerG	Rechtsberatungsgesetz
RdA	Recht der Arbeit (Zeitschrift)
Reg.	Regierung, Register
REIT	Real Estate Investment Trust
RIW	Recht der internationalen Wirtschaft (Zeitschrift)
Rn	Randnummer
Rpfleger	Der Deutsche Rechtspfleger (Zeitschrift)
RPflG	Rechtspflegergesetz
Rspr.	Rechtsprechung
RVG	Rechtsanwaltsvergütungsgesetz
S.	Satz; Seite
s.	siehe
SCE	Societas Cooperativa Europaea (Europäische Genossenschaft)
SchuldRModG	Schuldrechtsmodernisierungsgesetz
SchwbG	Schwerbehindertengesetz
SE	Societas Europaea (Europäische Gesellschaft)
SFR	Schweizer Franken
SG	Sozialgericht
SGG	Sozialgerichtsgesetz
Slg.	Sammlung
sog.	so genannte/r/s
SprengG	Sprengstoffgesetz
SpruchG	Spruchverfahrensgesetz
SpTrUG	Gesetz über die Spaltung der von der Treuhand verwalteten Unternehmen
StB	Der Steuerberater (Zeitschrift)
StBerG	Steuerberatungsgesetz
Stbg	Steuerberatung (Zeitschrift)
StBGebVO	Steuerberatergebührenverordnung
StBp	Die steuerliche Betriebsprüfung (Zeitschrift)
StBV	Steuerbevollmächtigter
st.Rspr.	ständige Rechtsprechung
StEntlG	Steuerentlastungsgesetz
StGB	Strafgesetzbuch
str.	streitig
StSenkErgG	Steuersenkungsergänzungsgesetz
StuB	Steuern und Bilanzen
StückAG	Stückaktiengesetz
StuW	Steuer und Wirtschaft (Zeitschrift)
TransPuG	Transparenz- und Publizitätsgesetz
UG	Unternehmergesellschaft
UMAG	Gesetz zur Unternehmensintegrität und Modernisierung des Anfechtungsrechts
umstr.	umstritten
UmwBerG	Gesetz zur Bereinigung des Umwandlungsrechts
UmwG	Umwandlungsgesetz
UmwStErl	Umwandlungssteuererlass
UmwStG	Umwandlungssteuergesetz
UNCITRAL	United Nations Commission on International Trade Law
UntStFG	Unternehmenssteuerfortentwicklungsgesetz
UR.	Urkundenrolle
urspr.	ursprünglich

Urt.	Urteil
UStDV	Umsatzsteuer-Durchführungsverordnung
UStG	Umsatzsteuergesetz
UStR	Umsatzsteuer-Richtlinien
UVR	Umsatz- und Verkehrsteuer-Recht (Zeitschrift)
v.H.	vom Hundert
VAG	Versicherungsaufsichtsgesetz
vBP	vereidigter Buchprüfer
vEK	verwendbares Eigenkapital
VerBAV	Veröffentlichungen des Bundesaufsichtsamts für das Versicherungswesen
VereinsG	Gesetz zur Regelung des öffentlichen Vereinsrechts
Verz.	Verzeichnis
Vfg.	Verfügung
VG	Verwaltungsgericht; Verwertungsgesellschaft
vGA	verdeckte Gewinnausschüttung
VGH	Verwaltungsgerichtshof; Verfassungsgerichtshof
vgl.	vergleiche
VStG	Vermögensteuergesetz
VV	Vergütungsverzeichnis
VVaG	Versicherungsverein auf Gegenseitigkeit
VW	Versicherungswirtschaft (Zeitschrift)
WaffG	Waffengesetz
WEG	Wohnungseigentumsgesetz
WiB	Wirtschaftsrechtliche Beratung (Zeitschrift)
WIPO	Weltbehörde für Geistiges Eigentum
WiR	Wirtschaftsrecht
WiStG	Wirtschaftsstrafgesetz
wistra	Zeitschrift für Wirtschaft, Steuer, Strafrecht
WM	Wertpapier-Mitteilungen
Wpg	Die Wirtschaftsprüfung (Zeitschrift)
WpHG	Wertpapierhandelsgesetz
WPK	Wirtschaftsprüferkammer-Mitteilungen
WPO	Wirtschaftsprüferordnung
WpÜG	Wertpapiererwerbs- und Übernahmegesetz
WRP	Wettbewerb in Recht und Praxis (Zeitschrift)
WuB	Entscheidungssammlung zum Wirtschafts- und Bankenrecht
WuW	Wirtschaft und Wettbewerb (Zeitschrift)
z.B.	zum Beispiel
z.T.	zum Teil
ZAP	Zeitschrift für die Anwaltspraxis
Zerb	Zeitschrift für die Steuer- und Erbrechtspraxis
ZEV	Zeitschrift für Erbrecht und Vermögensnachfolge
ZfA	Zeitschrift für Arbeitsrecht
ZfgG	Zeitschrift für das gesamte Genossenschaftswesen
ZfV	Zeitschrift für Versicherungswesen
ZGR	Zeitschrift für Unternehmens- und Gesellschaftsrecht
ZHR	Zeitschrift für das gesamte Handels- und Wirtschaftsrecht
Ziff.	Ziffer
ZInsO	Zeitschrift für das gesamte Insolvenzrecht
ZIP	Zeitschrift für Wirtschaftsrecht und Insolvenzpraxis
zit.	zitiert
ZNotP	Zeitschrift für die Notarpraxis

ZPO	Zivilprozessordnung
zust.	zustimmend
ZVersWiss	Zeitschrift für die gesamte Versicherungswissenschaft
zzgl.	zuzüglich

Kapitel 1 Rechtsformwahl

Wolfgang Arens/Dr. Christian Pelke, LL.M.
§ 1 Die Rechtsformwahl

Literatur

Kommentare: *Baumbach/Hopt*, HGB, Kommentar, 34. Aufl. 2010; *Baumbach/Hueck*, GmbH-Gesetz, Kommentar, 19. Aufl. 2010; *Blümich*, Einkommensteuer, Körperschaftsteuer, Gewerbesteuer, Kommentar, Loseblatt, Stand: 2012; *Haag/Löffler*, HGB, Kommentar, 2010; *Heidel (Hrsg.)*, Aktienrecht und Kapitalmarktrecht, 3. Aufl. 2011; *Heymann*, HGB, Kommentar, 6. Aufl. 2005; *Hüffer*, Aktiengesetz, Kommentar, 10. Aufl. 2012; *Koller/Roth/Morck*, Handelsgesetzbuch, Kommentar, 7. Aufl. 2011; *Kreutziger/Schaffner/Stephany*, BewG, 2. Aufl. 2009; *Meincke*, ErbStG, 16. Aufl. 2012; *Palandt*, Bürgerliches Gesetzbuch, Kommentar, 71. Aufl. 2012; *L. Schmidt*, Einkommensteuergesetz, Kommentar, 31. Aufl. 2012; *Scholz*, GmbH-Gesetz, Kommentar, 10. Aufl. 2006/2007/2010, Band I, §§ 1–34, Band II, §§ 35–52 und Band III, §§ 53–85; *Staudinger*, Kommentar zum Bürgerlichen Gesetzbuch, 15. Aufl. ab 1978.

Monographien, Handbücher, Formularbücher: *Arbeitsgemeinschaft Steuerrecht im DAV (Hrsg.)*, Steueranwalt 2006/ 2007, 2007 (zitiert: *Bearbeiter*/Steueranwalt 2006/2007); *Arens*, Familiengesellschaften in der familienrechtlichen, gesellschaftsrechtlichen und steuerrechtlichen Praxis, 1997; *Arens/Spieker*, Umwandlungsrecht in der Beratungspraxis, 1996; *Arens/Tepper*, Praxishandbuch Gesellschaftsrecht, 2. Aufl., 2012; *Arens/Beckmann*, Die anwaltliche Beratung des GmbH-Geschäftsführers, 2006; *Bilsdorfer*, Der steuerliche Fremdvergleich bei Vereinbarungen unter nahestehenden Personen, 1996; *Binz/Sorg*, Die GmbH & Co., 11. Aufl. 2010; *Bopp u.a.*, Steuerliches Vertrags- und Formularbuch, 4. Aufl. 2001; *Braun/Günther*, Das Steuer-Handbuch, Stand: 2012; *Carlé*, Die Betriebsaufspaltung, Köln 2003; *Castan u.a.*, Beck'sches Handbuch der Rechnungslegung, 19. Aufl. 2003; *Fichtelmann*, Beteiligung von Angehörigen, 1993; *Flume*, Allgemeiner Teil des Bürgerlichen Gesetzbuches, Erster Band, Erster Teil, Die Personengesellschaft, 1977; *Gebel*, Gesellschafternachfolge im Schenkung- und Erbschaftsteuerrecht, 3. Aufl. 2002; *Heidel/ Pauly*, Steuerrecht in der anwaltlichen Praxis, 3. Aufl. 2003; *Heidel/Pauly/Amend (Hrsg.)*, Anwaltformulare, 7. Aufl. 2012; *Heidenhain/Meister*, Münchener Vertragshandbuch, Band I, Gesellschaftsrecht, 7. Aufl. 2011; *Hennerkes*, Unternehmenshandbuch Familiengesellschaften, 1996; *Hoffmann-Becking/Schippel*, Beck'sches Formularbuch zum Bürgerlichen, Handels- und Wirtschaftsrecht, 11. Aufl. 2012; *Hoffmann/Müller (Hrsg.)*, Beck'sches Handbuch der Personengesellschaften, 3. Aufl. 2009; *Jacobs*, Unternehmensbesteuerung und Rechtsform, 2. Aufl. 1998; *Langenfeld*, Die Gesellschaft bürgerlichen Rechts, 7. Aufl. 2009; *Langenfeld/Gail*, Handbuch der Familienunternehmen, Loseblatt, Stand: 2012; *Paus/Eckmann*, Steuersparende Gestaltungen mit Kindern, 1991; *Peter/Crezelius*, Gesellschaftsverträge und Unternehmensformen, 6. Aufl. 1995; *K. Schmidt*, Gesellschaftsrecht, 4. Aufl. 2003; *Schütz/ Bürgers/Riotte*, Die Kommanditgesellschaft auf Aktien, 2004; *Schulze zur Wiesche*, Vereinbarungen unter Familienangehörigen und ihre steuerlichen Folgen, 9. Aufl. 2006; *Schulze zur Wiesche/Ottersbach*, Die GmbH & Co. KG, 3. Aufl. 2005; *Sudhoff*, Familienunternehmen, 2. Aufl. 2005; *Sudhoff*, GmbH & Co. KG, 6. Aufl. 2005; *Sudhoff*, Personengesellschaften, 8. Aufl. 2005; *Sudhoff*, Unternehmensnachfolge, 5. Aufl. 2005; *Wahlers*, Die Satzung der kleinen Aktiengesellschaft, 2003; *Weisemann/Smid*, Handbuch der Unternehmensinsolvenz, 1999; *Westermann*, Handbuch der Personengesellschaften, Stand 2011; *Wurm/Wagner/Zartmann*, Das Rechtsformularbuch, 16. Aufl. 2011.

Aufsätze: *Arens/Ott*, Aus der GmbH in das Personenunternehmen, Zivilrecht, Steuerrecht, in: Verlautbarungen zum Handels- und Steuerrecht, Schriftenreihe des Deutschen Steuerberaterinstituts, Nr. 17 und Nr. 18, 1999; *Arens*, Neuere Rechtsentwicklungen im Zusammenhang mit der Tätigkeitsvergütung in der (KG und der) GmbH & Co. KG, Steueranwaltsmagazin 2003, 34; *Bahnsen*, Gestaltung einer GmbH & Co. KG als „Einheitsgesellschaft", GmbHR 2001, 186; *Behrens/Schmitt*, Umsatzsteuer bei Geschäftsführung einer Personengesellschaft gegen garantierten Gewinnvorab, BB 2003, 177; *Blaufus*, Unternehmenssteuerreform 2001: Steueroptimale Entscheidungen bei der Rechtsformwahl, StB 2001, 208; *Bolik/Lange*, Steuergünstige Rechtsformwahl im Vermögensendwertmodell, DB 2002, 1897; *Bordewin*, Besonderheiten bei der Ertragsbesteuerung bei Familienpersonengesellschaften, DB 1996, 1359; *Claussen*, Überlegungen zur Rechtsform der GmbH – Ist die KGaA eine Alternative?, GmbHR 1996, 73; *Damrau*, Kein Erfordernis der gerichtlichen Genehmigung bei Schenkung von Gesellschaftsbeteiligungen an Minderjährige, ZEV 2000, 209; *Elser*, Warum die GmbH nur selten als Spardose taugt, BB 2001, 805; *Esch*, Das Dogma der Einheitlichkeit der Personengesellschaftsbeteiligung, BB 1995, 1621; *Felix*, Gesellschaftsbeteiligungen im Erbfall: Einkommen- und Erbschaftsteuer, KÖSDI 1997, 11064; *Frank*, Die „kleine AG" in der Nachlassplanung, ZEV 2003, 192; *Franz*, Internationales Gesellschaftsrecht und deutsche Kapitalgesellschaften im In- und Ausland, BB 2009, 1250; *Geck*, Rückwirkung der Erbauseinandersetzung bei einfacher Nachfolgeklausel, DStR 2000, 1383; *Grauel*, Zur Genehmigung des Vormundschafts-/Familiengerichts, insbesondere zu ihrer Wirksamkeit, ZNotP 2000, 152; *Grunewald*, Haftungsbeschränkungs- und Kündigungsmöglichkeiten für volljährig gewordene Gesellschafter, ZIP 1999, 597; *Halasz/Kloster/Kloster*, Die GmbH & Co. KGaA – Eine Rechtsformalternative zur GmbH & Co. KG?, GmbHR 2002, 77; *Hennerkes/May*, Der Gesellschaftsvertrag des Familienunternehmens, NJW 1988, 2761; *Hennerkes/May*, Überlegungen zur Rechtsformwahl im Familienunternehmen, DB 1988, 483 (Teil I) und DB 1988, 537 (Teil II); *Herzig*, Aspekte der Rechtsformwahl für mittelständische Unternehmen nach der Steuerreform, Die Wirtschaftsprüfung 2001, 253; *Höflacher/Wendlandt*, Rechtsformwahl nach der Unternehmenssteuerreform 2001, GmbHR 2001, 793; *Hölters/Buchta*, Die „kleine" AG – geeignet für Mittelstand und Konzerne?, DStR 2003, 79; *Jacobs*, Rechtsformwahl nach der Unternehmenssteuerreform: Personenunternehmen oder Kapitalgesellschaft?, DStR 2001, 806; *Jorde/Götz*, Kapital- oder Personengesellschaft steuerliche Gesichtspunkte der Rechtsformwahl – national und international, BB 2008, 1032; *Kloster/Kloster*, Neues zur Umstrukturierung von Mitunternehmerschaften, GmbHR 2001, 420; *Krug*, Gestaltungsmöglichkeit bei der KGaA durch Umwandlung von Komplementäranteilen in Aktien, AG 2000, 510; *Lechner*, Die Kapitalgesellschaft als Steuersparmodell – Anteilsveräußerungen durch Kapitalgesellschaften nach der Unternehmenssteuerreform, Stbg. 2001, 201; *Neu/Lühn*, Rechtsformwahl in kleineren Unternehmensgruppen, GmbH-StB 2003, 46; *Mindermann/Lukas*, Bedeutung der Rechtsformwahl bei Unternehmensgründung, NWB 2011, 3847; *Olbing/Binnewies*, Vor- und Nachteile der „kleinen" AG – Alternative für die mittelständische GmbH und GmbH & Co. KG?, GmbH-StB 2001, 59; *Ott*, Zur Grundbuchfähigkeit der GbR und des nicht eingetragenen Vereins, NJW 2003, 1223; *Priester*, Die Kommanditgesellschaft auf Aktien ohne natürlichen Komplementär, ZHR 160 (1996), 250; *Priester*, Unternehmenssteuer-Reform und Gesellschaftsvertrag, DStR 2001, 795; *Reimann*, Der Minderjährige in der Gesellschaft – Kautelarjuristische Überlegungen aus Anlaß des Minderjährigenhaftungsbeschränkungsgesetzes, DNotZ 1999, 179; *Scheffler*, Einfluß der Veräußerungsgewinnbesteuerung auf die Rechtsformwahl, StuB 2003, 59; *Scheffler*, Einfluss der Rechtsform eines Unternehmens auf die Erbschaftsteuerbelastung, BB 2009, 2469; *Schiffer*, Gewinnverwendungspolitik als Mittel der steuerlichen Rechtsformoptimierung, DStR 2003, 302; *Schiffers*, Die mittelständische GmbH & Co. KG im Rechtsformvergleich nach der Unternehmensteuerreform 2008, GmbHR 2007, 505; *K. Schmidt*, Deregulierung des Aktienrechts durch Denaturierung der Kommanditgesellschaft auf Aktien?, ZHR 160 (1996), 265; *Schmidt*, Rechtsformwahl und Rechtsformwechsel für 2001/2002, GmbH-StB 2001, 22; *Schmitt/Franz*, Die Umstrukturierung von Personenunternehmen im Lichte des Berichts zur Fortentwicklung des Unternehmenssteuerrechts, BB 2001, 1278; *Slabon*, Probleme der Betriebsaufspaltung im Erbfall und Lösungsmöglichkeiten, ZErb 2006, 49; *Tillich*, Steuerbelastung von Personenunternehmen und Kapitalgesellschaften unter Berücksichtigung der neuen Teilsteuersätze, BB 2002, 1515; *Wehrheim*, Die Einkünftequalifikation der Gesellschafter einer GmbH & Co. KGaA, DB 2001, 947; *Wehrheim/Adrian*, Die ertragsteuerliche Organschaft im Fokus des Gesetzgebers, DB 2003, 737; *Wehrheim/Marquardt*, Zur Zuordnung von Gewinnen einer Komplementär-GmbH zum Gesamtgewinn der KG, DB 2002, 1676 und 2145.

Inhalt
A. Ausgangsüberlegungen für die Rechtsform —— 1
I. Steuerliche Ausgangsüberlegungen zur Rechtsformwahl —— 1
1. Bedeutung der Rechtsform für die Besteuerung —— 1
   a) Steuerneutralität der Rechtsform und der Umstrukturierung als gesetzgeberisches Ziel —— 3
   b) Wirtschaftliche und verfassungsrechtliche Überlegungen —— 7
2. Wesentliche Schwerpunkte der steuerlichen Überlegungen zur Rechtsformwahl —— 9
II. Die „klassische Zweiteilung": Personenunternehmen oder Kapitalgesellschaft —— 10

1. Personenunternehmen oder Kapitalgesellschaft – grundlegende steuerliche Unterschiede —— 11
   a) Personenunternehmen —— 11
   b) Kapitalgesellschaften —— 14
2. Besteuerung der laufenden Geschäftsvorfälle —— 18
   a) Personenunternehmen —— 18
   aa) Fehlende Abschirmungswirkung —— 18
   bb) Anspruch auf Steuerentnahmen? —— 19
   cc) Gewerbesteuer —— 21
   dd) Vermögensqualifizierung —— 22
   ee) Aufgabe der unternehmerischen Tätigkeit/Beteiligung —— 23

- ff) Schuldrechtliche Parallelbeziehungen des Gesellschafters zur Personengesellschaft —— 24
- gg) Verlustverrechnung und Verlustabzug —— 27
- hh) Unternehmernachfolge —— 29
- ii) Sonstige Übertragungsvorgänge —— 34
- b) Kapitalgesellschaften —— 36
  - aa) Trennungsprinzip —— 36
  - bb) Körperschaftsteuer —— 37
  - cc) Schuldrechtliche Parallelbeziehungen —— 41
  - dd) Vermögensqualifizierung —— 42
  - ee) Ausschüttungs- und Thesaurierungspolitik —— 43
  - ff) Leistungsvergütung statt Gewinnausschüttung? —— 50
  - gg) Gewerbesteuer —— 52
  - hh) Unternehmens- und Anteilsveräußerungen —— 53
  - ii) Unternehmensnachfolge —— 59
  - jj) Unternehmensumwandlung und -umstrukturierung —— 60
- III. Betriebsaufspaltung als Gestaltungsalternative und Gestaltungsproblem —— 62
  1. Zivilrechtliche Grundlagen und Motive —— 62
  2. Betriebsaufspaltung in steuerlicher Hinsicht —— 65
     - a) Wirtschaftliche Betrachtungsweise —— 65
     - b) Steuerliche Konsequenzen für Einkünfte und Vermögen —— 67
     - c) Begriffsbestimmungen —— 69
     - d) Sachliche und personelle Verflechtung —— 72
     - e) Beendigung der Betriebsaufspaltung und ihre ertragsteuerlichen Folgen —— 77
- IV. Entscheidung für oder gegen die Kapitalgesellschaft, insbesondere die GmbH —— 81
  1. Gründe gegen die Kapitalgesellschaft —— 81
     - a) Steuerliche Überlegungen —— 81
     - b) Publizität —— 83
  2. Gründe für die Kapitalgesellschaft —— 98
  3. Alternativen und Mischformen —— 99
  4. Die gewerblich geprägte Personengesellschaft nach der HGB-Reform per 1.7.1998 —— 100
  5. Freiberufler-Personenhandelsgesellschaften —— 105
     - a) Berufsrechtliche Grundlagen —— 105
     - b) Argumente gegen die Eintragungsfähigkeit —— 108
     - c) Argumente für die Eintragungsfähigkeit —— 113
     - d) Angeblicher Zwang zur Löschung von Scheinkommanditgesellschaften —— 124
     - e) Angeblich fehlende Haftungsbeschränkungen der Kommanditisten —— 126
- V. GmbH & Co. KG statt Kapitalgesellschaft —— 129
  1. Tätigkeitsvergütungen (in der KG und) in der GmbH & Co. KG —— 131
     - a) Steuerrechtliche Behandlung —— 131
       - aa) Tätigkeitsvergütung als Sonderbetriebseinnahme oder Gewinnvorab? —— 131
       - bb) Einkommensteuerliche Folgen der Qualifizierung —— 132
       - cc) Neuere Rechtsprechung des BFH —— 134
       - dd) Ertrag- und umsatzsteuerliche Behandlung der Vergütung der Komplementär-GmbH —— 138
     - b) Insolvenzfestigkeit bezogener Geschäftsführervergütungen/Tätigkeitsvergütungen der Gesellschafter —— 146
       - aa) Tätigkeitsvergütungen in der Kapital- und der Personengesellschaft —— 146
       - bb) Dienstvergütung oder Überentnahme? —— 149
       - cc) Insolvenzrechtliche Inanspruchnahme —— 152
       - dd) Geschäftsführung durch einen Kommanditisten als Ausweg? —— 153
  2. Die GmbH & Co. KG als „Einheitsgesellschaft" —— 157
     - a) Definition —— 157
     - b) Entstehen —— 158
     - c) Vorteile —— 161
     - d) Nachteile —— 162
       - aa) Vertretung in der Gesellschafterversammlung der GmbH —— 163
       - bb) Kapitalschutzregeln und Gläubigerschutz —— 166
       - cc) Gefahr der fehlenden gewerblichen Prägung —— 167
- VI. Gesellschaft bürgerlichen Rechts mit beschränkter Haftung (GbR mbH) —— 170
  1. Gestaltung und Wirksamkeit der Haftungsbeschränkung —— 170
  2. Gewerbliche Prägung der GmbH & Co. GbR mbH —— 175
- VII. Die GmbH in Form der Unternehmergesellschaft (haftungsbeschränkt) —— 179
  1. Rechtliche Grundlagen —— 179
  2. Unternehmergesellschaft mit individueller Satzung oder mit Mustersatzung —— 192
- VIII. Die „kleine Aktiengesellschaft" —— 207
  1. Gesetzliche Grundlagen —— 207
  2. Zulassung der Ein-Personen-AG (§§ 2, 36 AktG) —— 212
  3. Kapitalschutz bei der Ein-Personen-Aktiengesellschaft —— 214
  4. Registerpublizität —— 221

5. Erleichterter Anmeldevorgang —— 226
6. Satzungsgemäße Einschränkung oder Ausschluss der Aktieneinzelverbriefung —— 227
7. Einberufung, Durchführung und Protokollierung der Hauptversammlung —— 229
    a) Erleichterte Einberufung der Hauptversammlung —— 229
    b) Vollversammlungsprivileg —— 233
    c) Vereinfachte Niederschrift über die Hauptversammlung —— 234
8. Sonderbeschlüsse der Vorzugsaktionäre —— 237
9. Gewinnverwendung —— 239
10. Kapitalschutz —— 240
    a) Kapitalaufbringung bei der Ein-Personen-AG —— 240
    b) Verbot der Vermögens- und Einlagenrückgewähr —— 241
11. Bezugsrechtsausschluss für Vorzugsaktionäre —— 242
12. Einschränkung der Unternehmensmitbestimmung —— 246
    a) Einschränkung der „Drittel-Paritätischen-Mitbestimmung" —— 246
    b) Erste Amtszeit der Arbeitnehmervertreter im Aufsichtsrat —— 247
IX. GmbH & Co. KG auf Aktien —— 248
    1. Zulässigkeit der GmbH & Co. KGaA —— 248
    2. Gestaltungsmöglichkeiten durch die GmbH & Co. KGaA —— 250
X. Der Einsatz einer britischen Limited in Deutschland —— 252
B. **Übersichten zur Rechtsformwahl: Kapitalgesellschaft – Personengesellschaft – Betriebsaufspaltung —— 260**
I. Übersichten: Vor- und Nachteile der wichtigsten Gestaltungsformen —— 260
    1. Gründung/Änderung/Ein und Austritt —— 260
    2. Haftung —— 261
    3. Mitbestimmung —— 262
    4. Prüfung und externe/interne Publizität —— 263
    5. Insolvenzantragspflicht —— 264
    6. Sozialversicherung und betriebliche Altersversorgung —— 265
II. Übersichten: Vergleich der Besteuerungsgrundlagen —— 266
    1. Einkommen-/Körperschaftsteuer —— 266
        a) Besteuerung der laufenden Einkünfte —— 266
        b) Anteilsveräußerung —— 267
        c) Liquidation —— 268
    2. Gewerbesteuer —— 269
        a) Steuersubjekte —— 269
        b) Besteuerung des Gewerbeertrages —— 270
    3. Erbschaft- und Schenkungsteuer —— 271

A. Ausgangsüberlegungen für die Rechtsform

I. Steuerliche Ausgangsüberlegungen zur Rechtsformwahl

1. Bedeutung der Rechtsform für die Besteuerung

1 Neben Haftungsüberlegungen waren steuerliche Überlegungen seit jeher ein wesentliches Kriterium – wenn nicht im Regelfall das wichtigste Kriterium – für die Wahl der Rechtsform eines Unternehmens. Daran haben auch die jüngeren gesetzlichen Neuregelungen nichts geändert.

2 Steuerliche Überlegungen sind bei der Rechtsformwahl in mehrfacher Hinsicht anzustellen, wobei bereits an dieser Stelle klar hervorzuheben ist: Es gibt nicht die steuerlich optimale Unternehmensform, sondern die Rechtsformwahl kann in steuerlicher Hinsicht nur ganz bedingt von den abstrakten Besteuerungsmerkmalen bestimmt sein und muss ganz wesentlich situations- und einzelfallabhängig entschieden werden.[1]

a) Steuerneutralität der Rechtsform und der Umstrukturierung als gesetzgeberisches Ziel

3 Obwohl in den vergangenen Legislaturperioden die jeweiligen Bundesregierungen immer wieder das Ziel der **Rechtsformneutralität des Steuerrechts** propagiert haben, ist eine Entwick-

---

[1] Siehe dazu etwa *Jacobs*, DStR 2001, 806 ff. mit verschiedenen Rechenbeispielen auf der Grundlage der Unternehmenssteuerreform; *Schmidt*, GmbH-StB 2001, 22 ff.; *Blaufus*, StB 2001, 208 ff.; *Höflacher/Wendland*t, GmbHR 2001, 793 ff.

lung hin zu einem von der Rechtsform unabhängigen einheitlichen Unternehmenssteuerrecht längst noch nicht erreicht. Auch und gerade nach den Unternehmenssteuerreformen auf der Grundlage des Steuersenkungsgesetzes (StSenkG) vom 23.10.2000,[2] ergänzt durch das Steuersenkungsergänzungsgesetz (StSenkErgG) vom 19.12.2000,[3] und das SEStEG[4] vom Dezember 2006 besteht nach wie vor in der Besteuerung ein deutlicher Unterschied zwischen Personenunternehmen einerseits und Kapitalgesellschaften andererseits. Die Unterschiede zwischen den genannten Unternehmensformen sind teilweise noch deutlicher geworden oder haben sich nur auf andere Problemfelder verlagert bzw. sich in verschiedenen Details geändert.

Schon mit dem UmwStG 1995 hatte der Gesetzgeber – auch im Zusammenhang mit der angestrebten Steuerneutralität der Unternehmensformen – einen wichtigen Schritt auf dem Weg zu einer **Steuerneutralität von Umwandlungsvorgängen** machen wollen.[5] Diese ursprüngliche gesetzgeberische Absicht im Zusammenhang mit dem UmwStG 1995 wurde bereits in den folgenden Jahren weitgehend zunichte gemacht, einerseits durch gesetzliche Änderungen und andererseits durch Erlasse der Finanzverwaltung. 4

Sowohl das Steuerentlastungsgesetz 1999/2000/2002 als auch das SEStEG[6] vom Dezember 2006 enthalten starke Tendenzen zur Verkomplizierung des Unternehmenssteuerrechts. 5

Diese Verkomplizierung sollte und konnte zwar durch das Unternehmenssteuerreformgesetz 2008[7] in Teilbereichen, etwa durch Einführung des **Teileinkünfteverfahrens** oder die Regelungen und Ergänzungen zur sog. Zinsschranke/Gesellschafter- Fremdfinanzierung gemildert und die Unternehmensbesteuerung nach dem KStG durch die Senkung des Körperschaftsteuersatzes im internationalen Vergleich „wettbewerbsfähiger" gestaltet werden. Jedoch bleiben die seit jeher bestehenden Vorbehalte gegenüber dem deutschen Steuerrecht, als eine systematisch kaum nachvollziehbare und weder in Gänze dem Prinzip der objektiven Leistungsfähigkeit entsprechende, noch eine die Rechtsformneutralität bei der Besteuerung sicherstellende Rechtsmaterie weiter bestehen. 6

b) Wirtschaftliche und verfassungsrechtliche Überlegungen

Rechtsformwahl und Unternehmensumstrukturierungen bleiben somit auch in den nächsten Jahren durch steuerliche Überlegungen geprägt bzw. belastet.[8] Ob damit die immer wieder angekündigte bzw. beschworene **Deregulierung des Wirtschaftsrechts** und die Aufwertung des Wirtschaftsstandorts Deutschland als Investitionsstandort erreicht werden können, ist nach wie vor sehr zweifelhaft. 7

Letztlich bleibt auch vor diesem Hintergrund die verfassungsrechtliche Fragestellung weiter bestehen, ob die **unterschiedlichen Besteuerungssysteme** und die damit verbundenen **unterschiedlichen Steuerbelastungen** vor dem Hintergrund von Art. 3 GG überhaupt als verfassungskonform angesehen werden können. 8

---

2 BStBl I, 1428.
3 BGBl I, 1812.
4 Gesetz über steuerliche Begleitmaßnahmen zur Einführung der Europäischen Gesellschaften und zur Änderung weiterer steuerlicher Vorschriften v. 7.12.2006, BGBl I 2006, S. 2782; dazu *Schumacher/Stangl*, Steueranwalt 2006/2007, S. 11 ff.; *Schwedhelm*, Steueranwalt 2006/2007, S. 47 ff.
5 Dazu *Arens/Spieker*, Umwandlungsrecht in der Beratungspraxis, S. 21.
6 Gesetz über steuerliche Begleitmaßnahmen zur Einführung der Europäischen Gesellschaften und zur Änderung weiterer steuerlicher Vorschriften v. 7.12.2006, BGBl I 2006, S. 2782; dazu *Schumacher/Stangl*, Steueranwalt 2006/2007, S. 11 ff.; *Schwedhelm*, Steueranwalt 2006/2007, S. 47 ff.
7 Unternehmenssteuerreformgesetz 2008 v. 14.8.2007, BGBl, I, 2007, S. 1912, zuletzt geändert durch Artikel 16 Steuerbürokratieabbaugesetz vom 20.12.2008, BGBl I, 2850 ff.
8 Siehe etwa *Kloster/Kloster*, GmbHR 2001, 420 ff.; *Jorde/Götz*, BB 2008, 1032 ff.

2. Wesentliche Schwerpunkte der steuerlichen Überlegungen zur Rechtsformwahl

9 Schwerpunkte der steuerlichen Überlegungen zur Rechtsform eines Unternehmens sind dabei üblicherweise:
- Besteuerung der laufenden Geschäftsvorfälle unter Berücksichtigung der steuerlichen Ergebnisse des Unternehmens einerseits und der steuerlichen Berücksichtigungsfähigkeit von Ausgaben bzw. Aufwendungen andererseits, insbesondere
  - Steuerbelastung der laufenden Unternehmenserfolge,
  - steuerliche Berücksichtigungsfähigkeit von Investitionen im Unternehmen,
  - steuerliche Berücksichtigungsfähigkeit der Aufwendungen für das Unternehmen bzw. die Unternehmensbeteiligung;
- steuerliche Behandlung der Thesaurierung bzw. der Ausschüttung von Gewinnen;
- steuerliche Behandlung schuldrechtlicher Parallelbeziehungen des Gesellschafters zu „seiner" Gesellschaft;
- steuerliche Ebene der Unternehmer/Anteilseigner;
- steuerliche Behandlung der Veräußerung bzw. Aufgabe des Unternehmens/der Unternehmensbeteiligung;[9]
- steuerliche Behandlung der Unternehmensnachfolge.

II. Die „klassische Zweiteilung": Personenunternehmen oder Kapitalgesellschaft

10 Die steuerlichen Kernüberlegungen der Rechtsformwahl sind auch weiterhin in erster Linie von der klassischen Zweiteilung zwischen **Personenunternehmen** (Einzelunternehmen oder Personengesellschaft) einerseits und **Kapitalgesellschaften** andererseits abhängig. Auch die „Sonderformen" bzw. „Mischformen" von Unternehmensstrukturen laufen letztlich in steuerlicher Hinsicht auf eine Zuordnung zu der einen bzw. anderen Alternative dieser klassischen Grundeinteilung hinaus. Dies betrifft beispielsweise die GmbH & Co. KG, die Betriebsaufspaltung[10] sowie die Innengesellschaften[11] und ähnliche „interne" Beteiligungsformen, wie etwa stille Gesellschaften, Unterbeteiligungen und Nießbrauchgestaltungen.[12]

1. Personenunternehmen oder Kapitalgesellschaft – grundlegende steuerliche Unterschiede
a) Personenunternehmen

11 Im Hinblick auf die steuerliche Behandlung sind zu den Personenunternehmen mit weitgehend gleichen steuerlichen Grundstrukturen insbesondere zu zählen:
- Einzelunternehmen;
- Personengesellschaften einschließlich der GmbH & Co. KG;
- Betriebsaufspaltungen, soweit sie nicht als kapitalistische Betriebsaufspaltungen gestaltet sind;
- Innengesellschaften in der Form der atypischen Innengesellschaften (atypisch stille Gesellschaft und atypische Unterbeteiligung);
- mitunternehmerische Nießbrauchgestaltungen.

---

9 Zu den Vorteilen einer Anteilsveräußerung seit der Unternehmenssteuerreform siehe etwa *Lechner*, Stbg. 2001, 201 sowie zur Unternehmenssteuerreform 2008 etwa *Jorde/Götz*, BB 2008, 1032 ff.
10 Siehe dazu § 11 „Betriebsaufspaltung" und die nachfolgenden Ausführungen unter Rn 62 ff.
11 Siehe dazu § 12 „Innengesellschaften".
12 Siehe dazu § 13 „Nießbrauch an Gesellschaftsanteilen".

Beispielsweise können auch **Bruchteilsgemeinschaften** oder **Erbengemeinschaften**, soweit sie als **Mitunternehmerschaften** im Sinne von § 15 EStG anzusehen sind, entsprechenden steuerrechtlichen Grundregeln unterliegen.

Wesensmerkmal ist dabei, dass die Personenunternehmen im Bereich der Ertragsbesteuerung gegenüber ihren Inhabern/Gesellschaftern praktisch **keine Abschirmungswirkung** haben, also „transparent" sind (**Mitunternehmerprinip**). Das Gewinnentstehungsjahr auf der Unternehmensebene ist regelmäßig auch Besteuerungsjahr für die Einkommenbesteuerung der Inhaber/Gesellschafter. Der rechnerische Anteil der Inhaber/Gesellschafter am Unternehmensgewinn entspricht regelmäßig auch dem vom Inhaber/Gesellschafter der persönlichen Einkommenbesteuerung zu unterwerfenden unternehmerischen Einkommen, und zwar grundsätzlich unabhängig vom Ausschüttungsverhalten auf Unternehmensebene, wobei sich aufgrund des durch die Neuregelung der Unternehmenssteuerreform 2008 eingeführten § 34a EStG auch für Personenunternehmen eine Begünstigung von nicht entnommenen (thesaurierten) Gewinnen ergeben kann.

Die unternehmerisch gebundenen Vermögenswerte der Inhaber/Gesellschafter werden regelmäßig steuerlich auch als **Betriebsvermögen** qualifiziert, sind also steuerlich „verstrickt".

b) Kapitalgesellschaften

Als Kapitalgesellschaften mit wesentlicher Bedeutung im Wirtschaftsleben sind insbesondere zu nennen:
- GmbH
- Aktiengesellschaft
- Genossenschaft
- wirtschaftlicher Verein
- britische „Limited" mit Niederlassung bzw. geschäftlicher Tätigkeit im Inland (siehe dazu Rn 252ff.).

Die Tatsache, dass sie zivilrechtlich als **juristische Personen** ihren Gesellschaftern nach dem **Trennungsprinzip** gegenüberstehen, die ihrerseits natürliche oder juristische Personen sein können, aber auch Personen- oder Personenhandelsgesellschaften, spiegelt sich auch weitestgehend im Steuerrecht mit der entsprechenden **„Abschirmungswirkung"** bzw. einem **steuerlichen Trennungsprinzip** wieder. Kapitalgesellschaften sind steuerlich also „intransparent". Für die persönliche Einkommensbesteuerung der Inhaber/Gesellschafter hinsichtlich ihres unternehmerischen Einkommens kommt es regelmäßig nicht auf die Gewinnentstehung bzw. das Gewinnentstehungsjahr auf der Ebene der Gesellschaft an, sondern auf die Höhe der **Ausschüttung** und das Ausschüttungsjahr.

Das dem Unternehmen überlassene Vermögen kann steuerlich Privatvermögen bleiben, ist also nicht unbedingt steuerlich „verstrickt".

Auch insoweit können hier nur wesentliche abstrakte Prinzipien aufgezeigt werden unter Berücksichtigung der Gestaltungen mit reinem Inlandsbezug auf Gesellschafts- und Gesellschafterebene und unter Berücksichtigung der natürlichen Personen als Anteilseigner.

2. Besteuerung der laufenden Geschäftsvorfälle
a) Personenunternehmen
aa) Fehlende Abschirmungswirkung

Der auf der Ebene des Unternehmens erzielte Gewinn wird dem Inhaber bzw. den Inhabern (Gesellschaftern) für das Gewinnentstehungsjahr im **Verfahren der einheitlichen und gesonderten Gewinnfeststellung** (§§ 179ff. AO) auch einkommensteuerlich zugerechnet. Auf das tatsächliche **Thesaurierungs- und Ausschüttungsverhalten** bzw. auf das tatsächliche **Entnahme- und Einlageverhalten** des Inhabers bzw. der Personengesellschafter kommt es dabei – ggf. abweichend unter Berücksichtigung der Ausnahmeregelung des § 34a EStG, sprich der dort geregelten Begünstigung für nicht entnommene Gewinne (Steuersatz: 28,25%) – grundsätzlich nicht an. Das Personenunternehmen hat insoweit dem Grunde nach keine steuerliche Abschirmungswirkung gegenüber ihren Inhabern. Der somit dem Inhaber bzw. den Gesellschaftern (anteilig entsprechend der Gewinnverteilungsregelung) zugerechnete Gewinn wird dabei nach dem persönlichen Einkommensteuersatz der einzelnen Unternehmer der Besteuerung unterworfen. Die Unternehmung selbst ist nicht Steuersubjekt der Einkommensbesteuerung.

bb) Anspruch auf Steuerentnahmen?

19 Das **Mitunternehmerprinzip** bzw. die fehlende Abschirmung der Einkommensteuerebene des Personenunternehmers gegenüber der Gewinnerzielungsebene der Personenunternehmung führen – auch unter Beachtung der Neuregelungen durch die Unternehmenssteuerreform 2008 – dazu, dass der Personenunternehmer (insbesondere auch der Minderheitsgesellschafter, der bei der Frage der Gewinnausschüttung möglicherweise überstimmt wurde) Einkommensteuer auf ihm zugerechnete Gewinne zahlen muss, obwohl diese gar nicht an ihn ausgeschüttet worden sind.

20 Dies wirft die Frage auf, ob in der Personengesellschaft nicht deswegen zumindest der Gesellschafter unabhängig von einer entsprechenden Beschlussfassung bzw. unabhängig von einer entsprechenden gesellschaftsvertraglichen Regelung zumindest in jedem Fall den auf seinen Gewinnanteil entfallenden Einkommensteuerbetrag entnehmen können muss. Der BGH hat sich sehr einschränkend zu der Annahme eines solchen ungeschriebenen **Rechts zur Steuerentnahme in der Personengesellschaft** geäußert.[13] In der gesellschaftsrechtlichen Literatur wird dagegen ein solches ungeschriebenes Steuerentnahmerecht immer wieder vertreten.[14]

cc) Gewerbesteuer

21 Im Bereich der Gewerbesteuer bestehen unmittelbare Vorteile der Personenunternehmen durch Gewährung von **Freibeträgen** und des gewerbesteuerlichen **Staffeltarifs**, was aber nur bei relativ geringen Gewerbeerträgen einen nennenswerten Vorteil gegenüber Kapitalgesellschaften bewirkt.[15] Weiterhin erweist sich aufgrund der Unternehmenssteuerreform die pauschalierte Anrechnung der Gewerbesteuer auf die Einkommensteuer gem. § 35 EStG n.F. als Vorteil, wobei die wirtschaftliche Entlastung von der Gewerbesteuer durch dieses pauschalierte Anrechnungsverfahren in Grenzfällen sogar zu einer Überkompensation führen kann.[16]

dd) Vermögensqualifizierung

22 Das **Mitunternehmerprinzip** bei Personenunternehmen, also die fehlende Abschirmungswirkung des Personenunternehmens gegenüber seinem Inhaber bzw. seinen Gesellschaftern in steuerlicher Hinsicht, setzt sich auch bei der steuerlichen Behandlung der Vermögenskreise des

---

13 BGHZ 132, 263, 277 = DStR 1996, 753.
14 Vgl. *Priester*, DStR 2001, 795, 799 f. m.w.N.
15 Dazu *Jacobs*, Unternehmensbesteuerung und Rechtsform, S. 434 f.; Jacobs, DStR 2001, 806, nach der Unternehmenssteuerreform 2008 einerseits nunmehr das 3,8 fache des nach § 14 GewStG festgesetzten Messbetrages, statt zuvor des 1,8 fachen, jedoch stellt die Gewerbesteuer gemäß § 4 Abs. 5b EStG andererseits keine Betriebsausgabe mehr dar.
16 Dazu *Herzig/Lochmann*, DB 2000, 1731 ff.; Neu, DStR 2000, 1166 ff.; *Tillich*, BB 2002, 1515; *Jacobs*, DStR 2001, 806 mit Berechnungsbeispiel sowie erläuternd BMF v. 24.2.2009, BStBl I 2009, 440.

Unternehmens einerseits und des Inhabers bzw. der Gesellschafter andererseits fort. Unabhängig von der zivilrechtlichen Wertung bzw. der zivilrechtlichen Gestaltung erlangt Vermögen (Sachgesamtheiten, Sachen bzw. Wirtschaftsgüter und Beteiligungen[17]), das von Inhaber- bzw. Anteilseignerseite dem Personenunternehmen überlassen wird und im Interesse des Personenunternehmens eingesetzt wird, trotz des insoweit bestehenden zivilrechtlichen Trennungsprinzips steuerlich regelmäßig die Qualität von Betriebsvermögen (**Sonderbetriebsvermögen**). Es ist damit steuerlich „verstrickt" mit den entsprechenden Konsequenzen bei Herausnahme aus der unternehmerischen Nutzung, nämlich der Aufgabe- bzw. Entnahmebesteuerung, also Besteuerung der stillen Reserven in Höhe der Differenz zwischen Buchwert und Verkehrs- bzw. Entnahmewert.

ee) Aufgabe der unternehmerischen Tätigkeit/Beteiligung

Die Aufgabe der unternehmerischen Tätigkeit des Inhabers bzw. Gesellschafters eines Personenunternehmens insgesamt ist dagegen zumindest steuerlich nach §§ 16, 18, 34 EStG privilegiert. Die in diesem Rahmen aufgedeckten stillen Reserven (außerordentliche Einkünfte) sind nach der sog. **Fünftelregelung** des § 34 Abs. 1 EStG ermäßigt zu besteuern oder – wenn der Steuerpflichtige das 55. Lebensjahr vollendet hat oder er im sozialversicherungsrechtlichen Sinne dauernd berufsunfähig ist – bis zum Betrag von insgesamt 5 Mio. EUR mit dem ermäßigten Steuersatz nach § 34 Abs. 3 S. 2 EStG zu versteuern, wobei insoweit auch ein **Freibetrag** von 45.000 EUR gewährt wird, § 16 Abs. 4 S. 1 EStG. Allerdings ermäßigt sich dieser Freibetrag um den Betrag, um den der Veräußerungsgewinn 136.000 EUR übersteigt (§ 16 Abs. 4 S. 2 EStG). **23**

ff) Schuldrechtliche Parallelbeziehungen des Gesellschafters zur Personengesellschaft

Die Geltung des Mitunternehmer- oder Transparenzprinzips beim Personenunternehmen bzw. das Fehlen des Trennungsprinzips im Steuerrecht wirkt sich aber insbesondere nachteilig aus im Zusammenhang mit der Gestaltung von **schuldrechtlichen Beziehungen** zwischen der Personengesellschaft und ihren Gesellschaftern. Selbstverständlich können zivilrechtlich wirksame schuldrechtliche Verträge zwischen einer Personengesellschaft und ihren Gesellschaftern abgeschlossen werden, also insbesondere **24**
- Dienstverträge
- Arbeitsverträge
- Darlehensverträge
- Miet- und Pachtverträge.

Aufgrund des Mitunternehmerprinzips, das insoweit seine Ausprägung in § 15 Abs. 1 S. 1 Nr. 2 EStG findet, werden aber unabhängig von der zivilrechtlichen Rechtslage die vom Personengesellschafter (Mitunternehmer) aus seiner Mitunternehmerschaft aufgrund solcher schuldrechtlichen Beziehungen erlangten Vergütungen, die dann als **Sonderbetriebseinnahmen** bezeichnet werden, (z.B. Dienstvergütung, Arbeitsvergütung, Darlehenszinsen, Miet- oder Pachtzahlungen) und die in diesem Zusammenhang von ihm getätigten Aufwendungen (**Sonderbetriebsausgaben**) seinen Einkünften aus Gewerbebetrieb zugerechnet (siehe auch Rn 18 ff.). Entsprechendes gilt aufgrund der Verweisungsregelung in § 18 Abs. 4 S. 2 EStG für Personengesellschaften von Selbständigen (insbesondere Freiberuflersozietäten). **25**

---

17 Zur ertragsteuerlichen Beurteilung der Mitunternehmern gehörenden Anteile an Kapitalgesellschaften, etwa bei der GmbH & Co. KG und der GmbH & atypisch stillen Gesellschaft, siehe OFD München v. 2.4.2001, DStR 2001, 1032; BFH BStBl II 1980, 119; BFH BStBl II 1986, 55; BFH BStBl II 1991, 510; BFH BStBl II 1993, 328; BFH BStBl II 1999, 286.

26 Die gesellschaftsrechtlichen und die schuldrechtlichen Einkünfte des Mitunternehmers aus der Mitunternehmerschaft werden also einkommensteuerlich einheitlich qualifiziert nach der Tätigkeit der Mitunternehmerschaft (Gewerbebetrieb bzw. Freiberuflerpraxis). Auf der Ausgabenseite ist dies insoweit im Vergleich zur Kapitalgesellschaft als vorteilhaft anzusehen, als dort auch bei den Ausgaben wegen des Teileinkünfteverfahrens die Aufwendungen nur hälftig berücksichtigt werden können.

gg) Verlustverrechnung und Verlustabzug

27 Die fehlende Abschirmungswirkung des Personenunternehmens gegenüber ihrem Inhaber bzw. den Gesellschaftern kann in **Verlustsituationen** ebenfalls als erheblich vorteilhaft angesehen werden, weil – ebenso wie die Gewinne auf der Ebene der Personenunternehmung – auch die Verluste entsprechend der **Ergebnisverteilungsregelung** für das Verlustentstehungsjahr dem Inhaber bzw. den Gesellschaftern (anteilig) direkt zugerechnet werden und so die Möglichkeit eröffnet ist, diese zugewiesenen Verluste auf der persönlichen Einkommensteuerebene mit positiven Einkünften aus anderen Einkommensquellen, auszugleichen.

28 Dabei sind die bestehenden **Verlustausgleichsbeschränkungen** nach § 2a EStG (bei negativen Einkünften mit Auslandsbezug) und die Begrenzung der Verlustverrechnungsmöglichkeit auf die Höhe der Einlage nach § 15a EStG zu berücksichtigen (ggf. „aufgeschobener Verlustausgleich"), dennoch liegt in der unmittelbaren Transformation von Verlusten auf der Unternehmensebene auf die Einkommensteuerebene der Unternehmer ein ganz wesentlicher Vorteil der Personenunternehmung.

hh) Unternehmernachfolge

29 Weitere Vorteile wurden der Personenunternehmung bis zum 31.12.2008 im Erbschaft- und Schenkungsteuerrecht,[18] also insbesondere auch im Bereich der Unternehmens- bzw. Unternehmernachfolge zugerechnet. Seit dem 1.1.2009 – mit Nachbesserungen zum 1.1.2010 sind aber die wesentlichen erbschaft- und schenkungsteuerlichen Privilegierungen sowohl für das Personenunternehmen als auch für die Kapitalgesellschaft eingeräumt worden, nämlich
- einerseits die sog. **Regelverschonung** i.S.d. § 13a Abs. 1, 4; § 13b Abs. 4 ErbStG i.H.v. 85% für danach begünstigtes Vermögen bis zu einer Höhe von 150.000 EUR,
- andererseits die sog. **Optionsverschonung** gemäß § 13a Abs. 8 ErbStG, welche unter den dortigen Voraussetzungen zu einer vollständigen Entlastung des Erwerbers führen kann und
- die **Tarifbegrenzung** mit dem sog. Entlastungsbetrag nach § 19a Abs. 1, 4 ErbStG.

30 Vor dieser **Angleichung** der steuerlichen Behandlung der Kapitalgesellschaft an die Personengesellschaft durch die jüngeren Neuregelungen des Erbschaft- und Schenkungsteuerrechts galt die Kapitalgesellschaft als ungünstiger.

Dies begründete sich insbesondere darauf, dass für die Zwecke der Bemessung der Erbschaft- und Schenkungsteuer die Bewertung bei Kapitalgesellschaften regelmäßig höher ausfiel als bei Personenunternehmungen, insbesondere wegen der in § 12 Abs. 2 ErbStG a.F. i.V.m. § 11 Abs. 2 S. 2 BewG a.F. vorgeschriebenen Bewertung von Kapitalgesellschaftsanteilen im Schenkungs- bzw. Erbfall nach dem sog. **Stuttgarter Verfahren**, das sich insbesondere bei ertragsstarken Unternehmen als nachteilig erwies.[19]

---

18 Erbschaftsteuerreformgesetz (ErbStRG) vom 24.10.2008 („Erbschaftsteuerreform 2009"), BGBl I 2008, S. 3018, nebst weiterer Änderungen durch das Wachstumsbeschleunigungsgesetz vom 22.12.2009, BGBl I 2009, S. 3950.
19 *Sell*, BuW 2002, 228 ff. und 322 ff.

Auf der Grundlage des Vorlagebeschlusses des 2. Senats des BFH vom 22.5.2002[20] hat das BVerfG mit Beschluss vom 7.11.2006[21] das seinerzeit geltende Recht als verfassungswidrig verworfen und den Gesetzgeber aufgefordert, eine verfassungskonforme gesetzliche Neuregelung bis zum 31.12.2008 zu treffen. Dieser Vorgabe ist der Gesetzgeber mit der sog. Erbschaftsteuerreform 2009 und der Anpassungen der Bewertungsregelungen grundsätzlich nachgekommen. Es bleibt jedoch weiter abzuwarten, ob der Gesetzgeber mit den getroffenen Anpassungen die geforderte Harmonisierung der Bewertung der Bemessungsgrundlagen durch die punktuellen Ergänzungen der §§ 9 ff. BewG letztlich in Gänze herbeiführen konnte.[22]

Ob die seit dem 1.1.2009 bzw. 1.1.2010 geltende Neuregelung ihrerseits zumindest in einigen Punkten wiederum verfassungswidrig ist, ist nämlich bereits heftig umstritten. Auch der II. Senat des BFH hat schon erste Zweifel geäußert und in einem Verfahren zum neuen Recht gegenüber dem BMF eine Beitrittsaufforderung ausgesprochen.[23]

Insbesondere die **unterschiedlichen Behandlungen der Kapitalgesellschaftsanteile** („**wesentliche Beteiligung**" erst bei mehr als 25% des Nennkapitals) und der Personengesellschaftsanteile bezüglich der Begünstigungen des Betriebsvermögens erscheinen verfassungsrechtlich zweifelhaft.

ii) Sonstige Übertragungsvorgänge
Auch hinsichtlich sonstiger Übertragungsvorgänge wie
- Übertragung von **Einzelwirtschaftsgütern**,
- unentgeltlichen Anteilsübertragungen und
- **Realteilungen**

wird die Personengesellschaft (Mitunternehmerschaft) als vorteilhaft angesehen, weil – insbesondere durch die Neufassungen in § 6 Abs. 5 EStG – Übertragungen zu Buchwerten ermöglicht bzw. steuerneutrale Übertragungen erlaubt wurden.[24] Der Gesetzgeber hat insoweit– insbesondere durch das StSenkG v. 23.10.2000[25] – weitgehend die Regeln des früheren sog. „Mitunternehmererlasses"[26] wieder eingeführt.[27]

Mit der Neufassung des § 16 Abs. 3 S. 2–5 und Abs. 5 EStG zum 1.1.2007 sind die Rechtsregeln für **Realteilungen** auf gesetzlicher Grundlage geklärt worden. Durch das BMF-Schreiben vom 28.2.2006[28] ist die Möglichkeit, ohne Aufdeckung von stillen Reserven Umstrukturierungsmaßnahmen vorzunehmen, jedoch extrem stark eingeschränkt worden.

---

20 BFH DStR 2002, 1438.
21 BVerfG DStR 2007, 235 = NJW 2007, 573; dazu *Crezelius*, DStR 2007, 415; *Daragan*, ZErb 2007, 92; *Fischl/Klinger*, NJW-Spezial 2007, 109; *Geck*, DStR 2007, 427; *Hamdan/Hamdan*, ZFE 2007, 132; *Landsittel*, ZErb 2007, 95; *Riedel*, ZErb 2007, 104; *Seer*, GmbHR 2007, 281; *Wachter*, GmbHR 2007, R 81; *Wachter*, ZErb 2007, 120; *Wälzholz*, ZErb 2007, 111.
22 So auch *Meincke*, ErbStG, § 12, Rn 17 sowie, im Hinblick auf eine erforderliche Vereinheitlichung zur Feststellung des „gemeinen Wertes" im Rahmen der Bewertungsregelungen *Kreutziger/Schaffner/Stephany-Kreutziger*, BewG, § 9 Rn 8, m.w.N.
23 BFH DStR 2011, 2193.
24 Dazu *Schmidt*, GmbH-StB 2001, 22, 24; *Schmitt/Franz*, BB 2001, 1278.
25 BStBl I, 1428.
26 Vom 20.12.1977, BStBl I 1978, 8 ff.; abgedruckt auch bei *Arens/Spieker*, Umwandlungsrecht in der Beratungspraxis, S. 207 ff.
27 Dazu auch OFD Koblenz v. 17.1.2001, BB 2001, 829; OFD Frankfurt/M. v. 14.2.2001, GmbHR 2001, 450; BMF v. 7.6.2001, DStR 2001, 1073; dazu auch *Kloster/Kloster*, GmbHR 2001, 420 ff.
28 BMF v. 28.2.2006, BStBl I 2006, 228; dazu *Stahl*, KÖSDI 2006, 14939, und *Stahl*, KÖSDI 2006, 14997.

b) Kapitalgesellschaften
aa) Trennungsprinzip

36 Wegen des steuerlichen Trennungsprinzips ist zwischen **Gewinnermittlungs- und Steuerebene** der Kapitalgesellschaft einerseits und Steuerebene der Anteilseigner andererseits streng zu trennen. Insbesondere werden weder die auf der Ebene der Kapitalgesellschaft erzielten Ergebnisse (Gewinne oder Verluste) den Anteilseignern einkommensteuerlich zugerechnet, noch sind die vom Anteilseigner im Zusammenhang mit der Beteiligung getätigten Aufwendungen und Ausgaben ohne weiteres einkommensteuerrelevant.

bb) Körperschaftsteuer

37 Vielmehr ist die Kapitalgesellschaft selbst Subjekt einer eigenen Ertragsteuer, nämlich der Körperschaftsteuer. Entgegen der früheren Regelung nach dem sog. **Anrechnungsverfahren**, bei dem zwischen der sog. Thesaurierungsbelastung (zuletzt 40%) und der sog. Ausschüttungsbelastung (zuletzt 30%) in körperschaftsteuerlicher Hinsicht unterschieden wurde, ist mit Wirkung zum 1.1.2001 durch das StSenkG ein **einheitlicher, proportionaler Körperschaftsteuersatz** eingeführt worden, welcher durch die Regelungen des Unternehmenssteuerreformgesetzes 2008 weiter auf 15% gesenkt wurde (§ 23 Abs. 1 KStG). Dieser proportionale Körperschaftsteuersatz von 15% belastet den Gewinn der Kapitalgesellschaft unabhängig von der Frage der Thesaurierung oder der Ausschüttung des verwendbaren Gewinns. Nur wenn und soweit die Kapitalgesellschaft Gewinne (Dividenden) an ihre Gesellschafter ausschüttet, kommt es bezüglich der ausgeschütteten Beträge im Jahr der Ausschüttung (unabhängig davon, in welchem Jahr der zugrunde liegende Gewinn auf Ebene der Gesellschaft entstanden war) zur entsprechenden Einkommenbesteuerung beim Gesellschafter (sog. **Zuflussprinzip**, § 11 EStG).

38 Entgegen der vormaligen Regelung nach dem Anrechnungsverfahren wird dabei aber nicht mehr die auf der Ebene der Kapitalgesellschaft für den seinerzeit erzielten und nunmehr ausgeschütteten Gewinn gezahlte Körperschaftsteuer in voller Höhe – wie eine Einkommensteuervorauszahlung – angerechnet. Vielmehr werden die Einkünfte aus Kapitalvermögen nunmehr grundsätzlich durch einen pauschalierten Kapitalertragsteuerabzug i.H.v. 25% endgültig und abschließend besteuert (sog. **Abgeltungsteuer**). Auf Antrag kann die Besteuerung aber auch mit dem persönlichen Einkommensteuersatz erfolgen.

39 Bei Beteiligungserträgen im betrieblichen Bereich wurde das vormalige Halbeinkünfteverfahren durch ein **Teileinkünfteverfahren** ersetzt. Der steuerpflichtige Anteil an dem ausgeschütteten Gewinn beträgt 60% (vormals: 50%), so dass 40% der Einkünfte freigestellt werden.

40 Das **Teileinkünfteverfahren** im Bereich der Beteiligungserträge im Betriebsvermögen wirkt sich für die Gesellschafter von Kapitalgesellschaften aber insbesondere auch dadurch nachteilig aus, dass auf dieser Grundlage die mit den Einkünften zusammenhängenden Aufwendungen der Gesellschafter als Werbungskosten nur i.H.v. 60% abzugsfähig sind (vgl. § 3c Abs. 2 S. 1 EStG).

cc) Schuldrechtliche Parallelbeziehungen

41 Ähnlich wirkt das **Trennungsprinzip** auch im Zusammenhang mit schuldrechtlichen Rechtsbeziehungen zwischen der Kapitalgesellschaft und ihren Gesellschaftern. Anders als beim Personenunternehmen kann der Gesellschafter einer Kapitalgesellschaft aufgrund schuldrechtlicher Vertragsbeziehungen (z.B. Dienstvertrag, Arbeitsvertrag, Darlehensvertrag, Miet- oder Pachtvertrag) Vergütungen aus der Gesellschaft beziehen, die auf der Ebene der Gesellschaft als Betriebsausgaben zu behandeln sind und beim Gesellschafter steuerlich nicht den Einkünften aus der Gesellschaft zugerechnet werden. Vielmehr sind diese Vergütungen aus der Gesellschaft – wenn nicht der besondere Fall einer **Betriebsaufspaltung** vorliegt – entsprechend ihrer zivil-

rechtlichen Rechtsnatur auch einkommensteuerlich zu qualifizieren, beispielsweise als Einkünfte aus nichtselbständiger Tätigkeit, aus Vermietung und Verpachtung oder aus Kapitalvermögen (z.B. die vom Gesellschafter bezogenen Zinsen aus einem verzinslichen Gesellschafterdarlehen).

dd) Vermögensqualifizierung

Von wesentlichem Vorteil kann aber das Trennungsprinzip bzw. die **Abschirmungswirkung** im Bereich der Kapitalgesellschaften für die steuerliche Qualifizierung des Vermögens sein, das der Gesellschafter der Kapitalgesellschaft zur Nutzung überlässt. Soweit nicht die Voraussetzungen der sog. steuerlichen **Betriebsaufspaltung** vorliegen,[29] bleibt das vom Gesellschafter der Kapitalgesellschaft (z.B. miet- oder pachtweise) überlassene Vermögen auch steuerlich Privatvermögen und ist somit steuerlich nicht verstrickt. Außerhalb der sog. **Spekulationsfristen** des § 23 EStG kann es deshalb steuerfrei veräußert werden.[30]   42

ee) Ausschüttungs- und Thesaurierungspolitik

Seit dem 1.1.2002 ist im Rahmen eines Rechtsformvergleichs bezüglich der steuerlichen Verhältnisse einer Personenunternehmung einerseits und einer Kapitalgesellschaft andererseits die Gewinnverwendung von besonderer Bedeutung.[31] Bei der **Gewinnverwendung** geht es um die Frage des Umfangs der Thesaurierung bzw. Ausschüttung des Gewinns.[32] Von der Gewinnverwendung (Ausschüttung oder Thesaurierung) ist die **Gewinnverteilung** zu unterscheiden, also der Maßstab, nach dem die Gesellschafter an Ausschüttungen des Gewinns durch die Gesellschaft teilhaben.[33]   43

Die **Abschirmungswirkung** zwischen Kapitalgesellschaft und ihren Gesellschaftern auf der Grundlage des Trennungsprinzips kann insoweit Vorteile bringen, als durch gezielte Ausschüttungspolitik die Kapitalgesellschaft an ihre Gesellschafter Dividendenzahlungen in solchen Jahren veranlassen kann, in denen die persönlichen Einkommensteuersätze der Gesellschafter niedrig liegen (insbesondere wegen niedriger Einkünfte aus anderen Einkunftsarten bzw. wegen Verlustausgleichsmöglichkeiten). Diese Möglichkeit besteht – wie bereits ausgeführt (siehe Rn 11 ff.) – bei Personenunternehmungen grundsätzlich nicht, da wegen des fehlenden Trennungsprinzips dort das Gewinnentstehungsjahr auf der Ebene der Gesellschaft auch gleichzeitig das Jahr der Einkommensbesteuerung bezüglich der Unternehmensgewinne auf der Ebene der Gesellschafter ist. Besonderheiten gelten bei der Personengesellschaft aufgrund der sog. Thesaurierungsbegünstigung des § 34a EStG,   44

Die Finanzierungseffekte, die durch die gezielte **Ausschüttungs- bzw. Thesaurierungspolitik** bei Kapitalgesellschaften erzielt werden können (Progressionsvorteil und Zinswirkung durch zeitlich verschobene Dividendenauszahlung bzw. daran hängender Steuerzahlungen) sollten allerdings wirtschaftlich auf Dauer nicht überschätzt werden, wenngleich durch die jähr-   45

---

29 Dazu § 11 „Betriebsaufspaltung" und im Folgenden Rn 62 ff.; vgl. auch Abschn. 137 Abs. 3 EStR 1996; *Arens*, Familiengesellschaften in der familienrechtlichen, gesellschaftsrechtlichen und steuerrechtlichen Praxis, S. 117 ff.; L. *Schmidt*, EStG, § 15 Anm. 40 ff.
30 Ob die rückwirkende Verlängerung der Spekulationsfristen in § 23 EStG durch das Steuerentlastungsgesetz 1999/2000/2002 verfassungsgemäß war, muss noch verfassungsgerichtlich geklärt werden; dazu BFH BB 2001, 661 im Verfahren zum vorläufigen Rechtsschutz: „ernstliche Zweifel"; BFH DStRE 2004, 199 im Hauptsacheverfahren: „verfassungswidrig" und OFD Koblenz v. 18.4.2001, BB 2001, 1290.
31 Zur steuerlichen Behandlung der Gewinnverwendung im Übergangszeitraum – beim Wechsel vom Anrechnungsverfahren zum Halbeinkünfteverfahren – siehe ausführlich OFD Koblenz v. 15.5.2001, GmbHR 2001, 594 ff.; dazu auch *Jost*, DStR 2001, *961 ff.*; *Schiffers*, GmbH-StB 2001, 136 ff.
32 Dazu *Schmidt*, GmbH-StB 2001, 22, 24; *Priester*, DStR 2001, 795; *Schiffers*, GmbHR 2000, 1005, 1006.
33 *Priester*, DStR 2001, 795, 796; *Schiffers*, DStR 2003, 302.

lichen Absenkungen der Einkommensteuertarife bis zum Jahr 2005 in den davor liegenden Jahren insoweit doch besondere Vorteile erlangt werden konnten.

46 Bei vollständiger Einbehaltung (Thesaurierung) des Gewinns erscheint zunächst im Hinblick auf den niedrigen Körperschaftsteuersatz von nunmehr linear 15% die Kapitalgesellschaft in jedem Fall gegenüber dem Personenunternehmen deutlich vorteilhaft zu sein, da für die Inhaber bzw. Gesellschafter von Personenunternehmen der Spitzensteuersatz der Einkommenbesteuerung gemäß § 32a Abs. 1 Nr. 5 EStG i.V.m. § 52 Abs. 41 EStG seit 2010 bei 45% (ggf. erhöht durch eine sog. „Reichensteuer") liegt und – wie bereits ausgeführt (siehe Rn 12) – die Gewinne auf der Ebene der Personenunternehmung wegen der fehlenden Abschirmungswirkung den Inhabern bzw. Gesellschaftern in der Regel auch vollumfänglich zugerechnet werden, wenn keine Gewinnausschüttung dort erfolgt.

47 Die Vorteilhaftigkeit der Kapitalgesellschaft bei vollständiger Einbehaltung der Gewinne ist aber nur bei höheren Gewinnsituationen tatsächlich gegeben, weil nicht übersehen werden darf, dass im Bereich der Einkommensteuer zunächst die **Freibeträge** greifen und nach Abzug der Freibeträge, insbesondere des Grundfreibetrages, der Einkommensteuertarif, ausgehend vom Eingangssteuersatz, nur allmählich progressiv bis zum Spitzensteuersatz ansteigt. Bei einem Gewinn bzw. einem Gewinnanteil eines Personenunternehmers von bis etwa 50.000 EUR vor Steuern ist deshalb rechnerisch wohl auch weiterhin das Personenunternehmen auch bei Thesaurierung günstiger als die Kapitalgesellschaft.[34] Bei Personenunternehmen ist darüber hinaus zu beachten, dass durch die Möglichkeit der Beteiligung von Angehörigen (Ausschöpfung der einkommensteuerlichen Grundfreibeträge und **Progressionsmilderung**) die Vorteile noch potenziert werden können.

48 Bei (offenen) **Gewinnausschüttungen** erweist sich demgegenüber das Personenunternehmen tendenziell durch die pauschalierte **Gewerbesteueranrechnung** nach § 35 EStG bzw. durch das Teileinkünfteverfahren auf Seiten der Kapitalgesellschaft ohnehin als günstiger als die Kapitalgesellschaft.[35]

49 Etwas anderes gilt bei offenen **Ausschüttungen im Konzern**, da offene Ausschüttungen einer Kapitalgesellschaft an eine andere Kapitalgesellschaft seit dem 1.1.2002 körperschaftsteuerfrei sind (§ 8b KStG). Erst wenn Dividenden aus einer der Kapitalgesellschaften an natürliche Personen oder Personenunternehmen ausgeschüttet werden, erfolgt eine entsprechende Einkommensteuerbesteuerung unter Berücksichtigung des Halbeinkünfteverfahrens.

ff) Leistungsvergütung statt Gewinnausschüttung?

50 Regelmäßig vorteilhaft ist die Kapitalgesellschaft auch im Hinblick auf die Möglichkeit, Leistungsvergütungen mit den Gesellschaftern zu vereinbaren, insbesondere **Tätigkeitsvergütungen** und **Versorgungszusagen**. Die Vorteilhaftigkeit solcher Leistungsvergütungen hängt sicherlich ganz entscheidend von den persönlichen Einkommensteuersätzen der betroffenen Leistungsempfänger (Gesellschafter) ab. Bei einem persönlichen Einkommensteuersatz von unter 40% ist eine solche Leistungsvergütung unabhängig von der Gewerbesteuer regelmäßig günstiger als eine entsprechende Gewinnausschüttung an den Gesellschafter.[36]

51 Allerdings ist aufgrund der ausufernden Rechtsprechung und der restriktiven Praxis der Finanzverwaltung zu den sog. **verdeckten Gewinnausschüttungen** einer Kapitalgesellschaft an ihre Gesellschafter bei der Vereinbarung von solchen Leistungsvergütungen bzw. bei der Durch-

---

34 Ausführlich dazu – auch mit Zahlenbeispielen – *Schmidt*, GmbH-StB 2001, 22, 24; *Pelka*, StuW 2000, 389, 392; *Korn/Strahl*, NWB, Fach 2, 7513 f. sowie differenzierend *Jorde/Götz*, BB 2008, 1032.
35 Vgl. dazu *Pelka*, StuW 2000, 389, 392; *Korn/Strahl*, NWB, Fach 2, 7513 f.; *Bolik*, BB 2001, 811 ff. ebenso *Jorde/Götz*, BB 2008, 1032.
36 *Schmidt*, GmbH-StB 2001, 22, 24.

führung solcher Vereinbarungen stets die latente Gefahr gegeben, dass steuerliche Mehrbelastungen im Nachhinein entstehen, weil die an den Gesellschafter erbrachte Leistung als verdeckte Gewinnausschüttung qualifiziert wird. Entsprechendes gilt für die Leistungen, die an Personen erbracht werden, die einem Gesellschafter nahe stehen.

gg) Gewerbesteuer
Auch im Bereich der Gewerbesteuer weist die Kapitalgesellschaft gegenüber den Personenunternehmen tendenziell erhebliche Nachteile auf, die allerdings nur im Bereich niedriger Unternehmensgewinne gravierend sind. Dies betrifft einerseits die proportionale Gewerbesteuerbelastung ohne Gewährung von **Freibeträgen** und ohne Gewährung eines **Staffeltarifs** wie im Bereich der Personenunternehmung und andererseits die fehlende Anrechenbarkeit der Gewerbesteuer, wie sie beim Personenunternehmen nach § 35 EStG n.F. möglich ist.[37]

hh) Unternehmens- und Anteilsveräußerungen
Zur Frage der steuerlichen Behandlung der Veräußerung von Unternehmensbeteiligungen können keine generellen Aussagen über die Vorteilhaftigkeit der einen oder der anderen Rechtsform gemacht werden. Insbesondere ist bereits mit Wirkung seit dem 1.1.2002 der vormalige Nachteil von Personengesellschaften im Zusammenhang mit Kleinbeteiligungen entfallen, da bei Kapitalgesellschaften die sog. **Wesentlichkeitsgrenze** i.S.v. § 17 EStG von 10% auf 1% gesenkt wurde, so dass auch Kleinstanteile ab 1% steuerlich verstrickt sind.[38] Steuerlich verstrickt sind dabei selbst Anteile unter der 1%-Grenze, wenn sie innerhalb der **Spekulationsfrist** von einem Jahr gem. § 23 EStG angeschafft und veräußert werden bzw. wenn es sich um einbringungsgeborene Anteile gem. § 21 UmwStG a.F. handelt.

Vom 1.1.2002 bis zum Ende des Jahres 2008 waren Gewinne aus der Veräußerung solcher steuerverstrickter Kapitalgesellschaftsanteile durch das **Halbeinkünfteverfahren** nur zur Hälfte der Einkommensteuer unterworfen (§ 3 Nr. 40 EStG). Demgegenüber waren – und sind – Veräußerungsgewinne aus Mitunternehmeranteilen grundsätzlich in vollem Umfang einkommensteuerpflichtig, es sei denn, es handelt sich um eine Veräußerung nach Vollendung des 55. Lebensjahres. Dann wurde und wird der begünstigte Steuersatz nach § 34 Abs. 3 EStG in den dort genannten Grenzen gewährt. Voraussetzung dafür war und ist die Einhaltung der mindestens einjährigen Haltefrist, also das Halten der Beteiligung seit mindestens einem Jahr im Betriebsvermögen. Allerdings sind solche Veräußerungsgewinne aus Mitunternehmeranteilen grundsätzlich gewerbesteuerfrei, es sei denn, die Veräußerung ist innerhalb von fünf Jahren nach einer Umwandlung aus einer Kapitalgesellschaft erfolgt (§ 18 Abs. 4 UmwStG). Der Gewinn aus der Veräußerung einer betrieblichen Beteiligung war bei einer Kapitalgesellschaft demgegenüber generell – ebenso wie der Gewinn aus der Veräußerung eines Betriebes oder eines Teilbetriebs – dem Gewerbeertrag hinzuzurechnen.[39]

Die rechtliche Situation hat sich seit dem 1.1.2009 insbesondere insofern verändert, als dass seit diesem Stichtag angeschaffte Anteile seitdem für Veräußerungsgewinne aus deren im Privatvermögen gehaltenen Anteilen an Kapitalgesellschaften, soweit es sich nicht um Anteile i.S.d. § 17 EStG handelt, die **Abgeltungssteuer** durch einen Kapitalertragsteuerabzug i.H.v. 25% der Einkünfte erfolgt (§ 43 Abs. 1 Nr. 9, Abs. 5 EStG i.V.m. § 43a Abs. 1 Nr. 1 EStG). Sofern es sich um Anteile i.S.d. § 17 EStG handelt findet das bereits genannte **Teileinkünfteverfahren** Anwendung.

---
37 Vgl. *Wüstenhöfer*, DStR 1994, 950 ff.; *Jacobs*, DStR 2001, 806 f. mit Berechnungsbeispielen.
38 Dazu OFD Düsseldorf v. 5.11.2001, BB 2002, 131.
39 BFH BB 2002, 133.

56 Die Veräußerungsgewinne aus Mitunternehmeranteilen im Bereich der Einkommensteuerbesteuerung erfahren aber zumindest insoweit eine einkommensteuerliche Privilegierung, als sie der sog. **Fünftelungsregelung** nach § 34 Abs. 1 EStG unterworfen werden können. Die daraus resultierenden Steuervorteile sind allerdings in aller Regel nicht sehr wesentlich.

57 Werden Anteile an einer Kapitalgesellschaft durch eine **andere Kapitalgesellschaft** veräußert, werden die daraus resultierenden Veräußerungsgewinne ebenso behandelt wie Gewinnausschüttungen der einen Kapitalgesellschaft an die andere Kapitalgesellschaft, sie sind nämlich nach § 8b Abs. 2 KStG steuerfrei. Erst bei der Ausschüttung des Veräußerungsgewinns an die hinter der veräußernden Kapitalgesellschaft stehenden Personen erfolgt die dortige Einkommensteuerbesteuerung nach den Verfahrensregelungen (siehe dazu Rn 36ff.)[40] Die vorstehend dargestellte Steuerfreiheit von Veräußerungsgewinnen in Kapitalgesellschaften wird aber dann nicht gewährt, wenn vor dem 1.1.2002 die nunmehr veräußerte Beteiligung an einer anderen Kapitalgesellschaft steuerwirksam einer auch derzeit noch bestehenden **Teilwertabschreibung** unterworfen worden waren.

58 Auch Veräußerungsverluste aus der Veräußerung von Beteiligungen werden – je nach Rechtsform – steuerlich unterschiedlich behandelt. Auch insoweit kann keine allgemeine Vorteilhaftigkeitsaussage zugunsten der einen oder der anderen Rechtsform gemacht werden.[41] Bei Kapitalgesellschaften sind dabei insbesondere die einschränkenden Vorschriften der §§ 3c Abs. 2, 17 Abs. 2 S. 4 EStG zu berücksichtigen bzw. im Zusammenhang mit beabsichtigten Verlustübertragungen die einschränkenden Vorschriften des § 8 Abs. 4 KStG bzw. des § 12 Abs. 3 UmwStG.[42]

ii) Unternehmensnachfolge

59 Im Rahmen der steuerlichen Behandlung der Unternehmer- bzw. Unternehmensnachfolge (vorweggenommene Erbfolge oder Erbfolge) wird auf die Ausführungen unter Rn 29 ff. verwiesen.

jj) Unternehmensumwandlung und -umstrukturierung

60 Im Bereich der Unternehmensumstrukturierungen lässt sich demgegenüber wiederum regelmäßig eine Nachteilhaftigkeit der Kapitalgesellschaft gegenüber dem Personenunternehmen feststellen. Während bei Personenunternehmen aufgrund der Neuregelung des § 6 Abs. 5 S. 3 bis 5 EStG seit dem 1.1.2002 steuerneutrale Übertragungen selbst von Einzelwirtschaftsgütern zwischen Betriebs-, Gesamthands- und Sonderbetriebsvermögen möglich sind,[43] ist bei der Umwandlung von Kapitalgesellschaften in Personenunternehmen eine steuerneutrale Buchwertübertragung nur möglich, wenn ein **Teilbetrieb** übertragen wird.[44] Darüber hinaus können auch bei der Umwandlung von Kapitalgesellschaften in Personengesellschaften **Verlustabzugsmöglichkeiten** nach § 10d EStG nicht mitübertragen werden.

61 Sind allerdings Teilwertabschreibungen auf Gesellschaftsbeteiligungen erfolgt und liegen zwischenzeitlich Gründe für eine Zuschreibung vor, gilt durch die Neuregelung des Steuerentlastungsgesetzes ein strenges **Wertaufholungsgebot** (§ 6 Abs. 1 Nr. 1 S. 4, Nr. 2 S. 3 EStG).

---

40 Dazu *Lechner*, Stbg. 2001, 201 ff.
41 Vgl. dazu *Schmidt*, GmbH-StB 2001, 22, 26.
42 Vgl. dazu *Schmidt*, GmbH-StB 2001, 22, 26; *Schmidt*, GmbH-StB 1999, 233; *Stuhldreier*, EStB 2000, 406.
43 Dazu OFD Koblenz v. 17.1.2001, BB 2001, 829; OFD Frankfurt/M. a.M. v. 14.2.2001, GmbHR 2001, 450; BMF v. 7.6.2001, DStR 2001, 1073; dazu auch *Kloster/Kloster*, GmbHR 2001, 420 ff.
44 *Neumayer*, Sonderheft Unternehmenssteuerreform, GmbH-StB 2000, 28; *Schmidt*, GmbH-StB 2001, 22, 29.

III. Betriebsaufspaltung als Gestaltungsalternative und Gestaltungsproblem

1. Zivilrechtliche Grundlagen und Motive

Die Betriebsaufspaltung ist letztlich eine dritte Gestaltungsform, die aber Wesensmerkmale aus dem Bereich der Personen- und der Kapitalgesellschaften hat und in ihrer häufigsten Gestaltungsform, nämlich als **Besitz-Personenunternehmen** und **Betriebs-Kapitalgesellschaft**, letztlich weitgehend den steuerlichen Regeln für Personenunternehmen unterliegt.[45] Bei der Betriebsaufspaltung überlässt ein Besitzunternehmen wesentliche Betriebsgrundlagen einer von ihm bzw. seinen Anteilseignern beherrschten Betriebsgesellschaft zum Zwecke der Betriebsführung bzw. Betriebsfortführung. Wesensmerkmal ist, dass das Besitzunternehmen und die Betriebsgesellschaft unter einem **einheitlichen geschäftlichen Betätigungswillen** geführt werden.[46] 62

Die Betriebsaufspaltung beruht zunächst sicherlich (auch) auf zivilrechtlichen, nämlich insbesondere auf **haftungsrechtlichen Überlegungen**. Sie dient der Trennung des unternehmerischen Risikos vom werthaltigen unternehmensgebundenen Vermögen. Immobilien (bebaute und unbebaute) und sonstige Wirtschaftsgüter des Anlagevermögens, häufig auch des Umlaufvermögens, sollen nicht zum Haftungssubstrat des am Markt operierenden Unternehmens gehören. Gegebenenfalls soll sogar nach einer Insolvenz der Betriebsgesellschaft das unternehmerische Vermögen für einen „Neuanfang" bzw. eine Auffanglösung wieder zur Verfügung stehen (eine Hoffnung, die sich angesichts der immer strenger gehandhabten Kapitalersatzregeln in aller Regel nicht verwirklichen lässt).[47] 63

Darüber hinaus ist das werthaltige unternehmerische Vermögen, insbesondere das Immobilienvermögen, häufig auch als Gegenstand lebzeitiger Übertragungen im Rahmen **vorweggenommener Erbfolge** im Familienkreis vorgesehen. Familienangehörigen kann so erbschaft- und schenkungsteuerlich privilegiert im Wege der „gestreckten" Übertragung schon vorzeitig etwas zugewandt werden und einkommensteuerlich kann dabei sogleich eine Aufteilung der Einkommensquelle erreicht werden mit der Folge der Progressionsmilderung und der Ausschöpfung der Grundfreibeträge der beteiligten Angehörigen.[48] Allerdings soll die erbschaft- bzw. schenkungsteuerliche Bewertung eines Grundstücks im Rahmen einer Betriebsaufspaltung nicht anhand der tatsächlich erzielten (nicht marktüblichen) Miete erfolgen.[49] Auch der Grundsteuerbefreiungstatbestand nach § 4 Nr. 6 S. 2 GrStG wegen einer begünstigten Tätigkeit der Betriebsgesellschaft soll nicht ohne weiteres auf das Besitzunternehmen ausstrahlen.[50] 64

2. Betriebsaufspaltung in steuerlicher Hinsicht
a) Wirtschaftliche Betrachtungsweise

Die bloße Verwaltung eigenen Vermögens stellt regelmäßig keine gewerbliche Tätigkeit dar. Vermietung und Verpachtung von Immobilien und sonstigem Anlagevermögen und/oder die 65

---

[45] Siehe daneben zur sog. mitunternehmerischen Betriebsaufspaltung BFH DStR 1996, 1521; BFH DStRE 1999, 215; dazu auch *Söffing*, DStR 2001, 158.
[46] BFH BStBl II 1972, 63; H 137 Abs. 6 EStR bzw. R 15.7 Abs. 4 EStR.
[47] Siehe zur sog. eigenkapitalersetzenden Nutzungsüberlassung Weisemann/Smid (Hrsg.)/*Arens*, Kap. 11, S. 362 ff., Rn 58 ff. m.w.N. sowie im Folgenden § 11 Rn 11, 66 f.
[48] Zu der einschränkenden Auffassung des BFH zum Begriff der „vorweggenommenen Erbfolge" im Urteil v. 25.1.2001 – II R 52/98, DStR 2001, 573 m. Anm. *Mößlang* siehe die Kritik von *Moench*, DStR 2001, 896; *Reich*, ZNotP 2001, 276; *Gebel*, BB 2001, 1345; *Götz*, GmbHR 2001, 443; *Scherer/Geuyen*, BB 2001, 821; *Jülicher*, DStR 2001, 769; *Kröller/Fischer/Dürr*, BB 2001, 1707 sowie den ländereinheitlichen Nichtanwendungserlass vom 15.5.2001, DStR 2001, 896 m. Anm. *Moench*.
[49] FG Baden-Württemberg DStRE 2002, 1076; dazu *Langenmayr/Dreßler*, DStR 2002, 1076 m.w.N.; FG Baden-Württemberg DStRE 2003, 930 (Az. d. BFH: II R 4/03).
[50] BFH GmbHR 2003, 667.

Verpachtung eines Gewerbebetriebes sind deshalb grundsätzlich nicht als Gewerbebetrieb anzusehen.[51] Diese Regeln werden durchbrochen, wenn ein Fall der Betriebsaufspaltung vorliegt.

66   Bei diesem Sachverhalt, der sich äußerlich zunächst als reine Vermögensverwaltung durch Verpachtung darstellt, dürfen nach der Auffassung der Finanzgerichte und der Finanzverwaltung die wirtschaftlichen Zusammenhänge nicht unbeachtet bleiben (sog. **wirtschaftliche Betrachtungsweise**). Bei enger Verbindung des Besitzunternehmens, das in der Rechtsform des Personenunternehmens (Einzelunternehmen oder Personengesellschaft) betrieben wird, und einem Betriebsunternehmen, das üblicherweise in der Rechtsform einer GmbH betrieben wird, kann ggf. auch das Besitzunternehmen als Gewerbebetrieb anzusehen sein, mit den entsprechenden steuerlichen Folgen auch für dieses Besitzunternehmen hinsichtlich der Einkünfte und des Vermögens.[52]

b) Steuerliche Konsequenzen für Einkünfte und Vermögen

67   Die gewerbliche Tätigkeit des Betriebsunternehmens prägt dann nämlich auch die Einkünfte und das Vermögen des Besitzunternehmens:
– Die **Einkünfte** des Besitzunternehmens (Miet- bzw. Pachteinkünfte) gelten dann als Einkünfte aus Gewerbebetrieb i.S.v. § 15 EStG und unterliegen auch der Gewerbesteuer.
– Das **Vermögen** der Besitzunternehmung gilt als Betriebsvermögen mit der entsprechenden steuerlichen Verhaftung.[53]
– Die **Anteile** der Gesellschafter des Betriebsunternehmens gelten ebenfalls als Betriebsvermögen.

68   Die Ausstrahlung der gewerblichen Tätigkeit des Betriebsunternehmens auf das Besitzunternehmen umfasst dabei auch die Einkünfte und die Anteile der Personen, die nur am Besitzunternehmen beteiligt sind.

c) Begriffsbestimmungen

69   Eine solche **Betriebsaufspaltung** liegt vor, wenn das Besitzunternehmen Wirtschaftsgüter, die zu den wesentlichen Grundlagen des Betriebes gehören, insbesondere Grundstücke und Maschinen, leih-, miet- oder pachtweise dem mit ihm personell und sachlich verflochtenen Betriebsunternehmen zum Zwecke der Weiterführung des Betriebes überlässt.[54]

70   Erforderlich sind also – kumulativ –
– die sog. personelle Verflechtung und
– die sog. sachliche Verflechtung
des Besitz- und des Betriebsunternehmens.

71   Von einer **echten Betriebsaufspaltung** spricht man, wenn das Besitzunternehmen das Betriebsunternehmen gegründet hat und beherrscht. Von einer **unechten oder uneigentlichen Betriebsaufspaltung** spricht man, wenn das Besitzunternehmen und das Betriebsunternehmen nicht durch eine solche Aufspaltung entstanden sind, sondern als zwei getrennte Betriebe errichtet worden sind.

---

51   Vgl. Abschn. 137 Abs. 1 EStR 1996; dazu umfassend OFD Frankfurt/M. v. 21.2.2002 – S 2240 A – 28 St II 21, EStK § 15 EStG Fach 3 Karte 1.
52   Zur Verlagerung von GmbH-Verlusten durch unangemessen niedrige Pachtzahlungen an die Besitzgesellschaft siehe BFH GmbHR 1998, 692.
53   Zur Zurechnung der Gewinne aus Zeiträumen vor der Betriebsaufspaltung zu den Einkünften nach § 15 EStG bei späteren Gewinnausschüttungsbeschlüssen siehe BFH BB 2000, 443.
54   Vgl. dazu BFHE 171, 476 = BStBl II 1993, 718.

d) Sachliche und personelle Verflechtung

Sachliche Verflechtung: Für die erforderliche sachliche Verflechtung reicht es aus, wenn die überlassenen Wirtschaftsgüter bei dem Betriebsunternehmen eine der wesentlichen Betriebsgrundlagen darstellen.[55] Bei einem Grundstück ist die erforderliche wirtschaftliche Bedeutung für das Betriebsunternehmen nach der Rechtsprechung des BFH bereits dann gegeben, wenn die Betriebsführung durch die Lage des Grundstücks bestimmt wird, das Grundstück bzw. seine Bebauung auf die Bedürfnisse des Betriebs zugeschnitten ist oder das Betriebsunternehmen aus anderen innerbetrieblichen Gründen ohne ein Grundstück dieser Art den Betrieb nicht fortführen könnte.[56] Es soll ausreichen, dass die Immobilie (hier: Bürogebäude) „die räumliche und funktionale Grundlage für die Geschäftstätigkeit der Betriebsgesellschaft bildet" (**funktionale Betrachtungsweise**).[57] Daher können auch nicht besonders hergerichtete oder gestaltete Büroräume im Einfamilienhaus eine wesentliche Betriebsgrundlage darstellen, zumindest wenn es sich um die einzigen Räume der Betriebsgesellschaft handelt.[58] Auch die Untervermietung bzw. -verpachtung durch das Besitzunternehmen kann also ausreichend sein.[59] 72

Der BFH hat auch die Überlassung eines unbebauten Grundstücks im Wege der **Erbbaurechtsgewährung** durch das Besitzunternehmen an die Betriebsgesellschaft zum Zwecke der Bebauung mit einem Betriebsgebäude für die Besitzgesellschaft als „sachliche Verflechtung" angesehen.[60] 73

Personelle Verflechtung: Für die personelle Verflechtung ist nicht erforderlich, dass an beiden Unternehmen identische Beteiligungsquoten derselben Personen bestehen. Es genügt, dass die Personen, die das Besitzunternehmen tatsächlich beherrschen, tatsächlich in der Lage sind, auch in dem Betriebsunternehmen ihren Willen durchzusetzen (und umgekehrt). Sog. **Beteiligungsidentität** ist also nicht erforderlich, es reicht sog. **Beherrschungsidentität** aus.[61] 74

Die Voraussetzungen der personellen Verflechtung liegen aber nicht vor, wenn die **Beteiligungsverhältnisse krass gegenläufig** in dem Besitz- und in dem Betriebsunternehmen gestaltet sind[62] oder wenn ein Gesellschafter der Besitzgesellschaft nicht auch Gesellschafter der Betriebsgesellschaft ist und nach dem Gesellschaftsvertrag der Besitzgesellschaft für alle Geschäfte im Zusammenhang mit den überlassenen Betriebsgrundlagen **Einstimmigkeit** erforderlich ist.[63] 75

Wegen der weiteren Einzelheiten zur personellen Verflechtung kann auf die Darstellung in § 11 und auf die sehr ausführliche und mit umfangreichen Nachweisen aus der Rechtsprechung des BFH versehene Darstellung in der Kommentar- und Aufsatzliteratur verwiesen werden.[64] 76

---

[55] Zur Frage einer absoluten Unwesentlichkeitsgrenze (unter 10% der gesamten Betriebsflächen bzw. -räume) siehe BFHE 196, 59 = BStBl II 2002, 537; BFHE 203, 373 = BStBl II 2004, 985; vgl. auch BFH BStBl II 2005, 130; FG Köln DStR 2006, 1254 n.rk.
[56] BFH BStBl II 1993, 718 = DB 1993, 1903, dazu OFD München v. 21.12.1994, DB 1995, 118 f. und OFD Cottbus v. 30.1.1995, GmbHR 1995, 319.
[57] BFH GmbHR 2000, 1205; dazu mit Bestimmung einer Übergangsfrist BMF v. 18.9.2001, BStBl I 2001, 634 = DStR 2001, 1703: ab 1.1.2002, dann verlängert bis 1.7.2002 durch BMF v. 20.12.2001, BStBl I 2002, 88; dazu auch OFD Frankfurt/M. v. 21.2.2002 – S 2240 A – 28 St II 21; und nochmals verlängert bis zum 31.12.2002 durch BMF v. 11.6.2002, BStBl I 2002, 647 = GmbHR 2002, 663; dazu auch *Stapelfeld*, DStR 2002, 112.
[58] BFH DStR 2006, 1829.
[59] BFH BStBl II 1989, 1014; BFH/NV 1993, 95; *L. Schmidt*, EStG, § 15 Rn 809.
[60] BFH GmbHR 2002, 593 m. Anm. *Bitz*.
[61] Vgl. BFH BStBl II 1987, 858; BFH BB 1994, 1195 = DB 1994, 1222; BFH DStR 1997, 64; BFH GmbHR 2000, 575; FG Schleswig-Holstein DStRE 2001, 626.
[62] BFH BStBl II 1994, 466; BFH GmbHR 1989, 174, im dortigen Fall: 98% zu 2% bzw. 2% zu 98%.
[63] BFH FR 1999, 596; dazu auch *Hermanns*, GmbHR 1999, 469 m.w.N; zu einer Gegenausnahme bei sich automatisch verlängernden Pachtverträgen siehe FG Nürnberg v. 28.6.2005 – I 320/01 – n.rk.
[64] *L. Schmidt*, EStG, § 15 EStG Anm. 140–151 und die dortigen umfangreichen Literaturnachweise sowie *Unvericht*, DB 1993, 995 und *Märkle*, BB 1994, 831.

e) Beendigung der Betriebsaufspaltung und ihre ertragsteuerlichen Folgen

77 Die Beendigung einer Betriebsaufspaltung führt regelmäßig unter dem Gesichtspunkt der Betriebsaufgabe des Besitzunternehmens zur Aufdeckung der dortigen **stillen Reserven** und der entsprechenden Besteuerung.[65] Es können aber auch die Grundsätze der „**Betriebsverpachtung**" bzw. des „**ruhenden Gewerbebetriebes**" in Betracht kommen.[66]

78 Die Finanzverwaltung hilft insoweit ferner auch mit einer **Billigkeitsregelung**, wonach der Steuerpflichtige das Wahlrecht zur Fortsetzung der gewerblichen Tätigkeit hat, wenn im Rahmen der Betriebsaufspaltung die personelle Verflechtung durch Eintritt der Volljährigkeit der bisher minderjährigen Kinder wegfällt (vgl. Abschn. 139 Abs. 2 S. 3 EStR 1996 und H 139 Abs. 2 zu Abschn. 139 Abs. 2 EStR 1996 bzw. R 139 Abs. 2 S. 3ff. EStR).

79 Bei Beendigung einer Betriebsaufspaltung gelten für das nunmehr nicht mehr als „gewerblich" geltende Besitzunternehmen die allgemeinen Folgen der **Betriebsaufgabe**.[67] Je nach Art und Umfang des Betriebsvermögens, sowie der Dauer der Betriebsvermögenseigenschaft können sich bedeutende Steuerbelastungen aus der Aufdeckung der stillen Reserven in Grund und Boden, aufstehenden Gebäuden, Maschinen und Anlagen, Umlaufvermögen und in den **Anteilen an der Betriebsgesellschaft** (GmbH-Anteilen) ergeben. Auch die GmbH-Anteile verlieren nach h.M.[68] nämlich die Betriebsvermögenseigenschaft und **gelten** ebenfalls **als entnommen**.

80 Ansonsten kann in der Gestaltungsberatung nur darauf hingewirkt werden, dass das Besitzunternehmen in der Form eines kraft Rechtsform gewerblich geprägten Unternehmens gestaltet wird, etwa als GmbH & Co. KG bzw. als sonstige **gewerblich geprägte Personengesellschaft** nach § 15 Abs. 3 Nr. 2 EStG.[69] Problematisch war bis zur Neufassung der §§ 1, 2, 4, 105 HGB zum 1.7.1998 durch das HRRefG insoweit aber, ob im Hinblick auf den Gesellschaftsgegenstand (Verwaltung/Verpachtung des eigenen Vermögens) überhaupt die Gewerblichkeit angenommen werden kann und ob einer solchen Gesellschaft die Eintragung in das Handelsregister nicht versagt wird. Dieses Problem ist durch die Neufassung gelöst. Seit dem 1.7.1998 können auch vermögensverwaltende Personenhandelsgesellschaften in das Handelsregister eingetragen werden.[70]

IV. Entscheidung für oder gegen die Kapitalgesellschaft, insbesondere die GmbH

1. Gründe gegen die Kapitalgesellschaft
a) Steuerliche Überlegungen

81 Es gibt sicherlich viele Gründe, statt der Rechtsform der Kapitalgesellschaft (insbesondere der GmbH) die Rechtsform des Personenunternehmens zu wählen.[71] Ein wesentliches Motiv resultiert in aller Regel aus den vorstehend bereits beschriebenen **steuerlichen Überlegungen,** also etwa:
– Möglichkeit der **Verlustsaldierung**, also des Ausgleichs von Verlusten des Unternehmens mit anderen positiven Einkünften des Inhabers bzw. der Gesellschafter;

---

65 Vgl. BFH BStBl II 1984, 474; BStBl II 1989, 363; BStBl II 1993, 87; BStBl II 1994, 23; BFH NV 1991, 439; *L. Schmidt*, EStG, § 15 Rn 865; *Heidel/Pauly*, Steuerrecht in der anwaltlichen Praxis, § 3 Rn 48; *Serotzki*, StuB 2001, 552; BFH ZIP 1997, 1199 = BB 1997, 1291 für den Fall der Insolvenz der Betriebsgesellschaft und BFH GmbHR 2001, 269 für den Fall der Verschmelzung und Einbringung der Betriebsgesellschaft.
66 BFH BStBl II 1998, 325; BFH GmbHR 2005, 947; BFH GmbHR 2006, 778.
67 *Heidel/Pauly*, Steuerrecht in der anwaltlichen Praxis, § 4 Rn 50 f.; *L. Schmidt*, EStG, § 15 Rn 865 ff.
68 BFH NV 2000, 559; *L. Schmidt*, EStG, § 15 Rn 865 m.w.N.
69 Vgl. dazu *Heidel/Pauly*, Steuerrecht in der anwaltlichen Praxis, § 3 Rn 50 und nachstehend Rn 89 ff.
70 Haag/Löffler/*Pelke*, HGB, § 2, Rn 12.
71 Dazu *Arens/Spieker*, Umwandlungsrecht in der Beratungspraxis, S. 23 f.; *Blaufus*, StB 2001, 208; *Höflacher/Wendlandt*, GmbHR 2001, 793.

- keine Gefahr der **verdeckten Gewinnausschüttungen**, insbesondere Vermeidung von steuerlichen Nachteilen durch Formverstöße;
- keine Beschränkung bzw. ertragsteuerliche „Bestrafung" der sog. **Gesellschafter-Fremdfinanzierung** (vgl. § 8b KStG);
- (häufig) Vorteile bei der Gewerbesteuer;
- (bis 2008) Vorteile bei der Erbschaft- und Schenkungsteuer.

Dennoch sollte aber das Motiv der Steuerersparnis bei Gestaltungs- und Umstrukturierungsüberlegungen nicht allein ausschlaggebend sein. Immer sollte darauf geachtet werden, dass für das Unternehmen und den Inhaber bzw. den Gesellschafterkreis eine solche Rechtsform gewählt wird, die nicht nur in steuerlicher Hinsicht, sondern auch 82
- in gesellschaftsrechtlicher Hinsicht
- in familienrechtlicher Hinsicht
- in erbrechtlicher Hinsicht
- in arbeitsrechtlicher Hinsicht und
- in mitbestimmungsrechtlicher Hinsicht

passend ist.

b) Publizität

Für **Kapitalgesellschaften** schreibt das HGB schon seit 1986 generell die Pflicht zur Offenlegung innerhalb von zwölf Monaten vor. Bei der GmbH ist dabei aber je nach Größe (kleine, mittelgroße oder große GmbH) der Umfang der Publizitätspflicht unterschiedlich geregelt (§§ 325ff. HGB). Besondere Erleichterungen sieht das Gesetz dabei für kleine GmbH vor.[72] 83

Die Größenmerkmale für GmbH sind in § 267 Abs. 1, 2 und 3 HGB geregelt: 84

Übersicht: Größenmerkmale für GmbH

Größenklasse	Bilanzsumme[73]	Umsatzerlöse[74]	Arbeitnehmer[75]
Mittelgroße Kapitalgesellschaften	4.840.000 EUR	9.680.000 EUR	50
Große Kapitalgesellschaften	19.250.000 EUR	38.500.000 EUR	250

Die Zuordnung nach den vorstehenden Größenmerkmalen erfolgt dann, wenn an zwei aufeinander folgenden Abschlussstichtagen jeweils mindestens zwei von drei der genannten Merkmale überschritten sind (§ 267 Abs. 4 HGB). Besonderheiten gelten in Umwandlungsfällen (§ 267 Abs. 4 S. 2 HGB).

Bei **Personengesellschaften**, bei denen ausschließlich eine juristische Person persönlich haftender Gesellschafter ist, ist für nach dem 31.12.1999 beginnende Geschäftsjahre durch das 85

---

[72] Dazu *Mohr*, GmbH-StB 2000, 78; *Schmidt*, GmbHR 2001, 22, 28.
[73] Nach Abzug eines auf der Aktivseite der Bilanz ausgewiesenen Fehlbetrages i.S.v. § 268 Abs. 3 HGB.
[74] In den letzten zwölf Monaten vor dem Abschlussstichtag; ergibt sich ohnehin aus der Gewinn- und Verlustrechnung, § 275 Abs. 2 Nr. 1, Abs. 3 Nr. 1 HGB; künftig: 32.120.000 EUR.
[75] Im Jahresdurchschnitt mit näherer Berechnung nach § 267 Abs. 5 HGB; die Arbeitnehmereigenschaft bestimmt sich nach dem allgemeinen Arbeitsrecht, Mitglieder der Geschäftsführung mit Organstellung zählen nicht mit, Teilzeitbeschäftigte zählen voll, dazu *Baumbach/Hopt*, HGB, § 267 Rn 1B; *Biener*, Wpg. 1972, 3.

Kapitalgesellschaften- und Co-Richtlinie-Gesetz vom 24.2.2000[76] (KapCoRiLiG) inzwischen ebenfalls die Verpflichtung zur Offenlegung geregelt worden (§§ 264a bis 264c, 325 HGB). Dies betrifft insbesondere die GmbH & Co. KG. Die Offenlegungspflicht in der GmbH & Co. KG (oder in der GmbH & Co. OHG) kann nur dadurch vermieden werden, dass
- mindestens eine natürliche Person persönlich haftender Gesellschafter wird, wodurch dann aber wiederum die gewerbliche Prägung nach § 15 Abs. 3 S. 2 EStG gefährdet werden kann, oder aber dadurch, dass
- die KG in den Konzernabschluss der Komplementär-GmbH einbezogen wird (§ 264b HGB).[77]

86 Das Gesetz war notwendig geworden aufgrund der erforderlichen Umsetzung einer Richtlinie der Europäischen Gemeinschaft. Auch hat der deutsche Gesetzgeber einige Entscheidungen des Europäischen Gerichtshofes (EuGH) umsetzen bzw. beachten müssen.

87 Ob die neuen Vorschriften bzw. die zugrunde liegende KapCo-Richtlinie aber nicht ihrerseits gegen Gemeinschaftsgrundrechte verstoßen, war zunächst streitig. Diese Bedenken haben sich aber in der gerichtlichen Praxis nicht durchgesetzt. Der EuGH hat inzwischen die Publizitätspflichten als nicht europarechtswidrig und damit als rechtmäßig bestätigt.[78]

88 Die Offenlegung muss nunmehr bei allen Gesellschaften **einheitlich innerhalb eines Jahres nach dem Abschlussstichtag** erfolgen. Seit dem 1.1.2007 erfolgt sie im elektronischen Bundesanzeiger. Die fehlende Offenlegung des Jahresabschlusses konnte früher auf Antrag Berechtigter lediglich durch ein Zwangsgeld gem. § 335 HGB geahndet werden. Da der EuGH dies als nicht richtlinienkonform beanstandet hatte, hat der Gesetzgeber anstelle des Zwangsgeldes ein **eigenständiges Ordnungsgeldverfahren** eingeführt. Das Ordnungsgeld muss festgesetzt werden, wenn die Gesellschaft ihrer Offenlegungspflicht nicht **innerhalb von sechs Wochen nach der Androhung** des Ordnungsgeldes nachkommt. Auch kann das Ordnungsgeld **mehrfach** festgesetzt werden, falls die Gesellschaft nach der ersten Verhängung ihrer Pflicht immer noch nicht nachkommt.

89 Eines Antrages bestimmter Personen oder Personengruppen bedarf es nicht mehr, sondern das Amtsgericht muss auf Antrag irgend einer beliebigen Person tätig werden (sog. „**Jedermannantrag**"). Es kann jedoch nicht von Amts wegen Ordnungsgeld verhängt werden. Es gelten:
- die **Strafvorschriften** der §§ 331–333 HGB,
- die **Bußgeldvorschriften** des § 334 HGB und
- die **Zwangs- und Ordnungsgeldvorschriften** der §§ 335, 335a HGB. Das Verfahren ist in § 140 Abs. 1 und Abs. 2 FGG geregelt.

90 Der offen zu legende Jahresabschluss entspricht in seinem **Umfang** nicht dem aufzustellenden Jahresabschluss. Es bestehen vielmehr **größenabhängige Erleichterungen: Kleine Gesellschaften** i.S.v. §§ 267, 264a HGB und auch kleine Kapitalgesellschaften haben wesentliche Erleichterungen bei der Offenlegung (§ 326 HGB). Diese brauchen lediglich die Bilanz und den Anhang **ohne** die Angaben die **Gewinn- und Verlustrechnung** betreffend offen zu legen; eine Offenlegung der Gewinn- und Verlustrechnung selbst ist nicht erforderlich. Darüber hinaus braucht **kein Lagebericht** aufgestellt zu werden. Durch die **Heraufsetzung der Schwellenwerte** werden sehr viele Gesellschaften in den Genuss dieser Erleichterungen kommen.

91 Im Gesetz ist nicht näher geregelt, zu welchem **Zeitpunkt** zur Vermeidung der Offenlegungspflicht im Gesellschafterkreis eine natürliche Person als persönlich haftender Gesellschaf-

---

76 BGBl I, 154.
77 Dazu *Tillmann*, GmbHR 1999, 1026; *Schmidt*, GmbH-StB 2001, 22, 28.
78 EuGH v. 23.9.2004 – C-435/02 und C-103/03, GmbHR 2004, 1463 = DB 2004, 2413; dazu EWiR 2004, 1229 (*Volmer*); *Schmidt*, GmbHR 2004, 1512; *Höfner*, GmbHR 2004, R 481; *Kiesel/Grimm*, DStR 2004, 2210.

ter vorhanden sein muss. Nach h.M. reicht es aber aus, dass dies zum **Bilanzstichtag** der Fall ist. Auch soll es insoweit ausreichen, wenn der betreffende persönlich haftender Gesellschafter zwar schon **beigetreten**, aber als solcher **(noch) nicht im Handelsregister eingetragen** ist, da die Handelsregistereintragung im Personengesellschaftsrecht lediglich deklaratorische Wirkung hat.[79]

Ob und unter welchen Voraussetzungen die Rechtsprechung dabei einen **Rechtsmissbrauch** annehmen würde, insbesondere wenn der betreffende persönlich haftender Gesellschafter kurz nach dem Bilanzstichtag wieder ausscheidet, vielleicht sogar ohne dass die Anmeldung seines Eintritts (und Austritts) zum Handelsregister erfolgt ist („**Mitternachtskomplementär**"), ist noch nicht geklärt. 92

Auch **Strohmanngestaltungen** (sog. „GmbH & Stroh-KG") bedürfen sorgfältiger gesellschaftsrechtlicher Prüfung. Da im Ordnungswidrigkeitenrecht, ebenso wie im Strafrecht, das sog. Analogieverbot gilt, dürfte zumindest die **Verhängung ordnungsrechtlicher Maßnahmen** nach (§§ 335a, 335b, 264a Abs. 1 HGB) in solchen Fällen **nicht zulässig** sein.[80] 93

Es bleibt allerdings die Gefahr, dass die Registergerichte diesen die handelsrechtliche Anerkennung versagen. Auch wird in der Literatur die Auffassung vertreten, dass ein weisungsberechtiger Kommanditist unbeschränkt persönlich haften kann, wenn der Komplementär **offensichtlich vermögenslos** und **von** einer eigenständigen **Geschäftsführung ausgeschlossen** ist.[81] 94

Deshalb sollte in der **Gestaltungspraxis** daran gedacht werden, dass 95
– dem Komplementär eine angemessene Haftungsvergütung zugesagt wird,
– kurzfristige Beteiligungen vermieden werden,
– kein wiederholtes Ein- und Austreten erfolgten,
– dem betreffenden Komplementär ggf. eine Kleinbeteiligung auch am Vermögen der KG eingeräumt werde und
– ihm ein Mindestmaß an Informations- und Kontrollrechten verbleibe.[82]

Nimmt man einen solchen Komplementär mit einer Kleinbeteiligung in den Gesellschafterkreis auf, muss im Rahmen der **gesellschaftsvertraglichen Gestaltung** darauf geachtet werde, 96
– dass die freie Übertragbarkeit seines Anteils ausgeschlossen wird,
– dass seine Erben im Erbgang nicht automatisch in die Gesellschafterstellung einrücken und
– dass er mit einem etwaigen Stimmrecht nicht die bisherigen Stimmrechtsverhältnisse konterkarieren kann.

Vermieden werden sollten aber auch in jedem Fall **Treuhandkonstruktionen**, bei denen der betreffenden Komplementär als Treuhänder für dahinter stehende Mitgesellschafter als Treugeber fungiert. Für die treugebenden Mitgesellschafter besteht dann nämlich eine unabsehbare Haftungsgefahr.[83] Auf Treuhandvereinbarungen ist nämlich das **Auftragsrecht** des BGB anzuwenden. Der Komplementär hat als Treuhänder gegen den Altgesellschafter als Treugeber den Freistellungsanspruch unter dem Gesichtspunkt des „**Aufwendungsersatzes**" aus allgemeinem Auftragsrecht (§ 670 BGB).[84] Als Aufwendung i.S.d. Vorschrift gelten nämlich nicht nur freiwillige Leistungen des Beauftragten, sondern auch solche unfreiwilligen Belastungen, die mit dem 97

---

79 IDW RS HFA 7 „Zur Rechnungslegung bei Personenhandelsgesellschaften", Tz 5 und 6.
80 *Waßmer*, GmbHR 2002, 412.
81 *Bitter/Grashoff*, DB 2000, 833; *Dorozala/Söffing*, DStR 2000, 1567; *Zimmer/Eckhold*, NJW 2000, 1361.
82 *Waßmer*, GmbHR 2002, 412; *Winkeljohann/Schindhelm*, Das KapCoRiLiG 2000, S. 265.
83 Vgl. dazu allgemein *Schaub*, DStR 1996, 65 ff.
84 Zur Umwandlung des Freistellungsanspruchs eines Treuhand-Gesellschafters in einen Zahlungsanspruch gegen den Treugeber siehe BGH ZIP 2001, 789; dazu EWiR 2001, 583 (*Armbrüster*).

Auftrag „typischerweise" verbunden sind. Die auftragsgemäß übernommene persönliche Haftung eines Komplementärs ist aber „typischerweise" mit persönlicher Haftungsinanspruchnahme verbunden.

2. Gründe für die Kapitalgesellschaft

98 Vor diesem Hintergrund muss man sich bei der Rechtsformwahl bzw. bei Umstrukturierungsüberlegungen auch immer klar machen, dass mit dem Weg in das Personenunternehmen bzw. aus der GmbH auch auf bestimmte **Vorteile der Kapitalgesellschaft** möglicherweise verzichtet wird oder sie aufgegeben werden.[85] Zu nennen sind beispielsweise:
- Haftungsbegrenzung
- Ermöglichung der Fremdgeschäftsführung
- leichtere Gestaltung der Unternehmensnachfolge bzw. einer Unternehmensveräußerung
- mögliche Anonymität des Gesellschafterkreises
- Stärkung der Rechte von Minderheitsgesellschaftern
- leichtere Trennung der Gesellschafterstämme
- Möglichkeit der Kapitalsammlung ohne Einräumung von unternehmerischen Einflüssen an die Kapitalgeber
- Gestaltungsfreiheit bezüglich des Umfangs des Betriebsvermögens
- Inanspruchnahme der Halbeinkünftebesteuerung nach der Unternehmenssteuerreform
- Abzugsfähigkeit der Unternehmervergütung bzw. der Rückstellungen für die Altersversorgung des Unternehmers, auch bei der gewerbesteuerlichen Bemessungsgrundlage
- Abschirmungswirkung der Kapitalgesellschaft in steuerlicher Hinsicht für ihre Gesellschafter, insbesondere bei Thesaurierung von Gewinnen bzw. durch gezielte Ausschüttungspolitik je nach persönlichem Steuersatz der Gesellschafter
- mögliche Vorteile bei der Besteuerung der Anteilsveräußerung (§§ 3 Nr. 40, 20 Abs. 2a EStG)
- keine insolvenzrechtliche Haftung für bezogene Dienstvergütungen.[86]

3. Alternativen und Mischformen

99 Sollen die steuerlichen Nachteile einer GmbH vermieden werden, andererseits aber die Vorteile der Haftungsbeschränkung erhalten bleiben, bietet sich insbesondere die Gestaltungsform der **GmbH & Co. KG** (siehe Rn 129 ff.) an oder die Möglichkeit, durch eine **GmbH & atypisch Still** (siehe § 12 „Innengesellschaften" Rn 117 ff.) auch einen entsprechenden Mittelweg zwischen Kapital- und Personenunternehmen zu gestalten. Ferner kann möglicherweise aber auch die nach der Rechtsprechung des BGH zulässige, aber nur eingeschränkt wirksame Gestaltungsform der **Gesellschaft bürgerlichen Rechts mit beschränkter Haftung** (GbR mbH; siehe Rn 170 ff.) gewählt werden, also einer GbR, bei der die persönliche Haftung auf das Gesellschaftsvermögen beschränkt ist.[87] Als Alternative zur GmbH sind schließlich auch die **„kleine Aktiengesellschaft"** (siehe Rn 207 ff.) und die **GmbH & Co. KGaA** (siehe Rn 248 ff.) zu berücksichtigen.

4. Die gewerblich geprägte Personengesellschaft nach der HGB-Reform per 1.7.1998

100 Mit der am 3.4.1998 vom Deutschen Bundestag beschlossenen und am 8.5.1998 vom Bundesrat bestätigten Neuregelung im Rahmen des Handelsrechtsreformgesetzes hat der Gesetzgeber mit

---

[85] Dazu *Höflacher/Wendlandt*, GmbHR 2001, 793; *Blaufus*, StB 2001, 208.
[86] Dazu *Weisemann/Smid/Arens*, Kap. 11, S. 347 und unten Rn 146 ff.
[87] BGH DB 1987, 1246; BGH BB 1990, 1085; BGH DStR 1993, 1918; dazu *Arens*, Verlautbarungen des Steuerberaterinstituts, 1999, Heft 17.

Wirkung ab 1.7.1998 weitere Gestaltungsmöglichkeiten für die Gründung, die Umstrukturierung und die Umwandlung von Unternehmen eröffnet.

Bekanntlich ist der frühere **Kaufmannsbegriff** mit seinen Unterbegriffen „Musskaufmann", „Sollkaufmann", „Kann-Kaufmann" und „Minderkaufmann" **reformiert** worden. Kaufmann ist nunmehr jeder Gewerbetreibende, wobei nach § 1 Abs. 2 HGB n.F. als Handelsgewerbe jeder Gewerbebetrieb gilt, es sei denn, dass das Unternehmen nach Art und Umfang einen in kaufmännischer Weise eingerichteten Geschäftsbetrieb nicht erfordert. Jeder Gewerbetreibende wird also ohne Rücksicht auf den Umfang seiner gewerblichen Tätigkeit oder seine konkrete Branchenzugehörigkeit als Kaufmann angesehen. Ist ein in kaufmännischer Weise eingerichteter Geschäftsbetrieb nicht erforderlich, kann sich der Gewerbetreibende dennoch freiwillig in das Handelsregister eintragen lassen. Dies betrifft insbesondere auch sog. **Dienstleistungsunternehmen**. 101

Freie Berufe fallen dagegen nach wie vor nicht unter den Kaufmannsbegriff, ebenso wenig **land- und forstwirtschaftliche Betriebe**. 102

Für gewerblich tätige Personenunternehmen bedeutet dies, dass sich der Spielraum für Gestaltungsüberlegungen durch **freiwillige Handelsregistereintragung** enorm vergrößert. Dienstleistungsunternehmen bzw. minderkaufmännische Einzelunternehmen können eine freiwillige Handelsregistereintragung herbeiführen; ebenso können bisherige Gesellschaften bürgerlichen Rechts sich seitdem in der Rechtsform der Kommanditgesellschaft, der OHG oder der GmbH & Co. KG etablieren. So kann beispielsweise eine vermögensverwaltende GmbH & Co. KG zur Erlangung einer gewerblichen Prägung verwendet werden.[88] 103

Eine solche Eintragung in das Handelsregister für Einzelunternehmer bzw. für Personengesellschaften ist in diesem Zusammenhang von besonderer Wichtigkeit, weil eine vorherige Handelsregistereintragung Voraussetzung für verschiedene Umwandlungsmöglichkeiten nach dem **Umwandlungsgesetz** ist. Die (freiwillige) Eintragung in das Handelsregister ist also häufig erste notwendige Voraussetzung für eine weiter gehende Umstrukturierung durch einen Umwandlungsvorgang nach dem Umwandlungsgesetz 1995. 104

5. Freiberufler-Personenhandelsgesellschaften
a) Berufsrechtliche Grundlagen

Schon seit 1975 kann gemäß § 49 Abs. 2 StBerG eine OHG oder eine KG als Steuerberatungsgesellschaft anerkannt werden, wenn sie wegen ihrer Treuhandtätigkeit als Handelsgesellschaft im Handelsregister eingetragen ist. Eine entsprechende Regelung enthielt für Wirtschaftsprüfungsgesellschaften § 39 WPO a.F., die Vorgängervorschrift des heutigen § 27 WPO. Durch das Gesetz zur Stärkung der Berufsaufsicht und zur Reform berufsrechtlicher Regelungen in der Wirtschaftsprüferordnung vom 3.9.2007[89] mit Wirkung ab 12.4.2008 wurde sodann anerkannt, dass auch eine Wirtschaftsprüfungsgesellschaft bzw. eine Steuerberatungsgesellschaft persönlich haftender Gesellschafter einer solchen Personenhandelsgesellschaft sein kann. Damit wurde die berufsrechtliche Zulässigkeit der Wirtschaftsprüfungs- bzw. Steuerberatungs-GmbH & Co. KG geschaffen.[90] 105

Die berufsrechtliche Zulässigkeit solcher Freiberufler-GmbH & Co. KG ist gem. §§ 27 Abs. 2, 28 WPO n.F. bzw. §§ 49 Abs. 2, 50 Abs. 1 StBerG unzweifelhaft. Überraschenderweise wird aller- 106

---

88 Zum Beginn und Ende der Gewerbesteuerpflicht der gewerblich geprägten Personengesellschaft siehe BFH DStR 2004, 719; zur identitätswahrenden „Umwandlung" einer vermögensverwaltenden GbR in eine gesellschafteridentische GmbH & Co. KG ohne Auflassung siehe LG München v. 18.6.2001 – 1 T 8299/01, DNotI-Report 2001, 143.
89 Berufsaufsichtsreformgesetz – BARefG; BGBl I, 2178, mit Wirkung ab 6.9.2007 und durch das 8. Gesetz zur Änderung des Steuerberatungsgesetzes vom 8.4.2008 (8. StBerGÄndG), BGBl I, 666 Nr. 14.
90 So die Aussage in den BT-Drucks 16/7077, 30.

dings in jüngerer Zeit die handelsrechtliche Zulässigkeit und damit die Eintragungsfähigkeit solcher Freiberufler-GmbH & Co. KG im Handelsregister in Zweifel gezogen.[91] Von den berufsständischen Kammern wird berichtet, dass wiederholt vor diesem Hintergrund beantragte Eintragungen solcher Freiberufler-GmbH & Co. KG durch Registergerichte abgelehnt wurden. Die berufsständischen Kammern und das Institut der Wirtschaftsprüfer in Deutschland e.V. (IDW) haben den Gesetzgeber bzw. das Bundesjustizministerium aufgefordert, durch eine gesetzliche Klarstellung die Eintragung im Handelsregister sicherzustellen. Nach diesseitiger Rechtsauffassung ist die Eintragungsfähigkeit im Handelsregister schon auf der Grundlage der geltenden Rechtslage gegeben, die Diskussion darum erscheint sehr akademisch, ärgerlich und unnötig.[92]

107 Im **anwaltlichen Berufsrecht** fehlen gesetzliche Grundlagen für die Zulässigkeit von Rechtsanwalts-Personenhandelsgesellschaften, so dass dort schon die berufsrechtlichen Grundlagen für eine solche Gestaltungsform nicht gegeben sind. Diese „Ungleichbehandlung" ist auch verfassungsrechtlich nicht zu beanstanden.[93]

b) Argumente gegen die Eintragungsfähigkeit

108 Die fehlende Eintragungsfähigkeit der Freiberufler-GmbH & Co. KG wird damit begründet, dass angeblich keine der **drei Eintragungsalternativen** gem. §§ 105 Abs. 1, 105 Abs. 2 S. 1 Alt. 1 und § 105 Abs. 2 Abs. 1 Alt. 2 HGB erfüllt sei, wenn nicht die Treuhandtätigkeit der Freiberufler-GmbH & Co. KG gegenüber den Wirtschaftsprüfungs- bzw. Steuerberatungsdienstleistungen überwiege. Nur bei **überwiegender Treuhandtätigkeit** bestehe eine Eintragungsfähigkeit.[94]

109 Eine Eintragungsfähigkeit nach der Grundnorm des **§ 105 Abs. 1 HGB** sei nicht gegeben, da freiberufliche Tätigkeit gerade kein Handelsgewerbe im Sinne von § 1 sei. Die alternative Eintragungsvoraussetzung des **§ 105 Abs. 2 S. 1 Alt. 1 HGB** beziehe sich auf Kleingewerbetreibende im Sinne des § 2 HGB und setze ihrerseits auch wiederum voraus, dass ein Gewerbe wenn auch ein Kleingewerbe betrieben werde und in diesem Rahmen die gewerblichen Tätigkeitsanteile überwiegen; die Eintragungsalternative des **§ 105 Abs. 2 S. 1 Alt. 2 HGB** setze voraus, dass „nur eigenes Vermögen verwaltet" werde, danach seien also nur vermögensverwaltende Personenhandelsgesellschaften eintragungsfähig.

110 Aus der Tatsache, dass der Gesetzgeber – ausweislich der Ausführungen in den Bundestagsdrucksachen die **berufsrechtliche Zulässigkeit** von Wirtschaftsprüfungs- und Steuerberatungs-GmbH & Co. KG habe regeln wollen, folge nicht, dass damit auch die handelsrechtlichen Voraussetzungen für die Eintragungsfähigkeit verändert worden seien.

111 Wenn also nicht die Treuhandtätigkeit der Freiberufler-Gesellschaft überwiege, und zwar nicht nur nach den Regelungen des Gesellschaftsvertrages sondern auch im Rahmen der tatsächlichen Berufsausübung, fehle nicht nur die Eintragungsfähigkeit im Handelsregister, sondern schon eingetragene Gesellschaften seien – nach Anhörung der Beteiligten gem. § 395 Abs. 2 FamFG – **von Amts wegen aus dem Handelsregister zu löschen** (§ 395 FamFG).

112 Eine **Haftungsbeschränkung der Kommanditisten** sei vor diesem Hintergrund dann auch nicht gegeben, da es sich dann bei diesen Freiberufler-Personenhandelsgesellschaften in Wirklichkeit um „Schein-KG", also um Gesellschaften bürgerlichen Rechts, mit **Vollhaftung aller Gesellschafter** handele. Auf eine Haftungsbeschränkung bei fälschlich eingetragenen Gesellschaften gem. § 15 Abs. 2 HGB könne sich der „Schein-Kommanditist" nicht berufen. § 15 Abs. 2

---

91 *Tersteegen*, NZG 2010, 651, 654 mit weiteren Literaturnachweisen.
92 Siehe dazu *Arens*, DStR 2011, 1825.
93 BGH, Urt. v. 18.7.2011 – AnwZ (Brfg) 18/10, AnwBl 2011, 774; das BVerfG hat die dagegen gerichtete Verfassungsbeschwerde nicht angenommen: BVerfG, Beschl. v. 6.12.2011 – 1 BvR 2280/11.
94 *Tersteegen*, NZG 2010, S. 651 ff.

HGB schütze das Vertrauen auf eine richtige Tatsache, die Vorschrift fingiere nicht die Richtigkeit einer falschen Eintragung.

c) Argumente für die Eintragungsfähigkeit

Zunächst fällt auf, dass die Diskussion um die angebliche fehlende Eintragungsfähigkeit von Freiberufler-GmbH & Co. KG, die nicht überwiegend Treuhandtätigkeit ausführen, erst aufgekommen ist, nachdem im Jahre 2007 die Wirtschaftsprüferordnung und im Jahre 2008 das Steuerberatungsgesetz die Zulässigkeit der Freiberufler-GmbH & Co. KG geregelt haben. Seit mehr als 35 Jahren ist aber die **„reine" Freiberufler-KG** berufsrechtlich für zulässig erklärt worden, in der Praxis in einer Vielzahl von Fällen als Rechtsform gewählt und in die Handelsregister worden. Die Argumentation, die nunmehr gegen die Freiberufler-GmbH & Co. KG vorgebracht wird, wäre auch gegen die „reine" Freiberufler-KG vorzubringen gewesen. Auch eine Freiberufler-KG ist eine Personenhandelsgesellschaft, deren Eintragungsvoraussetzungen sich nach § 105 HGB richten. Vor diesem Hintergrund kann man sich des Eindrucks nicht erwehren, als handele es sich bei der nunmehrigen Diskussion letztlich um den Versuch, die vom Gesetzgeber geregelte berufsrechtliche Zulässigkeit der Freiberufler-GmbH & Co. KG durch die Hintertür des Handelsrechts aus berufspolitischen Gründen wieder zu bekämpfen. 113

Ausgeblendet wird bei der Gegenargumentation insbesondere auch die Tatsache, dass der **Gesetzgeber** bei den Änderungen der WPO im Jahre 2007 bzw. des Steuerberatungsgesetzes im Jahre 2008 die mehr als 30-jährige Praxis der Eintragung von „reinen" Freiberufler-KG kannte und wusste, dass die wenigsten davon überwiegend Treuhandtätigkeit als Dienstleistung anbieten. Er hat somit die Zulässigkeit einer Freiberufler-KG, bei der Treuhandtätigkeit nicht überwiegt, **in seinen rechtspolitischen Gestaltungswillen aufgenommen** und letztlich nur noch zusätzlich die Freiberufler-GmbH & Co. KG ergänzend zulassen wollen. 114

Vor diesem Hintergrund kann auch die Argumentation nicht überzeugen, wonach der Gesetzgeber lediglich die berufsrechtliche Zulässigkeit ändern wollte, ohne damit auch eine Regelung für die handelsrechtliche Zulässigkeit (Eintragungsfähigkeit) zu treffen. Verkannt wird, dass der Gesetzgeber sowohl in **§ 27 Abs. 2 WPO** als auch in **§ 49 Abs. 2 StBerG** mit dem Nachsatz „Wenn Sie wegen Ihrer Treuhandtätigkeit als Handelsgesellschaft in das Handelsregister eingetragen worden sind" eine klare Aussage getroffen hat. Der Gesetzgeber hat dort weder von einer „überwiegenden" Treuhandtätigkeit gesprochen noch sonstige Vorbehalte wegen einer Eintragungsfähigkeit gemacht. Ihm war bei der Neufassung der zitierten Vorschriften die jahrzehntelange Praxis bekannt, wonach bei solchen Kommanditgesellschaften die Treuhandtätigkeit gerade nicht überwiegt. 115

Die Gegenargumentation übersieht, dass es nicht verschiedene Gesetzgeber gibt, sondern im Rahmen der Einheit der Rechtsordnung nur den einen Gesetzgeber. Bei der Gesetzesauslegung gilt insbesondere, dass das spätere Gesetz das frühere und dass das speziellere Gesetz das allgemeinere verdrängt. Bezogen auf § 105 HGB sind die §§ 27 Abs. 2, 28 WPO n.F. bzw. §§ 49 Abs. 2, 50 Abs. 1 StBerG **die späteren und die spezielleren Gesetzesvorschriften**. Sie verdrängen ein etwaiges „Überwiegenserfordernis", wie es in § 105 HGB hineininterpretiert wird. 116

Die Gegenargumentation verkennt auch, dass der Gesetzgeber an anderer Stelle, nämlich einerseits im **Eingangssatz des § 15 Abs. 3 EStG** und andererseits in **§ 15 Abs. 3 Nr. 2 EStG** Wertungsvorgaben gemacht, die nach dem **Grundsatz der „Einheit der Rechtsordnung"** auch handelsrechtlich zu beachten sind. 117

Nach dem Eingangssatz des § 15 Abs. 3 EStG gilt *in vollem Umfang ... als Gewerbebetrieb ... die mit Einkünfteerzielungsabsicht unternommene Tätigkeit* einer Personen- bzw. Personenhandelsgesellschaft. Bekanntlich wird daraus die sog. **„Abfärbewirkung"** bzw. **„Infektionswirkung"** auch nur **untergeordneter gewerblicher Tätigkeiten** auf die Gesamttätigkeit abgeleitet. Auch wenn die Treuhandtätigkeit die sonstige freiberufliche Tätigkeit nicht überwiegt, infiziert 118 sie diese jedoch und macht die gesamte Tätigkeit damit zur gewerblichen Tätigkeit. Mit diesem ertragsteuerlichen Befund setzt sich die Gegenmeinung überhaupt nicht auseinander.

119 Entsprechendes gilt für die sog. **„gewerblich geprägten Personengesellschaften"** im Sinne von § 15 Abs. 3 Nr. 2 EStG, die allein aufgrund ihrer **Strukturmerkmale** der Gewerblichkeit zugerechnet werden. Gerade eine Freiberufler-GmbH & Co. KG erfüllt diese Voraussetzungen und gilt damit ohne weiteres kraft ihrer Strukturmerkmale als gewerblich.

120 Die Gegenargumentation setzt sich auch nicht mit dem **Rechtsgedanken des § 6 HGB** auseinander, der Handelsgesellschaften aufgrund ihrer Rechtsform die Kaufmannseigenschaft und damit die Gewerblichkeit zurechnet (sog. **„Formkaufleute"**). In diesem Rahmen stellt sich sodann auch die Frage, warum eine Freiberufler-GmbH, die ausschließlich freiberufliche Tätigkeit verrichtet, kraft ihrer Rechtsform Kaufmannseigenschaft und Gewerblichkeit und somit Eintragungsfähigkeit haben soll, während eine Freiberufler-GmbH & Co. KG diese Möglichkeit nicht haben soll, wenn ihre berufsrechtlichen Voraussetzungen erfüllt sind. Die ablehnende Haltung müsste schon im Lichte des Art. 3 GG (**Gleichbehandlungsgrundsatz**) erklären können, warum eine Freiberufler-Personengesellschaft nicht ebenso wie eine Freiberufler-GmbH im Handelsregister eingetragen werden soll,
– wenn sie bei **nur untergeordneter gewerblicher Tätigkeit** steuerlich als Gewerbebetrieb mit der Folge der **Gewerbesteuerpflicht** auf alle Einkünfte behandelt wird;
– wenn sie bestimmte Strukturmerkmale, nämlich die des § 15 Abs. 3 Nr. 2 EStG erfüllt, sogar dann, wenn sie **überhaupt keine gewerbliche Tätigkeit** verrichtet,
– wenn sie gemäß § 6 HGB als **Formkaufmann** gilt.

121 Die Eintragungsfähigkeit einer Freiberufler-KG und einer Freiberufler-GmbH & Co. KG ergibt sich jedoch schon unmittelbar aus **§ 105 Abs. 2 S. 1 Alt. 1 HGB**, zumindest wenn auch **Treuhandtätigkeit** verrichtet wird. Treuhandtätigkeit ist anerkanntermaßen gewerbliche Tätigkeit. Mag die Treuhandtätigkeit auch keinen großen Umfang haben, ist sie doch – zumindest für sich gesehen – Kleingewerbe im Sinne von § 2 HGB und wäre bei einem **Einzelunternehmer** ohne weiteres im Rahmen eines freiwilligen Eintragungsantrages **eintragungsfähig**.

122 § 105 Abs. 2 S. 1 Alt. 1 HGB korrespondiert – wie sich schon aus der Verweisung in § 105 Abs. 2 S. 2 ergibt, mit **§ 2 HGB**. Auch eine Personengesellschaft, die nur in kleinerem Umfang Treuhandtätigkeit verrichtet (sog. **„Kleingewerbe"**) könnte somit **auf freiwilliger** Basis nach § 105 Abs. 2 S. 1 Alt. 1 HGB die Eintragung im Handelsregister als Personenhandelsgesellschaft erlangen. Vor diesem Hintergrund stellt sich die Frage, warum dies für eine Personengesellschaft nicht gelten soll, die daneben auch Freiberuflertätigkeit verrichtet. Das **Merkmal des „Überwiegens"** ist weder in § 2 HGB noch in § 105 HGB vom Gesetzgeber zur Eintragungsvoraussetzung gemacht worden. Das Argument, § 105 Abs. 2 S. 1 Alt. 1 HGB verlange, dass auch die kleingewerbliche Tätigkeit überwiege, ist durch nichts gerechtfertigt, weder durch den Gesetzeswortlaut, noch durch den Gesetzeszweck, noch durch irgendwelche Quellen in den Motiven des Gesetzgebers.

123 Vor diesem Hintergrund sieht *Karsten Schmidt* in § 105 Abs. 2 HGB den **Auffangtatbestand** für alle unternehmenstragenden Gesellschaften, einschließlich der Freiberufler-Gesellschaften.[95]

d) Angeblicher Zwang zur Löschung von Schein-Kommanditgesellschaften

124 Vor dem Hintergrund der vorstehenden Ausführungen ist nicht nur von der berufsrechtlichen Zulässigkeit von Steuerberatungs- und Wirtschaftsprüfungs-Handelsgesellschaften auszugehen,

---

[95] MüKo-HGB/*K. Schmidt*, § 105 Rn 58 ff.; *K. Schmidt*, DB 2009, 271; siehe auch *Heidel/Schall*, HGB, Kommentar, § 105, Rn 261.

sondern auch von ihrer **Eintragungsfähigkeit**, zumindest wenn sie auch Treuhandtätigkeit verrichten. Die Auffassung, solche Gesellschaften seien, wenn sie fälschlicherweise eingetragen worden seien, **von Amts wegen nach Anhörung zu löschen**, liegt aber auch schon aus Rechtsgründen neben der Sache.

Nach **§ 5 HGB** kann nach Eintragung einer Firma im Handelsregister gegenüber demjenigen, welcher sich auf die Eintragung beruft, nicht geltend gemacht werden, dass das unter der Firma betriebene Gewerbe kein Handelsgewerbe sei. § 5 HGB ist, zumindest in der Fassung des **Handelsrechtsreformgesetzes zum 1.7.1998**, dahingehend zu interpretieren sei, dass eingetragene Gewerbetreibende **unwiderruflich als Kaufleute gelten**. In § 5 HGB ist also nicht eine bloße Rechtsscheinvermutung angelegt, sondern eine **konstitutive, die Kaufmannseigenschaft begründende Wirkung**.[96] Auch wenn Teile der Kommentarliteratur vertreten, dass § 5 HGB nicht absolut wirke und zumindest dann, wenn kein Gewerbe oder kein Gewerbe mehr betrieben werde, durch eine **Amtslöschung mit Wirkung für die Zukunft** die Austragung betrieben werden könne[97] ist dies nur dahingehend zu verstehen, dass eine solche Löschung von Amts wegen **für die Zukunft** nur dann erfolgen kann, wenn **überhaupt kein Gewerbe betrieben** wird. Wenn aber zumindest noch eine Gewerblichkeit im Umfang eines **Kleingewerbes** betrieben wird, liegen diese Voraussetzungen nicht vor. Solange also eine Freiberufler-KG auch Treuhandtätigkeit verrichtet, liegen diese Löschungsvoraussetzungen gerade nicht vor.

e) Angebliche fehlende Haftungsbeschränkungen der Kommanditisten

Angesichts der vorstehenden Ausführungen ist die eingeschränkte Kommanditistenhaftung für eingetragene Freiberufler-KG ohne Weiteres anzunehmen.

Selbst wenn man aber den Gedanken der „Schein-KG" Rechnung tragen wollte, ergibt sich daraus nicht, dass die Schein-Kommanditisten auch unbeschränkt als Gesellschafter einer Gesellschaft bürgerlichen Rechts haften. Selbst die Gegenauffassung[98] erwägt, dass in einem solchen Fall die „Schein-KG" aufgrund ihrer nach außen verlautbarten Haftungsbeschränkung als „GbRmbH" zu betrachten sei und die Schein-Kommanditisten sich daher Gläubigern gegenüber sich auf eine entsprechende Haftungsbeschränkung berufen könnten, da aufgrund der Firmierung in der Handelsregistereintragung **kein schutzwürdiges Vertrauen der Gläubiger** in eine unbeschränkte Haftung der Gesellschafter bestehe.

Auch diese müßige Diskussion kann man sich ersparen, wenn man aus den vorstehend aufgeführten Gründen die Eintragungsfähigkeit einer Freiberufler-Kommanditgesellschaft, insbesondere auch einer Freiberufler-GmbH & Co. KG, anerkennt. Der Gesetzgeber wollte Wirtschaftsprüfungs- und Steuerberatungsgesellschaften in der Rechtsform der KG bzw. der GmbH & Co. KG zulassen und nicht Treuhandgesellschaften, die nebenbei auch Wirtschaftsprüfungs- bzw. Steuerberatungsdienstleistungen anbieten.

V. GmbH & Co. KG statt Kapitalgesellschaft

Auch die GmbH & Co. KG wirft in der Beratungs- und Gestaltungspraxis eine Vielzahl von Fragen und Problemen auf. Im Zusammenhang mit den Grundüberlegungen zur Rechtsformwahl können hier nur exemplarisch einige davon dargestellt werden. Gesellschaftsrechtlich, aber auch im Hinblick auf die ertragsteuerlichen Auswirkungen, ist zu unterscheiden zwischen der typischen

---

[96] Baumbach/*Hopt*, HGB, § 5, Rn 1.
[97] Heidel/*Schall*, HGB, § 5 Rn 2; Koller/Roth/*Morck*, HGB, § 5 Rn 2.
[98] *Tersteegen*, NZG 2010, 651, 654 f.

GmbH & Co. KG, der atypischen Ehegatten-GmbH & Co. KG und der Familien-GmbH & Co. KG im weiteren Sinne:[99]
- Typische oder echte GmbH & Co. KG (im engeren Sinne):
  Sowohl in der GmbH als auch in der KG sind dieselben Personen Gesellschafter
- Atypische Ehegatten-GmbH & Co. KG:
  Während in der GmbH der eine Ehepartner Gesellschafter ist, ist der andere Ehegatte alleiniger Kommanditist
- Familien-GmbH & Co. KG:
  Während ein oder beide Elternteile Gesellschafter der GmbH sind, sind die Kinder die Kommanditisten.

130 Während bei der typischen GmbH & Co. KG die **Geschäftsführergehälter** und die **Pensionsrückstellungen** ertragsteuerlich grundsätzlich nicht als Aufwand anerkannt werden, sondern als Vorausgewinn auf die Kommanditbeteiligung angesehen werden, mindern bei der atypischen Ehegatten-GmbH & Co. KG und bei der Familien-GmbH & Co. KG die Geschäftsführergehälter den Gewerbeertrag und es können für die Geschäftsführer auch Pensionsrückstellungen gebildet werden.

1. Tätigkeitsvergütungen (in der KG und) in der GmbH & Co. KG
a) Steuerrechtliche Behandlung
aa) Tätigkeitsvergütung als Sonderbetriebseinnahme oder Gewinnvorab?

131 Aufgrund der Regelung in § 15 Abs. 1 S. 1 Nr. 2 Hs. 2 EStG werden Vergütungen, die der Gesellschafter von der Gesellschaft für seine Tätigkeit im Dienst der Gesellschaft bezieht, den Einkünften aus Gewerbebetrieb zugerechnet, obwohl möglicherweise zivilrechtlich ein Dienstverhältnis zwischen dem Gesellschafter und der Gesellschaft vorliegt.[100] Dies gilt über die Verweisung des § 18 Abs. 4 S. 2 EStG entsprechend auch für Personengesellschaften (Mitunternehmerschaften) von selbständig Tätigen (Freiberuflern). Nur wenn Tätigkeitsvergütungen (oder Zinsen) als **Vorabgewinne** zu qualifizieren sind, sind sie mit verrechenbaren Verlustanteilen i.S.v. § 15a EStG auszugleichen, ansonsten gilt das sog. „**Saldierungsverbot**".[101]

bb) Einkommensteuerliche Folgen der Qualifizierung

132 Ergibt sich auf der Ebene der Gesellschaft ein Verlust, sind solche Tätigkeitsvergütungen bei einer Qualifizierung als **Sonderbetriebseinnahmen** den steuerpflichtigen Einkünften des Gesellschafters zuzurechnen, wobei der Verlust selbst bzw. die Beteiligung des Gesellschafters an dem Verlust auf der Ebene der Gesellschaft gem. § 15a EStG nur mit künftigen Gewinnen bzw. Gewinnanteilen verrechenbar ist. Auf der Ebene des Gesellschafters kommt es dann also auch in Verlustjahren zu entsprechenden steuerpflichtigen Einkünften in Form der Sonderbetriebseinnahmen. Diese Sonderbetriebseinnahmen sind mit dem Verlust auf der Ebene der Gesellschaft also nicht ausgleichsfähig (Saldierungsverbot).[102]

133   Das galt nach bisheriger Praxis unabhängig davon, ob die Tätigkeitsvergütung nach den gesellschaftsrechtlichen Vereinbarungen im Innenverhältnis der Gesellschafter zueinander als

---

99 Vgl. *Langenfeld/Gail*, Rn 283.1.
100 Zur Hinzurechnung einer durch eine beherrschte GmbH an den Kommanditisten der beherrschenden GmbH & Co. KG gezahlten Tätigkeitsvergütung zum Gewinn der KG und zur Behandlung als Sondervergütung nach § 15 Abs. 1 S. 1 Nr. 2 EStG siehe FG Rheinland-Pfalz DStRE 2002, 1383; Az. d. BFH: VIII B 192/02.
101 BFH BStBl II 1992, 167 = GmbHR 1992, 541; dazu *Arens*, steueranwaltsmagazin 2003, 34.
102 BFH DStRE 2001, 646.

Aufwand zu behandeln ist oder ob der Komplementär-GmbH als **Vorab-Vergütung** ein Gewinnanteil für die Geschäftsführung zusteht, den sie als Gehalt an ihren Kommanditisten-Geschäftsführer weiterleitet. Besonderheiten galten allenfalls dann, wenn die Komplementär-GmbH neben ihrer Funktion als Geschäftsführerin der GmbH & Co. KG noch einen eigenen wirtschaftlichen Geschäftszweig hat. In diesem Fall kann eine Aufteilung der Tätigkeitsvergütung an den Geschäftsführer dieser Komplementär-GmbH geboten sein.

cc) Neuere Rechtsprechung des BFH

Der BFH hat diese Auffassung zwischenzeitlich allerdings relativiert.[103] Die Qualifizierung als **Sonderbetriebseinnahmen** soll danach nunmehr nur dann noch in Betracht kommen, wenn die Vergütung nach dem Gesellschaftsvertrag als Kosten zu behandeln sein soll und insbesondere auch dann zu bezahlen sein soll, wenn kein (entsprechender) Gewinn erwirtschaftet wird. Fehle es an einer unmissverständlichen Vereinbarung, so handele es sich – im Zweifel – um eine bloße **Vorabvergütung** im Rahmen der Gewinnverteilungsabrede. Zu den Einkünften aus Gewerbebetrieb zählen nach § 15 Abs. 1 S. 1 Nr. 2 EStG auch Vergütungen, die der Gesellschafter für seine Tätigkeit im Dienst der Gesellschaft bezogen hat. Diese Vorschrift hat die Rechtsprechung auch auf Vergütungen angewandt, die bei einer GmbH & Co. KG der Kommanditist dafür erhält, dass er in seiner Eigenschaft als Geschäftsführer der Komplementär-GmbH die Geschäfte der KG führt.[104]

134

Dasselbe gilt nach dem BFH-Urteil vom 10.7.2002,[105] wenn eine KG eine nicht an ihr beteiligte Kapitalgesellschaft mit **Managementleistungen** beauftragt und diese Leistungen im Auftrag der Kapitalgesellschaft von einem Kommanditisten der KG erledigt werden. In diesem Fall seien deshalb die an die Kapitalgesellschaft geleisteten Entgeltzahlungen, soweit die Kapitalgesellschaft sie an die Kommanditisten weitergeleitet hat, als Sondervergütungen der Kommanditisten in die Gewinnfeststellung der KG einzubeziehen.

135

Entsprechendes gilt nach dieser Rechtsprechung auch für **Zinsansprüche** des Gesellschafters. Entscheidend für die Einordnung (als Vorabgewinn und nicht als Sonderbetriebseinnahme) soll dabei sein, dass es sich nicht um ein Darlehenskonto handelt, sondern um ein Kapitalkonto. Der Zinsanspruch muss also nach dem Saldo des (positiven) Kapitalkontos I und dem (ggf. negativen) Saldo des Kapitalkontos II als Saldo eines echten Kapitalkontos zu bestimmen sein.[106]

136

Die Abgrenzung zwischen Vorabgewinnen und Sonderbetriebseinnahmen dürfte seit dem Jahr 2001 an Bedeutung gewonnen haben, da der Anteil des Mitunternehmers am **Gewerbesteueranrechnungsvolumen** i.S.v. § 35 EStG n.F. nur nach dem Gewinnanteil und nicht auch unter Berücksichtigung von Sonderbetriebseinnahmen zu bemessen ist.

137

dd) Ertrag- und umsatzsteuerliche Behandlung der Vergütung der Komplementär-GmbH

Für die Vergütung, die die GmbH als Komplementärin in der GmbH & Co. KG erhält, gelten besondere **Angemessenheitskriterien**, insbesondere dann, wenn die GmbH reine Verwaltungs- und Haftungsfunktion hat.[107] Die der GmbH gezahlte Vergütung muss den Arbeitseinsatz für die Geschäftsführung (die allerdings nach Auffassung des BFH in der Regel tatsächlich bei den

138

---

103 BFH BStBl II 1999, 720; ähnlich auch zuvor bereits *Groh*, DStZ 2001, 358 m.w.N.
104 250BFH BStBl III 1960, 480 = GmbHR 1960, 200; BFH BStBl II 1995, 714 = GmbHR 1995, 915.
105 BFH BStBl II 2003, 191 = GmbHR 2003, 302, dazu Ortmann-Babel, DStZ 2003, 94; ähnlich auch FG Rheinland-Pfalz v. 22.4.2002 – 5 K 1329, n.v.; Az. d. BFH: VIII B 192/02.
106 BFH DStRE 2001, 646 = BStBl II 2001, 621; zur Abgrenzung von Kapital- und Darlehenskonten siehe auch BFH DStR 2002, 1480.
107 Vgl. BFH BStBl II 1968, 741.

Kommanditisten liegt), einen etwaigen Kapitaleinsatz und das Haftungsrisiko angemessen honorieren. Soweit nach einer solchen Prüfung der der GmbH zustehende Gewinnanteil als zu niedrig anzusehen ist, liegt eine verdeckte Gewinnausschüttung der GmbH an die Kommanditisten, die Gesellschafter der GmbH sind oder solchen Gesellschaftern nahe stehen, vor.[108]

139 Mit Urteil vom 17.7.1980[109] hatte der BFH eine Rechtsprechung begründet, wonach Geschäftsführung, Vertretung und Haftungsübernahme durch die geschäftsführungsbefugten Gesellschafter in einer Personengesellschaft keine umsatzsteuerbare Leistung des jeweiligen Gesellschafters an seine Personengesellschaft sei. Es liege keine Leistung „an einen anderen" vor, weil die Personengesellschaft nicht selbst, sondern durch ihre Vertretungsorgane handele (sog. **Organwaltertheorie**). Dieser Rechtsprechung hatte sich die Finanzverwaltung angeschlossen.[110]

140 Von dieser Rechtsauffassung ist der BFH mit Urteil vom 6.6.2002[111] abgerückt. Nach dieser neuen Rechtsprechung des BFH richtet sich die umsatzsteuerrechtliche Behandlung von Leistungen der Gesellschafter an die Gesellschaft danach, ob es sich um Leistungen handelt, die als Gesellschafterbeitrag durch die Beteiligung an Gewinn und Verlust der Gesellschaft abgegolten werden oder um Leistungen, die **(auch) gegen (Sonder-)Entgelte ausgeführt** werden und damit auf einen Leistungsaustausch gerichtet sind. Ein Leistungsaustausch setze lediglich voraus, dass ein Leistender und ein Leistungsempfänger vorhanden sind und der Leistung eine Gegenleistung (Entgelt) gegenübersteht, also ein unmittelbarer Zusammenhang zwischen Leistung und Gegenleistung besteht.

141 Geschäftsführungs- und Vertretungsleistungen, die eine GmbH als Gesellschafterin aufgrund eines Geschäftsbesorgungsvertrages gegen Vergütung ausführt, sind danach umsatzsteuerbar. Nach dem Wortlaut der Entscheidung des BFH vom 6.6.2002 ist davon auszugehen, dass die umsatzsteuerlichen Folgen bereits dann gezogen werden, wenn ein Gesellschafter **nicht ausschließlich durch seine Beteiligung an Gewinn und Verlust** der Gesellschaft die Leistungen **abgegolten** erhält, sondern (auch) durch ein (Sonder-)Entgelt. Ähnlich hatte der BFH zuvor schon für den Fall entschieden,[112] dass die Komplementär-GmbH als **Liquidatorin gegen (Sonder-)Entgelt** tätig wird.

142 Die Finanzverwaltung hat sich dieser Auffassung angeschlossen, allerdings mit BMF-Schreiben vom 13.12.2002[113] eine Übergangsfrist zunächst bis zum 30.6.2003 gewährt, die mit weiteren BMF-Schreiben vom 17.6.2003 und vom 23.12.2003[114] noch zweimal verlängert wurde. Danach ist die neue Rechtsprechung seit dem 1.4.2004 anzuwenden und die entgegenstehenden Anweisungen in Abschnitt 1 Abs. 8 S. 1, Abschnitt 17 Abs. 1 S. 10 und 11 und Abschnitt 18 Abs. 4 S. 1 UStR 2000 sind von diesem Zeitpunkt an nicht mehr anzuwenden.[115] Die geänderte Rechtsprechung ist auch für frühere, noch nicht bestandskräftige Veranlagungszeiträume anzuwenden, wenn dies – etwa wegen hoher Vorsteueransprüche der Komplementär-GmbH – günstig ist.

143 Die Komplementär-GmbHs müssen sich demgemäß für umsatzsteuerliche Zwecke bei der Finanzverwaltung registrieren lassen, falls dies bislang noch geschehen sein sollte und sie müssen über ihre **umsatzsteuerpflichtige Geschäftsführungstätigkeit** Rechnungen an die

---

108 BFH BStBl II 1968, 152.
109 BFH BStBl II 1980, 622.
110 Abschnitt 1 Abs. 8 S. 1, Abschnitt 17 Abs. 1 S. 10 und 11 und Abschnitt 18 Abs. 4 S. 1 UStR 2000.
111 BFH BStBl II 2003, 34 = DStR 2002, 1346 = GmbHR 2002, 1039 dazu *Berg*, DStR 2002, 1658; *Behrens/Schmitt*, GmbHR 2003, 123; *Heinrichshofen*, UStB 2002, 286; *Robisch*, UVR 2002, 361; *Stoffel*, StuB 2003, 409; *Zugmaier*, INF 2003, 309; *Kieker/Schiller*, NWB 2003, Fach 7, S. 6059.
112 BFH BB 1996, 679 = DStR 1996, 501.
113 BStBl I 2003, 68 = DStR 2003, 77 = GmbHR 2003, 123; dazu KÖSDI 2003, 13569.
114 BStBl I 2003, 378 = DStR 2003, 1123 = GmbHR 2003, 860 und BStBl I 2004, 240 = DStR 2004, 90 = GmbHR 2004, 124 m. Anm. Zugmaier; dazu gleichlautender Erlass v. 2.2.2005. OFD Düsseldorf, OFD Köln und OFD Münster, DStR 2005, 381; OFD Karlsruhe v. 29.4.2005, DStR 2005, 1143; Centrale-Gutachten, GmbHR 2004, 489.
115 Vgl. *Fabry/Jarsch*, GmbHR 2002, 1016; *Zugmaier*, DStR 2004, 124.

Personengesellschaft mit gesondertem Umsatzsteuerausweis erteilen, falls sie nicht die Kleinunternehmerregelung in Anspruch nehmen.

Das BMF geht im Schreiben vom 13.12.2002 letztlich noch über die Feststellungen des BFH **144** im Urteil vom 6.6.2002 hinaus, indem es die grundsätzliche **Selbständigkeit** der juristischen Person (GmbH) als Gesellschafter-Geschäftsführer nach § 2 Abs. 1 UStG bejaht und eine Ausnahme lediglich dann annimmt, wenn nach dem Gesamtbild der tatsächlichen Verhältnisse die juristische Person (GmbH) finanziell, wirtschaftlich und organisatorisch in das Unternehmen der Personengesellschaft, deren Geschäfte sie führt, so eingegliedert ist, dass ein **Organschaftsverhältnis** i.S.d. § 2 Abs. 2 Nr. 2 UStG vorliegt.

Für **natürliche Personen als Gesellschafter-Geschäftsführer** nimmt das BMF ebenfalls **145** Selbständigkeit nach § 2 Abs. 1 UStG an, wenn sie bei der Erbringung ihrer Geschäftsführungs- und Vertretungsleistungen nicht nach § 2 Abs. 2 Nr. 1 UStG so in die Gesellschaft eingegliedert sind, dass sie deren Weisungen zu folgen verpflichtet sind, z.B. durch arbeitsvertragliche Regelungen im Anstellungsvertrag. Dies soll aber nur ausnahmsweise gelten, im Regelfall soll keine Selbständigkeit anzunehmen sein.[116] Der BFH[117] ist dem zumindest im Ansatz gefolgt und hat für die Frage, ob der Geschäftsführer einer GmbH trotz seiner Organstellung mit der damit verbundenen Weisungsunterworfenheit (vgl. § 46 GmbHG) als selbstständig angesehen werden kann, auf die allgemeinen Merkmale und Indizien abgestellt. Eine selbständige Tätigkeit liege dann vor, wenn sie auf eigene Rechnung und eigene Verantwortung ausgeübt wird. Dabei sei nach ständiger Rechtsprechung des BFH das **Gesamtbild der Verhältnisse** maßgebend. Gewicht habe u.a. das Merkmal des Unternehmerrisikos in der Form des Vergütungsrisikos.

b) Insolvenzfestigkeit bezogener Geschäftsführervergütungen/Tätigkeitsvergütungen der Gesellschafter

aa) Tätigkeitsvergütungen in der Kapital- und der Personengesellschaft

Während in einer Kapitalgesellschaft, insbesondere in der GmbH, die vom Geschäftsführer bezogenen Dienstvergütungen zumindest im Grundsatz – vorbehaltlich einer insolvenzrechtlichen Anfechtbarkeit – als insolvenzfest gelten, also in der Vergangenheit bezogene Vergütungen auch im Insolvenzfall nicht zurückgezahlt werden müssen, ist bei der GmbH & Co. KG die Insolvenzfestigkeit bezogener Tätigkeitsvergütungen der Gesellschafter nicht sichergestellt. **146**

Selbst bei der GmbH ist aber auch nicht auszuschließen, dass entsprechend der Rechtsfigur **147** der eigenkapitalersetzenden Nutzungsüberlassung auch die **Rechtsfigur der eigenkapitalersetzenden Dienstleistung** zu einer entsprechenden insolvenzrechtlichen Haftung führen kann. Wenn nämlich nach den sog. **Lagergrundstücks-Entscheidungen des BGH** die während der „Krise" im Sinne des Eigenkapitalersatzrechts gezahlten Mieten oder Pachten im Zusammenhang mit der sog. eigenkapitalersetzenden Nutzungsüberlassung[118] von Gesellschaftern oder den Gesellschaftern nahe stehenden Personen als Vermietern/Verpächtern an die Gesellschaft ggf. zurückgezahlt werden müssen, stellt sich die Frage, ob nicht gleiches auch für während der „Krise" im eigenkapitalersatzrechtlichen Sinne gezahlte Tätigkeitsvergütungen gelten muss.[119] Die zivilrechtliche Rechtsprechung hat diese Rechtsfigur der Kapitalersatzhaftung bislang allerdings noch nicht übernommen.

---

[116] BMF v. 23.12.2003, BStBl I 2004, 240 = DStR 2004, 90; dazu Centrale-Gutachten, GmbHR 2004, 489.
[117] BFH DStR 2005, 919; dazu *Hiller/Robisch*, DStR 2005, 1125.
[118] BGH ZIP 1989, 1542, dazu EWiR 1990, 371 (*Fabricius*); BGH *ZIP 1993, 1874*, dazu EWiR 1994, 77 (*Eckert*); BGH ZIP *1994, 1441*, dazu EWiR 1994, 1107 (Fleck); BGH ZIP 1994, 1261, dazu EWiR 1994, 1201 (*Timm*); BGH ZIP 1997, 1375, dazu EWiR 1997, 753 (*v. Gerkan*); dazu Weisemann/Smid/*Arens*, Kap. 11, S. 362 ff.; *Sundermeier/Wilhelm*, DStR 1997, 1454 ff.; *Jebens/Wagner*, DB 1998, 2253; *Henkel*, GmbHR 2007, 139; *Schädel*, InVo 2007, 44.
[119] Vgl. *Haas/Dittrich*, DStR 2001, 623; *Treffer*, GmbHR 2002, 22.

148 Bei der GmbH & Co. KG stellt sich diese Frage dagegen sehr deutlich. Die von den Gesellschaftern bezogenen Tätigkeitsvergütungen, insbesondere die vom Gesellschafter-Geschäftsführer in der Komplementär-GmbH bezogene Dienstvergütung, stellt handelsrechtlich mangels anderer gesellschaftsvertraglicher Regelung eine Vorwegentnahme auf den Gewinnanteil des Gesellschafters für das betreffende Jahr (und ggf. einkommensteuerlich nach § 15 Abs. 1 S. 1 Nr. 2 EStG eine Sonderbetriebseinnahme) dar (siehe auch Rn 131 ff.). Ist aber aufgrund der wirtschaftlichen Situation des Unternehmens kein entsprechender entnahmefähiger Gewinn zu verzeichnen, so entsteht oder erweitert sich ein entsprechendes negatives Kapitalkonto des Gesellschafters.

bb) Dienstvergütung oder Überentnahme?

149 Nach § 169 Abs. 1 S. 2 HGB hat der Gesellschafter in der Kommanditgesellschaft aber keinen Anspruch auf Auszahlung von Gewinnen, solange sein Kapitalanteil durch Verlust unter den auf die **bedungene Einlage** geleisteten Betrag herabgemindert ist oder durch die Auszahlung unter diesen Betrag herabgemindert würde (sog. „**Entnahmesperre**"). Nach § 172 Abs. 4 S. 2 HGB gilt die Einlage des Kommanditisten gegenüber den Gläubigern der Gesellschaft als nicht geleistet, soweit ein Kommanditist Gewinnanteile entnimmt, während sein Kapitalanteil durch Verlust unter den Betrag der geleisteten Einlage herabgemindert ist oder soweit sein Kapitalkonto durch die Entnahme unter den bezeichneten Betrag herabgemindert wird.

150 Soweit also durch die Auszahlung von Tätigkeitsvergütungen an Gesellschafter oder Gesellschafter-Geschäftsführer in der GmbH & Co. KG entsprechende **negative Kapitalkonten**entwicklungen geschaffen werden, riskieren die Gesellschafter im Falle der späteren Insolvenz der Gesellschaft, vom Insolvenzverwalter über das Vermögen der Gesellschaft auf Rückzahlung derjenigen Tätigkeitsvergütungen in Anspruch genommen zu werden, die nicht von einem entsprechenden Gewinnanteil getragen waren.

151 Zwar trifft nach § 167 Abs. 3 HGB den Kommanditisten keine Nachschusspflicht für Verluste, und nach § 169 Abs. 2 HGB ist der Kommanditist auch nicht verpflichtet, bezogene Gewinne wegen späterer Verluste zurückzuzahlen. Nach den Vorschriften der §§ 169 Abs. 1 S. 2, 172 Abs. 4 S. 2 HGB ist der Kommanditist aber verpflichtet, sog. **Überentnahmen**, also nicht von einem entsprechenden Gewinn in den entsprechenden Jahren getragene Entnahmen, zurück zu gewähren. Es stellt sich also letztlich die Frage, ob in Verlustjahren bezogene Tätigkeitsvergütungen als solche „Überentnahmen" anzusehen sind oder ob sie außerhalb des Gesellschaftsverhältnisses liegende Dienstvergütungen nach §§ 611 ff. BGB sind, die vor dem Hintergrund des Gegenleistungscharakters insolvenzfest sind. Zumindest dann, wenn die Tätigkeitsvergütungen der Kommanditisten gesellschaftsvertraglich und nicht durch einen schuldrechtlich vereinbarten Dienstvertrag geregelt sind, besteht die dringende Gefahr, dass im Insolvenzfall eine Rückzahlung solcher Tätigkeitsvergütungen an die Gesellschaft, vertreten durch den Insolvenzverwalter, zu leisten ist.

cc) Insolvenzrechtliche Inanspruchnahme

152 Nach § 171 Abs. 2 HGB werden Einlageansprüche der Gesellschaft gegen die Kommanditisten nach Eröffnung des Insolvenzverfahrens ausschließlich durch den Insolvenzverwalter geltend gemacht. Entsprechende Regelungen sind seit dem 1.1.1999 auch in §§ 92, 93 InsO enthalten.[120] Vor dem Hintergrund des sog. **Konzentrationsprinzips im Insolvenzverfahren** soll die Geltendmachung von Haftungsansprüchen während des Insolvenzverfahrens allein durch

---

120 Dazu Weisemann/Smid/*Arens*, Kap. 11, S. 342 ff.

den Insolvenzverwalter erfolgen und zwar zur Vermeidung einer Konkurrenz unter den Gläubigern.

dd) Geschäftsführung durch einen Kommanditisten als Ausweg?

Als Lösungsansatz wird die Übertragung der Geschäftsführung auf den Kommanditisten gesehen. Dabei sind auch Regelungen möglich, wonach im Wege der internen Kompetenzverteilung die Geschäftsführung einzelner Kommanditisten nur für bestimmte Arten von Geschäften vorgesehen ist. Eine Vertretung durch den Kommanditisten setzte handelsrechtlich nach §§ 161 Abs. 2, 108 Abs. 2 HGB aber bisher voraus, dass der Kommanditist im Falle der Vertretung der Gesellschaft nach außen seine Namensunterschrift zur Aufbewahrung beim Registergericht zeichnete.[121] **153**

Wird die Geschäftsführung anstelle des persönlich haftenden Gesellschafters, also der Komplementär-GmbH, einem Kommanditisten übertragen, wäre die Geschäftsführungsvergütung auf der Grundlage eines Anstellungsvertrages mit dem Kommanditisten nach § 172 Abs. 4 HGB möglicherweise im Verlustfall nicht im Rahmen einer wiederauflebenden persönlichen Haftung vom Kommanditisten zu erstatten. Bei einer Vorab-Vergütung als Gegenleistung für die Geschäftsführungstätigkeit des Kommanditisten wäre dies der Fall. **154**

Problematisch ist in dieser Konstellation aber, dass die Gesellschaft nicht mehr gewerblich geprägt im Sinne von § 15 Abs. 3 Nr. 2 EStG wäre, zumindest wenn der Kommanditist eine natürliche Person ist.[122] **155**

Die Behandlung einer Tätigkeitsvergütung als Aufwand und ihre Zahlung auch in Verlustjahren führt dazu, dass sie als Sondervergütung anzusehen ist. Das gilt auch dann, wenn der Kommanditist in seiner Eigenschaft als Geschäftsführer der Komplementär-GmbH tätig wird. Hat eine Komplementär-GmbH neben ihrer Funktion als Geschäftsführerin der GmbH & Co. KG auch einen eigenen wirtschaftlichen Geschäftsbereich, so kann eine Aufteilung der Tätigkeitsvergütung geboten sein.[123] **156**

2. Die GmbH & Co. KG als „Einheitsgesellschaft"

a) Definition

Eine GmbH & Co. KG wird als Einheitsgesellschaft bezeichnet, wenn die KG einzige Gesellschafterin ihrer Komplementär-GmbH ist und diese wiederum die einzige persönlich haftende Gesellschafterin der KG. Durch eine solche Einheitsgesellschaft soll sichergestellt werden, dass die Kommanditisten an der Komplementär-GmbH – zumindest mittelbar – stets im gleichen Verhältnis beteiligt sind, in dem sie an der KG unmittelbar beteiligt sind. Diese Gestaltungsform ist unstreitig zulässig, was sich aus § 172 Abs. 6 HGB und § 264c Abs. 4 HGB ergibt.[124] **157**

b) Entstehen

Das Entstehen bzw. die Errichtung der Einheits-GmbH & Co. KG kann in verschiedener Weise erfolgen. So kann bei einer bereits bestehenden GmbH & Co. KG die Kommanditgesellschaft sämtliche Geschäftsanteile an der Komplementär-GmbH von deren GmbH-Gesellschaftern abgetreten bekommen. Weiterhin kann eine bereits bestehende KG ihre künftige Komplementär-GmbH gründen oder die Geschäftsanteile daran erwerben und dann einen entsprechenden **158**

---

121 BFH BStBl II 1996, 523.
122 FG Münster EFG 1993, 719.
123 BFH BStBl II 1999, 720; BFH BStBl II 1999, 284.
124 *Esch*, BB 1991, 1129, 1130; *Carlé/Carlé*, GmbHR 2001, 100; *Bahnsen*, GmbHR 2001, 186.

Austausch des bisherigen Komplementärs veranlassen, indem der bisherige Komplementär austritt und gleichzeitig die neue Komplementär-GmbH eintritt bzw. indem ein entsprechender Komplementär-Wechsel durch Übertragung des Gesellschaftsanteils bewirkt wird.

159 Schließlich kann aber auch eine **originäre Errichtung** erfolgen, indem zunächst die künftige Komplementär-GmbH notariell gegründet wird. Schon die Vor-GmbH im Sinne von § 11 Abs. 1 GmbHG kann nämlich Komplementärin einer Kommanditgesellschaft sein.[125] Unmittelbar nach Gründung der GmbH und schon vor deren Anmeldung zur Eintragung in das Handelsregister kann die Vor-GmbH mit den Kommanditisten einen entsprechenden KG-Vertrag vereinbaren. Ob dabei in der ersten Stufe alle Kommanditisten zu gleichen Teilen als GmbH-Gründer auftreten oder ob ein Kommanditist die Komplementär-GmbH gründet, wobei dieser auch für Rechnung der anderen Kommanditisten handelt, ist letztlich gleichgültig. Der oder die GmbH-Gründer treten sodann die GmbH-Anteile – aufschiebend bedingt auf die Eintragung der GmbH im Handelsregister B und der KG im Handelsregister A – an die Kommanditgesellschaft ab.

160 Wenn im KG-Vertrag eine entsprechende Verpflichtung zur Abtretung der GmbH-Anteile nach Eintragung der KG im Handelsregister aufgenommen wird, bedarf auch der **KG-Vertrag** nach § 15 Abs. 4 S. 1 GmbH der **notariellen Form**, weil auch die schuldrechtliche Verpflichtung zur Abtretung von GmbH-Anteilen nach herrschender Meinung unter diese Formvorschrift fällt.[126]

c) Vorteile

161 Der Vorteil der Einheitsgesellschaft wird darin gesehen, dass durch die mittelbare Repräsentation aller Kommanditisten in der Komplementär-GmbH alle Regelungen in den Gesellschaftsverträgen der Komplementär-GmbH und der Kommanditgesellschaft entfallen können, die die Gesellschafteridentität gewährleisten sollen.

d) Nachteile

162 Die Vorteile (Sicherstellung einer einheitlichen Willensbildung in der Kommanditgesellschaft und in der Komplementär-GmbH, siehe Rn 161) sind aber überschaubar und werden durch vielfältige praktische und technische Probleme recht teuer erkauft. Vor diesem Hintergrund gilt die Einheits-GmbH & Co. KG in der Fachliteratur als „nicht der Weisheit letzter Schluss"[127] bzw. als „absonderliche Verschachtelung".[128]

aa) Vertretung in der Gesellschafterversammlung der GmbH

163 Die erste Problematik besteht darin, dass die Kommanditgesellschaft (einzige) Gesellschafterin der Komplementär-GmbH ist und in der Gesellschafterversammlung der Komplementär-GmbH durch ihre geschäftsführende Gesellschafterin vertreten wird. Geschäftsführende Gesellschafterin der Kommanditgesellschaft ist aber die Komplementär-GmbH selbst, so dass diese in ihrer eigenen Gesellschafterversammlung auftreten müsste. Dies gilt bzw. galt nach bisher h.M. als unzulässig, so dass – abweichend von der gesetzlichen Vertretungsregelung in einer Kommanditgesellschaft – für diese Zwecke die Geschäftsführungs- und Vertretungsbefugnis der Komplementär-GmbH als Komplementärin der KG eingeschränkt werden muss und stattdessen eine

---
125 BGH GmbHR 1981, 114; *Bahnsen*, GmbHR 2001, 186, 188.
126 *Bahnsen*, GmbHR 2001, 186, 188.
127 *Sudhoff*, Der Gesellschaftsvertrag der GmbH & Co. KG, S. 64.
128 *K. Schmidt*, Gesellschaftsrecht, S. 1637.

andere Vertretung der KG in der Gesellschafterversammlung der Komplementär-GmbH herbeigeführt werden muss.[129]

Es müssen also beispielsweise entsprechende Vertretungsregelungen zugunsten der Kommanditisten bzw. einzelner Kommanditisten geschaffen werden, was im Rahmen einer gesellschaftsvertraglichen Regelung im KG-Vertrag trotz § 170 HGB[130] möglich ist; oder es muss eine andere **Vollmachts- und Vertretungsregelung** getroffen werden, die sicherstellt, dass alle Kommanditisten mit nur einer Stimme in der Gesellschafterversammlung der Komplementär-GmbH auftreten können. In der Praxis wird dazu eine separate **Kommanditistenversammlung**[131] gegründet. 164

Im Falle der **Abberufung eines Geschäftsführers** einer Komplementär-GmbH und der Kündigung seines Anstellungsvertrages hat der BGH aber anders entschieden. Der BGH hat mit dem Urteil vom 20.10.2008 die Auffassung bestätigt, wonach auch bei einer Einheits-GmbH & Co. KG die Wahrnehmung der organschaftlichen Rechte der Kommanditgesellschaft als Alleingesellschafterin der Komplementär-GmbH in deren Gesellschafterversammlung von dem organschaftlichen Vertreter der KG, also der Komplementär-GmbH selbst, wahrgenommen werde.[132] Ob darin eine völlige Abkehr von der bislang h.M. zu sehen ist, ist nicht klar zu erkennen. 165

bb) Kapitalschutzregeln und Gläubigerschutz

Ein weiteres gesellschaftsrechtliches Problem im Zusammenhang mit der Einheits-GmbH & Co. KG ist das Problem des Gläubigerschutzes, da sowohl das Haftkapital der Kommanditgesellschaft als auch das Stammkapital der Komplementär-GmbH separaten Kapitalschutzregelungen unterliegen und die unmittelbare Beteiligung der KG an der GmbH nicht zum Ergebnis haben darf, dass die Summe aus dem **Haftkapital** der KG und dem **Stammkapital** der GmbH nicht insgesamt erhalten bleibt. Die GmbH-Anteile können deshalb nicht gleichzeitig auch Haftkapital der KG sein (§ 172 Abs. 6 S. 1 HGB). Ferner darf deshalb auch nicht aus den Hafteinlagen der KG der Erwerb der GmbH-Anteile finanziert werden. Dies wäre eine unzulässige Rückzahlung der Hafteinlage nach § 172 Abs. 4 S. 1 HGB.[133] 166

cc) Gefahr der fehlenden gewerblichen Prägung

In steuerrechtlicher Hinsicht besteht das Problem, dass möglicherweise die Einheits-GmbH & Co. KG nicht als gewerblich geprägte Personengesellschaft im Sinne des § 15 Abs. 3 Nr. 2 EStG anzusehen ist, weil nach den vorstehenden Ausführungen die Komplementär-GmbH als Geschäftsführerin der Kommanditgesellschaft sich nicht in ihrer eigenen Gesellschafterversammlung vertreten darf (siehe Rn 163f.). Treten also vor diesem Hintergrund in der Gesellschafterversammlung der Komplementär-GmbH die Kommanditisten, einzelne Kommanditisten oder das Gremium der **Kommanditistenversammlung** auf, erscheint es fraglich, ob damit in der Kommanditgesellschaft außer einer in der Haftung beschränkten Kapitalgesellschaft auch natürliche Personen als geschäftsführungsbefugt anzusehen sind. 167

Sind bei einer Kommanditgesellschaft nicht allein Kapitalgesellschaften geschäftsführungsbefugt, sondern (neben dieser) auch natürliche Personen, ist nach dem Wortlaut des § 15 168

---
129 Vgl. *K. Schmidt*, FS Westermann, 2008, 1425, 1434; *K. Schmidt*, JZ 2008, 425, 432; Sudhoff/*Liebscher*, GmbH & Co. KG, 5. Aufl. 2005, § 3 Rn 10.
130 BGH BGHZ 17, 392, 394 f.; BGH BGHZ 36, 292, 295; BGH BGHZ 51, 198, 201; *Binz*, Die GmbH & *Co. KG*, S. 280.
131 *K. Schmidt*, Gesellschaftsrecht, S. 1638; *Sudhoff*, Der Gesellschaftsvertrag der GmbH & Co. KG, S. 62; *Bahnsen*, GmbHR 2001, 186, 187.
132 BGH GmbHR 2007, 1034 m. Anm. *Werner*; BGH v. 8.1.2007 – II ZR 267/05, GmbHR 2007, 606.
133 *Hesselmann/Tillmann*, Handbuch der GmbH & Co., 18. Aufl. 1997, Rn 135; *Bahnsen*, GmbHR 2001, 187.

Abs. 3 Nr. 2 EStG keine gewerbliche Prägung gegeben. Die Gesellschaft gilt dann nicht als gewerblich geprägt bzw. die bisherige Gewerblichkeit der Gesellschaft endet dann, falls sie nicht ohnehin gewerblich tätig ist i.S.v. § 15 Abs. 3 Nr. 1 EStG. Daraus kann eine entsprechende Entnahmebesteuerung resultieren.

169 Dies wird zwar in der Literatur für die Einheits-GmbH & Co. KG verneint, weil als prägeschädlich nur solche Gestaltungen angesehen werden sollen, bei denen in der Kommanditgesellschaft auf gesellschaftsvertraglicher Grundlage natürlichen Personen neben der Komplementär-GmbH Geschäftsführungsbefugnisse eingeräumt werden.[134] Ob dies aber nach der Rechtsauffassung der Finanzverwaltung und des BFH Bestand haben kann, ist nicht hinreichend gesichert. Vor diesem Hintergrund sollte zumindest von der Einheits-GmbH & Co. KG kein Gebrauch gemacht werden, wenn aus steuerlichen Gründen eine gewerblich geprägte Personengesellschaft eingesetzt werden muss.

VI. Gesellschaft bürgerlichen Rechts mit beschränkter Haftung (GbR mbH)

1. Gestaltung und Wirksamkeit der Haftungsbeschränkung

170 Der wesentliche **Vorteil** der Gesellschaft bürgerlichen Rechts (GbR) liegt sicherlich in der **Formfreiheit** und der weitgehenden **Gestaltungsfreiheit des Innenverhältnisses**. Zunehmend interessant geworden ist die GbR auch durch die neuere Rechtsprechung des BGH, wonach ihr in gewisser Weise auch **Rechtsfähigkeit** zuerkannt werden kann.[135] So kann sie etwa auch als Kommanditistin einer KG im Handelsregister eingetragen werden.[136] Ihr wesentlicher **Nachteil** liegt in der **persönlichen Haftung** ihrer Gesellschafter für die Verbindlichkeiten der Gesellschaft. Deshalb wird seit Jahrzehnten in der Gestaltungspraxis die Möglichkeit einer Haftungsbeschränkung in der GbR gesucht.

171 Die in der Praxis üblicherweise gewählte Art der Haftungsbeschränkung beruht auf der Annahme, dass man die **Geschäftsführungsbefugnis** des Geschäftsführers der BGB-Gesellschaft im Innenverhältnis auf das Gesellschaftsvermögen beschränken könne und diese Beschränkung auf die **Vertretungsmacht** und damit auf die Haftung der Gesellschafter durchschlage, so dass diese nicht mit ihrem Privatvermögen haften. Im Außenverhältnis soll diese Vertretungsbeschränkung durch den „mbH"-Zusatz verlautbart werden.

172 Daher ist der Geschäftsführer nur zum Abschluss von Geschäften befugt, die die Haftung auf das Gesellschaftsvermögen beschränken. Zu einem anderen Vertreterverhalten hat der Geschäftsführer keine Vollmacht. Schließt er dennoch Geschäfte ab, ohne dabei die Haftung auf das Gesellschaftsvermögen zu beschränken, so haftet er allein für die Erfüllung der eingegangenen Verpflichtung, sofern der Vertrag nicht nachträglich genehmigt wird (§ 179 BGB).

173 Aus der prinzipiellen Zulässigkeit einer GbR mbH wird auch die Zulässigkeit einer **GmbH & Co. GbR mbH** abgeleitet, also die Zulässigkeit einer Gesellschaft bürgerlichen Rechts mit einer Haftung, die auf das Gesellschaftsvermögen dieser Gesellschaft bürgerlichen Rechts beschränkt ist, wobei einzige geschäftsführende und vertretungsberechtigte Gesellschafterin dieser GbR wiederum eine GmbH, vertreten durch ihre Geschäftsführer, ist.[137]

174 Die Zulässigkeit dieser Gestaltungsformen bzw. die Wirksamkeit der damit bezweckten Haftungsbegrenzung ist in die Diskussion geraten.[138] Der BGH hat mit Urteil vom 27.9.1999 dazu

---

134 *Carlé/Carlé*, GmbHR 2001, 100, 101 m.w.N. und unter Hinweis auf BFH GmbHR 1996, 947.
135 BGH GmbHR 2001, 513 m. Anm. *Boin*.
136 BGH ZIP 2001, 1713 m. Anm. *Ulmer* = NJW 2001, *3121*; nunmehr auch § 162 Abs. 1 S. 2 HGB; nach OLG Stuttgart DB 2007, 334 kann sie auch im Grundbuch eingetragen werden.
137 *Felix*, NJW 1997, 1040, 1043; *Petersen*, GmbHR 1997, 1088, 1093.
138 Kritisch dazu OLG Jena ZIP 1998, 1797 und LG München I ZIP 1998, 1800.

nämlich – unter deutlicher Einschränkung seiner bisherigen Rechtsprechung – entschieden, dass die Haftungsbeschränkung nicht allein durch einen Namenszusatz oder einen anderen, den Willen, nur beschränkt für die Verpflichtungen der Gesellschaft einzustehen, verdeutlichenden Hinweis erreicht werden kann, sondern nur durch eine einzelvertragliche Vereinbarung mit dem jeweiligen Vertragspartner.[139] Die Gestaltungsform als solche ist danach zwar nicht unzulässig, die damit bezweckte Beschränkung der Haftung auf das Gesellschaftsvermögen praktisch aber kaum zu erreichen.[140]

2. Gewerbliche Prägung der GmbH & Co. GbR mbH

Die Rechtsform der GmbH & Co. GbR mbH erfreute sich in der Praxis in früherer Zeit besonderer Beliebtheit, insbesondere vor dem Hintergrund, dass **nach früher geltendem Handelsrecht** die Rechtsform der KG bzw. der GmbH & Co. KG nicht für solche Unternehmen zur Verfügung stand, die zwar gewerblich tätig sind, aber **nicht Kaufmannseigenschaft** im Sinne des § 1 HGB haben bzw. die keinen vollkaufmännisch eingerichteten Gewerbebetrieb unterhalten (z.B. reine Vermögensverwaltungen). Nach früherem Handelsrecht war Voraussetzung für eine offene Handelsgesellschaft nach § 105 Abs. 1, 2 HGB – und damit über die Verweisung des § 161 Abs. 2 HGB auch für eine Kommanditgesellschaft –, dass der Zweck der Gesellschaft auf den Betrieb eines Handelsgewerbes gerichtet ist, und zwar in vollkaufmännischer Form und nicht nur in Form eines minderkaufmännischen Kleingewerbes i.S.v. § 4 Abs. 2 HGB a.F.[141]

Ob es sich bei einer solchen GmbH & Co. GbR mbH um eine gewerblich geprägte Personengesellschaft gem. § 15 Abs. 3 S. 2 EStG handelt, ist nach der BGH-Entscheidung vom 27.9.1999[142] sehr zweifelhaft. Demgegenüber soll es sich bei einer normalen GmbH & Co. GbR, bei der die Haftung nicht auf das Gesellschaftsvermögen der GbR beschränkt ist, keinesfalls um eine solche handeln; vielmehr soll es sich bei der Qualifizierung der Einkünfte um solche nach § 20 EStG bzw. § 21 EStG handeln.[143]

Weil die mit der GbR mbH beabsichtigte Haftungsbeschränkung nach der Rechtsprechung des BGH nicht umfassend wirksam wird, geht die Finanzverwaltung davon aus, dass eine GbR mbH bzw. GmbH & Co. GbR mbH niemals gewerblich geprägt i.S.v. § 15 Abs. 3 Nr. 2 EStG sein kann und – entgegen der bisherigen Auffassung und Behandlung auch durch die Finanzverwaltung – auch in der Vergangenheit nie war.

Dennoch wurde aber eine zeitlich **befristete Vertrauensschutzregelung** ermöglicht. Danach sollte das Vermögen solcher Gesellschaften, auch mit Wirkung für die Vergangenheit, als Betriebsvermögen anzusehen sein, wenn bis zum 31.12.2000
- ein entsprechender Antrag beim Finanzamt gestellt wurde und in dieser Frist auch
- die Gesellschaft durch Eintragung in das Handelsregister in eine GmbH & Co. KG umgewandelt wurde.[144]

---

139 BGH DStR 1999, 1704, dazu *Dauner-Lieb*, DStR 1999, 1992; *v. Gronau*, DStR 1999, 1965.
140 Dazu *Paus*, DStZ 2002, 66.
141 Vgl. Baumbach/*Hopt*, HGB, § 105 Rn 4.
142 BGH DStR 1999, 1704.
143 *Petersen*, GmbHR 1997, 1088, 1093.
144 BMF v. 18.7.2000, DB 2000, 1593 = DStR 2000, 1435 = GmbHR 2000, 838; dazu DNotI-Report 2000, 147; OFD Koblenz v. 1.12.2003, GmbHR 2004, 375; *Limmer*, DStR 2000, *1230* ff.; zur steuerlichen Behandlung der Fälle, in denen diese Übergangsfrist nicht genutzt wurde, siehe BMF v. 28.8.2001, BStBl I, 614 = GmbHR 2001, 882; diese Umwandlung durch Handelsregistereintragung ist „identitätswahrend", also ohne Auflassung von Immobilien möglich, dazu LG München I DNotI-Report 2001, 143.

VII. Die GmbH in Form der Unternehmergesellschaft (haftungsbeschränkt)

1. Rechtliche Grundlagen

179 Durch das Gesetz zur Modernisierung des GmbH-Rechts und zur Bekämpfung von Missbräuchen (MoMiG) vom 23.10.2008[145] ist der § 5a neu in das GmbHG eingefügt worden. Seither ist es möglich, die dadurch in das GmbH-Recht aufgenommene Unternehmergesellschaft (haftungsbeschränkt) als eine besondere Form der GmbH zu gründen. Der deutsche Gesetzgeber sah sich zur Schaffung der UG (haftungsbeschränkt) veranlasst, weil einerseits durch die Rechtsprechung des EuGH in Centros, Überseering und Inspire Art[146] auf europäischer Ebene eine neue Form der **Niederlassungsfreiheit** für Unternehmungen legitimiert wurde und andererseits, jedoch in diesem Zusammenhang die Unternehmungsgründung für die gebräuchlichste Form der Kapitalgesellschaft nach deutschem Recht erleichtert werden sollte, um insbesondere gegenüber der Gesellschaftsform der britischen Limited eine inländisches Alternative zu schaffen. Das MoMiG trat am 1.11.2008 in Kraft.

180 Die Mehrzahl der gesellschaftsrechtlichen Neugründungen in Deutschland stammt nicht (mehr) aus dem Produktionsbereich. Bei den Neugründungen handelt es sich vielmehr um Unternehmen aus dem **Dienstleistungssektor**, die oft weniger Startkapital benötigen. Gerade Kleinunternehmen und Existenzgründer können durch die gesetzliche Neuregelung leichter eine Gesellschaft gründen als bisher.

181 Die Gründung einer haftungsbeschränkten Unternehmergesellschaft (UG) wird insbesondere dann in Betracht kommen, wenn das sonst erforderliche **Mindeststammkapital von 25.000 EUR nicht einmal zur Hälfte** im Wege der Bar- oder Sachgründung aufgebracht werden kann.

182 Für die **Gründung** der UG (haftungsbeschränkt) gelten grundsätzlich die für die GmbH geltenden allgemeinen Vorschriften, soweit nicht § 5a GmbHG etwaige Sonderregelungen enthält.[147]

183 Die UG (haftungsbeschränkt) ist als eine Form der GmbH handelsrechtlich stets **Kaufmann** kraft Rechtsform gemäß § 13 Abs. 3 HGB i.V.m. § 6 Abs. 2 HGB.

184 Die UG (haftungsbeschränkt) kann als **Ein- oder Mehrpersonen-Gesellschaft** gegründet werden.

185 Das **Mindeststammkapital** für die UG (haftungsbeschränkt) – ansonsten für die GmbH gemäß § 5 Abs. 1 GmbHG zumindest 25.000 EUR – wurde bei der UG (haftungsbeschränkt) auf 1 EUR herabgesetzt, um Gründungen insbesondere für Dienstleistungsgewerbe zu erleichtern. Auch für die UG (haftungsbeschränkt) sind die § 3 Abs. 1 Nr. 4 und § 5 Abs. 2 GmbHG zu beachten. Dementsprechend muss jeder der Gründer zumindest einen Geschäftsanteil übernehmen, der auf volle Euro lautet und somit zumindest 1 EUR betragen muss. Das Stammkapital muss insgesamt unter 25.000 EUR lauten, da ansonsten eine GmbH besteht.[148]

186 Das **Stammkapital** der UG (haftungsbeschränkt) muss gemäß § 5 Abs. 2 GmbH indes vor Eintragung der Gesellschaft in voller Höhe bar eingezahlt werden. Die Gesellschafter müssen ihre **Einlagen einheitlich vollständig erbringen**. Die Einzahlung nur der Hälfte der Einlage (so § 7 Abs. 2 S. 1 GmbHG allgemein für die GmbH) reicht nicht aus.

187 Die **Sachgründung** ist nach § 5a Abs. 2 S. 2 GmbHG bei der UG (haftungsbeschränkt) **ausgeschlossen**. **Sacheinlagen** sind generell ausgeschlossen.

---

[145] Gesetz zur Modernisierung des GmbH-Rechts und zur Bekämpfung von Missbräuchen vom 23.10.2008, BGBl I 2008, 2026.
[146] EuGH RS C-212/97, NJW 1999, 2027; EuGH C-208/00, NJW 2002, 3614; EuGH C-167/01, NJW 2003, 3331.
[147] Baumbach/Hueck/*Fastrich*, GmbHG, § 5a Rn 8.
[148] Baumbach/Hueck/*Fastrich*, GmbHG, § 5a Rn 10.

188 Die Neugründung einer **UG (haftungsbeschränkt)** durch **Abspaltung** verstößt gegen das Sacheinlagenverbot nach § 5a Abs. 2 S. 2 GmbHG.[149]

189 Das Sacheinlagenverbot nach § 5a Abs. 2 S. 2 GmbHG gilt jedoch für eine den Betrag des **Mindestkapitals nach § 5 Abs. 1 GmbHG erreichende oder übersteigende Erhöhung des Stammkapitals** einer Unternehmergesellschaft (haftungsbeschränkt) nicht.[150]

190 Um das Stammkapital der UG sukzessive auf den Betrag von 25.000 EUR aufzustocken und dadurch dauerhaft für eine ausreichende Kapitalausstattung auch der UG (haftungsbeschränkt) zu sorgen, schreibt das Gesetz in § 5a Abs. 3 GmbHG eine **Rücklagenbildung** vor: Danach müssen 25% des um einen Verlustvortrag geminderten Jahresüberschusses in eine entsprechende Kapitalrücklage eingestellt werden.[151]

191 Zum **Schutz des Rechtsverkehrs** muss die Gesellschaft stets den **Rechtsformzusatz** „Unternehmergesellschaft (haftungsbeschränkt)" oder „UG (haftungsbeschränkt)" führen. Allein diese Bezeichnung dürfte die neue Rechtsform weder für Gründer noch für Geschäftspartner als besonders attraktiv erscheinen lassen. Der Gesetzgeber weist zu Recht darauf hin, dass dem Mindeststammkapital die „Funktion einer **Seriositätsschwelle**" zukommt, das für das „Prestige der GmbH" von entscheidender Bedeutung ist.

2. Unternehmergesellschaft mit individueller Satzung oder mit Mustersatzung

192 Es ist zulässig, die UG (haftungsbeschränkt) mit einer **individuellen Satzung** i.S.d. § 2 Abs. 1 GmbHG oder auch mit der vom Gesetzgeber vorgesehenen **Mustersatzung** i.S.d. § 2 Abs. 1a GmbHG zu gründen. Eine notarielle Beurkundung des Mustergesellschaftsvertrags ist nicht erforderlich, doch müssen die **Unterschriften** der Gesellschafter **öffentlich beglaubigt** werden. Es besteht somit im Ergebnis nunmehr eine **neue Dreiklassengesellschaft im deutschen GmbH-Recht** („klassische" GmbH, haftungsbeschränkte Unternehmergesellschaft mit individueller Satzung und haftungsbeschränkte Unternehmergesellschaft mit Mustersatzung).

193 Wird das **Musterprotokoll** entgegen § 2 Abs. 1a S. 3 GmbHG aber **abgeändert oder ergänzt**, so liegt eine „normale" GmbH-Gründung vor, für die die Erleichterungen im Sinne des § 2 Abs. 1a GmbHG nicht gelten.[152] Dem entgegen sind Änderungen und Ergänzungen des Musterprotokolls, die **durch das Beurkundungsgesetz geboten** sind, stets zulässig.[153] Auch stellen völlig **unbedeutende Abwandlungen** bei Zeichensetzung, Satzstellung und Wortwahl, die keinerlei Auswirkungen auf den Inhalt haben, keine unzulässigen Änderungen und Ergänzungen des Musterprotokolls dar.[154]

194 Die Verwendung der Mustersatzung ist nicht auf die Fälle einer Ein-Personen-Gründung beschränkt. Die „Standard-UG (haftungsbeschränkt)" kann vielmehr durch einen oder mehrere Gründer errichtet werden.

195 Im Hinblick auf die Gründung der Gesellschaft mittels einer Mustersatzung i.S.d. § 2 Abs. 1a GmbHG bleibt überdies darauf hinzuweisen, dass auch der **Unternehmensgegenstand** von den Gesellschaftern **nicht frei gewählt** werden kann. Vielmehr müssen sie zwischen einer der folgenden **drei Alternativen** wählen:
– Handel mit Waren,

---

[149] BGH NJW 2011, 1883 = GmbHR 2011, 701 m. Anm. *Bremer*; dazu *Lieder/Hoffmann*, GmbHR 2011, R 193; EWiR 2011, 419 (*Priester*); *Wachter*, NJW 2011, 2620.
[150] BGH GmbHR 2011, 699 m. Anm. *Bremer*; dazu *Lieder/Hoffmann*, GmbHR 2011, R 193; EWiR 2011, 349 (*Berninger*); *Lieder/Hoffmann*, GmbHR 2011, 561 gegen OLG München DNotZ 2011, 313.
[151] *Pelke*, NWB 2009, 632.
[152] OLG München GmbHR 2010, 755 m. Anm. *Wachter*; OLG Düsseldorf GmbHR 2011, 1319.
[153] OLG Düsseldorf GmbHR 2011, 1319; *Wachter*, EWiR 2010, 19.
[154] OLG München GmbHR 2010, 1262.

- Produktion von Waren und
- Dienstleistungen.

196 Auch eine nähere **Konkretisierung des Unternehmensgegenstandes** ist nicht möglich, indes auch nicht erforderlich. Soll die Gesellschaft eine **andere Tätigkeit** ausüben (z.B. Verwaltung eigenen Vermögens oder Verfolgung gemeinnütziger Zwecke) kann die **Mustersatzung nicht verwendet** werden.

197 In der Mustersatzung finden sich keinerlei Regelungen, die das Verhältnis der Gesellschafter untereinander regeln. Diese können dort auch nicht an- oder eingefügt werden. Ferner kann die Gesellschaft nach der Mustersatzung auch dann **nur einen Geschäftsführer** haben, wenn sie von mehreren Gesellschaftern gegründet worden ist. Der Geschäftsführer ist **stets einzelvertretungs-berechtigt und von den Beschränkungen des § 181 BGB befreit.** Jedoch hindert die Verwendung des Musterprotokolls nicht die **spätere Bestellung weiterer Geschäftsführer.**[155]

198 Die Verwendung des Musterprotokolls **ersetzt** sowohl die **Gründungsbeurkundung** nebst Gründungssatzung als auch eine separate **Geschäftsführerbestellung** als auch eine **Liste der Gesellschafter** (§ 2 Abs. 1a S. 4 GmbHG).

199 Dabei kann auch eine **Fremdgeschäftsführerbestellung** erfolgen, wobei dieser Geschäftsführer das Musterprotokoll mitunterzeichnet. Einer gesonderten **Liste der Gesellschafter** bedarf es auch in diesem Fall nicht.[156]

200 Auch die **Registeranmeldung** bei der Gründung einer UG (haftungsbeschränkt) weist im vereinfachten Verfahren gegenüber einer Anmeldung im „Normalverfahren" keine Besonderheiten auf.

201 Nach der Mustersatzung i.S.d. § 2 Abs. 1a GmbHG hat die **Gesellschaft die Gründungskosten stets bis zu einem Gesamtbetrag von 300 Euro zu bezahlen** (z.B. für Beratungskosten). Bei einer Unternehmergesellschaft mit einem Kapital von beispielsweise 1 Euro stellt sich die Frage, woher dieser Betrag kommen soll, zumindest kann die Regelung § 49 Abs. 3 GmbHG für die UG (haftungsbeschränkt) nicht gelten.[157] Indes erscheint noch nicht hinreichend geklärt, wie in diesen Konstellationen mit der Insolvenzantragspflicht i.S.d. § 15a InsO bei Zahlungsunfähigkeit gemäß § 17 InsO oder Überschuldung (§ 19 InsO), welche ohne weitere Maßnahmen der Gesellschafter regelmäßig vorliegen dürfte, zu verfahren ist.

202 Der mit der Gründung einer Unternehmergesellschaft (haftungsgeschränkt) verbundene Kostenaufwand, den die Gesellschaft tragen soll, muss nach einer Entscheidung des OLG Hamburg **im Gesellschaftsvertrag** vielmehr **gesondert und ausdrücklich festgesetzt** werden.[158] Der Gründungsaufwand ist nach Ansicht des OLG Hamburg nur aus dem Grund festzusetzen, dass **im Interesse des Gläubigerschutzes offenzulegen** ist, wie weit das Stammkapital bereits durch die Gründung vorbelastet ist (§ 26 Absatz 2 AktG analog). Dabei sind die **Kosten im Einzelnen aufzuführen.**

203 Zu den relevanten Gründungskosten können gehören:
- Die mit der Gründung verbundenen **Steuern und Gebühren**
- **Beratungskosten** (Rechtsanwalt, Steuerberater, Unternehmensberater)
- Vergütungen an die Gesellschafter für den mit der Gründung verbundenen Aufwand (sog. **Gründerlohn**).

---

155 OLG Rostock DNotZ 2011, 308 = GmbHR 2010, 872.
156 DNotI-Gutachten v. 29.8.2011.
157 Baumbach/Hueck/*Fastrich*, GmbHG, § 5a, Rn 27.
158 OLG Hamburg GmbHR 2011, 766.

204 Auch wenn die **Kosten** genau beziffert (ggf. auch geschätzt) werden müssen, besteht keine starre Obergrenze. Jedoch ist es rechtens, wenn die Registergerichte bei Überschreiten der Kennziffer von 10% des Stammkapitals prüfen, ob der von der GmbH (UG) zu tragende Gründungsaufwand zulässig vereinbart wurde. Es kann aber nicht zu Lasten der Gründer davon ausgegangen werden, dass der sich im Musterprotokoll befindliche Anhaltspunkt von 300 EUR dazu führe, dass bei einer Überschreitung dieses Betrags ein bestimmtes prozentuales Verhältnis gewährt werden müsse. Dies ist insbesondere für die Unternehmergesellschaft nicht tragbar, da durch ihre Bezeichnung selbst schon sichtbar ist, dass die Gesellschaft über ein geringes Stammkapital verfügt.

205 Bei der Gründung einer GmbH (UG) besteht die Möglichkeit, dass Gründungskosten von der Gesellschaft statt von den Gründungsgesellschaftern von ihrem persönlichen und bereits versteuerten Vermögen getragen werden. Hierfür ist unbedingt notwendig, dass der Gründungsaufwand in der Gründungsurkunde (Gesellschaftsvertrag/Satzung) möglichst genau beschrieben wird. Stets handelt es sich um die Kosten für die Eintragung, die Kosten der öffentlichen Bekanntmachung der Eintragung und die Notarkosten. Sofern die GmbH **weitere Kosten** übernehmen soll, sind auch diese **ausdrücklich aufzunehmen**.

206 Der Gesetzgeber geht davon aus, dass die Gründung einer „Standard-UG" „sehr **kostengünstig**, **unbürokratisch** und **schnell** erfolgen kann". Dies mag durchaus zutreffen, doch bietet die „Standard-UG" im Vergleich zur „klassischen" GmbH oder UG insoweit kaum Vorteile:
– Der wesentliche Teil der Gründungskosten entfiel früher auf die **Bekanntmachung** in den Tageszeitungen (Art. 61 Abs. 4 EGHGB), die bei beiden GmbH-Formen anfielen und zum 1.1.2009 ohnehin entfallen sind.
– Die **Kosten** für die bloße Beglaubigung der Unterschriften der Gründer sind zwar niedriger als die Kosten für die Beurkundung des Gesellschaftsvertrags. Allerdings dürfte die geringfügige Kostenersparnis in vielen Fällen durch **anderweitig anfallende Beratungskosten** überkompensiert werden.
– Die **Mitwirkung des Registergerichts** ist **in beiden Fällen** in gleicher Weise gegeben.
– Der **Prüfungsaufwand des Registergerichts** unterscheidet sich faktisch nicht.
– Die Verwendung der **Mustersatzung** kann sogar zu einer Mehrbelastung der Registergerichte führen, da die Gründer im Vorfeld nicht unbedingt rechtlich beraten worden sind.
– Die Verwendung der Mustersatzung führt zu einer erheblichen **Einschränkung der Satzungsautonomie**.

VIII. Die „kleine Aktiengesellschaft"

1. Gesetzliche Grundlagen

207 Die „kleine Aktiengesellschaft" ist nicht etwa eine neue bzw. zusätzliche Gesellschaftsform. Vielmehr hat der Gesetzgeber mit dem **„Gesetz für kleine Aktiengesellschaften und zur Deregulierung des Aktienrechts"** vom 2.8.1994[159] nur etwa zwei Dutzend Einzelvorschriften im Aktiengesetz und im Betriebsverfassungsgesetz 1952 geändert. Es handelt sich dabei weitgehend um eine unsystematische und zusammenhanglose Änderung von Einzelvorschriften.[160]

208 Der Gesetzgeber hat nicht einmal eine **Begriffsbestimmung** der „kleinen Aktiengesellschaft" vorgenommen oder zumindest Definitionsmerkmale einer solchen „kleinen Aktiengesellschaft" formuliert, beispielsweise durch Größenmerkmale, wie sie im Hinblick auf die Publi-

---
[159] BGBl I 1994, 1961.
[160] Dazu *Arens*, Familiengesellschaften, 1997, S. 122 ff. m.w.N.; zur Erbschaftsteuer siehe *Frank*, ZEV 2003, *192*.

zitätspflicht für die GmbH bestimmt sind (siehe Rn 83f.). Was eine „kleine AG" ist, ist deshalb nach wie vor offen. Offenbar sind Aktiengesellschaften gemeint, die über einen **überschaubaren und namentlich bekannten Aktionärskreis** verfügen.

209 **Zweck** der Änderungen ist die **Deregulierung des Aktienrechts**, es soll also durch teilweise weniger strenge Formvorschriften eine lukrativere Rechtsform angeboten werden und insbesondere soll auch die Kapitalsammlung durch Aktiengesellschaften erleichtert werden.[161]

210 Die **wesentlichen Änderungen** durch die Neuregelungen werden im Folgenden dargestellt:
- Zulassung der Ein-Personen-Aktiengesellschaft
- Ausschluss oder Einschränkung der Aktieneinzelverbriefung durch Satzungsregelung
- Erleichterungen bei Einberufung, Durchführung und Protokollierung der Hauptversammlung, insbesondere sog. **Vollversammlungsprivileg**
- Kapitalschutzregelungen
- Möglichkeit zum satzungsgemäßen Bezugsrechtsausschluss für Vorzugsaktionäre
- Einschränkungen der Unternehmensmitbestimmung.

211 Im Anschluss an das Gesetz für kleine Aktiengesellschaften und zur Deregulierung des Aktienrechts ist das Aktiengesetz in der jüngeren Vergangenheit Gegenstand einer ganzen Reihe von weiteren **Änderungsgesetzen** gewesen.

2. Zulassung der Ein-Personen-AG (§§ 2, 36 AktG)

212 Durch die Änderung des § 2 des Aktiengesetzes ist nunmehr die Gründung einer Ein-Personen-Aktiengesellschaft zulässig. Früher waren bekanntlich fünf Gründungsgesellschafter erforderlich. Dieser komplizierte und kostspielige Gründungsvorgang kann entfallen, insbesondere können die bisher häufig gewählten Strohmanngründungen entfallen.

213 Die Neuregelung erleichtert auch Konzernierungsvorgänge, insbesondere die Gründung einer Tochter-AG allein durch die Muttergesellschaft.

3. Kapitalschutz bei der Ein-Personen-Aktiengesellschaft

214 Auch bei der Ein-Personen-Gründung muss der Gründungsgesellschafter mindestens **25% des Nennkapitals** einzahlen. Wegen des an 100% fehlenden Restbetrages des Nennkapitals muss er Sicherheit bestellen (§ 36 Abs. 2 S. 2 AktG n.F.).

215 Ob diese Vorschrift nur für die Bargründung (Geldeinlage) Relevanz hat, ist streitig. § 36a Abs. 2 S. 1 AktG bestimmt, dass bei Sachgründung das Kapital zu 100% aufgebracht werden muss. Nach § 36a Abs. 2 S. 2 AktG ist für die **Einbringung der Sacheinlage** eine **Fünf-Jahres-Frist** bestimmt.

216 Der Streit bezieht sich nun darauf, ob diese Fünf-Jahres-Frist sich auf die Sacheinlage des Gründungsgesellschafters bezieht oder ob dann, wenn die (sofort zu erbringende Sacheinlage des Gründungsgesellschafters) in Ansprüchen oder Forderungen gegenüber Dritten besteht, diese **Ansprüche/Forderungen gegenüber den Dritten** in der **Fünf-Jahres-Frist** realisiert sein müssen, also beispielsweise eingebrachte Geldforderungen gegenüber dem Schuldner beigetrieben sein müssen.[162]

---

[161] Zum bisherigen Erfolg der Neuregelung siehe etwa *Hahn*, GmbHR 2001, R 21 f.; *Böcker*, RNotZ 2002, 129; *Frank*, ZEV 2003, 192; *Steding*, BuW 2003, 640; zu den Vor- und Nachteilen auch *Olbing/Binnewies*, GmbH-StB 2001, 59; zur Umwandlung einer GmbH in eine kleine AG siehe *Schmidt*, GmbH-StB 2001, 63 ff.
[162] Zum Meinungsstand *Hoffmann-Becking*, ZIP 1995, 1 ff.; *Lutter*, AG 1994, 429, 432 f.

Folgt man der strengeren Auffassung,[163] dann kommt es zum Problem der **Sicherheiten-** 217
bestellung bei Sachgründungen nicht. Folgt man der großzügigeren Auffassung,[164] dann bedarf es auch bei der Sachgründung bezüglich der nicht sofort realisierten Sacheinlage einer Sicherheitenbestellung.

In der Praxis wird der zuständige Rechtspfleger bzw. Registerrichter beim Handelsregister 218
im Einzelfall den Streit entscheiden, nämlich insofern, als er bei einer Sachgründung, die nicht vollständig bewirkt ist, entweder die Eintragung generell ablehnt bzw. (nach der milderen Auffassung) die Sicherheitenbestellung nachgewiesen verlangen wird.

Nach wohl h.M. ist die Regelung des § 36 Abs. 2 S. 2 AktG entsprechend auch anzuwenden, wenn 219
in einer Ein-Personen-Aktiengesellschaft eine Kapitalerhöhung erfolgt und der Erhöhungsbetrag nicht sofort vollständig geleistet werden soll. Auch in diesem Fall soll dann wegen des nicht sofort erbrachten Teilbetrages Sicherheitenbestellung gem. § 182 Abs. 2 i.V.m. § 36 Abs. 2 S. 2 AktG erforderlich sein. Dies entspricht auch der Rechtslage bei der GmbH gem. §§ 7 Abs. 2 S. 3, 56a GmbHG.

In der nach § 37 Abs. 1 AktG abzugebenden Erklärung an das Handelsregister im Rahmen der 220
Anmeldung ist aufzunehmen, dass die erforderliche Sicherheit bestellt worden ist; über die Sicherheit sind nähere Angaben zu machen, insbesondere welche Sicherheit bestellt wurde, welchen Wert sie hat und wie dieser Wert ermittelt wurde. Zu beachten ist auch, dass nach § 399 Abs. 1 Nr. 1 AktG die Einhaltung dieser Erklärungspflicht strafbewehrt ist.

4. Registerpublizität

Wenn alle Aktien einem einzigen Aktionär gehören, besteht nach § 42 AktG die Pflicht, diese 221
Tatsache sowie Name, Vorname, Beruf und Wohnort des alleinigen Aktionärs unverzüglich zum Handelsregister einzureichen. Nach ganz h.M. gilt dies nicht nur im Gründungsfall, sondern auch bei nachträglichem Entstehen einer Ein-Personen-AG bzw. auch für solche Aktiengesellschaften, die bei In-Kraft-Treten der gesetzlichen Neuregelung schon als Ein-Personen-AG bestanden (vgl. auch § 40 Abs. 2 GmbHG).

Wenngleich das Gesetz zunächst von einer „Anmeldung" sprach, war damit nach ganz 222
überwiegender Auffassung nicht eine Anmeldung zur Eintragung in das Handelsregister gemeint, so dass einerseits für die Anmeldung die notarielle Form gem. § 12 Abs. 1 HGB erforderlich gewesen wäre und andererseits die angemeldete Tatsache im Handelsregister selbst zu verlautbaren gewesen wäre. Es ist vielmehr eine **in normaler Schriftform** zu den Registerakten zu reichende Mitteilung gemeint. Der Gesetzeswortlaut ist inzwischen auch durch Verwendung des Wortes „Mitteilung" angepasst worden.

Hervorzuheben ist auch, dass für die Ein-Personen-AG i.S.v. § 42 AktG nicht die unmittelba- 223
re Inhaberschaft maßgeblich ist, sondern „gehören" i.S.v. § 42 AktG ist im Sinne von § 16 Abs. 4 AktG zu verstehen, so dass **auch mittelbarer Anteilsbesitz** (z.B. über Treuhandschaften) zu berücksichtigen ist.

Verunglückt ist die gesetzliche Neuregelung insoweit, als weder klar ist, wer **Anmelde-** 224
pflichtiger i.S.v. § 42 AktG ist, noch klar ist, welche Sanktionen im Falle der Verletzung dieser Anzeigepflicht bestehen. Nach h.M. ist nicht der Alleinaktionär anzeigepflichtig, sondern der Vorstand der Aktiengesellschaft. Erwähnenswert ist in diesem Zusammenhang auch, dass im Aktiengesetz keine generelle jährliche Verpflichtung zur Mitteilung des Kreises der Gesellschafter besteht wie sie nach § 40 GmbHG a.F. bestand.

Das Problem besteht darin, dass der Vorstand nicht unbedingt um die Verteilung des Akti- 225
enbesitzes Bescheid weiß bzw. um die Tatsache einer Ein-Personen-Aktiengesellschaft. Aus dem

---

163 *Lutter,* AG 1994, 429, 432 f.
164 *Hoffmann-Becking,* ZIP 1995, 1 ff.

Gesichtspunkt der Gesellschaftertreuepflicht wird man noch ableiten können, dass der Alleinaktionär eine entsprechende Mitteilungspflicht seinerseits an den Vorstand hat. Welche **Sanktion** im Falle der Verletzung ihn aber treffen soll, ist völlig offen.

5. Erleichterter Anmeldevorgang

226　Nach der Neuregelung ist die Einreichung des Gründungsprüfungsberichts bei der Industrie- und Handelskammer nicht mehr erforderlich (§ 37 Abs. 2 Nr. 4 AktG). Es entfällt damit auch das frühere Erfordernis, die entsprechende IHK-Bescheinigung darüber zum Handelsregister mit einzureichen (§ 40 Abs. 2 AktG).

6. Satzungsgemäße Einschränkung oder Ausschluss der Aktieneinzelverbriefung

227　Gem. § 10 Abs. 5 AktG kann durch die Satzung der Anspruch des Aktionärs auf – die für die Gesellschaft sehr teure – Einzelverbriefung der Aktien eingeschränkt oder ausgeschlossen werden. Eine Ausnahme soll allerdings gelten, wenn ein Aktionär nur insgesamt eine Aktie hält.

228　Als problematisch wird erachtet, dass damit die leichte **Übertragbarkeit** der Aktien eingeschränkt wird und auch anonyme Übertragungen verhindert werden. Als Alternative bzw. Mittelweg bietet sich an, in der Satzung eine Regelung aufzunehmen, wonach im Falle der Einzelverbriefung die Kosten dafür der Aktionär zu tragen haben soll, der die Verbriefung beantragt.

7. Einberufung, Durchführung und Protokollierung der Hauptversammlung
a) Erleichterte Einberufung der Hauptversammlung

229　Grundsätzlich ist die Einberufung der Hauptversammlung durch Veröffentlichung im **Bundesanzeiger** vorzunehmen. Nach § 121 Abs. 4 AktG kann aber die Einberufung allein durch **eingeschriebenen Brief** erfolgen, wenn alle Aktionäre namentlich bekannt sind. Dann gilt der Tag der Absendung der Briefe als Tag der Bekanntmachung.

230　Dies ist unproblematisch im Fall der **Namensaktien** (§ 67 Abs. 2 AktG). Bei **Inhaberaktien** ist es aber problematisch, weil wegen zwischenzeitlicher Übertragungen, beispielsweise auch in Erbfällen, oder wegen Anschriftenänderungen im Aktionärskreis der Informationsstand des Vorstandes nicht mehr aktuell sein kann.

231　Ob daraus resultierende **Falscheinladungen** in die Risikosphäre des Vorstandes fallen oder ob die Einladung und damit die Einberufung der Hauptversammlung (§ 51 GmbHG analog) als ordnungsgemäß gilt, ist streitig. Die h.M.[165] vertritt die letztere Auffassung.

232　In jedem Fall sollte man aber in der Satzung ausdrücklich eine **Meldeobliegenheit** des neuen Aktionärs bei Erwerb von Aktien (z.B. durch Rechtsgeschäft, Erbfall) regeln bzw. eine Meldeobliegenheit bei Anschriftenänderung.

b) Vollversammlungsprivileg

233　Im Falle einer Vollversammlung (= Anwesenheit aller Aktionäre) kann auf sämtliche Formvorschriften der §§ 121–128 AktG verzichtet werden, soweit kein Aktionär der Beschlussfassung widerspricht; so können insbesondere etwaige Einladungs- oder Tagesordnungsmängel oder -unvollständigkeiten geheilt werden. Über die entsprechende Beschlussfassung ohne Widerspruch ist ein Vermerk im **Protokoll** aufzunehmen. Bisher war streitig, ob ein nicht ordnungs-

---

[165] *Hüffer*, AktG, § 121 Rn 11c m.w.N.

gemäß geladener, aber erschienener Aktionär durch sein Erscheinen auf eine Rüge der nicht ordnungsgemäßen Ladung verzichtet hat.

c) Vereinfachte Niederschrift über die Hauptversammlung

Wenn die Aktien nicht an der Börse gehandelt werden und wenn keine Beschlussfassung mit dem Erfordernis einer Dreiviertel- oder größeren Mehrheit erfolgt, bedarf das Hauptversammlungsprotokoll nicht mehr der notariellen Form. Es genügt dann vielmehr eine vom **Vorsitzenden des Aufsichtsrats** zu unterzeichnende Niederschrift (§ 130 Abs. 1 S. 3 AktG). 234

Streitig ist, ob auch eine Aufteilung des Protokolls in notariell zu beurkundende Beschlüsse und in nur vom Vorsitzenden des Aufsichtsrats zu unterzeichnende Niederschrift möglich ist, also eine „**gespaltene Protokollführung**". Wegen der Kostenbegrenzung der Notargebühren nach § 47 S. 2 KostO[166] sollte in jedem Fall in einer solchen Lage ein einheitliches notarielles Protokoll aufgenommen werden. 235

Als verunglückt gilt die Vorschrift des § 130 Abs. 1 S. 3 AktG deshalb, weil darin nicht klargestellt wird, ob Beschlüsse mit Dreiviertel-Stimmenmehrheit oder mit Dreiviertel-Kapitalmehrheit gemeint sind (vgl. z.B. §§ 103 Abs. 1 S. 2, 111 Abs. 4 S. 4 AktG). 236

8. Sonderbeschlüsse der Vorzugsaktionäre

Im Hinblick auf die Regelungen der Sonderbeschlüsse der Vorzugsaktionäre sind durch die gesetzlichen Neuregelungen vom 2.8.1994 lediglich redaktionelle Klarstellungen vorgenommen worden. In § 182 Abs. 2 AktG und in § 222 Abs. 2 AktG ist jeweils das Wort „stimmberechtigte" eingefügt worden, um klarzustellen, dass es sich um Abstimmungen nach Aktiengattungen (vgl. § 141 AktG) handelt, also beim bedingten Kapital (§ 193 AktG), beim genehmigten Kapital (§ 202 AktG), bei Kapitalerhöhungen aus Gesellschaftsmitteln (§ 207 AktG) und bei der Kapitalherabsetzung (§ 222 AktG). 237

Die Regelung des § 340c AktG a.F., wonach bei der Verschmelzung der Beschluss der Hauptversammlung eines zustimmenden Sonderbeschlusses der stimmberechtigten Aktionäre jeder Gattung bedarf, ist ohnehin ersetzt durch § 65 Abs. 2 UmwG. 238

9. Gewinnverwendung

Nach § 58 Abs. 2 S. 2 AktG besteht nunmehr eine **größere Satzungskompetenz** bei der Gewinnverwendung durch die Aktionäre, wenn die Aktiengesellschaft nicht zum Börsenhandel zugelassen ist. Die Satzung kann nämlich vorsehen, dass die Hauptversammlung auch über mehr als 50% des Jahresüberschusses einen Gewinnverwendungsbeschluss fassen kann. Bisher konnten der Vorstand und der Aufsichtsrat kraft eigener Kompetenz in jedem Fall 50% des Jahresüberschusses zur Bildung von Gewinnrücklagen verwenden. 239

10. Kapitalschutz
a) Kapitalaufbringung bei der Ein-Personen-AG

Insoweit kann auf die obigen Ausführungen (siehe Rn 214 ff.) verwiesen werden. 240

---

[166] Maximal, auch bei kumulierten Gegenstandswerten, Gebührenobergrenze nach § 47 KostO: 5.000 EUR.

b) Verbot der Vermögens- und Einlagenrückgewähr

241 § 57 Abs. 3 AktG (= § 58 Abs. 5 AktG a.F.) schreibt fest, dass vor Auflösung der Gesellschaft unter den Aktionären nur der Bilanzgewinn verteilt werden darf. Damit ist, anders als bei der GmbH (vgl. § 30 GmbHG), nicht nur ein Verbot der Einlagenrückgewähr ausgesprochen, sondern auch ein **Verbot jeder vorzeitigen Vermögensverteilung an Aktionäre**.

11. Bezugsrechtsausschluss für Vorzugsaktionäre

242 Im Interesse einer verbesserten **Kapitalschöpfung** mit höheren **Emissionserlösen** ist durch Anfügung des Satzes 4 in § 186 Abs. 3 AktG unter bestimmten Voraussetzungen ein Ausschluss des Bezugsrechts der Vorzugsaktionäre bei Kapitalerhöhungen durch Aktienemission geregelt worden. Hintergrund ist die Tatsache, dass üblicherweise die Vorzugsaktionäre im Rahmen ihres Bezugsrechts um 20 bis 25% verbilligte Aktien bei Kapitalerhöhungen erhalten. Wirtschaftlich läuft dies auf eine steuerfreie Rückzahlung eines Teils der Einlage hinaus.

243 Das Bezugsrecht der Vorzugsaktionäre soll deren Stimmenanteil bzw. deren Beteiligungsquote wahren und vermeiden, dass bei Ausgabe von Aktien unter Preis ein Wertverlust der von ihnen gehaltenen Aktien faktisch eintritt.

244 Diese Schutz- und Begünstigungsvorschriften zugunsten der Vorzugsaktionäre sind eingeschränkt worden. Bei **Kapitalerhöhungen** um **bis zu 10%** ist ein **Bezugsrechtsausschluss** nunmehr zulässig, wenn der Ausgabekurs den Börsenpreis nicht wesentlich unterschreitet und wenn die Kapitalerhöhung gegen Bareinlage erfolgt. Ein nicht wesentliches Unterschreiten wird nach h.M. bis zu etwa 3%, maximal 5% des Börsenpreises angenommen.

245 Der Vorstand muss in einem **schriftlichen Bericht** den Grund für den Ausschluss des Bezugsrechts der Vorzugsaktionäre angeben und den Ausgabebetrag begründen (§ 186 Abs. 4 S. 2 AktG). Nach überwiegender Auffassung kann dies im Falle des § 186 Abs. 3 S. 4 AktG nunmehr schlagwortartig erfolgen.

12. Einschränkung der Unternehmensmitbestimmung
a) Einschränkung der „Drittel-Paritätischen-Mitbestimmung"

246 Für neue Aktiengesellschaften, die weniger als 500 Arbeitnehmer beschäftigen, ist durch die Änderung des § 76 Abs. 6 BetrVG 1952 bisheriger Fassung (jetzt: DrittelbG) die drittel-paritätische-Mitbestimmung des Aufsichtsrats durch Arbeitnehmervertreter ausgeschlossen worden. Dies galt zuvor nur für Familienaktiengesellschaften. Um eine neue Aktiengesellschaft handelt es sich dabei, wenn die Eintragung nach dem 10.8.1994 erfolgt.

b) Erste Amtszeit der Arbeitnehmervertreter im Aufsichtsrat

247 Bei **Sachgründungen** bestand früher das Problem, dass relativ kurz nacheinander zweimal in dem sehr zeitaufwendigen und kostspieligen Wahlverfahren gewählt werden musste (vgl. §§ 31 Abs. 3, 97 Abs. 2 AktG). Diese „**Doppelwahl**" der Arbeitnehmervertreter im Aufsichtsrat bei Sachgründungen ist gem. § 31 Abs. 5 AktG i.V.m. § 30 Abs. 3 S. 1 AktG ausgeschlossen worden. Die Amtszeit der Arbeitnehmervertreter des ersten Aufsichtsrats ist auf die normale, also etwa fünfjährige Amtszeit (vgl. § 102 AktG) ausgedehnt worden. Eine Verkürzung der Arbeitnehmerinteressen ist damit nicht verbunden. Es wird aber das sechs bis acht Monate dauernde Wahlverfahren zumindest einmal vermieden bzw. der in der Praxis häufig gewählte Umweg über eine Notbestellung der Aufsichtsratsmitglieder durch das Amtsgericht.

IX. GmbH & Co. KG auf Aktien

1. Zulässigkeit der GmbH & Co. KGaA

Als weitere interessante Gestaltungsalternative kommt die GmbH & Co. KGaA in Betracht, seit der BGH mit Beschluss vom 24.2.1997 deren **grundsätzliche Zulässigkeit** bestätigt hat.[167] Bis dahin war umstritten, ob eine GmbH einzige persönlich haftende Gesellschafterin einer Kommanditgesellschaft auf Aktien sein kann. Diese Rechtsfrage war insbesondere deshalb umstritten, weil § 283 AktG weitgehend die sinngemäße Anwendung der Vorschriften für den Vorstand der Aktiengesellschaft auch für die persönlich haftenden Gesellschafter einer KGaA vorschreibt.[168] **Vorstand** einer Aktiengesellschaft können aber nur natürliche (und unbeschränkt geschäftsfähige) Personen sein (§ 76 Abs. 3 S. 1 AktG). 248

Der BGH folgert aber aus der Tatsache, dass der Gesetzgeber bei der Neufassung des Umwandlungsgesetzes (UmwG) per 1.1.1995 und bei der Neufassung des Gewerbesteuergesetzes eine GmbH & Co. KGaA nicht verboten habe, dass diese Rechtsform deshalb offenbar nach dem Willen des Gesetzgebers zulässig sei. Die Bedeutung der KGaA hat seitdem – insbesondere im Bereich des Profi-Fußballs – leicht zugenommen. 249

2. Gestaltungsmöglichkeiten durch die GmbH & Co. KGaA

Durch die Zulässigkeit der GmbH & Co. KGaA ergeben sich interessante Gestaltungsmöglichkeiten,[169] da durch die Inhaberschaft der Geschäftsanteile an der GmbH als einziger persönlich haftender Gesellschafterin auch auf Dauer die Befugnis zur Geschäftsführung in der Kommanditgesellschaft auf Aktien gesichert werden kann. Auch wenn die Mehrheit der Kommanditaktionäre in der Hauptversammlung den Aufsichtsrat wählt und abberuft, so bleibt doch die Geschäftsführung in der Komplementär-GmbH gegenüber der Hauptversammlung und dem Aufsichtsrat geschützt, da die Geschäftsführung in der KGaA kraft Gesetzes der persönlich haftenden Gesellschafterin obliegt und – anders als der Vorstand in der „reinen" Aktiengesellschaft – nicht nur auf Zeit, nämlich längstens auf fünf Jahre (§ 84 Abs. 1 S. 1 AktG), vom Aufsichtsrat bestellt wird. 250

Im Erbschaft- und Schenkungsteuerrecht sind die Komplementäranteile steuerlich als Personengesellschaftsanteile zu behandeln.[170] 251

X. Der Einsatz einer britischen Limited in Deutschland

Bis 1999 war es innerhalb der EU praktisch nicht möglich, zum Beispiel eine „Private limited company by shares" (sog. „**Limited**") in Deutschland zu nutzen. Ein Zuzug einer Limited nach Deutschland und eine Eintragung dieser Limited in das deutsche Handelsregister wurde strikt verweigert. Die Limited wurde nicht als juristische Person anerkannt. Vielmehr wurden die rein in Deutschland tätigen ausländischen Gesellschaften fast immer wie Personengesellschaften behandelt und eine beschränkte Haftung war somit ausgeschlossen. Die Gesellschafter sollten privat und voll haften. 252

---

[167] BGH NJW 1997, 1923 = DStR 1997, 1012 m. Anm. Goette, dazu auch *Herfs*, WiB 1997, *688*; offen gelassen vom BGH noch in der sog. Holzmüller-Entscheidung, BGHZ 83, 122, 133.
[168] Dazu bereits *Priester*, ZHR 160 (1996), 250 ff. und *K. Schmidt*, ZHR 160 (1996), 265 ff.; *Claussen*, GmbHR 1996, 73; Hesselmann, BB 1989, 2344 ff.; *ders.*, GmbHR 1988, 472 f.
[169] Siehe etwa Krug, AG 2000, 510; *Wichert*, AG 1999, 362; *Hennerkes/Lorz*, DB 1997, 1388; *Niedner/Kusterer*, DB 1997, 2010; Halasz/Kloster/Kloster, GmbHR 2002, 77; *Kollruss*, INF 2003, 347; *Winkelmann*, BB 2003, 1649.
[170] Dazu *Krug*, AG 2000, 510; *Hennerkes/Lorz*, DB 1997, 1388.

253 Durch die jüngere Rechtsprechung in den Rechtssachen **Centros**,[171] **Überseering BV**[172] **und Inspire Art**[173] stellte der EuGH aber fest, dass es zulässig sei, wenn eine Gesellschaft in dem Mitgliedstaat ihres Sitzes keine Tätigkeit entfalte und in einem anderen Mitgliedsstaat, in dem sie tätig werde, eine registrierte Niederlassung errichte. Gegen die **Niederlassungsfreiheit** verstoße es, wenn der Gesellschaft dies untersagt oder erschwert werde oder dort ihre Rechts- bzw. Parteifähigkeit nicht anerkannt werde.

254 Aus den genannten EuGH-Urteilen sind nachstehende Folgerungen zu ziehen:
- Ein Gründer kann in dem **Gründungsland**, das die besten Voraussetzungen gibt (Stammkapital, Gründungsdauer, Gründungsformalitäten), eine Gesellschaft gründen und dann in einem anderen Mitgliedsland ausschließlich tätig werden. Es muss **keine weitere Bindung zum Gründungsland** bestehen.
- Seine Gesellschaft wird **als voll rechts- und parteifähig anerkannt.**
- Die **Mindestkapitalvorschriften** des Landes, in dem er aktiv werden will, können ihm nicht auferlegt werden.
- Auch können ihm nicht weitergehende **Publizitäts- und Offenlegungspflichten** auferlegt werden als bei einer gleichwertigen inländischen Gesellschaft.[174]

255 Die Gesellschaftsgründung richtet sich nach ausländischem Recht (sog. **Gründungsstatut**). Eine englische Limited kann zu jedem erlaubten Zweck von den (auch ausländischen) Gesellschaftern gegründet werden. Auch eine **Ein-Personen-Limited** ist möglich; zum Funktionieren der Gesellschaft ist jedoch noch eine weitere Person erforderlich, da eine Person nicht gleichzeitig einziger Direktor und Sekretär sein darf.

256 **Rechtsquellen** der britischen Limited sind hauptsächlich der Companies Act 2006 (im Folgenden: CA), der Insolvency Act 1986 (IA), sowie der Company Directors Disqualification Act 1986. Eine umfassende **Reform** des englischen Gesellschaftsrechts, die auch das Recht der Limited betrifft, wurde seit 1998 vorbereitet und im November 2006 umgesetzt.[175] Es ist zu beachten, dass Großbritannien in **drei Regionen** aufgeteilt ist:
- England und Wales
- Schottland und
- Nordirland

in denen für die Limited in manchen Bereichen **unterschiedliche Regelungen** gelten; im Folgenden wird auf die englische und walisische Limited eingegangen.

257 Die Frage, ob die Limited für **kleine Unternehmen** eine interessante Alternative zur GmbH darstellt, wird unterschiedlich beurteilt. **Vor- und Nachteile** der Gründung einer ausländischen Gesellschaft gegenüber einer GmbH-Gründung sind daher stets im konkreten **Einzelfall** zu prüfen und abzuwägen.

258 Als **Vorteile** werden genannt
- die schnelle, unbürokratische und kostengünstige Gründung
- die Tatsache, dass kein Mindestkapital erforderlich ist und
- die Tatsache, dass die deutschen Eigenkapitalersatzregeln nicht gelten.

Als **Nachteile** werden genannt,
- dass **zusätzliche laufende Kosten** entstehen können aufgrund der notwendigen **Beratung durch Spezialisten** im ausländischen Recht und

---

171 EuGH NJW 1999, 2027 = DStR 1999, 1403.
172 EuGH NJW 2002, 3614 = GmbHR 2002, 1137.
173 EuGH NJW 2003, 3331 = GmbHR 2002, 1260.
174 Siehe zum Einsatz ausländischer Gesellschaften im Inland auch *Arens/Tepper*, § 51 m.w.N.
175 Vgl. dazu *Lembeck*, NZG 2003, 956.

- aufgrund **doppelter Buchführungs-, Bilanzierungs- und Handelsregisterverpflichtungen.**

Für inländische Gründer bzw. Erwerber gibt es kaum sinnvolle oder nachvollziehbare Gründe dafür, sich statt einer deutschen Rechtsform einer Limited zu bedienen. Die mit der Unterhaltung einer Limited verbundenen laufenden Kostenbelastungen und nach englischem Recht zu wahrenden Förmlichkeiten werden zumeist unterschätzt. **259**

B. Übersichten zur Rechtsformwahl: Kapitalgesellschaft – Personengesellschaft – Betriebsaufspaltung

I. Übersichten: Vor- und Nachteile der wichtigsten Gestaltungsformen

1. Gründung/Änderung/Ein- und Austritt

Kapitalgesellschaft	Personengesellschaft	**260**
Zwang der notariellen Form	Grundsatz: Formfreiheit	
	Ausnahmen: – GmbH & Co. KG – Umwandlungen nach dem UmwG 1995	
Handelsregistereintragung: (weitgehend) konstitutiv	Handelsregistereintragung: grundsätzlich deklaratorisch	
Anteile veräußerbar und vererbbar; weitgehende Satzungsautonomie	Anteile grundsätzlich nicht frei veräußerbar und nicht frei vererbbar (§§ 717, 727 BGB, § 131 HGB a.F.; aber: §§ 131, 177 HGB);	
	aber: dispositiv (Vertragsfreiheit)	

2. Haftung

Kapitalgesellschaft	Personengesellschaft	**261**
Grundsätzlich beschränkt, aber Gefahr des Haftungsdurchgriffs durch: – Handelndenhaftung (§ 11 Abs. 2 GmbHG) – Vorbelastungsverbot/Unterbilanzhaftung – Kapitalaufbringungs- und Kapitalerhaltungshaftung (§§ 9, 9a, 16, 22, 24, 28, 30, 31, 82, 84 GmbHG) – Haftung für verschleierte Sachgründung/Sachkapitalerhöhung – Durchgriffshaftung/Haftung im faktischen GmbH-Konzern (Missbrauch der Leitungsmacht/deliktische Haftung) – Eigenkapitalersatzregeln: (Eigenkapitalersetzende Darlehen/Nutzungsüberlassung/Sicherheiten, insbes. §§ 32, 32a, 32b GmbHG a.F. bzw. §°129 ff. InsO) – Haftung nach §§ 64, 84 GmbHG, § 69 AO, § 266a StGB	– BGB-Gesellschafter: persönlich/unbeschränkt – Keine generelle Haftungsbeschränkung bei der sog. GbR mbH – Komplementär/OHG-Gesellschafter: persönlich/unbeschränkt – Kommanditist: nur mit Hafteinlage – Ausnahmen für GmbH & Co. KG (siehe §§ 32a, 32b GmbHG a.F., §§ 125a, 130a, 177a HGB)	

3. Mitbestimmung

262

Kapitalgesellschaft	Personengesellschaft
Drittelparität im Aufsichtsrat (§§ 76, 77 BetrVG 1952 a.F. bzw. DrittelbeteiligungsG) - AG, KGaA - Ausnahmen: Familien-AG und „kleine AG" seit 10.8.1994, falls unter 500 Arbeitnehmer (§ 76 Abs. 6 BetrVG 1952 a.F. bzw. DrittelbeteiligungsG) - GmbH: ab 500 Arbeitnehmer	Keine Mitbestimmung gem. §§ 76, 77 BetrVG 1952 a.F. bzw. DrittelbeteiligungsG Ausnahme: ggf. bei GmbH & Co. KG
Paritätische Mitbestimmung gem. § 1 MitbestG 1976: - AG, KGaA, GmbH, eG mit i.d.R. mehr als 2000 Arbeitnehmern - Ausnahme: Tendenzunternehmen	Keine Mitbestimmung nach dem MitbestG 1976 Ausnahme: ggf. bei GmbH & Co. KG, §°4 MitbestG 1976

4. Prüfung und externe/interne Publizität

263

Kapitalgesellschaft	Personengesellschaft
Prüfungspflicht für mittlere und große GmbH (§§ 267 Abs. 2 und 3, 316 HGB)	Keine Prüfungspflicht
Publizitätspflicht mit Erleichterungen - für kleine GmbH (§§ 267 Abs. 1, 326 HGB) und - für mittlere GmbH (§§ 267 Abs. 2, 327 HGB)	Keine Publizitätspflicht (Ausnahme für GmbH & Co. KG nach KapCoRiLiG)
Gesellschafterinformationsrechte gem. §§ 51a, 51b GmbHG	Widerspruchs- und Kontrollrechte des Kommanditisten gem. §§ 164, 166 HGB; nicht aber Überwachungsrecht gem. § 118 HGB

5. Insolvenzantragspflicht

264

Kapitalgesellschaft	Personengesellschaft
Insolvenzgründe: - Zahlungsunfähigkeit - Überschuldung	Insolvenzgründe: - Zahlungsunfähigkeit - nur bei GmbH & Co. KG: auch Überschuldung

6. Sozialversicherung und betriebliche Altersversorgung

265

Kapitalgesellschaft	Personengesellschaft
- Sozialversicherungspflicht für Fremd- und Minderheits-Gesellschafter-Geschäftsführer - Unverfallbare und insolvenzgesicherte Anwartschaft Ausnahme: beherrschender Gesellschafter-Geschäftsführer	- Sozialversicherungsfreiheit (Ausnahme: Minderheitskommanditist) - Keine unverfallbare und insolvenzgesicherte Anwartschaft der Gesellschafter

II. Übersichten: Vergleich der Besteuerungsgrundlagen

1. Einkommen-/Körperschaftsteuer
a) Besteuerung der laufenden Einkünfte

GmbH	GmbH & Co. KG	Betriebsaufspaltung
Tätigkeits- und sonstige Vergütungen bis zu 42% (ab 2005) bzw. 45% belastet	Tätigkeits- und sonstige Vergütungen bis 42% (ab 2005) bzw. 45% belastet	Tätigkeitsvergütungen in Betriebs-GmbH bis 42% (ab 2005) bzw. 45% belastet
Aufschub der Einkommenbesteuerung durch Pensionsrückstellungen für Gesellschafter (spätere Pensionszahlung als Einkünfte gem. § 19 EStG)	Kein Aufschub der Einkommenbesteuerung durch Pensionsrückstellungen für Gesellschafter (Gewinnvorab in Höhe der Zuführung zur Rückstellung, spätere Pensionszahlung als Privatentnahme)	Aufschub der Einkommenbesteuerung durch Pensionsrückstellung für Gesellschafter bis zur Pensionszahlung
KSt-Satz bei der GmbH: – bei Thesaurierung: 15% – bei Ausschüttung: 15% Aber: ESt-Satz bei Gesellschafter bei Ausschüttung bis 42% (ab 2005) bzw. 45% Progressionsvorteile durch „gezielte" Ausschüttungspolitik (Gewinnzurechnung im Veranlagungszeitraum der Ausschüttung)	Kein Unterschied zwischen entnommenen und thesaurierten Gewinnen Volle Gewinnzurechnung beim Gesellschafter im Veranlagungszeitraum des Wirtschaftsjahres der Gesellschaft, unabhängig von einer Gewinnausschüttung, ggf. – auf Antrag – Inanspruchnahme der Thesaurierungsbegünstigung	In Besitzgesellschaft: kein Unterschied zwischen entnommenen und thesaurierten Gewinnen; KSt-Satz bei der Betriebs-GmbH: – bei Thesaurierung: 15% – bei Ausschüttung: 15% Aber: ESt-Satz bei Gesellschafter bei Ausschüttung aus der Betriebs-GmbH bis zu 42% (ab 2005) bzw. 45%
Freibetrag für Kapitaleinkünfte (Dividenden) i.H.v. 750 EUR bzw. bei Zusammenveranlagung 1.500 EUR	Kein Freibetrag in Komplementär-GmbH	Kein Freibetrag in Betriebs-GmbH
Verlustverrechnung nur auf der Ebene der GmbH gem. § 10d EStG	Saldierung von Verlusten mit positiven Einkünften (Grenze: § 15a EStG)	
Besteuerung der Bezüge auch in Verlustjahren	Besteuerung der Sonderbetriebseinnahmen in Verlustjahren	Besteuerung der Geschäftsführerbezüge in Betriebs-GmbH auch in Verlustjahren

266

b) Anteilsveräußerung

GmbH	GmbH & Co. KG	Betriebsaufspaltung
Veräußerungsgewinn aus Beteiligungen im Privatvermögen grundsätzlich steuerfrei Ausnahmen: – wesentliche Beteiligung i.S.v. § 17 EStG: 1% – steuerverstrickte Anteile, insbes. „einbringungsgeborene	Veräußerung steuerpflichtig als laufender Gewinn Ausnahmen: – Betriebsaufgabe – Betriebsveräußerung	Anteilsveräußerung: siehe GmbH & Co. KG Erlöse aus Anteilsveräußerung als laufender Gewinn der Besitzgesellschaft Gefahr der vollen Entnahmebesteuerung bei Beendigung der Betriebs-

267

GmbH	GmbH & Co. KG	Betriebsaufspaltung
Anteile" i.S.v. § 21 UmwStG a.F. - Spekulationsteuer gem. § 23 EStG Veräußerungsgewinn aus Beteiligungen durch Kapitalgesellschaften grundsätzlich steuerfrei		aufspaltung durch Zerstörung der personellen Verflechtung bei einseitigen Veräußerungen in der Besitzunternehmung oder der Betriebsgesellschaft (falls keine „gewerbliche Prägung" der Besitzunternehmung besteht)
Freibetrag: 9.060 EUR (§ 17 Abs. 3 EStG) mit Kappungsgrenze (36.100 EUR) Daneben bei Vollendung des 55. Lebensjahres oder dauernder Berufsunfähigkeit: Freibetrag von maximal 45.000 EUR (§ 16 Abs. 4 EStG)	Bei Vollendung des 55. Lebensjahres/dauernder Berufsunfähigkeit: - Freibetrag, maximal 45.000 EUR (§ 16 Abs. 4 EStG) - 56% des durchschnittlichen Steuersatzes gem. § 34 Abs. 3 EStG bis 5 Mio. EUR Ansonsten: Ermäßigter Steuersatz nach sog. Fünftelungsregelung (§ 34 Abs. 1 EStG)	

c) Liquidation

268

GmbH	GmbH & Co. KG	Betriebsaufspaltung
Volle KSt-Pflicht der Liquidationserlöse Besteuerung der Gesellschafter gem. § 17 Abs. 4 EStG, § 20 Abs. 1 Nr. 1 und Nr. 2 EStG	Besteuerung nur der Differenz zwischen Buchwert der Beteiligung und Teilwert der Beteiligung Privilegierte Besteuerung gem. § 34 EStG	Gefahr der vollen Entnahmebesteuerung bei Beendigung der Betriebsaufspaltung durch Zerstörung der personellen Verflechtung bei einseitigen Liquidationsmaßnahmen

2. Gewerbesteuer
a) Steuersubjekte

269

GmbH	GmbH & Co. KG	Betriebsaufspaltung
GmbH	GmbH & Co. KG	Betriebs- und Besitzgesellschaft

b) Besteuerung des Gewerbeertrages

270

GmbH	GmbH & Co. KG	Betriebsaufspaltung
Gewerbesteuer gemindert durch: - Gehaltszahlungen - Pensionsrückstellungen für Gesellschafter Nur hälftig gemindert durch: - Dauerschuldzinsen - Pachtzahlungen an Gesellschafter (§ 8 GewStG)	Gewerbebesteuerung des gesamten steuerlichen Gewinns, einschließlich - Pachtzahlungen - Gehaltszahlungen - Pensionsrückstellungen - Darlehenszinszahlungen an Gesellschafter	Gewerbeertragsteuer gemindert durch: - Gehaltszahlungen - Pensionsrückstellungen für Gesellschafter-Geschäftsführer Nicht gemindert durch: - Pachtzahlungen an Besitzunternehmen

	Freibetrag und Staffelung beim GewSt-Messbetrag gem. § 11 GewStG	Freibetrag und Staffelung beim GewSt-Messbetrag gem. § 11 GewStG nur bei der Besitz-Personengesellschaft
Gewerbesteuerpflicht der Liquidationsgewinne	Wie GmbH (str.)	
	a.A.: Gewerbesteuerpflicht endet mit der tatsächlichen Geschäftseinstellung	

3. Erbschaft- und Schenkungsteuer

271 Mit Beschluss vom 7.11.2006[176] hat das BVerfG das früher geltende Recht als verfassungswidrig verworfen und den Gesetzgeber aufgefordert, eine verfassungskonforme gesetzliche Neuregelung bis zum 31.12.2008 zu treffen und dabei insbesondere eine Harmonisierung der Bewertung der Bemessungsgrundlagen herbeizuführen. Bis zum 31.12.2008 galt:

GmbH	GmbH & Co. KG	Betriebsaufspaltung
Bewertung des Anteils nach dem sog. Stuttgarter Verfahren (§ 12 Abs. 2 ErbStG i.V.m. § 11 Abs. 2 S. 2 BewG)	**Bewertung des Anteils nach Steuerbilanzwerten der Gesellschaft (§ 12 Abs. 5 ErbStG)**	Besitzgesellschaft: wie GmbH & Co. KG
		Betriebsgesellschaft: wie GmbH
Abzugsbetrag: 150.000 EUR oder insgesamt	**Abzugsbetrag: 150.000 EUR oder insgesamt**	**Nur einmalige Gewährung der Privilegierungen (Freibetrag, Bewertungsabschlag und Tarifbegrenzung) nach §§ 13a, 19a ErbStG**
(§ 13a Abs. 1, 4, 8 ErbStG)	(§ 13a Abs. 1, 4, 8 ErbStG)	
und Tarifbegrenzung/Entlastungsbetrag nach § 19a Abs. 1, 4 ErbStG	und Tarifbegrenzung/Entlastungsbetrag nach § 19a Abs. 1, 4 ErbStG	

272 Zum 1.1.2009 wurde das neue Erbschaft- und Schenkungststeuerrecht in Kraft gesetzt und zum 1.1.2010 noch einmal geändert. Es ist nunmehr – weitgehend – rechtsformunabhängig gestaltet. Beim Erwerb durch Erbanfall oder Schenkung von **Mitunternehmeranteilen** oder von **Anteilen an Kapitalgesellschaften** (bei einer Mindestbeteiligung von mehr als 25%) kommen ein **Bewertungsabschlag** sowie ein **Freibetrag** in Betracht. Diese Verschonungsregelung ist mit Bedingungen verknüpft (siehe §§ 13a, 13b ErbStG).

273 Grundsätzlich kann rechtsformunabhängig **zwischen zwei Verfahren gewählt** werden:

Verschonungsregel	Regelverschonung	Option (auf unwiderruflichen Antrag möglich)
Verschonungsabschlag von Betriebsvermögen	85%	100%
Nicht begünstigt (steuerpflichtig)	15%	0%
Behaltensfrist Mindestlohnsumme des Betriebes bzw. der Gesellschaft	400% in 5 Jahren	700% in 7 Jahren
d.h. durchschnittlich jährlich	80%	100%

---

[176] BVerfG DStR 2007, 235 = NJW 2007, 573.

274 Die **Mindestlohnsummenregelung** kommt nur bei Unternehmen mit **mehr als 20 Beschäftigten** zur Anwendung. Ausgangslohnsumme ist die **durchschnittliche Lohnsumme der letzten fünf** vor dem Zeitpunkt der Entstehung der Steuer endenden **Wirtschaftsjahre**. Eine Indexierung ist nicht vorgesehen.

275 Bei **Unterschreitung der Mindestlohnsumme** vermindert sich der Verschonungsabschlag rückwirkend in demselben prozentualen Umfang, wie die Mindestlohnsumme unterschritten wird. Für den nach Berücksichtigung des Verschonungsabschlags von 85% verbleibenden nicht begünstigten Teil des Betriebsvermögens wird ein **Freibetrag von 150.000 Euro** berücksichtigt, der bei Betriebsvermögen im Wert von 1 Mio. bis 3 Mio. Euro kontinuierlich abgebaut wird (§ 13a Abs. 2 ErbStG).

276 Wird der Betrieb innerhalb der Behaltensfrist veräußert, aufgegeben oder werden in diesem Zeitraum wesentliche Betriebsgrundlagen in das Privatvermögen überführt, entfällt der Verschonungsabschlag anteilig entsprechend der im Zeitpunkt der **schädlichen Verfügung** vorhandenen restlichen Behaltensfrist.

Kapitel 2 Personengesellschaften

Dieter Uloth
§ 2 Die Gesellschaft bürgerlichen Rechts (GbR)

Literatur

Kommentare: *Bamberger/Roth*, Kommentar zum Bürgerlichen Gesetzbuch, Bd. 2, 2. Aufl., 2008; *Baumbach/Hopt*; Handelsgesetzbuch, 35. Aufl. 2012; *Baumbach/Lauterbach/Albers/Hartmann*, Zivilprozessordnung, 70. Aufl. 2012; Bunjes, Umsatzsteuergesetz, 10. Aufl. 2011, *Erman*, BGB, Bd. 1, 12. Aufl. 2008; Glanegger/Güroff, Gewerbesteuergesetz, 7. Aufl. 2009, *Jauernig*, Bürgerliches Gesetzbuch, Kommentar, 14. Aufl. 2011; *Münchener Kommentar*, Bürgerliches Gesetzbuch, Bd. 5, 5. Aufl. 2009; *Münchener Kommentar*, Handelsgesetzbuch, Bd. 1, 3. Aufl. 2010, Bd. 2, 3. Aufl. 2011; Bd. 3 3. Aufl. 2012; *Palandt*, Bürgerliches Gesetzbuch, Kommentar, 71. Aufl. 2012; *RGRK*, Das Bürgerliche Gesetzbuch mit besonderer Berücksichtigung der Rechtsprechung des Reichsgerichts und des Bundesgerichtshofes, Kommentar, 12. Aufl. 1974; *Soergel*, Bürgerliches Gesetzbuch, Bd. 11/1, 13. Aufl. 2012; *Staudinger*, Kommentar zum Bürgerlichen Gesetzbuch, 13. Aufl., Buch 2 „Recht der Schuldverhältnisse" §§ 705–740, 2003; *Zöller*, Zivilprozessordnung, 22. Aufl. 2001 und 29. Aufl. 2012.

Monographien, Handbücher, Formularbücher: *Ingenstau/Korbion*, VOB Teile A und B, Kommentar, 17. Aufl. 2010; Lange, Personengesellschaften im Steuerrecht, 8. Aufl. 2012; *Langenfeld*, Gesellschaft bürgerlichen Rechts, 7. Aufl. 2009; *Langenfeld* (Hrsg.), Münchener Vertragshandbuch, Bd. 6., 6. Aufl. 2010; *Peter/Crezelius*, Gesellschaftsverträge und Unternehmensformen, 6. Aufl. 1995; *Gummert/Riegger/Weipert* (Hrsg.), Münchener Handbuch des Gesellschaftsrechts, Bd. 1, 3. Aufl. 2009; Bd. 2, 3. Aufl. 2009; *Schaub*, Arbeitsrechts-Handbuch, 14. Aufl. 2011; *K. Schmidt*, Gesellschaftsrecht, 4. Aufl. 2002; *Westermann*, Handbuch der Personengesellschaften, Bd. 1 und 2, Stand: März 2012.

Aufsätze: *Altmeppen*, Haftung der Gesellschafter einer Personengesellschaft für Delikte, NJW 1996, 1017; *Altmeppen*, Die Dogmatik zur Grundbuchfähigkeit der GbR, ZIP 2011, 1937; *Armbrüster*, Die Schranken der „unbeschränkten" persönlichen Gesellschafterhaftung in der BGB-Gesellschaft, ZGR 2005, 34; *Canaris*, Die Übertragung des Regelungsmodells der §§ 125–130 HGB auf die Gesellschaft bürgerlichen Rechts als unzulässige Rechtsfortbildung contra legem, ZGR 2004, 69; *Casper/Altgen*, Gesellschaftsvertragliche Abfindungsklauseln – Auswirkungen der Erbschaftsteuerreform, DStR 2008, 2319; *Dauner-Lieb*, Ein neues Fundament für die BGB-Gesellschaft, DStR 2001, 356; *Demuth*, Grundbuchfähigkeit der BGB-Gesellschaft – logische Folge der jüngsten BGH-Rechtsprechung, BB 2002, 1555; *Elsing*, Alles entschieden bei der Gesellschaft bürgerlichen Rechts – Die Rechtsprechung zwischen Mosaik- und Meilensteinen, BB 2003, 909; *Habersack*, Die Haftungsverfassung der Gesellschaft bürgerlichen Rechts – Doppelverpflichtung und Akzessorietät, BB 2001, 478; *Heil*, Parteifähigkeit der GbR – der Durchbruch der Gruppenlehre?, NGZ 2001, 300; *Jauernig*, Zur Rechts- und Parteifähigkeit der Gesellschaft bürgerlichen Rechts, NJW 2001, 2231; *Krumm*, Gesellschaftsvertragliche Abfindungsklauseln und erbschaftssteuerliche Schenkungsfiktion, NJW 2010, 187; *Lessner/Klebeck,* Zur Arbeitgeberfähigkeit der GbR, ZIP 2002, 1385; *Lingl*, Haftung von Gesellschaft und Gesellschaftern bei der Außen-Gesellschaft bürgerlichen Rechts (GbR), JuS 2005, 595; *Mann*, Zur kollektiven Durchsetzung von Ansprüchen geschädigter Kapitalanleger mittels BGB-Gesellschaften, ZIP 2011, 2393; *Reymann*, Immobiliarvollstreckung gegen GbR (-Gesellschafter), NJW 2011, 1412; *Scherer, I.*, Neuregelung für Grundstücksgeschäfte mit einer GbR, NJW 2009, 3063; *Scherer, S.*, Familienunternehmen: Zivil- und steuerrechtliche Besonderheiten bei der Gestaltung des Gesellschaftsvertrages, BB 2010, 323; *Schmidt*, Die BGB-Außengesellschaft: rechts- und parteifähig, NJW 2001, 993; *Schmidt*, Insolvenzordnung und Gesellschaftsrecht, ZGR 1998, 640; *Schmidt*, Die Gesellschafterhaftung bei der Gesellschaft bürgerlichen Rechts als gesetzliches Schuldverhältnis, NJW 2003, 1897; *Schmidt*, Analoge Anwendung von § 28 HGB auf die Sachgründung freiberuflicher und gewerbetreibender BGB-Gesellschaften, BB 2004, 785; *Schmidt*, Schwierigkeiten mit dem Prozessrecht der GbR, oder: Steine statt Brot?, NJW 2008, 1841; Schmidt, Echte und unechte Haftung von Personengesellschaften, NJW 2011, 2001; *Schneeloch*, Betriebsaufspaltung – Voraussetzungen und Steuerfolgen, DStR 1991, 804; *Ulmer*, Die höchstrichterlich „enträtselte" Gesellschaft bürgerlichen Rechts, ZIP 2001, 585; *Ulmer*, Die Haftungsverfassung der BGB-Gesellschaft, ZIP 2003, 1113; *Ulmer/Steffek*, Grundbuchfähigkeit einer rechts- und parteifähigen Gesellschaft bürgerlichen Rechts, ZIP 2002, 1385; *Wertenbruch*, Die Parteifähigkeit der GbR

– die Änderungen für die Gerichts- und Vollstreckungspraxis, NJW 2002, 324; *Westermann*, Erste Folgerungen aus der Anerkennung der Rechtsfähigkeit der BGB-Gesellschaft, NGZ 2001, 289; *Wunderlich*, Das Ende der Doppelverpflichtungstheorie – Anmerkungen zum Urteil des BGH vom 29. Januar 2001 = WM 2001, 408.

Inhalt

A. **Rechtliche Grundlagen** —— 1
I. Entstehung der GbR —— 2
  1. Abschluss eines Gesellschaftsvertrages —— 2
  2. Form des Gesellschaftsvertrages —— 3
  3. Inhalt des Gesellschaftsvertrages —— 4
II. Gesellschafter —— 5
  1. Natürliche Personen —— 6
  2. Personenvereinigungen, juristische Personen —— 7
III. Gemeinsamer Zweck, Rechte und Pflichten der Gesellschafter —— 8
  1. Gemeinsamer Zweck —— 8
  2. Rechte und Pflichten der Gesellschafter —— 9
IV. Geschäftsführung und Vertretung —— 14
  1. Geschäftsführung —— 14
    a) Definition, Abgrenzung —— 14
    b) Gesamtgeschäftsführung (§ 709 BGB) —— 16
    c) Einzelgeschäftsführung —— 17
    d) Umfang der Geschäftsführungsbefugnis —— 18
    e) Stellung des Geschäftsführers —— 19
  2. Vertretung —— 20
    a) Definition/Rechtsnatur —— 20
    b) Umfang der Vertretungsbefugnis —— 21
    c) Entziehung der Vertretungsbefugnis —— 23
V. Gesellschaftsvermögen, Rechtsfähigkeit, Kapitalanteil, Gesellschafterkonten —— 24
  1. Gesellschaftsvermögen —— 24
  2. Rechtsfähigkeit —— 25
  3. Erwerb des Gesellschaftsvermögens —— 35
    a) Beiträge der Gesellschafter —— 36
    b) Erwerb durch Geschäftsführung —— 40
    c) Erwerb durch Surrogation —— 41
    d) Erwerb durch Umwandlung —— 42
    e) Weitere Erwerbstatbestände —— 43
  4. Kapitalanteile und Gesellschafterkonten —— 44
    a) Kapitalanteile —— 44
    b) Gesellschafterkonten —— 46
VI. Buchführung, Abschluss, Ergebnisverteilung, Entnahmen —— 50
  1. Buchführung, Abschluss —— 50
  2. Ergebnisverteilung —— 54
  3. Entnahmen —— 56

VII. Besteuerung der GbR —— 57
  1. Steuerrechtliche Anerkennung des Gesellschaftsvertrages —— 57
  2. Einkommensteuer —— 58
    a) Steuersubjekt, Einkunftsarten —— 58
    b) Einkommensbesteuerung der gewerblichen GbR —— 60
    c) Vermögensverwaltende GbR —— 62
  3. Gewerbesteuer —— 65
  4. Umsatzsteuer —— 69
  5. Grunderwerbsteuer —— 70
VIII. Haftung für Gesellschaftsschulden, Haftungsbeschränkung, prozessuale Durchsetzung —— 71
  1. Grundsätze —— 71
  2. Haftung für rechtsgeschäftliche Verbindlichkeiten —— 72
  3. Haftung für gesetzlich begründete Verbindlichkeiten —— 73
  4. Haftung bei Gesellschafterwechsel —— 74
  5. Möglichkeiten der Haftungsbeschränkung —— 75
  6. Prozessuale Durchsetzung, Parteifähigkeit der GbR —— 76
  7. Anwendungsbereich —— 80
IX. Ausscheiden eines Gesellschafters, Veräußerung und Belastung des Gesellschaftsanteils —— 81
  1. Kündigungsrecht nach § 723 BGB —— 81
    a) Ordentliche Kündigung —— 81
    b) Außerordentliche Kündigung —— 82
  2. Ausschließung eines Gesellschafters —— 84
  3. Fortsetzungsklausel —— 85
  4. Abfindung des ausscheidenden Gesellschafters —— 86
  5. Veräußerung und Belastung des Gesellschaftsanteils —— 91
X. Tod des Gesellschafters —— 92
  1. Gesellschaftsrechtliche Nachfolgeregelungen —— 92
    a) Gesetzliche Regelung —— 92
    b) Fortsetzungsklausel —— 94
    c) Eintrittsklausel —— 95
    d) Nachfolgeklausel —— 96
    aa) Einfache erbrechtliche Nachfolgeklausel —— 97
    bb) Qualifizierte erbrechtliche Nachfolgeklausel —— 98

2. Erbrechtliche Gestaltungen des Gesellschafters/Erblassers —— 100
XI. Auflösung, Auseinandersetzung und Beendigung —— 104
  1. Auflösung —— 104
  2. Auseinandersetzung (Liquidation) —— 106
  3. Beendigung —— 107
XII. Erscheinungsformen der GbR —— 108
  1. Kriterien der Einteilung —— 108
    a) Innengesellschaft, Außengesellschaft —— 108
    b) Gelegenheitsgesellschaften, Dauergesellschaften —— 109
  2. Unterscheidung nach dem Gesellschaftszweck —— 110
    a) Zusammenschlüsse von Angehörigen Freier Berufe —— 110
    b) Gesellschaften von Handwerkern und Kleingewerbetreibenden —— 111
    c) Bau-ARGE —— 112
    d) Vermögensgesellschaften —— 113
    e) Gefahrengemeinschaften —— 116
B. **Muster** —— 117
I. Grundstücksverwaltungsgesellschaft (kapitalistische Vertragsgestaltung) —— 117
  1. Typischer Sachverhalt —— 117
  2. Muster: Grundstücksverwaltungsgesellschaft (kapitalistische Vertragsgestaltung) —— 119
II. Unternehmenstragende Erwerbsgesellschaft (personalistische Vertragsgestaltung) —— 120
  1. Typischer Sachverhalt —— 120
  2. Muster: Unternehmenstragende Erwerbsgesellschaft (personalistische Vertragsgestaltung) —— 121

A. Rechtliche Grundlagen

Die GbR ist die Grundform der Personengesellschaft. Sie ist in den §§ 705 bis 740 BGB gesetzlich geregelt. Die GbR wird errichtet, indem sich mindestens zwei Gesellschafter in einem Gesellschaftsvertrag gegenseitig verpflichten, die Erreichung eines gemeinsamen Zwecks in der durch den Vertrag bestimmten Weise zu fördern, insbesondere die vereinbarten Beiträge zu leisten (§ 705 BGB). 1

I. Entstehung der GbR

1. Abschluss eines Gesellschaftsvertrages

Voraussetzung für das Entstehen der GbR ist der Abschluss eines Gesellschaftsvertrages, für den die allgemeinen Regeln des BGB gelten. Der Abschluss erfolgt i.d.R. schriftlich, kann jedoch auch mündlich oder durch schlüssiges Verhalten geschehen.[1] Entscheidend ist, dass bei den Beteiligten ein Rechtsbindungswille besteht, der auf die Förderung eines gemeinsamen Zwecks gerichtet ist. Mit Abschluss des Vertrages entsteht die Gesellschaft (ohne dass es einer Registereintragung bedarf), es sei denn, das Wirksamwerden des Vertrages hängt von dem Eintritt einer aufschiebenden Bedingung oder der Erteilung einer Genehmigung (z.B. des Vormundschaftsgerichtes nach § 1822 Nr. 3 BGB, siehe Rn 6) ab. Hier entsteht die Gesellschaft erst mit Eintritt der Bedingung bzw. der Erteilung der Genehmigung.[2] 2

2. Form des Gesellschaftsvertrages

Der Abschluss des Gesellschaftsvertrages ist grundsätzlich **formlos** wirksam. Die Anwendung gesetzlicher Formvorschriften kann sich jedoch aus dem Gesellschaftszweck oder der Übernahme besonderer formbedürftiger Verpflichtungen ergeben. Enthält beispielsweise der Gesellschaftsvertrag die konkrete Verpflichtung zum Erwerb oder Verkauf eines Grundstücks, ist gemäß § 311b Abs. 1 BGB die notarielle Beurkundung des Gesellschaftsvertrages erforderlich.[3] Das 3

---
[1] MüKo-BGB/*Ulmer*, § 705 Rn 1.
[2] Zur Entstehung der GbR durch Umwandlung siehe Rn 40.
[3] Palandt/*Grüneberg*, § 311b Rn 9, 11.

im Vertrag vereinbarte Schenkungsversprechen auf unentgeltliche Beteiligung eines Gesellschafters macht den Vertrag nach § 518 BGB beurkundungsbedürftig.[4] Nicht formbedürftig ist der Vertrag bei bloßer Verpflichtung zur Nutzungsüberlassung[5] und auch dann, wenn als gemeinsamer Zweck einer Grundstücksgesellschaft allgemein der Erwerb und die Veräußerung von Grundstücken vereinbart wird.[6] Der Vollzug der Schenkung bewirkt die Heilung des Formmangels, § 518 Abs. 2 BGB.[7]

3. Inhalt des Gesellschaftsvertrages

4 Der Gesellschaftsvertrag muss als **Mindestinhalt** die in § 705 BGB genannten Voraussetzungen, also die Gesellschafter, den von der Gesellschaft zu verfolgenden gemeinsamen Zweck sowie die Förderungspflicht der Gesellschafter enthalten.[8] Darüber hinaus sind je nach Zweck der Gesellschaft und Zusammensetzung des Gesellschafterkreises eine Vielzahl von Regelungen möglich, die entweder an die Stelle der gesetzlichen Regeln der §§ 705 ff. BGB treten oder diese ergänzen.

Jede (Außen-)GbR sollte im Hinblick auf die höchstrichterlich bestätigte Rechts- und Parteifähigkeit der GbR einen Namen als Geschäftsbezeichnung erhalten.[9] Dieser Name ist keine Firma i.S.d. § 17 HGB. Bei der Namensbildung sollten jedoch die zu §§ 17 ff. HGB geltenden Grundsätze berücksichtigt werden. Der Name der Gesellschaft kann einen oder mehrere Gesellschafternamen, einen Sachbestandteil und/oder eine Fantasiebezeichnung enthalten. Ihm sollte immer – entsprechend § 19 HGB – der Hinweis auf die Rechtsform „Gesellschaft bürgerlichen Rechts" beigefügt werden. Im Gesellschaftsvertrag sollte weiterhin der Sitz der Gesellschaft als derjenige Ort, an dem die Gesellschaft ihre Geschäftstätigkeit betreibt, angegeben werden.

II. Gesellschafter

5 Das Gesellschaftsverhältnis setzt die Beteiligung von **mindestens zwei Gesellschaftern** voraus. Scheidet aus der Zwei-Personen-Gesellschaft ein Gesellschafter ohne Nachfolge aus, endet die Gesellschaft, selbst wenn eine Fortsetzungsklausel im Gesellschaftsvertrag vereinbart ist.[10] Es gibt keine Ein-Personen-GbR.[11]

1. Natürliche Personen

6 Gesellschafter der GbR kann zunächst jede natürliche Person sein, d.h. auch geschäftsunfähige (§ 104 BGB) und beschränkt geschäftsfähige (§ 106 BGB) Personen, die bei Gründung oder Eintritt in die Gesellschaft durch ihre gesetzlichen Vertreter vertreten werden. Ist dieser oder sein Ehegatte selbst Gesellschafter, ist zusätzlich ein Pfleger zu bestellen (§ 1909 BGB). Betreibt die GbR ein Erwerbsgeschäft, ist die vormundschaftsgerichtliche Genehmigung erforderlich (§ 1822 Nr. 3 BGB). Der Begriff des Erwerbsgeschäfts ist dabei weit auszulegen. Er umfasst jede regelmä-

---

4 MüKo-BGB/*Ulmer*, § 705 Rn 33, 42 f., differenzierend nach Außen- und Innengesellschaft.
5 Palandt/*Grüneberg*, § 311b Rn 9.
6 MüKo-BGB/*Ulmer*, § 705 Rn 39; Palandt/*Grüneberg*, § 311b Rn 9.
7 MüKo-BGB/*Ulmer*, § 705 Rn 44 f.; abweichend BGH BGHZ 7, 174 ff., der den Eintritt der Heilungswirkung auf den Fall des Beitritts zu einer Außengesellschaft beschränkt.
8 MünchGesR/*Happ/Möhrle*, Bd. 1, § 5 Rn 34.
9 MüKo-BGB/*Ulmer*, § 705 Rn. 270 ff.
10 MüKo-BGB/*Ulmer*, § 705 Rn 60.
11 MüKo-BGB/*Ulmer*, § 705 Rn 62; *K. Schmidt*, § 45 I 2b bb, S. 1309, der jedoch Ausnahmen von diesem Grundsatz zulassen will. Ausnahmen auch bei MüKo-HGB/*Grunewald*, § 161, Rn. 4 f.

ßige und selbständige Erwerbstätigkeit der GbR und ist nicht auf das vollkaufmännische Handelsgewerbe beschränkt.[12]

2. Personenvereinigungen, juristische Personen

Gesellschafter einer GbR können weiterhin juristische Personen des Privatrechts (GmbH, AG, eingetragener Verein, Genossenschaft (§ 17 Abs. 1 GenG), rechtsfähige Stiftung u.a.) und solche des öffentlichen Rechts[13] sein, ebenso Personenhandelsgesellschaften (OHG, KG) sowie andere GbR.[14] Die Erbengemeinschaft, eine eheliche Gütergemeinschaft oder die Bruchteilsgemeinschaft gemäß §§ 741ff. BGB können nicht Gesellschafter der GbR werden.[15] 7

III. Gemeinsamer Zweck, Rechte und Pflichten der Gesellschafter

1. Gemeinsamer Zweck

Der vereinbarte gemeinsame Zweck und die Pflicht der Gesellschafter, diesen Zweck zu fördern, sind die entscheidenden Merkmale, die die Gesellschaft von anderen Vertragsverhältnissen unterscheiden.[16] Jeder **erlaubte gemeinsame Zweck** kann Gegenstand der GbR sein, sei er wirtschaftlicher Art (nicht kaufmännisches Erwerbsgeschäft) oder ideeller Art (wissenschaftlicher, kultureller, politischer oder sonstiger Zweck).[17] Anerkannt ist insbesondere das Halten und Verwalten von beweglichen und unbeweglichen Gegenständen wie z.B. Grundstücken oder sonstigen Vermögensgegenständen.[18] Richtet sich der vereinbarte Zweck auf den Betrieb eines Handelsgewerbes, gelten die Sonderregeln der §§ 105ff. HGB bzw. §§ 161ff. HGB. Die im Gesellschaftsvertrag einer sog. Rechtsverfolgungsgesellschaft erteilte Ermächtigung zur gerichtlichen Geltendmachung von Ansprüchen ihrer Gesellschafter ist wegen Verstoßes gegen das Rechtsberatungsgesetz gem. § 134 BGB nichtig.[19] Anders zu beurteilen ist möglicherweise die Rechtslage, wenn die GbR eigene Ansprüche aus abgetretenem Recht geltend macht.[20] 8

2. Rechte und Pflichten der Gesellschafter

Die sich aus der Mitgliedschaft des Gesellschafters ergebenden Rechte und Pflichten sind zu unterscheiden in 9
– Mitwirkungs- bzw. Verwaltungsrechte und -pflichten sowie
– die sich aus dem Vermögen der Gesellschaft ergebenden Rechte und Pflichten.[21]

Zu unterscheiden ist jeweils das Recht als **Stammrecht** sowie das im konkreten Fall bestehende **Einzelrecht**. Die Stammrechte sind unselbständige Teile des Mitgliedschaftsrechts und isoliert nicht übertragbar (sog. Abspaltungsverbot). Die in § 717 S. 2 BGB bezeichneten Vermögensrechte bestehen mit ihrer konkreten Entstehung selbstständig und sind dann abtretbar, verpfändbar oder durch Nießbrauch belastbar. 10

---

12 MüKo-BGB/*Ulmer*, § 705 Rn 70; OLG Hamm NJW-RR 2001, 1086 für die Familiengesellschaft.
13 Erman/*Westermann*, § 705 Rn 17.
14 Staudinger/*Habermeier*, § 705 Rn 27 f.; Soergel/*Kießling*, § 705 Rn 24.
15 MüKo-BGB/*Ulmer*, § 705 Rn 81–83.
16 MüKo-BGB/*Ulmer*, § 705 Rn 128.
17 MüKo-BGB/*Ulmer*, § 705 Rn 144, *K. Schmidt*, § 59 I 3a, S. 1733 f.
18 MüKo-BGB/*Ulmer*, § 705 Rn 145; BGH NJW 1982, 170.
19 BGH ZIP 2011, 1202.
20 Bejahend *Mann*, ZIP 2011, 2393, 2398.
21 MüKo-BGB/*Ulmer*, § 705 Rn 185, 189, 193; *Langenfeld*, Gesellschaft bürgerlichen Rechts, S. 30.

11 Weiterhin sind die Rechte und Pflichten danach zu unterscheiden, ob sie
- auf der Ebene zwischen Gesellschafter und Gesamthand (**Sozialsphäre**) oder
- zwischen den Gesellschaftern (**Individualsphäre**)

bestehen.[22] Individualansprüche macht der Gesellschafter selbst geltend, Sozialansprüche nur im Rahmen der „actio pro socio".[23]

12 Wichtigste **Vermögensrechte** sind der Gewinnanspruch (siehe Rn 54) sowie der Anspruch auf das Auseinandersetzungsguthaben (siehe Rn 102 ff.). Wichtigste **vermögensrechtliche Pflicht** ist die Beitragspflicht (§ 706 BGB). Verwaltungsrechte sind in erster Linie das Recht auf Mitwirkung bei der Geschäftsführung und Vertretung (§§ 709, 714 BGB, siehe Rn 14 ff.), das Stimmrecht, das Informations- und Kontrollrecht (§ 716 BGB), das Widerspruchsrecht (§ 711 BGB), das Kündigungsrecht (§ 723 BGB) und das Recht auf Mitwirkung bei der Liquidation (§ 730 BGB). Den **Verwaltungsrechten** stehen gleichsam spiegelbildlich die Pflicht zur Geschäftsführung und Vertretung, zur Rechnungslegung und allgemein zur Ausübung solcher Rechte gegenüber, deren Ausübung im Interesse der Gesellschaft geboten ist.

13 Überlagert und beeinflusst werden alle Rechte und Pflichten von der **gesellschaftsrechtlichen Treuepflicht**, einem zentralen Grundsatz des Gesellschaftsrechts,[24] der nach Art des Grundsatzes von Treu und Glauben die Ausübung von Rechten und Pflichten beeinflusst.

IV. Geschäftsführung und Vertretung

1. Geschäftsführung
a) Definition, Abgrenzung

14 Unter „Geschäftsführung" ist jede für die Gesellschaft (Gesamthand) vorgenommene Tätigkeit tatsächlicher oder rechtlicher Art zu verstehen, die dem Gesellschaftszweck dient und kein Grundlagengeschäft darstellt.[25] Die Geschäftsführung steht als Ausfluss der Mitgliedschaft notwendig den Gesellschaftern zu (**Grundsatz der Selbstorganschaft**). Eine Ausnahme von diesem Grundsatz hat die Rechtsprechung für Publikumsgesellschaften zugelassen.[26] Hier bleibt die Gesamtheit der Gesellschafter oberstes Geschäftsführungsorgan; die Übertragung der Geschäftsführung auf einen Dritten ist jedoch zulässig.

15 **Grundlagengeschäfte** dienen nicht der Geschäftsführung, sondern betreffen die Grundlagen der Gesellschaft (z.B. Änderung des Gesellschaftsvertrages oder der Organisation der Gesellschaft). Sie sind daher der Gestaltung durch die Gesellschafter insgesamt vorbehalten und der Ebene der Geschäftsführung entzogen.

b) Gesamtgeschäftsführung (§ 709 BGB)

16 Die gesetzliche Regelung in § 709 Abs. 1 BGB geht davon aus, dass die Geschäfte von den Gesellschaftern gemeinschaftlich, d.h. einstimmig vorgenommen werden (**Gesamtgeschäftsführung**). Für jedes Geschäft ist die Zustimmung aller Gesellschafter erforderlich. Per Gesellschaftsvertrag ist gemäß § 709 Abs. 2 BGB die Einführung des Mehrheitsprinzips möglich, wobei hier die Abstimmung nach Köpfen vorgesehen ist.

---

22 MüKo-BGB/*Ulmer*, § 705 Rn 186, 197 ff., 215 ff.
23 Erman/*Westermann*, § 705 Rn 57 ff.
24 Im Einzelnen: MüKo-BGB/*Ulmer*, § 705 Rn 221 ff.
25 Soergel/*Hadding/Kießling*, § 709 Rn 9, 11; MünchGesR/*v. Ditfurth*, Bd. 1, § 7 Rn 3.
26 BGH NJW 1982, 2495.

c) Einzelgeschäftsführung

17 Die gesetzliche Regelung des § 709 BGB passt nicht für die unternehmerisch tätige, organisierte GbR. Abweichend von der gesetzlichen Regelung kann daher der Gesellschaftsvertrag **Einzelgeschäftsführung** vorsehen (davon geht § 711 BGB aus). Möglich ist auch die Aufteilung der Geschäftsführung nach Tätigkeits- oder Verantwortungsbereichen[27] (z.B. Produktion, Vertrieb, Verwaltung). Sind solche Unternehmensbereiche einzelnen Gesellschaftern durch Gesellschaftsvertrag oder Gesellschafterbeschluss zugewiesen, ist im Zweifel davon auszugehen, dass das jeweilige Fachgebiet ausschließlich zugewiesen ist und den anderen Ressort-Geschäftsführern außerhalb ihres Fachgebiets kein Widerspruchsrecht zusteht.[28] Ist Einzelgeschäftsführung vereinbart, steht den übrigen Gesellschaftern grundsätzlich das Widerspruchsrecht gemäß § 711 BGB zu. Auch diese Regelung ist dispositiv mit der Folge, dass Voraussetzungen und Folgen des Widerspruchs im Gesellschaftsvertrag näher geregelt werden können oder das Recht auch ganz ausgeschlossen werden kann.[29]

d) Umfang der Geschäftsführungsbefugnis

18 Der Umfang der Geschäftsführungsbefugnis ist, soweit es sich um Maßnahmen der Geschäftsführung handelt, grundsätzlich nicht beschränkt. Das Gesetz enthält keine Unterscheidung zwischen gewöhnlichen und außergewöhnlichen Geschäften (im Gegensatz zu § 116 Abs. 2 HGB). Auch hier kann jedoch der Gesellschaftsvertrag Differenzierungen vorsehen und die Geschäftsführungsbefugnis auf dem Gesellschaftszweck entsprechende gewöhnliche Geschäfte beschränken und darüber hinausgehende außergewöhnliche Geschäfte einem Gesellschafterbeschluss aller Gesellschafter vorbehalten.[30]

e) Stellung des Geschäftsführers

19 Der geschäftsführende Gesellschafter ist nicht Angestellter der Gesellschaft. Seine Rechte und Pflichten als Geschäftsführer gründen auf dem Gesellschaftsvertrag oder, soweit dieser keine Regelungen enthält, auf dispositivem Gesellschaftsrecht.[31] Die Haftung des Geschäftsführers ist nach § 708 BGB auf die Sorgfalt in eigenen Angelegenheiten beschränkt. Auch diese Bestimmung ist dispositiv und der abweichenden Regelung im Gesellschaftsvertrag zugänglich. Die Vergütung des Geschäftsführers ist kein Tätigkeitsentgelt sondern Gewinnvoraus.[32] Die Vergütung für die Geschäftsführungstätigkeit erfolgt i.d.R. entweder in einer Erhöhung des auf den Gesellschafter entfallenden Gewinnanteils oder in einem festen oder erfolgsabhängigen Betrag als Gewinnvoraus.[33] Zur Aussetzung oder Abänderung der Vergütung sollen mangels Vereinbarung unter den Gesellschaftern die Vertragsauslegung oder die Grundsätze über die Änderung der Geschäftsgrundlage herangezogen werden.[34]

---

27 MünchGesR/*v. Ditfurth*, Bd. 1, § 7 Rn 48.
28 MüKo-BGB/*Ulmer*, § 709 Rn 17.
29 Erman/*Westermann*, § 711 Rn 1.
30 MüKo-BGB/*Ulmer/Schäfer*, § 709 Rn 24.
31 MüKo-BGB/*Ulmer/Schäfer*, § 709 Rn 26; MünchGesR/*v. Ditfurth*, Bd. 1, § 7 Rn 11.
32 MüKo-BGB/*Ulmer/Schäfer*, § 709 Rn 26, 32; MünchGesR/*v. Ditfurth*, Bd. 1, § 7 Rn 22; MünchGesR/*Wirth*, Bd. 2, § 10 Rn 2 (für die KG); Soergel/*Hadding/Kießling*, § 713 Rn 13 behandelt die Geschäftsführervergütung unter analoger Anwendung des Dienstvertragsrechts oder, wenn die Geschäftsführervergütung unternehmens- oder gewinnbezogenen Charakter hat, unter analoger Anwendung der §§ 280 ff. BGB.
33 MünchGesR/*v. Ditfurth*, Bd. 1, § 7 Rn 23.
34 Vgl. im Einzelnen MüKo-BGB/*Ulmer/Schäfer*, § 709 Rn 34, 36.

2. Vertretung

a) Definition/Rechtsnatur

20 Wie die Geschäftsführungsbefugnis ist auch die Vertretungsmacht der Geschäftsführer der GbR der Mitgliedschaft in der Gesellschaft entspringend und daher nicht auf Dritte übertragbar.[35] Die Vertretungsmacht umschreibt das „**rechtliche Können**" des geschäftsführenden Gesellschafters im Außenverhältnis, d.h. im Verhältnis zwischen Gesellschaft und Dritten.[36] Die Vertretungsmacht des Geschäftsführers der GbR ist nicht rechtsgeschäftlicher Natur, sondern bei der als Außengesellschaft im Geschäftsverkehr auftretenden GbR ebenso organschaftlicher Natur wie bei OHG oder KG.[37] Dies wird aus der durch den BGH bestätigten Rechtsfähigkeit der (Außen-)Gesellschaft bürgerlichen Rechts gefolgert.[38]

b) Umfang der Vertretungsbefugnis

21 Nach der Auslegungsregel des § 714 BGB bestimmt sich der Umfang der Vertretungsmacht nach der Verteilung der Geschäftsführungsbefugnis. Daher wird die Gesellschaft nach der gesetzlichen Regel durch alle Gesellschafter gemeinsam vertreten.[39] Entsprechend den Ausführungen zur Geschäftsführung (siehe Rn 17) können einzelne oder alle geschäftsführenden Gesellschafter einzelvertretungsbefugt sein. Abweichend von der Regel des § 714 BGB kann die Vertretungsbefugnis abweichend von der Geschäftsführungsbefugnis geregelt werden.[40] Der alleinvertretungsberechtigte Gesellschafter muss ggf. seine Befugnis zur alleinigen Vertretung der Gesellschaft durch Vorlage einer Vollmacht oder des Gesellschaftsvertrages gegenüber dem Geschäftspartner oder Adressaten nachweisen.[41]

22 Die Vertretungsbefugnis bezieht sich ebenso wie die Geschäftsführungsbefugnis nicht auf Grundlagengeschäfte der Gesellschaft, die der Regelung durch die Gesellschafterversammlung vorbehalten bleiben.

c) Entziehung der Vertretungsbefugnis

23 Da die Vertretungsmacht ihren Ursprung in dem Mitgliedschaftsrecht des Gesellschafters hat, kann sie – anders als bei der rechtsgeschäftlichen Vertretung – gegen den Willen des Gesellschafters nur unter der Voraussetzung des § 712 Abs. 1 BGB, d.h. aus wichtigem Grund und nur gemeinsam mit der Geschäftsführungsbefugnis, entzogen werden (§ 715 BGB).

V. Gesellschaftsvermögen, Rechtsfähigkeit, Kapitalanteil, Gesellschafterkonten

1. Gesellschaftsvermögen

24 Die gesetzliche Grundlage für das Gesellschaftsvermögen, d.h. das **gesellschaftsrechtliche Gesamthandsvermögen**, ist in § 718 BGB beschrieben. Träger des Gesamthandsvermögens ist die Gesamthandsgemeinschaft, d.h. die Personengruppe aller Gesellschafter, die das Gesellschafts-

---

[35] Erman/*Westermann*, § 714 Rn 4.
[36] MünchGesR/*v. Ditfurth*, Bd. 1, § 7 Rn 77.
[37] MüKo-BGB/*Ulmer/Schäfer*, § 714 Rn 14, 16.
[38] MüKo-BGB/*Ulmer/Schäfer*, § 714 Rn 16 f.; Erman/*Westermann*, § 714 Rn 4; BGHZ 146, 341 = NJW 2001, 1056; *K. Schmidt*, NJW 2001, 993.
[39] BAG NJW 2005, 2572 (Kündigung des Arbeitsverhältnisses i.d.R. durch alle Gesellschafter, sofern kein Hinweis auf eine Vollmacht existiert).
[40] MüKo-BGB/*Ulmer/Schäfer*, § 714 Rn 21.
[41] BGH ZIP 2002, 174; BAG DB 2005, 1743.

vermögen als Sondervermögen neben dem Privatvermögen der einzelnen Gesellschafter hält.[42] Diese Personengruppe genießt als solche eigene Rechtsfähigkeit.

2. Rechtsfähigkeit

Der BGH hat in seinen Entscheidungen vom 29.1.2001 und 18.2.2002 und den nachfolgenden Entscheidungen die nach außen auftretende GbR als selbständiges Rechtssubjekt anerkannt und ihr damit die Rechtsfähigkeit zugesprochen.[43] Die Anerkennung der **Rechtsfähigkeit der (Außen-)GbR** wurde durch die Rechtsprechung bereits in der Vergangenheit auf verschiedenen Rechtsgebieten vorgezeichnet. So hat der BGH in mehreren Entscheidungen die Fähigkeit der GbR zur Mitgliedschaft als Gründungsgesellschafterin einer Aktiengesellschaft,[44] als Gründungsgesellschafterin einer GmbH,[45] als Mitglied einer Genossenschaft[46] sowie als Gesellschafterin einer anderen BGB-Gesellschaft[47] bestätigt. Nach der Neufassung des § 162 Abs. 1 S. 2 HGB kann sie auch Kommanditistin einer KG werden.

Die Scheck- und Wechselfähigkeit der GbR als solcher ist vom BGH ebenfalls bestätigt.[48]

Die Insolvenzrechtsfähigkeit der Außen-GbR ist ebenfalls anerkannt und ergibt sich im Übrigen aus § 11 Abs. 2 Nr. 1 InsO.[49]

Die materielle Grundbuchfähigkeit der GbR, d. h. ihre Fähigkeit, Grundstücke und Rechte an Grundstücken zu erwerben, wird in der Literatur mittlerweile wohl überwiegend bejaht.[50] Gegen die formelle Grundbuchfähigkeit, d. h. die Fähigkeit, unter der Geschäftsbezeichnung in das Grundbuch eingetragen werden zu können, werden jedoch wegen der fehlenden Publizität der GbR Bedenken geltend gemacht.[51] Der BGH hat am 4.12.2008 entschieden,[52] dass die GbR selbst als Berechtigte im Grundbuch einzutragen sei. Dazu reiche es aus, sie nur mit ihrem Namen einzutragen, ohne die Gesellschafter in ihrer gesamthänderischen Bindung aufzuführen. Die Nennung der Gesellschafter sei zwar auch noch möglich, aber nicht mehr nötig. Die zum 1.10.2009 in Kraft getretenen Gesetzesänderungen in § 47 Abs. 2 GBO und, verweisend auf die neue Vermutungsbestimmung, § 899a BGB, ordnen nunmehr allerdings an, dass neben der Gesellschaft auch die Gesellschafter im Grundbuch einzutragen sind. In dieser Gesetzesänderung ist jedoch nicht zwangsläufig eine Abkehr des Gesetzgebers von der, der GbR eigene Rechtspersönlichkeit verleihenden Rechtsprechung des BGH zu sehen.[53] Probleme der Immobiliarvollstreckung gegen die GbR behandeln der BGH[54] und Reymann.[55]

---

42 MüKo-BGB/*Ulmer/Schäfer*, § 718 Rn 1, 4.
43 BGH NJW 2001, 1056; BGH ZIP 2002, 614; nachfolgend z. B. BGH NJW 2009, 594; zustimmend insb. für die unternehmenstragenden Außengesellschaften u.a. *K. Schmidt*, NJW 2001, 993; zustimmend ebenfalls *Ulmer*, ZIP 2001, 585; *Dauner-Lieb*, DStR 2001, 356; kritisch nach wie vor Jauernig/*Stürner*, § 705 Rn 1 mit einer Darstellung der Entwicklung und weiteren Nachweisen.
44 BGH NJW 1992, 2222.
45 BGHZ 78, 311.
46 BGH NJW 1992, 499.
47 BGH NJW 1992, 499, 500.
48 BGH NJW 1997, 2754.
49 *K. Schmidt*, NJW 2001, 993, 1001; *ders.*, ZGR 1998, 640.
50 MünchGesR/*Gummert*, Bd. 1, § 17 Rn 33 unter Bezug auf *Flume*, ZHR 148 (1984), 503, 509; Soergel/*Hadding/Kießling*, § 718 Rn 4; ebenso im Anschluss an BGHZ 146, 341 *Demuth*, BB 2002, 1555; *Ulmer/Steffek*, NJW 2002, 330; grundsätzlich zustimmend Baumbach/Hopt, Einl. vor § 105 Rn 14.
51 *K. Schmidt*, NJW 2001, 993, 1002; BayObLG ZIP 2002, 2175; grundsätzliche Bedenken äußert auch Staudinger/*Habermeier*, Vorbem. zu §§ 705–740 Rn 25 ff.
52 BGH NJW 2009, 594.
53 *Scherer*, NJW 2009, 3063, 3065. Zur Bedeutung der §§ 47 Abs. 2 GBO und 899a BGB auch *Altmeppen*, ZIP 2011, 1937.
54 BGH NJW 2011, 615 und BGH NJW 2011, 1449.
55 NJW 2011, 1412.

29 Die Erbfähigkeit der GbR wurde bisher von verschiedener Seite unter Hinweis darauf verneint, dass die bloße Teilrechtsfähigkeit der GbR nicht zu den auf die Erbengemeinschaft bezogenen Vorschriften passe, die eingreifen, wenn die Gesellschaft auf natürliche Personen als Miterben trifft.[56] Heute wird jedoch – insbesondere im Hinblick auf die neue BGH-Rechtsprechung zur Rechtsfähigkeit der GbR – von der Erbfähigkeit der GbR auszugehen sein.[57]

30 Im Steuerrecht wird die GbR als Unternehmer i.S.d. § 13 Abs. 2 S. 2 UStG angesehen.[58] Die Steuerrechtsfähigkeit der GbR ist auch im Grunderwerbsteuerrecht anerkannt.[59] Im Gewerbesteuerrecht ist die GbR selbst Steuerschuldnerin gemäß § 5 Abs. 1 S. 3 GewStG.

31 Hingegen ist die GbR im Ertragsteuerrecht kein mögliches Steuerrechtssubjekt, da sie weder natürliche Person i.S.d. § 1 Abs. 1 S. 1 EStG noch Körperschaft i.S.d. § 1 Abs. 1 KStG ist.[60] (Zur Behandlung im Steuerrecht im Einzelnen siehe Rn 57 ff.)

32 Die Fähigkeit der GbR, Besitz, d.h. tatsächliche Sachherrschaft, auszuüben, wird insbesondere von denjenigen befürwortet, die die Rechtsfähigkeit der GbR bejahen.[61] Der Besitz wird entweder durch die geschäftsführenden Gesellschafter als handelnde Organe der Gesellschaft oder durch Angestellte oder sonstige Personen als Besitzdiener ausgeübt. Sofern diese Personen die tatsächliche Gewalt über die Sache mit dem Willen ausüben, diese für die Gesellschaft zu besitzen und die Sache sich im tatsächlichen Herrschaftsbereich (Organisationskreis) der Gesellschaft befindet, ist diese kraft Zurechnung Besitzerin.[62]

33 An der Arbeitgeberfähigkeit der GbR wurden in der Literatur Zweifel geäußert.[63] Das BAG hat im Anschluss an die Rechtsprechung des BGH festgestellt, dass eine Außen-GbR Arbeitgeber sei, da sie teilrechtsfähig und im Zivilprozess aktiv und passiv parteifähig sei.[64] Die Praxis des BAG geht im Übrigen davon aus, dass die Gesellschafter Arbeitgeber i.S.d. §§ 6, 41 Abs. 2 ArbGG sind, wenn eine GbR Arbeitnehmer beschäftigt.[65]

34 Die bisher nicht existierende Registrierung der Gesellschaft wird in Teilen der Literatur unter Gläubigerschutzgesichtspunkten bemängelt. Die Einführung eines Gesellschaftsregisters für die GbR wird gefordert.[66]

3. Erwerb des Gesellschaftsvermögens

35 Die Gesellschaft (Gesamthand) kann insbesondere auf folgenden Wegen ihr Vermögen erwerben:

a) Beiträge der Gesellschafter

36 Bereits mit Vereinbarung der zu leistenden Beiträge im Gesellschaftsvertrag entsteht der Beitragsanspruch der Gesellschaft als ein Teil des Gesellschaftsvermögens. Er ist bereits zu diesem Zeitpunkt durch Gläubiger der Gesellschaft pfändbar.[67]

---

56 Staudinger/*Keßler*, (12. Aufl.) § 718 Rn 6; RGRK/*von Gamm*, § 718 Rn 7.
57 So jedenfalls Staudinger/*Habermeier*, Vorbem. zu §§ 705–740 Rn 21; MüKo-BGB/*Ulmer/Schäfer*, § 718 Rn 22; Erman/*Westermann*, § 718 Rn 6; *Elsing*, BB 2003, 909, 914; Soergel/*Hadding/Kießling*, § 718 Rn 5.
58 BFH BStBl II 1984, 231, 232.
59 BFHE 148, 931.
60 *Peter/Crezelius*, S. 56, Rn 165.
61 MüKo-BGB/*Ulmer/Schäfer*, § 718 Rn 36 ff.; MünchGesR/*Gummert*, Bd. 1, § 17 Rn 47.
62 MüKo-BGB/*Ulmer/Schäfer*, § 718 Rn 37; MünchGesR/*Gummert*, Bd. 1, § 17 Rn 47.
63 *Lessner/Klebeck*, ZIP 2002, 1385.
64 BAG NZA 2005, 318; ebenso Schaub/*Linck*, Arbeitsrechts-Handbuch, § 16 Rn 8.
65 BAG DB 2004, 2328.
66 *K. Schmidt*, NJW 2001, 993, 1007; *Wertenbruch*, NJW 2002, 324, 329.
67 MünchGesR/*Gummert*, Bd. 1, § 13 Rn 5.

Der zu leistende Beitrag wird durch Vollzug des erforderlichen Verfügungsgeschäfts zwi- 37
schen den Gesellschaftern und der Gesellschaft deren Eigentum. Die Einbringung erfolgt je nach
Vereinbarung entweder durch Übertragung von Eigentum, Übertragung dem wirtschaftlichen
Wert nach oder durch Gebrauchsüberlassung.[68] Der Beitrag kann auch in der Leistung von
Diensten bestehen (§ 706 Abs. 3 BGB).

Der Begriff „**Beitrag**" ist als Oberbegriff[69] zu verstehen. Beiträge im weiteren Sinne sind alle 38
(nicht notwendig auch vermögenswerten) Leistungen der Gesellschafter, die sie nach dem Gesellschaftsvertrag zur Förderung des Gesellschaftszwecks zu erbringen haben.[70] Beiträge im engeren Sinn sind vermögenswerte Leistungen der Gesellschafter, die das Gesellschaftsvermögen darstellen.[71] Als Einlagen sind die Beiträge im engeren Sinn bezeichnet, die an die Gesellschaft geleistet sind und deren Vermögen rechnerisch darstellen.[72]

Die Höhe der Beiträge bestimmen die Gesellschafter im Gesellschaftsvertrag. Zur **Erhöhung** 39
seines Beitrags ist der Gesellschafter, sofern dies nicht ausdrücklich im Vertrag vorgesehen ist,
nicht verpflichtet, weder zur Erhöhung des vereinbarten Beitrags noch zur Auffüllung der durch
Verluste teilweise verminderten Einlage (§ 707 BGB). In der Vertragspraxis entspricht regelmäßig
das Verhältnis der Einlagen der einzelnen Gesellschafter auch deren Anteilen an der Gesellschaft. Dies ist jedoch nicht zwingend.

b) Erwerb durch Geschäftsführung

Zum Gesellschaftsvermögen gehören weiterhin die im Rahmen der Geschäftsführung für die Ge- 40
sellschaft erworbenen Gegenstände. Erforderlich ist mithin ein Handeln im Namen der Gesellschaft.[73] Erwerbbar für die Gesellschaft sind grundsätzlich alle Gegenstände und Rechte mit Ausnahme von Beteiligungen an einer OHG oder KG.[74] Anwendbar sind in diesem Zusammenhang die
Vorschriften über den Verbrauchsgüterkauf[75] (§§ 474 ff. BGB), sofern das Rechtsgeschäft privaten
Zwecken dient und nicht in Zusammenhang mit gewerblicher oder selbständiger Tätigkeit steht.[76]

c) Erwerb durch Surrogation

Gemäß § 718 Abs. 2 BGB gehören zum Gesellschaftsvermögen zum einen alle Sach- und Rechts- 41
früchte (§§ 99, 953 ff. BGB), insbesondere die dem Nießbraucher zustehenden Rechtsfrüchte, die
aufgrund eines zum Gesellschaftsvermögen gehörenden Rechts erworben werden.[77] Zum anderen
gehört zum Gesellschaftsvermögen, was die Gesellschaft als Ersatz für die Zerstörung, Beschädigung oder Entziehung eines zum Gesamthandsvermögen gehörenden Gegenstandes erlangt.

d) Erwerb durch Umwandlung

Im Wege der Gesamtrechtsnachfolge erwirbt die durch Umwandlung entstehende GbR das Ge- 42
sellschaftsvermögen, welches bei Umwandlung einer Kapitalgesellschaft in eine GbR (§§ 228 ff.
UmwG, insbes. § 228 Abs. 2 UmwG) auf die GbR übergeht.

---

68 MüKo-BGB/*Ulmer/Schäfer*, § 706 Rn 11–13.
69 Soergel/*Hadding/Kießling*, § 706 Rn 1.
70 Ebenda.
71 Ebenda.
72 Soergel/*Hadding/Kießling*, § 706 Rn 5; MüKo-BGB/*Ulmer/Schäfer*, § 706 Rn 4.
73 MüKo-BGB/*Ulmer/Schäfer*, § 718 Rn 18; Staudinger/*Habermeier*, § 718 Rn 6.
74 MüKo-BGB/*Ulmer/Schäfer*, § 718 Rn 19.
75 BGH NJW 2002, 368 (noch zu § 1 VerbrKrG).
76 Palandt/*Ellenberger*, § 13 Rn 3.
77 MünchGesR/*Gummert*, Bd. 1, § 13 Rn 8.

e) Weitere Erwerbstatbestände

43 Als weitere Erwerbstatbestände kommen die gesetzlichen Vorschriften über die Verbindung, Vermischung oder Verarbeitung (§§ 946 ff. BGB) in Betracht. Sofern in Anbetracht der nunmehr höchstrichterlich bestätigten Rechtsfähigkeit der (Außen-)GbR von einer Erbfähigkeit der GbR ausgegangen wird, kann diese Gesellschaftsvermögen auch durch Erbschaft oder durch Vermächtnis erwerben.[78]

4. Kapitalanteile und Gesellschafterkonten
a) Kapitalanteile

44 Der Begriff des Kapitalanteils ist in den §§ 705 ff. BGB nicht enthalten. Gleichwohl besteht das Bedürfnis unter den Gesellschaftern, den, den einzelnen Gesellschaftern zustehenden Anteil am Gesellschaftsvermögen festzulegen. Eine Möglichkeit, diesen Anteil verbindlich zu bestimmen, ist die Festlegung eines Gesellschaftskapitals im Gesellschaftsvertrag sowie die Bestimmung des auf jeden Gesellschafter entfallenden Kapitalanteils. Namentlich in den **kapitalistisch strukturierten Gesellschaften** (siehe Rn 117 ff.) ist die Darstellung von Kapitalanteilen gängige Praxis. Die Kapitalanteile drücken dabei wie Verhältniszahlen bzw. Quoten die Anteile der einzelnen Gesellschafter am Gesellschaftsvermögen aus.[79] Die Summe der Kapitalanteile ergibt hingegen i.d.R. nicht den tatsächlichen Wert des Gesellschaftsvermögens wieder.[80] So kann beispielsweise durch die Bildung stiller Reserven der tatsächliche Wert des Gesellschaftsvermögens erheblich höher sein als die in der Bilanz ausgewiesene Summe der Kapitalanteile.

45 Im Rahmen der Gestaltungsmöglichkeiten hat sich in der Vertragspraxis bewährt, sowohl die Ergebnisverteilung als auch die Berechnung des Abfindungsguthabens im Falle des Ausscheidens eines Gesellschafters, die Berechnung des Auseinandersetzungsguthabens im Falle der Liquidation sowie weiterhin abweichend von § 709 Abs. 2 BGB die Stimmrechte der Gesellschafter nicht nach Köpfen, sondern quotal nach Kapitalanteilen zu regeln. Die vorbezeichneten Kapitalanteile, die die Beteiligungs- und Vermögensrechte der Gesellschafter festlegen, sind nach gängiger Vertragspraxis Festbeträge, die nicht veränderlich sind. Sie werden insbesondere nicht durch Verbuchung von Ergebnisanteilen, Entnahmen oder Zinsen verändert. Für solche Posten werden i.d.R. getrennte Konten für jeden Gesellschafter geführt. Im Hinblick auf § 707 BGB sind die Gesellschafter grundsätzlich nicht verpflichtet, ihre Kapitalanteile durch zusätzliche Einlagen zu verändern. Änderungen der Festkapitalkonten bedürfen vielmehr eines einvernehmlichen vertragsändernden Beschlusses aller Gesellschafter.[81]

b) Gesellschafterkonten

46 Die gesetzliche Regelung über die GbR enthält keinerlei Bestimmung über die Führung von Gesellschafterkonten. Gleichwohl ist insbesondere bei den unternehmenstragenden Außengesellschaften und den Vermögensverwaltungsgesellschaften die Errichtung von festen und variablen Kapitalkonten sinnvoll und verbreitet. Entsprechend den vorstehenden Ausführungen wird der Kapitalanteil jedes Gesellschafters auf dem sog. **Kapitalkonto I** gebucht. Dieses Konto drückt die Beteiligungsquote der Gesellschafter aus und bleibt **unveränderlich** festgelegt. (Für die weitere Funktion dieses Kapitalanteils siehe Rn 44 f.)

47 Neben dem unveränderlichen Kapitalkonto I werden variable Kapitalkonten geführt. Dies kann in der Weise geschehen, dass ein variables Kapitalkonto bzw. Privatkonto gebildet wird,

---

[78] Ebenso wohl Staudinger/*Habermeier*, § 718 Rn 11.
[79] MüKo-BGB/*Ulmer/Schäfer*, § 722 Rn 5 für die Gewinnverteilung.
[80] MünchGesR/*Gummert*, Bd. 1, § 13 Rn 18.
[81] MünchGesR/*Gummert*, Bd. 1, § 13 Rn 30 f.

auf dem die variablen Vorgänge, insbesondere Gewinn- und Verlustanteile, Entnahmen, Darlehen usw., gebucht werden. Dieses **variable** sog. **Kapitalkonto II** kann je nach Bedarf weiter untergliedert werden, wobei unterschieden werden kann zwischen Konten mit Eigenkapitalcharakter (Rücklagenkonto),[82] Verlustsonder- oder Verlustvortragskonten als Unterkonto zum Kapitalkonto I und solchen Konten, auf denen alle schuldrechtlichen Beziehungen zwischen der Gesellschaft und dem Gesellschafter gebucht werden. Dies sind dann z.B. ein Privat- bzw. Verrechnungskonto oder ein Gesellschafterdarlehenskonto, auf dem Vorgänge im Rahmen eines etwa bestehenden Dienst-, Miet-, Pacht- oder Darlehensverhältnisses gebucht werden. Die letztgenannten Konten mit schuldrechtlichem Einschlag können und werden i.d.R. verzinst mit positivem und negativem Stand. Auch dies bedarf einer Vereinbarung auf Gesellschafterebene.

Vereinbart wird regelmäßig weiterhin, dass eingetretenen Verlusten nachfolgende Gewinne zunächst zum Ausgleich des Verlustkontos zu verwenden sind, bevor sie einem anderen Konto gutgebracht und dann entnommen werden können. **48**

Änderungen der Kapitalkonten-Regelung bedürfen eines Beschlusses der Gesellschafterversammlung. Mangels anderweitiger Regelung im Gesellschaftsvertrag ist ein solcher Beschluss nur einstimmig möglich. **49**

VI. Buchführung, Abschluss, Ergebnisverteilung, Entnahmen

1. Buchführung, Abschluss

Die gesetzliche Regelung der §§ 705 ff. BGB geht von einer GbR als Gelegenheitsgesellschaft mit begrenzter Dauer aus. Folglich ist in § 721 BGB die Regelung, nach der der Rechnungsabschluss nach Auflösung der Gesellschaft durchzuführen ist, vorangestellt und erst nachfolgend für die Dauergesellschaft der Abschluss je Geschäftsjahr geregelt. Die gewerblich tätige GbR, die kein Kaufmann i.S.d. HGB ist, ist zur Führung von Büchern und zur Bilanzierung entsprechend §§ 238 ff. HGB nicht verpflichtet.[83] Die Verpflichtung, Bücher zu führen und Abschlüsse zu erstellen, wird sich jedoch regelmäßig aus den §§ 141 ff. AO ergeben, sofern die dort beschriebenen Voraussetzungen vorliegen.[84] **50**

Die Führung der Bücher sowie die Aufstellung des Rechnungsabschlusses ist Geschäftsführung und fällt in den Verantwortungsbereich der geschäftsführenden Gesellschafter.[85] Sie werden i.d.R. zur Ausführung dieser Arbeiten einen Steuerberater beauftragen; gleichwohl bleibt es eine Aufgabe der geschäftsführenden Gesellschafter. Im Gesellschaftsvertrag können Einzelheiten zur Aufstellung des Jahresabschlusses vereinbart werden. **51**

Bilanzierungsmaßnahmen, die der Darstellung der Lage des Vermögens der Gesellschaft dienen, können von den geschäftsführenden Gesellschaftern durchgeführt werden. Sie haben dabei die Grenzen, die sich aus den gesetzlichen Vorschriften sowie aus den Grundsätzen ordnungsgemäßer Buchführung ergeben, zu beachten. Die übrigen Gesellschafter haben demgegenüber das Recht, die Einhaltung dieser Grenzen zu überprüfen. Entscheidungen im Rahmen der Aufstellung des Jahresabschlusses, die der Sache nach Ergebnisverwendungen sind (Bildung offener Rücklagen, Bildung zusätzlicher Abschreibungen, Bildung von Rückstellungen oder Bildung von Sonderabschreibungen), können grundsätzlich nur durch alle Gesellschafter **52**

---

[82] Handbuch der Personengesellschaften/*Sassenrath*, Teil I, Rn 588.
[83] *Peter/Crezelius*, Rn 163.
[84] Die Buchführungspflicht setzt gemäß § 141 Abs. 1 S. 1 AO ein bei 500.000 EUR Umsatz pro Kalenderjahr (Abs. 1 Nr. 1)oder einem Gewinn aus Gewerbebetrieb von mehr als 50.000 EUR im Wirtschaftsjahr (Abs. 1 Nr. 4). Die Verpflichtung schließt ein, Abschlüsse aufgrund jährlicher Bestandsaufnahmen zu machen (§ 141 Abs. 1 S. 1 AO).
[85] MüKo-BGB/*Ulmer/Schäfer*, § 721 Rn 6, § 713 Rn 11.

gemeinschaftlich getroffen werden, soweit der Gesellschaftsvertrag nichts Abweichendes regelt.[86]

53 Die Feststellung des Rechnungsabschlusses und des erzielten Ergebnisses obliegt allen Gesellschaftern. Die Rechtsnatur des Feststellungsbeschlusses ist nach herrschender Ansicht die eines kausalen Schuldanerkenntnisses bzw. eines Feststellungsvertrages zwischen allen Gesellschaftern.[87] Der Beschluss über die Bilanzfeststellung bedarf der Einstimmigkeit, sofern nicht der Gesellschaftsvertrag eine Mehrheitsentscheidung für Grundlagengeschäfte solcher Art genügen lässt.[88] Jeder Gesellschafter ist zur Mitwirkung bei der Bilanzfeststellung verpflichtet. Dies ist Ausdruck der gesellschaftsvertraglichen Treuepflicht und kann von den übrigen Gesellschaftern gerichtlich durchgesetzt werden. Dabei hat das Gericht ggf. über umstrittene Bilanzpositionen zu entscheiden.[89]

2. Ergebnisverteilung

54 Die gesetzliche Regelung der Ergebnisverteilung geht in § 722 BGB mangels anderer gesellschaftsvertraglicher Regelung von einer Verteilung von Gewinn und Verlust nach Köpfen aus, unabhängig von dem Anteil des jeweiligen Gesellschafters am Gesellschaftsvermögen. Die gesetzliche Regelung in §§ 721, 722 BGB ist jedoch im Rahmen der Vertragsfreiheit in vollem Umfang der Disposition durch eine gesellschaftsvertragliche Regelung unterworfen.[90] In der unternehmenstragenden oder vermögensverwaltenden Gesellschaft ist es Praxis, die Ergebnisverteilung entsprechend der jeweiligen Einlage, d.h. der festen Kapitalanteile gemäß Kapitalkonto I vorzunehmen. Die Tätigkeit der geschäftsführenden Gesellschafter kann, sofern nicht alle Gesellschafter an der Geschäftsführung beteiligt sind, abweichend von der gesetzlichen Regelung durch eine feste oder variable Vergütung im Sinne eines Gewinnvoraus vergütet werden.[91]

55 Gemäß § 35 EStG findet eine Anrechnung der auf den jeweiligen Gesellschafter entfallenden anteiligen Gewerbesteuer statt. Im Rahmen der Gewinn- und Verlustverteilung erfolgt daher eine Gewerbesteuerumlage. Gewerbesteuerliche Auswirkungen, die ihre Ursache in der Sphäre des einzelnen Gesellschafters haben (z.B. Bildung von Sonderbetriebsvermögen), sollten dabei im Innenverhältnis unter den Gesellschaftern vorab ausgeglichen werden, so dass von dem einzelnen Gesellschafter verursachte Gewerbesteuer-Mehrbeträge von diesem zu tragen sind und umgekehrt Gewerbesteuer-Minderungen diesem gutzubringen sind. § 8 Abs. 3 im Muster „Unternehmenstragende Erwerbsgesellschaft" (siehe Rn 119) trägt dieser Situation Rechnung.

3. Entnahmen

56 Aus Gründen der Gleichbehandlung aller Gesellschafter und ggf. zur Wahrung der Liquidität der Gesellschaft empfehlen sich i.d.R. gesellschaftsvertragliche Regelungen zum Entnahmerecht der Gesellschafter. Dabei wird regelmäßig ein gewinnunabhängiges Entnahmerecht hinsichtlich der Tätigkeitsvergütung, mit der der Gesellschafter seinen Lebensunterhalt bestreitet, vereinbart. Darüber hinaus soll der Gesellschafter zumindest die Ertragsteuern und Steuervorauszahlungen, die auf seinen Gewinnanteil entfallen, durch Tätigung entsprechender Entnahmen bestreiten können. Darüber hinausgehende Entnahmen bzw. Entnahmebeschränkungen können von den

---

86 BGH NJW 1996, 1678, 1681.
87 MüKo-BGB/*Ulmer/Schäfer*, § 721 Rn 8; Erman/*Westermann*, § 721 Rn 2 jeweils mit Hinweis auf BGH NJW 1996, 1678.
88 BGH NJW 1996, 1678.
89 MüKo-BGB/*Ulmer/Schäfer*, § 721 Rn 11.
90 Handbuch der Personengesellschaften/*Scholz*, Teil I, Rn 622; MüKo-BGB/*Ulmer/Schäfer*, § 722 Rn 5 f.
91 MünchGesR/*Gummert*, Bd. 1, § 15 Rn 24 ff.

Gesellschaftern unter Beachtung der gesellschaftsvertraglichen Treuepflicht sowie des Gleichbehandlungsgrundsatzes vereinbart werden. Gewinnabhängige Entnahmerechte können in der Weise beschränkt werden, dass vor der Entnahme von Gewinnen vom variablen Kapitalkonto II zunächst auf dem Verlustsonderkonto (Kapitalkonto III) vorgetragene Verluste auszugleichen sind. Das Gewinnentnahmerecht kann im Übrigen von der Voraussetzung abhängig gemacht werden, dass die Gesellschafter nicht über eine anderweitige Verwendung des Gewinns beschließen.

VII. Besteuerung der GbR

1. Steuerrechtliche Anerkennung des Gesellschaftsvertrages

Mit der Anmeldung der gewerblich tätigen Gesellschaft bei dem Gewerbeamt oder mit dem Erwerb eines Grundstücks durch eine Vermögensverwaltungs-GbR erhält die Finanzverwaltung von dritter Seite Kenntnis von der Existenz der Gesellschaft. Im Rahmen der steuerlichen Erfassung wird dem Finanzamt regelmäßig der schriftlich abgeschlossene Gesellschaftsvertrag vorgelegt. Zwingend erforderlich ist diese Vorlage hingegen nicht. Die Gesellschafter genügen regelmäßig ihrer Mitwirkungspflicht durch Mitteilung des Abschlusses und des wesentlichen Inhalts des Gesellschaftsvertrages. In diesem Rahmen ist grundsätzlich auch der mündlich abgeschlossene Gesellschaftsvertrag anzuerkennen. Gemäß § 97 Abs. 2 AO kann die Finanzverwaltung die Vorlage eines Gesellschaftsvertrages verlangen, wenn Auskunft durch die Gesellschafter nicht oder unzureichend erteilt wurde oder Bedenken gegen ihre Richtigkeit bestehen. Das Finanzamt nimmt sodann die steuerliche Erfassung entsprechend dem Zweck der Gesellschaft vor.

57

2. Einkommensteuer
a) Steuersubjekt, Einkunftsarten

Ertragsteuerrechtlich ist die GbR als solche kein Steuerrechtssubjekt, da sie weder natürliche Person gemäß § 1 Abs. 1 S. 1 EStG noch Körperschaft gemäß § 1 Abs. 1 KStG ist. Einkommensteuerrechtlich wird also nicht die Gesellschaft, sondern der **einzelne Gesellschafter** besteuert (§ 15 Abs. 1 Nr. 2 EStG). Die GbR ist als Mitunternehmerschaft des § 15 Abs. 1 S. 1 Nr. 2 EStG zu behandeln, wenn sie ein gewerbliches Unternehmen betreibt.[92]

58

Die GbR kann alle Einkunftsarten des § 2 Abs. 1 EStG mit Ausnahme von Einkünften aus nichtselbständiger Arbeit erzielen. Die Qualifizierung der Einkünfte richtet sich nach dem jeweiligen Zweck der Gesellschaft, d.h. der jeweiligen wirtschaftlichen Betätigung. In Betracht kommen in erster Linie gewerbliche Einkünfte aus § 15 EStG, sofern der einzelne Gesellschafter als Mitunternehmer zu gelten hat, Einkünfte aus freiberuflicher Tätigkeit, d.h. Einkünfte aus selbständiger Tätigkeit gemäß § 18 Abs. 1 EStG, sowie weiterhin Einkünfte aus Vermietung und Verpachtung gemäß § 21 EStG.

59

b) Einkommensbesteuerung der gewerblichen GbR

Der Besteuerung unterliegt hier der einzelne Gesellschafter als Mitunternehmer mit seinem jeweiligen Gewinnanteil (§ 15 Abs. 1 Nr. 2 EStG). Dabei besteht die Besonderheit, dass zivilrechtlich wirksame Erträge, die der Gesellschafter von der Gesellschaft in Form einer Tätigkeitsvergütung, Zinsen für die Überlassung von Darlehen oder als Miet- oder Pachtzins für die jeweilige Überlassung von Wirtschaftsgütern erhält, steuerlich nicht als Betriebsausgabe der Gesellschaft aner-

60

---

92 *Crezelius* in: Westermann, Handbuch der Personengesellschaften, Bd. 2, II. Teil Steuerrecht, Rn 212.

kannt werden. Diese Vergütungen dürfen den Gewinn der Gesellschaft nicht mindern. Es handelt sich vielmehr um einen Vorabgewinn des Gesellschafters.

61 Die **Ermittlung der Mitunternehmereinkünfte** des jeweiligen Gesellschafters vollzieht sich auf zwei Stufen:
1. Auf der ersten Stufe wird der Gewinnanteil auf der Grundlage der Gesellschaftsbilanz einschließlich etwaiger Ergänzungsbilanzen des Gesellschafters ermittelt. Die Ergänzungsbilanz ist eine Wertkorrekturbilanz. Sie ist zu erstellen, wenn für einen Gesellschafter andere Wertansätze als die in der Gesellschaftsbilanz ausgewiesenen, vorzunehmen sind.
2. Auf der zweiten Stufe werden sodann die Ergebnisse der Sonderbilanzen einschließlich der Sondervergütungen ermittelt. In der Sonderbilanz bzw. Sonder-Gewinn- und Verlustrechnung des jeweiligen Wirtschaftsjahres werden erfasst:
   – die zivilrechtlich einem Gesellschafter gehörenden, der Gesellschaft zur Nutzung überlassenen Wirtschaftsgüter, die mit ihnen zusammenhängenden Aufwendungen und Erträge (z.B. verpachtete Grundstücke usw.);
   – sämtliche Sonderaufwendungen und Sondererträge (z.B. Zinsen auf Gesellschafterdarlehen);
   – Sondervergütungen (z.B. Geschäftsführergehälter).

Dies bedeutet im Ergebnis, dass das steuerliche Betriebsvermögen nicht nur das Gesamthandsvermögen der Gesellschaft umfasst, sondern dass zum steuerlichen Betriebsvermögen auch die im Eigentum eines Mitunternehmers stehenden Wirtschaftsgüter gehören, die der Gesellschaft für ihre betrieblichen Zwecke zur Nutzung überlassen wurden.

c) Vermögensverwaltende GbR

62 Die vermögensverwaltende GbR erzielt Einkünfte aus Vermietung und Verpachtung (§ 21 EStG) oder aus Kapitalvermögen (§ 20 EStG). Die Einkünfte werden als Überschuss der Einnahmen über die Werbungskosten nach § 180 Abs. 1 Nr. 2a AO einheitlich und gesondert festgestellt.

63 Zur vermögensverwaltenden GbR wird beispielsweise eine zuvor gewerblich tätige Gesellschaft, die ihre aktive gewerbliche Tätigkeit aufgibt und fortan das vorhandene Vermögen vermietet bzw. verpachtet.

64 Gewährt im Rahmen einer Vermögensverwaltungs-GbR ein Gesellschafter der Gesellschaft ein Darlehen oder stellt er ein Grundstück zur entgeltlichen Nutzung zur Verfügung, stellen die zu zahlenden Zinsen Einkommen des Gesellschafters dar. Es sind keine Einkünfte der Gesellschaft. Es liegt kein Fall des § 15 Abs. 1 Nr. 2 EStG vor. Sonderbetriebsvermögen entsteht folglich nicht.

3. Gewerbesteuer

65 Aufgrund ihrer gewerblichen Tätigkeit unterliegt die als gewerbliches Unternehmen tätige Gesellschaft der Gewerbesteuer.[93] Steuersubjekt ist die GbR als solche, nicht der einzelne Gesellschafter, da die Gesellschaft das Gewerbe betreibt. Gegenüber den Kapitalgesellschaften sind Personengesellschaften im Rahmen der Gewerbesteuer insoweit günstiger gestellt, als gemäß § 11 Abs. 1 Nr. 1 GewStG vom Gewerbeertrag ein Freibetrag von 24.500 EUR abzusetzen ist. Ab 2008 beträgt gemäß § 11 Abs. 2 GewStG die Steuermesszahl einheitlich 3,5 Prozent.

66 Die Tätigkeit der Vermögensverwaltungs-GbR unterliegt im Fall des § 3 Nr. 10 GewStG (Vermögensverwaltung für einen nichtrechtsfähigen Berufsverband) grundsätzlich nicht der Gewer-

---

[93] Lange/*Driesch*, S. 836 Rn 4381.

besteuer. Dies ändert sich jedoch, sobald die Vermögensverwaltung in gewerblichen Grundstückshandel übergeht.

Gewerbesteuerpflichtig ist auch die gewerbliche Besitzgesellschaft im Rahmen einer Betriebsaufspaltung.[94]

Eine weitere Besonderheit ergibt sich dahin gehend, dass eine Personengesellschaft, die sowohl eine vermögensverwaltende als auch eine gewerbliche Betätigung (wenn auch nur in geringem Umfang) ausübt, in vollem Umfang gewerbliche Einkünfte erzielt. Betragen die Erträge aus gewerblicher Tätigkeit jedoch weniger als 10 Prozent der Gesamterträge, bleibt es ausschließlich bei vermögensverwaltender Tätigkeit.[95]

4. Umsatzsteuer

Im Rahmen der Umsatzsteuer ist die nach außen unter eigenem Namen auftretende GbR als solche Steuersubjekt, d.h. Unternehmer i.S.d. § 2 UStG.[96]

5. Grunderwerbsteuer

Im Falle eines Gesellschafterwechsels bietet die GbR, sofern sie Grundstücke im **Gesamthandsvermögen** hält, den steuerlichen Vorteil, dass grundsätzlich keine Grunderwerbsteuer anfällt, da die Gesellschaft als solche bestehen bleibt. Grunderwerbsteuer fällt jedoch an, wenn der gesamthänderisch gebundene Grundbesitz bei Ausscheiden der übrigen Gesellschafter einem verbleibenden Gesellschafter anwächst. Ebenso entsteht Grunderwerbsteuer, wenn sich innerhalb eines Zeitraums von fünf Jahren der Gesellschafterbestand derart verändert, dass bei wirtschaftlicher Betrachtung eine Veräußerung eines Grundstücks vorliegt. Dies ist der Fall, wenn 95 v.H. der Anteile am Gesellschaftsvermögen auf neue Gesellschafter übergehen.[97]

VIII. Haftung für Gesellschaftsschulden, Haftungsbeschränkung, prozessuale Durchsetzung

1. Grundsätze

Bis zu den grundlegenden Entscheidungen des BGH vom 27.9.1999[98] zur Zulässigkeit bzw. Unzulässigkeit von Haftungsbeschränkungen sowie vom 29.1.2001[99] zur Rechtsfähigkeit und Haftung bei der GbR stand die h.M. in Rechtsprechung[100] und Literatur[101] bezüglich der Haftung der Gesellschafter für Verbindlichkeiten der Gesellschaft noch auf der Grundlage der sog. Doppelverpflichtungs-Theorie. Diese ging davon aus, dass (bei rechtsgeschäftlichem Handeln) der geschäftsführende Gesellschafter zugleich eine Verbindlichkeit der Gesellschaft und daneben eine ebensolche Verbindlichkeit jedes einzelnen Gesellschafters begründete. Mit den beiden vorgenannten höchstrichterlichen Entscheidungen zur Haftungsbeschränkung, Rechtsfähigkeit und Haftung bei der GbR wurde eine **Abkehr von der Doppelverpflichtungs-Theorie** vollzogen. Der BGH stellt fest, dass auch für die Haftung des Gesellschafters für Verbindlichkeiten der GbR wie bei der Haftung des OHG-Gesellschafters **Akzessorietät zwischen der Verbindlichkeit der Gesellschaft und der Haftung des Gesellschafters** besteht. Danach ist die Haftung des Gesell-

---

94 *Schneeloch*, DStR 1991, 804, 806; Glanegger/*Güroff*, § 2 GewStG, Rn 200 ff., 202.
95 Glanegger/*Güroff*, § 3 GewStG, Rn 186.
96 Bunjes/*Korn*, § 2 UStG, Rn 15.
97 Gleichlautende Ländererlasse zu § 1 Abs. 2a GrEStG v. 26.2.2003, BStBl I, 271.
98 NJW 1999, 3483 = BGHZ 142, 315.
99 NJW 2001, 1056 = BGHZ 146, 341.
100 Z.B. BGH NJW 1992, 3037, 3039; BGH NJW 2001, 1056.
101 MüKo-BGB/*Ulmer*, 3. Aufl., § 714 Rn 26 ff.

schafters nicht mehr rechtsgeschäftlich, sondern gesetzlich begründet. Als Rechtsgrundlage dient dabei eine Analogie zur Haftung der Gesellschafter bei der OHG gemäß §§ 128 ff. HGB.[102]

2. Haftung für rechtsgeschäftliche Verbindlichkeiten

72 Eine wirksame, durch Rechtsgeschäft begründete Verpflichtung der Gesellschaft hat zur Folge, dass zunächst die Gesellschaft selbst, d.h. das gesamte Gesellschaftsvermögen, für die eingegangene Verbindlichkeit haftet.[103] Die daneben bestehende persönliche Haftung der Gesellschafter für die gleiche Verbindlichkeit hat ihren Grund in der gesetzlichen und akzessorischen Haftung der Gesellschafter für die Verbindlichkeiten der Gesellschaft[104] (entsprechende Anwendung des § 128 HGB).

3. Haftung für gesetzlich begründete Verbindlichkeiten

73 Soweit die Gesellschafter akzessorisch für Verbindlichkeiten der Gesellschaft haften, gilt dies für gesetzlich entstandene Verbindlichkeiten der Gesellschaft (z.B. Steuerschulden der Gesellschaft, Sozialversicherungsbeiträge und Verbindlichkeiten aus Gefährdungshaftung) in gleicher Weise.[105] Deliktisches Handeln des Geschäftsführers wird der GbR in entsprechender Anwendung des § 31 BGB zugerechnet.[106] Die Gesellschafter der GbR haften für diese gesetzlich begründeten Verbindlichkeiten der GbR persönlich als Gesamtschuldner.[107] Die Außen-GbR kann auch Schuldner eines Anspruches aus ungerechtfertigter Bereicherung sein.[108]

4. Haftung bei Gesellschafterwechsel

74 Der in eine bestehende GbR eintretende Neu-Gesellschafter haftet für die vor seinem Eintritt begründeten Verbindlichkeiten der Gesellschaft analog § 130 HGB persönlich und unbeschränkt.[109] Die Nachhaftung des ausscheidenden Gesellschafters für vor und während seiner Gesellschafterstellung begründete Verbindlichkeiten ist gemäß § 736 Abs. 2 BGB, § 160 HGB begrenzt auf fünf Jahre. Die Frist beginnt ab Kenntnis des Gläubigers vom Ausscheiden des Gesellschafters.[110] Um den Lauf der Frist in Gang zu setzen, empfiehlt es sich, die Gläubiger frühzeitig über das Ausscheiden zu informieren.[111]

5. Möglichkeiten der Haftungsbeschränkung

75 Ausgehend von dem Bedürfnis nach Einschränkung der unbeschränkten persönlichen Haftung des Gesellschafters für Gesellschaftsverbindlichkeiten auf der Grundlage der bis zur Rechtsprechungsänderung herrschenden Doppelverpflichtungs-Theorie ist verbreitet die Möglichkeit ge-

---

102 Kritisch hierzu *Wunderlich*, WM 2002, 271.
103 MünchGesR/*Gummert*, Bd. 1, § 18 Rn 3.
104 BGH NJW 2001, 1056; *K. Schmidt*, NJW 2001, 993, 994; *Ulmer*, ZIP 2003, 1113.
105 *Dauner-Lieb*, DStR 2001, 356, 359; *K. Schmidt*, NJW 2001, 993, 998; *Ulmer*, ZIP 2001, 585, 597; MünchGesR/*Gummert*, Bd. 1, § 18 Rn 15.
106 BGHZ 154, 88, 94 = NJW 2003, 1445; *Ulmer*, ZIP 2003, 1113, 1114 f.
107 BGH NJW 2003, 1445; *K. Schmidt*, NJW 2003, 1897 f., *Ulmer*, ZIP 2003, 1113, 1115; *Armbrüster*, ZGR 2005, 34, 58; kritisch *Altmeppen*, NJW 1996, 1017; MünchGesR/*Gummert*, Bd. 1, § 18 Rn 18 f.
108 Ausführlich MünchGesR/*Gummert*, Bd. 1, § 18 Rn 22 ff.
109 BGH NJW 2006, 765; BGHZ 154, 370 = NJW 2003, 1803; zustimmend *K. Schmidt*, NJW 2003, 1897, 1901; MüKo-HGB/*Schmidt*, § 130 Rn 5; *Ulmer*, ZIP 2003, 1113, 1115; kritisch *Canaris*, ZGR 2004, 69.
110 Palandt/*Sprau*, § 736 Rn 14.
111 *Lingl*, JuS 2005, 595, 598.

nutzt worden, durch gesellschaftsvertragliche Regelung die Vertretungsbefugnis der jeweils handelnden geschäftsführenden Gesellschafter in der Weise einzuschränken, dass die Haftung auf das Gesellschaftsvermögen beschränkt und die einzelnen Gesellschafter von der Haftung für die begründete Verbindlichkeit freigestellt waren. Die früher geltende Rechtsprechung verlangte darüber hinaus für die Wirksamkeit der Haftungsbeschränkung, dass diese dem Rechtsverkehr erkennbar gemacht werde.[112]

Dem aus der früheren Rechtslage gezogenen Schluss, die Haftungsbeschränkung auf das Gesellschaftsvermögen sei durch einseitige Erklärung des Geschäftsführers gegenüber dem Vertragspartner möglich, hat der BGH in seiner Entscheidung vom 27.9.1999[113] eine eindeutige Absage erteilt. Bereits hier legt der BGH der Haftung des Gesellschafters für Gesellschaftsverbindlichkeiten die Akzessorietäts-Theorie zugrunde. Die insoweit gesetzlich begründete Haftung kann folglich nicht mehr durch gesellschaftsvertraglich vereinbarte Haftungs- bzw. Vertretungsbeschränkungen eingeschränkt werden. Der BGH verlangt nunmehr konsequenterweise für eine Beschränkung der Haftung des Gesellschafters eine **einzelvertragliche Vereinbarung mit dem Gläubiger** dahin gehend, dass nur die Gesellschaft mit ihrem Gesamthandsvermögen verpflichtet ist, die Gesellschafter persönlich jedoch nicht für die begründete Verbindlichkeit haften. Soll daher der geschäftsführende Gesellschafter von den Gesellschaftern dazu verpflichtet werden, bei jedem abzuschließenden Geschäft eine individualvertragliche Haftungsbeschränkung zu vereinbaren, reichen die ehemals verbreiteten gesellschaftsvertraglich fixierten Hinweise auf eine Beschränkung der Geschäftsführungs- und Vertretungsbefugnis auf das Gesellschaftsvermögen und die Kundgabe dieser Beschränkung an den Vertragspartner nicht mehr aus. Erforderlich ist vielmehr eine gesellschaftsvertragliche Regelung, die die Geschäftsführer verpflichtet, bei jedem abzuschließenden Rechtsgeschäft mit dem jeweiligen Vertragspartner ausdrücklich zu vereinbaren, dass die eingegangene Verpflichtung nur das Gesamthandsvermögen der Gesellschaft betrifft, die Gesellschafter persönlich jedoch ausdrücklich von jeglicher Haftung und Verbindlichkeit freigestellt werden.[114]

Diese restriktive Rechtsprechung zur Zulässigkeit der Haftungsbeschränkung hat der BGH[115] allerdings für bereits bestehende und für zukünftig gegründete geschlossene Immobilienfonds und Bauherrengemeinschaften eingeschränkt. Wegen der Eigenart dieser reinen Kapitalanlagegesellschaften lässt der BGH hier ausnahmsweise die in den Gesellschaftsvertrag aufgenommene Haftungsbeschränkung für den einzelnen Gesellschafter unter der Voraussetzung der Erkennbarkeit für den Vertragspartner weiterhin gelten.

Mit der Beschränkung der Haftung des Gesellschafters auf die Quote seiner Beteiligung am Gesellschaftsvermögen und den sich bei Feststellung des Haftungsumfangs ergebenden Problemen befassen sich zwei Entscheidungen des BGH.[116]

6. Prozessuale Durchsetzung, Parteifähigkeit der GbR

Bis zur Entscheidung des BGH vom 29.1.2001 ging die h.M. in Rechtsprechung[117] und Literatur[118] davon aus, dass die GbR weder im Aktiv- noch im Passivprozess parteifähig ist. Lediglich im Steuerprozess war bisher von einer teilweisen Steuerrechtsfähigkeit und Beteiligtenfähigkeit der

---

112 Vgl. z.B. BGH NJW 1992, 3037; ebenso die Ausführungen im BGH-Urteil ZIP 1999, 1755, 1756.
113 BGHZ 142, 315 = NJW 1999, 3483; kritisch *Armbrüster*, ZGR 2005, 34, 44, der Haftungsbeschränkung über eine Beschränkung der Vertretungsmacht und eine individuelle Beschränkungsvereinbarung mit dem Gläubiger erreichen will.
114 Auf eine Umsetzung dieser Rspr. wurde in den Mustern verzichtet.
115 BGH NJW 2002, 1642; zustimmend *Kirberger*, EWiR 2002, 1079 zu § 705 BGB.
116 BGH Urteile vom 8.2.2011, NJW 2011, 2040 und 2045 sowie *K. Schmidt*, NJW 2011, 2001.
117 BGH NJW 1981, 1953, 1954; BGH NJW 2000, 291, 292.
118 MüKo-BGB/*Ulmer*, § 718 Rn 40; Zöller/*Vollkommer*, 22. Aufl., § 50 Rn 26.

GbR im Steuerprozess ausgegangen worden.[119] In seiner Entscheidung vom 29.1.2001 hat der BGH der (Außen-)GbR Parteifähigkeit im Aktiv- und Passiv-Zivilprozess im gleichen Umfang eingeräumt, wie ihr Rechtsfähigkeit bescheinigt wurde.[120]

77   Nach der bis zum Jahr 2001 geltenden Streitgenossenschaftslösung wurden Gesellschaftsforderungen und Gesellschaftsverbindlichkeiten von den Gesellschaftern bzw. gegen die Gesellschafter als Streitgenossen eingeklagt.[121] Es wurde unterschieden zwischen der Gesamthandsschuldklage (für oder gegen sämtliche BGB-Gesellschafter „in Gesellschaft bürgerlichen Rechts") und der Gesamtschuldklage, die sich gegen die Gesellschafter persönlich richtete.[122]

78   Nunmehr ist bei der rechts- und parteifähigen (Außen-)GbR – wie bei der OHG – zwischen dem Prozess der Gesellschaft und dem Prozess der Gesellschafter zu unterscheiden. Führt die Gesellschaft einen **Aktivprozess**, genügt für die Bezeichnung der Gesellschaft entweder deren unterscheidungskräftiger Name oder Geschäftsbezeichnung oder die Nennung der Gesellschafter. Erheben alle Gesellschafter „in Gesellschaft bürgerlichen Rechts" Klage, handelt gleichwohl die Gesellschaft als solche. Nur sie ist Prozesspartei.[123] Sofern sich im Laufe des Prozesses herausstellt, dass tatsächlich keine Außengesellschaft vorliegt, muss zumindest derjenige für die Prozesskosten aufkommen, der den Prozess im Namen der Gesellschaft als deren Vertreter ausgelöst hat.[124] Im **Passivprozess** gegen die Gesellschaft empfiehlt der BGH wegen der Erweiterung der Haftungsmasse die Klageerhebung immer auch gegen die Gesellschafter persönlich. Dies zum einen deshalb, weil die Gesellschafter neben der Gesellschaft auch persönlich haften; zum anderen dann, wenn nicht sicher ist, ob tatsächlich eine Außengesellschaft mit Gesamthandsvermögen existiert.[125] Viele Fragen im Zusammenhang mit der neu entstandenen Parteifähigkeit der GbR sind von Prozessrechtsliteratur und Rechtsprechung noch zu klären.[126] Haben Gesellschafter einer GbR eine Gesamthandsforderung als notwendige Streitgenossen eingeklagt, ist im Anschluss an BGHZ 146, 341 kein Parteiwechsel sondern lediglich eine Rubrumsberichtigung erforderlich.[127]

79   Im Streit um die Bewilligung einer Grunddienstbarkeit hat der BGH entschieden, dass die Gesellschafter einer GbR nicht zur Abgabe einer solchen Willenserklärung verurteilt werden könnten, die die Gesellschaft schulde.[128] Die Entscheidung hat zu der kritischen Anmerkung geführt, § 736 ZPO könne seit der Anerkennung der Rechts- und Parteifähigkeit der GbR nicht mehr unverändert angewendet werden.[129] Es habe vielmehr die Regel zu gelten, dass zur Vollstreckung gegen die Außen-GbR ein Titel gegen alle Gesellschafter nicht erforderlich, jedoch ausreichend sei (teleologische Reduktion des § 736 ZPO).

Ein von einem Dritten gegen die Gesellschafter der GbR erwirktes Urteil auf Grund deren persönlichen Haftung für eine Gesellschaftsschuld entfaltet keine Rechtskraftwirkung in einem weiteren Prozess des Dritten gegen die Gesellschaft.[130]

---

119   BFH BStBl II 1984, S. 751.
120   Zustimmend *Baumbach/Lauterbach*, § 50 Rn 6; Zöller/*Vollkommer*, § 50 Rn 18.
121   BGH NJW 1991, 101.
122   MünchGesR/*Gummert*, Bd. 1, § 19 Rn 4.
123   *K. Schmidt*, NJW 2001, 993, 999; Zöller/*Vollkommer*, § 50 Rn 18.
124   BGHZ 146, 341, 357 = NJW 2001, 1056, 1060.
125   BGHZ 146, 341, 357 = NJW 2001, 1056, 1060.
126   Vgl. im Einzelnen *K. Schmidt*, NJW 2001, 993, 999 ff.; *Dauner-Lieb*, DStR 2001, 356, 358; *Westermann*, NGZ 2001, 289, 292 f.; *Prütting*, EWiR 2001, 341 zu § 50 ZPO; *Jauernig*, NJW 2001, 2231 f.; *Heil*, NZG 2001, 300, 305.
127   BGH BB 2003, 438; zustimmend *Eckert*, EWiR 2003, 357 zu § 705 BGB.
128   BGH NJW 2008, 1378.
129   *K. Schmidt*, NJW 2008, 1841, 1844.
130   BGH NJW 2011, 2048.

7. Anwendungsbereich

Klärungsbedürftig ist weiterhin, auf welche Erscheinungsformen der GbR das vom BGH einge- 80
führte Modell zur Haftung,[131] Rechts- und Parteifähigkeit Anwendung finden soll. Nach *Dauner-Lieb*[132] müssten alle Außengesellschaften von der Neuregelung betroffen sein, die über eine Identitätsausstattung (Name, Sitz), eine Handlungsorganisation (Geschäftsführung) und einen Haftungsverband (Gesamthandsvermögen) verfügen.[133] *Schmidt*[134] unterscheidet bezüglich der Anwendbarkeit drei Gruppen, und zwar reine Innengesellschaften ohne Gesellschaftsvermögen, rechtsfähige, unternehmenstragende Außengesellschaften sowie als dritte Gruppe reine Vermögensverwaltungsgesellschaften. Das neue Konzept soll laut *Schmidt* nur auf die zweite Gruppe Anwendung finden, während die reinen Innengesellschaften hiervon nicht berührt sind. Die weitere Rechtsprechung wird zu entscheiden haben, ob und inwieweit die Gruppe der Vermögensverwaltungsgesellschaften ebenfalls eine Verselbständigung erfährt.[135] Klärungsbedürftig ist weiterhin, ob sich die Anerkennung der Parteifähigkeit in allen gerichtlichen und außergerichtlichen Verfahren durchsetzt.[136] Ebenso wird die Rechtsprechung noch zu entscheiden haben, ob die in § 28 Abs. 1 HGB enthaltene Altschuldenregelung auch auf die GbR anwendbar ist. Der BGH verneint im Urteil vom 22.1.2004 die entsprechende Anwendbarkeit im Falle einer durch Eintritt eines Rechtsanwalts entstehenden Anwalts-GbR.[137]

IX. Ausscheiden eines Gesellschafters, Veräußerung und Belastung des Gesellschaftsanteils

1. Kündigungsrecht nach § 723 BGB
a) Ordentliche Kündigung

Gemäß § 723 Abs. 1 BGB kann jeder Gesellschafter die Gesellschaft, die auf unbestimmte Zeit 81
eingegangen ist, jederzeit kündigen.[138] Gesetzliche Folge ist in diesem Fall die Auflösung der Gesellschaft. Dies ist jedoch von den verbleibenden Gesellschaftern regelmäßig nicht gewollt. Der Gesellschaftsvertrag sollte daher vorsehen, dass die Gesellschaft bei Kündigung nicht aufgelöst, sondern von den verbleibenden Gesellschaftern fortgesetzt wird. Diese Regelung ist auch in den nachfolgenden Mustern enthalten. Darüber hinaus kann der Gesellschaftsvertrag ab Gründung der Gesellschaft eine Mindestlaufzeit regeln, während der das Recht zur ordentlichen Kündigung gemäß § 723 Abs. 1 BGB ausgeschlossen und nur die außerordentliche Kündigung aus wichtigem Grund möglich ist.[139]

b) Außerordentliche Kündigung

Die außerordentliche Kündigung des Gesellschafters setzt voraus, dass ein wichtiger Grund be- 82
steht. Gemäß § 723 Abs. 1 Nr. 1 BGB ist dieser gegeben, wenn ein anderer Gesellschafter eine ihm nach dem Gesellschaftsvertrag obliegende wesentliche Verpflichtung vorsätzlich oder grob fahrlässig verletzt hat oder wenn die Erfüllung einer solchen Verpflichtung unmöglich wird. Ein

---

[131] Zu Einschränkungen der restriktiven Rechtsprechung zur Haftungsbeschränkung s.o. Rn 75 letzter Absatz.
[132] DStR 2001, 359.
[133] Bezugnahme auf *Ulmer*, Abschiedsvorlesung Heidelberg vom 13.2.2001; mit grundsätzlichen Bedenken gegen die weitgehende Analogie zu §§ 125–130 HGB *Canaris*, ZGR 2004, 69, 74, 124 f.
[134] NJW 2001, 1002.
[135] Zweifelnd *K. Schmidt*, NJW 2001, 1002; befürwortend *Habersack*, BB 2001, 478.
[136] Bejahend Staudinger/*Habermeier*, Vorbem. zu §§ 705–740 Rn 16.
[137] BGHZ 157, 361 = BB 2004, 794; kritisch besprochen von *K. Schmidt*, BB 2004, 785; analoge Anwendung generell befürwortend MüKo-HGB/*Thiessen*, § 28 Rn 14.
[138] Im Einzelnen hierzu MünchGesR/*Piehler/Schulte*, Bd. 1, § 10 Rn 39 ff.; MüKo-BGB/*Ulmer/Schäfer*, § 723 Rn 6 ff.
[139] MünchGesR/*Piehler/Schulte*, Bd. 1, § 10 Rn 39.

wichtiger Grund ist nur anzunehmen, wenn dem Kündigenden unter Würdigung aller Umstände und nach umfassender Interessenabwägung die Fortsetzung der Gesellschaft nicht mehr zuzumuten ist.[140] Dies soll beispielsweise bei Vollmachtsmissbrauch durch Mitgesellschafter[141] oder bei Zerstörung des gesellschaftlichen Vertrauensverhältnisses der Fall sein.[142] Ein wichtiger Grund ist weiterhin bei Änderung des Gesellschaftszweckes durch Mehrheitsbeschluss der Gesellschafter angenommen worden.[143]

83 Gemäß § 723 Abs. 1 Nr. 2 BGB steht dem Gesellschafter, der als Minderjähriger in die Gesellschaft eingetreten ist, bei Vollendung der Volljährigkeit ein wichtiger Grund zur außerordentlichen Kündigung der Gesellschaft zu, sofern kein Fall von § 723 Abs. 1 S. 5 BGB vorliegt. Die Kündigung ist in diesem Fall nur binnen drei Monaten nach dem Zeitpunkt möglich, in dem er von seiner Gesellschafterstellung Kenntnis hatte oder haben musste.

2. Ausschließung eines Gesellschafters

84 Nach § 737 BGB kann ein Gesellschafter, in dessen Person ein gesetzlicher Kündigungsgrund nach § 723 Abs. 1 S. 2 BGB eingetreten ist, von den übrigen Gesellschaftern aus der Gesellschaft ausgeschlossen werden, sofern der Gesellschaftsvertrag für den Fall der Kündigung eine Fortsetzungsklausel enthält. Erforderlich ist, falls nichts Abweichendes im Gesellschaftsvertrag vereinbart ist, ein einstimmiger Gesellschafterbeschluss aller übrigen Gesellschafter.[144]

3. Fortsetzungsklausel

85 I.d.R. ist es von den verbleibenden Gesellschaftern nicht erwünscht, dass die Gesellschaft bei Kündigung durch einen Gesellschafter aufgelöst wird. Auch in den Fällen der Gläubigerkündigung gemäß § 725 BGB, der Gesellschafterinsolvenz gemäß § 728 Abs. 2 BGB und ebenso beim Tod eines Gesellschafters (§ 727 BGB) ist i.d.R. von den verbleibenden Gesellschaftern nicht die Auflösung der Gesellschaft gewollt. Auch hier wird daher eine Fortsetzungsklausel im Gesellschaftsvertrag vorgesehen, die den Fortbestand der Gesellschaft sichert. Weiterhin sollte in diesen Fällen der Gesellschaftsvertrag regeln, dass der von der Gläubigerkündigung oder der Insolvenz betroffene Gesellschafter aus der Gesellschaft ausscheidet, die im Übrigen mit den verbleibenden Gesellschaftern fortgesetzt wird. (Hinsichtlich der Regelungen bei Tod eines Gesellschafters siehe Rn 92 ff.)

4. Abfindung des ausscheidenden Gesellschafters

86 Die gesetzliche Regelung in §§ 738 ff. BGB behandelt den ausscheidenden Gesellschafter so, als würde die Gesellschaft, insbesondere das Gesellschaftsvermögen, zum Zeitpunkt seines Ausscheidens auseinandergesetzt und nicht fortgesetzt. Gemäß § 738 BGB sind die verbleibenden Gesellschafter verpflichtet, ihm die Gegenstände, die er der Gesellschaft zur Benutzung überlassen hat, zurückzugeben. Sie haben ihn weiterhin von den gemeinschaftlichen Schulden zu befreien und – falls dies noch nicht möglich ist – ihm wegen der noch bestehenden Verbindlichkeiten Sicherheit zu leisten. Darüber hinaus ist ihm dasjenige zu zahlen, was er bei Auseinandersetzung der Gesellschaft erhalten würde, wenn diese zum Zeitpunkt seines Ausscheidens aufgelöst würde. Diese Abfindungsregelung ist jedoch in vielen Fällen nicht zweckmäßig. Gesellschaftsvertragliche Abfindungsregelungen haben daher auch die Aufgabe, den wirtschaft-

---

[140] BGH NJW 1982, 1821; MüKo-BGB/*Ulmer/Schäfer*, § 723 Rn 20 ff.
[141] BGH WM 1985, 997.
[142] BGH WM 1966, 31.
[143] BGH WM 1980, 868.
[144] MüKo-BGB/*Ulmer/Schäfer*, § 737 Rn 13.

lichen Fortbestand der Gesellschaft durch Beschränkung der Abfindung des ausscheidenden Gesellschafters zu gewährleisten. Der ausscheidende Gesellschafter erhält dann nicht die volle, ihm nach der gesetzlichen Regelung zustehende Abfindung, sondern nur einen Bruchteil, um das „Überleben" der Gesellschaft nicht zu gefährden. Dabei wird bezüglich der Höhe des Prozentsatzes nach dem Grund des Ausscheidens differenziert. § 14 im Muster „Grundstücksverwaltungsgesellschaft" (siehe Rn 119) trägt diesen Motiven ebenso Rechnung wie § 13 im Muster „Unternehmenstragende Erwerbsgesellschaft" (siehe Rn 121).

Die Rechtsprechung hat der Vereinbarung abfindungsbeschränkender Klauseln, insbesondere sog. **Buchwertklauseln**, Zulässigkeitsgrenzen gesetzt. So entschied der BGH,[145] dass die grundsätzlich zulässige auf den Buchwert beschränkte Abfindung dann unzulässig bzw. unwirksam werde, wenn sich ein erhebliches Missverhältnis zwischen Buchwert und dem wirklichen Wert des Gesellschaftsanteils ergebe und dadurch die Freiheit des Gesellschafters, sich zu einer Kündigung zu entschließen, wegen der großen Einbußen, die er in Kauf nehmen müsse, unvertretbar eingeengt werde. Gegen diese Rechtsprechung wurde in der Literatur eingewandt, dass die einmal wirksame Klausel nicht durch die bloße Wertveränderung zwischen Buchwert und wirklichem Wert zu einem späteren Zeitpunkt unwirksam werden könne. In den nachfolgenden Entscheidungen geht der BGH davon ab, die Unwirksamkeit einer Abfindungsklausel festzustellen und prüft statt dessen, ob die bestehende Klausel zum maßgeblichen Zeitpunkt mit ihrem bestehenden Inhalt noch unverändert zur Anwendung kommen kann.[146] Die vertragliche Regelung bleibe, so der BGH, als solche wirksam. Die Frage sei, welchen Inhalt die Abfindungsklausel unter Berücksichtigung von Treu und Glauben habe und ob sie ggf. im Hinblick auf die geänderten Verhältnisse zu ergänzen sei.[147] Eine Unwirksamkeit der Abfindungsklausel sei jedoch dann anzunehmen, wenn das Missverhältnis zwischen Abfindungswert und tatsächlichem Wert bereits zum Zeitpunkt ihrer Vereinbarung bestanden habe. Ein solches Missverhältnis wird jedoch regelmäßig bei Gründung der Gesellschaft noch nicht vorliegen. **87**

Maßgebliche Umstände des Einzelfalles, die bei einer notwendigen Ergänzung einer Abfindungsregelung zu berücksichtigen wären, sind zum einen das Missverhältnis zwischen Abfindungswert und tatsächlichem Wert, sodann der Anlass des Ausscheidens des abzufindenden Gesellschafters und weiterhin die Art und die Dauer der Beteiligung des Abzufindenden.[148] **88**

Nach Inkrafttreten der Erbschaftssteuerreform und der Änderung des Bewertungsrechts zum 1.1.2009 wird insbesondere aus schenkungssteuerlichen Gründen die Überprüfung solcher Abfindungsklauseln empfohlen, die ertragswertorientiert bzw. an den Regeln des Bewertungsrechts orientiert sind.[149] **89**

Für die Vertragspraxis ist die Vereinbarung einer **Schiedsgutachterklausel** im Zusammenhang mit der Abfindungsregelung zu empfehlen.[150] Dabei kann die gesellschaftsvertragliche Abfindungsregelung dem Gutachter durchaus Vorgaben hinsichtlich einer Unterscheidung nach verschiedenen Ausscheidensgründen sowie eine Vorgabe hinsichtlich der Höhe des Abschlags vom tatsächlichen Wert machen. **90**

5. Veräußerung und Belastung des Gesellschaftsanteils

Die Mitgliedschaft in der GbR gilt nach überwiegender Ansicht als ein Recht, über das selbstständig verfügt werden kann. Die Übertragung erfolgt im Wege der Verfügung gemäß §§ 413, 398 **91**

---

145 DB 1989, 1399.
146 BGH NJW 1993, 2101; BGH NJW 1993, 3193.
147 BGH NJW 1993, 3193 f.
148 MünchGesR/*Piehler*/*Schulte*, Bd. 1, § 10 Rn 107 ff.
149 *Casper*/*Altgen*, DStR 2008, 2319; *Krumm*, NJW 2010, 187; *Scherer, S.*, BB 2010, 323.
150 Ein Beispiel befindet sich in § 14 Abs. 2 des Musters in Rn 119.

BGB. Als Kausalgeschäft kommen Kauf, Schenkung, Übertragung im Wege der vorweggenommenen Erbfolge oder auch Treuhandverhältnisse in Betracht.[151] Voraussetzung für die Wirksamkeit der Übertragung ist, dass diese entweder allgemein im Gesellschaftsvertrag zugelassen ist oder dass die weiteren Gesellschafter der Übertragung zugestimmt haben. Mit der Übertragung der Gesellschaftsbeteiligung rückt der Erwerber in die Gesellschafterstellung des Veräußerers mit allen Rechten und Pflichten ein. Von dem Übergang umfasst sind die gemäß § 717 S. 1 BGB nicht abtrennbaren Gesellschafterrechte und -pflichten (z.B. Stimmrecht, Informationsrechte). Der freien Vereinbarung zwischen den Beteiligten unterliegen hingegen die selbstständig übertragbaren Vermögensansprüche und -verpflichtungen des Gesellschafters, wie z.B. Ansprüche aus Gesellschafterdarlehen. Hier haben die Beteiligten eine Vereinbarung darüber zu treffen, ob und inwieweit diese Ansprüche auf den Erwerber übergehen oder von der Übertragung ausgeschlossen sind. Die vorstehend zur Übertragung des Gesellschaftsanteils zitierten Grundsätze gelten sinngemäß für dessen Belastung durch Bestellung eines Nießbrauchs oder durch Verpfändung der Mitgliedschaft. (Zur Nachhaftung des ausgeschiedenen Gesellschafters siehe Rn 74).

X. Tod des Gesellschafters

1. Gesellschaftsrechtliche Nachfolgeregelungen
a) Gesetzliche Regelung

92 Sofern der Gesellschaftsvertrag nichts Abweichendes regelt, wird die Gesellschaft durch den Tod eines ihrer Gesellschafter aufgelöst (§ 727 Abs. 1 BGB). Rechtsfolge ist die Liquidation der Gesellschaft, wobei an die Stelle des verstorbenen Gesellschafters dessen Erben treten.

93 Diese vom Gesetz vorgesehene Rechtsfolge wird in aller Regel den Interessen der Beteiligten nicht gerecht, sofern es sich um eine auf Dauer angelegte Gesellschaft und nicht lediglich um eine befristete Gelegenheitsgesellschaft handelt. § 727 Abs. 1 letzter Halbsatz BGB geht ausdrücklich davon aus, dass die Gesellschafter im Gesellschaftsvertrag eine von der gesetzlichen Regelung abweichende Gestaltung vornehmen können. Dabei wird zwischen Fortsetzungsklauseln, Eintrittsklauseln und Nachfolgeklauseln unterschieden, wobei der Gesellschafter jeweils darauf achten sollte, dass die Regelungen für den Todesfall im Gesellschaftsvertrag und die eigene erbrechtliche Regelung (gesetzliche Erbfolge oder Testament) übereinstimmen und nicht zu unterschiedlichen Ergebnissen bei der Feststellung der Nachfolge in den Gesellschaftsanteil führen.[152] Die gesellschaftsvertraglich üblichen Regelungen stellen sich wie folgt dar:

b) Fortsetzungsklausel

94 Sieht der Gesellschaftsvertrag für den Fall des Todes eines Gesellschafters die Fortsetzung der Gesellschaft unter den verbliebenen Gesellschaftern vor, handelt es sich um eine Fortsetzungsklausel. Der verstorbene Gesellschafter scheidet aus der Gesellschaft aus, ohne dass ein Nachfolger an seine Stelle tritt. Die Fortsetzungsklausel kann auf bestimmte Fälle beschränkt oder auch nur für den Tod einzelner Gesellschafter vereinbart werden. Sie kann darüber hinaus mit einer Eintrittsklausel (siehe Rn 95) gekoppelt werden.[153] Die Anwendung der Fortsetzungsklausel wird regelmäßig zur Folge haben, dass Abfindungsansprüche der weichenden Erben entstehen. Neben der Fortsetzungsklausel sollte daher eine Abfindungsregelung im Gesellschaftsvertrag enthalten sein.[154]

---

151 MünchGesR/*Piehler/Schulte*, Bd. 1, § 10 Rn 113.
152 Ausführlich mit Formulierungsvorschlägen: MünchVertragsHdB/*Nieder/Otto*, Bd. 6, XVI.10.
153 MünchGesR/*Klein/Lindemeier*, Bd. 1, § 11 Rn 14.
154 MünchVertragsHdB/*Nieder/Otto*, Bd. 6, XVI.10, Anm. 3 und 4.

c) Eintrittsklausel

Durch die gesellschaftsvertragliche Eintrittsklausel wird allgemein einer Person, die als Nachfolger des verstorbenen Gesellschafters in Betracht kommt, schuldrechtlich der Anspruch eingeräumt, von den verbliebenen Gesellschaftern die Aufnahme in die Gesellschaft zu verlangen. Diese Person kann, muss jedoch nicht Erbe sein. Der Eintritt in die Gesellschaft geschieht hier nicht ohne weiteres wie bei der Nachfolgeklausel, sondern durch Rechtsgeschäft zwischen den verbliebenen Gesellschaftern und dem Eintrittsberechtigten. Die Eintrittsklausel sollte im Gesellschaftsvertrag vereinbart werden, wenn die begünstigte Person nicht zum Kreis der Erben gehört, diese Person erst bestimmte Voraussetzungen vor einem Eintritt erfüllen soll oder die Person durch einen Dritten überhaupt erst benannt werden soll.[155]

95

d) Nachfolgeklausel

Hierunter werden Regelungen im Gesellschaftsvertrag verstanden, die beim Tod eines Gesellschafters dessen Gesellschafterstellung unmittelbar auf einen oder mehrere Nachfolger übergehen lassen. Sog. **rechtsgeschäftliche Nachfolgeklauseln** liegen vor, wenn der Rechtsübergang aufgrund einer zu Lebzeiten des Erblassers getroffenen Verfügung stattfinden soll. Voraussetzung ist hier die Mitwirkung des Nachfolgeberechtigten.[156] Solche Klauseln werden daher nur in Ausnahmefällen vorgesehen.

96

aa) Einfache erbrechtliche Nachfolgeklausel

Diese sieht vor, dass beim Tod eines Gesellschafters die Gesellschaft mit dessen Erben fortgesetzt wird. Die Nachfolge richtet sich in diesem Fall nach Erbrecht. Der Erblasser kann seine Gesellschafterstellung an die Person vererben (durch Testament oder gesetzliche Erbfolge), der sie nach seinem Willen zukommen soll. Die gesellschaftsrechtliche Regelung kann auch vorsehen, dass neben den Erben auch Vermächtnisnehmer als Nachfolger in Betracht kommen.

97

bb) Qualifizierte erbrechtliche Nachfolgeklausel

Auch hier wird die Gesellschafterstellung vererblich gestellt, jedoch ist der Kreis der in Betracht kommenden Nachfolger weiter konkretisiert. Die erbrechtliche Gestaltungsmöglichkeit des Gesellschafters ist hierdurch eingeschränkt. Die Nachfolgeklausel kann die in Betracht kommenden Nachfolger unmittelbar namentlich benennen oder auf bestimmte Personengruppen (Ehegatten, Abkömmlinge) beschränken oder die Nachfolge von bestimmten persönlichen Merkmalen (z.B. bestimmte berufliche Qualifikation, Mindestalter) abhängig machen.

98

In § 12 im Muster „Grundstücksverwaltungsgesellschaft" (siehe Rn 119) ist eine einfache erbrechtliche Nachfolgeklausel kombiniert mit einer Fortsetzungsklausel vorgesehen. Das Muster „Unternehmenstragende Erwerbsgesellschaft" (siehe Rn 121) sieht dagegen in § 16 eine qualifizierte erbrechtliche Nachfolgeklausel vor.

99

2. Erbrechtliche Gestaltungen des Gesellschafters/Erblassers

Jeder Gesellschafter sollte dafür sorgen, dass seine erbrechtlichen Gestaltungen mit den gesellschaftsvertraglichen Regelungen für den Todesfall des Gesellschafters in Einklang stehen. Dabei

100

---

155 MünchGesR/*Klein*, Bd. 1, § 11 Rn 36.
156 Palandt/*Sprau*, § 727 Rn 4.

geht im Zweifel die gesellschaftsrechtliche Regelung der erbrechtlichen Gestaltung des einzelnen Gesellschafters vor.[157]

101 Ist im Gesellschaftsvertrag eine Fortsetzungsklausel vereinbart, wird die Gesellschaft unter den überlebenden Gesellschaftern fortgesetzt. Erbrechtliche Gestaltungsmöglichkeiten im Rahmen einer letztwilligen Verfügung bestehen für den Erblasser/Gesellschafter nicht. Im Falle einer Eintrittsklausel kann der Erblasser/Gesellschafter für den Todesfall einen Eintrittsberechtigten benennen, wobei im Gesellschaftsvertrag etwa aufgestellte Kriterien zu beachten sind.

102 Sieht der Gesellschaftsvertrag eine allgemeine bzw. einfache erbrechtliche Nachfolgeklausel vor, bedarf es einer Verfügung von Todes wegen, wenn keiner der gesetzlichen Erben oder nicht alle gesetzlichen Erben oder mit einer Beteiligungsquote, die abweicht von der gesetzlichen Erbquote in die Beteiligung des Erblassers/Gesellschafters nachfolgen sollen. Keine Probleme ergeben sich hier, wenn der alleinige Erbe auch alleiniger Nachfolger in die Gesellschafterstellung werden soll oder wenn mehrere Miterben entsprechend ihrem Erbteil anteilig auch die Gesellschafterstellung des Erblassers erwerben sollen. Eine besondere testamentarische Verfügung ist in diesen Fällen nicht erforderlich.

103 Bei Vorliegen einer qualifizierten erbrechtlichen Nachfolgeklausel kann der Erblasser mehrere Erben einsetzen, auch wenn nur einer oder Einzelne von ihnen nach der gesellschaftsvertraglichen Nachfolgeklausel nachfolgeberechtigt sind. Die Nachfolge in die Gesellschafterstellung erfolgt unmittelbar mit dem Todesfall. Die Nachfolge ist persönlich und unabhängig von der erbrechtlichen Quote des Erben. Er muss jedoch Miterbe sein. Geregelt werden sollten weiterhin erbrechtliche Ausgleichsansprüche der weichenden Erben. Grenzen, die das Pflichtteilsrecht gemäß §§ 2303 ff. BGB setzt, sind vom Erblasser zu beachten und können gegen den Willen des Pflichtteilsberechtigten nicht einseitig verändert werden. Pflichtteilsansprüche und ebenso erbrechtliche Ausgleichsansprüche sind vorzugsweise durch in notarieller Form abzuschließende Erb- und/oder Pflichtteilsverzichtsverträge zwischen Erblasser und Erben bzw. Pflichtteilsberechtigten abschließend zu regeln.

XI. Auflösung, Auseinandersetzung und Beendigung

1. Auflösung

104 Die Gesellschaft wird aufgelöst, wenn die Gesellschafterversammlung die Auflösung der Gesellschaft beschließt oder ein gesetzlicher Auflösungsgrund eintritt, ohne dass im Gesellschaftsvertrag eine Fortsetzungsklausel vorgesehen ist. Als **gesetzliche Auflösungsgründe** (§§ 723–728 BGB) kommen in Betracht:
– Kündigung durch einen Gesellschafter
– Kündigung durch einen Pfändungsgläubiger
– Insolvenz der Gesellschaft oder eines Gesellschafters
– Tod eines Gesellschafters
– Erreichung des Gesellschaftszwecks oder dessen Unmöglichkeit.[158]

105 Mit der Auflösung der Gesellschaft verfolgt diese nicht mehr ihren bisherigen Gesellschaftszweck als werbende Gesellschaft. Zweck ist nunmehr die vermögensrechtliche Auseinandersetzung unter den Gesellschaftern und die Beendigung des Gesellschaftsverhältnisses.

---

[157] MünchGesR/*Klein*/*Lindemeier*, Bd. 1, § 11 Rn 11.
[158] Zu den Auflösungsgründen und deren Voraussetzungen vgl. im Einzelnen MünchGesR/*Gummert*, Bd. 1, § 21 Rn 14 ff.

2. Auseinandersetzung (Liquidation)

Mit Eintritt des Auflösungsgrundes wird aus der werbenden Gesellschaft eine Liquidationsgesellschaft, die bis zum Abschluss der Liquidation besteht. Die Auseinandersetzung der Gesellschaft ist in den §§ 730 bis 735 BGB geregelt. Maßgebend für die Durchführung sind in erster Linie die Bestimmungen des Gesellschaftsvertrages. Sind solche nicht vorhanden, gelten die §§ 732 bis 735 BGB, ergänzend die Regelungen zur Gemeinschaft gemäß §§ 741 ff. BGB. Danach sind die der Gesellschaft zur Benutzung überlassenen Gegenstände an die Gesellschafter zurückzugeben (§ 732 BGB), die Verbindlichkeiten der Gesellschaft zu berichtigen (§ 733 Abs. 1 BGB), die von den Gesellschaftern geleisteten Einlagen – ggf. unter Verwertung des Gesellschaftsvermögens – an die Gesellschafter zurückzuerstatten (§ 733 Abs. 2 BGB). Weiterhin ist der nach Berichtigung der gemeinschaftlichen Verbindlichkeiten sowie Rückerstattung der Einlagen verbleibende Überschuss des Gesellschaftsvermögens an die Gesellschafter zu verteilen (§ 734 BGB). Gemäß § 735 BGB haben die Gesellschafter im Verhältnis ihrer Verlustbeteiligung Nachschuss zu leisten, sofern das Gesellschaftsvermögen zur Schuldenberichtigung und Einlagenrückerstattung nicht ausreicht. Die gesetzlichen Regelungen sind dispositiv und können im Gesellschaftsvertrag abgewandelt werden.[159] Die Geschäftsführung während des Liquidationszeitraums steht allen Gesellschaftern gemeinschaftlich zu (§ 730 Abs. 2 S. 2 BGB); damit im Zweifel auch die Vertretung der Gesellschaft. Dies gilt unabhängig von einer abweichenden Regelung der Geschäftsführung im Gesellschaftsvertrag der werbenden Gesellschaft.[160] Die Gesellschafter als Abwickler sind zur Aufstellung einer Schlussabrechnung bzw. Auseinandersetzungsbilanz verpflichtet.[161]

3. Beendigung

Die Auseinandersetzung endet mit der Feststellung der Auseinandersetzungsbilanz, der Verteilung des vorhandenen Guthabens oder der endgültigen Befriedigung der Verbindlichkeiten nach Einziehung von Nachschüssen. Ist kein Vermögen mehr vorhanden, ist die Gesellschaft beendet.

XII. Erscheinungsformen der GbR

1. Kriterien der Einteilung
a) Innengesellschaft, Außengesellschaft

Die vielfältigen Erscheinungsformen der GbR können nach unterschiedlichen Kriterien strukturiert werden. Ein erstes Kriterium ist die Unterscheidung zwischen Innen-[162] und Außengesellschaften. Die **Außengesellschaft** ist dadurch gekennzeichnet, dass sie im Geschäftsverkehr nach außen auftritt und über die hierfür erforderliche Organisation, insbesondere über Gesellschaftsorgane verfügt.[163] Im Gegensatz dazu tritt die **Innengesellschaft** nicht nach außen auf, nimmt also nicht am Rechtsverkehr teil und verfügt über keine nach außen in Erscheinung tretende Organisation.[164] Das Fehlen von Gesamthandsvermögen ist hingegen kein begriffsnotwendiges Merkmal der Innengesellschaft.[165]

---

159 MünchGesR/*Gummert*, Bd. 1, § 21 Rn 88.
160 MüKo-BGB/*Ulmer/Schäfer*, § 730 Rn 40.
161 Zu Einzelheiten siehe MünchGesR/*Gummert*, Bd. 1, § 21 Rn 88 ff., 99; MüKo-BGB/*Ulmer/Schäfer*, § 730 Rn 59.
162 Siehe hierzu im Einzelnen § 12.
163 MüKo-BGB/*Ulmer*, § 705 Rn 254.
164 Bamberger/Roth/*Timm/Schöne*, § 705 Rn 14, 133, 139; MüKo-BGB/*Ulmer*, § 705, Rn 276, 279.
165 MüKo-BGB/*Ulmer*, § 705 Rn 280.

b) Gelegenheitsgesellschaften, Dauergesellschaften

109 Nach der Art und Dauer des Gesellschaftszwecks ist zu unterscheiden in Gelegenheitsgesellschaften und Dauergesellschaften. Als **Gelegenheitsgesellschaften** werden solche bezeichnet, die eine begrenzte Zahl von Einzelgeschäften zum Gegenstand haben. Anzuführen sind hier Reise- oder Fahrgemeinschaften, Lotto- und Tippgemeinschaften, aber auch Arbeitsgemeinschaften im Baugewerbe. Demgegenüber ist der heutige Regelfall abweichend von der gesetzlichen Konzeption der einer **Dauergesellschaft**. Dies gilt insbesondere für die verschiedenen Ausprägungen von Erwerbsgesellschaften. Als **Erwerbsgesellschaften** werden bezeichnet die Sozietäten von Freiberuflern,[166] GbR von Minderkaufleuten vorzugsweise im Bereich des Handwerks, des Kleingewerbes oder der Gastronomie sowie Gesellschaften zwischen Land- und Forstwirten.[167]

2. Unterscheidung nach dem Gesellschaftszweck[168]
a) Zusammenschlüsse von Angehörigen Freier Berufe

110 Zu den erwerbswirtschaftlich tätigen, im weiteren Sinne Leistungen erbringenden GbR zählen zunächst die Zusammenschlüsse von Angehörigen Freier Berufe zum Zwecke der gemeinschaftlichen Berufsausübung.[169]

b) Gesellschaften von Handwerkern und Kleingewerbetreibenden

111 Zu den Erwerbsgesellschaften (siehe Rn 109) gehören weiterhin die Gesellschaften von Handwerkern und Kleingewerbetreibenden. Es sind dies die unternehmenstragenden Gesellschaften, die kein Handelsgewerbe betreiben oder nicht für die Eintragung in das Handelsregister optiert haben. Im Muster „Unternehmenstragende Erwerbsgesellschaft" (siehe Rn 121) befindet sich ein Gesellschaftsvertrag für die nichtkaufmännische Gesellschaft von Handwerkern. Zu beachten ist dort, dass neben den Regelungen des Gesellschaftsrechts das Berufsrecht der Handwerksordnung Anwendung findet. Danach wird die GbR gemäß § 7 Abs. 4 S. 2 Handwerksordnung nur in die Handwerksrolle eingetragen, sofern für die technische Betriebsleitung eine unbeschränkt persönlich haftende natürliche Person verantwortlich ist, die die Meisterprüfung des die Gesellschaft betreffenden oder eines verwandten Handwerks abgelegt hat oder über eine vergleichbare oder höherwertige Qualifikation verfügt.

c) Bau-ARGE

112 Ebenfalls als GbR zu qualifizieren ist die Bau-Arbeitsgemeinschaft (Bau-ARGE).[170] Dies sind Zusammenschlüsse von Unternehmen oder Architekten zur gemeinsamen Durchführung eines oder mehrerer Bauprojekte. Als gesellschaftsvertragliche Grundlage kommt im ersteren Fall der Mustervertrag-ARGE in Betracht, den der Hauptverband der Deutschen Bauindustrie e.V. bzw. der Zentralverband des Deutschen Baugewerbes e.V. als Mustervertrag präsentiert.[171] Wesent-

---

[166] Siehe hierzu im Einzelnen §§ 14 und 15.
[167] MünchGesR/*Schücking*, Bd. 1, § 2 Rn 27.
[168] Die nachfolgende Aufzählung erhebt keinen Anspruch auf Vollständigkeit. Zu den vielfältigen weiteren Ausprägungen vgl. MünchGesR/*Schücking*, Bd. 1, § 4.
[169] Siehe hierzu im Einzelnen §§ 14 und 15.
[170] *Ingenstau/Korbion*, VOB, Anh. 2 zu VOB/B Rn 39 f.; ebenso, wenn auch der OHG sehr nahe, ihre Variante in Form der Dach-ARGE (*Ingenstau/Korbion*, a.a.O. Rn 11).
[171] *Ingenstau/Korbion*, VOB, Anh. 2 zu VOB/B, Rn 20: ARGE-Mustervertrag, Fassung 2005 und Dach-ARGE-Mustervertrag, Fassung 2005.

licher Inhalt dieses Vertrages sind organisatorische und technische Regelungen, die sich aus dem Tätigkeitsfeld der jeweils Beteiligten ergeben.[172]

d) Vermögensgesellschaften

Eine weitere Erscheinungsform der GbR sind Vermögensgesellschaften. Eine wichtige Ausprägung dieser Art von GbR ist die Grundstücks- und/oder Vermögensgesellschaft, die zum Gegenstand hat, das zum Gesamthandsvermögen eingebrachte oder zur Nutzung übertragene Vermögen – gewinnbringend – zu verwalten und zu vermehren. Grundstücksgesellschaften finden sich in erster Linie als Besitzgesellschaften im Zusammenhang von Betriebsaufspaltungen sowie als Familiengesellschaften zur Verwaltung des Grundbesitzes und zur Erleichterung der Überleitung auf nachfolgende Generationen. 113

Eine weitere Variante von Grundbesitzgesellschaften ist der **geschlossene Immobilienfonds** in der Rechtsform der GbR, die insbesondere für kleinere Fonds mit bis zu etwa 15 Gesellschaftern geeignet erscheint.[173] 114

Den Gesellschaftsvertrag einer Grundstücksverwaltungsgesellschaft befindet sich nachfolgend im Muster „Grundstücksverwaltungsgesellschaft" (siehe Rn 119). 115

e) Gefahrengemeinschaften

Weitere Formen der GbR finden sich in Form von Gefahrengemeinschaften als sog. **Kreditkonsortien** mehrerer beteiligter Banken oder in Form von **Sicherheitenpools** zwischen Banken oder verschiedenen Warenlieferanten.[174] 116

Rechtsverfolgungsgesellschaften werden gegründet, um Ansprüche der Gesellschafter geltend zu machen.[175]

B. Muster

I. Grundstücksverwaltungsgesellschaft (kapitalistische Vertragsgestaltung)

1. Typischer Sachverhalt

Typischer Hintergrund für das vorliegende Vertragsmuster ist, dass die Gesellschafter A und B im Rahmen einer Betriebsaufspaltung das Betriebsgrundstück, auf dem das Betriebsunternehmen tätig ist, im Rahmen einer Grundstücksverwaltungsgesellschaft als Besitzunternehmen halten und an die Betriebsgesellschaft verpachten. 117

Typisch ist weiterhin die Verwaltung von Familienvermögen im Rahmen der GbR, die das geeignete Instrumentarium zur Gestaltung der vorweggenommenen Erbfolge und die Möglichkeit der stufenweisen Verlagerung von Einkünften zur Milderung der Steuerprogression bietet. Die aus steuerlichen Gründen bei Vermögensübertragungen bisher gewählte Form der GmbH & Co. GbR dürfte hingegen nach der Handelsrechtsreform an Bedeutung gegenüber der GmbH & Co. KG verlieren, die als reine Vermögensverwaltungsgesellschaft nunmehr problemlos im Handelsregister eintragungsfähig ist. 118

---

172 Ein Überblick zum Recht der ARGE bei *Ingenstau/Korbion*, VOB, Anh. 2 zu VOB/B Rn 4–114.
173 Vgl. MünchGesR/*Schücking*, Bd. 1, § 4 Rn 51 f.
174 Vgl. nähere Einzelheiten bei MünchGesR/*Schaffelhuber/Sölch*, Bd. 1, § 31.
175 Siehe zu solchen Gesellschaften oben Rn 8 a. E. m.w.N.

2. Muster: Grundstücksverwaltungsgesellschaft (kapitalistische Vertragsgestaltung)

Gesellschaftsvertrag

zwischen
Herrn/Frau A _____ (Ort, Straße)
und
Herrn/Frau B _____ (Ort, Straße)
A und B errichten hiermit eine Gesellschaft bürgerlichen Rechts und schließen den folgenden Gesellschaftsvertrag:

§ 1 Gesellschaftszweck[176]
(1) Gegenstand der Gesellschaft ist die gewinnbringende Verwaltung und Vermietung eigener oder fremder Grundstücke, insbesondere des Grundstücks _____ in _____ (Stadt).
(2) A und B bringen das ihnen in Bruchteilsgemeinschaft gehörende Grundstück _____ in die Gesellschaft zu Gesamthandseigentum ein. Auch zukünftig soll weiterer Grundbesitz in der Regel von der Gesellschaft als Gesamthandseigentum erworben werden. Falls die Gesellschafter in Ausnahmefällen Grundbesitz zu Bruchteilseigentum erwerben sollten, überlassen die Gesellschafter das Grundstück (ihre jeweiligen Bruchteile) der Gesellschaft zur Nutzung.

§ 2 Name, Sitz
(1) Die Gesellschaft führt die Geschäftsbezeichnung „_____".
(2) Der Sitz der Gesellschaft ist _____.

§ 3 Gesellschafter, Einlagen
(1) Gesellschafter der Gesellschaft sind:
   a) Herr/Frau A mit einer Kapitaleinlage in Höhe von _____ EUR;
   b) Herr/Frau B mit einer Kapitaleinlage in Höhe von _____ EUR.
(2) Die Gesellschafter haben ihre Kapitaleinlagen durch Bar- oder Sacheinlage zu erbringen. Die Kapitaleinlagen sind sofort fällig.
(3) Die Kapitaleinlagen sind fest und maßgebend für die Beteiligung der Gesellschafter an den stillen Reserven sowie für die Ausübung der Stimmrechte.

§ 4 Geschäftsführung, Vertretung
(1) Zur Führung der Geschäfte ist vorbehaltlich der Regelung in Abs. 2 der Gesellschafter A allein befugt.
(2) Die Geschäftsführungsbefugnis für folgende Maßnahmen und Geschäfte liegt bei allen Gesellschaftern gemeinschaftlich: _____ (*Katalog besonderer Geschäftsführungsmaßnahmen*)
(3) Die Vertretung der Gesellschaft obliegt den geschäftsführenden Gesellschaftern. Bei Geschäften nach Abs. 1 vertritt A die Gesellschaft allein. Bei Geschäften nach Abs. 2 vertreten A und B die Gesellschaft gemeinsam.
(4) Über die Tätigkeitsvergütung der geschäftsführenden Gesellschafter und deren weitere Tätigkeitsbedingungen (Urlaub, Krankheit etc.) entscheidet die Gesellschafterversammlung durch Beschluss.

---

[176] Der Vertrag bedarf der notariellen Form des § 311b BGB, wenn darin eine Verpflichtung gegenüber der Gesellschaft zur Einbringung eines Grundstücks begründet wird (Palandt/*Grüneberg*, § 311b Rn 9). Ist das Grundstück zu Gesamthandseigentum in die Gesellschaft eingebracht, werden bei späterer Übertragung nicht mehr das Grundstück, sondern Anteile an der Gesellschaft übertragen. Dafür ist die Form der notariellen Beurkundung nicht erforderlich (MüKo-BGB/*Ulmer*, § 719 Rn 33).

§ 5 Gesellschafterversammlung
(1) Die ordentliche Gesellschafterversammlung ist mindestens einmal im Jahr, und zwar innerhalb von vier Monaten nach Ablauf des Geschäftsjahres durch den geschäftsführenden Gesellschafter einzuberufen.
(2) Jeder Gesellschafter kann darüber hinaus Gesellschafterversammlungen am Sitz der Gesellschaft schriftlich und unter Beachtung einer Ladungsfrist von mindestens zwei Wochen einberufen.

§ 6 Gesellschafterbeschlüsse
(1) Die Beschlüsse der Gesellschafter werden in Gesellschafterversammlungen gefasst. Außerhalb von Versammlungen können sie, soweit nicht zwingendes Recht eine andere Form vorschreibt, durch schriftliche oder fernschriftliche Abstimmung gefasst werden, wenn sich alle Gesellschafter an der Abstimmung beteiligen.
(2) Gesellschafterbeschlüsse können nur einstimmig gefasst werden.

§ 7 Kontrollrecht
(1) Die Gesellschafter erhalten Durchschriften aller von der Gesellschaft geschlossenen Verträge.
(2) Die Gesellschafter haben jederzeit das Recht, die Unterlagen der Gesellschaft einzusehen.

§ 8 Jahresabschluss, Geschäftsjahr
(1) Das Geschäftsjahr ist das Kalenderjahr.
(2) Der oder die geschäftsführenden Gesellschafter haben innerhalb von drei Monaten nach Ende des Geschäftsjahres einen Jahresabschluss unter Berücksichtigung der handelsrechtlichen und steuerrechtlichen Vorschriften zu erstellen.
(3) Der Jahresabschluss bedarf der Zustimmung der übrigen Gesellschafter. Falls diese nicht innerhalb von vier Wochen nach Vorlage des Jahresabschlusses diesem zustimmen oder sich mit den geschäftsführenden Gesellschaftern auf einen anderen Rechnungsabschluss einigen, wird der Rechnungsabschluss durch einen von der zuständigen Wirtschaftsprüferkammer zu bestimmenden Wirtschaftsprüfer als Schiedsgutachter mit verbindlicher Wirkung für die Gesellschafter festgesetzt. Die Kosten des Schiedsgutachters trägt die Gesellschaft.

§ 9 Gesellschafterkonten
(1) Für jeden Gesellschafter wird ein Festkapitalkonto (Kapitalkonto I), ein Gesellschafterdarlehenskonto (Kapitalkonto II) sowie ein Verlustsonderkonto (Kapitalkonto III als Unterkonto zu Kapitalkonto I) geführt.
(2) Die Einlagen der Gesellschafter gemäß § 3 Abs. 1 sind den Festkapitalkonten gutzuschreiben. Auf den Gesellschafterdarlehenskonten werden die Gewinnanteile (unbeschadet Satz 4), Zinsen, Einlagen, Entnahmen sowie Tätigkeitsvergütungen verbucht. Verluste werden auf dem Verlustsonderkonto verbucht. Gewinne in Folgejahren sind zunächst zum Ausgleich dieses Kontos zu verwenden.
(3) Entnahmen zu Lasten des Festkapitalkontos sind ausgeschlossen.
(4) Das Gesellschafterdarlehenskonto wird mit positivem wie negativem Saldo mit einem Zinssatz von 2 v.H. über dem Basiszinssatz verzinst.

§ 10 Gewinn- und Verlustverteilung, Entnahmen
(1) Am Gewinn und Verlust der Gesellschaft nehmen die Gesellschafter im Verhältnis ihrer Festkapitalkonten teil.
(2) Vor Verteilung von Gewinn und Verlust sind zu verbuchen:
    a) Tätigkeitsvergütungen und Auslagen für den oder die geschäftsführenden Gesellschafter gemäß separat abzuschließender Vereinbarung;
    b) Verzinsung der Gesellschafterdarlehenskonten (Kapitalkonten II).

Uloth

(3) Jeder Gesellschafter ist berechtigt, die ihm zustehende Vorabvergütung gemäß Abs. 2 zu Lasten seines Kapitalkontos II zu entnehmen. Darüber hinaus ist jeder Gesellschafter berechtigt, die auf seinen Gesellschaftsanteil entfallenden Steuern zu Lasten seines Kapitalkontos II zu entnehmen, wobei pauschal für alle Gesellschafter hinsichtlich der auf den Gewinnanteil entfallenden Steuerlast vom höchsten Steuertarif dieser Einkunftsart auszugehen ist. Darüber hinausgehende Entnahmen der Gesellschafter bedürfen eines einstimmigen Beschlusses der Gesellschafterversammlung.

§ 11 Verfügungen über Gesellschaftsanteile
Verfügungen eines Gesellschafters über seinen Gesellschaftsanteil, gleich welcher Art, sind nur wirksam, wenn alle anderen Gesellschafter vorab zugestimmt haben.

§ 12 Vererbung von Gesellschaftsanteilen
(1) Durch den Tod eines Gesellschafters wird die Gesellschaft nicht aufgelöst, sondern mit seinen gesetzlichen oder testamentarischen Erben oder Vermächtnisnehmern, oder falls solche nicht vorhanden sind, unter den verbleibenden Gesellschaftern fortgesetzt.
(2) Sind die Erben oder Vermächtnisnehmer minderjährig, werden deren Rechte durch deren jeweilige gesetzliche Vertreter wahrgenommen.
(3) Geht der Gesellschaftsanteil eines Gesellschafters auf eine Mehrheit von Erben und/oder Vermächtnisnehmer über, so haben diese innerhalb einer Frist von einem Monat einen gemeinsamen Bevollmächtigten zu bestimmen, der die Interessen der betreffenden Gesellschafter wahrnimmt und sie in der Gesellschafterversammlung vertritt. Erfolgt eine Benennung nicht fristgemäß, so ist die Gesellschafterversammlung berechtigt, jedoch nicht verpflichtet, aus der Mitte der Erben und/oder Vermächtnisnehmer einen Vertreter zu bestimmen. Solange die Bestellung eines Bevollmächtigten nicht erfolgt ist, ruhen die Gesellschafterrechte mit Ausnahme der Beteiligung am Gewinn und Verlust.

§ 13 Ausschluss von Gesellschaftern
(1) Ein Gesellschafter kann durch Gesellschafterbeschluss aus der Gesellschaft ausgeschlossen werden, wenn
    a) über sein Vermögen das Insolvenzverfahren eröffnet oder die Eröffnung mangels Masse abgelehnt worden ist;
    b) ein gerichtliches Vergleichsverfahren eröffnet worden ist oder der betreffende Gesellschafter seinen Gläubigern einen außergerichtlichen Vergleich vorschlägt;
    c) einer seiner Gläubiger in seinen Gesellschaftsanteil und damit verbundene Rechte oder seinen Auseinandersetzungsanspruch vollstreckt und die Vollstreckungsmaßnahme nicht innerhalb von drei Monaten wieder aufgehoben wird;
    d) in der Person des Gesellschafters ein wichtiger Grund i.S.d. § 140 HGB vorliegt;
    e) ein Gesellschafter seine Verpflichtungen aus diesem Vertrag in grobem Maß verletzt.
(2) Das Ausscheiden des Gesellschafters nach Abs. 1 erfolgt durch Ausschluss mittels eines Beschlusses der übrigen Gesellschafter. Der betroffene Gesellschafter ist in diesen Fällen nicht stimmberechtigt. Der Ausschluss wird mit Zugang des Ausschließungsbeschlusses an den betroffenen Gesellschafter wirksam.
(3) In allen Fällen des Ausscheidens eines Gesellschafters wird die Gesellschaft unter den verbleibenden Gesellschaftern fortgesetzt. Der Gesellschaftsanteil des ausscheidenden Gesellschafters wird mangels anderer Vereinbarung unter den verbleibenden Gesellschaftern entsprechend deren Beteiligungsverhältnis am Festkapital aufgeteilt.

§ 14 Abfindung
(1) Der durch die ordentliche Kündigung nach § 16 Abs. 1 dieses Vertrages ausgeschiedene Gesellschafter erhält eine Abfindung, die sich nach dem vollen Wert des Gesellschaftsanteils am Vermögen der Gesellschaft errechnet, mithin insbesondere unter Berücksichtigung der stillen Reserven.

(2) Erzielen die Gesellschafter über den Wert des Gesellschaftsanteils bzw. der von der Gesellschaft gehaltenen Grundstücke keine Einigung, so ist der Wert im ersten Fall von einem vereidigten Buchsachverständigen, im letzteren Fall von einem vereidigten Grundstückssachverständigen als Schiedsgutachter für alle Beteiligten verbindlich festzustellen.
(3) Bei einem Ausscheiden aus anderen Gründen als durch ordentliche Kündigung nach § 16 Abs. 1 (insbesondere §§ 12, 13) beträgt der Abfindungsbetrag abweichend von Abs. 1 lediglich zwei Drittel des nach Abs. 1 und 2 ermittelten Wertes.
(4) Das Abfindungsguthaben ist zu verzinsen mit 2 v.H. über dem Basiszinssatz.
(5) Die Auszahlung des Abfindungsguthabens erfolgt in zehn gleichen Halbjahresraten. Die Zinsen sind jeweils mit den Raten auszuzahlen.

§ 15 Beginn und Dauer der Gesellschaft
(1) Die Gesellschaft beginnt am _____.
(2) Die Dauer der Gesellschaft ist unbestimmt.

§ 16 Kündigung
(1) Jeder Gesellschafter ist berechtigt, den Vertrag mit einer Frist von sechs Monaten zum Ende eines Geschäftsjahres zu kündigen, frühestens jedoch zum 31.12._____. Folge der Kündigung ist nicht die Auflösung der Gesellschaft, sondern das Ausscheiden des kündigenden Gesellschafters gegen Abfindung nach § 14 Abs. 1.
(2) Die Kündigung bedarf der Schriftform und ist den Mitgesellschaftern gegenüber zu erklären.
(3) Allen Gesellschaftern steht das Recht der Anschlusskündigung innerhalb von sechs Wochen nach Erhalt der Kündigungserklärung zu. Im Falle der Anschlusskündigung der übrigen Gesellschafter erfolgt die Liquidation der Gesellschaft, an der auch der zuerst kündigende Gesellschafter teilnimmt.
(4) Ein Gesellschafter, der das Gesellschaftsverhältnis gekündigt hat, hat kein Stimmrecht mehr.

§ 17 Liquidation
(1) Die Liquidation der Gesellschaft erfolgt durch den/die geschäftsführenden Gesellschafter und ist entsprechend den gesetzlichen Bestimmungen der §§ 729 ff. BGB durchzuführen.
(2) Der Liquidationserlös ist nach dem Verhältnis der Festkapitalkonten auf die Gesellschafter zu verteilen. In gleichem Verhältnis erfolgt die Verlustverteilung.

§ 18 Schlussbestimmungen
(1) Sollten einzelne Bestimmungen dieses Vertrages nichtig oder unwirksam sein oder werden bzw. Formfehler oder Lücken enthalten, so wird die Gültigkeit des Vertrages im Übrigen hiervon nicht berührt. Die Gesellschafter verpflichten sich vielmehr, etwaige nichtige oder undurchführbare Vertragsbestimmungen oder vorhandene Lücken durch Bestimmungen zu ersetzen oder zu ergänzen, die dem wirtschaftlichen Wollen der Beteiligten am nächsten kommen.
(2) Änderungen und Ergänzungen dieses Vertrages bedürfen der Schriftform.
(3) Gerichtsstand für alle Streitigkeiten aus diesem Vertrag ist das für den Sitz der Gesellschaft zuständige Gericht.
_____ (Unterschriften)

II. Unternehmenstragende Erwerbsgesellschaft (personalistische Vertragsgestaltung)

1. Typischer Sachverhalt
A und B beabsichtigen, sich nach bestandener Schreinermeisterprüfung selbstständig zu machen und eine Schreinerei zu gründen. Sie wollen sich das insbesondere mit der Gründung ver-

bundene finanzielle Risiko teilen. Die Schreinerei erfordert keinen nach Art und Umfang in kaufmännischer Weise eingerichteten Geschäftsbetrieb.

M2 2. Muster: Unternehmenstragende Erwerbsgesellschaft (personalistische Vertragsgestaltung)

121 *Gesellschaftsvertrag*

zwischen
Herrn/Frau A _____ (Ort, Straße)
und
Herrn/Frau B _____ (Ort, Straße)
A und B errichten hiermit eine Gesellschaft bürgerlichen Rechts und schließen den folgenden Gesellschaftsvertrag:

§ 1 Gesellschaftszweck
(1) Gegenstand der Gesellschaft ist der Betrieb einer Schreinerei.
(2) Die Gesellschaft darf alle Maßnahmen und Rechtsgeschäfte vornehmen, die geeignet sind, den vorbezeichneten Zweck zu fördern.

§ 2 Name, Geschäftsräume
(1) Der Name der Gesellschaft lautet: „Schreinerei A & B Gesellschaft bürgerlichen Rechts".
(2) Die Geschäftsräume befinden sich in _____.

§ 3 Gesellschafter, Einlagen
(1) Gesellschafter der Gesellschaft sind:
    a) Herr/Frau Schreinermeister A
    b) Herr/Frau Schreinermeister B
(2) A und B verpflichten sich zu einer Bareinlage in Höhe von jeweils 10.000 EUR. Die Einlagen sind sofort fällig.
(3) Die Gesellschafter verpflichten sich, der Gesellschaft ihre volle Arbeitskraft zur Verfügung zu stellen. Nebentätigkeiten sind nur mit vorheriger Zustimmung des jeweils anderen Gesellschafters zulässig.

§ 4 Geschäftsführung, Vertretung
(1) Zur Geschäftsführung und Vertretung der Gesellschaft sind die Gesellschafter A und B jeweils allein befugt.
(2) Die Geschäftsführungsbefugnis für folgende Maßnahmen und Geschäfte liegt bei allen Gesellschaftern gemeinschaftlich: _____ (*Katalog besonderer Geschäftsführungsmaßnahmen*). Bei vorbezeichneten Geschäften vertreten A und B die Gesellschaft gemeinsam.

§ 5 Gesellschafterversammlung, Gesellschafterbeschlüsse
(1) Die ordentliche Gesellschafterversammlung ist mindestens einmal im Jahr innerhalb von sieben Monaten nach Ablauf des Geschäftsjahres durch die geschäftsführenden Gesellschafter einzuberufen.
(2) Jeder Gesellschafter kann darüber hinaus Gesellschafterversammlungen schriftlich und unter Beachtung einer Ladungsfrist von mindestens zwei Wochen einberufen.
(3) Die Gesellschafter entscheiden über die Angelegenheiten der Gesellschaft durch Gesellschafterbeschluss.
(4) Gesellschafterbeschlüsse können nur einstimmig gefasst werden.
(5) Beschlüsse sind in schriftlicher Form abzufassen.

Uloth

§ 6 Buchführung, Jahresabschluss, Geschäftsjahr
(1) Die Gesellschaft hat unter Beachtung der steuerlichen Vorschriften Bücher zu führen und erstellt einen Jahresabschluss in Form einer Steuerbilanz. Diese Steuerbilanz ist für die Rechtsverhältnisse unter den Gesellschaftern maßgebend.
(2) Der Jahresabschluss ist von den geschäftsführenden Gesellschaftern innerhalb der ersten sechs Monate nach Abschluss des Geschäftsjahres aufzustellen und der Gesellschafterversammlung zur Beschlussfassung vorzulegen.
(3) Mit der Ausführung der Buchführungs- und Bilanzierungspflichten gemäß vorstehenden Absätzen ist ein Angehöriger der steuerberatenden Berufe zu beauftragen.
(4) Die Feststellung des Jahresabschlusses bedarf eines einstimmigen Beschlusses aller Gesellschafter.
(5) Das Geschäftsjahr ist das Kalenderjahr.

§ 7 Tätigkeitsvergütungen
(1) Jeder Gesellschafter erhält für seine Tätigkeit in der Gesellschaft unabhängig von dem Vorhandensein eines Gewinns ab dem _____ eine feste monatliche Vergütung von _____ EUR, die jeweils zum Ersten eines jeden Monats zu zahlen ist.
(2) Die Tätigkeitsvergütungen sind entsprechend der Entwicklung der Tariflöhne in dem für den Gegenstand der Gesellschaft maßgebenden Tarifvertrag für einen angestellten Meister im Tarifbezirk der Gesellschaft anzupassen. Die Anpassung erfolgt einmal jährlich durch einstimmigen Beschluss der Gesellschafter.

§ 8 Gewinn- und Verlustverteilung, Entnahmen
(1) Am Gewinn und Verlust der Gesellschaft nehmen nach Abzug der Tätigkeitsvergütungen die Gesellschafter A und B je zur Hälfte teil.
(2) Jeder Gesellschafter ist berechtigt, seine Tätigkeitsvergütungen gemäß § 7 zu Lasten seines Gewinnanteils zu entnehmen. In gleicher Weise kann er die auf seinen Gesellschaftsanteil entfallenden Steuerzahlungen und Steuervorauszahlungen entnehmen, wobei pauschal für alle Gesellschafter hinsichtlich der auf den Gewinnanteil entfallenden Steuerlast vom höchsten Steuertarif dieser Einkunftsart auszugehen ist. Darüber hinausgehende Entnahmen der Gesellschafter bedürfen eines einstimmigen Gesellschafterbeschlusses.
(3) Gewinnauswirkungen von Gewerbesteuerminderungen oder -erhöhungen, die sich aus steuerlichen Ergänzungs- oder Sonderbilanzen ergeben, werden dem betreffenden Gesellschafter allein zugerechnet. Die Gesellschafter verpflichten sich, gewerbesteuerliche Sondereinflüsse im Rahmen der Verteilung von Gewinn und Verlust zu berücksichtigen.

§ 9 Urlaub, Krankheit
(1) Jeder Gesellschafter hat Anspruch auf einen Jahresurlaub von 30 Arbeitstagen. Die zeitliche Lage des Urlaubs ist zwischen den Gesellschaftern abzustimmen.
(2) Die Tätigkeitsvergütungen werden im Falle von Krankheit oder sonstiger unverschuldeter Verhinderung eines Gesellschafters an der Geschäftsführungtätigkeit über einen Zeitraum von sechs Wochen weiterbezahlt. Danach erlischt der Anspruch auf Tätigkeitsvergütung für die Zeit, in der der Gesellschafter seine Geschäftsführungtätigkeit nicht ausübt.

§ 10 Wettbewerbsverbot
Den Gesellschaftern ist es nicht gestattet, mit der Gesellschaft mittelbar oder unmittelbar, gelegentlich oder gewerbsmäßig, unter eigenem oder fremdem Namen oder Rechnung im Geschäftszweig der Gesellschaft tätig zu werden oder sich an einem Unternehmen des gleichen Geschäftszweiges zu beteiligen.

Uloth

§ 11 Verfügungen über Gesellschaftsanteile
Verfügungen eines Gesellschafters über seinen Gesellschaftsanteil, gleich welcher Art, sind nur wirksam, wenn alle anderen Gesellschafter vorab zugestimmt haben.

§ 12 Ausschließung eines Gesellschafters
(1) Ein Gesellschafter kann durch Gesellschafterbeschluss aus der Gesellschaft ausgeschlossen werden, wenn
    a) über sein Vermögen das Insolvenzverfahren eröffnet oder die Eröffnung mangels Masse abgelehnt worden ist;
    b) ein gerichtliches Vergleichsverfahren eröffnet worden ist oder der betreffende Gesellschafter seinen Gläubigern einen außergerichtlichen Vergleich vorschlägt;
    c) einer seiner Gläubiger in seinen Gesellschaftsanteil und damit verbundene Rechte oder seinen Auseinandersetzungsanspruch vollstreckt und die Vollstreckungsmaßnahme nicht innerhalb von drei Monaten wieder aufgehoben wird;
    d) in der Person des Gesellschafters ein wichtiger Grund vorliegt;
    e) ein Gesellschafter seine Verpflichtungen aus diesem Vertrag in grobem Maß verletzt, insbesondere vorsätzlich oder grob fahrlässig gegen das Wettbewerbsverbot gemäß § 10 verstößt.
(2) Das Ausscheiden des Gesellschafters nach Abs. 1 erfolgt durch Ausschluss mittels eines Beschlusses der übrigen Gesellschafter. Der betroffene Gesellschafter ist in diesen Fällen nicht stimmberechtigt. Der Ausschluss wird mit Zugang des Ausschließungsbeschlusses an den betroffenen Gesellschafter wirksam.
(3) In allen Fällen des Ausscheidens eines Gesellschafters wird die Gesellschaft unter den verbleibenden Gesellschaftern fortgesetzt. Der Gesellschaftsanteil des ausscheidenden Gesellschafters wird mangels anderer Vereinbarung unter den verbleibenden Gesellschaftern entsprechend deren Beteiligungsverhältnis aufgeteilt.

§ 13 Abfindung
(1) Der durch die ordentliche Kündigung nach § 15 Abs. 1 dieses Vertrages ausgeschiedene Gesellschafter erhält eine Abfindung, die sich nach dem vollen Wert des Gesellschaftsanteils am Vermögen der Gesellschaft errechnet, mithin insbesondere unter Berücksichtigung der stillen Reserven. Von dem so ermittelten Wert wird aus Gründen des Bestandsschutzes der Gesellschaft ein Abschlag in Höhe von 25 v.H. vorgenommen.
(2) Erzielen die Gesellschafter über den Wert des Gesellschaftsanteils bzw. der von der Gesellschaft gehaltenen Grundstücke keine Einigung, so ist der Wert im ersten Fall von einem vereidigten Buchsachverständigen, im letzteren Fall von einem vereidigten Grundstückssachverständigen als Schiedsgutachter für alle Beteiligten verbindlich festzustellen.
(3) Bei einem Ausscheiden aus anderen Gründen als durch ordentliche Kündigung nach § 15 Abs. 1 (insbesondere §§ 12, 16) beträgt der Abfindungsbetrag abweichend von Abs. 1 lediglich zwei Drittel des nach Abs. 1 und 2 ermittelten Wertes.
(4) Das Abfindungsguthaben ist zu verzinsen mit 2 v.H. über dem Basiszinssatz.
(5) Die Auszahlung des Abfindungsguthabens erfolgt in zehn gleichen Halbjahresraten. Die Zinsen sind jeweils mit den Raten auszuzahlen.

§ 14 Beginn und Dauer der Gesellschaft
(1) Die Gesellschaft beginnt am _____.
(2) Die Dauer der Gesellschaft ist unbestimmt.

§ 15 Kündigung
(1) Jeder Gesellschafter ist berechtigt, den Vertrag mit einer Frist von sechs Monaten zum Ende eines Geschäftsjahres zu kündigen, frühestens jedoch zum 31.12._____. Folge der Kündigung ist nicht die

Auflösung der Gesellschaft, sondern das Ausscheiden des kündigenden Gesellschafters gegen Abfindung nach § 13 Abs. 1.
(2) Die Kündigung bedarf der Schriftform und ist den Mitgesellschaftern gegenüber zu erklären.
(3) Allen Gesellschaftern steht das Recht der Anschlusskündigung innerhalb von sechs Wochen nach Erhalt der Kündigungserklärung zu. Im Falle der Anschlusskündigung der übrigen Gesellschafter erfolgt die Liquidation der Gesellschaft, an der auch der zuerst kündigende Gesellschafter teilnimmt.
(4) Ein Gesellschafter, der das Gesellschaftsverhältnis gekündigt hat, hat kein Stimmrecht mehr.

§ 16 Tod eines Gesellschafters
(1) Durch den Tod eines Gesellschafters wird die Gesellschaft nicht aufgelöst, sondern mit seinen gesetzlichen oder testamentarischen Erben oder, falls solche nicht vorhanden sind, unter den verbleibenden Gesellschaftern fortgesetzt.
(2) Nachfolger in der Gesellschafterstellung des Verstorbenen können nur dessen leibliche Abkömmlinge sein. Andere Erben oder Vermächtnisnehmer werden nicht Gesellschafter. Sind keine Abkömmlinge vorhanden oder sind sie vom Erbe ausgeschlossen, so wird die Gesellschaft unter den verbleibenden Gesellschaftern fortgesetzt. Die Erben werden gemäß § 13 Abs. 3 dieses Vertrages abgefunden.
(3) Zur Tätigkeit in der Gesellschaft ist ein Abkömmling nur berechtigt, wenn er über eine entsprechende berufliche Qualifikation verfügt oder diese erwirbt. Zur Geschäftsführung und Vertretung der Gesellschaft ist ein Abkömmling nur berufen, sofern er die Meisterprüfung im Schreinerhandwerk abgelegt hat.
(4) Geht der Gesellschaftsanteil eines Gesellschafters auf eine Mehrheit von Erben und/oder Vermächtnisnehmer über, so haben diese innerhalb einer Frist von einem Monat einen gemeinsamen Bevollmächtigten zu bestimmen, der die Interessen der betreffenden Gesellschafter wahrnimmt und sie in der Gesellschafterversammlung vertritt. Erfolgt eine Benennung nicht fristgemäß, so ist die Gesellschafterversammlung berechtigt, jedoch nicht verpflichtet, aus der Mitte der Erben und/oder Vermächtnisnehmer einen Vertreter zu bestimmen. Solange die Bestellung eines Bevollmächtigten nicht erfolgt ist, ruhen die Gesellschafterrechte mit Ausnahme der Beteiligung am Gewinn und Verlust.

§ 17 Liquidation
(1) Die Liquidation der Gesellschaft erfolgt durch die geschäftsführenden Gesellschafter und ist entsprechend den gesetzlichen Bestimmungen der §§ 729 ff. BGB durchzuführen.
(2) Der Liquidationserlös ist je zur Hälfte auf die Gesellschafter zu verteilen. Im gleichen Verhältnis erfolgt die Verlustverteilung.

§ 18 Schlussbestimmungen
(1) Sollten einzelne Bestimmungen dieses Vertrages nichtig oder unwirksam sein oder werden bzw. Formfehler oder Lücken enthalten, so wird die Gültigkeit des Vertrages im Übrigen hiervon nicht berührt. Die Gesellschafter verpflichten sich vielmehr, etwaige nichtige oder undurchführbare Vertragsbestimmungen oder vorhandene Lücken durch Bestimmungen zu ersetzen oder zu ergänzen, die dem wirtschaftlichen Wollen der Beteiligten am nächsten kommen.
(2) Änderungen und Ergänzungen dieses Vertrages bedürfen der Schriftform.
(3) Gerichtsstand für alle Streitigkeiten aus diesem Vertrag ist das für den Sitz der Gesellschaft zuständige Gericht.
_____ (Unterschriften)

Dr. Jürgen Bechtloff
§ 3 Die offene Handelsgesellschaft (OHG)

Literatur

Kommentare/Handbücher/Monographien: *Baumbach/Hopt*, Handelsgesetzbuch, 35. Aufl. 2012; *Ebenroth/Boujong/ Joost*, HGB, Bd. 1, §§ 1–342a, 2. Aufl. 2008 (zitiert: Ebenroth/*Bearbeiter*); *Flume*, Die Personengesellschaft, 1977; *Henssler/Strohn*, Gesellschaftsrecht, 2011; *Heymann*, Handelsgesetzbuch, 2. Aufl. 1995 ff.; *Koller/Roth/Morck*, HGB, 7. Aufl. 2011; *Michalski*, OHG-Recht, 2000; *Münchener Handbuch des Gesellschaftsrechts*, Band 1: BGB-Gesellschaft, OHG, PartG, EWIV, 3. Aufl. 2009 (zitiert: MünchGesR/*Bearbeiter*); *Münchener Kommentar zum BGB*, 5. Aufl. 2009/2010 (zitiert: MüKo-BGB/*Bearbeiter*); *Münchener Kommentar zum HGB*, 3. Aufl., Bd. 2, §§ 105–160, 2011 (zitiert: MüKo-HGB/ *Bearbeiter*); *Palandt*, Bürgerliches Gesetzbuch, Kommentar, 71. Aufl. 2012; *Schmidt, K.*, Gesellschaftsrecht, 4. Aufl. 2002; *Schmidt, L.*, EStG, Kommentar, 31. Aufl. 2012 (zitiert: L. Schmidt/*Bearbeiter*); *Staub*, Großkommentar zum HGB, 5. Aufl. 2009, *Formularbuch Recht und Steuern*, 7. Aufl. 2011; *Sudhoff*, Personengesellschaften, 8. Aufl. 2005; *Vorwerk*, Das Prozessformularbuch, 9. Aufl. 2010; *Westermann*, Handbuch der Personengesellschaften, Loseblatt, Stand November 2011; *Zöller*, ZPO, Kommentar, 29. Aufl. 2012.

Aufsätze: *Armbrüster*, Nachschusspflicht im Personengesellschaftsrecht, ZGR 2009, 1; *Brandes*, Die Rechtsprechung des Bundesgerichtshofs zur Personengesellschaft, WM 1990, 1221, WM 1994, 569, WM 1998, 261, WM 2000, 385; *Fett/Brand*, Die sog. Einmann-Personengesellschaft, NZG 1999, 45; *Hirte*, Die Entwicklung des Personengesellschaftsrechts in Deutschland in den Jahren 2003 bis 2004, NJW 2005, 718; *ders.*, Die Entwicklung des Unternehmens- und Gesellschaftsrechts in Deutschland, NJW 2007, 817; NJW 2008, 964; NJW 2009, 415; *Lettl*, Die Anpassung von Personengesellschaftsverträgen (GbR, oHG) aufgrund von Zustimmungspflichten der Gesellschafter, AcP 202, 3; *Michalski*, Treuepflichten persönlich haftender Gesellschafter (OHG, KG), NZG 1998, 460; *Mülbert/Gramse*, Gesellschafterbeschlüsse bei der rechtsfähigen Personengesellschaft, WM 2002, 2085; *K. Schmidt*, Echte und unechte Quotenhaftung von Personengesellschaftern, NJW 2011, 2001; *Ulmer*, Hundert Jahre Personengesellschaftsrecht: Rechtsfortbildung bei OHG und KG, ZHR 161 (1997), 102; *ders.*, Die Einheitlichkeit der Mitgliedschaft in einer Personengesellschaft – ein überholtes Dogma? ZHR 167 (2003), 103; *Wertenbruch*, Die Rechtsprechung zum Personengesellschaftsrecht in den Jahren 2003 bis 2005, NZG 2006, 408; *Wiedemann*, Rechte und Pflichten des Personengesellschafters, WM 1992, Beilage 7, 3.

Inhalt

A. Die Errichtung der Gesellschaft — 1
I. Typischer Sachverhalt — 1
II. Überlegungen in der Gründungsphase — 2
   1. Die Entscheidung für die OHG — 2
     a) Rechtliche Grundlagen — 2
     b) Aspekte zur Entscheidung für oder gegen die OHG — 8
        aa) Einführung — 8
        bb) Gesellschaftsrechtliche Aspekte — 10
          (1) Finanz- und Haftungsstruktur — 10
          (2) Organisationsstruktur — 17
        cc) Steuerliche Beurteilung — 20
          (1) Ertragsteuern — 21
          (2) Gewerbesteuer — 25
          (3) Erbschaftsteuer/Schenkungsteuer — 28
          (4) Grunderwerbsteuer — 29
          (5) Umsatzsteuer — 30
        dd) Die Rechtsformwahl im Fallbeispiel — 31
     c) Die heutige wirtschaftliche Bedeutung der OHG — 32
   2. Erstellung und Abschluss des Gesellschaftsvertrages — 33
     a) Form — 33
     b) Genehmigungserfordernisse — 34
     c) Inhalt — 35
   3. Checkliste: Gesellschaftsvertrag — 39
   4. Anmeldungen bei Errichtung einer neuen OHG — 44
III. Rechtliche Grundlagen: Vertragsbestandteile der Gründung einer OHG (Basisvertrag) — 46
   1. Gesellschafter — 47
   2. Firma — 52
   3. Gesellschaftszweck, Unternehmensgegenstand — 56

4. Beiträge und Einlagen —— 59
5. Sitz der Gesellschaft —— 65
6. Beginn und Dauer der Gesellschaft —— 67
   a) Beginn —— 67
   b) Dauer —— 68
7. Gesellschafterkonten und Kapitalanteil —— 69
8. Geschäftsführung —— 76
9. Vertretung —— 80
10. Arbeitsregelungen —— 83
11. Gesellschafterversammlung —— 86
12. Beschlussfassung —— 89
    a) Einstimmigkeit (Mehrheitsbeschluss) —— 89
    b) Stimmrecht —— 92
13. Jahresabschluss und Gewinnermittlung —— 96
    a) Geschäftsjahr —— 96
    b) Jahresabschluss —— 97
14. Ergebnisverteilung und Entnahmen —— 100
15. Verfügungen über den Anteil —— 103
16. Nachfolgeregelung bei Tod eines Gesellschafters oder aus Altersgründen —— 106
17. Ausscheiden und Ausschluss eines Gesellschafters —— 111
18. Kündigung eines Gesellschafters —— 115
19. Abfindung —— 118
    a) Einführung —— 118
    b) Buchwert-, Substanz- und Ertragswertklauseln —— 120
    c) Schranken bei der Klauselgestaltung —— 121
    d) Steuerrechtliche Aspekte —— 122
    e) Umsetzung im Basisvertrag —— 123
20. Liquidation —— 125
21. Wettbewerbsverbot —— 126
    a) Gesetzliches Wettbewerbsverbot des § 112 HGB —— 126
    b) Modifikation vom gesetzlichen Wettbewerbsverbot —— 127
    c) Vertragsstrafe —— 128
22. Ehelicher Güterstand —— 129
23. Schlussbestimmungen —— 135
    a) Salvatorische Klausel —— 135
    b) Schriftform —— 136
    c) Kosten —— 137
    d) Gerichtsstands- und Schiedsvereinbarungen —— 138
IV. Muster —— 140
    1. Muster: Basisvertrag Gründung einer OHG —— 140
    2. Muster: Handelsregisteranmeldung bei OHG-Errichtung —— 141
B. **Der Gesellschaftsanteil —— 142**
I. Übertragung —— 142
    1. Typischer Sachverhalt —— 142
    2. Rechtliche Grundlagen —— 143
       a) Einführung —— 143
       b) Kausalgeschäft —— 144
       aa) Allgemein —— 144
       bb) Kauf —— 146
       cc) Schenkung —— 148
       c) Verfügungsgeschäft —— 151
    3. Muster —— 154
       a) Muster: Schenkungsweise Übertragung eines Anteils mit qualifiziertem Widerrufsvorbehalt —— 154
       b) Muster: Handelsregisteranmeldung bei einer Anteilsübertragung —— 155
II. Verpfändung —— 156
    1. Typischer Sachverhalt —— 156
    2. Rechtliche Grundlagen —— 157
       a) Einführung —— 157
       b) Pfandrechtsbestellung —— 158
       c) Sicherungswirkung —— 162
       d) Vereinbarung eines Nutzungspfandrechtes —— 163
       e) Verwertung —— 164
    3. Muster —— 165
       a) Vorbemerkung —— 165
       b) Muster: Gesellschaftsbeschluss über die Zulässigkeit einer Anteilsverpfändung —— 166
       c) Muster: Verpfändungsvertrag —— 167
C. **Beendigung der Gesellschaft —— 168**
I. Einführung —— 168
    1. Begriffe —— 168
    2. Abwicklungsverfahren —— 169
    3. Sonderfall: Insolvenzverfahren —— 170
II. Liquidation —— 171
    1. Typischer Sachverhalt —— 171
    2. Rechtliche Grundlagen —— 172
       a) Auflösungs- und Liquidationsbeschluss —— 172
       b) Liquidatoren —— 175
       c) Verfahrensablauf —— 180
       d) Steuerrechtliche Fragen —— 183
    3. Muster —— 184
       a) Muster: Beschluss über die Auflösung der OHG mit anschließender Liquidation —— 184
       b) Muster: Handelsregisteranmeldung über die Auflösung mit Liquidation —— 185
III. Vollbeendigung —— 186
    1. Typischer Sachverhalt —— 186
    2. Rechtliche Grundlagen —— 187
    3. Muster: Anmeldung des Erlöschens beim Handelsregister —— 190

A. Die Errichtung der Gesellschaft

I. Typischer Sachverhalt

1 Ein zunächst in der Freizeit entwickeltes Konzept von vier Freunden scheint diesen wirtschaftlich interessante Möglichkeiten zu bieten: Sie haben zunächst für eigene Zwecke begonnen, Internetseiten zu gestalten, was schnell zu vielfältigen Nachfragen interessierter Dritter und nach deren erfolgreicher Abwicklung zu einer Reihe von Folgeaufträgen im weiten Bereich der Internetpräsentation führte. Schließlich boten sie auch Schulungen und mitunter die nötige Soft- und Hardware an. Nun sehen sie die Möglichkeit, hieraus für sich eine hauptberufliche, vollzeitige Tätigkeit zu machen. Während von dreien insbesondere das technische Know-how für das Geschäft mitgebracht wird, da sie im technischen Bereich tätig waren bzw. derartiges studierten, verfügt der Vierte vor allem über kaufmännische Erfahrung, da er bereits – als leitender Angestellter – in der Branche tätig ist. Die finanziellen Möglichkeiten der Jungunternehmer sind allerdings begrenzt: Einer ist immerhin in der Lage, dem gemeinsamen Unternehmen die Arbeitsräume – zumindest für einige Zeit – kostenfrei zur Verfügung zu stellen. Das nötige Inventar ist teilweise vorhanden; im Übrigen – so hoffen sie – wird der weitere Bedarf über aufzunehmende Darlehen zu finanzieren sein.

II. Überlegungen in der Gründungsphase

1. Die Entscheidung für die OHG
a) Rechtliche Grundlagen

2 Die offene Handelsgesellschaft[1] (OHG) ist für Existenzgründer auch heute oft die erste Wahl einer Gesellschaftsform beim Schritt in die Selbstständigkeit. Stellt sich ein zuvor noch mehr oder weniger unverbindliches Zusammenwirken mehrerer mit der Zeit als taugliche Basis für die berufliche Existenz heraus (wie im Fallbeispiel Rn 1), ist diese althergebrachte Gesellschaftsform[2] vielfach eine sinnvolle Lösung. Gleichwohl ist diese Rechtsform nicht die einzige Möglichkeit – insbesondere die GmbH, aber auch die KG sind für Gründer, die gewerblich tätig sein wollen, oftmals jedenfalls weitere Optionen.

3 Als Ausgangsüberlegung müssen die zukünftigen Gesellschafter daher miteinander klären: Ist – erstens – die OHG für die gewünschte Zielsetzung die bestmögliche Rechtsform? Die insoweit richtige Entscheidung kann nur treffen, wer sich der wesentlichen Merkmale der OHG bewusst ist und von ihren spezifischen Vor- und Nachteilen gegenüber anderen Formen zumindest eine Vorstellung hat. Anschließend stellen sich als Folgefragen (dazu Rn 33 ff.): Welche Regelungen sind – wenn man sich denn für eine OHG entscheidet – bei Beginn der Zusammenarbeit von den (zukünftigen) Gesellschaftern notwendig oder sinnvollerweise für die Zusammenarbeit und für das „Leben" des Unternehmen zu treffen? Wie und in welcher Form sollten diese Regelungen erfolgen?

4 Als **Wesensmerkmal** einer OHG lässt sich festhalten, dass es sich um einen **vertraglichen** Zusammenschluss **mehrerer** Personen handelt, um durch Beiträge gemeinsam (und damit unter einer Firma) – als Gesellschaft – ein **Unternehmen zu betreiben**, das entweder auf den Betrieb eines kaufmännisch geführten Gewerbes (§ 1 HGB) oder – nach Eintragung ins Handelsregister (vgl. § 105 Abs. 2 HGB) – auf ein Kleingewerbe oder eine Vermögensverwaltung gerichtet ist.

5 Bei **Betrieb eines kaufmännisch geführten Gewerbes** ist die Gesellschaft ohne weitere Voraussetzungen eine OHG, insbesondere ohne dass es eines Eintrages ins Handelsregister be-

---
[1] „Offen" ist diese Handelsgesellschaft, weil das Zusammenwirken mehrerer – in Abgrenzung zur „stillen Gesellschaft" (§§ 230–237 HGB) – nach außen erkennbar, d.h. offenkundig ist.
[2] Zur Entstehungsgeschichte *K. Schmidt*, Gesellschaftsrecht, § 46 I 2 m.w.N.

darf (der ist dann nur deklaratorisch) und unabhängig davon, ob die Gesellschafter sich des Zusammenschlusses als OHG bewusst sind.³ Die Gesellschaft unterliegt dann den gesetzlichen Bestimmungen der OHG (§§ 105 ff. HGB, §§ 705 ff. BGB) und dem übrigen Handelsrecht. Haben die Gesellschafter dagegen den Unternehmensbetrieb noch nicht begonnen oder ist dieser bislang nur Kleingewerbe oder nicht gewerblicher Natur, so wird die Gesellschaft erst mit **Eintragung ins Handelsregister** OHG (§§ 2, 105 Abs. 2 HGB) und ist bis dahin nur GbR.

Die **Haftung der Gesellschafter** einer OHG ist im Außenverhältnis stets **unbeschränkt** und organisationsrechtlich auch nicht beschränkbar.⁴ Wollen die Gesellschafter eine persönliche Haftung für einen oder mehrere von ihnen vermeiden, bleibt ihnen nur die Wahl einer anderen Rechtsform.⁵

Die OHG ist keine juristische Person; sie ist aber als **Gesamthandsgesellschaft** („eine Gruppe mitunternehmerisch verbundener Gesellschafter")⁶ gleichwohl **rechtsfähig** (vgl. § 124 HGB).⁷ Man kann sie – anknüpfend an die Formulierung in § 11 InsO – als (rechtsfähige) **Gesellschaft ohne eigene Rechtspersönlichkeit** bezeichnen. Die Terminologie ist allerdings nicht einheitlich, und ebenso wenig sind alle rechtsdogmatischen Fragen geklärt.⁸ Der Rechtsanwender braucht sich um derartige Probleme allerdings wenig zu sorgen, denn praktisch wird die OHG fast durchweg wie eine eigenständige (juristische) Person behandelt: Das gilt für das Privatrecht⁹ wie für das öffentliche Recht.¹⁰ Als wichtigste Ausnahme davon bleibt das Einkommensteuerrecht zu vermerken: Hier ist nicht die OHG Subjekt, sondern die einzelnen Gesellschafter (vgl. Rn 21), was – wie im Folgenden immer wieder deutlich wird – eine Vielzahl von teils positiven, teils negativen Folgen nach sich zieht (Rn 21 ff.).

b) Aspekte zur Entscheidung für oder gegen die OHG
aa) Einführung

Die konkrete Entscheidung, ob die OHG die beste aus dem numerus clausus der Rechtsformen ist, lässt sich nur anhand des Einzelfalls unter Berücksichtigung der Ausgangslage und Zielvorstellungen der potentiellen Gesellschafter treffen (vgl. dazu vor allem § 1). An dieser Stelle können nur Anhaltspunkte geliefert, d.h. eine Auswahl von Aspekten herausgestellt werden, die oft bei der Entscheidung für oder gegen die OHG eine Rolle spielen und daher im Einzelfall als Hilfestellung dienen.

Die OHG ist idealtypisch für den Zusammenschluss von Gewerbetreibenden gedacht, die **hauptberuflich**, im engen **Einvernehmen und Vertrauen zueinander**, ihre Kraft in das Gelin-

---

3 Zur Entstehung einer OHG bereits durch Vorbereitungshandlungen im Hinblick auf den späteren Geschäftsbetrieb siehe BGH MDR 2004, 1009 f. Zur Einordnung einer ARGE als OHG siehe OLG Dresden NZG 2003, 124, krit. dazu Staub/*Schäfer* § 105 Rn 30 m.w.N.
4 Einzelvertraglich lassen sich natürlich Haftungsbeschränkungen (hinsichtlich bestimmten Verschuldens, aber auch gegenständlich oder der Höhe nach) zugunsten der OHG und damit auch für die akzessorisch haftenden Gesellschafter installieren.
5 *K. Schmidt*, Gesellschaftsrecht, § 46 I 1e) weist zu Recht darauf hin, dass dies nicht Voraussetzung, sondern Folge der Wahl der Rechtsform „OHG" ist.
6 *K. Schmidt*, Gesellschaftsrecht, § 46 II 1 m.w.N.
7 Baumbach/*Hopt*, § 124 Rn 2; ; Ebenroth/*Wertenbruch*, § 105 Rn 7 m.w.N.
8 Siehe zur Diskussionslage *Westermann/Wertenbruch*, § 2 Rn 34 ff. Die oft verwendete Formulierung, die OHG sei „teilrechtsfähig", verwirrt m.E. mehr als sie klärt (s.a. *Wertenbruch* a.a.O). Tatsächlich dient der Terminus im Wesentlichen nur der dogmatischen Abgrenzung zur juristischen Person. Krit. zu Begriffen und Systematik *Beuthien*, Zur Grundlagenungewissheit des deutschen Gesellschaftsrechts, NJW 2005, 855 ff.
9 Sie ist z.B. im Rechtsstreit parteifähig (§ 50 ZPO), kann ins Grundbuch eingetragen werden und ist insolvenzfähig. Sie kann erben und Mitglied anderer Gesellschaften sein (vgl. im Einzelnen Baumbach/*Hopt*, § 124 Rn 2 f., 31 ff.).
10 Sie ist – wie eine juristische Person – grundrechtsfähig (BVerfGE 10, 89) und z.B. tauglicher Adressat polizeirechtlicher Anordnungen (OVG Münster BB 1969, 1327).

gen des gemeinsamen Unternehmens investieren und deswegen bereit sind, **für den Erfolg gemeinsam einzustehen** und zu haften. Die enge Verbindung der Gesellschafter, die Ausrichtung an einem aktiven Mitwirken aller, aber auch die nötige Bereitschaft zu haften, prägen die gesetzlich verfassten Regelungen. Privatrechtlich wird den Gesellschaftern mit der OHG eine sehr flexible, einfach zu handhabende, durch die personenbezogene Bindung einerseits krisenfeste, andererseits aber auch mit dem persönlichen Verhältnis der Partner zueinander „stehende oder fallende" Gesellschaftsform zur Verfügung gestellt. Ebenso wichtig wie diese gesellschaftsrechtlichen Aspekte sind weiter die steuerrechtlichen Folgen der Rechtsformwahl. Zu beiden Bereichen sind einige Merkposten aufzulisten:

bb) Gesellschaftsrechtliche Aspekte
(1) Finanz- und Haftungsstruktur

10 Die bei der Entscheidung für oder gegen die OHG regelmäßig für die Gesellschafter im Vordergrund stehende Frage ist, ob sie in Kauf nehmen wollen, dass letztlich alle Beteiligten für die gesamten Verbindlichkeiten der Gesellschaft **unbeschränkt haften** (§ 128 HGB). Der Inkaufnahme dieses offensichtlich erheblichen Risikos als Nachteil der OHG stehen allerdings – quasi spiegelbildlich – eine Reihe Vorzüge gegenüber.

11 Ein wichtiges wirtschaftliches Argument für die OHG (gegenüber juristischen Personen) ist die höhere **Kreditwürdigkeit**, die aus der persönlichen Haftung folgt. Das stärkere Vertrauen des Verkehrs ist zu Beginn des Unternehmens mitunter ein Vorteil. Dagegen ist der Nachteil der persönlichen Haftung von OHG-Gesellschaftern in vielen Fällen zu relativieren: Wer unternehmerisch tätig ist, von dem verlangen zumindest die wichtigsten Geschäftspartner regelmäßig ein persönliches Einstehen für die Verbindlichkeiten. Insbesondere die Hausbank, aber auch der Großlieferant oder der Vermieter setzen gewöhnlich bei der GmbH die persönliche Haftung der Gesellschafter mittels Gesellschafterbürgschaften o.Ä. durch. Das Privileg der fehlenden Haftung des GmbH-Gesellschafters verliert dadurch viel an Reiz (gerade wenn aus der Natur des jeweiligen Gewerbes/Unternehmens die Haftungsrisiken gegenüber anderen Gläubigern gering sind). Auf der anderen Seite können die OHG-Gesellschafter versuchen, ihre eigene Haftungslage dadurch zu verbessern, indem sie gegenüber schwächeren Verhandlungspartnern die Haftung der Gesellschaft selbst begrenzen (z.B. über AGB) und im Übrigen ihre wirtschaftliche Planung mit der an die Haftungslage angepassten, nötigen Vorsicht vornehmen.

12 Der persönlichen Haftung folgen auch auf rechtlicher Ebene unmittelbare und mittelbare Vorteile. Das beginnt bei der Entstehung: Für die Gründung einer OHG braucht man (rechtlich) **kein Mindestkapital** noch eine Mindesteinlage. Die Haftungsfreistellung des Kommanditisten in der KG gibt es zwar schon mit einer sehr geringen Vermögenseinlage, dafür ist eine Freistellung aller Gesellschafter hier nicht möglich und die Stellung des von der Haftung befreiten Kommanditisten mit anderen Nachteilen behaftet (vgl. z.B. § 164 HGB).[11] Die „billigste Form" einer deutschen Kapitalgesellschaft – seit dem MoMiG die UG (haftungsbeschränkt), eine Sonderform der GmbH (vgl. § 5a GmbHG) – fordert zwar rechtlich bei der Gründung keinen Mindestkapitaleinsatz, führt aber in der Folge zu notwendigen Rücklageverpflichtungen (§ 5a Abs. 3 GmbHG) und darüber hinaus noch verstärkter zu Kreditwürdigkeitsproblemen. Will man Sacheinlagen erbringen, ist man ohnehin wieder auf die GmbH selbst verwiesen und der Gründungsvorgang dann erheblich erschwert (vgl. Rn 60). Auch die **Kosten** der Gründung (im weiteren Sinne) sind bei der OHG deswegen häufig niedriger: Die Gründung bedarf – anders als bei der GmbH – nicht unbedingt einer notariellen Beurkundung. Die Beratung und das Verfahren sind

---

[11] Die KG mit einer natürlichen Person als Komplementär ist in den meisten hier genannten Vor- und Nachteilen im Übrigen der OHG ähnlich.

meist weniger aufwendig (beachte allerdings Rn 33 f.); dies gilt auch im Vergleich zur UG (haftungsbeschränkt).

Die umfassende persönliche Haftung des Gesellschafters bringt auch in der sonstigen Behandlung der Gesellschaft weitere Vorteile mit sich. Die OHG unterliegt z.B. nicht der Vielzahl von Regelungen, die bei den Kapitalgesellschaften sicherstellen sollen, dass der Gesellschafter das Instrument der „juristischen Person" nicht zu Lasten der Gläubiger missbraucht. Dies bringt dem OHG-Gesellschafter einen formell **erleichterten Umgang** mit der eigenen Gesellschaft, insbesondere gibt es keine Schwierigkeiten mit der Kapitalerhaltung und Kapitalentnahme. Es gibt bei der OHG auch grundsätzlich keine Pflicht der Geschäftsführenden, einen Insolvenzantrag zu stellen (vgl. § 130a HGB),[12] geschweige denn eine strafrechtliche Sanktion bei Versäumung eines solchen.

Als mittelbarer Vorteil der umfassenden persönlichen Haftung ist die Privilegierung der OHG in manchen anderen Bereichen anzusehen: Die OHG unterliegt – unabhängig von ihrer Größe – nicht der Arbeitnehmer-**Mitbestimmung** nach dem Mitbestimmungsgesetz. Praktisch wichtig ist u.U. auch, dass die **handelsrechtliche Offenlegungspflicht** nicht eingreift, solange eine natürliche Person für die Verbindlichkeiten mittelbar oder unmittelbar haftet (vgl. § 264a HGB). Die Verpflichtung – in einem nach Unternehmensgröße gestaffelten Umfang – die Bilanzzahlen am Registergericht für Dritte zur Einsicht zu hinterlegen, führt in einigen Fällen praktisch dazu, dass Gesellschafter wieder die persönliche Haftung in Kauf nehmen[13] und den Weg (zurück) in die OHG oder KG wählen.

Voraussetzung für den Zusammenschluss als OHG ist allerdings – auch das ist Folge der persönlichen Haftung – ein hohes gegenseitiges **Vertrauen** in die fachliche Kompetenz und Loyalität aller Mitgesellschafter, zumindest wenn diese – wie regelmäßig (§ 125 HGB) – alleinvertretungsberechtigt sind.

Ein mit der Haftung verbundener Nachteil ist, dass der OHG eine einfach handhabbare **Möglichkeit zur Sammlung von Eigenkapital fehlt** (und damit regelmäßig jedenfalls für Großunternehmen und Unternehmen mit bereits anfänglich großem Kapitalbedarf ungeeignet ist). Für reine Kapitalgeber ist die persönliche Haftung unangemessen, so dass man spätestens, wenn man zur Expansion auf Eigenkapital von nicht tätigen Dritten zurückgreifen will, deswegen die Rechtsform der OHG verlassen muss. Allerdings ist der Übergang zur KG (vgl. § 4) als auch die Umwandlung zur Kapitalgesellschaft (§ 21) möglich und das Argument im Übrigen in der Anfangsphase oft nicht erheblich.

(2) Organisationsstruktur

Ein Vorteil der OHG ist eine weit reichende **Gestaltungsfreiheit** der Gesellschafter. Viel weitgehender als bei Kapitalgesellschaften besteht die Möglichkeit, die Gesellschaft, ihre Struktur und Organisation nach den persönlichen Bedürfnissen zu gestalten. Nur wenige der gesetzlichen Bestimmungen im OHG-Recht sind zwingend. Die OHG erlaubt einen unbürokratischen Umgang der Gesellschafter miteinander, kann aber auch im Gesellschaftsvertrag – wenn von den Gesellschaftern gewünscht – eine Organisationsstruktur bekommen, die ähnlich komplex ist wie bei der AG: mit Verfahrensvorschriften für die Gesellschafterversammlungen und -beschlüsse, mit der Zulässigkeit von Mehrheitsbeschlüssen und der Installation eines Aufsichtsgremiums (einem Beirat o.ä.). Grundsätzlich zu den Schranken der Gestaltungsfreiheit vgl. noch Rn 35 ff.

Gewisse Grundzüge der OHG, speziell die Bindung der Gesellschaft an die beteiligten Personen, sind zu berücksichtigen, die der einzelne Gesellschafter je nach Perspektive als Vor- oder

---

12 Siehe auch MünchGesR/*Butzer/Knof*, § 85 Rn 22.
13 Näher dazu *Dorozala*, Zur Vermeidung handelsrechtlicher Offenlegungspflichten durch alternative Rechtsformen, DStR 2000, 1567.

Nachteil empfinden wird: **Änderungen im Gesellschafterbestand** (Übertragung des Anteils, Ein- und Austritt) bedürfen regelmäßig der Zustimmung aller Gesellschafter. Der Einzelne kann sich daher darauf verlassen, dass er bestimmen kann, wer mit ihm in seiner Gesellschaft ist, aber er muss eben auch damit rechnen, dass die Übertragung seines Anteils (die Aufnahme des von ihm gewünschten weiteren Partners in spe) an der fehlenden Zustimmung der Mitgesellschafter scheitert. Festzuhalten ist in diesem Zusammenhang, dass in manchen Bereichen für OHG-Verträge regelmäßig **Gestaltungsbedarf** besteht: So ist z.B. eine **Nachfolgebestimmung** für den Todesfall nötig (vgl. noch Rn 106 ff.). Der anderenfalls gesetzlich vorgesehene, aber wirtschaftlich oft nicht gewünschte Regelfall ist, dass der Verstorbene mit dem Tod ausscheidet und mit den Erben eine Teilauseinandersetzung erfolgt (§ 131 Abs. 3 HGB). Für diesen Fall – aber nicht nur für diesen – sind Regelungen zur Abfindung dringend zu empfehlen (Rn 118 ff.).

19 Die OHG geht vom **Prinzip der Selbstorganschaft** aus, was bedeutet, dass regelmäßig nur die Gesellschafter zur Geschäftsführung und Vertretung befugt sind (vgl. näher Rn 76 ff.). Diese Vertretungsregelung ist neben der Haftungsregelung der Grund dafür, dass die OHG für Unternehmen als ungeeignet angesehen wird, die von externen Managern geleitet werden sollen.

cc) Steuerliche Beurteilung

20 Stets mit in die Überlegung einzubeziehen sind die steuerlichen Folgen, die für oder gegen die OHG sprechen, da die Rechtsformwahl nicht steuerneutral ist (die wesentliche Unterscheidung ist hier die zwischen Personengesellschaften und Körperschaften). Diese Fragestellung ist komplex, so dass die Hinzuziehung eines steuerlichen Beraters (sei es ein Steuerberater oder ein steuerlich erfahrener Anwalt/Notar) meistens nötig ist. In der Folge sind insofern nur die wichtigsten Hinweise aufgenommen.

(1) Ertragsteuern

21 Ertragsteuerlich sind die Gewinne der OHG grundsätzlich **Einkünfte aus Gewerbebetrieb** der einzelnen Gesellschafter i.S.v. § 15 Abs. 1 Nr. 2 EStG,[14] denn der einzelne Gesellschafter und nicht die OHG ist Steuersubjekt. Zwar wird der Gewinn der OHG zunächst in einem Bescheid gegenüber der Gesellschaft „einheitlich und gesondert festgestellt" (§ 180 AO), die Versteuerung erfolgt dann aber entsprechend dem jeweiligen Anteil des Gesellschafters im Rahmen von dessen Einkommensteuererklärung (in Höhe des individuellen Steuersatzes des Gesellschafters).[15] Während bis zum Veranlagungszeitraum 2007 dies sogar dann uneingeschränkt galt, wenn die Gesellschaft die Gewinne nicht ausschüttete sondern thesaurierte, gibt es seit der Unternehmenssteuerreform 2008 auch für die OHG eine steuerliche Begünstigungsmöglichkeit, sofern und solange die Gewinne vom Gesellschafter nicht entnommen werden (vgl. § 34a EStG). Dem entnommenen, individuell zu versteuernden Gewinnanteil des Gesellschafters werden die sog. **Sonderbetriebseinnahmen** hinzugerechnet (bzw. die Sonderbetriebsausgaben abgezogen): Unabhängig davon, ob ein Vermögensgegenstand oder eine Leistung dem Gesellschafter oder der OHG zivilrechtlich gehört/zusteht, wird all das, was betriebsnotwendig ist, steuerlich als

---

14 Voraussetzung ist, dass der Gesellschafter steuerrechtlich „Mitunternehmer" ist, was regelmäßig der Fall ist, wenn die Gesellschaft ein gewerbliches Unternehmen betreibt und die Stellung des Gesellschafters nicht völlig atypisch ist (siehe auch BFH BStBl II 1975, 818; BStBl II 1979, 405).
15 Eine recht gute Einführung findet sich als Fortsetzungsreihe von *Kessler/Greber/Levedag/Maywald*, Fälle zur Einführung in die Unternehmensbesteuerung, JuS 1998, 930 ff., speziell zur Personengesellschaft JuS 1998, 1143 ff. (natürlich ohne die letzten Reformen). Zur Behandlung im finanzgerichtlichen Prozess vgl. *Bilsdorfer*, Rechtsbehelfe von Personengesellschaften im Steuerprozeß, NWB Fach 2, 8859 ff.

Betriebsvermögen behandelt. Das hat zur Folge, dass z.B. die Miete, die ein Gesellschafter für den an die Gesellschaft überlassenen Raum erhält, ihm steuerrechtlich als Gewinnvorauszahlung zugerechnet wird, weil der Raum zwar nicht zivilrechtlich, aber steuerrechtlich als (Sonder-)Betriebsvermögen der OHG zählt. Zur Gewerbesteueranrechnung auf die vom Gesellschafter zu zahlende Einkommensteuer vgl. noch unten Rn 27.

Die ertragsteuerrechtliche Ausgangslage ist damit grundlegend anders als bei den Kapitalgesellschaften (z.B. der GmbH), die eigenständiges Steuersubjekt sind und als solche nicht dem EStG, sondern dem KStG unterliegen.[16] Diese steuerliche Unterscheidung hat eine Vielzahl von Konsequenzen, die Vor- und Nachteile mit sich bringen, so dass sich nicht generell sagen lässt, ob die eine oder andere Wahl grundsätzlich vorteilhafter wäre. Als Grundsatz wird oft darauf verwiesen, dass bei beabsichtigter Einbehaltung der Gewinne die Kapitalgesellschaft (zumindest wenn die Beteiligung des Gesellschafters nicht fremdfinanziert ist), bei einer **Gewinnausschüttung** die Personengesellschaft vorteilhaft wäre[17] (da dann bei Kapitalgesellschaften neben der Körperschaftsteuer auf die Erträge die Einkommensteuer des Gesellschafters in Form der Abgeltungssteuer zu entrichten ist). Mit bei der Entscheidung zu berücksichtigen ist auch, dass neben der laufenden Besteuerung sonstige Unterschiede vor- oder nachteilig sein können: 22

Beispielhaft ist für das Ertragsteuerrecht darauf hinzuweisen, dass die **Tätigkeitsvergütungen** der Gesellschafter bei der OHG – anders als beim GmbH-Gesellschaftergeschäftsführer – grundsätzlich (wegen der Qualifizierung als Sondervergütung, Rn 21) nicht als gewinnmindernde Aufwendung der OHG anzusehen sind.[18] Probleme steuerrechtlicher Art kann der Übergang von **Sonderbetriebsvermögen im Todesfall** bereiten, wenn dieses durch Zuwendung an Nichtgesellschafter ungewollt entnommen wird und deswegen stille Reserven zu versteuern sind (dazu noch Rn 109). Ein Vorteil für die Personengesellschaften ist aber, dass die individuelle **Zurechnung von Verlusten** der OHG steuerrechtlich möglich ist und der Gesellschafter damit andere positive Einkünfte steuerwirksam mindern kann.[19] In Anbetracht der sich ständig durch Reformen ändernden steuergesetzlichen Rahmenbedingungen ist allerdings jede Entscheidung, die sich vorrangig auf steuerliche Aspekte stützt, risikobehaftet und bedarf einer regelmäßigen Überprüfung durch einen qualifizierten Berater. 23

Ertragsteuerrechtlich nicht mehr begünstigt ist die Rechtsform der OHG (gegenüber Kapitalgesellschaften), wenn ein Gesellschafter eine **Sacheinlage** erbringt, also ein Wirtschaftsgut gegen Gewährung von Gesellschafterrechten aus seinem Privat- in das Gesamthandsvermögen überführt. Dies kann u.U. als Veräußerungsgeschäft gelten (vgl. § 23 EStG Abs. 1 Satz 5 Ziff. 1 EStG), das Spekulationsgewinne auslösen kann.[20] Bei **Veräußerungen von Anteilen** hat dagegen die Kapitalgesellschaft gegenüber der Personengesellschaft einen früher oft bedeutenden Vorteil weitgehend verloren: Gewinne aus solchen Veräußerungen waren früher nur bei wesentlichen Beteiligungen an der Kapitalgesellschaft (zunächst 25%, dann 10%) steuerpflichtig; 24

---

16 Nach Ausschüttung der Gewinne werden die Erträge der Kapitalgesellschaft der Abgeltungssteuer (25% zzgl. SolZ) unterworfen.
17 Dies gilt auch nach der Unternehmenssteuerreform 2008, wobei die Belastungsunterschiede geringer geworden sind, vgl. *Jorde/Götz*, Kapital- oder Personengesellschaft? Steuerliche Punkte der Rechtsformwahl, BB 2008, 1032 ff. (mit umfassender Betrachtung und Vergleichsrechnungen); eine anschauliche, aktuelle Kurzfassung findet sich bei Tipke/Lang/*Montag*, Steuerrecht, 20. Aufl. 2010, § 18 Rn 202 ff., 215.
18 Vgl. auch Sudhoff/*van Randenborgh*, § 2 Rn 14; § 15 Abs. 1 S. 1 Nr. 2 S. 2 EStG beschränkt die Möglichkeit Tätigkeitsvergütungen mit Hilfe von „Doppelstöckigen Personengesellschaften" doch als Aufwand zu gestalten, vgl. Tipke/Lang/*Hey*, § 18 Rn 40, 75 m.w.N.
19 In BGH NJW-RR 1986, 646 wurde es als Pflichtverletzung eines Beraters angesehen, wenn dieser bei andauernden Verlusten einer GmbH und positiven anderen Einkünften des Anteilseigners nicht auf die mögliche Umwandlung in eine Personengesellschaft hinweist.
20 Vgl. dazu Tipke/Lang/*Montag*, § 18 Rn 81 m.w.N. (auch zur Differenzierung bei der Einlage aus Betriebs- oder Privatvermögen).

nachdem die Grenze seit 2001 bis auf 1% begrenzt wurde (§ 17 EStG n.F.), ist der Vorteil kaum noch von Bedeutung.[21]

(2) Gewerbesteuer

25 Hinsichtlich der Gewerbesteuer ist die OHG selbst (nicht der Gesellschafter) Steuersubjekt (§ 5 Abs. 1 S. 3 GewStG), allerdings – anders als Kapitalgesellschaften – nur, sofern sie tatsächlich – sei es ggf. auch nur partiell – gewerblich tätig ist (vgl. § 2 GewStG). Die Gewerbesteuer wird in zwei Stufen festgesetzt: Das Finanzamt ermittelt auf Basis des Gewerbeertrages des Unternehmens (= modifizierter Gewinn nach §§ 7 ff. GewStG mal Steuermessbetrag gem. § 11 GewStG)[22] den sog. **Gewerbesteuermessbetrag** und setzt diesen in einem Gewerbesteuermessbescheid fest. Anhand dieses Messbetrages (multipliziert mit dem örtlichen Hebesatz) erlässt die Gemeinde des Unternehmenssitzes den eigentlichen Gewerbesteuerbescheid.[23]

26 Ein Vorteil der Personengesellschaften gegenüber den Kapitalgesellschaften ist, dass diesen bei der Ermittlung des Gewerbeertrages ein **Freibetrag** zugestanden wird (§ 11 GewStG). Ein Nachteil ist, dass die **Sonderbetriebseinnahmen** (vgl. Rn 21) den Gewerbeertrag erhöhen, während bei Kapitalgesellschaften allenfalls eine Hinzurechnung (siehe § 8 GewStG) oder eine Erfassung im Rahmen der sog. Zinsschranke (§ 4h EStG, § 8a KStG) erfolgt.[24] Nachteile der Personengesellschaften können sich weiter beim Übergang des Gesellschaftsanteils im Falle eines gewerbesteuerrechtlichen Verlustvortrages (§ 10a GewStG) ergeben.[25]

27 Seit 2008 ist für alle Rechtsformen die Gewerbesteuer nicht mehr als Betriebsausgabe absetzbar (§ 4 Abs. 5b EStG). Dafür ist die von der OHG gezahlte Gewerbesteuer mit dem 3,8-fachen des jeweiligen Gewerbesteuermessbetrages auf die Einkommensteuer der Gesellschafter **anzurechnen**, maximal jedoch die tatsächlich gezahlte Steuer (§ 35 EStG).[26] Dies bedeutet – als weiterer Vorteil gegenüber den Kapitalgesellschaften (bei denen es diese Anrechnung nicht gibt) –, dass die gewerblichen Einkünfte (der OHG-Gesellschafter) im weiten Umfang von der Gewerbesteuer entlastet werden (eine Restbelastung verbleibt nur in Gemeinden mit hohem Gewerbesteuerhebesatz). Dafür unterliegt jedoch die Tätigkeitsvergütung der Gewerbesteuer, da sie bei Personengesellschaften steuerlich eben nicht Aufwand ist (vgl. einerseits Rn 23, andererseits Rn 84).[27]

(3) Erbschaftsteuer/Schenkungsteuer

28 Außerhalb der laufenden Besteuerung spielte die Rechtsformwahl bis zur Reform zum 1.1.2009 auch für die Erbschaftsteuer eine wichtige Rolle, da Personengesellschaften und Kapitalgesellschaften nach unterschiedlichen Modi behandelt wurden. Seit der Reform werden Gesellschaftsanteile bei einer Übertragung rechtsformneutral nach ihrem gemeinen Wert bewertet, so dass

---

21 Siehe zum Vergleich der unterschiedlichen steuerlichen Folgen bei der Veräußerung von Anteilen von Personen- und Kapitalgesellschaften in den diversen Varianten (Anschaffung vor oder nach 2009, Anteile im Privat- oder Betriebsvermögen, Begünstigungen des Veräußerers gem. §§ 16, 34 EStG etc.) Tipke/Lang/*Montag*, § 18 Rn 254 ff.
22 Die Gewerbekapitalsteuer (§§ 12 f. GewStG) ist ab 1998 aufgehoben.
23 Siehe den Überblick bei Westermann/*Fischer*, II. Teil, § 3 Rn 371 ff.
24 Vgl. Tipke/Lang/*Montag*, § 18 Rn 212.
25 Sudhoff/*van Randenborgh*, § 2 Rn 35; Westermann/*Fischer*, II. Teil, § 1 Rn 132. Eine Vererbung des Verlustvortrages ist nach BFH, DStR 2008, 545 ohnehin nicht möglich. Siehe auch bei der Übertragung Rn 150.
26 Sudhoff/*Walpert* § 27 Rn 181 ff. Ausführlich auch zu den Änderungen durch die Unternehmensteuerreform 2008 Westermann/*Fischer*, II. Teil, § 1 Rn 117 ff.
27 Vgl. zu u.U. sinnvollen „Gewerbesteuer(verteilungs)klauseln" in Gesellschaftsverträgen *Levedag*, GmbHR 2009, 13, 15 ff.

diese Differenzierung im Wesentlichen entfallen ist.[28] Eine Unterscheidung nach den Rechtsformen gibt es dennoch; diese betrifft die Vegünstigung bei der Übertragung von Betriebsvermögen gemäß §§ 13a, 13b ErbStG: Während bei Kapitalgesellschaften diese Vergünstigung nur gewährt wird, wenn der Erblasser/Schenker mit mehr als 25% am Nennkapital der Gesellschaft beteiligt war, gibt es bei Personengesellschaften insoweit keine Begrenzung (so dass auch kleine Beteiligungen begünstigt sind).

(4) Grunderwerbsteuer
Die Einbringung von Immobilien als Sacheinlage in die OHG unterliegt nach § 5 Abs. 2 GrEStG nicht der Grunderwerbsteuer, soweit der Gesellschafter an der OHG selbst beteiligt ist (beachte aber zur Einkommensteuer Rn 24). Diese Vergünstigung (gegenüber einer Einbringung bei einer Körperschaft) entfällt allerdings rückwirkend, soweit sich die Beteiligung am Vermögen der Gesellschaft binnen fünf Jahren nach Einlage vermindert (Abs. 3). Gleichwohl ist die OHG im Sinne des GrEStG als Rechtsträger anerkannt, so dass ein Gesellschafterwechsel auch bei einer Gesellschaft mit Immobilieneigentum ohne Grunderwerbsteuer möglich ist, solange der Gesellschafterkreis sich nicht wesentlich ändert (§ 1 Abs. 2a GrEStG). 29

(5) Umsatzsteuer
Umsatzsteuerrechtlich spielt die Rechtsformwahl praktisch keine Rolle: Die OHG ist hier selbst – wie Kapitalgesellschaften – Steuersubjekt und zwar unabhängig von der Art ihrer Einkünfte (§ 2 UStG). 30

dd) Die Rechtsformwahl im Fallbeispiel
In dem eingangs eingeführten Beispielsfall (Rn 1) spricht viel für die Wahl der OHG. Eine BGB-Gesellschaft scheidet in Anbetracht der Tätigkeit mindestens zukünftig aus. Für die Wahl einer OHG sprechen der geplante persönliche Einsatz der vollen Arbeitskraft aller Beteiligten und der Grad der persönlichen Verbundenheit der Gesellschafter untereinander. Für die OHG sprechen weiter die begrenzten finanziellen Mittel einerseits, die eine Fremdfinanzierung mit persönlicher Haftung kaum vermeidbar machen (Rn 11), und die voraussichtlich überschaubare Haftungslage der geplanten Geschäftsausrichtung, die gegenüber Kunden durch eine intelligente Vertragsfassung im Einzelfall ggf. noch gestaltet werden kann. Unter steuerlichen Aspekten wird man die absehbare Begründung von Sonderbetriebsvermögen beachten müssen (siehe Rn 21). 31

c) Die heutige wirtschaftliche Bedeutung der OHG
Die OHG ist heute in der Praxis zwar eindeutig nicht mehr die wichtigste Handelsgesellschaftsform, sie hat aber im wirtschaftlichen Leben speziell des Mittelstandes durchaus noch Bedeutung.[29] Es gab in den vergangenen zwanzig Jahren – recht beständig – rund 24.000 OHGs, mit denen in 2005 228,5 und in 2006 231,1 Milliarden steuerbare Umsätze getätigt wurden (ca. 5% der gesamten Lieferungen und Leistungen der betreffenden Umsatzsteuerstatistiken).[30] Die wesent- 32

---

[28] Vgl. zu verbliebenen Differenzierungen (im Rahmen des Verschonungsabschlags gem. § 13a Abs. 1 ErbStG) Tipke/Lang/*Montag*, § 18 Rn 263.
[29] Ausführlich MünchGesR/*Happ/Möhrle*, § 46 Rn 12 ff. Einen OHG-Anwendungsfall aus dem Bereich der geschlossenen Fonds behandelt BGH, NZG 2011, 1432 ff.
[30] Vgl. MünchGesR/*Happ/Möhrle*, § 46 Rn 13 f.

lichen Branchen, in denen die OHG vorkommt, sind vor allem die Bereiche Handel und Bau, aber auch verarbeitendes Gewerbe, Transport und sonstige Dienstleistung.

2. Erstellung und Abschluss des Gesellschaftsvertrages
a) Form
33 Der Gesellschaftsvertrag der OHG kann **grundsätzlich formfrei** geschlossen werden. Vernünftigerweise werden die Parteien, wenn sie längerfristig auf dieser Grundlage zusammenarbeiten wollen, den Vertrag aber zumindest schriftlich fixieren, um Absprachen später noch einmal nachlesen und ggf. beweisen zu können. In vielen Fällen wird sich sogar der Weg zum **Notar** empfehlen, zumal die Anmeldung zum Handelsregister ohnehin öffentlich beglaubigt werden muss (§ 12 HGB). Die Formfreiheit des Vertrages endet im Übrigen jedenfalls dann, wenn einzelne Regelungen des Vertrages einer **speziellen Form** bedürfen, was ebenfalls nicht selten der Fall ist:[31] So bedarf es der notariellen Beurkundung, wenn z.B. die Einbringung einer Immobilie (§ 311b BGB)[32] oder eines Geschäftsanteils einer GmbH (§ 15 GmbHG) vereinbart oder ein Schenkungsversprechen ausgesprochen wird (§ 518 BGB). Eine Schiedsvereinbarung in dem Vertrag setzt Schriftform voraus (§ 1031 ZPO). Auch die Aufnahme familienrechtlicher Verpflichtungen kann zu Formgeboten führen (vgl. Rn 133).[33] Häufig empfiehlt sich im Übrigen die vertragliche Vereinbarung einer (qualifizierten) Schriftform und ist dann bei Vertragsänderungen zu beachten (Rn 136).

b) Genehmigungserfordernisse
34 In Ausnahmefällen können für den Abschluss des Gesellschaftsvertrages auch Genehmigungen erforderlich sein: Derartige Erfordernisse können aus dem Familienrecht, insbesondere aus § 1822 Nr. 3 BGB bei der Beteiligung von Minderjährigen (dazu näher noch Rn 50), u.U. aber auch – vgl. § 1365 BGB – aus der Beteiligung eines in Gütergemeinschaft lebenden Ehegatten,[34] oder aus dem Kartellrecht[35] stammen. Eine Vielzahl von Genehmigungs- und Anzeigeerfordernissen (vgl. Rn 45) ergibt sich zwar auch aus dem öffentlichen Wirtschafts- und Gewerberecht; diese sind jedoch nicht für die Entstehung der OHG, sondern nur für die erlaubte gewerbliche Tätigkeit nötig.[36] Auch die Handelsregistereintragung erfolgt grundsätzlich ohne den Nachweis einer ggf. nötigen Genehmigung.[37]

c) Inhalt
35 Der Gesellschaftsvertrag einer OHG bedarf nur eines geringen Mindestinhalts, ohne den eine OHG nicht auskommt (vgl. Rn 41). Im Übrigen besteht eine sehr weitgehende Freiheit, entweder Regelungen zu treffen oder es bei der gesetzlich vorgesehenen Lage zu belassen. **Regelungsfreiheit** besteht insbesondere für das Innenverhältnis der Gesellschafter, in Teilen aber auch für das Außenverhältnis. Die freie Regelbarkeit der Innenbeziehung findet ihre **Grenzen** in den allgemeinen gesetzlichen Schranken der Vertragsgestaltung, wie §§ 134, 138 BGB,[38] in bestimmten

---
31 Zur Bedeutung des § 139 BGB in diesem Zusammenhang: Baumbach/*Hopt*, § 105 Rn 50, 57.
32 *Ulmer/Lübbe*, Zur Anwendbarkeit des § 313 BGB im Personengesellschaftsrecht, DNotZ 1998, 711 ff.
33 Ebenroth/*Wertenbruch*, § 105 Rn 53.
34 Vgl. MünchGesR/*Happ/Möhrle*, § 47 Rn 79 ff.
35 Zu den Grenzen nach GWB a.F. MünchGesR/*Mattfeld*, § 52 Rn 1 ff.; zur Nichtigkeitsfolge OLG Hamm NJW-RR 1986, 1487; a.A. MüKo-HGB/*K. Schmidt* § 105 Rn. 243 m.w.N.
36 Vgl. z.B. BGH NJW-RR 2003, 1116 f. (fehlende Spielbankkonzession).
37 Baumbach/*Hopt*, § 7 Rn 3 ff. (dort auch zu Ausnahmen, z.B. im Rahmen des § 43 KWG); Ebenroth/*Wertenbruch*, § 105 Rn 59.
38 Siehe z.B. beim Gesellschafterausschluss nach „freiem Ermessen" BGHZ 81, 263.

zwingenden gesellschaftsrechtlichen Regeln (z.B. § 118 Abs. 2 HGB) und einigen allgemeinen Rechtsgrundsätzen des Gesellschaftsrechtes.[39]

Es kann im Übrigen auch sinnvoll sein, in einen umfassenden Vertrag Bestimmungen aufzunehmen, die nicht vom gesetzlichen Regelfall abweichen. Die Gesellschafter sind oft rechtliche Laien und daher beim Auftreten von Problemen dankbar, wenn sie die Antwort zu der jeweils aktuellen Frage in ihrer vertraglichen Ordnung wiederfinden und nicht gezwungen sind, sich mit der Gesetzessystematik des deutschen Gesellschaftsrechtes auseinander zu setzen („Was gilt, wenn in unserem Vertrag nichts über Wettbewerbsverstöße oder Anteilsübertragung etc. steht?"). Es ist mitunter gut, wenn sich der Vertrag als möglichst **umfassende Kodifikation** der Gesellschaft verstehen lässt.

In der Anfangsphase einer OHG ist das Verhältnis der Gesellschafter (der „Gründer") meist so, dass diese sich als gleichberechtigte Partner gegenüberstehen. Prägend ist zu Beginn meist auch das Prinzip, dass jeder im gewöhnlichen Geschäft allein entscheidet und nach außen allein vertritt. Natürlich kann dies auch anders sein, z.B. wenn der Unternehmensgegenstand – wie u.U. im Beispielsfall Rn 1 – ein regelmäßig gemeinsam durchzuführendes Projektgeschäft mit sich bringt. Dann ist mitunter bereits zu Beginn die Zulassung von Mehrheitsentscheidungen sinnvoll. Eine nochmals andere Prägung ergibt sich, wenn die Gesellschaft schon länger existiert und ein Generationswechsel ansteht. Die Beteiligung von Kindern und anderen Familienmitgliedern prägen dann die sog. „Familiengesellschaften": Hier ist oft eine Hierarchie innerhalb der Gesellschaft gewünscht, die auch in der Vertragsgestaltung zu berücksichtigen ist. Wiederum eine oft grundlegend andere Struktur ergibt sich, wenn die OHG dadurch entsteht, dass ein weiterer Unternehmer einem bisherigen Einzelunternehmer beitritt. Eine sorgsame Anpassung von Musterverträgen ist also regelmäßig nötig.

Die Regelungsbedürfnisse der Vertragsschließenden müssen für jeden konkreten Anwendungsfall ermittelt werden und auch absehbare zukünftige Entwicklungen – soweit möglich – Berücksichtigung finden. Jede der Schwierigkeiten, die vorher gesehen und von den Beteiligten diskutiert wurde, ist dann, wenn sie später relevant wird, gemeinhin viel leichter zu lösen. Und sogar wenn in der Diskussion deutlich wird, dass die Unterschiede in den Vorstellungen zu groß sind, ist es besser, dies vorab zu erkennen und sich zu diesem Zeitpunkt zu trennen als später in der bestehenden Gesellschaft.

3. Checkliste: Gesellschaftsvertrag

Anhand der Checkliste sind potentiell zu regelnde Aspekte abzuarbeiten. Sie versteht sich insoweit als Hilfe zur Problemanalyse. Der Basisvertrag (Rn 140) im Anschluss stellt ein umfassendes Vertragswerk für eine OHG zur Verfügung. Mit Hilfe der vorstehenden Erläuterungen ist er auf die konkreten Bedürfnisse hin zu verändern, u.U. auch zu verkürzen bzw. bei Sonderproblemen zu ergänzen. Die Aufzählung ist ebenso wie die Regelungen im Basisvertrag weit reichend und kann trotzdem keine Vollständigkeit beanspruchen. Es wird praktisch immer wieder deutlich, dass jeder Einzelfall seine eigenen Anforderungen und Modifikationen und auch neue Schwierigkeiten mitbringt. Die Checkliste dient daher als Hilfe, ersetzt aber nicht das problemorientierte Gespräch mit der Mandantschaft darüber, welche Regeln in dem jeweiligen Fall (ggf. auch zusätzlich) erforderlich sind.

Die Regelungen, die im Gesellschaftsvertrag zu fixieren sind, lassen sich in drei Gruppen fassen:

---

[39] Wie der gesellschaftsrechtlichen Treuepflicht, dem Gleichbehandlungsgrundsatz, dem Prinzip der Selbstorganschaft, dem Abspaltungsverbot, der Kernbereichslehre, der Verbandssouveränität, vgl. dazu näher Beck'sches Handbuch Personengesellschaft/*Sauter*, § 2 Rn 55 m.w.N., siehe weiter auch noch bei den Einzelproblemen.

41 1. Zum notwendigen,[40] wenn auch nicht zwingend schriftlich festzuhaltenden Inhalt des Vertrages, gehören
- die Vereinbarungen des gemeinsamen Zwecks der Gesellschaft (Betrieb eines Unternehmens; fakultativ, aber in der Registeranmeldung anzugeben, ist die Bestimmung des Gegenstandes des Unternehmens, des „Geschäftszweigs", siehe § 24 HRV);
- die Vereinbarungen von Beiträgen der Gesellschafter zu dem Unternehmen.[41]

42 2. Weitere Vertragspunkte sind vom Gesetz her (§§ 106 Abs. 2, 108 HGB, als Sonderfall z.B. auch § 125 Abs. 4 HGB) schriftlich zu fixieren, da sie notwendiger Inhalt der Handelsregisteranmeldung sind:
- die beteiligten Gesellschafter mit Vor- und Nachnamen, Geburtsdatum und Wohnort
- den Namen (Firma) der Gesellschaft
- den Ort, an dem die Gesellschaft ihren Sitz hat
- den Zeitpunkt, mit dem die OHG begonnen hat.

43 3. Weitere Absprachen gehören zwar nicht zum Mindestinhalt, sind aber oft – in unterschiedlicher Intensität – vernünftigerweise zu regelnde Aspekte. Sie sollten mit den Gründern besprochen werden, um ein ggf. fehlendes Problembewusstsein zu wecken. Die Gesellschafter – und nicht der vertragsgestaltende Berater – haben dann die Entscheidung zu treffen, ob und wie eine Regelung dieser Fragen erfolgt:
- Dauer der Gesellschaft
- Geschäftsführung in der Gesellschaft/Vertretung der Gesellschaft
- Geschäftsverteilung
- Urlaub, Krankheit, Berufsunfähigkeit der Gesellschafter
- Gesellschafterversammlung, ihre Einberufung und Durchführung
- Gesellschafterbeschlüsse und Stimmrechte der Gesellschafter
- Geschäftsjahr und Jahresabschluss
- Gesellschafterkonten
- Gewinn- und Verlustverteilung
- Entnahmen der Gesellschafter, ihre Tätigkeitsvergütungen
- mögliche Verfügungen der Gesellschafter über ihren Anteil
- sonstige Verhaltens- und Unterlassenspflichten der Gesellschafter, während oder nach Ausscheiden aus der Gesellschaft: Wettbewerb, spezielle Treuepflichten, Verschwiegenheit u.a.
- Sonderregeln für einzelne Gesellschafter (z.B. Zustimmung des Seniorpartners, Einschränkung vom Wettbewerbsverbot), sofern im Einzelfall gewünscht
- Güterstand der Gesellschafter
- Tod eines Gesellschafters, das Ausscheiden aus sonstigen Gründen
- Ausschluss eines Gesellschafters, die Voraussetzungen dafür und die Folgen
- Kündigung der Gesellschaft, die Voraussetzungen dafür und die Folgen
- Abfindung von Ausgeschiedenen bzw. deren Rechtsnachfolgern
- Liquidation der Gesellschaft und
- allgemeine Schlussbestimmungen zu Form, Vertragskosten, Schriftform, Folgen von unwirksamen Bestimmungen, Gerichtsstand bzw. Schiedsgericht.

---

40 Zu Folgen von Abschlussmängeln („fehlerhafte Gesellschaft") siehe Palandt/*Sprau*, § 705 Rn 17 ff. m.w.N.
41 Ausreichender Inhalt ist dabei aber bereits das generelle Einverständnis einer Förderpflicht, siehe *Westermann/Wertenbruch*, § 20 Rn 379.

4. Anmeldungen bei Errichtung einer neuen OHG

Notwendig – und im Verstoßfall mit Zwangsgeld bewehrt (§ 14 HGB) – ist die **Anmeldung jeder** **44** **OHG zum Handelsregister** (§ 29 HGB). Diese Anmeldung hat in öffentlich beglaubigter und – seit Januar 2007[42] – elektronischer Form (§ 12 HGB, § 129 BGB, § 39a BeurkG) zu erfolgen, wobei der Inhalt durch § 106 HGB und die HRV bestimmt ist. Eine derartige elektronische Anmeldung ist mit den entsprechenden technischen Einrichtungen (Software – gemeinhin SigNotar/Xnotar – und Hardware – PC, Scanner, Signaturkarte, Kartenlesegerät, etc.) über das EGVP („Elektronisches Gerichts- und Verwaltungspostfach") möglich. Siehe – mit Muster – Rn 141, auch zu den Kosten; näheres zum Registerverfahren siehe unter § 35.

Bei Neubeginn der Unternehmenstätigkeit sind neben der Handelsregisteranmeldung **wei-** **45** **tere Anmeldungen** nötig (ggf. – je nach Unternehmensgegenstand – auch zusätzlich Genehmigungen[43]). So ist jedes Gewerbe gem. § 14 GewO der nach dem jeweiligen Landesrecht zuständigen Behörde mitzuteilen.[44] Durchschriften von dieser Anmeldung erhalten automatisch diverse andere öffentliche Stellen (Finanzamt, IHK u.a.). Trotz dieses Automatismus ist der Unternehmer (die OHG) verpflichtet, auch selbst die gewerbliche Tätigkeit dem örtlich zuständigen Finanzamt, bei Arbeitnehmerbeschäftigung den Sozialversicherungsträgern, der Berufsgenossenschaft etc. zu melden.[45]

III. Rechtliche Grundlagen: Vertragsbestandteile der Gründung einer OHG (Basisvertrag)

Zum Umgang mit dem Mustervertrag (im folgenden „Basisvertrag", Rn 140) und den nun folgen- **46** den Einzelerläuterungen vgl. schon Rn 39.

1. Gesellschafter

Voraussetzung für die Existenz einer OHG – als Gesellschaft ohne eigene Rechtspersönlichkeit – **47** sind **mehrere Gesellschafter**.[46] Ohne den Zusammenschluss mehrerer ist eine Entstehung ausgeschlossen. Scheidet bei einer bestehenden Gesellschaft der vorletzte Gesellschafter aus, geht das Vermögen der Gesellschaft in Gesamtrechtsnachfolge auf den Verbleibenden über, und gleichzeitig wandelt sich die OHG kraft Gesetzes in ein einzelkaufmännisches Unternehmen um.[47]

(Nur) wer **rechtsfähig** ist, kann **Gesellschafter einer OHG** sein.[48] Mögliche Gesellschafter **48** sind damit alle natürlichen und juristischen Personen (privaten und öffentlichen, deutschen

---

42 Das sog. EHUG – vgl. *Meyding/Bödecker*, Gesetzentwurf über elektronische Handelsregister und Genossenschaftsregister sowie das Unternehmensregister (EHUG-E) – Willkommen im Online-Zeitalter!, BB 2006, 1009 ff. – hat insoweit § 12 HGB geändert, so dass alle Handelsregisteranmeldungen nunmehr elektronisch erfolgen müssen.
43 Siehe z.B. §§ 29 ff. GewO. Bei Ausübung eines Handwerks vgl. §§ 1, 7 HwO.
44 Eingehend zu allgemeinen und speziellen gewerberechtlichen Anzeigepflichten MünchGesR/*Keul*, § 51.
45 Näher *Tödtmann*, Praktische Hinweise zur Existenzgründung, NWB 1998, Fach 18, 747, 756 f.
46 Siehe eingehend zur (Un-)Möglichkeit der „Einmann-Personengesellschaft" *Fett/Brand*, NZG 1999, 45 ff.
47 Baumbach/*Hopt*, Einl § 105 Rn 22; siehe auch BGHZ 113, 132, 134. Zum Entstehen einer OHG durch Fortfall des Komplementärs (mit der Folge der Haftung aller Gesellschafter, vormals Kommanditisten, nach § 128 HGB) siehe OLG Rostock BB 2010, 258.
48 Zur derzeit kontrovers geführten Debatte, ob ein Gesellschafter – entgegen früher geltender h.M. – mehrere Anteile halten kann, siehe die unterschiedlichen Auffassungen bei *Lamprecht*, Die Zulässigkeit der mehrfachen Beteiligung an einer Personengesellschaft, 2002; *Ulmer*, ZHR 167 (2003), 103 ff.; MüKo-HGB/*K. Schmidt*, § 105 Rn 75 ff. jeweils m.w.N.

oder ausländischen[49] Rechts).[50] Ausgeschlossen als Gesellschafter sind dagegen die stille Gesellschaft, aber auch solche Gesamthandsgemeinschaften wie die Erbengemeinschaft[51] oder eheliche Gütergemeinschaft,[52] denen gemeinhin keine Rechtsfähigkeit zuerkannt wird.[53] Dagegen können rechtsfähige **Gesellschaften ohne eigene Rechtspersönlichkeit** grundsätzlich selbst Gesellschafter einer OHG sein: Eindeutig geklärt ist dies insoweit für OHG und KG,[54] anerkannt auch für EWIV und Partenreederei,[55] VorAG und VorGmbH[56] und Partnerschaft i.S.d. PartGG.[57]

49 Nach der Entscheidung des BGH vom 29.1.2001[58] ist – zumindest für die Praxis – geklärt, dass eine GbR (und über § 54 BGB der „nichtrechtsfähige Verein") rechtsfähig sein kann. Seitdem verstärkt sich die Auffassung, dass – trotz Publizitätsproblemen[59] – eine **rechtsfähige GbR** deswegen auch Gesellschafter einer OHG sein kann.[60] Probleme kann es allerdings bei der Frage geben, wie die GbR einzutragen ist (nur unter dem Namen der GbR oder – sicher vorzugswürdig – mit allen Gesellschaftern entspr. § 162 Abs. 1 S.2 HGB),[61] so dass derjenige, der derzeit eine OHG mit einer GbR als Gesellschafter eintragen lassen will, noch – wenn nicht vorab eine Klärung mit dem Handelsregister erfolgt – mit Schwierigkeiten mit dem Handelsregister und deswegen mit Zeitverzögerung oder gar Ablehnung rechnen muss. Probleme drohen dann auch in der Folge, weil die Gesellschafter der GbR (und damit die Berechtigten in Bezug auf den betroffenen Gesellschaftsanteil) aus keinem Register unmittelbar zu ersehen sind, so dass auch Änderungen der Gesellschafter der GbR im Handelsregister der OHG einzutragen sind.[62]

50 **Geschäftsfähigkeit** ist keine Voraussetzung für die Stellung als OHG-Gesellschafter. Es können daher z.B. auch **Minderjährige** Gesellschafter werden. Praktisch bringt dies allerdings durchaus Schwierigkeiten mit sich, so dass die Aufnahme gut überlegt sein will.[63] Der rechtsgeschäftliche Eintritt oder Austritt bedarf der Genehmigung des Vormundschaftsgerichtes (§§ 1822

---

49 Für eine „Limited" BayObLG NJW 1986, 3029; eine Schweizer AG OLG Saarbrücken NJW 1990, 647; siehe auch *Schmidt-Hermesdorf*, Ausländische Gesellschaften als Komplementäre deutscher Personengesellschaften?, RIW 1990, 715.
50 Ist allerdings kein Gesellschafter eine natürliche Person, gelten Sonderregeln; insbesondere ist dies in der Firma (§ 19 Abs. 2 HGB) und auf Geschäftsbriefen klarzustellen (§ 125a S. 2 HGB), Gesellschafterdarlehen sind in der Insolvenz nachrangig (§ 39 Abs. 1, Ziff. 5, Abs. 4 InsO) und es besteht – anders als bei anderen Personengesellschaften, vgl. Rn 170 – eine Insolvenzantragspflicht (§ 15a InsO, § 130a HGB).
51 H.M.: BGHZ 22, 186, 192; 68, 225, 237; MüKo-HGB/*K. Schmidt*, § 105 Rn 104 m.w.N.; a.A. *Weipert*, Die Erbengemeinschaft als Mitglied einer Personengesellschaft, ZEV 2002, 300 ff.
52 BayObLG, ZIP 2003, 480 f.
53 So die heute weiter h.M., vgl. *K. Schmidt*, Gesellschaftsrecht, § 8 III 3; *ders.*, NJW 2001, 993, 996; anders vor allem *Flume*, § 4.
54 Nicht möglich ist allerdings eine Beteiligung an sich selbst, vgl. Baumbach/*Hopt*, § 105 Rn 30.
55 Ebenroth/*Wertenbruch*, § 105 Rn 96.
56 BGHZ 80, 129, 132; *Lutter/Hommelhoff*, 15. Aufl., § 11 Rn 7 m.w.N.
57 Ebenroth/*Wertenbruch*, § 105 Rn 96; MüKo-HGB/*K. Schmidt*, § 105 Rn 95.
58 BGH NJW 2001, 1056.
59 Aus dem Handelsregister muss nach § 106 HGB der Gesellschafterbestand einer OHG für den Rechtsverkehr erkennbar sein. Ist im Register nur eine „GbR" eingetragen, die selbst eben nicht registriert wird, wird dem Schutzzweck dieser Norm nicht genügt.
60 Zur Kommanditistenstellung bereits bestätigt in BGH ZIP 2001, 1713 m. Anm. *Ulmer*; für persönlich haftende Gesellschafter ebenso OLG Celle, Beschl. v. 27.3.2012, Az. 9 W 37/12; LG Berlin ZIP 2003, 1201; Baumbach/*Hopt*, § 105 Rn 28; *Wipplinger*, Die rechtsfähige BGB-Gesellschaft als Organ der Personenhandelsgesellschaften (2010), S. 126.
61 Siehe Baumbach/*Hopt*, § 106 Rn 6; vgl. auch zur Lage bei Eintragung einer GbR als Berechtigte im Grundbuch (nach BGHZ 179, 102 und der anschließenden Anpassung der GBO nebst Einführung des § 899a BGB) *Scherer*, NJW 2009, 3063; *Heßeler/Kleinhenz*, WM 2010, 446 ff.
62 MüKo-HGB/*K. Schmidt* § 105 Rn. 100.
63 Vgl. auch BVerfG NJW 1986, 1859.

Nr. 3, 1643 Abs. 1 BGB).[64] Inwieweit weitere Grundlagenentscheidungen (z.B. die Einlagenerhöhung) ebenfalls einer solchen Genehmigung bedürfen, ist umstritten und bedarf jeweils einer genauen Prüfung.[65] Zuletzt bringt auch die mögliche Haftungsbeschränkung nach dem 1998 geschaffenen MHbeG (§ 1629a BGB) neue Probleme, die eher gegen die Beteiligung Minderjähriger sprechen.[66] Zu Problemen bei der Beteiligung von Verheirateten siehe Rn 129.

Spezielle Angaben zu den Gesellschaftern sind zwar nicht notwendig im Vertrag, aber in der **51 Handelsregisteranmeldung** (§ 106 Abs. 2 HGB, vgl. auch Rn 141) zu machen: Diese verlangt Vor- und Nachnamen,[67] Geburtsdatum und Wohnort. Die Angabe des Berufs („Stand") ist seit der Novelle von 1998 nicht mehr erforderlich.

2. Firma

Seit der Handelsrechtsreformnovelle von 1998 ist das Recht der Namensgebung/Firmenbildung **52** gerade auch für die OHG liberalisiert worden. War zuvor die Bildung von Sachfirmen unzulässig, die Aufnahme des Nachnamens zumindest eines Gesellschafters notwendig, gelten heute für die Firma der OHG nur die **allgemeinen Beschränkungen und Zwecksetzungen** des **Firmenrechtes**:[68]

- Firmenwahrheit: Die Firma der OHG darf nicht zu einer Irreführung des Verkehrs führen (§ 18 Abs. 2 HGB, entspr. § 3 UWG).[69]
- Firmenbeständigkeit (Firmenkontinuität): Eine einmal bestehende Firma kann auch bei Änderungen fortgeführt werden (§§ 21, 22, 24 HGB).[70]
- Firmeneinheit: Eine OHG hat stets nur einen Namen.
- Firmenausschließlichkeit: Die Firmen der Unternehmen am selben Ort müssen sich deutlich voneinander unterscheiden (§ 30 HGB).
- Firmenöffentlichkeit: Die Firma ist zu führen und einzutragen (§§ 29, 31 HGB).

Möglich sind daher alle denkbaren Kombinationen aus allen oder einzelnen Namen der Gesell- **53** schafter (bei Firmenfortführung auch der Name ursprünglicher Gesellschafter), sog. **Personenfirma**.[71] Als irreführend ausgeschlossen gilt dagegen auch nach neuem Recht regelmäßig die Führung des Namens eines nicht an der Gesellschaft Beteiligten.[72] Neben den Personenfirmen besteht die Möglichkeit einer **Sachfirma**, d.h. eine Namensbildung aus dem Gegenstand des

---

[64] Anders dagegen beim automatischen Eintritt im Todesfall durch Nachfolgeklausel (zu dieser Rn 107), vgl. Baumbach/*Hopt*, § 139 Rn 12 m.w.N. Zum Ganzen näher: *Fortun*, Erfordernis vormundschaftlicher Genehmigung bei Unternehmensakquisitionen, NJW 1999, 754.
[65] Näher Baumbach/*Hopt*, § 105 Rn 26 f.; Staub/*Schäfer*, § 105 Rn 87 f.
[66] Vgl. Palandt/*Diederichsen*, § 1629a Rn 17 ff.; *Reimann*, Der Minderjährige in der Gesellschaft – Kautelarjuristische Überlegungen aus Anlass des Minderjährigenhaftungsgesetzes, DNotZ 1999, 179, 180 f., 206 ff.
[67] Beim Vornamen genügt der Rufname. Ist der Gesellschafter keine natürliche Person, sind die Firma bzw. der Name und der Sitz der juristischen Person bzw. der rechtsfähigen Gesellschaft anzugeben. Ist diese Gesellschaft selbst nicht registriert, sind die vollen Angaben zu deren Gesellschaftern erforderlich.
[68] Siehe kurz dazu Baumbach/*Hopt*, § 17 Rn 7; ausführlicher *Kögel*, Neues Firmenrecht und alte Zöpfe: Die Auswirkungen der HGB-Reform, BB 1998, 1645 ff.; Sudhoff/*van Randenborgh*, § 3 Rn 24, 32 ff., unter Rn 61 ff. auch mit Hinweisen zum Schutz der Firma.
[69] Die Kasuistik, was (noch) zulässig und was irreführend und deswegen verboten ist, ist lang; eine recht gute Übersicht bietet Baumbach/*Hopt*, § 18 Rn 21–35.
[70] Dieses Prinzip steht in einem steten Spannungsverhältnis zur „Firmenwahrheit"; welches Prinzip Vorrang erhält, ist Frage des Einzelfalls (siehe z.B. den Vorrang der „Wahrheit" in § 19 Abs. 2 HGB).
[71] Zu Problemen, wenn eine beteiligte Handelsgesellschaft Namensgeber sein soll, Baumbach/*Hopt*, § 19 Rn 15, ausführlich MüKo-HGB/*Heidinger*, § 18 Rn 85 ff.
[72] Obwohl § 18 Abs. 4 HGB a.F. entfallen ist. Da es insoweit nur Ausprägung des „Irreführungsverbots" ist, kann es im Einzelfall auch einmal zulässig sein, vgl. auch *Priester*, Handelsrechtsreformgesetz – Schwerpunkte aus notarieller Sicht, DNotZ 1998, 691, 699.

Unternehmens (zu diesem noch sogleich Rn 56 ff.). Die Firma darf sich dabei allerdings nicht auf eine reine Gattungs- oder Branchenbezeichnung (z.B. „Stapler-Vermietung" oder „Transportbeton"[73]) beschränken.[74] Möglich ist neuerdings auch eine **Fantasiefirma**, die also ohne notwendigen Bezug zum Unternehmensgegenstand oder zu den Gesellschaftern gebildet wird, und unterscheidungskräftig und nicht irreführend die Gesellschaft bezeichnet. Das kann die schon traditionell gebrauchte Geschäftsbezeichnung (z.B. „Gasthof zum goldenen Schwan") oder die eines (Haupt-)Produktes des Unternehmens[75] sein. Selbst Abkürzungen, Witznamen und Buchstabenkombinationen können insbesondere als Zusätze zulässig sein, sofern sie überhaupt noch als Namen angesehen werden können.[76]

54 Die Grenzziehung, was im Einzelnen noch zulässig ist und was nicht, ist allerdings gerade bei kreativen Schöpfungen nicht selten Streitpunkt mit dem Registergericht. Als **Praxistipp** zur Beschleunigung empfiehlt sich daher, gerade bei Fantasie- und Sachfirmen, bereits vor dem Eintragungsantrag eine informelle (telefonische) Rücksprache mit der zuständigen Handelskammer (vgl. § 23 HRV) und/oder dem Register zu nehmen und etwaige Bedenken bereits bei der Planung zu berücksichtigen.

55 Als einschränkende Neuerung gegenüber dem alten Recht ist allerdings heute immer ein die **Rechtsform klarstellender Zusatz** in der Firma zwingend notwendig, bei der OHG daher die Aufnahme der Bezeichnung „offene Handelsgesellschaft" oder einer verständlichen Abkürzung[77] (§ 19 Abs. 1 Nr. 2 HGB). Zugleich ist nun die Rechtsform (ebenso wie Sitz, Registergericht und HR-Nummer) auf **Geschäftsbriefen** und Vordrucken anzugeben (§ 125a HGB).

3. Gesellschaftszweck, Unternehmensgegenstand

56 Gemeinhin wird zwischen dem Gesellschaftszweck – dem **gemeinsamen Zweck**, der durch Beiträge der Gesellschafter verfolgt wird –, und dem **Unternehmensgegenstand** differenziert.[78] Der gemeinsame Zweck ist die Grundlage der Gesellschaft und beschränkt sich regelmäßig auf den gemeinsamen Betrieb eines Unternehmens (sei es als Handelsgewerbe i.S.v. § 105 Abs. 1 HGB oder als sonstiges Unternehmen nach Abs. 2). Der Unternehmensgegenstand ist dagegen der konkrete Geschäftsbereich des Unternehmens, der auch wechseln kann, ohne dass die OHG deswegen untergeht oder eine andere wird. Während die Einigung auf die Förderung eines gemeinsamen Zwecks einerseits notwendige Voraussetzung für die Gesellschaft, andererseits wegen der nicht nötigen Konkretisierung leicht zu erreichen ist, ist die Einigung auf den Unternehmensgegenstand nicht notwendiger, aber als streitanfällige Materie sinnvoller Regelungsgegenstand des Gesellschaftsvertrages: Nach ihm bestimmen sich dann nämlich z.B. die Geschäftsführungsbefugnisse der Gesellschafter (näher Rn 76) und das Wettbewerbsverbot (Rn 126).

57 Der Unternehmensgegenstand einer OHG ist regelmäßig der Betrieb eines mehr oder weniger genau eingegrenzten Gewerbes (§ 1 HGB), so dass der Anwendungsbereich für wirtschaftlich relevante Tätigkeiten weit gefasst ist: Handel, Dienstleistung, Produktion, Handwerk – alles ist möglich, die Abgrenzung erfolgt im Grunde nur negativ. Anders als im Steuerrecht ist auch der

---

73 Unzulässig lt. OLG Düsseldorf BB 1971, Beil. 9, 15 und OLG Hamm BB 1961, 1026; weitere Beispiele für unzulässige Sachfirmen siehe z.B. bei Baumbach/*Hopt*, § 18 Rn 4 und § 19 Rn 9.
74 Nach h.M. fehlt insoweit die Unterscheidungskraft, vgl. MüKo-HGB/*Heidinger*, § 18 Rn 28 ff., Baumbach/*Hopt*, § 19 Rn 9.
75 Das kann einen erwünschten Marketingeffekt haben; z.B. ist in der Internetbranche die Verwendung von „Domain"-Firmen modern, z.B. „metacrawler.de OHG".
76 Vgl. die Negativabgrenzung beim OLG Celle DB 1999, 40 (unzulässig: „AAA ... AB ins Lifesex-TV"). Zur „Aussprechbarkeit" als Kriterium vgl. BGH DB 2009, 170; *Hensslin/Strohn/Wamser* § 18 Rn. 2.
77 Zu möglichen, eher unüblichen Abkürzungen („oH", „offene HG" u.a.) Baumbach/*Hopt*, § 19 Rn 12.
78 Sudhoff/*van Randenborgh*, § 4 Rn 1 ff.; MünchGesR/*Bezzenberger*, § 49 Rn 153 f.; *K. Schmidt*, Gesellschaftsrecht, § 4 II 3; Ebenroth/*Wertenbruch*, § 105 Rn 12.

Betrieb einer Land- und/oder Forstwirtschaft in diesem Sinne Gewerbebetrieb und damit in der Rechtsform der OHG zu führen.[79]

Über § 105 Abs. 2 HGB ist auch eine Gesellschaft, die nur ein Kleingewerbe oder gar keinen Gewerbebetrieb unterhält und z.B. nur eigenes Vermögen verwaltet, als OHG zu gestalten.[80] Letztere Variante dient insbesondere den **Immobilienverwaltungs-, Holding- und Grundbesitzgesellschaften**, denen man so den Weg in die Handelsgesellschaft öffnen will. Keinen Zugang zu den Handelsgesellschaften haben nach herrschender Auffassung bis heute diejenigen, die einen sog. „**freien Beruf**" ausüben, da diese nicht als Gewerbetreibende angesehen werden[81] (zu Alternativen vgl. die Beiträge § 14 und § 15 in diesem Buch). Eine Ausnahme gilt dann, wenn die Freiberufler ihren Betrieb mit gewerblichem Zuschnitt betreiben (z.B. Kliniken, Sanatorien).[82] Zu beachten ist weiter, dass der Begriff „Freiberufler" anders (enger) als nach § 18 EStG verstanden wird: Für Apotheker, Heilpraktiker, Masseure, Fahrlehrer u.a. ist die OHG taugliche Rechtsform, weil diese im handelsrechtlichen Sinne keinen freien Beruf betreiben.[83]

4. Beiträge und Einlagen

Unter „**Beiträge**" werden die von den Gesellschaftern an die Gesellschaft zu erbringenden Leistungen zur Erreichung des Gesellschaftszwecks verstanden.[84] Mit der Erbringung des Beitrages wird dieser begrifflich zur „**Einlage**" des Gesellschafters.[85] Die Einlage wiederum wird gemeinhin auf Kapitalkonten verbucht und dient dann als „**Kapitalanteil**" zur Bestimmung des Anteils des jeweiligen Gesellschafters an der OHG.[86]

Als **Beiträge** kommen alle übertragbaren Vermögenspositionen in Frage.[87] Praktisch sind dies natürlich oft Geldleistungen; aber auch Sachleistungen und anderes sind möglich, wie z.B. Verschaffung von Sacheigentum, Übertragung von Rechten, Erbringung von Dienstleistungen oder Nutzungsüberlassungen und Verschaffung von Know-how[88] (vgl. auch die Regelung im Basisvertrag Rn 140, dort Ziff. V.). Möglich ist ebenso die Vereinbarung des Stehenlassens von Gewinnen, wenn einer der Gesellschafter das anvisierte Kapital zum Gründungszeitpunkt nicht aufbringen kann. Es kann auch vereinbart werden, dass ein Gesellschafter „keinen Beitrag leistet"; das ändert aber nichts daran, dass er im Außenverhältnis haftet[89] (er kann dann allerdings

---

79 Ebenroth/*Boujong*, § 105 Rn 21.
80 Näher *Schön*, Die vermögensverwaltende Personengesellschaft – Ein Kind der HGB-Reform, DB 1998, 1169.
81 Baumbach/*Hopt*, § 105 Rn 3; Staub/*Schäfer* § 105 Rn 30; *Tersteegen*, Fehlende Eintragungsfähigkeit einer Freiberufler-GmbH & Co. KG ins Handelsregister, NZG 2010, 651.
82 Vgl. Baumbach/*Hopt*, § 105 Rn 3 i.V.m. § 1 Rn 19 f. m.w.N.
83 Baumbach/*Hopt*, § 1 Rn 19 m.N. auf diverse Rechtsprechungsfundstellen.
84 Zur Abgrenzung von Leistungen aus gesonderten Verträgen MünchGesR/v. *Falkenhausen/Schneider*, § 60 Rn 26.
85 Palandt/*Sprau*, § 706 Rn 1; einschränkend wird teilweise formuliert, dies gelte insoweit, als die Beiträge aktivierbar sind (vgl. MünchGesR/v. *Falkenhausen/Schneider*, § 60 Rn 2 basierend auf *Huber*, Vermögensanteil, Kapitalanteil und Gesellschaftsanteil an Personengesellschaften des Handelsrechts, 1970). In Anbetracht einer freien Bewertbarkeit können die Gesellschafter auch nicht aktivierbare Beiträge als Einlage/Kapitalanteil qualifizieren, wobei selbstverständlich nicht mehr Vermögen verteilt und nicht mehr Eigenkapital bilanziert werden darf, als vorhanden ist.
86 Näher Sudhoff/*van Randenborgh*, § 5 Rn 33 ff. Zur Möglichkeit eines Gesellschafters „ohne Kapitalanteil" vgl. MünchGesR/*Piehler/Schulte*, § 76 Rn 36 (zu Abfindungsklauseln).
87 Zu den einzelnen Beitragstypen siehe Baumbach/*Hopt*, § 109 Rn 6 ff.
88 Zur Namensgebung (Firma) als tauglicher Beitrag siehe Baumbach/*Hopt*, § 19 Rn 17, zur Unterlassung als Beitrag vgl. *Wiedemann*, WM 1992 Beil. 7, S. 9, 15.
89 Aus der unbeschränkten Haftung im Außenverhältnis folgt grundsätzlich keine Verpflichtung der Gesellschafter, im Innenverhältnis Nachschüsse zu leisten, vgl. *Stöber*, WuB II E, § 707 BGB 1.06 (Besprechung zu OLG Celle WM 2006, 30), vgl. weiter Rn 62.

von der Gesellschaft Regress verlangen[90]), und auch nichts daran, dass er im Innenverhältnis zur Förderung der Gesellschaft verpflichtet bleibt, insbesondere den Treuepflichten unterliegt.[91] Eine sorgfältige Regelung der Beitragspflichten im Vertrag ist wichtig. Nicht selten sind diese später Anlass für Gesellschafterstreitigkeiten. Ohne spezielle Regelung im Vertrag haben im Zweifel alle Gesellschafter gleiche Beiträge zu leisten (vgl. § 706 BGB als Ausprägung des Gleichbehandlungsgebotes[92]).

61   Für die **Bewertung** der Beiträge im Innenverhältnis bestehen bei der OHG weitgehende Freiheiten. Grenzen werden wiederum durch die allgemeinen Schranken, insbesondere durch § 138 BGB gesetzt.[93] Diese Freiheiten geben in der OHG den Gesellschaftern die Möglichkeit, die mitunter sehr unterschiedlichen Beiträge von Kapitalgebern einerseits und von Gesellschaftern mit persönlicher Mitwirkung (in unterschiedlicher Form) andererseits in ein angemessenes Verhältnis zu bringen und die Grundlage für die Gewinn- und Vermögensverteilung zu schaffen. Zu den Kapitalanteilen/Kapitalkonten vgl. noch Rn 69 ff.

62   Eine vertraglich bestimmte Beitragspflicht kann bedingt oder befristet werden. Ohne besondere Regelung im Vertrag ist sie sofort fällig (§ 271 Abs. 1 BGB) und – wenn sie auf Geldleistung gerichtet ist – ab Fälligkeit mit 5% (§§ 111, 352 HGB) sowie ab Verzugsbeginn später mit 5 Prozentpunkten über dem Basiszinssatz zu verzinsen (§§ 286, 288 BGB). Streitanfällig und recht strikten Voraussetzungen unterworfen sind Beitragspflichten, die nicht zu Beginn sondern erst unter besonderen Umständen zu leisten sind, insbesondere **Nachschusspflichten**, die für die Krise des Unternehmens vereinbart sind oder dann auf Grundlage von (nicht einvernehmlichen) Gesellschafterbeschlüssen konstituiert werden sollen.[94] Hier sind klare und hinreichend bestimmte Regelungen im Gesellschaftsvertrag erforderlich aus denen sich grundsätzlich auch Ausmaß und Umfang der Nachschusspflicht bzw. der Beschlussermächtigung ergeben (siehe auch Rn 91, 102, 181). Die **Durchsetzung** der Beitragsleistung gegenüber dem verpflichteten Gesellschafter kann sowohl durch die OHG als auch durch einzelne Mitgesellschafter (als actio pro socio, d.h. auf Leistung des Beitrags an die Gesellschaft) erfolgen.

63   Ein Problem ergibt sich mitunter, wenn bei Sacheinlagen **Sach- oder Rechtsmängel** auftreten. Ein Rückgriff auf Kaufgewährleistungsrecht, bei Nutzungsüberlassung auf Mietgewährleistungsrecht, wie mitunter vorgeschlagen wird, ist häufig unpassend, weil sich das Gesellschaftsrecht nicht auf Leistung und Gegenleistung beschränkt.[95] Sinnvoll ist es insofern, bereits bei Vertragsschluss mögliche Probleme und etwaige individuell angepasste Lösungen zu besprechen (vgl. z.B. Basisvertrag Rn 140, dort Ziff. V.3 und 4, auch mit Regeln bei der Nutzungsüberlassung).

64   **Ertragsteuerrechtlich** ist die Einbringung von Sacheinlagen gegen Gewährung von Gesellschafterrechten als Veräußerung durch den Gesellschafter zu qualifizieren und kann daher für ihn zu Einkünften nach § 23 EStG (bei Privatvermögen; bei Betriebsvermögen Einkünfte aus der betreffenden Einkunftsart) führen (siehe schon Rn 24). Die Überlassung von Sacheinlagen nur zur Nutzung führt einkommensteuerrechtlich zu Sonderbetriebsvermögen des Gesellschafters. Ein etwaiges Nutzungsentgelt für eine Immobilie ist für ihn daher Sonderbetriebseinnahme und somit gewerbliche Einkunft (§ 15 Abs. 1 Nr. 2 EStG).

---

90 Zur „Freiwilligkeit" als Voraussetzung für eine Erstattung nach § 110 HGB vgl. *Bälz*, WuB I G 5, in der Bespr. zu der diesbezüglichen Entscheidung des BGH, ZIP 2005, 1552 f.
91 Baumbach/*Hopt*, § 109 Rn 6; MünchGesR/*v. Falkenhausen/Schneider*, § 60 Rn 9 sowie MünchGesR/*Weipert*, § 6 Rn 32.
92 MünchGesR/*v. Falkenhausen/Schneider*, § 60 Rn 32; Westermann/*Wertenbruch*, § 20 Rn 377.
93 Vgl. BGHZ 29, 300, 306 f.
94 Vgl. Baumbach/*Hopt* § 109 Rn 12, 14; *Armbrüster*, ZGR 2009, 1 ff. sowie BGH NJW-RR 2009, 753; NJW-RR 2007, 1521; NJW-RR 2007, 757.
95 Vgl. die Anmerkungen bei Westermann/*Wertenbruch*, § 20 Rn 391 ff.; Müko-HGB/*K. Schmidt*, § 105 Rn 183 ff., 187; MünchGesR/*v. Falkenhausen/Schneider*, § 60 Rn 69 ff., jeweils m.w.N.; siehe auch *Wertenbruch*, Zur Anwendung des § 326 BGB auf Beitragsvereinbarungen innerhalb einer Personengesellschaft, NZG 2001, 306 ff.

5. Sitz der Gesellschaft

Jede OHG hat (nur) einen Sitz.[96] Er bestimmt sich nach dem Ort, von dem aus die Verwaltung der Gesellschaft (die Geschäftsführung) **tatsächlich** erfolgt. Eine Festlegung im Gesellschaftsvertrag ist grundsätzlich sinnvoll (schließlich ist der Sitz auch nach § 106 Abs. 2 Nr. 2 HGB mit anzumelden). Weicht dieser vertraglich bestimmte Ort vom Ort der tatsächlich praktizierten Verwaltung ab, sei es auch, weil der Geschäftsführende ohne Abstimmung mit den anderen Gesellschaftern den Ort der Geschäftsführung eigenmächtig verlegt, ist allein der tatsächliche Sitz maßgebend[97] und diese Änderung dem Handelsregister anzuzeigen (§§ 107, 13h HGB). 65

Über den Gesellschaftssitz bestimmt sich die **Zuständigkeit des Handelsregisters**, aber auch die Zugehörigkeit des Unternehmens zu den Berufskammern etc.[98] Prozessrechtlich wird über den Sitz der allgemeine Gerichtsstand der Gesellschaft (§ 17 ZPO) festgelegt. Nach herkömmlichem deutschen Rechtsverständnis bestimmte sich nach dem Sitz weiter, ob überhaupt **deutsches Recht** anwendbar ist, u.U. – z.B. bei Verlegung über die Bundesgrenze – also auch, ob überhaupt eine OHG (noch) besteht. Durch die Rechtsprechung des EuGH gilt dies aber nur noch im Verhältnis zu einigen Nicht-EU-Staaten, während im Rahmen der EU (und auch einigen Staaten zu denen spezielle Verträge bestehen, wie den USA) der Staat der Gründung für die betreffende Gesellschaft (sog. Gründungstheorie) allein entscheidend ist.[99] 66

6. Beginn und Dauer der Gesellschaft
a) Beginn

Die Gesellschaft **beginnt** grundsätzlich mit dem – ggf. konkludenten – Vertragsschluss. Sie ist allerdings erst dann eine OHG (vorher GbR), wenn sie entweder ein kaufmännisch geführtes Gewerbe betreibt oder im Handelsregister eingetragen ist (Rn 5). Etwa im Vertrag anders bestimmte Zeitpunkte können für das Innenverhältnis Bedeutung erlangen (z.B. für die Gewinnverteilung), haben im Außenverhältnis aber keine Bedeutung, wenn es tatsächlich anders praktiziert wird. 67

b) Dauer

Die auf unbestimmte Zeit eingegangene Gesellschaft ist der praktische Regelfall (vgl. § 132 HGB und im Basisvertrag Rn 140 dort Ziff. IV.1). In diesem Fall endet die Gesellschaft durch Auflösungsbeschluss, durch Insolvenzeröffnung oder nach einer Auflösungsklage (§ 133 HGB) durch gerichtliche Entscheidung (§ 131 Abs. 1 Nr. 2–4 HGB).[100] Möglich ist aber natürlich auch die Festlegung der Gesellschaft für eine bestimmte Zeit oder für ein bestimmtes, zeitlich begrenztes Projekt.[101] In diesem Fall endet die Gesellschaft mit Zeitablauf (§ 131 Abs. 1 Nr. 1 HGB) bzw. mit Erreichung des Ziels (beachte aber auch § 134 HGB). 68

---

[96] Ein Doppelsitz ist nach h.M. grundsätzlich nicht möglich, Baumbach/*Hopt*, § 106 Rn 9; RGRK/*Weipert*, § 106 Rn 2; zur Gegenauffassung vgl. Staub/*Schäfer*, § 106 Rn 21 m.w.N. Gibt es zwei Verwaltungssitze, entscheidet der Sitz der Hauptverwaltung.
[97] So die früher die h.M., vgl. statt vieler Ebenroth/*Märtens*, § 106 Rn 13 m.w.N., die seit dem MoMiG zunehmend bezweifelt wird, siehe Staub/*Schäfer*, § 106 Rn 18 ff.; Baumbach/*Hopt* § 106 Rn 8, vgl. aber nach wie vor BGHZ 178, 192 ff. („Trabrennbahn"), in der der BGH weiter allein an den tatsächlichen Sitz anknüpft.
[98] Auch das zuständige Finanzamt wird entsprechend bestimmt (vgl. z.B. § 18 Abs. 1 Nr. 2 EStG).
[99] Zur in Deutschland herrschenden Sitztheorie vgl. MüKo-BGB/*Kindler*, IntGesR, Rn 5, 420 ff.; zur Entwicklung aufgrund der EuGH-Rspr. auch Baumbach/*Hopt*, Einl v § 105 Rn 29; zur Fortführung der Sitztheorie im Verhältnis zur Schweiz vgl. BGHZ 178, 192 ff.
[100] Die Kündigung führt dagegen nur zum Ausscheiden des Gesellschafters, siehe noch Rn 115.
[101] Siehe z.B. BGH WM 1985, 1367, 1369 (Ziff. 3).

7. Gesellschafterkonten und Kapitalanteil

69 Nach dem **gesetzlichen System** wird für jeden OHG-Gesellschafter ein Gesellschafterkonto („**Kapitalkonto**") geführt, aus dem ersichtlich ist, mit welchem (Kapital-)Anteil er an der OHG beteiligt ist. Auf diesem Konto wird die Einlage des Gesellschafters (vgl. Rn 59ff.) festgehalten sowie die auf ihn entfallenden Gewinne und Verluste, aber auch seine Entnahmen gebucht (§§ 120, 122 HGB). Über den sich dann stets verändernden Kontostand (und damit variablen Kapitalanteil) wird ein Teil des Gewinnanspruchs abgerechnet, während der Restgewinn nach Köpfen verteilt wird (§ 121 HGB). Außerdem bestimmen sich nach dem Kapitalanteil die Entnahmerechte (§ 122 HGB) und das Auseinandersetzungsguthaben (§ 155 HGB). Das Stimmrecht wird dagegen nach dem gesetzlichen Modell nicht nach dem Anteil bestimmt (siehe § 119 HGB).

70 In der Praxis gilt das **gesetzliche „Ein-Konten-Modell"** gemeinhin als **unzureichend**, und es werden – je nach Bedarf – Zwei-, Drei-, Vier oder sogar Fünf-Konten-Modelle in unterschiedlichen Ausgestaltungen verwendet.[102]

71 Vorgesehen wird regelmäßig ein **festes Kapitalkonto** („**Kapitalkonto I**"), auf dem die Einlagen des Gesellschafters verbucht werden und das einen – vorbehaltlich einvernehmlicher Änderungen durch Gesellschafterbeschluss – fest fixierten (Kapital-)Anteil des Gesellschafters an der OHG ausweist. Da über den Kapitalanteil die Rechte und Pflichten der Gesellschafter fixiert werden (über die o.a. Gewinnverteilung, Entnahmebefugnisse und Auseinandersetzungsguthaben hinaus oft auch die Stimmrechte[103] und ggf. vorgesehene Nachschusspflichten), sollen die festen Anteile auf diesem Kapitalkonto I für eine dem einvernehmlichen Zusammenwirken oft wichtige Berechenbarkeit der Einflüsse sorgen.

72 Die laufenden Veränderungen über Gewinne, Verluste und Entnahmen werden im Zwei-Konten-Modell auf einem weiteren, **variablen Kapitalkonto** („**Kapitalkonto II**") verbucht. Um die Kapitalbasis der Gesellschaft mit der Zeit zu verbessern, kann dazu die Verpflichtung aufgenommen werden, dass ein fester Betrag vom Gewinn auf dem Kapitalkonto II zu verbleiben hat. Außerdem wird mitunter eine Verzinsung dieses Kontos vorgesehen, um die Gesellschafter zu einem weiter gehenden Stehenlassen von Beträgen zu veranlassen. Auch dient dies der Verbesserung der Liquidität.

73 Um Schwierigkeiten durch die Vermengung von entnahmefähigen und nicht-entnahmefähigen Gewinnen zu vermeiden und ein Konto zur Verfügung zu haben, auf dem auch sonst fällige Ansprüche verbucht werden können (z.B. die Tätigkeitsvergütung), wird oft ein drittes Konto ("**Privatkonto**") hinzugefügt. Das Kapitalkonto II kann dann für die Eigenkapitalansammlung und zur Verlustverrechnung, das Privatkonto zur flexiblen Handhabung eingesetzt werden.

74 Als viertes Konto wird – bei Bedarf – noch ein „**Verlustvortragkonto**" eingeführt, das einer vereinfachten Verlusterfassung und differenzierten Verlustverrechnung dienen soll.[104]

75 Der **Basisvertrag** schlägt ein Drei-Konten-Modell vor:
- Das Kapitalkonto I ist – wie in Rn 71 beschrieben – fester, an den Einlagen fixierter Maßstab für Gewinnverteilung, Stimmrechte, Liquidationsverteilung etc.
- Das Kapitalkonto II dient durch verbindliche Gewinnverbuchungsquote und Verzinsung der Steigerung der Eigenkapitalausstattung.
- Das Privatkonto dient dem Alltagsgeschäft der Gesellschafter. Die Verzinsung ist niedriger als beim Kapitalkonto II, da es sich um frei entnahmefähige Gelder handelt. Das Privatkonto gleichwohl zu verzinsen, soll dazu anregen, das tagesfällige Geld der Gesellschaft zur verbesserten Liquidität möglichst lange zu belassen.

---

[102] Eingehend *Oppenländer*, Zivilrechtliche Aspekte der Gesellschafterkonten der OHG und KG, DStR 1999, 939ff.; *Wälzholz*, Ausgewählte gesellschaftsrechtliche Aspekte von Gesellschaftskonten bei Personengesellschaften, DStR 2011, 1815, 1861; siehe auch Baumbach/*Hopt*, § 120 Rn 12ff., 18ff.
[103] Dazu noch Rn 92.
[104] *Oppenländer*, DStR 1999, 941 f.

8. Geschäftsführung

Nach dem dispositiven **gesetzlichen Leitbild** der §§ 114, 115 HGB ist die Geschäftsführung, d.h. die Befugnis/Verpflichtung zu unternehmensbezogenem Handeln im Innenverhältnis der Gesellschaft (zum Außenverhältnis, d.h. zur Vertretungsmacht siehe Rn 80ff.), Recht und Pflicht **aller** Gesellschafter der OHG. Zur Geschäftsführung gehören sämtliche tatsächlichen oder rechtsgeschäftlichen, gewöhnlichen, aber auch außergewöhnlichen Handlungen, die zur Erreichung des Gesellschaftszwecks (Unternehmensführung) notwendig sind. Innerhalb der Geschäftsführung wird zwischen **gewöhnlichen** und **außergewöhnlichen** Geschäften differenziert;[105] erstere darf jeder Gesellschafter allein tätigen, letztere dürfen nur nach Beschluss aller Gesellschafter getätigt werden (§ 116 HGB). Sind die Geschäftsführer über die Geschäftsführung uneinig, kann jeder die Durchführung des umstrittenen (gewöhnlichen) Geschäfts mittels seines **Widerspruchs** endgültig verhindern (§ 115 Abs. 1 Hs. 2 HGB), sofern der Widerspruch rechtzeitig vor der Handlung erfolgt und nicht selbst eine pflichtwidrige Verletzung des Gesellschaftsinteresses darstellt.[106] Gegebenenfalls kann die Unterlassung der Geschäftsführung durch entsprechende Unterlassungsklage, in Eilfällen auch durch einstweilige Verfügung durchgesetzt werden.[107] Bei anhaltenden Meinungsverschiedenheiten über die Geschäftsführung stellt sich häufig die Frage nach Möglichkeiten zum Entzug der Geschäftsführungsbefugnis des anderen. Die dazu notwendige Gestaltungsklage (vgl. § 117 HGB)[108] kann mit der Unterlassungsklage zur Durchsetzung des Widerspruchs verbunden werden.

Nicht zur Geschäftsführung gehören dagegen die sog. **Grundlagengeschäfte**, d.h. Geschäfte insbesondere mit Bezug auf das Gesellschaftsverhältnis, wie Änderungen des Gesellschaftsvertrages, Bestellung von Geschäftsführungsorganen, aber auch Ausgliederungen wesentlicher Teile oder Begründung von Konzernbeziehungen.[109] Derartige Maßnahmen bedürfen sowohl im Innen- als auch im Außenverhältnis (Vertretungsmacht) der Zustimmung aller Gesellschafter, wenn dies nicht im Gesellschaftsvertrag anders geregelt ist (zur Beschlussfassung noch Rn 89ff.).

Gesellschaftsvertragliche Modifikationen des gesetzlichen Modells sind in einem weiten Umfang zulässig:[110] Es kann statt Einzelgeschäftsführung Gesamtgeschäftsführung vereinbart werden (vgl. § 115 Abs. 2 HGB, auch zur Notgeschäftsführung in diesem Fall). Einzelne Gesellschafter können von der Geschäftsführung ausgeschlossen werden (nach der Auslegungsregel des § 114 Abs. 2 HGB gilt die Benennung Einzelner als Ausschluss der Übrigen). Möglich ist es grundsätzlich, auch in Bezug auf die Geschäftsführungsbefugnis der Gesellschafter zu differenzieren: Dem Senior und Gründer wird z.B. eine uneingeschränkte Stellung (widerspruchsfeste Alleingeschäftsführung), dem bereits erfahrenen älteren Sohn wird Alleingeschäftsführung mit Widerspruchsvorbehalt, dem gerade eingetretenen jüngeren Sohn dagegen nur Gesamtgeschäftsführungsbefugnis zusammen mit dem Prokuristen eingeräumt. Je größer die Gesellschaft ist, umso mehr wird gemeinhin das Leitungsmodell vom Regeltypus abweichen: Während im Anfangsstadium nach der Gründung das gesetzliche Modell oft als tauglich erscheint, ist bei

---

[105] Für die Bestimmung, was üblich ist und was nicht, wird oft der Unternehmensgegenstand als maßgeblich herangezogen, siehe MünchGesR/*Bezzenberger*, § 49 Rn 156.
[106] BGH NJW 1986, 844, wonach der Ermessensspielraum des Widersprechenden weit ist, ebenso Baumbach/*Hopt*, § 115 Rn 3 m.w.N. Zur Durchsetzung von Ansprüchen der OHG gegen Mitgesellschafter („actio pro socio") siehe Baumbach/*Hopt*, § 109 Rn 32.
[107] Vgl. Baumbach/*Hopt*, § 115 Rn 4; Musterklage zur Durchsetzung des Widerspruchs bei Vorwerk/*Parigger*, Kap. 91 Rn 89; zur Klage auf Zustimmung Kap. 102 Rn 34.
[108] Muster bei Vorwerk/*Parigger*, Kap. 92 Rn 25; näher dazu auch Baumbach/*Hopt*, § 117 Rn 6 f.
[109] Näher MünchGesR/*v. Ditfurth*, § 53 Rn 7 f. m.w.N. Der BGH (BGHZ 170, 283 ff.) differenziert in seiner „Otto"-Entscheidung zwei Formen von „Grundlagengeschäften": Solche die tatsächliche „Grundlagen" der Gesellschaft, wie Änderungen des Gesellschaftsvertrages, betreffen und solche, die (nur) außerordentliche Verwaltungsmaßnahmen (z.B. Feststellung des Jahresabschlusses) betreffen und damit zwar nicht zur Geschäftsführung gehören, aber erleichterten Gesellschafterbeschlüssen zugänglich sind.
[110] Umfassend *Westermann*, § 15 Rn 272 ff.

Publikumsgesellschaften die Geschäftsführung aller Beteiligten praktisch ausgeschlossen und die verwendeten Organisationsstrukturen nähern sich denen der Kapitalgesellschaften an: Die Geschäftsführung wird auf wenige beschränkt (u.U. mit einer Zuständigkeitsaufteilung, vgl. Rn 83), die dann ggf. durch ein Beratungs- und Kontrollgremium (Beirat) überwacht werden.[111] Nicht möglich ist es allerdings, die organschaftliche Geschäftsführung auf Personen zu übertragen, die nicht Gesellschafter der OHG sind (Prinzip der **Selbstorganschaft**),[112] oder sich als geschäftsführender Gesellschafter vollständig vertreten zu lassen (höchstpersönliche Pflicht, vgl. §§ 713, 664 BGB).[113] Möglich ist es aber, einen Dritten mit einer weit reichenden (General-)Vollmacht auszustatten, so dass er neben dem/den ihm weisungsberechtigten, organschaftlichen Geschäftsführer(n) entsprechend einem Geschäftsführer agieren kann.[114]

79 Der **Basisvertrag** (Rn 140, der Geschäftsführung und Vertretung in einer gemeinsamen Ziffer regelt) geht in seinen Bestimmungen vom gesetzlichen Regelfall aus, sieht aber zugleich eine (abgeschwächte) Ressortzuständigkeit vor. Eine solche Gestaltung wird gewählt, wenn sich bei einem jungen Unternehmen bereits gewisse Spezialisierungen herausgebildet haben (vgl. Fallbeispiel, Rn 1, 140), aber gleichwohl die Unternehmung noch so überschaubar ist, dass doch jeder Gesellschafter notfalls für alles zuständig ist. Vorbereitet wird mit dieser Regelung bereits eine stärkere Zuständigkeitsstrukturierung in der Zukunft. Im Gründungsstadium des Zusammenschlusses mitarbeitender Gesellschafter ist das gesetzliche Modell der Alleingeschäftsführung für übliche und Gesamtgeschäftsführung für außerordentliche Geschäfte regelmäßig gewünscht: Einerseits wird so im laufenden Geschäft die nötige Flexibilität gewährleistet und andererseits werden die Kompetenzen, soweit möglich, begrenzt. Die im Basisvertrag unter Ziff. VII.3 vorgenommene, beispielhafte (denkbar wäre auch eine abschließende) Aufzählung außerordentlicher Geschäfte erleichtert den Gesellschaftern die Orientierung, was im Innenverhältnis erlaubte und was zustimmungspflichtige Tätigkeit ist. Die Ziff. VII.4 des Basisvertrages bietet eine Lösungsmöglichkeit im Falle eines Streits von Gesellschaftern über die Zweckmäßigkeit einer Geschäftsführungsmaßnahme.[115]

9. Vertretung

80 Während die Geschäftsführung das Innenverhältnis der Gesellschaft betrifft, bezeichnet die Vertretung die Rechtsmacht zur rechtsgeschäftlichen Bindung der OHG im **Außenverhältnis**. Nach dem **Gesetzesmodell** der §§ 125–127 HGB ist dabei parallel zur Alleingeschäftsführung jeder Gesellschafter zwar alleinvertretungsberechtigt (§ 125 HGB), die Vertretungsmacht ist aber im Umfang grundsätzlich weitergehender als die Befugnis zur Geschäftsführung, d.h. die Berechtigung ist im Außenverhältnis umfassender als im Innenverhältnis: So hat z.B. der Widerspruch gem. § 115 Abs. 1 Hs. 2 HGB im Außenverhältnis keine Wirkung, so ist die Vertretungsmacht gem. § 126 HGB nicht auf gewöhnliche Geschäfte i.S.v. § 116 Abs. 2 HGB beschränkt[116] (sie besteht aber nicht für Grundlagengeschäfte, Rn 77[117]), und überhaupt kann der Umfang der Vertretungsmacht **inhaltlich** gegenüber Dritten **nicht beschränkt** werden (vgl. § 126 Abs. 2 HGB).

---

111 Siehe z.B. die Beiratsregelung in Formularbuch Recht und Steuern/*Weigell*, A.9.17.
112 BGHZ 36, 292, 293; MünchGesR/*v. Ditfurth*, § 53 Rn 21ff.; *Westermann*, § 13 Rn 238ff. (kritisch zum Prinzip *ders*., Rn 242 f., zu Problemfällen § 15 Rn 287).
113 Baumbach/*Hopt*, § 114 Rn 11 m.w.N. auch zu Möglichkeiten zulässiger Delegation.
114 Vgl. Baumbach/*Hopt*, § 114 Rn 24 f.; Heymann/*Emmerich*, § 114 Rn 28.
115 Siehe auch Baumbach/*Hopt*, § 115 Rn 2 ff., 7.
116 Anwendbar bleiben allerdings stets die Grundsätze vom Missbrauch der Vertretungsmacht, siehe Baumbach/*Hopt*, § 126 Rn 11; siehe auch RGZ 81, 92, 95.
117 Vgl. Sudhoff/*Buß*, § 9 Rn 74; Baumbach/*Hopt*, § 126 Rn 3. Sofern nicht anders bestimmt, sind z.B. Abspaltungen, Konzerneingliederungen, Aufnahme von Mitgesellschaftern auch im Außenverhältnis nur mit Zustimmung aller Gesellschafter möglich.

Im Bereich der Vertretungsmacht ist die **Gestaltungsfreiheit** bei der OHG insgesamt sehr **81** beschränkt, denn §§ 125, 126 HGB sind aus Verkehrsschutzerwägungen nur insoweit dispositiv, wie das Gesetz ausdrücklich Abweichungsmöglichkeiten vorsieht:[118] Möglich ist der Ausschluss einzelner Gesellschafter von der Vertretung (§ 125 Abs. 1 HGB), die Anordnung von Gesamtvertretung (in verschiedenen Konstellationen, § 125 Abs. 2 und 3 HGB) und die Beschränkung der Vertretungsmacht auf eine Zweigniederlassung (§ 126 Abs. 3 HGB i.V.m. § 50 Abs. 3 HGB). Voraussetzung der Wirksamkeit dieser Modifikationen gegenüber dem gesetzlichen Regelfall ist aber stets, dass diese **im Handelsregister eingetragen** sind (§ 125 Abs. 4 HGB).[119] Weitergehende Gestaltungsmöglichkeiten bestehen – da insoweit kein Verkehrsschutz nötig ist – hinsichtlich des Verfahrens zum Entzug der Vertretungsmacht (und der Geschäftsführungsbefugnis), so dass § 127 HGB (§ 117 HGB) ganz ausgeschlossen oder erschwert (z.B. Entzug nur wegen bestimmter Verstöße) oder – z.B. hinsichtlich des Verfahrens – erleichtert werden kann (Beschluss statt Klage).[120]

Soweit der **Basisvertrag** (Rn 140, dort Ziff. VII. 2 und 3) also eine Modifizierung oder Be- **82** schränkung der Befugnisse der Gesellschafter vorsieht, hat dies grundsätzlich nur im Innenverhältnis, d.h. für die Geschäftsführung, Bedeutung:[121] Bei Überschreiten der Geschäftsführungsbefugnis macht sich der betreffende Gesellschafter im Falle schuldhaften Handelns (was bei Verstoß gegen eine Kataloghandlung i.S.v. Ziff. VII.3 regelmäßig gegeben ist) schadenersatzpflichtig (§ 708 BGB). Der Umstand eines Verstoßes kann auch einen wichtigen Grund bieten, dem Zuwiderhandelnden die Vertretungsmacht zu entziehen (die klagweise Durchsetzung kann mit dem Entzug der Geschäftsführung – dazu Rn 76 – verbunden werden). Droht die Überschreitung und ist sie noch nicht vollzogen, ist es selbstverständlich möglich, den Gesellschafter klageweise und bei Eilbedürftigkeit im Wege der einstweiligen Verfügung auf Unterlassung in Anspruch zu nehmen.[122]

10. Arbeitsregelungen

Nicht im HGB geregelt ist die nähere Ausgestaltung der Mitarbeit, die im Basisvertrag (Rn 140) **83** unter Ziff. VIII. enthalten ist: insbesondere die Tätigkeitsvergütung der Geschäftsführer, ihr Urlaub und die Frage der Regelungen im Krankheitsfall.

Die Regelung einer zunächst **gewinnunabhängigen Tätigkeitsvergütung** ist für Gesell- **84** schafter, die zur hauptberuflichen Tätigkeit in der Gesellschaft verpflichtet sind, offensichtlich zur Sicherung des Lebensstandards von Bedeutung und in der Praxis sehr verbreitet. Auf diese Weise kann auch berücksichtigt werden, wenn z.B. einzelne Gesellschafter nicht oder nur zur Teilzeit mitarbeiten oder unterschiedliche Qualifikationen mitbringen, die Arbeitsleistung daher unterschiedlich „wertvoll" ist. Die Gewährung fixierter Vergütungen bedeutet natürlich nicht, dass diese auch in schlechten Zeiten der Gesellschaft garantiert ist, denn letztlich kann über die Tätigkeitsvergütung – zumindest dauerhaft – nur verteilt werden, was erwirtschaftet wird. Es besteht insoweit u.U. auch die Verpflichtung, die Vergütung an die wirtschaftlichen Rahmenbedingungen der Gesellschaft anzupassen.[123] Die Tätigkeitsvergütung ist handelsrechtlich gewinnmindernder Aufwand der Gesellschaft, steuerrechtlich ist sie dagegen Sonderbetriebseinnahme und damit Einkunft aus Gewerbetrieb des Gesellschafters (vgl. Rn 23).

---

118 BGHZ 17, 181, 186; *Westermann*, § 17 Rn 309 ff.
119 Eintragungen ins Handelsregister sind stets von allen Gesellschaftern zu beantragen, unabhängig, ob sie derzeit vertretungsberechtigt sind.
120 Sudhoff/*Buß*, § 9 Rn 82; MünchGesR/*v. Ditfurth*, § 55 Rn 26 ff.
121 Zur Ausnahme vgl. Fn 114.
122 OLG Hamm BB 1993, 165; Baumbach/*Hopt*, § 115 Rn 4, § 116 Rn 4.
123 Vgl. auch OLG Koblenz BB 1980, 855; *Dänzer-Vanotti*, Herabsetzung der Vergütung des geschäftsführenden Gesellschafters bei OHG und KG, BB 1983, 999.

85 Gerade wenn die Gesellschaft auf die Mitarbeit der beteiligten Gesellschafter aufbaut und daher darauf angewiesen ist, sind Regelungen wie im Basisvertrag (Rn 140, dort Ziff. VIII.4) sinnvoll. Mitunter wird dabei nach **verschuldetem** und **unverschuldetem Ausfall** differenziert. Je mehr die Ausrichtung der OHG allerdings auf die Mitarbeit der Gesellschafter fixiert ist, umso eher ist eine derartige Regelung auch ohne Verschulden gerechtfertigt. Um den ausfallenden Gesellschafter nicht über Gebühr zu belasten, sollte ihm die Möglichkeit gegeben werden, vorrangig selbst für Ersatz zu sorgen. Denkbar wäre zuletzt auch die Regelung einer Versicherungspflicht des Einzelnen für den Fall seines Ausfall (z.B. über Krankentagegeldversicherungen). (Zum Ausscheiden aus Krankheits- oder Altersgründen siehe auch Rn 108.)

11. Gesellschafterversammlung

86 Die Gesellschafterversammlung bietet Gelegenheit, die für die OHG notwendigen Beschlüsse zu fassen (vgl. weiter Rn 89 ff.). Es empfiehlt sich in den Gesellschaftsvertrag Regelungen aufzunehmen, wie eine Gesellschafterversammlung **einzuberufen** und wie sie **durchzuführen** ist, denn es fehlt an gesetzlichen Regelungen hierzu. Zwar ist es – bei Fehlen von entsprechenden Regelungen im Gesellschaftsvertrag – auch möglich, Beschlüsse ohne eine Versammlung zu treffen;[124] es bedarf dafür aber – vgl. § 119 Abs. 1 HGB – eben immer der Zustimmung aller, und eine Verweigerung des Einzelnen (auch an der Abstimmung) blockiert den wirksamen Beschluss. Um einerseits eine transparente Handhabung zu schaffen, was beschlossen ist und daher gilt, und andererseits ein Verfahren zu ermöglichen, mit dem Blockaden zumindest bis zu einem gewissen Grad überwunden werden können, empfiehlt sich die Gesellschafterversammlung als Ort der Beschlussfassung zu installieren und deren Procedere genau zu regeln.

87 Schreibt der OHG-Vertrag Beschlussfassung in einer Gesellschafterversammlung vor, hat diese grundsätzlich ein **Ausschließlichkeitsrecht** zur Regelung von Organisationsakten der Gesellschaft.[125] Sie kann – wenn nichts Abweichendes geregelt ist (z.B. Einberufung durch den Versammlungsleiter) – von jedem Gesellschafter einberufen werden, wobei alle Gesellschafter rechtzeitig und unter Ankündigung der Verhandlungsgegenstände zu laden sind.[126] Bei Verletzung dieser Prinzipien sind die gleichwohl gefassten Beschlüsse fehlerhaft und damit nichtig.[127] Die Gesellschafter können sich in der Gesellschafterversammlung/bei der Beschlussfassung vertreten lassen, wenn der Gesellschaftsvertrag das vorsieht.[128]

88 Der **Basisvertrag** (Rn 140) regelt in Ziff. IX in komplexer Weise die Kompetenz (im Zusammenwirken mit Ziff. X), die Einberufung, die Durchführung nebst Protokollführung einer Gesellschafterversammlung. Der Vertrag bemüht sich einerseits um ein möglichst unkompliziertes Procedere, wenn das Zusammenspiel der Gesellschafter funktioniert (z.B. die form- und fristlose Einberufung), andererseits aber auch darum, Möglichkeiten zur Beschlussfassung zu schaffen, wenn gewisse Reibungen zwischen den Gesellschaftern auftreten. Einen relativ ausführlichen Komplex stellen die Regelungen zur Protokollführung dar: Hier ist Sorgfalt geboten, im Nach-

---

124 Baumbach/*Hopt*, § 119 Rn 27; *Henssler/Strohn/Finckh* § 119 Rn. 27, 32.
125 MünchGesR/*Weipert*, § 57 Rn 32.
126 *Henssler/Strohn/Finckh* § 119 Rn. 31; Baumbach/*Hopt*, § 119 Rn 29.
127 Heymann/*Emmerich*, § 119 Rn 8; *Henssler/Strohn/Finckh* § 119 Rn. 55; *Westermann*, § 24 Rn 476, 546 ff. (zu Ausnahmen siehe Rn 480). Dies spielt nur eine Rolle soweit Mehrheitsbeschlüsse möglich sind (vgl. BGH ZIP 1994, 1523, 1525).
128 Inwieweit ohne Regelung das Vertretungsverbot (als Folge eines „höchstpersönlichen Stimmrechts") reicht, ist umstr. Nach h.M. (Baumbach/*Hopt*, § 119 Rn 21; MüKo-HGB/*Enzinger*, § 119 Rn 19) ist Vertretung grds. nur bei ausdrücklicher Zulassung möglich (anders wiederum bei Vertretung durch Rechtsanwälte, vgl. MüKo-HGB/*Enzinger*, § 119 Rn 19); nach MünchGesR/*Weipert*, § 57 Rn 62 ff. m.w.N. auch ohne Zulassung, wenn nicht das Beratungsgeheimnis o.Ä. bedeutende Interessen der Gesellschafterversammlung entgegenstehen. Zum Teilnahmerecht von Beobachtern und Beratern vgl. Baumbach/*Hopt*, § 119 Rn 30 m.w.N.

hinein wird praktisch oft über die getroffenen Beschlüsse gestritten. Eine zuverlässige Protokollierung ist dann wichtig und gerade auch bei Einführung von Schriftformklauseln (vgl. auch XXII.2 und Rn 136) nötig.

12. Beschlussfassung
a) Einstimmigkeit (Mehrheitsbeschluss)

Die Entscheidung über Angelegenheiten der Gesellschaft – seien es Geschäftsführungsfragen, seien es Grundlagengeschäfte (vgl. dazu Rn 77) – ist tauglicher und ggf. notwendiger (es sei denn, es besteht eine Einzelentscheidungsbefugnis) Gegenstand von Gesellschafterbeschlüssen.[129] Nach dem **Modell des HGB** bedürfen Beschlüsse grundsätzlich der **Zustimmung aller Gesellschafter** (allgemein § 119 Abs. 2 HGB, spezielle Fälle z.B. §§ 113 Abs. 2, 116 Abs. 2, 140 Abs. 1 HGB u.a.), wenn nicht im Einzelfall Ausnahmen vorgesehen sind (§ 115 Abs. 1 Hs. 1 HGB oder auch §§ 115 Abs. 2, 116 Abs. 3 HGB: Zustimmung aller Geschäftsführer). Diese Beschlussfassung ist (ohne besondere Regelung im Gesellschaftsvertrag) für die OHG formfrei und jederzeit möglich.

89

In der **Vertragspraxis** wird von diesen Prinzipien beinahe stets zumindest teilweise abgewichen. Um Streit, Unsicherheit über den Inhalt gefasster Beschlüsse und Beweisprobleme dazu zu vermeiden, werden in der Regel **Mindeststandards** zur Frage vorgesehen, wie und wann Beschlüsse gefasst werden. Darüber hinaus werden häufig auch die Prinzipien verändert, welche Beschlüsse einstimmig und welche mit Mehrheit getroffen werden müssen. Als Prämisse für Gestaltungsüberlegungen kann gelten, dass im Anfangsstadium der Gesellschaft und speziell, wenn nur zwei oder drei Gesellschafter vorhanden sind, das gesetzliche Prinzip des § 119 Abs. 1 HGB, d.h. der **Einstimmigkeit** bei allem, was nicht gewöhnliche Geschäftsführung (§ 116 HGB) ist, durchaus sinnvoll erscheint.[130] Je eingespielter das Zusammenwirken in der Gesellschaft im Laufe der Zeit ist und je mehr Gesellschafter beteiligt werden, um so stärker wird man vom gesetzlichen Leitbild abweichen und zunehmend **Mehrheitsbeschlüsse** zulassen, um so Entscheidungen im Gesellschaftsinteresse ggf. auch gegen den Willen Einzelner zu ermöglichen.

90

Grenzen für die Anordnung von Mehrheitsbeschlüssen ergeben sich neben den Regelungen der §§ 134, 138 BGB insbesondere aus dem Bestimmtheitsgrundsatz und der Kernbereichslehre.[131] Es gibt danach einen **Kernbereich** der Mitgliedschaft, in dessen Rechte – je nachdem, welche Rechte betroffen sind – zum Teil gar nicht („**verzichtsfester Bereich**"),[132] zum Teil nur mit expliziter Zustimmung des betroffenen Gesellschafters („**stimmrechtsfester Bereich**") eingegriffen werden kann (wobei für die Bestimmung auch immer auf die Struktur der betreffenden Gesellschaft gesehen werden muss: Publikumsgesellschaft oder enger, begrenzter Gesellschafterverbund[133]). Soweit ein Eingriff mit expliziter Zustimmung zulässig ist, kann diese allerdings bereits vorab per Mehrheitsklausel im Gesellschaftsvertrag getroffen werden. Voraussetzung dafür ist allerdings, dass die entsprechende Mehrheitsklausel gerade für den speziellen Be-

91

---

129 Zur Rechtsnatur des Gesellschaftsbeschlusses (str.), vgl. Baumbach/*Hopt*, § 119 Rn 25; siehe auch *Mülbert/Gramse*, WM 2002, 2085; *K. Schmidt*, Gesellschaftsrecht, § 15.
130 Siehe auch *Westermann*, § 24 Rn 514. Eine Stimmenthaltung gilt bei Bestehen eines Einstimmigkeitserfordernisses als Ablehnung, vgl. Sudhoff/*Schulte*, § 12 Rn 46.
131 Vgl. den Überblick bei *Kraffel/König*, Der Bestimmtheitsgrundsatz bei Mehrheitsklauseln in Personengesellschaftsverträgen – eine Neuorientierung der Rechtsprechung?, DStR 1996, 1130 ff.; zur Differenzierung nach Beschlussinhalten MünchGesR/*Weipert*, § 57 Rn 27 ff.
132 Z.B. Eingriff in essentielle Beteiligungsrechte (Teilnahmerecht an der Gesellschafterversammlung), MüKo-HGB/*Enzinger*, § 119 Rn 64 ff., 68; völliger Entzug des Informationsrechts, siehe BGH NJW 1995, 194; Ausschluss der actio pro socio, *Löffler*, Der Kernbereich der Mitgliedschaft als Schranke für Mehrheitsbeschlüsse bei Personengesellschaften, NJW 1989, 2656 (dort auch weitere Fälle).
133 Zutreffend *Kraffel/König*, DStR 1996, 1132 m.w.N. Zu Grenzen bei einer Gruppenvertretung in einer Familiengesellschaft siehe BGH ZIP 2004, 282 ff.

schluss hinreichend bestimmt zum Ausdruck bringt, dass ein Mehrheitsbeschluss zulässig ist (**Bestimmtheitsgrundsatz**).[134] Wenn sich die Legitimation für den Mehrheitsbeschluss in Bezug auf die betreffende Maßnahme nicht eindeutig aus der Vertragsklausel ergibt, bleibt es beim Einstimmigkeitsprinzip (zumindest soweit es sich nicht um gewöhnliche Geschäfte der Gesellschaft handelt[135]). In der Kautelarpraxis werden deswegen heute Kataloge verwendet, die für ungewöhnliche, insbesondere den Kernbereich betreffende Geschäfte dann eine Aufzählung der Mehrheitsbeschlüsse vorsehen.[136] Für die Ausgestaltung kann man sich an den unten zitierten Fundstellen orientieren. Ein fehlerhafter Beschluss ist grundsätzlich nichtig, so dass nach h.M. der betroffene Gesellschafter Rechtsschutz gegen einen solchen mittels Feststellungsklage erlangt, die gegen die Mitgesellschafter erhoben werden muss.[137] Abweichende Regelungen dazu im Gesellschaftsvertrag sind aber möglich[138] und oft auch sinnvoll (vgl. Rn 95).

b) Stimmrecht

92 Ein weiterer Regelungspunkt für den Vertrag ist die Frage, wie das **Stimmrecht** der Gesellschafter bei Beschlussfassung gestaltet wird, sofern es keines einstimmigen Beschlusses bedarf. Die gesetzliche Regelung des § 119 Abs. 2 HGB, d.h. eine Stimmzählung, nach der jeder Gesellschafter eine Stimme hat („nach Köpfen"), ist dann angemessen, wenn die Gesellschafter zumindest in etwa in gleichem Maße an der Gesellschaft beteiligt sind. Wenn dies nicht der Fall ist, wird – und dies ist praktisch bei etablierten Gesellschaften die Regel – das Stimmrecht an den Kapitalanteil gekoppelt. In diesem Fall ist allerdings an die dann möglichen Probleme zu denken, die aus schwankenden Anteilshöhen erwachsen.[139] Es bedarf in diesem Fall dann jedenfalls klarer Regelungen, wie das Stimmrecht bemessen ist, was oft über das System mehrerer Gesellschafterkonten gewährleistet wird (vgl. Rn 71).

93 Grundsätzlich zulässig ist es auch, den Gesellschaftern **unterschiedliche Stimmrechte** einzuräumen; so kann Einzelnen ein Vetorecht[140] oder ein mehrfaches Stimmrecht zugestanden werden.[141] Es können auch Stimmbindungen getroffen werden,[142] Stimmrechtsausschlüsse erweitert oder begrenzt werden[143] oder bestimmte Beschlussfassungen auch auf Sondergremien (Beirat) übertragen werden[144] (alles selbstverständlich nicht unbegrenzt, vgl. die jeweiligen Nachweise und Rn 91).

94 Das Stimmrecht gilt als **höchstpersönliches** Recht des Gesellschafters. Es kann daher nicht übertragen oder von der Mitgliedschaft getrennt werden (auch nicht wenn der Gesellschaftsver-

---

134 BGHZ 66, 82, 85; *Kraffel/König*, DStR 1996, 1130 ff. Zu Mehrheitsbeschlüssen speziell bei Vereinbarung von Nachschusspflichten siehe auch Rn 62, 102, vgl. i.Ü. auch die Ausführungen zu den Gestaltungsmöglichkeiten bei den jeweiligen Randnummern.
135 MünchGesR/*Weipert*, § 57 Rn 27.
136 Vgl. BGHZ 71, 53 ff.; *Kraffel/König*, DStR 1996, 1132 f.; *K. Schmidt*, Mehrheitsbeschlüsse in GmbH & Co.-Verträgen, ZHR 158, 205, 218 (der dabei betont, dass ein Beschlusskatalog nicht erforderlich ist, wenn die Klausel anderweitig zu eindeutigen Ergebnissen führt). Vgl. die Sammlung zulässiger und unzulässiger Beschlussgegenstände bei Baumbach/*Hopt*, § 119 Rn 36, 38 (nicht immer ganz eindeutig/widerspruchsfrei).
137 Baumbach/*Hopt* § 119 Rn 31 f. mit Hinweisen zu Ausnahmen und zur a.A.; Ebenroth/*Goette*, § 119 Rn 68 ff.
138 Ebenroth/*Goette*, § 119 Rn 78, 79.
139 Vgl. auch Sudhoff/*Schulte*, § 12 Rn 45.
140 So z.B. für den Senior (Gründer) einer Familiengesellschaft, vgl. dazu auch *Westermann*, § 24 Rn 498.
141 Sudhoff/*Schulte*, § 12 Rn 35; *K. Schmidt*, Gesellschaftsrecht, § 21 II 1e, § 19 III 3c bb; zu Grenzen vgl. BGHZ 20, 363, 370.
142 BGH NJW 1951, 268; *Westermann*, § 24 Rn 500 ff.; Baumbach/*Hopt*, § 119 Rn 17 f.; Sudhoff/*Schulte*, § 12 Rn 29 ff.
143 Zu den kraft Gesetzes bestehenden Stimmrechtsausschlüssen, BGH BB 1974, 996; WM 1983, 60; Baumbach/*Hopt*, § 119 Rn 8–11; zu Grenzen der vertraglichen Disposition *ders.*, Rn 12 f.; Sudhoff/*Schulte*, § 12 Rn 25 ff.
144 *Westermann*, § 24 Rn 488; Baumbach/*Hopt*, § 114 Rn 27. Bei der OHG ist das aber kaum praktisch.

trag dies vorsieht).[145] Bei der Ausübung ist die Stimmabgabe eine **Willenserklärung** und unterliegt den dafür geltenden BGB-Bestimmungen (§§ 104 ff. BGB). Die **Ausübung des Stimmrechts** steht dem Gesellschafter nicht generell frei, sondern er ist dabei entsprechend seiner gesellschaftsrechtlichen Förder- und Treuepflicht gebunden: Der Gesellschafter ist grundsätzlich zur Mitwirkung verpflichtet und kann im Einzelfall auch zur Zustimmung oder Ablehnung eines Beschlusses verpflichtet sein.[146]

Der **Basisvertrag** (Rn 140) regelt in Bezug auf die Beschlusskompetenz der Gesellschafterversammlung eine Dreistufigkeit: 95
- Soweit über gewöhnliche Geschäftsführungsmaßnahmen beschlossen wird – sei es im Vorwege, sei es aufgrund eines Widerspruchs – genügt die einfache Mehrheit der anwesenden Stimmen, sofern die Gesellschafterversammlung überhaupt beschlussfähig ist.[147]
- Bei außergewöhnlichen Geschäftsführungsmaßnahmen (Ziff. VII.3. des Basisvertrages) bedarf es zwar eines einstimmigen Beschlusses der beschlussfähigen Gesellschafterversammlung, aber nicht der Zustimmung aller Gesellschafter, also nicht der, die an der Versammlung nicht teilnehmen (anders § 116 Abs. 2 HGB).
- Bei Grundlagengeschäften, insbesondere Änderungen des Gesellschaftsvertrages, bedarf es dagegen weiterhin echter Einstimmigkeit.
- Ziff. X.4 regelt zur Klarstellung für die Gesellschafter nur die Fälle, in denen auch sonst ein gesetzlicher Stimmrechtsausschluss gegeben wäre.
- Der Rechtsstreit über die Wirksamkeit von Beschlüssen (Feststellungsklage[148]) soll – abweichend von der gesetzlichen Lage – aus Gründen der Vereinfachung gegen die Gesellschaft und binnen einer absehbaren Frist geführt werden.[149]

13. Jahresabschluss und Gewinnermittlung
a) Geschäftsjahr

Das Geschäftsjahr (steuerrechtlich: Wirtschaftsjahr) ist der Zeitraum, nach dem die Gesellschaft 96 das vorhandene Vermögen in einem Inventar feststellt (§ 240 Abs. 2 HGB), für das anhand der Buchführung der OHG[150] der Jahresabschluss (Bilanz und Gewinn- und Verlustrechnung) erstellt (§§ 242 ff. HGB) und nach dem der zu verteilende und zu versteuernde Gewinn der OHG ermittelt wird (§ 120 HGB, § 4a EStG). Das Geschäftsjahr der OHG entspricht im Allgemeinen dem **Kalenderjahr**. Abweichende Regelungen (Beispiel: 1.10.–30.9.) sind zulässig, sofern die Gesellschaft im Handelsregister eingetragen ist (§ 4a Abs. 1 Nr. 2 EStG) und ein Zwölf-Monats-Zeitraum als Geschäfts- bzw. Wirtschaftsjahr festgelegt wird (§ 240 Abs. 2 S. 2 HGB, § 8b EStDV).[151] Eine Verkürzung auf weniger als zwölf Monate ist für Rumpfgeschäftsjahre möglich, d.h. für das Jahr des Beginns, der Beendigung, der Veräußerung oder bei Geschäftsjahrumstellungen (vgl. § 8b EStDV).[152]

---

145 Baumbach/Hopt, § 119 Rn 5, 19; zur Vertretung vgl. schon Rn 80 ff.
146 Baumbach/Hopt, § 119 Rn 6 f.; eingehend MünchGesR/Weipert, § 57 Rn 39 ff.; Westermann, § 24 Rn 499. Zur Zustimmungspflicht zu der Tätigkeitsvergütung eines Gesellschafters siehe OLG München DB 2003, 2767 f.
147 Wenn eine Zuständigkeitsverteilung besteht (vgl. Basisvertrag Ziff. VII.2), wird als Alternative zum hier Vorgeschlagenen mitunter bei den Beschlussfassungsregeln darauf Bezug genommen, so wenn z.B. der zuständige Geschäftsführer nur mit qualifizierter Mehrheit überstimmt werden kann.
148 Brandes, WM 2000, 385, 388 m.w.N., dort auch zur BGH-Rspr. über Klagefristen.
149 Siehe Ebenroth/Goette, § 119 Rn 78; Baumbach/Hopt, § 119 Rn 32, § 109 Rn 44.
150 Zur Buchführungspflicht der OHG vgl. § 238 HGB; zur mögl. Strafbarkeit bei Vernachlässigung §§ 283 ff. StGB (siehe auch § 290 InsO); zu weiteren Folgen Baumbach/Hopt/Merkt, § 238 Rn 18 ff.
151 Zu steuerrechtlichen Möglichkeiten: L. Schmidt/Heinicke, § 4a Rn 5. Handelsrechtlich sind nach dem OLG Frankfurt (DB 1999, 841 f.) keine rückwirkenden Änderungen zulässig.
152 Ebenroth/Wiedmann, § 240 Rn 22.

b) Jahresabschluss

97 Der Jahresabschluss, bestehend aus **Bilanz** und **Gewinn- und Verlustrechnung** (§ 242 Abs. 3 HGB), ist, auch wenn keine gesellschaftsvertraglichen Bestimmungen dazu bestehen, zeitnah[153] und entsprechend den Grundsätzen ordnungsgemäßer Buchführung nach Ende des Geschäftsjahres zu erstellen (§§ 242, 243 HGB).[154] Die Aufstellung erfolgt in EUR (§ 244 HGB). Während früher die Handelsbilanz grundsätzlich der maßgebende Ansatz auch für die **Steuerbilanz** war,[155] die ihrerseits Grundlage für die einheitliche und gesonderte Feststellung der steuerlich relevanten Gewinne/Verluste der OHG und damit für die Besteuerung der Gewinne beim Gesellschafter ist (Rn 21), sind durch das BilMoG zwei im Grundsatz selbstständige Abschlüsse (einerseits auf handelsrechtlicher Grundlage, andererseits für die Steuer) mit z.B. unterschiedlichen Ansätzen für Abschreibungen/Bewertungen von Pensionsrückstellungen etc. kaum noch zu vermeiden.[156] Bei Existenz von steuerlichem „Sonderbetriebsvermögen" sind außerdem zusätzlich Sonderbilanzen erforderlich;[157] die Veräußerung von Anteilen zu anderen Werten als zum steuerlichen Buchwert erfordert sog. **Ergänzungsbilanzen**. Der Jahresabschluss ist von allen Gesellschaftern zu unterzeichnen (§ 245 HGB), wobei die Unterschrift aber keine Wirksamkeitsvoraussetzung des Abschlusses ist.[158]

98 Da über die Erstellung des Jahresabschlusses bereits Einfluss darauf genommen werden kann, wie viel als Gewinn der Gesellschaft in dem betreffenden Jahr ermittelt wird und so zur Verteilung unter den Gesellschaftern ansteht, da bei der Gestaltung des Abschlusses durchaus Freiräume bestehen (so können z.B. über die Bewertung der Aktiv-/Passivposten stille Rücklagen gebildet werden[159]), stellt sich die Frage der **Beteiligung der Gesellschafter**: Im Grundsatz gilt dabei, dass die **Aufstellung** des Jahresabschlusses eine gewöhnliche Geschäftsführungsmaßnahme (vgl. Rn 76) ist und daher von den geschäftsführenden Gesellschaftern nach § 115 Abs. 1 HGB allein vorgenommen werden kann.[160] Den nicht tätig werdenden Geschäftsführern steht – wie sonst – ein Widerspruchsrecht zu. Kommt unter ihnen dann keine Einigung zustande, muss ggf. – wenn kein anderer Weg im Vertrag vorgegeben ist – durch ein Gerichtsurteil die Berechtigung des Widerspruchs geklärt werden (Feststellungsklage, siehe schon Rn 76[161]). Der aufgestellte Jahresabschluss wird für die Gesellschaft dann durch seine **Feststellung** in Kraft gesetzt.[162] Diese Feststellung ist – eben auch weil damit ggf. im aufgestellten Jahresabschluss getroffene Entscheidungen über die Gewinne verbindlich werden[163] – Grundlagengeschäft und bedarf deswegen grundsätzlich (wieder vorbehaltlich anderweitiger Bestimmung im Gesellschaftsvertrag, wobei eine einfache Mehrheitsklausel genügt[164]) der Zustimmung aller Gesell-

---

153 Als Grundregel gilt die Sechs-Monats-Frist entsprechend § 264 Abs. 1 S. 3 HGB, vgl. Baumbach/Hopt/Merkt, § 243 Rn 10 m.w.N.
154 Vgl. Baumbach/Hopt/Merkt, § 238 Rn 11 m.w.N.
155 Vgl. zu dem immer mehr überholten Prinzip der „Maßgeblichkeit" Baumbach/Hopt/Merkt, § 242 Rn 4 ff.
156 Vgl. auch MünchGesR/Bezzenberger, § 62 Rn 9; Tipke/Lang/Hey, § 17 Rn 49 („Abschied von der Einheitsbilanz").
157 Siehe auch Wichmann, Das Sonderbetriebsvermögen in Buchführung und Bilanz, BB 1991, 2117.
158 OLG Karlsruhe WM 1987, 533, 536; OLG Frankfurt BB 1989, 395.
159 Siehe Bormann/Hellberg, Ausgewählte Probleme der Gewinnverteilung in der Personengesellschaft, DB 1997, 2415.
160 H.M. MünchGesR/Bezzenberger, § 62 Rn 57, 60 ff.; Baumbach/Hopt, § 114 Rn 3; Ebenroth/Ehricke, § 120 Rn 9 m.w.N., anders wenn spezielle Zuweisungen im Vertrag bestehen.
161 Klagemuster bei Vorwerk/Parigger, Kap. 91 Rn 104.
162 MünchGesR/Bezzenberger, § 62 Rn 74; Ebenroth/Ehricke, § 120 Rn 33 ff.
163 Vor der Feststellung besteht kein Anspruch auf Verteilung des Gewinns, vgl. Bormann/Hellberg, DB 1997, 2415, auch zum einklagbaren Anspruch auf Feststellung.
164 So BGHZ 170, 283 ff. ("OTTO-Entscheidung"; unter Aufgabe der insoweit gegenteiligen Auffassung in BGHZ 132, 262 ff.). Beim Terminus „Grundlagengeschäft" ist – nach dem BGH a.a.O. – zwischen solchen mit gesellschaftsvertraglichem Bezug und solchen mit qualifiziertem Verwaltungsbezug zu differenzieren (siehe auch Baumbach/Hopt, § 114 Rn 3 a.E. i.V.m. § 164 Rn 3).

schafter. Es kann dabei allerdings eine Verpflichtung der Gesellschafter bestehen, auch ohne Bestimmungen im Gesellschaftsvertrag die Zustimmung zu erteilen, sofern der aufgestellte Jahresabschluss nicht unrichtig oder ermessensfehlerhaft aufgestellt ist oder soweit es sich bei den strittigen Bilanzierungsmaßnahmen nicht bereits um Entscheidungen über die Gewinnverwendung handelt[165] (vgl. zur Gewinnverwendung noch Rn 100 ff.).

Der **Basisvertrag** (Rn 140) überlässt der Geschäftsführung die Möglichkeit eine **Einheitsbilanz** für handels- und steuerrechtliche Zwecke (soweit dies für das Unternehmen steuer- und handelsrechtlich noch möglich ist, vgl. oben Rn 97) oder aber gesonderte Handels- und Steuerbilanzen zu erstellen und beschränkt sich im Übrigen auf Vorgaben zur Frist und zum Modus der Aufstellung: Die **Aufstellung des Jahresabschlusses** wird dem für die Rechnungslegung zuständigen Geschäftsführer aufgetragen, da der Gesellschaftsvertrag ohnehin eine passende Zuständigkeitsverteilung (Buchhaltung) vorsieht. Die Hinzuziehung eines Steuerberaters o.Ä. ist in der Praxis die Regel und ist – auch ohne vertragliche Bestimmung – zumindest dann geboten, wenn der handelnde Geschäftsführer nicht selbst hinreichend sachkundig ist.[166] Um etwaige Bedenken der anderen Gesellschafter gegen die Aufstellung nicht erst bei der Feststellung zu berücksichtigen, wird gem. Ziff. XI.3 des Basisvertrages der Jahresabschluss den Gesellschaftern unverzüglich übersandt und ein Widerspruch innerhalb einer Frist gefordert (bei dessen Vorliegen das übliche Procedere in Kraft tritt). Soweit ein Widerspruch weder erhoben noch mit qualifizierter Mehrheit überstimmt wird, sollen nach dem Basisvertrag zwei Drittel der Stimmen zur Zustimmung genügen (Ziff. XI.5). Auf diese Weise wird erreicht, dass etwaige Einwände erstens kurzfristig vorgebracht werden müssen und zweitens gleichwohl von der qualifizierten Mehrheit (im Gesellschaftsinteresse) überbrückt werden können.[167] Dies erscheint tragbar, weil die Geschäftsführer bereits vorab Tätigkeitsvergütungen erhalten und insoweit ihre Lebensgrundlage nicht über die Gewinnausschüttung sicherzustellen ist. **99**

14. Ergebnisverteilung und Entnahmen

Das im Jahresabschluss festgestellte Ergebnis wird nach der **Regelung des § 121 HGB** verteilt (gestufte Regelung, nach der zunächst eine „Vordividende", berechnet nach dem Kapitalanteil, der Restgewinn aber nach Köpfen, ausgeschüttet wird). Dieser Modus wird in der Praxis allerdings sehr oft (beinahe regelmäßig) im Gesellschaftsvertrag modifiziert, weil er in den meisten Fällen als nicht interessengerecht gilt.[168] In der Praxis kommen unterschiedlichste Systeme vor: Ergebnisverwendung nach Köpfen, nach festen Quoten, in Form von fester Verzinsung von Kapitalkonten, über – vgl. auch den Basisvertrag – Tätigkeitsvergütungen, als Rücklagen und in diversen Mischformen.[169] Sehr verbreitet ist heute die Kombination von festen Tätigkeitsvergütungen (die für mitarbeitende Gesellschafter oft besser erscheint als die Verteilung nach Köpfen, da es einerseits die Disposition, andererseits die Rücklagenbildung erleichtert) und bei weiter zu verteilendem Ergebnis eine Ausschüttung nach Kapitalanteilen. **100**

Entsprechend ist auch das Grundprinzip des **Basisvertrages** (Rn 140): Die Tätigkeitsvergütung (und ebenso die Zinsen aus dem Kapitalkonto II und dem Privatkonto) wird gesellschaftsrechtlich **101**

---

[165] BGHZ 132, 262 ff.; BGHZ 170, 283 ff.; für eine OHG, in der alle zur Aufstellung befugt sind, ist dieses Erfordernis durch das vorangehende Widerspruchsrecht nicht von Bedeutung.
[166] Ebenroth/*Ehricke*, § 120 Rn 10 m.w.N.
[167] Auch die Entscheidung über die Ergebnisverwendung stünde nicht im freien Ermessen der Gesellschafter und wäre unter Abwägung der Einzelinteressen mit dem Gesellschaftsinteresse ansonsten u.U. von einem Gericht zu ersetzen, vgl. BGHZ 132, 262, 276.
[168] Staub/*Schäfer*, § 121 Rn 9, 21 f.; MünchGesR/*v. Falkenhausen/Schneider*, § 63 Rn 10 ff.; Baumbach/*Hopt*, § 121 Rn 8 ff.; anhand eines Problemfalles: *Wertenbruch*, Gewinnausschüttung und Entnahmepraxis in der Personengesellschaft, NZG 2005, 665 ff.
[169] Vgl. MünchGesR/*v. Falkenhausen/Schneider*, § 63 Rn 14 ff.

als Aufwand angesehen,[170] so dass jeder Geschäftsführer diese ohne Rücksicht auf das konkrete Ergebnis erhält (vgl. auch Ziff. VIII.1 des Basisvertrages) und damit eine zu disponierende monatliche Einnahme hat.[171] Der Restgewinn wird dann entsprechend der Kapitalanteile verteilt, wobei zunächst bestehende Negativsalden auf den Konten (aus vorherigen Verlusten) ausgeglichen werden müssen, und anschließend nach festen Quoten der Gewinn (zur möglichen Sofortentnahme auf dem Privatkonto) oder zur Liquiditätsversorgung auf dem Kapitalkonto II verbucht werden.

102   **Entnahmen** sind nach dem gesetzlichen Modell des § 122 HGB einerseits (in Höhe von 4%) zu Lasten des Kapitalanteils möglich, i.Ü. zu Lasten des Gewinnanteils des Vorjahres. Diese Regelungen werden beinahe durchweg geändert. Im Basisvertrag ist der Kapitalanteil – verbucht auf Kapitalkonto I, vgl. näher Rn 71, 75 – unveränderlich und daher nur bei Änderung des Gesellschaftsvertrages (und daher bei Zustimmung aller) zu reduzieren (oder zu erhöhen). Das Kapitalkonto II soll der Gesellschaft eine gewisse Liquiditätsreserve verschaffen, wird deswegen regelmäßig zumindest mit gewissen Gewinnanteilen versorgt (Ziff. XII.3), verzinst (Ziff. VI.3, deswegen sind Einlagen zustimmungspflichtig) und hat – auf Guthabenbasis geführt – einen gewissen Bestandsschutz (vgl. Ziff. XIII.2). Das Privatkonto ist dagegen das „laufende Konto" des Gesellschafters für seine Vergütung und seine Zinsen aus dem Kapitalkonto II und steht deswegen – soweit Guthaben vorhanden ist – zur Entnahme frei. Für einen Ausnahmefall (Zinsen eines negativen Kapitalkontosaldos – und damit in ganz begrenztem Maße – kennt der Basisvertrag (Ziff. VI.4) eine Nachschusspflicht,[172] die m.E. – auch wenn keine explizite Höchstgrenze genannt ist – auch zulässig ist. Spezielle **zweckgebundene Entnahmemöglichkeiten** (z.B. für Tätigkeitsvergütungen oder gesellschaftsbezogene Steuern) könnten eingeräumt werden, sieht der Basisvertrag aber nicht vor; für Tätigkeitsvergütungen ist das schon durch die laufende Verbuchung auf dem Privatkonto vorgegeben, für die anfallenden Steuerzahlung geht das Muster von einer eigenverantwortlichen Planung jedes Einzelnen aus.

15. Verfügungen über den Anteil

103   Der Anteil des OHG-Gesellschafters ist grundsätzlich **übertragbar**[173] (vgl. noch näher zur Übertragung Rn 142 ff.). Voraussetzung ist aber, dass alle Mitgesellschafter der Übertragung zustimmen (denn der Gesellschafterwechsel ist Grundlagengeschäft, vgl. Rn 77)[174] oder der Gesellschaftsvertrag eine Übertragung bereits vorsieht. Die Regelungsmöglichkeiten des Gesellschaftsvertrages sind wiederum weitgehend (beachte zum Bestimmtheitserfordernis auch insoweit Rn 91): Der Vertrag kann die Übertragung generell zulassen oder erleichtern (z.B. Mehrheitsbeschlüsse vorsehen, Verweigerung auf spezielle Versagungsgründe beschränken), er kann besondere Formvorschriften vorschreiben, Vorkaufsrechte für die anderen Gesellschafter gewähren oder zwischen den Gesellschaftern für die Übertragbarkeit oder in Bezug auf mögliche Übertragungsempfänger differenzieren.[175] Rechtsfolge einer Übertragung ist – anders als beim auch möglichen

---

170 Zur steuerlichen Behandlung (als Gewinnanteil) vgl. schon Rn 84.
171 Wenn auf diese Weise über mehrere Jahre i.Ü. nur Verluste zu verteilen sind, werden die Gesellschafter die Höhe der Vergütung ändern müssen.
172 Anders als nach gesetzlichem Modell, vgl. § 707 BGB, siehe MünchGesR/*v. Falkenhausen/Schneider*, § 60 Rn 100 ff., zu Ausnahmen (aus dem Gesellschaftszweck oder der Treuepflicht herrührend) dort Rn 106, 108. Zu den Anforderungen an Nachschussklauseln auch vorn Rn 62 und *Gehrlein*, Zur Nachschusspflicht des dissentierenden Gesellschafters, BB 2007, 1019 f.
173 Anerkannt seit einer Entscheidung des RG v. 1944 (WM 1964, 1130 f.); siehe auch BGH WM 1961, 303, 304; Ebenroth/*Wertenbruch*, § 105 Rn 163; MünchGesR/*Piehler/Schulte*, § 73; Baumbach/*Hopt*, § 105 Rn 69.
174 Eine Zustimmungs*pflicht* der übrigen Gesellschafter zur Übertragung gibt es – vorbehaltlich anderer Vertragsregelungen – grundsätzlich nicht, siehe Baumbach/*Hopt*, § 105 Rn 64, 66 (auch zu Ausnahmen).
175 Selbstverständlich kann nicht willkürlich differenziert werden; nicht unüblich sind aber z.B. in Familiengesellschaften die Einräumung der Übertragungsrechte nur für Altgesellschafter oder die Beschränkung der Übertragbarkeit innerhalb der Familie oder auf Mitgesellschafter, siehe MünchGesR/*Piehler/Schulte*, § 73 Rn 6 f.

doppelvertraglichen Ein- und Austritt[176] – die Einzelrechtsnachfolge des Erwerbenden in die Mitgliedschaft des Veräußernden;[177] (zur Haftung siehe Rn 153).

Entsprechendes gilt für die **Einräumung von Rechten Dritter** an dem Anteil, insbesondere bei einer Verpfändung (§§ 1273, 1274 BGB)[178] oder der Verschaffung eines Nießbrauchs an dem Anteil (vgl. dazu näher den Beitrag § 13). Auch dies bedarf der Zustimmung aller Mitgesellschafter oder einer dies ermöglichenden Regelung im Gesellschaftsvertrag.[179] Vgl. weiter das Muster des Verpfändungsvertrages unter Rn 167. **104**

Im **Basisvertrag** wird in Ziff. XIV.1 zunächst nur deklaratorisch festgestellt, dass die Übertragung oder Belastung der gesonderten Zustimmung bedarf. Eine Ausnahme wird – parallel zur Nachfolgeregelung – in Ziff. XIV.2 für den Fall einer Übertragung in vorweggenommener Erbfolge gemacht (in der Praxis wird oft auch die Übertragung auf Familienangehörige beschränkt; ob dies sinnvoll ist, ist vom Einzelfall abhängig). Für diesen Fall ist manchmal auch die Möglichkeit einer **Teilübertragung** gewünscht und sinnvoll, z.B. um dem potentiellen Nachfolger noch mit Hilfe des „Seniors" den Einstieg zu erleichtern. Eine Zustimmung zur (vollen) Anteilsübertragung im Gesellschaftsvertrag beinhaltet nicht automatisch auch die Zustimmung zur Teilübertragung (Auslegungsfrage);[180] sie sollte – wie im Basisvertrag vorgesehen – daher explizit geregelt sein. Das Erfordernis der Anzeige und der Schriftform (Ziff. XIV.3) sollen die Transparenz des Gesellschafterwechsels fördern;[181] das gesonderte Formerfordernis ist notwendig, wenn im Gesellschaftsvertrag Gesellschafterverpflichtungen enthalten sind, die zu ihrer Wirksamkeit der besonderen Form bedürfen (vgl. zur notariellen Beurkundung der eherechtlichen Güterstandsregelung Rn 133; siehe auch beim Übertragungsvertrag Rn 151). Die nötige Eintragung der Übertragung des Anteils im Handelsregister erfordert ohnehin das Aufsuchen eines Notars (§§ 107, 12 HGB; zur Beglaubigung siehe Rn 151). **105**

16. Nachfolgeregelung bei Tod eines Gesellschafters oder aus Altersgründen

Nach der **gesetzlichen Regel** des § 131 Abs. 3 Nr. 1 HGB besteht die OHG im Falle des Todes eines Gesellschafters unter **Ausscheiden des Verstorbenen** fort (sofern noch mindestens zwei Gesellschafter übrig bleiben, siehe dazu schon Rn 47). Der Gesellschaftsanteil des Ausgeschiedenen wächst in diesem Fall zwingend den übrigen zu (§ 738 Abs. 1 S. 1 BGB); mit den nach Erbrecht zu bestimmenden Gesamtsrechtsnachfolgern (dem Erben oder der Erbengemeinschaft) des Verstorbenen ist dann eine **Auseinandersetzung** gem. §§ 738 ff. BGB durchzuführen: Die überlassenen Sachen sind zurückzugewähren, der Ausgeschiedene (sein Rechtsnachfolger) ist im Innenverhältnis von den Verbindlichkeiten zu befreien, und es ist eine Abrechnung in Form einer Auseinandersetzungsrechnung zu erstellen und das Guthaben auszuzahlen (§ 738 Abs. 1 S. 2 BGB).[182] Die Nachteile dieser Rechtslage sind offensichtlich: Zum einen besteht kein Anspruch des/der Erben, Gesellschafter zu werden, was oft weder sachgerecht ist noch im Sinne des Verstorbenen war; zum anderen erfolgt eine erhebliche Belastung der Gesellschaft durch die **106**

---

176 Von der Übertragung, dem Übergang des Anteils vom Veräußerer auf den Erwerber, ist der Gesellschafterwechsel durch Eintritt des neuen und Austritt des alten, die dann in keiner direkten Rechtsbeziehung stehen, zu unterscheiden, siehe Staub/*Schäfer*, § 105 Rn 288, 292.
177 Baumbach/*Hopt*, § 105 Rn 72; Ebenroth/*Wertenbruch*, § 105 Rn 163.
178 Siehe *Roth*, Pfändung und Verpfändung von Geschäftsanteilen, ZGR 2000, 187 ff.; MünchGesR/*Hohaus*, § 66 Rn 60 ff.
179 Eine Klausel, die die Übertragung ermöglicht, schafft nach h.M. in der Regel kein Recht zur Verpfändung, Ebenroth/*Wertenbruch*, § 105 Rn 168; *Flume*, § 17 VII; Baumbach/*Hopt*, § 124 Rn 20.
180 Ebenroth/*Wertenbruch*, § 105 Rn 166; *Michalski*, § 105 Rn 69; Staub/*Schäfer*, § 105 Rn 312.
181 Das Schriftformerfordernis gilt allerdings als aufgehoben, wenn die Gesellschafter es nicht beachten und die Übertragung formlos akzeptieren, siehe Baumbach/*Hopt*, § 105 Rn 63.
182 Näher dazu Baumbach/*Hopt*, § 131 Rn 38 ff.; Ebenroth/*Lorz*, § 131 Rn 55 ff. jeweils m.w.N.

Auseinandersetzungsregelungen/-ansprüche, die die Liquidität und sogar den Erhalt der Gesellschaft insgesamt in Frage stellen kann.[183]

107 Einigkeit besteht darüber, dass in Anbetracht dieser gesetzlichen Ausgangslage eine (abweichende) **Regelung im Gesellschaftsvertrag** regelmäßig dringend empfehlenswert ist.[184] Die zwei wichtigsten Grundmuster zur Lösung des Konfliktes sind:[185]
- Vielfach wird im Vertrag abweichend von der gesetzlichen Regel des § 131 Abs. 3 HGB eine Fortsetzung mit den Erben (oder einem von ihnen) als Nachfolger des Verstorbenen vorgesehen (sog. **Nachfolgeklausel**;[186] beachte für diesen Fall den zwingenden § 139 HGB). Diese Alternative hat den Vorteil, dass man die Gesellschaft nicht allein wegen des Todes eines der Gesellschafter mit Zahlungsansprüchen (aus der Auseinandersetzung oder einer vertraglich vorgesehenen Abfindungsregelung) belastet, und liegt den Gesellschaftern vor Eintritt von Todesfällen grundsätzlich auch deswegen nahe, weil sie „ihr Unternehmen" gern von ihrem Erben fortgesetzt sehen.
- Will man dies aber nicht und belässt es bei einer Regelung entsprechend § 131 Abs. 3 HGB (sog. **Fortsetzungsklausel**, d.h. unter Ausschluss der Erben), muss zumindest über eine taugliche Abfindungsbestimmung dafür Vorsorge getroffen werden[187] (vgl. zur Abfindung noch Rn 118 ff.), dass die Gesellschaft durch die Ansprüche der Erben des Ausgeschiedenen nicht in ihrer Existenz gefährdet wird. Zugleich sind bei dieser Gestaltungsform – jedenfalls bei Gesellschaften, die nicht über eine Vielzahl von Gesellschaftern verfügen – Überlegungen für den Fall zu empfehlen, dass irgendwann der vorletzte Gesellschafter verstirbt und die OHG endet (siehe Rn 47). Will man dies verhindern, bedarf es rechtzeitiger Vorsorge, sei es, indem man einen unsterblichen Gesellschafter (z.B. eine GmbH) hinzuzieht, sei es, indem man die Todesfallklausel für den Vorletzten modifiziert.[188]

108 Praktisch ist jedenfalls für den Fall einer OHG, die auf der Mitarbeit ihrer Gesellschafter aufbaut, ein **Übergang des Anteils noch zu Lebzeiten** auf einen von ihm gewählten Nachfolger anzustreben (und dies mit den übrigen Gesellschaftern abzustimmen, die mit dem neuen künftig zusammenarbeiten müssen).[189] Zu Lebzeiten lassen sich Probleme meistens (noch) leichter lösen, als wenn der Todesfall bereits eingetreten ist. Der **Basisvertrag** (Rn 140) kombiniert insofern eine Regelung zum Ausscheiden aus Altersgründen (dort Ziff. XV.1) und für den Todesfall (denn

---

183 Auf das Streitpotential mit erheblichen Risiken auch für die Gesellschaft wird oft hingewiesen: *K. Schmidt*, DB 1998, 61, 64 („Erpressungspotential"); Ebenroth/*Lorz*, § 131 Rn 8.
184 Sudhoff/*van Randenborgh* § 16 Rn 17; *K. Schmidt*, DB 1998, 61, 64 („Nachfolgeklausel noch unentbehrlicher als bisher"); *Lamprecht*, Fortsetzung der OHG bei Ausscheiden eines Gesellschafters?, ZIP 1997, 919, 921.
185 Vgl. *K. Schmidt*, Gesellschaftsrecht, § 45 V; vgl. auch die umfassende Zusammenstellung von Klauselbeispielen nebst zugehöriger Fragen bei *Reimann*, Gesellschaftsrechtliche Nachfolgeregelungen in der Kautelarpraxis – Zivilrechtliche und steuerrechtliche Fragen, ZNotP 2006, 162 ff.
186 Zur Differenzierung zwischen „einfacher" (Fortsetzung mit allen Erben) und „qualifizierter" (Fortsetzung mit einzelnen Erben) Nachfolgeklausel, *K. Schmidt*, Gesellschaftsrecht, § 45 V 4 f.
187 Möglich ist in diesem Fall die Regelung, dass (ausnahmsweise) die Gesellschafter ohne Abfindung ausscheiden, vgl. BGH WM 1971, 1338; Sudhoff/*van Randenborgh*, § 16 Rn 28; Ebenroth/*Lorz*, § 131 Rn 123 m.w.N. Ob das allerdings sinnvoll/angemessen ist, bleibt zumindest für den Regelfall zweifelhaft (*K. Schmidt*, Gesellschaftsrecht, § 45 V 3c spricht von einer Art „Russischem Roulette").
188 Siehe dazu auch *Priester*, Handelsrechtsreformgesetz – Schwerpunkte aus notarieller Sicht, DNotZ 1998, 691, 706.
189 Gesetzliche Regeln zum Ausscheiden aus Altersgründen gibt es nicht, allenfalls ist im Einzelfall ein Ausschluss wegen eines wichtigen Grundes möglich (z.B. bei notwendiger, aber nicht mehr gewährleisteter Mitarbeit). Die übrigen Gesellschafter können laut BGH, ZIP 2005, 25 ff. aufgrund gesellschafterlicher Treuepflicht gehalten sein, der von einem Mitgesellschafter aus Alters- oder Krankheitsgründen gewünschten Vorwegnahme einer im Gesellschaftsvertrag für den Fall seines Todes getroffenen Nachfolgeregelung zuzustimmen, wenn die Vorsorge für die Zukunft des Gesellschaftsunternehmens dies erfordert, siehe dazu weitergehend *Wertenbruch*, WuB II E § 139 HGB 1.05.

selbstverständlich ist die Todesfallregelung trotzdem nicht entbehrlich) – hier in Form einer auf den Übergang unter Lebenden abgestimmten **Nachfolgeklausel** (Ziff. XV.3–5). Kernstück der Regelung ist dabei zum einen die Bestimmung eines einzelnen geeigneten Nachfolgers[190] (Ziff. XV.2) entsprechend den Bedürfnissen der OHG unter Wahrung der Interessen der Ausscheidenden. Geregelt ist weiter das Verfahren einerseits bei Übergang unter Lebenden (dazu Ziff. XIV), andererseits, wenn es doch zu einem Ausscheiden durch den Tod kommt (z.B. weil der Gesellschafter frühzeitig verstirbt).

Notwendig ist bei der Nachfolge im Todesfall – gerade wenn man einen speziellen Nachfolger als Gesellschafter wünscht – eine darauf **abgestimmte erbrechtliche Regelung** jedes einzelnen Gesellschafters, z.B. in einem Testament. Es kann Folgeprobleme ersparen, wenn der auserkorene Nachfolger auch alleiniger Erbe des Verstorbenen wird und die anderen, die der Erblasser ansonsten begünstigt wissen will, z.B. über Vermächtnisse bedacht werden. Dies gilt insbesondere, wenn der Erblasser neben seinem Gesellschaftsanteil noch steuerrechtliches **Sonderbetriebsvermögen** hatte (allgemein dazu schon Rn 23). Zwar ließe sich über eine qualifizierte Nachfolgeklausel erreichen, dass, auch wenn mehrere Erben vorhanden sind, nur einer von ihnen – mittels Sonderrechtsnachfolge – allein den Anteil erhält; das Sonderbetriebsvermögen fällt in diesem Fall gleichwohl der Erbengemeinschaft zu, was steuerlich nachteilig zu einer (anteiligen) Entnahme führt.[191] In diesem Bereich besteht daher regelmäßig Beratungs- und Aufklärungsbedarf für die Gesellschafter, wobei den Berater, der hierbei Fehler macht oder eine nötige Aufklärung unterlässt, ein nicht unerhebliches Haftungsrisiko trifft.[192] Der Basisvertrag weist die Gesellschafter bewusst auf die Notwendigkeit der Abstimmung hin (dort Ziff. XV.3 S. 2). **109**

Für den Fall, dass mangels (wirksamer) erbrechtlicher Verfügung gleichwohl eine Mehrzahl von Erben Gesellschafter wird, kommt es bei einer **Erbengemeinschaft** – die selbst nicht Gesellschafter sein kann (vgl. Rn 48) – zu einer automatischen Aufspaltung der Mitgliedschaft entsprechend der Erbquoten.[193] Der Basisvertrag (Rn 140, dort Ziff. XV.5) spricht dies zur Klarstellung für die Gesellschafter ausdrücklich aus und trifft für diesen (unerwünschten) Fall Vorsorge: Es wird erstens vorgegeben, wie auch in dieser Situation für die Gesellschaft das Ziel, einen geeigneten Nachfolger zu finden, erreicht werden soll, und zweitens, wie für die Übergangszeit – über eine Bevollmächtigung – eine praktikable Weiterführung ermöglicht wird. Das alles ändert nichts daran, dass im Fall, in dem eine erbrechtliche Regelung fehlt oder bei deren Gestaltung die Abstimmung mit dem Gesellschaftsrecht versäumt wurde,[194] Probleme – insbesondere für die Erben – auftreten werden. Der Gesellschaftsvertrag muss für diesen Fall zumindest die Schwierigkeiten für die OHG begrenzen. **110**

17. Ausscheiden und Ausschluss eines Gesellschafters

In § 131 Abs. 3 HGB sind weitere **gesetzlich vorgesehene Fälle** geregelt, in denen ein Gesellschafter ausscheidet, so wenn über sein Vermögen (rechtskräftig) die Insolvenz eröffnet wird (Nr. 2), wenn er oder ein seinen Anteil pfändender Gläubiger kündigen (Nr. 3 und 4; zur Kündigung noch weiter Rn 115 ff.), wenn ein (einstimmiger) Beschluss über sein Ausscheiden gefasst **111**

---

[190] Die Gesellschaft hat zumeist ein Interesse daran, dass sich die Zahl der Gesellschafter durch das Ausscheiden möglichst nicht verändert.
[191] Näher *Kessler/Greber/Levedag/Maywald*, Fälle zur Einführung in die Unternehmensbesteuerung, JuS 1999, 173, 176; Sudhoff/*Walpert*, § 30 Rn 18; Ebenroth/*Lorz*, § 139 Rn 35 ff. (auch zu weiteren Problemen).
[192] Darauf weisen *Kessler/Greber/Levedag/Maywald*, JuS 1999, 173, 176 hin.
[193] *K. Schmidt*, Gesellschaftsrecht, § 45 V 4a; Baumbach/*Hopt*, § 139 Rn 14; Sudhoff/*van Randenborgh*, § 16 Rn 33.
[194] Zum Sonderproblem bei Anordnung einer Testamentsvollstreckung vgl. Baumbach/*Hopt*, § 139 Rn 21 ff.; Sudhoff/*van Randenborgh*, § 16 Rn 48 ff.; Ebenroth/*Lorz*, § 139 Rn 62 ff.

wird (Nr. 6)[195] oder wenn ein sonstiger, speziell im Gesellschaftsvertrag vorgesehener Fall eintritt (Nr. 5). Der praktisch wohl bedeutendste (zumindest streitanfälligste) Ausschlussgrund ist in § 140 HGB zu finden: Liegt in der Person des Ausscheidenden ein wichtiger Grund vor, der gem. § 133 HGB zur Auflösung der Gesellschaft berechtigt, wird den übrigen Gesellschafter auch ermöglicht, **Ausschließungsklage** gegen ihn zu erheben.[196] Der Grund für den Ausschluss muss in der Person des Auszuschließenden liegen, wobei der Maßstab für die Beurteilung die geschriebenen und ungeschriebenen Prinzipien des (jeweiligen) Gesellschaftsvertrages sind. Neben Verstößen gegen wichtige Gesellschafterpflichten[197] sind u.U. auch sonstige Verfehlungen (z.B. im Privatbereich) als wichtiger Grund anzuerkennen, wenn diese erheblichen Einfluss auf die Gesellschaft haben.[198] Ein **Verschulden** des Gesellschafters für den Eintritt des Grundes ist zwar die Regel, aber keine notwendige Voraussetzung für seinen Ausschluss[199] (so ist z.B. eine unverschuldete Berufsunfähigkeit dann tauglicher Grund, wenn die Gesellschaft auf Mitarbeit beruht). Voraussetzung für den Ausschluss ist aber stets, dass es kein milderes Mittel zur Erreichung des angestrebten Zwecks gibt (Verhältnismäßigkeitsprüfung).[200] Dazu gehört auch, dass den anderen Gesellschaftern nicht ebenso ein wesentliches Fehlverhalten vorzuwerfen ist, denn dann wäre nicht der Ausschluss, sondern nur die Auflösung der Gesellschaft angemessen.[201]

112   Die **Ausschließungsklage** ist dabei grundsätzlich von allen übrigen Gesellschaftern (als notwendige Streitgenossen gem. § 62 ZPO) gemeinsam zu erheben;[202] verweigern sich Einzelne, sind diese auf Zustimmung zu verklagen.[203] Erst mit dem rechtskräftigen Ausschließungsurteil (bei der Zwei-Personen-Gesellschaft, vgl. § 140 Abs. 1 S. 2 HGB, auch „Übernahmeurteil" genannt) ist der Gesellschafter ausgeschieden.

113   Um dieses komplizierte Procedere zu vereinfachen, wird in vielen Verträgen (und auch dem Basisvertrag) die **Ausschließung** aus wichtigem Grund **mittels Beschluss** statt mit der Ausschließungsklage ermöglicht.[204] Nicht zulässig ist es allerdings, dabei dem Ausgeschlossenen jeden Rechtsschutz zu verwehren; die gerichtliche Feststellung, dass der Beschluss – z.B. mangels wichtigem Grund oder Fehlen sonstiger Voraussetzung – unwirksam ist, kann der ausgeschlossene Gesellschafter daher immer beantragen.[205] Der Vorteil eines solchen Beschlusses ist zum einen, dass sich die Ausschlusswirkung vorverlegen lässt, und zum anderen ein Rechtsstreit u.U. ganz vermieden wird. Im Gesellschaftsvertrag kann auch der Ausschluss – für alle oder einzelne – ganz verboten werden oder können die **Ausschlussgründe näher geregelt**, insbesondere erweitert, begrenzt und – zur Erhöhung der Rechtssicherheit – für die Gesellschafter aufgezählt werden.[206] Nicht möglich ist nach der Rechtsprechung allerdings, den Ausschluss in das **freie Ermessen** der Beschlussfassenden zu stellen, weil dies willkürliche Entscheidungen

---

195 Einstimmigkeit bedeutet dann mit Zustimmung des Ausscheidenden, siehe Baumbach/*Hopt*, § 131 Rn 26.
196 Eingehend *Piehler*, Der Ausschluss eines Gesellschafters aus einer Personengesellschaft, DStR 1991, 686, 716; Sudhoff/*Masuch*, § 17 Rn 1ff.; Muster bei Vorwerk/*Parigger*, Kap. 92 Rn 36.
197 Siehe die Beispiele für mögliche Ausschlussgründe bei Baumbach/*Hopt*, § 140 Rn 7.
198 Näher *Piehler*, DStR 1991, 686: Genannt sind z.B. der Ehebruch mit der Frau des Mitgesellschafters, vgl. BGH NJW 1973, 92 oder die (private) Verfeindung mit einem wichtigen Geschäftspartner.
199 BGH WM 1975, 329; Baumbach/*Hopt*, § 140 Rn 7; *Piehler*, DStR 1991, 687 m.w.N.
200 Der Ausschluss muss „Ultima Ratio" sein, siehe BGHZ 4, 103, 108; Baumbach/*Hopt*, § 140 Rn 6.
201 *Piehler*, DStR 1991, 687; Sudhoff/*Masuch*, § 17 Rn 7, 13. Man kann nicht dagegen sagen, dass die Auflösung generell ein milderes Mittel ist (vgl. Baumbach/*Hopt*, § 140 Rn 6 a.E.).
202 Sudhoff/*Masuch*, § 17 Rn 23; Baumbach/*Hopt*, § 140 Rn 17ff.; wenn ein Gesellschafter der Klage verbindlich zugestimmt hat, muss er nicht selbst mit klagen, siehe Ebenroth/*Lorz*, § 140 Rn 28.
203 Zur Schadenersatzpflicht der Nicht-Mitwirkenden, siehe Baumbach/*Hopt*, § 140 Rn 20; aber auch OLG Düsseldorf DB 1984, 1087.
204 Zur Zulässigkeit siehe auch Sudhoff/*Masuch*, § 17 Rn 26 (auch zur alternativen Gestaltung mittels „Ausschließungserklärung"); *Piehler*, DStR 1991, 718; Baumbach/*Hopt*, § 140 Rn 28ff., insb. 30.
205 *Piehler*, DStR 1991, 718, zulässig ist dagegen die Beschränkung auf ein Schiedsverfahren.
206 Sudhoff/*Masuch*, § 17 Rn 14; Baumbach/*Hopt*, § 140 Rn 28ff.

ermöglicht und die Gesellschafterstellung jedes potentiell Auszuschließenden zu stark beschränkt (Verstoß gegen § 138 BGB, Einschränkung des gesellschaftsrechtlichen Kernbereichs),[207] wobei in besonderen Fallkonstellation auch hiervon Ausnahmen, d.h. Kündigungsmöglichkeiten ohne besonderen Grund, als zulässig angesehen werden[208] (z.B. in Form von zeitlich eng begrenzten „Probezeitbestimmungen"[209]). Unzulässig ist es weiterhin, einen Ausschluss ohne Abfindung vorzusehen[210] (eine Ausnahme gilt im Todesfall, siehe Rn 121). Zur Abfindung noch näher Rn 118 ff. Das Ausscheiden des Gesellschafters – gleich ob aufgrund eines Ausschlusses oder aus sonstigen Gründen – ist gem. § 143 Abs. 2 HGB im **Handelsregister** einzutragen (siehe Rn 151, 153, auch zur Haftung nach Ausscheiden).

Der **Basisvertrag** (Rn 140, dort Ziff. XVI.) sieht zunächst – in Modifikation zu § 131 Abs. 3 HGB – vor, wann ein Gesellschafter automatisch ausscheidet. Ziff. XVI. 2 zählt dann – nicht enumerativ – die Fälle auf, in denen der Gesellschafter durch (hier: einstimmigen) Beschluss ausgeschlossen werden kann: Das sind hier nicht nur wesentliche Vertragsverstöße, sondern auch vorverlagerte Anwendungsfälle, die sonst zu einem automatischen Ausscheiden führen. Dies ermöglicht den Gesellschaftern eine größere Flexibilität – im Interesse aller – bei deren Auftreten. Die übrigen Bestimmungen zur Beschlussfassung (Ziff. IX. und X. des Basisvertrages) gelten auch hier. Der betroffene Gesellschafter ist insofern von der Stimmabgabe ausgeschlossen (Ziff. X.4). Die Ziff. XVI.4 sieht eine Sonderregel für den Fall vor, dass nur noch zwei Personen verblieben sind, um Zeit zu schaffen, das Erlöschen der OHG zu verhindern.[211]

114

18. Kündigung eines Gesellschafters

Wenn die Gesellschaft – wie regelmäßig (Rn 68) – auf unbestimmte Zeit abgeschlossen ist, kann jeder Gesellschafter nach der dispositiven Gesetzeslage mit einer Frist von sechs Monaten zum Ende des Geschäftsjahres kündigen (§ 132 HGB i.V.m. § 723 BGB). Die Folge einer solchen Kündigung ist, dass der Kündigende gem. § 131 Abs. 3 Nr. 3 HGB aus der Gesellschaft ausscheidet, sein Anteil dann den übrigen anwächst und mit ihm eine Teilauseinandersetzung durchgeführt wird. Die Kündigung[212] ist nach der gesetzlichen Ausgangslage formlos möglich (was allerdings in den meisten Verträgen modifiziert wird) und muss gegenüber den anderen Gesellschaftern erklärt werden.[213] Eine ordentliche Kündigung kann ausnahmsweise und beschränkt auf besondere Fälle wegen Missbrauchs (§ 242 BGB – Treuepflicht) vorübergehend (vgl. § 723 Abs. 3 BGB)[214] ausge-

115

---

207 BGHZ 68, 212, 215; BGH JZ 1989, 956; Baumbach/*Hopt*, § 140 Rn 31 f.; *Piehler*, DStR 1991, 719. Anders aber wenn eine „freie Hinauskündigung" des Mitgesellschafters erbrechtlich gestaltet wird, siehe BGH NJW-RR 2007, 913.
208 In letzter Zeit mehren sich kritische Stimmen an einem generellen Verbot, vgl. *Gehrlein*, Neue Tendenzen zum Verbot der freien Hinauskündigung eines Gesellschafters, NJW 2005, 1969 ff.; *Benecke*, Inhaltskontrolle im Gesellschaftsrecht oder – „Hinauskündigung" und das Anstandsgefühl aller billig und gerecht Denkenden, ZIP 2005, 1437 ff. Zur Möglichkeit der gemeinschaftlichen eigenen Kündigung aller übrigen Gesellschafter siehe auch *Henssler/Kilian*, Zulässigkeit und Grenzen einer gemeinschaftlichen Kündigung der Mitgliedschaft in der Mitunternehmer-Personengesellschaft, ZIP 2005, 2229 ff.
209 Siehe BGH NJW 2004, 2013; unzulässig lang ist nach BGH NJW-RR 2007, 1256, eine zehnjährige Probezeit, zulässig – bei einer Kassenärzte-GbR – waren drei Jahre.
210 Eine insoweit unwirksame Abfindungsklausel führt aber nicht zur Unwirksamkeit der Ausschließung, siehe Baumbach/*Hopt*, § 140 Rn 33 a.E. m.w.N.
211 Siehe dazu auch *Priester*, Handelsrechtsreformgesetz – Schwerpunkte aus notarieller Sicht, DNotZ 1998, 691, 706.
212 Für die die allgemeinen Grundsätze wie für andere Kündigungen gelten, vgl. Sudhoff/*Masuch*, § 15 Rn 21 ff.; Baumbach/*Hopt*, § 132 Rn 3.
213 Nach BGH NJW 1993, 1002 wird die Kündigung, die ohne vertragliche Regelung fälschlich nur an die Gesellschaft versandt wird, wirksam, wenn alle Gesellschafter fristgerecht von ihr erfahren.
214 Ein dauerhafter Ausschluss ist niemals die Folge (siehe auch § 723 Abs. 3 BGB), BGHZ 23, 10, 16; Ebenroth/*Lorz*, § 132 Rn 17. Zum Ausschluss der Kündigung durch Verwirkung, vgl. BGH NJW 1966, 2160; Baumbach/*Hopt*, § 133 Rn 12.

schlossen sein.[215] Das ist jedoch nicht schon dann der Fall, wenn die Kündigung zur Unzeit erfolgt (vgl. § 723 Abs. 2 BGB: nur Schadenersatz).[216] Im Sonderfall einer Kündigung durch den pfändenden Privatgläubiger (§§ 859, 835 ZPO) eines Gesellschafters gelten die gesetzlichen bzw. vertraglichen Kündigungsregeln entsprechend.[217] Unabhängig von der ordentlichen Kündigung gem. § 132 HGB besteht bei Vorliegen eines wichtigen Grundes die Möglichkeit zur außerordentlichen (fristlosen) Kündigung[218] oder – wenn geboten – auch der Auflösung der OHG durch eine Gestaltungsklage gem. § 133 HGB.[219]

116   **Abweichende Regelungen** zu den Voraussetzungen der Kündigung sind recht weitgehend möglich: Bei einer entsprechenden Vereinbarung kann der Kündigungstermin (§ 132 HGB: Geschäftsjahresende) modifiziert und die Kündigungsfrist bis zur Fristlosigkeit verkürzt, aber auch sehr weitgehend verlängert werden (Sechs-Monats- bis Zwei-Jahres-Fristen kommen in der Praxis häufig vor). Die Form oder die Rechtsfolgen der Kündigung können im Gesellschaftsvertrag abweichend geregelt werden.[220] Möglich ist auch eine Unterscheidung der Modalitäten der Kündigung je nach Position des Gesellschafters, sofern die Differenzierung nicht willkürlich ist. Entsprechend § 723 Abs. 3 BGB ist es nach h.M. allerdings **unzulässig**, wenn die Kündigungsmöglichkeit ganz ausgeschlossen,[221] auf das Vorliegen eines wichtigen Grundes beschränkt[222] oder eine übermäßig lange Kündigungsfrist[223] bedungen wird (wobei eine 30-Jahres-Frist in einem besonderen Einzelfall als zulässig angesehen wurde[224]). Gleiches gilt, wenn über sonstige Erschwerungen oder angeordnete Folgen der Kündigung ein entsprechendes Ergebnis erreicht wird.[225]

117   Der **Basisvertrag** (vgl. Rn 140, dort Ziff. XVII.) sieht eine Möglichkeit zur ordentlichen Kündigung vor, wobei die Frist für den Einzelfall im Rahmen des weiten Zulässigkeitsrahmens (vgl. Rn 116) individuell festgelegt werden muss. Als Folge der Kündigung scheidet der Kündigende – entsprechend § 132 HGB – zum Jahresablauf aus und wird abgefunden. Ziff. XVII.3 bringt gewisse Modifikationen zur Form und zum Erklärungsgegner. Die Modifikation des Erklärungsgegners dient der Vereinfachung. Gleichwohl besteht ein Interesse daran, dass alle möglichst umgehend von der Kündigung erfahren, so dass eine Informationspflicht aufgenommen wurde; ein Verstoß dagegen führt jedoch nicht zur Unwirksamkeit der Kündigung, sondern nur zur Schadenersatzpflicht. Ziff. XVII.4 klärt im Wesentlichen deklaratorisch über weitere Möglichkeiten auf und modifiziert nur geringfügig und im zulässigen Rahmen (beachte § 133 Abs. 3 HGB), um so weit wie möglich, einen Rechtsstreit zu vermeiden und das Bestandsinteresse der Gesellschaft zu wahren.

---

215 Baumbach/*Hopt*, § 132 Rn 6; Staub/*Schäfer*, § 132 Rn 20 ff.; Sudhoff/*Masuch*, 15 Rn 27.
216 Siehe Baumbach/*Hopt*, § 132 Rn 5.
217 Dazu Sudhoff/*Masuch*, § 15 Rn 32 ff.; allgemein *Behr*, Die Vollstreckung in Personengesellschaften, NJW 2000, 1137; *Smid*, Probleme der Pfändung von Anteilen an Personengesellschaften, JuS 1988, 613; Antragsmuster bei *Stöber*, Forderungspfändung, 14. Aufl. 2005, Rn 1580 m.w.N.
218 H.M. siehe *Stodolkowitz*, Die außerordentliche Gesellschafterkündigung in der Personenhandelsgesellschaft, NZG 2011, 1327, 1329 m.w.N. Zur Umdeutung einer außerordentlichen Kündigung in eine ordentliche vgl. BGH WM 1998, 555.
219 Baumbach/*Hopt*, § 133 Rn 1 m.N. auch zur a.A.
220 Ersetzung der Kündigung in einen Anspruch auf Umwandlung, siehe dazu MüKo-HGB/*K. Schmidt*, § 132 Rn 29 (m.w.N.), siehe dort auch zu Formfragen; Beschränkung der Abfindung, siehe Rn 121; siehe auch Baumbach/*Hopt*, § 132 Rn 8, 11.
221 BGH NJW 1954, 106; Ebenroth/*Lorz*, § 132 Rn 24 m.w.N.
222 Staub/*Schäfer*, § 132 Rn 29; MüKo-HGB/*K. Schmidt*, § 132 Rn 30.
223 Sudhoff/*Masuch*, § 15 Rn 31 a.E.; MüKo-HGB/*K. Schmidt*, § 132 Rn 33; Baumbach/*Hopt*, § 132 Rn 13.
224 BGH WM 1967, 316.
225 Beispiel: Zustimmungserfordernis von Mitgesellschaftern oder Dritten, vgl. RGZ 21, 93, 94; Abfindungsbeschränkung, sonstige Nachteile, vgl. BGHZ 126, 226, 231; siehe auch Ebenroth/*Lorz*, § 132 Rn 24.

19. Abfindung
a) Einführung

Scheidet ein Gesellschafter aus der OHG aus,[226] wächst sein Anteil den Mitgesellschaftern anteilig an (§ 105 Abs. 2 HGB, § 738 S. 1 BGB). Er verliert seine Gesellschafterstellung (zur fortbestehenden Haftung für Altverbindlichkeiten vgl. Rn 153) und erlangt statt dessen einen Anspruch gegen die OHG auf ein Auseinandersetzungsguthaben, d.h. auf eine Abfindung, der – wenn keine abweichenden vertraglichen Regelungen bestehen – nach § 105 Abs. 2 HGB i.V.m. **§§ 738– 740 BGB** zu bestimmen ist (vgl. schon Rn 106).[227] Trotz des missverständlichen Wortlauts des § 738 Abs. 1 S. 2 BGB, der auf den Auflösungswert abstellt, erhält der Ausscheidende so einen Anspruch in Höhe des anteiligen Verkehrswertes des „lebenden Unternehmens" einschließlich stiller Reserven und „Goodwill".[228] Für die Gesellschaft hat das Fehlen von vertraglichen Abfindungsregelungen meist erhebliche Nachteile: Das Verfahren zur Bestimmung des Anspruchs ist recht kompliziert (gerade auch durch Regelungen wie § 740 BGB) und streitanfällig. Der Anspruch selbst (sofort und in voller Höhe fällig[229]) führt für die Gesellschaften vielfach – ohne vertragliche Ratenvereinbarungen – zu Liquiditätsschwierigkeiten bis hin zur Existenzgefährdung. Im Streitfall kann der Ausscheidende seinen Anspruch, sofern er ihn beziffern kann, im Wege der **Leistungsklage gegen die Gesellschaft** geltend machen; über § 128 HGB auch – alternativ oder kumulativ – gegen die Gesellschafter.[230] Bedarf es zuvor einer Berechnung des Anspruchs durch die OHG mittels sog. Abschichtungsbilanz, kann der Anspruch darauf zusammen mit dem Leistungsanspruch im Wege einer Stufenklage geltend gemacht werden.[231]

Die meisten Personengesellschaftsverträge enthalten **modifizierende Bestimmungen** zur Abfindung gegenüber dieser Gesetzeslage. Die Gründe dafür ergeben sich im Wesentlichen schon aus dem zuvor Gesagten:[232] Man strebt damit an, die Berechnung des Abfindungsanspruchs zu vereinfachen, um so die Kosten und das Potential für Streitigkeiten beim Ausscheiden zu reduzieren. Daneben wird oft versucht, über die Reduktion der Ansprüche und einer Regelung über Ratenzahlung den Ausstieg unattraktiv zu machen („Disziplinierung der Gesellschafter") und jedenfalls das Interesse der Gesellschaft am Fortbestand so gegenüber dem Ausstiegsinteresse des Einzelnen überzugewichten (insbesondere die Liquidität der OHG sicherzustellen). Es werden dazu Bestimmungen verwendet, die erstens die **Berechnung** des Anspruches modifizieren (siehe zu den Berechnungsformen die nächste Rn), zweitens das **Verfahren** zur Bestimmung des Anspruchs und im Falle von Streitigkeiten bestimmen (Sachverständigenermittlung, Schiedsklauseln u.Ä.), drittens die **Durchführung der Zahlung** festlegen (Ratenvereinbarungen, Verzinsungsregeln, Verfallsklauseln u.Ä.) und viertens **sonstige Folgen** des Ausscheidens (Freihaltung, Sicherstellung u.Ä.) regeln.

b) Buchwert-, Substanz- und Ertragswertklauseln

Je nach der **Art der Berechnung** des Anspruchs werden Buchwert-, Substanzwert- und Ertragswertklauseln unterschieden, wobei es darüber hinaus eine Vielzahl von Zwischen- und Sonder-

---

226 Nach der Gesetzessprache (vgl. § 733 BGB, § 131 Abs. 3 HGB) liegt i.d.S. ein Ausscheiden nur vor, wenn der Anteil nicht durch Übertragung oder Gesamtrechtsnachfolge auf Dritte übergeht.
227 Baumbach/*Hopt*, § 131 Rn 38 ff.; Palandt/*Sprau*, § 738 Rn 4 ff.
228 Baumbach/*Hopt*, § 131 Rn 49; Ebenroth/*Lorz*, § 131 Rn 69 ff.
229 Zum Streit, wann der Anspruch ohne vertragliche Regelung fällig ist, vgl. Ebenroth/*Lorz*, § 131 Rn 67 m.w.N.: sofort mit Ausscheiden (*Lorz*, § 131 Rn 67) oder mit Berechenbarkeit des Anspruchs (Baumbach/*Hopt*, § 131 Rn 54). Zum Berechnungsstichtag *Otte*, Abfindungsstichtag beim Ausscheiden eines auszuschließenden Gesellschafters aus der Personenhandelsgesellschaft, NZG 2011, 1365.
230 Zur prozessualen Durchsetzung Baumbach/*Hopt*, § 131 Rn 57; Ebenroth/*Lorz*, § 131 Rn 112 f.
231 Ebenroth/*Lorz*, § 131 Rn 112 f. i.V.m. Rn 104.
232 Vgl. auch MünchGesR/*Piehler*/*Schulte*, § 76 Rn 1 ff.

formen gibt.²³³ **Buchwertklauseln** sind – trotz daran geübter Kritik²³⁴ – in der Praxis nach wie vor am meisten verbreitet (nicht nur traditionell, sondern trotz der steuerrechtlichen Änderungen, die im Nachhinein oft eine reale Bewertung gleichwohl erfordern, s. noch Rn 122); zum einen ist mit ihnen die Anspruchshöhe (im oft nicht ganz einfachen Verhältnis zum Ausscheidenden) leicht zu ermitteln, zum anderen ist auf diese Weise der Mittelabfluss für die Gesellschaft zu begrenzen. Dem mit ihnen verbundenen Nachteil, dass sie – insbesondere bei länger aktiven Unternehmen – mitunter zu groben Ungerechtigkeiten führen, weil sie nicht (mehr) den „wahren Wert" des Anteils abbilden (und dann natürlich um so streitanfälliger sind), wird dadurch Rechnung getragen, dass man entweder im Vertrag selbst (vgl. dazu noch Rn 123) oder durch richterliche Kontrolle (Rn 121) Anpassungen vornimmt. Es kann – je nach Einzelfall – auch sinnvoll sein, statt einer Buchwertklausel eine andere Abfindungsregelung vorzusehen. In der Literatur finden sich Plädoyers für jede der verschiedenen Klauselformen, also sowohl für **Substanzwertklauseln**²³⁵ (Ermittlung des Wertes über Aktiva und Passiva nach dem „going-concern-Prinzip") als auch für **Ertragswertklauseln**²³⁶ (Ermittlung des Wertes über den Durchschnittsertrag der letzten Jahre bereinigt um Sondereinflüsse).

c) Schranken bei der Klauselgestaltung

121 Maßstab für die Wahl der geeigneten Klausel im jeweiligen Fall sind auf der einen Seite die Bedürfnisse und Wünsche der Gesellschafter, auf der anderen Seite aber natürlich auch die Schranken, die bei der Klauselgestaltung durch die Rechtsprechung gesetzt werden. Im Grundsatz gilt, dass Regelungen zur Abfindung zulässig sind. Die Grenzen für die Abfindung beschränkenden Regelungen sind erreicht, wenn die Bestimmung als sittenwidrig zu qualifizieren ist (§ 138 BGB),²³⁷ oder wenn sie eine unzulässige Kündigungsbeschränkung (§ 723 Abs. 3 BGB, § 133 Abs. 3 HGB) darstellt²³⁸ oder wenn die Ausübung einer (an sich wirksamen) Regelung im speziellen Fall treuwidrig ist (§ 242 BGB).²³⁹ Die Unwirksamkeit einer Abfindungsklausel wurde z.B. angenommen, weil diese zur einseitigen Benachteiligung von Gesellschaftergläubigern führte²⁴⁰ oder weil die Berechnung der Abfindung zu einer unverhältnismäßigen Reduktion des Abfindungsanspruchs gegenüber dem gesetzlichen Modell (§ 738 BGB) führte²⁴¹ oder weil im Fall eines „grundlosen Ausschlusses" die Abfindung überhaupt beschränkt wurde.²⁴² Insbesondere

---

233 Die Literatur dazu ist kaum noch überschaubar, vgl. die gute Zusammenstellung bei MünchGesR/*Piehler*/*Schulte*, § 76 vor Rn 1; siehe auch *Hülsmann*, Abfindungsklauseln: Kontrollkriterien der Rechtsprechung, NJW 2002, 1673 ff.
234 Vgl. *Sigle*, Gedanken zur Wirksamkeit von Abfindungsklauseln in Gesellschaftsverträgen, ZGR 1999, 659, 661 f. m.w.N.
235 *Piltz*, Rechtspraktische Überlegungen zu Abfindungsklauseln in Gesellschaftsverträgen, BB 1994, 1021 (mit Formulierungsbeispielen).
236 *Ulmer*, Abfindungsklauseln in Personengesellschafts- und GmbH-Verträgen: Plädoyer für die Ertragswertklausel, FS Quack 1991, S. 477, 501; *Großfeld*, Unternehmens- und Anteilsbewertung, 3. Aufl. 1994, S. 155.
237 Die Unwirksamkeit betrifft regelmäßig nur die Klausel, nicht den ganzen Vertrag, siehe Baumbach/*Hopt*, § 131 Rn 73; Kritik an der Rspr. zu den Folgen bei *Sigle*, ZGR 1999, 667 ff.
238 MünchGesR/*Piehler*/*Schulte*, § 76 Rn 27 m.w.N. Nach MüKo-HGB/*K. Schmidt*, § 131 Rn 166, 168 ist das nur ein Unterfall des § 138 BGB.
239 BGH NJW 1993, 3193; MünchGesR/*Piehler*/*Schulte*, § 76 Rn 28 ff.: Bei der Vertragsgestaltung sind diese Fälle nur von geringer Bedeutung; sie spielen erst beim Ausscheiden eine Rolle.
240 MüKo-BGB/*Ulmer*/*Schäfer*, § 738 Rn 47; Baumbach/*Hopt*, § 131 Rn 60.
241 Vgl. BGH NJW 1989, 2685 (dort Beschränkung auf 50% des Buchwertes); BGH NJW 1993, 3193 (48%); Baumbach/*Hopt*, § 131 Rn 64; *Michalski*, § 131 Rn 58; Ebenroth/*Lorz*, § 131 Rn 125. Ein Ausschluss ohne Abfindung ist dagegen ausnahmsweise im Todesfall zulässig, BGHZ 22, 186, 194; Ebenroth/*Lorz*, § 131 Rn 123.
242 BGH NJW 1979, 104. Regelmäßig ist in diesen Fällen aber schon der Ausschluss unwirksam, vgl. *K. Schmidt*, Gesellschaftsrecht, § 50 IV 2c bb; Ebenroth/*Lorz*, § 131 Rn 128 m.w.N.

die unverhältnismäßige Reduktion des Abfindungsanspruchs ist eine praktisch bei der Vertragsgestaltung relevante Grenze, gerade auch für Buchwertklauseln. Eine klare Begrenzungslinie ist hier jedoch nicht möglich, sondern nur anhand der Abwägung im Einzelfall zu ermitteln. Die mitunter genannte „50% des Buchwertes-Grenze" ist allenfalls ein äußerster Anhaltspunkt. Es kann auch eine höhere Abfindung sittenwidrig sein, insbesondere dann wenn der Ausscheidende ein langjähriger, verdienter Gesellschafter war.[243] Der sinnvolle Weg für die Praxis führt deswegen zu „Korrekturklauseln" (vgl. Rn 123).[244]

d) Steuerrechtliche Aspekte

Ertragsteuerlich ist eine Abfindung zum Buchwert des Kapitalkontos ertragsneutral (wobei Ergänzungsbilanzen, dazu Rn 97 und 147, wegen eines früheren entgeltlichen Erwerbs durch den Gesellschafter zu berücksichtigen sind). Die **Abfindung zum Buchwert** kann (und wird bei niedrigem Buchwert) steuerrechtlich allerdings eine Schenkung an die verbleibenden Gesellschafter darstellen (siehe § 7 Abs. 7 ErbStG) und insoweit Schenkungssteuer für diese auslösen[245] (vgl. dazu auch Ziff. XVIII.7 des Basisvertrages). Eine **Abfindung über dem Buchwert** des Anteils führt für den Ausscheidenden dagegen zu einem Veräußerungsgewinn nach § 16 Abs. 1 Nr. 2 EStG. Dieser ist – bei Vorliegen spezieller Voraussetzungen – nach Abzug des Freibetrages des § 16 Abs. 4 EStG gem. § 34 EStG nach begünstigten Sätzen zu versteuern.[246] Die Abfindung ist für die übrigen Gesellschafter grundsätzlich Anschaffungsaufwand.[247]

122

e) Umsetzung im Basisvertrag

Im **Basisvertrag** (Rn 140) werden in Ziff. XVIII.1 zunächst nur deklaratorisch die gesetzlichen Ausgangsprinzipien repetiert, bevor in Ziff. XVIII.2–4 dann die Berechnung und das Verfahren näher bestimmt werden: Gerade bei Neugründungen sind die Gesellschafter selten dazu geneigt, sich über Einzelheiten einer Abfindungsberechnung den Kopf zu zerbrechen. Ziff. XVIII.2 regelt daher aus Gründen der Vereinfachung – und gerade in den ersten Jahren oft völlig angemessen – eine Abfindung zum Buchwert. Ziff. XVIII.3 weist aber bereits den Weg für die Zukunft, in dem bei deutlichen Abweichungen zum Ertragswertverfahren überzugehen ist (ohne dass sich die Klausel deswegen schon in Einzelheiten verliert). Gleichzeitig trägt der vereinbarte Abschlag (auf nur 90%) dem Umstand Rechnung, dass die Ertragswertbestimmung einen erheblichen tatsächlichen Aufwand zugunsten des Ausscheidenden mit sich bringt. Dieser Abschlag ist insoweit ein gewisser Ausgleich für die OHG und erfüllt zugleich eine „Disziplinierungsfunktion".

123

Die **Ratenzahlungsvereinbarung** staffelt die Laufzeit der Rückzahlung nach der Höhe der Abfindung. Dies ist sachlich oft ein sinnvoller Weg: Die Liquiditätssicherung gebietet es, für die Gesellschaft möglich langfristige Zahlungspläne vorzusehen. Die Rechtsprechung und die Literatur zeigen aber auch hierfür Schranken auf und betonen zugleich, dass es keine fixen Zulässigkeitsgrenzen gibt, sondern dass jeweils die Abwägung im Einzelfall entscheidet. Eine Staffelung nach der Abfindungshöhe (nebst gelegentlicher Anpassung derselben an neue Un-

124

---

243 Zu diesen Kriterien Ebenroth/*Lorz*, § 131 Rn 134 m.w.N.
244 Vgl. auch BGH NZG 2011, 1420 zur Auslegung einer (zulässigen) Korrekturklausel, die für den Fall anzuwenden war, dass die originäre Abfindungsregel „gesetzlich unzulässig" ist.
245 Vgl. Jorde/*Götz*, BB 2008, 1032, 1038; Schwind/*Schmidt*, Gesellschaftsvertragliche Abfindungsklauseln, NWB 2009, 297ff.
246 Voraussetzung für den Freibetrag (max. 45.000 EUR) und ebenso für die begünstigte Besteuerung sind die Vollendung des 55. Lebensjahres oder eine Berufsunfähigkeit des Veräußerers. Diese Begünstigung kann jeder Steuerpflichtige nur einmal im Leben in Anspruch nehmen. Vgl. auch Tipke/Lang/*Montag*, § 18 Rn 255.
247 Näher zum Ganzen bspw. Sudhoff/*Walpert*, § 29 Rn 9, 18ff.; Ebenroth/*Lorz*, § 131 Rn 144ff., ab Rn 158ff. zu Fragen der Erbschaft- und Schenkungsteuer m.w.N.

ternehmensverhältnisse) stellt dies auf einfache Weise sicher. Die Verzinsungsregelung[248] und die Verfallklausel dienen ebenso als angemessener Ausgleich für die Nachteile, die der Ausscheidende durch die Ratenvereinbarung hat. Ziff. XVIII.7 des Basisvertrages ist wiederum eine Einschränkung der Verpflichtung der OHG gegenüber der gesetzlichen Lage[249] und dient auch der Liquiditätssicherung. Eine eventuell anfallende Schenkungssteuer ist dagegen nicht nur aus Gründen der Angemessenheit von den Begünstigten (regelmäßig den verbleibenden Gesellschaftern) zu tragen; es ist auch im Übrigen sinnvoll, den Ausgeschiedenen mit der zugrundeliegenden Frage der Bewertung nicht mehr als unbedingt nötig zu befassen.

20. Liquidation

125   Mit den §§ 145–158 bestehen im HGB recht eingehende Regelungen zur Liquidation. In den Gesellschaftsverträgen sind oftmals einige modifizierende Bestimmungen für den Liquidationsfall vorgesehen (vgl. Basisvertrag Rn 140, dort Ziff. XIX.): Die Liquidatoren werden – abweichend von § 146 Abs. 1 HGB – auf die geschäftsführungsbefugten Gesellschafter beschränkt, die Vertretungsmacht wird – abweichend von § 150 Abs. 1 HGB – als Einzelvertretung gestaltet. Die Verteilung des Liquidationserlöses – entsprechend dem bisherigen Gewinnverteilungsschlüssel – ergibt sich bereits aus § 155 HGB. Vgl. zur Liquidation auch Rn 171 ff.

21. Wettbewerbsverbot
a) Gesetzliches Wettbewerbsverbot des § 112 HGB

126   § 112 HGB verbietet den OHG-Gesellschaftern, mit der OHG in Wettbewerb zu treten und ist ein Ausdruck der Treuepflicht des Gesellschafters gegenüber der OHG.[250] Das **gesetzliche Wettbewerbsverbot** gilt für jeden OHG-Gesellschafter, selbst wenn er von der Geschäftsführung entbunden ist und unabhängig von der Ausprägung seiner Beitragspflicht. Es gilt für die gesamte Dauer der Mitgliedschaft und endet regelmäßig mit dieser.[251] Nicht verboten ist durch § 112 HGB eine Tätigkeit der Gesellschafter in einem anderen Handelszweig. Soll erreicht werden, dass der Gesellschafter seine gesamte Arbeitskraft der OHG widmet, bedarf es dafür gesonderter Vertragsregelungen (vgl. z.B. Basisvertrag, Rn 140, dort Ziff. V.5.). Rechtsfolgen eines Verstoßes gegen das Wettbewerbsverbot sind neben dem Anspruch auf Unterlassung[252] ein Schadenersatzanspruch und ein Eintrittsrecht der OHG in die Konkurrenzgeschäfte[253] (§ 113 HGB, auch zur Geltendmachung und Verjährung; zu Vertragsstrafen vgl. Rn 128); gravierende Fälle können auch einen Ausschlussgrund bieten.[254]

b) Modifikation vom gesetzlichen Wettbewerbsverbot

127   Von dem gesetzlichen Verbot des § 112 HGB können sowohl Befreiungen erteilt (vgl. die unwiderleglich vermutete Einwilligung nach § 112 Abs. 2 HGB) als auch Ausdehnungen des Verbots ver-

---

248 Ohne diese beginnt eine Verzinsung u.U. erst ab Verzugsbeginn, siehe Staub/*Schäfer* § 131 Rn 146 (auch dann aber nicht in Höhe von § 288 Abs. 2 BGB: OLG Karlsruhe NZG 2005, 627f); die früher h.M., eine Verzinsung würde sich auch aus § 353 HGB ergeben, vgl. RG JW 1938, 3047 wird heute überwiegend abgelehnt, so Baumbach/*Hopt*, § 131 Rn 54; Staub/*Schäfer* § 131 Rn 146.
249 Zur Freistellung und Sicherheitsleistung s.a. Baumbach/*Hopt*, § 131 Rn 42.
250 K. Schmidt, Gesellschaftsrecht, § 47 II 2; MünchGesR/*Mattfeld*, § 59.
251 Die nachvertragliche Treuepflicht gebietet regelmäßig kein Wettbewerbsverbot, OLG Düsseldorf ZIP 1990, 861, in besonderen Fällen kann dies aber anders sein, Sudhoff/*Schulte*, § 11 Rn 15.
252 Baumbach/*Hopt*, § 113 Rn 4.
253 Sowohl Schadensersatzpflicht als auch Eintrittsrecht setzen Verschulden voraus, Baumbach/*Hopt*, § 113 Rn 1f.
254 BGH WM 1957, 582, 583; OLG Stuttgart DB 1961, 1644; Baumbach/*Hopt*, § 140 Rn 7.

einbart werden. Praktisch relevant – und im Basisvertrag Rn 140 vorgesehen – ist eine Erweiterung auf eine **Zeit nach dem Ausscheiden** des Gesellschafters. Die §§ 74 ff. HGB gelten nicht für den Gesellschafter, so dass es auch keine generelle Pflicht zur Karenzentschädigung gibt.[255] Gleichwohl ist zu beachten, dass die Beschränkung des Ausscheidenden auf das für die Gesellschaft notwendige Maß begrenzt ist (wegen § 138 BGB i.V.m. Art 12 GG),[256] so dass soweit möglich gegenständliche, örtliche und zeitliche Grenzen aufgenommen werden sollten.[257] Gemeinhin zulässig sind zeitlich begrenzte „Kunden- oder Mandantenschutzklauseln", die ein Abwerben der Gesellschaftskunden abwehren (vgl. Basisvertrag Ziff. XX.2[258]). Als unzulässig gelten dagegen „Branchenschutzklauseln", wenn damit dem ehemaligen Gesellschafter praktisch jedes Tätigwerden in seinem Beruf untersagt wird.[259] Wenn das Wettbewerbsverbot zu einer spürbaren Beeinflussung der Marktverhältnisse führen kann (weil der Markt entsprechend eng oder die OHG wirtschaftlich entsprechend bedeutend ist), ist außerdem § 1 GWB zu beachten.[260]

c) Vertragsstrafe

128 Die Vereinbarung einer **Vertragsstrafe** (§§ 339 ff. BGB) bei Verstößen ist grundsätzlich zulässig.[261] Sie erleichtert die Durchsetzung von Zahlungsansprüchen im Verstoßfall, da die Gesellschaft in diesen Fällen weder ihren konkreten Schaden noch den erlangten Gewinn des Konkurrenten belegen muss.[262] Dadurch, dass etwaige Verstoßfolgen den Gesellschaftern plastisch vor Augen geführt werden, ist auch der Präventiveffekt mitunter größer als nach dem gesetzlichen Modell (zumindest wenn die Strafe nicht zu niedrig bemessen ist).

22. Ehelicher Güterstand

129 Ein im gesetzlichen Güterstand, d.h. in einer **ehelichen Zugewinngemeinschaft** lebender Gesellschafter kann für die Gesellschaft in mehrfacher Hinsicht zu einem Problem werden. Auch wenn die zukünftigen Gesellschafter zum Zeitpunkt der Errichtung alle ledig und ohne Heiratsabsichten sind, lohnt es sich, gleichwohl über sinnvolle familienrechtsbezogene Bestimmungen zu sprechen:

130 Der im gesetzlichen Güterstand Lebende ist erstens durch § 1365 BGB in seiner Verfügungsmacht beschränkt. Er kann ohne **Zustimmung seines Ehepartners** nicht mehr „über sein Vermögen im Ganzen" verfügen. Ein zustimmungspflichtiges Geschäft über das Vermögen im Ganzen kann auch dann vorliegen, wenn die Verfügung nur einen Einzelgegenstand, wie z.B. den Geschäftsanteil oder eine einzubringende Immobilie betrifft, sofern der Einzelgegenstand nur einen entsprechend großen Anteil am Gesamtvermögen des Gesellschafters darstellt.[263] Bereits der Abschluss des Gesellschaftsvertrages kann so an § 1365 BGB scheitern, wenn der Gesellschaf-

---

255 Allgemeine Auff.: Ebenroth/*Boecken*, § 74 Rn 9; *Mayer*, Wettbewerbsklauseln in
Personengesellschaftsverträgen, NJW 1991, 23, 24; Baumbach/*Hopt*, § 112 Rn 14.
256 BGH NJW-RR 1996, 741 und NJW 1991, 699; *Mayer*, NJW 1991, 24 m.w.N.
257 Als zeitliche Obergrenze gelten zwei Jahre: Ebenroth/*Goette*, § 112 Rn 22. Zur geltungserhaltenden Reduktion (nur) bei Überschreitung der Zeitgrenzen, BGH NJW 2005, 3061, 3062.
258 Eine Anpassung an die konkreten Erfordernisse ist regelmäßig notwendig.
259 Näher *Mayer*, NJW 1991, 24.
260 Siehe dazu einerseits BGHZ 38, 306, 312 ff. (mit Darlegung zu GWB-widrigen Verboten), andererseits BGHZ 70, 331, 334; 89, 162, 169 (zulässige Verbote); zum Ganzen Baumbach/*Hopt*, § 112 Rn 15 f.; Ebenroth/*Goette*, § 112 Rn 35 ff.
261 Sudhoff/*Schulte*, § 11 Rn 39; Staub/*Schäfer*, § 113 Rn 25 f.
262 Zur steuerlichen Behandlung: Formularbuch Recht und Steuern/*Weigell*, A.9.00 Rn 99.
263 Allgemein zur Auslegung des Begriffs Palandt/*Brudermüller*, § 1365 Rn 4 ff. m.w.N.: Je nach Größe des Vermögens kann es ausreichen, dass der Anteil 85–90% des Gesamtvermögens repräsentiert (siehe auch BGHZ 77, 293).

ter einen Großteil seines Vermögens als Beitrag erbringen soll.[264] Von § 1365 BGB erfasst und daher zustimmungspflichtig können aber auch spätere Änderungen des Gesellschaftsvertrages (wenn sie entsprechend vermögensrelevant sind), die Veräußerung des Anteils oder die Beendigung der Gesellschaft sein.[265] Um nicht Ehegatten vorsorglich regelmäßig beteiligen zu müssen, ist zu raten, dass entweder § 1365 BGB oder die Zugewinngemeinschaft an sich ehevertraglich modifiziert wird.

131 Zweites mögliches (und oft gravierenderes) Problem durch die Zugewinngemeinschaft ist der **Ausgleichsanspruch** des Partners **im Scheidungsfall** und dies in doppelter Hinsicht: Der auszugleichende Ehegatte hat im Scheidungsverfahren relativ weitgehende – aus der Sicht der Gesellschaft zu weitgehende – Einsichtsrechte, um den Wert des Zugewinns in Bezug auf den Anteil festzustellen. Der auszugleichende Betrag berechnet sich bekanntlich nach dem tatsächlichen Wertzuwachs des Gesellschaftsanteils während der Ehezeit, wobei stille Reserven, Geschäftswert etc. mit heranzuziehen sind und daher auch offenbart werden müssen. Ein solcher Streit um Einsichtsrechte und das Aufdecken dieser Interna gegenüber dem entfremdeten Ehegatten ist eine erhebliche Belastung für die OHG. Hinzu kommt, dass ein Gesellschafter, der sich durch die Scheidung u.U. erheblichen Ausgleichsansprüchen ausgesetzt sieht, die er bei sofortiger Fälligkeit (Ausnahme § 1382 BGB) in Geld erfüllen muss, während der Wert teilweise in stillen Reserven etc. festliegt, einem erheblichen wirtschaftlichen Druck ausgesetzt sein kann. Diesen wird er zwangsläufig – z.B. durch hohe Entnahmewünsche oder sogar durch Veräußerung des Anteils oder Kündigung der Gesellschaft – an die übrigen Gesellschafter und das Unternehmen weitergeben. Diese nicht zu unterschätzenden Risiken für die Gesellschaft selbst führen dazu, dass in der Praxis viele Gesellschaftsverträge den Gesellschaftern aufgeben, durch Ehevertrag – jedenfalls für den Scheidungsfall – den Zugewinnausgleich auszuschließen.

132 Ein Nachteil bei generellem Ausschluss des Zugewinnausgleichs ergibt sich in erbschaftsteuerrechtlicher Hinsicht: **§ 5 ErbStG** privilegiert im Todesfall die in Zugewinngemeinschaft Lebenden, in dem der Zugewinn des Überlebenden nicht der Erbschaftsteuer unterliegt. Unter diesem Gesichtspunkt empfiehlt sich oft der Weg in eine nur modifizierte Zugewinngemeinschaft,[266] die den Zugewinn nur für den Fall der Scheidung ausschließt (vgl. auch die Regelung im Basisvertrag Rn 140). Den in Rn 131 geschilderten Gefahren wird gleichwohl hinreichend Rechnung getragen.

133 Zu beachten ist, dass die Aufnahme einer Verpflichtung der Gesellschafter, einen Ehevertrag zu schließen, dazu führt, dass auch der Gesellschaftsvertrag der **notariellen Beurkundung** bedarf. § 1410 BGB spricht zwar nur davon, dass Eheverträge vor einem Notar zu schließen sind. Aus dem Schutzzweck dieser Norm (Aufklärung über die Rechtsfolgen und Übereilungsschutz) wird aber zu Recht gefolgert, dass auch Verpflichtungen, einen Ehevertrag zu schließen, eine entsprechende Form erfordern.[267]

134 Die **Durchsetzung** einer entsprechenden gesellschaftsrechtlichen Verpflichtung gegenüber dem Einzelgesellschafter ist naturgemäß schwierig: Der Ehepartner ist regelmäßig nicht Gesellschafter und daher auch nicht an die gesellschaftsrechtliche Bestimmung gebunden; die Erfüllung, d.h. der Abschluss des Ehevertrages, ist daher nicht erzwingbar.[268] Der Gesellschaftsvertrag

---

264 Palandt/*Brudermüller*, § 1365 Rn 6; Staudinger/*Thiele*, § 1365 Rn 62 ff. Es kommt nicht darauf an, ob der Gesellschafter sein Vermögen durch den Vertragsabschluss wirtschaftlich reduziert (ganz herrschende Auffassung, vgl. MüKo-BGB/*Koch*, § 1365 Rn 69 f.).
265 Vgl. MüKo-BGB/*Koch*, § 1365 Rn 71 ff.; Staudinger/*Thiele*, § 1365 Rn 65 ff.; siehe auch BGHZ 132, 218.
266 Umfassend – auch zu diversen weiteren Gestaltungsmöglichkeiten – *Arens*, Familiengesellschaften in der familien-, gesellschafts- und steuerrechtlichen Praxis, Rn 125 ff.
267 MünchVertragsHdB/*Riegger*, Bd. 1, III.4 Anm. 13; MüKo-BGB/*Kanzleiter*, § 1410 Rn 3 m.w.N.
268 § 894 Abs. 2 ZPO stünde der Durchsetzung allerdings nicht im Wege, denn güterrechtliche Verträge stehen dem Eheschluss insoweit gerade nicht gleich (vgl. die Kommentierungen zu § 1297 BGB).

sollte daher auch die Rechtsfolgen/Sanktionen regeln, wobei erstens die Pflicht zum Nachweis eines Ehevertragsabschlusses und zweitens die Ausschlussmöglichkeit bei Verstoß praktisch häufig vorkommen. Denkbar wären aber wohl auch gewisse Druckmittel zur Durchsetzung der Pflicht, wie etwa eine Vertragsstrafe.

23. Schlussbestimmungen
a) Salvatorische Klausel

135 Zum allgemeinen Standard der Vertragspraxis gehört die sog. salvatorische Klausel, nach der bei Unwirksamkeit einzelner Regelungen – entgegen § 139 BGB – nicht der ganze Vertrag unwirksam sein und die angestrebte Rechtsfolge – soweit möglich – doch erreicht werden soll.[269] Die Bestimmung ist mitunter nützlich, sollte aber keineswegs dazu verführen, im Vertrauen auf dieses Allheilmittel besonders zweifelhafte Regelungen in den Vertrag aufzunehmen.[270] Die Klausel hilft nicht weiter, wenn der Vertrag insgesamt nichtig oder grundlegende Einzelbestimmungen betroffen sind.[271] In diesem Fall bedeutet die Nichtigkeit allerdings wiederum nicht, dass der Vertrag insgesamt zurück abzuwickeln wäre, sondern es gelten dann die **Grundsätze der „fehlerhaften Gesellschaft"**.[272]

b) Schriftform

136 Zu den generellen Formvorschriften beim OHG-Vertrag siehe schon Rn 33. Die Aufnahme einer Bestimmung, in der die Gesellschafter einerseits die Vollständigkeit der getroffenen Absprachen versichern und andererseits spätere Modifikationen nur schriftlich erfolgen dürfen, empfiehlt sich generell, um später Streitigkeiten und Beweisprobleme zu vermeiden. Da eine einfache Schriftformklausel durch mündliche oder konkludente Vereinbarungen aufgehoben werden kann, ist grundsätzlich eine qualifizierte Klausel erforderlich, nach der auch die Aufhebung der Schriftformklausel der Schriftform bedarf.[273] Es empfiehlt sich, die Gesellschafter im Beratungsgespräch darauf hinzuweisen, sich an diese Prinzipien strikt zu halten: Wenn nämlich die ständige Praxis in der Gesellschaft später anders gehandhabt wird, mündliche Änderungen mehrfach umgesetzt wurden, wird im Streitfall auch die qualifizierte Klausel nicht weiterhelfen.[274]

c) Kosten

137 Zu den Kosten eines Notars bei Beurkundung des Vertrages/Beglaubigung der Anmeldung vgl. Rn 140 f. und die dortigen Hinweise in den Fußnoten. Für die Kosten haften die Auftraggeber als Gesamtschuldner (§§ 2, 5 KostO). Die Vertragsregelung betrifft die Verteilung im Innenverhältnis. Für die Vergütung des Anwaltes ist eine schriftliche Honorarabrede mit der Vereinbarung von Stundenhonoraren zu empfehlen; anderenfalls ergibt sich bei Vertragserstellungen seine Gebühr gem. §§ 2 Abs. 2, 13 RVG i.V.m. Nr. 2300 VV, wobei für diese Rahmengebühr die Erstel-

---

[269] Zu den allgemeinen Grenzen des Ausschlusses des § 139 BGB, Palandt/*Ellenberger*, § 139 Rn 17 ff. Zu Anpassungspflichten der Gesellschafter auch ohne besondere Vertragsregeln, siehe *Lettl*, a.a.O.
[270] Darauf weist Sudhoff/*Gerber*, § 22 Rn 11 zutreffend hin.
[271] Siehe BGH NJW 1996, 773, 774 m.w.N.
[272] Dazu *Goette*, Fehlerhafte Personengesellschaftsverhältnisse in der jüngeren Rechtsprechung des BGH, DStR 1996, 266; Ebenroth/*Wertenbruch*, § 105 Rn 174 ff.; Baumbach/*Hopt*, § 105 Rn 75 ff.
[273] BGHZ 66, 378 ff.; Palandt/*Ellenberger*, § 125 Rn 19 m.w.N.
[274] Ein anschauliches Beispiel, welche Probleme eine Handhabung der Gesellschafter ohne Rücksicht auf den Gesellschaftsvertrag schafft, bietet BGH ZIP 2005, 1368 f.

d) Gerichtsstands- und Schiedsvereinbarungen

138 Eine **Gerichtsstandsvereinbarung** ist im Vertrag nur insoweit wirksam, wie die Betroffenen Kaufleute sind (§ 38 ZPO). Die Rechtsprechung hat dies bislang für die OHG-Gesellschafter praktisch stets und automatisch angenommen, so dass in vielen OHG-Verträgen entsprechende Bestimmungen vorhanden sind. Ein ausschließlicher Gerichtsstand am Sitz der Gesellschaft wird dabei oft als zweckmäßige Regelung angesehen. Es ist allerdings darauf hinzuweisen, dass eine zunehmende Meinung die generelle Annahme der Kaufmannseigenschaft für die Gesellschafter – gerade in dem hier oft entscheidenden Verhältnis der Gesellschafter untereinander – in Zweifel zieht.[276] Es ist durchaus möglich, dass sich in absehbarer Zeit eine Rechtsprechungsänderung vollzieht, in deren Folge auch die Gerichtsstandsklausel zukünftig weitergehend als bisher als **unwirksam** angesehen werden könnte. Über § 29 ZPO wird in vielen Fällen dann allerdings gleichwohl eine Klage am Sitz der Gesellschaft möglich bleiben.

139 In manchen OHG-Verträgen bzw. Vertragsmustern finden sich **Schiedsgerichtsvereinbarungen**. Ob dies den Parteien zu empfehlen ist, hängt neben den allgemeinen Erwägungen des pro und contra von Schiedsgerichten[277] auch davon ab, für wie leistungsfähig man die staatlichen Gerichte (speziell die Kammern für Handelssachen, siehe § 95 Abs. 1 Nr. 4 GVG) am Ort des Gesellschaftssitzes hält. Die Aufnahme einer Schiedsgerichtsabrede ist meines Erachtens nur in besonderen Einzelfällen zu empfehlen. Wenn eine entsprechende Klausel gewünscht wird, kann dies – nach der Novelle von 1998 – direkt im (schriftlichen) Gesellschaftsvertrag erfolgen (§ 1031 ZPO).[278] Es empfiehlt sich, dann auf das Verfahren einer der bekannten Schiedsgerichtsordnungen zu verweisen[279]. Zu beachten sind bei Wahl von Schiedsklauseln auch die mittelbaren Folgen (z.B. für eine Aufrechnung mit Forderungen aus anderen Verhältnissen[280]).

IV. Muster

M3 1. Muster: Basisvertrag Gründung einer OHG

140 _____ (Notarielle Urkundenformalien)[281]
Erschienen sind
a) _____ (jeweils Name und Vorname der Gesellschafter, Geburtsdatum und Wohnort)
b) _____

---

275 Vgl. zum Ganzen *Mümmler*, Aus der Kostenpraxis des Rechtsanwalts, JurBüro 1975, 587, 588; *H. Schmidt*, Gegenstandswert und Gebühren bei Entwerfen von Urkunden durch Rechtsanwälte, JurBüro 1972, 838, 839 f.; sowie allgemein *Otto*, Die Rahmengebühr nach dem RVG, NJW 2006, 1472 ff.
276 Baumbach/*Hopt*, § 105 Rn 19 ff. m.w.N.
277 Ausführlich z.B. *Schütze/Tscherning/Wais*, Handbuch des Schiedsverfahrens, Rn 1–22.
278 Vgl. *K. Schmidt*, Neues Schiedsverfahrensrecht und Gesellschaftsrechtspraxis, ZHR 162 (1998), 265 ff.
279 Zu zusätzlich notwendigen Vertragsregelungen vgl. BGHZ 180, 221 ff. = NJW 2009, 1962 ff., von Hase, Schiedsgerichtsbarkeit im Gesellschaftsrecht: Optimierungsspielräume für die DIS-ERGeS BB 2011, 1993 ff.
280 Dazu Zöller/*Geimer*, § 1029 Rn 85 m.w.N.
281 Die Notargebühr für die Beurkundung beträgt gem. § 36 Abs. 2 KostO 20/10. Der Geschäftswert bestimmt sich nach § 39 KostO (siehe auch die Betragsgrenzen in Abs. 5), bei Gründung ist danach der Wert der Einlagen maßgebend, näher § 40 Rn 6; *Korintenberg/Bengel/Tiedtke*, Kostenordnung 18. Aufl. (2010), § 39 KostO Rn 56.

I. Errichtung und Firma
Die Erschienenen, im Folgenden als „Gesellschafter" bezeichnet, errichten eine offene Handelsgesellschaft, im Folgenden als „Gesellschaft" bezeichnet unter der Firma
_____ **OHG**

II. Unternehmensgegenstand
1. Unternehmensgegenstand der OHG ist _____ (Beispiel: gewerbsmäßige Gestaltung und Installation von Internetwebseiten, Vermietung und Vertrieb von Servern, Rechnerspeichern und Software sowie Beratung und Durchführung von Schulungen im Bereich Internet).
2. Die Gesellschaft kann alle Geschäfte tätigen, die dem Unternehmensgegenstand unmittelbar oder mittelbar dienen. Sie ist insbesondere auch berechtigt, ähnliche Geschäfte in derselben oder verwandten Branchen _____ (hier ggf. konkretisieren) zu tätigen, Zweigniederlassungen an anderen Orten zu eröffnen und Unternehmen gleicher oder ähnlicher Art zu erwerben oder sich an ihnen zu beteiligen.
3. Über Absatz 2 hinaus kann die Gesellschaft den Unternehmensgegenstand nur mit Zustimmung aller Gesellschafter ändern.[282]

III. Sitz
Die Gesellschaft hat ihren Sitz in _____ (Ort).

IV. Dauer der Gesellschaft
1. Die Gesellschaft beginnt am _____ und wird auf unbestimmte Zeit geschlossen.
2. Der Vertrag ist frühestens zum _____ kündbar.
3. Davon unbenommen bleibt eine Kündigung aus außerordentlichem Grund (vgl. Ziffer XVII.4 dieses Vertrages).

V. Kapitalanteile und Beiträge
1. An der Gesellschaft sind mit nachstehenden festen Kapitalanteilen beteiligt:
    a) _____ mit einem Anteil von _____ EUR
    b) _____ mit einem Anteil von _____ EUR
    c) _____ mit einem Anteil von _____ EUR
    d) _____ mit einem Anteil von _____ EUR.
2. Die Einlage des Gesellschafters a) wird als Bareinlage erbracht. Sie ist innerhalb von zehn Tagen (Kontoeingang) nach Unterzeichnung dieses Vertrages zur Zahlung auf das Konto der Gesellschaft fällig.
3. Die Einlagen der Gesellschafter b) und c) werden durch Sacheinlagen erbracht _____ (nähere Beschreibung der Verpflichtung, ggf. unter Beifügung von Inventar in der Vertragsanlage). Die Gesellschafter sind sich darüber einig, dass diese Einlagen mit den in Abs. 1 genannten Beträgen zu bewerten sind. Die Gesellschafter sind verpflichtet, die Sachen frei von Rechten Dritter zu übereignen. Die Geltendmachung von Mängelrechten wegen Sachmängeln ist ausgeschlossen.
4. Der Gesellschafter d) erbringt seinen Beitrag, indem er dem Unternehmen seine Büro- und Arbeitsräume in _____ (Adresse) ohne gesondertes Entgelt von _____ bis _____ zur Verfügung stellt. Die Erhaltung der Räume im ordnungsgemäßen Zustand obliegt dem Gesellschafter d); alle laufenden Kosten der Immobilie (inkl. Steuern, Heizung, Strom etc.) trägt die Gesellschaft. Die Gesellschafter sind sich darüber einig, dass dieser Beitrag mit dem in Abs. 1 genannten Betrag zu bewerten ist. Sollte die Gesellschaft über den vorbenannten Endzeitpunkt hinaus die Räume benötigen, werden sich die Gesellschafter auf eine zu zahlende Nutzungsvergütung einigen.[283]

---

[282] Zu Möglichkeiten und Grenzen von Mehrheitsbeschlüssen vgl. Rn 91. Bei dieser Gestaltung der Ziff. II des Vertrages ist der Unternehmensgegenstand nach Abs. 3 Kernbereich.
[283] Zur Bemessung von Miet-/Pachtzins unter Berücksichtigung von Treuepflichten des Gesellschafters, vgl. BGH WM 1997, 2400, 2402 f.

5. Über die vorgenannten Beiträge hinaus sind die Gesellschafter verpflichtet, ihre gesamte Arbeitskraft dem gemeinsamen Unternehmen zu widmen. Nebentätigkeiten bedürfen der Zustimmung aller Gesellschafter.

VI. Gesellschafterkonten
1. Für jeden Gesellschafter werden ein festes Kapitalkonto (Kapitalkonto I), ein variables Kapitalkonto (Kapitalkonto II) sowie ein Privatkonto geführt.
2. Die Kapitalanteile gemäß der Bestimmung V.1 werden auf dem Kapitalkonto I verbucht, welches nur durch Gesellschaftsbeschluss mit Zustimmung aller Gesellschafter zu ändern ist. Das Kapitalkonto I ist maßgebend u.a. für die Verteilung des Gewinns (Ziff. XII.2), des Auseinandersetzungsguthabens (Ziff. XIX.2) sowie für das Stimmrecht der Gesellschafter (Ziff. X.2). Das Kapitalkonto I wird nicht verzinst.
3. Auf dem Kapitalkonto II werden Gewinne gutgeschrieben sowie Verluste und Umbuchungen zugunsten des Privatkontos belastet (vgl. die Bestimmungen XII.3 und XIII.2). Für Guthaben werden Guthabenzinsen von einem Prozentpunkt über dem Basiszinssatz nach § 247 BGB p.a., für Verbindlichkeiten von fünf Prozentpunkten über dem Basiszinssatz nach § 247 BGB p.a. berechnet. Die Zinsen werden jährlich nachträglich berechnet und auf dem Privatkonto verbucht.
4. Alle sonstigen, den Gesellschafter betreffenden Buchungen, insbesondere die Gewinne und Verluste, die gem. Ziff. XII.3 nicht auf dem Kapitalkonto II gebucht werden, Entnahmen (Ziff. XIII.1), die Tätigkeitsvergütung (Ziff. VIII.1) u.a. werden auf dem Privatkonto verbucht. Das Konto ist stets auf Guthabenbasis zu führen und wird nicht verzinst. Ein etwa durch Zinsbelastung entstehender Sollsaldo auf diesem Privatkonto ist vom Gesellschafter unverzüglich auszugleichen.

VII. Geschäftsführung und Vertretung
1. Die Geschäftsführung für gewöhnliche Geschäfte der Gesellschaft (Ziff. II.1 und 2) obliegt allen Gesellschaftern. Jeder Gesellschafter ist zur Alleinvertretung für die OHG berechtigt.
2. Im Innenverhältnis gelten grundsätzlich folgende Zuständigkeitsregelungen:
    – Gesellschafter _____: Technische Leitung I (Dienstleistung, Marketing)
    – Gesellschafter _____: Technische Leitung II (Vertrieb)
    – Gesellschafter _____: Technische Leitung III (Schulung und Personal)
    – Gesellschafter _____: Kaufmännische Leitung (Verwaltung, Buchhaltung)

Die Gesellschafter sind sich darüber einig, dass jeder Gesellschafter auch außerhalb der vorgenannten Bereiche Geschäfte tätigen darf, soweit dies im Einzelfall sinnvoll erscheint. Der zuständige Gesellschafter ist darüber unverzüglich zu informieren.
3. Verfügungen über Immobilien, Erwerb/Veräußerungen von Unternehmen oder Unternehmensteilen oder Beteiligungen an solchen, Investitionen, die Kosten von mehr als _____ EUR auslösen, Abschluss und Kündigung von Dauerschuldverhältnissen mit einer Jahresbelastung von mehr als _____ EUR, die Erteilung einer Prokura oder Generalvollmacht, darf jeder Gesellschafter im Innenverhältnis zu den anderen nur nach einstimmigem Beschluss (Ziff. X.3 S. 3) vornehmen.
4. Im Falle eines Widerspruchs gegen eine Geschäftsführungsmaßnahme ist ein Gesellschafterbeschluss über die Durchführung einzuholen. Die Geschäftsführungsmaßnahme ist trotz des Widerspruchs zulässig, wenn diese von mehr als zwei Dritteln der Stimmen gebilligt wird.

VIII. Arbeitsregelungen
1. Die geschäftsführenden Gesellschafter erhalten als Tätigkeitsvergütung monatlich _____ EUR als Gutschrift auf dem Privatkonto (Ziff. VI.4). Der Betrag ist zum jeweils letzten Werktag des Monats gutzuschreiben. Im Falle eines unverschuldeten Ausfalls der Tätigkeit (insb. bei Krankheit) erhält jeder Gesellschafter die Vergütung noch – entsprechend den Regelungen der Arbeitnehmerlohnfortzahlung – sechs Wochen weiter.
2. Jedem geschäftsführenden Gesellschafter stehen jährlich _____ Tage Urlaub zu.

Bechtloff

3. Weitere Bedingungen der Tätigkeit regeln die Gesellschafter durch Gesellschafterbeschluss (Ziff. X).
4. War ein Gesellschafter durch Krankheit oder andere Umstände mehr als vier Monate an der Mitarbeit im Unternehmen (Ziff. V.5 des Vertrages) gehindert, kann die Gesellschaft auf seine Kosten eine Hilfskraft einstellen, die seine Aufgaben in der Gesellschaft wahrnimmt. Es obliegt der Gesellschaft, dem Gesellschafter die Absicht zwei Wochen vor der Einstellung anzuzeigen und ihm Gelegenheit zu geben, bei der Auswahl des Ersatzes mitzuwirken, insbesondere auch innerhalb der zwei Wochen nach der Anzeige selbst einen geeigneten Ersatz zu stellen.

IX. Gesellschafterversammlung
1. In den Gesellschafterversammlungen werden alle Entscheidungen getroffen, die den Gesellschaftern vertraglich oder gesetzlich in Bezug auf die Gesellschaft zugewiesen sind. Eine Entscheidung außerhalb der Gesellschafterversammlung ist nur dann möglich, wenn diese im dringenden Interesse der Gesellschaft unverzüglich erforderlich ist, eine Gesellschafterversammlung wegen der Dringlichkeit nicht abgehalten werden kann und bedarf dann in jedem Fall der Zustimmung aller Gesellschafter (Ziff. XXII.2 bleibt für Vertragsänderungen auch dann unbenommen; im Übrigen gilt Ziff. IX.5 mit der Maßgabe entsprechend, dass der Einberufende das Protokoll fertigt).
2. Gesellschafterversammlungen können von jedem Gesellschafter form- und fristlos unter Bekanntgabe der zu behandelnden Tagesordnungspunkte einberufen werden. Widerspricht ein Gesellschafter einer formlosen Einberufung, hat die Einberufung unter schriftlicher Angabe der zu behandelnden Tagesordnungspunkte und des Termins gegenüber diesem Gesellschafter per eingeschriebenen Brief zu erfolgen. Widerspricht ein Gesellschafter der fristlosen Einberufung, ist ein neuer Termin unter Wahrung einer Frist von zwei Wochen ab Abgabe bzw. Absendung (im Falle von Satz 2) anzuberaumen (der Tag der Absendung und der Tag der Versammlung werden bei der Fristermittlung nicht mitgerechnet).
3. Die Gesellschafterversammlung findet am Sitz der Gesellschaft statt, wenn nicht alle Gesellschafter mit einem anderen Tagungsort einverstanden sind. Im Falle einer ordnungsgemäßen Einberufung (Ziff. IX.2) ist die Gesellschaft beschlussfähig, wenn zumindest die Hälfte der Stimmen (Ziff. X) vertreten sind.
4. Die Gesellschafterversammlung wählt mit einfacher Mehrheit einen Versammlungsleiter, der die Verhandlungsführung übernimmt, die Beschlussfähigkeit feststellt und zur Protokollführung über die Sitzung verpflichtet ist. Findet sich keine Mehrheit für einen Versammlungsleiter, wird diese vom Geschäftsführer für kaufmännische Angelegenheiten (vgl. Ziff. VII.2), ist ein solcher nicht vorhanden, vom ältesten Geschäftsführer durchgeführt.
5. Der Versammlungsleiter hat über die Gesellschafterversammlung, deren wesentliche Verhandlungsgegenstände, insb. die Beschlussfähigkeit und das Ergebnis von Beschlussfassungen, ein schriftliches Protokoll zu erstellen. Eine Kopie des Protokolls ist allen Gesellschaftern bis zwei Wochen nach Ende der Gesellschafterversammlung – vom Versammlungsleiter unterschrieben – zu übergeben. Die Gesellschafter haben den Protokollinhalt auf Richtigkeit zu überprüfen und Fehler binnen zwei Wochen schriftlich zu rügen. Anderenfalls gilt der Protokollinhalt als richtig. Diese Vermutung der Richtigkeit ist nur insoweit widerleglich, als Beschlüsse betroffen sind, die einstimmig zu fassen sind (vgl. Ziff. X).
6. Kommt der Versammlungsleiter der Pflicht zur Protokollübergabe nach Ziff. IX.5 nicht nach, ist dieser – nach Mahnung und Ablauf von weiteren drei Tagen nach derselben – zur Zahlung einer Vertragsstrafe von _____ EUR an die Gesellschaft verpflichtet. Jeder Gesellschafter ist zur Abmahnung berechtigt und nach erfolglosem Ablauf zur Protokollerstellung verpflichtet.
7. Jeder Gesellschafter kann sich in der Gesellschafterversammlung im Falle einer Verhinderung durch einen Mitgesellschafter, einen Rechtsanwalt oder einen Steuerberater vertreten lassen. Die Vertretung ist durch schriftliche Vollmacht nachzuweisen.

X. Beschlüsse
1. Gesellschafterbeschlüsse werden von der beschlussfähigen Gesellschafterversammlung (Ziff. IX.3) gefasst. Sie bedürfen, sofern nicht Abweichendes in diesem Vertrag bestimmt ist, der Zustimmung aller beim Beschluss stimmberechtigten Gesellschafter (vgl. Ziff. X.4).
2. Je 100 EUR Kapitalanteil auf dem Kapitalkonto I (vgl. Ziff. VI.2) gewähren bei der Beschlussfassung eine Stimme. Jeder Gesellschafter kann seine Stimmen nur einheitlich ausüben. Im Falle einer Vertretung (Ziff. IX.7) übt der Vertreter das Stimmrecht des Gesellschafters aus.
3. Beschlüsse über die Durchführung gewöhnlicher Geschäfte bedürfen der einfachen Mehrheit der abgegebenen Stimmen der stimmberechtigten Gesellschafter. Dies gilt auch bei einem Widerspruch gegen die Maßnahme i.S.v. Ziff. VII.4. Beschlüsse über die Durchführung außergewöhnlicher Geschäfte i.S.v. Ziff. VII.3. bedürfen der Zustimmung aller anwesenden, stimmberechtigten Gesellschafter.
4. Ein Gesellschafter ist nicht stimmberechtigt, wenn z.B. – über die gerichtliche oder außergerichtliche Geltendmachung eines Anspruchs gegen ihn oder die Einleitung oder Erledigung eines Rechtsstreites mit ihm,
    – über die Vornahme eines Rechtsgeschäftes mit ihm oder seine Entlastung oder Befreiung von einer Verbindlichkeit (einschließlich des Wettbewerbsverbotes Ziff. XX.3),
    – über Maßnahmen gegen ihn aus wichtigem Grund (z.B. Entzug der Geschäftsführungs- und Vertretungsbefugnis oder seinen Ausschluss)
beschlossen wird.
5. Im Streitfall darüber, ob ein Beschluss gefasst ist oder nicht (bzw. wie), gilt die Beweisregel gem. Ziff. IX.5. Eine Klage auf Feststellung der (Un-)Wirksamkeit eines Beschlusses kann gegen die OHG gerichtet werden. Sie ist binnen einen Monats nach Zugang des Protokolls, spätestens aber binnen drei Monaten nach der Beschlussfassung zu erheben (Ausschlussfrist).

XI. Geschäftsjahr, Jahresabschluss
1. Das Geschäftsjahr der Gesellschaft ist das Kalenderjahr.
2. Der Jahresabschluss ist von dem für Buchhaltung zuständigen Geschäftsführer (Ziff. VII.2), ggf. mit Hilfe eines externen Beraters (Steuerberater o.ä.), innerhalb von sechs Monaten nach Abschluss des Geschäftsjahres zu erstellen. Es soll ein einheitlicher handels- und steuerrechtlicher Abschluss erstellt werden, soweit nicht die Aufstellung gesonderter Handels- und Steuerbilanzen erforderlich ist oder sinnvoll erscheint. Wird die Steuerbilanz nachträglich durch das Finanzamt bestandskräftig geändert, ist – soweit möglich – die Handelsbilanz entsprechend zu ändern. Soweit Bilanzierungsentscheidungen der Sache nach Entscheidungen über Gewinnverwendung sind (Bildung offener Rücklagen oder steuerlicher Sonderabschreibungen), soll der nach Satz 1 zuständige Geschäftsführer die anderen Gesellschafter bereits bei der Aufstellung so weit wie möglich einbeziehen.
3. Der gem. Ziff. 2 erstellte Jahresabschluss ist allen Gesellschaftern unverzüglich nach Erstellung in Kopie zu übersenden. Die Gesellschafter haben etwaige Widersprüche gegen die Aufstellung (Ziff. VII.4) binnen drei Wochen nach Zugang des übersendeten Abschlusses allen anderen Gesellschaftern anzuzeigen oder eine angemessene Verlängerung der Prüffrist einzufordern. Widersprüche und Bitten um Verlängerung der Prüffrist sind zu begründen. Ohne Widerspruch oder Bitte um Fristverlängerung ist innerhalb von vier Wochen nach Absendung eine Gesellschafterversammlung (Ziff. IX) zur Feststellung des Jahresabschlusses abzuhalten. Anderenfalls ist die Gesellschafterversammlung innerhalb von vier Wochen nach Eingang des Widerspruchs bzw. – bei Ausbleiben eines Widerspruchs nach erfolgter Fristverlängerung – binnen zwei Wochen nach Fristablauf abzuhalten.
4. Im Falle eines Widerspruchs werden die Gesellschafter sich um eine einvernehmliche Änderung bemühen. Kommt eine Einigung nicht zustande, kann der Widerspruch gem. Ziff. VII.4 überwunden werden und der Jahresabschluss gilt gleichwohl als einvernehmlich aufgestellt. Im Falle eines Widerspruchs kann über diesen und die Feststellung des Abschlusses in einer Versammlung beschlossen werden.

5. Der Jahresabschluss ist in der Gesellschafterversammlung festzustellen. Die Feststellung des Jahresabschlusses bedarf der Zustimmung von mehr als zwei Dritteln der Stimmen der Gesellschafter. Der festgestellte Abschluss ist von allen Gesellschaftern zu unterzeichnen.

XII. Ergebnisverwendung
1. Vor der Verteilung sind die Tätigkeitsvergütungen (Ziff. VIII.1) als Aufwand, die Zinsen für die Gesellschafter-Kapitalkonten II (Ziff. VI.3) als Aufwand oder Ertrag vom festgestellten Ergebnis (Ziff. XI.5) zu belasten bzw. gutzuschreiben.
2. Die Gesellschafter sind an dem festgestellten, nach Ziff. 1 modifizierten Ergebnis (Gewinn oder Verlust) der Gesellschaft im Verhältnis ihrer am letzten Tag des für den Jahresabschluss maßgebenden Kalenderjahrs, auf dem Kapitalkonto I verbuchten Kapitalanteile beteiligt.
3. Ein – gem. vorstehender Ziff. XII.1 – dem Gesellschafter zustehender positiver Gewinnanteil wird zunächst zum Ausgleich eines bestehenden negativen Saldos auf dem Kapitalkonto II verwendet. Ein danach verbleibender Betrag wird zu einem Drittel dem Kapitalkonto II und zu zwei Dritteln dem Privatkonto gutgeschrieben. Ein – gem. vorstehender Ziff. XII.1 – vom Gesellschafter zu übernehmender negativer Ergebnisanteil (Verlust) wird zunächst zu Lasten eines positiven Saldos des Kapitalkontos II, anschließend zu Lasten eines positiven Saldos des Privatkontos belastet, soweit dieser Saldo auf dem Privatkonto höher als eine monatliche Tätigkeitsvergütung des Gesellschafters ist. Besteht ein weiter gehender Verlust, wird dieser als negativer Saldo auf dem Kapitalkonto II verbucht.

XIII. Entnahmen und Einlagen
1. Entnahmen zu Lasten des positiv (auf Guthabenbasis) geführten Privatkontos sind jederzeit möglich. Einlagen zugunsten eines negativen Kapitalkontos II sind jederzeit möglich, darüber hinaus nur mit Zustimmung aller Gesellschafter.
2. Jeder Gesellschafter kann verlangen, dass einmal im Jahr bis zu 50% des Guthabens seines Kapitalkontos II (maximal _____ EUR) binnen einer Frist von sechs Monaten nach dem Verlangen auf sein Privatkonto umgebucht werden. Eine höhere Umbuchung ist nur mit Zustimmung aller Gesellschafter zulässig.

XIV. Verfügungen über den Anteil
1. Verfügungen über den Gesellschaftsanteil (Übertragungen, Belastungen etc.) bedürfen, vorbehaltlich nachstehender Regelung, der Zustimmung aller Mitgesellschafter in Form eines Gesellschafterbeschlusses (Ziff. X).
2. Eine Übertragung des gesamten oder eines durch 100 EUR teilbaren Teils des Gesellschaftsanteils ist ohne Zustimmung der Mitgesellschafter möglich, sofern die Übertragung auf einen Nachfolger des veräußernden Gesellschafters i.S.v. Ziff. XV.2 erfolgt. Die Übertragung ist den Mitgesellschaftern vorher anzuzeigen; sofern von diesen oder einem von diesen unverzüglich Einwände gegen die Übertragung erhoben werden, ist vor der Übertragung ein Gesellschafterbeschluss über die Eignung einzuholen. Die Übertragung ist zulässig, wenn die Eignung mit einfacher Mehrheit festgestellt wird. Die gerichtliche Feststellung, dass die Übertragung unwirksam ist, weil der Nachfolger objektiv ungeeignet war, bleibt von dem Beschluss unbenommen. Bei Verletzung der Anzeige- oder Wartepflicht aufgrund eines Einwandes gem. Satz 2, sind der ausscheidende und der neue Gesellschafter den übrigen zum Ersatz eines daraus entstehenden Schadens verpflichtet.
3. Die Übertragung von Gesellschaftsanteilen (gleich ob nach Ziff. XIV.1 oder 2) ist nur wirksam, wenn der Übertragungsvertrag notariell beurkundet ist. Die Belastung von Gesellschaftsanteilen ist nur wirksam, wenn diese schriftlich erfolgt.

XV. Nachfolge aus Altersgründen und im Todesfall
1. Alle Gesellschafter werden sich bemühen, dafür Sorge zu tragen, dass ihr Anteil nebst dem vollständigen, etwaigen (steuerlichen) Sonderbetriebsvermögen auf einen geeigneten Nachfolger (Ziff. XV.2)

übergeht. Es besteht zwischen den Gesellschaftern Einigkeit darüber, dass ein etwaiger Nachfolger mit dem _____ Lebensjahr des Gesellschafters – ggf. in vorweggenommener Erbfolge – die Nachfolge antreten sollte (Ziff. XIV); ein Anspruch gegen den Gesellschafter darauf besteht nicht, ein Ausschluss gem. Ziff. XVI bleibt aber vorbehalten.

2. Ein geeigneter Nachfolger im Sinne dieses Vertrages ist der Ehegatte, ein Abkömmling des Gesellschafters oder auch ein Dritter, sofern dieser Nachfolger
- zur Mitarbeit in der Gesellschaft anstelle des Ausscheidenden langfristig bereit und
- fachlich qualifiziert ist und
- gegen dessen Mitarbeit oder Stellung als Gesellschafter nicht objektive Umstände sprechen, die dem Gesellschaftsinteresse zuwiderlaufen.

3. Im Fall des Todes eines Gesellschafters wird die Gesellschaft mit seinem gesetzlichen oder testamentarischen Erben fortgesetzt. Die Gesellschafter sind sich darüber einig, dass jeder von ihnen mittels einer gesonderten erbrechtlichen Verfügung sicherstellt, dass allein ein geeigneter Nachfolger i.S.v. Ziff. XV.2 Erbe sowohl des Gesellschaftsanteils als auch von etwaigem Sonderbetriebsvermögen wird.

4. Jeder Erbe, der nicht geeigneter Nachfolger des Verstorbenen i.S.v. Ziff. XV.2 ist, kann von den übrigen Gesellschaftern binnen einer Frist von sechs Monaten nach dem Erwerb der Gesellschafterstellung gem. Ziff. XVI ausgeschlossen und gem. Ziff. XVIII abgefunden werden.

5. Treten mehrere Erben an die Stelle des Verstorbenen, so wird der Anteil entsprechend der Erbquoten auf die einzelnen Erben aufgeteilt und jeder wird entsprechend diesem Anteil Gesellschafter. Sie haben in diesem Fall unverzüglich einen Bevollmächtigten zu benennen, der die Rechte von allen Gesamtsrechtsnachfolgern des Verstorbenen wahrnimmt. Sie haben weiter binnen sechs Monaten, einen von ihnen als geeigneten Nachfolger (Ziff. XV.2) zu benennen und entsprechend Ziff. XIV.2, diesem die Anteile – entgeltlich oder unentgeltlich – zu übertragen. Können sie sich nicht auf einen Nachfolger einigen, haben die übrigen (Alt-)Gesellschafter – entsprechend Ziff. XV.4 – das Recht zum Ausschluss aller. Ist der benannte Nachfolger objektiv nicht geeignet, gilt Ziff. XV.4.

XVI. Ausscheiden und Ausschluss von Gesellschaftern

1. Ein Gesellschafter scheidet aus der Gesellschaft aus, wenn
- über sein Vermögen ein Insolvenzverfahren rechtskräftig eröffnet oder die Eröffnung mangels Masse abgelehnt wird,
- er gem. Ziff. XVII kündigt,
- ein Beschluss gem. Ziff. XVI.2 getroffen wird.

2. Die Gesellschaft kann einen Gesellschafter mittels Beschluss ausschließen, insbesondere wenn
- ein Gesellschafter eine eidesstattliche Versicherung gem. § 807 ZPO abgegeben hat oder gegen ihn Haft zur Abgabe einer solchen angeordnet wird,
- in den Gesellschaftsanteil eines Gesellschafters, seinen Gewinn- oder Auseinandersetzungsanspruch vollstreckt wird,
- ein nicht als Nachfolger Geeigneter (Ziff. XV) binnen der letzten sechs Monate vor dem Beschluss Gesellschafter geworden ist,
- er gegen das Wettbewerbsverbot verstößt, obwohl dieser Verstoß objektiv offensichtlich war oder obwohl er bereits mindestens einmal deswegen abgemahnt wurde,
- ein Gesellschafter seinen güterrechtlichen Verpflichtungen gem. Ziff. XXI nicht binnen angemessener Frist nachkommt oder
- in der Person des Auszuschließenden ein wichtiger Grund i.S.v. § 133 Abs. 2 HGB vorliegt.

3. Beschlüsse nach Ziff. XVI.2 sind nach Maßgabe der Bestimmungen IX und X zu treffen. Im Falle des Ausschlusses bestimmt sich die Abfindung des Gesellschafters nach Ziff. XVIII.

4. Besteht die Gesellschaft nur noch aus zwei Personen, tritt im Falle der Ziff. XVI.1, Unterpunkt 1 der Ausschluss erst nach einer Übergangsfrist von einem Monat in Kraft und kann im Falle der Ziff. XVI.2 die Wirkung des Beschlusses aufschiebend befristet getroffen werden.

Bechtloff

XVII. Kündigung
1. Jeder Gesellschafter kann mit einer Frist von _____ Monaten zum Ablauf des Geschäftsjahres kündigen, ohne dass er einen Kündigungsgrund anzugeben braucht.
2. Im Falle der Kündigung scheidet der Gesellschafter zum Ablauf des Geschäftsjahres aus und wird gem. Ziff. XVIII abgefunden.
3. Die Kündigung bedarf für ihre Wirksamkeit der Schriftform. Sie kann – nach Wahl des Kündigenden – statt gegenüber allen Mitgesellschaftern auch gegenüber der Gesellschaft erklärt werden. Der Kündigende und die Gesellschaft sollen in diesem Fall – unabhängig voneinander – alle Mitgesellschafter unverzüglich über die Kündigung informieren. Bei Verstoß gegen die Mitteilungspflicht haften sie gesamtschuldnerisch für einen daraus den Mitgesellschaftern entstehenden Schaden.
4. Das Recht zur fristlosen Kündigung aus wichtigem Grund oder zur Auflösungsklage gem. § 133 HGB bleibt von vorstehenden Bestimmungen unbenommen. Auch für eine fristlose außerordentliche Kündigung gelten Ziff. XVII.3 und die Abfindungsregel gem. Ziff. XVIII. Eine Auflösungsklage ist solange ausgeschlossen, wie nicht im Rahmen einer Gesellschafterversammlung der Versuch einer bestandswahrenden Konfliktlösung (in Bezug auf den betreffenden wichtigen Grund), z.B. der Ausschluss des anderen Gesellschafters i.S.v. § 133 Abs. 2 HGB, hilfsweise der Beschluss einer einvernehmlichen Liquidation, gescheitert ist.

XVIII. Abfindung
1. Scheidet ein Gesellschafter aus der Gesellschaft aus, ohne dass sein Anteil auf einen Nachfolger übergeht, wächst sein Anteil den übrigen Gesellschaftern an. Der Gesellschafter oder sein Rechtsnachfolger erhalten eine Abfindung, die sich nach den nachfolgenden Ziffern bestimmt.
2. Der Ausgeschiedene hat – vorbehaltlich nachfolgender Ziff. XVIII.3 – nur einen Anspruch darauf, dass er den Buchwert seiner Beteiligung, d.h. die Summe seiner Gesellschafterkonten gem. Ziff. VI des Vertrages zum Zeitpunkt des Ausscheidens, ausgezahlt erhält.
3. Der Ausgeschiedene oder die Gesellschaft können eine von Ziff. XVIII.2 abweichend berechnete Abfindungszahlung verlangen, wenn der Buchwert der Beteiligung erheblich von dem Verkehrswert der Beteiligung (berechnet nach dem Ertragswert des Unternehmens ohne Berücksichtigung schwebender Geschäfte i.S.v. § 740 BGB) abweicht. Eine erhebliche Abweichung in diesem Sinne liegt vor, wenn der Buchwert den Verkehrswert um mehr als 5% übersteigt oder mehr als 15% unterschreitet. In diesem Fall entspricht der Abfindungsanspruch dem Verkehrswert, sofern dieser niedriger ist als der Buchwert der Beteiligung, bzw. 90% des Verkehrswertes, sofern der Verkehrswert höher ist als der Buchwert der Beteiligung.
4. Die Feststellung des Verkehrswertes gem. Ziff. XVIII.3 soll durch einen von der Handelskammer des Gesellschaftssitzes vorgeschlagenen Sachverständigen erfolgen. Die Kosten trägt derjenige, der die abweichende Berechnung der Abfindung verlangt. Bei beiderseitigem Verlangen trägt der Ausscheidende die Kosten in Höhe seines ehemaligen Anteils, im Übrigen trägt die Kosten die Gesellschaft. Der Rechtsweg bleibt von diesen Regeln unbenommen.
5. Der Ausscheidende kann die Auszahlung des Anspruchs in Höhe seines Guthabens auf dem Privatkonto – entsprechend Ziff. XIII.1 – sofort und die Auszahlung des Anspruchs in Höhe des Guthabens auf dem Kapitalkonto II binnen sechs Monaten nach dem Ausscheiden verlangen. Im Übrigen wird der Abfindungsanspruch (gleichgültig, ob nach Ziff. XVIII.2 oder 3)
    – sechs Monate nach dem Ausscheiden fällig, sofern dieser _____ EUR nicht übersteigt,
    – in drei gleichen Jahresraten ausgezahlt, sofern dieser _____ EUR übersteigt,
    – in fünf gleichen Jahresraten ausgezahlt, sofern dieser _____ EUR übersteigt,
    – in sieben gleichen Jahresraten ausgezahlt, sofern dieser _____ EUR übersteigt.
Bei Ratenzahlung ist die erste Rate sechs Monate nach dem Ausscheiden fällig, die Folgeraten jeweils ein Jahr nach dem vorangegangenen Zahlungstermin. Die Gesellschaft hat stets das Recht zur vorzeitigen Tilgung. Kommt die Gesellschaft mit der Ratenzahlung in Verzug, kann der Ausgeschiedene die

Ratenvereinbarung kündigen, wodurch die gesamte Abfindung fällig wird. Ein negativer Abfindungsbetrag ist vom Ausscheidenden sofort beim Ausscheiden zu zahlen.
6. Im Falle einer Ratenzahlung ist der ausstehende Betrag nach sechs Monaten ab dem Ausscheiden mit dem Guthabenzinssatz gem. Ziff. VI.3 zu verzinsen. Die Möglichkeit im Verzugsfall höhere Zinsen zu verlangen, bleibt unbenommen.
7. Wird der Ausgeschiedene von Gläubigern für Gesellschaftsschulden in Anspruch genommen, hat die Gesellschaft ihn von der Verbindlichkeit unverzüglich freizuhalten. Einen weiter gehenden Freihaltungs- oder Befreiungsanspruch oder einen Anspruch auf Sicherheitsleistung für Gesellschaftsschulden hat der Ausgeschiedene nicht. Eine in Folge des Ausscheidens zu den vorgenannten Abfindungsbedingungen etwa entstehende Schenkungssteuer haben im Innenverhältnis der Beteiligten die steuerrechtlich Beschenkten allein zu tragen.

XIX. Liquidation
1. Liquidatoren der Gesellschaft sind die Gesellschafter, soweit diese im Zeitpunkt der Auflösung geschäftsführungsbefugt sind. Die Liquidation ändert nichts an deren Geschäftsführungs- und Vertretungsbefugnis.
2. Der Liquidationserlös/-verlust wird auf die Gesellschafter entsprechend ihrer festen Kapitalkonten („Kapitalkonto I") verteilt.

XX. Wettbewerbsverbot
1. Die Gesellschafter dürfen ohne Einwilligung der Gesellschaft in dem Geschäftszweig der Gesellschaft (Ziff. II.1 und 2) weder mittelbar noch unmittelbar, weder auf eigene noch auf fremde Rechnung Geschäfte machen oder sich an einem anderen in dem Geschäftszweig tätigen Unternehmen als Gesellschafter beteiligen.
2. Nach einem Ausscheiden aus der Gesellschaft ist dem Ausscheidenden für zwei weitere Jahre untersagt, Aufträge in dem Geschäftszweig der Gesellschaft von solchen Auftraggebern anzunehmen, die während der letzten drei Jahre vor dem Ausscheiden aus der Gesellschaft zu den Kunden der Gesellschaft gehört haben. Dieses Verbot gilt unabhängig davon, ob er die Aufträge für eigene oder für fremde Rechnung, mittelbar oder unmittelbar annimmt.
3. Ausnahmen bedürfen eines einstimmigen Gesellschafterbeschlusses.
4. Für jeden Fall der Zuwiderhandlung (für jedes getätigte Geschäft/jeden angenommenen Auftrag) hat der gegen das Verbot Verstoßende eine Vertragsstrafe in Höhe von _____ EUR an die Gesellschaft zu zahlen. Die Geltendmachung eines weiter gehenden Schadens, das Eintrittsrecht nach § 113 HGB oder einer Unterlassung bleiben hiervon unberührt.

XXI. Ehelicher Güterstand der Gesellschafter
1. Die Gesellschafter haben im Falle einer Heirat, zumindest hinsichtlich ihrer Beteiligung an dieser Gesellschaft, mit ihrem Ehepartner Gütertrennung durch notariellen Vertrag zu vereinbaren. Die Gütertrennung kann dabei auf den Scheidungsfall beschränkt werden (modifizierte Zugewinngemeinschaft).
2. Ein in Zugewinngemeinschaft lebender Gesellschafter hat mit seinem Ehepartner durch Ehevertrag zu vereinbaren, dass der Gesellschafter den Beschränkungen des § 1365 BGB nicht unterliegt, soweit sein Gesellschaftsanteil oder die Gesellschaft selbst betroffen ist.
3. Auf schriftliche Anfrage der Gesellschaft hat ein verheirateter Gesellschafter unverzüglich nachzuweisen, dass er die Verpflichtungen gem. Ziff. 1 und 2 erfüllt hat.

XXII. Schlussbestimmungen
1. Falls einzelne Bestimmungen dieses Vertrages unwirksam oder undurchführbar sein sollten oder dieser Vertrag Lücken enthält, wird dadurch die Wirksamkeit der übrigen Bestimmungen nicht berührt. Anstelle der unwirksamen Bestimmung gilt diejenige wirksame Bestimmung als vereinbart, die dem

Sinn und Zweck der unwirksamen Bestimmung möglichst weitgehend entspricht. Im Falle von Lücken gilt diejenige Bestimmung als vereinbart, die dem entspricht, was nach Sinn und Zweck dieses Vertrages vernünftigerweise vereinbart worden wäre, wäre die vertragliche Angelegenheit bedacht worden. Bei Bekanntwerden einer Unwirksamkeit, Undurchführbarkeit oder Lücke sind alle Gesellschafter verpflichtet, an der schriftlichen Fixierung einer Regelung mitzuwirken.
2. Der vorliegende Vertrag ist abschließend, Nebenabreden bestehen nicht. Änderungen und Ergänzungen dieses Vertrages bedürfen der Schriftform. Dies gilt insbesondere auch für die Änderung dieser Schriftformklausel.
3. Die Kosten der Gründung (insbesondere dieses Vertrages) trägt die Gesellschaft.
4. Ausschließlicher Gerichtsstand für alle Streitigkeiten aus diesem Vertrag ist der Sitz der Gesellschaft.

2. Muster: Handelsregisteranmeldung bei OHG-Errichtung[284]

An das
Amtsgericht _____ [285]
– Handelsregister –
Betr.: Neuanmeldung der _____ OHG mit Sitz in _____
Wir,[286]
_____ (Name und Vorname), geboren am _____, _____ (Wohnort)
_____ (Name und Vorname), geboren am _____, _____ (Wohnort) und
_____ (Name und Vorname), geboren am _____, _____ (Wohnort)
haben heute eine offene Handelsgesellschaft gegründet, deren Firma
_____ **OHG**
lautet. Gegenstand des Unternehmens ist _____.
Sitz der Gesellschaft ist _____. Die Geschäftsadresse lautet _____.
Jeder Gesellschafter vertritt die OHG einzeln.[287]
_____ (Gesellschafter 1)   _____ (Gesellschafter 2)   _____ (Gesellschafter 3).
_____ (Beglaubigungsvermerk des Notars)[288]

B. Der Gesellschaftsanteil

I. Übertragung

1. Typischer Sachverhalt

In einer OHG mit mehreren mitarbeitenden Gesellschaftern will einer der Gesellschafter die Gesellschaft verlassen, da er zukünftig nicht mehr zur Mitarbeit bereit ist, weil er sich zur Ruhe

---

[284] Siehe dazu auch Rn 44.
[285] Zuständig ist das Amtsgericht am Sitz der Gesellschaft.
[286] Die Anmeldung muss durch alle Gesellschafter erfolgen, auch wenn sie nicht vertretungsberechtigt sind. Bei nicht vertretungsberechtigten Gesellschaftern ist aber insoweit Bevollmächtigung Dritter möglich (siehe zuletzt KG Berlin DB 2005, 1620 f.). Zur Durchsetzung der Mitwirkungspflicht, Baumbach/*Hopt*, § 108 Rn 6.
[287] Anzumelden gem. § 106 Abs. 2 Nr. 4; vgl. eingehend dazu *Busch*, Die Vertretung der OHG und KG – Anmeldungsinhalt und Eintragungstext, RPfleger 2003, 329 ff.
[288] Der Geschäftswert für die Anmeldung ist gem. § 41a Abs. 3 Nr. 2 KostO gestaffelt nach Anzahl der Gesellschafter (im Beispielsfall Rn 1 daher 62.500 EUR). Die Notargebühr liegt bei Fassung des Textes durch den Notar bei 5/10 (§ 38 Abs. 2 Nr. 7 KostO). Das Registergericht erhält eine 10/10-Gebühr nach § 79 KostO und die Bekanntmachungskosten (§ 137 Nr. 4 KostO). Siehe auch hinten § 39.

setzen will und seinen Anteil bspw. seinem erwachsenen Abkömmling verschaffen will, der seine Stellung im Unternehmen fortführt (Übertragung per Schenkung). Die Mitgesellschafter sind mit der Übertragung einverstanden, da es zum einen nicht sinnvoll ist, einen zum Ausstieg wirklich Entschlossenen binden zu wollen, zum anderen, weil der „Neue" geeignet erscheint, die Arbeit des Ausscheidenden fortzuführen. Die (Alt-)Gesellschafter einigen sich mit dem Aussteiger darauf, dass, sofern die Zusammenarbeit mit dem Neuen – wider Erwarten – objektiv nicht funktionieren sollte, der Senior die Schenkung zurück abwickelt und dazu ein besonderer Widerrufsvorbehalt hinzugefügt wird. Einer gesonderten Zustimmung zu dieser Übertragung in der Gesellschafterversammlung bedarf es nicht, weil der Gesellschaftsvertrag diesen Sonderfall der Übertragung bereits zulässt.

2. Rechtliche Grundlagen
a) Einführung

143 Die **Übertragung** eines OHG-Anteils (u.U. auch eines Teils davon[289]) von einem Altgesellschafter auf einen Erwerbenden ist – trotz des missverständlichen Wortlautes des § 719 BGB[290] – grundsätzlich möglich, sofern (und soweit) diese entweder bereits im Gesellschaftsvertrag zugelassen ist oder wenn alle Mitgesellschafter dazu im speziellen Fall ihre Erlaubnis erteilen (vgl. bereits Rn 103). Sie ist von der Auswechselung des Gesellschafters durch **Austritt** des alten und **Eintritt** des neuen Gesellschafters zu unterscheiden: Während bei der Übertragung eine direkte vertragliche Beziehung zwischen Erwerber und Veräußerer besteht, zwischen diesen die Leistungsbeziehung abgewickelt wird und der Anteil übergeht, so dass der Erwerber der Rechtsnachfolger wird, bestehen beim Ein- und Austritt zwei Vertragsbeziehungen, die jeweils mit der Gesellschaft bestehen, so dass es keine direkte Rechtsbeziehung zwischen den ausgewechselten Gesellschaftern gibt. In den meisten Fällen wird die Übertragung der einfachere und deswegen gewünschte Weg sein; es kann aber – wegen der unterschiedlichen Folgen der Gestaltung – im Einzelfall auch einmal gerade Ein- und Austritt vorzugswürdig erscheinen.[291]

b) Kausalgeschäft
aa) Allgemein

144 Das Verpflichtungsgeschäft zur Anteilsübertragung wird in den meisten Fällen entweder Kauf oder Schenkung sein (denkbar wäre auch anderes: Tausch oder Mischform etc.). Das Kausalgeschäft bedarf – anders als die dingliche Verfügung – nicht der Zustimmung der Mitgesellschafter, um wirksam zu sein.[292] Unter Umständen bedarf es aber der **Zustimmung Dritter**, so evtl. im Rahmen einer ehelichen Zugewinngemeinschaft der Zustimmung des Ehegatten (wenn die Voraussetzungen des § 1365 BGB erfüllt sind, vgl. schon Rn 130), so wenn ein Minderjähriger den Gesellschaftsanteil erwerben oder veräußern soll, der Zustimmung des Vormundschaftsgerichtes (§ 1822 Nr. 3 BGB).[293]

145 Das Kausalgeschäft ist aus gesellschaftsrechtlichen Gründen **grundsätzlich formfrei**, d.h. nur dann formbedürftig, wenn der Gesellschaftsvertrag dies vorsieht (vgl. Basisvertrag Rn 140, dort Ziff. XIV.3, und die dortigen Erwägungen, Rn 105). Ein Formerfordernis kann sich für das

---

289 Vgl. MüKo-HGB/*K. Schmidt*, § 105 Rn 211, 221; nicht möglich soll allerdings die Vereinigung mehrerer (getrennter) Anteile auf einen Gesellschafter sein, siehe Rn 48.
290 Baumbach/*Hopt*, § 105 Rn 69.
291 Weitergehend zu den unterschiedlichen Rechtsfolgen Staub/*Schäfer*, § 105 Rn 292 f.; *K. Schmidt*, Gesellschaftsrecht, § 45 III 1.
292 BGH BB 1958, 57 f.
293 MünchGesR/*Piehler/Schulte*, § 73 Rn 13 f.; Ebenroth/*Wertenbruch*, § 105 Rn 162.

Kausalgeschäft aber aus den übernommenen Verpflichtungen ergeben, wenn z.B. die Übertragung als Schenkung versprochen wird (§ 518 BGB) oder eine Partei sich – z.B. bei entsprechendem Sonderbetriebsvermögen des Veräußerers, das ebenfalls übertragen werden soll – im Rahmen des Geschäftes zur Grundstücksübertragung verpflichtet (§ 311b BGB).[294] Dass die OHG selbst Grundstücke oder GmbH-Anteile im Gesellschaftsvermögen hält, führt nicht zum Formerfordernis, da nicht das Gesellschaftsvermögen, sondern nur der Gesellschaftsanteil übertragen wird.[295]

bb) Kauf

Ist das Kausalgeschäft ein Kaufvertrag, liegt ein wichtiger Augenmerk der Gestaltung regelmäßig bei der **Verkäuferhaftung** und den **Mängelrechten**: Wesentliche Grundfrage für die Bestimmung der gesetzlichen Ausgangslage ist dann, ob der Käufer alle Anteile oder zumindest eine so wesentliche Beteiligung der Gesellschaft kauft, dass dies dem Kauf des ganzen Unternehmens gleichkommt.[296] Ist das der Fall, gilt der Kauf als Unternehmenskauf (vgl. dazu auch § 25), mit der Folge, dass die Verkäuferhaftung sich dann auch auf die Beschaffenheit des von der OHG betriebenen Unternehmens bezieht (§§ 434, 437 BGB), also z.B. auf eine von den Parteien vorausgesetzte Ertragsfähigkeit/Werthaltigkeit des Unternehmens, bis hin zu Fehlbeständen an Materialien im Unternehmen etc.[297] Umfasst der Verkauf dagegen einen nicht so großen Anteil an der Gesellschaft, ist nur die Beschaffenheit dieses Anteils an den Erwerber Vertragsgegenstand, so dass grundsätzlich zwar für Mängel dieses Rechtes, d.h. für Bestand und Eigenschaften des Anteils (Stimmrecht, Gewinnbezugsrecht etc.) und die Lastenfreiheit desselben, aber nicht für Eigenschaften des Unternehmens (wie Bestandteile des Gesellschaftsvermögens, aber ebenso Verkehrswert des Anteils[298]) einzustehen ist. Will man – hiervon abweichend – bei einem solchen („Nur-")Anteilskauf eine Verkäuferhaftung auch für die Beschaffenheit des Unternehmens erreichen, ist dies möglich, bedarf aber entsprechender spezieller Regelungen (weiter gehender Beschaffenheitsvereinbarungen über den i.S.v. § 434 BGB[299] oder sogar – im Bereich der Unternehmenskäufe weit verbreitet – Garantien). Neben diesem für die Gestaltung der Verträge wichtigen Aspekt sind Verjährungsmodifikationen (§§ 438, 202 BGB), Stichtagregelungen und Zahlungsbestimmungen vielfach zu regelnde Punkte beim Anteilskauf.[300] Zur **Absicherung** der Kaufpreiszahlung erfolgt die Übertragung des Anteils teilweise unter der aufschiebenden Bedingung der vollständigen Bezahlung. Folge ist dann allerdings eine u.U. verzögerte Eintragung im Handelsregister, was auch den Interessen des Veräußerers zuwiderlaufen kann (z.B. wegen der Haftung, siehe Rn 153).

Steuerrechtlich ist die Veräußerung des OHG-Anteils („Mitunternehmeranteils") nach § 16 Abs. 1 Nr. 2 EStG zu behandeln, so dass bei der Veräußerung erzielte Gewinne – bei Vorliegen der steuerrechtlichen Voraussetzungen im Übrigen (Altersgrenze 55 Jahre oder Berufsunfähig-

---

[294] MünchGesR/*Piehler/Schulte*, § 73 Rn 28 f.
[295] BGHZ 86, 367, 369 f.; *K. Schmidt*, Gesellschaftsrecht, § 45 III 3a; Ebenroth/*Wertenbruch*, § 105 Rn 162.
[296] Genannt werden unterschiedliche Quoten, vgl. die Zusammenstellung bei *Grunewald*, Rechts- und Sachmängelhaftung beim Kauf von Unternehmensanteilen, NZG 2003, 372, 373; Palandt/*Weidenkaff*, § 453 Rn 23 m.w.N. nennt eine Beteiligung von „mindestens 80%"; Baumbach/*Hopt*, § 105 Rn 73: „bei Ausschaltung von Minderheitsrechten" entspr. § 50 GmbHG: 90%).
[297] Eingehend *Wolf/Kaiser*, Die Mängelhaftung beim Unternehmenskauf nach neuem Recht, DB 2002, 411, 417; Palandt/*Weidenkaff*, § 434 Rn 95 ff. m.w.N. Zur Frage, inwieweit beim Unternehmenskauf Mängel an Einzelgegenständen des Unternehmens zur Geltendmachung von Mängelrechten berechtigen, vgl. OLG Köln DB 2009, 2259 (Revision ist anhängig).
[298] So Palandt/*Weidenkaff*, § 453 Rn 23 m.w.N.
[299] Vgl. *Wolf/Kaiser*, DB 2002, 411, 416 f.; *Gronstedt/Jörgens*, Die Gewährleistungshaftung beim Unternehmenskauf nach dem neuen Schuldrecht, ZIP 2002, 52, 55.
[300] Kurze Zusammenstellung bei *Triebel/Hölzle*, Schuldrechtsreform und Unternehmenskaufverträge, BB 2002, 521, 535 f.

keit, erstmalige Inanspruchnahme der Vergünstigung; vgl. schon Rn 122) – zu den besonderen Steuersätzen des § 34 EStG zu versteuern sind.[301] Gewerbesteuer fällt auf den Gewinn (bei der Veräußerung durch natürliche Personen als Mitunternehmer) nicht an.[302] Ein an den Veräußerer gezahlter Gewinn ist für den Neueintretenden durch eine Aufstockung der Buchwerte mit Hilfe von sog. Ergänzungsbilanzen zu berücksichtigen.[303]

cc) Schenkung

148 Ein Gesellschaftsanteil einer OHG kann auch Gegenstand einer Schenkung sein; der Umstand, dass den Neugesellschafter gesellschaftsrechtliche Pflichten treffen und er für die bestehenden Verbindlichkeiten der Gesellschaft haftet (§ 128 HGB), steht einer „unentgeltlichen Zuwendung" nicht notwendig entgegen.[304] Ob eine Schenkung vorliegt, ist insofern einerseits danach abzugrenzen, ob die Übernahme gesellschaftsrechtlicher Pflichten nach dem Parteiwillen als Gegenleistung anzusehen ist (z.B. weil gerade die Bonitätserhöhung der OHG durch den Übernehmenden Zweck der Übertragung ist), und andererseits danach, ob nicht eine sonstige Form unentgeltlicher Zuwendung vorliegt.[305] Im Falle einer Schenkung sind die §§ 516 ff. BGB anzuwenden, also zum einen die Form des § 518 BGB,[306] zum anderen die Rückabwicklungsmöglichkeiten bzw. -risiken der §§ 519, 525 ff. BGB zu beachten.

149 Aufmerksamkeit erfordert bei der Schenkung von Gesellschaftsanteilen regelmäßig die in diesem Bereich gesetzlich vorgesehenen oder auch vertraglich zu regelnden **Widerrufsrechte** und Aufl.möglichkeiten:[307] Es ist nach der BGH-Rechtsprechung inzwischen anerkannt, dass gesellschaftsrechtliche Grundsätze – insbesondere dass eine Ausschließung eines Gesellschafters nur beschränkt möglich ist, vgl. Rn 113 – einer schenkungsrechtlichen Widerrufsmöglichkeit nicht entgegenstehen.[308] Bei der Gestaltung von Schenkungsverträgen ist insoweit zu überlegen, ob die gesetzlichen Möglichkeiten zum Widerruf/zur Rückforderung – soweit möglich (vgl. § 533 BGB) – im Gesellschaftsinteresse eingeschränkt werden sollen oder ob ein Bedarf nach vertraglicher Erweiterung der Rückfall-/Widerrufsmöglichkeiten gewünscht ist. Insbesondere die letztgenannte Alternative ist praktisch recht häufig, gerade wenn der Anteil in vorweggenommener Erbfolge auf einen möglichen Nachfolger beabsichtigt ist und dessen Eignung noch nicht getestet wurde. In diesen Fällen sollte jedoch darauf geachtet werden, dass die Voraussetzungen, unter denen ein Widerruf möglich ist, klar vorherbestimmt sind oder an das Vorliegen eines wichtigen Grundes gekoppelt werden: Schenkungen unter **freiem Widerrufsvorbehalt** werden nämlich zum einen steuerrechtlich nicht anerkannt[309] und sind zum anderen auch hinsichtlich

---

[301] Zu einzelnen Sonderfragen vgl. Formularbuch Recht und Steuern/*Weigell*, A.9.10 Rn 13 ff. (Kaufpreiszahlung über Leibrente); Rn 7 (Behandlung von Pensionsrückstellungen, wenn der Erwerber Arbeitnehmer der OHG war).
[302] Abschn. H 7.1 (3) GewStR. Beachte zum Verlustvortrag Rn 26, 150.
[303] Siehe dazu MünchGesR/*Inhester*, § 65 Rn 29 f. m.w.N.
[304] Anders die frühere Rechtsprechung, vgl. BGH BB 1965, 359; WM 1977, 862, 864; dagegen zu Recht die h.L. *Wiedemann*/*Heinemann*, Der Widerruf der Schenkung einer Gesellschaftsbeteiligung, DB 1990, 1649, 1651; *Westermann*, § 35 Rn 1017; Palandt/*Weidenkaff*, § 516 Rn 9; MünchGesR/*Piehler*/*Schulte*, § 72 Rn 18 (mit Darlegung zu den für die Auslegung wesentlichen Umständen und m.w.N.). Zur Möglichkeit der Schenkung eines Kommanditistenanteils BGH NJW 1990, 2616.
[305] Zur Abgrenzung von einer ehebedingten Zuwendung vgl. Palandt/*Weidenkaff*, § 516 Rn 10; zur Abgrenzung von Schenkungen und anderen Verfügungen vorweggenommener Erbfolge vgl. Palandt/*Weidlich*, Einl. v. § 1922 Rn 6 f., jeweils m.w.N.
[306] Der Vollzug der Schenkung, d.h. die erklärte oder praktisch durchgeführte Abtretung (die Eintragung im Handelsregister ist keine Vollzugsvoraussetzung) bewirkt allerdings die Heilung des Mangels (§ 518 Abs. 2 BGB), siehe *Westermann*, § 5 Rn 141a, § 35 Rn 1017; Palandt/*Weidenkaff*, § 516 Rn 5, § 518 Rn 14.
[307] Allgemein zu Gestaltungsmöglichkeiten, *Jülicher*, Vertragliche Rückfallklauseln, Widerrufsvorbehalte, auflösende Bedingungen, Weiterleitungsklauseln in Schenkungsverträgen, ZEV 1998, 201.
[308] BGH NJW 1990, 2616; eingehend MünchGesR/*Piehler*/*Schulte*, § 72 Rn 22 i.V.m. § 10 Rn 24 ff.
[309] BFH NJW 1990, 1750 (ErbStG), 1751 (EStG).

ihrer gesellschaftsrechtlichen Wirksamkeit zweifelhaft.[310] Das Muster schlägt deswegen einen qualifizierten Widerrufsvorbehalt vor, bei dem die übrigen Gesellschafter mit einbezogen werden und der auch mit Rücksicht auf die vorgeschlagene Ausschlussbestimmung im Basisvertrag (Rn 140, dort Ziff. XV.4 und XVI.) gewählt wurde. Die Ausschließung kommt eben nur dann für die übrigen in Betracht, wenn es kein milderes Mittel gibt (vgl. Rn 111). Vor einem Ausschlussbeschluss ist daher die Bitte um Widerruf an den alten Gesellschafter zu richten. Besondere vertragliche **Gewährleistungs-** und Haftungsregelungen spielen in Anbetracht der zumeist als sachgerecht erscheinenden §§ 521, 523 f. BGB in der Praxis dagegen kaum eine Rolle; das Muster verweist insofern auf die gesetzlichen Bestimmungen.

Steuerrechtlich unterliegt der Erwerb der Schenkungsteuer nach dem ErbStG (wobei nahe Abkömmlinge erhebliche Freibeträge gem. §§ 13, 16 ErbStG haben und auch die Steuerhöhe von der Beziehung zum Schenkenden abhängt, §§ 15, 19 ErbStG).[311] Der Steuerwert des Anteils bestimmt sich gemäß § 12 Abs. 5 ErbStG i.V.m. §§ 11 Abs. 2, 95 ff., 109 Abs. 2 BewG nach dem gemeinen Wert des Geschäftsanteils (d.h. dem Verkehrswert). Für die Steuer haften gem. § 20 ErbStG sowohl der Schenker als auch der Beschenkte (deswegen die Ziff. V.1 im Schenkungsvertrag, Muster Rn 154). Für die Berechnung der Steuer auf Schenkungen und Erbschaften werden die unentgeltlichen Zuwendungen der jeweils letzten zehn Jahre addiert (§ 14 Abs. 1 ErbStG), so dass es auch steuerlich attraktiv sein kann, rechtzeitig vor dem Erbfall bereits Teile des Vermögens auf die späteren Erben zu übertragen, um Freibeträge mehrfach nutzen zu können. Einkommensteuerrechtlich handelt es sich um eine unentgeltliche Übertragung i.S.v. § 6 Abs. 3 EStG, so dass der neue Gesellschafter den Anteil mit den Werten des ursprünglichen Gesellschafters fortführen muss.[312] Zu beachten ist im Falle der Übertragung das damit mögliche Entfallen von Verlustvorträgen nach § 10a GewStG.[313]

150

c) Verfügungsgeschäft

Die Übertragung ist – wenn nicht im Gesellschaftsvertrag anderes geregelt ist (vgl. Rn 103) – nur wirksam, wenn im Zeitpunkt der Übertragung die Zustimmung der Mitgesellschafter vorliegt[314] oder von diesen später genehmigt wird. Die übrigen gesetzlichen Erfordernisse, die für den dinglichen Übergang einzuhalten sind, sind grundsätzlich gering: Die Übertragung ist ebenso wie das Kausalgeschäft **formlos** möglich. Soweit der neue Gesellschafter allerdings Pflichten übernimmt, die für ihre Wirksamkeit der notariellen Beurkundung bedürfen (vgl. z.B. im Basisvertrag Rn 140, dort Ziff. XXI.), führt das grundsätzlich zur Formbedürftigkeit des Übertragungsaktes (Rn 105). Die Verpflichtung, die Veränderung hinsichtlich der Gesellschafter im **Handelsregister** eintragen zu lassen (vgl. für den neuen Gesellschafter § 107 HGB, für den Ausscheidenden § 143 Abs. 2 HGB) ist zwar keine Wirksamkeitsvoraussetzung für die Übertragung, liegt aber wegen der Publizitätswirkung des Handelsregisters (§ 15 HGB) und der Nachhaftungsbegrenzung (§ 160 Abs. 1 S. 2 HGB, siehe auch Rn 153) im unmittelbaren Interesse der Parteien und kann ggf. auch mit Zwangsgeldern durchgesetzt werden (§ 14 HGB). Die Handelsregisteranmeldung erfordert generell eine notarielle Beglaubigung (§ 12 HGB). Zu den Zustimmungserfordernissen bei Minderjährigen usw. vgl. Rn 50.

151

Um Zweifel auszuschließen empfiehlt es sich, den **Umfang** der Übertragung möglichst präzise zu bestimmen, insbesondere den Zeitpunkt des Übergangs des Anteils, des Gewinnbezugs-

152

---

310 Vgl. zum Meinungsstand zuletzt *Bütter/Tonner*, Wirksamkeit von Rückkaufrechten und auflösenden Bedingungen in Schenkungsverträgen über Gesellschaftsanteile, NZG 2003, 193, 195 f.
311 Beachte die Mitteilungspflicht des Notars gegenüber dem Finanzamt in § 34 ErbStG.
312 Näher BMF BStBl I 1993, 80 ff. („Einkommensteuerrechtliche Behandlung der vorweggenommenen Erbfolge").
313 Vgl. BFH BStBl II 1993, 616 = DB 1993, 1604; Sudhoff/*van Randenborgh*, § 2 Rn 35.
314 Zum Widerruf der vorab erteilten Zustimmung bis zur erfolgten Übertragung, vgl. Baumbach/*Hopt*, § 105 Rn 70; MünchGesR/*Piehler/Schulte*, § 73 Rn 8 m.w.N.

rechtes sowie die Salden der Gesellschafterkonten festzuhalten etc. Besteht die **Firma** der OHG aus dem Namen des Ausscheidenden, bedarf es für die Fortführung dessen Zustimmung (§ 24 Abs. 2 HGB). Darauf zu achten ist, dass durch die Übertragung u.U. auch im Übrigen Änderungen des Gesellschaftsvertrages notwendig werden können (insbesondere wenn der Vertrag speziell auf die Einzelpersonen zugeschnitten ist).

153 Ein wichtiger Gesichtspunkt beim Gesellschafterwechsel ist zuletzt auch die **Haftung** des alten und des neuen Gesellschafters für die Verbindlichkeiten der OHG (§ 128 HGB): Der neue Gesellschafter haftet für alle Verbindlichkeiten der OHG, gleichgültig ob diese vor oder nach seinem Eintritt entstanden sind (§ 130 HGB).[315] Da der Ausscheidende für die Altverbindlichkeiten (die bis zu seinem Austritt begründet wurden) weiterhaftet, ist der Gesellschafterwechsel für die Altgläubiger stets eine Haftungsverbesserung. Nach § 160 i.V.m. § 159 HGB dauert die Haftung des Ausgeschiedenen für längstens fünf Jahre ab Eintragung des Ausscheidens im Handelsregister fort.[316] Dies gilt auch für die Haftung aus Dauerschuldverhältnissen, die vor dem Austritt des Gesellschafters begründet wurden, aber erst nach seinem Austritt entstanden sind (z.B. Mietforderungen).[317] Die Frist gilt für alle Verbindlichkeiten, für die die persönliche Haftung über § 128 HGB begründet, nicht aber für Ansprüche aus sonstigen Rechtsverhältnissen, die nur in Zusammenhang mit der Gesellschaft entstanden sind (wie eine Bürgschaftsverpflichtung für die Gesellschaftsverbindlichkeiten[318]). Die Haftungsfreistellung zugunsten des Ausscheidenden durch den Neuen (Muster Rn 154, dort Ziff. IV.2) ändert nichts an der Außenhaftung, ist aber die regelmäßig angemessene Verteilung der Schuld im Verhältnis der übertragenden Parteien.[319] Sie tritt neben den Freistellungs- und Rückgriffsanspruch gegenüber der Gesellschaft und den (ehemaligen) Mitgesellschaftern (§ 110 HGB, § 426 BGB, § 257 BGB).[320]

M 5 3. Muster
a) Muster: Schenkungsweise Übertragung eines Anteils mit qualifiziertem Widerrufsvorbehalt

154 _____ (Notarielle Urkundenformalien)[321]
Erschienen sind
_____ (Name und Vorname, Geburtsdatum und Wohnort)
– im folgenden Veräußerer genannt –
und
_____ (Name und Vorname, Geburtsdatum und Wohnort)
– im folgenden Erwerber genannt – und schließen nachfolgenden

Schenkungs- und Abtretungsvertrag
I. Präambel
Der Veräußerer ist mit einem Kapitalanteil von _____ EUR (entspricht _____% des Gesellschaftskapitals) an der _____ OHG beteiligt. Die OHG hat _____ weitere Gesellschafter. Der Gesellschaftsver-

---

315 Dies ist auch nur insoweit abdingbar, wie die Gläubiger an der Vereinbarung beteiligt sind, vgl. § 130 Abs. 2 HGB, Baumbach/*Hopt*, § 130 Rn 8 f.
316 Ohne Eintragung im Handelsregister beginnt die Frist mit der Kenntnis des Gläubigers vom Ausscheiden (die Beweislast dafür trägt allerdings der Ausscheidende), vgl. BGHZ 174, 7 ff.; zust. *Wertenbruch*, NZG 2008, 216 ff.
317 Siehe BGH ZIP 1999, 1967; Baumbach/*Hopt*, § 160 Rn 2.
318 Baumbach/*Hopt*, § 159 Rn 4; Ebenroth/*Hillmann*, § 159 Rn 9.
319 Ebenso MünchGesR/*Piehler/Schulte*, § 73 Rn 37.
320 Dazu Baumbach/*Hopt*, § 128 Rn 25 ff.
321 Die Notargebühr für die Beurkundung beträgt gem. § 36 Abs. 2 KostO 20/10. Der Geschäftswert bestimmt sich nach § 39 Abs. 1 KostO; bei der Schenkung eines Anteils ist danach der Wert des Anteils maßgebend, näher Korintenberg/*Bengel/Tiedtke*, Kostenordnung, 18. Aufl. 2010, § 39 KostO Rn 91.

trag in der derzeit geltenden Fassung liegt beiden Parteien vor. Der Veräußerer beabsichtigt, sich aus dem Berufsleben zurückzuziehen und deswegen dem Erwerber als seinem Nachfolger den Geschäftsanteil schenkungsweise in vorweggenommener Erbfolge zu übertragen. Da der Erwerber Abkömmling des Veräußerers ist, ist die Übertragung gem. der Bestimmung _____ des Gesellschaftsvertrages ohne gesonderte Zustimmung der anderen Gesellschafter möglich. Diese sind jedoch über den Übergang benachrichtigt worden und haben versichert, dass sie gegen den Erwerber als neuen Gesellschafter keine Einwände haben.

II. Schenkung
1. Der Veräußerer schenkt dem Erwerber seinen Gesellschaftsanteil in Höhe von _____ EUR an der _____ OHG mit Wirkung vom _____
2. Das Gewinnbezugsrecht geht für die Zeit ab 1. Januar _____ auf den Erwerber über. Die Gesellschafterkonten weisen zum Zeitpunkt des Überganges folgende Salden auf: _____

III. Abtretung
In Erfüllung der Schenkung tritt der Veräußerer seinen Gesellschaftsanteil nach Maßgabe der vorstehenden Ziff. II an den Erwerber ab. Dieser nimmt die Abtretung an.

IV. Gewährleistung und Haftung
1. Für Gewährleistung und Haftung gelten die gesetzlichen Bestimmungen.
2. Der Erwerber verpflichtet sich, den Veräußerer im Innenverhältnis von allen Verbindlichkeiten der OHG, für die der Veräußerer persönlich mithaftet, freizustellen.

V. Widerrufsvorbehalt
1. Die Schenkung erfolgt unter dem Vorbehalt des Widerrufs für den Fall, dass sich der Erwerber als ungeeignet erweist, die Position des Veräußerers als Gesellschafter der _____ OHG fortzuführen. Die Voraussetzungen, unter denen der Widerruf erklärt werden kann, sind in nachfolgender Ziff. V.2 abschließend geregelt.
2. Der Veräußerer kann die Schenkung widerrufen, wenn
    – ein wichtiger Grund zur Kündigung des Erwerbers als Gesellschafter für die übrigen Gesellschafter besteht (Ziff. _____ des Gesellschaftsvertrages) und
    – die übrigen Gesellschafter ihr Einverständnis mit dem Widerruf erklärt haben.
3. Dieser Widerrufsvorbehalt erlischt drei Jahre nach dem Abschluss dieses Vertrages.
4. Eine Abfindung steht dem Erwerber im Falle des Widerrufs nicht zu. § 531 BGB gilt entsprechend.
5. Die gesetzlichen Widerrufsmöglichkeiten bleiben von dieser Bestimmung unberührt.

VI. Kosten und Steuern
1. Der Erwerber trägt die entstehende Schenkungssteuer, die Kosten für diesen Vertrag sowie für dessen Durchführung einschließlich der Kosten des Handelsregisters.
2. Beide Parteien und die Gesellschaft erhalten eine Abschrift dieses Vertrages.
_____ (Unterschriften)

M 6 b) Muster: Handelsregisteranmeldung bei einer Anteilsübertragung[322]

155 An das
Amtsgericht _____ [323]
– Handelsregister –
Betr.: _____ OHG, _____ (Adresse)
HRA _____
Wir, die unterzeichnenden Gesellschafter[324] der _____ OHG, melden zur Eintragung in das Handelsregister an, dass
- der Gesellschafter _____ mit Wirkung zum _____ aus der Gesellschaft ausgeschieden ist,
- _____ (Name und Vorname), geboren am _____, _____ (Wohnort) aufgrund der Übertragung des Anteils des Gesellschafters _____ mit Wirkung zum _____ neuer Gesellschafter geworden ist,
- die Gesellschaft mit Einwilligung des Gesellschafters _____ [325] die bisherige Firma fortführt.

Der vorbezeichnete Gesellschafter _____ vertritt die OHG einzeln.
_____ OHG
_____ (Unterschrift des Aufgenommenen)
_____ (Unterschriften aller Gesellschafter einschl. des Aufgenommenen/des Ausscheidenden)
_____ (Beglaubigungsvermerk des Notars)[326]

II. Verpfändung

1. Typischer Sachverhalt

156 In einer Drei-Personen-OHG planen die Gesellschafter, die Eigenkapitalbasis der Gesellschaft zu stärken und beabsichtigen dazu, ihre Anteile an der Gesellschaft im gleichen Verhältnis zu erhöhen (z.B. um anschließend mit neuen Eigenmitteln Investitionen zu tätigen). Während zwei der Gesellschafter über ausreichend private Barmittel verfügen, benötigt der Dritte ein (Bank-) Darlehen, um das erforderliche Geld einzuzahlen. Da er keine anderweitigen Sicherheiten zur Verfügung hat, soll dem Darlehensgeber der Gesellschaftsanteil zur Sicherheit verpfändet werden. Die anderen beiden Gesellschafter wurden darüber informiert und sind einverstanden. Die Gesellschafterversammlung soll – wie im Gesellschaftsvertrag vorgesehen – die Verpfändung durch einstimmigen Beschluss billigen.

2. Rechtliche Grundlagen
a) Einführung

157 Die **wirtschaftliche Bedeutung** von OHG-Gesellschaftsanteilen als Kreditsicherungsmittel ist relativ gering.[327] Dies liegt erstens daran, dass bereits die Bestellung von Sicherheiten an dem

---

[322] Siehe auch Rn 44 und die Erläuterungen zum Muster Rn 141.
[323] Zuständig ist das Amtsgericht des Geschäftssitzes der Gesellschaft.
[324] Die Anmeldung muss durch alle Gesellschafter (einschließlich des Veräußernden) erfolgen, auch wenn sie nicht vertretungsberechtigt sind. Bei nicht vertretungsberechtigten Gesellschaftern ist insoweit Bevollmächtigung Dritter möglich (beachte Rn 141). Zur Durchsetzung der Mitwirkungspflicht, Baumbach/*Hopt*, § 108 Rn 6.
[325] Das ist nur notwendig, soweit § 24 Abs. 2 HGB anwendbar ist.
[326] Der Geschäftswert für eine solche Anmeldung ist gem. § 41a Abs. 4 Nr. 3 KostO gestaffelt nach Anzahl der eintretenden/ausscheidenden Gesellschafter (im Beispielsfall Rn 142 25.000 EUR). Die Notargebühr beträgt 5/10 (§ 38 Abs. 2 Nr. 7 KostO). Das Registergericht erhält eine 10/10 Gebühr nach § 79 KostO und die Bekanntmachungskosten (§ 137 Nr. 4 KostO).
[327] Formularbuch Recht und Steuern/*Weigell*, A.9.25 Rn 4 rät die Verpfändung des Anteils nur als letzte aller Möglichkeiten anzusehen. Siehe zum Ganzen auch *Hadding/Schneider*, Gesellschaftsanteile als Kreditsicherheit,

Anteil praktisch oft Probleme mit sich bringt: Für eine Sicherheitenbestellung am Anteil bedarf es gesellschaftsrechtlich nämlich der Zustimmung aller Mitgesellschafter (vgl. Rn 104), die mitunter nicht zu erreichen sein wird.[328] Wenn die Kreditsicherung am Anteil aber überhaupt akzeptiert wird, lassen sich die Mitgesellschafter regelmäßig jedenfalls nicht auf eine sicherungsweise Übertragung an den Gläubiger, sondern allenfalls auf die Einräumung eines Pfandrechts ein, so dass – wenn es in diesem Bereich um Kreditsicherung geht – das **Pfandrecht** zumindest das **wichtigste Sicherungsmittel** ist.[329] Die Stellung des Pfandgläubigers ist aber wirtschaftlich nicht besonders attraktiv: Beteiligungsrechte stehen ihm vor der Verwertung praktisch nicht zu (siehe auch Rn 162) und bei Eintritt des Sicherungsfalls erweist sich das Sicherungsobjekt darüber hinaus oft als schwer verwertbar: Der Sicherungsnehmer – und im Falle der Verwertung der Erwerber – erlangt den wirtschaftlichen Wert des Anteils eben stets nur so wie ihn der verpfändende Gesellschafter innehatte. Dies ist zwar keine rechtliche Besonderheit, bei einem im Wert schwer einschätzbaren und darüber hinaus ständig in Veränderung befindlichen, nicht frei handelbaren Personengesellschaftsanteil ist das aber praktisch ein deutlicher Nachteil.

b) Pfandrechtsbestellung

158 Die Pfandrechtsbestellung am OHG-Gesellschaftsanteil (§§ 1273 ff. BGB) gilt heute allgemein als möglich, sofern die Mitgesellschafter der Verpfändung zugestimmt haben.[330] Diese **Zustimmung** kann bereits im Gesellschaftsvertrag erfolgen (Rn 104), muss aber – so die herrschende Meinung – im Prinzip ausdrücklich erfolgen; die Zulassung einer Übertragbarkeit des Anteils genügt regelmäßig nicht (Auslegungsfrage).[331] Ohne Zustimmung verpfändbar sind nur die Gewinn- und Auseinandersetzungsansprüche gem. § 717 S. 2 BGB.[332]

159 Nach ganz herrschender Ansicht bedarf es keiner gesonderten **Anzeige** der Verpfändung entsprechend § 1280 BGB.[333] Da eine Anzeige für die Gesellschaft regelmäßig zumindest sinnvoll ist, sollten nicht einzelfallbezogene Zustimmungen (insbesondere im Gesellschaftsvertrag) vorsorglich unter dem Vorbehalt einer Anzeige gemacht werden.

160 Einer besonderen **Form** bedarf die Verpfändung nur, wenn dies aus dem Gesellschaftsvertrag (bzw. dem Zustimmungsbeschluss) folgt.

161 Einer Anmeldung zum Handelsregister bedarf es nicht; die Verpfändung ist **nicht eintragungsfähig**.[334]

c) Sicherungswirkung

162 Die Sicherungswirkung des Pfandrechtes ist nicht sehr hoch: Der Pfandgläubiger erwirbt aus dem Pfandrecht auch über §§ 1273 Abs. 2, 1258 BGB keine Gesellschafterrechte (vgl. entspre-

---

1979. Über Sicherungen beim Anteilskauf *Vossius*, Sicherungsgeschäfte bei der Übertragung von Gesellschaftsanteilen, BB 1988, Beilage 5.
328 Im Gegenteil: Die (vollstreckungsrechtliche) Pfändung des Anteils wird mitunter sogar als Ausschlussgrund bestimmt, weil man die Folgen des Pfandrechtes (der Verwertung des Anteils) scheut.
329 Näher MünchGesR/*Hohaus*, § 66 Rn 62: Man will – wegen des gerade bei der OHG auf persönlichem Vertrauen zwischen den Mitgliedern beruhenden Gesellschaftsverhältnisses – dem Kreditgeber bewusst keine umfassenden Mitwirkungsrechte zubilligen.
330 Baumbach/*Hopt*, § 135 Rn 15; Ebenroth/*Wertenbruch*, § 105 Rn 168; *Roth*, Pfändung und Verpfändung von Gesellschaftsanteilen, ZGR 2000, 187 ff.
331 Baumbach/*Hopt*, § 124 Rn 20; Ebenroth/*Wertenbruch*, § 105 Rn 168; *Flume*, § 17 VII; offen MünchGesR/ *Hohaus*, § 66 Rn 63 m.w.N. (auch zur Gegenmeinung).
332 Staub/*Schäfer* § 105 Rn 282; Baumbach/*Hopt*, § 135 Rn 15.
333 RGZ 57, 414, 415; Baumbach/*Hopt*, § 135 Rn 15; MünchGesR/*Hohaus*, § 66 Rn 63; MüKo-BGB/*Damrau*, § 1274 Rn 70; MüKo-BGB/*Ulmer*/*Schäfer*, § 719 Rn 52.
334 Auch nicht im Grundbuch zu Lasten von Grundstücken der OHG, Ebenroth/*Wertenbruch*, § 105 Rn 169.

chend § 725 Abs. 2 BGB), sondern allein ein allgemeines Informationsrecht, das ihn in die Lage versetzt, seine ggf. aus dem Pfandrecht bestehenden Ansprüche durchzusetzen und zu kontrollieren.[335] Der verpfändende Gesellschafter ist somit in seiner Stellung durch das Pfandrecht vor Pfandreife kaum begrenzt: Nach h.M. ist insbesondere § 1276 BGB auf die Verpfändung eines Gesellschaftsanteils nicht anwendbar,[336] so dass alle Gesellschaftsbeschlüsse, insbesondere auch eine Änderung des Gesellschaftsvertrages zu seinen wirtschaftlichen Lasten oder die Kündigung der Gesellschaft ohne Beteiligung des Pfandgläubigers möglich sind. Gesichert ist dem Pfandgläubiger durch das Pfandrecht aber natürlich der Vorrang vor anderen Gläubigern seines Schuldners (wenn diese z.B. in den Anteil vollstrecken). Gesichert ist er auch bei nachträglichen Verfügungen des Gesellschafters über den Anteil.[337]

d) Vereinbarung eines Nutzungspfandrechtes

163 Möglich ist weiter die Vereinbarung eines Nutzungspfandrechtes (§§ 1213 Abs. 2, 1273 Abs. 2 BGB), durch das der Pfandgläubiger – z.B. zur Rückführung des Kredits – die auf den Pfandgeber entfallenden, entnahmefähigen Gewinne erhält. Dies bedarf aber einer besonderen Vereinbarung zwischen Gläubiger und Schuldner und muss außerdem von der Zustimmung der Mitgesellschafter umfasst sein. Ein Nutzungspfandrecht ist aber natürlich dann nicht praktikabel, wenn der verpfändende Gesellschafter seinen Lebensunterhalt über die OHG erwirtschaften will.

e) Verwertung

164 Nach dem gesetzlichen Regelfall (§ 1277 BGB) setzt die **Verwertung** neben der Pfandreife (§ 1228 Abs. 2 BGB) zunächst einen Vollstreckungstitel (auf Duldung der Zwangsvollstreckung in den Gesellschaftsanteil) voraus. Anschließend ist – zusätzlich zu dem bestehenden Vertragspfandrecht – eine separate (vollstreckungsrechtliche) Pfändung gem. §§ 857, 859 ZPO nötig,[338] bevor entweder eine **Veräußerung** des Anteils im Wege der öffentlichen Versteigerung erfolgen kann (§§ 1235 ff. BGB) oder aber eine **Kündigung** entsprechend § 135 HGB möglich ist.[339] Dieses unzweckmäßige Procedere wird praktisch meistens dadurch ausgeschaltet, dass im Verpfändungsvertrag „ein anderes bestimmt wird" (vgl. § 1277 S. 1 Hs. 2 BGB): nämlich die Möglichkeit einer Verwertung ohne separaten Titel (vgl. Muster Rn 167). Bei der Vereinbarung eines abweichenden Verwertungsmodus sind allerdings die zwingenden Bestimmungen des § 1229 BGB (Verbot von Verfallsvereinbarungen) und § 1245 Abs. 2 BGB (insbes. i.V.m. § 1235 BGB: keine Vereinbarung eines freihändigen Verkaufs vor Pfandreife) zu beachten.

---

335 Staub/*Schäfer*, § 105 Rn 282 a.E.; MüKo-HGB/*K. Schmidt*, § 135 Rn 35; Baumbach/*Hopt*, § 135 Rn 16; siehe auch Westermann/*Wertenbruch*, § 29 Rn 670d ff. mit Empfehlungen für eine (Pfand-)Vertragsgestaltung aus Sicht des Pfandgläubigers, Rn 670f.
336 MüKo-HGB/*K. Schmidt*, § 135 Rn 36; Ebenroth/*Wertenbruch*, § 105 Rn 170; MünchGesR/*Hohaus*, § 66 Rn 65; RGZ 139, 224, 229 (betr. GmbH-Anteil); vgl. dazu auch BGHZ 119, 191; a.A. *Roth*, ZGR 2000, 191, 210; Staub/*Schäfer*, § 105 Rn 282.
337 MünchGesR/*Hohaus*, § 66 Rn 65; Ebenroth/*Wertenbruch*, § 105 Rn 170, auch zum Pfandrecht an Surrogaten.
338 Palandt/*Bassenge*, § 1277 Rn 2; Baumbach/*Hopt*, § 135 Rn 16; Ebenroth/*Wertenbruch*, § 105 Rn 171.
339 Für die Kündigung wird – wegen des Wortlauts des § 135 HGB – als weitere Voraussetzung verlangt, dass der Vollstreckungstitel rechtskräftig ist, vgl. Formularbuch Recht und Steuern/*Weigell*, A.9.25 Rn 10; zur entsprechenden Lage bei der GbR MüKo-BGB/*Ulmer*/*Schäfer*, § 719 Rn 58. Eine anderweitige erfolglose Vollstreckung wird man dagegen nicht verlangen können.

3. Muster
a) Vorbemerkung

Die Muster für den Zulassungsbeschluss (Rn 166) und den darauf abgestimmten Verpfändungsvertrag (Rn 167) versuchen, soweit wie möglich die Interessen der Gesellschaft zu wahren: Bereits als Zulässigkeits- und damit Wirksamkeitsvoraussetzung der Verpfändung wurde mit in den Beschluss aufgenommen, dass umfassende Informationspflichten gegenüber der Gesellschaft bestehen. Zugleich wird die Möglichkeit geschaffen, bei Beginn einer Verwertung über den Ausschluss des Gesellschafters unerwünschte Fremde aus der Gesellschaft fern zu halten und auf den Abfindungsanspruch zu verweisen. Dies setzt aber natürlich voraus, dass dies gegenüber dem Kreditgeber durchsetzbar ist und der Gesellschafter den ggf. nötigen Kredit gleichwohl erhält. Da beide Bestimmungen die Situation für den Kreditgeber gegenüber der gesetzlichen Ausgangslage verschlechtern, ist dies nicht selbstverständlich: Die Informationspflichten können bei Verletzung Ansprüche der OHG, die Kündigungsmöglichkeit kann auch bei angemessener Abfindung eine Unsicherheit über die zweckmäßige Verwertung des Anteils nach sich ziehen. Die erleichterte Verwertung in Modifikation des § 1277 BGB ist allerdings ein gewisser, den Pfandgläubiger begünstigender Ausgleich. Aus der Perspektive des Pfandgläubigers würde ein günstiger Vertrag noch weitere Bestimmungen (z.B. Informationspflichten zugunsten des Gläubigers) vorsehen.

b) Muster: Gesellschaftsbeschluss über die Zulässigkeit einer Anteilsverpfändung

M 7

Beschluss

Wir, die alleinigen Gesellschafter der _____ OHG, eingetragen im Handelsregister des Amtsgerichts _____, HRA _____, beschließen in der beschlussfähigen Gesellschafterversammlung vom _____, dass der Gesellschafter _____ seinen Anteil an der Gesellschaft an _____ in Höhe von _____ EUR zur Absicherung der Ansprüche aus dem Darlehensvertrag vom _____ verpfänden kann. Die Zustimmung erfolgt unter dem Vorbehalt, dass

a) im Verpfändungsvertrag vereinbart wird, dass sowohl Pfandgläubiger als auch der verpfändende Gesellschafter verpflichtet sind, der Gesellschaft eine Kopie des Verpfändungsvertrages zur Verfügung zu stellen und wesentliche Änderungen des Vertrages, den Beginn von Verwertungshandlungen sowie das Erlöschen des Pfandrechtes der OHG unverzüglich mitzuteilen (insoweit als echter Vertrag zugunsten Dritter);

b) die Mitgesellschafter in Erweiterung der übrigen Ausschlussgründe gem. Ziff. _____ des Gesellschaftsvertrages das Recht haben, den verpfändenden Gesellschafter – gegen Abfindung entspr. Ziff. _____ des Gesellschaftsvertrages – auszuschließen, wenn der Pfandgläubiger die Verwertung des Anteils beginnt. Der beabsichtigte Ausschluss ist dem Pfandgläubiger und dem Gesellschafter unverzüglich nach Kenntnis des entsprechenden Verwertungsbeginns mitzuteilen. Der Ausschluss ist nur binnen 30 Tagen nach der Anzeige (oben Unterpunkt a) möglich.

Wir erklären weiter, dass die Zustimmung auch dann gilt, wenn im Verpfändungsvertrag von der gesetzlichen Verwertungsbestimmung des § 1277 BGB dahin gehend abgewichen wird, dass eine Verwertung ohne separaten Titel möglich ist.

_____ (Unterschrift bzw. Unterschriften)[340]

---

[340] Bei Verwendung einer Beschlussfassungsklausel wie im Basisvertrag (Rn 140) ist der Beschluss als Bestandteil des Protokolls abzufassen und natürlich nur vom Protokollführer zu unterzeichnen.

M 8 c) Muster: Verpfändungsvertrag

167 Verpfändungsvertrag

zwischen
_____ (Name und Vorname, Adresse)
– im Folgenden Verpfänder genannt –
und
_____ (Name und Vorname, Adresse)
– im Folgenden Pfandgläubiger genannt –

I. Präambel
Der vorstehende Verpfänder ist Gesellschafter der _____ OHG (eingetragen im Handelsregister des AG _____, HRA _____). Er hält einen Anteil von bislang _____ EUR bzw. _____% der Gesellschaft. Er beabsichtigt, diesen Anteil um _____ EUR auf _____ EUR zu erhöhen, um seinen prozentualen Anteil beizubehalten, da alle Mitgesellschafter ihre Anteilssummen entsprechend erhöhen. Mit dem zusätzlichen Kapital beabsichtigt die _____ OHG die Anschaffung einer _____.
Der Pfandgläubiger hat dem Verpfänder zum Zweck der Anteilserhöhung ein Darlehen über _____ EUR gewährt (Darlehensvertrag vom _____ als Anlage 1). Zur Sicherung der Rückzahlung dieses Darlehens bestellt der Verpfänder dem Pfandgläubiger an seinem vorbezeichneten Gesellschaftsanteil mit diesem Verpfändungsvertrag ein vertragliches Pfandrecht. Die Mitgesellschafter haben der Verpfändung durch Beschluss vom _____ zugestimmt (Ausfertigung des Beschlusses als Anlage 2).

II. Verpfändung
Zur Sicherung des vom Pfandgläubiger an den Verpfänder am _____ gewährten Darlehens in Höhe von _____ EUR nebst Zinsen und etwaiger sonstiger vertraglicher Nebenforderung gem. Darlehensvertrag vom _____ (Anlage 1) verpfändet der Verpfänder dem Pfandgläubiger seinen Gesellschaftsanteil in Höhe von _____ EUR.

III. Mitteilungspflichten
Sowohl der Pfandgläubiger als auch der Verpfänder sind verpflichtet, der _____ OHG eine Kopie des Verpfändungsvertrag zur Verfügung zu stellen und wesentliche Änderungen des Vertrages, den Beginn von Verwertungshandlungen sowie das Erlöschen des Pfandrechtes der _____ OHG unverzüglich mitzuteilen. Die _____ OHG hat aus dieser Bestimmung einen eigenen Informationsanspruch gegen beide Vertragsteile.

IV. Verwertung
Bei Pfandreife ist der Pfandgläubiger in Modifikation des § 1277 BGB ohne gesonderten Vollstreckungstitel berechtigt, die Verwertung zu betreiben oder eine Kündigung entsprechend § 135 HGB auszusprechen. Der Beginn der Verwertung ist dem Verpfänder entsprechend §§ 1234 ff. BGB vorher anzudrohen, der _____ OHG gleichzeitig mit der Androhung anzuzeigen (vgl. III.).
_____ (Unterschriften beider Vertragsteile)
Anlagen

C. Beendigung der Gesellschaft

I. Einführung

1. Begriffe

Die Beendigung einer OHG beginnt grundsätzlich mit der „**Auflösung**" der Gesellschaft (vgl. § 131 Abs. 1 HGB und Rn 169). Durch die Auflösung hört die Gesellschaft – entgegen manchem Alltagssprachgebrauch – nicht auf zu existieren (vgl. § 158 HGB), sondern es beginnt das Verfahren ihrer **Abwicklung**, an dessen Ende erst die **Vollbeendigung**/das Erlöschen der Gesellschaft steht.[341] Nur in Sonderfällen – insbesondere wenn keine Abwicklung erfolgen muss, weil kein Vermögen vorhanden ist – fallen Auflösung und Vollbeendigung zusammen: so, wenn bspw. mit dem Auflösungsbeschluss das Unternehmen auf einen Gesellschafter (zum Erlöschen der OHG durch Ausscheiden des „Vorletzten" siehe Rn 47) oder einen Dritten übergeht und die OHG dafür keinen Erwerbspreis erhält (z.B. weil der Kaufpreis direkt an die Gesellschafter gezahlt wird), der seinerseits als Gesellschaftsvermögen zu verteilen wäre.

168

2. Abwicklungsverfahren

Die OHG wird bei Vorliegen der in § 131 Abs. 1 HGB genannten Gründe aufgelöst,[342] wobei die Eröffnung eines Insolvenzverfahrens (Nr. 3) und der Auflösungsbeschluss (Nr. 2) die praktisch wichtigsten Gründe sind. Mit der Auflösung wird ein Abwicklungsverfahren auf Auseinandersetzung der Gesellschaft eingeleitet, das nach der gesetzlichen Regel in Form einer **Liquidation** gem. §§ 145 ff. HGB erfolgt (dazu noch Rn 171 ff.), sofern nicht etwas anderes vereinbart wird. Das Spektrum der Abweichungsmöglichkeiten ist breit: So kann man die Gesellschaft abwickeln, ohne dass eine Liquidation des Unternehmens erfolgt (Beispiel: Verkauf des Unternehmens und Verteilung der anteiligen Kaufpreisansprüche) oder auch eine „atypische Liquidation" vereinbaren, in dem man von Verfahrensbestimmungen des HGB abweicht (z.B. die Verteilung des Unternehmensvermögens in natura vorsieht u.v.m.).[343]

169

3. Sonderfall: Insolvenzverfahren

Ein weiterer Sonderfall einer Abwicklung ergibt sich bei **Insolvenzeröffnung**, da die Gesellschaft dann nach den Bestimmungen der InsO abzuwickeln ist. Zum Insolvenzverfahren kommt es aufgrund eines Eröffnungsbeschlusses des Insolvenzgerichtes, der nur auf Antrag (§ 13 InsO) entweder eines Gläubigers der Gesellschaft oder der OHG (beachte § 15 Abs. 2 InsO) ergeht. Als Voraussetzung für die Insolvenzeröffnung muss die Gesellschaft zahlungsunfähig sein bzw. – bei einem Eigenantrag – die Zahlungsunfähigkeit zumindest drohen (Insolvenzgrund nach § 17 InsO). Eine Verpflichtung einen Insolvenzantrag zu stellen, gibt es für die OHG (ihre geschäftsführenden Gesellschafter) immer nur im Sonderfall des § 130a HGB, d.h. wenn kein Gesellschafter eine natürliche Person ist. In diesem Sonderfall ist dann die Überschuldung ein weiterer Insolvenzgrund (§ 19 Abs. 3 InsO). Ab Insolvenzeröffnung handelt nur noch der Insolvenzverwalter für die OHG (§ 80 Abs. 1 InsO); für von ihm begründete Verbindlichkeiten haften die Gesellschafter aber nicht mehr persönlich.[344]

170

---

[341] Zu den Grundbegriffen siehe Baumbach/*Hopt*, § 131 Rn 2, § 145 Rn 3; Ebenroth/*Lorz*, § 131 Rn 9 ff.; *K. Schmidt*, Gesellschaftsrecht, § 52 I 1.
[342] Der Sonderfall der Auflösung bei einer Gesellschaft ohne natürliche Person als Gesellschafter steht in § 131 Abs. 2 HGB; zu Sonderregeln außerhalb des HGB vgl. Baumbach/*Hopt*, § 131 Rn 7 f.
[343] Vgl. eingehend MünchGesR/*Butzer/Knof*, § 84 Rn 5, 80 f.
[344] BGH DB 2009, 2482; zu den Auswirkungen i.Ü. vgl. z.B. Baumbach/*Hopt*, § 128 Rn 46.

II. Liquidation

1. Typischer Sachverhalt

171 Eine seit langem tätige OHG, bestehend aus zwei Gesellschaftern (47 und 63 Jahre), die einen Einzelhandel betreibt, erwirtschaftet seit einigen Jahren nicht mehr genug, um den Lebensbedarf der beiden hauptberuflich für sie tätigen Gesellschafter zu sichern. Sie beschließen, da der jüngere Gesellschafter von Dritten ein günstiges Angebot zur beruflichen Neuorientierung erhalten hat und der andere – anderweitig finanziell gesichert – sich zu Ruhe setzen will, das Unternehmen zu beenden. Da ein Käufer nicht zu finden ist, werden sie die Gesellschaft auflösen und das Unternehmen abwickeln: Es gibt noch einige zu veräußernde Vermögensgegenstände, für einige längerfristige Verträge (Mietvertrag für die Geschäftsräume etc.) müssen Lösungen zur Beendigung gefunden werden, zwei schwebende Rechtsstreite sind zu Ende zu führen, die letzten Forderungen/Verbindlichkeiten sind abzuwickeln, ein dann verbleibendes Guthaben ist zu verteilen. Um dem jüngeren einen kurzfristigen beruflichen Wechsel zu ermöglichen, soll die Abwicklung durch den älteren Gesellschafter allein durchgeführt werden.

2. Rechtliche Grundlagen
a) Auflösungs- und Liquidationsbeschluss

172 Der Beschluss zur Auflösung der Gesellschaft muss **einstimmig** ergehen, wenn nicht – ausdrücklich (Rn 91) – etwas anderes im Gesellschaftsvertrag geregelt ist.[345] Der Beschluss bedarf – wiederum vorbehaltlich anderer Regeln im Gesellschaftsvertrag – keiner bestimmten Form und regelmäßig auch nicht der Zustimmung Dritter (bei Minderjährigen nach h.M. keiner vormundschaftlichen bzw. familiengerichtlichen Genehmigung;[346] für Eheleute gilt aber u.U. § 1365 BGB, h.M.[347]). Mit dem Ergehen des wirksamen Beschlusses ist die OHG aufgelöst, es sei denn im Beschluss ist ein anderer **Zeitpunkt** bestimmt (was in der Regel zu empfehlen ist: z.B. Auflösung zum Ende des Geschäftsjahres[348]). Zur Bestellung der Liquidatoren siehe Rn 175. Vgl. weiter das Muster für den Beschluss in Rn 184.

173 Mit dem Beschluss ist auch zu regeln, ob eine Liquidation oder eine **andere Art der Auseinandersetzung** erfolgt. Wenn das Unternehmen als Wirtschaftsobjekt noch einen Wert hat, der über den Zerschlagungswert hinausgeht (Good-will etc.), ist die Verwertung durch Verkauf des Gesamtunternehmens die praktisch bessere Lösung. Der Beschluss zur „anderen Auseinandersetzung" kann aber auch während der Liquidation nachgeholt werden (womit diese dann abgebrochen ist).[349] Zu beachten ist, dass über § 145 Abs. 2 HGB eine Zustimmungspflicht Dritter nötig sein kann, wenn statt durch Liquidation anders abgewickelt wird[350] (anders, wenn die Abweichung bereits vor der Kündigung, bspw. im Gesellschaftsvertrag, bestimmt war[351]).

174 Die Auflösung (§ 143 HGB) unter Angabe des Auflösungsgrundes,[352] die Liquidatoren (§§ 148, 153 HGB) und eine ggf. besondere Vertretungsbefugnis derselben (§ 150 HGB) sind dem **Handelsregister anzumelden**. Erfolgt keine Liquidation, weil eine Abwicklung nicht erforderlich ist, ist die Auflösung zusammen mit dem Erlöschen anzumelden (§ 157 HGB). Die Anmeldung

---

345 Zur Zustimmungspflicht als Ausfluss der Treuepflicht vgl. BGH NJW 1960, 434.
346 BGHZ 52, 316, 319; MünchGesR/*Butzer/Knof*, § 83 Rn 16 m.N. auch zur a.A.
347 Ebenroth/*Lorz*, § 131 Rn 16; MünchGesR/*Butzer/Knof*, § 83 Rn 17; zum Gesamtproblem siehe auch Rn 130.
348 MünchGesR/*Butzer/Knof*, § 83 Rn 12.
349 BayObLG DB 1981, 518; Baumbach/*Hopt*, § 145 Rn 8; der Zustimmung eines Liquidators, der nicht Gesellschafter ist, bedarf es dafür nicht.
350 MüKo-HGB/*K. Schmidt*, § 145 Rn 45 ff., 49.
351 MünchGesR/*Butzer/Knof*, § 84 Rn 78.
352 Der Auflösungsgrund wird nicht eingetragen, ist aber anzugeben (h.M.), Ebenroth/*Lorz*, § 143 Rn 16 m.w.N.; zweifelnd MünchGesR/*Butzer/Knof*, § 83 Rn 55.

erfolgt – in beglaubigter Form (§ 12 HGB) – durch alle Gesellschafter gemeinsam; siehe das Muster Rn 185. Die Eintragung hat nur deklaratorische Wirkung. Ab Beginn der Liquidation hat die OHG eine „**Liquidationsfirma**" zu führen (§ 153 HGB), was in der Regel durch die Zufügung des Zusatzes „i.L." oder „i.A." zur ursprünglichen Firma erfolgt.

b) Liquidatoren

Liquidatoren sind nach § 146 Abs. 1 HGB alle Gesellschafter, gleichgültig ob sie vorher vertretungsberechtigt waren. Etwas anders gilt dann, wenn durch **Beschluss** oder **Gesellschaftsvertrag** eine andere Regelung getroffen wird/ist oder wenn – aus wichtigem Grund auf Antrag eines Beteiligten[353] – das **Amtsgericht** am Sitz der Gesellschaft (§ 23a Abs. 1 GVG i.V.m. §§ 375 Ziff. 1, 376 FamFG)[354] andere als Liquidator bestimmt (§ 146 Abs. 2 HGB). Ein durch Beschluss/Gesellschaftsvertrag/Gericht bestimmter Liquidator kann auch – anders als vor der Auflösung (Selbstorganschaft, Rn 78) – ein Nichtgesellschafter sein.[355]   175

Die Liquidatoren üben für die in Liquidation befindliche Gesellschaft die **Geschäftsführung und Vertretung** aus. Abweichend zu den geschäftsführenden Gesellschaftern sind die Liquidatoren nicht zur Einzelgeschäftsführung und Einzelvertretung befugt, sondern nur zum gemeinsamen Handeln ermächtigt (§ 150 HGB). Das wird vielfach nicht als zweckmäßig angesehen und deswegen oft abweichend im Beschluss/Gesellschaftsvertrag (siehe Basisvertrag Rn 140, dort Ziff. XIX.1) geregelt. Eine solche Modifikation der Befugnisse des Liquidators steht den Gesellschaftern im Rahmen ihrer insoweit weitgehenden Gestaltungsfreiheit offen, muss aber im Handelsregister eingetragen werden (§ 150 Abs. 1 Hs. 2 HGB). Gibt es nur einen Liquidator, ist dessen Einzelbefugnis selbstverständlich, die Darlegung im Muster (Rn 184) dient daher nur zur Bestätigung. Die **Aufgabe** der Liquidatoren, die Gesellschaft abzuwickeln (§ 149 HGB), begrenzt nach allgemeiner Auffassung auch deren Befugnisse: Im Innenverhältnis dürfen sie nur Geschäfte tätigen, die zur Abwicklung erforderlich sind (dazu noch Rn 180), im Außenverhältnis hat dies Auswirkungen (fehlende Vertretungsmacht), wenn dies für den jeweiligen Vertragspartner (eindeutig) erkennbar war.[356]   176

Die Gesellschafter sind befugt, den Liquidatoren (gleich ob diese Gesellschafter oder Dritte sind) hinsichtlich ihrer Geschäftsführung **Weisungen** zu erteilen (§ 152 HGB): z.B. in Form allgemeiner Richtlinien zur Abwicklung oder auch konkret in Bezug auf die Vornahme oder das Unterlassen bestimmter Geschäfte u.v.m.[357] Voraussetzung dafür ist ein einstimmiger Gesellschafterbeschluss; wenn im Gesellschaftsvertrag für diesen Fall ein Mehrheitsbeschluss vorgesehen ist, genügt auch ein solcher.[358] Beachte zur Außenwirkung § 151 HGB.   177

Die Beziehung der Liquidatoren zur Gesellschaft und zu den Gesellschaftern, insbesondere ihre **Haftung**, aber auch die Frage ihrer **Vergütung** bestimmt sich nach dem Schuldverhältnis, in dem sie zur Gesellschaft stehen. Da Gesellschafter zumeist als Folge ihrer gesellschaftsrechtlichen Beziehung Liquidator werden,[359] haften sie bei dieser Tätigkeit gem. § 105 Abs. 2 HGB i.V.m. § 708 BGB nur für die Sorgfalt, die sie in eigenen Angelegenheiten anwenden[360] und bekommen   178

---

[353] MüKo-HGB/*K. Schmidt*, § 146 Rn 34: Gesellschafter, dessen Erben, Gläubiger i.S.v. Abs. 2 S. 2.
[354] Vgl. Baumbach/*Hopt*, § 146 Rn 8; Staub/*Habersack* § 146 Rn 35.
[355] MüKo-HGB/*K. Schmidt*, § 146 Rn 3; Baumbach/*Hopt*, § 146 Rn 4; Ebenroth/*Hillmann*, § 146 Rn 10.
[356] Baumbach/*Hopt*, § 149 Rn 7. Die dogmatische Herleitung dazu ist str., vgl. MünchGesR/*Butzer/Knof*, § 84 Rn 18; *K. Schmidt*, Gesellschaftsrecht, § 11 V 4d.
[357] Näher MüKo-HGB/*K. Schmidt*, § 152 Rn 4 ff; str. ist, ob liquidationsfremde Geschäfte angewiesen werden können, dafür z.B. Ebenroth/*Hillmann*, § 152 Rn 4, dagegen Baumbach/*Hopt*, § 152 Rn 1.
[358] Zur umfassenden Modifikationsmöglichkeit des Weisungsrechtes, MünchGesR/*Butzer/Knof*, § 84 Rn 21; Baumbach/*Hopt*, § 152 Rn 1.
[359] MüKo-HGB/*K. Schmidt*, § 146 Rn 9.
[360] MünchGesR/*Butzer/Knof*, § 84 Rn 22.

für die Tätigkeit nur dann eine besondere Vergütung, soweit dies vereinbart ist[361] (vgl. dazu auch im Muster Abs. 2). Nichtgesellschafter als Liquidatoren werden dagegen gewöhnlich auf Grundlage eines gesondert zu schließenden Dienstvertrages tätig. Sie haften dann nach § 276 BGB und können – auch bei fehlender Absprache – eine angemessene Vergütung (§ 612 BGB) fordern.[362]

179 Das Amt der Liquidatoren **endet** mit der Vollabwicklung der Gesellschaft, u.U. aber auch bereits vorher durch Amtsniederlegung des Liquidators oder durch eine Abberufung als Folge eines Gesellschaftsbeschlusses (§ 147 BGB).

c) Verfahrensablauf

180 Sofern nichts anderes bestimmt ist, hat der Liquidator zunächst die **laufenden Geschäfte zu beenden**, also Verträge abzuwickeln, Forderungen einzuziehen, Prozesse (nunmehr unter der Liquidationsfirma, Rn 174) zu Ende zu führen, Dauerschuldverhältnisse zu kündigen (§§ 146, 149 HGB) etc. Auch neue Geschäfte/neue Rechtsstreite können zur Abwicklung gehören, sogar eine einstweilige, wirtschaftlich zweckmäßige Fortführung des Betriebs.[363] Zur Aufgabe des **Forderungseinzugs** gehört auch der Einzug von Forderungen gegen die Gesellschafter, sofern die Forderung nicht aus dem Gesellschaftsverhältnis resultiert, denn der Ausgleich der Kapitalkonten (einschließlich Sollsalden) erfolgt grundsätzlich erst mit der Endverteilung.[364] Nach Abwicklung des laufenden Geschäftes wird auch das Anlagevermögen (selbstverständlich ohne Sonderbetriebsvermögen) in Geld umgesetzt (regelmäßig freihändig, da keine besondere Verwertung vorgeschrieben ist), so dass letztlich – soweit möglich – nur Geldvermögen verbleibt.

181 Vor der Verteilung des Vermögens an die Gesellschafter sind zuletzt alle **Gläubiger zu befriedigen** (einschließlich der Ansprüche der Gesellschafter aus anderen Vertragsverhältnissen[365]). Reicht das Vermögen bereits dazu nicht aus, wird vielfach vertreten, dass die Liquidatoren – aus „interner" Verpflichtung, ohne gesetzliche Anordnung – zur Stellung eines Insolvenzantrags verpflichtet sein sollen.[366] Das ist kaum nachvollziehbar;[367] jedenfalls ist ein Verstoß dagegen regelmäßig sanktionslos.[368] Tatsächlich kann – abgesehen vom Fall des § 130a HGB – der Liquidator selbst das Vermögen ohne Insolvenzverfahren nach freiem Ermessen unter den Gläubigern verteilen und anschließend das Verfahren beenden.[369] Da die Gesellschafter weiter haften (§§ 128, 159 HGB), ist in diesen Fällen ein gleichmäßiger Nachschuss sinnvoll (wenn auch praktisch meist schwer durchsetzbar), um Streitigkeiten um eine Nachhaftung zu vermeiden.[370]

---

361 BGHZ 17, 299, 301; Ebenroth/*Hillmann*, § 146 Rn 4; MüKo-HGB/*K. Schmidt*, § 146 Rn 9.
362 MünchGesR/*Butzer/Knof*, § 84 Rn 24.
363 Siehe RGZ 72, 236, 240.
364 Näher Baumbach/*Hopt*, § 149 Rn 3; MünchGesR/*Butzer/Knof*, § 84 Rn 35, 37.
365 Vgl. BGH ZIP 2006, 994; *Altmeppen*, Die akzessorische Haftung der Gesellschafter einer Personengesellschaft für einen „Drittanspruch" ihres Mitgesellschafters, NJW 2009, 2241.
366 Baumbach/*Hopt*, § 149 Rn 5; MünchGesR/*Butzer/Knof*, § 84 Rn 45 m.w.N.; nach MüKo-HGB/*K. Schmidt*, § 149 Rn 42 handelt es sich um eine Pflicht nur Innenverhältnis, die damit auch dispositiv ist (die dann wohl auch nicht von den Pflichten des Geschäftsführenden außerhalb der Liquidation abweicht).
367 Tatsächlich besteht m.E. nur eine Verpflichtung zur Information der Gesellschafter, damit diese über das weitere Fortgehen, d.h. einen etwaigen Insolvenzantrag, beschließen können.
368 Als Sanktion ist ohnehin allenfalls eine Schadensersatzpflicht denkbar, die aber gegenüber den Gesellschaftern mangels Schaden, gegenüber den Gläubigern mangels Haftungsgrund (insoweit allenfalls § 826 BGB, siehe Baumbach/*Hopt*, § 149 Rn 5) nicht durchgreift. Anders u.U. bei verbleibenden Steuerforderungen aus Umsatz- und Gewerbesteuer, da gegen die Liquidatoren insoweit (unter den Voraussetzungen des § 69 AO) ein Haftungsbescheid (§ 191 AO) ergehen kann.
369 Ebenso wohl Ebenroth/*Hillmann*, § 149 Rn 20.
370 Vgl. dazu auch die Entscheidung (nicht zu einem Liquidationsfall im engeren Sinne) „Ausscheiden oder Sanieren" des BGH (NJW 2010, 65ff., kritisch *Armbrüster* EWiR 2009, 739), zu der Pflicht, einem Mehrheitsbeschluss zur Sanierung zuzustimmen, selbst wenn die Gesellschafter selbst lieber ausscheiden

Der Liquidator stellt gem. § 154 HGB zu Beginn und nach Verwertung des Vermögens (Liqui- **182** dations-)Bilanzen auf.[371] Die Verteilung eines nach Gläubigerbefriedigung verbliebenen Überschusses erfolgt aufgrund der sog. **Schlussbilanz** (§ 155 Abs. 1 HGB); bei Streit über die Verteilung erst nach Klärung desselben (§ 155 Abs. 3 HGB). Vor Erstellung der Schlussbilanz besteht ein Anspruch der Gesellschafter auf Auszahlung nur dann, wenn bei der Liquidation nach pflichtgemäßer Prüfung der Liquidatoren Geld entbehrlich ist (§ 155 Abs. 2 HGB).

d) Steuerrechtliche Fragen

Ertragsteuerrechtlich wird zwischen **Aufgabe des Gewerbebetriebes** und seiner „**allmäh- 183 lichen Abwicklung**" unterschieden.[372] Handelt es sich um eine Betriebsaufgabe, ist diese nach § 16 Abs. 3 EStG als „Veräußerung" anzusehen (vgl. Rn 147); u.U. – wenn die Voraussetzungen i.Ü. erfüllt sind – kann der dabei realisierte Gewinn (einschließlich des Sonderbetriebsvermögens) auch hier nach den ermäßigten Steuersätzen des § 34 EStG versteuert werden. Bei der „allmählichen Abwicklung" bleibt es dagegen bis zur letzten Abwicklungshandlung bei einer gewöhnlichen Versteuerung nach § 15 EStG. Welche der beiden Varianten aus steuerlicher Sicht günstiger ist, lässt sich nicht pauschal feststellen: Potentiell hohe Gewinne durch Auflösung des Betriebsvermögens werden die Vergünstigungen der §§ 16, 34 EStG in der Betrachtung in den Vordergrund rücken; wenn dagegen eine Gewinnrealisierung zeitlich gestreckt werden soll, ist eine „allmähliche Abwicklung" die bessere Wahl. Eine **Liquidation** kann sowohl Betriebsaufgabe als auch „allmähliche Abwicklung" sein. Die Abgrenzung erfolgt danach, ob diese „als einheitlicher Vorgang, in kurzer Zeit" durchgeführt wird und so noch als Betriebsaufgabe anzusehen ist.[373] Es lassen sich dabei allerdings keine festen zeitlichen Grenzen ziehen, letztlich kommt es auf den Einzelfall (Unternehmensgröße) und die Stringenz der Durchführung an.[374] Die **Gewerbesteuerpflicht** ist dagegen an die Tätigkeit als werbendes Unternehmen geknüpft und endet deswegen bereits mit tatsächlichem Beginn der Liquidation.[375]

3. Muster
a) Muster: Beschluss über die Auflösung der OHG mit anschließender Liquidation

M 9

Beschluss **184**
Wir, die alleinigen Gesellschafter der _____ OHG, eingetragen im Handelsregister des Amtsgerichts _____, HRA _____, beschließen in der beschlussfähigen Gesellschafterversammlung vom _____ einstimmig, dass die Gesellschaft zum _____ aufgelöst wird.
Der Gesellschafter _____ wird hiermit als alleiniger Liquidator bestellt. Er ist allein zur Geschäftsführung und Vertretung befugt. Der Liquidator erhält für seine Tätigkeit eine Vergütung in der Höhe, in der er bisher als geschäftsführender Gesellschafter Vergütungen erhalten hat (Ziff. _____ des Gesellschaftsvertrages). Eine Zahlung von Vergütungen an die geschäftsführenden Gesellschafter erfolgt darüber hinaus mit Beginn der Liquidation nicht mehr.

---

möchten, wenn sie dadurch bei dem auf sie entfallenden Auseinandersetzungsfehlbetrag nicht schlechter dastehen.
371 Zu den Bilanzierungspflichten in der Liquidation ausführlich MünchGesR/*Butzer/Knof*, § 84 Rn 62 ff.
372 Vgl. L. Schmidt/*Wacker*, § 16 Rn 170 ff.
373 L. Schmidt/*Wacker*, § 16 Rn 192 f.
374 BFH BStBl II 1970, 719: sechs Monate, Betriebsaufgabe bejaht; BFH BStBl II 1993, 710: mehr als zwei Veranlagungszeiträume, Betriebsaufgabe verneint, L. Schmidt/*Wacker*, § 16 Rn 193.
375 L. Schmidt/*Wacker*, § 15 Rn 9, 133.

Der Liquidationserlös/-verlust wird in der Schlussverteilung auf die Gesellschafter entsprechend ihrer festen Kapitalkonten („Kapitalkonto I") verteilt.
_____ (Unterschrift/Unterschriften)[376]

M 10 **b) Muster: Handelsregisteranmeldung über die Auflösung mit Liquidation**[377]

185 An das
Amtsgericht _____
– Handelsregister –
Betr.: _____ OHG, _____ (Adresse)
HRA _____
Wir, die alleinigen Gesellschafter[378] der _____ OHG, melden zur Eintragung in das Handelsregister an, dass die Gesellschaft durch Gesellschaftsbeschluss vom _____ aufgelöst ist und sich in Liquidation befindet.
Der Gesellschafter _____ wurde als alleiniger Liquidator bestimmt. Er vertritt die Gesellschaft einzeln.
Die Geschäftsräume befinden sich nach wie vor in _____.
_____ (Unterschriften aller Gesellschafter)
_____ (Beglaubigungsvermerk des Notars)[379]

III. Vollbeendigung

1. Typischer Sachverhalt

186 Im vorstehenden Sachverhalt (Rn 171) ist die Abwicklung vollendet, insbesondere alle Gläubiger befriedigt und das verbleibende Auseinandersetzungsguthaben ausgezahlt worden. Der Liquidator wird die Geschäftsunterlagen der aufgelösten OHG in seinem Keller verwahren und dem Handelsregister das Erlöschen anzeigen.

2. Rechtliche Grundlagen

187 Nach dem letzten Akt der Liquidation, der vollständigen Verteilung des Gesellschaftsvermögens (Schlussverteilung nach § 155 HGB), tritt die **Vollbeendigung** der OHG ein.[380] Bis zu diesem Zeitpunkt besteht die Gesellschaft fort, so dass z.B. auch mittels eines Fortsetzungsbeschlusses der Gesellschafter wieder von der Liquidation zur gewöhnlichen Geschäftstätigkeit übergegangen werden kann. Denkbar ist auch, dass während der Liquidation die Gesellschaft durch andere (überholende) Gründe erlischt und eine begonnene Liquidation deswegen nicht zu Ende geführt wird (so wenn einer von zwei Gesellschaftern verstirbt und dessen Erben nach dem Gesellschaftsvertrag nur eine Abfindung erhalten).

---

376 Bei Verwendung einer Beschlussfassungsklausel wie im Basisvertrag (Rn 140) ist der Beschluss als Bestandteil des Protokolls abzufassen und natürlich nur vom Protokollführer zu unterzeichnen.
377 Siehe auch Rn 44 und die Erläuterungen zum Muster Rn 141.
378 Die Anmeldung muss durch alle Gesellschafter erfolgen, auch wenn sie weder vertretungsberechtigt sind noch Liquidator werden sollen.
379 Der Geschäftswert für jede „spätere" Anmeldung ist gem. § 41a Abs. 4 Nr. 3 KostO 25.000 EUR. Die Notargebühr beträgt 5/10 (§ 38 Abs. 2 Nr. 7 KostO). Das Registergericht erhält eine 10/10-Gebühr nach § 79 KostO und die Bekanntmachungskosten (§ 137 Nr. 4 KostO).
380 K. Schmidt, Gesellschaftsrecht, § 52 IV 2d; MünchGesR/*Butzer/Knof*, § 84 Rn 60; Ebenroth/*Lorz*, § 131 Rn 10 a.E.

Nach Beendigung der Liquidation ist das „Erlöschen der Firma" (§ 157 HGB) dem **Handelsregister anzuzeigen**. Die Anzeige erfolgt durch die Liquidatoren[381] und muss notariell beglaubigt sein (§ 12 HGB). Zu den Kosten vgl. Rn 190. Die Anzeige hat nur deklaratorische Wirkung, so dass die Gesellschaft/Firma trotz Eintragung nicht erloschen ist, wenn die Voraussetzungen dazu nicht erfüllt sind, insbesondere die Liquidation nicht abgeschlossen ist (Rn 189). Hat das Registergericht allerdings bereits Zweifel an der Richtigkeit der Anmeldung kann es einen Nachweis über die Beendigung der Liquidation verlangen.[382] Die **Bücher und Papiere** der aufgelösten Gesellschaft sind von einem Gesellschafter oder einem Dritten entsprechend der Fristen des § 257 Abs. 4 HGB zu verwahren (§ 157 Abs. 2 HGB). Die Bestimmung, wer verwahrt, erfolgt entweder durch Gesellschafterbeschluss oder – wenn dieser nicht möglich ist – durch das Amtsgericht am Gesellschaftssitz (§ 23a Abs. 1 GVG i.V.m. §§ 375 Ziff. 1, 376 FamFG).[383]

188

Wurde die vollständige Abwicklung bei Anzeige des Erlöschens gegenüber dem Handelsregister irrtümlich angenommen und stellt sich später heraus, dass **noch Gesellschaftsvermögen vorhanden** ist (z.B. eine Steuerrückzahlung erfolgt), war die Löschungseintragung falsch und ist insoweit gem. § 395 FamFG (vormals § 142 FGG) selbst zu löschen. Die Gesellschaft besteht dann tatsächlich weiter, das Verfahren ist als Nachtragsliquidation von den Liquidatoren (ohne Neubestellung) fortzuführen, bis das gesamte Vermögen verteilt ist.[384] **Unerledigte Verbindlichkeiten** stehen dagegen der Beendigung der Gesellschaft nicht entgegen, führen insbesondere bei einem späteren Aufdecken nicht zu einer Wiederaufnahme des Liquidationsverfahrens. Ein unbefriedigter Gläubiger ist darauf verwiesen, seine Ansprüche gegen die einzelnen Gesellschafter persönlich geltend zu machen[385] (Verjährungsfrist maximal fünf Jahre, § 159 HGB[386]).

189

---

3. Muster: Anmeldung des Erlöschens beim Handelsregister[387]

M 11

An das
Amtsgericht _____
– Handelsregister –
Betr.:   _____ OHG i.L., _____ (Adresse)
HRA _____
Als Liquidator[388] der _____ OHG i.L. melde ich zur Eintragung in das Handelsregister an, dass die Liquidation nunmehr beendet und die Firma erloschen ist. Die Bücher und Papiere der aufgelösten Gesellschaft werden von mir verwahrt.
_____ (Unterschrift des Liquidators)
_____ (Beglaubigungsvermerk des Notars)[389]

190

---

381 § 157 Abs. 1 HGB. Zur Anmeldebefugnis der Gesellschafter, vgl. Baumbach/*Hopt*, § 157 Rn 2.
382 MüKo-HGB/*K. Schmidt*, § 157 Rn 12 m.w.N.
383 Baumbach/*Hopt*, § 157 Rn 5 f.; Staub/*Habersack* § 157 Rn 18.
384 BGH NJW 1979, 1987; Baumbach/*Hopt*, § 157 Rn 3; MüKo-HGB/*K. Schmidt*, § 157 Rn 33 ff.
385 MünchGesR/*Butzer/Knof*, § 84 Rn 60 a.E.; Baumbach/*Hopt*, § 128 Rn 28.
386 Fristbeginn ist die Auflösungseintragung; kritisch dazu *K. Schmidt*, Gesellschaftsrecht, § 52 IV 3b, der zu Recht darauf hinweist, dass deswegen Neugläubiger während der Liquidation auf eine Verjährungsunterbrechung achten sollten.
387 Siehe auch Rn 44 und die Erläuterungen zum Muster Rn 141.
388 Die Anmeldung muss gemeinsam durch sämtliche Liquidatoren erfolgen.
389 Der Geschäftswert für eine solche „spätere" Anmeldung ist gem. § 41a Abs. 4 Nr. 3 KostO 25.000 EUR. Die Notargebühr 5/10 (§ 38 Abs. 2 Nr. 7 KostO), d.h. 42 EUR. Das Registergericht erhält eine 10/10-Gebühr nach § 79 KostO und die Bekanntmachungskosten (§ 137 Nr. 4 KostO).

Dr. Andrea Lichtenwimmer/Wolfgang Arens/Markus Frank
§ 4 Die Kommanditgesellschaft (KG) und die GmbH & Co. KG

Literatur

Formularbücher/Kommentare/Monographien: *Arens*, Familiengesellschaften in der familienrechtlichen, gesellschaftsrechtlichen und steuerrechtlichen Praxis, 1997; *Baumbach/Hopt*, Handelsgesetzbuch, Kommentar, 34. Aufl. 2010; *Blümich*, Einkommensteuer/Körperschaftsteuer/Gewerbesteuer, Kommentar, Loseblatt; *Braun/Günther*, Das Steuer-Handbuch, Loseblatt; *Fichtelmann*, Beteiligung von Angehörigen, 1993; *Glanegger u.a.*, Heidelberger Kommentar zum HGB, 7. Aufl. 2007 (zit.: HK/*Verfasser*); *Gottwald*, Grunderwerbsteuer, 2. Aufl. 2004; *Heidel/Pauly*, Steuerrecht in der anwaltlichen Praxis, 3. Aufl. 2002; *Hennerkes*, Unternehmenshandbuch Familiengesellschaften, 2. Aufl. 1997; *Hoffmann/Müller* (Hrsg.), Beck'sches Handbuch der Personengesellschaften, 2. Aufl. 2002; *Keidel/Krafka/Willer*, Registerrecht, 7. Aufl. 2007; *Koller/Roth/Morck*, Handelsgesetzbuch, Kommentar, 6. Aufl. 2007; *Langenfeld/Gail*, Handbuch der Familienunternehmen, Loseblatt; *Münchener Kommentar zum Handelsgesetzbuch*, 2. Aufl. 2007; *Münchener Vertragshandbuch*, Band I, Gesellschaftsrecht, 6. Aufl. 2005; *Paus/Eckmann*, Steuersparende Gestaltungen mit Kindern, 1991; *Peter/Crezelius*, Gesellschaftsverträge und Unternehmensformen, 6. Aufl. 1995; *Schmidt*, Einkommensteuergesetz, Kommentar, 31. Aufl. 2012; *Schulze zur Wiesche*, Vereinbarungen unter Familienangehörigen und ihre steuerlichen Folgen, 9. Aufl. 2006; *Staub*, Handelsgesetzbuch, Großkommentar, 4. Aufl. 1983 ff.; *Sudhoff*, GmbH & Co. KG, 6. Aufl. 2005; *Sudhoff*, Personengesellschaften, 8. Aufl. 2005; *Westermann*, Handbuch der Personengesellschaften, Teil I, 4. Aufl. 1994 ff.

Aufsätze: *Baumann*, Der Nießbrauch am Anteil einer Einmann-Personengesellschaft, NZG 2005, 919; *Behrens/Schmitt*, Umsatzsteuer auf die Geschäftsführung und Übernahme der unbeschränkten Haftung durch die Komplementär-GmbH, GmbHR 2003, 269; *Bergmann*, Der sozialversicherungsrechtliche Status mitarbeitender Gesellschafter in Kapital- und Personengesellschaften, INF 1996, 591; *Binz/Mayer*, Beurkundungspflichten bei der GmbH & Co. KG, NJW 2002, 3054; *Bordewin*, Besonderheiten bei der Ertragsbesteuerung bei Familienpersonengesellschaften, DB 1996, 1359; *Damrau*, Kein Erfordernis der gerichtlichen Genehmigung bei Schenkung von Gesellschaftsbeteiligungen an Minderjährige, ZEV 2000, 209; *Esch*, Das Dogma der Einheitlichkeit der Personengesellschaftsbeteiligung, BB 1995, 1621; *Felix*, Gesellschaftsbeteiligungen im Erbfall: Einkommen- und Erbschaftsteuer, KÖSDI 1997, 11064; *Göz*, Die Nachfolgeregelung bei der GmbH & Co. KG, NZG 2004, 345; *Grauel*, Zur Genehmigung des Vormundschafts-/Familiengerichts, insbesondere zu ihrer Wirksamkeit, ZNotP 2000, 152; *Grunewald*, Haftungsbeschränkungs- und Kündigungsmöglichkeiten für volljährig gewordene Gesellschafter, ZIP 1999, 597; *Habersack*, Das neue Gesetz zur Beschränkung der Haftung Minderjähriger, FamRZ 1999, 1; *Hansen*, Die GmbH als weiterhin umsatzstärkste Rechtsform, GmbHR 2002, 148; *Hennerkes/May*, Der Gesellschaftsvertrag des Familienunternehmens, NJW 1988, 2761; *Klose*, Eintragung des Nießbrauchs am Kommanditanteil im Handelsregister?, DStR 1999, 807; *Klumpp*, Beschränkung der Minderjährigenhaftung – ein überfälliges Gesetz, ZEV 1998, 409; *Michalski/Zeidler*, Die Bewertung von Personengesellschaftsanteilen im Zugewinnausgleich, FamRZ 1997, 397 und 1136; *Oellerich*, Neuer Vorsteuerabzug und neue Umsatzsteuerpflicht des Gesellschafter-Geschäftsführers einer Personengesellschaft, DStR 2003, 1333; *Priester*, Die zwingende Einheitlichkeit des Personengesellschaftsanteils – ein überholtes Prinzip, DB 1998, 55; *Reimann*, Der Minderjährige in der Gesellschaft – Kautelarjuristische Überlegungen aus Anlaß des Minderjährigenhaftungsbeschränkungsgesetzes, DNotZ 1999, 179; *Scherer*, Familienunternehmen: Zivil- und steuerrechtliche Besonderheiten bei der Gestaltung des Gesellschaftsvertrags, BB 2010, 323; *Schmid*, Steuerrechtliche Behandlung einer Familienkommanditgesellschaft, DStR 1995, 1977; *Schmidt*, Fünf Jahre „neues Handelsrecht", JZ 2003, 585; *Schulze zur Wiesche*, Der Nießbrauch am Gesellschaftsanteil einer Personengesellschaft, DStR 1995, 318; *Wachter*, Kreditvergabe und Kapitalschutz bei der GmbH & Co. KG, GmbHR 2004, 1249; *ders.*, Anmerkung zu LG Chemnitz vom 3.8.2006, 2 HK T 722/06 (Anmeldung: Nachweis der Gründung und der ordnungsgemäßen Vertretung einer Ltd. & Co. KG im Registerverfahren), GmbHR 2007, 265; *Wälzholz*, Aktuelle Gestaltungsprobleme des Nießbrauchs am Anteil einer Personengesellschaft, DStR 2010, 1786; *Werner*, Die Ltd. & Co. KG – eine Alternative zur GmbH & Co. KG?, GmbHR 2005, 288; *ders.*, Beteiligung Minderjähriger an gesellschaftsrechtlichen Transaktionen im Recht der GmbH und GmbH & Co. KG, GmbHR 2006, 737; *Westerfelhaus*, Betriebswirtschaftliche Einflüsse auf das Steuerrecht der Familienpersonengesellschaft, DB 1997, 2033; *Wilhelm*, Mängel bei der Neuregelung des NaStraG zu den Bekanntmachungen über die Kommanditisten, DB 2002, 1979; *Zipfel/Pfeffer*, Verträge unter Angehörigen, BB 2010, 343 ff.

Inhalt

A. **Die Kommanditgesellschaft (KG)** — 1
I. Rechtliche Grundlagen — 1
 1. Stellung der Kommanditgesellschaft innerhalb der Gesellschaftsformen — 1
 2. Definition — 3
 3. Gründe für die Errichtung einer KG, insbesondere einer Familien-KG — 7
  a) Zivilrecht — 7
  b) Steuerrecht — 9
  c) Publikumsgesellschaft — 11
 4. Entstehung der KG — 13
 5. Vertretung im Außenverhältnis — 18
 6. Haftung im Außenverhältnis — 21
  a) Haftung der Gesellschaft — 22
  b) Haftung des Komplementärs — 25
  c) Haftung des Kommanditisten — 27
  aa) Haftung vor Eintragung im Handelsregister — 28
  bb) Haftung nach Eintragung im Handelsregister — 29
  cc) Haftung minderjähriger Mitgesellschafter — 33
 7. Innenverhältnis der Gesellschafter — 34
  a) Rechte und Pflichten der Gesellschafter im Innenverhältnis — 35
  b) Geschäftsführung — 37
  c) Gewinn- und Verlustbeteiligung — 41
 8. Veränderungen im Personenbestand — 45
  a) Ausscheiden eines Gesellschafters — 46
  b) Eintritt in eine Gesellschaft — 49
  c) Gesellschafterwechsel — 50
 9. Beendigung der Gesellschaft — 53
 10. Ertragsteuerliche Aspekte: Voraussetzungen für die steuerliche Anerkennung — 57
  a) Allgemeine Voraussetzungen — 57
  b) Wirksamer Gesellschaftsvertrag — 60
  aa) Allgemeine Anforderungen an den Gesellschaftsvertrag — 60
  bb) Beteiligung von Minderjährigen — 61
  c) Einräumung der üblichen Rechtsstellung eines Kommanditisten — 67
  aa) Unternehmerinitiative — 68
  bb) Unternehmerrisiko — 73
  d) Tatsächliche Durchführung des Gesellschaftsverhältnisses — 79
  e) Verlustabzugsbeschränkung des § 15a EStG — 82
  f) Angemessenheit der Gewinnverteilung — 85
  aa) Entgeltlicher Erwerb — 87
  bb) Unentgeltlicher Erwerb und wesentliche Mitarbeit — 89
  cc) Unentgeltlicher Erwerb und unwesentliche Mitarbeit — 90
  dd) Praktische Anwendungsprobleme — 92
  ee) Veränderung der Ausgangsverhältnisse — 96
  ff) Angemessenheit einer Gewinnverteilungsregelung bei Schwestergesellschaften — 97
 11. Ertragsteuerliche Aspekte: Folgen der steuerlichen Nichtanerkennung — 100
  a) Steuerliche Nichtanerkennungsfähigkeit der Familien-KG — 101
  aa) Zurechnung beim bisherigen Inhaber — 101
  bb) Umdeutung — 102
  b) Rechtsfolgen der steuerlichen Nichtanerkennung der Gewinnverteilung — 104
  aa) Korrektur als Grundfall, völlige Nichtanerkennung als Ausnahmefall — 104
  bb) Prognose- und Anpassungsproblematik — 106
  cc) Sonderfälle: unentgeltlicher Erwerb und Erwerb im Erbgang — 107
  dd) Berechnungskriterien — 110
 12. Steuerliche Behandlung bei unentgeltlicher Aufnahme eines Familienangehörigen — 111
  a) Ertragsteuerliche Behandlung — 111
  b) Schenkungsteuerliche Behandlung — 114
 13. Sonderfall: Partner einer eheähnlichen Lebensgemeinschaft — 115
 14. Sonstige Besteuerung der KG — 116
  a) Gewerbesteuer — 116
  b) Umsatzsteuer — 117
  c) Grunderwerbsteuer — 118
II. Typischer Sachverhalt — 120
III. Muster — 125
 1. Muster: Einfacher KG-Vertrag — 125
 2. Muster: Ausführlicher KG-Vertrag — 126
 3. Muster: KG mit Schiedsklausel und Beiratsverfassung — 127
 4. Muster: Handelsregisteranmeldung — 128
IV. Prozessuales — 129
 1. Ausschließungsklage — 129
  a) Typischer Sachverhalt — 129
  b) Rechtliche Grundlagen — 131
  aa) Ausschluss durch Gesellschafterbeschluss oder durch Ausschlussklage — 131
  bb) Vorliegen eines wichtigen Grundes — 132

- (1) Ausschließung eines Komplementärs — 133
- (2) Ausschließung eines Kommanditisten — 134
- cc) Erfordernis einer Abwägung — 135
- dd) Ausschließung und Übernahme — 136
- ee) Rechtsfolgen von Ausschließung und Übernahme — 137
- ff) Prozessuales — 138
- c) Muster: Ausschließungsklage — 142
- 2. Informations- und Einsichtsrecht des Kommanditisten — 143
  - a) Typischer Sachverhalt — 143
  - b) Rechtliche Grundlagen — 146
    - aa) Grundlagen des Anspruchs aus § 166 Abs. 1 und 3 HGB — 146
    - bb) Umfang des Einsichtsrechts nach § 166 Abs. 1 HGB — 147
    - cc) Ausübung des Einsichtsrechts — 149
    - dd) Vorliegen eines wichtigen Grundes i.S.d. § 166 Abs. 3 HGB — 150
    - ee) Prozessuale Geltendmachung — 151
  - c) Muster: Auskunftsklage eines Kommanditisten — 152
- 3. Wettbewerbsverbot des persönlich haftenden Gesellschafters gem. § 112 HGB — 153
  - a) Typischer Sachverhalt — 153
  - b) Rechtliche Grundlagen — 154
    - aa) Grundlagen des Anspruchs aus § 112 HGB — 154
    - bb) Rechtsfolgen der Verletzung des Wettbewerbsverbots, § 113 HGB — 156
  - c) Muster: Unterlassungsklage eines Kommanditisten nach § 112 HGB — 159

B. Die GmbH & Co. KG — 160
I. Rechtliche Grundlagen — 160
1. Rechtsformwahl — 160
2. Rechtliche Zulässigkeit der Rechtsform — 161
3. Erscheinungsformen — 163
4. Gründung — 164
5. Besonderheiten im Geschäftsbetrieb, Haftung — 167
6. Steuerliche Behandlung der (Familien-)GmbH & Co. KG — 172
  - a) Gestaltungsarten der Familien-GmbH & Co. KG — 172
  - b) Ertragsteuerliche Behandlung der GmbH & Co. KG — 173
    - aa) Geschäftsführergehälter und Pensionsrückstellungen — 173
    - bb) Vergütung der Komplementär-GmbH — 174
  - c) Sonstige steuerliche Behandlung der GmbH & Co. KG — 175
    - aa) Gewerbesteuer — 175
    - bb) Umsatzsteuer — 176
II. Typischer Sachverhalt — 177
III. Muster — 178
1. Muster: Gesellschaftsvertrag der Komplementär-GmbH — 178
2. Muster: Gesellschaftsvertrag der Kommanditgesellschaft — 179
3. Muster: Handelsregisteranmeldung Komplementär-GmbH — 180
4. Muster: Handelsregisteranmeldung KG — 181

A. Die Kommanditgesellschaft (KG)

I. Rechtliche Grundlagen

1. Stellung der Kommanditgesellschaft innerhalb der Gesellschaftsformen

1 Die traditionelle Form der Personenhandelsgesellschaft, die OHG, hat den Nachteil, dass eine Haftungsbeschränkung der Gesellschafter faktisch ausgeschlossen ist. Für eine solche Haftungsbeschränkung besteht in der Praxis vielfach ein Bedürfnis, sei es, dass Geldgeber für eine Beteiligung an der unternehmenstragenden Gesellschaft gewonnen werden sollen, die die unbegrenzte persönliche Haftung scheuen, sei es, dass Familienangehörige der geschäftsführend Handelnden mitbeteiligt sein sollen, ohne dass sich auch die Haftung auf sie erstrecken soll.

2 In der gesetzgeberischen Konzeption ist die KG eine Sonderform der OHG, auf deren Rechtsgrundlagen zurückzugreifen ist, soweit KG-spezifische Regelungen fehlen (vgl. § 161 Abs. 2 HGB). Ein Teil der Gesellschafter der KG, die Komplementäre, haftet wie ein OHG-Gesellschafter (§§ 124, 128 HGB), während die übrigen Gesellschafter, die Kommanditisten, lediglich auf die Summe ihrer Kapitaleinlage haften (§ 171 Abs. 1 HGB). Die KG hat daher eine Zwischenstellung zwischen der rein personalistisch geprägten OHG und der kapitalistisch orientierten GmbH.

2. Definition

Die KG ist eine **Handelsgesellschaft**, bei der bei einem oder bei mehreren Gesellschaftern die Haftung gegenüber den Gesellschaftsgläubigern auf die Einlage beschränkt ist (Kommanditisten), während mindestens ein weiterer Gesellschafter (Komplementär) unbeschränkt haftet (§ 161 Abs. 1 HGB). 3

Gesellschafter können alle natürlichen und juristischen Personen des Privatrechts und des öffentlichen Rechts, aber auch Personenhandelsgesellschaften selbst (OHG, KG), EWIV, Vor-AG und Vor-GmbH oder eine ausländische rechtsfähige Gesellschaft sein.[1] Nach neuerer Rechtsprechung des BGH, die der Gesetzgeber in § 162 Abs. 1 S. 2 HGB übernommen hat, ist auch eine BGB-Gesellschaft zumindest kommanditistenfähig.[2] Bei **Minderjährigen** bedarf die Beteiligung der Mitwirkung ihres gesetzlichen Vertreters oder eines Ergänzungspflegers, falls der gesetzliche Vertreter oder sein Ehegatte selbst Gesellschafter ist. 4

Auf die KG finden gem. § 161 Abs. 2 HGB die **Vorschriften über die OHG** Anwendung, sofern keine Sonderregelungen bestehen. Solche Sonderregelungen bestehen insbesondere in Bezug auf die Rechtsstellung des Kommanditisten. Daneben gibt es innerhalb und außerhalb des HGB weitere Sonderregelungen für die KG, denen im Einzelfall Rechnung getragen werden muss. 5

Die KG ist wie die OHG eine Personenhandelsgesellschaft. Sie ist damit keine Körperschaft, auch wenn sie im Einzelfall kapitalistisch strukturiert sein kann. Die Typenfreiheit im Personengesellschaftsrecht lässt die Ausgestaltung der Gesellschaft als GmbH & Co. KG oder eine andere Annäherung an das Recht der GmbH zu.

Die KG ist **rechtsfähig** und sie ist **Kaufmann** gem. § 6 HGB. 6

3. Gründe für die Errichtung einer KG, insbesondere einer Familien-KG
a) Zivilrecht

Die **Beweggründe**, eine KG zu errichten, sind vielgestaltig: 7
- Kommanditgesellschaft als Familiengesellschaft,
- Fortsetzung eines ererbten (Einzel-)Unternehmens durch die Miterbengemeinschaft,
- Verbreiterung der Kapitalbasis, insbesondere als „kapitalistische" KG,
- KG als Risikogemeinschaft,
- KG als Immobiliengesellschaft bzw. Besitzgesellschaft im Rahmen einer Betriebsaufspaltung.[3]

So können die Motive bei der Familien-KG insbesondere darin liegen, die Einkünfte von **Familienmitgliedern** zu sichern, eine Überleitung des Unternehmens auf die nachfolgende Generation vorzubereiten bzw. durchzuführen, besonders befähigte Angehörige an das Familienunternehmen zu binden oder den Kapitalbedarf aus der Familie zu decken, um Mitspracherechte Fremder zu vermeiden oder einzuschränken. 8

b) Steuerrecht

Darüber hinaus wird die Entscheidung für die Errichtung einer KG durch **steuerliche Gesichtspunkte** beeinflusst. Das Unternehmenssteuerrecht ist von der zivilrechtlichen Rechtsform des Unternehmens abhängig. Während für gewerblich tätige Personenunternehmen wie die KG das 9

---
1 *Baumbach/Hopt*, § 105 Rn 28; BayObLG NJW 1986, 3029; OLG Saarbrücken NJW 1990, 647.
2 BGHZ 148, 291; weiter gehend *Baumbach/Hopt*, § 105 Rn 28, der nunmehr vertritt, dass die GbR auch Gesellschafterin der OHG sein kann; vgl. auch BayObLG NZG 2001, 123; MüKo-HGB/*K. Schmidt*, § 105 Rn 99.
3 *Peter/Crezelius*, Kap. B 3 Rn 334 ff.

in § 15 Abs. 1 S. 1 Nr. 2, S. 1 Hs. 1 EStG geregelte **Transparenz- oder Durchgriffsprinzip** gilt,[4] wird das Verhältnis der Körperschaften zu ihren Gesellschaftern vom Trennungs- bzw. Abstraktionsprinzip bestimmt. Aus diesem ertragsteuerlichen Dualismus folgen steuerliche Belastungsunterschiede zwischen Personenhandelsgesellschaften und Körperschaften, die die Besteuerungsfolgen zu den wesentlichen Entscheidungsfaktoren bei der Rechtsformwahl werden lassen. Ausfluss des geltenden Transparenzprinzips ist auch, dass eine KG, wenn sie nicht gewerblich tätig ist, Einkünfte aus Vermögensverwaltung erzielen kann (**vermögensverwaltende Gesellschaft**). Wichtigste Konsequenz daraus ist, dass keine Gewerbesteuer anfällt und Veräußerungsgewinne außerhalb der Sonderregeln in §§ 17, 23 EStG, § 21 UmwStG nicht steuerbar sind. Eine Personengesellschaft, die kein Gewerbe im steuerrechtlichen Sinn betreibt, kann aufgrund der Fiktion in § 15 Abs. 2 S. 1 EStG gleichwohl als gewerblich eingestuft werden (**gewerblich geprägte Gesellschaft**). Hauptanwendungsfall ist die GmbH & Co. KG.

10 Besonderheiten bei den einzelnen Steuerarten

Einkommensteuerrecht:
- Zwingende Buchwertverknüpfung bei unentgeltlicher Übertragung eines Betriebs, eines Teilbetriebs oder eines Anteils eines Mitunternehmers, § 6 Abs. 3 EStG
- Buchwertfortführung bei disquotaler Übertragung von Sonderbetriebsvermögen, § 6 Abs. 3 S. 2 EStG
- Besonderheiten bei der entgeltlichen und unentgeltlichen Übertragung von Wirtschaftsgütern, die von der Personengesellschaft zur Gewinnerzielung eingesetzt werden

Erbschaft- und Schenkungsteuerrecht:
- Geltende Rechtslage: Privilegierung der unentgeltlichen Übertragung einer mitunternehmerischen Beteiligung durch §§ 13a, 19a ErbStG
  - Zusätzlicher Betriebsvermögensfreibetrag in Höhe von 225.000 EUR
  - Wertabschlag von 35% auf verbleibenden Wert des Vermögens
  - Tarifbegrenzung
  - Wegfall der Privilegierung bei Veräußerung oder Aufgabe der schenkweise erhaltenen Beteiligung innerhalb von fünf Jahren nach der Schenkung
- Unvereinbarkeit des § 19 Abs. 1 ErbStG mit Art. 3 Abs. 1 GG (BVerfG DStR 2007, 235 mit Auftrag an den Gesetzgeber, bis spätestens 31.12.2008 eine verfassungsgemäße Neuregelung zu treffen)
- Der Gesetzgeber plant mit dem „Gesetz zur Erleichterung der Unternehmensnachfolge" eine konzeptionell neue Privilegierung von Betriebsvermögen

Gewerbesteuer:
- keine Gewerbesteuer bei vermögensverwaltenden Gesellschaften
- Gewerbesteuer bei gewerblich geprägten Gesellschaften i.S.d. § 15 Abs. 3 Nr. 2 EStG, daher faktisch Wahlmöglichkeit zwischen einer gewerblich geprägten und einer nicht gewerblichen Personengesellschaft

Grunderwerbsteuer:
- § 1 Abs. 2a GrEStG: Gehört zum Vermögen einer Personengesellschaft ein inländisches Grundstück und ändert sich innerhalb von fünf Jahren der Gesellschafterbestand unmittel-

---

[4] Nichtsdestotrotz kennt auch das Einkommensteuerrecht gewisse Pflichten, die die KG als solche treffen. Dies sind etwa Gewinnermittlungspflichten bei Betrieb eines Gewerbebetriebs oder Pflichten im Lohnsteuerverfahren. Dies führt zusammen mit der Tatsache, dass die KG in manchen Steuergesetzen selbst Steuersubjekt ist, zur partiellen Steuerrechtsfähigkeit der KG.

bar oder mittelbar dergestalt, dass mindestens 95% der Anteile am Gesellschaftsvermögen auf neue Gesellschafter übergehen, so gilt dies als ein auf die Übereignung eines Grundstücks auf eine neue Personengesellschaft gerichtetes Rechtsgeschäft
– Vergünstigungsvorschriften in §§ 5, 6 GrEStG.

c) Publikumsgesellschaft
Die KG ist neben der Verwendung als Familiengesellschaft in der Gestaltungspraxis auch beliebt als **Publikumsgesellschaft**, weil sie einerseits die Möglichkeit einer Haftungsbeschränkung für die Anleger bietet und andererseits als Personenunternehmen im ertragsteuerlichen Sinne die Möglichkeit der unmittelbaren Zurechnung der Gesellschaftsverluste auf der Einkommensteuerebene der Gesellschafter eröffnet, wenn auch nur in den Grenzen des § 15a EStG.

Wegen des Erfordernisses der **Mitwirkung aller Kommanditisten an den Anmeldungen zum Handelsregister** gem. § 162 Abs. 3 HGB hinsichtlich der dort genannten Änderungen (insbesondere bei Gesellschafterwechsel, -eintritt und -austritt) war es bei Kommanditgesellschaften mit einem größeren Gesellschafterkreis – insbesondere bei Publikums-KG – üblich, anstelle einer unmittelbaren Beteiligung der Anleger diese durch einen Treuhänder (vgl. § 39 Abs. 2 Nr. 1 AO) oder durch einen Hauptgesellschafter mit Einräumung von (atypischen) Unterbeteiligungen nur mittelbar zu beteiligen bzw. zumindest mit weit reichenden Registervollmachten die Handlungsfähigkeit des Gesellschafterkreises zu sichern. Gegen eine Beteiligung als Treuhandkommanditist spricht nunmehr seit längerem ein Gemeinsamer Ländererlass,[5] der bei treuhänderisch gehaltenen Beteiligungen nicht die Beteiligung an der Personengesellschaft als Gegenstand der Übertragung bei einer Schenkung oder im Erbfall ansieht, sondern nur den Herausgabeanspruch des treugeberisch beteiligten Anlegers gegenüber dem Treuhandkommanditisten auf Rückübereignung. Dieser sei mit dem gemeinen Wert zu bewerten. Die Steuerentlastungen nach §§ 13a, 19a ErbStG finden keine Anwendung.

4. Entstehung der KG
Bei den Personenhandelsgesellschaften ist zwischen der Entstehung im Innen- und der Entstehung im Außenverhältnis zu unterscheiden. Für die Entstehung im **Innenverhältnis** ist die Vereinbarung der Gründer maßgebend. Die KG entsteht mit **Abschluss des Gesellschaftsvertrages**; die Eintragung im Handelsregister ist also nicht konstitutiv. Für das Außenverhältnis ordnet § 123 Abs. 1 HGB an, dass die Gesellschaft mit der Eintragung in das Handelsregister Wirksamkeit erlangt, außer sie nimmt schon vor diesem Zeitpunkt ihre Geschäfte auf. In letzterem Fall wird sie mit Aufnahme der Geschäfte wirksam.

Der Abschluss des Gesellschaftsvertrages ist **formfrei** möglich, sofern nicht durch Gesetz oder Vereinbarung die Einhaltung einer bestimmten Form vorgesehen ist. In der Praxis ist mindestens die einfache Schriftform üblich. **Notarielle Beurkundung** ist erforderlich, wenn ein Gesellschafter die Verpflichtung übernimmt, ein Grundstück zu veräußern oder zu erwerben. Keiner Beurkundung bedarf es allerdings, wenn der Erwerb des Grundstücks schon in die Wege geleitet ist und es keiner Verpflichtungserklärung mehr bedarf. So ist der Beitritt zu einem **Immobilienfonds** formfrei möglich.

Als **Mindestinhalt** muss der Vertrag die konstitutiven Merkmale der KG enthalten, also
– Vertrag zwischen zwei oder mehreren Personen,
– gerichtet auf den Betrieb eines Handelsgewerbes unter gemeinschaftlicher Firma,
– den zu fördern sich alle Vertragspartner verpflichten.

---

[5] Gemeinsamer Ländererlass vom 27.6.2005, 3 – S 3806/51, DB 2005, 1493.

16 Zusätzlich muss der Vertrag eine Bestimmung darüber enthalten, welcher Vertragspartner persönlich haftender Gesellschafter (Komplementär) und welcher Vertragspartner Kommanditist sein soll. Zusätzlich hat der Vertrag festzulegen, welche Einlage jeder Gesellschafter zu leisten hat (Einlagepflicht als Beitragspflicht im Innenverhältnis), bei Kommanditisten ist zudem zu vereinbaren, inwieweit er den Gesellschaftsgläubigern haften soll (Haftsumme).

17 Nach außen hin wird die KG gem. §§ 123, 161 Abs. 2 HGB durch **Aufnahme ihrer Tätigkeit**, spätestens durch Eintragung ins Handelsregister wirksam.

5. Vertretung im Außenverhältnis

18 Vertretung bezeichnet das rechtsgeschäftliche Handeln der Gesellschaft **nach außen**, d.h. die Beziehung zu Dritten. Vertretungsmacht ist das **rechtliche Können** im Außenverhältnis.

19 In der KG ist der persönlich haftende Gesellschafter (Komplementär) gem. §§ 125, 126, 161 Abs. 2 HGB zur Vertretung berechtigt. Es besteht **Einzelvertretungsmacht** gem. § 125 Abs. 1 HGB, sofern im Gesellschaftsvertrag nicht etwas anderes bestimmt ist. Bei der Vertretung durch die Gesellschafter handelt es sich um eine **organschaftliche Vertretung**, da sie auf dem Gesellschaftsvertrag und nicht auf rechtsgeschäftlicher Bevollmächtigung beruht. Nach dem für Personengesellschaften maßgebenden **Prinzip der Selbstorganschaft** kann die organschaftliche Vertretung nur von Gesellschaftern wahrgenommen werden.

20 Der Kommanditist ist gem. § 170 HGB zur organschaftlichen Vertretung der Gesellschaft nicht berechtigt. Neben den Vorschriften der §§ 125, 126 HGB finden auch die allgemeinen Regeln des Vertretungsrechts (§§ 48 ff. HGB: **Prokura**; §§ 54 ff. HGB: **Handlungsvollmacht**; § 56 HGB; § 164 BGB) Anwendung. Das hat zur Folge, dass die Gesellschaft auch von anderen Personen als dem Komplementär vertreten werden kann.

6. Haftung im Außenverhältnis

21 Gem. §§ 161 Abs. 2, 124 Abs. 1 HGB haftet die KG mit ihrem **Gesellschaftsvermögen**. Zusätzlich haftet der Komplementär gem. §§ 161 Abs. 2, 128 HGB persönlich für die Schuld der Gesellschaft. Die Kommanditisten der KG haften gem. §§ 171 ff. HGB nur beschränkt auf die im Gesellschaftsvertrag bestimmte Haftsumme.

a) Haftung der Gesellschaft

22 Die KG ist gem. §§ 161 Abs. 2, 124 Abs. 1 HGB teilrechtsfähig und haftet demzufolge selbst mit ihrem Gesellschaftsvermögen. Sie hat die von einem Vertretungsberechtigten geschlossenen Verträge zu erfüllen.

23 Schuldhaftes, schadenstiftendes Handeln ihrer verfassungsmäßig berufenen Vertreter werden der Gesellschaft gem. § 31 BGB analog zugerechnet (**Organhaftung**). Ob Pflichtverletzungen eines vertretungsberechtigten Gesellschafters aus Rechtsgeschäft über § 31 BGB analog oder über § 278 BGB der Gesellschaft zugerechnet werden, ist umstritten.[6] Dieser Streit hat jedoch keine praktischen Konsequenzen.

24 Auch Herausgabeklagen müssen gegen die Gesellschaft gerichtet werden, da die Gesellschaft selbst **Besitzer** ist und die tatsächliche Sachherrschaft durch die geschäftsführungsbefugten Gesellschafter ausübt.

---

6 Siehe dazu HK/*Stuhlfelner*, § 124 Rn 1; BGHZ 45, 312.

b) Haftung des Komplementärs

Die Komplementäre einer KG haften für eine Gesellschaftsschuld den Gläubigern als Gesamtschuldner persönlich gem. §§ 161 Abs. 2, 128 HGB. Die Haftung ist **persönlich und unbeschränkt**, d.h. das gesamte Privatvermögen wird mit einbezogen. Des Weiteren ist die Haftung **primär** und **unmittelbar**, d.h. der Gläubiger kann sofort, ohne die Gesellschaft vorher in Anspruch genommen zu haben, Erfüllung von den Komplementären verlangen. Auch müssen sie die gesamte Gesellschaftsverbindlichkeit erfüllen. Mehrere Komplementäre haften gesamtschuldnerisch gem. § 421 BGB.

Für Gesellschaftsschulden haftet der Komplementär folglich genauso wie die Gesellschaft, d.h. er schuldet Erfüllung der Ansprüche, es sei denn, eine Erfüllung ist unmöglich oder unzumutbar. Des Weiteren stehen dem Komplementär gegen den Gläubiger alle **Einwendungen und Einreden** zu, die auch der Gesellschaft zustehen.

c) Haftung des Kommanditisten

Bei der Haftung des Kommanditisten müssen **verschiedene Zeitpunkte** und verschiedene Konstellationen beachtet werden. Zu unterscheiden ist die Haftung des Kommanditisten in der **Gründungsphase** vor Eintragung der Gesellschaft in das Handelsregister bzw. seine Haftung bei **Eintritt** in eine bestehende Gesellschaft vor Eintragung seines Eintritts im Handelsregister und zum anderen die Haftung **nach der Eintragung** dieser Tatsachen in das Handelsregister.

aa) Haftung vor Eintragung im Handelsregister

Vor Eintragung der Gesellschaft in das Handelsregister haftet der Kommanditist, der dem Geschäftsbeginn der Gesellschaft vor Eintragung zugestimmt hat, gem. § 176 Abs. 1 HGB **unbeschränkt**, es sei denn, dem Gläubiger war die Beteiligung als Kommanditist bekannt. Entsprechendes gilt nach § 176 Abs. 2 HGB für den Eintritt eines Kommanditisten in eine bereits bestehende KG. Auf unerlaubte Handlungen ist § 176 HGB nicht anwendbar.[7] Um die persönliche Haftung in der Gründungsphase zu vermeiden, empfiehlt es sich, den Beginn der KG und den Eintritt als Kommanditist erst ab dem Tag der Eintragung in das Handelsregister wirksam werden zu lassen. Dies ist in der Registeranmeldung zu vermerken.

bb) Haftung nach Eintragung im Handelsregister

Nach Eintragung im Handelsregister haftet der Kommanditist nur noch **beschränkt**. Vor Leistung seiner Einlage, zu der er nach dem Gesellschaftsvertrag verpflichtet ist, haftet er bis zur Höhe seiner Einlage unmittelbar.[8]

Da der Kommanditist im Verhältnis zu den Gläubigern jedoch nicht unbedingt mit seiner „wahren" Einlage (**Pflichteinlage** = vermögenswerte Leistung, zu der der Kommanditist gegenüber seinen Mitgesellschaftern im Innenverhältnis verpflichtet ist) haftet, sondern nur auf den im Handelsregister eingetragenen Betrag, sollte man hier von der **Hafteinlage** oder Haftsumme sprechen.

Mit **Erbringung der Einlage** erlischt die Haftung des Kommanditisten (§ 171 Abs. 1 HGB). Bei Rückerhalt der Einlage lebt die Haftung gem. § 172 Abs. 4 HGB wieder auf. Rückzahlung ist dabei jede Leistung aus dem Vermögen der KG, für die dem Gesellschaftsvermögen kein ausreichendes Äquivalent zufließt.[9]

---

[7] BGHZ 82, 212.
[8] Zur Haftung des Erben, wenn der Erbfall erst nach Auflösung der Gesellschaft eingetreten ist, vgl. BGH DStR 1995, 1884 m. Anm. *Goette*.
[9] BGHZ 39, 319, 331.

32 Soweit im Rechtsverkehr eine Gesellschaft als **Schein-KG** auftritt, haftet der Kommanditist entsprechend diesem Rechtsschein.[10] Eine Scheingesellschaft liegt vor, wenn es zu dem Abschluss eines KG-Vertrags überhaupt nicht gekommen ist, sondern eine bloß faktische Zusammenarbeit der Beteiligten vorliegt, die nach außen als Gesellschafter auftreten.

cc) Haftung minderjähriger Mitgesellschafter

33 Durch § 1629a BGB wird volljährig gewordenen Schuldnern die Möglichkeit gegeben, ihre Haftung auf das bei Eintritt der Volljährigkeit vorhandene Vermögen zu beschränken oder das Rechtsverhältnis zu kündigen. Dies gilt auch für Gesellschaftsverhältnisse und die damit verbundene Gesellschafterhaftung.[11] Im Regelfall wird es sich daher nicht mehr empfehlen, Minderjährige als vollhaftende Gesellschafter in eine Personengesellschaft aufzunehmen.

7. Innenverhältnis der Gesellschafter

34 Das Innenverhältnis beschreibt die Rechtsbeziehungen der Gesellschaft zu den Gesellschaftern sowie der Gesellschafter untereinander. Bei der Familiengesellschaft ist insbesondere von Bedeutung und Interesse, dass die Wahrnehmung von Gesellschafterrechten bestimmter **Kommanditistengruppen** (Stämme) auf einen „Stammesvertreter" beschränkt werden kann.[12]

a) Rechte und Pflichten der Gesellschafter im Innenverhältnis

35 Rechte und Pflichten der Gesellschafter ergeben sich aus dem Gesellschaftsvertrag und ergänzend aus den gesetzlichen Regeln, d.h. §§ 705 ff. BGB, §§ 109–122, 163–169 HGB. Im Einzelnen bestehen folgende Rechte und Pflichten:
- Leistung der Beiträge,
- Beachtung der Treuepflicht,
- Geschäftsführung,
- Mitverwaltungsrechte (Stimmrechte bei Beschlussfassung),
- Beteiligung am Gewinn und Verlust,
- Ausgleichs- und Ersatzansprüche.

36 Aus diesen Rechten und Pflichten können sich bestimmte Ansprüche ergeben, z.B.:
- Ansprüche der Gesellschaft gegen den einzelnen Gesellschafter, sog. **Sozialansprüche** (Anspruch auf Beitragsleistung, Erfüllung der Geschäftsführungspflicht, Beachtung der Gesellschafter-Treuepflicht, Schadensersatz bei Pflichtverletzungen),
- Ansprüche der einzelnen Gesellschafter gegen die Gesellschaft, sog. **Sozialverpflichtungen** (Anspruch auf Gewinnauszahlung, Erstattung von Aufwendungen, Beachtung des Stimmrechts),
- Ansprüche der Gesellschafter untereinander, sog. **Individualansprüche** (Ausgleichsansprüche),
- Ansprüche der Gesellschafter gegen die Gesellschaft wie gegen Dritte, sog. **Drittbeziehungen** (Kauf-, Miet-, Werkverträge).

---

10 BGHZ 61, 59, 66; BGHZ 69, 95, 98.
11 Vgl. *Grunewald*, ZIP 1999, 597; *Reimann*, DNotZ 1999, 179.
12 OLG Hamm BB 1997, 1498; BGH NJW 1996, 1678; BGH BB 1997, 1498.

b) Geschäftsführung

Soweit im Gesellschaftsvertrag nichts anderes bestimmt ist, gelten für den Komplementär die Regeln der §§ 114–117 HGB. Bei der Geschäftsführung wird nach gewöhnlichen und außergewöhnlichen Geschäften unterschieden. 37

Gewöhnliche Geschäftsführungsaufgaben sind alle Handlungen, die nach der Verkehrsanschauung der gewöhnliche Betrieb der Gesellschaft mit sich bringt, § 116 Abs. 1 HGB. Für diese Geschäfte besteht Einzelgeschäftsführung des Komplementärs gem. §§ 114 Abs. 1, 115 Abs. 1 Hs. 1 HGB. 38

Außergewöhnliche Geschäftsführungsaufgaben sind alle Geschäftsangelegenheiten, die über den Rahmen des Unternehmens der konkreten Gesellschaft hinausgehen (§ 116 Abs. 2 HGB). Bei Vornahme solcher außergewöhnlichen Geschäftsführungsmaßnahmen müssen alle Gesellschafter zustimmen. 39

Kommanditisten sind gem. § 164 HGB grundsätzlich von der Geschäftsführung ausgeschlossen. 40

c) Gewinn- und Verlustbeteiligung

Die Verteilung des Gewinns oder Verlustes richtet sich **vorrangig** nach dem **Gesellschaftsvertrag**, ergänzend für den Komplementär nach §§ 120–122 HGB und für den Kommanditisten nach §§ 167–169 HGB. Die gesetzliche Regelung zur Gewinn- und Verlustbeteiligung ist unpraktikabel, so dass sich häufig empfehlen wird, im Gesellschaftsvertrag abweichende Regelungen aufzunehmen. 41

Gem. § 120 Abs. 1 HGB wird nach Abschluss des Geschäftsjahres das Ergebnis anhand einer Bilanz ermittelt. Die **Aufstellung der Bilanz** ist Sache der geschäftsführenden Gesellschafter, die **Feststellung der Bilanz** ist Sache der (aller) Gesellschafter, sofern der Gesellschaftsvertrag keine andere Regelung getroffen hat.[13] Ein sich ergebender Gewinn wird gem. § 120 Abs. 2 HGB anteilig dem Kapitalanteil des einzelnen Gesellschafters zugeschrieben. Ein sich ergebender Verlust, ebenso die Entnahmen, werden vom Kapitalanteil abgeschrieben. Der Kapitalanteil stellt lediglich eine Rechnungsziffer dar, die den Wert der jeweiligen wirtschaftlichen Beteiligung des Gesellschafters am Gesellschaftsvermögen zum Ausdruck bringen soll. Die Höhe des Gewinn- oder Verlustanteils ergibt sich aus § 121 HGB. 42

Auch der Kommanditist nimmt am Gewinn oder Verlust teil. Der Gewinn wird dem **Kapitalkonto** des Kommanditisten gutgeschrieben, wenn dieser Betrag die Einlage nicht erreicht. Der darüber hinaus verbleibende Gewinnanteil bleibt selbständig und kann jederzeit entnommen werden. Denkbar ist auch eine Umwandlung in ein Darlehen. 43

Am Verlust ist der Kommanditist nur bis zum Betrag seines Kapitalanteils und seiner noch rückständigen Einlage beteiligt (§ 167 Abs. 3 HGB). Ihn trifft deshalb **keine Nachschusspflicht**. Das bedeutet jedoch nicht, dass kein negatives Kapitalkonto entstehen kann, sondern nur, dass der Kommanditist Gewinne erst entnehmen kann, wenn der Betrag der Einlage wieder erreicht ist.[14] 44

8. Veränderungen im Personenbestand

Veränderungen im Personenbestand einer KG können sich durch **Ausscheiden** eines Gesellschafters oder **Eintreten** eines neuen Gesellschafters sowie durch **Gesellschafterwechsel** ergeben. 45

---

[13] BGH DB 1996, 926.
[14] *Baumbach/Hopt*, § 167 Rn 4.

a) Ausscheiden eines Gesellschafters

46 Aufgrund der Neufassung des § 131 HGB ab 1.7.1998 führen die bisherigen Auflösungsgründe, die in der Person eines Gesellschafters begründet sind (Tod, Insolvenz eines Gesellschafters, Kündigung durch Privatgläubiger, Gesellschafterbeschluss), nur noch zum Ausscheiden des Gesellschafters, in dessen Person der Grund verwirklicht ist. Gem. § 177 HGB führt der Tod eines Kommanditisten zu seinem Ausscheiden.

47 **Gründe** für das **Ausscheiden eines Gesellschafters** können sein:
- Tod eines persönlich haftenden Gesellschafters (§§ 161 Abs. 2, 131 Abs. 3 S. 1 Nr. 1 HGB) oder eines Kommanditisten (§ 177 HGB),
- Eröffnung des Insolvenzverfahrens über das Vermögen eines Gesellschafters (§§ 161 Abs. 2, 131 Abs. 3 S. 1 Nr. 2 HGB),
- Kündigung durch den Gesellschafter (§§ 161 Abs. 2, 131 Abs. 3 S. 1 Nr. 3, 132 HGB),
- Kündigung durch einen Privatgläubiger des Gesellschafters (§§ 161 Abs. 2, 131 Abs. 3 S. 1 Nr. 4, 135 HGB),
- Ausschließung bei Eintritt eines wichtigen Grundes;
  bei Vorliegen eines wichtigen Grundes gem. § 133 Abs. 2 HGB können die Gesellschafter den Mitgesellschafter gem. § 140 HGB auch ohne Fortsetzungsklausel per gerichtlicher Entscheidung ausschließen (Ausschlussklage). Mit Rechtskraft des Urteils scheidet der beklagte Gesellschafter automatisch aus der Gesellschaft aus,[15]
- Eintritt eines im Gesellschaftsvertrag benannten Ereignisses (§§ 161 Abs. 2, 131 Abs. 3 S. 1 Nr. 5).

48 Bei Ausscheiden eines Gesellschafters hat dieser Ansprüche aus § 738 Abs. 1 S. 2 BGB, speziell **Abfindungsansprüche**. Der ausgeschiedene Gesellschafter haftet weiter mit einer grundsätzlichen **Enthaftung nach fünf Jahren** gem. § 160 HGB, § 736 Abs. 3 BGB.

Die Ausscheidensgründe nach §§ 161 Abs. 2, 131 Abs. 3 S. 1 Nr. 1–6 HGB sind **nicht zwingend**. Der Gesellschaftsvertrag kann vorsehen, dass in den Fällen Nr. 1–4 die Gesellschaft aufgelöst ist.

Die gesetzliche Neuregelung der Ausscheidensgründe lässt für den Fall der **Zweipersonengesellschaft** kautelarische Vorsorge geraten sein. Bei Ausscheiden des vorletzten Gesellschafters haftet der Verbleibende auf Grund der gesetzlichen Regelung – auch wenn er bisher Kommanditist war – unbeschränkt für die Altschulden der Gesellschaft. Dies kann durch die Aufnahme einer Auflösungsklausel für diesen Fall verhindert werden.[16]

b) Eintritt in eine Gesellschaft

49 Der Eintritt eines neuen Gesellschafters erfolgt durch Abschluss eines **Aufnahmevertrages**. Der neue Gesellschafter wird automatisch gesamthänderisch und damit dinglich am Gesellschaftsvermögen beteiligt. Der neue Komplementär haftet gem. § 130 HGB und der neue Kommanditist gem. § 173 HGB auch für **Altschulden** der Gesellschaft.

c) Gesellschafterwechsel

50 Unter Gesellschafterwechsel versteht man, dass der eintretende Gesellschafter an die Stelle des ausscheidenden Gesellschafters tritt. Der Gesellschafterwechsel kann durch eine Kombination von Ausscheiden des alten und Eintritt des neuen Gesellschafters (**Doppelvertrag**) oder durch **Abtretung** des Gesellschaftsanteils erfolgen.

---

[15] Staub/*Canaris*/*Ulmer*, § 140 Rn 40.
[16] *Baumbach*/*Hopt*, § 131 Rn 84; *Schmidt*, JZ 2003, 585. Vgl. auch die Musterformulierung unter Rn 125.

Besonderheiten ergeben sich bei der Übertragung eines Kommanditanteils für die Haftung. 51
Ist die **Rechtsnachfolge im Handelsregister durch einen Nachfolgevermerk** kenntlich gemacht, so haftet nur der Eintretende gem. §§ 173, 171, 172 HGB in Höhe der nicht geleisteten Haftsumme. Ist die Eintragung des Nachfolgevermerks unterblieben, so haftet der Ausscheidende, weil § 172 Abs. 4 HGB das Wiederaufleben der Haftung des ausscheidenden Kommanditisten anordnet, dem eine Abfindung gezahlt wurde.[17] Der Eintretende haftet nicht, wenn mit Zustimmung des Ausscheidenden die Hafteinlage auf den Eintretenden umgebucht wird.

Die Testamentsvollstreckung an Kommanditanteilen ist unproblematisch zulässig. Ob die 52
Testamentsvollstreckung auch am Anteil des persönlich haftenden Gesellschafters zulässig ist, war lange Zeit umstritten, wird nunmehr aber auch bejaht. Die Tatsache, dass Testamentsvollstreckung an Kommanditanteilen angeordnet ist, kann nach neuerer Rechtsprechung auch im Handelsregister vermerkt werden (BGH v. 14.2.2012 – II ZB 15/11).

9. Beendigung der Gesellschaft

Eine KG wird aufgelöst, wenn ein **Auflösungsgrund** eintritt. Die gesetzlichen Auflösungsgründe 53
gem. §§ 131 ff. HGB können durch weitere Auflösungsgründe im Gesellschaftsvertrag ergänzt werden.

Gesetzliche Auflösungsgründe sind: 54
– Eröffnung des Insolvenzverfahrens über das Vermögen der Gesellschaft (§§ 161 Abs. 2, 131 Abs. 1 Nr. 3 HGB),
– Zeitablauf (§§ 161 Abs. 2, 131 Abs. 1 Nr. 1 HGB),
– Besondere Auflösungsgründe bei KG ohne natürliche Person als persönlich haftendem Gesellschafter (§§ 161 Abs. 2, 131 Abs. 2 HGB).

Mit Eintritt eines Auflösungsgrundes tritt noch nicht die Beendigung der Gesellschaft ein, viel- 55
mehr muss deren **Liquidation** gem. §§ 145 ff. HGB erfolgen. Bei der Liquidation sind die laufenden Geschäfte abzuwickeln, Verbindlichkeiten zu tilgen und eventuell die für die Beendigung notwendigen Geschäfte vorzunehmen (§ 149 HGB). Allerdings sind die Gesellschafter frei, ein von der gesetzlichen Konzeption abweichendes Abwicklungsverfahren zu beschließen, etwa die Übernahme des Geschäftsbetriebs durch einen Gesellschafter oder dessen Veräußerung.

Das verbleibende Gesellschaftsvermögen ist unter den Gesellschaftern zu verteilen gem. 56
§ 155 HGB. Sollte das Gesellschaftsvermögen nicht zur **Tilgung der Verbindlichkeiten** ausreichen, so besteht eine **Nachschusspflicht** der Gesellschafter gem. § 735 BGB i.V.m. § 105 Abs. 2 HGB, jedoch unter Berücksichtigung der beschränkten Kommanditistenhaftung. Die persönliche Haftung der Gesellschafter bleibt bestehen, ist jedoch auf fünf Jahre begrenzt gem. § 159 HGB. Beendet ist die Gesellschaft erst nach Abschluss dieses Liquidationsverfahrens (sog. **Vollbeendigung**).

10. Ertragsteuerliche Aspekte: Voraussetzungen für die steuerliche Anerkennung
a) Allgemeine Voraussetzungen

Damit einer KG die gewünschten steuerrechtlichen Vorteile zugute kommen, muss sie steuerlich 57
anerkannt werden.[18] Dazu ist vor allem festzustellen, ob bei einer KG, insbesondere einer Familien-KG, jeder Gesellschafter **Mitunternehmer** gem. § 15 Abs. 1 Nr. 2 EStG ist. Der BFH steht Familiengesellschaften kritisch gegenüber, da der natürliche Interessengegensatz, der unter fremden

---

[17] Die Neufassung des § 162 Abs. 2 HGB hat daran nichts geändert (str.), vgl. *Wilhelm*, DB 2002, 1979.
[18] Vgl. dazu umfassend *Schmid*, DStR 1996, 1977.

Dritten vorliegt, bei Gesellschaften unter Familienangehörigen fehlt. Folgende Voraussetzungen müssen nach Ansicht des BFH[19] vorliegen, damit eine solche **Mitunternehmerstellung** gegeben ist und somit die KG steuerlich anerkannt werden kann:
- zivilrechtliche Wirksamkeit des Gesellschaftsvertrages,
- Einräumung einer Rechtsstellung für den Kommanditisten, die weitgehend dem gesetzlichen Regelungsmodell entspricht,
- tatsächliche Durchführung der Gesellschaft.

58 Diese Voraussetzungen dürften auch für die **gewerbesteuerliche Anerkennung** gelten.[20]

59 Dagegen soll eine bestimmte prozentuale **Mindestbeteiligung** (hier: weniger als 5%) – am Gewinn und Verlust und an den stillen Reserven – nicht Anerkennungsvoraussetzung für die Mitunternehmerstellung von Kindern/nahen Angehörigen sein.[21] Andererseits soll aber auch eine gesellschaftsvertragliche Klausel im Gesellschaftsvertrag einer Familien-KG, die abweichend vom **Einstimmigkeitsprinzip** des § 119 HGB die einfache Mehrheit für Beschlüsse der Gesellschafterversammlung vorsieht (und damit die Stimmrechte der minderjährigen Kinder unbedeutend macht) – dahin gehend auszulegen sein, dass sie nur für die laufenden Geschäfte, nicht aber für Grundlagenbeschlüsse (sog. **Kernbereichstheorie** im Personengesellschaftsrecht) gilt.[22]

b) Wirksamer Gesellschaftsvertrag
aa) Allgemeine Anforderungen an den Gesellschaftsvertrag

60 Es muss ein ernsthaft gemeinter und **zivilrechtlich wirksamer Gesellschaftsvertrag** abgeschlossen worden sein. Dabei sind vor allem Formvorschriften zu beachten. Der Gesellschaftsvertrag kann zwar grundsätzlich formlos abgeschlossen werden, es empfiehlt sich aber, aus Gründen der Beweisbarkeit die schriftliche Form zu wahren. Zweifel an dem Abschluss gehen nämlich zu Lasten des Steuerpflichtigen.[23] Bei Einbringung eines Grundstückes als Gesellschaftereinlage ist notarielle Beurkundung gem. § 311b Abs. 1 BGB erforderlich.

bb) Beteiligung von Minderjährigen

61 Besondere Probleme ergeben sich bei der Beteiligung minderjähriger Kinder. Damit der Gesellschaftsvertrag und seine spätere etwaige Änderung zivilrechtlich wirksam sind, muss bei Beteiligung der Eltern aufgrund des **Selbstkontrahierungsverbotes** gem. § 181 BGB als ordnungsgemäßer Vertreter für jedes Kind je ein **Ergänzungspfleger** gem. § 1909 BGB bestellt werden[24] und die **familiengerichtliche Genehmigung** gem. §§ 1822 Nr. 3, 1643 Abs. 1 BGB eingeholt werden.[25] Die Beteiligung eines Minderjährigen an einer Gesellschaft, deren Zweck die Verwaltung

---

19 BFH BStBl II 1976, 328, 330; BFH BStBl II 1986, 798; BFH BStBl II 1989, 758 und 762; Abschn. 138a Abs. 1–4 EStR 1993 bzw. Abschn. 138a Abs. 2, 3 EStR 1996.
20 Vgl. *Schmid*, DStR 1996, 1977, 1978.
21 FG Hamburg DStRE 2001, 74.
22 BFH BB 2001, 186.
23 BFH BStBl II 1976, 324.
24 BFH BStBl II 1973, 307; a.A. OLG München v. 17.6.2010 – 31 Wx 77/10, NJW-Spezial 2010, 497, wonach bei der Übertragung von Kommanditanteilen der Eltern auf ihre Kinder ein Ergänzungspfleger mehrere minderjährige Kinder vertreten könne.
25 BayObLG FamRZ 1990, 208; OLG Bremen NJW-RR 1999, 876; OLG Zweibrücken FamRZ 2001, 181; OLG Frankfurt/M. DNotZ 2009, 142, wonach die fehlende Genehmigung noch durch eine Zwischenverfügung aufgegeben werden kann; a.A. *Damrau*, ZEV 2000, 209; kritisch zur Zuständigkeit der Familiengerichte *Bestelmeyer*, FamRZ 2000, 1068; zum Umfang der Prüfungspflicht und des Ermessens des Familiengerichts BayObLG DNotZ 1998, 495 = EWiR 1997, 451 (*Gernhuber*); zur Schenkung von Großeltern BayObLG DNotZ 1999, 589.

eines eingebrachten Grundstücks ist, bedarf der familiengerichtlichen Genehmigung gem. §§ 1643, 1821 Abs. 1 Nr. 5 BGB.

Geschäfte der Gesellschaft, die durch den **Gesellschaftszweck** gedeckt sind, sind dabei grundsätzlich von der familiengerichtlichen Genehmigung erfasst und bedürfen keiner eigenen Genehmigung.[26] Der Bestellung eines Dauerpflegers bedarf es nicht. Handelt aber der geschäftsführende Gesellschafter außerhalb seiner im Gesellschaftsvertrag beschränkten **Vertretungsmacht**, bedarf das Geschäft ausnahmsweise doch der familiengerichtlichen Genehmigung.[27]

62

Nach § 1629a BGB kann der Minderjährige mit Erreichen der Volljährigkeit ohne zeitliche Beschränkung seine Haftung für alle Verbindlichkeiten auf den Bestand des bei Eintritt der Volljährigkeit vorhandenen Vermögens beschränken.[28] Dem gesteigerten Informationsinteresse des Rechtsverkehrs wird im Handelsregister dadurch Rechnung getragen, dass ab 1.7.1999 bei natürlichen Personen als vollhaftende Gesellschafter das Geburtsdatum eingetragen werden muss (§ 24 HRV, § 106 Abs. 2 Nr. 1, 161 Abs. 2 HGB). Für den Fall, dass ausschließlich Minderjährige als persönlich haftende Gesellschafter auftreten, werden teilweise weitere Publizitätspflichten gefordert.[29]

63

Bei einer **Schenkung** ist die Formvorschrift des § 518 Abs. 1 BGB zu beachten. Gem. § 518 Abs. 2 BGB kann ein Formverstoß durch Vollzug der Schenkung geheilt werden. Auch bei schenkweiser Einräumung der Gesellschafterstellung ist aber Beteiligung eines Ergänzungspflegers erforderlich.[30] Vollzogen ist die Schenkung, wenn der Gesellschaftsvertrag abgeschlossen wurde und die Einlage auf dem Kapitalkonto des Kommanditisten verbucht ist.[31]

64

Die familiengerichtliche **Genehmigung** ist **unverzüglich einzuholen**; wird sie alsbald erteilt, kann der Gesellschaftsvertrag auch steuerlich ab dem Zeitpunkt des Vertragsabschlusses anerkannt werden.[32] Andernfalls erfolgt die steuerliche Anerkennung ab Erteilung der familiengerichtlichen Genehmigung nur für die Zukunft.[33]

65

Das gilt auch dann, wenn dem beurkundenden Notar die Vollmacht (sog. **Doppelvollmacht**) erteilt wird, die Genehmigung sowohl für den Schenker als auch für das beschenkte minderjährige Kind entgegenzunehmen.[34] Ein Erwerbsvorgang, der der familiengerichtlichen Genehmigung bedarf, ist nämlich auch in steuerlicher Hinsicht nicht vor deren Erteilung verwirklicht, wenn die Vertragsbeteiligten den beurkundenden Notar beauftragen und ermächtigen, die Genehmigung für den Vormund (gesetzlichen Vertreter eines Minderjährigen) entgegenzunehmen und den anderen Vertragsbeteiligten mitzuteilen sowie zugleich diese Mitteilung für die anderen Vertragsbeteiligten zu empfangen. Wenn die Bevollmächtigung des Notars, den Erwerbern die Genehmigung des Familiengerichts mitzuteilen, jederzeit widerruflich ist, lässt sie den Eltern als gesetzlichen Vertretern weiterhin die volle Entscheidungsfreiheit darüber, ob der Vertrag wirksam werden soll. Erzeugt das genehmigungsbedürftige Rechtsgeschäft während der Schwebezeit keine Bindungswirkung, so ist der Erwerbsvorgang vor dem Wirksamwerden der vormundschaftsgerichtlichen Genehmigung nicht verwirklicht.[35]

66

Dauerergänzungspflegschaft ist aber nicht erforderlich: BFH BStBl II 1976, 328, 330; BGH GmbHR 1975, 272; OLG Hamm DB 1974, 815; zu den (steuerlichen) Konsequenzen fehlender Vertretung *Bordewin*, DB 1996, 1359.
26 OLG Frankfurt/M. GmbHR 2008, 1262; dazu NJW-Spezial 2008, 655; a.A. OLG Bremen GmbHR 2008, 1263; OLG München GmbHR 2008, 1264.
27 OLG Hamm DStR 2001, 1538 m. Anm. *Hergeth*.
28 Dazu *Grunewald*, ZIP 1999, 597; *Klumpp*, ZEV 1998, 409; *Reimann*, DNotZ 1999, 179.
29 *Habersack*, FamRZ 1999, 1.
30 BFH BStBl II 1980, 242.
31 MüKo-BGB/*Kollhosser*, § 618 Rn 27; BMF v. 8.12.1975, BStBl I 1975, 1130.
32 BFH BStBl II 1981, 435.
33 BFH BStBl II 1968, 671 und 1973, 287.
34 Sog. Doppelvollmacht; BFH DStR 2000, 775, dazu auch *Grauel*, ZNotP 2000, 152.
35 BFH DStR 2000, 775; BFH BStBl II 1999, 606.

c) Einräumung der üblichen Rechtsstellung eines Kommanditisten

67 Dem Kommanditisten muss eine Rechtsstellung eingeräumt werden, die annäherungsweise der Rechtsstellung entspricht, die einem Kommanditisten nach dem Gesetz zusteht.[36] Das ist dann der Fall, wenn der Kommanditist das Unternehmerrisiko trägt und Unternehmerinitiative entfaltet.[37] Die Mitunternehmerstellung muss allerdings durch den (schenkweise) übertragenen Gesellschaftsanteil vermittelt werden und darf nicht nur auf einer etwa schon vorher bestehenden Kommanditbeteiligung beruhen.[38]

aa) Unternehmerinitiative

68 Unternehmerinitiative bedeutet **Teilhabe an unternehmerischen Entscheidungen**. Für die Entfaltung von Unternehmerinitiative genügt es, wenn dem Gesellschafter die üblichen gesetzlichen Rechte zustehen.[39] Die Unternehmerinitiative eines Kommanditisten besteht darin, dass er
- ein **Widerspruchsrecht** gegen Maßnahmen der Geschäftsführung hat gem. § 164 HGB,
- **Stimmrecht** in der Gesellschafterversammlung hat gem. §§ 161 Abs. 2, 119 HGB und
- **Überwachungs- und Kontrollrechte** ausüben kann gem. § 166 HGB.

69 **Beschränkungen dieser Rechte** können der Annahme einer Mitunternehmerschaft und damit der steuerlichen Anerkennung entgegenstehen. Ein Ausschluss der Mitunternehmerschaft kann auch angenommen werden bei Bestehen von Sonderrechten des Komplementärs auf **freie Hinauskündigung** des Kommanditisten, zumindest dann, wenn der Kommanditist bei Ausscheiden nicht voll an den stillen Reserven und am Geschäftswert beteiligt ist.[40] Eine solche ständige Bedrohung durch Kündigung würde sich negativ auf die Unternehmerinitiative des Kommanditisten auswirken.

70 Bei gesellschaftsvertraglichen Gestaltungen, bei denen einzelnen Gesellschaftern das Recht eingeräumt wird, Mitgesellschafter auch ohne sachlichen Grund aus der Personengesellschaft auszuschließen, nimmt schon die zivilrechtliche Rechtsprechung **Nichtigkeit** gem. § 138 BGB an.[41]

71 Weiterhin wird die Annahme einer Mitunternehmerstellung bei jederzeitiger **Rückübertragungspflicht** auf Verlangen des Schenkers nach Schenkung[42] und bei dem **Vorbehalt der Verwaltung der Anteile** durch den Schenker ausgeschlossen.[43]

72 Wenden Eltern Teile ihrer Beteiligungen an einer gewerblich geprägten Personengesellschaft unentgeltlich ihren Kindern zu und behalten sie sich dabei den lebenslänglichen Nießbrauch vor, fehlt es den Kindern an der erforderlichen Mitunternehmerinitiative, wenn vereinbart ist, dass die Nießbraucher die Gesellschafterrechte der Kinder wahrnehmen und die Kinder den Eltern „vorsorglich" Stimmrechtsvollmacht erteilen.[44]

bb) Unternehmerrisiko

73 Mitunternehmerrisiko bedeutet **Teilhabe am Erfolg oder Misserfolg** der Gesellschaft.[45] Dazu gehört die Beteiligung am Gewinn und Verlust sowie an den **stillen Reserven**.[46] Voraussetzung

---

36 BFH BStBl II 1976, 324.
37 BFH GmbHR 2010, 499.
38 BFH DStR 2010, 868.
39 BFH BStBl II 1982, 342; BFH BStBl II 1986, 311.
40 BFH BStBl II 1986, 798.
41 BGHZ 68, 212, 215; BGHZ 81, 263, 366 f.; BGHZ 105, 213, 216 f.; BGH BB 1994, 592; BGH BB 1996, 713.
42 BFH BStBl II 1989, 877; BFH BStBl II 1994, 635.
43 BFH BStBl II 1981, 779.
44 BFH DStR 2009, 321.
45 BFH BStBl II 1987, 60 und 124.
46 BFH BStBl II 1981, 602; 1986, 599; 1987, 124.

dafür ist auch die Leistung einer **Einlage**. Ohne Leistung einer Einlage kann für einen Kommanditisten eine Mitunternehmerschaft grundsätzlich nicht anerkannt werden.[47] Bei fehlender Beteiligung am Gewinn kommt eine Mitunternehmerstellung auch dann nicht in Betracht, wenn ansonsten die Mitwirkungsrechte eines Kommanditisten gegeben sind.[48]

Die Leistung der Einlage kann auch in Form einer **Schenkung** durch den bisherigen Alleininhaber erfolgen mit entsprechender **Umbuchung vom Kapitalkonto**.[49] 74

Bei **Leistung der Einlage aus zukünftigen Gewinnen** tritt die Mitunternehmerschaft erst nach Abschluss des Geschäftsjahres ein, in dem ausreichende Gewinne stehen gelassen werden.[50] 75

Der Ausschluss der **Beteiligung am Verlust** verringert das Unternehmerrisiko und verhindert damit in der Regel auch die Anerkennung der Mitunternehmerschaft. 76

Der Mitunternehmerschaft stehen weiterhin entgegen: 77
– einseitige Entnahmebeschränkungen für den Kommanditisten,[51]
– Ausschluss des Kündigungsrechtes des Kommanditisten und einseitiges Kündigungsrecht des Komplementärs,[52]
– von vornherein befristetes oder auflösend bedingtes Gesellschaftsverhältnis,[53]
– einseitige Befugnis des Komplementärs, den Gesellschaftsvertrag zuungunsten des Kommanditisten abzuändern.[54]

Die Beschränkungen haben dann allerdings keine nachteiligen steuerlichen Folgen, wenn sie **für alle Gesellschafter unterschiedslos** gelten. 78

d) Tatsächliche Durchführung des Gesellschaftsverhältnisses

Die Vereinbarungen aus dem Gesellschaftsvertrag müssen tatsächlich vollzogen werden. Dazu gehört insbesondere die **buchmäßige Darstellung der Beteiligungsverhältnisse** und der **Gewinnverteilung** durch Einräumung von Kapital- und Privatkonten.[55] Erkennbar sind die veränderten Eigentumsverhältnisse an den Einbuchungen auf den entsprechenden Konten, insbesondere bei schenkweiser Übertragung durch die Abbuchung vom Konto des Schenkers.[56] 79

Entnahme der Gewinnanteile ist nicht unbedingt Voraussetzung für die steuerliche Anerkennungsfähigkeit, muss aber den Kommanditisten grundsätzlich möglich sein. 80

Bei minderjährigen Kindern ist die **Verwaltung der Beteiligung** durch die Eltern im Rahmen und in den Grenzen der elterlichen Vermögensfürsorge unschädlich;[57] bei volljährigen Kindern ist sie aber in der Regel steuerschädlich.[58] 81

e) Verlustabzugsbeschränkung des § 15a EStG

Der einem Kommanditisten zuzurechnende Anteil am Verlust der KG darf weder mit anderen Einkünften aus Gewerbebetrieb noch mit Einkünften aus anderen Einkunftsarten ausge- 82

---

47 BFH BStBl II 1985, 85.
48 BFH DStR 2000, 193.
49 BFH BStBl II 1973, 221 und 526.
50 BFH BStBl II 1973, 221.
51 BFH BStBl II 1976, 324, 328; BFH BStBl II 1979, 405.
52 BFH BStBl II 1979, 405 und 670; BFH BStBl II 1981, 663; BFH BStBl II 1982, 342; BFH BStBl II 1986, 798.
53 BFH BStBl II 1976, 324.
54 BFH BStBl II 1989, 762; BFH NV 1992, 90.
55 BFH BStBl III 1964, 429.
56 BFH BStBl III 1964, 61.
57 BFH BStBl II 1977, 206.
58 BFH BStBl II 1981, 779.

83 glichen werden, soweit ein **negatives Kapitalkonto** entsteht oder sich erhöht (§ 15a Abs. 1 S. 1 EStG).

83 Der **erweiterte Verlustausgleich oder -abzug** nach § 15a Abs. 1 S. 2 und 3 EStG setzt voraus, dass der Kommanditist **am Bilanzstichtag namentlich im Handelsregister eingetragen ist.**[59] Noch nicht eingetragene Kommanditisten können daher Verluste nur bis zur Höhe der tatsächlich erbrachten Einlagen abziehen oder ausgleichen. Dabei kommt es nicht auf den Abfluss beim Kommanditisten, sondern auf den Zufluss bei der KG an. Die Einlage ist in diesen Fallgestaltungen nicht bereits geleistet, wenn Wertstellung bei der Empfängerbank erfolgt ist, sondern erst wenn die Gutschrift auf dem Empfängerkonto der KG erfolgt ist.[60]

84 Leistet ein Kommanditist Einlagen zum **Ausgleich eines negativen Kapitalkontos**, die im Wirtschaftsjahr der Einlage nicht durch ausgleichsfähige Verluste verbraucht werden, so führt dies nach Auffassung des BFH regelmäßig zum Ansatz eines Korrekturpostens mit der Folge, dass Verluste späterer Wirtschaftsjahre bis zum Verbrauch dieses Postens als ausgleichsfähig zu qualifizieren sind, auch wenn hierdurch (erneut) ein negatives Kapitalkonto entsteht oder sich erhöht.[61]

f) Angemessenheit der Gewinnverteilung

85 Entscheidend für die steuerliche Behandlung ist die Angemessenheit der vereinbarten Gewinnbeteiligung. Anerkennung der Gesellschaft einerseits und der Gewinnverteilung andererseits werden aber getrennt bewertet und behandelt. Eine unangemessene Gewinnverteilung führt in der Regel steuerlich zu einer **Neuverteilung bzw. Neuzurechnung.** Da der Interessengegensatz der Gesellschafter bei einer Familiengesellschaft normalerweise wegfällt, ist somit zu prüfen, ob auch die Höhe der Gewinnanteile einem Fremdvergleich standhalten würde.[62]

86 Bei dieser Prüfung muss nach entgeltlich und unentgeltlich erworbener Beteiligung sowie nach wesentlicher und unwesentlicher Mitarbeit des Kommanditisten unterschieden werden. **Kapital-, Risiko- und Arbeitseinsatz** des Kommanditisten sollen also als Angemessenheitskriterien herangezogen werden.[63]

aa) Entgeltlicher Erwerb

87 Hat der Kommanditist die Gesellschaftsanteile entgeltlich erworben, so ist Maßstab für die Angemessenheit der Gewinnverteilung der **Fremdvergleich**, also das, was auch unter Fremden vereinbart worden wäre.[64] Gleiches soll auch bei erebten Kommanditbeteiligungen gelten.[65]

88 Gleichermaßen wird geprüft, ob Vorabausschüttungen für **Arbeitsleistung, Überlassung von Kapital und Wirtschaftsgütern** und als **Haftungsentschädigung** den Maßstäben unter fremden Dritten entsprechen.[66] Der **Restgewinn** wird üblicherweise nach Kapitalquoten verteilt, ggf. nach Köpfen.[67]

---

59 Abschn. 138d Abs. 3 S. 1 EStR 2001.
60 BFH BStBl II 1992, 232; OFD Rostock v. 22.10.2001, BB 2002, 29.
61 BFH BStBl II 2004, 359; hierzu Nichtanwendungserlass des BMF v. 14.4.2004, BStBl I 2004, 463; FinVerw Berlin, DB 2006, 2317 (Aussetzung der Vollziehung).
62 Vgl. grundlegend BFH (GS) BStBl II 1973, 5.
63 Vgl. *Braun/Günther*, Familienpersonengesellschaft Rn 23 ff.
64 BFH BStBl II 1973, 866, 867; BFH BStBl II 1980, 437, 438.
65 *Märkle*, BB 1993, Beilage 2, 1, 16; Blümich/Falk/*Stuhrmann*, EStG, § 15 Rn 307 m.w.N.
66 Vgl. *Schmid*, DStR 1995, 1977, 1980.
67 Vgl. *Braun/Günther*, Familienpersonengesellschaft Rn 22; *Schmid*, DStR 1995, 1977, 1980.

bb) Unentgeltlicher Erwerb und wesentliche Mitarbeit

Bei dieser Konstellation wird ebenfalls der **Fremdvergleich**, wie vorstehend dargestellt, zugrunde gelegt.[68] 89

cc) Unentgeltlicher Erwerb und unwesentliche Mitarbeit

Sehr kompliziert und differenziert sind die Anerkennungsregeln für die Gewinnverteilung bei unentgeltlichem Erwerb und fehlender oder unwesentlicher Mitarbeit. Der BFH verlangt, dass die Gewinnverteilung in einem solchen Fall eine **durchschnittliche Rendite von nicht mehr als 15% des tatsächlichen Wertes der Beteiligung** für den beschenkten Kommanditisten ergibt.[69] Das bedeutet, dass der Fremdvergleich hier nicht angewandt werden soll, sondern ein eigenständiger Bewertungsmaßstab gelten soll. Diese Grundsätze gelten nach der Rechtsprechung auch, wenn Komplementärin der Gesellschaft eine durch den Schenker oder dessen Familienangehörige beherrschte GmbH ist.[70] 90

Dagegen wendet sich die Literatur und fordert auch für diese Fälle die Heranziehung des **Fremdvergleichs**.[71] Sie begründet ihre Meinung damit, dass dieser festgelegte Prozentsatz von 15% viel zu starr ist und damit unterschiedlichen Gegebenheiten nicht Rechnung getragen werden kann. Zum anderen sehen die Kritiker keinen Grund, die verschiedenen Einkunftsarten unterschiedlich zu behandeln. Auch das Argument der Rechtsvereinfachung und Rechtssicherheit wird in Frage gestellt, da es kein allgemein gültiges Verfahren für die Ermittlung des tatsächlichen Wertes der Beteiligung gibt. 91

dd) Praktische Anwendungsprobleme

Unabhängig von den vorstehend zitierten grundsätzlichen Bedenken gegen die Rechtsprechung des BFH zu der 15%-Grenze (Durchschnittsrendite von nicht mehr als 15% des tatsächlichen Werts der geschenkten KG-Beteiligung) ergeben sich daraus ganz erhebliche praktische Probleme. 92

Um diese Angemessenheitsregelung anzuwenden bzw. die Gewinnverteilungsregelung überprüfen zu können, muss zunächst der zugrunde zu legende Gewinn, und zwar der „in der Zukunft zu erwartende Restgewinn" der Kommanditgesellschaft nach Abzug von Vorabvergütungen für Mitarbeit, für die Überlassung von Kapital und Wirtschaftsgütern sowie für die Übernahme der unbeschränkten persönlichen Haftung des Komplementärs ermittelt werden.[72] Dabei soll grundsätzlich auf einen **Zeitraum von fünf Jahren** abgestellt werden. Aus den so prognostizierten Jahresgewinnen in diesem Fünf-Jahres-Zeitraum muss dann der durchschnittliche jährliche Restgewinn ermittelt werden. 93

Ferner muss der tatsächliche **Wert des Kommanditanteils** ermittelt werden. Tatsächlicher Wert ist dabei der sog. gemeine Wert, also der Betrag, den ein fremder Dritter für die Beteiligung bezahlen würde.[73] Der BFH hat dabei aber nicht näher bestimmt, wie dieser Wert zu ermitteln ist, sondern lediglich bestimmt, dass der reale Gewinn des gesamten Betriebsvermögens **einschließlich stiller Reserven und Geschäftswert** zu berücksichtigen sein soll.[74] Eine weitere Vorgabe hat der BFH lediglich insoweit gemacht, als Veräußerungs- bzw. Abfindungsbeschrän- 94

---

68 Vgl. BFH BStBl II 1980, 437; *Langenfeld/Gail*, II Rn 134; *Herrmann/Heuer/Raupach*, EStG, § 15 Rn 27n m.w.N.
69 BFH (GS) BStBl II 1973, 5; zusammenfassend Abschn. 138a Abs. 5 EStR 1993.
70 BFH NV 1992, 452.
71 Vgl. *Herrmann/Heuer/Raupach*, EStG, § 2 Rn 171; *Schmid*, DStR 1995, 1981; *Seer*, DStR 1988, 600; *Marx*, FR 1991, 3; *Daragan*, ZEV 2002, 39.
72 Vgl. BFH GS BStBl II 1973, 5, 7.
73 Vgl. *Schmidt*, DStR 1995, 1980.
74 BFH BStBl II 1973, 489, 491; vgl. dazu *Märkle*, BB 1993, Beilage 2, 1, 14; *Schmid*, DStR 1996, 1980.

kungen, denen der Kommanditanteil unterliegt, zu einem Bewertungsabschlag führen können sollen.[75]

95 Bekanntlich ist die Frage der zutreffenden **Bewertungsmethode**, also wie ein Unternehmen bzw. eine Unternehmensbeteiligung bzw. ein Gesellschaftsanteil zu bewerten ist, einem breiten Theorienstreit unterworfen. Die Einzelheiten dazu können hier nicht dargestellt werden.[76] Man wird zumindest davon ausgehen können, dass Finanzverwaltung und Finanzgerichtsbarkeit eine Bewertung nach der sog. indirekten Methode, also dem Mittelwertverfahren aus Ertragswert und Substanzwert, die Anerkennung nicht versagen wird.[77]

ee) Veränderung der Ausgangsverhältnisse

96 Ein weiteres Problem ergibt sich daraus, dass nach der Rechtsprechung des BFH auch ein ursprünglich angemessener Gewinnverteilungsschlüssel in der Kommanditgesellschaft nur solange steuerlich anerkannt wird, wie **keine wesentliche Veränderung der Verhältnisse** eintritt. Bei einer solchen wesentlichen Veränderung der Verhältnisse (bezogen auf das Verhältnis von Durchschnittsrendite für den unentgeltlich erworbenen KG-Anteil zum tatsächlichen Wert des Anteils) soll nämlich für die steuerliche Anerkennung in der Zukunft eine Änderung der Gewinnverteilungsabrede erforderlich werden, nämlich dann, wenn auch bei einer Gesellschaft unter Fremden die Gewinnverteilung entsprechend geändert werden würde.[78] Die Gesellschafter sind also zu einer **fortlaufenden Ausgewogenheitsprüfung** gezwungen, wollen sie nicht riskieren, dass die Gewinnverteilungsregelung im Laufe der Zeit unangemessen und damit steuerlich nicht mehr anerkennungsfähig wird.

ff) Angemessenheit einer Gewinnverteilungsregelung bei Schwestergesellschaften

97 Der BFH dehnt die zu Familienpersonengesellschaften entwickelten Rechtsprechungsgrundsätze über die Angemessenheit einer Gewinnverteilungsregelung auch auf Schwestergesellschaften aus, die als **Kommanditisten** bzw. **typisch still Beteiligte** an einer KG beteiligt sind.

98 Wird eine anteils- und beteiligungsidentische Schwesterpersonengesellschaft einer Kommanditgesellschaft als typisch stille Gesellschafterin oder Kommanditistin an der KG beteiligt, ist der der stillen Gesellschafterin bzw. Kommanditistin eingeräumte Gewinnanteil, soweit er eine angemessene Höhe übersteigt, der Kommanditistin zuzurechnen. Es handelt sich nach Auffassung des BFH insoweit um eine **verdeckte Entnahme** der Gesellschafter aus der Kommanditistin verbunden mit einer verdeckten Einlage in deren Schwestergesellschaft.

99 Soweit der angemessene Gewinnanteil der stillen Gesellschafterin nicht durch einen konkreten Fremdvergleich ermittelt werden kann, ist – entsprechend den von der Rechtsprechung zu Familienpersonengesellschaften entwickelten Grundsätzen – im Allgemeinen eine Gewinnverteilung nicht zu beanstanden, die durch eine **durchschnittliche Rendite** der am Gewinn und Verlust beteiligten stillen Gesellschafterin bis 35% ihrer Einlage erwarten lässt.[79]

---

75 BFH BStBl II 1973, 489.
76 Vgl. zu den Berechnungsproblemen *Märkle*, BB 1993, Beilage 2, 1, 14 ff. mit einigen Berechnungsbeispielen; *Langenfeld/Gail*, II Rn 138 ff.
77 Vgl. dazu BFH BStBl II 1977, 409.
78 BFH (GS) BStBl II 1973, 5, 8.
79 BFH DStR 2001, 115.

11. Ertragsteuerliche Aspekte: Folgen der steuerlichen Nichtanerkennung

Steuerliche Nichtanerkennung des Kommanditgesellschaftsverhältnisses als solches einerseits und steuerliche Nichtanerkennung der Gewinnverteilungsregelung innerhalb einer (dem Grunde nach anerkannten) Kommanditgesellschaft andererseits führen zu unterschiedlichen Rechtsfolgen. **100**

a) Steuerliche Nichtanerkennungsfähigkeit der Familien-KG
aa) Zurechnung beim bisherigen Inhaber

Wird die Familien-KG schon **dem Grunde nach nicht anerkannt**, so werden die Gewinnanteile, die aus der übertragenen Kommanditbeteiligung resultieren, **dem bisherigen Inhaber steuerlich zugerechnet**. Dieser muss sie weiterhin versteuern.[80] Die dem neuen Inhaber (z.B. Ehepartner oder Kinder) zugewiesenen Gewinnanteile werden bei diesen nicht als eigene Einkünfte nach § 15 Abs. 1 Nr. 2 EStG behandelt. Sie werden dem bisherigen Inhaber steuerlich zugerechnet und stellen bei ihm unbeachtliche Einkommensverwendung nach § 12 Nr. 2 EStG dar (vgl. zum Ganzen Abschn. 138a Abs. 4 EStR 1993). Obwohl das Gesellschaftsverhältnis (möglicherweise) wirksam vereinbart worden ist, wird es ertragsteuerrechtlich unberücksichtigt gelassen. Andererseits scheitert bei fehlender zivilrechtlicher Wirksamkeit des Gesellschaftsverhältnisses ohnehin die steuerliche Anerkennungsfähigkeit, obwohl dies nicht mit der Grundregelung des § 39 AO in Einklang steht. **101**

bb) Umdeutung

Möglicherweise kann eine steuerlich nicht anzuerkennende Mitunternehmerstellung eines Familien-Kommanditisten in ein **partiarisches Darlehensverhältnis** oder in eine **typische stille Gesellschaft** umgedeutet werden.[81] Eine solche Umdeutung soll aber nach Verwaltungsauffassung zumindest dann nicht in Betracht kommen, wenn die gesamte Rechtsgestaltung „nur aus familiären Gründen sich erklären lässt".[82] **102**

Kann ausnahmsweise bei Verneinung der Mitunternehmerschaft stattdessen steuerlich von einer typisch stillen Beteiligung (Unterbeteiligung) ausgegangen werden, dann muss die Rendite der Einlage des Familienmitglieds ihrerseits nach den dortigen **Kriterien** anerkennungsfähig sein, nämlich: **103**
- bei schenkweiser Beteiligung mit einer Rendite bis zur Höhe von 12%, wenn eine Beteiligung am Verlust ausgeschlossen ist; ansonsten bis zur Höhe von 15%;[83]
- bei entgeltlich erworbener Beteiligung bis zur Höhe von 25%, wenn eine Beteiligung am Verlust ausgeschlossen ist;[84] ansonsten bis zur Höhe von 35%.[85]

b) Rechtsfolgen der steuerlichen Nichtanerkennung der Gewinnverteilung
aa) Korrektur als Grundfall, völlige Nichtanerkennung als Ausnahmefall

Grundsätzlich wird eine als nicht angemessen angesehene Gewinnverteilung steuerlich lediglich korrigiert. Ausnahmsweise kann aber bei einem ganz offensichtlichen Missverhältnis im Rah- **104**

---

80 BFH (GS) BStBl II 1973, 5, 8; BFH NV 1992, 452, 453 f.; *Schmid*, DStR 1995, 1979.
81 Vgl. dazu *Schmid*, DStR 1995, 1979; *Schmidt*, EStG, § 15 Rn 746, 774 f.; BFH NV 1989, 363, 365; BFH NV 1990, 92, 94; BFH DStR 1995, 1706, 1708.
82 Vgl. H 138a zu Abschn. 138a Abs. 4 S. 2 EStR 1996 unter Hinw. auf BFH BStBl II 1970, 416.
83 BFH BStBl II 1973, 650.
84 BFH BStBl II 1973, 395.
85 BFH BStBl II 1982, 387.

men der Gewinnverteilung auch die **Ernsthaftigkeit der Kommanditvertragsregelung** insgesamt **zweifelhaft** sein, so dass die Kommanditgesellschaft insgesamt wegen Missbrauchs der Gestaltungsmöglichkeiten nach § 42 AO nicht anerkannt wird.[86]

105   Im Regelfall wird aber die als unangemessen angesehene Gewinnverteilung lediglich **auf ein angemessenes Maß korrigiert** und die Gewinnanteile, die den begünstigten Familienangehörigen im Rahmen der Verteilungsabrede zu Unrecht zugewiesen wurden, werden steuerlich dem bisherigen Anteilsinhaber zugerechnet. Die Angemessenheit wird dabei wiederum differenziert ermittelt, je nachdem, ob der oder die Familienangehörigen die Beteiligung unentgeltlich erworben haben, ob sie wesentliche Mitarbeit im Unternehmen leisten und ob sie ein erhebliches eigenes wirtschaftliches Risiko tragen.

bb) Prognose- und Anpassungsproblematik

106   Maßstab für die Angemessenheitsprüfung ist der **Zeitpunkt**, in dem die Gesellschafter den Gewinnverteilungsschlüssel vereinbart haben, nicht der Zeitpunkt des jeweiligen Zuflusses der Gewinnanteile.[87] Auch insoweit ist für die Frage der Angemessenheit der Gewinnverteilung eine Prognose im Hinblick auf die durchschnittliche Rendite eines **Zeitraumes von fünf Jahren** zugrunde zu legen.[88] Auch im Hinblick auf die Angemessenheit der Gewinnverteilung ist eine ursprünglich als angemessen anzusehende Regelung solange steuerlich anzuerkennen, bis eine wesentliche Veränderung der Verhältnisse eintritt, bei der auch unter fremden dritten Personen eine Änderung der Gewinnverteilungsabrede erfolgt wäre.[89]

cc) Sonderfälle: unentgeltlicher Erwerb und Erwerb im Erbgang

107   Selbst im Rahmen der Fallgruppe des unentgeltlichen Erwerbs der Kommanditbeteiligung unterscheidet die Rechtsprechung im Hinblick auf die Angemessenheit der Gewinnverteilung unter Familienangehörigen noch einzelne **Fallgestaltungen,**[90] nämlich:
- schenkweiser Erwerb der Beteiligung durch den Familienangehörigen,
- Erwerb der Beteiligung im Erbgang,
- entgeltlicher Erwerb der Beteiligung durch den Angehörigen aus vorherigen Geldschenkungen,
- entgeltlicher Erwerb der Beteiligung aus vorher ererbten Geldbeträgen.

108   Bei entgeltlich erworbenen Kommanditbeteiligungen soll nach der Rechtsprechung des BFH[91] für die Angemessenheitsprüfung wiederum als Maßstab das gelten, was unter fremden Dritten üblich ist. Die Grundsätze des Beschlusses des Großen Senats vom 29.5.1972[92] sollen hier nicht gelten. In diesem Rahmen sollen für die **Angemessenheitsprüfung** insbesondere zu berücksichtigen sein:
- die Leistungen des bisherigen Anteilsinhabers im Verhältnis zum Kapitaleinsatz aller Gesellschafter für den Ertrag des Unternehmens,
- inwieweit das Unternehmen die durch Beitritt der Familienangehörigen zugeführten Mittel benötigte oder inwieweit diese Mittel dem Unternehmen nützlich waren,

---

86 Vgl. BFH BStBl III 1961, 158; *Langenfeld/Gail*, II Rn 136.
87 Vgl. *Streck*, FR 1973, 462; *Langenfeld/Gail*, II Rn 139.
88 BFH (GS) BStBl II 1973, 5; H 138a zu Abschn. 138 Abs. 3 EStR 1996.
89 BFH (GS) BStBl II 1973, 5; *Langenfeld/Gail*, II Rn 139.
90 Vgl. *Langenfeld/Gail*, II Rn 137.1.
91 BFH BStBl II 1973, 866.
92 BStBl II 1973, 5 ff.

– auf den Gewinn des Unternehmens (nicht auf die Kapitaleinlage) bezogene prozentuale Beteiligung der beigetretenen Familienmitglieder.

Bei im **Erbgang** erworbenen Kommanditbeteiligungen wiederum soll ebenfalls die Rechtsprechung des Großen Senats nicht heranzuziehen sein, weil davon ausgegangen werden könne, dass die Gewinnverteilungsabrede, die zu Lebzeiten des Erblassers in der Gesellschaft getroffen wurde, noch von einem Interessengegensatz geprägt war und deshalb eine Vermutung für die Angemessenheit des Verteilungsschlüssels bestehe.[93] 109

dd) Berechnungskriterien

Die Einzelheiten einer Berechnung angemessener Gewinnverteilungsregelungen können hier nicht dargestellt werden.[94] Allgemeine **Prüfungskriterien** für die Angemessenheitsprüfung sind aber:[95] 110
- angemessene Tätigkeitsvergütung, einschl. etwaiger Erfolgsvergütung (Tantieme, Prämie, Provision),
- im Verhältnis zum Kapital stehende Risikoprämie für die persönliche Haftung des Komplementärs,
- angemessene Kapitalverzinsung,
- angemessene Vergütung für sonstige Sonderleistungen oder Vorteile, die ein Gesellschafter der Gesellschaft gewährt,
- gleichmäßige Aufteilung des Restgewinns nach Kapitalkonten oder sonst vereinbartem Verteilungsschlüssel.

12. Steuerliche Behandlung bei unentgeltlicher Aufnahme eines Familienangehörigen
a) Ertragsteuerliche Behandlung

Bei einem Vermögensübergang zwischen Angehörigen spricht nach der Rechtsauffassung der Finanzverwaltung eine widerlegbare **Vermutung für die Unentgeltlichkeit** der Übertragung.[96] Dies gilt auch bei der Aufnahme von Angehörigen in ein Unternehmen. Das soll insbesondere auch gelten, wenn das vom Angehörigen übernommene Kapitalkonto negativ ist. Dabei spielt es keine Rolle, ob das negative Kapital durch Verlustzurechnung oder Entnahmen entstanden ist oder darin eine Ausgleichsverpflichtung zum Ausdruck kommt. Die Finanzverwaltung geht offenbar von der Vermutung der Unentgeltlichkeit beispielsweise auch in den Fällen aus, in denen das negative Kapitalkonto etwa so hoch ist wie die stillen Reserven und der Geschäftswert oder in denen es sogar darüber hinaus geht. 111

Beteiligt ein Einzelunternehmer einen Angehörigen mit einer bestimmten Quote an seinem Einzelunternehmen, so ist Gegenstand der Übertragung weder der ganze Betrieb noch ein Teilbetrieb noch ein Mitunternehmeranteil. Streng genommen handelt es sich vielmehr um die Übertragung von Anteilen an den einzelnen Wirtschaftsgütern des dem Einzelunternehmen zuzurechnenden Betriebsvermögens. § 6 Abs. 3 S. 1 Hs. 1 EStG schließt für den Fall der unentgeltlichen Übertragung eines Betriebs, Teilbetriebs oder Mitunternehmeranteils beim Übertragenden die Aufdeckung stiller Reserven aus und sieht beim Erwerber hiermit korrespondierend die (zwingende) **Buchwertfortführung** vor. 112

Dies gilt nach § 6 Abs. 3 S. 1 Hs. 2 EStG auch für die unentgeltliche Aufnahme einer natürlichen Person in ein bestehendes Einzelunternehmen sowie bei der unentgeltlichen Übertragung 113

---
93 BFH (GS) BStBl II 1973, 5; *Langenfeld/Gail*, II Rn 157.1.
94 Vgl. dazu *Schmid*, DStR 1995, 1980; *Langenfeld/Gail*, II Rn 150 ff.
95 Vgl. *Langenfeld/Gail*, II Rn 134.1.
96 BFH BStBl II 1999, 269; BFH DStR 1998, 1253.

eines Teils eines Mitunternehmeranteils auf eine natürliche Person. Die vor dieser Gesetzesänderung diskutierte Frage, ob diese Gestaltungen von § 6 Abs. 3 EStG oder von § 24 UmwStG erfasst werden, ist durch deren ausdrückliche Aufnahme in den Gesetzeswortlaut gegenstandslos geworden.

b) Schenkungsteuerliche Behandlung

114 Die mit der Übertragung eines Anteils an einer Personengesellschaft verbundene anteilige Belastung des Erwerbers mit **Gesellschaftsschulden** ist schenkungsteuerrechtlich kein Entgelt für die Übertragung des Gesellschaftsanteils; eine **gemischte Schenkung** liegt insoweit nicht vor. Das gilt auch für Personengesellschaften, die lediglich über Grundbesitz verfügen. Gegenstand der Zuwendung ist vielmehr ein einheitliches Wirtschaftsgut, nämlich der Gesellschaftsanteil, dessen Wert aus der Differenz zwischen dem nach den Vorschriften des Bewertungsgesetzes bemessenen Wert der Wirtschaftsgüter (Grundstück und sonstiges Aktivvermögen) und der ihnen nach dem BewG zu bemessenden Schulden und sonstigen negativen Wirtschaftsgütern zu ermitteln ist.[97]

13. Sonderfall: Partner einer eheähnlichen Lebensgemeinschaft

115 Nach der Rechtsprechung des BFH sind für die Partner einer nichtehelichen Lebensgemeinschaft die **Grundsätze** der Angemessenheitsprüfung **unter nahen Angehörigen nicht anzuwenden**. Vielmehr soll ausnahmsweise nur dann eine Korrektur der Gewinnverteilung erfolgen, wenn überhöhte bzw. durch erbrachte Leistungen nicht gerechtfertigte Zuwendungen aus außerbetrieblichen Gründen festgestellt werden können.[98]

14. Sonstige Besteuerung der KG
a) Gewerbesteuer

116 Anders als im Einkommensteuerrecht ist die KG (wie die OHG oder eine sonstige Mitunternehmerschaft) **selbständiges Steuersubjekt**. Die Gesellschaft, nicht der einzelne Gesellschafter, wird zur Gewerbesteuer herangezogen. Im Regelfall ist deshalb auch die Zusammensetzung des Gesellschafterkreises für die gewerbesteuerliche Behandlung unmaßgeblich. Mit dem sog. Fehlbetragsbeschluss hat aber der Große Senat des BFH diesen Grundsatz durchbrochen.[99] Danach soll nämlich der **Verlustabzug** gem. § 10a S. 1 GewStG bei Änderungen (Wechsel oder Ausscheiden) im Gesellschafterkreis verloren gehen, weil es dann an der sog. Unternehmeridentität fehle. Angesichts der Gewerbesteuerpflicht der Gesellschaft selbst ist diese Auffassung dogmatisch kaum nachvollziehbar.[100]

b) Umsatzsteuer

117 Die KG ist (wie die OHG und sonstige Mitunternehmerschaften) **Unternehmerin** i.S.d. § 2 UStG und daher selbst umsatzsteuerpflichtig. Umsätze zwischen der Gesellschaft und ihren Gesellschaftern sind ihrerseits umsatzsteuerbar.

---

97 BFH DStRE 1999, 798; BFH DStR 1996, 340; FG Münster EFG 1997, 1402; FG Münster DStRE 1999, 437.
98 BFH BStBl II 1988, 670; *Braun/Günther*, Rn 27; *List*, DStR 1997, 1101, 1106 ff.
99 BFH (GS) BStBl II 1993, 616.
100 Vgl. *Söffing*, DB 1994, 747; *Langenfeld/Gail*, Rn 212.

c) Grunderwerbsteuer

118 Nach § 11 GrEStG unterliegt die **Einbringung eines Grundstücks** in die Kommanditgesellschaft (wie in eine OHG oder eine sonstige Mitunternehmerschaft) der Grunderwerbsteuer. **Bloße Nutzungsüberlassungen** durch einen Gesellschafter an die Gesellschaft erfüllen dagegen nicht den Tatbestand der Grunderwerbsteuerpflicht.[101] Werden unmittelbar oder mittelbar mind. 95% der Anteile an einer Personengesellschaft, die Grundbesitz hält, übertragen, unterliegt dies nach § 1 Abs. 2a oder Abs. 3 GrEStG der Grunderwerbsteuer.

119 Bei § 1 Abs. 2a GrEStG sind mittelbare Gesellschafteränderungen (z.B. in der Komplementär-GmbH) nur zu beachten, wenn mindestens 95% der Komplementär-Gesellschaftsanteile übertragen werden. Ändern sich allerdings 95% der Komplementär-Gesellschaftsanteile, dann ist die volle Beteiligungsquote der GmbH an der Personengesellschaft im Rahmen des § 1 Abs. 2a GrEStG anzusetzen und nicht nur 95% daran.[102]

II. Typischer Sachverhalt

120 Nachteil der traditionellen Form der Personenhandelsgesellschaft, der OHG, ist, dass eine Haftungsbeschränkung der Gesellschafter faktisch ausgeschlossen ist. Für eine solche Haftungsbeschränkung besteht in der Praxis aber vielfach ein Bedürfnis (siehe bereits Rn 1). Häufig wird der Schritt in die Selbständigkeit nur in der Form möglich sein, dass der Unternehmensgründer einen **Fremdkapitalgeber** an der Gesellschaft und damit an den künftigen Gewinnerwartungen beteiligt. Der Fremdkapitalgeber wird in diesen Fällen regelmäßig an dem weitgehenden Ausschluss dieses Haftungsrisikos interessiert sein. Hierfür bietet sich die Kommanditistenrolle an.

121 Die weitere Expansion kann in der Weise vonstatten gehen, dass besonders wichtigen **Mitarbeitern des Unternehmens** eine gesellschaftsrechtliche Beteiligung angeboten wird, ohne ihnen einen zu weitgehenden Einfluss auf die Geschäftsführung des Unternehmens einzuräumen.

122 Auch die **Beteiligung von Familienangehörigen** wird in der Regel mit einer Haftungsbegrenzung verbunden sein. Dies gilt insbesondere, wenn die Gesellschafterstellung ganz oder teilweise – im Erbgang oder im Wege einer schenkweisen Anteilsübertragung – auf die nachrückende Generation übertragen wird.

123 Die KG findet auch als Rechtsform für **Immobilienfonds** Verwendung; sie hat den Vorzug geringerer Formenstrenge und leichterer Handhabbarkeit von Wechseln im Gesellschafterbestand.

124 Die im Folgenden dargestellten drei Vertragsmuster spiegeln die unterschiedlichen Konstellationen wieder: Für ein frisch gegründetes Unternehmen, das oft nur einen Komplementär und einen Kommanditisten aufweist, erscheint das Vertragsmuster „Einfacher KG-Vertrag" (Rn 125) als geeignet. Steigt die Zahl der Gesellschafter und der Regelungsbedarf so ist eine ausführlichere Regelung geboten (siehe „Ausführlicher KG-Vertrag", Rn 126 M 13). Bei einer KG, deren Kommanditanteile im Erbgang auf eine Vielzahl von Familienstämmen aufgespalten sind oder deren Kommanditanteile dem breiten Publikum angeboten werden sollen, kann eine Verlagerung der Mitwirkungsrechte der Kommanditisten auf einen Beirat sowie der Ausschluss zeitraubender Rechtsstreitigkeiten durch eine Schiedsabrede erforderlich werden. Ein Vorschlag hierfür findet sich im Muster „KG mit Schiedsklausel und Beiratsverfassung" (Rn 127 M 14).

---

101 BFH BStBl III 1966, 148.
102 *Gottwald*, S. 49 ff.

III. Muster

M 12 | 1. Muster: Einfacher KG-Vertrag

125 *§ 1 Firma, Sitz und Geschäftsjahr*
1. Die Gesellschaft führt die Firma _____ KG.[103]
2. Der Sitz der Gesellschaft ist in _____ .
3. Das Geschäftsjahr der Gesellschaft ist das Kalenderjahr. Das erste Geschäftsjahr ist ein Rumpfgeschäftsjahr und endet am 31. Dezember des Jahres der Handelsregistereintragung.

§ 2 Gegenstand der Gesellschaft[104]
Gegenstand der Gesellschaft ist _____ .

§ 3 Gesellschafter und Gesellschaftskapital
1. Persönlich haftender Gesellschafter (Komplementär) ist _____ mit einer Einlage in Höhe von _____ EUR.
2. Kommanditisten sind
    - Herr _____ mit einer Einlage in Höhe von _____ EUR,
    - Herr _____ mit einer Einlage in Höhe von _____ EUR und
    - Herr _____ mit einer Einlage in Höhe von _____ EUR.
3. Die Einlagen der Kommanditisten sind in voller Höhe als Hafteinlagen in das Handelsregister einzutragen.[105]
4. Die Einlagen sind mit Abschluss dieses Vertrages sofort fällig und in bar an die Gesellschaft zu errichten.[106] Sie werden auf unverzinsliche Kapitalkonten als Festkonten gebucht.
5. Verfügungen über Gesellschaftsanteile oder Teile von Gesellschaftsanteilen bedürfen zu ihrer Wirksamkeit der Zustimmung der Gesellschafterversammlung, welche nur mit Dreiviertelmehrheit erteilt werden kann.[107]

§ 4 Geschäftsführung, Vertretung, Wettbewerbsverbot
1. Zur Vertretung der Gesellschaft und zur Geschäftsführung in der Gesellschaft ist jeder persönlich haftende Gesellschafter allein berechtigt und verpflichtet. Er kann durch Beschluss der Gesellschafterversammlung von den Beschränkungen des § 181 BGB befreit werden.
2. Der persönlich haftende Gesellschafter hat die Geschäfte mit der Sorgfalt eines ordentlichen Kaufmanns zu führen und die ihm gesetzlich oder durch diesen Gesellschaftsvertrag auferlegten Beschränkungen einzuhalten.[108] Rechtsgeschäfte und Geschäftsführungshandlungen, die über den ge-

---

[103] Die Firma muss einen die Rechtsform kennzeichnenden Zusatz enthalten (§ 19 HGB). Die Abkürzung „KG" ist üblich. Ist der Komplementär keine natürliche Person, ist auch dessen Rechtsform in die Firma aufzunehmen.
[104] Der Gegenstand der Gesellschaft sollte so genau wie möglich bezeichnet werden. Er ist maßgeblich für Umfang und Reichweite des gem. § 161 Abs. 2 i.V.m. § 112 HGB den Komplementär (nicht aber den Kommanditisten, vgl. § 165 HGB) treffenden Wettbewerbsverbotes, sofern nicht im Gesellschaftsvertrag ausdrückliche Festlegungen zum Wettbewerbsverbot getroffen werden.
[105] Der Gleichlauf von Pflichteinlage und Hafteinlage ist nicht zwingend. Es kann sich im Einzelfall anbieten, die Haftsumme niedriger als die Pflichteinlage zu wählen.
[106] Ist die sofortige Fälligkeit aller Einlagen nicht gewünscht bzw. zur Aufnahme des Gesellschaftsbetriebes nicht erforderlich, kann die Einlage auch auf Anforderung zahlbar gestellt werden. Vgl. auch Muster Rn 126, dort § 3 Abs. 4.
[107] Bei stark personengebundenen Gesellschaften kann es angezeigt sein, den Wechsel des Komplementärs an einen einstimmigen Beschluss zu binden.
[108] Der Ausschluss der Kommanditisten von Geschäftsführung und Vertretung entspricht dem gesetzlichen Leitbild (vgl. §§ 164 und 170 HGB). Eine rechtsgeschäftliche Mitbeteiligung der Kommanditisten an der

wöhnlichen Geschäftsbetrieb der Gesellschaft hinausgehen, bedürfen im Innenverhältnis der vorherigen Zustimmung der Gesellschafterversammlung.

§ 5 Gesellschafterversammlung, Gesellschafterbeschlüsse
1. Die Gesellschafter fassen ihre Beschlüsse mit einfacher Mehrheit, sofern nicht durch Gesetz oder durch diesen Vertrag eine höhere Mehrheit vorgeschrieben ist.[109] Änderungen dieses Gesellschaftsvertrages bedürfen stets einer Mehrheit von drei Vierteln der abgegebenen Stimmen.
2. Je _____ EUR Kapitalanteil gewähren eine Stimme.[110] Jeder Gesellschafter kann die ihm zustehenden Stimmen nur einheitlich abgeben. Vertretung durch einen Bevollmächtigten ist zulässig; die Vollmacht bedarf der Schriftform.
3. Die Einberufung der Gesellschafterversammlung erfolgt durch den persönlich haftenden Gesellschafter mittels schriftlicher Einladung an alle Gesellschafter mit einer Frist von 2 Wochen unter Angabe der Gegenstände der Tagesordnung. Gesellschafterversammlungen sind beschlussfähig, wenn zu ihr ordnungsgemäß eingeladen worden ist und mindestens drei Viertel der vorhandenen Kapitalanteile vertreten sind; erweist sich eine Gesellschafterversammlung als beschlussunfähig, so hat der persönlich haftende Gesellschafter unverzüglich eine neue Gesellschafterversammlung einzuberufen. Diese Gesellschafterversammlung ist ohne Rücksicht auf die Zahl der Erschienenen beschlussfähig, wenn in der Einladung hierauf hingewiesen wurde.
4. Beschlüsse können auch außerhalb von Gesellschafterversammlungen im Umlaufverfahren gefasst werden, wenn alle Gesellschafter einverstanden sind.

§ 6 Jahresabschluss, Gewinn und Verlust
1. Der Jahresabschluss sowie die Gewinn- und Verlustrechnung sind durch den persönlich haftenden Gesellschafter unter Hinzuziehung eines Wirtschaftsprüfers, vereidigten Buchprüfers, Steuerberaters, Steuerbevollmächtigten oder Fachanwalts für Steuerrecht in Übereinstimmung mit den Bestimmungen des Handels- und Steuerrechts binnen angemessener Frist nach dem Ende eines jeden Geschäftsjahres aufzustellen. Die Bilanz und die Gewinn- und Verlustrechnung wird sodann durch Beschluss der Gesellschafterversammlung festgestellt.
2. An Gewinn und Verlust nehmen die Gesellschafter im Verhältnis ihrer Kapitalanteile teil. Ist ein Gewinn erzielt, erhält der Komplementär aus diesem vorab eine Vergütung in Höhe von _____ EUR.

§ 7 Dauer, Kündigung, Auflösung
1. Die Gesellschaft beginnt mit der Eintragung im Handelsregister; vor diesem Zeitpunkt dürfen im Namen und für Rechnung der Gesellschaft keine Geschäfte geschlossen werden.[111]

Geschäftsführung und Vertretung ist durch die Einräumung von Prokura möglich (BGHZ 17, 394). Die Beteiligung der Kommanditisten findet ihre Grenzen im sog. Grundsatz der Selbstorganschaft (BGHZ 51, 200).
109 Das Gesetz sieht für Gesellschafterbeschlüsse Einstimmigkeit vor, § 161 Abs. 2 i.V.m. § 119 HGB. Diese Regelung erscheint häufig zu unflexibel, so dass Mehrheitsbeschlüsse zugelassen werden sollten. Nach der Rechtsprechung des BGH gilt für Mehrheitsklauseln der Bestimmtheitsgrundsatz, wonach eine Klausel des Gesellschaftsvertrags, die eine Stimmenmehrheit genügen lässt, eindeutig den Beschlussgegenstand umfasst. Ist nichts Abweichendes gesagt, wird sich eine Mehrheitsklausel im Gesellschaftsvertrag nur auf Beschlüsse in Angelegenheiten der gewöhnlichen Geschäftsführung beziehen, während in außergewöhnlichen Geschäften und bei Grundlagenentscheidungen von der Geltung des Einstimmigkeitsprinzips ausgegangen werden kann, vgl. *Baumbach/Hopt*, § 119 Rn 37. Siehe auch die „Otto-Entscheidung" des BGH v. 15.1.2007, II ZR 245/05.
110 Das Stimmrecht auch der Komplementärin knüpft in dem hier vorgeschlagenen Muster an die Kapitalbeteiligung an. Häufig sind Komplementäre nicht am Kapital beteiligt, was zu einem faktischen Stimmrechtsausschluss führt. Die Komplementärin ist wegen § 15 Abs. 1 S. 1 Nr. 2 EStG auch bei Stimmrechtsausschluss Mitunternehmer im steuerlichen Sinne. Demgegenüber bestehen bei Kommanditisten höhere steuerrechtliche Anforderungen (vgl. BFH BStBl II 1989, 762), weswegen sich ein Stimmrechtsausschluss bei Kommanditisten im Regelfalle nicht empfiehlt.
111 Die Registereintragung ist konstitutiv nur für die Haftungsbeschränkung der Kommanditisten, nicht aber für die Gesellschaft als solche. Das hier vorgeschlagene Tätigkeitsverbot, dass die unbeschränkte

2. Die Gesellschaft besteht auf unbestimmte Zeit. Sie kann unter Wahrung einer Kündigungsfrist von _____ zum Ende eines Geschäftsjahres, jedoch erstmals zum _____, durch eingeschriebenen Brief gegenüber den übrigen Gesellschaftern gekündigt werden. Das Recht zur Kündigung aus wichtigem Grund bleibt unberührt.
3. Der kündigende Gesellschafter scheidet mit dem Zeitpunkt des Wirksamwerdens seiner Kündigung aus der Gesellschaft aus, welche unter den übrigen Gesellschaftern fortgesetzt wird. Der ausscheidende Gesellschafter erhält eine Abfindung gem. § 9. Ist außer dem Kündigenden nur noch ein weiterer Gesellschafter vorhanden, so ist die Gesellschaft mit dem Zeitpunkt des Wirksamwerdens der Kündigung aufgelöst, wenn nicht der verbleibende Gesellschafter das Geschäft ohne Liquidation mit allen Aktiven und Passiven übernimmt.
4. Ist der kündigende Gesellschafter der einzige Komplementär der Gesellschaft, so sind die Kommanditisten verpflichtet, einen neuen Komplementär in die Gesellschaft aufzunehmen. Gelingt dies bis zum Wirksamwerden der Kündigung nicht, ist die Gesellschaft mit diesem Zeitpunkt aufgelöst. In den Fällen der Ziffer 3 gilt dies mit der Maßgabe, dass die Aufnahme des neuen Komplementärs spätestens sechs Wochen nach dem Zugang der Kündigung erfolgen muss, anderenfalls die Gesellschaft aufgelöst ist.

§ 8 Ausschließung eines Gesellschafters
1. Die Gesellschafter können die Ausschließung eines Gesellschafters beschließen, wenn über sein Vermögen das Insolvenzverfahren eröffnet oder mangels Masse nicht eröffnet wird, wenn ein Privatgläubiger des Gesellschafters gem. § 135 HGB kündigt, wenn der Gesellschafter gem. § 133 HGB auf Auflösung der Gesellschaft klagt oder wenn ein wichtiger Grund i.S.d. § 133 Abs. 2 HGB vorliegt.
2. Der Beschluss bedarf der Mehrheit von drei Vierteln der ohne Berücksichtigung des auszuschließenden Gesellschafters insgesamt vorhandenen Stimmen. Der auszuschließende Gesellschafter hat bei der Abstimmung kein Stimmrecht.
3. Der Gesellschaftsanteil des Auszuschließenden wächst den übrigen Gesellschaftern im Verhältnis ihrer Kapitalbeteiligung an.
4. Der Ausschluss wird mit Zugang des Beschlusses bei dem Ausgeschlossenen wirksam. § 7 Abs. 3 S. 3, Abs. 4 gilt entsprechend. Der Ausscheidende erhält eine Abfindung gem. § 9.

§ 9 Abfindung des ausscheidenden Gesellschafters
1. In allen Fällen des Ausscheidens eines Gesellschafters erhält dieser eine Abfindung, deren Höhe dem anteiligen Ertragswert, mindestens jedoch dem Buchwert seiner Beteiligung entspricht; dabei sind ein etwaiger Firmenwert sowie schwebende Geschäfte außer Ansatz zu lassen.[112]

Kommanditistenhaftung hinsichtlich der vor der Eintragung geschlossenen Rechtsgeschäfte im Außenverhältnis vermeiden soll, § 176 HGB, kommt nur in Betracht, wenn die Gesellschaft nicht schon in Gang gesetzt ist.
[112] Ohne eine gesellschaftsvertragliche Abfindungsklausel wäre über § 161 Abs. 2 HGB und § 105 Abs. 2 HGB auf §§ 738 bis 740 BGB zurückzugreifen; danach steht dem ausscheidenden Gesellschafter der sich bei einem fiktiven Verkauf des Unternehmens als Ganzes ergebende Wert einschließlich der Erträge aus schwebenden Geschäften anteilig zu (sog. going-concern-Betrachtung, vgl. BGHZ 17, 130, 136). Dies führt zu verhältnismäßig hohen Abfindungen, die zum einen die Gesellschaft durch einen hohen Liquiditätsabfluss belasten, zum anderen den Gesellschafter zweckwidrig bevorzugen, der sich durch eine Eigenkündigung oder durch das Setzen eines Grundes zur außerordentlichen Kündigung von der Gesellschaft abgewandt hat. Regelmäßig wird deshalb die gesetzliche Regelung abbedungen und eine niedrigere Abfindung vereinbart. Traditionell verbreitet sind Klauseln, die entweder auf den Buchwert abstellen oder auf das Stuttgarter Verfahren zur Bewertung nicht börsennotierter Gesellschaftsanteile verweisen. Beide Varianten sind überholt und scheitern regelmäßig an der Rechtsprechung, die die Angemessenheit der Abfindungsklauseln an den §§ 138, 242 BGB sowie an § 133 Abs. 3 HGB misst; in diesem Falle besteht die Gefahr, dass die gesetzliche Regelung Anwendung findet (vgl. zuletzt BGHZ 126, 226). Es empfiehlt sich deshalb, mit der Höhe der Abfindung nicht zu weit hinter dem vollen wirtschaftlichen Wert der Beteiligung des ausscheidenden Gesellschafters zurückzubleiben. Berechnungsmodelle für eine solche Abfindungsklausel gibt es in fast unübersehbarer Zahl (vgl. den Überblick bei *Baumbach/Hopt*, § 131 Rn 48 ff.

2. Die Abfindung entspricht dem anteiligen Substanzwert einschließlich der immateriellen Einzelwirtschaftsgüter, jedoch ausschließlich eines etwaigen Firmenwerts, höchstens dem anteiligen Ertragswert. Gewinne und Verluste aus schwebenden Rechtsgeschäften bleiben unberührt. Die Abfindung ist auf der Grundlage einer Abfindungsbilanz zu erstellen. Scheidet der Abzufindende auf das Ende eines Geschäftsjahres aus, so ist die auf diesen Zeitpunkt zu erstellende Jahresbilanz zugleich Abfindungsbilanz; anderenfalls ist eine besondere Abfindungsbilanz auf den Zeitpunkt des Ausscheidens zu erstellen.
3. Kann eine Einigung über die Höhe der Abfindung nicht erzielt werden, so entscheidet ein Schiedsgutachter, der Wirtschaftsprüfer sein muss, für alle Beteiligten verbindlich.
4. Die Abfindung ist in drei gleichen Jahresraten zu zahlen, die erste Rate zwei Monate nach Feststellung der Abfindungshöhe, frühestens jedoch sechs Monate nach dem Ausscheiden des Abzufindenden. Die folgenden Raten sind jeweils zwölf Monate nach der vorangegangenen Rate fällig. Die Gesellschaft ist weder zu einer Verzinsung noch zur Sicherheitsleistung verpflichtet.

§ 10 Nachfolge von Todes wegen
1. Stirbt ein Gesellschafter, so wird die Gesellschaft nach Maßgabe der nachstehenden Ziffern fortgesetzt.
2. Beim Tode eines Kommanditisten wird die Gesellschaft mit dessen Erben fortgesetzt. Sind mehrere Erben vorhanden, kann die Gesellschaft verlangen, dass diese einen gemeinsamen Bevollmächtigten ernennen; dies gilt nicht im Falle der Testamentsvollstreckung. Bis zur Ernennung des Bevollmächtigten ruht das Stimmrecht der Erben.
3. Beim Tode eines persönlich haftenden Gesellschafters wird die Gesellschaft mit dem von diesem zu Lebzeiten bestimmten Nachfolger fortgesetzt. Ist dieser nicht zugleich Erbe, hat er den Erben eine Entschädigung nach Maßgabe des § 9 zu zahlen. Ist die Bestimmung eines Nachfolge-Komplementärs unterblieben, wird die Gesellschaft mit dessen Erben fortgesetzt. Sind mehrere Erben vorhanden, sollen diese sich innerhalb von sechs Wochen nach Eintritt des Erbfalles einigen, wer von ihnen die Stellung eines persönlich haftenden Gesellschafters übernimmt; die übrigen Erben werden Kommanditisten. Kommt keine Einigung zustande, oder will kein Erbe die Stellung eines persönlich haftenden Gesellschafters übernehmen, so können die übrigen Gesellschafter die Ausschließung der Rechtsnachfolger nach dem Verstorbenen beschließen, § 8 Abs. 2 bis 4 sowie § 7 Abs. 3 S. 2, Abs. 4 gelten entsprechend.
4. Ist die Beteiligung des verstorbenen Gesellschafters Gegenstand eines Vermächtnisses, so gelten die Bestimmungen der vorstehenden Ziffern entsprechend gegenüber dem Vermächtnisnehmer.

§ 11 Schlussbestimmungen
1. Die durch die Gründung der Gesellschaft entstehenden Kosten trägt die Gesellschaft.
2. Änderungen bzw. Ergänzungen dieses Gesellschaftsvertrages bedürfen der Schriftform, soweit nicht bereits kraft Gesetzes ein strengeres Formerfordernis vorgeschrieben ist. Dies gilt auch für eine Abbedingung oder Durchbrechung dieses Schriftformerfordernisses.
3. Ist oder wird eine Bestimmung dieses Vertrages unwirksam oder undurchführbar, so lässt dies die Gültigkeit der übrigen Bestimmungen unberührt. Die Gesellschafter sind untereinander und gegenüber der Gesellschaft verpflichtet, anstelle der unwirksamen oder undurchführbaren Bestimmung diejenige wirksame Bestimmung zu vereinbaren, die dem mit der unwirksamen oder undurchführbaren Bestimmung verfolgten wirtschaftlichen Ziel am nächsten kommt. Dasselbe gilt für die Schließung etwaiger Vertragslücken.

---

m.w.N.); jede Klausel ist stets anhand der Besonderheiten des Einzelfalles zu modifizieren. Die hier vorgeschlagene modifizierte Substanzwertmethode dürfte jedoch in den meisten Fällen handhabbar sein.

M 13 2. Muster: Ausführlicher KG-Vertrag

126 *§ 1 Firma, Sitz und Geschäftsjahr*
1. Die Gesellschaft führt die Firma _____ KG.
2. Der Sitz der Gesellschaft ist _____ .
3. Das Geschäftsjahr der Gesellschaft ist das Kalenderjahr. Das erste Geschäftsjahr ist ein Rumpfgeschäftsjahr und endet am 31. Dezember des Jahres der Handelsregistereintragung.

§ 2 Gegenstand der Gesellschaft
1. Gegenstand der Gesellschaft ist _____ .[113]
2. Der Gesellschaft sind alle mit diesem Gegenstand in Zusammenhang stehenden und ihm dienlichen Geschäfte einschließlich der Beteiligung an anderen Gesellschaften und Unternehmungen gestattet.

§ 3 Gesellschafter, Gesellschaftskapital, Gesellschafterkonten
1. Persönlich haftende Gesellschafter (Komplementäre) sind
    – Herr _____ mit einer Einlage in Höhe von _____ EUR und
    – Herr _____ mit einer Einlage in Höhe von _____ EUR.
2. Kommanditisten sind
    – Herr _____ mit einer Einlage in Höhe von _____ EUR,
    – Herr _____ mit einer Einlage in Höhe von _____ EUR und
    – Herr _____ mit einer Einlage in Höhe von _____ EUR.
3. Die Einlagen der Kommanditisten sind in voller Höhe als Hafteinlagen in das Handelsregister einzutragen.
4. Die Kapitaleinlagen bilden feste Kapitalkonten. Ihre Fälligkeit wird durch Gesellschafterbeschluss bestimmt. Jedoch sind die Gesellschafter einander wechselseitig sowie der Gesellschaft verpflichtet, schon vor einem solchen Gesellschafterbeschluss sowie ggf. über dessen Inhalt hinaus Zahlungen auf die Kapitaleinlage in dem zur Aufnahme und Aufrechterhaltung des Geschäftsbetriebes der Gesellschaft erforderlichen Umfang zu leisten.
5. Gewinnanteile sowie alle Geldbewegungen zwischen der Gesellschaft und einem Gesellschafter sind auf Gesellschafter-Sonderkonten zu verbuchen. Etwaige Verlustanteile der Gesellschafter werden auf ein Verlust-Sonderkonto gebucht und durch zukünftige Gewinnanteile ausgeglichen; erst nach dem Ausgleich des Verlust-Sonderkontos dürfen wieder Gutschriften auf den allgemeinen Gesellschafter-Sonderkonten erfolgen.

§ 4 Geschäftsführung, Vertretung, Wettbewerbsverbot
1. Zur Vertretung der Gesellschaft und zur Geschäftsführung in der Gesellschaft ist nur der persönlich haftende Gesellschafter berechtigt und verpflichtet. Er hat die Geschäfte mit der Sorgfalt eines ordentlichen Kaufmanns zu führen und die ihm gesetzlich oder durch diesen Gesellschaftsvertrag auferlegten Beschränkungen einzuhalten.[114] Er ist verpflichtet, seine gesamte Arbeitskraft der Gesellschaft zur Verfügung zu stellen. Er kann durch Beschluss der Gesellschafterversammlung von den Beschränkungen des § 181 BGB befreit werden.

---

[113] Der Gegenstand der Gesellschaft sollte so genau wie möglich bezeichnet werden. Er ist maßgeblich für Umfang und Reichweite des gem. § 161 Abs. 2 i.V.m. §§ 112, 113 HGB den Komplementär (nicht aber den Kommanditisten, vgl. § 165 HGB) treffenden Wettbewerbsverbotes, sofern nicht im Gesellschaftsvertrag ausdrückliche Festlegungen zum Wettbewerbsverbot getroffen werden.
[114] Der Ausschluss der Kommanditisten von Geschäftsführung und Vertretung entspricht dem gesetzlichen Leitbild (vgl. §§ 164 und 170 HGB). Eine zwar nicht organschaftliche, aber immerhin rechtsgeschäftliche Mitbeteiligung der Kommanditisten an der Geschäftsführung und Vertretung ist beispielsweise durch die Einräumung von Prokura möglich (BGHZ 17, 394), findet ihre Grenzen jedoch im sog. Grundsatz der Selbstorganschaft (BGHZ 51, 200).

2. Hat die Gesellschaft mehrere persönlich haftende Gesellschafter, so wird die Gesellschaft durch je zwei von ihnen oder durch einen persönlich haftenden Gesellschafter in Gemeinschaft mit einem Prokuristen vertreten.[115] Durch Beschluss der Gesellschafterversammlung können einzelne persönlich haftende Gesellschafter von den Beschränkungen des § 181 BGB befreit werden.
3. Die Geschäftsführungsbefugnis erstreckt sich auf alle zum gewöhnlichen Geschäftsbetrieb der Gesellschaft gehörenden Angelegenheiten. Darüber hinausgehende Geschäfte bedürfen der Zustimmung der Gesellschafterversammlung. Solche zustimmungsbedürftigen Geschäfte sind insbesondere:
   – Erwerb, Veräußerung und Belastung von Grundstücken und grundstücksgleichen Rechten;
   – der Erwerb von beweglichem Anlagevermögen oder die Durchführung von Baumaßnahmen, sofern der Einzelanschaffungswert bzw. der bauliche Aufwand im Einzelfall den Wert von _____ EUR übersteigt;
   – der Erwerb oder die Veräußerung einer Beteiligung an einem anderen Unternehmen sowie die Errichtung oder Aufgabe von Zweigniederlassungen;
   – Abschluss, Änderung, Kündigung und Aufhebung von Betriebspachtverträgen, Gewinn- bzw. Ergebnisabführungsverträgen und ähnlichen Unternehmensverträgen;[116]
   – die Aufnahme von Darlehen oder die Gewährung von Sicherheiten, Bürgschaften und Garantien über die im gewöhnlichen Geschäftsbetrieb üblichen Volumina hinaus;
   – Erteilung und Widerruf von Prokuren;
   – Rechtsgeschäfte jeglicher Art zwischen der Gesellschaft und einem ihrer Gesellschafter oder einem ihrer Leitenden Angestellten, mit letzteren nur insoweit, als diese Rechtsgeschäfte nicht unmittelbar aus dem Arbeitsvertrag resultieren;
   – _____ .
4. Alle Gesellschafter unterliegen dem Wettbewerbsverbot der §§ 112, 113 HGB; § 165 HGB wird insoweit abbedungen.[117] Das Wettbewerbsverbot erstreckt sich auch auf die Zeit von zwei Jahren nach dem Ausscheiden eines Gesellschafters, sofern nicht die Gesellschaft spätestens mit dem Zeitpunkt des Ausscheidens auf dieses nachvertragliche Wettbewerbsverbot verzichtet. Soweit ein früherer Gesellschafter der Gesellschaft durch die Einhaltung des nachvertraglichen Wettbewerbsverbotes in seinem beruflichen Fortkommen gehindert ist, hat er für die Dauer des nachvertraglichen Wettbewerbsverbotes Anspruch auf eine angemessene Karenzentschädigung.[118] Durch Gesellschafterbeschluss kann im Einzelfall auf die Einhaltung des Wettbewerbsverbotes verzichtet werden.
5. Die Gesellschafter sind verpflichtet, über alle Angelegenheiten der Gesellschaft gegenüber Dritten Stillschweigen zu bewahren. Dies gilt auch nach ihrem Ausscheiden aus der Gesellschaft. Die Verschwiegenheitsverpflichtung besteht jedoch nicht hinsichtlich zwingender Auskunftsverpflichtungen gegenüber Gerichten und Behörden, hinsichtlich der Vorlage von Bilanzen bzw. Gewinn- und Verlustrechnungen der Gesellschaft bei Banken, gegenüber Wirtschaftsprüfern, Steuerberatern und Rechtsanwälten im Rahmen einer Tätigkeit, die deren Berufsverschwiegenheit unterliegt, sowie im Falle einer durch die Gesellschafterversammlung im Einzelfall erteilten Befreiung.

---

115 Gem. § 161 Abs. 2 i.V.m. § 125 Abs. 1 HGB ist jeder persönlich haftende Gesellschafter zur Einzelvertretung berechtigt. Bei größeren Gesellschaften empfiehlt sich eine Vertretungsregelung, wie sie bei Kapitalgesellschaften üblich und für Personenhandelsgesellschaften durch § 125 Abs. 2 und 3 HGB ausdrücklich eröffnet ist.
116 Vgl. zur steuerrechtlichen Einordnung Schmidt/*Wacker*, EStW, § 16 Rn 690 ff.
117 Diese Regelung unterwirft die Kommanditisten demselben Wettbewerbsverbot, das auch für die Komplementäre gilt. Sie wird bei Familiengesellschaften in der Regel angemessen sein, kann aber in Fällen, in denen der Kommanditist sich auf die reine Kapitalgeberfunktion beschränkt, unangemessen sein.
118 Sofern ein Kommanditist zugleich Arbeitnehmer der Gesellschaft ist oder in einem arbeitnehmerähnlichen Verhältnis zu ihr steht, ist neben gesellschaftsrechtlichen auch arbeitsrechtlichen Anforderungen zu genügen; dazu kann es erforderlich sein, den Anspruch auf Karenzentschädigung näher zu konkretisieren.

§ 5 Gesellschafterversammlung, Gesellschafterbeschlüsse
1. Die Gesellschafter fassen ihre Beschlüsse mit einfacher Mehrheit, sofern nicht durch Gesetz oder durch diesen Vertrag eine höhere Mehrheit vorgeschrieben ist. Änderungen dieses Gesellschaftsvertrages bedürfen stets einer Mehrheit von drei Vierteln der abgegebenen Stimmen.
2. Je _____ EUR Kapitalanteil gewähren eine Stimme. Jeder Gesellschafter kann die ihm zustehenden Stimmen nur einheitlich abgeben. Vertretung durch einen Bevollmächtigten ist zulässig; die Vollmacht bedarf der Schriftform.
3. Die Gesellschafterversammlung kann Gesellschaftern, die an der Versammlung nicht teilnehmen können, die Stimmabgabe per Fernsprecher, Telefax, Telegramm oder E-Mail gestatten, sofern kein Gesellschafter widerspricht.
4. Beschlüsse können auch außerhalb von Gesellschafterversammlungen im Umlaufverfahren gefasst werden, wenn alle Gesellschafter einverstanden sind.

§ 6 Jahresabschluss; Gewinn und Verlust
1. Der Jahresabschluss sowie die Gewinn- und Verlustrechnung sind durch den Komplementär unter Hinzuziehung eines Wirtschaftsprüfers, vereidigten Buchprüfers, Steuerberaters, Steuerbevollmächtigten oder Fachanwalts für Steuerrecht in Übereinstimmung mit den Bestimmungen des Handels- und Steuerrechts binnen angemessener Frist nach dem Ende eines jeden Geschäftsjahres aufzustellen und zusammen mit dem Bericht des Hinzugezogenen unverzüglich den Gesellschaftern mitzuteilen. Die Bilanz und die Gewinn- und Verlustrechnung wird sodann durch Beschluss der Gesellschafterversammlung festgestellt.
2. Der persönlich haftende Gesellschafter erhält für seine Tätigkeit eine Tätigkeitsvergütung in Höhe von _____ EUR, welche bei der Ergebnisfeststellung vorab zu berücksichtigen ist. Diese Tätigkeitsvergütung ist unter Berücksichtigung der Entwicklung und der wirtschaftlichen Verhältnisse der Gesellschaft in angemessenen Zeitabständen durch Gesellschafterbeschluss neu festzusetzen.
3. An dem Gewinn oder Verlust, der sich nach Feststellung des Jahresabschlusses und der Gewinn- und Verlustrechnung sowie nach Berücksichtigung der Tätigkeitsvergütung des persönlich haftenden Gesellschafters ergibt, nehmen die Gesellschafter im Verhältnis ihrer Kapitalanteile teil. Die Kommanditisten, die ihre Einlage geleistet haben, sind nicht zu Nachschüssen verpflichtet. Dies gilt auch im Falle der Liquidation.
4. Die Gesellschafter sind zu folgenden Entnahmen berechtigt: Ein persönlich haftender Gesellschafter darf jeden Monat ein Zwölftel der ihm zustehenden Tätigkeitsvergütung entnehmen. Jeder Gesellschafter darf zu den jeweiligen Fälligkeitsterminen die zur Begleichung der durch die Beteiligung an der Gesellschaft ausgelösten Steuern erforderlichen Beträge entnehmen. Nach Feststellung des Jahresabschlusses dürfen die Gesellschafter ihre Gewinnanteile entnehmen, soweit diese noch nicht durch Entnahmen nach dem vorangegangenen Satz aufgezehrt sind. Das Entnahmerecht ist ausgeschlossen, wenn und soweit der Gesellschafter seine Einlage noch nicht in voller Höhe erbracht hat, sein Kapitalkonto durch ein negatives (Verlust-)Sonderkonto unter den Betrag seiner Einlage herabgesunken ist oder herabsinken würde oder die Gesellschaft durch den Liquiditätsentzug erhebliche Nachteile erleiden würde.

§ 7 Dauer, Kündigung, Auflösung
1. Die Gesellschaft beginnt mit der Eintragung im Handelsregister.
2. Die Gesellschaft besteht auf unbestimmte Zeit. Sie kann unter Wahrung einer Kündigungsfrist von _____ zum Ende eines Geschäftsjahres, jedoch erstmals zum _____, gekündigt werden.
3. Unabhängig von den Form- und Fristvorschriften gem. Abs. 2 hat jeder Gesellschafter das Recht zur Kündigung aus wichtigem Grund, wenn die Voraussetzungen einer gerichtlichen Entscheidung gem. § 133 Abs. 1 HGB vorliegen.
4. Die Kündigung hat durch eingeschriebenen Brief gegenüber den anderen Gesellschaftern zu erfolgen. Zur Fristwahrung ist es ausreichend, wenn das Kündigungsschreiben am letzten Werktage vor

Ablauf der Frist mit der letzten, der Gesellschaft bekannten Anschrift des jeweiligen Empfängers zur Post aufgegeben wurde.
5. Der kündigende Gesellschafter scheidet mit dem Zeitpunkt des Wirksamwerdens seiner Kündigung aus der Gesellschaft aus, welche unter den übrigen Gesellschaftern fortgesetzt wird. Der ausscheidende Gesellschafter erhält eine Abfindung gem. § 9. Ist außer dem Kündigenden nur noch ein weiterer Gesellschafter vorhanden, so ist die Gesellschaft mit dem Zeitpunkt des Wirksamwerdens der Kündigung aufgelöst, wenn nicht der verbleibende Gesellschafter das Geschäft ohne Liquidation mit allen Aktiven und Passiven übernimmt.
6. Ist der kündigende Gesellschafter der einzige persönlich haftende Gesellschafter der Gesellschaft, so sind die Kommanditisten verpflichtet, einen neuen persönlich haftenden Gesellschafter in die Gesellschaft aufzunehmen. Gelingt dies bis zum Wirksamwerden der Kündigung nicht, ist die Gesellschaft mit diesem Zeitpunkt aufgelöst. In den Fällen der Abs. 5 gilt dies mit der Maßgabe, dass die Aufnahme des neuen persönlich haftenden Gesellschafters spätestens sechs Wochen nach dem Zugang der Kündigung erfolgen muss, anderenfalls die Gesellschaft aufgelöst ist.

§ 8 Ausschließung eines Gesellschafters
1. Die Gesellschafter können die Ausschließung eines Gesellschafters beschließen, wenn über sein Vermögen das Insolvenzverfahren eröffnet oder mangels Masse nicht eröffnet wird, wenn ein Privatgläubiger des Gesellschafters gem. § 135 HGB kündigt, wenn der Gesellschafter gem. § 133 HGB auf Auflösung der Gesellschaft klagt oder wenn ein wichtiger Grund i.S.d. § 133 Abs. 2 HGB vorliegt.
2. Der Beschluss bedarf der Mehrheit von drei Vierteln der ohne Berücksichtigung des auszuschließenden Gesellschafters insgesamt vorhandenen Stimmen. Der auszuschließende Gesellschafter hat bei der Abstimmung kein Stimmrecht.
3. Der Gesellschaftsanteil des Auszuschließenden wächst den übrigen Gesellschaftern im Verhältnis ihrer Kapitalbeteiligung an. Ist außer dem Kündigenden nur noch ein weiterer Gesellschafter vorhanden, so gilt § 7 Abs. 5 und 6 entsprechend.
4. Der Ausschluss wird mit Zugang des Beschlusses bei dem Ausgeschlossenen wirksam. Der Ausscheidende erhält eine Abfindung gem. § 9.

§ 9 Abfindung des ausscheidenden Gesellschafters
1. An allen Fällen des Ausscheidens eines Gesellschafters erhält dieser eine Abfindung, deren Höhe abweichend von den Bestimmungen der §§ 738 bis 740 BGB nach folgenden Maßgaben zu bestimmen ist.[119]
2. Die Abfindung entspricht mindestens dem Buchwert, höchstens dem anteiligen Ertragswert und im Übrigen dem anteiligen Substanzwert einschließlich der immateriellen Einzelwirtschaftsgüter,

---

119 Ohne eine gesellschaftsvertragliche Abfindungsklausel wäre über § 161 Abs. 2 HGB und § 105 Abs. 2 HGB auf §§ 738 bis 740 BGB zurückzugreifen; danach steht dem ausscheidenden Gesellschafter der sich bei einem fiktiven Verkauf des Unternehmens als Ganzes ergebende Wert einschließlich der Erträge aus schwebenden Geschäften anteilig zu (sog. going-concern-Betrachtung, vgl. BGHZ 17, 130, 136). Dies führt zu verhältnismäßig hohen Abfindungen, die zum einen die Gesellschaft durch einen hohen Liquiditätsabfluss belasten, zum anderen den Gesellschafter zweckwidrig bevorzugen, der sich durch eine Eigenkündigung oder durch das Setzen eines Grundes zur außerordentlichen Kündigung von der Gesellschaft abgewandt hat. Regelmäßig wird deshalb die gesetzliche Regelung abbedungen und eine niedrigere Abfindung vereinbart. Traditionell verbreitet sind Klauseln, die entweder auf den Buchwert abstellen oder auf das Stuttgarter Verfahren zur Bewertung nicht börsennotierter Gesellschaftsanteile verweisen. Beide Varianten sind überholt und scheitern regelmäßig an der Rechtsprechung, die die Angemessenheit der Abfindungsklauseln an den §§ 138, 242 BGB sowie an § 133 Abs. 3 HGB misst; in diesem Falle besteht die Gefahr, dass die gesetzliche Regelung Anwendung findet (vgl. zuletzt BGHZ 126, 226). Es empfiehlt sich deshalb, mit der Höhe der Abfindung nicht zu weit hinter dem vollen wirtschaftlichen Wert der Beteiligung des ausscheidenden Gesellschafters zurückzubleiben. Berechnungsmodelle für eine solche Abfindungsklausel gibt es in fast unübersehbarer Zahl (vgl. den Überblick bei *Baumbach/Hopt*, § 131 Rn 48 ff. m.w.N.); jede Klausel ist stets anhand der Besonderheiten des Einzelfalles zu modifizieren. Die hier vorgeschlagene modifizierte Substanzwertmethode dürfte jedoch in den meisten Fällen handhabbar sein.

jedoch ausschließlich eines etwaigen Firmenwerts. Gewinne und Verluste aus schwebenden Rechtsgeschäften bleiben unberührt. Die Abfindung ist auf der Grundlage einer Abfindungsbilanz zu ermitteln. Scheidet der Abzufindende auf das Ende eines Geschäftsjahres aus, so ist die auf diesen Zeitpunkt zu erstellende Jahresbilanz zugleich Abfindungsbilanz; anderenfalls ist eine besondere Abfindungsbilanz auf den Zeitpunkt des Ausscheidens zu erstellen.
3. Kann eine Einigung über die Höhe der Abfindung nicht erzielt werden, so entscheidet ein Schiedsgutachter, der Wirtschaftsprüfer sein muss, für alle Beteiligten verbindlich.
4. Die Abfindung ist in drei gleichen Jahresraten zu zahlen, die erste Rate zwei Monate nach Feststellung der Abfindungshöhe, frühestens jedoch sechs Monate nach dem Ausscheiden des Abzufindenden. Die folgenden Raten sind jeweils zwölf Monate nach der vorangegangenen Rate fällig. Die Gesellschaft ist weder zu einer Verzinsung noch zur Sicherheitsleistung verpflichtet.[120]

§ 10 Nachfolge von Todes wegen
1. Stirbt ein Gesellschafter, so wird die Gesellschaft nicht aufgelöst, sondern nach Maßgabe der nachstehenden Ziffern fortgesetzt.
2. Beim Tode eines Kommanditisten wird die Gesellschaft mit dessen Erben fortgesetzt. Sind mehrere Erben vorhanden, kann die Gesellschaft verlangen, dass diese einen gemeinsamen Bevollmächtigten ernennen; dies gilt nicht im Falle der Testamentsvollstreckung. Bis zur Ernennung des Bevollmächtigten ruht das Stimmrecht der Erben.
3. Beim Tode eines persönlich haftenden Gesellschafters wird die Gesellschaft mit dem von diesem zu Lebzeiten bestimmten Nachfolger fortgesetzt. Ist dieser nicht zugleich Erbe, hat er den Erben eine Entschädigung nach Maßgabe des § 9 zu zahlen. Ist die Bestimmung eines Nachfolge-Komplementärs unterblieben, wird die Gesellschaft mit dessen Erben fortgesetzt. Sind mehrere Erben vorhanden, sollen diese sich innerhalb von sechs Wochen nach Eintritt des Erbfalles einigen, wer von ihnen persönlich haftender Gesellschafter wird; die übrigen Erben werden Kommanditisten. Kommt keine Einigung zustande, oder will kein Erbe persönlich haftender Gesellschafter werden, so können die übrigen Gesellschafter die Ausschließung der Rechtsnachfolger nach dem Verstorbenen beschließen, § 8 Abs. 2 bis 4 gilt entsprechend. War der Verstorbene der einzige persönlich haftende Gesellschafter, gilt § 7 Abs. 6 entsprechend.
4. Ist die Beteiligung des verstorbenen Gesellschafters Gegenstand eines Vermächtnisses, so gelten die Bestimmungen der vorstehenden Ziffern entsprechend gegenüber dem bzw. den Vermächtnisnehmer(n).

§ 11 Schlussbestimmungen
1. Die durch die Gründung der Gesellschaft entstehenden Kosten trägt die Gesellschaft.
2. Änderungen bzw. Ergänzungen dieses Gesellschaftsvertrages bedürfen der Schriftform, soweit nicht bereits kraft Gesetzes ein strengeres Formerfordernis vorgeschrieben ist. Dies gilt auch für eine Abbedingung oder Durchbrechung dieses Schriftformerfordernisses.
3. Ist oder wird eine Bestimmung dieses Vertrages unwirksam oder undurchführbar, so lässt dies die Gültigkeit der übrigen Bestimmungen unberührt. Die Gesellschafter sind untereinander und gegenüber der Gesellschaft verpflichtet, anstelle der unwirksamen oder undurchführbaren Bestimmung diejenige wirksame Bestimmung zu vereinbaren, die dem mit der unwirksamen oder undurchführbaren Bestimmung verfolgten wirtschaftlichen Ziel am nächsten kommt. Dasselbe gilt für die Schließung etwaiger Vertragslücken.

---

[120] Bei sehr hohen Abfindungsbeträgen kann es erforderlich sein, die Ratenzahlung über einen längeren Zeitraum zu erstrecken. In diesem Falle sollte unbedingt eine angemessene Verzinsung erfolgen (vgl. MüKo-BGB/*Ulmer*, § 738 Rn 45).

3. Muster: KG mit Schiedsklausel und Beiratsverfassung

M 14

127

§ 1 Firma, Sitz und Geschäftsjahr
1. Die Gesellschaft führt die Firma _____ KG.
2. Der Sitz der Gesellschaft ist _____ .
3. Das Geschäftsjahr der Gesellschaft ist das Kalenderjahr. Das erste Geschäftsjahr ist ein Rumpfgeschäftsjahr und endet am 31. Dezember des Jahres der Handelsregistereintragung.

§ 2 Gegenstand der Gesellschaft
1. Gegenstand der Gesellschaft ist _____ .[121]
2. Der Gesellschaft sind alle mit diesem Gegenstand in Zusammenhang stehenden und ihm dienlichen Geschäfte einschließlich der Beteiligung an anderen Gesellschaften und Unternehmungen gestattet.

§ 3 Gesellschafter, Gesellschaftskapital, Gesellschafterkonten
1. Persönlich haftende Gesellschafter (Komplementäre) sind
    – Herr _____ mit einer Einlage in Höhe von _____ EUR und
    – Herr _____ mit einer Einlage in Höhe von _____ EUR.
2. Kommanditisten sind
    – Herr _____ mit einer Einlage in Höhe von _____ EUR,
    – Herr _____ mit einer Einlage in Höhe von _____ EUR und
    – Herr _____ mit einer Einlage in Höhe von _____ EUR.
3. Die Einlagen der Kommanditisten sind in voller Höhe als Hafteinlagen in das Handelsregister einzutragen.
4. Die Kapitaleinlagen bilden feste Kapitalkonten. Ihre Fälligkeit wird durch Beschluss der Komplementäre und Zustimmung des Beirates bestimmt. Jedoch sind die Gesellschafter einander wechselseitig sowie der Gesellschaft verpflichtet, schon vor einem solchen Gesellschafterbeschluss sowie ggf. über dessen Inhalt hinaus Zahlungen auf die Kapitaleinlage in dem zur Aufnahme und Aufrechterhaltung des Geschäftsbetriebes der Gesellschaft erforderlichen Umfang zu leisten.
5. Gewinnanteile sowie alle Geldbewegungen zwischen der Gesellschaft und einem Gesellschafter sind auf Gesellschafter-Sonderkonten zu verbuchen. Etwaige Verlustanteile der Gesellschafter werden auf ein Verlust-Sonderkonto gebucht und durch zukünftige Gewinnanteile ausgeglichen; erst nach dem Ausgleich des Verlust-Sonderkontos dürfen wieder Gutschriften auf den allgemeinen Gesellschafter-Sonderkonten erfolgen.

§ 4 Geschäftsführung, Vertretung, Wettbewerbsverbot
1. Die Vertretung der Gesellschaft erfolgt durch zwei persönlich haftende Gesellschafter gemeinschaftlich oder durch einen persönlich haftenden Gesellschafter in Gemeinschaft mit einem Prokuristen. Ist nur ein Komplementär vorhanden, vertritt dieser die Gesellschaft allein. Jeder persönlich haftende Gesellschafter ist von den Beschränkungen des § 181 BGB befreit.
2. Die persönlich haftenden Gesellschafter haben die Geschäfte mit der Sorgfalt eines ordentlichen Kaufmanns zu führen und die ihnen gesetzlich oder durch diesen Gesellschaftsvertrag auferlegten Beschränkungen einzuhalten.[122] Sie sind verpflichtet, ihre gesamte Arbeitskraft der Gesellschaft zur

---

[121] Der Gegenstand der Gesellschaft sollte so genau wie möglich bezeichnet werden. Er ist maßgeblich für Umfang und Reichweite des gem. § 161 Abs. 2 i.V.m. § 112 HGB den Komplementär (nicht aber den Kommanditisten, vgl. § 165 HGB) treffenden Wettbewerbsverbotes, sofern nicht im Gesellschaftsvertrag ausdrückliche Festlegungen zum Wettbewerbsverbot getroffen werden.

[122] Der Ausschluss der Kommanditisten von Geschäftsführung und Vertretung entspricht dem gesetzlichen Leitbild (vgl. §§ 164 und 170 HGB). Eine zwar nicht organschaftliche, aber immerhin rechtsgeschäftliche

Verfügung zu stellen. Die Geschäftsführungsbefugnis der persönlich haftenden Gesellschafter erstreckt sich auf alle zum gewöhnlichen Geschäftsbetrieb der Gesellschaft gehörenden Angelegenheiten. Darüber hinausgehende Geschäfte bedürfen der Zustimmung des Beirates.
3. Solche zustimmungsbedürftigen Geschäfte sind insbesondere:
 - Erwerb, Veräußerung und Belastung von Grundstücken und grundstücksgleichen Rechten;
 - der Erwerb von beweglichem Anlagevermögen oder die Durchführung von Baumaßnahmen, sofern der Einzelanschaffungswert bzw. der bauliche Aufwand im Einzelfall den Wert von _____ EUR übersteigt;
 - der Erwerb oder die Veräußerung einer Beteiligung an einem anderen Unternehmen sowie die Errichtung oder Aufgabe von Zweigniederlassungen;
 - Abschluss, Änderung, Kündigung und Aufhebung von Betriebspachtverträgen, Gewinn- bzw. Ergebnisabführungsverträgen und ähnlichen Unternehmensverträgen;
 - die Aufnahme von Darlehen oder die Gewährung von Sicherheiten, Bürgschaften und Garantien über die im gewöhnlichen Geschäftsbetrieb üblichen Volumina hinaus;
 - Erteilung und Widerruf von Prokuren;
 - Rechtsgeschäfte jeglicher Art zwischen der Gesellschaft und einem ihrer Gesellschafter oder einem ihrer Leitenden Angestellten, mit letzteren nur insoweit, als diese Rechtsgeschäfte nicht unmittelbar aus dem Arbeitsvertrag resultieren;
 - in den weiteren Fällen, in denen die ggf. vom Beirat zu erlassende Geschäftsordnung für die Komplementäre dies vorsieht;
 - _____ .

4. Die persönlich haftenden Gesellschafter und die Mitglieder des Beirates unterliegen dem Wettbewerbsverbot der §§ 112, 113 HGB. Durch Beiratsbeschluss kann im Einzelfall auf die Einhaltung des Wettbewerbsverbotes verzichtet werden.
5. Die Gesellschafter und die Beiratsmitglieder sind verpflichtet, über alle Angelegenheiten der Gesellschaft gegenüber Dritten Stillschweigen zu bewahren. Dies gilt auch nach ihrem Ausscheiden aus der Gesellschaft. Die Verschwiegenheitsverpflichtung besteht jedoch nicht hinsichtlich zwingender Auskunftsverpflichtungen gegenüber Gerichten und Behörden, hinsichtlich der Vorlage von Bilanzen bzw. Gewinn- und Verlustrechnungen der Gesellschaft bei Banken, gegenüber Wirtschaftsprüfern, Steuerberatern und Rechtsanwälten im Rahmen einer Tätigkeit, die deren Berufsverschwiegenheit unterliegt, sowie im Falle einer durch die Gesellschafterversammlung im Einzelfall erteilten Befreiung.

§ 5 Gesellschafterversammlung, Gesellschafterbeschlüsse
1. Die Gesellschafter fassen ihre Beschlüsse mit einfacher Mehrheit, sofern nicht durch Gesetz oder durch diesen Vertrag eine höhere Mehrheit vorgeschrieben ist. Änderungen dieses Gesellschaftsvertrages bedürfen stets einer Mehrheit von drei Vierteln der abgegebenen Stimmen.
2. Je _____ EUR Kapitalanteil gewähren eine Stimme. Jeder Gesellschafter kann die ihm zustehenden Stimmen nur einheitlich abgeben. Vertretung durch einen Bevollmächtigten ist zulässig; die Vollmacht bedarf der Schriftform.
3. Zu einer Gesellschafterversammlung ist mindestens einmal jährlich („ordentliche Gesellschafterversammlung") einzuladen. Ferner ist jederzeit eine außerordentliche Gesellschafterversammlung abzuhalten, wenn einer der Komplementäre, der Beirat oder eine Gruppe von Kommanditisten, die mehr als ein Viertel des Kommanditkapitals halten, dies für erforderlich hält. Die Einladung erfolgt im Regelfall durch die Komplementäre, im Übrigen durch den Beirat.

Mitbeteiligung der Kommanditisten an der Geschäftsführung und Vertretung ist beispielsweise durch die Einräumung von Prokura möglich (BGHZ 17, 394), findet ihre Grenzen jedoch im sog. Grundsatz der Selbstorganschaft (BGHZ 51, 200).

4. Zu den Gesellschafterversammlungen ist mittels Übergabeeinschreiben, unter Beifügung der Tagesordnung sowie unter Beobachtung einer Ladungsfrist von vier Wochen einzuladen. In dringenden Fällen kann die Ladungsfrist bis auf eine Woche verkürzt werden.
5. Die Gesellschafterversammlung ist beschlussfähig, wenn ordnungsgemäß geladen wurde und die anwesenden bzw. vertretenen Gesellschafter mindestens drei Viertel aller Kapitalanteile halten. Ist eine Gesellschafterversammlung beschlussunfähig, so ist unverzüglich zu einer neuen Gesellschafterversammlung zu laden, die ohne Rücksicht auf die Anwesenheit beschlussfähig ist. Hierauf ist in der Einladung für die zweite Versammlung besonders hinzuweisen.
6. Der Gesellschafterversammlung obliegt es,
   – die Mitglieder des Beirates zu wählen;
   – die Tätigkeitsvergütung für die Komplementäre und die Beiratsmitglieder festzusetzen;
   – den Jahresabschluss und die Gewinn- und Verlustrechnung festzustellen;
   – über die Aufnahme neuer Gesellschafter, die Ausschließung eines Gesellschafters, die Auflösung oder Fortsetzung der Gesellschaft sowie die wesentlichen Grundsätze der Geschäftsführung zu beschließen.

§ 6 Beirat
1. Der Beirat besteht aus _____ Mitgliedern. Die Mitglieder werden von der Gesellschafterversammlung gewählt. Die Wahl erfolgt für eine Amtszeit von vier Jahren; Wiederbestellung ist zulässig. Scheidet ein Beiratsmitglied vorzeitig aus, so ist unverzüglich ein Ersatzmitglied für den Rest des Bestellungszeitraums zu wählen. Die Mitglieder des Beirates können von der Gesellschafterversammlung jederzeit durch Beschluss, der jedoch einer Dreiviertelmehrheit bedarf, abberufen werden.
2. Die Mitglieder des Beirates haben Anspruch auf eine angemessene Vergütung, deren Höhe von der Gesellschafterversammlung beschlossen wird. Sie haften nur für Vorsatz und grobe Fahrlässigkeit; die Bestimmungen des Aktiengesetzes finden auf den Beirat keine Anwendung.
3. Der Beirat hat die geschäftsführenden Komplementäre bei der Geschäftsführung zu beraten und zu überwachen, ohne jedoch zu Einzelanweisungen an die Komplementäre befugt zu sein. Darüber hinaus hat der Beirat die Aufgabe gem. § 4 Ziffer 3 über zustimmungsbedürftige Geschäfte zu entscheiden. Der Beirat kann eine Geschäftsordnung erlassen, nach der die Komplementäre die Geschäftsführung zu erledigen haben. Er kann jederzeit die Einberufung einer Gesellschafterversammlung verlangen und, sofern die Komplementäre diesem Verlangen nicht Folge leisten, diese selbst einberufen.
4. Der Beirat wählt aus seiner Mitte einen Vorsitzenden und einen stellvertretenden Vorsitzenden. Er setzt seine Geschäftsordnung selbst fest. Der Beirat ist beschlussfähig, wenn alle Mitglieder eingeladen und mindestens zwei seiner Mitglieder anwesend sind. Willenserklärungen des Beirats werden durch seinen Vorsitzenden, im Verhinderungsfalle durch dessen Stellvertreter, abgegeben.
5. Der Beirat fasst seine Beschlüsse in Sitzungen, zu denen der Vorsitzende, bei dessen Verhinderung der stellvertretende Vorsitzende, unter Angabe der Tagesordnung einlädt. Die Komplementäre haben auf Verlangen an den Sitzungen teilzunehmen und Auskünfte zu erteilen. Der Beirat fasst seine Beschlüsse mit einfacher Mehrheit; bei Stimmengleichheit gibt die Stimme des Vorsitzenden den Ausschlag. Wenn kein Mitglied widerspricht, kann schriftlich, per Telefax oder fernmündlich abgestimmt werden; in diesem Falle versendet der Vorsitzende unverzüglich eine schriftliche Bestätigung an die Mitglieder.
6. Der Beirat kann jederzeit die Bücher, Schriften und alle sonstigen Unterlagen der Gesellschaft einsehen sowie deren Vermögensgegenstände einschließlich der Kasse, der Bankguthaben, der Forderungen und Verbindlichkeiten prüfen. Der Beirat kann einzelne seiner Mitglieder oder auch externe Sachverständige, sofern diese von Berufs wegen zur besonderen Verschwiegenheit verpflichtet sind, mit der Durchführung solcher Prüfungen beauftragen.

§ 7 Jahresabschluss; Gewinn und Verlust
1. Der Jahresabschluss sowie die Gewinn- und Verlustrechnung sind durch die Komplementäre unter Hinzuziehung eines Wirtschaftsprüfers, vereidigten Buchprüfers, Steuerberaters, Steuerbevollmächtigten oder Fachanwalts für Steuerrecht in Übereinstimmung mit den Bestimmungen des Handels- und Steuerrechts binnen angemessener Frist nach dem Ende eines jeden Geschäftsjahres aufzustellen und zusammen mit dem Bericht des Hinzugezogenen unverzüglich dem Beirat und den Gesellschaftern mitzuteilen. Die Bilanz und die Gewinn- und Verlustrechnung wird sodann durch Beschluss der Gesellschafterversammlung festgestellt.
2. Jeder Komplementär sowie die Mitglieder des Beirates erhalten für ihre Tätigkeit eine Tätigkeitsvergütung, deren Höhe von der Gesellschafterversammlung unter Berücksichtigung der Entwicklung und der wirtschaftlichen Verhältnisse der Gesellschaft jährlich festzulegen und welche bei der Ergebnisfeststellung vorab zu berücksichtigen ist.
3. An dem Gewinn oder Verlust, der sich nach Feststellung des Jahresabschlusses und der Gewinn- und Verlustrechnung sowie nach Berücksichtigung der Tätigkeitsvergütung der Komplementäre und Beiratsmitglieder ergibt, nehmen die Gesellschafter im Verhältnis ihrer Kapitalanteile teil. Die Kommanditisten, die ihre Einlage geleistet haben, sind nicht zu Nachschüssen verpflichtet. Dies gilt auch im Falle der Liquidation.
4. Die Gesellschafter sind zu folgenden Entnahmen berechtigt: Die Komplementäre und Beiratsmitglieder dürfen jeden Monat ein Zwölftel der ihnen zustehenden Tätigkeitsvergütung entnehmen. Nach Feststellung des Jahresabschlusses dürfen die Gesellschafter ihre Gewinnanteile entnehmen, soweit diese noch nicht durch Entnahmen nach dem vorangegangenen Satz aufgezehrt sind. Das Entnahmerecht ist ausgeschlossen, wenn und soweit der Gesellschafter seine Einlage noch nicht in voller Höhe erbracht hat, sein Kapitalkonto durch ein negatives (Verlust-)Sonderkonto unter den Betrag seiner Einlage herabgesunken ist oder herabsinken würde oder die Gesellschaft durch den Liquiditätsentzug erhebliche Nachteile erleiden würde.

§ 8 Dauer, Kündigung, Auflösung
1. Die Gesellschaft beginnt mit der Eintragung im Handelsregister; vor diesem Zeitpunkt dürfen im Namen und für Rechnung der Gesellschaft keine Geschäfte geschlossen werden.[123]
2. Die Gesellschaft besteht auf unbestimmte Zeit. Sie kann unter Wahrung einer Kündigungsfrist von _____ zum Ende eines Geschäftsjahres, jedoch erstmals zum _____, gekündigt werden.
3. Unabhängig von den Form- und Fristvorschriften gem. Ziffer 2 hat jeder Gesellschafter das Recht zur Kündigung aus wichtigem Grund, wenn die Voraussetzungen einer gerichtlichen Entscheidung gem. § 133 Abs. 1 HGB vorliegen.
4. Die Kündigung hat durch eingeschriebenen Brief gegenüber den persönlich haftenden Gesellschaftern und dem Vorsitzenden des Beirates zu erfolgen. Zur Fristwahrung ist es ausreichend, wenn das Kündigungsschreiben am letzten Werktage vor Ablauf der Frist mit der letzten, der Gesellschaft bekannten Anschrift des jeweiligen Empfängers zur Post aufgegeben wurde.
5. Der kündigende Gesellschafter scheidet mit dem Zeitpunkt des Wirksamwerdens seiner Kündigung aus der Gesellschaft aus, welche unter den übrigen Gesellschaftern fortgesetzt wird. Ist der kündigende Gesellschafter zugleich Beiratsmitglied, so scheidet er im selben Zeitpunkt aus dem Beirat aus. Der ausscheidende Gesellschafter erhält eine Abfindung gem. § 10.

---

123 Die Registereintragung ist konstitutiv nur für die Haftungsbeschränkung der Kommanditisten, nicht aber für die Gesellschaft als solche. Ohne das hier vorgeschlagene Tätigkeitsverbot droht den Kommanditisten hinsichtlich der vor der Eintragung geschlossenen Rechtsgeschäfte im Außenverhältnis eine unbegrenzte Haftung als OHG-Gesellschafter (vgl. § 176 HGB).

§ 9 Ausschließung eines Gesellschafters
1. Die Gesellschafter können die Ausschließung eines Gesellschafters beschließen, wenn über sein Vermögen das Insolvenzverfahren eröffnet oder mangels Masse nicht eröffnet wird, wenn ein Privatgläubiger des Gesellschafters gem. § 135 HGB kündigt, wenn der Gesellschafter gem. § 133 HGB auf Auflösung der Gesellschaft klagt oder wenn ein wichtiger Grund i.S.d. § 133 Abs. 2 HGB vorliegt.
2. Der Beschluss bedarf der Mehrheit von drei Vierteln der ohne Berücksichtigung des auszuschließenden Gesellschafters insgesamt vorhandenen Stimmen. Der auszuschließende Gesellschafter hat bei der Abstimmung kein Stimmrecht.
3. Der Gesellschaftsanteil des Auszuschließenden wächst den übrigen Gesellschaftern im Verhältnis ihrer Kapitalbeteiligung an. Stattdessen kann die Gesellschafterversammlung auch die Zwangsabtretung an einen Dritten beschließen. Die Gesellschafterversammlung kann die Benennung des Dritten an den Beirat delegieren.
4. Der Ausschluss wird mit Zugang des Beschlusses bei dem Ausgeschlossenen wirksam. Der Ausscheidende erhält eine Abfindung gem. § 10. Im Falle der Zwangsabtretung an einen Dritten ist der Dritte Schuldner der Abfindung.

§ 10 Abfindung des ausscheidenden Gesellschafters
1. An allen Fällen des Ausscheidens eines Gesellschafters erhält dieser eine Abfindung, deren Höhe abweichend von den Bestimmungen der §§ 738 bis 740 BGB nach folgenden Maßgaben zu bestimmen ist:[124]
2. Die Abfindung entspricht mindestens dem Buchwert, höchstens dem anteiligen Ertragswert und im Übrigen dem anteiligen Substanzwert einschließlich der immateriellen Einzelwirtschaftsgüter, jedoch ausschließlich eines etwaigen Firmenwerts. Gewinne und Verluste aus schwebenden Rechtsgeschäften bleiben unberührt. Die Abfindung ist auf der Grundlage einer Abfindungsbilanz zu ermitteln. Scheidet der Abzufindende auf das Ende eines Geschäftsjahres aus, so ist die auf diesen Zeitpunkt zu erstellende Jahresbilanz zugleich Abfindungsbilanz; anderenfalls ist eine besondere Abfindungsbilanz auf den Zeitpunkt des Ausscheidens zu erstellen.
3. Kann eine Einigung über die Höhe der Abfindung nicht erzielt werden, so entscheidet ein Schiedsgutachter, der Wirtschaftsprüfer sein muss, für alle Beteiligten verbindlich.
4. Die Abfindung ist in drei gleichen Jahresraten zu zahlen, die erste Rate zwei Monate nach Feststellung der Abfindungshöhe, frühestens jedoch sechs Monate nach dem Ausscheiden des Abzufindenden. Die folgenden Raten sind jeweils zwölf Monate nach der vorangegangenen Rate fällig. Die Gesellschaft ist weder zu einer Verzinsung noch zur Sicherheitsleistung verpflichtet.[125]

---

[124] Ohne eine gesellschaftsvertragliche Abfindungsklausel wäre über § 161 Abs. 2 HGB und § 105 Abs. 2 HGB auf §§ 738 bis 740 BGB zurückzugreifen; danach steht dem ausscheidenden Gesellschafter der sich bei einem fiktiven Verkauf des Unternehmens als Ganzes ergebende Wert einschließlich der Erträge aus schwebenden Geschäften anteilig zu (sog. going-concern-Betrachtung, vgl. BGHZ 17, 130, 136). Dies führt zu verhältnismäßig hohen Abfindungen, die zum einen die Gesellschaft durch einen hohen Liquiditätsabfluss belasten, zum anderen den Gesellschafter zweckwidrig bevorzugen, der sich durch eine Eigenkündigung oder durch das Setzen eines Grundes zur außerordentlichen Kündigung von der Gesellschaft abgewandt hat. Regelmäßig wird deshalb die gesetzliche Regelung abbedungen und eine niedrigere Abfindung vereinbart. Traditionell verbreitet sind Klauseln, die entweder auf den Buchwert abstellen oder auf das so genannte „Stuttgarter Verfahren" zur Bewertung nicht börsennotierter Gesellschaftsanteile verweisen. Beide Varianten sind überholt und scheitern regelmäßig an der Rechtsprechung, die die Angemessenheit der Abfindungsklauseln an den §§ 138, 242 BGB sowie an § 133 Abs. 3 HGB misst; in diesem Falle besteht die Gefahr, dass die gesetzliche Regelung Anwendung findet (vgl. zuletzt BGHZ 126, 226). Es empfiehlt sich deshalb, mit der Höhe der Abfindung nicht zu weit hinter dem vollen wirtschaftlichen Wert der Beteiligung des ausscheidenden Gesellschafters zurückzubleiben. Berechnungsmodelle für eine solche Abfindungsklausel gibt es in fast unübersehbarer Zahl (vgl. den Überblick bei *Baumbach/Hopt*, § 131 Rn 48 ff. m.w.N.); jede Klausel ist stets anhand der Besonderheiten des Einzelfalles zu modifizieren. Die hier vorgeschlagene modifizierte Substanzwertmethode dürfte jedoch in den meisten Fällen handhabbar sein.
[125] Bei sehr hohen Abfindungsbeträgen kann es erforderlich sein, die Ratenzahlung über einen längeren Zeitraum zu erstrecken. In diesem Falle sollte unbedingt eine angemessene Verzinsung erfolgen, vgl. MüKo-BGB/*Ulmer*, § 738 Rn 45.

§ 11 Nachfolge von Todes wegen
1. Stirbt ein Gesellschafter, so wird die Gesellschaft nicht aufgelöst, sondern nach Maßgabe der nachstehenden Ziffern fortgesetzt.
2. Beim Tode eines Kommanditisten wird die Gesellschaft mit dessen Erben fortgesetzt. Sind mehrere Erben vorhanden, kann die Gesellschaft verlangen, dass diese einen gemeinsamen Bevollmächtigten ernennen; dies gilt nicht im Falle der Testamentsvollstreckung. Bis zur Ernennung des Bevollmächtigten ruht das Stimmrecht der Erben.
3. Beim Tode eines Komplementärs wird die Gesellschaft mit dem von diesem zu Lebzeiten bestimmten Nachfolger fortgesetzt. Ist dieser nicht zugleich Erbe, hat er den Erben eine Entschädigung nach Maßgabe des § 10 zu zahlen.
4. Ist die Beteiligung des verstorbenen Gesellschafters Gegenstand eines Vermächtnisses, so gelten die Bestimmungen der vorstehenden Ziffern entsprechend gegenüber dem bzw. den Vermächtnisnehmer(n).

§ 12 Schieds- und Gerichtsstandsabrede
1. Sämtliche Streitigkeiten, die aus diesem Vertrag oder in Zusammenhang mit diesem Vertrag zwischen den Vertragsparteien entstehen, werden unter Ausschluss des Rechtsweges zu den staatlichen Gerichten durch ein Schiedsgericht entschieden. Dies gilt auch für Entscheidungen über die Wirksamkeit und/oder Reichweite dieser Schiedsklausel.
2. Das Schiedsgericht besteht aus einem Einzelschiedsrichter, der Wirtschaftsprüfer oder Steuerberater oder Rechtsanwalt sein muss und zu keiner der Parteien oder mit zu einem ihnen verbundenen Unternehmen in einem ständigen Dienstverhältnis stehen darf. Können sich die Parteien nicht auf einen Schiedsrichter einigen, so ernennt der Präsident der für die Gesellschaft zuständigen Industrie- und Handelskammer den Schiedsrichter.
3. Das Schiedsgericht tagt am Sitz der Gesellschaft. Es hat beide Parteien mündlich anzuhören, sofern nicht beide Parteien auf die mündliche Verhandlung verzichten. Auf das Verfahren des Schiedsgerichts sind im Übrigen die Bestimmungen des 10. Buches der Zivilprozessordnung anzuwenden. Sofern die Mitwirkung eines staatlichen Gerichts im Schiedsverfahren erforderlich wird, ist das Landgericht ausschließlich zuständig, in dessen Bezirk der Sitz der Gesellschaft liegt.
4. Das Schiedsgericht entscheidet auch über die Kosten des Schiedsgerichtsverfahrens, und zwar in entsprechender Anwendung der §§ 91 bis 93, 95 und 96 der Zivilprozessordnung.
5. Gegen den Spruch des Schiedsgerichts ist ein Rechtsmittel nicht gegeben.
6. Falls der Schiedsspruch vom staatlichen Gericht aufgehoben werden sollte, so ist diese Schiedsklausel damit nicht verbraucht. Vielmehr ist ein erneutes Schiedsverfahren durchzuführen. Der Schiedsrichter, der an dem früheren Verfahren mitgewirkt hat, ist von der Mitwirkung an dem neuen Verfahren ausgeschlossen. Sollte es danach erneut zu einer Aufhebung des Schiedsspruchs kommen, tritt Verbrauch der Schiedsklausel ein. Für diesen Fall ist Gerichtsstand für beide Parteien der Sitz der Gesellschaft.[126]

§ 13 Schlussbestimmungen
1. Die durch die Gründung der Gesellschaft entstehenden Kosten trägt die Gesellschaft.
2. Änderungen bzw. Ergänzungen dieses Gesellschaftsvertrages bedürfen der Schriftform, soweit nicht bereits kraft Gesetzes ein strengeres Formerfordernis vorgeschrieben ist. Dies gilt auch für eine Abbedingung oder Durchbrechung dieses Schriftformerfordernisses.

---

[126] Gem. § 38 ZPO sind Gerichtsstandsvereinbarungen nur unter Kaufleuten oder für den Fall der Unerreichbarkeit einer Partei zulässig. Da Kommanditisten in der Regel keine Kaufleute sind, wird die Gerichtsstandsvereinbarung ihnen gegenüber nicht greifen.

3. Ist oder wird eine Bestimmung dieses Vertrages unwirksam oder undurchführbar, so lässt dies die Gültigkeit der übrigen Bestimmungen unberührt. Die Gesellschafter sind untereinander und gegenüber der Gesellschaft verpflichtet, anstelle der unwirksamen oder undurchführbaren Bestimmung diejenige wirksame Bestimmung zu vereinbaren, die dem mit der unwirksamen oder undurchführbaren Bestimmung verfolgten wirtschaftlichen Ziel am nächsten kommt. Dasselbe gilt für die Schließung etwaiger Vertragslücken.

4. Muster: Handelsregisteranmeldung

M 15

128

Amtsgericht _____
Handelsregister, Abt. A
HR A neu
Zur Eintragung in das Handelsregister melden wir an:
1. Unter der Firma _____ KG haben wir eine Kommanditgesellschaft errichtet.
2. Sitz der Gesellschaft ist _____ ; die Geschäftsräume befinden sich _____ .
3. Gegenstand der Gesellschaft ist _____ .
4. An der Gesellschaft sind beteiligt:
   a) als persönlich haftende Gesellschafter: (...) und _____ ;[127]
   b) als Kommanditisten
      _____ mit einer Kommanditeinlage in Höhe von _____ EUR und
      _____ mit einer Kommanditeinlage in Höhe von _____ EUR.
5. Zur allgemeinen Vertretungsbefugnis wird angemeldet, dass zur Vertretung der Gesellschaft jeder persönlich haftende Gesellschafter einzeln berechtigt und verpflichtet ist.
(Alt: Die Vertretung der Gesellschaft erfolgt durch zwei persönlich haftende Gesellschafter gemeinschaftlich oder durch einen persönlich haftenden Gesellschafter in Gemeinschaft mit einem Prokuristen. Ist nur ein Komplementär vorhanden, vertritt dieser die Gesellschaft allein.)
Jeder persönlich haftende Gesellschafter ist von den Beschränkungen des § 181 BGB befreit.
Der persönlich haftende Gesellschafter _____ vertritt nach der allgemeinen Vertretungsregel. Befreiung von den Beschränkungen des § 181 BGB ist ihm erteilt.
6. Dem Kommanditisten _____ ist Prokura erteilt.
Die Geschäftsräume befinden sich in _____ ; dies ist auch die inländische Geschäftsanschrift gemäß §§ 161 Abs. 2, 106 Nr. _____ HGB.
_____ (Unterschriften)
_____ (Notarieller Beglaubigungsvermerk)

IV. Prozessuales

1. Ausschließungsklage
a) Typischer Sachverhalt

In der KG kann es zu Konflikten kommen. Einer oder auch mehrere Gesellschafter haben dann die Möglichkeit, die Gesellschaft durch Herbeiführung einer gerichtlichen Entscheidung auflösen zu lassen. Dies wird aber meist nicht gewollt sein. Vielmehr sollen die im Unternehmen steckenden Werte als Einheit erhalten werden, die Kommanditgesellschaft soll unter Ausscheiden eines oder mehrerer Gesellschafter – gleich ob Komplementär oder Kommanditist – fortbestehen. Das Gesetz sieht in § 140 HGB zu diesem Zweck die Erhebung einer Ausschließungsklage

129

---
[127] Anzugeben sind bei den Gesellschaftern jeweils Vorname, Name, Geburtsdatum und Wohnanschrift.

vor. Die Tatsache, dass durch gerichtliche Entscheidung über die Rechtmäßigkeit des Ausschlusses von Gesellschaftern befunden werden soll, ist vor dem Hintergrund zu sehen, dass dem Gebot der Rechtssicherheit möglichst weitgehend Folge geleistet werden soll: Für das Verhältnis der Gesellschafter untereinander, aber gerade auch im Außenverhältnis, ist es von erheblicher Bedeutung, wer als wirksames Mitglied der Handelsgesellschaft anzusehen ist. Selbstverständlich stellt das Gesetz kein Instrument für einen willkürlichen „Herauswurf" aus der KG bereit: Die Erhebung einer Ausschließungsklage hat nur dann Aussicht auf Erfolg, wenn in der Person des Auszuschließenden ein Anlass – ein wichtiger Grund – vorliegt.

130 Die Ausschließungsklage ist in der Praxis ein bedeutsames Instrument zur Lösung von Konflikten und bedarf der sorgfältigen Vorbereitung. Nicht selten führt eine gut begründete Ausschließungsklage dazu, dass aufgrund ihrer Erhebung die vorher nicht zu erreichende einverständliche Regelung mit dem betreffenden Gesellschafter über sein Ausscheiden aus der Gesellschaft zustande kommt.

b) Rechtliche Grundlagen
aa) Ausschluss durch Gesellschafterbeschluss oder durch Ausschlussklage
131 Es ist grundsätzlich zulässig, im **Gesellschaftsvertrag** zu regeln, dass die Ausschließung von Gesellschaftern – Komplementären oder Kommanditisten – durch **Beschluss** der übrigen Gesellschafter erfolgen kann. Sieht der Gesellschaftsvertrag eine solche Möglichkeit nicht vor, so ist ein Ausschluss lediglich im Wege der Herbeiführung einer **gerichtlichen Entscheidung** möglich.

bb) Vorliegen eines wichtigen Grundes
132 Die Vorschrift des § 140 HGB, die über § 161 Abs. 2 HGB auch für die KG Anwendung findet, regelt die näheren Umstände und Voraussetzungen einer **Ausschließungsklage**. Nach dem Gesetzeswortlaut ist die Klage möglich, falls in der Person des betreffenden Gesellschafters ein Umstand eintritt, der nach § 133 HGB für die übrigen Gesellschafter das Recht begründet, die Auflösung der Gesellschaft zu verlangen. Es muss also – wie im Falle der gerichtlich herbeigeführten Auflösung der Gesellschaft – ein **wichtiger Grund** vorliegen, der es bei umfassender **Abwägung der Interessen aller Beteiligten** unzumutbar macht, die Gesellschaft fortzusetzen. Im Gegensatz zur Auflösung kommt jedoch ein Ausschluss nur dann in Frage, wenn der wichtige Grund gerade in der **Person bzw. in dem Verhalten des Auszuschließenden** gegeben ist. Bei der KG ist danach zu unterscheiden, ob der Ausschluss eines Komplementärs oder eines Kommanditisten angestrebt wird:

(1) Ausschließung eines Komplementärs
133 Für die Ausschließung eines **Komplementärs** gelten die gleichen Regeln, wie sie für den OHG-Gesellschafter anzuwenden sind. Das bedeutet, dass ein Ausschließungsgrund in aller Regel vorliegt, wenn ein Komplementär eine ihm durch Gesetz auferlegte oder im Gesellschaftsvertrag statuierte **wesentliche Verpflichtung verletzt**. Straftaten zum Nachteil der Gesellschaft oder sonstige vorsätzliche Handlungen, die deren Interessen erheblich verletzen, können einen wichtigen Grund zum Ausschluss darstellen. Ein in der Praxis immer wieder auftretender Anlass zur Ausschließung ist der Verstoß eines Gesellschafters gegen das Wettbewerbsverbot. Umstände, die nicht mit einem Verschulden des betreffenden Gesellschafters einhergehen, kommen seltener als Ausschließungsgrund in Betracht; praktisch können dies Fälle einer dauerhaften, die Leistungsfähigkeit einschränkenden Krankheit oder – bei Familiengesellschaften – persönliche Zerwürfnisse werden.

(2) Ausschließung eines Kommanditisten

An die Ausschließungsklage sind hingegen im Allgemeinen schärfere Anforderungen zu stellen, wenn der Betreffende die bloße Stellung eines Kommanditisten inne hat. Gesellschaftswidrige Verfehlungen des Kommanditisten fallen in aller Regel nicht so stark ins Gewicht, weil die **Einflussmöglichkeiten eines Kommanditisten** auf das Unternehmen und auf das persönliche Verhältnis der Gesellschafter zueinander im Regelfall viel **geringer** als diejenigen eines persönlich haftenden Gesellschafters sind. Die persönlichen Verhältnisse des Kommanditisten sind regelmäßig für die Gesellschaft nicht von wesentlicher Bedeutung, da er grundsätzlich nur kapitalmäßig an ihr beteiligt ist. Dies wird auch darin deutlich, dass im Falle der Ausschließung eines **persönlich haftenden Gesellschafters** immer auch die Frage zu erörtern ist, ob durch die **Umwandlung seiner Beteiligung in eine bloße Kommanditbeteiligung** die durch den Komplementär verursachten Störungen bereits ausreichend behoben werden können.[128] Diese Grundsätze können jedoch – wie durch ständige höchstrichterliche Rechtsprechung[129] bestätigt wird – nach ihrem Sinn und Zweck dann keine Geltung beanspruchen, wenn das gesellschaftswidrige Verhalten des Kommanditisten so beschaffen ist, dass es die **gleichen Gefahren und Nachteile** für die Gesellschaft bzw. die Mitgesellschafter mit sich bringt, wie wenn sich ein Komplementär eines solchen Verhaltens schuldig gemacht hätte. Typische Fälle sind **Verstöße gegen die gesellschafterliche Treuepflicht**, etwa die Offenbarung von Geschäftsgeheimnissen, die der Kommanditist aufgrund seiner Gesellschafterposition erlangt hat, an Dritte, oder die **wettbewerbswidrige Verwertung solchen Sonderwissens** durch Aufnahme einer Konkurrenztätigkeit. Auch die Weitergabe von Informationen an Geschäftspartner und Behörden in der Absicht, den Mitgesellschafter zu schädigen bzw. dessen Anteil übernehmen zu können,[130] fällt in diese Kategorie.

134

cc) Erfordernis einer Abwägung

Das Fehlverhalten des betreffenden Gesellschafters darf nie die alleinige Grundlage der zu treffenden Entscheidung, ob ein hinreichend wichtiger Grund zum Ausschluss vorliegt, sein. Im Wege der **Abwägung** ist stets auch zu berücksichtigen, wie sich das **Verhalten des betreffenden Gesellschafters ansonsten darstellt**, ob er also z.B. in der Vergangenheit besonders verdienstvoll für das Unternehmen tätig war oder vielmehr bereits häufiger regelwidriges Verhalten zu Lasten der Gesellschaft gezeigt hat. Weiter sind etwaige **Verfehlungen der den Ausschluss betreibenden Mitgesellschafter** von Bedeutung: Wer selbst die Gesellschaft durch bestimmte Verhaltensweisen geschädigt hat, wird in der Regel gehindert sein, gleiche oder gleich schwerwiegende Verstöße seinem Mitgesellschafter vorzuhalten. Betreiben mehrere Gesellschafter den Ausschluss eines Mitgesellschafters, so ist ein wichtiger Grund für die Ausschließung grundsätzlich nicht anzunehmen, wenn in der Person auch nur **eines verbleibenden Gesellschafters** selbst ein Ausschließungsgrund gegeben ist.[131]

135

Verwandtschaftliche Bindungen unter den Gesellschaftern besitzen im Rahmen der durchzuführenden Abwägung durchaus **ambivalente Bedeutung**: Sie können zwar unter Umständen ein Fehlverhalten als **besonders verwerflich** erscheinen lassen; andererseits können sie aber je nach Lage des Falles umgekehrt die Pflicht begründen, über gewisse gesellschaftswidrige Verhaltensweisen **hinwegzusehen** und gegen sie mit weniger einschneidenden Maßnahmen als einer Ausschlussklage vorzugehen.[132]

---

128 BGHZ 4, 112.
129 BGH NJW 1961, 1767, 1768; BGH NJW 1998, 146.
130 BGH NJW 1961, 1767, 1768.
131 BGHZ 32, 35.
132 BGHZ 51, 204.

dd) Ausschließung und Übernahme

136 § 140 Abs. 1 S. 1 HGB hat grundsätzlich die Konstellation im Auge, bei der nach Ausschluss eines Gesellschafters noch zwei oder mehrere andere Mitgesellschafter verbleiben, welche die Gesellschaft weiterführen. Ein Ausschluss ist aber auch dann möglich, wenn nach der Ausschließung nur **ein Gesellschafter verbleibt**. Dies lässt § 140 Abs. 1 S. 2 HGB ausdrücklich zu. Der letztgenannte Fall, bei dem es sich im Grunde um einen Unterfall der Ausschließungsklage handelt, wird zur Abgrenzung allgemein als **Übernahmeklage** bezeichnet. Die Übernahme unterscheidet sich in zweierlei Hinsicht von der „gewöhnlichen" Ausschließung: Zum einen sind die **Anforderungen an den wichtigen Grund heraufgesetzt**. Die Übernahme ist das äußerste Mittel; es darf also keine andere Möglichkeit der Konfliktlösung geben, die den gleichen Erfolg auf eine zumutbare Weise herbeiführt. Des Weiteren ergeben sich im Rahmen der Übernahme naturgemäß **andere Rechtsfolgen**, da die Gesellschaft mit nur einem Gesellschafter nicht weiter existieren kann.

ee) Rechtsfolgen von Ausschließung und Übernahme

137 Ausschließung und auch Übernahme haben zur Folge, dass eine **Auseinandersetzung** stattzufinden hat. § 140 Abs. 2 HGB setzt dies bereits voraus und ordnet an, dass für die Auseinandersetzung zwischen der Gesellschaft und dem ausgeschlossenen Gesellschafter die **Vermögenslage der Gesellschaft in dem Zeitpunkt maßgeblich ist, in welchem die Ausschluss- bzw. Übernahmeklage erhoben** ist. Wenn sich also während eines längeren Rechtsstreits die Vermögenslage der Gesellschaft verändert, hat dies auf die Auseinandersetzung keinen Einfluss. Für die Auseinandersetzung gelten im Übrigen die für die Gesellschaft bürgerlichen Rechts statuierten Vorschriften der §§ 738–740 BGB. Der Auszuschließende besitzt einen dementsprechenden **Anspruch auf eine Abfindung**. Die Fälligkeit der Abfindung und auch deren Bemessung ist in gewissem Rahmen der Regelung durch gesellschaftsvertragliche Klauseln zugänglich.[133] Die Übernahme hat im Gegensatz zur „gewöhnlichen" Ausschließung zur Folge, dass die Gesellschaft zu existieren aufhört. Das Gesellschaftsvermögen fällt dem verbleibenden Gesellschafter als sein Vermögen zu (Fall der **Gesamtrechtsnachfolge**), und zwar mit allen Aktiven und Passiven, so dass der verbleibende Gesellschafter auch für alle Gesellschaftsschulden haftet. Für den einzig verbleibenden Komplementär, der ohnehin auch vorher schon persönlich haftete, hat dieser Umstand keine allzu gravierende Bedeutung. Jedoch **haftet auch ein allein verbleibender Kommanditist als Gesamtrechtsnachfolger nunmehr unbeschränkt für die Altschulden der Gesellschaft**, so dass dieser vor Erhebung einer Übernahmeklage besonders gründlich prüfen muss, ob ein solcher Schritt sinnvoll und durchführbar erscheint.

ff) Prozessuales

138 Im Fall der Ausschließungsklage ist grundsätzlich die Klage **durch alle Mitgesellschafter** zu erheben. Jedoch gilt es als zulässig, die **Zustimmung** von Mitgesellschaftern zu dem beabsichtigen Ausschluss und der Ausschlussklage einzuholen; diese müssen dann nicht mehr als Kläger mitwirken.[134]

139 Die Ausschließungsklage ist **auch gegen mehrere Gesellschafter möglich**. Ein solches Vorgehen kann jedoch je nach Lage des Falles besondere **Gefahren** in sich bergen, denn bereits das **Scheitern der Klage gegen nur einen Gesellschafter reicht aus**, um diese **insgesamt unbegründet** zu machen, da dieser betreffende Gesellschafter – weil er in seiner Gesellschafter-

---

133 Vgl. hierzu statt vieler *Baumbach/Hopt*, HGB, § 131 Rn 48 ff., 58 ff.
134 Seit BGH NJW 1958, 418.

stellung verbleibt – der gegen die anderen auszuschließenden Gesellschafter gerichteten Klage zustimmen muss, dies aber in aller Regel nicht getan hat und auch nicht dazu aufgefordert worden ist.[135] Ist das Verlangen nach Ausschluss von Mitgesellschaftern begründet, so besteht in aller Regel eine Treuepflicht der nicht betroffenen Mitgesellschafter, der Ausschließungsklage zuzustimmen bzw. an ihr mitzuwirken. Auf die **Zustimmung bzw. Mitwirkung** kann **geklagt** werden. Sinnvoll wird es in aller Regel sein, die Ausschlussklage mit der gegen die nicht mitwirkenden Gesellschafter gerichteten Klage auf Mitwirkung zu verbinden (§ 260 ZPO).[136]

Die zu erhebende Klage auf Ausschluss bzw. auf Übernahme ist **Gestaltungsklage**. Das Urteil entfaltet **erst mit Rechtskraft** Wirkung. 140

Die Klage kann am allgemeinen Gerichtsstand des Auszuschließenden oder auch am Sitz der Gesellschaft erhoben werden. 141

---

c) Muster: Ausschließungsklage   M 16

An das   142
Landgericht _____ [137]
– Kammer für Handelssachen –[138]
   _____ (Ort), den _____ (Datum)

Klage

1. des Komplementärgesellschafters A, _____ (Adresse)
2. des Kommanditgesellschafters B, _____ (Adresse)
   – Kläger –[139]
Prozessbevollmächtigter: _____
gegen
1. den Kommanditgesellschafter C, _____ (Adresse)
2. den Kommanditgesellschafter D, _____ (Adresse)
   – Beklagte –[140]
wegen Ausschließung eines Kommanditisten aus einer Kommanditgesellschaft und Mitwirkung hieran
Vorläufiger Streitwert: _____
Namens und im Auftrag der Kläger beantrage ich:
1. Der Beklagte zu 1. wird aus der Kommanditgesellschaft in Firma A-KG ausgeschlossen.
2. Der Beklagte zu 2. wird verurteilt, dem Ausschluss des Beklagten zu 1. aus der Kommanditgesellschaft in Firma A-KG zuzustimmen.
Begründung:

---

135 Vgl. z.B. BGHZ 64, 255.
136 Vgl. hierzu BGHZ 68, 83.
137 Die örtliche Zuständigkeit richtet sich nach den Vorschriften der §§ 12, 13, 17 ZPO (allgemeiner Gerichtsstand) bzw. § 22 ZPO (Gerichtsstand der Mitgliedschaft).
138 Gem. §§ 94, 95 Abs. 1 Nr. 4a GVG entscheidet die Kammer für Handelssachen, falls eine solche bei dem betreffenden Landgericht gebildet ist.
139 Die Klage ist grundsätzlich von allen Mitgesellschaftern gegen den bzw. die Auszuschließenden zu erheben. Die Mitwirkung ist entbehrlich, wenn der betreffende Gesellschafter der Erhebung der Ausschlussklage schriftlich zugestimmt hat.
140 Beklagter ist der Gesellschafter, dessen Ausschluss erreicht werden soll. Weiter können im Wege objektiver Klagehäufung derjenige bzw. diejenigen Gesellschafter verklagt werden, die an der Klage nicht mitwirken und auch ihre Zustimmung zu dieser nicht erteilt haben. Die Klage gegen sie ist m.E., wenn sie – wie hier – mit der Ausschlussklage verbunden wird, richtigerweise auf Verurteilung zur Zustimmung bzgl. des Ausschlusses zu richten.

I.
1. Die Kläger und die Beklagten sowie Herr E sind die sämtlichen Gesellschafter der A-KG; der Kläger zu 1. ist einziger persönlich haftender Gesellschafter, der Kläger zu 2. und die Beklagten sowie Herr E sind Kommanditisten mit Einlagen zu je 500.000 EUR. Die Gesellschaft ist im Handelsregister des Amtsgerichts _____ und der Nr. HRA _____ eingetragen.
Beweis: Amtlicher Handelsregisterausdruck[141] zu Nr. HRA _____ – Anlage K 1
2. Die Gesellschaft ist im Bereich der Entwicklung und des Vertriebes von Software für spezifische Anwendungsbereiche tätig. Hierbei werden regelmäßig Softwarelösungen für bestimmte Geräte- und Maschinentypen entwickelt, ohne dass insoweit vertragliche Beziehungen zu Abnehmern bereits bestünden. Die entwickelten Programme werden dann den jeweils in Frage kommenden Geräteherstellern zum Erwerb angeboten, wobei eine stetige Konkurrenzsituation zu ähnlich arbeitenden kleineren Unternehmen besteht. Am Markt setzen sich diejenigen Softwareprodukte durch, die besonders leistungsfähige und universell einsetzbare Funktionen beinhalten. Folglich muss die Gesellschaft, um erfolgreich zu sein, stets neue, kreative Lösungen entwickeln, die von Mitbewerbern nicht angeboten werden können.
Beweis: Zeugnis des leitenden Mitarbeiters M, zu laden über die A-KG, _____ (Adresse)
3. Der Gesellschaftsvertrag der A-KG sieht umfassende, über die Regelung des § 166 HGB hinausgehende Einsichtsrechte der Kommanditisten vor. Diese sind berechtigt, die Softwareentwicklungen auch im Einzelnen prüfen und betrachten zu können, um ein zeitnahes, zutreffendes Bild über die Marktchancen der Gesellschaft und damit auch bezüglich der Werthaltigkeit ihrer Beteiligung gewinnen zu können (§ 7 des Gesellschaftsvertrages). Gleichzeitig ist, um Missbräuche dieses weitgehenden Informationsrechts zu verhindern, die Regelung des § 165 HGB abbedungen und ein umfassendes Wettbewerbsverbot zu Lasten der Kommanditisten geregelt worden. Diese dürfen sich nicht an anderen Unternehmen, die ganz oder teilweise im Bereich des Gesellschaftszwecks der A-KG tätig sind, beteiligen, mit solchen Konkurrenzunternehmen auch keine Verträge, insbesondere Beraterverträge, schließen oder in sonst einer Form für diese tätig sein (§ 11 des Gesellschaftsvertrages).
Beweis: Gesellschaftsvertrag der A-KG – Anlage K 2
4. Der – branchenkundige – Beklagte zu 1. hat von seinem Einsichts- und Informationsrecht seit jeher umfassend Gebrauch gemacht. Insbesondere hat er am _____, _____ und _____ in die Unterlagen zum Projekt _____ Einblick genommen und auch – was gesellschaftsvertraglich nicht zu beanstanden ist – Kopien der Unterlagen gefertigt.
Beweis: Zeugnis des Programmierers P, zu laden über die A-KG
5. Als das Projekt _____ zu einem anwendungsreifen Programm geführt hatte, bot der Kläger zu 1. dieses der X-AG zum Kauf an. Der für den Einkauf bei der X-AG zuständige Angestellte Z teilte nach Prüfung mit, man habe sich für die Lösung des Mitbewerbers Y-GmbH entschieden, die bei gleicher Leistungsfähigkeit zu einem günstigeren Preis angeboten worden sei. Auf Bitten des Klägers händigte Z ihm das Konkurrenzprodukt aus.
Beweis: Zeugnis des Z, zu laden über die X-AG, _____ (Adresse)
6. Eine Überprüfung des Konkurrenzproduktes durch die fachkundigen Mitarbeiter der A-KG ergab, dass dieses in wesentlichen Bereichen nahezu identische Strukturen auswies wie das im eigenen Hause entwickelte Programm. Die Übereinstimmung ist derart weitgehend, dass sie nur damit erklärt werden kann, dass ein Entwickler sich die Arbeiten des anderen zunutze gemacht, diese also schlichtweg „kopiert" hat.
Beweis: Zeugnis des Programmierers P, bereits benannt, Sachverständigengutachten

---

[141] Mit Inkrafttreten des EHUG am 1.1.2007 wurde die Möglichkeit geschaffen, über das gemeinsame Registerportal der Länder (unter www.handelsregister.de) bundesweit Registerdaten abzurufen. Dementsprechend kann gem. § 9 Abs. 4 HGB n.F. ein elektronischer Handelsregisterausdruck verlangt werden; sofern Schriftstücke nur in Papierform vorliegen, kann eine beglaubigte Abschrift gefordert werden.

7. Die daraufhin unter Einschaltung einer Wirtschaftsdetektei angestellten Nachforschungen haben ergeben, dass der Beklagte zu 1. die von ihm kopierten Unterlagen aus dem Hause der A-KG, die u.a. die wesentlichen Angaben zu dem hier in Rede stehenden Programm enthielten, dem Geschäftsführer G der Y-GmbH am _____ zum Erwerb angeboten und im Gegenzug einen am _____ in den Räumlichkeiten der Y-GmbH übergebenen Betrag von _____ EUR in bar erhalten hat.
Beweis: Zeugnis des S (ehemaliger Mitarbeiter der Y-GmbH), _____ (Adresse)
Zeugnis des F, zu laden über die Wirtschaftsdetektei W, _____ (Adresse)
8. Der Mitgesellschafter E hat mit Schreiben vom _____ seine vorbehaltlose und unwiderrufliche Zustimmung zur Erhebung der Ausschließungsklage gegenüber dem Beklagten zu 1. erklärt, nachdem er über den Sachverhalt informiert worden war.
Beweis: Schreiben des E vom _____ an die Kläger – Anlage K 3.
9. Der Beklagte zu 2. ist mit Schreiben vom _____ unter Schilderung des Sachverhaltes aufgefordert worden, an der Erhebung der Ausschlussklage gegenüber dem Beklagten zu 1. mitzuwirken, jedenfalls aber eine schriftliche Zustimmungserklärung zur Erhebung dieser Klage abzugeben. Eine Reaktion erfolgte trotz Erinnerung vom _____ nicht.
Beweis: Übergabe-Einschreiben der Kläger an den Beklagten zu 2. vom _____
Weiteres Übergabe-Einschreiben der Kläger an den Beklagten zu 2. vom _____
– Anlagen K5

II.
Das klägerische Begehren, das sich auf Ausschließung des Beklagten zu 1. aus der Gesellschaft und auf Zustimmung des Beklagten zu 2. hierzu richtet, ist begründet.
1. Eine Ausschließungsklage ist gegen den auszuschließenden Mitgesellschafter zu richten, wobei grundsätzlich alle übrigen Mitgesellschafter die Klage erheben müssen (BGHZ 30, 195; BGH NJW 1998, 146). Dies bezieht sich jedoch nicht auf Gesellschafter, die bereits außergerichtlich und bindend erklären, sie seien mit der Erhebung der Ausschließungsklage gegenüber dem Auszuschließenden einverstanden (BGH NJW 1958, 418 für die Auflösungsklage).
Vorliegend hat Herr E der Erhebung der Ausschließungsklage gegenüber dem Beklagten zu 1. unwiderruflich und vorbehaltlos außergerichtlich zugestimmt. Seine Mitwirkung als Kläger im vorliegenden Verfahren ist daher nicht erforderlich. Die Kläger sind Gesellschafter der A-KG und als solche aktivlegitimiert.
2. Einziger weiterer Gesellschafter außer dem Auszuschließenden ist der Beklagte zu 2. Dieser hat sich der Mitwirkung bislang trotz entsprechender außergerichtlicher Aufforderung verweigert. Die Kläger besitzen daher das rechtlich schützenswerte Interesse, die Verurteilung des Beklagten zu 2. zur Zustimmung hinsichtlich der erhobenen Ausschlussklage zu erreichen. Mitwirkungsklage und Ausschließungsklage können verbunden werden (BGHZ 68, 81ff.).
3. Es liegt in dem Verhalten des Beklagten zu 1. ein wichtiger Grund vor, der seine Ausschließung aus der A-KG rechtfertigt.
Der Beklagte zu 1. hat die Stellung eines Kommanditgesellschafters inne. Dementsprechend ist zu prüfen, ob der Grundsatz zur Anwendung gelangt, dass an die Ausschließungsklage grundsätzlich höhere Anforderungen zu stellen sind, als dies im Falle des beabsichtigten Ausschlusses eines persönlich haftenden Gesellschafters der Fall wäre. Zu berücksichtigen ist, dass dieser Grundsatz allerdings nicht schlechthin auf alle Fälle einer gegen einen Kommanditisten gerichteten Ausschließungsklage gerichtet werden darf. Seine Anwendung ist vielmehr nur dort gerechtfertigt, wo die in Frage stehende gesellschaftswidrige Verfehlung des Kommanditisten mit Rücksicht auf seine Stellung als Kommanditist nicht so stark ins Gewicht fällt, als wenn eine gleiche Verfehlung von einem persönlich haftenden Gesellschafter begangen worden wäre. Diese Beurteilung leitet sich im Wesentlichen daraus her, dass die Einflussmöglichkeiten eines Kommanditisten auf das Gesellschaftsunternehmen im Allgemeinen ungleich geringer sind. Das alles darf aber nicht dazu führen, dass der oben genannte Grundsatz stets zur Anwendung gelangt. Ist nämlich das gesellschaftswidrige Verhalten des Kom-

manditisten derartig, dass es die gleichen Gefahren und Nachteile für die klagenden Mitgesellschafter mit sich bringt, wie wenn sich ein persönlich haftender Gesellschafter eines solchen Verhaltens schuldig gemacht hätte, dann ist kein innerer Grund ersichtlich, den Kommanditisten bei der Beurteilung einer gegen ihn erhobenen Ausschließungsklage günstiger zu stellen als einen persönlich haftenden Gesellschafter (BGH NJW 1961, 1767, 1768).
Im vorliegenden Fall besitzen die Kommanditisten weitgehende Einsichts- und Informationsrechte. Diesen korrespondiert die strikte, gesellschaftsvertraglich statuierte Verpflichtung zur Unterlassung von Wettbewerb zum Nachteil der Gesellschaft. Die Stellung der Kommanditisten ist betreffs dieses Bereichs der eines persönlich haftenden Gesellschafters mit Rechten und Pflichten weitgehend gleichgestellt. Weiter ist zu berücksichtigen, dass das (Fehl-)Verhalten eines Kommanditisten, insbesondere die Weitergabe von Informationen und Forschungsergebnissen an Konkurrenzunternehmen, der Gesellschaft unterschiedslos erheblichen Schaden zufügt, gleich ob sich ein Komplementär- oder ein Kommanditgesellschafter dessen schuldig macht. Folglich ist es sachgerecht, an das Verhalten der Kommanditisten vorliegend die gleichen Anforderungen zu stellen, als dies bezüglich des Handelns eines Komplementärs der Fall ist.
Der Beklagte zu 1. hat die durch Einsichtnahme gewonnenen Informationen und Forschungsergebnisse gezielt an ein interessiertes Konkurrenzunternehmen weitergegeben. Er hat hierbei ausschließlich zum persönlichen Vorteil gehandelt, indem er von der konkurrierenden Y-GmbH ein Entgelt für die Zurverfügungstellung der Unterlagen verlangt und auch erhalten hat. Gleichzeitig hat er durch sein Handeln der Gesellschaft erheblichen Schaden zugefügt, da diese infolge der Weitergabe der Forschungsergebnisse an einen Konkurrenten nicht in der Lage war, das von ihr entwickelte Produkt an die X-AG zu veräußern. Es liegt daher ein wichtiger Grund im Verhalten des Beklagten zu 1. vor, der seinen Ausschluss aus der Gesellschaft rechtfertigt.
4. Ein milderes Mittel als der Ausschluss des Beklagten zu 1. kommt vorliegend nicht in Betracht und wäre dem Fehlverhalten des Beklagten zu 1. auch nicht (mehr) angemessen. Die vorsätzliche Tat des Beklagten zu 1. hat das für den Zusammenhalt einer Personengesellschaft notwendige Vertrauensverhältnis der Gesellschafter, auch unter Berücksichtigung der Stellung des Beklagten zu 1. als Kommanditist, nachhaltig und unwiederbringlich zerstört. Den Klägern kann nicht mehr zugemutet werden, die Gesellschaft mit dem Beklagten zu 1. fortzuführen. Aus diesem Grund stellt auch die Fortführung der Gesellschaft mit dem Beklagten zu 1. unter zukünftigem Entzug der durch Gesellschaftsvertrag eingeräumten weiter gehenden Informationsrechte kein geeignetes milderes Mittel dar, auf welches die Kläger verwiesen werden könnten.
5. Die bei Ausschließungsklagen stets durchzuführende Interessenabwägung ergibt keine Gesichtspunkte, die in besonderer Weise zu Gunsten des Beklagten zu 1. zu berücksichtigen wären. Auch liegen in der Person keines der Mitgesellschafter des Beklagten zu 1. Tatsachen vor, die ein gleich oder ähnlich gelagertes Fehlverhalten begründen würden.
_____ (Rechtsanwalt)

2. Informations- und Einsichtsrecht des Kommanditisten
a) Typischer Sachverhalt
143 Gerade in der KG besteht die Gefahr der Benachteiligung bestimmter Gesellschafter. Die Kommanditisten, die mit dem Vorteil ausgestattet sind, nicht persönlich haften zu müssen, befinden sich andererseits manches Mal in der Gefahr, wegen ihrer schwächeren Stellung im Gefüge der KG von den Komplementärgesellschaften als bloße Kapitalgeber angesehen zu werden, die sich im Übrigen aus dem Lauf der Geschäfte heraushalten mögen. Der Gesetzgeber hat diese Gefahr erkannt und deshalb die Kommanditisten mit einem besonders ausgestalteten Kontrollrecht ausgestattet. Dabei hat freilich eine bewusste Abstufung im Hinblick auf die Art der Gesellschafterhaftung stattgefunden: Während der persönlich haftende Gesellschafter, auch wenn er von der Führung der Geschäfte ausgeschlossen ist, sich grundsätzlich jederzeit durch Einsichtnahme

in die Unterlagen der Gesellschaft von deren Angelegenheiten unterrichten kann (§ 118 HGB), ist der Kommanditist regelmäßig auf den Erhalt und die Prüfung des Jahresabschlusses beschränkt und hat nur bei Vorliegen wichtiger Gründe ein außerordentliches Informationsrecht, das ihm Aufklärungen gesellschaftlicher Vorgänge unter Inanspruchnahme gerichtlicher Hilfe jederzeit ermöglicht. Damit stehen einem aufmerksamen Kommanditisten aber auch grundsätzlich ausreichende Möglichkeiten zur Verfügung, um die Werthaltigkeit seiner Beteiligung ermessen und prüfen zu können, wenn er hiervon auch Gebrauch macht.

Der jährliche Erhalt des Abschlusses des jeweiligen vorangehenden Geschäftsjahres sollte im Grunde eine Selbstverständlichkeit sein, aber bereits diesbezüglich üben manche Kommanditisten aus Unkenntnis oder auch aus Nachlässigkeit ihre Rechte nicht hinreichend aus. Viel zu selten wird dann allerdings von der Möglichkeit Gebrauch gemacht, **Einsicht in die Bücher** der Gesellschaft zu nehmen, um die Richtigkeit des Jahresabschlusses zu prüfen. Erst in diesem Rahmen werden der Wert der Aktivposten der KG oder auch der Hintergrund erfolgter Rückstellungen erkennbar. 144

Das gesetzliche Informationsrecht des Kommanditisten stellt eine **in der Praxis zu wenig genutzte Möglichkeit** dar, den Wert der eingegangenen Beteiligung laufend zu prüfen und – wo nötig – auch vorhandene Unregelmäßigkeiten aufzudecken und damit einen, wenn auch beschränkten, so doch immerhin wirkungsvollen Einfluss auf die Geschäfte der Gesellschaft zu nehmen. Ein austrittswilliger Kommanditist erhöht durch ausführliche Geltendmachung dieses Rechts nicht selten seinen „Lästigkeitswert" und kann auf diese Weise durchaus erreichen, dass die Konditionen des Austritts sich zu seinen Gunsten verschieben. 145

b) Rechtliche Grundlagen
aa) Grundlagen des Anspruchs aus § 166 Abs. 1 und 3 HGB
Der Kommanditist hat von Gesetzes wegen ein Recht auf **abschriftliche Mitteilung des Jahresabschlusses** und auf Prüfung von dessen Richtigkeit **unter Einsicht der Bücher und Papiere** (§ 166 Abs. 1 HGB), um insoweit eine zumindest grundlegende Kontrolle der Geschäftsführung zu gewährleisten und die Werthaltigkeit seines Anteils durchgängig prüfen zu können. Darüber hinaus kann er **bei Vorliegen wichtiger Gründe** auch **sonstige Aufklärungen** sowie die Vorlegung der Bücher und Papiere **jederzeit** verlangen (§ 166 Abs. 3 HGB). Gleichzeitig wird in § 166 Abs. 2 HGB klargestellt, dass die in § 118 HGB dem von der Geschäftsführung ausgeschlossenen Gesellschafter eingeräumten weitgehenden Rechte dem Kommanditisten nicht zustehen; er ist diesem – persönlich haftenden! – Gesellschafter eben nicht gleichgestellt. 146

bb) Umfang des Einsichtsrechts nach § 166 Abs. 1 HGB
Das Einsichtsrecht des § 166 Abs. 1 HGB ist auf die Kontrolle des **auszuhändigenden Jahresabschlusses** beschränkt; folglich ist eine Einsichtnahme auch nur in diejenigen Unterlagen gestattet, die **zu dieser sachgerechten Prüfung geeignet und erforderlich** sind. Es obliegt allerdings der Gesellschaft bzw. den geschäftsführenden Gesellschaftern, darzutun, dass die Einsichtnahme in bestimmte Unterlagen dieser vorbezeichneten Prüfung nicht zu dienen geeignet ist. Das Recht zur Einsichtnahme ist nicht per se auf bestimmte Bücher bzw. Papiere eingeengt, es erstreckt sich grundsätzlich auch auf Prüfungsberichte eines Wirtschaftsprüfers oder des Finanzamtes. 147

Im Einzelnen streitig ist, ob das Kontrollrecht des Kommanditisten **dann entfällt**, wenn er **den Jahresabschluss mit unterzeichnet** und damit als verbindlich anerkannt hat. Vorsorglich sollte ein Kommanditist, der noch Einsicht nehmen möchte, daher zunächst die Unterzeichnung des Jahresabschlusses ablehnen, bis seinem Wunsch entsprochen worden ist. 148

cc) Ausübung des Einsichtsrechts

149 Die Ausübung des Einsichtsrechts kann **grundsätzlich nur persönlich** erfolgen, es sei denn, der Gesellschaftsvertrag sieht etwas anderes vor, oder die Mitgesellschafter stimmen im Einzelfall der Ausübung durch Bevollmächtigte zu. Jedoch ist es dem Kommanditisten ohne Weiteres gestattet, bei der Einsichtnahme einen **sachkundigen Dritten hinzuzuziehen**, insbesondere einen Steuerberater, Wirtschaftsprüfer oder Rechtsanwalt.

dd) Vorliegen eines wichtigen Grundes i.S.d. § 166 Abs. 3 HGB

150 Ein wichtiger Grund i.S.d. § 166 Abs. 3 HGB liegt insbesondere dann vor, wenn der – begründete – **Verdacht einer nicht ordnungsgemäßen Führung der Geschäfte bzw. der Bücher** gegeben ist. Auch ein **drohender Schadenseintritt** wird in aller Regel einen wichtigen Grund dafür abgeben, die jederzeitige, außerturnusmäßige Vorlegung nach § 166 Abs. 3 HGB zu verlangen.

ee) Prozessuale Geltendmachung

151 Das Einsichtsrecht des § 166 Abs. 1 HGB ist durch **gewöhnliche, den Vorschriften der ZPO unterfallende Klage** geltend zu machen. Ob dieses Recht auch im Wege vorläufigen Rechtsschutzes durchgesetzt werden kann (oder ob hierfür vielmehr allein der Weg nach Abs. 3 eröffnet ist), ist streitig. Für die Geltendmachung der Rechte aus **Abs. 3** des § 166 HGB gilt hingegen ein **Sonderverfahren in Form eines streitigen FamFG-Verfahrens** (§ 23a Abs. 1 Nr. 4 i.V.m. § 375 Nr. 1 FamFG), somit beansprucht dort auch der Amtsermittlungsgrundsatz (§ 26 FamFG) Geltung. Ein Antrag auf Erlass einer einstweiligen Verfügung kann in diesem FamFG-Verfahren nicht gestellt werden; wohl aber kann eine richterliche Anordnung ergehen, nach welcher das geltend gemachte Recht in entsprechender Weise zu befriedigen ist.

M 17 c) **Muster: Auskunftsklage eines Kommanditisten**

152 An das
Landgericht _____ [142]
– Kammer für Handelssachen –[143]

_____ (Ort,)

Klage

1. des Kommanditgesellschafters A, _____ (Adresse)

– Kläger –[144]

Prozessbevollmächtigter: _____
gegen
1. die Kommanditgesellschaft in Firma B, _____ (Adresse)
2. den Komplementärgesellschafter B, _____ (Adresse)

– Beklagte –

wegen Erteilung von Abschriften von Jahresabschlüssen
Vorläufiger Streitwert: _____

---

[142] Die örtliche Zuständigkeit richtet sich nach den Vorschriften der §§ 12, 13, 17 ZPO (allgemeiner Gerichtsstand).
[143] Gem. § 95 Abs. 1 Nr. 4a GVG entscheidet die Kammer für Handelssachen, falls eine solche bei dem betreffenden Landgericht gebildet ist.
[144] Die Klage ist grundsätzlich von dem bzw. den anspruchstellenden Kommanditgesellschaftern gegen die Gesellschaft bzw. gegen den geschäftsführenden Komplementärgesellschafter zu erheben.

Namens und im Auftrag des Klägers beantrage ich:
1. Die Beklagten werden verurteilt, dem Kläger Abschriften des vollständigen Jahresabschlusses der Beklagten zu 1.) für das Geschäftsjahr _____ zu erteilen.
2. Die Beklagten werden verurteilt, dem Kläger Einsicht in das Kassenbuch sowie in die Kontoauszüge der Bankkonten _____, _____ und _____ für das Geschäftsjahr _____ zu gewähren.

Begründung:

I.
1. Der Kläger ist Kommanditist der Beklagten zu 1.; sein Kommanditanteil beträgt 10.000 EUR. Der Beklagte zu 2. ist einer der geschäftsführenden Gesellschafter, der Beklagten zu 1.
Beweis: Amtlicher Handelsregisterausdruck[145] zu Nr. HRA _____ – Anlage K 1.
2. Gem. § _____ des Gesellschaftsvertrages – Anlage K 2 – ist der Jahresabschluss der Beklagten zu 1. binnen der ersten drei Monate des Folgejahres zu erstellen. Dies ist nach Kenntnis des Klägers auch für das Geschäftsjahr _____ fristgerecht erfolgt.
3. Der Kläger hat die Beklagte zu 1. und den Beklagten zu 2. persönlich mit Schreiben vom _____ aufgefordert, ihm eine Abschrift des vollständigen Jahresabschlusses zukommen zu lassen, sowie ihm Einblick in die im Klageantrag zu 2. aufgeführten Unterlagen zu gewähren – Anlage K 3, K 4.
4. Die Beklagten haben dem Kläger mit Schreiben vom _____ geantwortet. Sie sind der Auffassung, ein Anspruch des Klägers auf Erteilung einer derartigen Abschrift und Gewährung der verlangten Einsichtnahme bestehe nicht, da Grund zu der Sorge bestehe, dass der Kläger diese Unterlagen bzw. die durch Einsichtnahme erlangten Kenntnisse missbräuchlich verwenden werde – Anlage K 5.
Weitere Ausführungen enthält das Schreiben der Beklagten nicht.

II.
1. Der Kläger besitzt in seiner Eigenschaft als Kommanditist der Beklagten zu 1. einen aus § 166 Abs. 1 HGB folgenden Anspruch auf Erteilung von deren Jahresabschluss. Der vollständige Abschluss setzt sich aus der Bilanz und der Gewinn- und Verlustrechnung zusammen, § 242 Abs. 3 HGB. Der gesamte Abschluss ist dem Kläger abschriftlich auszuhändigen; bloße Gewährung der Einsichtnahme genügt insoweit nicht.
2. § 166 Abs. 1 HGB legt weiter fest, dass der Kommanditist berechtigt ist, die Richtigkeit des Jahresabschlusses unter Einsicht der Bücher und Papiere zu prüfen. Hierzu gehören sämtliche Unterlagen, die zur Kontrolle des Rechnungsabschlusses geeignet und erforderlich sind (BGHZ 25, 120). Ob der Jahresabschluss insoweit ordnungsgemäß erstellt ist, kann der Kläger nur beurteilen, wenn er insbesondere Einsicht in das Kassenbuch und die Bankkonten der Beklagten zu 1. erhält. Nur so ist es dem Kläger möglich, insbesondere die einzelnen Geldausgänge daraufhin zu überprüfen, ob sie betrieblichen Zwecken dienten, bzw. ob sie ordnungsgemäß verbuchte laufende Entnahmen darstellen.
3. Der Anspruch aus § 166 Abs. 1 HGB richtet sich in erster Linie gegen die Gesellschaft (BayObLG, BB 1991, 1589), daneben jedoch auch unmittelbar gegen die geschäftsführenden Gesellschafter. Der Kläger richtet daher seinen Klageanspruch gegen die Beklagte zu 1. und zusätzlich gegen den Beklagten zu 2. als einen von deren geschäftsführenden Gesellschaftern.
4. Soweit die Beklagten behaupten, es bestehe die Gefahr, dass der Kläger die erhaltenen Informationen missbrauche, ist dieser Vortrag bereits deswegen unbeachtlich, weil er vollkommen pauschal gehalten ist. In der Tat kann der Kläger nicht erkennen, aus welchen Gründen die Beklagten diesen Verdacht hegen. Der Kläger ist nicht Wettbewerber der Beklagten zu 1. Er hat sich auch in der Vergan-

---
[145] Online-Abruf unter handelsregister.de.

genheit kein Verhalten zuschulden kommen lassen, das eine solche Anschuldigung gerechtfertigt erscheinen lassen könnte.

(Rechtsanwalt)

3. Wettbewerbsverbot des persönlich haftenden Gesellschafters gem. § 112 HGB
a) Typischer Sachverhalt

153 Verstöße gegen Wettbewerbsverbote sind im Wirtschaftsleben häufig anzutreffen. Offensichtlich ist die Versuchung für den geschäftsführenden, persönlich haftenden Gesellschafter groß, lukrative Geschäfte selbst und an der Gesellschaft vorbei zu verwirklichen. Die Kreativität der Verletzer bei der Erfindung von Verletzungshandlungen ist dabei verblüffend; sie dient regelmäßig der Verschleierung der Wettbewerbsverstöße. Neben der unmittelbaren Ausführung von Geschäften im eigenen Namen und im Handelszweig der Gesellschaft finden sich Gestaltungsvarianten als Zwischenhändler, Makler, Kommissionäre, diverse Formen von Beteiligungen oder Unterbeteiligungen an Konkurrenzunternehmen, Treuhandverhältnisse, Nießbrauchvereinbarungen usw. Um Wettbewerbsverstöße zu verhindern, vereinbaren die Gesellschafter meist mit Vertragsstrafen bewehrte Wettbewerbsverbote in der Satzung der Gesellschaft. Darüber hinaus regelt der Gesetzgeber in §§ 112, 113 HGB ein gesetzliches Wettbewerbsverbot, das vom Anwendungsbereich her nicht nur die Gesellschafter der OHG, sondern auch die persönlich haftenden Gesellschafter einer KG erfasst. Der Kommanditist ist von gesetzlichen Wettbewerbsbeschränkungen nur dann betroffen, wenn er persönlich haftet oder einem persönlich haftenden Gesellschafter gleichgestellt ist, weil er die Gesellschaft als Mehrheitsgesellschafter beherrscht.[146]

b) Rechtliche Grundlagen
aa) Grundlagen des Anspruchs aus § 112 HGB

154 Das Wettbewerbsverbot ist eng an die formelle Stellung als Gesellschafter geknüpft. Es gilt also nur für den Gesellschafter und nur für die Zeit seiner Gesellschafterstellung. Es beginnt grundsätzlich mit dem Eintritt und endet mit dem Austritt. Wird die Gesellschaft liquidiert erlischt das Wettbewerbsverbot, da die Gesellschaft in Liquidation nicht mehr werbend tätig ist. Eine andere Beurteilung ergibt sich nur soweit und solange das Unternehmen in einem zulässigen Rahmen während der Liquidation am Markt tätig ist.[147]

155 Erfasst sind Wettbewerbshandlungen im gleichen Handelszweig und innerhalb des sachlich und räumlich relevanten Marktes der Gesellschaft. Prüfungsmaßstab ist der in der Satzung definierte Unternehmensgegenstand, wobei die spätere Entwicklung der Gesellschaft, ihr tatsächlicher Tätigkeitsbereich und geplante Weiterentwicklungen der Geschäftstätigkeit (corporate opportunity) zu berücksichtigen sind.

bb) Rechtsfolgen der Verletzung des Wettbewerbsverbots, § 113 HGB

156 § 113 HGB beinhaltet allein die Rechtsfolgen für das in § 112 HGB tatbestandlich definierte Wettbewerbsverbot; die Rechtsfolgen vertraglich vereinbarter Wettbewerbsverstöße werden in § 113 HGB gerade nicht geregelt. Anspruchsberechtigt ist die Gesellschaft, sie hat Anspruch auf Schadenersatz, der regelmäßig aus dem entgangenen Gewinn besteht. Der Gesellschaft steht alternativ ein Eintrittsrecht in die Geschäfte oder ein Anspruch auf Abtretung der Vergütungsansprüche zu.

---

146 BGHZ 89, 162–172.
147 BGH NJW 1980, 127.

Die §§ 112, 113 HGB vermitteln zudem in Verbindung mit §§ 242, 666 BGB einen Anspruch auf Unterlassung sowie Ansprüche auf Auskunft und Rechnungslegung. 157

Zu beachten ist die doppelte Verjährung nach § 113 Abs. 3 HGB. Die Ansprüche verjähren in drei Monaten von dem Zeitpunkt an, in welchem die übrigen Gesellschafter von dem Wettbewerbsverstoß Kenntnis erlangen; ohne Rücksicht auf die Kenntnis verjähren sie in fünf Jahren. 158

c) Muster: Unterlassungsklage eines Kommanditisten nach § 112 HGB

M 18

An das 159
Landgericht _____ [148]
– Kammer für Handelssachen –[149]

_____ (Ort, Datum)

Klage

1. der Frau A, _____ (Adresse)
2. der Frau B, _____ (Adresse)
3. der Frau Z, _____ (Adresse)

– Kläger –[150]

Prozessbevollmächtigter: _____

gegen

den Komplementärgesellschafter B, _____ (Adresse)

– Beklagter –

wegen Unterlassung von Wettbewerbsverstößen
Vorläufiger Streitwert: _____[151]
Namens und im Auftrag der Kläger beantrage ich:
1. Dem Beklagten wird es verboten, Schokoladenrohmasse in der Bundesrepublik Deutschland zu kaufen oder zu verkaufen.[152]
2. Dem Beklagten wird für jeden Fall der Zuwiderhandlung ein Ordnungsgeld bis zu 250.000 EUR, ersatzweise Ordnungshaft, oder Ordnungshaft bis zu sechs Monaten angedroht, wobei die Ordnungshaft insgesamt zwei Jahre nicht übersteigen darf.

Begründung:

I.
1. Die Kläger sind die Kommanditisten der Z-Schokoladen KG; ihre Kommanditanteile betragen jeweils 50.000 EUR. Der Beklagte ist der geschäftsführende Gesellschafter.
Beweis: Amtlicher Handelsregisterausdruck[153] zu Nr. HRA _____ – Anlage K 1.

---

[148] Die örtliche Zuständigkeit richtet sich nach den Vorschriften der §§ 12, 13, 17 ZPO (allgemeiner Gerichtsstand).
[149] Gem. § 95 Abs. 1 Nr. 4a GVG entscheidet die Kammer für Handelssachen, falls eine solche bei dem betreffenden Landgericht gebildet ist.
[150] Der Unterlassungsanspruch kann von jedem Gesellschafter geltend gemacht werden; hinsichtlich der übrigen Gesellschafter besteht keine notwendige Streitgenossenschaft.
[151] Der Streitwert bemisst sich an dem sich aus den Wettbewerbsverstößen ergebenden Wert der Beeinträchtigungen. Die Wertfestsetzung erfolgt durch das Gericht nach freiem Ermessen gem. § 3 ZPO. Zu den einzelnen Maßstäben für die Bewertung des Unterlassungsinteresses siehe BGH NJW-RR 1990, 1322; MüKo-ZPO/*Wöstmann*, § 3 Rn 123 m.w.N.
[152] Der Unterlassungsanspruch darf nicht zu weit gefasst werden, da er sich nur auf den sachlich und räumlich relevanten Markt richtet.
[153] Online-Abruf unter handelsregister.de.

2. Gegenstand der Gesellschaft ist laut § 2 der Satzung:
Gegenstand des Unternehmens ist die Herstellung und der Handel mit Schokoladenrohmasse sowie der Handel, Import und Export von Lebensmittelrohstoffen für die Süßwarenproduktion. Die Gesellschaft ist berechtigt, alle Geschäfte zu tätigen, die dem Gesellschaftszweck mittelbar oder unmittelbar dienlich sind. Sie kann andere Unternehmen erwerben, sich an ihnen beteiligen, die Geschäftsführung für solche Unternehmen übernehmen und Zweigniederlassungen errichten.
Beweis: Kopie des Gesellschaftsvertrages vom _____ – Anlage K 2.
Bei dem Unternehmen handelt es sich um einen Familienbetrieb der zweiten Generation. Der Beklagte ist der älteste Sohn des Firmengründers, die Klägerin zu 3. ist die Mutter, die Klägerinnen zu 1. und 2. sind die Schwestern des Beklagten. Die jeweilige Gesellschafterstellung erwarben die Parteien nach Abwicklung eines Erbvertrages nach dem Tod des Vaters.
Beweis: Kopie des Erbvertrages vom _____ – Anlage K 3.
3. Obwohl die Lage auf dem Markt für Schokoladenrohmasse ausgeglichen ist, kam es in den beiden letzten Quartalen bei gleichbleibendem Wareneinsatz zu erheblichen Umsatzeinbrüchen. Die Klägerin zu 1. nahm daraufhin Einblick in die Buchführungsunterlagen und fand dort Rechnungen vor, die den Beklagten als Rechnungsaussteller und die Gesellschaft als Rechnungsempfänger auswiesen. Gegenstand der Rechnungen war der Kauf und die Lieferung von Schokoladenrohmasse
– Anlage K 4, K 5.
4. Eine sodann durchgeführte Recherche ergab, dass der Beklagte seit über einem Jahr als Einzelunternehmer ein Großhandelsgeschäft mit Schokoladenrohmasse und Lebensmittelrohstoffen betreibt – Anlage K 6.

_____

II.
1. Die Kläger haben einen Anspruch auf Unterlassung des Wettbewerbes aus den §§ 112, 113 HGB. Der Beklagte ist als Komplementär persönlich haftender Gesellschafter.

_____

2. Eine Einwilligung der Mitgesellschafter liegt nicht vor und wird auch nicht erteilt werden.

_____

3. Die Verletzungshandlungen sind in den am _____ und am _____ getätigten Einzelgeschäften zu sehen. Darüber hinaus stellt die Führung des Großhandelsunternehmens unter der Firma _____ eine weitere Verletzungshandlung dar. Selbst wenn weitere Geschäfte bisher nicht getätigt wurden, begründet schon die Existenz des Unternehmens die Gefahr weiterer Wettbewerbsverstöße.

_____

(Rechtsanwalt)

B. Die GmbH & Co. KG

I. Rechtliche Grundlagen

1. Rechtsformwahl

160 Die GmbH & Co. KG ist neben der GmbH die wohl bedeutendste Unternehmensform nach Anzahl und wirtschaftlichem Gewicht.[154] Die GmbH & Co. KG vereint die haftungsrechtlichen Vorteile der Kapitalgesellschaften mit den steuerlichen und gesellschaftsrechtlichen Vorteilen der Personenhandelsgesellschaften. Bei der GmbH & Co. KG übernimmt eine GmbH die Stellung des

---

154 Übersicht bei *Hansen*, GmbHR 2002, 148.

persönlich haftenden Gesellschafters. Die GmbH haftet zwar mit ihrem Vermögen unbeschränkt, die dahinter stehenden Gesellschafter haften jedoch nur für die Aufbringung des Stammkapitals, also im Ergebnis beschränkt. Neben diesem haftungsrechtlichen Vorteil ermöglicht es die GmbH & Co. KG einen Nichtgesellschafter zum Geschäftsführer zu bestellen, während bei Personengesellschaften mit einer natürlichen Person als persönlich haftenden Gesellschafter das Prinzip der Selbstorganschaft gilt. Daneben bietet die GmbH & Co. KG die Vorteile einer Personengesellschaft. Die innere Verfassung der Gesellschaft kann nahezu vollständig nach den Vorstellungen der Gesellschafter gestaltet werden. Darüber hinaus bestehen keine strengen Regeln im Hinblick auf Kapitalaufbringung und Kapitalerhaltung, wie dies bei Kapitalgesellschaften zu beachten ist. In steuerlicher Hinsicht ist die Personengesellschaft gegenüber der Kapitalgesellschaft in mancher Beziehung vorteilhaft.

2. Rechtliche Zulässigkeit der Rechtsform

Die soeben bezeichneten Gründe haben schon früh Anlass gegeben, nach Mischformen von Kapitalgesellschaften und Personengesellschaften zu suchen. Diese werden dadurch verwirklicht, dass eine Kapitalgesellschaft als Komplementär an einer Kommanditgesellschaft beteiligt ist. Der weitaus häufigste Fall dürfte die **GmbH & Co. KG** sein; hierneben treten auch die **AG & Co. KG**, die **Stiftung & Co. KG** sowie die **ausländische juristische Person & Co. KG**[155] auf. Praxisrelevant ist im Wesentlichen die GmbH & Co. KG. 161

Die GmbH & Co. KG ist eine Kommanditgesellschaft, deren einziger Komplementär eine Gesellschaft mit beschränkter Haftung ist. Die grundsätzliche Zulässigkeit einer haftungsbeschränkten Kapitalgesellschaft als alleiniger Komplementärin einer KG war zur Zeit des Inkrafttretens des HGB nicht ausdrücklich gesetzlich geregelt, ist aber bereits zu Anfang des 20. Jahrhunderts von der Rechtsprechung anerkannt worden.[156] Mittlerweile ist die Existenz der Kapitalgesellschaft & Co. KG vom Gesetzgeber anerkannt und zum Gegenstand zahlreicher spezieller Regelungen gemacht worden (vgl. §§ 172a, 177a HGB).[157] 162

3. Erscheinungsformen

Die **personen- und beteiligungsgleiche GmbH & Co. KG** dominiert in der Praxis. Kennzeichen dieser Gesellschaftsform ist, dass der Gesellschafterkreis bei der GmbH und KG sowie die Beteiligungsquoten der Gesellschafter identisch sind. Bei der Vertragsgestaltung ist zu beachten, dass der Gleichlauf der Beteiligung in beiden Gesellschaften kautelarisch abgesichert wird. Ein Sonderfall der beteiligungsgleichen GmbH & Co. KG ist die **Einpersonen-GmbH & Co. KG**, bei der der Alleingesellschafter-Geschäftsführer der GmbH auch der alleinige Kommanditist ist. Eine weitere in der Praxis häufig vorkommende Gesellschaftsform ist die **Einheitsgesellschaft**, bei der die KG die Geschäftsanteile an der GmbH hält. Zu beachten ist bei allen Gestaltungen, dass nach § 172 Abs. 6 HGB die Kommanditeinlagen haftungsbefreiend nicht durch Einbringung von Anteilen an der Komplementär-GmbH erbracht werden können. 163

4. Gründung

Die Gründung und Eintragung der KG setzt voraus, dass ihre Gesellschafter rechtlich vorhanden sind. Die KG kann deshalb nicht vor der Komplementär-GmbH gegründet werden. Bis vor eini- 164

---

155 Zu deren grundsätzlicher Zulässigkeit vgl. *Baumbach/Hopt*, Anh § 177a Rn 11 m.w.N.; *Werner*, GmbHR 2005, 288 zur Limited & Co. KG.
156 Durch das BayObLG (OLGE 27, 331) und 1922 durch das RG (RGZ 105, 101).
157 Vgl. zur KG oben Rn 1ff. sowie zur GmbH § 5.

gen Jahren war die Gründung der KG erst möglich, wenn die Komplementär-GmbH rechtlich existierte, d.h. im Handelsregister eingetragen war. Mittlerweile ist jedoch anerkannt,[158] dass auch die Vor-GmbH als Gesellschafter der KG eintragungsfähig ist; die Gesellschaften können daher gleichzeitig gegründet werden.

165 Bei Schließung des KG-Vertrags ist darauf zu achten, dass die **Vertretungsbeschränkung** des § 181 BGB eingreift, wenn der Geschäftsführer der Komplementär-GmbH auch Kommanditist ist. Im Bereich der GmbH & Co. KG gibt es mehrere Rechtskreise für die das Selbstkontrahieren relevant werden kann; es ist ggf. auf Befreiung hiervon in sämtlichen Gesellschaftsverträgen zu achten.

166 Der Abschluss des KG-Vertrags ist nach § 15 Abs. 4 GmbHG notariell zu **beurkunden**, wenn in ihm die Verpflichtung zur Abtretung von GmbH-Geschäftsanteilen begründet wird, wie dies z.B. bei der Einheitsgesellschaft der Fall ist. Die Veräußerung von KG-Anteilen ist beurkundungspflichtig, wenn diese wegen des Beteiligungsgleichlaufs zusammen mit GmbH-Anteilen veräußert werden.

5. Besonderheiten im Geschäftsbetrieb, Haftung

167 Bei der **Firmenbildung** ist zu beachten, dass die GmbH & Co. KG verpflichtet ist, die sich auf den Komplementär erstreckende Haftungsbeschränkung durch einen entsprechenden **Rechtsformzusatz** im Rechtsverkehr offen zu legen, § 19 Abs. 5 HGB. Auf den Briefbögen sind alle Informationen aufzunehmen, zu deren Offenlegung eine GmbH verpflichtet ist.[159] Nach dem Handelsrechtsreformgesetz kann die Kommanditgesellschaft auch eine Sachfirma annehmen, so dass der früher notwendige Gleichlauf der Firmierung zwischen persönlich haftender Gesellschafterin und KG aufgehoben ist.[160]

168 Die Komplementär-GmbH kann jedenfalls bei der beteiligungsidentischen KG von ihrem **Stimmrecht** in der Gesellschafterversammlung der KG ausgeschlossen werden, da aufgrund der Personenidentität eine gleichmäßige Willensbildung in beiden Gesellschaften gewährleistet ist.[161] Die Gesellschafterrechte in der Einheits-KG werden üblicherweise von den Kommanditisten ausgeübt. Hier ist kautelarisch vorzusorgen, dass die Gesellschafterrechte auf Grund Beschlusses der Kommanditistenversammlung durch die hierzu ermächtigten Kommanditisten ausgeübt werden.

169 Die GmbH & Co. KG unterliegt schließlich im Falle ihrer **Unterfinanzierung** insgesamt den Kapitalersatzvorschriften des GmbH-Rechts; dies gilt insbesondere auch für etwaige Gesellschafterdarlehen der Kommanditisten an die KG.[162]

170 Jedenfalls die Kommanditisten, die an der Komplementär-GmbH beteiligt sind, haften nach den Grundsätzen der **Kapitalerhaltung** in § 30, 31 GmbHG wenn durch Zahlungen der KG mittelbar das Vermögen der GmbH beeinträchtigt wird.[163] Nach der neueren Rechtsprechung des BGH[164] zur Kapitalaufbringung und -erhaltung ist zweifelhaft geworden, ob die früher gelegentlich praktizierte Übung, das Stammkapital der GmbH der Kommanditgesellschaft darlehensweise zur Verfügung zu stellen, mit den Grundsätzen der Kapitalaufbringung und -erhaltung konform geht.[165] Von einer solchen Gestaltung sollte daher abgesehen werden.

---

158 BGHZ 80, 132.
159 Vgl. § 177a i.V.m. § 125a HGB.
160 *Baumbach/Hopt*, § 19 Rn 24 ff.
161 BGH GmbHR 1993, 591.
162 *Baumbach/Hopt*, § 172a Rn 5 ff.
163 BGH GmbHR 1982, 19.
164 BGH GmbHR 2004, 302.
165 *Wachter*, GmbHR 2004, 1249.

Schließlich unterliegt die GmbH & Co. KG hinsichtlich der **Insolvenzgründe** und der Insolvenzantragspflicht insgesamt den für die GmbH geltenden Vorschriften.[166] 171

6. Steuerliche Behandlung der (Familien-)GmbH & Co. KG
a) Gestaltungsarten der Familien-GmbH & Co. KG

Gesellschaftsrechtlich, aber auch im Hinblick auf die ertragsteuerlichen Auswirkungen ist zwischen verschiedenen Gestaltungsarten zu unterscheiden: 172
- **Typische oder echte GmbH & Co. KG** (im engeren Sinne): Sowohl in der GmbH als auch in der KG sind dieselben Personen Gesellschafter.
- **Atypische Ehegatten-GmbH & Co. KG**: Während in der GmbH der eine Ehepartner Gesellschafter ist, ist der andere Ehegatte alleiniger Kommanditist.
- **Familien-GmbH & Co. KG** im weiteren Sinne: Während ein oder beide Elternteile Gesellschafter der GmbH sind, sind die Kinder die Kommanditisten.

b) Ertragsteuerliche Behandlung der GmbH & Co. KG
aa) Geschäftsführergehälter und Pensionsrückstellungen

Während bei der typischen GmbH & Co. KG die Geschäftsführergehälter und die Pensionsrückstellungen ertragsteuerlich nicht als Aufwand anerkannt werden, sondern als **Vorausgewinn** auf die Kommanditbeteiligung angesehen werden, mindern bei der atypischen Ehegatten-GmbH & Co. KG und bei der Familien-GmbH & Co. KG die Geschäftsführergehälter als **Betriebsausgaben** den Gewerbeertrag und es können für die Geschäftsführer auch Pensionsrückstellungen gebildet werden. 173

bb) Vergütung der Komplementär-GmbH

Für die Vergütung, die die GmbH als Komplementärin in der GmbH & Co. KG erhält, gelten besondere **Angemessenheitskriterien**, insbesondere dann, wenn die GmbH reine Verwaltungs- und Haftungsfunktionen hat.[167] Die der GmbH gezahlte Vergütung muss den Arbeitseinsatz für die Geschäftsführung (die allerdings nach Auffassung des BFH in der Regel tatsächlich bei den Kommanditisten liegt), einen etwaigen Kapitaleinsatz und das Haftungsrisiko angemessen honorieren. Soweit nach einer solchen Prüfung der der GmbH zustehende Gewinnanteil als zu niedrig anzusehen ist, liegt eine **verdeckte Gewinnausschüttung** der GmbH an die Kommanditisten, die Gesellschafter der GmbH sind oder solchen Gesellschaftern nahe stehen, vor.[168] 174

c) Sonstige steuerliche Behandlung der GmbH & Co. KG
aa) Gewerbesteuer

Gewerbesteuersubjekt ist die GmbH & Co. KG mit ihrem inländischen Gewerbebetrieb (§ 2 Abs. 1 GewStG). 175

bb) Umsatzsteuer

Auch die GmbH & Co. KG selbst ist **Unternehmerin** im umsatzsteuerrechtlichen Sinne. Leistungsaustausch mit ihren Gesellschaftern seinerseits ist umsatzsteuerbar, und zwar bei Entgeltlichkeit gem. § 1 Abs. 1 Nr. 1 UStG und bei Unentgeltlichkeit gem. § 1 Abs. 1 Nr. 3 UStG. Die **Ge-** 176

---

166 *Baumbach/Hopt*, Anh. § 177a Rn 45.
167 Vgl. BFH BStBl II 1968, 741.
168 BFH BStBl II 1968, 152.

schäftsführung und **Vertretung** durch die Komplementär-GmbH ist ebenfalls umsatzsteuerbar, wenn nicht lediglich eine Gewinn- und Verlustbeteiligung eingeräumt, sondern ein Sonderentgelt gezahlt wird, d.h. dem geschäftsführungs- und vertretungsberechtigten Gesellschafter die Zahlung einer Tätigkeitsvergütung versprochen wird unabhängig davon, ob die Gesellschaft einen ausreichenden Überschuss erzielt.[169] Die drohende Umsatzsteuerpflicht kann etwa durch die Gründung einer Einheits-GmbH & Co. KG vermieden oder durch die Vereinbarung ausschließlich eines Gewinnvorabs statt einer festen Tätigkeitsvergütung vermieden werden.[170]

II. Typischer Sachverhalt

177 A, B und C haben eine Kommanditgesellschaft gegründet. Nach dem Ableben des A ist dieser von D und E beerbt worden. D und E wollen beide nicht Komplementäre werden, weil sie das damit einhergehende Haftungsrisiko scheuen. Die Gesellschafter B, C, D und E kommen daraufhin überein, eine GmbH zu gründen, die als Komplementärin in die KG eintritt. An der Komplementär-GmbH wollen alle vier im selben Verhältnis beteiligt sein, wie sie als Kommanditisten an der KG beteiligt sind.

III. Muster

M 19 ### 1. Muster: Gesellschaftsvertrag der Komplementär-GmbH

178 *§ 1 Firma, Sitz und Geschäftsjahr*
1. Die Gesellschaft führt die Firma _____ GmbH.
2. Der Sitz der Gesellschaft ist in _____ .
3. Das Geschäftsjahr der Gesellschaft ist das Kalenderjahr. Das erste Geschäftsjahr ist ein Rumpfgeschäftsjahr und endet am 31. Dezember des Jahres der Handelsregistereintragung.

§ 2 Gegenstand der Gesellschaft
1. Gegenstand der Gesellschaft ist die Beteiligung als persönlich haftende Gesellschafterin bei der _____ KG.[171] Deren Gegenstand ist _____ .[172]
2. Der Gesellschaft sind alle mit diesem Gegenstand in Zusammenhang stehenden und ihm dienlichen Geschäfte einschließlich der Beteiligung an anderen Gesellschaften und Unternehmungen gestattet.

§ 3 Stammkapital, Gesellschafter, Verfügungsbeschränkungen
1. Das Stammkapital der Gesellschaft beträgt _____ EUR. Davon übernimmt _____ einen Stammanteil in Höhe von _____ EUR und _____ einen Stammanteil in Höhe von _____ EUR.

---

[169] BFH BStBl II 2003, 36 in Abkehr von seiner seit 1980 vertretenen Rechtsauffassung (sog. „Organwaltertheorie").
[170] *Oellerich*, DStR 2003, 1333; *Behrens/Schmitt*, GmbHR 2003, 269.
[171] Führt die KG statt einer Personenfirma eine Sachfirma, dann muss der Name des persönlich haftenden Gesellschafters nicht in der Firma der KG enthalten sein. Für die Praxis bedeutet dies, dass die Firmierung der Komplementär-GmbH und der KG in diesen Fällen auseinanderlaufen kann, § 19 HGB.
[172] Bei der Angabe zum Gegenstand der GmbH soll konkret der Tätigkeitsbereich der KG anzugeben sein, str.; vgl. *Baumbach/Hopt*, Anh. § 177a Rn 13. Zu Schwierigkeiten führt dies offensichtlich dann, wenn die GmbH bei mehreren KG mit unterschiedlichem Gegenstand die Stellung einer persönlich haftenden Gesellschafterin übernehmen soll. Die vordringende Meinung geht daher davon aus, dass die Angabe des Gegenstands der KG in der Satzung der GmbH entbehrlich ist.

2. Die jeweils übernommene Stammeinlage ist sofort in voller Höhe fällig und an die Gesellschaft zu leisten.
3. Verfügungen über den Geschäftsanteil sind nur zugunsten eines Mitgesellschafters, zugunsten der in § 2 Abs. 1 bezeichneten KG oder zugunsten eines Kommanditisten dieser KG zulässig.[173]

§ 4 Einziehung
1. Die Einziehung eines Geschäftsanteils mit Zustimmung des Gesellschafters ist zulässig.
2. Die Gesellschaft kann die Einziehung eines Geschäftsanteils beschließen, wenn ein wichtiger Grund für eine Ausschließung des Gesellschafters vorliegt. Der betroffene Gesellschafter hat bei der Abstimmung kein Stimmrecht.
3. Ein wichtiger Grund liegt insbesondere vor[174]
    – wenn ein Gesellschafter seinen Kommanditanteil an der KG veräußert, ohne dem Erwerber zugleich auch den Geschäftsanteil abzutreten;
    – wenn ein Gesellschafter, der zugleich Kommanditist der KG ist, aus dieser ausscheidet, gleich aus welchem Grunde.
4. Die Gesellschaft kann statt der Einziehung auch die Übertragung des Geschäftsanteils an einen Dritten beschließen.
5. Dem ausscheidenden Gesellschafter steht eine Abfindung gem. § 9 zu.

§ 5 Geschäftsführung/Vertretung
1. Die Gesellschaft hat einen oder mehrere Geschäftsführer. Ist nur ein Geschäftsführer bestellt, vertritt dieser die Gesellschaft allein. Ist mehr als ein Geschäftsführer bestellt, so wird die Gesellschaft von zwei Geschäftsführern gemeinschaftlich oder von einem Geschäftsführer in Gemeinschaft mit einem Prokuristen vertreten.
2. Die Gesellschafterversammlung kann einzelnen Geschäftsführern Alleinvertretungsbefugnis sowie Befreiung von den Beschränkungen des § 181 BGB erteilen.
3. Der Zustimmung der Gesellschafterversammlung bedarf jede Geschäftsführungshandlung, die nach dem Gesellschaftsvertrag der KG der Zustimmung der Gesellschafterversammlung der KG bedarf, sowie jede den Gesellschaftsvertrag der KG berührende Willenserklärung der Gesellschaft.[175] Die Gesellschafterversammlung kann die Vornahme von weiteren Geschäftsführungshandlungen von ihrer vorherigen Zustimmung abhängig machen und zu diesem Zwecke eine Geschäftsordnung für die Geschäftsführung beschließen.

§ 6 Dauer und Kündigung der Gesellschaft
1. Die Gesellschaft besteht auf unbestimmte Zeit.
2. Die Kündigung der Gesellschaft ist nur zulässig, wenn der Kündigende gleichzeitig und auf denselben Wirksamkeitszeitpunkt die Kündigung der KG erklärt.[176] Das Recht zur Kündigung aus wichtigem Grunde bleibt unberührt.
3. Kündigt ein Gesellschafter, so ist sein Anteil gem. § 4 einzuziehen oder zu übertragen.

§ 7 Nachfolge von Todes wegen
Die Geschäftsanteile sind grundsätzlich frei vererblich. Führt die Nachfolge von Todes wegen jedoch zu einer Rechtsnachfolge, die von der Rechtsnachfolge in den von dem Gesellschafter gehaltenen

---

[173] GmbH-Anteile sind grundsätzlich frei übertragbar, vgl. § 15 Abs. 1 GmbHG. Durch die hier vorgeschlagene Klausel soll die in aller Regel erstrebte Parallelität im Gesellschafterbestand von KG und Komplementär-GmbH sichergestellt werden.
[174] *Oellerich*, DStR 2003, 1333; *Behrens/Schmitt*, GmbHR 2003, 269.
[175] *Oellerich*, DStR 2003, 1333; *Behrens/Schmitt*, GmbHR 2003, 269.
[176] *Oellerich*, DStR 2003, 1333; *Behrens/Schmitt*, GmbHR 2003, 269.

Kommanditanteil an der _____ KG abweicht, so ist der Geschäftsanteil gem. § 4 einzuziehen oder an den Nachfolger in den Kommanditanteil zu übertragen.[177]

§ 8 Jahresabschluss
Aufstellung und Prüfung des Jahresabschlusses richten sich nach den gesetzlichen Vorschriften.

§ 9 Abfindung des ausscheidenden Gesellschafters
1. In allen Fällen des Ausscheidens eines Gesellschafters erhält dieser eine Abfindung, deren Höhe nach folgenden Maßgaben zu bestimmen ist:
2. Die Abfindung entspricht mindestens dem Buchwert, höchstens dem anteiligen Ertragswert und im Übrigen dem anteiligen Substanzwert einschließlich der immateriellen Einzelwirtschaftsgüter, jedoch ausschließlich eines etwaigen Firmenwerts. Gewinne und Verluste aus schwebenden Rechtsgeschäften bleiben unberührt. Die Abfindung ist auf der Grundlage einer Abfindungsbilanz zu ermitteln. Scheidet der Abzufindende auf das Ende eines Geschäftsjahres aus, so ist die auf diesen Zeitpunkt zu erstellende Jahresbilanz zugleich Abfindungsbilanz; anderenfalls ist eine besondere Abfindungsbilanz auf den Zeitpunkt des Ausscheidens zu erstellen.
3. Kann eine Einigung über die Höhe der Abfindung nicht erzielt werden, so entscheidet ein Schiedsgutachter, der Wirtschaftsprüfer sein muss, für alle Beteiligten verbindlich.
4. Die Abfindung ist in drei gleichen Jahresraten zu zahlen, die erste Rate zwei Monate nach Feststellung der Abfindungshöhe, frühestens jedoch sechs Monate nach dem Ausscheiden des Abzufindenden. Die folgenden Raten sind jeweils zwölf Monate nach der vorangegangenen Rate fällig. Die Gesellschaft ist weder zu einer Verzinsung noch zur Sicherheitsleistung verpflichtet.

§ 10 Gründungskosten
Die durch die Gründung der Gesellschaft entstehenden Kosten trägt die Gesellschaft bis zur Höhe von _____ EUR.
_____ (Unterschriften)

M 20 **2. Muster: Gesellschaftsvertrag der Kommanditgesellschaft**

179 *Gesellschaftsvertrag der Kommanditgesellschaft in Firma _____ GmbH & Co KG*

§ 1 Firma, Sitz und Geschäftsjahr
1. Die Gesellschaft führt die Firma _____ GmbH & Co. KG.
2. Der Sitz der Gesellschaft ist _____ .
3. Das Geschäftsjahr der Gesellschaft ist das Kalenderjahr. Das erste Geschäftsjahr ist ein Rumpfgeschäftsjahr und endet am 31. Dezember des Jahres der Handelsregistereintragung.

§ 2 Gegenstand der Gesellschaft
1. Gegenstand der Gesellschaft ist _____ .[178]
2. Der Gesellschaft sind alle mit diesem Gegenstand in Zusammenhang stehenden und ihm dienlichen Geschäfte einschließlich der Beteiligung an anderen Gesellschaften und Unternehmungen gestattet.

---

[177] *Oellerich*, DStR 2003, 1333; *Behrens/Schmitt*, GmbHR 2003, 269.
[178] Der Gegenstand der Gesellschaft sollte so genau wie möglich bezeichnet werden. Er ist maßgeblich für Umfang und Reichweite des gem. § 161 Abs. 2 i.V.m. §§ 112, 113 HGB den Komplementär (nicht aber den Kommanditisten, vgl. § 165 HGB) treffenden Wettbewerbsverbotes, sofern nicht im Gesellschaftsvertrag ausdrückliche Festlegungen zum Wettbewerbsverbot getroffen werden.

§ 3 Gesellschafter, Gesellschaftskapital, Gesellschafterkonten
1. Persönlich haftende Gesellschafterin (Komplementärin) ist die _____ GmbH mit dem Sitz in _____ . Die weiteren Gesellschafter _____, _____ und _____ sind Kommanditisten. Das Kapital der Gesellschaft bringen nur die Kommanditisten auf. Die GmbH ist am Gesellschaftskapital nicht beteiligt; sie erbringt keine Kapitaleinlage.
2. Die Kommanditisten beteiligen sich am Gesellschaftskapital wie folgt:
    – Kommanditist _____ mit einer Einlage in Höhe von _____ EUR,
    – Kommanditist _____ mit einer Einlage in Höhe von _____ EUR und
    – Kommanditist _____ mit einer Einlage in Höhe von _____ EUR.
3. Verfügungen über Kommanditanteile bedürfen der Zustimmung durch Gesellschafterbeschluss, es sei denn, es wird an einen Mitkommanditisten verfügt.
4. Die Einlagen der Kommanditisten sind in voller Höhe als Hafteinlagen in das Handelsregister einzutragen. Sie bilden feste Kapitalkonten (Kapitalkonten I). Ihre Fälligkeit wird durch Gesellschafterbeschluss bestimmt. Jedoch sind die Gesellschafter einander wechselseitig sowie der Gesellschaft verpflichtet, schon vor einem solchen Gesellschafterbeschluss sowie ggf. über dessen Inhalt hinaus Zahlungen auf die Kapitaleinlage in dem zur Aufnahme und Aufrechterhaltung des Geschäftsbetriebes der Gesellschaft erforderlichen Umfang zu leisten.
5. Gewinnanteile sowie alle Geldbewegungen zwischen der Gesellschaft und den Kommanditisten sind auf Kommanditisten-Sonderkonten (Kapitalkonto II) zu verbuchen. Etwaige Verlustanteile der Kommanditisten werden auf ein für jeden Kommanditisten zu führendes Verlust-Sonderkonto gebucht und durch zukünftige Gewinnanteile ausgeglichen; erst nach dem Ausgleich des Verlust-Sonderkontos dürfen wieder Gutschriften auf den allgemeinen Kommanditisten-Sonderkonten erfolgen.

§ 4 Geschäftsführung, Vertretung, Wettbewerbsverbot
1. Zur Vertretung der Gesellschaft und zur Geschäftsführung in der Gesellschaft ist nur die GmbH berechtigt und verpflichtet; sie handelt dabei durch ihre Geschäftsführer. Sie hat die Geschäfte mit der Sorgfalt eines ordentlichen Kaufmanns zu führen und die ihm gesetzlich oder durch diesen Gesellschaftsvertrag auferlegten Beschränkungen einzuhalten. Die GmbH ist von den Beschränkungen des § 181 BGB befreit.
2. Die Geschäftsführungsbefugnis der GmbH erstreckt sich auf alle zum gewöhnlichen Geschäftsbetrieb der Gesellschaft gehörenden Angelegenheiten. Darüber hinausgehende Geschäfte bedürfen der Zustimmung der Gesellschafterversammlung.[179] Solche zustimmungsbedürftigen Geschäfte sind insbesondere:
    – Erwerb, Veräußerung und Belastung von Grundstücken und grundstücksgleichen Rechten;
    – der Erwerb von beweglichem Anlagevermögen oder die Durchführung von Baumaßnahmen, sofern der Einzelanschaffungswert bzw. der bauliche Aufwand im Einzelfall den Wert von _____ EUR übersteigt;
    – der Erwerb oder die Veräußerung einer Beteiligung an einem anderen Unternehmen sowie die Errichtung oder Aufgabe von Zweigniederlassungen;
    – Abschluss, Änderung, Kündigung und Aufhebung von Betriebspachtverträgen, Gewinn- bzw. Ergebnisabführungsverträgen und ähnlichen Unternehmensverträgen;
    – die Aufnahme von Darlehen oder die Gewährung von Sicherheiten, Bürgschaften und Garantien über die im gewöhnlichen Geschäftsbetrieb üblichen Volumina hinaus;
    – Erteilung und Widerruf von Prokuren;

---

[179] Diese Regelung ist dann entbehrlich, wenn es nur einen Kommanditisten gibt, der typischerweise zugleich Geschäftsführer der Komplementär-GmbH sein dürfte. Ziffer 2 könnte dann lauten: „Die Geschäftsführungsbefugnis der GmbH erstreckt sich auch auf Geschäfte, die über den gewöhnlichen Geschäftsbetrieb der Gesellschaft hinausgehen."

- Rechtsgeschäfte jeglicher Art zwischen der Gesellschaft und einem ihrer Gesellschafter oder einem ihrer Leitenden Angestellten oder einem dem Geschäftsführer oder einem Leitenden Angestellten der GmbH, mit den Leitenden Angestellten nur insoweit, als diese Rechtsgeschäfte nicht unmittelbar aus dem Arbeitsvertrag resultieren;
- _____ .

3. Alle Gesellschafter unterliegen dem Wettbewerbsverbot der §§ 112, 113 HGB; § 165 HGB wird insoweit abbedungen.[180] Das Wettbewerbsverbot erstreckt sich auch auf die Zeit von zwei Jahren nach dem Ausscheiden eines Gesellschafters, sofern nicht die Gesellschaft spätestens mit dem Zeitpunkt des Ausscheidens auf dieses nachvertragliche Wettbewerbsverbot verzichtet. Soweit ein früherer Gesellschafter der Gesellschaft durch die Einhaltung des nachvertraglichen Wettbewerbsverbotes in seinem beruflichen Fortkommen gehindert ist, hat er für die Dauer des nachvertraglichen Wettbewerbsverbotes Anspruch auf eine angemessene Karenzentschädigung.[181] Durch Gesellschafterbeschluss kann im Einzelfall auf die Einhaltung des Wettbewerbsverbotes verzichtet werden.
4. Die Gesellschafter sind verpflichtet, über alle Angelegenheiten der Gesellschaft gegenüber Dritten Stillschweigen zu bewahren. Dies gilt auch nach ihrem Ausscheiden aus der Gesellschaft. Die Verschwiegenheitsverpflichtung besteht jedoch nicht hinsichtlich zwingender Auskunftsverpflichtungen gegenüber Gerichten und Behörden, hinsichtlich der Vorlage von Bilanzen bzw. Gewinn- und Verlustrechnungen der Gesellschaft bei Banken, gegenüber Wirtschaftsprüfern, Steuerberatern und Rechtsanwälten im Rahmen einer Tätigkeit, die deren Berufsverschwiegenheit unterliegt, sowie im Falle einer durch die Gesellschafterversammlung im Einzelfall erteilten Befreiung.

§ 5 Gesellschafterversammlung, Gesellschafterbeschlüsse

1. Die Gesellschafter fassen ihre Beschlüsse in Gesellschafterversammlungen. Sofern kein Gesellschafter widerspricht, können Beschlüsse auch außerhalb von Gesellschafterversammlungen, und zwar schriftlich (Umlaufverfahren), per Telefax, per Telefon oder via E-Mail getroffen werden. Im Falle einer Beschlussfassung außerhalb einer Gesellschafterversammlung übermittelt die GmbH den Kommanditisten unverzüglich eine schriftliche Bestätigung.
2. Abgestimmt wird nach Kapital. Je _____ EUR Kapitaleinlage der Kommanditisten bzw. Stammeinlage der Komplementärin gewähren eine Stimme. Jeder Gesellschafter kann die ihm zustehenden Stimmen nur einheitlich abgeben. Vertretung durch einen Bevollmächtigten ist zulässig; die Vollmacht bedarf der Schriftform.
3. Die Gesellschafter fassen ihre Beschlüsse mit einfacher Mehrheit, sofern nicht durch Gesetz oder durch diesen Vertrag eine höhere Mehrheit vorgeschrieben ist. Änderungen dieses Gesellschaftsvertrages bedürfen stets einer Mehrheit von drei Vierteln der abgegebenen Stimmen. Bemessungsgrundlage hierfür ist bei Beschlüssen außerhalb der Gesellschafterversammlung das gesamte vorhandene Kapital, bei Beschlüssen in der Gesellschafterversammlung das anwesende bzw. vertretene Kapital.
4. Jährlich einmal, nach Vorliegen des Jahresabschlusses, findet eine ordentliche Gesellschafterversammlung statt, die insbesondere über die Feststellung des Jahresabschlusses und der Gewinn- und Verlustrechnung zu beschließen hat. Die Komplementärin kann jederzeit weitere Gesellschafterversammlungen einberufen, wenn sie dies für erforderlich erachtet; auf Verlangen eines Kommanditisten hat sie eine Gesellschafterversammlung einzuberufen.
5. Im Übrigen gelten hinsichtlich Förmlichkeiten und Fristen der Ladung, Beschlussfähigkeit usw. der Gesellschafterversammlung die Bestimmungen des GmbH-Gesetzes entsprechend.

---

180 Diese Regelung kann bei rein kapitalistischen Kommanditbeteiligungen, insbesondere nicht mitarbeitender Familienangehöriger, unangemessen sein und ist in diesen Fällen zu streichen.
181 Sofern ein Kommanditist zugleich Arbeitnehmer der Gesellschaft ist oder in einem arbeitnehmerähnlichen Verhältnis zu ihr steht, ist neben gesellschaftsrechtlichen auch arbeitsrechtlichen Anforderungen zu genügen; dazu kann es erforderlich sein, den Anspruch auf Karenzentschädigung näher zu konkretisieren.

§ 6 Jahresabschluss; Gewinn- und Verlustverteilung; Entnahmen
1. Der Jahresabschluss sowie die Gewinn- und Verlustrechnung sind durch die Komplementäre unter Hinzuziehung eines Wirtschaftsprüfers, vereidigten Buchprüfers, Steuerberaters, Steuerbevollmächtigten oder Fachanwalts für Steuerrecht in Übereinstimmung mit den Bestimmungen des Handels- und Steuerrechts binnen sechs Monaten nach dem Ende eines jeden Geschäftsjahres aufzustellen und zusammen mit dem Bericht des Hinzugezogenen – sofern Prüfungspflicht besteht, zusammen mit dem Prüfbericht – unverzüglich den Gesellschaftern mitzuteilen. Die Bilanz und die Gewinn- und Verlustrechnung wird sodann durch Beschluss der Gesellschafterversammlung festgestellt.
2. Die Komplementärin erhält als Vergütung für die Geschäftsführungstätigkeit sowie für die Übernahme der persönlichen Haftung 5 von Hundert ihres Stammkapitals – bei Veränderungen desselben ggf. zeitanteilig – je Geschäftsjahr. Zusätzlich erhält sie Ersatz aller ihr durch die Geschäftsführungstätigkeit entstandenen Aufwendungen einschließlich etwaiger Geschäftsführerbezüge, jedoch ausschließlich der durch die Existenz der Komplementärin als solcher bedingten Aufwendungen. Diese Vergütungen sind gewinn- und verlustunabhängig.
3. Die Kapitalsonderkonten der Kommanditisten und das Darlehenskonto der Komplementärin werden – ebenfalls gewinn- und verlustunabhängig – in Soll und Haben mit 2% über dem jeweiligen Basiszinssatz verzinst.
4. Einen nach Berücksichtigung der Vergütungen und Verzinsungen gem. Ziffern 2 und 3 verbleibenden Gewinn erhalten die Kommanditisten nach dem Verhältnis ihrer Kapitalbeteiligungen; dasselbe gilt für einen etwaigen Verlust. Die GmbH nimmt an der Gewinn- und Verlustverteilung nicht teil.
5. Die Gesellschafter sind zu folgenden Entnahmen berechtigt: Die Komplementärin darf ihre Tätigkeitsvergütung laufend entnehmen. Jeder Kommanditist darf zu den jeweiligen Fälligkeitsterminen als Abschlag auf die ihm nach Feststellung des Jahresabschlusses zustehenden Gewinnanteile die zur Begleichung der durch die Beteiligung an der Gesellschaft ausgelösten Steuern erforderlichen Beträge entnehmen; deren Höhe und Fälligkeit ist durch eine schriftliche Stellungnahme des steuerlichen Beraters der Gesellschaft zu ermitteln. Nach Feststellung des Jahresabschlusses dürfen die Gesellschafter ihre Gewinnanteile entnehmen, soweit diese noch nicht durch Entnahmen nach dem vorangegangenen Satz aufgezehrt sind. Das Entnahmerecht ist ausgeschlossen, wenn und soweit der Gesellschafter seine Einlage noch nicht in voller Höhe erbracht hat, sein Kapitalkonto durch ein negatives (Verlust-)Sonderkonto unter den Betrag seiner Einlage herabgesunken ist oder herabsinken würde oder die Gesellschaft durch den Liquiditätsentzug erhebliche Nachteile erleiden würde.

§ 7 Dauer, Kündigung, Auflösung
1. Die Gesellschaft beginnt mit der Eintragung im Handelsregister; vor diesem Zeitpunkt dürfen im Namen und für Rechnung der Gesellschaft keine Geschäfte geschlossen werden.[182]

---

[182] Ohne eine gesellschaftsvertragliche Abfindungsklausel wäre über § 161 Abs. 2 HGB und § 105 Abs. 2 HGB auf §§ 738 bis 740 BGB zurückzugreifen; danach steht dem ausscheidenden Gesellschafter der sich bei einem fiktiven Verkauf des Unternehmens als Ganzes ergebende Wert einschließlich der Erträge aus schwebenden Geschäften anteilig zu (sog. „going concern"-Betrachtung, vgl. BGHZ 17, 130, 136). Dies führt zu verhältnismäßig hohen Abfindungen, die zum einen die Gesellschaft durch einen hohen Liquiditätsabfluss belasten, zum anderen den Gesellschafter zweckwidrig bevorzugen, der sich durch eine Eigenkündigung oder durch das Setzen eines Grundes zur außerordentlichen Kündigung von der Gesellschaft abgewandt hat. Regelmäßig wird deshalb die gesetzliche Regelung abbedungen und eine niedrigere Abfindung vereinbart. Traditionell verbreitet sind Klauseln, die entweder auf den Buchwert abstellen oder auf das Stuttgarter Verfahren zur Bewertung nicht börsennotierter Gesellschaftsanteile verweisen. Beide Varianten sind überholt und scheitern regelmäßig an der Rechtsprechung, die die Angemessenheit der Abfindungsklauseln an den §§ 138, 242 BGB sowie an § 133 Abs. 3 HGB misst; in diesem Falle besteht die Gefahr, dass die gesetzliche Regelung Anwendung findet (vgl. zuletzt BGHZ 126, 226). Es empfiehlt sich deshalb, mit der Höhe der Abfindung nicht zu weit hinter dem vollen wirtschaftlichen Wert der Beteiligung des ausscheidenden Gesellschafters zurückzubleiben. Berechnungsmodelle für eine solche

2. Die Gesellschaft besteht auf unbestimmte Zeit. Sie kann unter Wahrung einer Kündigungsfrist von _____ zum Ende eines Geschäftsjahres, jedoch erstmals zum _____, gekündigt werden.
3. Unabhängig von den Form- und Fristvorschriften gem. Abs. 2 hat jeder Gesellschafter das Recht zur Kündigung aus wichtigem Grund, wenn die Voraussetzungen einer gerichtlichen Entscheidung gem. § 133 Abs. 1 HGB vorliegen.
4. Die Kündigung hat durch eingeschriebenen Brief gegenüber den anderen Gesellschaftern zu erfolgen. Zur Fristwahrung ist es ausreichend, wenn das Kündigungsschreiben am letzten Werktage vor Ablauf der Frist mit der letzten, der Gesellschaft bekannten Anschrift des jeweiligen Empfängers zur Post aufgegeben wurde.
5. Der kündigende Gesellschafter scheidet mit dem Zeitpunkt des Wirksamwerdens seiner Kündigung aus der Gesellschaft aus, welche unter den übrigen Gesellschaftern fortgesetzt wird. Der ausscheidende Gesellschafter erhält eine Abfindung gem. § 10. Ist außer dem Kündigenden nur noch ein weiterer Gesellschafter vorhanden, so wachsen diesem die Aktiva und Passiva der Gesellschaft kraft Gesetzes als Ganzes an.
6. Ist der kündigende Gesellschafter der einzige Komplementär der Gesellschaft, so sind die Kommanditisten verpflichtet, einen neuen Komplementär in die Gesellschaft aufzunehmen. Gelingt dies bis zum Wirksamwerden der Kündigung nicht, ist die Gesellschaft mit diesem Zeitpunkt aufgelöst. In den Fällen der Ziffer 3 gilt dies mit der Maßgabe, dass die Aufnahme des neuen Komplementärs spätestens sechs Wochen nach dem Zugang der Kündigung erfolgen muss, anderenfalls die Gesellschaft aufgelöst ist.

§ 8 Ausschließung eines Gesellschafters
1. Die Gesellschafter können die Ausschließung eines Gesellschafters beschließen, wenn über sein Vermögen das Insolvenzverfahren eröffnet oder mangels Masse nicht eröffnet wird, wenn ein Privatgläubiger des Gesellschafters gem. § 135 HGB kündigt, wenn der Gesellschafter gem. § 133 HGB auf Auflösung der Gesellschaft klagt oder wenn ein wichtiger Grund i.S.d. § 133 Abs. 2 HGB vorliegt.
2. Der Beschluss bedarf der Mehrheit von drei Vierteln der ohne Berücksichtigung des auszuschließenden Gesellschafters insgesamt vorhandenen Stimmen. Der auszuschließende Gesellschafter hat bei der Abstimmung kein Stimmrecht.
3. Der Gesellschaftsanteil des Auszuschließenden wächst den übrigen Gesellschaftern im Verhältnis ihrer Kapitalbeteiligung an. Ist außer dem Kündigenden nur noch ein weiterer Gesellschafter vorhanden, so wachsen diesem die Aktiva und Passiva der Gesellschaft kraft Gesetzes als Ganzes an.
4. Der Ausschluss wird mit Zugang des Beschlusses bei dem Ausgeschlossenen wirksam. § 7 Abs. 6 gilt entsprechend. Der Ausscheidende erhält eine Abfindung gem. § 10.

§ 9 Auflösung und Ausscheiden der _____
Wird die _____ aufgelöst oder scheidet sie, gleich aus welchem Rechtsgrund, aus der Gesellschaft aus, so wird die Gesellschaft fortgeführt, sofern einer der Kommanditisten die persönliche Haftung übernimmt oder ein neuer Komplementär in die Gesellschaft aufgenommen wird. Ist bis zum Ablauf von sechs Wochen seit der Auflösung der GmbH oder dem Ausscheiden der GmbH kein neuer Komplementär vorhanden, so ist die Gesellschaft aufgelöst. Ist außer der GmbH nur ein weiterer Gesellschafter vorhanden, verbleibt es bei den Regelungen der §§ 7 Ziffer 5 Satz 3 und 8 Ziffer 3 Satz 2.

Abfindungsklausel gibt es in fast unübersehbarer Zahl (vgl. den Überblick bei *Baumbach/Hopt*, § 131 Rn 48 ff. m.w.N.); jede Klausel ist stets anhand der Besonderheiten des Einzelfalles zu modifizieren. Die hier vorgeschlagene modifizierte Substanzwertmethode dürfte jedoch in den meisten Fällen handhabbar sein.

§ 10 Abfindung des ausscheidenden Gesellschafters
1. An allen Fällen des Ausscheidens eines Gesellschafters erhält dieser eine Abfindung, deren Höhe abweichend von den Bestimmungen der §§ 738 bis 740 BGB nach folgenden Maßgaben zu bestimmen ist:
2. Die Abfindung entspricht mindestens dem Buchwert, höchstens dem anteiligen Ertragswert und im Übrigen dem anteiligen Substanzwert einschließlich der immateriellen Einzelwirtschaftsgüter, jedoch ausschließlich eines etwaigen Firmenwerts. Gewinne und Verluste aus schwebenden Rechtsgeschäften bleiben unberührt. Die Abfindung ist auf der Grundlage einer Abfindungsbilanz zu ermitteln. Scheidet der Abzufindende auf das Ende eines Geschäftsjahres aus, so ist die auf diesen Zeitpunkt zu erstellende Jahresbilanz zugleich Abfindungsbilanz; anderenfalls ist eine besondere Abfindungsbilanz auf den Zeitpunkt des Ausscheidens zu erstellen.
3. Kann eine Einigung über die Höhe der Abfindung nicht erzielt werden, so entscheidet ein Schiedsgutachter, der Wirtschaftsprüfer sein muss, für alle Beteiligten verbindlich.
4. Die Abfindung ist in drei gleichen Jahresraten zu zahlen, die erste Rate zwei Monate nach Feststellung der Abfindungshöhe, frühestens jedoch sechs Monate nach dem Ausscheiden des Abzufindenden. Die folgenden Raten sind jeweils zwölf Monate nach der vorangegangenen Rate fällig. Die Gesellschaft ist weder zu einer Verzinsung noch zur Sicherheitsleistung verpflichtet.[183]

§ 11 Tod eines Kommanditisten – Abfindungsfassung
Stirbt ein Kommanditist, so scheidet er mit dem Eintritt des Erbfalls aus der Gesellschaft aus; seine Erben werden nach § 10 abgefunden.

§ 11a Tod eines Kommanditisten – Erbengesellschafterfassung
1. Beim Tode eines Kommanditisten wird die Gesellschaft mit seinem Erben fortgesetzt. Sofern der Kommanditist durch Verfügung von Todes wegen oder Erbvertrag einen Erben oder Vermächtnisnehmer zum Nachfolger berufen hat, geht der Kommanditanteil auf diesen über.
2. Sind mehrere Erben bzw. Vermächtnisnehmer vorhanden, kann die Gesellschaft verlangen, dass diese einen gemeinsamen Bevollmächtigten benennen; dies gilt nicht im Falle der Testamentsvollstreckung. Bis zur Ernennung des Bevollmächtigten ruht das Stimmrecht der Erben. Jeder an dem Kommanditanteil mitberechtigte Erbe kann jedoch seine Gesellschafterstellung selbständig kündigen; seine Mitberechtigung wächst dann seinen Miterben zu, die ihn ggf. in entsprechender Anwendung des § 10 abzufinden haben.

§ 12 Schlussbestimmungen
1. Im Falle der Auflösung der Gesellschaft sind die Geschäftsführer der GmbH Liquidatoren. Die Gesellschafterversammlung kann jedoch – auch noch nach Beginn der Liquidation – abweichende Regelungen treffen.
2. Die durch die Gründung der Gesellschaft entstehenden Kosten trägt die Gesellschaft.
3. Änderungen bzw. Ergänzungen dieses Gesellschaftsvertrages bedürfen der Schriftform, soweit nicht bereits kraft Gesetzes ein strengeres Formerfordernis vorgeschrieben ist. Dies gilt auch für eine Abbedingung oder Durchbrechung dieses Schriftformerfordernisses.
4. Ist oder wird eine Bestimmung dieses Vertrages unwirksam oder undurchführbar, so lässt dies die Gültigkeit der übrigen Bestimmungen unberührt. Die Gesellschafter sind untereinander und gegenüber der Gesellschaft verpflichtet, anstelle der unwirksamen oder undurchführbaren Bestimmung diejenige wirksame Bestimmung zu vereinbaren, die dem mit der unwirksamen oder undurchführba-

---

[183] Bei sehr hohen Abfindungsbeträgen kann es erforderlich sein, die Ratenzahlung über einen längeren Zeitraum zu erstrecken. In diesem Falle sollte unbedingt eine angemessene Verzinsung erfolgen (vgl. MüKo-BGB/*Ulmer*, § 738 Rn 45).

ren Bestimmung verfolgten wirtschaftlichen Ziel am nächsten kommt. Dasselbe gilt für die Schließung etwaiger Vertragslücken.

5. Die Regelung der Ziffer 4. gilt entsprechend für den Fall einer finanzamtlichen Beanstandung der zur Gewinn- und Verlustverteilung getroffenen Regelungen.

_____

(Unterschriften)

_____

M 21 **3. Muster: Handelsregisteranmeldung Komplementär-GmbH**

180 Amtsgericht _____
Handelsregister, Abt. B
HR B neu
Zur Eintragung in das Handelsregister melden wir an:
1. Unter der Firma _____ GmbH haben wir eine Gesellschaft mit beschränkter Haftung errichtet.
2. Sitz der Gesellschaft ist _____ ; die Geschäftsräume befinden sich _____ .
3. Die Gesellschaft hat einen oder mehrere Geschäftsführer. Ist nur ein Geschäftsführer bestellt, vertritt dieser die Gesellschaft allein. Ist mehr als ein Geschäftsführer bestellt, so wird die Gesellschaft von zwei Geschäftsführern gemeinschaftlich oder von einem Geschäftsführer in Gemeinschaft mit einem Prokuristen vertreten. Die Gesellschafterversammlung kann einzelnen Geschäftsführern Alleinvertretungsbefugnis sowie Befreiung von den Beschränkungen des § 181 BGB erteilen.
4. Geschäftsführer sind _____ und _____ . Jeder von ihnen ist von den Beschränkungen des § 181 BGB befreit und vertritt die Gesellschaft gemeinschaftlich mit einem anderen Geschäftsführer oder mit einem Prokuristen.
5. Die Geschäftsführer versichern, dass das gesamte Stammkapital eingezahlt ist und endgültig zur freien Verfügung der Gesellschaft steht, und dass Belastungen des Stammkapitals mit Ausnahme der Gründungskosten nicht bestehen.
6. Die Geschäftsführer versichern nach heutiger Belehrung durch den beglaubigenden Notar über die Strafbarkeit falscher Angaben gem. § 82 Abs. 1 Nr. 5 GmbHG, dass sie in den letzten fünf Jahren nicht wegen einer Straftat im Sinne der §§ 283 bis 283d StGB rechtskräftig verurteilt worden sind und ihnen auch nicht durch gerichtliches Urteil oder vollziehbare Behördenentscheidung die Ausübung eines Berufs, Berufszweiges, Gewerbes oder Gewerbezweiges untersagt ist.

Als Anlage überreichen wir Ausfertigung des Gründungsprotokolls, aus dem sich der Gesellschaftsvertrag sowie unsere Bestellung zu Geschäftsführern ergeben, sowie die Gesellschafterliste.

_____

(Unterschriften sämtlicher Geschäftsführer)

_____

(*Notarieller Beglaubigungsvermerk*)

_____

M 22 **4. Muster: Handelsregisteranmeldung KG**

181 Amtsgericht _____
Handelsregister, Abt. A
HR A neu
Zur Eintragung in das Handelsregister melden wir an:
1. Unter der Firma _____ GmbH & Co KG haben wir eine Kommanditgesellschaft errichtet.
2. Sitz der Gesellschaft ist _____ ; die Geschäftsräume befinden sich _____ .
3. Gegenstand der Gesellschaft ist _____ .

4. An der Gesellschaft sind beteiligt:
   a) als persönlich haftender Gesellschafter die _____ GmbH mit dem Sitz in _____, eingetragen in das Handelsregister des Amtsgerichts _____ unter HR B _____ ;
   alt: gegründet mit Urkunde des amtierenden Notars vom heutigen Tage, URNr. (…)
   b) als Kommanditisten
      – Herr _____[184] mit einer Kommanditeinlage in Höhe von _____ EUR und
      – Herr _____ mit einer Kommanditeinlage in Höhe von _____ EUR.
5. Jeder persönlich haftende Gesellschafter vertritt die Gesellschaft alleine. Die persönlich haftende Gesellschafterin ist von den Beschränkungen des § 181 BGB befreit.

_____
(Unterschriften)

_____
(*Notarieller Beglaubigungsvermerk*)

---

[184] Anzugeben sind jeweils Vorname, Name, Geburtsdatum und Wohnanschrift.

Kapitel 3 Kapitalgesellschaften

Dr. Andrea Lichtenwimmer/Wolfgang Arens/Markus Frank
§ 5 Die Gesellschaft mit beschränkter Haftung (GmbH)

Literatur

Formularbücher: *Langenfeld*, GmbH-Vertragspraxis, 6. Aufl. 2009; *Münchener Vertragshandbuch*, Bd. 1, Gesellschaftsrecht, 6. Aufl. 2005; *Priester*, Die Gestaltung von GmbH-Verträgen, 6. Aufl. 2004; *Reithmann/Albrecht*, Handbuch der notariellen Vertragsgestaltung, 8. Aufl. 2001; *Reichert/Harbarth*, Der GmbH-Vertrag, 3. Aufl. 2001.

Kommentare: *Baumbach/Hopt*, Handelsgesetzbuch, Kommentar, 35. Aufl. 2012; *Baumbach/Hueck*, GmbH-Gesetz, Kommentar, 19. Aufl. 2010; *Hachenburg*, GmbH-Gesetz betreffend die Gesellschaften mit beschränkter Haftung, Großkommentar, 8. Aufl. 1992 ff.; *Meyer-Landrut/Miller/Niehus*, GmbH-Gesetz, 1987; *Münchener Kommentar*, BGB, 4. Aufl. 2001 ff.; *Lutter/Hommelhoff*, GmbH-Gesetz, Kommentar, 17. Aufl. 2009; *Palandt*, Bürgerliches Gesetzbuch, Kommentar, 71. Aufl. 2012; *Roth/Altmeppen*, Gesetz betreffend die Gesellschaften mit beschränkter Haftung – GmbHG, Kommentar, 6. Aufl. 2009; *Rowedder/Schmidt-Leithoff*, GmbHG, Kommentar, 4. Aufl. 2002; *Schmidt*, Einkommensteuergesetz, Kommentar, 31. Aufl. 2012; *Scholz*, Kommentar zum GmbH-Gesetz, 10. Aufl. 2006/2007/2010.

Lehrbücher, Monographien, Handbücher: *Amann/Brambring/Hertel*, Vertragspraxis nach neuem Schuldrecht, 2. Aufl. 2003; *Arens/Beckmann*, Die anwaltliche Beratung des GmbH-Geschäftsführers, 2006; *Balser/Bokelmann/Piorreck*, Die GmbH, 13. Aufl. 2005; *Bauer*, Die GmbH in der Krise, 3. Auflage, 2010; *Beck'sches Handbuch der GmbH*, 4. Aufl. 2009; *Bunnemann/Zirngibl*, Auswirkungen des MoMiG auf bestehende GmbHs, 2008; *Flore/Traut*, Die Unternehmergesellschaft, 2009; *Grigoleit/Rieder*, GmbH-Recht nach dem MoMiG, 2009; *Happ*, Die GmbH im Prozess, 1997; *Heckschen/Heidinger*, Die GmbH in der Gestaltungs- und Beratungspraxis, 2. Aufl. 2009; *Heybrock*, Praxiskommentar zum GmbH-Recht, 2008; *Hoffmann/Liebs*, Der GmbH-Geschäftsführer, 2. Aufl. 2000; *Jaeger*, Der Anstellungsvertrag des GmbH-Geschäftsführers, 4. Aufl. 2001; *Krafka/Willer/Kühn* Registerrecht, 8. Aufl. 2010; *Miras*, Die neue Unternehmergesellschaft, 2008; *Münchener Handbuch des Gesellschaftsrechts*, Bd. 4, 2005; *Ring/Grziwotz*, Systematischer Praxiskommentar GmbH-Recht, 2009; *Rotthege*, Mandatspraxis Beratung der GmbH, 3. Aufl. 2007; *Schmidt, K.*, Gesellschaftsrecht, 4. Aufl. 2002; *Schmidt, K./Uhlenbruck*, Die GmbH in Krise, Sanierung und Insolvenz, 3. Aufl. 2003; *Sudhoff*, Der Gesellschaftsvertrag der GmbH, 8. Aufl. 1992; *Tillmann/Mohr*, GmbH-Geschäftsführer, 8. Aufl. 2003; *Tillmann/Schiffers/Wälzholz*, Die GmbH im Gesellschafts- und Steuerrecht, 5. Aufl. 2009.

Aufsätze: *Abramenko*, Die Einberufung der Gesellschafterversammlung durch Unbefugte, GmbHR 2004, 723; *Altmeppen*, Gestattung zum Selbstkontrahieren in der GmbH, NJW 1995, 1182; *ders.*, „Fortschritte" im modernen Verjährungsrecht, DB 2002, 514; *ders.*, Zur Mantelverwendung in der GmbH, NZG 2003, 145; *ders.*, Zur Verwendung eines „alten" GmbH-Mantels, DB 2003, 2050; *ders.*, Die Grenzen der Zulässigkeit des Cash-Pooling, ZIP 2006, 1025; *Ampenberger*, Anmerkung zu BSG vom 24.11.2005, B 12 RA 1/04 R, MittBayNot 2006, 347; *Armbrüster*, Zur Beurkundungsbedürftigkeit von Treuhandabreden über GmbH-Anteile, DNotZ 1997, 762; *Barth*, Keine Erfüllung der Formerfordernisse des § 15 Abs. 3 und 4 GmbHG durch antizipierende Satzungsklauseln, GmbHR 2004, 383; *Bärwaldt*, Die Anmeldung des eigenen Ausscheidens als Geschäftsführer, GmbHR 2001, 290; *Bruhns*, Verpfändung von GmbH-Anteilen in der Finanzierungspraxis, GmbHR 2006, 587; *Clausnitzer/Blatt*, Das neue elektronische Handels- und Unternehmensregister – ein Überblick über die wichtigsten Veränderungen aus Sicht der Wirtschaft, GmbHR 2006, 1303; *Decker*, Die GmbH-Reform kommt! – Zur Verabschiedung des Gesetzes zur Modernisierung des GmbH-Rechts und zur Bekämpfung von Missbräuchen (MoMiG) im Deutschen Bundestag, ZIP 2008, 1208; *Goette*, Die Stellung des Geschäftsführers in der GmbH, DStR 1998, 938; *Gondert/Behrens*, Vereinbarungen über den Gewinn des laufenden Geschäftsjahres bei der Veräußerung des Geschäftsanteils, GmbHR 1997, 682; *Gottwald*, Genehmigungserfordernisse bei GmbH-Gründungen, MittBayNot 2001, 164; *Grunewald*, Ausschluss aus Freiberuflersozietäten und Mitunternehmergesellschaften ohne besonderen Anlass, DStR 2004, 1750; *Grunewald/Gehling/Rodewig*, Gutgläubiger Erwerb von GmbH-Anteilen, ZIP 2006, 685; *Grziwotz*, Eheverträge von Unternehmern, ZIP 2006, 9; *Haase*, Das ruhende Arbeitsverhältnis eines zum Vertretungsorgan einer GmbH bestellten Arbeitnehmers und das Schriftformerfordernis gemäß § 623 BGB, NZG 2004, 279; *Habersack*, Die unentgeltliche Einziehung des Geschäftsanteils beim Tod des GmbH-Gesellschafters, ZIP 1990, 625; *Hansen*, Die Rechtsformen deutscher Unternehmen und ihr wirtschaftliches Gewicht, GmbHR 2003, 23; *Heckschen*, Firmenbildung und Firmenverwertung – aktuelle Tendenzen, NotBZ 2006, 346; *Heckschen/Voigt*, Mitarbeiterbeteiligungsmodelle, NotBZ 2005, 427; *Heidinger*, Zum Einlagegegenstand der verdeckten Sacheinlage, ZNotP 2004, 465; *Herrmann*, Unterjährige Veräußerung einer Organgesellschaft und Umstellung des Geschäftsjahres, BB 1999, 2270; *Hülsmann*, Buchwertabfindung des GmbH-Gesellschafters im Lichte aktueller Rechtsprechung, GmbHR 2001, 409; *Huke*, Aktuelle Probleme der Abtretung von GmbH-Geschäftsanteilen – Gestaltung statt Heilung –, BWNotZ 1997, 156; *Kanzleiter*, Anmerkung zu OLG Hamm, Beschluss vom 15.1.1996, DNotZ 1996, 819; *Kleinert/Blöse/v. Xylander*, Erfüllung der Formerfordernisse gemäß § 15 Abs. 3 und 4 S. 1 GmbHG durch antizipierende Satzungsklauseln – ein Gestaltungsvorschlag, GmbHR 2003, 1230; *Krafka*, Gesellschaftsrechtliche Auswirkungen des Justizkommunikationsgesetzes, MittBayNot 2005, 293; *Lohr*, Die Amtsniederlegung des GmbH-Geschäftsführers, RNotZ 2002, 164; *ders.*, Die Gestaltung von Aufhebungsverträgen mit GmbH-Geschäftsführern, ZNotP 2004, 82; *Meilicke*, Droht Überregulierung für Vorratsgesellschaften?, BB 2003, 857; *Niemeier*, Die „Mini-GmbH" (UG) trotz Marktwende bei der Limited?, ZIP 2007, 1794; *Peters*, Das Vertretungsverbot nach § 181 BGB bei der Beschlussfassung in der GmbH, ZNotP 2006, 89; *Priester*, Kapitalaufbringung bei korrespondierenden Zahlungsvorgängen, ZIP 1991, 345; *Röhricht*, Das Wettbewerbsverbot des Gesellschafters und Geschäftsführers, Wpg. 1992, 766; *Schaub*, Ausländische Handelsgesellschaften und deutsches Registerverfahren, NZG 2000, 953; *ders.*, Anmerkung zu BGH, Beschluss vom 9.12.2002 – II ZB 12/02, DNotZ 2003, 447; *ders.*, Vorratsgesellschaften vor dem Aus?, NJW 2003, 2125; *Sikora*, Hinauskündigungsklauseln in GmbH-Satzungen, MittBayNot 2006, 292; *Spiegelberger/Walz*, Die Prüfung der Kapitalaufbringung im Rahmen der GmbH-Gründung, GmbHR 1998, 761; *Thaeter/Mayer*, Vorratsgesellschaften – Folgerungen für die Praxis aus der Entscheidung des BGH vom 9.12.2002, DB 2003, 539; *Thüsing*, Nachorganschaftliches Wettbewerbsverbot bei Vorständen und Geschäftsführern, NZG 2004, 9; *Trölitzsch*, Die Amtsniederlegung von Geschäftsführern in der Krise der GmbH, GmbHR 1995, 857; *Wachter*, Belehrung eines sich im Ausland aufhaltenden Geschäftsführers einer deutschen GmbH, ZNotP 1999, 314; *ders.*, Güterstandsklausel in GmbH-Satzungen – Hinweise zur vorsorgenden Regelung von Scheidungsfolgen für die Gesellschafter, GmbH-StB 2006, 234; *Walz/Fembacher*, Zweck und Umfang der Beurkundung nach § 15 GmbHG, NZG 2003, 1134; *Wälzholz*, Das MoMiG kommt: Ein Überblick über die neuen Regelungen – Mehr Mobilität, Flexibilität und Gestaltungsfreiheit bei gleichzeitigem Gläubigerschutz, GmbHR 2008, 84; *Weber*, Zurechnung von Dividendeneinkünften bei Veräußerung von GmbH-Anteilen, GmbHR 1995, 494; *Zwissler*, Umgründung statt Neugründung, GmbHR 1999, 856.

Inhalt
A. Gründung der GmbH — 1
I. Praktische Bedeutung, Rechtsformwahl — 1
II. Rechtliche Grundlagen — 3
   1. Abschluss des Gesellschaftsvertrags — 4
      a) Form, Beurkundungstechnik — 7
      aa) Klassische Gründung — 7
      bb) Gründung mittels Musterprotokoll — 9
      b) Gesellschafter — 10
      c) Gründungsvollmacht — 13
   2. Inhalt des Gründungsprotokolls — 15
      a) Bestellung von Geschäftsführern — 15
      aa) Bestellung im Gesellschaftsvertrag oder durch Gesellschafterbeschluss — 17
      bb) Konkrete Vertretungsregelungen bei Mehrheit von Geschäftsführern — 18
      cc) Befreiung vom Verbot des Selbstkontrahierens — 21
      b) Registervollmacht — 24
      c) Hinweise — 25
   3. Haftung der Gesellschafter — 28
      a) Handelndenhaftung vor Eintragung der GmbH — 29
      b) Haftung für die Aufbringung der Stammeinlagen der Mitgesellschafter (Ausfallhaftung) — 30
      c) Falschangaben anlässlich der Gesellschaftserrichtung — 31
      d) Vorbelastungshaftung (Unterbilanzhaftung) — 34
      e) Haftung bei überbewerteten Sacheinlagen — 36
   4. Vorratsgründung und Mantelverwendung — 37
   5. Gesellschaftsvertrag — 39
      a) Satzungsbestandteile — 39
      b) Notwendiger Inhalt — 41
      aa) Abschließende Aufzählung in § 3 Abs. 1 GmbHG — 41
      bb) Firma der Gesellschaft — 43
      cc) Sitz der Gesellschaft — 45
      dd) Gegenstand des Unternehmens — 47
      ee) Stammkapital und Stammeinlage — 51
      ff) Art der Einlageleistung — 55
      (1) Überblick — 55

- (2) Bargründung — 56
- (3) Sachgründung — 57
- (4) Mischgründung — 61
- (5) Verdeckte Sachgründung — 62
- c) Fakultativer Inhalt — 65
  - aa) Geschäftsführung und Vertretung — 65
  - bb) Gesellschafterversammlung — 70
  - cc) Gesellschafterbeschlüsse — 74
  - dd) Aufsichtsrat, Beirat — 77
  - ee) Geschäftsjahr, Dauer — 80
  - ff) Wettbewerbsverbot — 83
  - gg) Jahresabschluss — 92
  - hh) Veräußerung und Belastung von Geschäftsanteilen — 97
  - ii) Vorkaufsrecht, Ankaufsrecht — 100
  - jj) Vererbung von Geschäftsanteilen — 103
  - kk) Teilung eines Geschäftsanteils — 105
  - ll) Einziehung von Geschäftsanteilen — 106
  - mm) Kündigung — 111
  - nn) Abfindung — 118
  - oo) Gründungsaufwand — 127
  - pp) Bekanntmachungen — 128
- 6. Anmeldung zum Handelsregister — 130
  - a) Registergericht — 131
  - b) Anmeldezeitpunkt — 132
  - c) Versicherungen der Geschäftsführer — 134
    - aa) Freie Verfügbarkeit der Einlagen — 136
    - bb) Keine Bestellungshindernisse — 137
  - d) Angabe der Vertretungsbefugnis — 138
  - e) Zeichnung der Unterschrift der Geschäftsführer — 139
  - f) Beizufügende Unterlagen — 140
    - aa) Gesellschaftsvertrag — 140
    - bb) Legitimation der Geschäftsführer — 141
    - cc) Gesellschafterliste — 142
    - dd) Zusätzliche Unterlagen bei Sachgründung — 143
    - ee) Urkunde über die Bestellung eines Aufsichtsrates — 144
    - ff) Gutachten der IHK — 145
- III. Vertragsmuster für typische Gründungssituationen — 146
  - 1. Bargründung einer Einpersonen-GmbH — 146
    - a) Muster: Gründungsprotokoll — 146
    - b) Muster: Einfacher Gesellschaftsvertrag — 147
    - c) Muster: Anmeldung zum Handelsregister — 148
    - d) Muster: Gesellschafterliste — 149
  - 2. Bargründung einer GmbH mit zwei oder mehreren Gesellschaftern — 150
    - a) Muster: Gründungsprotokoll — 150
    - b) Muster: Ausführlicher Gesellschaftsvertrag ohne Mehrheitsgesellschafter — 151
    - c) Muster: Anmeldung zum Handelsregister — 152
  - 3. Sachgründung einer GmbH — 153
    - a) Muster: Gründungsprotokoll — 153
    - b) Muster: Einfacher Gesellschaftsvertrag — 154
    - c) Muster: Sachgründungsbericht — 155
    - d) Muster: Handelsregisteranmeldung einer Sachgründung — 156

B. Gründung einer Unternehmergesellschaft — 157
- I. Einführung — 157
- II. Gründung im vereinfachten Verfahren — 158
  - 1. Muster: Musterprotokoll zur Gründung einer Einpersonengesellschaft — 159
  - 2. Anmeldung zum Handelsregister — 160

C. Der Anstellungsvertrag des Geschäftsführers — 161
- I. Rechtliche Doppelstellung des Geschäftsführers — 161
  - 1. Geschäftsführer als Organ der GmbH — 162
  - 2. Geschäftsführer als Dienstnehmer der GmbH — 164
- II. Rechtliche Grundlagen — 165
  - 1. Rechtliche Einordnung der Geschäftsführerposition — 165
    - a) Arbeitsrecht — 165
    - b) Steuerrecht — 167
    - c) Sozialversicherungsrecht — 169
  - 2. Abschluss des Geschäftsführervertrags — 175
    - a) Zuständigkeit, Verfahren — 175
    - b) Form — 176
  - 3. Einzelne Gestaltungshinweise für den Geschäftsführervertrag — 177
    - a) Aufgaben des Geschäftsführers — 177
    - b) Bezüge — 178
    - c) Pensionszusage — 183
    - d) Wettbewerbsverbot — 185
- III. Vertragsmuster — 187
  - 1. Muster: Anstellungsvertrag mit einem Fremdgeschäftsführer — 187
  - 2. Muster: Anstellungsvertrag mit einem Gesellschafter-Geschäftsführer — 188

D. Willensbildung und Beschlussfassung in der GmbH — 189
- I. Entscheidungsfindung — 189
- II. Rechtliche Grundlagen — 193
  - 1. Einberufung von Gesellschafterversammlungen — 193
    - a) Notwendigkeit einer Versammlung — 193

- b) Universalversammlung — 195
- c) Förmliche Einberufung — 196
- d) Form der Einberufung — 197
- e) Ladungsfrist — 198
- f) Adressaten der Einberufung — 201
- g) Zuständigkeit für die Einberufung — 203
- h) Ort und Zeit der Gesellschafterversammlung — 204
- i) Tagesordnung — 207
- aa) Frist zur Mitteilung der Tagesordnung — 207
- bb) Inhalt der Tagesordnung — 210
- j) Sorge für Anwesenheit eines Notars bei beurkundungsbedürftigen Beschlüssen — 212
2. Einberufung einer zweiten Gesellschafterversammlung bei Beschlussunfähigkeit der ersten Gesellschafterversammlung — 213
   - a) Grundsatz: Beschlussfähigkeit ohne Rücksicht auf die Zahl der Erschienenen — 213
   - b) Abweichende Satzungsregelung: Festlegung eines Quorums — 214
   - c) Zweite Gesellschafterversammlung — 215
     - aa) Notwendigkeit der Einberufung — 215
     - bb) Einladung zur zweiten Gesellschafterversammlung — 217
     - cc) Fassung der Tagesordnung der zweiten Gesellschafterversammlung — 218
3. Einberufung der Gesellschafterversammlung durch eine Minderheit sowie Ankündigung von Gegenständen zur Beschlussfassung durch eine Minderheit — 219
   - a) Einberufungsberechtigte Gesellschafter — 220
   - b) Einberufungsverlangen — 221
     - aa) Form — 221
     - bb) Inhalt — 222
     - cc) Einberufung verlangende Gesellschafter — 223
     - dd) Adressat des Einberufungsverlangens — 224
   - c) Selbstvornahme der Einberufung — 227
     - aa) Fehlende Unverzüglichkeit — 227
     - bb) Form der im Wege der Selbstvornahme erfolgenden Einberufung — 229
     - cc) Inhalt der im Wege der Selbstvornahme erfolgenden Einberufung — 230
     - dd) Adressaten der im Wege der Selbstvornahme erfolgenden Einberufung — 231
     - ee) Einberufende Gesellschafter — 232
     - ff) Kosten der Einberufung — 233
   - d) Ankündigung von Gegenständen zur Beschlussfassung — 234
4. Die Durchführung von Gesellschafterversammlungen — 240
   - a) Ablauf der Gesellschafterversammlung — 240
   - b) Probleme bei der Durchführung der Gesellschafterversammlung — 249
5. Auskunfts- und Einsichtsverlangen von Gesellschaftern — 252
   - a) Auskunfts- und Einsichtsberechtigte, Informationseinholung durch Bevollmächtigte — 253
   - b) Adressat und Gegenstand des Informationsverlangens — 254
   - c) Form und Frist der Auskunftserteilung — 255
   - d) Umfang des Einsichtsrechts — 256
   - e) Rechte zur Verweigerung der Informationserteilung — 257
     - aa) Besorgnis der Verwendung der Information zu gesellschaftsfremden Zwecken — 257
     - bb) Fehlendes Informationsbedürfnis — 260
     - cc) Grundsätze Verhältnismäßigkeit — 263
   - f) Notwendigkeit der Herbeiführung eines Gesellschafterbeschlusses vor Entscheidung über das Informationsbegehren — 267
   - g) Gerichtliche Durchsetzung eines berechtigten Informationsbegehrens — 269
     - aa) Abgrenzung zur Anfechtungsklage — 269
     - bb) Verfahren der freiwilligen Gerichtsbarkeit — 270
     - cc) Zuständiges Gericht — 271
     - dd) Antragsteller, Antragsgegner — 272
     - ee) Nichtbestehen von Fristen — 273
     - ff) Ablehnender Gesellschafterbeschluss als Voraussetzung der gerichtlichen Geltendmachung? — 274
     - gg) Bestimmter Antrag — 275
     - hh) Einstweiliger Rechtsschutz — 276
III. Muster — 277
1. Muster: Einberufung einer Gesellschafterversammlung — 277
2. Beispiele: Tagesordnungspunkte — 278
   - a) Tagesordnungspunkte anlässlich der alljährlichen Gesellschafterversammlung — 278
   - b) Beschluss über die Einzahlung von Stammeinlagen — 279
   - c) Beschluss über die Einzahlung von Nachschüssen — 280

d) Beschluss über die Rückzahlung geleisteter Nachschüsse (§ 46 Nr. 3 GmbHG) —— 281
e) Beschluss über die Genehmigung der Teilung eines Geschäftsanteils —— 282
f) Beschluss über die Einziehung von Geschäftsanteilen (§ 46 Nr. 4 GmbHG) —— 284
g) Abberufung und Kündigung eines Geschäftsführers, Neubestellung eines anderen Geschäftsführers —— 285
h) Maßregeln zur Prüfung und Überwachung der Geschäftsführung —— 288
i) Beschluss über die Erteilung von Prokura und Generalhandlungsvollmacht —— 289
j) Beschluss über die Geltendmachung von Ansprüchen gegenüber Gesellschaftern und Geschäftsführern und die Vertretung der Gesellschaft im Rahmen der Geltendmachung —— 291
k) Verlust der Hälfte des Stammkapitals als zwingender Einberufungsgrund —— 294
3. Muster: Ankündigung von Gegenständen zur Tagesordnung —— 296
4. Muster: Einberufung einer zweiten Gesellschafterversammlung bei Beschlussunfähigkeit der ersten Gesellschafterversammlung —— 297
5. Muster: Einberufungsverlangen von Minderheitsgesellschaftern —— 298
6. Muster: Einberufung durch Minderheitsgesellschafter nach vergeblichem Einberufungsverlangen —— 299
7. Muster: Verlangen von Minderheitsgesellschaftern, Gegenstände auf die Tagesordnung zu nehmen —— 300
8. Muster: Ankündigung von Gegenständen zur Tagesordnung durch Minderheitsgesellschafter —— 301
9. Muster: Protokoll der Gesellschafterversammlung —— 302
10. Muster: Verlangen um Auskunft und Einsicht —— 303
11. Muster: Beantwortung der Geltendmachung des Auskunfts- und Einsichtsrechts —— 304
a) Muster: Antwortschreiben —— 304
b) Muster: Mitteilung des gefassten Gesellschafterbeschlusses —— 305
12. Muster: Klage auf gerichtliche Entscheidung über das Auskunfts- und Einsichtsrecht —— 306

E. Veräußerung und Verpfändung von Geschäftsanteilen —— 307
I. Rechtliche Grundlagen —— 307
1. Freie Veräußerbarkeit des Geschäftsanteils —— 307
2. Form —— 308
3. Veräußerung von (Teil-)Geschäftsanteilen —— 311
4. Einzelne Regelungsgegenstände beim Kauf von Geschäftsanteilen —— 312
a) Vertragsgegenstand —— 312
b) Kaufpreis —— 313
c) Gewinnanspruch —— 314
d) Ansprüche und Rechte wegen Mängel; Garantien —— 316
e) Gesellschafterliste —— 319
5. Angebot zum Erwerb von Geschäftsanteilen („Option") —— 321
6. Pfandrecht an einem Geschäftsanteil —— 324
a) Bestellung —— 324
b) Rechtsfolgen —— 325
c) Atypische Ausgestaltung des Pfandrechts —— 326
II. Muster —— 327
1. Muster: Verkaufs- und Abtretungsvertrag mit Teilung von Geschäftsanteilen —— 327
2. Muster: Angebot zum Erwerb eines Geschäftsanteils (Optionsvertrag) —— 328
3. Muster: Verpfändung von Geschäftsanteilen zur Sicherung von Ansprüchen aus einer Geschäftsverbindung —— 329
4. Muster: Verpfändung wegen Sicherung von Darlehensansprüchen —— 330

F. Kapitalerhöhung, Kapitalherabsetzung und sonstige Maßnahmen zur Kapitalwiederherstellung —— 331
I. Rechtliche Grundlagen —— 331
1. Ausgangsbetrachtung —— 331
2. Kapitalerhöhungen —— 334
a) Einfache Kapitalerhöhung —— 334
b) Besondere Formen der Barkapitalerhöhung: Genehmigtes Kapital und „Bis-zu"-Kapitalerhöhungen —— 366
c) Kapitalerhöhung aus Gesellschaftsmitteln —— 374
aa) Gegenstand der Kapitalerhöhung —— 375
bb) Zugrunde liegende Bilanz —— 378
cc) Bildung neuer/erhöhter Anteile —— 383
dd) Gewinnbezugsrecht —— 386
ee) Erhöhungsbeschluss —— 387
ff) Anmeldung der Kapitalerhöhung aus Gesellschaftsmitteln —— 391
c) Kapitalerhöhungen im Rahmen von „Schütt-aus-hol-zurück-Verfahren" —— 397
e) Kapitalerhöhung bei der UG (haftungsbeschränkt) —— 403
3. Ursachen und Rechtsfolgen von verschleierten Sacheinlagen —— 410
4. Kapitalherabsetzung (§§ 58 ff. GmbHG) —— 429

a) Möglichkeiten der Kapitalherabsetzung —— 433
b) Zweck der Kapitalherabsetzung —— 435
c) Kapitalherabsetzungsbeschluss —— 439
d) Gläubigerschutz (Bekanntmachung, Gläubigeraufruf, Einzelmitteilungen) —— 446
e) Sperrjahr, Anmeldung, Eintragung und Veröffentlichung —— 450
f) Vollzug der Kapitalherabsetzung —— 455
g) Vereinfachte Kapitalherabsetzung —— 457
5. Forderungsverzichte, Rangrücktritte und Patronatserklärungen der Gesellschafter —— 460
a) Übersicht über die Maßnahmen zur Sanierung des Eigenkapitals außerhalb von Satzungsänderungen —— 460
b) Forderungsverzicht mit Besserungsschein —— 466
aa) Wirksamkeit —— 466
bb) Aufschiebend bedingter Forderungsverzicht —— 471
cc) Auflösend bedingter Forderungsverzicht —— 472
c) Rangrücktritt —— 473
d) Patronatserklärungen/gesellschafts- und schuldrechtliche Liquiditäts- und Verlustdeckungszusagen —— 488
e) Schuldübernahme —— 496
f) Sanierungszuschuss —— 500
II. Muster —— 504
1. Muster: Einfache Barkapitalerhöhung durch Ausgabe neuer Geschäftsanteile mit Übernahmeerklärungen —— 504
2. Muster: Anmeldung einer Barkapitalerhöhung zum Handelsregister —— 505
3. Muster: Kapitalerhöhung aus Gesellschaftsmitteln —— 506
4. Muster: Handelsregisteranmeldung einer Kapitalerhöhung aus Gesellschaftsmitteln —— 507
5. Muster: Kapitalerhöhung im Schütt-aus-hol-zurück-Verfahren —— 508
6. Muster: Anmeldung der Kapitalerhöhung im „Schütt-aus-hol-zurück-Verfahren" zum Handelsregister —— 509
7. Muster einer Beschlussfassung über eine ordentliche Kapitalherabsetzung —— 510
12. Muster einer Handelsregisteranmeldung einer ordentlichen Kapitalherabsetzung —— 511
13. Muster einer Beschlussfassung über eine vereinfachte Kapitalherabsetzung —— 512
14. Muster: Handelsregisteranmeldung einer vereinfachten Kapitalherabsetzung —— 513
15. Muster: Kapitalerhöhung und gleichzeitige Kapitalherabsetzung —— 514
16. Muster: Handelsregisteranmeldung einer vereinfachten Kapitalherabsetzung mit gleichzeitiger Kapitalerhöhung —— 515
17. Muster: Forderungsverzicht gegen Besserungsschein —— 516
18. Muster: Rangrücktrittsvereinbarung zwischen Gesellschafter und Gesellschaft —— 517

G. Die GmbH im Zivilprozess —— 518
I. Besonderheiten im Zivilprozess —— 518
1. Überblick —— 518
2. Die Entscheidung über die Beteiligung am Rechtsstreit —— 519
3. Die Vertretung im Rechtsstreit —— 524
4. Zuständigkeitsfragen —— 531
5. Prozessstandschaft —— 535
6. Actio pro socio —— 538
7. Prozesskostenhilfe —— 541
8. Fragen der Zustellung —— 549
9. Darlegungs- und Beweislast —— 562
10. Der Geschäftsführer als Zeuge —— 570
11. Rechtsschutz gegen fehlerhafte Beschlüsse —— 572
a) Überblick —— 572
b) Nichtigkeitsklage —— 574
c) Anfechtungsklage —— 582
d) Positive Beschlussfeststellungsklage —— 600
e) Allgemeine Feststellungsklage nach § 256 ZPO —— 605
f) Rechtsschutz gegen besondere Beschlüsse —— 610
g) Einstweiliger Rechtsschutz —— 619
II. Auseinandersetzungen zwischen Gesellschaftern —— 629
1. Überblick —— 629
2. Strategie und Taktik —— 630
3. Kündigung der Gesellschaft —— 631
4. Auflösung der Gesellschaft —— 632
a) Einvernehmliche Auflösung —— 632
b) Erzwungene Auflösung —— 633
aa) Einziehung —— 635
bb) Ausschluss —— 650
5. Besondere GmbH-interne Streitigkeiten —— 671
a) Abberufung des Geschäftsführers —— 671
b) Rechtsschutz gegen Maßnahmen des Geschäftsführers —— 692
c) Rechtsschutz im Zusammenhang mit der Teilung von Geschäftsanteilen —— 697

d) Rechtsschutz im Zusammenhang mit der Übertragung von Geschäftsanteilen —— 704
III. Muster —— 716
1. Muster: Ordentliche Kündigung —— 716
2. Muster: Auflösung (Beschluss, Anmeldung, Bekanntmachung) —— 717
   a) Muster: Liquidationsbeschluss —— 717
   b) Muster: Anmeldung der Liquidation —— 718
   c) Muster: Anmeldung der Vollbeendigung —— 719
3. Muster: Ausschlussklage —— 720
4. Muster: Auflösungsklage —— 721
5. Muster: Nichtigkeitsklage —— 722
6. Muster: Nichtigkeitsfeststellungsklage —— 723
7. Einstweiliger Rechtsschutz gegen Abberufungsbeschluss —— 724
8. Durchsetzung der Abberufung im Wege der einstweiligen Verfügung —— 725

A. Gründung der GmbH

I. Praktische Bedeutung, Rechtsformwahl

Die Gesellschaft mit beschränkter Haftung (GmbH) erfreut sich im Handelsverkehr seit ihrer gesetzlichen Einführung im Jahre 1892 großer Beliebtheit. Beim zahlenmäßigen Vergleich mit anderen Gesellschaftsformen liegt sie mit Abstand an der Spitze. Die Anzahl der in der Bundesrepublik Deutschland registrierten GmbH beträgt über 1 Million; als umsatzstärkste Rechtsform erwirtschaftet sie rund ein Drittel aller steuerpflichtigen Umsätze in Deutschland.[1] Die Attraktivität der GmbH vor allem bei kleinen und mittleren Unternehmen ist ungebrochen. Sie erweist sich im Vergleich zu anderen Organisationsformen in vielerlei Hinsicht als vorteilhaft, da sie bei hoher Flexibilität der gesellschaftsrechtlichen Organisation und starker Stellung der Gesellschafter die Beschränkung der Haftung auf das Gesellschaftsvermögen ermöglicht. Diese Stärke der GmbH zeigt sich auch daran, dass sich ausländische Gesellschaftsformen, wie die englische „Limited"[2] am deutschen Markt der Gesellschaftsformen bislang nicht durchzusetzen vermochten. 1

Die optimale Rechtsform für ein bestimmtes Unternehmen ist nur anhand der individuellen Verhältnisse beurteilen, nicht aufgrund pauschaler Vorteilhaftigkeitsaussagen.[3] In den Rechtsformenvergleich haben die gegenwärtigen Bedingungen im Unternehmen hinsichtlich der wirtschaftlichen Situation und der Herrschaftsverhältnisse ebenso einzufließen wie die zukünftig zu erwartende Entwicklung dieser Parameter. Steuerliche Aspekte sind häufig ein wesentliches Motiv für die Rechtsformwahl. Vor einer einseitigen Ausrichtung auf steuerliche Prämissen kann jedoch nur abgeraten werden, insbesondere wenn dies dazu führt, dass wichtige andere Aspekte vernachlässigt werden.

Mit dem MoMiG ist am 1.11.2008 die tiefgreifendste Reform seit Einführung der GmbH in Kraft getreten. Der Gesetzgeber hat das Recht der GmbH umfassend modernisiert und dereguliert, nicht zuletzt zur „Ertüchtigung" der GmbH im internationalen Vergleich der Gesellschaftsformen. Erklärtes Ziel der Reform war es, die Attraktivität der GmbH gegenüber ausländischen Rechtsformen unter anderem durch die Einführung der sog. Unternehmergesellschaft zu stei- 2

---

[1] Vgl. *Hansen*, GmbHR 2003, 23, der die Ergebnisse der Erhebungen zur Umsatzsteuer auswertet. Primärdaten sind nicht mehr verfügbar, nachdem das Statistische Bundesamt 1993 Erhebungen aufgrund der Eintragungen in den Handelsregistern eingestellt hat.
[2] Zur Freizügigkeit der Gesellschaftsformen in Europa vgl. die Rechtsprechung des EuGH insbesondere in den Entscheidungen „Centros" (NZG 1999, 298), „Überseering" (NZG 2002, 1164) und „Inspire Art" (ZIP 2003, 1885). Ferner hat der EuGH die Gleichstellung einer Auslandsgesellschaft mit einer Inlandsgesellschaft bei einer Umwandlung verlangt (NJW 2006, 425 – SEVIC). Anders in Wegzugsfällen, wo das nationale Recht einer Gesellschaft verwehren kann, ihren Sitz unter Beibehaltung ihrer Eigenschaft als Gesellschaft des Rechts des Staats in einen anderen Mitgliedsstaat zu verlegen (NZG 2009, 61 – Cartesio).
[3] Siehe Beck'sches Handbuch der GmbH, § 1; *Rotthege*, Mandatspraxis, A; zur Rechtsformwahl vgl. § 1.

gern. Daneben sollte dem Wunsch der Praxis gemäß das Recht der Kapitalaufbringung und -erhaltung reformiert und der Missbrauchsschutz erhöht werden.[4]

II. Rechtliche Grundlagen

3   Die GmbH ist juristische Person. Sie besitzt eigene Rechtspersönlichkeit (§ 13 Abs. 1 GmbHG), ist also unabhängig von einem Wechsel in der Person ihrer Gesellschafter. Sie kann zu jedem gesetzlich zulässigen Zweck gegründet werden, § 1 GmbHG. Als Formkaufmann unterliegt die GmbH in jedem Fall den handelsrechtlichen Vorschriften für Kaufleute (§ 6 HGB), auch wenn sie kein Gewerbe oder nur ein Kleingewerbe betreibt. Die GmbH kann auch von Freiberuflern gegründet werden, soweit deren Berufsrecht keine Einschränkungen vorsieht.[5]

1. Abschluss des Gesellschaftsvertrags

4   Die GmbH entsteht als juristische Person erst mit der Eintragung in das Handelsregister, §§ 11 Abs. 1, 13 Abs. 1 GmbHG. Den Vorgang, der zur Entstehung der Gesellschaft führt, bezeichnet man als Gründung. Unter Errichtung versteht man meist entgegen dem Wortlaut in § 1 GmbHG – in Anlehnung an den Begriffsinhalt in § 29 AktG – den Abschluss des formgerechten Gesellschaftsvertrags. Zwischen Errichtung und Eintragung besteht eine **Vorgesellschaft**, vor Abschluss des formgültigen Gesellschaftsvertrags unter Umständen eine **Vorgründungsgesellschaft**.

5   Mit der Beurkundung des Gesellschaftsvertrages entsteht zunächst eine **Vorgesellschaft**, die den rechtlichen Charakter einer Gesamthandsgemeinschaft hat. Die Vorgesellschaft ist nach überwiegender Auffassung eine **Personenvereinigung eigener Art** ohne eigene Rechtsfähigkeit. Sie entspricht als Vorstufe der künftigen GmbH, so dass neben dem Gesellschaftsvertrag die Normen des GmbHG Anwendung finden, soweit diese nicht gerade Rechtsfähigkeit voraussetzen. Mit Eintragung der Gesellschaft in das Handelsregister wird die Vorgesellschaft beendet und die GmbH tritt **von selbst** und unter Übergang des Gesellschaftsvermögen mit allen für die Vorgesellschaft begründeten Rechten und Verbindlichkeiten an die Stelle der Vor-GmbH.[6]

6   Von der Vorgesellschaft streng zu unterscheiden ist die **Vorgründungsgesellschaft**, die nur für den Fall entsteht, dass die Gründer vor Abschluss des Gesellschaftsvertrags einen Vorvertrag mit dem Ziel schließen, zur Gründung zusammenzuwirken. Sie ist im rechtlichen Sinn **nicht Vorläufer der Vorgesellschaft**. Wird schon vor Abschluss des Gesellschaftsvertrags für die künftige GmbH gehandelt, wird weder diese noch die Vorgesellschaft verpflichtet.

a) Form, Beurkundungstechnik
aa) Klassische Gründung

7   Die **Errichtung einer GmbH** bedarf nach § 2 Abs. 1 S. 1 GmbHG **notarieller Form**. Die Formbindung soll neben der Beweissicherung und der Rechtssicherheit eine materielle Richtigkeitsgewähr bieten, sowie die rechtliche Prüfung und Belehrung durch den Notar gewährleisten.[7] Die Gründung einer GmbH erfolgt aufgrund **übereinstimmender Willenserklärungen der Grün-**

---

[4] Vgl. *Grigoleit/Rieder*, GmbH-Recht nach dem MoMiG, 2009; *Bunnemann/Zirngibl*, Auswirkungen des MoMiG auf bestehende GmbHs, 2008.
[5] Zulässig mit Sonderregelungen z.B. für den Rechtsanwalt, §§ 59c ff. BRAO; Patentanwalt, §§ 52c ff. PatAnwO, Steuerberater, § 49 StBerG, Wirtschaftsprüfer, § 27 Abs. 1 WPO. Nicht zulässig ist etwa der Betrieb einer Apotheke in der Form der GmbH, § 8 ApothekenG. Vgl. auch § 15.
[6] Allg. Meinung, vgl. nur Baumbach/Hueck/*Hueck/Fastrich*, § 11 Rn 30.
[7] BGHZ 105, 324, 338; zum notariellen Formzweck bei Geschäftsanteilsabtretungen vgl. auch *Walz/Fembacher*, NZG 2003, 1134.

der, so dass die Vorschriften der §§ 8 ff. BeurkG über die Beurkundung von Willenserklärungen Anwendung finden. Ein bloßer **Gesellschafterbeschluss** kann demgegenüber nach den erleichterten Vorschriften der §§ 36 ff. BeurkG aufgenommen werden.

Die notarielle Niederschrift über die Gründungsverhandlung bezeichnet man als **Gründungsprotokoll** oder **Mantelurkunde**. Die Gründungsurkunde enthält die Einigung der Gründer über die Errichtung der GmbH; daneben können weitere schuldrechtliche Absprachen der Gründer, Beschlüsse (z.B. über die Bestellung von Geschäftsführern) oder Vollmachten der Gesellschafter (z.B. zur Behebung von Eintragungshindernissen) aufgenommen werden. Der Mantelurkunde können nach allgemeinen beurkundungsrechtlichen Vorschriften Schriftstücke beigeschlossen werden; die in der Anlage enthaltenen Erklärungen gelten als in der Niederschrift selbst enthalten, wenn auf sie in der Niederschrift verwiesen und sie dieser beigefügt werden (§ 9 Abs. 1 S. 2 BeurkG). Dementsprechend kann der **Gesellschaftsvertrag** in das Gründungsprotokoll mit aufgenommen oder aber – wovon in der Praxis meistens Gebrauch gemacht wird – dem Protokoll **als Anlage beigefügt** werden. Letzteres hat für den beurkundenden Notar auch den Vorteil, dass Satzungsbescheinigungen nach § 54 Abs. 1 S. 2 GmbHG mit geringerem Aufwand erteilt werden können. Die Anlage ist als Urkundenbestandteil zu verlesen; § 14 BeurkG findet keine Anwendung.

Vertragsänderungen vor Eintragung der Gesellschaft in das Handelsregister können nur durch Vereinbarung aller Gesellschafter erfolgen und unterliegen dem Erfordernis der notariellen Beurkundung nach § 2 GmbHG. Die Vorschriften über Satzungsänderungen nach §§ 53 ff. GmbHG sind im Gründungsstadium ebenso wenig anwendbar wie die Regelungen über Anteilsabtretungen in § 15 ff. GmbHG. Aus Letzterem folgt, dass der **Neueintritt** und das **Ausscheiden** von Gründungsgesellschaftern vor Eintragung der GmbH durch Vereinbarung aller Gesellschafter nach § 2 GmbHG zu erfolgen hat (vgl. § 33 Rn 40).

bb) Gründung mittels Musterprotokoll

Nach § 2 Abs. 1a GmbHG kann eine GmbH in einem vereinfachten Verfahren gegründet werden, wenn die Gesellschaft höchstens drei Gesellschafter und nur einen Geschäftsführer hat. Die Gründung muss dann auf der Grundlage des in Anlage 1 zum GmbH-Gesetz gesetzlich vorgesehenen Musterprotokolls erfolgen. Das Musterprotokoll beinhaltet Gesellschaftsvertrag, Gesellschafterliste und Bestellung des Geschäftsführers. Das Musterprotokoll kann für die Gründung einer klassischen GmbH oder einer Unternehmergesellschaft (haftungsbeschränkt) verwendet werden, wenn die soeben genannten Voraussetzungen erfüllt sind und es sich um eine Bargründung handelt. Eine Sachgründung mittels Musterprotokoll ist hingegen nicht zulässig. Das vereinfachte Gründungsverfahren bei der Unternehmergesellschaft ist kostenrechtlich privilegiert, da die Mindestgeschäftswerte nicht gelten, § 41d KostO. Nachteil des Gründungsverfahrens mittels Gründungsprotokoll ist, dass von dem gesetzlichen Muster nicht abgewichen werden darf. Individuelle Satzungsregelungen sind daher nicht möglich, was besonders für die Mehrpersonengesellschaft dem Gesellschafterwillen i.d.R. nicht entsprechen wird.

b) Gesellschafter

Eine GmbH kann durch **eine oder mehrere Personen** errichtet werden, § 1 GmbHG. Als Gesellschafter kommen alle natürlichen oder juristischen Personen und Personenhandelsgesellschaften in Betracht. **Nicht unbeschränkt geschäftsfähige** natürliche Personen bedürfen der Mitwirkung des gesetzlichen Vertreters nach den allgemeinen Regeln. Auch **Gesamthandsgemeinschaften** (z.B. die Gesellschaft bürgerlichen Rechts [GbR],[8] die Erbengemeinschaft und der

---

8 BGH NJW 2001, 1056.

nicht rechtsfähige Verein) können sich an der Gründung einer GmbH beteiligen. Mangels Registerpublizität bei den Gesamthandsgemeinschaften sind daneben alle Gesellschafter im Gesellschaftsvertrag und in der Gesellschafterliste der GmbH aufgeführt werden.[9] Wechseln später Gesellschafter bei der GbR, so muss auch die Gesellschafterliste der GmbH aktualisiert werden. Nachdem heute die Rechts- und Parteifähigkeit der Außen-GbR anerkannt ist, ist für eine Anwendung des § 18 GmbHG kein Raum. Trotz der fehlenden Registerpublizität kommt auch eine analoge Anwendung nicht mehr in Betracht.[10]

11   Aufgrund der wachsenden internationalen Verflechtung ergibt sich die Frage der Gründerfähigkeit von **ausländischen natürlichen Personen und Gesellschaften.** Ausländer können Gesellschafter einer deutschen GmbH sein. Sie müssen keinen Wohnsitz oder Aufenthaltsort im Inland haben. Allerdings kann ein Verstoß gegen ausländer- oder gewerbepolizeiliche Beschränkungen zum sittenwidrigen Rechtsformmissbrauch führen, so dass die Gesellschaft nicht ins Handelsregister eingetragen werden darf.[11]

12   Die **ausländische juristische Person** kann grundsätzlich Gesellschafterin einer deutschen GmbH sein. Die Rechts- und Gründerfähigkeit der ausländischen Gesellschaft bestimmt sich nach den Regeln des internationalen Privatrechts nach ihrem Gesellschaftsstatut.[12] Da im EGBGB Vorschriften zur Anknüpfung des Gesellschaftsstatuts fehlen, ist die Anknüpfung umstritten; im Wesentlichen stehen sich Gründungs- und Sitztheorie gegenüber. Im Bereich der Niederlassungsfreiheit nach Art. 43 und 48 EGV ist nunmehr aufgrund der Rechtsprechung des EuGH von der Gründungstheorie auszugehen.[13]

c) Gründungsvollmacht

13   Bei der Gründung können sich die Gesellschafter durch **Bevollmächtigte** vertreten lassen. Die rechtsgeschäftliche Vertretung ist nur wirksam, wenn sie aufgrund einer **notariell beurkundeten oder beglaubigten Vollmacht** erfolgt (§ 2 Abs. 2 GmbHG). Es ist nicht erforderlich, dass eine auf dieses Geschäft bezogene Sondervollmacht errichtet wird; insbesondere ist eine formgerechte Generalvollmacht taugliche Grundlage für eine vertretungsweise Gesellschaftserrichtung.

14   Der Gesellschaftsvertrag kann auch unter Beteiligung eines oder mehrerer **Vertreter ohne Vertretungsmacht** geschlossen werden, deren Willenserklärungen anschließend durch den Vertretenen genehmigt werden. Bei der **Einpersonen-Gründung** verbietet sich dieser Weg jedoch, da kein Vertrag sondern ein einseitiges Rechtsgeschäft abgeschlossen wird, so dass § 180 S. 1 BGB Anwendung findet.

2. Inhalt des Gründungsprotokolls
a) Bestellung von Geschäftsführern

15   Die Gründergesellschafter müssen im Gründungsstadium mindestens einen Geschäftsführer bestellen, damit die Gesellschaft handlungsfähig ist (§ 6 Abs. 1 GmbHG). Dessen Aufgabe ist es, die Gesellschaftereinlagen nach § 7 Abs. 2 und 3 GmbHG entgegenzunehmen, die Versicherung nach § 8 Abs. 2, Abs. 3 GmbHG abzugeben und die Gesellschaft zum Handelsregister anzumel-

---
9 BGH 148, 291 m. Anm. *Ulmer*, ZIP 2001, 1714; *Lutter/Hommelhoff*, § 8 Rn. 4; *Heckschen/Heidinger*, § 2 Rn. 43.
10 *Lutter/Hommelhoff*, § 18 Rn 2 unter Aufgabe der früheren Ansicht.
11 OLG Stuttgart GmbHR 1984, 143; *Lutter/Hommelhoff*, § 1 Rn 16; *Tillmann/Schiffers/Wälzholz*, Rn 36, letzterer aber mit der Einschränkung, dass der ausländische Gesellschafter eine wesentlichen Beteiligung (konkret: 25%) halten müsse, die einen gewissen Einfluss auf die Geschäftsführung ermöglicht. A. A. *Wachter*, ZIP 1999, 1577.
12 Palandt/*Thorn*, Anh. § 12 EGBGB Rn 6; ausführlich *Schaub*, NZG 2000, 953.
13 Zur neueren Entwicklung aufgrund der Rechtsprechung des EuGH mit den Urteilen „Centros" (NZG 1999, 298), „Überseering" (NZG 2002, 1164) und „Inspire Art" (ZIP 2003, 1885); vgl. nur *Ziemons*, ZIP 2003, 1913.

den. Geschäftsführer kann nur eine **natürliche, unbeschränkt geschäftsfähige Person** sein (§ 6 Abs. 2 S. 1 und 2 GmbHG).

Ausländer können zum Geschäftsführer bestellt werden, auch wenn sie keinen Wohnsitz im Inland oder keine deutschen Sprachkenntnisse haben. Für Nicht-EU-Bürger begründet eine fehlende Aufenthaltsgenehmigung (§ 3 AuslG) nach neuerdings bestrittener Auffassung ein Bestellungshindernis, auch wenn neben dem Nicht-EU-Bürger weitere aufenthaltsberechtigte Personen zu Geschäftsführern bestellt werden.[14] Ausländer, die nach deutschem Recht für Aufenthalte bis zu drei Monaten keiner Visumspflicht unterliegen, können in jedem Fall ohne ausländerrechtlichen Nachweis zum Geschäftsführer bestellt werden.[15] Ein im Ausland wohnender Geschäftsführer, dessen Anmeldung von einem ausländischen Notar beglaubigt wurde, ist gemäß den Vorschriften des GmbHG über seine unbeschränkte Auskunftpflicht gegenüber dem Handelsregister (§§ 8 Abs. 3 S. 2; 39 Abs. 3 S. 2 GmbHG) zu belehren.[16]

aa) Bestellung im Gesellschaftsvertrag oder durch Gesellschafterbeschluss

Die Bestellung des Geschäftsführers sollte nicht in der Satzung, sondern zweckmäßigerweise im Gründungsprotokoll erfolgen, sofern dem Geschäftsführer nicht ausnahmsweise ein satzungsmäßiges Recht auf Geschäftsführung eingeräumt werden soll. Die Bestellung im Gesellschaftsvertrag birgt das Risiko, dass ihr **Satzungscharakter** zugebilligt und somit die Abberufung des alten und die Neubestellung eines anderen Geschäftsführers nur im Wege einer Satzungsänderung für zulässig erachtet wird.[17] Der Beschluss kann bei Bestellung im Zusammenhang mit der Gründung in das **Gründungsprotokoll** aufgenommen werden, was üblicherweise geschieht. Zur Geschäftsführerbestellung bei Verwendung des Musterprotokolls, vgl. Rn 159.

bb) Konkrete Vertretungsregelungen bei Mehrheit von Geschäftsführern

Der Geschäftsführer erhält mit seiner Bestellung neben der Geschäftsführungsbefugnis die Befugnis, die Gesellschaft im Rechtsverkehr zu vertreten. Sind mehrere Geschäftsführer bestellt, ordnet das Gesetz die **Gesamtvertretung** an (§ 35 Abs. 2 S. 2 GmbHG). Die gemeinschaftliche Vertretungsbefugnis hat den Vorteil der gegenseitigen Kontrolle und der Verhütung von Missbräuchen. Sind allerdings mehr als zwei Geschäftsführer bestellt, ist die gesetzliche Regelung schwerfällig und unpraktikabel. Die gesetzlich vorgesehene Gesamtvertretung kann durch den Gesellschaftsvertrag abgeändert werden, § 35 Abs. 2 S. 1 GmbHG. Ist dem Bedürfnis nach gegenseitiger Kontrolle durch das Vier-Augen-Prinzip hinreichend genüge getan, kann geregelt werden, dass die Gesellschaft **durch (je) zwei Geschäftsführer gemeinschaftlich vertreten** wird (sog. echte modifizierte Gesamtvertretung). Es kann auch vorgesehen werden, dass die Vertretung der Gesellschaft durch einen Geschäftsführer gemeinsam mit einem **Prokuristen** erfolgen kann (sog. unechte Gesamtvertretung). Sollen Prokuristen in die Gesamtvertretung einbezogen werden, muss beachtet werden, dass die gesetzliche Vertretung der Gesellschaft in jedem Fall ohne einen Prokuristen möglich sein muss. Die Vertretungsmacht des einzigen Geschäftsführers

---

[14] OLG Zweibrücken GmbHR 2001, 435; a. A. OLG Düsseldorf ZIP 2009, 1074; OLG Dresden GmbHR 2003, 537; *Roth/Altmeppen*, § 6 Rn 14f; *Krafka/Willer/Kühn*, Rn 958.
[15] OLG Frankfurt/M. NZG 2001, 757; vgl. die „Positivliste" nach Anhang II der Verordnung (EG) Nr. 539/2001.
[16] Formulierungsvorschlag bei *Wachter*, ZNotP 1999, 314. Die Belehrung kann schriftlich und auch durch einen im Ausland bestellten Notar, durch einen Vertreter eines vergleichbaren rechtsberatenden Berufs oder eines Konsularbeamten erfolgen, § 8 Abs. 3 S. 2 GmbHG.
[17] Der BGH geht zwar davon aus – sofern sich aus dem Gesellschaftsvertrag nichts anderes ergibt –, dass die Bestellung in der Satzung nur bei Gelegenheit des Abschlusses des Gesellschaftsvertrags erfolgt, und somit eine spätere Abberufung mit einfacher Mehrheit möglich ist (BGHZ 18, 205; BGH GmbHR 1982, 129). Dennoch sollte nicht ohne Not ein Einfallstor für späteren Streit geschaffen werden.

kann daher nicht an die Mitwirkung eines Prokuristen gebunden werden. Anstelle der Gesamtvertretungsbefugnis kann einzelnen oder allen Geschäftsführern **Einzelvertretungsbefugnis**[18] verliehen werden. Dies führt zu erheblicher Erleichterung bei der Abwicklung täglicher Geschäftsvorfälle und ist deshalb der in der Praxis wohl zumeist gewählte Weg.

19 Die konkrete Vertretungsregelung sollte nicht in der Satzung festgelegt werden, weil dann jede Änderung einer förmlichen Satzungsänderung bedarf. Vorzugswürdig ist es, in der Satzung neben einer abstrakten Vertretungsregelung eine **Öffnungsklausel** aufzunehmen, wonach die Gesellschafterversammlung oder ein anderes Gesellschaftsorgan ermächtigt wird, die Vertretungsbefugnis konkret zu bestimmen. Das zuständige Organ kann dann durch einfachen Beschluss die Vertretungsbefugnis festlegen und ändern. Bei Gründung wird der Beschluss in der Regel in die Mantelurkunde aufgenommen. Die Vertretungsregelung ist im Handelsregister einzutragen. Die Öffnungsklausel selbst ist nicht eintragungsfähig.[19]

20 Eine bestimmte Vertretungsbefugnis sollte nicht im Geschäftsführervertrag zugesagt werden, da das Anstellungsverhältnis die persönlichen Beziehungen des Geschäftsführers zur Gesellschaft, nicht aber die Organstellung und die damit verbundenen Regelungsbereiche betrifft.

cc) Befreiung vom Verbot des Selbstkontrahierens

21 Ein Geschäftsführer kann im Namen der Gesellschaft weder mit sich in eigenem Namen noch als Vertreter eines Dritten ein Rechtsgeschäft vornehmen, soweit es sich nicht lediglich um die Erfüllung einer Verbindlichkeit handelt oder das Rechtsgeschäft der Gesellschaft lediglich einen rechtlichen Vorteil bringt, § 181 BGB. Nach § 35 Abs. 4 S. 1 GmbHG ist § 181 BGB auch auf Rechtsgeschäfte des **geschäftsführenden Alleingesellschafters** mit der Gesellschaft anzuwenden. Die Vorschrift will Rechtsgeschäfte zwischen der Gesellschaft und dem geschäftsführenden Alleingesellschafter zwar nicht verbieten, aber erschweren und den Gläubigerschutz verbessern. Jedoch wird die gläubigerschützende Wirkung der Vorschrift vielfach angezweifelt, hindert sie doch z.B. nicht Gewinnentnahmen durch den Gesellschafter-Geschäftsführer.[20] Es wird sich deshalb oft anbieten, dem Geschäftsführer **Befreiung** von dem **Verbot des Selbstkontrahierens** zu erteilen. Hierfür sprechen nicht zuletzt steuerliche Gründe. Entgeltvereinbarungen in der **Einpersonen-GmbH**, die unter Verletzung des § 181 BGB zustande kommen, können unter Umständen steuerlich zur Annahme einer **verdeckten Gewinnausschüttung** führen.[21]

22 Ist dem Vertreter das Selbstkontrahieren nicht gestattet, sind Rechtsgeschäfte, die entgegen dem Verbot vorgenommen werden, **schwebend unwirksam**. Das schwebend unwirksame Geschäft kann rückwirkend nach § 184 BGB wirksam werden, wenn der Geschäftsführer von den Beschränkungen des § 181 BGB befreit wird und er das Geschäft genehmigt. Der BFH scheint unter bestimmten Voraussetzungen von der Möglichkeit einer steuerlichen Rückwirkung der Genehmigung auszugehen, so dass bei beherrschenden Gesellschafter-Geschäftsführern eine verdeckte Gewinnausschüttung nicht ohne weiteres angenommen werden kann, wenn das Insich-Geschäft nachträglich durch Genehmigung wirksam geworden ist.[22]

23 Die Befreiung vom Verbot des Selbstkontrahierens erfordert eine satzungsrechtliche Grundlage. Die Befreiung erfolgt entweder in der **Satzung** selbst oder aufgrund einer im Gesellschafts-

---

18 Synonym gebraucht werden kann der Begriff der „Alleinvertretungsbefugnis". Beide Begriffe bezeichnen gleichermaßen die Befugnis eines von mehreren Geschäftsführern, die Gesellschaft alleine zu vertreten, und können bei der registerrechtlichen Eintragung synonym verwendet werden.
19 BayObLG GmbHR 1982, 257; GmbHR 1990, 213.
20 Kritisch daher *Ulmer*, BB 1980, 1006; *Altmeppen*, NJW 1995, 1182, 1185; *Kanzleiter*, DNotZ 1996, 819. Ebenfalls kritisch mit Blick auf ausländische Rechtsformen, die die dem deutschen Recht eigene Beschränkung im Sinne des § 181 BGB nicht kennen, *Willer/Krafka*, NZG 2006, 885.
21 BFH GmbHR 1996, 60; BGH ZNotP 2000, 81.
22 BFH DB 1996, 2589.

vertrag enthaltenen **Ermächtigung** durch **Gesellschafterbeschluss**,[23] der bei Bestellung im Zusammenhang mit der Gründung zweckmäßigerweise in das **Gründungsprotokoll** aufgenommen wird.

b) Registervollmacht
Es ist empfehlenswert, in das Gründungsprotokoll eine Vollmacht der Gründergesellschafter an 24 einen der Mitgesellschafter oder an einen Angestellten des Notars aufzunehmen, der ermächtigt wird, Änderungen des Gesellschaftsvertrags insbesondere zur Behebung von Beanstandungen des Registergerichts, oder sonstiger an der Gründung beteiligter Stellen vorzunehmen und die Änderungen zum Handelsregister anzumelden.

c) Hinweise
Der Notar wird die Beteiligten in der Regel über den Zeitpunkt des Entstehens der Gesellschaft 25 belehren. Er sollte auch auf die **Haftungsgefahren** hinweisen, denen die Gesellschafter vor und nach Entstehung der Gesellschaft unterliegen (vgl. Rn 28 ff.). Ratsam dürfte sein, die schriftlichen Hinweise aus Nachweisgründen **in naher Anlehnung an die gesetzlichen Tatbestände zu formulieren** und zusätzlich mündlich zu erläutern.

Verwirklicht die GmbH einen Unternehmensgegenstand, der nach öffentlich-rechtlichen Vor- 26 schriften der Genehmigung bedarf, so wird der Notar auf das Genehmigungserfordernis hinweisen, da sich der Gründer einer Ordnungswidrigkeit schuldig macht, wenn er die Geschäfte ohne Genehmigung betreibt. Seit dem MoMiG stellt die Nichtvorlage einer Genehmigungsurkunde oder eines Negativattests kein Eintragungshindernis der Gesellschaft in das Handelsregister mehr dar.

Die Gründung und das Betreiben einer GmbH werfen zahlreiche **steuerliche Fragen** und 27 Gestaltungsmöglichkeiten auf. Der Notar wird eine steuerliche Beratung der Beteiligten in der Regel nicht leisten. Es empfiehlt sich, dies festzuhalten. Bei der Einbringung von Sacheinlagen kann ein Hinweis auf die verkehrsteuerliche Relevanz des Vorganges angezeigt sein.

3. Haftung der Gesellschafter
Teilweise herrscht die Fehlvorstellung, es könnten die Geschäfte im unmittelbaren Anschluss an 28 die Beurkundung unter **Beschränkung der Haftung** für Geschäfte **auf das Gesellschaftsvermögen** aufgenommen werden. Tatsächlich tritt die Haftungsbeschränkung der Gesellschafter erst mit Eintragung der Gesellschaft ein, § 11 Abs. 1 GmbHG. Für die Zeit bis zur Eintragung der Gesellschaft ergeben sich zahlreiche Haftungsgefahren für die Gründer. Daneben gibt es weitere Vorschriften, die zu einer persönlichen Haftung der Gesellschafter führen können.

a) Handelndenhaftung vor Eintragung der GmbH
Wer als Geschäftsführer oder wie ein solcher vor der Eintragung der Gesellschaft in das Handels- 29 register im Namen der Gesellschaft handelt, **haftet persönlich** (§ 11 Abs. 2 GmbHG).

b) Haftung für die Aufbringung der Stammeinlagen der Mitgesellschafter (Ausfallhaftung)
Dass die Beteiligten die **Ausfallhaftung** nach § 24 GmbHG kennen, kann in der Regel nicht vor- 30 ausgesetzt werden. Gerade wer sich als Gründer mit einer geringen Stammeinlage beteiligt

---

23 Ganz h.M. BayObLG DB 1984, 1517; OLG Hamm GmbHR 1998, 682.

– womöglich an einer kapitalintensiven, mit dem Mehrfachen der Mindestsumme von 25.000 EUR ausgestatteten GmbH – muss wissen, dass er im schlimmsten Fall gezwungen sein kann, das **gesamte Stammkapital allein** aufzubringen, wenn die rückständigen Einlagebeträge von den anderen Beteiligten nicht erlangt werden können.

c) Falschangaben anlässlich der Gesellschaftserrichtung

31 Wer anlässlich der Errichtung der GmbH falsche Angaben macht, setzt sich zivil- und strafrechtlicher Sanktion aus. Die **strafbaren Falschangaben** benennt § 82 GmbHG. Strafbar ist nur **vorsätzliches** Handeln im Sinne des § 15 StGB, wobei bedingter Vorsatz ausreicht. Ein typischer Anwendungsfall der Strafnorm liegt etwa vor, wenn erklärt wird, die Einlage sei in bar geleistet worden, in Wirklichkeit aber eine Aufrechnung vorgenommen oder eine (verdeckte) Sacheinlage getätigt worden ist.

32 Die **zivilrechtliche Folge falscher Angaben** bei Errichtung der Gesellschaft regelt § 9a Abs. 1 GmbHG. Danach sind fehlende Einzahlungen zu leisten und Vergütungen, die nicht unter den Gründungsaufwand fallen, zu ersetzen; darüber hinaus ist auch für den sonst entstehenden Schaden Ersatz zu leisten. Haftende sind Gesellschafter und Geschäftsführer **als Gesamtschuldner**. Eine Haftung tritt nur dann nicht ein, wenn der betreffende Mitgesellschafter bzw. Mitgeschäftsführer beweisen kann, dass er weder vorsätzlich noch fahrlässig gehandelt hat (§ 9a Abs. 3 GmbHG).

33 Auch ohne falsche Angaben kann eine Haftung von Gesellschaftern eintreten, wenn eine **Schädigung** der Gesellschaft „durch Einlagen oder Gründungsaufwand" erfolgt, § 9a Abs. 2 GmbHG. Der Anwendungsbereich der zu Abs. 1 subsidiären Norm ist schmal (Anwendungsbeispiel: formal ordnungsgemäß festgesetzter und angegebener, jedoch der Höhe nach sachlich nicht gerechtfertigter Gründungsaufwand). Eine Haftung setzt Vorsatz oder grobe Fahrlässigkeit eines Gesellschafters voraus.

d) Vorbelastungshaftung (Unterbilanzhaftung)

34 Zwischen dem Zeitpunkt der Leistung der Einlagen und der nachfolgenden Registereintragung der Gesellschaft kann der Wert der Einlagen unter die in der Satzung festgelegte Stammkapitalziffer sinken. Dies ist beispielsweise dann der Fall, wenn die Vor-GmbH Geschäfte tätigt, die zu einem Verlust führen, oder in der Vor-GmbH Aufwendungen, z.B. für die Zahlung von Löhnen und Gehältern anfallen, die nicht durch Erträge gedeckt sind. Bei Sacheinlagen kann sich der Wert der Einlage verringern (z.B. Kursschwankungen bei Wertpapieren). Zum Zeitpunkt der Eintragung der GmbH muss ein Reinvermögen vorhanden sein, das die Stammkapitalziffer wertmäßig erreicht oder übersteigt (Unversehrtheitsgrundsatz).[24] Dadurch soll eine Schädigung von Gesellschaftsgläubigern durch ein **Absinken des Wertes des Gesellschaftsvermögens unter das Stammkapital** vermieden werden. In Abkehr von der früher praktizierten gegenständlichen Sicherung des Stammkapitals durch ein Vorbelastungsverbot ist die Rechtsprechung zu einer bilanziellen Betrachtung übergegangen. Die Gesellschafter haften unbeschränkt mit ihrem gesamten Vermögen bis der Gesellschaft Kapital in Höhe des eingetragenen Stammkapitals zur Verfügung steht. Die Unterbilanzhaftung ist als **anteilige Innenhaftung** gegenüber der Gesellschaft ausgestaltet. Sie korrespondiert in der Regel mit der Haftung der Gesellschafter in der Vor-GmbH (Verlustdeckungshaftung).[25] Bei einem **Ausfall von Mitgesellschaftern** kann über § 24 GmbHG die Haftung eines einzelnen Gesellschafters bis zur Höhe der gesamten Differenz begründet sein.

---

24 BGHZ 80, 129.
25 BGHZ 134, 333.

Andere Grundsätze gelten, wenn die Gesellschaft nicht in das Handelsregister eingetragen 35
wird. Hatten die Gründer von vorneherein nicht beabsichtigt, die Eintragung zu betreiben (**unechte Vorgesellschaft**) oder haben sie die Eintragungsabsicht später aufgegeben, so haften sie für die Geschäftätigkeit nach dem Wegfall der Gründungsabsicht persönlich nach dem Recht der BGB-Gesellschaft oder der OHG.[26] Diese **unbeschränkte persönliche Außenhaftung** lässt sich dadurch vermeiden, dass sofort nach Wegfall der Gründungsabsicht die Geschäftätigkeit eingestellt wird. Für **Altverbindlichkeiten** wird nach den Grundsätzen der Verlustdeckungshaftung gehaftet.

e) Haftung bei überbewerteten Sacheinlagen

Werden bei der Gründung **Sacheinlagen** geleistet, muss der betreffende Gesellschafter eine zu- 36
sätzliche Bareinlage erbringen, soweit seine Sacheinlage nicht den Betrag der dafür übernommenen Stammeinlage erreicht (§ 9 Abs. 1 GmbHG; Problem der **überbewerteten Sacheinlage**). Über § 24 GmbHG haften die Mitgesellschafter.

4. Vorratsgründung und Mantelverwendung

Als Alternative zur Neugründung stellt sich in der Praxis gerade bei Umstrukturierungen und 37
Unternehmenskäufen der Erwerb einer **Vorratsgesellschaft** dar. Die Gesellschafter erwerben sämtliche Anteile einer mit dem Zweck der Verwaltung eigenen Vermögens gegründeten und im Handelsregister bereits eingetragenen Gesellschaft, die bis zur Anteilsveräußerung geschäftlich inaktiv ist (= offene Vorratsgründung).[27] Mit dem Einsatz einer Vorratsgesellschaft sollen die Haftungsgefahren aus der Gründungsphase vermieden und ein Zeitgewinn aus dem beschleunigten Registerverfahren gezogen werden.[28] Bei einer erstmaligen Ausstattung einer derivativ erworbenen Vorratsgesellschaft mit einem Unternehmen und der Aufnahme des Geschäftsbetriebs (**wirtschaftliche Neugründung**) sind die **registergerichtlichen Kontrollvorschriften** zur Aufbringung des Stammkapitals erneut anzuwenden.[29] Die Geschäftsführer haben bei Anmeldung der Satzungsänderung (Sitzverlegung, Gegenstands-, Firmenänderung) erneut die Versicherung analog § 8 Abs. 2 GmbHG abzugeben. Wird eine Gesellschaft erworben, der das Stammkapital uneingeschränkt und ununterbrochen bis zum Verkauf der Anteile zur Verfügung gestanden hat (oder im Falle einer zeitnahen Rückzahlung der Bareinlage diese nochmals in voller Höhe in die Gesellschaft eingelegt wird), ergeben sich insoweit keine Schwierigkeiten. Der Erwerber einer Vorratsgesellschaft sollte jedoch stets sorgfältig darauf achten, dass die Gesellschaft mit Ausnahme der ursprünglichen Gründungskosten keine weiteren Kosten übernimmt (Bankspesen, Satzungsänderungskosten), da dies zu einer Vorbelastung und entsprechenden Haftungsfolgen führen kann.

Der BGH wendet die Grundsätze zur wirtschaftlichen Neugründung auch bei der Verwen- 38
dung von **GmbH-Mänteln** an.[30] Unter einem GmbH-Mantel wird üblicherweise eine Gesellschaft verstanden, die im Rahmen ihres früheren Unternehmensgegenstandes tätig war, die Tätigkeit aber aufgegeben hat und zum Zeitpunkt des Erwerbs der Anteile unternehmenslos ist. Die Tatsache der Wiederverwendung eines zwischenzeitlich leer gewordenen Gesellschaftsmantels ist nach Auffassung des BGH dem Registergericht gegenüber **offen zu legen**. Die reale Kapitalaufbringung wird bei dem Erwerb einer Vorratsgesellschaft und der Aktivierung eines GmbH-

---

26 BGH NJW 2000, 1194; DStR 2002, 2232.
27 Die Zulässigkeit offener Vorratsgründungen bejahend BGH NJW 1992, 1824.
28 *Zwissler*, GmbHR 1999, 856.
29 BGHZ 153, 158; *Altmeppen*, NZG, 2003, 145.
30 BGH GmbHR 2003, 1125 m. Anm. *Peetz*; vgl. auch *Thaeter/Mayer*, DB 2003, 539.

Mantels durch entsprechende Anwendung des Haftungsmodells der **Unterbilanzhaftung**[31] bezogen auf den Stichtag der Offenlegung der wirtschaftlichen Neugründung gegenüber dem Registergericht sichergestellt.[32]

5. Gesellschaftsvertrag
a) Satzungsbestandteile

39 Der Gesellschaftsvertrag (**Satzung**) ist Organisationsvertrag und legt fest, in welcher Weise die Gesellschaft nach außen hervortritt, welche Rechte und Pflichten die Gesellschafter gegenüber der Gesellschaft besitzen und wie sich das Verhältnis der Gesellschafter untereinander, insbesondere bei der Willensbildung und Beschlussfassung regelt. Welche Gestaltung der Notar vorschlägt, hängt von den Bedürfnissen der Gründer ab. Die **Größenordnung** und **wirtschaftliche Bedeutung** der Gesellschaft spielt dabei ebenso eine Rolle wie die **Zahl der Gründer** und ihre Beziehungen untereinander sowie **Gestaltungswünsche** der Beteiligten. Die Regelungen sollten praktikabel und wirtschaftlich sinnvoll sein und die Handlungsfähigkeit der Gesellschaft sicherstellen.

40 Die Satzung hat die in § 3 Abs. 1 Nr. 1–4 GmbHG gesetzlich vorgeschriebenen **Mindestangaben** zu enthalten. Über den notwendigen Inhalt hinaus können die Gründer weitere Regelungen treffen. Hierbei ist zu unterscheiden: **Echte, aber fakultative Satzungsbestandteile** können wirksam nur in der Satzung vereinbart werden. Hierzu zählen u.a. die Regelungsgegenstände des § 3 Abs. 2 GmbHG, Sacheinlagevereinbarungen nach § 5 Abs. 4 GmbHG oder Nachschusspflichten (§ 26 Abs. 1 GmbHG). Eine nachträgliche Vereinbarung, Änderung oder Aufhebung solcher Rechte ist nur im Wege der förmlichen Satzungsänderung nach § 53 ff. GmbHG möglich. Schuldrechtliche Abreden der Gesellschafter (z.B. Stimmrechtsvereinbarungen) und interne Organisationsbestimmungen (z.B. Geschäftsordnungen) können als **unechte Satzungsbestandteile** in die Satzung aufgenommen oder außerhalb der Satzung vereinbart werden. Werden solche Abreden der Gesellschafter in die Satzung aufgenommen, sollte klargestellt werden, ob es sich um **materiellen Satzungsinhalt**, also um mitgliedschaftliche Rechte und Pflichten der Gesellschafter, die nur im Wege der Satzungsänderung abgeändert werden können, oder um formlos änderbare schuldrechtliche Absprachen handelt. Schuldrechtliche Nebenabsprachen, meist als **Gesellschaftervereinbarungen** bezeichnet, werden außerhalb der Satzung getroffen.

b) Notwendiger Inhalt
aa) Abschließende Aufzählung in § 3 Abs. 1 GmbHG

41 Als notwendigen Inhalt der Satzung legt § 3 Abs. 1 Nr. 1–4 GmbHG fest:
- die **Firma** (Nr. 1),
- der **Sitz der Gesellschaft** (Nr. 1),
- den **Gegenstand des Unternehmens** (Nr. 2),
- den Betrag des **Stammkapitals** (Nr. 3) sowie
- die Zahl und die Nennbeträge der Geschäftsanteile, die jeder **Gesellschafter** gegen **Einlage** auf das Stammkapital übernimmt (Nr. 4).

42 Die Mindestangaben müssen in einer Urkunde zusammengefasst sein und sich unmittelbar aus dieser ergeben; bloße Verweisungen auf andere Schriftstücke genügen nicht. Treffen die Gesell-

---

31 Zur Unterbilanzhaftung vgl. oben Rn 34 f.
32 Kritisch *Meilicke*, BB 2003, 857.

schafter zu einem der genannten Punkte keine Regelung oder stellt sich diese als unwirksam heraus, ist keine wirksame Gesellschaftsgründung erfolgt. Die Gesellschaft darf nicht in das Handelsregister eingetragen werden. Fehlen Angaben über die Höhe des Stammkapitals oder über den Gegenstand des Unternehmens oder sind diese nichtig, liegt ein Mangel vor, der die **Nichtigkeitsklage** nach § 75 GmbHG rechtfertigt.

bb) Firma der Gesellschaft

Die Firma ist der Name unter dem ein Kaufmann im Handelsverkehr auftritt und seine Unterschrift abgibt, § 17 HGB. Es kann eine **Sachfirma** (d.h. dem Gegenstand des Unternehmens entlehnt) begründet oder eine reine **Fantasiebezeichnung** gewählt werden. Die Firma kann auch als **Personenfirma** gebildet werden und den Namen eines oder mehrerer Gesellschafter enthalten. Statthaft sind des Weiteren **Mischfirmen**, die sich aus Elementen der Personen- und Sachfirma oder einer Fantasiebezeichnung zusammensetzen. Gem. § 4 GmbHG muss die Firma den Rechtsformzusatz „Gesellschaft mit beschränkter Haftung" oder eine allgemein verständliche Abkürzung dieser Bezeichnung enthalten. Die Firmenbildung in der GmbH unterliegt im Übrigen den allgemeinen handelsrechtlichen Grundsätzen, die durch das Handelsrechtsreformgesetz[33] mit Wirkung zum 1.1.1999 liberalisiert und rechtsformübergreifend vereinheitlicht wurden. Wichtige Firmenbildungsgrundsätze enthält § 18 Abs. 1 HGB, wonach die Firma zur Kennzeichnung geeignet und unterscheidungskräftig sein muss. § 18 Abs. 2 HGB verbietet die Irreführung, namentlich über Art und Umfang des Geschäfts oder die Verhältnisse des Geschäftsinhabers.

43

Eignung zur **Kennzeichnung** im Sinne des § 18 HGB meint, dass die Firma Namensfunktion besitzen, also ein das Unternehmen individualisierenden Hinweis enthalten. Auch bloße Buchstabenfolgen, Zahlen und Sonderzeichen können diese Voraussetzung erfüllen.[34] Die **Unterscheidungskraft** fehlt, wenn Allerweltsnamen bzw. Branchenbezeichnungen ohne individualisierenden Zusatz zum Firmennamen gewählt werden sollen.[35] Der Firmenname muss sich gemäß § 30 HGB von allen am selben Ort bestehenden Firmen deutlich abheben. § 18 Abs. 2 HGB statuiert das **Verbot der Verwendung irreführender Bezeichnungen**. Der Firmenname darf nicht so beschaffen sein, dass der Eindruck eines größeren Geschäftsbetriebes entsteht als er tatsächlich vorhanden ist. Sorgfältige Prüfung ist daher bei der Verwendung von Größenmerkmalen und -bezeichnungen angezeigt.[36] Geographische Bezeichnungen können auch unter dem Aspekt der Vortäuschung falscher Größenverhältnisse problematisch sein.[37] Als irreführend wird auch angesehen, wenn die Firmenbezeichnung die Erbringung umfassenderer oder andersartiger Leistungen andeutet, als sie in Wirklichkeit erbracht werden. Schließlich ist darauf zu achten, dass keine Namensteile enthalten sind, die den Eindruck hervorrufen können, die Firma werde unter **anderer Rechtsform** als der einer GmbH betrieben.[38] Die Firma muss etwaige gesetzlich vorgeschriebene Gegenstandsbezeichnungen enthalten. Die Firma einer Rechtsanwaltsgesellschaft muss den Namen mindestens eines als Rechtsanwalt tätigen Gesellschafters und die Bezeichnung „Rechtsanwaltsgesellschaft" enthalten, § 59k Abs. 1 S. 2 BRAO. Der Firmenzusatz „& Partner" darf wegen §§ 2, 11 PartGG nur von Gesellschaften in der Rechtsform der Partnerschaft geführt werden.

44

---

[33] BGBl. I, 1474.
[34] Ob Buchstabenkombinationen eine Namensfunktion zukommt, wird unterschiedlich beurteilt, insbesondere bei nicht aussprechbaren oder eintönigen Buchstabenfolgen; das Zeichen @ kann nunmehr als Bestandteil der Firma verwendet werden, wenn es die Buchstaben „at" ersetzen soll; w.N. *Baumbach/Hopt*, § 18 Rn 4ff.
[35] Vgl. z.B. die Fälle „Industrie- und Baubedarf", OLG Hamm DNotZ 1978, 112; „Das Bad-GmbH", BayObLG NJW-RR 1998, 40.
[36] Z.B. „Großmarkt", „Zentrale"; weitere Bsp. in *Baumbach/Hopt*, § 18 Rn 30.
[37] Z.B. „Europäisch", „International", „Deutsch"; ausführlich *Baumbach/Hopt*, § 18 Rn 23ff.
[38] Beispiel: Fantasieworte, die nach einer anderen Gesellschaftsform klingen: „INDROHAG GmbH".

cc) Sitz der Gesellschaft

45 Gem. § 4a GmbHG ist Sitz der Gesellschaft derjenige Ort im Inland, den der Gesellschaftsvertrag bestimmt. Der Satzungssitz bestimmt die Zuständigkeit des Registergerichts (§ 7 GmbHG), des Prozessgerichts (§ 17 GmbHG) und des Insolvenzgerichts (§§ 3, 4 InsO). Mit dem Satzungssitz nicht notwendig übereinstimmen muss der sog. Verwaltungssitz, der den Ort der Hauptverwaltung der Gesellschaft bestimmt. Durch die Streichung des § 4a Abs. 2 GmbHG a.F. ist es der Gesellschaft nunmehr möglich, den Verwaltungssitz im Ausland zu wählen.In jedem Fall muss der gewählte Satzungssitz **innerhalb Deutschlands** liegen. Befindet sich der Sitz in einer größeren Stadt mit mehreren (Amts-)Gerichtsbezirken, muss der Gesellschaftsvertrag auch konkretisieren, in welchem **Gerichtsbezirk** der Sitz belegen ist. Zur Bezeichnung des Sitzes gehört hingegen nicht die Benennung der Adresse, unter der sich die Geschäftsräume befinden.

Gemäß § 8 Abs. 4 S. 1 GmbHG ist jedoch für jede Gesellschaft eine inländische Geschäftsanschrift anzumelden, die grundsätzlich frei wählbar ist, solange es sich um eine inländische Adresse handelt.

46 Eine nachträgliche **Sitzverlegung** erfordert eine förmliche Satzungsänderung gemäß § 53 GmbHG und die Eintragung ins Handelsregister. Die Wahl eines neuen Sitzes ist ins Belieben der Gesellschafter gestellt. Die nachträgliche Verlegung des tatsächlichen Satzungssitzes in das **Ausland** ist nicht möglich; sie beseitigt die Rechtsfähigkeit der Gesellschaft nach deutschem Recht und führt zwingend zur Auflösung und Liquidation der Gesellschaft.

dd) Gegenstand des Unternehmens

47 Der Gegenstand des Unternehmens bezeichnet Bereich und Art der gesellschaftlichen Betätigung. Er soll den Schwerpunkt der Geschäftstätigkeit, welche die GmbH nach dem Willen ihrer Gründer ausübt, für die beteiligten Wirtschaftskreise erkennbar machen. Die Zulässigkeit des Gesellschaftszwecks wird durch das Registergericht überprüft. Die Angabe des Gegenstands muss hinreichend **individualisiert** und nach ihrer Zielsetzung für Dritte informativ sein, so dass allzu weit gefasste Formulierungen wie „Produktion und Vertrieb von Waren aller Art"[39] oder „Handelsgeschäfte" nicht genügen. Es muss in der Regel der Geschäftszweig bezeichnet werden. Anhänge und Zusätze, wie „und alle damit zusammenhängenden Geschäfte" können den Hauptgegenstand nur konkretisieren, jedoch nicht erweitern, dazu sind zu unbestimmt. Bei einer **Komplementär-GmbH** einer GmbH & Co. KG verlangte die Rechtsprechung früher neben der Bezeichnung der KG-Beteiligung und der Geschäftsführungstätigkeit auch die Angabe des Unternehmensgegenstands der KG.[40] Dem wurde zu Recht entgegengehalten, dass dadurch Eigen- und Fremdgeschäftsführung vermischt werden, da Träger des von der KG betriebenen Unternehmens diese selbst sei. Zur Vermeidung von Verzögerungen in der Eintragung kann es sich daher empfehlen, vor Beurkundung, die Praxis des zuständigen Registergerichts zu ermitteln. Aufgrund der Bestimmung des § 37 Abs. 2 GmbHG wird zwar die Vertretungsmacht der Geschäftsführer nach außen durch die Festlegung des Unternehmensgegenstandes nicht eingeschränkt. Da die Geschäftsführer aber gem. § 37 Abs. 1 GmbHG verpflichtet sind, die durch den Gesellschaftsvertrag festgelegten Beschränkungen einzuhalten, bedeutet die Festlegung des Unternehmensgegenstandes eine Beschränkung ihrer Geschäftsführungsbefugnisse. Die Geschäftsführer können sich nach Maßgabe des § 43 GmbHG im Innenverhältnis der Gesellschaft gegenüber **schadensersatzpflichtig** machen, wenn sie außerhalb des Unternehmensgegenstandes tätig werden.

48 In der Praxis wird der Unternehmensgegenstand in der Regel recht **weit gefasst**, um der Gesellschaft weitere Tätigkeitsfelder offen zu halten und um flexibel und ohne das förmliche

---

39 BayObLG DB 1994, 1972.
40 Vgl. nur BayObLG NJW 1976, 1694.

Satzungsänderungsverfahren auf tatsächliche Erweiterungen der Tätigkeit der Gesellschaft reagieren zu können. Vorsicht ist jedoch in den Fällen geboten, in denen der Gesellschafter-Geschäftsführer oder beherrschende Gesellschafter in der Mehrpersonengesellschaft außerhalb seiner Tätigkeit für die GmbH, beispielsweise als Einzelkaufmann, zusätzlich wirtschaftlich tätig ist. Handelt es sich beim Tätigkeitsbereich der Gesellschaft und dem außerhalb der Gesellschaft vom Geschäftsführer ausgeübten Tätigkeitsbereich um zwei grundsätzlich sachlich unterschiedliche Geschäftssparten, sollte der Unternehmensgegenstand der Gesellschaft **nicht ohne Not so weit gefasst** werden, dass er die Geschäftssparte der vom Geschäftsführer auf eigene Rechnung ausgeübten Tätigkeit umfasst. Wenn sich nämlich beide Tätigkeiten ihrem Sachgebiet nach überschneiden, kann ein **Wettbewerbsverbot** zu Gunsten der Gesellschaft verletzt sein, wenn der Gesellschafter-Geschäftsführer konkrete Informationen oder Geschäftschancen der Gesellschaft für eigene Rechnung verwertet. Steuerlich kann in diesen Fällen eine **verdeckte Gewinnausschüttung** zu Gunsten des Gesellschafter-Geschäftsführers anzunehmen sein.[41]

49 Der Unternehmensgegenstand wird häufig um die Befugnis der Gesellschaft ergänzt, **Zweigniederlassungen** zu errichten bzw. sich an anderen Unternehmen zu beteiligen. Dies wird auch ohne weitere Konkretisierung in der Praxis als zulässig erachtet. Soll die Gesellschaft einen Unternehmensgegenstand betreiben, der einer staatlichen **Genehmigung** bedarf, so ist dieser in jedem Fall in die Satzung aufzunehmen.[42]

50 Der Gegenstand des Unternehmens kann eine **staatliche Genehmigung** erforderlich machen. So benötigen **Makler und Bauträger** eine Genehmigung nach § 34c GewO. Betrifft der Gegenstand des Unternehmens den Betrieb eines **Handwerks**, ist die Eintragung in die Handwerksrolle (§§ 1, 7 Abs. 4 HandwerksO) und damit die Meistereigenschaft des Betriebsleiters nachzuweisen. Weitere Fälle, in denen eine staatliche Genehmigung erforderlich ist, sind, z.B. der Betrieb eines **privaten Krankenhauses** (§ 30 GewO), der **Güternah- und Fernverkehr** (§§ 8, 80, 90 GüKG), der Betrieb einer **Gaststätte** (§ 2 GaststättenG).[43]

ee) Stammkapital und Stammeinlage

51 Für die GmbH ist gesetzlich ein **Mindeststammkapital** von 25.000 EUR vorgesehen, § 5 Abs. 1 GmbHG. Das Stammkapital muss auf volle Euro lauten. Der Gesamtbetrag des Stammkapitals ist in der Satzung anzugeben; er muss (jedenfalls im Zeitpunkt der Gründung) der Summe der Nennbeträge aller Geschäftsanteile entsprechen.

52 Bei Gesellschaften, die ab dem 1.1.2002 zum Handelsregister angemeldet werden, müssen Stammkapital und Stammeinlagen auf **Euro** lauten. **Altgesellschaften**, die vor dem Stichtag 1.1.1999 eingetragen oder zumindest angemeldet und bis 31.12.2001 eingetragen wurden, dürfen ihr auf DM lautendes Stammkapital ohne zeitliche Beschränkung beibehalten, § 86 Abs. 1 S. 1 GmbHG. Das Gesetz ordnet eine Umstellung auf Euro nur dann an, wenn Kapitalmaßnahmen nach dem 31.12.2001 eine Anpassung des Stammkapitals erforderlich machen (partielle Registersperre). Bei **Neugesellschaften**, die nach dem 1.1.1999 angemeldet und vor dem 31.12.2001 eingetragen wurden, kann die Satzung DM-Beträge vorsehen, die jedoch den Anforderungen an eine Gründung in Euro entsprechen müssen.[44]

53 Die Nennbeträge der Geschäftsanteile eines Gesellschafters müssen auf volle Euro lauten. Die Gesellschafter können an der GmbH zu verschieden großen Anteilen beteiligt sein (§ 5 Abs. 3 S. 1 GmbHG). Ein Gründer kann auch mehrere Geschäftsanteile bei Gründung übernehmen. Die Satzung muss weiter bestimmen, **welche Einlage von welchem Gesellschafter zu leisten ist**;

---
41 Vgl. die neuere Rspr. des BFH: DStR 1995, 1873; DStR 1997, 323.
42 Bsp. für Genehmigungsbedürftigkeit vgl. § 33 Rn 48.
43 Ausführlich *Gottwald*, MittBayNot 2001, 164 sowie § 33 Rn 48.
44 Vgl. zur Übergangsregelung Baumbach/Hueck/*Hueck*/*Fastrich*, § 5 Rn 3.

hierbei müssen in der Satzung (nicht bloß im Gründungsprotokoll) der Name des Gesellschafters und der Betrag der von ihm zu leistenden Einlage aufgeführt werden. Bei späteren Neufassungen der Satzung kann die Namensnennung auch dann entfallen, wenn der Geschäftsanteil noch nicht vollständig eingezahlt ist.[45] Gesellschafter, die in der Satzung wegen der damit einhergehenden Registerpublizität nicht offenbar werden möchten, werden in aller Regel eine Gründung über einen Treuhänder vornehmen lassen. Der **Treuhandvertrag** muss zum Handelsregister nicht eingereicht, wohl aber den Finanzbehörden gegenüber offen gelegt werden.[46]

54 Erwirbt ein Gesellschafter später zu seiner bisherigen Beteiligung einen oder mehrere weitere Geschäftsanteile hinzu, etwa durch Anteilsabtretung, im Zuge einer Kapitalerhöhung oder durch Gesamtrechtsnachfolge, so behalten die Geschäftsanteile grundsätzlich ihre **Selbständigkeit**, § 15 Abs. 2 GmbHG, um den Rückgriff bei nicht voll eingezahlten Einlagen auf die Vormänner zu ermöglichen. Die **Zusammenlegung** in einer Hand befindlicher Geschäftsanteile ist nach dem Zweck des § 15 Abs. 2 GmbHG dann möglich, wenn die Geschäftsanteile voll einbezahlt sind, eine Nachschusspflicht nicht besteht und die Anteile keine unterschiedlichen Rechte vermitteln. Aus steuerlicher Sicht sollte von einer Zusammenlegung von Geschäftsanteilen zurückhaltend Gebrauch gemacht werden, wenn Anteile zu unterschiedlichen Zeiten und unterschiedlichen Anschaffungskosten erworben wurden. Diese verlieren nämlich sonst bei einer Weiterveräußerung ihre Selbständigkeit mit der Konsequenz, dass ein Durchschnittswert aller Anschaffungskosten festzusetzen ist.[47]

ff) Art der Einlageleistung
(1) Überblick

55 Die Erbringung der Einlagen kann durch Geldleistungen erfolgen (**Bareinlage**). Dies ist der Regelfall der Gesellschaftsgründung. Neben der Bareinlage lässt es das Gesetz auch zu, dass Gegenstände in die Gesellschaft eingebracht werden (**Sacheinlage**); schließlich können beide Formen **kombiniert** werden (**Mischeinlage**). Von einer **gemischten Sacheinlage** spricht man, wenn der Wert der geleisteten Sacheinlage den Betrag der geschuldeten Stammeinlage übersteigt und der Wert der Sacheinlage dem Einleger teilweise anders gutgebracht wird.[48] Werden (auch) Sacheinlagen erbracht, so sind besondere Vorschriften zu beachten, die die Werthaltigkeit der Kapitalausstattung der GmbH sicherstellen sollen.

(2) Bargründung

56 Bei einer Bargründung sind die Einlagen auf die Geschäftsanteile in Geld zu leisten.[49] Bei einer **Mehrpersonengesellschaft** muss nur **ein Viertel der übernommenen Stammeinlage** von jedem Gesellschafter sofort bewirkt werden (§ 7 Abs. 2 S. 1 GmbHG), wenn der Gesellschaft mindestens die Hälfte des Mindeststammkapitals, also 12.500 EUR, zugeführt werden (§ 7 Abs. 2 S. 2 GmbHG). Dies gilt auch bei der Einpersonengesellschaft. Schon mit Blick auf die Ausfallhaftung der übrigen Gesellschafter kann sich bei der Mehrpersonengesellschaft die sofortige Volleinzahlung der Einlage empfehlen. Einigen sich die Gründer hierauf nicht, so können in der Satzung Regelungen zur Einforderung der ausstehenden Einlagen sowie zur Fälligkeit der Einlageleis-

---

45 Str.; wie hier BayObLG DB 1997, 33; *Lutter/Hommelhoff*, § 3 Rn 24.
46 Zur Anzeigepflicht des Notars gemäß § 54 EStDV vgl. BMF v. 14.3.1997 an die BNotK, NJW 1997, 2302. Ausführlich zur Beurkundungsbedürftigkeit von Treuhandverträgen *Armbrüster*, DNotZ 1997, 762 m.w.N.
47 Vgl. *K. Schmidt*, Gesellschaftsrecht, § 17 Rn 162.
48 Die Terminologie ist uneinheitlich; wie hier § 5 Rn 20; Beck'sches Handbuch der GmbH, § 2 Rn 90.
49 Vgl. insgesamt zu den Einzahlungsverpflichtungen vor Eintragung Rn 132; zu den Möglichkeiten der Bewirkung der Einlagen ebenfalls unten Rn 132.

tung getroffen werden. Es kann z.B. festgesetzt werden, zu welchen **Terminen** oder unter welchen Voraussetzungen die Bareinlageleistungen der Gesellschafter **fällig** sind. Die Einforderungsbefugnis, die gesetzlich der Gesellschafterversammlung gem. § 46 Nr. 2 GmbHG zusteht, kann auf ein anderes Organ, in der Praxis meist auf den Geschäftsführer, übertragen werden.

(3) Sachgründung

Eine Sachgründung liegt vor, wenn die Gesellschafterbeiträge auf die Geschäftsanteile aus **Sacheinlagen** bestehen. Sacheinlage können Vermögensgegenstände sein, die übertragbar sind und deren wirtschaftlicher Wert objektiv feststellbar ist. Es kann sich um 57
- Sachen (z.B. die zum Betrieb des Unternehmens notwendigen Maschinen, Gebäude usw.),
- Forderungen (z.B. Darlehensforderungen),
- sonstige vermögenswerte Rechte (z.B. Marken, Patente) oder
- Sachgesamtheiten (z.B. ein Unternehmen)

handeln.

Gem. § 5 Abs. 4 S. 1 GmbHG muss im Falle der Leistung von Sacheinlagen durch den Gesellschaftsvertrag festgelegt sein, was der **Gegenstand der Sacheinlage** sein soll und welchen Betrag der Nennbetrag des Geschäftsanteils aufweist, auf den sich die Sacheinlage bezieht. Hinzu tritt die Verpflichtung aller Gesellschafter, einen **Sachgründungsbericht** zu erstellen, § 5 Abs. 4 S. 2 GmbHG, und zum Handelsregister einzureichen.[50] In diesem Sachgründungsbericht sind die für die Angemessenheit der Leistungen für Sacheinlagen wesentlichen Umstände darzulegen.[51] Beim Übergang eines Unternehmens auf die Gesellschaft sind die Jahresergebnisse der beiden letzten Geschäftsjahre anzugeben. Damit soll sichergestellt werden, dass dem Registergericht Unterlagen zur Verfügung stehen, anhand derer nachgeprüft werden kann, ob der Wert der Sacheinlagen den Betrag der Stammeinlagen, auf die sie sich beziehen, erreicht. 58

Die gesetzgeberische Vorsicht im Hinblick auf Sacheinlagen bezeugt weiter § 7 Abs. 3 GmbHG, der festlegt, dass die Sacheinlagen im Gegensatz zu den Bareinlagen vor der Anmeldung der Gesellschaft zur Eintragung in das Handelsregister an die Gesellschaft **vollständig** in der Weise zu bewirken sind, dass sie endgültig zur freien Verfügung der Geschäftsführer stehen. 59

Schließlich sollten Gründer, die Sacheinlagen erbringen, auch die **Haftungsvorschriften** beachten. Gem. § 9 GmbHG hat der Gesellschafter eine (zusätzliche) Einlage in Geld zu leisten, soweit der Wert einer Sacheinlage im Zeitpunkt der Anmeldung der Gesellschaft zur Eintragung in das Handelsregister nicht den Betrag des Nennbetrags des dafür übernommenen Geschäftsanteils erreicht. Hinzu kommt die allgemeine Haftung für die Richtigkeit der im Rahmen der Gesellschaftsgründung getätigten Angaben (§ 9a Abs. 1 GmbHG). 60

(4) Mischgründung

Die Gesellschafter können für die Erbringung der Einlagen auch **beide Formen der Einlageleistung** wählen. Dies kann derart geschehen, dass ein Gesellschafter eine Bareinzahlungsverpflichtung übernimmt, andere dagegen Sacheinlagen leisten. Ebenso gut kann ein Gesellschafter auf die von ihm zu leistende Einlage teilweise Bar-, teilweise Sachleistungen erbringen. Bei der Mischgründung folgt jede Leistung den für sie geltenden Regeln. Besondere Aufmerksamkeit verlangen Mischgründungen hinsichtlich der Prüfung, ob die Hälfte des Mindeststammkapitals gem. § 5 Abs. 1 GmbHG erreicht ist. Hierbei ist zu berücksichtigen, dass Sacheinlagen bereits bei 61

---

50 Vgl. auch Rn 156 bei der Anmeldung.
51 Zum Sachgründungsbericht vgl. Rn 155.

Gründung vollständig zu erbringen sind; deren anzusetzender Wert ist also zunächst zu ermitteln. Soweit er unter dem Mindestbetrag von 12.500 EUR liegt, sind Bareinlagen zu leisten. Darüber hinaus können bei der Mischgründung Bareinlagen zu leisten sein, soweit die Mindestquote von 25% für die jeweilige Stammeinlage erreicht werden muss.

(5) Verdeckte Sachgründung

62 Mancher Gründer kommt auf den Gedanken, er müsse die strengen und umständlichen Sachgründungsvorschriften dann nicht auf sich nehmen, wenn eine Bargründung beurkundet und angemeldet wird, die Gesellschafter jedoch verabreden, dass keine Bareinlagen sondern Sacheinlagen erbracht werden sollen (**„verdeckte" oder „verschleierte" Sachgründung**). Rechtsfolge einer verdeckten Sachgründung war vor Inkrafttreten des MoMiG, dass der Gesellschafter von seiner Pflicht zur Leistung der Bareinlage nicht frei wurde, wenn er entgegen § 19 Abs. 5 GmbHG bei vereinbarter Bareinlagepflicht eine Sacheinlage an die Gesellschaft erbringt oder von Seiten des Gesellschafters eine Aufrechnung mit einer für die Überlassung von Vermögensgegenständen zu gewährenden Vergütung vorgenommen wird. Durch das MoMiG hat die verdeckte Sacheinlage eine gesetzliche Regelung gefunden. Nach der Legaldefinition in § 19 Abs. 4 GmbHG liegt eine verdeckte Sacheinlage vor, wenn eine Geldeinlage eines Gesellschafters bei wirtschaftlicher Betrachtung und aufgrund einer im Zusammenhang mit der Übernahme der Geldeinlage getroffenen Abrede diese vollständig oder teilweise als Sacheinlage zu bewerten ist. Gemäß § 19 Abs. 4 S. 2 und 3 GmbHG sind die Verträge über die Sacheinlage und die Rechtshandlungen zu ihrer Ausführung entgegen bisheriger Rechtslage nicht unwirksam, sondern es wird der Wert des eingebrachten Vermögensgegenstandes auf die fortbestehende Geldeinlagepflicht angerechnet. Auch nach der Neuregelung durch das MoMiG ist eine verdeckte Sachgründung unbedingt zu vermeiden.

Klassische Fälle verdeckter Sacheinlagen sind die **Verrechnungsfälle**, bei denen die Gesellschafter Waren liefern oder Dienstleistungen für die Gesellschaft erbringen und der Entgeltanspruch mit der Einlageforderung verrechnet wird. Eine **Hin- und Herzahlung** liegt vor, wenn die Gesellschafter die Einlage zur Begleichung von Entgeltansprüchen gegen die Gesellschaft zurückerhalten. Eine verdeckte Sacheinlage kann auch anzunehmen sein, wenn die Gesellschaft den als Bareinlage erhaltenen Betrag in Form eines **Darlehens** an den Gesellschafter zurückreicht.

63 Eine verdeckte Sacheinlage liegt vor, wenn ein unmittelbarer **sachlicher und zeitlicher Zusammenhang** zwischen der Begründung oder Erfüllung der Bareinlagepflicht und dem entsprechenden Gegengeschäft besteht (objektiver Tatbestand), wobei überwiegend davon ausgegangen wird, dass ein Zeitraum von mehr als sechs Monaten zwischen Bareinlage und Verkehrsgeschäft den erforderlichen Zusammenhang entfallen lässt,[52] und in subjektiver Hinsicht eine **Abrede** zwischen den Gesellschaftern, die den wirtschaftlichen Erfolg einer Sacheinlage umfasst.[53] Der objektive sachliche und zeitliche Zusammenhang begründet eine tatsächliche Vermutung für das Bestehen solcher Abreden und damit eine Beweislastumkehr zu Lasten des Einlegers. Eine Umgehungsabsicht der Beteiligten gehört dagegen nicht zum Tatbestand der verdeckten Sacheinlage.

64 Seit der grundlegenden Entscheidung des BGH vom 4.3.1996 war anerkannt, dass die verdeckte Sacheinlage mit Wirkung ex nunc **durch Satzungsänderung ge**heilt werden kann. Hierbei wurde die Bareinlageverpflichtung in eine Sacheinlageverpflichtung umgewidmet.

---

52 *Priester*, ZIP 1991, 345; OLG Köln ZIP 1999, 400.
53 Baumbach/Hueck/*Hueck*/*Fastrich*, § 19 Rn 37; Scholz/*U. Schneider*, § 19 Rn 126; die Leistung der Bareinlage ohne Vorabsprache und die spätere Vereinbarung der alsbaldigen Rückgewähr gegen Sacheinlage ist keine verdeckte Sacheinlage, aber gleichfalls unzulässig *Lutter*/*Hommelhoff*, § 5 Rn 43.

Die Heilungsmöglichkeiten liefen allerdings vielfach ins Leere, da sie voraussetzten, dass bereits vor einer wirtschaftlichen Schieflage der Gesellschaft eine Einlage als verdeckte Sacheinlage aufgedeckt wurde. In der Praxis wurde dies allerdings meist erst durch den Insolvenzverwalter aufgedeckt.

Die Möglichkeit zur Heilung einer verdeckten Sacheinlage bleibt durch die gesetzliche Neuregelung des Rechts der verdeckten Sacheinlage und die Einführung der Anrechnungslösung grundsätzlich unberührt. Jeder Gesellschaft steht es frei, verdeckte Sacheinlagen nachträglich offenzulegen, sofern sie dies später bemerkt. Die Heilung erfordert (1) einen Gesellschafterbeschluss über die nachträgliche Änderung zur Sacheinlage mit satzungsändernder Mehrheit (2) unter Angabe des Einlegers und des Gegenstands der Sacheinlage, die anstelle der Bareinlage erbracht worden ist. Darüber hinaus ist (3) ein privatschriftlicher von allen Geschäftsführern und dem betroffenen Gesellschafter zu erstattender Bericht über die Änderung der Einlagendeckung und (4) ein Nachweis der Vollwertigkeit der Sacheinlage zu erbringen. Die Umwidmung ist mit (5) der Versicherung der Geschäftsführer, dass die Sacheinlage werthaltig ist und der Gesellschaft überlassen ist, (6) zum Handelsregister anzumelden.

c) Fakultativer Inhalt
aa) Geschäftsführung und Vertretung

Den Geschäftsführern obliegt grundsätzlich die Geschäftsführung und die Vertretung der Gesellschaft, § 35 GmbHG. Die Vertretungsbefugnis betrifft das rechtliche Können nach außen, die Geschäftsführungsbefugnis das tatsächliche Dürfen nach innen. Während die Vertretungsbefugnis im Rechtsverkehr mit Dritten nicht eingeschränkt werden kann, können die Gesellschafter in weitem Umfang die Wahrnehmung der Geschäftsführungstätigkeit durch den Geschäftsführer durch die Satzung oder im Einzelfall durch einen Weisungsbeschluss regeln. Die Ausgestaltung der **Organstellung** sollte in ihren Grundzügen im Gesellschaftsvertrag niedergelegt werden. Der Anstellungsvertrag mit dem Geschäftsführer wird in der Regel auf die satzungsmäßigen Grundlagen aufbauen. (Zum Anstellungsvertrag vgl. Rn 161 ff.) 65

Die gesetzlich vorgesehene **Gesamtgeschäftsführungsbefugnis**[54] der Geschäftsführer kann modifiziert und durch eine Einzelgeschäftsführungsbefugnis ersetzt werden oder die Verantwortung für die Geschäftsführung nach Geschäftssparten oder Stabsbereichen aufgeteilt werden. Es kann insbesondere bei einem Fremdgeschäftsführer sinnvoll sein, einen Katalog von Geschäften aufzustellen, die er nur mit vorheriger Zustimmung der Gesellschafter vornehmen darf. Geschäftsführungsregelungen können in die Satzung, den Geschäftsführervertrag oder eine Geschäftsordnung aufgenommen werden. (Zu den verschiedenen Satzungsbestandteilen vgl. Rn 40). Soll statt des Prinzips der **Gesamtvertretung** (§ 35 Abs. 2 S. 2 GmbHG) eine modifizierte Gesamtvertretung oder Einzelvertretung gelten, ist dies ebenfalls im Gesellschaftsvertrag niederzulegen, wobei sich die Aufnahme einer Öffnungsklausel empfiehlt, die im Einzelfall durch einen einfachen Gesellschafterbeschluss ausgefüllt werden kann. (Hierzu ausführlich siehe Rn 18). Ebenso muss für die **Befreiung** eines Geschäftsführers **vom Verbot des Selbstkontrahieren**s eine satzungsmäßige Grundlage vorhanden sein. (Vgl. Rn 21). 66

Der Gesellschaftsvertrag kann für die Bestellung zum Geschäftsführer besondere Voraussetzungen aufstellen, z.B. eine bestimmte Ausbildung oder Familienzugehörigkeit vorsehen. Weiterhin kann die Satzung bestimmten Gesellschaftern insbesondere bei Familiengesellschaften **Sonderrechte** auf Geschäftsführung oder **Benennungsrechte** für Geschäftsführer einräumen. 67

Sinnvoll können auch Regelungen zum Abschluss des **Geschäftsführervertrages** sein, vor allem wenn ein Mehrheitsgesellschafter auch Geschäftsführer werden soll. Die Bestellung der 68

---
54 Allg. Meinung, vgl. nur Baumbach/Hueck/*Zöllner*/*Noack*, § 37 Rn 24 ff.

Geschäftsführer obliegt nach § 46 Nr. 5 GmbHG der Gesellschafterversammlung, die mit einfacher Mehrheit der abgegebenen Stimmen beschließt. Ein Gesellschafter ist bei der Bestellung seiner eigenen Person nicht vom Stimmrecht ausgeschlossen, so dass er die Bedingungen des Anstellungsvertrags auch mit sich selbst festlegen kann. Die Hürde des Stimmrechtsmissbrauchs wird in aller Regel sehr hoch angelegt; hierauf werden sich die anderen Gesellschafter meist nicht berufen können, wenn der Mehrheitsgesellschafter sich großzügige Geschäftsführergehälter genehmigt. Vorsorglich kann in der Satzung vereinbart werden, dass der Anstellungsvertrag mit einem höherem **Zustimmungsquorum** als 51% abgeschlossen werden muss. Es können auch **Zustimmungsrechte** bestimmter Gesellschafter vorgesehen werden.

69 Insbesondere bei Gesellschafter-Geschäftsführern ist die Frage der **Abberufung** zu bedenken. Die Abberufung des Geschäftsführers ist von der Kündigung des Dienstvertrags zu unterscheiden. Nach dem gesetzlichen Grundsatz ist das Amt des Geschäftsführers jederzeit ohne Vorliegen eines wichtigen Grundes widerruflich (§ 38 Abs. 1 GmbHG). Die Satzung kann gemäß § 38 Abs. 2 GmbHG die Zulässigkeit des Widerrufs bis zur Grenze des Vorliegens eines wichtigen Grundes beschränken. Das Gesetz nennt als wichtige Gründe beispielhaft eine grobe Pflichtverletzung oder die Unfähigkeit zur ordnungsmäßigen Geschäftsführung. Der Gesellschaftsvertrag kann den Begriff des wichtigen Grundes nun nicht einschränkend konkretisieren, also die Abberufung auf bestimmte wichtige Gründe beschränken, wohl aber bestimmte Tatbestände zusätzlich als **Widerrufsgründe** qualifizieren. Die Beschränkung der freien Abberufbarkeit ist immer zweischneidig; sie muss dem Minderheitsgesellschafter-Geschäftsführer häufig empfohlen werden, während dem Mehrheitsgesellschafter meist davon abzuraten ist.

bb) Gesellschafterversammlung

70 Die Gesellschafter in ihrer Gesamtheit sind das **höchste Organ** der GmbH, sie sind für die Willensbildung in der Gesellschaft zuständig. Die Gesellschafter entscheiden durch Beschlüsse, die grundsätzlich in **Versammlungen** gefasst werden (§ 48 Abs. 1 GmbHG).

71 Die Zuständigkeit zur **Einberufung** einer Gesellschafterversammlung liegt bei dem Geschäftsführer, bei mehreren bei jedem einzeln, § 49 Abs. 1 GmbHG. Der Geschäftsführer ist in den gesetzlich vorgesehenen Fällen zur Einberufung der Gesellschafterversammlung verpflichtet. Die Einberufung erfolgt durch eingeschriebenen Brief an alle Gesellschafter mit einer Frist von mindestens einer Woche, § 51 Abs. 1 GmbHG. Durch Regelung in der Satzung kann die Einberufungsfrist verlängert oder bestimmt werden, dass auch auf andere Weise als eingeschriebenem Brief einberufen werden kann (ausführlich zur Einberufung vgl. Rn 193).

72 § 48 Abs. 2 GmbHG bestimmt, dass es der Abhaltung einer Versammlung nicht bedarf, wenn sämtliche Gesellschafter sich in Textform mit der zu treffenden Bestimmung oder mit der schriftlichen Stimmabgabe einverstanden erklären. Schriftform ist nicht im Sinne von § 126 BGB zu verstehen, so dass jede schriftlich verkörperte Mitteilung, also auch Telefax genügt. Die Satzung kann vorsehen, dass die schriftliche Beschlussfassung technisch erleichtert und ausgedehnt wird, kann aber die **Beschlussfassung außerhalb Gesellschafterversammlungen** auch erschweren oder ausschließen.[55] Wird ein Umlaufverfahren zugelassen, sollten genaue Regelungen zum Ablauf und zum Zeitpunkt der Wirksamkeit des Beschlusses getroffen werden. Es empfiehlt sich in der Regel, den Einsatz **moderner Kommunikationsmittel** (Telefon, E-Mail) zuzulassen.

73 Da das Gesetz über **Vorsitz** und **Beschlussfähigkeit** in der Gesellschafterversammlung keine Regelungen enthält, sind Satzungsbestimmungen zweckmäßig. Häufig wird vorgesehen, dass die Beschlussfähigkeit der (ersten) Gesellschafterversammlung nur gegeben ist, wenn mindestens 50% des Stammkapitals anwesend oder vertreten sind. Das Recht zur Teilnahme an der Ge-

---

[55] Beck'sches Handbuch der GmbH, § 4 Rn 74.

sellschafterversammlung steht grundsätzlich nur Gesellschaftern zu. In der Satzung werden häufig **Teilnahmerechte von Beratern** von Gesellschaftern statuiert.

cc) Gesellschafterbeschlüsse

Gesellschafterbeschlüsse erfolgen gem. § 47 Abs. 1 GmbHG mit einfacher Mehrheit der abgegebenen Stimmen, sofern nicht das Gesetz wie z.B. für die Satzungsänderung (§ 53 Abs. 2 GmbHG) oder die Auflösung der Gesellschaft durch Gesellschafterbeschluss (§ 60 Abs. 1 Nr. 2 GmbHG) eine qualifizierte Mehrheit von 75% der abgegebenen Stimmen verlangt. Zum **Schutz von Minderheitsgesellschaftern** kann in der Satzung über die gesetzlich vorgeschriebenen Fälle hinaus generell oder für bestimmte Beschlussgegenstände das Erfordernis einer qualifizierten Mehrheit vorgeschrieben werden. Es ist auch eine Verschärfung der Quoten der qualifizierten Mehrheit bis hin zur Einstimmigkeit zulässig. Hingegen ist eine Herabsetzung des gesetzlichen qualifizierten Mehrheitserfordernisses in der Regel nicht möglich.[56] — 74

Die **Stimmkraft** ist das Gewicht, das der Stimmabgabe eines Gesellschafters zukommt. Sie bemisst sich mangels anderer Regelungen im Gesellschaftsvertrag nach der Höhe der Gesellschafterbeteiligung. Je 1 EUR eines Geschäftsanteils gewähren eine Stimme (§ 47 Abs. 2 GmbHG). Die Regelung ist nicht zwingend. Es können z.B. **Mehrstimmrechte** oder **Höchststimmrechte** vorgesehen oder ein Stimmrecht nach Köpfen angeordnet werden, um der besonderen Situation und den Interessen der einzelnen Gesellschafter gerecht zu werden. So kann sich ein Vorzugsstimmrecht sich für einen Unternehmensübergeber anbieten, der seine kapitalmäßige Beteiligung an der Gesellschaft reduziert, aber für eine Übergangszeit seinen Einfluss auf die Entscheidungsfindung in der Gesellschaft behalten möchte. Häufig wird vorgesehen, dass nicht 1, sondern 100 oder 1.000 EUR eines Geschäftsanteils eine Stimme gewähren. Von einer solchen Modifikation des § 47 Abs. 2 GmbHG sollte jedoch abgesehen werden, weil sie in der Folgezeit zu Schwierigkeiten führen kann, etwa wenn sich die Stückelung der Anteile später verkleinert. — 75

Nach § 47 Abs. 4 GmbHG hat ein Gesellschafter bei der Beschlussfassung über die dort genannten Beschlussgegenstände **kein Stimmrecht**. Die Vorschrift soll Einflussnahmen auf die Gesellschaft ausschließen, die durch ein gesellschaftsfremdes Eigeninteresse geprägt sind. Sie sind deshalb durch Satzungsregelung zwar erweiterbar, mit Ausnahme des Stimmverbots bei der Vornahme eines Rechtsgeschäfts mit dem Gesellschafter nicht abdingbar.[57] — 76

dd) Aufsichtsrat, Beirat

Neben den beiden notwendigen Organen der GmbH, der Gesellschafterversammlung (§ 45 GmbHG) und dem Geschäftsführer (§ 6 Abs. 1 GmbHG) kann die Gesellschaft einen **Aufsichtsrat** oder Beirat als weiteres Organ haben. — 77

Bei Überschreiten bestimmter Arbeitnehmerzahlen ist die Gesellschaft gesetzlich verpflichtet, einen Aufsichtsrat zu bilden (**obligatorischer Aufsichtsrat**). GmbH mit mehr als 500 Arbeitnehmern müssen einen Aufsichtsrat nach der Vorschrift des § 77 BetrVG 1952 einrichten. Bei mehr als 1000 Arbeitnehmern und einem im Montanbereich angesiedelten Unternehmensgegenstand ist das Montanmitbestimmungsgesetz, bei mehr als 2000 Arbeitnehmern ist das Mitbestimmungsgesetz zu beachten. — 78

Im Übrigen ist die Bildung eines Aufsichtsrates (auch als Beirat oder Verwaltungsrat bezeichnet) stets **auf freiwilliger Basis** durch Satzungsbestimmung möglich. Die Gesellschafter — 79

---

[56] Anders nur für den Auflösungsbeschluss nach § 60 Abs. 1 Nr. 2 GmbHG; vgl. zu den einzelnen Fällen Scholz/ *K. Schmidt*, § 47 Rn 10.
[57] So Scholz/*K. Schmidt*, § 47 Rn 173; ihm folgend *Langenfeld*, Rn 76; strenger *Roth/Altmeppen*, § 47 Rn 59; für eine weiter gehende Dispositionsfreiheit *Lutter/Hommelhoff*, § 47 Rn 13.

können seine Rechtsverhältnisse autonom regeln. Insbesondere können sie Größe und Zusammensetzung des Organs frei festlegen und seine Kompetenzen, innere Ordnung und Beschlussfassung regeln. Die Befugnisse des Beirats können von einer rein beratenden Funktion, über erweiterte Kontrollbefugnisse, bis hin zu Zustimmungskompetenzen für bestimmte Rechtsgeschäfte reichen. Enthält die Satzung zu einem regelungsbedürftigen Punkt keine Regelung, verweist § 52 GmbHG auf einzelne aktienrechtliche Vorschriften. Mindestens sollte die Satzung Aussagen zu Zahl, Amtszeit und Vergütung der Beiratsmitglieder treffen, sowie Regelungen zu deren Bestellung (Verfahren, zuständiges Organ).[58]

ee) Geschäftsjahr, Dauer

80 Soweit der Gesellschaftsvertrag nichts bestimmt, entspricht das Geschäftsjahr dem **Kalenderjahr**. Es ist dennoch üblich, eine klarstellende Bestimmung in die Satzung aufzunehmen und hinzuzufügen, dass das erste Geschäftsjahr – wenn die Gesellschaft nicht gerade zum 1.1. eines Jahres ihre Geschäfte aufnimmt – ein **Rumpfgeschäftsjahr** sein, mit der Eintragung der Gesellschaft beginnen und am Ende des Kalenderjahres enden soll.

81 Das Geschäftsjahr kann abweichend vom Kalenderjahr festgelegt werden. Es darf **zwölf Monate nicht überschreiten** (§ 240 Abs. 2 S. 2 HGB). Möglich ist z.B. die Festlegung eines Geschäftsjahres vom 1.7. eines Jahres bis zum 30.6. des Folgejahres. Eine spätere Umstellung auf einen vom Kalenderjahr abweichenden Zeitraum bedarf, anders als die spätere Rückkehr zum Kalenderjahr als Geschäftsjahr der Zustimmung des Finanzamtes nach § 7 Abs. 4 S. 3 KStG. Die Zustimmung braucht dem Handelsregister nicht vorgelegt zu werden und ist keine Wirksamkeitsvoraussetzung für die Eintragung. Eine rückwirkende Änderung eines abgelaufenen Geschäftsjahrs ist nicht möglich. Dies bedeutet, dass die Änderung vor Ablauf des Geschäftsjahrs zum Handelsregister anzumelden und einzutragen ist.[59]

82 Im Regelfall wird die Gesellschaft auf unbestimmte Zeit errichtet. Wenn das Unternehmen **auf eine gewisse Zeit beschränkt** sein soll, so muss diese Bestimmung in den Gesellschaftsvertrag aufgenommen werden (§ 3 Abs. 2 GmbHG).

ff) Wettbewerbsverbot

83 Ein Wettbewerbsverbot beinhaltet die Verpflichtung des Betroffenen, sich bestimmter Beteiligungen im Wirtschaftsverkehr zu enthalten, insbesondere der Gesellschaft keine Konkurrenz zu machen z.B. durch einzelne Geschäfte auf eigene oder fremde Rechnung bzw. das Betreiben eines Handelsgewerbes im Geschäftszweig der GmbH. Im GmbH-Gesetz ist kein Wettbewerbsverbot für Gesellschafter oder Geschäftsführer verankert. Es besteht jedoch Einigkeit, dass sich ein Wettbewerbsverbot für den **GmbH-Gesellschafter** aus der allgemeinen in § 112 HGB kodifizierten gesellschaftsrechtlichen **Treuepflicht** herleiten lässt, sofern er einen maßgebenden Einfluss auf die Geschäftsführung auszuüben vermag.[60] **Bestimmenden Einfluss** wird man jedenfalls beim beherrschenden Gesellschafter annehmen können. Bei einem Minderheitsgesellschafter wird man nur ausnahmsweise zur Annahme eines Wettbewerbsverbots kommen können, etwa wenn er aufgrund von Sonderrechten oder speziellen Kenntnissen maßgebenden Einfluss auf die Geschäftsführung ausüben kann.[61] Der **Geschäftsführer** unterliegt grundsätzlich einem Wettbewerbsverbot; dies ergibt sich schon aus seiner Förderpflicht gegenüber der Gesellschaft. Der **Gesellschafter-Geschäftsführer** unterliegt in jedem Fall dem Wettbewerbsverbot des Ge-

---

[58] Ausführlich zum Beirat siehe § 16.
[59] Vgl. Krafka/Willer/*Kühn*, Rn 1014.
[60] BGH GmbHR 1984, 203.
[61] Ablehnend bei 50%iger Beteiligung hingegen OLG Karlsruhe GmbHR 1999, 539.

schäftsführers und im Einzelfall dem Wettbewerbsverbot des Gesellschafters. In der **Einpersonengesellschaft** besteht kein gesetzliches Wettbewerbsverbot des Alleingesellschafters sowie des Gesellschafter-Geschäftsführers.

Wegen der Unsicherheit, wann im Einzelfall ein Wettbewerbsverbot der Gesellschafter eingreift, kann nur dringend angeraten werden, **klare gesellschaftsvertragliche Regelungen zu schaffen**, also je nach den Vorstellungen und Bedürfnissen der Gesellschafter ein generelles Wettbewerbsverbot, eine generelle Befreiung vom Wettbewerbsverbot oder eine in klar definierten Grenzen geltende Erlaubnis anderweitiger Betätigung auszusprechen. Je nach Branche wird man in einigen die Ausübung bestimmter Konkurrenzgeschäfte tolerieren, in anderen nicht einmal eine Minderheitsbeteiligung an einem konkurrierenden Unternehmen zulassen wollen. 84

Soweit kraft Gesetzes oder kraft gesellschaftsvertraglicher Regelung ein Wettbewerbsverbot der Gesellschafter gilt oder dies jedenfalls nicht auszuschließen ist, wird es sich in aller Regel empfehlen, in die Satzung wenigstens eine **Öffnungsklausel** aufzunehmen, mit der die entgeltliche oder unentgeltliche Befreiung von dem Wettbewerbsverbot durch einfachen Gesellschafterbeschluss zugelassen wird. Der betroffene Gesellschafter hat bei der konkreten Befreiung aufgrund der Öffnungsklausel kein Stimmrecht. 85

Die Verletzung des Wettbewerbsverbots kann steuerlich eine **verdeckte Gewinnausschüttung** bedeuten, wenn der Gesellschafter der Gesellschaft durch seine Wettbewerbshandlung einen Gewinn entzieht, der der Gesellschaft zugestanden hätte. Zur Vermeidung einer verdeckten Gewinnausschüttung ist erforderlich, dass eine klare Aufgabenabgrenzung zivilrechtlich wirksam durch Aufnahme wenigstens einer Öffnungsklausel in die Satzung vorgenommen wird und die Gesellschaft eine angemessene Entschädigung für die Befreiung erhält. Bei Neugründung ist eine unentgeltliche Befreiung möglich. 86

Die Gesellschafter können auch einen **Fremdgeschäftsführer** von dem Wettbewerbsverbot generell oder für einzelne Geschäfte befreien. Die Gestattung betrifft das Verhältnis zu einem gesellschaftsfremden Dritten und ist daher nicht materieller Satzungsbestandteil. Sie kann in den Geschäftsführervertrag aufgenommen werden oder zum Gegenstand eines Gesellschafterbeschlusses gemacht werden. 87

Bei einem Verstoß gegen das Wettbewerbsverbot hat die Gesellschaft einen **Anspruch** auf Unterlassung, Schadensersatz und ein Eintrittsrecht in die unter Verstoß gegen das Verbot geschlossenen Verträge analog §§ 112, 113 HGB. Bei schweren Verstößen kommt beim Gesellschafter eine Einziehung des Geschäftsanteils oder die Ausschließung in Betracht. Da sich ein Schaden der Gesellschaft aus der Verletzung des Wettbewerbsverbots nicht immer leicht nachweisen lässt, kann es sich empfehlen als Sanktion eine **Vertragsstrafe** in die Satzung aufzunehmen. Der Nachweis eines höheren Schadens sollte daneben möglich bleiben. 88

Ohne vertragliche Regelung unterliegt weder der Gesellschafter noch der Geschäftsführer einem **nachvertraglichen Wettbewerbsverbot**. Dessen Vereinbarung kann auch beim bloßen Gesellschafter sinnvoll sein, wenn er als Gesellschafter spezifische Kenntnisse erlangt, die anderweitig gewinnbringend umgesetzt werden können. In Bezug auf einen Gesellschafter muss das nachvertragliche Wettbewerbsverbot in den Gesellschaftsvertrag aufgenommen werden, beim Geschäftsführer genügt eine sonstige vertragliche Grundlage. 89

Nachvertragliche Wettbewerbsverbote zu Lasten von Gesellschaftern können nach § 138 BGB nichtig sein, wenn sie das zulässige Maß in zeitlicher, räumlicher oder gegenständlicher Hinsicht überschreiten. Wo im Einzelnen der Tatbestand der **Sittenwidrigkeit** beginnt, ist schwer vorherzusehen.[62] Es wird sich empfehlen, die Maßgaben zu beachten, die (analog) §§ 74 ff. HGB für das nachvertragliche Wettbewerbsverbot von Geschäftsführern gelten. Das bedeutet, dass 90

---

[62] BGH WM 1986, 1282; BGH NJW 1994, 386; BGH NJW 1997, 3089; OLG Düsseldorf GmbHR 1998, 180; zusammenfassend *Thüsing*, NZG 2004, 9.

das nachvertragliche Wettbewerbsverbot in jedem Falle einer **zeitlichen Beschränkung** unterliegen muss. Eine **örtliche Eingrenzung** wird sich jedenfalls dort anbieten, wo nur eine Tätigkeit am Ort bzw. in der Umgebung die wirtschaftlichen Interessen der GmbH berührt.

91 Ebenso wie hinsichtlich des Geschäftsführers wird es sich auch beim Gesellschafter anbieten, im Einzelfall zu prüfen, ob dem Interesse der übrigen Gesellschafter durch die Vereinbarung einer **Kundenschutzklausel** hinreichend Genüge getan ist, da diese einen weitaus geringeren Eingriff zu Lasten des Betroffenen bedeutet und kaum die Gefahr heraufbeschwört, als sittenwidrig bewertet zu werden.

gg) Jahresabschluss

92 Für die Aufstellung des **Jahresabschlusses** gelten die allgemeinen Vorschriften der §§ 242 ff. HGB ergänzt durch §§ 42, 42a GmbHG. Die GmbH hat einen Jahresabschluss zu erstellen, der aus der **Bilanz**, der **Gewinn- und Verlustrechnung** sowie einem erläuternden **Anhang** besteht (§§ 242, 264 HGB). Außerdem müssen alle GmbH, die nicht kleine Kapitalgesellschaften im Sinne von § 267 Abs. 1 HGB sind, einen **Lagebericht** aufstellen, der ein den tatsächlichen Verhältnissen entsprechendes Bild zu vermitteln hat, §§ 264 Abs. 1, 289 HGB.

93 Der Gesellschaftsvertrag kann Regelungen über **Form und Inhalt des Jahresabschlusses** und des Lageberichts treffen, soweit diese nicht gegen zwingendes Recht und gegen die Grundsätze ordnungsgemäßer Buchführung (GoB) verstoßen. Insbesondere darf der Gesellschaftsvertrag nicht hinter den gesetzlichen Informationsanforderungen für die Größenklasse, der die GmbH angehört, zurückbleiben. Der Spielraum abweichender Satzungsregelungen ist wegen der detaillierten gesetzlichen Vorgaben nicht sehr groß, so dass in vielen Fällen lediglich ein klarstellender Verweis auf die gesetzlichen Regelungen in die Satzung aufzunehmen ist.

94 Der Jahresabschluss wird durch die Geschäftsführer **aufgestellt**. Die Bilanz ist grundsätzlich innerhalb der ersten drei Monate nach Ablauf des Geschäftsjahres aufzustellen, bei kleinen Gesellschaften im Sinne von § 267 Abs. 1 HGB innerhalb von sechs Monaten, soweit es einem ordnungsgemäßen Geschäftsgang entspricht. Hiervon zu unterscheiden ist die **Feststellung** des Jahresabschlusses, die den Gesellschaftern obliegt, § 46 Nr. 1 GmbHG. Erst durch die Feststellung wird der Jahresabschluss für die Gesellschaft verbindlich. Sie muss innerhalb der ersten acht Monate des Geschäftsjahres, bei kleinen Gesellschaften im Sinne von § 267 Abs. 1 HGB binnen der ersten elf Monate des Geschäftsjahres erfolgen, § 42a Abs. 2 S. 1 GmbHG. Der Gesellschaftsvertrag kann diese Fristen nicht verlängern, wohl aber verkürzen, wenn gewährleistet ist, dass innerhalb der verkürzten Frist die sorgfältige Aufstellung des Jahresabschlusses gewährleistet ist.[63] Der festgestellte Jahresabschluss muss von allen Geschäftsführern unterzeichnet werden, § 245 HGB.

95 Die Gesellschafter haben grundsätzlich Anspruch auf den Jahresüberschuss zuzüglich eines Gewinnvortrags und abzüglich eines Verlustvortrags, § 29 Abs. 1 GmbHG. Durch Gesellschafterbeschluss oder Satzungsregelung kann über die **Ergebnisverwendung** disponiert werden, insbesondere kann festgelegt werden, in welchem Umfang das Jahresergebnis ausgeschüttet oder in der Gesellschaft thesauriert wird. Trifft die Satzung keine Regelung über die Ergebnisverwendung, so beschließen die Gesellschafter jährlich über die Ergebnisverwendung nach freiem Ermessen. Ergibt sich bei Abschluss des Gesellschaftsvertrags, dass (Minderheits-)Gesellschafter auf eine gewisse (Mindest-)Ausschüttung angewiesen sind, so sollte dieses Interesse berücksichtigt und eine Klausel aufgenommen werden, die eine Ausschüttung etwa in der Form einer Mindestverzinsung des eingelegten Kapitals sicherstellt.

---

[63] *Lutter/Hommelhoff*, § 42a Rn 30.

Der **Ergebnisverwendungsbeschluss** wird auf der Grundlage des festgestellten Jahresabschlusses gefasst. Es ist den Gesellschaftern auch gestattet, **Vorabausschüttungen** im Vorgriff auf den zum nächsten Stichtag zu erwartenden Gewinn zu beschließen, wenn das Kapitalerhaltungsgebot (§ 30 GmbHG) nicht entgegensteht. 96

hh) Veräußerung und Belastung von Geschäftsanteilen

Geschäftsanteile an einer GmbH sind im Gegensatz zu Personengesellschaftsanteilen **frei veräußerlich** (§ 15 Abs. 1 GmbHG). Die Veräußerung erfolgt durch Abtretung. Das dingliche Rechtsgeschäft bedarf ebenso wie die vertragliche Verpflichtung zur Abtretung notarieller Form, § 15 Abs. 3 und 4 GmbHG. Bei Verstoß gegen das Formgebot ist die Abtretung nichtig. Eine **Vollmacht** zur Abtretung ist formlos wirksam, § 167 Abs. 2 BGB. Im Verhältnis zur Gesellschaft gilt derjenige als Inhaber, der in der im Handelsregister aufgenommenen **Gesellschafterliste** eingetragen ist. 97

Die Satzung kann die Verfügung über den Geschäftsanteil (Veräußerung, Verpfändung, Nießbrauchsbestellung) erschweren oder ganz ausschließen (**Vinkulierung**). Die Veräußerung oder Belastung kann an die **Zustimmung** der Gesellschaft, einzelner oder aller Gesellschafter oder etwa eines Beirats geknüpft werden, § 15 Abs. 5 GmbHG. Abtretungsbeschränkungen sollen das Eindringen von dritten Personen in die Gesellschaft verhindern. Die GmbH ist häufig personalistisch strukturiert, so dass die verbleibenden Gesellschafter ein erhebliches Interesse daran haben können, bestimmte Erwerber außen vor halten zu können. Auch gegen einen vollständigen Abtretungsausschluss bestehen keine Bedenken, wenn den Gesellschaftern die Möglichkeit des Ausscheidens aus der Gesellschaft z.B. durch **Kündigung** offen gehalten wird.[64] Hinsichtlich bestimmter Erwerber (Mitgesellschafter, Ehegatten, Kinder) kann von einer Zustimmungsbedürftigkeit der Veräußerung abgesehen werden, wenn keine Machtverschiebung innerhalb der Gesellschaft droht. 98

Die **Zustimmung der Gesellschaft** wird durch den Geschäftsführer in der Regel auf der Grundlage eines Gesellschafterbeschlusses erteilt. Aus der Formulierung „die Zustimmung zur Übertragung ist durch die Geschäftsführer zu erklären" lässt sich nicht mit hinreichender Klarheit entnehmen, ob die Geschäftsführer die Genehmigungserklärung als Dritte abgeben oder einen entsprechenden Gesellschafterbeschluss umsetzen sollen. Sie sollte daher vermieden werden. Die Beschlussfassung erfolgt mangels abweichender Satzungsbestimmung mit einfacher Mehrheit der abgegebenen Stimmen, wobei der veräußernde Gesellschafter nicht vom Stimmrecht ausgeschlossen ist.[65] Gerade bei kleineren Gesellschaften kann es sich empfehlen, die Zustimmung **aller Gesellschafter** zu verlangen. Die Erteilung oder die Versagung der Zustimmung steht allgemein im Ermessen des Zustimmungsberechtigten. Der Veräußerer darf eine Entscheidung in angemessener Frist verlangen, nach deren Ablauf die Genehmigung als verweigert gilt. Die Veräußerungsbeschränkung sollte durch **Vorkaufs- und Ankaufsrechte** flankiert werden, um Pattsituationen zu vermeiden. 99

ii) Vorkaufsrecht, Ankaufsrecht

Vorkaufs- und Ankaufsrechte können als Ergänzung zu den Abtretungsbeschränkungen in die Satzung aufgenommen werden (vgl. Rn 99). Sie spielen in der Praxis eine erhebliche Rolle. Das in §§ 463 ff. BGB geregelte **Vorkaufsrecht** verpflichtet den veräußerungswilligen Gesellschafter, den Geschäftsanteil den **Mitgesellschaftern** (oder der Gesellschaft oder auch Dritten) zu den 100

---

64 Vgl. nur BayObLG DB 1989, 214.
65 BGHZ 48, 167.

Bedingungen des beabsichtigten Verkaufs **zum Erwerb anzubieten**. Das Vorkaufsrecht hat lediglich schuldrechtliche Wirkung; es knüpft nur an einen Kauf und nicht an andere Vertragstypen wie Tausch oder Schenkung an, so dass Umgehungsgeschäfte herausgefordert werden können. Nachteilig kann auch sein, dass das Vorkaufsrecht nur zu den Bedingungen des Erstkaufs ausgeübt werden kann. Die Modalitäten der Ausübung des Vorkaufsrechts sollten sorgfältig festgelegt werden; dabei ist auch darauf zu achten, dass Lösungsmechanismen für Konfliktsituationen vorgesehen werden. Dem veräußerungswilligen Gesellschafter muss stets ein Weg aus der Gesellschaft verbleiben.

101   Ein **Ankaufsrecht** vermeidet die streitträchtige Anknüpfung an den Vorkaufsfall und ermöglicht unabhängig von einem Verkaufsfall Übernahmerechte oder Andienungspflichten an die Mitgesellschafter. Als das Ankaufsrecht auslösendes Ereignis kann auch die Beendigung der Mitarbeit in der Gesellschaft, etwa bei einer Abberufung als Geschäftsführer bestimmt werden. Den das Ankaufsrecht auslösenden Umständen müssen nachvollziehbare und sachlich gerechtfertigte Interessen der Gesellschaft bzw. der Mitgesellschafter zugrunde liegen; ein willkürlicher Entzug der Gesellschafterposition oder eine voraussetzungslose Andienungspflicht verstößt gegen Treu und Glauben.

102   Die Interessen von Minderheitsgesellschaftern können **Mitverkaufsrechte oder -pflichten** rechtfertigen. Damit können sie an einem Beteiligungsverkauf des Mehrheitsgesellschafters zu festgelegten Bedingungen teilnehmen.

jj) Vererbung von Geschäftsanteilen

103   Beim Tod eines GmbH-Gesellschafters wird die Gesellschaft nicht aufgelöst. Der Geschäftsanteil ist **frei vererblich** (§ 15 Abs. 1 GmbHG); er fällt in den Nachlass. Eine Mehrheit von Erben erwirbt den Anteil als Erbengemeinschaft, nicht pro rata ihrer jeweiligen Erbquote. Eine Sonderrechtsnachfolge kann nicht begründet werden. Die Ausübung der Rechte an dem Anteil erfolgt bei der Erbengemeinschaft gemeinschaftlich, § 18 Abs. 1 GmbHG. Die Satzung kann die Vererblichkeit nicht ausschließen;[66] sie kann aber bestimmen, dass die Gesellschaft nicht mit den Erben, sondern nur mit den verbleibenden Gesellschaftern oder nur mit bestimmten Erben fortgesetzt werden soll. Die gesellschaftsvertraglichen Regelungen bedürfen häufig einer **erbrechtlichen Umsetzung** in Form einer korrespondierenden Verfügung von Todes wegen. Mit den Mitteln des Erbrechts wird festgelegt, wer zum Erben berufen sein soll; im Gesellschaftsvertrag wird das Behaltendürfen des Anteils geregelt.

104   Die Satzung kann eine **Abtretungspflicht** des Erben oder ein **Einziehungsrecht** der Gesellschafter anordnen. Sie kann auch bestimmen, dass nur bestimmte Personen (Ehegatte, Kinder) den Geschäftsanteil behalten dürfen. Als **Zessionar** des Geschäftsanteils kann die Gesellschaft selbst, ein Gesellschafter oder eine dritte Person vorgesehen werden. Die Abtretungsverpflichtung der Erben kann durch ein Einziehungsrecht flankiert werden, falls die Erben der Abtretungsverpflichtung nicht innerhalb einer bestimmten Frist nachkommen. Ein Einziehungsrecht lässt den Gesellschaftern die Entscheidung, ob sie von dem Recht im Einzelfall Gebrauch machen wollen. Als Gegenleistung für die Erfüllung der Abtretungsverpflichtung ist ein **Entgelt**, im Gegenzug zur Einziehung ist eine **Abfindung** vorzusehen; beide haben sich nach den Grundsätzen und Grenzen zu richten, die für Abfindungsklauseln in Gesellschaftsverträgen vorgesehen sind. Die Statuierung einer Verpflichtung ohne Abfindung auszuscheiden, ist ebenfalls ausnahmsweise zulässig.[67]

---

66 Allg. Meinung; vgl. nur Hachenburg/*Zutt*, § 15 Rn 5.
67 Baumbach/Hueck/*Fastrich*, § 15 Rn 13; Lutter/*Hommelhoff*, § 15 Rn 8; Hachenburg/*Zutt*, Anh. § 15 Rn 111; vgl. auch *Habersack*, ZIP 1990, 625 zur Frage, ob darin eine unentgeltliche Zuwendung auf den Todesfall an die Mitgesellschafter liegt.

kk) Teilung eines Geschäftsanteils
Teilung ist die Zerlegung des Geschäftsanteils in selbständige Teil-Geschäftsanteile. **105**

ll) Einziehung von Geschäftsanteilen
Einziehung ist die **Vernichtung des Geschäftsanteils** und der entsprechenden Mitgliedschafts- **106** rechte durch die GmbH. Mit der Einziehung kann ein missliebiger Gesellschafter ausgeschlossen oder das Eindringen eines unerwünschten Dritten verhindert werden. Es ist zu unterscheiden zwischen der freiwilligen und der zwangsweisen Einziehung, sowie zwischen der entgeltlichen und unentgeltlichen Einziehung. Eine Einziehung kann nur erfolgen, wenn sie im **Gesellschaftsvertrag zugelassen** ist (§ 34 Abs. 1 GmbHG). Die **nachträgliche** Aufnahme einer solchen Bestimmung in die Satzung ist nur mit **Zustimmung aller Gesellschafter** möglich.

Die **freiwillige Einziehung** erfordert trotz der Zustimmung des Gesellschafters zu der Ein- **107** ziehung eine allgemeine satzungsmäßige Grundlage. Soll die Einziehung gegen den Willen des betroffenen Gesellschafters (**Zwangseinziehung**) erfolgen, so kann dies nur auf der Grundlage eines **sachlichen Grundes** erfolgen, der in der Satzung vor Erwerb des Geschäftsanteils durch den Betroffenen klar und eindeutig festgelegt werden muss.[68] Der sachliche Grund muss nicht die Qualität eines wichtigen Grundes erreichen, da insoweit bereits der Ausschluss aus der Gesellschaft durch Erhebung einer Ausschlussklage zulässig ist. Unzulässig sind andererseits Klauseln, die die Einziehung in das freie Belieben der Gesellschaftermehrheit oder einzelner Gesellschafter stellen.[69]

Die Einziehung erfolgt durch **Gesellschafterbeschluss** und dessen formfreier Mitteilung an **108** den betroffenen Gesellschafter.[70] Mangels anderweitiger Regelung in der Satzung hat der betroffene Gesellschafter Stimmrecht, außer die Zwangseinziehung erfolgt aus wichtigem Grund bzw. einem sonstigen in der Person des Gesellschafters liegenden Grund. Der Grundsatz der Aufbringung und Erhaltung des Stammkapitals erfordert, dass die Einziehung nur erfolgen kann, wenn der einzuziehende Geschäftsanteil **voll eingezahlt** ist und eine **Abfindung** aus den das Stammkapital übersteigenden Mitteln geleistet werden kann.[71] Eine noch nicht erfüllte Pflicht zur Einlageleistung würde mit dem Untergang des Geschäftsanteils erlöschen und den Gesellschafter entgegen § 19 Abs. 2 S. 1 GmbHG von seiner Verpflichtung zur Leistung der Einlagen befreien. Sollen also Geschäftsanteile eingezogen werden, hinsichtlich derer die **Einlagepflichten nicht voll erbracht** sind, empfiehlt sich, an eine Verrechnung mit einer die Einlageschuld übersteigenden Abfindungsforderung oder die Heranziehung von nicht nach § 30 GmbHG gebundenen Vermögen der anderen Gesellschafter zu denken.

Mit Wirksamwerden der Einziehung **verliert** der betroffene Gesellschafter **seine Mitglied-** **109** **schaft mit sämtlichen Rechten und Pflichten**, soweit letztere nicht bei Einziehung bereits bestehen und fällig sind (z.B. Ansprüche auf fälligen Gewinn). Der Geschäftsanteil geht unter. Die Stammkapitalziffer bleibt hingegen unverändert, so dass die verbleibenden Geschäftsanteile aufgestockt werden müssen, damit Stammkapital und Summe der Geschäftsanteile übereinstimmen, wenn nicht gleichzeitig eine Kapitalherabsetzung beschlossen wird. Dies erfolgt über

---

[68] § 34 Abs. 2 GmbHG steht einer Erstreckung der Einziehungsregelung auf bisherige Gesellschafter allerdings dann nicht entgegen, wenn diese der entsprechenden Satzungsänderung zugestimmt haben, denn in diesem Fall ist der Schutzzweck der Norm nicht berührt, BGH NJW 1977, 2316.
[69] Eine freie Hinauskündigung ist aber dann zulässig, wenn die Beteiligung des auszuschließenden Gesellschafters nur als Annex an die Stellung als Geschäftsführer oder Mitarbeiter geknüpft ist, vgl. BGH MittBayNot 2006, 344 („Managermodell") und BGH MittBayNot 2006, 347 (LS, „Mitarbeitermodell"); vgl. *Sikora*, MittBayNot 2006, 292; *Heckschen/Voigt*, NotBZ 2005, 427.
[70] Dies ist möglicherweise ein verfahrensmäßiger Vorteil gegenüber dem Ausschluss, der die Erhebung einer Ausschlussklage erfordert.
[71] Dies kann wiederum ein Nachteil gegenüber dem Ausschluss sein.

eine **nominelle Aufstockung**, die eines mit einfacher Mehrheit zu fassenden Gesellschafterbeschlusses bedarf. Die Beteiligungsverhältnisse der übrigen Gesellschafter bestimmen sich nach dem neuen Verhältnis ihrer Anteile zum unveränderten Stammkapital. Es wird ebenfalls als zulässig erachtet, dass die Gesellschafter einen weiteren **Geschäftsanteil neu bilden**, der an die Stelle des eingezogenen tritt und der Gesellschaft zufällt. Hierfür ist die Zustimmung aller Gesellschafter notwendig, weil es zu einer Verringerung ihrer Beteiligungsquote führt.

110 Die **Abfindung** ist im Rahmen der Einziehung von besonderer Bedeutung, weil der Einziehungsbeschluss nach h.M. in Rechtsprechung und Literatur unter der **aufschiebenden Bedingung** steht, dass im Augenblick der Auszahlung genügend gesellschaftsrechtlich ungebundene Mittel im Gesellschaftsvermögen vorhanden sind.[72] (Zur Abfindung vgl. Rn 118). Dies bedeutet gerade bei vereinbarter Ratenzahlung eine große Unsicherheit. Es wird u.U. auch angeordnet werden können, dass der Einziehungsbeschluss sofort wirksam ist.[73] Dann sollte die Satzung Regelungen zum Verfahren enthalten, ggf. ob und in welcher Form Sicherheit zu leisten ist, damit die Rückzahlung sichergestellt ist.

mm) Kündigung

111 Ohne gesellschaftsvertragliche Regelung gibt es anders als bei den Personengesellschaften (§ 723 BGB, § 132 HGB) keine **Kündigung** der Gesellschaft. Anerkannt ist jedoch ein **Austrittsrecht** des Gesellschafters bei Vorliegen eines **wichtigen Grundes**, das zu den zwingenden, unverzichtbaren Mitgliedschaftsrechten gehört. Daneben wird häufig ein Bedürfnis der Gesellschafter bestehen, nötigenfalls durch **Kündigung** ausscheiden zu können. Eine Kündigungsmöglichkeit durch Regelung in der Satzung wird man dann vorsehen, wenn zu befürchten ist, dass der Gesellschafter sich von seinem Anteil durch Veräußerung wird nicht oder nur mit Schwierigkeiten lösen können, sei es aus wirtschaftlichen Gründen (am Markt findet sich kein Käufer) oder aus rechtlichen (die Veräußerung bedarf der Zustimmung der übrigen Gesellschafter, die nicht erteilt wird).

112 Der Gesellschaftsvertrag kann ein **ordentliches Kündigungsrecht** der Gesellschafter mit einer bestimmten Frist auf einen bestimmten Zeitpunkt vorsehen. Daneben kann auch ein **außerordentliches Kündigungsrecht** bei Vorliegen eines wichtigen Grundes aufgenommen werden. Es sind auch Gestaltungen denkbar, die die Kündigung von dem Eintreten bestimmter Ereignisse abhängig machen. Je nach den Umständen der Kündigung ist außerdem zu prüfen, binnen welcher **Frist** diese wirksam werden soll. Bei Vorliegen eines wichtigen Grundes wird dem betreffenden Gesellschafter ein Verbleiben nicht mehr zumutbar sein, bei einer ordentlichen Kündigung ist es zum Schutz der Mitgesellschafter hinnehmbar, dass Fristen eingehalten werden müssen. Bei einem voraussetzungslosen Kündigungsrecht sollte eine gewisse **zeitliche Mindestbindung** vorgesehen werden.

113 Die **Rechtsfolgen** der Kündigung sollten im Gesellschaftsvertrag festgelegt werden. Nach herrschender Meinung[74] führt die Kündigung im Zweifel – wenn der Gesellschaftsvertrag keine anderweitige Regelung enthält – zur **Auflösung** der Gesellschaft. Dies wird in den meisten Fällen nicht gewollt sein. Die verbleibenden Gesellschafter werden die Geschäfte fortführen wollen, sich dabei einen anderen Gesellschafter ins Boot holen oder die Gesellschaft an Dritte veräußern

---

72 Vgl. auch BGH v. 24.1.2012, II ZR 109/11, mit der der BGH die Bedingungslösung für den Fall ablehnt, dass der Einziehungsbeschluss nicht nichtig ist (weil das Einziehungsentgelt nicht aus freiem Vermögen geleistet werden kann).
73 Dann wird man mit *Ulmer*, FS Ritter, S. 735 die Unzulässigkeit der Abfindungszahlung im Zahlungszeitpunkt als auflösende Bedingung sehen müssen.
74 BGH GmbHR 1997, 501.

wollen, so dass die Satzung dem kündigenden Gesellschafter nur ein **Austrittsrecht** einräumen sollte.

Der Gesellschaftsvertrag kann den übrigen Gesellschaftern die Option einräumen, **im Anschluss an die Kündigung eines anderen Gesellschafters** innerhalb einer gewissen Frist nach Zugang der Kündigungserklärung zum gleichen Kündigungstermin ihrerseits zu kündigen. Erfolgt die Kündigung in einer zweigliedrigen Gesellschaft oder kündigen alle Gesellschafter bis auf einen, so sollte der in der Gesellschaft Verbleibende die Möglichkeit einer (Anschluss-)Kündigung mit der Folge haben, dass die Gesellschaft aufgelöst ist. Von diesem Mittel wird der Verbleibende dann Gebrauch machen, wenn er eine weitere Geschäftstätigkeit etwa wegen des Liquiditätsentzugs durch die Abfindungszahlungen an die ausscheidenden Gesellschafter nicht mehr für aussichtsreich hält. 114

Scheidet ein Gesellschafter aufgrund einer Kündigung aus der Gesellschaft aus, hat er Anspruch auf eine **Abfindung**. (Näher zur Abfindung siehe Rn 118). Es können die Art, Höhe, Berechnung und Fälligkeit der Abfindung im Gesellschaftsvertrag geregelt werden. 115

Mit dem Wirksamwerden der Kündigung endet das persönliche Band des Kündigenden zu der Gesellschaft und den Mitgesellschaftern. Der Geschäftsanteil geht jedoch nicht unter; er wächst auch nicht wie im Personengesellschaftsrecht den übrigen Gesellschaftern an. Der Kündigende bleibt Inhaber des Geschäftsanteils bis zu dessen Verwertung durch **Übertragung** oder durch **Einziehung** des Geschäftsanteils mit der Folge seiner Vernichtung. (Zur Einziehung vgl. Rn 106). Sinnvoll ist die Einräumung von Wahlrechten für die Gesellschaft oder die verbliebenen Gesellschafter. Soll keine Erwerbspflicht der Gesellschafter festgelegt werden, kann vorgesehen werden, dass die Gesellschaft aufgelöst sein soll, wenn nach Ablauf einer bestimmten Frist der Anteil des Kündigenden nicht vollständig übernommen ist. 116

Der BGH hat auch nach dem Zeitpunkt des Wirksamwerdens der Kündigung ein grundsätzliches Fortbestehen der Mitgliedschaftsrechte angenommen.[75] Auch wenn nach der Auffassung des BGH die Stimmrechtsausübung durch die gesellschaftliche Treuepflicht auf Maßnahmen beschränkt ist, die die Vermögensinteressen des Ausgeschiedenen beeinträchtigen könnten, sollte aus Gründen der Rechtsklarheit für die Zeit zwischen dem Wirksamwerden der Kündigung und dem vollzogenen Übergang des Geschäftsanteils geregelt werden, wer zur **Ausübung des Stimmrechts** befugt ist. In der Regel wird man ein Ruhen der Gesellschafterrechte des ausscheidenden Gesellschafters anordnen. 117

nn) Abfindung

Durch Austritt,[76] Ausschluss, Einziehung[77] oder Abtretungsverpflichtung kann es zum Ausscheiden eines Gesellschafters bei gleichzeitigem Fortbestehen der Gesellschaft kommen. Für die Gesellschaft zieht dieses Ausscheiden **Zahlungspflichten** nach sich, da dem Gesellschafter eine Abfindung für den Verlust seines Geschäftsanteils zusteht. Trifft der Gesellschaftsvertrag keine Regelungen, ist der Gesellschafter mit dem **vollen wirtschaftlichen Wert seines Anteils (Verkehrswert)** abzufinden. Dies provoziert häufig Streit unter den Gesellschaftern über die richtige Bewertung und daraus folgend über den Wert des Anteils. Ein Abfindungsanspruch in Höhe des tatsächlichen Wertes des Anteils kann zudem zu einer Liquiditätsbelastung des Unternehmens bis hin zur Existenzgefährdung führen. Der gesetzliche Abfindungsanspruch kann durch **Abfindungsklauseln** eingeschränkt werden.[78] 118

---

[75] BGH ZIP 1983, 1444; dazu *Balz*, DB 1984, 1865.
[76] Vgl. oben Rn 113.
[77] Vgl. oben Rn 108.
[78] Als unzulässig wird in der Regel ein vollständiger Ausschluss des Abfindungsanspruchs oder dessen übermäßig starke Beschränkung gesehen. Letzteres ist anzunehmen, wenn ein grobes Missverhältnis zwischen

119 Eine betriebswirtschaftliche Bewertung kann mangels Ableitbarkeit des Verkehrswertes aus Kaufpreisen auf den Substanzwert des Unternehmens, den Ertragswert oder einen Mischwert abstellen. Der **Substanzwert**, der sich aus dem Wert der einzelnen zum Unternehmen gehörenden Wirtschaftsgüter mit einem Aufschlag für den Firmenwert ergibt, wird in der neueren betriebswirtschaftlichen Literatur meist nicht mehr als geeigneter Wertmaßstab herangezogen. Aussagekräftiger ist der **Ertragswert** eines Unternehmens, der auf der Fähigkeit des Unternehmens basiert, in zukünftigen Perioden Erträge zu erzielen. Die (Zukunfts-)Erträge werden auf die gegenwärtige Periode abgezinst und aufaddiert. Eine spezielle Ertragswertmethode ist die **Discounted-Cashflow-Methode** (DCF-Methode), die als maßgebliche Zielgröße die Differenz zwischen Einnahmen und Ausgaben begreift. Da die zukünftigen Erträge meist nur aus einer Fortschreibung der Vergangenheitswerte prognostiziert werden können, eröffnen Ertragswertverfahren streitanfällige Bewertungsspielräume, etwa bei der Frage, ob nicht aufgedeckte außerordentliche Erträge oder Aufwendungen herausgerechnet werden müssen oder bei der Einschätzung, wie sich das Marktumfeld entwickelt. Die Untergrenze des Unternehmenswerts bildet auch bei Anwendung eines Ertragswertverfahrens der **Liquidationswert** des Unternehmens.

120 Mangels Satzungsregelungen ist die Abfindungszahlung **sofort fällig**. Die mit dem sofortigen Abfluss von Vermögenswerten einhergehende Liquiditätsbelastung kann erheblich sein und sollte durch Regelungen im Gesellschaftsvertrag gemildert werden. So kann etwa eine Auszahlung des Abfindungsguthabens in Raten vorgesehen werden, wobei die zulässige Obergrenze in der Regel bei fünf Jahren anzusetzen ist.[79]

121 **Abfindungsklauseln** im Gesellschaftsvertrag haben folgende Zielsetzungen:
– **Rechtssicherheit** durch eine klare und eindeutige Berechnungsmethode sowie
– **Schutz des Unternehmens** und **Förderung der Gesellschafterbindung** durch Beschränkung des Abfindungsanspruchs.

122 Je nach Zielsetzung der Gesellschafter werden unterschiedliche Abfindungsklauseln vorgeschlagen. Abfindungsregelungen können auch an den Ausscheidensgrund angepasst werden. Die den Gesellschaftern zur Verfügung stehenden Gestaltungsmöglichkeiten sind groß.

123 Der **Buchwertklausel** liegen die Bilanzwerte der Aktiva abzüglich der Gesellschaftsschulden zugrunde, so dass der ausscheidende Gesellschafter seinen buchmäßigen Anteil am ausgewiesenen **Eigenkapital zuzüglich offener Rücklagen und Gewinnvortrag** und abzüglich eines Verlustvortrags erhält.[80] Bei der Berechnung des Abfindungsanspruchs bleiben die stillen Reserven des Unternehmens und ein etwaiger Geschäfts- oder Firmenwert unberücksichtigt. Der Buchwert wird regelmäßig unter dem tatsächlichen Wert des Unternehmens liegen; gerade bei unrentablen Unternehmen kann er jedoch darüber liegen. Der Buchwert ist zudem von Zufälligkeiten abhängig. Die Buchwertklausel kann unter Berücksichtigung der BGH-Rechtsprechung wohl jedenfalls in den Fällen der Einziehung von Geschäftsanteilen wegen einer groben Pflichtwidrigkeit oder wegen eines unverschuldeten Ausschließungsgrundes (Krankheit) vorgesehen werden.[81] Eine generelle Zulässigkeit von Buchwertklauseln kann daraus aber nicht abgeleitet werden.[82]

---

satzungsmäßigem Abfindungsbetrag und wirklichem Anteilswert besteht. Anders aber bei Mitarbeiterbeteiligungsmodellen, wenn die Beteiligung unentgeltlich überlassen wurde oder Erwerbskosten erstattet wurden, vgl. BGH MittBayNot 2006, 344; *Heckschen/Voigt*, NotBZ 2005, 427.
79 Baumbach/Hueck/*Hueck*/*Fastrich*, § 34 Rn 38.
80 *Hülsmann*, GmbHR 2001, 409.
81 BGHZ 32, 151; zur Buchwertklausel bei der ordentlichen Kündigung durch einen Gesellschafter BGH GmbHR 1993, 505; anders OLG München NZG 2001, 662.
82 Vgl. BGH NJW 1993, 2101; BGHZ 123, 281; andere Ansicht und für eine grundsätzliche Zulässigkeit etwa OLG München DB 1993, 2325; OLG Hamburg DB 1982, 2344.

In allen **anderen Fällen**, d.h. insbesondere im Fall der zum Ausscheiden eines Gesellschaf- 124
ters führenden Kündigung durch Gesellschafter oder Gesellschaft (oder auch bei sonstigem Ausscheiden bzw. Ausschluss eines Gesellschafters, für den kein Grund vorliegt, der zu einer Einziehung berechtigen würde), sind Abfindungsklauseln nur dann wirksam, wenn sie im Kern auf die gesetzliche Regelung hinauslaufen und **im Wesentlichen dazu führen, dass der tatsächliche Wert des Anteils gezahlt** wird. Folglich hängt es vom Einzelfall und von bei Gründung der Gesellschaft nicht vorhersehbaren Faktoren ab, ob eine Buchwertklausel jeweils zu einem Ergebnis führt, das noch als einigermaßen angemessen angesehen werden kann, und sie damit als wirksam bewertet werden wird. Gefährlich ist diese Situation deshalb, weil eine „geltungserhaltende Reduktion" nicht vorgenommen wird: Ist die Abfindungsklausel unwirksam, führt die Rechtsprechung eine Bewertung nach denjenigen Kriterien durch, die sie als sachgerecht zur Ermittlung des tatsächlichen Wertes ansieht.

Früher wurde häufig das **Stuttgarter Verfahren,** also der ehemals als der gem. Abschnitt 96 ff. 125
ErbStR für die erbschaftsteuerliche Bewertung maßgebliche Vermögenswert als Abfindungsmaßstab gewählt. Das Stuttgarter Verfahren kombinierte den Unternehmenswert aus Substanzwert und Ertragswert. Dies führt bei hochrentablen Unternehmungen wegen der Substanzwertkomponente zu Unterbewertungen, bei wenig rentablen hingegen zu Überbewertungen. Als satzungsmäßiger Abfindungsmaßstab sollte dieses Verfahren daher nicht mehr gewählt werden.

Zu einer wirtschaftlich angemessenen Bewertung führt in der Regel die **Ertragswertklau-** 126
sel, bei der der Wert des Unternehmens auf der Basis von (vergangenen) Erträgen ermittelt wird. Ein übermäßiger Abfluss von Vermögenswerten kann etwa durch Festlegung eines hohen **Kapitalisierungszinsfußes** oder die maßvolle Ermittlung künftiger Erträge verhindert werden.

oo) Gründungsaufwand
Der notwendige Aufwand für die Gründung der GmbH, also vor allem die Kosten der notariellen 127
Beurkundung, der Eintragung in das Handelsregister und der Bekanntmachung, sowie die Kosten der anwaltlichen und steuerlichen Beratung im Vorfeld sind grundsätzlich von den **Gründern** zu tragen, da es sich um durch das Gesellschaftsverhältnis veranlasste Aufwendungen handelt, die als Nebenkosten zu den Anschaffungskosten der Anteile gehören.[83] Die **Gesellschaft** kann sich im Gesellschaftsvertrag dem Grunde und der Höhe nach verpflichten, den Gründungsaufwand zu übernehmen. Für diesen Fall sind die Gründungskosten vom Vorbelastungsverbot ausgenommen. Diese Regelung ist auch steuerlich wirksam, wenn in der Satzung der Gesamtbetrag der anfallenden Gründungskosten mit einem Schätzbetrag angegeben wird.[84] Damit ergibt sich der steuerliche Vorteil, dass die Gesellschaft die Gründungskosten (grundsätzlich unbeschränkt) als **Betriebsausgabe** absetzen kann.

pp) Bekanntmachungen
Die Eintragung der GmbH in das Handelsregister ist zu veröffentlichen. Diese Bekanntmachung 128
hat gem. § 10 HGB zu erfolgen. Das GmbH-Gesetz sieht weitere Bekanntmachungspflichten der GmbH vor, so z.B.
- in § 30 Abs. 2 S. 2 (bei Rückzahlung eingezahlter Nachschüsse),
- in § 58 Abs. 1 Nr. 1 (im Falle des Beschlusses auf Herabsetzung des Stammkapitals),
- in § 65 Abs. 2 S. 1 (bei Auflösung der Gesellschaft),
- in § 75 Abs. 2 i.V.m. § 246 Abs. 4 AktG (bei Erhebung einer Nichtigkeitsklage).

---
83 *Tillmann/Winter*, Rn 163.
84 BFH MittBayNot 1998, 280; die Kostenübernahme ohne gesellschaftsvertragliche Verpflichtung führt steuerlich zu einer verdeckten Gewinnausschüttung, BFH BStBl II 1990, 89.

129 Nach der mit Wirkung zum 1.4.2005 eingeführten Vorschrift des § 12 S. 1 GmbHG erfolgen die durch Gesetz oder Gesellschaftsvertrag vorgesehenen Bekanntmachungen im Bundesanzeiger, der aufgrund Legaldefinition als „Gesellschaftsblatt" gilt. Unabhängig von einer Satzungsregelung sind die gesellschaftsrechtlichen Bekanntmachungen durch den Bundesanzeiger vorzunehmen, der nur noch elektronisch geführt wird. Es empfiehlt sich daher, auf jede satzungsmäßige Regelung zu den Bekanntmachungen zu verzichten und bei Änderungen des Gesellschaftsvertrags alte Klauseln ersatzlos aufzuheben.[85]

6. Anmeldung zum Handelsregister

130 Die Gesellschaft wird durch die Geschäftsführer mittels privatschriftlicher Erklärung zum Handelsregister angemeldet. Deren Unterschriften sind **notariell zu beglaubigen**. Die Anmeldung ist von **sämtlichen Geschäftsführern** – nicht notwendig gleichzeitig – durchzuführen, § 78 GmbHG. Mit Wirkung zum 1.1.2007 hat die Vorlage der Registeranmeldung und etwaiger zugehöriger Dokumente beim Registergericht auf elektronischem Wege zu erfolgen, § 12 Abs. 1 S. 1 und Abs. 2 HGB. Für die strukturierte Einreichung der Registerdaten wurde ein sogenanntes XML-Verfahren unter dem Namen „XNotar" entwickelt. Dieses Verfahren ermöglicht es, eine Vielzahl von Eintragungsinhalten unmittelbar aus der Anmeldung in den Eintragungsentwurf zu entnehmen.

a) Registergericht

131 Die Gesellschaft ist bei dem **Gericht**, in dessen Bezirk sie ihren **Sitz** hat, zur Eintragung in das Handelsregister anzumelden (§ 7 Abs. 1 GmbHG). Sachlich zuständig für die Führung des Handelsregisters ist das **Amtsgericht**, in dessen Bezirk ein Landgericht seinen Sitz hat, für den Bezirk dieses Landgerichts (§ 125 Abs. 1 FGG). Die Landesregierungen können durch Rechtsverordnung andere Zuständigkeiten anordnen, § 125 Abs. 2 FGG.

b) Anmeldezeitpunkt

132 Die Anmeldung darf erst erfolgen, wenn die gesetzlich geforderte Mindesteinlage (§ 7 Abs. 2, 3 GmbHG) bewirkt ist und sich der Gegenstand der Leistungen endgültig in der freien Verfügung der Geschäftsführer befindet, § 8 Abs. 2 S. 1 GmbHG. Die Zahlung einer Bareinlage kann in bar oder durch die **Überweisung auf ein Konto** der Vorgesellschaft erfolgen. Die Zahlung an die Vorgründungsgesellschaft befreit wegen fehlender Identität der Vorgründungsgesellschaft mit der Vorgesellschaft grundsätzlich nicht von der Einlageverpflichtung.[86] Ist in der Praxis fälschlicherweise eine Überweisung auf ein Konto der Vorgründungsgesellschaft erfolgt, empfiehlt sich eine Rückgängigmachung und erneute Bareinzahlung auf ein Konto der Vorgesellschaft. Die **Hingabe eines Schecks oder Wechsels** ist nicht als Einzahlung im Sinne des § 7 Abs. 2 GmbHG zu werten. Auch wenn von Gesetzes wegen ein Nachweis nicht zu führen ist, verlangen manche Registergerichte die Vorlage von **Einzahlungsnachweisen**.

133 **Freie Verfügbarkeit** liegt vor, wenn die Geldeinlagen derart geleistet sind, dass der Geschäftsführer rechtlich und tatsächlich in der Lage ist, die eingezahlten Mittel uneingeschränkt für die Gesellschaft zu verwenden. Freie Verfügbarkeit fehlt, wenn die Gesellschafter eine schuldrechtliche Abrede getroffen haben, dass die gezahlten Mittel unmittelbar oder mittelbar

---

85 Vgl. zu der Diskussion bei Altfällen: DNotI-Report 2005, 81 einerseits und *Krafka*, MittBayNot 2005, 293 andererseits.
86 BGH WM 1992, 1432; OLG Köln ZIP 1989, 238; a.A. *Spiegelberger/Walz*, GmbHR 1998, 761, die in der Einzahlung auf ein Konto der Vorgründungsgesellschaft in unmittelbaren zeitlichen Zusammenhang mit der Gründungsbeurkundung eine wirksame Einlageleistung anerkennen; ebenso *Langenfeld*, Rn 158.

wieder an den Einleger zurückfließen sollen. Die Zahlung auf ein **debitorisches Konto** befreit den Gesellschafter von seiner Einlageverpflichtung, wenn der Geschäftsführer z.B. innerhalb einer nicht gekündigten Kreditlinie über den Betrag uneingeschränkt verfügen kann, nicht jedoch wenn die Bank eine Verfügung über den eingezahlten Betrag nicht zulässt.[87]

c) Versicherungen der Geschäftsführer

Die Versicherungen nach § 8 Abs. 2 und 3 GmbHG sind von sämtlichen bis zur Eintragung der Gesellschaft in das Handelsregister bestellten Geschäftsführern **höchstpersönlich** abzugeben. Eine Bevollmächtigung ist unzulässig. **134**

Unterzeichnen die Geschäftsführer anlässlich des **Notartermins zur Gesellschaftsgründung** bereits die Handelsregisteranmeldung, so stellt sich die Frage, ob die Einzahlungsversicherung bereits **zu diesem Zeitpunkt** wirksam abgegeben werden kann. Immerhin kann zum Zeitpunkt der Gesellschaftsgründung die Einlage noch nicht zugunsten der Vorgesellschaft bewirkt sein (vgl. Rn 132); die Versicherung der Geschäftsführer ist im Zeitpunkt ihrer Abgabe also unrichtig. Dies ist unschädlich, da nach den allgemeinen Regeln des materiellen Rechts die Anmeldung erst mit ihrem Zugang beim Registergericht wirksam wird.[88] Der Notar wird eine **Bestätigung** der Geschäftsführer **über die tatsächliche Einlageleistung** abwarten und erst dann die Anmeldung zum Handelsregister einreichen. **135**

aa) Freie Verfügbarkeit der Einlagen

Die Geschäftsführer haben bei der Anmeldung zu versichern, dass die Bar- und Sacheinlagen gem. § 7 GmbHG **bewirkt** sind und dass der Gegenstand der Leistungen sich **endgültig in ihrer freien Verfügung befindet** (§ 8 Abs. 2 S. 1 GmbHG). Nach der Rechtsprechung des BGH ist eine zusätzliche Versicherung über das Nichtbestehen von Vorbelastungen regelmäßig veranlasst, wobei auch der Gründungsaufwand eine Vorbelastung darstellt.[89] **136**

bb) Keine Bestellungshindernisse

§ 6 Abs. 2 S. 3 GmbHG bestimmt, dass nicht Geschäftsführer sein kann, wer wegen einer **Straftat gemäß § 6 Abs. 2 S. 2 Hs. 1 Nr. 3 GmbHG verurteilt** worden ist. Durch das MoMiG wurden die früheren Ausschlusstatbestände auf zentrale Bestimmungen des Wirtschaftsstrafrechts erweitert. Weiter kann gem. § 6 Abs. 2 S. 2 Nr. 2 GmbHG derjenige, dem durch gerichtliches Urteil oder durch vollziehbare Entscheidung einer Verwaltungsbehörde **Berufs- und Gewerbeverbote** auferlegt sind, für die Zeit, für welche das Verbot wirksam ist, bei einer Gesellschaft, deren Unternehmensgegenstand ganz oder teilweise mit dem Gegenstand des Verbotes übereinstimmt, nicht Geschäftsführer sein. In der Anmeldung haben die Geschäftsführer zu versichern, dass keine Umstände vorliegen, die ihrer Bestellung nach den § 6 Abs. 2 Satz 2 Nr. 2 und Nr. 3 sowie Satz 3 entgegenstehen, und dass sie über ihre unbeschränkte Auskunftspflicht gegenüber dem Gericht belehrt worden sind, § 8 Abs. 3 GmbHG (vgl. § 15). Der Nachweis über die Belehrung sollte der Anmeldung beigefügt sein. **137**

d) Angabe der Vertretungsbefugnis

Gem. § 8 Abs. 4 Nr. 2 GmbHG ist ausdrücklich anzugeben, welche **Vertretungsbefugnis** die Geschäftsführer besitzen. Es reicht nicht aus, dass sie aus anderen Anlagen zur Anmeldung **138**

---
87 BGH NJW 1991, 226; vgl. aber jetzt BGH, DB 2004, 1036 zur Kapitalerhöhung.
88 *Krafka/Willer/Kühn*, Rn 79.
89 BGHZ 80, 129, 143.

hervorgeht. Hierbei werden zunächst die in der Satzung enthaltenen generellen Regelungen wiedergegeben; im Anschluss hieran werden die konkreten Befugnisse der durch Beschluss bestellten Geschäftsführer aufgeführt. Ist eine **Befreiung vom Verbot des Selbstkontrahierens** erteilt, muss dies ebenfalls angegeben werden.[90]

e) Zeichnung der Unterschrift der Geschäftsführer

139 § 8 Abs. 5 GmbHG wurde durch das EHUG mit Wirkung zum 1.1.2007 geändert und die Notwendigkeit der Zeichnung der Namensunterschrift der Geschäftsführer beseitigt.[91]

f) Beizufügende Unterlagen
aa) Gesellschaftsvertrag

140 Gem. § 8 Abs. 1 Nr. 1 GmbHG muss der Anmeldung der **Gesellschaftsvertrag** beigefügt sein. Soweit sich die Gesellschafter bei der Gründung haben vertreten lassen, müssen die **Vollmachten der Vertreter** (vgl. § 2 Abs. 2 GmbHG) zum Handelsregister eingereicht werden. Es genügt die Einreichung einer beglaubigten Abschrift. Die Unterlagen sind beim Registergericht in elektronischer Form einzureichen, § 8 Abs. 5 GmbHG i.V.m. § 12 Abs. 2 HGB.

bb) Legitimation der Geschäftsführer

141 Sofern die Geschäftsführer bereits im Gesellschaftsvertrag bestellt sind, ergibt sich ihre Legitimation daraus. Ist die Bestellung der Geschäftsführer in einem **Gesellschafterbeschluss** in gesonderter Urkunde enthalten, muss diese zusätzlich zum Handelsregister eingereicht werden (§ 8 Abs. 1 Nr. 2 GmbHG). Der Nachweis, dass die Geschäftsführer ihr Amt angetreten haben, ergibt sich regelmäßig aus ihrer Anmeldung.

cc) Gesellschafterliste

142 Eine **Gesellschafterliste** ist zum Handelsregister einzureichen (§ 8 Abs. 1 Nr. 3 GmbHG); sie muss nicht beglaubigt werden. Die Liste hat den Zunamen, den Vornamen, das Geburtsdatum und den Wohnort der Gesellschafter sowie den Betrag der jeweils übernommenen Nennbeträge und die laufenden Nummern der von jedem der Gesellschafter übernommenen Geschäftsanteil zu enthalten. Die Gesellschafterliste muss von den Anmeldenden – also von den **Geschäftsführern**, nicht etwa von den Gesellschaftern – unterschrieben sein. § 40 Abs. 1 GmbHG verpflichtet die Geschäftsführer auch bei jeder Veränderung der Personen der Gesellschafter oder des Umfangs ihrer Beteiligung eine **neue Gesellschafterliste** zum Handelsregister einzureichen. Hat ein Notar an den Veränderungen der Personen der Gesellschafter oder des Umfangs ihrer Beteiligung mitgewirkt, so hat er anstelle der Geschäftsführer eine neue Gesellschafterliste zum Handelsregister einzureichen, § 40 Abs. 2 GmbHG.

dd) Zusätzliche Unterlagen bei Sachgründung

143 Das Registergericht prüft die Werthaltigkeit der Sacheinlage. Zu diesem Zweck sind die **Einbringungsverträge**, der **Sachgründungsbericht** (vgl. Rn 155) und ggf. weitere **Wertnachweise** einzureichen, § 8 Abs. 1 Nr. 4, 5 GmbHG. Einbringungsverträge sind diejenigen Verträge, mit

---

[90] BGHZ 87, 59.
[91] Gesetz über elektronische Handelsregister und Genossenschaftsregister sowie das Unternehmensregister, BGBl I 2006, 2553.

denen die Gegenstände der Gesellschaft übertragen bzw. übereignet werden. Der Sachgründungsbericht ist von allen Gesellschaftern schriftlich abzufassen und zu unterzeichnen. Wegen der strafrechtlichen Sanktion in § 82 Abs. 1 Nr. 2 GmbHG ist eine rechtsgeschäftliche Stellvertretung nicht möglich. Notarielle Beurkundung oder Beglaubigung ist nicht vorgesehen. Unterlagen über den Wert der Sacheinlagen können Rechnungen, Preislisten oder Sachverständigengutachten sein. Bei Einbringung eines Unternehmens ist eine **Einbringungsbilanz** zu fertigen und zum Handelsregister einzureichen. Dies kann die letzte Jahresbilanz sein, wenn die Einbringung innerhalb von acht Monaten nach dem Bilanzstichtag erfolgt (vgl. § 20 Abs. 8 UmwStG) und das Unternehmen vereinbarungsgemäß in der Zwischenzeit für Rechnung der Vorgesellschaft geführt gilt. Ob auf eine noch zu erstellende Bilanz verwiesen werden kann, ist hingegen streitig.

ee) Urkunde über die Bestellung eines Aufsichtsrates
Hat die Gesellschaft einen **Aufsichtsrat** gebildet, ist die Urkunde über dessen Bestellung der Anmeldung beizufügen (§ 52 Abs. 2 GmbHG, §§ 37 Abs. 4 Nr. 3, 40 Abs. 1 Nr. 4 AktG). 144

ff) Gutachten der IHK
Eine Anfrage bei der IHK oder weiterer Organe des Handelsstandes zur Zulässigkeit der Firmenbildung ist nur noch in zweifelhaften Fällen erforderlich. Geht der Notar davon aus, dass das Registergericht ein Gutachten der IHK veranlassen wird, kann er dies zweckmäßigerweise selbst anfordern und der Anmeldung beifügen. 145

III. Vertragsmuster für typische Gründungssituationen

1. Bargründung einer Einpersonen-GmbH

a) Muster: Gründungsprotokoll   **M 23**

(Notarielle Urkundsformalien)   146

Herr _____ (Name, Geburtsdatum, Wohnadresse)
Der Erschienene erklärte:

I.
Ich errichte nach Maßgabe dieser Urkunde und der als Anlage beigefügten Satzung, auf die verwiesen wird, eine Gesellschaft mit beschränkter Haftung.

II.
Zum Geschäftsführer der Gesellschaft wird bestellt:
_____ (Name, Geburtsdatum, Wohnanschrift).
Er ist stets einzelvertretungsberechtigt (*alt*: vertritt satzungsgemäß) und ist von den Beschränkungen des § 181 BGB (*alt*: nicht) befreit.

III.
Ich bevollmächtige die Notarangestellten _____ und _____, und zwar jede/n von ihnen einzeln und unter Befreiung von den Beschränkungen des § 181 BGB, in meinem Namen alle Erklärungen abzugeben und entgegenzunehmen, die zur Eintragung in das Handelsregister erforderlich sind, und hierbei

auch nötigenfalls Änderungen des Gesellschaftsvertrages zu beschließen oder die Anmeldung zum Handelsregister zu ändern oder zu ergänzen. Die Vollmacht kann nur beim beurkundenden Notar oder seinem Amtsvertreter ausgeübt werden und erlischt mit vollzogener Eintragung der Gesellschaft im Handelsregister.

IV.
Der Notar wies darauf hin,
- dass die Gesellschaft erst mit der Eintragung in das Handelsregister entsteht und dass jeder, der vor dieser Eintragung im Namen der Gesellschaft handelt, sich der Gefahr einer persönlichen Haftung aussetzt,
- dass mit Freiheitsstrafe bis zu drei Jahren oder mit Geldstrafe bestraft werden kann, wer als Gesellschafter oder als Geschäftsführer zum Zweck der Eintragung der Gesellschaft falsche Angaben macht (§ 82 GmbHG),
- dass ein Gesellschafter oder ein Geschäftsführer der Gesellschaft fehlende Einzahlungen zu leisten, Vergütungen, die nicht unter den Gründungsaufwand aufgenommen sind, zu ersetzen und für den sonst entstehenden Schaden Ersatz zu leisten hat, wenn er falsche Angaben zur Errichtung der Gesellschaft macht (§ 9a Abs. 1 GmbHG),
- dass ein Gesellschafter, der die Gesellschaft durch Einlagen oder Gründungsaufwand schuldhaft schädigt, dieser zum Ersatz verpflichtet sein kann (§ 9a Abs. 2 GmbHG),
- dass ein Gesellschafter der Gesellschaft für Differenzen zwischen Stammkapital und Wert des Gesellschaftsvermögens haftet, soweit das eingezahlte Stammkapital entgegen der Versicherung des Geschäftsführers bei Eintragung der Gesellschaft nicht mehr vollständig vorhanden ist; dieser Fall kann insbesondere dadurch eintreten, dass sich durch Verbindlichkeiten der Vorgesellschaft im Zeitpunkt der Eintragung eine Differenz zwischen dem Stammkapital und dem Wert des vorhandenen Gesellschaftsvermögens ergibt,
- dass bei der Gründung einer Gesellschaft mit beschränkter Haftung steuerliche Gesichtspunkte von Belang sein können, hinsichtlich deren Bedeutung und Folgen der Notar keine Belehrung erteilt hat,

(ggf. zusätzlich:
- dass der Gegenstand des Unternehmens gemäß § _____ der staatlichen Genehmigung bedarf).

M 24 b) Muster: Einfacher Gesellschaftsvertrag

147

Gesellschaftsvertrag der _____ GmbH

§ 1 Firma
Die Gesellschaft ist eine Gesellschaft mit beschränkter Haftung unter der Firma _____ GmbH.

§ 2 Sitz
Sitz der Gesellschaft ist _____.

§ 3 Gegenstand
Gegenstand des Unternehmens ist _____.

§ 4 Geschäftsjahr
Das Geschäftsjahr der Gesellschaft ist das Kalenderjahr. Das erste Geschäftsjahr ist ein Rumpfgeschäftsjahr; es beginnt mit der Eintragung der Gesellschaft ins Handelsregister und endet am Kalenderjahresende.

§ 5 Stammkapital
Die Gesellschaft hat ein Stammkapital von _____.
Der Gründungsgesellschafter übernimmt _____ (Anzahl) Geschäftsanteile in Höhe von _____ (Nr. _____). Die Stammeinlage ist in bar einzuzahlen. Die Einzahlung hat zur Hälfte sofort zu erfolgen, der Rest nach Aufforderung der Geschäftsführung.

§ 6 Vertretung
(1) Die Gesellschaft hat einen oder mehrere Geschäftsführer. Ist nur ein Geschäftsführer bestellt, so vertritt dieser die Gesellschaft allein. Sind mehrere Geschäftsführer bestellt, so wird die Gesellschaft durch zwei Geschäftsführer gemeinsam oder durch einen Geschäftsführer gemeinsam mit einem Prokuristen vertreten.
(2) Auch bei Vorhandensein mehrerer Geschäftsführer kann einzelnen oder allen von ihnen Einzelvertretungsbefugnis erteilt werden. Geschäftsführer können durch Gesellschafterbeschluss von den Beschränkungen des § 181 BGB befreit werden. Vorstehende Regelung gilt für Liquidatoren entsprechend.
(3) _____ ist kraft Satzung einzelvertretungsberechtigter Geschäftsführer und von den Beschränkungen des § 181 BGB befreit.

§ 7 Befreiung vom Wettbewerbsverbot
Jeder Gesellschafter und jeder Geschäftsführer kann durch Gesellschafterbeschluss ganz oder teilweise vom Wettbewerbsverbot befreit werden.

§ 8 Gründungsaufwand
Gründungskosten sind bis zu einer Höhe von 2.500 EUR von der Gesellschaft zu tragen.

c) Muster: Anmeldung zum Handelsregister   **M 25**

An das
Amtsgericht _____
– Handelsregister –
Neue Handelsregistersache
   _____ GmbH
Als Geschäftsführer der neu gegründeten _____ GmbH überreiche ich:
1. die beglaubigte Abschrift der notariellen Niederschrift vom _____ – URNr. _____/_____ des Notars _____ mit dem Amtssitz in _____ – über die Errichtung der _____ GmbH mit meiner Bestellung zum Geschäftsführer sowie den als Anlage beigefügten Gesellschaftsvertrag,
2. eine von mir unterzeichnete Gesellschafterliste.[92]
Ich melde die Gesellschaft und mich als deren Geschäftsführer zur Eintragung in das Handelsregister an:
_____ (Name),
geb. am _____,
wohnhaft _____.
Der Gesellschaftsvertrag regelt die Vertretung der Gesellschaft wie folgt:
Die Gesellschaft hat einen oder mehrere Geschäftsführer. Ist nur ein Geschäftsführer bestellt, so vertritt dieser die Gesellschaft allein. Sind mehrere Geschäftsführer bestellt, so wird die Gesellschaft durch zwei Geschäftsführer gemeinsam oder durch einen Geschäftsführer gemeinsam mit einem Prokuristen vertreten.

---
[92] Muster Gesellschafterliste Rn 149.

Zum Umfang der Vertretungsberechtigung des bestellten Geschäftsführers melde ich an:
Ich, der Geschäftsführer, habe Einzelvertretungsbefugnis und bin von den Beschränkungen des § 181 BGB befreit.
Die Geschäftsräume der Gesellschaft befinden sich in _____ (Adresse); dies ist auch die inländische Geschäftsanschrift gemäß § 8 Abs. 4 Nr. 1 GmbHG.
Ich, der Geschäftsführer, versichere:
- dass auf den Geschäftsanteil Nr. _____ von _____ ein Betrag in Höhe von _____ eingezahlt ist und sich der eingezahlte Betrag endgültig zur freien Verfügung des Geschäftsführers befindet,
- dass das Stammkapital durch Verbindlichkeiten nicht belastet ist mit Ausnahme der Gründungskosten gem. § 8 der Satzung,
- dass ich
    1. weder wegen einer oder mehrerer vorsätzlich begangener Straftaten
        a) nach den § 263 StGB (Betrug), § 263a StGB (Computerbetrug), § 264 StGB (Subventionsbetrug), § 264a StGB (Kapitalanlagebetrug), § 265b StGB (Kreditbetrug), § 266 StGB (Untreue) oder § 266a StGB (Vorenthalten und Veruntreuen von Arbeitsentgelt) zu einer Freiheitsstrafe von mindestens einem Jahr,
        b) des Unterlassens der Stellung des Antrags auf Eröffnung des Insolvenzverfahrens (Insolvenzverschleppung, § 15a Abs. 4 InsO),
        c) nach den §§ 283 bis 283d des StGB (Insolvenzstraftaten),
        d) der falschen Angaben nach § 82 des GmbH-Gesetzes oder § 399 des AktG,
        e) der unrichtigen Darstellung nach § 400 AktG, § 331 HGB, § 313 UmwG oder § 17 PublG,
        f) oder im Ausland wegen einer mit den genannten Taten vergleichbaren Straftat
    verurteilt worden bin;
    2. mir nicht aufgrund eines gerichtlichen Urteils oder einer vollziehbaren Entscheidung einer Verwaltungsbehörde die Ausübung eines Berufs, eines Berufszweigs, eines Gewerbes oder eines Gewerbezweiges untersagt ist.
    3. ich vom beglaubigenden Notar über meine unbeschränkte Auskunftspflicht gegenüber dem Registergericht belehrt worden bin, ebenso darüber, dass falsche Versicherungen strafbar sind.

Der Gegenstand des Unternehmens bedarf (nicht) der staatlichen Genehmigung.
Der den Gesellschaftsvertrag beurkundende Notar wird beauftragt, diese Anmeldung beim Handelsregister einzureichen. Die Vorlage beim Handelsregister hat jedoch erst dann zu erfolgen, wenn ich dem beurkundenden Notar schriftliche Nachweise (*z.B. Kopie des Überweisungsbeleges*) darüber eingereicht habe, dass die oben bezeichneten Leistungen auf die Geschäftsanteile erfolgt sind und sich endgültig zu meiner freien Verfügung als Geschäftsführer befinden.
_____ (Ort, Datum)
_____ (Unterschrift Geschäftsführer)
(notarielle Unterschriftsbeglaubigung)

M 26 **d) Muster: Gesellschafterliste**

149

Gesellschafterliste

der
_____ GmbH
mit dem Sitz in _____ (Ort)

Nr. des Geschäfts-anteils	Vor- und Nachna-me/Firma des Gesell-schafters	Geburtsdatum	Wohnort/Sitz des Gesellschafters	Nennbetrag des Geschäftsanteils (= Euro)
Stammkapital (= Euro)				

_____ (Ort, Datum)
_____ (Unterschrift Geschäftsführer)

2. Bargründung einer GmbH mit zwei oder mehreren Gesellschaftern
a) Muster: Gründungsprotokoll

M 27

150

(Notarielle Urkundsformalien)
1. Herr _____, (Name, Geburtsdatum, Wohnadresse)
2. Herr _____, (Name, Geburtsdatum, Wohnadresse)
Die Erschienenen erklärten:

I.
Wir errichten nach Maßgabe dieser Urkunde eine Gesellschaft mit beschränkter Haftung, für die dieser Niederschrift als Anlage beigefügte Satzung gelten soll, auf die verwiesen wird.

II.
Zu Geschäftsführern der Gesellschaft werden bestellt:
_____ (Name, Geburtsdatum, Wohnanschrift);
_____ (Name, Geburtsdatum, Wohnanschrift).
Sie sind stets einzelvertretungsberechtigt (*alt:* vertreten satzungsgemäß) und von den Beschränkungen des § 181 BGB (*alt:* nicht) befreit.

III.
Wir bevollmächtigen die Notarangestellten ____ und ____, und zwar jede/n von ihnen einzeln und unter Befreiung von den Beschränkungen des § 181 BGB, in unserem Namen alle Erklärungen abzugeben und entgegenzunehmen, die zur Eintragung in das Handelsregister erforderlich sind, und hierbei auch nötigenfalls Änderungen des Gesellschaftsvertrages zu beschließen oder die Anmeldung zum Handelsregister zu ändern oder zu ergänzen. Die Vollmacht kann nur beim beurkundenden Notar oder seinem Amtsvertreter ausgeübt werden und erlischt mit vollzogener Eintragung der Gesellschaft im Handelsregister.

IV.
Der Notar wies darauf hin:
- dass die Gesellschaft erst mit der Eintragung in das Handelsregister entsteht und dass jeder, der vor dieser Eintragung im Namen der Gesellschaft handelt, sich der Gefahr einer persönlichen Haftung aussetzt,
- dass jeder Gesellschafter für die Erbringung von Stammeinlagen auch seiner Mitgesellschafter haftet, soweit diese die von ihnen übernommenen Verpflichtungen nicht erfüllen,

- dass mit Freiheitsstrafe bis zu drei Jahren oder mit Geldstrafe bestraft werden kann, wer als Gesellschafter oder als Geschäftsführer zum Zweck der Eintragung der Gesellschaft falsche Angaben macht (§ 82 GmbHG),
- dass Gesellschafter und Geschäftsführer der Gesellschaft als Gesamtschuldner fehlende Einzahlungen zu leisten, Vergütungen, die nicht unter den Gründungsaufwand aufgenommen sind, zu ersetzen und für den sonst entstehenden Schaden Ersatz zu leisten haben, wenn zur Errichtung der Gesellschaft falsche Angaben gemacht werden (§ 9a Abs. 1 GmbHG),
- dass alle Gesellschafter der Gesellschaft als Gesamtschuldner zum Ersatz verpflichtet sind, wenn die Gesellschaft von einem Gesellschafter durch Einlagen oder Gründungsaufwand schuldhaft geschädigt wird (§ 9a Abs. 2 GmbHG),
- dass die Gesellschafter der Gesellschaft gesamtschuldnerisch für Differenzen zwischen Stammkapital und Wert des Gesellschaftsvermögens haften, soweit das eingezahlte Stammkapital entgegen der Versicherung des Geschäftsführers bei Eintragung der Gesellschaft nicht mehr vollständig vorhanden ist; dieser Fall kann insbesondere dadurch eintreten, dass sich durch Verbindlichkeiten der Vorgesellschaft im Zeitpunkt der Eintragung eine Differenz zwischen dem Stammkapital und dem Wert des vorhandenen Gesellschaftsvermögens ergibt,
- dass bei der Gründung einer Gesellschaft mit beschränkter Haftung steuerliche Gesichtspunkte von Belang sein können, hinsichtlich deren Bedeutung und Folgen der Notar keine Belehrung erteilt hat,

(ggf. zusätzlich:)
- dass der Gegenstand des Unternehmens gemäß § _____ der staatlichen Genehmigung bedarf).

M 28 b) Muster: Ausführlicher Gesellschaftsvertrag ohne Mehrheitsgesellschafter

151

Gesellschaftsvertrag der _____ GmbH

§ 1 Firma
Die Gesellschaft ist eine Gesellschaft mit beschränkter Haftung unter der Firma
_____ GmbH.

§ 2 Sitz
Sitz der Gesellschaft ist _____.

§ 3 Gegenstand
(1) Gegenstand des Unternehmens ist _____.
(2) Die Gesellschaft ist berechtigt, alle Geschäfte zu betreiben, die geeignet sind, den Gesellschaftszweck zu fördern.
(3) Die Gesellschaft darf andere Unternehmen gleicher oder ähnlicher Art übernehmen, vertreten und sich an solchen Unternehmen beteiligen. Sie darf auch Zweigniederlassungen errichten.

§ 4 Dauer, Geschäftsjahr
(1) Die Dauer der Gesellschaft ist unbestimmt.
(2) Das Geschäftsjahr der Gesellschaft ist das Kalenderjahr. Das erste Geschäftsjahr ist ein Rumpfgeschäftsjahr; es beginnt mit der Eintragung der Gesellschaft ins Handelsregister und endet am Kalenderjahresende.

§ 5 Stammkapital
(1) Die Gesellschaft hat ein Stammkapital von _____ EUR.

(2) Auf das Stammkapital übernehmen:
   a) Herr _____ _____ Geschäftsanteile von _____ EUR;
   b) Herr _____ _____ Geschäftsanteile von _____ EUR.
(3) Die Einlagen auf die Geschäftsanteile sind in bar einzuzahlen. Sie sind zur Hälfte sofort zu leisten. Die vollständige Leistung der Einlagen hat bis spätestens zum _____ zu erfolgen.

§ 6 Vertretung
(1) Die Gesellschaft hat einen oder mehrere Geschäftsführer. Ist nur ein Geschäftsführer bestellt, so vertritt dieser die Gesellschaft allein. Sind mehrere Geschäftsführer bestellt, so wird die Gesellschaft durch zwei Geschäftsführer gemeinsam oder durch einen Geschäftsführer gemeinsam mit einem Prokuristen vertreten.
(2) Auch bei Vorhandensein mehrerer Geschäftsführer kann einzelnen oder allen von ihnen Einzelvertretungsbefugnis erteilt werden. Geschäftsführer können durch Gesellschafterbeschluss von den Beschränkungen des § 181 BGB befreit werden.
(3) Die Gesellschafterversammlung ist berechtigt, für die Geschäftsführung eine Geschäftsordnung zu erlassen.

§ 7 Wettbewerbsverbot
(1) Sämtlichen Gesellschaftern ist es untersagt, mit der Gesellschaft in Wettbewerb zu treten. Dieses Verbot erstreckt sich auf eine dauernde Tätigkeit und eine Tätigkeit im Einzelfall, eine Betätigung im eigenen und in fremdem Namen, eine unmittelbare und mittelbare Betätigung, eine Beratung oder sonstige Unterstützung von Konkurrenzunternehmen und eine Beteiligung jedweder Art an konkurrierenden Personen- und Kapitalgesellschaften.
(2) Einzelne oder alle Gesellschafter können durch Gesellschafterbeschluss teilweise oder ganz vom Wettbewerbsverbot befreit werden. Bei der Beschlussfassung ist der zu befreiende Gesellschafter vom Stimmrecht ausgeschlossen. Über Art und Umfang der Befreiung, die Aufgabenabgrenzung sowie die Gegenleistung bestimmen die Gesellschafter mit einfacher Mehrheit der abgegebenen Stimmen.

§ 8 Einberufung von Gesellschafterversammlungen
(1) Beschlüsse der Gesellschaft werden in Gesellschafterversammlungen oder nach Maßgabe von § 10 der Satzung im schriftlichen Umlaufverfahren gefasst.
(2) Eine Versammlung kann durch jeden Geschäftsführer einzeln einberufen werden, auch wenn er nicht einzelvertretungsberechtigt ist und sich seine Geschäftsführungsbefugnis nicht auf die zu verhandelnden Tagesordnungspunkte erstreckt.
(3) Die Einberufung hat durch Übergabe-Einschreiben zu erfolgen, das an alle in der im Handelsregister aufgenommenen Gesellschafterliste verzeichneten Gesellschafter zu richten ist.
(4) Der Einberufung hat, gerechnet von dem Tag an, an dem das letzte Übergabe-Einschreiben zur Post aufgegeben wird, mit einer Frist von mindestens zwei Wochen zu erfolgen. Hierbei wird der Tag der Aufgabe zur Post nicht gezählt, der Tag der Versammlung wird jedoch mitgerechnet.
(5) Als Ort der Versammlung kann jede geschäftliche oder private Adresse im Amtsgerichtsbezirk des Sitzes der Gesellschaft gewählt werden, zu der ein ungehinderter Zugang eröffnet und an der eine sachgerechte Verhandlung der Tagesordnungspunkte durch sämtliche Gesellschafter möglich ist.
(6) Die Tagesordnung ist mit der Einladung mitzuteilen.

§ 9 Durchführung von Gesellschafterversammlungen
(1) Gesellschafterversammlungen werden von dem einberufenden Geschäftsführer geleitet, wenn die Gesellschafterversammlung auf Antrag eines Gesellschafters mit einfacher Mehrheit der abgegebenen Stimmen nicht etwas anderes beschließt.

(2) Die Geschäftsführer sind verpflichtet, an Gesellschafterversammlungen teilzunehmen, solange nicht die Gesellschafterversammlung mit der Mehrheit der abgegebenen Stimmen ihren Ausschluss beschließt.
(3) Die Gesellschafterversammlung ist beschlussfähig, wenn mindestens 50% des Stammkapitals vertreten sind. Die Anteile der Gesellschafter, die generell oder im jeweiligen Einzelfall zur Ausübung des Stimmrechts nicht berechtigt sind, werden bei der Ermittlung der Beschlussfähigkeit nicht zum Stammkapital im Sinne des vorangehenden Satzes gerechnet. Die Feststellung der Beschlussfähigkeit obliegt dem einberufenden Geschäftsführer. Stellt er fest, dass die Versammlung nicht beschlussfähig ist, so hat er dies zu protokollieren und unverzüglich, spätestens binnen einer Woche, eine neue Versammlung einzuberufen, die ohne Rücksicht auf die Zahl des vertretenen Stammkapitals beschlussfähig ist. Darauf ist in der erneuten Einladung in hervorgehobener Form hinzuweisen.
(4) Jeder Gesellschafter hat das Recht, sich in Versammlungen durch einen zur Berufsverschwiegenheit verpflichteten, mit schriftlicher Originalvollmacht ausgestatteten Rechtsanwalt, Steuerberater oder Wirtschaftsprüfer vertreten oder durch solche Personen begleiten zu lassen.

§ 10 Beschlussfassung
(1) Gesellschafterbeschlüsse werden mit einfacher Mehrheit der abgegebenen Stimmen gefasst, soweit nicht das Gesetz oder diese Satzung ausdrücklich etwas anderes bestimmen. Je 1 EUR eines Geschäftsanteils gewähren eine Stimme.
(2) Das Ergebnis der gefassten Beschlüsse hat der Versammlungsleiter (§ 9 der Satzung) im Protokoll festzuhalten.
(3) Mit Zustimmung sämtlicher Gesellschafter ist eine briefliche oder per Telefax oder E-Mail erfolgende Beschlussfassung zulässig. Zu diesem Zweck kann jeder Geschäftsführer in der vorbezeichneten Weise ein Schreiben an alle Gesellschafter versenden, in dem neben dem vollständig ausformulierten Beschlussvorschlag die Hinweise enthalten sein müssen, dass ein Beschluss nur dann zustande kommt, wenn alle Gesellschafter der Art der Beschlussfassung schriftlich und ausdrücklich zustimmen, und dass eine Pflicht zur Zustimmung nicht besteht.

§ 11 Verfügung über Geschäftsanteile, Vorkaufsrecht
(1) Geschäftsanteile oder Teile davon können nur mit vorheriger schriftlicher Zustimmung der Gesellschafterversammlung abgetreten werden. Die Gesellschafterversammlung beschließt mit einfacher Mehrheit aller vorhandenen Stimmen über die Erteilung der Zustimmung. Der gefasste Beschluss ist dem betroffenen Gesellschafter unverzüglich durch einen Geschäftsführer oder eine durch Gesellschafterbeschluss beauftragte Person mitzuteilen.
(2) Die Gesellschafterversammlung ist zur Erteilung der Zustimmung verpflichtet, wenn der Geschäftsanteil an Mitgesellschafter, Ehegatten oder Abkömmlinge des Gesellschafters abgetreten werden soll.
(3) Beabsichtigt ein Gesellschafter, seine Beteiligung oder Teile davon zu veräußern, und liegt ein in Absatz 2 geregelter Fall nicht vor, so ist folgende Verfahrensweise einzuhalten:
  a) Der veräußerungswillige Gesellschafter hat sämtlichen Mitgesellschaftern und der Gesellschaft die beabsichtigte Veräußerung anzuzeigen und sie über sämtliche beabsichtigten Bedingungen, insbesondere den Kaufpreis und die Person des Erwerbers, zu informieren. Die Benachrichtigung erfolgt durch Übergabe-Einschreiben oder gegen Empfangsquittung. Jeder Mitgesellschafter hat das Recht, binnen einer Frist von einem Monat nach Zugang gegenüber dem veräußerungswilligen Gesellschafter ebenfalls durch Übergabe-Einschreiben oder gegen Empfangsquittung zu erklären, dass er bereit ist, den angebotenen Geschäftsanteil bzw. einen der angebotenen Teilgeschäftsanteile zu den bezeichneten Bedingungen zu erwerben. Geschieht dies, so ist eine formgerechte Übertragung binnen einer weiteren Frist von einem Monat vorzunehmen. Üben mehrere Mitgesellschafter ihr Erwerbsvorrecht aus, so ist der angebotene Geschäftsanteil bzw. Teilgeschäftsanteil entsprechend dem Verhältnis der von den Mitgesellschaftern gehaltenen Beteiligungen zu teilen und auf diese zu übertra-

gen, die Verteilung eines unteilbaren Spitzenbetrages erfolgt durch Losentscheid. Erzielen jedoch sämtliche betroffenen Mitgesellschafter eine schriftliche anderweitige Einigung über die Aufteilung, so ist die Aufteilung in dieser Weise vorzunehmen.
b) Erfolgt eine wirksame Ausübung des Erwerbsvorrechtes durch Mitgesellschafter nicht, so hat binnen zwei Wochen nach Ablauf der Ausübungsfrist die Einberufung einer Gesellschafterversammlung zu erfolgen, auf der nach Abs. 1 über die Erteilung der Zustimmung entschieden wird. Erteilt die Gesellschaft ihre Zustimmung, so ist der betroffene Gesellschafter berechtigt, binnen drei Monaten nach Zugang der in Abs. 1 bezeichneten Mitteilung seinen Geschäftsanteil oder Teile davon nach Maßgabe seiner Anzeige zu veräußern.

§ 12 Einziehung
(1) Mit Zustimmung des betroffenen Gesellschafters kann eine Einziehung seines Geschäftsanteils stets vorgenommen werden.
(2) Ohne Zustimmung des betroffenen Gesellschafters ist eine Einziehung von Geschäftsanteilen zulässig, wenn
   a) über das Vermögen dieses Gesellschafters das Insolvenzverfahren eröffnet oder die Eröffnung des Insolvenzverfahrens mangels Masse abgelehnt wird,
   b) der Gesellschafter die eidesstattliche Versicherung über seine Vermögensverhältnisse abgibt (§ 807 ZPO),
   c) ein Geschäftsanteil des Gesellschafters Zwangsvollstreckungsmaßnahmen ausgesetzt ist, die nicht binnen zwei Monaten wieder aufgehoben werden,
   d) in der Person des Gesellschafters ein wichtiger Grund vorliegt, der sein weiteres Verbleiben in der Gesellschaft für diese oder einen Mitgesellschafter unzumutbar erscheinen lässt.
(3) Wird ein Geschäftsanteil von mehreren gehalten, so ist die Einziehung zulässig, wenn die genannten Voraussetzungen bei nur einem von ihnen vorliegen.
(4) Die Einziehung erfolgt durch Gesellschafterbeschluss mit einer Mehrheit von zwei Dritteln der abgegebenen Stimmen. Dem Gesellschafter, dessen Geschäftsanteil von der Maßnahme betroffen ist, steht hierbei kein Stimmrecht zu, er ist jedoch vor der Beschlussfassung zu hören.
(5) Durch Gesellschafterbeschluss kann bestimmt werden, dass der Geschäftsanteil im Wege der Abtretung auf die Gesellschaft, auf einen oder mehrere Mitgesellschafter oder einen oder mehrere im Beschluss bestimmte Dritte zu übertragen ist.
(6) Der Beschluss über Einziehung oder Abtretung ist dem betroffenen Gesellschafter durch die im Gesellschafterbeschluss bezeichnete Person, im Übrigen durch einen Geschäftsführer, durch Übergabe-Einschreiben oder im Wege des Empfangsbekenntnisses mitzuteilen. Die Einziehung erfolgt gegen Zahlung einer Abfindung, die Abtretung gegen Zahlung einer Vergütung jeweils nach Maßgabe des § 15 der Satzung.
(7) Der Zugang der Erklärung gem. Abs. 6 über die Einziehung oder die Verpflichtung der Abtretung bewirkt, dass sämtliche mit dem betroffenen Geschäftsanteil verbundenen Rechte ruhen. Wird die Wirksamkeit der Einziehung oder der Verpflichtung zur Abtretung zum Gegenstand eines Rechtsstreits, so sind die mit dem Geschäftsanteil verbundenen Rechte für die Dauer der Auseinandersetzung von einem durch die örtliche Industrie- und Handelskammer bestimmten Treuhänder wahrzunehmen.

§ 13 Kündigung
(1) Jeder Gesellschafter kann eine ordentliche Kündigung der Gesellschaft aussprechen. Die ordentliche Kündigung ist mit einer Frist von neun Monaten zum Ende eines jeden Geschäftsjahres zulässig.
(2) Liegt ein wichtiger Grund vor, so ist jeder davon betroffene Gesellschafter berechtigt, eine außerordentliche Kündigung auszusprechen. Ein wichtiger Grund liegt vor, wenn in der Gesellschaft oder in der Person eines Mitgesellschafters Umstände gegeben sind, die ein Verbleiben in der Gesellschaft unter Einhaltung der ordentlichen Kündigungsfrist für den Gesellschafter nicht zumutbar erscheinen lassen. Die außerordentliche Kündigung wirkt mit einer Frist von einem Monat zum Quartalsschluss.

(3) Die Kündigung ist schriftlich zu erklären. Sie hat durch Übergabe-Einschreiben oder gegen Empfangsquittung zu erfolgen. Sie ist gegenüber der Gesellschaft, vertreten durch einen Geschäftsführer, zu erklären. Ist der Kündigende selbst einziger Geschäftsführer, so hat er seine Kündigung an die Gesellschaft, vertreten durch einen Mitgesellschafter seiner Wahl, zu richten.
(4) Die Kündigung hat zur Folge, dass der Kündigende ausscheidet. Der oder die verbleibenden Gesellschafter führen die Gesellschaft fort. An den ausscheidenden Gesellschafter ist eine Abfindung nach den Bestimmungen des § 15 dieses Vertrages zu zahlen.
(5) Der ausscheidende Gesellschafter hat die Verpflichtung, seinen Geschäftsanteil unter der aufschiebenden Bedingung vollständiger Zahlung der Abfindung nach Wahl der Gesellschaft auf die Gesellschaft selbst, einen Mitgesellschafter oder einen Dritten zu übertragen.
(6) Kündigt ein Gesellschafter ordentlich oder außerordentlich, so ist jeder Mitgesellschafter befugt, binnen einer Frist von drei Wochen ab Zugang der Kündigung bei der Gesellschaft zu erklären, dass er ebenfalls kündige. Schließen sich sämtliche Mitgesellschafter der Kündigungserklärung an, wird die Gesellschaft aufgelöst.

§ 14 Erbfolge
(1) Wird ein Gesellschafter nach seinem Tode auch von einer oder mehreren Personen beerbt, die nicht der Ehegatte des Gesellschafters, einer seiner Abkömmlinge oder Mitgesellschafter sind, so ist die Gesellschaft berechtigt, zu verlangen, dass der Anteil ganz oder geteilt an die Gesellschaft, einen oder mehrere Mitgesellschafter, einen oder mehrere Erben oder an einen oder mehrere Dritte gegen ein Entgelt nach den Bestimmungen des § 15 dieses Vertrages übertragen wird. Die Aufforderung hat durch Übergabeeinschreiben gegenüber jedem einzelnen Erben, bei Vorhandensein eines gemeinsamen Bevollmächtigten gegenüber diesem, zu erfolgen.
(2) Erfolgt eine Übertragung nach Abs. 1 nicht innerhalb von drei Monaten nach Zugang der Aufforderung bei dem letzten Miterben, so ist die Gesellschaft zur Einziehung des Geschäftsanteils gegen Zahlung einer Abfindung nach Maßgabe des § 15 dieses Vertrages berechtigt.

§ 15 Abfindung; Entgelt für Übertragung
(1) Soweit in diesem Vertrag vorgesehen ist, dass für die Übertragung eines Geschäftsanteils oder von Teilen eine Abfindung oder ein sonstiges Entgelt (im Folgenden: Abfindung) zu zahlen ist, gelten hierfür die nachfolgenden Bestimmungen.
(2) Zur Bemessung der Abfindung ist der Ertragswert des Unternehmens zu ermitteln. Dies erfolgt nach Maßgabe der nachfolgenden Absätze durch einen von der Gesellschaft bestimmten Wirtschaftsprüfer.
(3) Der Berechnung werden die Jahresüberschüsse zugrunde gelegt, die in den Steuerbilanzen der letzten fünf abgeschlossenen Geschäftsjahre vor der Beschlussfassung ausgewiesen wurden. Außerordentliche Erträge sind abzuziehen, außerordentliche Aufwendungen, insbesondere Sonderabschreibungen, sind hinzuzurechnen. Aus den derart bereinigten Jahresüberschüssen ist ein gewichteter Durchschnitt zu bilden, indem der bereinigte Jahresüberschuss des letzten abgeschlossenen Geschäftsjahres mit fünf, der des jeweils vorangehenden mit jeweils einem um eins erniedrigten Faktor multipliziert und das Ergebnis durch fünfzehn geteilt wird.
(4) Der Berechnung wird im Fall des § 12 ein Zinsfuß von 14% zugrunde gelegt, so dass das nach Abs. 3 ermittelte Ergebnis mit einem Faktor von 7,14285 zu multiplizieren ist. In allen übrigen Fällen wird ein Zinsfuß von 10% zugrunde gelegt, so dass das nach Abs. 3 ermittelte Ergebnis mit einem Faktor von 10 zu multiplizieren ist.
(5) Die Abfindung ist in sechs gleichen Raten jeweils zum 30.6. und zum 31.12. zu entrichten. Der Fälligkeitszeitpunkt der ersten Rate hat mindestens sechs Monate nach dem die Abfindung auslösenden Beschluss oder sonstigen auslösenden Ereignis zu liegen. Steht bei Fälligkeit einer Ratenzahlung die Höhe der zu leistenden Zahlung noch nicht fest, so sind sachgerechte Abschlagszahlungen zu entrichten. Die Abfindung ist vom Tage des auslösenden Beschlusses oder des sonstigen auslösen-

den Ereignisses an mit dem sich aus § 288 Abs. 1 S. 1 BGB ergebenden Zinssatz zu verzinsen; die Zinsen sind mit der letzten Rate fällig.
(6) Bei Streitigkeiten über die Höhe der Abfindung entscheidet ein von der örtlichen Industrie- und Handelskammer bestimmter Wirtschaftsprüfer. Bis zum Vorliegen dieser Entscheidung hat die Gesellschaft ihre Ratenzahlungen nach der Ermittlung des gemäß Absatz 2 von ihr beauftragten Wirtschaftsprüfers zu richten.

§ 16 Gründungsaufwand
Gründungskosten sind bis zu einer Höhe von _____ EUR von der Gesellschaft zu tragen.

§ 17 Schlussbestimmungen, salvatorische Klausel
Die Unwirksamkeit einzelner Bestimmungen dieses Gesellschaftsvertrages lässt dessen Wirksamkeit im Übrigen unberührt. Die Gesellschafter sind in einem solchen Fall verpflichtet, diejenige Bestimmung zu vereinbaren, die dem Sinn und Zweck der unwirksamen Bestimmung am nächsten kommt. Enthält der Vertrag Lücken, werden die Gesellschafter dasjenige vereinbaren, was dem entspricht, das nach Sinn und Zweck des Vertrages vereinbart worden wäre.

c) **Muster: Anmeldung zum Handelsregister**

M 29

An das
Amtsgericht _____
– Handelsregister –
Neue Handelsregistersache
_____ **GmbH**
Als Geschäftsführer der neu gegründeten _____ GmbH überreichen wir:
1. die Ausfertigung der notariellen Niederschrift vom _____ – URNr. _____/_____ des Notars _____ mit dem Amtssitz in _____ (Ort) – über die Errichtung der _____ GmbH mit der Bestellung der Geschäftsführer und den als Anlage beigefügten Gesellschaftsvertrag,
2. eine von uns unterzeichnete Gesellschafterliste.[93]
Wir melden die Gesellschaft und uns als deren Geschäftsführer zur Eintragung in das Handelsregister an:
_____ (Name),
geb. am _____ (Datum),
wohnhaft _____ (Ort);
_____ (Name),
geb. am _____ (Datum),
wohnhaft _____ (Ort).
Die Gesellschaft hat einen oder mehrere Geschäftsführer. Ist nur ein Geschäftsführer bestellt, so vertritt dieser die Gesellschaft allein. Sind mehrere Geschäftsführer bestellt, so wird die Gesellschaft durch zwei Geschäftsführer gemeinsam oder durch einen Geschäftsführer gemeinsam mit einem Prokuristen vertreten.
Die Geschäftsführer _____ und _____ haben jeweils Einzelvertretungsbefugnis und sind von den Beschränkungen des § 181 BGB befreit.[94]
Wir, die Geschäftsführer _____ (Name) und _____ (Name), versichern – jeder für sich:
– dass die übernommenen Geschäftsanteile von _____ EUR und _____ EUR in voller Höhe eingezahlt sind und sich die eingezahlten Beträge endgültig zu unserer freien Verfügung als Ge-

---

[93] Muster Gesellschafterliste: siehe Rn 149.
[94] Falls (unechte) Gesamtvertretungsbefugnis besteht: „Die Geschäftsführer _____ und _____ vertreten die Gesellschaft jeweils satzungsgemäß."

schäftsführer befinden und nicht durch Verbindlichkeiten mit Ausnahme des Gründungsaufwands in § 16 der Satzung gemindert sind,[95]
- dass wir nicht
  1. weder wegen einer oder mehrerer vorsätzlich begangener Straftaten
     a) nach den § 263 StGB (Betrug), § 263a StGB (Computerbetrug), § 264 StGB (Subventionsbetrug), § 264a StGB (Kapitalanlagebetrug), § 265b StGB (Kreditbetrug), § 266 StGB (Untreue) oder § 266a StGB (Vorenthalten und Veruntreuen von Arbeitsentgelt) zu einer Freiheitsstrafe von mindestens einem Jahr,
     b) des Unterlassens der Stellung des Antrags auf Eröffnung des Insolvenzverfahrens (Insolvenzverschleppung, § 15a Abs. 4 InsO),
     c) nach den §§ 283 bis 283d des StGB (Insolvenzstraftaten),
     d) der falschen Angaben nach § 82 des GmbH-Gesetzes oder § 399 des AktG,
     e) der unrichtigen Darstellung nach § 400 AktG, § 331 HGB, § 313 UmwG oder § 17 PublG,
     f) oder im Ausland wegen einer mit den genannten Taten vergleichbaren Straftat
     verurteilt worden sind;
  2. uns nicht aufgrund eines gerichtlichen Urteils oder einer vollziehbaren Entscheidung einer Verwaltungsbehörde die Ausübung eines Berufs, eines Berufszweigs, eines Gewerbes oder eines Gewerbezweiges untersagt ist.
  3. wir vom beglaubigenden Notar über unsere unbeschränkte Auskunftspflicht gegenüber dem Registergericht belehrt worden sind, ebenso darüber, dass falsche Versicherungen strafbar sind.

Der Gegenstand des Unternehmens bedarf nicht der staatlichen Genehmigung.
Die Geschäftsräume der Gesellschaft befinden sich in _____ (Adresse); dies ist auch die inländische Geschäftsanschrift gemäß § 8 Abs. 4 Nr. 1 GmbHG.
_____ (Ort, Datum)
_____ (Unterschrift der Geschäftsführer)
(Notarielle Unterschriftsbeglaubigung)

3. Sachgründung einer GmbH

M 30 a) Muster: Gründungsprotokoll

153
(Notarielle Urkundsformalien)

1. Herr _____ (Name, Geburtsdatum, Wohnadresse)
2. Herr _____ (Name, Geburtsdatum, Wohnadresse)

Die Erschienenen erklärten:

I.
Wir errichten nach Maßgabe dieser Urkunde eine Gesellschaft mit beschränkter Haftung, für die dieser Niederschrift als Anlage beigefügte Satzung gelten soll, auf die verwiesen wird.

II.
Zu Geschäftsführern der Gesellschaft werden bestellt:
_____ (Name, Geburtsdatum, Anschrift);
_____ (Name, Geburtsdatum, Anschrift).

---

[95] Falls die Stammeinlagen nur teilweise einbezahlt sind, lautet die Formulierung: „_____ dass die übernommenen Stammeinlagen von _____ EUR und _____ EUR in Höhe von _____ EUR und _____ EUR eingezahlt sind und sich die eingezahlten Beträge endgültig zur freien Verfügung der Geschäftsführer befinden."

Sie sind stets einzelvertretungsberechtigt und von den Beschränkungen des § 181 BGB befreit.

III.
Wir bevollmächtigen die Notarangestellten _____ und _____, und zwar jede/n von ihnen einzeln und unter Befreiung von den Beschränkungen des § 181 BGB, in unserem Namen alle Erklärungen abzugeben und entgegenzunehmen, die zur Eintragung in das Handelsregister erforderlich sind, und hierbei auch nötigenfalls Änderungen des Gesellschaftsvertrages zu beschließen oder die Anmeldung zum Handelsregister zu ändern oder zu ergänzen. Die Vollmacht kann nur beim beurkundenden Notar oder seinem Amtsvertreter ausgeübt werden und erlischt mit vollzogener Eintragung der Gesellschaft im Handelsregister.

IV.
Der Notar wies darauf hin:
- dass die Gesellschaft erst mit der Eintragung in das Handelsregister entsteht und dass jeder, der vor dieser Eintragung im Namen der Gesellschaft handelt, sich der Gefahr einer persönlichen Haftung aussetzt,
- dass jeder Gesellschafter für die Erbringung von Einlagen auf Geschäftsanteile auch seiner Mitgesellschafter haftet, soweit diese die von ihnen übernommenen Verpflichtungen nicht erfüllen,
- dass mit Freiheitsstrafe bis zu drei Jahren oder mit Geldstrafe bestraft werden kann, wer als Gesellschafter oder als Geschäftsführer zum Zweck der Eintragung der Gesellschaft falsche Angaben macht (§ 82 GmbHG),
- dass Gesellschafter und Geschäftsführer der Gesellschaft als Gesamtschuldner fehlende Einzahlungen zu leisten, Vergütungen, die nicht unter den Gründungsaufwand aufgenommen sind, zu ersetzen und für den sonst entstehenden Schaden Ersatz zu leisten haben, wenn zur Errichtung der Gesellschaft falsche Angaben gemacht werden (§ 9a Abs. 1 GmbHG),
- dass alle Gesellschafter der Gesellschaft als Gesamtschuldner zum Ersatz verpflichtet sind, wenn die Gesellschaft von einem Gesellschafter durch Einlagen oder Gründungsaufwand schuldhaft geschädigt wird (§ 9a Abs. 2 GmbHG),
- dass die Gesellschafter der Gesellschaft gesamtschuldnerisch für Differenzen zwischen Stammkapital und Wert des Gesellschaftsvermögens haften, soweit das eingezahlte Stammkapital entgegen der Versicherung des Geschäftsführers bei Eintragung der Gesellschaft nicht mehr vollständig vorhanden ist; dieser Fall kann insbesondere dadurch eintreten, dass sich durch Verbindlichkeiten der Vorgesellschaft im Zeitpunkt der Eintragung eine Differenz zwischen dem Stammkapital und dem Wert des vorhandenen Gesellschaftsvermögens ergibt,
- dass bei der Gründung einer Gesellschaft mit beschränkter Haftung steuerliche Gesichtspunkte von Belang sein können, hinsichtlich deren Bedeutung und Folgen der Notar keine Belehrung erteilt hat,
- dass die Einbringung von Grundstücken der Grunderwerbsteuer unterliegt,
- dass jeder Gesellschafter für die Vollwertigkeit der Sacheinlagen zum Zeitpunkt der Eintragung der Gesellschaft in das Handelsregister haftet,

(ggf. zusätzlich:
- dass der Gegenstand des Unternehmens gem. § _____ der staatlichen Genehmigung bedarf).

M 31 b) Muster: Einfacher Gesellschaftsvertrag

154
Gesellschaftsvertrag der _____ GmbH

§ 1 Firma
Die Gesellschaft ist eine Gesellschaft mit beschränkter Haftung unter der Firma _____ GmbH.

§ 2 Sitz
Sitz der Gesellschaft ist _____ (Ort).

§ 3 Gegenstand
Gegenstand des Unternehmens ist _____.

§ 4 Geschäftsjahr
Das Geschäftsjahr der Gesellschaft ist das Kalenderjahr. Das erste Geschäftsjahr ist ein Rumpfgeschäftsjahr; es beginnt mit der Eintragung der Gesellschaft ins Handelsregister und endet am Kalenderjahresende.

§ 5 Stammkapital
(1) Die Gesellschaft hat ein Stammkapital von _____.
(2) Auf das Stammkapital übernehmen:
    a) Herr _____ einen Geschäftsanteil von _____ EUR;
    b) Herr _____ einen Geschäftsanteil von _____ EUR.

§ 6 Erbringung der Stammeinlagen
(1) Die Einlagen auf den von Herrn _____ übernommenen Geschäftsanteil in Höhe von _____ EUR sind in Geld zu erbringen.
(2) Die Einlagen auf den von Herrn _____ übernommenen Geschäftsanteil sind in voller Höhe durch Einbringung des in seinem Eigentum stehenden im Grundbuch von _____ (Ort) für _____ (Gemarkung) Blatt _____ eingetragenen Grundstücks zu erbringen. Das Grundstück ist an die Gesellschaft zu übereignen. Der Wert des Grundstücks wird auf _____ EUR festgesetzt. Die Gesellschaft ist nicht verpflichtet, den die Stammeinlagen übersteigenden Wert der Einlagen an den Einleger zu vergüten. (alt: der überschießende Wert von _____ EUR wird für den Gesellschafter als Darlehen verbucht. weiter alt: in die Kapitalrücklage eingestellt.)

§ 7 Vertretung
(1) Die Gesellschaft hat einen oder mehrere Geschäftsführer. Ist nur ein Geschäftsführer bestellt, so vertritt dieser die Gesellschaft allein. Sind mehrere Geschäftsführer bestellt, so wird die Gesellschaft durch zwei Geschäftsführer gemeinsam oder durch einen Geschäftsführer gemeinsam mit einem Prokuristen vertreten.
(2) Auch bei Vorhandensein mehrerer Geschäftsführer kann einzelnen oder allen von ihnen Einzelvertretungsbefugnis erteilt werden. Geschäftsführer können durch Gesellschafterbeschluss von den Beschränkungen des § 181 BGB befreit werden. Vorstehende Regelung gilt für Liquidatoren entsprechend.

§ 8 Befreiung vom Wettbewerbsverbot
Jeder Gesellschafter und jeder Geschäftsführer kann durch Gesellschafterbeschluss ganz oder teilweise vom Wettbewerbsverbot befreit werden.

§ 9 Gründungsaufwand
Gründungskosten sind bis zu einer Höhe von _____ EUR von der Gesellschaft zu tragen.

c) Muster: Sachgründungsbericht

M 32

155

Wir, die Gesellschafter der _____ GmbH erstatten folgenden Sachgründungsbericht:
Herr _____ leistet die Einlagen auf den von ihm übernommenen Geschäftsanteil von _____ in Höhe von _____ durch Einbringung des in seinem Eigentum stehenden im Grundbuch von _____ (Ort) für _____ (Gemarkung) Blatt _____ eingetragenen Grundstücks.
_____ (wesentliche Merkmale des Grundstücks wie Lage, Größe, Bebauung, Nutzungsmöglichkeit des Grundstücks und evtl. der aufstehenden Gebäude, etc.)
Nach dem Schätzgutachten von _____ (Name) beträgt der Verkehrswert des Grundstücks _____ EUR.
Der Einleger hat das Grundstück gemäß notariellem Vertrag vom _____ (Datum) an die Gesellschaft aufgelassen.

d) Muster: Handelsregisteranmeldung einer Sachgründung

M 33

156

An das
Amtsgericht _____
– Handelsregister –
Neue Handelsregistersache
_____ GmbH
Als Geschäftsführer der neu gegründeten _____ GmbH überreichen wir:
1. die Ausfertigung der notariellen Niederschrift vom _____ – URNr. _____/_____ des Notars _____ mit dem Amtssitz in _____ (Ort) – über die Errichtung der _____ GmbH mit der Bestellung der Geschäftsführer und den als Anlage beigefügten Gesellschaftsvertrag,
2. eine von uns unterzeichnete Gesellschafterliste,[96]
3. den Sachgründungsbericht,
4. die Verträge, die den Festsetzungen der Sacheinlagen zugrunde liegen und zu ihrer Ausführung geschlossen sind,
5. Unterlagen darüber, dass der Wert der Sacheinlagen den Betrag der dafür übernommenen Stammeinlage erreicht,

Wir melden die Gesellschaft und uns als deren Geschäftsführer zur Eintragung in das Handelsregister an:
_____ (Name),
geb. am _____ (Datum),
wohnhaft _____ (Ort);
_____ (Name),
geb. am _____ (Datum),
wohnhaft _____ (Ort).
Die Gesellschaft hat einen oder mehrere Geschäftsführer. Ist nur ein Geschäftsführer bestellt, so vertritt dieser die Gesellschaft allein. Sind mehrere Geschäftsführer bestellt, so wird die Gesellschaft durch zwei Geschäftsführer gemeinsam oder durch einen Geschäftsführer gemeinsam mit einem Prokuristen vertreten.
Die Geschäftsführer _____ und _____ haben jeweils Einzelvertretungsbefugnis und sind von den Beschränkungen des § 181 BGB befreit.[97]
Wir, die Geschäftsführer _____ und _____, versichern – jeder für sich:
– dass auf den Geschäftsanteil Nr. 1 eine Bareinlage in Höhe von _____ auf ein Konto der Gesellschaft einbezahlt wurde und die Sacheinlagen auf die Gesellschaft übertragen worden sind und

---

[96] Muster Gesellschafterliste: siehe Rn 149.
[97] Falls (unechte) Gesamtvertretungsbefugnis besteht: „Die Geschäftsführer _____ und _____ vertreten die Gesellschaft satzungsgemäß".

dass sich der Gegenstand vorbezeichneter Leistung endgültig zu unserer freien Verfügung als Geschäftsführer befindet und nicht durch Verbindlichkeiten mit Ausnahme des Gründungsaufwands in § 16 der Satzung gemindert ist,[98]
- dass wir
  1. weder wegen einer oder mehrerer vorsätzlich begangener Straftaten
     a) nach den § 263 StGB (Betrug), § 263a StGB (Computerbetrug), § 264 StGB (Subventionsbetrug), § 264a StGB (Kapitalanlagebetrug), § 265b StGB (Kreditbetrug), § 266 StGB (Untreue) oder § 266a StGB (Vorenthalten und Veruntreuen von Arbeitsentgelt) zu einer Freiheitsstrafe von mindestens einem Jahr,
     b) des Unterlassens der Stellung des Antrags auf Eröffnung des Insolvenzverfahrens (Insolvenzverschleppung, § 15a Abs. 4 InsO),
     c) nach den §§ 283 bis 283d des StGB (Insolvenzstraftaten),
     d) der falschen Angaben nach § 82 des GmbH-Gesetzes oder § 399 des AktG,
     e) der unrichtigen Darstellung nach § 400 AktG, § 331 HGB, § 313 UmwG oder § 17 PublG,
     f) oder im Ausland wegen einer mit den genannten Taten vergleichbaren Straftat
     verurteilt worden sind;
  2. uns nicht aufgrund eines gerichtlichen Urteils oder einer vollziehbaren Entscheidung einer Verwaltungsbehörde die Ausübung eines Berufs, eines Berufszweigs, eines Gewerbes oder eines Gewerbezweiges untersagt ist.
  3. wir vom beglaubigenden Notar über unsere unbeschränkte Auskunftspflicht gegenüber dem Registergericht belehrt worden sind, ebenso darüber, dass falsche Versicherungen strafbar sind.

Der Gegenstand des Unternehmens bedarf nicht der staatlichen Genehmigung.
Die Geschäftsräume der Gesellschaft befinden sich in _____ (Adresse); dies ist auch die inländische Geschäftsanschrift gemäß § 8 Abs. 4 Nr. 1 GmbHG.
_____ (Ort, Datum)
_____ (Unterschrift der Geschäftsführer)
(Notarielle Unterschriftsbeglaubigung)

B. Gründung einer Unternehmergesellschaft

I. Einführung

157 § 5a GmbHG sieht nunmehr die Möglichkeit vor, eine Unternehmergesellschaft (haftungsbeschränkt) als Spielart der GmbH zu gründen. Der Gesetzgeber des MoMiG sah sich zur Zulassung einer „Mini-GmbH" durch die Konkurrenz der ausländischen Gesellschaftsformen zur klassischen GmbH insbesondere in Form der englischen Limited veranlasst. Die Unternehmergesellschaft (haftungsbeschränkt) ist eine Gesellschaft mit beschränkter Haftung, auf die grundsätzlich die Regelungen für die GmbH anzuwenden sind, sofern nicht Sonderregeln gelten. Eine Besonderheit ist, dass die Regeln über das Mindeststammkapital von 25.000 EUR nicht gelten, die Gesellschaft somit mit einem Kapital von mindestens 1 EUR gegründet werden kann. Die Firma der Gesellschaft muss den Rechtsformzusatz „Unternehmergesellschaft (haftungsbeschränkt)" oder „UG (haftungsbeschränkt)" führen. Da angesichts der Möglichkeit, die Gesellschaft mit einem geringen Eigenkapital auszustatten, die Gefahr einer Überschuldung steigt, hat der Gesetzgeber den Geschäftsführer verpflichtet, bei drohender Zahlungsunfähigkeit unverzüglich eine Gesellschafter-

---

[98] Falls die Geschäftsanteile nur teilweise einbezahlt sind, lautet die Formulierung: „_____ dass die übernommenen Sacheinlagen von _____ EUR und _____ EUR in Höhe von _____ EUR und _____ EUR eingezahlt sind und sich die eingezahlten Beträge endgültig zur freien Verfügung der Geschäftsführer befinden."

versammlung einzuberufen, § 5a Abs. 4 GmbHG. Der UG (haftungsbeschränkt) ist weiterhin eine Pflicht zur Rücklagenbildung auferlegt, um ihre Kapitalbasis aus eigener Kraft zu stärken. Gemäß § 5a Abs. 3 GmbHG hat die Gesellschaft jährlich ein Viertel ihres Jahresüberschusses gekürzt um einen etwaigen Verlustvortrag aus dem Vorjahr in eine gesetzliche Rücklage einzustellen. Diese Rücklage unterliegt wiederum strengen Verwendungsschranken aus § 5a Abs. 3 GmbHG. Die Verpflichtung zur Bildung der Rücklage ist zeitlich und betragsmäßig unbegrenzt. Sie entfällt erst, wenn die Gesellschaft ihr Kapital auf mindestens 25.000 EUR erhöht. Das Stammkapital der UG (haftungsbeschränkt) muss der Gesellschaft vor der Anmeldung in voller Höhe und in bar zur Verfügung gestellt werden. Weder eine Teileinzahlung noch Sacheinlagen sind zulässig.

II. Gründung im vereinfachten Verfahren

Die UG (haftungsbeschränkt) kann wie die GmbH mit einer individuellen Satzung oder mit einem vom Gesetzgeber zur Verfügung gestellten Musterprotokoll gegründet werden. Die Gründung im vereinfachten Verfahren mittels Musterprotokoll kommt in Frage, wenn die Gesellschaft bei ihrer Errichtung höchstens drei Gesellschafter und einen Geschäftsführer hat, wobei jeder Gesellschafter nur einen Geschäftsanteil übernehmen kann. Die Verwendung des Musterprotokolls wird aufgrund des Kostenvorteils durch die Einführung des § 41d KostO bei der notariellen Beurkundung vor allem für Unternehmergesellschaften (haftungsbeschränkt) zum Tragen kommen. Da im Musterprotokoll keine vom Gesetz abweichenden Bestimmungen getroffen werden können, wird sich deren Verwendung aber hauptsächlich bei der Einpersonengesellschaft empfehlen, da in der Mehrpersonengesellschaft häufig vom Gesetz abweichende Regelungen gewünscht sind, z. B. hinsichtlich der Abtretbarkeit von Geschäftsanteilen, Vererblichkeit oder Abfindungsregeln. Bei Gründung im vereinfachten Verfahren ist eines der beiden im Anhang zu § 2 Abs. 1a GmbHG festgesetzten Musterprotokolle zu verwenden.

1. Muster: Musterprotokoll zur Gründung einer Einpersonengesellschaft M 34

(Notarielle Urkundsformalien)

Herr/Frau _____ (Name, Geburtsdatum, Wohnadresse)
Die Erschienenen erklärten:
Auf Antrag beurkunde ich was folgt:
1. Der/Die Erschienene errichtet hiermit nach § 2 Abs. 1a GmbHG eine Unternehmergesellschaft (haftungsbeschränkt) unter der Firma _____ UG (haftungsbeschränkt) mit dem Sitz _____.
2. Gegenstand des Unternehmens ist _____
3. Das Stammkapital der Gesellschaft beträgt EUR _____ (i.W.: Euro _____) und wird vollständig von _____ (Geschäftsanteil Nr. 1) übernommen. Die Einlage ist in Geld zu erbringen, und zwar sofort in voller Höhe.
4. Zum Geschäftsführer der Gesellschaft wird _____ bestellt. Der Geschäftsführer ist von den Beschränkungen des § 181 BGB befreit.
5. Die Gesellschaft trägt die mit der Gründung verbundenen Kosten bis zu einem Gesamtbetrag von 300 EUR, höchstens jedoch bis zum Betrag ihres Stammkapitals. Darüber hinausgehende Kosten trägt der Gesellschafter.
6. Von dieser Urkunde erhalten beglaubigte Abschriften der Gesellschafter, die Gesellschaft und das Registergericht (in elektronischer Form) sowie eine einfache Abschrift das Finanzamt – Körperschaftsteuerstelle –.
7. Der/Die Erschienene wurde von dem Notar insbesondere auf folgendes hingewiesen:

a) Keine Sacheinlagen
Bei einer Unternehmergesellschaft (haftungsbeschränkt) sind Sacheinlagen gesetzlich ausgeschlossen. Eine Bareinlageverpflichtung kann auch nicht durch eine verdeckte Sacheinlage erfüllt werden. Eine solche liegt vor, wenn zwar formal eine Bareinlage vereinbart und geleistet wird, die Gesellschaft bei wirtschaftlicher Betrachtung aber gleichwohl eine Sache erhält;

b) Verbot von Voreinzahlungen
Zahlungen auf Bareinlagen, die vor dem heutigen Tag der Beurkundung des Gesellschaftsvertrages erfolgt sind, haben grundsätzlich keine Erfüllungswirkung.

c) Kapitalaufbringung
Die vereinbarten Stammeinlagen müssen sich bei Anmeldung der Gesellschaft endgültig in der freien und uneingeschränkten Verfügung der Geschäftsführer der Gesellschaft befinden und dürfen – mit Ausnahme der in der Satzung ausdrücklich übernommenen Gründungskosten – nicht durch Verbindlichkeiten vorbelastet sein.

d) Gesetzliche Rücklage
In der Bilanz der Unternehmergesellschaft (haftungsbeschränkt) ist jedes Jahr zwingend eine gesetzliche Rücklage zu bilden, in die ein Viertel des (um einen Verlustvortrag geminderten) Jahresüberschusses einzustellen ist. Die Rücklage ist zweckgebunden und darf nur für eine Kapitalerhöhung aus Gesellschaftsmitteln, zum Ausgleich eines Jahresfehlbetrags (soweit er nicht durch einen Gewinnvortrag aus dem Vorjahr gedeckt ist) oder um Ausgleich eines Verlustvortrags aus dem Vorjahr (soweit er nicht durch einen Jahresüberschuss gedeckt ist) verwendet werden. Die Verpflichtung zur Bildung der Rücklage ist weder zeitlich noch der Höhe nach beschränkt. Ein Verstoß gegen die Verpflichtung zur Bildung der gesetzlichen Rücklage führt dazu, dass die Feststellung des Jahresabschlusses und der Beschluss über die Gewinnverwendung nichtig sind. Gleichwohl ausgeschüttete Gewinne sind von den Gesellschaftern an die Gesellschaft zurückzubezahlen. Die Geschäftsführer haften für einen etwaigen Schaden unter Umständen persönlich.

e) Gesellschafterliste
Die Geschäftsführer haben unverzüglich nach Wirksamwerden jeder Veränderung in den Personen der Gesellschafter oder des Umfangs ihrer Beteiligung eine von ihnen unterschriebene Liste der Gesellschafter zum Handelsregister einzureichen.

f) Warnhinweise
Häufig versuchen nach Veröffentlichung der Handelsregistereintragung private „Wirtschaftsverlage" mit amtlich aussehenden Rechnungen Kosten für die Eintragung in ein privates Register zu erlangen. Die Rechnung für die Eintragung ins Handelsregister erhält die Gesellschaft ausschließlich von der Landesjustizkasse.

M 35 2. Anmeldung zum Handelsregister

160 An das Amtsgericht _____
Handelsregister

Neue Handelsregistersache
_____ *UG (haftungsbeschränkt)*

I. Gründung einer Unternehmergesellschaft (haftungsbeschränkt)
Der Geschäftsführer meldet die Gründung einer Unternehmergesellschaft (haftungsbeschränkt) unter der Firma _____ UG (haftungsbeschränkt) mit Sitz in _____ zur Ersteintragung in das Handelsregister an.

II. Geschäftsführer und Vertretungsbefugnis
1. Vertretungsbefugnis
Die Gesellschaft hat einen oder mehrere Geschäftsführer. Ist nur ein Geschäftsführer bestellt, so vertritt dieser die Gesellschaft allein. Sind mehrere Geschäftsführer bestellt, so wird die Gesellschaft durch die Geschäftsführer gemeinschaftlich vertreten.

2. Geschäftsführer der Gesellschaft
Zum Geschäftsführer wurde bestellt: _____
Der Geschäftsfüher _____ ist von den Beschränkungen des § 181 BGB befreit.

3. Versicherung des Geschäftsführers
Der Geschäftsführer _____ versichert, dass
1. er weder wegen einer oder mehrerer vorsätzlich begangener Straftaten
    a) nach den § 263 StGB (Betrug), § 263a StGB (Computerbetrug), § 264 StGB (Subventionsbetrug), § 264a StGB (Kapitalanlagebetrug), § 265b StGB (Kreditbetrug), § 266 StGB (Untreue) oder § 266a StGB (Vorenthalten und Veruntreuen von Arbeitsentgelt) zu einer Freiheitsstrafe von mindestens einem Jahr,
    b) des Unterlassens der Stellung des Antrags auf Eröffnung des Insolvenzverfahrens (Insolvenzverschleppung, § 15a Abs. 4 InsO),
    c) nach den §§ 283 bis 283d des StGB (Insolvenzstraftaten),
    d) der falschen Angaben nach § 82 des GmbH-Gesetzes oder § 399 des AktG,
    e) der unrichtigen Darstellung nach § 400 AktG, § 331 HGB, § 313 UmwG oder § 17 PublG,
    f) oder im Ausland wegen einer mit den genannten Taten vergleichbaren Straftat
verurteilt worden ist;
2. ihm nicht aufgrund eines gerichtlichen Urteils oder einer vollziehbaren Entscheidung einer Verwaltungsbehörde die Ausübung eines Berufs, eines Berufszweigs, eines Gewerbes oder eines Gewerbezweiges untersagt ist.

Der Geschäftsführer _____ versichert weiter, dass er vom beglaubigenden Notar über seine unbeschränkte Auskunftspflicht gegenüber dem Registergericht belehrt worden ist, ebenso darüber, dass falsche Versicherungen strafbar sind.

III. Kapitalaufbringung
Der Geschäftsführer versichert was folgt:
Auf den von dem Gesellschafter _____ übernommenen Geschäftsanteil mit der Nummer 1 in Höhe von EUR _____ ist der volle Betrag in Höhe von EUR _____ durch Bareinlage geleistet worden, der sich endgültig in der freien Verfügung der Geschäftsführung befindet.
Das Anfangskapital der Gesellschaft ist – mit Ausnahme des nach der Satzung von der Gesellschaft zu tragenden Gründungsaufwands – nicht vorbelastet.

IV. Inländische Geschäftsanschrift der Gesellschaft
Die Geschäftsräume der Gesellschaft befinden sich in _____; dies ist auch die inländische Geschäftsanschrift i.S.v. § 10 Abs. 1 S. 1 GmbHG.

V. Anlagen
Als Anlagen sind dieser Handelsregisteranmeldung beigefügt:
- beglaubigte Abschrift des Musterprotokolls über die Gründung der Gesellschaft,
dass auch als Gesellschafterliste gilt,
- Nachweise über die Einzahlung der Bareinlage.

VI. Vollmacht
Der Geschäftsführer _____ bevollmächtigt hiermit den amtierenden Notar, unter Befreiung von den Beschränkungen des § 181 BGB sämtliche zum Vollzug der heutigen Urkunde notwendigen oder zweckdienlichen Erklärungen abzugeben und entgegenzunehmen.
Die Vollmacht berechtigt insbesondere auch dazu, Handelsregisteranmeldungen beliebigen Inhalts vorzunehmen. Die Vollmacht erlischt mit der Eintragung der Gesellschaft im Handelsregister.

VII. Kosten und Abschriften
1. Kosten
Die Kosten dieser Urkunde trägt die Gesellschaft.

2. Abschriften
Von dieser Urkunde erhalten jeweils eine Abschrift:
- der Gesellschafter,
- die Gesellschaft,
- der Steuerberater der Gesellschaft (z. H. der Gesellschaft),
- das Amtsgericht _____ (Registergericht).

Das Original der Handelsregisteranmeldung ist in der Urkundensammlung des amtierenden Notars zu verwahren. Um Vollzugsmitteilung an den beglaubigenden Notar wird gebeten.
Der Gesellschaft ist nach Eintragung ein vollständiger und beglaubigter Handelsregisterauszug auf deren Kosten zu übersenden.
_____ (Ort, Datum)
_____ (Unterschrift des Geschäftsführers)
(Notarielle Unterschriftsbeglaubigung)

C. Der Anstellungsvertrag des Geschäftsführers

I. Rechtliche Doppelstellung des Geschäftsführers

161 Die rechtliche Stellung des GmbH-Geschäftsführers ist durch seine **Doppelrolle** als Organ der Gesellschaft und als ihr Dienstnehmer gekennzeichnet.[99] Die Organstellung ist vom Anstellungsvertrag grundsätzlich unabhängig. Dies bedeutet, dass in der Bestellung zum Geschäftsführer nicht der Abschluss eines Anstellungsvertrages, im Widerruf der Bestellung nicht die Kündigung des Dienstverhältnisses gesehen werden kann.

1. Geschäftsführer als Organ der GmbH

162 Der Geschäftsführer ist – neben der Gesellschafterversammlung – zwingendes Organ der GmbH. (Zu den persönlichen Voraussetzungen des Geschäftsführers vgl. Rn 15; zu Ausländern als Geschäftsführer vgl. Rn 16). Die **Organstellung** erhält er durch den gesellschaftsrechtlichen Orga-

---

[99] Weiterführend *Goette*, DStR 1998, 938.

nisationsakt der Bestellung, § 46 Nr. 5 GmbHG. Die Bestellung liegt mangels abweichender Kompetenzzuweisung in der Satzung in der Zuständigkeit der Gesellschafterversammlung.[100] Den Geschäftsführern obliegt die gesetzliche **Vertretung** der Gesellschaft nach außen, § 35 GmbHG. (Vgl. ausführlich zur Vertretungsbefugnis und zum Verbot des Selbstkontrahierens Rn 21).

Die Bestellung ist gem. § 38 Abs. 1 GmbHG jederzeit frei **widerruflich**. Im Gesellschaftsvertrag kann die Zulässigkeit des Widerrufs auf den Fall des **wichtigen Grundes** beschränkt werden, § 38 Abs. 2 GmbHG (vgl. Rn 69). Der Geschäftsführer muss bei einer **Amtsniederlegung** nach Auffassung der Rechtsprechung die Belange der Gesellschaft angemessen berücksichtigen.[101] Auch die missbräuchliche, zur Unzeit ausgesprochene Amtsniederlegung ist sofort wirksam, zieht aber möglicherweise Schadenersatzansprüche aus der Verletzung des Anstellungsvertrags nach sich.[102] Die Satzung kann die Niederlegung körperschaftsrechtlich einschränken.[103]

Sowohl die Bestellung als auch die Abberufung oder Amtsniederlegung des Geschäftsführers bedürfen gem. §§ 10, 39 GmbHG der **Eintragung in das Handelsregister**. Die Eintragung ist deklaratorisch, also keine Voraussetzung für die Wirksamkeit der Bestellung bzw. der Abberufung. **163**

2. Geschäftsführer als Dienstnehmer der GmbH

Neben der organschaftlichen Stellung liegt dem Rechtsverhältnis zwischen der GmbH und dem Geschäftsführer in der Regel ein entgeltlicher **Dienstvertrag**, der eine Geschäftsbesorgung (§§ 611, 675 BGB) zum Gegenstand hat, zugrunde.[104] Dies gilt auch für den Gesellschafter-Geschäftsführer. **164**

Im Anstellungsvertrag, der nicht Grundlage für Organpflichten sein kann, ist insbesondere zu regeln,
– welche **Aufgaben und Pflichten** der Geschäftsführer hat,
– welche **Bezüge** ihm dafür zustehen,
– in welchem Umfang er Anspruch auf Leistungen im **Krankheitsfall** sowie auf **Urlaub** hat,
– ob er während und nach der Vertragslaufzeit einem **Wettbewerbsverbot** unterliegen soll,
– auf welche Weise eine etwaige **Beendigung** des Anstellungsvertrages erfolgen soll.

II. Rechtliche Grundlagen

1. Rechtliche Einordnung der Geschäftsführerposition
a) Arbeitsrecht

Der Geschäftsführer ist Dienstnehmer, aber **kein abhängiger Arbeitnehmer**, da er als Organ der Gesellschaft eine arbeitgeberähnliche Stellung innehat. Dies gilt grundsätzlich unabhängig von der Beteiligungsquote am Gesellschaftsvermögen.[105] Das bedeutet, dass zahlreiche **Schutzgesetze** auf ihn **nicht** anwendbar sind. Geschäftsführer können sich auf den Kündigungsschutz des Kündigungsschutzgesetzes ebenso wenig berufen wie auf den des Mutterschutzgesetzes, des Bundeserziehungsgeldgesetzes oder des Schwerbehindertengesetzes. Geschäftsführer unterste- **165**

---
100 Anders für GmbH im Anwendungsbereich des MitbestG; dort ist der Aufsichtsrat Bestellungsorgan.
101 BayObLG DB 1981, 2219; GmbHR 1999, 980; OLG Düsseldorf GmbHR 2001, 144.
102 Eine wirtschaftliche Krise der Gesellschaft berechtigt den Geschäftsführer nicht ohne weiteres zur Amtsniederlegung; vgl. *Trölitzsch*, GmbHR 1995, 857.
103 Zu den formellen Voraussetzungen der Amtsniederlegung ausführlich *Lohr*, RNotZ 2002, 164.
104 Zum Verhältnis Satzung – Anstellungsvertrag vgl. Rn 65.
105 Baumbach/Hueck/*Zöllner/Noack*, § 35 Rn 172; Scholz/*U. Schneider*, § 35 Rn 159 ff. m.w.N.

hen nicht dem Betriebsverfassungsrecht und können sich nicht auf die arbeitsrechtlichen Grundsätze betrieblicher Übung bzw. der Gleichbehandlung (mit Arbeitnehmern oder anderen Geschäftsführern) berufen. Auch das Entgeltfortzahlungsgesetz und das Bundesurlaubsgesetz finden keine Anwendung, weshalb es sich empfiehlt, hierzu klare Regelungen schriftlich zu fixieren – unabhängig davon, dass ein Mindesturlaub nach den Grundsätzen von Treu und Glauben zu gewähren sein und eine Pflicht zur Lohnfortzahlung für das Geschäftsführer-Anstellungsverhältnis aus § 616 BGB herzuleiten sein dürfte. Üblich dürfte die Vereinbarung von fünf bis sechs Wochen Jahresurlaub sowie eine Entgeltfortzahlung im Krankheitsfall für zumindest drei, häufig auch sechs Monate sein.

166 Da ein Arbeitsverhältnis im zivilrechtlichen Sinne nicht vorliegt, ist bei Rechtsstreitigkeiten der Weg zu den **ordentlichen Zivilgerichten** zu wählen; zuständig sind gem. § 95 Abs. 1 Nr. 4a GVG die Kammern für Handelssachen. Anders liegen die Dinge dann, wenn der Geschäftsführer vor seiner Berufung (gewöhnlicher) Arbeitnehmer der Gesellschaft war **und** die Parteien vereinbart haben, dass sein Arbeitsvertrag neben dem neuen Geschäftsführer-Anstellungsvertrag ruhend fortbestehen soll.[106] In diesem Fall lebt das Arbeitsverhältnis mit der Beendigung des Geschäftsführervertrages wieder auf; bestreitet der Dienstberechtigte dieses Wiederaufleben, kann der Dienstverpflichtete das Arbeitsgericht anrufen. Streitgegenstand ist aber nicht der Geschäftsführer-Anstellungsvertrag, sondern der Arbeitsvertrag.

b) Steuerrecht

167 Ertragsteuerrechtlich übt der Geschäftsführer – unabhängig davon, ob und in welcher Höhe er an der Gesellschaft beteiligt ist – eine **nichtselbständige Tätigkeit** nach § 19 EStG aus. Der Geschäftsführer kann regelmäßig nicht als Mitunternehmer angesehen werden. Dies gilt auch für die Fälle der **Betriebsaufspaltung**, bei der der Gesellschafter-Geschäftsführer der Betriebs-GmbH am Besitzunternehmen beteiligt ist.[107] Lediglich in besonders gelagerten Ausnahmefällen, in denen er in völliger Weisungsfreiheit Tätigkeiten ausübt, die nicht das typische Aufgabenfeld eines Geschäftsführers abdecken, kann ihm die steuerliche Eigenschaft als Nichtselbständiger abgesprochen werden.[108] Die Zuordnung als abhängig Beschäftigter gilt auch für das **Umsatzsteuerrecht** – der Geschäftsführer erhebt auf seine Bezüge keine Umsatzsteuer – und die **Gewerbesteuer**.

168 Der wirtschaftlich bedeutsamste Effekt der steuerlichen Nichtselbständigkeit des Geschäftsführers besteht darin, dass seine Bezüge den Gewinn der Gesellschaft schmälern, so dass die **Bemessungsgrundlage der Gewerbesteuer** entsprechend geringer wird, während der Geschäftsführer dieser Steuerart nicht unterfällt. Gerade auch unter diesem Gesichtspunkt überprüft die Finanzverwaltung die Angemessenheit der Tätigkeitsvergütung des Geschäftsführers sehr gründlich. Überhöhte Gehaltszahlungen an die Geschäftsführer werden steuerlich als **verdeckte Gewinnausschüttung** qualifiziert, die dem Gewinn der Gesellschaft hinzurechnet werden.

---

[106] Regeln die Parteien das Schicksal des Arbeitsvertrags nicht, so geht das BAG davon aus, dass das Arbeitsverhältnis im Zweifel aufgehoben werden soll, vgl. BAG NJW 1996, 614; NJW 1997, 1722; hierzu kritisch im Hinblick auf § 623 BGB *Haase*, NZG 2004, 279.
[107] BGH BStBl II 1970, 722.
[108] Ist der Gesellschafter-Geschäftsführer aber aus anderen Gründen Mitunternehmer – z.B. aufgrund einer atypisch stillen Beteiligung an der GmbH –, so sind seine Tätigkeitsvergütungen den Gewinnanteilen unter Verlust der GewSt.-Anrechnung hinzuzurechnen.

c) Sozialversicherungsrecht

169 Im Sozialversicherungsrecht schließlich gelten wiederum andere Maßstäbe. Während – vereinfacht – der Geschäftsführer im Arbeitsrecht nahezu nie, im Steuerrecht dagegen nahezu immer als Arbeitnehmer anzusehen ist, kann er sowohl sozialversicherungspflichtig als auch als sozialversicherungsfrei sein.

170 **Sozialversicherungspflichtig** sind diejenigen Geschäftsführer, die ihre Tätigkeit in **persönlicher Abhängigkeit** erbringen. Ob persönliche Abhängigkeit vorliegt, beurteilt sich im Wesentlichen danach, ob der Geschäftsführer einen maßgebenden Einfluss auf die Gesellschaft auszuüben vermag. Dabei kann neben dem Stimmverhältnis von Bedeutung sein, wie der Anstellungsvertrag ausgestaltet ist, inwieweit der Geschäftsführer in der Ausübung seiner Tätigkeit eingrenzenden Regelungen unterliegt oder **Freiräume** genießt. In die Gesamtbetrachtung sind die Festlegung von Arbeitszeit, Arbeitsort und Arbeitsumständen ebenso einzustellen wie der Umfang zustimmungspflichtiger Geschäfte.

171 Der **Fremdgeschäftsführer** ist in der Regel **sozialversicherungspflichtig**, da er als Gesellschaftsfremder auf die Beschlüsse der Gesellschafterversammlung nicht Einfluss nehmen kann. Selbst eine rechtlich und tatsächlich „freie" Ausgestaltung des Anstellungsverhältnisses kann dies normalerweise nicht kompensieren.[109] Anders mag es in Sonderfällen liegen, etwa wenn der Betreffende über anteilsbesitzende Familienangehörige, die sich seinen Weisungen unterordnen, die Geschicke der Gesellschaft steuern kann.

172 Die **Gesellschafter-Geschäftsführer** mit einer Kapitalbeteiligung von mindestens 50% sind grundsätzlich **nicht sozialversicherungspflichtig**.[110] Auch hier mögen Sonderfälle auftreten, die zur Bejahung der Sozialversicherungspflicht führen, so z.B., wenn der Mehrheitsgesellschafter aufgrund atypischer Gestaltung des Gesellschaftsvertrages keinen bestimmenden Einfluss auf die Geschicke der Gesellschaft nehmen kann und auch sein (von ihm nicht abänderbarer) Geschäftsführer-Anstellungsvertrag ihm keine Gestaltungsmacht gibt.

173 Am schwierigsten sozialrechtlich zu beurteilen sind **Minderheitsgesellschafter-Geschäftsführer**. Hierbei ist in erster Linie zu betrachten, in welcher Höhe eine Beteiligung besteht und wie die damit zusammenhängenden Rechte ausgestaltet sind. Je höher die Beteiligung und je ausgeprägter die damit verbundenen Rechte sind, desto mehr spricht für die Einordnung als selbständige Tätigkeit. So ist eine Bruchteilsbeteiligung von wenigen Prozent für sich nicht geeignet, eine Befreiung von der Sozialversicherungspflicht herbeizuführen. Eine Minderheitsbeteiligung, die als allgemeine **Sperrminorität** ausgestaltet ist, führt dagegen in aller Regel zur Annahme einer selbstbestimmten und damit sozialversicherungsfreien Tätigkeit.[111]

Vermittelt die Kapitalbeteiligung **keinen maßgeblichen Einfluss**, wird auf zweiter Stufe die **Ausgestaltung des Anstellungsvertrages** relevant. Kann der Minderheitsgesellschafter-Geschäftsführer seine Tätigkeit frei ausüben, ist er also nur in geringem Maße an Zustimmungserfordernisse der Gesellschafterversammlung gebunden, vermag er seine Arbeitszeit frei einzuteilen und prägt er durch seine unternehmerischen Entscheidungen die Geschicke der Gesellschaft wesentlich mit, so führt dies – in Gesamtbetrachtung mit seiner Kapitalbeteiligung – zur Verneinung der Arbeitnehmereigenschaft im sozialversicherungsrechtlichen Sinn.

174 Über die Frage, ob Sozialversicherungspflicht besteht, entscheidet die **Einzugsstelle aller Sozialversicherungsträger** (die jeweilige Krankenkasse) durch – vor den Sozialgerichten über-

---

109 BSG GmbHR 2002, 324.
110 Das BSG hat in der Entscheidung v. 24.11.2005, GmbHR 2006, 367 eine Rentenversicherungspflicht eines Alleingesellschafter-Geschäftsführers einer GmbH gem. § 2 S. 1 Nr. 9 SGBVI angenommen. Der Gesetzgeber hat daraufhin klargestellt, dass bei Gesellschaften als Auftraggeber die Auftraggeber der Gesellschaft gelten, so dass der Geschäftsführer und Alleingesellschafter einer GmbH nicht als „arbeitnehmerähnlicher Selbständiger" im Sinne der vorgenannten Norm anzusehen ist. Vgl. *Ampenberger*, MittBayNot 2006, 347.
111 St. Rspr. des BSG, vgl. nur BSG GmbHR 1998, 1127.

prüfbaren – Verwaltungsakt. Eine erste Hilfestellung bei der Beurteilung der Frage der Sozialversicherungspflicht kann der zu diesem Fragenkreis ergangene Runderlass der BfA geben.[112] Bestehen Zweifel an der Sozialversicherungspflicht eines Geschäftsführers, sollte zur Vermeidung von Unsicherheiten eine Statusauskunft eingeholt werden, zu der der Sozialversicherungsträger gem. § 15 SBG I verpflichtet ist. Eine Auskunft kann auch von den Krankenkassen verlangt werden, da sie über Versicherungspflicht und Beitragshöhe in allen Bereichen der gesetzlichen Sozialversicherung entscheiden.[113]

2. Abschluss des Geschäftsführervertrags
a) Zuständigkeit, Verfahren

175 Bei Abschluss des Geschäftsführervertrages wird die Gesellschaft durch die **Gesellschafterversammlung** vertreten. Der als Geschäftsführer in Aussicht genommene Gesellschafter kann bei der Ausgestaltung seines Anstellungsvertrags in gleicher Weise wie bei seiner Bestellung mitwirken. Dies ergibt sich daraus, dass ansonsten seine Mitwirkung bei der Bestellung konterkariert werden könnte. Bei der **Einpersonen-GmbH** bedarf es zum Abschluss des Geschäftsführervertrags der Befreiung vom Verbot des Selbstkontrahierens.

b) Form

176 Der Vertrag ist grundsätzlich **nicht formbedürftig**. In der Praxis empfiehlt sich dennoch die schriftliche Niederlegung. Beim Fremdgeschäftsführer und beim (Mit-)Gesellschafter-Geschäftsführer dient die Schriftform der **Beweissicherung** und Vermeidung von Unklarheiten. Beim beherrschenden Gesellschafter verlangt der BFH für die steuerliche Anerkennung neben der Wirksamkeit die Nachweisbarkeit der Vereinbarung.[114] Bei der Einpersonen-GmbH wird durch §§ 35 Abs. 4 und 48 Abs. 3 GmbHG bereits zivilrechtlich bestimmt, dass Beschlüsse schriftlich niederzulegen sind. Zu einem **indirekten Formzwang** führen bei Handwerksbetrieben die Pflicht zur Prüfung der Meistereigenschaft einen Anstellungsvertrag bei der zuständigen Handwerkskammer vorzulegen sowie allgemein die Praxis der Sozialversicherungsbehörden die Versicherungspflicht mittels eines schriftlichen Anstellungsvertrags zu prüfen.[115]

3. Einzelne Gestaltungshinweise für den Geschäftsführervertrag
a) Aufgaben des Geschäftsführers

177 Sofern nicht bereits durch die Satzung oder eine Geschäftsordnung abschließend festgelegt, sollte der Anstellungsvertrag bestimmen, in welchem **Umfang** dem Geschäftsführer im Innenverhältnis zur Gesellschaft die Befugnis eingeräumt ist, den **Geschäftsbetrieb der Gesellschaft zu führen**. Es kann sich empfehlen, bestimmte Geschäfte aufzuzählen, deren Abschluss oder Durchführung dem Geschäftsführer verboten ist oder die an die Einholung der vorherigen Zustimmung durch die Gesellschafter geknüpft sind. Häufig wird vorgesehen, dass dem Geschäftsführer die Aufnahme von Krediten, die Belastung und Veräußerung von Grundstücken oder sonstigen Anlagegütern entweder gar nicht oder nur innerhalb bestimmter Wertgrenzen gestat-

---

[112] Nr. 43/87 v. 13.5.1987, aktualisiert durch Veröffentlichung einer Übersicht der Spitzenverbände der Sozialversicherungsträger, BB 2001, 728.
[113] Nach der Rechtsprechung des BSG (v. 6.2.1992, 7 Rar 134/90, Stbg 1992, 476) sind die Arbeitsgerichte an die Feststellung der Krankenkasse zur Sozialversicherungspflicht nicht gebunden. Über einen Antrag nach § 336 SGB III kann jedoch eine Bindung der Bundesagentur für Arbeit herbeigeführt werden.
[114] Schriftformklauseln in Anstellungsverträgen mit beherrschenden Gesellschafter-Geschäftsführern sollten aus steuerlichen Gründen vermieden werden, siehe BFH BStBl II 1997, 138.
[115] Näher *Spiegelberger*, MittBayNot 1991, 18.

tet ist. Sind die Befugnisse des Geschäftsführers auch anderenorts bereits thematisiert, so ist auf **Widerspruchsfreiheit** zu achten.

b) Bezüge

Regelmäßiger Bestandteil der Vergütung des Geschäftsführers ist ein **(Jahres-)Festgehalt**. Dazu können als weitere Gehaltsbestandteile gewinnabhängige Tantiemen,[116] eine betriebliche Altersversorgung, daneben die Bereithaltung eines Dienstfahrzeugs sowie weitere Sachleistungen treten. 178

Die Geschäftsführervergütung muss **klar** und deutlich **im Voraus** geregelt sein. Nicht nur mit Blick auf die steuerliche Anerkennungsfähigkeit sollten Rechengrößen, wie der Jahresüberschuss, genau definiert werden und der Rechenweg dargelegt werden. Die **rückwirkende** Erhöhung einer Geschäftsführervergütung für einen beherrschenden Gesellschafter-Geschäftsführer wird steuerlich nicht anerkannt und führt zu einer verdeckten Gewinnausschüttung.[117] 179

Um als Betriebsausgaben anerkannt zu werden, müssen die Bezüge beim Gesellschafter-Geschäftsführer **angemessen** sein. In Höhe der unangemessenen Bezüge liegt eine verdeckte Gewinnausschüttung vor. Die Angemessenheit der Bezüge ist nach der Rechtsprechung des BFH anhand eines **Fremdvergleichs** zu ermitteln, wobei die Grenze des Angemessenen für jeden Einzelfall bestimmt werden muss. Die Angemessenheit ist grundsätzlich im Zeitpunkt des Vertragsschlusses zu beurteilen. Wichtige Kriterien zur Bestimmung der Angemessenheit sind in der Praxis Branche, Größe und Ertragskraft des Unternehmens, sowie der Wert der Dienstleistung, den der Geschäftsführer erbringt. 180

Die **Zusammensetzung der Gesamtbezüge** muss ebenfalls auf ihre Angemessenheit hin überprüft werden. Innerhalb der Bezüge begründen **Tantiemevereinbarungen** häufig das Risiko verdeckter Gewinnausschüttungen. Nach der Grundsatzentscheidung des BFH vom 5.10.1994[118] sind 181

– Tantiemezahlungen an die Gesellschafter-Geschäftsführer, die insgesamt 50% des Jahresüberschusses übersteigen, verdeckte Gewinnausschüttungen,
– Tantiemen über 25% der Gesamtbezüge eines Gesellschafter-Geschäftsführers nicht anerkennungsfähig.[119]

Für **Sondersituationen**, z.B. in der Aufbauphase des Unternehmens können großzügigere Maßstäbe gelten.

Wird dem Geschäftsführer ein **Dienstwagen** zur Verfügung gestellt, der von ihm auch für private Zwecke genutzt werden kann, ist auf eine eindeutige Regelung dieser Nutzungsüberlassung im Anstellungsvertrag zu achten, um Zweifel über die Berechtigung erst gar nicht entstehen zu lassen. Beim beherrschenden Gesellschafter-Geschäftsführer besteht steuerlich ohne eindeutige Festlegung die Gefahr einer verdeckten Gewinnausschüttung. 182

c) Pensionszusage

Der Bereitstellung einer **Altersversorgung** durch die Gesellschaft kommt heutzutage eine wesentliche Versorgungsfunktion für den Geschäftsführer im Alter zu. Pensionszusagen für den 183

---

116 Umsatzabhängige Tantiemen sind unüblich und sollten vermieden werden, da sie steuerlich möglicherweise als vGA eingestuft werden, vgl. *Tillmann/Mohr*, Rn 299.
117 BFH BStBl II 1987, 797.
118 BStBl II 1995, 549.
119 Die Gestaltungspraxis wird sich an dieser Wertrelation weiterhin orientieren können, auch wenn der BFH in Zukunft an dieser Rspr. nicht festhalten wird; neuerdings tritt der BFH einer schematischen Anwendung der Wertrelation entgegen, DB 2003, 2259; ausführlich m.w.N. *Tillmann/Mohr*, Rn 292.

Geschäftsführer sind daher bei Unternehmen weit verbreitet. Sie unterliegen beim nicht beherrschenden Geschäftsführer dem BetrAVG. Anstelle oder als Ergänzung einer Pensionszusage kann eine **Direktversicherung** vereinbart werden. Eine Direktversicherung ist eine Lebensversicherung, die vom Arbeitgeber auf das Leben des Arbeitnehmers abgeschlossen wird. Die Vorteile der Pensionszusage (Unwiderrufbarkeit, Insolvenzschutz, steuerliche Anerkennung) kommen auch bei der Direktversicherung zum Tragen.

184   Im **Insolvenzfall** ist die Pension des nicht beherrschenden Geschäftsführers nach § 7 BetrAVG abgesichert. Scheidet der nicht beherrschende Geschäftsführer vorzeitig aus dem Unternehmen aus, so kann sich das Unternehmen in der Regel nicht von der Pensionszusage lösen, wenn sie **unverfallbar** geworden ist. Dies ist nach § 1b Abs. 1 BetrAVG der Fall, wenn das Arbeitsverhältnis nach Vollendung des 30. Lebensjahrs des Arbeitnehmers endet und die Zusage zu diesem Zeitpunkt mindestens fünf Jahre bestanden hat.

Bei Pensionszusagen an **Gesellschafter-Geschäftsführer** ist steuerlich das Gebot der **Angemessenheit** zu beachten. Neben der Höhe und Bemessungsgrundlage der Zusage sind insbesondere zeitliche Kriterien zu beachten. Neben einer Wartefrist von mindestens fünf Jahren ist die verbleibende aktive Dienstzeit von Bedeutung. Sie darf nicht unter zehn Jahren liegen. Als unangemessen wird eine Pensionszusage an einen Geschäftsführer betrachtet, der bereits älter als 60 Jahre ist.

d) Wettbewerbsverbot

185   Der Geschäftsführer unterliegt grundsätzlich während der Zeit seiner Tätigkeit für die Gesellschaft einem **Wettbewerbsverbot**; dies ergibt sich schon aus seiner Förderpflicht gegenüber der Gesellschaft.[120] Der Gesellschafter-Geschäftsführer unterliegt in jedem Fall dem Wettbewerbsverbot des Geschäftsführers und im Einzelfall dem Wettbewerbsverbot des Gesellschafters. In der **Einpersonengesellschaft** besteht kein gesetzliches Wettbewerbsverbot des Alleingesellschafters sowie des Gesellschafter-Geschäftsführers.[121] Wegen der Unsicherheit wann und in welchem Umfang ein Wettbewerbsverbot im Einzelfall besteht, empfiehlt sich eine **klare vertragliche Festlegung**.

186   **Nachvertragliche Wettbewerbsverbote** für ausgeschiedene Geschäftsführer können nur durch vertragliche Regelung begründet werden, da mit Ausscheiden aus der Gesellschaft das Treueverhältnis grundsätzlich endet. Der Zulässigkeit nachvertraglicher Wettbewerbsverbote hat die Rechtsprechung enge Grenzen gesetzt. Derartige Beschränkungen stellen nur dann keine unbillige Erschwerung der Berufsausübung im Sinne des § 138 BGB dar, wenn sie räumlich, zeitlich und gegenständlich das notwendige Maß nicht überschreiten. Die Rechtslage kann als unübersichtlich eingestuft werden. Als zeitliche Grenze wird in der Rechtsprechung tendenziell eine Frist von zwei Jahren genannt.[122] Nach der Rechtsprechung bedarf ein nachvertragliches Wettbewerbsverbot nicht der Vereinbarung einer Karenzentschädigung im Sinne des § 74 Abs. 2 HGB.[123]

---

120 Baumbach/Hueck/*Zöllner*/*Noack*, § 35 Rn 38 ff.
121 Keine zivilrechtliche Treuepflicht in der Einpersonengesellschaft: BGH GmbHR 1993, 38; *Röhricht*, WPg 1992, 766; beachte jedoch die gegenteilige Auffassung der Finanzverwaltung in BMF, BStBl I 1992, 137, die zur Annahme einer vGA führen kann.
122 OLG Düsseldorf NZG 2000, 737; ausführlich *Thüsing*, NZG 2004, 9; siehe auch Rn 90.
123 BGHZ 91, 1; a.A. in der Lit. weit verbreitet insb. für Fremdgeschäftsführer und nicht beherrschende Gesellschafter-Geschäftsführer.

III. Vertragsmuster

1. Muster: Anstellungsvertrag mit einem Fremdgeschäftsführer

M 36

Geschäftsführer-Anstellungsvertrag

187

zwischen
Herrn _____ (Name), _____ (Adresse),
– nachfolgend: Geschäftsführer –
und
der _____ GmbH mit dem Sitz in _____,
– nachfolgend: Gesellschaft –

§ 1 Aufgaben und Vertretungsverhältnisse
(1) Der Geschäftsführer stellt der Gesellschaft seine gesamte Arbeitskraft, seine Kenntnisse und Erfahrungen zur Verfügung. Er leitet die Gesellschaft und vertritt sie gerichtlich und außergerichtlich. Es ist ihm hierbei jedoch nicht gestattet, Geschäfte im Namen der Gesellschaft mit sich selbst oder als Vertreter eines Dritten abzuschließen, es sei denn, das Rechtsgeschäft besteht ausschließlich in der Erfüllung einer Verbindlichkeit (§ 181 BGB).
(2) Die Gesellschaft kann weitere Geschäftsführer sowie Prokuristen bestellen. Es steht der Gesellschaft frei, hierbei die Vertretungsverhältnisse im Rahmen der Gesetze nach ihrem Ermessen zu bestimmen und jederzeit neu zu ordnen; der Geschäftsführer hat keinen Anspruch auf Einzelvertretungsberechtigung.

§ 2 Geschäftsführungsbefugnis und -ordnung, genehmigungspflichtige Geschäfte
(1) Der Geschäftsführer führt die Geschäfte der Gesellschaft nach innen und außen und hat in den Angelegenheiten der Gesellschaft die Sorgfalt eines ordentlichen Kaufmannes anzuwenden.
(2) Sieht der Gesellschaftsvertrag vor, dass der bzw. die Geschäftsführer zur Durchführung bestimmter Maßnahmen die Zustimmung der Gesellschafterversammlung einzuholen hat, so hat der Geschäftsführer dies zu beachten und zu befolgen. Die Gesellschaft ist im Übrigen, bei Bestehen eines gesellschaftsvertraglichen Kataloges zustimmungspflichtiger Geschäfte auch darüber hinausgehend, jederzeit berechtigt, durch Gesellschafterbeschluss einen Katalog von Geschäften, zu deren Vornahme der Geschäftsführer der vorherigen Zustimmung durch Gesellschafterbeschluss bedarf, aufzustellen.
(3) Bestellt die Gesellschaft weitere Geschäftsführer oder Prokuristen, so kann sie die Geschäftsbereiche nach ihrem Ermessen bestimmen und jederzeit neu ordnen; der Geschäftsführer hat keinen Anspruch auf Führung eines bestimmten Geschäftsbereichs. Die Gesellschaft kann die jeweiligen Geschäftsführungsbefugnisse in einer Geschäftsordnung regeln.

§ 3 Art und Umfang der Tätigkeit; Nebentätigkeiten
(1) Der Geschäftsführer orientiert Art und Zeit seiner Tätigkeit an den Belangen der Gesellschaft und ist an bestimmte Arbeitszeiten nicht gebunden. Der Geschäftsführer ist auch nach 19 Uhr, samstags, sonn- und feiertags tätig, wenn es die Belange der Gesellschaft erfordern.
(2) Der Geschäftsführer hat bei seiner Tätigkeit die Gesetze, den Gesellschaftsvertrag, einen etwaigen Katalog zustimmungspflichtiger Geschäfte, eine etwaige Geschäftsordnung sowie Einzelweisungen der Gesellschafterversammlung zu beachten.
(3) Ohne vorherige Zustimmung der Gesellschaft ist es dem Geschäftsführer nicht gestattet, Nebentätigkeiten auszuüben und Ehrenämter zu bekleiden.

§ 4 Wettbewerb, Geheimhaltung, Umgang mit Gesellschaftsunterlagen
(1) Es ist dem Geschäftsführer während der Dauer dieses Vertrages untersagt, für ein Unternehmen, das mit der Gesellschaft im Wettbewerb steht, tätig zu werden, ein solches Unternehmen zu errichten oder sich daran unmittelbar oder mittelbar zu beteiligen oder sonst entgeltlich oder unentgeltlich für ein solches Unternehmen Leistungen zu erbringen. Der Geschäftsführer darf während der Dauer dieses Vertrages auch keine einzelnen Geschäfte im Bereich des Unternehmensgegenstandes der Gesellschaft auf eigene oder fremde Rechnung tätigen.[124]
(2) Es ist dem Geschäftsführer nach der Beendigung dieses Vertragsverhältnisses untersagt, im Rahmen einer Tätigkeit für ein fremdes Unternehmen oder im Rahmen eines eigenen Unternehmens oder eines Unternehmens, an dem er unmittelbar oder mittelbar beteiligt ist, Geschäftsbeziehungen im Bereich des Tätigkeitsfeldes oder Unternehmensgegenstandes der Gesellschaft zu Personen oder Unternehmen anzubahnen, aufzunehmen oder durchzuführen, die während einer Zeitspanne von fünf Jahren vor seinem Ausscheiden Vertragspartner der Gesellschaft waren oder im Zeitpunkt des Ausscheidens Vertragspartner der Gesellschaft sind.
(3) Der Geschäftsführer hat, auch nach seinem Ausscheiden, über sämtliche Angelegenheiten der Gesellschaft strengste Verschwiegenheit zu wahren. Für jeden Fall eines schuldhaften Verstoßes gegen seine Verschwiegenheitspflicht ist der Geschäftsführer verpflichtet, eine unter Ausschluss eines Fortsetzungszusammenhanges für jeden Fall gesondert zu zahlende Vertragsstrafe in Höhe von 10.000 EUR an die Gesellschaft zu entrichten. Die Geltendmachung weiterer Rechte der Gesellschaft, insbesondere auf Herausgabe und auf Schadenersatz, und zur – ggf. außerordentlichen – Kündigung dieses Vertrages, bleibt hiervon unberührt.
(4) Sämtliche Unterlagen die Gesellschaft betreffend, die sich in seinem Besitz befinden, hat der Geschäftsführer im Falle seines Ausscheidens unverzüglich an die Gesellschaft zurückzugeben. Ein Zurückbehaltungsrecht hieran steht ihm nicht zu. Kopien von Geschäftsunterlagen darf der Geschäftsführer nicht fertigen oder zurückbehalten.

§ 5 Vergütung und Auslagenerstattung
(1) Der Geschäftsführer erhält für seine Tätigkeit ein Monatsgehalt von _____ EUR, das am Monatsende fällig ist und unter Einbehaltung und Abführung der gesetzlichen Abzüge, insbesondere der Steuer und des Arbeitnehmeranteils der Sozialversicherungsbeiträge, ausgezahlt wird.
(2) Die Gesellschaft übernimmt zusätzlich zu Abs. 1 die Zahlung des Arbeitgeberanteils der Beiträge zu den Sozialversicherungen.
(3) Ist der Geschäftsführer aufgrund von Krankheit zur Ausübung seiner Tätigkeit nicht imstande, so wird seine Vergütung während des bestehenden Vertragsverhältnisses für die Dauer von _____ Monaten unter Anrechnung des vom Geschäftsführer bezogenen Krankengeldes weitergezahlt.
(4) Der Geschäftsführer erhält von der Gesellschaft einen Pkw der oberen Mittelklasse zur Verfügung gestellt, den er während der Dauer des Vertragsverhältnisses zu beruflichen und privaten Zwecken nutzen darf. Die laufenden Kosten der Pkw-Nutzung trägt die Gesellschaft. Die auf die private Nutzung entfallende Steuerbelastung trägt der Geschäftsführer.

§ 6 Unfallversicherung, Alters- und Hinterbliebenenversorgung
(1) Die Gesellschaft schließt auf ihre Kosten eine Unfallversicherung zu Gunsten des Geschäftsführers mit einer Versicherungsleistung von einmalig _____ EUR im Todesfall und einmalig _____ EUR bei Invalidität ab.

---

[124] Auch ohne ausdrückliche Regelung im Anstellungsvertrag ist der Geschäftsführer einem Wettbewerbsverbot unterworfen, vgl. Rn 185. Die obenstehende Regelung hat konkretisierenden, soweit sie Beteiligungen jeder Art an konkurrierenden Unternehmen ausschließt, weiter gehenden Charakter.

(2) Die Parteien beabsichtigen, nach einer zur Zufriedenheit beider Seiten erfolgten fünfjährigen Vertragsdurchführung in gesonderter Urkunde einen Vertrag über die Alters- und Hinterbliebenen-Versorgung des Geschäftsführers abzuschließen.

§ 7 Urlaub
(1) Der Geschäftführer ist berechtigt, jährlich Urlaub von _____ Tagen zu nehmen.
(2) Urlaub, der bis zum 31.3. des jeweiligen Folgejahres nicht genommen worden ist, verfällt ersatzlos, es sei denn, der Geschäftsführer unterrichtet die Gesellschafterversammlung schriftlich bis spätestens zum 31.1. des jeweiligen Folgejahres darüber, dass er seinen Urlaub aus dringenden betrieblichen Gründen nicht fristgemäß in vollem Umfange nehmen kann, und die Gewährung von Urlaub ist daraufhin auch bis zum 31.3. nicht möglich. In letztgenanntem Fall ist der nicht gewährte Urlaub abzugelten.

§ 8 Vertragsdauer und -beendigung
(1) Dieser Vertrag beginnt am _____ (Datum) und wird für die Zeit von (...) Jahren geschlossen. Mit Ablauf der Vertragsdauer endet der Vertrag, ohne dass es einer Kündigung bedarf. Er endet jedoch ohne Kündigung spätestens am Ende des Monats, in dem der Geschäftsführer die Regelaltersgrenze der gesetzlichen Rentenversicherung erfüllt oder zur Ausübung seiner Tätigkeit dauernd unfähig ist (Erwerbsunfähigkeit i.S.d. § 43 Abs. 2 SGB VI)
(2) Der Vertrag kann von jeder Partei außerordentlich fristlos gekündigt werden, wenn ein wichtiger Grund vorliegt. Er kann ohne Vorliegen von Gründen ordentlich mit einer Frist von _____ Monaten zum Monatsende gekündigt werden.
(3) Jegliche Kündigung bedarf der Schriftform. Kündigt der Geschäftsführer, so hat er seine Kündigung an die Gesellschaft zu richten, die hierbei durch einen Mitgeschäftsführer, in Ermangelung eines solchen durch einen Gesellschafter nach Wahl des Kündigenden, empfangsvertreten wird. Kündigt die Gesellschaft, so wird sie hierbei durch die im Gesellschafterbeschluss bestimmte Person oder, wenn eine solche Bestimmung nicht getroffen wird, durch einen Mitgeschäftsführer oder jeden einzelnen Gesellschafter wirksam vertreten.
(4) Beruft die Gesellschaft den Geschäftsführer ab oder kündigt die Gesellschaft diesen Vertrag ordentlich oder außerordentlich, so ist sie bei Bestehen schützenswerter Interessen berechtigt, den Geschäftsführer von seiner Verpflichtung zur Arbeitsleistung jederzeit, auch teilweise, unter Fortzahlung der Bezüge und unter Anrechnung auf noch bestehende Urlaubsansprüche zu entbinden.[125]

§ 9 Geltendmachung von Ansprüchen
Die aus diesem Dienstvertrag resultierenden beiderseitigen Ansprüche sind innerhalb von drei Monaten nach Fälligkeit gegenüber dem anderen Vertragsteil schriftlich geltend zu machen. Geschieht die Geltendmachung nicht fristgerecht, verfallen die jeweiligen Ansprüche ersatzlos.

§ 10 Schlussbestimmungen
(1) Änderungen und Ergänzungen dieses Vertrages bedürfen der Schriftform. Die Aufhebung des Schriftformerfordernisses ist ihrerseits nur bei Einhaltung der Schriftform wirksam.
(2) Sollten Bestimmungen dieses Vertrages unwirksam sein, so wird die Wirksamkeit des Vertrages und der in ihm enthaltenen übrigen Bestimmungen hiervon nicht berührt. Anstelle der unwirksamen Bestimmung gilt die Bestimmung, die den beabsichtigten Regelungsgehalt in bestmöglicher Weise wirksam zur Geltung bringt.

---

[125] Freistellungsklauseln sind an § 307 Abs. 2 Nr. 2 BGB zu messen. Ein sozialversicherungsrechtliches Beschäftigungsverhältnis nach § 7 SBG IV entfällt möglicherweise bei einer *unwiderruflichen* Freistellung.

2. Muster: Anstellungsvertrag mit einem Gesellschafter-Geschäftsführer

188
Geschäftsführer-Anstellungsvertrag

zwischen
Herrn _____ (Name, Geburtsdatum, Adresse),
– nachfolgend: Geschäftsführer –
und
der _____ GmbH mit dem Sitz in _____,
– nachfolgend: Gesellschaft –

§ 1 Aufgaben und Vertretungsverhältnisse
Der Geschäftsführer ist einzelvertretungsberechtigter und von den Beschränkungen des § 181 BGB befreiter Geschäftsführer der Gesellschaft. Er vertritt die Gesellschaft in allen Angelegenheiten, gerichtlich wie außergerichtlich.

§ 2 Geschäftsführungsbefugnis
(1) Der Geschäftsführer führt die Geschäfte der Gesellschaft nach innen und außen. Er übt die Funktion eines Arbeitgebers hinsichtlich der von der Gesellschaft beschäftigten Personen aus.
(2) Der Geschäftsführer holt die Zustimmung der Gesellschafterversammlung, eines etwa bestehenden Aufsichtsrates oder Beirates ein, wenn der Gesellschaftsvertrag dies bestimmt oder ein Gesellschafterbeschluss es vorsieht.
(3) Der Geschäftsführer haftet der Gesellschaft nur für Vorsatz und grobe Fahrlässigkeit. § 43 Abs. 3 GmbHG bleibt unberührt.
(4) Die Gesellschaft schließt eine Vermögenschaden-Haftpflichtversicherung einschließlich einer Manager-Rechtsschutzversicherung mit einer Deckungssumme von 2.500.000 EUR je Schadensfall für den Fall ab, dass der Geschäftsführer wegen einer bei Ausübung seiner Tätigkeit begangenen Pflichtverletzung von einem Dritten oder der Gesellschaft aufgrund gesetzlicher Haftpflichtbestimmungen privatrechtlichen Inhalts für einen Vermögensschaden in Anspruch genommen wird.

§ 3 Art und Umfang der Tätigkeit
Der Geschäftsführer orientiert Art und Zeit seiner Tätigkeit an den Belangen der Gesellschaft und ist an bestimmte Arbeitszeiten nicht gebunden.

§ 4 Nebentätigkeit, Wettbewerb
(1) Der Geschäftsführer ist während der Dauer dieses Vertrages berechtigt, Nebentätigkeiten als Gutachter und Dozent auszuüben.
(2) Der Geschäftsführer ist während der Dauer dieses Vertrages berechtigt, zu der Gesellschaft in Wettbewerb zu treten, soweit es seine bereits ausgeübte einzelkaufmännische Tätigkeit als _____ auf dem Gebiet des _____ betrifft. Die Einzelheiten werden durch die als Anlage beigefügte Abgrenzungsvereinbarung geregelt.
(3) Eine Befreiung des Geschäftsführers vom Wettbewerbsverbot in weiter gehender oder anderer Hinsicht erfolgt durch Gesellschafterbeschluss nach Maßgabe der im Gesellschaftsvertrag niedergelegten Regelungen.
(4) Nach der Beendigung dieses Vertragsverhältnisses unterliegt der Geschäftsführer keinerlei wettbewerblichen Beschränkungen.

§ 5 Vergütung und Auslagenerstattung
(1) Der Geschäftsführer erhält für seine Tätigkeit eine jährliche feste Vergütung von _____ EUR, die in gleichen monatlichen Teilbeträgen am Ende jedes Monats an ihn ausgezahlt wird.[126] Die Festvergütung ändert sich jährlich um den Prozentsatz, in dem die Gehälter der kaufmännischen Angestellten der Tarifstufe _____ des Tarifvertrages _____ oder eines Nachfolgetarifvertrages sich in dem jeweiligen Jahr, bezogen auf das Vorjahr, verändern.[127]
(2) Zusätzlich zu seinem Festgehalt erhält der Geschäftsführer eine Tantieme in Höhe von _____% des nach Maßgabe des nachfolgenden Absatzes berechneten Jahresüberschusses der Gesellschaft, jedoch nur bis zur Höhe von 30% der jeweiligen Festvergütung im Sinne des vorangehenden Absatzes.
(3) Für die Berechnung der Tantieme wird der steuerliche Jahresüberschuss zugrunde gelegt, jedoch werden von der Gesellschaft getätigte steuerliche Sonderabschreibungen dem Jahresüberschuss hinzugerechnet.
(4) Ist der Geschäftsführer aufgrund von Krankheit zur Ausübung seiner Tätigkeit nicht imstande, so wird seine Vergütung während des bestehenden Vertragsverhältnisses für die Dauer von einem Jahr weitergezahlt.
(5) Der Geschäftsführer erhält von der Gesellschaft einen Pkw der Oberklasse zur Verfügung gestellt, den er während der Dauer des Vertragsverhältnisses zu beruflichen und privaten Zwecken nutzen darf. Die laufenden Kosten der Pkw-Nutzung trägt die Gesellschaft. Die auf die private Nutzung entfallende Steuerbelastung trägt der Geschäftsführer.

§ 6 Alters-, Berufsunfähigkeits- und Hinterbliebenenversorgung
(1) Die Gesellschaft erteilt dem bereits seit fünf Jahren für sie tätigen Geschäftsführer, dessen vorgesehener Eintritt in den Ruhestand mehr als zehn Jahre in der Zukunft liegt, eine Pensionszusage nach Maßgabe der nachfolgenden Bestimmungen. Die Vertragsparteien legen der Regelung zugrunde, dass der Geschäftsführer nicht sozialversicherungspflichtig ist und auch aus früheren Beschäftigungsverhältnissen eine Sozialversicherungsrente nicht zu erwarten hat.
(2) Die Gesellschaft gewährt dem Geschäftsführer ein lebenslängliches Ruhegeld, wenn der Geschäftsführer nach Erreichen der Regelaltersgrenze in der gesetzlichen Rentenversicherung in den Ruhestand tritt (Altersrente).[128] Die jährliche, in zwölf gleichen Teilbeträgen jeweils am Monatsende zu zahlende Altersrente beträgt 75% der jährlichen Festvergütung gem. § 5 Abs. 1, die der Geschäftsführer im letzten Jahr vor seinem Eintritt in den Ruhestand bezogen hat. Tantiemen und andere über die Festvergütung hinaus gewährte Leistungen der Gesellschaft gehen nicht in die Bemessungsgrundlage für die Altersrente ein. Die Altersrente ändert sich jährlich um den Prozentsatz, in dem die Gehälter der kaufmännischen Angestellten der Tarifstufe _____ des Tarifvertrages _____ oder eines Nachfolgetarifvertrages sich in dem jeweiligen Jahr, bezogen auf das Vorjahr, verändern. Steuern und sonstige Abgaben sind vom Geschäftsführer zu tragen.
(3) Wird der Geschäftsführer vor Erreichen der Regelaltersgrenze der gesetzlichen Rentenversicherung berufsunfähig, so erhält er für die Dauer der Berufsunfähigkeit eine Rente, die 50% der jährlichen Festvergütung gem. § 5 Abs. 1 beträgt (Invalidenrente). Im Übrigen gelten die Regelungen des Absatzes 2 sinngemäß.

---

126 Beim beherrschenden Gesellschafter-Geschäftsführer besteht keine Beitragspflicht des Arbeitgebers zur Sozialversicherung, da ersterer nicht Angestellter im Sinne der Sozialversicherung ist (vgl. hierzu Rn 169 ff.). Dennoch geleistete Beträge sind in die steuerliche Angemessenheitsprüfung einzubeziehen.
127 Die Aufnahme einer Gleitklausel, wonach das Geschäftsführergehalt an die allgemeine Gehaltsentwicklung in einer Branche gekoppelt wird, empfiehlt sich. So werden jährliche Gehaltsverhandlungen vermieden. Beim Gesellschafter-Geschäftsführer genügt es auch den Anforderungen des steuerlichen Nachzahlungsverbots.
128 Die Formulierung berücksichtigt, dass der Gesetzgeber mit dem RV-Altersgrenzenanpassungsgesetz eine schrittweise Anhebung des Renteneintrittsalters beschlossen hat. In Abhängigkeit vom Geburtsalter soll ab 2012 die Regelaltersrente bis 2029 auf 67 Jahre angehoben werden.

(4) Stirbt der Geschäftsführer während der Dauer des Bezuges von Invaliden- oder Altersrente, so erhält seine Witwe bis zu ihrem Tode ein Witwengeld in Höhe von 60% der jeweils zuletzt bezogenen Invaliden- oder Altersrente. Stirbt der Geschäftsführer während der Dauer des Anstellungsvertrages, so erhält seine Witwe bis zu ihrem Tode ein Witwengeld in Höhe von 60% der Altersrente, die der Geschäftsführer beziehen würde, wenn er im gleichen Zeitpunkt in den Ruhestand getreten wäre. Das Witwengeld ändert sich jährlich um den Prozentsatz, in dem die Gehälter der kaufmännischen Angestellten der Tarifstufe _____ des Tarifvertrages _____ oder eines Nachfolgetarifvertrages sich in dem jeweiligen Jahr, bezogen auf das Vorjahr, verändern. Steuern und sonstige Abgaben sind von der Witwe zu tragen.

(5) Stirbt der Geschäftsführer während der Dauer des Bezuges von Invaliden- oder Altersrente, so erhält jedes der von ihm hinterlassenen minderjährigen Kinder bis zur Vollendung des 18. Lebensjahres ein Waisengeld in Höhe von 10% der jeweils zuletzt bezogenen Invaliden- oder Altersrente. Stirbt der Geschäftsführer während der Dauer des Anstellungsvertrages, so erhält jedes der von ihm hinterlassenen minderjährigen Kinder bis zur Vollendung des 18. Lebensjahres ein Waisengeld in Höhe von 10% der Altersrente, die der Geschäftsführer beziehen würde, wenn er im gleichen Zeitpunkt in den Ruhestand getreten wäre. Das Waisengeld ändert sich jährlich um den Prozentsatz, in dem die Gehälter der kaufmännischen Angestellten der Tarifstufe _____ des Tarifvertrages _____ oder eines Nachfolgetarifvertrages sich in dem jeweiligen Jahr, bezogen auf das Vorjahr, verändern. Steuern und sonstige Abgaben sind von dem jeweiligen Waisen zu tragen.

(6) Endet das Anstellungsverhältnis vor Eintritt eines der vorbezeichneten Versorgungsfälle, so bleiben die in Abs. 2 bis 5 bezeichneten Ansprüche dem Grunde nach bestehen, sofern die Pensionszusage für den Geschäftsführer zu diesem Zeitpunkt bereits mindestens zehn Jahre bestanden hat oder der Geschäftsführer einem Betrieb der Gesellschaft mindestens zwölf Jahre zugehört und die Pensionszusage für ihn zu diesem Zeitpunkt bereits mindestens drei Jahre bestanden hat. Die Höhe der in Abs. 2 bis 5 bezeichneten Ansprüche richtet sich in diesem Falle nach dem Verhältnis, in dem die vom Geschäftsführer nach Erteilung der Pensionszulage zurückgelegte Dienstzeit zu derjenigen Dienstzeit steht, die bei einer Tätigkeit bis zum Erreichen der Regelaltersgrenze der gesetzlichen Rentenversicherung erreicht worden wäre.

(7) Die Gesellschaft schließt zur Rückdeckung der Pensionszusage einen entsprechenden Versicherungsvertrag mit einer im Gebiet der Europäischen Union ansässigen Lebensversicherungsgesellschaft ab, der die nach Maßgabe der vorbezeichneten Absätze bestehenden Ansprüche des Geschäftsführers, soweit rechtlich zulässig, vollumfänglich abdeckt. Die Gesellschaft verpfändet die ihr hieraus zustehenden Ansprüche sicherungshalber in gesonderter Urkunde an den Geschäftsführer.

§ 7 Urlaub

(1) Der Geschäftsführer ist berechtigt, jährlich Urlaub von _____ Tagen zu nehmen.
(2) Urlaub mit einer zusammenhängenden Dauer von zwei und mehr Wochen stimmt der Geschäftsführer mindestens einen Monat vorher mit seinen Mitgeschäftsführern, in Ermangelung solcher mit dem Aufsichts- oder Beiratsvorsitzenden, ansonsten mit der Gesellschafterversammlung ab.

§ 8 Vertragsdauer und -beendigung

(1) Dieser Vertrag beginnt am _____ (Datum) und wird auf unbestimmte Zeit geschlossen. Er endet jedoch ohne Kündigung spätestens mit Ablauf des Monats, in dem der Geschäftsführer die Regelaltersgrenze der gesetzlichen Rentenversicherung erreicht .
(2) Die Gesellschaft kann diesen Vertrag nur bei Vorliegen eines wichtigen Grundes kündigen. Als wichtiger Grund gilt neben den in § 38 Abs. 2 GmbHG genannten Tatbeständen das vollständige Ausscheiden des Geschäftsführers als Gesellschafter aus der Gesellschaft.
(3) Der Geschäftsführer kann diesen Vertrag außerordentlich fristlos kündigen, wenn ein wichtiger Grund vorliegt. Er kann ohne Vorliegen von Gründen eine ordentliche Kündigung unter Einhaltung einer Frist von _____ Monaten zum Monatsende aussprechen.

(4) Jegliche Kündigung bedarf der Schriftform. Kündigt der Geschäftsführer, so hat er seine Kündigung an die Gesellschaft zu richten, die hierbei durch einen Mitgeschäftsführer, in Ermangelung eines solchen durch einen Mitgesellschafter nach Wahl des Kündigenden empfangsvertreten wird. Kündigt die Gesellschaft, so wird sie hierbei durch die im Gesellschafterbeschluss bestimmte Person oder, wenn eine solche Bestimmung nicht getroffen wird, durch einen Mitgeschäftsführer oder jeden einzelnen Mitgesellschafter wirksam vertreten.
(5) Die Bestellung des Geschäftsführers ist nur bei Vorliegen eines wichtigen Grundes im Sinne des Absatzes 2 widerruflich. Eine Abberufung beinhaltet die Kündigung dieses Vertrages aus wichtigem Grund zum nächstmöglichen Zeitpunkt.[129] Sein Amt kann der Geschäftsführer jederzeit niederlegen. Amtsniederlegung oder Abberufung sind der jeweils anderen Partei schriftlich mitzuteilen; hierbei gelten die im vorangehenden Absatz zur Kündigung aufgestellten Grundsätze entsprechend.

§ 9 Schlussbestimmungen
(1) Sollten Bestimmungen dieses Vertrages unwirksam sein, so wird die Wirksamkeit des Vertrages und der in ihm enthaltenen übrigen Bestimmungen hiervon nicht berührt. Anstelle der unwirksamen Bestimmung gilt die Bestimmung, die den beabsichtigten Regelungsgehalt in bestmöglicher Weise wirksam zur Geltung bringt.
(2) Mit Abschluss des vorliegenden Vertrags sind sämtliche bisher zwischen der Gesellschaft und dem Geschäftsführer bestehenden Verträge und Vereinbarungen betreffend eine Tätigkeit für die Gesellschaft, insbesondere der bisherige Anstellungsvertrag einvernehmlich in vollem Umfang aufgehoben. Das Anstellungsverhältnis mit allen daraus resultierenden Rechten und Pflichten richtet sich zukünftig ausschließlich nach dem vorliegenden Vertrag.

D. Willensbildung und Beschlussfassung in der GmbH

I. Entscheidungsfindung

Oberstes, gesetzlich notwendiges und grundsätzlich **allzuständiges Organ** der GmbH ist die **Gesellschafterversammlung** (§§ 45 ff. GmbHG). Neben der Gesellschafterversammlung sieht das GmbHG den Geschäftsführer gem. §§ 6 Abs. 1, 35 ff. GmbHG als verpflichtendes Organ vor. Bei der Beurteilung des Verhältnisses der beiden Organe zueinander ist im Hinblick auf die Entscheidungskompetenzen eine hierarchische und eine funktionale Perspektive relevant. Der gesetzliche Aufgabenkreis der Gesellschafterversammlung ist in § 46 GmbHG geregelt und darüber hinaus in den meisten Satzungen weit gefasst. Die Gesellschafterversammlung ist der Geschäftsführung übergeordnet und praktisch uneingeschränkt weisungsbefugt. Die Gesellschafterversammlung ist Willensbildungsorgan und bestimmt die „Richtlinien der Politik." Der **Geschäftsführer** dagegen ist in erster Linie **Vertretungsorgan**; er führt das Unternehmen nach innen und außen und setzt die Pläne und Beschlüsse der Gesellschafterversammlung um. 189

Die in §§ 45 ff. GmbHG geregelten Rechte der Gesellschafter sind weitgehend dispositiv. Das wird insbesondere aus § 45 Abs. 2 GmbHG ersichtlich, der die Anwendung der §§ 46 bis 51 GmbHG lediglich in Ermangelung besonderer Bestimmungen der Satzung zur Anwendung kommen lässt. In der Praxis ist der Aufgabenkreis der Gesellschafterversammlung in der Satzung, häufig mit detaillierten Ausführungen zu Form- und Verfahrensfragen im Zusammenhang 190

---
129 Sog. Koppelungsklausel. Mit Koppelungsklauseln wird versucht, die Trennung zwischen der Organstellung des Geschäftsführers und dem Anstellungsverhältnis zu überwinden. Der BGH (v. 29.5.1989, II ZR 220/88, NJW 1989, 2683) hat gefordert, dass bei der Anwendung von Koppelungsklauseln eine Mindestkündigungsfrist analog § 622 Abs. 1 BGB einzuhalten ist. Im Muster ist die Abberufbarkeit des Geschäftsführers auf einen wichtigen Grund beschränkt, die Kündigung muss folglich den Anforderungen des § 626 BGB genügen.

mit der Durchführung von Gesellschafterversammlung und der Beschlussfassung geregelt. Zulässig und in größeren Gesellschaften regelmäßig anzutreffen ist die **Schaffung weiterer Organe** der Gesellschaft (Aufsichtsrat, Beirat, Gesellschafterausschuss) und die Übertragung von Kompetenzen auf diese. Dabei ist in der Praxis von einer rein beratenden Funktion dieser Gremien, etwa eines Beirates, **mit konkurrierender Zuständigkeit** bis zur Übertragung nahezu sämtlicher Kompetenzen der Gesellschafterversammlung mit verdrängender Zuständigkeit ein großer Variantenreichtum anzutreffen. Die Begleitung eines Willensbildungsprozesses als Berater setzt deshalb ebenso wie die Beurteilung der Wirksamkeit von Beschlüssen zunächst immer eine sorgfältige Prüfung der GmbH-Satzung voraus.

191 Als höchstes Organ kann die Gesellschafterversammlung auch Kompetenzen der Geschäftsführung an sich ziehen, ohne jedoch im Außenverhältnis als Organ agieren zu können oder Beschränkungen der Geschäftführungskompetenz im Außenverhältnis durchsetzen zu können. Das geschieht regelmäßig, indem in der Satzung, der Geschäftsordnung, einzelnen Beschlüssen oder auch im Geschäftsführer-Anstellungsvertrag bestimmt wird, dass der Geschäftsführer vor der Durchführung bestimmter Geschäfte die Zustimmung der Gesellschafterversammlung einzuholen hat (sog. **Katalog der zustimmungspflichtigen Maßnahmen**).

192 Immer dann, wenn die Entscheidung über die Durchführung bestimmter Geschäfte oder Maßnahmen der Gesellschafterversammlung obliegt, bedarf es, weil – außer in der Ein-Personen-GmbH – mehrere Personen zu beteiligen sind, einer ordnungsgemäßen **Willensbildung**. Diese Willensbildung erfolgt in aller Regel in **Versammlungen** und geschieht in Form von **Beschlüssen**. Für die Einberufung von Versammlungen stellt das GmbH-Gesetz zahlreiche Erfordernisse auf, welche die Ordnungsgemäßheit der Beschlussfassung sicherstellen sollen. In der Praxis kommt es hier nicht selten zu Fehlern. Deshalb ist es notwendig, im Rahmen der Vorbereitung der Beschlussfassung sämtliche durch Gesetz, Satzung oder ggf. Gesellschafterbeschluss in diesem Zusammenhang aufgestellten Erfordernisse genau zu prüfen.

II. Rechtliche Grundlagen

1. Einberufung von Gesellschafterversammlungen
a) Notwendigkeit einer Versammlung

193 Beschlüsse der Gesellschafter werden in **Versammlungen** gefasst (§ 48 Abs. 1 GmbHG). Das ist der Regelfall. Der Abhaltung einer Versammlung bedarf es nicht, wenn sämtliche Gesellschafter sich schriftlich mit der zu treffenden Bestimmung oder mit der schriftlichen Stimmabgabe einverstanden erklären (§ 48 Abs. 2 GmbHG). Beschlüsse können grundsätzlich (Ausnahme: bei der Ein-Personen-Gesellschaft, siehe Rn 194) mündlich gefasst werden; Schriftform ist jedoch aus steuerlichen und aus Nachweisgründen auch bezüglich des Verhältnisses der Gesellschafter untereinander zu empfehlen.

194 Der Ein-Personen-Gesellschafter braucht naturgemäß keine Versammlung abzuhalten. Er hat jedoch nach der Beschlussfassung eine Niederschrift aufzunehmen und zu unterschreiben, damit seine Beschlüsse klar dokumentiert sind (§ 48 Abs. 3 GmbHG; vgl. auch § 35 Abs. 3 S. 2 GmbHG für sog. In-sich-Geschäfte). Die Vorschrift gilt auch, soweit neben dem Ein-Personen-Gesellschafter die Gesellschaft selbst noch Geschäftsanteile hält.

b) Universalversammlung

195 Hinsichtlich der Notwendigkeit vorbereitender Maßnahmen für Gesellschafterversammlungen sind in der Praxis zwei Konstellationen zu unterscheiden: Zum einen diejenigen Fälle, in denen **sämtliche Gesellschafter** (und sei es auch nach vorausgegangenem Streit) sich über Tatsache und Art der Beschlussfassung **einig** sind. Wenn dies mit der nötigen Eindeutigkeit im Vorfeld

feststellbar ist, bedarf es regelmäßig keiner förmlichen Einberufung. Die Gesellschafter kommen zusammen und fassen die bereits ausgehandelten Beschlüsse „unter Verzicht auf sämtliche gesetzlich oder satzungsmäßig vorgeschriebenen Formen und Fristen der Ladung und Einberufung von Gesellschafterversammlungen". Der Vorteil dieser Handhabung liegt darin, dass Beschlüsse sehr zügig gefasst werden können, Aufwand erspart und die Fehlerquelle der förmlichen Einberufung ausgeschlossen wird (sog. **Universalversammlung**).

c) Förmliche Einberufung
Soll die Gesellschafterversammlung hingegen erst dazu dienen, über den Inhalt von zu treffenden Beschlüssen zu beraten, hat eine **förmliche Einberufung** (siehe Muster Rn 277) zu erfolgen. Die Abhaltung einer Versammlung mittels vorheriger Einberufung stellt die einzig praktikable Handhabung dar, wenn nicht davon ausgegangen werden kann, dass sämtliche Gesellschafter für einen bestimmten Beschluss votieren, sei es, dass über seinen Inhalt Uneinigkeit besteht, sei es, dass die Mitwirkung einzelner Gesellschafter wegen persönlicher Unzuverlässigkeit in Frage steht.

196

d) Form der Einberufung
Die **Form** der Einberufung regelt § 51 Abs. 1 S. 1 GmbHG. Die Versammlung ist durch Einladung der Gesellschafter mittels eingeschriebener Briefe zu berufen. Von Gesetzes wegen muss die Einberufung folglich per Einschreiben erfolgen; ein gewöhnlicher Brief reicht ebenso wenig wie der Einwurf in den Briefkasten unmittelbar durch einen Boten oder die Übergabe gegen schriftliches Empfangsbekenntnis. Die Einführung des sog. Einwurf-Einschreibens schafft hinsichtlich der Einberufung von Gesellschafterversammlungen eine weitere potentielle Fehlerquelle. Bei der hergebrachten Form des Einschreibens (jetzt zur Abgrenzung allgemein als „**Übergabe-Einschreiben**" bezeichnet) wird die Postsendung dem Empfänger übergeben, wobei der Zusteller sich den Empfang quittieren lässt; wird der Empfänger nicht angetroffen, so wird er durch Einwurf einer entsprechenden Nachricht darüber in Kenntnis gesetzt, dass eine Postsendung zur Abholung für ihn bereit liegt. Erfolgt die Abholung, wird der Empfänger hierbei zur Ausstellung einer Quittung veranlasst. Beim Einwurf-Einschreiben wird die Postsendung in den Briefkasten bzw. das Postfach des Empfängers eingeworfen und über diesen Vorgang vom Zusteller ein Vermerk gefertigt. Wegen dieser beim Einwurf-Einschreiben herabgesetzten Zustellförmlichkeiten geht die wohl vorherrschende Auffassung davon aus, diese Versandform entspreche nicht den Anforderungen des GmbH-Gesetzes.[130] Der beratende Anwalt wird vor diesem Hintergrund dem Mandanten die Einberufung durch **Übergabe-Einschreiben** nahe legen.

197

e) Ladungsfrist
Hinsichtlich der **Frist** der Ladung enthält das Gesetz eine Mindestregelung von einer Woche (vgl. § 51 Abs. 1 S. 2 GmbHG). In der Satzung kann diese Frist verlängert werden, wovon nicht selten Gebrauch gemacht wird, so dass eine anwaltliche Beratung in zuverlässiger Weise nur nach diesbezüglicher Prüfung erfolgen kann. Bei der Berechnung der Frist ist äußerste Sorgfalt geboten. Heillos umstritten ist bereits, ob der **Fristbeginn** bereits ab Ablieferung des (letzten) Einschreibebriefs beim Postamt[131] oder vielmehr erst mit dem Tag läuft, an dem der Einschreibebrief „bei ordnungsmäßiger Zustellung dem letzten Gesellschafter unter normalen Umständen

198

---
130 Baumbach/Hueck/*Zöllner*, § 51 Rn 12 m.w.N.
131 So u.a. KG NJW 1965, 2158.

zugegangen wäre".[132] Vieles spricht für die letztgenannte Auffassung, die jedoch auch noch der Präzisierung bedarf.

199 Die Annahme, dass mit Zugang am übernächsten Tag nach der Aufgabe zur Post gerechnet werden könne,[133] ist in dieser Allgemeinheit kaum haltbar, weil sie bereits bei Briefaufgabe an einem Freitag fehlschlägt. Dass für die **Fristberechnung** §§ 187 Abs. 1, 188 Abs. 2 BGB gelten, ist hingegen unstreitig, aber für den rechtlich nicht beratenen Geschäftsführer nicht minder gefahrenträchtig, weil demnach die **volle** Wochenfrist **zwischen** dem Tag des gewöhnlichen Zugangs und dem Tag der Gesellschafterversammlung liegen muss. Es ist also zu rechnen: Tag der Gesellschafterversammlung = Tag des gewöhnlichen Zuganges zuzüglich **acht** Tage; nicht: Tag des gewöhnlichen Zuganges zuzüglich nur sieben Tage.

200 Wenn nicht besondere Gründe Eile gebieten, stellt es ein völlig unnötiges Risiko dar, bei der Einberufung „knapp zu rechnen", so dass – wenn nicht besondere Umstände, wie z.B. Poststreik oder Wohnsitz eines Gesellschafters im Ausland – vorliegen, als **Faustformel** empfohlen werden kann, den Tag der Gesellschafterversammlung vierzehn Tage nach dem Tag der Aufgabe der Briefe zur Post anzusetzen. Bei einem Versand vor den Oster- oder Weihnachtsfeiertagen sollten einige Tage hinzugegeben werden. Sieht die Satzung, ohne nähere Bestimmungen zur Berechnung zu geben, eine längere Frist – etwa von zwei bzw. drei Wochen – vor, so sollte in Anwendung der obigen Überlegungen – Wahl des sichersten Weges – der Tag der Gesellschafterversammlung drei bzw. vier Wochen nach den Tag der Aufgabe der Ladung zur Post gelegt werden.

f) Adressaten der Einberufung

201 Die Einberufung ist an **sämtliche Gesellschafter** zu richten. Nicht selten wird der Fehler begangen, Gesellschafter in Angelegenheiten, in denen sie vom Stimmrecht ausgeschlossen sind (z.B. Abberufung eines Gesellschafter-Geschäftsführers aus wichtigem Grund), nicht zu laden. Dies lässt außer Acht, dass die Gesellschafterversammlung stets auch zur vorherigen Beratung berufen ist, in der jeder Gesellschafter – auch der Nichtstimmberechtigte – zu Wort kommen können muss. Auch Nichtstimmberechtigte Gesellschafter sind stets mit zu laden.[134] Die Ladung ist an die vom Gesellschafter mitgeteilte Anschrift zu versenden. Es ist ratsam, einen bekannt gewordenen Adressenwechsel nur zu beachten, wenn der Gesellschafter diese Änderung mitgeteilt oder bestätigt hat, sich also stets an die letzte „autorisierte" Adresse zu halten.[135] Mit der Versendung der ordnungsgemäßen Ladungen an sämtliche Gesellschafter hat der Einladende alles Notwendige getan; auf einen **Zugang** kommt es für eine wirksame Einberufung **nicht** an.

202 Der bzw. die (Fremd-)Geschäftsführer haben grundsätzlich kein Teilnahmerecht; wird ihnen ein solches durch die Satzung oder in gesetzlichen Sonderfällen (für die mitbestimmte GmbH: § 118 Abs. 2 AktG) gewährt, so sind auch sie zu informieren, jedoch gelten die Förmlichkeiten des § 51 GmbHG hierfür nicht.

g) Zuständigkeit für die Einberufung

203 Die Einberufung erfolgt gem. § 49 Abs. 1 GmbHG durch die Geschäftsführer. Das ist insoweit missverständlich, als nach übereinstimmender Ansicht **jeder einzelne Geschäftsführer** – auch wenn er nur gesamtvertretungsberechtigt sein sollte – das Recht zur Einberufung besitzt. Die Satzung kann weitere Einberufungsberechtigte bestimmen (z.B. Beirat). Besteht ein Aufsichtsrat,

---

[132] So BGHZ 100, 267; OLG Naumburg GmbHR 1998, 90.
[133] So Baumbach/Hueck/*Zöllner*, § 51 Rn 19.
[134] BGH NJW 1971, 2225; BGH GmbHR 1985, 256.
[135] Zur Ladung bei unter Betreuung stehenden Gesellschaftern, zur Verfahrensweise bei verstorbenem Gesellschafter u.ä. Sonderfällen vgl. Baumbach/Hueck/*Zöllner*, § 51 Rn 6 ff.

so ist dieser nach Maßgabe der § 52 Abs. 1 GmbHG, § 111 Abs. 3 AktG weiteres einberufungsbefugtes Organ. Der Einberufende muss aus der Einladung erkennbar sein und dieselbe **unterschreiben**. (Zur Einberufungsbefugnis von Minderheitsgesellschaftern vgl. Rn 219 ff.).

h) Ort und Zeit der Gesellschafterversammlung

Ort und **Zeit** der Gesellschafterversammlung sind anzugeben. Es müssen **Datum** und **Tageszeit** 204 bezeichnet werden, ihre Wahl muss grundsätzlich dem Charakter und den Gepflogenheiten der Gesellschaft bzw. der Verkehrssitte und -üblichkeit entsprechen. Es besteht andererseits Einigkeit, dass diesbezüglich keine überspannten Anforderungen gestellt werden dürfen.

Ob Sonn- und Feiertage als Versammlungstage gewählt werden können, ist umstritten; es 205 auf diesen Streit ankommen zu lassen, daher wenig geschickt. Wo Gesellschafter der Gesellschaft als deren Geschäftsführer oder anderweitig Dienstverpflichtete verbunden sind, werden nahezu alle gewöhnlichen werktäglichen Daten und Zeiten zumutbar sein; bestehen dienstliche Verpflichtungen eines Gesellschafters außerhalb der Gesellschaft, wird (unter der Woche) ein Termin am frühen Abend oder ein Termin am Samstag zu wählen sein. Ob Verhinderungen Einzelner eine Vertagung gebieten, ist vom Einzelfall abhängig und insbesondere danach zu entscheiden, wie viele Gesellschafter die Gesellschaft besitzt, ob Vertretung satzungsmäßig zugelassen ist, welche Gründe geltend gemacht werden, ob Ersatztermin(e) vorgeschlagen bzw. akzeptiert werden, welche Dringlichkeit der Angelegenheit zukommt.

Als **Ort** der Gesellschafterversammlung ist grundsätzlich der Sitz der Gesellschaft zu wäh- 206 len;[136] eine Ausnahme (im Sinne einer zusätzlichen Möglichkeit) soll aber zu machen sein, wenn der Gesellschafterkreis überschaubar ist und von dem stattdessen gewählten Ort feststeht, dass die Gesellschafter dorthin wesentlich leichter gelangen können.[137] Um keine formalen Angriffspunkte zu schaffen, ist zu raten, einen anderen Ort als den des Sitzes nur dann zu wählen, wenn das schriftliche Einverständnis sämtlicher Gesellschafter vorliegt oder die Satzung eine hinreichende Grundlage hierfür bietet. Der beabsichtigte Versammlungsort (im Sinne der Lokalität) ist in der Einberufung hinreichend genau mitzuteilen. Unzutreffend ist die z.T. verbreitete Auffassung, die Versammlung habe zwingend in den Geschäftsräumen der Gesellschaft stattzufinden; ebenso gut können Hotels, Gaststätten oder auch Anwaltskanzleien zum Versammlungsort bestimmt werden.

i) Tagesordnung
aa) Frist zur Mitteilung der Tagesordnung

Gem. § 51 Abs. 2 GmbHG soll der **Zweck der Versammlung** bei der Berufung angekündigt wer- 207 den. Diese regelmäßig in Form einer **Tagesordnung** mitgeteilten Beschlussgegenstände müssen also nicht bereits in der Einladung aufgeführt sein, aber sie müssen in gleicher formaler Weise wenigstens drei Tage vor der Versammlung angekündigt werden (§ 51 Abs. 4 GmbHG). Der Einberufende wird sich die Mühen eines zusätzlichen Schreibens in aller Regel nicht bereiten; die Mitteilung der beabsichtigten Tagesordnung bereits bei Einberufung der Versammlung ist durchweg üblich. Die durch § 51 Abs. 4 GmbHG eröffnete Möglichkeit kann im Rahmen von Korrekturen und Ergänzungen der Tagesordnung sinnvoll genutzt werden und hat darüber hinaus Bedeutung, wenn von Gesellschaftern unter den Voraussetzungen des § 50 Abs. 1, 2 GmbHG die Aufnahme weiterer Gegenstände auf die Tagesordnung verlangt wird (für solche Fälle vgl. Muster Rn 277 f.).

Soll gem. § 51 Abs. 4 GmbHG vorgegangen werden, ist für die Berechnung der Drei-Tage- 208 Frist Folgendes zu beachten: Es gelten die gleichen Regeln wie für die Wochenfrist des Abs. 1,

---
136 BGH WM 1985, 568: § 121 Abs. 5 S. 1 AktG analog.
137 BGH WM 1985, 568.

d.h. drei Tage müssen zwischen dem Tag des (gewöhnlichen) Zugangs und dem Versammlungstag liegen. Der Tag des gewöhnlichen Zugangs liegt also **vier Tage** vor dem Versammlungstag; bei einer gewöhnlichen Postlaufzeit von, knapp gerechnet, zwei Tagen muss die Mitteilung der Geschäftsführer demnach mindestens sechs Tage vor dem Versammlungstag – wenn möglich, zu einem früheren Zeitpunkt – als Übergabe-Einschreiben bei der Post eingeliefert werden.

209 Beschlussvorschläge oder -anträge muss die Einberufung der GmbH-Gesellschafterversammlung nicht enthalten, es kann aber im Einzelfall zweckmäßig sein. Besonderes Augenmerk muss der Einberufende allerdings darauf legen, die Tagesordnungspunkte derart klar zu fassen, dass erkennbar wird, über welche Gegenstände die Gesellschafter beschließen sollen.[138]

bb) Inhalt der Tagesordnung

210 Der Inhalt der Tagesordnung ergibt sich aus der **Beschlusszuständigkeit der Gesellschafter**. Welche Maßnahmen seitens der Gesellschafterversammlung zu beschließen sind, wird, soweit nicht besondere gesellschaftsvertragliche Regelungen bestehen, zunächst durch § 46 Nr. 1 bis 8 GmbHG festgelegt. Hierbei wird zum Teil unterschieden zwischen den mit dem Abschluss eines Geschäftsjahres zusammenhängenden Beschlüssen (Nr. 1: Feststellung des Jahresabschlusses, Beschluss über die Verwendung des Ergebnisses, auch Nr. 5: Entlastung der Geschäftsführer) einerseits als Gegenständen sog. „ordentlicher" Versammlungen, und sonstigen Beschlüssen andererseits als Einberufungsgründen für sog. „außerordentliche" Versammlungen. Diese Differenzierung leitet allerdings mehr in die Irre als sie hilft, da es zwar zutrifft, dass die auf den Abschluss bezogenen Beschlüsse im Gegensatz zu anderen Beschlüssen regelmäßig für jedes Geschäftsjahr zu treffen sind, andererseits aber für jede Art von Gesellschafterversammlung grundsätzlich identische Einberufungsförmlichkeiten gelten.

211 In die Zuständigkeit der Gesellschafterversammlung fällt darüber hinaus jegliche **Satzungsänderung** (§ 53 Abs. 1 GmbHG). Als weitere bedeutsame Gründe für Versammlungen sind sämtliche Maßnahmen zu nennen, die die Gesellschaft ihrem Wesen nach verändern. Hierzu zählen alle Arten der **Umwandlung** i.w.S. (Verschmelzung, Spaltung, Formwechsel),[139] der Abschluss von **Unternehmensverträgen**[140] sowie der Beschluss über die **Auflösung** der Gesellschaft sowie damit zusammenhängende Entscheidungen. Eine besondere Pflicht zur Einberufung einer Gesellschafterversammlung normiert § 49 Abs. 3 GmbHG, wonach unverzüglich einberufen werden muss, wenn die Hälfte des Stammkapitals verloren ist.

j) Sorge für Anwesenheit eines Notars bei beurkundungsbedürftigen Beschlüssen

212 Soweit Beschlüsse der **notariellen Beurkundung** bedürfen, hat dies auf die bei der Einberufung zu beachtenden Förmlichkeiten keinen Einfluss, es muss aber im Vorfeld dafür Sorge getragen werden, dass ein Notar zum Termin anwesend ist.

2. Einberufung einer zweiten Gesellschafterversammlung bei Beschlussunfähigkeit der ersten Gesellschafterversammlung

a) Grundsatz: Beschlussfähigkeit ohne Rücksicht auf die Zahl der Erschienenen

213 Nach den gesetzlichen Bestimmungen ist **jede** ordnungsgemäß einberufene Gesellschafterversammlung **ohne Rücksicht auf die Zahl der Erschienenen** beschlussfähig. Es kann also theo-

---

[138] Kasuistik bei Baumbach/Hueck/*Zöllner*, § 51 Rn 25 f.
[139] Siehe hierzu näher §§ 18, 20 und 21.
[140] Siehe ausführlich hierzu § 24.

retisch der einzig erschienene Inhaber eines winzigen Geschäftsanteils allein wirksame Beschlüsse fassen.

b) Abweichende Satzungsregelung: Festlegung eines Quorums

Nicht selten geschehen in der Satzung allerdings Modifikationen dieser gesetzlichen Regelung, indem Hürden aufgestellt werden, die **eine Beschlussfassung nur unter bestimmten Voraussetzungen ermöglichen**. Es kann bestimmt werden, dass Beschlussfassung nur bei Erscheinen einer gewissen Anzahl von Gesellschaftern möglich ist (Kopfzahlprinzip, selten). Häufiger wird die Beschlussfähigkeit vom Vertretensein eines gewissen **Prozentsatzes an Stimmen** abhängig gemacht (oftmals: 50% des gesamten stimmberechtigten Stammkapitals). Solche Regelungen können in die Satzung aufgenommen werden, um einen Mehrheitsgesellschafter zu privilegieren. Bei entsprechend hohen Quoren kann sich auch ein minderheitsschützender Effekt ergeben. 214

c) Zweite Gesellschafterversammlung
aa) Notwendigkeit der Einberufung

In aller Regel sieht die Satzung vor, dass die aufgestellte Beschränkung nur für eine erste Gesellschafterversammlung wirkt. Die **zweite Versammlung** ist dann regelmäßig **ohne Rücksicht auf** die Zahl der Erschienenen bzw. **die Höhe des vertretenen stimmberechtigten Stammkapitals** beschlussfähig. 215

Stellt der beratende Anwalt fest, dass die Satzung Quoren im vorbezeichneten Sinn vorsieht, und wird aufgrund Ausbleibens anderer Gesellschafter eine Beschlussfähigkeit in der ersten Versammlung nicht erreicht, wird er besonderes Augenmerk darauf legen, in ordnungsgemäßer Weise eine zweite Versammlung zu berufen. Mancher Mandant mag versucht sein, dennoch Beschlüsse zu fassen. Diese sind nicht nichtig, sondern lediglich **anfechtbar**. Hier muss der Anwalt auf das **Risiko** hinweisen, dass der bzw. die Mitgesellschafter ihre Rechte zutreffend wahrnehmen und frist- und formgerecht Klage gegen den gefassten Beschluss erheben. Regelmäßig wird es deshalb geboten sein, in der ersten Versammlung regelgerecht deren Beschlussunfähigkeit protokollarisch festzuhalten. 216

bb) Einladung zur zweiten Gesellschafterversammlung

Für die **erneute Einladung** gelten die allgemeinen bei Einberufungen zu beachtenden Grundsätze. Teilweise sehen Satzungen allerdings eine besondere, abweichende Einberufungsfrist vor. Ist dies nicht der Fall, gilt die in der Satzung allgemein bzw. im Gesetz bestimmte Frist (zu den Berechnungsgrundsätzen vgl. Rn 198ff). Auch die zweite Einberufung hat per Übergabe-Einschreiben zu erfolgen. Zu beachten ist, dass diese Folgeversammlung, wenn sie erneut das aufgestellte Quorum unterschreitet, nur dann beschlussfähig ist, wenn die **erste** Versammlung **formgerecht** einberufen war. Es empfiehlt sich, dies nicht nur genauestens zu prüfen, sondern im Rahmen der zweiten Einberufung auch die erste, vergebliche Einladung sowie ein Protokoll der beschlussunfähigen ersten Versammlung in Kopie beizufügen, um die Gesellschafter deutlich auf den besonderen Charakter der nun stattfindenden Versammlung aufmerksam zu machen. Nicht selten verlangen Satzungen, dass die Einladung zu einer zweiten Gesellschafterversammlung den **ausdrücklichen Hinweis** enthält, dass diese nunmehr einberufene Versammlung unabhängig von der Höhe des vertretenen Stammkapitals beschlussfähig sein wird. 217

cc) Fassung der Tagesordnung der zweiten Gesellschafterversammlung

218 Im Hinblick auf die **Tagesordnung** ist zu beachten, dass eine zweite Versammlung wirksam nur über Tagesordnungspunkte entscheiden kann, zu deren Beschlussfassung **bereits – wirksam –** in der **ersten Einberufung bzw. Ankündigung zur ersten Versammlung** geladen wurde. Unabhängig davon, dass sie folglich bei richtiger Handhabung identisch mit den Punkten der ersten Versammlung sind, müssen auch für die zweite Versammlung deren Tagesordnungspunkte ausdrücklich in der satzungsmäßig oder gesetzlich vorgesehenen Form angekündigt werden.

3. Einberufung der Gesellschafterversammlung durch eine Minderheit sowie Ankündigung von Gegenständen zur Beschlussfassung durch eine Minderheit

219 § 50 GmbHG regelt die Voraussetzungen, unter denen eine Gesellschafterminderheit die Berufung einer Versammlung bzw. die Aufnahme weiterer Beschlussgegenstände auf die Tagesordnung einer bereits anberaumten Versammlung verlangen und ggf. auch selbst durchsetzen kann.

a) Einberufungsberechtigte Gesellschafter

220 Berechtigt ist **jeder Gesellschafter**, der einen Anteil von **mindestens 10%** am Stammkapital hält; die Anteile mehrerer (Kleinst-)Gesellschafter mit gleichem Begehren werden **zusammengezählt**. Die Regelung hat Minderheitenschutzcharakter und kann durch Satzung nicht abbedungen werden.

b) Einberufungsverlangen
aa) Form

221 Das **Einberufungsverlangen** bedarf **keiner bestimmten Form**, könnte theoretisch also auch mündlich erfolgen. Im Hinblick auf die Vorbereitung einer ggf. im Wege der Selbsthilfe notwendig werdenden eigenen Einberufung wäre dies allerdings völlig unpraktikabel, da ggf. nachgewiesen werden können muss, dass wann und mit welchem Inhalt ein Einberufungsverlangen erfolgt ist. Neben der (gesetzlich nicht gebotenen) Versendung eines Einschreibens (die hier per Rückschein erfolgen sollte, da der Zugang des Einberufungsverlangens im Gegensatz zum Zugang einer Einberufung nötigenfalls zu beweisen ist) empfiehlt sich je nach den Umständen des Falles die **Übergabe gegen Empfangsquittung**.

bb) Inhalt

222 Das Einberufungsverlangen muss die Gegenstände, also **Tagesordnungspunkte**, deren Verhandlung und Entscheidung gefordert wird, im Einzelnen angeben (zur Formulierung von Tagesordnungspunkten vgl. Rn 278 ff.). Darüber hinaus müssen auch die **Gründe** des Verlangens angegeben werden, und zwar in zweifacher Hinsicht. Es muss dem Einberufungsverlangen deutlich zu entnehmen sein, warum eine Behandlung der angeführten Tagesordnungspunkte für erforderlich gehalten wird, und es ist – soweit sich dies nicht schon aus den dargelegten Gründen ergibt – zu erläutern, woraus sich die **Eilbedürftigkeit** der Behandlung ergibt, die es erforderlich macht, eigens hierfür eine Gesellschafterversammlung einzuberufen und nicht etwa eine demnächst, beispielsweise zur Feststellung des Jahresabschlusses, ohnehin stattfindende Versammlung abzuwarten.

cc) Einberufung verlangende Gesellschafter

223 Es muss erkennbar sein, **welche Gesellschafter** die Einberufung **begehren**, damit überprüft werden kann, ob deren Beteiligungsquote mindestens 10% erreicht. Die Aufführung dieser Beteiligungsquote im Einberufungsverlangen ist nicht zwingend erforderlich, aber sinnvoll.

dd) Adressat des Einberufungsverlangens

224 Das Einberufungsverlangen ist nach zutreffender Auffassung an die Gesellschaft, vertreten durch den bzw. die **Geschäftsführer**, zu richten.

225 Es ist wenig gebräuchlich, aber oft ratsam, im Einberufungsverlangen darauf **aufmerksam zu machen**, dass eine ordnungsgemäße Ladung bestimmten **Modalitäten** unterliegt. Ist erst einmal von Seiten der Geschäftsführung eine unwirksame Ladung erfolgt, ergibt sich das Folgeproblem, ob die Möglichkeit zur Wiederholung in ordnungsgemäßer Form zu gewähren ist oder ob der Gesellschafter unmittelbar von seinem Recht auf Selbsteinberufung Gebrauch machen kann. Erfolgt die Fehlbehandlung trotz ausführlichen Hinweises, wird ein Recht zur nunmehrigen Selbstvornahme kaum bestritten werden können.

226 Ratsam ist auch klarzustellen, unter welcher Adresse der auffordernde Gesellschafter selbst zu laden ist. Dieser kann zwar zu einer Versammlung, zu der er nicht bzw. nicht ordnungsgemäß geladen wurde, erscheinen und Rügeverzicht erklären, wenn er denn auf andere Weise von ihr Kenntnis erlangt. Um allerdings möglichst klar beurteilen zu können, ob die Voraussetzungen für eine Selbsteinberufung vorliegen, muss der Gesellschafter so sicher wie möglich sein können, dass eine Versammlung nicht (bzw. jedenfalls nicht ordnungsgemäß) berufen worden ist, wenn ihm selbst keine Ladung zugeht.

c) Selbstvornahme der Einberufung
aa) Fehlende Unverzüglichkeit

227 Eine **Einberufung** kann im Wege der **Selbstvornahme** erfolgen, wenn der bzw. die Geschäftsführer dem Einberufungsverlangen nicht unverzüglich Folge leisten. Rechtssichere Alternativen zur Selbsteinberufung stehen nicht zur Verfügung, denn eine Erzwingung im Wege der Inanspruchnahme der freiwilligen oder auch streitigen Gerichtsbarkeit wird von der wohl herrschenden Ansicht in der Literatur wegen mangelnden Rechtsschutzbedürfnisses für nicht möglich gehalten.[141]

228 Wie der **Begriff der Unverzüglichkeit** im Einzelfall zu konkretisieren ist, richtet sich im Wesentlichen nach der Bedeutsamkeit der Angelegenheit für die Gesellschaft und der Dringlichkeit, mit der der beantragte Beschluss umgesetzt werden muss, um Schaden von der Gesellschaft fern zu halten. Sollen Sanktionen wegen grober Verfehlungen von Geschäftsführung oder auch Gesellschaftern verhängt werden, so wird der einberufungswillige Gesellschafter i.d.R. über zwei Wochen hinaus nicht zuwarten müssen, ob eine Ladung erfolgt. Bei Angelegenheiten von geringerem Gewicht hat der BGH jedenfalls einen Zeitrahmen von mehr als sieben Wochen als nicht mehr akzeptabel angesehen.[142]

bb) Form der im Wege der Selbstvornahme erfolgenden Einberufung

229 Zu den **Förmlichkeiten der Einberufung** kann vollumfänglich auf das zur Ladung durch den Geschäftsführer Gesagte verwiesen werden; auch der einladende Gesellschafter hat diese einzu-

---

[141] Mit Recht kritisch Baumbach/Hueck/*Zöllner*, § 50 Rn 11.
[142] BGH WM 1985, 568.

halten. Es muss also eine Versendung durch Übergabe-Einschreiben unter Wahrung der Ladungsfrist erfolgen.

cc) Inhalt der im Wege der Selbstvornahme erfolgenden Einberufung

230 Der **Inhalt der Einberufung** ist durch das Einberufungsverlangen im Wesentlichen vorgegeben:
- Die Einberufung selbst darf nach Inhalt und Gegenstand vom Einberufungsverlangen nicht abweichen; es können also insbesondere nicht neue Tagesordnungspunkte erst in die Einberufung aufgenommen werden.
- Die Einberufung hat nach dem Gesetzeswortlaut „unter Mitteilung des Sachverhältnisses" zu geschehen. Das beinhaltet die Angabe des zugrunde liegenden Sachverhalts und die Erläuterung der Eilbedürftigkeit der Sache – Ausführungen, die den übrigen Nur-Gesellschaftern noch nicht bekannt sind –, wobei hier am praktikabelsten sein wird, das Einberufungsverlangen in Kopie beizufügen und auf dessen Inhalt zu verweisen.
- Weiter wird auch darzulegen sein, dass und wann das Einberufungsverlangen gestellt wurde und dass der bzw. die Geschäftsführer ihm nicht nachgekommen sind.

dd) Adressaten der im Wege der Selbstvornahme erfolgenden Einberufung

231 Die Einberufung ist an **sämtliche (Mit-)Gesellschafter** zu richten. Dieser Umstand kann in der Praxis zu ungeahnten Schwierigkeiten führen, da die Adressen der Gründungsgesellschafter sich zwar in aller Regel aus der Gründungsurkunde ergeben werden, sich jedoch aufgrund Adresswechsels geändert haben können; oder es mag gar ein dem Gesellschafter nicht bekannt gewordener Wechsel in der Person aufgrund Veräußerung oder Vererbung stattgefunden haben. Im Rahmen einer Gesellschafterecherche empfiehlt sich auch ein Blick in das seit 1.1.2007 bestehende elektronische Unternehmensregister (unter www.unternehmensregister.de). Insoweit besteht ggf. die Möglichkeit, auf die Gesellschafterliste Zugriff zu nehmen. Spätestens mit der Novellierung des GmbH-Rechts durch das MoMiG – speziell im Hinblick auf die §§ 16, 40 GmbHG – ist der Bestand der Gesellschafter mit wesentlich erhöhter Richtigkeitsgewähr einsehbar bzw. nachzuvollziehen. Unabhängig davon bleibt festzuhalten, dass der Gesellschafter ein Recht auf vollständige Auskunft gegenüber den Geschäftsführern geltend machen (herzuleiten aus § 51a GmbHG) und nötigenfalls auch im Wege des § 51b GmbHG durchsetzen kann. Zur zügigen Abwicklung empfiehlt es sich, den Geschäftsführer bereits im Rahmen des Einberufungsverlangens – hilfsweise – zur Mitteilung der Daten der Mitgesellschafter aufzufordern.

ee) Einberufende Gesellschafter

232 Auch aus der Einberufung muss klar erkennbar sein, **welche Gesellschafter sie aussprechen**, damit es den eingeladenen Mitgesellschaftern möglich ist, das Vorliegen der Voraussetzungen des § 50 Abs. 1 GmbHG zu prüfen. Beteiligungsquoten sollten zur Erleichterung dieser Überprüfung angegeben werden.

ff) Kosten der Einberufung

233 Über die durch die Einberufung entstandenen **Kosten** beschließt die Versammlung gem. § 50 Abs. 3 S. 2 GmbHG, und zwar auch ohne dass dieser Punkt vom einberufenden Gesellschafter eigens angekündigt werden müsste. In der Praxis wird die Notwendigkeit dieses Beschlusses aber oft in Vergessenheit geraten; dem beugt eine Anführung im Einberufungsschreiben vor.

d) Ankündigung von Gegenständen zur Beschlussfassung

234 Das in § 50 Abs. 2 GmbHG niedergelegte Recht einer Gesellschafterminderheit, **Gegenstände zur Beschlussfassung anzukündigen**, ist nichts anderes als ein Teilaspekt des Einberufungsrechtes und wird dann relevant, wenn die Geschäftsführer bereits zu einer Versammlung eingeladen haben. Voraussetzungen und Inhalt dieses Rechtes sowie die Förmlichkeiten und der Ablauf seiner Geltendmachung sind in weiten Teilen mit dem Einberufungsrecht **identisch**. Analog zum Einberufungs- ist zunächst ein Ankündigungsverlangen zu stellen, bei dessen Nichtberücksichtigung durch die Geschäftsführer dem Gesellschafter der Weg zur Selbstvornahme der Ankündigung eröffnet ist.

235 Anders als die Verhandlungsgegenstände einer Einberufung müssen die bloß angekündigten Tagesordnungspunkte jedoch nicht durch besondere Eilbedürftigkeit geprägt sein, da die Versammlung hier nicht allein ihretwegen zum Zusammentreten veranlasst wird. Anders liegt es nur, wenn die Tagesordnung bereits derart umfangreich ist, dass zeitlich kein freier Raum mehr besteht; dann wird darzulegen sein, dass und warum über die angekündigten Beschlussgegenstände dringlich zu beschließen ist, und welche bereits enthaltenen Punkte stattdessen von der Tagesordnung genommen werden sollen.

236 Besondere praktische Schwierigkeiten ergeben sich bei der **Durchsetzung des Ankündigungsverlangens** aufgrund der oftmals **zeitlich beengten Abfolge**. Wird lediglich mit gesetzlicher Mindestfrist zur Gesellschafterversammlung geladen, dann erhält der Gesellschafter (wenn die Post die Sendung binnen „gewöhnlicher Postlaufzeit" zustellt) die Ladung acht Tage vor der Versammlung. Er muss dann das Ankündigungsverlangen so zeitig stellen, dass es den Geschäftsführern möglich ist, die neuen Tagesordnungspunkte sämtlichen Gesellschaftern noch innerhalb der Frist des § 51 Abs. 4 GmbHG (drei Tage) mitzuteilen.

237 Für die Berechnung der Drei-Tage-Frist gelten die gleichen Regeln wie für die der Wochenfrist des Abs. 1, d.h. drei Tage müssen zwischen dem Tag des (gewöhnlichen) Zuganges und dem Versammlungstag liegen. Der Tag des gewöhnlichen Zuganges liegt folglich vier Tage vor dem Versammlungstag; bei einer gewöhnlichen Postlaufzeit von – knapp gerechnet – zwei Tagen muss die Mitteilung der Geschäftsführer sechs Tage vor dem Versammlungstag (als Übergabe-Einschreiben) bei der Post eingeliefert werden. Da auch den Geschäftsführern wenigstens ein Tag Prüfungszeit zuzubilligen ist, muss das Ankündigungsverlangen sie spätestens sieben Tage vor der Versammlung erreichen.

238 Der Gesellschafter hat demnach in solchen extremen Konstellationen die Aufgabe, für – nachweisbaren – Zugang seines Ankündigungsverlangens einen Tag nach Erhalt, besser noch am Tag des Erhalts der Ladung zu sorgen (Übermittlung per Boten gegen Empfangsquittung oder – wo dies nicht geht – per Telefax mit der Aufforderung zur sofortigen Übermittlung einer Empfangsbestätigung auf gleichem Wege).

239 Es empfiehlt sich dann weiter, die Geschäftsführer im Ankündigungsverlangen dazu **aufzufordern**, die Aufgabe der Mitteilung zur Post **vorab per Telefax zu bestätigen** sowie eine Kopie der Mitteilung vorab auf gleichem Wege zu übermitteln, da es dem Gesellschafter nur so möglich ist, widrigenfalls die Selbstvornahme der Ankündigung noch fristgerecht vorzunehmen (er muss das Ankündigungsschreiben bekanntlich ebenfalls spätestens sechs Tage vor dem Versammlungstag aufgeben!). Eine satzungsmäßige Verlängerung der Einberufungsfrist erleichtert die Wahrnehmung der Rechte aus § 50 Abs. 2 GmbHG.

4. Die Durchführung von Gesellschafterversammlungen
a) Ablauf der Gesellschafterversammlung

240 Sind die durch Gesetz und Rechtsprechung geschaffenen, vielfältigen formellen Hürden der Ladung genommen, beginnt die Vorbereitung der eigentlichen Gesellschafterversammlung. Der Ablauf der Gesellschafterversammlung bereitet erfahrungsgemäß entweder überhaupt keine oder erhebliche Probleme. Zumindest bei gesellschaftsrechtlichen Auseinandersetzungen – wie beispielsweise dem Ausschluss von Gesellschaftern – ist sie, wenn auch weniger mit rechtlichen, so doch mit vielen praktischen Problemen verbunden. Aufgrund der nicht selten vorherrschenden Nervosität und Aggressivität der Beteiligten empfiehlt sich eine sorgfältige Vorbereitung des Mandanten auf den Ablauf der Versammlung. Ferner ist es zweckmäßig im Vorfeld die Auswahl eines geeigneten Versammlungsleiters zu sondieren. Um Fehler im Eifer des Gefechts zu vermeiden, sollten für den Mandanten und den Versammlungsleiter Checklisten erstellt, zu unterzeichnende Dokumente vollständig vorbereitet und Beschlussvorlagen vorformuliert sein.

241   Das Gesetz selbst trifft lediglich in § 48 Abs. 1 GmbHG die karge Feststellung, dass Beschlüsse der Gesellschafter in Versammlungen gefasst werden. Weitergehende Regelungen finden sich nicht im Gesetz, meist jedoch in der Satzung. Die dort getroffen Regelungen sind ebenso wie die Regelungen zu den Stimmrechtsausübungen sorgfältig mit in die Vorbereitungen der Gesellschafterversammlung einzubeziehen.

242   Die **Gesellschafterversammlung beginnt** mit der Eröffnung der Versammlung zum Ladungszeitpunkt und dem Erscheinen mindestens eines Gesellschafters am Versammlungsort. Grundsätzlich kann sofort mit der Durchführung der Gesellschafterversammlung begonnen werden, eine **Wartepflicht** besteht nur in Ausnahmefällen. Im Einzelfall kann jedoch eine Wartepflicht, insbesondere bei angekündigter Verspätung wegen Krankheit oder unerwarteter Verkehrssituation, entstehen. Wird die Wartepflicht verletzt, entsteht das Risiko einer Anfechtbarkeit gefasster Beschlüsse. Der Umfang der Wartepflicht ist zeitlich schwer einzugrenzen, es kommt auf die Umstände des Einzelfalles an. In die Betrachtung sind die Bedeutung der zu fassenden Beschlüsse (der schnelle Ausschluss eines missliebigen Gesellschafters in den ersten drei Minuten der Versammlung, der sich um zehn Minuten verspätet, dürfte leicht anzufechten sein), die Anzahl der Gesellschafter (strengere Anforderungen in einer personalistisch strukturierten, insbesondere zweigliedrigen GmbH) und der Grund der Verspätung einzustellen.

243   Die **Beschlussfähigkeit** ist selbst dann gegeben, wenn nur ein Gesellschafter erschienen ist. Diese gesetzliche Regelung wird jedoch häufig in der Satzung durch das Erfordernis einer qualifizierten Mehrheit für die Beschlussfähigkeit modifiziert.

244   Es ist sodann zweckmäßig zunächst einen **Versammlungsleiter** sowie einen Protokollführer zu bestimmen. Sieht die Satzung keinen bestimmten oder bestimmbaren Versammlungsleiter vor, ist dieser durch Mehrheitsbeschluss zu bestimmen.

245   Das **Erstellen eines Protokolls** ist zwar nur in der Ein-Personen-GmbH gesetzlich vorgeschrieben (§ 48 Abs. 3 GmbHG), es ist jedoch unerlässlich um die Feststellung von Beschlüssen gegenüber dem Handelsregister zu dokumentieren, um beispielsweise die Abberufung eines Geschäftsführers zur Eintragung zu bringen. Das Protokoll muss selbstverständlich wahr, klar und vollständig sein. Es sollte die im Muster enthaltenen Mindestangaben enthalten und muss vom Versammlungsleiter sowie dem Protokollführer unterschrieben sein.

246   Nach der Eröffnung der Versammlung und der Wahl des Versammlungsleiters sowie des Protokollführers wird die **Tagesordnung** in der gleichen Reihenfolge wie in der Ladung angegeben durch Benennung der jeweiligen Tagesordnungspunkte (TOP) durch den Versammlungsleiter abgearbeitet. Es folgt eine Diskussion, sowie regelmäßig ein Beschlussvorschlag der zur Abstimmung gestellt wird.

247   Die **Stimmabgabe** erfolgt formfrei. Jeder Gesellschafter kann für seine Anteile nur einheitlich abstimmen. Grundsätzlich reicht für einen Mehrheitsbeschluss die einfache Mehrheit. Durch Satzung oder Gesetz geforderte qualifizierte Mehrheiten sind vom Versammlungsleiter ebenso wie Stimmverbote zu beachten.

248   Sodann erfolgt durch den Versammlungsleiter die verbindliche **Feststellung** des **Beschlussergebnisses**. Das **Ende der Gesellschafterversammlung** ist mit der Abhandlung der Tagesordnungspunkte erreicht. Verlassen Gesellschafter vorzeitig die Versammlung, ändert

dies nichts mehr an der Beschlussfähigkeit. Ist das Arbeitspensum aus Zeitgründen nicht zu bewältigen, sollten sich die Gesellschafter auf eine Unterbrechung und Vertagung verständigen, andernfalls empfiehlt es sich für jeden Gesellschafter das Ende der Versammlung abzuwarten.

b) Probleme bei der Durchführung der Gesellschafterversammlung

Häufiger Streitpunkt bei Beginn der Versammlung ist die **Reihenfolge der Tagesordnungspunkte**. Grundsätzlich gilt, wer zuerst lädt, bestimmt die Tagesordnung. Soweit Tagesordnungspunkte nachgereicht wurden, sind diese nachfolgend zu behandeln. Grundsätzlich kann jedoch durch Mehrheitsbeschluss die Tagesordnung abgeändert werden. Häufig hat eine Partei ein starkes Interesse daran, ein Junktim zwischen zwei der mehreren Tagesordnungspunkten zu erreichen. In diesen Fällen liegt der Kompromiss in der Zusammenfassung von Tagesordnungspunkten oder einer zusammengefassten Abstimmung. 249

In der **zweigliedrigen GmbH** spielt der Wettlauf um den Ausschluss keine Rolle mehr. Die Taktik, den missliebigen Gesellschafter zuerst auszuschließen, um selbst einem Ausschluss zuvorzukommen, verfängt nicht. Die Rechtsprechung verlangt in der zweigliedrigen GmbH die einheitliche Behandlung und Beschlussfassung über den **wechselseitigen Ausschluss**. Die isolierte Behandlung eines Antrages und der Ausschluss eines Gesellschafters stellt eine Verletzung der Teilnahmerechte des ausgeschlossenen Gesellschafters dar und führt zur Nichtigkeit des Beschlusses.[143] In einer weitergehenden Entscheidung hat der BGH schon zuvor festgestellt, dass auch in einer mehrgliedrigen GmbH die gleichzeitige Behandlung des wechselseitigen Ausschlusses geboten sein kann. In diesem Fall hatte der Beschluss über den Ausschluss jedoch Bestand, da er schon allein aufgrund des Abstimmungsverhaltens des dritten Gesellschafters tragfähig war und es auf Stimmrechtsmissbräuche oder die Verletzung von Teilnahmerechten nicht ankam.[144] 250

Grundsätzlich hat jeder Gesellschafter ein unentziehbares **aktives und passives Teilnahmerecht**. Dabei ist allein auf eine formale Betrachtungsweise der Gesellschafterstellung abzustellen. Häufig übersehen wird § 16 Abs. 1 GmbHG, trotz regelmäßig vorgenommener Belehrungen in den notariellen Urkunden über Geschäftsanteilsabtretungen. Es gilt nur derjenige als Erwerber, der in der im Handelsregister aufgenommenen Liste als Gesellschafter eingetragen ist oder der auf einer Gesellschafterliste eingetragen ist, welche unverzüglich nach Vornahme einer Rechtshandlung in das Handelsregister aufgenommen wird (§ 16 Abs. 1 S. 2 GmbHG). Die formale Gesellschafterstellung kann ferner nur der Treuhänder, nicht der Treugeber ausüben. **Dritte** können an der Gesellschafterversammlung nur dann teilnehmen, wenn die Satzung ein entsprechendes Teilnahmerecht vorsieht oder die Teilnahme mit einem Mehrheitsbeschluss genehmigt wird. Das gilt auch sowohl für die vollständige Vertretung eines Gesellschafters als auch für die Begleitung eines Gesellschafters als Berater. 251

5. Auskunfts- und Einsichtsverlangen von Gesellschaftern

§ 51a GmbHG statuiert das allgemeine Recht des Gesellschafters, von der Gesellschaft **Informationen** im Wege der **Auskunft** oder der **Einsichtnahme** zu erhalten, § 51b GmbHG stellt die gerichtlichen Mittel zur Anspruchsdurchsetzung bereit. Die Vorschrift dient dem Minderheitenschutz und ist konsequenterweise auch **nicht abdingbar**, wie § 51a Abs. 3 GmbHG festlegt. 252

---

143 OLG München NJW-RR 1994, 496.
144 BGH GmbHR 1990, 162.

a) Auskunfts- und Einsichtsberechtigte, Informationseinholung durch Bevollmächtigte

253 Auskunfts- und einsichtsberechtigt ist **jeder Gesellschafter**; eine Mindestbeteiligungshöhe (wie z.B. in § 50 GmbHG) ist als Begrenzung nicht vorgesehen. Vom Bestehen eines Stimmrechts im Allgemeinen bzw. im konkreten Fall sind die Informationsrechte des Gesellschafters nicht abhängig. Die Informationseinholung, d.h. sowohl Auskunftseinholung als auch Einsichtnahme, kann durch sachverständige **Bevollmächtigte** (Rechtsanwälte, Steuerberater, Wirtschaftsprüfer) erfolgen, was sinnvoll erscheint, wenn es um handels-, gesellschafts- oder steuerrechtlich komplexe Fragen geht. Mit dem **Ausscheiden** des Gesellschafters **erlischt** sein Recht auf Informationseinholung nach § 51a GmbHG.

b) Adressat und Gegenstand des Informationsverlangens

254 Der Anspruch auf **Auskunftserteilung** ist gegen die **Gesellschaft** zu richten; ihr für die Informationserteilung **zuständiges Organ** sind die **Geschäftsführer**. Auskunft ist nach dem Gesetzeswortlaut über alle Angelegenheiten der Gesellschaft zu geben. Darunter sind sämtliche Fakten zu verstehen, die die **rechtlichen und wirtschaftlichen Verhältnisse** und damit den **wirtschaftlichen Wert der Gesellschaft prägen**. In der Regel werden hierzu auch die rechtlichen und wirtschaftlichen Verhältnisse von Unternehmen gehören, mit denen die Gesellschaft durch eine Beteiligung bzw. einen Unternehmensvertrag verbunden ist.

c) Form und Frist der Auskunftserteilung

255 Die Auskunft muss keineswegs schriftlich erteilt werden; es liegt im Ermessen der Geschäftsführer, ob sie auf das Auskunftsverlangen **schriftlich oder mündlich** antworten. Die Auskunft ist nach dem Gesetzeswortlaut unverzüglich zu erteilen, was wie in § 121 BGB zu verstehen ist, also **ohne schuldhaftes Zögern**. In aller Regel wird hier zu prüfen sein, welche Dringlichkeit und Bedeutsamkeit der verlangten Auskunft zukommt (ob sie etwa für eine demnächst anberaumte Gesellschafterversammlung und die dortige Beschlussfassung bedeutsam ist) und welcher Aufwand mit der Beantwortung objektiv verbunden ist.

d) Umfang des Einsichtsrechts

256 Das Einsichtsrecht bezieht sich auf Bücher und Schriften der Gesellschaft (§ 51a GmbHG). Darunter ist die **gesamte Buchhaltung** einschließlich der Belege und die **gesamte Korrespondenz** der Gesellschaft zu verstehen. Auch auf modernen Datenträgern gespeicherte Unterlagen sind mit einzubeziehen, allerdings wird hierbei eine „Selbstbedienung" an einer EDV-Anlage nicht gefordert werden können, sondern nur das Zurverfügungstellen von Ausdrucken, soweit diese zur Befriedigung eines berechtigten Informationsinteresses erforderlich sind. Der Gesellschafter kann nicht verlangen, dass Einsicht in anderen Räumen als den **Geschäftsräumen** gewährt wird. **Kopien** darf der Gesellschafter fertigen, falls er ein nachvollziehbares Interesse hieran darlegen kann und falls nicht ein Geheimhaltungsinteresse der Gesellschaft entgegensteht.

e) Rechte zur Verweigerung der Informationserteilung
aa) Besorgnis der Verwendung der Information zu gesellschaftsfremden Zwecken

257 Die Information – also die Gewährung der Einsichtnahme und die Erteilung der Auskunft – kann **verweigert** werden, wenn in objektiv nachvollziehbarer Weise die Besorgnis besteht, dass sie zu **gesellschaftsfremden Zwecken** verwendet werden wird und dass der Gesellschaft (bzw. einem mit ihr verbundenen Unternehmen) hierdurch ein **nicht unerheblicher Nachteil** entsteht (vgl. § 51a Abs. 2 S. 1 GmbHG).

„Gesellschaftsfremd" im Sinne dieser Norm ist hierbei alles, was der Gesellschaft (oder einem Mitgesellschafter) schadet, auch wenn diese Schädigung möglicherweise nicht beabsichtigt ist, sondern nur fahrlässig herbeigeführt wird. 258

Grund zur Besorgnis ist dann gegeben, wenn nachweisbare Momente vorhanden sind, die für eine zweckwidrige Verwendung sprechen. In der Praxis dürfte am häufigsten die von Beziehungen zu **Konkurrenten** (bzw. von einer – u.U. auch potentiellen – Konkurrentenstellung des Gesellschafters) ausgehende Gefahr eine derartige Besorgnis begründen. Der befürchtete Nachteil setzt nicht voraus, dass ein konkret messbarer Schaden zu befürchten steht. 259

bb) Fehlendes Informationsbedürfnis

Schwieriger zu entscheiden ist die Frage, ob über den in § 51a Abs. 2 S. 1 GmbHG normierten Tatbestand hinaus ein Recht zur Auskunfts- bzw. Einsichtsverweigerung auch dann besteht, wenn der Gesellschafter **kein Bedürfnis zur Information vorweisen** kann, und an welchen Kriterien der Begriff des Informationsbedürfnisses – erkennt man dessen Notwendigkeit an – auszurichten ist. 260

Die wohl h.M. in der Literatur[145] geht davon aus, dass die Erteilung von Informationen nur verlangt werden kann, soweit der jeweilige Gesellschafter ihrer bedarf, um **seine Mitgliedschaftsrechte sachgerecht ausüben** und die **Werthaltigkeit seiner Beteiligung zutreffend einschätzen** zu können, während die Rechtsprechung[146] – mindestens in Teilen – das Vorliegen eines solchen Informationsinteresses nicht zur ausdrücklichen Vorbedingung macht. Auch in der Rechtsprechung ist allerdings anerkannt, dass ein Informationsbegehren **willkürlich** und **missbräuchlich** sein kann, wenn nämlich ein schützenswertes Interesse des Gesellschafters, gerade die begehrte Information zu erhalten, nicht zu erkennen ist. 261

Richtigerweise wird man von dem Gesellschafter besondere Darlegungen zu seinem Informationsbedürfnis nur ausnahmsweise verlangen können, d.h. nur in denjenigen Fällen, in denen sich dieses Bedürfnis nicht bereits aus den Umständen ergibt. In solchen Fällen ist der Gesellschafter, ggf. nach Aufforderung durch die Gesellschaft, gehalten, entsprechend vorzutragen. Die Gesellschaft hat daraufhin die Möglichkeit, diesen Vortrag mittels konkreter Erwiderung substantiiert in Frage zu stellen. Erst im Anschluss hieran wird man an den Gesellschafter die Forderung stellen können, seine Behauptungen – z.B. durch Zugänglichmachen entsprechender Unterlagen – zu belegen. 262

cc) Grundsätze Verhältnismäßigkeit

Weitere Beschränkungen des Informationsrechts ergeben sich daraus, dass es den Grundsätzen 263
– der Notwendigkeit
– des schonendsten Weges sowie
– der Verhältnismäßigkeit
unterliegt.

Die begehrte Information muss **notwendig**, also tatsächlich erforderlich sein, um dem Interesse des Gesellschafters nachzukommen. Auskünfte sind z.B. dann nicht notwendig, wenn die begehrte Information bereits anderen Informationsquellen (beispielsweise dem Jahresabschluss) zu entnehmen ist, oder wenn sich bei genauer Prüfung zeigt, dass das legitime Informationsinteresse derart weit nicht reicht, dass eine Auskunft auch noch über bestimmte weitere Angelegenheiten zu erteilen wäre. 264

---

145 Scholz/*Schmidt*, § 51a Rn 8; Baumbach/Hueck/*Zöllner*, § 51a Rn 27.
146 OLG Frankfurt/M. GmbHR 1995, 904; LG Düsseldorf DB 1989, 1077.

265 Ein Anspruch auf Informationserlangung besteht zudem nur, soweit dies **in der schonendsten Weise** geschieht; die Ressourcen der Gesellschaft müssen also möglichst effizient genutzt werden. Das gilt vor allem für das Verhältnis der beiden Informationsrechte: Wo der Geschäftsführer **zur Auskunftserteilung erheblichen Aufwand** treiben müsste, mag es je nach Lage der Dinge gerechtfertigt sein, den Gesellschafter **auf eine Einsichtnahme zu verweisen**, mittels derer er sich die begehrte Auskunft selbst „erarbeiten" kann. Umgekehrt kann eine Einsichtnahme manches Mal für die Gesellschaft stark belastend sein, so dass es in jenen Fällen den Geschäftsführern erlaubt sein kann, das Informationsbedürfnis des Gesellschafters stattdessen durch eine Auskunft zu befriedigen.

266 Schließlich kann ein Anspruch auf Information daran scheitern, dass ein Informationsinteresse des Gesellschafters zwar nicht verneint werden kann, dieses jedoch hinter den Interessen der Gesellschaft, der Geschäftsführung oder eines Mitgesellschafters deutlich zurückzutreten hat. Da nach der klaren gesetzlichen Regelung die umfassenden Informationsrechte des Gesellschafters grundsätzlich nicht unter dem **Vorbehalt der Abwägung** stehen, sind solche Fälle der Unverhältnismäßigkeit nur in besonderen Konstellationen denkbar, in denen beispielsweise ein **Verdacht auf missbräuchlichen Einsatz des Informationsanspruchs** nahe liegt, weil ständig umfangreiche Fragen gestellt oder Einsichtsbegehren geäußert werden, die die Geschäftsführung erheblich belasten, oder in denen die Gesellschaft ein besonderes Interesse an – zumindest zeitweiliger – Geheimhaltung besitzt und dem Gesellschafter ein Zuwarten angesonnen werden kann.

f) Notwendigkeit der Herbeiführung eines Gesellschafterbeschlusses vor Entscheidung über das Informationsbegehren

267 Liegt nach Auffassung der Geschäftsführung einer der vorbezeichneten Fälle vor, in denen die Gesellschaft zur Verweigerung des Informationsbegehrens berechtigt ist, so können die Geschäftsführer diese Entscheidung nicht selbst treffen. Vielmehr ist gem. § 51a Abs. 2 S. 2 GmbHG ein **Gesellschafterbeschluss** herbeizuführen. Erst wenn die Zustimmung der Gesellschafterversammlung vorliegt, kann das Ansinnen des Gesellschafters zurückgewiesen werden. Der informationsbegehrende Gesellschafter ist bei dieser Beschlussfassung von der Stimmrechtsabgabe ausgeschlossen. Der Gesellschafterbeschluss bedarf keiner Begründung, gleich ob er dem Begehren um Information stattgibt oder es verweigert.

268 Wollen die Geschäftsführer hingegen die begehrte Einsicht **gewähren** bzw. Auskunft **erteilen**, sind sie hierbei nach der Konzeption des Gesetzgebers **nicht** vom Votum der Gesellschafterversammlung abhängig. Daraus wird deutlich, dass der Gesetzgeber die Gefahr im Regelfall darin gesehen hat, dass die Geschäftsführung das Begehren eines Gesellschafters um Information **unberechtigt zurückweist**. Nichtsdestotrotz wird man eine Verpflichtung der Geschäftsführung, Informationen nicht ohne vorherigen Gesellschafterbeschluss zu erteilen, in den Fällen bejahen müssen, in denen die Geschäftsführung grundsätzlich **zur Erteilung gewillt** ist, obwohl Umstände vorliegen, die die **Gefahr einer Nachteilszufügung** i.S.d. § 51a Abs. 2 S. 1 GmbHG nahe legen. Umgekehrt können die Geschäftsführer in Ausnahmefällen zur **Verweigerung** der Informationserteilung auch **ohne** Gesellschafterbeschluss befugt sein. Das ist dann der Fall, wenn die Informationserteilung eine strafbare Handlung darstellen würde, weil die betreffenden Daten im Interesse von Dritten (insbesondere Kunden) geheimhaltungsbedürftig sind.

g) Gerichtliche Durchsetzung eines berechtigten Informationsbegehrens
aa) Abgrenzung zur Anfechtungsklage

269 Wird die Erteilung der Information verweigert, so hat der betroffene Gesellschafter die Möglichkeit, die Durchsetzung eines berechtigten Informationsbegehrens in dem durch **§ 51b GmbHG**

vorgesehenen Verfahren zu verfolgen. Es kann allerdings ein Fall vorliegen, in dem die Informationserteilung gerade deswegen verlangt worden ist, weil sie **für einen Gesellschafterbeschluss bedeutsam** war. Hier kann die verweigerte Information (ggf. neben anderen Unzulänglichkeiten der Beschlussfassung) als Grundlage einer gegen diesen Beschluss gerichteten **Anfechtungsklage** dienen. In aller Regel nicht tunlich ist hingegen der Versuch, denjenigen Beschluss, der die Auskunftserteilung verweigert, mit der Anfechtungsklage anzugreifen, da angesichts der durch § 51b GmbHG eröffneten besonderen Möglichkeit grundsätzlich das Rechtsschutzbedürfnis für eine derartige Klage fehlt.

bb) Verfahren der freiwilligen Gerichtsbarkeit
Für die nach § 51b GmbHG zu treffende Entscheidung gilt das FamFG. Dementsprechend hat keine Klagerhebung zu erfolgen, sondern die Stellung eines **Antrages** auf gerichtliche Entscheidung über das Bestehen eines Auskunfts- bzw. Einsichtsrechts. Die richtige Parteibezeichnung lautet nicht auf Kläger und Beklagter, sondern auf Antragsteller und Antragsgegner. Das FamFG-Verfahren ist vom **Amtsermittlungsgrundsatz** beherrscht. 270

cc) Zuständiges Gericht
Zuständig ist ausschließlich das **Landgericht**, in dessen Bezirk die Gesellschaft ihren **Sitz** hat (§ 51b S. 1 GmbHG, § 132 Abs. 1 AktG). Soweit bei dem betreffenden Landgericht eine **Kammer für Handelssachen** besteht, ist diese zur Entscheidung berufen (§ 95 Abs. 2 Nr. 2 i.V.m. § 71 Abs. 2 Nr. 4b GVG). Es muss zudem vor Einreichung des Antrags die Frage geklärt werden, ob das Landesrecht von den durch § 71 Abs. 4 GVG eingeräumten Befugnissen Gebrauch gemacht und die Zuständigkeit für mehrere Landgerichtsbezirke bei einem Landgericht **konzentriert** hat, wobei zu prüfen ist, ob ergangene Regelungen über eine Zuständigkeitskonzentration nur für das Aktienrecht oder auch für das Recht der GmbH Geltung beanspruchen. 271

dd) Antragsteller, Antragsgegner
Antragsteller kann nur sein, wer zum Zeitpunkt der Antragstellung Gesellschafter ist. Die Berechtigung zur Antragstellung kommt nur demjenigen Gesellschafter zu, der von der Gesellschaft Informationen verlangt hat und mit diesem Begehren abgewiesen worden ist. Richtiger **Antragsgegner** ist die Gesellschaft, vertreten durch ihren bzw. ihre Geschäftsführer. 272

ee) Nichtbestehen von Fristen
§ 51b GmbHG verweist wegen der einzelnen Modalitäten der gerichtlichen Geltendmachung auf § 132 AktG; § 132 Abs. 2 AktG ist jedoch von der Verweisung ausdrücklich ausgenommen. Das bedeutet, dass für den Antrag im GmbH-Recht **keine Frist zu beachten** ist. Allerdings muss berücksichtigt werden, dass – wie auch sonst – das Rechtsinstitut der **Verwirkung** Anwendung findet, so dass ein nach Verweigerung der begehrten Information erfolgtes längeres Zuwarten schädlich sein kann. Ggf. ist dann zu empfehlen, zunächst das Informationsbegehren gegenüber der Gesellschaft zu wiederholen – das Informationsrecht als solches unterliegt nicht der Verwirkung und kann daher unproblematisch noch einmal ausgeübt werden – und (erst) nach erneuter Verweigerung bzw. Nichterfüllung das Verfahren gem. § 51b GmbHG einzuleiten. 273

ff) Ablehnender Gesellschafterbeschluss als Voraussetzung der gerichtlichen Geltendmachung?

274 Die **Befugnis zur Antragstellung hängt nicht davon ab**, dass die Gesellschafterversammlung **einen (ablehnenden) Beschluss gefasst** hat. Führen die Geschäftsführer verfahrenswidrig keinen Gesellschafterbeschluss herbei, darf dies nicht zu Lasten des auskunftsbegehrenden Gesellschafters gehen. Der betreffende Gesellschafter hat nicht die Verpflichtung, die Aufgaben der Geschäftsführer ersatzweise wahrzunehmen, indem er selbst für die Beschlussfassung sorgt; ohnehin kann er einen Gesellschafterbeschluss über § 50 GmbHG dann nicht herbeiführen, wenn er die dazu erforderliche Beteiligungsquote von 10% nicht innehat. Der informationssuchende Gesellschafter ist folglich zutreffenderweise bereits dann antragsberechtigt, wenn die Geschäftsführung ihm gegenüber die Erteilung ablehnt bzw. wenn eine Antwort auf sein Informationsgesuch nicht in angemessener Zeit erfolgt.

gg) Bestimmter Antrag

275 Besondere Sorgfalt ist bei der Formulierung des Antrages auf Auskunfterteilung bzw. Einsichtnahme anzuwenden. Das gilt nicht nur deswegen, weil das Gericht in die Lage versetzt werden muss, die Berechtigung des Anspruchs prüfen zu können, sondern vor allem, um die Vollstreckbarkeit des Tenors sicherzustellen. Das Begehren muss daher **bestimmt genug** bezeichnet sein.

hh) Einstweiliger Rechtsschutz

276 Der Informationsanspruch des § 51a GmbHG kann nicht im Wege einstweiligen Rechtsschutzes durchgesetzt werden. Gegebenenfalls kann versucht werden, andere Grundlagen, insbesondere § 810 BGB, zur Begründung heranzuziehen, und auf deren Basis im gewöhnlichen Klageverfahren einen Antrag auf Erlass einer einstweiligen Verfügung zu stellen.

III. Muster

M 38 | **1. Muster: Einberufung einer Gesellschafterversammlung**

---

277 Per Übergabe-Einschreiben
Gleichlautend
an sämtliche Gesellschafter
der _____ GmbH:
– Herrn A, _____ (Anschrift);
– Herrn B, _____ (Anschrift);
– Herrn C, _____ (Anschrift);
– Herrn D, _____ (Anschrift).
Als Geschäftsführer lade ich Sie hiermit zu einer Gesellschafterversammlung wie folgt ein:
_____ (Datum, Uhrzeit)
Hotel _____ (Name des Hotels, Anschrift)
Es wird dort folgende Tagesordnung zur Beratung und Beschlussfassung gestellt:
TOP 1: _____ (*einsetzen – Beispiele siehe Rn 278 ff.*)
TOP 2: _____
TOP 3: _____
usw.
Begründung: _____ (*nur, falls zu einer Begründung Anlass besteht*)

_____ (Ort, Datum)
_____ (Unterschrift E als Geschäftsführer der _____ GmbH)

2. Beispiele: Tagesordnungspunkte
a) Tagesordnungspunkte anlässlich der alljährlichen Gesellschafterversammlung

Typische Tagesordnungspunkte zur alljährlichen Gesellschafterversammlung betreffend den Abschluss der Gesellschaft (§ 46 Nr. 1, 5 GmbHG) können sein:

1. Feststellung des Jahresabschlusses zum 31. Dezember 20_____
2. Verwendung des Ergebnisses aus dem Geschäftsjahr 20_____
3. Entlastung der Geschäftsführer.

278

b) Beschluss über die Einzahlung von Stammeinlagen

Bei Bareinlagen bzw. gemischten Einlagen müssen die Stammeinlagen nicht voll einbezahlt werden (vgl. § 7 Abs. 2 GmbHG, für Sacheinlagen hingegen § 7 Abs. 3 GmbHG). Soweit nicht bereits der Gesellschaftsvertrag die Termine für die weiteren Einzahlungen festlegt, entscheidet die Gesellschafterversammlung über deren Leistung (§ 46 Nr. 2 GmbHG). Nach wohl herrschender Meinung wirkt der Beschluss nicht bereits als solcher, sondern muss seitens des Geschäftsführers durch eine **Anforderung der Einzahlung** umgesetzt werden.[147]

279

TOP:
Einzahlung folgender sofort/zum _____ fälliger Beträge auf die übernommenen Stammeinlagen:
1. Gesellschafter A: _____ EUR
2. Gesellschafter B: _____ EUR.

c) Beschluss über die Einzahlung von Nachschüssen

Den Gesellschaftern obliegt nur dann eine Pflicht, Nachschüsse zu leisten, wenn dies im Gesellschaftsvertrag bestimmt ist (§ 26 Abs. 1 GmbHG). Der Beschluss über die Einforderungen steht von Gesetzes wegen den Gesellschaftern zu (§ 26 Abs. 1 GmbHG). Bevor Nachschüsse gefordert werden, müssen nach allgemeiner Ansicht zunächst die Stammeinlagen vollständig eingefordert (aber nicht einbezahlt) sein, wobei die Satzung bei beschränkter Nachschusspflicht eine Einforderung der Nachschüsse auch bereits vorher zulassen kann (§ 28 Abs. 2 GmbHG). Bei der Bezifferung der Beträge ist zu beachten, dass die Einzahlung grundsätzlich nach dem Verhältnis der Geschäftsanteile zu erfolgen hat (§ 26 Abs. 2 GmbHG), soweit nicht die Satzung Abweichendes vorsieht. Der Gesellschaftsvertrag kann – muss aber nicht – die Nachschusspflicht betragsmäßig beschränken (§ 26 Abs. 3 GmbHG). Auch hier ist nach h.M. eine Umsetzung des Beschlusses durch **Anforderung der Nachschüsse** seitens des Geschäftsführers erforderlich.[148]

280

TOP:
Einzahlung folgender sofort/zum _____ fälliger Nachschüsse:
1. Gesellschafter A: _____ EUR
2. Gesellschafter B: _____ EUR
3. Gesellschafter C: _____ EUR
4. Gesellschafter D: _____ EUR.

---

[147] Baumbach/Hueck/*Zöllner*, § 19 Rn 7 m.w.N.
[148] Baumbach/Hueck/*Zöllner*, § 19 Rn 9 m.w.N.

d) Beschluss über die Rückzahlung geleisteter Nachschüsse (§ 46 Nr. 3 GmbHG)

281 Eine Rückzahlung geleisteter Nachschüsse ist nur zulässig, wenn das Stammkapital voll eingezahlt (§ 30 Abs. 2 S. 3 GmbHG) und der Nachschuss nicht zur Deckung eines Verlustes am Stammkapital erforderlich ist (§ 30 Abs. 2 S. 1 GmbHG). Der Beschluss über die Rückzahlung ist bekannt zu machen. Bezüglich des Zeitpunktes der Rückzahlung ist § 30 Abs. 2 S. 2 GmbHG zu beachten.

TOP:
Rückzahlung geleisteter Nachschüsse in folgender Höhe:
1. an Gesellschafter A: _____ EUR
2. an Gesellschafter B: _____ EUR
3. an Gesellschafter C: _____ EUR
4. an Gesellschafter D: _____ EUR.

e) Beschluss über die Genehmigung der Teilung eines Geschäftsanteils

282 Die **Teilung** eines Geschäftsanteils bedarf der Genehmigung durch die Gesellschafterversammlung (§ 46 Nr. 4 GmbHG).

283 Nachdem § 17 GmbHG durch das MoMiG vollständig aufgehoben wurde, bedarf seitdem die Teilung nicht mehr der Genehmigung der Gesellschaft.[149]

f) Beschluss über die Einziehung von Geschäftsanteilen (§ 46 Nr. 4 GmbHG)

284 Die **Einziehung** von Geschäftsanteilen ist nur dann zulässig, wenn die **Satzung** diese Möglichkeit vorsieht. Die Satzung kann die Zuständigkeit zur Einziehung einem anderen Organ (Geschäftsführer, Beirat, Aufsichtsrat) übertragen, sodass ihre Regelungen zunächst eingehend zu prüfen sind. Eine formelle Mitteilung der Einziehung an den betroffenen Gesellschafter durch den Geschäftsführer sollte in jedem Fall erfolgen, gleich ob der betroffene Gesellschafter an der Versammlung teilgenommen hat oder nicht. Zu den Voraussetzungen eines wirksamen Einziehungsbeschlusses vgl. i.Ü. Rn 108 ff.

TOP:
Einziehung des Geschäftsanteils des Gesellschafters B im Nennbetrag von _____ EUR.

g) Abberufung und Kündigung eines Geschäftsführers, Neubestellung eines anderen Geschäftsführers

285 Gem. § 46 Nr. 5 GmbHG ist die Gesellschafterversammlung für die Bestellung und Abberufung von Geschäftsführern zuständig. In dem nachfolgend gewählten Beispiel wird gleichzeitig mit dem Beschluss über die Abberufung eines Geschäftsführers eine andere Person zum Geschäftsführer bestellt; das ist vor allem dann tunlich, wenn die Gesellschaft nur den einen – abzuberufenden – Geschäftsführer besitzt, da ansonsten die Gefahr droht, dass die Gesellschaft zeitweilig ohne ihr wichtigstes Handlungsorgan ist.

286 **Bestellung bzw. Abberufung** (§ 38 GmbHG) als Handlungen der Begründung bzw. Beendigung der Organstellung sind strikt zu trennen von den **dienstvertraglichen Beziehungen** des Geschäftsführers zur Gesellschaft. Die Beendigung des Geschäftsführer-Anstellungsvertrages ist, wie sich auch aus § 38 Abs. 1 letzter Hs. GmbHG ergibt, mit der Beendigung der Organstellung

---

[149] Baumbach/Hueck/*Zöllner*, § 46 Rn 30.

keineswegs gleichzusetzen, sondern folgt allein dienstvertraglichen Regeln. Die Satzung kann eine Verknüpfung herstellen, etwa mit der Klausel, dass die Abberufung zugleich als Kündigung zum nächstmöglichen Zeitpunkt gilt; ansonsten ist jedoch über die Kündigung ein gesonderter Tagesordnungspunkt aufzustellen und ein eigener Beschluss zu fassen. Die diesbezügliche Zuständigkeit der Gesellschafterversammlung ergibt sich nach allgemeiner Ansicht als Annexkompetenz zu § 46 Nr. 5 GmbHG.

Beschlüsse über **Bestellung und Abberufung** bedürfen zu ihrer Umsetzung einer **Erklärung** der **Gesellschaft**. Hinsichtlich dieser Erklärung ist die Besonderheit zu beachten, dass sie gegenüber dem Geschäftsführer abzugeben ist, der somit als Erklärender ausscheidet. Die Gesellschafterversammlung als solche ist für die Kundgabe zuständig, sie wird in aller Regel einen Gesellschafter oder einen Mitgeschäftsführer hiermit beauftragen, wobei diese Beauftragung in den Beschluss mit aufgenommen werden kann. Die **Bestellung** wird überdies nur wirksam, wenn der zu Bestellende sie annimmt. (Zu Abberufung und Kündigung des Geschäftsführer-Anstellungsvertrages vgl. Rn 165 ff.). 287

TOP:
1. Abberufung des Geschäftsführers F;
2. Außerordentliche fristlose Kündigung des Anstellungsvertrages des Geschäftsführers F aus wichtigem Grund;
3. Hilfsweise zu 2. auszusprechende ordentliche fristgerechte Kündigung des Anstellungsvertrages des Geschäftsführers F;
4. Bestellung des G zum Geschäftsführer;
5. Abschluss eines Geschäftsführer-Anstellungsvertrages mit G.

h) Maßregeln zur Prüfung und Überwachung der Geschäftsführung

Nach § 46 Nr. 6 GmbHG kann die Gesellschafterversammlung „Maßregeln zur **Prüfung und Überwachung der Geschäftsführung**" beschließen. Dazu gehören vor allem Beschlüsse, vom Geschäftsführer Berichte und Auskünfte zu verlangen sowie unterschiedlichste Begutachtungs- und Prüfungsmaßnahmen, v.a. durch sachkundige Dritte, durchführen zu lassen.[150] 288

TOP:
1. Anforderung eines ausführlichen Berichtes des Geschäftsführers F zu den Gründen der gegenüber dem leitenden Angestellten L ausgesprochenen Kündigung;
2. Bestellung eines Sonderprüfers zur Überprüfung der mit dem Auftrag „123" des XY-Konzerns zusammenhängenden Handlungen der Geschäftsführung.

i) Beschluss über die Erteilung von Prokura und Generalhandlungsvollmacht

Die Entscheidung über die Erteilung der **Prokura** obliegt der Gesellschafterversammlung (§ 46 Nr. 7 GmbHG). Die **Bestellung selbst** wird auf dieser Grundlage durch den **Geschäftsführer** vorgenommen. Über Abschluss oder Beendigung des Anstellungsvertrages des Prokuristen muss die Gesellschafterversammlung von Gesetzes wegen nicht beschließen. 289

Ein Beschluss über die Bestellung eines Handlungsbevollmächtigten ist nach dem klaren Wortlaut des Gesetzes durch die Gesellschafterversammlung nur dann zu fassen, wenn es sich um eine solche für den gesamten Geschäftsbetrieb handelt (**Generalhandlungsvollmacht**). Im Übrigen gilt das bereits zur Prokura Gesagte sinngemäß. 290

---

[150] Vgl. Baumbach/Hueck/*Zöllner*, § 46 Rn 50f.

TOP:
1. Bestellung des P zum Prokuristen;
2. Erteilung von Handlungsvollmacht für den gesamten Geschäftsbetrieb an H.

j) Beschluss über die Geltendmachung von Ansprüchen gegenüber Gesellschaftern und Geschäftsführern und die Vertretung der Gesellschaft im Rahmen der Geltendmachung

291 Gemäß § 46 Nr. 8 Alt. 1 GmBHG muss die **Gesellschafterversammlung** über die Geltendmachung von Ersatzansprüchen gegen **Geschäftsführer** oder **Gesellschafter** aus der Gründung der Gesellschaft oder aus der Geschäftsführung entscheiden. Die Vorschrift wird weit ausgelegt und nicht nur auf alle (Schadens-) Ersatzansprüche, sondern auch auf Herausgabe-, Bereicherungs- und Unterlassungsansprüche angewandt, soweit letztere mit der Geschäftsführungstätigkeit zusammenhängen. Im Zweifel sollte daher die Gesellschafterversammlung zur Beschlussfassung geladen werden, zumal jede Form der Geltendmachung (auch bereits die außergerichtliche) wirksam nur auf der Grundlage des Beschlusses ergehen kann und die Tatsache der Beschlussfassung spätestens vor Gericht nachgewiesen werden muss, da ansonsten die Klage als unbegründet abzuweisen ist.[151]

292 Die Gesellschafterversammlung **kann** – und sollte – besondere Vertreter mit der Durchsetzung dieser Ansprüche beauftragen, wobei zum Vertreter ebenso gut ein (anderer) Geschäftsführer, ein (anderer) Gesellschafter sowie auch ein fremder Dritter bestellt werden kann. Falls Ansprüche gegen Gesellschafter geltend zu machen sind und ein solcher Vertreter nicht bestimmt wird, vertreten wie gewöhnlich die Geschäftsführer die Gesellschaft.

293 In den Fällen des § 46 Nr. 8 Alt. 2 GmbHG **muss** die Gesellschaft besondere Vertreter bestellen. Diese Regelung ist losgelöst von Alt. 1 zu sehen: Besondere Vertreter sind **zwingend nur dann** zu bestellen, wenn es um **gerichtliche** Auseinandersetzungen (Aktiv- und Passivprozesse) geht, und nur dann, wenn diese **Geschäftsführer** (nicht auch Gesellschafter) betreffen. Insofern ist Alt. 2 enger als Alt. 1. Andererseits ist der Anwendungsbereich der Alt. 2 aber auch **weiter**, weil die Bestellung besonderer Vertreter nicht nur im Fall der Geltendmachung von Ersatzansprüchen, sondern bei **sämtlichen gerichtlichen Auseinandersetzungen** geboten ist. Einleuchtend ist dies für diejenigen Fälle, in denen es sich um den einzigen Geschäftsführer handelt, es gilt aber auch im Übrigen.

TOP:
1. Erhebung und gerichtliche Durchsetzung von Ersatzansprüchen gegen den Geschäftsführer F wegen Barabhebungen vom Firmenkonto zu privaten Zwecken sowie wegen Veräußerung des Firmen-Fuhrparks unter Wert;
2. Beauftragung des Gesellschafters A mit der Vertretung der Gesellschaft bei der Geltendmachung der zu 1. bezeichneten Ansprüche gegen den Geschäftsführer F.

TOP:
1. Geltendmachung von Ansprüchen auf Unterlassung von Wettbewerb gegen den Gesellschafter C wegen des Betreibens der Kfz-Reparaturwerkstatt X und aller damit im Zusammenhang stehenden Handlungen;
2. Beauftragung der Gesellschafter A und B mit der Vertretung der Gesellschaft, jeweils in Einzelvertretungsmacht, bei der Geltendmachung der zu 1. bezeichneten Ansprüche gegen den Gesellschafter C.

---

[151] BGHZ 28, 359.

k) Verlust der Hälfte des Stammkapitals als zwingender Einberufungsgrund

Gemäß § 49 Abs. 3 GmbHG muss eine Gesellschafterversammlung unverzüglich einberufen werden, wenn „die Hälfte des Stammkapitals verloren ist", d.h. wenn das **Eigenkapital auf den Betrag des halben Stammkapitals herabgesunken** ist. Problematisch für die Geschäftsführer gerät die Überprüfung, ob dieser Tatbestand vorliegt, vor allem deswegen, weil äußerst umstritten ist, nach welchen Bewertungsgrundsätzen die Beurteilung zu erfolgen hat.

In jedem Fall müssen die Geschäftsführer die wirtschaftliche Lage der Gesellschaft ständig im Blick behalten und genauere Prüfungsmaßnahmen durchführen, wenn der Stand des Eigenkapitals sich ungünstig entwickelt. Die sodann einzuberufende Gesellschafterversammlung dient nicht nur der Mitteilung des Verlusteintritts, sondern auch einer Beratung und ggf. Beschlussfassung über zu treffende Maßnahmen.

TOP:
1. Mitteilung über das Absinken des Eigenkapitals auf den Betrag des halben Stammkapitals;
2. Erörterung der der Feststellung zu 1. zugrunde liegenden Bewertungsgrundsätze;
3. Beratung und Beschlussfassung über die zu treffenden Maßnahmen.

---

3. Muster: Ankündigung von Gegenständen zur Tagesordnung

M 39

Per Übergabe-Einschreiben
Gleichlautend
an sämtliche Gesellschafter
der _____ GmbH:
- Herrn A, _____ (Anschrift)
- Herrn B, _____ (Anschrift)
- Herrn C, _____ (Anschrift)
- Herrn D, _____ (Anschrift)

Als Geschäftsführer der _____ GmbH kündige ich zu der bereits mit Einschreiben vom _____ auf den _____, _____ Uhr, Hotel _____, _____ (Ort), einberufenen Gesellschafterversammlung folgende weitere bzw. geänderte Tagesordnungspunkte an:
TOP 1: Änderung des Tagesordnungspunktes 1. wie folgt: _____
TOP 2: Ersatzlose Streichung des Tagesordnungspunktes 3.
TOP 3: Anfügung eines weiteren Tagesordnungspunktes 5. mit folgendem Inhalt: _____
TOP 4: Anfügung eines weiteren Tagesordnungspunktes 6. mit folgendem Inhalt: _____
Im Übrigen bleibt es unverändert bei den bereits mit der Einladung vom _____ angekündigten Tagesordnungspunkten.
Begründung:
In der Einladung vom _____ ist der Tagesordnungspunkt 1. versehentlich unzutreffend gefasst worden. Richtiger Beschlussgegenstand ist vielmehr _____.
Aufgrund zwischenzeitlich eingetretener Änderungen ist eine Beschlussfassung über den Tagesordnungspunkt 3. nunmehr entbehrlich geworden.
Der durch die Geschäftsführung auf die Tagesordnung gesetzte weitere Tagesordnungspunkt 5. betrifft _____.
Aufgrund des Verlangens des Gesellschafters A, der einen Geschäftsanteil im Nennbetrag von 10.000 EUR des insgesamt 50.000 EUR betragenden Stammkapitals, mithin mehr als 10% des Stammkapitals, hält, wird der weitere Punkt 6. zur Tagesordnung angekündigt. Der Gesellschafter A hat sein Verlangen begründet wie aus seinem in Kopie beigefügten Schreiben vom _____ ersichtlich.

_____ (Ort, Datum)
_____ (Unterschrift E als Geschäftsführer der _____ GmbH)

M 40 4. Muster: Einberufung einer zweiten Gesellschafterversammlung bei Beschlussunfähigkeit der ersten Gesellschafterversammlung

297 Per Übergabe-Einschreiben
Gleichlautend
an sämtliche Gesellschafter
der _____ GmbH:
- Herrn A, _____ (Anschrift)
- Herrn B, _____ (Anschrift)
- Herrn C, _____ (Anschrift)
- Herrn D, _____ (Anschrift)

Als Geschäftsführer lade ich Sie hiermit zu einer zweiten Gesellschafterversammlung wie folgt ein:
_____ (Datum, Uhrzeit)
Hotel _____ (Name des Hotels, Anschrift)
Es wird dort folgende Tagesordnung zur Beratung und Beschlussfassung gestellt: _____ (*Beispiele siehe Rn 278 ff.*)
Die mit identischen Tagesordnungspunkten einberufene Versammlung vom _____, _____ Uhr, Hotel _____, deren per Übergabe-Einschreiben versandte Einladung wir in Kopie zur Kenntnisnahme nochmals beifügen, war beschlussunfähig. Das gem. § _____ der Satzung erforderliche Quorum – Vertretensein von 50% des stimmberechtigten Stammkapitals – wurde nicht erreicht. Hierzu verweisen wir auf das ebenfalls beigefügte Protokoll dieser vorausgegangenen Versammlung.
Hinsichtlich der Tagesordnung verweisen wir vollumfänglich auf die bereits in der Einladung vom _____ enthaltene Begründung.
(*Ggf.: Des Weiteren weisen wir in Erfüllung der in § _____ der Satzung enthaltenen Verpflichtung darauf hin, dass die nunmehr einberufene Gesellschafterversammlung auch dann beschlussfähig ist, wenn das in § _____ der Satzung festgelegte Quorum von 50% des stimmberechtigten Stammkapitals in der Versammlung nicht erreicht wird.*)
_____ (Ort, Datum)
_____ (Unterschrift E als Geschäftsführer der _____ GmbH)

M 41 5. Muster: Einberufungsverlangen von Minderheitsgesellschaftern

298 Gegen Empfangsquittung
An die
_____ GmbH
vertreten durch den Geschäftsführer A
Als Gesellschafter mit einem Geschäftsanteil von 10.000 EUR des insgesamt 100.000 EUR betragenden Stammkapitals fordere ich Sie auf, unverzüglich eine Gesellschafterversammlung einzuberufen.
Ich beantrage, bei der Ladung folgende Gegenstände auf die Tagesordnung zu setzen:
1. Abberufung des Geschäftsführers A;
2. Außerordentliche fristlose Kündigung des Anstellungsvertrages des Geschäftsführers A aus wichtigem Grund;
3. Hilfsweise zu 2. auszusprechende ordentliche fristgerechte Kündigung des Anstellungsvertrages des Geschäftsführers A;

4. Beauftragung eines vereidigten Buchprüfers mit der Überprüfung der Buchhaltungsunterlagen der Gesellschaft und der Bezifferung von Schäden, die erkennbar durch pflichtwidrige Geschäftsführung entstanden sind;
5. Bestellung eines anderen Geschäftsführers; Abschluss eines Geschäftsführer-Anstellungsvertrages mit diesem.

Begründung:

A hat seine Position als Mehrheitsgesellschafter und alleiniger Geschäftsführer dazu benutzt, Vermögen der Gesellschaft zu unterschlagen und es sich selbst oder Dritten zuzueignen.

Der Geschäftsführer-Anstellungsvertrag gestattet A, den ihm zur Verfügung gestellten Firmen-Pkw sowohl für betriebliche als auch für private Zwecke zu benutzen und den für diesen Pkw benötigten Kraftstoff auf Kosten der Gesellschaft an der C-Tankstellenkette zu beziehen. Bei einer vor einer Woche durchgeführten Einsichtnahme in die Unterlagen der Gesellschaft stellte ich fest, dass auf der dem A zum Zwecke des Kraftstoffbezuges ausgehändigten Tankkarte für das vergangene Geschäftsjahr rund 250 Tankvorgänge verzeichnet sind. Art und Weise der auf der Karte verzeichneten Tankvorgänge (beispielsweise neben Bezug von Benzin auch das Tanken von Dieselkraftstoff) sowie ein Abgleich der insgesamt bezogenen Menge mit dem Kilometerstand des Firmen-Pkw lassen nur den Schluss zu, dass in erheblichem Maße weitere Fahrzeuge betankt worden sind. Eine daraufhin durchgeführte Befragung des Tankwarts T, der an der Tankstelle ABC tätig ist, ergab, dass die Tankkarte regelmäßig von Familienangehörigen des A zum Betanken ihrer privaten Fahrzeuge benutzt worden ist, häufig in persönlicher Anwesenheit des A.

Der von Angestellten benutzte Pkw Typ D, amtl. Kennzeichen _____, ist ausweislich der Buchhaltungsunterlagen im Laufe des letzten Geschäftsjahres zum Preis von _____ EUR verkauft worden. Tatsächlich lag der Wert des Fahrzeuges unter Berücksichtigung von Zustand und Fahrleistung laut Auskunft von eurotax bei mindestens _____ EUR. Eine Urkunde über den Verkauf existiert nicht. Auf Befragen war A nicht bereit, nähere Umstände zum Verkauf, insbesondere den Namen des Käufers, anzugeben.

A hat erhebliche, vorsätzliche Pflichtwidrigkeiten zum Nachteil der Gesellschaft begangen, die zu seiner Abberufung und zur außerordentlichen fristlosen, mindestens aber zur hilfsweise auszusprechenden fristgerechten, Kündigung seines Anstellungsvertrages berechtigen. Die zum Nachteil der Gesellschaft durch diese und ggf. weitere Pflichtwidrigkeiten entstandenen Schäden, auch steuerlicher Art, sind durch eine sachkundige, neutrale Person festzustellen, um die zu einem späteren Zeitpunkt zu beschließende Geltendmachung von Ersatzansprüchen vorzubereiten. Um eine nahtlose Fortführung der Geschäfte zu gewährleisten und um sicherzustellen, dass die Gesellschaft nicht zeitweilig ohne Vertretungsorgan ist, muss eine andere Person zum Geschäftsführer bestellt und angestellt werden.

Die Eilbedürftigkeit der Angelegenheit ergibt sich aus der Tatsache, dass eine weitere Fortführung der Geschäftsführertätigkeit durch A aufgrund der vorbezeichneten Pflichtwidrigkeiten nicht hingenommen werden kann. Es bestünde ansonsten die Gefahr, dass A das Vermögen der Gesellschaft durch weitere Handlungen schädigt.

Ich weise darauf hin, dass bei der Einberufung gesetzliche oder satzungsmäßige Vorgaben zu beachten, insbesondere Mindestfristen der Ladung einzuhalten, sämtliche Ladungen per Übergabe-Einschreiben zu versenden und dass sämtliche Gesellschafter, auch die nicht stimmberechtigten, zu laden sind. Die an mich gerichtete Ladung hat in jedem Fall an die in dem vorliegenden Schreiben genannte Adresse zu erfolgen.

Sollten Sie meinem Verlangen nicht unverzüglich und formgerecht nachkommen, werde ich von meinem Recht Gebrauch machen, gem. § 50 Abs. 1, 3 GmbHG selbst eine Gesellschafterversammlung einzuberufen. Zu diesem Zwecke fordere ich Sie auf, sollten Sie die Einberufung pflichtwidrig nicht vornehmen bzw. nicht vornehmen beabsichtigen, mir unverzüglich die letzten der Gesellschaft ordnungsgemäß bekannt gemachten Adressen sämtlicher aktueller Gesellschafter mitzuteilen.

_____ (Ort, Datum)
_____ (Unterschrift Gesellschafter B)

M 42 6. Muster: Einberufung durch Minderheitsgesellschafter nach vergeblichem Einberufungsverlangen

299 Per Übergabe-Einschreiben
Gleichlautend
an sämtliche übrigen Gesellschafter
der _____ GmbH:
– Herrn A, _____ (Anschrift)
– Herrn B, _____ (Anschrift)
– Herrn C, _____ (Anschrift)
– Herrn D, _____ (Anschrift)

Als Gesellschafter mit einem Geschäftsanteil von 10.000 EUR des insgesamt 100.000 EUR betragenden Stammkapitals lade ich Sie hiermit in Ausübung meines Rechtes aus § 50 Abs. 1, 3 GmbHG zu einer Gesellschafterversammlung wie folgt ein:
_____ (Datum, Uhrzeit)
Hotel _____ (Name des Hotels, Anschrift)

Es wird dort folgende bereits im Einberufungsverlangen angekündigte Tagesordnung zur Beratung und Beschlussfassung gestellt:
1. Abberufung des Geschäftsführers A;
2. Außerordentliche fristlose Kündigung des Anstellungsvertrages des Geschäftsführers A aus wichtigem Grund;
3. Hilfsweise zu 2. auszusprechende ordentliche fristgerechte Kündigung des Anstellungsvertrages des Geschäftsführers A;
4. Beauftragung eines vereidigten Buchprüfers mit der Überprüfung der Buchhaltungsunterlagen der Gesellschaft und der Bezifferung von Schäden, die erkennbar durch pflichtwidrige Geschäftsführung entstanden sind;
5. Bestellung eines (anderen) Geschäftsführers; Abschluss eines Geschäftsführer-Anstellungsvertrages mit diesem.

Zusätzlich kraft gesetzlicher Anordnung:
6. Kostentragung der Einberufung und Versammlung durch die Gesellschaft.

Begründung:
Ich verweise auf mein in Kopie beigefügtes Schreiben vom _____, das ich dem Geschäftsführer A am gleichen Tag per Boten gegen Empfangsquittung habe überbringen lassen. Bis heute ist die verlangte Gesellschafterversammlung nicht einberufen worden.
Die Behandlung der oben aufgeführten Tagesordnungspunkte ist bereits in beigefügtem Schreiben verlangt worden.
Der Einberufung und Tagesordnung liegen folgende Umstände zugrunde:
A hat seine Position als Mehrheitsgesellschafter und alleiniger Geschäftsführer dazu benutzt, in erheblichem Maße Vermögen der Gesellschaft zu unterschlagen und es sich selbst oder Dritten zuzueignen.
Der Geschäftsführer-Anstellungsvertrag gestattet A, den ihm zur Verfügung gestellten Firmen-Pkw sowohl für betriebliche als auch für private Zwecke zu benutzen und den für diesen Pkw benötigten Kraftstoff auf Kosten der Gesellschaft an der C-Tankstellenkette zu beziehen. Bei einer vor einer Woche durchgeführten Einsichtnahme in die Unterlagen der Gesellschaft stellte ich fest, dass auf der dem A zum Zwecke des Kraftstoffbezuges ausgehändigten Tankkarte für das vergangene Geschäftsjahr rund 250 Tankvorgänge verzeichnet sind. Art und Weise der auf der Karte verzeichneten Tankvor-

gänge (beispielsweise neben Bezug von Benzin auch das Tanken von Dieselkraftstoff) sowie ein Abgleich der insgesamt bezogenen Menge mit dem Kilometerstand des Firmen-Pkw lassen nur den Schluss zu, dass in erheblichem Maße weitere Fahrzeuge betankt worden sind. Eine daraufhin durchgeführte Befragung des Tankwarts T, der an der Tankstelle ABC tätig ist, ergab, dass die Tankkarte regelmäßig von Familienangehörigen des A zum Betanken ihrer privaten Fahrzeuge benutzt worden ist, häufig in persönlicher Anwesenheit des A.
Der von Angestellten benutzte Pkw Typ _____, amtl. Kennzeichen _____, ist ausweislich der Buchhaltungsunterlagen im Lauf des letzten Geschäftsjahres zum Preis von _____ EUR verkauft worden. Tatsächlich lag der Wert des Fahrzeuges unter Berücksichtigung von Zustand und Fahrleistung laut Auskunft von eurotax bei mindestens _____ EUR. Eine Urkunde über den Verkauf existiert nicht. Auf Befragen war A nicht bereit, nähere Umstände zum Verkauf, insbesondere den Namen des Käufers, anzugeben.
A hat erhebliche, vorsätzliche Pflichtwidrigkeiten zum Nachteil der Gesellschaft begangen, die zu seiner Abberufung und zur außerordentlichen fristlosen, mindestens aber zur hilfsweise auszusprechenden fristgerechten, Kündigung seines Anstellungsvertrages berechtigen. Die zum Nachteil der Gesellschaft durch diese und ggf. weitere Pflichtwidrigkeiten entstandenen Schäden, auch steuerlicher Art, sind durch eine sachkundige, neutrale Person festzustellen, um die zu einem späteren Zeitpunkt zu beschließende Geltendmachung von Ersatzansprüchen vorzubereiten. Um eine nahtlose Fortführung der Geschäfte zu gewährleisten und um sicherzustellen, dass die Gesellschaft nicht zeitweilig ohne Vertretungsorgan ist, muss eine andere Person zum Geschäftsführer bestellt und angestellt werden.
Die Eilbedürftigkeit der Angelegenheit ergibt sich aus der Tatsache, dass eine weitere Fortführung der Geschäftsführertätigkeit durch A aufgrund der vorbezeichneten Pflichtwidrigkeiten nicht hingenommen werden kann. Es bestünde ansonsten die Gefahr, dass A das Vermögen der Gesellschaft durch weitere Handlungen schädigt.
Gemäß § 50 Abs. 3 S. 2 GmbHG obliegt es der Versammlung, darüber zu beschließen, ob die entstandenen Kosten von der Gesellschaft zu tragen sind.
_____ (Ort, Datum)
_____ (Unterschrift Gesellschafter B)

7. Muster: Verlangen von Minderheitsgesellschaftern, Gegenstände auf die Tagesordnung zu nehmen

M 43

Gegen Empfangsquittung
An die
_____ GmbH
vertreten durch den Geschäftsführer E
Als Gesellschafter mit Geschäftsanteilen von 5.000 EUR (Gesellschafter A) und 20.000 EUR (Gesellschafter B) des insgesamt 250.000 EUR betragenden Stammkapitals fordern wir Sie auf, unverzüglich zur Tagesordnung der auf Mittwoch, den _____ (Datum), einberufenen Gesellschafterversammlung folgende weitere Gegenstände anzukündigen:
1. Maßnahmen zur Feststellung der durch Verletzungen des Wettbewerbsverbotes seitens des Gesellschafter-Geschäftsführers C entstandenen Schadenhöhe;
2. Geltendmachung von Ersatzansprüchen gegen den Geschäftsführer C wegen Verletzung des Wettbewerbsverbotes;
3. Beauftragung der Gesellschafter A und B mit der Vertretung der Gesellschaft, jeweils in Einzelvertretungsmacht, bei der außergerichtlichen und gerichtlichen Geltendmachung der Ansprüche gegen den Geschäftsführer C wegen Verletzung des Wettbewerbsverbotes.

Begründung:
Wir nehmen Bezug auf die uns gestern, am _____, zugegangene, vom _____ datierende Einberufung einer Gesellschafterversammlung auf den _____, _____ Uhr, Hotel _____, _____ (Adresse). Wir haben durch ein Schreiben des G, eines langjährigen Geschäftspartners der Gesellschaft, das uns in der vergangenen Woche zuging, davon erfahren, dass der Geschäftsführer C in mehreren Fällen mit Herrn G auf eigene Rechnung Geschäfte im Bereich des Geschäftszweckes der Gesellschaft getätigt hat. Die von Herrn G nach Art und Umsatz bezeichneten Geschäfte besitzen ein Gesamtvolumen von _____ EUR. Herr G hat weiter darauf hingewiesen, dass Herr C ihm gegenüber in Gesprächen angegeben habe, auch mit weiteren Kunden der Gesellschaft Geschäfte getätigt zu haben, darunter u.a. die Fa. F.
Als Geschäftsführer unterliegt Herr C auch ohne ausdrückliche dahin gehende Vereinbarung einem Wettbewerbsverbot, von dem er weder in der Satzung noch im Geschäftsführer-Anstellungsvertrag befreit worden ist. In den von Herrn G detailliert aufgelisteten Fällen hat Herr C gegen dieses Verbot verstoßen. Die Angaben von Herrn G geben außerdem Grund zu der Vermutung, dass Herr C darüber hinaus auch mit weiteren Personen Geschäfte an der Gesellschaft vorbei getätigt hat.
Zur Vorbereitung von Schadensersatzansprüchen gegenüber Herrn C sind deshalb zunächst geeignete Maßnahmen zu beschließen, um die Höhe des entstandenen Schadens festzustellen. Die Gesellschaft hat sodann den Erfordernissen des § 46 Nr. 8 GmbHG zu genügen, indem sie beschließt, dass Ersatzansprüche gegenüber Herrn C geltend gemacht werden, und durch wen die Gesellschaft im Rahmen der zunächst außergerichtlichen, sodann nötigenfalls auch gerichtlichen, Inanspruchnahme vertreten wird. Die unterzeichnenden Gesellschafter sind bereit, diese Aufgabe wahrzunehmen.
Unser Verlangen stützen wir auf § 50 Abs. 2 GmbHG. Wir weisen darauf hin, dass die Geschäftsführung zu raschem Handeln verpflichtet ist, schon damit Aufwand und Kosten einer sonst einzuberufenden weiteren Gesellschafterversammlung gespart werden. Die Mindestankündigungsfrist des § 51 Abs. 4 GmbHG von drei Tagen kann noch eingehalten werden, wenn die Ankündigung der von uns verlangten weiteren Tagesordnungspunkte durch Aufgabe eines Übergabe-Einschreibens an sämtliche Gesellschafter, auch die nicht stimmberechtigten, zur Post spätestens am _____ erfolgt. Die an uns gerichteten Ladungen haben in jedem Fall an die in dem vorliegenden Schreiben genannten Adressen zu erfolgen.
Sollten Sie unserem Verlangen nicht entsprechen, werden wir von unserem Recht Gebrauch machen, gem. § 50 Abs. 3 S. 1 GmbHG selbst die oben angeführten Gegenstände zur Tagesordnung anzukündigen. Da die fristgerechte Ausübung dieses Rechtes nur möglich ist, wenn die etwa notwendig werdende Selbsteinberufung ebenfalls spätestens am _____ erfolgt, erbitten wir Ihr Verständnis dafür, dass wir unverzüglich, spätestens aber morgen, am _____, den Zugang einer per Boten oder per Telefax übermittelten Bestätigung erwarten, dass Sie die von uns verlangten Tagesordnungspunkte frist- und formgerecht ankündigen werden. Sollte uns diese Bestätigung am morgigen Tage nicht zugehen, sehen wir uns gehalten, unverzüglich die o.g. Selbstankündigung vorzunehmen.
Vorsorglich fordern wir Sie auf, sollten Sie die Einberufung pflichtwidrig nicht vornehmen bzw. nicht vorzunehmen beabsichtigen, uns unverzüglich die letzten der Gesellschaft ordnungsgemäß bekannt gemachten Adressen sämtlicher aktueller Gesellschafter mitzuteilen.
_____ (Ort, Datum)
_____ (Unterschriften Gesellschafter A und Gesellschafter B)

M 44 **8. Muster: Ankündigung von Gegenständen zur Tagesordnung durch Minderheitsgesellschafter**

Per Übergabe-Einschreiben
Gleichlautend
an sämtliche übrigen Gesellschafter
der _____ GmbH:

- Herrn A, _____ (Anschrift)
- Herrn B, _____ (Anschrift)
- Herrn C, _____ (Anschrift)
- Herrn D, _____ (Anschrift)

Als Gesellschafter mit Geschäftsanteilen von 5.000 EUR (Gesellschafter A) und 20.000 EUR (Gesellschafter B) des insgesamt 250.000 EUR betragenden Stammkapitals kündigen wir zur Tagesordnung der auf Mittwoch, den _____, einberufenen Gesellschafterversammlung folgende weitere Gegenstände an:
1. Maßnahmen zur Feststellung der durch Verletzungen des Wettbewerbsverbotes seitens des Gesellschafter-Geschäftsführers C entstandenen Schadenhöhe;
2. Geltendmachung von Ersatzansprüchen gegen den Geschäftsführer C wegen Verletzung des Wettbewerbsverbotes;
3. Beauftragung der Gesellschafter A und B mit der Vertretung der Gesellschaft, jeweils in Einzelvertretungsmacht, bei der außergerichtlichen und gerichtlichen Geltendmachung der Ansprüche gegen den Geschäftsführer C wegen Verletzung des Wettbewerbsverbotes.

Begründung:
Wir nehmen zunächst Bezug auf die uns am _____ zugegangene, vom _____ datierende Einberufung einer Gesellschafterversammlung auf den _____, _____ Uhr, Hotel _____, _____ (Adresse).
Mit dem in Kopie beigefügten Schreiben vom _____, das wir dem Geschäftsführer E am gleichen Tag per Boten gegen Empfangsquittung haben überbringen lassen, forderten wir dazu auf, die Tagesordnung um die angeführten Punkte zu erweitern. Gleichzeitig erbaten wir, spätestens am _____ eine per Boten oder per Telefax übermittelte Bestätigung zu erhalten, dass die von uns verlangten Tagesordnungspunkte frist- und formgerecht angekündigt werden.
Mit dem ebenfalls beigefügten Antwortschreiben vom _____ hat der Geschäftsführer E es ohne weitere Begründung abgelehnt, die Tagesordnung im Sinne des Anliegens der Unterzeichner zu erweitern. Die Unterzeichner sind daher gem. § 50 Abs. 3 S. 1 GmbHG berechtigt, selbst die Erweiterung der Tagesordnung um die oben bezeichneten Punkte anzukündigen.
Den angekündigten Tagesordnungspunkten liegen folgende Umstände zugrunde:
Wir haben durch ein Schreiben des G, eines langjährigen Geschäftspartners der Gesellschaft, das uns in der vergangenen Woche zuging, davon Kenntnis erlangt, dass der Geschäftsführer C in mehreren Fällen mit Herrn G auf eigene Rechnung Geschäfte im Bereich des Geschäftszweckes der Gesellschaft getätigt hat. Die von Herrn G nach Art und Umsatz bezeichneten Geschäfte besitzen ein Gesamtvolumen von _____ EUR. Herr G hat weiter darauf hingewiesen, dass Herr C ihm gegenüber in Gesprächen angegeben habe, auch mit weiteren Kunden der Gesellschaft Geschäfte getätigt zu haben, darunter u.a. die Fa. F.
Als Geschäftsführer unterliegt Herr C auch ohne ausdrückliche dahin gehende Vereinbarung einem Wettbewerbsverbot, von dem er weder in der Satzung noch im Geschäftsführer-Anstellungsvertrag befreit worden ist. In den von Herrn G detailliert aufgelisteten Fällen hat Herr C gegen dieses Verbot verstoßen. Die Angaben von Herrn G geben außerdem Grund zu der Vermutung, dass Herr C darüber hinaus auch mit weiteren Personen Geschäfte an der Gesellschaft vorbei getätigt hat.
Zur Vorbereitung von Schadensersatzansprüchen gegenüber Herrn C sind deshalb zunächst geeignete Maßnahmen zu beschließen, um die Höhe des entstandenen Schadens festzustellen. Die Gesellschaft hat sodann den Erfordernissen des § 46 Nr. 8 GmbHG zu genügen, indem sie beschließt, dass Ersatzansprüche gegenüber Herrn C geltend gemacht werden, und durch wen die Gesellschaft im Rahmen der zunächst außergerichtlichen, sodann nötigenfalls auch gerichtlichen, Inanspruchnahme vertreten wird. Die unterzeichnenden Gesellschafter sind bereit, diese Aufgabe wahrzunehmen.

_____ (Ort, Datum)
_____ (Unterschriften Gesellschafter A und Gesellschafter B)

M 45 9. Muster: Protokoll der Gesellschafterversammlung

302 Protokoll der außerordentlichen Gesellschafterversammlung der
_____ Handelsgesellschaft mbH
Tagungsort: Geschäftsräume der Gesellschaft in _____
Beginn: _____ Uhr
Teilnehmer: _____

Herr _____ begrüßt die Gesellschafter und Gäste und befragt die Gesellschafter, ob sie mit der Teilnahme des _____ als Rechtsanwalt des Gesellschafters _____ und Frau _____ als Protokollführerin einverstanden sind. Dies wird von allen Gesellschaftern bejaht.
Herr _____ schlägt sich selbst als Versammlungsleiter vor.
Herr _____ wird einstimmig zum Versammlungsleiter bestimmt.

Der Versammlungsleiter stellt fest:
Es liegen dem Versammlungsleiter die Ladung nebst Tagesordnung sowie drei Übergabe-Einschreibebelege der Post vor. Nach Überprüfung der Belege: Die Ladung ist form- und fristgerecht erfolgt.
Das Stammkapital beträgt 200.000,00 EUR und ist vollständig vertreten. Je 50 EUR gewähren eine Stimme, diese verteilen sich wie folgt:

_____, Gesellschafter	100.000	50%
_____, Gesellschaftergeschäftsführer	40.000	20%
_____, Gesellschafterin	10.000 und 50.000	30%

Tagesordnung:
TOP 1: Bericht des Geschäftsführers über die wirtschaftliche Lage des Unternehmens
_____
Diskussion des Wirtschaftsberichts.

_____
TOP 2: Wirtschaftsplan für die drei Folgejahre
_____
Diskussion der Pläne.

_____
Beschlussvorlage von _____ mit abweichendem Wirtschaftsplan

_____
Diskussion der Pläne.

_____
Abstimmung, Abstimmungsergebnis

_____
Beschlussfeststellung durch den Versammlungsleiter

_____
TOP 3: _____
Weitere Beschlüsse werden nicht gefasst, der Versammlungsleiter beendet die Versammlung um _____ Uhr.
_____ (Ort, Datum)
_____ (Versammlungsleiter)
_____ (Protokollführer)

10. Muster: Verlangen um Auskunft und Einsicht

M 46

303

Gegen Empfangsquittung
An die
_____ GmbH
vertreten durch den Geschäftsführer
Als Gesellschafter stelle ich das nachfolgende Verlangen um Auskunft (Punkte 1., 2.) und Einsichtnahme (Punkt 3.):
1. Ich bitte um Auskunft darüber, ob die Gesellschaft dem Geschäftsführer A Kreditmittel gewährt hat, falls ja, in welcher Höhe und zu welchen Konditionen dies geschehen ist. Ich bitte um ausdrückliche Bestätigung, dass dies unter Beachtung der Bestimmung geschehen ist, gesetzlichen Vertretern der Gesellschaft Kredit nicht aus dem zur Erhaltung des Stammkapitals erforderlichen Vermögen zu gewähren (§ 43a GmbHG).
2. Ich bitte um Mitteilung, ob die Gesellschaft Planungen oder konkrete Vorbereitungen dazu getroffen hat, Anteile an der ebenfalls im Bereich von Telekommunikationsdienstleistungen tätigen ABC GmbH & Co. KG zu erwerben. Sollte dies der Fall sein, bitte ich um nähere Angaben zum Stand der Vorbereitungen oder Verhandlungen, insbesondere zum geplanten Umfang der Beteiligung und zu den in Rede stehenden Kaufpreisvorstellungen.
3. Nach den bisher auf Gesellschafterversammlungen erteilten Informationen soll es gelungen sein, den Anteil dauerhafter Nutzer im Call-by-Call-Geschäft erheblich zu steigern. Um diese Aussage prüfen zu können, bitte ich um Einsichtnahme in die Listen der Gesellschaft über Verbindungsnachweise, die die Einzeldaten der geführten Call-by-Call-Gespräche enthalten. Als Termin der Einsichtnahme schlage ich den _____, _____ Uhr, vor. Sollte eine Einsichtnahme zu diesem Termin aus betrieblichen Gründen nicht möglich sein, erbitte ich Ihren Gegenvorschlag.
_____ (Ort, Datum)
_____ (Gesellschafter C)

11. Muster: Beantwortung der Geltendmachung des Auskunfts- und Einsichtsrechts
a) Muster: Antwortschreiben

M 47

304

An den
Gesellschafter C
Ihr Verlangen auf Auskunft und Einsichtnahme vom _____ beantworte ich wie folgt:
1. Eine Kreditgewährung der Gesellschaft an den Geschäftsführer A ist erfolgt. Die Höhe der gewährten Kreditmittel beträgt _____ EUR. Wegen der näheren Einzelheiten verweise ich auf die beigefügte Kopie des Kreditvertrages. Das zur Erhaltung des Stammkapitals erforderliche Vermögen ist unangetastet geblieben. Steuerberater X hat die Modalitäten der Kreditgewährung im Auftrag der Gesellschaft ausgearbeitet und hierbei auch die Einhaltung der einschlägigen gesetzlichen Bestimmungen überprüft.
2. Zu Planungen der Gesellschaft hinsichtlich des etwaigen Erwerbs von Beteiligungen an anderen Telekommunikationsdienstleistungsgesellschaften vermag ich Ihnen – jedenfalls gegenwärtig – leider keinerlei Auskunft zu erteilen. Der Geschäftsführung ist bekannt, dass Sie als Unternehmensberater tätig sind und in dieser Eigenschaft auch Expertisen für kaufwillige Unternehmen, insbesondere im Bereich der Telekommunikationsbranche, in Bezug auf mögliche Übernahmekandidaten und deren Wert erstellen. Bereits das Bekanntwerden eines Interesses unserer Gesellschaft, eine Beteiligung an einer anderen Gesellschaft zu erwerben, mehr noch das Bekanntwerden wirtschaftlicher Eckdaten geplanter Ankäufe, würde etwaige Kaufabsichten empfindlich stören. Aufgrund Ihrer Tätigkeit besteht die konkrete Besorgnis, dass Sie erteilte Informationen zu gesellschaftsfremden Zwecken verwenden und damit der Gesellschaft Schaden zufügen.

Ihr Auskunftsverlangen ist auf der Grundlage von § _____ der Satzung im Umlaufverfahren zur Beschlussfassung der Gesellschaftergesamtheit gestellt worden (vgl. das an Sie gerichtete Schreiben als Anlage; Sie selbst sind jedoch bei der Beschlussfassung nicht stimmberechtigt). Sobald das Beschlussergebnis ermittelt worden ist, werde ich auf Ihre Anfrage zurückkommen und Ihnen verbindlich mitteilen können, ob eine Auskunftserteilung gewährt oder verweigert wird.

3. Die begehrte Einsichtnahme kann die Gesellschaft nicht gewähren, da hiermit gegen das gesetzliche Verbot des § 206 Abs. 1, 5 StGB verstoßen würde. Aufgrund dieses Umstandes ist die Geschäftsführung Ihnen gegenüber – auch ohne Herbeiführung eines Gesellschafterbeschlusses – zur Informationsverweigerung berechtigt. Ich verweise im Übrigen auf die im alljährlichen Lagebericht der Gesellschaft enthaltene statistische Aufschlüsselung, die die Benutzerstruktur der Call-by-Call-Gespräche wiedergibt.

Abschließend weise ich Sie darauf hin, dass Sie der Gesellschaft gegenüber zur Wahrung der Vertraulichkeit gegebener Auskünfte – insbesondere hier bezüglich der zu 1. erteilten Auskunft – verpflichtet sind.

_____ (Ort, Datum)
_____ (Geschäftsführer B)

M 48 b) Muster: Mitteilung des gefassten Gesellschafterbeschlusses

305 An den
Gesellschafter C

Mit Schreiben vom _____ hatte ich Ihnen mitgeteilt, dass ich Ihr Verlangen nach Auskunft über Absichten der Gesellschaft, Beteiligungen an anderen Unternehmen der Telekommunikationsbranche zu erwerben, auf der Grundlage von § _____ der Satzung zur Beschlussfassung der Gesellschaftergesamtheit im schriftlichen Umlaufverfahren gestellt habe. Zwischenzeitlich ist die Frist zur schriftlichen Abgabe der Stimmen abgelaufen. Die Auswertung der wirksam abgegebenen Stimmen hat ergeben, dass ein ablehnender Beschluss gefasst worden ist. Die Ergebnisfeststellung füge ich zu Ihrer Kenntnisnahme bei. Ich sehe mich aufgrund der bereits in meinem Schreiben vom _____ getätigten Ausführungen sowie aufgrund des Beschlussergebnisses gehalten, Ihnen die begehrte Auskunft zu verweigern.

_____ (Ort, Datum)
_____ (Unterschrift Geschäftsführer B)
Durchschrift (einschließlich Anlage) an sämtliche Mitgesellschafter.

M 49 12. Muster: Klage auf gerichtliche Entscheidung über das Auskunfts- und Einsichtsrecht

306 An das
Landgericht _____ [152]
– Kammer für Handelssachen – [153]
_____ (Ort, Datum)

Antrag in Sachen freiwilliger Gerichtsbarkeit[154]

---

[152] Gem. § 51b GmbHG, § 132 Abs. 1 AktG ist zuständig ausschließlich das Landgericht, in dessen Bezirk die Gesellschaft ihren Sitz hat. Beachte jedoch § 95 Abs. 2 Nr. 2 iVm § 71 Abs. 2 Nr. 4b GVG (evtl. Zuständigkeitskonzentration).

[153] Gem. § 51b GmbHG, § 94 ff. GVG entscheidet die Kammer für Handelssachen, falls eine solche bei dem betreffenden Landgericht gebildet ist.

[154] § 51b GmbHG, § 132 Abs. 3 AktG verweisen auf § 99 Abs. 1 AktG, wo die Geltung des Gesetzes über das Verfahren in Familiensachen und in Angelegenheiten der freiwilligen Gerichtsbarkeit angeordnet wird. Ungeachtet

des Gesellschafters C, _____ (Adresse)

– Antragsteller –[155]

Prozessbevollmächtigter: _____

gegen

die _____-GmbH, vertreten durch ihre Geschäftsführer, die Herren A und B, _____ (Adressen)

– Antragsgegnerin –[156]

auf gerichtliche Entscheidung über Auskunfts- und Einsichtsrechte gem. § 51a GmbHG
Vorläufiger Geschäftswert: 10.000 EUR
Namens und im Auftrag des Antragstellers beantrage ich,
1. festzustellen, dass die Antragsgegnerin verpflichtet ist, dem Antragsteller Auskunft darüber zu erteilen, welche Jahresgehälter die T-GmbH, an der die Antragsgegnerin 100% der Geschäftsanteile hält, mit ihren Geschäftsführern D und E jeweils vertraglich vereinbart hat,
2. festzustellen, dass die Antragsgegnerin verpflichtet ist, dem Antragsteller im Einzelnen Auskunft darüber zu erteilen, welchen Personen oder Unternehmen sie Darlehen ausgereicht und für welche Personen oder Unternehmen sie Bürgschaften übernommen hat, in welcher Höhe, für welche Gegenleistungen und mit welcher Besicherung dies geschehen ist, und dem Antragsteller Einsicht in die zugrunde liegenden Verträge zu gewähren.

Begründung:

A.
I.
Die Antragsgegnerin ist unter Nr. HRB _____ im Handelsregister des Amtsgerichts _____ eingetragen
– Anlage ASt 1 (Kopie des Handelsregisterausdruckes).[157]
Der Antragsteller ist mit einem Geschäftsanteil im Nennwert von _____ EUR an der Antragsgegnerin beteiligt
– Anlage ASt 2 (Kopie des Gründungsvertrages).

II.
Die Antragsgegnerin hält 100% der Geschäftsanteile der T-GmbH
– Anlage ASt 3 (Kopie der aktuellen Gesellschafterliste[158] der T-GmbH).
Der Antragsteller verlangte mit Schreiben vom _____[159]
– Anlage ASt 4 (Kopie) –
von der Antragsgegnerin, ihm Auskunft darüber zu erteilen, welche Jahresgehälter die T-GmbH mit ihren Geschäftsführern vertraglich vereinbart hat.

---

dessen, dass somit der Amtsermittlungsgrundsatz gilt, empfiehlt es sich, die relevanten Unterlagen, über die der Gesellschafter meist ohnehin verfügt (z.B. HR-Auszug – der allerdings unter www.handelsregister.de auch elektronisch eingesehen werden kann), mit dem Antrag vorzulegen.

155 Antragsteller kann nur der Gesellschafter sein, der Auskunft bzw. Einsicht verlangt hat und dem sie nicht erteilt worden ist, wie sich aus § 51b S. 2 GmbHG ergibt.

156 Antragsgegnerin ist die Gesellschaft, vertreten durch die Geschäftsführer. Die Geschäftsführer sind es zwar auch, welche die verlangte Handlung zu bewirken haben. Das ändert aber nichts daran, dass die Geschäftsführer hierbei in ihrer Eigenschaft als Organ der Gesellschaft und zur Erfüllung von deren gegenüber dem Gesellschafter bestehenden Pflichten handeln.

157 Online-Abfrage unter www.handelsregister.de möglich.

158 Gesellschafterliste unter www.unternehmensregister.de oder www.handelsregister.de einsehbar.

159 Die Vorlage des Schreibens zeigt, dass der Gesellschafter das Verlangen ordnungsgemäß gestellt hat. Aus der Datierung des Schreibens und den nachfolgenden Abläufen wird deutlich, dass der Zeitrahmen für eine unverzügliche Auskunftserteilung bzw. Einsichtgewährung abgelaufen ist.

Mit Schreiben vom _____
– Anlage ASt 5 (Kopie) –
erwiderte die Antragsgegnerin, eine solche Auskunft werde sie nicht erteilen. Zuvor hatte die Antragsgegnerin veranlasst, dass über das Begehren des Antragstellers auf der Gesellschafterversammlung vom _____ verhandelt wurde, welche einen ablehnenden Gesellschafterbeschluss fasste.[160]

III.
Ebenfalls mit Schreiben vom _____, bereits vorgelegt als Anlage ASt 4, begehrte der Antragsteller, von der Antragsgegnerin Auskunft darüber zu erhalten, welchen Personen oder Unternehmen sie Darlehen ausgereicht und für welche Personen oder Unternehmen sie Bürgschaften übernommen hat und zu welchen Konditionen dies geschehen ist, und dem Antragsteller Einsicht in die zugrunde liegenden Verträge zu gewähren.
Auf dieses Verlangen hin erhielt der Antragsteller von der Antragsgegnerin trotz Erinnerung[161] vom

_____
– Anlage ASt 6 (Kopie) –
keinerlei Reaktion.[162] Auch wurde über das Begehren des Antragstellers kein Gesellschafterbeschluss gefasst.[163]

B.
Dem Begehren des Antragstellers ist stattzugeben, da der Antragsteller ein aus § 51a GmbHG herzuleitendes Recht auf Erteilung der begehrten Auskünfte bzw. Gewährung der begehrten Einsicht besitzt.
Zwar bestimmt § _____ der Satzung, dass eine Auskunftserteilung an Gesellschafter nur dann erfolgen darf, wenn die Gesellschafterversammlung mit einfacher Mehrheit beschließt, dass die betreffende Auskunft dem Anfragenden zu erteilen ist. Diese Bestimmung verstößt jedoch gegen die zwingende Vorschrift des § 51a Abs. 3 GmbHG.[164] Sie ist daher unwirksam.
Gegenstand des Auskunftsrechts sind die Angelegenheiten der Gesellschaft. Dies ist grds. alles, was mit ihrer Geschäftsführung, ihren wirtschaftlichen Verhältnissen und ihren Beziehungen zu Dritten zusammenhängt.[165]
Angelegenheiten der Gesellschaft im vorbezeichneten Sinne sind auch sämtliche Angelegenheiten ihrer Tochtergesellschaft;[166] zumindest aber solche Angelegenheiten der Tochtergesellschaft, die für die Muttergesellschaft von gewisser Bedeutung sind. Es ist anerkannt, dass der Gesellschafter Anspruch auf Auskunft bezüglich der Gehälter der Geschäftsführer der Gesellschaft besitzt, an der er beteiligt ist.[167] Die Gehälter stellen eine Aufwandsposition von Bedeutung dar und müssen daher auf

---

160 Der ablehnende Gesellschafterbeschluss steht der Rechtsdurchsetzung (selbstverständlich) nicht entgegen, da die Gesellschafterversammlung nicht das Recht besitzt, über das Auskunfts- und Einsichtsrecht eines Gesellschafters zu entscheiden. Das Erfordernis des § 51a Abs. 2 S. 2 GmbHG hat den Sinn, die Entscheidung, Auskunft und Einsichtsrecht zu verweigern, den Geschäftsführern zu entziehen, also in diesem Rahmen eine Kontrolle der Geschäftsführer seitens der Gesellschafterversammlung zu ermöglichen.
161 Eine Erinnerung wird in der Regel nicht erforderlich sein, ist aber aus taktischen Erwägungen allemal sinnvoll.
162 Das Untätigbleiben binnen angemessener Frist steht der ausdrücklichen Ablehnung gleich, wie sich aus dem Wortlaut der §§ 51a und 51b GmbHG ergibt.
163 Nach zutreffender Auffassung (vgl. nur BGH GmbHR 1997, 705) setzt der Antrag nach § 51b GmbHG nicht voraus, dass die Gesellschafter gem. § 51a Abs. 2 S. 2 GmbHG einen ablehnenden Beschluss gefasst haben. Dies allein ist eine sinnvolle und praktikable Ansicht, denn ansonsten läge es bei den Geschäftsführern, das § 51b-Verfahren zu vereiteln bzw. zumindest erheblich zu erschweren, indem sie es unterlassen, einen solchen Beschluss herbeizuführen.
164 Vgl. z.B. OLG Köln WM 1986, 762.
165 Baumbach/Hueck/*Zöllner*, GmbHG, § 51a Rn 10; *K. Schmidt*, Gesellschaftsrecht, S. 1041.
166 OLG Hamm DB 1986, 580.
167 Vgl. OLG Köln WM 1986, 37.

ihre Angemessenheit überprüft werden können. Nichts anderes kann für eine Tochter gelten, an der die Gesellschaft 100% der Anteile hält.

Angelegenheit der Gesellschaft ist weiter in besonderem Maße, welchen – natürlichen oder juristischen – Personen sie Darlehen gewährt oder für welche sie sich verbürgt hat.[168] Der Ausfall mit einem Darlehen oder die Inanspruchnahme aus einer Bürgschaft mit nachfolgendem erfolglosem Regress sind geeignet, das Gesellschaftsvermögen beträchtlich zu schädigen. Jede Darlehensvergabe und jede Eingehung einer Bürgschaftsverpflichtung bringen ihrem Wesen nach eine Gefährdung des Gesellschaftsvermögens mit sich. Um diese einschätzen zu können, ist die Kenntnis der Person des jeweiligen Schuldners bzw. Hauptschuldners und darüber hinaus des jeweiligen Vertragsinhalts erforderlich.

Die begehrten Auskünfte sind notwendig, um den Informationsbedarf des Antragstellers zu erfüllen. Ihre Erteilung ist ersichtlich nicht mit besonderem Aufwand verbunden, so dass das Auskunftsbegehren auch unter dem Gesichtspunkt der Verhältnismäßigkeit nicht beanstandet werden kann. Hinsichtlich der Darlehens- und Bürgschaftsverträge ist ergänzend zu der begehrten Auskunft auch Einsicht in die betreffenden Unterlagen zu gewähren, da die Abschätzung der eingegangenen Risiken nur dann sachgerecht möglich ist, wenn die Vertragsbedingungen im Einzelnen bekannt sind (z.B. Kündigungsmöglichkeiten und -fristen).

Anhaltspunkte, die die Besorgnis gesellschaftsfremder Informationsverwendung begründen würden, sind von der Antragsgegnerin weder geltend gemacht, noch liegen sie tatsächlich vor. Gründe, welche die Verweigerung der Information rechtfertigen könnten, sind nicht ersichtlich.

Die verlangten Auskünfte sind binnen angemessener Frist nicht erteilt und die begehrte Einsichtnahme ist nicht ermöglicht worden. Ein Verweigerungsbeschluss gem. § 51a Abs. 2 S. 2 GmbHG ist zwar bezüglich des Antrages zu 2. nicht gefasst worden, stellt aber auch keine Voraussetzung für die gerichtliche Geltendmachung des Auskunfts- und Einsichtsrechts dar.[169]

(Rechtsanwalt)

E. Veräußerung und Verpfändung von Geschäftsanteilen

I. Rechtliche Grundlagen

1. Freie Veräußerbarkeit des Geschäftsanteils

GmbH-Geschäftsanteile sind grundsätzlich **frei veräußerlich und vererblich**, § 15 Abs. 1 GmbHG. 307
Jedoch können die Gesellschafter im Gesellschaftsvertrag die freie Veräußerbarkeit von Geschäftsanteilen einschränken, also erschweren oder sogar ganz ausschließen (**Vinkulierung**). Die praktische Bedeutung der Abtretungsbeschränkungen ist groß. Zur Betonung des personenbezogenen Charakters der Gesellschaft kann gem. § 15 Abs. 5 GmbHG die (dingliche) Abtretung – nicht das schuldrechtliche Geschäft – an weitere Voraussetzungen geknüpft, insbesondere von der Genehmigung der Gesellschaft abhängig gemacht werden. Für die Erteilung der Genehmigung der Gesellschaft ist der Geschäftsführer zuständig; ob im Innenverhältnis ein Gesellschafterbeschluss erforderlich ist, sollte in der Satzung geregelt werden. Neben den in § 15 Abs. 5 GmbHG genannten Abtretungserschwernissen wird in der Praxis die Abtretung häufig an die Zustimmung einzelner Gesellschafter, eines Beirats oder der Gesellschafterversammlung geknüpft. Die Erteilung der Genehmigung ist in der Regel **Wirksamkeitsvoraussetzung** für das dingliche Geschäft.

---

[168] Vgl. OLG Hamm GmbHR 1988, 218.
[169] BGH GmbHR 1997, 705.

2. Form

308 Um den spekulativen Handel mit Gesellschaftsanteilen zu erschweren und die Beweisführung zu erleichtern, bedürfen sowohl das schuldrechtliche Verpflichtungsgeschäft als auch die Abtretung des Geschäftsanteils der **notariellen Beurkundung**, § 15 Abs. 3 und 4 GmbHG.[170] Meist werden – auch aus Kostengründen – Verpflichtungs- und Erfüllungsgeschäft in einer notariellen Urkunde zusammengefasst. Das Formerfordernis nach § 15 Abs. 4 GmbHG betrifft nur **Vereinbarungen**, die auf die Verpflichtung zur Abtretung gerichtet sind, also einseitig oder zweiseitig verpflichtende Verträge, nicht jedoch einseitige Rechtsgeschäfte. Auf die Rechtsnatur des Vertrags kommt es nicht an, so dass neben Kauf, Schenkung oder dem **Treuhandvertrag** mit Übertragungsverpflichtung auch das Angebot zum Erwerb eines Anteils (**Option**) formbedürftig ist.[171] Das **Verpflichtungsgeschäft** ist seinem gesamten Umfang nach beurkundungsbedürftig – also einschließlich aller Regelungen und Nebenabreden, die in einem Zusammenhang mit dem Rechtsgeschäft stehen. Eine **Vollmacht** zur Abtretung eines Geschäftsanteils ist formlos wirksam, § 167 Abs. 2 BGB.

309 Ein Formmangel hinsichtlich des Verpflichtungsgeschäfts wird gem. § 15 Abs. 4 S. 2 GmbHG durch die wirksame Abtretung **geheilt**. Die Heilungswirkung tritt zum Zeitpunkt des Wirksamwerdens des Abtretungsvertrages ein, wenn etwaige satzungsmäßig vereinbarte Abtretungsvoraussetzungen erfüllt sind. Erfolgt die Abtretung unter einer **aufschiebenden Bedingung**, so tritt die Heilung des Verpflichtungsgeschäfts erst mit Erfüllung der Bedingung oder mit dem formfreien Verzicht auf dieselbe ein.

310 Die Beurkundung durch einen **ausländischen Notar** kann dem Formgebot nach § 15 Abs. 3 und 4 GmbHG genügen, wenn das ausländische Beurkundungsverfahren dem deutschen gleichwertig ist.[172] Ob die Einhaltung der Ortsform (§ 11 Abs. 1 Alt. 2 EGBGB) genügt, soweit das Auslandsrecht ein Geschäft der betreffenden Art kennt, ist streitig.[173]

3. Veräußerung von (Teil-)Geschäftsanteilen

311 Die **Teilung eines Geschäftsanteils** kann nunmehr abweichend von der Rechtslage vor MoMiG nicht mehr nur anlässlich einer Veräußerung oder einer Vererbung erfolgen, da § 17 GmbHG durch das MoMiG ersatzlos aufgehoben wurde.

4. Einzelne Regelungsgegenstände beim Kauf von Geschäftsanteilen
a) Vertragsgegenstand

312 Der zu veräußernde Geschäftsanteil ist wegen des sachenrechtlichen **Bestimmtheitsgrundsatzes** genau zu bezeichnen. Ist unklar, welcher von mehreren Geschäftsanteilen übertragen werden soll, so ist die Abtretung nichtig. Zur eindeutigen Identifizierung des zu übertragenden Anteils ist die Angabe der Nummer des Geschäftsanteils ausreichend, da der Geschäftsanteil hierdurch eindeutig zu bestimmen ist.

b) Kaufpreis

313 In die notarielle Urkunde ist der tatsächliche **Kaufpreis** aufzunehmen. Sollten die Beteiligten weitere Gegenleistungen, wie die Übernahme von **Bürgschaften** oder Freistellungen aus Bürgschaftserklärungen vereinbaren, so ist dies ebenfalls zu beurkunden. Hat der veräußernde

---

170 Ausführlich zu den Beurkundungszwecken *Walz/Fembacher*, NZG 2003, 1134.
171 Vgl. zur Treuhandabtretung Beck'sches Handbuch der GmbH, § 12 Rn 180 ff.
172 BGHZ 80, 76; Baumbach/Hueck/*Hueck/Fastrich*, § 2 Rn 9.
173 Vgl. RGZ 160, 225; BayObLG Rpfleger 1978, 58.

Gesellschafter der Gesellschaft **Darlehen** gewährt, so ist zu klären, wie mit diesen verfahren werden soll. Zur Sicherung des Kaufpreisanspruchs kann die Abtretung aufschiebend oder auflösend **bedingt** erfolgen. Eine zu lange Schwebezeit sollte allerdings vermieden werden.

c) Gewinnanspruch

Im Kaufvertrag ist zu regeln, wie der unterjährige **Gewinnanspruch** zwischen Veräußerer und Erwerber verteilt werden soll. Vom Gewinnanspruch zu unterscheiden ist dessen Stammrecht, das **Gewinnbezugsrecht** (§ 29 GmbHG), welches untrennbar mit der Mitgliedschaft in der Gesellschaft verbunden und einer vertraglichen Regelung nicht zugänglich ist. Der aus dem Gewinnbezugsrecht fließende Gewinnanspruch für ein Geschäftsjahr entsteht vollständig in der Person desjenigen, der zum Zeitpunkt der Fassung des Gewinnverwendungsbeschlusses Gesellschafter ist, also in der Regel bei dem Erwerber. Der **interne zivilrechtliche Ausgleich** zwischen Veräußerer und Erwerber für das zurückliegende Geschäftsjahr findet mangels abweichender Vereinbarungen im Kaufvertrag nach § 101 Nr. 2 Hs. 2 BGB zeitanteilig statt. Steuerlich ist § 20 Abs. 2a EStG zu berücksichtigen, wonach der Gewinnanspruch dem Anteilsinhaber zuzurechnen ist, dem im Zeitpunkt des Gewinnverwendungsbeschlusses die Anteile wirtschaftlich zustehen. Abweichende Vereinbarungen über den Gewinnauszahlungsanspruch sind steuerlich unbeachtlich. Wird dem Veräußerer der zukünftige Anteil auf den Gewinn, der auf die Zeit seiner Mitgliedschaft entfällt, vom Erwerber abgetreten, so besteht die Gefahr der Doppelbesteuerung der Dividende beim Erwerber und Veräußerer.[174] Dies kann vermieden werden, wenn die Abtretung aufschiebend bedingt auf die Fassung des Gewinnverwendungsbeschlusses erfolgt oder eine Vorabausschüttung auf den Gewinn des laufenden Geschäftsjahrs vor der Anteilsübertragung vorgenommen wird.[175]

314

Eine praktikable Lösung kann auch sein, den mitveräußerten Gewinn **durch den Kaufpreis auszugleichen** und den Anspruch auf den Gewinn des laufenden Jahres allein dem Erwerber zuzuweisen. Der auf den Veräußerer entfallende Gewinn wird durch einen Aufschlag auf den Kaufpreis abgegolten, der sich an dem geschätzten Gewinnanspruch orientiert.[176]

315

d) Ansprüche und Rechte wegen Mängel; Garantien

Hinsichtlich der **Haftung für Mängel** beim Kauf eines Geschäftsanteils finden die Vorschriften über den Rechtskauf Anwendung. Mit der Schuldrechtsreform werden für den Rechtskauf die Vorschriften des Sachkaufs für entsprechend anwendbar erklärt, § 453 BGB; die bisher geltenden Spezialregelungen für den Rechtskauf, etwa die verschuldensunabhängige Garantiehaftung des Verkäufers für die Existenz, den rechtlichen Bestand und die Einredefreiheit des Geschäftsanteils sind entfallen.[177] Die Parteien sind in den meisten Fällen gut beraten, individualvertraglich eine verschuldensunabhängige Einstandspflicht des Verkäufers hinsichtlich der genannten Punkte festzulegen. Darüber hinaus werden häufig **Garantien** zu der Richtigkeit und Beständigkeit von Satzungsregelungen bis zum Vollzug der Abtretung sowie zu den rechtlichen und wirtschaftlichen Verhältnissen der Gesellschaft (z.B. Bilanzgarantien) gegeben.

316

Der Erwerber rückt mit der Abtretung des Geschäftsanteils in die Position des Anteilsinhabers und damit auch in die gegenüber der Gesellschaft bestehende Haftung des Veräußerers ein, wobei im Verhältnis zur Gesellschaft derjenige als Gesellschafter gilt, der in der im Handelsregister aufgenommenen Gesellschafterliste als Gesellschafter eingetragen ist, § 16 Abs. 1 GmbHG. Für Einlageverpflichtungen, die in dem Zeitpunkt rückständig sind, ab dem der Erwerber gemäß

317

---
[174] *Weber*, GmbHR 1995, 494; *Gondert/Behrens*, GmbHR 1997, 682.
[175] Weitere Gestaltungsempfehlungen bei *Gondert/Behrens*, GmbHR 1997, 682.
[176] *Reithmann/Albrecht*, Rn 1294.
[177] *Amann/Brambring/Hertel*, S. 554.

§ 16 Abs. 1 S. 1 GmbHG im Verhältnis zur Gesellschaft als Inhaber des Geschäftsanteils gilt, haftet der Erwerber neben dem Veräußerer, § 16 Abs. 2 GmbHG.

318 Garantien etwa hinsichtlich der Beschaffenheit und der Ertragfähigkeit des Unternehmens oder der Entwicklung des Eigenkapitals empfehlen sich, wenn der Erwerb der Anteile sich wirtschaftlich als **Kauf des von der GmbH betriebenen Unternehmens** darstellt. Dies ist der Fall, wenn sämtliche oder nahezu sämtliche Geschäftsanteile veräußert werden bzw. der Wille der Vertragsparteien auf den Kauf des Unternehmens gerichtet ist, der Veräußerer einen bestimmenden Einfluss auf die Gesellschaft ausüben kann und sich der Kaufpreis am Unternehmen ausrichtet, ohne dass alle Geschäftsanteile veräußert werden.[178]

e) Gesellschafterliste

319 Der Gesellschaft gegenüber gilt nur derjenige als Gesellschafter, der in der im Handelsregister aufgenommenen Gesellschafterliste als Gesellschafter vermerkt ist (§ 16 Abs. 1 GmbHG). Das bedeutet, dass trotz formgerecht und vollständig erfolgter Veräußerung eines Geschäftsanteils für die Gesellschaft solange der Altgesellschafter als ihr Gesellschafter – mit allen damit verbundenen Rechten und Pflichten – gilt, wie nicht Gesellschafterliste aktualisiert ist.

320 Korrespondierend mit der Aufwertung der Gesellschafterliste hat der Gesetzgeber auch den Notar verpflichtet, die Gesellschafterliste zum Handelsregister einzureichen, wenn er an einer Veränderung in den Personen der Gesellschafter oder des Umfangs ihrer Beteiligung mitgewirkt hat, § 40 Abs. 2 GmbHG. Die Eintragung in der Gesellschafterliste sowie deren Aufnahme in das Handelsregister ist keine Wirksamkeitsvoraussetzung für die Geschäftsanteilsabtretung, gleichwohl führt sie aber zur der Vermutung gegenüber der Gesellschaft, dass der Eingetragene Inhaber der Geschäftsanteile ist. Jeder Gesellschafter sollte daher die im Handelsregister aufgenommene Gesellschafterliste regelmäßig, mindestens aber alle drei Jahre auf ihre Vollständigkeit und Richtigkeit prüfen. Die Eintragungen in der Gesellschafterliste ermöglichen einen gutgläubigen Erwerb von Geschäftsanteilen, vgl. § 16 Abs. 3 GmbHG. Unrichtige Eintragungen in der Gesellschafterliste können den Verlust eines Geschäftsanteils zur Folge haben.

5. Angebot zum Erwerb von Geschäftsanteilen („Option")

321 Mit dem **Angebot zum Erwerb eines Geschäftsanteils** kann bereits eine Bindung des potentiellen Veräußerers herbeigeführt werden. Der Anbietende räumt einem Dritten die Möglichkeit ein, die Anteile an der Gesellschaft binnen einer bestimmten Frist zu festgelegten Konditionen zu erwerben. Diese häufig unscharf als **Option** bezeichnete Gestaltung ist in rechtlicher Hinsicht ein **isoliertes Angebot zum Abschluss eines Kaufvertrages**. Für das Angebot gelten dieselben Regeln und inhaltlichen Anforderungen wie für den Kaufvertrag.

322 Die Einräumung einer Option bedarf nach § 15 Abs. 4 GmbHG der notariellen **Form**. Das Angebot muss bereits alle zu regelnden Punkte des späteren Kaufvertrages enthalten; das folgt aus dem allgemeinen Grundsatz, nach dem das Angebot so beschaffen sein muss, dass es mit der bloßen Erklärung der Zustimmung angenommen werden kann.

323 Es empfiehlt sich klarzustellen, ob sich das Angebot nur auf das **schuldrechtliche Geschäft** bezieht oder ob es sich auch um ein Angebot zum Abschluss des dinglichen Geschäfts handelt. Im ersten Fall bewirkt die Annahme des Angebots nur die schuldrechtliche Verpflichtung auf Abtretung des Geschäftsanteils. Im Regelfall wird man beides gleichzeitig beurkunden und das Angebot zur Abtretung in die notarielle Angebotsurkunde aufnehmen.

Die **Annahme des Angebotes** ist ebenfalls beurkundungspflichtig.

---

[178] OLG Naumburg GmbHR 1995, 378.

6. Pfandrecht an einem Geschäftsanteil
a) Bestellung
Gemäß § 1274 Abs. 1 S. 1 BGB erfolgt die Bestellung eines Pfandrechts an einem Recht nach den für die Übertragung des Rechtes geltenden Vorschriften. Die Verpfändung eines Geschäftsanteils ist folglich unter den gleichen Voraussetzungen wie eine Abtretung zulässig. So ist § 15 Abs. 3 GmbHG auf auch die Verpfändung anzuwenden, die zu ihrer Wirksamkeit notarieller Beurkundung bedarf. Ebenso ist § 15 Abs. 5 GmbHG anzuwenden mit der Folge, dass einschränkende Voraussetzungen, die die Satzung für die Abtretung statuiert, grundsätzlich auch für die Verpfändung gelten. Zur Klarstellung wird dies in der Satzung häufig ausdrücklich formuliert. Denkbar ist auch, die Voraussetzungen für die Abtretung und die Verpfändung unterschiedlich zu regeln, also etwa die Abtretung unter Zustimmungsvorbehalt zu stellen, nicht hingegen die Verpfändung (oder umgekehrt), oder die Möglichkeit der Verpfändung ganz auszuschließen.

324

b) Rechtsfolgen
Der **Verpfänder** bleibt Gesellschafter mit allen Mitgliedsrechten und -pflichten. Der **Gewinnanspruch** ist dem Gläubiger nur mit übertragen, wenn das besonders vereinbart ist. Der Pfandgläubiger hat also regelmäßig keinen Zugriff auf die Gewinnansprüche des Gesellschafters und übt auch nicht die diesem zustehenden Mitgliedschafts-, insbesondere Stimmrechte aus. Bei der gewöhnlichen Gestaltung des Pfandrechts ist der Pfandgläubiger lediglich dadurch gesichert, dass er sich im **Verwertungsfall** wegen seiner Forderungen gegen den Gesellschafter Befriedigung aus dem Geschäftsanteil verschaffen kann. Andererseits treffen den Pfandgläubiger auch nicht die mit der Gesellschafterstellung zusammenhängenden Verpflichtungen; zur Einzahlung von Nachschüssen, ausstehenden Stammeinlagen etc. kann er also nicht herangezogen werden. Diese Rechtsfolgen unterscheiden die Verpfändung im Wesentlichen von der **Sicherungsabtretung** von Geschäftsanteilen.

325

c) Atypische Ausgestaltung des Pfandrechts
Wird der Pfandnehmer über die gesetzliche Regelung hinaus mit weiter gehenden Befugnissen ausgestattet, kann dies zu erheblichen Risiken führen. Vorsicht zu walten ist bei allen Vereinbarungen, die dem Pfandgläubiger gesellschaftertypische Verwaltungs-, Stimm- und Informationsrechte einräumen und er dadurch ähnlich wie ein Gesellschafter die Geschicke der Gesellschaft mitbestimmen kann. Erfolgt etwa die Gewährung von Darlehen an die Gesellschaft gegen Absicherung des Kreditgebers durch eine Verpfändung der Anteile des Allein- oder Mehrheitsgesellschafters und wird dieses Pfandrecht mit weitgehend einer Gesellschafterstellung gleichkommenden Befugnissen ausgestattet, besteht das Risiko, dass das der Gesellschaft gewährte Darlehen nicht mehr als Fremdkapital, sondern als Gesellschafterdarlehen angesehen wird. Im Falle einer Insolvenz wird der Darlehensgeber als nachrangiger Gläubiger behandelt, § 39 Abs. 1 Nr. 5 InsO.

326

II. Muster

M 50 1. Muster: Verkaufs- und Abtretungsvertrag mit Teilung von Geschäftsanteilen

327 *(Notarielle Urkundsformalien)*
1. Herr A _____, (Name, Wohnadresse),[179]
– nachstehend Veräußerer oder Gesellschafter genannt –
2. Herr B _____, (Name, Wohnadresse)
– nachstehend Gesellschafter genannt –
3. Herr C _____, (Name, Wohnadresse)
– nachstehend Erwerber genannt –
Die Erschienenen baten um Beurkundung von nachstehendem
**Verkauf und Abtretung von GmbH-Anteilen
sowie Gesellschafterversammlung**

I. Vorbemerkung
Herr A ist nach der im Handelsregister aufgenommenen Gesellschafterliste Gesellschafter der
_____ GmbH (Gesellschaft) mit dem Sitz in _____
eingetragen im Handelsregister des Amtsgerichts _____ (Ort) unter HRB _____.
Das Stammkapital der Gesellschaft beträgt 50.000 EUR; es ist nach Angabe vollständig eingezahlt.
Der im Handelsregister eingestellten Gesellschafterliste ist kein Widerspruch zugeordnet.
Herr A hält einen Geschäftsanteil (Nr. 1) in Höhe von 25.000 EUR, die er bei Gründung erworben hat.
Weiterer Gesellschafter ist nach der Erklärung der Beteiligten Herr B und zwar mit einem Geschäftsanteil (Nr. 2) in Höhe von 25.000 EUR. Weitere Gesellschafter sind nach den Angaben der Beteiligten nicht vorhanden.
Die Gesellschaft hat keinen Grundbesitz.[180]

II. Gesellschafterversammlung der _____ GmbH
Unter Verzicht auf alle Form- und Fristvorschriften der Einberufung und Ankündigung halten die Gesellschafter der _____ GmbH hiermit eine außerordentliche Gesellschafterversammlung der Gesellschaft ab und beschließen einstimmig was folgt:
Der Geschäftsanteil Nr. 1 von Herrn A wird geteilt
– in einen Geschäftsanteil in Höhe von 10.000 EUR
– in einen weiteren Geschäftsanteil in Höhe von 15.000 EUR.
Die Gesellschafterversammlung stimmt einstimmig der Teilung und der nachstehenden Übertragung von (Teil-)Geschäftsanteilen zu.
Dem neugebildeten Geschäftsanteil in Höhe von 15.000 EUR wird in der Gesellschafterliste die Nr. 3 zugewiesen, dem Restgeschäftsanteil in Höhe von 10.000 EUR bleibt in der Gesellschafterliste die Nr. 1 zugeordnet.
Der Beschluss wird verkündet.
Weitere Beschlüsse werden nicht gefasst. Die Gesellschafterversammlung wird hiermit geschlossen.

---

[179] Ist der Veräußerer nicht unbeschränkt einkommensteuerpflichtig, besteht eine zusätzliche Anzeigepflicht der Notare nach § 54 Abs. 4 EStDV.
[180] Bei grundbesitzhaltenden Gesellschaften hat der Notar die Abtretung der Grunderwerbsteuerstelle des zuständigen Finanzamtes anzuzeigen, § 18 Abs. 2 S. 3 GrEStG.

III. Verkauf und Abtretung von GmbH-Anteilen

§ 1 Abtretung
Herr A überträgt und überlässt an den dies annehmenden Herrn B von den durch vorstehende Teilung entstandenen Geschäftsanteilen den Geschäftsanteil Nr. 3 in Höhe von 15.000 EUR. Der Anteil geht in dinglicher Hinsicht sofort auf den Erwerber über.[181]

§ 2 Kaufpreis
(1) Der Kaufpreis für den in § 1 bezeichneten Kaufgegenstand beträgt _____ EUR
(in Worten: _____ EUR).
(2) Der Kaufpreis ist sofort zur Zahlung fällig. Der Käufer unterwirft sich wegen dieser Zahlungsverpflichtung der sofortigen Zwangsvollstreckung in sein gesamtes Vermögen. Erteilung einer vollstreckbaren Ausfertigung ist jederzeit möglich.

§ 3 Gewinnanspruch
Der mit dem übertragenen Geschäftsanteil verbundene Gewinnanspruch für das laufende Kalenderjahr steht ausschließlich dem Erwerber zu. § 101 BGB ist ausgeschlossen. Die Gewinne vergangener Jahre, die nicht an die Gesellschafter verteilt wurden, stehen ebenfalls dem Erwerber zu.

§ 4 Garantien
Der Veräußerer garantiert dem Erwerber den rechtlichen Bestand des verkauften Geschäftsanteils mit dem oben bezeichneten Inhalt sowie dessen Lasten- und Einredefreiheit. Im Garantiefall stehen dem Käufer die gesetzlichen Rechte unabhängig von einem Verschulden des Verkäufers zu. Es sind keine Änderungen des Gesellschaftsvertrages beschlossen, die noch nicht im Handelsregister eingetragen sind
Der Veräußerer garantiert,
– dass die Gesellschaft nicht überschuldet und nicht zahlungsunfähig ist,
– dass die Einzahlungen auf die Geschäftsanteile, einschließlich des verkauften Geschäftsanteils, ordnungsgemäß erbracht worden sind,
– dass der veräußerte Geschäftsanteil nicht sein ganzes oder nahezu ganzes Vermögen darstellt.
Für die Freiheit von Sachmängeln, insbesondere für die Ertragsfähigkeit, wird vom Veräußerer nicht gehaftet.
Die Ansprüche des Käufers aus dieser Garantie verjähren in dreißig Jahren ab dem gesetzlichen Verjährungsbeginn.[182]

§ 5 Hinweise und Belehrungen
Der Notar hat darauf hingewiesen, dass
(1) der Erwerber nach § 16 Abs. 2 GmbHG für rückständige Leistungen als Gesamtschuldner neben dem Veräußerer haftet,
(2) der Veräußerer für derartige rückständige fällige Leistungen als Gesamtschuldner neben dem Erwerber verhaftet bleibt, § 22 GmbHG,
(3) auf die Risiken einer Abtretung des verkauften Geschäftsanteils vor Zahlung des Kaufpreises, auch darauf, dass diese Risiken etwa durch vorherige Einzahlung des Kaufpreises auf ein Treuhandkonto und dann nachfolgende Abtretung vermieden werden können. Auf diese Sicherung verzichten alle Beteiligten nach Belehrung.

---

181 Nach § 54 EStDV hat der Notar dem nach § 20 AO zuständigen Finanzamt eine beglaubigte Abschrift der Urkunden zu übersenden, die eine Verfügung über Geschäftsanteile zum Gegenstand haben.
182 Zum neuen Verjährungsrecht nach der Schuldrechtsreform vgl. *Amann/Brambring/Hertel*, S. 554; *Altmeppen*, DB 2002, 514.

Die Beteiligten erklären, dass sie die steuerlichen Auswirkungen des Vertrages und seiner Durchführung eigenverantwortlich überprüfen bzw. überprüft haben. Der Notar hat über die steuerlichen Auswirkungen dieses Vertrages nicht belehrt.

IV. Kosten
Die Kosten der Vereinbarungen aus Ziffer III dieser Urkunde trägt der Erwerber; die Kosten der Gesellschafterversammlung die Gesellschaft.

M 51 **2. Muster: Angebot zum Erwerb eines Geschäftsanteils (Optionsvertrag)**

328 *(Notarielle Urkundsformalien)*
1. Herr _____, (Name, Wohnadresse)
– nachstehend Anbietender bzw. Veräußerer genannt –
Der Beteiligte bat um die Beurkundung eines

Angebotes zum Erwerb von Geschäftsanteilen

I. Vorbemerkung
Der Anbietende hält an der im Handelsregister des Amtsgerichts _____ unter HRB Nr. _____ eingetragenen
 _____GmbH mit dem Sitz in _____
drei Geschäftsanteile im Nominalwert von
– 12.500 EUR (in der im Handelsregister aufgenommenen Gesellschafterliste die lfd. Nr. 1),
– 22.500 EUR (in der im Handelsregister aufgenommenen Gesellschafterliste die lfd. Nr. 2),
– 75.000 EUR (in der im Handelsregister aufgenommenen Gesellschafterliste die lfd. Nr. 3),
Das Stammkapital der Gesellschaft in Höhe von 220.000 EUR ist nach Angabe des Beteiligten vollständig und ordnungsgemäß erbracht. Der Anbietende hat den Geschäftsanteil Nr. 1 in Höhe von 12.500 EUR bei Gründung, die beiden anderen Geschäftsanteile mit Vertrag vom _____ zu Urkunde des Notars _____ mit dem Amtssitz in _____, URNr. _____ erworben. Der im Handelsregister eingestellten Gesellschafterliste ist kein Widerspruch zugeordnet.

II. Angebot
1. Herr _____ unterbreitet
    Herrn _____ (Name, Geburtsdatum, Wohnadresse)
    – nachfolgend Erwerber genannt –
    hiermit das unwiderrufliche Angebot, nach Maßgabe der folgenden Bestimmungen einen Kauf- und Abtretungsvertrag über die vorbezeichneten Geschäftsanteile zu schließen.
2. Der Anbietende hält sich bis zum _____ an sein Angebot gebunden. Bis zu diesem Zeitpunkt muss die formgültige Annahme dieses Angebotes dem beurkundenden Notar vorliegen, soll ein wirksamer Vertrag zustande kommen. Der Notar wird angewiesen, den Anbietenden unverzüglich von der Annahme des Angebots zu unterrichten.
3. Der Anbietende erklärt, dass für die derzeitigen Verhältnisse der Gesellschaft der Gesellschaftsvertrag zu Urkunde des Notars _____ mit dem Amtssitz in _____, URNr. _____ vom _____ maßgebend ist. Er sieht hinsichtlich der Veräußerung und Übertragung von Geschäftsanteilen kein Zustimmungserfordernis der Gesellschaft oder ihrer Gesellschafter vor. Es sind keine Änderungen des Gesellschaftsvertrages beschlossen, die noch nicht im Handelsregister eingetragen sind
4. Der Anbietende erklärt, dass er die steuerlichen Auswirkungen des Angebotes eigenverantwortlich überprüft bzw. überprüft hat. Der Notar hat über die steuerlichen Auswirkungen nicht belehrt.
5. Die Gesellschaft hat keinen Grundbesitz.

III. Geschäftsanteilsabtretung

§ 1 Kaufgegenstand, Kaufpreis
Herr _____ verkauft die oben bezeichneten drei Geschäftsanteile lfd. Nr. 1 bis 3 von nominal 12.500 EUR, 22.500 EUR und 75.000 EUR zu einem Gesamtkaufpreis von
_____ EUR
(in Worten: _____ EUR)
an Herrn B, der dies annimmt.
Der Kaufpreis ist binnen vierzehn Tagen nach Annahme des Angebotes fällig und zahlbar.

§ 2 Abtretung
Der Veräußerer tritt die von ihm gehaltenen, oben näher bezeichneten drei Geschäftsanteile an den Erwerber ab, der dies annimmt. Der Notar hat auf den Vorleistungscharakter dieser Vereinbarung hingewiesen.

§ 3 Gewinnanspruch
Der mit den übertragenen Geschäftsanteilen verbundene Gewinnanspruch für das laufende Geschäftsjahr steht dem Erwerber zu. Laufendes Geschäftsjahr im Sinne dieser Vorschrift soll das Geschäftsjahr sein, in dem der Erwerber das Angebot annimmt. Der Veräußerer erklärt, dass für alle Geschäftsjahre vor _____ bereits Gewinnverwendungsbeschlüsse gefasst wurden. Die Gewinne vergangener Jahre, die nicht an die Gesellschafter verteilt wurden, stehen dem Erwerber zu.

§ 4 Zusicherungen, Garantien
Der Veräußerer garantiert dem Erwerber den rechtlichen Bestand des jeweils verkauften Geschäftsanteils mit dem oben bezeichneten Inhalt sowie dessen Lasten- und Einredefreiheit. Im Garantiefall stehen dem Erwerber die gesetzlichen Rechte unabhängig von einem Verschulden des Verkäufers zu.
Der Veräußerer versichert,
– dass sämtliche Geschäftsanteile ordnungsgemäß und ohne Verstoß gegen das Verbot der verschleierten Sacheinlage einbezahlt bzw. erbracht worden sind,
– dass er über die Geschäftsanteile frei verfügen kann.
Für die Freiheit von Sachmängeln, insbesondere für die Ertragsfähigkeit der Gesellschaft, wird vom Veräußerer nicht gehaftet.
Die Ansprüche des Käufers aus dieser Garantie verjähren in dreißig Jahren ab dem gesetzlichen Verjährungsbeginn.[183]

IV. Hinweise und Belehrungen
Der Notar hat darauf hingewiesen, dass
(1) der Erwerber nach § 16 Abs. 2 GmbHG für die rückständigen Leistungen als Gesamtschuldner neben dem Veräußerer haftet,
(2) der Veräußerer für derartige rückständige fällige Leistungen als Gesamtschuldner neben dem Erwerber verhaftet bleibt, § 22 GmbHG,
(3) auf die Risiken einer Abtretung des verkauften Geschäftsanteils vor Zahlung des Kaufpreises, auch darauf, dass diese Risiken etwa durch vorherige Einzahlung des Kaufpreises auf ein Treuhandkonto und dann nachfolgende Abtretung vermieden werden können. Auf diese Sicherung verzichten alle Beteiligten nach Belehrung.

---

[183] Zum neuen Verjährungsrecht nach der Schuldrechtsreform vgl. *Amann/Brambring/Hertel*, S. 554; *Altmeppen*, DB 2002, 514.

M 52 3. Muster: Verpfändung von Geschäftsanteilen zur Sicherung von Ansprüchen aus einer Geschäftsverbindung

329 *(Notarielle Urkundsformalien)*
1. Herr _____, (Name, Wohnadresse)
handelnd nicht für sich selbst, sondern für die _____ GmbH & Co. KG mit dem Sitz in _____,
– nachstehend Pfandgläubigerin genannt –
2. Herr _____, (Name, Wohnadresse)
– nachstehend Schuldner genannt –
Die Beteiligten baten um Beurkundung des nachstehenden
Verpfändungsvertrages
und erklärten:

§ 1 Verpfändungserklärungen, Verpfändungsgegenstand, gesicherte Forderungen
(1) Der Schuldner ist alleiniger Gesellschafter der _____ GmbH mit dem Sitz in _____, nachfolgend als „Gesellschaft" bezeichnet, eingetragen im Handelsregister des Amtsgerichts _____ unter HRB Nr. _____. Dies ist in der im Handelsregister eingestellten Gesellschafterliste so vermerkt. Der Liste ist kein Widerspruch zugeordnet.
(2) Der Geschäftsanteil Nr. 1 des Schuldners beträgt:
_____ EUR (in Worten: _____ EUR).
(3) Der Schuldner verpfändet seinen vorgenannten Geschäftsanteil an die Pfandgläubigerin.
(4) Die Verpfändung dient zur Sicherung der Forderungen der Pfandgläubigerin gegen
  a) die _____ GmbH,
  und/oder
  b) den Schuldner persönlich,
  und/oder
  c) _____,
welche aus ihrer Geschäftsverbindung, insbesondere aus laufender Rechnung, Krediten, Darlehen jeder Art und Wechseln, sowie aus Wechseln, die von Dritten hereingegeben werden, aus Bürgschaften, durch Abtretung oder durch gesetzlichen Forderungsübergang bestehen oder noch begründet werden.

§ 2 Umfang der Verpfändung
(1) Die Verpfändung des Geschäftsanteils erfasst alle einzelnen übertragbaren Vermögensrechte des Schuldners, die für ihn aus dem Gesellschaftsverhältnis gegen die Gesellschaft und die vormaligen oder zukünftigen Mitgesellschafter bis heute entstanden sind und künftig entstehen werden. Zu diesen Vermögensrechten gehört, insbesondere bei einer Auflösung der Gesellschaft oder einem Ausscheiden des Schuldners aus der Gesellschaft, der Anspruch des Schuldners auf ein Auseinandersetzungsguthaben gem. einer Abwicklungsschlussbilanz oder einer Abschichtungsbilanz.
(2) Die Verpfändung erfasst des weiteren Ansprüche des Schuldners auf einen Anteil am Gewinn der Gesellschaft gemäß der am Ende eines jeden Geschäftsjahres erstellten Handelsbilanz der Gesellschaft. Die Beteiligten sind sich einig, dass insoweit ein Nutzungspfandrecht gem. §§ 1273 Abs. 2, 1213 und 1214 BGB bestellt ist.
(3) Die Pfandgläubigerin ist bis auf jederzeit zulässigen Widerruf damit einverstanden, dass der Schuldner den auf den verpfändeten Geschäftsanteil entfallenden Gewinnanteil entgegennimmt.
(4) Zukünftig aus Rücklagen oder sonstigen Mitteln gebildete Kapitalanteile, die dem Schuldner als Gesellschafter der Gesellschaft zustehen, unterliegen ebenfalls dem Pfandrecht nach Maßgabe der sinngemäß anzuwendenden vorstehenden Vorschriften.
(5) Das Pfandrecht erstreckt sich auch auf den Kaufpreisanspruch für den Fall einer Veräußerung des verpfändeten Geschäftsanteils durch den Schuldner.

§ 3 Zusicherungen des Schuldners
Der Schuldner versichert, dass der verpfändete Geschäftsanteil voll eingezahlt ist und eine Nachschusspflicht nicht besteht. Er versichert darüber hinaus, dass er über seinen Geschäftsanteil an der Gesellschaft oder einzelnen gegenwärtigen oder künftigen Vermögensrechten aus dem Gesellschaftsverhältnis, insbesondere über die Ansprüche auf das Auseinandersetzungsguthaben und die Ansprüche auf einen Anteil am Gewinn, nicht anderweitig verfügt hat und dass keine Rechte Dritter bezüglich des Geschäftsanteils oder einzelner Vermögensrechte aus dem Gesellschaftsverhältnis bestehen.

§ 4 Voraussetzungen und Durchführung der Verwertung; Haftungsfreistellung
(1) Vorbehaltlich einer etwaigen nach Eintritt der Verkaufsberechtigung gem. § 1228 Abs. 2 BGB getroffenen Verwertungsabrede wird Folgendes vereinbart:
(2) Ist der Schuldner mit der Erfüllung einer oder mehrerer gesicherten Kreditforderungen ganz oder teilweise in Verzug, so ist die Pfandgläubigerin berechtigt, den verpfändeten Geschäftsanteil ohne vollstreckbaren Duldungstitel zu verwerten.
(3) Im Falle einer Verwertung durch öffentliche Versteigerung ist eine vorherige Androhung derselben nicht erforderlich. Die Versteigerung kann an jedem Ort in der Bundesrepublik Deutschland stattfinden.
(4) Alle Maßnahmen und Vereinbarungen, welche die Pfandgläubigerin bei der Geltendmachung der vom Pfandrecht erfassten Rechte des Schuldners unter Anwendung kaufmännischer Sorgfalt für angemessen erachtet, erkennt dieser als für sich verbindlich. Der Schuldner entbindet die Pfandgläubigerin hinsichtlich dieses Tätigwerdens von der Haftung für jede Art von Fahrlässigkeit.

§ 5 Stimmrechtsausübung
(1) Die Pfandgläubigerin ist nicht berechtigt, das mit dem verpfändeten Gesellschaftsanteil verbundene Mitgliedschaftsrecht, insbesondere das Stimmrecht, auszuüben.
(2) Der Schuldner wird jedoch angemessene Zeit vor Ausübung seines Stimmrechts bei Beschlüssen, die für die Gesellschaft rechtliche oder wirtschaftliche Änderungen herbeizuführen und geeignet sind, ihre Vermögensverhältnisse nachhaltig zu beeinflussen, die Pfandgläubigerin von der Tagesordnung in Kenntnis setzen und auf Wunsch der Pfandgläubigerin mit dieser über die Art und Weise der Stimmrechtsausübung beraten.

§ 6 Maßgebende Satzung
(1) Maßgebend ist der derzeitige Gesellschaftsvertrag URNr. _____/_____ vom _____ des Notars _____ mit dem Amtssitz in _____.
(2) Vorbenannte Urkunde/n lag/en bei Beurkundung in Ausfertigung vor. Sie sind den Erschienenen vollinhaltlich bekannt. Auf die Verlesung und Beifügung zu dieser Urkunde wird verzichtet.

§ 7 Zustimmungserklärung
(1) In Ansehung dieses Verpfändungsvertrages beschließt der Schuldner als alleiniger Gesellschafter der _____ GmbH hiermit, dass der unter §§ 1 und 2 dieses Vertrages festgelegten Verpfändung der Geschäftsanteile in vollem Umfang und vorbehaltlos zugestimmt wird.
(2) Der Schuldner gibt diese Zustimmungserklärung auch in seiner Eigenschaft als einzelvertretungsberechtigter Geschäftsführer der _____ GmbH ab.

§ 8 Salvatorische Klausel, Schriftformklausel
(1) Sollte eine Bestimmung dieses Vertrages unwirksam oder undurchführbar sein, so soll das die Gültigkeit des Vertrages im Übrigen nicht berühren. Die Parteien sind verpflichtet, zusammenzuwirken, um die unwirksame oder undurchführbare Bestimmung durch eine wirksame oder durchführbare zu ersetzen, die dem wirtschaftlichen Ergebnis der unwirksamen oder undurchführbaren Bestimmung möglichst nahe kommt.
(2) Änderungen und Ergänzungen dieses Vertrages bedürfen der Schriftform.

§ 9 Sonstige Vereinbarungen und Erklärungen
Die Beteiligten erklären, dass sie die steuerlichen Auswirkungen des Vertrages und seiner Durchführung eigenverantwortlich überprüfen bzw. überprüft haben. Der Notar hat über die steuerlichen Auswirkungen dieses Vertrages nicht belehrt.

M 53   4. Muster: Verpfändung wegen Sicherung von Darlehensansprüchen

330 *(Notarielle Urkundsformalien)*
1.   Herr _____, (Name, Geburtsdatum, Wohnadresse)
– nachstehend Verpfänder –
2.   Herr _____, (Name, Geburtsdatum, Wohnadresse)
– nachstehend Pfandnehmer –
Die Erschienenen baten um Beurkundung der nachstehenden
Verpfändung eines Geschäftsanteils
und erklärten:

§ 1 Verpfändungserklärungen, Verpfändungsgegenstand, gesicherte Forderungen
(1)   Der Verpfänder hält an der im Handelsregister des Amtsgerichts _____ unter HRB _____ eingetragenen _____ GmbH mit dem Sitz in _____ einen Geschäftsanteil im Nennbetrag von _____ EUR des insgesamt _____ EUR betragenden Stammkapitals. Dem Geschäftsanteil ist im Handelsregister die lfd. Nr. _____ zugeordnet. Die Stammeinlagen sind in voller Höhe einbezahlt.
(2)   Der Verpfänder verpfändet den vorbezeichneten Geschäftsanteil an den Pfandnehmer. Die Verpfändung erstreckt sich nicht auf die Gewinnansprüche.
(3)   Die Verpfändung dient der Sicherung aller sich aus dem am _____ zwischen den Parteien abgeschlossenen Darlehensvertrag ergebenden Ansprüche des Pfandnehmers gegen den Verpfänder. Der Darlehensvertrag ist dieser Niederschrift als Anlage beigefügt. Auf Verlesen wird allseits verzichtet.

§ 2 Mitgliedschaftsrechte
Alle Mitgliedschaftsrechte, insbesondere das Stimmrecht, verbleiben beim Verpfänder, der sich verpflichtet, alles zu unterlassen, was den Wert des Geschäftsanteils beeinträchtigen könnte.

§ 3 Erlöschen des Pfandrechts
Das Pfandrecht erlischt, sobald die vollständige Rückzahlung des Darlehens erfolgt ist.

§ 4 Verwertung
Der Pfandnehmer kann den verpfändeten Geschäftsanteil ohne vollstreckbaren Titel öffentlich versteigern lassen, falls der Verpfänder mit einer fälligen Verbindlichkeit aus dem in § 1 bezeichneten Darlehensvertrag mit mehr als _____ Kalendertagen in Verzug gerät. Die Versteigerung kann an jedem beliebigen Ort in der Bundesrepublik stattfinden.

§ 5 Einwilligung der Gesellschaft; Anzeige bei der Gesellschaft
(1)   Die schriftliche Einwilligung der Gesellschaft zur Verpfändung des Geschäftsanteils liegt vor und ist dieser Niederschrift als Anlage beigefügt.
(2)   Die Verpfändung des Gesellschaftsanteils hat der Pfandnehmer selbst der Gesellschaft anzuzeigen. Auf die Wirkungen der Anzeige wurde der Pfandnehmer hingewiesen.

§ 6 Zusicherungen des Verpfänders
(1)   Der Verpfänder versichert, dass der verpfändete Geschäftsanteil voll eingezahlt ist und eine Nachschusspflicht nicht besteht. Er versichert darüber hinaus, dass er über seinen Geschäftsanteil an der

Gesellschaft oder einzelnen gegenwärtigen oder künftigen Vermögensrechten aus dem Gesellschaftsverhältnis, insbesondere über die Ansprüche auf das Auseinandersetzungsguthaben und die Ansprüche auf einen Anteil am Gewinn, nicht anderweitig verfügt hat und dass keine Rechte Dritter bezüglich des Geschäftsanteils oder einzelner Vermögensrechte aus dem Gesellschaftsverhältnis bestehen.
(2) Der Verpfänder versichert, dass außer dem Erfordernis der Einwilligung der Gesellschaft keine sonstigen Beschränkungen der Verpfändung durch den Gesellschaftsvertrag bestehen.

§ 7 Kosten
Die mit dem Abschluss und der Durchführung dieses Vertrags entstehenden Kosten trägt der Verpfänder, unbeschadet der gesamtschuldnerischen Haftung aller Beteiligten.

§ 8 Salvatorische Klausel, Schriftformklausel
(1) Sollte eine Bestimmung dieses Vertrages unwirksam oder undurchführbar sein, so soll das die Gültigkeit des Vertrages im Übrigen nicht berühren. Die Parteien sind verpflichtet, zusammenzuwirken, um die unwirksame oder undurchführbare Bestimmung durch eine wirksame oder durchführbare zu ersetzen, die dem wirtschaftlichen Ergebnis der unwirksamen oder undurchführbaren Bestimmung möglichst nahe kommt.
(2) Änderungen und Ergänzungen dieses Vertrages bedürfen der Schriftform.

§ 9 Sonstige Vereinbarungen und Erklärungen
Die Beteiligten erklären, dass sie die steuerlichen Auswirkungen des Vertrages und seiner Durchführung eigenverantwortlich überprüfen bzw. überprüft haben. Der Notar hat über die steuerlichen Auswirkungen dieses Vertrages nicht belehrt.

F. Kapitalerhöhung, Kapitalherabsetzung und sonstige Maßnahmen zur Kapitalwiederherstellung

Literatur

Kommentare, Monographien, Buchbeiträge: *Arens*, Haftung der Gesellschafter und der Geschäftsführer, in: Weisemann/Smid, Handbuch der Unternehmensinsolvenz, 1999, Kap. 11; *Baumbach/Hopt*, HGB, 35. Aufl. 2012; *Baumbach/Hueck*, GmbHG, 19. Aufl. 2010; *Eilers/Sieger/Wienands*, Die Finanzierung der GmbH durch ihre Gesellschafter, 3. Aufl. 2003; *von Gerkan/Hommelhoff*, Kapitalersatz im Gesellschafts- und Insolvenzrecht, 7. Aufl. 2001; *v. Gerkan/Hommelhoff*, Handbuch des Kapitalersatzrechts, 2. Aufl. 2002; *Goette/Kleindiek*, Eigenkapitalersatzrecht in der Praxis- nach MoMiG, 6. Aufl. 2010; *Kopp/Heidinger*, Notar und EURO, 2. Aufl. 2001; *Korts/Korts*, Rangrücktritt, Forderungserlass und andere Sicherungsmittel aus gesellschaftsrechtlicher, steuerrechtlicher und insolvenzrechtlicher Sicht, 2. Aufl. 2003; *Langenfeld*, Das GmbH-Vertragspraktikum, 5. Aufl. 2006; *Lutter/Hommelhoff*, GmbH-Gesetz, Kommentar, 17. Aufl. 2009; *Meyer-Panhuysen*, Die fehlerhafte Kapitalerhöhung, 2003; *Roth/Altmeppen*, GmbHG, Kommentar, 5. Aufl. 2005; *Schmidt, K.*, Die GmbH in Krise, Sanierung und Insolvenz, in: Schmidt/Uhlenbruck, 3. Aufl. 2003; *Scholz*, GmbHG, 10. Aufl. 2006/2007/2010; *Sernetz/Haas*, Kapitalaufbringung und -erhaltung in der GmbH, 2. Aufl. 2010; *Teller*, Rangrücktrittsvereinbarung zur Vermeidung der Überschuldung bei der GmbH, 3. Aufl. 2003.

Aufsätze: *Albrecht/Lange*, Zur Fehlerhaftigkeit eines „Um-bis-zu-Kapitalerhöhungsbeschlusses" ohne Durchführungsfrist, BB 2010, 142; *Altmeppen*, Kapitalersatz und Rangrücktritt unter Geltung der InsO, ZHR 164 (2000), 349; *Bärwaldt*, Der Zeitpunkt der Richtigkeit der Versicherung der Geschäftsführung über die Leistung der Stammeinlagen und deren endgültig freie Verfügbarkeit; GmbHR 2003, 524; *Bärwaldt/Balda*, Praktische Hinweise für den Umgang mit Vorrats- und Mantelgesellschaften, GmbHR 2004, 50 und 350; *Becker/Pape/Wobbe*, Forderungsverzicht mit Besserungsschein – ein vermehrt genutztes Instrument zur Überwindung der Kride, DStR 20110, 506; *Beintmann*, Eigenkapitalersetzende Gesellschafterdarlehen in der Überschuldungsbilanz, BB 1999, 1543; *Benecke*, Die Prinzipien der Kapitalaufbringung und ihre Umgehung, ZIP 2010, 105; *Berndt*, Bilanzielle Behandlung von Rangrücktrittsvereinbarungen, BB 2006, 2744; *Blasche*, Verdeckte Sacheinlage und Hin- und Herzahlen, GmbHR 2010, 288; *Boehme*, Sacheinlagefähigkeit von Lizenzen, GmbHR 2000, 841; *Bormann*, Rangrücktritt und InsO, InVo 1999, 105; *Brauer*, Heilung verdeckter Sacheinlagen bei der GmbH durch nachträglichen Umwidmungsbeschluß, BB 1997, 271; *Braun*, Bilanzielle Behandlung von Gesellschafterdarlehen mit Rangrücktrittsklausel, DStR 2012, 1360; *Buciek*, Das kapitalersetzende Darlehen im Steuerrecht, Stbg 2000, 109; *Bunnemann*, Anwendung der Grundsätze der „verdeckten Sacheinlage" bei einer Sachkapitalerhöhung?, NZG 2005, 955; *Dahl*, Neue Verjährungsprobleme im GmbH-Recht als Folge des Schuldrechtsmodernisierungsgesetzes, NZI 2003, 428; *Ehlke*, Voreinzahlung von Stammkapital – Geht noch was?, ZIP 2007, 749; *Emde*, Vorratsgesellschaft und verschleierte Sacheinlage, GmbHR 2003, 1034; *Ettinger/Reiff*, Heilungsmöglichkeiten der fehlerhaften Kapitalaufbringung bei der Vorrats-GmbH, GmbHR 2005, 324; *Fischer, R.*, Die Bedeutung des Rangrücktritts für den Überschuldungsstatus einer GmbH, GmbHR 2000, 66; *Fischer, D.*, Die verdeckte Sacheinlage bei der GmbH und ihre Heilung, BWNotZ 2006, 13; *Fleischer*, Eigenkapitalersetzende Gesellschafterdarlehn und Überschuldungsstatus, ZIP 1996, 773; *Fleischer*, Gegenwartsprobleme der Patronatserklärung im deutschen und europäischen Privatrecht, WM 1999, 666; *Fleischmann*, Steuerrechtliche und bilanzrechtliche Fragen im Zusammenhang mit der Durchführung einer Kapitalerhöhung, DB 1999, 2540; *Gärtner*, Keine verschleierte Sachgründung bei Bargründung einer GmbH und unmittelbar folgendem Umsatzgeschäft, GmbHR 2003, 1417; *Gebhardt*, Besteuerungsfolgen für den GmbH-Gesellschafter nach dem Beschluß des Großen Senats des BFH zum Forderungsverzicht, DStR 1998, 225; *Geißler*, Funktion und Durchführung der vereinfachten Kapitalherabsetzung bei der GmbH, GmbHR 2005, 1105; *Gerber/Pilz*, Die Barkapitalerhöhung um einen Rahmenbetrag bei der GmbH, GmbHR 2005, 1324; *Groh*, Einlage wertgeminderter Gesellschaftsforderungen in Kapitalgesellschaften, BB 1997, 2523; *Groh*, Der qualifizierte Rangrücktritt in der Überschuldungs- und Steuerbilanz der Kapitalgesellschaft, DB 2006, 1286; *Gross/Fink*, Besserungsscheine im Jahresabschluß der GmbH, BB 1991, 1379; *Gundlach/Frenzel/Schmidt*, Die Kapitalerhöhung in der Insolvenz, DStR 2006, 1048; *Haas*, Eigenkapitalersetzende Gesellschafterdarlehen und Feststellung der Überschuldung oder Zahlungsunfähigkeit, NZI 1999, 209; *Halm*, Formelle und materielle Erfordernisse der ordentlichen Kapitalherabsetzung im Recht der GmbH, DStR 1997, 1332; *Häuselmann*, Rangrücktritt versus Forderungsverzicht mit Besserungsschein, BB 1993, 1552; *Hauser*, Kapitalaufbringung und -erhaltung in der GmbH, BuW 2000, 688; *Heidenhain*, Katastrophale Rechtsfolgen verdeckter Sacheinlagen, GmbHR 2006, 455; *Heidinger*, Die Euroumstellung der Aktiengesellschaft durch Kapitalherabsetzung, DNotZ 2000, 661; *Heidinger*, Der Zeitpunkt der Richtigkeit der Geschäftsführerversicherung, Rpfleger 2003, 545; *Helms*, Heilung verdeckter Sacheinlagen und Saldotheorie, GmbHR 2000, 1079; *Henkel*, Kapitalaufbringung bei der GmbH nach dem MoMiG – Verdeckte Sacheinlage, NZI 2010, 6; *Henkel*, Kapitalaufbringung bei der GmbH nach dem MoMiG – Hin- und Herzahlen, NZI 2010, 84; *Henle/Bruckner*, Zur Wirkung qualifizierter Rangrücktrittserklärungen auf das Innenverhältnis der Gesellschafter in der Insolvenz der Gesellschaft, ZIP 2003, 1738, *Henze*, Erfordernis der wertgleichen Deckung bei Kapitalerhöhung mit Bareinlagen?, BB 2002, 955; *Hermanns*, Gestaltungsmöglichkeiten bei der Kapitalerhöhung mit Agio, ZIP 2003, 788; *Hess/Weis*, Die Berücksichtigung nachrangiger Gesellschafterverbindlichkeiten im Überschuldungsstatus nach der Insolvenzordnung, InVo 1999, 33; *Hiort*, Kapitalerhöhung in der GmbH durch (Teil-)Einlage obligatorischer Nutzungsrechte, BB 2004, 2760; *Hirte*, Gesellschaftsrechtliche Voraussetzungen eines Kapitalschnitts, ZInsO 1999, 616; *Hoffmann*, Die Besserungsvereinbarung als Gestaltungsmittel im Rahmen von Unternehmenssanierungen, DStR 1998, 196; *Hoffmann*, Nachträgliche Anschaffungskosten bei Forderungsverlusten des Gesellschafters im Rahmen des § 17 EStG, GmbHR 1997, 1140; *Hoffmann*, Der Verzicht des Gesellschafters auf Forderungen gegen die Kapitalgesellschaft, DStR 1995, 77; *Hoffmann*, Forderungsverzicht des Gesellschafters einer Kapitalgesellschaft gegen Besserungsschein bei Gesellschafterwechsel, DStR 2004, 293; *Hohmuth*, Die Kapitalherabsetzung bei der GmbH unter der Geltung des MoMiG, GmbHR 2009, 349; *Holzapfel*, Überschuldung und Rangrücktritt bei der GmbH, InVo 1999, 1; *Jäger*, Kapitalaufbringung und Haftungsrisiken in Cash-Management-Systemen von GmbH-Konzernen, DStR 2000, 1653 und 1736; *Janssen*, Überschuldung trotz Rangrücktritts nach der neuen Insolvenzordnung, NWB 1998, 1405; *Kahlert/Gehrke*, Der Rangrücktritt nach MoMiG im GmbH-Recht: Insolvenz- und steuerrechtliche Aspekte, DStR 2010, 22; *Kaiser*, Gesellschafterdarlehen mit Rangrücktritt und deren Behandlung unter dem neuen § 5 Abs. 2a EStG, GmbHR 2001, 103; *Kammeter/Geißelmeier*, Der Rangrücktritt – Bestandsaufnahme und Auswirkungen des MoMiG im Handelsbilanz- und Steuerrecht, NZI 2007, 214; *Kempf/Uhlig*, Überlegungen zum Darlehensverzicht in der Krise, DStR 2000, 723; *Kiethe/Imbeck*, Die Heilung verdeckter Sacheinlagen im GmbH-Recht, DStR 1994, 209; *Kling*, Forderungsverzicht mit Besserungsklausel oder Rangrücktritt?, NZG 2000, 872; *Kuntz*, Die Kapitalerhöhung in der Insolvenz, DStR 2006, 519; *Küpper/Heinze*, Die „harte" Patronatserklärung in der Insolvenz, ZInsO 2006, 913; *Kußmaul/Junker*, Die steuerliche Seite der Kapitalherabsetzung nach erfolgter Kapitalerhöhung aus Gesellschaftsmitteln, DB 1998, 2083; *Langenfeld*, Kapitalerhöhung im Ausschüttungs-Rückhol-Verfahren, GmbH-StB 1999, 296; *Langner*, Verdeckte Sacheinlagen bei der GmbH, GmbHR 2004, 294; *Lappe*, Gemischte Kapitalerhöhung und Bezugsrechtsausschluß in Restrukturierungsfällen, BB 2000, 313; *Lenz*, Die Heilung verdeckter Sacheinlagen, GmbHR 1996, 161; *Lenz*, Verbindlichkeiten mit Rangrücktritt im Überschuldungsstatus, GmbHR 1999, 283; *Leske*, Zu den Belehrungspflichten des Notars bei der (effektiven) Barkapitalerhöhung einer GmbH, NotBZ 2002, 284; *Leuering/Bahns*, Die steueliche Behandlung von Rangrücktrittserklärungen, NJW-Spezial 2012, 207; *Leuering/Simon*, Die Bis-zu-Kapitalerhöhung im GmbH-Recht, NJW-Spezial 2005, 363; *Lieb*, Probleme bei der Heilung der verschleierten Sacheinlage, ZIP 2002, 2013; *Lieder*, Grund- und Zweifelsfragen des genehmigten Kapitals der GmbH, DNotZ 2010, 655; *Livonius*, Passivierung von Forderungen mit Rangrücktritt im Überschuldungsstatus nach der Insolvenzordnung, ZInsO 1998, 309; *Lutter/Leinekugel*, Fehlerhaft angemeldete Kapitalerhöhungen, ZIP 2000, 125; *Maser/Sommer*, Die Neuregelung der „Sanierenden Kapitalherabsetzung" bei der GmbH, GmbHR 1996, 22; *Müller, Gerd*, Die Haftung des Kreditinstituts bei verdeckten Sacheinlagen, ZIP 1998, 137; *Müller, K.J.*, Kapitalerhöhung in der Insolvenz, ZGR 2004, 842; *Neu*, Forderungsverzicht, Rangrücktritt, Patronatserklärung – Formulierungsbeispiele für die wichtigsten Sanierungsinstrumente, GmbH-StB 1998, 267; *Neu*, Sanierungszuschuß und Forderungsverzicht in der Bilanz des Gesellschafters, GmbH-StB 2000, 41; *Niesert*, Die Passivierung eigenkapitalersetzender Gesellschafterdarlehen mit Rangrücktritt im Überschuldungsstatus nach der Insolvenzordnung, InVo 1998, 242; *Ott*, Disquotale Gewinnausschüttung und Schütt-aus-Hol-zurück-Verfahren, StuB 2000, 385; *Patek*, Besteuerung privater Veräußerungsgeschäfte bei Kapitalerhöhungen gegen Einlage, BB 2006, 1142; *Paul*, Kein Entfallen des Erstattungsanspruchs gem. § 31 GmbHG trotz nachträglicher Wiederherstellung des Stammkapitals, ZInsO 2000, 583; *Pentz*, Die Anrechnung der verdeckten gemischten) Sacheinlage, GmbHR 2010, 673; *Perwein*, Einbringung eines Einzelunternehmens im Wege der Kapitalerhöhung, GmbHR 2010, 133; *Priester*, Gläubigerrücktritt zur Vermeidung der Überschuldung, DB 1977, 2429; *Priester*, Die Heilung verdeckter Sacheinlagen im Recht der GmbH, DB 1990, 1753; *Priester*, GmbH-Kapitalerhöhung im Wege des Ausschüttungs-Rückhol-Verfahrens, ZGR 1998, 856; *Priester*, Heilung verdeckter Kapitalerhöhung aus Gesellschaftsmitteln, GmbHR 1998, 861; *Priester*, Forderungsverzicht des Gesellschafters gegenüber seiner Personengesellschaft, BB 1998, 1557; *Priester*, Vorausleistungen auf die Kapitalerhöhung nach MoMiG und ARUG, DStR 2010, 494; *Prühs, V.*, Rücktritt in die letzte Reihe, GmbH-Steuerpraxis 2006, 331; *Rautenberg*, Die steuerliche Behandlung des Darlehnserlasses mit Besserungsvereinbarung, DB 1995, 1345; *Reiff/Arnold*, Unbeschränkte Konkursverschleppungshaftung des Geschäftsführers einer GmbH auch gegenüber gesetzlichen Neugläubigern?, ZIP 1998, 1893; *Reuter*, Praktische Fragen bei der Heilung verdeckter GmbH-Sacheinlagen, BB 1998, 217; *Richter/Schick*, Neueste Rechtsprechung des BGH zur verdeckten Sacheinlage – Tatbestandskorrektur auf der Rechtsfolgenseite?, GmbHR 1999, 97; *Roser*, Gedanken zum Gesellschafterverzicht, DB 1996, 1303; *Schiessl/Rosengarten*, Heilung einer verdeckten Sacheinlage im GmbH-Recht, GmbHR 1997, 772; *Schmidt, A.*, Kapitalerhöhung als Steuerfalle, GmbH-StB 1999, 355; *Schmidt, K.*, Die Gesellschafterhaftung bei gescheiterter GmbH-Sachgründung, NJW 2000, 1521; *v. Schnurbein*, Verdeckte Sacheinlage im Konzern – Vereinfachung durch das MoMiG?, GmbHR 2010, 568; *Schorlemer/Stupp*, Kapitalerhöhung zu Sanierungszwecken, NZI 2003, 345; *Seibt*, Heilung verdeckter Sacheinlagen nach der neuen BGH-Rechtsprechung, NJW-Spezial 2005, 27; *Sender*, Bilanzielle und körperschaftsteuerliche Behandlung der Verbindlichkeiten mit Rangrücktrittsvereinbarungen und des Forderungsverzichts mit Besserungsklausel, GmbHR 1992, 157; *Sernetz*, Die Folgen der neueren Zivilrechtsprechung zum „Ausschüttungs-Rückhol-Verfahren", ZIP 1995, 173; *Sernetz*, Anrechnung und Bereicherung bei der verdeckten Sacheinlage, ZIP 2010, 2173; *Servatius*, Über die Beständigkeit des Erstattungsanspruchs wegen Verletzung des Stammkapitals, GmbHR 2000, 1028; *Siegel*, Die Reparaturmöglichkeiten bei fehlgeschlagener Kapitalerhöhung nach Schütt-aus-hol-zurück-Verfahren, GmbHR 1995, 487; *Sieger/Hasselbach*, Die Kapitalerhöhung im „Schütt-Aus-Hol-Zurück"-Verfahren bei der GmbH, GmbHR 1999, 205; *Stiller/Redeker*, Aktuelle Rechtsfragen der verdeckten gemischten Sacheinlage, ZIP 2010, 865; *Tillmann, O.*, Die Heilung verschleierter Sacheinlagen unter besonderer Berücksichtigung des BGH-Beschlusses vom 4.3.1996, DB 1997, 2509; *Veit*, Zur Feststellung einer Überschuldung, DB 2000, 1928; *Veit*, Der Überschuldungsstatus – Zuständigkeit, Zeitpunkt, Aufbau und Publizität, StuB 2000, 805; *Wächter*, Tatbestand und Heilung verdeckter Sacheinlagen, insbesondere bei Unternehmenseinbringungen, GmbHR 2006, 1084; *Wegmann*, Verdeckte Sacheinlagen bei der GmbH, BB 1991, 1006; *Wegmann*, Kapitalaufbringung bei der Barkapitalerhöhung der GmbH, MittBayNot 2003, 199; *Welb*, Steuerliche Auswirkungen des Forderungsverzichts eines Gesellschafters gegenüber seiner Kapitalgesellschaft, BB 1997, 1716; *Weiss*, Kombinierte Kapitalerhöhung aus Gesellschaftsmittel mit nachfolgender ordentlicher Kapitalherabsetzung, BB 2005, 2697; *Werner*, Voreinzahlungen auf Stammeinlagen bei GmbH-Gründung und Kapitalerhöhung: Zulässigkeit – Zweifelsfragen – Konsequenzen, GmbHR 2002, 530; *Wimmer*, Gesellschaftsrechtliche Maßnahmen zur Sanierung von Unternehmen, DStR 1996, 1249; *Wolf*, Zur Bilanzierung von Gesellschafterdarlehen in der Überschuldungsbilanz, StuB 2000, 405.

I. Rechtliche Grundlagen

1. Ausgangsbetrachtung

Bei den Maßnahmen, die sich auf eine Änderung der Eigenkapitalverhältnisse der GmbH beziehen, ist zu unterscheiden zwischen den Maßnahmen, die sich auf eine Änderung des **statutari-**

schen (satzungsmäßigen) Eigenkapitals** beziehen, und denjenigen, die (nur) das **bilanzielle Eigenkapital** oder den Eigenkapitalausweis in einem **Überschuldungsstatus** betreffen. Erstere Maßnahmen – nämlich Kapitalerhöhungen und Kapitalherabsetzungen – bedürfen der Satzungsänderung, letztere – insbesondere Forderungsverzichte, Rangrücktritte, Einzahlungen in die Kapitalrücklage etc. – in aller Regel nicht.[184]

332 In der Praxis bestehen offenbar Unklarheiten und Missverständnisse hinsichtlich der **Durchführung** einer Kapitalerhöhung, einer Kapitalherabsetzung, aber auch hinsichtlich der sonstigen Wiederherstellungsmaßnahmen zur Sanierung des Eigenkapitals.

333 Beobachtet werden muss in der notariellen Praxis auch die weitere Entwicklung im Zusammenhang mit der neueren Rechtsprechung des EuGH zur **Unzulässigkeit von Notar- und Registergebühren** für die Beurkundung und die Eintragung von Kapitalerhöhungen bei Fehlen einer Obergrenze für die Gebührenberechnung unter dem Gesichtspunkt der unzulässigen Steuererhebung.[185] Allerdings hat das OLG Hamm dazu eine klarstellende Feststellung gerade für den Fall von (Sach-)Kapitalerhöhungen getroffen: Wird zum Zwecke der Kapitalerhöhung ein Grundstück übertragen, so bestimmt sich der Wert für die Gebühren der Eigentumsumschreibung nach dem Grundstückswert. Die EG-Gesellschaftsteuerrichtlinie findet nach Auffassung des OLG Hamm keine Anwendung.[186]

2. Kapitalerhöhungen
a) Einfache Kapitalerhöhung

334 Eine Kapitalerhöhung kann durch Ausgabe neuer Geschäftsanteile oder durch Erhöhung der Nennbeträge vorhandener Geschäftsanteile erfolgen.

335 Sowohl in dem notariell zu beurkundenden Beschluss der Gesellschafter über eine Erhöhung des Stammkapitals als auch in der danach vorzunehmenden Anmeldung der Kapitalerhöhung muss im Einzelnen klar verlautbart werden, welcher Geschäftsanteil mit welcher Stammeinlage gebildet bzw. welcher Geschäftsanteil um welchen Erhöhungsbetrag erhöht wird.

336 Die Regeln über die Durchführung einer Kapitalerhöhung gelten uneingeschränkt auch bei **Kapitalerhöhungen zur EURO-Glättung**.[187] Ein Kapitalerhöhungsbeschluss zum Zweck der Euroglättung muss inhaltlich klarstellen, wie die einzelnen Geschäftsanteile in Euro umgestellt und sodann im Wege der Aufstockung auf einen glatten Eurobetrag erhöht werden.[188]

337 Es bedarf zunächst einer entsprechenden **Beschlussfassung** der Gesellschafterversammlung[189] hinsichtlich der beabsichtigten Kapitalerhöhung sowie der **Zulassung der Übernehmer** zur Übernahme der neuen bzw. erhöhten Stammeinlagen. Das Bezugsrecht steht den Gesellschaftern grundsätzlich entsprechend ihrer bisherigen Beteiligung zu. Der Ausgabepreis muss sich dabei am inneren Wert der Anteile ausrichten.[190]

---

184 Siehe zum Folgenden auch Weisemann/Smid/*Arens*, Handbuch der Unternehmensinsolvenz, § 11 Rn 88 ff.; *Arens/Schäfer*, Der Steuerberater als Krisenmanager, S. 35 ff., S. 79 ff.
185 EuGH v. 29.9.1999 – Rs. C-56/98, NJW 2000, 939; EuGH v. 26.9.1999 – Rs. C-134/99, ZIP 2000, 1891 und EuGH v. 21.6.2001 – Rs. C-206/99, ZIP 2001, 1145, dazu EWiR 2002, 33 (*Lappe*); so auch die Anträge des Generalanwalts beim EuGH v. 18.1.2005 – Rs C – 165/03; LG Stuttgart GmbHR 2004, 187; LG Freiburg ZErb 2004, 164; ähnlich auch OLG Köln DStR 2000, 787 für die Eintragung einer Prokura.
186 OLG Hamm GmbHR 2000, 1266.
187 BayObLG GmbHR 2002, 2138; OLG Frankfurt/M. BB 2003, 2477 = GmbHR 2003, 1273; OLG Hamm GmbHR 2003, 899; dazu auch *Theile/Köhler*, GmbHR 1999, 516; dazu auch *Kopp/Heidinger*, Notar und EURO, 2. Aufl., 2001.
188 OLG Hamm GmbHR 2011, 654.
189 Zur Kapitalerhöhung gegen den Willen eines Minderheitsgesellschafters siehe Centrale-Gutachten, GmbHR 1999, 1248.
190 OLG Stuttgart GmbHR 2000, 333 = BB 2000, 1155 m. Anm. *Gätsch*; zur Kapitalerhöhung in der Insolvenz siehe *Kuntz*, DStR 2006, 519.

338 Die zugelassenen Übernehmer müssen eine entsprechende **Übernahmeerklärung** gem. § 55 Abs. 1 GmbHG abgeben, durch die ein Übernahmevertrag hinsichtlich der Stammeinlagen mit der GmbH zustande kommt.[191] Diese ist in jedem Fall bei der Anmeldung zum Handelsregister erforderlich, auch bei Zusammenlegung der Anteile im Rahmen der Kapitalerhöhung.[192]

339 Ein solcher Übernahmevertrag verpflichtet in erster Linie den durch Gesellschafterbeschluss gem. § 55 Abs. 2 GmbHG zugelassenen Übernehmer zur Erbringung der vorgesehenen Einlage.[193] Es handelt sich aber nicht um einen Austauschvertrag wie bei der Veräußerung eines Geschäftsanteils gem. § 15 Abs. 4 GmbHG, sondern um einen **Vertrag mit körperschaftlichem Charakter**. Nach der Rechtsprechung des BGH wird das von dem Übernehmer angestrebte Mitgliedschaftsrecht nicht von der GmbH „geliefert", sondern auf der Grundlage des satzungsändernden Kapitalerhöhungsbeschlusses und des Übernahmevertrages entsteht es erst mit der Eintragung im Handelsregister kraft Gesetzes.[194]

340 Nicht nur der Erwerb der Mitgliedschaft, sondern auch der Übernahmevertrag und der satzungsändernde Kapitalerhöhungsbeschluss stehen bis dahin **unter dem Vorbehalt des Wirksamwerdens der Kapitalerhöhung durch die Eintragung** im Handelsregister.[195] Ein Erfüllungsanspruch des Übernehmers gegenüber der Gesellschaft auf Durchführung der Kapitalerhöhung und auf den Erwerb der Mitgliedschaft besteht bis dahin nicht, weil die dafür erforderliche Satzungsänderung erst mit der Eintragung wirksam wird (§ 54 Abs. 3 GmbHG) und bis dahin der Autonomie der bisherigen Gesellschafterversammlung unterliegt.[196]

341 Zu beachten sind **im Innenverhältnis** der Gesellschafter zueinander auch **Treuepflichten**, insbesondere im Hinblick auf die **Interessen der Minderheitsgesellschafter**. Hängt etwa die Höhe der einer Komplementär-GmbH u.a. für die Haftungsübernahme zu zahlenden Vergütung nach dem Gesellschaftsvertrag einer Kommanditgesellschaft von der Höhe des Stammkapitals der GmbH ab, dürfen deren Gesellschafter das Stammkapital nicht ohne Wahrung der gesellschafterlichen Treuepflichten gegenüber der Kommanditgesellschaft in erheblichem Umfang (dort: um das 42-fache) erhöhen.[197]

342 Sowohl in dem notariell zu beurkundenden Beschluss der Gesellschafter über eine Erhöhung des Stammkapitals als auch in der danach von allen Geschäftsführern (§ 78 GmbHG) – unabhängig von der konkreten Vertretungsbefugnis – vorzunehmenden Anmeldung der Kapitalerhöhung muss im Einzelnen klar verlautbart werden, welcher Geschäftsanteil mit welcher Stammeinlage um welchen Erhöhungsbetrag erhöht wird.[198] Probleme ergeben sich, wenn falsche Beteiligungsverhältnisse bzw. falsche Nennbeträge der vorhandenen Anteile bei der Kapitalerhöhung zugrunde gelegt werden.[199]

343 Die **Ausgabe** von GmbH-Anteilen im Rahmen einer Kapitalerhöhung **zum Nennwert** bei tatsächlich höherem Wert der Anteile sollte schon nach bisheriger Auffassung des BFH als (reine, nicht als „gemischte") **Schenkung** (freigebige Zuwendung) i.S.v. § 7 Abs. 1 Nr. 1 ErbStG qualifiziert werden können, wenn:

---

[191] Das gilt auch bei einer Kapitalerhöhung zur Glättung eines Kleinbetrages bei einer Ein-Personen-GmbH: BayObLG GmbHR 2002, 497.
[192] OLG Celle GmbHR 1999, 1253.
[193] Scholz/*Priester*, § 55 Rn 93; zu einem Kündigungsrecht des Gesellschafters aus wichtigem Grund bei zwischenzeitlicher Sequestrationsanordnung siehe OLG Düsseldorf GmbHR 2000, 569.
[194] BGH DNotZ 1999, 753.
[195] Zu den Folgen einer fehlerhaften Anmeldung der Kapitalerhöhung siehe *Lutter/Leinekugel*, ZIP 2000, 1225; zur Heilungswirkung eines unwirksamen Kapitalerhöhungsbeschlusses durch dreijährige Eintragung im Handelsregister analog § 242 AktG siehe OLG Stuttgart GmbHR 2000, 721, dazu EWiR 2000, 945 (*Werner*).
[196] BGH DNotZ 1999, 753; Hachenburg/*Ulmer*, § 55 Rn 70.
[197] BGH GmbHR 2006, 321 = DStR 2006, 524.
[198] OLG Hamm GmbHR 2011, 654.
[199] Dazu DNotI-Report 2011, 84; *Krieger*, ZHR 158 (1994), 34.

- eine **Bereicherung der neuen Gesellschafter** gegeben ist,
- eine (quotale) **Entreicherung der Altgesellschafter** bzgl. ihrer Altanteile dadurch gegeben ist,
- und bei den Altgesellschaftern wegen des Bewusstseins darum ein **Wille zur Unentgeltlichkeit** angenommen werden kann.[200]

344 Dagegen soll bei einer **nicht verhältniswahrenden Kapitalerhöhung aus Gesellschaftsmitteln** bzw. bei der **Aufnahme Dritter** nach Verwaltungsauffassung eine **(gemischte) Schenkung** angenommen werden können.[201]

345 Der unentgeltliche (Teil-)**Verzicht auf** ein **Bezugsrecht** im Rahmen solcher Kapitalerhöhungsmaßnahmen kann also ggf. als schenkungsteuerpflichtiger Vorgang angesehen werden.[202] Ebenfalls kann eine Schenkung in der Zulassung zu einer Kapitalerhöhung gegen ein zu niedriges Ausgabeaufgeld liegen.[203] Nach bisheriger Auffassung des **BFH** sollte dies aber nur dann der Fall sein, wenn die verzichtenden Gesellschafter den Willen zur Unentgeltlichkeit hatten.[204]

346 Durch die Neufassung des § 7 Abs. 8 ErbStG kommt es aber nunmehr nur noch auf den objektiven Tatbestand einer Bereicherung an.

347 Hinweis
Auf die **Anzeigepflicht des Notars** nach § 34 ErbStG ist in diesem Zusammenhang hinzuweisen.

348 Beim Verzicht auf ein Bezugsrecht bei einer Kapitalerhöhung kann aber auch ein entgeltliches Geschäft vorliegen: Den Tatbestand einer „Veräußerung von Anteilen an einer Kapitalgesellschaft" i.S.v. § 17 EStG erfüllt auch, wer den durch eine Kapitalerhöhung entstehenden neuen Geschäftsanteil anderen gegen Entgelt zur Übernahme überlässt.[205]

349 Eine Kapitalerhöhung gegen Einlage führt nach Auffassung des BFH hinsichtlich der bereits bestehenden Anteile zu einer „**Substanzspaltung**" zugunsten der aufgrund der Bezugsrechte erworbenen neuen Anteile. Diese Substanzspaltung hat zur Folge, dass **Anschaffungskosten** der bereits bestehenden Anteile nach Maßgabe der **Gesamtwertmethode** den Bezugsrechten bzw. den neuen Anteilen zuzuordnen sind. Das soll auch für im Privatvermögen gehaltene wesentliche Beteiligungen gelten.[206]

350 Veräußert ein GmbH-Gesellschafter Anteile, die er bei einer Kapitalerhöhung gegen Zuzahlung erworben hat, innerhalb der sog. **Spekulationsfrist** nach § 23 EStG, ist deshalb nach der Auffassung des BFH bei der Bemessung des steuerbaren Veräußerungsgewinns auch der Wert des Bezugsrechts auf die neuen Anteile bei deren **Anschaffungskosten** anzusetzen.[207] Die in § 23 Abs. 1 und Abs. 4 EStG verwendeten Begriffe „Anschaffung" und „Anschaffungskosten" seien i.S.v. § 6

---

[200] BFH GmbHR 2001, 623 m. Anm. *Binnewies*; BFH GmbHR 2001, 1183 = DStRE 2002, 694; FG Münster DStRE 2004, 522; H 18 Nr. 3 ErbStR; dazu auch *Viskorf*, FR 2001, 910; *Nachreiner*, MittBayNot 2002, 362; *Gottschalk*, DStR 2002, 377, 381; siehe auch *Albrecht*, ZErb 2003, 141.
[201] Koordinierter Ländererlass des FinMin. Baden-Württemberg v. 15.3.1997, GmbHR 1997, 424.
[202] Fin.Min. Baden-Württemberg v. 15.3.1997, GmbHR 1997, 424; dazu Centrale-Gutachten, GmbHR 2000, 1091; *Gebel*, DStR 2003, 622; vgl. auch FG Düsseldorf DStRE 2000, 483.
[203] OFD Frankfurt/M. v. 20.12.2001, DStR 2002, 767.
[204] BFH BB 2001, 1394 = GmbHR 2001, 632 m. Anm. *Binnewies*.
[205] BFH DStRE 2005, 1073; zur Zuordnung der Anschaffungskosten bei Zahlung eines Aufgelds im Rahmen einer Kapitalerhöhung siehe BFH DStR 2009, 2661; zur körperschaftsteuerliche Behandlung des Verzichts auf ein Ausgabeaufgeld bei einer Kapitalerhöhung siehe OFD Frankfurt/M. v. 20.12.2001, DStR 2002, 767.
[206] BFH BFHE 188, 27 = BStBl II 1999, 638 = GmbHR 1999, 370.
[207] BFH BStBl II 2006, 12; in Fortentwicklung des Urteils des BFH BFHE 89, 120 = BStBl II 1967, 554.

EStG und des § 255 Abs. 1 HGB auszulegen; Anschaffung i.S. dieser Vorschriften sei auch der Erwerb weiterer Geschäftsanteile an einer Kapitalgesellschaft im Falle einer Kapitalerhöhung.[208]

Den Tatbestand einer „**Veräußerung von Anteilen** an einer Kapitalgesellschaft" i.S.v. **§ 17 EStG** erfüllt dagegen, wer den durch eine Kapitalerhöhung entstehenden neuen Geschäftsanteil anderen gegen Entgelt zur Übernahme (**entgeltlicher Verzicht auf das Bezugsrecht**) überlässt.[209] **351**

Bei **Nichtteilnahme** einer (Beteiligungs-)Kapitalgesellschaft **an einer Kapitalerhöhung** und in deren Zustimmung zur Kapitalerhöhung zum Nennwert (nicht zum „wahren" Wert) soll außerdem auch eine **verdeckte Gewinnausschüttung** (vGA) liegen können.[210] **352**

Gefährlich für die Gesellschafter sind sog. **Voreinzahlungen auf** erst **künftig zu beschließende Kapitalerhöhungen**, weil durch solche Voreinzahlungen nach der Rechtsprechung des BGH die Einlageschuld aus der später beschlossenen Kapitalerhöhung nicht wirksam getilgt wird.[211] Ob und unter welchen Voraussetzungen in Sanierungssituationen generell eine Ausnahme gemacht werden könne, hat der BGH zunächst ausdrücklich offen gelassen.[212] **353**

Allerdings hat der BGH später Voreinzahlungen auf künftige Einlageverpflichtungen im Rahmen von Kapitalerhöhungen zumindest dann als wirksam anerkannt, wenn es sich um eine Sanierungssituation handelt, diese Vorauszahlung eindeutig auf eine **kurze Zeit** danach beschlossene Kapitalerhöhung geleistet wird und der Einlagebetrag zwischen dem Antrag auf Eintragung der Kapitalerhöhung in das Handelsregister und ihrer Durchführung noch **wertmäßig zur freien Verfügung** der Geschäftsführung gestanden hat.[213] Eine Voreinzahlung auf ein debitorisches (oder debitorisch werdendes?) Konto erfülle demgegenüber die Tilgungswirkung nicht.[214] **354**

Ähnlich hat das OLG Celle für voreingezahlte Beträge auf einem **Sonderkonto** entschieden.[215] Auch diese Rechtsprechung hat der BGH bestätigt.[216] **355**

Nach milderer Auffassung soll es allgemein ausreichend sein, wenn der Betrag bei Eintragung der Kapitalerhöhung in das Handelsregister noch wertmäßig zur freien Verfügung der Geschäftsführung gestanden hat.[217]

Der Grundsatz, dass Voreinzahlungen auf eine künftige Kapitalerhöhung keine Tilgungswirkung haben, gilt nach der Auffassung des OLG Celle auch in Sanierungsfällen, es sei denn, die Voreinzahlung ist eindeutig und für Dritte erkennbar mit dem Tilgungszweck der Kapitalerhöhung verbunden, zwischen Zahlung und Kapitalerhöhungsbeschluss besteht ein enger zeitlicher Zusammenhang und die Voreinzahlung ist im Kapitalerhöhungsbeschluss und in der Handelsregisteranmeldung offengelegt. Die Leistung auf ein Kontokorrentkonto, welches nach dieser Zahlung und dem Kapitalerhöhungsbeschluss weiterhin ein Soll aufweist, sei selbst dann nicht schuldtilgend, wenn die Bank für dieses Konto eine Kreditlinie vereinbarungsgemäß gewährt **356**

---

208 BFH BFHE 194, 182 = BStBl II 2001, 345; BFH BFHE 202, 309 = BStBl II 2003, 712.
209 BFH DStR 2005, 1073 = GmbHR 2005, 1369.
210 FG Münster DStRE 2004, 522.
211 Zur Problematik der Voreinzahlung auf künftige Einlagepflichten siehe BGH NJW 1995, 460 = DStR 1995, 498 m. Anm. *Goette*; BGH ZIP 1995, 28; BGH DNotZ 1997, 495 m. Anm. *Kanzleiter* = DStR 1996, 1416 m. Anm. *Goette*; zur Rechtslage nach MoMiG und ARUG siehe *Priester*, DStR 2010, 494.
212 BGH NJW 1992, 2222; BGH NJW 1995, 460 = DStR 1995, 498 m. Anm. *Goette*.
213 BGH DStR 2004, 782, allerdings mit Einschränkungen bei Einzahlung auf ein debitorisches Konto; siehe auch schon BGH NJW 1969, 840; BGH DNotZ 1997, 495; BGH ZIP 2000, 2021, dazu EWiR 2001, 325 (*Rawert*) = GmbHR 2001, 67, dazu auch *Heidinger*, DNotZ 2001, 341; *Heidinger*, GmbHR 2002, 1045, 1047; so auch OLG Düsseldorf GmbHR 2000, 564 = ZIP 2000, 837, dazu EWiR 2000, 495 (*Undritz*).
214 BGHZ 158, 283 = DStR 2004, 782 m. Anm. G*oette* = DNotZ 2004, 867 m. Anm. *Kanzleiter*, dazu EWiR 2004, 851 (*Priester*).
215 OLG Celle GmbHR 2006, 433.
216 BGH DStR 2006, 2266.
217 OLG Karlsruhe GmbHR 1999, 1298 und OLG Köln GmbHR 2001, 627, dazu EWiR 2001, 1093 (*v. Gerkan*).

hat, so dass der Geschäftsführer im Rahmen des eingeräumten Kredits über einen der Stammeinlageerhöhung entsprechenden Kapitalbetrag frei verfügen könnte.[218]

357   Im Rahmen von Barkapitalerhöhungen soll eine Voreinzahlung nur dann Tilgungswirkung haben, wenn zumindest folgende **Voraussetzungen** kumulativ erfüllt sind:
- es besteht ein enger zeitlicher Zusammenhang zwischen Barzahlung und Beschlussfassung,
- die Vorauszahlung erfolgt nicht vor der Ladung zur Gesellschafterversammlung mit dem Tagesordnungspunkt „Kapitalerhöhung",
- die Zahlung ist als Vorausleistung auf die Kapitalerhöhung ist für Dritte erkennbar und
- sowohl in dem Erhöhungsbeschluss als auch in der Versicherung der Geschäftsführer im Rahmen der Handelsregisteranmeldung erfolgt eine Offenlegung der Vorausleistung.[219]

358   Für Einzahlungen nach Fassung des Kapitalerhöhungsbeschlusses auf ein **debitorisches Konto** hat der BGH inzwischen anders entschieden.[220]

359   Nach § 1 Abs. 1 S. 1 Hs. 1 EGGmbHG dürfen Gesellschaften, die vor dem 1.1.1999 in das Handelsregister eingetragen worden sind, ihr auf Deutsche Mark lautendes Stammkapital beibehalten. Jedoch darf nach § 1 Abs. 4 EGGmbHG eine Änderung des Stammkapitals einer solchen Gesellschaft nur eingetragen werden, wenn das Kapital nunmehr auf Euro umgestellt wird.

360   Für eine Stammkapitalerhöhung zur Euroglättung gelten dabei keine Besonderheiten oder Erleichterungen. Ein Kapitalerhöhungsbeschluss zum Zweck der **Euroglättung** muss inhaltlich klarstellen, wie die einzelnen Geschäftsanteile in Euro umgestellt und sodann im Wege der Aufstockung auf einen glatten Eurobetrag erhöht werden. Dies hat das OLG Hamm[221] entschieden.

361   Häufig wird bei Kapitalerhöhung übersehen, dass diese nach § 78 GmbHG nicht nur durch Geschäftsführer in vertretungsberechtigter Zahl, sondern durch alle Geschäftsführer anzumelden ist.[222]

362   Mit der Anmeldung der Kapitalerhöhung zum Handelsregister ist – neben der notariellen Satzungsbescheinigung gemäß § 54 Abs. 1 S. 2 GmbHG – auch eine von den Geschäftsführern unterschriebene Liste der die neuen Geschäftsanteile übernehmenden Gesellschafter – sog. **Übernehmerliste** – einzureichen (vgl. § 57 Abs. 3 Nr. 2 GmbHG).

363   Nach dem Wirksamwerden der Kapitalerhöhung – also nach deren Eintragung im Handelsregister – ist dann vom beurkundenden Notar die neue (Gesamt-)**Gesellschafterliste** nach § 40 GmbHG einzureichen.[223] Das gilt auch bei einer Kapitalerhöhung bei einer UG (haftungsbeschränkt), die im vereinfachten Verfahren mit Musterprotokoll gegründet worden war.[224]

364   Wenn gegen einen Hauptversammlungsbeschluss einer Aktiengesellschaft über eine Maßnahme der Kapitalbeschaffung oder Kapitalherabsetzung Klage erhoben wird, kann nach § 246a AktG das Gericht auf Antrag der Aktiengesellschaft durch Beschluss feststellen, dass die Erhebung der Klage der Eintragung im Handelsregister nicht entgegensteht und Mängel des Hauptversammlungsbeschlusses die Wirkung der Eintragung unberührt lassen (sog. **„Freigabeverfahren"**).

365   Mit Beschluss vom 23.6.2011 hat das Kammergericht Berlin entschieden:[225] Der Antrag einer Gesellschaft mit beschränkter Haftung (GmbH) auf Freigabe der Eintragung von Beschlüssen der Gesellschafterversammlung (über eine Herabsetzung und Erhöhung des Stammkapitals) ist un-

---

218 OLG Celle DB 2010, 2215; dazu EWiR 2010, 743 (*Wachter*).
219 OLG München GmbHR 1999, 294; OLG Schleswig, Urt. v. 7.9.2000–5 U 71/99, n. v.; insoweit anders OLG Düsseldorf GmbHR 2000, 564.
220 BGH DStR 2005, 297 = GmbHR 2005, 229 = InVo 2005, 216; ähnlich bereits OLG Hamm ZIP 2004, 1427; dazu EWiR 2005, 23 (*Höpfner*).
221 OLG Hamm GmbHR 2011, 654.
222 Zur Prüfungspflicht des Registergerichts bei der AG siehe BayObLG ZIP 2002, 1484.
223 OLG München DNotZ 2011, 63; dazu EWiR 2010, 565 (*Wachter*).
224 OLG München GmbHR 2010, 40; dazu EWiR 2010, 185 (*Wachter*).
225 KG ZIP 2011, 1474.

zulässig. § 246a AktG findet auf die Gesellschaft mit beschränkter Haftung keine analoge Anwendung. Eine analoge Anwendung dieser aktienrechtlichen Bestimmung auf entsprechende Beschlüsse von Gesellschaften mit beschränkter Haftung komme nicht in Betracht.

b) Besondere Formen der Barkapitalerhöhung: Genehmigtes Kapital und „Bis-zu"-Kapitalerhöhungen

Mit dem MoMiG hat der Gesetzgeber nach aktienrechtlichem Vorbild auch bei der GmbH die **Bildung genehmigten Kapitals** zugelassen (§ 55a GmbHG).[226]

366

Beispiel   367

Eine entsprechende Satzungsklausel könnte etwa lauten:
„Die Geschäftsführer der Gesellschaft werden für den Zeitraum von fünf Jahren ab Eintragung der Gesellschaft/der Kapitalerhöhung in das Handelsregister ermächtigt, das Stammkapital der Gesellschaft durch einstimmigen Beschluss der Geschäftsführung einmalig oder mehrmals gegen Bar- oder Sacheinlagen um bis zu Euro …[227] zu erhöhen, und zwar auch unter Ausschluss des gesetzlichen Bezugsrechts der bisherigen Gesellschafter. Die Geschäftsführung ist berechtigt, die Änderung der Fassung der Satzung bzgl. der Angaben zum Stammkapital und den Geschäftsanteilen im Rahmen der Ausnutzung des genehmigten Kapitals zu beschließen."

Anerkannt sind auch **sog. „Bis-zu"-Kapitalerhöhungen**, bei denen der Erhöhungsbeschluss nur die Obergrenze der Kapitalerhöhung festschreibt, den tatsächlichen Umfang dann aber von der Übernahme der einzelnen zur Übernahme zugelassenen Gesellschafter abhängig macht.[228]

368

Beispiel   369

Der Beschluss kann dabei etwa lauten:
„Das Stammkapital der Gesellschaft wird von … Euro um bis zu … Euro auf bis zu … Euro erhöht und zwar durch … (Ausgabe neuer Geschäftsanteile mit Stammeinlagen in Höhe von … €). Der endgültige Erhöhungsbetrag richtet sich nach der tatsächlich erfolgten Übernahme neuer Stammeinlagen, die nur bis zum … erfolgen kann."

Eine solche Regelung bedarf nach h.M. einer Fristvorgabe von maximal sechs Monaten, in der die zur Übernahme zugelassenen Gesellschafter die Übernahme zu erklären haben.[229] Dem ist das OLG München zumindest im Grundsatz gefolgt: Ein Beschluss der Hauptversammlung über eine Kapitalerhöhung nach § 182 AktG, der einen Höchstbetrag bestimmt, kann vom Vorstand nicht zeitlich unbegrenzt in mehreren Tranchen durchgeführt werden.[230]

370

Ggf. kann in dem Beschluss auch ein bestimmter Mindesterhöhungsbetrag festgelegt werden.[231] Da bei Beschlussfassung noch nicht bekannt ist, in welchem Umfang sich das Kapital erhöhen wird, ist der genaue neue Satzungswortlaut für die Satzungsänderung bzgl. des Betrages des Stammkapitals noch nicht bekannt. Dennoch sollen die anmeldenden (§ 78 GmbHG: sämtlichen) Geschäftsführer später berechtigt sein, diesen Betrag dem Registergericht mitzuteilen, da die Änderung des Satzungswortlauts sich automatisch ergebe.[232]

371

---

226 Dazu *Lieder*, DNotZ 2010, 955; *Wachter*, GmbHR 2009, 953, 955.
227 Maximal darf die Erhöhung 50% des bisherigen Stammkapitals bzw. des Stammkapitals betragen, das bei zeitgleicher Eintragung einer eventuellen Kapitalerhöhung entsteht.
228 So schon RGZ 85, 205; *Leuering/Simon*, NJW-Spezial 2005, 363; *Gerber/Piltz*, GmbHR 2005, 1324.
229 *Lutter/Hommelhoff*, GmbHG, § 55 Rn 12; a.A. *Leuering/Simon*, NJW-Spezial 2005, 363; dazu Albrecht/Lange, BB 2010, 142.
230 OLG München NZG 2009, 1274; dazu EWiR 2010. 203 (Pluskat).
231 Zum Inhalt siehe *Gerber/Piltz*, GmbHR 2005, 1324; *Leuering/Simon*, NJW-Spezial 2005, 363.
232 Rowedder/*Zimmermann*, GmbHG, 4. Aufl. 2002, § 53 Rn 20 und § 55 Rn 19; *Leuering/Simon*, NJW-Spezial 2005, 363.

372   Hinsichtlich etwa **nicht ausgeübter Bezugsrechte** einzelner Gesellschafter kann ein Anwachsen der Bezugsrechte auf die anderen Gesellschafter/Bezugsberechtigten vorgesehen oder aber auch ausgeschlossen werden. Die Regelung eines Verfalls des nicht ausgeübten Bezugsrechts dürfte die Regel sein, da ansonsten noch erheblichere Verschiebungen der Beteiligungsquoten erfolgen könnten.

373   Die Entscheidung über den Ausschluss des Bezugsrechts der Gesellschafter kann dem Geschäftsführer übertragen werden. Der Geschäftsführer kann auch zur Anpassung der Satzung ermächtigt werden.[233]

c) Kapitalerhöhung aus Gesellschaftsmitteln

374 Besondere zusätzliche Regeln für die Kapitalerhöhung aus Gesellschaftsmitteln sind in den §§ 57c–57o GmbHG geregelt. Für die Erhöhung gilt der **Grundsatz der beteiligungsproportionalen Zuordnung des erhöhten Kapitals**. Eine disproportionale Erhöhung wäre nichtig, selbst wenn die benachteiligten Gesellschafter zustimmen würden.[234]

aa) Gegenstand der Kapitalerhöhung

375 Die Kapitalerhöhung aus Gesellschaftsmitteln erfolgt durch Umwandlung von **Rücklagen** in Stammkapital. Die Erhöhung des Stammkapitals kann dabei erst beschlossen werden, nachdem der Jahresabschluss für das letzte vor der Beschlussfassung über die Kapitalerhöhung abgelaufene Geschäftsjahr festgestellt und über die Ergebnisverwendung Beschluss gefasst worden ist.

376   Kapital- und Gewinnrücklagen, die in Stammkapital umgewandelt werden sollen, müssen in der letzten Jahresbilanz bzw. der zugrunde liegenden sonstigen Bilanz unter **„Kapitalrücklagen"** oder **„Gewinnrücklagen"** oder im letzten Beschluss über die Verwendung des Jahresergebnisses als **Zuführung** zu diesen Rücklagen ausgewiesen sein.

377   Ist dagegen in der zugrunde gelegten Bilanz ein **Verlust**, einschließlich eines Verlustvortrags, ausgewiesen, kann eine Umwandlung der Rücklagen nicht erfolgen, solange und soweit der Verlust nicht ausgeglichen ist. Andere Gewinnrücklagen, die einem bestimmten Zweck zu dienen bestimmt sind, dürfen nur umgewandelt werden, soweit dies mit ihrer Zweckbestimmung vereinbar ist.

bb) Zugrunde liegende Bilanz

378 Die **letzte Jahresbilanz** kann dem Beschluss zugrunde gelegt werden, wenn sie geprüft, festgestellt und mit dem **uneingeschränkten Bestätigungsvermerk** der Abschlussprüfer versehen ist. Ihr Stichtag darf höchstens **acht Monate** vor der Anmeldung des Beschlusses zur Eintragung in das Handelsregister liegen.

379   Abweichend vom allgemeinen Recht muss die dem Beschluss zugrunde liegende Bilanz auch bei einer kleinen Kapitalgesellschaft i.S.d. § 267 HGB durch **Prüfer kontrolliert** worden sein (§§ 57e Abs. 1, 57f. Abs. 2 GmbHG). Dabei ist nach der Auffassung des OLG Hamm kein uneingeschränkter Bestätigungsvermerk des Abschlussprüfers erforderlich.[235]

380   Die für die Erhöhung vorgesehenen Beträge müssen sich als Kapital- oder Gewinnrücklagen aus diesen Bilanzen ergeben (vgl. § 57d GmbHG).

381   Der Abschlussprüfer muss von der Gesellschafterversammlung gewählt sein. Als **Abschlussprüfer** kommt auch ein vereidigter Buchprüfer in Betracht, wenn es sich nicht um eine große

---

233 OLG München ZIP 2012, 330; dazu EWiR 2012, 113 (*Lieder*); dazu NJW-Spezial 2012, 111.
234 Scholz/*Priester*, § 57j Rn 2.
235 OLG Hamm GmbHR 2010, 985; dazu EWiR 2010, 671 (*Wachter*).

GmbH i.S.v. § 267 Abs. 3 HGB handelt. Die Bestimmungen des Gesellschaftsvertrages über die vorherige **Bekanntgabe** des Jahresabschlusses an die Gesellschafter müssen beachtet werden.

Wird dem Beschluss nicht die letzte Jahresbilanz zugrunde gelegt, so muss diese **andere Bilanz** den Vorschriften über die Gliederung der Jahresbilanz und über die Wertansätze in der Jahresbilanz entsprechen. Auch in diesem Fall darf der Stichtag der Bilanz höchstens acht Monate vor der Anmeldung des Beschlusses zur Eintragung in das Handelsregister liegen. Sie muss dabei von einem Prüfer darauf geprüft sein, dass sie diesen Anforderungen entspricht. Der **Bestätigungsvermerk** des Prüfers muss enthalten, dass Einwendungen der Prüfer nicht erhoben werden. Ohne diese Bestätigung der Prüfer darf die Erhöhung des Stammkapitals von den Gesellschaftern nicht beschlossen werden, der **Erhöhungsbeschluss** soll ansonsten **nichtig** sein.[236]

382

cc) Bildung neuer/erhöhter Anteile

Die Kapitalerhöhung aus Gesellschaftsmitteln kann dabei sowohl durch Bildung neuer Geschäftsanteile als auch durch die Erhöhung der Nennbeträge der bestehenden Geschäftsanteile erfolgen. Die entsprechende **Art der Anteilsbildung** muss im Erhöhungsbeschluss angegeben werden (vgl. § 57h Abs. 2 S. 1 GmbHG). Im Rahmen der Kapitalerhöhung nach § 57c GmbHG war schon vor Inkrafttreten des MoMiG die Regelung des **§ 5 Abs. 3 S. 2 GmbHG a.F.** über die Bildung des Geschäftsanteils, wonach jeder Anteil durch 50 EUR teilbar sein musste, **aufgehoben** (vgl. §§ 57h Abs. 1, 57l Abs. 2 GmbHG). Seit der Neuregelung müssen sie auf volle Euro-Beträge lauten (vgl. § 57l Abs. 2 S. 4 GmbHG).

383

Bei nur **teilweise eingezahlten** Geschäftsanteilen kann die Kapitalerhöhung nur durch die Erhöhung des Nennbetrags ausgeführt werden. Sie nehmen entsprechend ihrem Nennbetrag an der Stammkapitalerhöhung teil. Sind aber neben teileingezahlten Geschäftsanteilen vollständig eingezahlte Geschäftsanteile vorhanden, so kann bei diesen die Kapitalerhöhung durch Erhöhung des Nennbetrags der Geschäftsanteile und durch Bildung neuer Geschäftsanteile ausgeführt werden (vgl. § 57l Abs. 2 GmbHG).

384

Auch **eigene Geschäftsanteile** der Gesellschaft nehmen an der Erhöhung des Stammkapitals teil. Auch in diesem Fall gilt die allgemeine Regelung, wonach die neuen Geschäftsanteile den Gesellschaftern **im Verhältnis ihrer bisherigen Geschäftsanteile** zustehen. Ein entgegenstehender Beschluss der Gesellschafter ist nichtig. Das gilt auch dann, wenn die benachteiligten Gesellschafter zustimmen.[237]

385

dd) Gewinnbezugsrecht

Die neuen Geschäftsanteile nehmen am **Gewinn des ganzen Geschäftsjahres** teil, in dem die Erhöhung des Stammkapitals beschlossen worden ist. Andere Regelungen können beschlossen werden. Es kann auch bestimmt werden, dass die neuen Geschäftsanteile bereits am Gewinn des letzten vor der Beschlussfassung über die Kapitalerhöhung abgelaufenen Geschäftsjahres teilnehmen. In diesem Fall muss die Erhöhung des Stammkapitals aber beschlossen werden, bevor über die Ergebnisverwendung für das letzte vor der Beschlussfassung abgelaufene Geschäftsjahr Beschluss gefasst worden ist (entgegen § 57c GmbHG).

386

ee) Erhöhungsbeschluss

Der Beschluss über die Kapitalerhöhung aus Gesellschaftsmitteln darf erst gefasst werden, wenn der Jahresabschluss für das vorangegangene Geschäftsjahr durch die Gesellschafterversamm-

387

---

[236] BayObLG BB 2002, 1288 = ZIP 2002, 1398.
[237] Scholz/*Priester*, § 57j Rn 2; Centrale-Gutachten, GmbHR 2002, 1091.

lung festgestellt worden ist oder die Voraussetzungen des § 57n Abs. 2 GmbHG vorliegen. Nach § 57c Abs. 3 GmbHG ist dem Beschluss auch eine **Bilanz** zugrunde zu legen. Dabei kann es sich um die letzte Jahresbilanz (vgl. § 57e GmbHG) oder um eine speziell zu diesem Zweck erstellte Zwischenbilanz (vgl. § 57f. GmbHG) handeln.

388 Ausreichend ist aber auch ein **Gewinnverwendungsbeschluss**, der die Beträge den Rücklagen zuweist. Eine Kapitalerhöhung aus Gesellschaftsmitteln ist nur möglich, wenn die Bilanz keinen Verlustvortrag ausweist. Ausgeschlossen ist die Erhöhung aber nur insoweit, als der Verlustvortrag die Rücklage erreicht. Der überschießende Rücklagenteil kann für eine Erhöhung verwandt werden.

389 Keine Angaben muss der Kapitalerhöhungsbeschluss darüber enthalten, wie sich die Erhöhungsbeträge verteilen. Denn die Erhöhung wirkt nach § 57j GmbHG **streng proportional**. Jede Abweichung von der verhältniswahrenden Erhöhung macht den Erhöhungsbeschluss nichtig und verhindert seine Eintragung in das Register.[238]

390 Umstritten ist, inwieweit eine Kapitalerhöhung aus Gesellschaftsmitteln mit anderen Kapitalerhöhungen kombiniert werden kann. Teilweise wird eine zeitgleiche **Kombination** für unzulässig erklärt, weil sich ein Gesellschafter zu einer Erhöhung gegen Einlagen gezwungen sehen könnte. Eine derartige Gefahr ist jedenfalls in einer Ein-Personen-Gesellschaft nicht zu sehen, so dass hier eine Verbindung zuzulassen sein wird.[239]

ff) Anmeldung der Kapitalerhöhung aus Gesellschaftsmitteln

391 Der Anmeldung des Beschlusses über die Kapitalerhöhung zur Eintragung in das Handelsregister ist die dem Beschluss zugrunde gelegte, mit dem Bestätigungsvermerk der Prüfer versehene **Bilanz** und, wenn es sich dabei nicht um die letzte Jahresbilanz handelt, auch die letzte Jahresbilanz beizufügen. Die Anmeldung muss innerhalb von **acht Monaten** nach dem Stichtag der dem Beschluss zugrunde gelegten Bilanz beim Registergericht eingegangen sein. Jede noch so kleine Fristüberschreitung ist schädlich.[240]

392 Dem Registergericht gegenüber ist seitens der Anmeldenden im Rahmen der **Anmeldungsversicherung** zu erklären, dass nach ihrer Kenntnis seit dem Stichtag der zugrunde gelegten Bilanz bis zum Tag der Anmeldung keine Vermögensverminderung eingetreten ist, die der Kapitalerhöhung entgegenstünde, wenn sie am Tag der Anmeldung beschlossen worden wäre. Die Vorlage einer solchen Bilanz und eine solche Erklärung bei der Anmeldung sind Eintragungsvoraussetzung für das Registergericht. Zur **Prüfung** der Bilanz ist das Gericht aber nicht verpflichtet. Bei der Eintragung in das Handelsregister muss das Registergericht angeben, dass es sich um eine Kapitalerhöhung aus Gesellschaftsmitteln handelt.

393 Die Anmeldung hat nach § 78 GmbHG **durch alle Geschäftsführer** in der Form des § 12 Abs. 1 HGB zu erfolgen. Der Insolvenzverwalter ist nach Eröffnung des Insolvenzverfahrens nicht mehr zur Anmeldung befugt.[241] In der Anmeldung haben die Geschäftsführer die Versicherung nach § 57i Abs. 1 S. 2 GmbHG abzugeben.

394 Der Anmeldung sind als Anlagen beizufügen:
– der notariell beurkundete Beschluss über die Kapitalerhöhung einschließlich der Satzungsänderung,
– eine Satzungsneufassung mit der Bescheinigung nach § 54 Abs. 1 S. 2 GmbHG und
– die dem Beschluss zugrunde liegende geprüfte Bilanz.[242]

---

238 Zur AG: OLG Dresden BB 2001, 1221.
239 Vgl. dazu auch OLG Düsseldorf NJW 1986, 2060 = GmbHR 1986, 192: Das Einverständnis der Gesellschafter reicht.
240 OLG Frankfurt/M. BB 1981, 1253.
241 BayObLG BB 2004, 797.
242 A.A. *Roth/Altmeppen*, § 57i Rn 6.

Das Gesetz verlangt nicht die Vorlage einer neuen **Gesellschafterliste** mit der Anmeldung. Eine Verpflichtung zur Vorlage einer neugefassten Gesellschafterliste durch den beurkundenden Notar – nach Wirksamwerden der Kapitalerhöhung durch Eintragung im Handelsregister – ergibt sich aber aus der allgemeinen Vorschrift des § 40 GmbHG (siehe dazu Rn 362f.). **395**

Ob die Anmeldung **beanstandungsfrei** sein muss, ist umstritten. Nach einer Auffassung führt nur die Einreichung einer mangelfreien Anmeldung zur Fristwahrung.[243] Eine Ausnahme wird nur insoweit gemacht, als die ordnungsgemäß zugrunde gelegte Bilanz auch nach Fristablauf nachgereicht werden kann.[244] Anderer Ansicht nach reicht allein eine fristgerechte Anmeldung aus, wenn dann auf entsprechende Zwischenverfügung hin die Beanstandungen beseitigt werden und eine Eintragung erfolgt.[245] **396**

c) Kapitalerhöhungen im Rahmen von „Schütt-aus-hol-zurück-Verfahren"

Häufig werden Kapitalerhöhungen aber auch im Rahmen des sog. „Schütt-aus-hol-zurück"-Verfahrens vollzogen.[246] Hintergrund sind häufig auch steuerliche Überlegungen.[247] Zu beachten ist jedoch, dass die Rechtsprechung dies häufig als verdeckte oder verschleierte Sacheinlagen bewertet und deshalb für unzulässig erachtet, weil das Sacheinlagerecht Umgehungsschutz genieße.[248] **397**

> **Hinweis** **398**
> Eine Falschberatung in diesem Zusammenhang kann auch zu einer entsprechenden **Beraterhaftung** zugunsten der an der Kapitalerhöhung teilnehmenden Altgesellschafter führen.[249]

Die Rechtsprechung wandte **früher** dabei die **Sacheinlagevorschriften** der §§ 5 Abs. 4, 8 Abs. 1 Nr. 4, 9c, 19 Abs. 2 und Abs. 5, 55, 56 und 57 GmbHG an, wenn bei Gewinnausschüttungen bzw. Darlehensrückzahlungen an die Gesellschafter innerhalb von sechs Monaten vor der Kapitalerhöhung eine Abrede über die „Wiedereinlage" getroffen wurde. **399**

Der **BGH** hat aber für diese Fallgestaltungen entschieden, dass im Wesentlichen die Regeln über die **Kapitalerhöhung aus Gesellschaftsmitteln** zu beachten sind, wenn im Kapitalerhöhungsbeschluss ausdrücklich die Art und Weise, wie die durch die Kapitalerhöhung entstandene Einlageverpflichtungen getilgt werden sollen, offen gelegt wird.[250] **400**

Zu den Mindestanforderungen einer solchen Kapitalerhöhung aus Gesellschaftsmitteln im „Schütt-aus-hol-zurück-Verfahren" gehören eine Erklärung in dem betreffenden **Gesellschafterbeschluss**, dass die Kapitalerhöhung im Wege dieses Verfahrens erfolgen soll und dazu weitere konkrete Angaben über die Bewirkung der Einlageleistung. **401**

---

243 Lutter/Hommelhoff, § 57g Rn 11; Hachenburg/Ulmer, Anh § 57b §§ 3–5 KapErhG Rn 17.
244 Lutter/Hommelhoff, § 57g Rn 11.
245 Baumbach/Hueck/Zöllner, § 57e Rn 3; Rowedder/Zimmermann, § 57g Rn 7.
246 Zur notariellen Praxis DNotI-Report 2000, 3ff.
247 Zur Frage, ob unter fremden Dritten „inkonkruente" Gewinnausschüttungen im Rahmen des „Schütt-aus-hol-zurück-Verfahrens" zur Erlangung einer Verlustabzugsmöglichkeit einen Gestaltungsmissbrauch darstellen, siehe BFH BB 1999, 2443; zu den steuerlichen Vorteilen dieses Verfahrens im Rahmen des Halbeinkünfteverfahrens (heute: Teileinkünfteverfahren) siehe auch *Müller*, DB 2000, 533; *Ott*, StuB 2000, 385; *Langenfeld*, GmbH-StB 1999, 296.
248 BGHZ 28, 314 = DB 1959, 80; OLG Köln ZIP 1999, 399; zum „Schütt-aus-hol-zurück"-Verfahren BGH ZIP 1991, 511, dazu EWiR 1991, 1213 *(Frey)*; OLG Stuttgart DStR 2004, 1972 m. Anm. *Wälzholz*.
249 BGH NJW 2000, 725 m. Anm. *Jungk* = DB 2000, 365 = GmbHR 2000, 130 m. Anm. *Schick*; zur Notarhaftung siehe OLG Naumburg DStR 2010, 564; zur Haftung des Kreditinstituts bei verdeckten Sacheinlagen in einer AG gem. § 37 Abs. 1 S. 4 AktG siehe *Müller*, ZIP 1998, 137.
250 BGH ZIP 1997, 1337, dazu EWiR 1998, 127 *(Schultz)*; *Sieger/Hasselbach*, GmbHR 1999, 205; *Priester*, ZGR 1998, 856; *ders.*, GmbHR 1998, 861.

402 Ferner muss eine entsprechende Angabe in der **Registeranmeldung** selbst erfolgen, und die anmeldenden Geschäftsführer müssen die Versicherungen gem. § 57i Abs. 1 S. 2 i.V.m. § 57 Abs. 2 S. 1 GmbHG abgeben sowie zum Werthaltigkeitsnachweis eine testierte und höchstens acht Monate alte Bilanz zum Handelsregister reichen.[251] Andernfalls werden wohl – wie ein Umkehrschluss aus der BGH-Begründung ergibt – bei Kapitalerhöhungen im Wege des „Schütt-aus-hol-zurück-Verfahrens" die Sacheinlagevorschriften weiterhin beachtet werden müssen.

e) Kapitalerhöhung bei der UG (haftungsbeschränkt)

403 Bei einer Unternehmergesellschaft (haftungsbeschränkt) darf – abweichend von § 7 Abs. 2 GmbHG – die Anmeldung der Gesellschaft zum Handelsregister erst erfolgen, wenn das Stammkapital in voller Höhe eingezahlt ist (§ 5a Abs. 2 S. 1 GmbHG). **Sacheinlagen** sind bei einer UG (haftungsbeschränkt) nach den gesetzlichen Vorgaben gänzlich ausgeschlossen (§ 5a Abs. 2 S. 2 GmbHG).

404 Erhöht die Gesellschaft ihr Stammkapital so, dass es den Betrag des Mindeststammkapitals einer „echten" GmbH von 25.000 EUR nach § 5 Abs. 1 GmbHG erreicht oder übersteigt, finden die Abs. 1 bis 4 des § 5a GmbHG keine Anwendung mehr; die Firma nach § 5a Abs. 1 GmbHG darf dann allerdings beibehalten werden (§ 5a Abs. 4 GmbHG).

405 Ungeklärt war bisher, ob bereits bei der „Aufstockung" des Stammkapitals der UG (haftungsbeschränkt) auf das Mindeststammkapital einer GmbH das Verbot der Teileinzahlung auf Stammeinlagen entfällt.

406 Entgegen der ursprünglichen Auffassung des OLG München[252] haben das OLG Hamm und das OLG Stuttgart dazu nunmehr entschieden, dass die Sonderregelung der UG (haftungsbeschränkt) gemäß § 5a Abs. 2 S. 1 GmbHG bereits nicht mehr für diejenige Kapitalerhöhung gilt, mit der das Mindeststammkapital der GmbH entsprechend § 7 Abs. 2 GmbHG erreicht wird.[253] Der Wegfall der Beschränkungen sei nicht von einer Volleinzahlung des Stammkapitals abhängig. Bei einer eingetragenen Unternehmergesellschaft ist danach die Eintragung einer angemeldeten Kapitalerhöhung im Handelsregister nicht von der Volleinzahlung der Mindestsumme des Stammkapitals abhängig. Vielmehr entfällt dieses Erfordernis bei Unternehmergesellschaften bereits für die Kapitalerhöhung, mit der ein satzungsmäßiges Stammkapital von 25.000 EUR erst erreicht wird.

407 Das OLG München[254] hat seine frühere Rechtsprechung inzwischen aufgegeben und sich dem OLG Hamm und dem OLG Stuttgart angeschlossen.

408 Ungeklärt war bisher auch, ob bereits bei der „Aufstockung" des Stammkapitals der UG (haftungsbeschränkt) auf das Mindeststammkapital einer GmbH das **Verbot von Sacheinlagen** auf die Stammeinlagen entfällt.[255]

409 Der BGH[256] hat zu dieser Frage nunmehr entschieden: Das Sacheinlagenverbot nach § 5a Abs. 2 S. 2 GmbHG gilt für eine den Betrag des Mindestkapitals nach § 5 Abs. 1 GmbHG erreichende oder übersteigende Erhöhung des Stammkapitals einer Unternehmergesellschaft (haftungsbeschränkt) nicht. Das Verbot gilt also nicht (mehr) für eine den Übergang zur normalen GmbH bewirkende Kapitalerhöhung. Gegen die Geltung des Sacheinlagenverbots für Kapitalerhöhungen auf den Betrag von 25.000 EUR (oder mehr) spricht nach der Ansicht des BGH vor allem, dass der Übergang von der Unternehmergesellschaft zur normalen GmbH gewünscht und in der Systematik des Gesetzes angelegt ist.

---

251 BGH NJW 1997, 2516.
252 OLG München ZIP 2010, 1991; dazu *Priester*, ZIP 2010, 2182; *Lange*, NJW 2010, 3686.
253 OLG Hamm DNotI-Report 2011, 127; dazu *Miras*, DStR 2011, 1379; OLG Stuttgart GmbHR 2011, 1275.
254 OLG München GmbHR 2011, 1276.
255 Dazu *Berninger*, GmbHR 2010, 63; *Lange*, NJW 2010, 3686.
256 BGH NJW 2011, 1881; dazu *Miras*, DStR 2011, 1379; *Wachter*, NJW 2011, 2620.

3. Ursachen und Rechtsfolgen von verschleierten Sacheinlagen

Durch die vorgesehene **registerrichterliche Inhaltskontrolle** bezüglich der Werthaltigkeit der Sacheinlage können bei der Gesellschaftsgründung Verzögerungen der Eintragung der Gesellschaft ins Handelsregister auftreten. Entsprechendes gilt für Sachkapitalerhöhungen.[257] Daher wird in der Praxis häufig versucht, die Sachgründung oder Sachkapitalerhöhung zu **umgehen**. Daneben beruhen verdeckte oder verschleierte Sacheinlagen häufig auf schlichter **Rechtsunkenntnis**.[258]

Zunächst wird daher häufig eine Bargründung der GmbH vorgenommen und erst im zweiten Schritt wird das Sachvermögen, z.B. ein Einzelunternehmen oder einzelne Wirtschaftsgüter, auf die GmbH übertragen. Besteht zwischen Bargründungsvorgang und Übertragung des Gegenstandes (z.B. Wirtschaftsgüter, Forderungen) ein **sachlicher und zeitlicher Zusammenhang** (etwa ein Zeitraum von bis zu sechs Monaten), gilt dies nach der Rechtsprechung als Indiz für eine **verschleierte Sacheinlage**,[259] und zwar auch dann, wenn die Zahlung aus dem Gesellschaftsvermögen an den Gesellschaftern nahe stehende Dritte erfolgt.[260]

Das gilt erst recht, wenn schon vor der Eintragung der Gesellschaft bzw. der Kapitalerhöhung eine entsprechende Abrede zwischen den Gesellschaftern getroffen wurde.[261]

Hinweis

Nicht erforderlich sind in subjektiver Hinsicht eine **Umgehungsabsicht** bzw. ein Täuschungswille[262] oder in objektiver Hinsicht ein **messbarer wirtschaftlicher Nachteil** der Gesellschaft.[263]

Die **Erscheinungformen** sind vielfältig. Zunächst sind zu nennen die verschiedensten Varianten des sog. **Hin- und Herzahlens**,[264] etwa

– die Rückgewährung der Einlage als Darlehen an die Gesellschafter oder die Darlehensrückzahlung an einen Gesellschafter und Wiedereinzahlung als Einlage,[265]
– die Gewährung eines Darlehens an den Gesellschafter und dessen zeitnahe Einzahlung auf die Stammeinlage,[266]
– die Rückgewährung der Einlage als Darlehen an Schwestergesellschaften,[267]
– die Bareinzahlung der Stammeinlage mit anschließender Begleichung rückständiger Zahlungspflichten aus dem Gesellschaftsvermögen,[268]
– die unmittelbar vor der Einzahlung liegende Erfüllung von Gesellschaftsverpflichtungen gegenüber dem Gesellschafter,[269]

---

257 Zur Ermittlung der Anschaffungskosten der Anteile i.S.v. § 17 EStG bei Kapitalerhöhungen siehe BFHE 94, 251.
258 Übersicht bei *Schöpflin*, GmbHR 2003, 57 ff.
259 BGH GmbHR 1994, 394; BGH GmbHR 1998, 558, dazu kritisch *Richter/Schick*, GmbHR 1999, 97; zur AG siehe *Traugott/Groß*, BB 2003, 481.
260 OLG Hamm ZIP 1999, 1134.
261 OLG Köln GmbHR 1999, 663.
262 OLG Saarbrücken NotBZ 2004, 161; dazu EWiR 2004, 1031 (*Undritz*).
263 Beck'sches Handbuch der GmbH/*Gnade/Hense/Schwaiger*, § 2 Rn 110; OLG Saarbrücken NotBZ 2004, 161; dazu EWiR 2004, 1031 (*Undritz*).
264 Grundlegend BGHZ 113, 335 = GmbHR 1991, 255; BGH BB 2006, 624 m. Anm. *Stephan* = GmbHR 2006, 306 m. Anm. *Emde*; dazu EWiR 2006, 307 (*Naraschewski*); siehe dazu auch *Wachter*, GmbHR 2009, 953, 956; *Wachter*, DStR 2010, 1240; *Blasche*, GmbHR 2010, 288; *Stiller/Redecker*, ZIP 2010, 865; *Henkel*, NZI 2010, 6 und NZI 2010, 84.
265 OLG Celle ZInsO 2004, 93.
266 OLG Hamburg GmbHR 2006, 934.
267 OLG Rostock, Urt. v. 28.2.2001 – 6 U 187/99, n.v.; dazu *Simon/Leuering*, NJW-Spezial 2005, 219; dazu auch Centrale-Gutachten, GmbHR 2000, 30 bzw. zur verdeckten Gewinnausschüttung bei Forderungsverzicht Centrale-Gutachten, GmbHR 2000, 84.
268 LG Dresden GmbHR 2001, 29.
269 OLG Stuttgart DB 2002, 2268, dazu EWiR 2002, 1067 (*v. Gerkan*).

- die Aufrechnung mit Gegenansprüchen, bis hin zur formalen Einschaltung Dritter,[270]
- oder – in der GmbH & Co. KG – die Weiterleitung der Stammeinlage der GmbH als Darlehen an die Kommanditgesellschaft.[271]

415 Zu der letzteren Fallgruppe wurde zuvor in der instanzgerichtlichen Rechtsprechung vereinzelt auch liberaler entschieden: Eine Stammeinlage gilt zwar nur als geleistet, wenn sie der GmbH tatsächlich zur Verfügung steht und nicht an den Gesellschafter zurückgezahlt wird. Sind die Kommanditisten einer KG gleichzeitig Gesellschafter der Komplementär-GmbH, leisten sie nach Auffassung des OLG Thüringen ihre Einlage an die GmbH auch, indem sie das Geld direkt an die KG mit der Zweckbestimmung der Stammeinlagezahlung zahlen und in der Bilanz der GmbH als Darlehen an die KG verbuchen. GmbH und KG seien in einer **GmbH & Co. KG** als Einheit zu sehen. Es bleibe also in der Gesellschaft und fließe nicht zurück an die Anteilseigner.[272] Durch die Regelungen über die Kapitalbindung werde in ausreichendem Maße verhindert, dass das Geld an die Gesellschafter zurückfließe.

416 Mit Urteil vom 10.12.2007 hat der II. Zivilsenat des BGH jedoch die strenge Auffassung bestätigt:[273] Der Gesellschafter einer GmbH als Einlageschuldner leistet unter dem Gesichtspunkt der Kapitalaufbringung nichts, wenn der eingezahlte Betrag absprachegemäß umgehend als Darlehen an eine von ihm beherrschte Gesellschaft zurückfließt. Das gilt auch in einem Fall, in dem die der Komplementär-GmbH gebührenden Einlagemittel (Stammeinlage) „darlehensweise" an die von den Einzahlenden beherrschte KG weitergeleitet werden. Denn nach der gesetzgeberischen Konzeption sind beide Gesellschaften für die Zwecke der Kapitalaufbringung und -erhaltung nicht als „wirtschaftliche Einheit", sondern grundsätzlich als jeweils selbständige Unternehmen anzusehen, weshalb deren Gesellschafter die ihnen gegenüber bestehenden Einlageverpflichtungen jeweils gesondert zu erfüllen und die Vermögensmassen beider getrennt zu halten haben. Nur so sei auch sichergestellt, dass den Gläubigern der GmbH – z.B. dem Fiskus oder den Sozialkassen – überhaupt irgendwann einmal die gezahlte Einlage real als Haftungsobjekt dieser Gesellschaft zur Verfügung gestanden hat und die Gesellschafter/Kommanditisten nicht ihre Einlageschuld lediglich durch eine gegen sie gerichtete Darlehensforderung ersetzen.

417 Jedoch hat der BGH die Problematik des herausgereichten Stammkapitals im Fall der **Rückzahlung des Darlehens** entschärft. Zwar leiste beim Hin- und Herzahlen eines Bareinlagebetrages der Inferent unter dem Gesichtspunkt der Kapitalaufbringung nichts. Das gelte auch, wenn die „Herzahlung" als „Darlehen" bezeichnet wird; eine entsprechende „Darlehensabrede" sei unwirksam. Mit der (Rück-)Zahlung auf die vermeintliche „Darlehensschuld" an die GmbH **erfülle** der Inferent jedoch **die offene Einlageschuld**.[274]

418 Mit der Neuregelung durch das MoMiG hat der Gesetzgeber nunmehr sowohl für die Fälle der verdeckten Sacheinlagen (§ 19 Abs. 4 GmbHG) als auch für die Fälle des sog. **Hin- und Herzahlens** (§ 19 Abs. 5 GmbHG) eine differenzierende Regelung getroffen.[275] Der Gesetzgeber

---

270 *Langenfeld*, GmbH-Praktikum, 5. Aufl. 2006, S. 45 ff. Rn 97 ff.; *Henkel*, GmbHR 2005, 1589 m.w.N.; Centrale-Gutachten, GmbHR 2003, 895; zur Steuerberaterhaftung in diesem Zusammenhang BGH NJW 1993, 1139.
271 LG Osnabrück ZInsO 2000, 228; OLG Oldenburg ZInsO 2002, 1186 = GmbHR 2003, 233; ähnlich OLG Hamm GmbHR 2007, 201, dazu EWiR 2007, 237 (*Ivo*).
272 OLG Thüringen BB 2006, 1647 m. Anm. *Wachter* = GmbHR 2006, 940 m. Anm. *Werner* = ZIP 2006, 1484, dazu EWiR 2006, 497 (*Priester*); ähnlich OLG Köln GmbHR 2002, 968.
273 BGH DB 2008, 173 = DStR 2008, 311.
274 BGH DStR 2006, 104 = GmbHR 2006, 43 m. Anm. *Werner*; dazu EWiR 2006, 33 (*Tillmann*); BGH BB 2006, 1878 = GmbHR 2006, 982, in Klarstellung zu BGHZ 153, 107 = DB 2003, 387.
275 *Blasche*, GmbHR 2010, 288; *Stiller/Redecker*, ZIP 2010, 865; *Henkel*, NZI 2010, 6 und 2010, 84; *Herrler*, GmbHR 2010, 785; *v. Schnurbein*, GmbHR 2010, 568; *Wachter*, GmbHR 2009, 953, 956; *Wachter*, DStR 2010, 1240.

hat sowohl für die Fälle der verdeckten Sacheinlagen als auch für die Fälle des sog. Hin- und Herzahlens eine Anrechnung der erbrachten Sacheinlage auf die Geldeinlageschuld vorgesehen.[276]

Dabei sind sowohl die Tatbestandsvoraussetzungen als auch die Rechtsfolgen der verdeckten Sacheinlagen als auch für die Fälle des Hin- und Herzahlens unterschiedlich geregelt. Daraus ergeben sich auch unterschiedliche Ansätze für die Heilung verdeckter Sacheinlagen einerseits und für Fälle des Hin- und Herzahlens andererseits.[277] 419

Wird eine Bareinlage durch eine Geldzahlung erbracht, die sodann gleich wieder an den Gesellschafter zurückgezahlt wird, handelt es sich auch nach der Neuregelung um einen Fall des unzulässigen „Hin- und Herzahlens". Ist dies nicht gegenüber dem Handelsregister offen gelegt worden, muss der Gesellschafter den gesamten Einlagebetrag nochmals erbringen.[278] 420

In Anlehnung an § 19 Abs. 5 GmbHG regelt § 27 Abs. 4 AktG erstmals das so genannte Hin- und Her-Zahlen. Die Privilegierung nach § 27 Abs. 4 S. 1 AktG erfordert entsprechend dem Wortlaut des § 27 Abs. 4 S. 2 AktG die Offenlegung der Vereinbarung gegenüber dem Registergericht bei der Erstanmeldung bzw. der Anmeldung über die Kapitalerhöhung. Die Nachholung einer unterlassenen Offenlegung ist allenfalls möglich, solange die AG bzw. die Kapitalerhöhung noch nicht in das Handelsregister eingetragen ist.[279] 421

Gewöhnliche Umsatzgeschäfte zwischen Gesellschaft und Gesellschaftern im Rahmen des laufenden Geschäftsverkehrs stellen dagegen **keine Umgehung der Sachgründungsvorschriften** dar, die zu einer verdeckten Sacheinlage führen. 422

Beispiel 423

Dies gilt auch bei der Gründung für die **Übernahme eines** für den Geschäftsbetrieb **notwendigen Warenlagers** im Rahmen der **Erstausstattung** des Betriebs. Ob ein gewöhnliches Umsatzgeschäft vorliegt, beurteilt das OLG Hamm danach, inwieweit im Rahmen des vereinbarten Rechtsgeschäfts vergleichbare Konditionen vorliegen, wie sie auch mit einem außenstehenden Dritten vereinbart worden wären. Gegen eine verdeckte Sacheinlage könne außerdem sprechen, dass der Kaufpreis für das Warenlager den Einlagebetrag erheblich übersteigt.[280]

Diese Rechtsprechung hat der BGH inzwischen auch auf **Treuhandverhältnisse** ausgedehnt.[281] 424

Wie der BGH schon zum früheren Recht mehrfach betont hat, kann Gegenstand einer verdeckten Sacheinlage – im Unterschied zum Umgehungstatbestand eines Hin- und Herzahlens (vgl. § 19 Abs. 5 GmbHG n.F.) – nur eine sacheinlagefähige Leistung sein.[282] 425

Unter der Geltung des MoMiG hat der BGH dazu erneut entschieden:[283] Die Grundsätze der verdeckten Sacheinlage (§ 19 Abs. 4 GmbHG n.F.) finden auf **Dienstleistungen**, welche ein GmbH-Gesellschafter nach Leistung einer Bareinlage entgeltlich erbringen soll, keine Anwendung. Ebenso wenig liegt in diesem Fall ein der Erfüllung der Einlageschuld entgegenstehendes Hin- und Herzahlen der Einlagemittel (§ 19 Abs. 5 GmbHG n.F.) vor, sofern der Inferent (Gesellschafter) diese nicht für die Vergütung seiner Dienstleistungen „reserviert". 426

---

276 Dazu *Pentz*, GmbHR 2010, 673; *Sernetz*, ZIP 2010, 2173.
277 *Herrler*, GmbHR 2010, 785.
278 Zur Offenlegungspflicht bei sog. „Altfällen" siehe LG Erfurt, Urt. v. 15.7.2010 – 10 O 994/09, EWiR 2010, 781 (Winstel).
279 OLG Stuttgart DStR 2011, 2307; dazu EWiR 2012, 99 (Henkel).
280 OLG Hamm NZG 2005, 184 = ZIP 2005, 1138; dazu EWiR 2005, 411 (*G. Reiff*) und NJW-Spezial 2005, 174.
281 BGH DStR 2006, 382 = ZIP 2006, 331; dazu EWiR 2006, 307 (*Naraschewski*).
282 Vgl. BGHZ 165, 113, 116 f.; BGHZ 165, 352, 356; *Bayer*, GmbHR 2004, 445, 451, 453.
283 BGH DNotZ 2009, 766 m. Anm. *Häublein* = NZG 2009, 463; dazu *Gehrlein*, BB 2011, 3; *Goette*, DStR 2010, 2579; *Wachter*, DStR 2010, 1240; *Hermanns*, DNotZ 2011, 325.

427   Dienstleistungsverpflichtungen eines Gesellschafters können als solche auch nicht in Eigenkapitalersatz umqualifiziert werden; jedoch können stehen gelassene Vergütungsansprüche eigenkapitalersetzenden Charakter erlangen.

428   Diese Rechtsprechung hat der BGH auch auf Aktiengesellschaften ausgedehnt.[284]

4. Kapitalherabsetzung (§§ 58 ff. GmbHG)

429   Auch die Regelungen über die Kapitalherabsetzung dienen dem Gebot der Kapitalerhaltung.[285] Allerdings hat das GmbH-Gesetz die Durchführung der Kapitalherabsetzung nicht detailliert geregelt. Die Kapitalherabsetzung ist bei der GmbH zunächst als **ordentliche Kapitalherabsetzung** nach § 58 GmbHG möglich. Nach § 58a GmbHG ist zur Beseitigung von Bilanzverlusten auch eine **vereinfachte Kapitalherabsetzung** zulässig. Anders als die ordentliche Kapitalherabsetzung sieht die vereinfachte Kapitalherabsetzung keinen Gläubigeraufruf nach § 58 Abs. 1 Nr. 1 GmbHG und auch nicht die Einhaltung der Sperrfrist von einem Jahr nach § 58 Abs. 1 Nr. 3 GmbHG vor.[286]

430   **Beide Kapitalherabsetzungen** erfordern **im Beschluss** die **Angabe des Zwecks** der Herabsetzung. Das GmbH-Gesetz sieht diese Zweckangabe zwar nicht vor, insoweit wird aber die Vorschrift des § 222 Abs. 3 AktG entsprechend anzuwenden sein.[287] Insoweit sind gesetzlichen Tatbestände und die mit ihnen verfolgten Publizitäts- und Gläubigerschutzgründe im Wesentlichen gleichgelagert, sodass eine gleiche Behandlung geboten ist.[288]

431   Die vereinfachte Kapitalherabsetzung kann nach § 58a Abs. 4 GmbHG mit einer **Kapitalerhöhung verbunden** werden und dadurch zeitweise auch zu einer Unterschreitung der Mindeststammkapitalziffer von 25.000 EUR führen. In diesem Fall gilt die strenge Frist von drei Monaten für die Eintragung im Handelsregister für beide Beschlüsse. Ob eine vereinfachte Kapitalherabsetzung mittelbar auch durch eine **Verschmelzung ohne entsprechende Kapitalerhöhung beim übernehmenden Rechtsträger** erreicht werden kann, ist streitig.[289]

432   Das Gesetz verlangt in §§ 58 ff. GmbHG nicht die Vorlage einer neuen **Gesellschafterliste** mit der Anmeldung. Eine Verpflichtung zur Einreichung einer neugefassten Liste der Gesellschafter durch den beurkundenden Notar nach Wirksamwerden der Kapitalherabsetzung, also nach deren Eintragung im Handelsregister, ergibt sich aber aus § 40 GmbHG.

a) Möglichkeiten der Kapitalherabsetzung

433   Zu unterscheiden sind die **effektive und** die **nominelle Kapitalherabsetzung**, also Kapitalherabsetzungen mit und ohne Rückzahlung oder Erlass von Einlagen. Bei der effektiven Kapitalherabsetzung werden Einlagen zurückgezahlt oder erlassen. Bei der nominellen Kapitalherabsetzung erfolgt eine solche Rückzahlung oder ein solcher Erlass nicht.

434   Die Kapitalherabsetzung kann durch
 – Herabsetzung der Nennbeträge der Geschäftsanteile oder
 – durch eine Vereinigung von Geschäftsanteilen oder
 – **Einziehung** von Anteilen

herbeigeführt werden. Der gesetzliche Mindestbetrag (siehe dazu § 58 Abs. 2 S. 2 GmbHG n.F.) bzw. die gesetzliche Teilbarkeit der Anteile muss aber erhalten bleiben, wobei seit der Neu-

---

[284] BGH ZIP 2010, 423.
[285] Dazu *Henze*, NZG 2003, 649.
[286] Zu deren Funktion und Durchführung siehe *Geißler*, GmbHR 2005, 1102.
[287] BayObLG GmbHR 1979, 111; *Lutter/Hommelhoff*, § 58 Rn 8; *Gustavus*, A 110, S. 104.
[288] OLG Hamm GmbHR 2011, 256; dazu EWiR 2011, 421 (*Wachter*).
[289] Dazu *Petersen*, GmbHR 2004, 728.

fassung durch das MoMiG die Stammeinlagen nur noch auf volle Euro-Beträge lauten müssen. Auch die Einziehung von Anteilen kann mit der Kapitalherabsetzung gekoppelt werden.[290]

b) Zweck der Kapitalherabsetzung

Kapitalherabsetzungen können verschiedenen Zwecken dienen. In aller Regel stehen sie aber in Verbindung mit 435
- Verlust- oder Sanierungssituationen oder
- mit dem Ausscheiden eines Gesellschafters,
- ggf. dienen sie auch zur **Euro-Kapitalumstellung**.[291]

Der durch die Kapitalherabsetzung frei gewordene Betrag kann in die Kapitalrücklagen eingestellt werden oder für Ausschüttungen bzw. Abfindungszahlungen verwendet werden. Durch eine Kapitalherabsetzung kann darüber hinaus auch ein Jahresfehlbetrag ausgeglichen werden oder eine Unterbilanz beseitigt werden.

Eine solche Verlustbeseitigung durch Kapitalherabsetzung kommt jedoch nur dann in Betracht, wenn die Gesellschaft mit der verminderten Kapitalausstattung weiterhin handlungsfähig ist. Überschreitet der Verlust die Stammkapitalziffer, ist im Zusammenhang mit der Kapitalherabsetzung die Zuführung neuer Mittel unmittelbar anschließend erforderlich. Können aber durch die zum Zwecke der **Verlustdeckung** beschlossene Kapitalherabsetzung eine Überschuldung oder Unterbilanz der Gesellschaft nicht vollständig beseitigt werden, braucht die Kapitalherabsetzung jedenfalls dann nicht mit einem Kapitalerhöhungsbeschluss verbunden zu werden, wenn eine solche Maßnahme absehbar nicht zu einer erfolgreichen Sanierung der Gesellschaft führen würde.[292] 436

Effektive Kapitalherabsetzung, die mit der Rückzahlung oder dem Erlass von Einlagen verbunden ist, kann im Zusammenhang damit stehen, dass die Geschäftstätigkeit des Unternehmens der Gesellschaft reduziert worden ist und ein hohes Maß an Kapitalbindung nicht mehr erforderlich ist. Selbstverständlich muss das Mindeststammkapital der Gesellschaft erhalten bleiben und die Gesellschafter können von ihrer Einlageverpflichtungen nur in dem Maße befreit werden, in dem ihre **Mindesteinlageverpflichtung** nicht berührt wird. 437

Scheidet ein Gesellschafter aufgrund **Kündigung, Austritt oder Ausschließung** aus der Gesellschaft aus oder wird sein **Geschäftsanteil eingezogen** oder von der Gesellschaft erworben, kann sich das Erfordernis einer Kapitalherabsetzung ergeben, wenn die Gesellschaft nicht in der Lage ist, sein Abfindungsentgelt, das möglicherweise auch über den Nennbetrag seiner Einlage hinausgeht, zu finanzieren. Solche Zahlungen darf die Gesellschaft nur aus dem Vermögen leisten, das das Stammkapital übersteigt. Insbesondere darf die Gesellschaft auch nicht Fremdkapital zur **Abfindungszahlung** aufnehmen, wenn dadurch eine Unterbilanz entstehen würde.[293] 438

---

[290] Beck'sches Handbuch der GmbH/*Hense/Gnadenberger*, § 8 Rn 108 ff. m.w.N.; zur körperschaftsteuerlichen Behandlung siehe BFH BStBl II 2001, 258.
[291] Zur Euroumstellung im Wege der Kapitalherabsetzung siehe etwa *Heidinger*, DNotZ 2000, 661 ff.; dazu Centrale-Gutachten, GmbHR 2000, 976; zur erleichterten Kapitalherabsetzung zur Euroglättung in einer AG nach § 4 Abs. 2, 5 EGAktG siehe OLG Frankfurt/M. BB 2003, 386.
[292] BGH ZIP 1998, 692.
[293] Baumbach/Hueck/*Zöllner*, § 58 Rn 11 ff.; Beck'sches Handbuch der GmbH/*Hense/Gnadenberger*, § 8 Rn 111 ff. m.w.N.

c) Kapitalherabsetzungsbeschluss

439 Der Kapitalherabsetzungsbeschluss bedarf als **Satzungsänderung** der notariellen Beurkundung und muss mit einer Mehrheit von drei Vierteln der abgegebenen Stimmen gefasst werden, soweit der Gesellschaftsvertrag nicht höhere Mehrheiten oder weitere Erfordernisse vorsieht, etwa eine **Zustimmung des Aufsichtsrates oder eine Zustimmung einzelner Gesellschafter**. Zusätzlich ist die Zustimmung benachteiligter Gesellschafter erforderlich, wenn die Kapitalherabsetzung sich nachteilig auf ihre Beteiligungsquote auswirkt.[294]

440 Die Kapitalherabsetzung wird erst mit der **Eintragung im Handelsregister** wirksam. Bis dahin kann der Beschluss durch die Gesellschafter geändert oder aufgehoben werden, wobei der Aufhebungsbeschluss nach streitiger Literaturmeinung mit einfacher Mehrheit gefasst werden kann und nicht der notariellen Beurkundung bedarf (siehe auch Rn 338 f.).[295]

441 Der Zweck der Kapitalherabsetzung muss im Beschluss näher bezeichnet werden, es muss also etwa dargestellt werden, ob Einlagen zurückgezahlt oder erlassen werden sollen, Rücklagen gebildet oder eine Unterbilanz beseitigt werden soll. Beim Fehlen der Angabe des Zweckes ist der **Beschluss anfechtbar**.

442 Auch muss im Beschluss die Höhe des bisherigen Stammkapitals, der Betrag der Herabsetzung und die Höhe des neuen Stammkapitals angegeben werden.[296] Der Mindestnennbetrag des Stammkapitals nach § 5 Abs. 1 GmbHG darf selbstverständlich nicht unterschritten werden.

443 Wirkt sich die Kapitalherabsetzung auf die Geschäftsanteile der Gesellschaft unterschiedlich aus, muss der Beschluss nähere Angaben zu der Auswirkung auf die Geschäftsanteile enthalten. Bei einer solchen Kapitalherabsetzung sind insbesondere auch die Belange der Minderheitsgesellschafter angemessen zu wahren.[297] Wurde dem Gesellschafter einer personalistisch strukturierten GmbH bei einer Kapitalerhöhung im Anschluss an eine vereinfachte Kapitalherabsetzung auf Null (§ 58a Abs. 4 GmbHG) ein gesetzeskonformes, seiner bisherigen Beteiligung entsprechendes Bezugsrecht eingeräumt, so gebietet die **Treuepflicht der Gesellschaftermehrheit** – anders als bei der Aktiengesellschaft – nicht ohne weiteres, diesem durch Änderung der Beteiligungsverhältnisse stattdessen die Übernahme einer von ihm gewünschten Kleinstbeteiligung einzuräumen. Die **Verletzung der Treuepflicht** im Zusammenhang mit der Ausgestaltung des Bezugsrechts des Minderheitsgesellschafters einer GmbH **führt** auch bei der Kapitalerhöhung im Anschluss an eine vereinfachte Kapitalherabsetzung auf Null **regelmäßig nicht zur Nichtigkeit, sondern nur zur Anfechtbarkeit** des Gesellschafterbeschlusses.

444 Der Gesellschafter einer GmbH muss die **Beschlussanfechtungsklage** mit aller ihm im Interesse der Schaffung von Rechtssicherheit zumutbaren Beschleunigung erheben, wobei die **Monatsfrist des § 246 Abs. 1 AktG** – von eng begrenzten Ausnahmen abgesehen – **als Maßstab** zu gelten hat.[298]

445 Steht die Kapitalherabsetzung in einem unmittelbaren Zusammenhang mit einer Verschmelzung (und einer gleichzeitig beschlossenen Kapitalerhöhung) soll nach der Auffassung des OLG Frankfurt/M. die Anfechtbarkeit des Beschlusses der Gesellschafterversammlung weiterhin bestehen bleiben, auch wenn die Verschmelzung (und die Kapitalerhöhung) zwischenzeitlich im Handelsregister eingetragen worden sind.[299]

---

294 Beck'sches Handbuch der GmbH/*Hense/Gnadenberger*, § 8 Rn 120 ff. m.w.N.
295 Hachenburg/*Ulmer*, § 58 Rn 38.
296 Beck'sches Handbuch der GmbH/*Hense/Gnadenberger*, § 8 Rn 126 f.
297 BGH BB 1999, 1946.
298 BGH ZIP 2005, 985 = GmbHR 2005, 925 m. Anm. *Werner*.
299 OLG Frankfurt/M. ZIP 2012, 826; dazu EWiR 2012, 331 (*Grunewald*).

d) Gläubigerschutz (Bekanntmachung, Gläubigeraufruf, Einzelmitteilungen)

Zum Schutz der Gläubiger sieht das Gesetz die **Bekanntmachung** des Kapitalherabsetzungsbeschlusses und einen **Gläubigeraufruf** vor, wobei die Geschäftsführer die Herabsetzung des Kapitals im elektronischen Bundesanzeiger zu veröffentlichen haben. **446**

Ausreichend ist es, den Betrag der beschlossenen Kapitalherabsetzung anzugeben. Der Zweck der Kapitalherabsetzung ist den Gläubigern nur auf Anfrage mitzuteilen. **447**

Bekannte Gläubiger muss die Gesellschaft einzeln benachrichtigen. Aus Beweisgründen empfiehlt sich eine schriftliche Mitteilung an die Gläubiger, etwa durch ein Rundschreiben. Zu den Gläubigern gehören auch Arbeitnehmer, einschließlich ehemaliger Arbeitnehmer, die unverfallbare Versorgungsanwartschaften haben, und Betriebsrentner.[300] **448**

Gläubiger von Forderungen, die am Tag der Bekanntmachung rechtlich begründet waren, können sich bei der Gesellschaft melden und der Kapitalherabsetzung widersprechen. Wenn ein Gläubiger widerspricht, muss die Gesellschaft den **Widerspruch** ausräumen, also die Forderung entweder (ggf. vorzeitig) erfüllen oder nach §§ 232–240 BGB Sicherheit leisten. Geschieht das nicht, können die Gläubiger sich vor der Eintragung der Kapitalherabsetzung beim Registergericht melden oder durch einstweilige Verfügung die Eintragung verhindern.[301] **449**

e) Sperrjahr, Anmeldung, Eintragung und Veröffentlichung

Zwischen der Veröffentlichung und der Anmeldung der ordentlichen Kapitalherabsetzung zum Handelsregister muss mindestens ein Jahr liegen (sog. **Sperrjahr**). Eine vorherige Anmeldung wird vom Registergericht zurückgewiesen. **450**

Die **Anmeldung** hat unabhängig von der allgemeinen Vertretungsregelung nach der Satzung durch alle Geschäftsführer zu erfolgen (vgl. § 78 GmbHG).[302] Die Geschäftsführer können sich dabei auch nicht vertreten lassen. Gleichzeitig haben alle Geschäftsführer zu versichern, dass die Gläubiger, die sich bei der Gesellschaft gemeldet und der Kapitalherabsetzung nicht zugestimmt haben, befriedigt oder sichergestellt sind. Nähere Angaben dazu sind aber nicht erforderlich. Auch wenn sich keine Gläubiger gemeldet haben, ist dies in der Versicherung entsprechend aufzunehmen.[303] **451**

Der Anmeldung als **Anlagen** beizufügen sind das notarielle Protokoll des Kapitalherabsetzungsbeschlusses, der vollständige Wortlaut des geänderten Gesellschaftsvertrages (mit der sog. Satzungsbescheinigung des Notars gem. § 54 GmbHG) und die Nachweise über die Veröffentlichung im elektronischen Bundesanzeiger. Ein Nachweis über die Einzelmitteilungen an die Gläubiger ist nicht erforderlich.[304] **452**

Unrichtige **Versicherungen der Geschäftsführer** führen zur Schadensersatzpflicht gem. § 823 Abs. 2 BGB i.V.m. § 58 Abs. 1 Nr. 4 GmbHG und begründen Strafbarkeit gem. § 82 Abs. 2 Nr. 1 GmbHG. **453**

Mit der **Eintragung** im Handelsregister wird die Kapitalherabsetzung wirksam. Mängel des Verfahrens haben auf die Wirksamkeit der Kapitalherabsetzung nach deren Eintragung keine Auswirkung mehr.[305] **454**

---

[300] Beck'sches Handbuch der GmbH/*Hense/Gnadenberger*, § 8 Rn 132 f.
[301] Scholz/*Priester*, § 58 Rn 42 f.
[302] Das gilt auch im Falle der vereinfachten Kapitalherabsetzung: *Roth/Altmeppen*, § 58a Rn 18.
[303] Scholz/*Priester*, § 58 Rn 60.
[304] BayObLG BB 1974, 1362.
[305] Scholz/*Priester*, § 58 Rn 76.

f) Vollzug der Kapitalherabsetzung

455 Der Vollzug der Kapitalherabsetzung erfolgt im Rahmen der Rechnungslegung dadurch, dass das gezeichnete Kapital in den Büchern auf den herabgesetzten Betrag zu vermindern ist.

456 Auszahlungen von Einlagen schon während des Sperrjahres sind zumindest dann unzulässig, wenn dafür keine ausreichenden Rücklagen oder Gewinnvorträge vorhanden sind. Solche **Auszahlungen vor Eintragung** der Kapitalherabsetzung im Handelsregister wurden früher steuerrechtlich als **verdeckte Gewinnausschüttungen** behandelt.[306] Nach der neueren Rechtsprechung des BFH gelten sie aber zumindest dann als zulässige vorweggenommene Kapitalrückzahlungen, wenn die Gesellschafter den Kapitalherabsetzungsbeschluss gefasst, die Geschäftsführer die Veröffentlichung vorgenommen, die Gläubiger befriedigt oder sichergestellt und **nach Ablauf der Sperrjahres** die Anmeldung beim Handelsregister vorgenommen haben.[307] Der **BFH** hat diese Rechtsprechung noch weiter gemildert, wonach eine Rückzahlung bereits vor dem handelsrechtlichen Wirksamwerden der beschlossenen Kapitalherabsetzung nicht als verdeckte Gewinnausschüttung zu behandeln ist, wenn – schon **vor Ablauf des Sperrjahres** – die Beteiligten im Zeitpunkt der Zahlung alles unternommen haben, was zum handelsrechtlichen Wirksamwerden erforderlich ist, und wenn Gläubigerinteressen nicht berührt sind.[308]

g) Vereinfachte Kapitalherabsetzung

457 Die vereinfachte Kapitalherabsetzung ist nur zum **Ausgleich von Verlusten**, d.h. zur Beseitigung einer Unterbilanz zulässig (§ 58a Abs. 1 GmbHG).[309] Die Verluste müssen zur Zeit der Beschlussfassung der Gesellschafterversammlung schon eingetreten sein. Auch dürfen andere Möglichkeiten des Verlustausgleichs nicht mehr gegeben sein.

458 Die **Prüfung der Zulässigkeit** der vereinfachten Kapitalherabsetzung erfolgt nach der folgenden Reihenfolge:[310]
- Sind Kapitalrücklagen oder Gewinnrücklagen vorhanden, die 10% des Stammkapitals übersteigen, auf das herabgesetzt werden soll?
- Ist ein Gewinnvortrag vorhanden?
- Liegen Verluste vor, die nicht durch andere Maßnahmen beseitigt werden können, wie Verwendung von Gewinnrücklagen oder Kapitalrücklagen zum Verlustausgleich oder Auflösung eines Gewinnvortrags?
- Sind die Verluste bereits eingetreten oder werden sie lediglich erwartet?

459 Bei der **vereinfachten Kapitalherabsetzung** ist die **Frist nach § 58e Abs. 3 GmbHG** zu beachten. Danach muss eine Eintragung des Beschlusses im Handelsregister binnen drei Monaten nach der Beschlussfassung erfolgen. Das Registergericht hat die Voraussetzungen der vereinfachten Kapitalherabsetzung zu prüfen. Allerdings sieht das Gesetz die Vorlage entsprechender Nachweise nicht vor. Soweit das Gericht aber nicht durch bereits vorliegende Jahresabschlüsse die Voraussetzungen für den Beschluss erkennen kann, ist es nicht gehindert, entsprechende Nachweise zu verlangen. Diese können und sollten zur Vereinfachung und Beschleunigung auch bereits mit der Anmeldung durch die Geschäftsführer eingereicht werden.

---

[306] BFH BStBl III 1963, 454.
[307] BFH BStBl II 1976, 341; Beck'sches Handbuch der GmbH/*Hense/Gnadenberger*, § 8 Rn 145.
[308] BFH BStBl II 1995, 725 = DStR 1995, 1503.
[309] Zur neuen Rechtslage seit dem MoMiG siehe *Hohmuth*, GmbHR 2009, 349, 351.
[310] Beck'sches Handbuch der GmbH/*Hense/Gnadenberger*, § 8 Rn 149; *Hirte*, ZInsO 1999, 616.

5. Forderungsverzichte, Rangrücktritte und Patronatserklärungen der Gesellschafter
a) Übersicht über die Maßnahmen zur Sanierung des Eigenkapitals außerhalb von Satzungsänderungen

Bestehen in der „Krise" der Gesellschaft, also bei Kreditunwürdigkeit oder Überschuldung, erhebliche Gesellschafterdarlehen oder sonstige „Gesellschafterhilfen", ist zu überlegen, welche Maßnahmen zu ergreifen sind, um eine Insolvenz zu vermeiden bzw. eine **Sanierung** des Unternehmens zu erreichen.[311] 460

Die Gesellschafter als Gläubiger der Gesellschaft können im Hinblick auf ihre Darlehensforderungen **verschiedene Sanierungsmaßnahmen** ergreifen. Dabei gibt es die Möglichkeiten 461
– des unbedingten Forderungsverzichts
– des Forderungsverzichts mit Besserungsschein
– durch auflösende Bedingung oder
– durch aufschiebende Bedingung
– und des Rangrücktritts,
um eine Vermögensmehrung bei der Gesellschaft zu erreichen.[312]

Beim **Forderungsverzicht** entsteht die Vermögensmehrung durch den Wegfall der Verbindlichkeit. Beim **Rangrücktritt** entsteht sie aufgrund der Tatsache, dass das Darlehen im Status zur Ermittlung der rechnerischen Überschuldung im insolvenzrechtlichen Sinne nicht aufzunehmen sein soll;[313] das Bilanzbild der Handelsbilanz bleibt allerdings unverändert. Nach der früheren Rechtsprechung einiger Instanzgerichte sollten eigenkapitalersetzende Darlehen auch ohne ausdrücklichen Rangrücktritt im **Überschuldungsstatus** nicht zu passivieren sein.[314] 462

Aufgrund des Wortlautes des § 39 Abs. 2 InsO wurde aber schon früher überwiegend vertreten, dass ohne Rangrücktritt eine Passivierung in einem Überschuldungsstatus erfolgen müsse; nach Auffassung einiger Autoren selbst bei einem Rangrücktritt, wenn nicht die Rangrücktrittsvereinbarung um eine **Erlassvereinbarung für den Fall der Insolvenz** ergänzt sei.[315] 463

Der BGH[316] hat inzwischen zumindest den qualifizierten Rangrücktritt zur Voraussetzung dafür gemacht, dass eigenkapitalersetzende Gesellschafterdarlehen im Überschuldungsstatus unberücksichtigt bleiben dürfen. 464

Im Folgenden werden die Unterschiede und die Vor- bzw. Nachteile dargestellt sowie entsprechende Formulierungsmöglichkeiten der Verträge aufgezeigt. 465

b) Forderungsverzicht mit Besserungsschein
aa) Wirksamkeit

Ein wirksamer Forderungsverzicht setzt den Abschluss eines gegenseitigen **Erlassvertrages** i.S.v. § 397 BGB voraus. Eine nur einseitige Erklärung des Gesellschafters reicht regelmäßig nicht 466

---

311 Zu „Sanierungsbeiträgen" der Banken siehe *Obermüller*, DZWIR 1999, 240 f.
312 Vgl. *Kempf/Uhlig*, DStR 2000, 723; *Kling*, NZG 2000, 872.
313 BGH BB 1987, 728 = ZIP 1987, 574, dazu EWiR 1987, 495 (*Raeschke-Kessler*); OLG Hamburg GmbHR 1987, 97; OLG München GmbHR 1998, 281; OLG Düsseldorf GmbHR 1999, 615; *Lutter/Hommelhoff*, § 63 Anm. Rn 7.
314 Vgl. LG Waldshut-Tiengen GmbHR 1995, 899; OLG München GmbHR 1995, 458; OLG Düsseldorf GmbHR 1997, 699; OLG Stuttgart GmbHR 1998, 235; dazu *Wolf*, DB 1995, 2277 und 1997, 1833; *Priester*, ZIP 1994, 413; *ders.*, DB 1991, 1917; *Janssen*, NWB 1998, 1405.
315 *Ehlers*, DStR 1998, 1756 m. Erg. DStR 1998, 1841; *Janssen*, NWB 1998, 1405; *Hess/Weis*, InVo 1999, 33; a.A. *Niesert*, InVo 1998, 242; *Holzapfel*, InVo 1999, 1; *Livonius*, ZInsO 1998, 309; *Lenz*, GmbHR 1999, 283; *Lutter*, ZIP 1999, 641, 646; *Bormann*, InVo 1999, 105; *Beintmann*, BB 1999, 1543.
316 BGH BB 2001, 430 m. Anm. *Hasselbach/Wicke* = GmbHR 2001, 190 m. Anm. *Felleisen* = DStR 2001, 175 m. Anm. *Altmeppen* = ZIP 2001, 235, dazu EWiR 2001, 329 (*Priester*); dazu auch *Bormann*, GmbHR 2001, 689; *Bauer*, ZInsO 2001, 486; *Wittig*, NZI 2001, 169; *Kahlert/Gehrke*, DStR 2010, 227; ergänzend OLG Stuttgart GmbHR 2002, 1072; OLG Dresden InVo 2004, 53 und OLG Frankfurt/M. GmbHR 2004, 53 m. Anm. *Blöse*; kritisch *Henle/Bruckner*, ZIP 2003, 1738, auch zu den Auswirkungen auf das Innenverhältnis der Gesellschafter; *Groh*, DB 2006, 1286.

aus.[317] Früher wurde häufig ein unbedingter Forderungsverzicht vereinbart, wogegen sich nunmehr in der Sanierungspraxis der Erlassvertrag gegen Besserungsabrede durchgesetzt hat. Die Darlehensverbindlichkeiten sind dabei für den Zeitraum der Krise bis zum Eintritt des Besserungsfalls nach h.M. nicht mehr zu passivieren.[318]

467 Werden bestehende Darlehensverbindlichkeiten von Dritten erlassen oder war das Darlehen bzw. der Erlass seitens eines Gesellschafters betrieblich veranlasst, sind die passivierten Verbindlichkeiten in der Bilanz der Gesellschaft grundsätzlich mit **ergebnisverbessernder Wirkung** aufzulösen.[319] Die **Erträge** aus diesen Sanierungsleistungen sind handelsrechtlich als außerordentliche Erträge nach § 275 Abs. 2 Nr. 15 HGB auszuweisen und gem. § 277 Abs. 4 S. 2 HGB im Anhang zu erläutern.

468 Wird der Erlass des Darlehens mit einem Gesellschafter als Darlehensgeber vereinbart, liegt ein steuerneutraler Schulderlass vor, der grundsätzlich als **verdeckte Einlage** behandelt wird.[320] Dies gilt, solange der Bedingungseintritt nicht erfolgt, also der Sanierungsfall nicht eintritt. Die Höhe der Einlage hängt dabei aber nach langjähriger Auffassung der Finanzverwaltung von der **Werthaltigkeit des Anspruches** des Gesellschafters gegen die Gesellschaft ab, die Einlage wird also nur mit dem **Teilwert** der Darlehensforderung berücksichtigt. Dieser Auffassung hat sich auch der Große Senat des BFH angeschlossen.[321] Entsprechendes soll auch ggf. für den Forderungsverzicht durch eine dem Gesellschafter nahe stehende Person oder eine personenidentische Personengesellschaft gelten.[322] Umgekehrt soll in Höhe des werthaltigen Teils der Forderung beim Gesellschafter ein steuerpflichtiger Zufluss i.S.v. § 11 EStG vorliegen bzw. eine verdeckte Entnahme aus der Personengesellschaft.

469 Werden dann Gewinne erzielt, sind die daraus zu zahlenden **Besserungsleistungen** bereits bei der Aufstellung der Bilanz durch Passivierung des Darlehens zu Lasten des Jahresüberschusses zu berücksichtigen. Sind aufgrund der Besserungsvereinbarung auch **Zinsen** für den vergangenen Zeitraum zu zahlen, sind diese erfolgsmindernd erst in dem Jahresabschluss zu erfassen, der für den ersten Bilanzstichtag nach Bedingungseintritt aufzustellen ist.[323]

470 Besserungsleistungen nach der Sanierung an einen Gesellschafter wurden früher als verdeckte Gewinnausschüttungen qualifiziert, die das Einkommen der Gesellschaft nicht mindern durften,[324] so dass die Folgen der §§ 27–29 KStG ausgelöst wurden. Nach der neueren Rechtsprechung des BFH sind jedoch bei auflösend bedingter Besserungsabrede die nach der Sanierung geleisteten **Rückzahlungen und Zinsen** auf das Darlehen nicht als verdeckte Gewinnausschüttung, sondern als eine steuerlich neutrale Form der **Kapitalrückzahlung** anzuerkennen.[325]

---

317 *Häuselmann*, BB 1993, 1552 m.w.N.
318 *Rautenberg*, DB 1995, 1345, 1347; *Hoffmann*, DStR 1998, 196, 197; dazu auch *Neufang/Oettinger*, BB 2006, 294, 295; BMF v. 1.12.2003, BStBl I 2003, 648.
319 *Gross/Fink*, BB 1991, 1379; *Häuselmann*, BB 1993, 1552, 1553.
320 Weitere Ausführungen zur steuerrechtlichen Behandlung bei *Rautenberg*, DB 1995, 1345, 1347; *Hoffmann*, DStR 1995, 77; *ders.*, GmbHR 1997, 1140; *Wimmer*, DStR 1996, 1249; Fin.Min. NRW v. 10.4.1995, BB 1995, 1184.
321 BFH (GS) DStR 1997, 1282 = BB 1997, 1735, dazu EWiR 1997, 1027 (*Wilken*) auf Vorlagebeschlüsse des 1. Senats v. 27.7.1994 – I R 23/93, 58/93 und 103/93, DStR 1994, 1734 = BB 1994, 2245; dazu *Cramer*, DStR 1998, 1083; zum Einlagewert beim Verzicht auf einen Pensionsanspruch BFH DStR 1998, 236 m. Anm. *Hoffmann*; zum Darlehensverlust BMF v. 8.6.1999, DStR 1999, 1151.
322 BFH (GS) DStR 1997, 1282 = BB 1997, 1735; BFH DStR 1997, 1965 = GmbHR 1998, 93; dazu auch BFH DStR 1992, 1579; zur steuerlichen Behandlung des Forderungsverzichtes beim Gesellschafter *Welp*, BB 1997, 1716; *Roser*, DB 1996, 1303; *Thiel*, GmbHR 1992, 20; *Groh*, BB 1997, 2523; *Gebhardt*, DStR 1998, 225; *Kempf/Uhlig*, DStR 2000, 723 und nunmehr BMF v. 16.12.2003, DStR 2004, 34, dazu *Hoffmann*, DStR 2004, 293.
323 *Sender*, GmbHR 1992, 157; *Häuselmann*, BB 1993, 1552, 1553 m.w.N.
324 *Häuselmann*, BB 1993, 1552, 1556 m.w.N.; *Becker/Wobbe*, DStR 2010, 506; *Braun*, DStR 2012, 1360.
325 BFH GmbHR 1991, 73; BFH GmbHR 1997, 265 f.; *Eilers/Sieger*, Die Finanzierung der GmbH, S. 90 f., Rn 25.

bb) Aufschiebend bedingter Forderungsverzicht

Ein Forderungsverzicht gegen Besserungsschein kann in unterschiedlichen Formen ausgestaltet sein. Zum einen kann geregelt werden, dass bestehende Verbindlichkeiten nur aus künftigen Gewinnen zu tilgen sind oder es wird eine Rückzahlungsverpflichtung erst für den Fall vereinbart, dass zukünftige Gewinne entstehen, ggf. auch in einer in der Besserungsabrede näher bestimmten Größenordnung. Diese Gestaltung ist so auszulegen, dass die Begründung der neuen Verbindlichkeit für die Zukunft unter der aufschiebenden Bedingung späterer Gewinnerzielung steht (§ 158 Abs. 1 BGB).[326] **471**

cc) Auflösend bedingter Forderungsverzicht

Ein Forderungserlass kann auch als auflösend bedingter Forderungsverzicht ausgestaltet sein.[327] Der Bedingungseintritt ist in dem Fall gegeben, dass das Unternehmen aus der Krise gelangt. Tritt die auflösende Bedingung (Sanierung) ein, wird der Forderungsverzicht zivilrechtlich so beurteilt, als sei er von Anfang an nicht erklärt worden (§ 158 Abs. 2 BGB), der Verzicht **entfällt** also mit Eintritt der auflösenden Bedingung **rückwirkend**. **472**

c) Rangrücktritt

Der Rangrücktritt ist dadurch gekennzeichnet, dass die Forderung des Gläubigers weiterhin besteht, die Erfüllung dieser Forderung jedoch gegenüber anderen Gläubigern zurückgestellt wird. Der Gesellschafter als Darlehensgeber verzichtet also nicht auf seine Forderung,[328] sondern es wird nur der Inhalt der fortbestehenden Verbindlichkeit der Gesellschaft geändert. Die Sicherungsrechte und die Verzinsung sollen in ihrem Bestand grundsätzlich unberührt bleiben. Die herrschende Meinung qualifiziert den Rangrücktritt daher als **pactum de non petendo**, d.h. der Gesellschaft wird eine Einrede gegen die Geltendmachung der Forderung in der Krise bzw. in der Insolvenz eingeräumt.[329] **473**

Die Folge ist, dass der Rangrücktritt handelsrechtlich zu keiner Gewinnrealisierung führt, sondern das Darlehen weiterhin in der **Handelsbilanz** zu passivieren ist.[330] In einem **Überschuldungsstatus** ist – schon nach bisher h.M.[331] und auch nach Auffassung des BGH[332] – ein eigenkapitalersetzendes Gesellschafterdarlehen solange zu passivieren, wie nicht ein qualifizierter Rangrücktritt vereinbart ist. Ein solcher Überschuldungsstatus ist nach der Rechtsprechung des BGH im Regelfall auch erforderlich, um den Eigenkapitalersatzcharakter der betreffenden Gesellschafterleistung feststellen bzw. schlüssig darlegen zu können.[333] Das gilt auch bei einer **474**

---

326 Zu deren gewerbesteuerlichen Behandlung als mögliche Dauerschuld siehe BFH GmbHR 2003, 1011 m. Anm. *Hoffmann*.
327 BFH BB 1990, 1960 = GmbHR 1991, 73; BFH GmbHR 1997, 265.
328 BFH DB 1993, 1266; *Altmeppen*, ZHR 164 (2000), 349; zur Passivierungspflicht auch *Hoffmann*, DStR 1998, 196, 197; dazu und zum notwendigen Inhalt OLG Frankfurt/M. GmbHR 2004, 53 m. Anm. *Blöse*.
329 Hachenburg/*Goerdeler*/*Müller*, § 42 Anm. 104; *Häuselmann*, BB 1993, 1552, 1553 m.w.N.; *Wazlawik*, NZI 2004, 608; zu den Anforderungen an eine qualifizierte Rangrücktrittsvereinbarung zur Beseitigung einer Überschuldung siehe OLG Dresden EWiR 2002, 489 (*Steinecke*).
330 Dazu *Janssen*, BB 2005, 1895.
331 Siehe etwa die umfangreichen Nachweise bei Weisemann/Smid/*Arens*, Handbuch der Unternehmensinsolvenz, 1999, § 11 Rn 48; *Bormann*, Eigenkapitalersetzende Gesellschafterdarlehen in der Jahres- und Überschuldungsbilanz, 2001, § 10, S. 288 ff.; zur steuerlichen Behandlung *Kaiser*, GmbHR 2001, 103 f.
332 BGH BB 2001, 430 m. Anm. *Hasselbach*/*Wicke* = GmbHR 2001, 190 m. Anm. *Felleisen* = DStR 2001, 175 m. Anm. *Altmeppen* = ZIP 2001, 235, dazu EWiR 2001, 329 (*Priester*); dazu auch *Bormann*, GmbHR 2001, 689; *Bauer*, ZInsO 2001, 486; *Wittig*, NZI 2001, 169.
333 BGH DStR 2001, 139 = ZIP 2001, 242.

„gespaltenen" Einlage, also einer Zahlung, die zum einen Teil in das Eigenkapital und zum anderen Teil in das Fremdkapital gebucht wird.[334]

475 **Steuerrechtlich** löst der – richtig formulierte – Rangrücktritt für ein Gesellschafterdarlehen schon nach bisher herrschender Literaturmeinung keine Konsequenzen aus. Es entsteht insbesondere kein Eigenkapital der Gesellschaft.[335] Es bleibt insoweit bei der **Passivierungspflicht in der Handels- und der Steuerbilanz.**[336] Die Rückzahlung von Zins- und Tilgungsleistungen an den Gesellschafter nach der Sanierung führt bei der Gesellschaft nicht zur verdeckten Gewinnausschüttung.

476 Bei der Formulierung eines „qualifizierten" Rangrücktritts ist darauf zu achten, dass bei Eintritt der Überschuldung ein (automatischer) Rangrücktritt der Darlehensrückzahlungsansprüche (und etwaiger Zinsen) hinter die Ansprüche aller anderen Gläubiger erfolgt. Eine Befriedigung (oder Verwendung oder Abtretung) darf nur erfolgen,
- aus künftigen Jahresüberschüssen
- aus Liquidationsüberschüssen
- oder aus sonstigem freien Vermögen.

477 Gem. § 5 Abs. 2a EStG darf aber weder eine Verbindlichkeit angesetzt noch eine Rückstellung gebildet werden, wenn die Verpflichtung nur zu erfüllen ist, soweit künftig Einnahmen oder Gewinne anfallen. Der BFH spricht insoweit von „**haftungslosen Darlehen**".[337] Eine solche Verbindlichkeit oder Rückstellung darf erst angesetzt werden, wenn die Einnahmen oder Gewinne angefallen sind. Inwieweit dieses **Passivierungsverbot für Verbindlichkeiten** maßgeblich ist, für die ein Rangrücktritt vereinbart ist, ist genau zu klären.

478 Der **BMF** vertrat dazu schon früher die Auffassung, dass der Tatbestand des § 5 Abs. 2a EStG (Passivierungsverbot) erfüllt sei, wenn eine Bezugnahme auf die Möglichkeit einer Tilgung des mit Rangrücktritt versehenen Darlehens auch aus sonstigen freiem Vermögen fehle, dann sei der Ansatz von Verbindlichkeiten oder Rückstellung bei derartigen Vereinbarungen in der Steuerbilanz ausgeschlossen.[338] Von entscheidender Bedeutung sollte demgemäß nach Auffassung des BMF sein, ob nach der Gestaltung der Rangrücktrittsvereinbarung eine Tilgung der Schuld **auch aus anderem freiem Vermögen** zulässig ist.[339] Ist das der Fall, sollte das Passivierungsverbot des § 5 Abs. 2a EStG nicht gelten. Ist das nicht der Fall, sollte also die Rückzahlung der Verbindlichkeit ausschließlich aus zukünftigen Gewinnen oder aus einem Liquidationsüberschuss erfolgen, bestand nach Auffassung des BMF das Passivierungsverbot.

479 Die Auffassung des BMF wurde in der Literatur stark kritisiert, da das Anknüpfen an die Tilgungsmöglichkeit aus freiem Vermögen nicht dem Zweck des § 5 Abs. 2a EStG gerecht werde.[340] Der **BFH** hat sich im Urteil vom 10.11.2005[341] grundsätzlich mit der Bilanzierung zum Betriebsvermögen gehörender eigenkapitalersetzender, unverzinslicher und mit Rangrücktritt versehener Gesellschafterdarlehen an eine Kapitalgesellschaft auseinandergesetzt. Der BFH hat entschieden, dass

---

334 BGH DB 2010, 1233.
335 *Häuselmann*, BB 1993, 1552, 1557; *Kahlert/Gehrke*, DStR 2010, 227; *Leuering/Bahns*, NJW-Spezial 2012, 207; *Braun*, DStR 2012, 1360.
336 BFH GmbHR 1993, 600; BFH BStBl II 1997, 277 = DStR 1997, 444; BFH BStBl II 2000, 347 = DStR 2000, 771; BFH BStBl II 2002, 436 = DStR 2001, 1431; BFH DStR 2004, 593; FG Mecklenburg-Vorpommern BB 2006, 2746.
337 BFH DStR 2005, 186.
338 BMF v. 16.12.2003, BStBl I 2003, 648 = FR 2004, 109 mit Anm. *Suchanek*, FR 2004, 1129; siehe auch BMF v. 18.8.2004, BStBl I 2004, 850 = DStR 2004, 1525; so auch BFH DStR 2005, 186; dazu auch *Suchanek*, FR 2004, 1129; *Janssen*, BB 2005, 1895; *Neufang/Oettinger*, BB 2006, 294, 295; *Westerburg/Schwenn*, BB 2006, 501.
339 So auch BFH DStR 2005, 186.
340 Vgl. *Klein*, GmbHR 2005, 663; *Hölzle*, GmbHR 2005, 852.
341 BFH DStR 2006, 75 = ZIP 2006, 249 m. Anm. *Kahlert*.

auch im Fall des sog. qualifizierten Rangsrücktritts ein Darlehen Fremdkapital bleibt und in der Steuerbilanz als solches unverändert auszuweisen ist, selbst wenn die Rangrücktrittsvereinbarung vorsieht, dass der Darlehensgeber nicht nur nachrangig nach allen Gläubigern, sondern quotengleich mit dem statutarischen Kapital befriedigt wird. Entgegen der Verwaltungsmeinung[342] löst eine Rangrücktrittserklärung nicht schon deshalb das Passivierungsverbot des § 5 Abs. 2a EStG aus, weil die Möglichkeit der Tilgung aus einem Liquiditätsüberschuss oder aus sonstigem freien Vermögen nicht erwähnt ist.

480 Der **BMF** hat daraufhin seine Rechtsauffassung aus den Schreiben vom 16.12.2003 und vom 18.8.2004[343] revidiert und folgte mit **Schreiben vom 8.9.2006** der Auffassung des BFH und der herrschenden Literaturmeinung.[344]

481 Davon ist der **BFH** in seiner jüngsten Rechtsprechung jedoch inzwischen wieder abgerückt: Fehlt in der Formulierung eines „qualifizierten" Rangsrücktritts die Bedingung „oder aus sonstigem freien Vermögen", handelt es sich um eine „haftungslose Verbindlichkeit" und in der steuerlichen Gewinnermittlung ist die Verbindlichkeit gemäß § 5 Abs. 2a EStG ergebniserhöhend aufzulösen. Dadurch entsteht dann ein entsprechender **Sanierungsgewinn**.[345]

482 Es ist daher davon auszugehen, dass auch die Finanzverwaltung auf diese – von ihr früher ohnehin vertretene – Auffassung einschwenkt.

483 Ergibt sich aber steuerrechtlich ein solcher Sanierungsgewinn, stellt sich die Frage, ob dieser von der Finanzverwaltung erlassen (oder zumindest gestundet) werden kann, damit durch diese Steuerbelastung die Sanierung nicht vereitelt wird.

484 In Betracht kommt dabei einerseits das Instrumentarium einer sog. abweichenden Steuerfestsetzung auf Antrag (§ 163 AO) und andererseits eine Stundung unter Widerrufsvorbehalt zwecks etwaigem späterem Erlass (§ 222 AO).

485 Voraussetzungen für solche **„Billigkeitsmaßnahmen"** sind jedoch nach der Erlasslage der Finanzverwaltung:[346]
- Sanierungsbedürftigkeit
- Sanierungsfähigkeit
- Sanierungseignung
- Sanierungsabsicht.

486 Weitere Voraussetzungen für solche „Billigkeitsmaßnahmen" ist jedoch nach der finanzgerichtlichen Rechtsprechung und der zitierten Erlasslage der Finanzverwaltung, dass es um eine **unternehmensbezogene Sanierung** geht, nicht jedoch um eine unternehmerbezogene Sanierung.[347]

487 Ausnahmsweise kommen danach solche „Billigkeitsmaßnahmen" auch für eine **unternehmerbezogene Sanierung** in Betracht:
- bei Restschuldbefreiung (§§ 286 ff. InsO)
- bei Verbraucherinsolvenz (§§ 304 ff. InsO).

---

342 BMF v. 18.8.2004, BStBl I 2004, 850 = DStR 2004, 1525.
343 BMF v. 16.12.2003, BStBl I 2003, 648 = FR 2004, 109 mit Anm. *Suchanek*, FR 2004, 1129; BMF v. 18.8.2004, BStBl I 2004, 850 = DStR 2004, 1525.
344 BMF v. 8.9.2006, BStBl I 2006, 497 = BB 2006, 2300; dazu *Berndt*, BB 2006, 2744; *Heerma/Heerma*, ZIP 2006, 2202; *Kahlert/Rühland*, ZInsO 2006, 1009; *V. Prühs*, GmbH-Stp. 2006, 331; *Kammeter/Geißelmeier*, NZI 2007, 214.
345 BFH DStR 2012, 450.
346 BMF v. 27.3.2003, DStR 2003, 690; BMF v. 22.12.2009, DStR 2010, 52; FinMin. Schleswig-Holstein v. 17.4.2012, DStR 2012, 969.
347 BFH BStBl II 2010, 916; eine dagegen gerichtete Verfassungsbeschwerde wurde nicht zugelassen: BVerfG v. 14.7.2011 – 2 BvR 2853/10; der VIII. Senat des BFH hat die Fragestellung offengelassen in einer Kostenentscheidung zu einem AdV-Verfahren durch BFH DStR 2012, 943.

d) Patronatserklärungen/gesellschafts- und schuldrechtliche Liquiditäts- und Verlustdeckungszusagen

488 Vor allem in Unternehmensverbindungen (Konzernen) haben sich sog. Patronatserklärungen als Kredit- bzw. Kapitalsicherungsinstrumente etabliert.[348] Unterschieden werden sog. **harte** und sog. **weiche Patronatserklärungen** und **gesellschafts- oder schuldrechtliche Liquiditäts- und Verlustdeckungszusagen**.[349] Solche Zusagen sind grundsätzlich auch formfrei möglich; sie bedürfen insbesondere auch vor dem Hintergrund der §§ 516, 518 BGB nicht der notariellen Form, da sie keine unentgeltlichen Zuwendungen darstellen, sondern „causa societatis" eingegangene Verpflichtungen begründen.[350]

Während die weichen Patronatserklärungen als rechtlich nicht verpflichtende, lediglich moralisch verpflichtende Good-will-Erklärungen anzusehen sind, ergeben sich aus den harten Patronatserklärungen des „Patrons" (i.d.R. Muttergesellschaft) **echte Rechtspflichten** zur Ausstattung der begünstigten Gesellschaft (i.d.R. Tochtergesellschaft) mit ausreichender Liquidität.[351]

489 Allerdings erwächst auch aus der harten Patronatserklärung zunächst nur ein **Kapitalausstattungsanspruch** der begünstigten Gesellschaft, nach Literaturmeinung im Insolvenzfall also des Insolvenzverwalters, nicht aber ein direkter Zahlungsanspruch der Gläubiger dieser Gesellschaft gegen den „Patron".[352] Der „Patron" trägt damit letztlich aber auch das Risiko der zweckwidrigen Verwendung der zugeführten Liquiditätsmittel durch die begünstigte Tochtergesellschaft.[353] **Im Insolvenzfall** soll dagegen ein **unmittelbarer Zahlungsanspruch** gegen den „Patron" gegeben sein.[354]

490 Allerdings kann die Patronatsverpflichtung, ähnlich wie eine Bürgschaft, **zeitlich befristet** sein und demgemäß ohne weiteres durch Zeitablauf erlöschen.[355]

491 Der BGH[356] nimmt auch ein – ggf. ungeschriebenes – Recht auf Kündbarkeit einer solchen (intern abgegebenen) Patronatserklärung an: Verspricht eine Muttergesellschaft in einer (Patronats-)Erklärung gegenüber ihrer bereits in der Krise befindlichen Tochtergesellschaft, während eines Zeitraums, der zur Prüfung der Sanierungsfähigkeit erforderlich ist, auf Anforderung zur Vermeidung von deren Zahlungsunfähigkeit oder Überschuldung deren fällige Verbindlichkeiten zu erfüllen, kann diese Erklärung mit Wirkung für die Zukunft gekündigt werden, wenn die Parteien nach den Umständen des Einzelfalles ein entsprechendes Kündigungsrecht vereinbart haben. Der Wirksamkeit der Kündigung einer solchen konzernintern getroffenen Vereinbarung stehen weder die Grundsätze des Eigenkapitalersatzrechts noch diejenigen des sog. Finanzplankredits entgegen.

492 Auch soll – zumindest nach Auffassung des OLG Brandenburg – eine gesellschaftsvertragliche Regelung (**Verlustausgleichspflicht als statutarische Nebenpflicht**), wonach etwaig entstehende Verluste von den Gesellschaftern der GmbH nach dem Verhältnis ihrer Anteile übernommen werden sollen, nicht zu einer von einer vorherigen Beschlussfassung der Gesellschafter unabhängigen und der Höhe nach unbegrenzten Haftung der Gesellschafter gegenüber der

---

348 MüKo-BGB/*Habersack,* vor § 765 Rn 44 ff.; *Michalski,* WM 1994, 1229; *Fleischer,* WM 1999, 666; *Schäfer,* WM 1999, 153; *Rosenberg/Kruse,* BB 2003, 641; *Küpper/Heinze,* ZInsO 2006, 913; *Tetzlaff,* ZInsO 2008, 337; *Haußer/Heeg,* ZIP 2010, 1427; *Hauck/v. Rumohr,* NJW 2010, 2093.
349 Dazu BGH („*Boris Becker/Sportgate*") ZIP 2006, 1199 = ZInsO 2006, 650; dazu *Wolf,* ZIP 2006, 1885.
350 BGH („*Boris Becker/Sportgate*") ZIP 2006, 1199 = ZInsO 2006, 650.
351 MüKo-BGB/*Habersack,* vor § 765 Rn 44 ff.; *Hirte,* Kapitalgesellschaften, 5. Aufl. 2006, S. 2970 f.; *Fleischer,* WM 1999, 666; *Larenz/Canaris,* Lehrbuch des Schuldrechts, Bd. II/2, 1994, 82; *Küpper/Heinze,* ZInsO 2006, 913; *Hauck/v. Rumohr,* NJW 2010, 2093.
352 *Fleischer,* WM 1999, 666; *Larenz/Canaris,* Lehrbuch des Schuldrechts, Bd. II/2, 1994, 82.
353 MüKo-BGB/*Habersack,* vor § 765 Rn 45.
354 BGH BGHZ 117, 127 = ZIP 1992, 338; dazu EWiR 1992, 335 (*Rümker*); OLG München EWiR 2003, 1019 (*Keil*); dazu umfassend *Küpper/Heinze,* ZInsO 2006, 913.
355 OLG München EWiR 2003, 1019 (*Keil*).
356 BGH ZIP 2010, 2092; dazu EWiR 2010, 757 (*Guski*).

GmbH führen und sie soll auch nur zugunsten einer überlebensfähigen Gesellschaft bestehen und somit nicht mehr in der Insolvenz.[357]

493 Eine **typische Formulierung** für eine harte Patronatserklärung gegenüber einer Bank lautet etwa:[358] „Wir verpflichten uns, unsere Tochtergesellschaft _____ finanziell so auszustatten, dass sie stets in der Lage ist, ihren gegenwärtigen und künftigen Verbindlichkeiten Ihnen gegenüber fristgemäß nachzukommen."

494 Bei Nichterfüllung der Verpflichtungen durch die Tochtergesellschaft soll dann ein direkter **Schadensersatzanspruch** des Gläubigers gegen den Patron bestehen, der auch in der Insolvenz der Tochtergesellschaft geltend gemacht werden könne.[359] Nach einer neueren Mindermeinung sollen aber solche Schadensersatzansprüche nicht bestehen, weil es an der (im Bürgschaftsrecht nach § 767 Abs. 1 S. 3 BGB erforderlichen) hinreichenden Bestimmtheit der Leistungspflicht fehle bzw. weil sie eine sittenwidrige Benachteiligung des Patrons i.S.v. § 138 BGB darstelle; zumindest aber verstoße eine vorformulierte Erklärung gegen § 307 Abs. 2 BGB (§ 9 AGBG a.F.).[360]

495 Besteht der geltend gemachte Schaden darin, dass der Schuldner die **aus einer Patronatserklärung verpflichtete Person ausgeplündert** und diese Sicherheit damit finanziell entwertet hat, kann der Gläubiger nach Auffassung des BGH als Ausgleich in der Regel nicht eine eigene Patronatserklärung des Schuldners, sondern allein Geldersatz verlangen. Der deliktische Schadensersatzanspruch gegen einen Dritten, der die Entwertung der Haftungserklärung des Patrons durch Ausplünderung bewirkt hat, kann im Insolvenzverfahren über dessen Vermögen nur vom Insolvenzverwalter geltend gemacht werden.[361]

e) Schuldübernahme

496 Zum Zwecke der Sanierung ihrer Gesellschaft können Gesellschafter einer GmbH auch deren Verbindlichkeiten ganz oder teilweise übernehmen. Die **befreiende Schuldübernahme** ist dabei sicherlich ein geeignetes Sanierungsinstrument. Die kumulative Schuldübernahme (**Schuldbeitritt**) ist dagegen nur dann geeignet, wenn die Bonität des Gesellschafters für die Begleichung der übernommenen Verpflichtungen ausreicht und er auf seinen Regressanspruch gegen die Gesellschaft aus übergegangenem Recht (§ 426 Abs. 2 BGB) verzichtet.

497 Die Übernahme von Verbindlichkeiten der GmbH durch einen Gesellschafter stellt eine **verdeckte Einlage** dar, da sie im Vermögensbereich der Gesellschaft eine Verminderung der Passiva bewirkt.[362] Deshalb bewirkt diese verdeckte Einlage bei der Gesellschaft in der **Handelsbilanz** einen außerordentlichen Ertrag. Bei der Ermittlung des steuerlichen Gewinns in der **Steuerbilanz** der GmbH ist diese Vermögensmehrung, die sich im Jahresüberschuss der Handelsbilanz ausgewirkt hat, in Abzug zu bringen.

498 Die Bewertung der Einlage erfolgt mit dem **Teilwert**, wobei der Teilwert dem Bilanzwert der bisherigen Verbindlichkeit entsprechen dürfte.

499 Auf der Ebene des Gesellschafters stellt die verdeckte Einlage **nachträgliche Anschaffungskosten** dar.[363] Nach bisherigem Recht – bis zur Regelung des § 3c EStG – war ggf. aber

---

357 OLG Brandenburg ZInsO 2006, 654; anders für eine schuldrechtliche Verlustdeckungszusage BGH („*Boris Becker/Sportgate*") ZIP 2006, 1199 = ZInsO 2006, 650; dazu *Wolf*, ZIP 2006, 1885.
358 *Fleischer*, WM 1999, 666, 667; zur Haftung aus sog. „harten Patronatserklärungen" in der Insolvenz BGH ZIP 1992, 339, dazu EWiR 1992, 335 (*Rümker*); krit. LG München ZIP 1998, 1956, dazu EWiR 1998, 1107 (*Fleischer*); *Küpper/Heinze*, ZInsO 2006, 913.
359 *Pesch*, WM 1998, 1609, 1611; *Schäfer*, WM 1999, 153, 160; *Habersack*, ZIP 1996, 257, 258.
360 LG München ZIP 1998, 1956, dazu EWiR 1998, 1107 (*Fleischer*) = WM 1998, 1285, aufgehoben durch Versäumnisurteil des OLG München WM 1999, 686; dazu *v. Bernuth*, ZIP 1999, 1501.
361 BGH NZI 2003, 434 = ZInsO 2003, 562.
362 BFH GmbHR 1984, 110; BFH GmbHR 1984, 324.
363 BFH BStBl II 1992, 70; *Döllerer*, DStR 1989, 331; Centrale-Gutachten, GmbHR 2000, 1040.

beim Gesellschafter eine **Teilwertabschreibung** auf die Beteiligung anschließend möglich. Ob die beim Gesellschafter durch die Schuldübernahme nunmehr zu zahlenden **Zinsen** Werbungskosten bei den Einkünften aus Kapitalvermögen sind, ist zweifelhaft, da diese Kosten mit den Einnahmen aus Kapitalvermögen in einem engen und unmittelbaren wirtschaftlichen Zusammenhang stehen müssen (§ 9 Abs. 1 S. 3 Nr. 1 EStG).[364]

f) Sanierungszuschuss

500   Schließlich ist in der Sanierungspraxis auch der Sanierungszuschuss gebräuchlich. Leistet ein Gesellschafter in der Krise der Gesellschaft einen Sanierungszuschuss, so stellt diese Einlage auf der Ebene der Gesellschaft eine **Rücklage**, also Eigenkapital dar.[365] Die steuerliche Behandlung dieser Einlage beim Gesellschafter hängt zunächst davon ab, ob der Gesellschafter die Beteiligung in einem Betriebsvermögen hält oder ob es sich dabei um eine nicht wesentliche oder um eine wesentliche Beteiligung i.S.v. § 17 EStG handelt.[366]

501   Wird die Beteiligung in einem **Betriebsvermögen** gehalten, ist sie dort nach Literaturmeinung nur dann zu aktivieren, wenn der Sanierungszuschuss zu einer nachhaltigen Wertsteigerung der Beteiligung führt. Nach der Rechtsprechung des BFH und nach der neuen Regelung in § 6 Abs. 6 S. 2 EStG führt aber die verdeckte Einlage stets zu **nachträglichen Anschaffungskosten** auf die Beteiligung, unabhängig davon, ob sich der Wert der Beteiligung tatsächlich wesentlich erhöht. Auch ein späterer Einschuss durch einen Gesellschafter nach Liquidationsbeschluss zur Vermeidung der Insolvenz soll zu nachträglichen Anschaffungskosten bzw. einem entsprechenden Auflösungsverlust führen.[367]

502   Es stellt sich dann aber die Frage, ob nicht zumindest in Sanierungsfällen eine **Teilwertabschreibung** möglich ist, wenn im Hinblick auf die Krisensituation die Beteiligung ihrerseits bereits abgeschrieben werden konnte und ein gedachter Erwerber trotz des Sanierungszuschusses keine Vergütung für die Beteiligung leisten würde.

503   Mit der **Unternehmenssteuerreform** zum 1.1.2001 ist jedoch für Kapitalgesellschaften die Möglichkeit entfallen, die Gewinne und Verluste aus der Veräußerung von Beteiligungen an Kapitalgesellschaften steuerlich geltend zu machen. Dies gilt auch für laufende Betriebsausgaben, z.B. Finanzierungskosten, die in unmittelbaren wirtschaftlichen Zusammenhang damit stehen (§ 3c EStG).

II. Muster

M 54 **1. Muster: Einfache Barkapitalerhöhung durch Ausgabe neuer Geschäftsanteile mit Übernahmeerklärungen**

504   _____ (*Notarielle Urkundsformalien*)
Die Erschienenen erklärten, handelnd wie angegeben, zur notariellen Beurkundung das Folgende:
Gesellschaftsverhältnisse
Wir sind die alleinigen Gesellschafter der im Handelsregister des Amtsgerichts _____ unter HRB _____ eingetragenen _____ GmbH (nachfolgend: die Gesellschaft). Wir halten die folgenden Geschäftsanteile des insgesamt _____ EUR betragenden Stammkapitals der Gesellschaft:

---

[364] Dazu Centrale-Gutachten, GmbHR 2000, 1040.
[365] Dazu und zum Folgenden auch *Neu*, GmbH-StB 2000, 41.
[366] Zur Verlustnutzung bei nachträglicher Aufstockung auf eine wesentliche Beteiligung siehe *Biber*, EStB 1999, 33.
[367] BFH GmbHR 2000, 500.

– Der/die Erschienene zu 1 einen Geschäftsanteil mit einer Stammeinlage von _____ EUR
– Der/die Erschienene zu 2 einen Geschäftsanteil mit einer Stammeinlage von _____ EUR
– Der/die Erschienene zu 3 einen Geschäftsanteil mit einer Stammeinlage von _____ EUR.
Das Stammkapital ist voll einbezahlt, worüber der Notar keine eigenen Feststellungen getroffen hat. Alle Gesellschafter sind vollständig erschienen/vertreten.

I. Kapitalerhöhungsbeschluss
Unter Verzicht auf Formen und Fristen betreffend Ladung, Ladungsfristen und Tagesordnung halten wir, handelnd wie angegeben, hiermit eine Gesellschafterversammlung der Gesellschaft ab und beschließen einstimmig:
1. Das Stammkapital der Gesellschaft wird von _____ EUR um _____ EUR auf _____ EUR erhöht und zwar durch Ausgabe neuer Geschäftsanteile mit Stammeinlagen in Höhe von
   – _____ EUR
   – _____ EUR
   – _____ EUR.
2. Die neuen Geschäftsanteile werden zum Nennwert ausgegeben und sind in voller Höhe in bar einzuzahlen.
3. Es wird/werden (*alternativ, ggf. einfügen:* unter Ausschluss des Bezugsrechts der übrigen Gesellschafter) zur Übernahme wie folgt zugelassen:
   – bzgl. der neuen Stammeinlage in Höhe von _____ EUR der/die _____
   – bzgl. der neuen Stammeinlage in Höhe von _____ EUR der/die _____
   – bzgl. der neuen Stammeinlage in Höhe von _____ EUR der/die _____.
4. Die neuen Geschäftsanteile sind vom Beginn des laufenden Geschäftsjahres am Gewinn der Gesellschaft beteiligt.
5. § _____ des Gesellschaftsvertrages wird wie folgt neu gefasst:
   „§ _____ Stammkapital
   Das Stammkapital der Gesellschaft beträgt _____ EUR".
Die Erschienenen erklärten sodann die Gesellschafterversammlung für beendet.

II. Übernahmeerklärung
Hierauf erklärten die Erschienenen, handelnd wie angegeben, dass sie/die von ihnen Vertretenen die neuen Stammeinlagen wie in I. Ziff. 1 bis 4 bezeichnet, übernehmen.

III. Vollzugsvollmacht
Die Beteiligten bevollmächtigen über ihren Tod hinaus die Rechtsanwalts- und Notarfachangestellten _____ und _____, jede für sich allein, unter Befreiung von den Beschränkungen des § 181 BGB und unter Ausschluss jeder eigenen Haftung, alle Erklärungen zum Handelsregister, auch Änderungen und Ergänzungen dieser Urkunde, abzugeben, die zur Durchführung der Urkunde und zur Eintragung in das Handelsregister erforderlich sind. Von dieser Vollmacht kann nur vor dem amtierenden Notar oder dessen Vertreter im Amt Gebrauch gemacht werden. Sie erlischt mit der Eintragung im Handelsregister.

IV. Kosten
Die Kosten des Kapitalerhöhungsbeschlusses trägt die Gesellschaft. Die Kosten der Übernahmeerklärungen tragen jeweils die übernehmenden Gesellschafter, unbeschadet der gesamtschuldnerischen Kostenhaftung aller Urkundenbeteiligten, über die der Notar belehrt hat.
Die vorstehende Niederschrift wurde den Erschienenen vom Notar vorgelesen, von ihnen genehmigt und wie folgt eigenhändig unterschrieben: _____

M 55 2. Muster: Anmeldung einer Barkapitalerhöhung zum Handelsregister

505 Amtsgericht _____
– Handelsregister –

_____
Zum Handelsregister HRB _____ der _____ GmbH,
überreichen wir, die unterzeichnenden sämtlichen Geschäftsführer,
1. Ausfertigung der notariellen Niederschrift über die Gesellschafterversammlung der Gesellschaft vom _____ (UR-Nr.: _____ des Notars _____) einschließlich der darin enthaltenen Übernahmeerklärungen der/des _____,
2. von sämtlichen Geschäftsführern unterschriebene Liste der Übernehmer der neuen Stammeinlage (§ 57 Abs. 3 Nr. 2 GmbHG) sowie
3. den vollständigen Wortlaut des neu gefassten Gesellschaftsvertrages mit der Satzungsbescheinigung des Notars gem. § 54 Abs. 1 S. 2 GmbHG.

Wir melden zur Eintragung an:
1. Das Stammkapital der Gesellschaft ist von _____ EUR um _____ EUR auf _____ EUR erhöht worden.
2. § _____ der Satzung wurde wie folgt geändert: _____

Die Geschäftsräume der Gesellschaft, zugleich inländische Geschäftsanschrift, befinden sich (weiterhin) in _____ .

Wir versichern, dass auf die übernommenen Stammeinlagen von dem/der Übernehmer(in) _____ ein Betrag von _____ EUR und dem/der Übernehmer(in) _____ ein Betrag von _____ EUR durch Überweisung auf ein Konto der Gesellschaft auf die neue Stammeinlage eingezahlt worden ist und der eingezahlte Betrag sich endgültig in unserer freien Verfügung als Geschäftsführer befindet und nicht an den/die Einleger zurückgewährt wurde.

Die Beteiligten bevollmächtigen über ihren Tod hinaus die Rechtsanwalts- und Notarfachangestellten _____ und _____, jede für sich allein, unter Befreiung von den Beschränkungen des § 181 BGB und unter Ausschluss jeder eigenen Haftung, alle Erklärungen zum Handelsregister, auch Änderungen und Ergänzungen dieser Anmeldung, abzugeben, die zur Durchführung der Urkunde und zur Eintragung in das Handelsregister erforderlich sind. Von dieser Vollmacht kann nur vor dem amtierenden Notar oder dessen Vertreter im Amt Gebrauch gemacht werden. Sie erlischt mit der Eintragung im Handelsregister.

_____ (Ort, Datum und Unterschriften aller Geschäftsführer)
_____ (*Es folgt der notarielle Beglaubigungsvermerk*)

M 56 3. Muster: Kapitalerhöhung aus Gesellschaftsmitteln

506 _____ (*Notarielle Urkundsformalien*)
Die Beteiligten baten um Beurkundung der nachstehenden
Kapitalerhöhung aus Gesellschaftsmitteln
und erklärten:
1. Wir sind die vollständig erschienenen/vertretenen Gesellschafter der im Handelsregister des Amtsgerichts _____ unter HRB _____ eingetragenen Firma _____ GmbH, deren Stammkapital insgesamt _____ EUR beträgt, und zwar mit folgenden voll eingezahlten Geschäftsanteilen:
   – Die/der _____ mit einer Stammeinlage von _____ EUR
   – Die/der _____ mit einer Stammeinlage von _____ EUR.
2. Unter Verzicht auf alle Frist- und Formvorschriften betreffend Ladung und Tagesordnung treten wir hiermit zu einer außerordentlichen Gesellschafterversammlung zusammen und beschließen einstimmig:

a) Das Stammkapital der Gesellschaft wird von _____ EUR um _____ EUR auf _____ EUR erhöht.
b) Die Erhöhung erfolgt aus Gesellschaftsmitteln.
c) Der Kapitalerhöhung wird die geprüfte, festgestellte und mit dem uneingeschränkten Bestätigungsvermerk des Prüfers _____ versehene Jahresbilanz zum _____ zugrunde gelegt.
d) In dieser Bilanz ist eine freie Rücklage von EUR _____ ausgewiesen. Sie wird in Höhe (eines erstrangigen Teilbetrages) von _____ EUR in Stammkapital umgewandelt.
e) Die Kapitalerhöhung erfolgt durch Erhöhung des Nennbetrages der Gesellschaftsanteile.
f) Die Gesellschaftsanteile der Gesellschafter werden daher wie folgt erhöht:
– Gesellschaftsanteil des Gesellschafters _____ von _____ EUR um _____ EUR auf _____ EUR
– Gesellschaftsanteil des Gesellschafters _____ von _____ EUR um _____ EUR auf _____ EUR
g) § _____ der Satzung wird daher wie folgt neu gefasst:
„Das Stammkapital der Gesellschaft beträgt _____ EUR. Es ist mit Beschluss der Gesellschafterversammlung vom _____ durch Kapitalerhöhung aus Gesellschaftsmitteln von _____ EUR um _____ EUR auf _____ EUR erhöht worden."
3. Weitere Beschlussfassung steht nicht an. Die Gesellschafterversammlung wird hiermit geschlossen.
4. Der Notar hat über die steuerlichen Auswirkungen dieser Urkunde und ihrer Durchführung keinerlei Auskünfte erteilt. Die Beteiligten erklären, dass sie die steuerlichen Auswirkungen dieser Urkunde und ihrer Durchführung in eigener Verantwortung überprüft haben bzw. überprüfen.
5. Der Notar wies die Beteiligten beispielhaft darauf hin, dass zur Wirksamkeit der Kapitalerhöhung die Eintragung derselben im Handelsregister erforderlich ist, die aufgrund einer gesonderten Anmeldung des Geschäftsführers zu erfolgen hat.
6. Die Kosten dieser Verhandlung und ihrer Durchführung trägt, unbeschadet der gesamtschuldnerischen Haftung aller Beteiligten im Außenverhältnis, über die der Notar belehrt hat, die Gesellschaft bis zu _____ EUR.
Darüber hinausgehende Kosten tragen die Gesellschafter entsprechend ihrem Anteil am Stammkapital.
7. Die Beteiligten bevollmächtigen über ihren Tod hinaus die Rechtsanwalts- und Notarfachangestellten _____ und _____, jede für sich allein, unter Befreiung von den Beschränkungen des § 181 BGB und unter Ausschluss jeder eigenen Haftung, alle Erklärungen zum Handelsregister, auch Änderungen und Ergänzungen dieser Urkunde, abzugeben, die zur Durchführung dieser Urkunde und zur Eintragung in das Handelsregister erforderlich sind. Von dieser Vollmacht kann nur vor dem amtierenden Notar oder dessen Vertreter im Amt Gebrauch gemacht werden. Sie erlischt mit der Eintragung im Handelsregister.
8. Sollte eine Bestimmung dieser Vereinbarung ganz oder teilweise unwirksam sein oder werden, so berührt dies nicht die Wirksamkeit der Bestimmungen im Übrigen. Die unwirksame Bestimmung ist vielmehr durch eine zu ersetzen, die dem wirtschaftlichen Streben der Beteiligten am nächsten kommt.
9. Die Urkundsbeteiligten sind damit einverstanden, dass personenbezogene Daten, die über Mandatsbearbeitung in den Kenntnisbereich des Urkundsnotars bzw. dessen Vertreter im Amt gelangen, dort über die EDV verarbeitet werden. Ihnen ist bekannt, dass eine Übermittlung der erhobenen Daten an Dritte nicht stattfindet und die Daten zur Mandatsbearbeitung verwendet werden. Ferner ist ihnen bekannt, dass sie diese Einwilligung verweigern und mit Wirkung für die Zukunft widerrufen können.
Vorstehende Verhandlung wurde den Erschienenen in Gegenwart des Notars vorgelesen, von ihnen genehmigt und wie folgt eigenhändig unterschrieben: _____

M 57 4. Muster: Handelsregisteranmeldung einer Kapitalerhöhung aus Gesellschaftsmitteln

507 An das
Amtsgericht _____
– Handelsregister –

_____

Zum Handelsregister HRB _____ der Firma _____
melde ich als deren alleiniger einzelvertretungsberechtigter Geschäftsführer (*alternativ*: melden wir als deren sämtliche Geschäftsführer) an:
Die Gesellschafterversammlung vom _____ hat die Kapitalerhöhung aus Gesellschaftsmitteln von _____ EUR um _____ EUR auf _____ EUR beschlossen. Die der Kapitalerhöhung zugrunde liegende Bilanz zum _____ ist beigefügt. Es wird versichert, dass nach Kenntnis der Geschäftsführung seit dem Stichtag der Bilanz bis zum heutigen Tage keine Vermögensminderung eingetreten ist, die der Kapitalerhöhung entgegenstünde, wenn sie am Tage der Anmeldung beschlossen wäre.
Ich versichere/Wir versichern, dass die den übernommenen (erhöhten) Stammeinlagen zugrunde liegenden Gesellschaftsmittel (freie Rücklage) sich endgültig in meiner/unserer freien Verfügung befindet/befinden.
Die Bestimmung des § _____ der Satzung lautet nunmehr wie folgt: _____
Die Geschäftsräume der Gesellschaft, zugleich inländische Geschäftsanschrift, befinden sich (weiterhin) in _____ .
Von mir/uns unterschriebene Liste der Übernehmer und Satzungsbescheinigung gem. § 54 GmbHG liegen bei.
Ich bevollmächtige/Wir bevollmächtigen über meinen/unseren Tod hinaus die Rechtsanwalts- und Notarfachangestellten _____ und _____, jede für sich allein, unter Befreiung von den Beschränkungen des § 181 BGB und unter Ausschluss jeder eigenen Haftung, alle Erklärungen zum Handelsregister, auch Änderungen und Ergänzungen dieser Anmeldung, abzugeben, die zur Durchführung der Urkunde und zur Eintragung in das Handelsregister erforderlich sind. Von dieser Vollmacht kann nur vor dem amtierenden Notar oder dessen Vertreter im Amt Gebrauch gemacht werden. Sie erlischt mit der Eintragung im Handelsregister.
_____ (Ort, Datum und Unterschriften aller Geschäftsführer)
_____ (*Es folgt die notarielle Beglaubigung der Unterschriften*)

M 58 5. Muster: Kapitalerhöhung im Schütt-aus-hol-zurück-Verfahren

508 _____ (*Notarielle Urkundsformalien*)
Die Erschienenen baten um Beurkundung der nachstehenden
Gesellschafterversammlung nebst Übernahmeerklärungen
und erklärten:
Wir sind die hier vollständig erschienenen/vertretenen Gesellschafter der Firma _____ GmbH, eingetragen im Handelsregister des Amtsgerichts _____ unter HRB _____
Wir treten hiermit unter Verzicht auf alle Frist- und Formvorschriften betreffend Ladung und Tagesordnung zu einer außerordentlichen Gesellschafterversammlung der oben genannten Gesellschaft zusammen und beschließen einstimmig:
1. Das Stammkapital der Gesellschaft wird von _____ EUR um _____ EUR auf _____ EUR durch Ausgabe neuer Geschäftsanteile erhöht.
2. Zur Übernahme der neuen Geschäftsanteile werden zugelassen:
   – Die/der _____ mit einer Stammeinlage von _____
   – Die/der _____ mit einer Stammeinlage von _____
   – Die/der _____ mit einer Stammeinlage von _____ .

Die Übernehmer haben die Stammeinlagen in obiger Höhe dadurch zu erbringen, dass sie die von ihnen aufgrund der Jahresbilanz auf den 31.12. _____ und des Gewinnfeststellungs- und -verwendungsbeschlusses vom _____ als Gewinn auszuschüttende Beträge in Höhe der neuen Stammeinlagen wieder an die Gesellschaft zu deren freien Verfügung zurückzuzahlen haben.
Die neuen Geschäftsanteile nehmen am Gewinn und Verlust des laufenden Kalenderjahrs in vollem Umfang teil.

3. Die Übernehmer erklären jeweils, dass sie die neuen Stammeinlagen nach dieser Maßgabe übernehmen.
4. § _____ des Gesellschaftsvertrages wird daher wie folgt abgeändert:
"Das Stammkapital der Gesellschaft beträgt _____ EUR. Es ist durch Gesellschafterbeschluss vom _____ von _____ EUR um _____ EUR auf _____ EUR erhöht worden. Die Erhöhung erfolgt dadurch, dass die Gesellschafter die ihnen aufgrund der Jahresbilanz zum _____ und des Gewinnfeststellungs- und -verwendungsbeschlusses vom _____ als Gewinn auszuschüttenden Beträge i.H.v _____ EUR wieder an die Gesellschaft zu deren freien Verfügung zurückzuzahlen haben."
5. Die Kosten dieser Kapitalerhöhung und ihrer Durchführung trägt die Gesellschaft zu 2.000 EUR, darüber hinausgehende Kosten tragen die Gesellschafter entsprechend der Quote ihrer Stammanteile, unbeschadet der gesamtschuldnerischen Haftung aller Beteiligten im Außenverhältnis, über die der Notar belehrt hat. Die Kosten der Übernahmeerklärungen tragen jeweils die übernehmenden Gesellschafter.
6. Sollte eine Bestimmung ganz oder teilweise unwirksam sein oder werden, so berührt dies nicht die Wirksamkeit der Bestimmungen im Übrigen. Die unwirksame Bestimmung ist vielmehr durch eine zu ersetzen, die dem wirtschaftlichen Streben der Parteien am nächsten kommt.
7. Die Beteiligten bevollmächtigen über ihren Tod hinaus die Rechtsanwalts- und Notarfachangestellten _____ und _____, jede für sich allein, unter Befreiung von den Beschränkungen des § 181 BGB und unter Ausschluss jeder eigenen Haftung, alle Erklärungen zum Handelsregister, auch Änderungen und Ergänzungen dieser Urkunde, abzugeben, die zur Durchführung dieser Urkunde und zur Eintragung in das Handelsregister erforderlich sind. Von dieser Vollmacht kann nur vor dem amtierenden Notar oder dessen Vertreter im Amt Gebrauch gemacht werden. Sie erlischt mit der Eintragung im Handelsregister.
8. Die Urkundsbeteiligten sind damit einverstanden, dass personenbezogene Daten, die über die Mandatsbearbeitung in den Kenntnisbereich des Urkundsnotars bzw. dessen Vertreter im Amt gelangen, dort über die EDV verarbeitet werden. Ihnen ist bekannt, dass eine Übermittlung der erhobenen Daten an Dritte nicht stattfindet und die Daten zur Mandatsbearbeitung verwendet werden. Ferner ist ihnen bekannt, dass sie diese Einwilligung verweigern und mit Wirkung für die Zukunft widerrufen können.

Vorstehende Verhandlung wurde den Erschienenen in Gegenwart des Notars vorgelesen, von ihnen genehmigt und wie folgt eigenhändig unterschrieben: _____

6. Muster: Anmeldung der Kapitalerhöhung im „Schütt-aus-hol-zurück-Verfahren" zum Handelsregister

M 59

An das Amtsgericht _____
– Handelsregister –
_____

Zum Handelsregister HRB _____ der Firma _____ GmbH
überreiche ich/überreichen wir anliegend erste Ausfertigung des Gesellschafterbeschlusses vom _____ (UR-Nr. _____ des Notars _____) sowie Satzungsbescheinigung nach § 54 GmbHG und melde(n) als alleinige(r) Geschäftsführer der vorbezeichneten Gesellschaft an:

Die Gesellschafterversammlung hat die Erhöhung des Stammkapitals und die Änderung der Satzung in § _____ des Gesellschaftsvertrages dahin gehend beschlossen, dass das Stammkapital von _____ EUR um _____ EUR auf _____ EUR durch Ausgabe neuer Geschäftsanteile erhöht wird.
Zur Übernahme der neuen Geschäftsanteile wurden zugelassen:
- Die/der _____ mit einer Stammeinlage von _____
- Die/der _____ mit einer Stammeinlage von _____
- Die/der _____ mit einer Stammeinlage von _____.

Die vorbezeichneten Gesellschafter haben die Übernahme der neuen Geschäftsanteile erklärt.
Ich versichere/wir versichern, dass die Gesellschafter ihre erhöhte Stammeinlage i.H.v _____ EUR dadurch erbracht haben, dass sie die entsprechenden Beträge nach Auszahlung durch die Gesellschaft wieder an diese zurückgezahlt haben und dass sich diese Beträge endgültig in meiner/unserer freien Verfügung als Geschäftsführer befinden, nicht an die Einleger zurückgewährt wurden und mit keinerlei Verbindlichkeiten belastet sind, außer mit den von der Gesellschaft nach dem Beschluss zu tragenden Kosten der Beschlussfassung und der Durchführung der Kapitalerhöhung.
Eine vollständige Bilanz nebst Gewinn- und Verlustrechnung sowie Erläuterungsbericht des Steuerberaters/Wirtschaftsprüfers _____ aus _____ liegt zum Nachweis der Werthaltigkeit der Einlageleistungen im Rahmen des Schütt-aus-hol-zurück-Verfahrens bei.
Beigefügt ist auch die von mir/uns unterschriebene Liste der Übernehmer.
Die Geschäftsräume der Gesellschaft, zugleich inländische Geschäftsanschrift, befinden sich (weiterhin) in _____.
Die Beteiligten bevollmächtigen über ihren Tod hinaus die Rechtsanwalts- und Notarfachangestellten _____ und _____, jede für sich allein, unter Befreiung von den Beschränkungen des § 181 BGB und unter Ausschluss jeder eigenen Haftung, alle Erklärungen zum Handelsregister, auch Änderungen und Ergänzungen dieser Anmeldung, abzugeben, die zur Durchführung der Urkunde und zur Eintragung in das Handelsregister erforderlich sind. Von dieser Vollmacht kann nur vor dem amtierenden Notar oder dessen Vertreter im Amt Gebrauch gemacht werden. Sie erlischt mit der Eintragung im Handelsregister.
_____ (Ort, Datum und Unterschriften aller Geschäftsführer)
_____ (Es folgt der notarielle Beglaubigungsvermerk)

M 60 7. Muster einer Beschlussfassung über eine ordentliche Kapitalherabsetzung

510 _____ (Notarielle Urkundsformalien)
Die Erschienenen baten um die Beurkundung der nachstehenden

Beschlussfassung über eine ordentliche Kapitalherabsetzung

A. Vorbemerkung
Die Beteiligten zu 1 und 2 sind die alleinigen Gesellschafter der _____ GmbH (Amtsgericht _____, HRB _____), im Folgenden auch die „Gesellschaft" genannt, der Beteiligten zu 1, mit einem mit einem Geschäftsanteil mit einer Stammeinlage in Höhe von _____ EUR und der Beteiligte zu 2 mit einem mit einem Geschäftsanteil mit einer Stammeinlage in Höhe von _____ EUR. Diese Geschäftsanteile sind voll eingezahlt, was der Beteiligte zu 1 und der Beteiligte zu 2 hiermit zusichern, und wozu der Notar keine eigenen Feststellungen getroffen hat.
Die Satzung der Gesellschaft ist allen Beteiligten nach ihren Angaben voll inhaltlich bekannt. Auf nochmalige Verlesung und Beifügung wird nach Belehrung allseits verzichtet.
Mit der nachstehenden Gesamtregelung sollen das Stammkapital der Gesellschaft im Wege der (effektiven) ordentlichen Kapitalherabsetzung und die Geschäftsanteile der Beteiligten zu 1 und zu 2 an der Gesellschaft nach § 58 GmbHG herabgesetzt werden.

Die Beteiligten baten um Beurkundung der nachstehenden Erklärungen:

Beschlussfassung über ordentliche Kapitalherabsetzung

1. Beschlussfassungen
Wir halten unter Verzicht auf alle Förmlichkeiten betreffend Ladung, Ladungsfristen und Tagesordnung hiermit eine Gesellschafterversammlung der Gesellschaft ab und beschließen einstimmig:
Das Stammkapital soll gemäß § 58 Abs. 1 GmbHG herabgesetzt werden.
1. Das Stammkapital der Gesellschaft wird zum Zwecke der teilweisen Rückzahlungen von Stammeinlagen an die Gesellschafter von _____ EUR um _____ EUR auf _____ EUR im Wege der ordentlichen Kapitalherabsetzung herabgesetzt, und zwar durch Herabsetzung der Stammeinlagen des Geschäftsanteils des Beteiligten zu 1 von _____ EUR um _____ EUR auf _____ EUR und des Beteiligten zu 2 von _____ EUR um _____ EUR auf _____ EUR.
2. Die Herabsetzung wird dadurch durchgeführt, dass dem Beteiligten zu 1 aus seiner bisherigen Stammeinlage ein Teilbetrag in Höhe von _____ EUR und dem Beteiligten zu 2 aus seiner Stammeinlage ein Teilbetrag in Höhe von _____ EUR zurückgezahlt wird.
3. Der jeweilige Herabsetzungsbetrag des Stammkapitals bzw. der Stammeinlagen ist von der Gesellschaft den Beteiligten zu 1 und zu 2, den Inhabern der Geschäftsanteile, nach Vorliegen der Auszahlungsreife gemäß § 58 GmbHG, insbesondere nach Veröffentlichung des Kapitalherabsetzungsbeschlusses im elektronischen Bundesanzeiger nach Maßgabe noch zu treffender Beschlussfassung in bar auszuzahlen.
4. Der Nennbetrag des Geschäftsanteils des Beteiligten zu 1 beträgt sodann _____ EUR und der Nennbetrag des Geschäftsanteils des Beteiligten zu 2 beträgt sodann _____ EUR.
5. § _____ der Satzung wird wie folgt neu gefasst:
„Das Stammkapital der Gesellschaft beträgt EUR _____.
Es ist durch Beschluss der Gesellschafterversammlung vom _____ durch ordentliche Kapitalherabsetzung von _____ EUR um _____ EUR auf _____ EUR durch Herabsetzung der Nennbeträge der Geschäftsanteile herabgesetzt worden. Das Stammkapital ist vollständig erbracht."

2. Kosten
Die Kosten der Kapitalherabsetzung trägt die Gesellschaft bis zu 3.500 EUR, darüber hinausgehende Kosten die Gesellschafter entsprechend ihrer Beteiligungsquote, unbeschadet der gesamtschuldnerischen Haftung aller Beteiligten im Außenverhältnis, über die der Notar die Erschienenen belehrt hat.

3. Belehrungen und Hinweise
Der Notar wies die Beteiligten auf die Voraussetzungen und Rechtsfolgen des § 58 GmbHG hin, insbesondere auf Folgendes:
– Die Kapitalerhöhung wird erst mit der Eintragung im Handelsregister wirksam, wobei die Eintragung der Kapitalherabsetzung frühestens ein Jahr nach der Bekanntmachung des Beschlusses über die Kapitalherabsetzung im elektronischen Bundesanzeiger erfolgen kann.
– Die der Gesellschaft bekannten Gläubiger sind gemäß § 58 Abs. 1 Nr. 1 durch besondere Mitteilung zur Anmeldung aufzufordern.
– Die Änderungen des Gesellschaftsvertrages werden erst mit der Eintragung im Handelsregister wirksam.

Vorstehende Verhandlung wurde den Erschienenen in Gegenwart des Notars vorgelesen, von ihnen genehmigt und von ihnen und dem Notar wie folgt eigenhändig unterschrieben:

M 61   12. Muster einer Handelsregisteranmeldung einer ordentlichen Kapitalherabsetzung

511   An das Amtsgericht _____
– Registergericht – _____
Zum Handelsregister **HRB** _____ der _____ **GmbH**
überreichen wir, die unterzeichnenden sämtlichen Geschäftsführer:
- die _____ Ausfertigung der notariellen Niederschrift über die Gesellschafterversammlung vom _____ (UR-Nr. _____ des Notars _____),
- den Veröffentlichungsnachweis der Nummern _____, _____ und _____ des elektronischen Bundesanzeigers vom _____ mit der Bekanntmachung der Herabsetzung des Stammkapitals der Gesellschaft und der Aufforderung an die Gläubiger der Gesellschaft,
- Satzungsbescheinigung des Notars gem. § 54 Abs. 1 S. 2 GmbHG mit dem vollständigen Wortlaut der neu gefassten Satzung der Gesellschaft.

Wir melden zur Eintragung in das Handelsregister an:
- die Herabsetzung des Stammkapitals der Gesellschaft von _____ EUR um _____ EUR auf _____. EUR,
- § _____ der Satzung wurde wie folgt neu gefasst: _____.

Wir versichern, dass sich kein Gläubiger bei der Gesellschaft gemeldet hat, um der Kapitalersetzung zu widersprechen (*alternativ:* dass alle Gläubiger, die sich bei der Gesellschaft gemeldet und der Herabsetzung des Stammkapitals widersprochen haben, befriedigt oder sichergestellt wurden).

Die Geschäftsräume der Gesellschaft, zugleich inländische Geschäftsanschrift, befinden sich (weiterhin) in _____.

Die Beteiligten bevollmächtigen über ihren Tod hinaus die Rechtsanwalts- und Notarfachangestellten _____ und _____, jede für sich allein, unter Befreiung von den Beschränkungen des § 181 BGB und unter Ausschluss jeder eigenen Haftung, alle Erklärungen zum Handelsregister, auch Änderungen und Ergänzungen dieser Anmeldung, abzugeben, die zur Durchführung der Urkunde und zur Eintragung in das Handelsregister erforderlich sind. Von dieser Vollmacht kann nur vor dem amtierenden Notar oder dessen Vertreter im Amt Gebrauch gemacht werden. Sie erlischt mit der Eintragung im Handelsregister.

_____
(Ort, Datum und Unterschriften sämtlicher Geschäftsführer)
(Es folgt der notarielle Beglaubigungsvermerk)

M 62   13. Muster einer Beschlussfassung über eine vereinfachte Kapitalherabsetzung

512   _____ (*Notarielle Urkundsformalien*)
Der/die Erschienene(n), handelnd wie angegeben, bat(en) um Beurkundung einer
    vereinfachten Kapitalherabsetzung.
Wir/die von mir Vertretenen sind die alleinigen Gesellschafter der im Handelsregister des Amtsgerichts _____ unter HRB _____ eingetragenen _____ GmbH (nachfolgend die „Gesellschaft" genannt). Das Stammkapital der Gesellschaft beträgt _____ EUR. Wir/die von mir Vertretenen halten die Geschäftsanteile mit folgenden Stammeinlagen:
- der/die _____ mit _____ EUR
- der/die _____ mit _____ EUR.

Das Stammkapital ist voll eingezahlt, worüber der Notar keine eigenen Feststellungen getroffen hat, und heute hier vollständig vertreten.

Die Gesellschaft hat im abgelaufenen Geschäftsjahr _____ einen Jahresfehlbetrag in Höhe von _____ EUR erlitten. Dadurch ist das Eigenkapital auf _____ EUR gesunken. Ein Gewinnvortrag ist

nicht vorhanden. Kapital- und Gewinnrücklagen sind nicht vorhanden/bereits aufgelöst. Das Stammkapital soll gem. § 58a Abs. 1 GmbHG vereinfacht herabgesetzt werden.
Ich/wir halte(n) unter Verzicht auf alle Förmlichkeiten betreffend Ladung, Ladungsfristen und Tagesordnung hiermit eine Gesellschafterversammlung der Gesellschaft ab und beschließe(n) einstimmig:

I. Kapitalherabsetzung
Gem. § 58a Abs. 1 GmbHG wird das Stammkapital der Gesellschaft von _____ EUR um _____ EUR auf _____ EUR herabgesetzt. Die Kapitalherabsetzung dient zum Ausgleich des im Jahresabschluss zum _____ ausgewiesenen Verlustes.
Die Nennbeträge der Stammeinlagen der einzelnen Geschäftsanteile werden wie folgt reduziert:
– Gesellschafter(in) _____ von _____ EUR um _____ EUR auf _____ EUR
– Gesellschafter(in) _____ von _____ EUR um _____ EUR auf _____ EUR.

II. Änderung der Satzung der Gesellschaft
§ _____ der Satzung der Gesellschaft lautet wie folgt:
„Das Stammkapital der Gesellschaft beträgt _____ EUR."

III. Jahresabschluss
Den Jahresabschluss für das Geschäftsjahr _____, der als Anlage dieser Niederschrift beigefügt ist und in dem die Kapitalherabsetzung berücksichtigt ist (§ 58e Abs. 2 GmbHG), stellen wir hiermit einstimmig fest.

IV. Vollzugsvollmacht
Die Beteiligten bevollmächtigen über ihren Tod hinaus die Rechtsanwalts- und Notarfachangestellten _____ und _____, jede für sich allein, unter Befreiung von den Beschränkungen des § 181 BGB und unter Ausschluss jeder eigenen Haftung, alle Erklärungen zum Handelsregister, auch Änderungen und Ergänzungen dieser Niederschrift, abzugeben, die zur Durchführung der Urkunde und zur Eintragung in das Handelsregister erforderlich sind. Von dieser Vollmacht kann nur vor dem amtierenden Notar oder dessen Vertreter im Amt Gebrauch gemacht werden. Sie erlischt mit der Eintragung im Handelsregister.

V. Kosten
Die Kosten der Kapitalherabsetzung trägt die Gesellschaft bis zu _____ EUR, unbeschadet der gesamtschuldnerischen Haftung der Beteiligten im Außenverhältnis, über die der Notar die Erschienenen belehrt hat.

VI. Belehrungen und Hinweise
Der Notar wies die Beteiligten auf die Voraussetzungen und Rechtsfolgen der §§ 58a ff. GmbHG hin, insbesondere auf Folgendes:
– Die Kapitalerhöhung wird erst mit der Eintragung im Handelsregister wirksam, wobei die Eintragung der Kapitalherabsetzung frühestens nach der Bekanntmachung des Beschlusses über die Kapitalherabsetzung in den Gesellschaftsblättern erfolgen kann.
– Die Beschlüsse sind nichtig, wenn die Kapitalherabsetzung nicht binnen drei Monaten nach der Beschlussfassung in das Handelsregister eingetragen worden ist.
– Der Jahresabschluss darf nach § 325 HGB erst offen gelegt werden, nachdem die Beschlüsse über die Kapitalherabsetzung eingetragen worden sind (§ 58 f. Abs. 3 GmbHG).
– Die Änderungen des Gesellschaftsvertrages werden erst mit der Eintragung im Handelsregister wirksam.

Der Notar hat über die steuerlichen Auswirkungen dieser Urkunde und ihrer Durchführung keinerlei Auskünfte erteilt. Die Beteiligten erklären, dass sie die steuerlichen Auswirkungen dieser Urkunde und ihrer Durchführung in eigener Verantwortung überprüft haben bzw. überprüfen.
Die Urkundsbeteiligten sind damit einverstanden, dass personenbezogene Daten, die über Mandatsbearbeitung in den Kenntnisbereich des Urkundsnotars bzw. dessen Vertreter im Amt gelangen, dort über die EDV verarbeitet werden. Ihnen ist bekannt, dass eine Übermittlung der erhobenen Daten an Dritte nicht stattfindet und die Daten zur Mandatsbearbeitung verwendet werden. Ferner ist ihnen bekannt, dass sie diese Einwilligung verweigern und mit Wirkung für die Zukunft widerrufen können.
Vorstehende Verhandlung wurde den Erschienenen in Gegenwart des Notars vorgelesen, der Jahresabschluss – nach entsprechender Belehrung unter Verzicht der Beteiligten auf dessen Verlesung – zur Durchsicht vorgelegt, von ihnen genehmigt und von ihnen und dem Notar wie folgt eigenhändig unterschrieben:

M 63 14. Muster: Handelsregisteranmeldung einer vereinfachten Kapitalherabsetzung

513 An das Amtsgericht _____
– Registergericht –

_____
Zum Handelsregister HRB _____ der _____ GmbH
überreichen wir, die unterzeichnenden sämtlichen Geschäftsführer:
- die _____ Ausfertigung der notariellen Niederschrift über die Gesellschafterversammlung vom _____ (UR-Nr. _____ des Notars _____)
- die drei Belegexemplare der Nummern _____, _____ und _____ des Bundesanzeigers vom _____ (alternativ: Veröffentlichungsnachweis des elektronischen Bundesanzeigers) mit der Bekanntmachung der Herabsetzung des Stammkapitals der Gesellschaft und der Aufforderung an die Gläubiger der Gesellschaft
- Satzungsbescheinigung des Notars gem. § 54 Abs. 1 S. 2 GmbHG mit dem vollständigen Wortlaut der neu gefassten Satzung der Gesellschaft.

Wir melden zur Eintragung in das Handelsregister an:
- die Herabsetzung des Stammkapitals der Gesellschaft _____ EUR um _____ EUR auf EUR
- § _____ der Satzung wurde wie folgt neu gefasst: _____

Die Geschäftsräume der Gesellschaft, zugleich inländische Geschäftsanschrift, befinden sich (weiterhin) in _____.
Wir versichern, dass die Voraussetzungen der vereinfachten Kapitalherabsetzung vorliegen: Ein Gewinnvortrag, Kapital- und/oder Gewinnrücklagen bestehen nicht (mehr); ferner versichern wir, dass sich kein Gläubiger bei der Gesellschaft gemeldet hat, um der Kapitalherabsetzung zu widersprechen (*alternativ:* dass alle Gläubiger, die sich bei der Gesellschaft gemeldet und der Herabsetzung des Stammkapitals widersprochen haben, befriedigt oder sichergestellt wurden).
Die Beteiligten bevollmächtigen über ihren Tod hinaus die Rechtsanwalts- und Notarfachangestellten _____ und _____, jede für sich allein, unter Befreiung von den Beschränkungen des § 181 BGB und unter Ausschluss jeder eigenen Haftung, alle Erklärungen zum Handelsregister, auch Änderungen und Ergänzungen dieser Anmeldung, abzugeben, die zur Durchführung der Urkunde und zur Eintragung in das Handelsregister erforderlich sind. Von dieser Vollmacht kann nur vor dem amtierenden Notar oder dessen Vertreter im Amt Gebrauch gemacht werden. Sie erlischt mit der Eintragung im Handelsregister.
_____ (Ort, Datum und Unterschriften sämtlicher Geschäftsführer)
_____ (*Es folgt der notarielle Beglaubigungsvermerk*)

15. Muster: Kapitalerhöhung und gleichzeitige Kapitalherabsetzung

M 64

_____ (*Notarielle Urkundsformalien*)

Die Erschienenen erklärten, handelnd wie angegeben, zur notariellen Niederschrift:

Vorbemerkung

Wir, die Beteiligten zu 1) und zu _____, sind die alleinigen Gesellschafter der im Handelsregister des Amtsgerichts _____ unter HRB _____ eingetragenen _____ GmbH (nachfolgend die „Gesellschaft" genannt). Das Stammkapital der Gesellschaft beträgt insgesamt _____ EUR. Wir halten Geschäftsanteile mit folgenden Stammeinlagen:
– die/der Beteiligte zu 1) _____ EUR
– die/der Beteiligte zu _____ EUR.

Das Stammkapital ist voll eingezahlt und heute hier vollständig vertreten.

Die Gesellschaft hat nach den Angaben der Erschienenen im abgelaufenen Geschäftsjahr _____ einen Jahresfehlbetrag in Höhe von _____ EUR erlitten. Dadurch ist das Eigenkapital auf _____ EUR gesunken. Ein Gewinnvortrag ist nicht vorhanden. Kapital- und Gewinnrücklagen sind nicht vorhanden/bereits vollständig aufgelöst.

Die Gesellschafter beabsichtigen, das Stammkapital der Gesellschaft um den Betrag von _____ EUR herabzusetzen und gleichzeitig um denselben Betrag wieder zu erhöhen. Zur Übernahme der neuen Stammeinlage soll/sollen der/die Beteiligte(n) zu _____ zugelassen werden.

Da die Gesellschaft das neue Eigenkapital sofort benötigt, soll die Kapitalerhöhung der Kapitalherabsetzung vorausgehen.

Das Stammkapital soll gem. § 58a Abs. 1 GmbHG vereinfacht herabgesetzt werden.

Wir halten unter Verzicht auf alle Formen und Fristen betreffend Ladung, Ladungsfristen und Tagesordnung hiermit eine Gesellschafterversammlung der Gesellschaft ab und beschließen einstimmig:

A. Kapitalerhöhung und Übernahmeerklärung(en)

I. Kapitalerhöhung

1. Das Stammkapital der Gesellschaft wird von _____ EUR um _____ EUR auf _____ EUR erhöht, und zwar mit folgenden neuen Geschäftsanteilen mit Stammeinlagen in Höhe von _____ EUR und _____ EUR.
2. Die neue(n) Stammeinlage(n) wird/werden zum Nennwert ausgegeben und ist/sind in voller Höhe sofort in bar einzuzahlen.
3. Die _____ werden/wird unter Ausschluss des Bezugsrechts der übrigen Gesellschafter zur Übernahme der neuen Stammeinlage in Höhe von _____ EUR und _____ EUR zugelassen.
4. Die neue Stammeinlage(n) ist/sind vom _____/Beginn des laufenden Geschäftsjahres an am Gewinn der Gesellschaft beteiligt.
5. § _____ des Gesellschaftsvertrages wird wie folgt neu gefasst:
   „§ _____ Stammkapital
   Das Stammkapital der Gesellschaft beträgt _____ EUR."

II. Übernahmeerklärung(en)

Der/die Erschienene(n) zu _____, handelnd wie angegeben, erklären, dass er/sie die neue(n) Stammeinlage(n), wie vorstehend unter I. bezeichnet, übernimmt/übernehmen.

III. Nachweis der Einzahlung

Der Nachweis der Einzahlung der neuen Stammeinlagen gegenüber dem Notar (§ 58f. Abs. 1 S. 3 GmbHG) erfolgt durch _____.

B. Kapitalherabsetzung

I. Kapitalherabsetzung
Gem. § 58a Abs. 1 GmbHG beschließen wir die Herabsetzung des Stammkapitals der Gesellschaft von _____ EUR um _____ EUR auf _____ EUR. Die Herabsetzung erfolgt zum Ausgleich des im Jahresabschluss zum _____ ausgewiesenen Bilanzverlusts.
Die Nennbeträge der einzelnen Geschäftsanteile werden wie folgt herabgesetzt:
Beteiligte(r) zu 1) von _____ EUR um _____ EUR auf _____ EUR
Beteiligte(r) zu _____ von _____ EUR um _____ EUR auf _____ EUR
Der Nennbetrag des von dem/der Beteiligten zu _____ gehaltenen Geschäftsanteils von _____ EUR bleibt unverändert.

II. Änderung des Gesellschaftsvertrages
§ _____ der Satzung der Gesellschaft wird wie folgt neu gefasst:
„Das Stammkapital der Gesellschaft beträgt _____ EUR."

III. Feststellung des Jahresabschlusses
Den Jahresabschluss für das Geschäftsjahr _____, der als Anlage dieser Niederschrift beigefügt ist und in dem die Kapitalherabsetzung (*ggf. kumulativ*: und die Kapitalerhöhung gem. § 58f. Abs. 1 S. 1 GmbHG) berücksichtigt ist (§ 58e Abs. 2 GmbHG), stellen wir hiermit einstimmig fest.

C. Vollzugsvollmacht
Die Beteiligten bevollmächtigen über ihren Tod hinaus die Rechtsanwalts- und Notarfachangestellten _____ und _____, jede für sich allein, unter Befreiung von den Beschränkungen des § 181 BGB und unter Ausschluss jeder eigenen Haftung, alle Erklärungen zum Handelsregister, auch Änderungen und Ergänzungen dieser Urkunde, abzugeben, die zur Durchführung der Urkunde und zur Eintragung in das Handelsregister erforderlich sind. Von dieser Vollmacht kann nur vor dem amtierenden Notar oder dessen Vertreter im Amt Gebrauch gemacht werden. Sie erlischt mit der Eintragung im Handelsregister.

D. Kosten
Die Kosten der Kapitalherabsetzung und der Kapitalerhöhung trägt die Gesellschaft bis zu _____ EUR, unbeschadet der gesamtschuldnerischen Haftung der Beteiligten im Außenverhältnis, über die der Notar die Erschienenen belehrt hat. Die Kosten der Übernahmeerklärungen tragen jeweils die übernehmenden Gesellschafter.

E. Belehrungen und Hinweise
Der Notar wies die Beteiligten auf die Voraussetzungen und Rechtsfolgen der §§ 58a ff. GmbHG hin, insbesondere auf Folgendes:
- Sowohl die Kapitalerhöhung als auch die Kapitalherabsetzung wird erst mit der Eintragung im Handelsregister wirksam, wobei die Eintragung der Kapitalherabsetzung frühestens nach der Bekanntmachung des Beschlusses über die Kapitalherabsetzung in den Gesellschaftsblättern erfolgen kann.
- Sämtliche Beschlüsse sind nichtig, wenn die Beschlüsse über die Kapitalherabsetzung und die Kapitalerhöhung nicht binnen drei Monaten nach der Beschlussfassung in das Handelsregister eingetragen worden sind. Die Beschlüsse sollen nur zusammen in das Handelsregister eingetragen werden (§ 58f. GmbHG).
- Der Jahresabschluss darf nach § 325 HGB erst offen gelegt werden, nachdem die Beschlüsse über die Kapitalherabsetzung und Kapitalerhöhung eingetragen worden sind (§ 58f. Abs. 3 GmbHG).

- Die Änderungen des Gesellschaftsvertrages werden erst mit der Eintragung im Handelsregister wirksam.
- Verschleierte Sacheinlagen und falsche Angaben in diesem Zusammenhang gegenüber dem Registergericht führen zur zivilrechtlichen und strafrechtlichen Haftung.
- Die anderen Mitgesellschafter haften für die von den übernehmenden Gesellschaftern übernommenen aber nicht voll eingezahlten bzw. durch verschleierte Sacheinlagen erbrachten Geschäftsanteile.

Der Notar hat über die steuerlichen Auswirkungen dieser Urkunde und ihrer Durchführung keinerlei Auskünfte erteilt. Die Beteiligten erklären, dass sie die steuerlichen Auswirkungen dieser Urkunde und ihrer Durchführung in eigener Verantwortung überprüft haben bzw. überprüfen.

Die Urkundsbeteiligten sind damit einverstanden, dass personenbezogene Daten, die über Mandatsbearbeitung in den Kenntnisbereich des Urkundsnotars bzw. dessen Vertreter im Amt gelangen, dort über die EDV verarbeitet werden. Ihnen ist bekannt, dass eine Übermittlung der erhobenen Daten an Dritte nicht stattfindet und die Daten zur Mandatsbearbeitung verwendet werden. Ferner ist ihnen bekannt, dass sie diese Einwilligung verweigern und mit Wirkung für die Zukunft widerrufen können.

Vorstehende Verhandlung wurde den Erschienenen in Gegenwart des Notars vorgelesen, der Jahresabschluss – nach entsprechender Belehrung unter Verzicht der Beteiligten auf dessen Verlesung – zur Durchsicht vorgelegt, von ihnen genehmigt und von ihnen und dem Notar wie folgt eigenhändig unterschrieben: _____

16. Muster: Handelsregisteranmeldung einer vereinfachten Kapitalherabsetzung mit gleichzeitiger Kapitalerhöhung

M 65

An das Amtsgericht _____
– Registergericht –
_____

Zum Handelsregister HRB _____ der _____ GmbH
überreichen wir, die unterzeichnenden sämtlichen Geschäftsführer:
- _____ Ausfertigung der notariellen Niederschrift über die Gesellschafterversammlung der Gesellschaft vom _____ (UR-Nr. _____ des Notars _____) einschließlich der darin enthaltenen Übernahmeerklärungen der/des _____
- von sämtlichen Geschäftsführern unterschriebene Liste der Übernehmer der neuen Stammeinlage
- vorsorglich neugefasste und von uns unterschriebene Liste der Gesellschafter
- den Veröffentlichungsnachweis der Nummern _____, _____ und _____ des elektronischen Bundesanzeigers vom _____ mit der Bekanntmachung der Herabsetzung des Stammkapitals der Gesellschaft und der Aufforderung an die Gläubiger der Gesellschaft
- Satzungsbescheinigung des Notars gem. § 54 Abs. 1 S. 2 GmbHG mit dem vollständigen Wortlaut der neu gefassten Satzung der Gesellschaft.

Wir melden zur Eintragung in das Handelsregister an:
- die Herabsetzung des Stammkapitals der Gesellschaft von _____ EUR um _____ EUR auf _____ EUR
- die Erhöhung des Stammkapitals der Gesellschaft von _____ EUR um _____ EUR auf _____ EUR
- § _____ der Satzung wurde wie folgt neu gefasst: _____

Die Geschäftsräume der Gesellschaft, zugleich inländische Geschäftsanschrift, befinden sich (weiterhin) in _____.

Wir versichern, dass auf die übernommenen Stammeinlagen von dem/der Übernehmer(in) _____ ein Betrag von _____ EUR und dem/der Übernehmer(in) _____ ein Betrag von _____ EUR durch Überweisung auf ein Konto der Gesellschaft auf die neue Stammeinlage eingezahlt worden ist und der eingezahlte Betrag sich endgültig in unserer freien Verfügung als Geschäftsführer befindet und nicht an den/die Einleger zurückgewährt wurde.

Wir versichern weiterhin, dass die Voraussetzungen der Kapitalherabsetzung vorliegen: Ein Gewinnvortrag, Kapital- und/oder Gewinnrücklagen bestehen nicht (mehr); ferner versichern wir, dass sich kein Gläubiger bei der Gesellschaft gemeldet hat, um der Kapitalherabsetzung zu widersprechen (*alternativ:* dass alle Gläubiger, die sich bei der Gesellschaft gemeldet und der Herabsetzung des Stammkapitals widersprochen haben, befriedigt oder sichergestellt wurden).

Die Beteiligten bevollmächtigen über ihren Tod hinaus die Rechtsanwalts- und Notarfachangestellten _____ und _____, jede für sich allein, unter Befreiung von den Beschränkungen des § 181 BGB und unter Ausschluss jeder eigenen Haftung, alle Erklärungen zum Handelsregister, auch Änderungen und Ergänzungen dieser Anmeldung, abzugeben, die zur Durchführung der Urkunde und zur Eintragung in das Handelsregister erforderlich sind. Von dieser Vollmacht kann nur vor dem amtierenden Notar oder dessen Vertreter im Amt Gebrauch gemacht werden. Sie erlischt mit der Eintragung im Handelsregister.

_____ (Ort, Datum und Unterschriften sämtlicher Geschäftsführer)
_____ (*Es folgt der notarielle Beglaubigungsvermerk*)

M 66 **17. Muster: Forderungsverzicht gegen Besserungsschein**

516 *Vereinbarung über einen Forderungsverzicht gegen Besserungsschein*

Zwischen
der Gesellschaft _____ (nachfolgend „Schuldnerin" genannt)
und
Herrn/Frau/Gesellschafter _____ (nachfolgend „Gläubiger" genannt)
wird folgender bedingter Forderungsverzicht vereinbart:

§ 1
Der Gläubiger hat der Schuldnerin Darlehen in Höhe von _____ EUR eingeräumt. Die Darlehen sind in der Anlage I zu dieser Vereinbarung abschließend aufgeführt. Bei den Arbeiten zur Erstellung des Jahresabschlusses der Schuldnerin zum _____ (*oder:* zur Erstellung eines Zwischenstatus per _____) wurde am _____ die mögliche Überschuldung der Gesellschaft festgestellt.

§ 2
Der Gläubiger verzichtet auf sämtliche in § 1 genannten Forderungen einschließlich Zinsen und Kosten. Die Schuldnerin nimmt diesen Verzicht an.

§ 3
Dieser Verzicht erfolgt unter der auflösenden Bedingung, dass bei Befriedigung der Forderungen des Gläubigers in ursprünglicher Höhe einschließlich Zinsen und Kosten während des Verzichts keine Gefährdung der Ansprüche der übrigen Gläubiger eintritt (Besserungsfall), das heißt:
– Der Gläubiger kann eine Begleichung seiner Forderungen nur aus künftigen Jahresüberschüssen, dabei maximal _____% des Jahresüberschusses nach Abzug eines Verlustvortrages oder aus künftigen Liquidationsüberschüssen oder aus sonstigem künftigen Aktivvermögen, das die Verbindlichkeiten übersteigt, verlangen.
– Der Gläubiger kann die Begleichung seiner Forderungen im Falle einer Liquidation, einer Insolvenz oder einer sonstigen Beendigung der Schuldnerin nur verlangen, wenn sämtliche übrigen Gläubiger der Schuldnerin befriedigt sind.

Lichtenwimmer/Arens/Frank

§ 4
Bei Eintreten des Besserungsfalles sind die aufgrund der betroffenen Darlehensverträge zwischen Wirksamkeit dieses Vertrages und Eintritt des Besserungsfalls angefallenen Zinsen trotz der Regelung in § 2 ebenfalls zu bezahlen.

§ 5
Gegenüber anderen Forderungen von Gläubigern, die ebenfalls einen Forderungsverzicht auf den Besserungsfall erklärt haben, besteht Gleichrang, das heißt, die Gläubiger können bei Vorliegen der oben genannten Voraussetzungen nur im Verhältnis des Nominalbetrages ihrer Forderung zu dieser Forderung anteilsmäßige Befriedigung verlangen.
_____ (Ort, Datum, Unterschriften des verzichtenden Gesellschafters und der Geschäftsführer)

18. Muster: Rangrücktrittsvereinbarung zwischen Gesellschafter und Gesellschaft   M 67

Vereinbarung eines Rangrücktritts   517

Zwischen
der Gesellschaft _____ (nachfolgend „Schuldnerin" genannt)
und
Herrn/Frau/Gesellschafter _____ (nachfolgend „Gläubiger" genannt)
wird folgender Rangrücktritt vereinbart:

§ 1
Der Gläubiger hat der Schuldnerin Darlehen in Höhe von _____ EUR eingeräumt. Die Darlehen sind in der Anlage I zu dieser Vereinbarung abschließend aufgeführt. Bei den Arbeiten zur Erstellung des Jahresabschlusses der Schuldnerin zum _____ (*oder:* zur Erstellung eines Zwischenstatus per _____) wurde am _____ die mögliche Überschuldung der Gesellschaft festgestellt.

§ 2
Der Gläubiger tritt mit sämtlichen in der Anlage I genannten Forderungen, einschließlich aller aufgrund dieser Forderungen angefallenen Zinsen und Kosten, unwiderruflich hinter sämtliche Forderungen derzeitiger und künftiger Gläubiger so lange und soweit zurück, als die Schuldnerin überschuldet ist. Dies beinhaltet:
- Der Gläubiger kann eine Begleichung seiner Forderungen nur aus künftigen Jahresüberschüssen oder aus künftigen Liquidationsüberschüssen oder aus sonstigem künftigen Aktivvermögen, das die Verbindlichkeiten übersteigt, verlangen.
- Der Gläubiger kann die Begleichung seiner Forderungen im Falle einer Liquidation, einer Insolvenz oder einer sonstigen Beendigung der Schuldnerin nur verlangen, wenn sämtliche übrigen Gläubiger der Schuldnerin befriedigt sind.

Die vorstehende Regelung gilt auch für den Fall der Insolvenz der Schuldnerin.
Alternativ: Für den Fall der Insolvenz der Schuldnerin verzichtet der Gläubiger gegenüber der Schuldnerin auf diese Forderungen. Die Schuldnerin nimmt diesen aufschiebend bedingten Forderungsverzicht an.

§ 3
Gegenüber anderen Forderungen von Gläubigern, die einen Rangrücktritt erklärt haben, besteht Gleichrang. Das heißt, die zurücktretenden Gläubiger können bei Vorliegen der oben genannten Voraussetzungen nur im Verhältnis der Nominalbeträge ihrer Forderungen anteilsmäßige Befriedigung verlangen.
_____ (Ort, Datum, Unterschriften des Gesellschafters und der Geschäftsführer)

G. Die GmbH im Zivilprozess

I. Besonderheiten im Zivilprozess

1. Überblick

518 Neben den taktischen und strategischen Fragen, die vor allem in der gesellschaftsrechtlichen Auseinandersetzung eine große Rolle spielen und mit denen sich später noch genauer zu beschäftigen sein wird, ist die Kenntnis der prozessualen Besonderheiten an der Schnittstelle zum Gesellschaftsrecht für eine erfolgreiche Durchsetzung von Ansprüchen unerlässlich. Nachfolgend wird ein Überblick über die wichtigsten Problembereiche gegeben.

2. Die Entscheidung über die Beteiligung am Rechtsstreit

519 Soweit der Gesellschaftsvertrag oder einzelne Beschlüsse der Gesellschafter nichts anderes vorsehen, obliegt die Entscheidung darüber, ob die GmbH sich an einem Rechtsstreit beteiligen soll und wie sie sich in den einzelnen Phasen des Rechtsstreits verhalten will, der Geschäftsführung.[368] Es gilt das Prinzip der Gesamtgeschäftsführung, d.h. bei mehreren Geschäftsführern darf keiner ohne die Mitwirkung des anderen handeln. Hiervon kann im Gesellschaftsvertrag oder durch Beschlüsse der Gesellschafter abgewichen werden.[369] Die grundsätzliche Entscheidungsbefugnis der Geschäftsführung unterliegt verschiedenen Einschränkungen, die sich jedoch (mit Ausnahme der in § 46 Nr. 2 und Nr. 8 GmbHG geregelten Fälle) nur auf die Legitimation der Geschäftsführer im Innenverhältnis auswirken. Die Prozessgegner können sich somit nicht auf eine mangelnde Berechtigung zur Prozessführung berufen.

520 Gem. § 37 Abs. 1 GmbHG unterliegt die Geschäftsführung in jeder Hinsicht den **Weisungen der Gesellschafter**. Diese entscheiden regelmäßig im Rahmen einer einzuberufenden Gesellschafterversammlung. Das Weisungsrecht ist in Übereinstimmung mit Gesetz und Gesellschaftsvertrag auszuüben. Es findet seine Grenze somit in den allgemeinen Grundsätzen der Rechtsausübung.[370] Das Weisungsrecht kann durch Satzung ausgeschlossen werden oder durch Gesellschaftsvertrag einem einzelnen Gesellschafter, einem Beirat oder sogar einem Nichtgesellschafter übertragen werden.[371]

521 **Einlageleistungen** können erst dann eingefordert und eingeklagt werden, wenn sie fällig sind und das zuständige Organ, zumeist die Gesellschafterversammlung, einen entsprechenden Beschluss gem. § 46 Abs. 2 GmbHG gefasst hat.[372] Achtung, auch die Einlageforderung unterliegt der Verjährung des § 195 BGB n.F. Es ist Sache des Geschäftsführers, die Gesellschafter auf die drohende Verjährung einer Einlageforderung hinzuweisen und alles Erforderliche zu tun, um die Forderungen durchzusetzen.

522 **Vor der Geltendmachung von Ersatzansprüchen** der Gesellschaft aus der Gründung oder der Geschäftsführung gegen Geschäftsführer oder Gesellschafter ist nach **§ 46 Nr. 8 Hs. 1 GmbHG** ebenfalls ein entsprechender Gesellschafterbeschluss zu fassen. Dies gilt unabhängig von der zu wählenden Klageart oder der konkreten Anspruchsgrundlage (Schadensersatzansprüche, Ansprüche aus GoA, Ansprüche aus ungerechtfertigter Bereicherung).[373] Zudem ist die Geltendmachung von Ersatzansprüchen regelmäßig keine Angelegenheit des gewöhnlichen Geschäftsbetriebes mehr. Die Geschäftsführung ist deshalb nach § 49 Abs. 2 GmbHG gehalten, eine

---

[368] *Happ*, § 1 Rn 3.
[369] *Rowedder/Schmidt-Leithoff*, § 37 Rn 16.
[370] OLG Düsseldorf GmbHR 1994, 172, 175.
[371] *Rowedder/Schmidt-Leithoff*, § 37 Rn 30.
[372] BGH NJW 1987, 779.
[373] BGH NJW 1986, 2250.

Gesellschafterversammlung einzuberufen. Einschränkungen zur Geltendmachung von Ersatzansprüchen finden sich zudem häufig in der Satzung, existiert ein Beirat ist die Entscheidungskompetenz häufig auf diesen übertragen.

Über seinen Wortlaut hinaus ist **§ 46 Nr. 8 Hs. 1 GmbHG** anwendbar auf die Geltendmachung von Ersatzansprüchen gegen ausgeschiedene Geschäftsführer,[374] ausgeschiedene Gesellschafter,[375] die Geltendmachung von Ersatzansprüchen gegen Mitglieder anderer Organe,[376] etwa eines Aufsichtsrats, die Geltendmachung von Ansprüchen gegen Liquidatoren,[377] die Geltendmachung von Ansprüchen gegen Abschlussprüfer, die Geltendmachung sonstiger Ansprüche gegen eine der vorgenannten Personen, wenn diese in einem inhaltlichen Zusammenhang zu möglichen Ersatzansprüchen der Gesellschaft stehen, sowie die Geltendmachung von Ansprüchen aus einem Wettbewerbsverstoß.[378] **Bei der Ein-Personen-GmbH ist eine Beschlussfassung entbehrlich.**[379] In der Zwei-Personen-Gesellschaft, in der beide Gesellschafter auch einzelvertretungsberechtigte Geschäftsführer sind, wird man auf das Erfordernis einer Beschlussfassung gleichfalls als bloße Formalität verzichten können.[380] Im **einstweiligen Rechtsschutz** findet die Bestimmung **keine Anwendung**.[381] Der nach § 46 Nr. 8 Hs. 1 GmbHG zu fassende Beschluss ist materiell-rechtliche Anspruchsvoraussetzung. Er kann auch noch nach Klageerhebung gefasst werden. Liegt bis zum Schluss der letzten mündlichen Verhandlung ein Beschluss nicht vor, was von Amts wegen zu beachten ist, ist die Klage als unbegründet abzuweisen.[382] 523

3. Die Vertretung im Rechtsstreit

Die **gerichtliche und außergerichtliche Vertretung** der GmbH obliegt gem. § 35 Abs. 1 und 2 GmbHG den Geschäftsführern. Dabei gilt für die Abgabe von Willenserklärungen im Aktiv- oder Passivprozess der Grundsatz der Gesamtvertretungsbefugnis (§ 35 Abs. 2 S. 2 GmbHG). Von diesem Grundsatz kann analog § 78 Abs. 3 AktG im Gesellschaftsvertrag dahin gehend abgewichen werden, dass einzelne Geschäftsführer allein oder gemeinsam mit einem Prokuristen zur Vertretung der Gesellschaft befugt sind. Darüber hinaus gelten § 125 Abs. 2 S. 2 HGB und § 78 Abs. 4 AktG entsprechend, so dass gesamtvertretungberechtigte Organmitglieder einzelne Geschäftsführer zur Vornahme bestimmter Geschäfte ermächtigen können. Für den Empfang von Willenserklärungen durch die GmbH gilt gem. § 35 Abs. 2 S. 3 GmbHG Einzelvertretungsbefugnis, wobei diese Regelung im Unterschied zur Regelung der Aktivvertretung nicht im Gesellschaftsvertrag abbedungen werden kann. Zu beachten ist § 49 Abs. 1 HGB (Umfang der Prokura) für den Fall der Bestellung eines Prokuristen. Bei Gesamtprokura erfolgt die passive Vertretung ebenfalls durch einen Prokuristen allein. 524

Die **Verhinderung eines Geschäftsführers** oder der Wegfall der Vertretung durch Abberufung, Amtsniederlegung oder Tod wirkt sich zunächst nicht direkt auf das anhängige Verfahren aus. Dies gilt für den Partei- und den Anwaltsprozess. Nach §§ 246 Abs. 1, 248 ff. ZPO muss das Gericht auf Antrag des Prozessbevollmächtigten die Aussetzung des Verfahrens anordnen. Fehlt es an der (wirksamen) Bestellung eines Prozessbevollmächtigten wird der anhängige Prozess gem. § 241 ZPO kraft Gesetzes unterbrochen. Bestellen die Gesellschafter bei Wegfall oder Verhinderung eines zur Vertretung der GmbH erforderlichen Geschäftsführers keinen neuen Ge- 525

---

[374] BGH GmbHR 1998, 278.
[375] OLG Köln GmbHR 1993, 157.
[376] *Rowedder/Schmidt-Leithoff*, § 46 Rn 38.
[377] BGH NJW 1969, 1712.
[378] BGHZ 80, 69 ff.
[379] BGH WM 1985, 498.
[380] *Rowedder/Schmidt-Leithoff*, § 46 Rn 41.
[381] *Rowedder/Schmidt-Leithoff*, § 46 Rn 44.
[382] OLG Köln GmbHR 1993, 157.

schäftsführer oder besonderen Vertreter nach § 46 Nr. 8 Hs. 2 GmbHG, kann der Prozessgegner der prozessunfähigen GmbH bei Gefahr im Verzug entsprechend § 57 ZPO schriftlich oder zu Protokoll der Geschäftsstelle des Prozessgerichts die Bestellung eines **Prozesspflegers** beantragen. Seinem Wortlaut nach gilt § 57 ZPO nur für den Fall, dass eine prozessunfähige Partei verklagt werden soll. Aufgrund der identischen Interessenlage ist die Vorschrift aber entsprechend anwendbar, wenn die beklagte Partei erst im Laufe des Prozesses prozessunfähig wird und infolgedessen eine Aussetzung oder Unterbrechung des Verfahrens droht.[383]

526 Der Prozessgegner einer prozessunfähigen GmbH hat zudem die Möglichkeit, die Bestellung eines **Notgeschäftsführers** zu beantragen. Die Vorschrift des § 29 BGB ist auf die GmbH entsprechend anwendbar. Für den Passivprozess ist die Bestellung eines besonderen Vertreters nach § 57 ZPO im Hinblick auf die privatautonome Gestaltungskompetenz der Gesellschafterversammlung aber vorrangig.[384] Voraussetzung für die Bestellung eines Notgeschäftsführers ist neben dem Fehlen einer organschaftlichen Vertretung der GmbH das Vorliegen eines dringenden Falls. Ein solcher ist anzunehmen, wenn die Gesellschaftsorgane selbst nicht in der Lage sind, innerhalb einer angemessenen Frist den Mangel zu beseitigen und der Gesellschaft oder einem Beteiligten ohne Notgeschäftsführerbestellung Schaden drohen würde oder eine alsbald erforderliche Handlung nicht vorgenommen werden könnte. Es ist aber nicht Aufgabe des Verfahrens entsprechend § 29 BGB, Differenzen zwischen verschiedenen Gesellschaftern über die Bestellung eines Geschäftsführers zu entscheiden, so dass es nicht ausreicht, wenn die Mitgesellschafter sich nicht auf die Bestellung eines Geschäftsführers verständigen können. Im Fall der Einpersonengesellschaft, für die die Vorschrift gleichfalls gilt, kann der geschäftsführende Alleingesellschafter die Notlage aber nicht dadurch herbeiführen, dass er sein Amt niederlegt, ohne einen neuen Geschäftsführer zu bestellen. Eine derart intendierte Amtsniederlegung ist rechtsmissbräuchlich und daher unwirksam.

527 Der Antrag nach § 29 BGB analog ist nicht (wie bei § 57 ZPO) beim Prozessgericht, sondern beim Amtsgericht am Sitz der GmbH zu stellen. Antragsberechtigt ist außer den Gesellschaftern und etwaigen anderen Geschäftsführern sowie Aufsichtsratmitgliedern jeder Dritte, der einen Anspruch gegen die Gesellschaft nicht durchsetzen kann, solange es an einem handlungsfähigen Vertretungsorgan fehlt. Mit dem Antrag sind der Wegfall des Geschäftsführers, die Erforderlichkeit des Ersatzes und die Dringlichkeit der Notbestellung nach Maßgabe des § 15 Abs. 2 FGG glaubhaft zu machen. Dem Antrag ist gleichfalls eine Gesellschafterliste beizufügen oder auf die dem Handelsregister gem. § 40 GmbHG eingereichte Gesellschafterliste zu verweisen.

528 In der Auswahl der Person des Notgeschäftsführers ist das Gericht grundsätzlich frei und entscheidet nach pflichtgemäßem Ermessen. Es hat jedoch die gesetzlichen Voraussetzungen und gesellschaftsvertraglichen Regelungen zu beachten. An Vorschläge des Antragstellers ist es nicht gebunden, es besteht jedoch eine Pflicht zur Begründung einer Entscheidung, mit der das Gericht dem Vorschlag des Antragstellers nicht folgt. Auch der Notgeschäftsführer muss die Bestellung annehmen, eine zwangsweise Bestellung einer Person zum Notgeschäftsführer ist nicht zulässig. Dies gilt auch für den Gesellschafter einer Mehrpersonengesellschaft, der sein Amt niedergelegt hat. Nimmt der Bestellte an, wird die Notgeschäftsführerbestellung wirksam, wenn der Beschluss dem Antragsteller und dem Bestellten gem. § 16 FGG bekannt gemacht worden ist.

529 Die Organstellung des Notgeschäftsführers endet im Fall einer im gerichtlichen Beschluss vorgesehenen zeitlichen Befristung durch Zeitablauf. Naturgemäß endet sie mit dem Wegfall der Bestellungsvoraussetzungen, also insbesondere, wenn der Mangel der organschaftlichen Vertretung durch die Bestellung von Geschäftsführern in vertretungsberechtigter Zahl behoben ist. Bei Vorliegen eines wichtigen Grundes in seiner Person oder seinem Verhalten ist die vorzeitige Ab-

---

383 LAG Niedersachsen MDR 1985.
384 Vgl. *Hohlfeld*, GmbHR 2001, 437 und 573.

berufung des Notgeschäftsführers auf Antrag eines Gesellschafters oder von Amts wegen durch das Gericht möglich. Die Abberufung durch die Gesellschafter nach § 38 Abs. 2 GmbHG ist hingegen nicht möglich. Dagegen darf der Notgeschäftsführer sein Amt jederzeit niederlegen, ohne dass es hierfür eines wichtigen Grundes bedarf.

Die **Kosten** für die erforderliche **Notgeschäftsführerbestellung** sind wie die Kosten für einen **Verfahrenspfleger** nach § 57 ZPO als notwendige Verfahrenskosten erstattungsfähig. Allerdings nicht die Kosten, die der GmbH für die allgemeine Prozessvorbereitung durch einen Notgeschäftsführer entstehen. Die Bestellung und die Beendigung des Notgeschäftsführeramts sind zur Eintragung in das Handelsregister anzumelden, ohne dass es dabei einer besonderen Kennzeichnung als Notgeschäftsführer bedarf. 530

4. Zuständigkeitsfragen

Der **allgemeine Gerichtsstand** einer GmbH bestimmt sich gem. §§ 12, 17 ZPO nach materiellem Recht und damit nach dem im Gesellschaftsvertrag gem. § 3 Abs. 1 Nr. 1 GmbHG zwingend festzulegenden Sitz der Gesellschaft. Im Falle einer Sitzverlegung ändert sich der Gerichtsstand erst mit Eintragung des neuen Sitzes im Handelsregister. Neben diesem (nicht abdingbaren) Gerichtsstand kann gem. § 17 Abs. 3 ZPO durch Satzung oder eine Regelung, die dem Rang einer Satzung entspricht, ein zusätzlicher allgemeiner Gerichtsstand begründet werden.[385] 531

Neben dem allgemeinen Gerichtsstand besteht für die GmbH der **Gerichtsstand der Niederlassung** gem. § 21 ZPO. Niederlassung in diesem Zusammenhang ist jede auf eine gewisse Dauer errichtete Geschäftsstelle, von der aus Geschäfte abgeschlossen werden. Erforderlich ist insbesondere, dass die Geschäftsstelle auf Erwerbserzielung ausgerichtet ist und dass sie einen gewissen Mindestgrad der Selbständigkeit entfaltet. Ferner ist eine Niederlassung an ihrem Sitz als Niederlassung im Handelsregister eingetragen. In diesem Zusammenhang sei auf § 13 HGB n.F. hingewiesen, wonach Zweigniederlassungen ab 1.1.2007 im für die Hauptniederlassung zuständigen Register einzutragen sind. Unternehmen treten im Geschäftsverkehr nicht selten mit Niederlassungen auf, obwohl diese keine Niederlassungen im Rechtssinne sind. Der Klageerhebung gegen die GmbH am Sitz der Niederlassung sollte deshalb die Prüfung des Handelsregistereintrages vorausgehen.[386] Voraussetzung ist zudem, dass die gegen die GmbH erhobene Klage Bezug zu dieser Niederlassung hat. Dies ist regelmäßig bei allen von der Niederlassung geschlossenen oder dort zu erfüllenden Verträgen gegeben, ferner bei allen Rechtsgeschäften, die mit Rücksicht auf die Geschäftstätigkeit der Niederlassung abgeschlossen wurden oder als deren Folge erscheinen, unabhängig davon, wo die vertragliche Verpflichtung zu erfüllen ist.[387] 532

Klagen gegen die GmbH, die aus einem Vertragsverhältnis resultieren, können am besonderen **Gerichtsstand des Erfüllungsortes** gem. § 29 ZPO erhoben werden. Insofern gelten die allgemeinen Regeln. 533

Hinsichtlich der **sachlichen Zuständigkeit** gelten die allgemeinen Regeln. Für Klagen zwischen der GmbH und Dritten sind in erster Instanz daher grundsätzlich die Amts- und Landgerichte gem. §§ 23, 71 GVG zuständig. Hinsichtlich der funktionalen Zuständigkeit ergeben sich für den Rechtsstreit einer GmbH mit Dritten gleichfalls keine Besonderheiten. Zu beachten ist die Möglichkeit, eine Klage für oder gegen die GmbH gem. § 95 GVG bei der **Kammer für Handelssachen** zu erheben. Ein entsprechender Antrag ist gem. § 96 Abs. 1 GVG bereits in der Klageschrift zu stellen. Ausreichend ist auch der in einem gleichzeitig eingereichten sonstigen Schriftsatz gestellte Antrag. Im **Mahnverfahren** ist der Antrag wegen § 690 Abs. 1 Nr. 5 ZPO grundsätzlich im Mahnantrag zu stellen. Er ist aber auch noch in Verbindung mit dem Antrag auf Durchführung 534

---

[385] MüKo-ZPO/*Patzina*, § 17 Rn 17.
[386] Online-Abfrage unter www.handelsregister.de möglich.
[387] MüKo-ZPO/*Patzina*, § 17 Rn 12.

des streitigen Verfahrens nach § 696 Abs. 1 ZPO oder mit der Anspruchsbegründung nach § 697 Abs. 1 und 2 ZPO zulässig. Nach herrschender Meinung ist er aber spätestens bis zum Ablauf der Frist des § 697 Abs. 1 ZPO zu stellen. Bei Verweisung des Rechtsstreits vom Amtsgericht an das Landgericht gilt § 96 Abs. 2 GVG: der Antrag auf Verhandlung vor der Kammer für Handelssachen ist noch vor dem Amtsgericht zu stellen. Dies muss aber nicht mehr in mündlicher Verhandlung erfolgen, sondern kann gem. § 281 Abs. 2 S. 1 ZPO zu Protokoll der Geschäftsstelle geschehen. Wird die bei einem Landgericht ohne Kammer für Handelssachen anhängige Klage an ein Landgericht mit Kammer für Handelssachen verwiesen, gilt § 96 Abs. 2 GVG entsprechend.

5. Prozessstandschaft

535 Die Zulässigkeit der **gewillkürten Prozessstandschaft**, also der gerichtlichen Geltendmachung fremder Ansprüche im eigenen Namen aufgrund einer Ermächtigung durch den Gläubiger, ist für die GmbH anerkannt.[388] Einzelne Gesellschafter können daher grundsätzlich Ansprüche der Gesellschaft in eigenem Namen geltend machen. Das erforderliche eigene schutzwürdige Interesse des Prozessstandschafters an der Durchsetzung des fremden Rechts ist bei dem Gesellschafter einer GmbH für die Geltendmachung von Ansprüchen der Gesellschaft regelmäßig jedenfalls dann zu bejahen, wenn er an der GmbH in einem Maße beteiligt ist, dass er an der Einziehung der Forderungen der GmbH in nahezu demselben Maße interessiert ist wie diese selbst.

536 Gleichfalls denkbar ist das Auftreten der **GmbH als Prozessstandschafter**, insbesondere im Fall der Geltendmachung einer zur Sicherung abgetretenen Forderung. Solange die Gesellschaft werbend am Markt tätig ist und sich nicht in Liquidation befindet, ist eine durch sie geführte Prozessführung zulässig.[389] Ein schutzwürdiges Interesse an der Geltendmachung der abgetretenen Forderung ist auch dann zu bejahen, wenn sich die GmbH in wirtschaftlichen Schwierigkeiten befindet. Allerdings wird ein schutzwürdiges Interesse der GmbH verneint, wenn die GmbH gänzlich vermögenslos und infolgedessen gelöscht ist.[390] Mit deren Untergehen gehen nämlich auch deren Verbindlichkeiten unter, so dass sie nur noch die Interessen des Sicherungsgläubigers verfolgt, an den die Klageforderung auszukehren ist.

537 Der Gläubiger einer GmbH kann deren Einlageforderung gegen einen ihrer Gesellschafter in gewillkürter Prozessstandschaft mit einem Antrag, der auf Verurteilung zur Zahlung an die Gesellschaft gerichtet ist, geltend machen. Das gilt auch dann, wenn die Einlageforderung deshalb nicht an den Gläubiger abgetreten werden darf, weil ihr keine vollwertige Gegenforderung des Gläubigers entgegensteht.[391]

6. Actio pro socio

538 Einen Sonderfall der Prozessstandschaft im GmbH-Recht bildet die sog. actio pro socio (auch: actio pro societate), **die Gesellschafterklage**. Das aus dem Personengesellschaftsrecht stammende Institut der actio pro socio erfasst die Mitgliedschaftsklage eines Gesellschafters, mit der dieser in eigenem Namen Ansprüche aus dem Gesellschaftsverhältnis gegen einen oder mehrere andere Gesellschafter auf Leistung an die Gesellschaft geltend macht. Seine prinzipielle Anwendbarkeit im Recht der GmbH ist inzwischen anerkannt. Die dogmatische Einordnung der Gesellschafterklage ist umstritten. Die wohl herrschende Meinung sieht in ihr einen Fall der Prozessstandschaft, da der Gesellschafter in eigenem Namen Rechte der Gesellschaft geltend macht.

---

388 BGH NJW-RR 1987, 57.
389 OLG Brandenburg GmbHR 2002, 916.
390 BAG GmbHR 2002, 1199.
391 OLG Stuttgart GmbHR 2002, 1123.

Die actio pro socio ist nur gegenüber Gesellschaftern zulässig. Der geltend gemachte **539 Anspruch** muss **aus dem Gesellschaftsverhältnis** begründet sein und nicht aus einem unabhängig hiervon mit dem Gesellschafter bestehenden Rechtsverhältnis (Kaufvertrag, Dauerschuldverhältnis etc.). Die Klage muss auf Leistung an die Gesellschaft gerichtet sein. Die innere Zuständigkeitsordnung der Gesellschaft hat grundsätzlich Vorrang vor der Verfolgung von Gesellschaftsansprüchen durch einzelne Gesellschafter. Die Erhebung einer actio pro socio ist daher unzulässig, wenn ein zuständiges Organ den Anspruch verfolgt. Bei Untätigkeit der Gesellschaftsorgane ist zunächst auf die gesellschaftsinternen Einwirkungsmöglichkeiten (z.B. Anfechtung rechtswidriger Beschlüsse) zurückzugreifen.

Das direkte Vorgehen im Wege der actio pro socio ist jedoch dann zulässig, wenn der Ver- **540** such einer internen Einwirkung von vornherein als aussichtslos oder unnötiger Umweg oder zu zeitaufwendig erscheint, wobei insbesondere die Fälle des rechtsmissbräuchlichen Zusammenwirkens einer Gesellschaftermehrheit oder die Verhältnisse in einer Zweipersonengesellschaft zu berücksichtigen sind.[392] Infolge der **Subsidiarität** der actio pro socio entfällt bei nachfolgender Klageerhebung durch die Gesellschaft das Rechtsschutzbedürfnis. Der klagende Gesellschafter muss die Klage für erledigt erklären. Gegebenenfalls hat er die Möglichkeit, in den von der Gesellschaft geführten Rechtsstreit als Nebenintervenient einzutreten. Das auf die actio pro socio hin ergehende Urteil bindet sowohl den klagenden Gesellschafter als auch die Gesellschaft, obwohl diese nicht Partei des Rechtsstreits ist. Das Prozesskostenrisiko liegt allein beim klagenden Gesellschafter. Im Falle des Unterliegens kann er die ihm entstandenen Kosten von der Gesellschaft nur nach den Vorschriften über die Geschäftsführung ohne Auftrag ersetzt verlangen.

7. Prozesskostenhilfe

Prozesskostenhilfe kann nach §§ 116 Abs. 1 Nr. 2 ZPO auch einer GmbH gewährt werden.[393] Vor- **541** aussetzung für die Gewährung von Prozesskostenhilfe gem. §§ 116 ff. ZPO ist zunächst, dass die GmbH die Kosten des Prozesses nicht selbst aufbringen kann. Entscheidend ist das wirtschaftliche Unvermögen, nicht, wie im Fall des § 116 Abs. 1 Nr. 1 ZPO, die **Unzumutbarkeit**. Zur Beurteilung ist das **Gesellschaftsvermögen** heranzuziehen, einzusetzen ist das gesamte verwertbare Vermögen der GmbH. Insofern gelten die allgemeinen Regeln, so dass auch vorhandenes, aber nicht sofort verfügbares Vermögen der GmbH zu berücksichtigen ist, wenn seine Verwertung der GmbH zumutbar und abzusehen ist, wann der Partei der Erlös zur Verfügung stehen wird, wenn sie sich um eine alsbaldige Verwertung bemüht. Zu berücksichtigen sind insbesondere die Möglichkeiten der Aufnahme von Krediten zur Aufbringung der Rechtsverfolgungskosten. Arbeitet eine GmbH mit Bankkrediten, kann sie sogar wegen der Kosten eines Eilverfahrens auf eine Kreditaufnahme verwiesen werden.

Neben der GmbH selbst dürfen nach § 116 Abs. 1 Nr. 2 ZPO auch die am Gegenstand des **542** Rechtsstreits **wirtschaftlich Beteiligten** nicht zur Aufbringung der Prozesskosten in der Lage sein. Auch hierbei ist nicht auf die Unzumutbarkeit, sondern auf das wirtschaftliche Unvermögen abzustellen. Wirtschaftlich Beteiligte sind diejenigen, denen der Erfolg der beabsichtigten Rechtsverfolgung voraussichtlich zugute kommt, also insbesondere die Gesellschafter der GmbH. Wirtschaftlich beteiligt ist auch die Muttergesellschaft am Rechtsstreit eines Tochterunternehmens. Ausreichend ist ein mittelbares wirtschaftliches Eigeninteresse der Betroffenen, z.B., wenn diese bei Prozessverlust mit einer Umlage rechnen müssen. Nicht wirtschaftlich beteiligt im Sinne des § 116 Abs. 1 Nr. 2 ZPO sind hingegen die Gläubiger der GmbH.

---

392 OLG Düsseldorf DB 1993, 2474.
393 OLG Frankfurt/M. NJW-RR 1996, 552.

543 § 116 Abs. 1 Nr. 2 ZPO erfordert zusätzlich, dass eine **unterbleibende Rechtsverfolgung oder Rechtsverteidigung allgemeinen Interessen zuwiderlaufen** würde. Diese Einschränkung soll verhindern, dass eine juristische Person oder parteifähige Vereinigung mit nur begrenzt haftendem Vermögen und nur begrenzter Möglichkeit des Rückgriffs auf das Vermögen der Mitglieder oder Gesellschafter auf Staatskosten private wirtschaftliche Interessen geltend macht. Erforderlich ist, dass außer den an der Führung des Prozesses wirtschaftlich Beteiligten ein erheblicher Kreis von Personen in Mitleidenschaft gezogen würde, wenn also die Entscheidung größere Kreise der Bevölkerung oder des Wirtschaftslebens ansprechen und erhebliche wirtschaftliche und soziale Wirkungen haben würde.

544 Das Gericht ist dabei gehalten, alle nur denkbaren allgemeinen Interessen zugunsten der juristischen Person in seine Überlegungen einzubeziehen. Allgemeine Interessen können insbesondere betroffen sein, wenn vom Ausgang des Rechtsstreits das Schicksal einer **größeren Zahl von Arbeitnehmern** der juristischen Person abhängt, oder eine **Vielzahl von Kleingläubigern** betroffen ist. Nicht ausreichend ist hingegen das allgemeine Interesse an der Klärung einer bestimmten Rechtsfrage, das allgemeine Interesse am richtigen Ausgang des Rechtsstreits oder das allgemeine Interesse daran, dass die GmbH bei ihr günstigem Ausgang des Rechtsstreits rückständige Steuern und Sozialabgaben begleichen könnte.

545 Gem. § 116 Abs. 1 S. 2 ZPO findet § 114 Hs. 2 ZPO auch Anwendung, wenn eine juristische Person oder eine parteifähige Vereinigung Prozesskostenhilfe beantragt. Die beabsichtigte Rechtsverfolgung oder -verteidigung muss daher nach den allgemeinen Regeln **hinreichende Aussicht auf Erfolg** bieten und darf nicht mutwillig erscheinen. Eine Umgehung der Anforderungen durch Abtretung von Ansprüchen der Gesellschaft ist nicht möglich. Tritt daher der die Gesellschaft allein beherrschende Gesellschafter und Geschäftsführer einer GmbH im Wege des Selbstkontrahierens Gesellschaftsforderungen an sich ab, so kann ihm für die wegen dieser Ansprüche beabsichtigte Klage Prozesskostenhilfe nur ausnahmsweise unter den Voraussetzungen des § 116 Nr. 2 ZPO gewährt werden. Das gilt auch dann, wenn ein „sachlicher Grund" für die Abtretung der Gesellschaftsforderungen an den Gesellschafter/Geschäftsführer angegeben wird.

546 Nach h.M. kommt es bei einer **Klage in Prozessstandschaft** für die Beurteilung der Voraussetzungen zur Gewährung von Prozesskostenhilfe sowohl auf die Person des Prozessstandschafters als auch des Dritten an, um dessen Rechte es geht. Gleiches muss daher auch im Fall der Gesellschafterklage gelten, da die Interessenlage ähnlich zu bewerten ist, soweit man in ihr nicht ohnehin einen Fall der gesetzlichen Prozessstandschaft sieht. Die vollkaufmännisch tätige oder zu diesem Zweck errichtete **Vorgründungsgesellschaft**, die nach den Vorschriften über die OHG behandelt wird, fällt unter § 116 Abs. 1 Nr. 2 ZPO. Infolge der geänderten Rechtsprechung zur Rechts- und Parteifähigkeit der GbR gilt § 116 Abs. 1 Nr. 2 ZPO nunmehr auch für die nicht vollkaufmännische Vorgründungsgesellschaft. Deren Gesellschafter sind als wirtschaftlich Beteiligte im Sinne der Vorschrift anzusehen. Im Übrigen gilt das zur werbenden GmbH Gesagte entsprechend. Da sich der Anwendungsbereich des § 116 Abs. 1 Nr. 2 ZPO nach der Parteifähigkeit des Antragstellers i.S.v. § 50 ZPO richtet, kann auch die **Vor-GmbH** Prozesskostenhilfe beantragen. Auch für sie gilt im Übrigen das zur werbenden GmbH Ausgeführte. Gleiches gilt für die **aufgelöste GmbH**: da diese mit der Auflösung ihre Rechts- und Parteifähigkeit nicht verliert, ist § 116 Abs. 1 Nr. 2 ZPO auch während der Liquidation vollumfänglich anwendbar. Da sich der Anwendungsbereich des § 116 Abs. 1 Nr. 2 ZPO nach der Parteifähigkeit des Antragstellers i.S.v. § 50 ZPO richtet, muss auch für die gelöschte GmbH ein Antrag auf Gewährung von Prozesskostenhilfe für solche (beabsichtigten) Rechtsstreitigkeiten zulässig sein, für die ihr Parteifähigkeit i.S.v. § 50 ZPO zuerkannt wird.

547 Befindet sich die GmbH bereits bei Antragstellung in einem **Insolvenzverfahren**, ist zwischen dem vorläufigen Insolvenzverwalter gem. § 21 Abs. 2 Nr. 1 InsO und dem Insolvenzverwalter zu unterscheiden. Da der vorläufige Insolvenzverwalter zur Prozessführung nur dann befugt ist, wenn der Rechtsstreit zur Sicherung und Erhaltung des Schuldnervermögens unumgänglich und unaufschiebbar ist (§ 22 Abs. 2 Nr. 1 InsO), und seine Befugnisse daher mit denjenigen eines Insolvenzverwalters nicht gleichgesetzt werden können, zählt der vorläufig bestellte Insolvenzverwalter nicht zu den Parteien kraft Amtes im Sinne des § 116 Abs. 1 Nr. 1 ZPO. Solange für die GmbH ein Insolvenzverwalter nur vorläufig bestellt ist, richten sich die Voraussetzungen für die Gewährung von Prozesskostenhilfe daher nach § 116 Abs. 1 Nr. 2 ZPO. Der im Insolvenzverfahren über das Vermögen der GmbH bestellte Insolvenzverwalter ist hingegen Partei kraft Amtes. Beantragt dieser in einem für die GmbH geführten Rechtsstreit Prozesskostenhilfe, gilt § 116 Abs. 1 Nr. 1 ZPO.

§ 116 Abs. 1 Nr. 2 ZPO nennt ausdrücklich nur die **inländischen juristischen Personen**. **548** Ausländische juristische Personen und parteifähige Vereinigungen sind von der Bewilligung von Prozesskostenhilfe ausgenommen. Dies gilt auch, wenn der Insolvenzverwalter einer ausländischen juristischen Person Prozesskostenhilfe beantragt. Prozesskostenhilfe kann ausländischen juristischen Personen und parteifähigen Vereinigungen nur dann gewährt werden, wenn Antragstellern des betreffenden Staates die Gleichbehandlung mit Inländern, insbesondere nach §§ 20 ff. des Haager Übereinkommens über den Zivilprozess, garantiert ist, oder der Antragsteller ein Mitgliedsstaat der EU ist. Es gelten dann gleichfalls die Voraussetzungen des § 116 Abs. 1 Nr. 2 ZPO.

8. Fragen der Zustellung

Für die Zustellung von Schriftstücken an eine GmbH gilt zunächst die Vorschrift des § 170 Abs. 2 **549** ZPO. Hiernach erfolgt die Zustellung in der Regel an den **Geschäftsführer** als Leiter im Sinne der Vorschrift, also denjenigen, der zur Vertretung der Gesellschaft nach außen bestellt ist. Dabei genügt es gem. § 170 Abs. 3 ZPO auch im Falle des Vorhandenseins mehrerer Geschäftsführer, die nur zur Gesamtvertretung befugt sind, wenn die Zustellung nur an einen von ihnen erfolgt. Wird mehreren Vertretern der GmbH zugestellt, beginnt eine etwaige **Rechtsmittelfrist** bereits mit der ersten Zustellung zu laufen. Die Zustellung an den Geschäftsführer als gesetzlichen Vertreter kann grundsätzlich an jedem Ort erfolgen, an dem er angetroffen wird. Wird der Geschäftsführer in seiner Wohnung oder in dem Geschäftslokal während der gewöhnlichen Geschäftsstunden nicht angetroffen, richtet sich die **Ersatzzustellung** nach § 178 Abs. 1 Nr. 2 ZPO.

Ist für die GmbH ein **Prokurist** bestellt, ist dieser gem. § 171 ZPO Zustellungsadressat für die **550** durch den Betrieb des Handelsgewerbes hervorgerufenen Rechtsstreitigkeiten (§ 49 Abs. 1 HGB), ohne dass es auf die Beschränkung des § 49 Abs. 2 HGB ankommt. Soweit der Prokurist nur zur (echten oder unechten) Gesamtprokura befugt ist, genügt auch hier entsprechend § 171 Abs. 3 ZPO die Zustellung an einen Gesamtprokuristen. Hinsichtlich der Möglichkeiten einer Ersatzzustellung gilt das zur Zustellung an die Geschäftsführer Gesagte entsprechend.

Auch Zustellungen an die GmbH können im Wege der **öffentlichen Zustellung** nach **551** §§ 185 ff. ZPO erfolgen, wenn der Aufenthalt des Beteiligten unbekannt ist. Hinsichtlich der Voraussetzung des unbekannten Aufenthalts ist dabei auf die Geschäftsführer abzustellen, deren unbekannter Aufenthalt dem der Gesellschaft gleichsteht. Im Übrigen gelten die allgemeinen Voraussetzungen der öffentlichen Zustellung. Insbesondere darf angesichts der mit der öffentlichen Zustellung verbundenen Einschränkung des rechtlichen Gehörs keine andere Form der Zustellung (z.B. an einen anderen Geschäftsführer oder Prokuristen) möglich sein.

Im Hinblick auf die öffentliche Zustellung sei angemerkt, dass der Referentenentwurf zum **552** MoMiG[394] eine Änderung des § 185 ZPO dahingehend vorsieht, dass eine neue Nr. 2 in § 185 ZPO eingefügt werden soll. Danach kann eine öffentliche Zustellung erfolgen, wenn bei juristischen

---

[394] Abrufbar unter www.bmj.bund.de/media/archive/1236.pdf; vgl. insbes. S. 19, 77 ff. des Referentenentwurfs zu § 185 ZPO-E.

Personen, die zur Anmeldung einer inländischen Geschäftanschrift zum Handelsregister verpflichtet sind, eine Zustellung weder unter der eingetragenen Anschrift noch unter einer aus dem Handelsregister ergebenden Anschrift einer für Zustellungen empfangsberechtigten Person oder einer ohne Ermittlungen bekannten anderen inländischen Anschrift möglich ist. Durch diese Änderung soll die öffentliche Zustellung an Gesellschaften erleichtert werden, die ihre Geschäftsräume geschlossen haben und postalisch nicht zu erreichen sind – typischerweise in den sog. Missbrauchs- und Bestattungsfällen.

553 Sind die vertretungsberechtigten Geschäftsführer weggefallen oder dauerhaft an der Ausübung ihres Amtes verhindert, ist gegebenenfalls ein Antrag auf Bestellung eines Prozesspflegers nach § 57 ZPO oder bei dem Amtsgericht am Sitz der GmbH ein Antrag auf Bestellung eines **Notgeschäftsführers** zu stellen. Hinsichtlich der jeweiligen Voraussetzungen und der Verfahren gilt das zur Vertretung Gesagte. Nach wirksamer Bestellung eines Prozesspflegers bzw. eines Notgeschäftsführers kann die Zustellung an ihn nach den allgemeinen Regeln vorgenommen werden.

554 Die Zustellung einer gegen ihren Geschäftsführer gerichteten Klage der GmbH richtet sich nach den allgemeinen Zustellungsregeln.

555 Klagen des Geschäftsführers gegen die GmbH werden gleichfalls nach den allgemeinen Regeln zugestellt.[395] Die Tatsache, dass er als Prozessgegner der GmbH auftritt, hindert ihn nicht, in seiner Eigenschaft als Geschäftsführer auch weiterhin Zustellungen an die GmbH entgegenzunehmen. § 178 Abs. 2 ZPO findet auf diese Fälle keine Anwendung, da der Geschäftsführer das zuzustellende Schriftstück als Vertreter der GmbH, also der Adressatin selbst, in Empfang nimmt und es sich eben nicht um eine Ersatzzustellung handelt, deren erhöhtes Risiko der Nichtaushändigung des Schriftstücks die Vorschrift verringern will.

556 Soweit die Gesellschafterversammlung bereits nach § 46 Nr. 8 Hs. 2 GmbHG einen **besonderen Vertreter** für eine Auseinandersetzung mit dem Geschäftsführer bestellt hat, kann eine Zustellung der Klage des Geschäftsführers gegen die Gesellschaft auch an diesen erfolgen.[396]

557 Besteht bei der GmbH ein (fakultativer oder obligatorischer) **Beirat** oder Aufsichtsrat, kann die Zustellung der Klage des Geschäftsführers gegen die Gesellschaft auch an diesen erfolgen. Es gelten auch hier die allgemeinen Regeln. Allerdings kann eine Ersatzzustellung an den Aufsichtsrat nicht nach § 178 Abs. 1 Nr. 2 ZPO erfolgen, da der Aufsichtsrat im Allgemeinen keinen besonderen Geschäftsraum hat.

558 Grundsätzlich richtet sich die Zustellung im Rechtsstreit zwischen der GmbH und ihren Gesellschaftern nach den allgemeinen Regeln. Bei der Zustellung von Klagen der GmbH an ihre Gesellschafter ist aber § 16 Abs. 1 GmbHG zu beachten, wonach bei **Geschäftsanteilsabtretungen** der Gesellschaft gegenüber nur derjenige als Erwerber des Geschäftsanteils gilt, dessen Erwerb unter Nachweis des Übergangs bei der Gesellschaft angemeldet ist. Da hierin eine unwiderlegbare Vermutung hinsichtlich der Gesellschafterstellung liegt, hat die Zustellung grundsätzlich an die angemeldeten Gesellschafter zu erfolgen, unabhängig davon, ob die Gesellschaft auf sonstige Weise vom **Anteilsübergang** Kenntnis erlangt hat.

559 Bei der **Vorgründungsgesellschaft** ergeben sich, soweit sie vollkaufmännisch ausgerichtet ist, keine Besonderheiten. § 170 Abs. 2 und 3 ZPO gelten auch für die OHG. Gleiches gilt für die Zustellung der an die **GbR** gerichteten Klage. Ausreichend ist auch hier die Zustellung an nur einen geschäftsführenden Gesellschafter. Die **Vor-GmbH** wird im Rechtsstreit von ihren Geschäftsführern vertreten. Da auf die Vor-GmbH weitestgehend die Regelungen über die GmbH anzuwenden sind, erfolgen Zustellungen an diese nach den allgemeinen Regeln, wie sie bereits für die GmbH dargestellt wurden.

---

395 BGH NJW 1884, 57 f.
396 Zöller/*Vollkommer*, § 51 Rn 4.

Ab **Auflösung der Gesellschaft** erfolgen Zustellungen im gerichtlichen Verfahren an die   560
Liquidatoren, die die Gesellschaft nunmehr gem. § 70 S. 1 GmbHG gerichtlich und außergerichtlich vertreten. Es gelten für die Zustellung die gleichen Regelungen wie für die Zustellung an die Geschäftsführer der werbenden GmbH. Soweit nach Löschung der GmbH noch Vermögen vorhanden ist, wird die Gesellschaft durch die gerichtlich bestellten **Nachtragsliquidatoren** vertreten, an die sodann Zustellungen in für und gegen die GmbH geführten Prozessen nach den für die Zustellung an die Geschäftsführer geltenden Regeln erfolgen.

Der Entwurf des MoMiG sieht Zustellungserleichterungen vor, bspw. die Eintragung einer   561
inländischen Geschäftsanschrift – eine im Handelsregister einsehbare Zustellungsadresse (§ 8 Abs. 4 GmbH-E, §§ 29, 106 HGB-E). In Zukunft soll, sofern eine Zustellung unter der Geschäftsanschrift nicht möglich ist, bei den Kapitalgesellschaften eine öffentliche Zustellung nach § 15a HGB-E und § 185 Nr. 2 ZPO-E möglich sein.[397]

9. Darlegungs- und Beweislast

Bei der **Geltendmachung von Ersatzansprüchen** gegen die Geschäftsführung nach § 43   562
GmbHG gilt der allgemeine Grundsatz, dass der Geschädigte, also die Gesellschaft, den Eintritt eines Schadens und dessen Verursachung durch das pflichtwidrige Verhalten des Schädigers, also des Geschäftsführers, zu beweisen hat.[398] Nach neuester Rechtsprechung des BGH[399] hat die Gesellschaft aber nur darzulegen, dass die Schadensverursachung auf einem Verhalten des Geschäftsführers beruht, das als pflichtwidrig überhaupt in Betracht kommt, also „möglicherweise" pflichtwidrig ist. Jedenfalls dann, wenn er nicht auf konkrete Weisung der Gesellschafter (§ 46 Nr. 6 GmbHG) gehandelt hat, obliegt es sodann dem Geschäftsführer selbst, in Anlehnung an die in § 93 Abs. 2 S. 2 AktG vorgesehene **Beweislastverteilung** die Darlegung der klagenden Gesellschaft zu entkräften und darzulegen sowie notfalls zu beweisen, dass er seinen Sorgfaltspflichten nachgekommen ist oder schuldlos nicht nachkommen konnte oder dass der Schaden auch bei pflichtgemäßem Alternativverhalten eingetreten wäre. Dies gilt auch für den ausgeschiedenen Gesellschafter.

Für Fälle, in denen sich der geltend gemachte Schadensersatzanspruch auf **Kassenfehlbe-**   563
stände oder den anderweitigen Verbleib von Gesellschaftsmitteln stützt, lässt der BGH weitere Beweiserleichterungen zugunsten der klagenden Gesellschaft zu: dem beklagten Geschäftsführer obliegt dann die Verpflichtung zum Nachweis der ordnungsgemäßen Buchführung bzw. der ordnungsgemäßen Abführung der Mittel an die Gesellschaft, da er der Gesellschaft gegenüber für eine ordnungsgemäße und nachvollziehbare Kassen- und Buchführung verantwortlich ist. Nach der oben genannten BGH-Rechtsprechung findet zudem § 287 ZPO Anwendung, so dass es genügt, wenn die klagende Gesellschaft Tatsachen vorträgt und unter Beweis stellt, die für eine Schadenschätzung unter Einbeziehung der Frage, ob und inwieweit der Gesellschaft durch das dem Geschäftsführer vorgeworfene Verhalten ein Schaden entstanden ist, hinreichende Anhaltspunkte bieten.

Machen Dritte gegen den Geschäftsführer der GmbH Schadensersatzansprüche aus § 823   564
Abs. 2 BGB i.V.m. § 64 Abs. 1 GmbHG geltend, tragen sie die Darlegungs- und Beweislast dafür, dass die Gesellschaft zum Zeitpunkt des mit ihnen geschlossenen Vertrages bereits überschuldet war.[400] Gelingt dieser Nachweis, obliegt es dem in Anspruch genommenen Geschäftsführer, darzulegen und zu beweisen, dass die **Fortbestehensprognose** gleichwohl wegen des Vorhanden-

---

[397] Vgl. Referentenentwurf; *Seibert*, ZIP 2006, 1157 (1164 f.); *Triebel/Otte*, ZIP 2006, 1321 (1326); *Ehinger*, BB 2006, 2701 (2703).
[398] BGH GmbHR 1992, 166.
[399] BGH GmbHR 2003, 113.
[400] OLG Koblenz GmbHR 2003, 419.

565 Grundsätzlich trägt der einzelne Gesellschafter die volle Darlegungs- und Beweislast für die Erfüllung seiner **Bareinlageschuld**, und zwar auch dafür, dass er gerade auf die Einlageforderung geleistet hat. Nach Ansicht des OLG Frankfurt/M. soll sich diese Beweispflicht des Gesellschafters allerdings mit zunehmendem Zeitablauf derart mindern, dass der Bareinlageschuldner nur Indizien zu erbringen braucht, die für die Erfüllung der Verbindlichkeit sprechen, soweit nicht die Gesellschaft substantiierte Darlegungen bzw. Anhaltspunkte für die Nichtleistung vorbringt.

seins stiller Reserven gerechtfertigt war. Auch die Beweislast für sein fehlendes Verschulden analog § 43 Abs. 2 GmbHG trägt der in Anspruch genommene Geschäftsführer.

566 Die Darlegungs- und Beweislast für das Bestehen von Ansprüchen auf **Unterbilanzhaftung** trägt die Gesellschaft, bzw. im Fall ihrer Insolvenz der Insolvenzverwalter.[401] Dies gilt ungeachtet der damit verbundenen Schwierigkeiten substantiiert vorzutragen auch dann, wenn eine **Vorbelastungsbilanz** auf den Eintragungsstichtag nicht erstellt wurde oder geordnete Geschäftsunterlagen nicht einmal vorhanden sind. Liegen in einem solchen Fall allerdings hinreichende Anhaltspunkte dafür vor, dass das Stammkapital schon im Gründungsstadium angegriffen oder verbraucht war oder dass darüber hinaus sogar Verluste entstanden sind, ist es Sache der Gesellschafter darzulegen, dass eine Unterbilanz nicht bestanden hat.

567 In Anwendung der allgemeinen Beweislastregeln hat im Prozess um Rückforderungen von Zahlungen nach **Eigenkapitalersatzregeln** derjenige die Voraussetzungen für die eigenkapitalersetzende Funktion zu beweisen, der sich auf sie beruft.[402] Demnach sind die Voraussetzungen für das Vorliegen einer Krise, in der ein der Gesellschaft gewährtes Gesellschafterdarlehen die Funktion von Eigenkapitalersatz erlangt, grundsätzlich von der GmbH darzulegen und zu beweisen, die sich zur Abwehr des Zahlungsanspruchs darauf beruft. Nicht ausreichend ist allerdings das Vorliegen einer Unterbilanz (nach fortgeführten Buchwerten). Ergeben sich aus dem Jahresabschluss einer GmbH vielmehr greifbare Anhaltspunkte für das Vorhandensein stiller Reserven, die als Sicherheit für externe Kreditgeber anstelle des Gesellschafters hätten dienen können, so ist die GmbH für das Gegenteil in vollem Umfang darlegungs- und beweispflichtig.

568 Macht der **Insolvenzverwalter** Erstattungsansprüche wegen verbotener Rückzahlungen an die Gesellschafter geltend, trifft ihn grundsätzlich bezüglich der Eigenkapitalersatzfunktion die Darlegungs- und Beweislast.[403] Er muss aber zum (Negativ-)Beweis der Kreditunwürdigkeit der GmbH nicht alle denkbaren, sondern nur die von den Gesellschaftern substantiiert behaupteten Möglichkeiten einer Kreditsicherung mit gesellschaftseigenen Mitteln widerlegen. Ergibt sich die Überschuldung der Gesellschaft zum Zeitpunkt der Darlehensgewährung aus einem von Seiten des Gerichts eingeholten Sachverständigengutachten und berufen sich die in Anspruch genommenen Gesellschafter auf vom Sachverständigen nicht berücksichtigte stille Reserven und Ähnliches, haben sie im Hinblick auf das Vorhandensein der entsprechenden Vermögenswerte substantiiert vorzutragen.

569 Der Gesellschafter, der seine der Gesellschaft in der Krise gewährte oder belassene Leistung nicht als Eigenkapitalersatz gelten lassen will, hat darüber hinaus auch vorzutragen, warum er ausnahmsweise keine Möglichkeit gehabt haben will, den Eintritt der Gesellschaftskrise zu erkennen.[404] Liegen wiederholte Leistungen an die Gesellschaft vor, muss für jede einzelne Leistung dargelegt und bewiesen werden, dass sich die Gesellschaft im Auszahlungszeitpunkt in einer Krise befand.

---

401 BGH GmbHR 2003, 466.
402 BGH GmbHR 2002, 1072.
403 BGH GmbHR 1998, 233.
404 BGH GmbHR 1992, 296.

10. Der Geschäftsführer als Zeuge

Der amtierende, satzungsgemäß bestellte Geschäftsführer der klagenden oder beklagten GmbH **570** kann grundsätzlich nur als Partei, nicht als Zeuge vernommen werden, es sei denn, für den betreffenden Prozess ist ein besonderer Vertreter nach § 46 Nr. 8 Alt. 2 GmbHG bestellt. Ein nur **„faktischer" Geschäftsführer** ist im Zivilprozess dagegen grundsätzlich als Zeuge zu vernehmen. Nach Beendigung des Geschäftsführeramts steht die frühere Organstellung einer Vernehmung als Zeuge nicht mehr entgegen. Im Einzelfall kann es aus Gründen der Waffengleichheit allerdings geboten sein und im Hinblick auf Art. 6 Abs. 1 EMRK (Grundsatz der Waffengleichheit) sogar ein Recht der GmbH bestehen, dass der amtierende Geschäftsführer **als Partei verhört** wird.

Für die Frage, ob die Partei- bzw. die Zeugenvernehmung zulässig ist, kommt es nicht auf **571** den Zeitpunkt ihrer Anordnung, sondern auf den ihrer Durchführung an. Allerdings wird im Schrifttum die Auffassung vertreten, die Abberufung des Geschäftsführers während des Prozesses mit dem Ziel, den Geschäftsführer zum Zeugen zu machen, sei rechtsmissbräuchlich und vom Gericht daher im Hinblick auf die prozessuale Stellung als Parteivertreter unbeachtlich. Eine bereits getätigte Zeugenaussage soll nicht verwertet werden dürfen. Der nichtgeschäftsführende Gesellschafter kann als Zeuge vernommen werden, ebenso die Mitglieder des Aufsichts- oder Beirats, soweit sie nicht als besondere Vertreter bestellt sind.

11. Rechtsschutz gegen fehlerhafte Beschlüsse
a) Überblick

Das GmbHG enthält keine Regelungen über die Rechtsfolgen fehlerhaft zustande gekommener **572** Gesellschafterbeschlüsse. Auch fehlt es an Regelungen zum Rechtsschutz gegen fehlerhafte Beschlüsse. Rechtsfolgen und Rechtsschutz sind aber nach ständiger Rechtsprechung und herrschender Meinung in **Anlehnung an das Aktienrecht** (§§ 241–249 AktG) zu beurteilen. Mängel beim Zustandekommen von Gesellschafterbeschlüssen führen damit grundsätzlich zur **Nichtigkeit oder Anfechtbarkeit** des betreffenden Beschlusses und sind im Wege der Nichtigkeits-, Feststellungs- oder der Anfechtungsklage geltend zu machen. Zur Gewährleistung effektiven Rechtsschutzes besteht zudem die Möglichkeit, die auf Vernichtung eines bestimmten Beschlusses gerichtete Anfechtungsklage mit einer Klage auf positive Beschlussfeststellung zu verbinden, um den gewünschten Beschlussinhalt zu erreichen.[405] Außerdem kann bei Fehlen einer förmlichen Feststellung des anzufechtenden Beschlussergebnisses eine isolierte Klage auf Feststellung eines bestimmten Beschlussergebnisses erhoben werden.[406]

Es ergeben sich demnach folgende Möglichkeiten: **573**

Beschluss	Wirkung	Reaktion
Der Beschluss leidet an einem gravierenden Mangel	nichtig	Nichtigkeitsfeststellungsklage
Uneindeutiges Beschlussergebnis	unwirksam	Beschlussfeststellungsklage
Der Beschluss ist einwandfrei zustande gekommen + Beschlussfeststellung liegt vor	wirksam	Anfechtungsklage

---

[405] BGH NJW 1986, 2051.
[406] BGH NJW 1984, 489.

b) Nichtigkeitsklage

574 Mit der Nichtigkeitsklage kann die Nichtigkeit und damit die Unwirksamkeit eines Gesellschafterbeschlusses geltend gemacht werden. Wann ein Gesellschafterbeschluss nichtig ist, ist vorwiegend in Anlehnung an das Aktienrecht zu bestimmen, maßgeblich ist die Regelung des § 241 AktG.[407] Nichtigkeit gefasster Gesellschafterbeschlüsse ist beispielsweise anzunehmen,
- wenn nicht alle Gesellschafter geladen wurden,[408]
- wenn die Ladung nicht durch eine hierzu berechtigte Person oder Institution erfolgte,[409]
- bei Unterlassen der nach § 50 Abs. 3 GmbHG erforderlichen Angabe von Zweck und Gründen der Gesellschafterversammlung;[410]
- wenn Verstöße gegen Gläubigerschutzvorschriften vorliegen,
- wenn Verstöße gegen Formvorschriften vorliegen,
- wenn Verstöße gegen gesetzliche Verbote vorliegen,
- wenn die Beschlüsse mit dem Wesen der GmbH unvereinbar sind,
- wenn der Beschluss sittenwidrig ist,[411]
- wenn sich die Nichtigkeit aus der Teilnichtigkeit ergibt.

575 Die Nichtigkeitsklage analog §§ 241, 249 AktG kann durch jeden Gesellschafter erhoben werden, da jeder Gesellschafter auch ein Recht darauf hat, dass die Gesellschafterversammlung nur solche Beschlüsse fasst, die mit Gesetz oder Gesellschaftsvertrag in Einklang stehen;[412] er ist uneingeschränkt **aktivlegitimiert**. Eines persönlichen Interesses bedarf es darüber hinaus nicht. Der Gesellschafter ist daher auch dann klagebefugt, wenn er der GmbH erst nach der Beschlussfassung beigetreten ist oder wenn er nur Inhaber stimmrechtsloser Geschäftsanteile ist.[413] Klagebefugt sind nach der herrschenden Meinung im Schrifttum daneben die Geschäftsführer und die Aufsichtsratsmitglieder, insbesondere, wenn die Nichtigkeit aus mitbestimmungsrechtlichen Gründen geltend gemacht wird.

576 Die Klage ist gegen die Gesellschaft selbst zu richten, sie ist **passivlegitimiert**. Dies gilt auch bei einer Zwei-Personen-GmbH, im Fall der Insolvenz, der Auflösung oder der Nichtigerklärung der Gesellschaft.

577 Im Fall der Nichtigkeitsklage mehrerer Berechtigter gegen denselben Beschluss liegt eine **notwendige Streitgenossenschaft** im Sinne des § 62 ZPO vor. Auch im Übrigen ist ein Beitritt Dritter auf Seiten des Klägers oder der Beklagten möglich, soweit ein rechtliches Interesse gegeben ist.

578 Die Geltendmachung von Nichtigkeitsgründen unterliegt grundsätzlich keiner Frist. Sie kann aber gleichwohl verspätet sein, wenn die Satzung die Einhaltung einer **Klagefrist** vorsieht oder zwischenzeitlich Heilung des zur Nichtigkeit führenden Mangels eingetreten ist. Eine in einem Gesellschaftsvertrag einer GmbH getroffene Regelung, wonach die Unwirksamkeit von Gesellschafterbeschlüssen nur innerhalb einer bestimmten Frist geltend gemacht werden kann, ist zulässig.

579 Grundsätzlich ist die **Eintragung nichtiger Gesellschafterbeschlüsse** dem Registergericht verwehrt. Wird er dennoch eingetragen, kann **Heilung** eintreten, wobei sich die Voraussetzungen nach der Art des zur Nichtigkeit führenden Mangels richten. Leidet der Beschluss an bloßen Formmängeln, bewirkt bereits die Eintragung als solche die Heilung der Nichtigkeit. In allen

---
407 BGH GmbHR 1997, 655.
408 OLG Brandenburg GmbHR 1998, 196.
409 BayObLG GmbHR 1999, 984.
410 OLG Köln GmbHR 1999, 296.
411 OLG München NZG 1999, 1173.
412 BGH GmbHR 2003, 171.
413 OLG Stuttgart ZIP 2001, 650.

anderen Fällen eines trotz Nichtigkeit eingetragenen Beschlusses tritt Heilung analog § 242 Abs. 2 AktG nach Ablauf von drei Jahren seit Eintragung ein. Die Heilung kann nur durch Erhebung der Nichtigkeitsklage nach § 249 AktG analog verhindert werden, die Erhebung einer Klage auf Feststellung der Nichtigkeit nach § 256 ZPO genügt nicht. Die Erhebung einer Anfechtungsklage soll aber auch ausreichend sein. Klageerhebung innerhalb der Dreijahresfrist genügt, wenn die Klage demnächst (§ 270 Abs. 3 ZPO) zugestellt wird. Eintragungsfreie Beschlüsse sind dagegen unheilbar, nur wenn die Nichtigkeit infolge von Ladungsmängeln eingetreten ist, kann Heilung durch Genehmigung des nicht geladenen Gesellschafters analog § 242 Abs. 2 S. 4 AktG eintreten.

Ein über die Anfechtungsbefugnis hinausgehendes persönliches Interesse des Klägers ist **580** nicht erforderlich. Das **Rechtsschutzinteresse** zur Erhebung der Klage kann fehlen, wenn kein Bedürfnis nach Nichtigerklärung des Beschlusses besteht, wie z.B. wenn der angefochtene Beschluss mangelfrei wiederholt worden ist, wenn ein anfechtbarer Beschluss fehlerfrei bestätigt wird oder wenn ein Aufhebungsbeschluss ergeht. Die Rechtskraft eines in einem Rechtsstreit zwischen den Gesellschaftern ergangenen Feststellungsurteils nach § 256 ZPO über die Auslegung der Satzung im Sinne eines darüber gefassten Gesellschafterbeschlusses erstreckt sich nicht auf das Verhältnis zwischen den Gesellschaftern und der GmbH. Sie steht daher der Erhebung einer Nichtigkeits- oder Anfechtungsklage gegen den im Einklang mit der streitigen Satzungsauslegung ergangenen Gesellschafterbeschluss nicht entgegen.

Das der Nichtigkeitsklage stattgebende **Urteil** hat analog § 248 AktG **rechtsgestaltende 581** Wirkung.[414] Der angegriffene Beschluss wird daher im Verhältnis zu jedermann, also auch allen Gesellschaftern, den Gesellschaftsorganen und den Mitgliedern gegenüber, abschließend als nichtig identifiziert, selbst wenn sie nicht am Verfahren beteiligt waren. Die Wirkung eines klageabweisenden (Sach-)Urteils besteht dagegen nur im Verhältnis zwischen den Parteien und beschränkt sich auf die Feststellung, dass der vorgetragene Sachverhalt die Nichtigkeit des Beschlusses nicht begründet.

c) Anfechtungsklage

Mit der Anfechtungsklage kann die Fehlerhaftigkeit eines aufgrund des beanstandeten Mangels **582** nicht bereits nichtigen Beschlusses geltend gemacht und die gerichtliche Erklärung erlangt werden, dass der **Beschluss aufgrund des Mangels unwirksam** ist. Die Anfechtbarkeit gefasster Beschlüsse ist in Anlehnung an § 243 AktG zu beurteilen, zur Anfechtbarkeit führen hiernach Gesetzes- und Satzungsverstöße (Abs. 1) sowie das Erstreben von Sondervorteilen (Abs. 2). Gesetze im Sinne des § 243 AktG sind nicht nur solche im formellen Sinn, sondern auch Rechtsverordnungen, Satzungen öffentlich-rechtlicher Rechtsträger, Normen von Tarifverträgen, Gewohnheitsrecht, normativ geltende Rechtsgrundsätze und Generalklauseln. Nicht entscheidend ist, ob die jeweilige Vorschrift zwingend oder dispositiv ist, die Verletzung von Normen mit bloßem Ordnungscharakter zieht aber nicht die Anfechtbarkeit des Beschlusses nach sich.

Verfahrensfehler können sowohl bei der **Vorbereitung der Beschlussfassung** (z.B. La- **583** dungsmängel, Einberufung zur Unzeit oder an unzulässigem Ort, Mängel bei der Ankündigung der Tagesordnung etc.) als auch bei der eigentlichen **Beschlussfassung** (Beschlussunfähigkeit der Versammlung, Verhinderung von gesellschafterlichen Stellungnahmen, unberechtigte Verweigerung von Auskünften, Nichtzulassung teilnahmeberechtigter Dritter etc.) auftreten. Sie begründen die Anfechtung nach bisheriger Auffassung, wenn der Beschluss auf ihnen beruht, der **Mangel** also **kausal für das Beschlussergebnis** war. Es genügt zur Ablehnung der Anfechtbarkeit aber nicht die bloße Möglichkeit, dass in einem fehlerfreien Verfahren derselbe Be-

---

[414] OLG Hamburg ZIP 1991, 1430.

schluss gefasst worden wäre, sondern es darf bei vernünftiger Beurteilung unter keinen Umständen in Betracht kommen, dass das Ergebnis bei mangelfreiem Verfahren beeinflusst werden konnte.[415]

584 Die neuere Rechtsprechung stellt dagegen im Anschluss an Teile des Schrifttums zumindest für die AG auf die Relevanz des Verstoßes für das Beschlussergebnis ab, wenn die verletzte Verfahrensbestimmung das **Informations- und Partizipartionsinteresse** des einzelnen Gesellschafters konkretisiert (z.B. Teilnahme- und Rederecht, Informationsrecht, Recht auf angemessene Erörterung des Beschlussgegenstandes).[416]

585 Der Verstoß gegen den **Grundsatz gleichmäßiger Behandlung** der Gesellschafter ist Anfechtungsgrund, wenn die Ungleichbehandlung willkürlich erfolgt, also nicht durch Sachgründe gerechtfertigt ist.[417]

586 Eine unter Verstoß gegen die **gesellschafterliche Treuepflicht** abgegebene Stimme ist nach neuerer Rechtsprechung schon nichtig und daher nicht mitzuzählen. Zugleich führen Verstöße gegen die Treuepflicht zur Anfechtbarkeit des Beschlusses, nach Auffassung des BGH allerdings nur, wenn eine Beeinträchtigung der Gesellschaft droht. Eine Schädigung anderer Gesellschaften, in denen die Gesellschafter miteinander verbunden sind, reicht nicht aus.[418]

587 Ein **Verstoß gegen die guten Sitten** begründet Anfechtbarkeit, wenn er nicht bereits zur Nichtigkeit analog § 241 Nr. 4 AktG führt, z.B. bei sittenwidrigem Machtmissbrauch im Abstimmungsverfahren.

588 **Verstöße gegen die Gesellschaftssatzung** begründen die Anfechtbarkeit des Beschlusses, wenn die verletzte Bestimmung nicht bloße Ordnungsvorschrift ist. Der Verstoß gegen die Gesellschaftszweckbindung ist sowohl Satzungsverstoß als auch Verstoß gegen die gesellschafterliche Treuepflicht. Ein wirtschaftlich unzweckmäßiger Beschluss soll die Anfechtbarkeit allerdings nicht begründen.[419]

589 Der in § 243 Abs. 2 AktG normierte Fall des **Erstrebens von Sondervorteilen** stellt sich typischerweise als Sittenwidrigkeit oder Treuepflichtverletzung dar.[420] Der Begriff des Sondervorteils erfasst jeden Vorteil, der nicht allen zugute kommt, die sich der Gesellschaft gegenüber in gleicher Lage befinden, aber auch einen wirtschaftlich nicht gerechtfertigten Vorteil. Hinsichtlich der Vorteilserlangung (nicht hinsichtlich der Schädigung) muss zumindest einer der Abstimmungsteilnehmer mit Vorsatz handeln.[421]

590 Die Anfechtungsklage ist nur dann die richtige Klageart, wenn der Versammlungsleiter der Gesellschafterversammlung das **Beschlussergebnis festgestellt** hat und damit ein vorläufig verbindliches Beschlussergebnis feststeht. Andernfalls kann nur im Wege der Feststellungsklage vorgegangen werden, da bei fehlender Feststellung einer Beschlussfassung unter den Beteiligten nicht klar wäre, wogegen sich die Anfechtung zu richten hätte.

591 Anfechtungsbefugt und damit **aktivlegitimiert** sind jedenfalls die Gesellschafter i.S.v. § 16 GmbHG, soweit sie nicht im Sinne des ergangenen Beschlusses abgestimmt haben. Die Anfechtungsbefugnis kann entfallen, wenn sich die Klageerhebung als rechtsmissbräuchlich darstellt, wenn der Anfechtungsberechtigte der Beschlussfassung in Kenntnis des Mangels zustimmt oder nachträglich auf die Rüge verzichtet oder Partei für die Gesellschaft ergreift, oder wenn sich die Anfechtung als widersprüchliches Verhalten darstellt, weil der Gesellschafter durch sein Vorverhalten eine dem Rügeverzicht ähnliche Vertrauenslage geschaffen hat.[422]

---

415 BGH NJW 1998, 684.
416 BGH ZIP 2002, 172; OLG Hamm NJW-RR 1998, 967.
417 BGH NJW 1992, 892.
418 BGH WM 1983, 334.
419 OLG Köln NZG 2000, 1135.
420 *Roth/Altmeppen*, § 47 Rn 121.
421 *Rowedder/Schmidt-Leithoff*, § 47 Rn 126.
422 OLG Hamm GmbHR 1994, 256.

Auch die Anfechtungsklage ist gegen die GmbH zu richten, sie ist **passivlegitimiert**. Hinsichtlich der Vertretung gelten die allgemeinen Regeln und das zur Nichtigkeitsklage Ausgeführte. In Abweichung von § 246 Abs. 2 AktG vertreten die Geschäftsführer die GmbH auch dann, wenn ein Aufsichtsrat besteht. **592**

Die Monatsfrist des § 246 Abs. 1 AktG gilt nach ständiger Rechtsprechung für die Anfechtung von Gesellschafterbeschlüssen in einer GmbH weder direkt noch analog, nimmt aber eine sog. Leitbildfunktion ein.[423] Obwohl die Einhaltung der **Monatsfrist** damit nicht zwingend ist, hat der Anfechtungswillige die Klage mit aller ihm zumutbaren Beschleunigung zu erheben.[424] **593**

Die Einhaltung der **Monatsfrist** ist dabei die Regel, bei einer Überschreitung dieser Frist kommt es darauf an, ob zwingende Umstände den Gesellschafter an einer früheren Klageerhebung gehindert haben.[425] Solche besonderen Umstände können vorliegen, wenn der Gesellschafter längere Zeit benötigt, um schwierige tatsächliche oder rechtliche Fragen zu klären, die für die Beurteilung der Erfolgsaussicht der Klage bedeutsam sind, oder wenn dem Anfechtungsberechtigten Zeit gelassen werden soll, zu einer einvernehmlichen Lösung des Konflikts mit seinen Mitgesellschaftern zu gelangen. **594**

Bei der **Bemessung der Frist** sind zudem die individuellen Kenntnisse und Fähigkeiten des Einzelnen, die Dringlichkeit der Durchführung einer Entscheidung für die GmbH sowie die Struktur der GmbH zu berücksichtigen: je weniger personalistisch im konkreten Fall die Gesellschaft geprägt ist und je weniger schwierige Fragen geklärt werden müssen, umso mehr gewinnt das Moment der gebotenen Beschleunigung Gewicht. Die Frist darf aber keinesfalls kürzer bemessen sein als die für das Aktienrecht geltende Frist. Eine drei Monate überschreitende Anfechtungsfrist soll jedoch in jedem Fall unangemessen sein.[426] Eine Fristbestimmung in der Satzung ist grundsätzlich zulässig, die Mindestdauer von einem Monat darf aber nicht unterschritten werden. Erforderlich zur Wahrung der Frist ist die Rechtshängigkeit der Klage, bloße Anhängigkeit genügt nicht. **595**

Die **Frist beginnt mit Kenntnis** des Gesellschafters von der Beschlussfassung,[427] zum Teil wird aber daneben die Erkennbarkeit des Beschlussmangels verlangt.[428] Auch der Fristbeginn kann hiervon abweichend in der Satzung bestimmt werden, auch wenn damit im Einzelfall faktisch eine Verkürzung der Monatsfrist einhergeht. Ist die Satzungsbestimmung unwirksam, bleibt es bei der angemessenen Frist. **596**

Die **Einhaltung der Anfechtungsfrist ist materielle Klagevoraussetzung**, ihr Versäumen führt zur materiellen Präklusion von Anfechtungsgründen, nicht zur Unzulässigkeit der Klage. Erforderlich ist, dass die Anfechtungsgründe in ihrem wesentlichen tatsächlichen Kern noch innerhalb der Anfechtungsfrist in den Prozess eingeführt werden. Ein Nachschieben von Anfechtungsgründen ist nicht zulässig.[429] **597**

Das der Anfechtungsklage stattgebende **Urteil** erklärt den angefochtenen Beschluss für nichtig und hat somit gestaltende Wirkung, die **ex tunc**, also rückwirkend, eintritt. Wie bei der Nichtigkeitsklage gilt die Gestaltungswirkung für und gegen jedermann, der rechtsgeschäftliche Verkehr wird über § 15 HGB geschützt. Das klageabweisende (Sach-)Urteil wirkt wie im Fall der Nichtigkeitsklage nur zwischen den Parteien, und hindert den Kläger, unter Berufung auf die **598**

---

[423] BGH NJW 1990, 2625; BGH GmbHR 1992, 801; BGH GmbHR 1995, 303; OLG Brandenburg GmbHR 1996, 539; OLG Naumburg GmbHR 1998, 90; OLG Schleswig-Holstein GmbHR 1998, 892; OLG Düsseldorf GmbHR 1999, 543; OLG München GmbHR 2000, 385; OLG Stuttgart GmbHR 2000, 385; OLG Dresden GmbHR 2000, 435; OLG Thüringen GmbHR 2002, 115.
[424] BGH NJW 1993, 129.
[425] OLG München NJW-RR 2000, 255.
[426] OLG Hamm GmbHR 1992, 806.
[427] OLG Hamm BB 1992, 34.
[428] OLG Schleswig NZG 2000, 895; BGH GmbHR 1998, 892.
[429] BGH NJW 1993, 400; OLG Thüringen GmbHR 2002, 115.

bereits in den Prozess eingeführten Gründe erneute Klage zu erheben. Die Geltendmachung anderer als der tatsächlich vorgetragenen Anfechtungs- oder Nichtigkeitsgründe wird dagegen durch die Klagabweisung nicht gehindert. Sie kann lediglich infolge Versäumung der Anfechtungsfrist oder Heilung des Beschlusses ohne Aussicht auf Erfolg sein.

599 Nach inzwischen ganz herrschender Meinung verfolgen Anfechtungs- und Nichtigkeitsklage dasselbe **Rechtsschutzziel**, nämlich die „Klärung" der Nichtigkeit des angegriffenen Beschlusses. Beide Klagen haben daher jedenfalls insofern denselben Streitgegenstand, soweit es um denselben Beschluss und dieselben Beschlussmängel geht. Die rechtliche Beurteilung, ob es sich bei dem einzelnen Mangel um einen Nichtigkeits- oder einen Anfechtungsgrund handelt, ist für die Bestimmung des **Streitgegenstands** somit ohne Bedeutung, das Gericht kann daher ein Nichtigkeitsurteil auf eine erhobene Anfechtungsklage erlassen oder umgekehrt.[430]

d) Positive Beschlussfeststellungsklage

600 Die **Anfechtung eines Beschlusses** mittels Klage ist gegebenenfalls zur Erreichung des Klageziels **nicht ausreichend**, wenn der Anfechtende einen Beschluss anfechten möchte, mit dem seiner Ansicht nach ein Antrag zu Unrecht abgelehnt wurde. Die erfolgreiche kassatorische Klage führt in diesen Fällen lediglich zur Beseitigung des ablehnenden Beschlusses, ohne dass der Kläger sein eigentliches Ziel, die positive Bescheidung des Antrags, erreichen kann. Um dem Anfechtenden effektiven Rechtsschutz zu gewähren, ist daher die Verbindung der kassatorischen Klage mit einer so genannten positiven Beschlussfeststellungsklage zulässig.[431]

601 Die positive Beschlussfeststellungsklage kann jeder erheben, der auch zur Erhebung einer Anfechtungsklage befugt ist, also nicht nur derjenige, dessen Antrag durch den anzugreifenden Beschluss abgelehnt wurde.

602 Auch die positive Beschlussfeststellungsklage ist gegen die GmbH selbst zu richten. Hinsichtlich der Vertretung der GmbH gilt das zu den kassatorischen Klagen Ausgeführte.

603 Soll gegen einen anfechtbaren (nicht nichtigen) Beschluss vorgegangen werden, ist die für die Geltendmachung von Anfechtungsgründen zu beachtende **Frist** zu wahren, der Feststellungsantrag muss aber nicht notwendig gleichzeitig mit dem Anfechtungsantrag gestellt werden.

604 Das der Klage stattgebende Urteil hat wie bei der Nichtigkeits- und der Anfechtungsklage **gestaltende Wirkung**. Es wird daher mit Wirkung für und gegen jedermann der vom Gericht festgestellte Beschlussinhalt für verbindlich erklärt.

e) Allgemeine Feststellungsklage nach § 256 ZPO

605 Im Fall der mutmaßlichen Nichtigkeit eines Gesellschafterbeschlusses kann grundsätzlich jeder unter den Voraussetzungen des § 256 ZPO auf Feststellung der Nichtigkeit klagen, unabhängig davon, ob der Inhalt des anzugreifenden Beschlusses förmlich festgestellt wurde. Im Unterschied hierzu können Anfechtungsgründe bezüglich eines förmlich festgestellten Beschlusses nur im Wege der Anfechtungsklage geltend gemacht werden, da der vom Versammlungsleiter festgestellte Beschluss im Interesse der Rechtssicherheit als vorläufig verbindlich anzusehen ist.

606 Schwebend unwirksam sind Beschlüsse, wenn ihre Wirksamkeit aufschiebend bedingt von der Erfüllung weiterer Rechtsbedingungen, z.B. der Erteilung einer Zustimmung, abhängt. Die **schwebende Unwirksamkeit** kann nur im Wege der Feststellungsklage festgestellt werden. Die Nichtigkeitsklage analog §§ 241, 249 AktG ist erst zulässig, wenn infolge endgültigen Nichteintritts der Bedingung der Beschluss endgültig unwirksam geworden ist.

---

430 BGH NJW 1997, 1510.
431 BGHZ 22, 105.

Grundsätzlich ist jeder zur Erhebung der Feststellungsklage nach § 256 ZPO befugt und da- 607
mit **aktivlegitimiert**.

Die Feststellungsklage wird regelmäßig gegen die GmbH zu erheben sein, sie kann sich als gewöhnliche Feststellungsklage aber grundsätzlich gegen jedermann richten. Die **Frist** des § 246 Abs. 1 AktG gilt bei der Feststellungsklage nicht, auch nicht entsprechend oder sinngemäß.

Auch im Gesellschaftsrecht unterliegt die Feststellungsklage daher grundsätzlich keiner 608 **Präklusionswirkung** und kann ohne Bindung an eine Frist erhoben werden. Eine rechtzeitige Klageerhebung ist daher nur unter dem Gesichtspunkt der Verwirkung zu prüfen. Das erforderliche **Feststellungsinteresse** entfällt jedenfalls dann, wenn die Möglichkeit besteht, eine Anfechtungsklage zu erheben.

Das einen bestimmten Beschlussinhalt feststellende Urteil wirkt analog § 248 AktG gegen- 609 über jedermann und kommt in seiner Wirkung daher einem **Gestaltungsurteil** gleich.[432] Soweit das stattgebende Urteil hingegen lediglich die Nichtigkeit oder schwebende Unwirksamkeit des Beschlusses feststellt, ist es dagegen reines Feststellungsurteil und wirkt ausschließlich zwischen den Parteien.[433] Wird die auf die Feststellung der Nichtigkeit gerichtete negative Feststellungsklage aus Sachgründen abgewiesen, steht positiv fest, dass der angegriffene Beschluss wirksam gefasst wurde, insoweit kommt die Rechtskraft des Feststellungsurteils derjenigen einer positiven Feststellung gleich. In einem späteren Rechtsstreit ist eine Berufung auf einen anderen Beschlussinhalt daher nicht mehr möglich.[434]

f) Rechtsschutz gegen besondere Beschlüsse

Auch gegen **satzungsauslegende Beschlüsse** der Gesellschafterversammlung ist gerichtlicher 610 Rechtsschutz grundsätzlich möglich. Dies gilt insbesondere dann, wenn der Gesellschafterbeschluss tatsächlich keine Auslegung, sondern eine Änderung der Satzung enthält. Diese Frage ist nämlich erst in der Begründetheit zu entscheiden, die Zulässigkeit der Klage kann aber nicht von ihrer Begründetheit abhängen. Soll mit einem satzungsauslegenden Beschluss über die Zulässigkeit von Maßnahmen entschieden werden, kommt ihm überdies ohnehin regelnder Charakter zu und er ist nach denselben Regeln anfechtbar wie jeder andere Gesellschafterbeschluss auch.[435] Aber auch wenn der satzungsauslegende Beschluss nur eine unverbindliche Meinungskundgabe ohne Rechtsfolgewillen enthält, kann er dennoch Gegenstand einer Unterlassungs- oder Feststellungsklage sein.

Nichtigkeit und Anfechtbarkeit des festgestellten Jahresabschlusses richten sich man- 611 gels Regelung im GmbHG nach den allgemeinen für Gesellschafterbeschlüsse geltenden Regeln sowie nach den weitgehend entsprechend anwendbaren §§ 256, 257 AktG. Da nach h.M. § 257 Abs. 1 S. 2 AktG im GmbH-Recht keine Anwendung findet, und daher weiter reichende Anfechtungsmöglichkeiten bestehen, sind die Nichtigkeitsgründe des § 256 AktG für die GmbH allerdings enger zu interpretieren als im Aktienrecht.

Die Gesellschafter können analog § 249 Abs. 1 AktG im Wege der **Nichtigkeitsklage** gegen 612 den Feststellungsbeschluss vorgehen, unabhängig davon, ob sie dem Beschluss zugestimmt haben oder nicht. **Klagebefugt** sind wie bei der allgemeinen Nichtigkeitsklage auch die Geschäftsführer. Im Übrigen gelten die allgemeinen Regeln über die Nichtigkeitsklage. Allerdings ist § 256 Abs. 6 AktG analog anwendbar und Heilung der Nichtigkeit des Beschlusses grundsätzlich möglich. Die Klage ist daher in den Fällen der Nichtigkeit nach § 256 Abs. 1 Nr. 3 und Nr. 4 sowie Abs. 3 Nr. 1 AktG binnen sechs Monaten, bei Nichtigkeit nach § 256 Abs. 1 Nr. 1, Abs. 4 und

---

432 OLG München GmbHR 1996, 451.
433 BGH NJW 1966, 1458.
434 OLG Schleswig GmbHR 2000, 935.
435 BGH GmbHR 2003, 171, 173.

Abs. 5 AktG binnen drei Jahren nach Bekanntmachung im Bundesanzeiger (§ 325 Abs. 1 S. 2, Abs. 2 S. 1 HGB) zu erheben. Die rechtzeitig erhobene Nichtigkeitsklage hemmt den **Fristablauf** (§ 256 Abs. 6 S. 2 AktG analog).

613 Für die Wirkungen des Nichtigkeitsurteils gelten die allgemeinen Regeln. Dem nichtigen Jahresabschluss nachfolgende Abschlüsse sind nur nichtig, wenn sie denselben Mangel aufweisen. Zur Erhebung der **Anfechtungsklage** gegen den den Jahresabschluss feststellenden Beschluss sind nur die Gesellschafter befugt, nicht die Geschäftsführer. Im Unterschied zur Nichtigkeitsklage darf der anfechtende Gesellschafter auch hier nicht der Beschlussfassung zugestimmt haben. Im Übrigen gelten die allgemeinen Regeln.

614 Die Feststellung der Nichtigkeit des Beschlusses kann nach den allgemeinen Regeln zudem von den Gesellschaftern, den Geschäftsführern oder auch von Dritten durch Klage nach § 256 ZPO begehrt werden. Das erforderliche **Feststellungsinteresse** der Geschäftsführer ergibt sich daraus, dass sich ein nichtiger Jahresabschluss wegen des Bilanzzusammenhangs auf die von ihnen aufzustellenden Jahresabschlüsse folgender Geschäftsjahre auswirkt. Ein Feststellungsinteresse Dritter kommt insbesondere dann in Betracht, wenn ihnen gewinnabhängige Leistungen der Gesellschaft zustehen (z.B. stille Gesellschaft, Gläubiger partiarischer Darlehen).

615 Neben den allgemeinen Regeln kommt **Nichtigkeit eines Ergebnisverwendungsbeschlusses** in Betracht, wenn keine Feststellung eines geprüften Jahresabschlusses erfolgt ist oder wenn der festgestellte Jahresabschluss, auf dem der Ergebnisverwendungsbeschluss beruht, von vornherein oder aufgrund erfolgreicher Anfechtungsklage nichtig ist (§ 253 Abs. 1 S. 1 AktG analog). Eine Geltendmachung der Nichtigkeit des Ergebnisverwendungsbeschlusses soll in den letztgenannten Fällen analog § 253 Abs. 1 S. 2 AktG allerdings nicht mehr in Betracht kommen, wenn die Nichtigkeit des Jahresabschlusses entsprechend § 256 Abs. 6 AktG geheilt ist.

616 Die **Wahl von Aufsichtsratsmitgliedern** ist grundsätzlich nach den allgemeinen für Beschlüsse geltenden Vorschriften anfechtbar. Daneben gelten für Aufsichtsräte nach dem MitbestG (nicht aber für fakultative Aufsichtsräte) die §§ 250 ff. AktG. Beim Vorliegen mangelhafter Beschlüsse des Aufsichtsrats sind nach ständiger Rechtsprechung die §§ 241 ff. AktG nicht anzuwenden. Vielmehr führen Mängel grundsätzlich zur Nichtigkeit des Beschlusses, soweit es sich um inhaltliche Verstöße gegen Gesetz und Satzung oder um wesentliche Verfahrensfehler handelt. Im Hinblick auf die für das Aktienrecht geltende Regelung des § 107 Abs. 2 S. 3 AktG sollen unwesentliche Verstöße gegen Formvorschriften die Wirksamkeit des Beschlusses jedoch unberührt lassen.

617 Die Feststellung der Nichtigkeit eines Aufsichtsratsbeschlusses kann grundsätzlich im Wege der **Feststellungsklage** nach § 256 ZPO begehrt werden. Klagebefugt ist jedes Aufsichtsratsmitglied, jeder Gesellschafter und jeder Geschäftsführer, Außenstehende hingegen nicht. Erforderlich ist darüber hinaus aber ein besonderes Rechtsschutzinteresse hinsichtlich der Feststellung der Nichtigkeit. Die Klage ist nicht gegen den Aufsichtsrat, sondern gegen die Gesellschaft zu richten, die durch die Geschäftsführer vertreten wird.

618 Die Klage auf Feststellung der Nichtigkeit ist grundsätzlich **nicht fristgebunden**, der Betroffene kann jedoch seine diesbezüglichen Rechte verwirken, wenn er nach Kenntnis der Mangelhaftigkeit bzw. Möglichkeit der Kenntnisnahme die zumutbare Geltendmachung der Mangelhaftigkeit (nicht zwingend im Klageweg) unterlässt.

g) Einstweiliger Rechtsschutz

619 Da Nichtigkeits- und Anfechtungsklage nur beschränkt verhindern können, dass fehlerhafte Beschlüsse umgesetzt und dadurch im Ergebnis Folgen herbeigeführt werden, die kaum rückgängig zu machen sind, ist die Möglichkeit, die Ausführung solcher Beschlüsse im Wege des einstweiligen Rechtsschutzes zu verhindern, allgemein anerkannt. Nicht erreicht werden kann

allerdings, dass der Beschluss bereits im Wege der einstweiligen Verfügung für nichtig erklärt wird.

Möglicher **Antragsteller** kann jeder sein, der zur Erhebung der Nichtigkeits- oder der Anfechtungsklage befugt ist. Antragsgegnerin ist wie im Hauptsacheverfahren die GmbH. 620

Die Darlegung des **Verfügungsanspruchs** und des **Verfügungsgrundes** richtet sich nach den allgemeinen Grundsätzen. Der Antragsteller hat also glaubhaft zu machen, dass der angegriffene Beschluss mit Mängeln behaftet ist, die ihn anfechtbar oder nichtig machen, sowie dass ihm durch die Ausführung oder Eintragung des Beschlusses rechtliche oder wirtschaftliche Nachteile drohen, die nicht oder nur schwer wieder rückgängig zu machen sind. Wendet sich der Antragsteller gegen einen anfechtbaren Beschluss, muss er wegen dessen vorläufiger Wirksamkeit darüber hinaus glaubhaft machen, dass Anfechtungsklage erhoben und das Anfechtungsverfahren zur Durchführung kommen wird. 621

Bei **eintragungsbedürftigen Beschlüssen** kann der Antragsteller beantragen, der Gesellschaft die Stellung des Eintragungsantrags zu untersagen, die Gesellschaft zur Rücknahme des Eintragungsantrags zu verpflichten oder die Eintragung mit der Folge des § 16 Abs. 2 HGB für unzulässig zu erklären. 622

Die Verhinderung der Ausführung des Beschlusses durch einstweilige Verfügung kommt nur in Betracht, soweit es sich bei dem angegriffenen Beschluss nicht um einen **nichtausführungsbedürftigen Beschluss** handelt, bei dem die intendierte Rechtsfolge ipso iure eintritt. Wird ein ausführungsbedürftiger Beschluss angegriffen, kann sein Vollzug nur dann erfolgreich durch einstweilige Verfügung verhindert werden, wenn die Wirksamkeit des Beschlusses bzw. das Vorliegen eines Beschlusses überhaupt Voraussetzung für die Vornahme der Ausführungsmaßnahmen ist. Zu beachten ist, dass § 16 Abs. 3 UmwG selbst ein summarisches Verfahren mit dem Charakter vorläufigen Rechtsschutzes vorsieht. In seinem Anwendungsbereich kommt ein Vorgehen im Wege der einstweiligen Verfügung daher nicht in Betracht. 623

Die Zulässigkeit von Maßnahmen im einstweiligen Rechtsschutz zur **Verhinderung** bereits **der Beschlussfassung selbst** ist noch nicht endgültig geklärt. Traditionell wird die Einflussnahme auf die Beschlussnahme im Wege der einstweiligen Verfügung im Hinblick auf die weit reichende Wirkung und die zumeist bestehende Möglichkeit, jedenfalls die spätere Durchführung des Beschlusses zu verhindern, für unzulässig gehalten. Vereinzelt hat die Rechtsprechung aber ein Vorgehen auch zur Verhinderung bereits der Beschlussfassung zugelassen.[436] So wird es für zulässig gehalten, unter bestimmten Umständen die Abhaltung einer Gesellschafterversammlung im Wege der Untersagungsverfügung zu unterbinden. 624

Im Falle einer rechtsgeschäftlich vereinbarten **Stimmrechtsbindung** soll eine Verpflichtung zu einem dieser entsprechenden Stimmverhalten im Wege der einstweiligen Verfügung durchgesetzt werden können, da im Hinblick auf die vorangegangene vertragliche Bindung das Gericht nicht in die Willensbildung und -entschließung der Gesellschafter eingreife. Die Stimmrechtsausübung in bestimmter Weise soll aber auch dann im Wege der einstweiligen Verfügung durchgesetzt werden können, wenn sich die Stimmrechtsbindung aus dem Gesellschaftsvertrag oder aus dem Treueverhältnis ergibt, da die Zulässigkeit des Rechtsschutzbegehrens nicht von der materiell-rechtlichen Einordnung des Verfügungsanspruchs abhängig gemacht werden könne. 625

Erforderlich soll in diesen Fällen aber eine besonders schwere Beeinträchtigung der gesellschaftsrechtlichen Belange sein, bzw. die Untersagung eines bestimmten Stimmverhaltens durch Erlass einer einstweiligen Verfügung soll auf seltene und dringende Fälle mit eindeutiger Rechtslage und einem besonderen Schutzbedürfnis des betroffenen Gesellschafters beschränkt sein und darf nicht gegen das Gebot des geringstmöglichen Eingriffs verstoßen. Einstweiliger 626

---

[436] OLG Frankfurt/M. BB 1982, 274.

Rechtsschutz, der sich schon gegen die Beschlussfassung selbst richtet, soll dabei zu versagen sein, wenn sich der Gesellschafter mit einer nachträglichen Beschlussanfechtung bzw. einem Vorgehen im einstweiligen Rechtsschutz gegen die Eintragung oder Ausführung des zu fassenden Beschlusses wehren kann.

627 **Antragsteller** kann im Hinblick auf sein Recht, gesellschaftsinterne Bindungen zu beachten wie im vorläufigen Rechtsschutzverfahren gegen bereits gefasste Beschlüsse jeder Gesellschafter sein. **Antragsgegner** ist der Gesellschafter, dessen Stimmabgabe untersagt werden soll.

628 Der Verfügungsanspruch ergibt sich aus der jeweiligen Stimmbindungsvereinbarung oder aus der gesellschafterlichen Treuepflicht. Hinsichtlich des Vorliegens eines Verfügungsgrunds ist die Darlegung erforderlich, dass die beabsichtigte Beschlussfassung offensichtlich rechtsmissbräuchlich ist und dass mit ihr eine besonders schwere Beeinträchtigung der gesellschaftsrechtlichen Belange droht bzw. dass ein besonderes Schutzbedürfnis des betroffenen Gesellschafters vorliegt. Zudem darf nicht gegen das Gebot des geringstmöglichen Eingriffs verstoßen werden.

II. Auseinandersetzungen zwischen Gesellschaftern

1. Überblick

629 In der Fachliteratur zum Gesellschaftsrecht finden sich vergleichsweise wenige Abhandlungen, die sich explizit mit Rechtsfragen an der Schnittstelle vom Gesellschaftsrecht zum Prozessrecht beschäftigen. Das ist, angesichts der Bedeutung der GmbH im Wirtschaftsleben, schwer nachvollziehbar. Ursächlich für die verhältnismäßig **geringe Zahl der gerichtlichen Auseinandersetzungen** und nachfolgend wissenschaftlichen Abhandlungen, dürften die Risiken einer solchen Auseinandersetzung im tatsächlichen Bereich sein. Eine kleine, zweigliedrige mittelständische GmbH, die sich möglicherweise auch noch in finanziellen Schwierigkeiten befindet, wird einen lang andauernden Rechtsstreit kaum überleben. Zerstrittene Geschäftsführer/Gesellschafter belasten zudem meist auch das operative Geschäft. Nicht selten versuchen die Parteien Kunden oder Lieferanten in die Auseinandersetzung mit einzubeziehen. Die sich hieraus ergebenden Folgen belasten erheblich die Ertragssituation des Unternehmens; mit dem Fortschreiten der Auseinandersetzungen wächst der Einigungsdruck zwischen den Parteien. Kommt es hingegen zu langwierigen gerichtlichen Auseinandersetzungen ist das Kind (das Unternehmen selbst) meist schon in den Brunnen gefallen.

2. Strategie und Taktik

630 Gleichwohl wäre es ein fataler Fehler, als Berater in einer gesellschaftsrechtlichen Auseinandersetzung, selbst unmittelbar auf eine vergleichsweise Einigung zuzusteuern. Die besten Vergleichsergebnisse lassen sich erfahrungsgemäß nur dann erzielen, wenn im tatsächlichen Bereich ausreichend Fakten geschaffen wurden und der Gegner durch Beschlüsse im einstweiligen Verfügungsverfahren weitgehend vom operativen Geschäft fern gehalten wird. Für den angegriffenen Gesellschafter empfiehlt sich spiegelbildlich, vor der Aufnahme von Vergleichsverhandlungen einen „Entlastungsangriff" durchzuführen. Um eine gute Verhandlungsposition zu erreichen, muss der Berater die kaufmännischen, steuerlichen und rechtlichen Instrumente beherrschen. Wer als Berater mit leeren Drohungen agiert und frühzeitig eine Vergleichsbereitschaft signalisiert, verliert! Folgende (etwas simplifizierten) praktischen Hinweise sollten bei gesellschaftsrechtlichen Auseinandersetzung frühzeitig in die Überlegungen mit einbezogen werden:

– **Kriegskasse anlegen!** Dem Mandanten ist schon in den ersten Beratungsgesprächen das Kostenrisiko zu verdeutlichen. Selbst bei kleineren Gesellschaften sind, wegen der Komplexität des Sachverhaltes, der Notwendigkeit einer steuerlichen Beurteilung verschiedenster

Sachverhalte und der Notwendigkeit zwei, drei oder mehr Gerichtsverfahren gleichzeitig einzuleiten, in kürzester Zeit erhebliche Kosten aufgelaufen. Der Mandant muss sich dieser Kosten von Anfang an bewusst sein, oder lieber gleich andere Wege suchen, seine Probleme zu lösen.

- **Geschäftsunterlagen sichern!** Wer seine Auseinandersetzungen mit einer Einsichts- oder Auskunftsklage beginnen muss, verliert. Diese Verfahren sind mühsam, zeitraubend und meist auch noch unergiebig. Die Bedeutung der Geschäftsunterlagen für eine streitige Auseinandersetzung wird am Anfang häufig unterschätzt. Sind die Geschäftsunterlagen plötzlich verschwunden, manipuliert oder Zugriff aus sonstigen Gründen nicht mehr möglich, ist es meist schon zu spät für schnelle Lösungen.
- **Wer zuerst kommt, mahlt zuerst!** Taktik ist ein wesentliches Element in der erfolgreichen Beratung. Schnelle Lösungen sind regelmäßig wirtschaftlicher und erhöhen die Überlebenschancen des Unternehmens. Keinesfalls sollten einzelne Maßnahmen immer der Reihe nach abgearbeitet werden. Es ist vielmehr sinnvoll am Anfang mehrere Maßnahmen koordiniert einzuleiten. Besteht beispielsweise das Risiko einer erfolgreichen Beschlussanfechtung, wäre es falsch, den Ausgang des gerichtlichen Verfahrens abzuwarten. Stattdessen sind Beschlüsse zu wiederholen, bis sie mit Erfolg durchgesetzt sind, selbst wenn man sich seiner Sache hinsichtlich des ersten Beschlusses ziemlich sicher ist. Ist der Gegner in Zeitnot, macht er Fehler. Kurze Ladungsfristen bei Gesellschafterversammlungen und das kurzfristige Nachschieben von Tagesordnungspunkten gem. § 51 Abs. 4 GmbHG nimmt dem Gegner Zeit, sich sachgerecht vorzubereiten.
Zudem sind Eilverfahren immer zu bevorzugen. Ist der Gegner erst einmal durch einstweilige Verfügung von der Geschäftsführung ausgeschlossen, verbessert sich die Situation des Mandanten durch die direkte oder indirekte Übernahme der Geschäftsführung erheblich.
- **Erst angreifen, dann verhandeln!** Hierzu gilt das unter Rn 578 Gesagte.
- **Vorsicht mit Strafanzeigen!** Wer frühzeitig mit Strafanzeigen agiert, engt seinen Verhandlungsspielraum ein. Da es sich bei den im Raum stehenden Vorwürfen (Untreue, Unterschlagung, Steuerhinterziehung, etc.) fast immer um Offizialdelikte handelt, ist ein „zurückrudern" nicht möglich. Das Androhen von Strafanzeigen ist oft nicht nur rechtlich problematisch (§ 240 StGB), sondern häufig auch strategisch wenig sinnvoll und sollte sehr gut überlegt sein. Auch sind die sich aus den Strafanzeigen ergebenden Konsequenzen für das Unternehmen, wie Rufschädigungen, Regresse und Haftungen in die Überlegungen mit einzustellen.

3. Kündigung der Gesellschaft

Es kann sich die Situation ergeben, dass ein Gesellschafter seine Beteiligung aufgeben möchte, eine Veräußerung jedoch aus rechtlichen oder tatsächlichen Gründen (es findet sich kein Kaufinteressent) nicht möglich ist. Häufig sehen Gesellschaftsverträge für diesen Fall die Möglichkeit der ordentlichen Kündigung vor; falls nicht, ist diese allerdings auch nicht möglich. Trägt sich ein Gesellschafter mit dem Gedanken, diesen Weg einzuschlagen, ist im Vorfeld genau zu prüfen, welche Folgen die Kündigung nach sich ziehen wird. Hier kommt es darauf an, was die Satzung als Rechtsfolge vorsieht. Nicht selten existieren Satzungen, die zwar die Kündigung zulassen, sich aber in Bezug auf deren Wirkung ausschweigen. In diesen Fällen führt die Kündigung nicht etwa zum Ausscheiden des betreffenden Gesellschafters, sondern zur Auflösung der Gesellschaft. Meist wird aber die Folge des Ausscheidens – gegen Zahlung einer entsprechenden Abfindung seitens der Gesellschaft – angeordnet sein.

4. Auflösung der Gesellschaft
a) Einvernehmliche Auflösung

632 Die Gesellschaft wird durch einen Beschluss der Gesellschafter aufgelöst, der einer Mehrheit von drei Vierteln der abgegebenen Stimmen bedarf (§ 60 Nr. 2 GmbHG). Wie die Norm ausdrücklich klarstellt, kann der Gesellschaftsvertrag etwas anderes bestimmen, also z.B. das Erfordernis der Einstimmigkeit aufstellen. Von Ausnahmefällen (Wirkung einer Satzungsänderung) abgesehen, bedarf dieser Beschluss keiner besonderen Form, es ist also insbesondere keine notarielle Beurkundung erforderlich. Die Auflösung geschieht zu dem im Beschluss festgelegten Zeitpunkt (z.B. zum 31.12. des betreffenden Jahres). Mit der Auflösung bedarf die Gesellschaft nicht mehr des bzw. der Geschäftsführer. An ihre Stelle treten die **Liquidatoren**. Dies sind gem. § 66 Abs. 1 GmbHG die Geschäftsführer, doch kann der Auflösungsbeschluss (oder auch bereits die Satzung) anderes bestimmen, also Gesellschafter oder auch fremde Dritte zu Liquidatoren berufen. Die Liquidatoren besitzen sodann die Befugnis zur Vertretung der Gesellschaft nach Maßgabe der §§ 68, 70 GmbHG.

b) Erzwungene Auflösung

633 Gesellschafter können unter bestimmten Voraussetzungen die Auflösung der Gesellschaft, ggf. auch gegen den Willen einer Gesellschaftermehrheit, erzwingen. Allerdings sind diese Voraussetzungen, der Schwere des gerichtlichen Eingriffs entsprechend, eng gefasst: Die Gesellschaft kann durch gerichtliches Urteil aufgelöst werden, wenn die Erreichung des Gesellschaftszwecks unmöglich wird, oder wenn andere, in den Verhältnissen der Gesellschaft liegende, wichtige Gründe für die Auflösung vorhanden sind (§ 61 Abs. 1 GmbHG). Die nahezu alleinige praktische Bedeutung kommt der letztgenannten Alternative zu. Die **Auflösungsklage** kann nur von Gesellschaftern erhoben werden, deren Geschäftsanteile zusammen mindestens zehn Prozent des Stammkapitals entsprechen (§ 61 Abs. 2 S. 2 GmbHG).

634 Die Ausübung des Rechts zur Erhebung der Auflösungsklage unterliegt dem strikten **Grundsatz der Subsidiarität**; das bedeutet, dass stets genau zu prüfen ist, ob ein milderes Mittel zur Verfügung steht (z.B. Veräußerung von Geschäftsanteilen, Einziehung, Ausschlussklage). Die Satzung kann nicht bestimmen, dass eine Auflösungsklage nicht statthaft sein solle; ebenso wenig können Regelungen darin enthalten sein, die das Recht zur Erhebung einer solchen Klage erschweren oder mit Nachteilen sanktionieren. Neben der Auflösungsklage führt – unter den Voraussetzungen des § 75 GmbHG – auch die Nichtigkeitsklage zur Feststellung der Nichtigkeit der Gesellschaft und damit ebenfalls zu ihrer Auflösung.

aa) Einziehung

635 Die in § 34 GmbHG geregelte Einziehung, auch **Amortisation**, von Geschäftsanteilen bedeutet die Vernichtung des Geschäftsanteils und der entsprechenden Mitgliedschaftsrechte durch die GmbH. Sie ist zu unterscheiden vom Erwerb des Geschäftsanteils durch die GmbH gem. § 33 GmbHG, bei dem der erworbene Anteil bestehen bleibt. Vom Ausschluss eines Gesellschafters unterscheidet sich die Einziehung dadurch, dass sie sich unmittelbar gegen einen einzelnen Geschäftsanteil richtet, während der Ausschluss den Gesellschafter persönlich betrifft.

636 Die Einziehung kann gem. § 34 Abs. 1 GmbHG als freiwillige Einziehung oder gem. § 34 Abs. 2 als **Zwangseinziehung** erfolgen und erfordert in beiden Fällen einen entsprechenden Gesellschafterbeschluss. Da § 34 Abs. 1 GmbHG die Zustimmung des betroffenen Gesellschafters voraussetzt, entstehen GmbH-spezifische prozessuale Streitigkeiten faktisch nur im Zusammenhang mit der Zwangseinziehung. Dabei kann der betroffene Gesellschafter zum einen gegen die Einziehung an sich vorgehen, zum anderen auf Zahlung einer angemessenen Abfindung klagen.

Gem. § 34 Abs. 2 GmbHG ist die Einziehung eines Geschäftsanteils **ohne Zustimmung des** 637
betroffenen Gesellschafters nur zulässig, wenn die Einziehungsvoraussetzungen im Gesellschaftsvertrag bereits bei Erwerb des Geschäftsanteils durch den betroffenen Gesellschafter hinreichend bestimmt waren. Die nachträgliche Einfügung einer entsprechenden Regelung ist ebenso wie die nachträgliche Abschwächung der Einziehungsvoraussetzung nur mit Zustimmung aller betroffenen Gesellschafter möglich. Die Ausgestaltung der Einziehungsvoraussetzungen ist nicht beliebig zulässig. Erforderlich ist vielmehr die gesellschaftsvertragliche Bestimmung eines sachlichen Grundes wie z.B.
- das Vorliegen eines wichtigen Grundes in der Person des betroffenen Gesellschafters,
- die Insolvenz des betroffenen Gesellschafters,
- die Pfändung des Geschäftsanteils,
- oder die Verhinderung des Eindringens unerwünschter Dritter bei Veräußerung oder Vererbung des Anteils.

Nicht zulässig als Einziehungsregelung ist hingegen die sog. **Hinauskündigungsklausel**, die 638
die Zwangseinziehung in das freie Belieben der Mehrheit der Gesellschafter oder sogar einzelner Gesellschafter stellt.

Im Hinblick auf den **Grundsatz der Aufbringung und Erhaltung des Stammkapitals** so- 639
wie das in § 19 Abs. 2 S. 1 GmbHG normierte Verbot der Befreiung von der Einlageverpflichtung, darf eine Einziehung erst nach Einzahlung der Stammeinlage in voller Höhe erfolgen, § 34 Abs. 3 GmbHG. Dies gilt auch dann, wenn die Gesellschaft über Mittel in entsprechender Höhe verfügt, die nicht der Kapitalbindung nach § 30 Abs. 1 GmbHG unterliegen. Soweit die Einziehung gegen Zahlung einer Abfindung erfolgen soll, muss gesichert sein, dass die Zahlung aus Vermögen geleistet werden kann, das über das Stammkapital hinaus vorhanden ist. Maßgeblich für die Vermögenslage ist der **Zeitpunkt der tatsächlichen Abfindungszahlung**. Der Einziehungsbeschluss steht daher unter der aufschiebenden Bedingung, dass die Zahlung der Abfindung ohne Beeinträchtigung des Stammkapitals erfolgt.

Die Einziehung erfolgt durch **Gesellschafterbeschluss** nach § 46 Nr. 4 GmbHG. Der betrof- 640
fene Gesellschafter ist grundsätzlich stimmberechtigt, es sei denn, die Einziehung erfolgt aus wichtigem bzw. sonst in seiner Person liegenden Grund oder die Auslegung der Satzung ergibt etwas anderes. Auch der nicht stimmberechtigte Gesellschafter hat jedoch ein Recht auf Teilnahme an der Gesellschafterversammlung und auf Stellungnahme zu den gegen ihn erhobenen Vorwürfen. Durch Satzungsregelung kann jedoch auch die Zuständigkeit eines anderen Gesellschaftsorgans bestimmt werden. Erforderlich zur wirksamen Einziehung ist die formfreie Mitteilung des Einziehungsbeschlusses durch den Geschäftsführer oder ein ermächtigtes Mitglied an den betroffenen Gesellschafter. Hat dieser an der Beschlussfassung teilgenommen, ist eine besondere Mitteilung aber überflüssig.

Bis zur Wirksamkeit der Einziehung behält der betroffene Gesellschafter sowohl seine Ge- 641
sellschaftereigenschaft als auch seine **Gesellschafterrechte**. Er bleibt daher auch zur Erhebung der Nichtigkeits- oder Anfechtungsklage gegen die Anteilseinziehung befugt. Hinsichtlich der Gründe, aus denen die Nichtigkeit oder Anfechtbarkeit des Einziehungsbeschlusses folgen kann, gelten die allgemeinen Regeln. Zur Nichtigkeit eines Einziehungsbeschlusses führen zudem insbesondere die bereits bei Beschlussfassung bestehende Gewissheit, dass die Abfindungszahlung aus freiem Vermögen nicht möglich ist, die Einziehung ohne ausreichende Satzungsgrundlage sowie die mangelnde Deutlichkeit, dass Einziehung erfolgen und nicht Ausschlussklage erhoben werden soll.

Anfechtbar kann der Einziehungsbeschluss abgesehen von den für alle Beschlüsse gelten- 642
den Gründen sein, wenn die in der Satzung geforderten Voraussetzungen nicht vorliegen oder wenn in der Person der die Einziehung betreibenden Gesellschafter Umstände vorliegen, die deren Ausschließung oder die Auflösung der Gesellschaft rechtfertigen oder die zu einer ande-

ren Beurteilung derjenigen Gründe führen können, auf die die Einziehung gestützt wird. Wie bei anderen Beschlüssen kann der betroffene Gesellschafter die Nichtigkeit des Beschlusses grundsätzlich auch im Wege der einfachen Feststellungsklage geltend machen.

643   Die **Feststellungsklage** ist zudem die richtige Klageart, um Mängel der Einziehung geltend zu machen, die sich nicht direkt auf Inhalt oder Zustandekommen des Einziehungsbeschlusses beziehen, z.B. wenn die Satzungsgrundlage nicht mit Zustimmung aller betroffenen Gesellschafter beschlossen wurde oder wenn die Abfindung nicht aus freiem Kapital erstattet werden kann und dies bei der Beschlussfassung noch nicht erkennbar war.

644   **Beklagte** ist grundsätzlich die Gesellschaft selbst, auch wenn durch Satzung ein Gesellschaftsorgan zur Einziehung ermächtigt ist. Um den Mitgesellschaftern die **Nebenintervention** zu ermöglichen, sind auch in den Fällen der angefochtenen Einziehung die Mitteilungspflichten der Geschäftsführer zu beachten. Gesellschaftsorgane, die aufgrund der Satzung für die Einziehung zuständig sind, oder ihre Mitglieder können gleichfalls als Nebenintervenienten dem Rechtsstreit beitreten.

645   Für die Erhebung einer **Anfechtungsklage** gilt auch hier das Leitbild des § 246 Abs. 1 AktG. Für die Zwei-Personen-GmbH hat der BGH in einer Entscheidung allerdings ausnahmsweise die einredeweise Geltendmachung der Anfechtbarkeit eines Einziehungsbeschlusses zugelassen, obwohl die **Anfechtungsfrist** versäumt war.[437]

646   Für das Vorliegen eines wichtigen, in der Person des betroffenen Gesellschafters liegenden Grundes, der zur Einziehung berechtigt, soll es nach Auffassung des OLG Nürnberg auf den Zeitpunkt der letzten mündlichen Verhandlung ankommen. Ein **Nachschieben von Gründen** soll daher auch noch während des Rechtsstreits zulässig sein.[438] Jedenfalls in der Zwei-Personen-GmbH verstößt dies auch nicht gegen die innergesellschaftliche Kompetenzordnung, so dass ein Nachschieben von Gründen im Prozess bei einer Zwei-Personen-GmbH generell für zulässig gehalten wird.

647   Das GmbHG enthält keine Regelungen zur Zahlung einer angemessenen **Abfindung** an den von der Einziehung betroffenen Gesellschafter. Ein entsprechender Anspruch des Gesellschafters ist heute aber als allgemeiner Rechtsgrundsatz und in Analogie zu § 738 Abs. 1 S. 2 BGB allgemein anerkannt. Eine gesellschaftsvertragliche Regelung der Abfindung oder eine Regelung im Einziehungsbeschluss ist daher nicht zwingend erforderlich.

648   Der Gesellschafter, der zwar nicht gegen die Einziehung an sich, wohl aber gegen die Höhe seiner Abfindung vorgehen will, kann eine allgemeine **Leistungsklage** auf Zahlung einer angemessenen Abfindung erheben. Der Leistungsantrag kann ggf. mit einem Antrag auf Aufstellung eines Abschlusses auf den Stichtag der Einziehung im Wege der **Stufenklage** verbunden werden, wenn der Kläger einen **Anspruch auf Rechnungslegung** hat, um seinen Zahlungsanspruch zu beziffern.[439]

649   Hinsichtlich der **Vollstreckbarkeit** des der Leistungsklage stattgebenden Urteils ergeben sich Besonderheiten, wenn die GmbH seit Fassung des Einziehungsbeschlusses Verluste erlitten hat und die Zahlung der Abfindung nunmehr gegen § 30 Abs. 1 GmbHG verstieße, weil sie nicht mehr aus freiem Kapital der GmbH geleistet werden kann. In diesem Fall ist die Geschäftsführung zur Leistungsverweigerung berechtigt und verpflichtet und kann sich gegebenenfalls im Wege einer **Vollstreckungsabwehrklage** gem. § 767 ZPO wehren.

Ob eine erhobene Zahlungsklage dann unzulässig oder unbegründet ist, ist bisher nicht geklärt.

---

[437] BGHZ 101, 113, 120.
[438] OLG Nürnberg GmbHR 2001, 108.
[439] OLG Karlsruhe BB 1977, 1475.

bb) Ausschluss

Der Ausschluss eines Gesellschafters richtet sich im Unterschied zur Einziehung eines Geschäftsanteils gegen diesen als Person und meint das Ausscheiden des einzelnen Gesellschafters aus der Gesellschaft, das im Unterschied zum freiwilligen Austritt zwangsweise erfolgt. Er erfordert unabhängig davon, ob eine entsprechende Satzungsregelung gegeben ist, immer das **Vorliegen eines wichtigen Grundes**, der zwar in der Satzung näher ausgestaltet, jedoch grundsätzlich nicht eingeschränkt werden kann. 650

Erforderlich ist grundsätzlich, dass bei **Abwägung aller wesentlichen Umstände des Einzelfalls** den übrigen Gesellschaftern eine Fortsetzung des Gesellschaftsverhältnisses mit dem betreffenden Mitglied nicht mehr zuzumuten ist. Der wichtige Grund setzt weder eine Pflichtverletzung noch ein Verschulden des auszuschließenden Gesellschafters voraus. Er kann genauso gut in Eigenschaften des Gesellschafters oder in von ihm gesetzten äußeren Umständen liegen, die das Verbleiben dieses Gesellschafters in der GmbH untragbar erscheinen lassen und eine gedeihliche Fortführung des Unternehmens in Frage stellen. Ein Mitverschulden der Mitgesellschafter am Zerwürfnis hindert den Ausschluss grundsätzlich nicht, wenn der betroffene Gesellschafter selbst schuldhaft die Gründe für seine Aussetzung gesetzt hat. Es ist jedoch im Rahmen der Gesamtwürdigung zu berücksichtigen. 651

In der Zwei-Personen-GmbH ist die Ausschließung allerdings generell ausgeschlossen, wenn in der Person des die Ausschließung betreibenden Gesellschafters ein seinen eigenen Ausschluss rechtfertigender wichtiger Grund gegeben ist. 652

Grundsätzlich ist für das Vorhandensein eines wichtigen Grundes auf die **Person des Gesellschafters** abzustellen. Besteht ein **Treuhandverhältnis**, ist für das Vorliegen eines wichtigen Grundes die Person des Treuhänders maßgeblich. Die Person eines einfachen Vertreters ist hingegen nur maßgeblich, wenn das Vertretungsverhältnis nicht nur kurzfristig ist und eine Abberufung des Vertreters nicht möglich ist. 653

Die ausschließungsberechtigten Gesellschafter können ihr Recht **verwirken**, wenn sie über einen längeren Zeitraum den Eindruck erwecken, auf den den wichtigen Grund begründenden Vorfall nicht mehr zurückkommen und somit von ihrem Recht keinen Gebrauch machen zu wollen. 654

Ebenso wie die Einziehung eines Geschäftsanteils muss auch der Ausschluss des einzelnen Gesellschafters im Einklang mit den **Grundsätzen zur Kapitalaufbringung und -erhaltung** stehen. Die Ausführungen zur Anteilseinziehung gelten insoweit entsprechend. Auch im Fall des Ausschlusses hat der ausgeschlossene Gesellschafter einen Anspruch auf Zahlung einer angemessenen Abfindung, deren Höhe aufgrund gesellschaftsvertraglicher Regelungen oder nach dem Verkehrswert des auf den betroffenen Gesellschafter entfallenden Geschäftsanteils zu bestimmen ist. Die Berechnung erfolgt nach denselben Grundsätzen wie bei der Einziehung von Geschäftsanteilen. Maßgeblicher Zeitpunkt ist der Tag der Klageerhebung. 655

Der zwangsweise Ausschluss von Gesellschaftern kann grundsätzlich in der **Satzung** hinsichtlich der Voraussetzungen und des Verfahrens vorgesehen werden. Insbesondere kann sie den Ausschluss durch rechtsgestaltenden Gesellschafterbeschluss (als praktisch wichtigsten Fall) vorsehen. Die Satzung darf die Ausschließung aber nicht unabhängig vom Vorliegen sachlicher Gründe zulassen. 656

Der **Ausschließungsbeschluss** kann nach den allgemeinen Regeln mit der Nichtigkeits- oder der Anfechtungsklage, ggf. auch mit der Feststellungsklage angegriffen werden. Hinsichtlich der Wirksamkeit des Beschlusses gelten die allgemeinen Grundsätze über die Nichtigkeit und Anfechtbarkeit von Gesellschafterbeschlüssen. Wie beim Einziehungsbeschluss ist auch der Ausschließungsbeschluss unwirksam, wenn die Zahlung einer angemessenen Abfindung nicht aus freiem Vermögen der Gesellschaft geleistet werden kann. War dies von vornherein abzusehen, ist der Beschluss nichtig. Der Mangel eines wichtigen Grundes für den Ausschluss führt hingegen nur zur Anfechtbarkeit des Beschlusses. Beruft sich der klagende Gesellschafter dar- 657 auf, dass ein wichtiger Grund nicht gegeben ist, hat er dies schlüssig darzulegen. Die Beweislast für den Ausschlussgrund liegt allerdings bei der beklagten GmbH.

658 Der Ausschluss eines Gesellschafters aus wichtigem Grund ist grundsätzlich auch ohne besondere gesellschaftsvertragliche Regelung zulässig. Er erfolgt in diesem Fall durch Gestaltungsurteil aufgrund einer von der Gesellschaft erhobenen **Ausschlussklage**. Die Erhebung einer Ausschlussklage ist nicht zulässig, wenn ein Ausschluss durch Gesellschafterbeschluss aufgrund einer entsprechenden Satzungsregelung möglich ist.

659 Die Regelung einer Einziehung steht der Erhebung einer Ausschlussklage allerdings nicht entgegen, auch wenn sie faktisch auf einen Ausschluss des betroffenen Gesellschafters hinausläuft. Aufgrund der Bedeutung des Gesellschafterausschlusses für die Gesellschaftsverhältnisse obliegt die Entscheidung über die Erhebung der Ausschlussklage nicht den Geschäftsführern sondern den Gesellschaftern selbst, die hierüber Beschluss zu fassen haben.

660 In der Zwei-Personen-GmbH ist nach h.M. eine Beschlussfassung entbehrlich.[440]

661 **Aktivlegitimiert** ist die GmbH, da es bei der Ausschließung vornehmlich darum geht, die Rechtsbeziehungen des Betroffenen zur Gesellschaft und nicht so sehr der Gesellschafter untereinander zu lösen. Die Vertretung richtet sich grundsätzlich nach den allgemeinen Regeln. In der Zwei-Personen-GmbH ist eine Vertretung allerdings aus praktischen Gründen auch durch den ausschließenden Gesellschafter zulässig.

662 Die Klage richtet sich naturgemäß gegen den auszuschließenden Gesellschafter; er ist **passivlegitimiert**.

Die Ausschlussklage ist begründet, wenn in der Person des Auszuschließenden ein wichtiger Grund gegeben ist und die Ausschließung die Grundsätze zur Kapitalaufbringung und -erhaltung nicht verletzt.

663 Das **Ausschlussurteil ist Gestaltungsurteil** und entfaltet Rechtswirkungen erst, wenn es rechtskräftig ist. Erst dann verliert der Ausgeschlossene seine Gesellschafterstellung nebst der Befugnis zur Ausübung seiner Gesellschafterrechte. Zur Vermeidung der Gefahr, dass der Gesellschafter seinen Geschäftsanteil verliert, ohne sogleich einen Gegenwert hierfür zu erhalten, ist das Ausschlussurteil an die Bedingung zu knüpfen, dass der betroffene Gesellschafter von der GmbH binnen einer für den Einzelfall angemessen festzusetzenden Frist den im Urteil zu bestimmenden Gegenwert für seinen Geschäftsanteil erhält.

664 Die **Bemessung der Abfindung** folgt den allgemeinen Grundsätzen, richtet sich also grundsätzlich nach gesellschaftsvertraglichen Bestimmungen oder nach dem Verkehrswert des auf den betroffenen Gesellschafter entfallenden Geschäftsanteils. Die Berechnung erfolgt nach denselben Grundsätzen wie bei der Einziehung von Geschäftsanteilen. Sieht eine gesellschaftsvertragliche Regelung für die Fälle der Kündigung eines Gesellschafters und der Pfändung eines Geschäftsanteils eine Abfindung nach Buchwerten vor, ist diese Regelung auch auf den (in der Satzung nicht geregelten) Fall des Ausschlusses aus wichtigem Grund durch Gestaltungsurteil anwendbar, soweit die Auslegung der Satzung nicht ergibt, dass der Gesellschafter in diesem Fall besser oder schlechter gestellt werden soll. **Maßgeblicher Zeitpunkt** für die Bemessung ist der Tag der Erhebung der Ausschlussklage.

665 Die **Darlegungs- und Beweislast** für den Grund und die Höhe des geltend gemachten Anspruchs richtet sich nach den allgemeinen Grundsätzen und liegt damit grundsätzlich beim klagenden Gesellschafter. Allerdings ist die Gesellschaft für ihre inneren Verhältnisse darlegungspflichtig, soweit der geltend gemachte Anspruch hiervon abhängt und der Anspruchsteller in dieselben keinen Einblick mehr hat, etwa weil ihm die Geschäftsführung entzogen ist.

666 Die Gesellschafter, die die Ausschließung betreiben, können auch ein unbedingtes Urteil erreichen, indem sie veranlassen, dass die Gesellschaft einen den vollen Wert des Geschäftsanteils

---

[440] OLG Düsseldorf GmbHR 1999, 543.

deckenden Betrag hinterlegt. Ein unbedingtes Urteil kann außerdem ergehen, wenn der Geschäftsanteil des ausgeschlossenen Gesellschafters keinen Wert hat, oder wenn die Verwertung des Anteils im Anschluss an das **Ausschlussurteil** sicher durch Zwangsabtretung an einen Dritten, also ohne Zahlungsverpflichtung der GmbH erfolgt. Das Ausschlussurteil richtet sich nur gegen den Gesellschafter, nicht gegen den auf diesen entfallenden Geschäftsanteil. Der ausgeschlossene Gesellschafter bleibt daher auch nach Rechtskraft des Urteils Anteilsinhaber, bis der Anteil nach Wahl der Gesellschaft eingezogen oder auf die Gesellschaft, einen Mitgesellschafter oder einen Dritten übertragen ist.

Grundsätzlich kann der betroffene Gesellschafter den Beschluss, mit dem die Erhebung der Ausschlussklage beschlossen wird, in entsprechender Anwendung des § 246 AktG anfechten. Das Rechtsschutzbedürfnis für die **Anfechtungsklage** entfällt auch nicht bei späterer Erhebung der Ausschließungsklage der GmbH, da der Gesellschafterbeschluss notwendige materielle Voraussetzung für die Erhebung der Ausschließungsklage ist. 667

Auch der auszuschließende Gesellschafter kann sich gegen den Ausschließungsbeschluss im Wege des **einstweiligen Rechtsschutzes** nach den allgemein für Gesellschafterbeschlüsse geltenden Regeln wehren. Der Inhalt der einstweiligen Verfügung kann zum einen in der Untersagung einer den Ausschluss herbeiführenden Stimmabgabe liegen (jedenfalls soweit dies für zulässig erachtet wird), zum anderen in der Untersagung der Beschlussvollziehung und der Verpflichtung, den betroffenen Gesellschafter bis zur endgültigen gerichtlichen Klärung der Wirksamkeit des Ausschlusses als Gesellschafter mit allen Rechten und Pflichten zu behandeln. 668

Der **Verfügungsanspruch** beruht hier auf der gesellschaftsrechtlichen Treuepflicht, die Möglichkeit des Ausschlusses im Beschlusswege nicht zum Schaden des betroffenen Gesellschafters rechtsmissbräuchlich herbeizuführen. Im Hinblick auf die Bedenken gegen die Zulässigkeit vorläufigen Rechtsschutzes zur Verhinderung bestimmter Beschlussfassungen ist eine besondere Dringlichkeit im Sinne eines **Verfügungsgrundes** nur dann gegeben, wenn der angekündigte Beschluss offensichtlich rechtsmissbräuchlich ist, indem etwa überhaupt keine wichtigen Gründe angegeben oder ersichtlich sind oder behauptete wichtige Gründe offensichtlich nicht geeignet sind, eine Zwangseinziehung zu rechtfertigen. 669

Allerdings kann der gleichberechtigte Mitgesellschafter einer **zweigliedrigen GmbH** im Falle der Einziehung seines Gesellschaftsanteils durch den anderen Mitgesellschafter wegen vermeintlicher Pflichtverletzung die Wahrung seiner aktiven Mitgliedschaftsrechte nicht im Wege der einstweiligen Verfügung bis zur Entscheidung über die Rechtmäßigkeit der Einziehung erzwingen, wenn die Pattsituation zur schadensträchtigen Handlungsunfähigkeit der Gesellschaft führt. Er muss sich dann zunächst auf Schadensersatzansprüche verweisen lassen. 670

5. Besondere GmbH-interne Streitigkeiten
a) Abberufung des Geschäftsführers

Geschäftsführer einer GmbH können gem. § 38 Abs. 1 GmbHG grundsätzlich jederzeit frei, also ohne Vorliegen von Gründen, abberufen werden, unabhängig davon, ob es sich um **Fremdgeschäftsführer** oder **Gesellschafter-Geschäftsführer** handelt, allerdings nicht, wenn **Notstandsgeschäftsführung** vorliegt.[441] 671

§ 38 Abs. 1 GmbHG kann durch Regelungen in der **Satzung** beliebig eingeschränkt werden. Die Grenze der Einschränkung liegt beim Vorliegen eines wichtigen Grundes: die Abberufung aus wichtigem Grund kann nicht abbedungen oder eingeschränkt werden. Für die Zulässigkeit der Einschränkung ist es gleichfalls unbedeutend, ob es sich um einen Fremdgeschäftsführer oder einen Gesellschaftergeschäftsführer handelt. 672

---

441 OLG München GmbHR 1994, 259.

673 Grundsätzlich ist eine **Beschränkung der Abberufung durch Vereinbarungen außerhalb der Satzung**, insbesondere durch schuldrechtliche Vereinbarungen zwischen Gesellschaft und Geschäftsführer wie dem Anstellungsvertrag, unzulässig und daher unbeachtlich. Zulässig sein soll dagegen eine unter den Gesellschaftern getroffene Vereinbarung, in der diese sich verpflichten, die Geschäftsführerstellung des Gesellschafter-Geschäftsführers nur aus wichtigem Grund zu beenden oder die durch eine vereinbarte Stimmrechtsbindung eine Beschränkung der Abberufungsmöglichkeiten bewirkt. Im Fall des Gesellschafter-Geschäftsführers kann sich eine Einschränkung der freien Abberufbarkeit auch ohne entsprechende Satzungsregeln aus der unter den Gesellschaftern bestehenden Treuepflicht ergeben.[442]

674 Die **Abberufung aus wichtigem Grund** ist immer zulässig, gem. § 38 Abs. 2 S. 1 GmbHG kann sie auch durch Regelungen der Satzung nicht abbedungen werden. Wichtiger Grund ist jeder Umstand, der ein Verbleiben des Abzuberufenden in seiner Organstellung für die Gesellschaft unzumutbar macht. § 38 Abs. 2 S. 2 nennt beispielhaft eine grobe Pflichtverletzung oder die Unfähigkeit zu ordnungsgemäßer Geschäftsführung. Das Vorliegen des wichtigen Grundes ist im Rahmen einer Interessenabwägung zu bestimmen. Zu der Frage, wann ein wichtiger Grund vorliegt, gibt es umfangreiche Rechtsprechung.

675 Gemäß § 46 Nr. 5 GmbHG erfolgt die Abberufung der Geschäftsführer ebenso wie ihre Bestellung durch **Beschluss der Gesellschafterversammlung**. Die Regelung ist allerdings dispositiv, so dass Bestellung und Abberufung der Geschäftsführung auch anderen und ggf. auch verschiedenen Gesellschaftsorganen zugewiesen werden können. Ob die Gesellschafterversammlung in diesen Fällen trotzdem bei Vorliegen eines wichtigen Grundes selbst abberufen kann, ist umstritten.

676 Soweit die Abberufung durch Beschluss der Gesellschafterversammlung erfolgt und in der Satzung nichts anderes bestimmt ist, ist **Beschlussfassung mit einfacher Mehrheit** ausreichend. Sieht die Satzung andere Mehrheitsverhältnisse vor, erstrecken sich diese nach Auffassung des BGH nicht auf die Abberufung aus wichtigem Grund, da diese stets mit einfacher Mehrheit möglich sein müsse.[443]

677 Der abzuberufende Gesellschafter-Geschäftsführer kann bei dem Abberufungsbeschluss mitstimmen, soweit die Abberufung nicht aus wichtigem Grund erfolgen soll. Bei Abberufung aus wichtigem Grund ist er nicht stimmberechtigt, wenn ein wichtiger Grund tatsächlich besteht. Er hat aber **Teilnahme- und Rederechte** bei der Beratung über die Abberufung. Soweit der Abzuberufende der Beschlussfassung nicht beigewohnt hat, ist ihm das **Beschlussergebnis bekannt zu geben**, um die Wirksamkeit des Beschlusses herbeizuführen.

678 Die Beendigung der Geschäftsführerstellung ist gem. § 39 GmbHG zum **Handelsregister** anzumelden.[444] Die **Eintragung** hat **nur deklaratorische Bedeutung**, ist aber erforderlich, um den von § 15 HGB gewährten Verkehrsschutz zu beseitigen.

679 Der Abberufungsbeschluss kann nach den allgemeinen Regeln gerichtlich angefochten werden. Das **Rechtsschutzinteresse des Gesellschafter-Geschäftsführers** hinsichtlich der Anfechtung des Abberufungsbeschlusses im Klageweg entfällt jedoch, wenn er nach Klageerhebung sein Amt freiwillig niederlegt.[445] Zu beachten ist zudem, dass der abzuberufende Gesellschafter-Geschäftsführer bei der Beschlussfassung über die Abberufung aus wichtigem Grund nicht stimmberechtigt ist. Das Fehlen eines die Abberufung rechtfertigenden wichtigen Grundes kann daher nicht nur zur Anfechtbarkeit des Beschlusses führen, sondern soweit sein Vorliegen

---

[442] BGH DStR 1994, 214.
[443] BGHZ 86, 179; BGH WM 1984, 29; BGH WM 1988, 23.
[444] Gem. § 12 HGB n.F. erfolgt die Anmeldung zum Handelsregister grds. in elektronischer Form. Die Einreichung von Schriftstücken in Papierform ist lediglich in den Bundesländern möglich, die von der Übergangsregelung des Art. 59 EGHGB n.F. Gebrauch machen.
[445] OLG Saarbrücken GmbHR 2001, 580.

streitig ist, können auch Unklarheiten über die förmliche Feststellung des Beschlussergebnisses auftreten. In diesem Fall kann auch mit einer Feststellungsklage vorgegangen werden.

Der **Fremdgeschäftsführer**, der nach § 38 GmbHG jederzeit wieder abberufen werden kann, hat in der Gesellschaft im Unterschied zum geschäftsführenden Gesellschafter keine vorläufigen Interessen, die durch **einstweilige Verfügung** zu schützen sind. Der Widerruf seiner Bestellung ist entsprechend § 84 Abs. 3 AktG bis zur rechtskräftigen Feststellung seiner Unwirksamkeit wirksam. Möglichkeiten, gegen den Abberufungsbeschluss im Wege einstweiligen Rechtsschutzes vorzugehen, bestehen daher nicht.[446] **680**

Hinsichtlich der Möglichkeiten des geschäftsführenden Gesellschafters, einstweiligen Rechtsschutz schon **im Vorfeld der Beschlussfassung** mit dem Ziel der Verhinderung derselben zu erlangen, gilt das zur Verhinderung von Gesellschafterbeschlüssen im Allgemeinen Ausgeführte. **681**

Der abberufene Gesellschafter-Geschäftsführer hat nach den allgemeinen Regeln die Möglichkeit, im Wege des einstweiligen Rechtsschutzes den **Vollzug des Abberufungsbeschlusses**, insbesondere die Eintragung der Beendigung seiner Geschäftsführerstellung, zu verhindern. **682**

Der abberufene Geschäftsführer kann sich darüber hinaus im Anschluss an den angefochtenen Abberufungsbeschluss durch einstweilige Verfügung die rechtlichen Kompetenzen zur vorläufig uneingeschränkten **Weiterführung der bisherigen Geschäftsleitung** sichern.[447] **683**

Parteien des Verfügungsverfahrens sind der Abberufene und die Gesellschaft, wobei die Gesellschaft nach den allgemeinen Regeln vertreten wird. **684**

Der Antrag des abberufenen Geschäftsführers kann auf die Ermöglichung der vollen oder jedenfalls begrenzten Weiterführung seiner Tätigkeit gerichtet sein.[448] Im Einzelfall kann auch die Wiederanmeldung zum Handelsregister begehrt werden. Der **Verfügungsanspruch** des (zu Unrecht oder unwirksam) abberufenen Geschäftsführers resultiert aus der Kompetenznorm des § 35 GmbHG oder aus den die Befugnisse des Geschäftsführers regelnden Bestimmungen in Gesetz und Gesellschaftsvertrag. **685**

Hinsichtlich des **Verfügungsgrundes** ist glaubhaft zu machen, dass der angegriffene Abberufungsbeschluss voraussichtlich unwirksam ist und die Entziehung der Geschäftsführungskompetenzen bzw. die Behauptung der wirksamen Abberufung zu einer nicht hinnehmbaren Beeinträchtigung führt. Ein Interesse der abberufenden Gesellschafter an einer vorläufigen Regelung der Geschäftsführungskompetenzen kann sich ergeben, wenn die geplante Abberufung zunächst gescheitert ist oder aufgrund der Ankündigung des Stimmverhaltens einzelner Gesellschafter zu scheitern droht oder wenn das Abwarten längerer Ladungsfristen bis zur Gesellschafterversammlung nicht zumutbar erscheint. **686**

Inhalt der einstweiligen Verfügung kann die Untersagung faktisch mit der Geschäftsführung zusammenhängender Tätigkeiten wie das Betreten der Geschäftsräume, die Einsichtnahme in Geschäftsunterlagen oder die Herausgabe bestimmter Gegenstände wie Schlüssel o.ä. sein. Soweit es den Gesellschaftern aufgrund eines gravierenden aktuellen Pflichtenverstoßes nicht zumutbar ist, die Einberufung einer außerordentlichen Gesellschafterversammlung und die Eintragung der Beendigung im Handelsregister abzuwarten, kann dem Geschäftsführer die Ausübung seiner Geschäftsführungsbefugnisse und/oder die Vertretung der GmbH bis zu seiner Abberufung durch Gesellschafterbeschluss auch vollständig untersagt werden.[449] Im Schrifttum wird vereinzelt sogar die einstweilige Abberufung des Geschäftsführers für zulässig erachtet. Der Anspruch auf Unterlassung der Geschäftsführung ergibt sich aus § 38 GmbHG, wobei die der Abberufungsentscheidung vorangegangenen Umstände dargelegt und glaubhaft gemacht wer- **687**

---
446 OLG Hamm GmbHR 2002, 327.
447 OLG Celle GmbHR 1981, 264; OLG Stuttgart GmbHR 1997, 312.
448 OLG Celle GmbHR 1981, 264.
449 OLG Frankfurt/M GmbHR 1998, 1126.

den müssen. Hinsichtlich des Verfügungsgrundes ist darzulegen, dass die Abberufung sicher zu erwarten ist und dass ein Abwarten bis zur Fassung des Abberufungsbeschlusses nicht möglich ist.

688 **Scheitert die Abberufung**, weil der nicht stimmberechtigte Gesellschafter-Geschäftsführer gegen die Abstimmung stimmt und infolge des unklaren Beschlussergebnisses der Beschluss nicht vollziehbar oder sogar unwirksam ist, können die abberufenden Gesellschafter im Wege der einstweiligen Verfügung dem abberufenen Geschäftsführer zumindest bis zur endgültigen gerichtlichen Klärung die Wahrnehmung der Geschäftsführung und die Vertretung der Gesellschaft untersagen oder die Ausübung mit der Geschäftsführung zusammenhängender Maßnahmen (Zutritt zu den Geschäftsräumen, Einsichtnahme etc.) verbieten lassen.

689 Hinsichtlich der Möglichkeit, einem oder mehreren Gesellschaftern im Wege der einstweiligen Verfügung zu untersagen, gegen die Abberufung des Geschäftsführers zu stimmen und damit einen Abberufungsbeschluss zu verhindern, gilt das zur **Verhinderung von Beschlussfassungen** im einstweiligen Rechtsschutz Gesagte.

690 In der **Zwei-Personen-GmbH** sind schon an die Voraussetzungen für eine Abberufung des Gesellschafter-Geschäftsführers strengere Anforderungen zu stellen als in einer Mehrpersonen-GmbH.[450] Es soll verhindert werden, dass einer der Gesellschafter die Tätigkeit des anderen beliebig beenden kann.[451] Eine Abberufung des Gesellschaftergeschäftsführers ist in der Zwei-Personen-GmbH über die Möglichkeiten in der Mehrpersonengesellschaft hinaus auch dann zulässig, wenn eine „tief greifende Zerrüttung" oder ein schweres Zerwürfnis zwischen den Gesellschaftern besteht.[452] Nicht endgültig geklärt ist, ob es dabei auf ein Verschulden des abzuberufenden Gesellschafter-Geschäftsführers ankommen soll[453] oder nicht.[454]

691 Im Falle der (beabsichtigten) **wechselseitigen Abberufung** kann ein Gesellschafter-Geschäftsführers dem anderen nicht dadurch zuvorkommen, dass er dessen Abberufung und Ausschluss mit Einziehung des Stimmanteils zeitlich früher auf die Tagesordnung setzt und den anderen der Möglichkeit beraubt, über seine eigene Abberufung abzustimmen. Der getrennten Beschlussfassung kommt in diesen Fällen bloßer Ritualcharakter zu, ein derartiges Verhalten des abberufenden Gesellschafter-Geschäftsführers soll zudem einen schwerwiegenden Verstoß gegen die Teilnahmerechte des abberufenen Gesellschafter-Geschäftsführers darstellen. Die gegenseitigen Anträge der Gesellschafter auf Abberufung bzw. Einziehung der Geschäftsanteile sollen daher einheitlich verhandelt und beschieden werden. Ignoriert der abberufene Gesellschafter-Geschäftsführer das ihn treffende Stimmverbot und entsteht hierdurch Streit über das Beschlussergebnis, ist der Abberufungsbeschluss schwebend unwirksam.[455]

b) Rechtsschutz gegen Maßnahmen des Geschäftsführers

692 Ein **deliktischer Anspruch** der Gesellschaft selbst gegen die Geschäftsführer **auf Unterlassen** solcher Handlungen, die die Gesellschaft schädigen, folgt aus **§ 43 GmbHG**. Daneben können sich deliktische Ansprüche natürlich aus allgemeinem Recht, insbesondere aus den §§ 823 ff. BGB ergeben.

693 Soweit allein deliktische Unterlassungsansprüche geltend gemacht werden, ist die Gesellschaft selbst **aktivlegitimiert**. Da daneben die Möglichkeiten der Weisung und der Abberufung der Geschäftsführer durch die Gesellschafterversammlung als Kontrollmechanismen offen ste-

---

[450] OLG Karlsruhe NZG 2000, 264.
[451] OLG Hamm GmbHR 1995, 736.
[452] BGH NJW-RR 1992, 993; OLG Düsseldorf GmbHR 1994, 884.
[453] OLG Hamm GmbHR 1995, 736; OLG Naumburg GmbHR 1996, 934.
[454] OLG Düsseldorf GmbHR 1994, 884.
[455] BGHZ 177, 181; OLG Düsseldorf GmbHR 1999, 1098.

hen, sind an die Prüfung des **Rechtschutzinteresses** erhöhte Anforderungen zu stellen. Die Gesellschafter können diese Ansprüche allenfalls im Wege der actio pro socio geltend machen. Bei Verletzung innerer Kompetenzen sind auch die einzelnen Gesellschafter klagebefugt, und zwar aus eigenem Recht und nicht nur als Prozessstandschafter für die Gesellschaft. Die Klagebefugnis der einzelnen Gesellschafter ist daher auch nicht abhängig vom Tätigwerden der für die Kontrolle der Geschäftsführung zuständigen Organe.

Die Klage ist zu richten gegen die GmbH selbst, sie ist grundsätzlich **passivlegitimiert**. Problematisch ist dies jedoch dann, wenn die angegriffenen Geschäftsführungsmaßnahmen zugleich einen deliktischen Unterlassungs- oder Schadenersatzanspruch der Gesellschaft begründen.[456] 694

Nach Auffassung des BGH darf die Zeit, die derjenige, der sich durch die Geschäftsführungsmaßnahme in seinen Rechten verletzt sieht, bis zur Klageerhebung verstreichen lässt, nicht außer Verhältnis zu der in § 246 Abs. 1 AktG normierten **Anfechtungsfrist** bezüglich anfechtbarer Beschlüsse stehen. 695

Nach § 46 Nr. 8 Hs. 1 GmbHG ist vor Klageerhebung ein entsprechender **Gesellschafterbeschluss** zu fassen. Dies gilt auch dann, wenn ein einzelner Gesellschafter Klage erhebt. 696

c) Rechtsschutz im Zusammenhang mit der Teilung von Geschäftsanteilen

Die Veräußerung von Teilen eines Geschäftsanteils ist gem. § 17 Abs. 1 GmbHG nur mit Genehmigung der Gesellschaft zulässig. Der Begriff der Genehmigung ist dabei ebenso zu verstehen wie in § 15 Abs. 5 GmbHG. Ausreichend ist daher die Zustimmung vor, während oder nach der Veräußerung. Der **Genehmigungsvorbehalt** betrifft nur das **Verfügungsgeschäft**, die schuldrechtliche Verpflichtung zur Übertragung eines Teilgeschäftsanteils ist auch ohne Genehmigung der GmbH wirksam. Die Zustimmungsberechtigung nach § 17 Abs. 1 GmbHG liegt bei der GmbH. Sie wird, auch im Fall der **Insolvenz** durch Erklärung der Geschäftsführer in vertretungsberechtigter Zahl erteilt, nach Auflösung der GmbH von den **Liquidatoren**. Intern ist grundsätzlich ein **Gesellschafterbeschluss** nach § 46 Nr. 4 GmbHG erforderlich, der aber, wie in den Fällen der Zustimmung zur Geschäftsanteilsübertragung, nur interne Wirkung entfaltet, solange die Regeln über den Missbrauch der Vertretungsmacht nicht eingreifen. 697

Die **Genehmigungserteilung** liegt im pflichtgemäßen Ermessen der Gesellschaft bzw. des genehmigungsberechtigten Organs, eine willkürliche Versagung ist nicht zulässig. Das Ermessen ist zudem gebunden durch die gesellschafterliche Treuepflicht und das **Gleichbehandlungsgebot**. Entbehrlich ist eine Genehmigungserklärung durch den Geschäftsführer, wenn der alleinige Gesellschafter einer Ein-Personen-GmbH einen Geschäftsanteil abtritt, sowie wenn bei einer Zwei-Personen-GmbH der eine Gesellschafter an den anderen abtritt. Neben (nicht: anstatt) der Zustimmung der Gesellschaft kann der Gesellschaftsvertrag zusätzliche Zustimmungserfordernisse anderer Gesellschaftsorgane, der Gesellschafter selbst oder Dritter vorsehen. 698

Die Verweigerung der erforderlichen Genehmigung kann aufgrund Verstoßes gegen die gesellschafterliche Treuepflicht oder gegen das Gleichbehandlungsgebot rechtswidrig sein oder auf fehlerhafter Ermessensausübung beruhen. In beiden Fällen hat der veräußernde Gesellschafter **Ansprüche auf Erteilung der Genehmigung** bzw. auf fehlerfreie Ermessensausübung, die sich aus dem Gesellschaftsrechtsverhältnis begründen, die er gerichtlich geltend machen kann. 699

Richtet sich das Klagebegehren gegen die versagte Zustimmung der Gesellschafterversammlung oder des Aufsichts- bzw. Beirats, ist wie im Fall der Zustimmung zur Geschäftsanteilsübertragung, gegen den die Zustimmung versagenden Beschluss im Wege der Anfechtungs- und po- 700

---
[456] OLG Hamburg ZIP 1980, 1000.

sitiven Beschlussfeststellungsklage vorzugehen, wenn die Abtretung bereits vorgenommen wurde und aufgrund der versagten Zustimmung endgültig unwirksam geworden ist. Ist die Anteilsübertragung noch nicht vorgenommen, kann stattdessen auch eine Leistungsklage erhoben werden.

701 Kommt lediglich das Bestehen eines **Anspruchs auf ermessensfehlerhafte Entscheidung** in Betracht, kann der Kläger die Pflichtwidrigkeit der Genehmigungsverweigerung durch die Gesellschaft, die einzelnen Gesellschafter oder einen Dritten im Wege der Feststellungsklage nach § 256 ZPO geltend machen.

702 **Aktivlegitimiert** ist aufgrund des mit der fehlerhaft erteilten Zustimmung verbundenen Verstoßes gegen Regelungen des Gesellschaftsvertrags und anderer gesellschaftsinterner zu beachtender Bindungen jeder einzelne Gesellschafter.

703 **Passivlegitimiert** ist die GmbH selbst bei Erteilung der Genehmigung nach § 17 Abs. 1 GmbHG sowie (daneben oder ausschließlich) der jeweils zusätzlich Genehmigungsberechtigte.

d) Rechtsschutz im Zusammenhang mit der Übertragung von Geschäftsanteilen

704 Die Übertragung von Geschäftsanteilen kann gem. § 15 Abs. 5 GmbHG von der Zustimmung der Gesellschaft abhängig gemacht werden. **Zustimmung** ist im Sinne einer **Genehmigung** zu verstehen.[457] Sie kann daher vor, nach oder bei Abschluss des Abtretungsvertrages erteilt werden, auch wenn der Gesellschaftsvertrag ausdrücklich die vorherige Zustimmung verlangt. Sieht der Gesellschaftsvertrag eine Zustimmung der Gesellschaft vor, ist diese durch die Geschäftsführer in vertretungsberechtigter Zahl abzugeben. Soweit die Satzung nichts anderes bestimmt, bedürfen die Geschäftsführer im Innenverhältnis eines zustimmenden Beschlusses der Gesellschafter. Dessen Fehlen wirkt sich aber auf die Wirksamkeit der Zustimmung nur nach den Grundsätzen über den Missbrauch der Vertretungsmacht aus.

705 Zu beachten ist, dass bei Erteilung der Zustimmung allein gegenüber dem veräußernden Gesellschafter aufgrund dessen Kenntnis von der Gesellschaftssatzung regelmäßig evidenter **Missbrauch der Vertretungsmacht** gegeben ist. Zulässig ist auch die Vereinbarung weiterer Zustimmungserfordernisse im Gesellschaftsvertrag. Die Übertragung kann daher gleichfalls von einer Zustimmung einzelner oder aller Gesellschafter, der Gesellschafterversammlung, der Geschäftsführer oder des Aufsichtsrats abhängig gemacht werden.

706 Ein Anspruch auf Erteilung der zur Geschäftsanteilsübertragung erforderlichen Zustimmung besteht grundsätzlich nur dann, wenn in der GmbH-Satzung durch konkrete Regelungen die **Zustimmungsvoraussetzungen** klar bestimmt sind. Sieht der Gesellschaftsvertrag derartige Voraussetzungen nicht vor, liegt die Zustimmungserteilung im Ermessen des Berechtigten. Eine Verpflichtung zur Zustimmungserteilung und damit ein positiver Anspruch kann nur ausnahmsweise aus vertraglicher Verpflichtung, der gesellschafterlichen Treuepflicht oder dem Gebot der Gleichbehandlung hergeleitet werden. Im Übrigen besteht lediglich ein Anspruch auf fehlerfreien Gebrauch des dem Zustimmungsberechtigten eingeräumten Ermessens.

707 Anspruchsberechtigt und damit **klagebefugt** ist grundsätzlich nur der veräußernde Gesellschafter. Diese Einschränkung gilt aber nicht, wenn und soweit ein Gesellschaftsrechtsverhältnis zwischen dem die Zustimmung auf der Grundlage des Gesellschaftsvertrages verlangenden Anteilserwerber und den die Zustimmung verweigernden Gesellschaftern vor Anteilsveräußerung bereits besteht. In diesem Fall ist auch der Erwerber klagebefugt. Ob der gesellschaftsfremde Erwerber die Zustimmung im Wege der gewillkürten Prozessstandschaft verlangen kann, ist bisher nicht abschließend geklärt. Es bleibt ihm aber unbenommen, bei Vorliegen eines rechtlichen Interesses dem Rechtsstreit als Nebenintervenient beizutreten.

---

[457] BGHZ 13, 179, 184.

Wird mit der **Klage** die Zustimmung der GmbH oder eines Gesellschaftsorgans begehrt, ist **708** sie **gegen die Gesellschaft** zu richten. Die GmbH wird im ersten Fall durch die Geschäftsführer vertreten, im zweiten Fall durch das zustimmungsberechtigte Gesellschaftsorgan, da dieses bei seiner Entscheidung nicht durch die Geschäftsführer vertreten werden kann. In den übrigen Fällen ist die Klage gegen den jeweils Zustimmungsberechtigten zu erheben.

Macht der Kläger einen positiven materiellrechtlichen Anspruch auf Zustimmungserteilung **709** infolge konkreter Satzungsbestimmungen, vertraglicher Verpflichtung oder gesellschaftsrechtlicher Grundsätze geltend, kann er **Leistungsklage auf Erteilung der Genehmigung** erheben. Das stattgebende Urteil ersetzt gem. § 894 ZPO die Erklärung des Zustimmungsberechtigten. Dies gilt auch dann, wenn die Verweigerung der erforderlichen Zustimmung der GmbH durch die Geschäftsführer auf einem entsprechenden Gesellschafterbeschluss beruht. Da dieser nur Wirkungen im Innenverhältnis entfaltet und bei Stattgabe der Klage ohnehin wegen Rechtswidrigkeit aufzuheben wäre, ist eine gesonderte Anfechtung des Gesellschaftsbeschlusses im Wege einer Beschlussanfechtungsklage nicht erforderlich.

Verweigert die Gesellschafterversammlung einer GmbH die nach dem Gesellschaftsvertrag **710** erforderliche Zustimmung zur Übertragung eines Gesellschaftsanteils, so kann der Anspruchsberechtigte trotz der Möglichkeit, gegen diesen Beschluss im Wege einer **Anfechtungsklage** verbunden mit einer **positiven Beschlussfeststellungsklage** vorzugehen, (Leistungs-)Klage auf Zustimmung gegen die Gesellschaft erheben. Anfechtungs- und Beschlussfeststellungsklage haben keine Sperrwirkungen.

Die Leistungsklage unterliegt daher auch keiner **Anfechtungsfrist**. Dies ergibt sich aus der **711** unterschiedlichen Natur des Zustimmungsanspruchs im Vergleich zu dem Recht, Gesellschafterbeschlüsse anzufechten und eine Beschlussfeststellungsklage zu erheben. Während Letzteres Teil der Mitwirkungsbefugnis des Gesellschafters in der Gesellschafterversammlung ist, zielt die Geltendmachung des Anspruchs auf Zustimmung auf die Beendigung der Mitgliedschaft ab. Der Kläger tritt in dieser Konstellation in ein Gegenüber zu der Gesellschafterversammlung, das im Grunde nicht die Aufhebung eines bestimmten Beschlusses, sondern Wirksamkeit der Übertragung begehrt. Er ist daher nicht anders zu behandeln, als wenn die Zustimmungskompetenz der Gesellschaft selbst oder einem Organ übertragen ist, dem er nicht selbst angehört. Gleiches gilt, wenn der Aufsichtsrat oder Beirat die nach dem Gesellschaftsvertrag erforderliche Zustimmung durch Beschluss verweigert.

Ist zur Anteilsübertragung die Zustimmung der Gesellschaft, der Gesellschafter oder eines **712** Dritten erforderlich und nicht erteilt worden, kann der klagende Gesellschafter die Entscheidung des Zustimmungsberechtigten im Wege der **Feststellungsklage** nach § 256 ZPO überprüfen lassen. Um sein Ziel einer neuen, ermessensfehlerfreien Entscheidung zu erreichen, ist die Feststellungsklage mit einer Leistungsklage auf Entscheidung über die Zustimmung zu verbinden, um so dem Gericht die Möglichkeit zu eröffnen, den Zustimmungsberechtigen zu verpflichten, unter Beachtung der Rechtsauffassung des Gerichts erneut zu entscheiden.

Im Fall des Erfordernisses einer Zustimmung der Gesellschaft gilt bei Vorliegen eines die Zu- **713** stimmung versagenden Gesellschaftsbeschlusses das oben Gesagte. Ist die Zustimmung der Gesellschafterversammlung oder des Aufsichtsrats/Beirats erforderlich und verweigert worden, ist gegen den versagenden Beschluss Anfechtungsklage zu erheben. Ist der ablehnende Gesellschafterbeschluss nicht förmlich festgestellt, genügt jedoch auch die Erhebung einer einfachen Feststellungsklage. In jedem Fall ist die Verbindung der Klage mit einer Leistungsklage auf erneute Entscheidung über die Zustimmung zur Erlangung eines vollstreckungsfähigen Titels ratsam.

Das der Leistungsklage stattgebende **Urteil** ersetzt gem. § 894 ZPO die Erklärung des Zu- **714** stimmungsberechtigten.[458] Ist der Geschäftsanteil zu diesem Zeitpunkt noch nicht abgetreten

---

458 LG Düsseldorf DB 1989, 33.

oder über die Zustimmung noch nicht entschieden, kann die Abtretung nun ohne weiteres vorgenommen werden. War bei bereits erfolgter Abtretung die erbetene Zustimmung verweigert worden, führt diese Verweigerung jedenfalls dann nicht zur endgültigen Unwirksamkeit des Geschäfts, wenn sie selbst rechtsmissbräuchlich war. In diesem Fall ist die Ablehnung der Genehmigung für die Abtretung von GmbH-Geschäftsanteilen nämlich selbst unwirksam und vermag den Zustand schwebender Unwirksamkeit des zustimmungsbedürftigen Hauptgeschäfts nicht zu beenden.[459] Wurde die Genehmigung jedoch durch (erforderlichen) förmlich festgestellten und bestandskräftigen Gesellschafterbeschluss versagt, bleibt die Abtretung auch bei Stattgabe der Leistungsklage endgültig unwirksam und eine erneute Abtretung des Geschäftsanteils ist erforderlich.

715 Soweit nicht von vornherein feststeht, dass der Kläger einen direkten Anspruch auf Erteilung der Zustimmung hat, sollte neben einer Leistungsklage (ggf. verbunden mit einer Anfechtungs- und Beschlussfeststellungsklage) **hilfsweise** ein **Antrag auf Feststellung der Ermessensfehlerhaftigkeit** (bei Vorliegen eines förmlichen Beschlusses eine entsprechende Anfechtungs- und Beschlussfeststellungsklage), verbunden mit einem Leistungsantrag auf ermessensfehlerfreie Entscheidung gestellt werden.

III. Muster

M 68 1. Muster: Ordentliche Kündigung

716 Gegen Empfangsquittung
An die
_____ GmbH
vertreten durch den Geschäftsführer _____
Hiermit
kündige
ich die Gesellschaft mit Wirkung zum 31.12._____.
Ich weise auf § 13 der Satzung hin. Dieser lautet auszugsweise:
„§ 13 Kündigung
(1) Jeder Gesellschafter kann eine ordentliche Kündigung der Gesellschaft aussprechen. Die ordentliche Kündigung ist mit einer Frist von neun Monaten zum Ende eines jeden Geschäftsjahres zulässig.
(2) _____
(3) _____
(4) Die Kündigung hat zur Folge, dass der Kündigende ausscheidet. Der oder die verbleibenden Gesellschafter führen die Gesellschaft fort. An den ausscheidenden Gesellschafter ist eine Abfindung nach den Bestimmungen des § 15 dieses Vertrages zu zahlen."
Gem. § 15 der Satzung ist zur Bemessung der Abfindung der Ertragswert des Unternehmens zu ermitteln. Dies hat nach Maßgabe der dort getroffenen Bestimmungen, auf die ich verweise, durch einen von der Gesellschaft bestimmten Wirtschaftsprüfer zu erfolgen.
Ich ersuche darum, zum Zwecke dieser Wertermittlung spätestens binnen eines Monats nach Zugang dieses Schreibens einen Wirtschaftsprüfer zu beauftragen unter Hinweis darauf, dass das Ergebnis bis spätestens zum 31.12._____ vorliegen muss, und mir die Beauftragung durch Übersendung einer Kopie des Auftragsschreibens zur Kenntnis zu bringen.
Nach erfolgter Zuleitung des Ergebnisses der Wertermittlung werde ich prüfen, ob ich von dem mir satzungsmäßig eingeräumten Recht, die Entscheidung eines von der örtlichen Industrie- und Han-

---

[459] LG Düsseldorf DB 1989, 33.

delskammer bestimmten Wirtschaftsprüfers über den anzusetzenden Ertragswert des Unternehmens zu verlangen, Gebrauch machen werde.
Ich fordere Sie auf, sich spätestens bis zum 31.12._____ verbindlich darüber zu erklären, dass der von mir gehaltene Geschäftsanteil gegen Zahlung der Abfindung entweder von der Gesellschaft eingezogen oder seine Abtretung an einen mir gleichzeitig namhaft gemachten Dritten verlangt wird.
_____ (Ort, Datum, Unterschrift Gesellschafter)

2. Muster: Auflösung (Beschluss, Anmeldung, Bekanntmachung)
a) Muster: Liquidationsbeschluss

M 69

Auflösungsbeschluss 717

Die Gesellschafterversammlung der _____ GmbH, bestehend aus den heute hier vollständig erschienenen Gesellschaftern
1. Herrn X, _____ (Adresse)
2. Herrn Y, _____ (Adresse)
3. Herrn Z, _____ (Adresse)

beschließt unter Verzicht auf alle Formen und Fristen für die Einberufung und die Tagesordnung einer Gesellschafterversammlung gem. § _____ des Gesellschaftsvertrages einstimmig:
1. Die Gesellschaft wird mit Ablauf des _____ aufgelöst.
2. Herr G und Herr X werden als Geschäftsführer abberufen.
3. Herr G wird zum alleinigen Liquidator bestellt.
4. Herr G vertritt die Gesellschaft allein, solange er alleiniger Liquidator ist. Er ist von den Beschränkungen des § 181 BGB befreit. Ansonsten vertritt er die Gesellschaft gemeinschaftlich mit einem anderen Liquidator.
5. Die Bücher und Schriften der Gesellschaft werden nach Beendigung der Liquidation durch den Gesellschafter Y verwahrt.

_____ (Ort, Datum, Unterschriften aller Gesellschafter)

b) Muster: Anmeldung der Liquidation[460]

M 70

718

An das
Amtsgericht _____
– Handelsregister –
Handelsregistersache _____ GmbH
HRB Nr. _____
Als alleiniger Liquidator der Gesellschaft überreiche ich den Gesellschafterbeschluss vom _____ und melde zur Eintragung an:
1. Die Gesellschaft ist mit Ablauf des _____ aufgelöst.
2. Die Herren G und X sind nicht mehr Geschäftsführer.
3. Ich bin zum Liquidator bestellt.
4. Ich vertrete die Gesellschaft einzeln, solange ich alleiniger Liquidator bin. Ich bin von den Beschränkungen des § 181 BGB befreit. Ansonsten vertrete ich die Gesellschaft gemeinschaftlich mit einem anderen Liquidator. Die allgemeine Bestimmung über die Vertretung der Gesellschaft entspricht der Regelung in der Satzung, dort § _____.

---

[460] Die Anmeldung erfolgt grds. auf elektronischem Wege; vgl. § 12 HGB n.F. i.V.m. Art. 59 EGHGB n.F.

Als Liquidator zeichne ich wie folgt: _____
Ich versichere, dass ich nicht wegen einer Insolvenzstraftat (Bankrott, Verletzung der Buchführungspflicht, Gläubigerbegünstigung, Schuldnerbegünstigung – §§ 283 bis 283d StGB) rechtskräftig verurteilt worden bin und mir die Ausübung eines Berufes, Berufszweiges, Gewerbes oder Gewerbezweiges weder durch gerichtliches Urteil noch durch vollziehbare Entscheidung einer Verwaltungsbehörde untersagt ist, und dass ich über meine unbeschränkte Auskunftspflicht gegenüber dem Gericht durch den beglaubigenden Notar belehrt worden bin.
_____ (Ort, Datum, Unterschrift des Liquidators)
_____ (*Beglaubigungsvermerk des Notars*)

M 71 **c) Muster: Anmeldung der Vollbeendigung**[461]

719 An das
Amtsgericht _____
– Handelsregister –
Handelsregistersache _____ GmbH
HRB Nr. _____
Als alleiniger Liquidator der Gesellschaft melde ich zur Eintragung an, dass die Liquidation der Gesellschaft beendet und deren Firma erloschen ist.
Ich überreiche die Belegexemplare der Nummern _____, _____ und _____ des Bundesanzeigers vom _____, _____ und _____, aus denen sich ergibt, dass die Auflösung der Gesellschaft und die Aufforderung an die Gläubiger, sich bei der Gesellschaft zu melden, dreimal bekannt gemacht worden ist. Nach § _____ des Gesellschaftsvertrages haben Bekanntmachungen der Gesellschaft nur im elektronischen Bundesanzeiger zu erfolgen.[462] Der Gesellschafter Y hat die Bücher und Schriften der Gesellschaft zur Verwahrung übernommen.
_____ (Ort, Datum, Unterschrift des Liquidators)
_____ (*Beglaubigungsvermerk des Notars*)

M 72 **3. Muster: Ausschlussklage**

720 An das
Landgericht _____
– Kammer für Handelssachen –
_____ (Ort, Datum)

Klage

der _____ GmbH, vertreten durch ihren Geschäftsführer, Herrn A, _____ (Adresse)

– Klägerin –

Prozessbevollmächtigter: _____

gegen

den Gesellschafter B, _____ (Adresse)

– Beklagter –

wegen Ausschlusses
Vorläufiger Streitwert: _____
Namens und im Auftrag der Klägerin beantrage ich:

---

[461] Die Anmeldung erfolgt grds. auf elektronischem Wege; vgl. § 12 HGB n.F. i.V.m. Art. 59 EGHGB n.F.
[462] Es genügt die Bekanntmachung im elektronischen Bundesanzeiger; vgl. www.ebundesanzeiger.de.

1. Der Beklagte wird als Gesellschafter der Klägerin unter der aufschiebenden Bedingung der Zahlung einer Abfindung in Höhe von 100.000 EUR, welche binnen drei Monaten nach Rechtskraft des Urteils durch die Klägerin oder durch einen von der Klägerin bestimmten Dritten an den Beklagten zu leisten ist, ausgeschlossen.
2. Die Klägerin ist befugt, Zug um Zug gegen Zahlung der unter 1. bestimmten Abfindung über den Geschäftsanteil des Beklagten zu verfügen, diesen nach ihrer Wahl einzuziehen, an sich selbst oder an einen Dritten zu übertragen; sie kann zu diesen Zwecken den Geschäftsanteil des Beklagten auch teilen und mit den Teilgeschäftsanteilen nach ihrer Wahl verfahren.

Vorsorglich stelle ich hilfsweise zu 1. folgenden Antrag:

Der Beklagte wird als Gesellschafter der Klägerin unter der aufschiebenden Bedingung der Zahlung einer seitens des erkennenden Gerichts festgesetzten Abfindung, welche innerhalb einer vom erkennenden Gericht festgelegten Frist durch eine seitens des erkennenden Gerichts bestimmte Person an den Beklagten zu leisten ist, ausgeschlossen.

Vorsorglich

Es wird festgestellt, dass die Klägerin nach erfolgter Zahlung des festgesetzten Abfindungsbetrages an den Beklagten Inhaberin des von ihm gehaltenen Geschäftsanteils ist.

Begründung:

I.

1. Die Klägerin ist im Handelsregister des Amtsgerichts _____ unter HRB Nr. _____ eingetragen. Ihre Gesellschafter sind Herr A mit einem Geschäftsanteil von nom. 25.000 EUR, der Beklagte mit einem Geschäftsanteil von nom. 35.000 EUR und Herr C mit einem Geschäftsanteil von nom. 40.000 EUR des insgesamt 100.000 EUR betragenden Stammkapitals. Die Geschäftsanteile des Beklagten sind voll eingezahlt.

   Anlage K 1 (aktueller, amtlicher Handelsregisterausdruck)[463]
   Anlage K 2 (Satzung der Klägerin)
   Anlage K 3 (aktuelle Gesellschafterliste)[464]
   Anlage K 4 (Kontoauszug)

2. Der Beklagte hat wichtige, geheim zu haltende Geschäftsunterlagen der Klägerin unbefugt an das Konkurrenzunternehmen Y-GmbH der Klägerin weitergeleitet, an welchem der Bruder des Beklagten als Gesellschafter-Geschäftsführer beteiligt ist.

   Die Klägerin ist im Bereich des Vertriebs von Weinen und Spirituosen an Einzelhändler und Endverbraucher tätig. Während ihres über zwanzigjährigen Bestehens hat die Klägerin zahlreiche Geschäftsbeziehungen begründet, gepflegt und ausgebaut. Über ihre gewerblichen und privaten Kunden hat die Klägerin eine umfassende Datenbank angelegt, die deren Namen, Anschriften, Ansprechpartner, die im jeweiligen Geschäftsjahr bestellten Produkte nach Menge und Art sowie die vereinbarten Konditionen ausweist. Die Datenbank ist gegen unbefugte Abfragen durch Passwortschutz gesichert. Abfragen des Kundenstammes können lediglich vom Geschäftsführer der Klägerin getätigt werden. Der Beklagte begehrte Einsichtnahme in diverse Geschäftsunterlagen der Klägerin. Die gewünschten Unterlagen – es handelte sich um Reisekostenabrechnungen des Geschäftsführers der Klägerin – wurden dem Beklagten in den Geschäftsräumen der Klägerin zur Einsichtnahme zur Verfügung gestellt. Der Beklagte tätigte die Einsicht am 29.6. _____ und befand sich von 17 bis 22 Uhr allein in einem Büro, in dem auch ein PC-Arbeitsplatz installiert ist.

---

[463] Gesetz über elektronische Handelsregister und Genossenschaftsregister sowie das Unternehmensregister, BGBl I 2006, 2553.
[464] Ggf. unter www.unternehmensregister.de abrufbar.

Beweis: Zeugnis des kfm. Angestellten M, zu laden über die Klägerin

Am 2.7._____ erhielt der Geschäftsführer der Klägerin einen anonymen Anruf, in welchem ihm mitgeteilt wurde, Herr F, bei dem es sich um den erwähnten Bruder des Beklagten handelt, habe von diesem eine umfangreiche Liste mit Kundendaten erhalten, die offensichtlich aus dem Hause der Klägerin stamme. Die daraufhin eingeleitete Überprüfung des EDV-Systems durch eine Fachfirma ergab, dass am Abend des 29.6._____ ein manipulativer Eingriff an der Datenverarbeitung der Beklagten vorgenommen worden war, bei dem die Kundendatenbank kopiert wurde.

Beweis: Zeugnis des Dipl.-Ing. D, zu laden über _____

Im Rahmen der auf eine entsprechende Strafanzeige der Klägerin hin aufgenommenen Ermittlungen wurde am 6.7._____ eine Durchsuchung der Büroräume des Herrn F bei der Z-GmbH veranlasst, die zur Auffindung von Kopien der klägerischen Datenbank auf Datenträgern und als Ausdruck führte. Herr F hat gestanden, diese Unterlagen vom Beklagten erhalten zu haben.

Beweis: Beiziehung der staatsanwaltschaftlichen Ermittlungsakte zum Az _____, Bl _____;

Zeugnis des Kriminalhauptkommissars K, zu laden über _____

3. In einer am 9.7._____ unter sämtlichen Gesellschaftern geführten Besprechung teilte A dem Beklagten die getroffenen Feststellungen sowie das Ergebnis der Durchsuchung mit und forderte diesen zur Stellungnahme auf. Der Beklagte stritt sämtliche Vorwürfe pauschal ab. Das Angebot, seinen Geschäftsanteil auf die Gesellschaft, Mitgesellschafter oder Dritte zum Verkehrswert zu übertragen, lehnte der Beklagte kategorisch ab.

4. Auf der daraufhin zum 23.7._____ durch den Geschäftsführer der Klägerin einberufenen Gesellschafterversammlung, zu welcher der Beklagte geladen war, aber nicht erschien, haben seine Mitgesellschafter einstimmig beschlossen, Ausschlussklage gegen den Beklagten zu erheben und den zu zahlenden Verkehrswert seiner Beteiligung durch Herrn Wirtschaftsprüfer X verbindlich feststellen zu lassen.

    Anlage K 4 (Protokoll der Gesellschafterversammlung)

5. Das am 20.8._____ erstellte Bewertungsgutachten des Wirtschaftsprüfers X, das die Klägerin als

    Anlage K 5

    überreicht, kommt zu dem Ergebnis, dass der Verkehrswert der Beteiligung des Beklagten 100.000 EUR beträgt. Vorsorglich beruft sich die Klägerin zum Beweis der Richtigkeit des ermittelten Wertes auf gerichtlicherseits einzuholendes Sachverständigengutachten.

6. Sowohl die Klägerin als auch die Mitgesellschafter des Beklagten sind grundsätzlich bereit und in der Lage, den Geschäftsanteil des Beklagten gegen Zahlung dieses Betrages zu übernehmen; am Erwerb interessierte Dritte sind vorhanden; eine Einziehung des Geschäftsanteils des Beklagten kommt gleichfalls grundsätzlich in Betracht. Eine Zahlung der genannten Abfindung durch die Klägerin ist nach deren wirtschaftlichen Verhältnissen möglich, ohne dass das Stammkapital angegriffen werden müsste.

II.

Die Klägerin ist berechtigt, die Ausschließung des Beklagten im Wege gerichtlicher Entscheidung zu verlangen.

1. Die Satzung der Klägerin sieht die Möglichkeit eines Ausschlusses nicht vor und trifft auch keinerlei Regelungen hierzu. Die höchstrichterliche Rechtsprechung geht allerdings davon aus, dass Gesellschafter bei Vorliegen eines wichtigen Grundes auch ohne besondere Satzungsregelung ausgeschlossen werden können.[465]

---

[465] Vgl. nur BGHZ 9, 157; BGHZ 80, 349.

2. Durch sein Verhalten hat der Beklagte einen wichtigen Grund geschaffen, der seinen Ausschluss rechtfertigt. Der Beklagte hat unter Verstoß gegen seine gesellschaftsrechtliche Treuepflicht seine Mitgesellschafter hintergangen, seine Gesellschafterrechte zur rechtswidrigen Erlangung von Geschäftsgeheimnissen missbraucht und die erlangten Unterlagen in gesellschaftsschädlicher Weise zu verwerten versucht. Treuwidrige Unterstützung eines Konkurrenzunternehmens ist ein wichtiger Grund zum Ausschluss des betreffenden Gesellschafters.[466] Hinzu kommt, dass die verdeckte Vorgehensweise des Beklagten und sein anschließendes gänzliches Ableugnen der Tat das Vertrauensverhältnis zu seinen Mitgesellschaftern vollständig zerstört haben. Beschädigt ein Gesellschafter, ohne dass andere Gesellschafter hieran ein Mitverschulden träfe, das Vertrauensverhältnis in erheblicher Weise, so stellt auch dies einen Grund für seinen Ausschluss dar.[467] Die Tat des Beklagten wiegt derart schwer, dass sein Verbleiben in der Gesellschaft seinen Mitgesellschaftern nicht mehr zugemutet werden kann. Da der Beklagte zu einer freiwilligen Übertragung seines Anteils nicht bereit ist, stellt eine auf seinen Ausschluss gerichtete Klage auch das einzige in Betracht kommende Mittel dar.
3. Durch den Ausschluss des Beklagten wird das Stammkapital der Klägerin nicht geschmälert. Sein Geschäftsanteil ist voll eingezahlt. Eine Zahlung der Abfindung aus dem Gesellschaftsvermögen kann aus Mitteln geleistet werden, die über den Betrag des Stammkapitals hinaus vorhanden sind. Einer Einziehung des Geschäftsanteils des Beklagten steht ebenso wenig etwas entgegen wie dem Erwerb dieses Anteils durch die Klägerin, Mitgesellschafter oder Dritte. Ein rechtlich schützenswertes Interesse des Beklagten an einer bestimmten Verwertungsart existiert nicht. Hingegen haben seine Mitgesellschafter noch nicht abschließend geprüft und entschieden, auf welche Weise mit dem Geschäftsanteil des Beklagten zum Nutzen der Klägerin am sinnvollsten zu verfahren ist, so dass der Klägerin im Tenor der angestrebten Entscheidung insoweit ein Wahlrecht zu belassen ist.
4. Über die Erhebung der Ausschlussklage ist mittels einstimmigen Beschlusses der allein stimmberechtigten Mitgesellschafter des Beklagten entschieden worden; der geladene, aber unentschuldigt nicht erschienene Beklagte hatte ausreichend Gelegenheit zur Stellungnahme.
5. Das von der Klägerin in Erfüllung des getroffenen Gesellschafterbeschlusses eingeholte Bewertungsgutachten bestimmt zutreffend den Abfindungsanspruch des Beklagten. Der Verkehrswert des Geschäftsanteils des auszuschließenden Gesellschafters zum Zeitpunkt der Klageerhebung ist insoweit maßgebliche Grundlage seines Abfindungsanspruchs.[468]
6. Sollte das erkennende Gericht zu der Auffassung gelangen, der Abfindungsanspruch sei anders zu bemessen als im Antrag der Klägerin angesetzt, beantragt die Klägerin hilfsweise, den nach Ansicht des Gerichts anzusetzenden Betrag im Urteil festzusetzen. Gleiches gilt sinngemäß für den Fall, dass das Gericht die Auffassung vertritt, zur Zahlung des Abfindungsbetrages sei eine kürzere Frist zu bestimmen als von der Klägerin in der Hauptsache beantragt.
7. Sollte das Gericht der Meinung sein, mit erfolgreicher Ausschlussklage (und Zahlung) falle der Geschäftsanteil des Beklagten ohne Weiteres der Klägerin zu – sodass die Ausübung des im Hauptantrag vorgesehenen Wahlrechts weder möglich noch erforderlich sei –, wird beantragt, ein Feststellungsurteil mit diesem Inhalt zu erlassen.

(Rechtsanwalt)

---

[466] OLG Frankfurt/M. DB 1992, 2489.
[467] BGHZ 32, 35.
[468] Vgl. hierzu BGHZ 9, 168, 176; BGHZ 16, 322, 323 und öfter.

M 73　4. Muster: Auflösungsklage

721 An das
Landgericht _____ [469]
– Kammer für Handelssachen – [470]
_____ (Ort, Datum)

Klage

1. des Gesellschafters A, _____ (Adresse)
2. der Gesellschafterin B, _____ (Adresse)
3. des Gesellschafters C, _____ (Adresse)

– Kläger – [471]

Prozessbevollmächtigte: _____

gegen

die Y-GmbH, vertreten durch den Geschäftsführer M, _____ (Adresse)

– Beklagte – [472]

wegen Auflösung der Beklagten
Vorläufiger Streitwert: _____
Namens und im Auftrag der Kläger beantrage ich:
Die Beklagte, eingetragen im Handelsregister des Amtsgerichts _____ zu HRB Nr. _____, wird aufgelöst.[473]
Begründung:

I.
1. Die Anteile der Beklagten befinden sich zu je 50% in der Inhaberschaft zweier Familienstämme. Das Stammkapital von 1.000.000 EUR teilt sich im Einzelnen wie folgt auf:

   Familienstamm I:

Herr A	50.000 EUR	= 5%
Frau B	50.000 EUR	= 5%
Herr C	250.000 EUR	= 25%
Herr D	125.000 EUR	= 12,5%
Frau E	25.000 EUR	= 2,5%

   Familienstamm II:

Herr F	75.000 EUR	= 7,5%
Frau G	75.000 EUR	= 7,5%
Frau H	75.000 EUR	= 7,5%
Frau J	75.000 EUR	= 7,5%
Herr K	200.000 EUR	= 20%

   Beide Gesellschafterstämme haben das satzungsmäßige Recht, je einen Geschäftsführer zu wählen. Der Familienstamm I hat den Geschäftsführer L, der Familienstamm II den Geschäftsführer M bestellt.

---

[469] Gem. § 61 Abs. 3 GmbHG ist zuständig ausschließlich das Landgericht, in dessen Bezirk die Gesellschaft ihren Sitz hat.
[470] Gem. § 95 Abs. 2 GVG entscheidet die Kammer für Handelssachen, falls eine solche bei dem betreffenden Landgericht gebildet ist.
[471] Die Klage kann nur von Gesellschaftern erhoben werden, die zusammen mindestens 10% der Geschäftsanteile an der Gesellschaft halten, § 61 Abs. 2 S. 2 GmbHG.
[472] Beklagte ist die Gesellschaft, § 61 Abs. 2 S. 1 GmbHG, vertreten durch die Geschäftsführer.
[473] Das Urteil ist Gestaltungsurteil; dementsprechend ist auch der Klagantrag zu fassen.

Anlage K 1 (aktueller, amtlicher Handelsregisterausdruck)[474]
Anlage K 2 (Satzung der Beklagten)
Anlage K 3 (aktuelle Gesellschafterliste)[475]

2. Die Beklagte ist im Bereich der Backwarenindustrie tätig. Sie produziert im Wesentlichen Gebäck verschiedener Art und vertreibt dieses an diverse Supermarktketten. Bereits seit acht Jahren ist, bedingt durch das Auftreten eines Konkurrenten, ein spürbarer Umsatzrückgang eingetreten, verbunden mit einer erheblichen Reduzierung der früher auskömmlichen Gewinne. Im letzten Geschäftsjahr hat die Beklagte erstmals Verluste erwirtschaftet. Dass die Beklagte sich in einer Krise befindet und dass erhebliche Änderungen notwendig sind, um wieder rentabel wirtschaften zu können, ist unter den Gesellschaftern allgemeine Ansicht, die im Übrigen auch seitens der Geschäftsführer geteilt wird.

3. Erhebliche Divergenzen bestehen allerdings zwischen den Gesellschafterstämmen hinsichtlich der zur Verbesserung der geschäftlichen Lage durchzuführenden Maßnahmen. Während der Gesellschafterstamm I eine „Gesundschrumpfung" des Unternehmens für nötig hält, will man auf Seiten des Gesellschafterstammes II vielmehr durch Expansion, insbesondere durch die Akquisition anderer Unternehmen, eine rentable Situation herbeiführen. Welches der richtige Weg ist, wird bereits seit Jahren in sämtlichen Gesellschafterversammlungen kontrovers diskutiert. Zahlreiche Anträge sind eingebracht worden, haben jedoch in keinem Fall eine Mehrheit gefunden, da der jeweils andere Familienstamm geschlossen gegen den jeweiligen Antrag votiert hat. Die Herbeiführung von Änderungen der Geschäftspolitik der Beklagten war und ist aufgrund der Pattsituation nicht möglich. Die über Jahre andauernde gegenseitige Blockade hat zudem zu immer stärkeren persönlichen Vorbehalten und Antipathien geführt. Das Verhältnis der Gesellschafterstämme ist inzwischen tiefgreifend und unheilbar zerrüttet, ohne dass insoweit gegen eine Gesellschaftergruppe oder einzelne Gesellschafter ein besonderer Verschuldensvorwurf mit Recht erhoben werden könnte.

Beweis: Protokolle der Gesellschafterversammlungen der Jahre _____ bis _____
(Anlagenkonvolut K 4)
Zeugnis des Mitgesellschafters D, _____ (Adresse)
Zeugnis der Mitgesellschafterin E, _____ (Adresse)

4. Zahlreiche Verhandlungen mit dem Ziel der Übernahme der Geschäftsanteile einer Gesellschaftergruppe durch die andere oder der Veräußerung des gesamten Unternehmens an Dritte haben stattgefunden, sind jedoch ohne jedes Ergebnis geblieben. Auch der mehrfach seitens der hiesigen Kläger unterbreitete Vorschlag, die Gesellschaft aufzulösen, ist am Widerstand der Mitgesellschafter des Familienstammes II gescheitert, so dass die hierzu erforderliche Mehrheit von drei Vierteln der abgegebenen Stimmen nicht erreicht wurde.

Beweis: Protokolle der Gesellschafterversammlungen vom _____, TOP _____
(bereits im Anlagenkonvolut K 4 enthalten)
Zeugnis des Mitgesellschafters D, (Adresse)
Zeugnis der Mitgesellschafterin E, (Adresse)

II.
1. Gem. § 61 Abs. 2 S. 2 GmbHG kann eine Auflösungsklage von Gesellschaftern erhoben werden, deren Geschäftsanteile zusammen mindestens dem zehnten Teil des Stammkapitals entsprechen. Diese Voraussetzung ist in der Person der Kläger erfüllt.
2. Gem. § 61 Abs. 1 GmbHG wird die Gesellschaft durch gerichtliches Urteil aufgelöst, wenn – Alt. 1 – die Erreichung des Gesellschaftszweckes unmöglich wird oder – Alt. 2 – andere, in den Verhältnissen

---
[474] Gesetz über elektronische Handelsregister und Genossenschaftsregister sowie das Unternehmensregister, BGBl I 2006, 2553.
[475] Ggf. unter www.unternehmensregister.de abrufbar.

der Gesellschaft liegende, wichtige Gründe für die Auflösung vorhanden sind. Die Klage stützt sich auf die zweite Alternative der zitierten Vorschrift. Anerkannt ist, dass eine tief greifende und nicht heilbare Zerrüttung zwischen den Gesellschaftern einen wichtigen Grund dafür abgeben kann, deren Auflösung zu verlangen.[476] Auflösung der Gesellschaft kann insbesondere dann verlangt werden, wenn die innergesellschaftlichen Verhältnisse derart beschaffen sind, dass länger andauernde, voraussichtlich nicht behebbare Uneinigkeit zwischen gleich beteiligten Gruppen oder Stämmen von Gesellschaftern besteht, welche die für den Fortbestand des Unternehmens notwendigen Beschlüsse und Maßnahmen verhindert.[477] Diese Konstellation ist im vorliegenden Fall bereits seit Jahren gegeben. Notwendige Änderungen der Geschäftspolitik können aufgrund der andauernden Meinungsverschiedenheiten der beiden Gesellschafterstämme nicht erfolgen.

3. Andere oder mildere Maßnahmen[478] als die Auflösung der Gesellschaft kommen vorliegend nicht in Betracht:
Eine Ausschließung störender Gesellschafter würde voraussetzen, dass diese die Zerrüttung allein oder doch zum ganz wesentlichen Teil zu vertreten haben. Im vorliegenden Fall beruht die Unmöglichkeit weiterer konstruktiver Beschlussfassung und Zusammenarbeit der Gesellschafter jedoch auf jahrelang vertretenen, miteinander unvereinbaren Standpunkten in grundlegenden Sachfragen.
Ein Austrittsrecht, auch ein solches aus wichtigem Grund, sieht die Satzung der Beklagten nicht vor.
Zumutbare Versuche zur Veräußerung von Geschäftsanteilen an Mitgesellschafter oder Dritte sind erfolglos geblieben.

(Rechtsanwalt)

M 74 **5. Muster: Nichtigkeitsklage**

722 An das
Landgericht _____ [479]
– Kammer für Handelssachen –[480]
_____ (Ort, Datum)

Klage

1. des Gesellschafters Z, _____ (Adresse)

– Kläger –[481]

Prozessbevollmächtigter: _____

gegen

die Y-GmbH, vertreten durch die Geschäftsführer B und C, _____ (Adresse)

– Beklagte –[482]

wegen Nichtigerklärung der Beklagten

---

476 St. höchstrichterliche Rechtsprechung, vgl. nur BGHZ 80, 347; BGH NJW 1985, 1901.
477 Hachenburg/*Ulmer*, § 61 GmbHG Rn 21.
478 Die Geltendmachung der Auflösungsklage kann nur erfolgen, wenn andere, mildere Mittel zur Behebung des Missstandes ausgeschöpft und erfolglos geblieben sind.
479 Gem. § 75 Abs. 2 GmbHG, § 246 Abs. 3 S. 1 AktG ist zuständig ausschließlich das Landgericht, in dessen Bezirk die Gesellschaft ihren Sitz hat.
480 Gem. § 95 Abs. 2 GVG entscheidet die Kammer für Handelssachen, falls eine solche bei dem betreffenden Landgericht gebildet ist.
481 Antragsteller kann jeder Gesellschafter, jeder Geschäftsführer und jedes Aufsichtsratsmitglied sein.
482 Beklagte ist die Gesellschaft, vertreten durch die Geschäftsführer, sofern diese nicht – was hier nicht der Fall ist – selbst Kläger sind.

Vorläufiger Streitwert: _____
Namens und im Auftrag des Klägers beantrage ich:
Die Gesellschaft mit beschränkter Haftung, eingetragen im Handelsregister des Amtsgerichts _____ zu HRB Nr. _____ (Beklagte), wird für nichtig erklärt.[483]

Begründung:

I.
1. Der Kläger erwarb durch Vertrag vom _____, UR-Nr. _____/_____ des Notars _____, von Herrn A einen Geschäftsanteil von nom. 100.000 EUR an der Beklagten. Weitere Gesellschafter sind die Herren B und C mit Geschäftsanteilen von je nom. 50.000 EUR. B und C führen die Geschäfte der Beklagten seit ihrer Gründung im Jahr _____.
   Anlage K 1 (aktueller, amtlicher Handelsregisterausdruck)[484]
   Anlage K 2 (notarieller Anteilskaufvertrag)
   Anlage K 3 (aktuelle Gesellschafterliste)[485]
2. Die Beklagte ist Eigentümerin einer in Frankfurt am Main gelegenen Immobilie. Der übereinstimmend im Handelsregister eingetragene und in der Satzung bestimmte (und im Übrigen auch seitens des Verkäufers A behauptete) Gesellschaftszweck lautet auf Betreiben eines Hotels nebst Restaurant
   Anlage K 4 (Satzung).
3. Nachdem Kauf- und Abtretungsvertrag geschlossen und beiderseitig vollzogen waren, nahm der Kläger anlässlich eines Besuchs in Frankfurt in Begleitung des Zeugen M die der Beklagten gehörende Immobilie in Augenschein. Hierbei musste er zu seinem Schrecken feststellen, dass die Beklagte dort keineswegs ein Hotel und Restaurant betreibt, sondern die Räumlichkeiten ausschließlich als Bordell nutzt. Eine Nachfrage bei dem Nachbarn, dem Zeugen N, ergab, dass diese Nutzung bereits seit dem Zeitpunkt der Gründung der Beklagten besteht.
   Beweis: Zeugnis des M, _____ (Adresse)
   Zeugnis des N, _____ (Adresse)
4. Der Kläger forderte zunächst den Verkäufer, Herrn A, zur Abgabe einer Stellungnahme auf und drohte rechtliche Konsequenzen an, wobei sich jedoch herausstellte, dass A verzogen und z.Zt. unbekannten Aufenthalts ist.[486] Auf weitere, an die Beklagte gerichtete schriftliche Anfrage des Klägers hat diese, vertreten durch B und C, eingeräumt, dass die Gesellschaft von Anfang an zum Zweck des Bordellbetriebes gegründet und der Zweck „Betreiben eines Hotels nebst Restaurant" nur zum Schein gewählt wurde
   Anlage K 5 (Schreiben der Beklagten vom _____).

II.
1. Zur Erhebung der Nichtigkeitsklage ist – unter anderem – jeder Gesellschafter unabhängig von der Quote seiner Beteiligung befugt, § 75 Abs. 1 GmbHG.
2. Die Nichtigerklärung einer Gesellschaft ist auf Antrag auszusprechen, wenn die Bestimmungen des Gesellschaftsvertrages über den Gegenstand des Unternehmens nichtig sind, § 75 Abs. 1 GmbHG. Die Bestimmung des Gegenstandes ist nichtig, wenn dieser nur zum Schein vereinbart

---

[483] Das erkennende Gericht erklärt erst die Gesellschaft für nichtig, die Nichtigkeitsklage ist Gestaltungsklage. Es wird nicht etwa bloß die Nichtigkeit der Gesellschaft festgestellt.
[484] Gesetz über elektronische Handelsregister und Genossenschaftsregister sowie das Unternehmensregister, BGBl I 2006, 2553.
[485] Ggf. unter www.unternehmensregister.de abrufbar.
[486] Dieser Satz gehört nicht zu dem zwingend zur Klagbegründung erforderlichen Tatsachenvortrag. Das Gericht kann jedoch dadurch die Lage und Motivation des Klägers besser nachvollziehen, der sich aus tatsächlichen Gründen gehindert sieht, sich an seinen Verkäufer A zu halten.

ist, § 117 BGB. Zudem ist, worauf sich der Kläger rein vorsorglich hilfsweise beruft, § 75 GmbHG dann analog anwendbar, wenn die Geschäftstätigkeit der Gesellschaft in rein tatsächlicher Hinsicht (also ohne dass der Zweck bei Gründung zum Schein vereinbart worden wäre) von dem im Gesellschaftsvertrag niedergelegten Unternehmensgegenstand vollständig abweicht.[487] Der Betrieb eines gewöhnlichen Hotels und Restaurants ist mit der Nutzung als Bordell in keiner Weise in eins zu setzen.
3. Eine Heilung nach § 76 GmbHG bedürfte eines einstimmigen Beschlusses aller Gesellschafter, zumindest aber – im Falle, dass lediglich die Hilfsargumentation des Klägers Platz griffe – eines Mehrheitsbeschlusses.[488] Hieran wird und muss der Kläger nicht mitwirken. Diese Feststellung gilt unabhängig davon, ob nunmehr der tatsächlich ausgeübte Gegenstand des Unternehmens ohne Verstoß gegen gesetzliche Vorschriften wirksam vereinbart werden könnte: Es ist dem bei Erwerb gutgläubigen Kläger billigerweise nicht zuzumuten, einen derartigen Unternehmensgegenstand als Gesellschafter mittragen zu müssen.[489]

(Rechtsanwalt)

M 75 6. Muster: Nichtigkeitsfeststellungsklage

723 An das
Landgericht _____ [490]
– Kammer für Handelssachen –[491]
_____ (Ort, Datum)

Klage

des Gesellschafters A, _____ (Adresse),

– Kläger –[492]

gegen

die _____ GmbH,[493]
vertreten durch ihre Geschäftsführer, die Herren B und C,[494] _____ (Adressen der Gesellschaft)

– Beklagte –

---

487 *Baumbach/Hueck*, GmbHG, § 75 Rn 12.
488 Zu Letzterem vgl. *Baumbach/Hueck*, GmbHG, § 77 Rn 7.
489 Diese Rechtsausführungen dienen dazu, von vornherein dem Einwand der Treuwidrigkeit (wegen Nichtmitwirkens an einem den Mangel heilenden Beschluss) entgegenzutreten.
490 Im Hinblick auf die gerichtliche Zuständigkeit wird nach allg. Meinung eine analoge Anwendung des § 246 Abs. 3 S. 1 AktG bejaht. Danach ist zuständig ausschließlich das Landgericht, in dessen Bezirk die Gesellschaft ihren Sitz hat.
491 Gem. § 94 GVG entscheidet die Kammer für Handelssachen, falls eine solche bei dem betreffenden Landgericht gebildet ist.
492 Kläger kann grundsätzlich jeder Gesellschafter sein. Mehrere Nichtigkeits- bzw. Anfechtungskläger sind notwendige Streitgenossen, § 62 ZPO. Jeder Gesellschafter hat das Recht, dem Prozess als Nebenintervenient beizutreten, wobei der Beitritt auf Seiten des klagenden Gesellschafters als auch auf Seiten der Gesellschaft erfolgen kann.
493 Beklagte ist stets die Gesellschaft. Versuche, diesen Grundsatz bei personalistisch strukturierten Gesellschaften zu durchbrechen, werden vereinzelt in der Literatur unternommen (vgl. z.B. *Joost*, ZGR 1984, 71 ff.), von der h.M. (Hachenburg/*Raiser*, Anh. § 47 Rn 196; Rowedder/*Schmidt-Leithoff*, § 47 Rn 125 m.w.N.) jedoch zu Recht abgelehnt.
494 Die Beklagte wird, wie auch sonst, grundsätzlich durch ihre Geschäftsführer vertreten. Ein klagender Gesellschafter-Geschäftsführer ist freilich von der Vertretung der Gesellschaft ausgeschlossen. Klagt der einzige Geschäftsführer, muss die Gesellschaft in entsprechender Anwendung des § 46 Nr. 8 GmbHG besondere Vertreter bestellen; bei dem diesbezüglichen Beschluss ist der klagende Gesellschafter nicht stimmberechtigt.

wegen Anfechtung von Gesellschafterbeschlüssen
Vorläufiger Streitwert: _____
Namens und im Auftrag des Klägers beantrage ich:
Es wird festgestellt, dass der in der Gesellschafterversammlung der Beklagten vom _____ festgestellte Gesellschafterbeschluss zu Punkt 1. der Tagesordnung mit dem Inhalt, § _____ der Satzung dergestalt zu ändern, dass die Gesellschafter keinerlei Wettbewerbsverbot unterliegen, nichtig ist.
Begründung:

A.
I.
Die Beklagte ist unter Nr. HRB _____ im Handelsregister des Amtsgerichts _____ eingetragen,
 Anlage K 1 (Kopie des Handelsregisterausdruckes).[495]
Der Kläger ist mit einem Geschäftsanteil im Nennwert von 30.000 EUR an der Beklagten beteiligt, den er von Herrn V mit notarieller Urkunde – UR.-Nr. _____/_____ des Notars N vom _____ – erworben hat. Weitere Gesellschafter sind Herr B mit einem Geschäftsanteil im Nennwert von 50.000 EUR sowie Herr D mit einem Geschäftsanteil im Nennwert von 20.000 EUR
– Anlage K 2 (Kopie des notariellen Kauf- und Abtretungsvertrages)
 Anlage K 3 (Kopie der aktuellen Gesellschafterliste).[496]
Eine Kopie des Gesellschaftsvertrages der Beklagten – UR.-Nr. _____/_____ des Notars N vom _____ – füge ich als
 Anlage K 4
bei.

II.
Mit Schreiben vom _____ lud der Mitgesellschafter D zu einer Gesellschafterversammlung auf den _____ ein. Einziger Punkt der gleichzeitig mitgeteilten Tagesordnung war der Antrag, § _____ der Satzung, der ein umfängliches Wettbewerbsverbot für alle Gesellschafter enthält, dahin gehend zu ändern, dass keinerlei wettbewerbliche Einschränkung zu Lasten der Gesellschafter bestehe,
 Anlage K 5 (Kopie der anliegenden Einladung des D vom _____, gerichtet an den Mitgesellschafter B).
Am _____ erschienen die Mitgesellschafter B und D in den Geschäftsräumen der Beklagten, wohin D mit vorbezeichnetem Schreiben eingeladen hatte. Der Kläger, der keine Ladung erhalten hatte und auch im Übrigen in Unkenntnis gelassen worden war, nahm nicht teil. Der Mitgesellschafter B führte über die Gesellschafterversammlung Protokoll
 Anlage K 6 –,
dessen Inhalt bestätigt, dass B und D, nicht aber der Kläger, an der Versammlung teilnahmen. Ausweislich des Protokolls – eine notarielle Niederschrift über die Versammlung wurde nicht aufgenommen – fassten die anwesenden Gesellschafter sodann einstimmig den Beschluss, die Satzung wie von D beantragt zu ändern.
Kenntnis von der vorbezeichneten Beschlussfassung erhielt der Kläger am _____ infolge eines zufälligen Gesprächs mit dem ihm bekannten Prokuristen P, der erwähnte, dass vor einer Woche eine Gesellschafterversammlung stattgefunden habe. Mit Schreiben vom gleichen Tage
 Anlage K 7 –
forderte der Kläger daraufhin die Beklagte, vertreten durch die Geschäftsführer B und C, zur schriftlichen Informationserteilung über diese Vorgänge auf, bat um Übersendung des Protokolls der Versammlung sowie um Prüfung, ob und in welcher Form an ihn, den Kläger, eine Ladung abgesandt worden sei.

---

[495] Online-Abruf möglich unter www.handelsregister.de.
[496] Ggf. unter www.unternehmensregister.de abrufbar.

Mit Schreiben vom _____ antwortete die Beklagte, vertreten durch den Gesellschafter-Geschäftsführer B, indem sie dem Kläger das Protokoll der Versammlung übersandte und gleichzeitig mitteilte, der Mitgesellschafter D habe zu der Versammlung eingeladen. Die an Herrn B gerichtete und hier als Anlage K 5 vorgelegte Einladung des D war dem Schreiben als Kopie beigefügt. B teilte namens der Beklagten mit, D habe eine weitere Einladung an Herrn V übersandt, da D über den Anteilskauf des Klägers weder von diesem noch seitens des V informiert worden sei.

Mit einem sowohl an die Beklagte als auch an die Mitgesellschafter B und D gerichteten Schreiben vom _____ nahm der Kläger, vertreten durch die unterzeichneten Bevollmächtigten, hierzu Stellung. Der Kläger wies darauf hin, dass er Geschäftsanteile an der Beklagten im Nennwert von 30.000 EUR mit dem hier als Anlage K 2 bereits vorgelegten notariellen Kauf- und Abtretungsvertrag erworben und der Beklagten mit Einschreiben/Rückschein vom _____, ebenfalls unter Beifügung einer beglaubigten Abschrift des notariellen Vertrages, hiervon Kenntnis gegeben habe

– Anlage K 8 (Kopie des an die Beklagte gerichteten Schreibens vom _____ nebst Kopie des unterzeichneten Rückscheins),

Anlage K 9 (Kopie des an die Beklagte sowie die Herren B und D gerichteten Schreibens vom _____.

Weiter legte der Kläger im Einzelnen dar, an welchen Mängeln der gefasste Beschluss leide, mahnte die Beklagte und seine Mitgesellschafter deswegen ab und forderte seine Mitgesellschafter dazu auf, die Aufhebung des Beschlusses vorzunehmen bzw. an der verbindlichen Feststellung mitzuwirken, dass der getroffene Beschluss nichtig ist.

Mit Antwortschreiben vom _____ lehnten die Mitgesellschafter B und D, vertreten durch ihren anwaltlichen Bevollmächtigten, eine Aufhebung des Beschlusses ab, da der Beschluss ordnungsgemäß zustandegekommen und auch im Übrigen nicht zu beanstanden sei

– Anlage K 10.

B.

Der Beschluss der Gesellschafterversammlung vom _____ leidet an erheblichen formalen Mängeln, was zu seiner Nichtigkeit führt:

1. Die Gesellschafterversammlung ist mit dem bereits als Anlage K 5 vorgelegten Schreiben des Herrn D nicht wirksam einberufen worden.

    Gem. § 49 Abs. 1 GmbHG wird die Gesellschafterversammlung durch die Geschäftsführer berufen. Gesellschafter sind nur unter den Voraussetzungen des § 50 Abs. 1, 3 GmbHG zur Einberufung befugt.

    Herr D ist an der Beklagten als Gesellschafter beteiligt, nicht aber zu deren Geschäftsführer bestellt. Vor erfolgter Einberufung hat Herr D ein Einberufungsverlangen an die Geschäftsführer nicht gerichtet. Die Einberufung der Gesellschafterversammlung ist durch eine unzuständige Person erfolgt.

    Einberufung durch einen Unbefugten und Unzuständigen – hierzu gehört auch der Fall des unberechtigt ausgeübten Notgeschäftsführungsrechts nach § 50 Abs. 3 GmbHG – führt zur Nichtigkeit der auf der betreffenden Gesellschafterversammlung gefassten Beschlüsse (BGHZ 11, 231, 236; BGH NJW 1983, 1677).

2. Die Einberufung ist zudem deshalb nicht wirksam vorgenommen worden, weil die Einladung zur Gesellschafterversammlung nicht an sämtliche Gesellschafter der Beklagten erging. Maßgeblich für die Einladung ist, wer bei der Gesellschaft im Sinne des § 16 GmbHG ordnungsgemäß angemeldet ist.

    Neben den Gründungsgesellschaftern B und D hat der Kläger sich nach Anteilserwerb von V bei der Gesellschaft angemeldet. Zum Nachweis des Übergangs erfolgte die Anmeldung unter Beifügung einer beglaubigten Abschrift des notariellen Kauf- und Abtretungsvertrages. Die Beklagte bestreitet den – im Übrigen durch den unterzeichneten Rückschein hinlänglich belegten – Zugang der Anmeldung nicht. Sie trägt vielmehr vor, der einladende Gesellschafter D sei vom Kläger nicht über die Abtretung des Geschäftsanteils informiert worden. Jedoch ist Letzteres nicht Voraussetzung für eine ordnungsgemäße Anmeldung. Ein Gesellschafter, der (im ordnungsgemäßen Verfahren nach § 50 Abs. 1, 3 GmbHG) zu einer Versammlung einladen will, muss sich bei der Gesellschaft Kenntnis über die Person seiner Mitgesellschafter verschaffen. Herr D hat dies unterlassen und infolgedessen dem Kläger eine Ladung nicht übersandt.

Werden nicht alle bei der Gesellschaft ordnungsgemäß angemeldeten Gesellschafter eingeladen, so ist die Beschlussfassung nichtig.[497]

3. Der den Gegenstand der vorliegenden Klage bildende Beschluss hatte zum Gegenstand, das in der Satzung niedergelegte Verbot des Wettbewerbs von Gesellschaftern aufzuheben. Er zielte auf die Abänderung eines echten Satzungsbestandteils ab.

Gem. § 53 Abs. 1, 2 GmbHG kann eine Abänderung des Gesellschaftsvertrages nur durch Beschluss der Gesellschafter erfolgen, der zwingend notariell zu beurkunden ist. Vorliegend ist eine solche notarielle Beurkundung nicht erfolgt.

Wird gegen die vorbezeichnete Beurkundungsvorschrift in gravierender Weise verstoßen, indem eine Beurkundung durch einen Notar überhaupt nicht erfolgt, so führt dies in analoger Anwendung des § 241 Nr. 2 AktG zur Nichtigkeit des gefassten Beschlusses.[498]

Der Kläger hat die Beklagte vor Klagerhebung abgemahnt und seinen Mitgesellschaftern Gelegenheit gegeben, das Klageverfahren zu vermeiden, indem auf Gesellschafterebene eine verbindliche Feststellung der Nichtigkeit des am _____ getroffenen Beschlusses erfolgt. Da dies abgelehnt wurde, ist Klagerhebung geboten.

_____
(Rechtsanwalt)

7. Einstweiliger Rechtsschutz gegen Abberufungsbeschluss

M 76

724

An das
Landgericht _____
– Kammer für Handelssachen –
_____ (Ort, Datum)

Antrag auf Erlass einer einstweiligen Verfügung

des Gesellschafters A, _____ (Adresse),

– Antragsteller –

Prozessbevollmächtigter: _____
gegen
Frau Z

– Antragsgegnerin –

Prozessbevollmächtigter: _____
wegen Untersagung der Stimmabgabe bei Geschäftsführerabberufung
Vorläufiger Streitwert: _____
Namens und im Auftrag des Antragstellers beantrage ich:
1. Der Antragsgegnerin wird es verboten in der am _____ stattfindenden Gesellschafterversammlung der X GmbH, eingetragen unter HRB _____ des Handelsregister des AG _____ für die Abberufung des Antragstellers als Geschäftsführer der Gesellschaft zu stimmen.

_____
[497] BGHZ 36, 211.
[498] Hachenburg/*Raiser*, GmbHG, Anh. § 47 Rn 44.

2. Der Antragsgegnerin wird für jeden Fall der Zuwiderhandlung ein Ordnungsgeld bis zu 250.000 EUR, ersatzweise Ordnungshaft, oder Ordnungshaft bis zu sechs Monaten angedroht, wobei die Ordnungshaft insgesamt zwei Jahre nicht übersteigen darf.

Begründung:

I.

Der Antragsteller ist Gesellschafter mit einem Geschäftsanteil von 20.000 EUR und Geschäftsführer der Gesellschaft.
- Anlage AS 1 (Satzung der X GmbH)
- Anlage AS 2 (Liste der Gesellschafter)[499]
- Anlage AS 3 (Gesellschafterbeschluss über die Bestellung als Geschäftsführer).

Die Gesellschaft hält einen eigenen Anteil und verfügt über einen Geschäftsanteil in Höhe von 30.000,00 EUR. Die Gesellschaft firmiert unter x-GmbH. Sie ist seit dem _____ unter HRB _____ im Handelsregister des AG _____ eingetragen.
- Anlage AS 4 (Kopie des Handelsregisterausdruckes)[500]

Die Antragsgegnerin war bis zum Einziehungsbeschluss vom _____ Gesellschafterin und verfügte über einen Geschäftsanteil von 30.000 EUR.
- Anlage AS 5 (Gesellschafterbeschluss über die Einziehung der Geschäftsanteile der Antragsgegnerin)

Die Antragsgegnerin hat den Einziehungsbeschluss in einer Klage vor dieser Kammer angefochten, die Klage wurde am unter dem Az _____ zurückgewiesen; die Entscheidung ist zwischenzeitlich rechtskräftig.
- Anlage AS 6 (mit Rechtskraftvermerk versehenes Urteil des LG _____ vom _____)

Der Antragsgegnerin steht unstreitig noch die Auszahlung des Abfindungsguthabens in Höhe von 175.000 EUR zu. Die Auszahlung erfolgt satzungsgemäß in fünf Jahresraten, wobei die erste Rate erst im Juni des nächsten Jahres fällig ist. Da die Stellung der Antragsgegnerin als Gesellschafterin erst mit der vollständigen Auszahlung des Abfindungsguthabens endet, lud der Antragsteller in seiner Eigenschaft als Geschäftsführer die Antragsgegnerin zu der ordentlichen Gesellschafterversammlung am _____.
- Anlage AS 7 (Einladung zur Gesellschafterversammlung vom _____)

Die Antragsgegnerin stellte der Gesellschaft mit Schreiben vom _____ eine Eingangsbestätigung der Ladung zu und forderte die Ergänzung der Tagesordnung um den TOP 7 Abberufung von Herrn A als Geschäftsführer.
- Anlage AS 8 (Schreiben der AG vom _____)

II.

Der Unterlassungsanspruch des Antragstellers beruht auf § 242 BGB i.V.m. den Grundsätzen zur allgemeinen gesellschaftsrechtlichen Treuepflicht.

Zwar ist die Antragsgegnerin noch Gesellschafterin, ihre Gesellschafterstellung beruht aber auf dem besonderen Umstand, dass die Auszahlung des Abfindungsguthabens – laut Satzung – erst in einigen Jahren abgeschlossen sein wird. Das Stimmrecht der Antragsgegnerin ist somit auf

---

499 Ggf. unter www.unternehmensregister.de abrufbar.
500 Online-Abruf möglich unter www.handelsregister.de.

der Grundlage der Grundsätze der allgemeinen gesellschaftsrechtlichen Treuepflicht zu beschränken.[501]

(Rechtsanwalt)

8. Durchsetzung der Abberufung im Wege der einstweiligen Verfügung

M 77

725

An das
Landgericht _____
– Kammer für Handelssachen –
_____ (Ort, Datum)

Antrag auf Erlass einer einstweiligen Verfügung

des Gesellschafters A, _____ (Adresse),

– Antragsteller –

Prozessbevollmächtigter: _____

gegen

den Geschäftsführer B

– Antragsgegner –

Prozessbevollmächtigter: _____
wegen Untersagung der Geschäftsführung
Vorläufiger Streitwert: _____
Namens und im Auftrag des Antragstellers beantrage ich:
1. Dem Antragsgegner wird es bis zu einer Beschlussfassung in einer Gesellschafterversammlung der X GmbH, eingetragen unter HRB _____ des Handelsregister des AG _____, verboten, die Geschäftsräume in _____ zu betreten, die Geschäfte der Gesellschaft zu führen und die Gesellschaft zu vertreten.
2. Dem Antragsgegner wird für jeden Fall der Zuwiderhandlung ein Ordnungsgeld bis zu 250.000 EUR, ersatzweise Ordnungshaft, oder Ordnungshaft bis zu sechs Monaten angedroht, wobei die Ordnungshaft insgesamt zwei Jahre nicht übersteigen darf.

Begründung:

I.
Der Antragsteller ist Gesellschafter mit einem Geschäftsanteil von 25.000 EUR und Geschäftsführer der Gesellschaft.
– Anlage AS 1 (Satzung der X GmbH)
– Anlage AS 2 (Liste der Gesellschafter)[502]
– Anlage AS 3 (Gesellschafterbeschluss über die Bestellung als Geschäftsführer)
Der Antragsgegner verfügt auch über einen Geschäftsanteil in Höhe von 25.000 EUR und ist ebenfalls Geschäftsführer.
– Anlage AS 1 (Satzung der X GmbH)
– Anlage AS 2 (Liste der Gesellschafter)[503]
– Anlage AS 4 (Gesellschafterbeschluss über die Bestellung als Geschäftsführer)
Die Gesellschaft firmiert unter X GmbH. Sie ist seit dem _____ unter HRB _____ im Handelsregister des AG _____ eingetragen.

---

[501] LG München NZG 1999, 407.
[502] Ggf. unter www.unternehmensregister.de abrufbar.
[503] Ggf. unter www.unternehmensregister.de abrufbar.

– Anlage AS 5 (Kopie des Handelsregisterausdruckes)[504]
Die Parteien sind über die zukünftige Geschäftspolitik zerstritten. Am _____ kam es zwischen den Gesellschaftern in Gegenwart der Zeugin Frau Z, die als Sekretärin die Beschlüsse protokollieren sollte, erneut zu einem verbalen Streit über die Vergütung der Geschäftsführer. Am Ende der Versammlung drohte der Antragsgegner dem Antragsteller und sagte wörtlich:
„Ihr werdet sehen was Ihr davon habt, ich zünde den ganzen Scheißladen an".
– Anlage AS 6 (eidesstattliche Versicherung der Zeugin Z vom _____)
Am Folgetag erschien der Antragsgegner mit einem Benzinkanister im Büro und begann im Sekretariat Benzin zu verschütten und mit einem Feuerzeug zu hantieren.
– Anlage AS 6 (eidesstattliche Versicherung der Zeugin Z vom _____)
Die Zeugin Z redete intensiv auf den Antragsgegner ein und konnte so gemeinsam mit der zwischenzeitlich eingetroffenen Polizei eine Brandkatastrophe verhindern. Der Antragsgegner wurde vorläufig festgenommen und in Untersuchungshaft genommen.
– Anlage AS 6 (eidesstattliche Versicherung der Zeugin Z vom _____)

_____

II.
Der Verfügungsanspruch ergibt sich aus § 38 GmbHG.

_____

Die Eilbedürftigkeit folgt _____

_____

(Rechtsanwalt)

_____

[504] Online-Abruf möglich unter www.handelsregister.de.

Dr. Hans-Christoph Ihrig/Dr. Jens Wagner
§ 6 Die Aktiengesellschaft (AG) und die Kommanditgesellschaft auf Aktien (KGaA)

Literatur

Formularbücher: *Beck'sches Formularhandbuch Aktienrecht*, 2005; *Happ*, Aktienrecht, 3. Auflage 2007; *Münchener Vertragshandbuch* Band 1: Gesellschaftsrecht, 7. Auflage 2011; *Formularbuch Recht und Steuern*, 7. Auflage 2011; *Schlitt*, Die Satzung der Kommanditgesellschaft auf Aktien, 1999; *Wahlers*, Die Satzung der kleinen AG, 3. Auflage 2003.

Kommentare: *Heidel* (Hrsg.), Aktienrecht und Kapitalmarktrecht, 3. Auflage 20011 (zitiert: Heidel-AktienR/*Bearbeiter*); *Adler/Düring/Schmaltz*, Rechnungslegung und Prüfung der Unternehmen, 5. Auflage 1987 ff., 6. Auflage 1995 ff.; *Assmann/U. H. Schneider* (Hrsg.), WpHG, Kommentar, 6. Auflage 2012; *Baumbach/Hopt*, Handelsgesetzbuch, 35. Auflage 2012, (zitiert: Baumbach/Bearbeiter); *Beck'scher Bilanz-Kommentar*, 8. Auflage 2012; *Geßler/Hefermehl/Eckardt/Kropff*, AktG, 1973 ff.; *Großkommentar zum Aktiengesetz*, 3. Auflage 1970 ff., 4. Auflage 1992 ff. (zitiert: GroßK-AktG/*Bearbeiter*); *Hüffer*, AktG, 10. Auflage 2012; *Kölner Kommentar zum Aktiengesetz*, 1. Auflage 1970 ff., 2. Auflage 1986 ff.; 3. Auflage 2004 ff. (zitiert: KölnKomm-AktG/*Bearbeiter*); *Lutter/Hommelhoff*, GmbHG, 17. Auflage (zitiert: Lutter/Hommelhoff/Bearbeiter), *Münchener Kommentar zum Aktiengesetz*, 1999 ff. – zugleich 2. Auflage von Geßler/Hefermehl/Eckardt/Kropff, AktG (zitiert: MüKo-AktG/*Bearbeiter*); *Palandt*, Bürgerliches Gesetzbuch, 71. Auflage, 2012; *Raiser*, Mitbestimmungsgesetz, 5. Auflage 2009; *Ringleb/Kremer/Lutter/von Werder*, Kommentar zum Deutschen Corporate Governance Kodex, 4. Auflage 2010; *Schmitt/Lutter* (Hrsg.), Aktiengesetz, 2. Auflage 2010; *Spindler/Stilz* (Hrsg.), Kommentar zum Aktiengesetz, 2. Auflage 2010; *Ulmer/Habersack/Henssler*, Mitbestimmungsrecht, 2. Auflage 2006; *Wachter* (Hrsg.), Kommentar zum Aktiengesetz, 2012.

Lehrbücher, Monographien, Handbücher: *Ammon/Görlitz*, Die kleine AG, 1995; *Axhausen*, Anfechtbarkeit aktienrechtlicher Aufsichtsratsbeschlüsse, 1986; *Beck'sches Handbuch der AG*, 2009, (zitiert: Bearbeiter in Beck'sches Handbuch AG); *Balser/Bokelmann/Piorreck*, Die Aktiengesellschaft, 5. Auflage 2007; *Butzke*, Die Hauptversammlung der Aktiengesellschaft, 5. Auflage 2011; *Dietz*, Die Ausgliederung nach dem UmwG und nach „Holzmüller", 2000; *Dörner/Menold/Pfitzer* (Hrsg.), Reform des Aktienrechts, der Rechnungslegung und Prüfung, 2. Auflage 2003; *Grunewald*, Gesellschaftsrecht, 8. Auflage 2011; *Friedrichsen*, Aktienoptionsprogramme für Führungskräfte, 2000; *Henze*, Höchstrichterliche Rechtsprechung zum Aktienrecht, 5. Auflage 2002; *Hirte*, Das Transparenz- und Publizitätsgesetz, 2003; *ders.*, Kapitalgesellschaftsrecht, 6. Auflage 2009; *Hölters/Deilmann/Buchta*, Die „kleine AG", 2. Auflage 2002; *Holzapfel/Pöllath*, Unternehmenskauf in Recht und Praxis, 14. Auflage 20108; *Ihrig*, Die endgültige freie Verfügung über die Einlage von Kapitalgesellschaftern, 1991; *Jäger*, Aktiengesellschaft – Unter besonderer Berücksichtigung der KGaA, 2004; *Kessler/Sauter*, Handbuch Stock Options, 2002; *Lemke*, Der fehlerhafte Aufsichtsratsbeschluß, 1994; *Lutter/Krieger*, Rechte und Pflichten des Aufsichtsrats, 5. Auflage 2008; *Marsch-Barner/Schäfer*, Handbuch börsennotierte AG, 2. Auflage 2009; *Martens*, Leitfaden für die Leitung der Hauptversammlung einer Aktiengesellschaft, 3. Auflage 2003; *Meilicke*, Die „verschleierte" Sacheinlage – eine deutsche Fehlentwicklung, 1989; *Münchener Anwaltshandbuch Aktienrecht*, 2. Auflage 2010; *Münchener Handbuch des Gesellschaftsrechts* Band 4: Aktiengesellschaft, 3. Auflage 2007 (zitiert: MünchGesR/*Bearbeiter*); *Nirk/Ziemons/Binnewies*, Handbuch der Aktiengesellschaft, 2011, mit Fortsetzungslieferungen; *Noack*, Gesellschaftervereinbarungen bei Kapitalgesellschaften, 1994; *Obermüller/Werner/Winden*, Die Hauptversammlung der Aktiengesellschaft, 4. Auflage 2001; *Peltzer*, Deutsche Corporate Governance, 2. Auflage 2004; *Schaaf*, Praxis der Hauptversammlung, 3. Auflage 2011; *Schaub*, Arbeitsrechts-Handbuch, 14. Auflage 2011; *Schaumburg/Schulte*, Die KGaA, 2000; *K. Schmidt*, Gesellschaftsrecht, 4. Auflage 2002; *Seibert/Kiem* (Hrsg.), Handbuch der kleinen AG, 5. Auflage 2008; *Semler/Peltzer*, Arbeitshandbuch für Vorstandsmitglieder, 2005; *Semler/v. Schenk* (Hrsg.), Arbeitshandbuch für Aufsichtsratsmitglieder, 3. Auflage 2009; *Semler/Volhard* (Hrsg.), Arbeitshandbuch für die Hauptversammlung, 3. Auflage 2011 (zitiert: Semler/Volhard/*Bearbeiter*, HV Hdb.); *Steiner*, Die Hauptversammlung der Aktiengesellschaft, 1995; *Weiß*, Aktienoptionen für Führungskräfte, 1999; *Wiedemann*, Gesellschaftsrecht, Band I, 1980; Band II, 2004; *Wulff*, Aktienoptionen für das Management, 2000.

Aufsätze: *Altenhain*, Der strafbare falsche Bilanzeid, WM 2008, 1141; *Angermayer*, Die Bewertungsprüfung von Sacheinlagen – eine kritische Auseinandersetzung zum Problem des maßgeblichen Istwerts – Richtungsweisende Impulse durch Stückaktiengesetz?, WPg 1998, 397; *Arnold*, Die Hauptversammlungssaison 2006 – insbesondere nach UMAG, AG Report, R 527; *Arnold/Wirth*, Umwandlung von Vorzugsaktien in Stammaktien, ZGR 2002, 859; *Bärwaldt/Schabacker*, Ein Dauerbrenner: Die Verschmelzung einer Kapitalgesellschaft mit dem Vermögen ihres Alleingesellschafters, NJW 1997, 93; *Barz*, Das 50:50 Gemeinschaftsunternehmen und das Konzernrecht, in: FS Kaufmann 1972, 59; *Bauer/Arnold*, Vorstandsverträge im Kreuzfeuer der Kritik, DB 2006, 260; *dies.*, Mannesmann und die Folgen für Vorstandsverträge, DB 2006, 546; *dies.*, Festsetzung und Herabsetzung der Vorstandsvergütung nach dem VorstAG, AG 2009, 717 ff; *Baums*, Der fehlerhafte Aufsichtsratsbeschluß, ZGR 1983, 300; *Bayer*, Neue und neueste Entwicklungen zur verdeckten GmbH-Sacheinlage, ZIP 1998, 1985; *Bayreuther*, Die Kapitalgesellschaft & Co. KGaA, JuS 1999, 651; *Benecke*, Gesellschaftsrechtliche Voraussetzungen des Delistings, WM 2004, 1122; *Berg/Stöcker*, Anwendungs- und Haftungsfragen zum Deutschen Corporate Governance Kodex, WM 2002, 1569; *Bezzenberger*, Die Geschäftsordnung der Hauptversammlung, ZGR 1998, 352; *ders.*, Der Vorstandsvorsitzende der Aktiengesellschaft, ZGR 1996, 661; *ders.*, Das Bezugsrecht der Aktionäre und sein Ausschluss, ZIP 2002, 1917, 1920; *Bosse*, Das Gesetz zur Angemessenheit der Vorstandsvergütung (VorstAG) – Überblick und Handlungsbedarf, BB 2009, 1650; *Böttcher*, Bankvorstandshaftung im Rahmen der Sub-Prime Krise; NZG 2009, 1047; *ders.*, Grünes Licht für das ARUG: das Aktienrecht geht online, NZG 2009, 807; *Boewer/Gaul/Otto*, Zweites Gesetz zur Vereinfachung der Wahl der Arbeitnehmervertreter in den Aufsichtsrat und seine Auswirkungen auf die GmbH, GmbHR 2004, 1065; *Bork*, Die Einlagefähigkeit obligatorischer Nutzungsrechte, ZHR 205 (1990); *ders.*, Passivlegitimation und gesetzliche Vorstehung der AG bei Klagen einzelner Aufsichtsratsmitglieder, ZIP 1991, 137; *ders.*, Nachgründende Kapitalerhöhung mit Sacheinlagen?, AG 1984, 320; *ders.*, Streitgegenstand der Beschlussmängelklage im Gesellschaftsrecht, NZG 2002, 1094; *Bungert*, Die Liberalisierung des Bezugsrechtsausschlusses im Aktienrecht, NJW 1998, 488; *ders.* Festschreibung der ungeschriebenen „Holzmüller"-Hauptversammlungszuständigkeiten bei der Aktiengesellschaft, BB 2004, 1345; *Busch*, Aktuelle Rechtsfragen des Bezugsrechts und Bezugsrechtsausschlusses beim Greenshoe im Rahmen von Aktienemissionen, AG 2002, 230; *ders.*, Mangusta/Commerzbank – Rechtsschutz nach Ausnutzung eines genehmigten Kapitals, NZG 2006, 2207; *Busse von Colbe*, Kleine Reform der Konzernrechnungslegung durch das TransPuG, BB 2002, 1583; *Butzke*, Hinterlegung, Record Date und Einberufungsfrist, WM 2005, 1981; *Cahn*, Probleme der Mitteilungs- und Veröffentlichungspflichten nach dem WpHG bei Veränderungen des Stimmrechtsanteils an börsennotierten Gesellschaften, AG 1997, 502; *Deilmann*, Fehlen einer Directors & Officers (D&O) Versicherung als Rücktrittsgrund für die Organmitglieder einer Aktiengesellschaft, NZG 2005, 54; *Deilmann/Otte*, Fortgeltung von Opt-out-Beschlüssen gemäß § 286 Abs. 5 HGB nach dem VorstAG, AG-Report 21/2009, R 462; *Diekmann/Leuering*, Der Referentenentwurf eines Gesetzes zur Unternehmensintegrität und Modernisierung des Anfechtungsrechts (UMAG), NZG 2004, 249; *Diekmann/Bidmon*, Das „unabhängige" Aufsichtsratsmitglied nach dem BilMoG- insbesondere als Vertreter des Hauptaktionärs, ZIP 2009, 1087; *Dietz*, Zulässigkeit einer Blockabstimmung der Hauptversammlung der AG, BB 2004, 452; *Dormann/Fromholzer*, Offene Fragen der Nachgründung nach dem NaStraG, AG 2001, 242; *Dreher/Görner*, Der angemessene Selbstbehalt in der D&O-Versicherung, ZIP 2003, 2321; *Eberl/Hergeth*, Wirksamkeitsvoraussetzungen des Zeichnungsvorvertrags, NZG 2003, 205; *v. Einem/Götze*, Die Verwendung wirtschaftlicher Erfolgsziele in Aktienoptionsprogrammen, AG 2002, 72; *Eisolt*, Neuregelung der Nachgründung durch das Namensaktiengesetz, DStR 2001, 748; *Ekkenga*, Bilanzierung von Stock Options Plans nach US-GAAP, IFRS und HGB, DB 2004, 1897; *Elsing/Schmidt*, Individuelle Informationsrechte von Aufsichtsratsmitgliedern einer Aktiengesellschaft, BB 2002, 1705; *Fabian/Grub*, Die Anwendung der Nachgründungsvorschriften auf Sachkapitalerhöhungen, AG 2002, 614; *Fassbender*, Die Hauptversammlung der Aktiengesellschaft aus notarieller Sicht, RNotZ 2009, 425; *Fett/Spiering*, Typische Probleme bei der Kapitalerhöhung aus Gesellschaftsmitteln, NZG 2002, 358; *Fischer*, Die Besteuerung der KGaA und ihrer Gesellschafter, DStR 1997, 1519; *Fleck*, Das Dienstverhältnis der Vorstandsmitglieder und Geschäftsführer in der Rechtsprechung des BGH, WM 1994, 1957; *Fleischer*, Zur Leitungsaufgabe des Vorstands im Aktienrecht, ZIP 2003, 1; *ders.*, Der deutsche „Bilanzeid" nach § 264 Abs. 2 S. 3 AktG, ZIP 2007, 97; *ders.*, „Say on Pay" im deutschen Aktienrecht: das neue Vergütungsforum der Hauptversammlung nach § 120 Abs. 4 AktG; AG 2009, 677; *Fuhrmann*, Gesetzliche Formerfordernisse von Vorstandsberichten, AG 2004, 135; *ders.*, „Gelatine" und die Holzmüller-Doktrin, Ende einer juristischen Irrfahrt?, AG 2004, 339; *Gehlhausen/Hönsch*, Deutscher Corporate Governance Kodex und Abschlussprüfung, AG 2002, 529; *Gehlhausen/Kuss*, Vereinbarkeit von Abschlussprüfung und Beratungsleistungen durch den Abschlussprüfer, NZG 2003, 424; *Giese*, Die Prüfung des Risikomanagementsystems einer Unternehmung durch den Abschlussprüfer gemäß KonTraG, WPg 1998, 451; *Goette*, Handlungsfähigkeit des unvorschriftsmäßig besetzten Vorstands, DStR 2002, 1314; *Götz*, Statusverfahren bei Änderungen in der Zusammensetzung des Aufsichtsrats, ZIP 1998, 1523; *ders.*, Die vorzeitige Wiederwahl von Vorständen, AG 2002, 305; *ders.*, Rechte und Pflichten des Aufsichtsrats nach dem Transparenz- und Pubizitätsgesetz, NZG

2002, 599; *Götze*, „Gelatine" statt „Holzmüller" – Zur Reichweite ungeschriebener Mitwirkungsbefugnisse der Hauptversammlung, NZG 2004, 585; *Gonella/Mikic*, Die Kapitalgesellschaft & Co. KGaA als „Einheitsgesellschaft", AG 1998, 508; *Göz/Holzborn*, Die Aktienrechtsreform durch das Gesetz für Unternehmensintegrität und Modernisierung des Anfechtungsrechts – UMAG, WM 2006, 157; *Grobys/Littger*, Amtsniederlegung durch das Vorstandsmitglied einer AG, BB 2002, 2292; *Groß*, Bezugsrechtsausschluss bei Barkapitalerhöhungen, DB 1994, 2431; *ders.*, Informations- und Auskunftsrecht des Aktionärs, AG 1997, 97; *ders.*, Das Ende des so genannten „Greenshoe", ZIP 2002, 160; *Groß/Traugott*, Leistungsbeziehungen zwischen Aktionär und Aktiengesellschaft – Wie lässt sich das Risiko einer verdeckten Sacheinlage verringern?, BB 2003, 481; *Grunewald*, Die neue Squeeze-out-Regelung, ZIP 2002, 18; *Habersack*, Grenzen der Mehrheitsherrschaft in Stimmrechtskonsortien, ZHR 164 (2000), 1; *Hägele*, Praxisrelevante Probleme der Mitteilungspflichten nach §§ 20, 21 AktG, NZG 2000, 726; *Hanau*, Sicherung unternehmerischer Mitbestimmung, insbesondere durch Vereinbarung, ZGR 2001, 75; *Hasselbach/Sieger*, Die Übernahme von Gewährleistungen durch die Aktiengesellschaft bei Kapitalerhöhung und Aktientausch, BB 2004, 60; *Heider*, Einführung der nennwertlosen Aktie in Deutschland anläßlich der Umstellung des Gesellschaftsrechts auf den Euro, AG 1998, 1; *Heidinger*, Die Rechtsgeschäfte der Vor-AG mit Dritten, ZNotP 2000, 182; *Hennerkes/Lorz*, Roma locuta causa finita: Die GmbH & Co. KGaA ist zulässig, DB 1997, 1388; *Hennerkes/Kögel*, Eine Geschäftsordnung für die Hauptversammlung, DB 1999, 81; *Henze*, Die Rechtsprechung des BGH zu den Kapitalaufbringungsgrundsätzen im GmbH- und Aktienrecht, DB 2001, 1469; *ders.*, Gesichtspunkte des Kapitalerhaltungsgebotes und seiner Ergänzung im Kapitalgesellschaftsrecht in der Rechtsprechung des BGH, NZG 2003, 649; *ders.*, Pünktlich zur Hauptversammlungssaison: Ein Rechtsprechungsüberblick zu Informations- und Auskunftsrechten, BB 2002, 893; *ders.*, Aspekte und Entwicklungstendenzen der aktienrechtlichen Anfechtungsklage in der Rechtsprechung des BGH, ZIP 2002, 97; *Hermanns*, Erleichterung bei der Gründung von Aktiengesellschaften durch das Transparenz- und Publizitätsgesetz, ZIP 2002, 1785; *Herzig*, Steuerliche und bilanzielle Probleme bei Stock Options und Stock Appreciation Rights, DB 1999, 1; *Heyn/Bösser/Pilhofer*, Erstmalige Anwendung von International Financial Reporting Standards (IFRS 1), BB 2003, 1607; *Hirte*, Ausgewählte Fragen zu Stock Option-Plänen und zum Erwerb eigener Aktien, in: K. Schmidt/Riegger, Gesellschaftsrecht 1999, RWS-Forum (2000), S. 211; *Hoefs/Liebers*, Anerkennungs- und Abfindungszahlungen an ausscheidende Vorstandsmitglieder, ZIP 2004, 97; *Hölters/Weber*, Vorzeitige Wiederbestellung von Vorstandsmitgliedern, AG 2005, 629; *Hoffmann-Becking*, Zur rechtlichen Organisation der Zusammenarbeit im Vorstand der AG, ZGR 1998, 497; *ders.*, Gesetz zur „kleinen AG" – unwesentliche Randkorrekturen oder grundlegende Reform?, ZIP 1995, 1; *ders.*, Gestaltungsmöglichkeiten bei Anreizsystemen, NZG 1999, 797; *Hollstein*, Gesetz zur Umsetzung der Aktionärsrichtlinie („ARUG"), jurisPR-HaGesR 8/2009, Anm. 4; *Holzapfel/Roschmann*, Nachgründung gem. § 52 AktG, in: FS Bezzenberger 2000, S. 163; *Hommelhoff*, Vereinbarte Mitbestimmung, ZHR 148 (1984), 118; *Hrubesch/Witte*, Die persönliche Haftung von Mitgliedern des Aufsichtsrats einer AG – unter besonderer Berücksichtigung der Haftung bei Kreditvergaben, BB 2004, 725; *Huber*, Die „geplant" beschlusslose Hauptversammlung, ZIP 1995, 1740; *Hüffer*, Aktienbezugsrechte als Bestandteil der Vergütung von Vorstandsmitgliedern und Mitarbeitern, ZHR 161 (1997), 214; *ders.*, Verlust oder Ruhen von Aktionärsrechten bei Verletzung aktienrechtlicher Mitteilungspflichten?, in: FS Boujong 1996, S. 277; *ders.*, Minderheitsbeteiligungen als Gegenstand aktienrechtlicher Auskunftsbegehren, ZIP 1996, 401; *ders.*, Zuordnungsprobleme und Sicherung der Kapitalaufbringung bei der Einmanngründung der GmbH, ZHR 148 (1984), 521; *ders.*, Rückkauf eigener Aktien, in: FS Kropff 1997, S. 101; *Huep*, Die Renaissance der Namensaktie – Möglichkeiten und Probleme im geänderten aktienrechtlichen Umfeld, WM 2000, 1623; *ders.*, Namensaktien, Internet und die Zukunft der Stimmrechtsverteilung, AG 2001, 68; *Ihrig*, Reformbedarf beim Haftungstatbestand des § 93 AktG, WM 2004, 2098; *ders.*, Pflicht zur umgehenden Abgabe einer Entsprechenserklärung mit Inkrafttreten des BilMoG, ZIP 2009, 853; *Ihrig/Erwin*, Zur Anwendung des Freigabeverfahrens nach § 246a AktG auf „Altbeschlüsse" und bereits eingetragene Beschlüsse; BB 2005, 1973; *Ihrig/Schlitt*, Vereinbarungen über eine freiwillige Einführung der Erweiterung der Mitbestimmung, NZG 1999, 333; *dies.*, Die GmbH & Co. KGaA nach dem Beschluß BGHZ 134, 392, ZHR 1996, 265; *Ihrig/Streit*, Aktiengesellschaft und Euro, NZG 1998, 201; *Ihrig/Wagner*, Volumengrenzen für Kapitalmaßnahmen der AG, NZG 2002, 657; *dies.*, Die Reform geht weiter: Das Transparenz- und Publizitätsgesetz kommt, BB 2002, 789; *dies.*, Corporate Governance – Kodex-Erklärung und ihre unterjährige Korrektur, BB 2002, 2509; *dies.*, Reaktion börsennotierter Unternehmen auf die Änderung des Deutschen Corporate Governance Kodex, BB 2003, 1625; *Jacobs*, Rechtsformwahl nach der Unternehmenssteuerreform: Personenunternehmung oder Kapitalgesellschaft?, DStR 2001, 806; *Jäger*, Aktienoptionsplan in Recht und Praxis – eine Zwischenbilanz, DStR 1999, 28; *Jänig/Leißering*, FamFG: Neues Verfahrensrecht für Streitigkeiten in AG und GmbH, ZIP 2010, 110; *Janzen*, Vorzeitige Beendigung von Vorstandsamt und -vertrag, NZG 2003, 468; *Jaspers*, Voraussetzungen und Rechtsfolgen der Unabhängigkeit eines Aufsichtsratsmitglieds nach dem BilMoG, AG 2009, 607; *Joost*, Mitbestimmung in der kapitalistischen Kommanditgesellschaft auf Aktien, ZGR 1998, 334; *Kallmeyer*, Rechte und Pflichten des Aufsichtsrats in der Kommanditgesellschaft auf Aktien, ZGR 1983, 57; *Kau/Leverenz*, Mitarbeiterbeteiligung und leistungsgerechte Vergütung durch Aktien-Options-Pläne, BB 1998, 2269; *Kiem,* Der Erwerb eigener Aktien bei der kleinen AG, AG 2000, 209; *Kindl,* Beschlussfassung des Aufsichtsrats und neue Medien – Zur Änderung des § 108 Abs. 4 AktG, ZHR 166 (2002), 335; *Kirschbaum,* Deutscher Corporate Governance Kodex überarbeitet, DB 2005, 1473; *Klasen,* Insiderrechtliche Fragen zu aktienorientierten Vergütungsmodellen, AG 2006, 24; *Kling,* Der besondere Vertreter im Aktienrecht, ZGR 2009, 190; *Knigge,* Änderungen des Aktienrechtes durch das Transparenz- und Publizitätsgesetz, WM 2002, 1729; J. *Koch,* Das Abmahnungserfordernis bei der außerordentlichen Kündigung von Organmitgliedern einer Kapitalgesellschaft, ZIP 2005, 1621; *ders.,* Das Gesetz zur Unternehmensintegrität und Modernisierung des Anfechtungsrechts (UMAG), ZGR 2006, 769; *ders.,* Keine Ermessensspielräume bei der Entscheidung über die Inanspruchnahme von Vorstandsmitgliedern, AG 2009, 93; *R. Koch,* Einführung eines obligatorischen Selbstbehalts in der D&O-Versicherung durch das VorstAG, AG 2009, 637; *Kolb/Pöller,* Das Gesetz über die Zulassung von Stückaktien, DStR 1998, 855; *Kölling,* Namensaktien im Wandel der Zeit – „NaStraG", NZG 2000, 631; *Kort,* Neues zu „Holzmüller"-Bekanntmachungspflichten bei wichtigen Verträgen, AG 2006, 272; *Kraft,* Probleme in Zusammenhang mit der Leistung von Einlagen bei der Gründung einer Aktiengesellschaft, in: Gedächtnisschrift für D. Schultz, 1987, S. 193; *Krauel/Weng,* Das Erfordernis von Sonderbeschlüssen stimmrechtsloser Vorzugsaktionäre bei Kapitalerhöhungen und Kapitalherabsetzungen, AG 2003, 561; *Krebs/Wagner,* Der Leistungszeitpunkt von Sacheinlagen nach § 36a Abs. 2 AktG, AG 1998, 467; *Krieger,* Auskunftsanspruch der Aktionäre hinsichtlich der an anderen AG gehaltenen Anteile, DStR 1994, 177; *ders.,* Zur Heilung verdeckter Sacheinlagen in der GmbH, ZGR 1996, 674; *ders.,* Muss der Hauptversammlungsnotar die Stimmauszählung überwachen?, ZIP 2002, 1597; *Krug,* Gestaltungsmöglichkeit bei der KGaA durch Umwandlung von Komplementäranteilen in Aktien, AG 2000, 510; *Kruse/Wilsing,* Zur Behandlung bedingter Aktienbezugsrechte beim Squeeze-out, ZIP 2002, 1465; *dies.,* Börsenrechtliches Delisting nach Macroton, WM 2003, 1110; *Kubis,* § 52 AktG – eine unsichere Sicherung der Kapitalaufbringung, AG 1993, 118; *Kunzi/Hasbargen/Kahre,* Gestaltungsmöglichkeiten von Aktienoptionsprogrammen nach US-GAAP, DB 2000, 285; *Lachmann,* Risikobeschränkung bei Gründung von Kapitalgesellschaften, NJW 1998, 2263; *Lange,* D&O-Versicherung: Innenhaftung und Selbstbehalt, DB 2003, 1833; *ders.,* Zustimmungsvorbehaltspflicht und Kataloghaftung des Aufsichtsrats nach neuem Recht, DStR 2003, 376; *ders.,* Der Wechsel vom Vorstand in den Aufsichtsrat, NZG 2004, 265; *Leuering/Simon,* Offene Fragen zur Offenlegung der Vorstandsvergütung, NZG 2005, 945; *Leuner/Lehmeier/Rattler,* Entwicklungen und Tendenzen bei Stock Option Modellen, Finanz Betrieb 2004, 258; *Liebscher,* Umgehungsresistenz von Vinkulierungsklauseln, ZIP 2003, 825; *Linnerz,* Unzulässige Blockwahl des Aufsichtsrats bei Antrag auf Einzelwahl eines in der Hauptversammlung anwesenden Aktionärs, BB 2004, 963; *Lüke,* Das Verhältnis von Auskunfts-, Anfechtungs- und Registerverfahren im Aktienrecht, ZGR 1990, 657; *Lutter,* Aktienoptionen für Führungskräfte – de lege lata und de lege ferenda, ZIP 1997, 1; *ders.,* Das „neue Gesetz für kleine Aktiengesellschaften und zur Deregulierung des Aktienrechts", AG 1994, 429; *ders.,* Due Diligence des Erwerbers beim Kauf einer Beteiligung, ZIP 1997, 613; *ders.,* Verdeckte Leistungen und Kapitalschutz, in: FS Stiefel 1987, S. 505; *ders.,* Zur Vorbereitung und Durchführung von Grundlagenbeschlüssen in Aktiengesellschaften, in: FS Fleck 1988, S. 169; *ders.,* Stellungnahmen von Sachverständigen anläßlich der öffentlichen Anhörung vor dem Rechtsausschuß des Deutschen Bundestages am 29.1.1997, AG 1997, August-Sonderheft, 52; *ders.,* Materielle und förmliche Erfordernisse eines Bezugsrechtsausschlusses – Besprechung der Entscheidung BGHZ 71, 40 (Kali + Salz), ZGR 1979, 401; *ders.,* Kodex guter Unternehmensführung und Vertrauenshaftung, in: FS Druey, 2002, 463; *ders.,* Auswahlpflichten und Auswahlverschulden bei der Wahl von Aufsichtsratsmitgliedern, ZIP 2003, 417; *ders.,* Bankenkrise und Organhaftung, ZIP 2009, 197; *ders./Leinekugel,* Kompetenzen von Hauptversammlung und Gesellschafterversammlung beim Verkauf von Unternehmensteilen, ZIP 1998, 225; *Mahlow,* Die Kommanditgesellschaft auf Aktien und das Vorliegen einer verdeckten Gewinnausschüttung, DB 2003, 1540; *Markwardt,* Erwerb eigener Aktien: In der Falle des § 71 Abs. 1 Nr. 8 AktG?, BB 2002, 1108; *Martens,* Eigene Aktien und Stock Options in der Reform, AG 1997, August-Sonderheft, 83; *Martens,* Vertretungsorgan und Arbeitnehmerstatus in konzernabhängigen Gesellschaften, in: FS Hilgert/Stumpf, 1983, S. 437; *Mayer,* Der Leistungszeitpunkt bei Sacheinlageleistungen im Aktienrecht, ZHR 154 (1990), 535; *Meilicke/Heidel,* Das Auskunftsrecht des Aktionärs in der Hauptversammlung (Teil I), DStR 1992, 72; *dies.,* Das Auskunftsrecht des Aktionärs in der Hauptversammlung (Teil II), DStR 1992, 113; *Mertens,* Das Minderheitsrecht nach § 122 Abs. 2 AktG und seine Grenzen, AG 1997, 481; *K. Mertens,* Die Information des Erwerbers einer wesentlichen Unternehmensbeteiligung an einer Aktiengesellschaft durch deren Vorstand, AG 1997, 541; *Miettinen/Villeda,* Abstimmungsformen des Aufsichtsrats, AG 2007, 346; *Mimberg,* Schranken der Vorbereitung und Durchführung einer Hauptversammlung im Internet, ZGR 2003, 21; *ders.,* Bekanntmachung der Einberufung spätestens am 31. Tag vor der Hauptversammlung ?, ZIP 2006, 649; *Mitzlaff,* Konsequenzen der Einführung des Euro für die AG und die GmbH, ZNotP 1998, 226; *Mülbert,* Anwendung der Nachgründungsvorschriften auf die Sachkapitalerhöhung?, AG 2003, 136; *ders.,* Die Anwendung der allgemeinen Formvorschriften bei Sachgründungen und Sachkapitalerhöhungen, AG 2003, 281; *Müller,* Die Änderungen im HGB und die Neuregelung der Sachdividende durch das

Transparenz- und Publizitätsgesetz, NZG 2002, 752; *Münch*, Der gekreuzte Bezugsrechtsausschluß im Recht der Aktiengesellschaft, DB 1993, 769; *Mutter*, Zur Anpassung der Vergütung von Aufsichtsräten an den Deutschen Corporate Governance Kodex, ZIP 2002, 1230; *ders.* Plädoyer für die Listenwahl von Aufsichtsräten, AG 2004, 305f.; *ders.* Pflicht zur umgehenden Abgabe einer Entsprechenserklärung mit Inkrafttreten des BilMoG- eine versteckte Konsequenz der Entscheidung des BGH vom 16. Februar 2009 ?, ZIP 2009, 750; *Neye*, Harmonisierung der Mitteilungspflichten zum Beteiligungsbesitz von börsenorientierten Aktiengesellschaften, ZIP 1996, 1853; *ders.*, Die Änderungen im Umwandlungsrecht nach den handels- und gesellschaftsrechtlichen Reformgesetzen in der 13. Legislaturperiode, DB 1998, 1649; *Niedner/Kusterer*, Die atypisch ausgestaltete Familien-KGaA als Instrument zur Gestaltung des Generationswechsels in mittelständischen Unternehmen, DB 1997, 2010; *Noack*, Namensaktie und Aktienregister: Einsatz für Investor Relations und Produktmarketing, DB 2001, 27; *ders.*, Hauptversammlung der Aktiengesellschaft und moderne Kommunikationstechnik – aktuelle Bestandsaufnahme und Ausblick, NZG 2003, 241; *ders.*, Der elektronische Bundesanzeiger im Aktienrecht – Ein Überblick, BB 2002, 2025; *ders.*, Neue Publizitätspflichten und Publizitätsmedien für Unternehmen – eine Bestandsaufnahme nach EHUG und TUG; *ders./Zetzsche*, Die Legitimation der Aktionäre bei Globalaktien und Depotverbuchung, AG 2002, 651; *dies.*, Die Hauptversammlungslegitimation durch Hinterlegung bei girosammelverwahrten Inhaberaktien, WM 2004, 1; *Nottmeier/Schäfer*, Praktische Fragen in Zusammenhang mit §§ 21, 22 WpHG, AG 1997, 87; *Otto/Mückl*, Grenzen der Mitbestimmung des Betriebsrats bei Aktienoptionsplänen, DB 2009, 1594 ff.; *Paefgen*, Die Inanspruchnahme pflichtvergessener Vorstandsmitglieder als unternehmerische Ermessensentscheidung des Aufsichtsrats, AG 2008, 761; *Paschos*, Berichtspflichten und Rechtsschutz bei der Ausübung eines genehmigten Kapitals, DB 2005, 2731; *Paschos/Goslar*, Der Regierungsentwurf des Gesetzes zur Umsetzung der Aktionärsrichtlinie (ARUG), AG 2009, 14; *Peltzer*, Organisation der Meldung der Entsprechenserklärung nach § 161 AktG, DB 2002, 2580; *Pentz*, Mitteilungspflichten gem. §§ 20, 21 AktG gegenüber einer mehrstufig verbundenen Aktiengesellschaft, AG 1992, 55; *ders.*, Die Änderungen des Nachgründungsrechts durch das NaStraG, NZG 2001, 346; *ders.*, Neues zur verdeckten Sacheinlage, ZIP 2003, 2093; *Pirchegger*, Bilanzierung von Aktienoptionen nach Internationalen Rechnungslegungsvorschriften: Konzeption und Auswirkungen auf Entlohnungsprogramme, RIW 2005, 349; *Planck*, Kleine AG als Rechtsform-Alternative zur GmbH, GmbHR 1994, 501; *Priester*, Die Kommanditgesellschaft auf Aktien ohne natürlichen Komplementär, ZHR 160 (1996), 250; *ders.*, Neue Regelungen zur Nachgründung – Die Entschärfung des § 52 AktG, DB 2001, 467; *ders.*, Unternehmenssteuer-Reform und Gesellschaftsvertrag, DStR 2001, 795; *Repgen*, Der Sonntag und die Berechnung rückwärtslaufender Fristen im Aktienrecht, ZGR 2006, 121; *Riegger*, Zum Widerruf der Bestellung in mitbestimmten Unternehmen, NJW 1988, 2991; *Reichert*, Probleme der Nachgründung nach altem und neuem Recht, ZGR 2001, 554; *ders.*, Gesellschaftsrecht in der Praxis, ZHR-Sonderheft Nr. 69, 1999, 25; *Reichert/Harbarth*, Veräußerung und Einziehung eigener Aktien, ZIP 2001, 1441; *Reul*, Die notarielle Beurkundung einer Hauptversammlung, AG 2002, 543; *Richter*, Aktienoptionen für den Aufsichtsrat?, BB 2004, 949; *Rosendahl*, Unternehmensumgliederungen und ihre Auswirkungen auf die Arbeitnehmervertreter im Aufsichtsrat, AG 1985, 325; *Rosengarten/Schneider*, Die „jährliche" Abgabe der Entsprechenserklärung nach § 161 AktG, ZIP 2009, 1837; *Roth*, Möglichkeiten vorstandsunabhängiger Information des Aufsichtsrats, AG 2004, 1; *ders.*, Das unternehmerische Ermessen des Vorstands, BB 2004, 1066; *Ruhnke*, Prüfung der Einhaltung des Deutschen Corporate Governance Kodex durch den Abschlussprüfer, AG 2002, 371; *Schaumburg*, Die KGaA als Rechtsform für den Mittelstand?, DStZ 1998, 525; *Schäfer*, Die Binnenhaftung von Vorstand und Aufsichtsrat nach der Renovierung durch das UMAG, ZIP 2005, 1253; *Schanz*, Mitarbeiterbeteiligungsprogramme, NZA 2000, 626; *Scheifele*, Zur Praxis des gekreuzten Bezugsrechtsausschlusses, BB 1990, 497; *Schlitt*, Die gesellschaftsrechtlichen Voraussetzungen des regulären Delistings – Macrotron und die Folgen, ZIP 2004, 533; *ders./Seiler*, Einstweiliger Rechtsschutz im Recht der börsennotierten Aktiengesellschaften, ZHR 166 (2002), 544; *dies.*, Aktuelle Rechtsfragen bei Bezugsrechtsemissionen, WM 2003, 2175; *K. Schmidt*, Deregulierung des Aktienrechts durch Denaturierung der Kommanditgesellschaft auf Aktien?, ZHR 160 (1996), 265; *U. H. Schneider*, Anwendungsprobleme bei den kapitalmarktrechtlichen Vorschriften zur Offenlegung von wesentlichen Beteiligungen an börsennotierten Aktiengesellschaften (§ 21 WpHG), AG 1997, 81; *ders.*, Die Teilnahme von Vorstandsmitgliedern an Aufsichtsratssitzungen, ZIP 2002, 873; *Schnorbus*, Die Sachdividende, ZIP 2003, 509; *Schrick*, Die GmbH & Co. KGaA in der Form der Einheitsgesellschaft als börsenwilliges Unternehmen?, NZG 2000, 675; *ders.*, Überlegungen zur Gründung der kapitalistischen KGaA aus dem Blickwinkel der Unternehmerfamilie, NZG 2000, 409; *Schröer*, Vorschläge für Hauptversammlungsbeschlüsse zur Umstellung auf Stückaktie und Euro, ZIP 1998, 206; *Schwark*, Der vereinfachte Bezugsrechtsausschluss – Zur Auslegung des § 186 Abs. 3 S. 4 AktG, in: FS Claussen 1997, S. 35; *Schürmann*, Euro und Aktienrecht, NJW 1998, 201; *Schwennicke*, Der Ausschluss der Verbriefung der Aktien bei der kleinen AG, AG 2001, 118; *Seibert*, Die Umstellung des Gesellschaftsrechts auf den Euro, ZGR 1998, 1; *ders.*, Der Ausschluß des Verbriefungsanspruchs des Aktionärs in Gesetzgebung und Praxis, DB 1999, 267; *ders.*, Aktionärsforum und Aktionärsforumsverordnung nach § 127a AktG, AG 2006, 16; *ders./Decker*, Das Gesetz über elektronische Handelsregister und Genossenschaftsregister sowie das Unternehmensregister (EHUG) – Der „Big Bang" im Recht der Unternehmenspublizität, DB 2006, 2446; *Seidel*, Der Deutsche Corporate Governance Kodex – eine private oder doch eine staatliche Regelung?, ZIP 2004, 285; *Semler/Stengel*, Interessenkonflikte bei Aufsichtsratsmitgliedern von Aktiengesellschaften am Beispiel von Konflikten bei Übernahme, NZG 2003, 1; *Senger/Vogelmann*, Die Umwandlung von Vorzugsaktien in Stammaktien, AG 2002, 193; *Sethe*, Die Berichtserfordernisse beim Bezugsrechtsausschluß und ihre mögliche Heilung am Beispiel der Emission junger Aktien und Genußrechte, AG 1994, 342; *Sinewe*, Die Relevanz des Börsenkurses im Rahmen des § 255 II AktG, NZG 2002, 314; *Spindler*, Vergütung und Abfindung von Vorstandsmitgliedern, DStR 2004, 36; *ders.*, Die Reform der Hauptversammlung und der Anfechtungsklage durch das UMAG, NZG 2005, 825; *ders.*, Das Gesetz über die Offenlegung von Vorstandsvergütungen – VorstOG, NZG 2005, 689; *Thiel*, Bilanzielle und steuerrechtliche Behandlung eigener Aktien nach der Neuregelung des Aktienerwerbs durch das KonTraG, DB 1998, 1583; *Thüsing*, Die Angemessenheit von Vorstandsvergütungen, DB 2003, 1612; *Tielmann*, Die Zustellung der aktienrechtlichen Anfechtungsklage nach dem Zustellungsreformgesetz, ZIP 2002, 1879; *Tödtmann/Schauer*, Der Corporate Governance Kodex zieht scharf, ZIP 2009, 995; *Trapp*, Erleichterter Bezugsrechtsausschluß nach § 186 Abs. 3 S. 4 AktG und Greenshoe, AG 1997, 115; *Tröger*, Neues zur Anfechtung bei Informationspflichtverletzungen, NZG 2002, 211; *Trölitzsch*, Festlegung unterschiedlicher Ausgabekurse bei einem gekreuzten Bezugsrechtsausschluß, DB 1993, 1457; *Thümmel*, Aufsichtsratshaftung vor neuen Herausforderungen – Überwachungsfehler, unternehmerische Fehlentscheidungen, Organisationsmängel und andere Risikofelder, AG 2004, 83; *Ulmer*, Verdeckte Sacheinlagen im Aktien- und GmbH-Recht, ZHR 154 (1990), 128; *ders.*, Zur Berechnung der für die Anwendung des MitbestG auf Kapitalgesellschaften maßgebenden Arbeitnehmerzahl, in: FS Heinsius 1991, S. 85; *Ulmer/Ihrig*, Die Rechtsnatur der Einmann-Gründungsorganisation, GmbHR 1988, 373; *van Kann*, Zwingender Selbstbehalt bei der D&O-Versicherung – Gut gemeint, aber auch gut gemacht?, NZG 2009, 1010; *von Falkenhausen/Kocher*, Wie wird der unabhängige Finanzexperte in den Aufsichtsrat gewählt ? – Praktische Fragen der Umsetzung des BilMoG, ZIP 2009, 1601; *Vetter*, Stock Options für Aufsichtsräte – ein Widerspruch?, AG 2004, 234; *ders.*, Aufsichtsratsvergütung und Verträge mit Aufsichtsratsmitgliedern, ZIP 2008, 1; *ders.*, Der Tiger zeigt die Zähne, Anmerkungen zum Urteil des BGH im Fall Leo Kirch/Deutsche Bank, NZG 2009, 561, *ders.*, Der kraftlose Hauptversammlungsbeschluss über das Vorstandsvergütungssystem nach § 120 Abs. 4 AktG, ZIP 2009, 2136 ff.; *Volhard*, Eigenverantwortlichkeit und Folgepflicht, ZGR 1996, 55; *ders.*, „Siemens/Nold": Die Quittung, WM 1998, 397; *Vossius*, Squeeze-out – Checklisten für Beschlussfassung und Durchführung, ZIP 2002, 511; *Wälzholz*, Besonderheiten der Satzungsgestaltung bei der Familien-AG (Teil I), DStR 2004, 779; *ders.*, Besonderheiten der Satzungsgestaltung bei der Familien-AG (Teil II), DStR, 2004, 819; *ders.*, Vertretung der AG bei Beschlussanfechtungsklagen, DStR 2003, 2085; *Wagner*, Aufsichtsratssitzung in Form der Videokonferenz, NZG 2002, 57; *ders.* Nachhaltige Unternehmensentwicklung als Ziel der Vorstandsvergütung – Eine Annäherung an den Nachhaltigleitsbegriff in § 87 Abs. 1 AktG, AG 2011, 774; *Wagner/Wittgens*, Corporate Governance als dauernde Reformanstrengung: Der Entwurf des Gesetzes zur Angemessenheit der Vorstandsvergütung, BB 2009, 906 ff.; *Walter*, Bilanzierung von Aktienoptionsplänen in Handels- und Steuerbilanz – einheitliche Behandlung unabhängig von der Art der Unterlegung, DStR 2006, 1101; *Weiler*, Auswirkungen des ARUG auf die notarielle Praxis, notar 2009, 313; *Weiß*, Aktienoptionsprogramme nach dem KonTraG, WM 1999, 353; *Weißhaupt*, Informationsmängel in der Hauptversammlung: die Neuregelungen durch das UMAG, ZIP 2005, 1766; *Wichert*, Die GmbH & Co. KGaA nach dem Beschluß BGHZ 134, 392, AG 2000, 268; *ders.*, Satzungsänderungen in der KGaA, AG 1999, 362; *Wieneke*, Der Einsatz von Aktien als Akquisitionswährung, NZG 2004, 61; *Wicke*, Die Leitung der Hauptversammlung einer Aktiengesellschaft. Praxisrelevante Fragen und neuere Entwicklungen, NZG 2007, 771; *Winter*, Organisationsrechtliche Sanktionen bei Verletzung schuldrechtlicher Gesellschaftervereinbarungen?, ZHR 154 (1990), 259; *Witt*, Die Änderungen der Mitteilungs- und Veröffentlichungspflichten nach §§ 21 WpHG durch das geplante Wertpapiererwerbs- und Übernahmegesetz, AG 2001, 233; *ders.*, Mehrheitsregelnde Schiedsklauseln und Kapitalveränderungsbeschlüsse, AG 2000, 345; *Zilias/Lanfermann*, Die Neuregelung des Erwerbs und Erhalts eigener Aktien, WPg 1980, 65; *Zöllner*, Gerechtigkeit bei der Kapitalerhöhung, AG 2002, 585.

Inhalt
A. Bargründung —— 1
I. Rechtliche Grundlagen —— 1
   1. Bedeutung der Rechtsform —— 1
   2. Charakteristika der Rechtsform —— 2
      a) Erscheinungsformen —— 3
      b) Satzungsstrenge —— 4
      c) Trias der Organe —— 5
   3. Vor- und Nachteile —— 7
   4. Die „kleine" AG —— 8

5. Weitere Änderungen des Aktiengesetzes —— 9
6. Gründung —— 10
   a) Neugründung oder Formwechsel —— 10
   b) Vorgesellschaft —— 11
   c) Ein-Mann-Gründung —— 13
   d) Vorratsgründung —— 14
7. Ablauf der Gründung —— 19
8. Übernahme der Aktien durch die Gründer —— 20
   a) Gründer —— 20
   b) Übernahme der Aktien —— 21
   c) Grundkapital und Übernahme der Aktien —— 22
9. Feststellung der Satzung —— 25
   a) Firma und Sitz der Gesellschaft, § 23 Abs. 3 Nr. 1 AktG —— 26
   b) Gegenstand des Unternehmens, § 23 Abs. 3 Nr. 2 AktG —— 28
   c) Höhe des Grundkapitals, Nennbeträge, Zahl und Gattung der Aktien, § 23 Abs. 3 Nr. 3, 4 und 5 AktG —— 30
   d) Zahl der Vorstandsmitglieder, § 23 Abs. 3 Nr. 6 AktG —— 35
   e) Bekanntmachungen der Gesellschaft, § 23 Abs. 4 AktG —— 36
10. Kosten —— 37
11. Weitere erforderliche Maßnahmen bis zur Eintragung —— 38
    a) Aufsichtsrat und erster Abschlussprüfer, Gründungsbericht und Gründungsprüfung —— 38
    b) Mindesteinlageleistung —— 39
12. Anmeldung und Eintragung —— 40
    a) Anmeldung —— 40
    b) Eintragung —— 41
II. Checkliste: Bargründung —— 42
III. Typischer Sachverhalt —— 43
IV. Muster —— 44
1. Muster: Gründungsprotokoll —— 44
2. Muster: Satzung der Vorrats-AG (einfache Fassung) —— 45
3. Muster: Bestellung des ersten Vorstands —— 46
4. Muster: Bestätigung des Kreditinstituts über die Einlageleistung —— 47
5. Muster: Gründungsbericht gem. § 32 AktG —— 48
6. Muster: Gründungsprüfungsbericht von Vorstand und Aufsichtsrat gem. §§ 33, 34 AktG —— 49
7. Muster: Antrag auf Bestellung eines Gründungsprüfers —— 50
8. Muster: Bericht des Gründungsprüfers gem. §§ 33, 34 AktG —— 51

9. Muster: Liste der Aufsichtsratsmitglieder gem. § 37 Abs. 4 Nr. 3a AktG —— 52
10. Muster: Anmeldung der Gesellschaft zum Handelsregister —— 53
11. Muster: Satzung der AG (ausführliche Fassung für Publikums-AG) —— 54

B. Sachgründung —— 55
I. Rechtliche Grundlagen —— 55
1. Besonderheiten der Sachgründung —— 55
   a) Verhältnis zur Bargründung —— 55
   b) Sacheinlage und Sachübernahme —— 56
   c) Festsetzungen in der Satzung —— 57
   d) Einbringungsvertrag —— 59
   e) Bestellung des ersten Aufsichtsrats —— 60
   f) Gründungsbericht und Gründungsprüfung —— 61
   g) Leistung der Sacheinlage —— 62
2. Verdeckte Sacheinlage —— 64
II. Typischer Sachverhalt —— 65
III. Muster —— 66
1. Muster: Gründungsprotokoll einer Sachgründung —— 66
2. Muster: Festsetzungen der Sacheinlage (Auszug aus der Satzung) —— 67
3. Muster: Einbringungsvertrag —— 68
4. Muster: Gründungsbericht gem. § 32 AktG bei Sachgründung —— 69
5. Muster: Gründungsprüfungsbericht von Vorstand und Aufsichtsrat gem. §§ 33, 34 AktG bei Sachgründung (Auszug) —— 70
6. Muster: Bericht des Gründungsprüfers gem. §§ 33, 34 AktG bei Sachgründung (Auszug) —— 71
7. Muster: Anmeldung der Gesellschaft zum Handelsregister —— 72

C. Nachgründung —— 73
I. Rechtliche Grundlagen —— 73
II. Typischer Sachverhalt —— 75
III. Muster —— 76
1. Muster: Nachgründungs- und Einbringungsvertrag —— 76
2. Muster: Nachgründungsbericht des Aufsichtsrats gem. §§ 52 Abs. 3, 32 Abs. 2 und 3 AktG —— 77
3. Muster: Antrag auf Bestellung des Prüfers für die Nachgründung und die Sachkapitalerhöhung —— 78
4. Muster: Bericht des Prüfers für die Nachgründung und die Sachkapitalerhöhung —— 79

5. Muster: Einladung zur Hauptversammlung – Tagesordnungspunkte Kapitalerhöhung gegen Sacheinlage, Zustimmung zum Nachgründungsvertrag, Änderungen der Satzung —— 80
6. Muster: Anmeldung des Nachgründungs- und Einbringungsvertrages, des Beschlusses über die Kapitalerhöhung, der Durchführung der Kapitalerhöhung und der Satzungsänderung zum Handelsregister —— 81

D. **Kapitalmaßnahmen, Änderungen der Aktienausstattung —— 82**
I. Rechtliche Grundlagen —— 82
 1. Arten der Kapitalmaßnahmen —— 82
 2. Ablauf der regulären Kapitalerhöhung —— 87
  a) Beschlussfassung der Hauptversammlung —— 88
   aa) Satzungsänderung —— 89
   bb) Bezugsrecht der Aktionäre —— 90
  b) Beschlussinhalt —— 95
   aa) Kapitalerhöhungsbetrag —— 95
   bb) Nennbetrag, Aktienart, Aktiengattung —— 96
   cc) Durchführungsfrist, Gewinnberechtigung —— 97
   dd) Ausgabebetrag —— 99
   ee) Bar- oder Sacheinlagen —— 102
  c) Zeichnung der neuen Aktien —— 105
  d) Mindesteinlageleistung —— 106
  e) Anmeldung zum Handelsregister —— 107
  f) Mitteilungspflichten nach WpHG —— 108
 3. Bedingte Kapitalerhöhung —— 109
 4. Genehmigtes Kapital —— 114
 5. Kapitalerhöhung aus Gesellschaftsmitteln —— 116
 6. Umstellung auf Euro —— 118
II. Checklisten —— 119
 1. Checkliste: Inhalt des Berichts des Vorstands an die Hauptversammlung bei Kapitalerhöhung mit Bezugsrechtsausschluss (kein Fall des vereinfachten Bezugsrechtsausschlusses) —— 119
 2. Checkliste: Ausnutzung des genehmigten Kapitals —— 120
III. Typischer Sachverhalt —— 121
IV. Muster —— 122
 1. Muster: Einladung zur Hauptversammlung – Tagesordnungspunkte reguläre Kapitalerhöhung, Schaffung eines genehmigten Kapitals —— 122
 2. Muster: Zeichnungsschein —— 123
 3. Muster: Einladung zur Hauptversammlung – Tagesordnungspunkt Umwandlung von Nennbetrags- in Stückaktien —— 124
 4. Muster: Einladung zur Hauptversammlung – Tagesordnungspunkt Umwandlung von Vorzugs- in Stammaktien, Sonderbeschluss der Stammaktionäre, Anpassung des genehmigten Kapitals —— 251
 5. Muster: Einladung zur Hauptversammlung – Tagesordnungspunkt Umwandlung von Inhaber- in Namensaktien —— 126

E. **Vorstand —— 127**
I. Rechtliche Grundlagen —— 127
 1. Leitungsorgan —— 127
 2. Bestellung und Abberufung —— 130
  a) Eignungsvoraussetzungen —— 130
  b) Bestellung —— 131
  c) Gerichtliche Bestellung —— 133
  d) Fehlerhafte Bestellung —— 134
  e) Widerruf —— 135
   aa) Widerrufsfrist —— 138
   bb) Wirksamwerden des Widerrufs —— 139
   cc) Rechtsschutz des Vorstandsmitglieds —— 141
  f) Sonstige Beendigungsgründe —— 142
  g) Suspendierung —— 143
 3. Anstellungsverhältnis —— 145
  a) Vorstandsvergütung und deren Offenlegung —— 147
  b) Anwendung von Arbeitnehmerschutzrecht —— 151
  c) Abschluss des Anstellungsvertrags —— 152
  d) Kündigung des Anstellungsvertrags —— 153
  e) Sonstige Beendigungsgründe —— 154
 4. Vertretung —— 155
 5. Arten der Vertretung —— 156
 6. Geschäftsführung —— 160
 7. Geschäftsordnung —— 161
 8. Vorstandsvorsitzender/Vorstandssprecher —— 162
 9. Willensbildung im Vorstand —— 163
 10. Folgen fehlerhafter Beschlussfassung —— 164
 11. Zustimmungsbedürftige Rechtsgeschäfte —— 165
 12. Leitungspflichten des Vorstands —— 166
  a) Berichtspflichten —— 167
  b) Geheimhaltungspflichten —— 169
  c) Gestattung von Due Diligence Prüfungen —— 172
  d) Offenlegungs- und Veröffentlichungspflichten —— 173
  e) Corporate Governance —— 174
  f) Pflicht zur Ausführung von Hauptversammlungsbeschlüssen —— 175

g) Sonstige Pflichten —— 177
13. Haftung gegenüber der Gesellschaft —— 180
    a) Business Judgement Rule —— 181
    b) Verschuldensmaßstab —— 182
    c) Haftungsausschluss, Verjährung —— 183
    d) Durchsetzung der Haftung —— 185
    e) Verfahren nach § 147 Abs. 1 AktG —— 186
14. Besonderheiten bei mitbestimmten Gesellschaften —— 187
II. Typischer Sachverhalt —— 189
III. Muster —— 190
    1. Muster: Bestellung eines Vorstandsmitglieds —— 190
    2. Muster: Anmeldung der Bestellung eines Vorstandsmitglieds zum Handelsregister —— 191
    3. Muster: Widerruf der Bestellung eines Vorstandsmitglieds —— 192
    4. Muster: Anmeldung des Widerrufs der Bestellung eines Vorstandsmitglieds zum Handelsregister —— 193
    5. Muster: Geschäftsordnung des Vorstands einer nicht mitbestimmten oder nach dem DrittelbG einfach mitbestimmten Gesellschaft —— 194
    6. Muster: Erklärung zum Corporate Governance Kodex gem. § 161 AktG —— 195
    7. Muster: Tagesordnungspunkt der Hauptversammlung zur Befreiung von der Pflicht zur individuellen Offenlegung der Vorstandsbezüge —— 196
F. **Aufsichtsrat** —— 197
I. Rechtliche Grundlagen —— 197
    1. Rechtsstellung und Aufgaben —— 197
    2. Größe und Zusammensetzung des Aufsichtsrats bei nicht mitbestimmten Gesellschaften —— 199
    3. Mitbestimmung —— 200
    4. Statusverfahren nach §§ 97 ff. AktG —— 203
    5. Persönliche Voraussetzungen für Aufsichtsratsmitglieder —— 208
    6. Bestellung —— 215
    7. Entsendung —— 217
    8. Ersatzmitglieder —— 218
    9. Gerichtliche Bestellung —— 219
    10. Amtszeit der Aufsichtsratsmitglieder —— 221
    11. Beendigung der Stellung als Aufsichtsratsmitglied —— 222
    12. Aufsichtsratsvorsitzender – Stellvertreter des Vorsitzenden —— 227
    13. Geschäftsordnung —— 229
    14. Beschlussfassung im Aufsichtsrat —— 230
        a) Sitzungsleitung —— 233
        b) Beschlussfähigkeit —— 234
        c) Beschlussmehrheiten —— 235
        d) Teilnahme an der Beschlussfassung, Protokoll —— 236
        e) Rechtsfolgen fehlerhafter Aufsichtsratsbeschlüsse —— 238
    15. Aufsichtsratsausschüsse —— 241
    16. Rechte und Pflichten der Aufsichtsratsmitglieder —— 248
    17. Durchsetzung von Rechten des Aufsichtsrats —— 251
II. Typischer Sachverhalt —— 254
III. Muster —— 255
    1. Muster: Bekanntmachung nach § 97 Abs. 2 AktG —— 255
    2. Muster: Antrag nach § 98 AktG auf gerichtliche Entscheidung —— 256
    3. Muster: Liste der Aufsichtsratsmitglieder nach § 106 AktG —— 257
    4. Muster: Einreichung zu Gericht nach § 106 AktG —— 258
    5. Muster: Erklärung des Aufsichtsrats zum Corporate Governance Kodex gem. § 161 AktG —— 259
G. **Hauptversammlung** —— 260
I. Rechtliche Grundlagen —— 260
    1. Kompetenzen —— 260
    2. Ungeschriebene Hauptversammlungskompetenzen —— 261
    3. Ordentliche und außerordentliche Hauptversammlung —— 264
    4. Einberufungsgründe —— 266
    5. Einberufungszuständigkeit —— 269
    6. Einberufungsfrist —— 270
    7. Einberufungsform, -inhalt —— 271
    8. Veröffentlichung von Dokumenten und Berichten —— 272
        a) Veröffentlichungen auf der Internetseite der Gesellschaft (§ 124a AktG) —— 272
        b) Bekanntmachungspflichten bei besonderen Beschlussgegenständen —— 273
        c) Beschlussvorschläge der Verwaltung —— 276
        d) Auslegungs- und Berichtspflichten —— 277
    9. Mitteilungspflichten —— 283
    10. Teilnehmer, Aktionärsrechte —— 284
    11. Hinterlegung, Anmeldung, Nachweis der Legitimation —— 286
    12. Teilnehmerverzeichnis —— 287
    13. Ablauf der Hauptversammlung —— 288
    14. Ordnungsbefugnis des Versammlungsleiters —— 289
    15. Beschlussfassungen —— 291

Ihrig/Wagner

II. Checkliste: Vorbereitung und Durchführung der Hauptversammlung —— 295
III. Typischer Sachverhalt —— 296
IV. Muster: Einberufung der ordentlichen Hauptversammlung —— 297
H. **Minderheitsrechte —— 298**
I. Rechtliche Grundlagen —— 298
  1. Minderheitsverlangen auf Einberufung der Hauptversammlung nach § 122 Abs. 1 AktG —— 298
  2. Minderheitsverlangen auf Bekanntmachung zusätzlicher Beschlussgegenstände nach § 122 Abs. 2 AktG —— 298
  3. Gegenanträge und abweichende Wahlvorschläge von Aktionären —— 299
  4. Aktionärsforum —— 300
  5. Rederecht in der Hauptversammlung —— 301
  6. Auskunftsrecht der Aktionäre —— 302
  7. Geltendmachung von Beschlussmängeln —— 303
    a) Nichtigkeit und Anfechtbarkeit —— 303
    b) Anfechtungsbefugnis, Anfechtungsfrist, zuständiges Gericht —— 304
    c) Anfechtungsgründe —— 304
    d) Anfechtungsausschlüsse, Anfechtungsbeschränkungen —— 304
    e) Anfechtungsverfahren/Bekanntmachungen —— 304
    f) Freigabeverfahren nach § 246a AktG —— 304
  8. Geltendmachung von Ersatzansprüchen/Sonderprüfung —— 305
    a) Verfahren nach § 147 Abs. 2 S. 1 und 2 AktG —— 305
    b) Klagezulassungsverfahren nach § 148 AktG —— 306
      aa) Quorum —— 307
      bb) Nachweis des Erwerbs der Aktien vor Kenntnis der Pflichtverletzung —— 308
      cc) Erfolglose Fristsetzung an die Gesellschaft —— 309
      dd) Verdacht der Unredlichkeit oder groben Pflichtverletzung —— 310
      ee) Keine überwiegenden Gründe des Gesellschaftswohls —— 311
    b) Sonderprüfung —— 312
  9. Sonstige Rechtsschutzmöglichkeiten bei rechtswidrigem Verwaltungshandeln —— 313
  10. Sonstige Minderheitsrechte —— 314
II. Typischer Sachverhalt —— 315
III. Muster —— 316
  1. Muster: Gegenantrag eines Aktionärs nach § 126 AktG —— 316
  2. Muster: Zugänglichmachen eines Gegenantrags nach § 126 AktG mit Stellungnahme des Vorstands —— 317
  3. Muster: Antrag auf gerichtliche Entscheidung über das Auskunftsrecht nach § 132 AktG —— 318
  4. Muster: Anfechtungsklage —— 319
  5. Muster: Bekanntmachung nach § 246 Abs. 4 AktG —— 320
I. **Aktienoptionspläne —— 321**
I. Rechtliche Grundlagen —— 321
  1. Gestaltungsmöglichkeiten bei Aktienoptionsplänen —— 321
  2. Virtuelle Optionen —— 324
  3. Aktienoptionen nach § 192 Abs. 2 Nr. 3 AktG —— 326
    a) Zwingender Inhalt des Hauptversammlungsbeschlusses —— 328
      aa) Kreis der Bezugsberechtigten, Aufteilung der Optionsrechte —— 329
      bb) Ausgabebetrag und Erfolgsziele —— 331
      cc) Erwerbs- und Ausübungszeiträume —— 334
      dd) Wartezeit —— 335
    b) Sonstige Festsetzungen —— 336
  4. Bedienung von Aktienoptionsplänen mit Wandel- oder Optionsanleihen —— 337
  5. Bedienung von Aktienoptionsprogrammen mittels eigener Aktien —— 339
II. Typischer Sachverhalt —— 341
III. Muster: Einladung zur Hauptversammlung – Tagesordnungspunkt Ermächtigung zur Ausgabe von Optionsrechten und Schaffung eines bedingten Kapitals —— 342
J. **Eigene Aktien —— 343**
I. Rechtliche Grundlagen —— 343
  1. Verbot der Einlagenrückgewähr —— 343
  2. Zulässige Erwerbsgründe —— 344
    a) Schadensabwehr —— 345
    b) Belegschaftsaktien —— 346
    c) Abfindung von Aktionären —— 347
    d) Unentgeltlicher Erwerb, Einkaufskommission —— 348
    e) Gesamtrechtsnachfolge —— 349
    f) Einziehung —— 350
    g) Handelsbestand —— 351
    h) Ermächtigungsbeschluss der Hauptversammlung —— 352
      aa) Inhalt und Grenzen der Ermächtigung —— 353
      bb) Zulässige Erwerbszwecke —— 359
      cc) Grundsätze für Erwerb und Veräußerung, Bezugsrecht der Aktionäre —— 361

§ 6 Die Aktiengesellschaft (AG) und die Kommanditgesellschaft auf Aktien (KGaA) — 455

      dd) Ausübung der Ermächtigung durch den Vorstand —— 366
      ee) Erfordernis der Zustimmung des Aufsichtsrats —— 367
   3. Schranken des zulässigen Erwerbs —— 368
     a) 10%-Grenze —— 369
     b) Fähigkeit zur Rücklagenbildung —— 370
     c) Ausgabebetrag voll geleistet —— 373
   4. Pflichten nach Erwerb —— 374
   5. Rechte aus eigenen Aktien —— 376
   6. Rechtsfolgen unzulässigen Erwerbs —— 377
   7. Erwerb durch Tochterunternehmen oder auf Rechnung der AG —— 378
   8. Kapitalmarktrechtliche Regelungen im Zusammenhang mit dem Erwerb eigener Aktien —— 379
II. Checkliste: Hauptversammlungsbeschluss über Ermächtigung zum Erwerb eigener Aktien und deren Veräußerung unter Bezugsrechtsausschluss —— 382
III. Typischer Sachverhalt —— 383
IV. Muster —— 384
   1. Muster: Einladung zur Hauptversammlung – Tagesordnungspunkt Ermächtigung zum Erwerb eigener Aktien —— 384
   2. Muster: Mitteilung nach § 30b Abs. 1 S. 1 Nr. 2 WpHG im Bundesanzeiger —— 385
   3. Muster: Beschluss des Vorstands über Erwerb eigener Aktien —— 386
   4. Muster: Zustimmungsbeschluss des Aufsichtsrats zum Beschluss des Vorstands über Veräußerung eigener Aktien —— 387

K. **Ausschluss von Minderheitsaktionären (Squeeze out) —— 388**
I. Rechtliche Grundlagen —— 388
   1. Zweck der Squeeze out-Regelung —— 388
   2. Beteiligungsquote des Hauptaktionärs beim aktienrechtlichen Squeeze out —— 389
   3. Festlegung der Barabfindung beim aktienrechtlichen Squeeze out —— 390
   4. Verlangen an den Vorstand —— 391
   5. Übertragungsbeschluss der Hauptversammlung —— 392
   6. Ablauf des aktienrechtlichen Squeeze out —— 393
II. Typischer Sachverhalt —— 394
III. Muster —— 395
   1. Muster: Verlangen des Hauptaktionärs —— 395
   2. Muster: Einladung zur Hauptversammlung – Tagesordnungspunkt Übertragung von Aktien gegen Barabfindung —— 396
   3. Muster: Anmeldung der Übertragung von Aktien gegen Barabfindung zum Handelsregister —— 397

L. **Mitteilungspflichten nach AktG und WpHG —— 398**
I. Rechtliche Grundlagen —— 398
   1. Mitteilungspflichten nach AktG —— 399
     a) § 20 AktG —— 399
     b) § 21 AktG —— 400
     c) Rechtsfolgen bei unterlassener Mitteilung —— 401
   2. Sonderfall: Mitteilung nach § 42 AktG —— 402
   3. Mitteilungspflichten nach WpHG —— 403
     a) §§ 21 ff. WpHG —— 403
     b) Directors' Dealings —— 409
II. Typischer Sachverhalt —— 411
III. Muster —— 412
   1. Muster: Mitteilung über den Erwerb einer Beteiligung nach § 20 Abs. 1 AktG —— 412
   2. Muster: Mitteilung über die Abgabe einer Beteiligung nach § 20 Abs. 5 AktG —— 413
   3. Muster: Bekanntmachung der AG nach § 20 Abs. 6 AktG im Bundesanzeiger —— 414
   4. Muster: Mitteilung der späteren Entwicklung zur Ein-Mann-Aktiengesellschaft —— 415
   5. Muster: Mitteilung des Abgebenden nach § 21 WpHG —— 416
   6. Muster: Mitteilung des Übernehmenden nach § 21 Abs. 1 S. 1 WpHG —— 417
   7. Muster: Veröffentlichung der Mitteilung durch die Gesellschaft nach § 26 Abs. 1 WpHG —— 418
   8. Muster: Bekanntmachung nach § 26 Abs. 1 S. 2 WpHG —— 419
   9. Muster: Mitteilung über Directors' Dealings nach § 15a Abs. 1 WpHG —— 420
   10. Muster: Veröffentlichung der Mitteilung über Directors' Dealings durch die Gesellschaft nach § 15a Abs. 4 WpHG —— 421

M. **Die KGaA —— 422**
I. Rechtliche Grundlagen —— 422
   1. Bedeutung der Rechtsform —— 422
   2. Charakteristika der Rechtsform —— 423
   3. Erscheinungsformen —— 424
   4. Kapital- und personengesellschaftsrechtliche Strukturelemente, Gestaltungsfreiheit —— 426
   5. Vor- und Nachteile —— 428
   6. Organe der KGaA —— 429
     a) Der persönlich haftende Gesellschafter —— 430
     b) Der KGaA-Aufsichtsrat —— 433
     c) Die KGaA-Hauptversammlung —— 436
   7. Besonderheiten der GmbH & Co. KGaA —— 438
   8. Publikums-KGaA und Inhaltskontrolle —— 439
   9. Gründung der KGaA —— 441
II. Checkliste: KGaA-Gründung —— 442
III. Typischer Sachverhalt —— 443
IV. Muster: Satzung einer GmbH & Co. KGaA —— 444

Ihrig/Wagner

A. Bargründung

I. Rechtliche Grundlagen

1. Bedeutung der Rechtsform

1 Die nach wie vor geringe Zahl an Aktiengesellschaften (nach Angaben des BDI ca. 20.000 gegenüber mehr als 1 Mio. GmbHs Anfang 2006) steht im Gegensatz zur wirtschaftlichen Bedeutung der Rechtsform. Etwa ein Drittel des Umsatzes der deutschen Industrie wird durch Unternehmen in der Rechtsform der AG erwirtschaftet. Große Unternehmen sind regelmäßig als Aktiengesellschaft organisiert. Die am 10.8.1994 in Kraft getretenen Regeln für die sog. „**kleine**" **Aktiengesellschaft**[1] und insbesondere die zeitgleich erfolgte mitbestimmungsrechtliche Gleichstellung der AG mit der GmbH (Rn 8, 193) haben die AG auch für mittlere und kleine Unternehmen interessant gemacht. Die Zahl der Aktiengesellschaften steigt kontinuierlich.[2]

2. Charakteristika der Rechtsform

2 Die AG ist wie die GmbH Körperschaft, juristische Person und Formkaufmann. Sie haftet ihren Gläubigern mit dem Gesellschaftsvermögen; die Haftung der Aktionäre beschränkt sich auf die Aufbringung der von ihnen gezeichneten Einlage.

a) Erscheinungsformen

3 Die Zwecke der AG sind beliebig, ihre Erscheinungstypen vielfältig:[3] Leitbild der gesetzlichen Regeln ist die **Publikums-AG**, bei der sich die Aktien im Streubesitz eines breiten, anonymen Anlegerpublikums befinden, zu dem institutionelle Anleger wie Versicherungen, Fondsgesellschaften oder Pensionssicherungsvereine ebenso gehören wie private Kleinanleger. Daneben steht die **Familien-AG** mit einem geschlossenen, überschaubaren Aktionärskreis, der sich durch Vinkulierung der Aktien vor Fremdeinflüssen abschirmt. Die **Ein-Mann-AG** begegnet insbesondere in Konzernen als Organisationsform von Zwischengesellschaften, etwa spartenleitenden Holdings, häufig aber auch als Organisationsform für die wirtschaftliche Betätigung der öffentlichen Hand. Besonderen Regelungen uunterliegt die REIT-Aktiengesellschaft, für die das Gesetz über detsche Immobilien-Aktiengesellschaften mit börsennotierten Anteilen (REIT-Gesetz – REITG) vom 28.5.2007 (BGBl I, 914) gilt.

b) Satzungsstrenge

4 Rechtsformtypisch ist die Satzungsstrenge in der AG. Vom Aktiengesetz abweichende Regelungen kann die Satzung nur bei ausdrücklicher Zulassung im Gesetz, ergänzende Bestimmungen nur dort enthalten, wo das Gesetz keine abschließende Regelung vorsieht (§ 23 Abs. 5 AktG). Die **eingeschränkte Gestaltungsfreiheit** macht die AG für den außenstehenden Aktionär transparent und erleichtert die Kapitalaufnahme. Die Praxis behilft sich mit unbedenklich zulässigen satzungsbegleitenden Nebenabreden.[4] So können insbesondere die Belange der Gründer einer

---

[1] Gesetz für kleine Aktiengesellschaft und zur Deregulierung des Aktienrechts, BGBl I 1994, 1961; siehe dazu Rn 8.
[2] Vgl. die Zahlenangaben bei *Hansen*, AG-Report 1999, 67 und AG-Report 2001, 67 und 315: Danach ist die Zahl der Aktiengesellschaften von 2.147 Ende 1980 über 3.780 Ende 1995 auf 5.468 Ende 1998 angestiegen. Ende 2000 gab es bereits über 10.000 Aktiengesellschaften, seit 2002 sogar über 15.000.
[3] Umfassende Darstellung etwa bei *Jäger*, Aktiengesellschaft, § 2.
[4] Vgl. BGH NJW 1987, 1890; *Hüffer*, § 23 Rn 45 ff.; Schmidt/Lutter/*Seibt*, § 23, Rn 64 ff.; außerdem *Winter*, ZHR 154 (1990), 259. Einschränkend allerdings *Habersack*, ZHR 164 (2000), 1 ff.

AG vor Aufnahme außenstehender Gesellschafter, namentlich vor einem Börsengang, außerhalb der AG-Satzung in einem **Pool- oder Konsortialvertrag** geregelt werden.[5]

c) Trias der Organe

Die Aktiengesellschaft ist durch die Trias ihrer Organe Hauptversammlung, Aufsichtsrat und Vorstand gekennzeichnet: Die **Hauptversammlung** versammelt die Aktionäre als die Anteilseigner und wirtschaftlichen Eigentümer des Unternehmens; sie beschließt u.a. über Gewinnverwendung, Entlastung von Vorstand und Aufsichtsrat, Bestellung des Abschlussprüfers, Satzungsänderungen, Kapitalmaßnahmen, Liquidation sowie alle sonstigen Grundlagenentscheidungen und bestellt die Anteilseignervertreter im Aufsichtsrat (näher Rn 260 ff.). Dem **Aufsichtsrat** obliegt die Überwachung des Vorstands (§ 111 AktG); er bestellt die Mitglieder des Vorstands und beruft sie ab (§ 84 AktG, dazu Rn 191 f.). Der **Vorstand** schließlich führt eigenverantwortlich die Geschäfte der AG (§§ 76, 77 AktG) und vertritt die Gesellschaft im Außenverhältnis (§ 78 AktG, vgl. Rn 127 ff.).

Die **zwingende** Ausgestaltung der **Organverfassung** ist, nachdem die AG mitbestimmungsrechtlich der GmbH gleichgestellt ist, der entscheidende Grund für viele mittelständische Unternehmen, der GmbH gegenüber der AG den Vorzug zu geben,[6] denn der AG-Vorstand leitet die Gesellschaft, anders als der GmbH-Geschäftsführer, frei von Weisungen und in eigener Verantwortung. Die Einflussnahmemöglichkeiten der Hauptversammlung beschränken sich darauf, dem Vorstand ggf. die Entlastung zu verweigern und das Vertrauen zu entziehen (§ 84 Abs. 3 S. 2 AktG). Vermittelt wird eine Einflussnahme der Gesellschafter auf den Vorstand im Übrigen nur über den Aufsichtsrat, dessen eigene Handhabe sich indessen im Wesentlichen[7] auf die Mitwirkung bei zustimmungsbedürftigen Rechtshandlungen (§ 111 Abs. 4 S. 2 AktG) sowie darauf beschränkt, den Vorstand zu bestellen und – in den Grenzen von § 84 Abs. 3 AktG – abzuberufen. Für die tätige Mitunternehmerschaft ist die AG danach nicht die passende Rechtsform; sie ist geprägt durch das Nebeneinander von fremdorganschaftlichem, eigenverantwortlichem Management einerseits und primär auf die Kapitalgeberfunktion beschränkter Anteilseignerseite andererseits.

3. Vor- und Nachteile

Die AG teilt mit der GmbH die Vorteile der **Haftungsbeschränkung** für die Gesellschafter; steuerlich die Nachteile der Kapitalgesellschaft gegenüber der Personengesellschaft.[8] In Einzelfällen, namentlich bei einer mittel- und langfristigen Thesaurierung erwirtschafteter Gewinne sowie bei Erträgen aus Anteilen an anderen Kapitalgesellschaften, kann sich die Rechtsform der AG – ebenso wie die der GmbH – aber auch als gegenüber der Personengesellschaft steuerlich vorteilhafter erweisen.[9] Die AG ist neben der KGaA (dazu Rn 422 ff.) und der vom europäischen Recht zur Verfügung gestellten Europäischen (Aktien-)Gesellschaft (SE) die einzige Rechtsform, die den **Gang an die Börse** und damit die Aufnahme von Eigenkapital am organisierten Kapitalmarkt unter gleichzeitiger Herstellung optimaler Fungibilität der Anteile erlaubt. Die AG vermittelt nach wie vor den Eindruck höchster **Seriosität**. Sie ist für die Gewinnung qualifizierter

---

[5] Formularvorschläge etwa bei *Noack*, Gesellschaftervereinbarungen bei Kapitalgesellschaften, S. 336 ff.; MünchVertragsHdB, Bd. 1, Form V. 105.
[6] Zur Rechtsformalternative der KGaA und der dort eröffneten Gestaltungsfreiheit vgl. Rn 422 ff.
[7] Vgl. zum Erlass einer Geschäftsordnung für den Vorstand noch Rn 161.
[8] Instruktive Zusammenfassung zur Besteuerung der AG nach der Unternehmenssteuerreform bei *Priester*, DStR 2001, 795; *Jacobs*, DStR 2001, 806; Gegenüberstellung Personen-/Kapitalgesellschaften bei *Tillich*, BB 2002, 1515.
[9] Vgl. *Jäger*, Aktiengesellschaft, § 1 Rn 11 m.w.N.

Manager attraktiver als Unternehmen anderer Rechtsform. Die AG verlangt allerdings einen höheren **Organisationsaufwand**; sie ist im Vergleich zur GmbH die mit Abstand kompliziertere Rechtsform.

4. Die „kleine" AG

8   Mit dem Gesetz für kleine Aktiengesellschaften und zur Deregulierung des Aktienrechts vom 2.8.1994 (BGBl I 1994, 1961) hat der Gesetzgeber mit dem Ziel, die Rechtsform der AG namentlich für den Mittelstand attraktiver zu machen, hinsichtlich einiger Bestimmungen des Aktienrechts für **nicht börsennotierte Gesellschaften** Erleichterungen vorgesehen. Im Einzelnen betrifft dies die Möglichkeit:
- nach § 121 Abs. 4 AktG bei namentlicher Kenntnis aller Aktionäre die Hauptversammlung mit eingeschriebenem Brief einzuberufen;
- bei Anwesenheit aller Aktionäre (**Vollversammlung**) Beschlüsse nach § 121 Abs. 6 AktG unabhängig von der Einhaltung der gesetzlichen Einberufungsvoraussetzungen zu fassen (gilt für alle Aktiengesellschaften);
- nach § 130 Abs. 1 S. 3 AktG von der sonst zwingenden notariellen Beurkundung von Hauptversammlungsbeschlüssen abzusehen, sofern nicht Grundlagenbeschlüsse mit einer 3/4- oder größeren Mehrheit zu fassen sind;
- nach § 58 Abs. 2 S. 2 AktG die Entscheidungskompetenz über die **Bildung von Rücklagen** vollumfänglich auf die Hauptversammlung zu verlagern und die Befugnis der Verwaltung zur Rücklagenbildung einzuschränken oder auszuschließen.

Hinzu kommt die mitbestimmungsrechtliche Gleichstellung von AG und GmbH, die allerdings auch für die börsennotierte AG gilt. Die „kleine AG" ist danach **keine eigene Rechtsform**, sondern bezeichnet diejenige AG, die Adressat einzelner Bestimmungen ist, welche eine Erleichterung im Vergleich mit den sonst zwingenden Regeln des Aktiengesetzes darstellen.[10]

5. Weitere Änderungen des Aktiengesetzes

9   Im Anschluss an das Gesetz für kleine Aktiengesellschaften und zur Deregulierung des Aktienrechts ist das Aktiengesetz in der jüngeren Vergangenheit Gegenstand einer ganzen Reihe von weiteren **Änderungsgesetzen** gewesen. Zu nennen sind insbesondere:
- das Gesetz zur Bereinigung des Umwandlungsrechts (UmwBerG) vom 28.10.1994 (BGBl I, 3210)
- das Gesetz über die Zulassung von Stückaktien (Stückaktiengesetz – StückAG) vom 25.3.1998 (BGBl I, 590)
- das Gesetz zur Kontrolle und Transparenz im Unternehmensbereich (KonTraG) vom 27.4.1998 (BGBl I, 786)
- das Gesetz zur Namensaktie und zur Erleichterung der Stimmrechtsausübung (Namensaktiengesetz – NaStraG) vom 18.1.2001 (BGBl I, 123)
- das Gesetz zur Regelung von öffentlichen Angeboten zum Erwerb von Wertpapieren und von Unternehmensübernahmen (WpÜG) vom 20.12.2001 (BGBl I, 3822)
- das Gesetz zur weiteren Reform des Aktien- und Bilanzrechts, zu Transparenz und Publizität (Transparenz- und Publizitätsgesetz – TransPuG) vom 19.7.2002 (BGBl I, 2681)

---

10 Zu den Einzelheiten vgl. *Seibert/Kiem* (Hrsg.), Handbuch der kleinen AG, 5. Auflage 2008; *Ammon/Görlitz*, Die kleine Aktiengesellschaft, 1995; *Wahlers*, Die Satzung der kleinen AG, 3. Auflage 2003; *Hölters/Deilmann*, Die „kleine AG", 1997; *Korts/Korts*, Die kleine AG, 3. Auflage 2000.

- das Gesetz zur Neuordnung des gesellschaftsrechtlichen Spruchverfahrens (Spruchverfahrensneuordnungsgesetz) vom 12.6.2003 (BGBl I, 838)
- das Gesetz zur Unternehmensintegrität und Modernisierung des Anfechtungsrechts (UMAG) vom 22.9.2005 (BGBl I, 2802)
- das Gesetz über elektronische Handelsregister und Genossenschaftsregister sowie das Unternehmensregister (EHUG) vom 10.11.2006 (BGBl I, 2553)
- das Gesetz zur Begrenzung der mit Finanzinvestitionen verbundenen Risiken (Risikobegrenzungsgesetz) vom 12.8.2008 (BGBl I, 1666)
- das Gesetz zur Modernisierung des GmbH-Rechts und zur Bekämpfung von Missbräuchen (MoMiG) vom 23.10.2008 (BGBl I, 2026)
- das Gesetz zur Modernisierung des Bilanzrechts (BilMoG) vom 23.5.2009 (BGBl I, 1102)
- das Gesetz zur Umsetzung der Aktionärsrechterichtlinie (ARUG) vom 30.7.2009 (BGBl I, 2479)
- das Gesetz zur Angemessenheit der Vorstandsvergütung (VorstAG) vom 31.7.2009 (BGBl I, 2509)

Für die börsennotierte AG relevante Neuerungen erfolgten zudem durch:
- das Gesetz zur Verbesserung des Anlegerschutzes (Anlegerschutzverbesserungsgesetz – AnSVG) vom 28.11.2004 (BGBl I, 2010)
- das Gesetz über die Offenlegung der Vorstandsvergütungen (Vorstandsvergütungs-Offenlegungsgesetz – VorstOG) vom 3.8.2005 (BGBl I, 2267)
- das Gesetz über Musterverfahren zu Schadensersatzklagen von Kapitalanlegern (Kapitalanleger-Musterverfahrensgesetz – KapMuG) vom 16.8.2005 (BGBl I, 2437)
- das Gesetz zur Umsetzung der Richtlinie 2004/109/EG des Europäischen Parlaments und des Rates vom 15.12.2004 zur Harmonisierung der Transparenzanforderungen in Bezug auf Informationen über Emittenten, deren Wertpapiere zum Handel auf einen geregelten Markt zugelassen sind, und zur Änderung der Richtlinie 2001/34/EG (Transparenzrichtlinie-Umsetzungsgesetz – TUG) vom 5.1.2007 (BGBl I, 10)
- das Gesetz zur Reform des Verfahrens in Familiensachen und in Angelegenheiten der freiwilligen Gerichtsbarkeit (FGG-Reformgesetz – FGG-RG vom 17.12.2008 (BGBl I, 2586)
- das Gesetz zur Restrukturierung und geordneten Abwicklung von Kreditinstituten, zur Errichtung eines Restrukturierungsfonds für Kreditinstitute und zur Verlängerung der Verjährungsfrist der aktienrechtlichen Organhaftung (Restrukturierungsgesetz – RStruktG) vom 9.12.2010 (BGBl I, 1900)

An Gesetzesvorhaben von Bedeutung ist insbesondere die derzeit als Regierungsentwurf vorliegende „Aktienrechtsnovelle 2012".[11]

6. Gründung
a) Neugründung oder Formwechsel
Die AG kann entweder durch Neugründung (§§ 23 bis 53 AktG) oder im Wege des Formwechsels nach Maßgabe der §§ 190 ff. UmwG entstehen, indem ein bereits existierendes Unternehmen unter Aufrechterhaltung seiner Identität (**Rechtsträgerkontinuität**) das Rechtskleid wechselt. Häufig sind die beiden Instrumente austauschbar.[12]

---

11 Abrufbar im Internet unter www.bmj.de.
12 Zur tatsächlichen Nutzung des einen oder anderen Instruments vgl. *Bayer/Hoffmann*, AG-Report, 2006, 399.

b) Vorgesellschaft

11 Zwischen Errichtung und Eintragung im Handelsregister besteht die AG als Vorgesellschaft. Sie ist als eigenständige, teilrechtsfähige **Organisationsform sui generis**[13] anerkannt und notwendiges Durchgangsstadium hin zu der mit Eintragung als juristische Person entstehenden AG.[14]

12 Für die Praxis wichtig sind insoweit zwei Aspekte:
- die Haftung der Gründungsgesellschafter vor oder bei Scheitern der Eintragung;[15]
- die Haftung der Gesellschafter gegenüber der eingetragenen AG bei Vorliegen einer Unterbilanz zum Eintragungszeitpunkt (vgl. Rn 14).

c) Ein-Mann-Gründung

13 Mit dem Gesetz über die „kleine AG" ist die **Ein-Mann-Gründung** auch für die Aktiengesellschaft zugelassen worden (§ 2 AktG).

d) Vorratsgründung

14 Die Gründung einer **Aktiengesellschaft auf Vorrat**, die als bloßer Mantel zur Eintragung gelangt und nach dem Willen der Gründer erst zu einem späteren Zeitpunkt einen Geschäftsbetrieb aufnehmen soll, hat der BGH[16] anerkannt. Zulässig ist die Vorratsgründung aber nur dann, wenn sie **offen** erfolgt, indem der Unternehmensgegenstand etwa lautet: „Gegenstand des Unternehmens ist die Verwaltung des eigenen Vermögens." Von Interesse ist die Vorratsgründung nicht zuletzt deshalb, weil die Haftungsbeschränkung auf das Gesellschaftsvermögen die Eintragung der Gesellschaft voraussetzt. Bei einer Geschäftsaufnahme vor Eintragung im Handelsregister droht den Gesellschaftern demgegenüber eine Inanspruchnahme aus **Unterbilanzhaftung**, wenn das Nettoreinvermögen im Zeitpunkt der Eintragung der Gesellschaft im Handelsregister die Grundkapitalziffer nicht mehr deckt.[17] Von einer vermeidbaren **vorzeitigen Geschäftsaufnahme** vor Eintragung der AG im Handelsregister ist deshalb abzuraten.

15 Die Verwendung einer Vorratsgesellschaft dient dazu, die mit dem Eintragungsverfahren verbundene zeitliche Verzögerungen zu vermeiden. Zu diesem Zwecke kann statt einer Vorratsgesellschaft auch eine Mantelgesellschaft verwendet werden, also eine früher aktive Gesellschaft, die nunmehr unternehmens- und oft auch vermögenslos ist, ohne dass eine Löschung erfolgt ist.

16 Der haftungsbezogene Vorteil der Verwendung von Vorrats- und Mantelgesellschaften hat jedoch durch die jüngere Rechtsprechung des BGH[18] eine erhebliche Einschränkung erfahren. Auf die sog. **wirtschaftliche Neugründung** sollen nämlich die der Gewährleistung der Kapital-

---

[13] Zur dogmatischen Einordnung Scholz/*K. Schmidt*, GmbHG, 10. Aufl. 2006, § 11 Rn 21 ff.; umfassend MüKo-AktG/*Pentz*, § 29 Rn. 4, zu den Problemen der Einmann-Vorgesellschaft *Ulmer/Ihrig*, GmbHR 1988, 373; *Hüffer*, ZHR 145 (1981), 521; *Heidinger*, ZNotP 2000, 182.

[14] Wegen der Einzelheiten der Organisationsverfassung der Vor-AG ist auf das Schrifttum zu verweisen, insbesondere die Kommentarliteratur zu § 41 AktG.

[15] Meinungsstand bei *Hüffer*, § 41 Rn 14; Schmidt/Lutter/*Drygala*, § 41 Rn 8 ff.; vgl. zur Vor-GmbH die Vorlageentscheidung des BGH GmbHR 1996, 279 (für unbeschränkte Innenhaftung der Gesellschafter), erledigt durch zustimmende Beschlüsse des BAG und BSG, GmbHR 1996, 763.

[16] BGHZ 117, 323.

[17] Vgl. BGHZ 80, 129, 140 ff. für die GmbH, für die AG *Hüffer*, § 41 Rn 8 m.w.N. unter Beschränkung der Haftung auf die mit einer vorzeitigen Geschäftsaufnahme einverstandenen Gesellschafter; außerdem OLG Karlsruhe AG 1999, 131; *Lachmann*, NJW 1998, 2263.

[18] Dazu jüngst BGH ZIP 2011, 1767; zuvor bereits BGHZ 153, 158; BGHZ 155, 318; LG Berlin DB 2004, 1378 und OLG Thüringen BB 2004, 2206, 2207. Umf. *K. Schmidt*, NJW 2004, 1345; *Priester*, ZHR 168 (2004), 248; *Heidinger*, ZGR 2005, 101; weiterhin *Goette*, DStR 2003, 300; *Meilicke*, BB 2003, 860; *Thaeter/Meyer*, DB 2003, 539; *Heidinger/Meyding*, NZG 2003, 1129; *Schütz*, NZG 2004, 746; *Wälzholz*, NZG 2005, 203.

aufbringung dienenden Gründungsvorschriften entsprechende Anwendung finden. Danach hat der Vorstand bei Ausstattung der Vorrats- oder Mantelgesellschaft mit einem Unternehmen und erstmaliger bzw. erneuter Aufnahme des Geschäftsbetriebs entsprechend §§ 37 Abs. 1 S. 1 und 2, 54 Abs. 3 AktG zu erklären und nachzuweisen, dass die einzufordernde Einlage bewirkt wurde und weiterhin zur freien Verfügung des Vorstands steht;[19] außerdem erfolgt eine registergerichtliche Prüfung bezogen auf die reale Kapitalaufbringung. Maßgeblich ist dabei nicht das gesetzliche Mindestkapital, sondern die in der Satzung festgesetzte Grundkapitalziffer. Auch ist bei Verwendung einer Vorrats- oder Mantel-AG vom Eingreifen einer Unterbilanzhaftung der Gesellschafter und einer Handelndenhaftung, und zwar bis zum Stichtag der Offenlegung der Vorrats- bzw. Mantelverwendung gegenüber dem Registergericht auszugehen.[20] Im Schrifttum wird zudem vielfach die Notwendigkeit einer auf die reale Kapitalaufbringung bezogenen Gründungsprüfung entsprechend §§ 33 ff. AktG befürwortet.[21]

Bei der wirtschaftlichen Neugründung ist aus den genannten Gründen auf eine Offenlegung **17** gegenüber dem Registergericht zu achten und eine Aufnahme der Geschäftstätigkeit vor diesem Zeitpunkt zu vermeiden. Problematisch ist in diesem Zusammenhang die Abgrenzung der Verwendung eines (alten) Mantels, die einer Offenlegung bedarf, gegenüber der bloßen Umstrukturierung oder Sanierung einer Gesellschaft. Maßgeblich für die wirtschaftliche Neugründung soll dabei sein, dass der Betrieb eines (ursprünglich) vorhandenen Unternehmens mittlerweile eingestellt oder endgültig aufgegeben worden ist und nun der leeren Gesellschaftshülle ein neues Unternehmen implantiert wird, was im Einzelfall unter Heranziehung von Indizien zu bestimmen ist.[22]

Mit der Aufnahme des Geschäftsbetriebs durch die Vorrats- oder Mantelgesellschaft ist re- **18** gelmäßig die Zuführung von Sachwerten durch den oder die Erwerber der Vorrats- oder Mantelgesellschaft verbunden, so dass in der überwiegenden Zahl der Fälle auch die Nachgründungsregeln zur Anwendung gelangen (vgl. dazu Rn 73 f.).

7. Ablauf der Gründung
Die Gründung der AG verläuft zwingend in den folgenden Schritten: **19**
(1) Errichtung der AG mit Übernahme aller Aktien durch den oder die Gründer und Feststellung der Gründungssatzung zu notarieller Urkunde (§§ 23, 28, 29 AktG)
(2) Wahl des Aufsichtsrats und des Abschlussprüfers (§ 30 Abs. 1 S. 1, Abs. 4 AktG) und Bestellung des ersten Vorstands
(3) Erbringung der Mindestleistungen auf die übernommenen Einlagen (§ 36 Abs. 2, § 36a AktG)
(4) Bericht der Gründer über den Gründungshergang (§ 32 AktG)
(5) Gründungsprüfungsbericht von Vorstand und Aufsichtsrat (§ 33 Abs. 1 AktG); in den Fällen von § 33 Abs. 2 AktG außerdem Prüfung durch externe Gründungsprüfer; in den Fällen des §§ 33 Abs. 2 Nr. 1 und 2 AktG (Vorstands- oder Aufsichtsratsmitglied gehört zu den Gründern, Übernahme von Aktien für Rechnung eines Vorstands- oder Aufsichtsratsmitglieds) kann die Prüfung stattdessen durch den beurkundenden Notar erfolgen (§ 33 Abs. 3 AktG)
(6) Anmeldung zum Handelsregister (§§ 36, 37 AktG)
(7) Eintragung in das Handelsregister und Bekanntmachung (§ 39 AktG).

---

[19] Zu den Auswirkungen auf die durch Satzungsbestimmung zu regelnde Übernahme des Gründungsaufwands durch die Vorrats-AG vgl. OLG Thüringen BB 2004, 2206, 2208 (zur GmbH); *Schaub*, NJW 2003, 2125, 2130 (zur GmbH); *Seibt*, NJW-Spezial 2004, 75, 76; *Wälzholz*, NZG 2005, 203, 205.
[20] Dazu jüngst BGH ZIP 2011, 1767; zuvor bereits BGHZ 153, 158; BGHZ 155, 318; einschränkend KG NZG 2010, 387; OLG München NZG 2010, 544.
[21] Vgl. nur *Hüffer*, § 23 Rn 27a.
[22] BGHZ 153, 158, 163; BGHZ 155, 318, 322; LG Berlin DB 2004, 1378, 1378 f.; OLG Thüringen BB 2004, 2206, 2207; eingehend zu den Rechtsfolgen der Analogie *Heidinger*, ZGR 2005, 101, 105 ff. Zu Gestaltungsfragen in diesem Zusammenhang *Schaub*, NJW 2003, 2125, 2129 f.; *Heyer/Reichert-Clauß*, NZG 2005, 193, 196.

8. Übernahme der Aktien durch die Gründer
a) Gründer

20 Die Gründer stellen die Satzung fest und übernehmen die Aktien der Gesellschaft, die damit errichtet ist (§§ 2, 29 AktG). Wer keine Aktie zeichnet, ist kein Gründer und kann an der Errichtung der Gesellschaft nicht teilnehmen. Gründer können natürliche und juristische Personen mit Sitz im In- oder Ausland sein, außerdem alle Personenhandelsgesellschaften. Auch die Gesellschaft bürgerlichen Rechts und die Vor-AG und die Vor-GmbH können sich als Gründer beteiligen.[23]

b) Übernahme der Aktien

21 Die Gründer müssen alle Aktien, also das gesamte Grundkapital, übernehmen; ihre Übernahmeerklärungen unter Angabe des Nennbetrags bei Nennbetragsaktien oder der Anzahl bei Stückaktien, des Ausgabebetrags und der Gattung der übernommenen Aktien müssen zusammen mit der Feststellung der Satzung in der notariellen **Errichtungsurkunde** enthalten sein (§ 23 Abs. 2 AktG). Stellvertretung ist nach allgemeinen Grundsätzen zulässig. Die Vollmacht bedarf notarieller Beglaubigung (§ 23 Abs. 1 S. 2 AktG).

c) Grundkapital und Übernahme der Aktien

22 Der **Mindestnennbetrag** des Grundkapitals beträgt 50.000 EUR (§ 7 AktG). Das Grundkapital ist in Aktien zerlegt. Die Aktien können entweder **Nennbetragsaktien** oder **Stückaktien** sein (§ 8 Abs. 1 AktG). Eine Gesellschaft kann entweder nur Nennbetragsaktien oder nur Stückaktien ausgeben. Die Möglichkeit der Begebung von Stückaktien ist mit dem StückAG (vgl. Rn 9)[24] im Hinblick auf die Einführung des EUR eröffnet worden, um die Notwendigkeit einer Glättung der sich bei Umrechnung der DM-Nennbeträge in EUR einstellenden ungeraden Eurobeträge durch Kapitalherabsetzung oder Kapitalerhöhung zu vermeiden.[25]

23 Stückaktien lauten auf keinen Nennbetrag. Sie sind am Grundkapital der Gesellschaft gleichmäßig in demselben Umfang beteiligt; alle Stückaktien einer Gesellschaft sind also wertmäßig gleich. Ihr Anteil am Grundkapital bestimmt sich nach der Zahl der ausgegebenen Aktien (§ 8 Abs. 4 AktG).

24 Demgegenüber bestimmt sich bei der Ausgabe von Nennbetragsaktien der Anteil am Grundkapital nach dem Verhältnis ihres Nennbetrags zum Grundkapital. Der Mindestnennbetrag je Nennbetragsaktie beträgt ein EUR; höhere Aktiennennbeträge müssen auf volle EUR lauten (§ 8 Abs. 2 AktG).[26] Mit der Übernahme der Aktien verpflichten sich die Gründer zur Erbringung einer Einlage in Höhe des Ausgabebetrags; dieser muss mindestens dem Nennbetrag bei Nennbetragsaktien, bei Stückaktien mindestens dem auf diese entfallenden anteiligen Betrag des Grundkapitals (mindestens ein EUR) entsprechen (§ 9 Abs. 1 AktG). Die Ausgabe für einen höheren Betrag (**Agio**) ist zulässig (§ 9 Abs. 2 AktG).

9. Feststellung der Satzung

25 § 23 Abs. 3 und 4 AktG bestimmen den Mindestinhalt der mit der Errichtung festzustellenden Satzung:

---

[23] BGHZ 118, 93, 99 f.; BGH BB 2001, 374; zur Beteiligung der Erbengemeinschaft *Hüffer*, § 2 Rn 10.
[24] BGBl I, 590 v. 22.5.1998.
[25] Zur Stückaktie und zu den Folgeproblemen der Euro-Einführung im Aktienrecht vgl. *Ihrig/Streit*, NZG 1998, 201; *Heider*, AG 1998, 1.
[26] *Vetter*, AG 2000, 193.

a) Firma und Sitz der Gesellschaft, § 23 Abs. 3 Nr. 1 AktG

Für die Firma als der Name der Gesellschaft gelten die Bestimmungen in § 4 AktG und ergänzend die Grundsätze des allgemeinen Firmenrechts.[27] Die Firma war bis zum Inkrafttreten des Handelsrechtsreformgesetz (HRefG)[28] im Regelfall als **Sachfirma** dem Unternehmensgegenstand der Gesellschaft zu entnehmen; seitdem sind neben der Sach- und der **Personenfirma** auch **Fantasiefirmen** zulässig.[29] Die Bezeichnung Aktiengesellschaft muss in der Firma nicht ausgeschrieben werden, es kann auch die Abkürzung AG verwendet werden.[30] Es empfiehlt sich, die ins Auge gefasste Firma vor Errichtung der AG mit dem Registergericht und der Industrie- und Handelskammer abzustimmen. 26

Bei der Bestimmung des **Sitzes** haben die Gründer seit dem MoMiG (vgl. Rn 9) freie Wahl. Der in der Satzung zu bestimmende Sitz muss allerdings notwendig im Inland liegen; der tatsächliche Verwaltungssitz kann dagegen auch im Ausland liegen. Die Begründung eines **Doppelsitzes** ist unzulässig.[31] 27

b) Gegenstand des Unternehmens, § 23 Abs. 3 Nr. 2 AktG

Während der vom Unternehmensgegenstand zu sondernde Gesellschaftszweck die finale Zielsetzung der Korporation (im Regelfall Gewinnerzielung) bestimmt, bezeichnet der Unternehmensgegenstand die hierfür eingesetzten Mittel. Er dient der Unterrichtung des Rechtsverkehrs über die Tätigkeitsschwerpunkte der Gesellschaft und definiert im Innenverhältnis den **Geschäftsführungsauftrag** an den Vorstand. Handelt der Vorstand außerhalb des statutarischen Unternehmensgegenstands, überschreitet er die Grenzen seiner Geschäftsführungsbefugnis.[32] 28

Die statutarische Angabe des Unternehmensgegenstands muss eine **Individualisierung der Geschäftstätigkeit** für den Rechtsverkehr erlauben; pauschale Angaben wie „Handel mit Waren aller Art", „Verwaltung von Unternehmensbeteiligungen" u.Ä. sind unzulässig, es sei denn, eine weitere Konkretisierung wäre ausgeschlossen. Im Einzelnen stellen sich eine Fülle von Zweifelsfragen.[33] Als Satzungsbestandteil ist der Unternehmensgegenstand – anders als der nur mit Zustimmung aller Aktionäre änderbare Gesellschaftszweck – Änderungen durch Mehrheitsbeschluss zugänglich, für den nach § 179 Abs. 2 S. 2 AktG aber zwingend mindestens die qualifizierte Mehrheit von 3/4 des vertretenen Kapitals erforderlich ist. 29

c) Höhe des Grundkapitals, Nennbeträge, Zahl und Gattung der Aktien, § 23 Abs. 3 Nr. 3, 4 und 5 AktG

Mit dem Grundkapital bestimmen die Gründer, ausgedrückt in einem festen Euro-Betrag, das **Anfangsvermögen** der Aktiengesellschaft. Es bildet als vorrangig zugunsten der Gläubiger reserviertes, haftendes Vermögen die Rechtfertigung für den Ausschluss der persönlichen Haftung der Gesellschafter. Die gesicherte Ausstattung der Gesellschaft mit diesem Mindestaktivvermögen vollzieht sich nach dem **Prinzip der realen Kapitalaufbringung** im Grundsatz in drei Schritten: 30
(1) Übernahme von Einlageverpflichtungen seitens der Gründergesellschafter wenigstens in Höhe der gesetzlichen Mindestkapitalziffer

---

27 Umfassende Übersicht zum Firmenrecht in der Rechtsprechung bei *Clausnitzer*, DNotZ 2010, 345. Vgl. zur Vereinfachung des Firmenrechts durch das Handelsrechtsreformgesetz *Ammon*, DStR 1998, 1474; *Arzt/Bülow*, JuS 1998, 680; *Bokelmann*, GmbHR 1998, 57; *Kögel*, BB 1998, 1645.
28 BGBl I, 1474 v. 22.6.1998.
29 Zu den Grenzen der Begriffsbildung vgl. *Hirte*, NZG 2004, 1090, 1091 m.w.N.
30 Vgl. zum bisherigen Firmenrecht Großkommentar AktG/*Brändel*, § 4 Rn 9 ff.
31 Vgl., auch zu den Ausnahmetatbeständen, Großkommentar HGB/*Koch*, 5. Aufl. 2009, § 13 Rn 50 ff.
32 Umf. *Tieves*, Der Unternehmensgegenstand der Kapitalgesellschaft, 1998.
33 Dazu eingehend *Wallner*, JZ 1986, 721.

(2) mindestens teilweise Erfüllung dieser Einlageverbindlichkeiten, d.h. effektive Aufbringung eines Teils des Gesellschaftsvermögens vor Anmeldung und

(3) Schutz der Resteinlageansprüche durch das **Befreiungsverbot** nach § 66 Abs. 1 AktG.[34]

31 Das so aufgebrachte Mindestvermögen kann – vorbehaltlich einer Kapitalherabsetzung (§ 222 AktG) – nur und erst dann unter den Aktionären zur Verteilung gelangen, wenn nach Befriedigung aller Gesellschaftsgläubiger die Gesellschaft mit Abschluss der Liquidation beendet wird. Zuvor ist das Gesellschaftsvermögen nach Maßgabe der Kapitalbindungsregeln gegen einen Rückfluss an die Gesellschafter geschützt; Ausschüttungen an die Aktionäre dürfen vor Auflösung der Gesellschaft nur aus dem Bilanzgewinn erfolgen (§ 57 Abs. 3 AktG).[35] Durch das MoMiG (vgl. Rn 9) wurde u. a. in § 57 Abs. 1 AktG eine Klarstellung über die Zulässigkeit von Geschäften zwischen der AG und ihren Aktionären eingefügt worden.

32 Neben der im Handelsregister zu verlautbarenden **Grundkapitalziffer** muss die Satzung bei Ausgabe von Nennbetragsaktien deren Nennbeträge und die Zahl der Aktien eines jeden Nennbetrags, bei Ausgabe von Stückaktien deren Zahl, außerdem bei mehreren Aktiengattungen die Gattung der Aktien und die Zahl der Aktien jeder Gattung bestimmen.[36] Grundlegend ist die Gattungsunterscheidung zwischen Stammaktien mit Stimmrecht und Vorzugsaktien ohne Stimmrecht, aber mit Gewinnvorzug nach Maßgabe der §§ 139 ff. AktG.

33 Die Angabe, ob die Aktien auf den Inhaber oder auf den Namen lauten, ist nach § 23 Abs. 3 Nr. 5 AktG zwingend in der Satzung zu entscheiden. Die **Namensaktie** ist insbesondere dort von Bedeutung, wo eine **Vinkulierung** gewünscht ist.[37] Sie findet sich aber zunehmend auch bei Gesellschaften, die sich an den Usancen des US-amerikanischen Marktes orientieren.[38] Mit dem NaStraG ist die Einführung der Namensaktie weiter erleichtert worden.[39] Durch das Risikobegrenzungsgesetz (vgl. Rn 9) erhält die Gesellschaft erstmals einen Auskunftsanspruch bezogen auf den wirtschaftlich Berechtigten von im Aktienregister eingetragenen Namensaktien sowie ein Instrumentarium, um die Eintragung des wirtschaftlich Berechtigten faktisch zu erzwingen. Die Einzelheiten regelt der neu gefasste § 67 AktG. Mit der Aktienrechtsnovelle 2012 (vgl. Rn 9), deren Verabschiedung sich aber offenbar weiter hinauszögert, sollen künftig nicht börsennotierte Gesellschaften ohne girosammelverwahrte Sammelurkunden zur Namensaktie gezwungen werden.

34 Die Satzung kann den Anspruch der Aktionäre auf Verbriefung ihres Anteils in Aktienurkunden ausschließen (§ 10 Abs. 5 AktG).[40]

---

34 Zur Rechtsprechung des BGH zu den Kapitalaufbringungsgrundsätzen *Henze*, DB 2001, 1469.
35 Durch das derzeit im Regierungsentwurf vorliegende MoMiG (vgl. Rn 9) soll u.a. in § 57 AktG eine Klarstellung über die Zulässigkeit von Geschäften zwischen der AG und ihren Aktionären eingefügt werden.
36 Als Aktiengattung bezeichnet § 11 AktG die Aktien, die die gleichen Rechte gewähren. Die unterschiedlichen Rechte können sich auf Verwaltungsrechte, Vermögensrechte, Gläubigerrechte oder sonstige Sonderrechte beziehen; keine Gattungsverschiedenheit entsteht demgegenüber durch unterschiedliche Aktiennennbeträge oder die Ausgestaltung der Wertpapiere als Inhaber- oder Namensaktie; vgl. zum Ganzen *Hüffer*, § 11 Rn 3 ff.
37 Nach § 68 Abs. 2 S. 1 AktG kann bei Namensaktien die Übertragung an die Zustimmung der Gesellschaft geknüpft werden, wobei je nach Satzungsgestaltung der Vorstand, der Aufsichtsrat oder die Hauptversammlung für die Erteilung der Zustimmung zuständig ist. Die Satzung kann das Zustimmungsermessen durch Angabe der Gründe, aus denen die Zustimmung verweigert werden darf, einschränken. Die Einführung anderer Erschwerungen der Übertragbarkeit ist wegen des Grundsatzes der Satzungsstrenge nicht möglich, vgl. BGH NJW 2004, 3561, 3562; *Stupp*, NZG 2005, 205, 206 f.
38 So hat als erste deutsche DAX-Gesellschaft – sieht man von den Versicherungswerten und der Deutschen Lufthansa AG ab – die DaimlerChrysler AG Namensaktien ausgegeben; inzwischen sind eine ganze Reihe von Gesellschaften, u.a. die Deutsche Bank AG, die Siemens AG und die Deutsche Telekom AG, diesem Beispiel gefolgt.
39 *Huep*, WM 2000, 1623; *ders*, AG 2001, 68; *Kölling*, NZG 2000, 6311; *Noack*, DB 2001, 27.
40 Vgl. dazu *Seibert*, DB 1999, 267; *Schwennicke*, AG 2001, 118.

d) Zahl der Vorstandsmitglieder, § 23 Abs. 3 Nr. 6 AktG

Zum Mindestinhalt der Satzung gehört schließlich die Zahl der Vorstandsmitglieder oder die Angabe der Regeln, nach denen die Zahl festgelegt wird. Die Vorgabe einer **Mindest- und Höchstzahl** reicht nach allgemeiner Auffassung aus. Bei einem Grundkapital von mehr als 3.000.000 EUR muss die Satzung, wenn ein einköpfiger Vorstand gewünscht wird, dies explizit vorsehen, sonst muss er aus zwei Personen bestehen (§ 76 Abs. 2 S. 2 AktG). Ist die AG qualifiziert mitbestimmt, ist der Vorstand unabhängig von der Höhe des Grundkapitals mindestens zweiköpfig.[41]

35

e) Bekanntmachungen der Gesellschaft, § 23 Abs. 4 AktG

Nach § 25 AktG ist der Bundesanzeiger, der heute ausschließlich in elektronischer Form besteht, das **Pflicht-Gesellschaftsblatt** für alle zwingenden Bekanntmachungen der Gesellschaft.[42] Er ist im Internet unter der Adresse „www.bundesanzeiger.de" zu finden. Zusätzlich zum **Bundesanzeiger** kann die Satzung aber auch andere Blätter oder elektronische Informationsmedien als Gesellschaftsblätter bezeichnen (§ 25 S. 2 AktG). Verschiedentlich sieht das Gesetz vor, dass den Aktionären Erklärungen oder Informationen „zugänglich zu machen" sind.[43] Gefordert ist hier nicht eine Bekanntmachung im Bundesanzeiger, sondern es genügt insoweit das Einstellen der Erklärung bzw. Information auf die Internetseite der Gesellschaft.

36

10. Kosten

Gründungskosten darf die Gesellschaft nur tragen, wenn dies in der Satzung ausdrücklich bestimmt ist und die Kosten beziffert werden; andernfalls sind die Gründer Kostenschuldner (§ 26 Abs. 2 AktG).[44] Gründungskosten sind alle an Dritte zu zahlenden, für die Entstehung der Gesellschaft notwendigen Aufwendungen wie Kosten des Notars und des Gründungsprüfers, Anwaltskosten, Kosten für den Aktiendruck, die erforderlichen Bekanntmachungen und die Eintragung.

37

11. Weitere erforderliche Maßnahmen bis zur Eintragung

a) Aufsichtsrat und erster Abschlussprüfer, Gründungsbericht und Gründungsprüfung

Die Gründer haben den **ersten Aufsichtsrat** der Gesellschaft und den **Abschlussprüfer** für das erste Geschäftsjahr zu bestellen (näher dazu § 30 AktG); sie haben außerdem einen Bericht über den Hergang der Gründung zu erstatten (§ 32 AktG). Der Aufsichtsrat bestellt den ersten Vorstand (§ 30 Abs. 4 AktG). Darüber hinaus haben die Mitglieder von Vorstand und Aufsichtsrat den Gründungshergang zu prüfen (§ 33 AktG). In den in § 33 Abs. 2 AktG genannten Fällen ist außerdem die Prüfung durch einen externen Gründungsprüfer, den das Registergericht bestellt, erforderlich. In den Fällen des § 33 Abs. 2 Nr. 1 und 2 AktG kann allerdings diese Prüfung auch

38

---

41 Vgl. *Wlotzke/Wißmann/Koberski/Kleinsorge*, MitbestG, 4. Aufl. 2011 § 30 Rn 3.
42 Ausführlich *Noack*, BB 2002, 2025; vgl. auch *Ihrig/Wagner*, BB 2002, 789, 792.
43 Insbesondere § 126 Abs. 1 S. 1 AktG für Gegenanträge von Aktionären betreffend einen Tagesordnungspunkt der Hauptversammlung und § 127 S. 1 AktG für Aktionärsvorschläge zur Aufsichtsratswahl und zur Wahl des Abschlussprüfers durch die Hauptversammlung sowie bei börsennotierten Gesellschaften § 124a AktG für die dort aufgelisteten Unterlagen zur Hauptversammlung und § 161 Abs. 2 AktG für die Erklärung zum Corporate Governance Kodex.
44 Es fallen insbesondere an: Notarkosten für die Errichtung mit Feststellung der Satzung: das Doppelte der vollen Gebühr, § 36 Abs. 2 KostO; Geschäftswert ist der Ausgabebetrag des Grundkapitals, höchstens aber 5.000.000 EUR (bei Einmann-Gründung fällt nur die einfache Gebühr nach § 36 Abs. 1 KostO an, vgl. OLG Düsseldorf DB 1994, 2440, betr. GmbH). Kosten der Beurkundung der Bestellung des ersten Aufsichtsrats und des Abschlussprüfers: das Doppelte der vollen Gebühr nach § 47 KostO. Kosten der Bestellung des Gründungsprüfers: das Doppelte der vollen Gebühr nach § 121 KostO; Kosten der Anmeldung und Eintragung; weitere Einzelheiten bei *Happ/Mulert*, Form 2.01 Anm. 74.

der beurkundende Notar übernehmen (§ 33 Abs. 3 AktG).[45] § 33a AktG trifft Sonderregelungen, nach denen bei bestimmten Sacheinlagegegenständen von einer externen Gründungsprüfung abgesehen werden kann.

b) Mindesteinlageleistung

39 Die Anmeldung setzt die Einzahlung des eingeforderten Einlagebetrags zur endgültigen freien Verfügung des Vorstands nach § 54 Abs. 3 AktG voraus (§ 36 Abs. 2 S. 1 AktG);[46] einzufordern ist bei **Bareinlagen** mindestens 1/4 des geringsten Ausgabebetrags, also bei Nennbetragsaktien des Nennbetrags und bei Stückaktien des auf diese entfallenden anteiligen Betrags des Grundkapitals, sowie der Gesamtbetrag eines etwaigen Aufgelds (§ 36a Abs. 1 AktG). Das gilt sein Inkrafttreten des MoMiG (vgl. Rn 9) uneingeschränkt auch für die Ein-Mann-Gründung.[47] (Zum Leistungszeitpunkt bei **Sacheinlagen** siehe Rn 62 f.)

12. Anmeldung und Eintragung
a) Anmeldung

40 Die Anmeldung der Gesellschaft zur Eintragung in das Handelsregister obliegt sämtlichen Gründern und Mitgliedern von Vorstand und Aufsichtsrat persönlich (§ 36 Abs. 1 AktG); sie bedarf der **notariellen Beglaubigung** (§ 12 Abs. 1 HGB). In der Anmeldung ist die Erklärung über die Leistung der Einlagen nach § 37 Abs. 1 S. 1 AktG und die Versicherung der Vorstände nach § 37 Abs. 2 AktG abzugeben; es bedarf ferner der Angaben über Art und Umfang der **Vertretungsbefugnis** der Vorstandsmitglieder (§ 37 Abs. 3 Nr. 2 AktG). Darüber hinaus verlangt § 37 Abs. 3 Nr. 1 AktG die Angabe einer inländischen Geschäftsanschrift. Beizufügen sind schließlich die in § 37 Abs. 4 AktG genannten Unterlagen.

b) Eintragung

41 Das Gericht prüft alle gesetzlichen Eintragungsvoraussetzungen, und zwar in formeller wie materieller Hinsicht. Prüfungsgegenstände sind insbesondere: die Ordnungsmäßigkeit von Anmeldung und Errichtung, die Übernahme der Aktien und die Einlageleistung, die Zulässigkeit der Satzungsbestimmungen (unter Berücksichtigung von § 38 Abs. 4 AktG), nicht aber deren Zweckmäßigkeit.

II. Checkliste: Bargründung

42
- **Gründungsprotokoll mit:**
    - Feststellung der Satzung
    - Übernahme aller Aktien durch Gründer
    - Bestellung des ersten Aufsichtsrats
    - Bestellung des Abschlussprüfers für das erste Geschäftsjahr
- **Vor der Anmeldung:**
    - Bestellung des ersten Vorstands durch den Aufsichtsrat
    - Leistung der Mindesteinlage
    - Erstellung des Gründungs- und Gründungsprüfungsberichts

---

45 Vgl. *Ihrig/Wagner*, BB 2002, 789, 792.
46 Umfassend dazu *Ihrig*, Die endgültige freie Verfügung über die Einlage von Kapitalgesellschaften, S. 115 ff.
47 Vgl. zur bisherigen Rechtslage *Lutter*, AG 1994, 431 ff.

– Ggf. Antrag auf Bestellung eines Gründungsprüfers oder, bei Anwendung von § 33 Abs. 3 AktG, Prüfungsauftrag an den die Satzung beurkundenden Notar sowie Erstellung des Prüfungsberichts durch Gründungsprüfer bzw. Notar
- **Anmeldung zum Handelsregister mit:**
  – Gründungsprotokoll
  – Protokoll der Vorstandsbestellung
  – Gründungsbericht und Gründungsprüfungsbericht
  – Liste der Mitglieder des Aufsichtsrats, aus der Vor- und Familienname, ausgeübter Beruf und Wohnort der Mitglieder ersichtlich ist
  – Bestätigung des Kreditinstituts nach § 37 Abs. 1 S. 3 AktG
  – Ggf. Berechnung der von der Gesellschaft übernommenen Gründungskosten.

III. Typischer Sachverhalt

Die M GmbH, ein mit der Herstellung von Werkzeugmaschinen befasstes mittelständisches Familienunternehmen, hat in der vierten Generation inzwischen 24 Gesellschafter. Um die Unabhängigkeit der Gesellschaft auch zukünftig zu sichern, planen die Gesellschafter und das Management mittelfristig die Aufnahme von Kapital an der Börse. Zu diesem Zweck soll zunächst eine Aktiengesellschaft als Holding über der GmbH installiert werden, die später an die Börse gehen soll. Die Gesellschafter fragen deshalb bei dem anwaltlichen Berater des Unternehmens an, ob er im Bedarfsfall über eine Vorrats-Aktiengesellschaft verfügt, auf die zu gegebener Zeit zugegriffen werden könnte.

43

IV. Muster

1. Muster: Gründungsprotokoll

M 78

UR-Nr. _____/_____
Verhandelt in _____,
am _____
Vor mir, dem unterzeichnenden Notar _____
mit dem Amtssitz in _____
erschien:
Herr _____, wohnhaft in_____, geb. am _____
– dem Notar von Person bekannt –
Der Erschienene erklärte:

I.
Ich errichte hiermit eine Aktiengesellschaft mit der Firma _____. Sitz der Gesellschaft ist _____.
Alleiniger Gründer dieser Aktiengesellschaft bin ich,
_____ (Name), _____ (Wohnort).

II.
Ich stelle die Satzung der Gesellschaft in der aus der Anlage zu diesem Errichtungsprotokoll ersichtlichen Fassung fest.[48]

44

---

48 Vgl. § 9 Abs. 1 S. 2 BeurkG; stattdessen kann der vollständige Wortlaut der Satzung auch unmittelbar angeschlossen werden.

III.
Das Grundkapital der Gesellschaft in Höhe von 50.000 EUR, eingeteilt in 50.000 Inhaber-Aktien im Nennbetrag von je einem EUR, übernehme ich, _____ (Name), vollständig gegen Bareinlagen zum Nennbetrag als Ausgabebetrag.
Die Einlage ist in voller Höhe sofort zur Zahlung fällig.

IV.
Zu Mitgliedern des ersten Aufsichtsrats bestelle ich:
1. Herrn _____, _____ (ausgeübte Tätigkeit), wohnhaft in_____, geb. am _____,
2. Frau _____, _____ (ausgeübte Tätigkeit), wohnhaft in_____, geb. am _____,
3. Herrn _____, _____ (ausgeübte Tätigkeit), wohnhaft in_____, geb. am _____.
Die Bestellung erfolgt für die Zeit bis zur Beendigung der Hauptversammlung, die über die Entlastung des Aufsichtsrats für das am _____ endende Rumpfgeschäftsjahr beschließt.

V.
Zum Abschlussprüfer des ersten, am _____ endenden Rumpfgeschäftsjahrs wird die _____ Wirtschaftsprüfungsgesellschaft mbH, _____ (Ort), bestellt.
Vorgelesen und von dem Erschienenen genehmigt und von ihm und dem Notar eigenhändig wie folgt unterschrieben:
_____ (Unterschriften)
_____ (Notarielle Schlussformel)

M 79 **2. Muster: Satzung der Vorrats-AG (einfache Fassung)**[49]

45 *§ 1 Firma und Sitz, Bekanntmachungen*
(1) Die Gesellschaft führt die Firma „_____ Vorrats-Aktiengesellschaft".
(2) Sitz der Gesellschaft ist _____.
(3) Bekanntmachungen der Gesellschaft erfolgen ausschließlich im Bundesanzeiger.

§ 2 Gegenstand des Unternehmens
Gegenstand des Unternehmens ist die Verwaltung des eigenen Vermögens der Gesellschaft.

§ 3 Geschäftsjahr
Geschäftsjahr ist das Kalenderjahr.

§ 4 Höhe und Einteilung des Grundkapitals, Aktien
(1) Das Grundkapital der Gesellschaft beträgt 50.000 EUR. Es ist eingeteilt in 50.000 Aktien im Nennbetrag von je einem EUR.
(2) Die Aktien lauten auf den Inhaber.
(3) Die Form der Aktienurkunden und der Gewinnanteil- und Erneuerungsscheine bestimmt der Vorstand mit Zustimmung des Aufsichtsrats.
(4) Bei Kapitalerhöhungen kann der Beginn der Gewinnbeteiligung der neuen Aktien abweichend von § 60 Abs. 2 S. 3 AktG bestimmt werden.

---

49 Ausführliche Fassung für Publikums-AG s. Rn 54 ff.

§ 5 Zahl der Vorstandsmitglieder
Der Vorstand besteht aus einer oder mehreren Personen. Der Aufsichtsrat bestellt die Vorstandsmitglieder und bestimmt ihre Zahl.

§ 6 Vertretung
Die Gesellschaft wird durch zwei Vorstandsmitglieder oder ein Vorstandsmitglied in Gemeinschaft mit einem Prokuristen gesetzlich vertreten. Ist nur ein Vorstandsmitglied bestellt, vertritt es die Gesellschaft allein.

§ 7 Aufsichtsrat
(1) Der Aufsichtsrat besteht aus drei Mitgliedern.
(2) Die Amtszeit der Aufsichtsratsmitglieder endet mit Beendigung derjenigen Hauptversammlung, die über die Entlastung für das vierte Geschäftsjahr nach dem Beginn der Amtszeit beschließt. Das Geschäftsjahr, in dem die Amtszeit beginnt, wird nicht mitgerechnet.
(3) Wird ein Aufsichtsratsmitglied anstelle eines vorzeitig ausscheidenden Mitglieds gewählt, so besteht sein Amt für den Rest der Amtsdauer des ausscheidenden Mitglieds.
(4) Jedes Aufsichtsratsmitglied kann sein Amt unter Einhaltung einer Frist von einem Monat durch schriftliche Erklärung gegenüber dem Vorstand niederlegen. Das Recht zur Amtsniederlegung aus wichtigem Grund bleibt unberührt.

§ 8 Hauptversammlung
(1) Die Hauptversammlung findet am Sitz der Gesellschaft statt.
(2) Die Einberufung erfolgt durch den Vorstand oder den Aufsichtsrat.
(3) Die Einberufung muss mindestens dreißig Tage vor dem Tag der Versammlung erfolgen.

§ 9 Vorsitz
Den Vorsitz in der Hauptversammlung führt der Vorsitzende des Aufsichtsrats, wenn die Hauptversammlung keinen anderen Vorsitzenden wählt.

§ 10 Beschlussfassung
Jede Aktie gewährt in der Hauptversammlung eine Stimme.

§ 11 Jahresabschluss und ordentliche Hauptversammlung
(1) Der Vorstand hat in den ersten drei Monaten des Geschäftsjahres den Jahresabschluss sowie den Lagebericht für das vergangene Geschäftsjahr aufzustellen und dem Aufsichtsrat und dem Abschlussprüfer vorzulegen. Zugleich hat der Vorstand dem Aufsichtsrat den Vorschlag vorzulegen, den er in der Hauptversammlung für die Verwendung des Bilanzgewinns machen will. Der Aufsichtsrat hat den Jahresabschluss, den Lagebericht und den Vorschlag für die Gewinnverwendung zu prüfen.
(2) Nach Eingang des Berichts des Aufsichtsrats über das Ergebnis seiner Prüfung hat der Vorstand unverzüglich die ordentliche Hauptversammlung einzuberufen, die innerhalb der ersten acht Monate eines jeden Geschäftsjahres stattzufinden hat. Sie beschließt über die Entlastung des Vorstands und des Aufsichtsrats und über die Verwendung des Bilanzgewinns.

3. Muster: Bestellung des ersten Vorstands

Niederschrift über die konstituierende Sitzung des ersten Aufsichtsrats der _____ Vorrats-Aktiengesellschaft in _____ am _____

Die bei Errichtung der _____ Vorrats-Aktiengesellschaft zu Mitgliedern des ersten Aufsichtsrats bestellten Frau _____, Herr _____ und Herr _____ nehmen ihre Bestellung an und treten hiermit zu der konstituierenden Sitzung des Aufsichtsrats zusammen. Sie beschließen einstimmig:
1. Zum Vorsitzenden des Aufsichtsrats wird Herr _____ gewählt. Zu seiner Stellvertreterin wird Frau _____ gewählt. Die Gewählten nehmen die Wahl an.
2. Zum Mitglied des Vorstands wird für die Zeit bis zum _____ Herr _____, wohnhaft in _____, geb. am _____, bestellt.
   Herr _____ vertritt die Gesellschaft allein.
3. Der Aufsichtsrat stimmt dem Abschluss des im Entwurf vorliegenden Anstellungsvertrages mit Herrn _____ zu. Er ermächtigt den Aufsichtsratsvorsitzenden, Herr _____ wird anschließend zur Sitzung hinzugezogen und erklärt, dass er die Bestellung zum Vorstand annimmt.

Herr _____ wird anschließend zur Sitzung hinzugezogen und erklärt, dass er die Bestellung zum Vorstand annimmt.
_____, den _____
_____ Unterschrift
Aufsichtsratsvorsitzender

M 81 **4. Muster: Bestätigung des Kreditinstituts über die Einlageleistung**

47 _____ Bank AG
Wir bestätigen hiermit gem. § 37 Abs. 1 S. 3, § 54 Abs. 3 AktG zur Vorlage bei dem Amtsgericht, Handelsregister, dass wir für die in Gründung befindliche
_____ Vorrats-Aktiengesellschaft, _____ (Ort)
ein Konto mit der Nummer _____ führen. Auf dieses Konto hat Herr _____ einen Betrag von 50.000 EUR eingezahlt. Wir bestätigen, dass dieser Betrag endgültig zur freien Verfügung des Vorstands der genannten Gesellschaft steht.
_____, den _____
_____ (Unterschriften)

M 82 **5. Muster: Gründungsbericht gem. § 32 AktG**

48 Als alleiniger Gründer der _____ Vorrats-Aktiengesellschaft mit Sitz in _____ erstatte ich über den Hergang der Gründung wie folgt Bericht:
(1) Die Satzung der Gesellschaft wurde am _____ mit Errichtung der Gesellschaft zu notarieller Urkunde (UR-Nr. _____/_____ des Notars _____ in _____) festgestellt. Als alleiniger Gründer habe ich, _____, wohnhaft in _____, geb. am _____, teilgenommen und das gesamte Grundkapital der Gesellschaft in Höhe von 50.000 EUR, eingeteilt in 50.000 Inhaberaktien im Nennbetrag von je einem EUR, übernommen. Ich habe hierauf die geschuldete Bareinlage in Höhe von 50.000 EUR durch Einzahlung auf das Konto Nr. _____ der Gesellschaft bei der _____ Bank AG geleistet. Der Einzahlungsbetrag steht endgültig zur freien Verfügung des Vorstands der Gesellschaft. Die _____ Bank AG hat die endgültige freie Verfügung des Vorstands über den Betrag von 50.000 EUR schriftlich bestätigt.
(2) Zu Mitgliedern des ersten Aufsichtsrats sind bestellt:
   1. Herr _____, _____ (ausgeübte Tätigkeit), wohnhaft in _____, geb. am _____,
   2. Frau _____, _____ (ausgeübte Tätigkeit), wohnhaft in _____, geb. am _____,
   3. Herr _____, _____ (ausgeübte Tätigkeit), wohnhaft in _____, geb. am _____.
Der Aufsichtsrat hat in seiner konstituierenden Sitzung am _____ Herrn _____ zum Vorsitzenden und Frau _____ zur stellvertretenden Vorsitzenden des Aufsichtsrats gewählt.

(3) Mit Beschluss vom _____ hat der Aufsichtsrat mich, _____, zum Mitglied des ersten Vorstands der Gesellschaft bestellt.
(4) Bei der Gründung hat kein Mitglied des Aufsichtsrats Aktien übernommen. Es hat sich kein Mitglied des Vorstands oder des Aufsichtsrats einen besonderen Vorteil oder für die Gründung oder ihre Vorbereitung eine Entschädigung oder Belohnung ausbedungen.
(5) Die Gründungskosten hat der Gründer übernommen.
_____, den _____
_____ (Unterschrift)

6. Muster: Gründungsprüfungsbericht von Vorstand und Aufsichtsrat gem. §§ 33, 34 AktG   M 83

Wir, die Unterzeichnenden, sind die Mitglieder des ersten Aufsichtsrats und des ersten Vorstands der _____ Vorrats-Aktiengesellschaft mit Sitz in _____. Wir haben den Hergang der Gründung geprüft und erstatten hierüber den folgenden Gründungsprüfungsbericht: 49

1. Uns lagen die folgenden Unterlagen vor:
   – Notarielle Urkunde vom _____ (UR-Nr. _____/_____ des Notars _____ in _____) mit der Errichtung der _____ Vorrats-Aktiengesellschaft, der Feststellung ihrer Satzung, der Übernahme aller Aktien durch den Gründer _____ und der Bestellung des ersten Aufsichtsrats und des ersten Abschlussprüfers
   – Protokoll der konstituierenden Sitzung des Aufsichtsrats am _____ mit der Bestellung von Herrn _____ als Mitglied des ersten Vorstands der Gesellschaft
   – Bestätigung der _____ Bank AG vom _____ über die Einzahlung von 50.000 EUR auf das Konto Nr. _____ der Gesellschaft mit der Erklärung, dass der eingezahlte Betrag endgültig zur freien Verfügung des Vorstands steht
   – Gründungsbericht des Gründers vom _____.
2. Wir haben den Hergang der Gründung geprüft. Nach unseren Feststellungen sind die Angaben des Gründers über den Gründungshergang, die Übernahme der Aktien und die Leistung der geschuldeten Einlage auf das Grundkapital zutreffend und vollständig. Die Einzahlung auf das Grundkapital ist in voller Höhe erfolgt. Besondere Vorteile für Aktionäre oder Entschädigungen oder Belohnungen für die Gründung oder ihre Vorbereitung sind in der Satzung nicht festgesetzt und nicht gewährt worden. Der Gründer hat die Gründungskosten übernommen.
3. Die Gründung der _____ Vorrats-Aktiengesellschaft entspricht nach den von uns getroffenen Feststellungen den gesetzlichen Vorschriften.
_____, den _____
_____ (Unterschriften)

7. Muster: Antrag auf Bestellung eines Gründungsprüfers   M 84

An das Amtsgericht _____   50
– Handelsregister –
Ich habe als alleiniger Gründer die _____ Vorrats-Aktiengesellschaft mit Sitz in _____ errichtet. Eine Ausfertigung der notariellen Urkunde vom _____ über die Errichtung der Gesellschaft (UR-Nr. _____/_____ des Notars _____ in _____) ist als Anlage beigefügt. Der Aufsichtsrat der Gesellschaft hat mich zum ersten Mitglied des Vorstands der Gesellschaft bestellt. Eine Prüfung durch den beurkundenden Notar gem. § 33 Abs. 3 AktG ist nicht erfolgt. Nach § 33 Abs. 2 Nr. 1 AktG ist daher die Prüfung durch einen Gründungsprüfer erforderlich. Ich rege an, Herrn Wirtschaftsprüfer _____, _____ (Anschrift), zum Gründungsprüfer zu bestellen.

_____, den _____
_____ (Unterschrift)

M 85 8. Muster: Bericht des Gründungsprüfers gem. §§ 33, 34 AktG

51 (1) Prüfungsgegenstand
Ich bin durch Beschluss des Amtsgerichts _____ vom _____ zum Gründungsprüfer für die _____ Vorrats-Aktiengesellschaft, _____ (Ort), bestellt worden, nachdem der alleinige Gründer der Gesellschaft, Herr _____, vom Aufsichtsrat zum ersten Mitglied des Vorstands bestellt worden ist.
Für die Prüfung der Gründung nach § 34 Abs. 1 AktG wurden mir vorgelegt:
– Notarielle Urkunde vom _____ (UR-Nr. _____/_____ des Notars _____ in _____) mit der Errichtung der _____ Vorrats-Aktiengesellschaft
– Protokoll der konstituierenden Sitzung des Aufsichtsrats am _____ mit der Bestellung von Herrn _____ als Mitglied des ersten Vorstands der Gesellschaft
– Bestätigung der _____ Bank AG vom _____ über die Einzahlung von 50.000 EUR auf das Konto Nr._____ der Gesellschaft mit der Erklärung, dass der eingezahlte Betrag endgültig zur freien Verfügung des Vorstands steht
– Gründungsbericht des Gründers vom _____
– Gründungsprüfungsbericht der Mitglieder des Vorstands und des Aufsichtsrats vom _____.

(2) Prüfungsergebnis
Die Gesellschaft ist am _____ zu notarieller Urkunde des Notars _____ in _____ (UR-Nr. _____/_____ des Notars _____) errichtet worden. Das Grundkapital von 50.000 EUR, eingeteilt in 50.000 Inhaberaktien im Nennbetrag von je einem EUR, hat der alleinige Gründer der Gesellschaft, Herr _____, wohnhaft in _____, geb. am _____, vollständig übernommen. Die Aktien wurden zum Nennbetrag als Ausgabebetrag gegen Bareinlagen ausgegeben. Ich habe mich davon überzeugt, dass die gesamte Einlage, also insgesamt 50.000 EUR, auf das Konto Nr. _____ der Gesellschaft bei der _____ Bank AG in _____ eingezahlt worden ist. Es stehen danach auf dem Konto der Gesellschaft 50.000 EUR zur endgültigen freien Verfügung des Vorstands der Gesellschaft.
Zu Mitgliedern des ersten Aufsichtsrats wurden bestellt:
1. Herr _____, _____ (ausgeübte Tätigkeit), wohnhaft in _____, geb. am _____,
2. Frau _____, _____ (ausgeübte Tätigkeit), wohnhaft in _____, geb. am _____,
3. Herr _____, _____ (ausgeübte Tätigkeit), wohnhaft in _____, geb. am _____.
Ausweislich des mir vorgelegten Protokolls über die konstituierende Sitzung des Aufsichtsrats vom _____ wurde Herr _____ zum ersten Vorstand der Gesellschaft bestellt. Für Rechnung von Mitgliedern des Vorstands oder des Aufsichtsrats wurden keine Aktien übernommen. Die Angaben des Gründers und die Angaben aller Mitglieder des Aufsichtsrats und des Vorstands über die Übernahme der Aktien, die Leistung der Einlage auf das Grundkapital und die Festsetzungen nach § 26 AktG sind nach meiner Feststellung zutreffend und vollständig. Sacheinlagen oder Sachübernahmen sind weder vereinbart noch geleistet worden. Der Gründer hat die Gründungskosten übernommen.

(3) Bestätigung
Nach dem Ergebnis meiner Prüfung gem. §§ 33, 34 AktG bestätige ich aufgrund der mir vorgelegten Urkunden und Schriften sowie der mir erteilten Aufklärungen und Nachweise, dass die Angaben des Gründers über die Übernahme der Aktien, über die Einlagen auf das Grundkapital und über Festsetzungen nach § 26 AktG und § 27 AktG richtig und vollständig sind.
_____, den _____
_____ (Unterschrift)
Wirtschaftsprüfer

9. Muster: Liste der Aufsichtsratsmitglieder gem. § 37 Abs. 4 Nr. 3a AktG

M 86

Liste der Aufsichtsratsmitglieder der in Gründung befindlichen _____ Vorrats-Aktiengesellschaft, 52
_____ (Ort)

	Vorname	Familienname	ausgeübter Beruf	Wohnort
1. Herr (Vorsitzender)	_____	_____	_____	_____
2. Frau (stellvertretende Vorsitzende)	_____	_____	_____	_____
3. Herr	_____	_____	_____	_____

_____, den _____
Der Vorstand
_____ Unterschrift

10. Muster: Anmeldung der Gesellschaft zum Handelsregister

M 87

An das Amtsgericht _____ 53
– Handelsregister –
Betr.: _____ Vorrats-Aktiengesellschaft, _____ (Ort)
Als Gründer, Mitglieder des Vorstands und des Aufsichtsrats melden wir die
_____ Vorrats-Aktiengesellschaft
mit Sitz in _____
zur Eintragung in das Handelsregister an. Die Geschäftsräume der Gesellschaft befinden sich in _____ (Ort), _____ (Straße, Nr.).
(1) Gründer der Gesellschaft ist Herr _____, wohnhaft in _____, geb. am _____.
(2) Zu Mitgliedern des ersten Aufsichtsrats sind bestellt Herr _____, _____ (ausgeübte Tätigkeit), wohnhaft in _____, geb. am _____, Vorsitzender; Frau _____, _____ (ausgeübte Tätigkeit), wohnhaft in _____, geb. am _____, stellv. Vorsitzende; Herr _____, _____ (ausgeübte Tätigkeit), wohnhaft in _____, geb. am _____.
(3) Alleiniges Mitglied des Vorstands ist Herr _____, wohnhaft in _____, geb. am _____.
(4) Das Grundkapital der Gesellschaft beträgt 50.000 EUR. Es ist eingeteilt in 50.000 Inhaber-Aktien im Nennbetrag von je einem EUR. Die Aktien der Gesellschaft sind gegen Bareinlagen zum Nennbetrag übernommen worden. Herr _____ hat als alleiniger Gründer auf die von ihm übernommenen Aktien den Betrag von 50.000 EUR vollständig geleistet. Der Betrag steht in voller Höhe endgültig zur freien Verfügung des Vorstands der Gesellschaft. Der Gründer hat die Gründungskosten vollständig übernommen.
(5) Die Gesellschaft wird durch zwei Mitglieder des Vorstands oder durch ein Mitglied des Vorstands gemeinsam mit einem Prokuristen gesetzlich vertreten. Ist nur ein Vorstandsmitglied bestellt, vertritt es die Gesellschaft allein. Herr _____, als erstes und einziges Mitglied des Vorstands, vertritt die Gesellschaft allein.
(6) Ich, _____, erstes Mitglied des Vorstands, versichere, dass keine Umstände vorliegen, die meiner Bestellung nach § 76 Abs. 3 S. 2 Nr. 2 und 3 sowie Satz 3 AktG entgegenstehen. Ich bin weder wegen einer oder mehrerer vorsätzlich begangener Straftaten nach §§ 263 bis 264a oder den §§ 265b bis 266a StGB zu einer Freiheitsstrafe von mindestens einem Jahr, des Unterlassens der Stellung des Antrags auf Eröffnung des Insolvenzverfahrens (Insolvenzverschleppung), nach §§ 283 bis 283d StGB (Insolvenzstraftaten), der falschen Angaben nach § 399 AktG oder § 82 GmbHG, der unrichtigen Darstellung nach § 400 AktG, § 331 HGB, § 313 UmwG oder § 17 PublG oder im Ausland wegen einer mit den vorgenannten vergleichbaren Tat verurteilt worden, noch ist mir die Ausübung eines Berufs, Berufszweiges, Gewerbes oder Gewerbezweiges durch gerichtliches Urteil oder vollziehbare Entscheidung einer Verwaltungsbehörde untersagt worden. Durch den beglaubigenden Notar bin ich über die

unbeschränkte Auskunftspflicht gegenüber dem Gericht belehrt worden, ebenso wie darüber, dass falsche Versicherungen strafbar sind.
(7) Wir fügen der Anmeldung bei:
- Gründungsprotokoll vom _____ (UR-Nr. _____/_____ des Notars _____ in _____) mit der Errichtung der Gesellschaft, der Feststellung der Satzung, der Übernahme der Aktien durch den Gründer und der Bestellung der Mitglieder des ersten Aufsichtsrats und des ersten Abschlussprüfers
- Protokoll der konstituierenden Sitzung des Aufsichtsrats vom _____ mit der Bestellung des ersten Vorstands durch den Aufsichtsrat
- Gründungsbericht des Gründers vom _____
- Gründungsprüfungsbericht der Mitglieder des Vorstands und des Aufsichtsrats vom _____
- Prüfungsbericht des Gründungsprüfers vom _____
- Bestätigung der _____ Bank AG über die Einzahlung über 50.000 EUR auf das Konto Nr. _____ der Gesellschaft mit der Bescheinigung, dass der eingezahlte Betrag endgültig zur freien Verfügung des Vorstands steht
- Liste der Aufsichtsratsmitglieder.
_____, den _____
_____ (Unterschriften)
_____ (Notarieller Beglaubigungsvermerk)

M 88 **11. Muster: Satzung der AG (ausführliche Fassung für Publikums-AG)**

54 *I. Allgemeine Bestimmungen*

§ 1 Firma, Sitz und Geschäftsjahr
(1) Die Gesellschaft führt die Firma _____ Aktiengesellschaft.
(2) Die Gesellschaft hat ihren Sitz in _____.
(3) Geschäftsjahr ist das Kalenderjahr.

§ 2 Gegenstand des Unternehmens
(1) Gegenstand des Unternehmens ist die Beteiligung an Produktions- und Handelsunternehmen für Werkzeugmaschinen aller Art, insbesondere die Beteiligung an der _____ GmbH, _____ (Ort).
(2) Die Gesellschaft kann alle Geschäfte betreiben, die den Gegenstand des Unternehmens zu fördern geeignet sind. Die Gesellschaft kann sich im In- und Ausland auch an anderen Unternehmen beteiligen, sie erwerben, die Geschäftsführung für diese übernehmen, Zweigniederlassungen errichten und mit anderen Unternehmen Unternehmensverträge schließen.

§ 3 Bekanntmachungen
Die Bekanntmachungen der Gesellschaft erfolgen ausschließlich im Bundesanzeiger.

II. Grundkapital und Aktien

§ 4 Grundkapital
(1) Das Grundkapital der Gesellschaft beträgt 36.050.000 EUR (in Worten: sechsunddreißig Millionen fünfzigtausend EUR).
(2) Das Grundkapital ist eingeteilt in
   - 24.050.000 Stück nennbetragslose Stammaktien
   - 12.000.000 Stück nennbetragslose Vorzugsaktien ohne Stimmrecht.
(3) Die Stammaktien und die Vorzugsaktien sind Stückaktien. Sie lauten auf den Inhaber.

(4) Die Vorzugsaktien erhalten aus dem jährlichen Bilanzgewinn eine um 0,02 EUR höhere Dividende als die Stammaktien, mindestens jedoch eine Dividende in Höhe von 0,10 EUR.
Reicht der Bilanzgewinn eines oder mehrerer Geschäftsjahre nicht zur Zahlung des Vorzugsbetrages auf die Vorzugsaktien aus, so werden die fehlenden Beträge ohne Zinsen aus dem Bilanzgewinn der folgenden Geschäftsjahre neben dem vollen Vorzug des betreffenden Jahres und vor der Verteilung einer Dividende auf die Stammaktien nachgezahlt, bis alle Rückstände nachgezahlt sind.
(5) Bei Kapitalerhöhungen kann der Beginn der Gewinnbeteiligung der neuen Aktien abweichend von § 60 Abs. 2 S. 3 AktG bestimmt werden.
(6) Bei Kapitalerhöhungen ist es zulässig, neue Stammaktien und neue Vorzugsaktien ohne Stimmrecht im bisherigen Verhältnis dieser beiden Aktiengattungen auszugeben und den bisherigen Stammaktionären ausschließlich ein Bezugsrecht auf neue Stammaktien, den bisherigen Vorzugsaktionären ausschließlich ein Bezugsrecht auf neue Vorzugsaktien ohne Stimmrecht zu gewähren. Andere und weiter gehende Ausschlüsse oder Einschränkungen des Bezugsrechts der Aktionäre bleiben, soweit rechtlich zulässig, unberührt.

§ 5 Aktien und sonstige Titel
(1) Die Vorzugsaktien sind stimmrechtslos, ihre Ausstattung ergibt sich aus § 4 Abs. 4.
(2) Die Ausgabe weiterer Vorzugsaktien sowie von Genussrechten, Optionsanleihen, Wandelanleihen und ähnlichen Titeln, die bei der Verteilung des Gewinns und/oder des Gesellschaftsvermögens den jeweils bestehenden Vorzugsaktien ohne Stimmrecht gleichstehen oder vorgehen, bleibt gem. § 141 Abs. 2 AktG vorbehalten.
(3) Form und Inhalt der Aktienurkunden sowie der Gewinnanteils- und Erneuerungsscheine setzt der Vorstand mit Zustimmung des Aufsichtsrats fest.
(4) Die Gesellschaft kann Einzelaktien der jeweiligen Gattung in Aktienurkunden zusammenfassen, die eine Mehrzahl von Aktien verbriefen (Sammelaktien). Ein Anspruch der Aktionäre auf Verbriefung ihres Anteils besteht nicht.

III. Vorstand

§ 6 Vorstand
(1) Der Vorstand der Gesellschaft besteht aus mindestens zwei und höchstens sechs Personen. Der Aufsichtsrat kann stellvertretende Vorstandsmitglieder bestellen.
(2) Der Aufsichtsrat bestellt die Vorstandsmitglieder und bestimmt im Rahmen von Abs. 1 ihre Zahl. Er ernennt einen Vorsitzenden des Vorstands sowie einen stellvertretenden Vorsitzenden des Vorstands.
(3) Der Aufsichtsrat kann eine Geschäftsordnung für den Vorstand erlassen.
(4) Der Aufsichtsrat kann den Abschluss, die Abänderung und die Kündigung der mit den Vorstandsmitgliedern abzuschließenden Anstellungsverträge einem Personalausschuss übertragen.

§ 7 Geschäftsführung und Vertretung der Gesellschaft
(1) Die Mitglieder des Vorstands haben die Geschäfte der Gesellschaft nach Maßgabe der Gesetze, der Satzung und einer Geschäftsordnung für den Vorstand zu führen.
(2) Die Gesellschaft wird durch zwei Vorstandsmitglieder oder durch ein Vorstandsmitglied in Gemeinschaft mit einem Prokuristen gesetzlich vertreten. Der Aufsichtsrat kann Vorstandsmitgliedern Alleinvertretungsbefugnis erteilen und/oder sie von den Beschränkungen des § 181 BGB befreien; § 112 AktG bleibt unberührt.
(3) Der Aufsichtsrat hat in der Geschäftsordnung für den Vorstand oder durch Beschluss anzuordnen, dass bestimmte Arten von Geschäften seiner Zustimmung bedürfen.
(4) Beschlüsse des Vorstands werden, soweit gesetzlich zulässig, mit einfacher Mehrheit seiner Mitglieder gefasst.

IV. Aufsichtsrat

§ 8 Zusammensetzung, Amtsdauer, Amtsniederlegung

(1) Der Aufsichtsrat besteht aus sechs Mitgliedern, die von der Hauptversammlung gewählt werden.
(2) Die Aufsichtsratsmitglieder werden für die Zeit bis zur Beendigung der Hauptversammlung gewählt, die über ihre Entlastung für das vierte Geschäftsjahr nach dem Beginn der Amtszeit beschließt. Hierbei wird das Geschäftsjahr, in dem die Wahl erfolgt, nicht mitgerechnet. Die Hauptversammlung kann bei der Wahl eine kürzere Amtszeit bestimmen.
(3) Jedes Aufsichtsratsmitglied kann sein Amt unter Einhaltung einer Frist von zwei Monaten auch ohne wichtigen Grund durch schriftliche Erklärung gegenüber dem Vorsitzenden des Aufsichtsrats und dem Vorstand jederzeit niederlegen.
(4) Die Hauptversammlung kann Ersatzmitglieder wählen, die in einer bei der Wahl festgelegten Reihenfolge an die Stelle vorzeitig ausscheidender Aufsichtsratsmitglieder treten. Tritt ein Ersatzmitglied an die Stelle eines ausgeschiedenen Aufsichtsratsmitglieds, so erlischt sein Amt, mit Beendigung der nächsten Hauptversammlung, in der eine Neuwahl stattfindet, spätestens jedoch mit Ablauf der Amtszeit des ausgeschiedenen Aufsichtsratsmitglieds. Wenn die Hauptversammlung für ein weggefallenes, durch ein Ersatzmitglied ersetztes Aufsichtsratsmitglied eine Neuwahl vornimmt, so tritt jenes wieder in seine Stellung als Ersatzmitglied ein, sofern es noch für weitere Aufsichtsratsmitglieder zum Ersatzmitglied gewählt ist.

§ 9 Vorsitzender und Stellvertreter

(1) Der Aufsichtsrat wählt im Anschluss an die Hauptversammlung, in der die Aufsichtsratsmitglieder gewählt worden sind, in einer ohne besondere Einberufung stattfindenden Sitzung einen Vorsitzenden und einen Stellvertreter für die in § 8 Abs. 2 bestimmte Amtszeit.
(2) Scheidet der Vorsitzende oder der Stellvertreter vor Ablauf der Amtszeit aus seinem Amt aus, findet eine Neuwahl für die restliche Amtszeit des Ausgeschiedenen statt.

§ 10 Sitzungen

(1) Die Sitzungen des Aufsichtsrats werden durch den Vorsitzenden oder auf dessen Veranlassung durch den Vorstand mit einer Frist von 21 Tagen schriftlich einberufen. Bei der Berechnung der Frist werden der Tag der Absendung der Einladung und der Tag der Sitzung nicht mitgerechnet. In dringenden Fällen kann der Vorsitzende die Frist abkürzen. Der Vorsitzende des Aufsichtsrats bestimmt den Sitzungsort. Sitzungen können auch in der Form einer Videokonferenz erfolgen.
(2) Mit der Einberufung ist die Tagesordnung mitzuteilen. Ist ein Tagesordnungspunkt nicht ordnungsgemäß angekündigt worden, darf hierüber nur beschlossen werden, wenn kein Aufsichtsratsmitglied widerspricht.
(3) Der Aufsichtsrat wird nach Bedarf einberufen. Er muss mindestens zweimal im Kalenderhalbjahr einberufen werden.

§ 11 Beschlussfassung

(1) Beschlüsse des Aufsichtsrats werden in der Regel in Präsenzsitzungen gefasst. Außerhalb von Präsenzsitzungen kann die Beschlussfassung mittels Telefax oder E-Mail, durch schriftliche, fernmündliche oder andere vergleichbare Formen der Beschlussfassung, insbesondere auch im Rahmen von Videokonferenzen, erfolgen. Solche Beschlüsse werden vom Vorsitzenden schriftlich festgestellt und die Feststellung allen Mitgliedern zugeleitet. Für Abstimmungen außerhalb von Präsenzsitzungen gelten die Bestimmungen in Abs. 2, 4 und 5 entsprechend. Für Videokonferenzsitzungen gilt zudem Abs. 3 entsprechend.
(2) Der Aufsichtsrat ist beschlussfähig, wenn an der Beschlussfassung mindestens vier Mitglieder teilnehmen. Ein Mitglied nimmt auch dann an der Beschlussfassung teil, wenn es sich der Stimme enthält.

(3) Abwesende Aufsichtsratsmitglieder können an Abstimmungen des Aufsichtsrats dadurch teilnehmen, dass sie durch andere Aufsichtsratsmitglieder oder durch schriftlich ermächtigte Dritte schriftliche Stimmabgaben überreichen lassen.
(4) Beschlüsse des Aufsichtsrats werden mit einfacher Mehrheit der abgegebenen Stimmen gefasst. Dabei gilt Stimmenthaltung nicht als Stimmabgabe. Bei Wahlen genügt die verhältnismäßige Mehrheit. Bei Stimmengleichheit gibt die Stimme des Vorsitzenden des Aufsichtsrats den Ausschlag; das gilt auch bei Wahlen. Nimmt der Vorsitzende des Aufsichtsrats an der Abstimmung nicht teil, so gibt bei Stimmengleichheit die Stimme seines Stellvertreters den Ausschlag.
(5) Über die Verhandlungen und Beschlüsse des Aufsichtsrats sind Niederschriften anzufertigen, die vom Vorsitzenden zu unterzeichnen sind. Die Niederschrift ist allen Mitgliedern zuzuleiten.
(6) Der Aufsichtsratsvorsitzende ist ermächtigt, im Namen des Aufsichtsrats die zur Durchführung der Beschlüsse des Aufsichtsrats erforderlichen Willenserklärungen abzugeben.

§ 12 Geschäftsordnung
Der Aufsichtsrat kann sich eine Geschäftsordnung geben.

§ 13 Ausschüsse
(1) Der Aufsichtsrat kann im Rahmen der gesetzlichen Vorschriften aus seiner Mitte Ausschüsse bilden und ihnen in seiner Geschäftsordnung oder durch gesonderten Beschluss Aufgaben und Beschlusskompetenzen übertragen.
(2) Für Aufsichtsratsausschüsse gelten die Bestimmungen des § 10 Abs. 1 und 2, § 11 Abs. 1 und 3 bis 6 sowie § 12 sinngemäß; die Geschäftsordnung des Aufsichtsrats kann im Rahmen des Gesetzes Abweichendes bestimmen.

§ 14 Vergütung
(1) Die Mitglieder des Aufsichtsrats erhalten eine Vergütung, die aus einem festen und einem variablen Vergütungsbestandteil besteht. Die feste Vergütung beträgt _____ EUR. Die variable Vergütung beträgt _____ EUR für jeden Cent ausgeschüttete Dividende je Stammaktie, die 4 Cent je Stammaktie übersteigt. Der Vorsitzende des Aufsichtsrats erhält das Doppelte und dessen Stellvertreter das Eineinhalbfache der festen und der variablen Vergütung. Je Mitgliedschaft in Ausschüssen des Aufsichtsrats werden zusätzlich _____ % der festen Vergütung nach S. 2 und der variablen Vergütung nach S. 3 gewährt. Der jeweilige Ausschussvorsitzende erhält das Doppelte hiervon.
(2) Die feste Vergütung ist nach Ablauf des Geschäftsjahres zahlbar. Die variable Vergütung ist am ersten Werktag nach der ordentlichen Hauptversammlung, die über die Verwendung des Bilanzgewinns des betreffenden Geschäftsjahres beschließt, zahlbar.
(3) Aufsichtsratsmitglieder, die nicht während des gesamten Geschäftsjahres im Amt waren, erhalten für jeden angefangenen Monat ihrer Tätigkeit ein Zwölftel der Vergütung.
(4) Die Mitglieder des Aufsichtsrats erhalten ferner Ersatz aller Auslagen sowie Erstattung der auf ihre Vergütung zu entrichtenden Umsatzsteuer.

§ 15 Satzungsänderungen
Der Aufsichtsrat ist befugt, Änderungen der Satzung, die nur deren Fassung betreffen, zu beschließen.

V. Hauptversammlung

§ 16 Ort und Einberufung
(1) Die ordentliche Hauptversammlung, die über die Entlastung des Vorstands und des Aufsichtsrats, die Gewinnverwendung, die Wahl des Abschlussprüfers und in den vom Gesetz vorgeschriebenen Fällen über die Feststellung des Jahresabschlusses beschließt, wird innerhalb der ersten acht Monate eines jeden Geschäftsjahres abgehalten.

(2) Die Hauptversammlung wird durch den Vorstand einberufen. Das auf Gesetz beruhende Recht anderer Personen, die Hauptversammlung einzuberufen, bleibt unberührt. Die Hauptversammlung findet am Sitz der Gesellschaft, an einem Ort im Umkreis von 50 km um den Sitz der Gesellschaft oder in einer Stadt mit Sitz einer deutschen Wertpapierbörse in der Bundesrepublik Deutschland statt.
(3) Die Einberufung der Hauptversammlung erfolgt durch Bekanntmachung im Bundesanzeiger mit den gesetzlich erforderlichen Angaben mit einer Frist von mindestens dreißig Tagen verlängert um die Tage der Anmeldefrist nach § 17 Abs. 2. Für die Fristberechnung gilt die gesetzliche Regelung.
(4) Nach Eingang des Berichts des Aufsichtsrats nach § 21 Abs. 2 hat der Vorstand unverzüglich die ordentliche Hauptversammlung einzuberufen.

§ 17 Teilnahmerecht
(1) Zur Teilnahme an der Hauptversammlung und zur Ausübung des Stimmrechts sind nur diejenigen Aktionäre berechtigt, die sich vor der Hauptversammlung anmelden und der Gesellschaft ihren Anteilsbesitz nachweisen.
(2) Die Anmeldung muss der Gesellschaft in Textform mindestens sechs Tage vor dem Tag der Hauptversammlung unter der in der Einberufung hierfür mitgeteilten Adresse zugehen. Für die Fristberechnung gilt die gesetzliche Regelung. In der Einberufung kann eine kürzere, nach Tagen zu bemessende Frist vorgesehen werden.
(3) Der Nachweis des Anteilsbesitzes muss durch einen von dem depotführenden Institut in Textform erstellten und in deutscher oder englischer Sprache abgefassten Nachweis erfolgen. Der Nachweis des depotführenden Instituts hat sich auf den Beginn des einundzwanzigsten Tages vor der Hauptversammlung zu beziehen. Der Nachweis muss spätestens am letztmöglichen Anmeldetag nach Absatz 2 zugehen.
(4) Der Vorstand ist ermächtigt vorzusehen, dass Aktionäre an der Hauptversammlung auch ohne Anwesenheit an deren Ort und ohne einen Bevollmächtigten teilnehmen und sämtliche oder einzelne ihrer Rechte ganz oder teilweise im Wege elektronischer Kommunikation ausüben können.
(5) Der Vorstand ist ermächtigt vorzusehen, dass Aktionäre ihre Stimmen, auch ohne an der Hauptversammlung teilzunehmen, schriftlich oder im Wege elektronischer Kommunikation abgeben dürfen (Briefwahl).

§ 18 Vorsitz in der Hauptversammlung, Geschäftsordnung, Bild- und Tonübertragung
(1) Den Vorsitz in der Hauptversammlung führt der Vorsitzende des Aufsichtsrats oder, falls er daran gehindert ist, ein anderes durch den Aufsichtsrat zu bestimmendes Aufsichtsratsmitglied.
(2) Der Vorsitzende leitet die Versammlung. Er bestimmt die Reihenfolge, in der die Gegenstände der Tagesordnung behandelt werden, sowie Art und Reihenfolge der Abstimmung. Er kann das Frage- und Rederecht der Aktionäre zeitlich angemessen beschränken.
(3) Die Hauptversammlung kann sich mit einer Mehrheit, die mindestens 3/4 des bei der Beschlussfassung vertretenen Grundkapitals umfasst, eine Geschäftsordnung geben und darin weitere Regeln für die Vorbereitung und Durchführung der Hauptversammlung bestimmen.
(4) Der Vorstand ist ermächtigt, die vollständige oder auszugsweise Übertragung der Hauptversammlung in Bild und Ton zuzulassen. Die Übertragung kann dabei auch in einer Form erfolgen, zu der die Öffentlichkeit uneingeschränkten Zugang hat.

§ 19 Stimmrecht
(1) Jede Stammaktie gewährt in der Hauptversammlung eine Stimme.
(2) Die Vorzugsaktien gewähren kein Stimmrecht. Soweit jedoch den Vorzugsaktionären nach dem Gesetz ein Stimmrecht zwingend zusteht, gewährt jede Vorzugsaktie eine Stimme.
(3) Das Stimmrecht kann durch Bevollmächtigte ausgeübt werden. Die Erteilung der Vollmacht, ihren Widerruf und den Nachweis der Bevollmächtigung gegenüber der Gesellschaft bedürfen der vom Gesetz bestimmten Form. In der Einberufung kann eine Erleichterung hiervon bestimmt werden. Diese

Erleichterung kann auf die Vollmacht an die von der Gesellschaft benannten Stimmrechtsvertreter beschränkt werden.

§ 20 Beschlussfassung
(1) Die Beschlüsse werden mit einfacher Mehrheit der abgegebenen Stimmen und, sofern das Gesetz außer der Stimmenmehrheit eine Kapitalmehrheit vorschreibt, mit der einfachen Mehrheit des bei der Beschlussfassung vertretenen stimmberechtigten Grundkapitals gefasst, soweit nicht nach zwingenden gesetzlichen Vorschriften eine größere Mehrheit erforderlich ist.
(2) Bei Stimmengleichheit gilt, ausgenommen bei Wahlen, ein Antrag als abgelehnt.
(3) Sofern bei Einzelwahlen im ersten Wahlgang die einfache Stimmenmehrheit nicht erreicht wird, findet eine Stichwahl unter den Personen statt, die die beiden höchsten Stimmenzahlen erhalten haben. Bei der Stichwahl entscheidet die höhere Stimmenzahl.

VI. Jahresabschluss, Rücklagen und Verwendung des Bilanzgewinns

§ 21 Jahresabschluss
(1) Der Vorstand hat in den ersten drei Monaten des Geschäftsjahres den Jahresabschluss und den Lagebericht sowie den Konzernabschluss und den Konzernlagebericht für das vergangene Geschäftsjahr aufzustellen und dem Aufsichtsrat und dem Abschlussprüfer vorzulegen. Zugleich hat der Vorstand dem Aufsichtsrat den Vorschlag vorzulegen, den er der Hauptversammlung für die Verwendung des Bilanzgewinns machen will. Die §§ 298 Abs. 3 und 315 Abs. 3 HGB bleiben unberührt.
(2) Der Aufsichtsrat hat den Jahresabschluss, den Lagebericht, den Konzernabschluss und den Konzernlagebericht sowie den Vorschlag des Vorstands für die Verwendung des Bilanzgewinns zu prüfen und über das Ergebnis seiner Prüfung schriftlich an die Hauptversammlung zu berichten. Er hat seinen Bericht innerhalb eines Monats, nachdem ihm die Vorlagen zugegangen sind, dem Vorstand zuzuleiten; § 171 Abs. 3 S. 2 AktG bleibt unberührt.

§ 22 Rücklagen
(1) Stellen Vorstand und Aufsichtsrat den Jahresabschluss fest, so können sie Beträge bis zur Hälfte des Jahresüberschusses in andere Gewinnrücklagen einstellen.
(2) Stellt die Hauptversammlung den Jahresabschluss fest, so ist 1/4 des Jahresüberschusses in andere Gewinnrücklagen einzustellen.
(3) Bei der Errechnung des gem. Abs. 1 oder 2 in andere Gewinnrücklagen einzustellenden Teils des Jahresüberschusses sind vorweg Zuweisungen zur gesetzlichen Rücklage und Verlustvorträge abzuziehen.

B. Sachgründung

I. Rechtliche Grundlagen

1. Besonderheiten der Sachgründung
a) Verhältnis zur Bargründung

Grundsätzlich haben die Aktionäre ihre **Einlageverpflichtung** in Geld zu erfüllen. Eine Einlage, 55 die nicht durch Zahlung des Ausgabebetrags in Geld zu erbringen ist, also Sacheinlage ist, sowie die Übernahme von Vermögensgegenständen durch die Gesellschaft ohne Gewährung von Aktien (Sachübernahme), sind jedoch zulässig, wenn die vorgeschriebene **Satzungspublizität** gewahrt wird.[50] Fehlt es daran, sind seit der Neufassung des § 27 Abs. 3 AktG durch das ARUG (vgl.

---

50 Vgl. *Ulmer*, ZHR 154 (1990), 128, 130.

Rn 9) die Verträge über die Sacheinlage oder -übernahme und alle Rechtshandlungen zu ihrer Ausführung nach hM[51] nicht mehr der Gesellschaft gegenüber unwirksam. Vielmehr finden die Regelungen zur verdeckten Sacheinlage entsprechende Anwendung (vgl. Rn 64).

b) Sacheinlage und Sachübernahme

56 Das AktG unterscheidet in § 27 zwei Formen der Sachgründung: Sacheinlage und Sachübernahme. In beiden Fällen muss der einzubringende Gegenstand ein Vermögensgegenstand sein, dessen wirtschaftlicher Wert feststellbar ist; Verpflichtungen zu Dienstleistungen können nicht Sacheinlagen oder Sachübernahmen sein (§ 27 Abs. 2 AktG). Bei **Sacheinlagen** hat der Gründer einen Vermögensgegenstand als Gegenleistung für die von ihm übernommenen Aktien als Einlage zu leisten (§ 27 Abs. 1 S. 1 Alt. 1 AktG). Im Falle der **Sachübernahme** erhält der Einbringende von der Gesellschaft eine andere Gegenleistung als Aktien. Der Einbringende muss daher nicht notwendig zu den Gründern gehören, sondern kann auch ein Dritter sein.[52] Beide Formen der Sachgründung können in der Person eines Gründers miteinander kombiniert werden („**gemischte Sacheinlage**"). Die gemischte Sacheinlage unterliegt in vollem Umfang den für Sacheinlagen geltenden Regeln.[53]

c) Festsetzungen in der Satzung

57 Über den Mindestinhalt der Satzung bei der Bargründung hinaus verlangt § 27 Abs. 1 AktG für den Fall der Sachgründung in der Gründungssatzung die nachfolgenden Angaben:
– Gegenstand der Sacheinlage oder Sachübernahme
– Person, von der die Gesellschaft den Gegenstand erwirbt
– den Nennbetrag oder – im Falle von Stückaktien – die Zahl der bei der Sacheinlage zu gewährenden Aktien oder die bei der Sachübernahme zu gewährende Vergütung.

58 Die Aufnahme dieser Festsetzungen in den sonstigen Inhalt der Gründungsurkunde reicht nicht aus. Sie müssen vielmehr in der von den Gründern festgestellten Satzung enthalten sein, um so die Fortdauer der satzungsmäßigen Publizität dieser Festsetzungen bei späteren Satzungsänderungen durch die dazu zu erteilenden notariellen Bescheinigungen nach § 181 Abs. 1 S. 2 AktG zu gewährleisten. Die Festsetzungen können erst fünf Jahre nach Eintragung der Gesellschaft ins Handelsregister geändert und erst nach 30 Jahren durch Satzungsänderung beseitigt werden (§ 27 Abs. 5 i.V.m. § 26 Abs. 4 und 5 AktG).

d) Einbringungsvertrag

59 Regelmäßig wird die Verpflichtung zur Einbringung der Sacheinlage zusätzlich in einem gesonderten **Einbringungsvertrag** begründet. Dieser hat jedoch nur Bestand, wenn auch die Satzung die nach § 27 Abs. 1 AktG erforderlichen Festsetzungen enthält (§ 27 Abs. 3 S. 1 AktG). Der Einbringungsvertrag ist notariell zu beurkunden, wenn sich dies aus den allgemeinen Vorschriften ergibt, also bei Grundstücken aus § 311b BGB oder bei GmbH-Anteilen aus § 15 GmbHG.[54] Im Einbringungsvertrag wird die Einbringung meist detaillierter geregelt als in den Festsetzungen der Satzung. Er kann insbesondere die Modalitäten der Einbringung wie Fälligkeit der Einbrin-

---
51 Vgl. *Hüffer*, § 27 Rn 12a mit umfassenden Nachw.
52 Vgl. MüKo-AktG/*Pentz*, § 27 Rn 61; Großkommentar AktG/*Röhricht*, § 27 Rn 116; *Hüffer*, § 27 Rn 5a; *Ihrig*, Die endgültige freie Verfügung über die Einlage von Kapitalgesellschaften, S. 99 Fn 129.
53 Vgl. umfassend Großkommentar AktG/*Röhricht*, § 27 Rn 106 ff.; *Hüffer*, § 27 Rn 8.
54 Vgl. MünchGesR/*Hoffmann-Becking*, Bd. 4, § 4 Rn 9.

gungspflicht, den wirtschaftlichen Stichtag zur Abgrenzung der Erträge und Verluste aus dem Einbringungsgegenstand sowie die Haftung für Sach- und Rechtsmängel festlegen.[55] Neben dem **Verpflichtungsgeschäft** kann er auch das **Erfüllungsgeschäft** enthalten oder sich auch auf letzteres beschränken.

e) Bestellung des ersten Aufsichtsrats

Grundsätzlich gilt auch bei der Sachgründung für die Bestellung des ersten Aufsichtsrats das Privileg des § 30 AktG. Danach finden auf die Zusammensetzung und Bestellung des ersten Aufsichtsrats die Vorschriften über die Bestellung von Aufsichtsratsmitgliedern der Arbeitnehmer keine Anwendung. Ist jedoch Gegenstand der Sacheinlage oder Sachübernahme ein Unternehmen oder Unternehmensteil, so bestimmt § 31 AktG ein besonderes Verfahren, das einerseits sicherstellt, dass von Anfang an ein entscheidungsfähiger Aufsichtsrat besteht, und andererseits eine möglichst frühzeitige Mitwirkung der Arbeitnehmervertreter ermöglichen soll.

60

f) Gründungsbericht und Gründungsprüfung

Im Falle der Sachgründung müssen die **Gründer** in ihrem Bericht nach § 32 Abs. 2 AktG zusätzlich die wesentlichen Umstände darlegen, von denen die Angemessenheit der Gegenleistung für die Sacheinlage oder -übernahme abhängt. Die Prüfung der Gründung durch die **Mitglieder des Vorstands und des Aufsichtsrats** sowie die Prüfung durch die **Gründungsprüfer** haben sich bei der Sachgründung auch darauf zu erstrecken, ob die Festsetzungen in der Satzung über die Sacheinlagen oder Sachübernahmen richtig und vollständig sind und ob der Wert der Sacheinlage den Nennbetrag der Aktien bzw. – bei Stückaktien – den auf die einzelnen Stücke entfallenden anteiligen Betrag des Grundkapitals der dafür zu gewährenden Aktien oder den Wert der dafür zu gewährenden Vergütung erreicht (§ 34 Abs. 1 AktG). Die Prüfung durch einen Gründungsprüfer ist bei der Sachgründung stets obligatorisch (§ 33 Abs. 2 Nr. 4 AktG).

61

g) Leistung der Sacheinlage

Sacheinlagen sind gem. § 36a Abs. 2 S. 1 AktG vor der Anmeldung vollständig zu leisten. Besteht die Sacheinlage in der Verpflichtung, einen **Vermögensgegenstand** auf die Gesellschaft zu übertragen, so muss diese Leistung innerhalb von fünf Jahren nach der Eintragung der Gesellschaft ins Handelsregister zu bewirken sein (§ 36a Abs. 2 S. 2 AktG). Ist Gegenstand der Einlage eine Forderung des Einlegers gegen einen Dritten auf Leistung eines Vermögensgegenstandes, so ist diese **Forderung** demnach als Einlagegegenstand geeignet, wenn der Dritte den Vermögensgegenstand innerhalb von fünf Jahren nach der Eintragung der Gesellschaft übertragen muss.

62

Umstritten ist, ob auch ein obligatorischer Anspruch gegen den Einleger genügt, demzufolge die dingliche Leistung eines Vermögensgegenstandes binnen einer Frist von fünf Jahren nach Eintragung erfolgen muss.[56] Aufgrund der uneinheitlichen registergerichtlichen Praxis ist es empfehlenswert, dass die Einleger die Vermögensgegenstände bereits vor der Anmeldung übertragen. Andernfalls sollte das Vorgehen mit dem Registergericht abgesprochen werden.

63

---

[55] Vgl. MünchGesR/*Hoffmann-Becking*, Bd. 4, § 4 Rn 6.
[56] Dafür *Hüffer*, NJW 1979, 1065, 1067; *Hoffmann-Becking*, ZIP 1995, 1 ff.; Großkommentar AktG/*Röhricht*, § 36a Rn 6 ff.; Geßler/Hefermehl/*Eckardt*, § 36a Rn 11; *Krebs/Wagner*, AG 1998, 467 ff.; a.A. *Lutter*, AG 1994, 429, 432 f.; *Kraft*, GS D. Schultz, S. 193, 199 ff.; *Mayer*, ZHR 154 (1990), 535, 541 ff.; *Ihrig*, Die endgültige freie Verfügung über die Einlage von Kapitalgesellschaftern, S. 31 f.

2. Verdeckte Sacheinlage

64 Zu warnen ist vor allen Gestaltungen, bei denen aufgrund des Errichtungsgeschäfts oder eines Kapitalerhöhungsbeschlusses Bareinlagen zu leisten sind, die Gesellschafter in Wahrheit aber Sachleistungen erbringen wollen und deshalb im zeitlichen und sachlichen Zusammenhang mit der Geldleistung ein **gegenläufiges Sacherwerbsgeschäft** abgewickelt wird mit der Folge, dass die Geldeinlage wieder an den Inferenten zurückfließt. Dabei kann es nach der Rechtsprechung[57] „keinen Unterschied machen, ob das für die einzubringenden Gegenstände vereinbarte Entgelt ... mit dem für die Aktien einzuzahlenden Betrag verrechnet wird, ob die Gesellschaft eine schon erbrachte Bareinlage alsbald wieder zur Vergütung einer Sachleistung zurückzahlt oder ob sie die übernommenen Sachgüter zunächst bezahlt und der Veräußerer alsdann seine Bareinlageschuld begleicht". Die Rechtsfolge einer solchen „verdeckten" Sacheinlage besteht insbesondere in der **fortbestehenden Geldleistungsverpflichtung** nach § 27 Abs. 3 S. 3 AktG.[58] Wie bereits für die GmbH anerkannt,[59] sieht der durch das ARUG (vgl. Rn 9) neugefasste § 27 Abs. 3 AktG nun auch für die AG ausdrücklich vor, dass Verträge über die Sacheinlage und Rechtshandlungen zu ihrer Ausführung nicht unwirksam sind. Zudem wird auf die fortbestehende Geldleistungsverpflichtung des Aktionärs der Wert der Sachleistung angerechnet. Ebenfalls durch das ARUG ins Gesetz genommen wurde die Fallgruppe des so genannten Hin- und Herzahlens, bei welcher die Einlageleistung zeitnah dem Inferenten aufgrund einer vorangegangenen Abrede zurückgewährt wird, ohne dass der Vorgang eine verdeckte Sacheinlage darstellt. Eine befreiende Wirkung von der Einlageverpflichtung hat dieser Vorgang nur, wenn der Gesellschaft ein vollwertiger Rückgewähranspruch, der jederzeit fällig oder durch fristlose Kündigung fällig gestellt werden kann, zusteht (§ 27 Abs. 4 AktG).[60]

II. Typischer Sachverhalt

65 Die Gesellschafter der M GmbH überlegen, ob sie statt der Errichtung einer Holding über der GmbH nicht gleich eine Sachgründung unter Einbringung ihrer Anteile an der GmbH als Sacheinlage durchführen sollten und ggf. anschließend die GmbH auf die neu gegründete AG verschmelzen.

III. Muster

M 89 **1. Muster: Gründungsprotokoll einer Sachgründung**

66 UR-Nr. _____/_____
Verhandelt in _____
am _____
Vor mir, dem unterzeichnenden Notar _____
mit dem Amtssitz in _____
    erschienen heute:

---

[57] BGH ZIP 1982, 689, 692.
[58] Vgl. den Rechtsprechungsüberblick bei *Henze*, Höchstrichterliche Rechtsprechung zum Aktienrecht, S. 58 ff.; außerdem *Bayer*, ZIP 1998, 1985; *Lutter*, FS Stiefel 1987, S. 505 ff.; *Ulmer*, ZHR 154 (1990), 128; zur Anwendbarkeit der Grundsätze im Fall der übertragenden Sanierung: *Falk/Schäfer*, ZIP 2004, 1337, 1345; unter dem Gesichtspunkt der Leistung zur freien Verfügung: *Ihrig*, Die endgültige freie Verfügung über die Einlage von Kapitalgesellschaften, S. 158 ff.; krit. *Meilicke*, Die „verschleierte" Sacheinlage – eine deutsche Fehlentwicklung.
[59] Vgl. BGH NJW 1996, 1473; zu den Einzelheiten *Priester*, ZIP 1996, 1025; *Krieger*, ZGR 1996, 675.
[60] Umfassend hierzu *Hüffer*, § 27 Rn 23 ff. Speziell zum Hin- und Herzahlen *Habersack*, AG 2009, 557.

1. Herr _____, wohnhaft _____, geb. am _____;
2. Frau _____, wohnhaft _____, geb. am _____, handelnd sowohl im eigenen Namen als auch aufgrund der als Anlage 1 zu dieser Urkunde beigefügten notariell beglaubigten Vollmacht im Namen von _____;
_____ (weitere Personen)
– sämtliche dem Notar von Person bekannt –
Die Erschienenen erklärten:

I.
Wir errichten hiermit eine Aktiengesellschaft mit der Firma _____. Sitz der Gesellschaft ist _____. Gründer dieser Aktiengesellschaft sind
a) Herr _____;
b) Frau _____;
_____ (weitere Personen)

II.
Wir stellen die Satzung der Gesellschaft in der aus der Anlage 2 zu diesem Errichtungsprotokoll ersichtlichen Fassung fest.[61]

III.
Das Grundkapital der Gesellschaft in Höhe von 24.000.000 EUR ist eingeteilt in 24.000.000 Inhaberaktien im Nennbetrag von je einem EUR. Die Gründer übernehmen die Aktien gegen die in § _____ der Satzung festgesetzten Einlagen wie folgt:
Jeder der zu I. a) bis x) genannten Gründer übernimmt jeweils Stück 1.000.000 Aktien im Nennbetrag von je einem EUR zum Ausgabebetrag von insgesamt 3.000.000 EUR (drei EUR je Aktie) gegen Sacheinlage durch Einbringung von je einem Geschäftsanteil im Nominalbetrag von 250.000 EUR an der im Handelsregister _____ unter HRB _____ eingetragenen _____ GmbH mit Gewinnbezugsrecht für den Zeitraum ab _____. Die Gründer zu I. a) bis x) übernehmen demgemäß zusammen insgesamt 24.000.000 Aktien im Nennbetrag von je einem EUR zum Ausgabebetrag von zusammen insgesamt 72.000.000 EUR. Damit haben die Gründer alle Aktien im Nennbetrag von insgesamt nominal 24.000.000 EUR übernommen.
Die Gesellschaft ist errichtet.

IV.
Zu Mitgliedern des ersten Aufsichtsrats bestellen wir:
1. Herrn _____, _____ (ausgeübte Tätigkeit), wohnhaft in _____, geb. am _____;
2. Frau _____, _____ (ausgeübte Tätigkeit), wohnhaft in _____, geb. am _____;
3. Herrn _____, _____ (ausgeübte Tätigkeit), wohnhaft in _____, geb. am _____.
Die Bestellung erfolgt für die Zeit bis zur Beendigung der Hauptversammlung, die über die Entlastung des Aufsichtsrats für das am _____ endende Rumpfgeschäftsjahr beschließt.

V.
Zum Abschlussprüfer des ersten, am _____ endenden Rumpfgeschäftsjahrs wird die _____ Wirtschaftsprüfungsgesellschaft mbH, _____ (Ort), bestellt.
Vorgelesen und von den Erschienenen genehmigt und von ihnen und dem Notar eigenhändig wie folgt unterschrieben:

---

61 Vgl. § 9 Abs. 1 S. 2 BeurkG; statt dessen kann der vollständige Wortlaut der Satzung auch unmittelbar angeschlossen werden.

_____ (Unterschriften)
_____ (Notarielle Schlussformel)

M 90 2. Muster: Festsetzungen der Sacheinlage (Auszug aus der Satzung)

67 *§ 22*
Die Gründer
a) Herr _____;
b) Frau _____;
_____ (weitere Personen)
bringen mit Wirkung zum _____ jeweils einen Geschäftsanteil im Nominalbetrag von 250.000 EUR an der im Handelsregister _____ unter HRB _____ eingetragenen _____ GmbH mit Gewinnbezugsrecht für den Zeitraum ab _____ als Sacheinlage in die Gesellschaft ein. Sie erhalten dafür Aktien im Nennbetrag von je 1.000.000 EUR, zusammen insgesamt 24.000.000 EUR.

M 91 3. Muster: Einbringungsvertrag

68 Verhandelt am _____
vor mir, dem unterzeichnenden Notar _____
mit Amtssitz in _____
erschienen heute:
1. Herr _____, geschäftsansässig _____, geb. am _____, handelnd nicht im eigenen Namen, sondern für die _____ Aktiengesellschaft in Gründung als deren allein zur Vertretung befugtes Vorstandsmitglied;
2. Frau _____, wohnhaft _____, geb. am _____, handelnd sowohl im eigenen Namen als auch aufgrund der als Anlage 1 zu dieser Urkunde beigefügten notariell beglaubigten Vollmacht im Namen von _____;
_____ (weitere Personen)
Ich, der Notar, bescheinige aufgrund meiner Einsicht in die Niederschrift über die konstituierende Sitzung des ersten Aufsichtsrats der _____ Aktiengesellschaft in Gründung vom _____ die Vertretungsbefugnis des Erschienenen zu 1 für die von ihm vertretene _____ Aktiengesellschaft in Gründung.
Die Erschienenen sind mir von Person bekannt.
Die Erschienenen erklärten sodann:
Zwischen
a) der _____ Aktiengesellschaft in Gründung (im Folgenden die „Gesellschaft")
b) Herrn _____,
c) Frau _____,
_____ (weitere Personen)
wird folgender Einbringungsvertrag geschlossen:

Vorbemerkungen
Die Gesellschaft ist in notarieller Verhandlung vom _____ durch Feststellung der Satzung und Übernahme aller Aktien durch die Vertragsparteien zu b) bis y) als Gründer errichtet worden.
Die Vertragsparteien zu b) bis y) haben als Gründer der Gesellschaft je 1.000.000 Aktien im Nennbetrag von je einem EUR, zusammen insgesamt 24.000.000 EUR, zum Ausgabebetrag von je drei EUR, zusammen insgesamt 72.000.000 EUR, gegen Sacheinlage durch Einbringung von je einem Geschäftsanteil im Nominalbetrag von 250.000 EUR an der im Handelsregister _____ unter HRB _____ eingetragenen _____ GmbH mit Gewinnbezugsrecht für den Zeitraum ab _____ übernommen.

Zur Ausführung der Einbringungsverpflichtung vereinbaren die Vertragspartner Folgendes:

§ 1
Das Stammkapital der _____ GmbH, eingetragen bei dem Amtsgericht _____ unter HRB _____, beträgt 6 Mio. EUR. An diesem sind die Beteiligten wie folgt beteiligt:
(1) Herr _____ mit einem Geschäftsanteil im Nominalbetrag von 250.000 EUR,
(2) Frau _____ mit einem Geschäftsanteil im Nominalbetrag von 250.000 EUR,
_____ (weitere Personen)
Die Stammeinlagen auf die Geschäftsanteile sind voll eingezahlt. Die _____ GmbH hat keinen Grundbesitz.

§ 2
Die Vertragsparteien zu b) bis y) übertragen hiermit ihre in § 1 beschriebenen Geschäftsanteile an der _____ GmbH jeweils mit Gewinnbezugsrecht vom _____ an auf die Gesellschaft wie folgt:
(1) Herr _____ überträgt seinen Geschäftsanteil im Nominalbetrag von 250.000 EUR,
(2) Frau _____ überträgt ihren Geschäftsanteil im Nominalbetrag von 250.000 EUR,
_____ (weitere Personen)
Die Übertragung erfolgt mit Wirkung zum _____.
Die Gesellschaft nimmt diese Übertragungen hiermit an.

§ 3
(1) Mit der Übertragung der in § 1 beschriebenen Geschäftsanteile wird jeweils die volle, von Rechten Dritter freie Inhaberschaft an den genannten Geschäftsanteilen übertragen.
(2) Die Vertragsparteien zu b) bis y) sichern einzeln und bezogen auf ihren jeweiligen Geschäftsanteil zu, dass _____.

§ 4
Die durch diesen Einbringungsvertrag und seine Durchführung entstehenden Kosten trägt die Gesellschaft.
_____ (Unterschriften)
_____ (Notarielle Schlussformel)

4. Muster: Gründungsbericht gem. § 32 AktG bei Sachgründung

M 92

Als Gründer der _____ Aktiengesellschaft mit Sitz in _____ erstatten wir über den Hergang der Gründung den folgenden Gründungsbericht:
(1) Die Satzung der Gesellschaft wurde am _____ mit Errichtung der Gesellschaft zu notarieller Urkunde (UR-Nr. _____/_____ des Notars _____ in _____) festgestellt. Das Grundkapital der Gesellschaft beträgt 24.000.000 EUR und ist eingeteilt in 24.000.000 Inhaberaktien im Nennbetrag von je einem EUR. Wie aus dem Protokoll über die Errichtung ersichtlich ist, haben die dort genannten Gründer die Aktien wie folgt übernommen:
Jeder der Gründer übernimmt jeweils Stück 1.000.000 Aktien im Nennbetrag von je einem EUR zum Ausgabebetrag von insgesamt 3.000.000 EUR gegen Sacheinlage durch Einbringung von je einem Geschäftsanteil im Nominalbetrag von 250.000 EUR an der im Handelsregister _____ unter HRB _____ eingetragenen _____ GmbH mit Gewinnbezugsrecht für den Zeitraum ab _____. Die Gründer haben demgemäß zusammen insgesamt 24.000.000 Aktien im Nennbetrag von je einem EUR zum Ausgabebetrag von zusammen insgesamt 72.000.000 EUR übernommen. Sie haben damit das gesamte Grundkapital der Gesellschaft übernommen.

(2) Die Gründer haben zur Erfüllung ihrer Verpflichtung, für die von ihnen übernommenen Aktien Sacheinlagen zu erbringen, einen Einbringungsvertrag mit der Gesellschaft geschlossen. Über die Angemessenheit der als Sacheinlagen zu gewährenden Leistungen machen wir folgende Angaben: _____ (*Beschreibung des Sacheinlagegegenstandes und Darstellung der wesentlichen Umstände, von denen die Angemessenheit der als Sacheinlage zu gewährenden Leistung abhängt*)
(3) Zu Mitgliedern des ersten Aufsichtsrats sind bestellt:
1. Herr _____, _____ (ausgeübte Tätigkeit), wohnhaft in _____, geb. am _____;
2. Frau _____, _____ (ausgeübte Tätigkeit), wohnhaft in _____, geb. am _____;
3. Herr _____, _____ (ausgeübte Tätigkeit), wohnhaft in _____, geb. am _____.
Der Aufsichtsrat hat in seiner konstituierenden Sitzung am _____ Herrn _____ zum Vorsitzenden und Frau _____ zur stellvertretenden Vorsitzenden des Aufsichtsrats gewählt.
(4) Mit Beschluss vom _____ hat der Aufsichtsrat Herrn _____, wohnhaft in _____, geb. am _____, und Frau _____ wohnhaft in _____, geb. am _____ zu Mitgliedern des ersten Vorstands der Gesellschaft bestellt.
(5) Bei der Gründung hat kein Mitglied des Aufsichtsrats Aktien übernommen. Es hat sich kein Mitglied des Vorstands oder des Aufsichtsrats einen besonderen Vorteil oder für die Gründung oder ihre Vorbereitung eine Entschädigung oder Belohnung ausbedungen.
(6) Die Gründungskosten in Höhe von bis zu _____ EUR hat die Gesellschaft nach § _____ der Satzung übernommen.
_____ (Unterschriften)

M 93 **5. Muster: Gründungsprüfungsbericht von Vorstand und Aufsichtsrat gem. §§ 33, 34 AktG bei Sachgründung (Auszug)**

70 Wir, die Unterzeichnenden, sind die Mitglieder des ersten Aufsichtsrats und des ersten Vorstands der _____ Aktiengesellschaft mit Sitz in _____. Wir haben den Hergang der Gründung geprüft und erstatten hierüber den folgenden Gründungsprüfungsbericht:
(1) Uns lagen die folgenden Unterlagen vor: _____
(2) (*Bericht über Gründungsvorgang, insbesondere Feststellung, dass die Angaben der Gründer über die Übernahme der Aktien, die Einlagen auf das Grundkapital und die Festsetzungen in der Satzung nach § 27 und ggf. nach § 26 AktG vollständig und richtig sind; Beschreibung der Sacheinlagen und Angabe der Bewertungsmethode, die für die Wertermittlung angewandt wurde*)
(3) Zusammenfassend stellen wir fest:
Die Angaben der Gründer über den Gründungshergang, die Übernahme der Aktien und die Leistung der geschuldeten Einlage auf das Grundkapital sind zutreffend und vollständig. Die Einzahlung auf das Grundkapital ist in voller Höhe erfolgt. Besondere Vorteile für Aktionäre oder Entschädigungen oder Belohnungen für die Gründung oder ihre Vorbereitung sind in der Satzung nicht festgesetzt und nicht gewährt worden. Die Gesellschaft hat die Gründungskosten in Höhe von bis zu _____ EUR gem. § _____ der Satzung übernommen. Einwendungen gegen diesen Kostenansatz sind nicht ersichtlich.
Der Wert der Sacheinlagen erreicht den Ausgabebetrag der dafür zu gewährenden Aktien.
Die Gründung der _____ Aktiengesellschaft entspricht nach den von uns getroffenen Feststellungen den gesetzlichen Vorschriften.
_____, den _____
_____ (Unterschriften)

6. Muster: Bericht des Gründungsprüfers gem. §§ 33, 34 AktG bei Sachgründung (Auszug) **M 94**

71

(1) Prüfungsgegenstand
Wir sind durch Beschluss des Amtsgerichts _____ vom _____ zu Gründungsprüfern für die _____ Aktiengesellschaft, _____ (Ort), bestellt worden, nachdem Herr _____ und Frau _____ vom Aufsichtsrat zu Mitgliedern des ersten Vorstands bestellt worden sind.
Für die Prüfung der Gründung nach § 34 Abs. 1 AktG wurden uns vorgelegt: _____
(2) Prüfungsergebnis
(*Feststellungen zur Ordnungsgemäßheit des Gründungshergangs, insbesondere Angaben über Leistung der Sacheinlagen, sowie zur Ordnungsgemäßheit der Satzung, insbesondere Angaben über die Richtigkeit und Vollständigkeit der Festsetzungen über Sacheinlagen; Feststellungen zu Gegenstand und Bewertung der geleisteten Sacheinlagen sowie zum Gründungsbericht und zum Gründungsprüfungsbericht des Vorstands und des Aufsichtsrats*)
(3) Bestätigung
Nach dem Ergebnis unserer Prüfung gem. §§ 33, 34 AktG bestätigen wir aufgrund der uns vorgelegten Urkunden und Schriften sowie der uns erteilten Aufklärungen und Nachweise, dass die Angaben der Gründer im Gründungsbericht sowie des Vorstands und des Aufsichtsrats im Gründungsprüfungsbericht, insbesondere die Angaben über die Übernahme der Aktien, über die Einlagen auf das Grundkapital und über Festsetzungen nach § 26 AktG und § 27 AktG, richtig und vollständig sind. Der Wert der Sacheinlagen erreicht den Ausgabebetrag der dafür zu gewährenden Aktien.
_____ (Unterschriften)

7. Muster: Anmeldung der Gesellschaft zum Handelsregister **M 95**

72

An das Amtsgericht _____
– Handelsregister –
Betr.: _____ Aktiengesellschaft, _____ (Ort)
Als Gründer, Mitglieder des Vorstands und des Aufsichtsrats melden wir die
_____ Aktiengesellschaft
mit Sitz in _____
zur Eintragung in das Handelsregister an. Die Geschäftsräume der Gesellschaft befinden sich in _____ (Ort), _____ (Straße, Nr.).
(1) Gründer der Gesellschaft sind
    a) Herr _____, wohnhaft in _____, geb. am _____;
    b) Frau _____, wohnhaft in _____, geb. am _____;
_____ (weitere Personen)
(2) Zu Mitgliedern des ersten Aufsichtsrats sind bestellt Herr _____, _____ (ausgeübte Tätigkeit), wohnhaft in _____, geb. am _____, Vorsitzender; Frau _____, _____ (ausgeübte Tätigkeit), wohnhaft in _____, geb. am _____, stellv. Vorsitzende; Herr _____, _____ (ausgeübte Tätigkeit), wohnhaft in _____, geb. am _____.
(3) Mitglieder des Vorstands sind Herr _____, wohnhaft in _____, geb. am _____, und Frau _____, wohnhaft in _____, geb. am _____.
(4) Das Grundkapital der Gesellschaft beträgt 24.000.000 EUR. Es ist eingeteilt in 24.000.000 Inhaber-Aktien im Nennbetrag von je einem EUR.
Die Aktien sind gegen Sacheinlage wie folgt übernommen worden:
Jeder der unter 1 genannten Gründer hat jeweils Stück 1.000.000 Aktien im Nennbetrag von je einem EUR zum Ausgabebetrag von insgesamt 3.000.000 EUR (drei EUR je Aktie) gegen Sacheinlage durch Einbringung von je einem Geschäftsanteil im Nominalbetrag von 250.000 EUR an der im Handelsregister _____ unter HRB _____ eingetragenen _____ GmbH mit Gewinnbezugsrecht für den

Zeitraum ab _____ erhalten. Sie haben damit zusammen insgesamt 24.000.000 Aktien im Gesamtnennbetrag von 24.000.000 EUR zum Ausgabebetrag von insgesamt 72.000.000 EUR übernommen. Einzelheiten ergeben sich aus dem am _____ zur Ausführung der Sacheinlageverpflichtung geschlossenen Einbringungsvertrag, der dieser Anmeldung als Anlage beigefügt ist.

Der Wert der vereinbarten Sacheinlagen entspricht dem Ausgabebetrag der dafür gewährten Aktien. Die zur Einbringung verpflichteten Gründer haben ihre Sacheinlage mit Wirkung zum _____ eingebracht. Die Sacheinlage ist damit vollständig geleistet.

(5) Die Gesellschaft wird durch zwei Mitglieder des Vorstands oder durch ein Mitglied des Vorstands gemeinsam mit einem Prokuristen gesetzlich vertreten. Ist nur ein Vorstandsmitglied bestellt, vertritt es die Gesellschaft allein. Jedes der beiden Vorstandsmitglieder, Herr _____ und Frau _____, vertritt die Gesellschaft gemeinsam mit dem anderen Vorstandsmitglied oder gemeinsam mit einem Prokuristen.

(6) Wir, Herr _____ und Frau _____, die Mitglieder des Vorstands, versichern, dass keine Umstände vorliegen, die unserer Bestellung nach § 76 Abs. 3 S. 3 und 4 AktG entgegenstehen. Wir sind weder wegen einer Straftat nach §§ 283 bis 283d StGB (Bankrott, Verletzung der Buchführungspflicht, Gläubigerbegünstigung) verurteilt worden noch ist uns die Ausübung eines Berufs, Berufszweiges, Gewerbes oder Gewerbezweiges durch gerichtliches Urteil oder vollziehbare Entscheidung einer Verwaltungsbehörde untersagt worden.[62] Durch den beglaubigenden Notar sind wir über die unbeschränkte Auskunftspflicht gegenüber dem Gericht belehrt worden.

(7) Wir fügen der Anmeldung bei:
- Gründungsprotokoll vom _____ (UR-Nr. _____/_____ des Notars _____ in _____) mit der Errichtung der Gesellschaft, der Feststellung der Satzung, der Übernahme der Aktien durch den Gründer und der Bestellung der Mitglieder des ersten Aufsichtsrats und des ersten Abschlussprüfers
- Protokoll der konstituierenden Sitzung des Aufsichtsrats vom _____ mit der Bestellung des ersten Vorstands durch den Aufsichtsrat
- Einbringungsvertrag vom _____ (UR-Nr. _____/_____ des Notars _____ in _____)
- Gründungsbericht der Gründer vom _____
- Gründungsprüfungsbericht der Mitglieder des Vorstands und des Aufsichtsrats vom _____
- Prüfungsbericht des Gründungsprüfers vom _____
- Liste der Aufsichtsratsmitglieder
- Nachweis über die gezahlten Gebühren
- Berechnung der Gründungskosten.

_____, den _____
_____ (Unterschriften)
_____ (Notarieller Beglaubigungsvermerk)

C. Nachgründung

I. Rechtliche Grundlagen

73 Will die Gesellschaft Vermögensgegenstände gegen Leistung einer Vergütung, die den **zehnten Teil** des Grundkapitals übersteigt, in den ersten **zwei Jahren** nach Eintragung in das Handelsregister von Gründern oder von mit mehr als 10% des Grundkapitals an der Gesellschaft beteiligten Aktionären erwerben, so wird der hierauf gerichtete Vertrag nur mit Zustimmung der Hauptversammlung und Eintragung in das Handelsregister wirksam (Nach-

---

[62] Mit dem MoMiG (vgl. Rn 9) soll § 76 Abs. 3 AktG geändert werden, womit sich auch der Inhalt der Versicherung in der Anmeldung ändert.

gründung, § 52 AktG[63]). Ob bei Verwendung einer Vorrats-AG die Verwender als „Gründer" i.S.v. § 52 AktG anzusehen sind, ist streitig.[64] Dafür spricht, dass der BGH bei Verwendung einer Vorratsgesellschaft die Anwendung der Gründungsvorschriften annimmt und insoweit die wirtschaftliche Neugründung der Gründung im rechtstechnischen Sinn gleichstellt (siehe Rn 15). Im Zweifel sollten deshalb im Anschluss an die Verwendung einer Vorrats-AG oder der Verwendung eines alten AG-Mantels (vgl. Rn 14) die Nachgründungsregularien eingehalten werden. Nach ganz herrschender und mittlerweile auch durch die Rechtsprechung[65] bestätigter Auffassung sind die Bestimmungen über die Nachgründung entsprechend anwendbar, wenn der Erwerb der Vermögensgegenstände im Wege der Kapitalerhöhung durch Sacheinlagen gegen Gewährung von Aktien erfolgen soll, sofern bei Nennbetragsaktien der Nennbetrag der zu gewährenden Aktien oder bei Stückaktien der auf diese entfallende anteilige Betrag des Grundkapitals mehr als 10% des bisherigen Grundkapitals beträgt.[66] Zu beachten sind dann neben den Sachkapitalerhöhungsvorschriften auch die Sonderregeln des § 52 AktG.

Das bedeutet:

74

– Der Einbringungsvertrag bedarf als **Nachgründungsvertrag** der Schriftform (§ 52 Abs. 2 S. 1 AktG); weiter gehend kann sich die Notwendigkeit notarieller Beurkundung ergeben, wenn etwa ein Grundstück oder GmbH-Anteile einzubringen sind.
– Der Vertrag wird nur mit **Zustimmung der Hauptversammlung** wirksam, die mit einer Mehrheit von 3/4 des vertretenen Grundkapitals beschließen muss (§ 52 Abs. 1 und 5 AktG). Wird der Nachgründungsvertrag im ersten Jahr nach Eintragung der Gesellschaft in das Handelsregister geschlossen, so müssen außerdem die Anteile der zustimmenden Mehrheit mindestens 1/4 des gesamten Grundkapitals erreichen (§ 52 Abs. 5 S. 2 AktG). Auf die Unterrichtungspflichten nach § 52 Abs. 2 S. 2 bis 5 AktG sei verwiesen.
– Der Aufsichtsrat hat vor der Beschlussfassung einen **Nachgründungsbericht** nach § 52 Abs. 3 i.V.m. § 32 Abs. 2 und 3 AktG zu erstatten, außerdem hat außer im Fall des § 33a AktG eine Nachgründungsprüfung durch einen gerichtlich bestellten Gründungsprüfer nach § 52 Abs. 4 S. 1 AktG zu erfolgen.
– Schließlich wird der Nachgründungsvertrag erst mit Eintragung im Handelsregister wirksam (§ 52 Abs. 1 S. 1 AktG).[67]

II. Typischer Sachverhalt

Die Gesellschafter der M GmbH hatten sich dazu entschieden, statt einer Sachgründung eine Holding im Wege der schlanken Bargründung zu errichten und auf sie sodann ihre Anteile an der GmbH im Wege der Sachkapitalerhöhung zu übertragen. Der anwaltliche Berater hat mittlerweile zu diesem Zweck eine Vorrats-AG gegründet. Die Gesellschafter der M GmbH haben die übrigen Vorbereitungen für die anstehende Umstrukturierung und den Börsengang abgeschlossen, insbesondere das nicht betriebsnotwendige Vermögen der GmbH in eine M Vermögensver-

75

---

63 Das Gesetz zur Namensaktie und zur Erleichterung der Stimmrechtsausübung (NaStraG) vom 18.1.2001 hat den Anwendungsbereich von § 52 AktG wesentlich eingeschränkt in der Weise, dass Verträge der Gesellschaft mit anderen Personen als den dort erwähnten Personenkreisen nicht mehr den Nachgründungsregelungen unterliegen. Vgl. zu diesen Änderungen *Priester*, DB 2001, 467; *Pentz*, NZG 2001, 346; *Dormann/Fromholzer*, AG 2001, 242; *Eisolt*, DStR 2001, 748.
64 Dafür *Priester*, DB 2001, 467, 468; *Eisolt*, DStR 2001, 748, 751; wohl bejahend auch *Hüffer*, § 23 Rn 27a; a.A. *Dormann/Fromholzer*, AG 2001, 242, 243; *Reichert*, ZGR 2001, 554, 477 ff.
65 OLG Oldenburg AG 2002, 620; dazu *Grub/Fabian*, AG 2002, 614.
66 Vgl. Kölner Komm-AktG/*Lutter*, § 193 Rn 3; *Hüffer*, § 52 Rn 11; *Holzapfel/Roschmann*, FS Bezzenberger 2000, S. 163; ausführlich MüKo-AktG/*Pentz*, § 52 Rn 73 ff. m.w.N.; a.A. *Bork/Stangier*, AG 1984, 320, 322 f.
67 Vgl. näher die Kommentare zu § 52 AktG; außerdem *Kubis*, AG 1993, 118.

waltungsgesellschaft bürgerlichen Rechts ausgegliedert. Sie wollen jetzt ihre Anteile an der M GmbH gegen Gewährung von Aktien in die von dem anwaltlichen Berater vorgehaltene Vorrats-AG einbringen. Gleichzeitig soll die Vorrats-AG in „M Holding AG" umfirmiert und der Unternehmensgegenstand geändert werden.

III. Muster

M 96 1. Muster: Nachgründungs- und Einbringungsvertrag

76 Verhandelt am _____
vor mir, dem unterzeichnenden Notar _____
mit Amtssitz in _____
erschienen heute:
1. Herr _____, geschäftsansässig _____, geb. am _____, handelnd nicht im eigenen Namen, sondern für die _____ Vorrats-Aktiengesellschaft als deren allein zur Vertretung befugtes Vorstandsmitglied;
2. Herr _____, wohnhaft _____, geb. am _____, handelnd sowohl im eigenen Namen als auch im Namen der in der Anlage 1 zu dieser Urkunde aufgeführten Gesellschafter der _____ GmbH, _____ (Ort).

Ich, der Notar, bescheinige aufgrund meiner Einsicht in das Handelsregister des Amtsgerichts _____ vom heutigen Tage die Vertretungsbefugnis des Erschienenen zu 1 für die von ihm vertretene _____ Vorrats-Aktiengesellschaft.

Die Erschienenen sind mir von Person bekannt.

Die Erschienenen erklärten sodann:

Die _____ Vorrats-Aktiengesellschaft (die „Gesellschaft"), deren Grundkapital 50.000 EUR beträgt, ist am _____ in das Handelsregister des Amtsgerichts _____ unter HRB _____ eingetragen worden. Alleiniger Aktionär der Gesellschaft ist Herr _____, der das gesamte Grundkapital von 50.000 EUR, eingeteilt in 50.000 Stück Inhaberaktien zum Ausgabebetrag von insgesamt 50.000 EUR, gegen Bareinlagen übernommen hat.

Die Gesellschaft will sämtliche Geschäftsanteile an der im Handelsregister des Amtsgerichts _____ unter HRB _____ eingetragenen _____ GmbH erwerben und zur Erbringung der Gegenleistung für diesen Erwerb ihr Grundkapital von 50.000 EUR um insgesamt 24 Mio. EUR auf 24.050.000 EUR gegen Sacheinlagen erhöhen. Zu diesem Zweck schließen die Gesellschaft und die Gesellschafter der _____ GmbH, _____ (Ort), nämlich
(1) Herr _____;
(2) Frau _____;
_____ (weitere Personen)
– gemeinsam auch die Gesellschafter der _____ GmbH genannt – den folgenden Nachgründungs- und Einbringungsvertrag:

§ 1

Das Stammkapital der _____ GmbH, eingetragen bei dem Amtsgericht _____ unter HRB _____, beträgt 6 Mio. EUR. An diesem sind die Gesellschafter wie folgt beteiligt:
(1) Herr _____ mit einem Geschäftsanteil im Nominalbetrag von 250.000 EUR,
(2) Frau _____ mit einem Geschäftsanteil im Nominalbetrag von 250.000 EUR,
_____ (weitere Personen)
Die Stammeinlagen auf die Geschäftsanteile sind voll eingezahlt. Die _____ GmbH hat keinen Grundbesitz.

§ 2
Die Gesellschafter der _____ GmbH übertragen hiermit ihre in § 1 beschriebenen Geschäftsanteile an der _____ GmbH jeweils mit Gewinnbezugsrecht vom _____ an auf die Gesellschaft wie folgt:
(1) Herr _____ überträgt seinen Geschäftsanteil im Nominalbetrag von 250.000 EUR,
(2) Frau _____ überträgt ihren Geschäftsanteil im Nominalbetrag von 250.000 EUR,
_____ (weitere Personen)
Die Gesellschaft nimmt diese Übertragungen hiermit an.

§ 3
Die Gesellschaft gewährt als Gegenleistung für jeden übernommenen Geschäftsanteil an der _____ GmbH im Nominalbetrag von 250.000 EUR 1.000.000 neue Inhaberaktien im Nennbetrag von je einem EUR mit Gewinnberechtigung ab Beginn des laufenden Geschäftsjahres, die im Wege der Kapitalerhöhung gegen Sacheinlagen geschaffen werden. Der Ausgabebetrag für jede neue Aktie der Gesellschaft beträgt drei EUR. Demgemäß erhalten die Gesellschafter der _____ GmbH für die von ihnen übertragenen Geschäftsanteile an der _____ GmbH im Nominalbetrag von 6 Mio. EUR insgesamt 24 Mio. EUR neue Aktien der Gesellschaft zum Ausgabebetrag von insgesamt 72 Mio. EUR, nämlich
(1) Herr _____ für seinen Geschäftsanteil über nominal 250.000 EUR 1.000.000 Stück neue Aktien,
(2) Frau _____ für ihren Geschäftsanteil über nominal 250.000 EUR 1.000.000 Stück neue Aktien,
_____ (weitere Personen)

§ 4
(1) Dieser Vertrag wird wirksam, wenn
 a) die Hauptversammlung der Gesellschaft diesem Vertrag zustimmt,
 b) die Hauptversammlung der Gesellschaft beschließt, das Grundkapital der Gesellschaft von 50.000 EUR auf 24.050.000 EUR gegen Sacheinlagen zu erhöhen und das Bezugsrecht des Alleinaktionärs auszuschließen und
 c) dieser Nachgründungs- und Einbringungsvertrag und der Kapitalerhöhungsbeschluss gem. lit. b in das Handelsregister eingetragen sind.
(2) Der Vertrag wird unwirksam, wenn die Durchführung der Erhöhung des Grundkapitals der Gesellschaft nicht bis zum _____ in das Handelsregister eingetragen ist.

§ 5
Die Kosten der Nachgründung und der Kapitalerhöhung werden von den Gesellschaftern der der _____ GmbH übernommen.
_____ (Unterschriften)
_____ (Notarielle Schlussformel)

2. Muster: Nachgründungsbericht des Aufsichtsrats gem. §§ 52 Abs. 3, 32 Abs. 2 und 3 AktG M 97

Als Mitglieder des Aufsichtsrats der _____ Vorrats-Aktiengesellschaft erstatten wir folgenden Nachgründungsbericht gem. § 52 Abs. 3 AktG:
(1) Die am _____ mit einem Grundkapital von 50.000 EUR in das Handelsregister des Amtsgerichts _____ eingetragene AG hat am _____ mit den Gesellschaftern der _____ GmbH, _____ (Ort), einen Nachgründungs- und Einbringungsvertrag geschlossen, mit dem die Gesellschafter der _____ GmbH sich verpflichtet haben, ihre Geschäftsanteile an der _____ GmbH im Nominalbetrag von insgesamt 6 Mio. EUR zu einem festgesetzten Wert von 72 Mio. EUR als Sacheinlage in die AG einzubringen. Das Gewinnbezugsrecht aus den Geschäftsanteilen steht der AG für die Zeit ab _____ zu. Die AG hat sich verpflichtet, den Gesellschaftern der _____ GmbH als Gegenleistung für die Einbringung sämtlicher Geschäftsanteile an der _____ GmbH 24.000.000 Stück neue Inhaberaktien im Nennbetrag zu je

einem EUR mit Gewinnberechtigung ab Beginn des laufenden Geschäftsjahres zum Ausgabebetrag von insgesamt 72 Mio. EUR zu gewähren. Die neuen Aktien sollen im Wege der Kapitalerhöhung gegen Sacheinlagen geschaffen werden und den Gesellschaftern der _____ GmbH wie folgt gewährt werden:
    a) Herrn _____, wohnhaft _____, geb. am _____, 1.000.000 Stück neue Aktien zum Ausgabebetrag von zusammen 3 Mio. EUR gegen Einbringung seiner Beteiligung an der _____ GmbH über nominal 250.000 EUR;
    b) Frau _____, wohnhaft _____, geb. am _____, 1.000.000 Stück neue Aktien zum Ausgabebetrag von zusammen 3 Mio. EUR gegen Einbringung seiner Beteiligung an der _____ GmbH über nominal 250.000 EUR;
_____ (weitere Personen)
Da der auf die zu gewährenden neuen Aktien entfallende anteilige Betrag des Grundkapitals den zehnten Teil des Grundkapitals der AG übersteigt, hat der Aufsichtsrat gem. § 52 Abs. 3 AktG einen Nachgründungsbericht zu erstatten, bevor die Hauptversammlung der AG über die Erteilung ihrer Zustimmung zu dem Nachgründungs- und Einbringungsvertrag Beschluss fasst.
(2) Zur Angemessenheit der Leistung der AG für die in dem Nachgründungs- und Einbringungsvertrag vorgesehenen Sacheinlagen führen wir aus: _____
(3) Im Rahmen der Nachgründung sind für Rechnung eines Mitglieds des Aufsichtsrats oder des Vorstands keine Aktien übernommen worden; es ist keinem Mitglied des Aufsichtsrats oder des Vorstands ein besonderer Vorteil oder eine Entschädigung oder Belohnung für die Einbringung oder Vorbereitung der Einbringung der Sacheinlagen ausbedungen worden. Die Kosten der Nachgründung und der Kapitalerhöhung werden von den Gesellschaftern der _____ GmbH übernommen.
(4) Der Aufsichtsrat schlägt der Hauptversammlung der Gesellschaft vor, dem Nachgründungs- und Einbringungsvertrag zuzustimmen und die zu seiner Wirksamkeit erforderliche Kapitalerhöhung zu beschließen.
_____ (Unterschriften)

3. Muster: Antrag auf Bestellung des Prüfers für die Nachgründung und die Sachkapitalerhöhung

78 Vgl. Rn 50.

4. Muster: Bericht des Prüfers für die Nachgründung und die Sachkapitalerhöhung

79 Vgl. Rn 51 und 71.

M 98 **5. Muster: Einladung zur Hauptversammlung – Tagesordnungspunkte Kapitalerhöhung gegen Sacheinlage, Zustimmung zum Nachgründungsvertrag, Änderungen der Satzung**

80 (6) Beschlussfassung über die Erhöhung des Grundkapitals gegen Sacheinlagen unter Ausschluss des gesetzlichen Bezugsrechts und entsprechende Änderung der Satzung; Zustimmung zum Nachgründungs- und Einbringungsvertrag zwischen der Gesellschaft und den Gesellschaftern der _____ GmbH. Vorstand und Aufsichtsrat schlagen vor, folgenden Beschluss zu fassen:
    a) Das Grundkapital der Gesellschaft wird von 50.000 EUR um 24 Mio. EUR gegen Sacheinlagen erhöht auf 24.050.000 EUR durch Ausgabe von 24.000.000 Stück neuen Inhaberaktien im Nennbetrag von je einem EUR und mit Gewinnberechtigung ab Beginn des laufenden Geschäftsjahres zum Ausgabebetrag von drei EUR je Aktie, also zum Gesamtausgabebetrag von 72 Mio. EUR. Das gesetzliche Bezugsrecht der Aktionäre wird ausgeschlossen.
    Die neuen Aktien werden von den Gesellschaftern der _____ GmbH, eingetragen bei dem Handelsregister des Amtsgerichts _____ unter HRB _____, gezeichnet und übernommen,

die dafür als Sacheinlage ihre jeweilige Beteiligung an der _____ GmbH nach näherer Maßgabe des am _____ abgeschlossenen Nachgründungs- und Einbringungsvertrags wie folgt übertragen:

(1) Herr _____, wohnhaft in _____, geb. am _____, zeichnet und übernimmt 1.000.000 Stück neue Aktien zum Ausgabebetrag von zusammen 3.000.000 EUR gegen Einbringung seines Geschäftsanteils an der _____ GmbH von nominal 250.000 EUR mit Gewinnbezugsrecht ab Beginn des laufenden Geschäftsjahres als Sacheinlage;

(2) Frau _____, wohnhaft in _____, geb. am _____, zeichnet und übernimmt 1.000.000 Stück neue Aktien zum Ausgabebetrag von zusammen 3.000.000 EUR gegen Einbringung ihres Geschäftsanteils an der _____ GmbH von nominal 250.000 EUR mit Gewinnbezugsrecht ab Beginn des laufenden Geschäftsjahres als Sacheinlage;

_____ (weitere Personen)

b) Die Hauptversammlung stimmt dem durch den Vorstand am _____ mit Zustimmung des Aufsichtsrats der Gesellschaft mit den Gesellschaftern der _____ GmbH abgeschlossenen Nachgründungs- und Einbringungsvertrag über die Einbringung aller Geschäftsanteile an der _____ GmbH von nominal insgesamt 6 Mio. EUR in die Gesellschaft zu.

c) Der Vorstand wird beauftragt und ermächtigt, im Rahmen des vorgenannten Beschlusses Einzelheiten zu regeln und den Nachgründungs- und Einbringungsvertrag baldmöglichst durchzuführen.

§ _____ der Satzung wird in Abs. _____ wie folgt geändert:
„Das Grundkapital der Gesellschaft beträgt 24.050.000 EUR. Es ist eingeteilt in 24.050.000 Aktien im Nennbetrag von je einem EUR."

(7) Beschlussfassung über die Änderung des Unternehmensgegenstands und über die Änderung der Firma.

Vorstand und Aufsichtsrat schlagen vor, wie folgt zu beschließen:

a) § 2 der Satzung über den Unternehmensgegenstand wird wie folgt neu gefasst:
„Gegenstand des Unternehmens ist die Beteiligung an Produktions- und Handelsunternehmen für Werkzeugmaschinen aller Art, insbesondere die Beteiligung an der _____ GmbH, _____ (Ort)."

b) § 1 Abs. 1 der Satzung über die Firma der Gesellschaft wird wie folgt neu gefasst:
Die Gesellschaft führt die Firma „_____ Aktiengesellschaft".

---

6. Muster: Anmeldung des Nachgründungs- und Einbringungsvertrages, des Beschlusses über die Kapitalerhöhung, der Durchführung der Kapitalerhöhung und der Satzungsänderung zum Handelsregister M 99

An das Amtsgericht _____
– Handelsregister –
Betr.: HRB _____, _____ Vorrats-Aktiengesellschaft, _____ (Ort)

Als alleiniges Mitglied des Vorstands und als Vorsitzender des Aufsichtsrats der _____ Vorrats-Aktiengesellschaft melden wir zur Eintragung in das Handelsregister an:

1. Der Vorstand der Gesellschaft hat am _____ mit Zustimmung des Aufsichtsrats der Gesellschaft mit den Gesellschaftern der _____ GmbH, eingetragen bei dem Amtsgericht _____ unter HRB _____, einen Nachgründungs- und Einbringungsvertrag über die Einbringung sämtlicher Anteile an der _____ GmbH in die Gesellschaft abgeschlossen. Die Hauptversammlung der Gesellschaft vom _____ hat diesem Nachgründungs- und Einbringungsvertrag zugestimmt.

2. Die Hauptversammlung unserer Gesellschaft vom _____ hat unter Ausschluss des gesetzlichen Bezugsrechts der Aktionäre die Erhöhung des Grundkapitals der Gesellschaft gegen Sachein-

lagen von 50.000 EUR um 24.000.000 EUR auf 24.050.000 EUR beschlossen und die Gesellschafter der _____ GmbH zum Bezug der neuen Aktien zugelassen.
3. Die Kapitalerhöhung ist wie folgt durchgeführt worden:
Die Gesellschafter der _____ GmbH haben die 24.000.000 Stück Inhaberaktien zum Ausgabebetrag von insgesamt 72 Mio. EUR (drei EUR je Aktie) wie folgt gezeichnet und übernommen:
(1) Herr _____, 1.000.000 Stück Aktien mit einem auf diese entfallenden anteiligen Betrag des Grundkapitals von zusammen 1.000.000 EUR, zum Ausgabetrag von zusammen 3.000.000 EUR;
(2) Frau _____;
_____ (weitere Personen).

Die neuen Aktien werden an die Gesellschafter der _____ GmbH gegen Einbringung der in dem Nachgründungs- und Einbringungsvertrag vom _____ bezeichneten Anteile an der _____ GmbH ausgegeben.

Die Hauptversammlung vom _____ hat außerdem § _____ der Satzung über den Unternehmensgegenstand und § _____ der Satzung über die Firma der Gesellschaft geändert. § _____ der Satzung lautet nunmehr: „_____"; § _____ der Satzung lautet nunmehr: „_____".

Wir zeigen an, dass damit die als Vorratsgesellschaft gegründete und bisher nicht werbend tätige Gesellschaft den Geschäftsbetrieb aufgenommen hat.[68]

Wir versichern, dass das bisherige Grundkapital in Höhe von 50.000 EUR voll eingezahlt ist, sich zur endgültigen freien Verfügung des Vorstands auf einem für die Gesellschaft geführten Bankkonto befindet und das Gesellschaftsvermögen nicht mit Verbindlichkeiten vorbelastet ist. Die Kosten der Nachgründung und der Kapitalerhöhung werden von den Gesellschaftern der _____ GmbH übernommen.[69] Wir versichern ferner, dass der Wert der vereinbarten Sacheinlagen dem Ausgabebetrag der dafür gewährten Aktien entspricht. Die Sacheinlagen sind vollständig erbracht worden und stehen endgültig zur freien Verfügung des Vorstands.

Die Geschäftsräume der Gesellschaft befinden sich weiterhin in _____ (Ort), _____ (Straße, Nr.).

Wir fügen dieser Anmeldung bei:
a) notariell beglaubigte Abschrift der Niederschrift über die Hauptversammlung vom _____ nebst Anlagen;
b) notariell beglaubigte Abschrift des Nachgründungs- und Einbringungsvertrags vom _____;
c) Nachgründungsbericht des Aufsichtsrats vom _____ gem. § 52 Abs. 3 AktG mit urkundlichen Unterlagen;
d) Bericht über die Prüfung der Nachgründung vom _____ gem. § 52 Abs. 4 AktG;
e) Bericht über die Prüfung der Sacheinlagen vom _____ gem. § 183 Abs. 3 AktG;
f) Zweitschriften der _____ Zeichnungsscheine vom _____;
g) ein vom Vorstand unterschriebenes Verzeichnis der Zeichner vom _____;
h) vollständiger Wortlaut der geänderten Satzung mit der Bescheinigung des Notars nach § 181 Abs. 1 S. 2 AktG.
h) Bestätigung der _____ Bank AG über die Einzahlung von 50.000 EUR auf das Konto Nr. _____ der Gesellschaft mit der Bescheinigung, dass der eingezahlte Betrag nach wie vor endgültig zur freien Verfügung des Vorstands steht.

_____, den _____
_____ (Unterschriften)
_____ (Notarieller Beglaubigungsvermerk)

---

[68] Siehe zur Problematik der wirtschaftlichen Neugründung bei der Verwendung von Vorratsgesellschaften Rn 16 f.
[69] Es ist fraglich, ob auch der Aufwand für die In-Gang-Setzung der Vorrats-Gesellschaft (dazu oben Rn 14 f.) von der Vorrats-AG getragen werden kann, wenn dies die Satzung vorsieht. Dafür *Schaub*, NJW 2003, 2125, 2130 (zur GmbH); a.A. *Seibt*, NJW-Spezial 2004, 75, 76 (zur GmbH), der empfiehlt, dass auf die Übernahme des Gründungsaufwands durch die AG „sicherheitshalber" verzichtet werden sollte.

D. Kapitalmaßnahmen, Änderungen der Aktienausstattung

I. Rechtliche Grundlagen

1. Arten der Kapitalmaßnahmen

Die AG kann sich Eigenkapital beschaffen durch **Gewinnthesaurierung** (Innenfinanzierung) oder durch **Leistungen der Gesellschafter** in das Eigenkapital. Letztere erfolgen regelmäßig durch Erhöhung des Grundkapitals, für die das Aktiengesetz drei Arten zur Verfügung stellt: 82
- (reguläre) Kapitalerhöhung gegen (Bar- oder Sach-)Einlagen (§§ 182 bis 191 AktG),
- bedingte Kapitalerhöhung (§§ 192 bis 201 AktG) und
- genehmigtes Kapital (§§ 202 bis 206 AktG).

Daneben steht die Kapitalerhöhung aus Gesellschaftsmitteln (§§ 207 bis 220 AktG), bei der der Gesellschaft aber keine neuen Mittel zugeführt werden, sondern Kapitalrücklagen und/oder Gewinnrücklagen in Grundkapital umgewandelt werden. 83

Gegenstück zu diesen Maßnahmen der **Kapitalbeschaffung** sind die Maßnahmen der **Kapitalherabsetzung**, namentlich 84
- die ordentliche Kapitalherabsetzung (§§ 222 bis 228 AktG),
- die vereinfachte Kapitalherabsetzung (§§ 229 bis 236 AktG) und
- die Kapitalherabsetzung durch Einziehung von Aktien (§§ 237 bis 239 AktG).

Die AG kann im Übrigen ohne eine Veränderung der Höhe des Grundkapitals die **Einteilung des Grundkapitals** ändern, indem sie Aktien zusammenlegt oder splittet. Stückaktien können ohne Veränderung des Grundkapitals eingezogen werden, so dass sich der anteilige Betrag der verbleibenden Aktien am Grundkapital erhöht (§ 237 Abs. 3 S. 3 AktG). 85

Keine Kapitalmaßnahmen im eigentlichen Sinne, sondern Änderung der Ausstattung der Aktien sind insbesondere die Umwandlung von Nennbetragsaktien in Stückaktien, von Vorzugsaktien in Stammaktien und von Inhaberaktien in Namensaktien sowie die jeweils umgekehrten Maßnahmen. 86

2. Ablauf der regulären Kapitalerhöhung

Die Kapitalerhöhung vollzieht sich in folgenden Schritten: 87
(1) Beschluss der Hauptversammlung über die Kapitalerhöhung (§ 182 AktG)
(2) Anmeldung des Kapitalerhöhungsbeschlusses zum Handelsregister (§ 184 AktG) – wird im Regelfall mit der Anmeldung der Durchführung der Kapitalerhöhung verbunden
(3) Zeichnung der Aktien (§ 185 AktG)
(4) Leistung der Mindesteinlagen (§ 188 Abs. 2 i.V.m. §§ 36 Abs. 2, 36a, 37 Abs. 1 AktG)
(5) Anmeldung und Eintragung der Durchführung der Kapitalerhöhung im Handelsregister (§ 188 AktG)
(6) Ausgabe der neuen Aktien.

a) Beschlussfassung der Hauptversammlung

Mit dem **Kapitalerhöhungsbeschluss** bekundet die Hauptversammlung nur den Willen zur Kapitalerhöhung. Die Verpflichtung der (zukünftigen) Aktionäre zur Übernahme der jungen Aktien gegen Einlageleistung wird erst mit Annahme der Zeichnung durch die AG begründet (vgl. Rn 105). 88

aa) Satzungsänderung

89 Der Kapitalerhöhungsbeschluss zielt auf eine Satzungsänderung (§ 23 Abs. 3 Nr. 3 und 4 AktG); es ist deshalb zwingend die **Mitwirkung der Hauptversammlung** erforderlich. Der Beschluss bedarf einer Mehrheit von mindestens 3/4 des bei der Beschlussfassung vertretenen Grundkapitals; die Satzung kann bis zur Grenze der einfachen Mehrheit ein niedrigeres Quorum bestimmen, § 182 Abs. 1 S. 2 AktG[70] (für Ausgabe stimmrechtsloser Vorzugsaktien kann die erforderliche Kapitalmehrheit von 75% jedoch nur herauf-, nicht herabgesetzt werden, § 182 Abs. 1 S. 2 AktG). Nach § 182 Abs. 4 S. 1 AktG soll keine Kapitalerhöhung erfolgen, solange noch Einlagen auf das bisherige Kapital ausstehen und erlangt werden können. Ein Verstoß begründet zwar keinen Beschlussmangel, doch muss das Registergericht die Eintragung der Kapitalerhöhung ablehnen.

bb) Bezugsrecht der Aktionäre

90 Jedem Aktionär steht ein **gesetzliches Bezugsrecht** auf einen seiner bisherigen Beteiligungsquote entsprechenden Anteil an den neuen Aktien zu, das ihm die Aufrechterhaltung seiner bisherigen Beteiligungsquote sichert (§ 186 Abs. 1 AktG). Werden Aktien unterschiedlicher Gattung ausgegeben, hat jeder Aktionär ein Bezugsrecht auf Aktien jeder dieser Gattungen.[71] Das Bezugsrecht ist zwingend, es kann durch die Satzung weder eingeschränkt noch ausgeschlossen werden. Nur durch konkreten Beschluss der Hauptversammlung nach Maßgabe von § 186 Abs. 3, 4 AktG kann das Bezugsrecht ausgeschlossen werden.

91 Der **Bezugsrechtsausschluss** kraft Hauptversammlungsbeschlusses bedarf nach § 186 Abs. 3 S. 2 AktG stets einer Kapitalmehrheit von mindestens 3/4 des vertretenen Grundkapitals. Die Absicht des Bezugsrechtsausschlusses ist ausdrücklich und ordnungsgemäß bekannt zu machen (§ 186 Abs. 4 S. 1 AktG). Darüber hinaus hat der Vorstand einen schriftlichen **Bericht** über die Gründe für den Bezugsrechtsausschluss zu erstatten (§ 186 Abs. 4 S. 2 AktG), der in der Hauptversammlung und entsprechend § 175 Abs. 2 AktG von der Einberufung an in den Geschäftsräumen der AG zur Einsichtnahme ausliegen muss und jedem Aktionär auf Verlangen zu übersenden ist oder ab der Einberufung über das Internet zugänglich sein muss.[72] Bei börsennotierten Gesellschaften gilt auch insoweit § 124a AktG mit der Folge, dass die Veröffentlichung auf der Internetseite der Gesellschaft sogar verpflichtend ist und in der Praxis insoweit eine Auslegung in den Geschäftsräumen und die Übersendung an die Aktionäre regelmäßig entfällt. Der Bericht[73] muss die Tatsachen enthalten, die den Bezugsrechtsausschluss materiell rechtfertigen; dazu gehört auch die Darlegung der konkreten Berechnungsgrundlagen und Bewertungskriterien für den für die neuen Aktien vorgesehenen Ausgabebetrag (§ 186 Abs. 4 S. 2 AktG).

92 Der Ausschluss des Bezugsrechts steht nicht im freien Ermessen der mit Mehrheit entscheidenden Hauptversammlung. Die überkommene Rechtsprechung hat an die Zulässigkeit einen strengen Maßstab angelegt und die Zulässigkeit des Bezugsrechtsausschlusses von einer **sachlichen Rechtfertigung** abhängig gemacht: Danach musste er einem im Gesellschaftsinteresse liegenden Zweck dienen und zu dessen Erreichung geeignet und erforderlich sein. Darüber hinaus musste er bei Abwägung des Gesellschaftsinteresses einerseits und der betroffenen Aktionärsinteressen andererseits verhältnismäßig erscheinen.[74] Beispiele waren die Ausgabe von Be-

---

[70] Vgl. *Witt*, AG 2000, 345.
[71] Vgl. zum sog. „gekreuzten Bezugsrechtsausschluss", wenn bereits Aktien unterschiedlicher Gattungen, insbesondere Stämme und Vorzüge, ausgegeben sind: *Scheifele*, BB 1990, 497; *Münch*, DB 1993, 769; *Trölitzsch*, DB 1993, 1457; *Heinsius*, WuB II A, § 186 AktG 4.93; zum Ganzen außerdem MünchGesR/*Krieger*, Bd. 4, § 56 Rn 61ff.
[72] Ganz h.M., vgl. nur *Hüffer*, § 186 Rn 23 m.w.N.
[73] Vgl. zum Inhalt BGHZ 83, 319; *Sethe*, AG 1994, 342.
[74] Vgl. zum Ganzen – im Anschluss an die Grundlagenentscheidung BGHZ 71, 40 – aus dem nicht mehr überschaubaren Schrifttum die Kommentare zu § 186 AktG sowie *Lutter*, ZGR 1979, 401; zur Vereinbarkeit dieser Rechtsprechung mit der zweiten EG-Richtlinie (77/91/EWG) vgl. EuGH AG 1997, 36.

legschaftsaktien; die Vermeidung von unpraktikablen Bezugsverhältnissen; die Verfolgung von Sanierungszwecken; die anders nicht realisierbare, im überragenden Gesellschaftsinteresse liegende Kooperation mit anderen Unternehmen. Von dieser Linie ist der BGH[75] jedenfalls für das genehmigte Kapital inzwischen abgerückt; an dem Gebot der sachlichen Rechtfertigung hält der BGH insoweit nicht mehr fest. Vielmehr soll es ausreichen, wenn die Maßnahme, für die das Bezugsrecht ausgeschlossen werden soll, der Hauptversammlung allgemein und abstrakt bekannt gegeben wird und im „wohlverstandenen Interesse" der Gesellschaft liegt.[76]

Darüber hinaus ist nach § 186 Abs. 3 S. 4 AktG ein Bezugsrechtsausschluss auch dann zulässig, wenn: **93**
- die Kapitalerhöhung gegen Bareinlagen erfolgt,
- der Umfang der Kapitalerhöhung 10% der bei Beschlussfassung aktuellen Grundkapitalziffer nicht übersteigt,
- die Aktien einen Börsenpreis haben, also auf einem regulierten Markt oder im Freiverkehr gehandelt werden und
- der Ausgabebetrag der jungen Aktien den Börsenpreis nicht wesentlich unterschreitet.

Die von beachtlichen Stimmen kritisierte Vorschrift[77] wirft eine Fülle von Zweifelsfragen auf, insoweit ist auf die Rechtsprechung und weiterführende Literatur zu verweisen.[78] **94**

b) Beschlussinhalt
aa) Kapitalerhöhungsbetrag

Der Kapitalerhöhungsbeschluss muss den Betrag bestimmen, um den das Grundkapital erhöht werden soll. Die Angabe eines **Mindest- und Höchstbetrags der Kapitalerhöhung** oder auch nur eines Höchstbetrages ist nach allgemeiner Auffassung zulässig[79] und auch zweckmäßig, wenn nicht die Zeichnung aller Aktien bei Beschlussfassung bereits gesichert ist. Notwendig ist dann die Festsetzung eines Zeitpunktes, bis zu dem innerhalb des von der Hauptversammlung vorgegebenen Erhöhungsspielraums Zeichnungen erfolgen können und die Kapitalerhöhung durchgeführt werden soll, außerdem eine Ermächtigung an den Vorstand, mit oder ohne Zustimmung des Aufsichtsrats die weiteren Einzelheiten der Kapitalerhöhung und die Bedingungen für die Aktienausgabe festzusetzen. **95**

bb) Nennbetrag, Aktienart, Aktiengattung

Regelmäßig muss der **Kapitalerhöhungsbeschluss** außerdem den Nennbetrag der neuen Aktien bei Ausgabe von Nennbetragsaktien oder die Zahl der neuen Aktien bei Ausgabe von Stückaktien festsetzen und bestimmen, ob sie auf den Inhaber oder den Namen lauten. Erfolgt die **96**

---

[75] Vgl. BGH AG 1997, 465 unter ausdrücklicher Aufgabe von BGHZ 83, 319; dazu näher *Bungert*, NJW 1998, 488; *Ihrig*, WiB 1997, 1181; sehr krit. *Lutter*, JZ 1998, 50; ausdrücklich zustimmend demgegenüber *Volhard*, AG 1998, 397. Ausdrücklich für eine Begrenzung dieser Auflockerung auf die Fälle eines genehmigten Kapitals OLG Schleswig-Holstein DB 2004, 1416, 1417 f.
[76] Ausführlich zur Rechtsprechung und zu konträren Standpunkten *Zöllner*, AG 2002, 585 und *Bezzenberger*, ZIP 2002, 1917. Ein weitergehender Vorstandsbericht ist dann auch im Zeitpunkt der Ausnutzung des genehmigten Kapitals nicht erforderlich, BGH ZIP 2005, 2205.
[77] Vgl. *Hoffmann-Becking*, ZIP 1995, 1; *Zöllner*, AG 1994, 336, 340 ff.; *Hüffer*, § 186 Rn 39b.
[78] BayObLG AG 1996, 518; LG München BB 2001, 748 mit Anm. *Bungert*, BB 2001, 742 und *Hirte*, EWiR 2001, 507 sowie *Groß*, DB 1994, 2431; *Kindler*, DZWiR 1997, 28; *Trapp*, AG 1997, 115; *Harrer*, DStR 1997, 255; *Witzorrek*, WuB II A, § 186 AktG 2.97; *Seibert/Kiem/Schüppen*, Handbuch der kleinen AG, 5. Aufl. 2008, Rn 7.115 ff.; *Schwark*, FS Claussen, S. 357. Zur Berechnung der Volumengrenze von 10% des Grundkapitals vgl. *Ihrig/Wagner*, NZG 2002, 657, 659 ff.
[79] Vgl. RGZ 85, 205, 207; RGZ 55, 65, 68; Kölner Komm-AktG/*Lutter*, § 182 Rn 17; OLG Hamburg AG 2000, 326.

Kapitalerhöhung durch Ausgabe neuer Stückaktien, muss sich die Zahl der Aktien in demselben Verhältnis erhöhen wie das Grundkapital (§ 182 Abs. 1 S. 5 AktG). Erforderlich ist ferner die Zuordnung zu einer **Aktiengattung**, sofern mehrere bestehen, oder, wenn eine neue Aktiengattung entstehen soll, deren Ausstattung. Werden **Vorzugsaktien** ausgegeben, ist deshalb der für sie konstitutive nachzuzahlende Vorzug bei der Gewinnverteilung im Kapitalerhöhungsbeschluss festzulegen.

cc) Durchführungsfrist, Gewinnberechtigung

97 Der Kapitalerhöhungsbeschluss kann eine **Frist** zur Durchführung der Kapitalerhöhung setzen („Der Beschluss über die Erhöhung des Grundkapitals wird ungültig, wenn nicht bis zum Ablauf des ... neue Aktien im Nennbetrag von zusammen mindestens 24 Mio. EUR gezeichnet sind."). Wird keine Frist bestimmt, ist die Kapitalerhöhung unverzüglich durchzuführen.

98 Zweckmäßig ist es regelmäßig, den **Beginn der Gewinnberechtigung** abweichend von § 60 Abs. 2 S. 3 AktG festzusetzen und auf den Beginn des laufenden Geschäftsjahres vorzuziehen.[80]

dd) Ausgabebetrag

99 Die neuen Aktien dürfen nicht zu einem unter dem **geringsten Ausgabebetrag** liegenden Betrag ausgegeben werden; das ist bei Nennbetragsaktien der Nennbetrag und bei Stückaktien der auf die Aktie entfallende anteilige Betrag des Grundkapitals (§ 9 Abs. 1 AktG), mindestens aber ein EUR. Ein hiergegen verstoßender Kapitalerhöhungsbeschluss ist nichtig, während die Bestimmung eines unangemessen niedrigen Ausgabebetrags bei Bezugsrechtsausschluss zur Anfechtbarkeit führt (§ 255 Abs. 2 AktG).[81] Sollen die neuen Aktien für einen höheren Betrag als den geringsten Ausgabebetrag ausgegeben werden, ist nach § 182 Abs. 3 AktG im Kapitalerhöhungsbeschluss der Mindestbetrag festzusetzen, unter dem sie nicht ausgegeben werden dürfen.

100 Fehlt die Festsetzung des Ausgabebetrags, ist nach der Rechtsprechung die Verwaltung zur Ausgabe der jungen Aktien zum geringsten Ausgabebetrag verpflichtet.[82] Das überzeugt nur, wenn die Aktionäre ein Bezugsrecht haben. Ist das Bezugsrecht dagegen ausgeschlossen, ist die Verwaltung zur Platzierung zum bestmöglichen Ausgabebetrag verpflichtet.[83]

101 Bei einer Ausgabe der Aktien ohne Ausschluss des Bezugsrechts musste der Vorstand früher den Ausgabebetrag und die Bezugsfrist in den Gesellschaftsblättern bekannt machen. Nach dem durch das Transparenz- und Publizitätsgesetz geänderten § 186 Abs. 2 AktG ist es jetzt ausreichend, dass anstelle des Ausgabebetrags zunächst nur die Grundlagen seiner Festsetzung angegeben werden,[84] während der Ausgabebetrag erst spätestens drei Tage vor Ablauf der Bezugsfrist in den Gesellschaftsblättern (also jedenfalls im Bundesanzeiger) und über ein elektronisches Informationsmedium bekannt zu machen ist. Damit ist auch bei einer Bezugsrechtsemission die Platzierung der neuen Aktien im Wege eines Bookbuilding-Verfahrens möglich.

---

80 Vgl. zur Zulässigkeit *Hüffer*, § 182 Rn 15; zur Notwendigkeit der Zustimmung aller Aktionäre, wenn das Bezugsrecht der Aktionäre ausgeschlossen werden soll und die Satzung keine Ermächtigung nach § 60 Abs. 3 AktG enthält (Bsp. Muster Rn 65, § 4 Abs. 5), Happ/*Happ*, Form. 12.01 Anm. 7.
81 Zum umgekehrten Fall: Unangemessen hoher Ausgabebetrag, der faktisch einem Bezugsrechtsausschluss gleichkommt, vgl. Happ/*Happ* Form 12.01 Anm. 8 lit e; krit. hierzu *Hermanns*, ZIP 2003, 788, 790.
82 Vgl. BGHZ 33, 175, 178; RGZ 143, 20; ebenso Geßler/Hefermehl/*Bungeroth*, § 182 Rn 74.
83 Zutr. *Hüffer*, § 182 Rn 25; so tendenziell wohl auch BGHZ 136, 133 = NJW 1997, 2815: Vorstand habe bei Bemessung des Ausgabebetrags die in § 255 Abs. 2 AktG gezogenen Grenzen zu beachten; *Lutter*, JZ 1998, 50; *Bungert*, NJW 1998, 488; *Volhard*, AG 1998, 397; *Heinsius*, WuB II A, § 186 AktG 3.97.
84 Dazu *Ihrig/Wagner*, BB 2002, 789, 795.

ee) Bar- oder Sacheinlagen

Soll statt der im Regelfall geschuldeten Bareinlage, gerichtet auf Zahlung des Ausgabebetrags in Geld, eine **Sacheinlage** erfolgen, muss der Kapitalerhöhungsbeschluss deren Gegenstand, die Person des Einlegers (Name und Anschrift) und den Nennbetrag der im Gegenzug zu gewährenden Aktien festsetzen, bei Stückaktien deren Zahl (§ 183 Abs. 1 AktG). Fehlen diese Angaben oder sind sie unzutreffend, hat das Registergericht die Eintragung des Kapitalerhöhungsbeschlusses und die Eintragung der Durchführung der Kapitalerhöhung abzulehnen. Erfolgt die **Eintragung** der Kapitalerhöhung, ist diese aber wirksam. Der Zeichner der Aktien haftet in diesem Fall auf Geld. Verträge über Sacheinlagen und Rechtshandlungen zu ihrer Ausführung sind seit der Neufassung des § 27 Abs. 3 AktG durch das ARUG (vgl. Rn 9), auf den § 183 Abs. 2 AktG verweist, nicht mehr gegenüber der AG unwirksam. Vielmehr finden die Regelungen zur verdeckten Sacheinlage entsprechende Anwendung (vgl. Rn 64). 102

Sacheinlagen können nur verkehrsfähige Vermögensgegenstände mit einem feststellbaren wirtschaftlichen Wert sein (§ 27 Abs. 2 AktG); sie müssen, um der Geldeinlage äquivalent zu sein, auf die AG übertragbar sein und dort zu einer Mehrung des dem Gläubigerzugriff zugänglichen, verwertbaren Gesellschaftsvermögens führen.[85] 103

Werden Sacheinlagen geleistet, hat grundsätzlich eine **Prüfung** stattzufinden (§ 183 Abs. 3 AktG), die zu dem vorgeschlagenen Ausgabebetrag, zur Bewertung der Sacheinlage und zu den Methoden der Wertermittlung Stellung nimmt.[86] Ausnahmsweise kann dagegen bei einer so genannten vereinfachten Sachkapitalerhöhung nach § 183a AktG unter den besonderen Voraussetzungen des § 33a AktG von einer Prüfung abgesehen werden. Unterschreitet der Wert der Sacheinlage den Ausgabebetrag der dafür gewährten Aktien, haftet der Inferent verschuldensunabhängig auf Ausgleich der Differenz in Geld.[87] 104

c) Zeichnung der neuen Aktien

Die Übernahme der neuen Aktien erfolgt durch die Zeichnung, die der **Schriftform** bedarf. Der Zeichnungsschein ist doppelt auszustellen und hat die in § 185 Abs. 1 S. 1 und 3 AktG genannten Angaben zu enthalten. Mit Annahme der Zeichnung durch die AG kommt der Zeichnungsvertrag und damit die Verpflichtung des Zeichners zur Einlageleistung zustande. Er steht unter der Rechtsbedingung der Durchführung der Kapitalerhöhung. 105

d) Mindesteinlageleistung

Nach Zeichnung sind die Mindesteinlagen auf die neuen Aktien nach Maßgabe der §§ 188 Abs. 2, 36a AktG zu leisten. Bei Bareinlagen ist zumindest 1/4 des geringsten Ausgabebetrags sowie das gesamte Aufgeld entsprechend § 54 Abs. 3 AktG zur **endgültigen freien Verfügung** des Vorstands einzuzahlen. Sacheinlagen sind vollständig zu leisten (siehe aber Rn 62 f.). 106

e) Anmeldung zum Handelsregister

Die Kapitalerhöhung und ihre Durchführung sind zur **Eintragung** in das Handelsregister anzumelden. Regelmäßig werden die beiden Anmeldungen miteinander verbunden (§ 188 Abs. 4 AktG). Die Anmeldung erfolgt durch den Vorstand und den Vorsitzenden des Aufsichtsrats (§ 184 Abs. 1, § 188 Abs. 1 AktG). Mit Eintragung ihrer Durchführung wird die Kapitalerhöhung wirksam. 107

---

85 Vgl. Einzelheiten bei Ulmer/Habersack/Winter/*Ulmer*, GmbHG, 2. Aufl. 2006, § 5 Rn 39 ff.; zur Einlagefähigkeit obligatorischer Nutzungsrechte vgl. *Bork*, ZHR 154 (1990), 205 ff.
86 Vgl. dazu *Angermayer*, WPg 1998, 914.
87 Vgl. *Hüffer*, § 183 Rn 21; eingeh. *Trölitzsch*, Differenzhaftung für Sacheinlagen in Kapitalgesellschaften, 1998.

f) Mitteilungspflichten nach WpHG

108 Ist die Gesellschaft eine Emittentin, für die die Bundesrepublik Deutschland Herkunftsstaat ist (vgl. § 2 Abs. 6 WpHG), so können sich im Zusammenhang mit der Kapitalerhöhung aus den §§ 30b und 30c WpHG Mitteilungspflichten ergeben, die es zu beachten gilt.

3. Bedingte Kapitalerhöhung

109 Die Hauptversammlung kann gem. § 192 AktG eine Kapitalerhöhung beschließen, die nur insoweit durchgeführt werden soll, als von einem **Umtausch- oder Bezugsrecht** Gebrauch gemacht wird, das die Gesellschaft auf die neuen Aktien einräumt. Diese bedarfsabhängige Kapitalbeschaffung darf zu den folgenden Zwecken beschlossen werden:
- zur Gewährung von Umtausch- oder Bezugsrechten an Gläubiger von Wandelschuldverschreibungen
- zur Vorbereitung des Zusammenschlusses mehrerer Unternehmen
- zur Gewährung von Bezugsrechten an Arbeitnehmer und Mitglieder der Geschäftsführung der Gesellschaft oder eines verbundenen Unternehmens im Wege des Zustimmungs- und Ermächtigungsbeschlusses (dazu unten Rn 326 ff.).

110 Der Nennbetrag des bedingten Kapitals darf die Hälfte (im Falle eines bedingten Kapitals zum Zwecke der Gewährung von Bezugsrechten an Arbeitnehmer und Mitglieder der Geschäftsführung der Gesellschaft oder eines verbundenen Unternehmens 10%) des Grundkapitals, das zur Zeit der Beschlussfassung der Hauptversammlung über das bedingte Kapital vorhanden ist, nicht übersteigen (§ 192 Abs. 3 S. 1 AktG).[88] Der Hauptversammlungsbeschluss bedarf einer Mehrheit von 3/4 des bei der Beschlussfassung vertretenen Grundkapitals. Die Satzung kann eine größere Kapitalmehrheit und weitere Erfordernisse bestimmen (§ 193 Abs. 2 AktG). Der Beschluss über die bedingte Kapitalerhöhung ist beim Handelsregister zur Eintragung anzumelden.

111 Üblicherweise wird das Bestehen des bedingten Kapitals in den Text der Satzung aufgenommen.[89] In diesem Fall ist auch die Änderung der Satzung zur Eintragung anzumelden; außerdem ist gem. § 181 Abs. 1 S. 2 AktG der Anmeldung die vollständige geänderte Satzung beizufügen.

112 Mit Ausgabe der Bezugsaktien ist das Grundkapital erhöht, ohne dass hierfür eine Eintragung der Kapitalerhöhung in das Handelsregister Voraussetzung ist (§ 200 AktG). Der Vorstand hat jedoch innerhalb eines Monats nach Ablauf des Geschäftsjahres zur Eintragung in das Handelsregister anzumelden, in welchem Umfang im abgelaufenen Geschäftsjahr Bezugsaktien ausgegeben worden sind (§ 201 Abs. 1 AktG). (Zur Formulierung des Kapitalerhöhungsbeschlusses vgl. das Muster Rn 342).

113 Ist die Gesellschaft eine Emittentin, für die die Bundesrepublik Deutschland Herkunftsstaat ist (vgl. § 2 Abs. 6 WpHG), so können sich im Zusammenhang mit der bedingten Kapitalerhöhung aus den §§ 30b und 30c WpHG Mitteilungspflichten ergeben, die es zu beachten gilt.

4. Genehmigtes Kapital

114 Das genehmigte Kapital ist die in die Satzung aufzunehmende Ermächtigung des Vorstands, das Grundkapital durch Ausgabe neuer Aktien gegen Einlage zu erhöhen, ohne dass es einer weiteren Mitwirkung der Hauptversammlung bedarf. Das genehmigte Kapital kann bereits in der

---

[88] Zur Berechnung der Volumengrenzen vgl. *Ihrig/Wagner*, NZG 2002, 657, 658 und 662 ff.
[89] MünchGesR/*Krieger*, Bd. 4, § 57 Rn 33; *Hüffer*, § 192 Rn 5.

Gründungssatzung enthalten sein (§ 202 Abs. 1 AktG) oder durch Satzungsänderung aufgrund eines Beschlusses der Hauptversammlung geschaffen werden (§ 202 Abs. 2 AktG). Es gibt dem Vorstand die Möglichkeit, zum bestmöglichen Zeitpunkt schnell und **flexibel** das Grundkapital zu erhöhen. Insbesondere eignet sich das genehmigte Kapital, um sich kurzfristig bietende Chancen zum Erwerb von Unternehmen oder Unternehmensbeteiligungen gegen Gewährung neuer Aktien der Gesellschaft wahrzunehmen. Der Nennbetrag des genehmigten Kapitals darf die Hälfte des Grundkapitals, das zur Zeit der Ermächtigung vorhanden ist, nicht übersteigen (§ 202 Abs. 3 S. 1 AktG). Der Beschluss, durch den ein genehmigtes Kapital im Wege der Satzungsänderung geschaffen wird, bedarf einer Mehrheit von 3/4 des bei der Beschlussfassung vertretenen Grundkapitals; die Satzung kann eine größere Kaptialmehrheit und weitere Erfordernisse bestimmen (§ 202 Abs. 2 S. 2 und 3 AktG).

Ist die Gesellschaft eine Emittentin, für die die Bundesrepublik Deutschland Herkunftsstaat ist (vgl. § 2 Abs. 6 WpHG), so können sich im Zusammenhang mit dem genehmigten Kapital aus den §§ 30b und 30c WpHG Mitteilungspflichten ergeben, die es zu beachten gilt. 115

5. Kapitalerhöhung aus Gesellschaftsmitteln

Die Hauptversammlung kann eine Erhöhung des Grundkapitals durch Umwandlung der Kapitalrücklage oder von Gewinnrücklagen in Grundkapital beschließen (§ 207 Abs. 1 AktG). Die Kapitalerhöhung und ihre Durchführung sind zur **Eintragung** in das Handelsregister anzumelden. Regelmäßig werden die beiden Anmeldungen miteinander verbunden (§ 188 Abs. 4 AktG). Die Anmeldung erfolgt durch den Vorstand und den Vorsitzenden des Aufsichtsrats (§ 184 Abs. 1, § 188 Abs. 1 AktG). Mit Eintragung ihrer Durchführung wird die Kapitalerhöhung wirksam. 116

Ist die Gesellschaft eine Emittentin, für die die Bundesrepublik Deutschland Herkunftsstaat ist (vgl. § 2 Abs. 6 WpHG), so können sich im Zusammenhang mit der Kapitalerhöhung aus Gesellschaftsmitteln aus den §§ 30b und 30c WpHG Mitteilungspflichten ergeben, die es zu beachten gilt. 117

6. Umstellung auf Euro

Im Euro-Einführungsgesetz (EuroEG)[90] hat der Gesetzgeber die Auswirkungen der Euro-Umstellung auf Grundkapital und Kapitalmaßnahmen in der AG geregelt. Danach sind Neugründungen ab dem 1.1.2002 in Euro vorzunehmen. Zu den Übergangsvorschriften für vor dem 1.1.2002 gegründete Gesellschaften vgl. die Vorauflage, Kap. 6 Rn 146 ff. 118

II. Checklisten

1. Checkliste: Inhalt des Berichts des Vorstands an die Hauptversammlung bei Kapitalerhöhung mit Bezugsrechtsausschluss (kein Fall des vereinfachten Bezugsrechtsausschlusses)
– Zweck der Kapitalerhöhung mit Bezugsrechtsausschluss 119
– Warum liegt der Zweck der Kapitalerhöhung mit Bezugsrechtsausschluss im Interesse der Gesellschaft?
– Geeignetheit des Bezugsrechtsausschlusses zur Erreichung dieses Zwecks
– Erforderlichkeit des Bezugsrechtsausschlusses zur Erreichung dieses Zwecks
  – Welche milderen Mittel gibt es?
  – Warum ist die Kapitalerhöhung mit Bezugsrechtsausschluss vorzugswürdig?

---

[90] Vom 9.6.1998, BGBl I, 1242.

- Angemessenheit des Bezugsrechtsausschlusses im Hinblick auf die Interessen der Altaktionäre:
    - Auswirkungen des Bezugsrechtsausschlusses auf die Interessen der Altaktionäre
    - Abwägung der Gesellschaftsinteressen gegen die Aktionärsinteressen
    - Warum überwiegt nach Auffassung der Verwaltung das Interesse der Gesellschaft das Interesse der Altaktionäre?
- Begründung des Ausgabebetrages (§ 186 Abs. 4 S. 2 Hs. 2 AktG):
    - Angaben zu den Bewertungsgrundlagen
    - Angaben zu den Bewertungskriterien.

2. Checkliste: Ausnutzung des genehmigten Kapitals

120
- Ermächtigung in der Satzung oder Ermächtigungsbeschluss der Hauptversammlung
- Beschluss des Vorstands über die Ausübung der Ermächtigung unter Festlegung von:
    - Inhaltliche Ausgestaltung der neuen Aktien
    - Bedingungen der Aktienausgabe
    - Ggf. Bezugsrechtsausschluss
    - Bei Bareinlage: Angaben zum Ausgabebetrag (wenn nicht in der Ermächtigung festgesetzt)
    - Bei Sacheinlage: Gegenstand der Sacheinlage (wenn nicht in der Ermächtigung festgesetzt), § 205 Abs. 2 S. 1 AktG
    - Bei Sacheinlage: Personen, von denen die Gesellschaft den Gegenstand erwirbt (wenn nicht in der Ermächtigung festgesetzt), § 205 Abs. 2 S. 1 AktG
    - Bei Sacheinlage: Nennbetrag, bei Stückaktien die Zahl der bei der Sacheinlage zu gewährenden Aktien (wenn nicht in der Ermächtigung festgesetzt), § 205 Abs. 2 S. 1 AktG
- Zustimmung des Aufsichtsrats, insbesondere zu:
    - Inhaltliche Ausgestaltung der neuen Aktien, § 204 Abs. 1 S. 2 AktG
    - Bedingungen der Aktienausgabe, § 204 Abs. 1 S. 2 AktG
    - Ggf. zum Ausschluss des gesetzlichen Bezugsrechts, § 204 Abs. 1 S. 2 AktG
- Bei Sacheinlagen: Einbringungsverträge mit Angaben zu:
    - Gegenstand der Sacheinlage
    - Person, von der die Gesellschaft die Sacheinlage erwirbt
    - Nennbetrag, bei Stückaktien die Zahl der bei der Sacheinlage zu gewährenden Aktien
- Zeichnung der Aktien, § 203 Abs. 1 S. 1 i.V.m. § 185 AktG
- Leistung der Mindesteinlagen, § 203 Abs. 1 S. 1 i.V.m. § 188 Abs. 2 und §§ 36, 36a, 37 AktG
- Bei Sacheinlagen: Prüfung nach § 205 Abs. 3 AktG
- Anmeldung und Eintragung der Durchführung der Kapitalerhöhung im Handelsregister, der beizufügen sind:
    - Bei Bareinlage: Erklärung, dass Geldbetrag zur freien Verfügung des Vorstands steht, § 203 Abs. 1 S. 1 i.V.m. § 188 Abs. 2 AktG
    - Bei Sacheinlage: Erklärung über Leistungszeitpunkt, ggf. über erfolgte Leistung
    - Zweitschriften der Zeichnungsscheine, § 203 Abs. 1 S. 1 i.V.m. § 188 Abs. 3 Nr. 1 AktG
    - Verzeichnis der Zeichner, § 203 Abs. 1 S. 1 i.V.m. § 188 Abs. 3 Nr. 1 AktG
    - Bei Sacheinlage: Einbringungsverträge, § 203 Abs. 1 S. 1 i.V.m. § 188 Abs. 3 Nr. 2 AktG
    - Berechnung der Kosten, § 203 Abs. 1 S. 1 i.V.m. § 188 Abs. 3 Nr. 3 AktG
    - Zustimmungsbeschluss des Aufsichtsrats (empfehlenswert)
    - Ggf. Wortlaut der neugefassten Satzung mit Bescheinigung des Notars nach § 181 Abs. 1 S. 2 AktG
- Ausgabe der neuen Aktien.

III. Typischer Sachverhalt

Das Grundkapital der AG wurde mittlerweile durch Kapitalerhöhung gegen Sacheinlage auf 24.050.000 EUR erhöht, der Unternehmensgegenstand geändert und die Gesellschaft in „M Holding AG" umfirmiert. Die Satzung wurde auch im Übrigen an die neue Situation angepasst und enthält jetzt die für eine Publikums-AG üblichen Bestimmungen. Der Aufsichtsrat besteht nun entsprechend der geänderten Satzung aus sechs Aufsichtsratsmitgliedern. Der anwaltliche Berater, der die AG zunächst als Vorrats-AG gegründet hatte, hat die von ihm seinerzeit übernommenen 50.000 Aktien an die übrigen Aktionäre übertragen und ist aus seinem Vorstandsamt ausgeschieden. Der Aufsichtsrat hat zwei neue Vorstandsmitglieder bestellt. Diese planen das weitere Vorgehen: Zunächst ist beabsichtigt, im Zuge einer weiteren Kapitalerhöhung 12.000.000 stimmrechtslose Vorzugsaktien im Nennbetrag zu je einem EUR auszugeben, die ein Kreditinstitut mit der Verpflichtung zur öffentlichen Platzierung übernehmen soll. Dem Vorstand soll zudem die Ermächtigung erteilt werden, das Grundkapital um bis zu 12.000.000 EUR durch Ausgabe neuer Aktien gegen Einlage zu erhöhen. Die Aktien sollen – wenn sich die Möglichkeit bietet – zum Zwecke des Erwerbs von Unternehmen oder Unternehmensbeteiligungen gewährt werden; in jedem Fall will man sich aber auch andere Verwendungsmöglichkeiten offenhalten. Mittelfristig ist daran gedacht, die Nennbetragsaktien durch Stückaktien zu ersetzen. Auch wird nicht ausgeschlossen, dass zu einem späteren Zeitpunkt die Vorzugsaktien in Stammaktien umgewandelt werden. Dies kann aber erst dann geschehen, wenn die Gründeraktionäre bereit sind, ihre satzungsändernde Mehrheit aufzugeben. Schließlich denkt man über die Vorteile der Namensaktie nach.

IV. Muster

1. Muster: Einladung zur Hauptversammlung – Tagesordnungspunkte reguläre Kapitalerhöhung, Schaffung eines genehmigten Kapitals   **M 100**

(6) Beschlussfassung über die Erhöhung des Grundkapitals gegen Bareinlagen unter Ausschluss des gesetzlichen Bezugsrechts der Aktionäre.
Vorstand und Aufsichtsrat schlagen vor, wie folgt Beschluss zu fassen:
   a) Das Grundkapital der Gesellschaft wird von 24.050.000 EUR erhöht um 12 Mio. EUR auf 36.050.000 EUR gegen Bareinlagen durch Ausgabe von 12.000.000 Stück neuen, auf den Inhaber lautenden Vorzugsaktien ohne Stimmrecht im Nennbetrag von je einem EUR und mit Gewinnberechtigung ab dem _____. Die Ausgabe erfolgt gegen Bareinzahlung zum Ausgabebetrag von 3 EUR je Aktie. Die Vorzugsaktien sind gem. § _____ Abs. 4 der Satzung in seiner Neufassung nach Maßgabe von Buchstabe b) mit einem Gewinnvorzug ausgestattet, der aus einer Mehrdividende von 0,02 EUR gegenüber den Stammaktien und einer nachzahlbaren Mindestdividende von 0,10 EUR besteht.
Das gesetzliche Bezugsrecht der Aktionäre wird ausgeschlossen. Die neuen Aktien werden von den Mitgliedern eines unter Federführung der _____ Bank AG, _____ (Ort), stehenden Konsortiums von Kreditinstituten, bestehend aus _____ Bank AG, _____ und _____, gezeichnet mit der Verpflichtung, sie zu einem noch festzulegenden Platzierungspreis im Wege eines öffentlichen Angebots breitgestreut zu platzieren und die Differenz zwischen dem Ausgabepreis und dem Platzierungspreis an die Gesellschaft abzuführen.
   b) § _____ der Satzung wird wie folgt neu gefasst:
„(1) Das Grundkapital der Gesellschaft beträgt 36.050.000 EUR (in Worten: sechsunddreißig Millionen fünfzigtausend EUR)
(2) Das Grundkapital ist eingeteilt in
     – 24.050.000 Stück Stammaktien zum Nennbetrag von je einem EUR

– 12.000.000 Stück Vorzugsaktien ohne Stimmrecht zum Nennbetrag von je einem EUR.
(3) Die Stammaktien und die Vorzugsaktien lauten auf den Inhaber.
(4) Die Vorzugsaktien erhalten aus dem jährlichen Bilanzgewinn eine um 0,02 EUR höhere Dividende als die Stammaktien, mindestens jedoch eine Dividende in Höhe von 0,10 EUR. Reicht der Bilanzgewinn eines oder mehrerer Geschäftsjahre nicht zur Zahlung des Vorzugsbetrages auf die Vorzugsaktien aus, so werden die fehlenden Beträge ohne Zinsen aus dem Bilanzgewinn der folgenden Geschäftsjahre neben dem vollen Vorzug des betreffenden Jahres und vor der Verteilung einer Dividende auf die Stammaktien nachgezahlt, bis alle Rückstände nachgezahlt sind.
(5) Bei Kapitalerhöhungen kann der Beginn der Gewinnbeteiligung der neuen Aktien abweichend von § 60 Abs. 2 S. 3 AktG bestimmt werden.
(6) Bei Kapitalerhöhungen ist es zulässig, neue Stammaktien und neue Vorzugsaktien ohne Stimmrecht im bisherigen Verhältnis dieser beiden Aktiengattungen auszugeben und den bisherigen Stammaktionären ausschließlich ein Bezugsrecht auf neue Stammaktien, den bisherigen Vorzugsaktionären ausschließlich ein Bezugsrecht auf neue Vorzugsaktien ohne Stimmrecht zu gewähren. Andere und weiter gehende Ausschlüsse oder Einschränkungen des Bezugsrechts der Aktionäre bleiben, soweit rechtlich zulässig, unberührt."

c) § _____ der Satzung (Beschlussfassung in der Hauptversammlung) wird um folgenden Abs. _____ ergänzt:
„Die Vorzugsaktien gewähren kein Stimmrecht. Soweit jedoch den Vorzugsaktionären nach dem Gesetz ein Stimmrecht zwingend zusteht, gewährt jede Vorzugsaktie eine Stimme."

(7) Beschlussfassung über die Schaffung eines genehmigten Kapitals.
Der Vorstand soll durch die Schaffung eines genehmigten Kapitals zur Erhöhung des Grundkapitals durch Ausgabe neuer Aktien ermächtigt werden.
Vorstand und Aufsichtsrat schlagen demgemäß vor, wie folgt Beschluss zu fassen:

a) Der Vorstand wird ermächtigt, mit Zustimmung des Aufsichtsrats bis zum _____ das Grundkapital durch Ausgabe neuer Inhaber-Stammaktien und/oder stimmrechtsloser Inhaber-Vorzugsaktien gegen Bar- und/oder Sacheinlagen einmalig oder mehrmalig, insgesamt jedoch höchstens um bis zu 12 Mio. EUR zu erhöhen. Die neuen Vorzugsaktien dürfen den bereits ausgegebenen Vorzugsaktien gleichstehen, jedoch keine weiter gehenden Rechte gewähren als die bereits ausgegebenen Vorzugsaktien. Erfolgt die Erhöhung durch Ausgabe von Stammaktien, darf der Vorstand mit Zustimmung des Aufsichtsrats das gesetzliche Bezugsrecht der Vorzugsaktionäre ausschließen, sofern gleichzeitig in einem dem bisherigen Verhältnis der beiden Aktiengattungen entsprechenden Umfang unter Ausschluss des gesetzlichen Bezugsrechts der Stammaktionäre auch Vorzugsaktien ausgegeben werden. Erfolgt die Erhöhung durch Ausgabe von Vorzugsaktien, darf der Vorstand mit Zustimmung des Aufsichtsrats das gesetzliche Bezugsrecht der Stammaktionäre ausschließen, sofern gleichzeitig in einem dem bisherigen Verhältnis dieser Aktiengattungen entsprechenden Umfang unter Ausschluss des gesetzlichen Bezugsrechts der Vorzugsaktionäre auch Stammaktien ausgegeben werden.
Darüber hinaus darf der Vorstand mit Zustimmung des Aufsichtsrats das gesetzliche Bezugsrecht der Aktionäre ausschließen
– für Spitzenbeträge,
– um, soweit erforderlich, Inhabern von zwischenzeitlich etwa begebenen Wandelschuldverschreibungen oder von Optionsscheinen zu zwischenzeitlich etwa begebenen Optionsschuldverschreibungen und/oder Optionsgenussscheinen ein Bezugsrecht auf neue Aktien in dem Umfang zu gewähren, wie es ihnen nach Ausübung des Wandlungs- oder Optionsrechts als Aktionär zustehen würde,
– um Aktien in angemessenem Umfang an Arbeitnehmer der Gesellschaft und der mit dieser verbundenen Gesellschaften auszugeben,

- zur Ausgabe neuer Aktien gegen Bareinlagen bis zu einem auf diese entfallenden anteiligen Betrag des Grundkapitals von insgesamt 3.600.000 EUR, wenn der Ausgabebetrag der neuen Aktien den Börsenpreis der Aktien der Gesellschaft zum Zeitpunkt der Festlegung des Ausgabebetrags durch den Vorstand i.S.v. § 186 Abs. 3 S. 4 AktG nicht wesentlich unterschreitet und der auf die neuen Aktien entfallende anteilige Betrag des Grundkapitals insgesamt 10 von 100 des zu diesem Zeitpunkt bestehenden Grundkapitals nicht übersteigt,
- bei Kapitalerhöhungen gegen Sacheinlagen zur Gewährung von Aktien zum Zweck des Erwerbs von Unternehmen oder Beteiligungen an Unternehmen.

Der Vorstand wird ermächtigt, mit Zustimmung des Aufsichtsrats die weiteren Einzelheiten der Durchführung von Kapitalerhöhungen aus dem genehmigten Kapital festzulegen. Der Aufsichtsrat wird ermächtigt, die Fassung der Satzung nach vollständiger oder teilweiser Durchführung der Erhöhung des Grundkapitals aus dem genehmigten Kapital oder nach Ablauf der Ermächtigungsfrist entsprechend dem Umfang der Kapitalerhöhung zu ändern.

b) § _____ der Satzung wird um folgenden Abs. _____ ergänzt:

„Der Vorstand ist ermächtigt, mit Zustimmung des Aufsichtsrats bis zum _____ das Grundkapital durch Ausgabe neuer Inhaber-Stammaktien und/oder stimmrechtsloser Inhaber-Vorzugsaktien gegen Bar- und/oder Sacheinlagen einmalig oder mehrmals, insgesamt jedoch höchstens um bis zu 12 Mio. EUR zu erhöhen (genehmigtes Kapital). Die neuen Vorzugsaktien dürfen den bereits ausgegebenen Vorzugsaktien gleichstehen, jedoch keine weiter gehenden Rechte gewähren als die bereits ausgegebenen Vorzugsaktien. Erfolgt die Erhöhung durch Ausgabe von Stammaktien, darf der Vorstand mit Zustimmung des Aufsichtsrats das gesetzliche Bezugsrecht der Vorzugsaktionäre ausschließen, sofern gleichzeitig in einem dem bisherigen Verhältnis der beiden Aktiengattungen entsprechenden Umfang unter Ausschluss des gesetzlichen Bezugsrechts der Stammaktionäre auch Vorzugsaktien ausgegeben werden. Erfolgt die Erhöhung durch Ausgabe von Vorzugsaktien, darf der Vorstand mit Zustimmung des Aufsichtsrats das gesetzliche Bezugsrecht der Stammaktionäre ausschließen, sofern gleichzeitig in einem dem bisherigen Verhältnis dieser Aktiengattungen entsprechenden Umfang unter Ausschluss des gesetzlichen Bezugsrechts der Vorzugsaktionäre auch Stammaktien ausgegeben werden.

Darüber hinaus darf der Vorstand mit Zustimmung des Aufsichtsrats das gesetzliche Bezugsrecht der Aktionäre ausschließen

- für Spitzenbeträge,
- um, soweit erforderlich, Inhabern von zwischenzeitlich etwa begebenen Wandelschuldverschreibungen oder von Optionsscheinen zu zwischenzeitlich etwa begebenen Optionsschuldverschreibungen und/oder Optionsgenussscheinen ein Bezugsrecht auf neue Aktien in dem Umfang zu gewähren, wie es ihnen nach Ausübung des Wandlungs- oder Optionsrechts als Aktionär zustehen würde,
- um Aktien in angemessenem Umfang an Arbeitnehmer der Gesellschaft und der mit dieser verbundenen Gesellschaften auszugeben,
- zur Ausgabe neuer Aktien gegen Bareinlagen bis zu einem auf diese entfallenden anteiligen Betrag des Grundkapitals von insgesamt 3.600.000 EUR, wenn der Ausgabebetrag der neuen Aktien den Börsenpreis der Aktien der Gesellschaft zum Zeitpunkt der Festlegung des Ausgabebetrags durch den Vorstand i.S.v. § 186 Abs. 3 S. 4 AktG nicht wesentlich unterschreitet und der auf die neuen Aktien entfallende anteilige Betrag des Grundkapitals insgesamt 10 von 100 des zu diesem Zeitpunkt bestehenden Grundkapitals nicht übersteigt,
- bei Kapitalerhöhungen gegen Sacheinlagen zur Gewährung von Aktien zum Zweck des Erwerbs von Unternehmen oder Beteiligungen an Unternehmen.

Der Vorstand ist ermächtigt, mit Zustimmung des Aufsichtsrats die weiteren Einzelheiten der Durchführung von Kapitalerhöhungen aus dem genehmigten Kapital festzulegen. Der Aufsichtsrat ist ermächtigt, die Fassung der Satzung nach vollständiger oder teilweiser Durchführung der Erhöhung des Grundkapitals aus dem genehmigten Kapital oder nach Ablauf der Ermächtigungsfrist entsprechend dem Umfang der Kapitalerhöhung zu ändern."

M 101 2. Muster: Zeichnungsschein

123 Die Hauptversammlung der _____ Aktiengesellschaft, _____ (Ort), hat am _____ beschlossen, das Grundkapital der Gesellschaft von 24.050.000 EUR gegen Bareinlagen um bis zu 12.000.000 EUR auf bis zu 36.050.000 EUR durch Ausgabe neuer, auf den Inhaber lautender Vorzugsaktien ohne Stimmrecht im Nennbetrag von je einem EUR und mit Gewinnberechtigung ab dem _____ zu erhöhen.
Das gesetzliche Bezugsrecht der Aktionäre wurde ausgeschlossen. Zur Zeichnung wurden die Mitglieder eines unter unserer Federführung stehenden Konsortiums, bestehend aus _____ Bank AG, _____ und _____ zugelassen mit der Verpflichtung, die Aktien im Wege eines öffentlichen Angebots breitgestreut zu platzieren und die Differenz zwischen dem Ausgabepreis und dem Platzierungspreis an die Gesellschaft abzuführen. Der Ausgabebetrag der neuen Aktien beträgt 3 EUR je Aktie im Nennbetrag von einem EUR, das sind 300% des Nennbetrags.
Von den insgesamt 12.000.000 Aktien zeichnen und übernehmen wir hiermit 4.000.000 neue auf den Inhaber lautende Vorzugsaktien ohne Stimmrecht im Nennbetrag von je einem EUR, also nominal insgesamt 4.000.000 EUR, zum Ausgabebetrag von 3 EUR je Aktie, also zum Gesamtausgabebetrag von 12.000.000 EUR.
Wir werden 25% des Ausgabebetrags, also insgesamt 3.000.000 EUR, bis zum _____ durch Gutschrift auf das bei uns zins- und provisionsfrei geführte Konto „Kapitalerhöhung" der _____ Aktiengesellschaft einzahlen. Die restliche Einzahlung in Höhe von 75% des Ausgabebetrages, also insgesamt 9.000.000 EUR, werden wir bis spätestens _____ leisten.
Wir verpflichten uns, die neuen Aktien zu einem im Rahmen eines Bookbuildingverfahrens festzulegenden Preis, der _____ EUR nicht unterschreitet und _____ EUR nicht überschreitet im Wege eines öffentlichen Angebots breitgestreut zu platzieren und die Differenz zwischen dem Ausgabepreis und dem Platzierungspreis an die Gesellschaft abzuführen.
Unsere Zeichnung wird unverbindlich, wenn die Durchführung der Erhöhung des Grundkapitals nicht bis zum _____ im Handelsregister eingetragen ist.
_____ (Unterschriften)

M 102 3. Muster: Einladung zur Hauptversammlung – Tagesordnungspunkt Umwandlung von Nennbetrags- in Stückaktien

124 Beschlussfassung über die Umwandlung der Nennbetragsaktien in nennbetragslose Stückaktien.
Vorstand und Aufsichtsrat schlagen vor, von der mit der StückAG eröffneten Möglichkeit zur Einführung von Stückaktien Gebrauch zu machen und die Umwandlung der Nennbetragsaktien der Gesellschaft in nennwertlose Stückaktien zu beschließen.
Vorstand und Aufsichtsrat schlagen demgemäß vor, wie folgt Beschluss zu fassen:
a) Die 36.050.000 Nennbetragsaktien der Gesellschaft im Nennbetrag von je einem EUR werden in nennbetragslose Stückaktien umgewandelt mit der Maßgabe, dass an die Stelle jeder Aktie im Nennbetrag von einem EUR eine nennwertlose Stückaktie tritt. Das Grundkapital von 36.050.000 EUR bleibt unberührt; es ist nach Umwandlung in Stückaktien eingeteilt in

36.050.000 nennbetragslose Stückaktien mit einem auf diese entfallenden anteiligen Betrag des Grundkapitals von je einem EUR.[91]
b) § _____ der Satzung wird in Abs. 2 und 3 wie folgt neu gefasst:
„(2) Das Grundkapital ist eingeteilt in
- 24.050.000 Stück nennbetragslose Stammaktien,
- 12.000.000 Stück nennbetragslose Vorzugsaktien ohne Stimmrecht.
(3) Die Stammaktien und die Vorzugsaktien sind Stückaktien. Sie lauten auf den Inhaber."

4. Muster: Einladung zur Hauptversammlung – Tagesordnungspunkt Umwandlung von Vorzugs- in Stammaktien, Sonderbeschluss der Stammaktionäre, Anpassung des genehmigten Kapitals

M 103

(6) Beschlussfassung über die Umwandlung der Vorzugsaktien in Stammaktien   125
Vorstand und Aufsichtsrat schlagen vor, die stimmrechtslosen Vorzugsaktien der Gesellschaft unter Aufhebung des Gewinnvorzugs in stimmberechtigte Stammaktien umzuwandeln. Der Beschluss hierüber bedarf eines in gesonderter Versammlung zu fassenden zustimmenden Sonderbeschlusses der Vorzugsaktionäre.[92] Darüber hinaus sollen unter nachfolgendem Tagesordnungspunkt 7 die Stammaktionäre dem Beschluss durch Sonderbeschluss zustimmen. Die Satzung ist in § _____ Abs. _____, _____ und _____ anzupassen.
Vorstand und Aufsichtsrat schlagen demgemäß vor, wie folgt Beschluss zu fassen:
a) Die nennwertlosen Vorzugsaktien ohne Stimmrecht werden unter Aufhebung des Gewinnvorzugs in § _____ Abs. 4 der Satzung in nennwertlose Stammaktien mit Stimmrecht umgewandelt.
§ _____ Abs. 4 der Satzung entfällt.
b) Die Satzung wird in § _____ Abs. 2 und 3 wie folgt neu gefasst:
„(2) Das Grundkapital ist eingeteilt in 36.050.000 nennwertlose Stammaktien.
(3) Die Aktien lauten auf den Inhaber."
c) § _____ Abs. 6 der Satzung (gekreuzter Bezugsrechtsausschluss) entfällt.
d) § _____ Abs. 2 der Satzung (gesetzliches Stimmrecht der Vorzugsaktien bei Beschlussfassung in der Hauptversammlung) entfällt.
(7) Sonderbeschluss der Stammaktionäre über die Zustimmung zur Umwandlung der Vorzugs- in Stammaktien
Vorstand und Aufsichtsrat schlagen zu Tagesordnungspunkt 6 der Hauptversammlung vor, die nennwertlosen Vorzugsaktien unter Aufhebung des Gewinnvorzugs in nennwertlose Stammaktien mit Stimmrecht umzuwandeln und die Satzung entsprechend anzupassen. Hierzu soll die Zustimmung der Stammaktionäre eingeholt werden.
Vorstand und Aufsichtsrat schlagen demgemäß vor, wie folgt zu beschließen:
Die Stammaktionäre stimmen dem Beschluss der Hauptversammlung vom heutigen Tage über die Umwandlung der Vorzugsaktien in Stammaktien unter Aufhebung des Gewinnvorzugs und über die damit verbundenen Satzungsänderungen zu.
(8) Aufhebung des genehmigten Kapitals und Schaffung eines neuen genehmigten Kapitals
Die geltende Satzung sieht in § _____ Abs. _____ ein genehmigtes Kapital vor, das den Vorstand zur Erhöhung des Grundkapitals auch durch Ausgabe neuer Vorzugsaktien ohne Stimmrecht ermächtigt. Von dieser Ermächtigung ist bislang kein Gebrauch gemacht worden. Im Hinblick auf die zu Tagesordnungspunkt 6 vorgeschlagene Umwandlung der Vorzugsaktien in Stammaktien soll diese Ermächtigung aufgehoben und der Vorstand nunmehr durch Schaffung eines neuen genehmigten

---
[91] Vgl. zur Umstellung von Nennbetragsaktien auf Stückaktien *Kolb/Pöller*, DStR 1998, 855; *Ihrig/Streit*, NZG 1998, 201; *Schröer*, ZIP 1998, 306, 529; *Steffen/Schmidt*, DB 1998, 559.
[92] Vgl. § 141 AktG.

Kapitals ermächtigt werden, das Grundkapital (ausschließlich) durch Ausgabe von Stammaktien mit Stimmrecht zu erhöhen.

Vorstand und Aufsichtsrat schlagen demgemäß vor, wie folgt zu beschließen:
a) Das genehmigte Kapital in § _____ Abs. _____ der Satzung wird mit Wirkung auf den Zeitpunkt der Eintragung des nachfolgend bestimmten neuen genehmigten Kapitals aufgehoben.
b) Der Vorstand wird ermächtigt, mit Zustimmung des Aufsichtsrats bis zum _____ das Grundkapital durch Ausgabe neuer Inhaber-Stammaktien gegen Bar- und/oder Sacheinlagen einmalig oder mehrmalig, insgesamt jedoch höchstens um bis zu 12 Mio. EUR zu erhöhen.

Der Vorstand darf mit Zustimmung des Aufsichtsrats das gesetzliche Bezugsrecht der Aktionäre ausschließen
– für Spitzenbeträge,
– um, soweit erforderlich, Inhabern von zwischenzeitlich etwa begebenen Wandelschuldverschreibungen oder von Optionsscheinen zu zwischenzeitlich etwa begebenen Optionsschuldverschreibungen und/oder Optionsgenussscheinen ein Bezugsrecht auf neue Aktien in dem Umfang zu gewähren, wie es ihnen nach Ausübung des Wandlungs- oder Optionsrechts als Aktionär zustehen würde,
– um Aktien in angemessenem Umfang an Arbeitnehmer der Gesellschaft und der mit dieser verbundenen Gesellschaften auszugeben,
– zur Ausgabe neuer Aktien gegen Bareinlagen bis zu einem auf diese entfallenden anteiligen Betrag des Grundkapitals von insgesamt 3.600.000 EUR, wenn der Ausgabebetrag der neuen Aktien den Börsenpreis der Aktien der Gesellschaft zum Zeitpunkt der Festlegung des Ausgabebetrags durch den Vorstand i.S.v. § 186 Abs. 3 S. 4 AktG nicht wesentlich unterschreitet und der auf die neuen Aktien entfallende anteilige Betrag des Grundkapitals insgesamt 10 von 100 des zu diesem Zeitpunkt bestehenden Grundkapitals nicht übersteigt,
– bei Kapitalerhöhungen gegen Sacheinlagen zur Gewährung von Aktien zum Zweck des Erwerbs von Unternehmen oder Beteiligungen an Unternehmen.

Der Vorstand wird ermächtigt, mit Zustimmung des Aufsichtsrats die weiteren Einzelheiten der Durchführung von Kapitalerhöhungen aus dem genehmigten Kapital festzulegen. Der Aufsichtsrat wird ermächtigt, die Fassung der Satzung nach vollständiger oder teilweiser Durchführung der Erhöhung des Grundkapitals aus dem genehmigten Kapital oder nach Ablauf der Ermächtigungsfrist entsprechend dem Umfang der Kapitalerhöhung zu ändern.
c) § _____ der Satzung wird um folgenden Abs. _____ ergänzt:
„Der Vorstand ist ermächtigt, mit Zustimmung des Aufsichtsrats bis zum _____ das Grundkapital durch Ausgabe neuer Inhaber-Stammaktien gegen Bar- und/oder Sacheinlagen einmalig oder mehrmalig, insgesamt jedoch höchstens um bis zu 12 Mio. EUR zu erhöhen.

Der Vorstand darf mit Zustimmung des Aufsichtsrats das gesetzliche Bezugsrecht der Aktionäre ausschließen
– für Spitzenbeträge,
– um, soweit erforderlich, Inhabern von zwischenzeitlich etwa begebenen Wandelschuldverschreibungen oder von Optionsscheinen zu zwischenzeitlich etwa begebenen Optionsschuldverschreibungen und/oder Optionsgenussscheinen ein Bezugsrecht auf neue Aktien in dem Umfang zu gewähren, wie es ihnen nach Ausübung des Wandlungs- oder Optionsrechts als Aktionär zustehen würde,
– um Aktien in angemessenem Umfang an Arbeitnehmer der Gesellschaft und der mit dieser verbundenen Gesellschaften auszugeben,
– zur Ausgabe neuer Aktien gegen Bareinlagen bis zu einem auf diese entfallenden anteiligen Betrag des Grundkapitals von insgesamt 3.600.000 EUR, wenn der Ausgabebetrag der neuen Aktien den Börsenpreis der Aktien der Gesellschaft zum Zeitpunkt der Festlegung des Ausgabebetrags durch den Vorstand i.S.v. § 186 Abs. 3 S. 4 AktG nicht wesentlich unterschreitet und der auf die neuen Aktien entfallende anteilige Betrag des

Grundkapitals insgesamt 10 von 100 des zu diesem Zeitpunkt bestehenden Grundkapitals nicht übersteigt,
- bei Kapitalerhöhungen gegen Sacheinlagen zur Gewährung von Aktien zum Zweck des Erwerbs von Unternehmen oder Beteiligungen an Unternehmen.

Der Vorstand ist ermächtigt, mit Zustimmung des Aufsichtsrats die weiteren Einzelheiten der Durchführung von Kapitalerhöhungen aus dem genehmigten Kapital festzulegen. Der Aufsichtsrat ist ermächtigt, die Fassung der Satzung nach vollständiger oder teilweiser Durchführung der Erhöhung des Grundkapitals aus dem genehmigten Kapital oder nach Ablauf der Ermächtigungsfrist entsprechend dem Umfang der Kapitalerhöhung zu ändern.

5. Muster: Einladung zur Hauptversammlung – Tagesordnungspunkt Umwandlung von Inhaber- in Namensaktien   M 104

Beschlussfassung über die Umwandlung der Inhaberaktien in Namensaktien   126

Aufgrund der verbesserten Möglichkeiten der Unternehmensinformation und Kommunikation der Gesellschaft mit ihren namentlich bekannten Aktionären, einhergehend mit der sich international ausbreitenden Investor-Relation-Arbeit von Unternehmen einerseits und den Vereinfachungen, die der Gesetzgeber durch das Namensaktiengesetz geschaffen hat andererseits, ist beabsichtigt, die derzeit bestehenden Inhaberaktien in Namensaktien umzuwandeln, bei denen der Name des Aktionärs zukünftig im Aktienregister festgehalten wird. Die Satzung ist in § _____ Abs. _____, _____ und in § _____ Abs. _____ anzupassen.

Vorstand und Aufsichtsrat schlagen demgemäß vor, wie folgt Beschluss zu fassen:
a) Die derzeit bestehenden Inhaberaktien werden in auf den Namen lautende Aktien umgewandelt.
b) § _____ Abs. 3 der Satzung wird wie folgt neu gefasst:
   „Die Aktien lauten auf den Namen."
c) § _____ (Teilnahme- und Stimmrecht in der Hauptversammlung) der Satzung wird wie folgt neu gefasst:
   „(1) Zur Teilnahme an der Hauptversammlung und zur Ausübung des Stimmrechts sind diejenigen Aktionäre berechtigt, die im Aktienregister der Gesellschaft eingetragen sind und sich vor der Hauptversammlung unter Beachtung von Abs. 2 und 3 bei der Gesellschaft angemeldet haben.
   (2) Die Anmeldung muss der Gesellschaft mindestens sechs Tage vor dem Tag der Hauptversammlung unter der in der Einberufung hierfür mitgeteilten Adresse in Textform in deutscher oder englischer Sprache zugehen. Für die Fristberechnung gilt die gesetzliche Regelung. In der Einberufung kann eine kürzere in Tagen zu bemessende Frist vorgesehen werden."

E. Vorstand

I. Rechtliche Grundlagen

1. Leitungsorgan
Der Vorstand hat als das unverzichtbare **Leitungsorgan** der Gesellschaft unter eigener Verantwortung die AG zu leiten (§ 76 Abs. 1 AktG).[93] Er führt die Geschäfte (§ 77 AktG) und vertritt die   127

---
[93] Fehlt der Vorstand, ist dies nach § 38 Abs. 1 AktG ein Eintragungshindernis bei Gründung der Gesellschaft; fällt der Vorstand später weg, berührt dies zwar nicht den Bestand der Gesellschaft, doch muss der Aufsichtsrat unverzüglich neue Vorstandsmitglieder bestellen.

Aktiengesellschaft nach außen (§ 78 AktG).[94] Der Vorstand unterliegt hierbei der Kontrolle des Aufsichtsrats, der die Mitglieder des Vorstands bestellt und abberuft (§ 84 AktG) und die Geschäftsführung des Vorstands überwacht (§ 111 Abs. 1 AktG). Der Vorstand kann grundsätzlich aus einer oder mehreren Personen bestehen (§ 76 Abs. 2 S. 1 AktG). Bei Gesellschaften mit einem Grundkapital von mehr als 3 Mio. EUR hat er aus mindestens zwei Personen zu bestehen, falls die Satzung nichts anderes bestimmt (§ 76 Abs. 2 S. 2 AktG). Als andere Bestimmung ist es ausreichend, wenn die Satzung vorsieht, dass der Vorstand aus einer oder mehreren Personen besteht. Nach Ziffer 4.2.1. S. 1 des Kodex[95] soll der Vorstand aus mehreren Personen bestehen und einen Vorsitzenden oder Sprecher haben. Die Satzung kann sich darauf beschränken, nur eine Mindestzahl der Vorstandsmitglieder festzulegen und dem Aufsichtsrat die nähere Bestimmung der Mitgliederzahl überlassen.[96]

128   Wenn nach den Vorschriften des Mitbestimmungsrechts ein Arbeitsdirektor zu bestellen ist, muss der Vorstand aus mindestens zwei Mitgliedern bestehen. Dies gilt für den Bereich der Montanmitbestimmung (§ 13 MontanMitbestG, § 13 MontanMitbestErgG) und auch für den Arbeitsdirektor nach § 33 Abs. 1 S. 1 MitbestG.

129   Wenn durch den Aufsichtsrat mehr Vorstandsmitglieder bestellt wurden, als von der Satzung zugelassen sind, so hat dies keine Auswirkungen auf Rechtshandlungen der AG gegenüber Dritten.[97] Auch eine **Unterbesetzung,** also ein Unterschreiten der nach der Satzung erforderlichen Zahl von Vorstandsmitgliedern, beeinträchtigt die Wirksamkeit von Handlungen gegenüber Dritten nicht, soweit ein Handeln von Vorstandsmitgliedern in vertretungsberechtigter Zahl genügt und diese vorhanden ist.[98] Anders liegt es, wenn der Vorstand als solcher, also als Kollegialorgan, tätig werden muss, wie z.B. bei der Unterbreitung von Beschlussvorschlägen zu den Gegenständen der Tagesordnung der Hauptversammlung nach § 124 Abs. 3 S. 1 AktG[99] und den Maßnahmen nach §§ 90–92, 121 Abs. 2, 170 Abs. 1 und Abs. 2, 172, 245 Nr. 4 AktG.[100] Insoweit ist ein unterbesetzter Vorstand nicht handlungsfähig; seine Maßnahmen sind nichtig.

2. Bestellung und Abberufung
a) Eignungsvoraussetzungen

130 Als Vorstand kann nach § 76 Abs. 3 AktG nur eine natürliche und unbeschränkt geschäftsfähige Person bestellt werden, die nicht unter Einwilligungsvorbehalt i.S.d. § 1903 BGB steht und nicht wegen einer der in § 76 Abs. 3 Nr. 3 AktG genannten Straftaten oder einer vergleichbaren ausländischen Straftat verurteilt worden ist und keinem gerichtlichen oder behördlichen Berufs- oder Gewerbeverbot unterliegt Auf die Staatsangehörigkeit oder einen inländischen Wohnsitz kommt es nicht an.[101] Nachdem, seit der Änderung des § 5 AktG durch das MoMiG, eine deutsche Aktiengesellschaft ihren Verwaltungssitz auch im Ausland haben kann, sollte es nicht mehr erforderlich sein, dass der künftige Vorstand berechtigt ist, jederzeit in die Bundesrepublik einzureisen.[102] Vorstandsmitglied kann nicht sein, wer dem Aufsichtsrat angehört (§ 105 AktG). Demgegenüber schließt die Aktionärsstellung, auch die des Mehrheitsaktionärs, die Übernahme

---

94 Vgl. zur rechtlichen Organisation der Zusammenarbeit im Vorstand *Hoffmann-Becking*, ZGR 1998, 497.
95 Deutscher Corporate Governance Kodex i.d.F. vom 15.5.2012; siehe dazu Rn 174.
96 BGH ZIP 2002, 216.
97 Vgl. *Hüffer*, § 76 Rn 23.
98 Vgl. LG Berlin AG 1991, 244, 245; *Hüffer*, § 76 Rn 23; MünchGesR/*Wiesner*, Bd. 4, § 19 Rn 37.
99 BGHZ 149, 158, 160 f.
100 Vgl. BGHZ 139, 158, 160 ff.; sowie *Hüffer*, § 76 Rn 23 m.w.N. zum Streitstand.
101 Vgl. *Hüffer*, § 76 Rn 25.
102 OLG Düsseldorf ZIP 2009, 1074; OLG München ZIP 2010, 126 f.; Lutter/Hommelhoff/*Kleindiek*, § 6 Rn 15, jeweils für einen GmbH-Geschäftsführer.

des Vorstandsamts nicht aus. Unter der Voraussetzung, dass die Aufsichtsräte beider Gesellschaften nach § 88 Abs. 1 S. 2 AktG der Tätigkeit in der jeweils anderen Gesellschaft zustimmen, sind auch Vorstands-Doppelmandate zulässig.[103] Die Satzung kann, solange sie damit das Auswahlermessen des Aufsichtsrats nicht berührt, weiter gehende **persönliche und sachliche Eignungsvoraussetzungen** für den Vorstand aufstellen.[104] Dies gilt nach herrschender Meinung auch für nach dem MitbestG mitbestimmte Gesellschaften, soweit dem Aufsichtsrat ein angemessener Ermessensspielraum verbleibt. Nach Ziffer 5.1.2. S. 2 des Kodex soll der Aufsichtsrat bei der Zusammensetzung des Vorstands auch auf Vielfalt (Diversity) achten.

b) Bestellung

131 Das Aktiengesetz unterscheidet in § 84 AktG zwischen dem körperschaftlichen Organisationsakt der **Bestellung** eines Vorstandsmitglieds einerseits und seiner **Anstellung** als Regelung der schuldrechtlichen Beziehungen zwischen Vorstandsmitglied und Gesellschaft andererseits (Trennungstheorie).[105] Die Bestellung der Vorstandsmitglieder obliegt nach § 84 Abs. 1 S. 1 AktG ausschließlich dem Aufsichtsrat.[106] Die Satzung darf daher weder verbindliche noch unverbindliche Weisungsrechte, Vorschlagsrechte oder Zustimmungsvorbehalte anderer Organe oder unternehmensexterner Dritter aufstellen, die in die Kompetenz des Aufsichtsrats zur Personalwahl eingreifen.[107] Die Bestellung setzt den gegenüber dem Vorstandsmitglied zugangsbedürftigen Bestellungsbeschluss und die Annahme des Amts durch den Bestellten voraus. Zuständig für die Bestellung ist stets der Gesamtaufsichtsrat. Nach § 107 Abs. 3 AktG ist die Übertragung der Entscheidung auf einen Ausschuss, etwa den Personalausschuss, ausgeschlossen.[108] Bei Bestellung mehrerer Vorstandsmitglieder muss im Aufsichtsrat gesondert für jedes Vorstandsmitglied abgestimmt werden.[109]

132 Mit der Annahme des Amtes durch den Bestellten werden seine organschaftlichen Rechte und Pflichten begründet. Die Eintragung im Handelsregister wirkt nur deklaratorisch. Die Bestellung kann längstens auf einen Zeitraum von fünf Jahren erfolgen (§ 84 Abs. 1 S. 1 AktG). Sie kann aufschiebend bedingt oder auf einen fest bestimmten zukünftigen Termin, nicht aber auf einen länger als ein Jahr in der Zukunft liegenden Zeitpunkt erfolgen (§ 84 Abs. 1 S. 3 AktG).[110] Streitig diskutiert wurde die in der Praxis häufig anzutreffende Art der vorzeitigen Wiederbestellung, bei der etwa nach Ablauf von drei Jahren der bisherigen Amtszeit die Bestellung einvernehmlich aufgehoben oder durch Amtsniederlegung beendet wird und der Aufsichtsrat erneut eine Bestellung für fünf Jahre vornimmt. Während die überwiegende Meinung, der sich mittlerweile auch der BGH angeschlossen hat, diese Vorgehensweise als zulässig ansieht,[111] sehen andere diese unter Umgehungsgesichtspunkten als unzulässig oder zumindest bedenklich an.[112] Nach Ziffer 5.1.2. Abs. 2 S. 2 des Kodex soll eine Wiederbestellung vor Ablauf eines Jahres vor dem Ende der Bestelldauer bei gleichzeitiger Aufhebung der laufenden Bestellung nur bei Vorliegen besonderer Umstände erfolgen, die daher im Wiederbestellungsbeschluss dargestellt werden müssen. Ebenso wie bei der Erstbestellung muss der Aufsichtsrat bei der **Wiederbestellung** frei sein, zu entscheiden, ob das Vorstands-

---

103 BGHZ 180, 105 ff.; MünchGesR/*Wiesner*, Bd. 4, § 20 Rn 10.
104 Zu den Einzelheiten vgl. MünchGesR/*Wiesner*, Bd. 4, § 20 Rn 5 ff.
105 Vgl. Nirk/Reuter/Bächle/*Nirk*, Bd. I, Rn 611.
106 Zur gerichtlichen Bestellung im Ausnahmefall siehe Rn 133.
107 Vgl. MünchGesR/*Wiesner*, Bd. 4, § 20 Rn 5; *Hüffer*, § 84 Rn 5.
108 Vgl. *Hüffer*, § 84 Rn 5.
109 MüKo-AktG/*Hefermehl/Spindler*, § 84 Rn 15.
110 Unterliegt die Aktiengesellschaft den Bestimmungen des MitbestG, ist das unter Umständen mehrstufige Wahlverfahren nach Maßgabe von § 31 Abs. 2 bis 4 MitbestG zu beachten.
111 BGH ZIP 2012, 1750; *Bauer/Arnold*, DB 2006, 260 ff.; *Hölters/Weber*, AG 2005, S. 259 ff.
112 MüKo-AktG/*Hefermehl/Spindler*, § 84 Rn 36; *Hüffer*, § 84 Rn 7.

mitglied wiederbestellt wird.[113] Unzulässig ist es daher, dem Vorstand für die Zeit nach Ablauf der Bestellungsperiode unangemessene Leistungen, etwa in Form von Ruhe- oder Übergangsgeldern zu versprechen, wobei von einer Unangemessenheit jedenfalls dann ausgegangen werden kann, wenn die Zusagen in etwa der Vergütung während der aktiven Dienstzeit entsprechen.[114]

Kein Bestandteil der Bestellung ist die Zuweisung eines bestimmten Geschäftsbereichs, eine solche Geschäftsverteilung erfolgt erst durch die Geschäftsordnung.[115]

c) Gerichtliche Bestellung

133 Wenn ein erforderliches Vorstandsmitglied fehlt, hat in dringenden Fällen das Gericht das Vorstandsmitglied zu bestellen (§ 85 Abs. 1 AktG).[116] Zuständig ist nach §§ 375 Nr. 3, 376 Abs. 1 FamFG[117], das Amtsgericht, in dessen Bezirk das für den Sitz der Gesellschaft zuständige Landgericht seinen Sitz hat, wobei die jeweilige Landesregierung durch Rechtsverordnung von dieser Zuständigkeitskonzentration abweichen kann (§ 376 Abs. 2 FamFG).

Das Vorstandsmitglied fehlt bei dessen Tod, Widerruf der Bestellung und Amtsniederlegung und wenn der mitbestimmungsrechtlich geforderte Arbeitsdirektor nicht bestellt wurde.[118] Es fehlt jedoch nicht, wenn die Wirksamkeit seiner Bestellung lediglich rechtlich zweifelhaft ist, so lange hierüber noch keine rechtskräftige Entscheidung getroffen wurde.[119] Ein dringender Fall liegt vor, wenn der Aktiengesellschaft, ihren Aktionären, ihren Gläubigern, der Belegschaft oder der Öffentlichkeit erhebliche Nachteile drohen und der Aufsichtsrat nicht oder nicht schnell genug tätig werden kann.[120] Antragsberechtigt für eine **gerichtliche Bestellung** sind neben Vorstands- und Aufsichtsratsmitgliedern sowie dem Betriebsrat bei Fehlen des Arbeitsdirektors auch Aktionäre und Dritte, die ein dringendes Interesse an der Bestellung haben, weil ihnen bei weiterer Vakanz ein Nachteil droht.[121] Die gerichtlich bestellten Vorstandsmitglieder haben die vollen Rechte und Pflichten eines Vorstandsmitglieds. Jedoch erlischt ihr Amt von Gesetzes wegen, sobald der Aufsichtsrat das fehlende Vorstandsmitglied bestellt und dieses die Bestellung angenommen hat (§ 85 Abs. 2 AktG). Eine vorherige Abberufung kann nur durch das Gericht, nicht jedoch durch den Aufsichtsrat erfolgen.[122] Nach § 85 Abs. 3 AktG hat das gerichtlich bestellte Vorstandsmitglied Anspruch auf Ersatz angemessener barer Auslagen und auf Vergütung, deren Höhe notfalls durch das Gericht festzusetzen ist.

d) Fehlerhafte Bestellung

134 Ein Bestellungsbeschluss zur Bestellung einer Person, die die **gesetzlichen Eignungsvoraussetzungen** nicht erfüllt, ist nach § 134 BGB nichtig, während ein Verstoß gegen **statutarische Eignungsvoraussetzungen** nicht zur Nichtigkeit des Aufsichtsratsbeschlusses führt.[123] In diesem Fall kann die Bestellung nach § 84 Abs. 3 AktG aber mit ex nunc Wirkung widerrufen wer-

---

113 BGHZ 41, 282, 290.
114 BGHZ 8, 348, 360; MüKo-AktG/*Hefermehl/Spindler*, § 84 Rn 59.
115 Vgl. Nirk/Reuter/Bächle/*Nirk*, Bd. I, Rn 612.
116 Vgl. dazu OLG München AG 2009, 745 ff.
117 Das Gesetz über das Verfahren in Familiensachen und in den Angelegenheiten der freiwilligen Gerichtsbarkeit (FamFG) ersetzt das frühere FGG; vgl. *Jänig/Leißering*, ZIP 2010, 110 ff.
118 Vgl. *Hüffer*, § 85 Rn 2.
119 OLG Frankfurt/M. AG 2008, 419, 421.
120 Vgl. *Hüffer*, § 85 Rn 3; Formulierungsvorschlag für den Antrag: „Es wird beantragt, für die Zeit, in der ein satzungsgemäß bestelltes Vorstandsmitglied der …AG fehlt, gem. § 85 AktG ein Vorstandsmitglied für diese Gesellschaft zu bestellen".
121 Vgl. MünchGesR/*Wiesner*, Bd. 4, § 20 Rn 27.
122 Vgl. *Hüffer*, § 85 Rn 5.
123 Vgl. MünchGesR/*Wiesner*, Bd. 4, § 20 Rn 9.

den.[124] Falls der Aufsichtsratsbeschluss zur Bestellung wegen fehlerhafter Einberufung oder Fehlern bei der Beschlussfassung nichtig oder die Annahmeerklärung des Bestellten fehlerhaft ist, ist nach herrschender Meinung die **Lehre von der fehlerhaften Organstellung** anwendbar.[125] Voraussetzung ist, dass das fehlerhaft bestellte Organmitglied durch einen, wenn auch fehlerhaften, Aufsichtsratsratsbeschluss gewählt worden ist und die Bestellung angenommen hat.[126] Außerdem darf die Anerkennung der fehlerhaften Organstellung nicht gegen höherrangige Schutzinteressen Einzelner oder der Allgemeinheit verstoßen. Ein solcher Verstoß liegt vor, wenn die gewählte Person die gesetzlichen Eignungsvoraussetzungen nicht erfüllt.[127] Wenn die Voraussetzungen für eine fehlerhafte Organstellung erfüllt sind, ist das fehlerhaft bestellte Vorstandsmitglied einem wirksam bestellten Mitglied in vollem Umfang gleichgestellt, das Bestellungsverhältnis ist dann erst durch Widerruf ex nunc vernichtbar.[128]

e) Widerruf

Die organschaftliche Stellung des Vorstands endet unter anderem durch Widerruf der Bestellung, für den ebenfalls ausschließlich das Aufsichtsratsplenum zuständig ist.[129] Die Delegation der Widerrufsbefugnis an einen Ausschuss des Aufsichtsrats verstößt gegen § 107 Abs. 3 S. 3 AktG. Der Widerruf kann nur erfolgen, wenn ein **wichtiger Grund** vorliegt (§ 84 Abs. 3 S. 1 AktG). Vom Erfordernis des wichtigen Grundes können weder die Satzung noch der Bestellungsbeschluss oder der Anstellungsvertrag abweichen. Er setzt voraus, dass der Gesellschaft ein weiteres Verbleiben des Vorstandsmitglieds im Amt bis zum Ablauf seiner Amtszeit **nicht zumutbar** ist.[130] Beispielhaft nennt § 84 Abs. 3 S. 2 AktG hierfür die grobe Pflichtverletzung, die Unfähigkeit zur ordnungsgemäßen Geschäftsführung und den Vertrauensentzug durch die Hauptversammlung, soweit dieser nicht aus offenbar unsachlichen Gründen erfolgt. Für die Feststellung der Unzumutbarkeit sind nach herrschender Meinung die Interessen der Aktiengesellschaft und diejenigen des Vorstandsmitglieds gegeneinander abzuwägen.[131] 135

Der wichtige Grund muss nicht in der Person des Vorstandsmitglieds selbst gegeben sein. Es kommt auch nicht auf dessen Verschulden an.[132] **Beispiele** für das Vorliegen eines wichtigen Grundes sind etwa: 136
– Missbrauch des Gesellschaftsvermögens für eigene Zwecke;
– Gefährdung des Gesellschaftsvermögens durch riskante Spekulationsgeschäfte;
– Ausnutzung des Vorstandsamts für private Geschäfte;
– Verstoß gegen Berichtpflichten gegenüber dem Aufsichtsrat;
– vorsätzliche Täuschung von Vorstandskollegen über erhebliche Tatsachen;
– Fehlen der notwendigen Kenntnisse.

Zumindest bei bestehender Insolvenzreife der Gesellschaft wurde auch eine Forderung der Hausbank, ein bestimmtes Vorstandsmitglied abzuberufen, weil andernfalls eine für die Gesell- 137

---
124 Vgl. MünchGesR/*Wiesner*, Bd. 4, § 20 Rn 9.
125 Vgl. Kölner Komm-AktG/*Mertens*, § 84 Rn 29; *Hüffer*, § 84 Rn 10.
126 Vgl. MünchGesR/*Wiesner*, Bd. 4, § 20 Rn 36; Kölner Komm-AktG/*Mertens*, § 84 Rn 31.
127 Vgl. MünchGesR/*Wiesner*, Bd. 4, § 20 Rn 36; Kölner Komm-AktG/*Mertens*, § 84 Rn 32.
128 Vgl. MünchGesR/*Wiesner*, Bd. 4, § 20 Rn 36; *Hüffer*, § 84 Rn 10.
129 Dazu *Riegger* NJW 1988, 2991; Heidel/*Oltmanns*, § 84 Rn 19.
130 Vgl. *Hüffer*, § 84 Rn 26; BGH ZIP 2007, 119.
131 Vgl. *Hüffer*, § 84 Rn 26; KG, AG 2007, 745, 746 f.; *Janzen*, NZG 2003, 468, 470; a.A. etwa MünchGesR/*Wiesner*, Bd. 4, § 20 Rn 44, der allein auf die Interessen der Gesellschaft abstellt und zur Abwägung der Interessen des Vorstandsmitglieds auf den Anstellungsvertrag verweist.
132 Vgl. *Hüffer*, § 84 Rn 27; Kölner Komm-AktG/*Mertens*, § 84 Rn 103.

schaft lebenswichtige Kreditlinie nicht verlängert werde, als wichtiger Grund für die Abberufung nach § 84 Abs. 3 S. 1 AktG angesehen.[133]

aa) Widerrufsfrist

138 Der Widerruf ist grundsätzlich nicht an eine bestimmte Frist ab Kenntniserlangung vom Widerrufsgrund gebunden. Allerdings kann das Widerrufsrecht verwirkt sein, wenn es nicht innerhalb angemessener Frist ausgeübt wird und das Vorstandsmitglied aufgrund des Verhaltens des Aufsichtsrats annehmen durfte, er wolle auf die Widerrufsgründe nicht mehr zurückgreifen. Zwar kann zunächst eine einvernehmliche Regelung gesucht werden, wenn jedoch eine solche nicht zustande kommt, ist über den Widerruf in der nächsten ordentlichen Aufsichtsratssitzung zu beschließen, andernfalls kann von einer Verwirkung des Widerrufsrechts ausgegangen werden.[134] In der mitbestimmten AG ist nach § 31 Abs. 5 MitbestG ggf. das mehrstufige Widerrufsverfahren zu durchlaufen.

bb) Wirksamwerden des Widerrufs

139 Die organschaftliche Stellung des Vorstandsmitglieds endet, wenn ein Beschluss des Aufsichtsrats zum Widerruf vorliegt und der Widerruf dem Vorstandsmitglied zugeht.[135] Nach § 84 Abs. 3 S. 4 AktG endet die Stellung als Vorstand in diesem Fall auch dann, wenn ein wichtiger Grund zum Widerruf gefehlt haben sollte, es sei denn, dass die Unwirksamkeit des Widerrufs rechtskräftig festgestellt wird. Grundsätzlich keine unmittelbaren Auswirkungen hat der Widerruf der Bestellung auf den Anstellungsvertrag. Falls der Anstellungsvertrag nicht durch eine sog. „**Gleichlaufklausel**" an die Wirksamkeit der Bestellung gekoppelt ist, muss der Anstellungsvertrag ausdrücklich gekündigt werden. Dabei ist ein wichtiger Grund für den Widerruf der Bestellung nicht notwendig zugleich als wichtiger Grund für die Kündigung des Anstellungsvertrages anzusehen.[136]

140 Der ausgeschiedene Vorstand ist nicht mehr berechtigt, seine Abberufung nach § 81 Abs. 1 AktG zum Handelsregister anzumelden. Anders liegt es, wenn vereinbart worden ist, dass das Amt erst mit der Eintragung der Abberufung im Handelsregister endet.[137]

cc) Rechtsschutz des Vorstandsmitglieds

141 Gegen einen unberechtigten Widerruf kann der Vorstand gegen die Aktiengesellschaft, vertreten durch den Aufsichtsrat, klagen. Wenn das Vorstandsmitglied die Abberufung für unwirksam erklärt haben möchte, weil ein wichtiger Grund zur Abberufung fehlt, handelt es sich um eine **Gestaltungsklage**, weil nach § 84 Abs. 3 S. 4 AktG die Bestellung wiederhergestellt werden soll.[138] Bei Geltendmachung des Fehlens oder der Ungültigkeit des Aufsichtsratsbeschlusses handelt es sich demgegenüber um eine **Feststellungsklage**, der durch einen erneuten Aufsichtsratsbeschluss nach § 244 AktG analog der Boden entzogen werden kann.[139] Regelmäßig wird das Vorstandsmitglied dann im Wege des **einstweiligen Rechtsschutzes** vorgehen, wobei ein Verfügungsgrund nach §§ 935, 940 ZPO stets vorliegen wird, weil dem Vorstand eine Über-

---

133 BGH ZIP 2007, 119.
134 Vgl. MünchGesR/*Wiesner*, Bd. 4, § 20 Rn 39; MüKo-AktG/*Hefermehl/Spindler*, § 84 Rn 89; BGH NJW RR-1993, 153, 154 (für GmbH).
135 Vgl. *Hüffer*, § 84 Rn 25, 31.
136 *Hüffer*, § 84 Rn 39; BGH NJW 1989, 2683, 2684.
137 Vgl. MünchGesR/*Wiesner*, Bd. 4, § 20 Rn 67.
138 Vgl. *Hüffer*, § 84 Rn 34.
139 Vgl. *Hüffer*, § 84 Rn 34; OLG Stuttgart AG 2003, 211, 212.

prüfung der Wirksamkeit des Abberufungsbeschlusses im ordentlichen Verfahren wegen dessen Dauer nicht zumutbar ist.[140] Unzulässig ist der einstweilige Rechtsschutz nach § 84 Abs. 3 S. 4 AktG demgegenüber dann, wenn sich das Vorstandsmitglied im Verfügungsverfahren ausschließlich gegen das Vorliegen eines wichtigen Grundes wehrt.[141]

f) Sonstige Beendigungsgründe

Als weiterer Beendigungsgrund ist zunächst die durch einseitige Erklärung des Vorstandsmitglieds gegenüber dem Aufsichtsrat (§ 112 AktG) vorzunehmende **Amtsniederlegung** anerkannt.[142] Die Amtsniederlegung beendet die Organstellung auch dann analog § 84 Abs. 3 S. 4 AktG mit sofortiger Wirkung, wenn das Vorliegen eines wichtigen Grundes streitig ist oder sich das Vorstandsmitglied von vornherein nicht auf einen wichtigen Grund beruft.[143] Die Amtsniederlegung ist jedoch unbeachtlich, wenn der Vorstand seine Befugnis hierzu missbraucht, was insbesondere anzunehmen ist, wenn die Amtsniederlegung zur Handlungsunfähigkeit der Gesellschaft führt.[144]

142

Weitere Beendigungsgründe sind
- die einvernehmliche Aufhebung der Bestellung;
- der Ablauf einer Befristung der Organstellung;
- der Verlust der Geschäftsfähigkeit;
- der Tod des Vorstandsmitglieds;
- ein Formwechsel der Gesellschaft;
- die Verschmelzung[145] der Gesellschaft; sowie
- das Erlöschen der Gesellschaft nach Abwicklung.[146]

g) Suspendierung

Umstritten ist, ob als weniger einschneidende Maßnahme gegenüber einer Abberufung die **Suspendierung** anzuerkennen ist, bei der das Vorstandsmitglied einschließlich der damit verbundenen Pflichten formal im Amt bleibt, die ihm zustehende Vertretungsmacht und die mit dem Amt verbundenen Organrechte aber vorläufig nicht mehr ausüben darf.[147] Teilweise wird angenommen, die Suspendierung sei ein zeitlich befristeter Widerruf aus wichtigem Grund[148] oder eine kurzzeitige vorläufige Amtsenthebung,[149] wobei in beiden Fällen die Voraussetzungen und das Verfahren für einen Widerruf nach § 84 AktG einzuhalten seien. Dies würde allerdings kaum einen Anwendungsbereich für die Suspendierung eröffnen.[150]

143

Praktische Bedeutung kann die Suspendierung jedoch vor allem erlangen, wenn das Vorstandsmitglied im **Verdacht** eines Verhaltens steht, dass einen wichtigen Grund für die Abberu-

144

---

140 OLG Stuttgart AG 1985, 193.
141 OLG Stuttgart AG 1985, 193; MüKo-AktG/*Hefermehl/Spindler*, § 84 Rn 117.
142 BGHZ 121, 257, 260.
143 Vgl. *Hüffer*, § 84 Rn 36; MünchGesR/*Wiesner*, Bd. 4, § 20 Rn 56, vgl. zum Erfordernis eines wichtigen Grundes *Deilmann,* NZG 2005, 54 ff.
144 *Hüffer*, § 84 Rn 36; OLG Dresden NotBZ 2005, 112 ff. (die Handlungsunfähigkeit bestand hier wegen der zuvor erfolgten Amtsniederlegung der Aufsichtsratsmitglieder).
145 Bei der Verschmelzung durch Aufnahme endet nur die Bestellung des Vorstands der übertragenden Gesellschaft, bei der Verschmelzung durch Neugründung hingegen die Bestellung in beiden sich vereinigenden Gesellschaften.
146 Vgl. MünchGesR/*Wiesner*, Bd. 4, § 20 Rn 58–60.
147 Vgl. MünchGesR/*Wiesner*, Bd. 4, § 20 Rn 61; Kölner Komm-AktG/*Mertens*, § 84 Rn 152.
148 LG München I AG 1986, 142.
149 OLG München AG 1986, 234, 235.
150 Vgl. *Hüffer*, § 84 Rn 35; MünchGesR/*Wiesner*, Bd. 4, § 20 Rn 61.

fung darstellen würde, der Verdacht als solcher die Abberufung aber noch nicht rechtfertigt.[151] In diesem Fall sollte eine Suspendierung zulässig sein, wenn der Sachverhalt zwar einen Widerruf der Bestellung aus wichtigem Grund nach § 84 Abs. 3 S. 1 AktG mangels hinreichender Aufklärung noch nicht rechtfertigt, der Verdacht eines wichtigen Grundes aber als schwerwiegend genug für die Suspendierung anzusehen ist.[152] Die Suspendierung ist eine vorläufige Maßnahme, so dass ihre Dauer im Regelfall einen Monat nicht überschreiten darf.[153] Neben der einseitigen Suspendierung ist stets auch eine einvernehmliche Suspendierung möglich. Weil die Zulässigkeit einer einseitigen Suspendierung umstritten ist, sollte man einer einvernehmlichen Suspendierung immer den Vorzug geben. Sowohl für die einseitige als auch für die einvernehmliche Suspendierung ist stets das Aufsichtsratsplenum zuständig.[154]

3. Anstellungsverhältnis

145 Von der Bestellung im Sinne der Begründung der organschaftlichen Position des Vorstands ist das schuldrechtliche Anstellungsverhältnis zu unterscheiden. Es regelt als **Dienstvertrag** i.S.d. §§ 611 ff., 675 BGB (entgeltliche Geschäftsbesorgung) die schuldrechtlichen Beziehungen zwischen der AG und dem Vorstand. Für den Vorstand begründet der Dienstvertrag insbesondere den Anspruch des Vorstandsmitglieds auf Vergütung, auf Ruhegeld und Hinterbliebenenversorgung, auf Auslagenersatz und auf Urlaub. Aus Sicht der AG kann der Anstellungsvertrag die sich bereits kraft Gesetzes mit wirksamer Bestellung ergebenden Organpflichten, insbesondere das Recht und die Pflicht zur Besorgung der Angelegenheiten der Gesellschaft mit der Sorgfalt eines ordentlichen Geschäftsführers, um weitere Pflichten ergänzen, wie etwa ein nachträgliches Wettbewerbsverbot, Nebentätigkeitsverbote, spezielle Geheimhaltungspflichten oder Residenzpflichten.[155]

146 Im Regelfall wird der Anstellungsvertrag zwischen dem Vorstandsmitglied und der Aktiengesellschaft geschlossen (§ 84 Abs. 1 S. 5 AktG). Streitig ist, ob der Anstellungsvertrag auch mit einem Dritten, also insbesondere mit dem herrschenden Unternehmen bei Anstellung als Vorstand der Tochtergesellschaft geschlossen werden kann.[156] Da sich aus einer Drittanstellung erhebliche Abstimmungsprobleme[157] zwischen der eigenverantwortlichen Leitungsbefugnis des Vorstands gegenüber der Tochtergesellschaft und seiner anstellungsvertraglichen Weisungsgebundenheit gegenüber dem Dritten ergeben, sollte von der Drittanstellung zumindest dann abgesehen werden, wenn die Tochtergesellschaft außenstehende Aktionäre hat und nicht durch einen Beherrschungsvertrag mit dem Dritten verbunden oder in diesen eingegliedert ist.[158] Als Alternative kann der Anstellungsvertrag mit der Tochtergesellschaft abgeschlossen werden und die Muttergesellschaft kann, zur Absicherung der von der Tochtergesellschaft zu erbringenden Leistungen, eine Garantie abgeben.[159]

---

151 Vgl. Kölner Komm-AktG/*Mertens*, § 84 Rn 152; Heidel-AktienR/*Oltmanns*, § 84 Rn 29.
152 Vgl. MünchGesR/*Wiesner*, Bd. 4, § 20 Rn 61; a.A. *Hüffer*, § 84 Rn 35; MüKo-AktG/*Hefermehl/Spindler*, § 84 Rn 121 f.
153 Vgl. MünchGesR/*Wiesner*, Bd. 4, § 20 Rn 61.
154 Vgl. MünchGesR/*Wiesner*, Bd. 4, § 20 Rn 62; Kölner Komm-AktG/*Mertens*, § 84 Rn 156.
155 Näher dazu *Fleck*, WM 1994, 1957.
156 Dafür Marsch-Barner/*Mutter*, Handbuch börsennotierte AG, § 19 Rn 79; *Martens*, FS Hilger/Stumpf, S. 437, 442; eher ablehnend MünchGesR/*Wiesner*, Bd. 4, § 21 Rn 3; *Hüffer*, § 84 Rn 14; MüKo-AktG/*Hefermehl/Spindler*, § 84 Rn 54; *Bauer/Arnold*, DB 2006, 260, 265.
157 Vgl. hierzu auch OLG München ZIP 2008, 1237 ff., wobei in diesem Fall zwar keine Drittanstellung, aber eine Einbeziehung in das Optionsprogramm der Muttergesellschaft vorlag.
158 Für eine Unzulässigkeit auch bei Bestehen eines Beherrschungsvertrages MüKo-AktG/*Hefermehl/Spindler*, § 84 Rn 54.
159 Vgl. MünchGesR/*Wiesner*, Bd. 4, § 21 Rn 3.

a) Vorstandsvergütung und deren Offenlegung

Bereits vor der Neufassung des § 87 Abs. 1 AktG durch das Gesetz zur Angemessenheit der Vorstandsvergütung (**VorstAG**) bestand eine Verpflichtung des Aufsichtsrats, die von ihm festgesetzte Vorstandsvergütung einer Angemessenheitskontrolle zu unterziehen. Nach dem durch das VorstAG geänderten § 87 Abs. 1 S. 1 AktG hat der Aufsichtsrat bei der Festsetzung der Gesamtbezüge des einzelnen Vorstandsmitglieds dafür zu sorgen, dass diese in einem angemessenen Verhältnis zu den Aufgaben und Leistungen des Vorstandsmitglieds und zur Lage der Gesellschaft stehen und die übliche Vergütung nicht ohne besondere Gründe übersteigen. Das neu eingeführte Kriterium der „Leistung des Vorstandsmitglieds" entspricht der bisherigen Empfehlung in Ziffer 4.2.2 des Kodex. Während es bei einer Neubestellung des Vorstands auf die von ihm zu erwartenden künftigen Leistungen ankommt, dürfen bei Vertragsverlängerungen auch die bisherigen persönlichen Leistungen des Vorstandsmitglieds herangezogen werden.[160] Zur Beantwortung der Frage, ob die konkrete Vergütung die übliche Vergütung übersteigt, ist nach der Gesetzesbegründung sowohl ein horizontaler Vergleich mit anderen Unternehmen gleicher Größe und gleicher Branche in Deutschland,[161] als auch ein vertikaler Vergleich mit dem sonstigen Gehaltsgefüge im Unternehmen vorzunehmen.[162]

147

Nach § 87 Abs. 1 S. 2 AktG ist die Vergütungsstruktur bei börsennotierten Gesellschaften (§ 3 Abs. 2 AktG) auf eine nachhaltige Unternehmensentwicklung auszurichten. Variable Vergütungsbestandteile sollen daher nach § 87 Abs. 1 S. 3 AktG eine mehrjährige Bemessungsgrundlage haben; für außerordentliche Entwicklungen soll der Aufsichtsrat eine Begrenzungsmöglichkeit (Cap) vereinbaren. Hinsichtlich der „Mehrjährigkeit" ist eine Ausstrahlung des durch das VorstAG neu gefassten § 193 Abs. 2 Nr. 4 AktG zu beachten, der bei Aktienoptionen nunmehr eine Wartezeit von vier Jahren vorsieht, so dass zumindest bei den Aktienoptionen wirtschaftlich vergleichbaren Modellen, wie etwa „Phantom Stocks" oder „Stock Appreciation Rights" in der Regel eine Wartezeit von ungefähr vier Jahren erforderlich ist.[163]

148

Das VorstAG verschärft die Verpflichtung des Aufsichtsrats nach § 87 Abs. 2 AktG, bei einer Verschlechterung der Lage der Gesellschaft für eine Herabsetzung der Bezüge und ggf. auch des Ruhegehalts des Vorstands zu sorgen.[164] Etwaige D&O-Versicherungen für den Vorstand[165] müssen nach § 93 Abs. 2 S. 3 AktG zwingend einen Selbstbehalt von mindestens 10% des Schadens bis mindestens zur Höhe des Eineinhalbfachen der festen jährlichen Vergütung des Vorstandsmitglieds vorsehen.[166] Nach § 23 Abs. 1 S. 1 EGAktG ist diese Regelung ab dem 1. Juli 2010 auch auf Versicherungsverträge anzuwenden, die vor dem 5. August 2009[167] geschlossen wurden. Falls die Gesellschaft allerdings aus einer vor dem 5. August 2009 geschlossenen Vereinbarung vertraglich verpflichtet ist, den Vorstandsmitgliedern eine D&O-Versicherung ohne Selbstbehalt zu gewähren, so darf sie diese Verpflichtung gemäß § 23 Abs. 1 S. 2 EGAktG erfüllen.[168]

149

Für börsennotierte Aktiengesellschaften sehen die §§ 285 Abs. 1 Nr. 9a S. 5–8 HGB i.V.m. 289 Abs. 2 Nr. 5 HGB und §§ 314 Abs. 1 Nr. 6 S. 5–8, Abs. 2 S. 2, 315 Abs. 2 Nr. 4 HGB die Verpflich-

150

---

160 Regierungsentwurf VorstAG, BT-Drucks 16/12278, 5.
161 Für eine Berücksichtigung vergleichbarer ausländischer Gesellschaften hingegen etwa *Bauer/Arnold*, AG 2009, 717, 719 f.
162 Beschlussempfehlung und Bericht des Rechtsausschusses zum VorstAG, BT-Drucks 16/13433, 10; den vertikalen Vergleich eher ablehnend Bauer/Arnold, AG 2009, 717 ff.
163 Die Gesetzesbegründung zum VorstAG, BT-Drucks 16/12278, 5, sieht § 193 Abs. 2 Nr. 4 AktG insoweit als „Auslegungshilfe" für § 87 Abs. 1 S. 2 AktG an, ebenso Bosse, BB 2009, 1650, 1651; *Gaul/Janz*, NZA 2009, 809, 810.
164 Vgl. dazu *Bosse*, BB 2009, 1650, 1651; *Wagner/Wittgens*, BB 2009, 906, 909 ff.; *Bauer/Arnold*, AG 2009, 717, 724 ff.
165 Für den Aufsichtsrat gilt lediglich die entsprechende Empfehlung in Ziffer 3.8. S. 5 des Kodex.
166 Dazu etwa *van Kann*, NZG 2009, 1010 ff.; *Koch*, AG 2009, 637 ff.
167 Inkrafttreten des VorstAG.
168 Vgl. dazu *van Kann*, AG 2009, 637, 640.

tung der Gesellschaft vor, zusätzlich zur Angabe der **Gesamtbezüge** die **Bezüge jedes einzelnen Vorstandsmitglieds** unter Namensnennung gesondert anzugeben und zwar aufgeteilt nach erfolgsabhängigen und erfolgsunabhängigen Komponenten, sowie solchen mit langfristiger Anreizwirkung. Ebenfalls anzugeben sind nach der Ergänzung des § 285 Abs. 1 Nr. 9a und § 314 Abs. 1 Nr. 6 S. 5–8 HGB durch das VorstAG alle zugesagten oder gewährten Leistungen im Fall der vorzeitigen oder regulären Beendigung der Vorstandstätigkeit. Die individualisierten Angaben zur Vergütung können unterbleiben (opt-out Regelung), wenn dies die Hauptversammlung mit einer Mehrheit von drei Viertel des vertretenen Grundkapitals beschließt, wobei dieser Beschluss höchstens für fünf Jahre gefasst werden kann (§§ 286 Abs. 5 S. 1 und 2, 314 Abs. 2 S. 2 HGB). Hierbei findet das Stimmverbot des § 136 AktG für einen Aktionär, dessen Bezüge als Vorstandsmitglied betroffen sind, entsprechende Anwendung (§ 286 Abs. 5 S. 3 HGB). Bereits vor der Erweiterung der Angabepflichten durch das VorstAG gefasste opt-out Beschlüsse dürften wirksam fortbestehen, da ihnen der Wille der Aktionäre entnommen werden kann, eine Offenlegung sämtlicher individualisierter Angaben (soweit gesetzlich möglich) auszuschließen.[169]

b) Anwendung von Arbeitnehmerschutzrecht

151 Grundsätzlich ist der Vorstand aufgrund seiner autonomen Leitungsbefugnis (§ 76 Abs. 1 AktG) nicht als Arbeitnehmer der Gesellschaft anzusehen. Für Rechtsstreitigkeiten aus dem Anstellungsverhältnis sind daher nicht die Arbeits-, sondern die **ordentlichen Gerichte zuständig** (§§ 2 Abs. 4; 5 Abs. 1 S. 3 ArbGG). Keine Anwendung finden etwa die Regelungen des Kündigungsschutzgesetzes, die Grundsätze der Haftung bei betrieblich veranlasster Tätigkeit oder tarifliche oder sonstige Regelungen für abhängig Beschäftigte.[170] Das Anstellungsverhältnis eines Vorstandsmitglieds geht nicht nach § 613a BGB auf einen Betriebserwerber über.[171] Trotzdem werden in der Rechtsprechung bestimmte Grundsätze zum Schutz von Arbeitnehmern auch auf Vorstandsmitglieder angewendet. So haben auch Vorstandsmitglieder Pfändungsschutz für ihr Arbeitseinkommen nach §§ 850 ff. ZPO und einen Anspruch auf Gleichbehandlung mit ihren Vorstandskollegen.[172] Vor allem gilt auch bei Vorstandsmitgliedern nicht die kurze dienstvertragliche Kündigungsfrist des § 621 Nr. 3 BGB, sondern in entsprechender Anwendung von § 622 BGB die längere Kündigungsfrist für Arbeitsverhältnisse.[173] Auch finden die Grundsätze über das **fehlerhafte Arbeitsverhältnis** entsprechende Anwendung.[174]

c) Abschluss des Anstellungsvertrags

152 Der Anstellungsvertrag kann längstens für den **maximalen Bestellungszeitraum** von fünf Jahren abgeschlossen werden (§ 84 Abs. 1 S. 5 AktG).[175] Zulässig ist es, die Beendigung des Anstellungsvertrags an den Widerruf der Bestellung zu koppeln.[176] Der Anstellungsvertrag darf **nicht auf Probe** abgeschlossen werden.[177] Abschluss und Kündigung des Anstellungsvertrages sind Sache des Aufsichtsrats.[178] Nach dem durch das VorstAG in § 107 Abs. 3 S. 3 AktG aufgenommenen Verweis auf § 87 Abs. 1 AktG ist nunmehr die Festlegung der Vorstandsvergütung und damit

---

169 *Deilmann/Otte*, AG-Report 21/2009, R 462.
170 Vgl. MünchGesR/*Wiesner*, Bd. 4, § 21 Rn 9; MüKo-AktG/*Hefermehl/Spindler*, § 84 Rn 44.
171 Vgl. BAG ZIP 2003, 1010, 1012 ff. (zum GmbH-Geschäftsführer).
172 Vgl. MünchGesR/*Wiesner*, Bd. 4, § 21 Rn 10.
173 Vgl. *Hüffer*, § 84 Rn 17.
174 BGHZ 113, 237, 247 ff.
175 Vgl. BAG ZIP 2009, 2073 ff.
176 Vgl. BGH NJW 1989, 2683 ff.
177 Vgl. MünchGesR/*Wiesner*, Bd. 4, § 21 Rn 21.
178 Vgl. *Hüffer*, § 84 Rn 12.

die Entscheidung über die diesbezüglichen Regelungen des Anstellungsvertrages zwingend dem Aufsichtsratsplenum zugewiesen, darf also nicht einem Ausschuss überlassen werden. Diese Zuständigkeit des Aufsichtsrats ist auch bei der Änderung des Anstellungsvertrags zu beachten, wobei auch hier das Aufsichtsratsplenum zuständig ist, soweit von der Änderung Vergütungsbestandteile im Sinne des § 87 Abs. 1 S. 1 AktG betroffen sind. Daher darf über die Gewährung von **Aktienoptionen** an Vorstandsmitglieder und über die Prämienübernahme für D&O-Versicherungen, die das Haftungsrisiko des Vorstands abdecken, allein das Aufsichtsratsplenum entscheiden.

d) Kündigung des Anstellungsvertrags

Für die **ordentliche Kündigung** des Anstellungsvertrages gilt § 622 Abs. 1 S. 1 BGB,[179] wenn der Vertrag nicht, wie dies üblicherweise geschieht, für eine feste Laufzeit abgeschlossen ist. Unberührt hiervon bleibt die **außerordentliche Kündigung** nach § 626 BGB, die eines wichtigen Grundes bedarf und nur binnen einer Ausschlussfrist von zwei Wochen erklärt werden kann. Die Frist beginnt nicht bereits damit, dass einzelne Aufsichtsratsmitglieder oder der Aufsichtsratsvorsitzende von dem Kündigungsgrund erfahren haben, sondern erst dann, wenn der Sachverhalt dem Aufsichtsratsgremium in einer Sitzung, die unverzüglich anzuberaumen ist, unterbreitet wurde.[180] Ein **wichtiger Grund** ist gegeben, wenn nach Abwägung der relevanten Interessen beider Seiten die Fortsetzung des Anstellungsvertrags bis zum planmäßigen Ablauf der Anstellungsfrist für die Gesellschaft unzumutbar ist.[181] Ein Vertrauensentzug der Hauptversammlung erlaubt zwar den **Widerruf** der Bestellung, nicht aber ohne weiteres auch eine Kündigung aus wichtigem Grund. Grundsätzlich ist ein wichtiger Grund zur Kündigung des Anstellungsvertrags auch ein Grund zum Widerruf der Bestellung, nicht aber umgekehrt. Als wichtige Gründe für die Kündigung sind daher vor allem grobe Pflichtverletzungen des Vorstands anzusehen, wie etwa die unberechtigte Amtsniederlegung, die Aufstellung falscher oder irreführender Bilanzen oder die Inanspruchnahme von Betriebsmitteln oder Geschäftspersonal für persönliche Zwecke.[182] Eine vorherige Abmahnung ist nicht erforderlich, da ein Vorstandsmitglied weniger schutzbedürftig als ein Arbeitnehmer ist und das Vertrauensverhältnis bereits beim ersten Verstoß zerstört sein kann.[183]

e) Sonstige Beendigungsgründe

Neben dem Ablauf einer Befristung oder dem Eintritt einer auflösenden Bedingung[184] kommen als sonstige Beendigungsgründe des Anstellungsvertrags insbesondere der Tod des Vorstandsmitglieds, die Kündigung durch das Vorstandsmitglied sowie die einvernehmliche Beendigung des Vertrages in Betracht. Demgegenüber führen die Auflösung der Gesellschaft, die durch Nichtigkeitsklage nach § 275 AktG herbeigeführte Nichtigkeit der Gesellschaft und die Eröffnung des Insolvenzverfahrens über das Vermögen der Gesellschaft oder dasjenige des Vorstandsmitglieds

---

179 Vgl. BGH ZIP 1989, 1190; BGHZ 91, 217, 220 f. zur GmbH.
180 BGH NZG 2002, 46, 47 f. für den Aufsichtsrat einer GmbH sowie OLG Jena NZG 1999, 1069 f., OLG München ZIP 2005, 1781, 1784 zur AG zustimmend *Hüffer*, § 84 Rn 42; MüKo-AktG/*Hefermehl/Spindler*, § 84 Rn 138; Heidel-AktienR/*Oltmanns*, § 84 Rn 37.
181 Vgl. *Hüffer*, § 84 Rn 39.
182 Vgl. *Hüffer*, § 84 Rn 40; MünchGesR/*Wiesner*, Bd. 4, § 21 Rn 79.
183 BGH NJW 2000, 1864, 1865; MüKo-AktG/*Hefermehl/Spindler*, § 84 Rn 142, einschränkend *Hüffer*, § 84 Rn 39 und *Koch*, ZIP 2005, 1621 ff. die davon ausgehen, dass wegen § 314 Abs. 2 BGB im Einzelfall eine Abmahnung erforderlich sein kann.
184 Hier ist vor allem die Gleichlaufklausel zu nennen, bei der der Widerruf der Bestellung als auflösende Bedingung für den Anstellungsvertrag vereinbart wird, wobei die Frist des § 622 BGB zu beachten ist, BGH NJW 1989, 2683 f.

nicht zur Beendigung des Anstellungsvertrags.[185] Auch ein Formwechsel oder eine Verschmelzung führen nicht zur Beendigung des Anstellungsvertrages, auch wenn die organschaftliche Bestellung endet.[186]

4. Vertretung

155 Dem Vorstand obliegt die **gerichtliche und außergerichtliche Vertretung** der Gesellschaft (§ 78 Abs. 1 S. 1 AktG).[187] Die **Vertretungsmacht** ist grundsätzlich **unbeschränkt und unbeschränkbar**, insbesondere bleibt sie auch grundsätzlich vom Unternehmensgegenstand und von statutarischen Zustimmungsvorbehalten zugunsten des Aufsichtsrats unberührt; das in anderen Rechtsordnungen anerkannte **ultra-vires Prinzip** gilt nicht. Ausgenommen vom Prinzip der unbeschränkbaren Vertretungsmacht sind lediglich die Ausübung von Beteiligungsrechten in mitbestimmten Gesellschaften nach § 32 MitbestG, des Weiteren Fälle, in denen bereits die Vertretungsmacht von Gesetzes wegen beschränkt ist, wie etwa §§ 114 Abs. 1, 179a, 293, 295 AktG, §§ 4 Abs. 1, 13 Abs. 1, 65 UmwG, sowie in Fällen eines Missbrauchs der Vertretungsmacht.[188] Von einem **Missbrauch der Vertretungsmacht** ist neben der **Kollusion,** bei der Vorstand und Vertragspartner bewusst zum Nachteil der Gesellschaft zusammenwirken, nur dann auszugehen, wenn der Geschäftspartner weiß oder es sich ihm geradezu aufdrängen muss, dass der Vorstand die Grenzen seiner Geschäftsführungsbefugnis überschreitet.[189] Nicht erforderlich ist nach neuerer Rechtsprechung, dass dieses Handeln zusätzlich bewusst zum Nachteil der Gesellschaft erfolgt.[190]

5. Arten der Vertretung

156 Nach § 78 Abs. 2 S. 1 AktG vertreten mehrere Vorstandsmitglieder die AG gemeinsam. Auch bei gemeinschaftlicher Vertretung ist es nach § 78 Abs. 4 S. 1 AktG möglich, dass die gemeinschaftlich befugten Vorstandsmitglieder ihrerseits Einzelne von ihnen rechtsgeschäftlich zur Vornahme bestimmter Geschäfte oder bestimmter Arten von Geschäften ermächtigen. Hierzu bedarf es einer **gegenständlichen Beschränkung**, also etwa „nur für Einkaufsgeschäfte". Eine bloße **betragsmäßige Begrenzung**, wie etwa „Geschäfte bis zu 10.000 EUR", ist nicht ausreichend.[191]

157 Abweichend vom Prinzip der gemeinschaftlichen Vertretung kann die Satzung, und kraft Ermächtigung in der Satzung auch der Aufsichtsrat, eine abweichende Vertretungsart bestimmen.[192] Üblich ist etwa die Einführung **modifizierter Gesamtvertretung**, wonach die Gesellschaft durch zwei Vorstandsmitglieder vertreten wird. Zu beachten ist dabei, dass bei vorgesehener Vertretung durch zwei Vorstandsmitglieder und Wegfall eines Mitglieds das verbleibende Mitglied nicht automatisch Einzelvertretungsmacht erlangt. Daher sollte in der Satzung ausdrücklich vorgesehen werden, dass, falls nur ein Vorstandsmitglied im Amt ist, dieses die Gesellschaft allein vertritt. Nach § 78 Abs. 3 S. 1 AktG kann die Satzung auch **unechte Gesamtver-**

---

185 Vgl. MünchGesR/*Wiesner*, Bd. 4, § 21 Rn 90.
186 Vgl. MünchGesR/*Wiesner*, Bd. 4, § 21 Rn 90.
187 Ausnahmen: Gegenüber dem Vorstand einschließlich ausgeschiedener Vorstandsmitglieder wird die AG durch den Aufsichtsrat vertreten, § 112 AktG; bei Beschlussanfechtungs- und -nichtigkeitsklagen und bei der Klage nach § 275 Abs. 4 AktG vertreten Vorstand und Aufsichtsrat die AG gemeinsam; bei Anmeldungen von Beschlüssen über Kapitalmaßnahmen zum Handelsregister müssen Vorstand und Aufsichtsrat nach §§ 184, 188 Abs. 1, 195 Abs. 1, 207 Abs. 2, 223, 229 Abs. 3, 237 Abs. 4 S. 5 AktG gemeinsam handeln.
188 Vgl. MünchGesR/*Wiesner*, Bd. 4, § 23 Rn 2.
189 BGH NZG 2006, 626, 627.
190 BGH NZG 2006, 626, 627.
191 Vgl. *Hüffer*, § 78 Rn 21; Köln-KommAktG/*Mertens*, § 78 Rn 55.
192 Vgl. MünchGesR/*Wiesner*, Bd. 4, § 23 Rn 13.

tretung vorsehen, wonach einzelne Vorstandsmitglieder die Gesellschaft zusammen mit einem Prokuristen vertreten können. Jedoch darf die unechte Gesamtvertretung nicht als einzige Vertretungsart bei einem mehrköpfigen Vorstand oder einem Alleinvorstand vorgesehen werden, da Vorstandsmitglieder aufgrund ihrer organschaftlichen Stellung immer in der Lage sein müssen, die Gesellschaft auch ohne Mitwirkung eines Prokuristen zu vertreten.[193]

Zulässig ist auch die Einräumung von **Einzelvertretungsbefugnis**, die aber nur generell und nicht beschränkt auf bestimmte Geschäfte erteilt werden darf.[194]

158

Sowohl aktiven als auch ausgeschiedenen Vorstandsmitgliedern gegenüber wird die Gesellschaft nach § 112 AktG durch den Aufsichtsrat vertreten.[195] Dies gilt auch im Rechtsstreit mit einer Vorstandswitwe über Ansprüche aus einer dem ehemaligen Vorstandsmitglied gegebenen Versorgungszusage.[196] Aus § 112 AktG folgt, dass eine Befreiung von § 181 BGB für **Insichgeschäfte** nur für den Fall erfolgen kann, dass der Vorstand als Vertreter der Gesellschaft und als Vertreter eines Dritten (**Mehrfachvertretung**) handelt. Wegen der zwingenden Zuständigkeit des Aufsichtsrats nach § 112 AktG kann der Vorstand demgegenüber nicht zum Abschluss von Geschäften mit sich selbst ermächtigt werden (**Selbstkontrahieren**). Bei Führungslosigkeit der Gesellschaft, d.h. wenn sie über keinen Vorstand verfügt, wird die Gesellschaft, für den Fall, dass ihr gegenüber Willenserklärungen abgegeben oder Schriftstücke zugestellt werden, gemäß § 78 Abs. 1 S. 2 AktG durch den Aufsichtsrat vertreten.

159

6. Geschäftsführung

Geschäftsführung ist jede rechtsgeschäftliche oder tatsächliche Tätigkeit für die AG.[197] Die Geschäftsführung obliegt dem Vorstand in eigener Verantwortung (§§ 76 Abs. 1, 77 AktG), also **frei von Weisungen** des Aufsichtsrats oder der Hauptversammlung. Es besteht nur die Folgepflicht nach § 83 Abs. 2 AktG und die Bindung an Hauptversammlungsbeschlüsse, sofern der Vorstand der Hauptversammlung eine Geschäftsführungsmaßnahme nach § 119 Abs. 2 AktG zur Entscheidung vorlegt. Die Geschäftsführung obliegt allen Vorstandsmitgliedern nach § 77 Abs. 1 S. 1 AktG gemeinsam. Weil sich insbesondere bei größeren Gesellschaften die zahlreichen Geschäftsführungsmaßnahmen des Vorstands nicht gemeinschaftlich wahrnehmen lassen, ist aber regelmäßig eine abweichende Geschäftsverteilung erforderlich, die entweder bereits in der Satzung oder aber in einer Geschäftsordnung für den Vorstand bestimmt werden kann.

160

7. Geschäftsordnung

Eine Geschäftsordnung für den Vorstand enthält regelmäßig Vorschriften über die Geschäftsverteilung sowie über die Zusammenarbeit innerhalb des Vorstands und zwischen Vorstand und Aufsichtsrat.[198] Nach Ziffer 4.2.1. S. 2 des Kodex soll eine Geschäftsordnung erlassen werden. Nach § 77 Abs. 2 S. 1 AktG kann sich der Vorstand selbst eine Geschäftsordnung geben, wenn nicht die Satzung den Erlass einer Geschäftsordnung dem Aufsichtsrat übertragen hat oder der Aufsichtsrat eine Geschäftsordnung erlässt. Mit Erlass einer Geschäftsordnung durch den Aufsichtsrat wird eine zuvor durch den Vorstand selbst erlassene Geschäftsordnung hinfällig.[199] Die

161

---

193 Vgl. MünchGesR/*Wiesner*, Bd. 4, § 23 Rn 16; *Hüffer*, § 78 Rn 16.
194 MüKo-AktG/*Hefermehl/Spindler*, § 78 Rn 30.
195 BGH AG 2009, 327 f.
196 BGH ZIP 2006, 2213 f.
197 *Hüffer*, § 77 Rn 3.
198 Vgl. MünchGesR/*Wiesner*, Bd. 4, § 22 Rn 19.
199 Vgl. MünchGesR/*Wiesner*, Bd. 4, § 22 Rn 20.

Satzung kann auch vorsehen, dass die Geschäftsordnung für den Vorstand der Zustimmung des Aufsichtsrats bedarf.[200] Die Geschäftsordnung ist schriftlich niederzulegen, wobei es allerdings keiner eigenhändigen Unterschrift nach § 126 BGB bedarf.[201] Eine bloße Praxis, in der sich abweichend vom Prinzip der Gesamtgeschäftsführung bestimmte Zuständigkeiten im Vorstand herausgebildet haben, ist rechtlich nicht anzuerkennen. Die in der Geschäftsordnung vorgesehene Geschäftsverteilung hat insbesondere Bedeutung für die Haftung der Vorstandsmitglieder (vgl. Rn 180 ff.). Beschlüsse des Vorstands über die Geschäftsordnung müssen nach § 77 Abs. 2 S. 3 AktG einstimmig gefasst werden.

8. Vorstandsvorsitzender/Vorstandssprecher

162 Bei einem mehrköpfigen Vorstand kann der Aufsichtsrat nach § 84 Abs. 2 AktG ein Mitglied zum **Vorstandsvorsitzenden** ernennen; dies soll nach Ziffer 4.2.1. S. 1 des Kodex erfolgen. Erforderlich ist hierzu ein Beschluss des Gesamtaufsichtsrats, die Delegation an einen Aufsichtsratsausschuss ist nach § 107 Abs. 3 S. 3 AktG unzulässig. Der Vorstandsvorsitzende repräsentiert den Vorstand als Kollegialorgan, leitet die Vorstandssitzungen und ist Koordinator der Vorstandsarbeit.[202] Er ist nach § 80 Abs. 1 S. 2 AktG als solcher auf den Geschäftspapieren der Gesellschaft zu bezeichnen. Unzulässig, weil mit der kollegialen Organisation des Vorstands unvereinbar, ist es, die Position des Vorstandsvorsitzenden als diejenige eines Chief Executive Officers (**CEO**) nach angloamerikanischem Vorbild, der in seinen Händen die gesamte Leitungsmacht bündelt, auszugestalten.[203] Der Aufsichtsrat kann auch einen **stellvertretenden Vorsitzenden des Vorstands** ernennen, der für den Fall einer Verhinderung des Vorstandsvorsitzenden diesen vertritt. Solange der Aufsichtsrat keinen Vorstandsvorsitzenden ernannt hat, kann der Vorstand, soweit dessen Geschäftsordnung von ihm und nicht vom Aufsichtsrat erlassen wurde, sonst der Aufsichtsrat, auch einen **Vorstandssprecher** ernennen.[204] Dieser hat lediglich Aufgaben der Sitzungsleitung und Repräsentation, ihm obliegt, anders als dem Vorstandsvorsitzenden, jedoch nicht die sachliche Führung der Vorstandsarbeit.[205]

9. Willensbildung im Vorstand

163 Grundsätzlich ist für die Beschlussfassung des Vorstands keine bestimmte Form vorgesehen. In der Geschäftsordnung wird aber regelmäßig vorgesehen, dass Beschlüsse grundsätzlich in Sitzungen zu fassen sind. Vorgesehen werden kann jedoch auch eine Beschlussfassung z.B. per Video-, bzw. Telefonkonferenz oder im Umlaufverfahren.[206] Vom Einstimmigkeitsprinzip des § 77 Abs. 1 S. 1 AktG kann in der Satzung oder Geschäftsordnung abgewichen werden. Möglich ist es, **einfache** oder **qualifizierte Mehrheiten** für die Beschlussfassung im Vorstand vorzusehen, wobei auch nach Beschlussgegenständen unterschieden werden kann.[207] Ebenfalls zulässig ist es grundsätzlich, für den Fall der Stimmengleichheit für ein Vorstandsmitglied, also insbesondere für den Vorstandsvorsitzenden, ein **Stichentscheidsrecht** vorzusehen, oder bei nicht mitbestimmten Gesellschaften einem Vorstandsmitglied ein **Vetorecht** einzuräumen.[208] Unzulässig ist die Einräumung eines Stichentscheids jedoch bei einem zweigliedrigen Vorstand, da dies

---

[200] Vgl. *Hüffer*, § 77 Rn 19.
[201] Vgl. *Hüffer*, § 77 Rn 21.
[202] *Hüffer*, § 84 AktG Rn 21.
[203] MüKo-AktG/*Hefermehl/Spindler*, § 84 Rn 84.
[204] MünchGesR/*Wiesner*, Bd. 4, § 24 Rn 4; *Hüffer*, § 84 Rn 22.
[205] MüKo-AktG/*Hefermehl/Spindler*, § 84 Rn 83.
[206] Vgl. MüKo-AktG/*Hefermehl/Spindler*, § 77 Rn 6.
[207] Vgl. *Hüffer*, § 77 Rn 11.
[208] Vgl. *Hüffer*, § 77 Rn 11, 12.

sonst auf ein Alleinentscheidungsrecht des Begünstigten hinausliefe.[209] Ebenfalls unzulässig ist nach § 77 Abs. 1 S. 2 AktG eine Bestimmung in der Satzung oder Geschäftsordnung, wonach ein oder mehrere Vorstandsmitglieder bei Meinungsverschiedenheiten im Vorstand gegen die Mehrheit seiner Mitglieder entscheiden. Danach kann der Vorstandsvorsitzende zwar von ihm befürwortete Maßnahmen nicht durchsetzen, es kann ihm aber das Recht eingeräumt werden, von ihm nicht gewollte Maßnahmen zu verhindern.[210]

10. Folgen fehlerhafter Beschlussfassung

Mängel der Stimmabgabe eines Vorstandsmitglieds (Irrtum, Täuschung etc.) beeinflussen nur dann die Wirksamkeit eines Vorstandsbeschlusses, wenn es zu diesem nicht auch ohne die fehlerhafte Stimmabgabe gekommen wäre.[211] Mängel des Beschlusses, die darauf beruhen, dass die Mitwirkungsrechte einzelner Vorstandsmitglieder nicht berücksichtigt wurden, führen nur bei alsbaldiger Beanstandung zur Nichtigkeit des Beschlusses und werden mit der, ggf. auch konkludent erklärten, Zustimmung durch die betroffenen Vorstandsmitglieder wirksam.[212] Überstimmte oder übergangene Vorstandsmitglieder müssen die Ausführung nichtiger Beschlüsse durch Gegenvorstellung oder Anrufung des Aufsichtsrats zu verhindern suchen, wenn sie nicht auch für diese haftbar sein wollen.[213] Sie können die Nichtigkeit auch im Rahmen einer Klage auf Feststellung der Nichtigkeit, gerichtet gegen die Gesellschaft, geltend machen. Die Nichtigkeit eines Vorstandsbeschlusses hat keinen Einfluss auf die Vertretungsbefugnis. Wirksame Beschlüsse müssen auch die überstimmten Vorstandsmitglieder ausführen.

164

11. Zustimmungsbedürftige Rechtsgeschäfte

Nach § 111 Abs. 4 S. 2 AktG haben die Satzung oder der Aufsichtsrat zu bestimmen, dass bestimmte Arten von Geschäften nur mit Zustimmung des Aufsichtsrats vorgenommen werden dürfen. Dem entspricht Ziffer 3.3. S. 1 des Kodex, der in S. 2 weiter festlegt, dass zu den zustimmungsbedürftigen Geschäften Entscheidungen und Maßnahmen gehören, die die Vermögens-, Finanz- oder Ertragslage des Unternehmens grundlegend verändern. Die Begründung von **Zustimmungsvorbehalten**, die den Vorstand zwingen, sich vor Durchführung eines bestimmten Geschäfts der Billigung des Aufsichtsrats zu vergewissern, kann in der Satzung erfolgen. In diesem Fall ist der Aufsichtsrat an den Zustimmungsvorbehalt gebunden und kann ihn nicht aufheben oder durch einen Generalkonsens leer laufen lassen.[214] Der Aufsichtsrat kann Zustimmungsvorbehalte nach § 111 Abs. 4 S. 2 AktG aber auch in einer Geschäftsordnung für den Vorstand verankern. Zulässig ist es auch, wenn der Aufsichtsrat durch gesonderten Aufsichtsratsbeschluss bzw. durch ad hoc Beschluss für eine Einzelmaßnahme ein Zustimmungserfordernis begründet.[215] Die Begründung von Zustimmungsvorbehalten findet ihre Grenze, wo die eigenverantwortliche Leitung der AG durch den Vorstand praktisch aufgehoben wird.[216] Aus dem Charakter des § 111 Abs. 4 AktG als präventiver Überwachungsvorschrift ergibt sich, dass zumindest im Regelfall die vorherige Zustimmung erforderlich ist, eine etwaige nachträgliche Geneh-

165

---

209 LG Karlsruhe AG 2001, 93, 94; *Hüffer*, § 77 Rn 11, 12.
210 Vgl. MünchGesR/*Wiesner*, Bd. 4, § 22 Rn 9.
211 Vgl. Kölner Komm-AktG/*Mertens*, § 77 Rn 27; MünchGesR/*Wiesner*, Bd. 4, § 22 Rn 7.
212 Vgl. Kölner Komm-AktG/*Mertens*, § 77 Rn 27.
213 Vgl. Kölner Komm-AktG/*Mertens*, § 77 Rn 27; MünchGesR/*Wiesner*, Bd. 4, § 22 Rn 8.
214 Vgl. *Hüffer*, § 111 Rn 17a.
215 MüKo-AktG/*Semler*, § 111 Rn 407 ff.
216 Vgl. Kölner Komm-AktG/*Mertens*, § 111 Rn 66; MüKo-AktG/*Semler*, § 111 Rn 395. Zu Grenzen der Erweiterung des Zustimmungsvorbehalts auf verbundene Unternehmen siehe MüKo-AktG/*Semler*, § 111 Rn 414 ff.

migung grundsätzlich also nicht genügt.[217] Eine vom Aufsichtsrat verweigerte Zustimmung kann auf Verlangen des Vorstands nach § 111 Abs. 4 S. 3 AktG durch einen Hauptversammlungsbeschluss ersetzt werden.

12. Leitungspflichten des Vorstands

166 Bei ihrer Geschäftsführung haben Vorstandsmitglieder die Sorgfalt eines ordentlichen und gewissenhaften Geschäftsleiters anzuwenden (§ 93 Abs. 1 S. 1 AktG). Maßgebend ist daher, wie ein Leiter eines Unternehmens vergleichbarer Art und Größe zu handeln hat, der nicht mit eigenen Mitteln wirtschaftet, sondern wie ein treuhänderischer Verwalter fremden Vermögens verpflichtet ist.[218] Dieser normative Maßstab ist unabhängig von den individuellen Fähigkeiten des Vorstandsmitglieds.[219] Die Vorstandsmitglieder müssen dafür Sorge tragen, dass die Gesellschaft sich nach außen hin rechtmäßig verhält und ihre öffentlich-rechtlichen Pflichten erfüllt.[220] Nach §91 Abs. 2 AktG hat der Vorstand geeignete Maßnahmen zu treffen, insbesondere ein Überwachungssystem einzurichten, damit Entwicklungen früher erkannt werden, die den Fortbestand der Gesellschaft gefährden,[221] und er hat darüber hinaus, wovon auch der durch das VorstAG geänderte § 107 Abs. 3 S. 2 AktG ausgeht, in angemessener Weise ein umfassendes **Risikomanagementsystem, ein internes Kontrollsystem und ein internes Revisionssystem einzzurichten.**

a) Berichtspflichten

167 Die Vorstandsmitglieder unterliegen gegenüber dem Aufsichtsrat den **Berichtspflichten** nach § 90 AktG. Ohne besondere Aufforderung durch den Aufsichtsrat **müssen** Berichte erstellt werden:
– über die beabsichtigte Geschäftspolitik und andere grundsätzliche Fragen der Unternehmensplanung, wobei auf Abweichungen der tatsächlichen Entwicklung von früher berichteten Zielen unter Angabe von Gründen einzugehen ist (§ 90 Abs. 1 S. 1 Nr. 1 AktG);
– über die Rentabilität der Gesellschaft, insbesondere die Rentabilität des Eigenkapitals (§ 90 Abs. 1 S. 1 Nr. 2 AktG);
– über den Gang der Geschäfte, insbesondere den Umsatz und die Lage der Gesellschaft (§ 90 Abs. 1 S. 1 Nr. 3 AktG);
– über Geschäfte, die für die Rentabilität und Liquidität der Gesellschaft von erheblicher Bedeutung sein können (§ 90 Abs. 1 S. 1 Nr. 4 AktG)
– oder aus sonstigem wichtigem Anlass (§ 90 Abs. 1 S. 3 AktG).

Ist die Gesellschaft ein Mutterunternehmen (§ 290 Abs. 1, 2 HGB), so hat der Bericht auch auf Tochterunternehmen und auf Gemeinschaftsunternehmen (§ 310 Abs. 1 HGB) einzugehen. Nach § 90 Abs. 4 S. 2 AktG sind die Berichte, mit Ausnahme des Berichts aus sonst wichtigem Anlass nach § 90 Abs. 1 S. 3 AktG, in der Regel in Textform (§ 126b BGB), zu erstatten.

168 Darüber hinaus kann der Aufsichtsrat gem. § 90 Abs. 3 S. 1 AktG jederzeit einen Bericht verlangen über die Angelegenheiten der Gesellschaft, ihre rechtlichen und geschäftlichen Beziehungen zu verbundenen Unternehmen sowie über geschäftliche Vorgänge bei diesen, die auf die

---

217 Vgl. *Hüffer*, § 111 Rn 19, wobei umstritten ist, ob bei eilbedürftigen Geschäften ausnahmsweise die nachträgliche Genehmigung genügt, dafür etwa MüKo-AktG/*Semler*, § 111 Rn 438.
218 BGHZ 129, 30, 34.
219 Vgl. MünchGesR/*Wiesner*, Bd. 4, § 25 Rn 2; OLG Koblenz ZIP 1991, 870, 871 (zur GmbH).
220 Vgl. BGHZ 125, 366, 372; BGH DB 1996, 2483 (beide zur GmbH); MünchGesR/*Wiesner*, Bd. 4, § 25 Rn 4.
221 Vgl. zu den Einzelheiten MüKo-AktG/*Hefermehl/Spindler*, § 91 Rn 14 ff. m.w.N. zum umfangreichen Schrifttum.

Lage der Gesellschaft von erheblichem Einfluss sein können. Dieses Recht steht nach § 90 Abs. 3 S. 2 AktG auch jedem einzelnen Aufsichtsratsmitglied zu, wobei jedoch nur die Erstattung des Berichts an den Aufsichtsrat verlangt werden kann.

b) Geheimhaltungspflichten

169 Die Vorstandsmitglieder unterliegen einer Geheimhaltungsverpflichtung nach § 93 Abs. 1 S. 3 AktG. Ein Verstoß gegen die Verschwiegenheitspflicht stellt unter Umständen eine grobe Pflichtverletzung des Vorstands dar und kann nach § 404 AktG strafbar sein. Nach § 93 Abs. 1 S. 3 AktG erstreckt sich der Umfang der Verschwiegenheitspflicht auf **vertrauliche Angaben** und **Geheimnisse** der Gesellschaft.

170 Geheimnisse der Gesellschaft sind Tatsachen, die nicht offenkundig sind und nach dem geäußerten oder aus dem Gesellschaftsinteresse ableitbaren mutmaßlichen Willen der Aktiengesellschaft auch nicht offenkundig werden sollen, soweit ein objektives Geheimhaltungsbedürfnis besteht.[222] Vertrauliche Angaben können alle sonstigen Informationen sein, die ein Vorstandsmitglied in dieser Eigenschaft erlangt hat, also z.B. persönliche Informationen über Kandidaten für ein Amt als Vorstand oder Aufsichtsrat.[223]

171 Die Geheimhaltungspflicht kann durch Satzung oder Anstellungsvertrag weder gemildert noch verschärft werden.[224] Keine Geheimhaltungspflicht besteht gegenüber anderen Vorstandskollegen, gegenüber dem Aufsichtsrat, gegenüber dem Abschlussprüfer, soweit der Vorstand diesem gegenüber zur Information nach § 320 Abs. 2 HGB verpflichtet ist,[225] sowie nach § 93 Abs. 4 S. 3 AktG gegenüber einer Prüfstelle für Rechnungslegung (§ 342b HGB). Grundsätzlich bestehen bleibt hingegen die Geheimhaltungspflicht auch gegenüber dem Betriebsrat und gegenüber dem Wirtschaftsausschuss, es sei denn, dass der Vorstand kraft betriebsverfassungsrechtlicher Informationspflicht zum Reden verpflichtet ist.[226] Zu den sonstigen Dritten, gegenüber denen der Vorstand zur Verschwiegenheit verpflichtet ist, gehören auch kreditgebende Banken und der Mehrheitsaktionär.[227]

c) Gestattung von Due Diligence Prüfungen

172 Probleme mit der Geheimhaltungspflicht treten häufig auf, wenn ein Aktionär ein größeres Aktienpaket veräußern will und dem potentiellen Käufer eine **Due Diligence Prüfung** gestattet werden soll. Nach überwiegender Ansicht ist die Informationserteilung dann zulässig, wenn ein Interesse der Gesellschaft an dem Anteilserwerb durch den Käufer besteht, die Due Diligence für den Erwerb erforderlich ist und mit dem Erwerber Vertraulichkeit vereinbart wird.[228] Da hier noch vieles unklar ist, sollten zur Absicherung des Vorstands möglichst folgende Punkte eingehalten werden:[229]

- Die Zustimmung zur Due Diligence sollte durch (möglichst einstimmige) Beschlüsse von Vorstand und Aufsichtsrat dokumentiert sein, in denen die wesentlichen Gründe für und gegen die Zustimmung dargestellt werden;

---

222 Vgl. *Hüffer*, § 93 Rn 7; MünchGesR/*Wiesner*, Bd. 4, § 25 Rn 42; Heidel/*Landwehrmann*, § 93 Rn 41.
223 Vgl. *Hüffer*, § 93 Rn 7; MünchGesR/*Wiesner*, Bd. 4, § 25 Rn 41.
224 Vgl. MünchGesR/*Wiesner*, Bd. 4, § 25 Rn 45.
225 Vgl. *Hüffer*, § 93 Rn 8; Heidel/*Landwehrmann*, § 93 Rn 43.
226 Vgl. Kölner Komm-AktG/*Mertens*, § 93 Rn 81; *Hüffer*, § 93 Rn 8.
227 Vgl. MünchGesR/*Wiesner*, Bd. 4, § 25 Rn 46.
228 Vgl. *Hüffer*, § 93 Rn 8; MüKo-AktG/*Hefermehl/Spindler*, § 93 Rn 63; *Holzapfel/Pöllath*, Unternehmenskauf in Recht und Praxis, S. 21 ff., restriktiver: *Lutter*, ZIP 1997, 613, 616 ff.
229 Vgl. *Holzapfel/Pöllath*, Unternehmenskauf in Recht und Praxis, S. 27 f.; ähnlich MüKo-AktG/*Hefermehl/Spindler*, § 93 Rn 63.

- Die Zustimmung sollte auf der Basis eines Letters of Intent des Käufers gefasst werden, der so bestimmt ist, dass der Verkäufer von der Ernsthaftigkeit des Kaufangebots ausgehen kann;
- Falls nicht bereits im Letter of Intent enthalten, sollte eine mit einer Vertragsstrafe bewehrte Vertraulichkeitsvereinbarung vom potentiellen Käufer unterzeichnet werden;
- Unkontrollierte Übermittlungen von Informationen sind durch Errichtung eines Datenraums (Data Room) mit einem entsprechenden formalisierten Verfahren und durch die Benennung von Auskunftspersonen zu verhindern;
- Besonders sensible Informationen sind erst in einer zweiten Runde der Due Diligence oder kurz vor Vertragsschluss (Signing) zugänglich zu machen;
- Gegebenenfalls sollten mit der Due Diligence-Prüfung vom Käufer und Verkäufer unabhängige neutrale Fachleute beauftragt werden;
- Für durch die Due Diligence entstehende Kosten und sonstigen Aufwand der Gesellschaft sollte mit dem verkaufenden Aktionär eine Ausgleichsverpflichtung vereinbart werden, um einen Verstoß gegen das Verbot der Einlagenrückgewähr (§ 57 AktG) auszuschließen.

d) Offenlegungs- und Veröffentlichungspflichten

173 Der Vorstand ist dafür verantwortlich, dass die Aktiengesellschaft ihren Mitteilungs- und Veröffentlichungspflichten nach § 20 AktG, §§ 15 Abs. 1, 15a, 21, 25, 30a ff. WpHG, sowie ihren etwaigen zusätzlichen börsenrechtlichen Pflichten nachkommt (zu den Mitteilungspflichten nach AktG und WpHG vgl. im Einzelnen Rn 398 ff.).

e) Corporate Governance

174 Seit dem 26.2.2002 gibt es den **Deutschen Corporate Governance Kodex**.[230] Er wird in seiner jeweils aktuellen Fassung im amtlichen Teil des Bundesanzeigers im Internet unter der Adresse www.bundesanzeiger.de veröffentlicht. Der Kodex, dessen derzeit aktuelle Fassung vom 15.5.2012 datiert, enthält Verhaltensempfehlungen, die sich in erster Linie an Vorstand und Aufsichtsrat börsennotierter Gesellschaften[231] richten. Die Verhaltensempfehlungen entsprechen nach Auffassung der Regierungskommission, die den Kodex erarbeitet hat, der **best practice** und sollen daher von den börsennotierten Unternehmen beachtet werden. Die Empfehlungen haben zwar keinen Gesetzescharakter und sind nicht zwingend anzuwenden. Vorstand und Aufsichtsrat einer börsennotierten Gesellschaft müssen aber gemäß § 161 AktG jährlich (also innerhalb von 12 Monaten nach der letzten Erklärung)[232] erklären, inwieweit die Empfehlungen in der Vergangenheit eingehalten wurden und in Zukunft eingehalten werden und nach der Neufassung des § 161 Abs. 1 AktG durch das BilMoG (vgl. Rn 9) begründen, warum Empfehlungen nicht eingehalten wurden bzw. werden.[233] Nach § 161 Abs. 2 AktG ist diese so genannte **Entsprechens-Erklärung** auf der Internetseite der Gesellschaft, dauerhaft öffentlich zugänglich zu machen. Der durch das BilMoG neu eingeführte § 289a Abs. 2 Nr. 1 HGB wertet die Entsprechenserklärung erheblich auf, da diese nunmehr als Teil der Erklärung zur Unternehmensführung Bestandteil des Lageberichts wird.[234] Die in die Zukunft gerichtete Erklärung nach § 161 Abs. 1 AktG ist zwar

---

230 Dazu *Ringleb/Kremer/Lutter/v.Werder*, Kommentar zum deutschen Corporate Governance Kodex; *Vetter*, NZG 2009, 561 ff.; *Tödtmann/Schauer*, ZIP 2009, 995 ff.
231 Gleiches gilt nach § 161 Abs. 1 S. 2 AktG für die dort genannten Wertpapieremittenten.
232 OLG München ZIP 2008, 742, 743; BGHZ 180, 9, 19; *Ihrig*, ZIP 2009, 853, a.A.: *Rosengarten/Schneider*, ZIP 2009, 1837 ff.; m.w.N. zum Streitstand.
233 Vgl. dazu *Tödtmann/Schauer*, ZIP 2009, 995; *Ihrig*, ZIP 2009, 853.
234 Vgl. dazu *Tödtmann/Schauer*, ZIP 2009, 995 ff.

nur eine Absichtserklärung ohne rechtliche Bindungswirkung. Wird von ihr abgewichen, müssen Vorstand und Aufsichtsrat diese Abweichung aber ebenfalls rechtzeitig unterjährig erklären.[235] Dies gilt allerdings nicht bei Abweichungen, die allein durch unterjährige Änderungen des Kodex oder des Gesetzes (wie der Einführung der Begründungspflicht in § 161 Abs. 1 AktG durch das BilMoG) erfolgen, hier genügt die Anpassung der nächsten „jährlichen" Entsprechenserklärung.[236]

Die Entsprechens-Erklärung und eine eventuelle unterjährige Änderungserklärung haben jeweils durch Vorstand und Aufsichtsrat zu erfolgen. Beide Organe müssen also hierüber beschließen und eine Erklärung abgeben. In der Praxis werden aber die Erklärungen der beiden Organe – sofern sie inhaltlich übereinstimmen – nach außen als einheitliche Erklärung abgegeben.[237]

Verstöße gegen die Verpflichtungen aus § 161 AktG durch Abgabe einer unrichtigen Entsprechenserklärung oder die fehlende Berichtigung einer unrichtig gewordenen Entsprechenserklärung haben bereits deshalb erhebliche Auswirkungen, weil sie zur Anfechtbarkeit der Entlastungsbeschlüsse von Vorstand und Aufsichtsrat führen können.

Dies ist der Fall, wenn die Erklärung in einem nicht unwesentlichen Punkt der tatsächlich geübten Praxis widerspricht, die Organmitglieder die Unrichtigkeit kannten oder kennen mussten und die unterbliebene Information für einen objektiv urteilenden Aktionär für die sachgerechte Wahrnehmung seiner Teilnahme- und Mitgliedschaftsrechte relevant ist.[238] Verstöße gegen § 161 AktG können außerdem, neben einem Reputationsverlust wegen schlechter Corporate Governance, auch zu einem eingeschränkten Testat des Abschlussprüfers und zu einer Innenhaftung des Vorstands und des Aufsichtsrats gegenüber der Gesellschaft nach §§ 93, 116 AktG führen.[239] Möglicherweise ist eine fehlerhafte Entsprechenserklärung, die nach § 289a Abs. 2 Nr. 1 HGB nunmehr Bestandteil des Lageberichts wird, auch als unrichtige oder verschleierte Wiedergabe von Verhältnissen der Kapitalgesellschaft i.S.d. § 331 Abs.1 Nr. 1 HGB anzusehen. Dies kann dann wegen der anerkannten Schutzgesetzeigenschaft dieser Norm i.S.d. § 823 Abs. 2 BGB zu einer Außenhaftung der Organmitglieder führen und ggf. auch strafrechtliche Konsequenzen haben.[240]

f) Pflicht zur Ausführung von Hauptversammlungsbeschlüssen

Nach § 83 Abs. 1 S. 1 und 2 AktG ist der Vorstand auf Verlangen der Hauptversammlung verpflichtet, Maßnahmen, die in die Zuständigkeit der Hauptversammlung fallen, sowie Verträge, die nur mit Zustimmung der Hauptversammlung wirksam werden, vorzubereiten. Nach § 83 Abs. 2 AktG ist der Vorstand weiterhin verpflichtet, die von der Hauptversammlung im Rahmen ihrer Zuständigkeit beschlossenen Maßnahmen auszuführen. Eine solche Ausführungspflicht kann naturgemäß nur bestehen, wenn die Maßnahme ausführungsbedürftig ist, also nicht bereits ohne einen besonderen Umsetzungsakt wirksam wird, wie dies etwa bei der Entlastung der Mitglieder des Vorstands und Aufsichtsrats sowie bei der Wahl von Aufsichtsratsmitgliedern der Fall ist.[241] Eine Ausführung durch den Vorstand ist daher insbesondere dann erforderlich, wenn es, wie z.B. bei Satzungsänderungen (§ 181 AktG), Kapitalerhöhungen (§ 184 AktG), Kapitalherabsetzungen (§ 223 AktG), Umwandlungen (§ 16 UmwG), dem Abschluss von Unternehmensver-

175

---

235 BGHZ 180, 9, 19; *Ihrig/Wagner*, BB 2002, 2509 ff.
236 *Rosengarten/Schneider*, ZIP 2009, 1837, 1844; *Ihrig*, ZIP 2009, 853; a.A: *Mutter*, ZIP 2009, 750.
237 Vgl. *Hüffer*, § 161 Rn 11.
238 BGHZ 180, 9, 18; BGH WM 2009, 2085, 2088..
239 *Hüffer*, § 161 Rn 25; *Rosengarten/Schneider*, ZIP 2009, 1837, 1838.
240 *Tödtmann/Schauer*, ZIP 2009, 995, 999.
241 Vgl. *Semler/Volhard/Schlitt*, HV Hdb., § 12 Rn 112.

trägen (§ 294 Abs. 1 AktG) oder dem Ausschluss von Minderheitsaktionären (§ 327e Abs. 1 S. 1 AktG) der öffentlich beglaubigten Anmeldung der von der Hauptversammlung gefassten Beschlüsse zur Eintragung in das Handelsregister der Gesellschaft bedarf. Da eine Ausführungspflicht nur bei gesetzmäßigen Beschlüssen der Hauptversammlung besteht, ist der Vorstand nicht zur Registeranmeldung verpflichtet, wenn es sich um einen nichtigen oder anfechtbaren Beschluss der Hauptversammlung handelt.[242]

176 Gegen einen anfechtbaren Beschluss kann der Vorstand nach § 245 Nr. 4 und 5 AktG selbst Anfechtungsklage erheben und ist hierzu auch verpflichtet, wenn durch den Beschluss die Gesellschaft geschädigt wird.[243] Nach überwiegender Ansicht trifft den Vorstand daher bei (noch) anfechtbaren Beschlüssen keine Umsetzungspflicht.[244] Auch wenn danach keine Verpflichtung des Vorstands zur Ausführung angefochtener Beschlüsse besteht, wird man davon ausgehen können, dass der Vorstand hierzu unter bestimmten Voraussetzungen **berechtigt** ist. Unter Heranziehung des Rechtsgedankens des § 16 Abs. 3 S. 2 UmwG, § 246a Abs. 2 AktG sollte dies insbesondere dann gelten, wenn entweder die Klage gegen den Hauptversammlungsbeschluss unzulässig oder offensichtlich unbegründet ist, oder wenn nach Ansicht des Vorstands das alsbaldige Wirksamwerden des Hauptversammlungsbeschlusses vorrangig erscheint, weil die wesentlichen Nachteile für die Gesellschaft und ihre Aktionäre die wirtschaftlichen Nachteile für den anfechtenden Aktionär überwiegen und auch keine besondere Schwere des Rechtsverstoßes vorliegt.

g) Sonstige Pflichten

177 Zu beachten ist weiterhin das **gesetzliche Wettbewerbsverbot** nach § 88 AktG, das auch in Ziffer 4.3.1. des Kodex genannt ist. Es kann durch ein nachvertragliches Wettbewerbsverbot im Anstellungsvertrag ergänzt werden. Hierbei ist eine räumliche Begrenzung sowie eine zeitliche Begrenzung auf regelmäßig zwei Jahre vorzunehmen und bei Verboten, die über bloßen Kunden- und Mandantenschutz hinausgehen, regelmäßig eine Karenzentschädigung vorzusehen.[245]

178 Bei Verlust in Höhe der Hälfte des Grundkapitals ist der Vorstand gem. § 92 Abs. 1 AktG zur Einberufung der Hauptversammlung, und bei Zahlungsunfähigkeit oder Überschuldung nach Maßgabe von § 15a InsO zum Antrag auf Eröffnung des Insolvenzverfahrens verpflichtet.

179 Neben einer ganzen Reihe weiterer gesetzlich bestimmter Pflichten obliegt dem Vorstand vor allem auch die Sicherstellung der Erfüllung der die AG treffenden **Buchführungspflichten** und Steuer- und Abgabepflichten. Hierzu gehört auch der mit dem Transparenzrichtlinie-Umsetzungsgesetz neu eingeführte „Bilanzeid" nach § 264 Abs. 2 S. 3 HGB, wonach der Vorstand einer Aktiengesellschaft, die Inlandsemittent i.S.d. § 2 Abs. 7 WpHG und keine Gesellschaft im Sinne des § 327a HGB ist, bei Unterzeichnung des Jahresabschlusses[246] schriftlich zu versichern hat, dass nach bestem Wissen der Jahresabschluss ein den tatsächlichen Verhältnissen entsprechendes Bild im Sinne des § 264 Abs. 2 S. 1 HGB vermittelt oder der Anhang Angaben nach § 264 Abs. 2 S. 2 HGB enthält.[247]

---

242 Semler/Volhard/*Schlitt*, HV Hdb. § 12 Rn 114; a.A. für Beschlüsse, an deren Nichtigkeit Zweifel bestehen sowie für anfechtbare Beschlüsse *Hüffer*, § 181 Rn 5.
243 Vgl. *Hüffer*, § 243 Rn 50; Semler/Volhard/*Schlitt*, HV Hdb. § 12 Rn 114; MüKo-AktG/*Hefermehl/Spindler*, § 83 Rn 12.
244 Vgl. *Hüffer*, § 243 AktG, Rn 50; Großkommentar AktG/*K. Schmidt*, § 243 Rn 71; Semler/Volhard/*Schlitt*, HV Hdb. § 12 Rn 114; anders *Volhard*, ZGR 1996, 55, 61ff. für den Fall, dass der Vorstand den Beschluss für rechtmäßig hält.
245 Vgl. *Hüffer*, § 88 Rn 10; MünchGesR/*Wiesner*, Bd. 4, § 21 Rn 71.
246 Gleiches gilt nach § 37w Abs. 2 Nr. 3 WpHG für den Halbjahresfinanzbericht.
247 Vgl. dazu *Fleischer*, ZIP 2007, 97 ff.; *Altenhain*, WM 2008, 1141ff.

13. Haftung gegenüber der Gesellschaft

Nach § 93 Abs. 2 AktG haften Vorstandsmitglieder der AG auf Schadensersatz, wenn sie schuldhaft ihre Pflichten verletzen und der AG daraus ein Schaden entsteht. Eine Reihe von Einzeltatbeständen, die Ersatzpflichten begründen, nennt § 93 Abs. 3 AktG. Ist die objektive Pflichtwidrigkeit oder das subjektive Verschulden streitig, obliegt nach § 93 Abs. 2 S. 2 AktG dem Vorstand die **Beweislast**. Wenn ein Verstoß gegen die in § 93 Abs. 3 AktG aufgeführten Einzeltatbestände vorliegt, wird vermutet, dass die Begehung jeder der dort genannten Pflichtverletzungen eine Schädigung der Gesellschaft zur Folge hat.[248] In diesem Fall obliegt dem Vorstandsmitglied auch die Beweislast dafür, dass der Gesellschaft trotz der Pflichtwidrigkeit kein Schaden entstanden ist oder der Schaden ausgeglichen wurde.[249]

180

a) Business Judgement Rule

Nach § 93 Abs. 1 S. 2 AktG liegt eine Pflichtverletzung nicht vor, wenn das Vorstandsmitglied bei einer unternehmerischen Entscheidung vernünftigerweise annehmen durfte, auf der Grundlage angemessener Informationen zum Wohle der Gesellschaft zu handeln (sog. „**Business Judgement Rule**").[250] Hierdurch sollte neben einer Kodifizierung der bereits vor dem UMAG (vgl. Rn 9) ergangenen Rechtsprechung, wonach dem Vorstand bei der Leitung der Geschäfte ein weiter Beurteilungsspielraum einzuräumen ist,[251] ohne den unternehmerisches Handeln nicht möglich ist, angesichts der seit dem UMAG erleichterten Anspruchsverfolgung durch eine Aktionärsminderheit (§ 148 AktG) jedoch auch ausdrücklich klargestellt werden, dass es eine Erfolgshaftung des Vorstands nicht gibt, also für Fehler innerhalb eines unternehmerischen Entscheidungsspielraums nicht gehaftet wird.[252] Für das Eingreifen der Business Judgement Rule muss zunächst eine unternehmerische Entscheidung vorliegen, die im Gegensatz zur rechtlich gebundenen Entscheidung steht, da es bei einem Verstoß gegen rechtliche Pflichten (Gesetzes- oder Satzungsverstöße, aber auch Verstoß gegen Treuepflichten) keinen „sicheren Hafen" im Sinne einer haftungstatbestandlichen Freistellung geben soll.[253] Als weitere Voraussetzung wird angenommen, dass es sich um eine Entscheidung unter Unsicherheit handeln muss, da sonst kein Leitungsermessen benötigt wird.[254] Die Entscheidung muss frei von Sonderinteressen und sachfremden Einflüssen (also etwa Fremdeinflüssen, Interessenskonflikten und unmittelbarem Eigennutz)[255] gewesen sein und nach dem guten Glauben des Vorstands dem Wohl der Gesellschaft gedient haben, was etwa angenommen werden kann, wenn sie der langfristigen Ertragsstärkung und Wettbewerbsfähigkeit des Unternehmens und seiner Produkte dient.[256] In der Regel ist es unzulässig, wenn Risiken eingegangen werden, die im Falle ihrer Verwirklichung zum Untergang des Unternehmens führen können.[257]

181

Schließlich muss der Vorstand vernünftigerweise angenommen haben, die Entscheidung erfolgte auf der Basis angemessener Information, was dokumentiert werden sollte.[258] Die Einholung externen Rats ist hierfür nicht unbedingt erforderlich, vielmehr bestimmt sich die Intensität

---

248 Vgl. MünchGesR/*Wiesner*, Bd. 4, § 26 Rn 19.
249 Vgl. *Hüffer*, § 93 Rn 22; MünchGesR/*Wiesner*, Bd. 4, § 26 Rn 17.
250 Vgl. dazu OLG Celle WM 2008, 1745 ff.; *Ihrig*, WM 2004, 2098 ff.; *Kolb*, DZWiR 2006, 50 ff.
251 BGHZ 135, 244, 253 (ARAG/Garmenbeck); MüKo-AktG/*Hefermehl/Spindler*, § 93 Rn 24 ff.; Regierungsbegründung zum UMAG, BR-Drucks. 3/2005, S. 19.
252 Regierungsbegründung zum UMAG, BR-Drucks 3/2005, 18; *Hüffer*, § 93 Rn 4 a.
253 OLG Celle WM 2008, 1745, 1746; *Hüffer*, § 93 Rn 4 f.
254 *Schäfer*, ZIP 2005, 1253, 1256; *Hüffer*, § 93, Rn 4f; a.A.: *Koch*, ZGR 2006, 769, 787.
255 Regierungsbegründung zum UMAG, BR-Drucks 3/2005, 20.
256 Regierungsbegründung zum UMAG, BR-Drucks 3/2005, 19; *Hüffer*, § 93 Rn 4g.
257 Vgl. hierzu im Zusammenhang mit der Bankenkrise *Lutter*, ZIP 2009, 197, 199; *Böttcher*, NZG 2009, 1 ff.
258 *Hüffer*, § 93 Rn 4g; vgl. BGH WM 2009, 26 f.

der Informationsbeschaffung nach dem Zeitvorlauf, dem Gewicht und der Art der zu treffenden Entscheidung unter Berücksichtigung anerkannter betriebswirtschaftlicher Verhaltensmaßstäbe.[259]

b) Verschuldensmaßstab

182 Die Haftung nach § 93 Abs. 2 AktG ist Verschuldenshaftung, so dass eine Schadensersatzpflicht nicht eintritt, wenn das Vorstandsmitglied dem in § 93 Abs. 1 S. 1 AktG umschriebenen Sorgfaltsstandard gerecht geworden ist. Der Vorstand handelt schuldhaft, wenn er vorsätzlich oder fahrlässig die Sorgfalt eines ordentlichen und gewissenhaften Geschäftsleiters nicht beachtet. Da es sich hierbei um einen objektiven typisierten Verschuldensmaßstab handelt, kann sich ein Vorstandsmitglied nicht damit entlasten, für seine Position unfähig gewesen zu sein.[260] Ein Vorstandsmitglied haftet stets nur für eigenes Verschulden. Eine Zurechnung des Verschuldens seiner Vorstandskollegen, von Prokuristen oder sonstigen Angestellten über §§ 278, 831 BGB gibt es nicht, da deren Verschulden der Gesellschaft als Geschäftsherrn, nicht jedoch dem Vorstandsmitglied zugerechnet wird. Jedoch kann das eigene Verschulden auch darin liegen, dass die Aufsichtspflicht gegenüber dem ursprünglich zuständigen Vorstandsmitglied oder Mitarbeiter verletzt wurde bzw. darin, dass ungeeignete Mitarbeiter ausgewählt wurden.[261]

c) Haftungsausschluss, Verjährung

183 Nach § 93 Abs. 4 S. 1 AktG tritt die Ersatzpflicht gegenüber der Gesellschaft nicht ein, wenn die Handlung auf einem **gesetzmäßigen** Beschluss der Hauptversammlung beruht. Die Formulierung **„beruhen"** stellt klar, dass § 93 Abs. 4 S. 1 AktG auf die nachträgliche Billigung einer Maßnahme durch die Hauptversammlung keine Anwendung findet.[262] Da ein gesetzmäßiger Beschluss der Hauptversammlung nur im Rahmen ihrer organschaftlichen Zuständigkeit erfolgen kann, gibt es einen solchen bei Geschäftsführungsfragen nur dann, wenn der Vorstand die Hauptversammlung gem. § 119 Abs. 2 AktG über Fragen der Geschäftsführung hat entscheiden lassen. Gesetzmäßig sind sowohl die Beschlüsse, die von Anfang an weder anfechtbar noch nichtig waren, als auch solche, bei denen die Anfechtungsfrist nach § 246 AktG abgelaufen ist oder deren Nichtigkeit nach § 242 AktG geheilt ist.[263] Allerdings können Vorstandsmitglieder auch bei nicht mehr anfechtbaren Hauptversammlungsbeschlüssen zum Schadensersatz verpflichtet sein, wenn sie selbst die Anfechtung pflichtwidrig unterlassen haben.[264] § 93 Abs. 4 S. 2 AktG stellt klar, dass die Ersatzpflicht durch eine Zustimmung des Aufsichtsrats nicht ausgeschlossen wird. Gleiches gilt, wenn die Maßnahme durch den Mehrheitsaktionär oder auch durch einen Alleinaktionär gebilligt wurde, ohne dass ein gesetzmäßiger Hauptversammlungsbeschluss vorliegt.[265]

184 Nach § 93 Abs. 4 S. 3 AktG kann die Gesellschaft erst drei Jahre nach der Entstehung des Anspruchs auf Ersatzansprüche verzichten oder sich über diese vergleichen, und auch nur dann, wenn die Hauptversammlung zustimmt und nicht eine Minderheit, deren Anteile zusammen den zehnten Teil des Grundkapitals erreichen, zur Niederschrift Widerspruch erhebt. Die Ansprüche wegen Verletzung der Pflichten eines Vorstands verjähren gem. § 93 Abs. 6 AktG in fünf Jahren,

---

259 Regierungsbegründung zum UMAG, BR-Drucks 3/2005, 21; ähnlich OLG Celle WM 2008, 1745, 1746.
260 *Hüffer*, § 93, Rn 14; MünchGesR/*Wiesner*, Bd. 4, § 26 Rn 9.
261 Vgl. *Hüffer*, § 93 Rn 13a, 14.
262 Vgl. MünchGesR/*Wiesner*, Bd. 4, § 26 Rn 14.
263 *Hüffer*, § 93 Rn 25.
264 Vgl. MünchGesR/*Wiesner*, Bd. 4, § 26 Rn 15.
265 Vgl. MünchGesR/*Wiesner*, Bd. 4, § 26 Rn 17.

beginnend mit der Entstehung des Anspruchs also mit dem Augenblick, in dem das Vorstandsmitglied, sei es auch nur mit einer Feststellungsklage, belangt werden könnte (§ 200 Abs. 1 S. 1 BGB).[266]

d) Durchsetzung der Haftung

Die Geltendmachung von Ansprüchen auf Schadenersatz wegen Pflichtverletzung der Vorstandsmitglieder obliegt der Gesellschaft, vertreten durch den Aufsichtsrat (§ 112 S. 1 AktG). Der Aufsichtsrat ist grundsätzlich verpflichtet, Schadensersatzansprüche gegenüber Vorstandsmitgliedern geltend zu machen.[267] Hierbei hat er in einer ersten Prüfungsstufe zu untersuchen, ob ein Schadensersatzanspruch besteht und durchsetzbar ist. Bei dieser Beurteilung steht dem Aufsichtsrat keine Einschätzungsprärogative, die zur Beschränkung der gerichtlichen Nachprüfbarkeit führt, zu.[268] Auf einer zweiten Stufe hat sodann eine Prüfung stattzufinden, ob der Aufsichtsrat gleichwohl von einer Verfolgung des Anspruchs absieht. Nur auf Grund sorgfältiger Prüfung der im Einzelfall gegeneinander abzuwägenden Umstände darf der Aufsichtsrat Gegengründe annehmen, die es rechtfertigen, ausnahmsweise Ansprüche, die voraussichtlich begründet und durchsetzbar sind, nicht geltend zu machen.[269] Für diesen Abwägungsvorgang ist dem Aufsichtsrat ein Ermessensspielraum eingeräumt.[270]

185

e) Verfahren nach § 147 Abs. 1 AktG[271]

Da die Gefahr besteht, dass Aufsichtsratsmitglieder aufgrund persönlicher Verbundenheit zum Vorstand, oder um nicht wegen eigenem Überwachungsverschulden nach § 116 AktG in Anspruch genommen zu werden, von der Verfolgung von Ersatzansprüchen gegenüber dem Vorstand absehen, sieht § 147 Abs. 1 S. 1 AktG vor, dass solche Ersatzansprüche geltend gemacht werden müssen, wenn es die Hauptversammlung mit einfacher Stimmenmehrheit verlangt, wobei Aktionäre, gegen die sich die Ersatzansprüche richten, einem Stimmverbot nach § 136 Abs. 1 3. Fall AktG unterliegen.[272]

186

14. Besonderheiten bei mitbestimmten Gesellschaften

Bei Aktiengesellschaften, die unter das MitbestG,[273] das MontanMitbestG[274] oder unter das MontanMitbestErgG[275] fallen, muss der Vorstand zwingend aus zwei Mitgliedern, darunter einem **Arbeitsdirektor**, bestehen (§ 33 Abs. 1 S. 1 MitbestG, § 13 MontanMitbestG, § 13 MontanMitbestErgG). Dem Arbeitsdirektor kommt zwingend ein Kernbereich von Zuständigkeiten in **Per-**

187

---

266 *Hüffer*, § 93 Rn 37.
267 BGHZ 135, 244 ff.
268 BGHZ 135, 244, 254; so auch im Ergebnis *Koch*, AG 2009, 93 ff.; a.A.: *Paefgen*, AG 2008, 761, 764.
269 BGHZ 135, 244, 255 f.
270 BGHZ 135, 244, 256.
271 Siehe Rn 305 ff. zu dem der Haftungsdurchsetzung dienenden Verfahren nach § 147 Abs. 2 AktG und dem Klagezulassungsverfahren nach § 148 AktG.
272 *Hüffer*, § 147 Rn 3.
273 Aktiengesellschaften mit mehr als 2.000 Arbeitnehmern, soweit diese nicht unter das MontanMitbestG sowie das MontanMitbestErgG fallen.
274 Aktiengesellschaften im Montan-Bereich mit mehr als 1.000 Arbeitnehmern.
275 Aktiengesellschaften, die als Konzernunternehmen abhängige Unternehmen beherrschen, die unter das MontanMitbestG fallen, wenn diese Konzernunternehmen und abhängigen Unternehmen insgesamt mindestens ein Fünftel der Umsätze sämtlicher Konzernunternehmen und abhängiger Unternehmen erzielen oder in der Regel mehr als ein Fünftel der Arbeitnehmer sämtlicher Konzernunternehmen und abhängigen Untenehmen beschäftigen. BVerfG ZIP 1999, 410.

sonal- und Sozialfragen zu,[276] von dem auch in einer Geschäftsordnung des Vorstands nicht abgewichen werden kann. Bei der Auswahl des Arbeitsdirektors hat sich der Aufsichtsrat an diesem Aufgabengebiet zu orientieren und muss daher prüfen, ob der Arbeitsdirektor hinreichende Kenntnisse und Erfahrungen im Personal- und Sozialwesen besitzt. Keine Voraussetzung für die Bestellung zum Arbeitsdirektor ist hingegen ein besonderes Vertrauensverhältnis zu den Arbeitnehmern.[277] Für die Bestellung und den Widerruf der Bestellung des Arbeitsdirektors gilt in montanmitbestimmten Gesellschaften die Besonderheit, dass er nicht gegen die Stimmen der Mehrheit der Aufsichtsratsmitglieder der Arbeitnehmer bestellt oder abberufen werden kann (§ 13 Abs. 1 S. 2, 3 MontanMitbestG). Ein derartiges Vetorecht besteht bei Gesellschaften, die dem MontanMitbestErgG sowie dem MitbestG unterfallen, hingegen nicht.

188 Als Vorstandsmitglied hat der Arbeitsdirektor dieselben Rechte und Pflichten wie die anderen Vorstandsmitglieder. Auch der Arbeitsdirektor hat daher seine Entscheidungen an dem den verschiedenen Einzelinteressen übergeordneten Unternehmensinteresse und nicht etwa allein an den Arbeitnehmerinteressen auszurichten und er hat nach § 93 Abs. 1 S. 1 AktG die Sorgfalt eines ordentlichen und gewissenhaften Geschäftsleiters einzuhalten.[278] Mit Rücksicht auf das gesetzlich zugewiesene Mindestressort des Arbeitsdirektors ist ein in der nicht mitbestimmten AG grundsätzlich als zulässig angesehenes allgemeines **Vetorecht** des Vorstandsvorsitzenden in der mitbestimmten AG generell, also auch in den Bereichen, die nicht in das Ressort des Arbeitsdirektors fallen, **unzulässig**.[279] Bei allen dem Mitbestimmungsgesetz unterliegenden Gesellschaften ist das unter Umständen mehrstufige Wahlverfahren nach § 31 Abs. 2 bis 4 MitbestG zur Bestellung der Vorstandsmitglieder zu beachten.[280]

II. Typischer Sachverhalt

189 Das Vorstandsmitglied V der M Holding AG hat ohne Abstimmung mit seinem Vorstandskollegen zusammen mit einem von ihm angestifteten Prokuristen zu Lasten der AG hochspekulative Geschäfte an der Pariser Warenterminbörse getätigt. Der Aufsichtsrat will deshalb die sofortige Trennung von dem Vorstandsmitglied V. An dessen Stelle soll Herr H zum Vorstandsmitglied bestellt werden. Da der Vorstand in absehbarer Zeit zahlenmäßig vergrößert werden soll, will der Aufsichtsrat außerdem die Befugnisse der Vorstandsmitglieder in einer Geschäftsordnung für den Vorstand regeln.

III. Muster

M 105   1. Muster: Bestellung eines Vorstandsmitglieds

190 Protokoll über die Sitzung des Aufsichtsrats der _____ Aktiengesellschaft in _____ am _____
Der Aufsichtsratsvorsitzende stellt fest, dass zu der Aufsichtsratssitzung ordnungsgemäß geladen worden ist und alle Aufsichtsratsmitglieder der Einladung gefolgt sind.
Der Vorsitzende ruft den einzigen Punkt der Tagesordnung, Bestellung des Vorstandsmitglieds _____ auf. Der Aufsichtsrat beschließt einstimmig:

---

[276] BVerfGE 50, 290, 287 f.
[277] Vgl. MünchGesR/*Wiesner*, Bd. 4, § 24 Rn 13.
[278] Vgl. MünchGesR/*Wiesner*, Bd. 4, § 24 Rn 21.
[279] BGHZ 89, 48, 50.
[280] Für Einzelheiten wird auf die Kommentierungen zum MitbestG verwiesen.

Herr _____ wird für die Dauer von 5 Jahren zum weiteren Vorstandsmitglied der _____ Aktiengesellschaft bestellt. Gem. § _____ der Satzung vertritt er die Gesellschaft gemeinschaftlich mit einem anderen Mitglied des Vorstands oder mit einem Prokuristen. Der dem Aufsichtsrat vorliegende Anstellungsvertrag wird hiermit genehmigt. Der Vorsitzende des Aufsichtsrats wird ermächtigt, ihn im Namen des Aufsichtsrats mit dem Vorstandsmitglied abzuschließen.
_____, den _____
Der Aufsichtsratsvorsitzende

2. Muster: Anmeldung der Bestellung eines Vorstandsmitglieds zum Handelsregister

M 106

191

An das Amtsgericht _____
– Registergericht –
betrifft _____ Aktiengesellschaft, HRB _____
In der Handelsregistersache der _____ Aktiengesellschaft melden wir als gemeinschaftlich zur Vertretung berechtigte Vorstandsmitglieder zur Eintragung in das Handelsregister an:
Herr _____, geb. am _____, wohnhaft _____ ist vom Aufsichtsrat der _____ Aktiengesellschaft am _____ zum weiteren Vorstandsmitglied bestellt worden. Er ist gemeinschaftlich mit einem anderen Vorstandsmitglied oder mit einem Prokuristen zur Vertretung der Gesellschaft befugt.
Herr _____ erklärt:
Ich versichere nach Belehrung über meine unumschränkte Auskunftspflicht gegenüber dem Gericht durch den Notar:
– mir ist weder durch gerichtliches Urteil, noch durch vollziehbare Entscheidung einer Verwaltungsbehörde die Ausübung eines Berufs, Berufszweiges, Gewerbes oder Gewerbezweiges untersagt worden;
– ich bin nicht wegen einer oder mehrerer vorsätzlich begangener Straftaten
    a) des Unterlassens der Stellung des Antrags auf Eröffnung eines Insolvenzverfahrens (Insolvenzverschleppung),
    b) nach den §§ 283–283d des Strafgesetzbuches (Bankrott, Verletzung der Buchführungspflicht, Gläubigerbegünstigung, Schuldnerbegünstigung),
    c) der falschen Angaben nach § 82 GmbHG oder § 399 AktG,
    d) der unrichtigen Darstellung nach § 400 AktG, § 331 HGB, § 313 UmwG oder § 17 des Publizitätsgesetzes,
    e) nach den §§ 263 bis 264a oder den §§ 265b bis 266a des Strafgesetzbuches (Betrug, Computerbetrug, Subventionsbetrug, Kapitalanlagebetrug, Kreditbetrug, Untreue, Vorenthalten und Veruntreuung von Arbeitsentgelt)
    und auch nicht wegen einer vergleichbaren Straftat ausländischen Rechts verurteilt worden.
Hierzu wird in elektronisch beglaubigter Form eingereicht:
beglaubigte Abschrift der Niederschrift über die Sitzung des Aufsichtsrats vom _____.
_____, den _____
_____ (Unterschriften)
_____ (Notarieller Beglaubigungsvermerk)

3. Muster: Widerruf der Bestellung eines Vorstandsmitglieds

M 107

192

Protokoll über die Sitzung des Aufsichtsrats der _____ Aktiengesellschaft in _____ am _____
Der Aufsichtsratsvorsitzende stellt fest, dass zu der Aufsichtsratssitzung ordnungsgemäß geladen worden ist und alle Aufsichtsratsmitglieder der Einladung gefolgt sind.

Der Vorsitzende ruft den einzigen Punkt der Tagesordnung, Abberufung des Vorstandsmitglieds _____, auf.
Der Aufsichtsrat beschließt einstimmig:
Die Bestellung des Herrn _____ zum Vorstandsmitglied der _____ AG vom _____ wird aus wichtigem Grund mit sofortiger Wirkung widerrufen. Der mit Herrn _____ geschlossene Anstellungsvertrag vom _____ wird fristlos gekündigt. Der Aufsichtsratsvorsitzende wird ermächtigt, die erforderlichen Erklärungen gegenüber Herrn _____ abzugeben und den Beschluss des Aufsichtsrats zu vollziehen.
_____, den _____
Der Aufsichtsratsvorsitzende

M 108 **4. Muster: Anmeldung des Widerrufs der Bestellung eines Vorstandsmitglieds zum Handelsregister**

193 An das Amtsgericht _____
– Registergericht –
In der Handelsregistersache der _____ AG, HRB _____, melden wir als gemeinschaftlich zur Vertretung berechtigte Vorstandsmitglieder zur Eintragung in das Handelsregister an:
Die Bestellung von Herrn _____, geb. am _____, wohnhaft _____, zum Vorstandsmitglied unserer Gesellschaft ist mit Aufsichtsratsbeschluss vom _____ aus wichtigem Grund mit sofortiger Wirkung widerrufen worden.
Eine notariell beglaubigte Abschrift der Niederschrift über die Sitzung des Aufsichtsrats vom _____ mit dem Widerrufsbeschluss fügen wir bei.
_____, den _____
_____ (Unterschriften)
_____ (Notarieller Beglaubigungsvermerk)

M 109 **5. Muster: Geschäftsordnung des Vorstands einer nicht mitbestimmten oder nach dem DrittelbG einfach mitbestimmten Gesellschaft**

194 Der Aufsichtsrat hat dem Vorstand durch einstimmigen Beschluss vom _____ folgende Geschäftsordnung gegeben:

§ 1 Allgemeines
Der Vorstand in seiner Gesamtheit und jedes einzelne Vorstandsmitglied führt die Geschäfte der Gesellschaft nach Maßgabe der Gesetze, der Satzung der Gesellschaft, des Geschäftsverteilungsplans, seiner Dienstverträge und dieser Geschäftsordnung. Die Vorstandsmitglieder befolgen die sie jeweils betreffenden Regeln des veröffentlichten Deutschen Corporate Governance Kodex, soweit in der jährlichen Entsprechenserklärung von Vorstand und Aufsichtsrat gemäß § 161 AktG erklärt wird, dass diesen Empfehlungen entsprochen wird. Der Vorstand arbeitet mit den übrigen Organen der Gesellschaft zum Wohl des Unternehmens vertrauensvoll zusammen.

§ 2 Gesamt- und Einzelgeschäftsführung
Die Mitglieder des Vorstands tragen die Verantwortung für die gesamte Geschäftsführung gemeinsam. Sie arbeiten kollegial zusammen und unterrichten sich gegenseitig über wichtige Maßnahmen und Vorgänge in ihren Geschäftsbereichen. Unbeschadet der Gesamtverantwortung des Vorstands handelt jedes Vorstandsmitglied in dem ihm zugewiesenen Geschäftsbereich eigenverantwortlich, ist aber gehalten, die geschäftsbereichsbezogenen Interessen stets dem Gesamtwohl des Unternehmens unterzuordnen. Jedes Mitglied ist verpflichtet, bei schwerwiegenden Bedenken in einer Angelegenheit

eines anderen Geschäftsbereiches, wenn diese nicht durch eine Aussprache mit dem verantwortlichen Mitglied behoben werden können, eine Beschlussfassung des Gesamtvorstands herbeizuführen.

§ 3 Geschäftsverteilung
Die Geschäftsverteilung innerhalb des Vorstands regelt der Gesamtvorstand in einem Geschäftsverteilungsplan, der dieser Geschäftsordnung als Anlage beigefügt wird. Bestehen zwischen den Vorstandsmitgliedern Meinungsverschiedenheiten über die Abgrenzung der Geschäftsbereiche, so entscheidet der Aufsichtsratsvorsitzende.

§ 4 Zuständigkeit des Gesamtvorstands
Der Gesamtvorstand beschließt in allen Angelegenheiten, in denen nach dem Aktiengesetz, dem Deutschen Corporate Governance Kodex und der Satzung der Gesellschaft oder dieser Geschäftsordnung eine Beschlussfassung durch den Gesamtvorstand vorgeschrieben ist, insbesondere über:
a) Aufstellung des Jahresabschlusses und des Lageberichts;
b) Angelegenheiten, die dem Aufsichtsrat vorzulegen sind;
c) Angelegenheiten, die dem Vorstand durch den Vorsitzenden oder einem Mitglied zur Beschlussfassung vorgelegt werden;
d) Einberufung der Hauptversammlung sowie Vorschläge des Vorstands zur Beschlussfassung in der Hauptversammlung;
e) Entscheidung über das Verlangen, eine Beschlussfassung der Hauptversammlung nach § 119 Abs. 2 AktG herbeizuführen;
f) Fragen der Geschäftsordnung und des Geschäftsverteilungsplans, und
g) Geschäfte von außergewöhnlicher Bedeutung und Vorfälle bzw. Geschäfte, die ein außergewöhnliches Risiko für die Gesellschaft oder ihre Tochter- und Beteiligungsgesellschaften darstellen können.

§ 5 Gesamtverantwortung
Unbeschadet der Geschäftsverteilung sind alle Vorstandsmitglieder verpflichtet, alle für den Geschäftsverlauf der Gesellschaft wesentlichen Daten laufend zu verfolgen, um jederzeit auf die Abwendung drohender Nachteile, auf notwendige Verbesserungen oder zweckmäßige Änderungen durch Anrufung des Gesamtvorstands, Unterrichtung des Vorstandsvorsitzenden oder sonst auf geeignete Weise hinwirken zu können.

§ 6 Vorsitzender des Vorstands
(1) Dem Vorstandsvorsitzenden obliegt die Koordination der Geschäftsbereiche. Er hat auf eine einheitliche Ausrichtung der Geschäftsführung auf die durch die Beschlüsse des Gesamtvorstands festgelegten Ziele hinzuwirken. Von den Mitgliedern des Vorstands kann er jederzeit Auskünfte über einzelne Angelegenheiten ihres Geschäftsbereichs verlangen.
(2) Der Vorstandsvorsitzende repräsentiert den Vorstand und die Gesellschaft nach außen, insbesondere gegenüber Verbänden, Behörden, Wirtschaftsorganisationen und der Presse. Er kann diese Aufgabe für bestimmte Arten von Angelegenheiten oder im Einzelfall auf ein anderes Mitglied des Vorstands übertragen.
(3) Die gesetzliche Verpflichtung zur Berichterstattung an den Aufsichtsrat obliegt dem Gesamtvorstand unter Führung des Vorstandsvorsitzenden.
(4) Der Vorstandsvorsitzende schaltet die anderen Vorstandsmitglieder ein, soweit deren Geschäftsbereiche betroffen sind.

§ 7 Sitzungen und Beschlüsse
(1) Beschlüsse des Gesamtvorstands werden grundsätzlich in Sitzungen gefasst. Auf Anordnung des Vorstandsvorsitzenden können Beschlüsse auch außerhalb von Sitzungen durch schriftliche, fern-

schriftliche, telegraphische, fernmündliche oder Telefax-Stimmabgabe gefasst werden, sofern kein Mitglied diesem Verfahren unverzüglich widerspricht. Eine Beschlussfassung im Wege von Videokonferenzen ist stets zulässig.
(2) Sitzungen des Gesamtvorstands werden durch den Vorstandsvorsitzenden, im Falle seiner Verhinderung durch seinen Stellvertreter, vorbereitet, einberufen und geleitet, möglichst unter Mitteilung einer Tagesordnung mit einer den Umständen nach angemessenen Frist.
(3) Jedes Vorstandsmitglied ist berechtigt, die Einberufung einer Sitzung des Gesamtvorstands durch den Vorstandsvorsitzenden zu verlangen.
(4) Die erforderlichen Unterlagen zu den Tagesordnungspunkten sind dem Vorstandsvorsitzenden oder im Falle seiner Verhinderung dem Stellvertreter so rechtzeitig zur Verfügung zu stellen, dass eine ausreichende Vorbereitung des Gesamtvorstands ermöglicht wird. Die Punkte der Tagesordnung einer Vorstandssitzung, über die eine Beschlussfassung herbeigeführt werden soll, sind den Vorstandsmitgliedern durch den Vorstandsvorsitzenden oder den Stellvertreter unter Beifügung der erforderlichen Unterlagen spätestens zwei Werktage zuvor mitzuteilen. Zeitliche Ausnahmen von dieser Regelung sollten nur in unvorhergesehenen Einzelfällen vorkommen.
(5) Sitzungen des Gesamtvorstands sollen in regelmäßigen Abständen stattfinden. Sie müssen stets dann stattfinden, wenn es das Wohl der Gesellschaft erfordert.
(6) Abwesende Vorstandsmitglieder können an Beschlussfassungen des Gesamtvorstands auch dadurch teilnehmen, dass sie durch andere Vorstandsmitglieder schriftliche Stimmabgaben überreichen lassen oder ihre Stimmen in Textform oder mündlich abgeben. Fernmündliche Stimmangaben sind in der Sitzung zur Niederschrift zu protokollieren.
(7) Über wesentliche Beschlüsse des Gesamtvorstands sollen Niederschriften angefertigt werden, sie werden vom Leiter der Sitzung oder, bei Abstimmung außerhalb von Sitzungen, vom Leiter der Abstimmung unterzeichnet.
(8) Der Vorstand ist nur beschlussfähig, wenn alle Mitglieder eingeladen sind und mindestens die Hälfte seiner Mitglieder anwesend ist. Mitglieder, die durch Telefon- oder Videokonferenz zugeschaltet sind, gelten als anwesend. Bei der Abstimmung entscheidet die einfache Stimmenmehrheit. Bei Stimmengleichheit gibt die Stimme des Vorstandsvorsitzenden den Ausschlag. Ist der Vorstandsvorsitzende abwesend oder verhindert, so ist bei Stimmengleichheit der Beschlussvorschlag abgelehnt.
(9) Der Vorstand wird nach Möglichkeit seine Beschlüsse einstimmig fassen. Ergibt sich in einer zur Entscheidung anstehenden Angelegenheit kein Einvernehmen, so bestimmt der Sitzungsleiter, ob abgestimmt oder die Beschlussfassung ausgesetzt werden soll. Bei Aussetzung muss über den Tagesordnungspunkt in der nächsten Vorstandssitzung ein Beschluss gefasst werden. Beschlüsse, die nicht einstimmig gefasst sind, werden im Protokoll mit dem jeweiligen Abstimmungsverhältnis kenntlich gemacht.
(10) Widerspruch gegen ein Sitzungsprotokoll ist spätestens in der nächstfolgenden Vorstandssitzung beim Sitzungsleiter anzumelden. Bei Abwesenheit gilt eine Frist von einer Woche nach Kenntniserlangung. Der Sitzungsleiter sorgt gegebenenfalls für Protokollberichtigung oder Ergänzung.

§ 8 Ausführung der Entscheidungen
Die Ausführung der vom Gesamtvorstand beschlossenen Maßnahmen wird durch die jeweils zuständigen Vorstandsmitglieder veranlasst und durch den Vorstandsvorsitzenden überwacht. Sofern im Einzelfall eine Geschäftsverteilung noch nicht vorgenommen ist, obliegt die Veranlassung und Durchführung dem Vorstandsvorsitzenden.

§ 9 Interessenkonflikte
(1) Vorstandsmitglieder unterliegen während ihrer Tätigkeit für das Unternehmen einem umfassenden Wettbewerbsverbot.

(2) Vorstandsmitglieder dürfen im Zusammenhang mit ihrer Tätigkeit weder für sich noch für andere Personen von Dritten Zuwendungen oder sonstige Vorteile fordern oder annehmen oder Dritten ungerechtfertigte Vorteile gewähren.
(3) Die Vorstandsmitglieder sind dem Unternehmensinteresse verpflichtet. Kein Mitglied des Vorstands darf bei seinen Entscheidungen persönliche Interessen verfolgen und Geschäftschancen, die dem Unternehmen zustehen, für sich nutzen.
(4) Jedes Vorstandsmitglied soll Interessenkonflikte dem Aufsichtsrat gegenüber unverzüglich offen legen und die anderen Vorstandsmitglieder hierüber informieren. Alle Geschäfte zwischen dem Unternehmen einerseits und den Vorstandsmitgliedern sowie ihnen nahe stehenden Personen andererseits haben branchenüblichen Standards zu entsprechen. Wesentliche Geschäfte bedürfen der Zustimmung des Aufsichtsrats.
(5) Vorstandsmitglieder dürfen Nebentätigkeiten, insbesondere Aufsichtsratsmandate außerhalb des Unternehmens, nur mit Zustimmung des Aufsichtsrats übernehmen.

§ 10 Ausschüsse
Der Gesamtvorstand hat das Recht, Ausschüsse zu bilden und deren Aufgaben festzulegen. Die Ausschüsse sind dem Gesamtvorstand berichtspflichtig.

§ 11 Koordinierung bei Urlaub und Erkrankung
Der Vorstandsvorsitzende stimmt die Urlaubswünsche der Vorstandsmitglieder und die entsprechenden Vertretungen im Einvernehmen mit dem Aufsichtsratsvorsitzenden aufeinander ab. Das Entsprechende gilt, soweit möglich, im Fall der Erkrankung oder sonstigen Verhinderung eines Vorstandsmitglieds.

§ 12 Vertretung gegenüber dem Aufsichtsrat / Berichterstattung an den Aufsichtsrat
Der Vorstandsvorsitzende vertritt den Vorstand gegenüber dem Aufsichtsrat. Er holt die Zustimmung des Aufsichtsrats in den nach Gesetz, Satzung oder Aufsichtsratsbeschluss vorgesehenen Fällen ein und hält den Aufsichtsrat über die Lage des Unternehmens und den Gang der Geschäfte im Rahmen der gesetzlichen Berichtspflicht auf dem Laufenden.
Der Vorstand informiert den Aufsichtsrat regelmäßig, zeitnah und umfassend in Textform über die beabsichtigte Geschäftspolitik und alle grundsätzlichen Fragen der Unternehmensplanung, wobei auf Abweichungen der tatsächlichen Entwicklung von früher berichteten Zielen unter Angabe von Gründen einzugehen ist, sowie über die Rentabilität und den Gang der Geschäfte sowie die Risikolage und das Risikomanagement.
In allen Angelegenheiten, die für die Rentabilität oder Liquidität der Gesellschaft von besonderer Bedeutung sein können, erstattet der Vorstandsvorsitzende dem Aufsichtsratsvorsitzenden unverzüglich mündlich oder in Textform Bericht. Bei Erfüllung dieser Aufgabe wird er von allen Vorstandsmitgliedern unterstützt.

6. Muster: Erklärung zum Corporate Governance Kodex gem. § 161 AktG

M 110

Vorstand und Aufsichtsrat der _____ AG erklären nach § 161 AktG:
Den Empfehlungen des vom Bundesministerium der Justiz im amtlichen Teil des Bundesanzeigers bekannt gemachten Deutschen Corporate Governance Kodex in der Fassung vom 15.5.2012 wird mit Ausnahme der folgenden Abweichungen entsprochen:
1. Keine Vereinbarung eines Selbstbehalts beim Abschluss von D&O-Versicherungen für Aufsichtsratsmitglieder
   Entgegen Ziffer 3.8. S. 5 des Kodex besteht für die Mitglieder des Aufsichtsrats der _____ AG eine D&O-Versicherung, die keinen Selbstbehalt vorsieht. Die _____ AG ist nicht der Ansicht,

dass Motivation und Verantwortung, mit der die Mitglieder des Aufsichtsrats der _____ AG ihre Aufgaben wahrnehmen, durch einen solchen Selbstbehalt verbessert werden könnte. Die _____ AG plant deshalb keine Änderung ihrer aktuellen D&O- Versicherungsverträge.
2. Keine Festlegung von Altersgrenzen für Vorstands- und Aufsichtsratsmitglieder
Entgegen Ziffer 5.4.1. S. 2. des Kodex hat die _____ AG bei der zuletzt durchgeführten Wahl der Mitglieder des Aufsichtsrats keine Altersgrenzen berücksichtigt oder festgelegt. Die _____ AG sieht in einer Festlegung von Altersgrenzen eine unangebrachte Einschränkung des Rechts der Aktionäre, die Mitglieder des Aufsichtsrats zu wählen. Ebenso wendet die _____ AG, abweichend von der entsprechenden Empfehlung in Ziffer 5.1.2. S. 7 des Kodex keine Altersgrenze für Vorstandsmitglieder an, da dies den Aufsichtsrat der _____ AG pauschal in seiner Auswahl geeigneter Vorstandsmitglieder einschränken würde.

Seit der zuletzt abgegebenen Entsprechenserklärung vom _____ entsprach das Verhalten der _____ AG den Empfehlungen des Deutschen Corporate Governance Kodex in der Fassung vom 26. Mai 2010 mit Ausnahme der folgenden Abweichungen:
1. Keine Vereinbarung eines Selbstbehalts beim Abschluss von D&O-Versicherungen für Aufsichtsratsmitglieder
Zu den Gründen der Abweichung von Ziffer 3.8. S. 5 des Deutschen Corporate Governance Kodex 2010 siehe oben, Ziffer I. 2.
2. Keine Festlegung von Altersgrenzen für Vorstands- und Aufsichtsratsmitglieder
Zu den Gründen der Abweichung von Ziffern 5.4.1. und 5.1.2. des Deutschen Corporate Governance Kodex 2010 siehe oben, Ziffer I. 2.

[Ort, Datum]
[Unterschrift Vorstand und Aufsichtsratsvorsitzender]

M 111 **7. Muster: Tagesordnungspunkt der Hauptversammlung zur Befreiung von der Pflicht zur individuellen Offenlegung der Vorstandsbezüge**

196 Tagesordnungspunkt _____
Befreiung von der Pflicht zur individualisierten Offenlegung der Vorstandsbezüge für die Geschäftsjahre _____ bis _____.
Nach §§ 285 S. 1 Nr. 9 lit. a S. 5 bis 8 HGB und § 314 Abs. 1 Nr. 6 lit. a S. 5 bis 8 HGB ist vorgesehen, dass die Vorstandsvergütungen individuell offenzulegen sind. Diese Angaben können unterbleiben, wenn die Hauptversammlung dies beschlossen hat.
Vorstand und Aufsichtsrat halten eine individualisierte Angabe aus Wettbewerbsgründen für nachteilig und wegen der insgesamt angemessenen Gesamtbezüge des Vorstandes auch nicht für geboten.
Vorstand und Aufsichtsrat schlagen deshalb vor, folgenden Beschluss zu fassen:
Die Angaben nach § 285 S. 1 Nr. 9 lit. a S. 5 bis 8 HGB und § 314 Abs. 1 Nr. 6 lit. a S. 8 bis 9 HGB werden für die nächsten fünf Jahre weder im Jahres- noch im Konzernabschluss erfolgen. Dieser Beschluss gilt letztmals für den Jahres- und Konzernabschluss für das letzte vor dem 1. Januar _____ endende Geschäftsjahr der Gesellschaft.

F. Aufsichtsrat

I. Rechtliche Grundlagen

1. Rechtsstellung und Aufgaben

197 Jede Aktiengesellschaft hat zwingend einen Aufsichtsrat, mit den folgenden Aufgaben:
– Wahl, Anstellung sowie Abberufung von Vorstandsmitgliedern (§§ 84, 87 AktG);

- Vertretung der Aktiengesellschaft gegenüber Vorstandsmitgliedern (§ 112 AktG);
- Regelung der Geschäftsordnung und Geschäftsverteilung des Vorstands (§ 77 Abs. 2 S. 1 AktG);
- Entscheidung über Kreditgewährung an Vorstandsmitglieder, Angehörige von Vorstandsmitgliedern, Prokuristen und Generalbevollmächtigte nach § 89 AktG;
- Zustimmung zu Verträgen mit Aufsichtsratsmitgliedern nach § 114 AktG sowie zur Kreditgewährung an Aufsichtsratsmitgliedern nach § 115 AktG;
- Überwachung der Geschäftsführung und Leitung des Vorstands (§ 111 AktG);
- Erteilung des Prüfungsauftrages für den Jahres- und Konzernabschluss (§ 111 Abs. 2 S. 3 AktG) an den Abschlussprüfer sowie Prüfung und Feststellung des Jahresabschlusses sowie Prüfung und Billigung des Konzernabschlusses (§§ 170 ff. AktG);
- Einberufung der Hauptversammlung, wenn das Wohl der Gesellschaft dies erfordert (§ 111 Abs. 3 AktG);
- Vorlage von Beschlussvorschlägen an die Hauptversammlung (§ 124 Abs. 3 AktG);
- Entsprechenserklärung zur Corporate Governance nach § 161 AktG;
- Erstellung von Berichten an die Hauptversammlung (§§ 171 Abs. 2, 314 AktG);
- Teilnahme an der Hauptversammlung nach § 118 AktG sowie gegebenenfalls Anfechtung von Hauptversammlungsbeschlüssen nach § 245 Nr. 5 AktG;
- Entscheidung über die Ausübung von Beteiligungsrechten nach § 32 MitbestG und § 15 MontanMitbestErgG;
- Mitentscheidung über die Ausnutzung eines genehmigten Kapitals (§§ 202 Abs. 3 S. 2, 204 Abs. 1 S. 2 AktG);
- Änderungen der Satzungsfassung (§ 179 Abs. 1 S. 2 AktG).[281]

Schließlich ist nach § 15a Abs. 3 InsO im Falle der Zahlungsunfähigkeit oder Überschuldung bei **Führungslosigkeit** der Gesellschaft, wenn diese also keinen Vorstand hat (§ 78 Abs. 1 S. 2 AktG), jedes Aufsichtsratsmitglied zur Stellung des Insolvenzantrags verpflichtet, es sei denn, dieses hat von der Zahlungsunfähigkeit und der Überschuldung oder der Führungslosigkeit keine Kenntnis.

Zu unterscheiden ist der zwingende Aufsichtsrat von „Beiräten" oder sonstigen Beratungsgremien, die zwar grundsätzlich zulässig sind, denen aber keine Aufgaben zu Lasten von Aufsichtsrat, Hauptversammlung oder Vorstand eingeräumt werden dürfen[282] und die daher im Regelfall wie sonstige gesellschaftsexterne Berater zu behandeln sind.

2. Größe und Zusammensetzung des Aufsichtsrats bei nicht mitbestimmten Gesellschaften

Nach § 95 Abs. 1 S. 1 AktG muss der Aufsichtsrat aus mindestens drei Mitgliedern bestehen. Die Satzung kann eine höhere Zahl festsetzen, die durch drei teilbar sein muss (§ 95 Abs. 1 S. 2 AktG). Die Höchstzahl der Aufsichtsratsmitglieder beträgt gem. § 95 Abs. 1 S. 3 AktG neun Mitglieder bei Gesellschaften mit einem Grundkapital von bis zu 1,5 Mio. EUR, 15 Mitglieder bei Gesellschaften mit einem Grundkapital von mehr als 1,5 Mio. EUR aber weniger als 10 Mio. EUR sowie 21 Mitglieder bei Gesellschaften mit einem Grundkapital von mehr als 10 Mio. EUR. Sofern keine Entsendungsrechte bestehen (siehe dazu Rn 217) oder Arbeitnehmervertreter zu wählen sind (siehe dazu Rn 200 ff.), werden die Aufsichtsratsmitglieder allein von der Hauptversammlung gewählt.

---

281 Vgl. MünchGesR/*Hoffmann-Becking*, Bd. 4, § 29 Rn 1 ff.
282 Vgl. MünchGesR/*Hoffmann-Becking*, Bd. 4, § 29 Rn 19a.

3. Mitbestimmung

200 Sieht man von den Besonderheiten nach dem MontanMitbestG und dem MontanMitbestErgG[283] ab, so kann sich eine Mitbestimmung des Aufsichtsrats nach dem **MitbestG**[284] oder dem **DrittelbG**[285] ergeben, anderenfalls besteht der Aufsichtsrat nur aus Anteilseignervertretern.[286] Dem MitbestG unterliegen u.a. Unternehmen in der Rechtsform der AG oder KGaA, die in der Regel mehr als 2.000 Arbeitnehmer beschäftigen (§ 1 Abs. 1 MitbestG), nicht der Montanmitbestimmung unterliegen und keine sog. Tendenzunternehmen (z.B. Presse) sind.[287] Arbeitnehmer von Konzernunternehmen werden dabei nach Maßgabe von § 5 MitbestG zugerechnet. Greift danach das MitbestG ein, ist der Aufsichtsrat je **hälftig** aus Anteilseigner- und aus Arbeitnehmervertretern zu besetzen.

201 Hat die AG nicht mehr als 2.000 Arbeitnehmer und ist sie nach dem 9.8.1994 in das Handelsregister eingetragen worden, unterliegt sie der **drittelparitätischen** Mitbestimmung nach § 1 Abs. 1 S. 1 DrittelbG, sofern sie 500 oder mehr Arbeitnehmer beschäftigt; andernfalls bleibt sie – auch als börsennotierte „große" AG – mitbestimmungsfrei. Aktiengesellschaften, die vor dem 10.8.1994 eingetragen worden sind, sind demgegenüber unbeschadet ihrer Arbeitnehmerzahl nach § 1 Abs. 1 Nr. 1 S. 2 DrittelbG zwingend drittelparitätisch mitbestimmt, wenn sie nicht Familiengesellschaften i.S.v. § 1 Abs. 1 Nr. 1 S. 3 DrittelbG oder Tendenzbetriebe nach § 1 Abs. 2 Nr. 2 bzw. § 1 Abs. 2 S. 2 DrittelbG sind.[288]

202 Bei Gesellschaften, die dem MitbestG unterliegen, hängt die Größe des Aufsichtsrats nach § 7 Abs. 1 MitbestG von der Zahl der in der Aktiengesellschaft und den Konzernunternehmen insgesamt beschäftigen Arbeitnehmer ab und beträgt zwölf Mitglieder bei nicht mehr als 10.000 Arbeitnehmern (§ 7 Abs. 1 Nr. 1 MitbestG), 16 Mitglieder bei nicht mehr als 20.000 Arbeitnehmern (§ 7 Abs. 1 Nr. 2 MitbestG) sowie 20 Mitglieder bei mehr als 20.000 Arbeitnehmern (§ 7 Abs. 1 Nr. 3 MitbestG). Durch die Satzung kann bei den § 7 Abs. 1 Nr. 1 und Nr. 2 MitbestG unterfallenden Unternehmen angeordnet werden, dass der Aufsichtsrat trotzdem 20 Mitglieder haben soll (§ 7 Abs. 1 S. 2 MitbestG). Bei Gesellschaften, die dem DrittelbG unterliegen, gelten im Vergleich zur nichtmitbestimmten Gesellschaft keine Sonderregelungen zur Größe des Aufsichtsrats, diese bestimmt sich daher auch hier nach § 95 AktG.

4. Statusverfahren nach §§ 97 ff. AktG

203 Angesichts der verschiedenen gesetzlichen Modelle für die **Zusammensetzung des Aufsichtsrats** können **Zweifel** entstehen, ob und von welchem Zeitpunkt an welches gesetzliche Modell auf die Gesellschaft anzuwenden ist. Um Risiken, die sich hieraus für die Handlungsfähigkeit des Aufsichtsrats ergeben können, auszuschalten, hat der Gesetzgeber das besondere Statusverfahren nach §§ 97 bis 99 AktG eingeführt und in § 96 Abs. 2 AktG klargestellt, dass bis zum Abschluss des Statusverfahrens der bisherige Aufsichtsrat rechtmäßig im Amt bleibt.[289] Nach § 31 Abs. 3 AktG finden die §§ 97 bis 99 AktG entsprechende Anwendung für den Fall, dass im Wege der Sachgründung ein Unternehmen oder Unternehmensteil eingebracht werden soll. Eine nicht dem Gesetz entsprechende Zusammensetzung des Aufsichtsrats liegt nicht nur bei einem Wechsel des gesetzlichen Mitbestimmungsmodells, sondern auch bei

---

[283] Dazu näher *Hüffer*, § 96 Rn 6 ff.
[284] MitbestG 1976, im Folgenden jeweils als MitbestG bezeichnet.
[285] Dieses ersetzt die Regelungen des BetrVG 1952.
[286] Privatautonome Mitbestimmungsvereinbarungen hält die h.M. für die AG wegen § 23 Abs. 5 AktG für unzulässig, vgl. *Hüffer*, § 96 Rn 3; *Hanau*, ZGR 2001, 75, 88 ff.
[287] Zu den Ausnahmen, insbesondere für Tendenzunternehmen, vgl. *Ulmer/Habersack/Henssler*, Mitbestimmungsrecht, § 1 Rn 56 ff.; zur Arbeitnehmerzahl *Ulmer*, FS Heinsius 1991, S. 855 ff.
[288] Vgl. *Hüffer*, § 96 Rn 10.
[289] OLG Düsseldorf AG 1996, 87 ff.; *Hüffer*, § 96 Rn 13; MünchGesR/*Hoffmann-Becking*, § 28 Rn 50.

einer Veränderung der relevanten **Schwellenzahlen** innerhalb desselben Mitbestimmungsmodells vor.[290]

Wenn der Vorstand der Ansicht ist, dass der Aufsichtsrat nicht nach den für ihn maßgebenden gesetzlichen Vorschriften zusammengesetzt ist, so hat er dies unverzüglich in den Gesellschaftsblättern, also jedenfalls im Bundesanzeiger (§ 25 AktG), und gleichzeitig durch Aushang in sämtlichen Betrieben der Gesellschaft und ihren Konzernunternehmen bekannt zu machen (§ 97 Abs. 1 S. 1 AktG). In der Bekanntmachung sind die nach Ansicht des Vorstands maßgebenden gesetzlichen Vorschriften anzugeben und es ist darauf hinzuweisen, dass der Aufsichtsrat nach diesen Vorschriften zusammengesetzt wird, wenn nicht Antragsberechtigte nach § 98 Abs. 2 AktG innerhalb eines Monats nach der Bekanntmachung im Bundesanzeiger das nach § 98 Abs. 1 AktG zuständige Gericht anrufen (§ 97 Abs. 1 S. 3 AktG). Darüber hinaus muss der Vorstand in der Bekanntmachung selbst darauf hinweisen, dass der Aufsichtsrat nach seiner Ansicht nicht nach den für ihn maßgebenden gesetzlichen Vorschriften zusammengesetzt ist.[291] Der Aushang sollte datiert sein und muss erkennen lassen, dass es sich um eine Bekanntmachung des Vorstands handelt.[292]

204

Wenn das nach § 98 Abs. 1 AktG zuständige Gericht nicht innerhalb eines Monats nach der Bekanntmachung im Bundesanzeiger angerufen wird, so ist der neue Aufsichtsrat nach den in der Bekanntmachung des Vorstands angegebenen gesetzlichen Vorschriften zusammenzusetzen (§ 97 Abs. 2 S. 1 AktG). Hierbei treten die Bestimmungen der Satzung über die Zusammensetzung des Aufsichtsrats, über die Zahl der Aufsichtsratsmitglieder sowie über die Wahl, Abberufung und Entsendung von Aufsichtsratsmitgliedern mit der Beendigung der ersten Hauptversammlung, die nach Ablauf der Anrufungsfrist einberufen wird, spätestens jedoch sechs Monate nach Ablauf der Anrufungsfrist insoweit außer Kraft, als sie den nunmehr anzuwendenden gesetzlichen Vorschriften widersprechen (§ 97 Abs. 2 S. 2 AktG). Gleichzeitig erlischt das Amt der bisherigen Aufsichtsratsmitglieder (§ 97 Abs. 2 S. 3 AktG).

205

Unabhängig davon, ob eine Bekanntmachung nach § 97 AktG vorausgegangen ist, können die Antragsberechtigten nach § 98 Abs. 2 AktG eine Entscheidung darüber beantragen, nach welchen Vorschriften der Aufsichtsrat zusammenzusetzen ist, soweit dies streitig oder ungewiss ist. **Antragsberechtigt**[293] sind der Vorstand, jedes Aufsichtsratsmitglied, jeder Aktionär, der Gesamtbetriebsrat der Gesellschaft bzw. der Betriebsrat, der Gesamt- oder Unternehmenssprecherausschuss bzw. der Sprecherausschuss der Gesellschaft, der Gesamtbetriebsrat bzw. Betriebsrat eines anderen Unternehmens, dessen Arbeitnehmer selbst oder durch Delegierte an der Wahl der Aufsichtsratsmitglieder der Gesellschaft teilnehmen sowie der Gesamt- oder Unternehmenssprecherausschuss bzw. der Sprecherausschuss eines anderen Unternehmens, dessen Arbeitnehmer selbst oder durch Delegierte an der Wahl der Aufsichtsratsmitglieder der Gesellschaft teilnehmen, mindestens ein Zehntel oder einhundert der Arbeitnehmer, die nach den gesetzlichen Vorschriften, deren Anwendung strittig oder ungewiss ist, selbst oder durch Delegierte an der Wahl von Aufsichtsratsmitgliedern der Gesellschaft teilnehmen, sowie Gewerkschaften und Spitzenorganisationen der Gewerkschaften, die nach den gesetzlichen Vorschriften, deren Anwendung strittig oder ungewiss ist, ein Vorschlagsrecht hätten.[294]

206

Der Vorstand selbst kann daher nach §§ 98, 99 AktG vorgehen, statt nach § 97 AktG eine Bekanntmachung vorzunehmen.[295] Örtlich und sachlich zuständig ist nach § 98 Abs. 1 S. 1 AktG, 71

207

---

290 OLG Düsseldorf DB 1978, 1358; *Hüffer*, § 97 Rn 3; MünchGesR/*Hoffmann-Becking*, Bd. 4, § 28 Rn 53; a.A. *Götz*, ZIP 1998, 1523; *Rosendahl*, AG 1985, 325.
291 Vgl. *Hüffer*, § 97 Rn 4; MünchGesR/*Hoffmann-Becking*, Bd. 4, § 28 Rn 58.
292 *Hüffer*, § 97 Rn 4.
293 Siehe dazu im Einzelnen MüKo-AktG/*Semler*, § 98 Rn 31ff.
294 Für eine Antragsbefugnis der Spitzenorganisationen MünchGesR/*Hoffmann-Becking*, Bd. 4, § 28 Rn 59; a.A. MüKo-AktG/*Semler*, § 98 Rn 44.
295 Vgl. *Hüffer*, § 98 Rn 3.

Abs. 2 Nr. 4 b) GVG das Landgericht, in dessen Bezirk die Aktiengesellschaft ihren Sitz hat. Ist bei dem Landgericht eine Kammer für Handelssachen gebildet, entscheidet diese an Stelle der Zivilkammer.[296] Nach § 98 Abs. 1 S. 2 AktG ist die Verfahrenskonzentration bei einem Landgericht für die Bezirke mehrerer Landgerichte zulässig, wovon teilweise Gebrauch gemacht wurde.[297] Das Landgericht entscheidet gem. § 99 Abs. 3 AktG über die Zusammensetzung des Aufsichtsrats durch einen mit Gründen versehenen Beschluss, gegen den die Beschwerde stattfindet, die nur auf eine Verletzung des Rechts gestützt werden kann (§ 99 Abs. 3 S. 2 und 3 AktG). Mit Rechtskraft der Entscheidung muss der Aufsichtsrat nach den in der Entscheidung angegebenen Vorschriften neu zusammengesetzt werden (§ 98 Abs. 4 S. 1 AktG). Die Regelung des § 97 Abs. 2 AktG gilt sinngemäß mit der Maßgabe, dass die Frist von sechs Monaten mit dem Eintritt der Rechtskraft beginnt (§ 98 Abs. 4 AktG).

5. Persönliche Voraussetzungen für Aufsichtsratsmitglieder

208 Nach § 100 Abs. 1 AktG kann Mitglied des Aufsichtsrats nur eine natürliche, unbeschränkt geschäftsfähige Person sein, die nicht einem Einwilligungsvorbehalt i.S.d. § 1903 BGB unterliegt . Gemäß § 105 Abs. 1 AktG kann ein Vorstandsmitglied, ein dauernder Vertreter von Vorstandsmitgliedern, ein Prokurist oder ein zum gesamten Geschäftsbetrieb ermächtigter Handlungsbevollmächtigter der Gesellschaft nicht zugleich deren Aufsichtsratsmitglied sein. Nach dem durch das VorstAG neu eingeführten § 100 Abs. 2 Nr. 4 AktG kann nicht Aufsichtsrat sein, wer in den letzten zwei Jahren Vorstandsmitglied derselben börsennotierten Gesellschaft war, es sei denn, seine Wahl erfolgt auf Vorschlag von Aktionären, die mehr als 25% der Stimmrechte an der Gesellschaft halten. In einem solchen Fall soll nach Ziffer 5.4.4. S. 2 des Kodex der Wechsel in den Aufsichtsratsvorsitz eine der Hauptversammlung zu begründende Ausnahme sein. Nach der Übergangsregelung des § 23 Abs. 2 EGAktG ist diese Karenzzeit nicht auf Aufsichtsratsmitglieder anzuwenden, die ihr Mandat am 5.8.2009 bereits inne hatten. Da sich diese Regelung auf die Person und nicht auf das Mandat bezieht, können die betreffenden Aufsichtsratsmitglieder nach dem Ende ihrer Amtszeit auch dann wiedergewählt werden, wenn die Karenzzeit zu diesem Zeitpunkt noch nicht abgelaufen ist.[298] Nach dem durch das Bilanzrechtsmodernisierungsgesetz (BilMoG) eingeführten § 100 Abs. 5 AktG muss bei sogenannten kapitalmarktorientierten Gesellschaften im Sinne des § 264d HGB mindestens ein unabhängiges[299] Mitglied des Aufsichtsrats über Sachverstand auf den Gebieten der Rechnungslegung oder Abschlussprüfung verfügen, wobei es nach § 12 Abs. 4 EGAktG ausreicht, wenn dieser sogenannte unabhängige Finanzexperte bei der nächsten turnusgemäßen Wahl eines Aufsichtsratsmitglieds bestellt wird.[300] Darüber hinaus sind für Vertreter der Arbeitnehmer die persönlichen Voraussetzungen nach dem MitbestG, dem MontanMitbestG, dem MontanMitbestErgG und dem DrittelbG zu beachten, also insbesondere § 7 Abs. 2 MitbestG, § 4 Abs. 2 DrittelbG, wonach eine bestimmte Anzahl der Aufsichtsratsmitglieder der Arbeitnehmer in einem Arbeitsverhältnis zum Unternehmen stehen muss.

209 Nach § 100 Abs. 4 AktG kann die **Satzung** weitere persönliche Voraussetzungen nur für Aufsichtsratsmitglieder aufstellen, die von der Hauptversammlung ohne Bindung an Wahlvorschläge nach dem MontanMitbestG gewählt oder auf Grund der Satzung in den Aufsichtsrat entsandt werden. Für diese Aufsichtsratsmitglieder der Aktionäre kann also etwa die deutsche Staatsangehörigkeit oder der Besitz bestimmter Qualifikationen verlangt werden. Nach Ziffer 5.4.1. S. 1

---
296 Die Zuständigkeit der Kammer für Handelssachen wurde durch das UMAG eingeführt.
297 Vgl. *Hüffer*, § 98 Rn 2.
298 Beschlussempfehlung und Bericht des Rechtsausschuses zum VorstAG, BT-Drucks 16/13433, 12 f.
299 Vgl. hierzu *Diekmann/Bidmon*, ZIP 2009, 1087 ff.; *Jaspers*, AG 2009, 607.
300 Vgl. zum Wahlverfahren von *Falkenhausen/Kocher*, ZIP 2009, 1601 ff.

des Kodex soll bei Vorschlägen zur Wahl von Aufsichtsratsmitgliedern darauf geachtet werden, dass dem Aufsichtsrat jederzeit Mitglieder angehören, die über die zur ordnungsgemäßen Wahrnehmung der Aufgaben erforderlichen Kenntnisse, Fähigkeiten und fachlichen Erfahrungen verfügen. Dabei soll nach Ziffer 5.4.1. S. 2 des Kodex auch auf die internationale Tätigkeit des Unternehmens, auf potentielle Interessenskonflikte und eine festzulegende Altersgrenze für Aufsichtsratsmitglieder sowie auf Vielfalt (Diversity) geachtet werden. Zur Unabhängigkeit der Aufsichtsratsmitglieder sieht Ziffer 5.4.2. des Kodex vor, dass dem Aufsichtsrat eine nach seiner Einschätzung ausreichende Zahl unabhängiger Mitglieder angehören soll, wobei ein Mitglied als unabhängig anzusehen ist, wenn es in keiner geschäftlichen oder persönlichen Beziehung zu der Gesellschaft oder deren Vorstand steht, die einen Interessenkonflikt begründet.[301] Hierbei bezieht sich die Regelung allein auf die Aufsichtsratsmitglieder der Aktionäre, nicht auf diejenigen der Arbeitnehmer.[302]

§ 100 Abs. 2 Nr. 1 AktG sieht eine Höchstgrenze für die **Anzahl der Aufsichtsratsmandate** 210 pro Person vor. Danach kann Mitglied des Aufsichtsrats nicht sein, wer bereits in zehn Handelsgesellschaften, die gesetzlich einen Aufsichtsrat zu bilden haben, Aufsichtsratsmitglied ist. Da sich die Regelung nur auf Handelsgesellschaften bezieht, sind Aufsichtsratssitze bei Genossenschaften, Stiftungen und VVaGs nicht zu berücksichtigen.[303] Weiterhin muss der Aufsichtsrat obligatorisch sein, so dass Mandate in freiwillig gebildeten Aufsichtsräten und aufsichtsratsähnlichen Gremien von Handelsgesellschaften wie z.B. Beiräten, Verwaltungsräten und Gesellschafterausschüssen in einer nicht mitbestimmten GmbH sowie in vergleichbaren Gremien ausländischen Rechts hiervon nicht erfasst werden.[304]

Nach § 100 Abs. 2 S. 2 AktG sind auf die Höchstzahl bis zu fünf Aufsichtsratsmandate nicht 211 anzurechnen, die ein gesetzlicher Vertreter, d.h. ein Vorstandsmitglied oder Geschäftsführer des herrschenden Unternehmens eines Konzerns, in zum Konzern gehörenden Handelsgesellschaften, die gesetzlich einen Aufsichtsrat zu bilden haben, inne hat. Der Grund für dieses **Konzernprivileg** liegt darin, dass Aufsichtsratsmandate in den Konzerntöchtern zum üblichen Pflichtenkreis des Vorstands des herrschenden Unternehmens gehören und daher weder eine wesentliche zusätzliche Belastung bedeuten, noch einen zusätzlichen Einfluss verschaffen.[305] In diesem Fall sind daher bis zu 15 Aufsichtsratsmandate zulässig. Nach Ziffer 5.4.5. S. 2 des Kodex soll jedoch, wer Vorstand einer börsennotierten Gesellschaft ist, insgesamt nicht mehr als drei Aufsichtsratsmandate in konzernexternen börsennotierten Gesellschaften wahrnehmen.

Nach § 100 Abs. 2 S. 3 AktG sind Mandate, bei denen der Betroffene zum Aufsichtsratsvorsit- 212 zenden gewählt wurde, doppelt anzurechnen. Zu beachten ist, dass diese **doppelte Anrechnung** nicht bei den nach § 100 Abs. 2 S. 2 AktG anrechnungsfreien Konzernmandaten stattfindet.[306]

Nach § 100 Abs. 2 S. 1 Nr. 2 AktG kann derjenige nicht Mitglied des Aufsichtsrats sein, der im 213 Zeitpunkt der geplanten Amtsübernahme gesetzlicher Vertreter eines von der AG abhängigen Unternehmens ist. Anders als bei der Höchstzahl der Aufsichtsratsmandate sind hier auch ausländische abhängige Unternehmen einzubeziehen.[307]

Nach § 100 Abs. 2 S. 1 Nr. 3 AktG kann schließlich nicht Mitglied des Aufsichtsrats sein, wer 214 gesetzlicher Vertreter einer anderen Kapitalgesellschaft ist, deren Aufsichtsrat ein Vorstandsmitglied der Gesellschaft angehört (**Überkreuzverflechtung**). Das Verbot gilt auch dann, wenn

---

[301] Vgl. Zu den Einzelheiten *Hüffer*, § 100 Rn 2a, 2b; *Vetter*, BB 2006, 1689 ff.
[302] *Hüffer*, § 100 Rn 2b; *Vetter*, BB 2006, 1689, 1691.
[303] Vgl. *Hüffer*, § 100 Rn 3.
[304] Vgl. *Hüffer*, § 100 Rn 3; MünchGesR/*Hoffmann-Becking*, Bd. 4, § 30 Rn 7a.
[305] Vgl. *Hüffer*, § 100 Rn 4; MünchGesR/*Hoffmann-Becking*, Bd. 4, § 30 Rn 8.
[306] *Hüffer*, § 100 Rn 4a.
[307] Vgl. *Hüffer*, § 100 Rn 5; MünchGesR/*Hoffmann-Becking*, Bd. 4, § 30 Rn 10.

es sich bei dem Aufsichtsrat der anderen Kapitalgesellschaft um einen freiwilligen Aufsichtsrat handelt.[308]

6. Bestellung

215 Die Bestellung der Aufsichtsratsmitglieder richtet sich zunächst danach, ob es sich um von den Aktionären oder von den Arbeitnehmern zu wählende Mitglieder handelt, sowie nach dem konkreten Mitbestimmungsstatut. Die Aufsichtsratsmitglieder der Aktionäre werden in der Hauptversammlung gewählt, soweit sie nicht nach § 101 Abs. 2 AktG in den Aufsichtsrat zu entsenden sind. Wenn die Gesellschaft unter das DrittelbG fällt, findet nach § 5 Abs. 1 DrittelbG eine unmittelbare Wahl durch die Arbeitnehmer statt, deren Einzelheiten in der Wahlverordnung zum DrittelbG (WODrittelbG) geregelt sind. Bei Eingreifen des MitbestG sowie des MontanMitbestErgG findet eine Delegiertenwahl oder unmittelbare Wahl durch die Arbeitnehmer gem. §§ 9 ff. MitbestG sowie 7 ff. MontanMitbestErgG statt. Im Falle des Eingreifens des MontanMitbestG werden nach dessen § 6 auch die Arbeitnehmervertreter durch die Hauptversammlung gewählt, jedoch erfolgt dies auf Grund bindender Wahlvorschläge.

216 Wenn die Hauptversammlung über die **Wahl von Aufsichtsratsmitgliedern**[309] entscheiden soll, ist nach § 124 Abs. 2 S. 1 AktG in der Bekanntmachung der Tagesordnung anzugeben, nach welchen gesetzlichen Vorschriften sich der Aufsichtsrat zusammensetzt und ob die Hauptversammlung an Wahlvorschläge gebunden ist. Bindende Wahlvorschläge bestehen nur bei der Wahl von Arbeitnehmervertretern nach dem MontanMitbestErgG. Wenn keine bindenden Wahlvorschläge bestehen, bedarf es einer ausdrücklichen Fehlanzeige in der Bekanntmachung. Nach § 124 Abs. 3 S. 1 AktG muss der Aufsichtsrat einen nicht bindenden Wahlvorschlag unterbreiten, für dessen Aufstellung es nach § 123 Abs. 3 S. 5 AktG allein der Mehrheit der Stimmen der Aufsichtsratsmitglieder der Aktionäre bedarf. Soweit in der Satzung keine qualifizierte Mehrheit vorgesehen ist, genügt für die Wahl jedes einzelnen Aufsichtsratsmitglieds die einfache Mehrheit der abgegebenen Stimmen. Bei Bestellung mehrerer Aufsichtsratsmitglieder kann nach herrschender Meinung sowohl eine Einzelwahl als auch eine Global- oder Listenwahl derart erfolgen, dass die Liste nur insgesamt angenommen oder abgelehnt werden kann.[310] Sofern die Listenwahl nicht bereits in der Satzung der Gesellschaft vorgesehen ist, sollte der Versammlungsleiter vor der Abstimmung darauf hinweisen, dass Aktionäre, die auch nur mit einem vorgeschlagenen Aufsichtsratsmitglied nicht einverstanden sind, die Liste insgesamt ablehnen müssen und dass bei Scheitern des Vorschlags Einzelabstimmung stattfindet. Der Kodex empfiehlt nach Ziffer 5.4.3. S. 1 generell die Einzelwahl, was zu einer Verlängerung der Hauptversammlung führen kann und der Tendenz des Kodex widerspricht, die Hauptversammlung gerade zu straffen.[311] Die Wahl eines Aufsichtsratsmitglieds wird nur wirksam, wenn der Gewählte diese annimmt, was bereits vor der Wahl erfolgen kann.

7. Entsendung

217 Die Satzung kann ein Entsendungsrecht entweder als höchstpersönliches, nichtübertragbares Entsendungsrecht durch namentliche Bezeichnung des entsendungsberechtigten Aktionärs oder

---

308 Vgl. Kölner Komm-AktG/*Mertens*, § 100 Rn 22; MünchGesR/*Hoffmann-Becking*, Bd. 4, § 30 Rn 11b; a.A. *Hüffer*, § 100 Rn 7.
309 Zur Wahl der Arbeitnehmervertreter siehe das arbeitsrechtliche Schrifttum, z.B. *Schaub*, Arbeitsrechts-Handbuch, S. 2387 ff. m.w.N.
310 *Hüffer*, § 101 Rn 6; MüKo-AktG/*Semler*, § 101 Rn 39; BGHZ 180, 9, 25 für den Fall, dass die Listenwahl bereits in der Satzung vorgesehen war.
311 Hierfür etwa Ziffer 2.2.4. S. 2 des Kodex.

durch Verknüpfung mit dem Besitz einer oder mehrerer bestimmter Aktien als übertragbares Inhaberentsendungsrecht einräumen. Letzteres ist jedoch nur möglich, wenn es sich um vinkulierte Namensaktien handelt (§ 101 Abs. 2 S. 2 AktG). In beiden Fällen handelt es sich um ein Sonderrecht i.S.d. § 35 BGB, das dem Berechtigten nicht ohne seine Zustimmung durch Satzungsänderung entzogen werden kann. Nach § 101 Abs. 2 S. 4 AktG können Entsendungsrechte insgesamt höchstens für ein Drittel der nach Gesetz oder Satzung vorgesehenen Aufsichtsratssitze der Aktionäre eingeräumt werden. Die Ausübung des Entsendungsrechts erfolgt durch Erklärung des Entsendungsberechtigten gegenüber der Aktiengesellschaft, vertreten durch den Vorstand. Auch in diesem Fall wird die Bestellung erst durch die Annahme des Aufsichtsratsmitglieds wirksam. Wenn die Satzung keine Entsendungspflicht vorsieht, ist der Entsendungsberechtigte nicht verpflichtet, sein Entsendungsrecht auszuüben. Für den Fall, dass ein Aufsichtsratssitz wegen mangelnder Entsendung unbesetzt bleibt, kann das fehlende Mitglied unter den Voraussetzungen des § 104 AktG durch das Gericht bestellt werden, eine Wahl des Mitglieds durch die Hauptversammlung ist unzulässig.[312] Das entsandte Aufsichtsratsmitglied hat die gleichen Rechte und Pflichten, wie ein von der Hauptversammlung gewähltes Mitglied und unterliegt daher nicht den Weisungen des Entsendungsberechtigten.[313]

8. Ersatzmitglieder

Nach § 101 Abs. 3 S. 2 AktG kann für jedes Aufsichtsratsmitglied ein **Ersatzmitglied** bestellt werden, das automatisch Mitglied des Aufsichtsrats wird, wenn das Aufsichtsratsmitglied vor Ablauf seiner Amtszeit wegfällt. Das Ersatzmitglied kann nur gleichzeitig mit dem Aufsichtsratsmitglied bestellt werden (§ 101 Abs. 3 S. 3 AktG). Auf seine Bestellung sowie die Nichtigkeit und Anfechtung seiner Bestellung sind die für das Aufsichtsratsmitglied geltenden Vorschriften anzuwenden. Es ist zulässig, dass ein Ersatzmitglied auch für mehrere bestimmte Aufsichtsratsmitglieder bestellt wird, soweit diese derselben Gruppe von Aufsichtsratsmitgliedern angehören, d.h. nach denselben Vorschriften bestellt werden.[314] Mit Wegfall eines Aufsichtsratsmitglieds, z.B. durch Tod oder Amtsniederlegung, rückt das Ersatzmitglied automatisch in den Aufsichtsrat ein, wobei es einer neuerlichen Annahme der Bestellung im Regelfall nicht bedarf.[315] Mangels anderweitiger Regelungen in der Satzung bleibt das nachgerückte Ersatzmitglied für die gesamte restliche Amtszeit des ausgeschiedenen Mitglieds im Amt. Es ist jedoch möglich, in der Satzung vorzusehen, dass das Amt des in den Aufsichtsrat nachgerückten Ersatzmitglieds bereits erlischt, sobald ein Nachfolger für das ausgeschiedene Aufsichtsratsmitglied bestellt ist.[316] Auch das bestellte, aber noch nicht nachgerückte Ersatzmitglied kann bereits sein Amt niederlegen oder von diesem abberufen werden.[317]

218

9. Gerichtliche Bestellung

Eine **gerichtliche Bestellung** kommt nach § 104 AktG in Betracht, wenn dem Aufsichtsrat die zur Beschlussfähigkeit nötige Zahl von Mitgliedern nicht angehört (§ 104 Abs. 1 AktG), wenn dem Aufsichtsrat länger als drei Monate weniger Mitglieder als die durch Gesetz oder Satzung festgelegte Zahl angehören (§ 104 Abs. 2 AktG), sowie wenn ein paritätisch mitbestimmter Aufsichtsrat unvollständig besetzt ist (§ 104 Abs. 3 AktG). In jedem Fall antragsbefugt sind der Vor-

219

---

312 Vgl. MünchGesR/*Hoffmann-Becking*, Bd. 4, § 30 Rn 22; *Hüffer*, § 101 Rn 10.
313 BGHZ 36, 296, 306; *Hüffer*, § 101 Rn 10.
314 MünchGesR/*Hoffmann-Becking*, Bd. 4, § 30 Rn 25.
315 *Hüffer*, § 101 Rn 13.
316 BGHZ 99, 211 ff.
317 Vgl. MünchGesR/*Hoffmann-Becking*, Bd. 4, § 30 Rn 33.

stand, jedes Aufsichtsratsmitglied und jeder Aktionär (§ 104 Abs. 1 S. 1 AktG). Bei mitbestimmten Gesellschaften sind darüber hinaus die in § 104 Abs. 1 S. 3 Nr. 1 bis 7 AktG aufgeführten Arbeitnehmervertreter bzw. Arbeitnehmer antragsberechtigt.[318] Für die gerichtliche Entscheidung zuständig ist nach §§ 375 Nr. 3, 376 Abs. 1 FamFG, das Amtsgericht, in dessen Bezirk das für den Sitz der Gesellschaft zuständige Landgericht seinen Sitz hat, wobei die jeweilige Landesregierung durch Rechtsverordnung von dieser Zuständigkeitskonzentration abweichen kann (§ 376 Abs. 2 FamFG). Die Entscheidung ergeht durch einen zu begründenden Beschluss im Verfahren nach dem FamFG.[319] Das Gericht ist an den Vorschlag des Antragstellers grundsätzlich nicht gebunden[320] und darf diesem nicht folgen, wenn die vorgeschlagene Person nicht die persönlichen Voraussetzungen erfüllt, die gegebenenfalls nach Gesetz oder Satzung für den vakanten Sitz erforderlich sind (§ 104 Abs. 4 S. 3 AktG). Nach Ziffer 5.4.3. S. 2 des Kodex soll der Antrag auf gerichtliche Bestellung eines Aufsichtsratsmitglieds bis zur nächsten Hauptversammlung befristet sein, was ohnehin der Praxis entspricht.[321]

220 Nach § 104 Abs. 5 AktG erlischt das Amt des gerichtlich bestellten Aufsichtsratsmitglieds, sobald der Mangel behoben ist, ohne dass es einer Abberufung bedarf.[322] Daher ist die **Amtszeit** des gerichtlich bestellten Mitglieds auf die restliche Amtszeit des ausgeschiedenen Mitglieds beschränkt. Solange das gerichtlich bestellte Mitglied im Amt ist, hat es grundsätzlich dieselben Rechte und Pflichten wie ein gewähltes Aufsichtsratsmitglied und kann nur durch das Gericht aus wichtigem Grund nach § 103 Abs. 3 AktG vorzeitig abberufen werden.[323]

10. Amtszeit der Aufsichtsratsmitglieder

221 Nach § 102 Abs. 1 AktG können Aufsichtsratsmitglieder nicht für eine längere Zeit als bis zur Beendigung der Hauptversammlung bestellt werden, die über die Entlastung für das vierte Geschäftsjahr nach dem Beginn der Amtszeit beschließt, wobei das Geschäftsjahr, in dem die Amtszeit beginnt, nicht mitgerechnet wird. Das Gesetz bestimmt lediglich die **Höchstzeit** mit etwa fünf Jahren und ermöglicht es der Satzung, in dem durch § 102 Abs. 1 AktG gezogenen Rahmen eine kürzere Amtsdauer zu bestimmen. Zulässig ist es auch, individuell abweichende Amtszeiten für die einzelnen Aufsichtsratsmitglieder festzulegen, also z.B. vorzusehen, dass alle zwei Jahre die Hälfte der Aufsichtsratsmitglieder neu gewählt werden muss.[324] Insbesondere bei mitbestimmten Aufsichtsräten ist eine derartige Regelung jedoch nicht sinnvoll, da dann jeweils das kostspielige Wahlverfahren der Arbeitnehmervertreter durchgeführt werden muss. Bei entsandten Mitgliedern kann der Entsendungsberechtigte die Amtszeit des Mitglieds im Rahmen der Höchstdauer des § 102 Abs. 1 AktG frei bestimmen.[325]

11. Beendigung der Stellung als Aufsichtsratsmitglied

222 Das Aktiengesetz sieht zur Beendigung der Stellung als Aufsichtsratsmitglied zunächst die **Abberufung** nach § 103 AktG vor. Nach § 103 Abs. 1 AktG kann ein von der Hauptversammlung ohne Bindungen an einen Wahlvorschlag, d.h. nicht nach den Bestimmungen des MontanMitbestG, gewähltes Mitglied jederzeit vor Ablauf seiner Amtszeit abberufen werden. Der Beschluss

---

[318] Vgl. zum Antragsrechts der Spitzenorganisationen der Gewerkschaften MünchGesR/*Hoffmann-Becking*, Bd. 4, § 30 Rn 36, a.A. MüKo-AktG/*Semler*, § 104 Rn 47.
[319] Vgl. *Hüffer*, § 104 Rn 5.
[320] Vgl. OLG München AG 2009, 745, 746.
[321] *Vetter*, BB 2005, 1689, 1692.
[322] OLG München AG 2006, 590, 592.
[323] MünchGesR/*Hoffmann-Becking*, Bd. 4, § 30 Rn 38a.
[324] BGHZ 99, 211, 215; *Hüffer*, § 102 Rn 4.
[325] Vgl. MünchGesR/*Hoffmann-Becking*, Bd. 4, § 30 Rn 47.

bedarf einer Mehrheit, die mindestens drei Viertel der abgegebenen Stimmen umfasst (§ 103 Abs. 1 S. 2 AktG). Erforderlich ist die Mehrheit der abgegebenen Stimmen, also nicht die Mehrheit des Grundkapitals.[326] Die Satzung kann gem. § 103 Abs. 1 S. 3 AktG das Mehrheitserfordernis sowohl absenken als auch verschärfen, wobei dies einheitlich für alle von der Hauptversammlung bestellten Mitglieder erfolgen muss.[327] Ein wichtiger Grund ist für die Abberufung nicht erforderlich.[328] Die Abberufung muss gegenüber dem Aufsichtsratsmitglied erklärt werden, wobei umstritten ist, ob diese Erklärung nur durch den Vorstand[329] oder auch durch eine sonstige Verlautbarung, etwa durch den Aufsichtsratsvorsitzenden,[330] erfolgen kann. Soweit das Aufsichtsratsmitglied bei der abberufenden Hauptversammlung anwesend ist, geht der Abberufungsbeschluss ihm mit Feststellung des Beschlussergebnisses zu.[331] Ein entsandtes Aufsichtsratsmitglied kann grundsätzlich nach § 103 Abs. 2 S. 1 AktG nur von dem Entsendungsberechtigten abberufen werden. Eine Abberufung durch die Hauptversammlung mit einfacher Stimmenmehrheit ist aber ausnahmsweise dann möglich, wenn die satzungsmäßigen Voraussetzungen des Entsendungsrechts weggefallen sind (§ 103 Abs. 2 S. 2 AktG).

Schließlich besteht bei jedem Aufsichtsratsmitglied, unabhängig davon, ob es von der Hauptversammlung oder den Arbeitnehmern gewählt, entsandt oder gerichtlich bestellt wurde, die Möglichkeit der gerichtlichen Abberufung nach § 103 Abs. 3 AktG. Eine **gerichtliche Abberufung** ist nach § 103 Abs. 3 S. 1 AktG nur bei Vorliegen eines wichtigen Grundes möglich, also wenn ein Verhalten vorliegt, auf Grund dessen das weitere Verbleiben des Aufsichtsratsmitglieds in seinem Amt für die Gesellschaft unzumutbar ist.[332] Es sind die gleichen Kriterien anzuwenden wie beim Vorliegen eines wichtigen Grundes für den Widerruf der Bestellung eines Vorstandsmitglieds nach § 84 Abs. 3 S. 2 AktG.[333]

Ein häufiger Fall der Beendigung der Stellung als Aufsichtsratsmitglied ist die **Amtsniederlegung**. Diese kann nach h.M. in jedem Fall auch ohne wichtigen Grund jederzeit erfolgen, es sei denn, sie erfolgt zur Unzeit.[334] Die Niederlegung erfolgt durch zugangsbedürftige Willenserklärung, die nach herrschender Meinung an die Aktiengesellschaft, vertreten durch den Vorstand, zu richten ist.[335]

Das **Amt** des Aufsichtsratsmitglieds **endet automatisch**, wenn eine persönliche Voraussetzung der Mitgliedschaft, die das Gesetz zwingend vorschreibt, wegfällt. Fälle hiervon sind etwa das nachträgliche Eingreifen einer der gesetzlich normierten persönlichen Ausschlussgründe nach §§ 100, 105 AktG oder aber das Ausscheiden eines gewählten unternehmensangehörigen Aufsichtsratsmitglieds der Arbeitnehmer aus dem Unternehmen (§ 4 Abs. 2 DrittelbG). Dagegen führt der Wegfall einer lediglich in der Satzung vorgesehenen besonderen persönlichen Eigenschaft nicht zum automatischen Erlöschen der Stellung als Aufsichtsratsmitglied.[336]

Weitere Beendigungsgründe sind der Ablauf der Amtszeit sowie der Tod des Aufsichtsratsmitglieds.

---

326 *Hüffer*, § 103 Rn 4.
327 BGHZ 99, 211 ff.
328 MünchGesR/*Hoffmann-Becking*, Bd. 4, § 30 Rn 51.
329 So etwa *Hüffer*, § 103 Rn 5.
330 So Kölner Komm-AktG/*Mertens*, § 103 Rn 10; MünchGesR/*Hoffmann-Becking*, Bd. 4, § 30 Rn 55; MüKo-AktG/*Semler*, § 103 Rn 29.
331 *Hüffer*, § 103 Rn 5.
332 OLG Frankfurt/M. AG 2008, 456 ff.; OLG Hamburg WM 1980, 311, 314.
333 OLG Frankfurt/M. AG 2008, 456, 457; *Hüffer*, § 103 Rn 10; zu § 84 Abs. 3 S. 2 AktG siehe Rn 164 f.
334 Vgl. MünchGesR/*Hoffmann-Becking*, Bd. 4, § 30 Rn 51; *Hüffer*, § 103 Rn 17; Kölner Komm-AktG/*Mertens*, § 103 Rn 56.
335 Vgl. *Hüffer*, § 103 Rn 17; nach MüKo-AktG/*Semler*, § 103 Rn 113 kann die Amtsniederlegung sowohl gegenüber dem Vorstand als auch gegenüber dem Aufsichtsratsvorsitzenden erklärt werden.
336 Vgl. MünchGesR/*Hoffmann-Becking*, Bd. 4, § 30 Rn 50.

12. Aufsichtsratsvorsitzender – Stellvertreter des Vorsitzenden

227 Nach § 107 Abs. 1 S. 1 AktG hat der Aufsichtsrat stets einen Vorsitzenden und mindestens einen Stellvertreter zu wählen. Die Kandidatenvorschläge sollen nach Ziffer 5.4.3 S. 3 des Kodex den Aktionären bekannt gemacht werden, was sinnvollerweise zusammen mit den Wahlvorschlägen an die Hauptversammlung in der Hauptversammlungseinladung erfolgt.[337] Die Wahl erfolgt in jedem Fall durch den Aufsichtsrat; eine Satzungsbestimmung, wonach die Wahlbefugnis etwa auf die Hauptversammlung verlagert wird, ist unwirksam.[338] Erforderlich und genügend für den Wahlbeschluss ist bei nicht mitbestimmten Gesellschaften die einfache Stimmenmehrheit, soweit die Satzung nichts anderes bestimmt.[339] Der Kandidat darf bei seiner Wahl zum Aufsichtsratsvorsitzenden mitstimmen.[340] Die Satzung kann für die Wahl sowohl eine relative Mehrheit genügen lassen als auch ein höheres Stimmenquorum als die einfache Mehrheit fordern.[341] Dem Aufsichtsratsvorsitzenden obliegt es, die Sitzungen des Aufsichtsrats einzuberufen, vorzubereiten und zu leiten, Ausschüsse zu befassen und deren Arbeitsergebnisse in das Plenum einzubringen.[342] Weiterhin ist der Vorsitzende **Repräsentant** des Aufsichtsrats und zwar insbesondere gegenüber dem Vorstand und dessen Mitgliedern. Darüber hinaus sieht die Satzung üblicherweise vor, dass der Aufsichtsratsvorsitzende die Hauptversammlung leitet. Schließlich hat der Aufsichtsratsvorsitzende an Anmeldungen von Kapitalerhöhungen und Kapitalherabsetzungen zum Handelsregister mitzuwirken.[343] Der Stellvertreter hat die Rechte und Pflichten des Vorsitzenden, wenn dieser verhindert ist (§ 107 Abs. 1 S. 3 AktG). Diese Regeln gelten auch bei mitbestimmten Gesellschaften, soweit diese nicht dem MitbestG, sondern dem MontanMitbestG, dem MontMitbestErgG oder dem DrittelbG unterliegen.[344]

228 Besonderheiten bestehen bei den unter das **MitbestG** fallenden Gesellschaften. Bei diesen sind nach § 27 MitbestG der Vorsitzende des Aufsichtsrats und der Stellvertreter mit einer Mehrheit von 2/3 der Mitglieder, aus denen der Aufsichtsrat insgesamt zu bestehen hat, zu wählen. Erforderlich sind daher 2/3 der Sollstärke, die durch § 7 Abs. 1 MitbestG oder eine darüber hinausgehende Satzungsbestimmung festgelegt ist. Wenn bei einem ersten Wahlgang bei der Wahl des Aufsichtsratsvorsitzenden oder seines Stellvertreters die erforderliche 2/3-Mehrheit nicht erreicht wird, so findet hierfür ein zweiter Wahlgang statt (§ 27 Abs. 2 S. 1 MitbestG). In diesem Wahlgang wählen die Aufsichtsratsmitglieder der Anteilseigner den Aufsichtsratsvorsitzenden und die Aufsichtsratsmitglieder der Arbeitnehmer den Stellvertreter jeweils mit der Mehrheit der abgegebenen Stimmen (§ 27 Abs. 2 S. 2 MitbestG). Die Amtszeit sowohl des Vorsitzenden als auch des Stellvertreters kann ebenso wie bei der nicht mitbestimmten AG durch die Satzung oder vom Aufsichtsrat in der Geschäftsordnung bzw. im Wahlbeschluss festgelegt werden, wobei sie für den Vorsitzenden und für den Stellvertreter jeweils gleich lang bemessen sein muss.[345] Für die jederzeit mögliche Abberufung des Vorsitzenden oder des Stellvertreters ist die Mehrheit erforderlich, mit der er in das Amt gewählt wurde.

13. Geschäftsordnung

229 Der Aufsichtsrat ist befugt, sich selbst eine Geschäftsordnung zu geben und soll dies nach Ziffer 5.1.3. des Kodex auch tun. Hierüber beschließt der Aufsichtsrat mit einfacher Mehrheit der

---

337 *Vetter*, BB 2005, 1689, 1693.
338 Vgl. *Hüffer*, § 107 Rn 3; MünchGesR/*Hoffmann-Becking*, Bd. 4, § 31 Rn 8.
339 Vgl. *Hüffer*, § 107 Rn 3.
340 Vgl. *Hüffer*, § 107 Rn 3; MünchGesR/*Hoffmann-Becking*, Bd. 4, § 31 Rn 9.
341 Vgl. *Hüffer*, § 107 Rn 3; MünchGesR/*Hoffmann-Becking*, Bd. 4, § 31 Rn 9.
342 Vergleiche zur Rolle des Aufsichtsratsvorsitzenden auch Ziffer 5.2. des Kodex.
343 Vgl. §§ 184 Abs. 1 S. 1, 188 Abs. 1, 223 AktG.
344 Vgl. MünchGesR/*Hoffmann-Becking*, Bd. 4, § 31 Rn 7.
345 Vgl. Kölner Komm-AktG/*Mertens*, Anh. § 117 B § 27 MitbestG Rn 8; MünchGesR/*Hoffmann-Becking*, Bd. 4, § 31 Rn 31.

abgegebenen Stimmen.³⁴⁶ Die Verfahrensregeln in einer vom Aufsichtsrat beschlossenen Geschäftsordnung gelten auch für später bestellte Mitglieder und über das Ende der Amtsperiode des Aufsichtsrats hinaus, so dass es nicht erforderlich ist, dass der Aufsichtsrat die Geschäftsordnung jeweils zu Beginn der neuen Amtsperiode bestätigt.³⁴⁷

14. Beschlussfassung im Aufsichtsrat

Die Willensbildung des Aufsichtsrats erfolgt durch Beschlüsse (§ 108 Abs. 1 AktG), die regelmäßig in Sitzungen des Aufsichtsrats gefasst werden. Nach § 110 Abs. 3 AktG muss der Aufsichtsrat bei börsennotierten Gesellschaften (§ 3 Abs. 2 AktG) zwei Sitzungen im Kalenderhalbjahr abhalten und kann bei nicht börsennotierten Gesellschaften beschließen, dass nur eine Sitzung im Kalenderhalbjahr abzuhalten ist. Die Formulierung des § 110 Abs. 3 S. 1 AktG „abhalten" statt „zusammentreten" stellt klar, dass die persönliche Präsenz in Aufsichtsratssitzungen zwar die Regel sein sollte, aber in Ausnahmefällen auch Telefon- oder Videokonferenzen unter Anrechnung auf die Mindestzahl der Sitzungen zulässig sind.³⁴⁸ Allerdings sollten die konstituierende Sitzung, bei welcher der Aufsichtsratsvorsitzende und sein Stellvertreter gewählt werden und die Bilanzsitzung des Aufsichtsrats jeweils im Regelfall unter persönlicher Anwesenheit aller Aufsichtsratsmitglieder und bei der Bilanzsitzung zusätzlich unter persönlicher Anwesenheit des Abschlussprüfers stattfinden.³⁴⁹ **230**

Die Einberufung von Aufsichtsratssitzungen erfolgt grundsätzlich durch den Aufsichtsratsvorsitzenden, wobei vorbehaltlich einer Bestimmung in der Satzung oder der Geschäftsordnung für den Aufsichtsrat für die Einberufung keine Form vorgeschrieben ist, diese also auch durch mündliche Aufforderung erfolgen kann.³⁵⁰ Auch eine Einberufungsfrist ist im Aktiengesetz nicht geregelt. Mit der Einberufung müssen Ort und Zeitpunkt der Sitzung sowie nach herrschender Meinung ebenfalls die Tagesordnung mitgeteilt werden.³⁵¹ Bei besonders vertraulichen Beschlussgegenständen, wie einer möglichen Abberufung des Vorstands oder der Entscheidung über den Erwerb einer Unternehmensbeteiligung hat es sich in der Praxis als zweckmäßig erwiesen, den Tagesordnungspunkt in der Einladung zunächst allgemein zu formulieren (z.B. „Vorstandsangelegenheiten") und die Einzelfragen erst im Rahmen der Sitzung zu erörtern.³⁵² Hiervon sollte jedoch äußerst zurückhaltend Gebrauch gemacht werden, da sich sonst das einzelne Aufsichtsratsmitglied unter Umständen erfolgreich darauf berufen kann, dass ihm eine ausreichende Sitzungsvorbereitung unmöglich gemacht wurde.³⁵³ Beschlussvorschläge zu den einzelnen Tagesordnungspunkten müssen nicht bereits mit der Einberufung übermittelt werden.³⁵⁴ **231**

Nach § 110 Abs. 1 S. 1 AktG kann jedes Aufsichtsratsmitglied oder der Vorstand als Organ unter Angabe des Zwecks und der Gründe verlangen, dass der Vorsitzende des Aufsichtsrats unverzüglich eine Aufsichtsratssitzung einberuft. Falls der Aufsichtsratsvorsitzende dieser Verpflichtung nicht entspricht, können der Vorstand oder das Aufsichtsratsmitglied nach § 110 Abs. 2 AktG unter Mitteilung des Sachverhalts und der Tagesordnung selbst die Sitzung des Aufsichtsrats einberufen. Voraussetzung für die Einberufung durch ein Aufsichtsratsmit- **232**

---

346 Vgl. MünchGesR/*Hoffmann-Becking*, Bd. 4, § 31 Rn 3.
347 OLG Hamburg WM 1982, 1090, 1092; *Hüffer*, § 107 Rn 24; MünchGesR/*Hoffmann-Becking*, Bd. 4, § 31 Rn 5.
348 *Hüffer*, § 110 Rn 11; siehe zur Videokonferenz insbesondere *Wagner*, NZG 2002, 57 ff.
349 Vgl. *Miettinen/Villeda*, AG 2007, 346 ff.
350 Vgl. *Hüffer*, § 110 Rn 3; MünchGesR/*Hoffmann-Becking*, Bd. 4, § 31 Rn 37.
351 Vgl. MünchGesR/*Hoffmann-Becking*, Bd. 4, § 31 Rn 34, 35; MüKo-AktG/*Semler*, § 110 Rn 42 ff.; a.A. *Hüffer*, § 110 Rn 4, wonach die Angabe der Tagesordnung nicht erforderlich ist.
352 MüKo-AktG/*Semler*, § 110 Rn 45.
353 MüKo-AktG/*Semler*, § 110 Rn 46.
354 Vgl. *Hüffer*, § 110 Rn 4; MünchGesR/*Hoffmann-Becking*, Bd. 4, § 31 Rn 41.

glied ist, dass bereits das Einberufungsverlangen durch dasselbe Aufsichtsratsmitglied gestellt wurde.[355]

a) Sitzungsleitung

233 Dem Aufsichtsratsvorsitzenden obliegt die Leitung der Aufsichtsratssitzungen, wobei er insbesondere auch über die Teilnahme von Sachverständigen und Auskunftspersonen nach § 109 Abs. 1 S. 2 AktG entscheidet. Derartige Berater dürfen nur von Fall zu Fall zu einzelnen Gegenständen hinzugezogen werden.[356] Nach § 109 Abs. 1 S. 1 AktG können Vorstandsmitglieder auf Verlangen des Aufsichtsrats an den Aufsichtsratssitzungen teilnehmen, jedoch soll nach Ziffer 3.6. S. 2 des Kodex der Aufsichtsrat bei Bedarf ohne den Vorstand tagen. Der Vorsitzende entscheidet auch über die Form der Abstimmung. Umstritten ist insoweit, ob eine geheime Abstimmung zulässig ist.[357]

b) Beschlussfähigkeit

234 Bei nicht mitbestimmten Gesellschaften kann die Satzung nach § 108 Abs. 2 S. 1 AktG die Beschlussfähigkeit im Aufsichtsrat regeln. Eine zwingende Untergrenze ergibt sich allerdings aus § 108 Abs. 2 S. 3 AktG, wonach in jedem Fall mindestens drei Mitglieder an der Beschlussfassung teilnehmen müssen.[358] Unzulässig wäre es daher vorzusehen, dass bei einem dreiköpfigen Aufsichtsrat die Anwesenheit von zwei Mitgliedern ausreicht. Der Stimmrechtsausschluss eines Aufsichtsratsmitglieds führt hierbei nicht zur Beschlussunfähigkeit, vielmehr muss das Mitglied zur Vermeidung der Beschlussunfähigkeit an der Sitzung teilnehmen, hat sich aber der Stimme zu enthalten.[359] Für die der Montanmitbestimmung unterliegenden Gesellschaften ist zwingend vorgeschrieben, dass der Aufsichtsrat beschlussfähig ist, wenn mindestens die Hälfte der Mitglieder, aus denen er zu bestehen hat, an der Beschlussfassung teilnehmen (§ 10 MontanMitbestG, § 11 MontanMitbestErgG). Eine entsprechende Regelung enthält § 28 MitbestG mit der Maßgabe, dass der Aufsichtsrat „nur" beschlussfähig ist, wenn mindestens die Hälfte der Mitglieder, aus denen er insgesamt zu bestehen hat, an der Beschlussfassung teilnimmt. Die Satzung kann daher nicht vorsehen, dass weniger als die Hälfte der Sollstärke des Aufsichtsrats an der Beschlussfassung teilnehmen. Umstritten ist hingegen, ob es mit § 28 MitbestG vereinbar ist, in der Satzung strengere Regeln vorzusehen.[360] Unzulässig sind solche Verschärfungen jedenfalls dann, wenn sie gegen den Grundsatz der Gleichberechtigung aller Mitglieder verstoßen. So wurde vom BGH eine Regelung als unzulässig angesehen, wonach der Aufsichtsrat nur beschlussfähig sein sollte, wenn mindestens die Hälfte der Teilnehmer Aufsichtsratsmitglieder der Aktionäre sind und sich unter ihnen der Aufsichtsratsvorsitzende befindet.[361]

c) Beschlussmehrheiten

235 Bei nicht mitbestimmten Gesellschaften gilt grundsätzlich die einfache Mehrheit der abgegebenen Stimmen, wobei eine Stimmenthaltung nicht als abgegebene Stimme anzusehen ist.[362] Die Satzung kann bei nicht nach dem MitbestG mitbestimmten Gesellschaften vorsehen, dass bei

---

355 Vgl. *Hüffer*, § 110 Rn 8.
356 Vgl. MünchGesR/*Hoffmann-Becking*, Bd. 4, § 31 Rn 47a.
357 Siehe dazu MünchGesR/*Hoffmann-Becking*, Bd. 4, § 31 Rn 55; *Hüffer*, § 108 Rn 5, 5a jeweils m.w.N.
358 Vgl. *Hüffer*, § 108 Rn 11; MünchGesR/*Hoffmann-Becking*, Bd. 4, § 31 Rn 56.
359 BGH AG 2007, 484, 485; a.A. *Hüffer*, § 108 Rn 11 m.w.N. zum Streitstand.
360 Siehe *Hüffer*, § 108 Rn 13; MünchGesR/*Hoffmann-Becking*, Bd. 4, § 31 Rn 59 m.w.N. zum Streitstand.
361 BGHZ 83, 151, 154 ff.
362 Vgl. *Hüffer*, § 108 Rn 6; MünchGesR/*Hoffmann-Becking*, Bd. 4, § 31 Rn 62.

Stimmengleichheit die Stimme des Aufsichtsratsvorsitzenden oder bei seiner Verhinderung die Stimme des stellvertretenden Vorsitzenden oder des jeweiligen Leiters der Sitzung den Ausschlag gibt.[363] Ein Vetorecht kann hingegen nicht eingeräumt werden.[364] Ebenfalls unzulässig ist es, bei Entscheidungen, die der Aufsichtsrat kraft Gesetzes zu treffen hat, in der Satzung eine qualifizierte Mehrheit vorzuschreiben.[365] Auch für dem MitbestG unterliegende Gesellschaften gilt nach § 29 Abs. 1 MitbestG die Mehrheit der abgegebenen Stimmen als Regelmehrheit für Beschlüsse des Aufsichtsrats.[366] Zur Auflösung von Pattsituationen im paritätisch zusammengesetzten Aufsichtsrat gewährt § 29 Abs. 2 MitbestG dem Aufsichtsratsvorsitzenden ein Zweitstimmrecht. Voraussetzung hierfür ist, dass zwei Abstimmungen über denselben Beschlussvorschlag zu demselben Gegenstand der Tagesordnung Stimmengleichheit ergeben haben (§ 29 Abs. 2 S. 1 MitbestG). Dem Stellvertreter des Aufsichtsratsvorsitzenden steht die zweite Stimme nicht zu (§ 29 Abs. 2 S. 3 MitbestG).

d) Teilnahme an der Beschlussfassung, Protokoll

Ein Aufsichtsratsmitglied kann sich bei der Ausübung seines Stimmrechts nicht vertreten lassen. Die Vertretungsmöglichkeit nach § 109 Abs. 3 AktG durch ein Nichtmitglied betrifft nur die Teilnahme an der Sitzung, nicht jedoch an der Beschlussfassung.[367] Nach § 108 Abs. 3 S. 1 AktG können abwesende Aufsichtsratsmitglieder an der Beschlussfassung des Aufsichtsrats dadurch teilnehmen, dass sie schriftliche Stimmabgaben überreichen lassen. Diese müssen sich auf einen bestimmten Beschlussvorschlag beziehen, eine Blankoerklärung ist grundsätzlich unzulässig.[368] Nach § 108 Abs. 4 AktG sind schriftliche, fernmündliche oder andere vergleichbare Formen der Beschlussfassung des Aufsichtsrats und seiner Ausschüsse vorbehaltlich einer näheren Regelung durch die Satzung oder eine Geschäftsordnung des Aufsichtsrats nur zulässig, wenn kein Mitglied diesem Verfahren widerspricht. Damit können Gesellschaften in der Satzung oder Geschäftsordnung vorsehen, dass Beschlussfassungen ohne Sitzung, etwa im Wege der Videokonferenz, auch dann zulässig sind, wenn ein Aufsichtsratsmitglied widersprechen sollte. Nicht anzuerkennen sind hingegen stillschweigende oder konkludente Aufsichtsratsbeschlüsse.[369]

236

Nach § 107 Abs. 2 AktG ist über Sitzungen des Aufsichtsrats eine Niederschrift anzufertigen, die der Aufsichtsratsvorsitzende zu unterzeichnen hat. In dieser sind Ort und Tag der Sitzung, die Teilnehmer, die Gegenstände der Tagesordnung sowie der wesentliche Inhalt der Verhandlungen und die Beschlüsse des Aufsichtsrats anzugeben (§ 107 Abs. 2 S. 2 AktG). Die Protokollierung der Beschlüsse dient Beweiszwecken und ist, wie in § 107 Abs. 2 S. 3 AktG klargestellt wird, nicht konstitutive Voraussetzungen für eine wirksame Beschlussfassung. Nach § 107 Abs. 2 S. 4 AktG ist jedem Mitglied des Aufsichtsrats auf Verlangen eine Abschrift der Sitzungsniederschrift auszuhändigen. Jedes Mitglied kann gegenüber dem Vorsitzenden eine Berichtigung des Protokolls verlangen, wobei der Widerspruch gegen das Protokoll spätestens in der nächsten Sitzung erfolgen muss.[370] Über Beschlüsse, die der Aufsichtsrat außerhalb von Sitzungen gefasst hat, muss der Vorsitzende analog § 107 AktG eine Niederschrift anfertigen, unterzeichnen und allen Mitgliedern in Abschrift übermitteln.[371]

237

---

363 Vgl. MünchGesR/*Hoffmann-Becking*, Bd. 4, § 31 Rn 64; *Hüffer*, § 108 Rn 8.
364 Vgl. *Hüffer*, § 108 Rn 8.
365 Vgl. *Hüffer*, § 108 Rn 8; MünchGesR/*Hoffmann-Becking*, Bd. 4, § 31 Rn 65.
366 Vgl. MünchGesR/*Hoffmann-Becking*, Bd. 4, § 31 Rn 68 ff. mit Nachweis weiterer Mehrheitserfordernisse in Sondersituationen.
367 Vgl. MünchGesR/*Hoffmann-Becking*, Bd. 4, § 31 Rn 83.
368 Vgl. *Hüffer*, § 108 Rn 14.
369 MüKo-AktG/*Semler*, § 108 Rn 22; Heidel/*Breuer/Faune*, § 108 Rn 4.
370 Vgl. MünchGesR/*Hoffmann-Becking*, Bd. 4, § 31 Rn 103.
371 Vgl. MünchGesR/*Hoffmann-Becking*, Bd. 4, § 31 Rn 105; Kölner Komm-AktG/*Mertens*, § 107 Rn 84.

e) Rechtsfolgen fehlerhafter Aufsichtsratsbeschlüsse

238 Die Behandlung fehlerhafter Aufsichtsratsbeschlüsse ist zwischen Rechtsprechung und der überwiegenden Ansicht in der Literatur umstritten. Die **Rechtsprechung** geht davon aus, dass es keine Unterscheidung zwischen nichtigen und lediglich anfechtbaren Beschlüssen gibt. Insbesondere ist eine analoge Anwendung der §§ 241 ff. AktG nach Ansicht des BGH nicht angemessen.[372] Dem Bedürfnis, die Nichtigkeitsfolge in bestimmten Fallgruppen zurückzudrängen, müsse mit flexibleren Mitteln wie einer Begrenzung des klagebefugten Personenkreises durch das Erfordernis des Rechtsschutzinteresses sowie den Einsatz des Rechtsinstituts der Verwirkung begegnet werden.[373]

239 Demgegenüber wird nach der überwiegenden Ansicht in der jüngeren **Literatur** zwischen nichtigen und bloß anfechtbaren Aufsichtsratsbeschlüssen unterschieden.[374] **Nichtig** seien Beschlüsse, die an einem unheilbaren Mangel leiden, wie etwa die fehlende Beschlussfähigkeit, das Fehlen der erforderlichen Mehrheit, die Einberufung durch einen Nichtbefugten sowie die Nichtladung oder der unzulässige Ausschluss eines Mitglieds. **Heilbar** und daher bloß anfechtbar sei hingegen die Verletzung der Einberufungsfrist und Einberufungsform, die Teilnahme nichtberechtigter Personen an der Sitzung, sowie Fehler des Vorsitzenden bei der Verhandlungsleitung. Schließlich gibt es nach Ansicht der Literatur Verstöße gegen bloße Ordnungsvorschriften, die ohne Auswirkung auf den Bestand des Beschlusses sind, wie etwa eine fehlende oder fehlerhafte Protokollierung, eine Versäumung der Monatsfrist des § 31 Abs. 3 S. 1 MitbestG durch den Vermittlungsausschuss sowie ein Verstoß gegen die im Gesetz vorgesehene Anzahl der Sitzungen (§ 110 Abs. 3 AktG).

240 Angesichts der klaren Rechtsprechung des BGH ist für die Praxis davon auszugehen, dass eine analoge Anwendung der §§ 241 ff. AktG nicht in Betracht kommt. Allerdings ist zu vermuten, dass der BGH mit den Instrumenten des Rechtsschutzinteresses und der Verwirkung in den oben dargestellten Fallgruppen häufig zu denselben Ergebnissen, wie die überwiegende Literatur gelangen wird.[375]

15. Aufsichtsratsausschüsse

241 Nach § 107 Abs. 3 S. 1 AktG kann der Aufsichtsrat aus seiner Mitte einen oder mehrere Ausschüsse bestellen und an diese innerhalb bestimmter Grenzen seine Aufgaben delegieren, um den Gesamtaufsichtsrat zu entlasten. Dabei sind sowohl vorbereitende als auch beschließende Ausschüsse möglich.[376] Nach Ziffer 5.3.1. des Kodex soll der Aufsichtsrat abhängig von den spezifischen Gegebenheiten des Unternehmens und der Anzahl seiner Mitglieder fachlich qualifizierte Ausschüsse bilden. Nach dem durch das BilMoG eingeführten § 107 Abs. 3 S. 2 AktG kann und nach Ziffer 5.3.2. des Kodex soll ein Prüfungsausschuss (Audit Committee) eingerichtet werden, der sich gemäß § 107 Abs. 3 S. 2 AktG[377] mit der Überwachung des Rechnungslegungsprozesses, der Wirksamkeit des internen Kontrollsystems, des Risikomanagementsystems und des internen Revisionssystems sowie der Abschlussprüfung, hier insbesondere der Unabhängigkeit des Abschlussprüfers und der vom Abschlussprüfer zusätzlich erbrachten Leistungen, befasst. Wenn der Aufsichtsrat einer kapitalmarktorientierten Gesellschaft nach § 264d HGB einen entsprechenden Prüfungsausschuss einrichtet, so muss mindestens ein Mitglied dieses Ausschusses

---

372 BGHZ 122, 342, 346 ff.; BGHZ 135, 244, 247; BGH ZIP 2005, 2207, 2208; ebenso *Hüffer*, § 108 Rn 19; MüKo-AktG/*Semler*, § 108 Rn 251.
373 BGHZ 122, 342, 351 f.; *Hüffer*, § 108 Rn 20.
374 So u.a. Kölner Komm-AktG/*Mertens*, § 108 Rn 82; *Baums*, ZGR 1983, 300, 305 ff.; *Axhausen*, Anfechtbarkeit aktienrechtlicher Aufsichtsratsbeschlüsse, 1986, S. 113 ff.; *Lemke*, Der fehlerhafte Aufsichtsratsbeschluss, S. 94 ff.
375 Vgl. MünchGesR/*Hoffmann-Becking*, Bd. 4, § 31 Rn 108.
376 Vgl. *Hüffer*, § 107 Rn 16; BGHZ 122, 342, 355.
377 Ähnlich die Formulierung in Ziffer 5.3.2. S. 1 des Kodex.

nach § 107 Abs. 4 AktG die Voraussetzungen des § 100 Abs. 5 AktG erfüllen, also sowohl unabhängig sein[378] als auch über Sachverstand auf den Gebieten Rechnungslegung oder Abschlussprüfung verfügen (unabhängiger Finanzexperte). Der Vorschlag des Aufsichtsrats zur Wahl des Abschlussprüfers ist bei Gesellschaften im Sinne des § 264d HGB gemäß § 124 Abs. 3 S. 2 AktG auf die Empfehlung des Prüfungsausschusses zu stützen.

Nach Ziffern 5.2. S. 3 und 5.3.2. S. 3 des Kodex sollen weder der Aufsichtsratsvorsitzende noch ein ehemaliges Vorstandsmitglied, dessen Bestellung vor weniger als zwei Jahren endete, Vorsitzender des Prüfungsausschusses sein. Nach Ziffer 5.3.2. S. 2 des Kodex soll der Vorsitzende des Prüfungsausschusses über besondere Kenntnisse und Erfahrungen in der Anwendung von Rechnungslegungsgrundsätzen und internen Kontrollverfahren verfügen.[379]

Die folgenden Entscheidungen müssen jedoch nach § 107 Abs. 3 S. 3 AktG stets durch den **Gesamtaufsichtsrat** getroffen und können nicht auf einen Ausschuss delegiert werden: 242
– Wahl des Aufsichtsratsvorsitzenden und der Stellvertreter (§ 107 Abs. 3 S. 3 i.V.m. § 107 Abs. 1 AktG) sowie Abberufung vom Amt des Vorsitzenden oder des Stellvertreters;[380]
– Zustimmung zur Zahlung eines Abschlags auf den voraussichtlichen Bilanzgewinn (§ 107 Abs. 3 S. 3 AktG i.V.m. § 59 Abs. 3 AktG);
– Erlass einer Geschäftsordnung für den Vorstand (§ 107 Abs. 3 S. 3 AktG i.V.m. § 77 Abs. 2 S. 1 AktG) sowie Erteilung einer in der Satzung vorgesehenen Zustimmung des Aufsichtsrats zu einer vom Vorstand erlassenen Geschäftsordnung;[381]
– Bestellung, Wiederbestellung und Abberufung von Vorstandsmitgliedern sowie die Ernennung eines Vorstandsvorsitzenden und der Widerruf dieser Ernennung (§ 107 Abs. 3 S. 3 i.V.m. § 84 Abs. 1 S. 1 und 3, Abs. 2 und Abs. 3 S. 1 AktG);
– Festsetzung der Bezüge der Vorstandsmitglieder und Entscheidung über eine Herabsetzung der Vergütung bei Verschlechterung der Lage der Gesellschaft (§ 107 Abs. 3 S. 3 i.V.m. § 87 Abs. 1 und Abs. 2 S. 1 und 2 AktG);
– Einberufung einer außerordentlichen Hauptversammlung wenn das Wohl der Gesellschaft dies erfordert (§ 107 Abs. 3 S. 3 i.V.m. § 111 Abs. 3 AktG);
– Begründung eines Zustimmungsvorbehalts für bestimmte Geschäfte (§ 107 Abs. 3 S. 3 i.V.m. § 111 Abs. 4 S. 2 AktG);[382]
– Prüfung des Jahresabschlusses, Lageberichts, des Vorschlags für die Gewinnverwendung, des Konzernabschlusses und des Konzernlageberichts sowie Berichterstattung über das Ergebnis der Prüfung (§ 107 Abs. 3 S. 3 i.V.m. § 171 AktG);
– Prüfung des Abhängigkeitsberichts und Berichterstattung über das Ergebnis der Prüfung (§ 107 Abs. 3 S. 3 i.V.m. § 314 Abs. 2 und 3 AktG).

Grundsätzlich steht es dem Gesamtaufsichtsrat frei zu entscheiden, ob und inwieweit er Ausschüsse bildet und diese mit der Vorbereitung von Entscheidungen des Gesamtaufsichtsrats oder auch mit der Beschlussfassung betraut, wobei nach Ziffer 5.3.2. des Kodex ein Prüfungsausschuss gebildet werden soll. Satzungsmäßige Regelungen hierzu sind unzulässig.[383] 243

Zwingend erforderlich ist allerdings nach § 27 Abs. 3 MitbestG der **Vermittlungsausschuss**. 244
Diesem gehören der Aufsichtsratsvorsitzende, sein Stellvertreter sowie je ein von den Aufsichtsratsmitgliedern der Arbeitnehmer und von den Aufsichtsratsmitgliedern der Anteilseigner ge-

---

378 Vgl. *Diekmann/Bidmon*, NZG 2009, 1087 ff.
379 Vgl. *Vetter*, BB 2006, 1689 f.
380 Vgl. MünchGesR/*Hoffmann-Becking*, Bd. 4, § 32 Rn 5; *Hüffer*, § 107 Rn 18.
381 Vgl. MünchGesR/*Hoffmann-Becking*, Bd. 4, § 32 Rn 5.
382 Anders als die Begründung eines Zustimmungsvorbehalts können Entscheidungen über die Erteilung einer notwendigen Zustimmung auch einem Ausschuss übertragen werden.
383 Vgl. MünchGesR/*Hoffmann-Becking*, Bd. 4, § 32 Rn 16.

wähltes weiteres Mitglied an. Alleinige Aufgabe des Vermittlungsausschusses ist es, dem Aufsichtsrat innerhalb eines Monats einen Vorschlag für die Bestellung oder Abberufung eines Vorstandsmitglieds zu machen, wenn die Bestellung oder Abberufung eines Vorstandsmitglieds einer mitbestimmenden Gesellschaft im Gesamtaufsichtsrat wegen des Erfordernisses der Mehrheit von zwei Dritteln der Stimmen der Aufsichtsratsmitglieder nach § 31 Abs. 2 MitbestG nicht zustande gekommen ist.

245 Der Vermittlungsausschuss beschließt über den Inhalt seines Vorschlags mit einfacher Mehrheit der abgegebenen Stimmen, wobei dem Aufsichtsratsvorsitzenden hierbei (anders als bei der folgenden Abstimmung des Aufsichtsrats selbst nach § 31 Abs. 4 MitbestG) kein Zweitstimmrecht zukommt.[384] Nach überwiegender Ansicht ist der Vermittlungsausschuss nur beschlussfähig, wenn alle vier Mitglieder an der Beschlussfassung teilnehmen.[385]

246 Über Einrichtung und Besetzung von Ausschüssen entscheidet der Aufsichtsrat allein nach der Befähigung der in Betracht kommenden Personen, ohne dass ein Paritätsgebot besteht, wonach die Parität des Plenums auch in den Ausschüssen abgebildet werden müsste.[386] Allerdings ist eine Diskriminierung der Arbeitnehmervertreter, indem sie etwa willkürlich, also ohne sachlichen Grund, von der Mitgliedschaft in allen Ausschüssen ferngehalten werden, unzulässig.[387] Nach der Rechtsprechung des BGH kann im Regelfall von einer missbräuchlichen Diskriminierung der Arbeitnehmervertreter ausgegangen werden, wenn der Personalausschuss ausschließlich mit Vertretern der Aktionäre besetzt wird.[388]

247 Zur konkreten Arbeitsweise der Ausschüsse bestehen nur wenige gesetzliche Regelungen zur Teilnahme an den Sitzungen in § 109 AktG sowie zur Möglichkeit der schriftlichen Beschlussfassung in § 108 Abs. 3 und 4 AktG. Die Arbeitsweise kann daher in der Satzung geregelt werden, soweit hierbei nicht in die Autonomie des Aufsichtsrats eingegriffen wird.[389] Regelungen können auch durch den Aufsichtsrat, bzw. wenn weder im Gesetz, der Satzung noch durch den Gesamtaufsichtsrat eine Regelung besteht, auch durch den Ausschuss selbst getroffen werden.[390] Wenn auch der Ausschuss keine Regelung getroffen hat, sind die für die innere Ordnung des Gesamtaufsichtsrats geltenden Bestimmungen entsprechend anzuwenden.[391] Bei beschließenden Ausschüssen ist in Anwendung des Rechtsgedankens des § 108 Abs. 2 S. 3 AktG davon auszugehen, dass diesen mindestens drei Mitglieder angehören müssen. Demgegenüber kann ein vorbereitender oder ein überwachender Ausschuss auch mit lediglich zwei Mitgliedern besetzt werden. Nach § 107 Abs. 3 S. 4 AktG ist dem Gesamtaufsichtsrat regelmäßig über die Arbeit der Ausschüsse zu berichten.

16. Rechte und Pflichten der Aufsichtsratsmitglieder

248 Anders als bei Vorstandsmitgliedern besteht zwischen dem einzelnen Aufsichtsratsmitglied und der Gesellschaft neben der körperschaftsrechtlichen Amtsstellung kein vertragliches Anstellungsverhältnis, sondern ein **gesetzliches Schuldverhältnis**, dessen genauer Inhalt sich aus den Rechten und Pflichten der Aufsichtsratsmitglieder in ihrer Organeigenschaft ergibt.[392] Eine

---

[384] Vgl. Kölner Komm-AktG/*Mertens*, Anh. § 117 B § 27 MitbestG Rn 18; MünchGesR/*Hoffmann-Becking*, Bd. 4, § 32 Rn 15.
[385] Vgl. Kölner Komm-AktG/*Mertens*, Anh. § 117 B § 27 MitbestG Rn 18; MünchGesR/*Hoffmann-Becking*, Bd. 4, § 32 Rn 15; a.A. *Hüffer*, § 107 Rn 20.
[386] BGHZ 122, 342, 355 ff.
[387] Vgl. MünchGesR/*Hoffmann-Becking*, Bd. 4, § 32 Rn 21.
[388] BGHZ 122, 342, 358 f.
[389] BGHZ 83, 106, 118.
[390] Vgl. MünchGesR/*Hoffmann-Becking*, Bd. 4, § 32 Rn 25.
[391] Vgl. Kölner Komm-AktG/*Mertens*, § 107 Rn 164; MünchGesR/*Hoffmann-Becking*, Bd. 4, § 32 Rn 25.
[392] Vgl. *Hüffer*, § 101 Rn 2.

Vergütung kann ein Aufsichtsratsmitglied nur beanspruchen, soweit diese in der Satzung festgesetzt oder von der Hauptversammlung bewilligt worden ist (§ 113 Abs. 1 S. 2 AktG). Demgegenüber können weder Vorstand noch Aufsichtsrat aus eigener Kompetenz den Mitgliedern des Aufsichtsrats für ihre Tätigkeit eine Vergütung gewähren.[393] Keine Vergütung ist der Ersatz angemessener Auslagen, entsprechend § 670 BGB, wie etwa von Reisekosten, für die es daher keiner Satzungsregelung und keines Bewilligungsbeschlusses durch die Hauptversammlung bedarf.[394] Die Vergütung soll nach § 113 Abs. 1 S. 3 AktG in einem angemessenen Verhältnis zu den Aufgaben der Aufsichtsratsmitglieder und zur Lage der Gesellschaft stehen. Nach Ziffer 5.4.6 S. 2 des Kodex trägt die Vergütung der Verantwortung und dem Tätigkeitsumfang der Aufsichtsratsmitglieder sowie der wirtschaftlichen Lage und dem Erfolg des Unternehmens Rechnung, wobei der Vorsitz und der stellvertretende Vorsitz im Aufsichtsrat sowie der Vorsitz und die Mitgliedschaft in den Ausschüssen nach Ziffer 5.4.6. S. 2 des Kodex bei der Vergütung berücksichtigt werden sollen. Neben oder anstelle einer Festvergütung kann auch eine variable Vergütung gewährt werden, die sich etwa nach dem Dividendensatz bemisst.[395] Nach Ziffer 5.4.6. S. 4 und S. 5 des Kodex sollen die Mitglieder des Aufsichtsrats neben der festen eine erfolgsorientierte Vergütung erhalten, welche auch auf den langfristigen Unternehmenserfolg bezogene Bestandteile enthalten sollte. Unzulässig ist es allerdings, Aufsichtsratsmitgliedern als Vergütung Aktienoptionen nach § 192 Abs. 2 Nr. 3 AktG bzw. entsprechende Wandelschuldverschreibungen nach § 221 AktG zu gewähren.[396]

Sollen über die normale Aufsichtsratstätigkeit hinaus **Dienst- oder Werkverträge** mit Aufsichtsratmitgliedern geschlossen werden, so hängt deren Wirksamkeit nach § 114 Abs. 1 AktG von der Zustimmung des Aufsichtsrats ab. Dies gilt auch, wenn der Beratungsvertrag nicht mit dem Aufsichtsratsmitglied selbst, sondern mit einem Unternehmen geschlossen wird, deren Alleingesellschafter und alleiniger Geschäftsführer das Aufsichtsratsmitglied ist.[397] Auch eine bloße Minderheitsbeteiligung als Gesellschafter der beratenden Gesellschaft ist ausreichend. Entscheidend ist nach Ansicht des BGH nicht, ob das Aufsichtsratsmitglied an der beratenden Gesellschaft beherrschend beteiligt sei, die §§ 113, 114 AktG sind nur dann unanwendbar, wenn es sich bei den mittelbaren Zuwendungen entweder um abstrakt gesehen ganz geringfügige Leistungen handelt oder wenn sie im Vergleich zur festgesetzten Aufsichtsratsvergütung einen vernachlässigenswerten Umfang haben.[398] Gegenstand eines Vertrages nach § 114 Abs. 1 AktG können nur Leistungen sein, die das Aufsichtsratsmitglied nicht ohnehin aufgrund seines Amtes schuldet, was aus dem Vertrag klar erkennbar sein muss.[399] Der BGH unterscheidet insoweit zwischen der zu den Organpflichten gehörenden Beratung in allgemeinen Fragen der Unternehmensführung und der in einem besonderen Beratungsvertrag regelbaren Beratung auf einem besonderen Fachgebiet.[400] Die Notwendigkeit der Zustimmung gilt auch für Verträge, die bereits vor Amtsbeginn geschlossen wurden.[401] Weiterhin ist nach § 115 AktG die Kreditgewährung an ein Aufsichtsratsmitglied oder einen nahen Angehörigen des Aufsichtsratsmitglieds an die vorherige Zustimmung (Einwilligung) des Aufsichtsrats gebunden. Die Vergütungen aus solchen Verträgen sollen nach Ziffer 5.4.6. Abs. 3 S. 2 des Kodex individualisiert im Corporate Governance Bericht gesondert angegeben werden.

Für die **Sorgfaltspflicht** und Verantwortlichkeit der Aufsichtsratsmitglieder wird in § 116 S. 1 AktG auf die entsprechend anwendbaren Vorschriften über die Pflichten des Vorstands in

---

[393] Vgl. MünchGesR/*Hoffmann-Becking*, Bd. 4, § 33 Rn 18.
[394] *Hüffer*, § 113 Rn 2b.
[395] Vgl. *Vetter*, ZIP 2008, 1ff.
[396] *Hüffer*, § 192 Rn 21, § 221 Rn 46b.
[397] BGH NZG 2006, 712, 714.
[398] BGH NZG 2007, 103, 104, BGH AG 2007, 484, 485; zustimmend *Hüffer*, § 114 Rn 2a.
[399] BGH AG 2009, 661, 662; BGH NZG 2006, 712, 715; BGH NZG 2007, 103, 104.
[400] BGH, AG 2009, 661, 662; BGH NZG 2006, 712, 715; BGH NZG 2007, 103, 104.
[401] Vgl. BGHZ 126, 340, 346ff.

§ 93 AktG verwiesen. Die nunmehr in § 93 Abs. 1 S. 2 AktG kodifizierte Business Judgement Rule[402] gilt also grundsätzlich auch für den Aufsichtsrat, wobei sie jedoch nur dann Anwendung finden kann, wenn der Aufsichtsrat eigene unternehmerische Entscheidungen vornimmt, also regelmäßig nicht im Rahmen seiner vergangenheitsbezogenen Überwachung und Kontrolle.[403] Zu beachten ist insbesondere die in § 116 S. 2 AktG geregelte und nach § 404 AktG strafbewehrte Geheimhaltungspflicht, die gleichermaßen für Aufsichtsratsmitglieder der Anteilseigner als auch für diejenigen der Arbeitnehmer gilt. Der Umfang der Schweigepflicht wird allein durch das objektive Bedürfnis der Geheimhaltung im Interesse des Unternehmens bestimmt und kann weder durch die Satzung noch durch die Geschäftsordnung des Aufsichtsrats erweitert oder eingeschränkt werden.[404] Ebenfalls besonders hervorgehoben ist seit dem VorstAG durch § 116 S. 3 AktG die Haftung der Aufsichtsratsmitglieder für den Fall, dass diese eine unangemessene Vorstandsvergütung festsetzen. Eine entsprechende Haftung galt jedoch auch bereits vor dem VorstAG, so dass mit § 116 S. 3 AktG keine Rechtsänderung verbunden ist.[405] Die Aufsichtsratsmitglieder haben die Sorgfalt anzuwenden, die für eine ordentliche und gewissenhafte Erfüllung der Pflichten des Aufsichtsrats erforderlich ist.[406] Dabei obliegt allen Mitgliedern des Aufsichtsrats, also auch den Arbeitnehmervertretern, der gleiche Sorgfaltsmaßstab. Jedes Aufsichtsratsmitglied muss diejenigen Mindestkenntnisse und Mindestfähigkeiten besitzen oder sich aneignen, die es braucht, um alle normalerweise anfallenden Geschäftsvorgänge auch ohne fremde Hilfe verstehen und sachgerecht beurteilen zu können.[407] Darüber hinaus können für einzelne Mitglieder des Aufsichtsrats entsprechend ihrer besonderen Funktion höhere Anforderungen gelten, als für die übrigen Mitglieder.[408] Falls sich Interessenkollisionen zum andauernden Pflichtenwiderstreit verdichten, ist das Aufsichtsratsmitglied verpflichtet, eines der kollidierenden Ämter niederzulegen.[409]

17. Durchsetzung von Rechten des Aufsichtsrats

251 Zunächst ist zu unterscheiden, ob es sich um die Klagebefugnis einzelner Aufsichtsratsmitglieder oder um die Rechtsdurchsetzung des Aufsichtsrats als Organ handelt. Jedes Aufsichtsratsmitglied kann zunächst die persönlichen Rechte, wie etwa seinen Anspruch auf Zahlung der Aufsichtsratsvergütung, gegenüber der Gesellschaft, vertreten durch den Vorstand, geltend machen.[410] **Jedes Aufsichtsratsmitglied** ist zudem klagebefugt, wenn es geht:
– um die Fehlerhaftigkeit oder Nichtigkeit eines Hauptversammlungsbeschlusses (§ 245 Nr. 5 AktG);
– um die Nichtigkeit des Jahresabschlusses (§ 256 Abs. 7 i.V.m. § 249 Abs. 1 AktG);
– um die Bestellung eines fehlenden Aufsichtsrats- oder Vorstandsmitglieds;
– um die Entscheidung über die richtige Zusammensetzung des Aufsichtsrats (§§ 104, 85, 98 AktG) oder
– um eine Klage gegen fehlerhafte Aufsichtsratsbeschlüsse.[411]

---

402 Siehe Rn 181.
403 *Schäfer*, ZIP 2005, 1257, 1258; *Ihrig*, WM 2004, 2098, 2106; a.A.: *Paefgen*, AG 2008, 761 ff. zur Anspruchsverfolgung gegen Vorstandsmitglieder.
404 BGHZ 64, 325, 329; MünchGesR/*Hoffmann-Becking*, Bd. 4, § 33 Rn 52.
405 Vgl. Regierungsentwurf VorstAG, BT 16/12278, 6.
406 MünchGesR/*Hoffmann-Becking*, Bd. 4, § 33 Rn 58.
407 BGHZ 85, 293, 295 f.
408 Vgl. *Hüffer*, § 116 Rn 3; MünchGesR/*Hoffmann-Becking*, Bd. 4, § 33 Rn 61.
409 Vgl. *Hüffer*, § 116 Rn 5; OLG Schleswig ZIP 2004, 1143, 1144; *Semler/Stengel*, NZG 2003, 1 ff.
410 Vgl. MünchGesR/*Hoffmann-Becking*, Bd. 4, § 33 Rn 70.
411 BGHZ 135, 244.

Für die Klage bei Verletzung der **individuellen Befugnisse** eines Aufsichtsratsmitglieds als Organmitglied ist nach Auffassung des BGH die Aktiengesellschaft passiv legitimiert, weil nur zwischen dem Aufsichtsratsmitglied und der Gesellschaft ein unmittelbares Rechtsverhältnis bestehe.[412]

Nach wie vor nicht abschließend geklärt ist die Frage, ob das **Organ Aufsichtsrat insgesamt** seine organschaftlichen Befugnisse gegenüber einem anderen Organ wie dem Vorstand oder der Hauptversammlung im Klagweg durchsetzen kann.[413] Der BGH hat lediglich entschieden, dass die Überwachung des Vorstands nach § 111 AktG dem Aufsichtsrat insgesamt und nicht dem einzelnen Aufsichtsratsmitglied zusteht und dieses daher keine Klagebefugnis hat.[414] Richtigerweise ist ein Klagerecht des Gesamtorgans Aufsichtsrat gegen den Vorstand zur Durchsetzung eines rechtmäßigen Vorstandsverhaltens in Fragen der Geschäftsführung mit der vorherrschenden Auffassung in der Literatur abzulehnen.[415] Wenn die Einwirkung auf den Vorstand durch eine abweichende Stellungnahme des Aufsichtsrats fehlschlägt, kann dieser notfalls nach § 84 Abs. 3 S. 1 AktG den Vorstand abberufen, falls ein wichtiger Grund vorliegt (siehe dazu Rn 135 ff.).

II. Typischer Sachverhalt

Die M Holding AG und ihre 100 %-ige Tochter, die M GmbH, beschäftigten bisher in der Regel 450 Mitarbeiter. Aufgrund der stark wachsenden Nachfrage nach Werkzeugmaschinen hat man im laufenden Geschäftsjahr den Personalbestand um rund 70 Mitarbeiter erhöht. Der nach Maßgabe der Satzung von der Hauptversammlung gewählte sechsköpfige Aufsichtsrat und der Vorstand fragen an, ob die Erhöhung der Zahl der beschäftigten Arbeitnehmer Handlungspflichten auslöst.

III. Muster

1. Muster: Bekanntmachung nach § 97 Abs. 2 AktG

M 112

_____ Aktiengesellschaft, _____
Bekanntmachung über die Zusammensetzung unseres Aufsichtsrats
Nach § 96 Abs. 1, § 101 Abs. 1 AktG i.V.m. § 1 Abs. 1 Nr. 1 und § 2 Abs. 2 DrittelbG und § 11 unserer Satzung setzte sich der Aufsichtsrat unserer Gesellschaft bislang aus sechs von der Hauptversammlung gewählten Aufsichtsratsmitgliedern zusammen.
Aufgrund der Aufstockung des Personalbestandes beschäftigt unsere Gesellschaft seit dem _____ mehr als 500 Arbeitnehmer. Nach Auffassung des Vorstands ist der Aufsichtsrat unserer Gesellschaft deshalb nicht mehr nach den maßgeblichen gesetzlichen Bestimmungen zusammengesetzt.
Einschlägig sind nunmehr die §§ 1 Nr. 1, 4 Abs. 1 DrittelbG, wonach der Aufsichtsrat zu einem Drittel aus Vertretern der Arbeitnehmer bestehen muss. Demgemäß wird der Aufsichtsrat gem. § 11 unserer

---

[412] BGHZ 85, 293, 295; a.A. etwa *Bork*, ZIP 1991 137 ff.; vgl. zum Streitstand MünchGesR/*Hoffmann-Becking*, Bd. 4, § 33 Rn 74 m.w.N.
[413] Vgl. *Hüffer*, § 90 Rn 18 m.w.N. zum Streitstand sowie Semler/v. Schenk/*Semler*, Arbeitshandbuch für Aufsichtsratsmitglieder, § 7 Rn 255 ff.
[414] BGHZ 106, 54, 63.
[415] Vgl. MünchGesR/*Hoffmann-Becking*, Bd. 4, § 33 Rn 76; Kölner Komm-AktG/*Mertens*, § 111 Rn 37; a.A. Semler/v. Schenk/*v. Schenk*, Arbeitshandbuch für Aufsichtsratsmitglieder, § 7 Rn 281.

Satzung zukünftig aus vier von der Hauptversammlung zu wählenden Aufsichtsratmitgliedern und zwei Arbeitnehmervertretern zusammengesetzt sein, wenn nicht Antragsberechtigte nach § 98 Abs. 2 AktG innerhalb eines Monats nach dieser Bekanntmachung im Bundesanzeiger das Landgericht _____ als nach § 98 Abs. 1 AktG zuständiges Gericht anrufen.
Die Neuwahl der Aufsichtsratsmitglieder der Aktionäre ist für die ordentliche Hauptversammlung am _____ vorgesehen.
_____, den _____
Der Vorstand

M 113 — 2. Muster: Antrag nach § 98 AktG auf gerichtliche Entscheidung

256 An das Landgericht _____
– Zivilkammer –
Antrag des Herrn _____
– Antragstellers – gem. § 98 Abs. 1 S. 1 AktG
Als Aktionär der _____ Aktiengesellschaft, eingetragen bei dem Amtsgericht _____ unter HRB _____, beantrage ich die Feststellung, dass der Aufsichtsrat der _____ Aktiengesellschaft, _____ (Ort), gem. §§ 96 Abs. 1, 101 Abs. 1 AktG i.V.m. §§ 6, 7 Abs. 1 Ziff. 1 MitbestG 1976 aus sechs Aufsichtsratsmitgliedern der Anteilseigner und aus sechs Aufsichtsratsmitgliedern der Arbeitnehmer zusammenzusetzen ist.
Zur Begründung weise ich darauf hin, dass die Gesellschaft an der _____ KG, _____ (Ort), mehrheitlich beteiligt ist und ihr die 1.820 Arbeitnehmer der _____ KG nach § 5 MitbestG zuzurechnen sind. Insgesamt beschäftigt die Gesellschaft deshalb mehr als 2.000 Arbeitnehmer.
_____ (Unterschrift)

3. Muster: Liste der Aufsichtsratsmitglieder nach § 106 AktG

257 Vgl. Rn 52.

M 114 — 4. Muster: Einreichung zu Gericht nach § 106 AktG

258 An das Amtsgericht _____
– Registergericht –
Betr.: HRB _____, _____ Aktiengesellschaft, _____ (Ort)
Als gemeinsam zur Vertretung der Gesellschaft berechtigte Mitglieder des Vorstands teilen wir den Wechsel von Aufsichtsratsmitgliedern zum Ende der Hauptversammlung vom _____ mit. Gemäß § 106 AktG fügen wir eine Liste der Mitglieder des Aufsichtsrats, aus welcher Name, Vorname, ausgeübter Beruf und Wohnort der Mitglieder des Aufsichtsrats ersichtlich ist, bei.[416]
_____ Aktiengesellschaft
Der Vorstand

---

[416] Die Einreichung der Dokumente hat seit dem EHUG elektronisch zu erfolgen.

5. Muster: Erklärung des Aufsichtsrats zum Corporate Governance Kodex gem. § 161 AktG
Vgl. Rn 188.

G. Hauptversammlung

I. Rechtliche Grundlagen

1. Kompetenzen

Die Hauptversammlung ist die Versammlung der Aktionäre; diese üben nach § 118 Abs. 1 S. 1 AktG ihre Rechte in Angelegenheiten der Gesellschaft in der Hauptversammlung aus. Die Zuständigkeiten der Hauptversammlung sind im Aktiengesetz grundsätzlich[417] abschließend bestimmt; es sind dies:
– die in § 119 Abs. 1 Nr. 1 bis 4 AktG aufgelisteten regelmäßigen Maßnahmen: Wahl der Mitglieder des Aufsichtsrats, soweit diese nicht zu entsenden (§ 101 Abs. 2 AktG) oder aufgrund der Mitbestimmungsgesetze zu bestellen sind (§ 101 Abs. 1 Alt. 2 AktG), Verwendung des Bilanzgewinns, Entlastung der Mitglieder des Vorstands und des Aufsichtsrats sowie Bestellung der Abschlussprüfer;
– Struktur- oder Grundlagenentscheidungen nach § 119 Abs. 1 Nr. 5, 6 und 8 AktG (insbesondere Satzungsänderungen und Kapitalmaßnahmen), nach § 179a AktG (Übertragung des ganzen Vermögens), nach § 274 Abs. 1 und 2 AktG (Fortsetzungsbeschlüsse), nach §§ 293, 295 AktG (Unternehmensverträge), nach §§ 319, 320 (Eingliederung), § 327a (Ausschluss von Minderheitsaktionären) und nach Maßgabe des UmwG (Verschmelzung, Spaltung, Formwechsel; §§ 65 Abs. 1, 125, 193 Abs. 1, 233, 240, 252 UmwG);
– Sonderfälle, wie die Bestellung von Sonderprüfern nach § 119 Abs. 1 Nr. 7 AktG sowie weitere Fälle in aktienrechtlichen Einzelbestimmungen z.B.: Verzicht und Vergleich über Ersatzansprüche (§§ 50, 93 Abs. 4, 116 AktG), Beschlüsse über Vorbereitungshandlungen (§ 83 Abs. 1 AktG), Vertrauensentzug (§ 84 Abs. 3 AktG), Abberufung von Aufsichtsratsmitgliedern (§ 103 Abs. 1 AktG), Zustimmung zu Nachgründungsverträgen (§ 52 AktG), Zustimmung zu Geschäften in den Fällen des § 111 Abs. 4 AktG, wenn der Vorstand es verlangt, Festsetzung der AR-Vergütung (§§ 113 Abs. 1 S. 3 und Abs. 2 AktG), Entscheidung über die Geltendmachung von Ersatzansprüchen und Bestellung besonderer Vertreter (§ 147 Abs. 1 und Abs. 2 AktG), ausnahmsweise Feststellung des Jahresabschlusses (§§ 173 Abs. 1, 234 Abs. 2 AktG), Verwendung eines aufgrund Sonderprüfung höheren Ertrags (§ 261 Abs. 3 S. 2 AktG), Bestellung anderer Abwickler (§ 265 Abs. 2 AktG), Abberufung von Abwicklern (§ 265 Abs. 5 AktG), Regelung der Vertretungsmacht der Abwickler durch Hauptversammlung (§ 269 Abs. 2 und Abs. 3 AktG), Feststellung der Liquidationseröffnungsbilanz, der Liquidationsjahresabschlüsse sowie Entlastung der Abwickler und Aufsichtsratsmitglieder (§ 270 Abs. 2 AktG).[418]

Seit der Einfügung des § 120 Abs. 4 AktG durch das VorstAG kann die Hauptversammlung einer börsennotierten AG auch über die Billigung des Systems zur Vergütung der Vorstandsmitglieder entscheiden (so genanntes „say on pay").[419] Voraussetzung hierfür ist, dass entweder die Verwaltung diesen Beschlussgegenstand auf die Tagesordnung setzt oder eine Minderheit, deren Anteile zusammen den zwanzigsten Teil des Grundkapitals

---
[417] Zu den ungeschriebenen Hauptversammlungskompetenzen nach den „Holzmüller"-und „Gelatine"-Entscheidungen des BGH siehe Rn 261 ff.
[418] *Hüffer*, § 119 Rn 9; Semler/Volhard/*Semler*, HV Hdb., § 1 Rn 55 ff.
[419] Vgl. dazu *Fleischer*, AG 2009, 677 ff.; *Vetter*, ZIP 2009, 2136 ff.

oder den anteiligen Betrag von 500.000 EUR erreichen, einen entsprechenden Antrag auf Ergänzung der Tagesordnung nach § 122 Abs. 2 S. 1 AktG stellt. Der Hauptversammlungsbeschluss über das System der Vorstandsvergütung begründet nach § 120 Abs. 4 S. 2 AktG weder Rechte noch Pflichten und lässt insbesondere die Verpflichtung des Aufsichtsrats, nach § 87 AktG eine angemessene Vergütung festzusetzen, unberührt. Auch wenn der Beschluss damit nur eine rechtlich unverbindliche Meinungsäußerung der Aktionäre darstellt, kann insbesondere eine Missbilligung des Vergütungssystems durch die hiermit verbundene Öffentlichkeitswirkung erhebliche faktische Auswirkungen haben und die Verwaltung dazu zwingen, das Vergütungssystem anzupassen, um einen Reputationsverlust zu vermeiden.[420] Der Hauptversammlungsbeschluss ist gemäß § 120 Abs. 4 S. 3 AktG nicht nach § 243 AktG anfechtbar, Nichtigkeitsklagen sind hingegen nicht ausgeschlossen.[421]

2. Ungeschriebene Hauptversammlungskompetenzen

261 Für Fragen der Geschäftsführung hat die Hauptversammlung grundsätzlich keine Zuständigkeit. Über diese entscheidet sie nur, wenn der Vorstand dies nach § 119 Abs. 2 AktG verlangt.[422] Der Bundesgerichtshof hatte allerdings in der bekannten **„Holzmüller"-Entscheidung**[423] anerkannt, dass der Vorstand bei schwerwiegenden Eingriffen in die Rechte und Interessen der Aktionäre, wie z.B. der Ausgliederung eines Betriebs, der den wertvollsten Teil des Gesellschaftsvermögens bildet, ausnahmsweise nicht nur berechtigt, sondern auch verpflichtet sein kann, gem. § 119 Abs. 2 AktG eine Entscheidung der Hauptversammlung herbeizuführen. Das Urteil stellte damit fest, dass es **ungeschriebene Hauptversammlungszuständigkeiten** für Maßnahmen gibt, die tief in die Mitgliedsrechte der Aktionäre und deren im Anteilseigentum verkörpertes Vermögensinteresse eingreifen.[424] Insbesondere die dogmatische Herleitung der ungeschriebenen Hauptversammlungskompetenzen sowie die Anwendung der Grundsätze der „Holzmüller"-Rechtsprechung im Einzelfall war umstritten.[425] So wurden als Anwendungsbereiche etwa Teilfusionen, die Aufnahme Dritter in eine bisher zu 100% gehaltene Tochtergesellschaft, Unternehmensverträge von Tochtergesellschaften mit Dritten, Betriebspacht- und Überlassungsverträge sowie die Veräußerung und der Erwerb wesentlicher Beteiligungen oder Unternehmensbereiche, aber auch etwa der Börsengang und das Delisting diskutiert.[426]

262 Zum **Delisting** hat der BGH in der Macrotron-Entscheidung[427] die folgenden Voraussetzungen aufgestellt:
– Hauptversammlungsbeschluss mit einfacher Mehrheit, sachliche Rechtfertigung ist nicht erforderlich, ebenso bedarf es keines Vorstandsberichts;
– „Pflichtangebot" an Minderheitsaktionäre zum Erwerb ihrer Aktien durch Mehrheitsgesellschafter oder AG selbst;
– Überprüfung von Inhalt und Höhe des Pflichtangebots im Spruchstellenverfahren.[428]

---

420 Vgl. Beschlussempfehlung und Bericht des Rechtsausschusses zum VorstAG, BT-Drucks 16/13433, 12; *Fleischer*, AG 2009, 677, 685.
421 *Fleischer*, AG 2009, 677, 685; *Vetter*, ZIP 2009, 2136, 2140.
422 *Hüffer*, § 119 Rn 11.
423 BGHZ 83, 122 ff.
424 Vgl. MünchGesR/*Semler*, Bd. 4, § 34 Rn 37.
425 Vgl. dazu *Dietz*, Die Ausgliederung nach dem UmwG und nach Holzmüller, 2000, S. 241 ff.; *Reichert*, ZHR-Sonderheft Nr. 69, 1999, 25 ff.
426 Vgl. MünchGesR/*Semler*, Bd. 4, § 34 Rn 45; wobei das Delisting keinen Holzmüller-Fall darstellt, da vom Delisting nur die Vermögensrechte, nicht jedoch die Mitverwaltungsrechte der Aktionäre betroffen sind.
427 BGH ZIP 2003, 387 ff.; dazu etwa *Schlitt*, ZIP 2004, 533 ff.; *Hüffer*, § 119 Rn 24; OLG Celle AG 2008, 858 f.
428 Vgl. BGH ZIP 2003, 387; *Benecke*, WM 2004, 1122.

In den zwei **„Gelatine"- Entscheidungen** vom 26.4.2004[429] hat der BGH einer ausgreifenden   263
Anwendung der Holzmüller-Grundsätze Einhalt geboten. Er hat klargestellt, dass ungeschriebene Mitwirkungsbefugnisse der Hauptversammlung bei Maßnahmen, die das Gesetz dem Vorstand als Leitungsaufgabe zuweist, nur ausnahmsweise und in engen Grenzen anzuerkennen sind. Sie kommen allein dann in Betracht, wenn eine vom Vorstand in Aussicht genommene Umstrukturierung der Gesellschaft an der Kernkompetenz der Hauptversammlung, über die Verfassung der Aktiengesellschaft zu bestimmen, rührt, weil sie Veränderungen nach sich zieht, die denjenigen zumindest nahe kommen, welche allein durch eine Satzungsänderung herbeigeführt werden können. Außer für Fälle von Ausgliederungen kann diese Ausnahmezuständigkeit jedenfalls für die Umstrukturierung einer Tochter- in eine Enkelgesellschaft wegen des mit ihr verbundenen weiteren Mediatisierungseffekts in Betracht kommen, wobei eine wesentliche Beeinträchtigung der Mitwirkungsbefugnis der Aktionäre auch in diesen Fällen erst dann vorliege, wenn die wirtschaftliche Bedeutung der Maßnahme in etwa die Ausmaße des in der „Holzmüller"-Entscheidung entschiedenen Falls (quantitativ rund 80% der Aktiva und qualitativ den Kernbereich der Unternehmenstätigkeit betreffend) erreicht.[430] Bei Beteiligungsveräußerungen unterhalb der Schwelle des § 179a AktG, die auch keine Unterschreitung des Unternehmensgegenstandes darstellen,[431] besteht bereits deshalb keine Mitwirkungsbefugnis der Hauptversammlung, da es hier an einer Mediatisierung des Einflusses der Aktionäre fehlt, also allein deren Vermögensinteressen betroffen sein können.[432] Auch wenn daher die Bedeutung ungeschriebener Hauptversammlungskompetenzen, die nunmehr vom BGH als Ergebnis einer offenen Rechtsfortbildung hergeleitet werden,[433] stark nachlassen dürfte, sollte der sorgfältige Berater bei schwerwiegenden Maßnahmen jeweils im Einzelfall prüfen, ob eine „Holzmüller"-Kompetenz der Hauptversammlung in Betracht kommt. In diesem Fall ist, wie nunmehr vom BGH klargestellt wurde, eine Zustimmung der Hauptversammlung mit der 3/4-Mehrheit des bei der Beschlussfassung vertretenen Grundkapitals erforderlich.[434]

3. Ordentliche und außerordentliche Hauptversammlung

Die ordentliche Hauptversammlung, die nach § 175 Abs. 1 S. 2 AktG in den ersten acht Monaten   264
eines jeden Geschäftsjahres stattzufinden hat,
- nimmt den – im Regelfall von Vorstand und Aufsichtsrat festgestellten – **Jahresabschluss** des abgelaufenen Geschäftsjahres entgegen oder beschließt über die Feststellung, wenn der Aufsichtsrat den vom Vorstand aufgestellten Abschluss nicht billigt oder Vorstand und Aufsichtsrat die Feststellung der Hauptversammlung überlassen (§ 172 S. 1 AktG);
- beschließt über die **Verwendung des Bilanzgewinns** (§ 174 Abs. 1 S. 1 AktG);
- wählt den Abschlussprüfer für das laufende Geschäftsjahr (§ 318 HGB) und
- entscheidet über die **Entlastung von Vorstand und Aufsichtsrat** (§ 120 Abs. 1 AktG).

Bei Mutterunternehmen nimmt die ordentliche Hauptversammlung außerdem den, im Regelfall vom Aufsichtsrat gebilligten, **Konzernabschluss** des abgelaufenen Geschäftsjahres entgegen

---

[429] BGH NZG 2004, 571 ff.; BGH NZG 2004, 575 ff. (Gelatine), dazu aktuell etwa *Feldhaus*, BB 2009, 562 ff.; OLG Köln AG 2009, 416 ff.; OLG Hamm AG 2008, 421 ff.
[430] BGH NZG 2004, 571, 574; BGH NZG 2004, 575, 579; OLG Hamm AG 2008, 421, 422 f. zu den quantitativen und qualitativen Kriterien auch *Feldhaus*, BB 2009, 562, 567 f.; *Hüffer*, § 119 Rn 18a, 18b.
[431] Vgl. dazu OLG Köln AG 2009, 416 ff.; *Feldhaus*, BB 2009, 562, 563 ff.
[432] BGH ZIP 2007, 24; OLG Köln AG 2009, 416, 418; OLG Hamm AG 2008, 421, 422; ebenso bereits *Dietz*, Die Ausgliederung nach dem UmwG und nach Holzmüller, 2000, S. 399 ff.
[433] BGH NZG 2004, 571, 574; BGH NZG 2004, 575, 578.
[434] BGH NZG 2004, 571, 574; BGH NZG 2004, 575, 579.

bzw. beschließt über seine Billigung, wenn der Aufsichtsrat den Konzernabschluss nicht gebilligt hat, § 173 Abs. 1 S. 2 AktG und wählt den Konzernabschlussprüfer nach § 318 Abs. 1 S. 1 HGB.

265 Auch wenn die Tagesordnung einer ordentlichen Hauptversammlung um weitere Tagesordnungspunkte, wie etwa Satzungsänderungen oder die Zustimmung zu Unternehmensverträgen ergänzt wird, handelt es sich trotzdem um eine ordentliche Hauptversammlung.[435] Um eine **außerordentliche Hauptversammlung** handelt es sich demgegenüber, wenn entweder nicht die regelmäßig wiederkehrenden Tagesordnungspunkte nach § 119 Abs. 1 Nr. 2–4 AktG behandelt werden sollen, oder wenn die Hauptversammlung auf ein Minderheitsverlangen von Aktionären einberufen wird. Die Unterscheidung zwischen ordentlicher und außerordentlicher Hauptversammlung ändert indessen nichts daran, dass für beide Arten dieselben Regeln für die Einberufung, Durchführung, Wirksamkeit von Beschlüssen etc. gelten.[436]

4. Einberufungsgründe

266 Die Hauptversammlung ist einzuberufen, wenn es Gesetz oder Satzung bestimmen oder das Wohl der Gesellschaft es erfordert (§ 121 AktG). Neben der **ordentlichen Hauptversammlung** zur Erledigung der ihr vorbehaltenen Beschlussgegenstände (s.o.) muss die Hauptversammlung nach dem AktG einberufen werden:
- bei Verlust der Hälfte des Grundkapitals (§ 92 AktG)
- wenn die Hauptversammlung selbst die Einberufung einer neuen Hauptversammlung beschlossen hat (§ 124 Abs. 4 S. 2 AktG)
- wenn Aktionäre, die zusammen 5% des Grundkapitals repräsentieren, dies verlangen (§ 122 Abs. 1 AktG; siehe dazu Rn 290)
- wenn nach § 138 S. 3 AktG die Einberufung einer gesonderten Versammlung verlangt wird.

267 Weiterhin genügt es für die Einberufung, dass eine Maßnahme ansteht, für die die Hauptversammlung zuständig ist.[437] Der in § 121 Abs. 1 S. 1 2. Alt. AktG aufgeführte Einberufungsgrund „wenn das Wohl der Gesellschaft es erfordert" hat nur geringe praktische Bedeutung, da er ebenso wie § 111 Abs. 3 AktG, eine anderweitig begründete Beschlusskompetenz der Hauptversammlung voraussetzt und daher keinen eigenständigen Einberufungsgrund darstellt.[438]

268 Umstritten ist schließlich, ob die Hauptversammlung zur **bloßen Unterrichtung** über bestimmte Vorgänge oder zu Erörterungen einberufen werden kann, ohne dass eine Beschlussfassung erfolgen soll.[439] Zumindest bei Gesellschaften mit einem größeren Aktionärskreis dürfte dieser Streit jedoch keine Bedeutung haben, da es der Vorstand oder Aufsichtsrat angesichts der mit einer Hauptversammlung verbundenen Kosten kaum je für erforderlich halten dürfte, diese zur bloßen Unterrichtung oder Beratung einzuberufen.

5. Einberufungszuständigkeit

269 Die Einberufung obliegt nach § 121 Abs. 2 S. 1 AktG dem Gesamtvorstand, der hierüber mit einfacher Mehrheit beschließt.[440] Anders als die Entscheidung über die Einberufung selbst kann die

---

435 Vgl. Semler/Volhard/*Semler*, HV Hdb., § 1 Rn 3.
436 Vgl. MünchGesR/*Semler*, Bd. 4, § 34 Rn 47.
437 Vgl. *Hüffer*, § 121 Rn 3; zu den Hauptversammlungskompetenzen Rn 260ff.
438 Vgl. *Hüffer*, § 121 Rn 5.
439 Dafür etwa MünchGesR/*Semler*, Bd. 4, § 35 Rn 4; *Huber*, ZIP 1995, 1740, 1743; a.A. *Hüffer*, § 119 Rn 4.
440 BGHZ 149, 158, 160; zur Auswirkung einer Unterbesetzung des Vorstands s. Rn 164.

Durchführung der Einberufung einem oder einzelnen Vorstandsmitgliedern übertragen werden.[441] Nach § 121 Abs. 2 S. 2 AktG gelten diejenigen Personen, die als Vorstand im Handelsregister eingetragen sind, als zur Einberufung befugt. Entscheidend ist die Eintragung im Zeitpunkt der Einberufung, also nach § 121 Abs. 4 S. 1 AktG bei Bekanntmachung der Einberufung in den Gesellschaftsblättern.[442] Die unwiderlegbare Vermutung des § 121 Abs. 2 S. 2 AktG führt dazu, dass auch Vorstandsmitglieder, die nicht wirksam bestellt oder wieder abberufen sind, einberufen können, falls sie im Handelsregister eingetragen sind. Die Regelung geht jedoch nicht so weit, dass sie dem im Handelsregister eingetragenen „Schein-Vorstand" ein Teilnahmerecht an der Beschlussfassung über die Einberufung vermittelt. Für die Beschlusswirksamkeit innerhalb des Vorstands genügt es auch bei fehlender Registereintragung, dass die an der Beschlussfassung teilnehmenden Mitglieder wirksam bestellt wurden.[443] Nach § 121 Abs. 2 S. 3 AktG kann die Hauptversammlung auch durch andere Personen einberufen werden, wenn diese eine Einberufungszuständigkeit kraft Gesetzes (so der Aufsichtsrat, wenn das das Wohl der Gesellschaft verlangt, § 111 Abs. 3 AktG, die gerichtlich ermächtigten Aktionäre bei einem Minderheitsverlangen, § 122 Abs. 3 AktG sowie die Abwickler der Gesellschaft nach § 268 Abs. 2 S. 1 AktG) oder der Satzung haben.[444]

6. Einberufungsfrist

270 Um die auch nach dem UMAG bestehenden Unsicherheiten bezüglich der aktienrechtlichen Fristenregeln zu beseitigen, wurde durch das Gesetz zur Umsetzung der Aktionärsrichtlinie „ARUG") das aktienrechtliche Fristregime stark vereinfacht.[445] Alle Fristen des Unterabschnitts des § 121 ff. AktG werden künftig von der Hauptversammlung an zurück berechnet. Das AktG stellt jeweils ausdrücklich klar, dass einheitlich weder der Tag der Versammlung, noch der Tag, an dem ein Erfolg bewirkt oder eine Handlung vorgenommen werden muss, mitgerechnet wird, § 121 Abs. 7 S. 1 AktG.[446] Eine Verlegung von einem Sonntag, einem Sonnabend oder einem Feiertag auf einen zeitlich vorausgehenden oder nachfolgenden Werktag kommt nach § 121 Abs. 7 S. 2 AktG nicht in Betracht, die §§ 187 bis 193 BGB finden nach § 121 Abs. 7 S. 3 AktG ausdrücklich keine entsprechende Anwendung. Lediglich bei nichtbörsennotierten Gesellschaften kann gemäß § 121 Abs. 7 S. 4 AktG die Satzung eine andere Berechnung der Frist bestimmen.

Die Einberufungsfrist beträgt nach § 123 Abs. 1 S. 1 AktG mindestens dreißig Tage vor dem Tag der Versammlung. Nach § 121 Abs. 7 S. 1 AktG ist der Tag der Versammlung und nach § 123 Abs. 1 S. 2 AktG ist der Tag der Einberufung nicht mitzurechnen, so dass genau 30 volle Tage zwischen diesen beiden Tagen liegen müssen. Die Einberufungsfrist verlängert sich nach § 123 Abs. 2 S. 5 AktG, wenn die Satzung für die Teilnahme ein Anmeldeerfordernis, bzw. bei nichtbörsennotierten Gesellschaften ein Hinterlegungserfordernis, bestimmt.[447] Wenn die Satzung oder die Einberufung aufgrund einer Ermächtigung in der Satzung keine kürzere Anmeldefrist vorsieht (§ 123 Abs. 2 S. 3 AktG), so beträgt die Anmeldefrist nach § 123 Abs. 2 S. 2 AktG sechs Tage vor dem Tag der Versammlung, wobei der Tag der Versammlung nach § 121 Abs. 7 S.1 AktG und der Tag des Zugangs der Anmeldung nach § 123 Abs. 2 S. 4 AktG nicht mitgerechnet werden. Wenn die Hauptversammlung etwa am 15.6.2012 stattfinden soll und die Satzung ein Anmelde-

---

441 Vgl. MünchGesR/*Semler*, Bd. 4, § 35 Rn 7; *Hüffer*, § 121 Rn 6.
442 Vgl. *Hüffer*, § 121 Rn 7.
443 MüKo-AktG/*Kubis*, § 121 Rn 18; OLG Frankfurt WM 1989, 1688, 1691.
444 Vgl. *Hüffer*, § 121 Rn 8.
445 Vgl. dazu etwa *Bosse*, NZG 2009, 807, 808.
446 Regierungsbegründung zum ARUG, BT-Drucks 16/11642, 28.
447 Siehe dazu Rn 286.

erfordernis vorsieht, ohne die Frist des § 123 Abs. 2 S. 2 AktG zu verkürzen, so ist der erste Tag für das nach § 123 Abs. 1 S. 1, S. 2 AktG notwendige Abzählen von sechsunddreißig Tagen (30 Tage nach § 123 Abs. 1 S. 1 AktG plus 6 Tage nach § 123 Abs. 2 S. 2 und 5 AktG) der 14.6.2012, der sechsunddreißigste Tag ist im Beispiel der 10.5.2012. Da der Tag der Einberufung nach § 123 Abs. 1 S. 2 AktG nicht mitzurechnen ist, muss diese spätestens um 24.00 Uhr am 37. Tag vor dem Tag der Hauptversammlung, also im Beispiel am 9.5.2012 erfolgen. Sollte dieser Tag ein Sonntag oder ein gesetzlicher Feiertag sein, an dem der Bundesanzeiger nicht erscheint, und nach § 121 Abs. 7 S. 2 und 3 AktG eine Verlegung auf den nachfolgenden Werktag nicht in Betracht kommt, muss die Einberufung an dem letzten vorangehenden Erscheinungstermin des Bundesanzeigers[448] erfolgen.

7. Einberufungsform, -inhalt

271 Die Einberufung hat in den Gesellschaftsblättern (§ 25 AktG) unter Angabe von Firma, Sitz, Zeit und Ort sowie unter Angabe der Tagesordnung, also einer kurzgefassten Zusammenstellung der Verhandlungs- sowie Beschlussgegenstände in der Reihenfolge, wie sie behandelt werden sollen, zu erfolgen (§ 121 Abs. 3 S. 1, S. 2, Abs. 4 AktG). Pflichtgesellschaftsblatt ist nach § 25 Abs. 1 S. 1 AktG der Bundesanzeiger. Daneben kann die Satzung nach § 25 S. 2 AktG andere Blätter oder elektronische Informationsmedien als Gesellschaftsblätter bezeichnen.

Nach § 121 Abs. 4a AktG ist die Einberufung bei börsennotierten Gesellschaften, die nicht ausschließlich Namensaktien ausgegeben haben und welche die Einberufung den Aktionären nicht unmittelbar übersenden, spätestens zum Zeitpunkt der Bekanntmachung solchen Medien zur Veröffentlichung zuzuleiten, bei denen davon ausgegangen werden kann, dass sie die Information in der gesamten Europäischen Union verbreiten (so genanntes „Medienbündel"). Nach der Regierungsbegründung kann auch der Bundesanzeiger ein solches Medium sein, sofern der vom Gesetz erforderliche Verbreitungsdienst von ihm angeboten wird.[449] Der Internetseite des Bundesanzeigers[450] kann entnommen werden, dass dieser diesen Verbreitungsdienst für einen Pauschalbetrag anbietet.[451]

Nach § 121 Abs. 3 S. 2 AktG sind bei börsennotierten Gesellschaften in der Einberufung die folgenden weiteren Angaben erforderlich:
1. die Voraussetzungen für die Teilnahme an der Versammlung und die Ausübung des Stimmrechts sowie gegebenenfalls den Nachweisstichtag nach § 123 Abs. 3 S. 3 AktG und dessen Bedeutung;
2. das Verfahren für die Stimmabgabe
   a) durch einen Bevollmächtigten unter Hinweis auf die Formulare, die für die Erteilung einer Stimmrechtsvollmacht zu verwenden sind, und auf die Art und Weise, wie der Gesellschaft ein Nachweis über die Bestellung eines Bevollmächtigten elektronisch übermittelt werden kann, sowie
   b) durch Briefwahl oder im Wege der elektronischen Kommunikation gemäß § 118 Abs. 1 S. 2 AktG, soweit die Satzung eine entsprechende Form der Stimmrechtsausübung vorsieht;
3. die Rechte der Aktionäre nach § 122 Abs. 2, § 126 Abs. 1, den §§ 127, 131 Abs.1 AktG; die Angaben können sich auf die Fristen für die Ausübung der Rechte beschränken, wenn in der

---

448 Der Bundesanzeiger (§ 25 S. 1 AktG) erscheint von montags bis freitags mit Ausnahme gesetzlicher Feiertage.
449 Regierungsbegründung zum ARUG, BT-Drucks 16/11642, 28.
450 www.bundesanzeiger.de
451 Überholt dürfte daher die Ansicht von *Bosse*, NZG 2009, 807, 808 f.; *Hollstein*, jurisPR-HaGesR 8/2009 Anm. 4; *Weiler*, notar 2009, 313, 315 sein, wonach dies nicht der Fall sei; anders bereits *Paschos/Goslar*, AG 2009, 14, 16.

Einberufung im Übrigen auf weitergehende Erläuterungen auf der Internetseite der Gesellschaft hingewiesen wird;[452]
4. die Internetseite der Gesellschaft, über die die Informationen nach § 124a AktG zugänglich sind.

Falls sich die Hauptversammlung über mehrere Tage erstrecken soll, ist hierauf in der Einberufung hinzuweisen.[453] Abgesehen von diesem Sonderfall besteht hingegen keine Pflicht, die voraussichtliche Dauer der Hauptversammlung in der Einladung anzugeben. Sind alle Aktionäre namentlich bekannt, genügt eine **Einberufung mit Einschreiben**, wenn die Satzung nichts anderes bestimmt; der Tag der Absendung gilt als Tag der Bekanntmachung (§ 121 Abs. 4 S. 2 AktG).

8. Veröffentlichung von Dokumenten und Berichten
a) Veröffentlichungen auf der Internetseite der Gesellschaft (§ 124a AktG)
Nach § 124a S. 1 AktG müssen bei börsennotierten Gesellschaften alsbald nach der Einberufung der Hauptversammlung die folgenden Unterlagen über die Internetseite der Gesellschaft zugänglich sein:
1. der Inhalt der Einberufung;
2. eine Erläuterung, wenn zu einem Gegenstand der Tagesordnung kein Beschluss gefasst werden soll;
3. die der Versammlung zugänglich zu machenden Unterlagen;[454]
4. die Gesamtzahl der Aktien und der Stimmrechte im Zeitpunkt der Einberufung, einschließlich getrennter Angaben zur Gesamtzahl für jede Aktiengattung;
5. sowie ggf. die Formulare, die bei Stimmabgabe durch Vertretung oder bei Stimmabgabe mittels Briefwahl zu verwenden sind, sofern diese Formulare den Aktionären nicht direkt übermittelt werden.

272

Ein nach Einberufung der Versammlung bei der Gesellschaft eingegangenes Minderheits- verlangen auf Ergänzung der Tagesordnung nach § 122 Abs. 2 AktG ist unverzüglich nach seinem Eingang bei der Gesellschaft in gleicher Weise zugänglich zu machen (§ 124a S. 2 AktG).

Die Regelung des § 124a S. 1 AktG, wonach die Internetveröffentlichung „alsbald" nach der Einberufung erfolgen muss, ist wohl im Sinne von unverzüglich (ohne schuldhaftes Zögern nach § 121 Abs.1 S. 1 BGB) zu verstehen, da die Gesetzesbegründung zum ARUG darauf hinweist, dass diese Informationen nach der Bekanntmachung Bundesanzeiger auf der Internetseite des Unternehmens eingestellt werden müssen, was lediglich aufgrund betriebsinterner Abläufe und der erforderlichen Technik eine gewisse Zeit benötigt.[455]

b) Bekanntmachungspflichten bei besonderen Beschlussgegenständen
Bei der Wahl von Aufsichtsratsmitgliedern ist nach § 124 Abs. 2 S. 1 AktG in der Bekanntmachung der Tagesordnung nach § 121 Abs. 3, Abs. 4 AktG anzugeben, nach welchen gesetzlichen Vorschriften sich der Aufsichtsrat zusammensetzt und ob die Hauptversammlung an Wahlvorschläge gebunden ist. Wenn keine Bindung an **Wahlvorschläge** nach dem MontanMitbestG besteht,

273

---
452 Vgl. dazu *Paschos/Goslar*, AG 2009, 14, 16.
453 MünchGesR/*Semler*, Bd. 4, § 35 Rn 30.
454 Siehe Rn 277, 278.
455 Regierungsbegründung zum ARUG, BT-Drucks 16/11642, 30.

ist daher anzugeben, dass die Hauptversammlung an Wahlvorschläge nicht gebunden ist.[456] Bei Beschlüssen über **Satzungsänderungen** oder über einen **Vertrag**, der nur mit Zustimmung der Hauptversammlung wirksam wird, ist nach § 124 Abs. 2 S. 2 AktG auch der Wortlaut der vorgeschlagenen Satzungsänderung sowie der wesentliche Inhalt des Vertrages bekannt zu machen.

274 Zu den Verträgen, die der Zustimmung der Hauptversammlung bedürfen, gehören vor allem
- Unternehmensverträge (§§ 293 Abs. 1 und 2, 295 Abs. 1 AktG);
- Verschmelzungsverträge bzw. Spaltungsverträge nach dem Umwandlungsgesetz (§§ 13, 60 ff., 125 Abs. 1, 126 Abs. 1 UmwG);
- auf Vermögensübertragung gerichtete Verträge (§ 179a AktG, §§ 174 ff. UmwG);
- Nachgründungsverträge (§ 52 Abs. 1 AktG) sowie
- Verträge, die den Verzicht oder den Vergleich auf bzw. über Ersatzansprüche der Gesellschaft betreffen.[457]

275 Wenn eine Hauptversammlungszuständigkeit nach den **„Holzmüller"/„Gelatine"**-Grundsätzen besteht, so muss eine Darstellung des Unternehmenskonzepts und der wesentlichen Einzelschritte zu seiner Durchführung analog § 124 Abs. 2 S. 2 AktG bekannt gemacht werden.[458] Falls das unternehmerische Konzept, über das eine Zustimmung nach den „Holzmüller"/„Gelatine"-Grundsätzen erfolgen soll, bereits Niederschlag in einem Vertrag bzw. Vertragsentwurf, etwa in der Form eines „Business-Combination-Agreement", gefunden hat, so ist auch der wesentliche Inhalt dieses Vertrages bzw. Vertragsentwurfs bekannt zu machen.[459] Schließlich besteht eine Bekanntmachungspflicht entsprechend § 124 Abs. 2 S. 2 AktG auch dann, wenn zwar keine Hauptversammlungskompetenz nach „Holzmüller" besteht, der Vorstand aber einen an sich nicht zustimmungsbedürftigen Vertrag unter der Bedingung abgeschlossen hat, dass die Hauptversammlung zustimmt und diesen der Hauptversammlung nach § 119 Abs. 2 AktG zur Beschlussfassung vorlegt.[460] Beim **Delisting** sind nach dem Rechtsgedanken des § 124 Abs. 2 S. 2 AktG die Einzelheiten des Widerrufsantrags und das Abfindungsangebot des Mehrheitsaktionärs bekannt zu machen.[461]

c) Beschlussvorschläge der Verwaltung

276 Nach § 124 Abs. 3 S. 1 AktG haben Vorstand und Aufsichtsrat zu jedem Gegenstand der Tagesordnung, über den die Hauptversammlung beschließen soll, bei der Wahl von Aufsichtsratsmitgliedern und Abschlussprüfern nur der Aufsichtsrat, in der Bekanntmachung der Tagesordnung jeweils Vorschläge zur Beschlussfassung zu machen. Der Vorschlag des Aufsichtsrats zur Wahl des Abschlussprüfers ist bei kapitalmarktorientierten Gesellschaften im Sinne des § 264d HGB gemäß § 124 Abs. 3 S. 2 AktG auf die Empfehlung des Prüfungsausschusses zu stützen. Soweit der Aufsichtsrat für die zu wählenden Aufsichtsratsmitglieder einen Vorschlag zu machen hat,[462] sind nach § 124 Abs. 3 S. 4 AktG deren Name, ausgeübter Beruf und Wohnort anzugeben. Gleiches gilt grundsätzlich für die Wahl von Abschlussprüfern. Für den häufigen Fall der Wahl einer Wirtschaftsprüfungsgesellschaft ist diese statt durch Name, ausgeübten

---

456 Vgl. *Hüffer*, § 124 Rn 8.
457 Vgl. *Hüffer*, § 124 Rn 10.
458 OLG München AG 1995, 2231, 233; *Hüffer*, § 124 Rn 11; Marsch-Barner/*Marsch-Barner*, Handbuch börsennotierte AG, § 32 Rn 52.
459 Vgl. LG München ZIP 2008, 555, 556.
460 BGH ZIP 2001, 416, 417 f.; Marsch-Barner/*Marsch-Barner*, Handbuch börsennotierte AG, § 32 Rn 52.
461 BGH ZIP 2003, 387, 391 (Macrotron).
462 Ein solcher Vorschlag ist nicht erforderlich für die Wahl von Aufsichtsratsmitgliedern, bei denen die Hauptversammlung nach § 6 MontanMitbestG an Wahlvorschläge gebunden ist.

Beruf und Wohnort durch Firma und Sitz zu kennzeichnen.[463] Soweit nach § 100 Abs. 5 AktG ein unabhängiger Finanzexperte in den Aufsichtsrat zu wählen ist, sollte im Beschlussvorschlag des Aufsichtsrats angegeben werden, welcher Kandidat dieser unabhängige Finanzexperte ist.[464]

d) Auslegungs- und Berichtspflichten

Nach § 175 Abs. 2 S. 1 bis S. 3 AktG sind im **Geschäftsraum der Gesellschaft**, d.h. an dem Ort, an dem sich deren Hauptverwaltung befindet, grundsätzlich von der Einberufung der ordentlichen Hauptversammlung an die folgenden Unterlagen auszulegen und ist jedem Aktionär auf Verlangen eine Abschrift zu erteilen:
– der Jahresabschluss (ggf. der Einzelabschluss nach IAS (§ 325II a HGB)
– der Lagebericht
– der Bericht des Aufsichtsrats
– der Vorschlag des Vorstands für die Verwendung des Bilanzgewinns[465]
– ein etwaiger Konzernabschluss und Konzernlagebericht sowie der Bericht des Aufsichtsrats hierüber.

Jedoch entfällt diese Verpflichtung zur Auslegung und Erteilung von Abschriften nach § 175 Abs. 3 S. 4 AktG, wenn diese Unterlagen für denselben Zeitraum über die **Internetseite der Gesellschaft** zugänglich sind.

Außerdem sieht das Gesetz vor, bestimmte Verträge oder Vertragsentwürfe vom Zeitpunkt der Einberufung der Hauptversammlung an zur Einsicht der Aktionäre auszulegen, diesen auf Verlangen eine Abschrift zu erteilen und die Dokumente auch in der Hauptversammlung zugänglich zu machen. Die Auslegungspflicht und Pflicht zur Übersendung von Abschriften vor der Hauptversammlung entfällt bei börsennotierten Gesellschaften, wenn diese ihrer Pflicht zur Zugänglichmachung nach § 124a S. 1 Nr. 3 AktG ab dem Einberufungszeitpunkt nachkommen und bei nicht börsennotierten Gesellschaften, wenn diese die Unterlagen freiwillig auf ihrer Internetseite zugänglich machen, was für diese Gesellschaften daher eine Alternative zur Auslegung und Übersendung von Abschriften darstellt.[466]

Dies gilt für
– Nachgründungsverträge (§ 52 Abs. 2 S. 2–4 AktG)
– Verträge über die Übertragung des gesamten Gesellschaftsvermögens (§ 179a Abs. 2 S. 1–4 AktG)
– Unternehmensverträge (§ 293f. Abs. 1 bis 3, § 293g Abs. 1 AktG);
– den Entwurf des Eingliederungsbeschlusses nach § 319 S. 1 bis 4; 320 Abs. 4 S. 1, S. 3 AktG
– den Entwurf des Übertragungsbeschlusses beim Squeeze-out nach § 327c Abs. 3 bis 5 AktG

sowie
– für Verträge über Verschmelzungen und Spaltungen (§§ 63 Abs. 1 bis Abs. 4, Nr. 1, 64 Abs. 1 S. 1, 125 UmwG.

Gleiches gilt in den Fällen, in denen eine Hauptversammlungszuständigkeit im Anschluss an die „Holzmüller"/„Gelatine"-Entscheidungen besteht, sowie auch dann, wenn der Vorstand von sich aus einen Vorgang nach § 119 Abs. 2 AktG der Hauptversammlung zur Zustimmung vor-

---
463 Vgl. *Hüffer*, § 124 Rn 16.
464 Dies zumindest für sinnvoll haltend *von Falkenhausen/Kocher*, ZIP 2009, 1601.
465 Vgl. *Hüffer*, § 175 Rn 5.
466 Vgl. Regierungsbegründung zum ARUG, BT-Drucks 16/11642, 24.

legt.⁴⁶⁷ Wenn die hiernach auslegungspflichtigen Verträge in englischer oder einer anderen Sprache abgeschlossen sind, sind diese sowohl im Original als auch in deutscher Übersetzung auszulegen.⁴⁶⁸

280 Bei diesen wichtigen Maßnahmen besteht regelmäßig außerdem eine Verpflichtung des Vorstands, den Aktionären die Gründe, die aus Sicht der Verwaltung für die Durchführung des Vorhabens sprechen, bereits vor der Hauptversammlung in einem Bericht zu erläutern. Derartige Berichtspflichten bestehen:
- beim Abschluss von Unternehmensverträgen (§ 293a AktG)
- bei der Eingliederung (§ 319 Abs. 1 i.V.m. Abs. 3 S. 1 Nr. 3, § 320 Abs. 1 S. 3 AktG)
- bei Verschmelzung, Spaltung und Formwechsel nach dem Umwandlungsgesetz (§§ 8, 63 Abs. 1 Nr. 4, §§ 127, 192 UmwG).
- beim Ausschluss des Bezugsrechts entweder im Rahmen einer Kapitalerhöhung, oder im Rahmen der Ausgabe von Schuldverschreibungen, oder bei der Verwendung eigener Aktien.⁴⁶⁹
- Gleiches gilt bei „Holzmüller"-pflichtigen Maßnahmen sowie in dem Fall, in dem der Vorstand von sich aus eine Maßnahme nach § 119 Abs. 2 AktG der Hauptversammlung zur Entscheidung vorlegt.⁴⁷⁰

Beim Ausschluss von Minderheitsaktionären hat der Hauptaktionär nach § 327c Abs. 2 S. 1 AktG der Hauptversammlung einen schriftlichen Bericht zu erstatten, in dem die Voraussetzungen für die Übertragung dargelegt und die Angemessenheit der Barabfindung erläutert und begründet werden. Beim Delisting ist hingegen nach der Rechtsprechung des BGH kein Vorstandsbericht erforderlich.⁴⁷¹ Der Vorstand hat in der Hauptversammlung über die Ausnutzung eines genehmigten Kapitals zu berichten,⁴⁷² ein schriftlicher Vorabbericht entsprechend § 186 Abs. 4 S. 2 AktG ist vor der Ausnutzung der Ermächtigung zur Kapitalerhöhung und zum Bezugsrechtsausschluss hingegen nicht erforderlich.⁴⁷³ Die Informationen über die Ausnutzung des genehmigten Kapitals können daher mündlich in der auf die Ausnutzung folgenden Hauptversammlung gegeben werden.

281 Bei Eingliederung, Verschmelzung, Spaltung, der Zustimmung zu einem Unternehmensvertrag sowie der Zustimmung zum Ausschluss von Minderheitsaktionären fordert das Gesetz außerdem, dass mit Einberufung der Hauptversammlung die Jahresabschlüsse und Lageberichte der an der Maßnahme beteiligten Rechtsträger der letzten drei Geschäftsjahre und gegebenenfalls ein Zwischenabschluss den Aktionären zur Verfügung zu stellen sind.⁴⁷⁴

Auch für diese Vorstandsberichte, Jahresabschlüsse, Lageberichte und Zwischenabschlüsse gilt, dass sie im Falle einer börsennotierten Gesellschaft nach § 124a S. 1 Nr. 3 AktG alsbald nach der Einberufung auf der Internetseite der Gesellschaft zugänglich zu machen sind, was die Ver-

---

467 Vgl. Semler/Volhard/*Schlitt*, HV Hdb., § 6 Rn 2; BGH ZIP 2001, 416 ff.; OLG Schleswig AG 2006, 120 ff.; einschränkend *Hüffer*, § 119 Rn 19; *Kort*, AG 2006, 272, 275.
468 Für die Pflicht zur Auslegung einer deutschen Übersetzung LG München BB 2001, 1648 f.; OLG Dresden AG 2003, 433, 435; OLG Schleswig AG 2006, 120, 125k; Marsch-Barner/*Marsch-Barner*, Handbuch börsennotierte AG, § 32 Rn 85.
469 § 186 Abs. 4 S. 2 AktG, § 221 Abs. 4 S. 2 AktG i.V.m. § 186 Abs. 4 S. 2 AktG, § 71 Abs. 1 Nr. 8 i.V.m. § 186 Abs. 4 S. 2 AktG.
470 Vgl. Semler/Volhard/*Schlitt*, HV Hdb., § 6 Rn 6; demgegenüber nimmt Marsch-Barner/*Marsch-Barner*, Handbuch börsennotierte AG, § 32 Rn 84, eine Berichtspflicht nur bei vorlagepflichtigen Maßnahmen an.
471 BGH ZIP 2003, 387, 391 (Macrotron); für eine Berichtspflicht hingegen *Schlitt*, ZIP 2004, 533, 536; eher ablehnend Marsch-Barner/*Marsch-Barner*, Handbuch börsennotierte AG, § 62 Rn 40.
472 BGHZ 136, 133, 140 f. (Siemens/Nold), BGH ZIP 2005, 2205, 2206 („Mangusta/Commerzbank I").
473 BGH ZIP 2005, 2205 ff. („Mangusta/Commerzbank I"); *Hüffer*, § 203 Rn 36.
474 §§ 293 f. Abs. 1 Nr. 2, 319 Abs 3 Nr. 2 AktG, §§ 63 Abs. 1 Nr. 2, Nr. 3, 125 UmwG i.V.m. § 63 Abs. 1 Nr. 2, Nr. 3 UmwG; §§ 327c Abs. 3 Nr. 2, 327d S. 1 AktG.

pflichtung zur Auslegung ab Einberufung in den Geschäftsräumen und zur Übersendung von Abschriften ersetzt, und dass nicht börsennotierte Gesellschaften die Wahl zwischen den Alternativen der Zugänglichmachung auf der Internetseite und der Auslegung in den Geschäftsäumen nebst Übersendung von Abschriften haben. Sowohl für börsennotierte als auch für nicht börsennotierte Gesellschaften besteht die Verpflichtung, diese Dokumente in der Hauptversammlung selbst zugänglich zu machen.

Schließlich ist in den Fällen, in denen **externe Prüfungsberichte** erforderlich sind,[475] durch die Gesellschaften ebenso zu verfahren. 282

9. Mitteilungspflichten

Nach § 125 Abs. 1 S. 1 AktG hat der Vorstand mindestens 21 Tage vor der Hauptversammlung den Kreditinstituten und den Vereinigungen von Aktionären, die in der letzten Hauptversammlung Stimmrechte für Aktionäre ausgeübt oder die die Mitteilung verlangt haben, die Einberufung der Hauptversammlung, die nach § 121 Abs. 3 S. 2 AktG die Tagesordnung enthält, mitzuteilen, wobei nach § 125 Abs. 1 S. 2 AktG der Tag der Mitteilung nicht mitzurechnen ist.[476] Wenn die Tagesordnung aufgrund eines Minderheitsantrags nach § 122 Abs. 2 AktG zu ändern ist, so ist bei börsennotierten Gesellschaften nach § 125 Abs. 1 S. 3 AktG die geänderte Tagesordnung mitzuteilen. In der Mitteilung ist nach § 125 Abs. 1 S. 4 AktG auf die Möglichkeiten zur Ausübung des Stimmrechts durch einen Bevollmächtigten, auch durch eine Vereinigung von Aktionären, hinzuweisen. Weiterhin sind nach § 125 Abs. 1 S. 5 AktG bei börsennotierten Gesellschaften bei einem Vorschlag zur Wahl von Aufsichtsratsmitgliedern Angaben zu deren Mitgliedschaft in anderen gesetzlich zu bildenden Aufsichtsräten beizufügen und sollen Angaben zu ihrer Mitgliedschaft in vergleichbaren in- und ausländischen Kontrollgremien von Wirtschaftsunternehmen beigefügt werden. Nach § 125 Abs. 2 S. 1 AktG hat der Vorstand die gleiche Mitteilung (also diejenige nach § 125 Abs. 1 AktG) den Aktionären zu machen, die es verlangen oder die zu Beginn des 14. Tages vor der Versammlung als Aktionär im Aktienregister der Gesellschaft eingetragen sind.[477] Nach § 125 Abs. 2 S. 2 AktG kann diese Mitteilung in der Satzung auf den Weg der elektronischen Kommunikation beschränkt werden, was im Anwendungsbereich des § 30b Abs. 1 lit. d WpHG allerdings nur möglich ist, soweit kein Aktionär widerspricht. 283

10. Teilnehmer, Aktionärsrechte

Nach § 118 Abs. 3 S. 1 AktG sollen die Mitglieder des Vorstands und des Aufsichtsrats an der Hauptversammlung teilnehmen. Die Satzung der Gesellschaft kann nach § 118 Abs. 3 S. 2 AktG in bestimmten Fällen vorsehen, dass die Teilnahme von Mitgliedern des Aufsichtsrats im Wege der Bild- und Tonübertragung erfolgen darf. Falls die Hauptversammlung den Jahresabschluss nicht nach §173 AktG selbst festzustellen hat, sind die Abschlussprüfer zur Teilnahme nicht berechtigt (§ 176 AktG), können jedoch als Gäste zugelassen werden.[478] Ein **Teilnahmerecht** haben schließlich alle Aktionäre und Aktionärsvertreter, wobei die Teilnahme von der Anmeldung bzw. bei nichtbörsennotierten Gesellschaften auch von der Hinterlegung abhängig gemacht werden kann. Sonstige Personen wie etwa Pressevertreter und Repräsentanten der Arbeitnehmer haben kein Teilnahmerecht, ihnen kann jedoch durch den Versammlungsleiter der Zutritt zur Haupt- 284

---

[475] §§ 293f. Abs. 1 Nr. 3 AktG, 63 Abs. 1 Nr. 5 UmwG; § 327c Abs. 3 Nr. 4 AktG.
[476] Zur Information über Anträge von Aktionären nach § 126 AktG und Wahlvorschläge von Aktionären nach § 127 AktG siehe Rn 299.
[477] Dazu *Hüffer*, § 125 Rn 6b.
[478] MünchGesR/*Semler*, Bd. 4, § 36 Rn 5; *Hüffer*, § 176 Rn 8.

versammlung als Gast gestattet werden.[479] Das Teilnahmerecht umfasst das Rede- und Auskunftsrecht.[480]

Nach § 118 Abs. 1 S. 2 AktG ist seit dem ARUG eine Online-Teilnahme an der Hauptversammlung möglich, wenn entweder die Satzung selbst oder der Vorstand aufgrund einer Ermächtigung in der Satzung vorsieht, dass die Aktionäre auch ohne körperliche Anwesenheit an dieser teilnehmen und sämtliche oder einzelne ihrer Rechte ganz oder teilweise im Wege der elektronischen Kommunikation ausüben können.[481] Die online erschienenen Aktionäre sind als Teilnehmer in der Hauptversammlung präsent und daher in der Präsenzliste aufzunehmen.[482] Ebenfalls durch die Satzung oder durch den Vorstand aufgrund einer Ermächtigung in der Satzung kann nach § 118 Abs. 2 AktG vorgesehen werden, dass die Aktionäre ihre Stimme, ohne an der Versammlung teilzunehmen, schriftlich oder im Wege elektronischer Kommunikation abgeben („Briefwahl"). Aktionäre, die ihr Stimmen per Briefwahl abgeben, sind nicht anwesend und daher bereits aus diesem Grund nicht nach § 245 Nr. 1 AktG anfechtungsberechtigt.[483]

285   Jede Aktie gewährt grundsätzlich das **Stimmrecht**, doch können auch **stimmrechtslose Vorzugsaktien** (§ 12 Abs. 1 S. 2, §§ 139 ff. AktG) ausgegeben werden. Das Stimmrecht beginnt grundsätzlich nach § 134 Abs. 2 S. 1 AktG mit der vollständigen Leistung der Einlage. Das Stimmrecht ruht gem. §§ 20 Abs. 7 AktG, 28 WpHG für Aktien, hinsichtlich derer der Aktionär seine Mitteilungspflichten nach §§ 20 AktG, 21 WpHG nicht erfüllt hat (zu den Mitteilungspflichten siehe Rn 398 ff.). Auch bei Nichterfüllung bestimmter Pflichten aus dem WpÜG ist ein Ruhen der Stimmrechte möglich. Außerdem kann ein Stimmrechtsausschluss nach § 136 AktG bestehen, der insbesondere bei Vorständen und Aufsichtsräten mit Aktienbesitz praktisch wird.[484]

11. Hinterlegung, Anmeldung, Nachweis der Legitimation

286   Zu unterscheiden ist zwischen der in § 123 Abs. 2 AktG geregelten Möglichkeit, in der Satzung ein Anmeldeerfordernis vorzusehen, und dem in § 123 Abs. 3 AktG geregelten Legitimationsnachweis. Während das Satzungserfordernis einer Anmeldung dazu dient, der Gesellschaft die Vorbereitung der Hauptversammlung zu erleichtern, indem diese ihr einen Überblick über die zu erwartende Teilnehmerzahl verschafft, was insbesondere für die bereitzustellenden Räumlichkeiten und die Vorbereitung des Teilnehmerverzeichnisses wichtig ist,[485] betrifft § 123 Abs. 3 AktG die Legitimation der Aktionäre, also den Nachweis ihrer Berechtigung zur Teilnahme an der Hauptversammlung. Für börsennotierte Gesellschaften (§ 3 Abs. 2 AktG) sowohl mit Namens- als auch mit Inhaberaktien kann die Satzung nach § 123 Abs. 2 S. 1, Abs. 2 S. 3 AktG die Teilnahme der Hauptversammlung nur davon abhängig machen, dass sich diese bei der Gesellschaft anmelden. Die Anmeldung muss der Gesellschaft nach § 123 Abs. 2 S. 2 AktG mindestens sechs Tage vor dem Tag der Hauptversammlung zugehen, wobei sowohl der Tag der Hauptversammlung nach § 121 Abs. 7 S. 1 AktG, als auch der Tag des Zugangs der Anmeldung nach § 123 Abs. 2 S. 4 AktG, jeweils nicht mitzurechnen ist. Nach § 123 Abs. 2 S. 3 AktG kann die Satzung oder die Einberufung aufgrund einer Ermächtigung in der Satzung die Anmeldungsfrist nur abkürzen, nicht jedoch verlängern. Als Legitimationsnachweis für Gesellschaften mit Inhaberaktien[486] reicht nach § 123 Abs. 3 S. 2 AktG bei börsennotierten Gesellschaften in jedem Fall ein in Textform (§ 126b BGB) erstellter Nachweis des depotführenden Kreditinstituts (**Bankbescheinigung**) aus,

---

[479] Vgl. MünchGesR/*Semler*, Bd. 4, § 36 Rn 24.
[480] *Hüffer*, § 118 Rn 9; instruktiv dazu *Steiner*, Die Hauptversammlung der Aktiengesellschaft, 1995, § 10 und § 11.
[481] Vgl. dazu etwa *Paschos/Goslar*, AG 2009, 14, 18; *Bosse*, NZG 2009, 807, 809.
[482] Vgl. Regierungsbegründung zum ARUG, BT-Drucks 16/11642, 27; *Fassbender*, RNotZ 2009, 425, 455 f.
[483] Vgl. *Bosse*, NZG 2009, 807, 809.
[484] Vgl. dazu Semler/Volhard/*Volhard*, HV Hdb., § 18 Rn 9 ff., sowie unten Rn 286.
[485] Vgl. MünchGesR/*Semler*, Bd. 4, § 36 Rn 7.
[486] Bei Gesellschaften mit Namensaktien gilt § 67 Abs. 2 AktG.

die Satzung kann lediglich weitere Möglichkeiten des Nachweises vorsehen,[487] was allerdings kaum empfehlenswert sein dürfte. Der Nachweis hat sich nach § 123 Abs. 3 S. 3 AktG bei börsennotierten Gesellschaften auf den Beginn des einundzwanzigsten Tages vor der Hauptversammlung zu beziehen und muss der Gesellschaft unter der in der Einberufung hierfür mitgeteilten Adresse mindestens sechs Tage vor der Versammlung zugehen, soweit die Satzung keine kürzere Frist vorsieht. Der Tag der Hauptversammlung zählt nach § 121 Abs. 7 S. 1 AktG jeweils bei der Berechnung der 21-Tage-Frist und der 6-Tage-Frist nicht mit, der Tag des Zugangs des Legitimationsnachweises ist nach § 123 Abs. 3 S. 5 AktG bei der Berechnung der 6-Tage-Frist nicht mitzuberechnen. Die Einführung dieses Stichtages (**Record Date**) führt dazu, dass derjenige, der zum Beginn des 21. Tages vor der Hauptversammlung Aktionär war, auch dann zur Teilnahme an der Hauptversammlung berechtigt ist, wenn er seine Aktien anschließend veräußert. Der Erwerber wird in diesem Fall zwar Aktionär, aber ohne Berechtigung zur Teilnahme an der Hauptversammlung und Ausübung des Stimmrechts, soweit ihm diese nicht aufgrund Vereinbarung mit dem Rechtsvorgänger, insbesondere Vollmacht, eingeräumt wird. Bei nicht börsennotierten Gesellschaften mit Inhaberaktien besteht nach § 123 Abs. 3 S. 1 AktG hingegen Satzungsfreiheit in Bezug auf den Nachweis der Legitimation der Aktionäre.[488]

12. Teilnehmerverzeichnis

287 Nach § 129 Abs. 1 S. 2 AktG ist in der Hauptversammlung ein Verzeichnis der erschienenen oder vertretenen Aktionäre oder Aktionärsvertreter zu erstellen, das nach § 129 Abs. 4 S. 1 AktG vor der ersten Abstimmung allen Teilnehmern zugänglich zu machen ist. Seit der Neuregelung des § 129 Abs. 4 S. 1 AktG durch das NaStraG ist kein Verzeichnis in Papierform mehr erforderlich; die Darstellung kann auch auf mehreren Bildschirmen im Versammlungsraum erfolgen.[489] Eine Unterzeichnung des Teilnehmerverzeichnisses durch den Versammlungsleiter ist ebenfalls nicht mehr erforderlich. Erste Abstimmung nach § 129 Abs. 4 AktG kann auch eine Abstimmung über Verfahrensfragen z.B. die Wahl des Versammlungsleiters sein.[490] Bei Änderungen der Hauptversammlungspräsenz sind vor jeder weiteren Abstimmung Nachtragsverzeichnisse zu erstellen.[491] Wenn das Teilnehmerverzeichnis zugleich als Präsenzliste für das Subtraktionsverfahren verwendet wird, so sind auch etwaige während des Abstimmungsverfahrens stattfindende Zu- und Abgänge von Aktionären zu erfassen.[492]

13. Ablauf der Hauptversammlung

288 Der Ablauf der Hauptversammlung bestimmt sich zunächst nach den gesetzlichen Regelungen in §§ 129 ff. AktG und etwaigen ergänzenden Satzungsregeln. Nach § 129 Abs. 1 S. 1 AktG kann sich die Hauptversammlung darüber hinaus mit einer Mehrheit, die mindestens drei Viertel des bei der Beschlussfassung vertretenen Grundkapitals umfasst, eine Geschäftsordnung geben und darin Regeln für die Vorbereitung und Durchführung der Hauptversammlung bestimmen.[493] Üblicherweise wird der Ablauf der Hauptversammlung in einem vorbereiteten Leitfaden festgelegt, für den sich gewisse Standards in der Praxis entwickelt haben.[494] Wichtig ist vor allem die

---

[487] *Göz/Holzborn*, WM 2006, 157, 163; *Hüffer*, § 123 Rn 12.
[488] Vgl. *Hüffer*, § 123 Rn 10; *Butzke*, WM 2005, 1981, 1983.
[489] Regierungsbegründung zum NaStraG, BT-Drucks 14/4051, 15.
[490] Vgl. MünchGesR/*Semler*, Bd. 4, § 36 Rn 31; Heidel/*Kleiser*, § 129 Rn 27.
[491] Vgl. *Hüffer*, § 129 Rn 10.
[492] Vgl. Semler/Volhard/*Fischer*, HV Hdb., § 11 Rn 51.
[493] Vgl. dazu *Bezzenberger*, ZGR 1998, 352; *Hennerkes/Kögel*, DB 1999, 81; eine wesentliche praktische Bedeutung hat dies jedoch nicht erlangt.
[494] Vgl. etwa den Leitfaden in *Semler/Volhard*, HV Hdb. S. 1037 ff.; *Schaaf*, Praxis der Hauptversammlung, S. 229 ff.

Entscheidung zwischen den Verfahrensbefugnissen, die der Versammlungsvorsitzende aus eigenem Recht treffen kann, und denjenigen, für die zwingend die Hauptversammlung selbst zuständig ist. Eine zwingende Zuständigkeit der Hauptversammlung besteht bei folgenden Maßnahmen:
- Vertagung der eröffneten Hauptversammlung;
- Entscheidung der Hauptversammlung über einen Antrag, die Einzelentlastung der Mitglieder des Vorstands/Aufsichtsrats durchzuführen;[495]
- Entscheidung über die Bestellung von Sonderprüfern;
- Entscheidung über die Abwahl des Versammlungsleiters;
- Entscheidung über die Vertagung oder Absetzung eines Tagesordnungspunktes;
- Fortsetzung der Hauptversammlung, wenn der Versammlungsleiter sie geschlossen hat.[496]

14. Ordnungsbefugnis des Versammlungsleiters

289 Neben der Leitung der Hauptversammlung obliegt dem Versammlungsleiter auch die Befugnis, Störungen der Hauptversammlung abzuwehren und eine zeitgerechte Abwicklung der Tagesordnung sicherzustellen.[497] Nach Ziffer 2.2.4. S. 2 des Kodex sollte sich der Versammlungsleiter davon leiten lassen, dass eine ordentliche Hauptversammlung spätestens nach vier bis sechs Stunden beendet ist. Ein Mittel hierfür ist die Beschränkung des Rederechts, und, bei Bestehen einer entsprechende Ermächtigung nach § 131 Abs. 2 S. 2 AktG in der Satzung oder Geschäftsordnung bzw. im Falle eines Rechtsmissbrauchs durch den Fragesteller, auch des Fragerechts.[498] Die Maßnahmen haben hierbei den Grundsätzen der Gleichbehandlung der Aktionäre sowie der Verhältnismäßigkeit zu entsprechen.[499] Jedoch ist keine absolute Gleichbehandlung erforderlich, sondern es ist zulässig, nach dem zeitlichen Ablauf der Hauptversammlung zu differenzieren. Aus dem Verhältnismäßigkeitsgrundsatz, wonach stets zunächst das mildere vor dem stärkeren Mittel einzusetzen ist, ergibt sich etwa im Falle von übermäßig langen Rede- bzw. Fragebeiträgen, die eine rechtzeitige Beendigung der Hauptversammlung als gefährdet erscheinen lassen, die folgende Reihenfolge der Maßnahmen:[500]
- allgemeiner Hinweis, sich kurz zu fassen und nur zu den Punkten der Tagesordnung zu sprechen;
- individuelle Redezeitbegrenzung;
- individuelle Fragezeitbegrenzung;
- Wortentzug;
- allgemeine Redezeitbeschränkung;
- allgemeine Fragezeitbeschränkung;
- Schluss der Rednerliste;
- Schluss der Debatte.[501]

290 Bei einer Störung durch einen Versammlungsteilnehmer gebietet der Verhältnismäßigkeitsgrundsatz die folgende Reihenfolge der Maßnahmen:
- Abmahnung des Störers;

---

495 Einer solchen Entscheidung bedarf es nur, wenn der Antragsteller nicht über Anteile von zusammen den zehnten Teil des Grundkapitals oder einen anteiligen Betrag von 1.000.000 EUR verfügt. In diesem Fall ist nach § 120 Abs. 1 S. 2 AktG zwingend die Einzelentlastung durchzuführen.
496 Vgl. auch *Wicke*, NZG 2007, 771, 772.
497 Vgl. Semler/Volhard/*Fischer*, HV Hdb. § 11 Rn 173; *Hüffer*, § 129 Rn 19–23.
498 Vgl. Rn 301.
499 Semler/Volhard/*Fischer*, HV Hdb. § 11 Rn 178; *Martens*, S. 69.
500 Vgl. dazu *Wicke*, NZG 2007, 771, 773 f.
501 Vgl. *Martens*, S. 69; *Wicke*, NZG 2007, 771, 773 f.

- Wortentzug;
- Aufforderung zum Verlassen des Rednerpults;
- Saalverweis, falls der Störer der Abmahnung nicht nachgekommen ist;
- Entfernung des Störers aus dem Saal (zunächst zeitweilig), wenn durch die andauernde Störung der ordnungsgemäße Ablauf der Hauptversammlung gefährdet erscheint.[502]

15. Beschlussfassungen

Die Willensbildung in der Hauptversammlung erfolgt durch Beschlüsse. Ein Hauptversammlungsbeschluss setzt zwingend einen Beschlussantrag voraus, der in der Hauptversammlung gestellt werden muss (vgl. § 126 Abs. 2 Nr. 7 AktG). Jeder in der Hauptversammlung anwesende Aktionär und jeder Aktionärsvertreter ist antragsberechtigt.[503] Gleiches gilt, wenn dem online teilnehmenden Aktionär dieses Recht durch die Satzung bzw. durch den Vorstand aufgrund einer Ermächtigung in der Satzung nach § 118 Abs. 1 S. 2 AktG eingeräumt wird. Jedoch kann nach § 124 Abs. 4 S. 1 AktG eine Abstimmung nur dann erfolgen, wenn der Gegenstand, über den die Abstimmung begehrt wird, von der bekannt gemachten Tagesordnung umfasst ist. Falls die Art und Weise der Stimmabgabe nicht in der Satzung vorgesehen ist (§ 134 Abs. 4 AktG), wird diese durch den Versammlungsleiter bestimmt. Abhängig von der Teilnehmerzahl kann die Abstimmung daher sowohl unverkörpert, z.B. durch Handaufheben oder Zuruf, als auch verkörpert durch Stimmkarten erfolgen.[504]

291

Zur Auszählung der Stimmen sind sowohl die **Additionsmethode**, bei der die Ja- und Nein-Stimmen getrennt gezählt und die Zahl der abgegebenen Stimmen durch Addition ermittelt wird, als auch die **Subtraktionsmethode**, bei der im Regelfall die Nein-Stimmen und die Stimmenthaltungen gezählt und von der Gesamtzahl der Hauptversammlungsteilnehmer abgezogen werden, zulässig.[505] Voraussetzung für die Subtraktionsmethode ist allerdings, dass die Gesamtzahl der Hauptversammlungsteilnehmer für den jeweiligen Abstimmungsgang hinreichend präzise ermittelt wird.[506]

292

Wenn in der Satzung nichts anderes vorgesehen ist, bedarf es im Regelfall keines Quorums im Sinne einer Mindestpräsenz oder einer **Mindestteilnahme an der Abstimmung**.[507] Nach § 136 Abs. 1 S. 1 AktG darf ein Aktionär nicht mitstimmen, wenn es darum geht, ob dieser zu entlasten oder von einer Verbindlichkeit zu befreien ist, oder ob die Gesellschaft gegen ihn einen Anspruch geltend machen soll. Häufigster Fall ist hierbei der Stimmrechtsausschluss des Vorstands oder des Aufsichtsrats, wenn über dessen Entlastung abgestimmt wird. Wenn ein Ausschlussgrund eingreift, so kann der Aktionär das Stimmrecht auch nicht durch einen anderen ausüben lassen (§ 136 Abs. 1 S. 2 AktG). Der Aktionär darf auch für einen anderen nicht das Stimmrecht ausüben (§ 136 Abs. 1 S. 1 2. Alt. AktG).

293

Hauptversammlungsbeschlüsse bedürfen der einfachen Mehrheit der abgegebenen Stimmen, soweit nicht das Gesetz oder die Satzung eine größere Mehrheit oder weitere Erfordernisse bestimmen (§ 133 Abs. 1 AktG). Die einfache Mehrheit ist erreicht, wenn die Zahl der gültigen Ja-Stimmen diejenige der gültigen Nein-Stimmen um wenigstens eine übertrifft. Stimmenthaltungen zählen daher nicht mit.[508]

294

---

502 Vgl. Semler/Volhard/*Fischer*, HV Hdb. § 11 Rn 120 ff; *Wicke*, NZG 2007, 771, 774.
503 Vgl. MünchGesR/*Semler*, Bd. 4, § 39 Rn 6.
504 Vgl. MünchGesR/*Semler*, Bd. 4, § 39 Rn 17.
505 Vgl. *Hüffer*, § 133 Rn 24; OLG Frankfurt/M. ZIP 2007, 232, 233 f.
506 Vgl. *Hüffer*, § 133 Rn 24; MünchGesR/*Semler*, Bd. 4, § 39 Rn 35.
507 Vgl. MünchGesR/*Semler*, Bd. 4, § 39 Rn 33.
508 Vgl. *Hüffer*, § 133 Rn 12.

II. Checkliste: Vorbereitung und Durchführung der Hauptversammlung

295 – **Vorbereitungsphase**
- Aufstellung eines Zeitplans (Rückrechnung vom Tag der Hauptversammlung unter Bestimmung von: Hauptversammlungstag; letzter Anmeldetag; Record Date für den Legitimationsnachweis und letzter Tag für Zugang des Legitimationsnachweises; letzter Tag für Aktionärsanträge nach §§ 126, 127 AktG; letzter Tag für die Mitteilung nach § 125 AktG; Tag der Veröffentlichung im Bundesanzeiger ggf. mit der Option der Zuleitung an Medienbündel nach § 121 Abs. 4a AktG sowie auf der Internetseite der Gesellschaft)
- Reservierung Versammlungsraum; Klärung der technischen Ausstattung; Voravis an Gäste, etc.
- Beauftragung des Notars
- Vorlage für die Bilanzsitzung des Aufsichtsrats (Jahresabschluss und Lagebericht, ggf. Konzernabschluss und Konzernlagebericht, Entwurf Aufsichtsratsbericht, Gewinnverwendungsvorschlag, Entwurf der Tagesordnung für die Hauptversammlung)
- Nach der Bilanzsitzung des Aufsichtsrats: Druck von Geschäftsbericht und Hauptversammlungseinladung; Vorbereitung des Leitfadens für den Vorsitzenden; Vorbereitung des notariellen Protokolls
- Druck der Eintritts- und Stimmkarten
- Veröffentlichung im Bundesanzeiger ggf. mit der Option der Zuleitung an Medienbündel sowie auf der Internetseite der Gesellschaft
- Mitteilung an die Kreditinstitute und Aktionärsvereinigung etc. nach § 125 AktG
- Ggf. Zugänglichmachen von Gegenanträgen und Wahlvorschlägen von Aktionären nach §§ 126, 127 AktG
- Erstellung eines vorläufigen Teilnehmerverzeichnisses
- Hauptversammlung
- **Durchführung der Hauptversammlung**
- Eröffnung und Begrüßung durch den Vorsitzenden
- Feststellung der Ordnungsgemäßheit der Einberufung; Hinweis auf die Veröffentlichung der Einberufung im Bundesanzeiger und auf der Internetseite
- Feststellung über die Anwesenheit von Vorstand und Aufsichtsrat; Vorstellung des Notars
- Erstellung des Teilnehmerverzeichnisses; Hinweis auf Möglichkeit der Einsichtnahme
- Mitteilung der Präsenz (ggf. bei Änderungen zu wiederholen)
- Bekanntgabe der vorgesehenen Tagesordnung und Reihenfolge ihrer Erledigung; Hinweis auf Gegenanträge etc.
- Hinweise zum Abstimmungsverfahren; ggf. Hinweis auf Stimmrechtsausschlüsse
- Hinweise auf sonstige Formalien (Zu- und Abgänge; Bevollmächtigung; Rednerliste; Tonbandaufzeichnung)
- Abhandlung der Tagesordnung
- Hinweis auf den vorliegenden festgestellten Jahresabschluss und ggf. gebilligten Konzernabschluss
- Bericht des Vorstands
- Aussprache
- Feststellung, dass Rednerliste erschöpft und alle erbetenen Auskünfte gegeben
- Beschlussfassungen
- Bekanntgabe des jeweiligen Abstimmungsergebnisses und Verkündung des jeweiligen Beschlusses
- Schließung der Hauptversammlung
- Anschließend: Veröffentlichung von Dividendenbekanntmachung, Jahresabschluss und ggf. Konzernabschluss (wenn nicht bereits erfolgt); Anmeldung der anzumeldenden Be-

schlüsse, Abgabe der Niederschrift nebst Anlagen zum Handelsregister, Veröffentlichung der Abstimmungsergebnisse börsennotierter Gesellschaften und der Angaben nach § 130 Abs. 2 S. 2 AktG auf der Internetseite der Gesellschaft gemäß § 130 Abs. 6 AktG.

III. Typischer Sachverhalt

Der Aufsichtsrat der M Holding AG hat den ihm vom Vorstand vorgelegten Jahresabschluss und den Konzernabschluss des abgelaufenen Geschäftsjahres gebilligt und sich mit dem Vorstand darüber geeinigt, welcher Vorschlag für die Verwendung des Bilanzgewinns den Aktionären gemacht werden soll. Nunmehr soll die ordentliche Hauptversammlung der AG stattfinden, die auch über eine Satzungsänderung Beschluss fassen soll, um dem Versammlungsleiter die Einschränkung des Fragerechts zu ermöglichen. In dieser Hauptversammlung soll auch ein Beschluss über die Billigung des Systems zur Vergütung der Vorstandsmitglieder gemäß § 120 Abs. 4 AktG gefasst werden. **296**

IV. Muster: Einberufung der ordentlichen Hauptversammlung   **M 115**

Wir laden unsere Aktionäre zu der ordentlichen Hauptversammlung der _____ Aktiengesellschaft, _____ (Sitz), am _____, den _____, _____ Uhr, in _____ (Ort), _____ (Straße, Hausnummer) ein. **297**

I. Tagesordnung und Beschlussvorschläge:
1. Vorlage des festgestellten Jahresabschlusses, des gebilligten Konzernabschlusses, des zusammengefassten Lageberichts und Konzernlageberichts für das Geschäftsjahr _____. (einschließlich des erläuternden Berichts des Vorstands zu den Angaben nach § 289 Abs. 4 bzw. § 315 Abs. 4 HGB) sowie des Berichts des Aufsichtsrats für das Geschäftsjahr _____.
Der Aufsichtsrat hat den vom Vorstand aufgestellten Jahresabschluss und den Konzernabschluss gemäß §§ 172, 173 AktG am _____ gebilligt und damit den Jahresabschluss festgestellt. Deshalb ist eine Feststellung des Jahresabschlusses durch die Hauptversammlung nicht erforderlich. Jahresabschluss, Konzernabschluss, zusammengefasster Lagebe- und Konzernlagebericht und Bericht des Aufsichtsrats sind vielmehr, ebenso wie der erläuternde Bericht des Vorstands zu den Angaben nach § 289 Abs. 4, § 315 Abs. 4 des Handelsgesetzbuchs der Hauptversammlung zugänglich zu machen, ohne dass es nach dem Aktiengesetz einer Beschlussfassung hierzu bedarf.
2. Beschlussfassung über die Gewinnverwendung
Vorstand und Aufsichtsrat schlagen vor, den in der Bilanz zum _____ ausgewiesenen Bilanzgewinn von _____ EUR, wie folgt zu verwenden:
   a) Zahlung einer Dividende von
      _____ EUR je Stückaktie auf das für das Geschäftsjahr _____ dividendenberechtigte Grundkapital in Höhe von _____ EUR
      _____ EUR
   b) Vortrag des verbleibenden Betrags
      von _____ EUR auf neue Rechnung   _____ EUR

   Bilanzgewinn: _____ EUR
   Die Auszahlung der Dividende erfolgt, wenn der vorstehende Beschlussvorschlag angenommen wird, voraussichtlich ab dem _____.
3. Beschlussfassung über die Entlastung des Vorstands
   Aufsichtsrat und Vorstand schlagen vor, den Mitgliedern des Vorstands für das Geschäftsjahr _____ Entlastung zu erteilen.

4. Beschlussfassung über die Entlastung des Aufsichtsrats
   Vorstand und Aufsichtsrat schlagen vor, den Mitgliedern des Aufsichtsrats für das Geschäftsjahr _____ (vorangegangenes Geschäftsjahr) Entlastung zu erteilen.
5. Beschlussfassung über die Billigung des Systems zur Vergütung der Vorstandsmitglieder gemäß § 120 Abs. 4 AktG
   Vorstand und Aufsichtsrat schlagen vor, das im zusammengefassten Lage- und Konzernlagebericht für das Geschäftsjahr _____ dargestellte System zur Vergütung der Vorstandsmitglieder zu billigen.
6. Wahl des Abschlussprüfers für das Geschäftsjahr _____ (folgendes Geschäftsjahr)
   Der Aufsichtsrat schlägt vor, die _____ Wirtschaftsprüfungsgesellschaft, _____ (Ort), zum Abschlussprüfer und Konzernabschlussprüfer für das Geschäftsjahr _____ zu wählen.
7. Beschlussfassung über die Änderung von § 16 Abs. 2 der Satzung
   Vorstand und Aufsichtsrat schlagen vor, § 16 Abs. 2 der Satzung um folgenden Satz 4 zu ergänzen:
   „Der Versammlungsleiter ist ermächtigt, das Frage- und Rederecht der Aktionäre zeitlich angemessen zu beschränken. Dabei soll sich der Vorsitzende von dem Ziel leiten lassen, die Hauptversammlung in angemessener und zumutbarer Zeit abzuwickeln."

II. Hinweise zur Berechtigung zur Teilnahme und zur Ausübung des Stimmrechts
Zur Teilnahme an der Hauptversammlung und zur Ausübung des Stimmrechts sind nur diejenigen Aktionäre berechtigt, die sich spätestens bis zum Ablauf (24.00 Uhr) des _____ bei der Gesellschaft unter der Adresse
   _____ (Postadresse)
   per Telefax: _____
   oder
   per E-Mail: _____
angemeldet haben. Die Anmeldung hat in Textform (§ 126b BGB) in deutscher oder englischer Sprache zu erfolgen.
Die Aktionäre haben ihre Berechtigung zur Teilnahme an der Hauptversammlung und zur Ausübung des Stimmrechts durch einen in Textform (§ 126b BGB) durch das depotführende Institut erstellten besonderen Nachweis ihres Anteilsbesitzers in deutscher oder englischer Sprache nachzuweisen. Der Nachweis muss sich auf den Beginn des 21. Tages vor der Hauptversammlung, also auf den _____ 0.00 Uhr beziehen (so genannter Nachweisstichtag) und der Gesellschaft unter der vorstehenden Adresse spätestens bis zum Ablauf (24.00 Uhr) des _____ zugehen.
Im Verhältnis zur Gesellschaft gilt für die Teilnahme an der Hauptversammlung und die Ausübung des Stimmrechts als Aktionär nur, wer den vorstehenden Nachweis erbracht hat. Die Berechtigung zur Teilnahme und der Umfang des Stimmrechts bemessen sich dabei im Verhältnis zur Gesellschaft ausschließlich nach dem Anteilsbesitz zum Nachweisstichtag. Veränderungen im Aktienbestand nach dem Nachweisstichtag haben hierfür keine Bedeutung. Aktionäre, die ihre Aktien erst nach dem Nachweisstichtag erworben haben, sind somit im Verhältnis zur Gesellschaft nicht berechtigt, als Aktionär an der Hauptversammlung teilzunehmen und als solcher in der Hauptversammlung das Stimmrecht auszuüben. Aktionäre, die sich ordnungsgemäß angemeldet und den Nachweis erbracht haben, sind im Verhältnis zur Gesellschaft auch dann zur Teilnahme an der Hauptversammlung und zur Ausübung des Stimmrechts berechtigt, wenn sie die Aktien nach dem Nachweisstichtag veräußert haben. Der Nachweisstichtag hat keine Bedeutung für die Dividendenberechtigung. Die Anmeldung zur Hauptversammlung hindert die Aktionäre nicht an der freien Verfügung über ihre Aktien.
Nach form- und fristgemäßem Eingang von Anmeldung und Nachweis des Anteilsbesitzes bei der Gesellschaft unter der genannten Adresse bzw. Faxnummer oder E-mail-Adresse werden den Aktionären Eintrittskarten für die Hauptversammlung ausgestellt, die ihnen als Ausweis für die Teilnahme an der Hauptversammlung und die Ausübung des Stimmrechts dienen.

Die Aktionäre können ihr Stimmrecht in der Hauptversammlung durch Bevollmächtigte, z.B. die depotführende Bank, eine Aktionärsvereinigung oder eine andere Person ihrer Wahl, ausüben lassen. Auch in diesem Fall bedarf es der Erfüllung der vorgenannten Voraussetzungen für die Teilnahme an der Hauptversammlung und die Ausübung des Stimmrechts (Anmeldung und Nachweis). Mit der Eintrittskarte wird den Aktionären ein Vollmachtsformular mit weiteren Informationen übersandt, dass zur Vollmachtserteilung verwendet werden kann. Ein Vollmachtsformular wird den Aktionären auch jederzeit auf schriftliches Verlangen zugesandt und ist außerdem über die Internetadresse _____ abrufbar.

Für den Fall, dass die Erteilung der Vollmacht nicht dem Anwendungsbereich des § 135 AktG unterliegt (also wenn die Vollmacht nicht einem Kreditinstitut, einer Aktionärsvereinigung oder einer sonstigen, Kreditinstituten nach § 135 Abs. 8 AktG oder nach § 135 Abs. 10 in Verbindung mit § 125 Abs. 5 AktG gleichgestellten geschäftsmäßig handelnden Person oder Vereinigung erteilt wird und die Erteilung der Vollmacht auch nicht sonst dem Anwendungsbereich des § 135 AktG unterliegt), bedürfen die Erteilung der Vollmacht, ihr Widerruf und der Nachweis der Bevollmächtigung gegenüber der Gesellschaft gemäß § 134 Abs. 3 Satz 3 AktG der Textform (§ 126b BGB).

Für den Fall, dass die Erteilung der Vollmacht dem Anwendungsbereich des § 135 AktG unterliegt (also für den Fall, dass einem Kreditinstitut oder einer Aktionärsvereinigung oder einer sonstigen, Kreditinstituten nach § 135 Abs. 8 AktG oder nach § 135 Abs. 10 in Verbindung mit § 125 Abs. 5 AktG gleichgestellten geschäftsmäßig handelnden Person oder Vereinigung Vollmacht erteilt wird, oder sonst die Erteilung der Vollmacht dem Anwendungsbereich des § 135 AktG unterliegt), wird weder von § 134 Abs. 3 Satz 3 AktG Textform verlangt noch enthält die Satzung für diesen Fall eine besondere Regelung. Demgemäß können die Kreditinstitute und die Aktionärsvereinigungen und die sonstigen, Kreditinstituten nach § 135 Abs. 8 AktG oder nach § 135 Abs. 10 in Verbindung mit § 125 Abs. 5 AktG gleichgestellten geschäftsmäßig handelnden Personen und Vereinigungen für ihre Bevollmächtigung Formen vorsehen, die allein den für diesen Fall der Vollmachtserteilung geltenden gesetzlichen Bestimmungen, insbesondere denen in § 135 AktG, genügen müssen. Auf das besondere Verfahren nach § 135 Abs. 1 Satz 5 AktG wird hingewiesen.

Wird die Vollmacht durch Erklärung gegenüber der Gesellschaft erteilt, ist ein zusätzlicher Nachweis der Bevollmächtigung nicht erforderlich. Wird hingegen die Vollmacht durch Erklärung gegenüber dem Bevollmächtigten erteilt, kann die Gesellschaft einen Nachweis der Bevollmächtigung verlangen, soweit sich nicht – für den Fall, dass die Erteilung der Vollmacht dem Anwendungsbereich des § 135 AktG unterliegt – aus § 135 AktG etwas anderes ergibt. Ein Nachweis der Bevollmächtigung kann der Gesellschaft bereits vor der Hauptversammlung übermittelt werden. Für eine Übermittlung des Nachweises der Bevollmächtigung (durch den Aktionär oder den Bevollmächtigten) bieten wir gemäß § 134 Abs. 3 Satz 4 AktG folgenden Weg elektronischer Kommunikation an: Der Nachweis über die Bestellung eines Bevollmächtigten kann der Gesellschaft per E-Mail an _____ übermittelt werden.

Die Gesellschaft bietet ihren Aktionären an, dass sie sich auch durch von der Gesellschaft benannte, weisungsgebundene Stimmrechtsvertreter, vertreten lassen können. Sollen die von der Gesellschaft benannten Stimmrechtsvertreter bevollmächtigt werden, so muss der Aktionär diesen in jedem Fall Weisungen erteilen, wie das Stimmrecht ausgeübt werden soll. Ohne Erteilung entsprechender Weisungen werden die von der Gesellschaft benannten Stimmrechtsvertreter von der Vollmacht keinen Gebrauch machen. Die Stimmrechtsvertreter sind verpflichtet, nach Maßgabe der ihnen erteilten Weisungen abzustimmen. Bitte beachten Sie, dass die Stimmrechtsvertreter keine Aufträge zu Wortmeldungen oder dem Stellen von Fragen oder von Anträgen entgegennehmen und Verfahrensanträge und unangekündigte Anträge von Aktionären nicht unterstützen werden. Diejenigen Aktionäre, die von dieser Möglichkeit Gebrauch machen und den von der Gesellschaft benannten Stimmrechtsvertretern eine Vollmacht und Weisungen erteilen möchten, können diese ausschließlich unter Verwendung des hierfür auf der Eintrittskarte vorgesehenen oder auf der unter der oben genannten Internetadresse abrufbaren Formulars erteilen. Nähere Einzelheiten zur Anmeldung und zur Vollmachtserteilung werden mit der Eintrittskarte übersandt. Um die rechtzeitige Zusendung der Eintrittskarte zu ermöglichen, sollten sich die Aktionäre möglichst frühzeitig zur Hauptversammlung anmelden oder anmelden lassen.

Ihrig/Wagner

Die Vollmachten mit den Weisungen an den Stimmrechtsvertreter der Gesellschaft müssen bis spätestens _____ bei der Gesellschaft eingegangen sein, andernfalls können sie nicht berücksichtigt werden. Sie sind zu übersenden an:
_____ (Postadresse)
per Telefax: _____
oder
per E-Mail: _____
Bevollmächtigt ein Aktionär mehr als eine Person, so kann die Gesellschaft eine oder mehrere von diesen zurückweisen.

III. Angaben zu den Rechten der Aktionäre nach § 122 Abs. 2, § 126 Abs. 1, § 127 und § 131 Abs. 1 AktG

Gemäß § 122 Abs. 2 AktG können Aktionäre, deren Anteile zusammen den zwanzigsten Teil des Grundkapitals (das entspricht _____ Aktien) oder den anteiligen Betrag von EUR 500.000 erreichen (Letzteres entspricht _____ Aktien), verlangen, dass Gegenstände auf die Tagesordnung gesetzt und bekanntgemacht werden. Jedem neuen Gegenstand muss eine Begründung oder eine Beschlussvorlage beiliegen. Das Verlangen ist schriftlich an den Vorstand der Gesellschaft zu richten und muss der Gesellschaft spätestens am _____ bis 24:00 Uhr zugehen. Die Adresse des Vorstands lautet wie folgt: _____. § 142 Abs. 2 Satz 2 AktG, wonach die Antragsteller nachzuweisen haben, dass sie seit mindestens drei Monaten vor dem Tag der Hauptversammlung Inhaber der Aktien sind und dass sie die Aktien bis zur Entscheidung über den Antrag halten, findet entsprechende – das heißt in angepasster Form – Anwendung. Die Gesellschaft wird insoweit den Nachweis genügen lassen, dass die Antragsteller mindestens seit dem Beginn, also 0:00 Uhr des _____ Inhaber der Aktien sind und diese Aktien jedenfalls bis zum Beginn des Tags der Absendung des Tagesordnungsergänzungsverlangens halten. Bestimmte Aktienbesitzzeiten Dritter werden dabei gemäß § 70 AktG angerechnet.

Bekanntzumachende Ergänzungen der Tagesordnung werden – soweit sie nicht bereits mit der Einberufung bekanntgemacht werden – unverzüglich nach ihrem Eingang bei der Gesellschaft im elektronischen Bundesanzeiger bekanntgemacht und solchen Medien zur Veröffentlichung zugeleitet, bei denen davon ausgegangen werden kann, dass sie die Information in der gesamten Europäischen Union verbreiten. Etwaige nach der Einberufung der Hauptversammlung bei der Gesellschaft eingehende Tagesordnungsergänzungverlangen werden außerdem unverzüglich nach ihrem Eingang bei der Gesellschaft über die Internetadresse _____ zugänglich gemacht und den Aktionären mitgeteilt.

Aktionäre können in der Hauptversammlung Anträge und Wahlvorschläge zu Punkten der Tagesordnung sowie zur Geschäftsordnung stellen, ohne dass es hierfür vor der Hauptversammlung einer Ankündigung, Veröffentlichung oder sonstigen besonderen Handlung bedarf.

Gegenanträge im Sinne von § 126 AktG zu Vorschlägen von Vorstand und Aufsichtsrat zu einem bestimmten Punkt der Tagesordnung sowie Wahlvorschläge im Sinne von § 127 AktG werden einschließlich des Namens des Aktionärs, einer Begründung, die allerdings für Wahlvorschläge nicht erforderlich ist, und einer etwaigen Stellungnahme der Verwaltung über die Internetadresse _____ zugänglich gemacht, wenn sie bis spätestens am _____ bis 24:00 Uhr unter der Adresse
_____ (Postadresse)
per Telefax: _____
oder
per E-Mail: _____
zugehen und die übrigen Voraussetzungen für eine Pflicht der Gesellschaft zur Zugänglichmachung nach §§ 126, 127 AktG erfüllt sind.

Gemäß § 131 Abs. 1 AktG ist jedem Aktionär auf ein in der Hauptversammlung gestelltes Verlangen vom Vorstand Auskunft über Angelegenheiten der Gesellschaft, einschließlich der rechtlichen und geschäftlichen Beziehungen der Gesellschaft zu einem verbundenen Unternehmen, der Lage des Konzerns und der in den Konzernabschluss einbezogenen Unternehmen, zu geben, soweit sie zur sachgemäßen Beurteilung eines Gegenstands der Tagesordnung erforderlich ist und kein Auskunftsverweigerungsrecht besteht.

Weitergehende Erläuterungen zu den Rechten der Aktionäre nach § 122 Abs. 2, § 126 Abs. 1, § 127 und § 131 Abs. 1 AktG, insbesondere Angaben zu weiteren, über die Einhaltung maßgeblicher Fristen hinausgehende Voraussetzungen, finden sich unter der Internetadresse _____ .

IV. Angaben zur Gesamtzahl der Aktien und der Stimmrechte im Zeitpunkt der Einberufung § 30b Abs. 1 Nr. 1 WpHG

Das Grundkapital der Gesellschaft von _____ EUR ist im Zeitpunkt der Einberufung der Hauptversammlung eingeteilt in _____ Stückaktien. Jede Stückaktie gewährt eine Stimme. Aus eigenen Aktien steht der Gesellschaft jedoch kein Stimmrecht zu. Die Gesellschaft hält im Zeitpunkt der Einberufung der Hauptversammlung am _____ insgesamt _____ eigene Stückaktien. Von den insgesamt _____ Stückaktien der Gesellschaft sind im Zeitpunkt der Einberufung der Hauptversammlung folglich _____ Stückaktien stimmberechtigt.

V. Veröffentlichungen auf der Internetseite der Gesellschaft

Den Aktionären werden die Informationen gemäß § 124a AktG im Internet über die Internetadresse _____ zugänglich gemacht.

_____ , im _____

_____ Aktiengesellschaft

Der Vorstand

H. Minderheitsrechte

I. Rechtliche Grundlagen

1. Minderheitsverlangen auf Einberufung der Hauptversammlung nach § 122 Abs. 1 AktG

Die Aktionäre sind nicht davon abhängig, ob Vorstand oder Aufsichtsrat zur Hauptversammlung einladen. Sie können nach Maßgabe von § 122 Abs. 1 AktG selbst initiativ werden und die Einladung einer Hauptversammlung verlangen und ggf. gerichtlich durchsetzen (§ 122 Abs. 3 AktG).[509] Voraussetzung für das Recht, die Einberufung der Hauptversammlung zu verlangen, ist nach § 122 Abs. 1 S. 1 AktG, dass die Anteile der Aktionäre 5% des Grundkapitals repräsentieren. Bei wörtlicher Auslegung des Verweises des § 122 Abs. 1 S. 3 AktG auf § 142 Abs. 2 S. 2 AktG, müssten die Minderheitsaktionäre, die eine Einberufung der Hauptversammlung nach § 122 Abs. 1 AktG begehren, außerdem eine Mindestbesitzzeit ihrer Aktien für drei Monate vor dem Tag der Hauptversammlung und bis zur Entscheidung über den Antrag nachweisen.[510] Da dies jedoch nicht praktikabel ist, weil der Tag der Hauptversammlung bei Zugang des Einberufungsverlangens noch nicht feststeht, ist dieser Verweis so zu verstehen, dass die Dreimonatsfrist bereits bei Zugang des Einberufungsverlangens abgelaufen sein muss.[511] Die Einberufung muss nach § 122 Abs. 1 S. 1 AktG schriftlich verlangt werden. Die Satzung kann nach § 122 Abs. 1 S. 2 AktG hierfür eine andere Form vorsehen, wobei nach dem Zweck dieser Regelung nur Erleichterungen der Form zulässig sind,[512] und kann das Einberufungsrecht auch an einen geringeren Anteil am Grundkapital knüpfen. Das Einberufungsverlangen kann als rechtsmissbräuchlich zurückgewiesen werden,

---

509 Dazu eingehend *Mertens*, AG 1997, 481.
510 So *Hüffer*, 7. Auflage, § 122 Rn 3a.
511 Spindler/Stilz/*Willamowski*, § 122 Rn 7; nunmehr auch *Hüffer*, § 122 Rn 3a.
512 Vgl. *Hüffer*, § 122 Rn 8.

was insbesondere dann in Betracht kommt, wenn tatsächlich keine Dringlichkeit vorliegt, also ohne weiteres bis zur nächsten Hauptversammlung gewartet werden kann.[513]

2. Minderheitsverlangen auf Bekanntmachung zusätzlicher Beschlussgegenstände nach § 122 Abs. 2 AktG

Für das Recht zur Ergänzung der Tagesordnung reicht es nach § 122 Abs. 2 S. 1 AktG aus, dass der Anteilsbesitz der Minderheitsaktionäre entweder 5% des Grundkapitals oder einen anteiligen Betrag von 500.000 EUR erreicht. Das Verlangen muss der Gesellschaft mindestens 24 Tage, bei börsennotierten Gesellschaften mindestens 30 Tage, vor dem Tag der Hauptversammlung zugehen, wobei der Tag der Hauptversammlung nach § 121 Abs. 7 AktG und der Tag des Zugangs des Ergänzungsverlangens nach § 122 Abs. 2 S. 3 AktG nicht mitgerechnet werden. Nach § 124 Abs. 1 S. 1 AktG sind die im Ergänzungsverlangen genannten Beschlussgegenstände entweder bereits mit der Einberufung oder unverzüglich nach Eingang des Ergänzungsantrags in der gleichen Weise zu veröffentlichen, wie dies bei den Verwaltungsvorschlägen der Fall ist (Bundesanzeiger, ggf. mit Medienbündeloption, sowie Internetseite der Gesellschaft). Sie sind auch in die Mitteilungen nach § 125 AktG aufzunehmen.[514] Auch für den Antrag auf Ergänzung der Tagesordnung gilt die Mindestbesitzzeit von drei Monaten am Tag der Stellung des Ergänzungsantrags entsprechend,[515] und hat das Gericht nach § 122 Abs. 3 AktG zu entscheiden, wenn dem Verlangen nicht durch den Vorstand entsprochen wird.

3. Gegenanträge und abweichende Wahlvorschläge von Aktionären

299 Gegenanträge, die in § 126 AktG als „Anträge von Aktionären" bezeichnet werden, zu Gegenständen der (bekannt gemachten) Tagesordnung kann jeder Aktionär unabhängig von der Zahl seiner Aktien und ohne vorherige Bekanntmachung (noch) in der Hauptversammlung stellen. Will der Aktionär die anderen Aktionäre von seinem Gegenantrag vor der Hauptversammlung in Kenntnis setzen, so muss er diesen spätestens 14 Tage vor dem Tag der Hauptversammlung mit Begründung an die in der Einberufung genannte Adresse übersenden, wobei der Tag der Hauptversammlung nach § 121 Abs. 7 AktG und der Tag des Zugangs des Gegenantrags nach § 126 Abs. 1 S. 2 AktG jeweils nicht mitzurechnen sind. In diesem Fall hat der Vorstand den Gegenantrag nebst Begründung und einer etwaigen Stellungnahme der Verwaltung nach § 126 Abs. 1 S. 1 AktG den in § 125 Abs. 1 bis Abs. 3 AktG genannten Berechtigten zugänglich zu machen. Bei börsennotierten Gesellschaften hat dieses Zugänglichmachen nach § 126 Abs. 1 S. 3 AktG seit dem ARUG zwingend auf der Internetseite der Gesellschaft zu erfolgen, was auch bei nicht börsennotierten Gesellschaften, wie bisher, ausreichend ist.[516] Der Gegenantrag kann schriftlich (§ 126 BGB), aber auch per Telefax und Fernschreiben und, wenn die Gesellschaft hierfür eine E-Mail Adresse angegeben hat, auch per E-Mail eingereicht werden.[517] Damit der Gegenantrag von der bloßen Ankündigung abweichenden Stimmverhaltens unterschieden werden kann, ist er zu begründen, wobei die formelhafte Erklärung, der Aktionär wolle dem Verwaltungsvorschlag widersprechen und andere Aktionäre veranlassen, für seinen Gegenantrag zu stimmen, nicht mehr erforderlich ist.[518] Die Pflicht zur Mitteilung des Gegenantrags entfällt in den in § 126 Abs. 2

---

513 OLG Stuttgart AG 2009, 169, 170; *Hüffer*, § 122 Rn 6.
514 Vgl. *Bosse*, NZG 2009, 807, 809.
515 *Hüffer*, § 122 Rn. 9.
516 Vgl. Regierungsbegründung zum ARUG, BT-Drucks 16/11642, 31; *Hüffer*, § 126 Rn 6.
517 *Hüffer*, § 126 Rn 4; *Mimberg*, ZGR 2003, 21, 33; ablehnend zur Übersendung per E-Mail wohl Semler/Volhard/*Schlitt*, HV Hdb. § 4 Rn 289.
518 *Hüffer*, § 126 Rn 3.

AktG genannten Fällen, also insbesondere dann, wenn die Begründung insgesamt mehr als 5000 Zeichen enthält.[519] Für Wahlvorschläge von Aktionären zur Wahl von Aufsichtsratsmitgliedern und Abschlussprüfern gelten nach § 127 S. 1 AktG die Regelungen für Gegenanträge entsprechend. Allerdings brauchen Wahlvorschläge nach § 127 S. 2 AktG nicht begründet zu werden und es entfällt nach § 127 S. 3 AktG eine Veröffentlichungspflicht, wenn der Wahlvorschlag nicht die Angaben zum Namen, ausgeübten Beruf, Wohnort und zur Mitgliedschaft in anderen gesetzlich zu bildenden Aufsichtsräten (§§ 124 Abs. 3 S. 4,[520] 125 Abs. 1 S. 5 AktG) enthält.

4. Aktionärsforum

300 Zur Verbesserung der Kommunikation der Aktionäre untereinander hat der Gesetzgeber mit dem UMAG in § 127a AktG das Aktionärsforum als besondere Rubrik des Bundesanzeigers eingeführt.[521] Die nähere Gestaltung des Aktionärsforums und seiner Inanspruchnahme sind in der Aktionärsforumsverordnung (AktFoV) vom 22.11.2005 geregelt. Im Aktionärsforum können registrierte[522] Aktionäre und Aktionärsvereinigungen nach § 127a Abs. 1 AktG andere Aktionäre aufrufen, einen Antrag oder ein Verlangen nach dem AktG zu stellen oder das Stimmrecht in der Hauptversammlung in bestimmter Weise auszuüben. Die Aufforderung hat die Angaben des § 127a Abs. 2 AktG zu enthalten. Eine Begründung darf die Aufforderung im Aktionärsforum nicht enthalten, jedoch kann der Aktionär hierzu im Aktionärsforum auf seine eigene Internetseite hinweisen (§ 127a Abs. 3 AktG). Die Gesellschaft kann nach § 127a Abs. 4 AktG im Aktionärsforum auf eine Stellungnahme zu der Aufforderung auf ihrer Internetseite hinweisen.

5. Rederecht in der Hauptversammlung

301 In der Hauptversammlung steht jedem Aktionär das Recht zu, sich an der **Aussprache zur Tagesordnung** zu beteiligen und für oder gegen die Beschlussvorschläge der Verwaltung zu plädieren. Dem Versammlungsleiter obliegt die Bestimmung der Reihenfolge der Redner. Er kann, wenn andernfalls die Abhandlung der Tagesordnung am Tag der Hauptversammlung gefährdet ist, allgemein die Redezeit beschränken, er kann einzelne Redner auch auffordern, binnen gesetzter Frist zum Schluss zu kommen, und er kann ihnen gegebenenfalls das Wort entziehen. Nach dem durch das UMAG eingeführten § 131 Abs. 2 S. 2 AktG kann die Satzung oder die Geschäftsordnung den Versammlungsleiter ermächtigen, das Frage- und Rederecht des Aktionärs zeitlich angemessen zu beschränken, und Näheres hierzu bestimmen. Die Beschränkung des Rederechts ist jedoch, wie bisher, auch ohne eine solche Regelung in der Satzung oder Geschäftsordnung zulässig, da § 131 Abs. 2 S. 2 AktG die Befugnisse des Versammlungsleiters lediglich erweitern soll.[523] Die Beschränkungen müssen dem Verhältnismäßigkeitsgrundsatz entsprechen, so dass es etwa unzulässig ist, wenn der Versammlungsleiter die Redezeit bereits zu Beginn der Versammlung beschränkt, obwohl sich nur wenige Redner gemeldet haben.[524]

---

[519] Zur umstrittenen Frage, wie die 5000 Zeichen ermittelt werden vgl. *Hüffer*, § 126 Rn 9.
[520] Der § 127 S. 2 AktG verweist versehentlich auf § 124 Abs. 3 S. 3 AktG, der aber durch das BilMoG zu S. 4 geworden ist.
[521] Dazu etwa *Seibert*, AG 2006, 16 ff.; *Göz/Holzborn*, WM 2006, 157, 163.
[522] Hierzu bedarf es des Abschlusses eines entgeltpflichtigen Vertrages mit dem Betreiber des elektronischen Bundesanzeigers.
[523] Regierungsbegründung zum UMAG, BR-Drucks 3/2005, 32; *Hüffer*, § 131 Rn 22b.
[524] Vgl. LG München AG 2009, 382, 383.

6. Auskunftsrecht der Aktionäre

302 Soweit dies zur sachgerechten Beurteilung des Gegenstands der Tagesordnung erforderlich ist, hat der Vorstand jedem Aktionär in der Hauptversammlung auf Verlangen Auskunft über Angelegenheiten der Gesellschaft zu geben (§ 131 Abs. 1 AktG).[525] Die Auskunft ist grundsätzlich **mündlich** in der Hauptversammlung zu erteilen, jedoch darf der Vorstand die Auskunft nach § 131 Abs. 3 Nr. 7 AktG verweigern, soweit die Auskunft auf der Internetseite der Gesellschaft über mindestens sieben Tage vor Beginn der Hauptversammlung und in der Hauptversammlung durchgängig zugänglich ist. Diese durch das UMAG eingeführte Regelung soll dem Vorstand einerseits die Möglichkeit geben, üblicherweise zu erwartende Standardfragen (**frequently asked questions**) vorab zu beantworten und es ihm außerdem ermöglichen, tatsächlich vorab gestellte Fragen auch vorab zu beantworten.[526] Etwaige Zusatz- oder Vertiefungsfragen zu den Standardfragen dürfen allerdings noch in der Hauptversammlung gestellt werden und müssen dann auch in dieser beantwortet werden. Ebenso wie das Rederecht kann auch das Auskunftsrecht missbraucht werden, was auch ohne Regelung in Satzung oder Geschäftsordnung dazu führt, dass in diesem Fall die gestellten Fragen nicht mehr beantwortet werden brauchen.[527] Da ein solcher Rechtsmissbrauch im Einzelfall jedoch oftmals schwer nachzuweisen ist, sieht § 131 Abs. 2 S. 2 AktG seit dem UMAG vor, dass die Satzung oder die Geschäftsordnung den Versammlungsleiter ermächtigen kann, auch das Fragerecht generell zeitlich angemessen zu beschränken.[528] Hierbei sollte sich der Versammlungsleiter davon leiten lassen, eine normale Hauptversammlung, in der keine tiefgreifenden unternehmensstrukturellen Maßnahmen zu erörtern sind, innerhalb von vier bis sechs Stunden abzuschließen.[529] Auch in den weiteren in § 131 Abs. 3 AktG genannten Fällen kann die Auskunft verweigert werden. Verstöße gegen die **Auskunftspflicht** können die Anfechtbarkeit der zum betreffenden Gegenstand gefassten Beschlüsse nach sich ziehen, soweit es sich nicht um so genannte kompensationsbezogene Auskunftsmängel handelt, die nach § 243 Abs. 4 S. 2 AktG grundsätzlich in das Spruchverfahren verwiesen sind.[530] Neben der Beschlussanfechtung kann der Aktionär das Auskunftserzwingungsverfahren nach § 132 AktG einleiten.[531]

7. Geltendmachung von Beschlussmängeln
a) Nichtigkeit und Anfechtbarkeit

303 Verstöße gegen Gesetz oder Satzung führen zur Anfechtbarkeit oder, in besonders schwerwiegenden Fällen, zur Nichtigkeit von Hauptversammlungsbeschlüssen. Nichtige Beschlüsse begründen keine Rechtswirkung; sie sind unter den Voraussetzungen des § 242 AktG aber der Heilung zugänglich. Die **Nichtigkeitsgründe** sind in § 241 AktG bestimmt. Wichtig für die Praxis ist, dass der durch das ARUG neu gefasste § 241 Abs. 1 Nr. 1 AktG bzgl. der Nichtigkeit als Folge von Einberufungsmängeln nur auf § 121 Abs. 2, Abs. 3 S. 1 und Abs. 4 AktG verweist. Ein Verstoß gegen die Pflicht zur Angabe der Tagesordnung nach § 121 Abs. 3 S. 2 AktG und gegen die nur bei börsennotierten Gesellschaften geltenden Pflichtangaben nach § 121 Abs. 3 S. 3 AktG (fehlerhafte Angabe über Teilnahmevoraussetzungen, Verfahren der Stimmabgabe etc.) führt daher nicht zur Nichtigkeit.[532] Geltend gemacht wird die Nichtigkeit mit der auf Feststellung der Nichtigkeit zielenden

---

525 Vgl. BGHZ 180, 9, 29 ff.; OLG München AG 2009, 121, 122; ; Semler/Volhard/*Fischer*, HV Hdb., § 11 Rn 120 ff.
526 *Hüffer*, § 131 Rn 32a; Regierungsbegründung zum UMAG, BR-Drucks 3/2005, 33.
527 Vgl. Semler/Volhard/*Fischer*, HV Hdb., § 11 Rn 166 ff.; *Hüffer*, § 131 Rn 22b, 33–35.
528 Vgl. dazu BGH ZIP 2010, 575.
529 Regierungsbegründung zum UMAG, BR-Drucks 3/2005, 33; ebenso Ziffer 2.2.4. S. 2 des Kodex.
530 Vgl. dazu die Kommentierungen zum Spruchverfahrensgesetz (SpruchG).
531 BGHZ 86, 1 ff.; möglich ist die Aussetzung des Anfechtungsprozesses nach § 148 ZPO, dazu *Lüke*, ZGR 1990, 663 ff.
532 Vgl. Regierungsbegründung zum ARUG, BT-Drucks 16/11642, 39.

Nichtigkeitsklage (§ 249 AktG) oder auf sonstige Weise, etwa durch Einrede der Nichtigkeit. Verstöße gegen Gesetz und Satzung im Übrigen führen zur **Anfechtbarkeit des Beschlusses**, d.h. Vernichtbarkeit des Beschlusses durch gerichtliche Nichtigkeitserklärung, die durch die Anfechtungsklage zu erlangen ist (§ 241 Nr. 5 AktG).[533]

b) Anfechtungsbefugnis, Anfechtungsfrist, zuständiges Gericht

Die Anfechtungsklage steht nicht jedermann offen, sondern nur den nach § 245 AktG zur **Anfechtung Befugten**. Das sind insbesondere alle in der Hauptversammlung erschienenen[534] Aktionäre, die ihre Aktien schon vor der Bekanntmachung der Tagesordnung erworben[535] und Widerspruch zu Protokoll erklärt haben (§ 245 Nr. 1 AktG), in den Fällen von Nr. 2 und 3 auch nicht erschienene Aktionäre, außerdem der Vorstand (Nr. 4), sowie unter den Voraussetzungen von § 243 Nr. 5 AktG auch jedes einzelne Vorstands- und Aufsichtsratsmitglied. Zu erheben ist die Anfechtungsklage binnen der **Monatsfrist** nach § 246 Abs. 1 AktG. Zuständig ist grundsätzlich das **Landgericht**, in dessen Bezirk die beklagte AG ihren Sitz hat (§ 246 Abs. 3 S. 1 AktG). Wenn eine Kammer für Handelssachen gebildet ist, ist diese nach § 246 Abs. 3 S. 2 AktG zuständig. Die § 148 Abs. 2 S. 3 und 4 AktG gelten nach § 246 Abs. 3. S. 3 AktG entsprechend, so dass die Bundesländer von der Möglichkeit der Zuständigkeitskonzentration bei einem Eingangsgericht für mehrere Landgerichte Gebrauch machen können, was in einigen Bundesländern bereits erfolgt ist.[536]

304

c) Anfechtungsgründe

Hauptversammlungsbeschlüsse sind sowohl nach § 243 Abs. 1 AktG anfechtbar, wenn sie inhaltlich gegen Gesetz oder Satzung verstoßen, als auch, wenn bei ihrer Fassung Verfahrensverstöße unterlaufen sind, wozu auch Verletzungen der Informationsrechte der Aktionäre gehören.[537] Nach § 243 Abs. 2 AktG kann auch wegen einer unzulässigen Verfolgung von Sondervorteilen angefochten werden, es sei denn, dass der Beschluss den anderen Aktionären einen angemessenen Ausgleich für ihren Schaden gewährt.[538]

d) Anfechtungsausschlüsse, Anfechtungsbeschränkungen

Explizit ausgeschlossen ist die Anfechtung in den Fällen des § 243 Abs. 3 AktG. Durch das ARUG wurde eine neuer § 243 Abs. 3 Nr. 1 AktG geschaffen, wonach eine Anfechtung wegen technischer Störungen im Falle einer nach § 118 Abs. 1 S. 2 AktG ermöglichten Online-Teilnahme an der Hauptversammlung nur dann in Betracht kommt, wenn der Gesellschaft hinsichtlich der Störung Vorsatz oder grobe Fahrlässigkeit vorzuwerfen ist. Durch eine Ergänzung der bisherigen § 243 Abs. 3 Nr. 1, nunmehr Nr. 2, AktG wurde außerdem klargestellt, dass weder ein Verstoß gegen die Verpflichtung zur Zuleitung der Einberufung an das Medienbündel nach § 121 Abs. 4a AktG, noch ein Verstoß gegen die Veröffentlichungspflichten auf der Internetseite der Gesellschaft nach § 124a AktG eine Anfechtbarkeit der betreffenden Hauptversammlungsbeschlüsse

---

[533] Vgl. zu den Einzelheiten die Kommentierung zu §§ 241ff. AktG; zum Verhältnis von Nichtigkeit und Anfechtungsklage vgl. BGH AG 1997, 326.
[534] Ggf. auch die online erschienenen Aktionäre, wenn die Online-Teilnahme nach § 118 Abs. 1 S. 2 AktG ermöglicht und das Anfechtungsrecht dieser Aktionäre nicht ausgeschlossen wird.
[535] Vgl. *Hüffer*, § 245 Rn 7; einer Mindestbesitzzeit, wie etwa nach § 142 Abs. 2 S. 2 AktG bei der Sonderprüfung bedarf es für die Anfechtungsklage hingegen nicht.
[536] Vgl. Hüffer, § 246 Rn 37.
[537] Vgl. MünchGesR/*Semler*, Bd. 4, § 41 Rn 1.
[538] Vgl. dazu *Hüffer*, § 243 Rn 30 ff.

nach sich ziehen. Der Gesetzgeber sieht es als ausreichende Sanktion an, dass beide Verstöße Ordnungswidrigkeiten nach § 405 Abs. 3a AktG sind.[539]

Nach § 243 Abs. 4 S. 1 AktG kann wegen unrichtiger, unvollständiger oder verweigerter Erteilung von Informationen nur angefochten werden, wenn ein objektiv urteilender Aktionär die Erteilung der Information als wesentliche Voraussetzung für die sachgerechte Wahrnehmung seiner Teilnahme- und Mitgliedschaftsrechte angesehen hätte. So geht der BGH aktuell bezüglich der Anfechtbarkeit wegen einer unrichtigen Entsprechenserklärung zur Einhaltung des Kodex nach § 161 Abs. 1 AktG davon aus, dass die Relevanz nur besteht, wenn der in der unrichtigen Entsprechenserklärung liegende Verstoß über einen bloßen Formalverstoß hinausgeht und auch im konkreten Einzelfall nicht geringfügig ist.[540] Dies entspricht der Relevanzrechtsprechung des BGH, wonach ein Hauptversammlungsbeschluss dann anfechtbar ist, wenn einem Aktionär Auskünfte vorenthalten wurden, die aus der Sicht eines objektiv urteilenden Aktionärs in der Fragesituation zur sachgerechten Beurteilung des Beschlussgegenstandes erforderlich sind, ohne dass es darauf ankommt, ob die ordnungsgemäße Erteilung der Auskunft einen objektiv urteilenden Aktionär von der Zustimmung zur Beschlussvorlage abgehalten hätte.[541] Ebenfalls vom Anwendungsbereich der Anfechtungsklage ausgeklammert sind nach § 243 Abs. 4 S. 2 AktG so genannte kompensationsbezogene Informationsmängel in der Hauptversammlung, da diese in das Spruchverfahren verwiesen werden, soweit das Gesetz für die betreffende Maßnahme ein Spruchverfahren vorsieht. Von der Verweisung ausgenommen und der Anfechtung zugänglich sind hingegen die Totalverweigerung der Information sowie Informationsmängel außerhalb der Hauptversammlung, etwa mangelnde Vorstandsberichte im Vorfeld der Hauptversammlung.[542]

e) Anfechtungsverfahren/Bekanntmachungen

Die inter-omnes-Wirkung nach § 248 AktG bedingt die zwingende Verbindung mehrerer Anfechtungsklagen nach § 246 Abs. 3 S. 6 AktG. Die Erhebung der Anfechtungsklage ist nach § 246 Abs. 4 AktG in den Gesellschaftsblättern bekannt zu machen. Der Prävention gegen missbräuchliche Anfechtungsklagen[543] dient § 248a AktG. Nach dessen Satz 1 ist zunächst jede Verfahrensbeendigung bei börsennotierten Gesellschaften unverzüglich in den Gesellschaftsblättern bekannt zu machen. Durch den Verweis auf § 149 Abs. 2 und 3 AktG in § 248a S. 2 AktG wird klargestellt, dass auch im Anfechtungsverfahren verfahrensbeendende oder prozessvermeidende Leistungen der Gesellschaft nur dann mit Rechtsgrund erfolgen, wenn diese offen gelegt werden.[544]

f) Freigabeverfahren nach § 246a AktG

Um zu verhindern, dass wichtige Strukturmaßnahmen durch Beschlussmängelklagen blockiert werden, enthält § 246a AktG ein Freigabeverfahren, dessen Interessenabwägungsklausel in § 246 Abs. 2 Nr. 3 AktG durch das ARUG geändert wurde. Entsprechende Regelungen gibt es auch bei der Eingliederung in § 319 Abs. 6 AktG, beim Squeeze out durch den Verweis auf § 319 Abs. 5 und 6 AktG in § 327e Abs. 2 AktG und im Umwandlungsrecht in § 16 Abs. 3 UmwG. Das Freigabeverfahren ermöglicht es der Gesellschaft einerseits, die Eintragung im Handelsregister und da-

---

539 Vgl. Regierungsbegründung zum ARUG, BT-Drucks 16/11642, 40.
540 BGH WM 2009, 2085, 2088.
541 BGHZ 160, 385 ff.; BGHZ 153, 32, 36 f.; vgl. auch *Hüffer*, § 243, Rn 46, 46a, 46b.
542 *Hüffer*, § 243 Rn 47c; *Spindler*, NZG 2005, 825, 829.
543 Bei Nichtigkeitsklagen gelten die Regelungen nach § 249 Abs. 1 S. 1 AktG entsprechend.
544 Vgl. *Göz/Holzborn*, WM 2006, 157, 162; *Hüffer*, § 248a Rn 2.

mit das Wirksamwerden der Strukturmaßnahme trotz Klageerhebung zu erreichen und schafft andererseits Bestandschutz der Maßnahme auch für den Fall, dass sich die Anfechtungs- oder Nichtigkeitsklage nachträglich als begründet erweist (§ 246a Abs. 4 AktG).[545] Die Kläger sind daher auch in diesem Fall allein auf Schadensersatzansprüche angewiesen, können aber nicht die Rückabwicklung der Strukturmaßnahme verlangen.

Zuständig für das Freigabeverfahren nach § 246a AktG ist seit dem ARUG der Senat des Oberlandesgerichts, in dessen Bezirk die Gesellschaft ihren Sitz hat (§ 246a Abs. 1 S. 3 AktG). Der Freigabebeschluss ergeht nach § 246a Abs. 2 AktG zunächst dann, wenn die Klage unzulässig oder offensichtlich unbegründet ist (§ 246a Abs. 2 Nr. 1 AktG) oder wenn der Kläger nicht nachweist, dass er seit der Bekanntmachung der Einberufung einen anteiligen Betrag am Grundkapital von mindestens 1.000 EUR hält (§ 246a Abs. 2 Nr. 2 AktG). Nach der Interessenabwägungsklausel des § 246a Abs. 2 Nr. 3 AktG ergeht der Freigabebeschluss außerdem, wenn die vom Antragsteller dargelegten wesentlichen Nachteile für die Gesellschaft und ihre Aktionäre nach freier Überzeugung des Gerichts die Nachteile für den Antragsgegner überwiegen, es sei denn, es liegt eine besondere Schwere des Rechtsverstoßes vor. Danach sind die rein wirtschaftlichen Interessen des Unternehmens und der anderen Aktionäre mit den wirtschaftlichen Interessen des Klägers abzuwägen, wobei diese Abwägung meist zu Gunsten des Unternehmens ausgehen dürfte.[546] Eine Freigabe ist, ohne Abwägung der wirtschaftlichen Interessen lediglich dann ausgeschlossen, wenn ein besonders gravierender Rechtsverstoß vorliegt, wozu allein das Vorliegen eines Nichtigkeitsgrundes nicht ausreicht, es geht vielmehr um Extremszenarien, wie das Abhalten einer „Geheimversammlung".[547] Nach einer Entscheidung des OLG München zu § 16 Abs. 3 UmwG kann ein vorrangiges Interesse des Antragsstellers an der Eintragung nicht angenommen werden, wenn der Antrag auf Freigabe erst mehr als drei Monate nach Erhebung der Anfechtungsklage gestellt wird.[548]

8. Geltendmachung von Ersatzansprüchen/Sonderprüfung
a) Verfahren nach § 147 Abs. 2 S. 1 und 2 AktG

Wenn die Hauptversammlung eine Geltendmachung von Ersatzansprüchen mehrheitlich nach § 147 Abs. 1 AktG beschließt,[549] so kann sie hierzu nach § 147 Abs. 2 S. 1 AktG besondere Vertreter bestellen. Die Rechte dieser besonderen Vertreter bestimmen sich nach ihrem Aufgabenkreis und diese verdrängen insoweit Vorstand und Aufsichtsrat.[550]

Aktionäre, deren Anteil am Grundkapital 5% oder einen anteiligen Betrag von 1.000.000 EUR erreicht, können nach § 147 Abs. 2 S. 2 AktG beim Amtsgericht am Sitz der Gesellschaft die Bestellung besonderer Vertreter verlangen und damit sowohl Vorstand und Aufsichtsrat als auch etwaige von der Hauptversammlung nach § 147 Abs. 2 S. 1 AktG bestellte besondere Vertreter von der Verfolgung der Ersatzansprüche ausschließen. Dies ist allerdings nur möglich, wenn die Hauptversammlung zuvor mit einfacher Mehrheit nach § 147 Abs. 1 AktG die Geltendmachung von Ersatzansprüchen beschlossen hat.

---

545 Vgl. *Hüffer*, § 246a Rn 13.
546 Vgl. Beschlussempfehlung und Bericht des Rechtsausschusses zum ARUG, BT-Drucks 16/13098, 42; *Bosse*, NZG 2009, 807, 811.
547 Beschlussempfehlung und Bericht des Rechtsausschusses zum ARUG, BT-Drucks 16/13098, 42; *Bosse*, NZG 2009, 807, 811.
548 OLG München ZIP 2010, 84 ff.
549 Siehe dazu Rn 260.
550 Vgl. OLG München ZIP 2008, 73 ff.; *Hüffer*, § 147 Rn 7; umfassend zur den Rechten des besonderen Vertreters *Kling*, ZGR 2009, 190 ff.

b) Klagezulassungsverfahren nach § 148 AktG

306 Als Alternative zu dem Verfahren nach § 147 AktG können Minderheitsaktionäre, die eine Beteiligung von einem Hundertstel des Grundkapitals bzw. einem anteiligen Nennwert von 100.000 EUR haben, unter den Voraussetzungen des § 148 AktG die Ersatzansprüche selbst im Namen der Gesellschaft geltend machen.

Die Klage ist nur unter den folgenden Voraussetzungen zulässig:[551]

aa) Quorum

307 Das Quorum für eine Geltendmachung beträgt nach § 148 Abs. 1 S. 1 AktG den einhundertsten Teil des Grundkapitals oder einen anteiligen Nennwert von 100.000 EUR.

bb) Nachweis des Erwerbs der Aktien vor Kenntnis der Pflichtverletzung

308 Nach § 148 Abs. 1 S. 2 Nr. 1 AktG müssen die Aktionäre nachweisen (eine bloße Glaubhaftmachung genügt nicht), dass sie die Aktien vor dem Zeitpunkt erworben haben, in dem sie von den behaupteten Pflichtverstößen oder dem behaupteten Schaden der Gesellschaft auf Grund einer Veröffentlichung Kenntnis erlangen mussten. Es schadet also sowohl Kenntnis als auch fahrlässige (§ 276 BGB) Unkenntnis einer entsprechenden Veröffentlichung.[552]

cc) Erfolglose Fristsetzung an die Gesellschaft

309 Der § 148 Abs. 1 S. 2 Nr. 2 AktG verlangt den Nachweis, dass die Aktionäre die Gesellschaft unmissverständlich zur Klageerhebung aufgefordert haben und diese eine ihr gesetzte angemessene[553] Frist zur Klageerhebung verstreichen ließ.

dd) Verdacht der Unredlichkeit oder groben Pflichtverletzung

310 Weitere Zulassungsvoraussetzung ist nach § 148 Abs. 1 S. 2 Nr. 3 AktG, dass Tatsachen vorliegen, die den Verdacht rechtfertigen, dass der Gesellschaft durch Unredlichkeit oder grobe Verletzung des Gesetzes oder der Satzung ein Schaden entstanden ist.[554]

ee) Keine überwiegenden Gründe des Gesellschaftswohls

311 Schließlich dürfen der Geltendmachung des Ersatzanspruchs keine überwiegenden Gründe des Gesellschaftswohls entgegenstehen (§ 148 Abs. 1 S. 2 Nr. 4 AktG), wobei diese Regelung nur in seltenen Fällen eingreifen dürfte, da im Regelfall eine Haftungsklage nicht an § 148 Abs. 1 S. 2 Nr. 4 scheitern soll.[555]

Wenn der Antragsteller das Klagezulassungsverfahren erfolgreich durchlaufen hat, muss er die Gesellschaft nochmals auffordern, die Klage zu erheben. Tut sie dies binnen angemessener Frist (wohl ebenfalls 2 Monate)[556] nicht, kann der Aktionär selbst nach § 149 Abs. 4 S. 1 AktG Klage erheben, wobei jedoch nur Leistung an die Gesellschaft gefordert werden kann (§ 148 Abs. 4

---

551 Vgl. *Spindler*, NZG 2005, 865, 866.
552 *Hüffer*, § 148 Rn 5.
553 Die Regierungsbegründung zum UMAG sieht eine Frist von zwei Monaten als angemessen an, Regierungsbegründung zum UMAG, BR-Drucks 3/2005, 43; ähnlich im Ergebnis Hüffer § 148 Rn 7.
554 Dazu *Hüffer*, § 148 Rn 8; *Spindler*, NZG 2005, 865, 867.
555 *Hüffer*, § 148 Rn 9, *Spindler*, NZG 2005, 865, 867, so bereits zum alten Recht BGHZ 135, 244 ff. (ARAG/Garmenbeck).
556 *Spindler*, NZG 2005, 865, 868; vgl. auch *Hüffer*, § 148 Rn 16.

S. 2 AktG). Für prozessbeendende oder prozessvermeidende Vereinbarungen gilt die Bekanntmachungspflicht des § 149 Abs. 2 und 3 AktG.

b) Sonderprüfung

Die für ein Klageverfahren nach § 148 AktG erforderlichen Informationen kann der Minderheitsaktionär häufig nur durch eine Sonderprüfung nach § 142 AktG erlangen. Daher hat der Gesetzgeber des UMAG auch für die Sonderprüfung das Quorum in § 142 Abs. 2 S. 1 AktG auf ein Hundertstel des Grundkapitals oder einen anteiligen Betrag von 100.000 EUR herabgesetzt, zugleich jedoch dieses Recht auf den Verdacht von Unredlichkeiten oder groben Verletzungen des Gesetzes oder der Satzung beschränkt. Die Antragsteller haben nach § 142 Abs. 2 S. 2 AktG nachzuweisen, dass sie seit mindestens drei Monaten vor dem Tag der Hauptversammlung, die ihren Antrag auf Bestellung von Sonderprüfern abgelehnt hat, Inhaber der Aktien sind und sie diese bis zur Entscheidung über den Antrag halten. Die Bekanntmachungspflicht des § 149 AktG für prozessvermeidende oder prozessbeendende Vereinbarungen gilt bei der Sonderprüfung entsprechend (§ 142 Abs. 2 S. 3 AktG). Wenn der Antragsteller die gerichtliche Bestellung der Sonderprüfer durch vorsätzlich oder grob fahrlässig unrichtigen Vortrag erwirkt hat, muss er der Gesellschaft nach § 146 S. 2 AktG die Kosten der Sonderprüfung erstatten.[557]

312

9. Sonstige Rechtsschutzmöglichkeiten bei rechtswidrigem Verwaltungshandeln

Anders als Beschlüsse der Hauptversammlung können rechtswidrige Entscheidungen von Vorstand oder Aufsichtsrat nicht mit der Anfechtungsklage angegriffen werden.[558] Möglich ist jedoch Rechtsschutz im Rahmen der (vorbeugenden) Unterlassungsklage und der allgemeinen Feststellungsklage.[559]

313

10. Sonstige Minderheitsrechte

An sonstigen gesetzlichen Minderheitsrechten sind insbesondere[560] zu nennen:
- mit 1 Mio. EUR oder 10% des gesamten Grundkapitals:
  - Antrag auf Einzelentlastung von Vorstands- und Aufsichtsratsmitgliedern (§ 120 Abs. 1 AktG);
- mit einem Quorum von 10% des bei Beschlussfassung vertretenen Grundkapitals:
  - Verlangen auf vorrangige Abstimmung über Aktionärsvorschläge zur Wahl von Aufsichtsratsmitgliedern (§ 137 AktG);
- mit einem Quorum von 5% des gesamten Grundkapitals oder mit Anteilen, die bei Antragsstellung einen Börsenwert von 500.000 EUR erreichen
  - Antrag auf Bestellung eines anderen Abschlussprüfers aus wichtigem Grund (§ 318 Abs. 3 S. 1 Alt. 3 HGB).

314

II. Typischer Sachverhalt

Die M Holding AG hat eine Mehrheit an der E AG erworben, die in den Geschäftsbereichen „Haushaltsgeräte" und „Elektrische Steuerungseinheiten" tätig ist. Auf Veranlassung der M

315

---

557 Vgl. *Spindler*, NZG 2005, 865, 870.
558 BGH ZIP 2005, 2207, 2208 (Mangusta/Commerzbank II).
559 BGH ZIP 2005, 2207 ff. (Mangusta/Commerzbank II); dazu etwa *Paschos*, DB 2005, 2731 ff.; *Busch*, NZG 2006, 81 ff.
560 Vgl. auch die umfassende Aufzählung in MünchGesR/*Semler*, Bd. 4, § 42 Rn 32 ff.

Holding AG hat der Vorstand der E AG mit der M GmbH, einer 100%-igen Tochter der M Holding AG, unter dem Vorbehalt der Zustimmung der Hauptversammlung der E AG einen Vertrag über die Veräußerung des Geschäftsbereichs „Elektrische Steuerungseinheiten" abgeschlossen. Der Minderheitsaktionär E der E AG hält den vereinbarten Veräußerungspreis für unangemessen niedrig und kündigt für die Hauptversammlung Opposition an. Seine Fragen zur Bestimmung des Kaufpreises werden in der Hauptversammlung der E AG nicht beantwortet. Mit den Stimmen der M Holding AG kommt der Zustimmungsbeschluss zum Veräußerungsvertrag zustande. Herr E beauftragt seinen Rechtsanwalt mit der Einleitung der gebotenen Schritte.

III. Muster

M 116 **1. Muster: Gegenantrag eines Aktionärs nach § 126 AktG**

316 An die _____ AG
Vorstand
_____
Sehr geehrte Damen und Herren,
Sie haben zu einer außerordentlichen Hauptversammlung der Gesellschaft auf den _____ eingeladen. Ich bin Aktionär und werde an der Hauptversammlung teilnehmen. Dem Vorschlag der Verwaltung zu Punkt _____ der Tagesordnung „_____" werde ich widersprechen und die anderen Aktionäre veranlassen, meinem Gegenantrag zuzustimmen, den ich wie folgt ankündige:
Dem Vorschlag der Verwaltung zu Punkt _____ der Tagesordnung „_____" wird die Zustimmung verweigert.
Begründung: _____
Ich fordere Sie auf, den angekündigten Gegenantrag einschließlich Begründung unverzüglich nach § 126 AktG zugänglich zu machen.
_____ (Unterschrift)

M 117 **2. Muster: Zugänglichmachen eines Gegenantrags nach § 126 AktG mit Stellungnahme des Vorstands**

317 _____ AG _____, den _____
Betr.: außerordentliche Hauptversammlung am _____
hier: Gegenantrag des Aktionärs _____
Sehr geehrte Damen und Herren Aktionäre,
der Vorstand der _____ AG teilt gem. § 126 Abs. 1 AktG mit, dass
Herr _____, zu Punkt _____ der Tagesordnung der Hauptversammlung am _____ folgenden Gegenantrag mit Begründung übersandt hat:
_____ (es folgt Wiedergabe des Gegenantrags mit Begründung)
Zu dem Gegenantrag und der mitgeteilten Begründung nehmen wir wie folgt Stellung: _____
_____ AG
Der Vorstand

M 118 **3. Muster: Antrag auf gerichtliche Entscheidung über das Auskunftsrecht nach § 132 AktG**

318 An das Landgericht _____
– Kammer für Handelssachen –

Antrag
der Frau _____, _____ (wohnhaft), Verfahrensbevollmächtigte: Rechtsanwälte _____
– Antragstellerin –
gegen
_____ AG, _____ (Ort), vertreten durch den Vorstand, Frau _____ und Herr _____
– Antragsgegnerin –
wegen Auskunftserteilung nach § 132 AktG
Vorläufiger Streitwert: _____ EUR
Wir vertreten den Antragsteller. Wir beantragen:
1. Der Vorstand der Antragsgegnerin ist verpflichtet, der Antragstellerin Auskunft durch Beantwortung der folgenden Frage zu geben: _____
2. Die Kosten des Verfahrens sowie die dem Antragsteller zur zweckentsprechenden Durchsetzung seines Auskunftsbegehrens entstandenen Kosten werden der Antragsgegnerin auferlegt.

Zur Begründung tragen wir vor:
a) Die Antragstellerin ist an der Antragsgegnerin mit fünf Inhaberaktien beteiligt. Sie hat an der außerordentlichen Hauptversammlung der Antragsgegnerin am _____ teilgenommen. Zu Punkt _____ der Tagesordnung „_____" hat die Antragstellerin vor Beschlussfassung über den Verwaltungsvorschlag die im Antrag genannte Frage an den Vorstand gerichtet. Der Vorstand hat eine Antwort auf diese Frage verweigert.
b) Wir fügen als – Anlage A 1 – bei eine Abschrift der notariellen Niederschrift über die Hauptversammlung der Antragsgegnerin vom _____, die in ihrer Anlage 5 einen Nachweis über die Einladung zur Hauptversammlung im Bundesanzeiger enthält. Auf Verlangen der Antragstellerin hat der beurkundende Notar die von der Antragstellerin gestellte, vom Vorstand nicht beantwortete Frage in seine Niederschrift aufgenommen; wir verweisen auf S. 6 der notariellen Niederschrift.
c) Der Vorstand hat die Auskunftsverweigerung nicht begründet. Er war zur Erteilung der erbetenen Auskunft verpflichtet. Die Angabe über _____ war zur sachgemäßen Beurteilung des Verwaltungsvorschlags zu Tagesordnungspunkt _____ erforderlich. Denn _____

_____ (Unterschrift)
(Rechtsanwalt)

4. Muster: Anfechtungsklage

M 119

An das Landgericht _____[561]
– Kammer für Handelssachen –
Klage
des Herrn _____, _____ (wohnhaft)
– Kläger –

Prozessbevollmächtigte: Rechtsanwälte _____
gegen
_____ AG, _____ (Ort), vertreten durch den Vorstand, Frau _____ und Herr _____, geschäftsansässig _____, und den Aufsichtsrat, Herrn _____ als dessen Vorsitzenden, wohnhaft _____ (Privatanschrift), sowie Frau _____ und die Herren _____
– Beklagte –

wegen Anfechtung/Nichtigkeit des Beschlusses der Hauptversammlung vom _____
Vorläufiger Streitwert: _____ EUR[562]

---
[561] Es ist stets zu prüfen, ob im betreffenden Bundesland von der Konzentrationsmöglichkeit nach § 246 Abs. 3 S. 3 i.V.m. § 148 Abs. 2 S. 3 und 4 AktG Gebrauch gemacht wurde.
[562] Zur Möglichkeit der Streitwertspaltung vgl. § 247 Abs. 2 AktG.

Das Gericht wird gebeten, die Klage sowohl der Gesellschaft, vertreten durch den Vorstand, als auch gesondert dem Vorsitzenden des Aufsichtsrats, Herrn _____, und zwar unter dessen Privatanschrift, zuzustellen. Zwei beglaubigte Abschriften sind angeschlossen.
Wir vertreten den Kläger. Wir beantragen:
1. Der Beschluss der außerordentlichen Hauptversammlung der Beklagten vom _____, mit dem die Hauptversammlung _____ beschlossen hat, wird für nichtig erklärt.
   Hilfsweise: Es wird festgestellt, dass der vorgenannte Beschluss nichtig ist.
2. Die Beklagte trägt die Kosten des Rechtsstreits.
3. Das Urteil ist wegen der Kosten vorläufig vollstreckbar.

Zur Begründung tragen wir vor: Herr _____ ist an der Beklagten seit dem _____, also bereits vor der Bekanntmachung der Tagesordnung zur Hauptversammlung vom _____ mit fünf Inhaberaktien beteiligt. Einen entsprechenden Depotauszug erhalten Sie anbei. _____
_____ (Unterschrift)
Rechtsanwalt

M 120   **5. Muster: Bekanntmachung nach § 246 Abs. 4 AktG**

320   _____ AG, _____ (Ort)
Gem. § 246 Abs. 4 AktG geben wir bekannt, dass ein Aktionär gegen den Beschluss der Hauptversammlung vom _____ zu Tagesordnungspunkt _____ – „_____" – Anfechtungsklage zum Landgericht _____ erhoben hat. Die Klage ist bei der Kammer für Handelssachen unter dem Aktenzeichen _____ anhängig. Das Gericht hat das schriftliche Vorverfahren angeordnet.
_____, den _____
Der Vorstand

I. Aktienoptionspläne

I. Rechtliche Grundlagen

1. Gestaltungsmöglichkeiten bei Aktienoptionsplänen

321 Aktienoptionspläne haben in der jüngeren Vergangenheit zum einen deshalb an Attraktivität verloren, weil die Optionsrechte aufgrund zwischenzeitlich gesunkener Aktienkurse häufig nicht mehr ausgeübt werden konnten. Zum anderen haben die schon bisher gegen Aktienoptionen vorgebrachten Kritikpunkte einer Übervergütung, „Selbstbedienung" des Managements, Anteilsverwässerung der Altaktionäre, der Möglichkeit von Zufallsgewinnen, sog. „windfall profits", sowie der Kursmanipulation[563] angesichts spektakulärer Unternehmenszusammenbrüche, etwa im Rahmen der Finanzkrise, weitere Unterstützung erhalten,[564] auch wenn sich der Schwerpunkt der Kritik diesmal eher gegen kurzfristige variable Vergütungen, insbesondere Bonuszahlungen, richtet. Bei richtiger Ausgestaltung können Aktienoptionspläne jedoch weiterhin einen sinnvollen **Leistungsanreiz** für das Management und weitere Mitarbeiter bieten. Sie entsprechen dann der sowohl im neuen § 87 Abs. 1 S. 2, S. 3 AktG als auch in Ziffer 4.2.3. des Kodex geforderten Ausrichtung der Vergütungsstruktur auf eine nachhaltige Unternehmensentwicklung mit variablen Vergütungsbestandteilen, die eine mehrjährige Bemessungsgrundlage haben. Die Entscheidung des KonTraG-Gesetzgebers, die Gestaltung von Aktienoptionspro-

---

[563] Ausführlich zu der vorgebrachten Kritik *Weiß*, Aktienoptionspläne für Führungskräfte, 1999, S. 82 ff. m.w.N.
[564] Vgl. bereits vor der Finanzkrise *Leuner/Lehmeier/Rattler*, Finanz Betrieb 2004, 258.

grammen durch die Möglichkeit der Gewährung sog. „**nackter Optionen**" nach § 192 Abs. 2 Nr. 3 AktG zu erleichtern, wird daher grundsätzlich nicht in Frage gestellt. Dies ist zutreffend, da die Vorteile von Aktienoptionsprogrammen, also insbesondere die Ausrichtung der Interessen des Managements und der sonstigen Berechtigten auf die Interessen der Aktionäre und somit die Schaffung einer Motivation zur langfristigen Unternehmenswertsteigerung, die Erhöhung der Attraktivität des Unternehmens im Wettbewerb um qualifizierte Führungskräfte, die Anpassung des Vergütungsniveaus an internationale Standards sowie die Möglichkeit einer liquiditätsschonenden Entlohnung[565] die dargestellten Nachteile überwiegen. Es geht daher auch nach der Finanz- und Wirtschaftskrise nicht um eine Abschaffung von Aktienoptionsprogrammen, sondern um deren Umgestaltung mit dem Ziel, langfristige Anreize im Sinne des § 87 Abs. 1 S. 2, S. 3 AktG und Ziffer 4.2.3. des Kodex zu schaffen.[566]

322 Nachdem die grundsätzliche Zulässigkeit von Aktienoptionsprogrammen anerkannt ist, stellt sich insbesondere die Frage nach deren Ausgestaltung, also zunächst danach, wie die bei Ausübung des Optionsrechts zu gewährenden Aktien beschafft werden können. Von vornherein ausgeschlossen werden kann insoweit das Mittel der ordentlichen Kapitalerhöhung nach §§ 182ff. AktG sowie die Ausnutzung von genehmigtem Kapital nach §§ 202ff. AktG. Eine ordentliche Kapitalerhöhung ist nicht praktikabel, da diese auf einen bestimmten Betrag lauten muss, zum Zeitpunkt der Auflegung des Optionsplans jedoch noch nicht absehbar ist, wie viele Mitarbeiter ihr Optionsrecht tatsächlich ausüben werden.[567] Gegen die Ausnutzung eines genehmigten Kapitals spricht neben der Begrenzung der Ermächtigungsfrist des § 202 Abs. 1 und 2 AktG auf fünf Jahre vor allem, dass die neuen Aktien gem. §§ 203 Abs. 1, 191 AktG erst mit der Eintragung der Durchführung der Kapitalerhöhung im Handelsregister entstehen. Da es nicht praktikabel ist, jede einzelne Erhöhung zum Register anzumelden, kann ein genehmigtes Kapital zu nicht unwesentlichen Verzögerungen bei der Bedienung der Optionen führen.[568]

323 Außerdem erweist es sich als problematisch, dass bei der Ausnutzung des genehmigten Kapitals der Vorstand nach § 204 Abs. 1 S. 1 AktG für die Festlegung des Inhalts und der Bedingungen der Aktienausgabe zuständig ist. Da eine Festlegung der Optionsbedingungen durch den Vorstand für die diesem gewährten Optionen gegen die Vergütungskompetenz des Aufsichtsrats verstoßen würde, wäre es nur möglich, entweder einen durch genehmigtes Kapital unterlegten Optionsplan allein auf Mitarbeiter unterhalb der Vorstandsebene zu beschränken[569] oder aber bereits in dem Hauptversammlungsbeschluss zur Ermächtigung des Vorstands sämtliche Bedingungen festzusetzen.[570] Zur Bedienung eines Optionsplans kommen daher nur nackte Optionen nach § 193 Abs. 2 Nr. 3 AktG, die Nutzung von Options- oder Wandelschuldverschreibungen nach § 192 Abs. 2 Nr. 1 AktG sowie die Gewährung im Wege eines Rückkaufprogramms erworbener eigener Aktien nach § 71 Abs. 1 Nr. 8 S. 1, S. 4 AktG in Betracht.

2. Virtuelle Optionen

324 Von den im Folgenden zu erläuternden Aktienoptionsprogrammen sind Programme mittels virtueller Optionen, auch „Phantom Stocks" oder „Stock Appreciation Rights" genannt, zu unterscheiden. Bei derartigen Programmen werden den Berechtigten keine Optionen auf Aktien ausgegeben. Die Berechtigten werden lediglich schuldrechtlich so gestellt, als wären sie Inhaber

---

565 Vgl. BAG ZIP 2008, 1390, 1396; *Otto/Mückl*, DB 2009, 1594 ff.; *Weiß*, WM 1999, 353.
566 Vgl. *Otto/Mückl*, DB 2009, 1594.
567 Vgl. *Kau/Leverenz*, BB 1998, 2269, 2270; *Friedrichsen*, Aktienoptionsprogramme für Führungskräfte, S. 62.
568 Vgl. *Kau/Leverenz*, BB 1998, 2269, 2270; *Friedrichsen*, Aktienoptionsprogramme für Führungskräfte, S. 63.
569 Vgl. *Friedrichsen*, Aktienoptionsprogramme für Führungskräfte, S. 64.
570 Auch in diesem Fall hält etwa *Hüffer*, ZHR 161 (1997), 214, 221 die Ausnutzung genehmigten Kapitals für Aktienoptionen allenfalls in Ausnahmefällen für zulässig.

von Optionen, indem sie zu einem bestimmten Zeitpunkt die positive **Differenz** zwischen dem dann geltenden Börsenkurs und einem fiktiven Ausübungspreis **in Geld** erhalten. Bei virtuellen Optionen handelt es sich daher um eine erfolgsabhängige börsenkursbezogene Tantieme. Über die Gewährung einer solchen Tantieme an Vorstandsmitglieder entscheidet allein der Aufsichtsrat nach § 87 Abs. 1 AktG.[571] Mangels Ausgabe neuer Aktien kommt es bei virtuellen Optionsprogrammen nicht zu einer Verwässerung der Herrschafts- und Vermögensrechte der Aktionäre, so dass die Hauptversammlung über die Auflegung eines virtuellen Optionsprogramms nicht zu entscheiden hat.[572]

325 Ein Vorteil virtueller Optionsprogramme wurde bisher in der weit reichenden Flexibilität gesehen, da die Vorgaben des § 193 Abs. 2 Nr. 4 AktG nach dessen Wortlaut nicht beachtet werden müssen und auch kein Erfordernis einer sachlichen Rechtfertigung besteht. Allerdings geht die Gesetzesbegründung des VorstAG davon aus, dass der mit diesem Gesetz neu gefasste § 193 Abs. 2 Nr. 4 AktG, der bei Aktienoptionen nunmehr eine Wartezeit von 4 Jahren vorsieht, auch für die Frage, wann variable Vergütungsbestandteile die § 87 Abs. 1 S. 3 AktG bei börsennotierten Gesellschaften geforderte mehrjährige Bemessungsgrundlage haben, eine Auslegungshilfe bietet.[573] Aufgrund dieser Ausstrahlungswirkung des neuen § 193 Abs. 2 Nr. 4 AktG hinsichtlich der „Mehrjährigkeit" ist davon auszugehen, dass bei den Aktienoptionen wirtschaftlich vergleichbaren Modellen, wie „Phantom Stocks" oder „Stock Appreciation Rights" ebenfalls eine Wartezeit von 4 Jahren erforderlich ist.[574] Ein Nachteil virtueller Optionsprogramme ist, dass die Zahlungen von der Gesellschaft geleistet werden müssen und es daher zu einem erheblichen Liquiditätsabfluss kommt, der umso größer ist, je besser das Optionsprogramm funktioniert, d.h. je stärker der Börsenkurs der Aktien steigt. Daher bietet sich die Auflegung eines virtuellen Aktienoptionsprogrammes nur für finanzstarke Unternehmen an. Bei diesen stellt es einen Vorteil dar, dass durch die Zahlung aus der Gesellschaftskasse steuerlich abzugsfähiger Personalaufwand entsteht.[575]

3. Aktienoptionen nach § 192 Abs. 2 Nr. 3 AktG

326 Mit § 192 Abs. 2 Nr. 3 AktG hat der Gesetzgeber die Möglichkeit geschaffen, **nackte Optionsrechte** zu gewähren, die nicht mit einer Wandelschuldverschreibung verbunden sind. Bei diesen Optionsrechten ist das maximale Emissionsvolumen nach § 192 Abs. 3 AktG auf 10% des zum Zeitpunkt der Fassung des Hauptversammlungsbeschlusses im Handelsregister eingetragenen Grundkapitals beschränkt.[576] Der Hauptversammlungsbeschluss über die **bedingte Kapitalerhöhung** bedarf nach § 193 Abs. 1 S. 1 AktG einer Mehrheit, die mindestens drei Viertel des bei der Beschlussfassung vertretenen Grundkapitals umfasst. Die inhaltlichen Anforderungen an den Kapitalerhöhungsbeschluss wurden über die für jeden Beschluss über die bedingte Kapitalerhöhung nach § 193 Abs. 2 Nr. 1–3 AktG geltenden Anforderungen hinaus durch § 193 Abs. 2 Nr. 4 AktG für nackte Optionen erweitert.

327 Die Hauptversammlung kann über den **Aktienoptionsplan** im Wege des Zustimmungs- oder Ermächtigungsbeschlusses entscheiden.[577] In der Praxis wird im Regelfall ein Ermächtigungsbeschluss gefasst, in dem die im Gesetz aufgeführten Eckpunkte enthalten sein müssen, es jedoch der Entscheidung des Vorstands überlassen bleibt, ob ein bestimmter Aktienoptionsplan

---

[571] Vgl. *Hoffmann-Becking*, NZG 1999, 797, 801; OLG München ZIP 2008, 1237, 1240 f.
[572] OLG München ZIP 2008, 1237, 1240 f.; Beck'sches Handbuch der AG/*Jansen*, § 23 Rn 62.
[573] Gesetzesbegründung, VorstAG, BT-Drucks 16/12278, 5.
[574] *Bosse*, BB 2009, 1650, 1651; *Gaul/Janz*, NZA 2009, 809, 810.
[575] Vgl. *Kau/Leverenz*, BB 1998, 2269, 2271; Beck'sches Handbuch der AG/*Jansen*, § 23 Rn 12
[576] Zu den Volumengrenzen bei verschiedenen Kapitalmaßnahmen *Ihrig/Wagner*, NZG 2002, 657 ff.
[577] Vgl. *Semler/Volhard/Schröer*, HV Hdb. § 26 Rn 30.

aufgelegt wird und zu welchem Zeitpunkt dies geschehen soll.[578] Da der Gesetzgeber durch die Änderung des § 192 AktG die Gewährung von Bezugsrechten an Arbeitnehmer und Mitglieder der Geschäftsführung als zulässigen Zweck einer bedingten Kapitalerhöhung anerkannt hat, bedarf es keines ausdrücklichen Bezugsrechtsausschlusses.[579] Der mit jeder bedingten Kapitalerhöhung implizit verbundene Ausschluss des Bezugsrechts bedarf auch keiner sachlichen Rechtfertigung, da der Gesetzgeber sich durch das KonTraG für die Zulässigkeit der Gewährung von Aktienoptionen entschieden und daher die für den Bezugsrechtsausschluss grundsätzlich notwendige Abwägung zwischen den Belangen der Aktionäre und denen der Gesellschaft selbst vorgenommen hat.[580] Auch wenn es in der Praxis häufig sinnvoll sein mag, die Gründe, die für die Ermächtigung zur Auflegung eines Optionsplans und die hiermit verbundene Schaffung eines bedingten Kapitals sprechen, in einem **Vorstandsbericht** zu erläutern, so ist doch ein solcher Bericht von Rechts wegen nicht erforderlich.[581]

a) Zwingender Inhalt des Hauptversammlungsbeschlusses

Neben der bei jeder Kapitalerhöhung erforderlichen Festlegung des Erhöhungsbetrages und der Nennbeträge bzw. Zahl und Art der neuen Aktien[582] bedarf es bei der bedingten Kapitalerhöhung nach § 192 Abs. 2 Nr. 1 AktG zunächst der Angabe des Zwecks der bedingten Kapitalerhöhung. Es ist daher anzugeben, dass die Ausgabe der neuen Aktien aus dem bedingten Kapital nur zur Erfüllung von Bezugsrechten durchgeführt werden soll, die im Rahmen eines bestimmten Aktienoptionsplanes gewährt werden.

328

aa) Kreis der Bezugsberechtigten, Aufteilung der Optionsrechte

Außerdem ist nach § 193 Abs. 2 Nr. 2 AktG der Kreis der Bezugsberechtigten anzugeben. Dies können nach § 192 Abs. 2 Nr. 3 AktG grundsätzlich alle **Arbeitnehmer** und **Mitglieder der Geschäftsführung** der Gesellschaft oder eines **verbundenen Unternehmens** sein. Dabei ist nach der Gesetzesbegründung und der Literatur der vom Gesetzgeber verwendete Begriff „verbundenes Unternehmen" nicht im Sinne der Definition des § 15 AktG auszulegen, sondern zweckgerichtet dahin gehend einschränkend zu interpretieren, dass er nur die „nach unten" verbundenen Unternehmen, also die nachgeordneten Konzerngesellschaften, meint.[583] Grundsätzlich zulässig ist daher die Beteiligung von Mitgliedern der Geschäftsführung und Arbeitnehmern der Tochtergesellschaft an einem Optionsprogramm der Muttergesellschaft, nicht jedoch die Gewährung von Optionen an Arbeitnehmer und Mitglieder der Geschäftsführung der Muttergesellschaft auf Aktien der Tochtergesellschaft. Auch eine Beteiligung von Mitgliedern der Geschäftsführung und Arbeitnehmer einer Tochtergesellschaft an einem Optionsprogramm der Muttergesellschaft kann jedoch problematisch sein, da diese ihr Handeln grundsätzlich an den Interessen der Tochtergesellschaft und nicht an denen der Muttergesellschaft ausrichten müssen. Das OLG München hat ein Erfolgsziel, das auf die Kursentwicklung der Muttergesellschaft abstellt, zumindest im faktischen Konzern als einen Verstoß gegen § 87 Abs. 1 AktG angesehen, da dieses die Gefahr in sich trägt, dass die Vorstände der Tochtergesellschaft bei Unternehmensentscheidungen die Lage der eigenen Gesellschaft nicht als vorrangiges Ziel berücksichtigen.[584] Zumindest im fakti-

329

---

[578] Vgl. Semler/Volhard/*Schröer*, HV Hdb. § 26 Rn 30.
[579] Vgl. OLG Stuttgart DB 2001, 1604; *Hüffer*, § 192 Rn 18; *Hoffmann-Becking*, NZG 1999, 797, 802.
[580] Vgl. OLG Stuttgart DB 2001, 1604; *Hoffmann-Becking*, NZG 1999, 797, 802; *Weiß*, WM 1999, 353, 359 f.
[581] Vgl. OLG Stuttgart DB 2001, 1604, 1605; *Weiß*, Aktienoptionen für das Management S. 360; Semler/Volhard/*Schröer*, HV Hdb. § 26 Rn 31.
[582] Vgl. MünchGesR/*Krieger*, Bd. 4, § 57 Rn 14, 15.
[583] *Hüffer, § 192 Rn 20;* Regierungsbegründung zum KonTraG, BT-Drucks 13/9712, 23 f.
[584] OLG München ZIP 2008, 1237, 1239.

schen Konzern sollte daher von einer Einbeziehung der Mitgliedern der Geschäftsführung und der Arbeitnehmer einer Tochtergesellschaft in ein Optionsprogramm der Muttergesellschaft entweder ganz abgesehen oder für diese zumindest ein auf die Tochtergesellschaft bezogenes Erfolgsziel geschaffen werden.[585] Unzulässig ist die Vergabe von Aktienoptionen an ehemalige Mitarbeiter der Gesellschaft sowie an Aufsichtsratsmitglieder.[586] Der Gesellschaft steht es selbstverständlich frei, den Berechtigtenkreis des § 192 Abs. 2 Nr. 3 AktG weiter einzuschränken und etwa vorzusehen, dass neben den Mitgliedern der Geschäftsführung nur Mitglieder der ersten oder gegebenenfalls auch zweiten Führungsebene unterhalb des Vorstands berechtigt sein sollen.

330   Nach § 193 Abs. 2 Nr. 4 AktG ist nicht nur der Kreis der Bezugsberechtigten anzugeben, sondern auch eine Aufteilung der Bezugsrechte auf Mitglieder der Geschäftsführungen und Arbeitnehmer vorzunehmen. Nach dem Wortlaut des § 193 Abs 2 Nr. 4 AktG müsste eine Aufteilung in zwei Gruppen, also zwischen Arbeitnehmern und Mitgliedern der Geschäftsführung, ausreichen.[587] Demgegenüber geht die Gesetzesbegründung von der Notwendigkeit einer Aufteilung in vier Gruppen (Vorstand der Gesellschaft, Geschäftsführung verbundener Unternehmen, Arbeitnehmer der Gesellschaft, Arbeitnehmer verbundener Unternehmen) aus.[588] In der Praxis wird häufiger eine Aufteilung in drei Gruppen (alle Arbeitnehmer des Konzern bilden eine Gruppe)[589] oder auch nur in zwei Gruppen vorgenommen, wodurch das Optionsprogramm flexibler ist, falls es innerhalb der Laufzeit zu Verschiebungen innerhalb der Gruppen, etwa durch Verschmelzung von Tochtergesellschaften auf die Muttergesellschaft oder Ausgliederungen in Tochtergesellschaften kommt.[590] Diese Praxis ist angesichts der Regierungsbegründung nicht ganz ungefährlich. Man sollte sie jedoch zumindest dann zulassen, wenn es sich um eine hundertprozentige Tochtergesellschaft handelt, mit der entweder ein Beherrschungsvertrag abgeschlossen ist oder die in die Muttergesellschaft eingegliedert wurde, da in diesem Fall die Interessen der Arbeitnehmer und Mitglieder der Geschäftsführung der Tochtergesellschaft uneingeschränkt auf die Konzerninteressen ausgerichtet sind.

Noch nicht von der Rechtsprechung geklärt ist die Frage, ob es zulässig ist, Bezugsrechte, die etwa wegen Ausscheidens eines Planteilnehmers aus dem Unternehmen während der Wartefrist, verfallen sind, erneut auszugeben. Zumindest setzt eine solche Vorgehensweise voraus, dass der Hauptversammlungsbeschluss eine entsprechende Ermächtigung enthält.[591]

bb) Ausgabebetrag und Erfolgsziele

331   Nach § 193 Abs. 2 Nr. 3 AktG bedarf es einer Angabe des Ausgabebetrages oder der Grundlagen, nach denen dieser Betrag errechnet wird. Nach § 193 Abs. 2 Nr. 4 AktG sind weiterhin Erfolgsziele anzugeben, bei deren Erreichung die Aktienbezugsrechte ausgeübt werden können. Mit dem **Ausgabebetrag** ist der Preis gemeint, zu dem die Aktien bei Ausübung der Bezugsrechte erworben werden können. Der Ausgabebetrag, auch Ausübungspreis genannt, entspricht häufig dem (durchschnittlichen) Börsenkurs der Aktie im Zeitpunkt der Einräumung des Bezugsrechts.[592]

332   Nach überwiegender Ansicht ist es unzulässig, dass der Ausgabebetrag unter dem Börsenkurs zum Zeitpunkt der Einräumung des Bezugsrechts liegt, da darin ein von jeglicher zukünfti-

---

585 Ebenso Beck'sches Handbuch der AG/*Jansen*, § 23 Rn 20.
586 Vgl. *Hüffer*, § 192 Rn 21; BGH BB 2004, 621, 622.
587 So auch OLG Koblenz AG 2003, 453, 454.
588 Regierungsbegründung, BT-Drucks 13/9712, 23; so auch *Weiß*, WM 1999, 353, 357.
589 Dafür wohl auch *Hüffer*, § 193 Rn 9.
590 Vgl. Schmidt/Riegger/*Hirte*, Gesellschaftsrecht 1999, RWS-Forum (2000), S. 211, 217 f.
591 Beck'sches Handbuch der AG/*Jansen*, § 23 Rn 28; dies wohl auch ohne Ermächtigung als zulässig ansehend MünchGesR/Krieger, Bd. 4, § 63 Rn 44.
592 Vgl. Semler/Volhard/*Schröer*, § 26 Rn 19.

ger Leistung unabhängiges **Vorabgeschenk** an das Management läge.[593] Wenn demgegenüber teilweise davon ausgegangen wird, dass bei entsprechender Gestaltung des Erfolgsziels auch ein Ausgabebetrag unter dem Börsenkurs zum Zeitpunkt der Einräumung des Optionsrechts möglich sei,[594] so sind aus der Praxis keine Gesichtspunkte erkennbar, die eine Inkaufnahme der rechtlichen Unsicherheit[595] bei Festsetzung eines Ausgabebetrages unter dem Börsenkurs bei Gewährung des Optionsrechts rechtfertigen würden.

Weiterhin müssen nach § 193 Abs. 2 Nr. 4 AktG **Erfolgsziele** angegeben werden. Diese können sich an einer absoluten Steigerung des Börsenkurses, welche vor einer Ausübung der Bezugsrechte erreicht sein muss, aber auch an anderen Kriterien, z.B. Gewinn pro Aktie, Eigenkapital-Rendite, Gesamt-Rendite der Aktie usw. orientieren, oder auch mehrere Merkmale kombinieren.[596] Trotz der hieran in der Vergangenheit geübten Kritik ist daher auch die Festlegung einer bloßen Kurssteigerung als absolutes Erfolgsziel zulässig.[597] Allerdings wird man davon ausgehen können, dass zumindest ein bestimmter Mindesterfolg etwa in der Form von 10% Kurssteigerung vorgesehen werden muss, da man andernfalls kaum von einem Erfolg sprechen kann.[598] Auch ein sogenanntes wirtschaftliches Erfolgsziel, durch Festsetzung eines über dem Börsenkurs bei Ausgabe liegenden Ausübungspreises ist zulässig,[599] die mit diesem ursprünglich verbundenen Bilanzierungsvorteile[600] bestehen jedoch nicht mehr. Aktienoptionen sollten nach Ziffer 4.2.3. S. 8 des Kodex auf anspruchsvolle relevante Vergleichsparameter bezogen und nach Ziffer 4.2.3. S. 9 des Kodex soll eine nachträgliche Änderung der Erfolgsziele und Vergleichsparameter ausgeschlossen sein. Ein solches Repricing ist ohnehin problematisch und erfordert im Regelfall einen erneuten Hauptversammlungsbeschluss.[601]

333

cc) Erwerbs- und Ausübungszeiträume

Weiterhin sind nach § 193 Abs. 2 Nr. 4 AktG **Erwerbszeiträume**, d.h. der Beginn und das Ende der Möglichkeit, die angebotenen Bezugsrechte zu zeichnen, festzusetzen. Hierbei kann insbesondere vorgesehen werden, dass die Optionsrechte in mehreren Tranchen auszugeben sind. Um zu vermeiden, dass die Ausübung der Bezugsrechte unter Ausnutzung von Insiderkenntnissen erfolgt, soll sie nur innerhalb bestimmter **Ausübungszeiträume** zulässig sein, also zu Zeitpunkten, in denen alle relevanten Unternehmensdaten bekannt sind.[602] Umstritten ist, ob die Laufzeit der Option zum Pflichtinhalt des Hauptversammlungsbeschlusses gehört.[603] Da die Laufzeit einen wichtigen Gesichtspunkt zur Bestimmung des Wertes der Optionen darstellt,[604]

334

---

593 Vgl. Semler/Volhard/*Schröer*, § 26 Rn 19; *Lutter*, ZIP 1997, 1, 6; Regierungsbegründung, BT-Drucks 13/9712, 23.
594 So *Weiß*, Aktienoptionspläne für Führungskräfte, 1999, S. 183; *Wulff*, Aktienoptionen für das Management, S. 83; eher ablehnend MünchGesR/*Krieger*, Bd. 4, § 63 Rn 41.
595 So plädiert etwa MünchGesR/*Krieger*, Bd. 4, § 63 Rn 48 bei einem Ausgabebetrag unter dem Börsenkurs bei Einräumung des Optionsrechts für eine materielle Beschlusskontrolle; ähnlich wohl OLG Stuttgart DB 2001, 1604.
596 Regierungsbegründung, BT-Drucks 13/9712, 24; MünchGesR/*Krieger*, Bd. 4, § 63 Rn 43; vgl. auch die Entscheidung des OLG Koblenz AG 2003, 453, 454, in der das Gericht unter bestimmten Umständen als zulässiges Erfolgsziel auch ein (nicht so starkes) Sinken des Aktienkurses akzeptiert.
597 Beck'sches Handbuch der AG/*Jansen*, § 23 Rn 19, Hüffer, AktG § 193 Rn 9.
598 So etwa *Lutter*, ZIP 1997, 1, 6; *Jäger*, DStR 1999, 28, 34; *Kau/Leverenz*, BB 1998, 2269, 2270; OLG Braunschweig WM 1998, 1929, 1933; a.A. OLG Koblenz AG 2003, 453.
599 Vgl. *Hüffer*, § 193 Rn 9.
600 Siehe hierzu die Vorauflagen dieses Formularbuchs.
601 Vgl. MünchGesR/*Krieger*, Bd. 4, § 63 Rn 44 m.w.N.
602 Vgl. Semler/Volhard/*Schröer*, § 26 Rn 23; *Klasen*, AG 2006, 24ff., zu den insiderrechtlichen Themen auch Beck'sches Handbuch der AG/*Jansen*, § 23 Rn 127ff.
603 Dafür etwa *Weiß*, WM 1999, 353, 360; a.A.: MünchGesR/*Krieger*, Bd. 4, § 63, Rn 45; MünchKommAktG/Fuchs § 193 Rn 36.
604 Vgl. K. Schmidt/Riegger/*Hirte*, Gesellschaftsrecht 1999, RWS-Forum (2000), S. 211, 219.

und daher hierzu ohnehin eine Regelung getroffen werden muss, sollte diese aus Vorsichtsgründen auch in den Hauptversammlungsbeschluss aufgenommen werden.

dd) Wartezeit

335 Schließlich gehört auch die Wartezeit zum notwendigen Beschlussinhalt, also die Zeit zwischen Begründung des Bezugsrechtes und erstmaliger Möglichkeit zur Ausübung. Diese betrug bis zur Neufassung des § 193 Abs. 2 Nr. 4 AktG durch das VorstAG mindestens zwei Jahre und beträgt nunmehr mindestens vier Jahre. Nach § 23 Abs. 3 EGAktG ist diese Neuregelung erstmalig auf Beschlüsse anzuwenden, die in Hauptversammlungen gefasst werden, welche nach dem 5.8.2009 einberufen werden. bestehende Aktienoptionspläne sind daher hiervon nicht betroffen.[605]

b) Sonstige Festsetzungen

336 Alle weiteren Bedingungen der Optionsrechte müssen nicht durch einen Hauptversammlungsbeschluss festgesetzt werden, sondern können den für die Ausgabe des Bezugsrechtes zuständigen Organen, Vorstand bzw. Aufsichtsrat, wenn Mitglieder des Vorstands betroffen sind, vorbehalten werden.[606] Dies betrifft zum Beispiel Regelungen über den Verfall der Bezugsrechte bei Kündigung oder Aufhebung des Anstellungsverhältnisses[607] sowie Anpassungen des Ausübungspreises im Fall von Kapitalmaßnahmen der Gesellschaft. Falls dies gewünscht ist, sollte insbesondere auch festgesetzt werden, dass die Gesellschaft berechtigt ist, den Optionsberechtigten anstelle von neuen Aktien aus dem bedingten Kapital eigene Aktien oder eine Barabfindung in Höhe der Differenz zwischen Ausübungspreis und aktuellem Börsenkurs im Zeitpunkt der Ausübung zu gewähren. Nach § 87 Abs. 1 S. 3 AktG sowie Ziffer 4.2.3. S. 10 des Kodex soll der Aufsichtsrat bei Vorstandsmitgliedern für außerordentliche Entwicklungen eine Begrenzungsmöglichkeit (Cap) der aus Aktienoptionsprogrammen erzielbaren Vergütung vereinbaren.

4. Bedienung von Aktienoptionsplänen mit Wandel- oder Optionsanleihen

337 Neben der Bedienung von Aktienoptionsprogrammen mittels nackter Optionen nach § 193 Abs. 2 Nr. 3 AktG bleibt die Bedienung durch **Optionsanleihen** oder **Wandelschuldverschreibungen** nach §§ 192 Abs. 2 Nr. 1, 221 AktG weiterhin zulässig. Vorteilhaft kann die Verwendung von Wandelschuldverschreibungen oder Optionsanleihen zunächst sein, wenn der Gesellschaft daran gelegen ist, dass der Berechtigte einen gewissen finanziellen Einsatz für die Gewährung des Optionsrechts erbringt und der Gesellschaft hierdurch liquide Mittel zugeführt werden. Seit dem UMAG ist durch den Verweis des § 221 Abs. 4 S. 2 AktG geregelt, dass die Anforderungen des § 193 Abs. 2 Nr. 4 AktG für ein Aktienoptionsprogramm auf der Basis von Wandel- oder Optionsanleihen sinngemäß gelten. Damit ist nunmehr bereits vom Gesetz selbst klargestellt, dass Aufsichtsratsmitglieder in ein Aktienoptionsprogramm auch bei der Verwendung von Wandel- oder Optionsanleihen nicht einbezogen werden können.[608]

338 Für die Ausgestaltung von Aktienoptionsprogrammen auf der Basis von Wandelschuldverschreibungen bzw. Optionsanleihen kann daher auf Rn 326 ff. verwiesen werden. Zwar verweist

---

605 *Gaul/Janz*, NZA 2009, 809, 810.
606 Vgl. MünchGesR/*Krieger*, Bd. 4, § 63 Rn 46; Semler/Volhard/*Schröer*, § 26 Rn 26.
607 Solche Klausel halten grundsätzlich einer Inhaltskontrolle nach § 305 ff. BGB stand, vgl. BAG DB 2008, 1748 ff.; allgemein zu den arbeitsrechtlichen Aspekten bei Aktienoptionsplänen Beck'sches Handbuch der AG/*Jansen*, § 23 Rn 72 ff.
608 Regierungsbegründung zum UMAG, BR-Drucks 3/2005, 52.

der neue § 221 Abs. 4 S. 2 AktG nicht auf § 192 Abs. 2 Nr. 3 S. 2 AktG, so dass bei einer Verwendung von Wandelschuldverschreibungen bzw. Optionsanleihen die Volumengrenze von 10% des Grundkapitals nicht zu gelten scheint und man daher nach § 192 Abs. 2 Nr. 1 und § 193 Abs. 3 S. 1 AktG Bezugsrechte auf bis zu 50% des bei der Beschlussfassung eingetragenen Grundkapitals einräumen könnte. Der Regierungsbegründung zum UMAG kann jedoch entnommen werden, dass der Gesetzgeber keine Erleichterungen bei Optionsprogrammen auf der Basis von Wandelschuldverschreibungen bzw. Optionsanleihen schaffen wollte, da er diese Modelle als weniger verständlich und damit eher gefährlicher für die Aktionäre ansieht.[609] Auch vor dem Hintergrund der Mobilcom-Entscheidung des BGH[610] ist daher davon auszugehen, dass die Volumengrenze des § 192 Abs. 3 AktG von 10% des bei der Beschlussfassung eingetragenen Grundkapitals zur Gewährung von Bezugsrechten an Mitarbeiter und Organmitglieder unabhängig davon gilt, ob es sich um „nackte" Bezugsrechte, Wandel- bzw. Optionsanleihen, eigene Aktien oder eine Kombination dieser Elemente handelt.[611] Bei der Verwendung von Wandel- oder Optionsanleihen bedarf es eines förmlichen Bezugsrechtsausschlusses nach §§ 221 Abs. 4, 186 Abs. 3 AktG, der allerdings bei Festlegung eines angemessenen Ausübungskurses stets sachlich gerechtfertigt ist.[612]

5. Bedienung von Aktienoptionsprogrammen mittels eigener Aktien

339 Grundsätzlich zulässig ist es schließlich, Aktienoptionsprogramme mittels eigener Aktien zu bedienen. Nach § 71 Abs. 1 Nr. 8 AktG darf die Gesellschaft eigene Aktien erwerben. Voraussetzung dafür ist eine höchstens fünf Jahre[613] geltende Ermächtigung durch die Hauptversammlung, die den niedrigsten und höchsten Gegenwert sowie den Anteil am Grundkapital, der 10% nicht übersteigen darf, festlegt. Da die Veräußerung der eigenen Aktien bei Bedienung eines Aktienoptionsplans nicht über die Börse erfolgt, muss die Hauptversammlung gleichzeitig über eine andere Veräußerung beschließen, worauf nach dem Wortlaut des § 71 Abs. 1 Nr. 8 S. 5 AktG die §§ 186 Abs. 3, 4 und 193 Abs. 2 Nr. 4 AktG entsprechend anzuwenden sind. Der Verweis auf § 193 Abs. 2 Nr. 4 AktG führt dazu, dass bei einem mit eigenen Aktien unterlegten Aktienoptionsprogramm die gleichen Anforderungen einzuhalten sind wie bei der Ausgabe nackter Optionen. Der BGH hat klargestellt, dass dies auch für den Kreis der Berechtigten gilt, so dass auch über § 71 Abs. 1 Nr. 8 AktG keine Aktienoptionsprogramme für Aufsichtsratsmitglieder geschaffen werden können.[614] Darüber hinaus wird teilweise davon ausgegangen, dass neben der Festlegung der Optionsbedingungen entsprechend § 193 Abs. 2 Nr. 4 AktG zusätzlich die formellen und materiellen Anforderungen des Bezugsrechtsausschlusses zu beachten sind.[615]

340 Gegen die Verwendung eigener Aktien spricht weiterhin, dass die Gesellschaft zu deren Rückkauf erhebliche finanzielle Mittel aufwenden muss, so dass dieses Kapital gebunden wird. Weiterhin besteht die Gefahr, dass bei der Ausübung der Optionen der Ausübungspreis unter dem Rückkaufkurs der Aktien liegt. Im Regelfall eignen sich daher eigene Aktien nur eingeschränkt zur Bedienung von Aktienoptionsprogrammen.

---

609 Regierungsbegründung zum UMAG, BR-Drucks 3/2005, 52.
610 BGH BB 2004, 621 ff.
611 Beck'sches Handbuch der AG/*Jansen*, § 23 Rn 53; MünchGesR/*Krieger*, Bd. 4, § 63 Rn 53.
612 MünchGesR/*Krieger*, Bd. 4, § 63 Rn 54.
613 Durch das ARUG wurde die Höchstdauer von 18 Monaten auf fünf Jahre verlängert.
614 BGH BB 2004, 621 ff.; kritisch dazu etwa *Richter*, BB 2004, 949 ff.; *Vetter*, AG 2004, 234 ff.
615 Dafür etwa *Wulff*, Aktienoptionen für das Management, S. 191; *Kau/Leverenz*, BB, 1998, 2274; die Beachtung dieser Kriterien empfiehlt auch MünchGesR/*Krieger*, Bd. 4, § 63 Rn 541; a.A. etwa *Weiß*, WM 1999, 353, 362; Semler/Volhard/*Schröer*, § 26 Rn 11.

II. Typischer Sachverhalt

341 Die von der M Holding AG und ihren Tochterunternehmen hergestellten Werkzeugmaschinen verfügen zunehmend über komplexe Softwarekomponenten. Das Unternehmen benötigt daher Informatiker und Elektroingenieure mit Informatikkenntnissen, die am Arbeitsmarkt nur schwer zu finden sind. Um diese Arbeitnehmer zu gewinnen und an das Unternehmen zu binden sowie zur allgemeinen Motivationssteigerung der Mitarbeiter beabsichtigt der Vorstand, ein Optionsprogramm aufzulegen.

M 121 III. Muster: Einladung zur Hauptversammlung – Tagesordnungspunkt Ermächtigung zur Ausgabe von Optionsrechten und Schaffung eines bedingten Kapitals

342 Ermächtigung zur Ausgabe von Optionsrechten und Schaffung eines bedingten Kapitals sowie entsprechende Änderungen der Satzung
Vorstand und Aufsichtsrat schlagen vor, wie folgt zu beschließen:
a) Der Vorstand wird ermächtigt, mit Zustimmung des Aufsichtsrats einen oder mehrere Aktienoptionspläne aufzulegen, mit denen bis zum _____ einmalig oder mehrmals Optionsrechte auf bis zu insgesamt _____ Stück auf den Inhaber lautende Stammaktien als Stückaktien („Aktien") der _____ AG an Mitglieder des Vorstands und Mitarbeiter der _____ AG und an Mitglieder der Geschäftsführungen und Mitarbeiter von Gesellschaften, an denen die _____ AG unmittelbar oder mittelbar mit Mehrheit beteiligt ist ("Konzerngesellschaften"), nach näherer Maßgabe von lit. b), ausgegeben werden können. Zur Begebung von Optionsrechten an Mitglieder des Vorstands der _____ AG gilt diese Ermächtigung allein für den Aufsichtsrat. Die Aktienoptionen können auch von einem Kreditinstitut mit der Verpflichtung übernommen werden, sie nach Weisung der _____ AG an Bezugsberechtigte gemäß Ziffer (1) zu übertragen, die allein zur Ausübung der Bezugsrechte berechtigt sind. Ein Bezugsrecht der Aktionäre besteht nicht.
b) Für die Gestaltung und Durchführung der Aktienoptionspläne der _____ AG gilt:
(1) Kreis der Bezugsberechtigten
Optionsrechte dürfen ausschließlich an Mitglieder des Vorstands der _____ AG, an Mitglieder der Geschäftsführungen von Konzerngesellschaften sowie an weitere Mitarbeiter der _____ AG und von Konzerngesellschaften ausgegeben werden. Der genaue Kreis der Berechtigten und der Umfang der ihnen jeweils einzuräumenden Optionsrechte werden durch den Vorstand der _____ AG festgelegt. Soweit Mitglieder des Vorstands der _____ AG Optionsrechte erhalten sollen, obliegt diese Festlegung und die Ausgabe der Optionsrechte ausschließlich dem Aufsichtsrat der _____ AG.
Insgesamt dürfen an Mitglieder des Vorstands der _____ AG bis zu _____% aller Optionsrechte, an Mitglieder der Geschäftsführungen von Konzerngesellschaften bis zu _____% aller Optionsrechte, an Mitarbeiter der _____ AG bis zu _____% aller Optionsrechte und an Mitarbeiter von Konzerngesellschaften bis zu _____% aller Optionsrechte begeben werden. Soweit ein Optionsberechtigter gleichzeitig unter mehrere der genannten Personenkreise fällt, erhält er jeweils nur für eine Tätigkeit Optionsrechte (Vermeidung von Doppelbezügen).
(2) Erwerbszeiträume
Die Optionsrechte können in einer oder mehreren Tranchen bis zum _____ ausgegeben werden. Die Optionsrechte können erst nach der Eintragung des bedingten Kapitals zur Bedienung der Optionsrechte im Handelsregister ausgegeben werden.
Die Optionsrechte können jeweils binnen 30 Tagen nach dem Tag der Bekanntgabe der Ergebnisse des vorausgegangenen Geschäftsjahres oder Quartals an die Bezugsberechtigten ausgegeben werden. Der Tag der Ausgabe wird, soweit Optionsrechte an Mitglieder des Vorstands ausgege-

ben werden, durch den Aufsichtsrat, im Übrigen durch den Vorstand für jeden dieser Zeiträume einheitlich festgelegt.

Der „Ausgabetag" ist der Tag, an welchem dem Berechtigten das Optionsrecht eingeräumt wird. Die Teilnahme an den Aktienoptionsplänen der _____ AG ist freiwillig. Die Teilnehmer an den Aktienoptionsplänen müssen bei Ausgabe der Optionsrechte in einem ungekündigten Anstellungsverhältnis mit der _____ AG oder einer Konzerngesellschaft stehen, aus dem sie ein regelmäßiges Einkommen beziehen.

(3) Optionsrecht

Jedes Optionsrecht gewährt dem Inhaber vorbehaltlich der nachfolgenden Bestimmungen das Recht zum Bezug einer neuen Aktie der _____ AG. Die neuen Aktien nehmen von Beginn des Geschäftsjahres am Gewinn teil, in dem die Ausübung des Optionsrechts erklärt wird.

(4) Wartezeit, Ausübungszeiträume, Sperrfristen

Die Optionsrechte haben jeweils eine Laufzeit von _____ Jahren ab dem Ausgabetag. Die Ausübung eines Optionsrechts kann nur bis zum Ende seiner Laufzeit erfolgen („Ausübungszeitraum").

Optionsrechte können erstmals nach Ablauf einer Wartezeit von vier Jahren nach dem jeweiligen Ausgabetag ausgeübt werden.

Optionsrechte dürfen nicht ausgeübt werden im Zeitraum von zwei Wochen vor Quartalsende bis zwei Tage nach der Bekanntgabe der Quartalsergebnisse und nicht in dem Zeitraum von zwei Wochen vor Geschäftsjahresende bis zwei Tage nach Bekanntgabe der Ergebnisse des abgelaufenen Geschäftsjahres ("Sperrfristen"). Die Ausübung der Optionsrechte ist darüber hinaus ausgeschlossen in der Zeit von dem Tag an, an dem die _____ AG ein Angebot an ihre Aktionäre zum Bezug neuer Aktien oder Anleihen mit Wandlungs- oder Optionsrechten auf Aktien der _____ AG in einem überregionalen Börsenpflichtblatt veröffentlicht, bis zu dem Tag, an dem die Bezugsfrist endet (jeweils einschließlich).

(5) Ausübungspreis, Erfolgsziel

Der Ausübungspreis für eine neue Aktie der _____ AG entspricht 110% des Referenzpreises der Aktien der _____ AG bei Gewährung des Optionsrechts.

Der Referenzpreis der Aktien der _____ AG bei Gewährung des Optionsrechts wird auf der Basis des arithmetischen Mittels der Börsenkurse für die Aktien der _____ AG in der Schlussauktion des XETRA-Handels an der Frankfurter Wertpapierbörse (oder einem vergleichbaren Nachfolgesystem) an den letzten 20 Börsentagen vor dem Ausgabetag ermittelt.

Eine Ausübung der Optionsrechte ist nur unter der Voraussetzung möglich, dass sich der Kurs der Aktie der _____ AG zwischen dem Ausgabetag und der Ausübung des Optionsrechts auf mindestens 120% des Referenzpreises erhöht hat.

Der Kurs der Aktien der _____ AG bei der Ausübung des Optionsrechts wird auf der Basis des arithmetischen Mittels der Börsenkurse für die Aktien der _____ AG in der Schlussauktion des XETRA-Handels an der Frankfurter Wertpapierbörse (oder ein vergleichbares Nachfolgesystem) an den letzten 20 Börsentagen vor dem Tag der Ausübung des Optionsrechts ermittelt.

(6) Anpassungen

Sofern während der Laufzeit der Optionsrechte unter Einräumung eines Bezugsrechts an die Aktionäre der _____ AG das Grundkapital der _____ AG durch Ausgabe neuer Aktien erhöht wird oder eigene Aktien abgegeben werden oder Schuldverschreibungen mit Wandlungs- oder Optionsrechten auf neue Aktien der _____ AG angeboten werden, ermäßigt sich der Ausübungspreis um den Betrag, der dem arithmetischen Mittel der Börsenkurse des den Aktionären zustehenden Bezugsrechts an allen Handelstagen an der Frankfurter Wertpapierbörse während der Bezugsfrist entspricht. Die Ermäßigung entfällt, wenn den Inhabern der Optionsrechte ein Bezugsrecht eingeräumt wird, welches dem Bezugsrecht der Aktionäre entspricht.

Im Übrigen unterliegt der Ausübungspreis und die Zahl der zu gewährenden Aktien bei Kapitalmaßnahmen der _____ AG während der Laufzeit der Optionsrechte einer Anpassung wie folgt:

(a) Wird das Grundkapital der _____ AG aus Gesellschaftsmitteln durch Ausgabe neuer Aktien erhöht, erhöht sich in demselben Verhältnis der Anspruch des Inhabers der Optionsrechte durch Ausübung des Optionsrechts, neue Aktien zu beziehen; in demselben Verhältnis wird der Ausübungspreis je Aktie herabgesetzt. Entsprechendes gilt für einen Aktiensplitt. Erfolgt die Kapitalerhöhung aus Gesellschaftsmitteln ohne Ausgabe neuer Aktien (§ 207 Abs. 2 S. 2 AktG), bleiben das Optionsrecht und der Ausübungspreis unverändert. Wird das Grundkapital der _____ AG herabgesetzt, vermindert sich der Anspruch des Inhabers der Optionsrechte, durch Ausübung des Optionsrechts neue Aktien zu beziehen, im Verhältnis der Kapitalherabsetzung; in demselben Verhältnis wird der Ausübungspreis für eine Aktie heraufgesetzt.
(b) Bruchteile von Aktien werden bei der Ausübung des Optionsrechts nicht gewährt.
(c) Der niedrigste Ausübungspreis ist jedoch in jedem Fall der geringste Ausgabebetrag i.S.d. § 9 Abs. 1 AktG.

(7) Ersetzungsbefugnis
Weiterhin kann in die Optionsbedingungen aufgenommen werden, dass die _____ AG das Recht hat, dem Berechtigten nach Wahl des Vorstands der _____ AG statt der vollen Zahl neuer Aktien gegen Bezahlung des Ausübungspreises eine geringere Anzahl neuer Aktien ohne Bezahlung des Ausübungspreises zu gewähren, für die von dem Berechtigten lediglich eine Zahlung in Höhe des Anteils dieser Aktien am Grundkapital der Gesellschaft zu entrichten ist, oder aber anstelle der Lieferung neuer Aktien bei Ausübung der Optionsrechte die Differenz zwischen dem Ausübungspreis und dem aktuellen Börsenkurs am Tag des Zugangs der Ausübungserklärung in Geld zu leisten. Im Falle der Gewährung von Aktien an den Vorstand wird das in S. 1 genannte Wahlrecht durch den Aufsichtsrat der _____ AG ausgeübt. § 9 Abs. 1 AktG bleibt unberührt.

(8) Nichtübertragbarkeit
Die Optionsrechte sind nicht übertragbar und dürfen nicht weiterveräußert oder belastet werden. Das Bezugsrecht aus den Optionsrechten darf nur ausgeübt werden, solange der Inhaber in einem ungekündigten Anstellungsverhältnis mit der _____ AG oder einer Konzerngesellschaft steht. Abweichend hiervon kann das Bezugsrecht aus den Optionsrechten, für die im Zeitpunkt des Zugangs der Kündigungserklärung oder, in Fällen der nicht kündigungsbedingten Beendigung des Anstellungsverhältnisses, im Zeitpunkt der Beendigung des Anstellungsverhältnisses die Wartezeit nach Ziffer (4) bereits abgelaufen ist, von dem Inhaber unter Berücksichtigung der nach Ziffer (4) gesperrten Zeiträume noch binnen einer Nachlauffrist von drei Monaten nach dem Tag des Zugangs der Kündigungserklärung oder der Beendigung des Anstellungsvertrages ausgeübt werden. Diese Optionsrechte erlöschen mit Ablauf der Nachlauffrist, sofern sie nicht bis zu diesem Zeitpunkt ausgeübt worden sind. Optionsrechte, für die im Zeitpunkt des Zugangs der Kündigungserklärung oder, in Fällen der nicht kündigungsbedingten Beendigung des Anstellungsverhältnisses, im Zeitpunkt der Beendigung des Anstellungsverhältnisses, die Wartezeit nach Ziffer (4) noch nicht abgelaufen ist, erlöschen zu diesem Zeitpunkt. Für den Todesfall, den Ruhestand oder das einvernehmliche Ausscheiden sowie für Härtefälle können Sonderregelungen vom Vorstand, bzw. sofern der Vorstand betroffen ist, allein vom Aufsichtsrat, vorgesehen werden. Dasselbe gilt für den Fall, dass die _____ AG Beteiligungen an Konzerngesellschaften auf Dritte überträgt.

(9) Ermächtigung zur Festsetzung weiterer Einzelheiten
Der Vorstand wird ermächtigt, mit Zustimmung des Aufsichtsrats die weiteren Einzelheiten der Optionsbedingungen sowie der Ausgabe und der Ausgestaltung der Optionsrechte festzulegen. Soweit die Mitglieder des Vorstands der _____ AG betroffen sind, werden die weiteren Einzelheiten der Optionsbedingungen sowie der Ausgabe und Ausgestaltung der Optionsrechte durch den Aufsichtsrat festgelegt. Der Aufsichtsrat wird ermächtigt, in den Optionsbedingungen der Vorstandsmitgliedern für außerordentliche Entwicklungen eine Begrenzungsmöglichkeit (Cap) der aus Aktienoptionsprogrammen erzielbaren Vergütung zu vereinbaren.

c) Schaffung eines entsprechenden bedingten Kapitals
Das Grundkapital der _____ AG wird um bis zu _____ EUR durch Ausgabe von bis zu _____Stück auf den Inhaber lautender Stammaktien als Stückaktien („Aktien") bedingt erhöht (bedingtes Kapital). Das bedingte Kapital dient der Sicherung von Optionsrechten auf Aktien der _____ AG, die aufgrund der Ermächtigung gem. lit. a) und b) von der _____ AG bis zum _____ begeben werden. Die bedingte Kapitalerhöhung wird nur insoweit durchgeführt, als
– Aktienoptionen ausgegeben werden,
– die Inhaber dieser Optionsrechte von ihrem Bezugsrecht Gebrauch machen und
– nach den Optionsbedingungen neue Aktien auszugeben sind.
Die Ausgabe der Aktien aus dem bedingten Kapital erfolgt zu dem gem. lit. b) festgelegten Ausgabebetrag. Die neuen Aktien nehmen vom Beginn des Geschäftsjahres an, in dem die Ausübung des Optionsrechts erklärt wird, am Gewinn der Gesellschaft teil.
Für den Fall des Bedingungseintritts ist der Aufsichtsrat ermächtigt, die Fassung der Satzung entsprechend zu ändern.
§ _____ der Satzung wird um einen neuen Absatz _____ wie folgt ergänzt:
„Das Grundkapital ist um bis zu _____ EUR durch Ausgabe von bis zu _____ Stück auf den Inhaber lautende Stammaktien als Stückaktien bedingt erhöht (bedingtes Kapital). Die bedingte Kapitalerhöhung wird nur insoweit durchgeführt, als Inhaber von Optionsrechten, die aufgrund der Beschlussfassung der Hauptversammlung vom _____ bis zum _____ von der _____ AG ausgegeben werden, von ihrem Optionsrecht Gebrauch machen und nach den Optionsbedingungen neue Aktien auszugeben sind. Die aus der Ausübung dieser Optionsrechte hervorgehenden neuen Aktien der Gesellschaft nehmen vom Beginn des Geschäftsjahres an, in dem die Ausübung des Optionsrechts erklärt wird, am Gewinn teil."

J. Eigene Aktien

I. Rechtliche Grundlagen

1. Verbot der Einlagenrückgewähr

§ 57 AktG enthält das Verbot der Einlagenrückgewähr und der Verzinsung der Einlage. Nach § 57 Abs. 1 S. 1 AktG dürfen den Aktionären die Einlagen nicht zurückgewährt werden.[616] Die Regelung dient über ihren Wortlaut hinaus nicht nur der **Erhaltung des Grundkapitals** und ist insoweit das Gegenstück zu dem Grundsatz des § 1 Abs. 1 S. 2 AktG, wonach den Gläubigern nur das Gesellschaftsvermögen haftet,[617] sondern sie dient darüber hinaus der **Kapitalerhaltung**. Sie schützt die nicht partizipierenden Aktionäre vor verdeckter Gewinnausschüttung und wahrt zugleich die organschaftlichen Kompetenzen der Hauptversammlung hinsichtlich der Gewinnverwendung.[618] Die Zahlung des Erwerbspreises im Rahmen des Erwerbs eigener Aktien ist grundsätzlich eine verbotene Einlagenrückgewähr, weil sie den Aktionären zufließt und nicht aus dem Bilanzgewinn erfolgt. Die §§ 71 ff. AktG enthalten hierzu Ausnahmen. Unter den dort aufgestellten engen Voraussetzungen sind der unmittelbare und mittelbare Erwerb eigener Aktien durch die AG oder auf deren Rechnung ausnahmsweise zulässig.

---

616 Durch das derzeit im Regierungsentwurf vorliegende MoMiG (vgl. Rn 9) soll u.a. in § 57 AktG eine Klarstellung über die Zulässigkeit von Geschäften zwischen der AG und ihren Aktionären eingefügt werden.
617 Vgl. Begründung zu § 57 RegE 1965, abgedruckt bei *Kropff*, Aktiengesetz, S. 73.
618 Vgl. *Hüffer*, § 57 Rn 1.

2. Zulässige Erwerbsgründe

344 § 71 Abs. 1 AktG setzt das Verbot des Erwerbs eigener Aktien voraus, indem er die **Verbotsausnahmen** regelt. Grundsätzlich ist der Erwerb eigener Aktien also unzulässig. Verboten ist der Erwerb eigener Aktien ohne Rücksicht auf deren Verbriefung und nähere Ausgestaltung. Erwerb ist jedes Rechtsgeschäft, dass die AG auf Dauer oder vorübergehend zum Inhaber oder Mitinhaber der Aktien macht oder einen schuldrechtlichen Titel für einen solchen Erwerb schafft, also Übereignung nach § 929 ff. BGB oder Übertragung nach §§ 398 ff., 413 BGB.[619] Eine Ausnahme vom grundsätzlichen Erwerbsverbot besteht nach § 71 Abs. 1 AktG in den folgenden Fällen:
- Schadensabwehr
- Belegschaftsaktien
- Abfindung von Aktionären
- Unentgeltlicher Erwerb, Einkaufskommission
- Gesamtrechtsnachfolge
- Erwerb zur Einziehung
- Handelsbestand
- Erwerb aufgrund eines Ermächtigungsbeschlusses der Hauptversammlung.

a) Schadensabwehr

345 Steht der AG ein schwerer Schaden unmittelbar bevor, so darf die AG eigene Aktien erwerben, wenn dies notwendig ist, um den Schaden abzuwenden (§ 71 Abs. 1 Nr. 1 AktG). Der schwere Schaden muss nicht existenzgefährdend sein. Es muss jedoch eine Einbuße drohen, die auch unter Berücksichtigung der Größe und der Finanzkraft der Gesellschaft beachtlich ist.[620] Der Erwerb der eigenen Aktien muss die einzige vernünftige Möglichkeit sein, um diesen Schaden abzuwehren.[621] Keine Schadensabwehr und damit auch keine Legitimation zum Erwerb eigener Aktien nach § 71 Abs. 1 Nr. 1 AktG ist die allgemeine Pflege des eigenen Aktienkurses.[622] Ob ein schwerer Schaden bevorsteht und ob der Erwerb eigener Aktien zu seiner Abwehr notwendig ist, kann im Einzelfall schwierig zu beantworten sein.[623]

b) Belegschaftsaktien

346 Der Erwerb eigener Aktien durch die AG ist nach § 71 Abs. 1 Nr. 2 AktG zulässig, wenn die Aktien Personen, die in einem Arbeitsverhältnis mit der Gesellschaft oder einem mit ihr verbundenen Unternehmen i.S.v. § 15 AktG stehen oder standen, zum Erwerb angeboten werden sollen. Für die Zulässigkeit des Erwerbs genügt danach, dass der Vorstand die ernstliche Absicht hat, die Aktien den Arbeitnehmern anzubieten. Zu empfehlen ist, dass der Vorstand in seinem Erwerbsbeschluss bereits die Konditionen des Angebots an die Arbeitnehmer festlegt. Zulässig ist der Erwerb eigener Aktien nicht nur, wenn die berechtigten Personen in einem gegenwärtigen Arbeitsverhältnis zur AG oder zu einem verbundenen Unternehmen stehen, sondern auch dann, wenn die Aktien Betriebsrentnern oder Ruheständlern angeboten werden sollen. Nicht nach § 71 Abs. 1 Nr. 2 AktG zulässig ist der Erwerb eigener Aktien mit der Absicht, diese Organmitgliedern anzubieten.[624] Sollen eigene Aktien im Rahmen von Aktienoptionsplänen an Mitglieder der Ge-

---

[619] Vgl. *Hüffer*, § 71 Rn 4.
[620] Vgl. *Hüffer*, § 71 Rn 7.
[621] Vgl. *Hüffer*, § 71 Rn 8.
[622] Begründung zu § 71 RegE 1965, abgedruckt bei *Kropff*, S. 91; MünchGesR/*Wiesner*, Bd. 4, § 15 Rn 11; *Hüffer*, § 71 Rn 10.
[623] Vgl. im Einzelnen *Hüffer*, § 71 Rn 9 ff.
[624] Vgl. *Hüffer*, ZHR 161 (1997), 214, 243; *Martens*, AG 1997, August-Sonderheft, 83, 84.

schäftsführung abgegeben werden, so kann der Erwerb dieser Aktien nur aufgrund eines Hauptversammlungsbeschlusses nach § 71 Abs. 1 Nr. 8 AktG erfolgen (dazu unten Rn 352 ff.). Für die Ausgabe von Belegschaftsaktien ist in der Praxis folgende Vorgehensweise nicht unüblich: Es wird eine Kapitalerhöhung aus einem zu diesem Zweck vorgesehenen genehmigten Kapital durchgeführt, wobei sämtliche Aktien von einem Kreditinstitut zum Marktwert gezeichnet und übernommen werden. Anschließend erwirbt die AG die neuen Aktien auf der Grundlage von § 71 Abs. 1 Nr. 2 AktG ebenfalls zum Marktwert von dem Kreditinstitut und gibt sie zu einem vergünstigten Preis an die Mitarbeiter. Der Differenzbetrag wird als Betriebsausgabe geltend gemacht. Diese bisher noch nicht durch Rechtsprechung abgesicherte Vorgehensweise wird weithin für zulässig erachtet.[625]

c) Abfindung von Aktionären

Sowohl das Aktiengesetz als auch das Umwandlungsgesetz enthalten Vorschriften, nach denen eine AG verpflichtet ist, Anteilsinhaber einer anderen Gesellschaft mit Aktien der AG abzufinden. So ist die AG nach § 305 Abs. 2 Nr. 1 AktG, wenn sie begünstigter Teil eines Beherrschungs- oder Gewinnabführungsvertrages ist, verpflichtet, den außenstehenden Aktionären im Vertrag eigene Aktien anzubieten. Steht die herrschende AG selbst wiederum im Mehrheitsbesitz einer anderen inländischen AG oder ist sie von ihr abhängig, so hat sie nach § 305 Abs. 2 Nr. 2 AktG die Wahl, ob sie Aktien der mehrheitlich beteiligten bzw. der herrschenden Gesellschaft oder eine Barabfindung anbietet. § 320b AktG gibt den ausgeschiedenen Aktionären im Falle einer Eingliederung einen Anspruch auf Gewährung von Aktien der Hauptgesellschaft. Die §§ 29 Abs. 1 und 207 Abs. 1 UmwG sehen Abfindungsansprüche in Aktien der AG im Falle einer Verschmelzung bzw. eines Formwechsels vor. Über die Verweisung in § 125 S. 1 UmwG gilt § 29 Abs. 1 UmwG auch für den Fall der Auf- und Abspaltung entsprechend. Für all diese Fälle soll § 71 Abs. 1 Nr. 3 AktG den Erwerb der benötigten eigenen Aktien ermöglichen. Für die Zulässigkeit des Erwerbs genügt es, dass der Vorstand die ernstliche Absicht hat, die eigenen Aktien zur Abfindung zu verwenden. Im Regelfall setzt die erforderliche Ernstlichkeit voraus, dass die notwendigen Zustimmungsbeschlüsse der beteiligten Hauptversammlungen gefasst sind.[626]

d) Unentgeltlicher Erwerb, Einkaufskommission

Der Erwerb eigener Aktien ist nach § 71 Abs. 1 Nr. 4 AktG auch dann zulässig, wenn er durch ein Kreditinstitut i.S.d. §§ 1 Abs. 1, 2 Abs. 1 KWG in Ausführung einer Einkaufskommission erfolgt oder wenn er unentgeltlich ist, also aufgrund von Schenkung oder Vermächtnis erfolgt.

e) Gesamtrechtsnachfolge

Gehen eigene Aktien im Wege der Gesamtrechtsnachfolge auf die AG über, also im Falle der Verschmelzung nach dem UmwG, des Vermögensübergangs in unmittelbarer oder entsprechender Anwendung des § 140 Abs. 1 S. 2 HGB oder im Falle des § 1922 BGB, so ist dieser Erwerb nach § 71 Abs. 1 Nr. 5 AktG zulässig.

f) Einziehung

Hat die Hauptversammlung der AG eine **Kapitalherabsetzung** durch Einziehung von Aktien durch die Gesellschaft beschlossen (§ 237 Abs. 1 S. 1 Alt. 2 AktG), so ist der Erwerb der eigenen

---

625 So etwa *Richter/Gittermann*, AG 2004, 277.
626 Vgl. *Hüffer*, § 71 Rn 14.

Aktien zum Zwecke der Einziehung in Durchführung des Hauptversammlungsbeschlusses nach § 71 Abs. 1 Nr. 6 AktG zulässig. Bei Stückaktien kann die Hauptversammlung auch beschließen, dass die Einziehung nicht zur Herabsetzung des Grundkapitals führt, sondern sich der Anteil der übrigen Aktien am Grundkapital gem. § 8 Abs. 3 AktG erhöht (§ 237 Abs. 3 Nr. 3 AktG).

g) Handelsbestand

351 Nach § 71 Abs. 1 Nr. 7 AktG darf die AG eigene Aktien auch dann erwerben, wenn sie ein **Kreditinstitut** i.S.d. §§ 1 Abs. 2, 2 Abs. 1 KWG, ein **Finanzdienstleistungsinstitut** i.S.d. §§ 1 Abs. 1a, 2 Abs. 4 KWG oder ein **Finanzunternehmen** i.S.d. § 1 Abs. 3 KWG ist, der Erwerb aufgrund eines Beschlusses der Hauptversammlung erfolgt und mit dem Erwerb der Wertpapierhandel bezweckt wird. Der Beschluss der Hauptversammlung muss bestimmen, dass der Handelsbestand der zu diesem Zweck zu erwerbenden Aktien 5% des Grundkapitals am Ende jeden Tages nicht überschreiten darf, und er muss den niedrigsten und höchsten Gegenwert festlegen, zu dem die AG die Aktien erwerben darf (§ 71 Abs. 1 Nr. 7 S. 2 AktG). Die Ermächtigung der Hauptversammlung darf nach § 71 Abs. 1 Nr. 7 S. 3 AktG höchstens fünf Jahre gelten.

h) Ermächtigungsbeschluss der Hauptversammlung

352 Eine der wesentlichsten Änderungen des § 71 AktG war die Anfügung des § 71 Abs. 1 Nr. 8 durch Artikel 2 Nr. 5a) cc) **KonTraG** (vgl. Rn 9). Danach kann die AG aufgrund eines Ermächtigungsbeschlusses der Hauptversammlung eigene Aktien zurückerwerben, ohne dass es für den Rückerwerb eine positive gesetzliche Zweckvorgabe gibt. Gesetzgeberisches Ziel der Regelung ist es, die **Flexibilität der Eigenkapitalfinanzierung** zu verbessern. Insbesondere bei überkapitalisierten börsennotierten Gesellschaften kann die zeitweise Verminderung des Eigenkapitals zu Lasten freier Rücklagen zu einem Anstieg des Aktienkurses beitragen.[627]

aa) Inhalt und Grenzen der Ermächtigung

353 Der Ermächtigungsbeschluss muss den in § 71 Abs. 1 Nr. 8 S. 1 AktG bestimmten Mindestinhalt haben. Der Ermächtigungsbeschluss muss eine **Frist** festsetzen, innerhalb derer von der Ermächtigung zum Erwerb eigener Aktien Gebrauch gemacht werden darf. Diese Frist darf mittlerweile bis zu fünf Jahren betragen (§ 71 Abs. 1 Nr. 8 S. 1 AktG). Die Höchstfrist entspricht mithin der für die Laufzeit eines genehmigten Kapitals. Sie muss im Beschluss konkret festgesetzt werden, etwa mit der Formulierung „bis zum 30.6.2017" oder „vom Tag der Beschlussfassung an für fünf Jahre". Enthält der Ermächtigungsbeschluss keine Fristangabe oder ist die angegebene Frist länger als die gesetzlich vorgeschriebene Höchstfrist von fünf Jahren, dann ist der Ermächtigungsbeschluss gem. § 241 Nr. 3 AktG nichtig. Es kann nicht im Wege der geltungserhaltenden Reduktion auf die gesetzliche Höchstfrist von fünf Jahren zurückgegriffen werden.

354 Der Ermächtigungsbeschluss muss weiterhin eine Unter- und eine Obergrenze für den **Gegenwert** angeben, zu dem die eigenen Aktien erworben werden können. Dabei muss die Festlegung des Gegenwerts nicht betragsmäßig erfolgen, sondern kann auch durch relative Anbindung an den künftigen Börsenkurs vorgenommen werden.[628]

355 Schließlich muss der Ermächtigungsbeschluss den **Anteil am Grundkapital** angeben, bis zu dem eigene Aktien zurückerworben werden können. Der im Ermächtigungsbeschluss festgesetzte Anteil am Grundkapital, bis zu dem eigene Aktien zurückerworben werden können, darf

---
[627] So ausdrücklich die Begründung des Regierungsentwurfs zum KonTraG, abgedruckt in ZIP 1997, 2059; *Lutter*, AG 1997, August-Sonderheft, 52, 56.
[628] Begründung des Regierungsentwurfs zum KonTraG, abgedruckt in ZIP 1997, 2059.

nach § 71 Abs. 1 Nr. 8 S. 1 AktG 10% des Grundkapitals nicht überschreiten. Da nach § 71 Abs. 2 S. 1 AktG auf die aufgrund eines Hauptversammlungsbeschlusses nach § 71 Abs. 1 Nr. 8 AktG erworbenen Aktien zusammen mit anderen Aktien der AG, welche diese bereits erworben hat oder noch besitzt, nicht mehr als 10% des Grundkapitals entfallen dürfen, ist es zweckmäßig, im Ermächtigungsbeschluss zur Klarstellung diese Höchstgrenze zusätzlich anzugeben.[629]

Verändert sich zwischen Ermächtigungsbeschluss und Ausübung der Erwerbsermächtigung die Grundkapitalziffer der Gesellschaft, so gilt hinsichtlich des gem. § 71 Abs. 1 Nr. 8 S. 1 AktG im Ermächtigungsbeschluss festzusetzenden Anteils am Grundkapital, bis zu dem eigene Aktien erworben werden können (höchstens 10% des Grundkapitals), Folgendes: Hat sich das Grundkapital erhöht, so ist das Grundkapital zum Zeitpunkt des Ermächtigungsbeschlusses maßgeblich. Hat sich das Grundkapital verringert, ist das geringere Grundkapital zum Zeitpunkt der Ausübung der Ermächtigung als maßgeblich anzusehen. Das festgesetzte Erwerbsvolumen kann der Vorstand nur einmal ausschöpfen. Hat der Vorstand bereits zuvor teilweise von der Ermächtigung Gebrauch gemacht, so sind die aufgrund der Ermächtigung bereits erworbenen eigenen Aktien mit anzurechnen; selbst dann, wenn die zuvor erworbenen eigenen Aktien bereits wieder veräußert wurden.[630] 356

Fehlen Angaben zur Unter- und Obergrenze des Gegenwertes oder zum Anteil der Aktien am Grundkapital oder wird der Anteil am Grundkapital mit mehr als 10% festgesetzt, so ist der Ermächtigungsbeschluss nichtig. Eine Festsetzung des Erwerbszwecks muss der Ermächtigungsbeschluss dagegen richtigerweise nicht enthalten. 357

Eine gesetzliche Vorschrift, die verlangen würde, dass im Ermächtigungsbeschluss die niedrigste und höchste **Gegenleistung für die Veräußerung** der eigenen Aktien festzusetzen ist, existiert – anders als beim Erwerb – nicht. Die Vorstandsmitglieder sind jedoch im Hinblick auf die Grundsätze ordnungsgemäßer Geschäftsführung gem. § 93 AktG in materieller Hinsicht verpflichtet, die eigenen Aktien im Interesse der Gesellschaft und der gegenwärtigen Aktionäre bestmöglich zu verwerten.[631] Dies bedeutet indessen aber nicht zwangsläufig eine Verwertung zum höchstmöglichen Gegenwert. Der Gegenwert muss vielmehr angemessen im Sinne des § 255 Abs. 2 AktG sein; diese Vorschrift findet auch bei der Veräußerung eigener Aktien entsprechende Anwendung. 358

bb) Zulässige Erwerbszwecke

Die Hauptversammlung kann – muss aber nicht[632] – im Ermächtigungsbeschluss einen oder mehrere Erwerbszwecke bestimmen und damit die Ermächtigung einschränken. Enthält der Ermächtigungsbeschluss **Zweckvorgaben** für den Erwerb der eigenen Aktien, darf der Vorstand die eigenen Aktien aufgrund der Ermächtigung nicht für andere Zwecke erwerben. Geschieht dies gleichwohl, ist der Erwerb von § 71 Abs. 1 Nr. 8 AktG nicht gedeckt und deshalb verboten. In der Praxis enthält der Ermächtigungsbeschluss zumeist keine Zweckvorgaben für den Erwerb als solchen, sondern bestimmt allein, zu welchen Zwecken erworbene eigene Aktien verwendet werden dürfen. Der Vorstand kann dann aufgrund der Ermächtigung ohne konkrete Verwendungsabsichten eigene Aktien erwerben und muss erst bei der Verwendung dieser Aktien konkrete Zweckvorgaben beachten. Der Erwerb eigener Aktien stellt so eine „Kapitalherabsetzung auf Zeit" durch Verminderung des Eigenkapitals zu Lasten freier Rücklagen dar. Die Veräußerung der erworbenen Aktien ist der Nutzung des genehmigten Kapitals (§§ 202 ff.) wirtschaftlich vergleichbar. 359

---

[629] Zur Berechnung der Volumengrenzen vgl. *Ihrig/Wagner*, NZG 2002, 657, 659.
[630] Vgl. Begründung des Regierungsentwurfs zum KonTraG, abgedruckt in ZIP 1997, 2059, 2060.
[631] Vgl. *Reichert/Harbarth*, ZIP 2001, 1441 f.
[632] Vgl. LG Berlin NZG 2000, 944.

360 Neben den Erwerbszwecken des § 71 Abs. 1 Nr. 1 bis 7 AktG kommen als zulässige Erwerbszwecke bzw. Zweckvorgaben für die Verwendung der aufgrund der Ermächtigung erworbenen eigenen Aktien unter anderem in Betracht:
- Einführung der Aktien der Gesellschaft an einer ausländischen Börse
- Bedienung von Teilschuldverschreibungen mit Wandlungs- oder Bezugsrechten
- Bedienung von Mitarbeiterbeteiligungsprogrammen
- Erwerb von Unternehmen oder Unternehmensbeteiligungen unter Einsatz eigener Aktien als Akquisitionswährung
- Vorbereitung der Einziehung gem. § 237 Abs. 1 S. 1 Alt. 2 AktG, wobei abweichend von § 71 Abs. 1 Nr. 6 AktG dem Erwerb noch kein Einziehungsbeschluss der Hauptversammlung zugrunde liegen muss und bei entsprechender Ermächtigung nach § 71 Abs. 1 Nr. 8 S. 6 AktG ein Hauptversammlungsbeschluss zur Einziehung auch später nicht erforderlich ist.

Der Handel in eigenen Aktien wird als Erwerbszweck durch § 71 Abs. 1 Nr. 8 S. 2 AktG ausdrücklich ausgeschlossen. Diese Ausnahme dient dazu, **Spekulationen** des Vorstands in eigenen Aktien der AG zu unterbinden und die Gesellschaft insbesondere vor dem damit einhergehenden Risiko einer Verlustspirale bei fallenden Aktienkursen zu schützen.[633] Ausgeschlossen ist auch der Eigenerwerb zum Zwecke der kontinuierlichen Kurspflege.[634]

cc) Grundsätze für Erwerb und Veräußerung, Bezugsrecht der Aktionäre

361 Der **Erwerb** der eigenen Aktien hat unter Beachtung des Gebots der **Gleichbehandlung** aller Aktionäre (§ 53a AktG) zu erfolgen (§ 71 Abs. 1 Nr. 8 S. 3 AktG). Dem genügt nach § 71 Abs. 1 Nr. 8 S. 4 AktG der Erwerb über die **Börse**, wobei damit eine Abwicklung des Geschäfts in einem beliebigen Marktsegment im In- und Ausland gemeint ist.[635] Erfolgt der Erwerb nicht über die Börse, so muss er grundsätzlich mittels eines an alle Aktionäre gerichteten öffentlichen Kaufangebots erfolgen. Der Erwerb nur von einem oder einzelnen Aktionären ist zulässig, wenn alle übrigen Aktionäre dem zustimmen.

362 Auch die **Veräußerung** muss grundsätzlich unter Beachtung des Gleichbehandlungsgebots erfolgen, wobei dem die Veräußerung der Aktien über die Börse genügt. Werden die Aktien nicht über die Börse veräußert, so sind grundsätzlich die Aktien allen Aktionären entsprechend ihrer Beteiligungsquote zum Kauf anzubieten. Die Hauptversammlung kann aber eine andere Art der Veräußerung beschließen (§ 71 Abs. 1 Nr. 8 S. 5 AktG).

363 Da eine andere Art der Veräußerung einem **Ausschluss des gesetzlichen Bezugsrechts** der Aktionäre bei einer Kapitalerhöhung vergleichbar ist, findet in diesem Fall die Vorschrift des § 186 Abs. 3 und 4 AktG über den Ausschluss des Bezugsrechts entsprechende Anwendung. Der Beschluss, durch den das Bezugsrecht ganz oder zum Teil ausgeschlossen wird, darf dann nur gefasst werden, wenn die Ausschließung ausdrücklich und ordnungsgemäß (§ 124 Abs. 1 AktG) bei der Einberufung zur Hauptversammlung in den Gesellschaftsblättern bekannt gemacht worden ist (§ 186 Abs. 4 S. 1 AktG). Weiterhin muss der Vorstand der Hauptversammlung einen schriftlichen Bericht über die Gründe für den Ausschluss des Bezugsrechts erstatten (§ 186 Abs. 4 S. 2 AktG). Ein Ermächtigungsbeschluss, der eine andere Art der Veräußerung der eigenen Aktien vorsieht und somit das Bezugsrecht der Aktionäre ausschließt, bedarf der Mehrheit von mindestens 3/4 des bei der Beschlussfassung vertretenen Grundkapitals; die Satzung kann für

---
633 Vgl. *Hüffer*, § 71 Rn 19i.
634 Vgl. Begründung des Regierungsentwurfs zum KonTraG, abgedruckt in ZIP 1997, 2059.
635 Vgl. Begründung des Regierungsentwurfs zum KonTraG, abgedruckt in ZIP 1997, 2059, 2060; *Hüffer*, § 71 Rn 19k; *Reichert/Harbarth*, ZIP 2001, 1441.

den Beschluss über den Bezugsrechtsausschluss eine höhere Kapitalmehrheit und weitere Erfordernisse festsetzen (§ 186 Abs. 3 S. 2 und 3 AktG).

Über die Verweisung des § 71 Abs. 1 Nr. 8 S. 5 AktG findet auch die Regelung des § 186 Abs. 3 S. 4 AktG über den **vereinfachten Bezugsrechtsausschluss** Anwendung. Danach ist der Ausschluss des Bezugsrechts insbesondere dann zulässig, wenn die Veräußerung der eigenen Aktien gegen Barleistung erfolgt, volumenmäßig nicht mehr als 10% des Grundkapitals veräußert werden und die Gegenleistung den Börsenkurs nicht wesentlich unterschreitet, wobei die Obergrenze bei 5% und der Regelabschlag bei 3% liegen.[636] Hinsichtlich des für die Berechnung der Kapitalgrenze maßgebenden Zeitpunktes und hinsichtlich der Anrechnung anderer Fälle der Aktienausgabe oder Veräußerung unter Ausschluss des Bezugsrechts auf die Kapitalgrenzen sind viele Fragen noch nicht abschließend geklärt.[637] Auf der sicheren Seite befindet man sich, wenn man jeweils die geringere Grundkapitalziffer als Maßstab heranzieht und zugleich alle sonstigen Fälle des Bezugsrechtsausschlusses nach § 186 Abs. 3 S. 4 AktG auf die Kapitalgrenze mit anrechnet. 364

Sollen die eigenen Aktien dazu verwendet werden, sie **Arbeitnehmern** und **Mitgliedern der Geschäftsführung** der Gesellschaft oder eines verbundenen Unternehmens zu gewähren, so muss der Ermächtigungsbeschluss nach § 71 Abs. 1 Nr. 8 S. 5 i.V.m. § 193 Abs. 2 Nr. 4 AktG auch die Aufteilung der Bezugsrechte auf die Mitglieder der Geschäftsführung und Arbeitnehmer, die Erfolgsziele, Erwerbs- und Ausübungszeiträume und die Wartezeit für die erstmalige Ausübung bestimmen (vgl. ausführlich Rn 326 ff.). 365

dd) Ausübung der Ermächtigung durch den Vorstand

Der Erwerb eigener Aktien auf der Grundlage eines Ermächtigungsbeschlusses der Hauptversammlung ist eine **Geschäftsführungsaufgabe**. Dem Vorstand muss im Ermächtigungsbeschluss mithin ein Ermessensspielraum im Hinblick auf das Ob und Wie des Aktienrückerwerbs verbleiben.[638] In diesem Rahmen, d.h. soweit der Ermächtigungsbeschluss keine Vorgaben enthält, muss der Vorstand sein Ermessen ausgerichtet an den Grundsätzen ordnungsgemäßer Geschäftsführung (§ 93 AktG) ausüben. Der Vorstand entscheidet über den Erwerb und über die Veräußerung jeweils durch Beschluss. 366

ee) Erfordernis der Zustimmung des Aufsichtsrats

Ermächtigt die Hauptversammlung den Vorstand, die erworbenen eigenen Aktien anders als mittels eines an alle Aktionäre gerichteten öffentlichen Kaufangebots oder über die Börse zu veräußern, so kommt dies einem Ausschluss des gesetzlichen Bezugsrechts gleich. § 71 AktG sieht nach seinem Wortlaut für die Veräußerung der erworbenen eigenen Aktien – anders als § 204 Abs. 1 S. 2 AktG beim genehmigten Kapital – **kein Zustimmungserfordernis** des Aufsichtsrats zum Bezugsrechtsausschluss und zu den Bedingungen der Veräußerung vor. Ein Zustimmungserfordernis des Aufsichtsrats in entsprechender Anwendung der Regelungen über die Ausgabe von Aktien aus genehmigtem Kapital auf die Veräußerung eigener Aktien unter Ausschluss des Bezugsrechts ist richtigerweise abzulehnen.[639] Angesichts der Stimmen in der Literatur,[640] die ein Zustimmungserfordernis des Aufsichtsrats bejahen, und mangels einschlägiger Rechtsprechung kann es sich aber empfehlen, im Ermächtigungsbeschluss eine andere Veräu- 367

---

[636] Vgl. *Reichert/Harbarth*, ZIP 2001, 1441, 1442.
[637] Ausführliche Darstellung der Problematik bei *Reichert/Harbarth*, ZIP 2001, 1441, 1442 ff.
[638] Vgl. *Kiem*, AG 2000, 209, 210.
[639] Vgl. die ausführliche Begründung von *Reichert/Harbarth*, ZIP 2001, 1441, 1445 ff.
[640] U.a. *Huber*, FS Kropff 1997, S. 101, 119.

ßerung von der Zustimmung des Aufsichtsrats abhängig zu machen. Ein solches Zustimmungserfordernis ist entgegen der in jüngster Zeit vereinzelten ablehnenden Stimmen[641] als zulässig anzusehen.

3. Schranken des zulässigen Erwerbs

368 Auch soweit der Erwerb eigener Aktien nach § 71 Abs. 1 AktG ausnahmsweise zulässig ist, sind die in § 71 Abs. 2 AktG festgelegten Schranken zu beachten. Dieser differenziert nach dem jeweiligen Erwerbsanlass. Keine Schranken ergeben sich aus § 71 Abs. 2 AktG für den Erwerb eigener Aktien durch Gesamtrechtsnachfolge oder auf Grund eines Hauptversammlungsbeschlusses zur Einziehung nach den Vorschriften über die Herabsetzung des Grundkapitals (§ 71 Abs. 1 Nr. 5 und 6 AktG).

a) 10%-Grenze

369 Abgesehen von eigenen Aktien, die von der Gesellschaft unentgeltlich oder von einem Kreditinstitut im Rahmen einer Einkaufskommission, durch Gesamtrechtsnachfolge oder aufgrund eines Beschlusses der Hauptversammlung zur Einziehung nach den Vorschriften über die Kapitalherabsetzung erworben werden (§ 71 Abs. 1 Nr. 4 bis 6 AktG), dürfen eigene Aktien gem. § 71 Abs. 2 S. 1 AktG nur erworben werden, soweit auf sie zusammen mit anderen eigenen Aktien, welche die Gesellschaft bereits erworben hat und noch besitzt, nicht mehr als 10% des Grundkapitals entfallen. Maßgebend ist dabei die Grundkapitalziffer, wie sie sich aus der Bilanz ergibt (§ 266 Abs. 3 Passivseite A I HGB). Mitzurechnen sind eigene Aktien und in Pfand genommene eigene Aktien (§ 71e AktG) der AG und von ihr abhängiger oder in Mehrheitsbesitz stehender Unternehmen sowie von Dritten, die die Aktien im eigenen Namen, aber für Rechnung der AG oder von ihr abhängiger oder in Mehrheitsbesitz stehender Unternehmen besitzen (§ 71d AktG).[642]

b) Fähigkeit zur Rücklagenbildung

370 Abgesehen von eigenen Aktien, die von der Gesellschaft unentgeltlich oder von einem Kreditinstitut im Rahmen einer Einkaufskommission, durch Gesamtrechtsnachfolge oder aufgrund eines Beschlusses der Hauptversammlung zur Einziehung nach den Vorschriften über die Kapitalherabsetzung erworben werden (§ 71 Abs. 1 Nr. 4 bis 6 AktG), darf der Erwerb eigener Aktien ferner nur dann erfolgen, wenn die Gesellschaft im Zeitpunkt des Erwerbs eine Rücklage in Höhe der Aufwendungen für den Erwerb bilden könnte, ohne das Grundkapital oder eine nach Gesetz oder Satzung zu bildende Rücklage, die nicht zu Zahlungen an die Aktionäre verwandt werden darf, zu mindern (§ 71 Abs. 2 S. 2 AktG).

371 Für die Zulässigkeit des Erwerbs nach § 71 Abs. 2 S. 2 AktG wird auf die **Möglichkeit der Rücklagenbildung** abgestellt. Voraussetzung ist nicht, dass die Rücklage tatsächlich zum Zeitpunkt des Erwerbs gebildet bzw. gebucht wird.[643] Der Vorstand muss jedoch zum Zeitpunkt des Erwerbs nach pflichtgemäßem Ermessen beurteilen, ob er in diesem Zeitpunkt die Rücklage bilden könnte.

372 Eine tatsächliche Rücklagenbildung ist seit der Änderung der Vorschrift durch das BilMoG nicht mehr erforderlich. Die Aktien sind umgekehrt auch nicht mehr aktivierungsfähig. Auf der Passivseite ist der Nennwert der eigenen Aktien oder – im Fall von Stückaktien – deren rechnerischer Anteil am Grundkapital in der Vorspalte offen von dem Posten „Gezeichnetes Kapital" abzusetzen und die Differenz zum Erwerbspreis, also zu den Anschaffungskosten, mit den frei verfügbaren Rücklagen zu verrechnen (vgl. § 272 Abs. 1a S. 1 und 2 HGB).

---

641 Namentlich *Bergau*, AG 2006, 770.
642 Vgl. zur Berechnung *Ihrig/Wagner*, NZG 2002, 657, 659.
643 Vgl. Kölner Komm-AktG/*Lutter*, § 71 Rn 57; *Zilias/Lanfermann*, WPg 1980, 65.

c) Ausgabebetrag voll geleistet

Der Erwerb zum Zwecke der Schadensabwehr, der Gewährung von Belegschaftsaktien, der unentgeltliche Erwerb und der Erwerb durch ein Kreditinstitut im Rahmen einer Einkaufskommission, der Erwerb als Handelsbestand und der Erwerb aufgrund einer Ermächtigung der Hauptversammlung nach § 71 Abs. 1 Nr. 8 AktG sind nur zulässig, wenn auf die zu erwerbenden Aktien der Ausgabebetrag (einschließlich Agio) voll geleistet ist (§ 71 Abs. 3 S. 3 AktG). 373

4. Pflichten nach Erwerb

Hat der Vorstand eigene Aktien zum Zwecke der Schadensabwehr nach § 71 Abs. 1 Nr. 1 erworben oder hat er eigene Aktien aufgrund einer Ermächtigung der Hauptversammlung nach § 71 Abs. 1 Nr. 8 AktG erworben, so hat er die **nächste Hauptversammlung** über die Gründe und den konkreten Zweck des Erwerbs, über die Zahl der erworbenen Aktien und den auf sie entfallenden Betrag des Grundkapitals, über deren Anteil am Grundkapital sowie über den Gegenwert der Aktien zu **unterrichten** (§ 71 Abs. 3 S. 1 AktG). Da Angaben über eigene Aktien zu den Pflichtangaben des Anhangs zum Jahresabschluss gehören, kann die Unterrichtung unterbleiben, wenn die nächste Hauptversammlung diejenige ist, welche auch den Anhang entgegennimmt, und die Angaben des Anhangs der Berichtspflicht des § 71 Abs. 3 S. 1 AktG entsprechen.[644] 374

Eigene Aktien, die der Vorstand nach § 71 Abs. 1 Nr. 2 AktG erworben hat, um sie der Belegschaft zum Erwerb anzubieten, sind innerhalb eines Jahres nach Erwerb durch die Gesellschaft an die Arbeitnehmer auszugeben (§ 71 Abs. 3 S. 2 AktG). 375

5. Rechte aus eigenen Aktien

Gem. § 71b AktG stehen der Gesellschaft aus eigenen Aktien keine Rechte zu. Die Mitgliedschaftsrechte werden also **neutralisiert**. Insbesondere stehen der AG aus eigenen Aktien weder Stimmrechte noch Dividendenansprüche zu. Lediglich an Kapitalerhöhungen aus Gesellschaftsmitteln nehmen auch eigene Aktien teil (§ 215 Abs. 1 AktG). Die Rechte aus den eigenen Aktien ruhen bis zu deren Erwerb durch einen Dritten, soweit sie nicht zwischenzeitlich fällig geworden und deshalb durch Konfusion erloschen sind.[645] 376

6. Rechtsfolgen unzulässigen Erwerbs

Erwirbt die Gesellschaft eigene Aktien, obwohl die Voraussetzungen des § 71 AktG nicht vorliegen, so macht dies den dinglichen Erwerb der eigenen Aktien nicht unwirksam (§ 71 Abs. 4 S. 1 AktG). Die AG wird also trotz des Verbots des Erwerbs eigener Aktien zur Inhaberin der Mitgliedsrechte. Sie ist jedoch nach § 71c Abs. 1 AktG verpflichtet, die unter Verstoß gegen § 71 Abs. 1 oder 2 AktG erworbenen eigenen Aktien innerhalb eines Jahres nach ihrem Erwerb zu veräußern. Das dem Erwerb zugrunde liegende Kausalgeschäft ist gem. § 71 Abs. 4 S. 2 AktG dagegen grundsätzlich nichtig, soweit der Erwerb nicht erfolgen durfte. Hat die AG gleichwohl auf der Grundlage des Kausalgeschäfts den Erwerbspreis gezahlt, so liegt darin eine verbotene Einlagenrückgewähr, die nach § 62 AktG auszugleichen ist. Aktionäre, die geleistet haben, können die Rückgewähr der Aktien nur nach den §§ 812ff. BGB fordern. Die Mitglieder des Vorstands können gegebenenfalls nach § 93 AktG schadensersatzpflichtig sein. Entsprechendes gilt für die Mitglieder des Aufsichtsrats (§ 116 AktG). Zudem liegt eine Ordnungswidrigkeit nach § 405 Abs. 1 Nr. 4a AktG vor. 377

---

644 Vgl. *Hüffer*, § 71 Rn 22.
645 Vgl. MünchGesR/*Wiesner*, Bd. 4, § 15 Rn 24.

7. Erwerb durch Tochterunternehmen oder auf Rechnung der AG

378 § 71d AktG erstreckt die Regelungen über den Erwerb und den Besitz eigener Aktien auf von der Gesellschaft abhängige und auf in ihrem Mehrheitsbesitz stehende Unternehmen sowie auf Dritte, die Aktien der Gesellschaft im eigenen Namen, aber für Rechnung der Gesellschaft oder eines der abhängigen oder in Mehrheitsbesitz stehenden Unternehmen erworben haben. In diesen Fällen sind der Erwerb und der Besitz von eigenen Aktien nach § 71d S. 1 und 2 AktG nur zulässig, soweit dies der Gesellschaft nach § 71 Abs. 1 Nr. 1 bis 5, 7 und 8 und Abs. 2 AktG gestattet wäre. Für die Ermittlung der 10%-Kapitalgrenze in § 71 Abs. 2 S. 1 AktG und § 71c Abs. 2 AktG fingiert § 71d S. 3 AktG, dass die Aktien der von der Gesellschaft abhängigen Unternehmen und der in Mehrheitsbesitz der Gesellschaft stehenden Unternehmen sowie die Aktien Dritter, die für Rechnung der Gesellschaft oder eines abhängigen oder in Mehrheitsbesitz stehenden Unternehmens erworben wurden, als Aktien der Gesellschaft gelten.

8. Kapitalmarktrechtliche Regelungen im Zusammenhang mit dem Erwerb eigener Aktien

379 Der Erwerb eigener Aktien durch eine börsennotierte AG muss im Grundsatz unter Beachtung der kapitalmarktrechtlichen Regelungen erfolgen. Neben der regelmäßig bestehenden Pflicht zur Ad-hoc-Mitteilung gemäß § 15 WpHG und der Mitteilung des Erreichens, Über- oder Unterschreitens von bestimmten Meldeschwellen (vgl. Rn 403) sind insbesondere das Insiderhandelsverbot nach § 14 WpHG und das **Verbot der Kurs- und Marktmanipulation** nach § 20a WpHG zu beachten. Der Rückerwerb erfolgt in der Praxis häufig unter unmittelbarer oder entsprechender Anwendung der Safe-Harbour-Regelung in der Verordnung (EG) Nr. 2273/2003 der Kommission vom 22.12.2003 (vgl. §§ 14 Abs. 2 und 20a Abs. 3 WpHG).

380 Für den Fall, dass eine börsennotierte AG eigene Aktien mittels eines an alle ihre Aktionäre gerichteten öffentlichen Kaufgebots zurückerwerben will, war streitig, ob und ggf. welche Vorschriften des Wertpapiererwerbs- und Übernahmegesetzes (WpÜG) Anwendung finden.[646] Die Bundesanstalt für Finanzdienstleistungsaufsicht (BaFin) hatte zunächst die Auffassung vertreten, das WpÜG sei auch im Falle des Rückerwerbs eigener Aktien anwendbar.[647] Diese Auffassung hat die BaFin mittlerweile revidiert. Sie folgt nunmehr zu Recht der Ansicht, dass ein auf eigene Aktien bezogenes öffentliches (Rück-)Erwerbsangebot von den **Regelungen des WpÜG** nicht erfasst wird.[648]

381 Ist die Gesellschaft eine Emittentin, für die die Bundesrepublik Deutschland Herkunftsstaat ist (vgl. § 2 Abs. 6 WpHG), so können sich aus den §§ 30b und 30c WpHG im Zusammenhang mit der Ermächtigung zum Erwerb, dem Erwerb und der Veräußerung eigener Aktien Mitteilungspflichten ergeben, die es zu beachten gilt.

II. Checkliste: Hauptversammlungsbeschluss über Ermächtigung zum Erwerb eigener Aktien und deren Veräußerung unter Bezugsrechtsausschluss

382 – Ausdrückliche Bekanntmachung des Bezugsrechtsausschlusses nach § 124 Abs. 1 AktG, also bei der Einberufung der Hauptversammlung in den Gesellschaftsblättern der AG; geschieht regelmäßig durch Veröffentlichung des Beschlussvorschlags
- **Schriftlicher Bericht des Vorstands mit:**
  - Begründung für den Ausschluss des Bezugsrechts (vgl. zu den Einzelheiten Rn 91f.)
  - Ggf. Begründung des vorgeschlagenen Gegenwertes bei Veräußerung gegen Barleistung

---

646 Zum Meinungsstand *Diekmann/Merkner*, ZIP 2004, 836.
647 Vgl. *Diekmann/Merkner*, ZIP 2004, 836.
648 Bekanntmachung vom 9.8.2006 zugänglich über „www.bafin.de".

- **Ermächtigungsbeschluss mit Angaben mindestens über:**
  - Dauer der Ermächtigung (höchstens fünf Jahre)
  - Niedrigster und höchster Gegenwert für die zu erwerbenden Aktien
  - Anteil am Grundkapital, bis zu dem eigene Aktien erworben werden können (nicht größer als 10%)
  - Ausschluss des Bezugsrechts
  - Art der Veräußerung
  - Ggf. Zustimmungserfordernis des Aufsichtsrats zur Veräußerung unter Ausschluss des Bezugsrechts und zum Veräußerungszweck (vom Gesetz nicht ausdrücklich gefordert, aber zu empfehlen)
  - Wenn eigene Aktien zur Bedienung von Bezugsrechten aus Aktienoptionsprogrammen für Mitarbeiter und Mitglieder der Geschäftsführung dienen sollen, müssen im Grundsatz zusätzlich angegeben werden: Aufteilung der Bezugsrechte auf Mitglieder der Geschäftsführung und Arbeitnehmer jeweils in AG und Konzernunternehmen, Erfolgsziele, Erwerbs- und Ausübungszeiträume sowie Wartezeit für die erstmalige Ausübung (mindestens zwei Jahre)
- **Beschlussfassung der Hauptversammlung mit (bei Bezugsrechtsausschluss):**
  - Mindestens Dreiviertelmehrheit des bei der Beschlussfassung vertretenen Grundkapitals
  - Ggf. größere Mehrheit und Erfüllung weiterer Voraussetzungen, wenn in der Satzung für Bezugsrechtsausschluss vorgesehen.

III. Typischer Sachverhalt

Der Rückkauf eigener Aktien erfreut sich zunehmender Beliebtheit. Auch der Vorstand der M Holding AG sieht eine Reihe unternehmerischer Möglichkeiten, zu deren Zweck ein Aktienrückkauf in Betracht käme. Namentlich zieht er in Erwägung, Beteiligungen an anderen Unternehmen zu erwerben und den Anteilsinhabern der Zielgesellschaften als Gegenleistung Aktien der M Holding AG anzubieten, die die M Holding AG zuvor am Markt erwerben soll. Der nächsten Hauptversammlung soll ein entsprechender Ermächtigungsbeschluss vorgeschlagen werden; dieser soll dem Vorstand neben dem Beteiligungserwerb auch andere Einsatzmöglichkeiten für zurückerworbene eigene Aktien offenhalten.

IV. Muster

1. Muster: Einladung zur Hauptversammlung – Tagesordnungspunkt Ermächtigung zum Erwerb eigener Aktien — M 122

(6) Ermächtigung zum Erwerb eigener Aktien
Vorstand und Aufsichtsrat schlagen vor, wie folgt zu beschließen:
 a) Der Vorstand wird ermächtigt, bis zum _____ insgesamt Aktien der Gesellschaft mit einem anteiligen Betrag des Grundkapitals von bis zu _____ EUR zu erwerben mit der Maßgabe, dass auf die aufgrund dieser Ermächtigung zu erwerbenden Aktien zusammen mit anderen Aktien der Gesellschaft, welche die Gesellschaft bereits erworben hat oder noch besitzt, nicht mehr als 10% des Grundkapitals der Gesellschaft entfallen. Die Ermächtigung kann ganz oder in Teilen ausgeübt werden. Der Erwerb kann innerhalb des Ermächtigungszeitraums bis zum Erreichen des maximalen Erwerbsvolumens in Teiltranchen, verteilt auf verschiedene Erwerbszeitpunkte, erfolgen. Der Erwerb kann auch durch von der _____ AG i.S.v.

§ 17 AktG abhängige Konzernunternehmen oder für ihre oder deren Rechnung durch Dritte durchgeführt werden.

b) Der Erwerb erfolgt unter Wahrung des Gleichbehandlungsgrundsatzes über die Börse oder mittels eines an alle Aktionäre gerichteten öffentlichen Kaufangebots.
- Erfolgt der Erwerb über die Börse, darf der Erwerbspreis für den Erwerb je Aktie (ohne Erwerbsnebenkosten) den durchschnittlichen Börsenkurs der Aktie der jeweiligen Aktiengattung der Gesellschaft an der Frankfurter Wertpapierbörse an den letzten fünf Börsentagen vor dem Erwerb der Aktie, ermittelt auf der Basis des arithmetischen Mittels der Schlussauktionspreise im Xetra-Handel (oder Nachfolgesystem), um nicht mehr als _____% überschreiten und um nicht mehr als _____% unterschreiten.
- Erfolgt der Erwerb über ein öffentliches Angebot an alle Aktionäre, darf der Angebotspreis (ohne Erwerbsnebenkosten) den durchschnittlichen Börsenkurs der Aktie der jeweiligen Aktiengattung der Gesellschaft an der Frankfurter Wertpapierbörse zwischen dem 9. und dem 5. Börsentag (je einschließlich) vor der Veröffentlichung des Angebots, ermittelt auf der Basis des arithmetischen Mittels der Schlussauktionspreise im Xetra-Handel (oder Nachfolgesystem), um nicht mehr als _____% überschreiten und um nicht mehr als _____% unterschreiten. Das Volumen des Angebots kann begrenzt werden. Sofern die Gesamtzahl der angedienten Aktien dieses Volumen überschreitet, kann der Erwerb nach dem Verhältnis der angedienten Aktien erfolgen; darüber hinaus können eine bevorrechtigte Annahme geringer Stückzahlen (bis zu 100 Stück angedienter Aktien) sowie (zur Vermeidung von rechnerischen Bruchteilen) eine Rundung nach kaufmännischen Grundsätzen vorgesehen werden. Ein etwaiges weiter gehendes Andienungsrecht ist insoweit ausgeschlossen.

c) Der Vorstand wird ermächtigt, eigene Aktien, die aufgrund der vorstehenden Ermächtigung erworben werden, unter Wahrung des Gleichbehandlungsgrundsatzes wieder über die Börse zu veräußern oder den Aktionären aufgrund eines an alle Aktionäre gerichteten Angebots unter Wahrung ihres Bezugsrechts zum Bezug anzubieten. Der Handel mit eigenen Aktien ist ausgeschlossen. Der Vorstand wird weiterhin ermächtigt, die eigenen Aktien mit Zustimmung des Aufsichtsrats einzuziehen, ohne dass die Einziehung oder die Durchführung der Einziehung eines weiteren Hauptversammlungsbeschlusses bedarf. Die Einziehung führt zur Kapitalherabsetzung. Der Aufsichtsrat ist ermächtigt, § _____ der Satzung entsprechend der jeweiligen Inanspruchnahme der Ermächtigung zur Einziehung anzupassen.
Mit Zustimmung des Aufsichtsrats darf der Vorstand erworbene eigene Aktien stattdessen auch
  aa) Dritten im Rahmen des Erwerbs von Unternehmen oder Unternehmensbeteiligungen als Gegenleistung für die Einbringung von Unternehmen oder Unternehmensbeteiligungen gewähren;
  bb) in anderer Weise als über die Börse oder durch ein Erwerbsangebot an alle Aktionäre veräußern, wenn die Aktien gegen Barzahlung zu einem Preis veräußert werden, der den Börsenpreis der Aktie der Gesellschaft zum Zeitpunkt der Veräußerung nicht wesentlich unterschreitet; in diesem Fall darf die Anzahl der zu veräußernden Aktien zusammen mit neuen Aktien, die während der Geltungsdauer dieser Ermächtigung unter Bezugsrechtsausschluss nach § 186 Abs. 3 S. 4 AktG begeben werden, insgesamt 10% des zum Zeitpunkt der Veräußerung der Aktien eingetragenen Grundkapitals der Gesellschaft nicht überschreiten.
Das Bezugsrecht der Aktionäre ist ausgeschlossen, soweit der Vorstand die Aktien für die Zwecke unter lit. aa) oder bb) verwendet. Darüber hinaus kann der Vorstand im Fall der Veräußerung der eigenen Aktien im Rahmen eines Erwerbsangebots an die Aktionäre der Gesellschaft mit Zustimmung des Aufsichtsrats das Bezugsrecht der Aktionäre für Spitzenbeträge ausschließen.

Von den vorstehenden Ermächtigungen kann einmal oder mehrmals, einzeln oder zusammen, insgesamt oder bezogen auf Teilvolumina der erworbenen eigenen Aktien Gebrauch gemacht werden.

2. Muster: Mitteilung nach § 30b Abs. 1 S. 1 Nr. 2 WpHG im Bundesanzeiger

M 123

385

_____ Aktiengesellschaft, _____ (Sitz)
– WKN _____/ISIN _____
Mitteilung gemäß § 30b Abs. 1 S. 1 Nr. 2 WpHG
Die Hauptversammlung der _____ Aktiengesellschaft, hat am _____ beschlossen, den Vorstand bis zum _____ zum Erwerb eigener Aktien gemäß § 71 Abs. 1 Nr. 8 AktG zu ermächtigen und zwar nach Maßgabe der näheren Bestimmungen des am _____ im Bundesanzeiger veröffentlichten Beschlussvorschlags von Vorstand und Aufsichtsrat zu Punkt _____ der Tagesordnung der Hauptversammlung. Etwaige aufgrund des Beschlusses erworbene Aktien können unter Ausschluss des Bezugsrechts veräußert oder ohne weiteren Hauptversammlungsbeschluss eingezogen werden. Der vollständige Wortlaut des Beschlusses ergibt sich aus der am _____ im Bundesanzeiger veröffentlichten Tagesordnung der Hauptversammlung.
_____ Aktiengesellschaft
Der Vorstand

3. Muster: Beschluss des Vorstands über Erwerb eigener Aktien

M 124

386

I.
Die Hauptversammlung hat mit Ermächtigungsbeschluss vom _____ den Vorstand ermächtigt, bis zum _____ insgesamt Aktien der Gesellschaft mit einem anteiligen Betrag des Grundkapitals von bis zu _____ EUR zu erwerben mit der Maßgabe, dass auf die aufgrund der Ermächtigung zu erwerbenden Aktien zusammen mit anderen Aktien der Gesellschaft, welche die Gesellschaft bereits erworben hat oder noch besitzt, nicht mehr als 10% des Grundkapitals der Gesellschaft entfallen.

II.
Im Rahmen der unter I. mitgeteilten Ermächtigung hat der Vorstand der _____ AG am heutigen _____ einstimmig beschlossen:
Die Gesellschaft wird im Zeitraum vom _____ bis zum _____ insgesamt _____ Stück Aktien der Gesellschaft über die Börse erwerben. Der Erwerbspreis für den Erwerb je Aktie (ohne Erwerbsnebenkosten) wird den durchschnittlichen Börsenkurs der jeweiligen Aktiengattung der Gesellschaft an der Frankfurter Wertpapierbörse an den letzten fünf Börsentagen vor dem Erwerb der Aktie, ermittelt auf der Basis des arithmetischen Mittels der Schlussauktionspreise im Xetra-Handel, um nicht mehr als _____% überschreiten und um nicht mehr als _____% unterschreiten. Der Erwerbspreis darf höchstens _____ EUR betragen.
Zur Abwicklung des Rückerwerbs soll die _____ (Name des Kreditinstituts) beauftragt werden mit der Maßgabe, dass die _____ (Name des Kreditinstituts) im vorstehend beschriebenen Rahmen ihre Entscheidungen über den Zeitpunkt des Erwerbs im Sinne von Artikel 6 Abs. 3 lit. b der EU-Verordnung 2273/2003 unabhängig und unbeeinflusst von der Gesellschaft trifft.
Die erworbenen eigenen Aktien sollen vorbehaltlich der Zustimmung des Aufsichtsrats unter Ausschluss des gesetzlichen Bezugsrechts der Aktionäre den Gesellschaftern der _____ GmbH im Rahmen des Erwerbs von weiteren _____% des Stammkapitals der _____ GmbH als Gegenleistung für die Einbringung ihrer Anteile an der _____ GmbH gewährt werden.

_____, den _____
Der Vorstand
(Unterschriften)

M 125 **4. Muster: Zustimmungsbeschluss des Aufsichtsrats zum Beschluss des Vorstands über Veräußerung eigener Aktien**

387 *I.*
Die Hauptversammlung hat mit Ermächtigungsbeschluss vom _____ den Vorstand ermächtigt, bis zum _____ insgesamt Aktien der Gesellschaft mit einem anteiligen Betrag des Grundkapitals von bis zu _____ EUR zu erwerben mit der Maßgabe, dass auf die aufgrund der Ermächtigung zu erwerbenden Aktien zusammen mit anderen Aktien der Gesellschaft, welche die Gesellschaft bereits erworben hat oder noch besitzt, nicht mehr als 10% des Grundkapitals der Gesellschaft entfallen. Die Hauptversammlung hat den Vorstand weiterhin ermächtigt, die aufgrund des Ermächtigungsbeschlusses vom _____ erworbenen eigenen Aktien mit Zustimmung des Aufsichtsrats unter Ausschluss des gesetzlichen Bezugsrechts der Aktionäre Dritten im Rahmen des Erwerbs von Unternehmen oder Unternehmensbeteiligungen als Gegenleistung für die Einbringung von Unternehmen oder Unternehmensbeteiligungen zu gewähren. Der Vorstand hat mit Beschluss vom _____ von der Erwerbsermächtigung Gebrauch gemacht und _____ Stück Aktien der Gesellschaft erworben. Der Vorstand hat am _____ beschlossen, _____ Stück dieser Aktien den Gesellschaftern der _____ GmbH als Gegenleistung für die Einbringung ihrer Anteile an der _____ GmbH zu gewähren, wobei das Bezugsrecht der Aktionäre ausgeschlossen wurde. Danach soll jeder Gesellschafter der _____ GmbH für einen Anteil in Höhe von jeweils EUR _____ des Stammkapitals der _____ GmbH Stück _____ Aktien der Gesellschaft erhalten.

II.
Der Aufsichtsrat hat in seiner Sitzung am _____ folgenden Beschluss gefasst:
Der Aufsichtsrat erteilt seine Zustimmung zum Beschluss des Vorstands vom _____, durch den der Vorstand beschlossen hat, im Rahmen der Ermächtigung der Hauptversammlung vom _____ Stück Aktien der Gesellschaft, die aufgrund des Beschusses des Vorstands vom _____ von der Gesellschaft erworben wurden, unter Ausschluss des Bezugsrechts der Aktionäre der Gesellschaft den Gesellschaftern der _____ GmbH als Gegenleistung für die Einbringung ihrer Anteile an der _____ GmbH zu gewähren, wobei jeder Gesellschafter der _____ GmbH für einen Anteil in Höhe von jeweils EUR _____ des Stammkapitals der _____ GmbH Stück _____ Aktien der Gesellschaft erhalten soll.
_____, den _____
_____ (Unterschrift)
Der Vorsitzende des Aufsichtsrats

K. Ausschluss von Minderheitsaktionären (Squeeze out)

I. Rechtliche Grundlagen

1. Zweck der Squeeze out-Regelung

388 Erwirbt ein finanzieller oder strategischer Investor fast alle, aber eben gerade nicht alle Aktien einer Publikums-AG, so kommt dieser zwar wirtschaftlich einem Alleineigentümer nahe, rechtlich verbleiben aber die **mit dem Streubesitz verbundenen Nachteile**. So ist insbesondere die Hauptversammlung in der Form des § 121 Abs. 3 AktG einzuberufen, den Minderheitsaktionären steht nach § 130 Abs. 1 AktG ein umfangreiches Auskunftsrecht zu, und es besteht das Risiko,

dass Hauptversammlungsbeschlüsse von Minderheitsaktionären angefochten werden. Hierdurch entstehen der AG Aufwendungen, die in keinem Verhältnis zur Anzahl der Streubesitzaktionäre und dem Nutzen dieser Gesellschaftergruppe als Kapitalgeber für die AG stehen. Der Mehrheitsaktionär, aber regelmäßig auch die Gesellschaft, hat daher ein Interesse daran, die Minderheitsaktionäre aus der Gesellschaft auszuschließen. Hat der Mehrheitsaktionär ebenfalls die Rechtsform einer AG, so kann er, wenn er mindestens 95% der Aktien hält, die restlichen Aktionäre durch **Mehrheitseingliederung** nach § 320 AktG ausschließen. Die Aktionäre haben dann aber grundsätzlich einen Anspruch auf Abfindung in Aktien der Hauptgesellschaft und behalten darüber mittelbar einen gewissen Einfluss. Im Zusammenhang mit der erstmaligen gesetzlichen Regelung des Übernahmerechts ist durch Einführung der §§ 327a bis 327f. AktG der Ausschluss von Minderheitsaktionären (sog. **Squeeze out**) ermöglicht worden. Die Regelung ist an die Eingliederung durch Mehrheitsbeschluss angelehnt, jedoch ist der Squeeze out nicht auf den Fall beschränkt, dass es sich beim Hauptaktionär um eine AG handelt; Hauptaktionär kann vielmehr jeder sein, der Aktionär sein kann.[649] Neben diesem in den §§ 327a bis 327f. AktG geregelten so genannten aktienrechtlichen Squeeze out existiert auch ein so genannter übernahmerechtlicher Squeeze out.[650] Letzterer ist in den §§ 39a ff. WpÜG geregelt. Während der aktienrechtliche Squeeze out auf Grundlage eines entsprechenden Beschlusses des Hauptversammlung erfolgt, kann der übernahmerechtliche Squeeze out durch Gerichtsbeschluss auf Antrag des Bieters erfolgen, wenn dem Bieter nach einem Übernahme- oder Pflichtangebot mehr als 95% des Grundkapitals gehören. Die praktische Bedeutung des übernahmerechtlichen Squeeze out ist jedoch – anders als die des aktienrechtlichen Squeeze out – äußerst gering. Zunehmende Bedeutung könnte hingegen der neue, in § 62 Abs. 5 UmwG geregelte umwandlungsrechtliche Squeeze out erlangen, der schon bei einer 90%-igen Beteiligung möglich ist.

2. Beteiligungsquote des Hauptaktionärs beim aktienrechtlichen Squeeze out

Gem. § 327a AktG kann die Hauptversammlung einer AG auf Verlangen eines Aktionärs, dem Aktien in Höhe von **95% des Grundkapitals** gehören oder zugerechnet werden (Hauptaktionär), die Übertragung der Aktien der übrigen Aktionäre (Minderheitsaktionäre) auf den Hauptaktionär gegen Gewährung einer angemessenen Barabfindung beschließen. Für die Feststellung, ob dem Hauptaktionär 95% der Aktien gehören, werden ihm Aktien eines von ihm i.S.v. § 17 AktG abhängigen Unternehmens und Aktien, die ein anderer für Rechnung des Hauptaktionärs oder des abhängigen Unternehmens hält, zugerechnet.[651] Mehrere voneinander unabhängige Aktionäre, die nur zusammen 95% der Aktien halten, können dagegen den Ausschluss der Minderheitsaktionäre nicht verlangen.[652] Eigene Aktien, die die Gesellschaft, ein von ihr abhängiges Unternehmens oder ein Dritter für deren Rechnung hält, sind bei der Ermittlung der Beteiligungsquote abzusetzen.[653]

389

3. Festlegung der Barabfindung beim aktienrechtlichen Squeeze out

Der Hauptaktionär hat beim aktienrechtlichen Squeeze out eine angemessene Barabfindung festzulegen. Die Abfindung muss eine **volle wirtschaftliche Entschädigung** gewähren.[654] Sie

390

---

649 Vgl. *Hüffer*, § 327a Rn 7.
650 Eingeführt durch das Übernahmerichtlinie-Umsetzungsgesetz vom 8.7.2006 (BGBl I, 1426).
651 § 327a Abs. 2 i.V.m. § 16 Abs. 4 AktG.
652 Vgl. *Baums*, WM 2001, 1843, 1846.
653 § 327a Abs. 2 i.V.m. § 16 Abs. 2 AktG.
654 Begr. RegE, BT-Drucks 14/7034, 72.

muss gem. § 327b Abs. 1 S. 1 Hs. 2 AktG die Verhältnisse der Gesellschaft zum Zeitpunkt der Hauptversammlung berücksichtigen, die über die Übertragung beschließt. Es ist demnach eine stichtagsbezogene Bewertung der AG bezogen auf den Tag der Hauptversammlung durchzuführen. Die Höhe der Barabfindung wird der Hauptaktionär zumeist mit Unterstützung eines externen Wirtschaftsprüfers ermitteln. Dabei findet zur Wertermittlung regelmäßig die Ertragswertmethode Verwendung. Die Abfindung darf jedoch nicht unter dem Verkehrswert der Aktien liegen; bei börsennotierten Gesellschaften ist, sofern keine Marktenge besteht, der Börsenkurs als Untergrenze der Abfindung anzusetzen.[655] Der Hauptaktionär hat einen **Bericht** zu erstellen, in dem u.a. die Angemessenheit der Barabfindung erläutert und begründet werden muss (§ 327c Abs. 2 S. 1 AktG). Die Höhe der Barabfindung ist zudem gem. § 327c Abs. 2 S. 2 AktG durch einen oder mehrere **Prüfer** zu prüfen, die auf Antrag des Hauptaktionärs vom Gericht[656] ausgewählt und bestellt werden. Darüber hinaus eröffnet § 327f S. 2 AktG den Minderheitsaktionären die Möglichkeit einer gerichtlichen Nachprüfung der Abfindung in einem **Spruchverfahren**. Eine Anfechtungsklage gegen den Übertragungsbeschluss kann hingegen nicht mit der Unangemessenheit der Barabfindung begründet werden (§ 327f S. 1 AktG). Schließlich ist die Barabfindung vom Zeitpunkt der Bekanntmachung der Eintragung des Übertragungsbeschlusses in das Handelsregister an mit jährlich zwei Prozentpunkten über dem jeweiligen Basiszinssatz nach § 247 BGB zu verzinsen (§ 327b Abs. 2 S. 1 AktG).

4. Verlangen an den Vorstand

391 Die Hauptversammlung kann den Squeeze out nur beschließen, wenn der Hauptaktionär dies verlangt. Das **Verlangen** ist an den Vorstand als Vertreter der AG zu richten; § 78 Abs. 2 S. 2 AktG findet entsprechende Anwendung.[657] Das Gesetz schreibt für das Verlangen keine besondere Form vor, in der Praxis sollte dennoch die Schriftform gewählt werden. Dem Vorstand ist zudem gem. § 327b Abs. 3 AktG die Erklärung eines im Inland zum Geschäftsbetrieb befugten Kreditinstituts zu übermitteln, durch die das Kreditinstitut die **Gewährleistung** für die Erfüllung der Barabfindungsverpflichtung des Hauptaktionärs übernimmt. Der Vorstand hat nach Zugang des Verlangens unverzüglich die **Hauptversammlung** einzuberufen. Ist der Zeitraum bis zur nächsten ordentlichen Hauptversammlung nicht unvertretbar lang, wird man allerdings eine vorherige außerordentliche Hauptversammlung nicht ohne weiteres verlangen können. Die Beschlussfassung über die Übertragung der Aktien muss er auf die **Tagesordnung** der Hauptversammlung setzen. Ob er zu diesem Tagesordnungspunkt gemeinsam mit dem Aufsichtsrat gem. § 124 Abs. 3 S. 1 AktG einen **Beschlussvorschlag** unterbreiten muss, ist streitig.[658] Da eine Ausnahme von § 124 Abs. 3 S. 1 AktG nicht ausdrücklich im Gesetz ausgesprochen wird, sollte die Verwaltung jedenfalls dann einen Beschlussvorschlag machen, wenn der Übertragungsbeschluss nicht ausnahmsweise im förmlichen Verfahren nach § 122 AktG auf die Tagesordnung gesetzt wurde.[659] Dabei hat die Verwaltung unter Beachtung des Gesellschaftsinteresses pflichtgemäß zu prüfen, ob sie den Übertragungsbeschluss mitträgt oder einen ablehnenden Beschlussvorschlag unterbreiten will.[660]

---

655 Vgl. *Hüffer*, § 327b Rn 4 f.; *Krieger*, BB 2002, 53, 55 f. Vgl. auch Begr. RegE, BT-Drucks 14/7034, 72, wo ausdrücklich auf die Entscheidung BVerfGE 100, 289 (DAT/Altana) Bezug genommen wird.
656 Für die Zuständigkeit verweist § 327c Abs. 2 S. 4 AktG auf § 293c S. 3 und 4 AktG; § 327c Abs. 2 S. 5 AktG enthält zudem eine Verordnungsermächtigung für die Zuständigkeitskonzentration.
657 Zutr. *Hüffer*, § 327a Rn 8.
658 Bejahend etwa *Hüffer*, § 327a Rn 8; *Vetter*, AG 2002, 176, 186; ebenso im Grundsatz auch Happ/*Groß*, Form 17.01 Anm. 4; ablehnend *Angerer*, BKR 2002, 260, 265; *Krieger*, BB 2002, 53, 59.
659 Happ/*Groß*, Form 17.01 Anm. 4.
660 *Hüffer*, § 327a Rn 8.

5. Übertragungsbeschluss der Hauptversammlung

Der Übertragungsbeschluss der Hauptversammlung bedarf – mangels anderweitiger Regelung – nur der einfachen Mehrheit.[661] Ein **Stimmrechtsausschluss** des Hauptaktionärs **besteht nicht**,[662] so dass die Minderheit den Übertragungsbeschluss nicht verhindern kann. Der Übertragungsbeschluss ist vom Vorstand zur Eintragung ins Handelsregister anzumelden. Dabei hat der Vorstand zu erklären, dass eine Klage gegen die **Wirksamkeit** des Übertragungsbeschlusses nicht oder nicht rechtzeitig erhoben oder eine solche Klage rechtskräftig abgewiesen oder zurückgenommen worden ist (Negativerklärung).[663] Die sonst bestehende **Registersperre** kann jedoch mittels eines Unbedenklichkeitsverfahrens entsprechend § 319 Abs. 6 AktG überwunden werden.[664] Mit Eintragung des Übertragungsbeschlusses gehen die Aktien der Minderheitsaktionäre ex lege auf den Hauptaktionär über (§ 327e Abs. 3 S. 1 AktG). Ausgegebene Aktienurkunden verbriefen bis zur Aushändigung an den Hauptaktionär den Anspruch des Minderheitsaktionärs auf Barabfindung (§ 327e Abs. 3 S. 2 AktG).

392

6. Ablauf des aktienrechtlichen Squeeze out

Der Squeeze out nach §§ 327a ff. AktG vollzieht sich in folgenden Schritten, die sich teilweise zeitlich überschneiden können:

393

(1) Unterrichtung des Vorstands der AG, dass Squeeze out beabsichtigt ist, und Bitte, die entsprechenden Vorbereitungsmaßnahmen, insbesondere Ermittlung des Unternehmenswerts zur Festlegung der Barabfindung, zu ermöglichen
(2) Ermittlung und Festlegung der angemessenen Barabfindung durch Hauptaktionär
(3) Antrag bei Gericht auf Bestellung eines sachverständigen Prüfers (§ 327c Abs. 2 S. 3 AktG)
(4) Bestellung des gerichtlichen Prüfers (§ 327c Abs. 2 S. 3 AktG)
(5) Prüfung der Angemessenheit der Barabfindung durch gerichtlich bestellten Prüfer (§ 327c Abs. 2 S. 2 bis 4 AktG)
(6) Gewährleistungserklärung eines Kreditinstituts für die Erfüllung der Verpflichtung des Hauptaktionärs (§ 327b Abs. 3 AktG)
(7) Verlangen des Hauptaktionärs an den Vorstand der AG (§ 327a Abs. 1 S. 1 AktG)
(8) Fertigstellung des schriftlichen Berichts des Hauptaktionärs, der insbesondere die Voraussetzungen für die Übertragung und die Angemessenheit der Barabfindung erläutern und begründen muss (§ 327c Abs. 2 S. 1)
(9) Fertigstellung des Berichts des gerichtlich bestellten Prüfers (§ 327c Abs. 2 S. 4 i.V.m. § 293e AktG)
(10) Einberufung der Hauptversammlung mit der Bekanntmachung der Übertragung als Gegenstand der Tagesordnung und Angabe von Firma und Sitz des Hauptaktionärs, bei natürlichen Personen Name und Adresse, sowie der vom Hauptaktionär festgelegten Barabfindung (§ 327c Abs. 1 AktG); von diesem Zeitpunkt an sind in den Geschäftsräumen der AG auszulegen und den Aktionären auf Verlangen in Abschrift zu übersenden (§ 327c Abs. 3 AktG):
   – Entwurf des Übertragungsbeschlusses
   – Schriftlicher Bericht des Hauptaktionärs
   – Bericht des gerichtlich bestellten Prüfers
   – Jahresabschlüsse und Lageberichte der Gesellschaft für die letzten drei Geschäftsjahre
(11) Hauptversammlung mit Übertragungsbeschluss

---

661 Happ/*Groß*, Form 17.01 Anm. 10 m.w.N.
662 Vgl. *Hüffer*, § 327a Rn 11.
663 § 327e Abs. 2 i.V.m. § 319 Abs. 5 AktG.
664 § 327e Abs. 2 AktG.

(12) Anmeldung des Übertragungsbeschlusses zum Handelsregister, der die Niederschrift des Übertragungsbeschlusses nebst Anlagen beizufügen ist und die zudem eine Negativerklärung des Vorstands enthalten muss (§ 327e Abs. 1 AktG)
(13) Eintragung und damit Wirksamwerden des Übertragungsbeschlusses (§ 327e Abs. 3 S. 1 AktG)
(14) Bekanntmachung des Hauptaktionärs über Ausschluss der Minderheitsaktionäre
(15) Bekanntmachung der Gesellschaft über den Ausschluss der Minderheitsaktionäre (§ 30e WpHG)
(16) Ggf. Mitteilung der Gesellschaft über Einpersonen-Gesellschaft (§ 42 AktG)
(17) Zahlung der Barabfindung und ggf. Hinterlegung
(18) Gerichtliche Bekanntmachung über die Eintragung des Übertragungsbeschlusses (§ 10 HGB)

II. Typischer Sachverhalt

394 Die M Beteiligungs GmbH hat rund 98% an der F AG erworben. Sie möchte diesen Anteil auf 100% aufstocken und zu diesem Zweck Verlangen, dass die Hauptversammlung der F AG den Ausschluss der Minderheitsaktionäre gegen Gewährung einer angemessenen Barabfindung beschließt. Der rechtliche Berater der M Beteiligungs GmbH wird mit der Vorbereitung des Squeeze out beauftragt.

III. Muster

M 126 1. Muster: Verlangen des Hauptaktionärs

395 Herrn _____
Vorsitzender des Vorstands
_____ AG (Sitz, Anschrift)
_____, den _____
Übertragung von Aktien der Minderheitsaktionäre gegen Barabfindung
Sehr geehrter Herr _____,
die _____ GmbH ist per _____ am Grundkapital der _____ AG unmittelbar mit _____ Aktien beteiligt. Unser Anteil am Grundkapital der _____, das in _____ auf den Inhaber lautende Stückaktien eingeteilt ist, beträgt danach per _____ _____ %.
Gem. § 327a Abs. 1 AktG richten wir an Sie das Verlangen, auf die Tagesordnung für die ordentliche Hauptversammlung der _____ AG den Tagesordnungspunkt
„Beschlussfassung über die Übertragung der Aktien der Minderheitsaktionäre der _____ AG, _____ (Sitz), auf die _____ GmbH, (Sitz), gegen Gewährung einer angemessenen Barabfindung."
aufzunehmen. Wir bitten Vorstand und Aufsichtsrat der _____ AG zu diesem Tagesordnungspunkt den in Anlage 1 enthaltenen Beschlussvorschlag einschließlich Begründung zu machen.
Das Original der Erklärung der _____ Bank AG vom _____ bezüglich der Übernahme der Gewährleistung für die Erfüllung unserer Verpflichtung gegenüber den Minderheitsaktionären (§ 327b Abs. 3 AktG) fügen wir diesem Schreiben als Anlage 2 bei.
Mit freundlichen Grüßen
_____ GmbH
_____ (Unterschriften)

2. Muster: Einladung zur Hauptversammlung – Tagesordnungspunkt Übertragung von Aktien gegen Barabfindung **M 127**

(6) Beschlussfassung über die Übertragung der Aktien der Minderheitsaktionäre der _____ AG, **396** _____ (Sitz), auf die _____ GmbH, (Sitz), gegen Gewährung einer angemessenen Barabfindung. Nach § 327a AktG kann die Hauptversammlung einer Aktiengesellschaft auf Verlangen eines Aktionärs, dem Aktien der Gesellschaft in Höhe von mindestens _____% des Grundkapitals gehören (Hauptaktionär), die Übertragung der Aktien der übrigen Aktionäre (Minderheitsaktionäre) auf den Hauptaktionär gegen Gewährung einer angemessenen Barabfindung beschließen.
Die _____ GmbH, mit Sitz in _____, _____ (Anschrift), eingetragen im Handelsregister des Amtsgerichts _____ unter HRB _____,[665] hält unmittelbar _____% der Aktien der _____ AG und somit mehr als _____% des Grundkapitals der _____ AG. Die _____ GmbH ist damit Hauptaktionär der _____ AG i.S.v. § 327a Abs. 1 S. 1 AktG und daher berechtigt zu verlangen, dass die Hauptversammlung der Gesellschaft über die Übertragung der Aktien der Minderheitsaktionäre auf den Hauptaktionär gegen Gewährung einer angemessenen Barabfindung gem. §§ 327a ff. AktG beschließt. Dieses Verlangen hat die _____ GmbH an den Vorstand der _____ AG gestellt. Die Höhe der Barabfindung hat die _____ GmbH mit EUR _____ festgelegt.
Die _____ GmbH hat dem Vorstand der _____ AG gem. § 327b Abs. 3 AktG eine Erklärung der _____ übermittelt, wonach die _____ die Gewährleistung für die Erfüllung der Verpflichtung des Hauptaktionärs übernimmt, den Minderheitsaktionären nach Eintragung des Übertragungsbeschlusses in das Handelsregister unverzüglich die festgelegte Barabfindung für die übergegangenen Aktien zu zahlen.
In einem schriftlichen Bericht der _____ GmbH, _____ (Sitz), an die Hauptversammlung sind die Voraussetzungen für die Übertragung dargelegt und die Angemessenheit der Barabfindung erläutert und begründet. Die Angemessenheit der Barabfindung wurde durch die _____ Wirtschaftsprüfungsgesellschaft, _____ (Sitz), als dem vom Landgericht _____ ausgewählten und bestellten sachverständigen Prüfer geprüft.
Vorstand und Aufsichtsrat schlagen vor, auf Verlangen der _____ GmbH, _____ (Sitz), wie folgt zu beschließen:[666]
> Die Aktien der übrigen Aktionäre der _____ AG, _____ (Sitz) (Minderheitsaktionäre), werden gemäß dem Verfahren zum Ausschluss von Minderheitsaktionären (§§ 327a ff. AktG) gegen Gewährung einer von der Hauptaktionärin zu zahlenden Barabfindung in Höhe von EUR _____ pro Stückaktie mit einem anteiligen Betrag am Grundkapital in Höhe von EUR _____ auf die _____ GmbH, _____ (Sitz), übertragen.

Vom Zeitpunkt der Einberufung der Hauptversammlung an liegen in den Geschäftsräumen der _____ AG, _____ (Anschrift), folgende Unterlagen zur Einsicht der Aktionäre aus:
a) Entwurf des Übertragungsbeschlusses,
b) die Jahresabschlüsse der _____ AG, die Konzernabschlüsse sowie die zusammengefassten Lageberichte und Konzernlageberichte der _____ AG und des Konzerns für die Geschäftsjahre _____, _____ und _____,
c) der von der _____ GmbH erstattete Bericht gem. § 327c Abs. 2 S. 1 AktG,
d) der von _____ Wirtschaftsprüfungsgesellschaft, _____ (Sitz), erstattete Prüfungsbericht gem. § 327c Abs. 2 S. 2 bis 4 AktG.

---

[665] Zwar verlangt § 327c Abs. 1 S. 1 Nr. 1 AktG nur die Benennung von Firma und Sitz des Hauptaktionärs, im Schrifttum wird vereinzelt aber darüber hinaus die Angabe der Handelsregisterangaben gefordert, so etwa *Sieger/Hasselbach*, ZGR 2002, 120, 152; *Vossius*, ZIP 2002, 511, 515 dort Fn 15.
[666] Das Muster geht davon aus, dass Vorstand und Aufsichtsrat nach pflichtgemäßer Prüfung den Squeeze out für im Gesellschaftsinteresse liegend erachten und ihn daher im Rahmen des nach § 124 Abs. 3 S. 1 AktG zu unterbreitenden Beschlussvorschlags mittragen.

Die vorgenannten Unterlagen können in den Geschäftsräumen der _____ AG, _____ (Anschrift), eingesehen werden. Sie liegen auch während der Hauptversammlung zur Einsichtnahme aus. Auf Verlangen wird jedem Aktionär unverzüglich und kostenlos eine Abschrift der Unterlagen erteilt.

M 128 — 3. Muster: Anmeldung der Übertragung von Aktien gegen Barabfindung zum Handelsregister

397 An das Amtsgericht _____
– Handelsregister –
Betr.: _____ AG, _____ (Sitz)
HRB _____
Als gemeinsam zur Vertretung befugte Mitglieder des Vorstands der _____ AG, _____ (Sitz), melden wir zur Eintragung in das Handelsregister an:
Die Hauptversammlung der Gesellschaft hat am _____ beschlossen, die Aktien der übrigen Aktionäre (Minderheitsaktionäre) der _____ AG gemäß dem Verfahren zum Ausschluss von Minderheitsaktionären (§§ 327a ff. AktG) gegen Gewährung einer von der Hauptaktionärin zu zahlenden Barabfindung in Höhe von EUR _____ pro Stückaktie mit einem anteiligen Betrag am Grundkapital von EUR _____ auf die _____ GmbH, _____ (Sitz), zu übertragen.
Als Anlage fügen wir bei:
Ausfertigung der Niederschrift über die Hauptversammlung vom _____ nebst Anlagen mit dem Beschluss über die Übertragung der Aktien der Minderheitsaktionäre gegen Barabfindung.
Wir erklären, dass eine Klage gegen die Wirksamkeit des Hauptversammlungsbeschlusses innerhalb der Klagefrist nicht erhoben worden ist (§ 327e Abs. 2 i.V.m. § 319 Abs. 5 S. 1 AktG). Für den Fall der fristgerechten Erhebung einer Anfechtungsklage, ist beabsichtigt, beim zuständigen Landgericht gem. § 327e Abs. 2 i.V.m. § 319 Abs. 6 S. 1 AktG die Feststellung zu beantragen, dass die Erhebung der Klage der Eintragung nicht entgegensteht.
_____, den _____
_____ (Unterschriften)
_____ (Notarieller Beglaubigungsvermerk)

L. Mitteilungspflichten nach AktG und WpHG

I. Rechtliche Grundlagen

398 Gesetzliche Mitteilungspflichten im Hinblick auf die Beteiligung von und an einer AG oder KGaA bestehen nach §§ 20, 21 AktG[667] und nach den §§ 21 ff. WpHG.[668] Der Adressatenkreis der Bestimmungen und ihre Tatbestandsvoraussetzungen sind unterschiedlich. Die gesetzlichen Regelungen sind wie folgt aufeinander abgestimmt: Für eine AG und KGaA, die Emittenten im Sinne des § 21 Abs. 2 WpHG sind (börsennotierte Aktiengesellschaften) und für deren unmittelbare und mittelbare Aktionäre gelten nur die Mitteilungspflichten nach WpHG; von den Mitteilungspflichten nach §§ 20, 21 AktG sind diese Gesellschaften bzw. deren Aktionäre befreit (§§ 20 Abs. 8, 21 Abs. 5 AktG). Demgegenüber gelten für die nicht börsennotierte AG und KGaA und deren unmittelbare und mittelbare Aktionäre nur die Mitteilungspflichten nach §§ 20, 21 AktG.

---

[667] Dazu – neben den Kommentaren zu §§ 20, 21 AktG – näher *Burgard*, Die Offenlegung von Beteiligungen, Abhängigkeits- und Konzernlagen bei der Aktiengesellschaft, 1990; *Hüffer*, FS Boujong 1996, S. 277 ff.; *Pentz*, AG 1992, 55.
[668] Vgl. näher *Assmann/U.H. Schneider*, WpHG, 4. Aufl. 2006; zu den Anwendungsproblemen *U.H. Schneider*, AG 1997, 81; *Nottmeier/Schäfer*, AG 1997, 87.

Zudem besteht eine Verpflichtung von Personen, die bei einer börsennotierten AG oder KGaA Führungsaufgaben wahrnehmen, ihre Geschäfte in Aktien des Emittenten und sich darauf beziehenden Finanzinstrumenten, insbesondere Derivaten, – sog. **Directors' Dealings** – mittzuteilen (§ 15a WpHG). Seit Inkrafttreten des TUG (vgl. Rn 9) enthält das WpHG darüber hinaus in den §§ 30a ff. sowie in den §§ 30v ff. weitere Informationspflichten, die sich aus der Börsenzulassung ergeben (**Zulassungsfolgepflichten**).

1. Mitteilungspflichten nach AktG
a) § 20 AktG

§ 20 AktG bestimmt Mitteilungspflichten, die gegenüber jeder AG und KGaA bestehen, die nicht Emittenten i.S.d. § 21 Abs. 2 WpHG sind. Mitteilungspflichtig ist der Erwerb einer Beteiligung von mehr als 25% (**Schachtelbeteiligung**); außerdem (gegebenenfalls mit der Folge einer neuerlichen Mitteilungspflicht) der Erwerb einer **Mehrheitsbeteiligung**. Mitteilungspflichtig ist auch der Wegfall einer Schachtel- oder Mehrheitsbeteiligung (§ 20 Abs. 5 AktG). **Zurechnungsregeln** enthält § 20 Abs. 2 AktG. Anderweitige Kenntnis vom mitteilungspflichtigen Tatbestand bei dem Vorstand bzw. Komplementär der AG oder KGaA befreit nicht von der Mitteilungspflicht. Anders als bei den Mitteilungspflichten nach WpHG (s.u.) sind mitteilungspflichtig nur Unternehmen i.S.v. § 15 AktG, also Aktionäre, die neben der Beteiligung an der AG noch anderweitige wirtschaftliche Interessenbindungen haben.[669]

399

b) § 21 AktG

§ 21 AktG begründet Mitteilungspflichten einer AG und KGaA gegenüber anderen Unternehmen. Die Bestimmung will die **Offenlegung der Beteiligungsverhältnisse** im Interesse der Aktionäre, der Gläubiger und der Öffentlichkeit sicherstellen.[670] Danach hat eine AG oder KGaA, sobald ihr eine Schachtelbeteiligung von mehr als 25% an einer anderen Kapitalgesellschaft gehört, dies unverzüglich der betreffenden Gesellschaft schriftlich mitzuteilen. Unabhängig von der Rechtsform des Beteiligungsunternehmens ist diesem nach § 21 Abs. 2 AktG außerdem der Erwerb einer Mehrheitsbeteiligung mitzuteilen. Mitteilungspflichtig ist auch der Wegfall derartiger Beteiligungen, d.h. das Absinken der Beteiligung auf 50% oder darunter sowie das Absinken der Beteiligung auf 25% oder darunter (§ 21 Abs. 3 AktG). Sind sowohl der Tatbestand des § 20 als auch der des § 21 AktG verwirklicht, so hat nach allgemeiner Meinung § 20 AktG Vorrang, so dass die Mitteilung nach § 20 AktG genügt.[671]

400

c) Rechtsfolgen bei unterlassener Mitteilung

Wird die Mitteilung nach § 20 AktG versäumt, führt dies nach § 20 Abs. 7 AktG zu einer **Ausübungssperre der Rechte** des Unternehmens aus den Aktien.[672] Dasselbe gilt bei Verletzung der Mitteilungspflicht nach § 21 AktG (vgl. § 21 Abs. 4 AktG). Nach § 20 Abs. 7 S. 2 AktG gilt die Ausübungssperre nicht für Dividendenansprüche und Ansprüche auf den Liquidationserlös, sofern die erforderliche Mitteilung nicht vorsätzlich unterlassen wurde und nachgeholt worden ist.

401

---

669 Vgl. *Hüffer*, § 20 Rn 2 mit § 15 Rn 6, 8 f.; *Hägele*, NZG 2000, 726.
670 Zum Auskunftsanspruch hinsichtlich Beteiligungen in der Hauptversammlung vgl. BayObLG AG 1996, 516; KG AG 1996, 131; krit. *Hüffer*, ZIP 1996, 401.
671 Vgl. KG AG 2000, 227; *Hüffer*, § 20 Rn 1.
672 Zu den Einzelheiten *Hüffer*, § 20 Rn 10 ff.

2. Sonderfall: Mitteilung nach § 42 AktG

402 Nach § 42 AktG hat die AG, vertreten durch den Vorstand, dem Registergericht mitzuteilen, wenn alle Aktien, eigene Aktien der AG ausgenommen, einem Aktionär gehören, die Gesellschaft also zur **Ein-Personen-AG** geworden ist. Die Mitteilung ist unter Angabe von Name und Vorname, Geburtsdatum und Wohnort des alleinigen Aktionärs einzureichen. Für die KGaA gilt § 42 AktG entsprechend.

3. Mitteilungspflichten nach WpHG
a) §§ 21ff. WpHG

403 Gegenüber §§ 20, 21 AktG sind die Mitteilungspflichten nach WpHG einerseits weiter gehend, weil sie nicht nur Unternehmen, sondern grundsätzlich jedermann, auch den Privataktionär, treffen; andererseits beziehen sich die Bestimmungen nur auf Beteiligungen an Gesellschaften, deren Aktien zum Handel an einem organisierten Markt zugelassen sind, die also **Emittenten i.S.d. § 21 Abs. 2 WpHG** sind, und für die die Bundesrepublik Deutschland der Herkunftsstaat (§ 2 Abs. 6 WpHG) ist. Werden die Aktien ausschließlich im Freiverkehr gehandelt, bestehen keine Mitteilungspflichten nach WpHG, weil für den Handel im Freiverkehr keine Zulassung i.S.d. § 21 Abs. 2 WpHG erforderlich ist. Mitteilungspflichtig ist – nach der Einführung weiterer Schwellenwerte durch das TUG (siehe Rn 9) – das Erreichen, Überschreiten oder Unterschreiten von 3%, 5%, 10%, 15%, 20%, 25%, 30%, 50% oder 75% der Stimmrechte durch Erwerb, Veräußerung oder auf sonstige Weise.[673] § 22 WpHG sieht für die Berechnung des Stimmrechtsanteils komplexe Zurechnungsvorschriften vor. Berechnungsbasis für den Stimmrechtsanteil ist die jeweils aktuelle Veröffentlichung der Gesamtzahl der Stimmrechte, die ein Inlandsemittent gemäß § 26a WpHG am Ende eines jeden Kalendermonats, in dem es zu einer Zu- oder Abnahme der Stimmrechte gekommen ist, machen muss. Einzelheiten zum Inhalt der Mitteilung sind in der Wertpapierhandelsanzeige- und Insiderverordnung (WpAIV)[674] geregelt. Die Mitteilung hat **unverzüglich**, spätestens aber innerhalb von vier Handelstagen unter Angabe der Höhe des Stimmrechtsanteils und des Tages seines Erreichens sowie unter Angabe der Anschrift des Meldepflichtigen zu erfolgen; maßgeblich für den Fristbeginn ist der Zeitpunkt, zu dem der Meldepflichtige Kenntnis davon hat oder nach den Umständen davon haben musste, dass sein Stimmrechtsanteil die genannten Schwellen erreicht, über- oder unterschreitet. Derjenige, dem zum Zeitpunkt der erstmaligen Börsenzulassung 3% oder mehr der Stimmrechte an einem Emittenten zustehen, für den die Bundesrepublik Deutschland der Herkunftsstaat ist, hat nach § 21 Abs. 1a WpHG eine entsprechende Mitteilung zu machen.

404 Die Mitteilungspflicht besteht sowohl gegenüber der Gesellschaft als auch gegenüber der Bundesanstalt für Finanzdienstleistungsaufsicht (BaFin). Die Gesellschaft hat Mitteilungen nach § 21 WpHG unverzüglich, spätestens innerhalb von drei Handelstagen nach Zugang der Mitteilung, zu veröffentlichen, § 26 Abs. 1 S. 1 WpHG. Die Veröffentlichung muss durch Zuleitung an ein Bündel von Medien erfolgen. Unter diesen Medien müssen sich auch solche befinden, die die Information so rasch und so zeitgleich wie möglich in allen Staaten der Europäischen Union und des Europäischen Wirtschaftsraums aktiv verbreiten. Einzelheiten hierzu finden sich ebenfalls in der WpAIV (vgl. Rn 403). In der Praxis bedienen sich die Gesellschaften für die Veröffentlichung regelmäßig eines hierauf spezialisierten Dienstleisters. Die Gesellschaft hat die Veröffent-

---

673 Dazu *Cahn*, AG 1997, 502ff.
674 Verordnung zur Konkretisierung von Anzeige-, Mitteilungs- und Veröffentlichungspflichten sowie der Pflicht zur Führung von Insiderverzeichnissen nach dem Wertpapierhandelsgesetz Wertpapierhandelsanzeige- und -Insiderverordnung (WpAIV) vom 13.12.2004 (BGBl I, 3376); geänd. durch das Transparenzrichtlinie-Umsetzungsgesetz (vgl. Rn 9).

lichung gleichzeitig der BaFin mitzuteilen und muss sie außerdem unverzüglich dem Unternehmensregister übermitteln; beides wird in der Praxis regelmäßig von dem Dienstleister mit übernommen.

Die Rechtsfolgen einer unterlassenen Mitteilung nach § 21 WpHG entsprechen den aktienrechtlichen Parallelbestimmungen: Rechte aus Aktien, die Meldepflichtigen gehören oder aus denen ihnen Stimmrechte zugerechnet werden, bestehen für die Zeit nicht, für welche die Mitteilungspflichten nicht erfüllt werden. Sofern die Mitteilung nicht vorsätzlich unterlassen wurde und nachgeholt worden ist, gilt dies nicht für Dividendenansprüche und Ansprüche auf den anteiligen Liquidationserlös (§ 28 S. 2 WpHG). Verschärfte Rechtsfolgen finden sich seit dem Risikobegrenzungsgesetz (vgl. Rn 9) in § 28 S. 3 WpHG für den Fall der vorsätzlichen und der grob fahrlässigen Verletzung von Mitteilungspflichten. 405

Nach § 26 Abs. 1 S. 2 WpHG müssen Inlandsemittenten den Erwerb oder die Veräußerung eigener Aktien entsprechend §§ 21, 26 WpHG veröffentlichen, wobei hier die Schwellen von 5% und 10% und, wenn für den Emittenten die Bundesrepublik Deutschland der Herkunftsstaat ist, außerdem die Schwelle von 3% eine Veröffentlichungspflicht auslösen. 406

Mit dem TUG (vgl. Rn 9) wurde erstmals eine Meldepflicht bezogen auf solche Finanzinstrumente eingeführt, die einseitig rechtlich bindend zum Erwerb bereits ausgegebener Aktien berechtigen. Mit Ausnahme der Schwelle von 3% gelten insoweit die Schwellenwerte des § 21 WpHG. Die Mitteilungspflicht besteht dementsprechend beim hypothetischen Erreichen, Überschreiten oder Unterschreiten der Schwellen von 5%, 10%, 15%, 20%, 25%, 30%, 50% oder 75%, also dann, wenn dem Halter des Finanzinstruments das Recht zusteht bzw. nicht mehr zusteht, in entsprechendem Umfang mit Stimmrechten verbundene Aktien zu erwerben. Eine Zusammenrechnung mit bereits gehaltenen Stimmrechten findet dabei im Grundsatz nicht statt. Die Einzelheiten ergeben sich aus § 25 WpHG. Der Kreis der zu berücksichtigenden Instrumente wurde zudem jüngst durch § 25a WpHG erweitert. 407

Durch das Risikobegrenzungsgesetz (vgl. Rn 9) wurde eine Mitteilungspflicht bei wesentlichen Beteiligungen eingeführt. Wer die Stimmrechtsschwelle von 10% oder eine höhere Schwelle erreicht oder überschreitet, muss dem Emittenten innerhalb von 20 Handelstagen die mit dem Erwerb der Stimmrechte verfolgten Ziele und die Herkunft der für den Erwerb verwendeten Mittel mitteilen. Eine Änderung der Ziele ist ebenfalls innerhalb von 20 Handelstagen mitzuteilen. Zu den Einzelheiten vgl. § 27a WpHG. 408

b) Directors' Dealings

Der durch das **Vierte Finanzmarktförderungsgesetz** eingeführte § 15a WpHG sieht eine gesetzliche Pflicht der Mitglieder des Geschäftsführungs- oder Aufsichtsorgans im Inland börsennotierter Gesellschaften vor, An- und Verkäufe von Aktien „ihrer" Gesellschaft (sog. Directors' Dealings) offen zu legen.[675] Mit dem AnSVG (vgl. Rn 9) wurde der persönliche Anwendungsbereich der Vorschrift erheblich erweitert sowie im Hinblick auf die anzugebenden Geschäfte an die Bestimmungen der Marktmissbrauchsrichtlinie angepasst.[676] Im Einzelnen gilt: 409

Mitteilungspflichtig sind Geschäfte von Personen, die bei einem Emittenten von Aktien, die an einer inländischen Börse oder in einem organisierten Markt in einem anderen Mitgliedstaat der Europäischen Union oder des Europäischen Wirtschaftsraums zum Handel zugelassen sind, **Führungsaufgaben** wahrnehmen, mit Aktien des Emittenten oder sich darauf beziehenden Finanzinstrumenten, insbesondere Derivaten (§ 15a Abs. 1 S. 1 WpHG). Zur Mitteilung verpflichtet sind danach nicht nur Vorstands- und Aufsichtsratsmitglieder, sondern auch sonstige Perso- 410

---

675 Dazu ausführlich *Fleischer*, ZIP 2002, 1217 ff.
676 Dazu *Kuthe*, ZIP 2004, 883, 886 f.; *Holzborn/Israel*, WM 2004, 1948 ff.

nen, die regelmäßig Zugang zu Insiderinformationen haben und (zusätzlich) zu wesentlichen unternehmerischen Entscheidungen ermächtigt sind (§ 15a Abs. 2 WpHG). Werden solche Geschäfte von jemandem vorgenommen, der mit einer solchen Person in einer engen Beziehung steht, so trifft auch ihn die Verpflichtung nach § 15a Abs. 1 S. 1 WpHG. Wer zu diesen nahe stehenden Personen im Einzelnen gehört, regelt § 15a Abs. 3 WpHG. Eine Ausnahme enthält § 15a Abs. 1 S. 5 WpHG. Danach besteht die Mitteilungspflicht nicht, solange die Gesamtsumme der Geschäfte einer Person mit Führungsaufgaben und der mit dieser Person in einer engen Beziehung stehenden Personen insgesamt einen Betrag von 5.000 EUR bis zum Ende des Kalenderjahres nicht erreicht. Die Einzelheiten zum Inhalt der Mitteilung regelt die WpAIV (vgl. Rn 403).[677] Die Mitteilung muss innerhalb von fünf Tagen gegenüber der Gesellschaft, die die Aktien emittiert hat, sowie gegenüber der Bundesanstalt für Finanzdienstleistungsaufsicht (BaFin) erfolgen. Die Gesellschaft hat die Information unverzüglich zu veröffentlichen. Die Veröffentlichung hat ebenso wie die Veröffentlichung der Stimmrechtsanteile nach § 26 WpHG über ein Medienbündel zu erfolgen, das eine möglichst rasche und zeitgleiche europaweite Verbreitung gewährleistet; die Einzelheiten zur Form und zum Inhalt der Veröffentlichung der Directors' Dealings sind ebenfalls in der WpAIV geregelt. In der Praxis bedienen sich die Gesellschaften für die Veröffentlichung der Directors' Dealings ebenso wie für die Veröffentlichung der Stimmrechtsanteile im Regelfall eines Dienstleisters. Die Gesellschaft hat die Veröffentlichung der Directors' Dealings gleichzeitig der BaFin mitzuteilen und muss sie außerdem unverzüglich dem Unternehmensregister übermitteln; beides wird in der Praxis regelmäßig von dem Dienstleister mit übernommen.

II. Typischer Sachverhalt

411 Die M Holding AG hat ihre 51%ige Beteiligung an der E AG an die W AG veräußert. Auch bei der börsennotierten M Holding AG haben sich die Beteiligungsverhältnisse geändert: Der Gründeraktionär G hat seine Beteiligung von 8% an der Gesellschaft an Frau M veräußert. Die Beteiligten fragen, ob gesetzliche Mitteilungspflichten bestehen.

III. Muster

M 129 **1. Muster: Mitteilung über den Erwerb einer Beteiligung nach § 20 Abs. 1 AktG**

412 An die _____ Aktiengesellschaft, _____ (Sitz, Anschrift)
Betr.: Mitteilung nach § 20 Abs. 1 AktG
Sehr geehrte Damen und Herren,
hiermit teilen wir Ihnen gem. § 20 Abs. 1 AktG mit, dass wir am Grundkapital Ihrer Gesellschaft zu mehr als einem Viertel beteiligt sind.
_____, den _____
_____ (Unterschrift)

---

[677] Verordnung zur Konkretisierung von Anzeige-, Mitteilungs- und Veröffentlichungspflichten sowie der Pflicht zur Führung von Insiderverzeichnissen nach dem Wertpapierhandelsgesetz, Wertpapierhandelsanzeige- und -Insiderverordnung (WpAIV) vom 13.12.2004 (BGBl I, 3376); geänd. durch das Transparenzrichtlinie-Umsetzungsgesetz (siehe Rn 9).

2. Muster: Mitteilung über die Abgabe einer Beteiligung nach § 20 Abs. 5 AktG **M 130**

An die _____ Aktiengesellschaft, _____ (Sitz, Anschrift)
Betr.: Mitteilung nach § 20 Abs. 5 AktG
Sehr geehrte Damen und Herren,
hiermit teilen wir Ihnen gem. § 20 Abs. 5 AktG mit, dass wir nicht mehr zu mehr als einem Viertel am Grundkapital Ihrer Gesellschaft beteiligt sind.
_____, den _____
_____ (Unterschrift)

3. Muster: Bekanntmachung der AG nach § 20 Abs. 6 AktG im Bundesanzeiger **M 131**

_____ Aktiengesellschaft, _____ (Sitz)
Die _____ hat uns gem. § 20 Abs. 1 AktG mitgeteilt, dass sie zu mehr als einem Viertel am Grundkapital unserer Gesellschaft beteiligt ist. Die _____ hat uns gem. § 20 Abs. 5 AktG mitgeteilt, dass sie nicht mehr zu mehr als einem Viertel am Grundkapital unserer Gesellschaft beteiligt ist.
_____, den _____
Der Vorstand

4. Muster: Mitteilung der späteren Entwicklung zur Ein-Mann-Aktiengesellschaft **M 132**

An das Amtsgericht _____
– Handelsregister –
Betr.: HRB _____
_____ AG
Als gemeinsam zur Vertretung berechtigte Vorstandsmitglieder der _____ AG teilen wir mit, dass sich alle Aktien der Gesellschaft in der Hand eines Aktionärs befinden. Herr _____, geb. am _____, wohnhaft in _____, hat uns am _____ mitgeteilt, dass ihm alle Aktien an unserer Gesellschaft gehören.
_____, den _____
Der Vorstand

5. Muster: Mitteilung des Abgebenden nach § 21 WpHG **M 133**

Vorab per Telefax
An die _____ Aktiengesellschaft, _____ (Sitz, Anschrift), _____ (Telefax-Nr.)
An die Bundesanstalt für Finanzdienstleistungsaufsicht
Referat WA 12/WA 13
Marie-Curie-Str. 24–28
60439 Frankfurt am Main
Telefax-Nr. 0228/4108-31 19
Stimmrechtsmitteilung nach § 21 Abs. 1 WpHG
_____ (Name sowie Anschrift des Mitteilungspflichtigen)
_____ (Name und Anschrift des Emittenten)
Sehr geehrte Damen und Herren,
nach § 21 Abs. 1 WpHG teile ich Ihnen mit, dass mein Stimmrechtsanteil an der _____ AG am _____ die Schwellen von 5% und 3% unterschritten hat und ich nunmehr keinen Stimmrechtsanteil mehr halte.

_____, den _____
_____ (Unterschrift)

M 134 — 6. Muster: Mitteilung des Übernehmenden nach § 21 Abs. 1 S. 1 WpHG

417 Vorab per Telefax
An die _____ Aktiengesellschaft, _____ (Sitz, Anschrift), _____ (Telefax-Nr.)
An die Bundesanstalt für Finanzdienstleistungsaufsicht
Referat WA 12/WA 13
Marie-Curie-Str. 24-28
60439 Frankfurt am Main
Telefax-Nr. 0228/4108-31 19
Stimmrechtsmitteilung nach § 21 Abs. 1 WpHG
_____ (Name sowie Anschrift des Mitteilungspflichtigen)
_____ (Name und Anschrift des Emittenten)
Sehr geehrte Damen und Herren,
nach § 21 Abs. 1 WpHG teile ich Ihnen mit, dass mein Stimmrechtsanteil an der _____ AG am _____ die Schwellen von 3 % und 5 % überschritten hat und nunmehr _____ % (_____ Stimmrechte) beträgt.
Mit freundlichen Grüßen,
_____ (Unterschrift)

M 135 — 7. Muster: Veröffentlichung der Mitteilung durch die Gesellschaft nach § 26 Abs. 1 WpHG

418 _____ Aktiengesellschaft, _____ (Sitz, Anschrift)
Veröffentlichung gemäß § 26 Abs. 1 WpHG
Frau _____, Deutschland, hat uns nach § 21 Abs. 1 S. 1 WpHG mitgeteilt, dass ihr Stimmrechtsanteil an der _____ AG am _____ die Schwellen von 5 % und 3 % unterschritten hat und sie nunmehr keinen Stimmrechtsanteil mehr hält.
_____, den _____
Der Vorstand

M 136 — 8. Muster: Bekanntmachung nach § 26 Abs. 1 S. 2 WpHG

419 _____ Aktiengesellschaft, _____ (Sitz, Anschrift)
Stimmrechtsmitteilung gemäß § 26 Abs. 1 S. 2 WpHG
Wir teilen gemäß § 26 Abs. 1 S. 2 WpHG mit, dass der Stimmrechtsanteil, der auf die von der _____ Aktiengesellschaft, _____ (Sitz, Anschrift) gehaltenen eigenen Aktien entfällt, am _____ die Schwellen von 3 % und 5 % überschritten hat und nunmehr _____ % (_____ Stimmrechte) beträgt. Der Ordnung halber weisen wir darauf hin, dass diese Stimmrechte nach § 71b AktG ruhen, solange unsere Gesellschaft die Aktien als eigene Aktien hält.
_____, den _____
Der Vorstand

9. Muster: Mitteilung über Directors' Dealings nach § 15a Abs. 1 WpHG

(Die Bundesanstalt für Finanzdienstleistungsaufsicht (BaFin) hält auf ihrer Internetseite ein Formular für die Mitteilung nach § 15a Abs. 2 WpHG an den Emittenten und die BaFin bereit. Das Formular ist über die Adresse „www.bafin.de" abrufbar.)

420

10. Muster: Veröffentlichung der Mitteilung über Directors' Dealings durch die Gesellschaft nach § 15a Abs. 4 WpHG

M 137

_____ Aktiengesellschaft, _____ (Sitz, Anschrift)
Mitteilung über Geschäfte von Führungspersonen nach § 15a WpHG
Name und Vorname des Mitteilungspflichtigen: _____
Grund der Mitteilungspflicht: Person mit Führungsaufgaben
Position und Aufgabenbereich des Mitteilungspflichtigen: Mitglied des Aufsichtsrats
Name und Anschrift des Emittenten: _____
Bezeichnung des Finanzinstruments: Inhaberaktie der _____ Aktiengesellschaft
Nennbetrag des Finanzinstruments: ohne
ISIN des Finanzinstruments: _____
Geschäftsart: Kauf
Datum des Geschäftsabschlusses: _____
Ort des Geschäftsabschlusses: Frankfurt (XETRA)
Stückzahl: _____
Kurs/Preis je Finanzinstrument/Währung: _____ EUR
Stückzahl: _____
Gesamtvolumen des Geschäfts/Währung: _____ EUR
_____ Aktiengesellschaft
Der Vorstand

421

M. Die KGaA

I. Rechtliche Grundlagen

1. Bedeutung der Rechtsform

Die **Kommanditgesellschaft auf Aktien** (**KGaA**) hat in der Vergangenheit ein Schattendasein geführt.[678] Dies hatte seinen Grund vor allem in der unverzichtbaren Notwendigkeit, als persönlich haftenden Gesellschafter eine natürliche Person zu beteiligen, in der sich der Wille und die Kompetenz zur Unternehmensführung mit der Bereitschaft zur Übernahme der unbeschränkten persönlichen Haftung für Verbindlichkeiten der Gesellschaft verbinden musste. Mit seiner Entscheidung vom 24.2.1997[679] hat der BGH klargestellt, dass der persönlich haftende Gesellschafter einer KGaA nicht notwendig eine natürliche Person sein muss, sondern auch eine Gesellschaft wie etwa eine GmbH oder GmbH & Co. KG sein kann. Der Gesetzgeber hat diese Entscheidung inzwischen mit der Neufassung von § 279 Abs. 2 AktG durch das Handelsrechtreform-

422

---

[678] Vgl. die Zahlenangaben in AG-Report 1995, 272 ff., wonach im Jahr 1993 nicht mehr als 30 KGaA existierten. Heute wird man wohl von mehr als 200 KGaA ausgehen können.
[679] BGHZ 134, 392 = NJW 1997, 1923 = DStR 1997, 1012 m. Anm. *Goette*, ergangen auf Vorlagebeschluss des OLG Karlsruhe ZIP 1996, 1787; vgl. dazu *Bayreuther*, JuS 1999, 651; *Wichert*, AG 2000, 268; *Schrick*, NZG 2000, 409; *ders.*, NZG 2000, 675.

gesetz explizit bestätigt. Die Bedeutung der KGaA, für deren **Attraktivität** eine ganze Reihe von Punkten streiten (siehe dazu Rn 428), hat seit dem leicht zugenommen.[680]

2. Charakteristika der Rechtsform

423 Die KGaA ist wie die AG **Körperschaft, juristische Person und Formkaufmann** (vgl. § 278 Abs. 1 und § 278 Abs. 3 i.V.m. § 3 AktG). Sie ist nicht Personengesellschaft, weist jedoch Strukturmerkmale des Personengesellschaftsrechts auf. Konstituierend und kennzeichnend ist für die KGaA, dass sie anders als die AG notwendig zwei voneinander zu sondernde Arten von Gesellschaftern hat, nämlich mindestens einen persönlich haftenden Gesellschafter (Komplementär) einerseits sowie Kommanditaktionäre andererseits.[681]

3. Erscheinungsformen

424 Der historische Gesetzgeber ist davon ausgegangen, dass die Komplementär-Stellung in der KGaA von natürlichen Personen übernommen wird. In der **gesetzestypischen KGaA**, die als Leitbild den aktienrechtlichen Regelungen der §§ 278 ff. AktG zugrunde liegt, wird die Komplementär-Rolle von natürlichen Personen übernommen. Als solche begegnet sie einerseits in der Ausprägung als unternehmerorientierte KGaA, bei der die Komplementärstellung als echte unternehmerische Beteiligung gehalten wird und der „Unternehmer" sein Vermögen als Komplementäreinlage in die KGaA einbringt, oder andererseits als vorstandsorientierte KGaA, bei der die Stellung des oder der Komplementäre trotz Übernahme der persönlichen Haftung wie diejenige angestellter Geschäftsleiter ausgestaltet wird (z.B. durch Berufung auf bestimmte Zeit; erleichterte Abberufungsbedingungen u.Ä.).

425 Von der gesetzestypischen KGaA zu unterscheiden ist die **kapitalistische KGaA**, bei der die Komplementärstellung nicht von einer natürlichen Person, sondern einer Gesellschaft übernommen wird.[682] Als dritte Erscheinungsform ist schließlich die **Publikums-KGaA** zu nennen, die zur Aufnahme anonymer Kapitalanleger als Kommanditaktionäre bestimmt ist. Typenmischungen sind denkbar. Der Komplementär kann Aktien halten, also gleichzeitig persönlich haftender Gesellschafter und Kommanditaktionär sein.[683] Deshalb ist auch die **„Ein-Mann-KGaA"** möglich, bei der das gesamte Kommanditaktienkapital von dem Komplementär gehalten wird.[684] Konstruktiv denkbar ist schließlich auch die Entstehung einer **„Einheits-KGaA"**, wenn die Komplementär-Rolle einer Gesellschaft zugewiesen ist und alle Anteile an der Komplementär-Gesellschaft in das KGaA-Vermögen eingebracht werden.[685]

---

680 Bekannte Beispiele aus dem DAX sind Henkel, Merck, Fresenius und Fresenius Medical Care. Auch die Lizenzspielerabteilungen einiger Bundesligavereine bedienen sich der Rechtsform der KGaA (beispielsweise Hannover 96, 1. FC Köln, Borussia Dortmund, Hertha BSC Berlin, Greuther Fürth).
681 Die Gründung der KGaA verlangt allerdings die Mitwirkung von mindestens fünf Personen, § 280 Abs. 1 S. 1 AktG; dass mit der Zulassung der Einmann-Gründung bei der AG durch Anpassung von § 2 AktG durch das Gesetz für kleine Aktiengesellschaften vom 2.8.1994 (BGBl I 1994, 1961) nicht auch § 280 Abs. 1 S. 1 AktG angepasst und auch die Einmann-Gründung der KGaA zugelassen wurde, beruht offenbar auf einem Redaktionsversehen des Gesetzgebers: MüKo-AktG/*Semler*/*Perlitt*, § 280 Rn 2.
682 Umfassende Darstellung der Erscheinungsform bei *Jäger*, Aktiengesellschaft, § 2 Rn 43ff.
683 *Krug*, AG 2000, 510.
684 Vgl. MüKo-AktG/*Semler*/*Perlitt*, § 280 Rn 30 m.w.N.; Großkommentar AktG/*Assmann*/*Sethe*, § 280 Rn 4; a.A. zu Unrecht *Bärwaldt*/*Schabacker*, NJW 1997, 93; wohl auch *Godin*/*Wilhelmi*, AktG, § 280 Anm. 2.
685 Dazu *Gonella*/*Mikic*, AG 1998, 508; Großkommentar AktG/*Assmann*/*Sethe*, § 280 Rn 15.

4. Kapital- und personengesellschaftsrechtliche Strukturelemente, Gestaltungsfreiheit

Der Zugang zur KGaA wird durch das Nebeneinander von **drei** für die Rechtsform maßgeblichen **Regelungsregimen** erschwert: Für die Komplementäre untereinander und ihr Verhältnis zur Gesamtheit der Kommanditaktionäre sowie gegenüber Dritten gilt das Recht der Kommanditgesellschaft (§ 278 Abs. 2 AktG). Im Übrigen gilt Aktienrecht sinngemäß (§ 278 Abs. 3 AktG), soweit nicht (erste Ausnahme) sich aus den §§ 278 ff. als leges speciales für die KGaA oder (zweite Ausnahme) sich aus dem Fehlen eines Vorstands anderes ergibt.[686]

426

Aus dem Nebeneinander von kapital- und personengesellschaftsrechtlichen Strukturelementen folgt ein bemerkenswerter **Spielraum** bei der **Gestaltung der Organisationsstruktur** der Gesellschaft; in dieser Gestaltungsfreiheit, die die KGaA signifikant von der vom Prinzip der Satzungsstrenge beherrschten Aktiengesellschaft sondert, liegt ein wesentlicher Grund für die Attraktivität der KGaA als Rechtsformalternative zur AG. Gestaltungsspielraum besteht überall dort, wo das Recht der KGaA auf die dispositiven Regeln der Kommanditgesellschaft verweist oder die §§ 278 ff. AktG erkennbar keine zwingenden Regeln enthalten. Im Übrigen gilt aber auch für die Satzung der KGaA § 23 Abs. 5 AktG.[687]

427

5. Vor- und Nachteile

Die KGaA teilt sich mit der AG das Privileg, für Unternehmen als Rechtsform zur Verfügung zu stehen, die im Wege eines **going public** am organisierten Kapitalmarkt Eigenkapital aufnehmen wollen. Gegenüber der AG zeichnet sie sich durch den genannten erheblichen **Gestaltungsspielraum** aus, der insbesondere eröffnet ist, soweit es um die Geschäftsführungsverhältnisse und die Beziehungen zwischen den persönlich haftenden Gesellschaftern untereinander und zur Gesamtheit der Kommanditaktionäre geht. In der Ausgestaltung der kapitalistischen KGaA, also etwa als GmbH & Co. KGaA, ist die Rechtsform besonders attraktiv, weil die persönliche Haftung der unternehmensleitenden Personen vermieden wird, weil die Wahl zwischen einer unternehmerischen Beteiligung (Beteiligungen an der Komplementär-Gesellschaft) oder kapitalistischen Beteiligung (Beteiligung als Kommanditaktionär) eröffnet ist, weil die Bestellung der geschäftsführenden Personen in der Komplementär-Gesellschaft durch die Gesellschafter der Komplementär-Gesellschaft unter Ausschluss der Kommanditaktionäre erfolgt und weil die Gesellschafter der Komplementär-Gesellschaft **Einflussnahmemöglichkeiten** auf die geschäftsführenden Personen haben (bis hin zu Weisungsrechten in Angelegenheiten des Tagesgeschäfts), ohne dass die Kommanditaktionäre mitwirken. Hinzu kommt, dass die **Kompetenzen des Aufsichtsrats** in der KGaA eingeschränkt sind (dazu Rn 433 ff.), die Komplementär-Gesellschaft nicht per se mitbestimmt ist und ein Arbeitsdirektor nicht zu bestellen ist (§ 33 Abs. 1 S. 2 MitbestG). Schließlich ist auf die steuerlichen Vorteile hinzuweisen, die sich aus der Kombination von Personen- und Kapitalgesellschaftselementen ergeben können.[688] Als **Nachteil** ist demgegenüber die Komplexität und Intransparenz der Rechtsform zu nennen.[689]

428

6. Organe der KGaA

Organe der KGaA sind die **Hauptversammlung**, der **Aufsichtsrat** und der oder die **persönlich haftenden Gesellschafter**. Die Verhältnisse der Kommanditaktionäre und des Aufsichtsrats

429

---

[686] Übersicht bei Großkommentar AktG/*Assmann*/*Sethe*, § 278 Rn 3 ff.
[687] Vgl. eingehend zur Satzungsgestaltung *Schlitt*, Die Satzung der KGaA, 1999; *Wichert*, AG 1999, 362; *Schaumburg*/*Schulte*, Die KGaA, S. 4 ff.
[688] Dazu eingehend *Schaumburg*, DStZ 1998, 525 ff.; *Fischer*, DStR 1997, 1519 ff.; *Jäger*, Aktiengesellschaft, § 1 Rn 36.
[689] Vgl. zu den Vor- und Nachteilen aus dem umfangreichen Schrifttum u.a. *Hartel*, Die Unternehmer AG, 1996; *Niedner*/*Kusterer*, DB 1997, 2010.

sind von den zwingenden aktienrechtlichen Vorgaben geprägt; demgegenüber steht die Gestaltung der Organisationsstruktur, soweit es um die Beziehungen der geschäftsführenden Gesellschafter zueinander und im Verhältnis zur Gesamtheit der Kommanditaktionäre geht, weithin zur Disposition der Satzung.

a) Der persönlich haftende Gesellschafter

430 Dem persönlich haftenden Gesellschafter obliegt die **Vertretung und Geschäftsführung** der KGaA, § 278 Abs. 2 AktG i.V.m. §§ 164, 170, 114, 125 HGB. Der persönlich haftende Gesellschafter bedarf aber nach § 278 Abs. 2 AktG i.V.m. § 164 S. 1 HGB für außergewöhnliche Geschäftsführungsmaßnahmen eines Hauptversammlungsbeschlusses; abweichende Satzungsgestaltungen sind jedoch möglich.[690] Wesentliche, strukturändernde Maßnahmen sind außerdem nach Maßgabe der Holzmüller- und Gelatine-Rechtsprechung[691] nur mit Zustimmung der Hauptversammlung möglich; insoweit besteht auch kein Gestaltungsspielraum in der Satzung.

431 Die geschäftsführenden Gesellschafter können sich selbst eine **Geschäftsordnung** geben; eine Geschäftsordnungskompetenz des Aufsichtsrats entsprechend § 77 Abs. 2 S. 1 AktG gibt es in der KGaA hingegen nicht.[692] Dem persönlich haftenden Gesellschafter obliegt die Aufstellung des Jahresabschlusses, während die Hauptversammlung den Jahresabschluss feststellt (§ 286 Abs. 1 S. 1 AktG). Der persönlich haftende Gesellschafter unterliegt einem **Wettbewerbsverbot** nach § 284 AktG.

432 Nach Auffassung des historischen Gesetzgebers konnten nur natürliche Personen die Rolle des persönlich haftenden Gesellschafters übernehmen.[693] Der BGH hat in seiner Entscheidung BGHZ 134, 392 nunmehr auch die GmbH als Komplementärin einer KGaA anerkannt. Danach sind auch andere **Typenmischungen** denkbar, wie etwa die KGaA mit einem Komplementär in der Rechtsform der GmbH & Co. KG, der AG, der Stiftung oder der Genossenschaft.[694]

b) Der KGaA-Aufsichtsrat

433 Bei der KGaA ist nach § 278 Abs. 3 i.V.m. §§ 95ff. AktG zwingend ein Aufsichtsrat zu bilden. Dem Aufsichtsrat kommen die **Überwachungskompetenz** nach § 111 Abs. 1 AktG, das Prüfungsrecht nach § 111 Abs. 2 AktG und die Informationsrechte nach § 90 AktG zu. Der Aufsichtsrat hat weiter die Kompetenz und Verpflichtung, die Beschlüsse der Kommanditaktionäre auszuführen, sofern die Satzung nichts anderes bestimmt (§ 287 Abs. 1 AktG).[695] Er vertritt außerdem die Gesamtheit der Kommanditaktionäre in Rechtsstreitigkeiten, die die Gesamtheit der Kommanditaktionäre gegen die persönlich haftenden Gesellschafter oder jene gegen die Gesamtheit der Kommanditaktionäre führen (§ 287 Abs. 2 AktG).[696]

434 Dagegen hat der Aufsichtsrat:
- keine Personalkompetenz entsprechend § 84 AktG
- keine Befugnis zum Erlass einer Geschäftsordnung für das Geschäftsführungsorgan

---

690 Z.B. die Übertragung der Kompetenzen nach § 164 S. 1 HGB von der Hauptversammlung auf den Aufsichtsrat.
691 Vgl. Rn 261ff.
692 Vgl. *Hüffer*, § 278 Rn 12; Kölner Komm-AktG/*Mertens*, § 278 Rn 61; MüKo-AktG/*Semler/Perlitt*, § 278 Rn 78.
693 Vgl. zur Entwicklung der Diskussion *K. Schmidt*, ZHR 160 (1996), 265ff. einerseits, *Priester*, ZHR 160 (1996), 250ff. andererseits; weitere Nachweise bei *Ihrig/Schlitt*, ZHR-Beiheft 67, 34 Fn 4.
694 Zur Genossenschaft als persönlich haftender Gesellschafter einer KGaA vgl. z.B. *Strieder*, BB 1998, 2276; vgl. außerdem pointiert *K. Schmidt*, ZHR 1996, 160, 285: „Frankenstein-Kabinett einer unersättlichen Gestaltungspraxis".
695 Großkommentar AktG/*Assmann/Sethe*, § 287 Rn 55.
696 Dies gilt auch gegenüber einem ehemaligen Komplementär und dies selbst dann, wenn dieser mittlerweile Mitglied des Aufsichtsrats ist, BGH DB 2005, 490, 490.

- keine Kompetenz zur Feststellung des Jahresabschlusses
- kein Recht, zustimmungsbedürftige Rechtsgeschäfte im Geschäftsführungsbereich des persönlich haftenden Gesellschafters zu etablieren.[697]

Der Aufsichtsrat der KGaA ist ebenso wie der AG-Aufsichtsrat **mitbestimmt**. Demgemäß gilt die paritätische Mitbestimmung nach § 1 Abs. 1 Nr. 1 MitbestG 1976 bei einer KGaA mit mehr als 2000 Arbeitnehmern, die drittelparitätische Mitbestimmung nach § 4 Abs. 1 DrittelbG bei einer KGaA mit mehr als 500 Arbeitnehmern und die Mitbestimmungsfreiheit bei einer KGaA mit bis zu 500 Arbeitnehmern, die nach dem 9.8.1994 in das Handelsregister eingetragen wurde oder wird (§ 1 Abs. 1 Nr. 2 S. 1 DrittelbG).[698] In der GmbH & Co. KGaA ist die **Komplementärin** nicht per se mitbestimmungspflichtig, sondern nur dann, wenn sie selbst die Voraussetzungen erfüllt oder ihr die Arbeitnehmer der KGaA zugerechnet werden.[699] 435

c) Die KGaA-Hauptversammlung

Die Hauptversammlung ist die Versammlung der Kommanditaktionäre, die ihre Rechte als Gesellschafter wie die Aktionäre einer AG grundsätzlich nur in der Hauptversammlung wahrnehmen. Wesentliche **Kompetenzen** der Hauptversammlung sind in § 119 AktG aufgeführt. Daneben finden sich verteilt über das Aktiengesetzes kompetenzbegründende Vorschriften. Hinzu kommt § 286 Abs. 1 AktG, danach stellt die Hauptversammlung den Jahresabschluss fest.[700] Der persönlich haftende Gesellschafter mit Geschäftsführungs- und Vertretungsbefugnis nimmt entsprechend § 278 Abs. 3 i.V.m. § 118 Abs. 2 AktG nur in seiner „Vorstandsfunktion" an der Hauptversammlung teil, sofern er nicht selbst Aktien hält.[701] Der persönlich haftende Gesellschafter hat ein Stimmrecht in der Hauptversammlung nur dann, wenn er Aktien hält, also ausschließlich in seiner Eigenschaft als Kommanditaktionär. Er unterliegt den Stimmverboten nach § 285 Abs. 1 S. 2 AktG.[702] 436

Hauptversammlungsbeschlüsse bedürfen im Einzelfall der **Zustimmung des persönlich haftenden Gesellschafters** nach § 285 Abs. 2 S. 1 AktG, insbesondere bei Satzungsänderungen, sonstigen strukturändernden Maßnahmen und bei der Feststellung des Jahresabschlusses. Die Satzung kann einerseits Angelegenheiten, die in die alleinige Zuständigkeit der Kommanditaktionäre fallen (z.B. Gewinnverwendung) einem Zustimmungsvorbehalt des persönlich haftenden Gesellschafters unterwerfen, andererseits aber auch Geschäftsführungsmaßnahmen, die in die alleinige Zuständigkeit des Komplementärs fallen, zu einer gemeinsamen Angelegenheit aller Gesellschafter machen.[703] 437

---

697 Vgl. *Hüffer*, § 278 Rn 15; *Kallmeyer*, ZGR 1983, 69.
698 Großkommentar AktG/*Assmann/Sethe*, vor § 287 Rn 1ff.; *Schaumburg/Schulte*, Die KGaA, 2000, S. 53ff.
699 Vgl. BGHZ 134, 392, 400: Anpassung des Mitbestimmungsrechts an die Besonderheiten der kapitalistischen KGaA sei nicht Sache der (rechtsfortbildenden) Rechtsprechung, sondern des Gesetzgebers; für Anwendung von § 4 MitbestG analog auf die GmbH & Co. KGaA demgegenüber *Hanau/Ulmer*, § 1 MitbestG Rn 40; *Sethe*, ZIP 1996, 2057; vgl. zum Ganzen außerdem *Joost*, ZGR 1998, 334, 346 m.w.N. zum Meinungsstand in Fn 20 bis 23, außerdem a.a.O. S. 347 zur Anwendung von § 5 MitbestG auf die GmbH & Co. KGaA.
700 Übersicht bei Großkommentar AktG/*Assmann/Sethe*, § 285 Rn 18ff.
701 Zutreffend für Teilnahmerecht und -pflicht *Hüffer*, § 278 Rn 17; MüKo-AktG/*Semler/Perlitt*, § 285 Rn 6.
702 Danach ist der Komplementär mit Aktien vom Stimmrecht ausgeschlossen bei Beschlussfassungen über (1) die Wahl und Abberufung des Aufsichtsrats, (2) die Entlastung der persönlich haftenden Gesellschafter und der Mitglieder des Aufsichtsrats, (3) die Bestellung von Sonderprüfern, (4) die Geltendmachung von Ersatzansprüchen, (5) den Verzicht auf Ersatzansprüche, (6) die Wahl von Abschlussprüfern. Zu weiteren Fällen von Stimmrechtsausschluss vgl. Großkommentar AktG/*Assmann/Sethe*, § 285 Rn 36ff.
703 Vgl. Kölner Komm-AktG/*Mertens*, § 285 Rn 17; MüKo-AktG/*Semler/Perlitt*, § 285 Rn 38 und § 286 Rn 79. Nach OLG Stuttgart AG 2003, 527, 531ff. sollen bestimmte strukturändernde Maßnahmen stets der Zustimmung der Kommanditaktionäre bedürfen, sofern ihnen nicht eine detaillierte Satzungsbestimmung zugrunde liegt. Der Kreis

7. Besonderheiten der GmbH & Co. KGaA

438 Die KGaA ohne natürliche Person als persönlich haftenden Gesellschafter entspricht nicht der Regelungsvorstellung des historischen Gesetzgebers.[704] Hieraus ergibt sich die Notwendigkeit, in Einzelfällen das **Gesetz zu korrigieren**. So liegt es unter anderen in den folgenden Fällen:

- Nach § 287 Abs. 3 AktG kann ein persönlich haftender Gesellschafter nicht Aufsichtsratsmitglied sein. Dasselbe gilt für gesetzliche oder rechtsgeschäftliche Vertreter des persönlich haftenden Gesellschafters, also auch für die Geschäftsführer einer GmbH oder GmbH & Co. KG, die in der KGaA die Komplementärrolle übernimmt. Die **Inkompatibilität** nach § 287 Abs. 3 AktG ist aber darüber hinaus richtigerweise auch auf Gesellschafter der Komplementär-Gesellschaft zu erstrecken.[705]
- Für Geschäftsführer und Gesellschafter der Komplementär-Gesellschaft kann auch kein **Entsendungsrecht** in den Aufsichtsrat begründet werden. Entsendungsrechte aus Aktien, die sich in der Hand der Geschäftsführer oder Gesellschafter der Komplementär-Gesellschaft befinden, ruhen.
- Auch der **Stimmrechtsausschluss** nach § 285 Abs. 1 S. 2 AktG ist auf die Geschäftsführer und Gesellschafter der Komplementär-Gesellschaft zu erstrecken.
- Schließlich unterliegen in der GmbH & Co. KGaA auch die Geschäftsführer der Komplementär-Gesellschaft einem **Wettbewerbsverbot**. Dasselbe gilt jedenfalls für solche Gesellschafter der Komplementär-Gesellschaft, die auf diese einen beherrschenden Einfluss ausüben können.[706]

8. Publikums-KGaA und Inhaltskontrolle

439 Bei einer Kommanditgesellschaft mit einer GmbH oder GmbH & Co. KGaA als Komplementär-Gesellschaft fehlt es an der Steuerungsfunktion der unbeschränkten persönlichen Haftung einer natürlichen Person in der Geschäftsführerstellung. Dieses Defizit trifft zusammen mit der fehlenden Einflussnahmemöglichkeit der Kommanditaktionäre auf die in Geschäftsleitungsfunktion tätigen Personen einerseits und auf die Zusammensetzung der – insoweit bestimmenden – Gesellschafter der Komplementär-Gesellschaft andererseits. Solange die Gesellschaft **personalistisch** geprägt ist, ist dieser Befund unbedenklich. So liegt es etwa in der Einmann-KGaA, in der GmbH & Co. KGaA, in der alle Anteile an der Komplementär-Gesellschaft von den Kommanditaktionären gehalten werden, und generell bei strikt personalistischem Charakter der Gesellschaft, bei der die Gesellschaftsverfassung auf einem ausgewogenen Verhandlungskompromiss aller beteiligten Gesellschafter beruht.

440 Demgegenüber ist die **Entwicklung von Sonderrechtsregeln** nach dem Vorbild der Rechtsprechung zur Publikums-Personengesellschaft gerechtfertigt und geboten, sofern die kapitalistische KGaA auf die Sammlung anonymen Kapitals am Kapitalmarkt gerichtet ist.[707] Die dann gebotene **Inhaltskontrolle** schränkt den an sich bei der KGaA bestehenden Gestaltungsspielraum ein, z.B. in folgenden Fällen:

- Eine Einschränkung der Mitwirkungsrechte der Kommanditaktionäre nach § 164 HGB ist in der Publikums-KGaA ausgeschlossen; in Betracht kommt nur eine äquivalente Verlagerung

---

dieser Maßnahmen soll in Anlehnung an die Holzmüller-Rechtsprechung bestimmt werden, so dass nunmehr auch auf deren Fortentwicklung (siehe Rn 263) zu verweisen ist.

704 Zutreffend BGHZ 134, 392, 393; signifikantes Beispiel in § 286 Abs. 2 S. 4 AktG ("davon an persönlich haftende Gesellschafter und deren Angehörige").
705 Vgl. näher *Ihrig/Schlitt*, ZHR-Beiheft 67, 33, 44.
706 Zum Ganzen vgl. eingehend *Ihrig/Schlitt*, ZHR-Beiheft 67, 33, 52 ff.
707 Vgl. BGHZ 134, 392 und im Anschluss hieran eingehend *Ihrig/Schlitt*, ZHR-Beiheft 67, 33, 44 ff.

auf ein von den Kommanditaktionären bestimmtes Gremium, namentlich den Aufsichtsrat.[708]
– Auch eine Verschärfung von Mehrheitserfordernissen für die Beschlüsse der Hauptversammlung ist in der Publikums-KGaA jedenfalls dann als unzulässig anzusehen, wenn sie die Handlungsfähigkeit der Hauptversammlung über Gebühr einschränkt.[709]

9. Gründung der KGaA

Die Neugründung einer KGaA erfolgt durch **Feststellung der Satzung** und **Übernahme der neuen Aktien**. An der Feststellung der Satzung müssen sich alle persönlich haftenden Gesellschafter und die künftigen Kommanditaktionäre beteiligen (§ 280 Abs. 2 AktG). Die persönlich haftenden Gesellschafter können, müssen aber nicht notwendigerweise Kommanditaktien zeichnen. Durch das UMAG (vgl. Rn 9) wurde die Vorgabe einer Mindestzahl an Gründern beseitigt, so dass die Gründung auch von einer Person durch einseitiges Rechtsgeschäft vorgenommen werden kann.[710] In der notariellen Gründungsurkunde sind bei Ausgabe von Nennbetragsaktien der Nennbetrag und bei Ausgabe von Stückaktien deren Zahl anzugeben, außerdem der Ausgabebetrag und, wenn mehrere Gattungen bestehen, die Gattung der von jedem Gründer übernommenen Aktien (§ 280 Abs. 1 S. 2 AktG). Bei einer Sachgründung müssen wie bei der AG der Gegenstand der Sacheinlage und/oder Sachübernahme in der Satzung festgesetzt werden (§ 278 Abs. 3 i.V.m. § 27 Abs. 1 AktG).

441

II. Checkliste: KGaA-Gründung

– **Gründungsprotokoll mit:**
  – Feststellung der Satzung
  – Übernahme aller Aktien durch die Kommanditaktionäre
  – Festsetzung etwaiger Vermögenseinlagen des persönlich haftenden Gesellschafters in der Satzung
  – Bestellung des ersten Aufsichtsrats
  – Bestellung des Abschlussprüfers für das erste Geschäftsjahr
– **Vor der Anmeldung:**
  – Leistung der Mindesteinlagen auf das Kommanditaktienkapital
  – Erstellung des Gründungs- und Gründungsprüfungsberichts
  – Antrag auf Bestellung eines Gründungsprüfers oder, bei Anwendung von § 33 Abs. 3 AktG, Prüfungsauftrag an den die Satzung beurkundenden Notar sowie Erstellung des Gründungsprüfungsberichts durch Gründungsprüfer oder Notar
– **Anmeldung zum Handelsregister mit:**
  – Gründungsprotokoll
  – Gründungsbericht und Gründungsprüfungsbericht
  – Liste der Mitglieder des Aufsichtsrats, aus der deren Vor- und Familienname, ausgeübter Beruf und Wohnort ersichtlich sind
  – Bestätigung des Kreditinstituts nach § 37 Abs. 1 S. 3 AktG
  – Ggf. Berechnung der von der Gesellschaft übernommenen Gründungskosten.

442

---

708 Vgl. BGHZ 132, 322, 399; *Ihrig/Schlitt*, ZHR-Beiheft 67, 33, 66. Zustimmungsvorbehalte nach § 285 Abs. 2 AktG können in der Publikums-KGaA nicht ohne weiteres ausgebaut werden: vgl. BGHZ 132, 332, 399; *Hennerkes/Lorz*, DB 1997, 1388, 1392; *Ihrig/Schlitt*, ZHR-Beiheft 67, 33, 69.
709 Vgl. näher zur Reichweite und Einzelausprägung der Inhaltskontrolle in der Publikums-KGaA *Ihrig/Schlitt*, ZHR-Beiheft 67, 33, 71.
710 Vgl. *Hüffer*, § 280 Rn 2.

III. Typischer Sachverhalt

443 Vier führende Mitarbeiter der M Holding AG haben sich selbständig gemacht und die T OHG gegründet, ein junges Hightech-Unternehmen, das durch die Entwicklung und Vermarktung moderner Windkraftanlagen ein rapides Umsatz- und Gewinnwachstum erzielt hat und über außerordentliche Wachstumschancen verfügt. Zu deren Realisierung bedarf es einer nachhaltigen Stärkung der Eigenkapitalbasis. Die vier Gründergesellschafter wollen deshalb das Unternehmen an der Börse einführen. Da sie die unternehmerische Führung auch zukünftig behalten wollen, entscheiden sie sich für die Rechtsform der KGaA. Um eine persönliche Haftung zu vermeiden und steuerliche Vorteile zu erzielen, tritt mit dem Formwechsel in die KGaA eine von den Gründergesellschaftern eigens zu diesem Zweck errichtete GmbH & Co. KG als Komplementär-Gesellschaft der KGaA bei.

M 138 IV. Muster: Satzung einer GmbH & Co. KGaA

444 *Satzung der _____ GmbH & Co. Kommanditgesellschaft auf Aktien*

I. Allgemeine Bestimmungen

§ 1 Firma, Sitz, Geschäftsjahr, Bekanntmachungen
(1) Die Gesellschaft ist eine Kommanditgesellschaft auf Aktien unter der Firma _____ GmbH & Co. Kommanditgesellschaft auf Aktien.
(2) Sitz der Gesellschaft ist _____.
(3) Das Geschäftsjahr ist das Kalenderjahr.
(4) Bekanntmachungen der Gesellschaft erfolgen nur im Bundesanzeiger.

§ 2 Gegenstand des Unternehmens
Gegenstand des Unternehmens ist die Entwicklung und Vermarktung von Windkraftanlagen.

II. Kapital und Aktien

§ 3 Grundkapital
(1) Das Grundkapital der Gesellschaft beträgt 750.000 EUR (i.W. siebenhundertfünfzigtausend EUR). Es ist eingeteilt in 750.000 Stückaktien.
(2) Jede Erhöhung oder Herabsetzung des Grundkapitals bedarf der Zustimmung der persönlich haftenden Gesellschafterin.

§ 4 Aktien
(1) Die Aktien lauten auf den Inhaber.
(2) Bei einer Kapitalerhöhung kann die Gewinnberechtigung neuer Aktien abweichend von § 60 Abs. 2 S. 3 AktG geregelt werden.
(3) Form und Inhalt der Aktienurkunden sowie der Gewinnanteils- und Erneuerungsscheine bestimmt die persönlich haftende Gesellschafterin. Der Anspruch der Aktionäre auf Verbriefung ihres Anteils ist ausgeschlossen. Die Gesellschaft ist berechtigt, Aktienurkunden über mehrere Aktien auszustellen (Sammelaktien).

§ 5 Genehmigtes Kapital
(1) Die persönlich haftende Gesellschafterin ist ermächtigt, mit Zustimmung des Aufsichtsrats das Grundkapital bis zum _____ durch Ausgabe neuer Aktien gegen Bar- oder Sacheinlage einmal oder

mehrmals, insgesamt jedoch um höchstens 300.000 EUR zu erhöhen (genehmigtes Kapital). Dabei kann mit Zustimmung des Aufsichtsrats das gesetzliche Bezugsrecht der Kommanditaktionäre ausgeschlossen werden:
- für Spitzenbeträge
- zur Gewährung von Aktien gegen Einbringung von Unternehmen oder Unternehmensbeteiligungen (Sacheinlagen)
- um Aktien in angemessenem Umfang, höchstens jedoch mit einem auf diese insgesamt entfallenden anteiligen Betrag des Grundkapitals von 75.000 EUR an Arbeitnehmer der Gesellschaft auszugeben
- zur Gewährung von Aktien an die persönlich haftende Gesellschafterin gegen Umwandlung von Komplementär-Kapital in Aktien (§ 8 Abs. 2).

(2) Jede Erhöhung oder Herabsetzung des Grundkapitals bedarf der Zustimmung der persönlich haftenden Gesellschafterin.

III. Persönlich haftende Gesellschafterin

§ 6 *Persönlich haftende Gesellschafterin*
(1) Persönlich haftende Gesellschafterin ist
- die _____ GmbH & Co. KG, eingetragen im Handelsregister bei dem Amtsgericht _____ unter HRA _____
- mit einem Kapitalanteil von 250.000 EUR.

Wird das Grundkapital der Gesellschaft unter Wahrung des Bezugsrechts der Kommanditaktionäre gegen Bareinlagen erhöht, so ist die _____ GmbH & Co. KG binnen einer Frist von drei Monaten nach Eintragung der Durchführung der Kapitalerhöhung berechtigt, ihren Kapitalanteil durch Bareinlagen mit dem gleichen Aufgeld, das auf die neuen Aktien zu zahlen ist, zu erhöhen.

(2) Für die persönlich haftende Gesellschafterin werden ein Kapitalkonto I, ein Kapitalkonto II als (Kapital-)Rücklagenkonto, ein Kapitalkonto III als (Gewinn-)Rücklagenkonto, ein Kapitalkonto IV als Verlustvortragskonto sowie ein Verrechnungskonto als bewegliches Konto geführt:
- Auf dem Kapitalkonto I wird der feste Kapitalanteil der persönlich haftenden Gesellschafterin gem. Abs. 1 gebucht
- auf dem Kapitalkonto II werden Aufgelder bei Erhöhungen des Kapitalanteils der persönlich haftenden Gesellschafterin gebucht
- auf dem Kapitalkonto III werden die der persönlich haftenden Gesellschafterin zustehenden nicht entnahmefähigen Gewinnanteile gebucht
- auf dem Kapitalkonto IV werden die Verlustanteile der persönlich haftenden Gesellschafterin gebucht
- auf dem Verrechnungskonto werden alle Entnahmen sowie entnahmefähige Gewinnanteile, Tätigkeitsvergütungen, Zinsen und der sonstige Zahlungsverkehr zwischen der Gesellschaft und der persönlich haftenden Gesellschafterin gebucht
- Das Verrechnungskonto wird jährlich im Soll und Haben mit einem Zinssatz von zwei Prozentpunkten über dem jeweiligen Basiszinssatz verzinst. Die Kapitalkonten I, II, III und IV werden nicht verzinst.

(3) Die persönlich haftende Gesellschafterin nimmt am Gewinn und Verlust der Gesellschaft sowie an einem Liquidationserlös jeweils im Verhältnis ihres Kapitalanteils zum Gesamtkapital teil, das sich aus der Summe von Grundkapital und Kapitalanteil der persönlich haftenden Gesellschafterin ergibt.

(4) Der für die Ermittlung der Gewinn- und Verlustanteile der persönlich haftenden Gesellschafterin maßgebliche Gewinn oder Verlust der Gesellschaft ist das nicht um den Gewinnanteil der persönlich haftenden Gesellschafterin verminderte bzw. nicht um deren Verlustanteil erhöhte Jahresergebnis (Jahresüberschuss/-fehlbetrag) der Gesellschaft zuzüglich des in der Gewinn- und Verlustrechnung

ausgewiesenen Körperschaftsteueraufwands und des Aufwands an etwaigen anderen nur das Grundkapital treffenden Steuern und Abgaben.
(5) Der der persönlich haftenden Gesellschafterin nach Abs. (3) zustehende Gewinnanteil ist zunächst zum Ausgleich eines etwaigen Verlustvortrags auf dem Kapitalkonto IV zu verwenden. Im Übrigen ist der Gewinnanteil der persönlich haftenden Gesellschafterin in demselben Verhältnis dem Kapitalkonto III gutzuschreiben, zu dem der auf die Kommanditaktionäre entfallende Gewinn in die Gewinnrücklagen eingestellt wird. Soweit der Gewinnanteil der persönlich haftenden Gesellschafterin nicht zum Ausgleich des Kapitalkontos IV und zur Dotierung des Kapitalkontos III zu verwenden ist, wird er als entnahmefähiger Gewinn dem Verrechnungskonto der persönlich haftenden Gesellschafterin gutgeschrieben. Sätze 2 und 3 gelten entsprechend, wenn Beträge aus den Gewinnrücklagen entnommen werden.

§ 7 Tätigkeitsvergütung der persönlich haftenden Gesellschafterin
(1) Für ihre Geschäftsführung hat die persönlich haftende Gesellschafterin Anspruch auf eine Vergütung, die sich gliedert in einen Aufwendungsersatz und eine erfolgsabhängige angemessene Tantieme.
(2) Der Aufwendungsersatz erfasst die Festbeträge der Tätigkeitsvergütungen der Geschäftsführer der Komplementärin der persönlich haftenden Gesellschafterin sowie alle anderen Aufwendungen, die der persönlich haftenden Gesellschafterin im Zusammenhang mit der Geschäftsführung der Gesellschaft anfallen. Der Aufwendungsersatz darf jährlich nicht mehr als _____ % der Bilanzsumme im Jahresabschluss (Einzelabschluss) der Gesellschaft für das vorangegangene Geschäftsjahr betragen.
(3) Darüber hinaus erhält die persönlich haftende Gesellschafterin eine erfolgsabhängige Tantieme in Höhe eines Prozentsatzes, höchstens jedoch 5%, des für die Ausschüttung an die Aktionäre zur Verfügung stehenden Bilanzgewinns des jeweils vorangegangenen Geschäftsjahres der Gesellschaft. Die Festlegung der Tantieme sowie der Gewährung des Aufwendungsersatzes im Übrigen obliegt einem Vertrag, der zwischen der persönlich haftenden Gesellschafterin und der Gesellschaft, vertreten durch den Aufsichtsrat, abzuschließen ist.

§ 8 Ausscheiden der persönlich haftenden Gesellschafterin
(1) Die persönlich haftende Gesellschafterin scheidet als persönlich haftende Gesellschafterin aus der Gesellschaft aus, wenn
    a) eine Kündigung des Gesellschaftsverhältnisses wirksam wird,
    b) über ihr Vermögen ein Insolvenzverfahren eröffnet oder die Eröffnung mangels Masse abgelehnt wird, oder
    c) von Seiten eines ihrer Privatgläubiger die Zwangsvollstreckung in ihren Gesellschaftsanteil betrieben wird und der Aufsichtsrat das Ausscheiden der persönlich haftenden Gesellschafterin verlangt.
(2) Die persönlich haftende Gesellschafterin hat jederzeit das Recht, von der Gesellschaft und von der Gesamtheit der Kommanditaktionäre auf das Geschäftsjahresende die teilweise oder gänzliche Umwandlung ihres Kapitalanteils in Grundkapital zu verlangen.
Das Umwandlungsverlangen ist durch schriftliche Erklärung gegenüber dem Aufsichtsrat zu erklären. Die schriftliche Erklärung muss dem Vorsitzenden des Aufsichtsrats spätestens sechs Monate vor dem Umwandlungszeitpunkt zugehen.
Die Umwandlung erfolgt im Wege einer Kapitalerhöhung unter Ausschluss des Bezugsrechts der Kommanditaktionäre. Der Umfang der Kapitalerhöhung entspricht dem Nominalbetrag des zur Umwandlung bestimmten Kapitalanteils, sofern zwingende aktienrechtliche Bestimmungen nicht entgegenstehen. Die neuen Aktien werden als auf den Inhaber lautende Stückaktien zum geringsten Ausgabebetrag ohne Aufgeld ausgegeben und sind der persönlich haftenden Gesellschafterin zu übergeben. Die Gewinnberechtigung aus dem umgewandelten Kapitalanteil endet mit dem Beginn der

Gewinnberechtigung der neuen Kommanditaktien. Salden auf den Kapitalkonten II, III und IV wachsen in entsprechendem Umfang den Rücklagen bzw. Verlustvortragskonten der Gesellschaft zu.

Soweit genehmigtes Kapital vorhanden ist, ist die Kapitalerhöhung zur Umwandlung von Komplementärkapital in Aktien aus dem genehmigten Kapital vorzunehmen. Ist dies rechtlich nicht möglich oder reicht das genehmigte Kapital nicht aus, so hat die Hauptversammlung die Voraussetzungen zur Umwandlung auf dem Wege einer Kapitalerhöhung unter Ausschluss des Bezugsrechts der Kommanditaktionäre zu schaffen. Der entsprechende Kapitalerhöhungsbeschluss ist anlässlich der nächsten ordentlichen Hauptversammlung nach Eingang des Umwandlungsverlangens zu fassen, spätestens vor Ablauf von acht Monaten seit Beginn des Geschäftsjahres, das auf das Umwandlungsverlangen folgt. Wird in dieser Hauptversammlung der entsprechende Kapitalerhöhungsbeschluss nicht gefasst, so kann die persönlich haftende Gesellschafterin die Gesellschaft mit einer Frist von drei Monaten zum Ende des Geschäftsjahres kündigen.

V. Vertretung der Gesellschaft und Geschäftsführung

§ 9 Vertretung
Die Gesellschaft wird von der persönlich haftenden Gesellschafterin allein vertreten.

§ 10 Geschäftsführung
(1) Die Geschäftsführung obliegt der persönlich haftenden Gesellschafterin.
(2) Das Widerspruchsrecht nach § 164 HGB steht nicht den Kommanditaktionären zu, sondern wird vom Aufsichtsrat ausgeübt.

VI. Aufsichtsrat

§ 11 Zusammensetzung, Amtsdauer, Amtsniederlegung
(1) Der Aufsichtsrat besteht aus sechs Mitgliedern, die von der Hauptversammlung gewählt werden.
(2) Die Aufsichtsratsmitglieder werden für die Zeit bis zur Beendigung der Hauptversammlung gewählt, die über ihre Entlastung für das vierte Geschäftsjahr nach dem Beginn der Amtszeit beschließt. Hierbei wird das Geschäftsjahr, in dem die Wahl erfolgt, nicht mitgerechnet. Die Hauptversammlung kann bei der Wahl eine kürzere Amtszeit bestimmen.
(3) Jedes Aufsichtsratsmitglied kann sein Amt unter Einhaltung einer Frist von zwei Monaten auch ohne wichtigen Grund durch schriftliche Erklärung gegenüber dem Vorsitzenden des Aufsichtsrats und dem Vorstand jederzeit niederlegen.
(4) Die Hauptversammlung kann Ersatzmitglieder wählen, die in einer bei der Wahl festgelegten Reihenfolge an die Stelle vorzeitig ausscheidender Aufsichtsratsmitglieder treten. Tritt ein Ersatzmitglied an die Stelle eines ausgeschiedenen Aufsichtsratsmitglieds, so erlischt sein Amt, mit Beendigung der nächsten Hauptversammlung, in der eine Neuwahl stattfindet, spätestens jedoch mit Ablauf der Amtszeit des ausgeschiedenen Aufsichtsratsmitglieds. Wenn die Hauptversammlung für ein weggefallenes, durch ein Ersatzmitglied ersetztes Aufsichtsratsmitglied eine Neuwahl vornimmt, so tritt jenes wieder in seine Stellung als Ersatzmitglied ein, sofern es noch für weitere Aufsichtsratsmitglieder zum Ersatzmitglied gewählt ist.

§ 12 Vorsitzender und Stellvertreter
(1) Der Aufsichtsrat wählt im Anschluss an die Hauptversammlung, in der die Aufsichtsratsmitglieder gewählt worden sind, in einer ohne besondere Einberufung stattfindenden Sitzung einen Vorsitzenden und einen Stellvertreter für die in § 8 Abs. 2 bestimmte Amtszeit.
(2) Scheidet der Vorsitzende oder der Stellvertreter vor Ablauf der Amtszeit aus seinem Amt aus, findet eine Neuwahl für die restliche Amtszeit des Ausgeschiedenen statt.

§ 13 Sitzungen
(1) Die Sitzungen des Aufsichtsrats werden durch den Vorsitzenden oder auf dessen Veranlassung durch den Vorstand mit einer Frist von 21 Tagen schriftlich einberufen. Bei der Berechnung der Frist werden der Tag der Absendung der Einladung und der Tag der Sitzung nicht mitgerechnet. In dringenden Fällen kann der Vorsitzende die Frist abkürzen. Der Vorsitzende des Aufsichtsrats bestimmt den Sitzungsort. Sitzungen können auch in der Form einer Videokonferenz erfolgen.
(2) Mit der Einberufung ist die Tagesordnung mitzuteilen. Ist ein Tagesordnungspunkt nicht ordnungsgemäß angekündigt worden, darf hierüber nur beschlossen werden, wenn kein Aufsichtsratsmitglied widerspricht.
(3) Der Aufsichtsrat wird nach Bedarf einberufen. Er muss mindestens zweimal im Kalenderhalbjahr einberufen werden.

§ 14 Beschlussfassung
(1) Beschlüsse des Aufsichtsrats werden in der Regel in Präsenzsitzungen gefasst. Außerhalb von Präsenzsitzungen kann die Beschlussfassung mittels Telefax oder E-Mail, durch schriftliche, fernmündliche oder andere vergleichbare Formen der Beschlussfassung, insbesondere auch im Rahmen von Videokonferenzen, erfolgen. Solche Beschlüsse werden vom Vorsitzenden schriftlich festgestellt und die Feststellung allen Mitgliedern zugeleitet. Für Abstimmungen außerhalb von Präsenzsitzungen gelten die Bestimmungen in Abs. 2, 4 und 5 entsprechend. Für Videokonferenzsitzungen gilt zudem Abs. 3 entsprechend.
(2) Der Aufsichtsrat ist beschlussfähig, wenn an der Beschlussfassung mindestens vier Mitglieder teilnehmen. Ein Mitglied nimmt auch dann an der Beschlussfassung teil, wenn es sich der Stimme enthält.
(3) Abwesende Aufsichtsratsmitglieder können an Abstimmungen des Aufsichtsrats dadurch teilnehmen, dass sie durch andere Aufsichtsratsmitglieder oder durch schriftlich ermächtigte Dritte schriftliche Stimmabgaben überreichen lassen.
(4) Beschlüsse des Aufsichtsrats werden mit einfacher Mehrheit der abgegebenen Stimmen gefasst. Dabei gilt Stimmenthaltung nicht als Stimmabgabe. Bei Wahlen genügt die verhältnismäßige Mehrheit. Bei Stimmengleichheit gibt die Stimme des Vorsitzenden des Aufsichtsrats den Ausschlag; das gilt auch bei Wahlen. Nimmt der Vorsitzende des Aufsichtsrats an der Abstimmung nicht teil, so gibt bei Stimmengleichheit die Stimme seines Stellvertreters den Ausschlag.
(5) Über die Verhandlungen und Beschlüsse des Aufsichtsrats sind Niederschriften anzufertigen, die vom Vorsitzenden zu unterzeichnen sind. Die Niederschrift ist allen Mitgliedern zuzuleiten.
(6) Der Aufsichtsratsvorsitzende ist ermächtigt, im Namen des Aufsichtsrats die zur Durchführung der Beschlüsse des Aufsichtsrats erforderlichen Willenserklärungen abzugeben.

§ 15 Geschäftsordnung
Der Aufsichtsrat kann sich eine Geschäftsordnung geben.

§ 16 Ausschüsse
(1) Der Aufsichtsrat kann im Rahmen der gesetzlichen Vorschriften aus seiner Mitte Ausschüsse bilden und ihnen in seiner Geschäftsordnung oder durch gesonderten Beschluss Aufgaben und Beschlusskompetenzen übertragen.
(2) Für Aufsichtsratsausschüsse gelten die Bestimmungen des § 10 Abs. 1 und 2, § 11 Abs. 1 und 3 bis 6 sowie § 12 sinngemäß; die Geschäftsordnung des Aufsichtsrats kann im Rahmen des Gesetzes Abweichendes bestimmen.

§ 17 Vergütung
(1) Die Mitglieder des Aufsichtsrats erhalten eine Vergütung, die aus einem festen und einem variablen Vergütungsbestandteil besteht. Die feste Vergütung beträgt _____ EUR. Die variable Vergütung beträgt _____ EUR für jeden Cent ausgeschüttete Dividende je Stammaktie, die 4 Cent je Stammaktie

übersteigt. Der Vorsitzende des Aufsichtsrats erhält das Doppelte und dessen Stellvertreter das Einenhalbfache der festen und der variablen Vergütung. Je Mitgliedschaft in Ausschüssen des Aufsichtsrats werden zusätzlich _____% der festen Vergütung nach S. 2 und der variablen Vergütung nach S. 3 gewährt. Der jeweilige Ausschussvorsitzende erhält das Doppelte hiervon.
(2) Die feste Vergütung ist nach Ablauf des Geschäftsjahres zahlbar. Die variable Vergütung ist am ersten Werktag nach der ordentlichen Hauptversammlung, die über die Verwendung des Bilanzgewinns des betreffenden Geschäftsjahres beschließt, zahlbar.
(3) Aufsichtsratsmitglieder, die nicht während des gesamten Geschäftsjahres im Amt waren, erhalten für jeden angefangenen Monat ihrer Tätigkeit ein Zwölftel der Vergütung.
(4) Die Mitglieder des Aufsichtsrats erhalten ferner Ersatz aller Auslagen sowie Erstattung der auf ihre Vergütung zu entrichtenden Umsatzsteuer.

§ 18 Satzungsänderungen
Der Aufsichtsrat ist befugt, Änderungen der Satzung, die nur deren Fassung betreffen, zu beschließen.

VII. Hauptversammlung

§ 19 Ort und Einberufung
(1) Die ordentliche Hauptversammlung, die über die Entlastung des Vorstands und des Aufsichtsrats, die Gewinnverwendung, die Wahl des Abschlussprüfers und in den vom Gesetz vorgeschriebenen Fällen über die Feststellung des Jahresabschlusses beschließt, wird innerhalb der ersten acht Monate eines jeden Geschäftsjahres abgehalten.
(2) Die Hauptversammlung wird durch den Vorstand einberufen. Das auf Gesetz beruhende Recht anderer Personen, die Hauptversammlung einzuberufen, bleibt unberührt. Die Hauptversammlung findet am Sitz der Gesellschaft, an einem Ort im Umkreis von 50 km um den Sitz der Gesellschaft oder in einer Stadt mit Sitz einer deutschen Wertpapierbörse in der Bundesrepublik Deutschland statt.
(3) Die Einberufung der Hauptversammlung erfolgt durch Bekanntmachung im Bundesanzeiger mit den gesetzlich erforderlichen Angaben mit einer Frist von mindestens dreißig Tagen verlängert um die Tage Anmeldefrist nach § 20 Abs. 2. Für die Fristberechnung gilt die gesetzliche Regelung.
(4) Nach Eingang des Berichts des Aufsichtsrats nach § 20 Abs. 2 hat der Vorstand unverzüglich die ordentliche Hauptversammlung einzuberufen.

§ 20 Teilnahmerecht
(1) Zur Teilnahme an der Hauptversammlung und zur Ausübung des Stimmrechts sind nur diejenigen Aktionäre berechtigt, die sich vor der Hauptversammlung anmelden und der Gesellschaft ihren Anteilsbesitz nachweisen.
(2) Die Anmeldung muss der Gesellschaft in Textform mindestens sechs Tage vor dem Tag der Hauptversammlung unter der in der Einberufung hierfür mitgeteilten Adresse zugehen. Für die Fristberechnung gilt die gesetzliche Regelung. In der Einberufung kann eine kürzere, in Tagen zu bemessende Frist vorgesehen werden.
(3) Der Nachweis des Anteilsbesitzes muss durch einen von dem depotführenden Institut in Textform erstellten und in deutscher oder englischer Sprache abgefassten Nachweis erfolgen. Der Nachweis des depotführenden Instituts hat sich auf den Beginn des einundzwanzigsten Tages vor der Hauptversammlung zu beziehen. Der Nachweis muss spätestens am letztmöglichen Anmeldetag nach Absatz 2 zugehen.
(4) Der Vorstand ist ermächtigt vorzusehen, dass Aktionäre an der Hauptversammlung auch ohne Anwesenheit an deren Ort und ohne einen Bevollmächtigten teilnehmen und sämtliche oder einzelne ihrer Rechte ganz oder teilweise im Wege elektronischer Kommunikation ausüben können.
(5) Der Vorstand ist ermächtigt vorzusehen, dass Aktionäre ihre Stimmen, auch ohne an der Hauptversammlung teilzunehmen, schriftlich oder im Wege elektronischer Kommunikation abgeben dürfen (Briefwahl).

§ 21 Vorsitz in der Hauptversammlung, Geschäftsordnung, Bild- und Tonübertragung
(1) Den Vorsitz in der Hauptversammlung führt der Vorsitzende des Aufsichtsrats oder, falls er daran gehindert ist, ein anderes durch den Aufsichtsrat zu bestimmendes Aufsichtsratsmitglied.
(2) Der Vorsitzende leitet die Versammlung. Er bestimmt die Reihenfolge, in der die Gegenstände der Tagesordnung behandelt werden, sowie Art und Reihenfolge der Abstimmung. Er kann das Frage- und Rederecht der Aktionäre zeitlich angemessen beschränken.
(3) Die Hauptversammlung kann sich mit einer Mehrheit, die mindestens 3/4 des bei der Beschlussfassung vertretenen Grundkapitals umfasst, eine Geschäftsordnung geben und darin weitere Regeln für die Vorbereitung und Durchführung der Hauptversammlung bestimmen.
(4) Der Vorstand ist ermächtigt, die vollständige oder auszugsweise Übertragung der Hauptversammlung in Bild und Ton zuzulassen. Die Übertragung kann dabei auch in einer Form erfolgen, zu der die Öffentlichkeit uneingeschränkten Zugang hat.

§ 22 Stimmrecht
(1) Jede Stammaktie gewährt in der Hauptversammlung eine Stimme.
(2) Die Vorzugsaktien gewähren kein Stimmrecht. Soweit jedoch den Vorzugsaktionären nach dem Gesetz ein Stimmrecht zwingend zusteht, gewährt jede Vorzugsaktie eine Stimme.
(3) Das Stimmrecht kann durch Bevollmächtigte ausgeübt werden. Die Erteilung der Vollmacht, ihren Widerruf und den Nachweis der Bevollmächtigung gegenüber der Gesellschaft bedürfen der vom Gesetz bestimmten Form. In der Einberufung kann eine Erleichterung hiervon bestimmt werden. Diese Erleichterung kann auf die Vollmacht an die von der Gesellschaft benannten Stimmrechtsvertreter beschränkt werden.

§ 23 Beschlussfassung
(1) Die Beschlüsse werden mit einfacher Mehrheit der abgegebenen Stimmen und, sofern das Gesetz außer der Stimmenmehrheit eine Kapitalmehrheit vorschreibt, mit der einfachen Mehrheit des bei der Beschlussfassung vertretenen stimmberechtigten Grundkapitals gefasst, soweit nicht nach zwingenden gesetzlichen Vorschriften eine größere Mehrheit erforderlich ist.
(2) Bei Stimmengleichheit gilt, ausgenommen bei Wahlen, ein Antrag als abgelehnt.
(3) Sofern bei Einzelwahlen im ersten Wahlgang die einfache Stimmenmehrheit nicht erreicht wird, findet eine Stichwahl unter den Personen statt, die die beiden höchsten Stimmenzahlen erhalten haben. Bei der Stichwahl entscheidet die höhere Stimmenzahl.

VIII. Jahresabschluss und Gewinnverwendung

§ 24 Jahresabschluss, Lagebericht und Gewinnverwendung
(1) Die persönlich haftende Gesellschafterin hat in den ersten drei Monaten des Geschäftsjahres den Jahresabschluss und den Lagebericht für das vergangene Geschäftsjahr aufzustellen und dem Abschlussprüfer und dem Aufsichtsrat vorzulegen. Zugleich ist dem Aufsichtsrat der Vorschlag für die Verwendung des Bilanzgewinns vorzulegen.
(2) Unverzüglich nach Vorlage des Berichts des Abschlussprüfers und nach Eingang des Berichts des Aufsichtsrats über das Ergebnis seiner Prüfung hat die persönlich haftende Gesellschafterin die ordentliche Hauptversammlung einzuberufen, die innerhalb der ersten acht Monate des Geschäftsjahres stattzufinden hat.
(3) Die Hauptversammlung beschließt über die Feststellung des Jahresabschlusses. Der Beschluss bedarf der Zustimmung der persönlich haftenden Gesellschafterin.

Kapitel 4 Weitere Körperschaften

Dr. Hans-Jürgen Schaffland/Gernot Krause
§ 7 Die Genossenschaft

Literatur

Bauer, Die Genossenschaft – Recht und Praxis, DGRV-Schriftenreihe, Band 41, 2010; *ders.*, Genossenschaftshandbuch, Loseblatt; Beuthien, Genossenschaftsgesetz mit Umwandlungsrecht, Kommentar, 15. Aufl. 2011; *Deutscher Genossenschafts- und Raiffeisenverband e.V.*, Genossenschaftsgesetz mit Verordnung über das Genossenschaftsregister, Mustersatzubngen und ergänzenden Gesetzen, DGRV-Schriftenreihe, Band 40, 4. Aufl. 2006; *Frankenberger/Bauer*, Der Aufsichtsrat der Genossenschaft, 6. Aufl. 2009; *Hillebrand/Keßler*, Berliner Kommentar zum Genossenschaftsgesetz, 2010; *Korte/Schaffland*, Genossenschaftsgesetz, DGRV-Schriftenreihe, Band 40, 6. Auflage; *Lang/Weidmüller*, Genossenschaftsgesetz, Kommentar, 37. Aufl. 2011; *Lutter*, Umwandlungsgesetz, Kommentar, 4. Aufl. 2009; *Lutter/Krieger*, Rechte und Pflichten des Aufsichtsrats, 5. Aufl. 2008; *Gräser/Metz/Werhahn*, Die Generalversammlung und die Vertreterversammlung der Genossenschaft, 9. Aufl. 2011; Müller, Genossenschaftsgesetz, Kommentar zum Gesetz betreffend die Erwerbs- und Wirtschaftsgenossenschaften, 1. Bd. §§ 1–33, 2. Aufl. 1991; 2. Bd. §§ 33–42, 2. Aufl. 1996; 3. Bd. §§ 43–64c, 2. Aufl. 1998; 4. Bd. §§ 64c–163, 2. Aufl. 2000; *Ohlmeyer/Kuhn/Philipowski*, Verschmelzung von Genossenschaften und andere Umwandlungsmöglichkeiten, 7. Aufl. 2004; Pöhlmann/Fandrich/Blöhs, Genossenschaftsgesetz, 3. Aufl. 2007; *Zülow/Henze/Schubert/Rosiny*, Die Besteuerung der Genossenschaften, 7. Aufl. 1985.

Inhalt

A. **Einleitung: Strukturelle Besonderheiten** —— 1
I. Eigenart der eingetragenen Genossenschaft —— 1
II. Derzeitige Entwicklung des Genossenschaftswesens —— 4
III. Tendenzen —— 14
IV. Verwendung der Rechtsform —— 22
V. Muster —— 25
   1. Muster: Satzung einer Genossenschaft —— 25
B. **Verschmelzung einer eG auf eine eG (§ 2 Nr. 1 UmwG)** —— 26
I. Typischer Sachverhalt —— 26
II. Rechtliche Grundlagen —— 27
III. Checkliste: Ablauf der Verschmelzung —— 28
IV. Muster —— 29
   1. Muster: Verschmelzungsvertrag —— 29
   2. Muster: Gemeinsamer Verschmelzungsbericht (§ 8 UmwG) —— 30
   3. Muster: Verschmelzungsgutachten (Langfassung) —— 31
   4. Muster: Notarielle Beurkundung des Verschmelzungsbeschlusses —— 32
   5. Muster: Anmeldung zum Genossenschaftsregister —— 33
C. **Ausgliederung zur Neugründung (§ 2 Nr. 2 UmwG)** —— 34
I. Typischer Sachverhalt —— 34
II. Rechtliche Grundlagen —— 35
III. Checkliste: Ablaufplan —— 36
IV. Muster —— 37
   1. Muster: Spaltungsplan —— 37
   2. Muster: Gutachten bei Ausgliederung gemäß §§ 125, 81 UmwG und zur Werthaltigkeit der Sacheinlagen nach § 8 Abs. 1 Nr. 5 GmbHG —— 38
   3. Muster: Notarielle Beurkundung —— 39
   4. Muster: Ausgliederung —— 40

A. Einleitung: Strukturelle Besonderheiten

I. Eigenart der eingetragenen Genossenschaft

Bei aller Unterschiedlichkeit der Tendenzen, die der Gründung bäuerlicher, gewerblicher, wohnungsbaulicher und konsumwirtschaftlicher Genossenschaften sowie Kreditgenossenschaften

zugrunde lagen, heben sich noch heute als **charakteristische Merkmale** der deutscher Genossenschaften heraus:
- der Wille der staatsfreien gemeinschaftlichen Selbsthilfe durch Selbstverwaltung der genossenschaftlichen Unternehmen in Selbstverantwortung aller gleichberechtigten Mitglieder;
- kollektive Selbstkontrolle durch einen genossenschaftlichen Prüfungsverband.

2 Es handelt sich um **wirtschaftliche Vereinigungen ohne parteipolitische Ziele**.

3 Die deutschen Genossenschaften sind von ihrem Förderzweck her **mitgliedernützliche Einrichtungen**. Sie verfolgen (anders als beispielsweise die französische économie sociale) keine gemeinwirtschaftlichen Ziele; gemeinnütziges Wirken darf ihnen nur Nebenzweck sein. Ihr Zweck ist vornehmlich die wirtschaftliche Förderung ihrer Mitglieder, aber auch die Förderung ihrer sozialen oder kulturellen Belange.

II. Derzeitige Entwicklung des Genossenschaftswesens

4 Die Entwicklung des Genossenschaftswesens in Deutschland ist gekennzeichnet durch
- steigende Zahl der Genossenschaftsmitglieder bei Kredit- und Wohnungsbaugenossenschaften
- leichtes Absinken bzw. Stagnation der Mitgliederzahl bei den ländlichen und gewerblichen Genossenschaften.

5 In einem starken Konzentrationsprozess befinden sich ländliche Genossenschaften, Konsumgenossenschaften und Kreditgenossenschaften, was zu örtlichen und regionalen Fusionen führt. Deshalb ist die Zahl der in der Rechtsform der eingetragenen Genossenschaft (eG) organisierten Unternehmen rückläufig.

6 **Neugründungen** gibt es pro Jahr seit Absenken der Mindestmitgliederzahl auf 3 Personen mehrere Hundert, im Vergleich zur Gründung von GmbHs ist die Anzahl gering. Dies ist u.a. darauf zurückzuführen, dass bei Unternehmensberatern die Rechtsform der Genossenschaft wenig „beliebt" ist. Da jede Genossenschaft einem **Prüfungsverband** beitreten muss, nimmt sie auch dessen Beratung in Anspruch. Der Unternehmensberater würde damit einen Mandanten verlieren, wenn er die Rechtsform der Genossenschaft empfehlen würde.

7 Die herkömmlichen Genossenschaften haben sich von einer den Mitgliederbedarf deckenden, unverzichtbaren Selbsthilfeeinrichtung weithin zu die **Mitglieder im Wettbewerb mit anderen Anbietern und Nachfragern umwerbenden Marktgenossenschaften** entwickelt. Infolgedessen hat sich die Einstellung der Mitglieder gegenüber ihrer Genossenschaft zurückentwickelt, insbesondere die Bereitschaft der Mitglieder, der Genossenschaft Eigenkapital zur Verfügung zu stellen.

8 Veränderungen im Geschäftskapital schwächen die Finanzstruktur. Darüber hinaus haben Genossenschaften **keinen Zugang zum Kapitalmarkt**.

9 Zur schwächer werdenden Identifikation der Genossenschaftsmitglieder mit ihrer Genossenschaft trägt (bei den Kreditgenossenschaften) maßgeblich bei, dass diese in großem Umfang das konditionengleiche Nichtmitgliedergeschäft betreiben und daher in der Kundenbeziehung kaum mitgliedschaftliche Sondervorteile bieten.

10 Die bei Kreditgenossenschaften unabhängig von der Teilnahme am Geschäftsverkehr gezahlten Dividenden werden als üblich erwartet. Diese Art der Förderung stärkt daher nicht unbedingt die Kundenbeziehung.

11 Rechtlich besteht weitgehend **Satzungsstrenge**. Allerdings bietet das Gesetz weitestgehende Satzungsautonomie, so dass jede Genossenschaft ihre Verfassung den praktischen Bedürfnissen anpassen kann.

Als unbefriedigend wird trotz § 73 Abs. 3 GenG, wonach die Satzung einen Beteiligungsfonds für die Mitglieder vorsehen kann, die geringe Beteiligung am Unternehmenswert empfunden. 12

Es besteht nur eine **begrenzte Übertragbarkeit und Vererblichkeit**. 13

III. Tendenzen

Mitte der 80er-Jahre kam es im Kreise der Genossenschaften zu Überlegungen, die bestehenden Strukturen zu verändern. Dies geschah vornehmlich, indem die **Pflichtmitgliedschaft von Genossenschaften in genossenschaftlichen Prüfungsverbänden** zur Diskussion gestellt wurde. 14

Gemäß § 54 GenG müssen eingetragene Genossenschaften einem Verband angehören, dem das Prüfungsrecht verliehen wurde (**Prüfungsverband**). Ist eine Genossenschaft nicht zum Beitritt bei einem Prüfungsverband zugelassen, so hat das Gericht ihre Eintragung in das Genossenschaftsregister abzulehnen (§§ 11 Abs. 2 Nr. 3, 11a Abs. 1 GenG). 15

Scheidet eine Genossenschaft aus einem Prüfungsverband aus und weist sie nach Fristsetzung keine neue Mitgliedschaft in einem Prüfungsverband nach, so ist sie aufzulösen (§ 54a Abs. 2 S. 1 GenG). 16

Bei den Prüfungsverbänden handelt es sich regelmäßig um eingetragene Vereine, denen durch die zuständigen Landes- oder Bundesbehörden das Prüfungsrecht verliehen wurde und die staatlicher Aufsicht unterliegen. 17

Die Prüfungsverbände haben zur Feststellung der wirtschaftlichen Verhältnisse und „der Ordnungsmäßigkeit der Geschäftsführung" die Einrichtungen, die Vermögenslage und die Geschäftsführung der Genossenschaft regelmäßig zu prüfen (§ 53 Abs. 1 S. 1 GenG). Die Genossenschaft wird durch den Verband geprüft, dem sie angehört (§ 55 Abs. 1 S. 1 GenG). Der Verband bedient sich zum Prüfen der von ihm angestellten Prüfer (§ 55 Abs. 1 S. 2 GenG). Bei Vorliegen eines wichtigen Grundes kann sich der Prüfungsverband im Einzelfall eines nicht von ihm angestellten Prüfers bedienen (§ 55 Abs. 3 GenG). 18

Neben der Durchführung der Prüfungen können die Prüfungsverbände die gemeinsame Wahrnehmung der Interessen ihrer Mitglieder, insbesondere der Unterhaltung gegenseitiger Geschäftsbeziehungen, zum Zwecke haben (§ 63b Abs. 4 S. 1 GenG, sog. **Kann-Aufgaben**). Von dieser Möglichkeit machen die Prüfungsverbände Gebrauch. Sie beraten und betreuen ihre Mitglieder umfassend in rechtlichen, steuerlichen, betriebswirtschaftlichen und allen anderen die Genossenschaften bewährten Angelegenheiten. 19

Den angesprochenen Tendenzen ist das BVerfG[1] jedoch entschieden entgegengetreten. So führt es in seinem Beschluss aus (auszugsweise): „Die Pflichtmitgliedschaft einer Genossenschaft in einem genossenschaftlichen Prüfungsverband ist eine aus sachlichen Gründen erforderliche und verfassungsrechtlich zulässige Ausgestaltung des Grundrechts der Vereinigungsfreiheit." (nicht amtl. Leitsatz). 20

Die Praxis wünschte eine punktuelle Novellierung des Genossenschaftsgesetzes, insbesondere Ausweitung des Mitbestimmungsrechts, Übertragung einzelner Geschäftsanteile, Herabsenken der Mitgliederzahl von sieben auf drei.[2] Diesen Wünschen hat der Gesetzgeber mit Gesetz vom 18. August 2006 Rechnung getragen. 21

---

1 WM 2001, 360 = NJW 2001, 2617 = DB 2001, 473.
2 Im Einzelnen *Korte/Schaffland*, Genossenschaftsgesetz, DGRV-Schriftenreihe Bd. 40, 6. Aufl. 2006.

IV. Verwendung der Rechtsform

22 Auf der Grundlage der Überlegungen des BVerfG (Rn 20) haben die deutschen Genossenschaften eine Schlacht gewonnen, ob und welche Vorgaben gesellschaftsrechtlicher Art in den nächsten Jahren von Seiten der Europäischen Union gemacht werden, welche die Rechtsform strukturell beeinflussen, bleibt abzuwarten, zumal diese Gesellschaftsform in keinem anderen der EU-Länder inhaltsgleich Anwendung findet.

23 Im Ergebnis bleibt es damit vorerst bei den strukturellen Vorgaben. Dabei ist diese Rechtsform immer dann interessant, wenn eine zur Gründung der Genossenschaft ausreichende Personenzahl sich – den **Personenbezug** betonend – zum Zwecke der Gründung einer Personenvereinigung zusammenfindet, die einen gemeinsamen Förderzweck verfolgen will und
- die Vorteile der Haftungsbeschränkungsmöglichkeiten
- bei geringem Kapitaleinsatz
- mit der körperschaftlichen Struktur bei der Willensbildung auf demokratischer Grundlage verbinden will.

24 Wegen der umfassenden **Beratung der Genossenschaften durch die Prüfungsverbände** werden im Folgenden nur die Formulare besprochen, die für die Anwälte und Notare relevant sind. Zum besseren Verständnis werden eine allgemein verwendete Mustersatzung für Genossenschaften (Rn 25) abgedruckt.

V. Muster

M 139 1. Muster: Satzung einer Genossenschaft

25 *I. Firma, Sitz, Zweck und Gegenstand des Unternehmens*

§ 1 Firma und Sitz
(1) Die Firma der Genossenschaft lautet: _____ eG.
(2) Der Sitz der Genossenschaft ist _____.

§ 2 Zweck und Gegenstand
(1) Zweck der Genossenschaft ist die wirtschaftliche Förderung und Betreuung der Mitglieder.
(2) Gegenstand des Unternehmens ist
   a) _____
   b) _____
   c) _____
(3) Die Genossenschaft kann Zweigniederlassungen errichten und sich an Unternehmen beteiligen.
(4) Die Ausdehnung des Geschäftsbetriebes auf Nichtmitglieder ist zugelassen.

II. Mitgliedschaft

§ 3 Erwerb der Mitgliedschaft
(1) Die Mitgliedschaft können erwerben:
   a) natürliche Personen,
   b) Personengesellschaften,

c) juristische Personen des privaten oder öffentlichen Rechts.[3]

(2) Aufnahmefähig ist nur, wer die Voraussetzungen für die Inanspruchnahme der Einrichtung der Genossenschaft erfüllt oder dessen Mitgliedschaft im Interesse der Genossenschaft liegt. Aufnahmefähig ist nicht, wer bereits Mitglied einer anderen Vereinigung ist, die im Wesentlichen gleichartige Geschäfte betreibt, oder wer derartige Geschäfte selbst betreibt oder betreiben lässt.

(3) Die Mitgliedschaft wird erworben durch[4]
- a) eine von dem Beitretenden zu unterzeichnende unbedingte Erklärung des Beitritts,
- b) Zulassung durch den Vorstand.

(4) Das Mitglied ist unverzüglich in die Liste der Mitglieder (§ 16 Abs. 2 Buchstabe h) einzutragen und hiervon unverzüglich zu benachrichtigen.

Optional:

(5) Wer für die Nutzung oder Produktion der Güter und die Nutzung oder Erbringung der Dienste der Genossenschaft nicht oder nicht mehr in Frage kommt, kann auf seinen Antrag vom Vorstand mit Zustimmung des Aufsichtsrates als investierendes Mitglied zugelassen werden. Auch die Übernahme weiterer Geschäftsanteile durch investierende Mitglieder bedarf der Zulassung durch den Vorstand mit Zustimmung des Aufsichtsrates. Investierende Mitglieder sind in der Mitgliederliste als solche zu kennzeichnen.[5]

§ 4 Beendigung der Mitgliedschaft

Die Mitgliedschaft endet durch
- Kündigung (§ 5)
- Übertragung des Geschäftsguthabens (§ 6)
- Tod (§ 7)
- Insolvenz eines Mitglieds (§ 7a)
- Auflösung einer juristischen Person oder Personengesellschaft (§ 8)
- Ausschluss (§ 9).

§ 5 Kündigung

(1) Jedes Mitglied kann seine Mitgliedschaft zum Schluss des Geschäftsjahres unter Einhaltung einer Frist von zwei Jahren schriftlich kündigen.

(2) Soweit ein Mitglied mit mehreren Geschäftsanteilen beteiligt ist, ohne hierzu durch die Satzung oder eine Vereinbarung mit der Genossenschaft verpflichtet zu sein, kann es schriftlich einen oder mehrere Geschäftsanteile seiner zusätzlichen Beteiligung zum Schluss eines Geschäftsjahres unter Einhaltung einer Frist von zwei Jahren kündigen.

§ 6 Übertragung des Geschäftsguthabens

(1) Ein Mitglied kann jederzeit, auch im Laufe des Geschäftsjahres, sein Geschäftsguthaben durch schriftlichen Vertrag einem anderen übertragen und hierdurch aus der Genossenschaft ohne Auseinandersetzung ausscheiden, sofern der Erwerber an seiner Stelle Mitglied wird. Ist der Erwerber bereits Mitglied, so ist die Übertragung des Geschäftsguthabens nur zulässig, sofern sein bisheriges Geschäftsguthaben nach Zuschreibung des Geschäftsguthabens des Veräußerers den zulässigen Gesamtbetrag der Geschäftsanteile, mit denen der Erwerber beteiligt ist oder sich beteiligt, nicht übersteigt.

(2) Die Übertragung des Geschäftsguthabens bedarf der Zustimmung des Vorstands.

(3) Ein Mitglied kann sein Geschäftsguthaben, ohne aus der Genossenschaft auszuscheiden, teilweise übertragen und damit die Anzahl seiner Geschäftsanteile verringern. Abs. 1 gilt entsprechend.

---

[3] Sonstige Voraussetzungen können im Statut festgelegt werden; Nichtzutreffendes streichen.
[4] Dem Antragsteller ist vor Abgabe seiner Erklärung eine Abschrift der Satzung in der jeweils geltenden Fassung zur Verfügung zu stellen.
[5] Die Zahl der zugelassenen investierenden Mitglieder kann beschränkt werden.

§ 7 Tod eines Mitglieds
Mit dem Tod scheidet ein Mitglied aus. Seine Mitgliedschaft geht auf den Erben über. Sie endet mit dem Schluss des Geschäftsjahres, in dem der Erbfall eingetreten ist.
Optional:

§ 7a Insolvenz eines Mitglieds
Wird über das Vermögen eines Mitglieds ein Insolvenzverfahren eröffnet oder die Eröffnung eines Insolvenzverfahrens mangels Masse abgelehnt, endet die Mitgliedschaft mit dem Schluss des Geschäftsjahres, in dem das Insolvenzverfahren eröffnet oder die Eröffnung mangels Masse abgelehnt wurde.[6]

§ 8 Auflösung einer juristischen Person oder einer Personengesellschaft
Wird eine juristische Person oder eine Personengesellschaft aufgelöst oder erlischt sie, so endet die Mitgliedschaft mit dem Schluss des Geschäftsjahres, in dem die Auflösung oder das Erlöschen wirksam geworden ist. Im Falle der Gesamtrechtsnachfolge wird die Mitgliedschaft bis zum Schluss des Geschäftsjahres durch den Gesamtrechtsnachfolger fortgesetzt.

§ 9 Ausschluss
(1) Ein Mitglied kann aus der Genossenschaft zum Schluss des Geschäftsjahres ausgeschlossen werden, wenn
   a) es trotz schriftlicher Aufforderung unter Androhung des Ausschlusses den satzungsmäßigen oder sonstigen der Genossenschaft gegenüber bestehenden Verpflichtungen nicht nachkommt;
   b) es unrichtige Jahresabschlüsse oder Vermögensübersichten einreicht oder sonst unrichtige oder unvollständige Erklärungen über seine rechtlichen und/oder wirtschaftlichen Verhältnisse abgibt;
   c) es durch Nichterfüllung seiner Verpflichtungen gegenüber der Genossenschaft diese schädigt oder geschädigt hat;
   d) es zahlungsunfähig geworden ist oder wenn über sein Vermögen ein Antrag auf Eröffnung des Insolvenzverfahrens gestellt worden ist;
   e) es seinen Geschäftsbetrieb, Sitz oder Wohnsitz verlegt, oder wenn sein dauernder Aufenthaltsort unbekannt ist;
   f) die Voraussetzungen für die Aufnahme in die Genossenschaft nicht vorhanden waren oder nicht mehr vorhanden sind;
   g) es ein eigenes, mit der Genossenschaft im Wettbewerb stehendes Unternehmen betreibt oder sich an einem solchen beteiligt oder wenn ein mit der Genossenschaft im Wettbewerb stehendes Unternehmen sich an dem Unternehmen des Mitglieds beteiligt;
   h) sich sein Verhalten mit den Belangen der Genossenschaft nicht vereinbaren lässt.
(2) Für den Ausschluss ist der Vorstand zuständig. Mitglieder des Vorstands oder des Aufsichtsrats können jedoch nur durch Beschluss der Generalversammlung ausgeschlossen werden.
(3) Vor der Beschlussfassung ist dem Auszuschließenden Gelegenheit zu geben, sich zu dem beabsichtigten Ausschluss zu äußern. Hierbei sind ihm die wesentlichen Tatsachen, auf denen der Ausschluss beruhen soll, sowie der gesetzliche oder satzungsmäßige Ausschließungsgrund mitzuteilen.
(4) Der Beschluss, durch den das Mitglied ausgeschlossen wird, hat die Tatsachen, auf denen der Ausschluss beruht, sowie den gesetzlichen oder satzungsmäßigen Ausschließungsgrund anzugeben.

---

[6] Die Mitgliedschaft endet also, ohne dass es einer Kündigung oder Ausschließung bedarf. Die rechtliche Zulässigkeit eines solchen Beendigungstatbestands ist allerdings in der Literatur teilweise umstritten.

(5) Der Beschluss ist dem Ausgeschlossenen von dem Vorstand unverzüglich durch eingeschriebenen Brief mitzuteilen. Von der Absendung des Briefes an kann das Mitglied nicht mehr an der Generalversammlung teilnehmen, noch die Einrichtungen der Genossenschaft benutzen, sowie Mitglied des Vorstands oder Aufsichtsrats sein.
(6) Der Ausgeschlossene kann, wenn nicht die Generalversammlung den Ausschluss beschlossen hat, innerhalb eines Monats seit der Absendung des Briefes Beschwerde beim Aufsichtsrat einlegen. Die Beschwerdeentscheidung des Aufsichtsrats ist genossenschaftsintern endgültig. Legt der Ausgeschlossene nicht fristgerecht Beschwerde ein, ist der ordentliche Rechtsweg ausgeschlossen.

§ 10 Auseinandersetzung
(1) Für die Auseinandersetzung zwischen dem ausgeschiedenen Mitglied und der Genossenschaft ist der festgestellte Jahresabschluss maßgebend; Verlustvorträge sind nach dem Verhältnis der Geschäftsanteile zu berücksichtigen. Im Fall der Übertragung des Geschäftsguthabens (§ 6) findet eine Auseinandersetzung nicht statt.
(2) Dem ausgeschiedenen Mitglied ist das Auseinandersetzungsguthaben binnen sechs Monaten nach dem Ausscheiden auszuzahlen.[7] Die Genossenschaft ist berechtigt, bei der Auseinandersetzung die ihr gegen das ausgeschiedene Mitglied zustehenden fälligen Forderungen gegen das auszuzahlende Guthaben aufzurechnen. Auf die Rücklagen und das sonstige Vermögen der Genossenschaft hat das Mitglied keinen Anspruch.
(3) Der Genossenschaft haftet das Auseinandersetzungsguthaben des Mitglieds für einen etwaigen Ausfall insbesondere im Insolvenzverfahren des Mitglieds.
(4) Die Absätze 1 bis 3 gelten entsprechend für die Auseinandersetzung bei der Kündigung einzelner Geschäftsanteile.

§ 11 Rechte der Mitglieder
Jedes Mitglied hat das Recht,
a) die Einrichtungen der Genossenschaft nach Maßgabe der dafür getroffenen Bestimmungen zu benutzen;
b) an der Generalversammlung, an ihren Beratungen, Abstimmungen und Wahlen teilzunehmen und dort Auskünfte über Angelegenheiten der Genossenschaften zu verlangen, soweit dem § 34 nicht entgegensteht;
c) Anträge für die Tagesordnung der Generalversammlung gemäß § 28 Abs. 4 einzureichen;
d) bei Anträgen auf Berufung einer außerordentlichen Generalversammlung gemäß § 28 Abs. 2 mitzuwirken;
e) an den satzungsgemäß beschlossenen Ausschüttungen teilzunehmen;
f) rechtzeitig vor Feststellung des Jahresabschlusses durch die Generalversammlung eine Abschrift des Jahresabschlusses, des Lageberichts und des Berichtes des Aufsichtsrats hierzu zu verlangen;
g) die Niederschrift über die Generalversammlung einzusehen;
h) die Mitgliederliste einzusehen;
i) das zusammengefasste Ergebnis des Prüfungsberichts einzusehen.

§ 12 Pflichten der Mitglieder
Jedes Mitglied hat die Pflicht, das der Erhaltung seiner wirtschaftlichen Selbständigkeit dienende genossenschaftliche Unternehmen nach Kräften zu unterstützen. Das Mitglied hat insbesondere

---

[7] Wenn die Option in § 37 Abs. 4a wahrgenommen wird, ist hier ein zusätzlicher Hinweis auf § 37 Abs. 4a notwendig.

a) den Bestimmungen des Genossenschaftsgesetzes, der Satzung und den Beschlüssen der Generalversammlung nachzukommen;
b) die geltenden allgemeinen Geschäfts- und Lieferungs- und Zahlungsbedingungen einzuhalten;
c) Angebotsunterlagen, Preise und Konditionen, Rundschreiben und sonstige Informationen der Genossenschaft gegenüber Außenstehenden vertraulich zu behandeln;
d) auf Anforderung die für die Genossenschaft erforderlichen Unterlagen einzureichen, insbesondere seine Jahresabschlüsse vorzulegen und Auskünfte über seine Geschäfts- und Umsatzentwicklung und die Gestaltung seines Sortiments zu geben. Die Auskünfte werden von der Genossenschaft vertraulich behandelt;
e) der Genossenschaft jede Änderung der Rechtsform und der Inhaberverhältnisse seines Unternehmens unverzüglich mitzuteilen;
f) ein der Kapitalrücklage (§ 39a) zuzuweisendes Eintrittsgeld zu zahlen, wenn dessen Höhe und Einzahlungsweise von der Generalversammlung festgesetzt sind.

Optional:
g) laufende Beiträge für Leistungen, welche die Genossenschaft den Mitgliedern erbringt oder zur Verfügung stellt und über deren Höhe die Generalversammlung bestimmt, zu entrichten.

III. Organe der Genossenschaft

§ 13 Organe der Genossenschaft
Die Organe der Genossenschaft sind
a) der Vorstand
b) der Aufsichtsrat
c) die Generalversammlung.

A. Der Vorstand

§ 14 Leitung der Genossenschaft
(1) Der Vorstand leitet die Genossenschaft in eigener Verantwortung.
(2) Der Vorstand führt die Geschäfte der Genossenschaft gemäß den Vorschriften der Gesetze, insbesondere des Genossenschaftsgesetzes, der Satzung und der Geschäftsordnung für den Vorstand.
(3) Der Vorstand vertritt die Genossenschaft gerichtlich und außergerichtlich nach Maßgabe des § 15.

§ 15 Vertretung
(1) Zwei Vorstandsmitglieder können rechtsverbindlich für die Genossenschaft zeichnen und Erklärungen abgeben. Die Genossenschaft kann auch durch ein Vorstandsmitglied in Gemeinschaft mit einem Prokuristen gesetzlich vertreten werden. Der Aufsichtsrat kann einzelne oder alle Vorstandsmitglieder von dem Verbot der Mehrvertretung des § 181 Alternative 2 BGB befreien, ihnen also die Befugnis erteilen, bei allen Rechtshandlungen, welche die Genossenschaft mit oder gegenüber Dritten vornimmt, zugleich als Vertreter Dritter zu handeln.
(2) Die Erteilung von Prokura, Handlungsvollmacht und sonstigen Vollmachten zur rechtsgeschäftlichen Vertretung ist zulässig. Näheres regelt die Geschäftsordnung für den Vorstand.

§ 16 Aufgaben und Pflichten des Vorstands
(1) Die Vorstandsmitglieder haben bei ihrer Geschäftsführung die Sorgfalt eines ordentlichen und gewissenhaften Geschäftsleiters einer Genossenschaft anzuwenden. Über vertrauliche Angaben und Geheimnisse, namentlich Betriebs- oder Geschäftsgeheimnisse, die ihnen durch die Tätigkeit im Vorstand bekannt geworden sind, haben sie Stillschweigen zu bewahren.

(2) Der Vorstand hat insbesondere
   a) die Geschäfte entsprechend Zweck und Gegenstand der Genossenschaft ordnungsgemäß zu führen;
   b) die für den ordnungsgemäßen Geschäftsbetrieb notwendigen personellen und sachlichen Maßnahmen rechtzeitig zu planen und durchzuführen;
   c) sicherzustellen, dass Lieferungen und Leistungen ordnungsgemäß erbracht und die Mitglieder sachgemäß betreut werden;
   d) eine Geschäftsordnung nach Anhörung des Aufsichtsrats aufzustellen, die vom Vorstand einstimmig zu beschließen und von allen Vorstandsmitgliedern zu unterzeichnen ist;
   e) für eine ordnungsgemäße Buchführung und ein zweckdienliches Rechnungswesen zu sorgen;
   f) ordnungsmäßige Inventuren vorzunehmen, ein Inventarverzeichnis zum Ende des Geschäftsjahres aufzustellen und unverzüglich dem Aufsichtsrat vorzulegen;
   g) spätestens innerhalb von fünf Monaten nach Ende des Geschäftsjahres den Jahresabschluss und Lagebericht aufzustellen, dem Aufsichtsrat unverzüglich und sodann mit dessen Bemerkungen der Generalversammlung zur Feststellung des Jahresabschlusses vorzulegen;
   h) über die Zulassung des Mitgliedschaftserwerbs und über die Beteiligung mit weiteren Geschäftsanteilen zu entscheiden, sowie die Mitgliederliste nach Maßgabe des Genossenschaftsgesetzes zu führen, sowie für die ihm nach dem Genossenschaftsgesetz obliegenden Anmeldungen und Anzeigen Sorge zu tragen;
   i) dem gesetzlichen Prüfungsverband Einberufung, Termin, Tagesordnung und Anträge für die Generalversammlung rechtzeitig anzuzeigen;
   j) im Prüfungsbericht festgestellte Mängel abzustellen und dem gesetzlichen Prüfungsverband hierüber zu berichten;
   k) dem gesetzlichen Prüfungsverband von beabsichtigten Satzungsänderungen rechtzeitig Mitteilung zu machen.

§ 17 Berichterstattung gegenüber dem Aufsichtsrat
Der Vorstand hat dem Aufsichtsrat mindestens vierteljährlich,[8] auf Verlangen auch in kürzeren Zeitabständen, u.a. vorzulegen
a) eine Übersicht über die geschäftliche Entwicklung der Genossenschaft im abgelaufenen Zeitraum anhand von Zwischenabschlüssen;
b) eine Aufstellung über die Gesamtverbindlichkeiten der Genossenschaft einschließlich der Wechselverpflichtungen und des Bürgschaftsobligos;
c) eine Übersicht über die von der Genossenschaft gewährten Kredite;
d) einen Unternehmensplan, aus dem insbesondere der Investitions- und der Kapitalbedarf hervorgeht;
e) einen Bericht über besondere Vorkommnisse; hierüber ist vorab erforderlichenfalls unverzüglich der Vorsitzende des Aufsichtsrats zu verständigen.

§ 18 Zusammensetzung und Dienstverhältnis
(1) Der Vorstand besteht aus mindestens zwei Mitgliedern. Vorstandsmitglieder, die nicht hauptamtlich tätig sind, sollen selbständige, aktiv tätige Mitglieder oder Personen, die zur Vertretung von Mitgliedsgesellschaften befugt sind, sein.
(2) Hauptamtliche Geschäftsführer der Genossenschaft müssen dem Vorstand angehören.
(3) Der Vorstand wird vom Aufsichtsrat bestellt und abberufen. Der Aufsichtsrat ist für den Abschluss, die Änderung sowie die Beendigung von Dienstverträgen mit Vorstandsmitgliedern zuständig. Die Erklärungen des Aufsichtsrats werden durch seinen Vorsitzenden, bei dessen Verhinderung durch

---

8 In kleineren Genossenschaften können längere Zeiträume sinnvoll sein.

seinen Vertreter, abgegeben. Die Beendigung des Dienstverhältnisses hat die Aufhebung der Organstellung zum Zeitpunkt des Ausscheidens zur Folge.
(4) Mitglieder des Vorstands scheiden mit Ende des Kalenderjahres aus dem Vorstand aus, in dem sie das 65. Lebensjahr vollendet haben.
(5) Die Bestellung ehrenamtlicher Vorstandsmitglieder ist auf drei Jahre befristet. Wiederbestellung ist zulässig.

§ 19 Willensbildung
(1) Der Vorstand ist beschlussfähig, wenn mehr als die Hälfte seiner Mitglieder mitwirkt. Er fasst seine Beschlüsse mit Mehrheit der abgegebenen Stimmen; im Falle des § 16 Abs. 2 lit. d ist Einstimmigkeit erforderlich. Bei Stimmengleichheit gilt ein Antrag als abgelehnt.
(2) Beschlüsse, die über den regelmäßigen Geschäftsbetrieb hinausgehen, sind zu Beweiszwecken zu protokollieren. Die Protokolle sind fortlaufend zu nummerieren und von den an der Beschlussfassung beteiligten Vorstandsmitgliedern zu unterzeichnen.
(3) Wird über geschäftliche Angelegenheiten der Genossenschaft beraten, die die Interessen eines Vorstandsmitglieds, seines Ehegatten, seiner Eltern, Kinder und Geschwister oder einer von ihm kraft Gesetzes oder Vollmacht vertretenen Person berühren, so darf das betroffene Vorstandsmitglied an der Beratung und Abstimmung nicht teilnehmen. Das Vorstandsmitglied ist jedoch vor der Beschlussfassung zu hören.

§ 20 Teilnahme an Sitzungen des Aufsichtsrats
Die Mitglieder des Vorstands sind berechtigt, an den Sitzungen des Aufsichtsrats teilzunehmen. Durch Beschluss des Aufsichtsrats kann die Teilnahme ausgeschlossen werden. In den Sitzungen des Aufsichtsrats hat der Vorstand die erforderlichen Auskünfte über geschäftliche Angelegenheiten zu erteilen.

§ 21 Kredit an Vorstandsmitglieder
Die Gewährung von Krediten oder anderen wirtschaftlichen Vorteilen an Vorstandsmitglieder, deren Ehegatten, minderjährige Kinder sowie an Dritte, die für Rechnung einer dieser Personen handeln, bedürfen der vorherigen Zustimmung des Aufsichtsrats.

B. Der Aufsichtsrat

§ 22 Aufgaben und Pflichten des Aufsichtsrats
(1) Der Aufsichtsrat hat die Geschäftsführung des Vorstands zu überwachen und sich zu diesem Zweck über die Angelegenheiten der Genossenschaft zu unterrichten. Er kann jederzeit hierüber Berichterstattung von dem Vorstand verlangen und selbst oder durch einzelne von ihm zu bestimmende Mitglieder die Bücher und Schriften der Genossenschaft einsehen sowie den Kassenbestand und die Bestände an Wertpapieren und Waren prüfen. Auch ein einzelnes Mitglied des Aufsichtsrats kann Auskünfte, jedoch nur an den Aufsichtsrat, verlangen.
(2) Der Aufsichtsrat hat den Jahresabschluss, den Lagebericht und den Vorschlag des Vorstands für die Verwendung eines Jahresüberschusses oder für die Deckung eines Jahresfehlbetrags zu prüfen sowie den Inhalt des Prüfungsberichts zur Kenntnis zu nehmen. Er hat sich darüber zu äußern und der Generalversammlung vor Feststellung des Jahresabschlusses Bericht zu erstatten.
(3) Der Aufsichtsrat kann zur Erfüllung seiner gesetzlichen und satzungsmäßigen Pflichten aus seiner Mitte Ausschüsse bilden und sich der Hilfe von Sachverständigen auf Kosten der Genossenschaft bedienen. Soweit der Aufsichtsrat Ausschüsse bildet, bestimmt er, ob diese beratende oder entscheidende Befugnis haben; außerdem bestimmt er die Zahl der Ausschussmitglieder. Ein Ausschuss muss mindestens aus drei Personen bestehen. Ein Ausschuss ist beschlussfähig, wenn mehr als die Hälfte seiner Mitglieder anwesend ist. Für die Beschlussfassung gilt ergänzend § 25.

(4) Einzelheiten über die Erfüllung der dem Aufsichtsrat obliegenden Pflichten regelt die vom Aufsichtsrat aufzustellende Geschäftsordnung. Ein Exemplar der Geschäftsordnung ist jedem Mitglied des Aufsichtsrats gegen Empfangsbescheinigung auszuhändigen.
(5) Die Aufsichtsratsmitglieder haben bei ihrer Tätigkeit die Sorgfalt eines ordentlichen und gewissenhaften Aufsichtsratsmitgliedes einer Genossenschaft anzuwenden. Sie haben über alle vertraulichen Angaben und Geheimnisse der Genossenschaft sowie der Mitglieder und Kunden, die ihnen durch die Tätigkeit im Aufsichtsrat bekannt geworden sind, Stillschweigen zu bewahren.
(6) Die Aufsichtsratsmitglieder dürfen keine nach dem Geschäftsergebnis bemessene Vergütung (Tantieme) beziehen. Dagegen kann neben dem Ersatz der Auslagen eine Aufsichtsratsvergütung gewährt werden, über die die Generalversammlung beschließt.
(7) Der Aufsichtsrat vertritt die Genossenschaft gegenüber den Vorstandsmitgliedern gerichtlich und außergerichtlich.
(8) Die Beschlüsse des Aufsichtsrats vollzieht der Aufsichtsratsvorsitzende, bei dessen Verhinderung sein Stellvertreter.

§ 23 Gemeinsame Zuständigkeiten von Vorstand und Aufsichtsrat, zustimmungsbedürftige Angelegenheiten
(1) Über die Grundsätze der Geschäftspolitik beschließen Vorstand und Aufsichtsrat nach gemeinsamer Beratung und durch getrennte Abstimmung.
(2) Folgende Angelegenheiten bedürfen der Zustimmung des Aufsichtsrats:
   a) der Erwerb, die Bebauung, die Belastung und die Veräußerung von Grundstücken und grundstücksgleichen Rechten; ausgenommen ist der Erwerb von Grundstücken und grundstücksgleichen Rechten zur Rettung eigener Forderungen;
   b) der Erwerb und die Veräußerung von dauernden Beteiligungen;
   c) der Abschluss von Verträgen mit besonderer Bedeutung, insbesondere von solchen Verträgen, durch die wiederkehrende Verpflichtungen in erheblichem Umfang für die Genossenschaft begründet werden;
   d) die Ausschüttung einer Rückvergütung (§ 43 der Satzung);
   e) die Verwendung von Rücklagen gemäß §§ 39, 39a;
   f) den Beitritt zu Organisationen und Verbänden;
   g) die Festlegung des Tagungsorts der Generalversammlung;
   h) Erteilung und Widerruf der Prokura;
   i) die Hereinnahme von Genussrechtskapital, die Begründung nachrangiger Verbindlichkeiten und stiller Beteiligungen.
(3) Gemeinsame Sitzungen werden von dem Vorsitzenden des Aufsichtsrats, im Verhinderungsfall von dessen Stellvertreter, einberufen. Für die Einberufung gilt § 25 Abs. 5 entsprechend.
(4) Den Vorsitz in den gemeinsamen Sitzungen führt der Vorsitzende des Aufsichtsrats oder sein Stellvertreter, falls nichts anderes beschlossen wird.
(5) Vorstand und Aufsichtsrat sind beschlussfähig, wenn mehr als die Hälfte der Mitglieder des Vorstands und mehr als die Hälfte der Mitglieder des Aufsichtsrats, darunter der Vorsitzende oder sein Stellvertreter, anwesend sind.
(6) Ein Antrag ist abgelehnt, wenn er nicht die Mehrheit sowohl im Vorstand als auch im Aufsichtsrat findet.
(7) Beschlüsse sind zu Beweiszwecken in einem gemeinsamen Protokoll festzuhalten; das Ergebnis der getrennten Abstimmung ist hierbei festzuhalten; ergänzend gelten § 19 Abs. 2 und § 25 Abs. 6 entsprechend.

§ 24 Zusammensetzung und Wahl
(1) Der Aufsichtsrat besteht aus mindestens drei Mitgliedern, höchstens _____ Mitgliedern, die von der Generalversammlung gewählt werden; in diesem Rahmen bestimmt sie auch die konkrete Zahl der

Aufsichtsratsmitglieder. Es sollen nur selbständige, aktiv tätige Mitglieder oder Personen, die zur Vertretung solcher Mitglieder befugt sind, in den Aufsichtsrat gewählt werden. Die Mitglieder des Aufsichtsrats dürfen nicht zugleich Vorstandsmitglieder, dauernde Stellvertreter der Vorstandsmitglieder, Prokuristen oder zum Betrieb des gesamten Geschäfts ermächtigte Handlungsbevollmächtigte der Genossenschaft sein.

(2) Für die Wahl der Aufsichtsratsmitglieder gilt § 33.

(3) Die Amtsdauer beträgt in der Regel drei Jahre. Sie beginnt mit dem Schluss der Generalversammlung, die die Wahl vorgenommen hat, und endet am Schluss der Generalversammlung, die für das dritte Geschäftsjahr nach der Wahl stattfindet. Hierbei wird das Geschäftsjahr, in welchem das Aufsichtsratsmitglied gewählt wird, mitgerechnet. Jährlich scheidet ein Drittel der Aufsichtsratsmitglieder aus; bei einer nicht durch drei teilbaren Zahl zuerst der geringere Teil. In den beiden ersten Jahren entscheidet das Los, später die Amtsdauer. Bei Erweiterung des Aufsichtsrats scheidet von den bisherigen Aufsichtsratsmitgliedern jeweils das dienstälteste Drittel aus; von den neuen Mitgliedern scheidet durch Los ebenfalls ein Drittel aus, bis sich ein Turnus ergibt; sodann entscheidet auch bei diesen Mitgliedern die Amtsdauer. Wiederwahl ist zulässig.

(3a) Das Amt endet sofort, wenn es darauf beruht, dass das Aufsichtsratsmitglied Mitglied einer eingetragenen Genossenschaft ist und diese Mitgliedschaft beendet ist. Entsprechendes gilt für zur Vertretung anderer juristischer Personen oder Personengesellschaften befugte Personen, wenn deren Vertretungsbefugnis endet. Besteht Streit über die Beendigung der Mitgliedschaft bzw. Vertretungsbefugnis, entscheidet die schriftliche Erklärung der Genossenschaft bzw. der anderen juristischen Personen oder Personengesellschaft, dass die Mitgliedschaft bzw. Vertretungsbefugnis beendet ist.

(4) Scheiden Mitglieder im Laufe ihrer Amtszeit aus, so besteht der Aufsichtsrat bis zur nächsten ordentlichen Generalversammlung, in der die Ersatzwahlen vorgenommen werden, nur aus den verbliebenen Mitgliedern. Eine frühere Ersatzwahl durch eine außerordentliche Generalversammlung ist nur dann erforderlich, wenn die Zahl der Aufsichtsratsmitglieder unter die gesetzliche Mindestzahl von drei herabsinkt. Ersatzwahlen erfolgen für den Rest der Amtsdauer des ausgeschiedenen Mitglieds.

(5) Mitglieder des Aufsichtsrats scheiden aus dem Aufsichtsrat aus, wenn sie das 65. Lebensjahr vollendet haben. Als Zeitpunkt des Ausscheidens gilt das Ende der nächstfolgenden ordentlichen Generalversammlung.

(6) Aus dem Vorstand ausgeschiedene Mitglieder können erst in den Aufsichtsrat gewählt werden, wenn sie für ihre gesamte Vorstandstätigkeit entlastet worden sind.

§ 25 Konstituierung, Beschlussfassung

(1) Der Aufsichtsrat wählt im Anschluss an jede Wahl aus seiner Mitte einen Vorsitzenden und einen Schriftführer sowie für beide Stellvertreter. Der Aufsichtsrat ist befugt, zu jeder Zeit über die Amtsverteilung neu zu beschließen.

(2) Die Sitzungen des Aufsichtsrats werden durch seinen Vorsitzenden, im Verhinderungsfalle durch dessen Stellvertreter, einberufen. Solange ein Vorsitzender und ein Stellvertreter nicht gewählt sind, werden die Aufsichtsratssitzungen durch das an Lebensjahren älteste Aufsichtsratsmitglied einberufen.

(3) Der Aufsichtsrat ist beschlussfähig, wenn mehr als die Hälfte seiner Mitglieder, darunter der Vorsitzende oder sein Stellvertreter anwesend ist. Er fasst seine Beschlüsse mit Mehrheit der gültig abgegebenen Stimmen. Stimmenthaltungen und ungültige Stimmen werden nicht mitgerechnet. Bei Stimmengleichheit gilt ein Antrag als abgelehnt; bei Wahlen entscheidet bei Stimmengleichheit das Los; § 33 gilt entsprechend.

(4) Eine Beschlussfassung ist in dringenden Fällen auch ohne Einberufung einer Sitzung im Wege schriftlicher Abstimmung oder durch andere Fernkommunikationsmedien zulässig, wenn der Vorsitzende des Aufsichtsrats oder sein Stellvertreter eine solche Beschlussfassung veranlasst und kein Mitglied des Aufsichtsrats diesem Verfahren widerspricht.

(5) Die Sitzungen des Aufsichtsrats sollen mindestens vierteljährlich stattfinden. Außerdem hat der Vorsitzende eine Sitzung unter Mitteilung der Tagesordnung einzuberufen, soooft dies im Interesse der Genossenschaft notwendig erscheint oder wenn es der Vorstand oder die Hälfte der Aufsichtsratsmitglieder schriftlich unter Angabe des Zwecks und der Gründe verlangt. Wird diesem Verlangen nicht entsprochen, so können die Antragsteller unter Mitteilung des Sachverhalts selbst den Aufsichtsrat einberufen.

(6) Beschlüsse sind zu Beweiszwecken zu protokollieren. Die Protokolle sind fortlaufend zu nummerieren und vom Aufsichtsratsvorsitzenden oder dessen Stellvertreter und vom Schriftführer oder dessen Stellvertreter zu unterzeichnen.

(7) Wird über geschäftliche Angelegenheiten der Genossenschaft beraten, die die Interessen eines Aufsichtsratsmitgliedes, seines Ehegatten, seiner Eltern, Kinder und Geschwister oder einer von ihm kraft Gesetzes oder Vollmacht vertretenen Person berühren, so darf das betroffene Aufsichtsratsmitglied an der Beratung und Abstimmung nicht teilnehmen. Das Aufsichtsratsmitglied ist jedoch vor der Beschlussfassung zu hören.

C. Die Generalversammlung

§ 26 Ausübung der Mitgliedsrechte
(1) Die Mitglieder üben ihre Rechte in den Angelegenheiten der Genossenschaft in der Generalversammlung aus. Sie sollen ihre Rechte persönlich ausüben.
(2) Jedes Mitglied hat eine Stimme.
Option 1:
Mehrstimmrecht für Unternehmer eG:
Darüber hinaus gewährt jeder weitere voll eingezahlte Pflichtanteil eine weitere Stimme (Mehrstimmrecht). Hierfür ist der Stand am Ende des vorangegangenen Geschäftsjahres maßgeblich. Mehrstimmrechte können vom einzelnen Mitglied nur bis höchstens einem Zehntel der in der Generalversammlung jeweils anwesenden Stimmen ausgeübt werden.
Option 2:
Stimmrecht für Genossenschaften mit investierenden Mitgliedern:
Die gültig abgegebenen Stimmen investierender Mitglieder dürfen nicht mehr als 10% der gültigen Stimmen der förderfähigen Mitglieder ausmachen. Das Verhältnis der Ja- und Nein-Stimmen der investierenden Mitglieder ist beizubehalten.
(3) Geschäftsunfähige, beschränkt geschäftsfähige sowie juristische Personen und Personengesellschaften üben ihr Stimmrecht durch den gesetzlichen Vertreter bzw. zur Vertretung ermächtigte Gesellschafter aus.
(4) Mitglieder oder deren gesetzliche Vertreter bzw. zur Vertretung ermächtigte Gesellschafter können sich durch Bevollmächtigte vertreten lassen (§ 43 Abs. 5 Genossenschaftsgesetz). Mehrere Erben eines verstorbenen Mitglieds (§ 7) können das Stimmrecht nur durch einen gemeinschaftlichen Bevollmächtigten ausüben. Ein Bevollmächtigter kann nicht mehr als zwei Mitglieder vertreten. Bevollmächtigte können nur Mitglieder der Genossenschaft, Ehegatten, Eltern, Kinder oder Geschwister eines Mitglieds sein oder müssen zum Vollmachtgeber in einem Gesellschafts- oder Anstellungsverhältnis stehen. Personen, an die die Mitteilung über den Ausschluss abgesandt ist (§ 9 Abs. 5), können nicht bevollmächtigt werden.
(5) Stimmberechtigte gesetzliche bzw. ermächtigte Vertreter oder Bevollmächtigte müssen ihre Vertretungsbefugnis auf Verlangen des Versammlungsleiters schriftlich nachweisen.
(6) Niemand kann für sich oder einen anderen das Stimmrecht ausüben, wenn darüber Beschluss gefasst wird, ob er oder das vertretene Mitglied zu entlasten oder von einer Verbindlichkeit zu befreien ist, oder ob die Genossenschaft gegen ihn oder das vertretene Mitglied einen Anspruch geltend machen soll. Er ist jedoch vor der Beschlussfassung zu hören.

§ 27 Frist und Tagungsort
(1) Die ordentliche Generalversammlung hat innerhalb der ersten sechs Monate nach Ablauf des Geschäftsjahres stattzufinden.
(2) Außerordentliche Generalversammlungen können nach Bedarf einberufen werden.
(3) Die Generalversammlung findet am Sitz der Genossenschaft statt, soweit nicht Vorstand und Aufsichtsrat einen anderen Tagungsort festlegen.

§ 28 Einberufung und Tagesordnung
(1) Die Generalversammlung wird durch den Aufsichtsrat, vertreten durch dessen Vorsitzenden, einberufen. Die Rechte des Vorstands gemäß § 44 Abs. 1 des Genossenschaftsgesetzes bleiben unberührt.
(2) Die Mitglieder der Genossenschaft können in Textform unter Angabe des Zwecks und der Gründe die Einberufung einer außerordentlichen Generalversammlung verlangen. Hierzu bedarf es mindestens den zehnten Teils der Mitglieder.
(3) Die Generalversammlung wird durch unmittelbare Benachrichtigung sämtlicher Mitglieder in Textform unter Einhaltung einer Frist von mindestens sieben Tagen, die zwischen dem Tage des Zugangs (Abs. 7) bzw. der Veröffentlichung der Einberufung und dem Tage der Generalversammlung liegen muss. Bereits bei der Einberufung sind die Gegenstände der Beschlussfassung bekannt zu geben.
(4) Die Tagesordnung wird von dem Organ festgesetzt, das die Generalversammlung einberuft. Mitglieder der Genossenschaft können in Textform unter Angabe der Gründe verlangen, dass Gegenstände zur Beschlussfassung in der Generalversammlung angekündigt werden. Hierzu bedarf es mindestens des zehnten Teils der Mitglieder.
(5) Über die Gegenstände, deren Verhandlung nicht so rechtzeitig angekündigt ist, dass mindestens eine Woche zwischen dem Zugang der Ankündigung (Abs. 7) und dem Tage der Generalversammlung liegen, können Beschlüsse nicht gefasst werden; hiervon sind jedoch Beschlüsse über den Ablauf der Versammlung sowie über Anträge auf Berufung einer außerordentlichen Generalversammlung ausgenommen.
(6) Zu Anträgen und Verhandlungen ohne Beschlussfassung bedarf es der Ankündigung nicht.
(7) In den Fällen der Absätze 3 und 5 gelten die entsprechenden Mitteilungen als zugegangen, wenn sie zwei Tage vor Beginn der Frist zur Post gegeben worden sind.

§ 29 Versammlungsleitung
Den Vorsitz in der Generalversammlung führt der Vorsitzende des Aufsichtsrats oder sein Stellvertreter. Sofern die Generalversammlung durch den Vorstand einberufen worden ist, führt ein Mitglied des Vorstandes den Vorsitz. Durch Beschluss kann der Vorsitz einem anderen Mitglied der Genossenschaft oder einem Vertreter des gesetzlichen Prüfungsverbands übertragen werden. Der Vorsitzende der Generalversammlung ernennt einen Schriftführer und erforderlichenfalls Stimmenzähler.

§ 30 Gegenstände der Beschlussfassung
Der Beschlussfassung der Generalversammlung unterliegen neben den in dieser Satzung bezeichneten sonstigen Angelegenheiten insbesondere
    a) Änderung der Satzung;[9]
    b) Auflösung der Genossenschaft;
    c) Fortsetzung der Genossenschaft nach beschlossener Auflösung;
    d) Verschmelzung, Spaltung und Formwechsel der Genossenschaft nach den Vorschriften des Umwandlungsgesetzes;

---

[9] Nunmehr auch: Einführung oder Erhöhung eines Mindestkapitals; Einschränkung des Anspruchs des Mitglieds auf Auszahlung des Auseinandersetzungsguthabens; Einführung der Möglichkeit, investierende Mitglieder zuzulassen; Einführung oder Erweiterung einer Verpflichtung der Mitglieder zur Zahlung laufender Beiträge für Leistungen, welche die Genossenschaft den Mitgliedern erbringt.

e) Austritt aus genossenschaftlichen Verbänden und Vereinen;
f) Widerruf der Bestellung von Mitgliedern des Aufsichtsrats;
g) Feststellung des Jahresabschlusses, Verwendung des Jahresüberschusses oder Deckung des Jahresfehlbetrages sowie der Umfang der Bekanntgabe des Prüfungsberichtes;
h) Entlastung des Vorstands und des Aufsichtsrates;
i) Wahl der Mitglieder des Aufsichtsrates und Festsetzung ihrer Vergütungen;
j) Ausschluss von Vorstands- und Aufsichtsratsmitgliedern aus der Genossenschaft;
k) Wahl von Bevollmächtigten zur Führung von Prozessen gegen Aufsichtsratsmitglieder wegen ihrer Organstellung;
l) Festsetzung der Beschränkungen bei der Kreditgewährung gemäß § 49 des Genossenschaftsgesetzes;
m) Festsetzung eines Eintrittsgeldes;
n) Festsetzung laufender Beiträge gem. § 12g.

§ 31 Mehrheitserfordernisse
(1) die Beschlüsse der Generalversammlung bedürfen der einfachen Mehrheit der abgegebenen Stimmen, soweit nicht das Gesetz oder diese Satzung eine größere Mehrheit vorschreibt.
(2) Eine Mehrheit von drei Vierteln der abgegebenen Stimmen ist in den in § 30 Buchstabe a) bis f), j) und n) genannten Fällen erforderlich.
(3) Vor der Beschlussfassung über die Verschmelzung, die Spaltung oder den Formwechsel, die Auflösung oder Fortsetzung der aufgelösten Genossenschaft ist der Prüfungsverband zu hören. Ein Gutachten des Prüfungsverbandes ist vom Vorstand rechtzeitig zu beantragen und in der Generalversammlung zu verlesen.

§ 32 Entlastung
Über die Entlastung von Vorstand und Aufsichtsrat ist getrennt abzustimmen; hierbei haben weder die Mitglieder des Vorstandes noch des Aufsichtsrates Stimmrecht.

§ 33 Abstimmung und Wahlen
(1) Abstimmung und Wahl erfolgen in der Generalversammlung durch Handzeichen. Abstimmungen oder Wahlen müssen geheim mit Stimmzettel durchgeführt werden, wenn der Vorstand, der Aufsichtsrat oder ein Viertel/die Mehrheit (*Nichtzutreffendes streichen*) der bei einer Beschlussfassung hierüber gültig abgegebenen Stimmen es verlangt.
(2) Bei Stimmengleichheit gilt ein Antrag als abgelehnt; bei Wahlen entscheidet in diesem Fall das Los.
(3) Bei der Feststellung des Stimmverhältnisses werden nur die abgegebenen Stimmen gezählt; Stimmenthaltungen und ungültige Stimmen werden dabei nicht berücksichtigt.
(4) Wird eine Wahl mit Handzeichen durchgeführt, so ist für jedes zu vergebende Mandat ein besonderer Wahlgang erforderlich. Gewählt ist, wer die meisten Stimmen erhalten hat. Sind nicht mehr Kandidaten vorgeschlagen als Mandate neu zu besetzen sind, so kann gemeinsam (en bloc) abgestimmt werden, sofern dem nicht widersprochen wird.
(5) Wird eine Wahl mit Stimmzetteln durchgeführt, so hat jeder Wahlberechtigte so viele Stimmen, wie Mandate zu vergeben sind. Der Wahlberechtigte bezeichnet auf dem Stimmzettel die Bewerber, denen er seine Stimme geben will; auf einen Bewerber kann dabei nur eine Stimme entfallen. Gewählt sind die Bewerber, die die meisten Stimmen erhalten.
(6) Der Gewählte hat unverzüglich gegenüber der Genossenschaft zu erklären, ob er die Wahl annimmt.
Option:
(7) Hat die Genossenschaft Mehrstimmrechte vergeben, ist bei jeder Beschlussfassung die Zahl der anwesenden Stimmen festzustellen.

§ 34 Auskunftsrecht
(1) Jedem Mitglied ist auf Verlangen in der Generalversammlung Auskunft über Angelegenheiten der Genossenschaft zu geben, soweit das zur sachgemäßen Beurteilung des Gegenstandes der Tagesordnung erforderlich ist. Die Auskunft erteilt der Vorstand oder der Aufsichtsrat.
(2) Die Auskunft darf verweigert werden, soweit
    a) die Erteilung der Auskunft nach vernünftiger kaufmännischer Beurteilung geeignet ist, der Genossenschaft einen nicht unerheblichen Nachteil zuzufügen;
    b) sich die Frage auf die Einkaufsbedingungen der Genossenschaft und deren Kalkulationsgrundlagen bezieht;
    c) die Frage steuerliche Wertansätze betrifft;
    d) die Erteilung der Auskunft strafbar wäre oder eine gesetzliche, satzungsmäßige oder vertragliche Geheimhaltungspflicht verletzen würde;
    e) das Auskunftsverlangen die persönlichen oder geschäftlichen Verhältnisse eines Dritten betrifft;
    f) es sich um arbeitsvertragliche Vereinbarungen von Vorstandsmitgliedern oder Mitarbeitern der Genossenschaft handelt.

§ 35 Protokoll
(1) Die Beschlüsse der Generalversammlung sind zu Beweiszwecken zu protokollieren. Die Protokolle sind fortlaufend zu nummerieren. Die Eintragung ist nicht Voraussetzung für die Rechtswirksamkeit der Beschlüsse.
(2) Die Protokollierung muss spätestens innerhalb von zwei Wochen erfolgen. Dabei sollen Ort und Tag der Einberufung der Versammlung, Name des Versammlungsleiters sowie Art und Ergebnis der Abstimmungen und die Feststellung des Versammlungsleiters über die Beschlussfassung angegeben werden. Die Eintragung muss von dem Vorsitzenden der Generalversammlung, dem Schriftführer und den Vorstandsmitgliedern, die an der Generalversammlung teilgenommen haben, unterschrieben werden. Ihr sind die Belege über die Einberufung als Anlagen beizufügen.
(3) Dem Protokoll ist in den Fällen des § 47 Abs. 3 GenG außerdem ein Verzeichnis der erschienenen oder vertretenen Mitglieder und der Vertreter der Mitglieder beizufügen. Bei jedem erschienenen oder vertretenen Mitglied ist dessen Stimmenzahl zu vermerken.
(4) Das Protokoll ist mit den dazugehörigen Anlagen aufzubewahren. Die Einsichtnahme in das Protokoll ist jedem Mitglied der Genossenschaft zu gestatten.

§ 36 Teilnahmerecht der Verbände
Vertreter des Prüfungsverbandes können an jeder Generalversammlung beratend teilnehmen.

IV. Eigenkapital und Haftsumme

§ 37 Geschäftsanteil und Geschäftsguthaben
(1) Der Geschäftsanteil beträgt _____ EUR.
(2) Der Geschäftsanteil ist sofort nach Eintragung in die Mitgliederliste voll einzuzahlen. Der Vorstand kann die Einzahlung von Raten zulassen. In diesem Fall sind auf den Geschäftsanteil sofort nach Eintragung in die Mitgliederliste _____ EUR einzuzahlen. Vom Beginn des folgenden Monats/Quartals (*Nichtzutreffendes streichen*) ab sind monatlich/vierteljährlich (*Nichtzutreffendes streichen*) weiter _____ EUR einzuzahlen, bis der Geschäftsanteil erreicht ist. Bis zur vollen Einzahlung des Geschäftsanteils werden die dem Mitglied von der Genossenschaft gewährten Vergütungen und Dividenden auf das Geschäftsguthaben gutgeschrieben.
(3) Ein Mitglied kann sich mit Zustimmung des Vorstands mit weiteren Geschäftsanteilen beteiligen. Die Beteiligung eines Mitglieds mit einem zweiten Geschäftsanteil darf mit Ausnahme bei einer Pflicht-

beteiligung erst zugelassen werden, wenn der erste Geschäftsanteil voll eingezahlt ist; das Gleiche gilt für die Beteiligung mit weiteren Geschäftsanteilen.
(4) Die auf den/die Geschäftsanteile geleisteten Einzahlungen zuzüglich sonstiger Gutschriften und abzüglich zur Verlustdeckung abgeschriebener Beträge bilden das Geschäftsguthaben eines Mitglieds.

Option:
(4a) Das Mindestkapital der Genossenschaft beträgt _____% des Gesamtbetrags der Geschäftsguthaben zum Ende des vorangegangenen Geschäftsjahres/beträgt _____ EUR (*Nichtzutreffendes streichen*). Es darf durch die Auszahlung des Auseinandersetzungsguthabens von Mitgliedern, die ausgeschieden sind oder einzelne Geschäftsanteile gekündigt haben, nicht unterschritten werden. Die Auszahlung des Auseinandersetzungsguthabens ist im Verhältnis aller Auseinandersetzungsansprüche ganz oder teilweise ausgesetzt, solange durch die Auszahlung das Mindestkapital unterschritten würde; von einer Aussetzung betroffene Ansprüche aus Vorjahren werden, auch im Verhältnis zueinander, mit Vorrang bedient; § 6 Abs. 3 findet keine Anwendung.
(5) Das Geschäftsguthaben darf, solange das Mitglied nicht ausgeschieden ist, von der Genossenschaft nicht ausgezahlt, nicht aufgerechnet oder im geschäftlichen Betrieb der Genossenschaft als Sicherheit verwendet werden. Eine geschuldete Einzahlung darf nicht erlassen werden; gegen diese kann das Mitglied nicht aufrechnen.
(6) Die Abtretung oder Verpfändung des Geschäftsguthabens an Dritte ist unzulässig und der Genossenschaft gegenüber unwirksam. Eine Aufrechnung des Geschäftsguthabens durch das Mitglied gegen seine Verbindlichkeiten gegenüber der Genossenschaft ist nicht gestattet. Für das Auseinandersetzungsguthaben gilt § 10.

§ 38 Gesetzliche Rücklage
(1) Die gesetzliche Rücklage dient nur zur Deckung von Bilanzverlusten.
(2) Sie wird gebildet durch eine jährliche Zuweisung von mindestens 10% des Jahresüberschusses zuzüglich eines eventuellen Gewinnvortrages bzw. abzüglich eines eventuellen Verlustvortrages sowie eines Betrages, der mindestens 5% der vorgesehenen genossenschaftlichen Rückvergütung entspricht, solange die Rücklage 25% der Bilanzsumme nicht erreicht.

§ 39 Andere Ergebnisrücklage
Neben der gesetzlichen wird eine andere Ergebnisrücklage gebildet, der jährlich mindestens 10% des Jahresüberschusses zuzüglich eines eventuellen Gewinnvortrages bzw. abzüglich eines eventuellen Verlustvortrages sowie eines Betrages, der mindestens 5% der vorgesehenen genossenschaftlichen Rückvergütung entspricht, zuzuweisen sind. Weitere Ergebnisrücklagen können gebildet werden. Über ihre Verwendung beschließen Vorstand und Aufsichtsrat in gemeinsamer Sitzung (§ 23 Abs. 2 lit. e). Der Generalversammlung verbleibt das Recht, sie zur Deckung von Bilanzverlusten zu verwenden (§ 45).

§ 39a Kapitalrücklage
Werden Eintrittsgelder erhoben, so sind sie einer Kapitalrücklage zuzuweisen. Über ihre Verwendung beschließen Vorstand und Aufsichtsrat in gemeinsamer Sitzung (§ 23 Abs. 2 lit. e). Der Generalversammlung verbleibt das Recht, sie zur Deckung von Bilanzverlusten zu verwenden (§ 45).

§ 40 Nachschusspflicht
Eine Nachschusspflicht der Mitglieder besteht nicht.

V. Rechnungswesen

§ 41 Geschäftsjahr
(1) Das Geschäftsjahr ist das Kalenderjahr.

(2) Das erste Geschäftsjahr beginnt mit der Eintragung der Genossenschaft und endet am 31.12. dieses Jahres.

§ 42 Jahresabschluss und Lagebericht
(1) Der Vorstand hat innerhalb von fünf Monaten nach Ende des Geschäftsjahres den Jahresabschluss und den Lagebericht für das vergangene Geschäftsjahr aufzustellen.
(2) Der Vorstand hat gemäß § 16 Abs. 2 lit. g) den Jahresabschluss und den Lagebericht, soweit dieser gesetzlich erforderlich ist, dem Aufsichtsrat unverzüglich und sodann mit dessen Bemerkungen der Generalversammlung zur Feststellung des Jahresabschlusses vorzulegen.
(3) Jahresabschluss, Lagebericht, soweit dieser gesetzlich erforderlich ist, und Bericht des Aufsichtsrats sollen mindestens eine Woche vor der Generalversammlung in den Geschäftsräumen der Genossenschaft oder an einer anderen bekannt zu machenden Stelle zur Einsicht der Mitglieder ausgelegt oder ihnen sonst zur Kenntnis gebracht werden.
(4) Der Bericht des Aufsichtsratsrats über seine Prüfung des Jahresabschlusses und des Lageberichts (§ 22 Abs. 2), soweit dieser gesetzlich erforderlich ist, ist der ordentlichen Generalversammlung zu erstatten.

§ 43 Rückvergütung
Über die Ausschüttung einer genossenschaftlichen Rückvergütung beschließen Vorstand und Aufsichtsrat vor Aufstellung der Bilanz. Auf die von Vorstand und Aufsichtsrat beschlossene Rückvergütung haben die Mitglieder einen Rechtsanspruch.

§ 44 Verwendung des Jahresüberschusses
(1) Über die Verwendung des Jahresabschlusses beschließt die Generalversammlung unter Beachtung der Vorschriften des Gesetzes und dieser Satzung. Der auf die Mitglieder entfallende Jahresüberschuss wird dem Geschäftsguthaben solange zugeschrieben, bis der Geschäftsanteil erreicht oder ein durch einen Jahresfehlbetrag vermindertes Geschäftsguthaben wieder ergänzt ist.
Optional:
(2) Die Geschäftsguthaben investierender Mitglieder werden unabhängig von Abs. 1 mit mindestens _____ % verzinst. § 21a GenG ist zu beachten.

§ 45 Deckung eines Jahresfehlbetrags
(1) Über die Behandlung der Deckung eines Jahresfehlbetrags beschließt die Generalversammlung.
(2) Soweit ein Jahresfehlbetrag nicht auf neue Rechnung vorgetragen oder durch Heranziehung der anderen Ergebnisrücklagen gedeckt wird, ist er durch die gesetzliche Rücklage oder durch die Kapitalrücklage oder durch Abschreibung von den Geschäftsguthaben der Mitglieder oder durch diese Maßnahmen zugleich zu decken.
(3) Werden die Geschäftsguthaben zur Deckung eines Jahresfehlbetrags herangezogen, so wird der auf das einzelne Mitglied entfallende Anteil des Jahresfehlbetrags nach dem Verhältnis der übernommenen oder der satzungsgemäß zu übernehmenden Geschäftsanteile aller Mitglieder bei Beginn des Geschäftsjahres, in dem der Jahresfehlbetrag entstanden ist, berechnet.

VI. Liquidation

§ 46 Liquidation
Nach der Auflösung erfolgt die Liquidation der Genossenschaft nach Maßgabe des Genossenschaftsgesetzes. Für die Verteilung des Vermögens der Genossenschaft ist das Gesetz mit der Maßgabe anzuwenden, dass Überschüsse im Verhältnis der Geschäftsguthaben unter die Mitglieder verteilt werden.

VII. Bekanntmachungen

§ 47 Bekanntmachungen
Die Bekanntmachungen der Genossenschaft werden unter ihrer Firma in _____ veröffentlicht.

VIII. Gerichtsstand

§ 48 Gerichtsstand
Gerichtsstand für alle Streitigkeiten zwischen dem Mitglied und der Genossenschaft aus dem Mitgliedschaftsverhältnis ist das Amtsgericht oder das Landgericht, das für den Sitz der Genossenschaft zuständig ist.

B. Verschmelzung einer eG auf eine eG (§ 2 Nr. 1 UmwG)

I. Typischer Sachverhalt

Die Genossenschaften sind üblicherweise ein Zusammenschluss von Personen, die gemeinsam im Wettbewerb sich wirtschaftlich betätigen und bestehen wollen. Den steigenden Bedürfnissen der Mitglieder, verstärktem Wettbewerb und erheblich verschärften rechtlichen Rahmenbedingungen kann auf Dauer nur durch größere Unternehmenseinheiten Rechnung getragen werden. Es erfolgt die Verschmelzung von Genossenschaften vorausschauend und in Verantwortung für die genossenschaftlichen Aufgaben der Zukunft. Hierbei gehen die sich verschmelzenden Genossenschaften davon aus, dass sie bei regionaler Einbindung unverändert in der Verbundenheit ihrer angestammten Geschäftsgebiete verwurzelt bleiben. Die **individuelle Betreuung der Mitglieder** und ihre **wirtschaftliche Förderung** aus einer **leistungsstarken Stellung am Markt** heraus ist und bleibt Leitlinie und Zielsetzung der gemeinsamen Genossenschaft. 26

II. Rechtliche Grundlagen

In § 2 UmwG sind **zwei Arten der Verschmelzung** geregelt, nämlich 27
- die Verschmelzung durch **Aufnahme** (= Übertragung des Vermögens eines Rechtsträgers oder mehrerer Rechtsträger – übertragende Rechtsträger – als Ganzes auf einen anderen Rechtsträger – übernehmender Rechtsträger, § 2 Nr. 1 UmwG);
- die Verschmelzung durch **Neugründung** (= Übertragung der Vermögen zweier oder mehrerer Rechtsträger – übertragende Rechtsträger – jeweils als Ganzes auf einen neuen, von ihnen dadurch gegründeten Rechtsträger, § 2 Nr. 2 UmwG).

Nahezu ausschließlich wird die erstgenannte Verschmelzungsform genutzt. Hierfür sprechen steuerliche Gründe (nur einmal Grunderwerbsteuer). Zu den allgemeinen Vorschriften der §§ 2 bis 38 UmwG treten die für die Verschmelzung unter Beteiligung eingetragener Genossenschaften geltenden Sondervorschriften der §§ 79–98 UmwG hinzu.

III. Checkliste: Ablauf der Verschmelzung

- Beratung der Gremien der an der Verschmelzung beteiligten Genossenschaften über die auf den letzten Tag des vorangegangenen Geschäftsjahres als Verschmelzungsstichtag beab- 28

- sichtigte Fusion und Aufstellung des Entwurfs eines Verschmelzungsvertrages im ersten auf den Verschmelzungsstichtag folgenden Halbjahr.
- Beratung der Gremien der an der Verschmelzung beteiligten Genossenschaften über den Entwurf eines (möglicherweise gemeinsamen) Verschmelzungsberichts im ersten Halbjahr (§ 8 Abs. 1 S. 1 letzter Hs. UmwG).
- Bei der Verschmelzung von Kreditgenossenschaften ist gemäß § 16 der Anzeigenverordnung i.V.m. § 24 Abs. 2 KWG die Absicht von Instituten, sich zu vereinigen, unverzüglich der BaFin anzuzeigen.
- Vorbereitung der Verschmelzung durch Information u.a. der Mitglieder/Vertreter vor den beschließenden General-/Vertreterversammlungen.
- Zuleitung der Entwürfe des Verschmelzungsvertrags und -berichts an den jeweiligen Prüfungsverband zwecks Abstimmung mit diesem.
- Vorbereitung der beschließenden General-/Vertreterversammlungen:
- Empfehlenswert: Baldmögliche Festlegung des Termins der über die Fusion beschließenden Versammlungen ebenfalls noch möglichst im ersten Halbjahr nach dem vorgesehenen Verschmelzungsstichtag und Einladung des jeweiligen zuständigen Notars zu diesem Termin. Dem Notar sollte der Entwurf des Verschmelzungsvertrages rechtzeitig vor der jeweiligen Verschmelzungsversammlung bzw. vor der Zuleitung an den Betriebsrat und vor Auslegung zum Zwecke der Vorprüfung und Meinungsäußerung zugeleitet werden, da Änderungswünsche des Notars sonst nicht berücksichtigt werden können bzw. zu Verzögerungen im Ablauf führen.
- So rechtzeitige Beantragung der Gutachten des jeweiligen Prüfungsverbandes, dass die Gutachten vor Einberufung der beschließenden Versammlungen vorliegen können.[10]
- Gemäß § 5 Abs. 3 UmwG ist der Entwurf des Verschmelzungsvertrages spätestens einen Monat vor der jeweiligen Verschmelzungsversammlung dem Betriebsrat der jeweiligen Genossenschaft zuzuleiten und (wenn möglich) dessen Einverständnis zu erlangen. Eine frühzeitigere Einbindung der Betriebsräte der an der Verschmelzung beteiligten Genossenschaften ist jedoch anzustreben; neben der Monatsfrist des § 5 Abs. 2 UmwG fordert das Betriebsverfassungsgesetz eine rechtzeitige schriftliche Information des Betriebsrats.
- Zusätzliche Beachtung der Beteiligungsrechte des Betriebsrats bei Fusionsvorhaben:
  - Information des Betriebsrats, § 80 Abs. 2 BetrVG.
  - Rechtzeitige Information und Beratung im Wirtschaftsausschuss (falls vorhanden), § 106 BetrVG.
  - falls gegeben: bei Betriebsänderung Unterrichtung, Interessenausgleich und Sozialplan, § 111 BetrVG.
- Rechtzeitig vor der Einberufung der Versammlungen und der Erstellung des Entwurfs des Verschmelzungsvertrags: Einholung einer verbindlichen Auskunft bei dem für die beteiligten Genossenschaften zuständigen Registergericht, ob gegen den Inhalt des Verschmelzungsvertrages Bedenken bestehen, die die spätere Eintragung hindern würden.
- Sollte die Fusion auf einen zukünftigen Zeitpunkt geplant sein, dient die Einholung einer solchen verbindlichen Auskunft auch der Beseitigung von Bedenken aus dem Gesichtspunkt, dass die Schlussbilanz in diesem Falle bei der Beschlussfassung der Versammlungen noch nicht vorliegen kann. Dies sollte deshalb erfolgen, weil in der Kommentarliteratur zum Umzug Meinungen vertreten werden, dass eine Beschlussfassung über eine Verschmelzung zwingend das Vorliegen der Schlussbilanz voraussetze. Aufgrund der bisherigen Handhabung – vorherige Einholung einer schriftlichen Stellungnahme des Registergerichts – hat es bisher diesbezüglich im Allgemeinen keine Schwierigkeiten gegeben.

---

[10] § 81 UmwG; *Lang/Weidmüller*, GenossenschaftsG Kommentar, 37. Aufl., § 81 UmwG Anm 6.1.

- Rechtzeitige Einbindung und Erörterung des Ablaufs der Vertreterversammlungen mit den für die Protokollierung der Versammlungsbeschlüsse zuständigen Notaren.
- Der Entwurf des Verschmelzungsvertrages (nicht dessen Beurkundung!) sollte im ersten Halbjahr nach dem Verschmelzungsstichtag bei Unterzeichnung durch alle Vorstands- und Aufsichtsratsmitglieder der beteiligten Genossenschaften unter Angabe des Datums erfolgen, da andernfalls eine Zwischenbilanz erstellt werden müsste (§ 63 Abs. 1 Nr. 3 i.V.m. Abs. 2 UmwG).
- Einladung zu den General-/Vertreterversammlungen:
- Ab Einladung sind folgende Unterlagen in den Geschäftsräumen (z.B. Vorstandssekretariat) aller an der Verschmelzung beteiligten Genossenschaften auszulegen:
    - Verschmelzungsvertrag oder sein Entwurf
    - Jahresabschlüsse und Lageberichte für die letzten drei Geschäftsjahre der an der Verschmelzung beteiligten Genossenschaften
    - die zu erstattenden Verschmelzungsberichte (§ 8 UmwG)
    - die von den Verbänden erstatteten Prüfungsgutachten (§ 81 UmwG)
    - eventuell die aufgestellte Zwischenbilanz
- Auf Verlangen ist jedem Mitglied unverzüglich und kostenlos eine Abschrift der genannten Unterlagen zu erteilen (§ 82 Abs. 2 UmwG). Der Hinweis braucht nicht in der Einladung enthalten zu sein, jedoch ist er empfehlenswert.
- In den Verschmelzungsversammlungen der beteiligten Genossenschaften sind die vorstehend genannten Unterlagen ebenfalls auszulegen (§ 83 Abs. 1 UmwG). Das für die jeweils beschließende Genossenschaft erstattete Prüfungsgutachten ist in der General-/Vertreterversammlung zu verlesen (§ 83 Abs. 2 UmwG).
- Danach Anmeldung der Verschmelzung beim Registergericht gemäß § 16 UmwG mit der nach § 17 UmwG notwendigen Negativerklärung und den erforderlichen Anlagen.
- Bei Kreditgenossenschaften Anzeige des Ergebnisses der Verhandlungen sowie des rechtlichen Vollzugs der Vereinigung an die BaFin.
- Eintragung der Mitglieder in die Mitgliederliste und Benachrichtigung der Mitglieder gemäß § 89 UmwG.

IV. Muster

1. Muster: Verschmelzungsvertrag

M 140

29

Zwischen
der _____ (Firma der Genossenschaft) mit Sitz in _____, vertreten durch den Vorstand,
und
der _____ (Firma der Genossenschaft) mit Sitz in _____, vertreten durch den Vorstand,[11]
wird vorbehaltlich der Genehmigung der General-/Vertreterversammlung beider Genossenschaften folgender

Verschmelzungsvertrag[12]

abgeschlossen:

---

[11] Die nach der Satzung vertretungsberechtigte Zahl genügt. In der Praxis unterschreiben jedoch alle Vorstandsmitglieder.
[12] Soll nur das gesetzlich Notwendige im Verschmelzungsvertrag geregelt werden, können ggf. die mit „(K)" gekennzeichneten Paragraphen ganz oder teilweise entfallen.

§ 1 Zielsetzung – (K)
Durch die Verschmelzung werden die Verbesserung der Leistungs- und Wettbewerbsfähigkeit und die langfristige Existenzsicherung der beteiligten Genossenschaften angestrebt. Die Verschmelzung dient damit dem Auftrag gemäß § 1 GenG, den Erwerb und die Wirtschaft der Mitglieder zu fördern.[13]

§ 2 Gesamtrechtsnachfolge (§ 5 Abs. 1 Nr. 2 UmwG)
Beide Genossenschaften gehen eine Verschmelzung ein. Hierbei ist die _____ die übertragende und die _____ die übernehmende Genossenschaft.
Die _____ (Firma der übertragenden Genossenschaft) überträgt ihr Vermögen als Ganzes einschließlich der Verbindlichkeiten gemäß § 20 Umwandlungsgesetz auf die _____ (Firma der übernehmenden Genossenschaft) im Wege der Gesamtrechtsnachfolge gegen Gewährung von Mitgliedschaften gemäß § 3 dieses Vertrages.

§ 3 Erwerb der Mitgliedschaft (§§ 5 Abs. 1 Nr. 4, 80 Abs. 1 UmwG)
Die Mitglieder der _____ (Firma der übertragenden Genossenschaft) werden Mitglieder der _____ (Firma der übernehmenden Genossenschaft) im Wege der Gesamtrechtsnachfolge.
Jedes Mitglied der _____ (Firma der übertragenden Genossenschaft) ist mit mindestens einem und im Übrigen mit so vielen Geschäftsanteilen bei der _____ (Firma der übernehmenden Genossenschaft) beteiligt, wie durch Anrechnung seines Geschäftsguthabens bei der _____ (Firma der übertragenden Genossenschaft) als voll eingezahlt anzusehen sind; zusätzlich mit einem weiteren Geschäftsanteil für ein etwa verbleibendes Geschäftsguthaben.[14] Für die Feststellung des Geschäftsguthabens ist die Schlussbilanz der übertragenden Genossenschaft maßgebend.

§ 4 Geschäftsanteil, Pflichteinzahlung, Haftsumme – (K)
Der Geschäftsanteil beträgt bei der übernehmenden Genossenschaft _____ EUR.[15] Die Pflichteinzahlung bei der übernehmenden Genossenschaft in Höhe von _____ EUR soll in Angleichung an die Regelung bei der übertragenden Genossenschaft auf _____ EUR herabgesetzt/erhöht (*Nichtzutreffendes streichen*) werden.
Die Haftsumme[16] je Geschäftsanteil der _____ (Firma der übernehmenden Genossenschaft) bleibt mit _____ EUR unverändert/ist von bisher _____ EUR auf _____ EUR herabzusetzen/zu erhöhen (*Nichtzutreffendes streichen*).

§ 5 Firma, Sitz – (K)
Die Firma der Genossenschaft soll nach der Verschmelzung lauten _____. Sitz der Genossenschaft ist _____.

§ 6 Anteil am Bilanzgewinn (§ 5 Abs. 1 Nr. 5 UmwG)
Die Mitglieder der _____ (Firma der übertragenden Genossenschaft) haben Anspruch auf einen Anteil am Bilanzgewinn ab dem _____ (i.d.R. ab Verschmelzungsstichtag), soweit die General-/Vertreterversammlung der _____ (Firma der übernehmenden Genossenschaft) einen Gewinnausschüttungsbeschluss fasst.

---

13 Die Genossenschaft ist gesetzlich verpflichtet, ihre Mitglieder wirtschaftlich zu fördern. Dies kommt hier zum Ausdruck.
14 Nominalwertprinzip, § 80 Abs. 1 Nr. 2 UmwG.
15 Mindestens 1 EUR.
16 Die Haftsumme kann durch die Satzung auch ganz ausgeschlossen werden.

§ 7 Verschmelzungsstichtag (§ 5 Abs. 1 Nr. 6 UmwG); Schlussbilanz (§§ 17 Abs. 2, 80 Abs. 2 UmwG)
Alle Handlungen der _____ (Firma der übertragenden Genossenschaft) gelten ab/seit (*Nichtzutreffendes streichen*) dem _____ (der auf den Stichtag der Schlussbilanz folgende Tag) als für Rechnung der _____ (Firma der übernehmenden Genossenschaft) vorgenommen.
Schlussbilanz der _____ (Firma der übertragenden Genossenschaft) ist die zum _____ (Datum) aufgestellte Bilanz.
Die _____ (Firma der übertragenden Genossenschaft) versichert, dass in der Schlussbilanz alle Vermögensteile und sämtliche Verbindlichkeiten richtig erfasst sind/werden (*Nichtzutreffendes streichen*).
Beide Genossenschaften versichern, dass sie ab dem Zeitpunkt, für den die Schlussbilanz aufgestellt wird, keine neuen Verbindlichkeiten, die außerhalb des ordentlichen Geschäftsbetriebs liegen, eingehen werden. Sie verpflichten sich, solche Geschäfte auch bis zum Übergang des Vermögens auf die _____ (Firma der übernehmenden Genossenschaft) nicht mehr vorzunehmen, es sei denn, die andere Genossenschaft erteilt vorher schriftlich ihre Zustimmung.[17]

§ 8 Sonderrechte (§ 5 Abs. 1 Nr. 7 UmwG)
Die _____ (Firma der übernehmenden Genossenschaft) gewährt einzelnen Mitgliedern und/oder Sonderrechtsinhabern keine besonderen Rechte.[18]
Soweit die _____ (Firma der übertragenden Genossenschaft) besondere Rechte wie Schuldverschreibungen, Genussrechte, nachrangige Verbindlichkeiten, stille Beteiligungen gewährt hat, werden diese unverändert übernommen.

§ 9 Besondere Vorteile (§ 5 Abs. 1 Nr. 8 UmwG)[19]
(entfällt)

§ 10 Folgen für die Arbeitnehmer, Betriebsrat[20] *(§ 5 Abs. 1 Nr. 9 UmwG)*
Mit der Verschmelzung tritt die übernehmende Genossenschaft im Wege der Gesamtrechtsnachfolge als Arbeitgeber in alle Rechte und Pflichten aus den im Zeitpunkt der Verschmelzung bestehenden Arbeitsverhältnissen ein.[21]
Mit Eintragung der Verschmelzung erlischt der Betriebsrat der übertragenden Genossenschaft, sofern die Betriebe zusammengelegt werden. Der Betriebsrat der übernehmenden Genossenschaft nimmt ab diesem Zeitpunkt bis auf weiteres die Rechte nach dem Betriebsverfassungsgesetz auch für die Arbeitnehmer der übertragenden Genossenschaft wahr. Die Betriebsräte beider Genossenschaften bleiben bestehen, wenn die Betriebe der Genossenschaften nicht zusammengelegt werden.

§ 11 Geschäftsbetrieb – (K)
Der Geschäftsbetrieb der übertragenden Genossenschaft wird nach der Verschmelzung in den bisherigen Geschäftsstellen unter den Bezeichnungen _____ nach einheitlichen geschäftspolitischen Gesichtspunkten fortgeführt.
Die Geschäftsräume und die technische Ausstattung der Geschäftsstelle in _____ sind den bankbetrieblichen/warenbetrieblichen Erfordernissen anzupassen.

---

17 Sollte der Verschmelzungsvertrag vor dem Verschmelzungsstichtag abgeschlossen werden, ist Abs. 2 entsprechend anzupassen.
18 Zum Schutz von Sonderrechtsinhabern siehe § 23 UmwG.
19 Falls besondere Vorteile (z.B. Abfindungen) gewährt werden, sind diese hier zu nennen. Im Übrigen kann dieser Paragraph entfallen.
20 Bei Aufrechterhaltung des bisherigen Betriebs als Betriebsstätte bleibt der Betriebsrat der übertragenden Genossenschaft erhalten. Für diesen Fall ist § 10 entsprechend anzupassen.
21 Sollten sich weitere Folgen (Vor-, Nachteile) für die Arbeitnehmer ergeben (z.B. Personalabbau, Versetzungen), sind diese hier aufzuführen.

§ 12 General-/Vertreterversammlungen – (K)
Die General-/Vertreterversammlungen sollen möglichst abwechselnd in _____ und in _____ abgehalten werden.

§ 13 Vorstand, Aufsichtsrat – (K)
Zur Sicherstellung einer angemessenen Vertretung in der genossenschaftlichen Selbstverwaltung wird vereinbart, dass sich Vorstand und Aufsichtsrat nach der Verschmelzung wie folgt zusammensetzen sollen:
a) Vorstand: _____ hauptamtliche Mitglieder
   Gegebenenfalls: _____ ehrenamtliche Mitglieder,
   davon _____ Mitglieder aus dem Bezirk _____
   davon _____ Mitglieder aus dem Bezirk _____
b) Aufsichtsrat: _____ Mitglieder,
   davon _____ Mitglieder aus dem Bezirk _____
   davon _____ Mitglieder aus dem Bezirk _____

§ 14 Bestellung hauptamtlicher Vorstandsmitglieder/Geschäftsleiter/Geschäftsführer – (K)
Als hauptamtliche Vorstandsmitglieder/Geschäftsleiter/Geschäftsführer sollen _____ bestellt werden. Die Abgrenzung der Zuständigkeits- und Verantwortungsbereiche wird vom Vorstand mit Zustimmung des Aufsichtsrats in einem Geschäftsverteilungsplan festgelegt werden.

§ 15 Beirat – (K)
Für den vereinigten Geschäftsbezirk der Genossenschaft wird ein Beirat aus _____ Mitgliedern gebildet. Der Beirat hat den Vorstand zu beraten und bei Durchführung geschäftlicher Maßnahmen zu unterstützen. Einzelheiten werden in einer Geschäftsordnung für den Beirat festgelegt.
Die Wahl der Beiratsmitglieder obliegt den Ortsversammlungen. Nach der Verschmelzung sollen dem Beirat u.a. auch diejenigen Vorstands- und Aufsichtsratsmitglieder der beiden Genossenschaften angehören, die nicht mehr dem Vorstand oder Aufsichtsrat der _____ (Firma der übernehmenden Genossenschaft) angehören werden.
Die Wahl erfolgt jeweils auf drei Jahre.

§ 16 Orts-/Marktbereichs-/Bezirksversammlungen – (K)
Orts-/Marktbereichs-/Bezirksversammlungen sind in _____ einmal jährlich abzuhalten. Sie sollen dazu beitragen, die Mitglieder über wichtige geschäftliche sowie genossenschaftliche Fragen zu informieren, Anregungen entgegenzunehmen und den Kontakt zwischen den Mitgliedern (und Kunden) und der Genossenschaft zu erhalten bzw. zu vertiefen.

§ 17 Organisationsplan, Kreditbewilligungskompetenzen – (K)
Für den genossenschaftlichen Betrieb wird ein Organisationsplan aufgestellt, der marktwirtschaftlichen Erfordernissen und mitgliederorientierten Interessen entspricht.
Zur beweglichen Handhabung des Kreditgeschäfts ist vorgesehen, den Geschäftsstellen in _____ Kreditbewilligungskompetenzen zu übertragen. Einzelheiten hierzu und die dabei zu beachtenden Grenzen werden von Vorstand und Aufsichtsrat der vereinigten Genossenschaft festgelegt.

§ 18 Verschmelzungsbeschlüsse – (K)
Die General-/Vertreterversammlungen zur Beschlussfassung über die Verschmelzung sollen bis _____ stattfinden, und zwar zuerst die der _____ (Firma der übertragenden Genossenschaft) und dann die der _____ (Firma der übernehmenden Genossenschaft).

Die _____ (Firma der übernehmenden Genossenschaft) verpflichtet sich, in der Verschmelzungs-General-/Vertreterversammlung die sich aus diesem Verschmelzungsvertrag ergebenden Satzungsänderungen und Wahlen herbeizuführen.

§ 19 Kosten und Steuern
Etwaige Kosten der zur Ausführung dieses Vertrages ggf. notwendig werdenden weiteren Rechtshandlungen sowie die damit verbundenen etwaigen Gebühren und sonstigen Abgaben trägt die _____ (Firma der übernehmenden Genossenschaft). Soweit durch die Verschmelzung Grunderwerbsteuer entsteht, verbleibt es bei der vom Gesetzgeber angeordneten Rechtsfolge, dass im Verhältnis zum Finanzamt zwar jede der beiden Genossenschaften zur Zahlung des vollen Steuerbetrages verpflichtet ist, dass aber im Innenverhältnis die übertragende Genossenschaft die Steuer trägt.

§ 20 Beteiligungen – (K)
Die _____ (Firma der übernehmenden Genossenschaft) verpflichtet sich, die Beteiligungen der _____ (Firma der übertragenden Genossenschaft) zu übernehmen. Mit der Beteiligungsübernahme wird auch die Mitwirkung bei künftigen Kapitalbeschaffungsmaßnahmen, insbesondere von zentralen Geschäftsanstalten, zugesagt. Die gewachsenen Geschäftsverbindungen der Genossenschaften mit den genossenschaftlichen Verbundinstituten sollten fortgeführt und ausgebaut werden.

§ 21 Sonstiges
Weitere im Zusammenhang mit der Verschmelzung auftretende Fragen sind unter dem Gesichtspunkt zu regeln, dass der Betrieb in einem größeren genossenschaftlichen Rahmen fortgeführt wird. Unklarheiten und Zweifel bei der Auslegung bzw. der Anwendung dieses Vertrags werden unter Einschaltung des Prüfungsverbandes in gütlichem Einvernehmen mit dem Ziel einer Verbesserung der genossenschaftlichen Leistung behoben.
Sollte eine Bestimmung dieses Vertrags nicht rechtswirksam sein oder sich als nicht durchführbar erweisen, wird die Wirksamkeit des übrigen Vertragsinhalts hiervon nicht berührt. Die Vertragsparteien werden die unwirksame oder undurchführbare Bestimmung durch eine Regelung ersetzen, die dem wirtschaftlich Gewollten entspricht und dem Inhalt der zu ersetzenden Bestimmung möglichst nahe kommt.
_____ (Ort, Datum)
_____ (Genossenschaft)
_____ (Ort, Datum)
_____ (Genossenschaft)
_____ (Der Vorstand[22])
_____ (Raum für notarielle Beurkundung)

2. Muster:[23] Gemeinsamer Verschmelzungsbericht (§ 8 UmwG)[24]

Verschmelzungsbericht (gemäß § 8 UmwG)
über die Verschmelzung der
_____ eG mit Sitz in _____
mit der
_____ eG mit Sitz in _____

---

[22] Unterschriften so vieler Vorstandsmitglieder wie lt. Satzung zur gesetzlichen Vertretung befugt sind.
[23] Das nachstehende Muster findet sich in: Verschmelzung – Ausgliederung (DGRV-Schriftenreihe Bd. 39), 3. Aufl. Die Verwendung erfolgt mit freundlicher Zustimmung des DG-Verlags.
[24] Eine Verlesung in der Generalversammlung ist nicht erforderlich, Auslegung genügt (§ 83 Abs. 1 S. 1 UmwG).

I. Einleitung
Der Vorstand der
_____ eG
mit Sitz in _____
eingetragen im Genossenschaftsregister
des Amtsgerichts _____ unter GnR _____
Vorstände: _____, _____
Aufsichtsratsvorsitzender: _____
– nachstehend auch „übertragende Genossenschaft" genannt –
und der Vorstand der
_____ eG
mit Sitz in _____
eingetragen im Genossenschaftsregister
des Amtsgerichts _____ unter GnR _____
Vorstände: _____, _____
Aufsichtsratsvorsitzender: _____

– nachstehend auch „übernehmende Genossenschaft" genannt –

haben am _____ den Entwurf des Verschmelzungsvertrages über die Verschmelzung der _____ eG als übertragender Rechtsträger auf die _____ eG als übernehmender Rechtsträger aufgestellt.
Der Entwurf des Verschmelzungsvertrages soll der (außer-)ordentlichen General-/Vertreterversammlung der übertragenden Genossenschaft am _____ und der (außer-)ordentlichen General-/Vertreterversammlung der übernehmenden Genossenschaft am _____ zur Beschlussfassung vorgelegt werden. Zur Unterrichtung der Mitglieder beider Genossenschaften und zur Vorbereitung der Beschlussfassungen erstatten die Vorstände beider Genossenschaften nach § 8 UmwG den folgenden gemeinsamen Verschmelzungsbericht.

II. Übertragende Genossenschaft

1. Ausgangslage
Die übertragende Genossenschaft wurde im Jahr _____ unter der Firma „_____ eG" gegründet. Sie hat ihren Sitz in _____.
…. *[kurze Firmengeschichte, wie z.B. Umfirmierungen, erfolgte Fusionen gerade in jüngster Vergangenheit etc.]*
Die übertragende Genossenschaft ist Mitglied des Genossenschaftsverbandes _____ e.V. *[(1) siehe Ergänzung im Anhang]*
Neben ihrer Hauptniederlassung in _____, _____ unterhält die übertragende Genossenschaft _____ *[Anzahl]* weitere Geschäftsstellen.
Zum Schlussbilanzstichtag 31.12. _____ hatte die übertragende Genossenschaft _____ Mitarbeiter. Sie hat einen/keinen Betriebsrat.
Der Aufsichtsrat besteht derzeit aus _____ Mitgliedern [ggf.: …, wobei _____ Arbeitnehmervertreter sind.].
Zum 31.12. _____ liegt ein geprüfter und mit einem uneingeschränkten Bestätigungsvermerk versehener Jahresabschluss vor.

2. Beteiligungen
Die übertragende Genossenschaft ist an den nachfolgenden _____ Gesellschaften wesentlich beteiligt:
– _____ GmbH (…%)

– _____ GmbH (...%)
– und die _____ GmbH (...%).
Es ist beabsichtigt, die Beteiligung an der _____ GmbH zu verkaufen.
Mit der _____ GmbH besteht derzeit ein Beherrschungs- und Gewinnabführungsvertrag vom _____.
Die Kündigungsfrist beträgt _____ Monate zum Ende eines Kalenderjahres. Der Beherrschungs- und Gewinnabführungsvertrag wurde zum _____ gekündigt/soll gekündigt werden/soll mit der übernehmenden Genossenschaft fortgeführt werden.

3. Wirtschaftliche Lage der übertragenden Genossenschaft
Die wirtschaftlichen Verhältnisse der Genossenschaft sind geordnet/angespannt. Die Genossenschaft verfügt über eine durchschnittliche/überdurchschnittliche Eigenkapitalausstattung. Die Ertragslage im Geschäftsjahr _____ erreichte mit _____% des durchschnittlichen Geschäftsvolumens/der durchschnittlichen Bilanzsumme ein vergleichsweise hohes Niveau. Einzelheiten können dem Lagebericht der Genossenschaft für das Geschäftsjahr _____ entnommen werden, der ausliegt.
[(2) Im Fall einer Sanierungssituation sind weitere Angaben erforderlich. Beispielhafte Formulierungen, siehe Anhang.]

4. Schlussbilanz zum 31.12. _____
Zwischen dem Stichtag der Aufstellung der Schlussbilanz und dem Tag der Erstellung dieses Verschmelzungsberichts haben sich keine wesentlichen Veränderungen in den Wertansätzen und den Vermögensverhältnissen ergeben, sodass die Schlussbilanz ein zutreffendes Bild über die wirtschaftlichen Verhältnisse der übertragenden Genossenschaft zum Zeitpunkt der Aufstellung dieses Berichts gibt.
[Hinweis: Die Angaben können im Wesentlichen dem Prüfungsbericht bzw. dem zusammengefassten Prüfungsergebnis entnommen werden. Ggf. kann das zusammengefasste Prüfungsergebnis beigefügt werden.]
Das Rechnungswesen der Genossenschaft wird den gesetzlichen und betrieblichen Anforderungen gerecht.
Die Schlussbilanz, die Gewinn- und Verlustrechnung sowie der Anhang zum 31.12. _____ sind ordnungsgemäß aus der Buchführung entwickelt und durch ein vollständiges Inventar belegt. Gliederung und Bewertung entsprechen Gesetz und Satzung. Rückstellungen, Wertberichtigungen und Rechnungsabgrenzungen bestehen in angemessener Höhe. *[(3) Im Fall einer Kreditgenossenschaft, siehe Anhang.]*
[(4) Im Fall einer Sanierungssituation einer Kreditgenossenschaft sind weitere Angaben erforderlich, vgl. Musterformulierungen zu diesem Abschnitt im Anhang.]
Der Jahresabschluss zum 31.12. _____ sowie der Lagebericht wurden unter dem Datum _____ mit dem uneingeschränkten Bestätigungsvermerk versehen.
[Hinweis: Bei Genossenschaften, die keinen uneingeschränkten Bestätigungsvermerk erhalten haben, ist dieser Satz anzupassen]. [(5) Im Fall einer Sanierungssituation bei einer Kreditgenossenschaft, siehe Anhang].
Die Verwendung des Jahresüberschusses für das Geschäftsjahr _____ ist wie folgt vorgesehen:
_____ *[Angaben hierzu]*
Die Vermögens-, Finanz- und Ertragslage der Genossenschaft sind geordnet. Die Zahlungsfähigkeit war im Berichtszeitraum jederzeit gegeben.
Die Schlussbilanz nebst Gewinn- und Verlustrechnung, Anhang, Lagebericht und Bestätigungsvermerk werden mit Versendung der Einladung zu der außerordentlichen General-/Vertreterversammlung am _____ bzw. General-/Vertreterversammlung am _____, die über die Verschmelzung beschließen, in den Geschäftsräumen der beiden Genossenschaften sowie in den jeweiligen Versammlungen ausgelegt.

5. Zwischenbilanz
[(5a) Falls erforderlich, siehe Anhang]

6. Rechtliche und wirtschaftliche Eckdaten im Überblick:
Stand: 31.12. _____

Gesellschaftsrechtliche Eckdaten

Anzahl der Mitglieder	_____
Höhe des Geschäftsanteils (GA)	_____
Geschäftsguthaben	_____
Anzahl der Geschäftsanteile	_____

Stand: 31.12. _____

Wirtschaftliche Eckdaten

Bilanzsumme	_____
Gesamt-Eigenkapital, ggf. Verlustvorträge	_____
Jahresüberschuss des letzten Geschäftsjahres	_____
Wesentliche Positionen aus der Gewinn- und Verlustrechnung	_____
Wesentliche Positionen der Bilanz	_____
Wichtige betriebswirtschaftliche Kennziffern (z.B. cost-income ratio)	_____
Aufsichtsrechtliche Anforderungen (z.B. haftendes Eigenkapital)	_____

Betriebliche Eckdaten

Anzahl der Geschäftsstellen	_____
Anzahl der Mitarbeiter zum Stichtag	_____
Betriebsrat	JA/NEIN
mitbestimmter Aufsichtsrat	JA/NEIN

III. Übernehmende Genossenschaft

1. Ausgangslage
Die übernehmende Genossenschaft wurde im Jahr _____ unter der Firma „_____ eG" gegründet. Sie hat ihren Sitz seither unverändert in _____ [kurze Firmengeschichte, wie z.B. Umfirmierungen, erfolgte Fusionen gerade in jüngster Vergangenheit etc.].
Die übernehmende Genossenschaft ist Mitglied des Genossenschaftsverbandes _____ e.V. [Ergänzung, siehe (1) bzw. (6) im Anhang].
Neben ihrer Hauptniederlassung in _____, _____ unterhält die übernehmende Genossenschaft _____ [Anzahl] weitere Geschäftsstellen.
Zum Schlussbilanzstichtag 31.12. _____ hatte die übernehmende Genossenschaft _____ Mitarbeiter. Sie hat einen/keinen Betriebsrat.

Der Aufsichtsrat besteht derzeit aus _____ Mitgliedern [ggf.: ..., wobei _____ Arbeitnehmervertreter sind.].
Zum 31.12. _____ liegt ein geprüfter und mit einem uneingeschränkten Bestätigungsvermerk versehener Jahresabschluss vor.
Zweck und Gegenstand der Genossenschaft entsprechen im Wesentlichen dem der übertragenden Genossenschaft.

2. Beteiligungen
Die übernehmende Genossenschaft ist an den nachfolgenden _____ Gesellschaften wesentlich beteiligt:
– _____ GmbH (...%)
– _____ GmbH (...%)
– und die _____ GmbH (...%).

Mit der _____ GmbH besteht derzeit ein Beherrschungs- und Gewinnabführungsvertrag vom _____. Die Kündigungsfrist beträgt _____ Monate zum Ende eines Kalenderjahres. Der Beherrschungs- und Gewinnabführungsvertrag soll auch zukünftig fortgeführt werden.

3. Wirtschaftliche Lage der übernehmenden Genossenschaft
Die wirtschaftlichen Verhältnisse der Genossenschaft sind geordnet. Sie verfügt über eine (über-)durchschnittliche Eigenkapitalausstattung. Die Ertragslage im letzten Geschäftsjahr erreichte mit _____% des durchschnittlichen Geschäftsvolumens/der Bilanzsumme ein vergleichsweise hohes Niveau. Einzelheiten können dem Lagebericht der Genossenschaft für das Geschäftsjahr 20 _____ entnommen werden, der ausliegt.

4. Zwischenbilanz
[(5a) Falls erforderlich, siehe Anhang]

5. Rechtliche und wirtschaftliche Eckdaten im Überblick:

Gesellschaftsrechtliche Eckdaten

Anzahl der Mitglieder	_____
Höhe des Geschäftsanteils (GA)	_____
Geschäftsguthaben	_____
Anzahl der Geschäftsanteile	_____

Stand: 31.12. _____

Wirtschaftliche Eckdaten

Bilanzsumme	_____
Gesamt-Eigenkapital, ggf. Verlustvorträge	_____
Jahresüberschuss des letzten Geschäftsjahres	_____
Wesentliche Positionen aus der Gewinn- und Verlustrechnung	_____
Wesentliche Positionen der Bilanz	_____
Wichtige betriebswirtschaftliche Kennziffern (z.B. cost-income ratio)	_____

Wirtschaftliche Eckdaten	
Aufsichtsrechtliche Anforderungen (z.B. haftendes Eigenkapital) _____	

Betriebliche Eckdaten	
Anzahl der Geschäftsstellen	_____
Anzahl der Mitarbeiter zum Stichtag	_____
Betriebsrat	JA/NEIN
mitbestimmter Aufsichtsrat	JA/NEIN

IV. Gründe für eine Verschmelzung
    1 Strategische Neupositionierung auf dem heimischen Markt
       [Individuelle Erläuterungen des Vorstands sind an dieser Stelle unverzichtbar.]
    2 Ggf. weitere Gründe für die Verschmelzung
       _____ *[z.B.: Bereinigung von Überschneidungen der Geschäftsgebiete etc.]*
[(7) Im Fall einer Sanierungslage der übertragenden Genossenschaft, siehe im Anhang].

V. Wirtschaftliche Erläuterung der Verschmelzung

1. Vorbemerkungen
Die Förderung der Mitglieder ist in einer mittelständisch geprägten Region nur durch dauerhafte Leistungsfähigkeit einer Genossenschaft möglich. Den steigenden Bedürfnissen der Mitglieder, verstärktem Wettbewerb und erheblich verschärften rechtlichen Rahmenbedingungen können auf Dauer nur durch größere Unternehmenseinheiten Rechnung getragen werden. Der Zusammenschluss erfolgt für beide Genossenschaften vorausschauend und in Verantwortung für die genossenschaftlichen Aufgaben der Zukunft.
Die gemeinsame Genossenschaft wurzelt bei regionaler Einbindung unverändert in der Verbundenheit ihrer angestammten Geschäftsgebiete. Die individuelle Betreuung der Mitglieder und ihre wirtschaftliche Förderung aus einer leistungsstarken Stellung am Markt heraus ist und bleibt Leitlinie und Zielsetzung dieser Genossenschaft.
Der Zusammenschluss ist eine Entscheidung im Sinn der im Genossenschaftsgesetz verankerten Pflicht, die bestmögliche Förderung der Mitglieder auf Dauer sicherzustellen.
[Ggf. Einzelheiten hierzu]
Die beabsichtigte Verschmelzung der beiden Genossenschaften findet die volle Unterstützung der genossenschaftlichen Organisation.

2. Eckdaten der neuen Genossenschaft
Ein Zusammenschluss der übernehmenden Genossenschaft (Bilanzsumme _____ Mio. Euro) und der übertragenden Genossenschaft (Bilanzsumme _____ Mio. Euro) führt zu einer leistungsstärkeren Genossenschaft.
Ein Vergleich beider zeigt, dass es sich hierbei um zwei Genossenschaften mit ähnlichen Kunden- und Geschäftsstrukturen handelt. *[(8) Im Fall einer Kreditgenossenschaft, siehe Anhang.]*
Eine Gegenüberstellung beider Genossenschaften ergibt sich aus nachstehender Abbildung:
Stand: 31.12. _____

	Übernehmende Genossenschaft	Übertragende Genossenschaft	Gesamt
Gesellschaftsrechtliche Eckdaten			
Anzahl der Mitglieder	_____	_____	_____
Höhe des Geschäftsanteils (GA)	_____	_____	_____
Geschäftsguthaben	_____	_____	_____
Anzahl der Geschäftsanteile	_____	_____	_____

Stand: 31.12. _____

	Übernehmende Genossenschaft	Übertragende Genossenschaft	Gesamt
Wirtschaftliche Eckdaten			
Bilanzsumme	_____	_____	_____
Gesamt-Eigenkapital, ggf. Verlustvorträge	_____	_____	_____
Jahresüberschuss des letzten Geschäftsjahres	_____	_____	_____
Wesentliche Positionen aus der Gewinn- und Verlustrechnung	_____	_____	_____
Wesentliche Positionen der Bilanz	_____	_____	_____
Wichtige betriebswirtschaftliche Kennziffern (z.B. cost-income ratio)	_____	_____	_____
Aufsichtsrechtliche Anforderungen (z.B. haftendes Eigenkapital)	_____	_____	_____

	Übernehmende Genossenschaft	Übertragende Genossenschaft	Gesamt
Betriebliche Eckdaten			
Anzahl der Geschäftsstellen	_____	_____	_____
Anzahl der Mitarbeiter	_____	_____	_____
Betriebsrat	_____	_____	_____
Mitbestimmter Aufsichtsrat	_____	_____	_____

3. Ziele und Chancen der neuen Genossenschaft
[Individuelle detaillierte Ausführungen (Minimum zwei Seiten) des Vorstands zu den folgenden Punkten sind unverzichtbar:]
3.1 Selbstverständnis

3.2 Strategische Geschäftsfelder
3.3 Marktgebiete und Geschäftsstellenarchitektur
3.4 Aufbauorganisation
3.5 Wirtschaftliche Prognose für die Entwicklung nach der Verschmelzung

VI. Mögliche Alternativen

1. Verschmelzung auf eine andere Genossenschaft
Die Vertreter der Genossenschaften haben sehr eingehend geprüft, ob andere Kooperationsformen genutzt werden könnten. Nach Abwägung aller Argumente haben sie sich für die Verschmelzung zu einer Genossenschaft entschieden.
Auch wenn die übernehmende Genossenschaft nicht der einzige mögliche Fusionspartner für die übertragende Genossenschaft wäre, so sind die Vorstände beider Genossenschaften nach eingehenden Beratungen und Abwägung der Chancen und Risiken übereinstimmend zu der Auffassung gelangt, dass sich aufgrund der überschneidenden Geschäftsgebiete, der sich ergänzenden Stärken beider Genossenschaften und der zukünftigen Positionierung als eine gemeinsame große Genossenschaft in der Region eine Fusion beider Häuser anbietet. Durch das Zusammengehen beider Genossenschaften entsteht im Interesse der Mitglieder und Kunden eine starke, leistungsfähige und in der Region verwurzelte Genossenschaft. Im Fokus dieser Zielsetzung hat sich derzeit für keine der beiden Genossenschaften ein vergleichbar vorteilhafter Zusammenschluss mit anderen Genossenschaften angeboten.

2. Sonstige Alternativen
Als sonstige Alternative wäre die Alleinstellung beider Genossenschaften denkbar. Dies stellt jedoch keine Alternative dar, weil _____
[Begründung anhand der Ausführungen zu Ziffer V. 3 „Ziele und Chancen der neuen Genossenschaft"].
[(9) Im Sanierungsfall könnte die Verschmelzung als einzig sinnvolle Alternative hervorgehoben werden, siehe Anhang.]

VII. Erläuterungen zum Verschmelzungsvertrag

1. Allgemeine Anmerkungen
Eine Genossenschaft kann durch Übertragung ihres gesamten Vermögens auf eine andere Genossenschaft im Wege der Gesamtrechtsnachfolge zu einer Genossenschaft verschmolzen werden, §§ 2 Nr. 1, 3 Abs. 1 Nr. 3, 79 ff. UmwG. Hierfür ist die Zustimmung der Mitglieder zum Verschmelzungsvertrag oder dem Entwurf des Verschmelzungsvertrages in Form eines Verschmelzungsbeschlusses erforderlich (§ 13 UmwG). Der Beschluss kann nur in einer Generalversammlung gefasst werden (§§ 13, 84 UmwG). Besteht die Generalversammlung in Form einer Vertreterversammlung, erfolgt die Beschlussfassung durch die Vertreter in einer entsprechenden Vertreterversammlung.
Der Verschmelzungsbeschluss bedarf einer Mehrheit von mindestens ³/₄ der in der Generalversammlung bzw. Vertreterversammlung abgegeben Stimmen (§ 84 UmwG), sofern die Satzung der jeweiligen Genossenschaft nicht eine größere Mehrheit oder weitere Erfordernisse bestimmt; entsprechende Regelungen sind in den Satzungen der beiden Fusionspartner nicht enthalten.
Der Verschmelzungsbeschluss muss notariell beurkundet werden (§ 13 Abs. 3 UmwG). Auf Verlangen ist jedem Mitglied auf seine Kosten unverzüglich eine Abschrift der notariellen Niederschrift des Beschlusses zu erteilen; dies gilt auch, wenn die Generalversammlung in Form einer Vertreterversammlung besteht. Der Anspruch besteht neben dem Anspruch aus § 47 Abs. 4 GenG auf Einsichtnahme und/oder Erteilung einer Abschrift der Niederschrift der Versammlung.
Die Verschmelzung ist sowohl bei dem für die übertragende Genossenschaft als auch bei dem für die übernehmende Genossenschaft zuständigen Genossenschaftsregister anzumelden (§ 16 UmwG). Die

Verschmelzung wird erst mit Eintragung im Genossenschaftsregister der übernehmenden Genossenschaft wirksam (§ 20 UmwG).

2. Erläuterungen des Verschmelzungsvertrages im Einzelnen
[Hinweise: Ausführungen sollten zu jedem Paragrafen erfolgen. Die Paragrafen des Vertrages sind bei vom Muster abweichenden Verträgen anzupassen. Die Ausführungen sind für den mündlichen Vortrag in der Generalversammlung geeignet.]

§ 1 Zielsetzung
In § 1 wird die Vereinbarkeit der beabsichtigten Verschmelzung mit dem genossenschaftlichen Förderauftrag nach § 1 GenG festgestellt.

§ 2 Gesamtrechtsnachfolge (§ 5 Abs. 1 Nr. 2 UmwG)
§ 2 beinhaltet die nach § 5 Abs. 1 Nr. 2 UmwG notwendige Vereinbarung über die Übertragung des Vermögens der übertragenden Genossenschaft als Ganzes auf die übernehmende Genossenschaft (Gesamtrechtsnachfolge) gegen Gewährung von Mitgliedschaften bei dieser für jedes Mitglied der übertragenden Genossenschaft. Mit der Eintragung der Verschmelzung gehen auch die Verbindlichkeiten der übertragenden Genossenschaft auf die übernehmende Genossenschaft über (§ 20 Abs. 1 Nr. 1 UmwG).

§ 3 Erwerb der Mitgliedschaft (§ 5 Abs. 1 Nr. 3, 80 Abs. 1 S. 1 Nr. 2 UmwG)
Die Mitglieder der übertragenden Genossenschaft werden mit Wirksamwerden der Verschmelzung Mitglieder der übernehmenden Genossenschaft. Es gelten die Bestimmungen der Satzung der übernehmenden Genossenschaft [(10) Ergänzung, siehe Anhang]. Die aktuelle Fassung der Satzung kann eingesehen werden.
Die Geschäftsguthaben werden unverändert 1:1 übernommen. Jedes Mitglied der übertragenden Genossenschaft wird mit mindestens einem und im Übrigen mit so vielen Geschäftsanteilen bei der übernehmenden Genossenschaft beteiligt, wie durch Anrechnung seines bisherigen Geschäftsguthabens bei der übertragenden Genossenschaft als voll oder teilweise eingezahlt anzusehen sind.
Für die Feststellung der Geschäftsguthaben der Mitglieder der übertragenden Genossenschaft ist deren Schlussbilanz per 31.12. _____ maßgebend (§ 87 Abs. 3 UmwG) *[(11) Ergänzungen hierzu, siehe Anhang].*

§ 4 Satzung, Geschäftsanteil, Haftsumme (§ 5 Abs 1 Nr. 4 UmwG)

a) Geschäftsanteil, Geschäftsguthaben, Einzahlungspflichten
Bei der übernehmenden Genossenschaft beträgt die Höhe eines Geschäftsanteils _____ Euro und bei der übertragenden Genossenschaft _____ Euro. Zukünftig beträgt bei der fusionierten Genossenschaft die Höhe des Geschäftsanteils _____ Euro.
Der Geschäftsanteil ist sofort in voller Höhe einzuzahlen *[(12) Ergänzung, siehe Anhang].*

b) Beispiele zur Berechnung der zukünftigen Beteiligung
Die sich aus den in § 3 und § 4 getroffenen Regelungen ergebenden zukünftigen Beteiligungsverhältnisse der Mitglieder der übertragenden Genossenschaft an der gemeinsamen Genossenschaft sollen an nachstehenden Beispielen verdeutlicht werden:
Bsp. 1: Ein Mitglied der übertragenden Genossenschaft mit einem voll eingezahlten Geschäftsanteil in Höhe von _____ Euro wird zukünftig an der gemeinsamen Genossenschaft mit einem Geschäftsanteil in Höhe von _____ Euro beteiligt sein. Sein eingezahltes Geschäftsguthaben beträgt nach wie vor _____ Euro, sodass es noch _____ Euro auf den Geschäftsanteil einzuzahlen hat. Die Einzahlung muss jedoch nicht sofort erfolgen, sondern wird nach den Regelungen des Verschmelzungsvertrages gestundet und durch Verrechnung mit zukünftigen Dividendenzahlungen erbracht.

Bsp. 2: _____
Bsp. 3: _____
[(13) Bei „übersteigenden Geschäftsguthaben", siehe Anhang]

c) Nachschusspflicht
Bei der übernehmenden Genossenschaft besteht eine beschränkte Nachschusspflicht. Die Nachschusspflicht der Mitglieder ist auf die Haftsumme beschränkt. Die Haftsumme für jeden Geschäftsanteil beträgt _____ Euro.

§ 5 Firma, Sitz

§ 6 Anteil am Bilanzgewinn (§ 5 Abs. 1 Nr. 5 UmwG)
In § 6 wird bestimmt, dass die Mitglieder der übertragenden Genossenschaft Anspruch auf einen Anteil am Bilanzgewinn der übernehmenden Genossenschaft ab dem 01.01. _____ haben, soweit die General-/Vertreterversammlung der übernehmenden Genossenschaft einen Gewinnausschüttungsbeschluss fasst.

§ 7 Verschmelzungsstichtag (§ 5 Abs. 1 Nr. 6 UmwG)
und Schlussbilanz (§ 80 Abs. 2 UmwG)
Die Verschmelzung erfolgt wirtschaftlich rückwirkend zum 01.01. _____. Alle Handlungen der übertragenden Genossenschaft gelten ab dem 01.01. _____ als für Rechnung der übernehmenden Genossenschaft vorgenommen.
In § 7 wird ebenfalls der Schlussbilanzstichtag auf den 31.12. _____ festgelegt. Es wird seitens der übertragenden Genossenschaft die Versicherung abgegeben, dass in der Schlussbilanz alle Vermögensteile und sämtliche Verbindlichkeiten richtig ausgewiesen sind.
Ferner versichern sich die beteiligten Genossenschaften gegenseitig, dass sie seit dem Zeitpunkt ihres letzten Bilanzstichtags keine neuen Verbindlichkeiten, die nicht im Rahmen des bisher bei der jeweiligen Genossenschaft gewöhnlichen Geschäftsbetriebes liegen, eingegangen sind, ohne diese dem jeweils anderen offen gelegt zu haben. Sie verpflichten sich, solche Geschäfte auch nicht ohne vorherige ausdrückliche Zustimmung des jeweils anderen bis zum Übergang des Vermögens auf die übernehmende Genossenschaft vorzunehmen.
[(14) Im Fall eines flexiblen Schlussbilanz- und Verschmelzungsstichtags, siehe Anhang.]

§ 8 Sonderrechte (§ 5 Abs. 1 Nr. 7 UmwG)
Die übernehmende Genossenschaft gewährt einzelnen Mitgliedern im Rahmen der Verschmelzung keine Sonderrechte. Soweit bei der übertragenden Genossenschaft Inhaberschuldverschreibungen an Mitglieder gewährt wurden, werden diese unverändert übernommen.

§ 9 Besondere Vorteile (§ 5 Abs. 1 Nr. 8 UmwG)
Der Vertrag stellt in § 9 klar, dass besondere Vorteile für Mitglieder des Vorstands, des Aufsichtsrats oder sonstige Organmitglieder der beteiligten Genossenschaften sowie für Abschluss- oder Verschmelzungsprüfer nicht gewährt werden.

§ 10 Folgen für die Arbeitnehmer, Betriebsrat (§ 5 Abs. 1 Nr. 9 UmwG)
[Hinweis: Die Erläuterungen sind an die tatsächlichen Verhältnisse anzupassen.]
§ 10 enthält die nach § 5 Abs. 1 Nr. 9 UmwG erforderlichen Angaben zu den Folgen der Verschmelzung für die Arbeitnehmer und ihrer Vertretungen.
Die Angaben ergeben sich im Wesentlichen aus §§ 20 Abs. 1 Nr. 1 und 2, 324 UmwG, §§ 613a Abs. 1 und Abs. 4 bis 6 BGB sowie §§ 21 lit. a und b BetrVG. Sie sind ausführlich im Verschmelzungsvertrag dargelegt. Die gesetzlichen Rechte des Betriebsrats werden gewahrt. *[(15) Ergänzung siehe Anhang.]*

§ 11 Geschäftsbetrieb

§ 12 General-/Vertreterversammlung
Bei der übernehmenden Genossenschaft besteht die Generalversammlung in Form einer Vertreterversammlung gemäß § 43a GenG.
Grund für die Einführung der Vertreterversammlung bei der übernehmenden Genossenschaft war, dass bei einer Mitgliederzahl von derzeit _____ eine geordnete Generalversammlung nicht mehr durchzuführen wäre. Die Vertreterversammlung der übernehmenden Genossenschaft besteht derzeit aus _____ Vertretern und wurde zuletzt im Jahr _____ neu gewählt.
Zur angemessenen Vertretung der Mitglieder der übertragenden Genossenschaft in der Vertreterversammlung der gemeinsamen Genossenschaft sieht der Verschmelzungsvertrag vor, dass für die Mitglieder der übertragenden Genossenschaft unmittelbar nach Eintragung der Verschmelzung eine Ergänzungswahl zur Vertreterversammlung erfolgt. Hierfür gelten die Vorschriften der Satzung und der Wahlordnung zur Vertreterversammlung der übernehmenden Genossenschaft. Aktiv und passiv wahlberechtigt sind allein die Mitglieder der übertragenden Genossenschaft.
Da nach der Satzung der übernehmenden Genossenschaft je _____ Mitglieder ein Vertreter zu wählen ist, sind nach Stand zum 31.12. _____ insgesamt _____ Vertreter aus dem Kreis der Mitglieder der übertragenden Genossenschaft nachzuwählen.
Die Zahl der von den Mitgliedern der übertragenden Genossenschaft zu wählenden Vertreter spiegelt genau das Verhältnis der Mitglieder der übertragenden Genossenschaft zu den Mitgliedern der übernehmenden Genossenschaft wieder. Sonderregelungen hinsichtlich einer höheren Zahl von Vertretern aus dem Kreis der Mitglieder der übertragenden Genossenschaft sind nicht möglich.

§ 13 Vorstand, Aufsichtsrat
Zur Sicherstellung einer angemessenen Vertretung in der genossenschaftlichen Selbstverwaltung wird vereinbart, dass sich Vorstand und Aufsichtsrat unmittelbar nach der Verschmelzung wie folgt zusammensetzen sollen:
Neben den Vorstandsmitgliedern der übernehmenden Genossenschaft hat der Aufsichtsrat der übernehmenden Genossenschaft die derzeitigen Vorstandsmitglieder der übertragenden Genossenschaft, Frau/Herr _____ und Frau/Herr _____, – unter der aufschiebenden Bedingung des Wirksamwerdens der Verschmelzung – zu weiteren hauptamtlichen Vorstandsmitgliedern der vereinigten Genossenschaft bestellt. Entsprechende Dienstverträge werden unter Aufrechterhaltung des bestehenden Status quo mit dem Aufsichtsrat der übernehmenden Genossenschaft abgeschlossen. Die Abgrenzungen der Zuständigkeits- und Verantwortungsbereiche werden vom Vorstand nach Anhörung des Aufsichtsrats in einem Geschäftsverteilungsplan festgelegt.
Der Aufsichtsrat soll sich nach Wirksamwerden der Verschmelzung zunächst wie folgt zusammensetzen:
_____
Unmittelbar nach Wirksamwerden der Verschmelzung soll der Vorsitzende aus dem Bereich der übernehmenden/übertragenden Genossenschaft und sein Stellvertreter aus dem Bereich der übertragenden/übernehmenden Genossenschaft gestellt werden. Ferner wird vereinbart, dass die Zahl der Aufsichtsratsmitglieder mit Ende der Vertreterversammlung, die über den Jahresabschluss zum 31.12. _____ zu beschließen hat, auf _____ Mitglieder zurückgeführt wird, wobei _____ Mitglieder aus dem Bereich der übernehmenden Genossenschaft und _____ Mitglieder aus dem Bereich der übertragenden Genossenschaft kommen sollen.
Die Kandidaten für den Aufsichtsrat der übernehmenden Genossenschaft aus dem Bereich der übertragenden Genossenschaft werden von der Generalversammlung der übertragenden Genossenschaft nominiert, die auch über die Verschmelzung beschließt.
Die übernehmende Genossenschaft hat sich verpflichtet, ihrer Vertreterversammlung, die über die Verschmelzung beschließt, die aufgrund dieses Vertrages nominierten Kandidaten für den Aufsichtsrat zur Wahl vorzuschlagen.

Die Zusammensetzung des Aufsichtsrats wird zukünftig von der Vertreterversammlung und die Zusammensetzung des Vorstands wird zukünftig vom Aufsichtsrat der verschmolzenen Genossenschaft bestimmt.

§ 14 Bestellung hauptamtlicher Vorstandsmitglieder

§ 15 Beirat
Bei der übernehmenden Genossenschaft besteht ein Beirat/bestehen regionale Beiräte. Der Beirat hat/Die Beiräte haben die Aufgabe, den Vorstand zu beraten und bei der Durchführung geschäftlicher Maßnahmen zu unterstützen. Einzelheiten sind in einer Geschäftsordnung für den Beirat/die Beiräte festgelegt.

§ 16 Mitgliederversammlung

§ 17 Organisationsplan, Kreditbewilligungskompetenzen

§ 18 Verschmelzungsbeschlüsse

§ 19 Kosten und Steuern
§ 19 enthält Regelungen zu den Kosten der Verschmelzung und deren Verteilung im Fall des Scheiterns der Verschmelzung gleich aus welchem Rechtsgrund.

§ 20 Beteiligungen

§ 21 Sonstiges
§ 21 enthält die übliche salvatorische Klausel und die Vereinbarung, dass bei Unklarheiten und Zweifel hinsichtlich der Auslegung bzw. der Anwendung des Verschmelzungsvertrages unter Einschaltung des Genossenschaftsverbandes _____ *[ggf.: und des Genossenschaftsverbandes _____]* in gütlichem Einvernehmen mit dem Ziel einer Verbesserung der genossenschaftlichen Leistung behoben werden sollen.

3. Erläuterungen zum Umtauschverhältnis
Nach dem gesetzlichen Regelfall des § 80 Abs. 1 S. 1 Nr. 2 UmwG ist jedes Mitglied einer übertragenden Genossenschaft mit mindestens einem und im Übrigen mit so vielen Geschäftsanteilen bei der übernehmenden Genossenschaft beteiligt, wie durch Anrechnung seines bisherigen Geschäftsguthabens bei der übertragenden Genossenschaft als voll eingezahlt anzusehen sind, sofern die Satzung der übernehmenden Genossenschaft die Beteiligung eines Mitglieds mit mehreren Anteilen zulässt *[(16) Ergänzung, siehe Anlage]*.
§ 80 Abs. 1 S. 1 Nr. 2 letzter Halbsatz UmwG, sieht jedoch die Möglichkeit vor, von dem gesetzlichen Regelfall abzuweichen und eine andere Berechnung der Zahl der zu gewährenden Geschäftsanteile vorzusehen. Davon wird im Verschmelzungsvertrag insoweit Gebrauch gemacht, als den Mitgliedern der übertragenden Genossenschaft auch dann ein weiterer Geschäftsanteil gewährt werden soll, wenn die Anrechnung des bisherigen Geschäftsguthabens nur zu teilweise eingezahlten Geschäftsanteilen bei der übernehmenden Genossenschaft führt. Die auf die teilweise eingezahlten Geschäftsanteile noch ausstehenden Einzahlungen werden gestundet und durch zukünftige Dividenden aufgefüllt. Beide Genossenschaften haben geprüft, ob die Vereinbarung *[(17) im Fall einer Kreditgenossenschaft, siehe Anlage]* eines abweichenden Umtauschverhältnisses der Geschäftsguthaben notwendig ist. Die Geschäftsguthaben der Mitglieder beider Genossenschaften spiegeln die Beteiligungsrechte angemessen wider. Da die Mitglieder der fusionierten Genossenschaft im Falle ihres späteren Ausscheidens nicht an den vorhandenen Rücklagen und stillen Reserven der fusionierten Genossenschaft be-

teiligt sind, sondern im Rahmen der Auseinandersetzung lediglich ihr Geschäftsguthaben wieder ausbezahlt erhalten, konnte eine Unternehmensbewertung der an der Verschmelzung beteiligten Genossenschaften zur Ermittlung eines von dem gesetzlichen Regelfall des § 80 Abs. 1 UmwG abweichenden Umtauschverhältnisses unterbleiben.

VIII. Bilanzielle Auswirkung der Verschmelzung
Durch die Verschmelzung wird das Vermögen der übertragenden Genossenschaft einschließlich der Verbindlichkeiten zu Buchwerten unter wirtschaftlicher Rückbeziehung auf den Verschmelzungsstichtag übertragen. Insoweit werden die einzelnen Bilanzpositionen zunächst grundsätzlich addiert. Der erste gemeinsame Jahresabschluss wird (voraussichtlich) zum 31.12. _____ erstellt, vgl. hierzu Abb. 1. Bestehende finanzielle Verflechtungen zwischen den beiden Genossenschaften, insbesondere _____ sowie sonstige bestehende Forderungen und Verbindlichkeiten werden im Zuge der Zusammenführung eliminiert. Dies führt zu einer Reduzierung der gemeinsamen Bilanzsumme.
Im Übrigen führt die Verschmelzung zu einer weitgehenden Addition der Bilanzansätze, die Buchwerte werden fortgeführt.

IX. Steuerliche Auswirkungen der Verschmelzung
[Darstellung der unmittelbaren Folgen der Verschmelzung wie z.B.]
– die Aufdeckung von stillen Reserven
– das Entfallen von Verlustvorträgen (Körperschaftsteuer und Gewerbesteuer)
– die Grunderwerbsteuer

X. Gesellschaftsrechtliche Auswirkungen der Verschmelzung

1. Wirkung der Verschmelzung
Die Verschmelzung ist sowohl beim Genossenschaftsregister der übertragenden als auch der übernehmenden Genossenschaft anzumelden. Die Eintragung erfolgt zunächst im Genossenschaftsregister der übertragenden und dann im Genossenschaftsregister der übernehmenden Genossenschaft. Das Genossenschaftsregister hat die Eintragung der Verschmelzung sodann öffentlich bekannt zu machen.
Mit der Eintragung der Verschmelzung im Genossenschaftsregister der übernehmenden Genossenschaft wird die Verschmelzung wirksam. Die Eintragung hat gemäß § 20 UmwG folgende Wirkung:
1. Das Vermögen der übertragenden Genossenschaft geht einschließlich der Verbindlichkeiten auf die übernehmende Genossenschaft über.
2. Die übertragende Genossenschaft erlischt. Einer besonderen Löschung bedarf es nicht.
3. Die Mitglieder der übertragenden Genossenschaft werden Mitglieder der übernehmenden Genossenschaft. *[(18) Ergänzung, siehe Anhang].*
4. Mängel der Verschmelzung, insbesondere formelle Mängel lassen die Wirkung der Eintragung der Verschmelzung unberührt.
Die übernehmende Genossenschaft hat jedem neuen Mitglied unverzüglich nach der Bekanntmachung der Eintragung der Verschmelzung in Textform mitzuteilen (§ 89 UmwG):
1. den Betrag des Geschäftsguthabens bei der übernehmenden Genossenschaft;
2. den Betrag des Geschäftsanteils bei der übernehmenden Genossenschaft;
3. die Zahl der Geschäftsanteile, mit denen der Anteilsinhaber bei der übernehmenden Genossenschaft beteiligt ist;
4. den Betrag der von dem Mitglied nach Anrechnung seines Geschäftsguthabens noch zu leistenden Einzahlung oder den Betrag, der ihm als übersteigendes Geschäftsguthaben auszuzahlen ist, sowie
5. den Betrag der Haftsumme, mit dem die Mitglieder der fusionierten Genossenschaft zur Leistung von Nachschüssen verpflichtet sind.

Schaffland/Krause

2. Möglichkeiten der Ausschlagung der Mitgliedschaft
Wenn einzelne Mitglieder der übertragenden Genossenschaft zukünftig nicht mehr an der übernehmenden Genossenschaft beteiligt sein wollen, können diese ihre im Rahmen der Verschmelzung erworbene Mitgliedschaft und/oder die damit verbundenen Geschäftsanteile an der übernehmenden Genossenschaft ausschlagen *[(19) Ergänzung, siehe Anhang].*

3. Zukünftige Satzung der übernehmenden Genossenschaft
3.1 Allgemeine Ausführungen
Mit Wirksamwerden der Verschmelzung gelten auch für die Mitglieder der übertragenden Genossenschaft die Regelungen der Satzung der übernehmenden Genossenschaft mit den Änderungen, die im Verschmelzungsvertrag vorgesehen sind.
Die Satzung der übernehmenden Genossenschaft hat – genauso wie die Satzung der übertragenden Genossenschaft – die vom _____ [z.B. BVR] herausgegebene Mustersatzung zur Grundlage, sodass die Satzungen der beiden Genossenschaften in weiten Teilen identisch sind.

3.2 Wesentliche Unterschiede zur Satzung der übertragenden Genossenschaft
Die Satzung der übernehmenden Genossenschaft weist gegenüber der Satzung der übertragenden Genossenschaft nachstehende wesentliche Unterschiede auf:
[z.B./ggf.:]
- Abweichende Unternehmensgegenstände
  [Hinweis: Bei abweichenden Unternehmensgegenständen die entsprechenden Satzungsformulierungen einfügen.]
- Kündigung
  Kündigungsfrist bei der übernehmenden Genossenschaft beträgt _____ Monate zum Ende des Geschäftsjahres statt _____ Monate zum Ende des Geschäftsjahres bei der übertragenden Genossenschaft.
- Pflichten der Mitglieder
  Jedes Mitglied der übernehmenden Genossenschaft ist verpflichtet, eine Geschäftsverbindung zu seiner Genossenschaft aufzunehmen und zu unterhalten.
- Vertreterversammlung
  Die Generalversammlung bei der übernehmenden Genossenschaft besteht in Form einer Vertreterversammlung. Es gelten die Vorschriften des § 43a GenG. Für je _____ Mitglieder ist ein Vertreter zu wählen (siehe Erläuterungen oben).
- Geschäftsanteile und Geschäftsguthaben
  Die Höhe eines Geschäftsanteils bei der übernehmenden Genossenschaft beträgt _____ Euro mit einer Mindesteinzahlung von _____ Euro statt _____ Euro bei der übertragenden Genossenschaft mit einer Mindesteinzahlung von _____ Euro. Bei der übernehmenden Genossenschaft können sich die Mitglieder mit maximal _____ Geschäftsanteilen beteiligen.
- Beschränkte Nachschusspflicht
  Bei der übernehmenden Genossenschaft besteht eine Nachschusspflicht in Höhe von _____ Euro je Geschäftsanteil. Die Satzung der übertragenden Genossenschaft sieht eine Nachschusspflicht in Höhe von _____ Euro vor.
- Bekanntmachungen
  Die Bekanntmachungen der übernehmenden Genossenschaft erfolgen im _____, soweit gesetzlich nichts anderes vorgeschrieben ist.

3.3 Geplante Satzungsänderungen
Die Vorstände beider Genossenschaften haben sich im Rahmen der Fusionsgespräche auf nachstehend beabsichtigte Satzungsänderungen verständigt. Die beabsichtigten Satzungsänderungen sollen

in der Vertreterversammlung der übernehmenden Genossenschaft, die auch über die Verschmelzung beschließt, mit beschlossen werden.
[z.B.:]
- § 1 Abs. 1
  Die Firma der übernehmenden Genossenschaft soll in „_____ eG" geändert werden.
- § 1 Abs. 3 (neu)
  Die Genossenschaft kann mit Sitz in _____ eine selbstständige Zweigniederlassung unter der Firma _____
  Zweigniederlassung der _____ eG

errichten.

XI. Schlussbemerkung

Sowohl die Vorstände als auch die Aufsichtsräte der an der Verschmelzung beteiligten Genossenschaften sind in ihren Sitzungen am _____ und am _____ nach eingehenden Beratungen und Prüfungen zu der Überzeugung gelangt, dass sich die beiden Genossenschaften im Interesse des Erhalts einer dauerhaft leistungsfähigen Genossenschaft in und für die Region mit der beabsichtigten Verschmelzung bestmöglich für die Zukunft aufstellen und die Verschmelzung daher den Interessen der beteiligten Genossenschaften sowie ihrer Mitglieder, Kunden und Mitarbeiter am besten entspricht. Sowohl die Vorstände als auch die Aufsichtsräte der beiden Genossenschaften haben daher dem vorgelegten Verschmelzungsvertrag/Entwurf des Verschmelzungsvertrages einstimmig ihre Zustimmung erteilt.

_____ (Ort, Datum)
_____ (übernehmende Genossenschaft)
_____ (Der Vorstand[25])
_____ (Ort, Datum)
_____ (übertragende Genossenschaft)
_____ (Der Vorstand[21])

XII. Anhang zur ausführlichen Fassung des Muster-Verschmelzungsberichts

In diesem Anhang befinden sich Ergänzungen und Formulierungsvorschläge für den vorstehenden Verschmelzungsbericht.

Zu Punkt (1)
könnte es ergänzend wie folgt heißen:
a) bei Kreditgenossenschaften:
„Sie gehört dem genossenschaftlichen Verbund seit ihrer Gründung an. Insbesondere ist sie auch Mitglied im Bundesverband der Volksbanken und Raiffeisenbanken e.V. mit Sitz in Berlin (nachfolgend „BVR" genannt) und gehört der Sicherungseinrichtung des BVR an."
b) bei anderen Genossenschaften:
„Sie gehört der genossenschaftlichen Organisation seit ihrer Gründung an. Insbesondere ist sie auch Mitglied im _____ (Edeka-Verband o.ä.).

Zu Punkt (2)
Im Fall einer Sanierungssituation sind weitere Angaben erforderlich. Diese könnten wie folgt lauten:
„Im Jahresabschluss _____ musste für neue erkannte akute Risiken im Kreditgeschäft zusätzliche Risikovorsorge getroffen werden. Insgesamt reichte das erwirtschaftete Ergebnis nicht aus, die akuten Risiken im Kreditgeschäft abzuschirmen, was die Einschaltung der Sicherungseinrichtung des

---

25 Unterschriften aller Vorstandsmitglieder

BVR erforderlich machte. Die Risikovorsorge erfolgt daher nur zum Teil durch Bildung von Einzelwertberichtigungen. In diesem Zusammenhang wurde im _____ (Monat, Jahr) eine Garantie der Sicherungseinrichtung des BVR über _____ Mio. Euro beantragt und mit Sicherungsvertrag vom _____ auch gewährt. Darüber hinaus wurde zur Abschirmung von Rückbürgschaften eine Bestandsgarantie in derzeit nicht quantifizierbarem Umfang gewährt.
Der Sicherungsvertrag sieht eine Besserungsscheinverpflichtung vor, die selbst bei verbesserter Ertragslage die Ergebnisse der Bank auf geraume Zeit belasten wird.
Ferner wurden aufgrund der Turbulenzen auf den Finanzmärkten Teile des Wertpapierbestandes mit unverändert einwandfreien Ratingbeurteilungen zur Vermeidung von Kurswertabschreibungen vom Umlaufvermögen in das Anlagevermögen umgewidmet."

Zu Punkt (3)
Es könnte wie folgt formuliert werden:
„Die Bank hat für die akuten Risiken im Kreditgeschäft in angemessenem Umfang Vorsorge getroffen."

Zu Punkt (4)
könnte es wie folgt heißen:
„Von der Sicherungseinrichtung des BVR hat die Bank zur Abschirmung von akuten Risiken im Kreditgeschäft Garantien über insgesamt _____ Mio. Euro gegen Besserungsscheinverpflichtungen in gleicher Höhe erhalten. Unter Berücksichtigung dieser Garantien hat die Bank für die akuten Risiken im Kreditgeschäft in angemessenem Umfang Vorsorge getroffen."

Zu Punkt (5)
Es könnte Folgendes ergänzt werden:
„... mit einem hinweisenden Zusatz bezüglich der bereits in der Schlussbilanz nebst Gewinn- und Verlustrechnung und dem Anhang berücksichtigten Sanierungsmittel ...
Bei Genossenschaften, die keinen Bestätigungsvermerk erhalten, sollte formuliert werden:
„... wurden vom Prüfungsverband geprüft, Beanstandungen ergaben sich nicht."

Zu Punkt (5)
In Problemfällen bedarf es bei einer Kreditgenossenschaft folgender Ergänzung:
„Die Vermögenslage wird durch strukturelle Risiken, eine unterdurchschnittliche Deckung erhöht latenter Risiken im Kreditgeschäft sowie Besserungsscheinverpflichtungen gegenüber der Sicherungseinrichtung des BVR erheblich belastet.
Die Finanzlage der Bank ist geordnet. Die Zahlungsfähigkeit war im Berichtszeitraum jederzeit gegeben.
Die Ertragslage im Jahr _____ war von einem Rückgang des Betriebsergebnisses vor Bewertungsänderungen gekennzeichnet, welches weiterhin vergleichsweise unterdurchschnittlich ist. Verursacht wurde diese Entwicklung in erster Linie durch den weiteren Rückgang der Zinsspanne, der durch die Einsparungen bei den Verwaltungsaufwendungen nicht kompensiert werden konnte.
Unter Berücksichtigung der Belastungen aus Bewertungsänderungen im Kreditgeschäft und bei den Eigenanlagen sowie der außerordentlichen Ergebnisfaktoren wird insgesamt ein nahezu ausgeglichenes Ergebnis ausgewiesen. Darüber hinaus wurden bereits im Jahresabschluss 20_____ Teile des eigenen Wertpapierbestands in das Anlagevermögen umgewidmet. Diese Wertpapiere werden zum 31.12. _____ mit _____ Mio. Euro über ihrem beizulegenden Zeitwert ausgewiesen. Insofern ist die Ertragslage im Jahres _____ insgesamt als negativ zu beurteilen."

Zu Punkt (5a)
Für den Fall, dass eine Zwischenbilanz notwendig ist, könnte es heißen:

„Eine Zwischenbilanz der übertragenden/übernehmenden Genossenschaft ist erforderlich, da der Entwurf des Verschmelzungsvertrages später als sechs Monate nach dem Jahresabschluss (Stichtag 31.12. _____) aufgestellt wurde, §§ 82 Abs. 1, 63 Abs. 1 Nr. 3, Abs. 2 UmwG."

Zu Punkt (6)
Fassung wie zu Punkt (1)

Zu Punkt (7)
Im Fall einer Sanierung könnte die Lage der übertragenden Genossenschaft als weiterer Grund für eine Verschmelzung herangezogen werden. In diesem Fall könnte wie folgt formuliert werden:
„3. Lage der übertragenden Genossenschaft
Vor dem Hintergrund der unter II. 3 u. 4. dargestellten Lage der übertragenden Genossenschaft sowie der Inanspruchnahme der Sicherungseinrichtung des BVR sind die wirtschaftlichen Verhältnisse der Bank als angespannt zu bezeichnen (vgl. Lagebericht der übertragenden Genossenschaft).
Insbesondere unter Berücksichtigung der mit dem Sicherungsvertrag verbundenen Besserungsscheinverpflichtung wird die Ertragslage der Bank in den kommenden Jahren nicht unerheblich belastet werden.
Darüber hinaus wird die Vermögenslage der Bank durch strukturelle Risiken im Kreditgeschäft sowie durch eine unterdurchschnittliche Deckung erhöhter latenter Risiken im Kreditgeschäft über unabsehbare Zeit belastet bleiben.
Zur Sicherstellung einer dauerhaft leistungsfähigen Bank – insbesondere als zuverlässiger Partner der regionalen mittelständischen Wirtschaft – ist insofern eine Verschmelzung der übertragenden Genossenschaft mit einem wirtschaftlich starken Partner angezeigt."

Zu Punkt (8)
Es könnte wie folgt heißen:
„Ein Vergleich beider Unternehmen zeigt, dass es sich hierbei um zwei Banken mit differierenden/übereinstimmenden Geschäftsmodellen handelt. Durch eine grundsätzlich unterschiedliche Positionierung und Ausrichtung der Geschäftsaktivitäten verfügen beide Fusionspartner über abweichende Kunden- und Geschäftsstrukturen."

Zu Punkt (9)
Es könnte wie folgt heißen:
„Insbesondere besteht vor dem Hintergrund der wirtschaftlichen Schwierigkeiten der übertragenden Genossenschaft, der Eigenkapitalsituation der Bank, der notwendig gewordenen Risikoabschirmung durch die Sicherungseinrichtung des BVR sowie der zukünftigen Belastungen aus der Besserungsscheinverpflichtung zum Zusammenschluss mit einem wirtschaftlich starken Partner zur Fortführung des Geschäftes keine sinnvolle Alternative."

Zu Punkt (10)
Es könnte ergänzt werden:
„... mit den sich aus dem Vertrag ergebenden Änderungen/in der jeweils aktuellen Fassung."

Zu Punkt (11)
könnte wie folgt formuliert werden:
„In Ausübung der sich nach § 80 Abs. 1 S. 1 Nr. 2 letzter Halbsatz UmwG ergebenden Möglichkeit einer anderweitigen Berechnung haben die Fusionspartner vereinbart, dass zwischen dem Stichtag der Schlussbilanz und dem Wirksamwerden der Verschmelzung eingetretene Veränderungen der Geschäftsguthaben bei der übertragenden Genossenschaft zu berücksichtigen sind. Diese Regelung wurde insbesondere deshalb im Vertrag aufgenommen, da auch im laufenden Geschäftsjahr seit dem

Schlussbilanzstichtag bei der übertragenden Genossenschaft neue Mitglieder beigetreten sind bzw. Mitglieder weitere Anteile gezeichnet haben."

Zu Punkt (12)
könnte Folgendes ergänzt werden:
„Der Vorstand kann die Einzahlung in Raten zulassen. In diesem Fall sind auf den Geschäftsanteil sofort nach Eintragung in die Mitgliederliste _____ Euro einzuzahlen.
Ein Mitglied kann sich mit weiteren Geschäftsanteilen beteiligen. Die Beteiligung eines Mitglieds mit einem zweiten Geschäftsanteil darf erst zugelassen werden, wenn der erste Geschäftsanteil voll eingezahlt ist; Entsprechendes gilt für die Beteiligung mit weiteren Geschäftsanteilen.
Ergeben sich nach dem Verschmelzungsvertrag nicht voll eingezahlte Geschäftsanteile, so sind diese bis zu einem Betrag von _____ Euro sofort in voller Höhe einzuzahlen. Darüber hinausgehende Beträge werden gestundet und mit zukünftigen Dividendenzahlungen aufgefüllt. Eine vorzeitige Volleinzahlung ist zulässig."

Zu Punkt (13)
Im Fall von „übersteigenden Geschäftsguthaben" könnte wie folgt formuliert werden:
„Übersteigende Geschäftsguthaben
[Anmerkung vorab: Überschießendes Geschäftsguthaben kann nur entstehen, wenn die Anrechnung des bisherigen Geschäftsguthabens zu keiner Gewährung teilweise eingezahlter Geschäftsanteile führt oder die Satzung der übernehmenden Genossenschaft eine Höchstgrenze an Geschäftsanteilen vorsieht. Nur in diesen Fällen bedarf es Regelungen und Erläuterungen zu überschießenden Geschäftsguthaben im Verschmelzungsvertrag und im Verschmelzungsbericht].
Zum übersteigenden Geschäftsguthaben trifft der Verschmelzungsvertrag folgende Regelung: Übersteigt das Geschäftsguthaben, welches das Mitglied bei der übertragenden Genossenschaft hat, den Gesamtbetrag der Geschäftsanteile, mit denen es bei der übernehmenden Genossenschaft beteiligt wird, so ist der übersteigende Betrag an das Mitglied gem. § 87 Abs. 2 UmwG auszuzahlen.
Die Auszahlung erfolgt nach § 87 Abs. 2 UmwG nach Ablauf von sechs Monaten seit dem Tag, an dem die Eintragung der Verschmelzung im Genossenschaftsregister der übernehmenden Genossenschaft bekannt gemacht wurde.
Im Rahmen der Verschmelzung entstehen übersteigende Geschäftsguthaben von insgesamt _____ Euro, die an die Mitglieder der übertragenden Genossenschaft auszuzahlen sind.
Das Mitglied kann jedoch auch den übersteigenden Betrag als Einzahlung auf einen weiteren, dann noch zu zeichnenden Geschäftsanteil verwenden. Eine Pflicht des Vorstands auf Zulassung gemäß § 15 GenG wird dadurch nicht begründet."

Zu Punkt (14)
Im Fall eines flexiblen Schlussbilanz- und Verschmelzungsstichtags empfiehlt sich folgende Formulierung:
„Flexibler Schlussbilanz- und Verschmelzungsstichtag
Für den Fall, dass die Verschmelzung – gleich aus welchem Grund – nicht mehr im Jahr _____ wirksam wird, haben beide Banken einen Jahresabschluss zum 31.12. _____ aufzustellen. Da die übernehmende Genossenschaft die zum vereinbarten Schlussbilanzstichtag 31.12. _____ vorhandenen Bilanzpositionen der übertragenden Genossenschaft vor Wirksamwerden der Verschmelzung bei Aufstellung ihres Jahresabschlusses zum 31.12. _____ noch nicht berücksichtigen kann, wäre eine Verschmelzung in _____ auf Basis der Schlussbilanz 31.12. _____ nicht mehr möglich.
Um die Verschmelzung wegen möglicher Verzögerungen bei der Eintragung nicht zu gefährden, sieht der Verschmelzungsvertrag für den Fall, dass die Verschmelzung bis zum 31.12. _____ nicht wirksam geworden ist, folgende flexible Stichtagsregelungen vor:

- Der Verschmelzung wird abweichend von § 5 des Vertrages die Schlussbilanz zum 31.12. _____ zugrunde gelegt.
- Der Verschmelzungsstichtag gemäß § 7 dieses Vertrages verschiebt sich auf den 01.01. _____.
- Die Mitglieder der übertragenden Genossenschaft haben einen Anspruch auf einen Anteil am Bilanzgewinn nach § 6 des Vertrages erst ab dem 01.01. _____ auf der Basis der zu diesem Stichtag vorhandenen Geschäftsguthaben.

Sollte die Verschmelzung auch nicht bis zum 31.12. _____ oder bis zum 31.12. eines der Folgejahre in das Genossenschaftsregister der übernehmenden Genossenschaft eingetragen worden sein, so verschieben sich die in Absatz 1 genannten Stichtage jeweils um 1 Jahr, entsprechend den Regelungen in Absatz 1.
Es würden sich in diesem Fall insofern nur die im Verschmelzungsvertrag vorgesehenen Stichtage verschieben. Alle anderen Regelungen bleiben unverändert erhalten."

Zu Punkt (15)
Musterformulierung zu § 10 des Verschmelzungsvertrages:
„Nach diesen Vorschriften tritt mit dem Wirksamwerden der Verschmelzung die übernehmende Genossenschaft im Wege der Gesamtrechtsnachfolge in alle Rechte und Pflichten der zu diesem Zeitpunkt bei der übertragenden Genossenschaft bestehenden Arbeitsverhältnisse ein. Soweit bei der übertragenden Genossenschaft tarifvertragliche Regelungen gelten, sind diese auf die übergegangenen Arbeitsverhältnisse unverändert anzuwenden, da beide Genossenschaften denselben Tarifbedingungen unterliegen. Keine der beteiligten Genossenschaften kann anlässlich des mit der Verschmelzung einhergehenden Betriebsübergangs Arbeitsverhältnisse kündigen. Aufgrund der gesetzlich angeordneten Gesamtrechtsnachfolge und des Erlöschens der übertragenden Genossenschaft können deren Arbeitnehmer durch Widerspruch gegen den Übergang die Fortsetzung der Arbeitsverhältnisse mit der übertragenden Genossenschaft nicht erreichen. Auch steht den Arbeitnehmern der übertragenden Genossenschaft aufgrund der Verschmelzung kein außerordentliches Kündigungsrecht zu.
Infolge der Verschmelzung wird es in einem noch nicht abschließend bekannten Umfang zu Stellenumbesetzungen im Rahmen von Umstrukturierungsmaßnahmen und zu Zusammenlegungen von Betriebseinheiten und Funktionen kommen. Die jeweilige personelle Ausstattung der betrieblichen Einheiten erfolgt entsprechend den Markterfordernissen und den betrieblichen Notwendigkeiten. Hieraus ergibt sich, dass Umbesetzungen und Versetzungen sowie sonstige arbeitsrechtliche Maßnahmen erforderlich werden können. Mit Vollzug der Verschmelzung soll zusammen mit den Betriebsräten für die Arbeitnehmer beider Genossenschaften eine einheitliche Vergütungssystematik gefunden und ein einheitliches Personalentwicklungskonzept mit einer den betrieblichen Anforderungen angemessenen Aus- und Weiterbildung installiert werden."

Var. 1: Beide eG haben einen BR/keine Betriebszusammenlegung
Sowohl die übertragende als auch die übernehmende Genossenschaft hat einen Betriebsrat. Die Vertretungen der Arbeitnehmer in den Betrieben der übertragenden und der übernehmenden Genossenschaft bleiben bestehen. Die Betriebe werden durch die Verschmelzung unmittelbar nicht verändert. Die bestehenden Betriebsvereinbarungen gelten unverändert fort.
Die Verschmelzung stellt eine Betriebsänderung im Sinne § 111 BetrVG dar, weshalb die beteiligten Genossenschaften mit ihren jeweiligen Betriebsräten Verhandlungen mit dem Ziel der Erreichung eines Interessenausgleichs aufgenommen haben. Die gegenseitigen Vorstellungen wurden bereits ausgetauscht. Trotz gutem Verhandlungsverlauf konnten bis zur Aufstellung dieses Verschmelzungsberichtes die Verhandlungen noch nicht abgeschlossen werden [Alt.: Es wurden im Wesentlichen folgende Vereinbarungen getroffen: ...].
Nachfolgend finden Sie Formulierungsvorschläge für die von Var. 1 abweichende Konstellation:

Var. 2: Betriebszusammenlegung mit Wirksamwerden der Verschmelzung
(durch Zusammenlegung zu einem neuen Betrieb)
„Sowohl die übertragende als auch die übernehmende Genossenschaft hat einen Betriebsrat. Mit Eintragung der Verschmelzung werden die beiden Betriebe der fusionierenden Genossenschaften zu einem gemeinsamen neuen Betrieb zusammengefasst. Nach den Bestimmungen des Betriebsverfassungsgesetzes erlischt der Betriebsrat der übertragenden Genossenschaft. Der Betriebsrat der übernehmenden Genossenschaft als Betriebsrat des nach der Zahl der wahlberechtigten Arbeitnehmer größten Betriebes nimmt ab diesem Zeitpunkt bis auf Weiteres die Rechte und Pflichten nach dem Betriebsverfassungsgesetz auch für die Arbeitnehmer der übertragenden Genossenschaft gemäß § 21a Abs. 1 und 2 BetrVG wahr (Übergangsmandat). Sofern nach Eintragung der Verschmelzung eine Neuwahl des Betriebsrats angestrebt wird, soll der Betriebsrat der übernehmenden Genossenschaft unverzüglich Wahlvorstände bestellen. Das Übergangsmandat des Betriebsrats der übernehmenden Genossenschaft endet, sobald ein neuer Betriebsrat gewählt und das Wahlergebnis bekannt gegeben ist, spätestens jedoch sechs Monate nach Wirksamwerden der Verschmelzung. Durch Tarifvertrag oder Betriebsvereinbarung kann das Übergangsmandat um weitere sechs Monate verlängert werden."

Var. 3: Betriebszusammenlegung mit Wirksamwerden der Verschmelzung
(durch Eingliederung in einen vorhandenen Betrieb)
„Sowohl die übertragende als auch die übernehmende Genossenschaft hat einen Betriebsrat. Mit Eintragung der Verschmelzung wird der Betrieb der übertragenden Genossenschaft in den Betrieb der übernehmenden Genossenschaft eingegliedert. Nach den Bestimmungen des Betriebsverfassungsgesetzes erlischt der Betriebsrat der übertragenden Genossenschaft, soweit nicht gegebenenfalls eine Restzuständigkeit durch ein etwa entstehendes Restmandat im Sinne von § 21b BetrVG verbleibt. Der Betriebsrat der übernehmenden Genossenschaft nimmt ab dem Zeitpunkt der Eintragung der Verschmelzung auch die Rechte und Pflichten nach dem Betriebsverfassungsgesetz für die Arbeitnehmer der übertragenden Genossenschaft wahr. Ein Übergangsmandat der übertragenden Genossenschaft gemäß § 21a BetrVG entsteht nicht, weil der bisherige Betrieb der übertragenden Genossenschaft in einen Betrieb eingegliedert wird, in dem bereits ein Betriebsrat existiert. Gleichwohl streben die Betriebsräte der beteiligten Genossenschaften alsbald nach der Eintragung der Verschmelzung eine Neuwahl des Betriebsrats an. Der Betriebsrat der übernehmenden Genossenschaft beabsichtigt, unverzüglich nach der Eintragung der Verschmelzung Wahlvorstände zu bestellen."

Var. 4: Nur die übertragende Genossenschaft hat einen Betriebsrat
„Nur die übertragende Genossenschaft hat einen Betriebsrat. Mit Eintragung der Verschmelzung werden die beiden Betriebe der fusionierten Genossenschaft zu einem Betrieb zusammengefasst. Der Betriebsrat der übertragenden Genossenschaft bleibt im Amt und nimmt ab diesem Zeitpunkt bis auf Weiteres die Rechte und Pflichten nach dem Betriebsverfassungsgesetz für die Arbeitnehmer der übertragenden Genossenschaft gem. § 21a Abs. 1 und 2 BetrVG wahr (Übergangsmandat). Sofern eine Neuwahl des Betriebsrates angestrebt wird, hat der Betriebsrat der übertragenden Genossenschaft unverzüglich Wahlvorstände gem. § 21a Abs. 1 S. 2 BetrVG zu bestellen. Das Übergangsmandat des Betriebsrats der übertragenden Genossenschaft endet, sobald ein neuer Betriebsrat gewählt und das Wahlergebnis bekannt gegeben ist, spätestens jedoch sechs Monate nach Wirksamwerden der Verschmelzung. Durch Tarifvertrag oder Betriebsvereinbarung kann das Übergangsmandat um weitere sechs Monate verlängert werden."

Var. 5: Beide eG haben einen BR/keine Betriebszusammenlegung/Aufgrund Betriebsvereinbarung wird ein unternehmenseinheitlicher Betriebsrat gebildet.
„Die fusionierte Genossenschaft wird nach Eintragung der Verschmelzung weiterhin zwei Betriebe haben, zum einen den Betrieb der übernehmenden Genossenschaft, zum anderen den Betrieb der übertragenden Genossenschaft. Die beiden Betriebsräte werden mit Stichtag der Eintragung der Ver-

schmelzung der beiden Genossenschaften gemäß §§ 47 ff. BetrVG einen Gesamtbetriebsrat bilden, wobei jeder Betriebsrat je zwei Mitglieder in den Gesamtbetriebsrat entsendet.
Beide Betriebsräte und beide Genossenschaften haben in einer gemeinsamen Betriebsvereinbarung einvernehmlich vereinbart, nach Wirksamwerden der Verschmelzung unverzüglich, spätestens innerhalb von sechs Monaten, einen unternehmenseinheitlichen Betriebsrat im Sinne des § 3 Abs. 1 Nr. 1 lit. a BetrVG wählen zu lassen. Mit Bekanntgabe des Wahlergebnisses endet nach § 3 Abs. 4 S. 2 BetrVG die Amtszeit der beiden bestehenden Betriebsräte."

Var. 6: Im Fall der Zusammenlegung von Betriebsteilen der übertragenden Genossenschaft in den Betrieb der übernehmenden Genossenschaft z.B. aufgrund von Überschneidungen der Geschäftsgebiete:
„Bis zur Wahl eines unternehmenseinheitlichen Betriebsrats ist vorgesehen, dass der Betriebsrat der übertragenden Genossenschaft auch für die Mitarbeiter der übertragenden Genossenschaft in der Zweigstelle _____ zuständig bleibt, auch wenn die Zweigstelle _____ in den bestehenden Betrieb der übernehmenden Genossenschaft eingegliedert wird. Damit gelten bis zum Abschluss unternehmenseinheitlicher Betriebsvereinbarungen für die Mitarbeiter der übertragenden Genossenschaft in der Zweigstelle _____ nicht die Betriebsvereinbarungen der übernehmenden Genossenschaft, sondern weiterhin die Betriebsvereinbarungen der übertragenden Genossenschaft."

Zu Punkt (16)
Die Ausführungen zum Umtauschverhältnis könnten wie folgt ergänzend erläutert werden:
„Da die Satzung der übernehmenden Genossenschaft maximal eine Beteiligung mit _____ Geschäftsanteilen erlaubt, können den Mitgliedern der übertragenden Genossenschaft im Rahmen der Verschmelzung auch maximal _____ Geschäftsanteilen à _____ Euro (also maximal eine Beteiligung von _____ Euro) bei der übernehmenden Genossenschaft gewährt werden."

Zu Punkt (17)
Im Fall einer Kreditgenossenschaft könnte Folgendes ergänzt werden:
Anmerkung: Im Fall von Verlustvorträgen und/oder Sanierungsbedürftigkeit, die zu keiner Beeinträchtigung der Werthaltigkeit der Geschäftsguthaben führen können, sind individuelle Begründungen erforderlich, warum am Austauschverhältnis 1:1 festgehalten wurde.
„ …, insbesondere auch vor dem Hintergrund der Inanspruchnahme von Sicherungsmitteln des BVR durch die übertragende Genossenschaft".

Zu Punkt (18)
Es könnte in Ergänzung heißen:
„…; dies gilt nicht, soweit die übernehmende Genossenschaft Mitglied der übertragenden Genossenschaft ist. Die von der übernehmenden Genossenschaft gehaltenen _____ Geschäftsanteile gehen mit Wirksamwerden der Verschmelzung daher unter."

Zu Punkt (19)
Es könnte ergänzend in den Bericht aufgenommen werden:
Alt.1: Die übertragende Genossenschaft hat eine Generalversammlung:
„Das Recht zur Ausschlagung hat jedes Mitglied der übertragenden Genossenschaft, wenn es in der Generalversammlung, die über die Verschmelzung beschließen soll,
1. erscheint und gegen den Verschmelzungsbeschluss Widerspruch zur Niederschrift des Notars erklärt oder
2. nicht erscheint, sofern es zu der Versammlung zu Unrecht nicht zugelassen worden ist oder die Versammlung nicht ordnungsgemäß einberufen oder der Gegenstand der Beschlussfassung nicht ordnungsgemäß bekannt gemacht worden ist."

oder
Alt. 2: Die übertragende Genossenschaft hat eine Vertreterversammlung:
„Das Recht zur Ausschlagung hat jedes Mitglied der übertragenden Genossenschaft, das im Zeitpunkt der Beschlussfassung nicht Vertreter ist. Ein Mitglied, das im Zeitpunkt der Beschlussfassung Vertreter ist, hat ein Recht zur Ausschlagung, wenn es in der Vertreterversammlung, die über die Verschmelzung beschließen soll,
1. erscheint und gegen den Verschmelzungsbeschluss Widerspruch zur Niederschrift des Notars erklärt oder
2. nicht erscheint, sofern es zu der Versammlung zu Unrecht nicht zugelassen worden ist oder die Versammlung nicht ordnungsgemäß einberufen oder der Gegenstand der Beschlussfassung nicht ordnungsgemäß bekannt gemacht worden ist.]

Die Ausschlagung ist gegenüber der übernehmenden Genossenschaft schriftlich zu erklären. Die Ausschlagung kann nur binnen sechs Monaten nach dem Tag erklärt werden, an dem die Eintragung der Verschmelzung in das Genossenschaftsregister der übernehmenden Genossenschaft als bekannt gemacht gilt. Die Ausschlagung kann nicht unter einer Bedingung oder einer Zeitbestimmung erklärt werden.

Die übernehmende Genossenschaft hat jede Ausschlagung unverzüglich in die Mitgliederliste einzutragen und das Mitglied von der Eintragung unverzüglich zu benachrichtigen. Die Ausschlagung wird in dem Zeitpunkt wirksam, in dem die Ausschlagungserklärung der fusionierten Genossenschaft zugeht.

Dem ausschlagenden Mitglied steht nach den Regelungen des § 93 UmwG ein Auseinandersetzungsguthaben in Höhe seines Geschäftsguthabens bei der übertragenden Genossenschaft zu; von den Rücklagen und dem sonstigen Vermögen der übertragenden Genossenschaft steht dem ausscheidenden Mitglied kein Anteil zu.

Das Auseinandersetzungsguthaben ist nach § 94 UmwG binnen sechs Monaten seit der Ausschlagung an das ausschlagende Mitglied auszuzahlen. Die Auszahlung darf jedoch nicht vor Ablauf der 6-Monats-Frist nach § 22 UmwG seit Bekanntmachung der Eintragung der Verschmelzung erfolgen.

Es besteht keine gesetzliche Pflicht zur Verzinsung des Auseinandersetzungsguthabens."

M 142 **3. Muster:**[26] **Verschmelzungsgutachten (Langfassung)**

31 **Verschmelzungsgutachten**

Allgemeine Hinweise
Gegenstand der Prüfung ist, ob die Verschmelzung mit den Belangen der Mitglieder und der Gläubiger der Genossenschaft vereinbar ist (§ 81 Abs. 1 S. 1 UmwG). Der Prüfungsumfang bestimmt sich nach dem Sinn und Zweck des § 81 UmwG; maßgeblich ist daher, dass das Prüfungsgutachten einerseits den Mitgliedern als Hilfestellung für die Entscheidungsfindung in der Generalversammlung dienen soll, andererseits auch die Belange der Gläubiger der Genossenschaft zu berücksichtigen hat. Zu prüfen sind nicht nur der Inhalt des Verschmelzungsvertrages (§ 9 Abs. 1 UmwG) und ggf. die Angemessenheit des Umtauschverhältnisses (§ 12 Abs. 2 UmwG), sondern alle wirtschaftlichen und rechtlichen Umstände, die für oder gegen die beabsichtigte Verschmelzung sprechen. Es sind die Auswirkungen der Verschmelzung für die Mitglieder und die Gläubiger sowohl der übertragenden als auch der übernehmenden Gesellschaft (insbesondere in Hinblick auf die zu erwartende künftige Entwicklung) darzustellen.

---

26 Das nachstehende Muster findet sich in: Verschmelzung – Ausgliederung (DGRV-Schriftenreihe Bd. 39), 3. Aufl. Die Verwendung erfolgt mit freundlicher Zustimmung des DG-Verlags.

Bei den Ausführungen ist grundsätzlich nicht auf die Interessen einzelner Mitglieder der Genossenschaft einzugehen, wohl aber auf Individualinteressen, die für alle Mitglieder bestehen und lediglich in ihrer Intensität für die Mitglieder variieren.

Da der Prüfungsumfang des Verschmelzungsberichts und des Prüfungsgutachtens ähnlich sind, wird das Prüfungsgutachten zweckmäßigerweise die Ausführungen im Verschmelzungsbericht mit einbeziehen, auch wenn eine ausdrückliche Prüfung der Richtigkeit der Verschmelzungsberichte in dem Gutachten nach dem Gesetzeswortlaut nicht zu erfolgen hat.

Bei der Abfassung des Gutachtens ist zu berücksichtigen, dass es in der Generalversammlung gem. § 83 Abs. 2 S. 1 UmwG vollständig zu verlesen ist. Daher ist es sachgerecht, sowohl den Umfang als auch Art der Darstellung hieran auszurichten; (Konzentration der Zuhörer); den Mitgliedern soll ein klares Bild des Für und Wider der Verschmelzung vermittelt werden.

I. Vorbemerkungen

Die _____ Firma und Sitz der übernehmenden Genossenschaft (übernehmende Genossenschaft) und die _____ Firma und Sitz der übertragenden Genossenschaft (übertragende Genossenschaft) beabsichtigen, sich gemäß dem Verschmelzungsvertrag vom _____ und den Bestimmungen der §§ 2 Nr. 1, 79 ff. UmwG auf der Grundlage der Schlussbilanz per 31.12. der _____ (Firma der übertragenden Genossenschaft) zu verschmelzen.

Als gesetzlicher Prüfungsverband der beiden Genossenschaften erstatten wir das nach § 81 Abs. 1 UmwG vorgeschriebene Verschmelzungsgutachten, und zwar als gemeinsames Gutachten für beide Genossenschaften. Dabei haben wir zu prüfen, ob die Verschmelzung mit den Belangen der Mitglieder und der Gläubiger der verschmelzenden Genossenschaften vereinbar ist.

Wir stützen uns bei diesem Gutachten auf den Verschmelzungsvertrag, den Verschmelzungsbericht, die Jahresabschlüsse und die Lageberichte der an der Verschmelzung beteiligten Genossenschaften für die letzten drei Geschäftsjahre, auf die zur Verfügung gestellte Planungsrechnung/Ertragsvorschaurechnung sowie auf die bei beiden Genossenschaften durchgeführten gesetzlichen Prüfungen.

Für die Durchführung dieses Auftrages und unsere Verantwortlichkeit, auch im Verhältnis zu Dritten, sind unsere „Allgemeinen Auftragsbedingungen" maßgebend, die als Anlage beigefügt sind, jedoch nicht Bestandteil dieses Gutachtens sind.

Die Vorstände der beteiligten Genossenschaften verfolgen mit der Verschmelzung nachfolgendes Ziel:
[Hinweis: Kann dem Bericht entnommen werden.]
[Textbausteine:]

Bank/Ware
In fast allen Bereichen der Wirtschaft sind tiefgreifende Veränderungen eingetreten, denen sich auch das Kreditgewerbe/die ländliche Warenwirtschaft/nicht entziehen kann. Die vorgesehene Verschmelzung soll den veränderten Wettbewerbsverhältnissen im Bankgeschäft/ländlichen Warengeschäft/Rechnung tragen.

Bank/Ware
Dem verstärkten Wettbewerb, den verschärften rechtlichen Rahmenbedingungen und dem erhöhten Kostendruck soll durch die Bildung einer größeren Unternehmenseinheit Rechnung getragen werden. Die vorgesehene Verschmelzung soll somit dem Ziel, durch Stärkung der Leistungs- und Wettbewerbsfähigkeit eine bessere und wirksame Erfüllung des genossenschaftlichen Förderauftrages in der Region, in der beide Genossenschaften tätig sind, zu erreichen, näher kommen.

Winzer
Der steigende Wettbewerb durch die EU-Weinbauländer und durch Einfuhren aus Drittländern wird die Leistungsfähigkeit der _____ vor große Aufgaben stellen. Eine Rentabilität ist unter Berücksichtigung gesetzlicher Produktionsauflagen und _____ nur zu erwarten, wenn durch rationelle Betriebsabwicklung kostengünstig gearbeitet wird und durch _____ stabile bzw. höhere Verkaufserlöse erzielt werden. Mit dem Zusammenschluss soll diesen Erfordernissen Rechnung getragen werden.]

II. Feststellungen[27]

Durch die Verschmelzung werden die _____ und die _____ unter Ausschluss der Liquidation nach den Vorschriften des Umwandlungsgesetzes vereinigt. Die _____ (übertragende Genossenschaft) überträgt ihr Vermögen als Ganzes einschließlich der Verbindlichkeiten gemäß § 20 UmwG auf die _____ (übernehmende Genossenschaft) im Wege der Gesamtrechtsnachfolge.

Die Vorstände beider Genossenschaften haben am _____ im Einvernehmen mit den Aufsichtsorganen einen Verschmelzungsvertragsentwurf erstellt.

Einzelheiten darüber, wie die Mitglieder der übertragenden eG die Mitgliedschaft bei der übernommenen eG erwerben, werden in den §§ _____ des Verschmelzungsvertrags/-entwurfs dargelegt. Die Mitglieder der _____ (übertragende Genossenschaft) haben Anspruch auf einen Anteil am Bilanzgewinn ab dem …, soweit die General-/Vertreterversammlung der _____ (übernehmende Genossenschaft) einen Gewinnausschüttungsbeschluss fasst.

Der Verschmelzungsvertrag wurde von uns rechtlich geprüft. Er enthält alle nach §§ 5, 80 UmwG notwendigen Angaben. Er trägt sowohl den Belangen der Mitglieder der übertragenden, wie auch der übernehmenden Genossenschaft ausreichend Rechnung. Auch die Interessen der Gläubiger bei den Genossenschaften werden gewahrt.

Im Verschmelzungsbericht werden die Verschmelzung, der Verschmelzungsvertrag oder sein Entwurf und die Mitgliedschaftsverhältnisse eingehend rechtlich und wirtschaftlich erläutert und begründet. Die Berichterstattung ist zutreffend.

– Vermögenslage, Ertragslage, Finanzlage, Risiken

[Textbausteine:]

Übernehmende und übertragende Genossenschaft

[ggf. getrennte Darstellung der wirtschaftlichen Verhältnisse der beteiligten Genossenschaften]

Die Vermögenslage der _____ (übernehmende Genossenschaft) ist geordnet. Die Eigenkapitalausstattung der _____ eG ist gut/zufriedenstellend/ausreichend, während die Ertragslage der _____ (übertragende Genossenschaft) nur unter Berücksichtigung der Stützungsmaßnahmen der Sicherungseinrichtung des BVR als geordnet bezeichnet werden kann.

Die Vermögenslage der beteiligten Genossenschaften ist geordnet.

Die Finanzlage der Genossenschaften zeigt insgesamt geordnete Verhältnisse. Die Zahlungsfähigkeit der _____ (übertragende Genossenschaft) war/zeitweilig angespannt.

Die Ertragslage der _____ (übernehmende Genossenschaft) ist als gut zu beurteilen. Die Ertragslage der _____ (übertragende Genossenschaft) hat sich in den vergangenen Jahren laufend verschlechtert.

[ggf. Besonderheiten darstellen]

Übernehmende Genossenschaft

Die Vermögenslage ist geordnet. Die Eigenkapitalausstattung ist gut/zufriedenstellend/ausreichend/ noch ausreichend.

Die Ertragslage der Genossenschaft ist zufriedenstellend. Sie ist durch leicht überdurchschnittliche Zinsüberschüsse und vergleichsweise günstige Verwaltungsaufwendungen gekennzeichnet.

Für das Jahr _____ erwartet die Genossenschaft einen Rückgang des Zinsüberschusses und ein rückläufiges ordentliches Ergebnis. Insgesamt erwartet die Genossenschaft in den Jahren bis _____ eine gegenüber dem Geschäftsjahr _____ im Wesentlichen unveränderte Ertragslage.

Die Risiken aus dem Kreditgeschäft sind vergleichsweise gering.

[ggf. Besonderheiten darstellen]

---

[27] Es handelt sich hier um ein Muster, das anhand des Einzelfalls – ggf. Ausführlicher – ausgestaltet werden muss.

Übertragende Genossenschaft
Die Vermögenslage ist geordnet/durch die in den letzten Jahren durchgeführte Sanierung der Genossenschaft geprägt. Die Eigenkapitalausstattung ist gut/zufriedenstellend/ausreichend/ noch ausreichend.
Das ordentliche Betriebsergebnis ist gut/günstig/noch zufriedenstellend/ausreichend/nicht mehr ausreichend.
Die Ertragslage war im Jahr _____ zufriedenstellend/stark belastet durch ein hohes negatives Bewertungsergebnis aus dem Kreditgeschäft.
Die Risiken im Kreditportfolio der Genossenschaft sind mittelfristig höher einzustufen als die der übernehmenden Genossenschaft, da der Anteil der gewerblichen Kredite vergleichsweise hoch ist.

[ggf. Besonderheiten darstellen]
Ausführungen zu den folgenden Punkten sind zu machen:
– Auswirkungen auf den Förderauftrag.
– In den Planungsrechnungen/Ertragsvorausschaurechnungen für die zukünftige Genossenschaft sind Ertragssteigerungen von _____% prognostiziert, die im Wesentlichen auf Synergieeffekten im Verwaltungsbereich/auf günstigeren Refinanzierungsmöglichkeiten _____ basieren.
– stärkere Branchen- und Berufsgruppenmischung mit dem Vorteil des internen Risikoausgleichs
– Verbesserung des internen Geld- und Risikoausgleichs
– Rationalisierung (baulich, technisch)
– Kostendegression insbesondere im Massengeschäft
– Kostenersparnisse insbesondere durch Zusammenlegung von Stabstellen
– für Kreditgenossenschaften ggf.: Es wird darauf hingewiesen, dass Verpflichtungen in Höhe von TEUR _____ gegenüber der Sicherungseinrichtung des BVR bestehen
– Ausbau des Beratungs- und Betreuungspotenzials
– Verbesserung der Organisation (z.B. Trennung von Markt- und Marktfolgebereich, marktnahe Delegation von Kompetenzen)
– Auswirkungen auf Tarifverträge
– Auswirkungen auf die Arbeitnehmer/den Betriebsrat ergeben sich aus der Verschmelzung der nachstehend aufgeführten Folgen _____
  – Mitarbeiterförderung
  – Auffangen von Personalengpässen
– Beseitigung von Überschneidungen der Geschäftsbezirke benachbarter Genossenschaften
– Abbau von Doppel- und Mehrfachbesetzungen genossenschaftlicher Institute am selben Ort
– effektivere Gestaltung des Wirkungsgrades am Markt (Marketing- und Vertriebsstrategien)
– Erhaltung des Mitglieder- und Kundenstammes (bessere Befriedigung des Kreditbedarfs, qualifiziertere, intensivere Beratung)
– _____ (z.B. weitere Folgen der Verschmelzung für die Mitglieder und Kunden, z.B. Änderung der Haftsumme, Ersetzen der Generalversammlung durch eine Vertreterversammlung).

Eine Beeinträchtigung der Ansprüche der Gläubiger der Genossenschaft liegt nicht vor, da im Wege der Gesamtrechtsnachfolge sämtliche Vertragsverhältnisse von der übernehmenden Genossenschaft fortgeführt werden. Die wirtschaftlichen Verhältnisse der sich vereinigenden Genossenschaften verschlechtern sich nicht. Auch haben die Gläubiger der übertragenden Genossenschaft das Recht, im Rahmen des § 22 UmwG Sicherheiten zu verlangen.

III. Ergebnis
Nach Prüfung der rechtlichen und wirtschaftlichen Verhältnisse beider Genossenschaften geben wir folgende Erklärung gem. § 81 Abs. 1 UmwG ab:
Die Verschmelzung der _____ als übertragende Genossenschaft mit der _____ als übernehmende Genossenschaft ist mit den Belangen der Mitglieder und der Gläubiger beider Genossenschaften vereinbar.

_____ (Prüfungsverband)
_____ (Ort, Datum)

M 143 4. Muster: Notarielle Beurkundung des Verschmelzungsbeschlusses

32 Notarielle Beurkundung des Verschmelzungsbeschlusses der General-/Vertreterversammlung
_____ UR-Nr.
_____ (Firma der Genossenschaft) in _____ vom _____ Jahr _____
Notar: _____
Punkt _____ der Tagesordnung: Beschlussfassung über die Verschmelzung mit der _____ und Genehmigung des Verschmelzungsvertrags.
Hierzu stellt der Notar Folgendes fest:
1. Zur vorgenannten General-/Vertreterversammlung wurde form- und fristgerecht eingeladen am _____ (Datum).
2. Anwesende Stimmberechtigte: _____ Mitglieder, zusätzlich _____ ordnungsgemäß rechtsgeschäftlich vertretene Mitglieder: _____ Vertreter.
3. Es sind folgende Unterlagen ausgelegt:
   – Verschmelzungsvertrag/Entwurf des Verschmelzungsvertrages (*Nichtzutreffendes streichen*)
   – Jahresabschlüsse und die Lageberichte beider Genossenschaften für die letzten drei Geschäftsjahre
   – ggf. Zwischenbilanzen
   – Verschmelzungsbericht(e)
   – Prüfungsgutachten
4. Der als Anlage beigefügte von den Vorständen der beiden Genossenschaften abgeschlossene Verschmelzungsvertrag/erarbeitete Entwurf des Verschmelzungsvertrages (*Nichtzutreffendes streichen*) vom _____ (Datum) wird verlesen und erläutert.
5. Das Gutachten des Prüfungsverbandes, dass die Verschmelzung mit den Belangen der Mitglieder und der Gläubiger der Genossenschaft vereinbar ist, wird verlesen.
Auf Vorschlag von Vorstand und Aufsichtsrat wird in offener/geheimer (*Nichtzutreffendes streichen*) Abstimmung einstimmig/mit _____ gegen _____ Stimmen (*Nichtzutreffendes streichen*) beschlossen, den Verschmelzungsvertrag vom _____ (Datum) zu genehmigen sowie mit der _____ eine Verschmelzung auf der Grundlage der Schlussbilanz der „übertragenden Genossenschaft" zum _____ einzugehen.
Hierbei ist die _____ die „übernehmende Genossenschaft" und die _____ die „übertragende Genossenschaft".
Dieses Abstimmungsergebnis wurde vom Versammlungsleiter festgestellt und bekannt gegeben.
_____ (Ort, Datum)
_____ (Raum für notarielle Beurkundung)

M 144 5. Muster: Anmeldung zum Genossenschaftsregister

33 Verschmelzung; Anmeldung zum Genossenschaftsregister
_____ (Anschrift der anmeldenden Genossenschaft)
Amtsgericht _____
Registergericht – Gen.-Reg.
Gemäß § 16 des Umwandlungsgesetzes melden wir zur Eintragung in das Genossenschaftsregister hiermit an:

die in den General-/Vertreterversammlungen vom _____ und _____ beschlossene Verschmelzung der _____ (übertragende Genossenschaft) mit der _____ (übernehmende Genossenschaft).
Eine Klage gegen die Wirksamkeit eines Verschmelzungsbeschlusses ist nicht bzw. nicht fristgemäß erhoben worden (§ 16 Abs. 2 UmwG).
Wir fügen dieser Anmeldung bei
- den Verschmelzungsvertrag in
  _____ Ausfertigung
  _____ öffentlich beglaubigter Abschrift
- den Verschmelzungsbericht in
  _____ Urschrift
  _____ Abschrift
- das/die Gutachten des Prüfungsverbands in
  _____ Urschrift
  _____ öffentlich beglaubigter Abschrift
- die Niederschriften der Verschmelzungsbeschlüsse
  _____ Ausfertigung
  _____ öffentlich beglaubigter Abschrift
- die Schlussbilanz der übertragenden Genossenschaft zum[28] _____ (Datum)
- Nachweis der rechtzeitigen Zuleitung des Verschmelzungsvertrages an den Betriebsrat[29] durch Empfangsbestätigung des Betriebsrats _____.
  _____ (Ort, Datum)
  _____ (Unterschrift der Genossenschaft zur Anmeldung)[30]

C. Ausgliederung zur Neugründung (§ 2 Nr. 2 UmwG)

I. Typischer Sachverhalt

Die Genossenschaft gliedert einen Unternehmensteil aus betriebswirtschaftlichen Gründen auf eine 100%ige Tochtergesellschaft aus. Dies gilt z.B. für die Immobilienvermittlung. In der Praxis kommt im Allgemeinen die Ausgliederung zur Neugründung vor, nicht hingegen die Ausgliederung auf bestehende Tochtergesellschaften bzw. auf Zentralgeschäftsanstalten. 34

II. Rechtliche Grundlagen

§ 135 UmwG verweist auf die Vorschriften des Zweiten Abschnitts, jedoch mit Ausnahme der §§ 129 und 130 Abs. 2 UmwG sowie der nach § 125 UmwG entsprechend anzuwendenden §§ 4, 7 und 16 Abs. 1 UmwG und des § 27 UmwG. Daneben finden die in §§ 147 ff. UmwG enthaltenen Sondervorschriften für die Spaltung unter Beteiligung eingetragener Genossenschaften Anwendung. 35

---

[28] Gilt nur für die übertragende Genossenschaft.
[29] Falls kein Betriebsrat besteht, ist dieses in der Anmeldung zu erklären.
[30] Firma der Genossenschaft sowie Unterschriften von Vorstandsmitgliedern in vertretungsberechtigter Zahl (§ 15 der Satzung). Die Unterschriften der Vorstandsmitglieder sind öffentlich zu beglaubigen, Beglaubigungsvermerke auf der Rückseite anbringen.

III. Checkliste: Ablaufplan

36
- **Maßnahmen zur Vorbereitung der Beschlussfassung**
    - Aufstellung der zu übertragenden Vermögensteile und Arbeitsverhältnisse mit allen Anlagen (Inventaren, Bilanzen, Übersichten) zur Vorbereitung der endgültigen Ausgliederung (§ 126 Abs. 1 Nr. 9, Abs. 2 UmwG)
    - Entwurf des Spaltungsplans mit den gesetzlichen Bestandteilen durch den Vorstand (Spaltungsplanmuster verwenden, §§ 126, 37 UmwG)
    - Prüfung des Spaltungsplans durch den Prüfungsverband (§§ 125, 81 UmwG)
    - Maßnahmen zur Gründung des neuen Rechtsträgers, insbesondere Erstellung eines Gesellschaftsvertrags/Statuts und ggf. eines Sachgründungsberichts (im Falle des § 138 UmwG i.V.m. § 5 Abs. 4 GmbHG)
    - Anfertigung des Spaltungsberichts; die Zweckmäßigkeit der Ausgliederung ist rechtlich und wirtschaftlich zu erläutern und zu begründen (§ 127 UmwG)
    - Prüfung, ob eine handelsrechtliche Zwischenbilanz zur Wahrung der Acht-Monats-Frist vom Bilanzstichtag bis zur Anmeldung der Ausgliederung aufzustellen ist (§ 125 UmwG, § 17 Abs. 2 UmwG)
    - Aufstellung einer Schlussbilanz auf den Spaltungsstichtag, die maximal acht Monate Rückwirkung hat (§§ 125, 148 Abs. 2, 17 Abs. 2 UmwG)
    - Ggf. Erstellung eines Beherrschungs- und Gewinnabführungsvertrags u.a. zwecks Herstellung der Organschaft nach § 14 KStG, hierbei aktienrechtliches Verfahren beachten; auch Gesichtspunkte der Sicherungseinrichtungen nicht außer Acht lassen (§§ 291 ff. AktG)
    - Beauftragung der Steuerabteilung des Verbandes zur Prüfung der steuerlichen Fragen (§§ 20 ff. UmwStG)
    - Beauftragung des Verbandes zur Spaltungs- und Gründungsprüfung sowie zur Durchführung der Prüfung (§§ 125, 81 UmwG, § 8 Abs. 1 Nr. 5 GmbHG)
    - Auswahl des Notars
- **Maßnahmen, die spätestens einen Monat vor Durchführung der Versammlung abgeschlossen sein sollten**
    - Information des Betriebsrats über die vorgesehene Betriebsänderung (§§ 111, 112 BetrVG)
    - Herbeiführung eines Interessenausgleichs mit dem Betriebsrat und ggf. Abschluss eines Sozialplans (da § 323 UmwG ein Verschlechterungsverbot für Arbeitnehmer aufgrund der Ausgliederung für die Dauer von zwei Jahren vorsieht, ist der Abschluss eines Interessenausgleichs und eines Sozialplans ggf. für die Planung der beteiligten Unternehmen sehr wichtig). Wird ein Interessenausgleich abgeschlossen, so kann nach § 323 Abs. 2 UmwG das Arbeitsgericht bei einer Klage nur die „Versetzung" auf grobe Fehlerhaftigkeit prüfen (§ 323 UmwG, §§ 111, 112 BetrVG).
    - Übermittlung des Spaltungsplans oder seines Entwurfs an den Betriebsrat spätestens einen Monat vor dem Versammlungstermin der General-/Vertreterversammlung (§ 126 Abs. 3 UmwG)
- **Maßnahmen ca. zwei bis drei Wochen vor der Generalversammlung**
    - Einladung zur General-/Vertreterversammlung mit Tagesordnung unter Beachtung der satzungsmäßigen Fristen und Hinweis auf auslegende Unterlagen (§§ 43, 44, 46 GenG)
    - Auslegung des Spaltungsplans oder seines Entwurfs, des Spaltungsberichts und des Prüfungsgutachtens sowie der in § 63 GenG geforderten weiteren Unterlagen in den Geschäftsräumen gleichzeitig mit dem Versand der Einladung zur General-/Vertreterversammlung (§§ 125, 82 UmwG)
    - Aushändigung von Abschriften der auslegenden Unterlagen an Mitglieder auf deren Wunsch und auf Kosten der Genossenschaft (§§ 125, 82 Abs. 2 UmwG)

- Gegebenenfalls Abstimmung mit dem betreuenden Verband
  - Zusendung des Spaltungsplans an den Notar und dessen rechtzeitige Einladung zur Versammlung
  - Beschaffung aktueller Auszüge aus dem Genossenschaftsregister.
- **Beschlussfassung**
  - Die General-/Vertreterversammlung wird gemäß Satzung und der in der Einladung ausgedruckten Tagesordnung durchgeführt. Die Beschlussfassung erfolgt in Anwesenheit eines Notars. Erforderlich sind genaue Teilnehmerfeststellung mit Vertretungsnachweis und Vollmachten (§§ 125, 83, 13 Abs. 3 UmwG).
  - Auslegung des Spaltungsplans mit Anlagen, des Spaltungsberichts und des Prüfungsgutachtens sowie der in § 63 UmwG geforderten weiteren Unterlagen während der beschlussfassenden Versammlung (§§ 125, 83 Abs. 1 UmwG)
  - Mündliche Erläuterung des Spaltungsplans durch den Vorstand und ggf. Auskunftserteilung in der beschlussfassenden Versammlung (§§ 125, 83 Abs. 1 UmwG, § 64 Abs. 2 UmwG)
  - Verlesung des Prüfungsgutachtens (§§ 125, 83 Abs. 2 UmwG)
  - Beurkundung nur des mit Dreiviertelmehrheit der abgegebenen Stimmen gefassten Ausgliederungsbeschlusses durch den Notar (§§ 125, 84, 13 Abs. 3 UmwG)
  - Erstellung des Protokolls mit Aufnahme evtl. Widersprüche zur Niederschrift durch Mitglieder im Hinblick auf Anfechtungsklagen (§§ 125, 135, 14 UmwG i.V.m. § 51 GenG)
- **Folgeaufgaben**
  - Beurkundung des Spaltungsplans (einschließlich des Gesellschaftsvertrags des neuen Rechtsträgers) durch einen Notar unter Mitwirkung von Vorstandsmitgliedern in der nach der Satzung für die gesetzliche Vertretung erforderlichen Zahl (§§ 125, 6, 4 Abs. 2 UmwG, § 15 der Satzung).
  - Aushändigung von Abschriften des Spaltungsplans und des Beschlussprotokolls an Mitglieder auf deren Verlangen gegen Kostenerstattung (§§ 125, 13 Abs. 3 S. 3 UmwG)
- **Anmeldung und Registervollzug der Spaltung**
  - Notariell beglaubigte Anmeldung des neuen Rechtsträgers beim Registergericht des Sitzes des neuen Rechtsträgers durch Vorstandsmitglieder in vertretungsberechtigter Zahl (§ 15 der Satzung) unter Beifügung der im Formular genannten Unterlagen (§ 137 Abs. 1 UmwG, § 8 GmbHG)
  - Gesonderte, notariell beglaubigte Anmeldung der Spaltung beim Genossenschaftsregister der übertragenden Genossenschaft durch Vorstandsmitglieder in vertretungsberechtigter Zahl (§ 15 der Satzung) mit den erforderlichen Erklärungen unter Beifügung der im Formular genannten Unterlagen (§§ 137 Abs. 2, 148 Abs. 1, § 16 Abs. 2, 17 UmwG)
  - Eintragung des neuen Rechtsträgers und der Spaltung in die Register (§ 137 Abs. 3 UmwG)
  - Mit Eintragung ins Genossenschaftsregister der übertragenden Genossenschaft rechtlicher Abschluss der Spaltung (§ 131 Abs. 1 UmwG)
  - Bekanntmachung der Eintragung der Spaltung durch Registergericht u.a. im Bundesanzeiger (§§ 125, 19 Abs. 3 UmwG)
  - Grundbuchumschreibung bei der Übertragung von Immobilien im Rahmen der Spaltung (§§ 22, 29, 32 GBO)
  - Gewerbeanmeldung und Steueranmeldung des neuen Rechtsträgers durch dessen gesetzlichen Vertreter (Allgemeine Bestimmungen)
  - Gegebenenfalls Anzeigepflicht nach dem Kreditwesengesetz beachten (§ 24 KWG)
  - Einen Monat nach Beschlussfassung in der Generalversammlung läuft die Klagefrist für Mitglieder gegen den Spaltungsbeschluss ab (§§ 125; 14 UmwG i.V.m. § 51 GenG).

- Sechs Monate nach Bekanntmachung der Eintragung der Spaltung durch Registergericht der übertragenden Genossenschaft läuft die Frist zur Beantragung einer Sicherheitsleistung durch Gläubiger der übertragenden Genossenschaft ab (§§ 135, 133, 125 UmwG, § 22 Abs. 1 UmwG, § 19 Abs. 3 UmwG)

IV. Muster

M 145 1. Muster: Spaltungsplan

37

Präambel

Die Ausgliederung dient dem Zweck, die Leistungs- und Wettbewerbsfähigkeit zu verbessern. Sie dient damit auch dem Auftrag gem. § 1 GenG, den Erwerb und die Wirtschaft der Mitglieder zu fördern.[31]

Der Vorstand der _____ (Firma der übertragenden Genossenschaft) mit Sitz in _____ stellt folgenden Spaltungsplan auf.

1. Sitz, Firma (§ 126 Abs. 1 Nr. 1 UmwG)
Der neu zu gründende Rechtsträger mit Sitz in _____ erhält die Firma _____.

2. Gesamtrechtsnachfolge (§ 126 Abs. 1 Nr. 2 UmwG)
Die _____ (Firma der Genossenschaft) überträgt den Teilbetrieb _____[32] mit allen damit verbundenen Gegenständen des Aktiv- und Passivvermögens (Auflistung siehe Anlage 1) jeweils als Gesamtheit auf den neu zu gründenden Rechtsträger gegen Gewährung von Anteilen an der _____ (Firma des neuen Rechtsträgers).

3. Anteil am Bilanzgewinn (§ 126 Abs. 1 Nr. 5 UmwG)
Ab dem _____ (Ausgliederungsstichtag) haben die gewährten Anteile einen Anspruch auf einen Anteil am/auf den (*Nichtzutreffendes streichen*) Bilanzgewinn des neuen Rechtsträgers.

4. Ausgliederungsstichtag (§ 126 Abs. 1 Nr. 6 UmwG) Schlussbilanz (§ 17 Abs. 2 UmwG)
Alle Handlungen der _____ (Firma der Genossenschaft), die den zu übertragenden Teilbetrieb betreffen, gelten ab dem _____ (der auf den Stichtag der Schlussbilanz folgenden Tag) als für Rechnung der _____ (Firma des neuen Rechtsträgers) vorgenommen. Schlussbilanz der _____ (Firma der Genossenschaft) ist die zum _____ (Datum) aufgestellte Bilanz. Die _____ (Firma der Genossenschaft) versichert, dass in der Schlussbilanz alle Vermögensteile und sämtliche Verbindlichkeiten richtig erfasst sind.

5. Sonderrechte (§ 126 Abs. 1 Nr. 7 UmwG)
Die _____ (Firma des neuen Rechtsträgers) gewährt einzelnen Anteilsinhabern und/oder Sonderrechtsinhabern keine besonderen Rechte.

6. Besondere Vorteile (§ 126 Abs. 1 Nr. 8 UmwG)[33]

---

31 Dies ist der gesetzliche Förderauftrag.
32 Z.B. Immobiliengeschäft, Warengeschäft.
33 Falls besondere Vorteile (z.B. Abfindungen) gewährt werden, sind diese hier zu nennen. Im Übrigen kann dieser Paragraph entfallen.

7. Folgen für die Arbeitnehmer, Betriebsrat (§ 126 Abs. 1 Nr. 11 UmwG)[34]
Mit der Ausgliederung tritt der neue Rechtsträger im Wege der Gesamtrechtsnachfolge als Arbeitgeber in alle Rechte und Pflichten aus den im Zeitpunkt der Ausgliederung bestehenden Arbeitsverhältnisse ein, soweit diese gem. der Anlage zu Nr. 2 dieses Spaltungsplans übergehen. Im Übrigen gelten die §§ 321 bis 323 UmwG.[35]

8. Gesellschaftsvertrag (§§ 125, 37 UmwG)
Der Gesellschaftsvertrag des neuen Rechtsträgers ist Anlage 2 des Spaltungsplans.
_____ (Ort, Datum)
_____ (Genossenschaft)
_____ (Der Vorstand)[36]
_____ (Raum für notarielle Beurkundung)

Anlage 1 zum Spaltungsplan
(Hinweis: Im Folgenden sind die Gegenstände des Aktiv- und Passivvermögens, die übertragen werden sollen, genau zu bezeichnen. Gleiches gilt für die übergehenden Betriebe und Betriebsteile.
Die Gegenstände müssen so genau bezeichnet sein, dass exakt ermittelt werden kann, was übergehen soll – sachenrechtlicher Bestimmungsgrundsatz –, da sonst die Folgen des § 131 Abs. 3 UmwG ausgelöst würden.
Es müssen sämtliche Arbeits-, Dienst-, Miet- und sonstige Verträge, die übergehen sollen, ebenfalls genau bezeichnet werden.
Nach § 126 Abs. 2 S. 3 UmwG kann aus Gründen der Vereinfachung auf Urkunden, wie Bilanzen und Inventare, Bezug genommen werden, deren Inhalt eine Zuweisung des einzelnen Gegenstandes ermöglicht; die Urkunden sind dem Spaltungsplan als Anlage beizufügen.)
Im Einzelnen: _____

2. Muster:[37] Gutachten bei Ausgliederung gemäß §§ 125, 81 UmwG[38] und zur Werthaltigkeit der Sacheinlagen nach § 8 Abs. 1 Nr. 5 GmbHG — M 146

Gutachten 38

zur Ausgliederung des _____ (Teilbetriebs) der _____ (ausgliedernde Genossenschaft) auf den _____ (neuen Rechtsträger).
Zu der vorgesehenen Ausgliederung nehmen wir gemäß §§ 125, 81 Abs. 1 UmwG wie folgt Stellung:
Als Grundlage für die Erstattung unseres Gutachtens lagen uns vor:
– der Spaltungsplan gemäß § 126 UmwG
– der Spaltungsbericht gemäß § 127 UmwG
– eine Auflistung der zu übertragenden Vermögensgegenstände, Arbeitsverhältnisse und Betriebsteile
– der Sachgründungsbericht.

---

34 Zu beachten ist § 321 f. [del]UmwG.
35 Sollten sich weitere Folgen ergeben, sind diese ebenfalls hier aufzuführen.
36 Unterschriften so vieler Vorstandsmitglieder, wie lt. Satzung zur gesetzlichen Vertretung befugt sind.
37 Im Unterschied zur Verschmelzung anderer Gesellschaften hat sich nicht der Wirtschaftsprüfer, sondern nach § 81 UmwG der Prüfungsverband gutachtlich zu äußern, ob die Verschmelzung mit den Belangen der Genossen und der Gläubiger der Genossenschaft vereinbar ist (Prüfungsgutachten). Das Prüfungsgutachten kann für mehrere beteiligte Genossenschaften auch gemeinsam erstattet werden.
38 Dieses Muster enthält den Mindestinhalt eines Gutachtens; es kann, falls gewünscht, ergänzt werden.

Der Spaltungsplan wurde von uns rechtlich geprüft. Er enthält die nach § 126 UmwG notwendigen Angaben. Er trägt den Belangen der Mitglieder der ausgliedernden Genossenschaft ausreichend Rechnung.

Im Spaltungsbericht werden die Ausgliederung, der Spaltungsplan und die Mitgliedschaftsverhältnisse eingehend rechtlich und wirtschaftlich erläutert und begründet. Die Berichterstattung ist zutreffend.

Der Wert der Sacheinlagen erreicht den Wert der dafür übernommenen Stammeinlagen.

Nach Prüfung der rechtlichen und wirtschaftlichen Verhältnisse bestätigen wir, dass die Ausgliederung mit den Belangen der Mitglieder und der Gläubiger vereinbar ist.

_____ (Prüfungsverband)

M 147 3. Muster: Notarielle Beurkundung

39 *Notarielle Beurkundung des Ausgliederungsbeschlusses der General-/Vertreterversammlung*

_____ (UR-Nr.)
der _____ (Firma der Genossenschaft) in _____ vom _____
_____ (UR-Nr.)
Notar: _____
Punkt _____ der Tagesordnung: Beschlussfassung über die Ausgliederung des _____ (Teilbetriebs) und Genehmigung des Spaltungsplans.
1. Zur vorgenannten General-/Vertreterversammlung wurde form- und fristgerecht eingeladen am _____ .
2. Anwesende Stimmberechtigte:
   – _____ Mitglieder,
   – zusätzlich _____ ordnungsgemäß rechtsgeschäftlich vertretene Mitglieder
   – _____ Vertreter.
3. Es sind folgende Unterlagen ausgelegt:
   – Jahresplan/Entwurf des Spaltungsplans (*Nichtzutreffendes streichen*)
   – Jahresabschlüsse und die Lageberichte der Genossenschaft für die letzten drei Geschäftsjahre
   – ggf. Zwischenbilanz
   – Spaltungsbericht
   – Prüfungsgutachten.
4. Der als Anlage beigefügte, von dem Vorstand der Genossenschaft aufgestellte Spaltungsplan/erarbeitete Entwurf des Spaltungsplans (*Nichtzutreffendes streichen*) vom _____ wird verlesen und erläutert.
5. Das Gutachten des Prüfungsverbandes, dass die Ausgliederung mit den Belangen der Mitglieder und der Gläubiger der Genossenschaft vereinbar ist, wird verlesen.

Auf Vorschlag von Vorstand und Aufsichtsrat wird in offener/geheimer (*Nichtzutreffendes streichen*) Abstimmung einstimmig/mit _____ gegen _____ Stimmen (*Nichtzutreffendes streichen*) beschlossen, den _____ (Teilbetrieb) auf den _____ (neuer Rechtsträger) auf der Grundlage der Schlussbilanz der übertragenden Genossenschaft auszugliedern und den Spaltungsplan zu genehmigen.

Dieses Abstimmungsergebnis wurde vom Versammlungsleiter festgestellt und bekannt gegeben.

_____ (Ort, Datum)
_____ (Raum für notarielle Beurkundung)

4. Muster: Ausgliederung

M 148

Ausgliederung   40

Anmeldung zum Genossenschaftsregister
_____ (Anschrift der anmeldenden Genossenschaft)
Amtsgericht _____
Registergericht – Gen.-Reg.
Gemäß §§ 148, 125 i.V.m. § 16 des Umwandlungsgesetzes melden wir zur Eintragung in das Genossenschaftsregister hiermit an:
die in der General-/Vertreterversammlung vom _____ beschlossene Ausgliederung des _____ (Teilbetriebs) auf _____ (neuer Rechtsträger).[39]
Eine Klage gegen die Wirksamkeit des Ausgliederungsbeschlusses ist nicht bzw. nicht fristgerecht erhoben worden (§ 16 Abs. 2 UmwG).
Die durch Gesetz und Satzung vorgesehenen Voraussetzungen für die Gründung der übertragenden Genossenschaft liegen unter Berücksichtigung der Ausgliederung im Zeitpunkt der Anmeldung vor.
Wir fügen dieser Anmeldung bei
- den Spaltungsplan in
    _____ Ausfertigung
    _____ öffentlich beglaubigter Abschrift
- den Spaltungsbericht in
    _____ Urschrift
    _____ Abschrift
- das Gutachten des Prüfungsverbandes in
    _____ Urschrift
    _____ öffentlich beglaubigter Abschrift
- die Niederschrift des Ausgliederungsbeschlusses in
    _____ Ausfertigung
    _____ öffentlich beglaubigter Abschrift
- die Schlussbilanz der übertragenden Genossenschaft zum _____
- Nachweis der rechtzeitigen Zuleitung des Spaltungsplans an den Betriebsrat[40] durch Empfangsbestätigung des Betriebsrats.
    _____ (Ort, Datum)
    _____ (Unterschrift der Genossenschaft zur Anmeldung)[41]

---

[39] Zur Gründung einer GmbH vgl. § 5.
[40] Falls kein Betriebsrat besteht, ist dieses in der Anmeldung zu erklären.
[41] Firma der Genossenschaft sowie Unterschriften von Vorstandsmitgliedern in vertretungsberechtigter Zahl (§ 15 der Satzung). Die Unterschriften der Vorstandsmitglieder sind öffentlich zu beglaubigen; Beglaubigungsvermerke auf der Rückseite anbringen.

Dr. Paul Terner[1]/Dr. Daniel J. Fischer[2]
§ 8 Der Verein

Literatur

Assenmacher/Mathias, Kostenordnung, 16. Auflage 2008; *Baumbach/Lauterbach/Albers/Hartmann*, Zivilprozessordnung, 68. Auflage 2010; *Bumiller/Harders*, FamFG, 10. Aufl. 2011; *Gerold/Schmidt*, RVG, 19 Auflage 2010; *Fischer/ Helios*, Die Vereinsbesteuerung in der Praxis, 1. Auflage 2008; *Hartmann*, Kostengesetze, 40. Auflage 2010; *Hüttemann*, Gemeinnützigkeits- und Spendenrecht, 2. Auflage 2012; *Keidel* FamFG, 17. Auflage 2011; *Korintenberg/Lappe/Bengel/Reimann*, Kostenordnung, 18. Auflage 2010; *Mayer/Kroiß*, RVG, 3. Aufl. 2008; *Palandt*, Bürgerliches Gesetzbuch, 72. Auflage 2012; *Reichert*, Vereins- und Verbandsrecht, 12. Auflage 2010; *Sauter/Schweyer/Waldner*, Der eingetragene Verein, 19. Auflage 2010; *Schneider/Herget*, Streitwert-Kommentar für den Zivilprozess, 12. Auflage 2007; *Soergel*, Bürgerliches Gesetzbuch, Band 1, Allgemeiner Teil, 13. Auflage, Stand: Frühjahr 2000; *Stöber/Otto*, Handbuch zum Vereinsrecht, 10. Auflage 2012; *Wallenhorst/Halaczinsky*, Die Besteuerung gemeinnütziger Vereine, Stiftungen und der juristischen Personen des öffentlichen Rechts, 6. Auflage 2009; *Zöller*, Zivilprozessordnung, 29. Auflage 2012.

Inhalt

A. Das zivile und öffentliche Vereinsrecht —— 1
I. Vereine und Vereinsrecht —— 1
  1. Der Begriff „Verein" —— 1
  2. Das für die verschiedenen Vereinsarten geltende spezifische Recht —— 5
     a) Nicht verfassungsrechtlich besonders privilegierte Vereine —— 5
        aa) Allgemeines —— 5
        bb) Der eingetragene Verein —— 6
        cc) Der rechtsfähige Wirtschaftsverein —— 7
        dd) Rechtsfähige altrechtliche Vereine —— 8
        ee) Rechtsfähige Vereine aufgrund früheren DDR-Rechts —— 9
     b) Nichtrechtsfähige Vereine ohne Privilegierung —— 10
        aa) Allgemeines —— 10
        bb) Der nichtrechtsfähige nichtwirtschaftliche Dauerverein —— 11
        cc) Der nichtrechtsfähige wirtschaftliche Dauerverein —— 12
        dd) Der nichtrechtsfähige altrechtliche Verein —— 13
        ee) Nichtrechtsfähige frühere DDR-Vereinigungen —— 14
     c) Verfassungsrechtlich privilegierte Vereine —— 15
        aa) Die politischen Parteien —— 15
        bb) Die Koalitionen —— 16
        cc) Die Religions- und Weltanschauungsgemeinschaften —— 17
     d) Vereinsverbände und Zentralverbände —— 18
     e) Gemeinnützige Vereine —— 20
  II. Erlangung der Rechtsfähigkeit eines nichtwirtschaftlichen Vereins und Anmeldepflichten —— 21
  1. Vereinsgründung und Anmeldung —— 21
     a) Mindesterfordernisse der Satzung —— 21
     b) Typischer Sachverhalt —— 24
     c) Muster: Niederschrift über die Gründung eines Vereins —— 25
     d) Muster: Erstanmeldung eines Vereins —— 26
     e) Kosten —— 27
        aa) Gebühren des Rechtsanwalts —— 27
        bb) Notarkosten —— 30
        cc) Gerichtskosten —— 31
        dd) Geschäftswert – Gegenstandswert —— 32
        ee) Gebühren des Rechtsanwalts bei FamFG-Rechtsmitteln —— 33
     f) Muster: Vollmacht für Anmeldungen zum Vereinsregister —— 35
     g) Muster: Satzung eines eingetragenen, steuerlich gemeinnützigen Vereins —— 38

---

[1] Fortführung der Vorauflagenbearbeitung v. Dr. *Bernhard Reichert*.
[2] Fortführung der Vorauflagenbearbeitung v. *Jörg Dauernheim*.

2. Nach der Ersteintragung des Vereins erforderliche Anmeldungen und Eintragungen —— 38
   a) Vorstandsänderung —— 38
      aa) Inhalt der Anmeldung —— 39
      bb) Typischer Sachverhalt —— 39
      cc) Muster: Anmeldung einer Vorstandsänderung —— 40
      dd) Kosten —— 41
   b) Satzungsänderung —— 42
      aa) Inhalt der Anmeldung —— 42
      bb) Typischer Sachverhalt —— 43
      cc) Muster: Anmeldung einer Satzungsänderung —— 44
      dd) Kosten —— 45
   c) Auflösung des Vereins und erste Liquidatoren —— 46
      aa) Inhalt der Anmeldung —— 46
      bb) Typischer Sachverhalt —— 47
      cc) Muster: Anmeldung der Auflösung/Liquidatorenbestellung —— 48
      dd) Kosten —— 49
III. Anwaltschaftliche Beratung und Vertretung in Vereinsangelegenheiten —— 50
   1. Anwaltschaftliche Beratung von Vereinsmitgliedern in der Mitgliederversammlung —— 50
      a) Zulässigkeit einer Beratung —— 50
      b) Gegenstandswert —— 51
   2. Anwaltschaftliche Vertretung bei der gerichtlichen Anfechtung von Beschlüssen der Mitgliederversammlung —— 52
      a) Anfechtungsgründe —— 52
      b) Feststellungsklage —— 60
      c) Streitwert —— 61
   3. Vertretung bei der gerichtlichen Anfechtung einer Vereinsstrafe —— 69
      a) Ordnungsbefugnisse des Vereins —— 69
      b) Feststellungsklage —— 74
      c) Umfang der gerichtlichen Nachprüfung von Vereinsordnungsmaßnahmen —— 75
      d) Streitwert —— 76
   4. Vertretung im Verfahren auf Erlass einer einstweiligen Verfügung gegen den Verein —— 77
   5. Die anwaltschaftliche Vertretung einer Partei vor dem Vereinsschiedsgericht —— 79
      a) Besonderheiten gegenüber staatsgerichtlichem Verfahren —— 79
      b) Kostenrechtliche Besonderheiten —— 81
      c) Anwaltskosten —— 82
   6. Klagen eines Mitglieds gegen den Verein —— 83
      a) Freistellung von einer Verbindlichkeit —— 83
      b) Schadensersatz wegen Verletzung eines Mitgliedschaftsrechts —— 84
IV. Wegfall der Rechtsfähigkeit des Vereins und dessen Beendigung —— 85
   1. Maßnahmen des Vereins —— 85
      a) Auflösung —— 85
      b) Sitzverlegung ins Ausland —— 86
      c) Verschmelzung —— 87
      d) Verzicht auf die Rechtsfähigkeit —— 88
      e) Wegfall sämtlicher Mitglieder —— 89
   2. Maßnahmen des Gerichts —— 90
      a) Entzug der Rechtsfähigkeit —— 90
      b) Amtslöschung —— 91
      c) Eröffnung des Insolvenzverfahrens —— 92
      d) Grundrechtsverwirkung —— 93
   3. Maßnahmen einer Verwaltungsbehörde —— 94
      a) Vereinsverbot —— 94
      b) Entziehung der Rechtsfähigkeit durch die Verwaltungsbehörde —— 95
V. Muster: Satzung eines gemeinnützigen nichtrechtsfähigen Vereins (Kurzfassung) —— 96
VI. Das öffentliche Vereinsrecht —— 97
   1. Begriffe —— 97
      a) Öffentliches Vereinsrecht —— 97
      b) Der öffentlich-rechtliche Begriff des Vereins —— 98
   2. Geschütztes Verhalten des Vereins nach Art. 9 Abs. 1 GG —— 99
   3. Das Vereinsverbot —— 101
      a) Verbotsgründe —— 101
         aa) Verfassungswidriges Verhalten —— 101
         bb) Strafgesetzwidriges Verhalten —— 102
         cc) Völkerrechtswidriges Verhalten —— 103
      b) Zuständige Verbotsbehörden —— 104
      c) Verbotsverfügung —— 105
      d) Die Anfechtungsklage gegen das Vereinsverbot —— 107
      e) Die Anfechtung von Maßnahmen des Verbotsvollzugs —— 109
VII. Muster: Schiedsgerichtsordnung —— 114
B. Das Steuerrecht der Vereine —— 115
I. Einleitung —— 115
II. Steuervergünstigungen für Vereine —— 119
   1. Allgemeines —— 119
      a) Voraussetzungen der Steuerbegünstigungen —— 119
      b) Entscheidung über die Steuerbegünstigung des Vereins —— 120
      c) Muster: Beantragung einer vorläufigen Bescheinigung zum Empfang steuerbegünstigter Spenden —— 121

2. Steuerbegünstigte Zwecke —— 122
   a) Arten —— 122
   b) Gemeinnützige Zwecke —— 123
   c) Mildtätige Zwecke —— 127
   d) Kirchliche Zwecke —— 129
3. Weitere Anforderungen an einen steuerbegünstigten Verein —— 131
   a) Selbstlosigkeit —— 131
   b) Muster: Unschädlichkeit eines Aufwendungsersatzes für Funktionäre —— 132
   c) Muster: Erläuterung des Werbeaufwandes zur Gewinnung von Mitgliedern —— 133
   d) Ausschließlichkeit —— 134
   e) Steuerlich unschädliche Betätigungen —— 136
   f) Anforderungen an die Satzung —— 138
   aa) Allgemeines —— 138
III. Körperschaftsteuerrecht —— 146
1. Allgemeines —— 146
2. Muster: Schreiben an das Finanzamt mit dem Ziel der Anerkennung des Vereins als gemeinnützige Körperschaft (§ 5 Abs. 1 Nr. 9 KStG) —— 149
3. Ideeller Bereich —— 150
   a) Allgemeines —— 150
   b) Muster: Einnahmen aus der Überlassung des Vereinsnamens —— 152
4. Wirtschaftlicher Geschäftsbetrieb —— 153
   a) Allgemeines —— 153
   b) Muster: Mitteilung über die Verwendung von Vereinsmitteln zum Ausgleich von Verlusten des wirtschaftlichen Geschäftsbetriebes —— 164
5. Zweckbetrieb —— 165
   a) Allgemeines —— 165
   b) Muster: Anfrage wegen Zweckbetriebseinordnung nach § 67a Abs. 3 AO —— 178
6. Gewinnermittlung —— 179
IV. Gewerbesteuer —— 182
V. Umsatzsteuer —— 184
1. Allgemeines —— 184
2. Muster: Eigenverbrauch —— 188
3. Mindestbesteuerung gem. § 10 Abs. 5 UStG —— 189
4. Steuersätze und Vorsteuer —— 190
5. Kleinunternehmerregelung —— 193
VI. Zuwendungen (Spenden) —— 194
1. Allgemeines —— 194
2. Arten von Zuwendungen —— 195
   a) Spenden —— 196
   aa) Allgemeines —— 196
   bb) Muster: Hinweis auf steuerfreie Spendeneinnahmen —— 199
   b) Nutzungen und Leistungen —— 200
   aa) Allgemeines —— 200
   bb) Muster: Bewertung von Sachspenden —— 201
   cc) Muster: Spenden in Form von Sachleistungen —— 202
   c) Mitgliedsbeiträge —— 203
3. Voraussetzungen für die steuerliche Begünstigung von Zuwendungen —— 204
   a) Begünstigte Zwecke —— 204
   b) Formale Voraussetzungen, insbes. Zuwendungsbestätigung —— 209
   aa) Rechtliche Grundlage —— 209
   bb) Muster: Zuwendungsbestätigung für Mitgliedsbeiträge und Geldzuwendungen an eine steuerbegünstigte juristische Person des Privatrechts —— 211
   cc) Muster: Zuwendungsbestätigung für Sachzuwendungen —— 212
4. Rechtsfolgen der Unrichtigkeit der Zuwendungsbestätigung —— 214
   a) Gutglaubensschutz des Zuwendenden —— 214
   b) Spendenhaftung —— 215
   c) Verlust der Gemeinnützigkeit —— 216

A. Das zivile und öffentliche Vereinsrecht

I. Vereine und Vereinsrecht

1. Der Begriff „Verein"

1 Zu unterscheiden ist der bürgerlich-rechtliche vom öffentlich-rechtlichen Begriff des Vereins.

2 Der **bürgerlich-rechtliche Vereinsbegriff** ist gesetzlich nicht definiert. Nach allgemeiner Meinung ist eine Personenverbindung dann ein Verein, wenn folgende Merkmale gegeben sind:
- Es muss ein freiwilliger Zusammenschluss mehrerer Personen auf unbestimmte Zeit oder doch für eine gewisse Zeit gegeben sein,
- mit dem Ziel, einen gemeinsamen nichtwirtschaftlichen oder wirtschaftlichen Zweck oder beide Zwecke zu verfolgen,
- wobei die Personenvereinigung eine körperschaftliche Verfassung haben,

- einen Gesamtnamen führen und
- in ihrer Existenz vom Wechsel der Mitglieder unabhängig sein muss.³

Die Personenvereinigung muss eine körperschaftliche Organisationsstruktur haben, weil sie sich von der Person ihrer Gründer lösen und diesen, wie auch Dritten, als eine eigene Einheit, als „eigener Körper", als Körperschaft gegenübertreten muss. Zur Verwirklichung bedarf es einer in der Satzung festzulegenden Organisation. Da ein Verein als Körperschaft handlungsunfähig ist, muss die Satzung die für ihn handelnden Personen, die Organe, bestimmen. Es muss ein Vorstand vorgesehen sein, dem die Geschäftsführung obliegt und der den Verein im Rechtsverkehr vertritt. Weiter ist eine Mitgliederversammlung erforderlich, in der die Mitglieder die Möglichkeit haben, durch Mehrheitsentscheidung über alle grundlegenden Fragen des Vereins zu bestimmen; die Mitgliederversammlung ist das „oberste Organ" des Vereins, dessen Willensbildung sich daher stets auf sie zurückführen lassen muss.⁴

Der **öffentlich-rechtliche Vereinsbegriff** ist weiter; er erfasst Vereine, aber auch z.B. Kapitalgesellschaften oder Genossenschaften. Er ist in §2 Abs. 1 VereinsG definiert. Danach ist Verein im Sinne des Vereinsgesetzes ohne Rücksicht auf die Rechtsform jede Vereinigung, zu der sich eine Mehrheit natürlicher oder juristischer Personen für längere Zeit zu einem gemeinsamen Zweck freiwillig zusammengeschlossen und einer organisierten Willensbildung unterworfen hat.

2. Das für die verschiedenen Vereinsarten geltende spezifische Recht
a) Nicht verfassungsrechtlich besonders privilegierte Vereine
aa) Allgemeines

Nicht verfassungsrechtlich besonders privilegiert sind solche Vereine, die sich zwar auf das Deutschen vorbehaltene Grundrecht der allgemeinen Vereinigungsfreiheit i.S.d. Art. 9 Abs. 1 GG berufen können, die jedoch keinen verfassungsrechtlich geschützten Sonderstatus haben.

Vereine können Rechtsfähigkeit besitzen, sie können aber auch als in § 54 BGB (missverständlich) so genannte nichtrechtsfähige Vereine bestehen, die jedoch zwischenzeitlich ebenfalls von der ganz überwiegenden Meinung als rechtsfähig anerkannt sind.

bb) Der eingetragene Verein

Ein Verein, dessen Zweck **nicht** auf einen **wirtschaftlichen** Geschäftsbetrieb gerichtet ist, erlangt die Rechtsfähigkeit durch **Eintragung** in das Vereinsregister des für seinen Sitz zuständigen Amtsgerichts (§§ 21, 55ff. BGB).

Für diese Vereine gelten die §§ 21, 24 bis 53, 55 bis 79 BGB. In der überwiegenden Zahl sind diese Vorschriften zwingend, einige sind durch die Satzung abänderbar (vgl. § 40 BGB). Die wichtigste zwingende Vorschrift ist § 25 BGB, der als Ausfluss der **Vereinsautonomie** bestimmt: „Die Verfassung eines rechtsfähigen Vereins wird, soweit sie nicht auf den nachfolgenden Vorschriften beruht, durch die Vereinssatzung bestimmt."

---

3 Vgl. RGZ 143, 212, 213; RGZ 165, 140, 143; BGH NJW 2008, 69, 73 (Rz. 50); *Reichert*, Rn 2; *Sauter/Schweyer/Waldner*, Rn 1; *Stöber/Otto*, Rn 7.
4 *Reichert*, Rn 6; die Mitgliederversammlung muss daher auch die Möglichkeit haben, den Vorstand zu kontrollieren und ggf. abzuberufen. Unzulässig ist es daher, wenn die Geschicke des Vereins in jeder Hinsicht praktisch ausschließlich von bestimmten Mitgliedern gestaltet werden, auf deren Bestellung und Kontrolle die übrigen Mitglieder keinen Einfluss haben, und wenn auch sonst irgendeine nennenswerte Mitwirkung bei der Willensbildung des Vereins über die Mitgliederversammlung (gegebenenfalls bei Großvereinen auch eine Delegiertenversammlung) von vornherein ausgeschlossen ist, vgl. OLG Celle NJW-RR 1995, 1273.

Der Staat erklärt damit einerseits einige seiner vereinsrechtlichen Vorschriften als zur Vereinsverfassung gehörig, verpflichtet und gestattet aber andererseits dem Verein, seine Grundentscheidung in seiner Satzung zu treffen.

Zwingend sind z.B. folgende Vorschriften: Der Verein muss einen Vorstand haben, der ihn gerichtlich und außergerichtlich vertritt (§ 26 Abs. 1 S. 1, Abs. 2 S. 1 BGB). Die Bestellung des Vorstands ist jederzeit widerruflich, kann aber durch die Satzung auf den Fall des Vorliegens eines wichtigen Grundes beschränkt werden (§ 27 Abs. 2 BGB). Der Verein haftet für seine Organe in all den Fällen, in denen auch eine natürliche Person zur Haftung herangezogen wird (§ 31 BGB). Ein Vorstandsmitglied, das für seine Tätigkeit nicht mehr als 500 Euro jährlich erhält, haftet dem Verein gegenüber nur bei Vorsatz oder grober Fahrlässigkeit (§ 31a Abs. 1 S. 1 BGB).

Dispositiv, d.h. durch die Satzung abänderbar (vgl. § 40 BGB), ist z.B. die Vorschrift des § 32 BGB, wonach die Angelegenheiten des Vereins durch Beschlussfassung in einer Versammlung der Mitglieder geordnet werden und der verlangt, dass die Mehrheit der erschienenen Mitglieder entscheidet und dass zur Gültigkeit gefasster Beschlüsse der Gegenstand bei der Berufung bezeichnet wird.

Zwingend wiederum sind die §§ 55 bis 79 BGB, die materielles und formelles Vereinsrecht enthalten. Zwingend sind weiter die vor allem registerrechtliche Vorschriften enthaltenden §§ 378 ff., 400 f. FamFG sowie die Bestimmungen der Vereinsregisterverordnung (VRV).[5]

cc) Der rechtsfähige Wirtschaftsverein

7 Ein Verein, dessen Zweck auf einen **wirtschaftlichen** Geschäftsbetrieb gerichtet ist, erlangt in Ermangelung besonderer bundesgesetzlicher Vorschriften Rechtsfähigkeit durch **staatliche Verleihung**, die dem Bundesland zusteht, in dessen Gebiet der Verein seinen Sitz hat (§ 22 BGB).

Während der nichtwirtschaftliche Verein bei Erfüllung der Normativvoraussetzungen einen Anspruch auf die Erlangung der Rechtsfähigkeit durch Eintragung im Vereinsregister hat (§ 21 BGB,[6] ist dies bei Wirtschaftsvereinen nicht der Fall. Die Verleihung der Rechtsfähigkeit ist nur zulässig, wenn es der Vereinigung unzumutbar ist, sich als Aktiengesellschaft, Gesellschaft mit beschränkter Haftung oder Genossenschaft zu organisieren oder wenn die Rechtsform des Wirtschaftsvereins durch bundesrechtliche Sonderreglungen[7] ausdrücklich zugelassen ist.[8]

Für die rechtsfähigen Wirtschaftsvereine gelten die §§ 22, 24 bis 53 BGB.[9]

dd) Rechtsfähige altrechtliche Vereine

8 Sog. altrechtliche Vereine sind solche, die vor dem 1.1.1900 bestanden und nach dem damals geltenden Landesrecht die Rechtsfähigkeit erlangt haben. Diese Rechtsfähigkeit besteht fort (vgl. Art. 82, 163 EGBGB).

---

5 Vom 10.2.1999, BGBl I, 147, zuletzt geändert durch Artikel 6 des Gesetzes vom 24.9.2009 (BGBl I, 3145).
6 Vgl. BGHZ 45, 395, 397; *Reichert*, Rn 220; zur damit für die Vereinsregistereintragung entscheidenden Abgrenzung des nichtwirtschaftlichen vom wirtschaftlichen Verein vgl. *Terner*, ZNotP 2009, 132, 133 f. m.w.N.
7 § 3 Marktstrukturgesetz, BGBl I 1990, 2135; Bundeswaldgesetz, BGBl I 1975, 1037.
8 Vgl. BVerwG NJW 1979, 2265; OVG NRW Beschl. v. 23.7.2009 (Az. 12 A 3483/07, juris); Palandt/*Ellenberger*, § 22 BGB Rn 1.
9 Der für Ausländische Vereine, die nach ihrem Heimatrecht nicht rechtsfähig sind und nur in Deutschland die (partielle) Rechtsfähigkeit erwerben wollen, geltende § 23 BGB ist durch das Gesetz zur Erleichterung elektronischer Anmeldungen zum Vereinsregister und anderer vereinsrechtlicher Änderungen vom 30.9.2009 (BGBl I, 3145) aufgehoben worden.

ee) Rechtsfähige Vereine aufgrund früheren DDR-Rechts
Die in der früheren DDR bestehenden rechtsfähigen nichtwirtschaftlichen Vereinigungen bestehen nach der Wiedervereinigung als rechtsfähige Vereine fort (Art. 231 § 2 EGBGB). **9**

b) Nichtrechtsfähige Vereine ohne Privilegierung
aa) Allgemeines
Der rechtsfähige Verein unterliegt einer – wenn auch eingeschränkten – gerichtlichen oder staatlichen Kontrolle. **10**

Eine solche Kontrolle besteht bei den nichtrechtsfähigen Vereinen nicht. Deshalb wählen viele Verbände, z.B. Gewerkschaften und grundsätzlich die politischen Parteien, diese Rechtsform. Nichtrechtsfähig ist jedoch auch der gegründete Verein, solange er die Rechtsfähigkeit nicht erlangt hat; sog. Vorverein.

bb) Der nichtrechtsfähige nichtwirtschaftliche Dauerverein
Nach § 54 S. 1 BGB finden auf Vereine, die nicht rechtsfähig sind, die Vorschriften über die Gesellschaft Anwendung. Mit der Verweisung auf das Recht der BGB-Gesellschaft wollte der Gesetzgeber von 1900 die Vereine veranlassen, die staatliche Kontrolle hinzunehmen, die mit der Erlangung der Rechtsfähigkeit verbunden ist. Es ist jedoch seit langem anerkannt, dass auf diese Vereine die Rechtsgrundsätze Anwendung finden, die auch für rechtsfähige Vereine bestehen, soweit dem nicht Registervorschriften und der nicht abdingbare Anwendungsbereich des § 54 S. 2 BGB über die Haftung des für einen solchen Verein Handelnden entgegenstehen.[10] Mittlerweile hat sich im Zuge der Anerkennung der Rechtsfähigkeit der GbR die Ansicht durchgesetzt, dass der nicht rechtsfähige Verein als eigenständiges, aktiv parteifähiges Rechtssubjekt (vgl. § 50 Abs. 2 ZPO) anzuerkennen ist.[11] **11**

cc) Der nichtrechtsfähige wirtschaftliche Dauerverein
Die vorstehenden Grundsätze gelten auch für den nichtrechtsfähigen wirtschaftlichen Dauerverein. Hier bestehen haftungsrechtliche Besonderheiten: Muss dieser Verein haften, so haften neben dem Vereinsvermögen alle Mitglieder auch persönlich, sie werden wie Mitglieder einer offenen Handelsgesellschaft behandelt.[12] **12**

dd) Der nichtrechtsfähige altrechtliche Verein
Es bestehen noch vor dem 1.1.1900 gegründete nichtrechtsfähige Vereine.[13] **13**

ee) Nichtrechtsfähige frühere DDR-Vereinigungen
Auf nichtrechtsfähige Vereinigungen i.S.d. DDR-Gesetzes über Vereinigungen v. 21.2.1990 finden vom 3.10.1990 an die Vorschriften des § 54 BGB Anwendung (Art. 231 § 2 Abs. 4 EGBGB). **14**

---
10 Vgl. BGHZ 50, 325, 329 = NJW 1968, 1830; BGH NJW 1979, 2304, 2305; OLG Frankfurt/M. WM 1985, 1466, 1468.
11 Vgl. BGH NJW 2008, 69 m. Bespr. *Terner*, NJW 2008, 16 ff.; Stöber/*Otto*, Rn 1493 ff.
12 Vgl. BGH NJW 2001, 748; Palandt/*Ellenberger*, § 54 BGB Rn 12.
13 Vgl. dazu näher: *Reichert*, Rn 6455 ff.

c) Verfassungsrechtlich privilegierte Vereine
aa) Die politischen Parteien

15 Für politische Parteien, die grundsätzlich in der Rechtsform des nichtrechtsfähigen nichtwirtschaftlichen Vereins bestehen,[14] gelten in erster Linie die sich aus Art. 21 Abs. 1 GG ergebenden Verfassungsgrundsätze und in zweiter Linie das gem. Art. 21 Abs. 3 GG erlassene Gesetz über die politischen Parteien.[15] Nur soweit vorgreifliche Regelungen nicht bestehen, gilt bürgerliches Vereinsrecht, mit Ausnahme der Handelndenhaftung nach § 54 Abs. 2 BGB (§ 37 PartG).

bb) Die Koalitionen

16 Koalitionen sind die körperschaftlichen Zusammenschlüsse von Arbeitnehmern und Arbeitgebern. Für diese Vereinigungen gilt das bürgerliche Vereinsrecht nur, soweit die sich aus Art. 9 Abs. 3 GG ergebenden Grundrechte nicht entgegenstehen. Koalitionen unterliegen grundsätzlich einem Aufnahmezwang;[16] ein Mitglied kann nicht ohne weiteres aus ihnen ausgeschlossen werden.[17]

cc) Die Religions- und Weltanschauungsgemeinschaften

17 In Vereinsform bestehende Religionsgemeinschaften einschließlich der den Kirchen zugeordneten religiösen Vereine sowie Weltanschauungsgemeinschaften haben nach Art. 4, 140 GG i.V.m. Art. 137 WRV eine verfassungsrechtliche Privilegierung. Für sie gelten die vereinsrechtlichen BGB-Vorschriften nur im Vereinsaußenbereich; im Vereinsinnenbereich haben sie eine originäre Selbstordnungsbefugnis, die sich nicht aus § 25 BGB ergibt.[18]

d) Vereinsverbände und Zentralverbände

18 Vereine haben in der Regel natürliche Personen als Mitglieder. Der Vereinsverband ist demgegenüber ein Verein, der in der Regel ausschließlich korporative Mitglieder (z.B. Vereine, Gesellschaften) hat, die in dem Vereinsverband nach den jeweils für sie geltenden Regeln vertreten werden; die Einzelmitglieder der Mitglieder sind regelmäßig keine Mitglieder im Vereinsverband. Vereinsverbände verfolgen in der Regel übergeordnete, gemeinsame Interessen sowohl des Vereinsverbandes als auch der korporativen Mitglieder. Die in der Satzung des Vereinsverbandes festgelegten Zwecke und Ziele binden auch die Mitgliedsvereine kraft ihrer Mitgliedschaft. Durch diese Zweckbindung, die in der Satzung der Mitgliedsvereine verankert ist, werden auch deren Einzelmitglieder gebunden. Will der Vereinsverband das von ihm gesetzte Recht unmittelbar auch gegenüber den Einzelmitgliedern der Mitgliedsvereine – auch **Anschlussvereine** genannt – durchsetzen, so stehen zwei rechtliche Möglichkeiten offen:

Der Vereinsverband muss in seiner Satzung bestimmen, welche seiner Rechtsetzungen auch für die Mitglieder der Anschlussvereine verbindlich sind. Der Mitgliedsverein muss seinerseits in der Satzung diese Verbindlichkeit für seine Einzelmitglieder festlegen; sog. satzungsmäßige Doppelverankerung.[19]

---

14 Ausnahme: CSU in Bayern.
15 Vom 24.7.1967 i.d.F. der Bekanntmachung vom 31.1.1994 – BGBl I, 149, zuletzt geändert durch Gesetz vom 23.8.2011 (BGBl I, 1748).
16 Vgl. BGHZ 73, 151, 155 = NJW 1985, 98; BGH NJW-RR 1991, 888, 889.
17 Vgl. BGH NJW-RR 1991, 888; BGH NJW-RR 1992, 246; *Reichert*, Rn 6044.
18 Vgl. z.B. BVerfG NJW 1991, 2623; BVerfG NJW 1999, 349; OLG Düsseldorf RNotZ 2009, 96; *v. Campenhausen*, Rpfleger 1989, 349, 350; *Reichert*, Rn 5856 ff.
19 BGHZ 28, 131, 134 = NJW 1958, 1867; BGHZ 105, 306, 312 = NJW 1989, 1724; BayObLGZ 1986, 528.

Der Vereinsverband vereinbart mit den Mitgliedern der Anschlussvereine vertraglich die Verbindlichkeit seiner Rechtsetzung.[20]

Vereinsverbände sind die meisten in Deutschland bestehenden Sportfachverbände. Mit den aufgezeigten rechtlichen Möglichkeiten kann z.B. der Deutsche Fußballbund e.V. erreichen, dass die Fußballregeln auch von den Spielern der untersten Ligen beachtet werden.

Der Zentralverband weist im Gegensatz zum Vereinsverband nicht einen „horizontalen", sondern einen „vertikalen" Aufbau auf. Er hat in diesen integrierte Gliederungen nach unten; als Bundesverband kann er Landes-, Bezirks-, Kreis- und Ortsverbände bzw. -vereine haben. **19**

Die Untergliederungen sind in den höheren Organisationsstufen rechtsfähige oder nichtrechtsfähige Vereine, in den untersten Stufen oft unselbständige Organisationseinheiten.[21] Wird die Mitgliedschaft in einer unteren Organisationsstufe erworben, so wird zugleich die Mitgliedschaft in allen weiteren höheren Organisationsstufen und im Zentralverband begründet; sog. gestufte Mitgliedschaft.[22]

Diese Zentralverbände haben i.d.R. keine Mitgliederversammlung, sondern eine Delegiertenversammlung. Diese wird durch Delegierte gebildet, die von den Mitgliedern in den unteren Organisationsstufen gewählt werden.[23]

e) Gemeinnützige Vereine

Der gemeinnützige Verein ist ein Begriff des Steuerrechts (vgl. §§ 51 bis 68 AO). Rechtsfähige oder nichtrechtsfähige Vereine, die ausschließlich und unmittelbar gemeinnützige, mildtätige oder kirchliche Zwecke verfolgen, können Steuerbefreiungen oder Steuervergünstigungen, Ermäßigung von Notargebühren (§ 144 Abs. 2 KostO) sowie nach Landesrecht Befreiung von Gerichtsgebühren in Vereinsregistersachen erlangen.[24] Die aus steuerlicher Sicht für die Satzung insoweit notwendigen Bestimmungen sind enthalten in der Mustersatzung, Anlage 1 zu § 60 AO. **20**

II. Erlangung der Rechtsfähigkeit eines nichtwirtschaftlichen Vereins und Anmeldepflichten

1. Vereinsgründung und Anmeldung
a) Mindesterfordernisse der Satzung

Zur Gründung eines Vereins sind richtiger Ansicht nach **drei** Personen erforderlich, weil nach der Errichtung des Vereins mehrheitlich der Vorstand zu wählen ist. **21**

Will der Verein Rechtsfähigkeit durch Eintragung in das Vereinsregister erlangen, so muss die Satzung folgende Mindestregelungen enthalten und darf hierbei nicht gegen Gesetz oder allgemeine Grundsätze des Vereinsrechts verstoßen. **22**

Die Satzung muss nach § 57 BGB mindestens enthalten: **23**
- den Zweck des Vereins; die Festlegung des Vereinszwecks ist grundsätzlich frei; verboten sind Vereinszwecke, die sich gegen die verfassungsmäßige Ordnung oder gegen den Gedanken der Völkerverständigung richten (Art. 9 Abs. 2 GG), die gegen die guten Sitten (§ 138 BGB) oder gegen ein gesetzliches Verbot (§ 134 BGB) verstoßen;[25]

---

20 Vgl. BGHZ 128, 93, 101 = NJW 1995, 583.
21 Vgl. z.B. *Reichert*, Rn 5247; Soergel/*Hadding*, Vorbem § 21 BGB Rn 52 ff.
22 Vgl. BVerfG NJW 1991, 2623, 2625; BGHZ 73, 275, 278 = NJW 1979, 1402; BGHZ 105, 306, 312 = NJW 1989, 1724.
23 Vgl. z.B. *Reichert*, Rn 5743 ff.
24 Vgl. zu den Gebührenbefreiungsgesetzen der Bundesländer: *Sauter/Schweyer/Waldner*, Rn 617 In NRW sind nach § 1 Abs. 2 GerGebBefrG Vereine, die mildtätige oder kirchliche Zwecke verfolgen, von den Gerichtsgebühren befreit.
25 Beabsichtigt der Verein mit seiner Tätigkeit eine Umgehung des Gesetzes, führt dies jedoch nicht zur Unwirksamkeit der Satzung (eröffnet aber ggf. die Möglichkeit, mit Mitteln des öffentlichen Ordnungsrechts

- den Namen des Vereins; es besteht der Grundsatz der freien Namenswahl; zu beachten ist aber der Grundsatz der Namenswahrheit (entspr. § 18 Abs. 2 HGB), wonach der Name nicht über Art und Größe des Vereins, die Zusammensetzung der Mitglieder oder über sonstige Verhältnisse täuschen darf;[26] weiter muss sich der gewählte Vereinsname deutlich von den Namen der an demselben Ort oder in derselben Gemeinde bestehenden eingetragenen Vereine unterscheiden (§ 57 Abs. 2 BGB);
- den Sitz des Vereins; es muss ein bestimmter Ort im Bundesgebiet als Sitz angegeben werden;
- die Angabe, dass der Verein in das Vereinsregister eingetragen werden soll.

Ferner hat die Satzung nach § 58 BGB (vgl. auch § 60 BGB) Bestimmungen zu enthalten:
- über den Eintritt und Austritt der Mitglieder; es ist die Form des Beitritts festzulegen (Aufnahmeverfahren, Zuständigkeit – Vorstand, Mitgliederversammlung –, Schriftform; Schriftform der Austrittserklärung, Festlegung einer Kündigungsfrist (§ 39 Abs. 2 BGB);
- darüber, ob und welche (insb. Geld oder Dienstleistungen) Beiträge von den Mitgliedern zu leisten sind und das für deren Festsetzung zuständige Organ; die Höhe der laufenden Beiträge braucht die Satzung nicht ziffernmäßig festzulegen;[27] sollen jedoch über die reguläre Beitragsschuld hinausgehend Sonderbeiträge bzw. Sonderumlagen (d.h. außerordentlicher Vereinsbeiträge zur Befriedigung eines außergewöhnlichen Bedarfs) erhoben werden, ist die Angabe einer objektiv bestimmbaren Obergrenze erforderlich;[28] Fälligkeit der Geldbeiträge;
- über die Bildung des Vorstands; Form der Bestellung, Zahl der Vorstandsmitglieder, Stellung im Vorstand (1. Vorsitzender usw.); u.U. bei einem Gesamtvorstand, wer Vorstand i.S.d. § 26 BGB ist;
- über die Voraussetzungen, unter denen die Mitgliederversammlung zu berufen ist; satzungsmäßig bestimmte Fälle der Berufung, Berufung wegen des Vereinsinteresses (§ 36 BGB);
- über die Form der Berufung der Mitgliederversammlung; schriftlich oder durch Veröffentlichung in einem bestimmt zu bezeichnenden Medium;[29]
- über eine besondere Art der Durchführung der Versammlung (z.B. bloße Online-Versammlung[30]), die Beurkundung der Versammlungsbeschlüsse; es ist ein Versammlungsprotokoll zu erstellen, das vom Versammlungsleiter und evtl. einem Protokollführer zu unterschreiben ist;
- den Tag der Errichtung der Satzung (§ 59 Abs. 3 BGB);
- Unterschriften von mindestens sieben Vereinsmitgliedern vor Einreichung der Satzung beim Registergericht bei der Erstanmeldung (§ 59 Abs. 3 BGB).

b) Typischer Sachverhalt

24 Nachfolgend werden beispielhaft die Schritte bei der Gründung eines Sportvereins in der Stadt Tannhausen dargestellt, mit Erläuterungen zu den dabei anfallenden Kosten.

---

einzuschreiten). Daher ist ein „Raucherverein" in das Vereinsregister einzutragen, auch wenn hinter seiner Gründung die Absicht steckt, ein Nichtraucherschutzgesetz zu umgehen, vgl. OLG Oldenburg NJW 2008, 2194.
26 Vgl. z.B. KG MDR 2012, 237 (zum Namensbestandteil „Institut"); BayObLGZ 1992, 47, 50 = NJW 1992, 2362; OLG Köln RNotZ 2006, 193; LG Traunstein Rpfleger 2008, 580.
27 Vgl. BGH NZG 2010, 1112 m.w.N; es gilt jedoch der allgemeine verbandsrechtliche Grundsatz der Gleichbehandlung aller Vereinsmitglieder und dass sich die mit der Mitgliedschaft verbundenen finanziellen Lasten in überschaubaren, im Voraus wenigstens ungefähr abschätzbaren Grenzen halten müssen.
28 BGH NJW-RR 2008, 1357; BGH NJW-RR 2008, 194; OLG Stuttgart NZG 2012, 317. Die Grundsätze der „gespaltenen Beitragspflicht" gelten auch im Vereinsrecht.
29 Unzulässig weil zu unbestimmt sind Bestimmungen, wonach die Einberufung der Mitgliederversammlung ohne nähere Spezifizierung „durch Aushang" oder „durch Presseveröffentlichung" erfolgen soll. Vgl. OLG Hamm DNotZ 2011, 446. S. aber auch OLG Celle MDR 2012, 294 (bei einem regional begrenzten Verein darf die Einladung durch Veröffentlichung in der örtlichen Presse erfolgen).
30 Zulässig, vgl. OLG Hamm NJW 2012, 940; Formulierungsvorschlag bei *Fleck*, DNotZ 2008, 245.

c) Muster: Niederschrift über die Gründung eines Vereins

M 149

25

Tannhausen, Nebenzimmer des Gasthauses zur Post, 20.12.2012
Aufgrund öffentlicher/persönlicher Einladung von Herrn Peter Gartner sind heute die in der beigefügten Anwesenheitsliste aufgeführten sieben Damen und Herren erschienen, um über die Gründung des „Sportvereins Tannhausen" zu beraten und Beschluss zu fassen. Anwesend ist Herr Rechtsanwalt Paul Kaulert, der die Gründungssatzung entworfen hat und an den Fragen gestellt werden können.
Herr Gartner eröffnete die Versammlung und präsentierte die Idee der Gründung eines neuen Sportvereins. Dem Vorschlag wurde allseits zugestimmt. Frau Gerda Sturzbach erklärte sich zur Protokollführung bereit, womit die Versammelten einverstanden waren.
Herr Rechtsanwalt Kaulert verlas dann den Text des Satzungsentwurfs, den der Sitzungsleiter zur Diskussion stellte. Alle Anwesenden waren mit dem ihnen nunmehr bekannten Wortlaut der Satzung einverstanden.
Einstimmig wurde von den sieben anwesenden Personen beschlossen:
– den Sportverein Tannhausen zu errichten,
– ihm die vorgetragene Satzung zu geben, die dieser Niederschrift als Anlage beigefügt ist, und
– ihm als Gründungsmitglieder anzugehören.
Die Anwesenden übertrugen sodann einstimmig Herrn Küfers die Leitung der Wahl der Mitglieder des Vorstands.
Vorgeschlagen und bei Enthaltung des jeweiligen Bewerbers wurden einstimmig gewählt zum/zur:
1. Vorsitzenden: Herr Peter Gartner, geb. am _____, Kaufmann, Goethestraße 5, Tannhausen;
2. Vorsitzenden: Frau Gerda Sturzbach, geb. am _____, Angestellte, Schillerstr. 16 Tannhausen;
Schriftführer und Kassenwart: Herr Franz Zach, geb. am _____, Oberlehrer, Goethestraße 17, Tannhausen.
Die Gewählten nahmen die Wahl an.
Auf Vorschlag des Kassenwarts beschlossen die anwesenden Mitglieder, dass der Beitrag für das Jahr 2012 auf 150 EUR pro Person festgesetzt wird und am 1.2.2012 zur Zahlung fällig ist.
Rechtsanwalt Kaulert schlug vor, der Satzung in § 16 folgende Übergangsbestimmung hinzuzufügen:
   „Sofern das Registergericht einzelne Bestimmungen der Satzung beanstandet, ist der Vorstand ermächtigt, diese zur Behebung der Beanstandung abzuändern."
Die Anwesenden beschlossen einstimmig diese Satzungsergänzung.
Die Satzung wurde entsprechend ergänzt.
Die Satzung wurde sodann von den sieben Gründungsmitgliedern unterschrieben.
Herr Gartner schloss die Versammlung um 21.30 Uhr, nachdem keine Wortmeldungen mehr eingegangen waren.
_____ (Unterschrift Peter Gartner)   _____ (Unterschrift Gerda Sturzbach)
Anwesenheitsliste: _____

d) Muster: Erstanmeldung eines Vereins

M 150

26

Amtsgericht – Registergericht
Tannhausen
Neueintragung eines Vereins in das Vereinsregister
Zur Eintragung in das Vereinsregister melden wir an:
1. den neu gegründeten Verein „Sportverein Tannhausen", dessen Satzung am 20.12.2012 errichtet worden ist,

2. den Vorstand dieses Vereins
   a) Erster Vorsitzender
      Gartner, Peter, geb. am _____, wohnh. Tannhausen, Goethestr. 5,
   b) Zweite Vorsitzende
      Sturzbach, Gerda, geb. am _____, wohnh. Tannhausen, Schillerstr. 16.

Die beiden Vorstandsmitglieder sind nach § 26 Abs. 2 S. 1 BGB jeweils unbeschränkt einzelvertretungsberechtigt.
Der Anmeldung sind beigefügt:
1. eine Abschrift der am 20.12.2012 errichteten Satzung
2. eine Abschrift der Urkunde vom 20.12.2012 über die Bestellung des Vorstands.
Vereinsanschrift ist die Adresse des oben genannten[31] Ersten Vorsitzenden.
_____ (Unterschrift Peter Gartner)   _____ (Unterschrift Gerda Sturzbach)
(Unterschriftsbeglaubigung durch einen Notar)

e) Kosten
aa) Gebühren des Rechtsanwalts

27 Erarbeitet der Rechtsanwalt im Auftrag der Vereinsgründer eine Gründungssatzung, die anschließend in der Gründungsversammlung in seiner Gegenwart diskutiert und sodann beschlossen wird, so hat er eine außergerichtliche Vertretung wahrgenommen. Der Rechtsanwalt erhält für diese über eine bloße Beratung hinausgehende Tätigkeit nach § 2 Abs. 2 RVG i.V.m. Nr. 2300 VV RVG eine Geschäftsgebühr von 0,5 bis 2,5 der Gebühr nach § 13 RVG. Eine Gebührenerhöhung nach Nr. 1008 VV RVG (mehrere Auftraggeber) tritt nicht ein, da die Vereinsgründer bereits einen Vorverein bilden, der als nichtrechtsfähiger Verein beschränkte Rechtsfähigkeit genießt und daher als solcher Auftraggeber ist.[32] Für die Bemessung des Gebührensatzes gelten die allgemeinen Grundsätze des § 14 RVG.

28 Hat ein Anwaltsnotar bei der Satzungsgestaltung mitgewirkt, so ist die Abgrenzungsregel des § 24 Abs. 2 S. 1 BNotO einschlägig. Nach dieser unwiderleglichen Vermutung ist anzunehmen, dass ein zugleich als Rechtsanwalt zugelassener Notar dann als Notar tätig wird, wenn er Handlungen der in § 24 Abs. 1 BNotO bezeichneten Tätigkeiten vornimmt, die dazu bestimmt sind, Amtsgeschäfte der in den §§ 20 bis 23 BNotO bezeichneten Art vorzubereiten oder auszuführen. Liegen die Voraussetzungen dieser Bestimmung nicht vor, ist nach § 24 Abs. 2 S. 2 BNotO im Zweifel anzunehmen, dass der Anwaltsnotar als Rechtsanwalt tätig geworden ist. Wird der Anwaltsnotar, wie dies bei der Beratung hinsichtlich der Satzungsgestaltung der Fall ist, als einseitiger Interessenvertreter eines Auftraggebers tätig, so handelt er als Rechtsanwalt.[33]

29 Der Gegenstandswert (§ 2 Abs. 2 RVG) bestimmt sich nach dem Geschäftswert, der für die Berechnung der Gebühr für die Eintragung des Vereins maßgebend ist. § 23 Abs. 1 S. 1 RVG, wonach sich der Gegenstandswert der anwaltlichen Tätigkeit nach den gerichtlichen Wertvorschriften richtet, ist auch dann anwendbar, wenn die Tätigkeit des Rechtsanwalts (nur) der Vorbereitung und Abwicklung eines gerichtlichen Verfahrens dient.[34] Da der Verein eingetragen werden soll, hat der Rechtsanwalt vorbereitend in einer Angelegenheit der freiwilligen Gerichtsbarkeit

---

31 Unzulässig weil zu unbestimmt wäre es demgegenüber, als Adresse des Vereins diejenige des *jeweiligen* Vorsitzenden anzumelden, vgl. Stöber/*Otto*, Rn 152.
32 Vgl. *Gerold/Schmidt/Müller-Rabe*, VV 1008 Rn 126; OLG München RVGreport 2006, 386; jeweils zur werdenden Wohnungseigentümergemeinschaft.
33 Vgl. BGH NJW-RR 2001, 1639; OLG Hamm DNotZ 1997, 228 f.
34 *Mayer/Kroiß*, § 23 RVG Rn 8.

mitgewirkt (§ 55 BGB, § 374 FamFG). Es sind dann die Wertvorschriften der Kostenordnung (KostO) sowohl für die Gerichtskosten als auch für die Anwaltskosten maßgebend.

Da beim nichtwirtschaftlichen Verein kein bestimmter Geldbetrag in das Register eingetragen wird, bestimmt sich der Geschäftswert nach §§ 29 S. 1, 30 Abs. 2 KostO. Er beträgt regelmäßig 3.000 EUR (§ 30 Abs. 2 S. 1 KostO), kann je nach Lage des Falles aber niedriger oder höher, jedoch nicht über 500.000 EUR angenommen werden (§ 30 Abs. 2 S. 2 KostO).

(Zum Geschäftswert ausführlicher siehe Rn 31).

bb) Notarkosten

Die Anmeldung muss mittels öffentlich beglaubigter Erklärung bewirkt werden (§ 77 BGB). Die Erklärung muss somit schriftlich abgefasst und die Unterschrift der anmeldenden Vorstandsmitglieder muss von einem Notar beglaubigt werden (§ 129 Abs. 1 BGB). Der Notar beglaubigt die Unterschrift, wenn sie in seiner Gegenwart vollzogen wird (§ 40 Abs. 1 BeurkG). Der Wortlaut der Anmeldung muss also nicht vom Notar abgefasst werden, sondern kann von den Anmeldenden selbst geschrieben werden. **30**

Beglaubigt der Notar nur die Unterschrift(en), fälle eine 1/4-Gebühr an, §§ 141, 45 Abs. 1 KostO.

Entwirft der Notar die Anmeldeerklärung, fällt eine 0,5-Gebühr an, §§ 145 Abs. 1, 38 Abs. 2 Nr. 7 KostO; die Unterschriftsbeglaubigung wird nicht gesondert abgerechnet, § 145 Abs. 1 S. 4 KostO.

(Zum Geschäftswert ausführlicher siehe Rn 32).

cc) Gerichtskosten

Für die Ersteintragung des Vereins wird nach § 80 Abs. 1 Nr. 1 KostO das Doppelte der vollen Gebühr (§ 32 KostO) berechnet. Dies sind bei einem Geschäftswert von 3.000 EUR 52 EUR. Hinzu kommen Veröffentlichungskosten nach § 137 Abs. 1 Nr. 4 KostO (vgl. § 66 Abs. 1 BGB). **31**

Die Eintragungsgebühr wird nicht erhoben, wenn es wegen Zurückweisung oder Zurücknahme der Anmeldung nicht zu der beantragten Registereintragung kommt. Die dann zum Ansatz kommende Zurückweisungsgebühr (§ 130 Abs. 1 KostO) bzw. Zurücknahmegebühr (§ 130 Abs. 2 KostO) wird nach dem Wert des beantragten Geschäfts berechnet. Erhoben werden:
– bei Zurückweisung der Anmeldung die Hälfte der vollen Gebühr, höchstens jedoch 400 EUR,
– bei Zurücknahme der Anmeldung ein Viertel der vollen Gebühr, höchstens jedoch 250 EUR.
Hinzu kommen ggf. Entgelte für Zustellungen nach § 137 Abs. 1 Nr. 2 KostO.

Wird die Anmeldung des Vereins nach Zurückweisung berichtigt und wiederholt, so ist dies eine neue Anmeldung.[35]

dd) Geschäftswert – Gegenstandswert

In Vereinsregistersachen, für die das FamFG und die VRV maßgebend sind, bestimmt sich die Höhe der Gerichtsgebühren nach dem Geschäftswert (§ 18 Abs. 1 KostO). Dies gilt auch für die Notargebühren (§ 141 KostO). Ist ein Rechtsanwalt in Vereinssachen tätig, so gilt für den Gegenstandswert seiner Tätigkeit ebenfalls die Kostenordnung (§ 23 RVG). **32**

---

[35] Vgl. KG DNotZ 1939, 616; *Korintenberg/Lappe/Bengel/Reimann*, § 38 KostO Rn 59.

Der Geschäftswert in Vereinssachen ergibt sich aus §§ 29 S. 1, 30 Abs. 2 KostO. Danach beträgt dieser Wert regelmäßig 3.000 EUR (§ 30 Abs. 2 S. 1 KostO). Er kann je nach Lage des Falles aber, niedriger oder höher, jedoch nicht über 500.000 EUR angenommen werden (§ 30 Abs. 2 S. 2 KostO). „Nach Lage des Falles" bedeutet, dass die Umstände des Einzelfalls dahin abzuwägen sind, ob eine Über- oder Unterschreitung des Regelwertes angezeigt ist.[36] In Vereinsregistersachen sind insoweit maßgeblich die Bedeutung des Vereins, seine Vermögenslage, sein Zweck, seine Mitgliedsbeiträge sowie die Bedeutung der einzelnen Eintragung.[37]

Der Regelwert ist bei nichtwirtschaftlichen Vereinen anzunehmen, die nur einen örtlich begrenzten Tätigkeitsbereich und keine große Mitgliederzahl aufweisen.[38] Soweit das Vereinsvermögen den Wert von 5.000 EUR nicht überschreitet, ist es nicht zu berücksichtigen; bei einem höheren Wert des Vermögens werden 10% des Reinvermögens als Wertfaktor berücksichtigt.[39] Allerdings darf hierbei nicht außer Acht gelassen werden, welchen Nutzen der Verein aus dem Vermögen zieht.[40] Dient ein Verein einem gemeinnützigen oder sozialen Zweck, so kann dies wertmindernd berücksichtigt werden.[41] Bei Vereinen, die infolge des Nebentätigkeitsprivilegs einen wirtschaftlichen Geschäftsbetrieb unterhalten, ist neben der Zahl der Mitglieder und der Höhe der Mitgliedsbeiträge auch das Vereinsvermögen mit etwa 20% als Wertfaktor anzusetzen.[42]

ee) Gebühren des Rechtsanwalts bei FamFG-Rechtsmitteln

33 Ist eine Anmeldung zur Eintragung in das Vereinsregister unvollständig oder steht der Eintragung ein sonstiges Hindernis entgegen, so hat das Registergericht durch den hierfür zuständigen Rechtspfleger (§ 3 Nr. 1a RPflG) zur Behebung des Hindernisses eine Frist zu setzen (§ 382 Abs. 4 S. 1 FamFG). Dies geschieht durch sog. Zwischenverfügung. Steht der Eintragung ein nicht behebbares Hindernis entgegen, so wird die Anmeldung ohne Zwischenverfügung durch Beschluss zurückgewiesen (§ 60 BGB, § 382 Abs. 3 FamFG).[43]

Beanstandet das Registergericht die Anmeldung durch Zwischenverfügung, so ist hiergegen die Beschwerde gegeben (§ 11 Abs. 1 RPflG, § 382 Abs. 4 S. 2 FamFG), die gemäß § 63 Abs. 1 FamFG binnen eines Monats einzulegen ist. Wird die Anmeldung zurückgewiesen, weil das Eintragungshindernis trotz der Zwischenverfügung nicht behoben worden ist oder weil nicht behebbare Eintragungshindernisse bestehen, so ist diese Endentscheidung ebenfalls binnen eines Monats mit der Beschwerde anfechtbar (§§ 58 Abs. 1, 63 Abs. 1 FamFG). Die Rechtsmittel sind namens des (Vor-)Vereins von den Vorstandsmitgliedern einzulegen.[44]

34 Legt der Rechtsanwalt in einer Angelegenheit der freiwilligen Gerichtsbarkeit für den Verein Beschwerde ein, so bestimmt sich seine Beschwerdegebühr nach Nr. 3500 VV RVG (0,5 Gebühr). Die frühere Streitfrage, wie Beschwerden zu vergüten sind, hat sich erledigt.[45]

Auch wenn die Beschwerde erfolgreich ist, wird das Beschwerdegericht nicht anordnen, dass außergerichtliche Kosten zu erstatten sind, da § 81 Abs. 1 S. 1 FamFG voraussetzt, dass an

---

36 OLG München Rpfleger 2006, 287.
37 *Korintenberg/Lappe/Bengel/Reimann*, § 80 KostO Rn 12.
38 *Hartmann*, § 30 KostO Rn 50 „Vereinsregister"; *Korintenberg/Lappe/Bengel/Reimann*, § 80 KostO Rn 19.
39 *Assenmacher/Mathias*, KostO, Stichwort „Vereine" Ziff. 4.1; dies ist bei einem Amateursportverein verneint worden: BayObLG Rpfleger 1979, 398.
40 OLG München Rpfleger 2006, 287.
41 Vgl. *Assenmacher/Mathias*, KostO, Stichwort „Vereine" Ziff. 4.1.
42 Vgl. *Assenmacher/Mathias*, KostO, Stichwort „Vereine" Ziff. 4.1.
43 *Bumiller/Harders*, § 382 FamFG Rn 16.
44 Vgl. BayObLG NJW-RR 1991, 958 = DNotZ 1992, 46; BayObLG NJW-RR 2001, 1479 = DNotZ 2001, 853.
45 *Gerold/Schmidt/Madert*, VV 2300 Rn 21.

einer Angelegenheit Personen im entgegengesetzten Sinn beteiligt sind, die unterschiedliche Entscheidungen anstreben.[46]

Der Gegenstandswert bestimmt sich gemäß § 23 Abs. 1 S. 1 RVG nach den für die Gerichtsgebühren geltenden Vorschriften.[47] Im Fall der Beschwerde bemisst sich der für die Gerichtsgebühren maßgebliche Geschäftswert nach §§ 131 Abs. 4, 30 KostO, wird also regelmäßig mit 3.000 EUR (§ 30 Abs. 2 KostO) anzusetzen sein.

---

f) Muster: Vollmacht für Anmeldungen zum Vereinsregister   M 151

Die unterzeichneten Vorstandsmitglieder des Vereins _____ (Name des Vereins) 35
_____ (Angabe sämtlicher Vorstandsmitglieder mit Namen, Vornamen, Geburtsdatum und Wohnort sowie Funktion im Vorstand)
erteilen hiermit
dem _____ (Name, Vorname, Geburtsdatum, Wohnort)
Vollmacht,
im Namen des den Verein vertretenden Vorstands sämtliche Anmeldungen und Einreichungen zum Vereinsregister unter Beachtung der gesetzlichen Vorschriften und der Vereinsregister-Verordnung vorzunehmen und erforderliche Erklärungen abzugeben, Zustellungen und Mitteilungen entgegenzunehmen sowie gegen ergehende Beschlüsse oder Verfügungen des Amtsgerichts Rechtsbehelfe oder Rechtsmittel einzulegen.
_____ (Ort, Datum)
_____ (Unterschriften sämtlicher Vorstandsmitglieder)
(Beglaubigung der Unterschriften durch einen Notar)

Für die Erstanmeldung reicht ein Handeln des Vorstands in vertretungsberechtigter Zahl, § 77 36 BGB. **Elektronische Vereinsregisteranmeldungen** sind möglich, sofern das Landesrecht dies zulässt, § 14 Abs. 4 FamFG.[48]

Die in § 77 BGB vorgeschriebene öffentliche Beglaubigung erstreckt sich auch auf eine für Anmeldungen zum Vereinsregister erteilte Vollmacht.

---

g) Muster: Satzung eines eingetragenen, steuerlich gemeinnützigen Vereins   M 152

§ 1 Name, Sitz, Geschäftsjahr   37
(1) Der Verein führt den Namen Sportverein Tannhausen. Nach der Eintragung im Vereinsregister wird der Namenszusatz „eingetragener Verein" in der abgekürzten Form „e.V." hinzugefügt.
(2) Sitz des Vereins ist Tannhausen.
(3) Geschäftsjahr ist das Kalenderjahr.

§ 2 Zweck des Vereins
Zweck des Vereins ist die Förderung des Breitensports.
Der Satzungszweck wird verwirklicht insbesondere durch Zurverfügungstellung der Sportanlagen für Vereinsmitglieder und durch Gestellung von Sporttrainern und Übungsleitern.

---

46 Vgl. *Bumiller/Harders*, § 81 FamFG Rn 8.
47 *Gerold/Schmidt/Madert*, § 23 RVG Rn 32.
48 Einzelheiten bei *Terner*, DNotZ 2010, 5 ff.

§ 3 Gemeinnützigkeit
(1) Der Verein verfolgt ausschließlich und unmittelbar gemeinnützige Zwecke.
(2) Der Verein ist selbstlos tätig; er verfolgt nicht in erster Linie eigenwirtschaftliche Zwecke.
(3) Mittel des Vereins dürfen nur für die satzungsgemäßen Zwecke verwendet werden. Die Mitglieder erhalten keine Zuwendungen aus Mitteln des Vereins.
(4) Es darf keine Person durch Ausgaben, die dem Zweck des Vereins als Körperschaft fremd sind, oder durch unverhältnismäßig hohe Vergütungen begünstigt werden.

§ 4 Begründung der Mitgliedschaft
(1) Mitglieder des Vereins können alle Personen werden, die das 10. Lebensjahr vollendet haben.
(2) Dem Verein ist eine schriftliche Beitrittserklärung vorzulegen. Bei Personen, die das 18. Lebensjahr noch nicht vollendet haben, muss die schriftliche Zustimmungserklärung des/der gesetzlichen Vertreter/s beigefügt werden.
(3) Über die Aufnahme entscheidet der Vorstand.
(4) Die Mitgliedschaft beginnt mit der Aushändigung der Mitgliedskarte.
(5) Ein Anspruch auf Aufnahme besteht nicht.
(6) Hat der Vorstand die Aufnahme abgelehnt, so kann der Mitgliedschaftsbewerber Einspruch zur nächsten Mitgliederversammlung einlegen, die dann abschließend über die Aufnahme oder Nichtaufnahme entscheidet.

§ 5 Austritt der Mitglieder
(1) Die Mitglieder sind zum Austritt aus dem Verein berechtigt.
(2) Die schriftliche Austrittserklärung ist an ein Vorstandsmitglied zu richten. Der Austritt ist unter Einhaltung einer Kündigungsfrist von einem Monat nur zum Schluss eines Kalenderhalbjahres zulässig.

§ 6 Ausschluss aus dem Verein
(1) Die Mitgliedschaft kann der Verein durch den Ausschluss eines Mitglieds beenden.
(2) Der Ausschluss ist nur aus einem wichtigen Grund zulässig, insbesondere, wenn das Mitglied vorsätzlich gegen die Satzung und damit gegen den Zweck des Vereins in erheblichem Maße oder wiederholt verstoßen hat.
(3) Über den Ausschluss entscheidet der Vorstand.
(4) Vor der Beschlussfassung ist dem betroffenen Mitglied unter Setzung einer angemessenen Frist Gelegenheit zu geben, sich zu den schriftlich mitgeteilten Ausschlussgründen persönlich vor dem Vorstand oder schriftlich zu äußern.
(5) Der Beschluss über den Ausschluss ist zu begründen und dem betroffenen Mitglied mittels Einschreiben bekannt zu machen.
(6) Gegen den Ausschluss steht dem Mitglied das Recht der Berufung an die nächste Mitgliederversammlung zu. Die Berufung ist schriftlich innerhalb einer Frist von einem Monat ab Zugang des Ausschließungsbeschlusses beim Vorstand einzulegen. Die Berufung hat aufschiebende Wirkung.
(7) Die Mitgliedschaft ist beendet, wenn die Berufungsfrist versäumt wird oder wenn die Mitgliederversammlung den Ausschluss bestätigt.

§ 7 Rechte der Mitglieder
Jedes Mitglied hat das Recht, die Einrichtungen des Vereins zu nutzen und dessen Unterstützung im Rahmen der satzungsmäßigen Aufgaben des Vereins in Anspruch zu nehmen.

§ 8 Mitgliedsbeiträge
(1) Jedes Mitglied hat einen Mitgliedsbeitrag in Geld zu leisten.
(2) Die Höhe des Beitrags wird jährlich von der Mitgliederversammlung festgelegt.

(3) Minderjährige Mitglieder haben nur die Hälfte des festgesetzten Beitrags zu leisten.
(4) Die Beiträge sind am 1. April eines Jahres fällig.

§ 9 Streichung aus der Mitgliederliste
(1) Hat ein Mitglied den fälligen Beitrag nicht geleistet, so wird es nach einem Monat schriftlich per Einschreiben gemahnt und darauf hingewiesen, dass es, wenn der Beitrag nicht bis zum 1. Juni eingeht, aus der Mitgliederliste gestrichen wird.
(2) Das sodann säumige Mitglied wird vom Vorstand aus der Mitgliederliste mit der Folge des Ausschlusses aus dem Verein gestrichen. Dies wird dem Betroffenen formlos mitgeteilt.

§ 10 Organe
Organe des Vereins sind
    a) der Vorstand,
    b) die Mitgliederversammlung.

§ 11 Der Vorstand
(1) Der Vorstand besteht aus dem 1. und 2. Vorsitzenden, dem Kassenwart und dem Schriftführer.
(2) Die Vorstandsmitglieder müssen Vereinsmitglieder sein.
(3) Der Vorstand führt die Vereinsgeschäfte ehrenamtlich.
(4) Für die Beschlussfassung gilt § 28 Abs. 1 i.V.m. §§ 32, 34 BGB mit der Maßgabe, dass bei Stimmengleichheit die Stimme des 1. Vorsitzenden den Ausschlag gibt.
(5) Der Verein wird gerichtlich und außergerichtlich durch den 1. und 2. Vorsitzenden jeweils einzeln vertreten. Der 2. Vorsitzende wird im Innenverhältnis angewiesen, von seiner Vertretungsbefugnis nur im Falle der Verhinderung des 1. Vorsitzenden Gebrauch zu machen.
(6) Die Mitglieder des Vorstands werden von der Mitgliederversammlung auf die Dauer von zwei Jahren in geheimer Abstimmung gewählt. Sie bleiben solange im Amt, bis satzungsgemäß ein neuer Vorstand bestellt ist.

§ 12 Mitgliederversammlung
(1) Jährlich im April muss eine ordentliche Mitgliederversammlung stattfinden.
(2) Eine außerordentliche Mitgliederversammlung muss einberufen werden, wenn dies das Interesse des Vereins erfordert, wenn ein Vorstandsmitglied vorzeitig ausgeschieden ist oder wenn der 10. Teil der Mitglieder schriftlich vom Vorstand unter Angabe von Zweck und Grund einer alsbaldigen Mitgliederversammlung deren Einberufung verlangt hat.
(3) Zuständig für die Festlegung der vorläufigen Tagesordnung und für die Einberufung der Mitgliederversammlung ist der Vorstand.
(4) Zur ordentlichen Mitgliederversammlung ist mit einer Frist von vier Wochen, zu einer außerordentlichen Mitgliederversammlung mit einer Frist von zwei Wochen unter Bekanntgabe der Tagesordnung einzuladen. Die Einberufung muss in der Samstagsausgabe des Tannhauser Tagblatts veröffentlicht werden.
(5) Die Mitgliederversammlung ist zuständig für
    – Satzungsänderungen,
    – Wahl des Vorstands und dessen Entlastung,
    – Beitragsfestsetzung,
    – Aufnahme eines Mitglieds nach Berufung des abgelehnten Aufnahmebewerbers,
    – Ausschließung eines Mitglieds nach fristgerechter Berufung des betroffenen Mitglieds,
    – Auflösung des Vereins.

(6) Jedes Mitglied hat eine Stimme. Nicht volljährige Mitglieder stimmen durch ihren gesetzlichen Vertreter ab. Die Erteilung einer Stimmvollmacht ist nur an ein Vereinsmitglied zulässig. Mehr als zwei Stimmvollmachten dürfen nicht erteilt werden.
(7) Es entscheidet die absolute Mehrheit der gültig abgegebenen Stimmen. Stimmenthaltungen und ersichtlich ungültige Stimmen werden nicht mitgezählt.
(8) Zur Beschlussfassung über die Änderung der Satzung ist eine qualifizierte Mehrheit von 2/3, für die Beschlussfassung über die Änderung des Zwecks des Vereins und über dessen Auflösung ist eine qualifizierte Mehrheit von 3/4 erforderlich.
(9) Wahlen sind geheim. Jeder stimmberechtigte Teilnehmer vermerkt auf einem Blatt den Kandidaten, den er wählen will, und gibt das Blatt in einem verschlossenen Umschlag beim Versammlungsleiter ab. Gewählt ist der Kandidat, der die meisten Stimmen auf sich vereinigt. Block- und Listenwahlen sind zulässig.

§ 13 Versammlungsniederschrift
(1) Über den Verlauf der Mitgliederversammlung ist ein Ergebnisprotokoll zu fertigen, das vom Versammlungsleiter und vom Schriftführer zu unterschreiben ist.
(2) Eine Abschrift des Versammlungsprotokolls ist den Mitgliedern innerhalb von drei Wochen nach der Versammlung zu übersenden.
(3) Geht innerhalb weiterer zweier Wochen kein Einspruch ein, gilt das Protokoll als genehmigt.

§ 14 Auflösung des Vereins
(1) Über die Auflösung des Vereins kann nur in einer mit diesem Tagesordnungspunkt einberufenen außerordentlichen Mitgliederversammlung Beschluss gefasst werden.
(2) Zur Beschlussfähigkeit ist die Anwesenheit von 4/5 der Mitglieder erforderlich.
(3) Ist die Beschlussfähigkeit nicht gegeben, so ist vor Ablauf von vier Wochen seit diesem Versammlungstag eine weitere Mitgliederversammlung mit derselben Tagesordnung einzuberufen. Diese weitere Versammlung darf frühestens zwei Monate nach der ersten Mitgliederversammlung stattfinden. In der Einladung ist darauf hinzuweisen, dass die neue Mitgliederversammlung ohne Rücksicht auf die Zahl der erschienenen Mitglieder beschlussfähig ist.

§ 15 Liquidation
Die Liquidation obliegt dem 1. und 2. Vorsitzenden, § 11 gilt entsprechend.

§ 16 Anfall des Vereinsvermögens
Das nach der Liquidation verbleibende Vereinsvermögen fällt der Stadt Tannhausen an, die es unmittelbar und ausschließlich für gemeinnützige Zwecke zu verwenden hat.

2. Nach der Ersteintragung des Vereins erforderliche Anmeldungen und Eintragungen
a) Vorstandsänderung
aa) Inhalt der Anmeldung

38 Jede Änderung des Vorstands ist von dem neu bestellten Vorstand zur Eintragung in das Vereinsregister anzumelden (§ 67 Abs. 1 S. 1 BGB). Die Anmeldung kann erzwungen werden (§ 78 BGB), gegen den säumigen Vorstand kann ein Zwangsgeld verhängt werden (§ 388 Abs. 2 FamFG). Beim mehrgliedrigen Vorstand genügt die Anmeldung in vertretungsberechtigter Zahl, § 77 Abs. 1 BGB.

Anzumelden ist, wenn eine Änderung im Personenbestand des Vorstands eingetreten ist, etwa durch Ausscheiden und Neubestellung, sei es durch Abberufung, Amtsenthebung, Amtsniederlegung, Tod oder Amtsablauf, Wegfall der satzungsmäßigen Bestellvoraussetzungen oder Eintritt der Geschäftsunfähigkeit. Streitig ist, ob auch die Änderung des Familiennamens anmeldepflichtig ist;[49] dies dürfte zu verneinen sein, weil es auf den Zeitpunkt der Eintragung als Vorstandsmitglied ankommt.

Die Wiederbestellung des Vorstands ist nicht anmeldepflichtig; sie soll dem Registergericht formlos mitgeteilt werden, wenn sich aus dem zuletzt eingereichten Wahlprotokoll eine feste Amtszeit ergibt. Anderes gilt, wenn die Amtszeit im Register eingetragen ist.

Es kann nur ein zur Vertretung berechtigter Vorstand anmelden. Deshalb ist ein ausgeschiedenes Vorstandsmitglied nicht mehr anmeldeberechtigt, die Verpflichtung trifft den neu bestellten Vorstand.[50]

Die Anmeldung ist in öffentlich beglaubigter Form vorzunehmen (§ 77 i.V.m. § 129 BGB).

Der Anmeldung ist eine Abschrift der Urkunde beizufügen, aus der sich die Änderung des Vorstands ergibt (§ 67 Abs. 1 S. 2 BGB). Das vorzeitige Ende des Vorstandsamtes wird im Falle des Todes durch Vorlage einer Sterbeurkunde nachgewiesen, im Falle der Abberufung durch Vorlage des entsprechenden Beschlussprotokolls und im Falle der Amtsniederlegung durch Einreichung des Schreibens, in dem der Vorstand seinen Rücktritt erklärt hat.

bb) Typischer Sachverhalt

Im gegründeten Sportverein Tannhausen e.V. wurde die Besetzung des Vorstandes geändert. **39** Diese Änderung wird nunmehr zur Eintragung in das Vereinsregister angemeldet.

---

cc) Muster: Anmeldung einer Vorstandsänderung **M 153**

Amtsgericht – Registergericht – **40**
Tannhausen
Betr.:   Sportverein Tannhausen e.V.
         VR _____, hier Vorstandsänderung
Zur Eintragung in das Vereinsregister melden wir an:
In der Mitgliederversammlung vom 18.11.2012 wurde der Vorstand wie folgt neu gewählt:
Erster Vorsitzender: Funk, Norbert, geb. 25.2.1969, wohnh. Tannhausen, Goethestr. 17,
Zweiter Vorsitzender: Schaller, Martin, geb. 19.12.1973, wohnh. Tannhausen, Schillerstr. 10.
Die Herren Franz Müller und Peter Rademacher sind aus dem Vorstand ausgeschieden.
Wir versichern, dass die Versammlung satzungsgemäß unter der Tagesordnung „Vorstandsneuwahl" einberufen worden und dass die Wahl ordnungsgemäß verlaufen ist.
Abschrift der Versammlungsniederschrift vom 18.11.2012 ist beigefügt.
_____ (Unterschrift Norbert Funk)   _____ (Unterschrift Martin Schaller)
(Unterschriftsbeglaubigung durch einen Notar)

---

dd) Kosten

Der Notar erhält für die Unterschriftsbeglaubigung ein Viertel der vollen Gebühr (§ 45 Abs. 1 **41** KostO). Beurkundet oder entwirft er die Anmeldung, so entsteht ein Anspruch auf eine halbe Gebühr (§ 38 Abs. 1 Nr. 7 KostO, ggf. i.V.m. § 145 Abs. 1 KostO). Das Gericht berechnet für die Eintragung eine volle Gebühr (§ 80 Abs. 1 Nr. 2 KostO). In beiden Fällen bestimmt sich der Geschäftswert nach §§ 29 S. 1, 30 Abs. 2 KostO.

---

49 Vgl. *Reichert*, Rn 2350.
50 Vgl. KG JW 1927, 1703; OLG Frankfurt/M. OLGZ 1983, 385 = DNotZ 1983, 771 (zur GmbH).

Wird aufgrund derselben Anmeldung sowohl eine Vorstandsänderung als auch eine Satzungsänderung eingetragen, so ist die Gerichtsgebühr nach § 80 Abs. 1 Nr. 2 KostO nur einmal nach dem nach § 30 Abs. 2 KostO zu bestimmenden Geschäftswert zu erheben (§ 80 Abs. 2 KostO). Hier kann aber Veranlassung bestehen, vom Regelwert von 3.000 EUR angemessen nach oben abzuweichen.[51] Diese Abweichung kann auch gerechtfertigt sein, wenn die Änderung mehrerer Mitglieder des Vorstands eingetragen worden ist.[52] Für die Notargebühren sind dies demgegenüber unterschiedliche Gegenstände, so dass der Wert nach § 44 Abs. 2a KostO addiert wird.[53]

b) Satzungsänderung
aa) Inhalt der Anmeldung

42 Jede Satzungsänderung einschließlich der Zweckänderung wird erst wirksam, wenn sie im Vereinsregister eingetragen worden ist (§ 71 Abs. 1 S. 1 BGB); rückwirkende Kraft kann einem Satzungsänderungsbeschluss wegen dieser konstitutiven Wirkung der Eintragung nicht beigelegt werden.[54]

Eine Satzungsänderung ist gegeben, wenn der Text der ursprünglichen oder später geänderten Satzung erweitert, gekürzt oder in sonstiger Weise abgeändert wird, und zwar unabhängig davon, ob die Änderung die Satzung sachlich verändert oder nur den Wortlaut.[55] Satzungsänderungen sind auch Änderungen von Vereinsordnungen, die zum Satzungsbestandteil erklärt worden sind, wie dies etwa bei einer Schiedsgerichtsordnung der Fall sein kann.

Aus dem Inhalt der Anmeldeerklärung muss das Registergericht zweifelsfrei erkennen können, was der Antragsteller sachlich vom Gericht begehrt.[56] Sind nur einzelne Bestimmungen der Satzung geändert worden, so sind diese in der Anmeldeerklärung samt dem Regelungsgegenstand zu bezeichnen, wobei eine schlagwortartige Anführung genügt.[57]

Ist die Satzung neu gefasst worden, so muss in der Anmeldung hierauf hingewiesen werden; schlagwortartig sind diejenigen geänderten Satzungsbestimmungen anzuführen, die die nach § 64 BGB eingetragenen Tatsachen bzw. Rechtsverhältnisse betreffen.

Der Anmeldung ist der die Änderung enthaltende Beschluss in Abschrift und der vollständige, neue (nicht zwingend unterschriebene[58]) Satzungswortlaut beizufügen. In dem Satzungstext müssen die geänderten Bestimmungen mit dem Beschluss über die Satzungsänderung und die unveränderten Bestimmungen mit dem zuletzt zum Vereinsregister eingereichten Wortlaut übereinstimmen (§ 71 Abs. 1 BGB); eine gesonderte Versicherung in Anlehnung an §§ 54 Abs. 1 S. 2 GmbHG, 181 Abs. 1 S. 2 AktG darf des Registergericht hierzu jedoch vom Vorstand nicht verlangen.[59] Die Anmeldung ist in öffentlich beglaubigter Form vorzunehmen (§ 77 i.V.m. § 129 BGB).

bb) Typischer Sachverhalt

43 Der Sportverein Tannhausen e.V. hat seine Satzung geändert und will dies nun zur Eintragung in das Vereinsregister anmelden.

---

51 Vgl. *Assenmacher/Mathias*, KostO, Stichwort „Vereine" Ziff. 4.2.
52 Vgl. *Stöber/Otto*, Rn 1481.
53 OLG Hamm RNotZ 2009, 554 = FGPrax 2009, 185.
54 OLG Hamm DNotZ 2007, 317.
55 Vgl. BayObLGZ 1975, 435, 438; 1978, 282, 286; KG OLGZ 1974, 385, 386.
56 Vgl. BayObLGZ 1985, 82, 85= Rpfleger 1985, 241 (zur GmbH).
57 Vgl. *Reichert*, Rn 649 f.; *Stöber/Otto*, Rn 1360.
58 OLG Hamm NZG 2010, 1113.
59 OLG Düsseldorf RNotZ 2010, 477 m. Anm. *Terner*; siehe auch OLG Hamm NZG 2010, 1113. Die Anmeldung darf – und muss – aber zurückgewiesen werden, wenn der eingereichte Text der Satzung nicht richtig ist, OLG München MittBayNot 2012, 58.

cc) Muster: Anmeldung einer Satzungsänderung

M 154

Amtsgericht – Registergericht
Tannhausen
Betr. Sportverein Tannhausen e.V.
      VR _____: hier Satzungsänderung
Zur Eintragung in das Vereinsregister melden wir an:
Die Mitgliederversammlung vom 15.12.22012 hat die Änderung der Satzung in § 5 (Höhe des Mitgliedsbeitrags) und durch Einfügung eines § 12a (Einschränkung der Vertretungsmacht des Vorstands) beschlossen.
Es wird versichert, dass die Versammlung satzungsgemäß unter Anführung der angegebenen Satzungsänderungen in der Tagesordnung einberufen worden und dass der gefasste Beschluss ordnungsgemäß zustande gekommen ist.
Abschrift des Versammlungsprotokolls vom 15.12.2012 sowie ein vollständiger Wortlaut der Satzung, in dem die geänderten Bestimmungen mit dem Beschluss über die Satzungsänderung und die unveränderten Bestimmungen mit der zuletzt dem Register eingereichten Fassung übereinstimmen, sind beigefügt.
_____ (Unterschrift Norbert Funk, 1. Vorsitzender)
_____ (Unterschrift Martin Schaller, 2. Vorsitzender)
(Unterschriftsbeglaubigung durch einen Notar)

dd) Kosten

Der Notar erhält für die Unterschriftsbeglaubigung ein Viertel der vollen Gebühr (§ 45 Abs. 1 KostO). Beurkundet oder entwirft er die Anmeldung, so entsteht ein Anspruch auf eine halbe Gebühr (§ 38 Abs. 1 Nr. 7 KostO, ggf. i.V.m. § 145 Abs. 1 KostO). Das Gericht berechnet für die Eintragung der Satzungsänderung eine volle Gebühr (§ 80 Abs. 1 Nr. 2 KostO).

c) Auflösung des Vereins und erste Liquidatoren
aa) Inhalt der Anmeldung

Der Verein kann durch Beschluss der Mitgliederversammlung mit einer Mehrheit von 3/4 der erschienenen Mitglieder aufgelöst werden; die Satzung kann eine andere Mehrheit vorsehen (§ 41 BGB). Die Wirkungen der Auflösung treten mit der Beschlussfassung ein.[60]

Fällt das Vereinsvermögen an den Fiskus (§ 46 BGB), so führt der Auflösungsbeschluss das sofortige Ende des Vereins herbei, eine Liquidation findet nicht statt, § 47 BGB. In diesem Fall hat der bisher amtierende Vorstand in vertretungsberechtigter Zahl die Auflösung zur Eintragung anzumelden und eine Abschrift des Auflösungsbeschlusses der Anmeldung beizufügen (§ 74 Abs. 2 BGB).

Fällt das Vereinsvermögen nicht an den Fiskus, so muss eine Liquidation stattfinden, sofern nicht über das Vermögen des Vereins das Insolvenzverfahren eröffnet ist (§ 47 BGB). In diesem Fall hat der Vorstand nicht nur die Auflösung, sondern zusätzlich die ersten Liquidatoren und deren Vertretungsmacht[61] anzumelden und zwar auch dann, wenn die Liquidation dem bisherigen Vorstand obliegt (§ 76 Abs. 2 S. 1 BGB). Sind andere Personen als Liquidatoren bestellt wor-

---

60 Vgl. Reichert, Rn 4003.
61 Eine Satzungsbestimmung über die Vertretungsmacht des Vorstandes gilt nur dann auch für die Liquidatoren, wenn dies in der Satzung ausdrücklich geregelt ist, ansonsten vertreten die Liquidatoren nach der gesetzlichen Regelung zwingend nach dem Mehrheitsprinzip (§§ 48 Abs. 2 i.V.m. 26 BGB), vgl. BGH Rpfleger 2009, 156 = DNotZ 2009, 300 (zur GmbH); Gleiches gilt für eine Befreiung von § 181 BGB, vgl. OLG Hamm RNotZ 2010, 544 (zur GmbH).

den, so ist der Anmeldung der Beschluss der Mitgliederversammlung über die Bestellung in Abschrift beizufügen. Wird weiter eine Satzungsbestimmung über die Beschlussfassung der Liquidatoren angemeldet, so ist eine Abschrift der die Bestimmung enthaltenden Urkunde beizufügen (§ 76 Abs. 2 S. 2 BGB).

Für später notwendig werdende Anmeldungen sind die Liquidatoren zuständig. Die Anmeldungen können durch Festsetzung von Zwangsgeld erzwungen werden (§ 78 BGB i.V.m. § 388 Abs. 2 FamFG). Die Anmeldung ist in öffentlich beglaubigter Form vorzunehmen (§ 77 i.V.m. § 129 BGB).

bb) Typischer Sachverhalt

47 Der Sportverein Tannhausen e.V. hat sich durch Beschluss der Mitgliederversammlung aufgelöst und die beiden ehemaligen Vorstandsvorsitzenden zu Liquidatoren bestellt. Beide Umstände sollen zur Eintragung ins Vereinsregister angemeldet werden.

M 155 cc) **Muster: Anmeldung der Auflösung/Liquidatorenbestellung**

48 Amtsgericht – Registergericht
Tannhausen
Betr.:   Sportverein Tannhausen e.V.
         VR _____ hier: Anmeldung der Auflösung
Zur Eintragung in das Vereinsregister melden wir an:
Die Mitgliederversammlung hat am 17.12.2012 die Auflösung des Vereins beschlossen.
Liquidatoren sind nach § 17 der Satzung die letzten Vorstandsmitglieder, sie vertreten wie der Vorstand; andere Personen wurden nicht zu Liquidatoren bestellt. Liquidatoren sind somit:
1.   Funk, Norbert, geb. 25.2.1969, wohnh. Tannhausen, Goethestr. 17,
2.   Schaller, Martin, geb. 19.12.1973, wohnh. Tannhausen, Schillerstr. 10.
Wir versichern, dass die Versammlung satzungsgemäß unter Mitteilung der Tagesordnung „Auflösung des Vereins" einberufen worden ist, dass die Versammlung beschlussfähig war und dass der gefasste Beschluss ordnungsgemäß zustande gekommen ist.
Abschrift des Auflösungsbeschlusses ist beigefügt.
_____ (Unterschrift Norbert Funk)   _____ (Unterschrift Martin Schaller)
(Unterschriftsbeglaubigung durch einen Notar)

---

dd) Kosten

49 Der Notar erhält für die Unterschriftsbeglaubigung ein Viertel der vollen Gebühr (§ 45 Abs. 1 KostO). Beurkundet oder entwirft er die Anmeldung, so entsteht ein Anspruch auf eine halbe Gebühr (§ 38 Abs. 1 Nr. 7 KostO, ggf. i.V.m. § 145 Abs. 1 KostO). Das Gericht berechnet für die Eintragungen eine volle Gebühr (§ 80 Abs. 1 Nr. 2 KostO).

III. Anwaltschaftliche Beratung und Vertretung in Vereinsangelegenheiten

1. Anwaltschaftliche Beratung von Vereinsmitgliedern in der Mitgliederversammlung
a) Zulässigkeit einer Beratung

50 Ein Vereinsmitglied kann sich grundsätzlich bei der Ausübung der Mitgliedschaftsrechte nicht durch einen Dritten vertreten lassen, § 38 BGB. Etwas anderes gilt nur dann, wenn dies der Sat-

zung, einem Beschluss der Mitgliederversammlung oder der ständigen Vereinsübung entspricht oder dem Treuegebot geschuldet ist.[62]

Fehlt es an der satzungsmäßigen Zulassung eines Beistandes, kann die Mitgliederversammlung eine entsprechende Entscheidung mit einfacher Mehrheit treffen.[63]

Ein Anwalt als Berater muss zugelassen werden, wenn ein Mitglied einen dahin gehenden Anspruch hat. Ein solcher kann sich aus der Treuepflicht ergeben, die der Verein seinen Mitgliedern schuldet; es dürfen aber die Interessen der Mitgliederversammlung nicht entgegenstehen. Also ist eine Güterabwägung vorzunehmen, da der Verein durch die Teilnahme seiner Mitglieder an einer nichtöffentlichen Versammlung ein Interesse daran hat, „unter sich bleiben zu wollen".[64] Zur Darlegung des Treuepflichtanspruchs hat der Gesuchsteller die Mehrheit der Versammlung davon zu überzeugen, dass er sich vor der Versammlung nicht sachkundig beraten lassen konnte, dass der rechtliche oder wirtschaftliche Schwierigkeitsgrad des oder der Tagesordnungspunkte eine juristische Beratung erforderlich macht oder dass persönliche Gründe, z.B. hohes Alter oder rechtliche (wirtschaftliche) Unerfahrenheit eine Hilfestellung durch einen Anwalt als Berater notwendig erscheinen lassen.[65]

Wird trotz bestehenden Treuepflichtanspruchs die Zulassung eines Rechtsanwalts als Berater versagt, können gefasste Beschlüsse unwirksam sein.[66]

b) Gegenstandswert

Nimmt ein Rechtsanwalt als Berater eines Mitglieds an einer Mitgliederversammlung teil, ist der Wert der Tätigkeit gemäß § 23 Abs. 3 S. 2 RVG – sofern er nicht feststeht – nach billigem Ermessen zu bestimmen. Zu berücksichtigen sind hierbei alle Tagesordnungspunkte, an denen der Auftraggeber interessiert ist, nicht nur die Punkte, über die ein Beschluss gefasst wird. Fehlen genügende tatsächliche Anhaltspunkte für eine Schätzung des Gegenstandswerts, greift nach § 23 Abs. 3 S. 2 Hs. 2 RVG der Hilfswert von 4.000 EUR. 51

2. Anwaltschaftliche Vertretung bei der gerichtlichen Anfechtung von Beschlüssen der Mitgliederversammlung
a) Anfechtungsgründe

Ein Beschluss der Mitgliederversammlung kann aus materiellen und aus formellen bzw. verfahrensrechtlichen Gründen unwirksam sein. 52

Ein Beschluss der Mitgliederversammlung ist nichtig, wenn er gegen das Gesetz verstößt. Beispiel: Die Mitgliederversammlung weist den Vorstand trotz Insolvenzreife des Vereins an, keinen Antrag auf Eröffnung des Insolvenzverfahrens zu stellen; Verstoß gegen § 42 Abs. 2 S. 1 BGB. 53

Nichtig ist weiter ein Beschluss, wenn er gegen das Vereinsgesetz, gegen Kartellbestimmungen, gegen das Strafrecht oder gegen zwingende Vorschriften des öffentlichen Rechts verstößt.[67] Die Nichtigkeit eines Beschlusses kann sich auch daraus ergeben, dass dieser gegen zwingende

---

[62] Vgl. BGHZ 55, 381, 390 f. = NJW 1971, 879; Soergel/*Hadding*, § 38 BGB Rn 20. Siehe auch OLG Zweibrücken Rpfleger 2006, 658 (zur Teilnahmeberechtigung eines Fremdorgans an einer Mitgliederversammlung).
[63] OLG Stuttgart BB 1993, 2179, 2180 = ZIP 1993, 1474; OLG Stuttgart GmbHR 1997, 1107; OLG Düsseldorf NJW-RR 1992, 1452 (jeweils zur GmbH).
[64] Vgl. zur Wohnungseigentümerversammlung: BGHZ 121, 236 = NJW 1993, 1329, 1331.
[65] Vgl. BGH a.a.O.; OLG Stuttgart GmbHR 1997, 1107.
[66] Vgl. *Stöber/Otto*, Rn 717.
[67] Vgl. *Reichert*, Rn 1832.

Vorschriften der Satzung verstößt.[68] Gleiches gilt, wenn der Beschluss praktisch nicht durchführbar ist.[69]

54 Als Verfahrensfehler kommen in Betracht:
- **Einberufungsfehler:** Die Mitglieder wurden von einem unzuständigen Organ eingeladen. Die Tagesordnung wurde nicht oder nicht vollständig mitgeteilt. Ein Teil der Mitglieder wurde nicht eingeladen.[70]
- **Leitungsfehler:** Die Versammlung wurde von einem nicht zuständigen Organ geleitet. Der Leiter hat nicht beachtet, dass die nach der Satzung erforderliche Beschlussfähigkeit nicht gegeben war und hat trotzdem abstimmen lassen.[71]
- **Sonstige Verfahrensfehler:** In unzulässiger Weise ist die Aussprache beschränkt worden, das Stimmrecht ist zu Unrecht versagt worden.[72] Die Versammlung war nicht mehr beschlussfähig.[73] Es ist über einen nicht form- und fristgerecht eingebrachten Antrag abgestimmt worden.[74] Es haben Nicht-Stimmberechtigte mitgestimmt.[75] Es fehlte an der nach dem Gesetz (§ 32 Abs. 1 S. 3 BGB) oder nach der Satzung erforderlichen Mehrheit.[76] Es wurde eine Blockwahl ohne satzungsgemäße Grundlage durchgeführt.[77]

55 Im Vereinsrecht gilt der Grundsatz, dass Beschlussmängel grundsätzlich zur Nichtigkeit des Beschlusses führen; eine Differenzierung zwischen anfechtbaren und nichtigen Beschlüssen wie im GmbH- und Aktienrecht (§§ 241 ff. AktG) gibt es nach der Rechtsprechung nicht.[78]

56 Eingeschränkt wird der Grundsatz der Nichtigkeit bei Verfahrensfehlern dadurch, dass sie für ein objektiv urteilendes Verbandsmitglied von **Relevanz** sein müssen.[79]

57 Die Beweislast für die fehlende Ursächlichkeit (Relevanz) trifft den Verein.[80] Die Beweislast kann sich jedoch umkehren, wenn eine Niederschrift über die Mitgliederversammlung durch die folgende Mitgliederversammlung widerspruchslos genehmigt wird.[81]

58 Bei mitgliederschützenden satzungsmäßigen Verfahrensvorschriften ist es nach herrschender Auffassung erforderlich, dass die betroffenen Mitglieder den Verstoß alsbald geltend machen, widrigenfalls ein Recht zur Anfechtung verwirkt ist.[82]

59 Bestimmt die Satzung, dass vor einer Klage ein Verbandsorgan nach Rüge Beschlussmängel überprüfen muss, so muss dieses sog. Vorschaltverfahren grundsätzlich vor einer Klageerhebung eingehalten werden.[83]

---

68 Vgl. z.B. BayObLGZ 1987, 161, 170.
69 Vgl. Soergel/*Hadding*, § 32 BGB Rn 36; *Reichert*, Rn 1838.
70 Vgl. BGHZ 59, 369, 373; BayObLG NJW-RR 1997, 289.
71 Vgl. BGHZ 126, 335, 338 = NJW 1994, 349.
72 Vgl. RGZ 36, 24, 25; BGHZ 44, 245, 253; BGH WM 1987, 71, 72.
73 Vgl. BGHZ 126, 335, 338 = NJW 1994, 349.
74 Vgl. BGH WM 1987, 373, 374; OLG Celle FGPrax 2012, 34.
75 Vgl. BGHZ 49, 209, 210 f. = NJW 1968, 543; BGHZ 84, 209, 213.
76 Vgl. BGH WM 1987, 1070.
77 OLG Bremen NJW-RR 2011, 1487.
78 BGH NJW 2008, 69, 72 mit Bespr. *Terner*, NJW 2008, 16; OLG Saarbrücken NZG 2008, 667.
79 BGH NJW 2008, 69, 73; Palandt/*Ellenberger*, § 32 Rn 10. Die von der Rechtsprechung insoweit früher angestellten Kausalitätserwägungen sind durch das Erfordernis der Relevanz des Verfahrensfehlers abgelöst worden.
80 Vgl. BGHZ 59, 369; BayObLGZ NJW-RR 1997, 290; OLG Karlsruhe NJW-RR 1998, 684.
81 Vgl. BGHZ 49, 209, 212 = NJW 1968, 543.
82 Vgl. LG Bremen Rpfleger 1990, 466; Palandt/*Ellenberger*, § 32 BGB Rn 10; Soergel/*Hadding*, § 32 BGB Rn 37a; *Reichert*, Rn 2001 ff.
83 Vgl. KG NJW 1988, 3159.

b) Feststellungsklage

Die Unwirksamkeit eines Beschlusses der Mitgliederversammlung ist durch (Nichtigkeits-)Feststellungsklage nach § 256 ZPO geltend zu machen.[84] Der Klageantrag kann lauten: „Es wird festgestellt, dass die in der Mitgliederversammlung vom _____ (Datum) durchgeführten Wahlen ungültig sind." **60**

Gibt das Gericht der Klage statt, stellt es somit die Unwirksamkeit eines Versammlungsbeschlusses fest, so wirkt das Urteil nicht nur unter den Parteien des Rechtsstreits, sondern für und gegen alle.[85]

c) Streitwert

Der Zuständigkeitsstreitwert richtet sich nach § 3 ZPO, der Gebührenstreitwert nach § 48 GKG. Der Zuständigkeits- und Gebührenstreitwert wird grds. durch die Anträge des Klägers (Widerklägers) bestimmt.[86] **61**

Handelt es sich um eine Streitigkeit vermögensrechtlicher Art, richtet sich der Streitwert nach § 3 ZPO (Zuständigkeit) bzw. §§ 48 Abs. 1 S. 1 GKG, 3 ZPO (Gebühren). Der Wert wird nach freiem Ermessen festgesetzt, wobei das wirtschaftliche Interesse des Klägers maßgebend ist.[87] **62**

Handelt es sich um eine nichtvermögensrechtliche Streitigkeit, richtet sich der Zuständigkeitsstreitwert ebenfalls nach § 3 ZPO, der Gebührenstreitwert hingegen nach § 48 Abs. 2 GKG. Danach wird der Streitwert unter Berücksichtigung aller Umstände des Einzelfalles, insbesondere des Umfangs und der Bedeutung der Sache und der Vermögens- und Einkommensverhältnisse der Parteien nach Ermessen bestimmt. Er darf nicht über eine Million Euro angenommen werden.

Für die Unterscheidung zwischen vermögensrechtlicher und nichtvermögensrechtlicher Streitigkeit ist die Frage, ob es sich um einen nichtwirtschaftlichen (Ideal-)Verein oder um einen wirtschaftlichen Verein handelt, nicht von entscheidender Bedeutung. Es kommt maßgeblich darauf an, welche konkreten Anträge von dem Verein bzw. gegen diesen verfolgt werden.[88] Unerheblich ist auch, ob der Verein nach §§ 21, 22 BGB rechtsfähig ist oder es sich um einen nichtrechtsfähigen Verein i.S.d. § 54 BGB handelt.[89] **63**

Eine nichtvermögensrechtliche Streitigkeit liegt z.B. vor, wenn ein Verein auf Feststellung in Anspruch genommen wird, dass sein Vorstand nicht rechtmäßig gewählt worden sei.[90] **64**

Ist hingegen Gegenstand der gerichtlichen Anfechtung ein Beschluss über die Erhöhung des Vereinsbeitrages oder über die Erhebung einer Umlage, so ist eine vermögensrechtliche Streitigkeit gegeben.[91]

Wird weiter dem Vorstand die Entlastung versagt und werden ihm in etwa ziffernmäßig benannte Schadensersatzansprüche in Aussicht gestellt, so kann der Vorstand negative Feststellungsklage dahin erheben, dass gegen ihn solche Schadensersatzansprüche nicht bestehen, und kann zugleich die Unwirksamkeit der Nichtentlastung – etwa aus verfahrensrechtlichen Gründen – feststellen lassen. Auch hier wird ein vermögensrechtlicher Anspruch mit der negativen Feststellungsklage verfolgt, wobei dieser Streitwert durch den behaupteten Geldanspruch bestimmt wird.[92]

---

84 Vgl. BGH NJW 2008, 69, 71; Die Klage ist gegen den Verein, nicht gegen die Mitglieder, zu erheben, vgl. LG Wuppertal, Urt. v. 4.11.2009, Az. 8 S 44/09, juris.
85 Vgl. RGZ 85, 313; BGH NJW-RR 1992, 1209.
86 Vgl. BGH NJW 1994, 735.
87 BVerfG NJW 1997, 311, 312.
88 *Schneider/Herget*, Rn 2926 und 5641.
89 Vgl. BGHZ 13, 5 = NJW 1954, 833.
90 OLG Düsseldorf AnwBl. 1997, 680 f. (Wert: 10.000 DM); *Schneider/Herget*, Rn 2927.
91 Vgl. *Schneider/Herget*, Rn 2929 und 5646.
92 Vgl. KG JurBüro 1962, 281.

Ist schließlich Gegenstand der Feststellungsklage z.B. der Ausschluss aus einer Gewerkschaft, so ist er mit dem Verlust des Tarifschutzes verbunden und hat damit vermögensrechtlichen Charakter.[93] Vermögensrechtlich sind nicht nur Geld- oder geldwerte Ansprüche, sondern auch solche, die auf vermögensrechtlichen Beziehungen beruhen oder aus diesen entspringen.[94]

65 Sind Streitgegenstand die personenrechtlichen Beziehungen zwischen dem Verein und seinen Mitgliedern, stehen also personelle Fragen im Mittelpunkt, so ist eine nichtvermögensrechtliche Streitigkeit gegeben.[95] Anderes kann gelten, wenn die Mitgliedschaft (z.B. in einem wirtschaftlichen Verein) wirtschaftliche Auswirkungen hat.[96]

66 Werden mehrere Beschlüsse der Mitgliederversammlung angefochten und haben diese einen vermögensrechtlichen und einen nichtvermögensrechtlichen Bezug (Beispiel: angefochten wird die Abwahl des ehrenamtlich tätigen Vorstands und die Erhebung einer Umlage), so ist getrennt nach § 48 Abs. 2 GKG und § 3 ZPO zu bewerten, und der Streitwert ist gem. § 5 ZPO aus der Wertsumme zu bilden.[97]

67 Für die Bemessung des Streitwertes können maßgebend sein:
– die Bedeutung der gerichtlichen Klärung für den Verein, was u.a. bei der Anfechtung von Vorstandswahlen der Fall ist;[98]
– die Größe des Vereins und seine Wirtschaftsstruktur;[99]
– Anfechtung eines oder mehrerer Beschlüsse der Mitgliederversammlung.[100]
Maßgebend sind immer die Umstände des Einzelfalles.[101]

68 Bei einem Streit wegen der Abberufung des Vorstands wird bei einem auf Gemeinde- oder Landkreisebene tätigen Verein ein über 5.000 EUR liegender Streitwert nicht in Betracht kommen; handelt es sich um einen bundesweit tätigen Verein, ist bei diesem Streitgegenstand ein Streitwert zwischen 25.000 und 50.000 EUR angemessen.[102]

3. Vertretung bei der gerichtlichen Anfechtung einer Vereinsstrafe
a) Ordnungsbefugnisse des Vereins

69 Ein Verein kann kraft seiner Satzungsautonomie (Art. 9 Abs. 1 GG, § 25 BGB) Verhaltensregeln für seine Mitglieder festlegen, kann also Straftatbestände schaffen und die Nichtbefolgung mit Strafen ahnden. Sowohl die Straftatbestände als auch die angedrohte Strafe müssen in der Satzung eindeutig festgelegt sein.[103] Bei den Straftatbeständen sind generalklauselartige Umschreibungen, wie „vereinsschädigendes Verhalten" oder „Verstoß gegen Satzung oder Vereinszweck" zulässig.[104]

70 Diesen verbandsinternen Sanktionen[105] unterliegen grundsätzlich nur die Vereinsmitglieder. Dritte, die z.B. Einrichtungen des Vereins benutzen oder an (Wettkampf-)Veranstaltungen des

---

93 Vgl. BGHZ 13, 5 = NJW 1954, 833.
94 Vgl. BGH NJW 1982, 1525; KG JurBüro 1969, 1193; LAG Bremen AnwBl 1984, 165; LAG München AnwBl 1987, 287.
95 Vgl. BGHZ 13, 5 = NJW 1954, 833; OLG Celle NJW 1964, 359; KG JurBüro 1969, 1193; *Schneider/Herget*, Rn 2928.
96 *Schneider/Herget*, Rn 5645.
97 Vgl. LG Lübeck JurBüro 1959, 376; *Schneider/Herget*, Rn 5647; *Zöller/Herget*, § 3 Rn 16 „Verein".
98 Vgl. KG JurBüro 1969, 1193; OLG Düsseldorf AnwBl 1997, 680.
99 OLG Düsseldorf AnwBl 1997, 680.
100 Vgl. OLG Düsseldorf a.a.O.
101 Vgl. OLG Frankfurt/M. JurBüro 1985, 1083.
102 Vgl. *Reichert*, Rn 3200.
103 Vgl. BGHZ 47, 172, 177 = NJW 1967, 1268.
104 Vgl. BGHZ 36, 105, 114 = NJW 1962, 247; BGHZ 47, 381, 384 = NJW 1967, 1657.
105 Bezeichnung der Vereinsstrafen durch das Bundesverfassungsgericht (NZA 1999, 713, 714).

Vereins teilnehmen, können sich jedoch den Straftatbeständen und den Strafen durch Vertrag mit dem Verein unterwerfen.[106]

Als Ordnungsmaßnahme kommt u.a. eine Geldstrafe oder der zeitweise bzw. dauerhafte Ausschluss aus dem Verein in Betracht. **71**

Die Satzung kann vorsehen, dass gegen verhängte Ordnungsmaßnahmen ein vereinsinterner Rechtsmittelweg offen steht. Ein vereinsinterner Rechtsbehelf hat, wenn die Satzung nichts anderes besagt, aufschiebende Wirkung.[107] Solange das vereinsinterne Vorschaltverfahren durchzuführen ist, besteht ein vorläufiger Ausschluss für die Anrufung des staatlichen Gerichts.[108] **72**

Das Staatsgericht kann aber ausnahmsweise trotz eines möglichen vereinsinternen Rechtsmittelweges sofort angerufen werden, wenn **73**
– die Satzung nicht eindeutig darauf hinweist, dass der vereinsinterne Rechtsmittelweg vor einer Klageerhebung einzuhalten ist;[109]
– das Rechtsmittelorgan das Verfahren ungebührlich verzögert[110] oder eine Entscheidung ablehnt;[111]
– der Antrag auf Erlass einer einstweiligen Verfügung gestellt wird.[112]

b) Feststellungsklage

Gegen die Vereinsmaßnahme ist die Feststellungsklage gegeben.[113] Zu beachten ist, dass das Gericht eine Vereinsordnungsmaßnahme weder abändern noch aufheben kann; es kann nur die Unwirksamkeit feststellen. **74**

Die Klage ist alsbald zu erheben, da sonst die Verwirkung des Rechts auf gerichtliche Nachprüfung eintreten kann.[114] Eine Frist von einem Monat steht auf jeden Fall zur Verfügung. Hinsichtlich der dann einzuhaltenden Frist sind die Umstände des Einzelfalls zu berücksichtigen, etwa die Zeit, um tatsächliche oder rechtliche Fragen zu klären.[115] Eine Frist von drei oder vier Monaten ist im Allgemeinen zu lang und lässt die gerichtliche Klage als verfristet erscheinen.

c) Umfang der gerichtlichen Nachprüfung von Vereinsordnungsmaßnahmen

Hinsichtlich des Umfangs der gerichtlichen Nachprüfung von Vereinsordnungsmaßnahmen gelten folgende Grundsätze: Das Gericht prüft, ob **75**
– der Betroffene der Vereinsordnungsgewalt unterliegt,
– die Strafe eine ausreichende Grundlage in der Satzung hat,[116]
– das satzungsmäßig vorgeschriebene Verfahren beachtet worden ist,[117]
– die Tatsachen, die der Strafentscheidung zugrunde gelegt und bei objektiver und an rechtsstaatlichen Grundsätzen ausgerichteter Tatsachenermittlung zutreffend festgestellt und begründet worden sind,[118]

---

106 Vgl. BGHZ 128, 93 = NJW 1995, 583.
107 Vgl. BayObLGZ 1988, 170; Palandt/*Ellenberger*, § 25 BGB Rn 19.
108 Vgl. *Reichert*, Rn 3188.
109 Vgl. BGHZ 47, 172, 174; OLG Hamm NJW-RR 1993, 1535, 1536.
110 Vgl. BGH NJW 1960, 2143, 2144; vor allem bei Anfechtung einer Wahl muss das Rechtsmittelorgan alsbald entscheiden, vgl. BGHZ 106, 67, 69 = NJW 1989, 1212.
111 Vgl. OLG Düsseldorf NJW-RR 1988, 1271.
112 Vgl. OLG Celle BB 1973, 1190; OLG Düsseldorf NJW-RR 1988, 1271, 1272; OLG Frankfurt/M. SpuRt 1998, 37.
113 Vgl. BGH NJW 2008, 69, 71; LG Wuppertal, Urt. v. 4.11.2009, Az. 8 S 44/09, juris.
114 Vgl. OLG Saarbrücken NZG 2008, 677; OLG Hamm SpuRt 1999, 67 = NJW-RR 1997, 989.
115 Vgl. zur GmbH: BGH NJW 1993, 129, 130; BGH NJW 1996, 259 f.
116 Vgl. BGH NJW 1997, 3368.
117 BGH NJW 1997, 3368.
118 Vgl. BGHZ 87, 337, 345 = NJW 1984, 918; BGHZ 93, 151, 158 = NJW 1985, 1216; BGH NJW 1997, 3368.

– ob die Strafe nicht willkürlich oder grob unbillig ist, sofern es sich um einen Verein ohne Aufnahmepflicht handelt;[119] bei Vereinen mit Aufnahmepflicht wird die Subsumtion unter die vereinsrechtliche Strafnorm im Ergebnis voll nachgeprüft, wenn es sich um einen Vereinsausschluss handelt, da für die gerichtliche Überprüfung der Nichtaufnahme und für den Ausschluss keine unterschiedlichen Grundsätze gelten können.[120]

Der Verein kann im Prozess keine neuen Gründe nachschieben.[121]

d) Streitwert

76 Bei der Bemessung des Streitwerts für Klagen wegen des Ausschlusses aus einem Verein hat das Reichsgericht darauf abgestellt, ob es sich um einen nichtwirtschaftlichen, sog. Idealverein, i.S.d. § 21 BGB handelt oder um einen Wirtschaftsverein. Bei Streitbeteiligung eines Idealvereins ist eine nichtvermögensrechtliche Angelegenheit angenommen worden.[122] Der Ausschluss aus einem Wirtschaftsverein wurde dagegen als vermögensrechtliche Angelegenheit angesehen.[123] Auch in neuerer Zeit wurde und wird die Meinung vertreten, es komme darauf an, ob der Rechtsstreit den Ausschluss aus einem nichtwirtschaftlichen Verein oder aus einem Wirtschaftsverein betreffe.[124]

Der Ausschluss aus einem Verein ist nur ein Fall einer Vereinsdisziplinarmaßnahme. Richtiger Ansicht nach kommt es bei der Bemessung des Streitwertes auf die Rechtsnatur des geltend gemachten Anspruchs an,[125] die allein durch die Anträge des Klägers (Widerklägers) bestimmt wird. Wer z.B. aus einer nichtwirtschaftlich tätigen Gewerkschaft ausgeschlossen wird, verliert den Tarifschutz; es handelt sich um eine vermögensrechtliche Angelegenheit.[126] Wer aus einem eingetragenen Wirtschaftsverband ausgeschlossen wird, hat im Regelfall auch vermögensrechtliche Nachteile.

Werden durch eine Vereinsordnungsmaßnahme nur die personenrechtlichen Mitgliedschaftsbeziehungen zwischen dem Verein und dem Mitglied berührt, so ist eine nichtvermögensrechtliche Angelegenheit gegeben.[127] Dies gilt insbesondere, wenn es dem klagenden Vereinsmitglied darum geht, Nachteile in seiner Persönlichkeit, Ehre, Achtung und Geltung im Rahmen der Allgemeinheit zu bekämpfen.[128]

4. Vertretung im Verfahren auf Erlass einer einstweiligen Verfügung gegen den Verein

77 Sind die Voraussetzungen für den Erlass einer einstweiligen Verfügung im Übrigen gegeben (meist § 940 ZPO), so kann in dringenden Fällen auch ein Vereinsbeschluss in seiner Wirkung durch einstweilige Verfügung eingeschränkt werden.

Die Antragstellung ist zulässig, ohne dass das vereinsinterne Vorschaltverfahren, also die Anrufung einer vereinsinternen Rechtsmittelinstanz, durchgeführt werden muss.[129]

---

119 Vgl. BGHZ 47, 381; BGHZ 75, 158; BGH NJW 1997, 3368.
120 Vgl. BGH NJW 1994, 43; BGH NJW 1997, 3368, 3370; *Palandt/Ellenberger*, § 25 Rn 24.
121 Vgl. BGHZ 102, 265, 273 = NJW 1988, 552; BGH NJW 1990, 40; OLG Düsseldorf NJW-RR 1994, 1402; *Palandt/Ellenberger*, § 25 Rn 25.
122 Vgl. RGZ 88, 332; RG HRR 1929 Nr. 256; RG JW 1935, 2632.
123 Vgl. RGZ 89, 336; RG Warn. 1935 Nr. 103; RG JW 1937, 1997.
124 Vgl. KG Rpfleger 1962, 118; OLG Frankfurt/M. Rpfleger 1966, 25; OLG Köln MDR 1984, 153; OLG Koblenz JurBüro 1990, 1034; Zöller/*Herget*, § 3 ZPO Rn 16; *Hartmann*, Anh I zu § 48 GKG (§ 3 ZPO) Rn 24 „Ausscheiden und Ausschließung".
125 Vgl. RGZ 163, 200, 202; BGH NJW 1954, 833, 834; OLG Celle NJW 1964, 359.
126 Vgl. BGH NJW 1954, 833, 834.
127 Vgl. BGH NJW 1954, 833, 834; OLG Celle NJW 1964, 359.
128 Vgl. RG u. OLG Celle a.a.O.
129 Vgl. OLG Düsseldorf NJW-RR 1988, 1271, 1272; OLG Köln NJW-RR 1993, 891; *Palandt/Ellenberger*, § 25 Rn 19.

Bei entsprechendem Sachverhalt können Gegenstand einer einstweiligen Verfügung sein:
- Durch das Prozessgericht kann die Aussetzung des Verfahrens auf Ersteintragung des Vereins angeordnet werden.[130]
- Es kann die vorzeitige Abberufung aus einer Organstellung angeordnet werden.[131]
- Es können disziplinarische Ordnungsmaßnahmen ausgesetzt werden.[132]
- Nach einem Vereinsausschluss kann die Gewährung einer vorläufigen Mitgliedschaft angeordnet werden.[133]
- Schließlich kann Gegenstand einer einstweiligen Verfügung das Verbot der Ausführung fehlerhafter Vereinsbeschlüsse sein.[134]

Ob demgegenüber im Wege der einstweiligen Verfügung die Beschlussfassung in der Mitgliederversammlung verhindert werden kann, ist zweifelhaft. Die Verhinderung des Beschlusses würde nämlich einen endgültigen Zustand herstellen, weil der Beschluss im Fall der Aufhebung der einstweiligen Verfügung nicht nachträglich zur Entstehung gelangen könnte.[135]

Eine einstweilige Verfügung ist nicht zulässig, wenn mit ihr dem Vorstand aufgegeben werden soll, eine Mitgliederversammlung mit einer bestimmten Tagesordnung einzuberufen, da hierfür das Gericht der freiwilligen Gerichtsbarkeit zuständig ist (§ 37 Abs. 2 BGB).[136]

78

5. Die anwaltschaftliche Vertretung einer Partei vor dem Vereinsschiedsgericht
a) Besonderheiten gegenüber staatsgerichtlichem Verfahren

Rechtsfähige oder nichtrechtsfähige Vereine können in ihre Satzung eine Schiedsklausel aufnehmen, wonach alle Streitigkeiten aus dem Mitgliedschaftsverhältnis zwischen dem Verein und seinen Mitgliedern unter Ausschluss des ordentlichen Rechtsweges einem Schiedsgericht zu unterbreiten und von diesem zu schlichten oder zu entscheiden sind (§ 1066 ZPO). Ein satzungsmäßig berufenes Schiedsgericht wird nur dann als Schiedsgericht in diesem Sinn (und nicht als bloßes „Vereinsgericht", das den Rechtsweg zu den ordentlichen Gerichten nicht sperrt) anerkannt, wenn sichergestellt ist, dass das Gericht von den Organen des Vereins unabhängig ist und es nicht zu einem Richten in eigener Sache kommen kann.[137] Sollen auch Beschlussmängelstreitigkeiten in die ausschließliche Zuständigkeit des Schiedsgerichts fallen, sind die von der Rechtsprechung hierfür aufgestellten „Gleichwertigkeitskautelen", d.h. eine dem Rechtsschutz durch staatliche Gerichte gleichwertige Ausgestaltung des schiedsgerichtlichen Verfahrens, die für sämtliche ihm unterworfenen Vereinsmitglieder einen am Maßstab des § 138 BGB zu messenden Mindeststandard an Mitwirkungsrechten und damit Rechtsschutzmöglichkeiten sicherstellen muss, zu beachten.[138]

79

Das schiedsgerichtliche Verfahren weist gegenüber dem staatsgerichtlichen einige Besonderheiten auf:

80

Das schiedsgerichtliche Verfahren beginnt, wenn die Parteien nichts anderes vereinbart haben oder eine satzungsmäßige Schiedsklausel nichts anderes besagt, mit dem Tag, an dem der

---

[130] Vgl. RGZ 82, 375; LG Heilbronn AG 1971, 374; *Reichert*, Rn 3444 ff.
[131] Vgl. OLG Düsseldorf NJW 1989, 172: GmbH; *Reichert*, Rn 3430.
[132] Vgl. OLG Celle BB 1973, 1190.
[133] Vgl. OLG Düsseldorf NJW-RR 1988 1271.
[134] Vgl. OLG Koblenz NJW-RR 1986, 1039; OLG Saarbrücken NJW-RR 1989, 1512, 1513; OLG Hamm GmbHR 1993, 743, 745; *Reichert*, Rn 3435 f.
[135] Verneint daher von OLG Frankfurt/M. Rpfleger 1982, 145; siehe auch *Reichert*, Rn 3420 („nur in Extremfällen zulässig").
[136] Vgl. OLG Hamm MDR 1973, 929; *Sauter/Schweyer/Waldner*, Rn 158.
[137] Vgl. z.B. BGH NJW 2004, 2226.
[138] Vgl. BGH NJW 2009, 1962 = DNotZ 2009, 938, insb. unter Rz. 20 der Urteilsgründe (zur GmbH).

Beklagte den Antrag, eine bestimmte Streitigkeit dem Schiedsgericht vorzulegen, empfangen hat (§ 1044 Abs. 1 S. 1 ZPO). Der Antrag muss die Bezeichnung der Parteien, die Angabe des Streitgegenstandes unter deutlicher Darstellung des Begehrens und einen Hinweis auf die Schiedsvereinbarung bzw. auf die satzungsmäßige Schiedsklausel enthalten (§ 1044 Abs. 1 S. 2 ZPO). Hat der Beklagte diesen Antrag erhalten, so tritt Schiedshängigkeit ein, was u.a. für die Verjährung (§ 204 Abs. 1 Nr. 11 BGB) und für die Entstehung des Anspruchs auf Prozesszinsen (§ 291 BGB) von Bedeutung ist.

Die Schiedsklage ist dann innerhalb der von den Parteien vereinbarten oder in der satzungsmäßigen Schiedsklausel bestimmten Frist zu erheben, wobei der Kläger seinen Anspruch und die Tatsachen, auf die er seinen Anspruch stützt, darzulegen hat (§ 1046 Abs. 1 ZPO). In der Schiedsklage sind die Parteien zu bezeichnen; sie muss einen Antrag enthalten.[139]

b) Kostenrechtliche Besonderheiten

81 Kostenrechtlich weist das schiedsgerichtliche Verfahren ebenfalls Besonderheiten auf, die oft nicht beachtet werden.

Die Gebühren berechnen sich nach dem Gegenstandswert (§ 2 Abs. 1 RVG). Das Schiedsgericht kann einen Streitwert nicht einseitig festsetzen, da sich der Kostenanspruch des Anwalts aus dem Anwaltsvertrag ergibt, der mit dem Mandanten abgeschlossen worden ist. Dieses Rechtsverhältnis wird grundsätzlich nicht von der Schiedsklausel erfasst.[140] Das Schiedsgericht kann ferner den Streitwert nicht einseitig festsetzen, wenn die Gebühren der Schiedsrichter sich nach dem Streitwert richten, da anderenfalls ein Richten in eigener Sache gegeben wäre.[141] Es ist erforderlich, dass beide Parteien das Schiedsgericht ermächtigen, den Streitwert festzusetzen. Es handelt sich dann um eine Bestimmung nach § 315 BGB, die nach billigem Ermessen zu treffen ist.[142]

Im schiedsgerichtlichen Verfahren gibt es keine Kostenfestsetzung nach §§ 103 ff. ZPO. Das Schiedsgericht hat, wenn die Parteien nichts anderes vereinbart haben oder eine satzungsmäßige Schiedsklausel nichts anderes besagt, im Schiedsspruch eine Kostengrundentscheidung zu treffen (§ 1057 Abs. 1 ZPO). Die Kostenfestsetzung bzw. die Kostenausgleichung obliegt dem Schiedsgericht. Ist die Festsetzung oder Ausgleichung, wie regelmäßig, erst nach Beendigung des schiedsgerichtlichen Verfahrens möglich, wird hierüber in einem gesonderten (Kosten-)Schiedsspruch entschieden (§ 1057 Abs. 2 S. 2 ZPO), der unter den Parteien die Wirkungen eines rechtskräftigen gerichtlichen Urteils hat (§ 1055 ZPO). Vollstreckungstitel wird dieser Kostenschiedsspruch allerdings erst, wenn er vom Staatsgericht für vollstreckbar erklärt wird (§ 794 Abs. 1 Nr. 4a, § 1060 Abs. 1 ZPO). Um diesen Schiedsspruch zu ermöglichen, müssen dem Schiedsgericht die Partei- und Anwaltskosten bekannt gegeben werden.

c) Anwaltskosten

82 Die Anwaltskosten im schiedsgerichtlichen Verfahren bestimmen sich gem. § 36 Abs. 1 RVG nach Nr. 3100 ff. VV RVG. Nach Nr. 3100 VV RVG fällt eine Verfahrensgebühr von 1,3 und nach Nr. 3104 VV RVG eine Terminsgebühr von 1,2 der Gebühr nach § 13 RVG an. Kommt es zu einem Vergleich, fällt gemäß Nr. 1000 VV RVG die Einigungsgebühr von 1,5 der Gebühr nach § 13 RVG an. Eine Ermäßigung der Gebühr auf 1,0 gemäß Nr. 1003 VV RVG findet nicht statt, weil der Ge-

---

139 Vgl. *Baumbach/Lauterbach/Albers/Hartmann*, § 1046 ZPO Rn 2.
140 Vgl. BGH WM 1977, 319; OLG Celle BB 1963, 1241; vgl. auch BGHZ 94, 92, 94 = NJW 1985, 1903, 1904.
141 Vgl. BGH WM 1977, 319; *Zöller/Geimer*, § 1057 ZPO Rn 4.
142 Vgl. OLG Celle BB 1963, 1241; *Zöller/Geimer*, § 1057 ZPO Rn 5.

genstand des Vergleichs im schiedsgerichtlichen Verfahren nicht i.S.d. Nr. 1003 VV RVG anhängig ist.[143] Die Terminsgebühr fällt nach § 36 Abs. 2 RVG auch dann an, wenn der Schiedsspruch ohne mündliche Verhandlung erlassen wird, da im schiedsgerichtlichen Verfahren eine solche nicht obligatorisch ist. Der Rechtsanwalt muss aber vor dem Erlass des Schiedsspruchs schriftlich Sacherklärungen abgegeben haben.[144]

6. Klagen eines Mitglieds gegen den Verein
a) Freistellung von einer Verbindlichkeit
Ein ehrenamtlich tätiges Vereinsmitglied kann auftragsgemäß eine über die Mitgliederpflichten hinausgehende Tätigkeit auf Veranlassung des Vorstands übernehmen, die gefahrengeneigt ist und die deshalb zu Schadensfällen führt. Trifft das Mitglied in solchen Fällen nur leichte Fahrlässigkeit hinsichtlich des entstandenen Schadens eines Dritten und wird es von diesem auf Schadensersatz in Anspruch genommen, so kann es den Verein auf Freistellung von dieser Verbindlichkeit oder auf Ersatz des vom beklagten Mitglied entrichteten Betrages verklagen; ein Verein hat seine Mitglieder grundsätzlich von einer Haftung gegenüber Dritten freizustellen, wenn sich bei der Durchführung der satzungsmäßigen Aufgaben eine damit typischerweise verbundene Gefahr verwirklicht hat und dem Mitglied weder Vorsatz noch grobe Fahrlässigkeit vorzuwerfen ist.[145] Ob § 31a Abs. 1 S. 1 BGB, der sich nur auf die (privilegierte) Haftung von Vorstandsmitgliedern bezieht, analog auch auf ehrenamtlich tätige Vereinsmitglieder zur Vermeidung eines Wertungswiderspruchs anzuwenden ist, ist gerichtlich noch nicht entschieden und streitig.[146]

83

b) Schadensersatz wegen Verletzung eines Mitgliedschaftsrechts
Vereinsmitglieder haben Mitgliedschaftsrechte. Werden diese durch den Vorstand oder einen sonstigen Vereinsrepräsentanten (z.B. Vereinsgericht) verletzt, so kann das betroffene Mitglied gegen den Verein oder den Vorstand (beachte aber § 31a Abs. 1 S. 2 BGB) Schadensersatzansprüche nach § 280 Abs. 1 BGB erheben. Da die Mitgliedschaft nach überwiegender Auffassung ein sonstiges Rechts i.S.d. § 823 Abs. 1 BGB ist, kommen auch Ansprüche aus § 31 i.V.m. § 823 Abs. 1 BGB in Betracht.

84

Solche Schadensersatzansprüche bestehen z.B., wenn
– ein Mitglied zu Unrecht aus dem Verein ausgeschlossen worden ist,[147]
– der Verein schuldhaft seine Verkehrssicherungspflicht verletzt und dadurch ein Mitglied einen Schaden erlitten hat,[148]
– einem Mitglied die satzungsmäßig geschuldeten Leistungen verweigert werden,[149]

---

143 *Gerold/Schmidt/Mayer*, § 36 Rn 12.
144 Vgl. *Hartmann*, § 36 RVG Rn 9; a.A. *Gerold/Schmidt/Mayer*, § 36 Rn 11, der hierfür keine Grundlage im Gebührensystem sieht.
145 BGHZ 89, 153 = NJW 1984, 789; BGH NJW 2005, 981; Die Freistellungspflicht besteht jedoch nicht unbeschränkt. Je nach den Umständen des Einzelfalles verbleibt ein Teil der Verantwortung bei dem Vereinsmitglied. Dabei kommt es u.a. darauf an, in welchem Maße dem Mitglied ein Verschulden zur Last fällt. Vgl. BGH MDR 2012, 149.
146 Dafür *Reuter*, NZG 2009, 1368, 1371; Roth, npor 2010, 1, 2; *Terner*, EWiR 2012, 271, 272; dagegen *Burghard*, ZIP 2010, 358, 362, der dies im Ergebnis jedoch als „befremdlich" ansieht.
147 BGHZ 90, 92 = NJW 1984, 1884; OLG Saarbrücken NJW-RR 1994, 251; OLG Schleswig SchlHA 2002, 258.
148 BGH NJW-RR 1991, 281; OLG Hamm MDR 1998, 969; siehe aber auch OLG Schleswig npor 2010, 18: Die Haftung eines Vereins gegenüber Vereinsmitgliedern wegen der Verletzung der Verkehrssicherungspflichten kann im Einzelfall ausgeschlossen sein, wenn der Verein mit einer Vereinsordnung versucht hat, die Streupflicht auf seine Vereinsmitglieder zu übertragen.
149 BGHZ 110, 323 = NJW 1990, 2877.

- das Persönlichkeitsrecht eines Mitglieds dadurch verletzt wird, dass der Leiter einer Mitgliederversammlung eine Zuschrift verlesen lässt, in der gegen dieses Mitglied der nicht sofort nachweisbare Betrugsvorwurf erhoben wird,[150]
- ein Sportverband einem Mitgliedsverein infolge Fehlentscheidung Punkte aberkennt, weshalb dieser Sportverein nicht in eine höhere Spielklasse aufsteigen kann, sondern in eine tiefere Liga absteigen muss,[151]
- ein Züchterverein einem Mitglied trotz gegebener Voraussetzungen die Eintragung eines gekörten Tieres in das Zuchtbuch verweigert und dadurch das Mitglied schädigt.[152]

IV. Wegfall der Rechtsfähigkeit des Vereins und dessen Beendigung

1. Maßnahmen des Vereins
a) Auflösung

85 Ein Verein kann durch Beschluss der Mitgliederversammlung mit der gesetzlichen Mehrheit von 3/4 Ja-Stimmen oder mit der satzungsmäßig festgelegten Mehrheit aufgelöst werden (§ 41 BGB). Er tritt dann in das Liquidationsstadium (§§ 47 ff. BGB) und gilt bis zu dessen Beendigung als fortbestehend (§ 49 Abs. 2 BGB). Ist das nach der Liquidation verbleibende Restvermögen an die Anfallberechtigten verteilt worden, so ist der Verein erloschen. Die Beendigung der Liquidation ist nach § 76 Abs. 1 S. 2 BGB zum Vereinsregister anzumelden, was nach § 78 BGB mit Zwangsgeld durchgesetzt werden kann. Das Registerblatt eines aufgelösten Vereins kann geschlossen werden, wenn seit mindestens einem Jahr von der Eintragung der Auflösung an keine weitere Eintragung erfolgt und eine schriftliche Anfrage des Registergerichts bei dem Verein unbeantwortet geblieben ist (§ 4 Abs. 2 S. 3 VRV). – Fällt nach der Auflösung das Vereinsvermögen dem Fiskus an (§ 46 BGB), so ist der Verein mit diesem Anfall erloschen; eine Liquidation findet nicht statt, § 47 BGB.

b) Sitzverlegung ins Ausland

86 Die Beschlussfassung über die **Satzungssitz**verlegung ins Ausland hat zur Folge, dass der Verein seine in Deutschland erworbene Rechtsfähigkeit verliert.[153] Die Verlegung des Vereinssitzes ins Ausland wird in den Spalten 2 und 4 des bestehenden Registerblattes als Auflösung eingetragen (§ 6 Abs. 3 VRV). Wird demgegenüber nur der **Verwaltungssitz** in das europäische Ausland verlegt, ist die in Deutschland erlangte Rechtsfähigkeit nach der Gründungstheorie auch im Ausland anzuerkennen.[154]

c) Verschmelzung

87 Die Verschmelzung mit einem anderen Verein durch Aufnahme oder durch Neugründung (§§ 99 ff. UmwG) führt zum liquidationslosen Erlöschen des übertragenden Vereins (§ 20 Abs. 1

---

150 OLG Schleswig OLG-Report 2001, 71.
151 OLG Hamm SpuRt 2003, 166; zur Haftung des Verbandes bei Manipulationen durch einen von ihm bestellten Schiedsrichter siehe *Schwab*, NJW 2005, 938.
152 BGH NJW-RR 2000, 758.
153 Vgl. RGZ 107, 94, 97; BayObLG NJW-RR 1993, 43. Siehe auch OLG Zweibrücken DNotZ 2006, 220 = Rpfleger 2006, 22 (zur Sitzverlegung eines französischen Vereins nach Deutschland, die eine Neugründung in Deutschland erforderlich macht).
154 Vgl. Palandt/*Thorn*, Anh zu ERBGB 12 (IPR) Rn 6 ff.; nach OLG Zweibrücken DNotZ 2006, 220 = Rpfleger 2006, 22, soll die europarechtlich garantierte Niederlassungsfreiheit jedoch nicht für den nichtwirtschaftlichen Verein gelten.

Nr. 2 UmwG). Das Vermögen des übertragenden Vereins geht im Wege der Gesamtrechtsnachfolge einschließlich der Verbindlichkeiten auf den übernehmenden Verein über (§ § 20 Abs. 1 Nr. 1 UmwG).[155]

d) Verzicht auf die Rechtsfähigkeit
Ein rechtsfähiger Verein kann auf seine Rechtsfähigkeit verzichten.[156] Hier wechselt der Verein nur seine Rechtsform; er besteht als nichtrechtsfähiger Verein (§ 54 BGB) weiter; eine Liquidation ist nicht erforderlich.[157] Der Verzicht auf die Rechtsfähigkeit wird in Spalte 4b des Registerblattes eingetragen (§ 3 Nr. 4 lit. b bb VRV).

88

e) Wegfall sämtlicher Mitglieder
Hat der Verein keine Mitglieder mehr, so erlischt er. Die Abwicklung des Vermögens obliegt dann nach der überwiegenden Meinung nicht einem (nach § 28 BGB zu bestellenden) Liquidator, sondern einem vom Gericht zu bestellenden Pfleger.[158]

89

2. Maßnahmen des Gerichts
a) Entzug der Rechtsfähigkeit
Sinkt die Zahl der Vereinsmitglieder unter drei herab, so hat dies die Entziehung der Rechtsfähigkeit durch das Amtsgericht zur Folge (§ 73 BGB). Das Vereinsvermögen ist zu liquidieren.

90

b) Amtslöschung
Ist der Verein in das Vereinsregister eingetragen worden, obwohl es an einer wesentlichen Voraussetzung gefehlt hat, oder ist die Eintragung später unzulässig geworden, so kann das Registergericht die Löschung des Vereins im Register anordnen (§ 395 FamFG). Der Verein kann als nichtrechtsfähiger Verein fortbestehen.[159] Insbesondere kommt dies in Betracht, wenn ein nichtwirtschaftlicher Verein (§ 21 BGB) einen wirtschaftlichen Geschäftsbetrieb unterhält (sog. Rechtsformverfehlung).

91

c) Eröffnung des Insolvenzverfahrens
Ist über das Vermögen des Vereins das Insolvenzverfahren eröffnet worden, so wird dieser aufgelöst (§ 42 Abs. 1 S. 1 BGB). Wird dieses Verfahren auf Antrag des Vereins eingestellt oder nach Bestätigung eines Insolvenzplans, der den Fortbestand des Vereins vorsieht, aufgehoben, so kann die Mitgliederversammlung die Fortsetzung des Vereins in rechtsfähiger Form beschließen (§ 42 Abs. 1 S. 2 BGB). Durch die Satzung kann bestimmt werden, dass der Verein im Falle der Eröffnung des Insolvenzverfahrens als nichtrechtsfähiger Verein fortbesteht (§ 42 Abs. 1 S. 3 Hs. 1 BGB).

92

---

155 Zur Verschmelzung von Vereinen ausführlich *Hager*, RNotZ 2011, 565 ff.; Limmer (Hrsg.)/*Limmer*, Handbuch der Unternehmensumwandlung, 4. Aufl. 2012, Rn 1372
156 Vgl. RG JW 1936, 2063; BayObLGZ 1959, 152, 158 f.
157 Vgl. *Reichert*, Rn 4092 ff.; Stöber/*Otto*, Rn 180.
158 Vgl. OLG Köln NJW-RR 1996, 989; Stöber/*Otto*, Rn 1184 ff. m.w.N. auch zur Gegenauffassung.
159 Vgl. Soergel/*Hadding*, Vorbem. § 41 BGB Rn 14.

d) Grundrechtsverwirkung

93 Stellt das Bundesverfassungsgericht fest, dass ein Verein die in Art. 18 S. 1 GG genannten Grundrechte verwirkt hat, kann es die Auflösung des Vereins anordnen (§ 39 Abs. 2 BVerfGG), sein Vermögen einziehen; eine Liquidation findet dann nicht statt.

3. Maßnahmen einer Verwaltungsbehörde
a) Vereinsverbot

94 Nach Art. 9 Abs. 2 GG sind Vereinigungen verboten, deren Zwecke oder deren Tätigkeit den Strafgesetzen zuwiderlaufen oder die sich gegen die verfassungsmäßige Ordnung oder gegen den Gedanken der Völkerverständigung richten. Stellt die zuständige Verbotsbehörde einen dieser Tatbestände fest, so erlässt sie eine Verbotsverfügung und verfügt i.d.R. die Einziehung des Vereinsvermögens; diese Maßnahmen werden mit der Zustellung an den nunmehr aufgelösten Verein wirksam und vollziehbar (§ 3 Abs. 1, Abs. 4 VereinsG). Ist das Verbot unanfechtbar geworden, so wird das Erlöschen des Vereins im Vereinsregister eingetragen (§ 7 Abs. 2 VereinsG).

b) Entziehung der Rechtsfähigkeit durch die Verwaltungsbehörde

95 Die zuständige Verwaltungsbehörde kann dem konzessionierten Wirtschaftsverein (§ 22 BGB) die Rechtsfähigkeit entziehen, wenn er einen anderen als den in der Satzung bestimmten Zweck verfolgt, § 43 BGB. Die Fälle einer Rechtformverfehlung durch eingetragene, nicht wirtschaftliche Vereine (§ 21 BGB) sind demgegenüber ausschließlich von § 395 FamFG erfasst.

M 156 V. Muster: Satzung eines gemeinnützigen nichtrechtsfähigen Vereins (Kurzfassung)

96 *Satzung*

§ 1 Name, Sitz und Geschäftsjahr
Der Verein führt den Namen „Freunde zur Erhaltung des Denkmals und des Andenkens an den Heimatdichter Arnold Kröss". Seine Eintragung in das Vereinsregister ist nicht beabsichtigt.
Der Verein hat seinen Sitz in Tannhausen.
Geschäftsjahr ist das Kalenderjahr.

§ 2 Vereinszweck
Zweck des Vereins ist die Erhaltung des Denkmals des Heimatdichters Arnold Kröss und die Erhaltung des Andenkens an ihn.
Der Verein verfolgt ausschließlich und unmittelbar gemeinnützige Zwecke im Sinne der §§ 51ff. AO. Der Satzungszweck wird insbesondere verwirklicht durch Verwendung der Vereinsmittel zur Denkmalserhaltung und durch Veranstaltung von Vorträgen über das Wirken und Schaffen des Heimatdichters.
Der Verein ist selbstlos tätig; er verfolgt nicht in erster Linie eigenwirtschaftliche Zwecke. Mittel des Vereins dürfen nur für die satzungsmäßigen Zwecke verwendet werden. Die Mitglieder erhalten keine Gewinnanteile und in ihrer Eigenschaft als Mitglieder auch keine sonstigen Zuwendungen aus Mitteln des Vereins. Vereinsmitglieder erhalten Ersatz ihrer Auslagen; ihnen darf eine Vergütung bis zu 500 Euro jährlich gewährt werden, sofern die Mitgliederversammlung dies beschließt.

§ 3 Mitgliedschaft
Mitglied des Vereins kann jede Person werden, die das 16. Lebensjahr vollendet hat. Über das schriftlich einzureichende Beitrittsgesuch entscheidet der Vorstand. Minderjährige müssen dem Gesuch die Zustimmung ihres/ihrer gesetzlichen Vertreter/s beifügen.

§ 4 Mitgliedsbeitrag
Der Mitgliedsbeitrag wird von der Mitgliederversammlung festgesetzt.

§ 5 Streichung aus der Mitgliederliste; Ausschluss
Ist ein Mitglied länger als zwei Monate mit der Zahlung des zum 1.1. eines Jahres fälligen Mitgliedsbeitrages im Rückstand, so wird es vom Vorstand mittels „Einschreiben mit Rückschein" unter Setzung einer Nachfrist von einem Monat gemahnt und darauf hingewiesen, dass es bei weiterer Nichtzahlung aus der Mitgliederliste gestrichen wird. Geht dann der Beitrag nicht ein, wird das Mitglied aus der Mitgliederliste ohne vorherige Anhörung gestrichen. Von der Streichung wird das Mitglied verständigt.
Ein Mitglied kann aus dem Verein ausgeschlossen werden, wenn es vorsätzlich den Interessen des Vereins und dem Satzungszweck zuwiderhandelt. Über den Ausschluss entscheidet die Mitgliederversammlung nach Anhörung des betroffenen Mitglieds. Die Ausschlussentscheidung ist zu begründen und dem betroffenen Mitglied mitzuteilen.

§ 6 Organe
Organe des Vereins sind die Mitgliederversammlung und der Vorstand.

§ 7 Vorstand
Der Vorstand besteht aus fünf Mitgliedern, die von der Mitgliederversammlung auf die Dauer von drei Jahren gewählt werden.
Die Mitglieder des Vorstands wählen aus ihrer Mitte den 1. und 2. Vorstandsvorsitzenden, die jeder einzeln den Verein nach innen und außen vertreten.
Die Mitglieder des Vorstands sind ehrenamtlich tätig. Sie haben Anspruch auf Aufwendungsersatz i.S.d. § 670 BGB.

§ 8 Mitgliederversammlung
Die Mitgliederversammlung ist zuständig für
- Satzungsänderungen,
- Wahl der Vorstandsmitglieder und deren Entlastung,
- die Beitragsfestsetzung,
- die Ausschließung eines Mitglieds,
- die Auflösung des Vereins.

Der Vorstand hat die Tagesordnung für die ordentliche Mitgliederversammlung zu erstellen, die im April eines jeden Jahres einberufen werden muss.
Zur ordentlichen Mitgliederversammlung ist mit einer Frist von vier Wochen durch Veröffentlichung in der Tannhauser Tageszeitung und durch Anschlag an die Tafel für Bekanntmachungen des Vereins im Vereinsheim zu laden. Die Einberufungsfrist für eine außerordentliche Mitgliederversammlung in vorstehender Weise beträgt zwei Wochen.

§ 9 Haftungsbeschränkung
Die Haftung des Vereins ist auf sein Vermögen beschränkt und die der Mitglieder auf die von ihnen nach § 4 der Satzung noch geschuldeten Beiträge. Die vertretungsberechtigten Vorstandsmitglieder sind verpflichtet, dies in allen für den Verein abzuschließenden Rechtsgeschäften zum Ausdruck zu bringen und in den Vertragstext aufnehmen zu lassen.

§ 10 Auflösung
Der Verein besteht auch nach Ausscheiden von Mitgliedern fort. Ausscheidende haben keinen Anspruch auf einen Anteil am Vereinsvermögen.
Die Auflösung des Vereins beschließt die Mitgliederversammlung, die nur dann beschlussfähig ist, wenn 3/4 aller Mitglieder anwesend sind. Für die Beschlussfassung ist einfache Mehrheit ausreichend.

Nach der Auflösung obliegt den beiden vertretungsberechtigten Vorstandsmitgliedern die Abwicklung des Vereinsvermögens in entsprechender Anwendung der §§ 47 ff. BGB.

§ 11 Vermögensverwendung
Das nach Durchführung der Abwicklung noch vorhandene Vereinsvermögen fällt an die Stadt Tannhausen, die es unmittelbar und ausschließlich für gemeinnützige Zwecke zu verwenden hat.

VI. Das öffentliche Vereinsrecht

1. Begriffe
a) Öffentliches Vereinsrecht

97 Öffentliches Vereinsrecht ist das Recht, das die Wirkungsbereiche des Staates einerseits und der privaten Verbände andererseits gegeneinander abgrenzt.[160] Art. 9 Abs. 1 GG stellt für Deutsche den Grundsatz der freien Vereinsbildung auf. Art. 9 Abs. 2 GG bestimmt, welche gegen die staatliche Ordnung gerichteten Vereine verboten sind. Art. 9 Abs. 3 GG trifft Sonderregelungen für Koalitionen.

In Ausführung des Art. 9 Abs. 2 GG ist das Gesetz zur Regelung des öffentlichen Vereinsrechts (Vereinsgesetz)[161] erlassen worden.

b) Der öffentlich-rechtliche Begriff des Vereins

98 Verein i.S.d. VereinsG ist ohne Rücksicht auf die Rechtsform jede Vereinigung, zu der sich eine Mehrheit natürlicher oder juristischer Personen für längere Zeit zu einem gemeinsamen Zweck zusammengeschlossen und einer organisierten Willensbildung unterworfen hat (§ 2 VereinsG). Dieser öffentlich-rechtliche Vereinsbegriff ist weiter als der des bürgerlichen Rechts, weil er auch die Gesellschaften mit einschließt, denen der – nicht rechtsformspezifische – Schutz des Art. 9 Abs. 1 GG ebenfalls zu Gute kommt. § 17 VereinsG enthält Sonderregelungen für Aktiengesellschaften, Kommanditgesellschaften auf Aktien, Gesellschaften mit beschränkter Haftung, Genossenschaften, Wirtschaftsvereine gem. § 22 BGB und Versicherungsvereine auf Gegenseitigkeit.

2. Geschütztes Verhalten des Vereins nach Art. 9 Abs. 1 GG

99 Nach Art. 9 Abs. 1 GG haben alle Deutschen das Recht, Vereine und Gesellschaften zu bilden. Einfachgesetzlich, somit auch für Nichtdeutsche, bestimmt § 1 Abs. 1 VereinsG: „Die Bildung von Vereinen ist frei (Vereinsfreiheit)".

Das Grundgesetz gewährleistet die positive Vereinigungsfreiheit, die Garantien umfasst hinsichtlich
– der Freiheit der Gründung einschließlich der freien Entscheidung über den Zeitpunkt, den Zweck, Rechtsform, Namen und Sitz (sog. Vereinsautonomie),
– der Organisationsfreiheit und der inneren Betätigungsfreiheit sowie
– der Freiheit, über das Ende der Vereinigung zu bestimmen.[162]

---

160 Vgl. *Seifert*, Das Deutsche Bundesrecht, I F 10 Vereinsgesetz I F 10 S. 13.
161 Vom 5.8.1964 (BGBl I, 593), zuletzt geändert durch Artikel 6 des Gesetzes vom 21. Dezember 2007 (BGBl I, 3198).
162 Vgl. BVerfGE 50, 290, 354; BVerfGE 84, 372, 378 = NJW 1992, 549; BVerfG NJW 2000, 1251; BVerfG NJW 2001, 2617; BVerfG NZA 2007, 394; Sachs/*Höfling*, GG, 5. Aufl. 2009, Art. 9 Rn 16.

Die negative Vereinigungsfreiheit besagt, dass es jedermann freisteht, einer privaten Vereinigung fernzubleiben oder aus ihr wieder auszutreten.[163]

Wird der einmal gegründete Verein wie jedermann im Rechtsverkehr tätig, fällt dieses Verhalten nicht mehr in den Schutzbereich des Art. 9 Abs. 1 GG; er kann sich dann nur noch auf die materiellen Individualgrundrechte berufen.[164] **100**

Zum Kernbereich der Vereinigungsfreiheit gehört auch die Satzungsautonomie.[165] Sie ist insofern eingeschränkt, als die Satzung nicht gegen das Gesetz oder gegen zwingende Grundsätze des allgemeinen Körperschaftsrechts verstoßen darf. Das Registergericht darf deshalb bei der Gründungssatzung und bei späteren Satzungsänderungen eine Rechts-, jedoch keine Zweckmäßigkeitskontrolle vornehmen. Soweit die Satzung bei den Vertretungsregelungen Unklarheiten oder Widersprüche aufweist, ist eine Teilnahme am Rechtsverkehr „wie von jedermann" gegeben; das Registergericht darf und muss dies beanstanden. Hat die Satzung jedoch keine Außenwirkungen, ist eine Beanstandung der Satzung durch das Registergericht nicht zulässig, soweit Satzungsbestimmungen unklar, unzweckmäßig oder redaktionell überarbeitungsbedürftig sind.[166]

3. Das Vereinsverbot
a) Verbotsgründe
aa) **Verfassungswidriges Verhalten**

Nach Art. 9 Abs. 2 GG sind Vereinigungen verboten, die sich gegen die verfassungsmäßige Ordnung richten. Gemeint ist die freiheitlich demokratische Ordnung.[167] Dazu gehört vor allem die Achtung vor den im Grundgesetz konkretisierten Menschenrechten, das demokratische Prinzip mit der Verantwortung der Regierung, das Mehrparteienprinzip und damit das Recht auf Bildung und Ausübung einer Opposition.[168] Die Vereinigung muss, um den Verbotstatbestand zu erfüllen, ihre verfassungsfeindlichen Ziele auch kämpferisch-aggressiv verwirklichen, d.h. diese Ordnung fortlaufend untergraben wollen.[169] **101**

bb) **Strafgesetzwidriges Verhalten**

Nach Art. 9 Abs. 2 GG sind weiter Vereinigungen verboten, deren Zweck oder Tätigkeit den Strafgesetzen zuwiderläuft. Da ein Verein selbst keine Straftaten begehen kann, müssen diese von Mitgliedern oder Funktionären verübt worden sein. Die durch Mitglieder verwirklichte Strafgesetzwidrigkeit muss den Verein prägen. Strafbares Verhalten der Mitglieder ist dem Verein dann zuzurechnen, wenn dieser irgendwie den Mitgliedern durch eigene Hilfestellung Rückhalt bietet, wobei es auf eine strafrechtliche Verurteilung oder auf ein Verschulden nicht ankommt.[170] **102**

cc) **Völkerrechtswidriges Verhalten**

Nach Art. 26 Abs. 1 GG sind Handlungen, die geeignet sind und in der Absicht vorgenommen werden, das friedliche Zusammenleben der Völker zu stören, verfassungswidrig. **103**

---

163 Vgl. BVerfG NJW 1995, 514, 515.
164 Vgl. BVerfGE 70, 1, 25 = NJW 1986, 772; BVerfG NJW 2000, 1251.
165 Vgl. BayObLGZ 1982, 386, 373; BayObLGZ BB 1985, 546.
166 Vgl. BayObLGZ 1982, 368, 373; OLG Köln NJW-RR 1994, 1947, 1948; OLG Hamm NJW-RR 2000, 42, 43; OLG Köln FGPrax 2009, 275, 277.
167 Vgl. BGHSt 7, 222, 226 f.
168 Vgl. BVerwG NVwZ 1997, 66, 67; BVerwG NVwZ-RR 2000, 70, 71.
169 Vgl. BVerwG NVwZ-RR 2000, 70, 71; BVerwG NVwZ-RR 2009, 803
170 Vgl. BVerwGE 80, 299, 307 = NJW 1989, 993; VGH München NVwZ-RR 2000, 496; BVerwG Buchholz 402.45 VereinsG Nr 47.

Eine Vereinigung richtet sich dann objektiv gegen den Gedanken der Völkerverständigung, wenn ihre Tätigkeit oder ihr Zweck geeignet ist, den Gedanken der Völkerverständigung zu beeinträchtigen. Das ist nicht nur dann der Fall, wenn ihr Zweck oder ihre Tätigkeit darauf gerichtet ist, dem Art. 26 Abs. 1 GG zuwiderzuhandeln. Der „Gedanke der Völkerverständigung" reicht weiter als das „friedliche Zusammenleben der Völker". Er nimmt auch Bezug auf die Idee der friedlichen Verständigung der Völker bei der Lösung ihrer Interessengegensätze.[171] Deshalb richtet sich ein Verein auch dann gegen den Gedanken der Völkerverständigung, wenn sein Zweck oder seine Tätigkeit der friedlichen Überwindung der Interessengegensätze von Völkern zuwiderläuft.[172] Dies ist vor allem dann der Fall, wenn Gewalt in das Verhältnis von Völkern hineingetragen wird. In einem solchen Fall ist es nicht erforderlich, dass die Vereinigung selbst Gewalt ausübt. Es genügt, dass die Vereinigung eine Gruppierung unterstützt, die ihrerseits durch Ausübung von Gewalt das friedliche Miteinander der Völker beeinträchtigt. Von dem Verbotstatbestand sind nicht nur die friedlichen Beziehungen der Bundesrepublik Deutschland zu fremden Völkern, sondern auch der Frieden zwischen fremden Völkern erfasst.[173]

Der Verbotstatbestand ist jedoch nur dann erfüllt, wenn der Zweck oder die Tätigkeit des Vereins geeignet ist, den Gedanken der Völkerverständigung **schwerwiegend, ernst und nachhaltig** zu beeinträchtigen. Sind solche gravierenden Beeinträchtigungen nach dem Zweck oder der Tätigkeit der Vereinigung zu erwarten, fehlt es schon an der objektiven Eignung, den Gedanken der Völkerverständigung zu beeinträchtigen.[174]

b) Zuständige Verbotsbehörden

104 Verbotsbehörde ist
- die oberste Landesbehörde für Vereine und Teilvereine, deren erkennbare Organisation und Tätigkeit sich auf das Gebiet eines Bundeslandes beschränken,
- der Bundesminister des Innern für Vereine und Teilvereine, deren Organisation oder Tätigkeit sich über das Gebiet eines Bundeslandes hinaus erstreckt (§ 3 Abs. 2 VereinsG).

c) Verbotsverfügung

105 Der das Verbot aussprechende Verwaltungsakt (Verbotsverfügung) besteht notwendig aus:
- der Feststellung, dass der Verein durch sein Verhalten einen der aufgeführten Tatbestände des Art. 9 Abs. 2 GG – oder bei Ausländervereinen oder Auslandsvereinen – des § 14 VereinsG verwirklicht hat und
- der Anordnung seiner Auflösung.

Mit dem Verbot ist in der Regel
- die Anordnung der Beschlagnahme des Vereinsvermögens und seiner Einziehung zu verbinden (§ 3 Abs. 1 VereinsG).

Ist die Verbotsverfügung durch Zustellung an den Verein (§ 3 Abs. 4 VereinsG) wirksam und vollziehbar geworden, so ist jede Fortsetzung der Vereinstätigkeit bei Strafe (§ 20 Abs. 1 Nr. 1 VereinsG) verboten. Die Mitglieder müssen den organisatorischen Zusammenhalt des Vereins aufzugeben und dürfen sich in ihm nicht mehr betätigen. Maßnahmen und Handlungen des Vereins, die auf die Einlegung von Rechtsmitteln gegen die Verbotsverfügung gerichtet sind und

---

[171] BVerwG NVwZ 2005, 1435, 1436.
[172] BVerwG a.a.O.
[173] BVerwG a.a.O.
[174] BVerwG NJW 1982, 194/195; BVerwG NVwZ 2005, 1435, 1436.

diese unterstützend begleiten sollen, sind jedoch zulässig.[175] Der Verein bleibt aber als solcher noch Träger der ihm bis dahin zustehenden Rechte und Pflichten. Er bleibt hinsichtlich der Anfechtung des Verbots parteifähig.[176]

Das Verbot erstreckt sich nach § 3 Abs. 3 VereinsG, wenn es nicht ausdrücklich beschränkt wird, auf alle Organisationen, die dem Verein derart eingegliedert sind, dass sie nach dem Gesamtbild der tatsächlichen Verhältnisse als Gliederung dieses Vereins erscheinen (Teilorganisationen).[177] Auf nichtgebietliche Teilorganisationen mit eigener Rechtspersönlichkeit erstreckt sich das Verbot nur, wenn sie in der Verbotsverfügung ausdrücklich benannt sind. Der Verein erlischt erst, wenn das Verbot und die Anordnung der Vermögenseinziehung unanfechtbar geworden sind (§ 11 Abs. 2 S. 3 VereinsG). Beim eingetragenen Verein hat die Verbotsbehörde das Erlöschen des Vereins dem Registergericht mitzuteilen, welches das Erlöschen durch bestandskräftiges Verbot im Register einträgt und das Registerblatt schließt (§ 4 Abs. 2 Nr. 1 Vereinsregister-Verordnung). 106

d) Die Anfechtungsklage gegen das Vereinsverbot

Gegen die Verbotsverfügung kann der Verein, vertreten durch seinen Vorstand, Anfechtungsklage nach § 42 Abs. 1 VwGO erheben. Die Vereinsmitglieder sind nicht befugt, diese Klage zu erheben, da nur der Verein durch das Verbot in seiner Rechtsstellung betroffen ist.[178] Vereinsmitglieder können sich jedoch der Anfechtungsklage anschließen.[179] 107

Für die innerhalb eines Monats nach Zustellung des Vereinsverbots zu erhebende Klage (§ 74 Abs. 1 S. 2 VwGO) ist das Bundesverwaltungsgericht zuständig, wenn der Bundesminister des Innern die Verbotsverfügung erlassen hat (§ 50 Abs. 1 Nr. 2 VwGO), sonst das Oberverwaltungsgericht (Verwaltungsgerichtshof) des Landes, welches das Verbot erlassen hat (§ 48 Abs. 2 VwGO). Diese Zuständigkeit gilt nicht nur für die Anfechtung der Verbotsverfügung und der Vereinsauflösung, sondern auch für die Anfechtung der Anordnung der Beschlagnahme und der Vermögenseinziehung.[180] 108

e) Die Anfechtung von Maßnahmen des Verbotsvollzugs

Die Auflösung des Vereins, die Beschlagnahme und die Einziehung des Vereinsvermögens bedürfen eines besonderen Vollzugs. Die Verbotsbehörden sind hierfür nur zuständig, soweit das gesetzlich besonders bestimmt ist (vgl. § 7 Abs. 2, § 10 Abs. 3 S. 1, § 11 Abs. 3, 4 S. 2 VereinsG). Im Übrigen sind nach § 5 Abs. 1 VereinsG die von den Landesregierungen bestimmten Behörden als Vollzugsbehörden zuständig. 109

Falls den Vollzugsverwaltungsakt nicht die Verbotsbehörde oder eine sonstige oberste Bundes- oder Landesbehörde erlassen hat, muss vor einer Klage das Widerspruchsverfahren durchgeführt werden (§ 68 Abs. 1 VwGO). 110

Die Anfechtungsklage ist innerhalb eines Monats nach Zustellung des Widerspruchsbescheides oder, falls ein Widerspruchsverfahren nicht erforderlich war, innerhalb eines Monats nach Bekanntgabe des Vollzugsverwaltungsakts zu erheben (§ 74 Abs. 1 VwGO). 111

Zuständig ist in erster Instanz das Verwaltungsgericht.[181] Dies ergibt sich aus § 6 Abs. 1 VereinsG. 112

---

175 BVerfG NJW 1990, 37.
176 Vgl. *Seifert*, Das Deutsche Bundesrecht, I F 10 Vereinsgesetz I F 10, S. 19.
177 Eine Teilorganisation eines *verbotenen* Gesamtvereins wird daher ohne Weiteres von dem Verbot des Gesamtvereins erfasst, ohne dass sie selbst einen Verbotsgrund erfüllen müsste, vgl. BVerwG DVBl 2010, 459.
178 Vgl. BVerwG DÖV 1984, 940; BVerwG Buchholz 402.45 VereinsG Nr. 45.
179 Vgl. VGH Mannheim NJW 1990, 61.
180 Vgl. VGH Mannheim DVBl 1970, 743.
181 Vgl. *Kopp/Schenke*, Verwaltungsgerichtsordnung, 16. Aufl. 2009, § 48 Rn 15.

113   Die örtliche Zuständigkeit bestimmt sich wie folgt: Betrifft der Streit unbewegliches Vermögen, so ist das Verwaltungsgericht zuständig, in dessen Bezirk sich dieser Vermögensgegenstand befindet (§ 52 Nr. 1 VwGO). Hat den Verwaltungsakt eine Bundesbehörde oder eine bundesunmittelbare Behörde (z.B. Bundesverwaltungsamt) erlassen, so ist das Verwaltungsgericht zuständig, in dessen Bezirk die Behörde ihren Sitz hat (§ 52 Nr. 2 VwGO). In allen übrigen Fällen ist das Verwaltungsgericht zuständig, in dessen Bezirk der Verwaltungsakt erlassen worden ist (§ 52 Nr. 3 VwGO).

M 157   VII. Muster: Schiedsgerichtsordnung

114   *Schiedsgerichtsordnung*

§ 1 Grundsatzregelungen
Die Schiedsgerichtsordnung (= SchGO) ist Bestandteil der Satzung des Sportverbands (§ 21 der Satzung).
Das Schiedsgericht ist eine Einrichtung, jedoch kein Organ des Sportverbands. Das Schiedsgericht führt die Bezeichnung „Ständiges Schiedsgericht für den Bereich des Sportverbandes."
Im Rahmen der Zuständigkeit des Schiedsgerichts ist der ordentliche Rechtsweg zu den staatlichen Gerichten ausgeschlossen.
Schiedsort ist Tannhausen.

§ 2 Persönlicher Geltungsbereich der SchGO
Die Schiedsgerichtsbarkeit ist verbindlich für
a)   den Sportverband und seine Organe bzw. Organmitglieder,
b)   die korporativen Mitglieder des Sportverbands,
c)   soweit sie in Verbandseinrichtungen des Sportverbands tätig sind, die Mitglieder, Funktionäre und Spieler der angeschlossenen Vereine, welche die Verbindlichkeit dieser Schiedsgerichtsordnung durch eine gesonderte schriftliche Schiedsvereinbarung anerkannt haben.

§ 3 Sachlicher Geltungsbereich
Die sachliche Zuständigkeit des Schiedsgerichts setzt gegenüber seinen korporativen Mitgliedern Streitigkeiten voraus, die sich aus dem Mitgliedschaftsverhältnis ergeben. Das sind solche, die in ihrem Kern nach dem Vereinsrecht, nach der Satzung des Sportverbands, nach der von ihm erlassenen Wettkampfordnung oder nach sonstigen Verbandsordnungen oder Verbandsanordnungen zu beurteilen sind. Das Schiedsgericht ist insbesondere in folgenden Angelegenheiten sachlich zuständig:
a)   Streitigkeiten zwischen dem Sportverband mit seinen korporativen Mitgliedern sowie Streitigkeiten zwischen den Anschlussvereinen untereinander (sog. Verbandsstreitigkeiten),
b)   Verlangen auf Aufhebung oder Abänderung einer Maßnahme eines Organs des Sportverbands, auf Erlass einer abgelehnten oder unterlassenen Maßnahme bzw. Anordnung des Sportverbands oder eines Anschlussvereins (sog. Verwaltungsstreitigkeiten),
c)   Überprüfung von disziplinären Ordnungsmaßnahmen des Sportverbands gegenüber seinen korporativen Mitgliedern, soweit solche Maßnahmen auf die Wettkampfordnung gestützt werden (sog. Ordnungsstreitigkeiten),
d)   Streitigkeiten zwischen dem Sportverband und seinen Organmitgliedern sowie unter Organmitgliedern, soweit diese aus dem korporativ-organschaftlichen Verhältnis herrühren (sog. organschaftliche Streitigkeiten),
e)   Überprüfung von Ordnungsmaßnahmen, die gegen die in § 2 lit. c SchGO genannten Personen verhängt worden sind,
f)   Überprüfung der vom Sportverband verhängten Vertragsstrafen auf objektive Unbilligkeit.

§ 4 Zeitlicher Geltungsbereich
Die SchGO ist für werdende korporative Mitglieder von der Stellung eines Aufnahmeantrages an und für Organmitglieder mit der Amtsannahme verbindlich.
Scheidet ein korporatives Mitglied oder ein Organmitglied aus, so bleibt die SchGO verbindlich, sofern der Streit ein Rechtsverhältnis betrifft, das vor dem Ausscheiden entstanden ist.

§ 5 Kompetenz-Kompetenz
Das Schiedsgericht entscheidet darüber, ob eine Streitigkeit im Sinne der vorstehenden Bestimmungen vorliegt und ob seine Zuständigkeit gegeben ist. Das Schiedsgericht entscheidet auch über die Wirksamkeit dieser Schiedsgerichtsordnung bzw. der vertraglichen Anerkennung über Streitigkeiten in diesem Zusammenhang.

§ 6 Einstweilige Verfügung
Besteht unter den Parteien, die dieser Schiedsgerichtsordnung unterliegen, eine Streitigkeit oder ist eine solche beim Schiedsgericht bereits anhängig, so kann dieses auf Antrag einer Partei eine einstweilige Verfügung in entsprechender Anwendung der §§ 935 ff. ZPO erlassen, deren Wirkung jedoch zeitlich längstens bis zum Erlass einer abschließenden Entscheidung des Schiedsgerichts zu begrenzen ist. Die antragstellende Partei muss glaubhaft machen, dass sie ohne die schiedsgerichtliche Eilmaßnahme in ihren Rechten wesentlich beeinträchtigt sein würde und dass daher ein Regelungsbedürfnis zur Verhinderung wesentlicher Nachteile besteht.
Zur Entscheidung über den Antrag auf Erlass einer einstweiligen Verfügung ist der Vorsitzende des Schiedsgerichts berufen, der jedoch die Beisitzer hinzuziehen kann.

§ 7 Rechtsanwendung
Das Schiedsgericht ist bei seiner Entscheidung an das geltende materielle Recht, an das Satzungsrecht sowie das im Sportverband bestehende Verbandsgewohnheitsrecht gebunden, hat jedoch immer das Selbstverständnis des Sportverbands zu beachten. Es berücksichtigt die ungeschriebenen Regeln des _____sports, soweit sie allgemeine Anerkennung gefunden haben.

§ 8 Besetzung des Schiedsgerichts
Das Schiedsgericht setzt sich aus dem Vorsitzenden und aus zwei Beisitzern zusammen. Im Falle ihrer nicht nur vorübergehenden Verhinderung treten an ihre Stelle der Ersatz-Vorsitzende und die Ersatz-Schiedsrichter.

§ 9 Bildung des Schiedsgerichts
Die Schiedsrichter und Ersatzschiedsrichter werden von der Delegiertenversammlung des Sportverbands auf die Dauer von vier Jahren gewählt.
Der Vorsitzende und der Ersatzvorsitzende müssen die Befähigung zum Richteramt haben. Zum Schiedsrichter kann nicht gewählt werden, wer ein Organamt im Sportverband oder in einem seiner angeschlossenen Vereine ausübt. Ist der Kläger oder der Beklagte eine Person, welche die Sportverband-Schiedsgerichtsbarkeit durch Vertrag anerkannt hat (§ 2 lit. c) SchGO), so kann sie das nach Absatz 1 gebildete Schiedsgericht anerkennen. Sie kann aber auch die Bildung eines Schiedsgerichts nach § 1035 Abs. 3 S. 2 ZPO wie folgt verlangen: Jede Partei bestellt einen Schiedsrichter; diese beiden Schiedsrichter bestellen einen dritten Schiedsrichter, der als Vorsitzender des Schiedsgerichts tätig wird. Im Übrigen gilt § 1035 Abs. 3 bis 5 ZPO.

§ 10 Anrufung des Schiedsgerichts
Das Schiedsgericht kann nur nach Erschöpfung des verbandsinternen Rechtsweges angerufen werden, sofern es sich nicht um Streitigkeiten unter Mitgliedsvereinen des Sportverbands handelt. Der Antrag auf Erlass einer einstweiligen Verfügung kann auch vor dem Vorliegen einer endgültigen verbandsin-

ternen Entscheidung gestellt werden. Die Anrufung des Schiedsgerichts erfolgt durch Einreichung einer Klage oder eines Antrags auf Erlass einer einstweiligen Verfügung. Die Vorschrift des § 1044 ZPO ist nicht anzuwenden. Die Klage oder der Antrag ist an den Vorsitzenden des Schiedsgerichts zu richten. Es sollen zwei Abschriften beigefügt werden. Es müssen ein Klageantrag (Verfügungsantrag) gestellt und die Tatsachen, auf die sich dieser Klageanspruch stützt, dargelegt und die für erforderlich gehaltenen Beweise angeboten werden.

§ 11 Einzahlung eines Kostenvorschusses
Die Durchführung des schiedsgerichtlichen Klageverfahrens ist von der Einzahlung eines Kostenvorschusses durch den Schiedskläger anhängig. Der Kostenvorschuss wird vom Schiedsgericht nach Klageeinreichung festgesetzt. Wird der Kostenvorschuss nicht fristgerecht eingezahlt, so wird die Schiedsklage vom Vorsitzenden als unzulässig abgewiesen.

§ 12 Vorbereitende Maßnahmen des Vorsitzenden
Der Vorsitzende verfügt die Zustellung (Einschreiben mit Rückschein) der Schiedsklage an den Schiedsbeklagten mit der Aufforderung, innerhalb von drei Wochen Stellung zu nehmen.
Der Vorsitzende hat die Sache so weit vorzubereiten, dass nach Möglichkeit in einer mündlichen Verhandlung ein Vergleich geschlossen oder ein Schiedsspruch erlassen werden kann. Zu diesem Zweck kann der Vorsitzende die Beiziehung von Akten des Sportverbands oder der Anschlussvereine anordnen, er kann um staatsgerichtliche Amtshilfe ersuchen (z.B. wenn ein Zeuge weit entfernt wohnt) und kann im Einverständnis beider Parteien Zeugen und Sachverständige vernehmen. Das hierbei zu fertigende Protokoll ist in einer mündlichen Verhandlung zu verlesen.

§ 13 Ort und Zeit einer mündlichen Verhandlung; Entscheidung im schriftlichen Verfahren und nach Aktenlage
Das Schiedsgericht tagt grundsätzlich am Schiedsort. Der Vorsitzende kann nach pflichtgemäßem Ermessen einen anderen Tagungsort bestimmen.
Die mündliche Verhandlung soll nach Möglichkeit innerhalb von drei Monaten nach Eingang der Schiedsklage stattfinden.
Im Einverständnis beider Parteien kann das Schiedsgericht im schriftlichen Verfahren einen Vergleichsvorschlag unterbreiten oder einen Schiedsspruch erlassen.
Erscheint eine Partei trotz ordnungsgemäßer Ladung unentschuldigt zur mündlichen Verhandlung nicht und ist sie auch nicht vertreten, so entscheidet das Schiedsgericht nach Lage der Akten. Die von der säumigen Partei benannten oder von ihr gestellten Zeugen oder Sachverständigen sind dann nicht zu vernehmen.

§ 14 Ladung zur mündlichen Verhandlung
Zur mündlichen Verhandlung werden die Parteien mittels „Einschreiben mit Rückschein" geladen. Hat ein Bevollmächtigter eine Zustellungsvollmacht nachgewiesen, so wird dieser geladen. Die Ladungsfrist beträgt drei Wochen. Mittels „Einschreiben" werden Zeugen und Sachverständige geladen. Beweispersonen, die einer verbandlichen Erscheinenspflicht nicht unterliegen, werden eingeladen, zur Verhandlung zu erscheinen.

§ 15 Ablehnung eines Schiedsrichters
Die Ablehnung des Schiedsgerichts als ganzer Spruchkörper ist unzulässig. Ein dahin gehender Ablehnungsantrag braucht nicht förmlich verbeschieden zu werden.
Ein Schiedsrichter kann wegen Besorgnis der Befangenheit nur abgelehnt werden, wenn Umstände vorliegen, die nach dem Urteil eines vernünftigen und objektiven außenstehenden Beurteilers berechtigte Zweifel an seiner Unparteilichkeit oder Unabhängigkeit aufkommen lassen.

Die Partei, die einen Schiedsrichter ablehnen will, hat innerhalb von zwei Wochen, nachdem ihr die Zusammensetzung des Schiedsgerichts oder ein Ablehnungsgrund im Sinne des vorstehenden Abs. 2 bekannt geworden ist, dem Schiedsgericht schriftlich die Ablehnungsgründe darzulegen.
Tritt der abgelehnte Schiedsrichter nicht von seinem Amt zurück oder stimmt die andere Partei der Ablehnung nicht zu, so entscheidet das Schiedsgericht über die Ablehnung unter Einschluss des abgelehnten Schiedsrichters.
Wird die Ablehnung für unbegründet erklärt, so kann die ablehnende Partei innerhalb von zwei Wochen, nachdem ihr die Ablehnungsentscheidung des Schiedsgerichts durch Einschreiben mit Rückschein bekannt gemacht worden ist, die Entscheidung des staatlichen Gerichts über die Ablehnung herbeiführen.
Während ein solcher Antrag anhängig ist, kann das Schiedsgericht einschließlich des abgelehnten Schiedsrichters das Verfahren fortsetzen und einen Schiedsspruch erlassen.

§ 16 Vertretung
Die Parteien können sich in jeder Lage des Verfahrens durch einen Rechtsanwalt oder Rechtsbeistand vertreten lassen. Kosten für die Vertretung oder Beratung einer Partei gehen ohne Rücksicht auf den Ausgang des Verfahrens zu Lasten der vertretenen Partei. Bevollmächtigte haben sich durch eine beim Schiedsgericht einzureichende Vollmacht auszuweisen.

§ 17 Nichtöffentlichkeit der Verhandlung
Die mündliche Verhandlung vor dem Schiedsgericht ist grundsätzlich verbandsöffentlich. Über die Zulassung von anderen Personen als Verbands- und Organmitgliedern entscheidet das Schiedsgericht nach freiem Ermessen. Die Ablehnung der Zulassung ist nicht anfechtbar. In Disziplinarsachen sowie in den Sachen, in denen steuerliche Vorgänge zur Sprache kommen, verhandelt das Schiedsgericht nicht verbandsöffentlich.

§ 18 Verfahrensgrundsätze
Das Schiedsgericht hat den Sachverhalt ausreichend zu erforschen, die allgemein gültigen Verfahrensgrundsätze zu beachten und den Beteiligten ausreichend das rechtliche Gehör zu gewähren. Im Übrigen gestaltet das Schiedsgericht sein Verfahren nach seinem freien Ermessen. Es kann Vorschriften der Zivilprozessordnung sinngemäß heranziehen.
Das Schiedsgericht ist hinsichtlich der Ermittlung von Tatsachen und der Erhebung von Beweisen an Anträge der Parteien nicht gebunden. Es kann nach seinem Ermessen Zeugen und Sachverständige vernehmen, Beweise auf andere Art erheben. Beweispersonen sind darauf hinzuweisen, dass sie vom Sportverband nach den Sätzen des Justizvergütungs- und -entschädigungsgesetzes vom 5. Mai 2004 (BGBl I, 718, 776) in seiner jeweils gültigen Fassung entschädigt werden.
Das Schiedsgericht ist zur Beeidigung von Zeugen oder Sachverständigen oder zur eidlichen Parteivernehmung nicht befugt. Es kann von jeder Partei verlangen, dass diese die für erforderlich erachteten richterlichen Handlungen beim zuständigen Staatsgericht beantragt. Kommt eine Partei diesem Verlangen innerhalb einer gesetzten Frist nicht nach, so kann das Schiedsgericht aus der Unterlassung die ihm gerechtfertigten Schlussfolgerungen ziehen.

§ 19 Protokoll
Über die mündliche Verhandlung wird ein Protokoll aufgenommen, dessen Inhalt der Vorsitzende diktiert. Ein Diktat auf Tonträger ist zulässig.
Das Protokoll soll enthalten:
a) die Bezeichnung und Besetzung des Schiedsgerichts;
b) Ort, Datum und Uhrzeit des Beginns der Verhandlung;
c) die Bezeichnung des Streitgegenstandes;
d) die Namen der erschienenen Personen, gesetzlichen Vertreter oder Bevollmächtigten;

e) die Erklärungen der Parteien, dass das Schiedsgericht ordnungsgemäß besetzt und zuständig ist;
f) die Erklärungen der Parteien, dass das Schiedsgericht ausdrücklich zur Festsetzung des Streitwertes ermächtigt wird und dessen Festsetzung;
g) den Inhalt eines evtl. abgeschlossenen Vergleichs;
h) die von den Parteien gestellten Anträge und die wesentlichen Erklärungen;
i) den wesentlichen Inhalt von Zeugen- und Sachverständigenaussagen;
j) den wesentlichen Inhalt des Ergebnisses eines Augenscheins;
k) die Bezeichnung von Urkunden, die bei der Beweisaufnahme verlesen oder sonst zum Gegenstand der Verhandlung gemacht worden sind;
l) die Feststellung sonstiger wesentlicher Prozesshandlungen;
m) die Erklärung der Parteien, dass ihnen rechtliches Gehör gewährt worden ist;
n) die Formel des bekannt gegebenen Schiedsspruchs oder den Beschluss, wann und wie er bekannt gegeben wird;
o) die Uhrzeit des Verhandlungsschlusses.

Das Protokoll ist vom Vorsitzenden und von einem evtl. bestellten Protokollführer zu unterzeichnen. Ist vom Schiedsgericht ein einzelner Schiedsrichter mit der Vornahme einer Beweisaufnahme beauftragt worden, so hat dieser die entsprechende Niederschrift zu unterschreiben.

§ 20 Abschluss eines Vergleichs

Im Interesse des Verbandsfriedens soll das Schiedsgericht in jeder Lage des Verfahrens darauf hinwirken, dass die Parteien ihren Streit durch Vergleich erledigen.

Die Schiedsparteien können außergerichtlich einen Vergleich schließen und dem Schiedsgericht die Verfahrensbeendigung mitteilen. Dieses stellt dann durch Beschluss die Beendigung des schiedsrichterlichen Verfahrens fest.

Soll ein Vollstreckungstitel geschaffen werden, so kann ein Anwaltsvergleich nach § 796a ZPO geschlossen werden.

Die Parteien können sich auch vor dem Schiedsgericht vergleichen und den Antrag stellen, dass ein Schiedsspruch mit vereinbartem Wortlaut erlassen wird, der dieselbe Wirkung wie jeder andere Schiedsspruch in der Sache hat.

§ 21 Beratung und Abstimmung

Bei der Beratung über den Schiedsspruch dürfen nur die diesen erlassenden Schiedsrichter anwesend sein. Zum Aufnehmen des Diktates der Entscheidungsformel darf der/die Protokollführer/in zugezogen werden.

Die Mitglieder des Schiedsgerichts sind verpflichtet, über den Hergang der Beratung und Abstimmung Stillschweigen zu bewahren.

Das Schiedsgericht entscheidet mit absoluter Stimmenmehrheit. Stimmenthaltungen sind unzulässig. Bilden sich in der Frage, ob und welches Ordnungsmittel zu bestätigen oder zu verhängen ist, drei Meinungen, so wird die für das einschneidendste Ordnungsmittel abgegebene Stimme der für die zunächst geringeren abgegebenen Stimme hinzugerechnet.

§ 22 Erlass des Schiedsspruchs

Vor dem Erlass des Schiedsspruchs ist den Parteien Gelegenheit zur abschließenden Stellungnahme zu geben.

Der schriftlich abzufassende Schiedsspruch muss enthalten:
a) die Bezeichnung des Schiedsgerichts und die Namen der Schiedsrichter, die bei der Entscheidung mitgewirkt haben sowie den Tag, an dem der Schiedsspruch erlassen wurde;
b) die Bezeichnung der Verfahrensbeteiligten (Vor- und Zuname, Beruf und Anschrift), ggf. der gesetzlichen Vertreter und der Verfahrensbevollmächtigten (Vor- und Zuname, Beruf, Anschrift);
c) die Entscheidungsformel mit dem Ausspruch über die Kosten;

d) eine kurze Darstellung des Sachverhalts, evtl. wie er sich aufgrund der Beweisaufnahme ergeben hat;
e) die Entscheidungsgründe;
f) den Ort des schiedsrichterlichen Verfahrens.

Der Schiedsspruch ist von den Schiedsrichtern, die bei der Entscheidung mitgewirkt haben, zu unterschreiben. Der Tag der letzten Unterschrift ist zu vermerken.

Jeder Partei ist ein von den Schiedsrichtern unterschriebener Schiedsspruch mittels Einschreiben mit Rückschein zu übersenden.

§ 23 Kosten des schiedsrichterlichen Verfahrens
Die erstattungsfähigen Kosten des schiedsrichterlichen Verfahrens trägt die unterlegene Partei. Bei teilweisem Unterliegen und Obsiegen der Parteien kann das Schiedsgericht beiden Parteien einen Teil der Kosten auferlegen. Wer die Schiedsklage zurücknimmt, trägt die bis zur Rücknahme entstandenen Kosten.

Sofern die Parteien das Schiedsgericht hierzu ausdrücklich ermächtigen, setzt es im Schiedsspruch oder durch Beschluss den Streitwert fest. Er soll bei nichtvermögensrechtlichen Streitigkeiten zwischen 2.000 EUR und 20.000 EUR festgesetzt werden.

§ 24 Wirkungen des Schiedsspruchs
Der den Parteien bekannt gemachte Schiedsspruch hat unter diesen die Wirkungen eines rechtskräftigen gerichtlichen Urteils.

B. Das Steuerrecht der Vereine

I. Einleitung

Spezielle, rechtsformabhängige Regelungen für Vereine oder Verbände enthält das Ertragsteuerrecht nicht. Sowohl der rechtsfähige als auch der nichtrechtsfähige Verein fallen nach § 1 Abs. 1 Nr. 4 und Nr. 6 KStG unter die Regelungen des **Körperschaftsteuergesetzes (KStG)**. 115

Entscheidend für die **steuerliche Behandlung** ist: Handelt es sich bei dem jeweiligen Verein um eine **steuerbegünstigte** oder um eine **steuerpflichtige Körperschaft**? 116

In diesem Abschnitt werden daher zunächst die Voraussetzungen für das Vorliegen eines **steuerbegünstigten Vereins** dargestellt. Anschließend erfolgt eine Erörterung der – je nach Steuerart – gegebenenfalls bestehenden Besonderheiten in der steuerlichen Behandlung eines solchen Vereins. Den Abschluss bildet ein Kapitel über die steuerrechtliche Bewertung von Spenden und Zuwendungen. 117

Die Ausführungen sind analog auf **Verbände** anzuwenden. 118

II. Steuervergünstigungen für Vereine

1. Allgemeines
a) Voraussetzungen der Steuerbegünstigungen

Die Vorschriften für die Steuervergünstigung sind in der **Abgabenordnung (AO)** geregelt und gelten **für alle Einzelsteuergesetze**. Die **Steuervergünstigung** wird nach § 59 AO gewährt, wenn 119

– sich aus der Satzung ergibt, welchen Zweck der Verein verfolgt,
– dieser Zweck den Anforderungen der §§ 52–55 AO entspricht und
– dieser Zweck ausschließlich und unmittelbar verfolgt wird.

Schließlich muss die tatsächliche Geschäftsführung den Satzungsbestimmungen entsprechen.

Die Steuervergünstigung basiert folglich auf dem **Zweck** des Vereins, wobei der Satzung als Instrument für die Beurteilung des Zwecks große Bedeutung zukommt.

b) Entscheidung über die Steuerbegünstigung des Vereins

120 Das Finanzamt entscheidet im „regulären" Veranlagungsverfahren durch sog. Freistellungsbescheid, ob ein Verein steuerbegünstigt ist. Eine Überprüfung soll alle drei Jahre stattfinden.

Im Rahmen einer Neugründung eines Vereines prüft das Finanzamt ausschließlich, ob der Verein nach der eingereichten Satzung steuerbegünstigte Zwecke verfolgt und darüber hinausgehend, ob die Satzung den Vorschriften der §§ 59–62 der AO entspricht (siehe hierzu im Einzelnen unten, Rn 137 ff.).

Es hat sich in der Praxis bewährt, bereits vor der Gründung des Vereins mit dem später zuständigen Finanzamt informell Kontakt aufzunehmen und den Satzungsentwurf abzustimmen.

Nach der Gründung des Vereins wird auf Antrag eine sog. vorläufige Bescheinigung für einen Zeitraum von bis zu 18 Monaten erteilt. Die vorläufige Bescheinigung berechtigt auch grundsätzlich zum Ausstellen von Zuwendungsbestätigungen. Innerhalb dieses Zeitraums – nach Ablauf des ersten (Rumpf-) Geschäftsjahres – ist der Verein verpflichtet, im Rahmen eines „normalen" Veranlagungsverfahrens eine Steuererklärung (auf speziellem Vordruck für gemeinnützige Körperschaften) einzureichen. Nach § 63 Abs. 3 AO ist der Verein verpflichtet, zum Nachweis und der Prüfung der tatsächlichen Geschäftsführung eine vereinfachte Vereinsrechnung (Überschussrechnung) dem Veranlagungsfinanzamt einzureichen.

Entspricht danach die tatsächliche Geschäftsführung den satzungsgemäßen Vorgaben, erteilt das Finanzamt einen Freistellungsbescheid, der sozusagen die „endgültige" Bestätigung der Gemeinnützigkeit darstellt.

M 158 c) Muster: Beantragung einer vorläufigen Bescheinigung zum Empfang steuerbegünstigter Spenden

121 An das
Finanzamt _____
Antrag auf vorläufige Bescheinigung der Gemeinnützigkeit
Sehr geehrte Damen und Herren,
ausweislich der anliegenden Satzung sowie des ebenfalls anliegenden Protokolls der Gründerversammlung mit Vorstandswahl zeigen wir an, dass wir den Verein _____ gegründet haben. Die Anmeldung zum Vereinsregister erfolgt parallel. Da der Verein die Förderung von _____ bezweckt, bitten wir um Ausstellung einer vorläufigen Bescheinigung zum Zwecke der Spendenempfangsberechtigung und des Spendenabzugs nach § 10b EStG.
Für Rückfragen stehen wir selbstverständlich gerne zur Verfügung.
Mit freundlichen Grüßen
_____ (Unterschrift Vorstandsmitglieder in vertretungsberechtigter Anzahl)
Anlagen
– Satzung
– Gründungsprotokoll
– Kopie Anmeldung Vereinsregister

2. Steuerbegünstigte Zwecke
a) Arten
In § 51 AO ist eine abschließende Aufzählung der steuerbegünstigten Zwecke enthalten. Es handelt sich um: **122**
- gemeinnützige (§ 52 AO),
- mildtätige (§ 53 AO) und
- kirchliche Zwecke (§ 54 AO).

Diese Begriffe werden in den §§ 52–54 AO näher erläutert. Der Verein muss diese Zwecke ausschließlich und unmittelbar verfolgen.

b) Gemeinnützige Zwecke
Ein Verein verfolgt gemeinnützige Zwecke, wenn seine Tätigkeit darauf ausgerichtet ist, die Allgemeinheit auf materiellem, geistigem oder sittlichem Gebiet selbstlos zu fördern. Eine Förderung der Allgemeinheit ist nicht gegeben, wenn der Kreis der Personen, dem die Förderung zugutekommt, fest abgeschlossen ist oder infolge seiner Abgrenzung, insbesondere nach räumlichen oder beruflichen Merkmalen, dauernd nur klein sein kann (§ 52 Abs. 1 S. 1 und 2 AO). Ein Sportverein fördert z.B. nicht die Allgemeinheit, wenn aufgrund der Höhe der Beiträge anzunehmen ist, dass nur Angehörige eines exklusiven Personenkreises Mitglieder werden sollen. Dieses Problem ist in der Vergangenheit insbesondere bei Golfclubs[182] aufgetreten. **123**

In § 52 Abs. 2 AO waren bis zum Jahr 2007 beispielhaft Zwecke genannt, die unter den weiteren Voraussetzungen des Abs. 1 der Vorschrift als gemeinnützig anzusehen waren. Diese beispielhafte Aufzählung ist durch das „Gesetz zur weiteren Stärkung des bürgerschaftlichen Engagements" durch einen erweiterten, aber nunmehr **abgeschlossenen Katalog** ersetzt worden. **124**

Hierzu zählen u.a.:
- in Nr. 1 die Förderung von Wissenschaft und Forschung,
- in Nr. 3 die Förderung des öffentlichen Gesundheitswesens
- in Nr. 4 die Förderung der Jugend- und Altenhilfe
- in Nr. 5 die Förderung von Kunst und Kultur;
- in Nr. 7 die Förderung der Erziehung, Volks- und Berufsbildung einschließlich der Studentenhilfe
- in Nr. 8 die Förderung des Natur- und Umweltschutzes
- in Nr. 15 die Förderung der Entwicklungszusammenarbeit und
- in Nr. 21 die Förderung des Sports.

Sofern ein verfolgter Zweck nicht unter den abschließenden Katalog des § 52 Abs. 2 S. 1 AO fällt, besteht die Möglichkeit, diesen in einem speziellen Verfahren gem. § 52 Abs. 2 S. 2 AO als steuerbegünstigt anerkennen zu lassen. **125**

Im – von der Finanzverwaltung mit Schreiben vom 17.1.2012 in umfassend revidierter Form veröffentlichten – Anwendungserlass zur Abgabenordnung (AEAO) sind zu § 52 AO weitere Ausführungen zu der **Abgrenzungsproblematik der Gemeinnützigkeit** enthalten. **126**

c) Mildtätige Zwecke
Ein Verein verfolgt mildtätige Zwecke, wenn seine Tätigkeit darauf gerichtet ist, Personen **selbstlos** zu unterstützen, die infolge ihres körperlichen, geistigen oder seelischen Zustands auf **127**

---
182 Vgl. BFH BStBl II 1998, 711; *Hüttemann*, Gemeinnützigkeits- und Spendenrecht, § 3 Rn 42 m.w.N.

die Hilfe anderer angewiesen sind (persönliche Hilfsbedürftigkeit, § 52 Nr.1 AO) oder deren Bezüge eine bestimmte Höhe nicht überschreiten (wirtschaftliche Hilfsbedürftigkeit, § 53 Nr. 2 AO). Die Ermittlung dieser Bezüge ist ebenfalls in § 53 Nr. 2 AO näher definiert.

128 Völlige Unentgeltlichkeit der mildtätigen Zuwendung wird nicht verlangt. Die mildtätige Zuwendung darf nur nicht des Entgelts wegen erfolgen (AEAO zu § 53 Nr. 2).

d) Kirchliche Zwecke

129 Ein Verein verfolgt kirchliche Zwecke, wenn seine Tätigkeit darauf gerichtet ist, eine Religionsgemeinschaft, die Körperschaft des öffentlichen Rechts ist, selbstlos zu fördern (§ 54 Abs. 1 AO). Zu diesen Zwecken gehören nach § 54 Abs. 2 AO insbesondere:
- die Errichtung, Ausschmückung und Unterhaltung von Gotteshäusern und kirchlichen Gemeindehäusern;
- die Abhaltung von Gottesdiensten;
- die Ausbildung von Geistlichen;
- die Erteilung von Religionsunterricht;
- die Beerdigung und die Pflege des Andenkens der Toten;
- die Verwaltung des Kirchenvermögens, die Besoldung der Geistlichen, Kirchenbeamten und Kirchendiener, die Alters- und Behindertenversorgung für diese Personen und die Versorgung ihrer Witwen und Waisen.

130 Bei Religionsgemeinschaften, die nicht Körperschaften des öffentlichen Rechts sind, kann wegen der Förderung der Religion (§ 52 Abs. 2 Nr. 2 AO) eine Anerkennung als gemeinnütziger Verein in Betracht kommen.

3. Weitere Anforderungen an einen steuerbegünstigten Verein
a) Selbstlosigkeit

131 Eine Förderung oder Unterstützung geschieht nach § 55 Abs. 1 AO **selbstlos**, wenn dadurch nicht in erster Linie eigenwirtschaftliche Zwecke – z.B. gewerbliche Zwecke oder sonstige Erwerbszwecke – verfolgt werden und wenn die folgenden Voraussetzungen gegeben sind:
- Mittel des Vereins dürfen nur für die satzungsmäßigen Zwecke verwendet werden. Die Mitglieder dürfen keine Gewinnanteile und in ihrer Eigenschaft als Mitglieder auch keine sonstigen Zuwendungen aus Mitteln des Vereins erhalten. Der Verein darf seine Mittel weder für die unmittelbare noch für die mittelbare Unterstützung oder Förderung politischer Parteien verwenden.
- Die Mitglieder dürfen bei ihrem Ausscheiden oder bei Auflösung des Vereins nicht mehr als ihre eingezahlten Kapitalanteile und den gemeinen Wert ihrer geleisteten Sacheinlagen zurückerhalten.
- Der Verein darf keine Person durch Ausgaben, die dem Zweck des Vereins fremd sind, oder durch unverhältnismäßig hohe Vergütungen begünstigen.
- Bei Auflösung des Vereins oder bei Wegfall seines bisherigen Zwecks darf das Vermögen des Vereins, soweit es die eingezahlten Kapitalanteile der Mitglieder und den gemeinen Wert der von den Mitgliedern geleisteten Sacheinlage übersteigt, nur für steuerbegünstigte Zwecke verwendet werden (**Grundsatz der Vermögensbindung**). Diese Voraussetzung ist erfüllt, wenn das Vermögen einem anderen steuerbegünstigten Verein für steuerbegünstigte Zwecke übertragen werden soll. Siehe hierzu auch Rn 140.

b) Muster: Unschädlichkeit eines Aufwendungsersatzes für Funktionäre

M 159

132

An das
Finanzamt _____
Sehr geehrte Damen und Herren,
Bezug nehmend auf ihre Anfrage über die Leistung von Aufwendungsersatz an unsere Funktionäre beantworten wir diese wie folgt:
Ein Verein kann seinen ehrenamtlich tätigen Funktionären die Aufwendungen ersetzen, die ihnen aufgrund ihrer ehrenamtlichen Tätigkeit erwachsen, ohne die Gemeinnützigkeit zu gefährden. Bei dem gezahlten Aufwendungsersatz handelt es sich weder um Zuwendungen i.S.d. § 55 Abs. 1 Nr. 1 AO noch um steuerschädliche Zuwendungen i.S.d. § 55 Abs. 1 Nr. 3 AO, da der Aufwendungsersatz nicht pauschal, sondern in der tatsächlich entstandenen Höhe erfolgte.
Die Aufwendungsersatzleistungen beziffern wir wie folgt:
- Auslagen für Telefon: _____ EUR
- Auslagen für Porto: _____ EUR
- Auslagen sonstiger Art: _____ EUR.

Diese Aufwendungen wurden durch unsere Funktionäre anhand der in Anlage beigefügten Auslagenaufstellung einzeln nachgewiesen.
Hinsichtlich der Verpflegungsmehraufwendungen bitten wir, die Aufwendungen im Rahmen der Staffelsätze gem. §§ 4 Abs. 5 Nr. 5, 9 Abs. 5 EStG anzuerkennen.
Aus allen diesen Gründen sind die geleisteten Zahlungen als nicht steuerschädlich anzusehen.
Mit freundlichen Grüßen
_____ (Unterschrift 1. Vorsitzender)

Zu beachten ist, dass Vergütungen – hierzu zählen auch pauschale Aufwandsersatzleistungen – zwingend einer satzungsmäßigen Grundlage bedürfen. Nach Auffassung des Bundesfinanzhofs liegt selbstloses Handeln nicht vor – und ist die Gemeinnützigkeit abzuerkennen – wenn eine gemeinnützige Körperschaft verdeckte Gewinnausschüttungen an Vereinsmitglieder oder nahestehende Personen leistet.[183] Verdeckte Gewinnausschüttung und damit eine gemeinnützigkeitsschädliche Mittelfehlverwendung ist dann anzunehmen, wenn der Verein an seinen Vorstand Vergütungen zahlt, ohne dass dies im Vorfeld klar und eindeutig – in der Satzung – geregelt ist. Denn nach dem gesetzlichen Leitbild des § 27 Abs. 3 BGB, der ins Auftragsrecht und hier namentlich auf den § 662 BGB verweist, ist ein Vereinsvorstand grundsätzlich ehrenamtlich tätig. Dies bedeutet, dass er lediglich Anspruch auf Ersatz seiner notwendigen – nachgewiesenen – Auslagen hat. Die Finanzverwaltung hat hier mit mehreren Schreiben aus Billigkeitsgründen zugelassen, dass pauschale Zahlungen an Vorstände – aufgrund der Einführung des sog. Ehrenamtsfreibetrags des § 3 Nr. 26a EStG –[184] trotz fehlender satzungsmäßiger Grundlage dann unschädlich für die Gemeinnützigkeit ist, wenn der betreffende Verein bis zum 31.12.2009 seine Satzung dahingehend ändert, dass entsprechende Vergütungen/Zahlungen zulässig sind.

c) Muster: Erläuterung des Werbeaufwandes zur Gewinnung von Mitgliedern

M 160

133

An das
Finanzamt _____

---
183 BFH BFH/NV 2001, 1536.
184 Durch das Gesetz zur weiteren Stärkung des bürgerschaftlichen Engagements vom 10.10.2007, BGBl 2007, 2332.

Sehr geehrte Damen und Herren,
unter Bezugnahme auf Ihre Anfrage vom _____ erlaube ich mir, Ihnen mitzuteilen, dass die für die Mitgliederwerbung gezahlten Provisionen nicht überhöht sind und daher auch nicht als Verstoß gegen das Selbstlosigkeitsgebot i.S.d. § 55 Abs. 1 Nr. 3 AO anzusehen sind. Der Werbeaufwand beträgt _____% des jährlichen Spenden- und Beitragsaufkommens. Aufgrund der tatsächlichen Dauer einer Mitgliedschaft in unserem Verein, die einen Zeitraum von fünf bis acht Jahren überschreitet, ist das einmalige Werbeaufkommen aber nicht als steuerschädlich anzusehen. Wir bitten im Übrigen zu beachten, dass wir erst vor zwei Jahren gegründet wurden. Der Bundesfinanzhof hat es als unschädlich angesehen, wenn während der Gründungs- und Aufbauphase Mittel des Vereins überwiegend für Verwaltungsausgaben und Spendenwerbung verwendet werden (Beschl. v. 23.9.1998, BStBl II 2000, 320). Diese Auffassung hat zwischenzeitlich auch Berücksichtigung im Anwendungserlass zur Abgabenordnung – Tz. 19 zu § 55 AO – gefunden.
Mit freundlichen Grüßen
_____ (Unterschrift 1. Vorsitzender)

d) Ausschließlichkeit

134 **Ausschließlichkeit** liegt vor, wenn ein Verein nur seine steuerbegünstigten satzungsmäßigen Zwecke verfolgt (§ 56 AO).

135 Ein Verein darf mehrere steuerbegünstigte Zwecke nebeneinander verfolgen, ohne dass dadurch die Ausschließlichkeit verletzt wird. Die steuerbegünstigten Zwecke müssen jedoch sämtlich satzungsmäßige Zwecke sein. Will ein Verein steuerbegünstigte Zwecke fördern, die nicht in der Satzung aufgenommen sind, ist eine Satzungsänderung erforderlich (AEAO zu § 56).

e) Steuerlich unschädliche Betätigungen

136 In § 58 AO werden die Betätigungen aufgeführt, die nicht zu einem Ausschluss der Steuervergünstigung führen. Dies sind insbesondere:
- die Beschaffung von Mitteln eines Vereins für die Verwirklichung der steuerbegünstigten Zwecke eines anderen Vereins (sog. Mittelbeschaffungskörperschaft); dies muss jedoch ausdrücklich in der Satzung als Zweck festgelegt sein (AEAO, Tz. 1 zu § 58 Nr. 1).
- die Zuwendung seiner Mittel (ganz oder teilweise) an einen anderen Verein zur Verwendung für steuerbegünstigte Zwecke;
- die Überlassung von Arbeitskräften oder Räumen eines Vereins an einen anderen Verein für dessen steuerbegünstigte Zwecke.

Diese Ausnahmeregelung ermöglicht es, sog. **Fördervereine** und **Spendensammelvereine** als steuerbegünstigte Körperschaften anzuerkennen (AEAO zu § 58 Nr. 1).

Bei Fördervereinen von öffentlichen Schulen ist noch auf Folgendes hinzuweisen. Nach dem Erlass des Berliner Senates für Finanzen vom 14.8.2003[185] handelt der Verein nicht selbstlos, wenn der Verein Bücher erwirbt und diese kostenlos seinen Mitgliedern überlässt. Durch die Zurverfügungstellung der Bücher befreit nämlich der Verein seine Mitglieder von einer bestehenden Kaufverpflichtung, so dass ein Leistungsaustausch vorliegt.

137 Weiterhin erlaubt die Vorschrift u.a.:
- die Bildung von Rücklagen, soweit dies erforderlich ist, um die satzungsmäßigen Zwecke nachhaltig erfüllen zu können;

---

[185] NWB 42/03, Fach 1, 314 ff.

- die Veranstaltung geselliger Zusammenkünfte, die im Vergleich zu der steuerbegünstigten Tätigkeit des Vereins von untergeordneter Bedeutung sind;
- die Förderung des bezahlten Sports neben dem unbezahlten Sport in einem Sportverein.

f) Anforderungen an die Satzung
aa) Allgemeines

Die **Satzungszwecke** und die **Art ihrer Verwirklichung** müssen so **genau bestimmt** sein, dass aufgrund der Satzung geprüft werden kann, ob die satzungsmäßigen Voraussetzungen für Steuervergünstigungen gegeben sind (§ 60 Abs. 1 AO). Eine bloße Bezugnahme auf die Satzungen oder Regelungen anderer Vereine genügt nicht.[186] Diese Voraussetzungen müssen bei der Körperschaftsteuer und der Gewerbesteuer während des gesamten Veranlagungs- oder Bemessungszeitraums und bei den anderen Steuern zum Zeitpunkt der Entstehung der Steuer erfüllt sein (§ 60 Abs. 2 AO). 138

Durch das Jahressteuergesetz 2009[187] wurde die – zuvor in der Anlage zum Anwendungserlass zur Abgabenordnung befindliche – Mustersatzung als Anlage 1 zu § 60 AO in das Gesetz aufgenommen. Die dortigen Musterformulierungen sollten zur Vermeidung etwaiger Diskussionen mit dem Finanzamt unbedingt wörtlich übernommen werden. 139

Ein wesentliches Element der Satzung ist hierbei die sog. Vermögensanfallklausel. Eine steuerlich ausreichende Vermögensbindung liegt danach vor, wenn die Satzung so genau bestimmt ist, dass aufgrund der Satzung geprüft werden kann, ob der Zweck für den das Vermögen bei Auflösung des Vereins oder bei Wegfall des bisherigen Zwecks verwendet werden soll, steuerbegünstigt ist (§ 61 Abs. 1 AO). 140

Wird die Bestimmung über die Vermögensbindung nachträglich so geändert, dass sie den Anforderungen des § 55 Abs. 1 Nr. 4 AO nicht mehr entspricht, so gilt sie als von Anfang an steuerlich nicht ausreichend (§ 61 Abs. 3 AO). 141

In diesem Zusammenhang ist auf folgende **Steuerfalle** hinzuweisen: Bis zum Jahr 2007 war in § 61 Abs. 2 AO das Folgende vorgesehen: Ist die Angabe des künftigen Verwendungszwecks bei Aufstellung der Satzung aus zwingenden Gründen noch nicht möglich, genügt es, wenn in der Satzung bestimmt wird, dass das Vermögen bei Auflösung des Vereins oder bei Wegfall seines bisherigen Zwecks zu steuerbegünstigten Zwecken zu verwenden ist und dass der künftige Beschluss des Vereins über die Verwendung erst nach Einwilligung des Finanzamts ausgeführt werden darf. Das Finanzamt hat die Einwilligung zu erteilen, wenn der beschlossene Verwendungszweck steuerbegünstigt ist.

Diese Alternative ist im Jahre 2007[188] ersatzlos gestrichen worden. Aus diesem Grunde muss die Vermögensanfallklausel entweder einen bestimmten Zweck oder eine konkret benannte anfallberechtigte (steuerbegünstigte) Körperschaft benennen.

Darüber hinaus bestimmt Art. 97 § 1f Abs. 2 EGAO, dass bei Neugründungen und Satzungsänderungen, die nach dem 31.12.2008 wirksam werden, die Mustersatzung gem. Anlage 1 zu § 60 AO zu übernehmen ist. Aus diesem Grunde ist es zur Erhaltung der Steuerbegünstigung unabdingbar, bei jeglicher Satzungsänderung die „neue" Mustersatzung zu übernehmen und insbesondere die vorgenannte „alte" Vermögensanfallklausel anzupassen.

Die tatsächliche Geschäftsführung des Vereins muss auf die ausschließliche und unmittelbare Erfüllung der steuerbegünstigten Zwecke gerichtet sein und den Bestimmungen entsprechen, die die Satzung über die Voraussetzung für Steuervergünstigungen enthält (§ 63 Abs. 1 AO). Diese Voraussetzung muss bei der Körperschaftsteuer und der Gewerbesteuer **während** 142

---

[186] BFH BStBl II 1989, 595.
[187] BGBl I 2008, 2794.
[188] Durch das Gesetz zur weiteren Stärkung des bürgerschaftlichen Engagements, BGBl I 2007, 2332.

des gesamten Veranlagungs- oder Bemessungszeitraums und bei den anderen Steuern zum Zeitpunkt der Entstehung der Steuer vorliegen. Entspricht die tatsächliche Geschäftsführung nicht den in § 63 Abs. 1 AO genannten Anforderungen, ist die Steuerbegünstigung im fraglichen Veranlagungszeitraum abzuerkennen.

143 Den **Nachweis** über die Erfüllung der Anforderungen an die tatsächliche Geschäftsführung hat der Verein durch ordnungsgemäße Aufzeichnungen über seine Einnahmen und Ausgaben zu führen (§ 63 Abs. 3 AO). Zu Einzelheiten siehe Tz. 1 zu § 63 AEAO.

144 Hat der Verein Mittel angesammelt, ohne dass hierfür in gemeinnützigkeitsrechtlich zulässiger Weise Rücklagen gebildet werden konnten (zu den Ausführungen „Steuerlich unschädliche Betätigungen" siehe Rn 136), kann das Finanzamt ihm eine Frist für die Verwendung der Mittel setzen. Die tatsächliche Geschäftsführung gilt als ordnungsgemäß, wenn der Verein die Mittel innerhalb der gesetzten Frist für steuerbegünstigte Zwecke verwendet (§ 63 Abs. 4 AO).

145 Die tatsächliche Geschäftsführung erstreckt sich auch auf die **Ausstellung steuerlicher Zuwendungsbestätigungen**. Bei Missbrauch auf diesem Gebiet, z.B. durch Ausstellung von Gefälligkeitsbestätigungen, ist die Gemeinnützigkeit zu versagen (Tz. 2 zu § 63 AEAO).

III. Körperschaftsteuerrecht

1. Allgemeines

146 Liegen die beschriebenen Voraussetzungen (siehe Rn 118 ff.) für eine Steuerbegünstigung nicht vor, wird der Verein nach § 1 Abs. 1 Nr. 4 bzw. Nr. 5 KStG wie eine unbeschränkt steuerpflichtige Körperschaft behandelt.

147 Umgekehrt stellt § 5 Abs. 1 Nr. 9 S. 1 KStG für die Körperschaftsteuer nochmals den Grundsatz fest, dass Vereine, die nach der Satzung und nach der tatsächlichen Geschäftsführung ausschließlich und unmittelbar gemeinnützigen, mildtätigen oder kirchlichen Zwecken dienen, von der Körperschaftsteuer befreit sind. Wird allerdings ein **wirtschaftlicher Geschäftsbetrieb** unterhalten, ist die Steuerbefreiung **insoweit** ausgeschlossen (§ 5 Abs. 1 Nr. 9 S. 2 KStG).

148 Im Hinblick auf die Befreiung von der Körperschaftsteuer wird der Verein also in **verschiedene Bereiche** unterteilt. Genauer wird unterschieden zwischen:
– dem ideellen Bereich,
– der Vermögensverwaltung,
– dem Zweckbetrieb und
– dem wirtschaftlichen Geschäftsbetrieb.

Diese Unterteilung folgt aus den §§ 64–68 AO, die für **alle Steuerarten** und damit auch für die Körperschaftsteuer gelten.

M 161 **2. Muster: Schreiben an das Finanzamt mit dem Ziel der Anerkennung des Vereins als gemeinnützige Körperschaft (§ 5 Abs. 1 Nr. 9 KStG)**

149 An das
Finanzamt _____
Sehr geehrte Damen und Herren,
bezugnehmend auf Ihr Schreiben vom _____ erlauben wir uns mitzuteilen, dass es sich bei unserem Verein um eine Körperschaft i.S.d. § 5 Abs. 1 Nr. 9 KStG handelt. Eine Gesellschaft bürgerlichen Rechts – wie von Ihnen angenommen – ist nicht gegeben. Unser Verein hat eine vereinsrechtliche Verfassung mit Organen, Vorstand und Mitgliederversammlung. Eine Satzung wurde errichtet und ist diesem Schreiben in Anlage beigefügt. Ausscheidende Mitglieder des Vereines haben keinen An-

spruch auf Abfindung oder Auseinandersetzung. Der Verein ist auf Dauer angelegt und existiert unabhängig von einem Mitgliederwechsel.
Mit freundlichen Grüßen
_____ (Unterschrift 1. Vorsitzender)

3. Ideeller Bereich
a) Allgemeines
Der ideelle Bereich des Vereins umfasst die Einnahmen, die der Verein aufgrund seiner satzungsmäßigen Betätigung im engeren Sinne erhält. Hierzu gehören hauptsächlich die Mitgliedsbeiträge und Aufnahmegebühren, aber auch Zuschüsse von Verbänden, Spenden, Erbschaften etc. Im weiteren Sinne gehören zum ideellen Bereich auch noch die Vermögensverwaltung des Vereins, die Zinserträge, Pacht- und Mieterträge sowie Erträge aus Überlassungsverträgen. 150

Der ideelle Bereich ist nach § 5 Abs. 1 Nr. 9 KStG von der Körperschaftsteuer befreit. 151

b) Muster: Einnahmen aus der Überlassung des Vereinsnamens   M 162

An das 152
Finanzamt _____
Sehr geehrte Damen und Herren,
wir haben unseren Vereinsnamen gegen Zahlung einer Lizenzgebühr in Höhe von _____ EUR an die Firma _____-GmbH zur werberechtlichen Nutzung überlassen. Die Erlöse sind als steuerfreie Einnahmen aus der Vermögensverwaltung gem. § 14 S. 3 AO anzuerkennen.
Wir bitten daher, die von Ihnen geäußerte Ansicht zu überdenken, dass es sich hierbei um Einnahmen aus wirtschaftlichem Geschäftsbetrieb handele.
Mit freundlichen Grüßen
_____ (Unterschrift 1. Vorsitzender)

4. Wirtschaftlicher Geschäftsbetrieb
a) Allgemeines
Nach § 14 S. 1 AO ist ein wirtschaftlicher Geschäftsbetrieb eine selbständige nachhaltige Tätigkeit, durch die Einnahmen oder wirtschaftliche Vorteile erzielt werden und die über den Rahmen einer Vermögensverwaltung hinausgeht. Die Absicht, Gewinn zu erzielen, ist nicht erforderlich (§ 14 S. 2 AO). 153

Der Verein verliert seine Steuervergünstigung für die dem wirtschaftlichen Geschäftsbetrieb zuzuordnenden Besteuerungsgrundlagen, soweit der wirtschaftliche Geschäftsbetrieb kein Zweckbetrieb i.S.d. §§ 65–68 AO ist (§ 64 Abs. 1 AO). Unterhält ein Verein mehrere wirtschaftliche Geschäftsbetriebe, die keine Zweckbetriebe i.S.d. §§ 65–68 AO sind, werden diese als ein wirtschaftlicher Geschäftsbetrieb behandelt. 154

Bedeutende Beispiele für **wirtschaftliche Geschäftsbetriebe** sind: 155
- der eigene Betrieb von Vereinsgaststätten oder Kiosken/Verkaufsständen (nicht aber deren Verpachtung);
- der Verkauf von Speisen und Getränken (§ 67a Abs. 1 S. 2 AO, § 68 Nr. 7 AO);
- der Verkauf von Zeitschriften (Stadionzeitung, Zeitschrift bei speziellen Veranstaltungen);
- die Werbung (§ 67a Abs. 1 S. 2 AO).

Übersteigen die Einnahmen einschließlich der Umsatzsteuer aus wirtschaftlichen Geschäftsbetrieben, die keine Zweckbetriebe sind, insgesamt nicht 35.000 EUR im Jahr, unterliegen die die- 156 sen Geschäftsbetrieben zuzuordnenden Besteuerungsgrundlagen nicht der Körperschaftsteuer (§ 64 Abs. 3 AO).

Überdies können Gewinne aus Werbung des Vereins mit pauschal 15% besteuert werden,[189] wenn die Werbung in Zusammenhang mit der steuerbegünstigten Tätigkeit des Vereins oder des Zweckbetriebes steht.

157 Die **Aufteilung eines Vereins in mehrere selbständige Vereine** zum Zwecke der mehrfachen Inspruchnahme der Steuervergünstigung gilt als Gestaltungsmissbrauch i.S.d. § 42 AO (§ 64 Abs. 4 AO). Ein Splitting der Einnahmen ist aber durch die **Gründung eines Fördervereins** möglich, der einen Teil der Einnahmen erzielt und dann dem geförderten Verein zuwendet.

158 Übersteigen die Einnahmen aus wirtschaftlichen Geschäftsbetrieben die Grenze von 35.000 EUR, unterliegen die Gewinne der Körperschaftsteuer. Vom steuerpflichtigen Einkommen wird ein (Tarif-)Freibetrag von 3.835 EUR abgezogen (§ 24 KStG). Der Körperschaftsteuersatz beträgt derzeit 15%.

159 Die Ermittlung des steuerpflichtigen Gewinns kann wie nachstehend dargestellt erfolgen (ferner siehe Rn 176):
– Vergleich der Einnahmen/Ausgaben im Rahmen einer Überschussermittlung nach § 4 Abs. 3 EStG;
– Vermögensvergleich durch Erstellung einer Bilanz und einer Gewinn- und Verlustrechnung (GuV) mittels einer doppelten Buchführung.

160 Nach Auffassung der Finanzverwaltung ist jeder Ausgleich auch geringfügiger Verluste aus steuerpflichtigen wirtschaftlichen Geschäftsbetrieben mit Mitteln des ideellen Bereichs gemeinnützigkeitsschädlich. Denn die gemeinnützige Körperschaft muss ihre gesamten Mittel ausschließlich für die ideellen Zwecke einsetzen. Für das Vorliegen eines Verlustes ist das Ergebnis des einheitlichen steuerpflichtigen wirtschaftlichen Geschäftsbetriebs maßgeblich. Unschädlich ist daher ein Verlustausgleich eines einzelnen wirtschaftlichen Geschäftsbetriebs mit Gewinnen anderer steuerpflichtiger wirtschaftlicher Geschäftsbetriebe.

161 Soweit jedoch auch nach Saldierung sämtlicher wirtschaftlicher Geschäftsbetriebe ein Verlust verbleibt, ist dieser unschädlich für die Gemeinnützigkeit, wenn dem ideellen Bereich in den sechs vorangegangenen Jahren Gewinne des einheitlichen steuerpflichtigen wirtschaftlichen Geschäftsbetriebs in mindestens gleicher Höhe zugeführt worden sind (sog. „intertemporaler Verlustausgleich"). Ebenfalls unschädlich ist die Aufnahme eines betrieblichen Darlehens, wenn dies innerhalb von 12 Monaten nach dem Ende des Verlustentstehungsjahres wieder zurückgeführt wird.[190]

162 Insgesamt hat die Finanzverwaltung in den Tz. 4 bis 8 zu § 55 AEAO weitere „unschädliche" Verlustausgleichsmöglichkeiten dargestellt. Diese im Einzelnen an dieser Stelle aufzuführen, würde den Rahmen des Kapitels sprengen. Insoweit sei im Bedarfsfall auf die entsprechende Lektüre des Anwendungserlasses zur Abgabenordnung verwiesen.

163 Der Verein ist ggf. auch gehalten, sich von sog. dauerdefizitären wirtschaftlichen Geschäftsbetrieben zu trennen, um nicht den Verlust der Gemeinnützigkeit zu riskieren.[191]

---

[189] Zu den einzelnen Voraussetzungen vgl. § 64 Abs. 6 Nr. 1 AO.
[190] Tz. 7 zu § 55 AEAO.
[191] Siehe hierzu bspw. BFH BFH/NV 2009, 1837; hierzu *Fischer*, juris PR-Steuerrecht, 45/2009 Anm. 1.

b) Muster: Mitteilung über die Verwendung von Vereinsmitteln zum Ausgleich von Verlusten des wirtschaftlichen Geschäftsbetriebes[192]

M 163

An das
Finanzamt _____
Sehr geehrte Damen und Herren,
Bezug nehmend auf ihre Anfrage vom _____ darf ich Ihnen mitteilen, dass die Verwendung von Vereinsmitteln zum Ausgleich von Verlusten des wirtschaftlichen Geschäftsbetriebes dann nicht gemeinnützigkeitsschädlich ist, wenn dem ideellen Bereich in den sechs vergangenen Jahren Gewinne in mindestens gleicher Höhe zugeführt worden sind. Insoweit ist der Verlustausgleich als Rückgabe früherer, durch das Gemeinnützigkeitsrecht vorgeschriebener Gewinnabführungen anzusehen. Wie aus den beigefügten Gewinnermittlungen der letzten … Jahre ersichtlich, wurde in diesen Jahren insgesamt ein Gewinn im wirtschaftlichen Geschäftsbetrieb erzielt, welcher den fraglichen Verlust des vergangenen Jahres mehr als kompensiert. Wir gehen daher davon aus, dass nach den in Tz. 4 zu § 55 AEAO niedergelegten Grundsätzen eine Aberkennung der Steuerbegünstigung vorliegend nicht angezeigt ist.
Mit freundlichen Grüßen
_____ (Unterschrift 1. Vorsitzender)

164

5. Zweckbetrieb
a) Allgemeines

Ein **Zweckbetrieb** liegt nach § 65 AO nur vor, wenn:
- der wirtschaftliche Geschäftsbetrieb in seiner Gesamtrichtung dazu dient, die steuerbegünstigten satzungsmäßigen Zwecke des Vereins zu verwirklichen,
- die Zwecke nur durch einen solchen Geschäftsbetrieb erreicht werden können und
- der wirtschaftliche Geschäftsbetrieb zu nicht begünstigten Betrieben derselben oder ähnlicher Art nicht in größerem Umfang in Wettbewerb tritt, als bei der Erfüllung der steuerbegünstigten Zwecke unvermeidbar ist.

165

Die §§ 66 und 67 AO enthalten Regelungen bezüglich der Behandlung eines wirtschaftlichen Geschäftsbetriebs im Bereich der Wohlfahrtspflege und der Krankenhäuser als Zweckbetrieb.

166

In § 67a AO wird geregelt, dass **sportliche Veranstaltungen** eines Sportvereins ein Zweckbetrieb sind, wenn die Einnahmen einschließlich Umsatzsteuer insgesamt 35.000 EUR im Jahr nicht übersteigen. Übersteigen die Einnahmen die Grenze von 35.000 EUR, liegt grundsätzlich insgesamt ein wirtschaftlicher Geschäftsbetrieb vor (Tz. 1 zu § 67a AEAO). Zu diesen Einnahmen gehören insbesondere:
- Eintrittsgelder;
- Startgelder;
- Zahlungen für die Übertragung sportlicher Veranstaltungen in Rundfunk und Fernsehen;
- Lehrgangsgebühren;
- Ablösezahlungen.

167

Die **Bezahlung von Sportlern** in einem Zweckbetrieb nach § 67a Abs. 1 Nr. 1 AO ist zulässig (§ 58 Nr. 9 AO), unabhängig von der Herkunft der Mittel, mit denen die Sportler bezahlt werden (Tz. 18 zu § 67a AEAO).

168

---

[192] Siehe hierzu auch Tz. 4–8 zu § 55 AEAO.

169 In § 68 AO werden beispielhaft einzelne Zweckbetriebe aufgezählt. Dies sind u.a.:
- Alten-, Altenwohn- und Pflegeheime
- Kindergärten
- kulturelle Einrichtungen wie Museen und Theater
- kulturelle Veranstaltungen wie Konzerte und Kunstausstellungen.

170 Die Gewinne aus Zweckbetrieben sind grundsätzlich von der Körperschaftsteuer befreit. Verluste sind unschädlich für die Steuerbegünstigung.

171 Der Sportverein kann nach § 67a Abs. 2 S. 1 AO **auf die Anwendung der Zweckbetriebsgrenze verzichten**. Die Erklärung bindet den Verein dann aber auf mindestens fünf Veranlagungszeiträume. Wird auf die Anwendung der Zweckbetriebsgrenze verzichtet, sind sportliche Veranstaltungen eines Sportvereins ein Zweckbetrieb, wenn:
- kein Sportler des Vereins teilnimmt, der für seine sportliche Betätigung oder für die Benutzung seiner Person, seines Namens, seines Bildes oder seiner sportlichen Betätigung zu Werbezwecken von dem Verein oder einem Dritten über eine Aufwandsentschädigung hinaus Vergütungen oder Vorteile erhält und
- kein anderer Sportler teilnimmt, der für die Teilnahme an der Veranstaltung von dem Verein oder einem Dritten im Zusammenwirken mit dem Verein über eine Aufwandsentschädigung hinaus Vergütungen oder andere Vorteile erhält.

172 Auf die Höhe der Einnahmen oder Überschüsse kommt es nicht an (Tz. 21 zu § 67a Abs. 2 AEAO).

173 Ist ein Sportler in einem Kalenderjahr als bezahlter Sportler anzusehen, sind alle in dem Kalenderjahr durchgeführten sportlichen Veranstaltungen des Vereins, an denen der Sportler teilnimmt, ein steuerpflichtiger wirtschaftlicher Geschäftsbetrieb, auch wenn der Sportler die Merkmale des bezahlten Sports erst nach Beendigung der sportlichen Veranstaltung erfüllt (Tz. 26 zu § 67a Abs. 3 AEAO).

174 Zahlungen an einen Sportler des Vereins bis zu insgesamt 400 EUR je Monat im Jahresdurchschnitt, aber höchstens 4.800 EUR im Jahr, sind für die Beurteilung der Zweckbetriebseigenschaft der sportlichen Veranstaltung ohne Einzelnachweis als Aufwandsentschädigung anzusehen.[193] Diese Regelung gilt jedoch nicht für die Besteuerung des Sportlers und auch nicht für Zahlungen an andere Sportler (Tz. 32 zu § 67a Abs. 3 AEAO).

175 Andere sportliche Veranstaltungen sind ein steuerpflichtiger wirtschaftlicher Geschäftsbetrieb. Dieser schließt die Steuerbegünstigung des Vereins nicht aus, wenn die Vergütungen oder andere Vorteile ausschließlich aus wirtschaftlichen Geschäftsbetrieben, die nicht Zweckbetriebe sind, oder von Dritten geleistet werden (§ 67a Abs. 3 S. 3 AO).

176 Zahlungen, die einem gemeinnützigen Sportverein für die Freigabe eines Sportlers zufließen, beeinträchtigen die Gemeinnützigkeit nicht. Die erhaltenen Beträge zählen zu den Einnahmen aus dem steuerpflichtigen wirtschaftlichen Geschäftsbetrieb „sportliche Veranstaltungen", wenn der Sportler in den letzten zwölf Monaten vor seiner Freigabe bezahlter Sportler war. Ansonsten gehören die Einnahmen zu dem Zweckbetrieb „sportliche Veranstaltungen". Zahlungen für die Übernahme eines Sportlers sind unschädlich, wenn sie aus steuerpflichtigen wirtschaftlichen Geschäftsbetrieben für die Übernahme eines Sportlers geleistet werden, der bei dem aufnehmenden Verein in den ersten zwölf Monaten nach dem Vereinswechsel als bezahlter Sportler anzusehen ist. Zahlungen für einen Sportler, der beim aufnehmenden Verein nicht als bezahlter Sportler anzusehen ist, sind bei Anwendung des § 67a Abs. 3 AO nur dann unschädlich für die Gemeinnützigkeit, wenn lediglich die Ausbildungskosten für den den Verein wechselnden

---

[193] Zahlungen höherer Beträge sind nur dann unschädlich, wenn der tatsächliche Aufwand ersetzt wird, BFH BFH/NV 2002, 1012; AEAO zu § 67a Tz. 31.

Sportler erstattet werden. Eine derartige Kostenerstattung kann bis zu einem Betrag von 2.557 EUR je Sportler ohne weiteres angenommen werden. Bei höheren Kostenerstattungen sind die Ausbildungskosten im Einzelfall nachzuweisen (Tz. 39 zu § 67a Abs. 3 AEAO).

Der Verzicht auf die Behandlung von Sportveranstaltungen als Zweckbetrieb ist dann sinnvoll, wenn Gewinne aus wirtschaftlichen Geschäftsbetrieben vorliegen, die mit Verlusten aus Sportveranstaltungen verrechnet werden können, denn eine Verrechnung von Gewinnen und Verlusten aus einem Zweckbetrieb und einem wirtschaftlichen Geschäftsbetrieb ist nicht zulässig.

177

b) Muster: Anfrage wegen Zweckbetriebseinordnung nach § 67a Abs. 3 AO

M 164

An das
Finanzamt _____
Sehr geehrte Damen und Herren,
wie Sie in Ihrem Schreiben vom _____ mitgeteilt haben, sind Sie aufgrund einer Presseveröffentlichung auf unsere Veranstaltung vom _____ aufmerksam geworden.
Entgegen Ihrer Auffassung ist die durchgeführte Sportveranstaltung unabhängig von den erzielten Einnahmen als Zweckbetriebsveranstaltung i.S.d. § 67a Abs. 3 AO anzusehen.
An der von Ihnen beanstandeten Veranstaltung hat kein bezahlter Sportler des Vereines teilgenommen. Hierzu erklären wir auch, dass der Sportler für seine sportlichen Betätigungen im Verein selbst oder außerhalb des Vereines nicht bezahlt wurde oder Zahlungen über eine Aufwandsentschädigung hinaus geleistet wurden. Vergütungen, andere Vorteile oder Zahlungen in seiner Eigenschaft als Werbeträger für den Verein sind auch nicht erfolgt. Die an den angeführten Sportler geleisteten Aufwandsentschädigungen sind als steuerunschädlich anzusehen, da diese 400 EUR im Jahresdurchschnitt nicht übersteigen. Zuwendungen der Deutschen Sporthilfe können unschädlich neben der geleisteten Pauschale an den Sportler ausgekehrt werden. An den Sportler sind nämlich nur solche Aufwendungen gezahlt worden, die dieser auf Einzelnachweis dem Verein nachgewiesen hat. Eine entsprechende Aufstellung fügen wir in Anlage bei.
Hinsichtlich der beanstandeten Transfererlöseinnahmen erklären wir uns wie folgt: Die von dem Verein für den Sportler _____ geleisteten Ablöse- und Transferzahlungen sind im Hinblick auf die Anwendung des § 67a EStG als unschädlich anzusehen, da durch diese Zahlungen dem abgebenden Verein lediglich die Ausbildungskosten erstattet wurden, die dieser für die Ausbildung des Sportlers aufgewandt hat. Der die Freigrenze von 2.557 EUR übersteigende Betrag diente ausschließlich der Erstattung der Ausbildungskosten. Die bei dem abgebenden Verein angefallenen Ausbildungskosten stellen sich wie in der Anlage dargestellt dar.
Die am _____ durchgeführten Sportveranstaltungen sind nach § 67a Abs. 3 EStG zu behandeln, da an der Veranstaltung mehrere bezahlte Sportler teilgenommen haben. An folgenden Spieltagen haben seitens des Vereines bezahlte Sportler teilgenommen: _____ *(Aufzählung der einzelnen Spieltage)*.
Entgegen Ihrer Ansicht hat dies nicht zur Folge, dass der gesamte Meisterschaftsspielbetrieb als wirtschaftlicher Geschäftsbetrieb anzusehen ist. Nur das einzelne Meisterschaftsspiel erfüllt dieses Kriterium und ist daher entsprechend steuerlich zu behandeln. Aus diesem Grunde sind für jedes einzelne Spiel die Einnahmen und Ausgaben gesondert zu ermitteln. Alle mit dieser sportlichen Veranstaltung zusammenhängenden Kosten sind nur aus den dort erzielten Einnahmen oder anderen steuerpflichtigen Einnahmen beglichen worden.
Die an die Spieler bezahlten Handgelder wurden aus den Einnahmen des steuerpflichtigen wirtschaftlichen Geschäftsbetriebs geleistet und sind daher diesem zuzurechnen. Diese Sportler waren in den letzten zwölf Monaten vor ihrer Freigabe bezahlte Sportler i.S.d. § 67a Abs. 3 S. 1 AO.
Mit freundlichen Grüßen
_____ (Unterschrift 1. Vorsitzender)

178

6. Gewinnermittlung

179 Eine Gewinnermittlung muss für die wirtschaftlichen Geschäftsbetriebe eines Vereins durchgeführt werden, wenn die (Brutto-) Einnahmen (nicht: Gewinn) daraus 35.000 EUR übersteigen oder wenn für die Behandlung von sportlichen Veranstaltungen als wirtschaftlicher Geschäftsbetrieb optiert wurde (§ 67a Abs. 3 AO), obwohl die Grenze der Einnahmen von 35.000 EUR nicht überschritten wurde.

180 In der Regel genügt zur Gewinnermittlung die **Gegenüberstellung der Betriebseinnahmen und der Betriebsausgaben**. Sowohl bei den Betriebseinnahmen als auch bei den Betriebsausgaben werden nur die Beträge berücksichtigt, die auf den wirtschaftlichen Geschäftsbetrieb entfallen. Bei einheitlichen Betriebseinnahmen oder Betriebsausgaben für einen Zweckbetrieb und einen wirtschaftlichen Geschäftsbetrieb erfolgt die Aufteilung notfalls im Wege der Schätzung. Erleichterungen bei der Gewinnermittlung bestehen für Werbeeinnahmen und bei Altmaterialsammlungen, bei denen die abziehbaren Betriebsausgaben mit Hilfe von Pauschalen ermittelt werden dürfen (Tz. 28 ff. zu § 64 AEAO).

181 Eine **Bilanzerstellung** ist lediglich erforderlich, wenn die Grenzen der Buchführungspflicht nach § 141 AO überschritten wurden und das Finanzamt den Verein zur Buchführung und Bilanzierung auffordert. Die Buchführungspflicht nach § 141 AO beginnt bei Umsätzen von mehr als 350.000 EUR oder einem Gewinn von mehr als 30.000 EUR (§ 141 Abs. 1 AO), wobei die Umsätze bzw. Gewinne aller wirtschaftlichen Geschäftsbetriebe eines Vereins zusammengerechnet werden.

IV. Gewerbesteuer

182 Gewerbesteuer fällt nur in den Bereichen an, die auch der Körperschaftsteuer unterliegen (zu Letzterer vgl. Rn 147 ff.). Dies bedeutet, dass Erträge aus dem ideellen Bereich gewerbesteuerfrei bleiben. Der steuerpflichtige wirtschaftliche Geschäftsbetrieb unterliegt dagegen nicht nur der Körperschaftsteuer, sondern auch der Gewerbesteuer. Auch bei der Berechnung der Gewerbesteuer gilt – wie auch bei der Körperschaftsteuer –, dass Steuerfreiheit besteht, wenn die Einnahmen aller steuerpflichtigen Geschäftsbetriebe einschließlich Umsatzsteuer 35.000 EUR im Jahr nicht übersteigen.

183 Analog der Freibetragsregelung bei der Körperschaftsteuer steht den Vereinen bei der Ermittlung des Gewerbeertrages ein Freibetrag in Höhe von 3.835 EUR zu (§ 11 Abs. 1 Nr. 2 GewStG, § 24 KStG).

V. Umsatzsteuer

1. Allgemeines

184 Das **Umsatzsteuergesetz (UStG)** enthält keine besonderen – rechtsformspezifischen – Regelungen für die Vereinsbesteuerung. Die Umsätze der Vereine sind deshalb nach den allgemeinen Regeln des Umsatzsteuergesetzes auf Steuerbarkeit und Steuerpflicht zu prüfen.

185 Die Vereine sind nur insoweit **Unternehmer**, als ihre Tätigkeit darauf gerichtet ist, nachhaltig entgeltliche Lieferungen oder sonstige Leistungen zu erbringen (§ 1 Abs. 1 Nr. 1 UStG). Die Tätigkeit des Vereins ist deshalb in einen unternehmerischen und einen nichtunternehmerischen Bereich zu unterteilen.

186 Der **nichtunternehmerische Bereich** umfasst die Einnahmen des ideellen Bereichs im engeren Sinne (z.B. Mitgliedsbeiträge). Diese Einnahmen stellen keine Entgelte für Lieferungen oder sonstige Leistungen dar und sind deshalb nicht steuerbar.

187 Der **unternehmerische Bereich** kann umfassen:
- die Vermögensverwaltung

- die Zweckbetriebe
- die wirtschaftlichen Geschäftsbetriebe des Vereins.

2. Muster: Eigenverbrauch

M 165

188

An das
Finanzamt _____
Sehr geehrte Damen und Herren,
Ihre Anfrage zum „Eigenverbrauch" nach § 3 Abs. 9a UStG beantworten wir wie folgt: Der vereinseigene Transporter wurde im Kalenderjahr _____ zu 90% im wirtschaftlichen Geschäftsbetrieb (unternehmerischer Bereich) und zu 10% im ideellen Bereich (nichtunternehmerischer Bereich) genutzt. Die nichtunternehmerische Nutzung von 10% wurde in Höhe des errechneten Betrages von _____ EUR als „Eigenverbrauch" gem. § 3 Abs. 9a UStG der Umsatzversteuerung unterworfen.
Mit freundlichen Grüßen
_____ (Unterschrift 1. Vorsitzender)

3. Mindestbesteuerung gem. § 10 Abs. 5 UStG

Erbringen Vereine Leistungen, die den Sonderbelangen der einzelnen Mitglieder dienen, ist die 189
Bemessungsgrundlage das vereinbarte Entgelt und in bestimmten Fällen der Mitgliedsbeitrag als pauschaliertes Sonderleistungsentgelt. Sofern die Einnahmen aus Entgelten und Mitgliedsbeiträgen nicht den Finanzbedarf decken, werden die Vereine von ihren Mitgliedern, von Sponsoren und von staatlichen Stellen bezuschusst. Übersteigen in diesen Fällen die vorsteuerbelasteten Kosten die Bemessungsgrundlage nach § 10 Abs. 1 UStG, kommt bei Leistungen an Mitglieder und andere nahestehende Personen eine Anwendung der sog. Bemessungsgrundlage des § 10 Abs. 5 Nr. 1 UStG in Betracht. Sofern hierzu in nach Abschn. 158 UStR festgelegten Grundsätzen eine entsprechende Mindestbemessungsgrundlage zu ermitteln ist, zählen zu den anzusetzenden Kosten auch Ausgaben, die aus Zuschüssen finanziert werden.[194] Wird ein Teil des Mitgliedsbeitrags als pauschaliertes Sonderleistungsentgelt behandelt, entspricht dieser Betrag der Mindestbemessungsgrundlage.[195]

4. Steuersätze und Vorsteuer

Der **Steuersatz** beträgt für die steuerpflichtigen (Ausgangs-)Umsätze steuerbegünstigter Vereine 190
7%. Dies gilt nicht für die Umsätze aus einem wirtschaftlichen Geschäftsbetrieb, die mit dem Regelsteuersatz von derzeit 19% besteuert werden (§ 12 Abs. 2 Nr. 8 UStG).

Der Verein kann die Umsatzsteuer um die von anderen Unternehmen in Rechnung gestellte **Vorsteuer** kürzen, soweit diese auf den unternehmerischen Bereich des Vereins entfällt. Stehen Vorsteuerbeträge mit steuerpflichtigen und steuerfreien Umsätzen in Zusammenhang, ist eine Aufteilung nach wirtschaftlichen Gesichtspunkten durchzuführen (§ 15 Abs. 4 UStG). Bei gemischt genutzten Gegenständen kann der Verein auch eine Zuordnung zum unternehmerischen Bereich wählen, sofern die unternehmerische Nutzung mindestens 10% beträgt, vgl. § 15 Abs. 1 S. 2 UStG. In diesem Fall ist der volle Vorsteuerabzug zu gewähren; andererseits muss der Verein sodann die Nutzung im nichtunternehmerischen Bereich der Umsatzbesteuerung nach Maßgabe des § 3 Abs. 9a UStG unterwerfen, vgl. hierzu im Einzelnen UStAE 15.2 (21).

---

[194] BFH BStBl II 2002, 782; BFH BFH/NV 2006, 144.
[195] OFD Karlsruhe v. 15.8.2007, DStR 2007, 1679.

191 Für nicht buchführungspflichtige Unternehmen besteht die Möglichkeit einer **Vorsteuerpauschalierung** nach § 23a UStG mit 7% des steuerpflichtigen Umsatzes, mit Ausnahme der Einfuhr und des innergemeinschaftlichen Erwerbs. Der Durchschnittssatz kann in Anspruch genommen werden, wenn der Vorjahresumsatz 35.000 EUR nicht überschritten hat (§ 23a Abs. 2 UStG). Will der Verein von der Vorsteuerpauschalierung Gebrauch machen, muss er gegenüber dem Finanzamt eine entsprechende Erklärung abgeben. Diese Erklärung bindet den Verein für mindestens fünf Kalenderjahre (§ 23a Abs. 3 UStG).

192 Eine ordnungsgemäß ausgestellte Rechnung ist Voraussetzung zum Betriebsausgabenabzug bzw. Vorsteuerabzug. Die Anforderungen an eine ordnungsgemäße Rechnung sind in § 14 UStG dargelegt. § 14a UStG gibt dem Unternehmer „zusätzliche Pflichten bei der Ausstellung von Rechnungen in besonderen Fällen" auf, und zwar bei der Zusammenarbeit mit ausländischen Geschäftspartnern und bei der Ausführung sonstiger Leistungen nach § 3a Abs. 2 Nr. 3 und Nr. 4 UStG. Der Unternehmer muss in diesen Fällen eine Rechnung erstellen, in der er seine Umsatzsteuer-Identifikationsnummer und die des Leistungsempfängers (!) angibt. Zusätzliche Angaben für die Fälle der Steuerschuldnerschaft nach § 13b UStG (Abzugsverpflichtung) sind ebenfalls in § 14a UStG geregelt.

Nach § 14 Abs. 4 UStG sind folgende Angaben notwendig:
- den vollständigen Namen und die vollständige Anschrift des leistenden Unternehmers und des Leistungsempfängers,
- die dem leistenden Unternehmer vom Finanzamt erteilte Steuernummer oder die ihm vom Bundeszentralamt für Steuern erteilte Umsatzsteuer-Identifikationsnummer,
- das Ausstellungsdatum,
- eine fortlaufende Nummer mit einer oder mehreren Zahlenreihen, die zur Identifizierung der Rechnung vom Rechnungsaussteller einmalig vergeben wird (Rechnungsnummer),
- die Menge und die Art (handelsübliche Bezeichnung) der jährlich gelieferten Gegenstände oder den Umfang und die Art der sonstigen Leistung,
- den Zeitpunkt der Lieferung oder sonstigen Leistung; in Fällen der vorherigen Vereinnahmung eines Entgelts und den Zeitpunkt der Vereinnahmung des Entgelts oder eines Teil des Entgelts, sofern der Zeitpunkt der Vereinbarung feststeht und nicht mit dem Ausstellungsdatum der Rechnung übereinstimmt,
- das nach Steuersätzen und einzelnen Steuerbefreiungen aufgeschlüsselte Entgelt für die Lieferung oder sonstige Leistung sowie jede im Voraus vereinbarte Minderung des Entgelts, sofern es bereits im Entgelt berücksichtigt ist,
- den anzuwendenden Steuersatz sowie den auf das Entgelt entfallenden Steuerbetrag oder im Fall einer Steuerbefreiung einen Hinweis darauf, dass für die Lieferung oder sonstige Leistung eine Steuerbefreiung gilt,
- in bestimmten Fällen ein Hinweis auf die Aufbewahrungspflicht des Leistungsempfängers.

Kleinbetragsregelung (§ 33 UStDV):
Für Rechnungen bis zu einem Gesamtbetrag von 150 EUR sind weniger Angaben erforderlich, mindestens aber:
- der vollständige Name und die vollständige Anschrift des leistenden Unternehmens,
- das Ausstellungsdatum,
- Menge und handelsübliche Bezeichnung der Lieferung oder Leistung,
- das Entgelt und der darauf entfallende Steuerbetrag in Summe,
- der anzuwendende Steuersatz.

5. Kleinunternehmerregelung

Bei Vereinen, deren Umsatz zuzüglich der darauf entfallenden Umsatzsteuer 17.500 EUR im vorangegangenen Kalenderjahr nicht überstiegen hat und im laufenden Kalenderjahr voraussichtlich 50.000 EUR nicht übersteigen wird, wird die **Umsatzsteuer nicht** erhoben (§ 19 Abs. 1 UStG). In diesem Fall steht dem Verein auch kein Vorsteuerabzug zu. Da dies auch nachteilig sein kann, besteht gem. § 19 Abs. 2 UStG die Möglichkeit, auf die Steuerbefreiung zu verzichten. Diese Entscheidung bindet den Verein für mindestens fünf Jahre. 193

VI. Zuwendungen (Spenden)

1. Allgemeines

Mit Wirkung zum 1.1.2007 ist das steuerliche Spendenrecht in erheblichem Umfang neu geregelt worden, wobei in die Regelungen grds. auch die Mitgliedsbeiträge einbezogen sind. Nunmehr sind alle wesentlichen Voraussetzungen für die steuerliche Begünstigung von Zuwendungen im Einkommensteuergesetz und in § 50 Einkommensteuer-Durchführungsverordnung (EStDV) geregelt. 194

2. Arten von Zuwendungen

Begünstigte Zuwendungen sind Mitgliedsbeiträge und Spenden. Die Spenden unterteilen sich wiederum in Geld-, Sach- und Aufwandsspenden. 195

a) Spenden
aa) Allgemeines

Voraussetzung für das Vorliegen einer Spende ist die erkennbare Ausrichtung der Förderleistung auf einen der steuerbegünstigten Zwecke. Erhält der Spender für seine Spende eine Gegenleistung, so handelt es sich grds. nicht um eine Spende, sondern um ein Leistungsentgelt. So sind z.B. Ausgaben für die Teilnahme an sog. Wohltätigkeitsessen nicht steuerbegünstigt, auch wenn der Eintrittspreis und die gebotene Leistung in einem Missverhältnis stehen. 196

Als begünstigte Spende kommt auch die **Zuwendung von Wirtschaftsgütern (Sachspende § 10b Abs. 1 S. 1 EStG)** mit Ausnahme von Nutzungen und Leistungen in Betracht. Zur Ermittlung des Spendenbetrags ist das Wirtschaftsgut zu bewerten. Ist das Wirtschaftsgut unmittelbar vor seiner Zuwendung einem Betriebsvermögen entnommen worden, darf bei der Ermittlung der Spendenhöhe der Entnahmewert nicht überschritten werden. Um zu verhindern, dass bei dem zuwendenden Unternehmer aufgrund der Sachspende ein Gewinn anfällt, kann er die Entnahme mit dem Buchwert ansetzen (Buchwertprivileg, § 6 Abs. 1 Nr. 4 S. 4 EStG). In allen übrigen Fällen bemisst sich die Spendenhöhe nach dem gemeinen Wert des zugewendeten Wirtschaftsguts, d.h. – vereinfacht ausgedrückt – nach dem Zeitwert (§ 10b Abs. 3 EStG). 197

Als Spendenempfänger kommen grundsätzlich inländische steuerbegünstigte Körperschaften oder Körperschaften des öffentlichen Rechts in Betracht. Nachdem der EuGH in der Rechtssache „Persche"[196] die Beschränkung auf inländische Körperschaften als Verstoß gegen den freien Kapitalverkehr angesehen hat, sind seit kurzem auch juristische Personen des öffentlichen Rechts oder sonstige steuerbegünstigte Körperschaften im EU/EWR-Raum grund- 198

---
[196] Urt. v. 27.1.2009, Az. C-318/07, DStR 2009, 207.

sätzlich als Spendenempfänger „zugelassen".[197] Allerdings ist zu beachten, dass eine Spende nur dann abziehbar ist, wenn die Verwirklichung der steuerbegünstigten Zwecke durch die ausländische Empfängerkörperschaft einen sog. strukturellen Inlandsbezug aufweist. Dies bedeutet, dass durch die Zwecke der Empfängerkörperschaft natürliche Personen mit Wohnsitz oder gewöhnlichem Aufenthalt in Deutschland gefördert werden müssen oder die Tätigkeit bzw. Verwirklichung der Zwecke dem Ansehen der Bundesrepublik Deutschland im Ausland dient, vgl. § 51 Abs. 2 AO. Eine weitere Einschränkung der Abzugsfähigkeit sieht die Finanzverwaltung darin, dass sie offenbar fordert, dass auch die ausländische Körperschaft eine Satzung hat, die der für inländische steuervergünstigte Körperschaften vorgeschriebenen Mustersatzung in der Anlage zu § 60 AO entspricht. Rein faktisch dürfte damit die steuerwirksame Spende an eine ausländische Körperschaft auch in Zukunft in aller Regel kaum möglich sein.

M 166 bb) Muster: Hinweis auf steuerfreie Spendeneinnahmen

199 An das
Finanzamt _____
Sehr geehrte Damen und Herren,
entgegen den Feststellungen in Ihrem Prüfungsbericht handelt es sich bei den Einnahmen auf unserem Konto bei der _____-Bank nicht um Erlöse aus dem wirtschaftlichen Geschäftsbetrieb, sondern um Spendeneinnahmen. Da an diese Geldzahlungen keine Gegenleistungen geknüpft waren, liegt rechtlich gesehen eine Spende vor.
Zur Beurteilung, ob es sich tatsächlich um Spenden handelt, ist es auch unerheblich, inwieweit der Spender, die _____-GmbH, durch die Zuwendung des Geldbetrages als Spende sich günstige allgemeine wirtschaftliche Vorteile verschaffen wollte.
Wir bitten daher, den Prüfungsbericht in den entsprechenden Textziffern zu ändern und die dort ausgewiesenen Einnahmen als steuerfreie Spenden zu behandeln.
Mit freundlichen Grüßen
_____ (Unterschrift 1. Vorsitzender)

b) Nutzungen und Leistungen
aa) Allgemeines

200 Nutzungen und Leistungen, die dem Verein unentgeltlich zur Verfügung gestellt werden, sind gem. § 10b Abs. 3 S. 1 EStG keine begünstigten Spenden. Hierbei handelt es sich z.B. um die **unentgeltliche Nutzung eines privaten Pkw für Vereinsfahrten** oder die **unentgeltliche Zurverfügungstellung von Arbeitskraft**. Werden diese Leistungen jedoch gegen Entgelt erbracht, so kann es sich bei einem Verzicht auf die Erstattung der Aufwendungen um eine sog. **Aufwandsspende** handeln. Steht z.B. einem Übungsleiter eines Vereins eine Aufwandsentschädigung für gehaltene Übungsstunden zu und verzichtet er im Nachhinein auf diese Aufwandsentschädigung, so kann der Verein ihm über diesen Betrag eine **Zuwendungsbestätigung** ausstellen. Auf der Zuwendungsbestätigung ist eine Geldzuwendung zu bescheinigen und darüber hinaus zu vermerken, dass es sich um den Verzicht auf die Erstattung von Aufwendungen handelt. Außerdem muss der Verein die Höhe des Ersatzanspruches durch geeignete Unterlagen gegenüber dem Finanzamt belegen können.

---

[197] Vgl. § 10b Abs. 1 S. 2 i.d.F. des Gesetzes v. 8.4.2010, BGBl I, 386.

bb) Muster: Bewertung von Sachspenden

M 167

201

An das
Finanzamt _____
Sehr geehrte Damen und Herren,
in vorstehender Angelegenheit erlauben wir uns, darauf hinzuweisen, dass die Bewertung von geleisteten Sachspenden im Wege der Schätzung zu erfolgen hat. Bei den vereinnahmten Sachspenden handelt es sich um gebrauchte Wirtschaftsgüter des täglichen Lebens, deren Verkehrswert sich am Neupreis, am Zeitpunkt der Anschaffung und Zuwendung an uns sowie am Erhaltungszustand des Gegenstandes ausrichtet (sog. gemeiner Wert).
Aus diesem Grunde fügen wir ein Bewertungsgutachten des Auktionshauses _____ bei, das die vereinnahmten Sachspenden im Zeitpunkt der Zuwendung geschätzt hat.
Wir bitten daher, die entsprechenden Sachspenden in vorbezeichneter Höhe anzuerkennen.
Mit freundlichen Grüßen
_____ (Unterschrift 1. Vorsitzender)

cc) Muster: Spenden in Form von Sachleistungen

M 168

202

An das
Finanzamt _____
Sehr geehrte Damen und Herren,
unter Bezugnahme auf die in unserem Hause durchgeführte Betriebsprüfung und der sich zur Spendenfrage ergebenden Anfrage teilen wir hierzu Folgendes mit:
Folgende Sachleistungen werden als Spenden geltend gemacht:
- Reisekosten: _____ EUR
- Fahrtkosten: _____ EUR
- Verpflegungsmehraufwendungen: _____ EUR
- Portokosten: _____ EUR
- Telefon- und Telefaxkosten: _____ EUR.

Derartige Sachleistungen können als Spenden[198] abgesetzt werden, wenn diese tatsächlich entstanden sind, beim Spender ein Vermögensabfluss vorliegt und ein Anspruch auf Erstattung entweder durch einzelvertragliche Vereinbarung zwischen dem Spender und dem Verein oder aufgrund der Satzung besteht.
Im vorliegenden Falle ergibt sich der Anspruch auf Erstattung aus einer einzelvertraglichen Vereinbarung zwischen dem Spender und dem Verein (*und/oder aufgrund §* _____ *der Satzung*). Die entsprechende Vereinbarung und eine Kopie der Satzung fügen wir in Anlage bei.
Mit freundlichen Grüßen
_____ (Unterschrift 1. Vorsitzender)

c) Mitgliedsbeiträge

Mitgliedsbeiträge werden dann als „echte" angesehen, wenn keine besondere Gegenleistung des Vereins gegenübersteht. Liegt eine besondere Gegenleistung des Vereins vor, spricht man von „unechten", die zum Wegfall der Steuerbegünstigungen führen können.[199] Echte Mitgliedsbeiträge zählen ausschließlich zu den Einnahmen des ideellen Bereichs. Steuerlich sind die

203

---

[198] Vgl. hierzu BFH BStBl II 1979, 297.
[199] Zur Abgrenzung BFH BStBl 1990 II, 550; FG Nürnberg EFG 1991, 768.

Höchstgrenzen für Mitgliedsbeiträge und Umlagen für Mitglieder auf 1.023 EUR je Mitglied und Jahr festgelegt worden. Für Aufnahmegebühren durchschnittlich 1.534 EUR.[200]

3. Voraussetzungen für die steuerliche Begünstigung von Zuwendungen
a) Begünstigte Zwecke

204 Gem. § 10b Abs. 1 S. 1 EStG sind Zuwendungen – also Spenden und Mitgliedsbeiträge – zur Förderung steuerbegünstigter Zwecke i.S.d. §§ 52 bis 54 AO innerhalb bestimmter Grenzen abzugsfähig. Durch die Reform des Spendenrechts wurden sämtliche Zuwendungen und die Abzugshöhe vereinheitlicht. Eine nach altem Recht erforderliche Differenzierung der einzelnen steuerbegünstigten Spendenzwecke ist mit Wirkung zum 1.1.2007 entfallen. Somit sind Spenden zur Förderung sämtlicher der in §§ 52 Abs. 2, 53 und 54 AO genannten Zwecke steuerbegünstigt. Gleiches gilt für Mitgliedsbeiträge mit der Ausnahme, dass diese an Körperschaften, die den Sport, kulturelle Betätigungen, die in erster Linie der Freizeitgestaltung dienen, die Heimatpflege und Heimatkunde oder Zwecke i.S.d. § 52 Abs. 2 Nr. 23 AO fördern, nicht spendenbegünstigt sind, vgl. § 10d Abs. 1 S. 8 EStG.

205 Spenden- und abzugsfähige Mitgliedsbeiträge mindern den Gesamtbetrag der Einkünfte einer natürlichen Person als Sonderausgaben (§ 10b Abs. 1 und Abs. 1a EStG), die Summe der Einkünfte einer Körperschaft als abziehbare Ausgaben (§ 9 Abs. 1 Nr. 2 KStG) und den Gewerbeertrag (§ 9 Nr. 5 GewStG) innerhalb der nachfolgend genannten Höchstgrenzen.

206 Nach den spendenrechtlichen Regelungen können Zuwendungen zur Förderung steuerbegünstigter Zwecke insgesamt bis zu 20% des Gesamtbetrags der Einkünfte oder 4 Promille der Summe der gesamten Umsätze und der im Kalenderjahr aufgewendeten Löhne und Gehälter als Sonderausgaben abgezogen werden. Zu der „Summe der gesamten Umsätze" gehören nicht nur die steuerpflichtigen, sondern auch die steuerfreien Umsätze sowie die nicht steuerbaren Umsätze.[201] Mit der Beibehaltung der Alternativgrenze auf der Grundlage der Umsätze, Löhne und Gehälter wird auch in wirtschaftlich schlechteren Jahren ein möglichst gleichmäßiges Zuwendungsaufkommen aus Unternehmen ermöglicht. Abziehbare Zuwendungen, die die Höchstbeträge überschreiten oder im Veranlagungszeitraum der Zuwendung nicht berücksichtigt werden können, sind im Rahmen der Höchstbeträge in den folgenden Veranlagungszeiträumen als Sonderausgaben abzuziehen. Dieser zeitlich unbeschränkte Spendenvortrag setzt voraus, dass beide Höchstgrenzen überschritten sind.[202]

207 Die bisherige Großspendenregelung, die einen 1-jährigen „Spendenrücktrag" sowie einen 5-jährigen Spendenvortrag vorsah, ist mit Wirkung zum 1.1.2007 entfallen. Für im Jahr 2007 geleistete Spenden kann auf Antrag jedoch noch ausnahmsweise die alte Großspendenregelung (dann aber mit den entsprechenden Spendenhöchstsätzen) angewandt werden.

208 Problematisch ist, dass die seit 2009 anwendbare Abgeltungsteuer den Spendenabzug ins Leere laufen lässt. Dies ist insbesondere dann der Fall, wenn Steuerpflichtige ausschließlich Kapitaleinkünfte erzielen. Da in diesem Fall die von der inländischen Zahlstelle (Kreditinstitut) einbehaltene Kapitalertragsteuer abgeltende Wirkung hat, läuft ein weitergehender Abzug von Sonderausgaben, insbesondere aber auch Spenden, ins Leere. Offenbar hat die Finanzverwaltung bzw. der Gesetzgeber dieses Problem als „quantitativ vernachlässigungswert" bewusst in Kauf genommen.

Zu den Besonderheiten des Spendenabzugs für (Zu-)Stiftungen siehe im Einzelnen Kapitel 10 Rn 50 ff.

---

[200] Tz. 1.1. zu § 52 AEAO.
[201] R10b.3 EStR.
[202] BFH BStBl II 2004, 736.

b) Formale Voraussetzungen, insbes. Zuwendungsbestätigung
aa) Rechtliche Grundlage

Die Abzugsfähigkeit von Zuwendungen erfordert einen Nachweis darüber, dass sie erbracht **209** wurden. Grundsätzlich wird dieser Nachweis durch eine **Zuwendungsbestätigung** erbracht, die der Empfänger nach amtlich vorgeschriebenem Vordruck ausgestellt hat (§ 50 Abs. 1 EStDV). Vgl. dazu die beiden folgenden Muster zu Sachzuwendungen (siehe Rn 210) und Geldzuwendungen (siehe Rn 209), die inhaltlich dem amtlichen Vordruck entsprechen, lediglich im Layout etwas verändert sind.

Ein bloßer Bareinzahlungsbeleg oder die Buchungsbestätigung eines Kreditinstituts genügen als Nachweis nur dann, wenn die Zuwendung 200 EUR nicht übersteigt und der Empfänger ein Verein ist, der nach § 5 Abs. 1 Nr. 9 S. 1 KStG von der Körperschaftsteuer befreit ist, falls der steuerbegünstigte Zweck, für den die Zuwendung verwendet wird, und die Angaben über die Freistellung des Empfängers von der Körperschaftsteuer auf einem von ihm hergestellten Beleg aufgedruckt sind und darauf angegeben ist, ob es sich bei der Zuwendung um eine Spende oder einen Mitgliedsbeitrag handelt (§ 50 Abs. 2 Nr. 2b EStDV).

Die Zuwendungsempfänger haben die Vereinnahmung der Zuwendung und ihre zweckentsprechende Verwendung aufzuzeichnen und ein Doppel der Zuwendungsbestätigung aufzubewahren. Bei Sachzuwendungen und bei Zuwendungen, die im Verzicht auf die Erstattung von Aufwendungen bestehen, müssen sich aus den aufzubewahrenden Unterlagen auch die Grundlagen für die Wertermittlung ergeben (§ 50 Abs. 4 EStDV).

Erlass mit Mustern ausgewählter amtlicher Vordrucke   **210**

Schreiben betr. steuerbegünstigte Zwecke (§ 10b EStG); Gesetz zur weiteren Stärkung des bürgerschaftlichen Engagements vom 10. Oktober 2007; Neue Muster für Zuwendungsbestätigungen

Vom 13. Dezember 2007 (BStBl 2008 I S. 4), BMF IV C 4 – S 2223/07/0018

Durch das Gesetz zur weiteren Stärkung des bürgerschaftlichen Engagements vom 10. Oktober 2007[1] haben sich u.a. Änderungen im Spendenrecht ergeben, die rückwirkend zum 1. Januar 2007 gelten. Diese Änderungen erfordern eine Anpassung der verbindlichen Muster für Zuwendungsbestätigungen im Sinne von § 50 Abs. 1 EStDV in Verbindung mit dem BMF-Schreiben vom 2. Juni 2000 (BStBl I S. 592).

Im Einvernehmen mit den obersten Finanzbehörden der Länder sind die in der Anlage beigefügten Muster für Zuwendungen ab dem 1. Januar 2007 zu verwenden. Aufgrund der rückwirkenden Änderung des Spendenrechts ist es nicht zu beanstanden, wenn bis zum 30. Juni 2008[203] die bisherigen Muster für Zuwendungsbestätigungen (BMF-Schreiben vom 18. November 1999, BStBl I S. 979, und BMF-Schreiben vom 7. Dezember 2000, BStBl I S. 1557) verwendet werden. Die bei Verwendung der bisherigen Muster erforderlichen rein redaktionellen Anpassungen, aufgrund der Gesetzesänderungen zum 1. Januar 2007, können vom Spendenempfänger selbständig vorgenommen werden.

Dieses Schreiben ist rückwirkend ab dem 1. Januar 2007 gültig und ersetzt ab diesem Zeitpunkt die BMF-Schreiben vom 18. November 1999 (BStBl I S. 979) und vom 7. Dezember 2000 (BStBl I S. 1557).

---

[203] Durch BMF-Schreiben vom 31.3.2008 (BStBl I 2008, 565) wurde diese Frist auf den 31.12.2008 verlängert.

M 169 bb) **Muster: Zuwendungsbestätigung für Mitgliedsbeiträge und Geldzuwendungen an eine steuerbegünstigte juristische Person des Privatrechts**

211

Aussteller (Bezeichnung und Anschrift der steuerbegünstigten Einrichtung)

Bestätigung über Geldzuwendungen/Mitgliedsbeitrag
im Sinne des § 10b des Einkommensteuergesetzes an eine der in § 5 Abs. 1 Nr. 9 des Körperschaftsteuergesetzes bezeichneten Körperschaften, Personenvereinigungen oder Vermögensmassen

Name und Anschrift des Zuwendenden:

| Betrag der Zuwendung - in Ziffern - | - in Buchstaben - | Tag der Zuwendung: |

Es handelt sich um den Verzicht auf Erstattung von Aufwendungen   Ja ☐   Nein ☐

☐ Wir sind wegen Förderung (Angabe des begünstigten Zwecks / der begünstigten Zwecke) ....
nach dem letzten uns zugegangenen Freistellungsbescheid bzw. nach der Anlage zum Körperschaftsteuerbescheid des Finanzamtes ...., StNr. ...., vom .... nach § 5 Abs. 1 Nr. 9 des Körperschaftsteuergesetzes von der Körperschaftsteuer und nach § 3 Nr. 6 des Gewerbesteuergesetzes von der Gewerbesteuer befreit.

☐ Wir sind wegen Förderung (Angabe des begünstigten Zwecks / der begünstigten Zwecke) ....
durch vorläufige Bescheinigung des Finanzamtes ...., StNr. ...., vom .... ab .... als steuerbegünstigten Zwecken dienend anerkannt.

Es wird bestätigt, dass die Zuwendung nur zur Förderung (Angabe des begünstigten Zwecks / der begünstigten Zwecke)

verwendet wird.

Nur für steuerbegünstigte Einrichtungen, bei denen die Mitgliedsbeiträge steuerlich nicht abziehbar sind:
☐ Es wird bestätigt, dass es sich nicht um einen Mitgliedsbeitrag i.S.v § 10b Abs. 1 Satz 2 Einkommensteuergesetzes handelt).

(Ort, Datum und Unterschrift des Zuwendungsempfängers)

Hinweis:
Wer vorsätzlich oder grob fahrlässig eine unrichtige Zuwendungsbestätigung erstellt oder wer veranlasst, dass Zuwendungen nicht zu den in der Zuwendungsbestätigung angegebenen steuerbegünstigten Zwecken verwendet werden, haftet für die Steuer, die dem Fiskus durch einen etwaigen Abzug der Zuwendungen beim Zuwendenden entgeht (§ 10b Abs. 4 EStG, § 9 Abs. 3 KStG, § 9 Nr. 5 GewStG).

Diese Bestätigung wird nicht als Nachweis für die steuerliche Berücksichtigung der Zuwendung anerkannt, wenn das Datum des Freistellungsbescheides länger als 5 Jahre bzw. das Datum der vorläufigen Bescheinigung länger als 3 Jahre seit Ausstellung der Bestätigung zurückliegt (BMF vom 15.12.1994 – BStBl I S. 884).

cc) Muster: Zuwendungsbestätigung für Sachzuwendungen

Aussteller (Bezeichnung und Anschrift der steuerbegünstigten Einrichtung)

Bestätigung über Sachzuwendungen
im Sinne des § 10b des Einkommensteuergesetzes an eine der in § 5 Abs. 1 Nr. 9 des Körperschaftsteuergesetzes bezeichneten Körperschaften, Personenvereinigungen oder Vermögensmassen

Name und Anschrift des Zuwendenden:

| Wert der Zuwendung - in Ziffern - | - in Buchstaben - | Tag der Zuwendung: |

Genaue Bezeichnung der Sachzuwendung mit Alter, Zustand, Kaufpreis usw.

☐ Die Sachzuwendung stammt nach den Angaben des Zuwendenden aus dem Betriebsvermögen und ist mit dem Entnahmewert (ggf. mit dem niedrigeren gemeinen Wert) bewertet.

☐ Die Sachzuwendung stammt nach den Angaben des Zuwendenden aus dem Privatvermögen.

☐ Der Zuwendende hat trotz Aufforderung keine Angaben zur Herkunft der Sachzuwendung gemacht.

☐ Geeignete Unterlagen, die zur Wertermittlung gedient haben, z. B. Rechnung, Gutachten, liegen vor.

☐ Wir sind wegen Förderung (Angabe des begünstigten Zwecks / der begünstigten Zwecke) .... nach dem letzten uns zugegangenen Freistellungsbescheid bzw. nach der Anlage zum Körperschaftsteuerbescheid des Finanzamtes .... StNr. .... vom .... nach § 5 Abs. 1 Nr. 9 des Körperschaftsteuergesetzes von der Körperschaftsteuer und nach § 3 Nr. 6 des Gewerbesteuergesetzes von der Gewerbesteuer befreit.

☐ Wir sind wegen Förderung (Angabe des begünstigten Zwecks / der begünstigten Zwecke) .... durch vorläufige Bescheinigung des Finanzamtes .... Steuernummer .... vom .... ab .... als steuerbegünstigten Zwecken dienend anerkannt.

Es wird bestätigt, dass die Zuwendung nur zur Förderung (Angabe des begünstigten Zwecks / der begünstigten Zwecke) verwendet wird.

(Ort, Datum und Unterschrift des Zuwendungsempfängers)

Hinweis:
Wer vorsätzlich oder grob fahrlässig eine unrichtige Zuwendungsbestätigung erstellt oder wer veranlasst, dass Zuwendungen nicht zu den in der Zuwendungsbestätigung angegebenen steuerbegünstigten Zwecken verwendet werden, haftet für die Steuer, die dem Fiskus durch einen etwaigen Abzug der Zuwendungen beim Zuwendenden entgeht (§ 10b Abs. 4 EStG, § 9 Abs. 3 KStG, § 9 Nr. 5 GewStG).

Diese Bestätigung wird nicht als Nachweis für die steuerliche Berücksichtigung der Zuwendung anerkannt, wenn das Datum des Freistellungsbescheides länger als 5 Jahre bzw. das Datum der vorläufigen Bescheinigung länger als 3 Jahre seit Ausstellung der Bestätigung zurückliegt (BMF vom 15.12.1994 - BStBl. I S. 884).

Weitere 10 Muster für Zuwendungsbestätigungen, u.a. an juristische Personen des öffentlichen Rechts bzw. öffentliche Dienststellen, politische Parteien, unabhängige Wählervereinigungen sowie Stiftungen des öffentlichen und des privaten Rechts sind dem vorgenannten BMF-Schreiben vom 13.12.2007 ebenfalls als Anlagen beigefügt; von einem Abdruck soll an dieser Stelle jedoch abgesehen werden.

4. Rechtsfolgen der Unrichtigkeit der Zuwendungsbestätigung
a) Gutglaubensschutz des Zuwendenden

214   Dem Zuwendenden ist i.d.R. nicht bekannt, ob der Verein, an den er die Zuwendung geleistet hat, tatsächlich steuerbegünstigt ist und ob die Zuwendung tatsächlich für den angegebenen Zweck verwendet wird. Deshalb regelt § 10b Abs. 4 EStG, dass der Zuwendende **auf die Richtigkeit der Zuwendungsbestätigung vertrauen** darf, es sei denn, dass er die Bestätigung durch unlautere Mittel oder falsche Angaben erwirkt hat oder ihm die Unrichtigkeit der Bestätigung bekannt war oder infolge grober Fahrlässigkeit nicht bekannt war. Dem gutgläubigen Zuwendenden bleibt der einmal gewährte Steuerabzug erhalten, auch wenn ihm eine unrichtige Zuwendungsbestätigung ausgestellt wurde.

b) Spendenhaftung

215   Wer vorsätzlich oder grob fahrlässig unrichtige Zuwendungsbestätigungen ausstellt (**Ausstellerhaftung**) oder wer veranlasst, dass Zuwendungen nicht zu den in der Bestätigung genannten Zwecken verwendet werden (Veranlasserhaftung), haftet für die entgangene Steuer. Die entgangene Steuer wird aus Vereinfachungsgründen mit 30% des zugewendeten Betrags angesetzt (§ 10b Abs. 4 EStG, § 9 Abs. 3 S. 3 KStG) und für die Gewerbesteuer 15% des Spendenbetrages (§ 9 Nr. 5 Buchst. c) S. 15 GewStG). Die Haftung tritt z.B. ein, wenn eine Sach- oder eine Aufwandsspende absichtlich zu hoch angesetzt oder eine Zuwendungsbestätigung über nicht gezahlte Spenden ausgestellt wird. Die Haftung trifft regelmäßig den Aussteller der Spendenbescheinigung. Für die Finanzbehörde besteht im Fall der Ausstellerhaftung ein Auswahlermessen zwischen Verein und Vereinsvorstand.[204] Im Fall der Veranlasserhaftung ist jedoch vorrangig der Zuwendungsempfänger, also der Verein, in Anspruch zu nehmen, vgl. § 10b Abs. 4 S. 4 EStG.

c) Verlust der Gemeinnützigkeit

216   Missbräuche im Zusammenhang mit der Ausstellung von Spendenbestätigungen können auch zum **Verlust der Gemeinnützigkeit** führen.

---

[204] BFH BFH/NV 1999, 1055.

Lars Wegener
§ 9 Der Versicherungsverein auf Gegenseitigkeit (VVaG)

Literatur

Handbücher und Kommentare: *Bähr,* Handbuch des Versicherungsaufsichtsrechts, 2011; *Benkel,* Der Versicherungsverein auf Gegenseitigkeit, 2. Aufl. 2002; *Biewer,* Die Umwandlung eines Versicherungsvereins auf Gegenseitigkeit in eine Aktiengesellschaft, 1998; *Fahr/Kaulbach/Bähr/Pohlmann,* VAG-Versicherungsaufsichtsgesetz, Kommentar, 5. Aufl. 2012; *Görg,* Der VVaG-Gleichordnungskonzern und seine Umstrukturierung in einen VVaG-Unterordnungskonzern, 2003; *Goldberg/Müller,* Versicherungsaufsichtsgesetz, Kommentar, 1980; *Großfeld,* Der Versicherungsverein auf Gegenseitigkeit im System der Unternehmensformen, 1985; *Hüffer,* Aktiengesetz, Kommentar, 10. Aufl. 2012; *Langheid/Wandt,* Münchener Kommentar zum Versicherungsvertragsgesetz, Band 1, 2010; *Martiensen,* Fusionen von Versicherungsvereinen auf Gegenseitigkeit – Verschmelzung gem. §§ 109 ff. UmwG und Gleichordnung gem. § 18 Abs. 2 AktG, 2006; *Müller,* Der Versicherungsverein auf Gegenseitigkeit – Chancen und Risiken aus der Sicht eines Versicherungsaufsehers, 2000; *Müller-Wiedenhorn,* Versicherungsvereine auf Gegenseitigkeit im Unternehmensverbund – Eine Untersuchung zum Recht und zu konzentrationsrechtlichen Fragen des Versicherungsvereins auf Gegenseitigkeit, 1993; *Palandt,* BGB, 71. Aufl. 2012; *Piaszek,* Ökonomische Analyse von Fusionen in der deutschen Versicherungswirtschaft, 2003; *Prölss,* Versicherungsaufsichtsgesetz, Kommentar, 12. Aufl. 2005; *Reckhenrich,* Versicherungsunternehmen auf Gegenseitigkeit in Frankreich, 1987; *K. Schmidt,* Gesellschaftsrecht, 4. Aufl. 2002; *Widmann/Mayer,* Umwandlungsrecht, Loseblatt.

Aufsätze: *Adams/Maßmann,* Vereinsreform in Deutschland, ZRP 2002, 128; *Baumann,* Rechtliche Probleme der Umstrukturierung von VVaG in Versicherungs-Aktiengesellschaften, VersR 1992, 905; *Diehl,* VVaG & Co. KGaA – Wirklich eine Alternative für VVaG-Konzerne?, VW 2000, 110; Dreher/Ballmaier, Die Werbung mit der Rechtsform durch Versicherungsvereine auf Gegenseitigkeit, VersR 2011, 1087; *Ebert,* Restrukturierung und Sanierung von Versicherungsvereinen auf Gegenseitigkeit, VersR 2003, 1211; *Farny,* Strukturmerkmale deutscher Versicherungskonzerne im Jahr 2000, ZVersWiss 2002, 365; *Fenzl/Hagen,* Organschaft im Hinblick auf die geplante Unternehmenssteuerreform, FR 2000, 290; *Germann,* Abschied vom Vereins-Charakter, VW 2004, 622; *Görg,* Gegenseitigkeitsvereine brauchen eine spartenadjustierte Gewinnermittlung, VW 2001, 1733; Grote/Schaaf, Zum Referentenentwurf der 10.VAG-Novelle zur Umsetzung der Solvency-II-Richtlinie in deutsches Recht – eine erste Analyse, VersR 2012, 17; *Gründl/Schmeiser,* Solvency II und interne Risikosteuerungsmodelle, VW 2004, 473; *Haase/Arnolds,* Unternehmenssteuerreform: Anrechnungssystem oder klassisches Körperschaftsteuersystem mit Halbeinkünfteverfahren?, FR 2000, 485; *Hasselbach/Komp,* Die Bestandsübertragung als Maßnahme zur Restrukturierung von Versicherungsunternehmen, VersR 2005, 1651; *Hörst,* Zur BAV-Verlautbarung „Satzungsbestimmungen über Vorstands- und Aufsichtsratssitzungen" NVersZ 2002, 390; *Knospe* (J.K.), Das Ende eines Gleichordnungskonzerns, ZfV 2001, 439; *Laakmann,* Freiwillige Bindung gut für's Rating, TransPuG und Corporate Governance-Kodex bei Gegenseitigkeitsvereinen, VW 2002, 381; *Lange,* Der PKV und dem VVaG gehören die Zukunft, VW 2005, 965; *Lier,* Kaum Platz für Prämienanpassungsklauseln, VW 2001, 71; *Louven/Raapke,* Aktuelle Entwicklungen in der Corporate Governance von Versicherungsunternehmen, VersR 2012, 257; *Lüttringhaus,* Neue Wege zur Restrukturierung europäischer Erst- und Rückversicherungsunternehmen, VersR 2008, 1036; *Palmberger,* Demutualisierung von Versicherungsvereinen auf Gegenseitigkeit in Europa, VW 1999, 920 (Teil I) und VW 1999, 1012 (Teil II); *Punken/Vollert,* Zur verdeckten Gewinnausschüttung bei VVaG, VW 2002, 27; *Schlossmacher,* Mehr Spielraum für den VVaG: Die VVaG & Co. KGaA, VW 1999, 1758; *Schubert/Grießmann,* Solvency II – Die EU treibt die zweite Phase des Projekts voran, VW 2004, 470; Sieger/Bank, Probleme bei der Kooperation von Versicherungsvereinen auf Gegenseitigkeit, VersR 2012, 270; *Surminski* (M. S.), Angriff der Vereine in Kfz?, ZfV 2004, 208; *Surminski* (M. S.), Verein unter Druck, ZfV 2004, 62; *Wackerbeck,* Demutualisierung auf Deutsch, VW 2002, 716; *Watrin,* Fortentwicklung des Unternehmenssteuerrechts in 2002, DStZ 2001, 493; *Weber,* Die Demutualisierung von Versicherungsvereinen, VW 1998, 1274; *Weber-Rey,* Auf zu neuen Ufern, Wege zur Demutualisierung von Versicherungsvereinen auf Gegenseitigkeit, VW 2002, 717; *Weber-Rey/Baltzer,* Aktuelle Entwicklungen im Versicherungsaufsichtsrecht – Aufsicht über Rückversicherungen und an Versicherungen beteiligte Unternehmen, WM 2006, 205; *Weigel,* Möglichkeiten der Konzernentwicklung und Eigenkapitalbildung beim VVaG, VersR 1993, 429; *Weigel/Baer,* Der Versicherungsverein auf Gegenseitigkeit – ein Stiefkind des Steuerrechts?, VersR 1993, 777; *Werra,* Unternehmenssteuerreform; Aspekte des nationalen und internationalen Konzernsteuerrechts, FR 2000, 645; *Wolf,* Wider eine Misstrauenspflicht im Kollegialorgan „Vorstand", VersR 2005, 1042.

Inhalt

- **A. Rechtliche Grundlagen —— 1**
  - I. Vorbemerkung —— 1
    1. Überblick —— 1
    2. Historische Entwicklung des VVaG —— 3
    3. Wirtschaftliche Bedeutung —— 4
    4. Rechtsnatur und Mitgliedschaft —— 5
       a) Rechtsnatur —— 5
       b) Mitgliedschaft —— 6
       c) Kaufmannseigenschaft —— 7
       d) Verfassung —— 8
    5. Abgrenzung zur Aktiengesellschaft —— 9
       a) Rechtsnatur der Versicherungs-AG —— 9
       b) Unterscheidungsmerkmale —— 11
       c) Angleichung von VVaG und VersicherungsAG —— 12
  - II. Die Verfassung des VVaG —— 13
    1. Gründung —— 13
       a) Gründungsakt —— 14
       b) Bildung des Gründungsstockes —— 15
       c) Erlaubnis der Aufsichtsbehörde zum Geschäftsbetrieb —— 16
       d) Eintragung in das Handelsregister; Haftung —— 17
    2. Mitgliedschaft —— 19
    3. Organisation —— 22
       a) Dreigliedriger Unternehmensaufbau —— 22
       b) Vorstand —— 23
       c) Aufsichtsrat —— 24
       d) Oberste Vertretung —— 25
    4. Finanzierung —— 29
    5. Auflösung und Liquidation —— 31
       a) Auflösungsakt —— 31
       b) Liquidationsverfahren —— 32
  - III. Der VVaG in steuerlicher Hinsicht —— 34
  - IV. Der VVaG im Unternehmensverbund —— 38
    1. Rechtliche und wirtschaftliche Grundlagen —— 38
    2. Gestaltungsmöglichkeiten —— 41
    3. Versicherungsaufsicht —— 44
  - V. Umwandlung des VVaG in eine Aktiengesellschaft —— 45
    1. Gründe für die Umwandlung von VVaG —— 45
    2. Möglichkeiten zur Umstrukturierung —— 46
    3. Abgrenzung der Umstrukturierungen nach dem UmwG —— 49
       a) Formwechsel —— 49
       b) Gesamtvermögensübertragung —— 50
       c) Spaltung, Teilvermögensübertragung und Verschmelzung —— 51
  - VI. Entwicklung und Reform des VVaG —— 53
    1. Europäische Gegenseitigkeitsgesellschaft —— 54
    2. Corporate Governance und Compliance —— 56
    3. Solvency —— 57
- **B. Typische Sachverhalte —— 59**
- **C. Muster —— 63**
  - I. Muster: Satzung eines großen VVaG —— 63
  - II. Muster: Voranfrage bei der BaFin bezüglich einer beabsichtigten Satzungsänderung —— 64
  - III. Muster: Eintragung einer Satzungsänderung, bzw. einer Vorstandsbestellung —— 65
  - IV. Muster: Beschluss über den Formwechsel eines VVaG in eine AG nach §§ 190 ff. UmwG unter Berücksichtigung der sich aus §§ 291–300 UmwG ergebenden Besonderheiten —— 66
  - V. Muster: Anmeldung des Formwechsels eines VVaG in eine AG nach §§ 296, 198, 246 Abs. 1 und 2 UmwG —— 67
  - VI. Muster: Hinweise für die Zulassung eines VVaG —— 68
  - VII. Muster: Anzeige einer Beteiligung am Gründungsstock des A-VVaG —— 69

A. Rechtliche Grundlagen

I. Vorbemerkung

1. Überblick

1 In Deutschland darf lediglich vier Unternehmensformen die Erlaubnis zum Betrieb des Erstversicherungsgeschäfts erteilt werden.[1] Die Versicherungsvereine auf Gegenseitigkeit (VVaG) bilden dabei auf dem privatrechtlich organisierten Versicherungsmarkt einen beachtlichen Gegenpol

---

[1] Siehe § 7 Abs. 1 VAG i.d.F. der Bek. v. 17.12.1992 (BGBl I 1993, 3), zuletzt geändert durch Gesetz v. 15.3.2012 (BGBl I, 462); vgl. *Müller*, S. 5.

zu den Versicherungsaktiengesellschaften.[2] Darüber hinaus dürfen Körperschaften und Anstalten des öffentlichen Rechts das Versicherungsgeschäft betreiben.[3]

Angesichts des harten wirtschaftlichen Wettbewerbes und der Fusionsbestrebungen auf dem Versicherungsmarkt ist auch die Zukunft des VVaG Gegenstand zahlreicher Veröffentlichungen.[4] Die besondere Rechtsform des VVaG sowie Ansätze für praxisrelevante Anpassungen sollen nachfolgend kurz skizziert werden. **2**

2. Historische Entwicklung des VVaG

Die großen privaten VVaG entstanden in Deutschland Anfang des 19. Jahrhunderts. Ihre Vorläufer, die alten freien Vereinigungen, die nach dem Prinzip der Solidargemeinschaft gegliedert waren (Gilden und Zünfte), reichten jedoch bis in die Karolingerzeit zurück. Eine allgemeine gesetzliche Regelung für die VVaG gab es im Deutschen Reich erst seit dem Gesetz über die privaten Versicherungsunternehmen vom 12.5.1901.[5] Zu diesem Zeitpunkt waren die Gründungen großer Gegenseitigkeitsunternehmen eine Antwort auf die damalige Vorherrschaft gewinnorientierter, häufig spekulativ angelegter Versicherungsaktiengesellschaften.[6] Seitdem hat sich das Recht der VVaG und deren Erscheinungsbild ständig weiterentwickelt.[7] Größere Versicherungsvereine haben das Nichtmitgliedergeschäft ausgeweitet, Konzerne oder Verbünde gebildet und sich im Wettbewerb weniger als Mitgliederverein denn als Wirtschaftsunternehmen dargestellt. Dagegen sind kleinere Vereine zumeist regional, bzw. auf ihr Kerngeschäft beschränkt geblieben und praktizieren weiter den Gegenseitigkeitsgedanken. **3**

3. Wirtschaftliche Bedeutung

Im Jahre 2009 standen 305 Aktiengesellschaften, 268 Versicherungsvereine auf Gegenseitigkeit – inklusive kleinerer Vereine gem. § 53 VAG – und 17 öffentlich-rechtliche Versicherungsunternehmen unter Bundesaufsicht.[8] Während die Zahl der Versicherungsvereine bis 2007 kontinuierlich abnahm, stieg die der Aktiengesellschaften noch bis 2002 an. Der Rückgang der Versicherungsunternehmen insgesamt traf in den letzten Jahren stärker die Aktiengesellschaften. Nicht zuletzt wegen ihrer Übernahmefestigkeit, Mitgliedertreue und Flexibilität können sich die Vereine im Markt behaupten.[9] **4**

Die Anzahl der Versicherungsvereine machte 2009 noch 45% der Versicherungsunternehmen aus, deren Beitragsanteil betrug jedoch nur 15,9%.[10] Zum Vergleich: 1954 gab es 135 Versicherungsaktiengesellschaften und 675 VVaG. Der Rückgang ist unterschiedlich je nach Art des betriebenen Geschäftes. Bei den Lebensversicherern ist bis 2009 der Anteil der VVaG auf 19,2% (12,8% der Beiträge), bei den Krankenversicherern auf 46% (44,2% der Beiträge) und bei den Schaden-/Unfallversicherern auf 27,3% (12,2% der Beiträge) zurückgegangen.[11]

---

2 Vgl. *Reckhenrich*, S. 1.
3 Vgl. *Müller*, S. 5; und die Europäische Gesellschaft (SE).
4 Stellvertretend für viele: *Sieger/Bank*, VersR 2012, 270; *Dreher/Ballmaier*, VersR 2011, 1087; *Lange*, VW 2005, 965.
5 Vgl. Goldberg/Müller/*Goldberg*, vor § 15 Rn 1.
6 *Reckhenrich*, S. 48.
7 Goldberg/Müller/*Goldberg*, vor § 15 Rn 1; *Benkel*, S. 24 ff.; vielfältige Einsatzmöglichkeiten der Rechtsform durch großen Gestaltungsspiel der Satzung sieht FKBP/*Kaulbach*, vor § 15 Rn 6.
8 Vgl. GDV, Statist. Taschenbuch der Versicherungswirtschaft, Ausg. 2011, TB 3.
9 Vgl. *Sieger/Bank*, VersR 2012, 270.
10 Vgl. GDV, Statist. Taschenbuch der Versicherungswirtschaft, Ausg. 2011, TB 3, 6.
11 Vgl. GDV, Statist. Taschenbuch der Versicherungswirtschaft, Ausg. 2011, TB 24, 40, 49.

4. Rechtsnatur und Mitgliedschaft
a) Rechtsnatur
5 Die Rechtsnatur des VVaG wird durch § 15 VAG sowie §§ 21–53 BGB[12] bestimmt. Danach handelt es sich um einen Verein, der die Versicherung seiner Mitglieder nach dem Grundsatz der Gegenseitigkeit betreiben will. Der VVaG ist damit ein **privates Versicherungsunternehmen in der Form eines rechtsfähigen wirtschaftlichen Vereins.**[13]

b) Mitgliedschaft
6 Die Existenz des VVaG beruht auf der **Mitgliedschaft** und nicht – wie bei der Kapitalgesellschaft – auf einer Kapitalbeteiligung.[14] Hier schließen sich Rechtssubjekte nach dem **Gedanken der genossenschaftlichen Selbsthilfe** zusammen, um ihre Risiken zu teilen und Schadensfälle aus der gemeinsamen Kasse zu decken.[15]

c) Kaufmannseigenschaft
7 Betreibt der Verein auch Versicherungsgeschäfte mit Nichtmitgliedern, ist er grundsätzlich Kaufmann nach § 1 Abs. 2 HGB.[16] Das Nichtmitgliedergeschäft ist als Ausnahme vom Gegenseitigkeitsprinzip nach § 21 Abs. 2 VAG (Festprämie) und darüber hinaus größeren Vereinen gestattet, soweit die Satzung es zulässt und der Umfang eines „Nebenbetriebes" nicht überschritten wird; bei umgelegten Beiträgen ist es auch ohne Satzungsregelung möglich. Dagegen ist der Verein, der nur Mitglieder versichert, kein Kaufmann. Auf den reinen Mitgliederverein werden aber eine Reihe handelsrechtlicher Vorschriften gem. § 16 VAG entsprechend angewandt.[17]

d) Verfassung
8 Die Verfassung des VVaG wird durch die **Satzung** bestimmt, soweit nicht das VAG Regelungen vorsieht (§ 17 VAG, Muster: siehe Rn 63). Damit verfügt der VVaG über eine größere Satzungsautonomie als andere Rechtsformen und ist darin ähnlich flexibel wie eine GmbH.[18]

5. Abgrenzung zur Aktiengesellschaft
a) Rechtsnatur der VersicherungsAG
9 Die **Versicherungsaktiengesellschaft** (VersicherungsAG) als weitere Unternehmensform auf dem privatrechtlich organisierten Versicherungsmarkt baut auf **schuldrechtlicher Basis**, dem Vertrag zwischen Versicherungsnehmer und Unternehmen, auf. Es liegt dann eine **Versicherung auf Prämien** i.S.v. § 1 Abs. 2 HGB vor. Die Aktiengesellschaft ist Kaufmann kraft Rechtsform gem. § 3 AktG, § 6 Abs. 1 HGB.[19]

---

12 Palandt/*Ellenberger*, Einf.v.§ 21, Rn 16; näher dazu: Bähr/*Wilm* §20 Rn 3 ff.
13 *Reckhenrich*, S. 64; zum Spielraum der Rechtsform durch weite Auslegung des VAG: FKBP/*Kaulbach*, vor § 15 Rn 4 ff., § 15 Rn 7.
14 Goldberg/Müller/*Goldberg*, vor § 15 Rn 2.
15 Vgl. auch *Schmidt*, S. 1278, 1279; die Gegenseitigkeit ist heute eher wirtschaftlich als sozial geprägt: Goldberg/Müller/*Goldberg*, § 15 Rn 3.
16 Vgl. FKBP/*Kaulbach*, § 16 Rn 1.
17 *Großfeld*, S. 5; für die kleineren Vereine gilt im Wesentlichen das Vereinsrecht nach BGB (§ 53 Abs. 2 VAG); vgl. Richtlinie zur Begriffsbestimmung: VerBAV 75, 422; zur weiteren Unterscheidung der „Kleinst-Vereine" s. §§ 156a, 157a VAG.
18 Siehe FKBP/*Kaulbach*, vor § 15 Rn 6; zu den Inhalten der Satzung vgl. FKBP/*Kaulbach*, § 17 Rn 1 ff.
19 *Schmidt*, S. 1278.

Bei der VersicherungsAG fallen Mitgliedschaft und Versichertenstellung nur ausnahmsweise zusammen. Die Verbindung kann jederzeit wieder gelöst werden, ohne dass dies die Versichertenstellung berührt (z.B. durch den Verkauf der Aktie).[20]

b) Unterscheidungsmerkmale
Theoretisch und auch rechtsdogmatisch ist der Unterschied zwischen beiden Gestaltungen groß. Die mitgliedschaftliche Versicherungskonstruktion des VVaG basiert auf einem Miteinander, die schuldrechtliche Versicherungskonstruktion der VersicherungsAG eher auf einem Gegeneinander. Letzteres beruht auf dem Interessengegensatz zwischen Versicherten und Aktionären. Die VersicherungsAG ist ein von den Versicherten unabhängiges Unternehmen, welches Versicherungsschutz gegen Entgelt verkauft, mit dem Ziel, an der Versicherung zugunsten der Aktionäre zu verdienen. In der Praxis wirkt sich der Unterschied allerdings häufig so wenig aus, dass viele Versicherte überhaupt nicht bemerken, ob sie Mitglieder eines VVaG oder Vertragspartner einer VersicherungsAG sind.[21] Dies beruht zum einen auf dem Nichtmitgliedergeschäft beim VVaG (siehe Rn 7), zum anderen zeigen Versicherungsvereine und Aktiengesellschaften auch im Wettbewerb ein ähnliches Verhalten z.B. bei Produkten und Konditionen. Der Unterschied kann sich aber auch in der Marktbehauptung zeigen, wenn gut reservierte VVaG in Krisensituationen über die Preis- und Annahmepolitik Marktanteile erobern aber im internationalen Geschäft und bei strategischen Allianzen mangels Kapital zurückstecken müssen.[22] Während der VVaG durch Thesaurierung entstandener voll versteuerter Gewinne jenes Eigenkapital aufbauen kann, welches eine VersicherungsAG an die Aktionäre ausschütten muss, kann Letztere sich an der Börse flexibler Kapital beschaffen.

c) Angleichung von VVaG und VersicherungsAG
Die Allgemeinen Versicherungsbedingungen und die geschäftsplanmäßigen Erklärungen sind – auch aufgrund der Einwirkung der Aufsichtsbehörden – weitgehend vereinheitlicht und unterliegen gleichen rechtlichen Anforderungen.[23] Außerdem haben sich der VVaG und die VersicherungsAG bei der Beteiligung der Versicherten am Überschuss angeglichen.[24] Bei dem VVaG wird ein sich nach der Bilanz ergebender Überschuss an die Mitglieder verteilt, soweit er nicht einer Rücklage zuzuführen oder auf das nächste Geschäftsjahr zu übertragen ist.[25] Dies beruht auf dem Gedanken, dass ein Überschuss den Mitgliedern wieder zugute kommen soll, durch deren zu hohe Beiträge er hervorgerufen wurde („Wesen der Gegenseitigkeitsversicherung"). Für die VersicherungsAG gibt es eine solche Rechtspflicht gegenüber ihren Versicherungsnehmern nicht. In der Versicherungspraxis gibt es jedoch seit langem Zurückhaltung bei direkten Ausschüttungen an die Mitglieder der VVaG, dagegen aber Überschussbeteiligungen und eine vom Verlauf des Geschäftsjahres abhängige Rückvergütung von Prämien auch bei der VersicherungsAG.[26] Allerdings findet die Zuweisung des Überschusses an die Versicherten bei der VersicherungsAG ihre Grenze in § 56a S. 2 VAG. Danach dürfen Beträge, die nicht aufgrund eines Rechts-

---
20 *Großfeld*, S. 6.
21 *Schmidt*, S. 1279. Eine Angleichung der Ziele ist auch durch Unternehmensverbünde mit eingegliederten AGs entstanden; vgl. auch *Großfeld*, S. 8.
22 Vgl. auch *Surminski (M. S.)* ZfV 2004, 208.
23 *Großfeld*, S. 8, jedoch mit Hinweis auf wesentliche Unterschiede in Struktur und Mitgliederrepräsentanz; s.a. BGH VersR 2008, 337 zur Prüfung nach §§ 305 ff. BGB; von der Möglichkeit, die Versicherungsbedingungen in der Satzung zu regeln (vgl. § 10 Abs. 2 VAG) wird kaum Gebrauch gemacht, vgl. *Bähr/Wilm* § 20 Rn 21.
24 *Schmidt*, S. 1279; *Großfeld*, S. 10.; differenzierend: *Martiensen*, S. 52 ff.
25 Vgl. § 38 VAG.
26 *Schmidt*, S. 1280.

anspruches der Versicherten zurückzustellen sind, für die Überschussbeteiligung nur bestimmt werden, wenn aus dem verbleibenden Bilanzgewinn noch ein Gewinn in Höhe von mindestens 4% des Grundkapitals an die Aktionäre verteilt werden kann.

II. Die Verfassung des VVaG

1. Gründung

13 Hervorzuhebende Punkte bei der Gründung eines VVaG sind der privatrechtliche Gründungsakt des Vereins und die öffentlich-rechtliche Zulassung zum Geschäftsbetrieb. Im Einzelnen lassen sich **vier Gründungsabschnitte** unterscheiden.[27]

a) Gründungsakt

14 Zur Gründung müssen mindestens zwei natürliche oder juristische Personen ihren Willen, einen VVaG zu gründen, erklären.[28] Zu den **Aufgaben der Gründer** nach §§ 17, 18 VAG zählen
- die Feststellung der Satzung, die notariell zu beurkunden ist,
- die Bestellung der Organe des VVaG (Vorstand, Aufsichtsrat und oberste Vertretung) sowie
- die Aufstellung des Geschäftsplans nach Maßgabe des § 5 Abs. 3 VAG.

b) Bildung des Gründungsstockes

15 Satzungsgemäß wird ein **Gründungsstock** gebildet. Er hat nach § 22 VAG drei Aufgaben:
- Als Organisationsfonds dient er dazu, die Errichtungs- und Einrichtungskosten des VVaG zu bestreiten.[29]
- Solange eine entsprechende Verlustrücklage noch nicht besteht, soll er weiter als Gewährleistungsreserve die Verlustschwankungen für die in der Anlaufzeit entstehenden Leistungsverpflichtungen ausgleichen.
- Darüber hinaus hat er als Betriebsfonds die Aufgabe, die Anlaufkosten des VVaG zu decken; die Tilgung soll mit dem Anwachsen der Verlustrücklage und muss nach Abschreibung der Gründungsaufwendungen beginnen (§ 22 Abs. 4 VAG).[30]

c) Erlaubnis der Aufsichtsbehörde zum Geschäftsbetrieb

16 Die Erlaubnis der Aufsichtsbehörde zum Geschäftsbetrieb hat eine doppelte Funktion. Sie ist eine **Maßnahme der Wirtschaftsaufsicht**, durch die dem Verein – wie einer Aktiengesellschaft – die Erlaubnis zum Versicherungsbetrieb erteilt wird. Zugleich verleiht sie dem Verein nach § 15 VAG die **Rechtsfähigkeit,** der Antrag ist durch den ersten Vorstand zu stellen und um die in § 5 VAG aufgeführten Unterlagen zu ergänzen.[31]

---

27 *Reckhenrich*, S. 73.
28 FKBP/*Kaulbach*, § 15 Rn 8 unter Hinw. auf §§ 54, 705 BGB – jedenfalls für den Gründungsakt; Prölss/*Weigel*, § 15 Rn 14, a.A. *Benkel*, S. 106.
29 Zur rechtlichen Differenzierung: Langheid/Wandt/*Langheid*, AufsichtsR Rn 342.
30 *Reckhenrich*, S. 75.
31 Vgl. ausführlich *Schmidt*, Verbandszweck und Rechtsfähigkeit im Vereinsrecht, 1984, S. 67 ff.; nach Goldberg/Müller/*Goldberg*, § 15 Rn 11 sind auch die Gründer antragsbefugt.

d) Eintragung in das Handelsregister; Haftung

Die Eintragung in das Handelsregister hat für den VVaG lediglich **deklaratorische** Bedeutung.[32] Der Registerrichter prüft nicht mehr die einzelnen Gründungsvoraussetzungen, sondern nur noch das Vorliegen der Genehmigung der Aufsichtsbehörde.

Als juristische Person haftet der VVaG nur mit dem Vereinsvermögen für seine Verbindlichkeiten. Die Mitglieder haften den Vereinsgläubigern nicht.[33]

2. Mitgliedschaft

Mitglied des VVaG kann nur werden, wer ein **Versicherungsverhältnis mit dem Verein** begründet. Bestimmt die jeweilige Satzung nichts anderes, so endet die Mitgliedschaft, wenn das Versicherungsverhältnis aufhört. Mitgliederbeiträge und Vereinsleistungen an die Mitglieder dürfen bei gleichen Voraussetzungen nur nach gleichen Grundsätzen bemessen sein.[34] Der historische Gesetzgeber entnahm den Gedanken der Gleichbehandlung dem Wesen der Gegenseitigkeit. Es handelt sich dabei um einen gesetzlich anerkannten Anwendungsfall des Gleichbehandlungsgrundsatzes im Privatrecht, von dem aber durch das Nichtmitgliedergeschäft abgewichen werden kann (zur Versicherung von Nichtmitgliedern siehe Rn 7).[35]

Um zu verhindern, dass die Mitglieder bei schlechtem Schadenverlauf zugunsten der Nichtmitglieder, die nur feste Prämien zu zahlen haben, zu Nachschüssen herangezogen werden müssen, hatte die Aufsichtsbehörde darauf hingewirkt, dass das **Nichtmitgliedergeschäft** nur **Nebengeschäft** blieb. Sie hatte beispielsweise prozentuale Beschränkungen oder eine besondere Verlustrücklage vorgeschrieben.[36]

Die Mitgliedschaft begründet eine besondere Treuepflicht des VVaG gegenüber den Mitgliedern und gleichzeitig ein gekoppeltes Rechtsverhältnis aus Vereinszugehörigkeit und Versicherungsvertrag.[37] Zwar unterliegen das Versicherungsverhältnis und die Mitgliedschaft unterschiedlichen Anforderungen und können auch vollständig auseinander fallen, je nach Ausgestaltung der Satzung und konkreten Umständen besteht aber eine Wechselwirkung.[38]

3. Organisation
a) Dreigliedriger Unternehmensaufbau

Die Organisation des VVaG teilt sich entsprechend seinem dreigliedrigen Unternehmensaufbau in:
- Vorstand
- Aufsichtsrat und
- oberste Vertretung.

---

32 *Reckhenrich*, S. 76.
33 Vgl. § 19 S. 1 und 2 VAG; *Schmidt*, S. 1280; entgegenstehende Satzungsregelungen sind unwirksam, aber zur Nachschusspflicht der Mitglieder des VVaG: § 24 Abs. 2 und 3 VAG.
34 Siehe §§ 20 S. 2 und 3, 21 Abs. 1 VAG; kritisch: FKBP/*Kaulbach*, § 21 Rn 2 ff.
35 *Schmidt*, S. 1281.
36 *Müller*, S. 21; zugleich wird aus dem Gegenseitigkeitsprinzip wohl auch eine Mindestanzahl von Mitgliedern (Unzulässigkeit des „Ein-Mann-VVaG") zu folgern sein, vgl. *Großfeld*, S. 28.
37 Vgl. differenzierend FKBP/*Kaulbach*, § 15 Rn 5; siehe auch LG Saarbrücken VersR 1992, 440; die Trennbarkeit kann ausdrücklich in der Satzung geregelt werden (BVerwG VersR 1996, 569, 572).
38 Vgl. zur Differenzierung bezüglich der Regelungen zum Versicherungsverhältnis: BGH VersR 1997, 1517 ff.; zur Differenzierung durch Satzungsbestimmungen z.B. bei Bestandsübertragung vgl. Langheid/Wandt/*Langheid*, AufsichtsR Rn 348; Gleichbehandlungsgebot und Aufrechnungsverbot sind jedoch in beiden Rechtsverhältnissen zu beachten (nur eingeschränkt: Langheid/Wandt/*Langheid*, AufsichtsR Rn 350); näher: Bähr/*Wilm* § 20 Rn 30 ff.

b) Vorstand

23 Geschäftsführungs- und Vertretungsorgan des VVaG ist der Vorstand (vgl. dazu § 34 S. 2 VAG i.V.m. §§ 76 ff. AktG). Er muss aus mindestens zwei Personen bestehen. Für die persönliche Haftung der Vorstandsmitglieder gilt § 93 Abs. 2 AktG entsprechend, ergänzt durch die in § 34 S. 4 VAG aufgeführten Tatbestände. Die Satzung kann bestimmte, von den Vorstandsmitgliedern zu erfüllende Voraussetzungen festlegen.[39]

c) Aufsichtsrat

24 Aufsichtsorgan ist der Aufsichtsrat. Er besteht aus mindestens drei, höchstens einundzwanzig Mitgliedern.[40] Er bestellt die Vorstandsmitglieder und überwacht deren Geschäftsführung.[41]

d) Oberste Vertretung

25 Als „oberste Vertretung" bzw. „das oberste Organ" des VVaG wird nach § 29 VAG die Versammlung der Mitglieder oder die Versammlung von Vertretern der Mitglieder bezeichnet. Aus Organisations- und Kostengründen sehen die Satzungen fast aller großen Vereine die **Mitgliedervertretung** als oberstes Organ vor.[42]

26 Die Vertretung kann auf unterschiedliche Weise gewählt werden. Am weitesten verbreitet ist das **Kooptationsprinzip**. Dabei wählt die Mitgliedervertretung selbst aus der Gesamtheit der Mitglieder die Vertreter für die frei gewordenen Plätze. Dieses Prinzip ist rechtlich umstritten, überwiegend wird jedoch die Zulässigkeit bejaht und zwar zum größten Teil aus pragmatischen Erwägungen: Eine Wahl durch alle Mitglieder eines großen VVaG ist nur sehr schwer völlig korrekt durchzuführen, außerdem ist sie teuer.[43]

27 Die Zuständigkeit der Mitgliedervertretung ist mit derjenigen der Hauptversammlung der Aktiengesellschaft nahezu identisch. Hierzu gehören insbesondere:
- die Bestellung und Entlastung des Aufsichtsrates
- die Überprüfung der Vermögenslage
- Beschlüsse über Satzungsänderungen, Genussrechte, Bestandsübertragungen oder die Auflösung des Vereins.[44]

28 Die „oberste Vertretung" ist dabei aber keineswegs den anderen Organen in dem Sinne übergeordnet, dass sie ihnen Weisungen erteilen oder Aufgaben an sich ziehen könnte.[45]

4. Finanzierung

29 Der VVaG finanziert sich satzungsgemäß durch **Beiträge** und **Umlagen**.[46] Das zur Sicherung der Finanzierung entsprechend § 66 Abs. 1 S. 2 AktG vorgesehene Aufrechnungsverbot (§ 26 VAG) greift anders als bei der AG zugleich in die Versicherungsverhältnisse ein. Hinsichtlich der Fi-

---

39 Z.B. Zugehörigkeit zu einem Berufsstand oder Mitgliedschaft beim Versicherungsverein, vgl. *Reckhenrich*, S. 101; vgl. auch Prölss/*Weigel*, Rn 7 ff. zu den Funktionen, Pflichten und Rechten des Vorstandes; zur Anzeigepflicht ggü. der Versicherungsaufsicht: Rundschreiben des BAV v. 18.6.1997, R 6/97, VerBAV 1997, 311 ff.
40 Jedenfalls eine durch 3 teilbare Zahl (§ 35 Abs. 1 S. 3 VAG).
41 Haftung bzgl. der in § 34 S. 4 VAG genannten Tatbestände (§ 35 Abs. 3 Nr. 2 VAG); eine besondere Verschwiegenheitspflicht ergibt sich aus § 116 S. 2 AktG.
42 Vgl. *Müller*, S. 10.
43 Vgl. FKBP/*Kaulbach*, § 29 Rn 5; kritisch: *Müller*, S. 10 f. m.w.N.; s.a. LG Köln VersR 2008, 665.
44 Siehe §§ 36 S. 1, 44 VAG; vgl. *Reckhenrich*, S. 102.
45 *Schmidt*, S. 1281.
46 Siehe § 24 VAG; näher: Bähr/*Schwenzer* § 21 Rn 1ff.

nanzierung ist außer den Regeln über den Gründungsstock und die Verlustrücklage zu beachten, dass der VVaG versicherungsrechtlichen Regeln über die Kapitalausstattung und Solvabilität genügen muss. Für kleine Vereine sind diese Regeln allerdings durch die §§ 53, 156a VAG abgeschwächt.[47] Die korrekte Finanzausstattung wird durch die Aufsichtsbehörde rechtsformbezogen geprüft und gelenkt.[48]

Für größeren Eigenkapitalbedarf können VVaG außerhalb eines Unternehmensverbundes nur auf Rücklagen aus Beiträgen und den Gründungsstock zurückgreifen oder **Genussscheine** ausgeben.[49] 30

5. Auflösung und Liquidation
a) Auflösungsakt
Die Auflösung eines VVaG kann erfolgen durch: 31
- satzungsmäßige Zeitbestimmung nach § 42 Nr. 1 VAG
- Insolvenz gem. § 43 Nr. 3 und 4 VAG oder
- einen Beschluss der obersten Vertretung.[50] Dieser Beschluss bedarf regelmäßig einer Dreiviertel-Mehrheit und der Genehmigung der Aufsichtsbehörde. Der Vorstand hat die Auflösung des Vereins aufgrund Beschlusses zur Eintragung in das Handelsregister anzumelden. Der Status als rechtsfähiger VVaG kann auch schon durch (vorübergehende) Einstellung des Versicherungsbetriebes oder Widerruf der Erlaubnis der Aufsichtsbehörde nach § 87 Abs. 5 VAG verloren gehen.[51]

b) Liquidationsverfahren
Nach der Auflösung des VVaG findet die Liquidation gem. § 46 VAG statt. Sie wird von den Vorstandsmitgliedern besorgt, sofern nicht entsprechend § 47 Abs. 1 VAG die Satzung oder ein Beschluss der obersten Vertretung andere Personen vorsehen. Das nach der Begleichung der Schulden verbleibende Vermögen des VVaG wird nach § 48 Abs. 2 S. 1 VAG an die bei Auflösung vorhandenen Mitglieder ausgekehrt. Das Vermögen wird nach demselben Maßstab verteilt, nach dem der Überschuss verteilt worden ist. 32

Ein rechtsfähiger **Liquidationsverein** kann weder Verträge fortführen, noch neue Verträge abschließen oder neue Mitglieder aufnehmen.[52] 33

III. Der VVaG in steuerlicher Hinsicht

Neben der Körperschaftssteuer- und der Gewerbesteuerpflicht (§ 1 Abs. 1 Nr. 3 KStG, § 2 Abs. 2 GewStG) – von der kleinere VVaG und Unterstützungskassen ausgenommen sein können – be- 34

---

47 Vgl. §§ 53c, 54 ff. VAG; *Schmidt*, S. 1281.
48 Vgl. *Benkel*, S. 208 f.
49 Vgl. *Weigel*, VersR 1993, 1429 ff. m. Hinw. auf die wettbewerbsbedingten Hindernisse und die ungünstige Steuerbelastung bei der Rücklagenbildung, den limitierten Einsatz der Genussscheine und der Anregung zur Schaffung weiterer Finanzierungsinstrumente, z.B. eines Gegenseitigkeitsrechtes; eine Finanzierung durch Beitragsanhebung auch für den Bestand über satzungsgemäße Beitragsanpassung ist nur in engen Grenzen möglich, vgl. *Lier*, VW 2001, 71 f.; vgl. die kritische Betrachtung weiterer Finanzierungsmodelle bei: *Benkel*, S. 215 ff.; zur Neuausgabe oder Erweiterung des Gründungsstockes *Benkel*, S. 218.
50 Siehe § 42 Nr. 2 i.V.m. § 43 Abs. 1 VAG.
51 Vgl. BGH NJW-RR 1995, 1237; vgl. zur Auflösung bei Widerruf der Erlaubnis oder infolge Bestandsübertragung: *Benkel*, S. 317.
52 Vgl. BGH NJW-RR 1995, 1237.

steht Umsatzsteuerpflicht für nichtversicherungstechnische Umsätze und Versicherungs-, bzw. Feuerschutzsteuerpflicht für das versicherungstechnische Geschäft.[53] Sowohl im nationalen Bereich als auch in der Europäischen Union stehen dem VVaG bestimmte Steuerrechtsinstitute, die Steuerbegünstigungen ermöglichen, nicht zur Verfügung.[54]

35 Im Hinblick auf das nationale Steuerrecht betrifft dies vor allem den Bereich der Unternehmenskooperation. Hier sind die **Organschaft**,[55] das **Schachtelprivileg**[56] sowie das **Halbeinkünfteverfahren**[57] zu nennen. Bei der Organschaft handelt es sich um steuerbegünstigte Unternehmensverbindungen, die unter bestimmten Voraussetzungen gemeinsam zur Körperschaft-, Gewerbe- oder Umsatzsteuer veranlagt werden und die Möglichkeit der steuerlichen Verrechnung von Gewinnen und Verlusten bieten. Aufgrund des so genannten Schachtelprivilegs genießen Unternehmen steuerliche Vorteile, wenn sie an einem anderen Unternehmen in einem bestimmten Umfang beteiligt sind. Das Schachtelprivileg hat bewertungsrechtliche, gewerbesteuerliche und auch körperschaftsteuerliche Auswirkungen. Mit dem Halbeinkünfteverfahren wird die Belastung erzielter Gewinne auf der Ebene der Gesellschaft sowie der ausgeschütteten Gewinne auf der Ebene des Anteilseigners unter Reduzierung des Steuersatzes eingeführt; Nutznießer sind Kapitalgesellschaften, wobei über §§ 3 Nr. 40 S. 1 lit. d, 20 Abs. 1 Nr. 1 und 9 EStG auch VVaG berührt sind.

36 Dem **VVaG-Gleichordnungskonzern**, aber auch anderen Kooperationsformen der VVaG untereinander ist eine **steuerliche Organschaft** regelmäßig verwehrt, da VVaG rechtsformbedingt nicht beherrschtes Unternehmen sein können.[58] Gem. § 2 Abs. 2 S. 2 GewStG liegt eine steuerliche Organschaft nur bei finanzieller Eingliederung der Organgesellschaft in den Organträger und Vorliegen eines Gewinnabführungsvertrages vor.

37 Nicht nur für international operierende VVaG stellt dies eine Behinderung dar, die Anlass zur Umstrukturierung des Unternehmens oder Unternehmensverbundes geben kann. Eine weitere Benachteiligung der VVaG wird in der Behandlung sog. verdeckter Gewinnausschüttungen gesehen.[59] Die Annahme einer verdeckten Gewinnausschüttung durch Ausgleich versicherungstechnischer Verluste mit nichttechnischen Erträgen ist in der Praxis des BMF auf Fälle der Überschreitung der Marktüblichkeit beschränkt worden.[60]

IV. Der VVaG im Unternehmensverbund

1. Rechtliche und wirtschaftliche Grundlagen

38 Der **Unternehmensverbund** stellt eine zusammenfassende Bezeichnung für alle im Aktiengesetz geregelten Kooperationen dar. Zu den Unternehmensverbindungen i.S.d. § 15 AktG gehören

---

53 Vgl. Prölss/Weigel, Vor § 15 Rn 44 f.
54 Biewer, S. 2; Weigel/Baer, VersR 1993, 777 differenzierend nach rechtsformbedingten Ausgrenzungen, die dem Regelungszweck des Gesetzes bzw. der Richtlinie entsprechen, und solchen, die eine kritikwürdige Benachteiligung darstellen; vgl. auch Görg, S. 27 ff. mit Hinweis auf rechtsform- und spartenbedingte Unterschiede.
55 Vgl. Prölss/Weigel, Vor § 15 Rn 116; Weigel/Baer, VersR 1993, 777; vgl. näher zur Organschaft nach der Unternehmenssteuerreform: Fenzl/Hagen, FR 2000, 290 ff.
56 Vgl. Weigel/Baer, VersR 1993, 779; vgl. zur Ausdehnung der Schachtelbefreiung durch die Unternehmenssteuerreform: Werra, FR 2000, 645, 649; Breithecker/Klapdor/Zisowski, Unternehmenssteuerreform, 2001, S. 36 ff.
57 Weigel/Baer, VersR 1993, 780 zum bisher geltenden körperschaftsteuerlichen Anrechnungsverfahren; näher: Haase/Arnolds, FR 2000, 485 ff.; vgl. auch Watrin, DStZ 2001, 493 ff.
58 Vgl. näher: Prölss/Weigel, Vor § 15 Rn 116; Farny, ZVersWiss 2002, 382; m. Hinw. auf eine zugunsten der VersicherungsAG verbesserte Genehmigungspraxis der Aufsichtsbehörde: Görg, S. 28.
59 Görg, VW 2001, 1733 ff.
60 Vgl. Punken/Vollert, VW 2002, 27.

- die Mehrheitsbeteiligung (§ 16 AktG)
- die Abhängigkeit (§ 17 AktG)
- der Konzern (§ 18 AktG)
- die wechselseitige Beteiligung (§ 19 AktG) und
- der Beherrschungs- oder Gewinnabführungsvertrag (§§ 291, 292 AktG).

VVaG sind unternehmerisch tätig und können daher grundsätzlich **Unternehmensverbindungen i.S.d. §§ 15 ff. AktG** eingehen. Dabei ist es unerheblich, ob ein reiner Mitgliederverein vorliegt oder die Kaufmannseigenschaft schon wegen des Nichtmitgliedergeschäftes gegeben ist.[61] Während die regionalen und sog. Nischenversicherer zumeist Kooperationen zur Wahrung ihrer Selbständigkeit anstreben, ist bei größeren VVaG häufig die wirtschaftliche und strategische Optimierung im Konzerngefüge Motiv für Umstrukturierungen. 39

Die **Konzern- oder Gruppeneinbindung** von großen VVaG ist zur Marktbehauptung als **Kompositversicherer** unabdingbar.[62] Rechtsformbedingt ist der VVaG als Obergesellschaft im Verbund geeignet, da er nicht in Fremdbesitz stehen kann.[63] Neben der sortimentspolitischen Überlegung treten der internationale Wettbewerb, der Zwang zur Prozessoptimierung und die Konvergenz von Versicherungs- und Finanzwirtschaft als Triebkraft für eine Konzern(um)bildung in den Vordergrund.[64] Der Grundsatz der Spartentrennung und der Gegenseitigkeitsgedanke stehen der Einbeziehung von VVaG in Konzerne nicht entgegen.[65] 40

2. Gestaltungsmöglichkeiten

Zwar scheidet der VVaG als auch nur teilweise abhängiges, beherrschtes oder vertraglich gelenktes Unternehmen wegen seiner Struktur weitgehend aus. Dennoch ergeben sich im Unternehmensverbund verschiedene Organisationsformen. Gegenüber der „losen" Kooperation einer Unternehmensgruppe mit personeller und sachlicher Verflechtung sowie abgestimmter Unternehmenspolitik hat die Konzernbildung beträchtliche Vorteile. Mehrheitlich sind Unterordnungskonzerne mit einem **VVaG als Obergesellschaft** anzutreffen.[66] 41

Die Schaffung eines **Gleichordnungskonzerns** – eventuell mit zwischengeschalteter Finanzholding, bzw. mit einer OHG als Obergesellschaft – wird in der Praxis als schwerfällig und wenig effektiv angesehen.[67] Der vertragliche Gleichordnungskonzern begegnet aber weder kartellrechtlichen Bedenken, noch können gesellschaftsrechtliche oder steuerliche Nachteile den wirtschaftlichen Nutzen aufheben.[68] Gegenüber dem faktischen Gleichordnungskonzern bietet die Zwischenholding höhere Rechtssicherheit und steuerliche Vorteile.[69] Eine reine Fusion von Versicherungsvereinen ebnet zwar nicht den Gang zum Kapitalmarkt, kann aber zu der erforderlichen Marktgröße mit den damit verbundenen Synergieeffekten führen.[70] 42

---

61 Vgl. Prölss/*Weigel*, vor § 15 Rn 74.
62 Vgl. Prölss/*Weigel*, vor § 15 Rn 74 f.
63 Vgl. *Weigel*, VersR 1993, 1429 ff.
64 Vgl. *Farny*, ZVersWiss 2002, 366 f.; zu den einzelnen Restriktionen: *Görg*, S. 10 ff.
65 *Müller-Wiedenhorn*, S. 136.
66 Vgl. *Farny*, ZVersWiss 2002, 378 f.
67 *Schlossmacher*, VW 1999, 1758 ff.; *Biewer*, S. 2; *Knospe (J. K.)*, ZfV 2001, 439 f.
68 Vgl. *Martiensen*, S. 339 ff. mit Hinweis auf die teilweise abweichende h.M.
69 Vgl. *Sieger/Bank*, VersR 2012, 270, 278.
70 *Müller*, S. 18.

43 Beeinflusst durch die Entscheidung des BGH vom 24.2.1997[71] wurde auch die Alternative einer **VVaG & Co. KGaA** zwecks Kapitalbildung diskutiert und als zulässige Rechtsform angesehen.[72]

Derzeit größte Sicherheit und Flexibilität für umsatzstärkere Unternehmen bietet ein **Unterordnungskonzern** mit Einrichtung einer im Mehrheitsbesitz befindlichen ZwischenholdingAG über den als VersicherungsAG geführten Spartenunternehmen mit einem VVaG als Obergesellschaft.[73] Dabei kann der VVaG zwar auch als „Quasi-Holding" fungieren, muss aber noch in einem Mindestumfang zumindest in Form der Mitversicherung eigenes Versicherungsgeschäft betreiben.[74]

3. Versicherungsaufsicht

44 Neben der Zulassungskontrolle (§ 5 VAG) betreibt die Aufsichtsbehörde nach § 81 VAG die Überwachung des laufenden Geschäftsbetriebes mit dem Ziel der Vermeidung und Beseitigung von Missständen, insbesondere zur Wahrung der Belange der Versicherten.[75] Die Versicherungsaufsicht ist gegenüber dem Einzelunternehmen (Erst- und Rückversicherung) wahrzunehmen, seit der VAG-Novelle 2004 aber auch gegenüber Holding-Gesellschaften. Als Erwerber und Inhaber bedeutender Beteiligungen sind auch natürliche Personen zu prüfen.[76] Die **Bundesanstalt für Finanzdienstleistungen (BaFin)** beschäftigt sich verstärkt mit Managementfehlern in Gruppen und Konzernen.[77]

V. Umwandlung des VVaG in eine Aktiengesellschaft

1. Gründe für die Umwandlung von VVaG

45 Die Marktsituation und einige rechtsformbedingte Nachteile des VVaG haben immer wieder gesellschaftsrechtliche Veränderungen erforderlich gemacht.[78] Motive sind beispielsweise Probleme bei der Beschaffung des erforderlichen Eigenkapitals, steuerliche Nachteile gegenüber einer AG, Aufnahme weiterer Sparten (insbes. Lebens- und Krankenversicherung), Separierung in der Vergangenheit angesammelter Vermögenswerte, um sie der Versicherungsaufsicht zu entziehen.[79] Den konkreten Beispielen der jüngeren Vergangenheit ist aber nicht zu entnehmen, dass allein rechtsformbedingte Gründe für die Umstrukturierungen vorlagen.[80] Vielmehr wirkt der allgemeine Fusionsdruck u.a. aufgrund des Preis- und Bedingungswettbewerbes, welcher **Rentabilitätsstrategien** erfordert.[81]

---

[71] NJW 1997, 1923 ff.
[72] Vgl. *Schlossmacher*, VW 1999, 1758 ff.; zurückhaltender wegen § 7 Abs. 1 VAG: Prölss/*Weigel*, Vor § 15 Rn 104; *Diehl*, VW 2000, 110 ff.
[73] *Farny*, ZVersWiss 2002, 382 f.; nach Analyse der Umstrukturierung der Gothaer/Parion: *Görg*, S. 119; bzw. grenzüberschreitend mit einer ansässigen SE.
[74] Vgl. Bähr/*Wilm* § 20 Rn 159.
[75] Vgl. näher: Prölss/*Weigel*, § 81 Rn 11 ff. u.a. Rn 55 (Einzelne Anordnungen und Verlautbarungen).
[76] Gesetz zur Änderung des Versicherungsaufsichtsgesetzes und anderer Gesetze vom 15.12.2004 BGBl 2004 I 3116; *Weber-Rey/Baltzer*, WM 2006, 205 ff., 208 f.; kritisch zur neuen Holdingaufsicht: *Wolf*, Wer ist Versicherungsholdinggesellschaft i.S.d. § 1b VAG? VersR 2006, 465 ff.
[77] Vgl. *Weber-Rey/Baltzer*, WM 2006, 208; zur Aufsicht betreffend das Risikomanagement des Vorstandes vgl. VG Frankfurt VersR 2005, 57 ff.; *Wolf*, VersR 2005, 1042 ff.
[78] *Weigel*, VersR 1993, 1429 ff.; *Schmidt*, S. 1277.
[79] *Biewer*, S. 1; *Baumann*, VersR 1992, 905.
[80] *Surminski (M. S.)*, ZfV 2004, 62 f.; zur Standard Life: *Germann*, VW 2004, 622; zur Umstrukturierung im Talanx-Konzern: HDI/Talanx: Mitglieder künftig am Gewinn beteiligt – Zukäufe im Erstversicherungsgeschäft geplant, VW 2003, 1211; aber zum Parion-Konzern, s. *Görg*, S. 54 f., 119.
[81] Vgl. *Piaszek*, S. 278.

2. Möglichkeiten zur Umstrukturierung

VVaG sind Rechtsträger, die auf der Grundlage des Umwandlungsgesetzes (UmwG) durch
- Umwandlung
- Vermögensübertragung ohne Auflösung und
- Bestandsübertragung

46

in eine AG umstrukturiert werden können (sog. **Demutualisierung**).[82] Sonderregelungen gelten für die kleineren VVaG.[83]

Größere VVaG können folgende Alternativen[84] der Demutualisierung wählen: 47
- Umwandlung in eine AG
- Fusion durch Aufnahme in eine AG
- Übertragung von Vermögenswerten auf eine AG
- Übertragung des Versicherungsportefeuilles auf eine AG
- Bildung von Tochter-Aktiengesellschaften
- horizontale Angliederung an eine AG (oder einen anderen VVaG).

Praktische Bedeutung hat die Demutualisierung in Deutschland erst in den 90er Jahren bei der Konzernumbildung erlangt.[85] Andere Arten der Fusion oder horizontaler Verbünde haben den Vorzug, dass die Rechtsform des VVaG nicht aufgegeben werden muss.[86] Jede Art von Bestandsübertragung (auch außerhalb einer Umwandlung i.S.d. § 14a VAG) ist nach §§ 14, 44a VAG genehmigungs- und ausgleichspflichtig. Bei Bestandsübertragungen in EG-Staaten ist die Behörde am Sitz des übertragenden Unternehmens zuständig.[87]

48

3. Abgrenzung der Umstrukturierungen nach dem UmwG
a) Formwechsel

Durch einen Formwechsel bleiben die wirtschaftliche Kontinuität, die Identität des Unternehmens und der Personenkreis weitgehend gewahrt, die bisherigen Mitglieder werden Aktionäre der neuen AG.[88] Ein Formwechsel kann nur in die Rechtsform der AG erfolgen (§ 291 UmwG); da i.d.R. Aktionäre nicht die früheren Mitglieder sein, aber Ausgleichszahlungen vermieden werden sollen, wird bei der Umstrukturierung regelmäßig nicht der Formwechsel, sondern eine abgestufte Bestandsübertragung bei Erhaltung des Vereins gewählt.[89]

49

---

82 *Müller*, S. 18; näher: *Palmberger*, VW 1999, 920 ff. (Teil I) und VW 1999, 1012 ff. (Teil II); *Weber*, VW 1998, 1274 ff.
83 Vgl. § 291 Abs. 1 UmwG, Ausschluss der Umwandlung für Kleinstvereine gem. § 157a Abs. 3 VAG; für kleinere Vereine ist eine Bestandsübertragung nach §§ 14, 44 VAG bzw. eine Vermögensübertragung nach § 185 UmwG möglich; Sonderregelungen zur Verschmelzung kleinerer Vereine enthalten §§ 118, 119 UmwG, vgl. Widmann/Mayer/*Vossius*, § 109 UmwG, Rn 10 ff.
84 Dazu *Palmberger*, VW 1999, 920; *Ebert*, VersR 2003, 1211, 1212 f.; zur Bestandsübertragung nach § 14 VAG als flexiblere Lösung näher: *Hasselbach/Komp*, VersR 2005, 1651 ff.
85 So beim Talanx-Konzern (HDI) oder beim Parion-Konzern (Gothaer) für die operativen Unternehmen; *Müller*, S. 21.
86 Vgl. auch *Swiss Re*, Sigma-Studie, Versicherungsvereine auf Gegenseitigkeit: Leben Totgesagte länger?, dargestellt in VW 1999, 1312; kritisch zur partiellen Demutualisierung: *Wackerbeck*, VW 2002, 716, 720.
87 Vgl. *Lüttringhaus*, VersR 2008, 1036, 1037.
88 Vgl. *Biewer*, S. 9; *Müller*, S. 19.
89 Siehe *Farny*, ZVersWiss 2002, 383; *Ebert*, VersR 2003, 1212 ff.; zu beachten ist aber der mit der 9. VAG-Novelle eingeführte Barabfindungsanspruch nach § 44a Abs. 1 VAG schon bei Teilverlust der Mitgliedschaftsrechte.

b) Gesamtvermögensübertragung

50   Bei der Gesamtvermögensübertragung geht der VVaG unter, die übernehmende Aktiengesellschaft wird Rechtsnachfolger und den Mitgliedern ist als Gegenleistung für den Verlust der Mitgliedschaft eine Barabfindung bzw. die Übertragung sonstiger Wirtschaftsgüter zu gewähren.[90]

c) Spaltung, Teilvermögensübertragung und Verschmelzung

51   Mit dem Umwandlungsgesetz wurden darüber hinaus Regelungen für die Unternehmensspaltung durch Auf- oder Abspaltung in §§ 123, 151 UmwG, die Teilvermögensübertragung und die Unternehmensverschmelzung mit einer AG in §§ 2, 109 ff. UmwG geschaffen, ohne zugleich die am meisten gewählte Methode der Bestandsübertragung gem. §§ 14, 44 VAG auszuschließen.[91]

52   Wegen der besonderen mitgliedschaftlichen Konstruktion des VVaG kann dieser lediglich mit einem anderen VVaG oder durch Aufnahme in eine VersicherungsAG verschmolzen werden. Auch bei der Spaltung kommt eine Ausgliederung auf eine GmbH nur dann in Betracht, wenn damit keine Übertragung von Versicherungsverhältnissen verbunden ist.[92]

VI. Entwicklung und Reform des VVaG

53   Von der Abschaffung der VVaG[93] bis zur Entwicklung moderner internationaler Rechtsformen[94] werden derzeit konkrete Reformmodelle diskutiert. Es ist nicht absehbar, dass sich der Trend zur Umstrukturierung der größeren VVaG unter weitgehender Aufgabe des Gegenseitigkeitsprinzips abschwächt.[95] Auch kleinere VVaG werden unter betriebswirtschaftlichen Gesichtspunkten stärker mit Fusions- oder Umstrukturierungszwängen konfrontiert; da VersicherungsAGs nicht zu VVaGs umgewandelt werden und Neugründungen größerer Gesellschaften als VersicherungsAG erfolgen, ist ein weiteres Abnehmen der Rechtsform des VVaG vorprogrammiert. Träger des Gegenseitigkeitsprinzips bleiben trotz wachsendem Fusionsdrucks aber weiter die kleinen und mittleren, häufig regional begrenzten Vereine unter Konzentration auf ihre Kernkompetenzen.

1. Europäische Gegenseitigkeitsgesellschaft

54   Neben den gesellschaftlichen Richtlinien zur Vereinheitlichung nationalen Gesellschaftsrechts (Harmonisierung der Gesellschaftsstruktur und Mitbestimmung, Entwicklung einheitlicher Konzernstrukturen, Regelung von Fusionen, Übernahmen, Sitzverlegungen und Liquidationen) sind auf europäischer Ebene auch die Überlegungen zur Schaffung **supranationaler Rechtsformen** als Alternative zu nationalen Gesellschaften für die VVaG von Bedeutung.[96]

---

90   *Müller*, S. 19; *Biewer*, S. 9.; eingehend: *Benkel*, S. 301 ff.
91   Vgl. § 1 Abs. 2 UmwG; dazu im Überblick: *Biewer*, S. 5 ff.; vgl. zu den Anforderungen an die Versicherungsaufsicht zur Wahrung der Rechte der Mitglieder BVerfG, VersR 2005, 1109 ff.
92   Zur Verschmelzung: § 109 UmwG, zur Spaltung: § 151 UmwG; vgl. *Schmidt*, S. 1282; näher zum Verschmelzungsverfahren: *Benkel*, S. 295 ff.
93   Wegen der fehlenden Kontrollmöglichkeiten in der Praxis (z.B. unzureichende Managementkontrolle infolge gesellschaftsrechtlich möglicher indirekter Lenkung der Mitgliedervertretung und des Aufsichtsrates durch Wahlvorschläge des Vorstandes) schlagen *Adams/Maßmann*, ZRP 2002, 128, 131, die Abschaffung der großen Versicherungsvereine durch Zwangsumwandlung in eine AG vor.
94   Kernforderungen des GDV zum Statut für eine europäische Gegenseitigkeitsgesellschaft in: GDV, Positionen Nr. 24, März 2002, VVaG auf dem Weg zur Europäisierung – Europäische VVaG in der Warteschleife, S. 16.
95   Vgl. *Weber-Rey*, VW 2002, 717.
96   Überblick bei MünchGesR/*Wiesner*, Bd. 3, § 76 Rn 51 ff.

Während die Europäische Aktiengesellschaft (Societas Europaea, SE) durch Zugeständnisse 55
an nationale Gestaltungen nach langer Vorarbeit als Rechtsform 2004 eingeführt wurde, stecken
die **Europäische Gegenseitigkeitsgesellschaft (Mutuelle Européenne, ME)** als Dritte der
„economie sociale", neben der Genossenschaft und dem Verein, noch in der Diskussion.[97] Dabei
stehen dem Interesse an einer Alternative zur SE die Bedenken entgegen, dass eine Europäische
Rechtsform die Vorteile der flexiblen nationalen Regelungen verlieren könnte.

2. Corporate Governance und Compliance

Mit dem **Deutschen Corporate Governance Kodex** ist Anfang 2002 eine zwar freiwillige aber 56
auch für VVaG richtungsweisende Leitlinie für die Unternehmensführung in Kraft getreten.[98] Die
Schaffung europäischer Standards für eine „Corporate Governance" ist in Vorbereitung. Mit der
freiwilligen Anerkennung und Befolgung der Kodices durch die größeren VVaG wird einerseits
die Kritik an deren Rechtsform (siehe Rn 53) an Bedeutung verlieren, andererseits aber auch das
Erscheinungsbild weiter der VersicherungsAG angenähert. Mindestanforderungen bei den
Grundsätzen der Unternehmensführung wie Compliance und Risikomanagement sind über die
Harmonisierung des Versicherungsaufsichtsrechts auch in das VAG eingeflossen und gelten
abgestuft für alle Unternehmen.[99]

3. Solvency

Die für Aktiengesellschaften durch das TransPuG[100] eingeführten Regelungen für den Konzern- 57
abschluss (z.B. Erstellung einer Kapitalflussrechnung, einer Segmentberichterstattung, eines
Eigenkapitalspiegels) gelten jedenfalls dann auch für VVaG, wenn diese Genussrechte nach
§ 53c VAG ausgeben und i.S.d. § 2 WpHG handeln. In diesem Fall müssen die Pflichtaufgaben im
Anhang des Jahresabschlusses ohne Einschränkung gem. § 286 Abs. 3 S. 1 Nr. 2 HGB erteilt werden.[101]

Mit der Umsetzung der Solvency II-Richtlinie in das VAG[102] werden die Anforderungen an 58
die Eigenmittelausstattung, Risikosteuerung und Aufsichtstätigkeit auch für Versicherungsvereine angepasst. Die Ausdehnung des **Sicherungsvermögens** auf die Schadenversicherung und
weitere Regelungen zur Insolvenz in der Neufassung des § 54 VAG schränken die Disposition
insbesondere bei Kapitalanlagen ein.[103] Zumindest für größere VVaG wird aber die Berücksichtigung der Nachschüsse als Sicherungsmittel über die bisherige Beschränkung des § 53 Abs. 3
Nr. 5 b) VAG hinaus möglich sein und eine flexiblere Risikosteuerung erlauben.[104]

---

97 MünchGesR/*Wiesner*, Bd. 3, § 76 Rn 87 ff.
98 I.d.F. v. 2.6.2005, veröff. im elektronischen BAnz v. 20.7.2005; keine verbindliche Anwendung auf den VVaG, da
dieser nicht börsennotiert ist: *Laakmann*, VW 2002, 381 ff.; siehe auch Empfehlung der Regierungskommission, in:
GDV (Hrsg.), Corporate Governance in Versicherungsunternehmen, 2004, S. 119.
99 Vgl. *Louven/Raapke,* VersR 2012, 257.
100 V. 19.7.2002 (BGBl I, 2681).
101 Siehe § 286 Abs. 3 S. 3 HGB.
102 Richtlinie 2009/138/EG des Europäischen Parlaments und des Rates betreffend die Aufnahme und Ausübung
der Versicherungs- und der Rückversicherungstätigkeit – Solvabilität II – ABlEG L 335 vom 17.12.2009; Umsetzung
geplant durch 10. VAG-Novelle (s. Begr. RegE v. 27.4.2009 BT-Drucks 16/12783, 18).
103 Zu den Risikosteuerungsansätzen: *Schubert/Grießmann*, VW 2004, 470 ff.; *Gründl/Schmeiser*, VW 2004,
473 f.; bei der Bemessung des Mindestgarantiefonds (§ 53c Abs. 2 Nr. 2 VAG) ist den VVaG jedoch eine
Erleichterung zugestanden worden; Einzelheiten zur Novelle: GDV, VAG-Novelle 2003, Rundschreiben 2101/2003 v.
9.12.2003 sowie Rundschreiben 0403/2004 v. 5.3.2004; zum „Stress-Test": BaFin, Rundschreiben 1/2004 (VA) v.
17.2.2004 m. Hinw. auf Erleichterungen für kleinere VVaG; durch die VAG-Novelle 2005 (§ 53c VAG) wurde wiederum
der Einsatz von Hybridkapital erleichtert.
104 Vgl. *Grote/Schaaf*, VersR 2012, 17, 26.

B. Typische Sachverhalte

59 Der A-VVaG soll als großer Versicherungsverein im Mehrspartenbetrieb (Nicht-Leben) mit dem Ziel dauerhafter Unabhängigkeit geführt werden (Muster hierzu siehe Rn 63).

60 In dem A-VVaG ist ein Vorstandswechsel geplant. Zugleich sollen Änderungen in der Satzung vollzogen werden. Die Mitteilungen an die BaFin und das Handelsregister sind Gegenstand der Muster (siehe Rn 64 und 65).

61 Der A-VVaG beabsichtigt eine Änderung der Rechtsform bei weitgehender Wahrung der Unternehmensidentität. Diese Sachverhaltskonstellation ist den Mustern (siehe Rn 66 und 67) zugrunde gelegt.

62 Zum Zweck des Betriebes einer neuen Sparte soll der A-VVaG gegründet werden. Das Genehmigungsverfahren der BaFin wird im Muster (siehe Rn 68), die Anzeige einer bedeutenden Beteiligung am Gründungsstock im Muster (siehe Rn 69) behandelt.

C. Muster

M 170 **I. Muster: Satzung eines großen VVaG**

63 Satzung[105]
_____ **(Notarielle Urkundenformalien)**[106]

I. Allgemeine Bestimmungen

§ 1 Rechtsstellung, Firma
(1) Der im Jahre _____ gegründete Verein ist ein großer Versicherungsverein auf Gegenseitigkeit (VVaG) im Sinne des Versicherungsaufsichtsgesetzes (VAG).
(2) Der Name[107] lautet: A-VVaG.

§ 2 Zweck des Unternehmens
(1) Der Verein betreibt folgende Versicherungszweige:[108] _____.
(2) Er kann Versicherungsverträge, Bausparverträge und sonstige Verträge, die mit dem Versicherungsgeschäft in unmittelbarem Zusammenhang stehen, vermitteln.
(3) In den unter Abs. 1 genannten Versicherungszweigen kann der Verein aktives und passives Rückversicherungsgeschäft betreiben.
(4) Im Rahmen des § 7 Abs. 2 VAG dürfen alle dem Unternehmenszweck dienenden Maßnahmen und Geschäfte betrieben werden, einschließlich der Gründung, des Erwerbs, der Beteiligung an oder der Leitung von Unternehmen sowie der Verwaltung der Beteiligungen.
(5) Der Verein darf Versicherungsverträge auch abschließen, ohne dass die Versicherungsnehmer Mitglieder des Vereins werden. Der Geschäftsumfang aus diesen Versicherungen darf _____% der Gesamtbeitragseinnahmen nicht überschreiten.[109]

---

[105] Kosten der Satzungsänderung: Notar = 20/10-Gebühr gem. §§ 36 Abs. 2, 42 bzw. 47 KostO; Geschäftswert gem. 41a Abs. 4 Ziff. 2, 41c Abs. 1 u. 2 KostO ; weitere Muster: Goldberg/Müller/*Goldberg*, § 18 Rn 9 m. Hinw. auf Mustersatzungen des Reichsaufsichtsamtes und des BAV.
[106] Beurkundungserfordernis nach § 17 Abs. 2 VAG.
[107] Vgl. § 18 VAG: Der Zusatz „VVaG" oder „[...] a.G." ist im Namen anzugeben; der Hinweis auf den Sitz ist nur eine Sollvorschrift.
[108] Vgl. § 9 VAG als Sollvorschrift.
[109] Option der Nichtmitgliederversicherung auch über § 21 Abs. 2 VAG hinaus. Die Nichtmitgliederversicherung darf nach der Amtspraxis der BaFin den Rahmen eines unbedeutenden Geschäftszweiges nicht übersteigen (GB BAV

§ 3 Sitz und Geschäftsgebiet
(1) Sitz des Vereins ist _____.[110]
(2) Geschäftsgebiet des Vereins ist das In- und Ausland.

§ 4 Geschäftsjahr und Bekanntmachungen
(1) Das Geschäftsjahr ist das Kalenderjahr.
(2) Die Bekanntmachungen des Vereins erfolgen im Bundesanzeiger.[111]

II. Mitgliedschaft

§ 5 Beginn der Mitgliedschaft
(1) Mitglieder des Vereins können natürliche und juristische Personen werden, die im Geschäftsgebiet des Vereins ihren Wohnsitz oder Sitz haben oder deren zu versichernde Sachen im Geschäftsgebiet gelegen sind.[112]
(2) Die Mitgliedschaft beginnt mit dem Abschluss des Versicherungsvertrages (zur Koppelung siehe Rn 21).[113]
(3) Bei Abschluss eines Versicherungsvertrages für fremde Rechnung wird nur der Versicherungsnehmer Mitglied; es müssen aber auch bei dem Versicherten die Voraussetzungen des Absatzes 1 vorliegen.[114]

§ 6 Beendigung der Mitgliedschaft
(1) Die Mitgliedschaft endet, wenn das Versicherungsverhältnis des Mitgliedes aufhört.[115]
(2) Mit der Beendigung der Mitgliedschaft verlieren die ausscheidenden Mitglieder alle auf der Mitgliedschaft beruhenden Rechte. Sie bleiben jedoch zur Zahlung der Nachschüsse verpflichtet, die zum

---

62, 33; vgl. auch GB 55/56, 26). Gestattet ist bislang die Versicherung von Nichtmitgliedern gegen feste Prämie bis zu einem Zehntel der gesamten Beitragseinnahmen (GB BAV 62, 33). Daneben kann jedoch auch Nichtmitgliedergeschäft ohne „feste Entgelte" betrieben werden, wenn die Satzung dies nicht untersagt.
110 Vgl. § 18 Abs. 1 VAG; bedeutsam auch für den Gerichtsstand nach §§ 22, 17 Abs. 1 ZPO (vgl. dazu aber OLG Celle VersR 1975, 994).
111 Pflichtveröffentlichungen sind im BAnz (ausnahmsweise auch in Landeszeitungen) oder dem elektronischen Bundesanzeiger vorzunehmen, vgl. § 28 Abs. 2 VAG; zusätzliche Blätter und zusätzliche Veröffentlichungen können bestimmt werden.
112 Zur Mitgliedschaft s. § 20 VAG. Nach dem Gesetz kann jede rechtsfähige natürliche oder juristische Person Mitglied eines VVaG werden. Die Satzung kann aber besondere Voraussetzungen für die Mitgliedschaft schaffen, z.B. die Zugehörigkeit zu einem bestimmten Beruf, Betrieb oder Verein, Wohnsitz innerhalb eines bestimmten Gebietes, ein bestimmtes Alter; Besonderheiten auch bei Pensionskassen. Aufgrund der neueren AGB-Kontrolle bei Regelungen des Versicherungsverhältnisses in der Satzung (s. BGH VersR 1997, 1517 ff.) empfiehlt sich deren weitgehende Ausklammerung und Regelung in Allgemeinen Versicherungsbedingungen.
113 Sollbestimmung zum Beginn: § 20 S. 1 VAG.
114 Versicherungsvertrag für fremde Rechnung, vgl. § 79 VVG. Danach kann auch derjenige Mitglied sein, der nicht ein eigenes Interesse oder die eigene Person versichert, sondern als Versicherungsnehmer für fremde Rechnung versichert.
115 Nach § 20 Abs. 3 VAG endet die Mitgliedschaft grundsätzlich – soweit die Satzung nichts anderes bestimmt – in den Fällen, in denen das Versicherungsverhältnis endet, z.B. durch Ablauf der vereinbarten Dauer, durch ordentliche Kündigung des Mitgliedes oder des Vereins (vgl. §§ 6 Abs. 1 S. 2, 24, 30, 39 Abs. 3, 70, 96 VVG), durch einverständliche Aufhebung des Vertrages, durch Insolvenzeröffnung (§§ 13 VVG, 77 Abs. 3 VAG). Es kann aber auch das Ende mit Eintreten einer bestimmten Statusänderung vorgesehen werden (wenn z.B. die Mitgliedschaft an einen Status geknüpft ist). Zur Zulässigkeit einer Sonderregelung für Bestandsübertragungen s. BVerwG VersR 1994, 797 unter Berücksichtigung der Anforderungen aus BVerfG VersR 2005, 1109. Eine separate Kündigungsvorschrift für die Mitgliedschaft ohne Versicherungsverhältnis ist möglich (vgl.FKBP/*Kaulbach*, § 15 Rn 5).

Zeitpunkt ihres Ausscheidens beschlossen waren. Diese Verpflichtung erlischt mit dem Ablauf von einem Jahr nach dem Ausscheiden aus dem Verein.[116]

III. Organe des Vereins

§ 7 Mitgliedervertretung, Mitgliedervertreterversammlung[117]
(1) Die Mitgliedervertretung vertritt als oberstes Organ des Vereins die Gesamtheit der Mitglieder. Sie beschließt in allen Angelegenheiten, die ihr nach dem Gesetz oder dieser Satzung ausschließlich vorbehalten sind.
(2) Die Mitgliedervertretung besteht aus mindestens fünf, höchstens _____ von ihr selbst gewählten Mitgliedern (Kooptationsprinzip siehe Rn 26).[118] Für die Mitgliedervertretung ist jedes Mitglied wählbar, welches das 70. Lebensjahr noch nicht vollendet hat und weder Angestellter noch Vertreter des Vereins sowie nicht an der Verwaltung oder Vertretung eines anderen Versicherungsunternehmens beteiligt ist. In besonderen Fällen können durch Beschluss der Mitgliedervertretung Ausnahmen von der vorstehenden Regelung zugelassen werden. Eine Stellvertretung in der Mitgliedervertretung ist nur durch einen anderen Mitgliedervertreter zulässig. Dieser kann jedoch höchstens einen an der Teilnahme Verhinderten vertreten.[119]
(3) Die Wahlen und Beschlussfassungen erfolgen in offener Abstimmung durch Handzeichen, sofern nicht mehr als drei auf der Mitgliedervertreterversammlung anwesende Mitgliedervertreter dagegen Widerspruch erheben. Entfällt bei einer Wahl auf mehrere Personen die gleiche Stimmzahl, so entscheidet eine Stichwahl, hilfsweise das Los. Beschlüsse werden mit einfacher Stimmenmehrheit gefasst, soweit nach dem Gesetz oder der Satzung nichts anderes vorgesehen ist. Bei Stimmengleichheit gilt ein Antrag als abgelehnt.
(4) Die Amtszeit der Mitgliedervertreter läuft jeweils drei Jahre. Jährlich scheidet ein Drittel der Mitgliedervertreter aus und kann durch Zuwahl ersetzt werden. Ist bei keinem der Mitgliedervertreter die satzungsgemäße Amtsdauer abgelaufen, so scheidet der Mitgliedervertreter aus, der am längsten im Amt ist; unter mehreren entscheidet das Los. Eine Wiederwahl ist zulässig.
(5) Scheiden Mitgliedervertreter vorzeitig – beispielsweise durch freiwilligen Austritt – aus, so kann die Mitgliedervertretung in der nächsten Mitgliedervertreterversammlung Ersatzmitgliedervertreter wählen. Die Amtszeit der Ersatzmitgliedervertreter währt so lange, wie das Amt der Ausgeschiedenen gewährt hätte, an deren Stelle sie getreten sind.
(6) Mitgliedervertreter können wegen grober Verletzung ihrer Pflichten oder aus einem anderen wichtigen Grund – beispielsweise bei Insolvenz des Mitgliedervertreters oder Beteiligung an der Verwaltung oder Vertretung eines anderen Versicherungsunternehmens – von der Mitgliedervertretung mit einer Mehrheit von zwei Dritteln der abgegebenen Stimmen ausgeschlossen werden.

---

116 Die Beitragspflicht ausgeschiedener Mitglieder für eine Versicherungsperiode ist nach § 25 VAG zulässig. Die Satzung kann auch den Übergang der Mitgliedschaft im Falle der Erbfolge ausschließen oder andere Regelungen zum Rechtsübergang bei Veräußerung und Tod treffen. Welche Regelung sinnvoll ist, hängt davon ab, in welchem Maße Kontinuität gewahrt werden soll und welche Sparten betrieben werden. Insbesondere kleinere VVaG wählen zum Rechtsverhältnis detaillierte Regeln.
117 Vgl. die Verweise auf das AktG in § 36 VAG. In der Satzung ist zu bestimmen, in welcher Art und Weise bzw. unter welchem Begriff die Oberste Vertretung gebildet wird (§ 29 VAG). Sie kann als Mitgliederversammlung, Mitgliedervertreterversammlung oder nach anderen Kriterien ausgestaltet werden. Zusätzlich können weitere Gremien gebildet werden.
118 Dies ist umstritten, aber zulässig; vgl. zu Alternativen: *Großfeld*, S. 58 ff.; Abstimmung der Anzahl mit den Minderheitsrechten.
119 Hier sollen Stimmbündelung beschränkt und persönliche Einflussnahme gefördert werden. Mangels Geltung der §§ 134 Abs. 1–3, 135 AktG ist eine Beschränkung durch Satzung möglich (bei der Mitglieder(vertreter)versammlung gilt aber § 134 Abs. 3 AktG).

(7) Die Mitgliedervertreter erhalten für ihre Tätigkeit keine Vergütung, jedoch werden notwendige Auslagen ersetzt, z.B. für die Teilnahme an der Mitgliedervertreterversammlung, im Rahmen der steuerlich zulässigen Höchstbeträge.

(8) Verhandlungen und Beschlüsse der Mitgliedervertretung erfolgen in ordentlichen und außerordentlichen Mitgliedervertreterversammlungen. An den Mitgliedervertreterversammlungen nehmen die Mitglieder des Vorstandes und des Aufsichtsrates mit beratender Stimme teil. Jedes Mitglied kann Anträge an die Versammlung stellen, Wahlvorschläge für die Mitgliedervertreter einreichen und, sofern der Ablauf nicht beeinträchtigt wird, als Zuhörer teilnehmen. Die Anträge müssen dem Vorstand schriftlich spätestens zwei Wochen vor der Versammlung zugegangen sein.

(9) Die Mitgliedervertreterversammlung wird vom Vorstand schriftlich unter Angabe der Zeit, des Ortes und der Tagesordnung einberufen. Im Übrigen gelten die Regelungen des Aktiengesetzes gem. § 36 VAG.

(10) Die ordentliche Mitgliedervertreterversammlung findet innerhalb der ersten acht Monate des Geschäftsjahres statt. In ihr beschließt die Mitgliedervertretung insbesondere über die Verwendung des Bilanzgewinnes, über die Entlastung des Vorstandes und des Aufsichtsrates sowie über die Wahl von Aufsichtsratsmitgliedern.

(11) Außerordentliche Mitgliedervertreterversammlungen sind einzuberufen, wenn der Vorstand oder der Aufsichtsrat dies im Interesse des Vereins für erforderlich hält, oder wenn mindestens fünf Mitgliedervertreter dies schriftlich unter Angabe des Zwecks und der Gründe beim Vorstand beantragen.

(12) Die Leitung der Mitgliedervertreterversammlung obliegt dem Aufsichtsratsvorsitzenden oder einem seiner Stellvertreter oder einem anderen Mitglied des Aufsichtsrates. Für den Fall, dass ein Mitglied des Aufsichtsrates den Vorsitz nicht übernimmt, wird der Versammlungsleiter durch die Mitgliedervertreterversammlung unter Leitung des ältesten anwesenden Mitgliedervertreters gewählt.

(13) Zur Beschlussfähigkeit der Mitgliedervertreterversammlung ist die Anwesenheit bzw. Vertretung von mindestens einem Drittel der Mitgliedervertreter erforderlich. Ist eine Mitgliedervertreterversammlung nicht beschlussfähig, so kann eine neue Mitgliedervertreterversammlung auch bei Anwesenheit von weniger als einem Drittel der Mitgliedervertretung über Gegenstände der gleichen Tagesordnung Beschluss fassen, wenn in der Einladung zu der neuen Mitgliedervertreterversammlung hierauf besonders hingewiesen ist.

Soweit in der Satzung keine andere Regelung getroffen ist und die entsprechenden Regelungen des Aktiengesetzes über Minderheitenrechte Anwendung finden, tritt an die Stelle des zehnten bzw. zwanzigsten Teils des Grundkapitals eine Minderheit von einem Zehntel bzw. einem Zwanzigstel der in der Mitgliederversammlung anwesenden Mitgliedervertreter.[120]

(14) Über die Verhandlungen der Mitgliedervertreterversammlung ist ein notarielles Protokoll aufzunehmen.

§ 8 Vorstand

(1) Dem Vorstand obliegt die Geschäftsführung des Vereins. Er besteht aus mindestens zwei Personen.[121]

(2) Der Verein wird gesetzlich vertreten durch zwei Vorstandsmitglieder oder durch ein Vorstandsmitglied gemeinsam mit einem Prokuristen.[122]

---

120 Zur effizienten Wahrung der Minderheitenrechte müsste der Verweis gem. § 36b VAG durch Festlegung spezieller Quoren gewahrt werden; dies kann bei Vertreterversammlungen zu ungewollten Risiken führen.
121 Vgl. § 34 VAG mit den dort genannten Verweisungen.
122 Die Satzung kann vorsehen, dass einzelne Vorstandsmitglieder in Gemeinschaft mit einem Prokuristen zur Vertretung der Gesellschaft befugt sind (§ 34 S. 2 VAG i.V.m. § 78 Abs. 3 AktG). Ansonsten sind sämtliche Vorstandsmitglieder nur gemeinsam zur Vertretung des Vereins befugt (§ 34 S. 2 VAG i.V.m. § 78 Abs. 2 S. 1 AktG).

(3) Der Aufsichtsrat kann ein Vorstandsmitglied zum Vorsitzenden des Vorstandes ernennen.[123]
(4) Als Vorstandsmitglied darf nur bestellt werden, wer zuverlässig sowie fachlich genügend vorgebildet ist und die für den Betrieb des Versicherungsvereins sonst erforderlichen Eigenschaften und Erfahrungen besitzt. Als Vorstandsmitglied ungeeignet gilt insbesondere jeder, der
    a) wegen eines Verbrechens oder Vermögensvergehens verurteilt worden oder gegen den ein derartiges Verfahren anhängig ist;
    b) in den letzten fünf Jahren als Schuldner in einem Insolvenzverfahren oder in einem Verfahren zur Abgabe einer eidesstattlichen Versicherung nach § 807 ZPO oder § 284 AO verurteilt worden ist.[124]
(5) Der Vorstand wird für die Dauer von fünf Jahren vom Aufsichtsrat bestellt.[125] Stellvertretende Vorstandsmitglieder kann der Aufsichtsrat auch für eine kürzere Zeitdauer bestellen. Für den Fall der Verhinderung eines Vorstandsmitgliedes kann der Aufsichtsrat aus seiner Mitte für längstens ein Jahr ein stellvertretendes Vorstandsmitglied bestellen.[126]
(6) Der Vorstand entscheidet mit einfacher Stimmenmehrheit. Bei Stimmengleichheit gibt die Stimme des Vorsitzenden, im Verhinderungsfalle die seines Stellvertreters, den Ausschlag. Der Vorstand wird nach Bedarf durch den Vorsitzenden einberufen.
(7) Über die Verhandlungen des Vorstandes muss ein Protokoll geführt werden, welches von dem Vorsitzenden und dem Protokollführer zu unterzeichnen ist.

§ 9 Aufsichtsrat

(1) Der Aufsichtsrat besteht aus _____ Personen, die von der Mitgliedervertretung für die Zeit bis zur Beendigung derjenigen Mitgliedervertreterversammlung gewählt werden,[127] die über die Entlastung für das zweite Geschäftsjahr nach der jeweiligen Wahl beschließt, wobei das Geschäftsjahr der Wahl nicht mitgezählt wird. Wählbar ist jede natürliche Person, die das 70. Lebensjahr noch nicht vollendet hat, Mitglied des Vereins ist und – abgesehen von besonderen Fällen, über die von der Mitgliedervertretung Beschluss zu fassen ist – weder an der Verwaltung noch an der Vertretung eines anderen Versicherungsunternehmens beteiligt ist. Jährlich scheidet ein Drittel der Aufsichtsratsmitglieder aus. Ist bei keinem Mitglied die satzungsgemäße Amtsdauer abgelaufen, so scheidet das Mitglied aus, das am längsten im Amt ist; unter mehreren entscheidet das Los. Eine Wiederwahl ist zulässig.
(2) Für jedes Aufsichtsratsmitglied kann die Mitgliedervertretung ein Ersatzmitglied wählen. Scheidet das Aufsichtsratsmitglied, für das ein Ersatzmitglied gewählt wurde, vor Ablauf seiner Amtszeit aus, so tritt das Ersatzmitglied für den Ausgeschiedenen in den Aufsichtsrat ein und gehört diesem für den Rest der Amtsdauer des Vorgängers an.[128]
(3) Scheiden Aufsichtsratsmitglieder vor Ablauf ihrer Amtsdauer aus, so bedarf es der Einberufung einer außerordentlichen Mitgliedervertreterversammlung zur Vornahme der Ersatzwahl nur dann, wenn weniger als drei Aufsichtsratsmitglieder vorhanden sind. Die Amtsdauer der Ersatzmitglieder

---

Der Aufsichtsrat kann durch Beschluss Einzelvertretungsbefugnis erteilen, dies wird aufgrund der Kollision mit dem Vier-Augen-Prinzip (§ 34 S. 1 VAG) aufsichtsrechtlich nur im Ausnahmefall zulässig sein.
123 Vgl. § 34 S. 2 VAG i.V.m. § 84 Abs. 2 AktG. Die Ernennung eines Vorstandsvorsitzenden ist schon deshalb von Bedeutung, weil damit im Entscheidungsfall ein Patt verhindert wird.
124 Zur Eignung als Vorstandsmitglied: § 34 S. 2 VAG i.V.m. § 76 Abs. 3 AktG.
125 Zur Bestellung des Vorstandes: § 34 S. 2 VAG i.V.m. § 84 Abs. 1 S. 1 AktG (§ 94 für Stellvertreter).
126 § 105 Abs. 2 AktG i.V.m. § 35 VAG; Vorabinformation an die BaFin zur Prüfung gem. § 7a Abs. 1 VAG.
127 Zur Anzahl und Bestellung der Mitglieder des Aufsichtsrates: § 35 VAG, §§ 95, 101 AktG. Danach besteht der Aufsichtsrat aus drei Mitgliedern, wenn die jeweilige Satzung nicht eine bestimmte höhere – durch drei teilbare – Zahl, höchstens 21, festsetzt. Abweichend ist nach § 76 BetrVG 1952 zu verfahren, indem bei entsprechender Unternehmensgröße zu einem Drittel Arbeitnehmervertreter gewählt werden. Bei kleineren Vereinen kann die Prüfaufgabe des Aufsichtsrates durch einen Rechnungsprüfer wahrgenommen werden.
128 Stellvertreter sind nur für den Vorsitzenden vorgesehen: vgl. § 35 Abs. 3 VAG i.V.m. § 101 Abs. 3, § 102 Abs. 2 sowie § 107 Abs. 1 AktG.

währt so lange, wie das Amt der Ausgeschiedenen gewährt hätte, an deren Stelle sie getreten sind. Scheiden der Vorsitzende oder sein Stellvertreter vor Ablauf der Amtszeit aus ihrem Amt aus, so nimmt der Aufsichtsrat eine Neuwahl für die restliche Amtszeit des Ausgeschiedenen vor.

(4) Der Aufsichtsrat wählt jeweils in der ersten auf die Mitgliedervertreterversammlung folgenden Aufsichtsratssitzung aus seiner Mitte einen Vorsitzenden und mindestens einen Stellvertreter. Einer besonderen Einberufung bedarf es für diese Sitzung nicht.

(5) Der Aufsichtsrat hat im Kalenderhalbjahr mindestens zwei Sitzungen abzuhalten.[129]

(6) Zu den Sitzungen des Aufsichtsrates lädt der Vorsitzende oder sein Stellvertreter in der Regel mindestens eine Woche vorher – schriftlich, in dringenden Fällen auch fernmündlich oder in elektronischer Form unter Mitteilung der Tagesordnung, der Zeit und des Ortes – ein. Außerdem kann ein Aufsichtsratsmitglied oder der Vorstand unter Angabe der Gründe verlangen, dass der Vorsitzende unverzüglich den Aufsichtsrat einberuft.[130] In diesem Falle muss die Sitzung binnen vierzehn Tagen nach dem Verlangen einberufen werden.

(7) Beschlüsse des Aufsichtsrates werden in Sitzungen gefasst. Beschlussfassung durch schriftliche, fernmündliche, elektronische oder in vergleichbarer Form vollzogene Stimmabgabe ist zulässig, wenn der Vorsitzende des Aufsichtsrates aus besonderen Gründen eine solche Beschlussfassung anordnet und kein Mitglied des Aufsichtsrates diesem Verfahren widerspricht.[131] Geht bei der Beschlussfassung außerhalb einer Sitzung eine Stimmabgabe nicht binnen einer im Beschlussvorschlag genannten Frist von mindestens einer Woche bei dem Verein ein, gilt die Stimme als Enthaltung. Der Aufsichtsrat ist beschlussfähig, wenn mindestens fünf Mitglieder, darunter der Vorsitzende oder sein Stellvertreter, anwesend sind. Der Aufsichtsrat fasst seine Beschlüsse mit einfacher Mehrheit. Bei Stimmengleichheit gibt die Stimme des Vorsitzenden oder – bei dessen Abwesenheit – seines Stellvertreters den Ausschlag; im Falle der Stimmengleichheit bei einer Wahl findet eine Stichwahl statt, hilfsweise entscheidet das Los.

(8) Über die Beschlüsse des Aufsichtsrates ist eine Niederschrift anzufertigen. Die Niederschrift ist von dem Vorsitzenden oder im Falle seiner Verhinderung von einem seiner Stellvertreter zu unterzeichnen.[132]

(9) Der Vorsitzende ist ermächtigt, im Namen des Aufsichtsrates die zur Durchführung der Beschlüsse des Aufsichtsrates erforderlichen Willenserklärungen abzugeben und Erklärungen für den Aufsichtsrat entgegenzunehmen.

(10) Der Aufsichtsrat kann Mitglieder des Vorstandes zu seinen Sitzungen hinzuziehen. Der Vorstand kann seine Zuziehung und Anhörung in den Sitzungen des Aufsichtsrates verlangen. Die Teilnahme endet mit der Anhörung, sofern der Aufsichtsratsvorsitzende oder ein Aufsichtsratsbeschluss dies erklärt.[133]

(11) Der Aufsichtsrat hat neben den ihm durch Gesetz und Satzung zugewiesenen Aufgaben, darunter derjenigen der allgemeinen Beaufsichtigung der Geschäftsführung des Vorstandes,[134] insbesondere die folgenden Rechte und Pflichten:

---

[129] Der Mindestturnus für börsennotierte Gesellschaften von zwei Sitzungen im Halbjahr gem. § 110 Abs. 3 AktG ist für VVaG nicht zwingend; siehe aber *Laakmann*, VW 2002, 381, 384.
[130] Im Übrigen gilt das Selbsthilferecht des § 110 Abs. 2 AktG nach vergeblichem Einberufungsverlangen, *Hüffer*, § 110 Rn 8 f.
[131] § 35 Abs. 3 VAG i.V.m. § 108 Abs. 4 AktG; möglich ist auch eine Regelung ohne Widerspruchsrecht eines AR-Mitgliedes, vgl. *Hüffer*, § 108 Rn 16.
[132] § 35 Abs. 3 VAG i.V.m. § 107 Abs. 2 S. 1 AktG.
[133] Die regelmäßig Teilnahme der Vorstandsmitglieder an AR-Sitzungen ist sinnvoll und zulässig – eine entsprechende Satzungsregelung auch, wenn auch Beratungen des AR ohne den Vorstand zugelassen sind, vgl. *Hörst*, NVersZ 2002, 390, 395; GDV in: Rundschreiben Nr. 0887/2002 v. 18.4.2002, a.A.: BAV, VerBAV 3/2002, 67.
[134] Aufgaben, Rechte und Pflichten siehe § 35 Abs. 3 VAG i.V.m. § 111 AktG. Zum Unterpunkt e) steht der Betrag in Abhängigkeit zu den unternehmensrelevanten Risiken je nach Größe und Solvabilitätsspanne (u.a. § 54 Abs. 1 VAG).

a) die Bestellung der Vorstandsmitglieder, ihre Abberufung, Abschluss und Beendigung der Anstellungsverträge mit ihnen;
b) die Zustimmung zur Erteilung von Prokuren;
c) die Zustimmung zum Erwerb und zur Veräußerung von Grundstücken;
d) die Zustimmung zur Beleihung von Grundstücken;
e) die Zustimmung zur Anlegung von Vermögenswerten über _____ EUR;
f) die Zustimmung zur Einführung oder Änderung von Versicherungsbedingungen nach § 15;
g) die alljährliche Bestimmung des Wirtschaftsprüfers;
h) die Prüfung und Billigung des Jahresabschlusses und des Geschäftsberichtes.[135]

(12) Die Mitglieder des Aufsichtsrates erhalten für jedes Geschäftsjahr eine nach Ablauf des Geschäftsjahres zahlbare Vergütung, deren Höhe von der Mitgliedervertretung bestimmt wird.[136] Der Vorsitzende erhält das Doppelte, jeder Stellvertreter das Eineinhalbfache dieses Betrages. Den Aufsichtsratsmitgliedern werden außerdem im Rahmen der steuerlich zulässigen Höchstbeträge Reisekosten erstattet und Tagegelder gezahlt. Soweit sie für ihre Tätigkeit Umsatzsteuer zu zahlen haben, wird diese vom Verein erstattet. Zur Absicherung gegen die im Rahmen der Aufsichtsratstätigkeit entstehenden Risiken kann auf Kosten des Vereines Versicherungsschutz vereinbart werden.

IV. Vermögensverwaltung; Rechnungswesen

§ 10 Einnahmen
Die Einnahmen des Vereins bestehen aus:
a) den im Voraus zu zahlenden Beiträgen der Mitglieder; die Höhe der Beiträge bestimmt der Vorstand. Dabei ist der Vorstand berechtigt, die Beiträge ohne Zustimmung der betroffenen Mitglieder auch für bestehende Versicherungsverhältnisse zu erhöhen, wenn folgende Voraussetzungen erfüllt sind _____.[137] Das Mitglied kann mit sofortiger Wirkung kündigen. Das Kündigungsrecht erlischt, wenn es nicht spätestens einen Monat, nachdem das Mitglied von der Erhöhung Kenntnis erhalten hat, ausgeübt wird;
b) gegebenenfalls zu zahlenden Nachschüssen;
c) sonstigen Einnahmen.

§ 11 Verlustrücklage, Freie Rücklage, Rückstellung für Beitragsrückgewähr
(1) Soweit aufgrund Gesetzes oder Anordnung der Aufsichtsbehörde für einzeln betriebene Versicherungszweige Sicherungsvermögen zu bilden ist, finden die §§ 70–77 VAG entsprechende Anwendung.
(2) Zur Deckung von außergewöhnlichen Verlusten aus dem Geschäftsbetrieb ist eine Verlustrücklage von mindestens _____ EUR zu bilden.[138]
(3) Der Verlustrücklage fließen jährlich zu:
a) _____% der jährlichen Beitragseinnahmen;
b) _____% der Erträge aus Kapitalanlagen;

---

[135] Bei Konzernobergesellschaften auch bzgl. des Konzernabschlusses und wesentliche Informationen über die Tochtergesellschaften gem. § 170 Abs. 1 AktG.
[136] Die Vergütung der Aufsichtsratsmitglieder kann in der Satzung festgelegt werden (§ 35 Abs. 3 VAG i.V.m. § 113 Abs. 2 AktG), wegen der Verhältnismäßigkeitsanforderung ist ein Verweis auf die Oberste Vertretung praxisnäher. Für die Berechnung einer Gewinnbeteiligung ist § 35 Abs. 3 S. 4 Nr. 1 VAG zu beachten.
[137] Es bedarf wegen BGH VersR 1999, 697 ff. einer unternehmensbezogenen, präzisen Notlagenfeststellung, siehe auch BAV, GB 2000, Teil A II 1.3.
[138] In der Errichtungssatzung müssen gem. § 22 VAG noch Regelungen über den Gründungsstock enthalten sein. Alternativ kann als Verlustrücklage ein prozentualer Anteil z.B. an der Gesamtversicherungssumme und ggf. ein Höchstbetrag gewählt werden, vgl. § 37 VAG und die Anforderung des § 53c VAG. Eine Überbewertung muss wegen der Rechtsfolgen des § 256 AktG vermieden werden.

c) _____% der außergewöhnlichen Einnahmen;
d) der Teil des Jahresüberschusses, der von der Mitgliedervertretung auf Vorschlag des Vorstandes hierfür bestimmt wird, bis die sich aus Absatz 2 ergebende Mindesthöhe der Verlustrücklage erreicht ist.

(4) Nach Erreichung bzw. Wiedererreichung der Mindesthöhe der Verlustrücklage fließen dieser oder den anderen Gewinnrücklagen nur noch die unter Absatz 3 Buchst. d) genannten Beträge zu.

(5) Mit Genehmigung der Aufsichtsbehörde kann der Verein in einzelnen Geschäftsjahren die Zuführungen abweichend regeln.

(6) Die Verlustrücklage darf zur Verlustdeckung in einem Geschäftsjahr erst dann in Anspruch genommen werden, wenn sie _____% ihrer Mindesthöhe überschritten hat. Die jährliche Entnahme kann bis zu _____% der jeweils angesammelten Verlustrücklage betragen, jedoch darf durch die Entnahme der Bestand von _____% der Mindesthöhe nicht unterschritten werden.[139]

(7) Der Verein kann neben der Verlustrücklage eine freie Rücklage bilden.

(8) Der Rückstellung für Beitragsrückerstattung ist der nach Vornahme der Abschreibungen, Wertberichtigungen, Rücklagen und Rückstellungen verbleibende Überschuss zuzuweisen.[140]

(9) Die der Rückstellung für Beitragsrückerstattung zufließenden Beträge dürfen keinem anderen Zweck als dem der Beitragsrückerstattung dienen.

(10) Für die Verwendung des Jahresüberschusses gelten im Übrigen die nachfolgenden Bedingungen: Neben der Zuweisung zur Verlustrücklage bestimmt der Vorstand mit Zustimmung des Aufsichtsrates, welcher Teil des dann noch verbliebenen Jahresüberschusses der freien Rücklage und welcher Teil der Rückstellung für Beitragsrückerstattung zuzuführen ist. Der Vorstand darf jedoch keine Beiträge in die freie Rücklage einstellen, wenn diese die Höhe der Verlustrücklage bereits erreicht hat oder soweit sie nach der Einstellung die Verlustrücklage übersteigen würde.

(11) Über die Verwendung der Rückstellung für Beitragsrückerstattung, die Höhe der Ausschüttung, den Kreis der an der Ausschüttung beteiligten Mitglieder und das bei der Ausschüttung anzuwendende Verfahren beschließt der Vorstand mit Zustimmung des Aufsichtsrates.

(12) Die Verteilung der Beitragsrückerstattung, die abhängig gemacht werden kann von einer bestimmten ununterbrochenen Laufzeit des Versicherungsvertrages und vom Schadenverlauf, erfolgt im Verhältnis des Jahresbeitrages, der bei Ausschüttung zu zahlen ist. Im Laufe des Geschäftsjahres beigetretene oder ausgeschiedene Mitglieder sind hierbei ausgeschlossen.[141]

(13) Die Ausschüttung kann unterbleiben, wenn die Beitragsrückerstattung weniger als _____ EUR oder _____% des Beitrages beträgt.

§ 12 Nachschusspflicht
(1) Reichen die Jahreseinnahmen zur Deckung der Ausgaben in einem Geschäftsjahr nicht aus, so ist der Fehlbetrag unter Berücksichtigung der verfügbaren Rückstellung und anderen Gewinnrücklagen sowie des verfügbaren Teils der Verlustrücklage durch Nachschüsse zu decken, zu deren Zahlung die Mitglieder nach dem Verhältnis ihrer Beiträge verpflichtet sind. Die Festsetzung der Nachschüsse erfolgt durch den Vorstand unter Zustimmung des Aufsichtsrates. Die Ausschreibung über Höhe und Zahlungsfrist erfolgt in den in § 4 Abs. 2 benannten Blättern. Die Höhe darf die zur Deckung des Verlustes erforderliche Summe nicht überschreiten.[142]

---

139 Im Einzelfall kann eine strengere Entnahmeregelung oder auch ein Verzicht auf ausdrückliche Satzungsbestimmungen und Abstellung auf die Zustimmung der Aufsichtsbehörde angezeigt sein.
140 Zur Überschussverwendung zugunsten der Mitglieder: § 38 Abs. 1 VAG.
141 Vgl. weitere Verteilungsmaßstäbe bei Fahr/Kaulbach/*Kaulbach*, § 38 Rn 5; Mitglieder haben ein Auskunftsrecht über die beschlossene Rückerstattung, LG Gießen, SpV 2006, 49.
142 Siehe § 27 VAG als Sollvorschrift; Auswirkungen für kleinere Vereine auch wg. § 156a Abs. 1 Nr. 1 VAG. Die Nachschusspflicht kann alternativ auch gänzlich ausgeschlossen, über das gesetzliche Maß hinaus beschränkt oder rückversichert werden, um den Mitgliedern mehr Sicherheit zu gewähren (üblich bei größeren Vereinen, bei kleineren Vereinen wird ein Ausschluss nur bei ausreichender Rückdeckung genehmigt werden).

(2) Die Nachschusspflicht der im Geschäftsjahr ausgeschiedenen bzw. neu eingetretenen Mitglieder bemisst sich danach, wie lange sie im Geschäftsjahr dem Verein angehörten.
(3) Die Zahlung der Nachschüsse hat in derselben Weise wie die des regelmäßigen Jahresbeitrages zu erfolgen. Bei einem Zahlungsverzug findet § 39 VVG Anwendung.

§ 13 Vermögensanlage
Das Vermögen des Vereins ist nach den gesetzlichen Bestimmungen und den von der Aufsichtsbehörde erlassenen Richtlinien anzulegen.[143]

§ 14 Rechnungslegung[144]
(1) Der Vorstand hat nach Maßgabe der gesetzlichen Bestimmungen und der Richtlinien der Aufsichtsbehörde Rechnung zu legen, namentlich den Rechnungsabschluss und den Geschäftsbericht aufzustellen und diese nach ihrer Prüfung durch den Abschlussprüfer zusammen mit einem Vorschlag betreffend die Überschussverwendung dem Aufsichtsrat vorzulegen. Ferner hat der Vorstand nach Maßgabe der gesetzlichen Bestimmungen und der Richtlinien der Aufsichtsbehörde einen Konzernabschluss sowie einen Konzernlagebericht zu erstellen und diesen dem Aufsichtsrat vorzulegen.
(2) Auf Verlangen erhalten die Mitglieder einen Abdruck des Rechnungsabschlusses und des Geschäftsberichtes sowie des Konzernabschlusses und des Konzernlageberichtes.

V. Änderungen; Auflösung

§ 15 Einführung und Änderung Allgemeiner Versicherungsbedingungen
Der Vorstand ist ermächtigt, mit Zustimmung des Aufsichtsrates Allgemeine Versicherungsbedingungen einzuführen oder zu ändern.[145]

§ 16 Änderungen der Satzung[146]
(1) Änderungen der Satzung können in einer Mitgliedervertreterversammlung auf Antrag des Vorstandes oder des Aufsichtsrates oder von mindestens _____ Mitgliedern der Mitgliedervertretung mit Zustimmung von mindestens drei Viertel der anwesenden bzw. entsprechend vertretenen Mitgliedervertretern beschlossen werden. Diese Beschlüsse haben, soweit sie die gesellschaftsrechtlichen Regelungen in den Abschnitten III (Organe) und IV (Vermögensverwaltung, Rechnungswesen) betreffen, Wirkung auch für die bestehenden Versicherungsverhältnisse.
(2) Zur Vornahme von Änderungen der Satzung, die nur die Fassung betreffen, ist der Aufsichtsrat ermächtigt.
(3) Der Aufsichtsrat ist ferner ermächtigt, für den Fall, dass die Aufsichtsbehörde Änderungen der Satzung verlangt, bevor sie den Änderungsbeschluss der Mitgliedervertreterversammlung genehmigt, dem zu entsprechen.
(4) Werden Satzungsänderungen zu Ungunsten der Mitglieder vorgenommen, so kann das Mitglied kündigen, und zwar binnen eines Monats nach Bekanntmachung oder nach Zugang der Änderungs-

---

143 Vgl. § 54 Abs. 1 VAG.
144 Entsprechend § 55 VAG.
145 Vgl. § 41 Abs. 2 VAG. Mit dem Verzicht auf die Anpassung bestehender Verträge wird dem drohenden Verstoß gegen § 307 BGB (früher: § 9 AGBG) entgegengewirkt. BGH VersR 1997, 1517, 1519 hatte die Wirksamkeit daran gemessen, dass der Versicherungsnehmer deutlich vorhersehen kann, unter welchen Voraussetzungen und in welchem Umfang ihn zusätzliche Belastungen treffen werden. Denkbar wäre hier auch eine konkrete Aufzählung und Beschreibung der Tatbestände einer Bestandsanpassung (s. auch § 41 Abs. 3 VAG).
146 Zur Satzungsänderung: vgl. § 39 VAG, § 40 VAG zur Eintragungs- und weiteren Formvorschriften. Maßstab für die Anwendung auf bestehende Verträge ist § 41 Abs. 3 VAG. Nach BGH VersR 1997, 1518 handelt es sich bei den Regelungen zur Rücklagenbildung, Nachschuss- und Beitragspflicht um vereinsrechtliche Bestimmungen, die einer Kontrolle nach dem AGB-Gesetz entzogen sind; siehe auch BAV, GB 2000, Teil A II 1.3.

mitteilung. Die Kündigung gilt für den Schluss des auf die Bekanntmachung oder auf die Mitteilung folgenden Monats. Das ausscheidende Mitglied erhält den nicht verbrauchten Anteil des gezahlten Beitrages zurück. Kündigt das Mitglied nicht, so gelten Änderungen der Satzung auch für das bestehende Versicherungsverhältnis.

§ 17 Auflösung des Vereins, Umwandlung
(1) Die Auflösung oder Umwandlung des Vereins kann auf Antrag des Vorstandes oder des Aufsichtsrates nur in einer zu diesem Zwecke einberufenen außerordentlichen Mitgliedervertreterversammlung beschlossen werden. Erforderlich für den Auflösungsbeschluss ist dabei die Anwesenheit bzw. Vertretung von mindestens drei Viertel der Mitglieder der Mitgliedervertretung sowie die Zustimmung von mindestens vier Fünftel der anwesenden bzw. vertretenen Mitglieder der Mitgliedervertretung.[147]
(2) Mit dem Beschluss über die Auflösung kann auch ein Beschluss über eine Bestandsübertragung auf ein anderes Versicherungsunternehmen verbunden werden.[148]
(3) Die zwischen dem Verein und den Mitgliedern bestehenden Versicherungsverhältnisse erlöschen einen Monat nach Bekanntmachung des von der Aufsichtsbehörde genehmigten Auflösungsbeschlusses, sofern im Beschluss keine längere Frist vorgesehen ist.[149]

§ 18 Liquidation
(1) Nach der Auflösung findet die Liquidation durch den Vorstand statt; jedoch kann die Mitgliedervertretung auch andere Personen zu Liquidatoren bestellen, die ihre Beschlüsse mit Stimmenmehrheit fassen.[150] Ergibt sich nach Beendigung der Liquidation ein Überschuss, so wird dieser nach dem Verhältnis der im letzten Geschäftsjahr gezahlten Beiträge – nicht vor Ablauf eines Jahres nach Bekanntmachung des genehmigten Auflösungsbeschlusses – an die Mitglieder verteilt. Ein etwaiger Fehlbetrag ist in gleicher Weise durch Nachschüsse zu decken.[151]

II. Muster: Voranfrage bei der BaFin bezüglich einer beabsichtigten Satzungsänderung[152] **M 171**

Bundesanstalt für Finanzdienstleistungsaufsicht
Postfach 1308
53003 Bonn
Satzungsänderung des A-VVaG, Reg.-Nr.: _____
Geschäftszeichen _____
Sehr geehrte Damen und Herren,
aufgrund der gesetzlichen Neuregelung der Formvorschriften für _____ soll die Satzung der A-VVaG entsprechend angepasst werden.

---

147 Vgl. §§ 42 Nr. 2, 43 VAG; weitere Auflösungstatbestände ergeben sich aus dem Gesetz.
148 Dazu § 44 VAG.
149 Vgl. § 43 Abs. 3 S. 1 VAG.
150 § 47 Abs. 1 VAG; Sonderregelung für die Einsetzung eines Abwicklers in Abs. 2 und Verweise auf das AktG in Abs. 3.
151 Vermögensverteilung nach § 48 VAG, im Insolvenzverfahren nach § 51 VAG; Nachschusspflicht gem. § 52 VAG.
152 Die für die Registereintragung erforderliche Genehmigung der BaFin kann erst nach Vorlage des beglaubigten Beschlusses des zuständigen Organs erteilt werden; eine Voranfrage ist bei unsicherer Sach- und Rechtslage empfehlenswert. Kostenpflichtig ist die förmliche Genehmigung gem. § 14 Abs. 1 und 2 Finanzdienstleistungsaufsichtsgesetz (FinDAG) i.V.m. § 2 Abs. 1 Nr. 8c und Abs. 2 Nr. 8c aa der Verordnung über die Erhebung von Gebühren und die Umlegung von Kosten nach dem Finanzdienstleistungsaufsichtsgesetz (FinDAGKostV) bei einem Gebührenrahmen von 500–2.500 EUR; vgl. den Gebührenhinweis zur Bestandsübertragung: Prölss/*Präve*, § 14 Rn 54.

Wir bitten um Prüfung der geplanten Satzungsänderung, für die eine Beschlussfassung in der Aufsichtsratssitzung am _____ und in der Mitgliedervertreterversammlung am _____ vorgesehen ist.
Beigefügt ist die Beschlussvorschlag sowie die bisherige Satzungsbestimmung.
(Aufgrund der Eilbedürftigkeit wird der Vorgang vorab per E-Mail übermittelt).
(Die neue Satzungsbestimmung berücksichtigt folgende Besonderheiten des A-VVaG _____).
Mit freundlichen Grüßen
(rechtsgültige Unterzeichnung)

M 172　III. Muster: Eintragung einer Satzungsänderung, bzw. einer Vorstandsbestellung

65 An das Amtsgericht _____
– Handelsregister –
A–VVaG – HR B _____ –
Unter Überreichung einer Ausfertigung des Protokolls über die ordentliche Mitgliedervertreterversammlung vom heutigen Tag wird zur Eintragung in das Handelsregister angemeldet:[153]
(Altern. 1: Die Satzung ist in § _____ wie folgt geändert worden:
– Satz _____ wurde geändert in:
– „_____".
– Neu eingefügt wurde Satz _____:
– „_____".)
(Altern. 2: Durch Aufsichtsratsbeschluss vom _____ ist Herr _____, geb. am _____, _____ (Adresse), zum stellvertretenden Vorstandsmitglied bestellt worden.
Herr _____ vertritt die Gesellschaft zusammen mit einem anderen Vorstandsmitglied oder einem Prokuristen.
– persönliche Erklärung: _____
(Name, Vornamen, Geburtsname, Geburtstag, Geburtsort, Privatanschrift, Staatsangehörigkeit)
Ich erkläre hiermit, dass gegen mich weder ein Strafverfahren wegen eines Verbrechens oder Vergehens noch im Zusammenhang mit unternehmerischer Tätigkeit ein Ordnungswidrigkeitenverfahren schwebt oder mit einer Verurteilung oder sonstigen Sanktionen abgeschlossen worden ist und dass weder ich noch ein von mir geleitetes Unternehmen als Schuldner in ein Konkurs-, Vergleichs-, Gesamtvollstreckungs- oder Insolvenzverfahren, in ein Verfahren zur Abgabe einer eidesstattlichen Versicherung über die Vermögensverhältnisse nach §§ 807, 899 ZPO oder in ein vergleichbares Verfahren verwickelt waren oder sind.
Ort, Datum, Unterschrift[154]
(Ort, Datum)
(Notarielle Urkundenformalien _____)

---

[153] Die Einreichung erfolgt seit dem 1.1.2007 (EHUG) in elektronischer Form, § 12 HGB n.F. Der Anmeldung ist die beglaubigte Kopie der Genehmigungsurkunde der BaFin beizufügen. Nach Eintragung ist ein beglaubigter Registerauszug und ein Satz Druckstücke der geänderten Satzung nebst Versicherung der wörtlichen Übereinstimmung des Textes mit der genehmigten Fassung an die BaFin zu übermitteln.
[154] Binnen einer Woche nach dem Beschluss ist eine qualifizierte Bestellungsanzeige an die BaFin zu übermitteln (Nachweis gem. § 5 Abs. 5 Nr. 5 VAG durch vollständigen unterschriebenen Lebenslauf mit Angabe der jew. Geschäftsbereiche und Vertretungsmacht, aktuelles Führungszeugnis, Gewerbezentralregisterauszug bei früherer selbständiger Tätigkeit, Erklärung zu Vorstrafen, Ermittlungsverfahren, Insolvenz und familiären Beziehungen zu Mitgliedern des AR), eine Voranfrage ist möglich, vgl. BAV, Rundschreiben R 6/97, VerBAV 1997, 311 f.

IV. Muster: Beschluss über den Formwechsel eines VVaG in eine AG nach §§ 190 ff. UmwG unter Berücksichtigung der sich aus §§ 291–300 UmwG ergebenden Besonderheiten[155]

M 173

Beschluss[156] über den Formwechsel der A-VVaG in die A-AG

66

_____ (Notarielle Urkundenformalien zur Niederschrift über die Mitgliedervertreterversammlung des A-VVaG)[157]

I. Es sind erschienen:[158]
- sämtliche Mitglieder des Vorstandes, nämlich die Damen und Herren _____
- die in dem Teilnehmerverzeichnis, das dieser Niederschrift anliegt, aufgeführten Mitgliedervertreter.

II. Der Vorsitzende des Vorstands, Herr/Frau _____, eröffnet um _____ Uhr die Versammlung und übernimmt den Vorsitz.

III. Der Vorsitzende stellt fest, dass die Einberufung[159] der Mitgliedervertreterversammlung mit Tagesordnung im _____ vom _____ bekannt gemacht worden ist.

Ein Belegexemplar ist dieser Niederschrift als Anlage beigefügt.

Es wurde folgende Tagesordnung bekannt gemacht:
1. Umwandlung des Versicherungsvereins auf Gegenseitigkeit (A-VVaG) nach den Vorschriften des Umwandlungsgesetzes durch Formwechsel in eine Aktiengesellschaft (A-AG);
2. Bestellung des Aufsichtsrates der umgewandelten Gesellschaft.

Der Vorsitzende stellt fest, dass mit der Einberufung dieser Mitgliedervertreterversammlung der Formwechsel als Gegenstand der Beschlussfassung angekündigt und dabei auf die für die Beschlussfassung erforderlichen Mehrheiten gem. § 293 UmwG sowie auf die Möglichkeit, gegen den Beschluss Widerspruch zu erheben, und die sich daraus ergebenden Rechte hingewiesen wurde.[160]

Der Umwandlungsbericht[161] lag seit der Einberufung der Mitgliedervertreterversammlung in den Geschäftsräumen des A-VVaG zur Einsicht der Mitglieder aus und ist auch während der Mitgliedervertreterversammlung einsehbar.

Jedem Vereinsmitglied wurde zusammen mit der Einberufung der Mitgliedervertreterversammlung ein Abfindungsangebot entsprechend den §§ 292, 231 S. 1, 207 UmwG[162] unterbreitet.

Es hat kein Mitglied vor dieser Versammlung Widerspruch gegen den Formwechsel erhoben.

Anschließend erläutert der Vorsitzende den Entwurf des Umwandlungsbeschlusses. (Über den Entwurf des Umwandlungsbeschlusses und die Erläuterungen des Vorstandes fand eine Aussprache statt.)[163]

---

155 Zu beachten ist, dass gem. § 14a VAG jede Umwandlung eines Versicherungsunternehmens nach § 1 UmwG der Genehmigung der Aufsichtsbehörde bedarf. Nach § 1 Abs. 1 Nr. 4 UmwG ist der Formwechsel eine der Umwandlungsmöglichkeiten, nach *Palmberger*, VW 1999, 921 die effizienteste. Zu Hintergründen und Alternativen vgl. Rn 45 ff. Zum Prüfungsumfang der Aufsichtsbehörde vgl. Prölss/*Präve*, § 14 Rn 23 ff.; vgl. auch *Benkel*, S. 287 ff.
156 Der Umwandlungsbeschluss muss gem. § 193 UmwG notariell beurkundet werden; als satzungsgemäße Oberste Vertretung wurde hier eine Hauptversammlung aus Mitgliedervertretern gewählt.
157 Kosten der Beurkundung: Notar = 20/10-Gebühr max. 5.000 EUR gem. § 47 KostO; Geschäftswert ist der Wert des Aktivvermögens bzw. 50.000 EUR gem. §§ 41a Abs. 4 Ziff. 2, 41c Abs. 1 u. 2 KostO.
158 Teilnehmer: An der Versammlung der Obersten Vertretung (hier: Mitgliedervertreterversammlung), die den Formwechsel beschließen soll, sind die Mitglieder(vertreter) in der nach Gesetz oder Satzung erforderlichen Zahl für die Beschlussfassung (Beschlussfähigkeit) teilnahmepflichtig, §§ 292, 293 UmwG.
159 Einberufung der satzungsmäßigen Obersten Vertretung (§ 36 VAG) mit Ankündigung des Formwechselbeschlusses durch Bekanntmachung, vgl. § 292 Abs. 1 i.V.m. §§ 229, 230 Abs. 2, 231 S. 1 und 260 Abs. 1 UmwG.
160 Zur Anwendung der Hinweispflichten in § 260 Abs. 1 S. 2 UmwG s. § 292 Abs. 1 UmwG.
161 Vgl. § 192 UmwG. Für die Vermögensaufstellung gilt § 229 UmwG entsprechend (§ 292 Abs. 1 UmwG); Auslage und Aushändigung des Berichtes auf Verlangen (§ 230 Abs. 2 UmwG); zur Übermittlung des Entwurfes an den Betriebsrat s. § 194 Abs. 2 UmwG.
162 Zum Angebot auf Barabfindung und der Prüfung der Angemessenheit (vgl. § 30 UmwG) s. auch Prölss/*Präve*, § 14 Rn 24 ff. m.w.N.; BVerfG VersR 2005, 1109 zur Bestandsübertragung von Lebensversicherungsverträgen.
163 Zur Erläuterung des Umwandlungsbeschlusses vgl. §§ 292 Abs. 2, 239 Abs. 2 UmwG.

Der Vorsitzende bestimmt sodann ohne Widerspruch, dass die Abstimmung durch Handaufheben erfolgt.

IV. Der Vorsitzende stellt folgenden Umwandlungsbeschluss[164] zur Abstimmung:
1. Der eingetragene Versicherungsverein auf Gegenseitigkeit mit dem Namen A-VVaG wird formwechselnd gem. § 291 UmwG[165] in eine Aktiengesellschaft umgewandelt.[166]
2. Die Aktiengesellschaft führt die Firma[167] A-Aktiengesellschaft (nachstehend A-AG) und hat ihren Sitz[168] in _____.
3. Am Grundkapital der A-AG in Höhe von _____ EUR sind die nachstehenden Mitglieder als Aktionäre wie folgt beteiligt:[169]
    a) Mitglied _____ mit _____ Inhaberaktien im Nennbetrag von jeweils _____ EUR
    b) Mitglied _____ mit _____ Inhaberaktien im Nennbetrag von jeweils _____ EUR
    c) _____.
4. Art, Zahl und Umfang der Beteiligung der bisherigen Mitglieder des Versicherungsvereins auf Gegenseitigkeit an der künftigen AG sowie die Rechte der Aktionäre im Einzelnen ergeben sich aus der vollständig neugefassten Satzung der A-AG, die ein Bestandteil dieses Umwandlungsbeschlusses ist[170] (§§ 276, 218, 294 UmwG) und hiermit festgestellt wird.
5. Einzelnen Aktionären werden keine Sonderrechte oder Vorzüge i.S.d. § 194 Abs. 1 Nr. 5 UmwG gewährt.[171]
6. Mitgliedern, die gegen den Umwandlungsbeschluss Widerspruch zur Niederschrift erklären oder die dem Formwechsel bis zum Ablauf des dritten Tages vor dem Tage, an dem der Umwandlungsbeschluss gefasst worden ist, durch eingeschriebenen Brief widersprochen haben, bietet der A-VVaG hiermit folgende Abfindung an: _____.[172]
7. Auf die Arbeitnehmer und ihre Vertretungen wirkt sich der Formwechsel wie folgt aus: _____.[173]
    a) Die Rechte und Pflichten der Arbeitnehmer aus den bestehenden Anstellungs- und Arbeitsverträgen bleiben unberührt. Ein Betriebsübergang i.S.d. § 613a BGB findet nicht statt. Die Direktionsbefugnisse des Arbeitgebers werden nach dem Formwechsel durch den Vorstand der A-Aktiengesellschaft ausgeübt.
    b) Die bestehenden Betriebsvereinbarungen und Tarifverträge bleiben nach Maßgabe der jeweiligen Vereinbarungen bestehen.

---

[164] Vgl. § 294 Abs. 1 UmwG i.V.m. §§ 218 Abs. 1, 263 Abs. 3 S. 2 und 3 UmwG.
[165] Mindestvoraussetzung ist die Gewährung einer vollen Aktie: § 291 Abs. 2 UmwG. Zu weiteren kapitalbestimmenden Vorschriften vgl. §§ 294 Abs. 1 i.V.m. 263 Abs. 3 S. 2 und 3 sowie § 294 Abs. 3 und §§ 295, 264 Abs. 1 und 3 UmwG.
[166] Zum Gründungsrecht vgl. § 197 UmwG.
[167] Die AG hat entsprechend den firmenrechtlichen Vorschriften des HGB (§§ 17 ff. HGB) und des AktG (§ 4 AktG) eine neue Firma zu bilden.
[168] Sitzwahl gem. § 5 AktG.
[169] Zur Mindesthöhe des Teilrechtes und zum Beteiligungsmaßstab vgl. §§ 8 AktG, 263, 264, 294, 295 UmwG. Der Nennbetrag des Grundkapitals der AG darf das nach Abzug der Schulden verbleibende Vermögen des formwechselnden VVaG nicht übersteigen (§§ 295, 264 Abs. 1 und 3 UmwG).
[170] Gem. §§ 294, 218 Abs. 1 UmwG muss die Satzung der AG in dem Umwandlungsbeschluss festgestellt werden. Bei Ermächtigung des Vorstandes zur Kapitalerhöhung ist § 263 Abs. 3 S. 3 UmwG zu beachten.
[171] Sonderbestimmungen für einzelne Aktionäre müssen im Umwandlungsbeschluss aufgeführt werden. Ebenso können Mitglieder u.U. von der Beteiligung an der AG ausgeschlossen werden (§ 294 Abs. 1 S. 2 UmwG).
[172] Nach § 300 UmwG gilt für ein Abfindungsangebot nach § 207 Abs. 1 S. 1 UmwG die Vorschrift des § 270 Abs. 1 UmwG entsprechend, d.h. Anwendung bei Widerspruch zur Niederschrift und rechtzeitigem vorherigen Widerspruch.
[173] Aufgrund des Fortbestehens der Identität des Arbeitgebers (§ 202 Abs. 1 Nr. 1 UmwG) findet § 613a BGB keine Anwendung (vgl. Palandt/*Weidenkaff*, § 613a Rn 7). Zur Mitwirkung der Arbeitnehmer(vertreter) bei der AR-Wahl ist die Größe des Unternehmens und die Satzung maßgeblich (siehe § 1 Abs. 1 und 3 MitbestG sowie §§ 76 ff. BetrVG 1952); auf eine Satzungsänderung sollte im Beschluss hingewiesen werden.

c) Die Betriebsverfassung nach dem Betriebsverfassungsgesetz bleibt unberührt, der Betriebsrat und die übrigen Organe, Ausschüsse und sonstigen Institutionen nach dem Betriebsverfassungsgesetz bleiben bestehen.
8. Die Kosten des Formwechsels trägt die A-AG bis zu einem Betrag von _____ EUR.
9. Zum Abschlussprüfer für das zum _____ endende Geschäftsjahr bestellen wir _____.[174]
10. Zu den ersten Mitgliedern des Aufsichtsrates bestellen wir _____ für die Zeit bis zur Beendigung der Hauptversammlung, die über die Entlastung des Aufsichtsrates für das zum _____ endende Geschäftsjahr beschließt.[175]

V. Für diesen Antrag stimmten _____ Mitgliedervertreter, gegen den Antrag _____ Mitgliedervertreter. Der Vorsitzende stellt fest, dass damit die Umwandlung des Versicherungsvereins auf Gegenseitigkeit in die Rechtsform der Aktiengesellschaft mit einer Mehrheit von mindestens Dreiviertel der erschienenen Mitglieder beschlossen wurde.[176]

VI. _____ (Belehrungen und weitere notarielle Formalien).

V. Muster: Anmeldung des Formwechsels eines VVaG in eine AG nach §§ 296, 198, 246 Abs. 1 und 2 UmwG — M 174

An das
Amtsgericht[177]
– Handelsregister[178] –
I. Als Vorstand[179] des A-VVaG übergeben[180] wir:
1. Ausfertigung der notariellen Niederschrift über die Mitgliedervertreterversammlung des eingetragenen A-VVaG vom _____ (UR-Nr. _____ des Notars _____ in _____) mit dem Beschluss

---

174 Bestellung des Abschlussprüfers durch die Hauptversammlung, siehe § 119 Abs. 1 Nr. 4 AktG.
175 Die Wahl der Aufsichtsratsmitglieder ist im Beschluss über den Formwechsel zweckmäßigerweise vorzunehmen; zur Dauer vgl. § 203 UmwG.
176 Vgl. § 293 UmwG: Der Umwandlungsbeschluss der Obersten Vertretung bedarf generell einer Mehrheit von mindestens drei Vierteln, ausnahmsweise von neun Zehnteln der abgegebenen Stimmen, wenn spätestens bis zum Ablauf des dritten Tages vor der Mitgliedervertreterversammlung wenigstens hundert Mitglieder des Vereins durch eingeschriebenen Brief Widerspruch gegen den Formwechsel erhoben haben. Die Satzung kann größere Mehrheiten und weitere Erfordernisse bestimmen. Durch den Formwechsel werden die bisherigen Mitgliedschaften zu Anteilen (Aktienrechten) an der AG und ggf. zu Teilrechten (§ 298 UmwG). An den bisherigen Mitgliedschaften bestehende Rechte Dritter bestehen an den durch den Formwechsel erlangten Aktien und Teilrechten weiter, §§ 298 S. 2, 266 Abs. 1 S. 2 UmwG. Teilrechte, die durch den Formwechsel entstehen, sind selbständig veräußerlich und vererblich (§§ 298 S. 2, 266 Abs. 2 UmwG). Die AG soll die Zusammenführung von Teilrechten zu vollen Aktien vermitteln (§§ 298 S. 2, 266 Abs. 3 UmwG). Nach Durchführung der Hauptversammlung (Mitgliedervertreterversammlung) hat die Gründungsprüfung zu erfolgen (Nennwert der Aktienurkunden, Höhe und Verteilung des Aktienkapitals, Gründung der AG und ihre Einzelheiten), vgl. § 295 UmwG. Die Aufsichtsbehörde hat nach Prüfung der Belange der Versicherten (§§ 14a, 14 Abs. 1 S. 2–4, 8 VAG) die Zustimmung zum Formwechsel zu erteilen. Anschließend ist die Eintragung der Umwandlung unter Angabe des Stichtages zum Handelsregister anzumelden (dazu Rn 67) und im Bundesanzeiger (bzw. satzungsgemäß) zu veröffentlichen (vgl. §§ 201 f. UmwG). Die Aktionäre sind entsprechend §§ 299, 267 f. UmwG auf ihre Teilrechte und die Abholung der Aktienurkunden hinzuweisen.
177 Kosten der Anmeldung: Notar = 5/10-Gebühr gem. § 38 Abs. 2 Nr. 7 KostO; Register = 10/10-Gebühr gem. § 79 Abs. 1 KostO; Geschäftswert = 50.000 EUR gem. §§ 41a Abs. 4 Ziff. 2, 41c Abs. 1 u. 2 KostO; Gericht = 130 Euro gem. Nr. 1400, 1401 HRegGebV, Abschn. 2.
178 Zuständige Register s. §§ 296, 198 Abs. 1 S. 2, 3 UmwG. Die neue Rechtsform AG ist immer auch zum Handelsregister zur Eintragung anzumelden. Die Eintragung ist mit dem Vermerk zu versehen, dass die Umwandlung erst mit der Eintragung der AG in das Handelsregister wirksam wird. Die AG darf gem. §§ 296, 198 Abs. 2 S. 5 UmwG erst eingetragen werden, nachdem die Umwandlung in das für den Verein zuständige Register eingetragen worden ist. Einreichung in elektronischer Form zum Handels- und Unternehmensregister.
179 Die Anmeldung ist durch den Vorstand des VVaG vorzunehmen (vgl. §§ 296, 198, 246 Abs. 1 UmwG).
180 Zu den Anlagen der Anmeldung vgl. § 199 UmwG i.V.m. § 37 Abs. 4 AktG.

über den Formwechsel des VVaG in die Rechtsform der Aktiengesellschaft einschließlich der neu gefassten Satzung der A-AG;
2. Umwandlungsbericht des A-VVaG nebst Vermögensaufstellung zum _____;
3. Nachweis über die fristgerechte Zuleitung des Entwurfes des Umwandlungsbeschlusses an den Betriebsrat (§ 194 Abs. 2 UmwG);
4. Urschrift des Beschlusses des Aufsichtsrates über die Bestellung der Damen und Herren _____ zu Mitgliedern des Vorstandes;[181]
5. Prüfungsbericht des Vorstandes und des Aufsichtsrates über den Hergang der Umwandlung (Gründungsprüfung);[182]
6. Prüfungsbericht des vom Gericht bestellten Prüfers _____ über den Hergang der Umwandlung;[183]

II. Wir melden zum Vereins- und Handelsregister an, für den eingetragenen A-VVaG mit Sitz in _____ die neue Rechtsform Aktiengesellschaft unter der Firma A-Aktiengesellschaft mit Sitz in _____ einzutragen.[184]

III. Ferner melden wir die Bestellung der Damen und Herren _____ zu Mitgliedern des Vorstandes der Aktiengesellschaft zur Eintragung in das Handelsregister an.

Die Damen und Herren _____ vertreten die Aktiengesellschaft _____ (**es folgt die Angabe der Vertretungsverhältnisse**).[185]

Die Vorstandsmitglieder versichern, dass keine Umstände vorliegen, die ihrer Bestellung nach § 76 Abs. 3 S. 2 bis 4 AktG entgegenstehen. Sie stehen nicht unter Betreuung und unterliegen daher bei der Besorgung ihrer Vermögensangelegenheiten weder ganz noch teilweise einem Einwilligungsvorbehalt (§ 1903 BGB). Sie sind auch weder wegen einer Insolvenzstraftat i.S.d. §§ 283 bis 283d StGB verurteilt worden, noch ist ihnen die Ausübung eines Berufes, Berufszweiges, Gewerbes oder Gewerbezweiges durch gerichtliches Urteil oder vollziehbare Entscheidung einer Verwaltungsbehörde untersagt. Über ihre unbeschränkte Auskunftspflicht gegenüber dem Registergericht wurden sie von dem beglaubigenden Notar belehrt.[186]

Herr _____ zeichnet seine Unterschrift[187] wie folgt: _____.

IV. Das Grundkapital der A-Aktiengesellschaft beträgt _____ EUR. Es ist eingeteilt in _____ Inhaberaktien im Nennbetrag von je _____ EUR.

Sämtliche Aktien wurden von den Mitgliedern des A-VVaG übernommen gegen Sacheinlage gemäß den Festsetzungen in der Satzung, wonach die Sacheinlagen geleistet werden, indem
– der A-VVaG formwechselnd nach den §§ 190 ff. i.V.m. §§ 291 ff. UmwG in die Rechtsform der Aktiengesellschaft unter der Firma A-Aktiengesellschaft umgewandelt wird;
– das nach Abzug der Schulden verbleibende (freie) Vermögen des A-VVaG dem Nennbetrag des Grundkapitals der A-Aktiengesellschaft entspricht und
– der Wert der Mitgliedschaftsrechte der Mitglieder des A-VVaG dem Verhältnis der von ihnen übernommenen Aktien der A-Aktiengesellschaft entsprechen.

Die Voraussetzungen der §§ 36 Abs. 2, 36a AktG sind erfüllt.[188]

---

[181] Vorstandsbestellung gem. § 199 UmwG, § 37 Abs. 4 Nr. 3 AktG.
[182] Gründungsprüfung Vorstand/Aufsichtsrat s. § 197 UmwG, §§ 33 Abs. 1, 34 AktG sowie § 199 UmwG, § 37 Abs. 4 Nr. 4 AktG.
[183] Prüfungsbericht des Gründungsprüfers gem. § 197 UmwG, § 33 Abs. 2 AktG sowie § 199 UmwG, § 37 Abs. 4 Nr. 4 AktG.
[184] In der Bekanntmachung nach §§ 297, 201 S. 1 UmwG ist auch anzugeben, nach welchen Maßstäben die Mitglieder des formwechselnden Vereins an der AG beteiligt sind.
[185] Die Vertretungsbefugnis der Vorstandsmitglieder ist nach § 197 UmwG, § 37 Abs. 3 AktG zum Handelsregister der AG anzumelden.
[186] Belehrung. Vgl. § 197 UmwG, § 37 Abs. 2 AktG.
[187] Unterschriftszeichnung: Vgl. § 197 UmwG, § 37 Abs. 5 AktG i.V.m. § 12 Abs. 2 HGB.
[188] Versicherung: Vgl. § 197 UmwG, §§ 37 Abs. 1, 36 Abs. 2, 36a AktG.

V. Mitglieder des ersten Aufsichtsrates sind _____.
VI. Wir erklären, dass eine Klage gegen die Wirksamkeit des Umwandlungsbeschlusses nicht erhoben worden ist, §§ 296, 198 Abs. 3, 16 Abs. 2 UmwG.[189]
Die Geschäftsräume der umgewandelten Aktiengesellschaft befinden sich in _____ (Ort, Straße).
_____ (Ort, Datum, Unterschriften)
_____ (Beglaubigungsvermerk)

VI. Muster: Hinweise für die Zulassung eines VVaG

Für die Beibringung der in § 5 Abs. 2–5 VAG aufgeführten Unterlagen für den Antrag auf Erlaubnis zum Geschäftsbetrieb hat die BaFin detaillierte Hinweise gegeben. Je nach Ausrichtung als Lebens-, Kranken- oder Schaden- und Unfallversicherungsverein stehen auf der Homepage der BaFin verschiedene Hinweise und Unterlagen zum Download bereit.[190]

68

VII. Muster: Anzeige einer Beteiligung am Gründungsstock des A-VVaG[191]

M 175

Bundesanstalt für Finanzdienstleistungsaufsicht
Postfach 1308
53003 Bonn
Anzeige des Inhabers einer bedeutenden Beteiligung bei dem Antrag auf Erstzulassung zum Geschäftsbetrieb
1. Versicherungsunternehmen
(Firma/Sitz/Reg.-Nr.: _____)
2. Inhaber einer bedeutenden Beteiligung (bei Konzernen: Muttergesellschaft)
(Name/Firma/Sitz (lt. Registereintragung)): _____
(Anschrift:) _____
(Staat:) _____
(Geschäftszweig:) _____
Der Inhaber ist
_____ natürliche Person
_____ juristische Person
_____ Personenhandelsgesellschaft
3. Beteiligungsangaben (in v.H. mit einer Nachkommastelle)
Eine bedeutende Beteiligung besteht, weil folgende Anteile von mindestens 10% gehalten werden:

69

---

[189] Erklärung über Klagen gegen die Wirksamkeit des Umwandlungsbeschlusses. Vgl. §§ 296, 198 Abs. 3, 16 Abs. 2 UmwG.
[190] Stand Mai 2012, Bsp.: Merkblatt für die Zulassung zur Schaden- und Unfallversicherung, Stand 22.8.2008: http://www.bafin.de/SharedDocs/Veroeffentlichungen/DE/Merkblatt/VA/mb_060802_schadenunfall_vag_va.htm l?nn=2818474; vgl. ergänzend FKBP/*Kaulbach*, § 5 Rn 2 ff.
[191] Gem. §§ 5 Abs. 5 Nr. 6, 7a Abs. 2 VAG; vgl. Hinweise des BAV im Rundschreiben vom 11.8.1998, R 4/98, VerBAV 1998, 203 ff. (Anlage 1), geänd. 7.4.2009 d. VA 37-I2233-2009/0001.

	% vom Gründungsstock	% der Stimmrechte	bzw. weil trotz Unterschreitens der Schwelle ein maßgeblicher Einfluss auf die Geschäftsführung ausgeübt werden kann (bitte ggf. ankreuzen)
1) unmittelbar von dem Inhaber der bedeutenden Beteiligung (bei Konzernen: Mutterunternehmen)			
2) unmittelbar von Tochterunternehmen (Name der Tochter)a) _____ b) _____ c) _____			
3) weitere Tochterunternehmen, die die Beteiligungen (zu 2) vermitteln a) _____ b) _____ c) _____			
4) Gesamtbeteiligung des Konzerns (unmittelbar und mittelbar)			

Es wird erklärt, dass die oben genannten Beteiligungen für eigene Rechnung und nicht treuhänderisch nach Weisung für Dritte gehandelt werden.
(Ort, Datum) (VU/Unterschrift)
(Anlage: Erklärungen entsprechend Rn 65 (Altern. 2)
Stand _____

Dr. K. Jan Schiffer/Matthias Pruns
§ 10 Die Stiftung

Literatur

Andrick/Suerbaum, Stiftung und Aufsicht, 2001; *dies.*, Stiftung und Aufsicht-Nachtrag: Das modernisierte Stiftungsrecht, 2003; *Berndt/Götz*, Stiftung und Unternehmen, 8. Auflage 2009; *Buchna/Seeger/Brox*, Gemeinnützigkeit im Steuerrecht, 10 Auflage 2010; *Koss*, Rechnungslegung von Stiftungen – Von der Buchführung zur Jahresrechnung, 2003; *Hennerkes/Schiffer*, Stiftungsrecht – Gutes tun und Vermögen sichern – privat und im Unternehmen, 3. Auflage 2001; *Hüttemann/Richter/Weitemeyer*, Landesstiftungsrecht, 2011; *Muscheler*, Stiftungsrecht, 2005; *Nissel*, Das neue Stiftungsrecht – Stiftungen bürgerlichen Rechts, 2002; NomosKommentar BGB, 2. Aufl. 2012, S. 305 ff.; *Rawert*, Die Genehmigungsfähigkeit der unternehmensverbundenen Stiftung, 1990; *Schauhoff* (Hrsg.), Handbuch der Gemeinnützigkeit, 3. Aufl. 2010; *Schiffer*, Die Stiftung in der Beraterpraxis, 2. Aufl. 2009; *Schiffer*, Der Unternehmensanwalt, 1997; *Schiffer/Rödl/Rott*, Haftungsgefahren im Unternehmen, 2004; *Seifart/v. Campenhausen*, Handbuch des Stiftungsrechts, 3. Auflage 2009; *Stengel*, Stiftung und Personengesellschaft, 1993; *Strachwitz*, Stiftungen nutzen, führen und errichten: Ein Handbuch, 1994; *Wallenhorst/Halaczinsky*, Die Besteuerung gemeinnütziger Vereine, Stiftungen und der juristischen Personen des öffentlichen Rechts, 6. Auflage 2009; *Wachter*, Stiftungen – Zivil- und Steuerrecht in der Praxis, 2001; *O. Werner/Saenger*, Die Stiftung, 2008.

Inhalt
- **A. Typische Sachverhalte** — 1
- **B. Rechtsgrundlagen** — 7
- I. Vorweg: Das Pflichtteilsrecht — 7
- II. Fachmännische Beratung ist unerlässlich — 8
  1. Eine Vielzahl von Gesetzen — 9
  2. Die Reformen — 13
- III. Die Stiftung als Rechtsform — 18
  1. Die Stiftung: Eine besondere juristische Person — 18
  2. Die Familienstiftung — 20
  3. Die unternehmensverbundene Stiftung — 25
     a) Arten — 25
     b) Streit über die Zulässigkeit der unternehmensverbundenen Stiftung? — 28
     c) Praxishinweise zur unternehmensverbundenen Stiftung — 30
  4. Steuerbegünstigung einer Stiftung — 39
     a) Steuerbefreiung wegen Gemeinnützigkeit oder Mildtätigkeit — 39
     b) Das aktuelle Stiftungssteuerrecht — 45
        aa) Überblick (erste Verbesserungsstufe) — 47
        bb) „Hilfen für Helfer": Neues Spenden- und Gemeinnützigkeitsrecht — 50
  5. Die Bürgerstiftung — 58
  6. Europäische Stiftung? — 62
  7. Rechnungslegung und Prüfung von Stiftungen — 63
  8. Ersatzformen — 65
- IV. Stiftungserrichtung zu Lebzeiten oder von Todes wegen? — 70
  1. Stiftungserrichtung von Todes wegen — 71
  2. Vorteile der Stiftungserrichtung zu Lebzeiten — 77
- V. Stiftungsgeschäft, Satzung und Anerkennung — 82
  1. Das Stiftungsgeschäft und der Stifter — 83
  2. Der Sitz der Stiftung — 85
  3. Die Person des Stifters — 87
  4. Das Stiftungsgeschäft — 88
  5. Änderungen, Widerruf und Anfechtung — 97
  6. Gestaltung der Stiftungssatzung — 100
  7. Ausstattung und Bewirtschaftung des Stiftungsvermögens — 102
- VI. Aktuell: Haftung von Stiftung und Organmitgliedern — 104
  1. Das Haftungsproblem — 104
  2. Einzelheiten — 109
- VII. Die treuhänderische (unselbständige) Stiftung — 112
  1. Wesen und Zweck — 112
  2. Besonderheiten — 114
  3. Errichtung unter Lebenden oder von Todes wegen — 115
  4. Auswahl des Stiftungsträgers — 117
- VIII. Besondere Stiftungsgestaltungen — 120
  1. Privatautonome Stiftungsgestaltung — 120
  2. Die Stiftung & Co. (KG) — 121

3. Die Doppelstiftung —— 126
4. Stiftung und Mitarbeiterbeteiligung —— 129
5. Trusts und ausländische Stiftungen —— 132
   a) Trusts —— 133
   b) Ausländische Stiftungen —— 137
   aa) Liechtenstein und Österreich —— 137
   bb) Wichtige steuerliche Problempunkte —— 138
   cc) Besondere Gefahr: Irrtümlicher „Sitz" in Deutschland —— 141
IX. Beratungsproblem: Stiftungsreife —— 144
   1. Gründe für Verstöße gegen Stiftungszweck und Stiftungssatzung —— 145
   2. Rechtsfolgen bei Verstößen gegen Stiftungszweck und Stiftungssatzung —— 146
   3. Erfordernis der „Stiftungsreife" —— 147
C. **Muster** —— 149
I. Hinweis —— 149
II. Muster: Stiftungsgeschäft unter Lebenden —— 150
   1. Formulierungsbeispiel: Errichtung einer rechtsfähigen Stiftung zu Lebzeiten —— 151
   2. Formulierungsbeispiel: Errichtung einer unselbstständigen/treuhänderischen Stiftung zu Lebzeiten —— 152
III. Stiftungssatzungen —— 154
   1. Formulierungsbeispiel: Stiftungssatzung einer selbstständigen Stiftung (einfach) —— 154
   2. Formulierungsbeispiel: Satzung einer selbstständigen steuerbegünstigten Stiftung (einfach) —— 156
   3. Mustersatzung nach nach Anlage 1 zu § 60 AO —— 158
   4. Formulierungsbeispiel: Unternehmensverbundene Stiftung (Komplementärstiftung) —— 160

A. Typische Sachverhalte

1 In der Unternehmenswelt werden Stiftungen als „Chance für den Mittelstand" und als **„Weg zur Unternehmenssicherung"** gepriesen.[1] Außerhalb des unternehmerischen Bereiches gewinnt die **steuerbegünstigte Stiftung** offensichtlich weiter an Bedeutung, was sich u.a. mittelbar in dem **günstigeren Stiftungssteuerrecht** aus den Jahren 2000 und 2007 zeigt, mit dem der Gesetzgeber u.a. Stiftungsneuerrichtungen fördern will (siehe Rn 45ff.). Es zeigt sich auch in den jeweils über 1.000 (rechtsfähigen) Stiftungen, die in den Jahren 2007 und 2008 errichtet wurden und in den über 2.500 Stiftungen, die 2009 bis 2011 trotz der Wirtschaftskrise hinzugekommen sind.[2] Auch die große Anzahl einschlägiger Publikationen spricht für sich.[3] Die Stiftung ist damit zunehmend ein interessantes Beratungsthema für die rechts- und steuerberatende Praxis. Vor allem, weil Stiftungen in weit über 90% der Fälle gemeinnützig sind, ist die **Honorarfrage** für den Anwalt hier nicht immer ganz einfach zu handhaben. Für Stiftungsberatungen dürfte wegen der nicht einfachen Spezialmaterie ein Stundenhonorar auch bei gemeinnützigen Stiftungen nicht unter 220 EUR (netto) liegen.[4]

2 Nachfolgend werden die **wesentlichen Aspekte der Stiftungserrichtung** dargestellt.[5] Ersichtlich kann hier keine vollständige Darstellung zu dem Rechtsgebiet gegeben werden. Wegen der weiteren Einzelheiten und auch Grundlagen wird auf die nachgewiesenen Fundstellen und insbesondere auf die eingangs genannte ausgewählte (!) Literatur verwiesen. Bei den folgenden Ausführungen wurde Wert darauf gelegt, möglichst einen praxisnahen Einstieg in die Beratung eines Stiftungsprojektes zu geben. Auf wissenschaftliche Streitfragen wird nur eingegangen, wenn sie grundlegend und praktisch relevant sind.

---

1 So genannte unternehmensverbundene Stiftungen. Dazu ausf. *Schiffer*, § 11 Rn 1 ff.; *Schiffer/Pruns*, Unternehmensnachfolge mit Stiftungen, Stiftung & Sponsoring 5/2011 – Rote Seiten. S. etwa auch *Berndt/Götz*, Stiftung und Unternehmen, 8. Aufl. 2009; *Freundl*, DStR 2004, 1509; *Götz*, INF 2004, 628ff. und 669ff.; *ders.*, NWB Heft 51 2008, F. 2, 10107; *Muscheler*, Stiftungsrecht, 2005, S. 317ff.
2 Umfangreiches Zahlenmaterial des *Bundesverbandes Deutscher Stiftungen* unter: www.stiftungsstatistiken.de (zuletzt besucht am 8. Mai 2012).
3 S. das Literaturverzeichnis bei *Schiffer*, Die Stiftung in der Beraterpraxis, 2. Aufl. 2009.
4 Zu Honorarfragen näher *Schiffer*, § 14 Rn 27 ff.
5 Zu aktuellen Entwicklungen im Stiftungsrecht siehe: www.stiftungsrecht-plus.de

Es lassen sich **drei Hauptgruppen von Motiven** für die Errichtung von Stiftungen unterscheiden, die einzeln oder auch kombiniert auftreten können:
- gemeinnützige und mildtätige Motive vielfältiger Art,
- der Wunsch, die Selbständigkeit eines (Familien-)Unternehmens aufrechtzuerhalten, die Unternehmensnachfolge zu sichern, das eigene Lebenswerk oder das Werk, das von der Familie über viele Generationen aufgebaut wurde, zu erhalten,
- der Wunsch nach einer langfristigen finanziellen Absicherung der Familie.[6]

Die beiden letztgenannten Motive lassen sich unter dem Schlagwort „Vermögenssicherung durch Stiftungen" zusammenfassen.

Stiftungen werden heute nicht mehr nur von sehr vermögenden Privatleuten errichtet, die ihr Vermögen nach ihrem Tod für einen guten Zweck arbeiten lassen wollen. Dieser Fall der gemeinnützigen Stiftung vermögender Privatleute ist zwar wohl derjenige, der in der Öffentlichkeit am bekanntesten ist, aber Stiftungen werden zunehmend auch aus der Aufbaugeneration heraus oder von erfolgreichen Start-Up-Unternehmern[7] von breiteren Kreisen der Bevölkerung und nach wie vor zur Vermögenssicherung gerade auch unternehmensbezogen gegründet, wie schon bei den soeben genannten drei Grundmotiven angedeutet wurde. Dieser grundsätzliche Befund wird auch dadurch deutlich, dass vermehrt Zustiftungen[8] – zu bereits bestehenden Stiftungen erfolgen.

An dem Beispiel eines Unternehmers lassen sich die wesentlichen Grundfragen des Stiftungsrechts für einen (potentiellen) Stifter besonders gut verdeutlichen. Betrachten wir daher das typisierte **Praxisbeispiel eines Unternehmers ohne Nachkommen**, der die **Mehrheitsbeteiligung an einem Unternehmen** hält, das bereits von seinen Großeltern gegründet worden ist. Darüber hinaus verfügt er über ein **nicht unerhebliches** von ihm selbst geschaffenes oder vermehrtes **Privatvermögen**.
- Der Unternehmer wird typischerweise bestrebt sein, die Selbständigkeit des „Familienunternehmens" zu erhalten, und möchte gegebenenfalls einen sinnvollen Beitrag zum Gemeinwohl leisten.
- Hat er, wie in unserem Beispielsfall, keine eigenen Kinder, so würde bereits die besonders hohe Erbschaftsteuerbelastung für entferntere Verwandte regelmäßig den Zwang bedeuten, Gesellschaftsanteile zu veräußern, soweit das Privatvermögen für die Steuer nicht ausreicht. Die Mehrheitsbeteiligung an dem Unternehmen wäre zumindest gefährdet oder ginge sogar verloren. Die Einsetzung einer gemeinnützigen und deshalb steuerbefreiten Stiftung zur Erbin des Unternehmers oder wenigstens wesentlicher Anteile könnte dieses Problem möglicherweise lösen. Der Unternehmer könnte etwa Wissenschaft und Forschung, Natur- und Umweltschutz oder auch das Wohlfahrtswesen fördern.
- Gegebenenfalls könnte er zusätzlich Mittel aus seinem Privatvermögen der gemeinnützigen Stiftung übertragen.
- In jedem Fall muss er aber hinsichtlich der Schenkung-/Erbschaftsteuerbelastung Vorsorge treffen, will er das Unternehmen nicht gefährden. Er hat entweder entsprechende Mittel für die Steuer zur Verfügung zu stellen oder er wählt den Weg über eine Steuerbefreiung wegen Gemeinnützigkeit.

Den letztgenannten Weg haben in der Vergangenheit beispielsweise Dietmar Hopp, Vorstandschef des erfolgreichen hessischen Software-Hauses **SAP AG**, und Horst Brandstätter, Inhaber der Geobra Brandstätter GmbH & Co. KG (Marke „**Playmobil**"), gewählt.

---

[6] Näher *Schiffer*, Die Stiftung in der Beraterpraxis, 2. Aufl. 2009, § 1 Rn 28 ff.
[7] Dazu *Schiffer/v. Schubert*, Recht, Wirtschaft und Steuern im E-Business, 2002, S. 691 ff.
[8] NK-BGB/*Schiffer/Pruns*, § 81 Rn 49.

- Hopp hat seine Stammaktien einer gemeinnützigen Stiftung übertragen, um damals etwa 10 Mio. DM Vermögensteuer und seiner Familie ca. 735 Mio. DM Erbschaftsteuer im Fall seines Ablebens zu „ersparen" (WiWo 4/1996).
- Brandstätter hat eine von ihm errichtete gemeinnützige „Stiftung Kinderförderung von Playmobil" gegenwärtig mit einem siebenstelligen Betrag ausgestattet. Nach seinem Tod soll die Stiftung sein gesamtes privates und unternehmerisches Vermögen erhalten (Handelsblatt 2./3.2.1996).

Als weitere prominente Namen im Zusammenhang mit Stiftungsgestaltungen sind beispielhaft etwa Bahlsen, 4711, Benteler, Adidas, Neckermann, Grundig, Imhof (Stollwerck), Mohn, Würth, „Ikea", Kirch, Eckernkamp (Vogel-Verlag) oder auch Michael Stich, Jürgen Klinsmann und Thomas Gottschalk zu nennen. Durch die Presse gegangen ist auch der „Fall" Ferdinand Piëch, der seine Unternehmensbeteiligungen auf zwei österreichische Privatstiftungen übertragen haben soll.[9]

B. Rechtsgrundlagen

I. Vorweg: Das Pflichtteilsrecht

7 Als Berater wird man immer wieder gefragt, ob man durch eine Stiftung Pflichtteilsansprüche vermeiden kann – etwa indem man die Stiftung als Alleinerbin einsetzt. Durch eine Stiftung lassen sich entgegen manchem Vorurteil aber **Pflichtteils- und Pflichtteilsergänzungsansprüche nicht vermeiden**. Die völlig herrschende Meinung bejaht Pflichtteils- und Pflichtteilsergänzungsansprüche der enterbten Erben auch bei Stiftungsgestaltungen.[10] Das gilt auch angesichts einer missverständlichen Entscheidung des OLG Dresden,[11] die der BGH erfreulicherweise inzwischen aufgehoben hat.[12] Es bleibt zur Vermeidung also nur der Weg über Erb-/Pflichtteilsverzichtsverträge nach §§ 2346 ff. BGB.

II. Fachmännische Beratung ist unerlässlich

8 Das Stiftungsrecht und das Stiftungssteuerrecht sind zu kompliziert und zu komplex, als dass der Laie sich alleine zurechtfinden könnte. Selbst unter den Juristen und Steuerberatern findet man nur selten einen Stiftungsfachmann, sodass auch von diesen üblicherweise ein entsprechend erfahrener Kollege als sog. Zweitberater hinzugezogen wird, wenn eine Stiftungsgestaltung infrage steht.[13] In jedem Fall muss sich der potentielle Stifter schon aufgrund der Vielzahl einschlägiger Gesetze intensiv mit seinem Stiftungsprojekt befassen und sich kompetent fachlich beraten lassen.

1. Eine Vielzahl von Gesetzen

9 Das Recht der Stiftung ist aktuell in zahlreichen Gesetzen geregelt. Neben dem BGB, das die privatrechtliche Stiftung näher behandelt, wirkt der Bundesgesetzgeber über das Steuerrecht we-

---

9 S. http://www.stiftung-sponsoring.de/organisation-finanzen/nachrichten/
pi%EBch-uebertraegt-porsche-anteile-an-stiftung.html (zuletzt besucht am 8. Mai 2012).
10 Näher *Schiffer*, Die Stiftung in der Beraterpraxis, 2. Aufl. 2009, § 1 Rn 41 ff.
11 OLG Dresden NJW 2002, 3181 ff.; dazu: *Rawert*, NJW 2002, 3151 ff.; *Schiffer*, DStR 2003, 14 ff.
12 BGH NJW 2004, 1382 ff.; dazu: *Schiffer*, NJW 2004, 1565 ff.
13 Ausf. *Schiffer*, Die Stiftung in der Beraterpraxis, 2. Aufl. 2009, § 14.

sentlich auf die Stiftungen ein. Die im BGB vorgegebenen Grundlagen für das Stiftungsrecht werden durch die unterschiedlichen Stiftungsgesetze in den einzelnen Bundesländern ergänzt.[14] Die Vielzahl der Landesstiftungsgesetze hat ihre Ursache darin, dass der historische Gesetzgeber des BGB aus verfassungsrechtlichen Erwägungen nur die privatrechtlichen Gesichtspunkte der Stiftung einheitlich geregelt und alle ihrem Inhalt nach öffentlich-rechtlichen Fragen (Einzelheiten zur Anerkennung, Beaufsichtigung etc.) den Landesgesetzgebern vorbehalten hat. Der Schwerpunkt des materiellen Stiftungsrechts liegt nach der Reform des Stiftungszivilrechts im Jahre 2002 im BGB. Dort sind die wesentlichen Punkte der Stiftung geregelt, nämlich die Rechtsnatur und die Rechtsfolgen des Stiftungsgeschäfts, die Anerkennung (früher: Genehmigung; „Recht auf Stiftung"), vermögensrechtliche Gesichtspunkte sowie die Eigenschaft der Stiftung als Rechtsobjekt und ihre Teilnahme am Rechtsverkehr. Auch wenn der Geltungsbereich der einzelnen Landesstiftungsgesetze für die verschiedenen Formen von Stiftungen unterschiedlich weit ist, so gelten doch alle Landesstiftungsgesetze jedenfalls für die hier vorrangig interessierende privatrechtliche Stiftung.

Da Bundes- und Landesgesetzgeber von ihrer Befugnis, die Satzungsinhalte privatrechtlicher Stiftungen zu regeln, ganz bewusst nur in begrenztem Umfange Gebrauch machen, ergeben sich für die einzelne Stiftung die stiftungsrechtlichen Regelungen im Wesentlichen aus ihrer **Stiftungssatzung**, auch Stiftungsverfassung genannt (der Sprachgebrauch in den einzelnen Landesstiftungsgesetzen ist unterschiedlich). Unter Beachtung des für die betreffende Stiftung geltenden Landesstiftungsgesetzes kann ein Stifter eine **konkret auf seine Wünsche zugeschnittene Stiftungssatzung** festlegen. Nicht umgehen kann er grundsätzlich allerdings die staatliche Stiftungsaufsicht, welche in erster Linie dem öffentlichen Interesse an der Verwirklichung des Stifterwillens dient. 10

Die **Rechtsaufsicht** nach den Landesstiftungsgesetzen betrifft nur die Beaufsichtigung der Einhaltung der Rechtsvorschriften des jeweiligen Stiftungsrechts, schließt also die Aufsicht hinsichtlich fachlicher Fragen der Stiftungsverwaltung durch dessen Organe (Fachaufsicht) nicht mit ein. Die Stiftungsorgane sind hinsichtlich ihrer Entscheidungen zur Art und Weise der Verwaltung der Stiftung insoweit also frei. Für rein privatnützige Stiftungen und/oder Familienstiftungen ist die Stiftungsaufsicht in einigen Landesstiftungsgesetzen eingeschränkt.[15] Ebenfalls nicht umgehen kann der Stifter, dass als notwendige Grundvoraussetzung einer Stiftungsorganisation ein Stiftungsvorstand einzusetzen ist, der die Stiftung nach außen vertritt und für sie handelt. Einzelheiten des Inhalts einer Stiftungssatzung finden sich in den Formulierungsbeispielen (siehe Rn 149 ff.). 11

Gerade im Stiftungsrecht ist eine auf die besonderen Erfordernisse des jeweiligen Einzelfalls zugeschnittene Satzung unerlässlich. Vor allem die „**Verewigung des Stifterwillens**" auch für die Zeit nach dem Tod des Stifters erfordert **eine sehr sorgfältig gestaltete Stiftungssatzung**, die einerseits den Stifterwillen ausreichend konkret festschreibt, andererseits aber in der Zukunft – soweit rechtlich zulässig – eine Anpassung an etwaig zwischenzeitlich geänderte Verhältnisse ermöglicht. Anders als beispielsweise bei den Handelsgesellschaften, deren Gesellschaftsverträge nach dem Willen ihrer Gesellschafter geänderten Umständen angepasst werden können, ist die Änderung von Stiftungssatzungen nach dem Tod des Stifters nur in sehr eingeschränktem Umfange möglich. 12

---

14 Näher *Hüttemann/Richter/Weitemeyer* (Hrsg.), Landesstiftungsrecht, 2011.
15 Hüttemann/Richter/Weitemeyer/*Richter*, Landesstiftungsrecht, 2011, Rn 30.01 ff., 30.30 ff.

2. Die Reformen

13 Die „**Politik**" hat angesichts der zunehmend leeren öffentlichen Kassen die Stiftung entdeckt. Sie hat zunächst im Jahre 2000 und noch einmal im Jahre 2007 das Stiftungssteuerrecht und das Spendenrecht[16] reformiert sowie im Jahre 2002 auch das Stiftungszivilrecht.[17] Für das aktuelle Stiftungszivilrecht wurde ausgehend von den gründlichen Analysen der von der **Bundesjustizministerin** eingesetzten internen Bund-/Länder-Arbeitsgruppe zur Reform des Stiftungs(zivil)rechts[18] ein sehr pragmatischer und praxisnaher Ansatz ohne wesentliche materielle Änderungen gewählt.

- Gestärkt hat der Gesetzgeber auf der Basis des Entwurfs vor allem die **Stifterfreiheit**, indem er durch eine bundeseinheitliche Regelung die rechtlichen Anforderungen für die Errichtung einer Stiftung transparenter und einfacher gestaltet hat.
- Ausdrücklich wird in dem Entwurf auch klargestellt, dass die Rechtsfähigkeit der Stiftung anzuerkennen ist, wenn die gesetzlichen Voraussetzungen erfüllt sind. Es ist also ein Recht auf die Errichtung von Stiftungen festgeschrieben worden.
- Dem Stifterwillen wird dadurch besonderes Gewicht beigemessen, dass für Stiftungen alle gemeinwohlkonformen Zwecke zulässig sind. Die von verschiedenen Seiten andiskutierten Vorbehalte gegenüber Familienstiftungen und unternehmensverbundenen Stiftungen sind ins Leere gegangen.[19]

14 Nach dem reformierten Haftungszivilrecht ist eine Stiftung als rechtsfähig anzuerkennen, wenn
- erstens das Stiftungsgeschäft den Anforderungen des § 81 Abs. 1 BGB genügt,
- zweitens die nachhaltige Erfüllung des Stiftungszwecks gesichert erscheint und
- drittens der Stiftungszweck das Gemeinwohl nicht gefährdet.

15 Für die Errichtung einer Stiftung hat sich im Ergebnis nichts Grundlegendes geändert:
- Das Stiftungsgeschäft unter Lebenden bedarf nach wie vor der Schriftform.
- Der Stifter muss wie bisher verbindlich erklären, ein so genanntes „Vermögen" (Bargeld oder Sachwerte) zur Erfüllung eines von ihm vorgegebenen Zweckes zu widmen.
- Durch das Stiftungsgeschäft muss die Stiftung eine Satzung erhalten, die entgegen den zuvor geltenden Landesstiftungsgesetzen mit bisher deutlich ausführlicheren Regelungen nur noch die folgenden Punkte regeln muss:
    1. den Namen der Stiftung,
    2. den Sitz der Stiftung,
    3. den Zweck der Stiftung,
    4. das Vermögen der Stiftung,
    5. die Bildung des Vorstandes der Stiftung.
- Weitere Grundvoraussetzung ist und bleibt, dass die nachhaltige Erfüllung des Stiftungszwecks gesichert erscheint. Der Zweck muss auf jeden Fall erreicht werden können.
- Die Stiftung kann zeitlich begrenzt sein.
- Die Vermögensausstattung (Faustregel – regelmäßiger Mindestbetrag: 50.000 EUR)[20] muss für die Aufgaben angemessen sein, die die Stiftung zur Erfüllung ihres Zwecks zu erledigen hat. Dazu soll es nach der Entwurfsbegründung ausdrücklich ausreichen, wenn weitere Bar- und Sachmittel etwa in Form von Zustiftungen, mit einer gewissen Sicherheit zu erwarten sind.

---

16 Überblick über die Änderungen bei *Schiffer*, Die Stiftung in der Beraterpraxis, 2. Aufl. 2009, § 10 Rn 23 ff.
17 Ausf. dazu *Nissel*, Das neue Stiftungsrecht, 2002.
18 Der Verfasser *Schiffer* war als Experte für die Arbeitsgruppe tätig. Zur Entwicklung des Stiftungszivilrechts siehe auch *ders.*, NJW 2004, 2497 ff.
19 *Schiffer*, ZSt 2003, 252 ff.
20 NK-BGB/*Schiffer*/*Pruns*, § 81 Rn 47. Das ist nur eine *grobe* Faustregel.

- Der Begriff der „Genehmigung" einer Stiftung wurde durch **„Anerkennung"** ersetzt, um das Stiftungsrecht von „obrigkeitsstaatlichem Muff" zu befreien. Das ist durchaus auch als Aufforderung an die Stiftungsbehörden gemeint.

Der Gesetzgeber hat mit diesen Punkten die bewährten Grundlagen des Deutschen Stiftungsrechts gestärkt. Eine Stiftung ist und bleibt eine neutrale Körperschaft, die gemeinnützig und damit steuerbefreit sein kann, es aber nicht sein muss. Die Stiftung ist weder ein Steuersparansatz noch ein Allheilmittel zur Regelung der Unternehmensnachfolge im Mittelstand. Die Stiftung ist eine spezielle Rechtsfigur für spezielle Fälle. Dabei muss ein Stifter bestimmte persönliche Qualifikationen erfüllen, die sich als „Stiftungsreife" bezeichnen lassen.[21]

Ein Stifter und seine Familie müssen vor allem gewillt sein, zu akzeptieren, dass mit der Stiftung eine eigenständige, von seinem zukünftigen Willen unabhängige, juristische Person ins Leben gerufen wird, der das erforderliche Stiftungsvermögen dauerhaft übertragen wird. Die einmal genehmigte Stiftung genießt mit ihrem jeweiligen spezifischen Stiftungszweck staatlichen Bestandsschutz – und zwar auch gegenüber dem Stifter. Wird das von potentiellen Stiftern und Stiftungsberatern beachtet, so wird das neue deutsche Stiftungszivilrecht, wie vom Gesetzgeber gewünscht, das Stiften in Deutschland zum Wohle der Gemeinschaft tatsächlich nachhaltig fördern.

Die Landesstiftungsgesetze sind in den vergangenen Jahren mit Blick auf die Reform des Stiftungszivilrechts überarbeitet worden.

III. Die Stiftung als Rechtsform

1. Die Stiftung: Eine besondere juristische Person

Die (rechtsfähige) Stiftung des Privatrechts[22] ist als eine Zusammenfassung von vermögenswerten Gegenständen auf Dauer angelegt. Eine Stiftung hat keine Mitglieder oder Gesellschafter. Sie hat nur Nutzer oder Destinatäre. Als Destinatäre bezeichnet man diejenigen Personen (natürliche oder juristische Personen!), denen die Vorteile der Stiftung (Stiftungsleistungen) zugute kommen sollen. Das Vermögen einer Stiftung darf in seiner Substanz grundsätzlich nicht angegriffen werden, es ist zugriffsicher festzulegen („Grundsatz der Vermögenserhaltung").[23] Es gilt der **Grundsatz der gemeinwohlkonformen Allzweckstiftung** (§ 80 Abs. 2 BGB), d. h. ein Stiftung darf nach der ausdrücklichen Formulierung im BGB jeden Zweck haben und verfolgen, der des Gemeinwohl nicht gefährdet. Eine Gemeinwohlgefährdung liegt nur dann vor, wenn der Stiftungszweck gegen ein gesetzliches Verbot oder gegen die guten Sitten verstößt oder wenn Verfassungsrechtsgüter gefährdet werden.[24] Damit kann die Stiftung ansonsten jeden privatnützigen Zweck verfolgen, d. h. etwa als **schlicht privatnützige Stiftungen**[25] etwa auch entsprechenden Hobbies des Stifters dienen. Die Stiftung ist entgegen manchem Missverständnis und Vorurteil eine **wertneutrale, steuerpflichtige juristische Person**, die – wie andere Rechtsformen (in der Praxis insbes. Vereine und GmbH, Paradebeispiel: Robert Bosch Stiftung GmbH) auch – gemeinnützig im Sinne der §§ 51 ff. AO sein kann, aber nicht sein muss. Gesellschaftsrecht und Steuerrecht sind als zwei gesonderte Rechtsgebiete auch bei den Stiftungen zu tren-

---
21 Zur Stiftungsreife erstmals *Schiffer/Bach*, Stiftung & Sponsoring 4/1999, 16 und 5/1999, 21.
22 In diesem Beitrag werden kirchliche Stiftungen und Stiftungen des öffentlichen Rechts nicht behandelt. Siehe dazu Seifart/v. Campenhausen/*v. Campenhausen*, Handbuch des Stiftungsrechts, 3. Aufl. 2009, §§ 15 ff und §§ 22 ff.
23 NK-BGB/*Schiffer/Pruns*, § 81 Rn 51 ff.
24 Palandt/*Ellenberger*, § 80 Rn 6.
25 *Schiffer*, NJW 2004, 2497, 2498 bei FN 21; NK-BGB/*Schiffer/Pruns*, § 80 Rn 39 f.

nen! Sofern eine Stiftung unmittelbar oder mittelbar unternehmerisch tätig ist, kann sie sich den Gesetzmäßigkeiten des Wirtschaftslebens, wie insbesondere der Steuerpflicht[26] nicht entziehen.

19   Trotz dieser rechtlichen Grundlagen haben nach wie vor breite Kreise das nach geltendem Recht **falsche Vorverständnis**, eine Stiftung habe zwangsläufig einen gemeinwohlfördernden oder sogar gemeinnützigen Charakter. Die unternehmensverbundene Stiftung oder anders ausgedrückt: die Stiftung im Unternehmensbereich als spezielle Form der Stiftung ist bisher im BGB und in den Stiftungsgesetzen nicht ausdrücklich geregelt. Deshalb wurde bis zur Reform des Stiftungszivilrechts im Jahre 2001 eine heftige Diskussion zur Frage der Zulässigkeit der unternehmensverbundenen Stiftung geführt.[27] Diese Diskussion ist heute überholt.[28]

2. Die Familienstiftung

20   Die sog. Familienstiftung[29] ist keine gesonderte Stiftungsart, sondern eine **Unterart der rechtsfähigen Stiftung des Privatrechts**. Eine einheitliche Definition für diese besondere Stiftungsart gibt es nicht. Die Besonderheit einer Familienstiftung liegt jedenfalls darin, dass sie nach ihrem Stiftungszweck in erster Linie oder wesentlich den Interessen einer oder mehrerer Familien dient. Welchen Umfang diese Familienförderung haben muss, ist allerdings beinahe schon „traditionell" umstritten. Die Frage wird zudem für das Stiftungszivilrecht anders beantwortet als für das Stiftungssteuerrecht.

21   Der Begünstigtenkreis (**Destinatäre**), der die Familienstiftung kennzeichnet, wird ebenfalls nicht einheitlich definiert. Die Abgrenzungsansätze reichen von der Person des Stifters und seinen in gerader Linie mit ihm Verwandten bis hin zu mehreren Familien im Sinne der viel weiteren Definition der Familie in § 15 AO. Die Art und Weise der Familienbegünstigung ist ebenfalls nicht in allen Gesetzen gleich definiert. So wird in den stiftungsrechtlichen, d.h. zivilrechtlichen Definitionen zumeist eine immaterielle Begünstigung als ausreichend angesehen, im Steuerrecht hingegen grundsätzlich auch ein materieller Vorteil gefordert.

22   Für den Bereich des Steuerrechts, d. h. für die **Ersatzerbschaftsteuer** nach § 1 Abs. 1 Ziffer 4. ErbStG,[30] ist zwischen der Fachliteratur auf der einen Seite und der Rspr. und der Finanzverwaltung auf der anderen Seite umstritten, welchen Umfang die Familienbegünstigung haben muss.

Die Fachliteratur vertritt mehrheitlich die Löwenanteilstheorien. Nach dieser kann erbschaftsteuerlich eine Familienstiftung in zwei Konstellationen vorliegen: Zum einen dann, wenn den begünstigten Familienangehörigen (Destinatären) mindestens 75% der laufenden Bezüge und des bei der Auflösung der Stiftung anfallenden Vermögens zugesagt sind; zum anderen dann wenn eine Bezugs- und Anfallsberechtigung in Höhe von zumindest einem Drittel vorliegt und weitere Merkmale hinzukommen, die ein besonderes Familiensinteresse belegen.[31]

Die Finanzverwaltung ist dagegen der Auffassung,[32] dass eine Bezugsberechtigung in Höhe von 25% genügt, wenn zusätzliche Anhaltspunkte ein besonderes Familieninteresse belegen, was insbesondere dann gegeben sein kann, wenn die Familie wesentlichen Einfluss auf die Ge-

---

26 Näher zur Steuerpflicht der Stiftung *Schiffer*, Die Stiftung in der Beraterpraxis, 2. Aufl. 2009, § 9.
27 Etwa *Rawert*, ZEV 1999, 294 und 426; *Schiffer*, ZEV 1999, 424.
28 *Schiffer*, ZSt 2003, 252 ff.; klar und deutlich: Palandt/*Ellenberger*, § 80 BGB Rn 6 („*Die Regelung verpflichtet die Stifter nicht, nur gemeinwohlorientierte Stiftungen zu gründen. Der Stifter darf jeden Zweck verfolgen, der mit der Rechtsordnung nicht in Widerspruch steht.*")
29 NK-BGB/*Schiffer*/*Pruns*, § 80 Rn 41 ff. m.w.N.
30 Ausf. Fischer/Jüptner/Pahlke/Wachter/*Schiffer*, ErbStg, 4. Aufl., 2012, § 1 Rn 50 ff. – siehe dort auch zur widersprüchlichen aktuellen Rechtsprechung.
31 S. Fischer/Jüptner/Pahlke/Wachter/*Schiffer*, 4. Aufl. 2012, § 1 Rn 50 ff. m.w.N.
32 S. R E 1.2 Abs. 2 ErbStR 2011.

schäftsführung der Stiftung hat. Im Anschluss an ein Urteil des BFH aus dem Jahre 2009[33] soll die bloße Bezugsberechtigung in der Satzung auch dann ausreichen, wenn eine Ausschüttung im zu beurteilenden Zeitraum von 30 Jahren nicht stattgefunden hat.[34]

Außerhalb des Steuerrechts entscheidet die Einordnung als Familienstiftung vor allem darüber, ob und in welchem Umfang die jeweilige Stiftung der staatlichen Stiftungsaufsicht unterliegt. So entfällt beispielsweise bei der Familienstiftung nach dem Stiftungsgesetz Baden-Württemberg die ansonsten für die Stiftung geltende Verpflichtung, bestimmte Rechtsgeschäfte der Stiftung im Voraus anzuzeigen.[35]

Familienstiftungen sind insbesondere **im Unternehmensbereich** beliebt.[36] Über eine Familienstiftung als unternehmensverbundene Stiftung kann, wie sogleich zu zeigen sein wird, unabhängig von der Familie die Sicherung der Zukunft des Unternehmens bei gleichzeitiger finanzieller Versorgung der Familienangehörigen erreicht werden.

3. Die unternehmensverbundene Stiftung
a) Arten

Man kann ausgehend von der Zweckrichtung und den Motiven des Stifters zwei **Grundtypen der unternehmensverbundenen Stiftung** unterscheiden:[37]

- Eine Unternehmensträgerstiftung betreibt das Unternehmen unmittelbar selbst. Diese Stiftungsform ist wenig praktikabel und hat sich deshalb in der Praxis nicht durchgesetzt. Sie ist für eine Nachfolge-Gestaltung grundsätzlich uninteressant.
- Hält eine Stiftung eine Beteiligung an einer Personen- oder Kapitalgesellschaft, so bezeichnet man sie als Beteiligungsträgerstiftung. Diese Form der unternehmensverbundenen Stiftung ist bei richtiger Gestaltung in geeigneten Fällen durchaus praktikabel. Die Stiftung ist alleinige Gesellschafterin oder Mitgesellschafterin. Das Unternehmen wird als Personen- oder Kapitalgesellschaft betrieben, so dass das Unternehmen den Vorschriften für diese Rechtsformen unterfällt,[38] weshalb auch die erforderliche Flexibilität des Unternehmens selbst grundsätzlich erhalten bleiben kann. Eine Beteiligungsträgerstiftung kann für eine Nachfolgegestaltung interessant sein.

Die Beteiligungsträgerstiftung kann als Dotationsquelle für durchaus verschiedene Zwecke, als Familientreuhänder oder auch als Führungsinstrument für das Unternehmen dienen. Dabei können die genannten Aufgaben im Einzelfall auch miteinander kombiniert werden. Bei der Stiftung als Dotationsquelle steht das Motiv des Stifters im Vordergrund, die für die Erfüllung des Stiftungszwecks erforderlichen Mittel über die Unternehmensbeteiligung bereit zu stellen. Die Unternehmensbeteiligung ist für diese in der Praxis regelmäßig gemeinnützigen Stiftungen folglich nur das Mittel zur Erfüllung des gemeinnützigen Stiftungszwecks.

Ist eine Stiftung als Familientreuhänder eingesetzt, soll sie vorrangig dafür Sorge tragen, dass bei einer Unternehmensbeteiligung die Beteiligungsrechte i.S.d. Stifters/der Familie ausge-

---

[33] Urt. v. 18.11.2009, Az.: II R 46/07 (einsehbar unter http://www.bundesfinanzhof.de/entscheidungen/entscheidungen-online).
[34] Dazu Fischer/Jüptner/Pahlke/Wachter/Schiffer, ErbStG, 4. Aufl. 2012, § 1 Rn 84 ff.
[35] Näher *Schiffer*, Die Stiftung in der Beraterpraxis, 2. Aufl. 2009, § 2 Rn 21; Hüttemann/Richter/Weitemeyer/*Richter*, Landesstiftungsrecht, 2011, Kap. 30 Rn 30 ff.
[36] Näher *Schiffer/Pruns*, Stiftung & Sponsoring, – Rote Seiten 5/2011, S. 2 ff, 6.
[37] Ausf. etwa Berndt/Götz, Stiftung und Unternehmen, 8. Aufl. 2009, Rn 1681 ff.; Seifart/v. Campenhausen/Pöllath/Richter, Stiftungsrechts-Handbuch, 3. Aufl. 2009, § 12; *Schiffer*, Die Stiftung in der Beraterpraxis, 2. Aufl. 2009, § 2 Rn 35 ff.
[38] Schon deshalb wird, anders als wohl *Rawert*, ZEV 1999, 294 f. meint, hier nicht die angebliche „frappierende Regellosigkeit" der Rechtsform Stiftung ausgenutzt; wie hier etwa: *Schwintek*, ZRP 1999, 25 ff.

übt werden und dass die Beteiligung der Familie erhalten bleibt. In einem solchen Fall erhalten die Familienmitglieder regelmäßig keinen Zugriff auf die in der Beteiligung enthaltene Unternehmenssubstanz. Als Begünstigte der Stiftung kommen sie aber in den Genuss der Unternehmenserträge. Steuerlich ist diese Familienstiftung nicht begünstigt, sondern wird neben den „normalen" Steuerpflichten in Analogie zu dem Fall einer natürlichen Person als Erbe sogar zusätzlich mit der sog Erbersatzsteuer belastet. Deshalb ist bei genauer Betrachtung der Vorwurf der angeblichen „Feudalisierung" großer Familien-Vermögen über Stiftungsgestaltungen[39] nicht nachvollziehbar. Als Hauptfall des Einsatzes einer Stiftung als Führungsinstrument ist der der Stiftung & Co. KG zu nennen.[40]

b) Streit über die Zulässigkeit der unternehmensverbundenen Stiftung?

28 Für die Stiftung gilt der Grundsatz der Zulässigkeit der „gemeinwohlkonformen Allzweckstiftung".[41] Die herrschende Ansicht befürwortete vor diesem Hintergrund die Zulässigkeit der unternehmensverbundenen Stiftung bis zur Grenze der Gemeinwohlgefährdung im Sinne des § 80 BGB a.F.[42] auch schon vor dem neuen Stiftungszivilrecht.[43]

29 Die unternehmensverbundene Stiftung ist gegenwärtig eine (allerdings eher seltene) „**Normalerscheinung**"[44] im Rechtsleben, was tatsächlich in der theoretischen Diskussion aber nicht immer hinreichend klar wurde.[45]

Eine Stiftung kann sich an jeder Art von Gesellschaft, d.h. etwa auch an einer Gesellschaft bürgerlichen Rechts, beteiligen. Sie kann persönlich haftende Gesellschafterin einer Offenen Handelsgesellschaft oder Kommanditgesellschaft (Stiftung & Co. KG) werden, aber auch Kommanditistin einer Kommanditgesellschaft.

Als weithin bekannte **Praxisbeispiele** für die **Stiftung & Co. KG** seien hier die Schickedanz Holding Stiftung & Co. KG, Fürth, und die Vorwerk Elektrowerke Stiftung & Co. KG, Wuppertal, genannt. Auch andere bedeutende Unternehmen belegen (oder haben belegt), dass die unternehmensverbundene Stiftung und auch die Stiftung & Co. KG in der Rechtspraxis sehr wohl anerkannt und erfolgreich möglich sind: die Moeller-Stiftung Holding & Co. KG, Dachholding der Klöckner-Moeller-Gruppe, die Peter Eckes KG mit beschränkter Haftung, Niederolm, die mit der Ludwig-Eckes Familienstiftung und der Peter-Eckes-Familienstiftung sogar über zwei Stiftungskomplementäre verfügt, oder die Lidl u. Schwarz Stiftung & Co. KG, Neckarsulm. Als weitere für Stiftungsgestaltungen bekannte Unternehmen sind etwa zu nennen: Würth, Bertelsmann, SAP.

c) Praxishinweise zur unternehmensverbundenen Stiftung

30 Die **Praxis der einzelnen Landesstiftungsbehörden** bei der Genehmigung (jetzt: Anerkennung) von unternehmensverbundenen Familienstiftungen war bis zu dem neuen Stiftungszivilrecht in hohem Maße unterschiedlich und häufig bedenklich,[46] was angesichts der relativ wenigen Stiftungsgestaltungen in der Praxis allerdings auch kaum überraschen kann. Es hatte sich angesichts der geringen Zahl unternehmensverbundener Stiftungen keine bundesweit einheit-

---

39 So aber Frau *Vollmer* in einem Interview in Stiftung & Sponsoring 2/1998, 8. Ausf zur „Zuwendung von unternehmerisch genutztem Vermögen an Stiftungen": *Diedrich*, Stiftung & Sponsoring 3/2000, 12, 5/2000, 14, 6/2000, 25.
40 Siehe etwa *Berndt*, S. 545 ff.; *Schiffer*, Die Stiftung in der Beraterpraxis, 2. Aufl. 2009, § 11 Rn 11.
41 Siehe etwa Palandt/*Ellenberger*, § 80 Rn 3 f.; *Rawert*, ZEV 1999, 294.
42 Siehe etwa: Palandt/*Heinrichs*, 60. Aufl. 2001, vor § 80 BGB Rn 11; *Schwintek*, ZRP 1999, 25, 29.
43 *Schiffer*, ZSt 2003, 252 ff.
44 Seifart/v. Campenhausen/*Pöllath/Richter*, 3. Aufl. 2009, § 12 Rn 18.
45 Etwa bei *Rawert*, ZEV 1999, 294 ff., dazu *Schiffer*, ZEV 1999, 424 ff.
46 *Hennerkes/Schiffer/Fuchs*, BB 1995, 207.

liche Praxis herausgebildet. Man sprach – überspitzt formuliert – von „stiftungsfreundlichen" und „stiftungsfeindlichen" Bundesländern, wenngleich es immer auf den im Einzelfall tätigen Stiftungsreferenten ankommt. Mit dem neuen Stiftungszivilrecht sollte sich das grundlegend geändert haben.

Eine Stiftungskonstruktion im Unternehmensbereich bietet dem Unternehmer, seinem Nachfolger und dem Unternehmen als sozialer Einheit vor allem den Vorteil der **Sicherung der Unternehmenskontinuität**.[47] Damit kann insbesondere im objektivierten Interesse aller Beteiligten auch den Gefahren wirkungsvoll begegnet werden, die sich für Familienunternehmen bei einer Mehrzahl von Erben ergeben. 31

Die Sicherung der Unternehmenskontinuität ist einer der hervorragenden Gründe, warum mittelständische Unternehmer sich in ganz bewusster Wahrnehmung ihrer Verantwortung für das Unternehmen und die Unternehmerfamilie für Stiftungslösungen zur Regelung der Unternehmensnachfolge interessieren und sich gegebenenfalls zu einer solchen Lösung entschließen. Mögliche Wünsche nach Veräußerung oder Auszahlung der Anteile zu Lasten der Unternehmensliquidität entfallen bei einer Stiftungskonstruktion. Dieser besondere Vorteil der Kontinuität kann jedoch im negativen Fall mit mangelnder Flexibilität einhergehen. 32

Der Unternehmensnachfolger und Gründer sollte deshalb, wenn er einer Stiftungsgestaltung im Interesse des Unternehmens zustimmt, gemeinsam mit seinem Berater besonders darauf achten, dass die Stiftungsgestaltung die für das Unternehmen **erforderliche Flexibilität** gewährt, kann doch die Stiftungssatzung nur in dem durch den tatsächlich geäußerten oder mutmaßlichen Willen des Stifters gesetzten engen Rahmen geändert werden; für die Änderung ist außerdem grundsätzlich die Zustimmung der Stiftungsaufsicht erforderlich. Die Stiftung ist damit vom Ansatz her statisch und wenig flexibel. Folglich können auch Unternehmen, die in Form von Stiftungskonstruktionen gestaltet sind, auf Änderungen ihres Marktes und der wirtschaftlichen Rahmenbedingungen durch eine Änderung der Unternehmensstruktur nur bedingt reagieren – jedenfalls solange die Stiftungskonstruktion beibehalten werden soll. 33

Durch eine **sorgfältige Gestaltung** der Stiftungskonstruktion und eine überlegte Formulierung der Stiftungsverfassung kann allerdings ein erhöhtes Maß an Flexibilität erreicht werden. 34
- So kann den Stiftungsorganen in der Stiftungsverfassung beispielsweise ausdrücklich die Möglichkeit eingeräumt werden, Anpassungen an veränderte wirtschaftliche Verhältnisse im Bereich der Stiftung durchzuführen. Die Stiftungsaufsichtsbehörde darf, da sie den in der Satzung dokumentierten Stifterwillen zu beachten hat, die Zustimmung zu einem geänderten, den neuen wirtschaftlichen Rahmenbedingungen entsprechenden Verhalten der Stiftung grundsätzlich nicht verweigern.
- Denkbar ist außerdem z.B. eine Ermächtigung in der Stiftungssatzung zu einem Wechsel der Rechtsform des Unternehmens in besonderen Fällen. Hinzuweisen ist auch auf die Möglichkeit, in dem Gesellschaftsvertrag einer Stiftung & Co. (KG) den Ausschluss der Komplementär-Stiftung im Wege eines Mehrheitsbeschlusses der Kommanditisten vorzusehen. Ersichtlich ergibt sich in diesen Fällen als Preis für die erhöhte Flexibilität aber die Konsequenz, dass die möglicherweise vom Stifter gewünschte „ewige" Verbindung zwischen Unternehmen und Stiftung in letzter Konsequenz gelöst werden könnte.

Diese Möglichkeiten sollten allerdings nicht darüber hinwegtäuschen, dass die Flexibilität von Personen- und Kapitalgesellschaften bei einer Stiftungskonstruktion nicht erreicht werden kann. Ebenso wie die GmbH & Co. KG genießt dabei die Stiftung & Co. KG im Übrigen aber die Vorteile 35

---

[47] Näher etwa *Berndt/Götz*, Stiftung und Unternehmen, 8. Aufl. 2009, Rn 1611 ff., 1621 ff.; *Schiffer/Pruns*, Stiftung & Sponsoring, – Rote Seiten 5/2011, S. 2 ff.

einer Personengesellschaft bei gleichzeitiger Vermeidung des Haftungsnachteils. Darauf muss hier nicht näher eingegangen werden.[48]

36 Es ist ein allgemein beklagter Umstand, dass die Kapitaldecke deutscher Unternehmen – insbesondere deutscher Familienunternehmen – oftmals recht dünn ist. Die finanziellen Möglichkeiten der Unternehmerfamilien reichen gerade in Zeiten neuer wirtschaftlicher Herausforderungen nur bedingt aus, um das für das Unternehmen erforderliche Kapital zur Verfügung zu stellen. Ab Ende der 80er-Jahre haben sich daher zahlreiche Unternehmerfamilien dazu entschlossen, mit ihren Unternehmen an die **Börse** zu gehen, um dort das erforderliche **Kapital zu beschaffen** und so die Kapitalbasis für ihr Unternehmen zu verbreitern. Unternehmen, die in Form einer Stiftungskonstruktion gestaltet sind, ist das jedenfalls auf direktem Weg verschlossen.

37 Da gegenwärtig allein der Aktiengesellschaft und der Kommanditgesellschaft auf Aktien der direkte Zugang zum Kapitalmarkt möglich ist, besteht für unternehmensverbundene Stiftungen, die nicht an einem Unternehmen in einer der genannten Rechtsformen beteiligt sind, keine Möglichkeit der Kapitalbeschaffung über die Börse. Die Umwandlung einer Stiftung in eine andere Rechtsform ist ausgeschlossen. Insgesamt ist festzuhalten, dass es einer unternehmensverbundenen Stiftung in aller Regel tendenziell deutlich schwerer fallen wird, das für anstehende größere Investitionen erforderliche Kapital zur Verfügung zu stellen. Aber auch hier lassen sich Gestaltungen etwa über Tochtergesellschaften, die an die Börse gehen, oder über die Gestaltung einer Kommanditgesellschaft auf Aktien (KGaA) finden, um eine Kapitalbeschaffung am Kapitalmarkt zu ermöglichen.

38 Im **Unternehmensbereich** kann auch eine **gemeinnützige Stiftung** eine sinnvolle Rolle spielen und gleichzeitig der Allgemeinheit dienen.
– Unternehmenseinkünfte können z.B. dem eventuellen Wunsch der Familie entsprechend ganz oder teilweise gemeinnützigen Zwecken zugeführt werden, was durchaus als positiver Marketingeffekt für das Unternehmen genutzt werden kann. Ohne eine gemeinnützige Stiftung könnte das über steuerbegünstigte Spenden nur in begrenztem Umfang geschehen. Vor allem „Bertelsmann" gibt dafür immer wieder interessante Beispiele.
– Eine gemeinnützige Stiftung kann, wenn sie nicht unmittelbar an dem Unternehmen beteiligt ist, als Kreditgeber für das Unternehmen fungieren. Sie erwirtschaftet dann entsprechend ihrem Satzungszweck ihr Einkommen durch zinspflichtige Darlehensgewährung an das Unternehmen. Dabei müssen die Bedingungen des Darlehens (z.B. Verzinsung, Sicherung) zur steuerrechtlichen Anerkennung grundsätzlich dem Vergleich mit einem von dritter Seite gewährten Darlehen standhalten.

4. Steuerbegünstigung einer Stiftung[49]
a) Steuerbefreiung wegen Gemeinnützigkeit oder Mildtätigkeit

39 Grundsätzlich sind die Errichtung und die Tätigkeit einer Stiftung mit unterschiedlichen steuerlichen Belastungen verbunden (insbes. Schenkungsteuer, Körperschaftsteuer). Gemeinnützige Stiftungen oder andere Stiftungen, die sonstige steuerbegünstigte Zwecke im Sinne der §§ 51 ff. AO verfolgen, d.h. etwa mildtätig sind, sind im Gegensatz dazu nach den einschlägigen Steuergesetzen beinahe vollständig von den betreffenden Steuern befreit. Die Steuerbefreiung setzt voraus, dass eine Stiftung nach ihrer Satzung und tatsächlichen Geschäftsführung ausschließlich und unmittelbar gemeinnützige, mildtätige oder kirchliche Zwecke verfolgt.

40 **Gemeinnützige Zwecke** (§ 52 AO) verfolgt eine Stiftung, wenn ihre Tätigkeit darauf gerichtet ist, die Allgemeinheit (!) auf materiellem, geistigem oder sittlichem Gebiet selbstlos zu fördern.

---
48 Näher dazu etwa Schiffer/Rödl/Rott/*Schiffer*, S. 542 ff.
49 Ausf. auch zu diversen weiteren Einzelfragen: *Schiffer*, Die Stiftung in der Beraterpraxis, § 10.

Beispiele:
- Förderung von Wissenschaft und Forschung
- Förderung von Bildung und Erziehung
- Förderung von Kunst und Kultur
- Förderung der Religion
- Förderung der Völkerverständigung
- Förderung des Umweltgedankens
- Förderung der Jugend- und Altenhilfe
- Förderung des Sports und
- Förderung des Wohlfahrtswesens.

Um ein recht häufiges Missverständnis zu vermeiden, sei ausdrücklich betont: Von einer **Förderung der Allgemeinheit** kann man dann nicht mehr sprechen, wenn der Kreis der Personen, denen die Förderung durch die Stiftung zugute kommt, geschlossen ist. Ein solcher geschlossener Kreis ist etwa bei einer Familie oder der Belegschaft eines Unternehmens gegeben – aber auch, wenn die betreffenden Personen nach ihrer Abgrenzung, vor allem nach räumlichen oder beruflichen Merkmalen, dauernd nur einen kleinen Kreis bilden. Errichtet ein Unternehmen oder der Unternehmer eine gemeinnützige Stiftung, kann er also damit nicht etwa – ausschließlich – seine Belegschaft fördern; zu fördern ist die Allgemeinheit, zu der aber natürlich auch die Belegschaftsmitglieder gehören können. Überdies bietet eine solche gemeinnützige Stiftung für das Unternehmen (gleichzeitig) die Möglichkeit einer positiven Öffentlichkeitsarbeit – etwa im Sinne eines Mäzenatentums des Unternehmers, das dieser über die Stiftung ausführt. 41

Mildtätige Zwecke (§ 53 AO) verfolgt eine Stiftung, wenn ihre Tätigkeit darauf gerichtet ist, Personen selbstlos zu unterstützen, die infolge ihres körperlichen, geistigen oder seelischen Zustandes oder auch aufgrund ihrer wirtschaftlichen Situation (näher: § 53 Nr. 2 AO) auf die Hilfe anderer angewiesen sind. Hier ist die Leistung der Stiftung also an einzelne (!) Personen oder Personenkreise möglich, die auch aus der Familie und/oder dem Unternehmen des Stifters stammen können. 42

Die Steuerbefreiungen werden in den einzelnen Steuergesetzen in der Regel soweit aufgehoben, als die gemeinnützige Stiftung keine reine Vermögensverwaltung betreibt, sondern einen **wirtschaftlichen Geschäftsbetrieb** (§ 64 AO). Hier gab es früher häufig Abgrenzungsprobleme in der Praxis.[50] Nach Ansicht der Finanzverwaltung konnte eine Stiftung durch einen wirtschaftlichen Geschäftsbetrieb sogar vollständig die Gemeinnützigkeit verlieren, wenn dieser die Stiftung „prägte".[51] Inzwischen hat die Finanzverwaltung die **Geprägetheorie allerdings aufgegeben**.[52] 43

Die Beteiligung einer Stiftung an einer GmbH ist anders als die Beteiligung an einer Personengesellschaft steuerlich regelmäßig der steuerunschädlichen Vermögensverwaltung zuzuordnen, ist also auch für eine steuerbefreite Stiftung grundsätzlich ohne Weiteres möglich.[53] Ein zunehmendes Praxisthema ist in diesem Zusammenhang die „Auslagerung und Ausgliederung/Ausgründung" (Outsourcing) bei steuerbefreiten Stiftungen.[54]

Eine steuerbefreite Stiftung darf im Übrigen (anders als andere steuerbefreite Körperschaften) bis zu einem Drittel ihres steuerfreien Einkommens dazu verwenden, um in angemessener Weise den Stifter und seine nächsten Angehörigen zu unterhalten, deren Gräber zu pflegen und deren Andenken zu ehren, ohne dass die Stiftung dadurch die Steuerbefreiung verliert (§ 58 Nr. 6 AO – „**steuerbefreite Familienstiftung**"). 44

---

50 Ausführlich *Schiffer*, Die Stiftung in der Beraterpraxis, 2. Aufl. 2009, § 10 Rn 67 ff.
51 Dazu *Schiffer*, Die Stiftung in der Beraterpraxis, 2. Aufl. 2009, § 10 Rn 100 ff.
52 S. AEAO 2012 und dazu näher *Hüttemann*, Stiftung & Sponsoring – Rote Seiten 1/2012 –, 4 ff.
53 Dazu *Schiffer*, Die Stiftung in der Beraterpraxis, 2. Aufl. 2009, § 10 Rn 71.
54 Dazu *Schiffer*, Die Stiftung in der Beraterpraxis, 2. Aufl. 2009, § 7 Rn 9 ff, 12 ff.

b) Das aktuelle Stiftungssteuerrecht

45 Der Gesetzgeber hat Anfang des Jahrtausends ein modernes Stiftungssteuerrecht geschaffen und es im Jahr 2007 noch weiter verbessert. Es soll hier zumindest im Überblick dargestellt werden.[55]

Der Staat kann ganz offensichtlich nur noch eingeschränkt Mittel für die Bereiche Soziales und Kulturelles zur Verfügung stellen. Vor allem auch neue Stiftungen sollen helfen, dieses Defizit vor dem Hintergrund zunehmender Millionenvermögen zumindest teilweise ausgleichen. Das Gesetz zur weiteren steuerlichen Förderung von Stiftungen, das am 26.7.2000 verkündet worden ist, und „Hilfen für Helfer" sind hier die wesentlichen Stichworte.

46 Kernpunkte der neuen Gesetze waren/sind:
- Erhöhung des Spendenabzugs für Zuwendungen an Stiftungen und
- Verbesserungen hinsichtlich der Möglichkeit der Rücklagenbildung, die auf alle gemeinnützigen Körperschaften Anwendung finden.

aa) Überblick (erste Verbesserungsstufe)

47 Die bedeutendsten Veränderungen brachte das damals neue Stiftungssteuerrecht aus Sicht der (potentiellen) Stifter durch die in den § 10b Abs. 1 S. 3 und § 10b Abs. 1a EStG eingeführten einkommensunabhängigen und kumulativ anwendbaren jährlichen Höchstbeträge über EUR 20.450 (laufende Zuwendung) und EUR 307.000 (damaliges Stichwort: „Errichtungsdotation"). Beide Neuregelungen waren entgegen der bisherigen Systematik des Spendenrechts beschränkt auf Zuwendungen an Stiftungen des öffentlichen Rechts (einschließlich kirchlicher Stiftungen) und an nach § 5 Abs. 1 Nr. 9 des KStG steuerbefreite Stiftungen des privaten Rechts. Nicht erfasst waren andere steuerbefreite Körperschaften – etwa in der Rechtsform des eingetragenen Vereins oder der GmbH!

48 Der BFH hat mit Urteil vom 3.8.2005 zu dem Abzugshöchstbetrag des § 10b Abs. 1 S. 3 EStG bei jeweiligen Zuwendungen durch zusammen veranlagte Ehegatten entschieden, dass der Abzugshöchstbetrag für jeden der Ehegatten zu berücksichtigen ist. Jeder Ehepartner könne individuelle Motive haben und unterschiedliche Zuwendungszwecke bei ganz verschiedenartigen Stiftungen verfolgen. Er habe Anspruch darauf, insoweit für seine Person nicht schlechter gestellt zu werden als ein lediger Spender. Es läge eine Benachteiligung vor, wenn Ehepartner wegen ihrer Ehe von Steuerentlastungen ausgeschlossen werden. Das wäre mit den Grundrechten nicht zu vereinbaren. Errichtungsdotationen nach § 10b Abs. 1a EStG standen in dem vom BFH entschiedenen Fall nicht in Frage. Die Erwägungen des BFH zu dem Abzugshöchstbetrag des § 10b Abs. 1 S. 3 EStG bei Zuwendungen an Stiftungen gelten aber nach herrschender Auffassung ohne weiteres auch für Errichtungsdotationen von zusammen veranlagten Eheleuten.

---

49 Hinweis: Geltung auch für die treuhänderische Stiftung

Alle diese Steuervorteile gelten auch für die nicht rechtsfähigen treuhänderischen Stiftungen. Allerdings ist diese Privilegierung, schon weil hier ein Anerkennungsverfahren fehlt, anders als bei der selbstständigen Stiftung durchaus kritisch zu beurteilen. Angesichts der klaren Formulierung des Gesetzes und der dem Gesetzeswortlaut folgenden Praxis der Finanzverwaltung genießen betroffene Stifter einer treuhänderischen Stiftung indessen jedenfalls Vertrauensschutz.

---

bb) „Hilfen für Helfer": Neues Spenden- und Gemeinnützigkeitsrecht

50 „Hilfen für Helfer" ist ein grundsätzlich erfreuliches Stichwort für das Stiftungswesen. Der Bundestag hat am 6.7.2007 das Gesetz zur weiteren Stärkung des bürgerschaftlichen Engagements

---

[55] Näher *Schiffer/Pruns*, Stiftung & Sponsoring – Roten Seiten 5/2011, S. 13 ff.

verabschiedet. Der Bundesrat hat das Gesetz im September abschließend beraten und ihm zugestimmt. Das Gesetz ist ab 1.1.2007 rückwirkend (!) in Kraft getreten, wobei Übergangsregelungen Wahlrechte hinsichtlich der Anwendung neuen oder alten Spenden-rechts für den Veranlagungszeitraum 2007 enthalten.

Betrachten wir die wesentlichsten Punkte für die Praxis! **51**

Die Höchstgrenzen für den Spendenabzug in § 10b EStG sind auf einheitlich 20% des Gesamtbetrags der Einkünfte angehoben worden.

Bisher lagen die Grenzen bei 5% bzw. 10%.

Der Sonderabzugsbetrag von 20.450 EUR pro Jahr für Stiftungen ist im Gegenzug entfallen.

Für Spenden bis 200 EUR reicht der Bareinzahlungsbeleg bzw. eine Buchungsbestätigung **52** als Nachweis.

Bisher lag die Grenze bei 100 EUR.

Die Besteuerungsgrenze für wirtschaftliche Betätigungen gemeinnütziger Körperschaften ist **53** von 30.678 EUR auf 35.000 EUR angehoben worden.

Das ist letztlich nur eine Inflationsanpassung.

Die besonders förderungswürdigen Zwecke der Einkommensteuerdurchführungsverordnung (bisher: Anlage zu § 48 EStDV) und die gemeinnützigen Zwecke der Abgabenordnung sind vereinheitlicht worden. Die Definition der steuerbegünstigten förderungswürdigen Zwecke findet sich in §§ 52–54 AO. **54**

Inhaltlich ist damit nach der Gesetzesbegründung aus dem Regierungsentwurf letztlich keine Änderung des „status quo" verbunden. Hier würde für die Vergangenheit zudem Vertrauensschutz gelten.

Es handelt sich entgegen ursprünglichen Planungen des Gesetzgebers auch nicht um eine abschließende Regelung. Das Gesetz enthält eine Öffnungsklausel, um der Lebendigkeit des gemeinnützigen Sektors Rechnung zu tragen. Die obersten Finanzbehörden der Länder bestimmen künftig jeweils eine Finanzbehörde, die neue Zwecke für gemeinnützig erklären kann. Es bleibt abzuwarten, wie sich dieses Verfahren bewährt.

Alle förderungswürdigen Zwecke sind nun auch gleichzeitig spendenbegünstigt.

Der Vermögensstockspendenbetrag für Stiftungen (§ 10b Abs. 1a EStG), der nach wie vor **55** auch für Förderstiftungen gilt, ist von 307.000 EUR auf 1 Mio. (!) EUR (zunächst waren nur 750.000 EUR angedacht!) heraufgesetzt worden.

Die Beschränkung der Abzugsfähigkeit auf die Neugründung und ein Jahr danach ist entfallen. Es handelt sich also nicht mehr um eine „Errichtungsdotation". Somit fallen auch Zustiftungen unter diese Regelung. Das war/ist eine ganz wesentliche Verbesserung! („Vermögensstockspende")

Auch künftig kann der Abzugsbetrag innerhalb von 10 Jahren nur einmal in Anspruch genommen werden – allerdings nach wie vor gemäß der Rechtsprechung des BFH[56] jeweils getrennt durch beide Ehepartner.

Der besondere Abzugsbetrag von 1 Mio. EUR wird nur auf Antrag des Steuerpflichtigen gewährt. Ohne Antrag wendet die Finanzverwaltung die allgemeinen Abzugsregelungen des § 10b Abs. 1 S. 1 EStG an.

Es gibt auch noch einige – genau betrachtet – „Kleinigkeiten": **56**

Der Übungsleiterfreibetrag ist von 1.848 EUR auf 2.100 EUR angehoben worden.

Wer sich nebenberuflich im mildtätigen, im gemeinnützigen oder im kirchlichen Bereich engagiert, darf einen neuen Steuerfreibetrag in Höhe von 500 EUR im Jahr (!) geltend machen, sofern er hier nicht schon von anderen Steuervorteilen profitiert (z.B. Übungsleiterfrei-

---

[56] BFH BStBl II 2006, 121; *Schiffer*, Der Steuerberater 2006, 217 ff.

betrag). Voraussetzung ist, dass er diese 500 EUR tatsächlich von den Organisationen erhalten hat.

57 Das aktuelle Recht verfolgt mit den besagten Regelungen auch folgende Ziele:[57]

1. Bessere Abstimmung und Vereinheitlichung der förderungswürdigen Zwecke im Gemeinnützigkeits- und Spendenrecht. Weder der Kreis der gemeinnützigen noch der Kreis der spendenbegünstigten Zwecke wird verkleinert.
2. Bürokratieabbau durch Rechts- und Verwaltungsvereinfachung.

Das Gesetz ist ein Schritt in die richtige Richtung, wenngleich man sich z.B. einen höheren Betrag für Vermögensstockspenden bei Stiftungen gewünscht hätte. Außerdem sollte vor allem der Bürokratieabbau weiter betrieben werden, da gerade die Bürokratie potentielle Ehrenamtler abschreckt. Sie wollen „ihrer" guten Sache dienen und nicht im Paragraphendschungel versinken.

5. Die Bürgerstiftung

58 Mit dem zur Vererbung anstehenden Vermögen der Nachkriegsgeneration gewinnt nicht nur traditionelles soziales Engagement an Bedeutung, sondern etwas, was man als **bürgerschaftliches Engagement** beschreiben kann. Bürger setzen sich vor Ort konkret für ihr Gemeinwesen ein. Eine Auswirkung dieses Engagements vor Ort sind die sog. Bürgerstiftungen[58] als eine Sonderform der steuerbefreiten Stiftung. **Stifter** sind vielfach Bürger mit einem durchaus überschaubaren Vermögen, die ihrerseits nicht unbedingt alleine eine Stiftung errichten würden, andererseits aber dieser modernen Form der Unterstützung des Gemeinwohls aufgeschlossen gegenüber stehen.[59] In aller Regel sind die Bürgerstiftungen operativ tätig. Neben den Geld-Spendern leisten die „Zeit-Spender" und die „Ideen-Spender" einen ganz wichtigen Beitrag zu der Arbeit der Bürgerstiftungen. Wie Erfolg versprechend der Gedanke ist, zeigt sich auch darin, dass über das „reine" Modell der „Stiftung von Bürgern für Bürger" hinaus **auch große Institutionen** sich diesem Gedanken anschließen und Stiftungen errichten, die um Zustiftungen von Bürgern werben und die sie Bürgerstiftungen nennen.

59 Aktuell soll es **rund 300 Bürgerstiftungen** und zahlreiche Gründungsinitiativen geben. Bürgerstiftungen lassen sich definieren als Stiftungen von Bürgern für Bürger zur Förderung sozialer, kultureller oder ökologischer Zwecke vor Ort oder als „selbständige und unabhängige Institutionen zur Förderung verschiedener gemeinnütziger und mildtätiger Zwecke in einem geographisch begrenzten, d.h. lokalen oder regionalen Wirkungsraum, die einen langfristigen Vermögensaufbau betreiben und ihre Organisationsstruktur und Mittelvergabe transparent machen".[60] Das Ziel der so definierten Bürgerstiftung wird dabei dahin beschrieben,[61] dass sie es einer größeren Zahl von Bürgerinnen und Bürgern sowie Unternehmen (Corporate Citizens) ermöglicht, ihre spezifischen Beiträge zum Gemeinwohl unter einem gemeinsamen Dach zu verfolgen. Sie diene dabei als ein Sammelbecken für Spenden und Zustiftungen.

60 Bei genauer Betrachtung ergibt sich bei einer Bürgerstiftung **ein grundsätzliches Problem:** Die Stiftung ist im Gegensatz zu dem eben beschriebenen Ansatz der Zusammenfassung kollektiven bürgerschaftlichen Engagements eine juristische Person ohne Mitglieder oder Gesellschaf-

---

[57] Siehe auch DStR 1/2007, S. VI.
[58] Ausf. dazu *Bundesverband Deutscher Stiftungen* (Hrsg.), Bürgerstiftungen stellen sich vor, 2006; *Bertelsmann Stiftung* (Hrsg.), Handbuch Bürgerstiftungen, 2. Aufl. 2004.
[59] *Turner*, Bundesverband Deutscher Stiftungen (Hrsg.), Bürgerstiftungen in Deutschland, 2002, S. 15 ff.
[60] Siehe www.die-deutschen-buergerstiftungen.de unter Grundlagen.
[61] Siehe www.die-deutschen-buergerstiftungen.de unter Grundlagen.

ter. Es ist geradezu das Ziel einer Bürgerstiftung, möglichst viele engagierte Bürger unter ihrem Dach zu versammeln. Problematisch können Bürgerstiftungen deshalb vor allem dann werden, wenn der Kreis der Stifter so groß wird, dass **sich die Rechtsfigur Stiftung tatsächlich der des Vereins annähert**. Stiftergruppen von 50 und mehr engagierten Personen bei der Stiftungserrichtung und später in der „Stifterversammlung"[62] lassen sich typischerweise nur schwer unter einen (einheitlichen) Stifterwillen fassen und noch weniger unter einen ggf. auszulegenden hypothetischen Stifterwillen. Der damalige Stifterwille bei Errichtung der Stiftung ist aber Maßstab für die staatliche Stiftungsaufsicht, denn diese dient in erster Linie dem öffentlichen Interesse an der Verwirklichung des Stifterwillens.[63]

Rawert hat diese Problemzusammenhänge kürzlich hervorgehoben und dazu mit Blick auf die hier skizzierte Besonderheit der Bürgerstiftung unter Hinweis auf Erwägungen von *Richter*[64] den Gedanken betont, bei Bürgerstiftungen oder anderen Gemeinschaftsstiftungen weniger auf den damaligen Willen als Maßstab für die Stiftungsaufsicht abzustellen, sondern eher auf eine noch näher zu diskutierende Vermögens-Zweck-Beziehung.[65] Die **Diskussion scheint hier noch ganz am Anfang**, endgültige Antworten liegen noch nicht vor. Die Diskussion zeigt aber bereits, dass auf „Ausdehnungen" der Rechtsform Stiftung auf eher stiftungsuntypische Sachverhalte mit genauem Blick und differenzierten Antworten zu reagieren ist. **61**

6. Europäische Stiftung?

Im Februar 2009 hatte die Europäische Kommission eine öffentliche Konsultation zu einem möglichen Statut einer Europäischen Stiftung initiiert. Auf dieser Grundlage hat die Europäische Kommission am 8.2.2012 einen „Vorschlag für eine Ratsverordnung zum Statut einer Europäischen Stiftung (European Fondation, FE)" veröffentlicht.[66] Die Errichtung einer FE hat danach zwei wesentliche Voraussetzungen, nämlich die Verfolgung eines grenzüberschreitenden gemeinnützigen Zwecks sowie ein Stiftungsvermögen von mindestens 25 000 Euro. Die FE soll wie auch die deutsche Stiftung durch eine natürliche oder eine juristische Person errichtet werden können und zwar auch durch Umwandlung einer bestehenden Stiftung oder den Zusammenschluss zweier bestehender Stiftungen. Vor allem die erste Voraussetzung ist von praktischem Interesse. Der Entwurf enthält eine eigenständige Regelung der Gemeinnützigkeit, die neben die nationalen Gemeinnützigkeitsregelungen treten soll. Der Vorschlag, der nun an das Europäische Parlament geht, enthält einen Zweckkatalog, der dem des deutschen Gemeinnützigkeitsrechts ähnelt. Es fehlt entsprechend dem Ziel des Vorschlages, nationale Besonderheiten und die Schranken grenzübergreifender Gemeinnützigkeit ab zubauen, der deutsche Vorbehalt des „strukturellen Inlandsbezugs" (§ 51 Abs. 2 AO. Das dürfte Wege nach Deutschland eröffnen. Der Vorbehalt wurde als Reaktion auf die liberale Rechtsprechung des EuGH in Sachen Stauffer und Persche entwickelt;[67] er erschwert bisher ein Tätigwerden ausländischer gemeinnütziger Stiftungen in Deutschland. Für die FE sollen in Deutschland dieselben Steuervorteile wie für ihre deutsche Schwester gelten. Damit würde ein in seinen Konsequenzen nicht absehbarer Wettlauf des deutschen mit dem europäischen System eröffnet, der einmal mehr auf eine Angleichung der deutschen an europäische Regeln hinauslaufen dürfte. Das Thema ist zu beobachten und streng von der Frage des Einflusses des EU- **62**

---

62 Siehe dazu etwa Nährlich u.a./*Rawert*, Bürgerstiftungen in Deutschland 2005, S. 39 und S. 46 f.
63 *Andrick/Suerbaum*, Stiftung und Aufsicht, 2001, S. 211; AnwK-BGB/*Schiffer*, § 80 Rn 28 ff. und 100.
64 *Richter*, Rechtsfähige Stiftungen und Charitable Corporation, 2001, S. 366 ff.
65 *Rawert*, a.a.O., S. 48.
66 Unterlagen abrufbar unter http://ec.europa.eu/internal_market/company/eufoundation/index_de.htm (zuletzt abgerufen am 11.6.2012).
67 *Schiffer*, Die Stiftung in der Beraterpraxis, 2. Aufl. 2009, § 10 Rn 337 ff.

Rechts auf das deutsche Stiftungszivilrecht und das deutsche Stiftungssteuerrecht zu unterscheiden.

7. Rechnungslegung und Prüfung von Stiftungen

63   Die **Rechnungslegung** bei Stiftungen[68] dient den Stiftungsorganen und der Finanzverwaltung, aber auch der Stiftungsaufsicht als Informationsquelle und im Rahmen ihrer jeweiligen Aufgaben als Entscheidungsgrundlage. In den einzelnen Landesstiftungsgesetzen finden sich üblicherweise einschlägige Vorschriften. Außerdem finden sich Vorschriften im BGB (§ 86 i.V.m. § 27 Abs. 3, 259, 260, 660 BGB), im Handelsrecht (§§ 238 ff. HGB) und in der Abgabenordnung (§§ 140, 141, 63 Abs. 3 AO). Eine Stiftung kann sich auch freiwillig oder nach ihrer Satzung einer Prüfung durch einen **Wirtschaftsprüfer** oder einer sonstigen anerkannten Prüfungseinrichtung unterwerfen. Sie kann dann natürlich auch freiwillig den Prüfungsbericht der Stiftungsaufsichtsbehörde vorlegen. In der Praxis regen die Stiftungsbehörden bei Errichtung größerer Stiftungen nicht selten an, eine Prüfungspflicht in der Satzung festzuschreiben, um so auch die Stiftungsaufsicht etwa bei unternehmensverbundenen Stiftungen zu erleichtern. Das sollte nicht etwa als „Gängelung" verstanden werden. Die Prüfungspflicht ist regelmäßig eine sinnvolle Grundlage für eine erfolgreiche Stiftungsarbeit.

64   Der Hauptfachausschuss (HFA) des Instituts der Wirtschaftsprüfer in Deutschland (IDW) hat, weil die Wirtschaftsprüfer Stiftungen zunehmend als Klientel entdeckt haben, am 25.2.2000 eine Stellungnahme zur Rechnungslegung und Prüfung von Stiftungen vorgelegt.[69]

8. Ersatzformen[70]

65   In der Praxis wird die Bezeichnung „Stiftung" nicht nur für Stiftungen im eigentlichen Sinne verwandt, sondern etwa auch für Vereine oder Gesellschaften mit beschränkter Haftung. Der Zusatz „Stiftung" soll in diesen Fällen die Gemeinnützigkeit des betreffenden Zusammenschlusses kennzeichnen.

66   Da ein **Verein** oder auch eine **GmbH** als Zusammenschluss von Personen anders als die Stiftung grundsätzlich nicht auf Ewigkeit angelegt ist, sind die typischen Merkmale dieser Organisationsformen „zu unterdrücken", um die Dauerhaftigkeit sicherzustellen. Hier ist ausgefeilte juristische Vertragstechnik gefragt. Die Zahl der Mitglieder ist langfristig bewusst klein zu halten. Die Mitgliedschaftsrechte, Geschäftsanteile und Aktien sollten nur treuhänderisch übertragen werden, wobei sicherzustellen ist, dass sie unveräußerlich und nicht vererblich sind. Satzungsänderungen und Zweckänderungen sind durch Einstimmigkeitserfordernisse und/oder Genehmigungserfordernisse (Beirat/Stiftungsrat) zu erschweren. Der konkrete Einzelfall gibt jeweils vor, wie die Satzung solcher „Stiftungen" zu gestalten ist.

67   Ein bekanntes Praxisbeispiel ist die **Konrad-Adenauer-Stiftung e.V.**, die gemeinnützige Zwecke auf christlich-demokratischer Grundlage fördert und insbesondere politische Bildung vermittelt sowie die wissenschaftliche Aus- und Fortbildung begabter junger Menschen fördert. Für den Unternehmensbereich ist die **„Robert Bosch Stiftung GmbH"** zu nennen. Sie ist mit über 90% an der Unternehmung Robert Bosch GmbH, Stuttgart beteiligt.

---

68 Näher dazu Hüttemann/Richter/Weitemeyer/*Spiegel*, Landesstiftungsrecht, Kap 19 f.; *Bundesverband Deutscher Stiftungen (Hrsg.)*, Das Rechnungswesen einer Stiftung, 2004; Seifart/v. Campenhausen/*Orth*, Stiftungsrecht-Handbuch, 3. Aufl. 2009, § 37.
69 Siehe IDW RS HFA 5, IDW-Nachrichten 2000, 129 = WPg 2000, 391; IDW PS 740, IDW-Nachrichten 2000, 142 = WPg 2000, 385.
70 Näher *Schiffer*, Die Stiftung in der Beraterpraxis, 2. Aufl. 2009, § 4 Rn 1 ff.

Insgesamt wird man sagen müssen, dass „Stiftungen" im Sinne einer Vermögensverselb- **68**
ständigung unter eigenständiger Organisation (mit einer Aufsichtsbehörde!) zu einem auf Dauer angelegten Zweck am ehesten über die Rechtsform der rechtsfähigen Stiftung des Privatrechts vollzogen wird. Die genannten Ersatzformen sind nur „Lösungen zweiter Klasse", die versuchen, den Stiftungsansatz künstlich zu imitieren.

Es sei im Übrigen hierzu angemerkt, dass die steuerliche Vergünstigung nach **§ 58 Nr. 5 AO** **69**
nur für Stiftungen gilt. Danach ist es steuerlich nur bei einer steuerbefreiten Stiftung und nicht bei anderen Rechtsformen unschädlich, ein Drittel ihres Einkommens, also auch der Erträge, zu verwenden, um in angemessener Weise den Stifter („Gründer") und seine nächsten Angehörigen zu unterhalten.

IV. Stiftungserrichtung zu Lebzeiten oder von Todes wegen?[71]

Ein potentieller Stifter mag sich, etwa weil er sein Vermögen zu seinen Lebzeiten für **70**
andere Zwecke nutzen oder unmittelbar selbst verwalten will, die Frage stellen, ob er die Stiftung zu seinen Lebzeiten vorbereiten, aber erst nach seinem Tod tatsächlich errichten kann.

1. Stiftungserrichtung von Todes wegen

Eine Stiftung kann natürlich nach dem Tod des Stifters errichtet werden. Das Stiftungsgeschäft **71**
kann in einer **Verfügung von Todes wegen** bestehen, wobei die Vermögenszuwendung an die Stiftung durch **Erbeinsetzung, Vermächtnis** oder **Auflage** erfolgt. Das Stiftungsgeschäft unterliegt dann den besonderen **erbrechtlichen Formvorschriften,** d.h. es kann als handschriftliches oder notarielles Testament oder in einem Erbvertrag nur vom Stifter persönlich verfasst werden. Die Stellvertretung ist beim Stiftungsgeschäft von Todes wegen ausgeschlossen. Regelmäßig wird für die Stiftungserrichtung durch Verfügung von Todes wegen ein Testament des Stifters in Frage kommen. Wählt der Stifter einen Erbvertrag, so hat er verschiedene Besonderheiten zu beachten, die wir hier nur kurz skizzieren können.

Anders als das Testament ist der **Erbvertrag** ein zweiseitiges Rechtsgeschäft, an dem min- **72**
destens zwei Vertragspartner mitwirken müssen. Dabei sind nicht nur bestimmte Formvorschriften, sondern auch die erhöhte Bindungswirkung des Erbvertrages zu beachten. Ein Erbvertrag kann grundsätzlich nur zur Niederschrift eines Notars bei gleichzeitiger Anwesenheit der Vertragspartner geschlossen werden. Alleine für Eheleute gelten hier gewisse Erleichterungen.

Regelmäßig erfolgen Erbeinsetzung, Vermächtnis und Auflage im Erbvertrag vertragsmä- **73**
ßig, d.h. im Wege gegenseitiger Bindung der Vertragspartner. Zur Vermeidung von Missverständnissen sollte diese **vertragsmäßige Bindung** im Text des Erbvertrages ausdrücklich klargestellt werden. Eine vertragsmäßige Verfügung kann nicht wie bei einem Testament einseitig vom Erblasser (Stifter) frei widerrufen werden. Ein Widerruf kann nur durch eine entsprechende Vereinbarung der Vertragspartner erfolgen. Ein Erbvertrag sollte deshalb nur abgeschlossen werden, wenn ein besonderes Interesse an der frühzeitigen Bindung der Beteiligten besteht. Regelmäßig wird ein Erbvertrag für die Errichtung einer Stiftung von Todes wegen daher nicht in Frage kommen.

Die rechtsfähige Stiftung des Privatrechts entsteht bei einem Stiftungsgeschäft von Todes **74**
wegen **formal erst** mit Erteilung der **Anerkennung**. Die Anerkennung ist jedoch **rückwirkend**,

---

[71] Ausf. *Schiffer*, Die Stiftung in der Beraterpraxis, 2. Aufl. 2009, § 5 Rn 16 ff.

so dass die Stiftung mit dem Zeitpunkt des Todes des Erblassers/Stifters als existent angesehen wird.

75 Die Errichtung einer Stiftung von Todes wegen kann in der Weise erfolgen, dass der Erblasser in der letztwilligen Verfügung seinen Stifterwillen, die Errichtung der Stiftung und die Vermögenszuwendung, ohne nähere Einzelheiten festlegt. In diesem Falle ist unbedingt die Einsetzung eines Testamentsvollstreckers, der den Willen des Stifters umsetzt, zu empfehlen. Der **Testamentsvollstrecker** hat insbesondere für die Einholung der Anerkennung der Stiftung Sorge zu tragen. Der Stifter kann seiner letztwilligen Verfügung auch die von ihm vorgesehene Satzung der Stiftung beifügen, anstatt den Testamentsvollstrecker mit der Fertigung einer Satzung gemäß der letztwilligen Verfügung zu beauftragen. Sinnvollerweise wird der Stifter den Testamentsvollstrecker in jedem Fall bevollmächtigen, etwaige Mängel des Stiftungsgeschäftes bzw. der Stiftungssatzung durch entsprechende Änderungen und Ergänzungen zu beheben.

76 Ist kein Testamentsvollstrecker bestellt, die Stiftung aber zur Erbin oder Vermächtnisnehmerin bestimmt worden, wird vom Nachlassgericht nach Eröffnung des Testamentes ein so genannter **Nachlasspfleger** als gesetzlicher Vertreter der zu errichtenden Stiftung bestimmt. Hierzu sollte es ein Stifter nicht kommen lassen. Er sollte nicht die Möglichkeit versäumen, durch die Einsetzung eines Testamentsvollstreckers seiner Wahl auf die Einsetzung seines Stiftungsprojektes nach seinem Tode einzuwirken.

2. Vorteile der Stiftungserrichtung zu Lebzeiten

77 Befasst sich z.B. ein Stifterehepaar ohne Nachkommen mit der Frage der Errichtung einer gemeinnützigen Stiftung, so kommt häufig der Gedanke auf, etwa um nicht den eigenen Lebenszuschnitt, die eigene finanzielle Absicherung zu verlieren, die Stiftung erst von Todes wegen zu errichten und ihr testamentarisch wesentliches Vermögen zu übertragen. Von einer solchen Vorgehensweise ist grundsätzlich abzuraten.

78 Die Stifter „verschenken" bei einer Stiftung von Todes wegen die Möglichkeit, maßgeblichen Einfluss auf „ihre" Stiftung und deren Arbeit zu nehmen. Deutlich sinnvoller ist es in der Regel, die Stiftung bereits zu Lebzeiten mit einem vergleichsweise geringen Vermögen zu errichten und das Vermögen der Stiftung durch Zustiftungen von Todes wegen aufzustocken. Auf diese Weise behalten die Stifter zu Lebzeiten die finanzielle Absicherung durch ihr eigenes Vermögen und erhalten gleichzeitig die Gelegenheit, die Stiftung in ihren Gründungsjahren – sei es als Vorstands- oder Stiftungsratsmitglied – wesentlich **mitzugestalten** und sie über den Text der Stiftungsverfassung hinaus deutlich **zu prägen**.

Wählen die Stifter diesen Weg, können sie zu Lebzeiten quasi mit ihrer Stiftung „üben". Sie können etwa
- Fehlentwicklungen entgegenwirken,
- Fehleinschätzungen korrigieren,
- auf Änderungen im gesellschaftlichen, politischen und wirtschaftlichen Umfeld der Stiftung reagieren,
- neue Ideen integrieren,
- die Stiftungsorganisation optimieren und
- das Bild der Stiftung in der Öffentlichkeit mitbestimmen.

79 Zu Lebzeiten der Stifter lässt sich auch eine etwaig erforderliche **Änderungen der Stiftungssatzung**, sei es zur Anpassung an geänderte Verhältnisse oder zur Korrektur eventueller Fehlvorstellungen, leichter bei den Stiftungsbehörden durchsetzen.

80 Nicht unterschätzt werden sollte auch, dass Stifter zu Lebzeiten die **Leitungspersonen auswählen** können, die die Stiftung verwalten. Gerade die ersten Stiftungsvorstände und Stiftungsräte prägen das Bild und die Kultur einer Stiftung für die Nachfolger. Wollen die Stifter

nicht selbst konkret in der Stiftung tätig werden und so Maßstäbe setzen, können sie jedenfalls die geeigneten Persönlichkeiten bestimmen und deren Wirken verfolgen.

Alle diese Möglichkeiten kann nur der lebende Stifter optimal nutzen. Die Stiftungserrichtung zu Lebzeiten und deren sukzessive Ausstattung mit größeren Vermögenswerten durch Zustiftungen zu Lebzeiten und/oder von Todes wegen ist deshalb empfehlenswert. Eine Stiftung kann ebenso wie eine natürliche Person **Erbin oder Vermächtnisnehmerin** sein.[72] 81

V. Stiftungsgeschäft, Satzung und Anerkennung[73]

Nach § 80 BGB ist zur Entstehung einer rechtsfähigen Stiftung des Privatrechts nach gegenwärtiger Rechtslage neben dem **Stiftungsgeschäft** die **Anerkennung durch die zuständige Stiftungsbehörde** in dem Bundesland erforderlich, in dessen Gebiet die Stiftung ihren Sitz haben soll. Als Sitz der Stiftung gilt, wenn nicht ein anderer bestimmt ist, der Ort, an welchem die Verwaltung geführt wird. 82

1. Das Stiftungsgeschäft und der Stifter

Nach § 80 BGB ist zur Entstehung einer rechtsfähigen Stiftung des Privatrechts nach Verabschiedung des neuen Stiftungszivilrechts neben dem **Stiftungsgeschäft** die **Anerkennung durch die zuständige Behörde** in dem Bundesland erforderlich, in dessen Gebiet die Stiftung ihren Sitz haben soll. Die Stiftung ist nach § 80 Abs. 2 BGB anzuerkennen („Recht auf Stiftung"), wenn 83
– das Stiftungsgeschäft den Anforderungen des § 81 Abs. 1 BGB genügt,
– die nachhaltige Erfüllung des Stiftungszwecks gesichert erscheint und
– der Stiftungszweck das Gemeinwohl nicht gefährdet.

Bei dem **Stiftungsgeschäft** ist zwischen einem solchen unter Lebenden und dem Stiftungsgeschäft von Todes wegen zu unterscheiden (siehe oben). In den meisten Fällen wird eine Stiftung zu Lebzeiten des Stifters errichtet. Neben dem Stiftungszivilrecht im BGB gelten die verschiedenen Landesstiftungsgesetze, soweit nicht im BGB eine vorrangige materiellrechtliche Regelung getroffen wurde.[74] 84

2. Der Sitz der Stiftung

Über die ihm freistehende Wahl des Sitzes der Stiftung hat der Stifter die Möglichkeit, das für die Stiftung einschlägige Landesstiftungsgesetz zu wählen. Als **Sitz der Stiftung** galt nach § 80 S. 3 BGB a.F., wenn nicht ein anderes bestimmt war, der Ort, an welchem die Verwaltung geführt wird. Eine solche ausdrückliche Regelung zum Sitz der Stiftung enthält das neue Recht nicht mehr. Es gilt jedoch nach wie vor, dass der Ort, an dem die Verwaltung der Stiftung geführt werden soll, in der Regel der Stiftungssitz wird.[75] 85

Der **Rechtssitz**, nach dem sich gemäß § 80 Abs. 1 BGB die Zuständigkeit der für die Anerkennung der Rechtsfähigkeit der Stiftung zuständigen Behörde ergibt, und der **Verwaltungssitz** können auseinander fallen.[76] Das spielte nach altem Recht vor allem dann eine Rolle, wenn sich ein Stifter für die „Anerkennung" seiner Stiftung ein „stiftungsfreundliches" Bundes- 86

---
72 Ausf. dazu *Schiffer/Kotz*, ZErb 2004, S. 115 ff.
73 Ausf. *Schiffer*, Die Stiftung in der Beraterpraxis, 2. Aufl. 2009, § 5 Rn 1 ff., 38 ff., 89 ff.
74 Siehe nur Palandt/*Ellenberger*, § 80 BGB Rn 8.
75 RegR, BT-Drucks 14/8765, 10; wie hier *Schwarz*, DStR 2002, 1718 ff.
76 *Hennerkes/Schiffer*, BB 1992, 1940 f.; *Mecking*, ZSt 2004, 199, 201 f; *Schwarz*, DStR 2002, 1718 ff.

land[77] beispielsweise zur Errichtung einer unternehmensverbundenen Stiftung suchen wollte, der nach altem Recht einige Skepsis entgegengebracht wurde (siehe Rn 28 ff.). Steuerrechtlich ist der **Ort der Geschäftsleitung** bedeutsam (siehe Rn 85 ff.), der dem Verwaltungssitz entspricht.

3. Die Person des Stifters

87 Sowohl **natürliche Personen** als auch **juristische Personen** können Stifter sein. Also können etwa auch rechtsfähige Stiftungen wiederum rechtsfähige Stiftungen, d.h. **„Unterstiftungen"** errichten. In jedem Fall muss der Stifter unbeschränkt geschäftsfähig sein. Der Stifter ruft durch Vorgabe des Stiftungszwecks und durch Übertragung von Vermögen auf die Stiftung die Stiftung ins Leben. Durch dieses sog. **Stiftungsgeschäft** und die Satzung drückt er seinen Stifterwillen aus, der über die Stiftungssatzung für die Stiftung auch nach seinem Tode bestimmend bleibt (Grundsatz der Maßgeblichkeit des Stifterwillens).

4. Das Stiftungsgeschäft

88 Das **Stiftungsgeschäft** muss der Stifter nicht höchstpersönlich vornehmen, er kann sich durch einen Bevollmächtigten vertreten lassen. Auch mehrere Stifter können die Stiftung gemeinsam in einer **Urkunde** oder durch gesonderte Erklärungen **errichten**. Es ist als **einseitige, nicht empfangsbedürftige Willenserklärung** grundsätzlich bedingungsfeindlich, denn jede Unsicherheit über die Existenz der Stiftung muss im Interesse des Rechtsverkehrs vermieden werden. Nicht möglich wäre also beispielsweise die Errichtung einer Stiftung für den Fall des Eintritts eines bestimmten Ereignisses (Beispiel: Errichtung einer Stiftung unter der Bedingung, dass ein Enkel des Stifters geboren wird).

89 **Auflagen** (Fall der „Beschenkung der Stiftung unter einer Auflage") und **Fristen** in einem Stiftungsgeschäft sind nur statthaft, wenn sie den Bestand der Stiftung nicht berühren.[78] Eine Auflage vermindert das der Stiftung zugewendete Vermögen von vornherein. Darüber besteht, nachdem das FG München dazu eine unhaltbare andere Auffassung vertreten hatte,[79] durch ein deutlich die Auffassung des FG München zurückweisendes Urteil des BFH[80] Einigkeit. Verbindlichkeiten, die in Ausführung des Stiftungsgeschäftes auf die Stiftung übergehen, so betont der BFH, mindern von vornherein das der Stiftung zugewandte Vermögen. Der zur Erfüllung derartiger Ansprüche notwendige Teil des Vermögens steht den satzungsmäßigen Zwecken der Stiftung von Anfang an nicht zur Verfügung. Die Erfüllung derartiger Ansprüche stellt, wie der BFH ausdrücklich betont, keinen Verstoß gegen die Gebote der Selbstlosigkeit und Ausschließlichkeit dar. Zulässige Auflagen sind etwa
– der Vorbehalt von Nießbrauch-, Wohn- und anderen Nutzungsrechten bei der Vermögensübertragung auf die Stiftung (Vermögensausstattung),
– die Übernahme-/„Übergabe" von Verbindlichkeiten, Hypotheken,
– Rentenzahlungsverpflichtungen, etc.

90 Eine Auflage darf das Stiftungsvermögen nicht soweit reduzieren, dass realistischerweise der Stiftungszweck nicht mehr dauerhaft erfüllt werden kann. In einem solchen Fall ist die Stiftung nicht anerkennungsfähig.

91 Nach § 81 Abs. 1 S. 1 BGB bedarf das Stiftungsgeschäft unter Lebenden der **schriftlichen Form** nach § 126 BGB. Nach § 126a BGB kann die Schriftform durch die **elektronische Form** er-

---

77 Siehe dazu *Hennerkes/Schiffer/Fuchs*, BB 1995, 209 ff.
78 Ausf. *Berndt/Götz*, Stiftung und Unternehmen, 8. Aufl. 2009, Rn 203 ff.
79 FG München EFG 1995, 650.
80 BFH BStBl II 1998, 758.

setzt werden. Die Stiftungsurkunde ist in Schriftform eigenhändig durch Namensunterschrift oder mittels notariell beglaubigten Handzeichens zu unterzeichnen. Das Stiftungsgeschäft kann auch im Wege der notariellen Beurkundung erfolgen (§ 81 Abs. 2 S. 3 BGB).

Die **einfache Schriftform** soll nach wohl herrschender Ansicht sogar dann genügen, wenn im Stiftungsgeschäft die Übertragung von **Grundstücken** oder von Geschäftsanteilen an einer GmbH auf die Stiftung vorgesehen ist, denn die Sonderformvorschriften für die Übertragung von Grundstücken und **GmbH-Anteilen** gelten nur für Verträge – also nicht für einseitige Erklärungen wie ein Stiftungsgeschäft. Dafür spricht, dass das stiftungsrechtliche Anerkennungsverfahren dieselbe Richtigkeitsgewähr wie die ansonsten erforderliche notarielle Form bietet. Das ist jedoch umstritten. Nach **anderer Ansicht** soll die Schriftform in diesen Fällen nicht genügen. Dem ist aus den besagten Gründen nicht zu folgen.[81] 92

Das **Stiftungsgeschäft** hat einen bestimmten **Mindestinhalt** (§ 81 Abs. 1 S. 2 BGB). Der Stifter muss verbindlich erklären, dass ein bestimmter Teil seines Vermögens auf Dauer der Erfüllung eines oder mehrerer von ihm vorgegebener Zwecke gewidmet wird **(Vermögensausstattung)** und dass er eine **selbständige Stiftung errichten** will. Bei Zweifeln am Stiftungsgeschäft ist die Stiftungsbehörde zu Lebzeiten des Stifters gehalten, ihn zur Präzisierung zu veranlassen. 93

In den **Stiftungsgesetzen der Länder** wurden **bisher** (!) die Anforderungen aus dem BGB präzisiert und ergänzt. Einige Bundesländer hatten mit bis zu zwölf Einzelpunkten einen umfangreichen Katalog von Anforderungen an das Stiftungsgeschäft und die Stiftungssatzung aufgestellt.[82] Diese Kataloge sind nun durch die vier Punkte des § 81 Abs. 1 S. 3 BGB ersetzt worden. Die Landesstiftungsgesetze wurden daran angepasst. 94

In der **Praxis** wurden hier mögliche Zweifelsfragen dadurch umgangen, dass in dem Stiftungsgeschäft auf die jeweils **beigefügte Stiftungsverfassung** Bezug genommen und die Stiftungsverfassung ausdrücklich zum Bestandteil des Stiftungsgeschäfts erklärt wurde. Es ist für die Praxis ausdrücklich anzuraten, auch unter dem aktuellen Stiftungszivilrecht, auf die beigefügte die Stiftungsverfassung/-satzung in dem Stiftungsgeschäft ausdrücklich Bezug zu nehmen, um etwaige Zweifelsfragen zu vermeiden. 95

Checkliste für ein Stiftungsgeschäft: Errichtung einer selbständigen Stiftung (§ 81 BGB): 96

1. Inhalt
- zwingende Inhalte:
  - Name der Stiftung
  - Sitz der Stiftung
  - Stiftungszweck(e)
  - Vermögensausstattung
  - Vorstand
- nicht zwingende Inhalte, die aber zumindest bei größeren Stiftungen sinnvoll sind:
  - weitere Organe der Stiftung (Stiftungsrat, Kuratorium, Beirat)
  - Regelungen zur Vermögenserhaltung und Vermögensverwaltung

2. Form:
- Schriftform
- bedingungsfeindlich

---

81 Näher und m.w.N. *Schiffer*, Die Stiftung in der Beraterpraxis, 2. Aufl. 2009, § 5 Rn 11.
82 Siehe bei *Schwarz*, DStR 2002, 1720.

5. Änderungen, Widerruf und Anfechtung

97 Regelmäßig stellen potentielle Stifter die Frage nach der **Endgültigkeit** ihrer Erklärungen im Zusammenhang mit der Errichtung einer Stiftung. Hier sind verschiedene Fälle zu unterscheiden. Die Umgestaltung der von ihm gewählten Stiftungskonstruktion und -konzeption kann der Stifter nach der Anerkennung durch eine **Änderung der Stiftungssatzung** erreichen. Nur bis zur Erteilung der Anerkennung der Stiftung kann der Stifter das Stiftungsgeschäft **widerrufen**. Widerruft er das Stiftungsgeschäft tatsächlich, so ist die Entstehung der Stiftung ausgeschlossen. Hat der Stifter bereits bei der zuständigen Stiftungsbehörde wegen der Anerkennung nachgesucht, so kann der Widerruf nur der Behörde gegenüber erklärt werden.

98 Ist die Anerkennung einer Stiftung einmal erfolgt, kann das Stiftungsgeschäft nicht mehr widerrufen, sondern nur noch wegen Irrtums, Täuschung oder Drohung angefochten werden. Solche Fälle sind allerdings kaum praxisrelevant. Seine **Anfechtungserklärung** hat der Stifter an die Stiftung zu richten. Für die Stiftung ist dann ggf. ein Pfleger durch das Amtsgericht zu bestellen, der die Frage der rechtsgültigen Anfechtung des Stiftungsgeschäftes im Wege der Feststellungsklage klären lassen kann. Ein angefochtenes Stiftungsgeschäft wird als von Anfang an nichtig angesehen. Die Stiftung als Organisation und Körperschaft wird durch die Anfechtung nach richtiger Ansicht jedoch nicht in ihrem Bestand berührt. Faktisch wird das Erreichen des Stiftungszwecks in einem solchen Fall regelmäßig unmöglich werden, da die wirksame Anfechtung den Anspruch der Stiftung gegen den Stifter auf Übertragung des Stiftungsvermögens hemmt. Die Stiftung ist dann von der Anerkennungsbehörde richtigerweise aufzuheben.

99 Fehlt dem Stiftungsgeschäft die vorgeschriebene Form, verstößt das Stiftungsgeschäft gegen gesetzliche Vorschriften, ist es sittenwidrig oder ist gar der Stifter geschäftsunfähig, so ist das **Stiftungsgeschäft ebenfalls nichtig** und zwar mit den entsprechenden Folgen wie bei der wirksamen Anfechtung.

Eine Stiftung kann zudem auch insolvent werden.[83] Sie ist auch von daher **nicht absolut endgültig**.

6. Gestaltung der Stiftungssatzung

100 Bei der Gestaltung einer **Stiftungsverfassung** (**Stiftungssatzung**) ist zwischen dem notwendigen und dem möglichen Inhalt zu unterscheiden. **Notwendig und zwingend** für eine Stiftungsverfassung sind Angaben zu Namen, Sitz, Zweck und Vermögen der Stiftung. Außerdem muss in der Satzung geregelt sein, welche Organe die Stiftung hat, wie sich diese Organe zusammensetzen und wie deren Mitglieder bestimmt werden. Zwingendes Organ für eine Stiftung ist der Vorstand.

101 Neben den genannten notwendigen Angaben kann eine Stiftungssatzung zahlreiche weitere Regelungen enthalten. Durch Regelungen in der Stiftungssatzung können vor allem die Wege zur Erreichung des Stiftungszwecks näher konkretisiert werden, Vorgaben zur Art und Weise der Vermögensverwaltung der Stiftung gegeben oder neben dem Vorstand weitere Organe (z.B. ein den Vorstand beaufsichtigender Stiftungsrat und/oder ein Vorstand beratendes Kuratorium) für die Stiftung festgelegt werden. Das hier wiedergegebene Muster (siehe Rn 160) einer ausführlichen Satzung einer unternehmensverbundenen Stiftung verdeutlicht einige der hier für den Stifter bestehenden zahlreichen Möglichkeiten. Letztlich lässt sich für jedes konkrete Stiftungsprojekt eine maßgeschneiderte Satzung entwerfen. Es besteht ein **breiter Gestaltungsspielraum**.

---

[83] AnwK-BGB/*Schiffer*, § 86 Rn 10 ff.

7. Ausstattung und Bewirtschaftung des Stiftungsvermögens

Zur Verwirklichung des Stiftungszwecks muss das **Vermögen der Stiftung** erhalten bleiben. Es **102** darf nicht zur Erfüllung des Stiftungszwecks verbraucht werden. Man spricht von dem **Grundsatz der Vermögenserhaltung**. Eine für die Erfüllung des Stiftungszwecks **angemessene Vermögensausstattung** wird allseits für erforderlich gehalten. Es ist jedoch nirgendwo gesetzlich geregelt, um welche Mindestausstattung es sich handeln muss. Der Gedanke einer festen Mindestkapitalausstattung für Stiftungen ist zu Recht verworfen worden. Zu groß sind in der Praxis die Unterschiede zwischen den einzelnen Stiftungen. Es besteht damit in jedem Einzelfall für die Vermögensausstattung der Stiftung ein erheblicher Ermessensspielraum. Verschiedentlich werden jedoch Faustregeln und Zirka-Beträge genannt. Die Beantwortung der Frage nach der ausreichenden Vermögensausstattung hängt vorrangig vom jeweiligen Stiftungszweck und von der konkreten Praxis der einzelnen Stiftungsbehörden ab. Letztere ist, wie Untersuchungen der Praxis gezeigt haben, beinahe bis an die Grenzen der Willkür unterschiedlich. Für unternehmensverbundene Stiftungen wird man zum gegenwärtigen Zeitpunkt wohl sagen müssen, dass **grundsätzlich** ein Mindestkapital in Höhe von **jedenfalls 50.000 EUR** erforderlich ist. Verschiedene Stiftungsbehörden forderten in der Vergangenheit allerdings deutlich niedrigere oder höhere Mindestbeträge.[84] Für nicht unternehmensbezogene Stiftungen gilt ähnliches. **Umschichtungen des Stiftungsvermögens,** d.h. Veränderungen in der Zusammensetzung des zu erhaltenden Vermögens, sind, falls sich aus der Satzung nicht etwas anderes ergibt, grundsätzlich zulässig.[85] Erzielte Buchgewinne sind keine Erträge; sie fließen dem zu erhaltenden Vermögen („Grundstock") zu.[86]

Eine gegenwärtig heftig diskutierte Frage ist die der **Bewirtschaftung des Stiftungsvermögens**: **103** Wie darf, soll, muss ein Stiftungsvermögen verwaltet werden? Auch hier ist der Stifterwille maßgebend.[87] Eine Stiftungssatzung sollte deshalb ggf. Vorgaben zur Verwaltung des Stiftungsvermögens enthalten, die einerseits den Stiftungsorganen eine Leitlinie geben (Welches Risiko dürfen wir eingehen?) und andererseits wegen der naturgemäß nicht absehbaren Zukunft eine hinreichende Flexibilität ermöglichen.

VI. Aktuell: Haftung von Stiftung und Organmitgliedern

1. Das Haftungsproblem

Die Stiftung haftet[88] gegenüber Dritten nach dem Bürgerlichen Gesetzbuch zwingend für jeden **104** Schaden, den ein Stiftungsorgan, ein Organmitglied oder ein sonstiger für die Stiftung Mitwirkender in Ausführung der ihm übertragenen Aufgaben schuldhaft verursacht (Außenhaftung); grundsätzlich kann die Stiftung Rückgriff gegenüber den betreffenden Organmitgliedern nehmen (Innenhaftung), wobei diese grundsätzlich auch für leicht fahrlässige Pflichtverletzungen haften.[89] Eine Ausnahme gilt allein für Vorstandsmitglieder, die ehrenamtlich oder gegen eine Vergütung von nicht mehr als 500 EUR tätig sind (§§ 86, 31a BGB). Um es einmal plastisch auszudrücken: „Es reicht nicht, Gutes zu tun, man muss es auch gut tun."

---

84 *Hennerkes/Schiffer/Fuchs*, BB 1995, 209 ff.
85 Ausf. Werner/Saenger/*Fritz*, Die Stiftung, 2008, Rn 488 ff., 500 ff.
86 Vgl. Seifart/v. Campenhausen/*Hof*, Stiftungsrecht-Handbuch, 3. Aufl. 2009, § 9 Rn 115.
87 Ausf. *Schiffer*, Die Stiftung in der Beraterpraxis, 2. Aufl. 2009, § 6 Rn 37 ff.; grundlegend: Hüttemann, FG Flume 1998, S. 59 ff.
88 Näher zur Haftung von Stiftung und Organmitgliedern NK-BGB/*Pruns/Schiffer*, § 81 Rn 40 ff., § 86 Rn 11 ff. m.w.N.
89 Ausführlich zur Haftung des Stiftungsvorstandes: *Schwintek*, Vorstandskontrolle in rechtsfähigen Stiftungen des bürgerlichen Rechts, 2001, S. 189 ff.; *Wehnert*, ZSt 2007, 67.

Aktuell gibt es in diesem Zusammenhang erfreulicherweise eine Diskussion zur Corporate Governance bei Stiftungen.[90] Zur Corporate Governance werden hier Fragen nach der Kontrolle der Stiftungsorgane,[91] nach den Grundsätzen einer ordnungsgemäßen Stiftungsverwaltung[92] oder nach den Grundsätzen guter Stiftungspraxis[93] gestellt.

105 Nach einer nicht näher begründeten Meinung aus der Wissenschaft soll die Haftung von Stiftungsorganmitgliedern in der Praxis so gut wie keine Rolle spielen.[94] Aktuelle Fälle aus unserer Praxis zeigen das Gegenteil. Allerdings liegt bisher noch keine umfangreiche Rechtsprechung zur Haftung von Stiftungsorganen und Stiftungsbediensteten vor. Das heißt aber nicht, dass es in der Praxis keine Haftungsfälle im Zusammenhang mit Stiftungen gibt. Gegen eine solche Schlussfolgerung spricht schon die bekannte Verschwiegenheit des Sektors.

Voraussetzung der Haftung der Stiftung nach §§ 86, 31 BGB ist ein innerer Zusammenhang zwischen der schädigenden Handlung und der Organtätigkeit. Auf die Vertretungsmacht und deren Grenzen kommt es dabei nicht an. Besteht die schädigende Handlung allerdings lediglich in einer Überschreitung der Vertretungsmacht, so haftet dafür nicht die Stiftung, sondern das Organmitglied selbst (§ 179). Auch Schadenszuführung „nur" bei Gelegenheit der Organtätigkeit führt nicht zu einer Haftung der Stiftung.

In allen Fällen der Außenhaftung stellt sich zugleich die Frage nach der Innenhaftung der Organe, d.h. nach dem Rückgriff der Stiftung auf die Organmitglieder wegen des ihr entstanden Schadens. Diese Frage stellt sich aber natürlich auch dann, wenn der Stiftung ein Schaden nicht durch einen Fall der Außenhaftung, sondern auf sonstige Weise (z.B. Vermögensverlust) entstanden ist.

Soweit Stiftungsorgane im Rahmen eines Dienstvertrages, Geschäftsbesorgungsvertrages oder Auftrages tätig werden, ergibt sich die Anspruchsgrundlage aus § 280 Abs. 1 wegen Verletzung einer Pflicht aus dem jeweiligen Schuldverhältnis.[95] In Betracht kommen bei der Stiftung insbesondere zwei Pflichten und ein korrespondierendes Verbot,[96] nämlich die Pflicht zur Verwirklichung des Stiftungszwecks, die Pflicht zur Erhaltung des Stiftungsvermögens und das Verbot der Förderung eigener Interessen oder solcher Dritter zulasten der Stiftung. Der Haftungsmaßstab ergibt sich aus § 276 Abs. 1. Gehaftet wird grds. also für Vorsatz und jede Form der Fahrlässigkeit. Die Grenze zur leichten Fahrlässigkeit ist schnell überschritten. Im Widerspruch dazu soll nach einer Ansicht eine Innenhaftung/ein Rückgriff wegen Verletzung des Grundsatzes der Vermögenserhaltung gegen Organmitglieder nur dann in Betracht kommen, wenn „bei deutlich erkennbaren, konkreten Vermögensverlusten grob pflichtwidrig ... von im Einzelfall tatsächlich und rechtlich verfügbaren und erfolgversprechenden Gegenmaßnahmen" kein Gebrauch gemacht wird.[97] Das entspricht indes nicht dem gesetzlichen Haftungsmaßstab des § 276 Abs. 1. Die genannte Ansicht verliert zudem weiter an Überzeugungskraft, wenn man sich einmal von dem Leitbild eines ehrenamtlich handelnden Vorstandes löst und sich stattdessen an dem Vorstand einer unternehmensverbundenen Stiftung orientiert.

106 Gesetzliche Haftungsbeschränkungen gab es bis vor kurzem nicht. Privilegierung in analoger Anwendung von § 619a BGB oder bei besonders schadensträchtigen Aufgaben wurden zumindest diskutiert.[98] In der Stiftungssatzung kann der Rückgriff auf Fälle von Vorsatz und gro-

---

90 Siehe *Saenger/Veltmann*, ZSt 2005, 67; *Schiffer*, ZCG 2006, 143. Siehe ferner § 14 Rn 21ff.
91 *Steuber*, DStR 2006, 1182 („Kontrolle oder Moral").
92 *Neuhoff*, Stiftung & Sponsoring – Rote Seiten 2/2003, „Versuch einer Stiftungsethik".
93 Bundesverband Deutscher Stiftungen „Grundsätze guter Stiftungspraxis (03/2006); www.stiftungen.org, Stichwort „Stiftungspraxis".
94 Kötz/Rawert/Schmidt/Walz/*Reuter*, Non Profit Year-Book 2002, 176.
95 Werner/Saenger/*Kilian*, Rn 547.
96 Vgl Kötz u.a./*Reuter*, Non Profit Law-Yearbook 2002, S. 157, 158 ff.
97 Seifart/v. Campenhausen/*Hof*, § 9 Rn 185.
98 Vgl *Schiffer*, Stiftung, § 6 Rn 26 m.w.N.

ber Fahrlässigkeit beschränkt werden. Für ehrenamtlich tätige Vorstandsmitglieder oder solche, die von der Stiftung eine Vergütung von nicht mehr als 500,– EUR erhalten, ist eine solche Haftungserleichterung nunmehr gesetzlich in §§ 86, 31a BGB vorgeschrieben. Die Grenze von 500,– EUR orientiert sich an dem Steuerfreibetrag des § 3 Nr. 26a EStG. Die Haftungsfreistellung umfasst zum einen (§§ 86, 31a Abs. 1 S. 1 BGB) die Fälle der Innenhaftung und zum anderen (§§ 86, 31a Abs. 2 BGB) die Fälle, in denen das Vorstandsmitglied von einem Dritten in Anspruch genommen wird. Soweit also ein unentgeltlich oder nur geringfügig vergütetes Vorstandsmitglied in Ausübung seiner Pflichten als Vorstandsmitglied einen Schaden verursacht, kann die Stiftung in Fällen der leicht oder normal fahrlässigen Verursachung keinen Rückgriff nehmen und ist dem Vorstandsmitglied gegenüber zur Befreiung von der Verbindlichkeit gegenüber einem Dritten verpflichtet. Der Freistellungsanspruch wandelt sich in einen Anspruch auf Ersatz um, wenn das privilegierte Vorstandsmitglied den Schaden des Dritten bereits selbst beglichen hat.[99] Unentgeltlich heißt, dass das Vorstandsmitglied keinerlei Gegenleistung für seine Tätigkeit erhält, weder finanzieller Art noch in Naturalien. Die Zahlung von Aufwandsentschädigungen ist unschädlich.[100]

107 Mit dieser gesetzlichen Regelung hat der Gesetzgeber auf schon länger im Raum stehende Forderungen zum besseren Schutz ehrenamtlich in Stiftungen tätiger Personen reagiert.[101] Der Schutz ist aber gerade im Bereich der praktischen Arbeit von Stiftungen unvollkommen, denn nach dem eindeutigen Wortlaut des § 31a kommen allein Mitglieder des Stiftungsvorstands in den Genuss der Haftungserleichterung. Mitglieder anderer Stiftungsorgane haften dagegen weiterhin bereits für leichte Fahrlässigkeit, obwohl ihre Tätigkeit gerade im Bereich der Überwachung des Vorstandes in Fragen der Vermögensverwaltung nicht weniger haftungsträchtig ist als bei diesem. Es ist daher über eine analoge Anwendung der §§ 86, 31a BGB auf ehrenamtliche tätige Mitglieder anderer Stiftungsorgane oder anderer ehrenamtlich im Auftrag der Stiftung tätig werdender Personen nachzudenken. Zwar hat der Gesetzgeber für das Vereinsrecht ganz bewusst nur Vorstandsmitglieder privilegieren wollen, weil sich diese stärker als andere im Verein engagierten.[102] Doch ist damit noch nicht gesagt, dass sich das Argument ohne weiteres auf Stiftungen übertragen lässt. Vielmehr sind gerade bei Verletzung des Vermögenserhaltungsgrundsatzes Fallgestaltungen denkbar, in denen eine unentgeltliche Tätigkeit im Stiftungsrat ebenso haftungsträchtig ist wie diejenige im Vorstand der Stiftung und das im Gesetz festgeschriebene Haftungsgefälle deshalb nicht einleuchten mag. Dieses Problem hätte durch eine flexiblere Regelung vermieden werden können.[103] Als Vorbild dafür wäre z.B. § 24 Abs. 1 des österreichischen Vereinsgesetzes in Frage gekommen, der bestimmt: „Bei der Beurteilung des Sorgfaltsmaßstabs ist eine Unentgeltlichkeit der Tätigkeit zu berücksichtigen."

108 Der Gesetzgeber scheint nun auch selbst nicht mehr recht von seiner Argumentation überzeugt zu sein. Der Bundesrat hat nämlich inzwischen auf Initiative des Landes Baden-Württemberg und des Saarlandes beschlossen, dass dem Bundestag der „Entwurf eines Gesetzes zur Förderung ehrenamtlicher Tätigkeit im Verein" vorgelegt wird.[104] Der Entwurf sieht die Einführung eines § 31b vor, der § 31a nachempfunden ist. Damit wird eine von der Rechtsprechung[105] schon länger verfolgte Linie aufgegriffen, wonach die Haftung ehrenamtlich tätig werdender Vereinsmitglieder aus „Billigkeitserwägungen"[106] auf Vorsatz und grobe Fahrlässigkeit beschränkt wird. Eine Erweiterung der Haftungsbefreiung auf Stiftungen durch einen entsprechenden Verweis in § 86 ist allerdings nicht vorgesehen. In der Sache ist diese Unterscheidung

---

99 Palandt/*Ellenberger*, § 31a Rn 5.
100 BT-Drucks 16/10 120, 7.
101 Zur näheren Begründung vgl. BT-Drucks 16/10120, 1f., 6f.
102 BT-Drucks 16/10 120, 7.
103 Vgl schon *Schiffer/Pruns*, Stiftung & Sponsoring 4/2009, 38.
104 BR-Drucks 41/11.
105 Vgl. etwa BGH NJW 2005, 981; OLG Schleswig npoR 2010, 112.
106 BGH NJW 2005, 981.

zwischen Verein und Stiftung u.E. nicht berechtigt, weil sie zu einem 2-Klassen Haftungsrecht führt. Eine andere Frage ist die nach der politischen Durchsetzbarkeit. Zu beachten ist nämlich insbesondere, dass sich bei einer Erweiterung der Haftungsfreistellung auf Stiftungen die Anschlussfrage stellt, ob nicht auch für andere ehrenamtlich Tätige (z.B. für Genossenschaften oder für ehrenamtlich tätige Betreuer, etc.) eine Haftungsfreistellung in Betracht zu ziehen ist. Das würde allerdings eine fundamentale Änderung des zivilrechtlichen Haftungssystems bedeuten! Außerdem dürfen auch die einer Haftungsbefreiung gegenläufigen Interessen nicht außer Betracht bleiben. So ist die Stiftung zu ihrem Schutz auf ein wirksames Haftungsrecht angewiesen. Das gilt aber nicht nur für die Stiftung, sondern auch gleichermaßen für den Verein.

Nach unserer Auffassung wäre die oben vorgeschlagene Regelung nach Vorbild des § 24 Abs. 1 des österreichischen Vereinsgesetzes flexibel genug, diese gegenläufigen Interessen im konkreten Fall zu berücksichtigen. Gegen eine solche Regelung ließe sich allerdings einwenden, dass sie nicht dieselbe klare Rechtsfolge (Ausschluss der Haftung in jedem Fall der leichten und der einfachen Fahrlässigkeit) und damit nicht dieselbe Rechtssicherheit für die ehrenamtlich Tätigen bietet, wie der jetzige § 31a und der geplante § 31b. Diese Rechtssicherheit wird indes durch eine Starrheit des Haftungsausschlusses zulasten von Verein und Stiftung erkauft.

2. Einzelheiten

109 Eine etwaige Haftung der Aufsichtsbehörde bestimmt sich nach Art. 34 GG, § 839.[107] Eine Haftung der Behörde setzt hier vor allem voraus, dass die Behörde eine gerade gegenüber dem Anspruchsteller bestehende Amtspflicht verletzt hat. Solche Amtspflichten bestehen aufgrund der gesetzlichen Aufsichtsbefugnisse zunächst gegenüber der einzelnen Stiftung. Erfährt die Behörde davon, dass der Stiftung Schaden droht, so verstößt sie gegen ihre Aufsichts- und Beratungspflichten, wenn sie die ihr zur Verfügung stehenden Aufsichtsmittel nicht oder nur unzureichend nutzt. Das gilt insbesondere dann, wenn die Behörde nicht gegen eine zweckwidrige Verwendung von Stiftungsmitteln durch Stiftungsorgane einschreitet oder einen Zugriff auf das Stiftungskapital zulässt, den die Satzung nicht erlaubt.

110 Ansprüche der Stiftung gegen Mitglieder vertretungsberechtigter Organe können von der Stiftungsaufsicht im Namen und auf Kosten der Stiftung geltend gemacht werden.[108] Es liegt nahe, dass die Stiftungsbehörde i.d.R. entsprechend vorgehen wird, wenn die Frage ihrer etwaigen Haftung auch nur im Raume steht. Nach § 839 Abs. 1 S. 2 scheidet ein Amtshaftungsanspruch bei wohl allenfalls infrage stehendem fahrlässigem Verhalten der Aufsichtsbehörde nämlich aus, soweit die Stiftung ihr pflichtwidrig handelndes Organmitglied in Anspruch nehmen kann. Das ist von der Aufsichtsbehörde zu prüfen und notfalls durchzusetzen. Im Verhältnis zum Stifter können Amtspflichten insoweit in Betracht kommen, als die Behörde ihm die Überwachung der Einhaltung seines Stifterwillens garantieren muss oder Beratungsfunktionen ihm gegenüber wahrgenommen hat und daraus für ihn selbst ein Schaden entsteht. Wie die Stiftungsaufsicht in einem konkreten Fall tatsächlich reagieren wird, lässt sich kaum vorhersagen.

111 Wegen der verhältnismäßig eingeengten und oft auch unpraktikablen Haftungsbeschränkungsmöglichkeiten ist die Versicherungsdeckung in der Praxis ein wichtiges Thema. Entsprechende Policen (D & O-Policen[109]) werden seit einer Reihe von Jahren auch in Deutschland von verschiedenen in- und ausländischen Versicherern angeboten.[110] Für das Organmitglied kann sich daraus sogar ein Freistellungsanspruch gegenüber der Stiftung ergeben. Die Stiftung ist

---

107 Vgl auch Seifart/v. Campenhausen/*Hof*, § 10 Rn 388 ff.; *Schwintek*, Stiftung & Sponsoring 2/2003, 14.
108 S. auch Werner/Saenger/*Fritsche*, Rn 560 ff.
109 Abgeleitet von „directors and officers liabilty insurance".
110 Näher *Sandberg/Magdeburg*, Stiftung & Sponsoring 3/2006, 32.

aufgrund von § 242 BGB gehalten, sich vorrangig an die Versicherung zu halten.[111] Ob die Versicherer wirklich passende Angebote für den nicht eben häufigen Spezialfall „Stiftung" unterbreiten können, ist im Einzelfall sehr genau zu prüfen. Nach den Erfahrungen der Verfasser sind hier durchaus Zweifel angebracht. Sorgfältig zu prüfen bleiben in jedem Einzelfall der Deckungsumfang der Policen (Ausschlüsse, Rückwärtsversicherung, Nachhaftung etc.) sowie die Angemessenheit der Deckungssumme. Versicherte Personen sind typischerweise sämtliche Organe. Auch grob fahrlässiges Verhalten wird gedeckt, erst bei Vorsatz scheitert die Versicherungslösung.

VII. Die treuhänderische (unselbständige) Stiftung

1. Wesen und Zweck

Die unselbständige, treuhänderische Stiftung[112] unterscheidet sich von der Stiftung des Privatrechts dadurch, dass sie **keine juristische Person** ist.[113] Der Stifter überträgt vielmehr einer bereits bestehenden – natürlichen oder juristischen – Person als Treuhänder Vermögenswerte mit der Auflage, die Erträgnisse aus den Vermögenswerten zur Verfolgung des von ihm vorgegebenen Stiftungszwecks einzusetzen. Rechtlich erfolgt das als Schenkung unter Auflage, als Zweckschenkung, als Treuhandvereinbarung, auf die bei Unentgeltlichkeit Auftragsrecht (§§ 662 ff. BGB) und ansonsten das Recht der Geschäftsbesorgung (§ 675 BGB) anzuwenden ist, oder als Vertrag eigener Art. Treuhänder kann auch eine (selbständige) Stiftung sein.

112

Die möglichen **Zwecke** für eine treuhänderische Stiftung sind dieselben wie bei der rechtsfähigen Stiftung des Privatrechts. Sie hat eben nur keine eigene Rechtspersönlichkeit und benötigt nicht zwingend eine eigene **Organisation**, sondern kann gegebenenfalls auf die des Treuhänders zurückgreifen.

113

2. Besonderheiten

Weder die Vorschriften des BGB, noch die Landesstiftungsgesetze finden auf diese rein schuldrechtliche (!) Form der Stiftung Anwendung. Ihre Errichtung erfordert **kein staatliches Anerkennungsverfahren**. Auch eine unselbständige Stiftung kann etwa wegen Mildtätigkeit oder Gemeinnützigkeit steuerbefreit sein. Dabei ist die Gemeinnützigkeit des Trägers der unselbständigen Stiftung nicht erforderlich. Es ist hier jedoch in Stiftungsgeschäft und Satzung der unselbständigen Stiftung die Gemeinnützigkeit festzulegen und festzuhalten, dass die Mittel nur für die vom Stifter festgelegten steuerbegünstigten Zwecke verwendet werden können. Hier wird in der Regel eine sehr genaue Abstimmung des Stiftungszwecks mit dem Aufgabenbereich des vorgesehenen Trägers/Treuhänders erforderlich sein. Das spricht dafür, eine treuhänderische Stiftung bereits zu Lebzeiten zu errichten. Die unselbständige Stiftung unterliegt keiner staatlichen Aufsicht. Im Fall der **Steuerbefreiung** wacht aber natürlich die Finanzverwaltung über die Einhaltung der einschlägigen Steuervorschriften (insbesondere §§ 51 ff. AO).

114

3. Errichtung unter Lebenden oder von Todes wegen

Auch die unselbständige Stiftung wird durch ein **Stiftungsgeschäft unter Lebenden** oder von Todes wegen errichtet. Das Stiftungsgeschäft unter Lebenden ist hier ein Vertrag zwischen dem Stifter und dem Stiftungsträger. Der Stifter überträgt der von ihm gewählten Person seines Ver-

115

---

111 LG Bonn NJW-RR 1995, 1435 für Vereinsvorstand.
112 Ausführlich dazu *Schiffer*, Die Stiftung in der Beraterpraxis, 2. Aufl. 2009, § 2 Rn 40 ff, § 11 Rn 1 ff.; siehe dort auch zu den nachfolgend angesprochenen Einzelheiten.
113 Anders neuerdings *Bruns*, JZ 2009, 840 ff.

trauens die von ihm dem Stiftungszweck gewidmeten Vermögenswerte unter der Auflage (Schenkung unter Auflage oder auch Zweckschenkung), sie entsprechend zu verwenden, oder vereinbart mit der betreffenden Person direkt ein Treuhandverhältnis. Für das Treuhandverhältnis gilt Auftragsrecht (§§ 662ff. BGB). Der Stiftungsträger wird (treuhänderisch) Eigentümer der Vermögenswerte. Die Einzelheiten wird der Stifter mit dem Stiftungsträger aushandeln und in einer „Stiftungssatzung" festhalten, die man richtigerweise als „Organisationsvertrag" bezeichnen sollte (Muster siehe Rn 156).

116   Bei einer treuhänderischen Stiftung **von Todes wegen** errichtet typischerweise ein Testamentsvollstrecker die Stiftung für den Erblasser, der beispielsweise die Stiftungserrichtung durch eine Auflage für seine Erben bestimmt.

4. Auswahl des Stiftungsträgers

117 Ersichtlich ist bei der **Auswahl des Stiftungsträgers** für die unselbständige Stiftung besondere Sorgfalt anzuwenden. Die Auswahl einer juristischen Person – vor allem des öffentlichen Rechts – hat den Vorteil, dass diese anders als natürliche Personen zumindest potentiell unsterblich ist. In der Regel werden daher als Stiftungsträger bereits bestehende selbständige Stiftungen, Gesellschaften, Vereine oder auch Universitäten oder Gemeinden gewählt. Zu nennen ist in diesem Zusammenhang vor allem der Stifterverband in Essen.

118   Der Stifter sollte dabei besonderen Wert darauf legen, dass der Treuhänder/Stiftungsträger über eine eigene funktionierende **Organisation** verfügt, deren Kontrollmechanismen (insbesondere Aufsichtsorgane wie z.B. Beirat) die Verwendung der treuhänderisch übertragenen Mittel für den gewählten Stiftungszweck sicherstellen. Will der Stifter nicht auf die bereits vorhandene Organisation eines Stiftungsträgers – etwa des Stifterverbandes für die Deutsche Wissenschaft in Essen – zurückgreifen, so wird er sich zur Schaffung der internen Organisation der treuhänderischen Stiftung im Rahmen des Stiftungsträgers an den für die privatrechtliche selbständige Stiftung entwickelten Modellen orientieren.

119   Dabei kann und sollte der unselbständigen Stiftung durchaus ein eigener **Name** – etwa zur Erinnerung an den Stifter – gegeben werden. Ein beeindruckendes Praxisbeispiel ist die Isabell-Zachert-Stiftung, Bonn, die treuhänderisch von der Deutschen Kinderkrebsstiftung verwaltet wird.[114] Diese Stiftung wurde von Frau Christel Zachert im Andenken an ihre Tochter Isabell errichtet, die als Teenager an Krebs starb. Die Stiftung unterstützt krebskranke Kinder und deren Familien.

VIII. Besondere Stiftungsgestaltungen[115]

1. Privatautonome Stiftungsgestaltung

120 Da insgesamt der Bundesgesetzgeber und die Landesgesetzgeber von ihrer Befugnis, die Satzung privatrechtlicher Stiftungen zu regeln, nur in begrenztem Umfange Gebrauch gemacht haben, ergeben sich für die einzelne Stiftung die stiftungsrechtlichen Regelungen im Wesentlichen aus ihrer Stiftungssatzung, auch Stiftungsverfassung genannt. Wir verwenden die Ausdrücke synonym. Bei deren **Gestaltung** bleibt dem Stifter ein **außergewöhnlich großer Spielraum**. Unter Beachtung des für die betreffende Stiftung geltenden Landesstiftungsgesetzes kann ein Stifter die Stiftungssatzung konkret auf seine Wünsche zuschneiden. Wie dargelegt (siehe Rn 10), kann ein Stifter die staatliche Stiftungsaufsicht (reine Rechtsaufsicht, keine Fachauf-

---

114 Sehr einfühlsam und beeindruckend wird alles geschildert in dem Buch von *Christel und Isabell Zachert*, Wir treffen uns wieder in meinem Paradies, 1995.
115 *Berndt*, S. 522ff.; *Schiffer*, Die Stiftung in der anwaltlichen Praxis, S. 50ff. und S. 211ff.

sicht!) aber nicht einschränken. Sie dient dem öffentlichen Interesse an der Verwirklichung des Stiftungszwecks und unterliegt nicht der Gestaltungsfreiheit des Stifters. Eine Ausnahme bilden privatnützige Stiftungen und insbesondere Familienstiftungen (siehe Rn 30). Ebenfalls nicht umgehen kann der Stifter, dass als notwendige Grundvoraussetzung einer Stiftungsorganisation ein Stiftungsvorstand einzusetzen ist, der die Stiftung nach außen vertritt und für sie handelt.

2. Die Stiftung & Co. (KG)

Bei der an die GmbH & Co. (KG) angelehnten Stiftung & Co. (KG) übernimmt die Stiftung die Rolle der Komplementärin. Über ihre Führungsrolle als Komplementärin der Gesellschaft ist die Stiftung bei der **Stiftung & Co. KG** in der Lage, nach dem Tod des Stifters eine Art Garantie für die Durchsetzung dessen Willens zu übernehmen.[116] Die Stiftung dient hier in Zusammenwirkung mit der Stiftungsaufsicht – wenn die Stiftung nicht als von der Stiftungsaufsicht teilweise „befreite" Familienstiftung ausgestaltet ist – als verlängerter Arm des Stifters weit über dessen Tod hinaus. Die Aufhebung der Stiftung und auch jede Satzungsänderung bedürfen der Genehmigung der Stiftungsbehörde, die nur erteilt wird, wenn sie dem erklärten oder mutmaßlichen Willen des Stifters entspricht. Der Preis für diese „Verstetigung" ist natürlich eine geringere Flexibilität der Gestaltung. 121

Anders als die GmbH & Co. KG ist die Stiftung & Co. KG nach wie vor relativ selten. Anders als die Stellung eines GmbH-Geschäftsführers bei einer GmbH & Co. KG ist daher die Position als Vorstand einer Stiftung, die Komplementärin einer Stiftung & Co. KG ist, in der Öffentlichkeit mit einem wesentlich größeren Sozialprestige verbunden. Ähnlich wie für eine Aktiengesellschaft im Vergleich zur GmbH lassen sich für eine Stiftung & Co. KG im Vergleich zur GmbH & Co. KG deshalb nach Erfahrungen aus der Praxis **eher geeignete Führungskräfte finden**. 122

Ebenso wie die GmbH & Co. KG genießt die Stiftung & Co. KG die **Vorteile einer Personengesellschaft bei gleichzeitiger Vermeidung des Haftungsnachteils**. Anders als bei der GmbH & Co. KG ist bei der Stiftung & Co. KG die „beschränkte Haftung natürlicher Personen" rechtlich sogar noch perfekter ausgestaltet. Bei der Komplementärstiftung als rechtsfähigem Sondervermögen ohne Gesellschafter ist eine **Durchgriffshaftung**[117] **ausgeschlossen**, während eine solche Haftung für die hinter einer Komplementär-GmbH stehenden Gesellschafter durchaus möglich ist. Die Stiftung & Co. KG kann man insofern also als konsequente Fortentwicklung der GmbH & Co. KG bezeichnen. Wählt der Stifter zur angemessenen Verstetigung seines Willens die Gestaltung einer Stiftung & Co. KG, so ist der Stiftung im Gesellschaftsvertrag der Kommanditgesellschaft eine entsprechend starke Stellung einzuräumen. Es sollte insbesondere bestimmt werden, dass Änderungen des KG-Vertrages jedenfalls in wichtigen Fällen der Zustimmung der Stiftung bedürfen. 123

Die Stiftung ist keine Kapitalgesellschaft. Sie gehört nicht zu den im Mitbestimmungsgesetz abschließend aufgezählten Gesellschaften. Sie ist daher ebenso wie die Stiftung & Co. KG von der **Mitbestimmung** nach dem Mitbestimmungsgesetz befreit. Möglich bleibt jedoch die Mitbestimmung nach dem Betriebsverfassungsgesetz. 124

Eine Änderung gegenüber der früheren Rechtslage hat sich bei der **Publizität** für die Stiftung & Co. KG ergeben, was hier besonders erwähnt werden soll, weil gerade mittelständische Unternehmen (fälschlicherweise?) als recht publizitätsscheu gelten. Auf Klage der Europäischen Kommission hat der EuGH mit Urteil vom 22.4.1999 (Rs C 272/97)[118] die Bundesrepublik Deutschland verurteilt, die sog. GmbH & Co. Richtlinie unverzüglich in deutsches Recht umzusetzen. Schon knapp vor dem Urteil ist das Umsetzungsgesetz vorgelegt worden.[119] Am 28.7.1999 hat die 125

---

116 Näher dazu Schiffer, Die Stiftung in der Beraterpraxis, 2. Aufl. 2009, § 11 Rn 11 ff.
117 Schiffer/Haase, Durchgriffshaftung bei der GmbH, Gesellschaftsrecht express – Informationsservice Gesellschaftsrecht 2/2004, 3 ff. und 3/2004, 4 ff.
118 GmbHR 1999, 535 ff.
119 Siehe etwa Heni, DStR 1999, 912 ff.

Bundesregierung einen überarbeiteten Gesetzesentwurf verabschiedet, der am 13.8.1999 veröffentlicht[120] und am 16.12.1999 vom Bundestag verabschiedet worden ist; der Bundesrat hat am 4.2.2000 zugestimmt.[121] Betroffen ist entgegen früheren Äußerungen aus der „Politik" auch die Stiftung & Co. KG.[122] Das wäre, wie der Bundesjustizminister seinerzeit betonte, nach der EG-GmbH & Co. Richtlinie an sich nicht erfor-derlich gewesen.[123] Ob in einer solchen Publizität tatsächlich ein Nachteil liegt, ist zu bezweifeln. „Publizität" wird in modernen Unternehmen sinnvollerweise als **Marketinginstrument** genutzt.

3. Die Doppelstiftung

126 In der Praxis findet sich die Kombination einer Familienstiftung mit einer gemeinnützigen Stiftung (sog. **Doppelstiftung**). Das Modell der Doppelstiftung kombiniert die Vorteile einer unternehmensverbundenen Stiftung mit den Steuervorteilen einer gemeinnützigen Stiftung. Es lässt sich wie folgt kennzeichnen:[124]

1. Schritt: Der Familienunternehmer überträgt beispielsweise alle seine Gesellschaftsanteile auf eine steuerbefreite, gemeinnützige Stiftung, die nicht benötigt werden, um den Unterhalt der Familie nachhaltig zu sichern.

2. Schritt: Die restlichen Anteile überträgt er auf eine Familienstiftung, die die unternehmerische Verantwortung dadurch trägt, dass das Stimmrecht für die von der gemeinnützigen Stiftung gehaltenen Anteile ausgeschlossen wird. Dabei wird die gemeinnützige Stiftung gerade nicht mitunternehmerisch an einer Personengesellschaft beteiligt. Sie führt keinen wirtschaftlichen Geschäftsbetrieb.

127 Das Modell der Doppelstiftung soll hier beispielhaft anhand einer – was angesichts mancher Zeitungsberichte über eine bestimmte andere Stiftungsgestaltung betont werden muss – praktisch außer Streit stehenden Gestaltung aus dem Bereich der großen Familienunternehmen beleuchtet werden: Die bekannte **„Robert Bosch Stiftung GmbH"** ist mit über 90% an der Unternehmung Robert Bosch GmbH, Stuttgart beteiligt. Geleitet wird die Unternehmung Robert Bosch GmbH aber nicht etwa durch die Stiftung GmbH, sondern durch die an der Robert Bosch GmbH mit einem „Zwerganteil" beteiligte Robert Bosch Industrie Treuhand KG, die auch das Stimmrecht aus den Anteilen der Robert Bosch Stiftung GmbH erhalten hat. Diese juristische Konstruktion, die ebenso bei Einsatz einer Stiftung anstelle einer GmbH möglich wäre, dient der deutlichen Trennung zwischen dem Unternehmen einerseits und der gemeinnützigen Aufgabenstellung andererseits. Die Unternehmensführung liegt, um die Steuerbefreiung zu erhalten, nicht bei der gemeinnützigen Stiftung GmbH, sondern bei der Kommanditgesellschaft. Der gemeinnützige Bereich stellt also steuerfrei das Betriebskapital bereit, mit dem der Unternehmensvorstand arbeitet.

128 Mit ihrer gegenseitigen Funktionsbezogenheit arbeiten im Fall der Doppelstiftung beide Stiftungen in Verantwortung für das Unternehmen zur Erhaltung und Vermehrung der Vermögenssubstanz zusammen. Dabei besteht in der Regel eine weitgehende organisatorische und personelle Übereinstimmung zwischen den beiden Stiftungen. Gleichzeitig wird nachhaltig ein gemeinnütziger Zweck gefördert. Die Doppelstiftung kombiniert damit auch im besten Sinne des Wortes die **„Sinn-Stiftung"** in der Form der gemeinnützigen Stiftung mit der Unternehmenssicherung in Form der gesamten Stiftungsgestaltung. Sie ist damit Ausdruck eines verantwortungsbewussten und eigenverantwortlichen Unternehmertums.

---

120 BR-Drucks 458/99; siehe dazu *Stuckert*, StuB 1999, 816 ff.; *Bihr*, BB 1999, 1862 ff.
121 *Schiffer/v. Schubert*, DB 2000, 437 ff.
122 *Ernst*, DStR 1999, 903, 904 f.
123 Siehe etwa *Hennerkes/Schiffer*, BB 1992, 1940 ff.
124 Näher dazu *Schiffer*, Die Stiftung in der Beraterpraxis, 2. Aufl. 2009, § 11 Rn 28 ff. Ausf. auch *Eiselsberg/Schiffer*, Stiftungsrecht – Jahrbuch 2007 (Wien, Graz 2007), S. 175 ff.

4. Stiftung und Mitarbeiterbeteiligung

Gerade Unternehmen, die von Stiftungen dauerhaft mitgetragen werden, eignen sich besonders für eine **Mitarbeiterbeteiligung**. „Bertelsmann" ist nur das bekannteste Beispiel. Gerade in von Stiftungen getragenen Unternehmen lässt sich über eine Mitarbeiterbeteiligung der (vermeintliche) Gegensatz zwischen Arbeitnehmer- und Kapitalgeberinteressen elegant aufheben, denn die Stiftung ist eine von Einzelpersonen, Mitgliedern oder Gesellschaftern unabhängige Vermögensansammlung. Eine positive betriebs- und volkswirtschaftliche Bewertung der Mitarbeiterbeteiligung entspricht allgemeiner Meinung und ergibt sich beispielsweise aus dem Wegweiser der Bundesregierung aus 1999 für Arbeitnehmer und Arbeitgeber zur „Mitarbeiterbeteiligung am Produktivvermögen" und aus dem von der Bertelsmann-Stiftung und von der Prognos GmbH 1997 herausgegebenen Leitfaden für die Praxis „Mitarbeiter am Kapital beteiligen". Dort werden auch die verschiedenen rechtlichen Möglichkeiten näher erläutert. 129

Für die **Integration einer Beteiligungsträgerstiftung in ein Mitarbeiterbeteiligungsmodell** (MAB) lassen sich zwei grundsätzliche Modelle unterscheiden: 130
- Entweder beherrscht die Stiftung die Gesellschaft durch eine **Mehrheitsbeteiligung**
- oder sie ist als „kleiner" und „dritter" Gesellschafter **„Zünglein an der Waage"**.

Gerade über solche Fallkonstellationen kann eine Stiftung gegebenenfalls ein geeignetes Gestaltungsinstrument zur **Lösung eines Unternehmensnachfolgeproblems** sein, wenn ein geeigneter Nachfolger nicht vorhanden ist. Im Zusammenhang mit der Aktivierung des enormen Mitarbeiterbeteiligungspotentials vermeidet eine Stiftung klassischerweise überholte Interessengegensätze, da über die Stiftung eine nicht personenorientierte, sondern eine sachorientierte Entscheidungsfindung sichergestellt wird. Es wird aus Sicht der Arbeitnehmer eine festere Vertrauensbasis geschaffen, denn eine Stiftung ist auf „ewig" angelegt. Die Stiftung steht hier für Neutralität und Sachorientierung. Beides wird auch von Unternehmerseite für die Unternehmensfortführung und -erhaltung typischerweise gewünscht. Der Gedanke einer Stiftung und der Gedanke der Mitarbeiterbeteiligung können sich folglich durchaus sinnvoll ergänzen. 131

5. Trusts und ausländische Stiftungen[125]

Im Zusammenhang mit der Beratung von Stiftungsprojekten fallen auch immer wieder die Stichworte „Trust" und „ausländische Stiftungen". 132

a) Trusts

Dem deutschen Recht ist die Rechtsfigur des Trusts[126] fremd. Trust-Rechtsverhältnisse sind äußerst vielschichtig und zudem in den einzelnen Ländern entsprechend ihrer Rechtstradition unterschiedlich geregelt und ausgestaltbar. Trusts findet man vorwiegend im angloamerikanischen Rechtsraum. 133

Unterteilt werden Trusts vor allem in solche, die in letztwilligen Verfügungen angeordnet werden (testamentary-trusts), und in solche, die durch Rechtsgeschäft unter Lebenden errichtet werden (intervivos-trusts). Besonders beliebt für die Trust-Gründung sind die britischen Kanalinseln Guernsey und Jersey, empfohlen werden aber auch Gibraltar, Zypern, die Bahamas oder die Cayman-Islands. Auch das liechtensteinische Recht kennt Trust-Gestaltungen. Die britischen Kanalinseln **Guernsey** und **Jersey** sollen hier beispielhaft näher betrachtet werden. Sie haben 134

---
[125] *Schiffer*, Die Stiftung in der Beraterpraxis, 2. Auflage 2009, § 13.
[126] Einen Überblick bietet *Häusler*, Stiftung & Sponsoring 6/2006, 38. Ausf. Richter/Wachter/*Häusler*, Handbuch des internationalen Stiftungsrechts, 2007, § 12. Siehe ferner Deininger/Götzenberger, Internationale Vermögensnachfolgeplanung mit Auslandsstiftungen und Trusts, 2006, Rn 70 ff.; *Schiffer*, BBV 2006, 343.

– und das macht sie für viele attraktiv – ihre eigene Steuerhoheit und erheben weder Schenkung- oder Erbschaftsteuer noch Umsatzsteuer oder Kapitalertragsteuer. Die „Inländer" müssen lediglich eine niedrige Einkommensteuer abführen. Diese Steuer gilt auch für auf den Inseln verwaltete Trusts – seien sie von Ausländern oder Inländern. Ausländer sind dagegen (im Übrigen) grundsätzlich nicht steuerpflichtig. Den Steuerprivilegien droht allerdings nach der gegenwärtigen Diskussionen zum Thema „Steuerdumping" innerhalb der EU die Abschaffung.

135 Zur Errichtung eines Trusts genügt im Wesentlichen ein **schuldrechtlicher „Treuhandvertrag"** mit einem „Treuhänder" (**Trustee**), in der Regel einem Rechtsanwalt vor Ort oder auch eine dortige, entsprechend spezialisierte Bank. Hier wird die Abhängigkeit des Trusts von bestimmten Personen ähnlich wie bei der unselbständigen, treuhänderischen Stiftung deutlich. Ein Trust und dessen Errichter sind letztlich von der Vertrauensperson, dem Trustee, abhängig. Der Trustee ist für das Trust-Vermögen und die „Ausschüttungen" an die Begünstigten (**beneficiaries**) aufgrund des Vertrages mit dem Errichter verantwortlich. Anders als eine Stiftung ist ein Trust also keine juristische Person. Die Errichtung eines Trusts dauert in der Regel nicht länger als etwa vier Wochen. Dabei kann der Errichter für Dritte **anonym** bleiben. Pauschale Aussagen zu den **Kosten** lassen sich kaum machen.

136 Die **steuerrechtlichen Konsequenzen** einer Trust-Gestaltung variieren naturgemäß mit der Vielfalt der Gestaltungsmöglichkeiten. Sie sind zudem im Einzelnen unter den Fachleuten umstritten. Jedenfalls **vier allgemeine Aussagen** lassen sich treffen:
- Ein Trust mit Sitz und Geschäftsleitung im Ausland **kann** in Deutschland beschränkt **körperschaftsteuerpflichtig** sein. Der **Bundesfinanzhof** hat in einem Grundlagenurteil aus dem Jahre 1992[127] zur **Rechtsnatur von Trusts** entschieden, dass ein Trust eine körperschaftsteuerpflichtige Vermögensmasse sein **kann**, wobei die Vermögensmasse als „selbständiges, einem bestimmten Zweck dienendes Sondervermögen, das aus dem Vermögen des Widmenden ausgeschieden ist und dem eigene Einkünfte zufließen" definiert wird. Damit ähnelt ein Trust tatsächlich der Stiftung, ohne allerdings beispielsweise deren Grad an Unabhängigkeit von bestimmten Personen zu erlangen.
- Ein Trust mit Sitz und Geschäftsleitung im Ausland **kann** in Deutschland im Hinblick auf das besagte BFH-Urteil zudem steuerrechtlich als (ausländische) **Familienstiftung** im Sinne des deutschen Außensteuerrechts einzustufen sein mit den sogleich darzustellenden (siehe Rn 138 ff.). Dabei soll nach Ansicht des Bundesfinanzhofes dem in Deutschland unbeschränkt steuerpflichtigen Errichter des Trusts das Trust-**Einkommen** unabhängig von seiner Bezugsberechtigung im Verhältnis zu dem Trust zuzurechnen sein. Damit verlieren Trust-Gestaltungen ersichtlich viel von ihrem steuerlichen Reiz.
- Seit 1999 werden Vermögensübertragungen auf „Trusts" entgegen der früheren Rechtslage (!) von der **Erbschaft-/Schenkungsteuer** erfasst (§ 3 Abs. 2 Nr. 1, § 7 Abs. 1 Nr. 8 und 9 ErbStG). Einschlägige **Steuersparmodelle** sind also **überholt**.
- **Erbersatzsteuer** dürfte nicht anfallen, da die diesbezügliche Ausnahmevorschrift für Familienstiftungen nach den allgemeinen Rechtsgrundsätzen eng auszulegen, d.h. nicht auf Trusts auszudehnen ist.

b) Ausländische Stiftungen
aa) Liechtenstein und Österreich

137 Auch ausländische Stiftungen sind alternative Ansätze zu der Wahl einer Stiftung nach deutschem Recht. Das gilt unabhängig davon, dass auch die Gemeinnützigkeit deutscher Stiftungen

---

[127] BFH BStBl II 1993, 388.

nicht an der Staatsgrenze endet,[128] d.h. es können auch gemeinnützige Zwecke im Ausland verwirklicht werden. Besonders „beliebt" waren bisher in der Praxis die sehr einfach zu errichtenden und grundsätzlich verschwiegenen[129] **Stiftungen in Liechtenstein**,[130] die allerdings zunehmend auch bei Steuerhinterziehungsfällen genannt werden. Schwarze Schafe gibt es aber überall. Zunehmend wichtig in der Beratungspraxis ist auch das **österreichische Stiftungsrecht** geworden.[131] Die Details sind hier auch nicht darzustellen. Das Thema kann nur grundsätzlich betrachtet werden. Wegen einzelner Stiftungsländer wird auf die nachgewiesenen Fundstellen verwiesen.[132]

bb) Wichtige steuerliche Problempunkte[133]

Nach § 15 Außensteuergesetz (AStG) sind Vermögen und Einkommen auch einer Familienstiftung, die Geschäftsleitung und Sitz außerhalb Deutschlands hat, dem Stifter zuzurechnen, wenn er in Deutschland unbeschränkt steuerpflichtig ist, ansonsten anteilig den unbeschränkt steuerpflichtigen Personen, die bei der Stiftung bezugs- und anfallberechtigt sind (Destinatäre). Die durch die ausländische Stiftung gewollte **steuerliche Abschottungswirkung** gegenüber der deutschen Finanzverwaltung wird durch diese steuerliche Zurechnung also **insoweit durchbrochen**, wenn die Beteiligten in Deutschland einen Wohnsitz oder ihren gewöhnlichen Aufenthalt haben. 138

Familienstiftungen im Sinne des Außensteuerrechts sind solche, bei denen der Stifter, seine Angehörigen oder seine Abkömmlinge zu mehr als der Hälfte bezugs- oder anfallberechtigt sind. Unter bestimmten Voraussetzungen sind auch unternehmensverbundene Stiftungen als Familienstiftungen einzustufen (siehe § 15 Abs. 3 AStG). Zugerechnet werden den Betreffenden nach dem Gesetzeswortlaut lediglich Vermögen und Einkommen der Familienstiftung. Auswirkungen hat das Außensteuergesetz damit nach dem Auslaufen der Vermögensteuer bis zu deren etwaiger Wiedereinführung (!) zunächst nur noch auf die Besteuerung des Einkommens (Einkommen- und Körperschaftsteuer). Die Errichtung einer Familienstiftung im Ausland ist also demnach gegenwärtig kein legales Steuersparmodell für die Besteuerung des Einkommens eines („inländischen") Stifters und seiner Familie. 139

Jenseits der Einkommensbesteuerung bietet eine „ausländische" Stiftung für einen „inländischen" Stifter und seine Familie insbesondere folgende **Möglichkeiten zur Steuerersparnis**: 140

– Weil die gesetzliche Zurechnungsregelung nach ihrem Wortlaut allein die Vermögens- und Einkommensbesteuerung betrifft, hat sie (bei einer unternehmensverbundenen Familienstiftung) keinen Einfluss auf Gewerbeertrag und Betriebsvermögen und ist mithin für die **Gewerbesteuer** bedeutungslos.

– Eine Auswirkung auf die Erbschaft- und Schenkungsteuer ist nach dem ausdrücklichen Wortlaut des Gesetzes ebenfalls ausgenommen (§ 15 Abs. 1 S. 2 AStG). Daraus folgt die Möglichkeit, die **Erbersatzsteuer** einzusparen. Das können im Einzelfall ganz erhebliche Beträge sein. Bei einer deutschen Familienstiftung fällt alle 30 Jahre die sog. Erbersatzsteuer an (§ 1 Abs. 1 Nr. 4 ErbStG), wobei das Gesetz zwei selbstständig zu besteuernde Vermögensteile fingiert. Im Ergebnis führt das zu einer Steuerbelastung der Stiftung wie sie anfallen wür-

---

128 Siehe *v. Oertzen*, Stiftung und Sponsoring 1/1998, 33.
129 Zweifelhaft, wie verschiedene CD-Transfers gezeigt haben, über die wir alle in der Presse lesen konnten.
130 *Schiffer/Hennerkes*, S. 168 ff.
131 *Schiffer*, Die Stiftung in der Beraterpraxis, 2. Aufl. 2009, § 13 Rn 23 m.w.N.
132 Darstellungen des Stiftungsrechts vieler Länder bei Richter/Wachter (Hrsg.), Internationales Stiftungsrecht, 2007.
133 *Schiffer*, Die Stiftung in der Beraterpraxis, 2. Aufl. 2009, § 13 Rn 26 ff.

de, wenn der Nachlass alle 30 Jahre auf zwei natürliche Personen der Steuerklasse I verteilt würde (§ 15 Abs. 2 S. 3 ErbStG). Die Erbersatzsteuer kann im Übrigen bei einer Verzinsung von 5,5% pro Jahr in 30 gleichen Jahresbeträgen entrichtet werden (§ 24 ErbStG). Die sich auf diese Weise ergebende jährliche Steuerlast ist in etwa mit der Belastung durch die bisherige Vermögensteuer (Steuersatz: 0,6%) vergleichbar!

Es sind aber in jedem Einzelfall die Steuergesetze am Sitz der Stiftung zu beachten. Die hier möglicherweise anfallenden Steuern sind jedoch z.B. bei der Errichtung in der „Steueroase" Liechtenstein so gering, dass sie zu vernachlässigen sind.

cc) Besondere Gefahr: Irrtümlicher „Sitz" in Deutschland

141 Unabdingbare Voraussetzung für die gewünschte Steuerersparnis ist, dass die Familienstiftung ihre Geschäftsleitung („Sitz") nicht in Deutschland hat. Hier wird in der Praxis häufig übersehen,[134] dass aufgrund einer ungeschickten Handhabung der Leitung der ausländischen Familienstiftung sich deren tatsächliche Geschäftsleitung, die von dem formalen, in der Satzung festgelegten Sitz zu unterscheiden ist, sehr leicht unabsichtlich nach Deutschland verlagern kann.

142 Der **Ort der Geschäftsleitung** ist der Mittelpunkt der tatsächlichen geschäftlichen Oberleitung der Stiftung. Er befindet sich dort, wo der für die Geschäftsführung maßgebende Wille gebildet wird, d.h. wo alle für die Geschäftsführung nötigen Maßnahmen von einiger Wichtigkeit angeordnet werden, was sich nach dem Gesamtbild der tatsächlichen Verhältnisse des Einzelfalles bestimmt. Die Bewertung der Angelegenheit durch Finanzbehörden und Finanzgerichte erfolgt also nicht abstrakt, sondern konkret für den jeweiligen Einzelfall aufgrund der diesem zugrunde liegenden Sachverhaltseinzelheiten. Dabei kann sich die tatsächliche geschäftliche Oberleitung der Stiftung auch in den Händen anderer als der offiziellen Stiftungsorgane befinden, etwa auch bei einem aktiven Stifter, der keine Organstellung innehat. Entscheidend ist jeweils, wo die maßgebenden Personen tätig sind. In der Rechtsprechung sind hierfür verschiedene Anhaltspunkte herausgearbeitet worden.

143 So hat der BFH[135] insbesondere als maßgeblich betont,
– ob sich ein Büro zur Geschäftsleitung am Sitz der Stiftung befindet,
– wo die Geschäftsunterlagen aufbewahrt werden,
– wo die Korrespondenz geführt wird,
– wo sonstige Kontorarbeiten erledigt werden.

Besonders leicht schleichen sich Fehler mit der Folge einer unabsichtlichen Verlegung des Stiftungssitzes nach Deutschland bei den drei letztgenannten Punkten ein.

IX. Beratungsproblem: Stiftungsreife[136]

144 Welche Ziele eine Stiftung verfolgen soll, wird in der Stiftungssatzung und dort insbesondere in dem Stiftungszweck ausdrücklich festgelegt. Der Stiftungszweck bestimmt sich ausschließlich nach dem Willen des Stifters. Nach der Genehmigung durch die Aufsichtsbehörden ist der Stiftungszweck grundsätzlich der Disposition des Stifters und der von ihm gewählten Stiftungsorgane entzogen. Aufsichtsbehörden und Stiftungsanwälte stehen indessen nicht selten vor dem Problem des Auseinanderfallens von Stiftungssatzung und Stiftungswirklichkeit.

---

134 *Schiffer*, Stiftung & Sponsoring 5/1998, 22.
135 BFH BStBl II 1991, 154. Siehe ferner BFH BStBl II 1998, 86.
136 Ausführlich *Schiffer*, Die Stiftung in der Beraterpraxis, 2. Aufl. 2009, § 14 Rn 1ff.

1. Gründe für Verstöße gegen Stiftungszweck und Stiftungssatzung

In der **Praxis** treten vor allem Probleme auf, wenn der Stifter selbst unmittelbar oder mittelbar durch die von ihm (faktisch) kontrollierten Stiftungsorgane oder wenn eben diese Stiftungsorgane – nach dem Tod des Stifters – autonom gegen den Stiftungszweck und den rechtlichen Rahmen der Stiftung verstoßen. Ein solcher Verstoß kann verschiedene Gründe haben. 145

- Mitunter sind Verstöße auf **schlecht formulierte Stiftungssatzungen** zurückzuführen, in denen der ursprüngliche Stifterwille nur unzureichend zum Ausdruck kommt. Die Stiftungswirklichkeit hat sich in diesen Fällen schleichend von der Stiftungssatzung und dem Stiftungszweck entfernt. Es werden beispielsweise bei einer unternehmensverbundenen Familienstiftung, die einst zur Erhaltung des Familienunternehmens und zur finanziellen Absicherung der Familie des Stifters errichtet worden ist, mit der Zeit die Ausschüttungen an die Destinatäre als nicht mehr so „wesentlich" empfunden. Die **„Ausschüttungspolitik"** der Stiftung wird vorrangig von den Interessen des Unternehmens bestimmt. Diese Interessen widersprechen zunehmend denen der Familiendestinatäre. Oder es werden bei einer unternehmensnahen gemeinnützigen Stiftung unter Verstoß gegen den Grundsatz der zeitnahen Mittelverwendung die Mittel der Stiftung verspätet ausgezahlt und „vorübergehend" dem Unternehmen zugeführt, um dieses in Krisenzeiten zu unterstützen.
- Teilweise werden an die Gründung der Stiftung auch **falsche Vorstellungen und Erwartungen** geknüpft, die vom Stiftungszweck grundsätzlich nicht gedeckt sind und/oder vom Stiftungsrecht nicht gedeckt werden können. So bieten Stiftungsgestaltungen – etwa die Stiftung & Co. KG – gerade im Unternehmensbereich wie oben angesprochen (siehe Rn 25 ff., 33 ff.) regelmäßig eine geringere Flexibilität als andere Rechtsformen für Unternehmen.
- In seltenen Fällen sollen, wie die Praxis leider zeigt, durch die Stiftungserrichtung auch treuwidrige Ziele verfolgt werden, die mit dem Wesen der Stiftung von vornherein unvereinbar sind.
- Der in der Praxis häufigste Fall ist aber wohl der, dass sich ein Stifter der vollen Tragweite einer Stiftungserrichtung nicht (immer) bewusst ist: Der Stifter verkennt, dass die Stiftung ein sehr langlebiges Gebilde ist, dessen Wirkung auf die Ewigkeit gerichtet ist. Die Stiftung eignet sich nicht zur Verfolgung kurzfristiger oder gar kurzsichtiger Ziele. Die einmal genehmigte Stiftung genießt mit ihrem jeweiligen spezifischen Stiftungszweck staatlichen Bestandsschutz – auch gegenüber dem Stifter. Stiftern ist mitunter nur schwer zu vermitteln, dass sie mit der wirksamen Stiftungserrichtung das Eigentum an dem Stiftungsvermögen verlieren. Dieses geht auf die Stiftung über, ohne dass der Stifter dadurch Eigentum an der Stiftung erlangt. Die Stiftung ist ausschließlich sich selbst und ihrer Satzung verpflichtet. Letztlich ist es oft wohl eine Mischung aus enttäuschten Erwartungen und Unkenntnis der Grundprinzipien des Stiftens, die in der Praxis zu Verstößen gegen die Stiftungssatzung führen. So scheuen Stifter den vermeintlich mühsamen Weg über die behördlich genehmigte Satzungsänderung. Sie sehen hier oft einen unnötigen Formalismus und betrachten das Stiftungsvermögen nach wie vor als ihr eigenes. Sie akzeptieren nicht, dass Stiftungszweck und Stiftungsvermögen ihrer freien Disposition entzogen sind und verfahren mit der Stiftung so, wie sie es für angemessen halten. Die Kontrolle durch die Stiftungsorgane versagt in diesen Fällen regelmäßig, weil die Organe durch den Stifter kontrolliert werden.
- Bei den nicht steuerbefreiten Familienstiftungen spielen mitunter auch persönliche Vorlieben und Abneigungen zwischen Stifter, Stiftungsorganen und Destinatären eine besondere Rolle, die die jeweilige Stiftungspolitik stark beeinflussen können. In der Folge verkennt der Stifter, dass sich eine Stiftungssatzung – anders als eine testamentarische Verfügung – nicht nach Gemütslage abändern lässt.

2. Rechtsfolgen bei Verstößen gegen Stiftungszweck und Stiftungssatzung

146 Der materielle Schaden, der für Stiftung und Gesellschaft aus solchen Verstößen entsteht, ist meist jedoch gering. Dies liegt daran, dass die Stiftung die Erträge auch weiterhin ausschüttet – wenn auch für einen anderen Zweck bzw. an einen anderen Destinatär. Viel größer ist hier der **„Schaden/Verlust an Vertrauen"**, den diese Verstöße bei den Stiftungsorganen, den Destinatären und schlimmstenfalls auch in der Öffentlichkeit hinterlassen. In der Praxis sind Verstöße gerade hier nur schwer feststellbar. Die Aufsichtsbehörden sind auf Hinweise Dritter angewiesen, die sich durch das Vorgehen des Stifters benachteiligt fühlen. Es kommt deshalb nicht selten vor, dass diese Stifter jahrzehntelang unbehelligt bleiben. Mitunter wird das Problem erst mit dem Tod des Stifters bekannt. Es bleibt dann den Hinterbliebenen nur, mit Hilfe von Aufsichtsbehörden und Stiftungsanwälten eine vertretbare Lösung zu erarbeiten. Dies wird dadurch erschwert, dass bei der Neufassung eines Stiftungszwecks die Absicht des Stifters stets zu berücksichtigen ist. Aus einem vorgeschobenen Stiftungszweck lassen sich aber nur selten brauchbare Lösungen herleiten.

3. Erfordernis der „Stiftungsreife"

147 Es ist zuvorderst im Interesse des Stifters, dass die Stiftung ihr satzungsmäßiges Ziel erreicht. Dazu muss der Stifter aber gewisse persönliche Qualifikationen erfüllen, die – in Anlehnung an den Begriff der Börsenreife bei der Aktiengesellschaft – mit „Stiftungsreife" bezeichnet werden könnten. Ein Unternehmer, der mit seinem Unternehmen an die Börse gehen will, muss nicht nur eine Vision und eine „Geschichte", die Fantasie zulässt, haben, sondern vorher der ihn begleitenden Bank und der Öffentlichkeit seine „Börsenreife" nachweisen. Dazu gehört u.a., dass er gewillt ist, neue Aktionäre als Partner zu akzeptieren und deren Belange angemessen zu berücksichtigen. Dazu muss er insbesondere zu einer ausreichenden Publizität und Öffentlichkeitsarbeit bereit sein, anderenfalls wird der Markt seinem Börsengang keinen Erfolg bescheren. Der Markt kontrolliert die an der Börse eingeführte Aktiengesellschaft.

148 Folgende Kriterien für eine entsprechende **„Stiftungsreife"** bei einem Stifter lassen sich aufstellen:
– Der **Stifter** muss gewillt sein, zu akzeptieren, dass er mit der Stiftung eine eigenständige, von seinem Willen zukünftig unabhängige, juristische Person ins Leben ruft, mit der Folge, dass er nach der Stiftungserrichtung nicht mehr frei über das gestiftete Vermögen verfügen kann und dass er in seinem Handeln ebenso an die Stiftungssatzung gebunden ist wie jedes andere Stiftungsorgan auch. Bei einer gemeinnützigen Stiftung sollte der Stifter zudem erkennen, dass ihm mit der Stiftung ein wirkungsvolles, staatlich geschütztes Instrument zur Verwirklichung seiner individuellen Ziele zur Verfügung gestellt wird, das weit mehr darstellt als ein bloßes Steuersparmodell.
– Die meisten Stifter sind erfahrungsgemäß bereit, diese Kriterien zu erfüllen. Es ist letztlich die Aufgabe der **Stiftungsberate**r, den Stiftern das hierzu erforderliche Wissen zu vermitteln. Der Stiftungsberater muss seinen Mandanten umfassend über die möglichen Folgen der Stiftungserrichtung aufklären, damit keine falschen Erwartungen entstehen, die später enttäuscht werden und die zu einer Missachtung der Stiftungssatzung führen können. Im Gespräch mit dem Stiftungswilligen werden dessen teilweise recht vagen und oft nicht näher definierten Vorstellungen konkretisiert. Sie sollen möglichst umfassend in den Stiftungszweck einfließen. Darüber hinaus treffen den Stiftungsberater besondere **Hinweispflichten**. Er genießt das Vertrauen des Stifters und ist ihm gegenüber zur Objektivität und Unabhängigkeit verpflichtet. Der verbreiteten Vorstellung von der Stiftung als reinem Steuersparmodell hat er entgegenzuwirken. Diesbezüglich muss er auf eine Entmystifizierung der Stiftung hinwirken und den Stifter auf die besondere Verantwortung, die mit der Stiftungserrichtung einhergeht, umfassend vorbereiten.

C. Muster

I. Hinweis

Die nachfolgenden Formulierungsbeispiele gehen jeweils auf Praxisfälle zurück. Vor allem die „Verewigung des Stifterwillens" auch für die Zeit nach dem Tod des Stifters erfordert eine sehr sorgfältig gestaltete Stiftungssatzung, die einerseits den Stifterwillen ausreichend konkret festschreibt, andererseits aber in der Zukunft – soweit rechtlich zulässig – eine Anpassung an etwaig zwischenzeitlich geänderte Verhältnisse ermöglicht. Anders als beispielsweise bei den Handelsgesellschaften, deren Gesellschaftsverträge nach dem Willen ihrer Gesellschafter geänderten Umständen angepasst werden können, ist die Änderung von Stiftungssatzungen nach dem Tod des Stifters nur in sehr eingeschränktem Umfange möglich. Die Formulierungen sind im Einzelfall sinnvollerweise mit der Anerkennungsbehörde und bei einer steuerbefreiten Stiftung auch mit der zuständigen Finanzbehörde abzustimmen. Die Usancen divergieren von Behörde zu Behörde.

II. Muster: Stiftungsgeschäft unter Lebenden

Wichtig
Die Muster geben nur Formulierungsbeispiele, die jeweils intensiv darauf hin zu überprüfen sind, ob und wie sie auf den konkreten Einzelfall passen. Das einfache Abschreiben von Mustern genügt in aller Regel nicht! Wir sprechen deshalb nachfolgend ganz bewußt nur von „Forumulierungsbeispielen"!

1. Formulierungsbeispiel: Errichtung einer rechtsfähigen Stiftung zu Lebzeiten [M 176]

Stiftungsgeschäft

der Eheleute _____
Hiermit errichten wir unter Bezugnahme auf das Stiftungsgesetz des Landes Baden-Württemberg die rechtsfähige und gemeinnützige
_____ Stiftung für Landschaftsschutz
mit dem Sitz in _____.
Zweck der Stiftung soll die Förderung des Landschaftsschutzes sein.
Wir sichern der Stiftung ein Vermögen in Höhe von 100.000 EUR in bar zu, das wir ihr nach Maßgabe der gesetzlichen Bestimmungen zuwenden werden. Überdies haben wir die Stiftung erbvertraglich zum Alleinerben des von uns Letztversterbenden berufen. Wir nehmen hierzu Bezug auf § 4 der als Anlage beigefügten Stiftungssatzung.
Organe der Stiftung sind ein aus bis zu zwei Personen bestehender Vorstand und ein dreiköpfiger Stiftungsrat. Zu Mitgliedern des ersten Vorstandes benennen wir gemäß § _____ der anliegenden Stiftungssatzung uns als Stifter. Zu Mitgliedern des ersten Stiftungsrates ernennen wir: _____, _____, _____.
Wir geben der Stiftung die als Anlage beigefügte Stiftungssatzung, die ausdrücklich Bestandteil dieses Stiftungsgeschäftes ist und auf die wir für weitere Einzelheiten verweisen.
_____, den _____
_____ (Unterschriften der Stifter)

M 177 2. Formulierungsbeispiel: Errichtung einer unselbstständigen/treuhänderischen Stiftung zu Lebzeiten

152 Treuhandvertrag und Stiftungsgeschäft über die Errichtung der
_____ Stiftung
Hiermit errichte ich _____ (vollständiger Name und Anschrift des Stifters/der Stifter)
die [...] Stiftung als unselbstständige Stiftung.
Zweck dieser gemeinnützigen Stiftung, deren Errichtung mit der Finanzverwaltung (Finanzamt _____) abgestimmt ist, ist die Förderung der Wissenschaft und der Forschung auf dem Gebiet des Stiftungswesens. Als Stiftungsvermögen übereigne ich deshalb dem Treuhänder _____ (vollständige Bezeichnung/vollständiger Name und Anschrift des Treuhänders und Rechtsträgers) folgende Vermögensgegenstände:
1. _____
2. _____ (_____ EUR in bar)
mit der Auflage, dieses Vermögen der Stiftung zu erhalten und die Erträge aus diesem Vermögen zur Erfüllung des Stiftungszwecks zu verwenden. Ich gebe der Stiftung die als Anlage beigefügte Stiftungssatzung, die ausdrücklich Bestandteil dieses Stiftungsgeschäftes ist und auf die ich für weitere Einzelheiten verweise. Die Verwaltung der Stiftung richtet sich nach dieser Satzung.
_____, den _____
_____ (Unterschriften von Stifter/Treugeber und Rechtsträger/Treuhänder)

153 Anmerkungen:
Das „Stiftungsgeschäft" ist in diesem Fall ein Treuhandvertrag zwischen dem Stifter und dem Stiftungsverwalter als Treuhänder.
   Will der Stifter die unselbstständige Stiftung nur vorübergehend als eine Art „Durchgangsstadium", so kann in dem Vertrag und/oder in der „Satzung", die Bestandteil des Vertrages ist, die Pflicht vorgesehen werden, dass unter bestimmten Voraussetzungen die unselbstständige Stiftung in eine selbstständige Stiftung umzuwandeln ist.

III. Stiftungssatzungen

M 178 1. Formulierungsbeispiel: Stiftungssatzung einer selbstständigen Stiftung (einfach)

154 *§ 1 Name, Rechtsform, Sitz, Geschäftsjahr*
(1) Die Stiftung führt den Namen _____ Stiftung. Sie ist eine rechtsfähige Stiftung des bürgerlichen Rechts mit Sitz in _____.
(2) Das Geschäftsjahr der Stiftung ist das Kalenderjahr.

§ 2 Stiftungszweck
Zweck der Stiftung ist die Förderung der Ausbildung der Mitarbeiter der Unternehmung _____, die derzeit als _____ GmbH geführt wird.

§ 3 Stiftungsvermögen
(1) Das Stiftungsvermögen ergibt sich aus dem Stiftungsgeschäft. Es ist in seinem Bestand dauernd und ungeschmälert zu erhalten und möglichst ertragreich anzulegen. Es kann zur Werterhaltung und zur Stärkung seiner Ertragskraft umgeschichtet werden. Dem Stiftungsvermögen wachsen alle Zuwendungen zu, die dazu bestimmt sind (Zustiftungen).
(2) Ein Rechtsanspruch Dritter auf Gewährung der jederzeit widerruflichen Förderleistungen aus der Stiftung besteht aufgrund dieser Satzung nicht.

(3) Im Fall der Aufhebung oder Auflösung der Stiftung fällt das Vermögen der Stiftung an _____ .

§ 4 Stiftungsvorstand
(1) Der Vorstand besteht aus einer Person, die auf jeweils bis zur Vollendung ihres 70. Lebensjahres ernannt wird. Der erste Vorstand wird im Stiftungsgeschäft ernannt. Ein jeder Stiftungsvorstand ernennt seinen Nachfolger nach eigenem Ermessen. Kommt auf diese Weise die Besetzung des Vorstandes nicht zustande, so wird er jeweils vom Präsidenten der für den Sitz der Stiftung zuständigen Industrie- und Handelskammer auf Antrag eines Mitgliedes der in § 2 genannten Belegschaft ernannt.
(2) Der Vorstand führt die Geschäfte der Stiftung und vertritt die Stiftung nach Maßgabe der Gesetze und dieser Satzung.

Anmerkungen:
1. Die Stiftung ist nicht wegen Gemeinnützigkeit steuerbefreit, da die Belegschaft eines Unternehmens eben nicht die Allgemeinheit ist.[137]
2. Eine solche Satzung, deren Inhalt kaum über den gesetzlichen Mindestinhalt hinausgeht, wird kaum einmal sinnvoll sein. Der Stifter verlässt sich bei einer solchen Satzung beinahe gänzlich auf den Stiftungsvorstand und gibt diesem dann auch beinahe keine Regeln vor. Er „verschenkt" die Wirkungsmöglichkeiten, die ihm eine Stiftung gibt.

2. Formulierungsbeispiel: Satzung einer selbstständigen steuerbegünstigten Stiftung (einfach)   M 179

§ 1 Name, Rechtsform, Sitz, Geschäftsjahr
_____

§ 2 Stiftungszweck
(1) Zweck der Stiftung ist die Förderung von Kunst und Kultur auf dem Gebiete _____ .
(2) Der Stiftungszweck wird insbesondere verwirklicht durch _____ (Konkretisierung des Zwecks durch beispielhafte Tätigkeiten):
Zuwendungen an das _____ Museum zum Aufbau einer _____ Sammlung;
Förderung von Veranstaltungen dieses Museums;
Vergabe von Stipendien an Künstler im Bereich von _____ , die sich mit _____ beschäftigen.

§ 3 Gemeinnützigkeit und Steuerbefreiung
(1) Die Stiftung verfolgt ausschließlich und unmittelbar gemeinnützige Zwecke im Sinne des Abschnitts „Steuerbegünstigte Zwecke" der Abgabenordnung. Sie ist selbstlos tätig und verfolgt nicht in erster Linie eigenwirtschaftliche Zwecke. Die Mittel der Stiftung dürfen nur für die satzungsmäßigen Zwecke verwendet werden. Keine Person darf durch Ausgaben, die dem Zweck der Stiftung fremd sind, oder durch unverhältnismäßig hohe Vergütungen begünstigt werden.
(2) Die Stiftung erfüllt ihre Aufgaben selbst oder durch eine Hilfsperson im Sinne des § 57 Abs. 1 S. 2 AO, sofern sie nicht im Wege der Mittelbeschaffung gemäß § 58 Nr. 1 AO tätig wird. Beim Einsatz von Hilfspersonen ist Nr. 6 AEAO 2002 zu § 57 AO Nr. 2 bzw. eine entsprechende Nachfolgevorschrift zu beachten. Die Stiftung kann zur Verwirklichung des Stiftungszwecks Zweckbetriebe unterhalten.

§ 4 Stiftungsvermögen
_____

---

137 Siehe § 2 Rn 63.

§ 5 Stiftungsvorstand
(1) Der Vorstand besteht aus einer Person, die auf jeweils bis zur Vollendung ihres 70. Lebensjahres ernannt wird. Der erste Vorstand wird im Stiftungsgeschäft ernannt. Ein jeder Stiftungsvorstand ernennt seinen Nachfolger nach eigenem Ermessen. Kommt auf diese Weise die Besetzung des Vorstandes nicht zustande, so wird er jeweils vom Präsidenten des Bundesverbandes Deutscher Stiftungen, Berlin, ernannt.
(2) Der Vorstand führt die Geschäfte der Stiftung und vertritt die Stiftung nach Maßgabe der Gesetze und dieser Satzung.

157 Anmerkungen:
1. Eine solche Satzung, deren Inhalt kaum über den gesetzlichen Mindestinhalt hinausgeht, wird wie in dem vorhergehenden Beispiel für eine gemeinnützige Stiftung kaum einmal sinnvoll sein. In einem solchen Fall, wie er diesem Beispiel zugrunde liegt, und wenn der Stifter ohnehin keinen konkreten Willen selbst umsetzen will, wäre zu überlegen, ob der Stifter nicht eher eine Zustiftung zu einer ihm „sympathischen" Stiftung vornimmt oder eine unselbstständige Stiftung errichtet.
2. Ab 2009 ist nach Auffassung der Finanzverwaltung die Formulierungen der Mustersatzung wörtlich zu verwenden.[138] Wir verstehen das nicht! Im Gesetz (§ 60 Abs. 1 S. 2 AO) heißt es doch: „Die Satzung muss die in der Anlage 1 bezeichneten Festlegungen enthalten." Da steht nichts von der „wörtlichen" Übernahme von Formulierungen. Die Rede ist von „Festlegungen", was ja wohl nur Inhalte meinen kann. Unserer Ansicht nach überinterpretiert die Finanzverwaltung das Gesetz hier aus bürokratischen Erwägungen in unzulässiger Weise. Sie verlässt den Rahmen der zulässigen Gesetzesauslegung. Der Gesetzgeber wollte uns (siehe Überschrift der Anlage: „Mustersatzung") nur ein „Muster" geben. *Gersch* spricht sich in seiner Kommentierung[139] deutlich gegen eine wörtliche Übernahme aus. (*„Eine wörtliche Übernahme ist nicht notwendig, inhaltlich muss die Mustersatzung aber übernommen werden."*) Unabhängig von der grundlegenden Kritik an dem angeblichen Erfordernis der wörtlichen Übernahme hat die Finanzverwaltung in der Zwischenzeit zumindest eingesehen, dass bestimmte Formulierungen der Mustersatzung rechtsformabhängig sind und deshalb Beispiele für „zulässige" Abweichungen genannt (AEAO 2012, Nr. 2 und 3 zu § 60 AO). Die Auffassung der Finanzverwaltung führt nicht zu Erleichterungen, sondern zu zusätzlichen Fragen und Diskussionen in der Praxis und damit zu Erschwerungen bei der Errichtung einer gemeinnützigen Stiftung. Die Finanzverwaltung sollte ihre Forderung nach einer wörtlichen Übernahme der „Mustersatzungsformulierungen" aufgeben. Im Einzelfall bleibt bis auf Weiteres nur die vorsorgliche Abstimmung mit dem zuständigen Finanzamt.

M 180 **3. Mustersatzung nach Anlage 1 zu § 60 AO**

158 **Mustersatzung nach der Abgabenordnung**

§ 60 AO (Anforderungen an die Satzung)
(1) Die Satzungszwecke und die Art ihrer Verwirklichung müssen so genau bestimmt sein, dass auf Grund der Satzung geprüft werden kann, ob die satzungsmäßigen Voraussetzungen für Steuervergünstigungen gegeben sind. Die Satzung muss die in der Anlage 1 bezeichneten Festlegungen enthalten.

---

138 Siehe die sogleich folgende Rn 158.
139 *Klein-Gersch*, Abgabenordnung, 10. Aufl. 2009, § 60 AO Rdnr. 2; ebenso auch *Ullrich*, DStR 2009, 2471 ff. m.zahlr.N.

(2) Die Satzung muss den vorgeschriebenen Erfordernissen bei der Körperschaftsteuer und bei der Gewerbesteuer während des ganzen Veranlagungs- oder Bemessungszeitraums, bei den anderen Steuern im Zeitpunkt der Entstehung der Steuer entsprechen.

§ 1
(1) Der/Die [...] (Körperschaft) mit Sitz in [...] verfolgt ausschließlich und unmittelbar – gemeinnützige/mildtätige/kirchliche – Zwecke (nicht verfolgte Zwecke streichen) im Sinne des Abschnitts „Steuerbegünstigte Zwecke" der Abgabenordnung.
(2) Zweck der Körperschaft ist [...] (z. B. die Förderung von Wissenschaft und Forschung, Jugend- und Altenhilfe, Erziehung, Volks- und Berufsbildung, Kunst und Kultur, Landschaftspflege, Umweltschutz, des öffentlichen Gesundheitswesens, des Sports, Unterstützung hilfsbedürftiger Personen).
(3) Der Satzungszweck wird verwirklicht insbesondere durch [...] (z. B. Durchführung wissenschaftlicher Veranstaltungen und Forschungsvorhaben, Vergabe von Forschungsaufträgen, Unterhaltung einer Schule, einer Erziehungsberatungsstelle, Pflege von Kunstsammlungen, Pflege des Liedgutes und des Chorgesanges, Errichtung von Naturschutzgebieten, Unterhaltung eines Kindergartens, Kinder-, Jugendheimes, Unterhaltung eines Altenheimes, eines Erholungsheimes, Bekämpfung des Drogenmissbrauchs, des Lärms, Förderung sportlicher Übungen und Leistungen).

§ 2
Die Körperschaft ist selbstlos tätig; sie verfolgt nicht in erster Linie eigenwirtschaftliche Zwecke.

§ 3
Mittel der Körperschaft dürfen nur für die satzungsmäßigen Zwecke verwendet werden. Die Mitglieder erhalten keine Zuwendungen aus Mitteln der Körperschaft.

§ 4
Es darf keine Person durch Ausgaben, die dem Zweck der Körperschaft fremd sind, oder durch unverhältnismäßig hohe Vergütungen begünstigt werden.

§ 5
Bei Auflösung oder Aufhebung der Körperschaft oder bei Wegfall steuerbegünstigter Zwecke fällt das Vermögen der Körperschaft
1. an den/die/das [...] (Bezeichnung einer juristischen Person des öffentlichen Rechts oder einer anderen steuerbegünstigten Körperschaft) – der/die/das es unmittelbar und ausschließlich für gemeinnützige, mildtätige oder kirchliche Zwecke zu verwenden hat.
oder
2. an eine juristische Person des öffentlichen Rechts oder eine andere steuerbegünstigte Körperschaft zwecks Verwendung für [...] (Angabe eines bestimmten gemeinnützigen, mildtätigen oder kirchlichen Zwecks, z.B. Förderung von Wissenschaft und Forschung, Erziehung, Volks- und Berufsbildung, der Unterstützung von Personen, die im Sinne von § 53 AO wegen [...] bedürftig sind, Unterhaltung des Gotteshauses in [...]).

Weitere Hinweise
Bei Betrieben gewerblicher Art von juristischen Personen des öffentlichen Rechts, bei den von einer juristischen Person des öffentlichen Rechts verwalteten unselbstständigen Stiftungen und bei geistlichen Genossenschaften (Orden, Kongregationen) ist folgende Bestimmung aufzunehmen:
§ 3 Abs. 2:
‚Der/die/das [...] erhält bei Auflösung oder Aufhebung der Körperschaft oder bei Wegfall steuerbegünstigter Zwecke nicht mehr als – seine/ihre – eingezahlten Kapitalanteile und den gemeinen Wert seiner/ ihrer geleisteten Sacheinlagen zurück.' Bei Stiftungen ist diese Bestimmung nur erforderlich,

wenn die Satzung dem Stifter einen Anspruch auf Rückgewähr von Vermögen einräumt. Fehlt die Regelung, wird das eingebrachte Vermögen wie das übrige Vermögen behandelt. Bei Kapitalgesellschaften sind folgende ergänzende Bestimmungen in die Satzung aufzunehmen:
1. § 3 Abs. 1 S. 2:
‚Die Gesellschafter dürfen keine Gewinnanteile und auch keine sonstigen Zuwendungen aus Mitteln der Körperschaft erhalten.'
2. § 3 Abs. 2:
‚Sie erhalten bei ihrem Ausscheiden oder bei Auflösung der Körperschaft oder bei Wegfall steuerbegünstigter Zwecke nicht mehr als ihre eingezahlten Kapitalanteile und den gemeinen Wert ihrer geleisteten Sacheinlagen zurück.'
3. § 5:
‚Bei Auflösung der Körperschaft oder bei Wegfall steuerbegünstigter Zwecke fällt das Vermögen der Körperschaft, soweit es die eingezahlten Kapitalanteile der Gesellschafter und den gemeinen Wert der von den Gesellschaftern geleisteten Sacheinlagen übersteigt, _____'
§ 3 Abs. 2 und der Satzteil „soweit es die eingezahlten Kapitalanteile der Gesellschafter und den gemeinen Wert der von den Gesellschaftern geleisteten Sacheinlagen übersteigt," in § 5 sind nur erforderlich, wenn die Satzung einen Anspruch auf Rückgewähr von Vermögen einräumt."

M 181 4. Formulierungsbeispiel: Unternehmensverbundene Stiftung (Komplementärstiftung)

160 Satzung der _____ Stiftung
Präambel
_____

§ 1 Name, Sitz, Rechtsform und Geschäftsjahr
_____

§ 2 Zweck der Stiftung
(1) Die Stiftung soll dem Wohl der Nachkommen des Vaters des Stifters, Herrn _____, dienen. Sie erfüllt diesen Zweck durch:
  a) Die Unterstützung der Familienzugehörigen und deren ehelicher Abkömmlinge (Destinatäre) durch laufende oder einmalige Zuwendungen, die pro Geschäftsjahr insgesamt nicht mehr als 10% der Erträge der Stiftung in dem betreffenden Geschäftsjahr ausmachen dürfen;
  b) die Übernahme der Stellung eines persönlich haftenden Gesellschafters oder eines Kommanditisten bei der Kommanditgesellschaft _____ mit Sitz in _____, um – wenn möglich – den Charakter der Gesellschaft als Familiengesellschaft zu bewahren und die Fortführung des Unternehmens auf gesicherter finanzieller Grundlage zu gewährleisten. Ob diese Möglichkeit nicht mehr besteht, entscheidet auf Antrag eines Vorstands- oder Stiftungsratsmitgliedes der Stiftungsvorstand durch einstimmigen Beschluss, der vom Stiftungsrat durch ebenfalls einstimmigen Beschluss zu genehmigen ist.
(2) Zur Erfüllung des Stiftungszwecks gemäß Abs. 1 kann die Stiftung Wirtschaftsunternehmen jeder Art gründen oder sich daran beteiligen.

§ 3 Stiftungsvermögen
(1) Die Stiftung wird mit einem Kapital von _____ EUR ausgestattet. Außerdem hat der Stifter der Stiftung Geschäftsanteile an folgenden Unternehmungen zugewendet: _____.
(2) Die Stiftung hat ihren Gewinn, der nach Abzug der Zuwendungen gemäß § 2 Abs. 1 Buchst. a) der Stiftungssatzung verbleibt, in die offenen Rücklagen einzustellen, um ihren satzungsmäßigen Zweck nachhaltig erfüllen zu können.

§ 4 Verwendung der Stiftungserträge
(1) Aus den der Stiftung zufließenden Erträgen sind zunächst die Kosten der Stiftungsverwaltung und die gesetzlichen Abgaben zu decken. Im Übrigen sind die Erträge zur Erfüllung des Stiftungszwecks gemäß § 2 zu verwenden.
(2) Die Unterstützung von Destinatären erfolgt bei Bedürftigkeit. Bedürftigkeit ist anzunehmen, wenn ein Nachkomme des Stifters nicht in der Lage ist, aus eigener Kraft für einen angemessenen Lebensunterhalt zu sorgen. Die Art und Höhe der Unterstützung beschließt der Stiftungsrat nach pflichtgemäßem Ermessen. Einzelheiten hierzu regelt die Geschäftsordnung des Stiftungsrates.
(3) Außer in den Fällen des Absatzes 2 kann der Stiftungsrat nach pflichtgemäßem Ermessen weitere Zuwendungen an Destinatäre beschließen, beispielsweise Erziehungs- und Ausbildungsbeihilfen. Die Einzelheiten hierzu regelt die Geschäftsordnung des Stiftungsrates.
(4) Ausschüttungen an die Destinatäre erfolgen freiwillig, sie werden ohne Rechtsansprüche der Destinatäre gewährt.

§ 5 Stiftungsorgane
Organe der Stiftung sind der Vorstand und der Stiftungsrat.

§ 6 Zusammensetzung und Bestellung des Stiftungsvorstandes
(1) Der Vorstand besteht aus bis zu drei Personen.
(2) Die Mitglieder des Vorstandes werden vom Stiftungsrat gewählt und bestellt. Die Amtszeit der Mitglieder des Vorstandes beträgt vorbehaltlich des Satzes 3 dieses Absatzes fünf Jahre. Wiederbestellung ist zulässig, wobei jedoch darauf zu achten ist, dass ein Vorstandsmitglied nicht über den Tag der Erreichung seines 65. Lebensjahres bestellt wird.
(3) Der Stiftungsrat kann mit einer Mehrheit von 3/4 seiner Stimmen eine vorzeitige Abberufung eines Mitgliedes des Vorstandes beschließen. Besteht der Vorstand aus mehr als einer Person, so kann der Stiftungsrat einen Vorstandsvorsitzenden bestimmen.
(4) Die Mitglieder des Vorstandes haben Anspruch auf eine angemessene, ihrer Verantwortung und zeitlichen Inanspruchnahme für die Tätigkeit entsprechenden Vergütung, die vom Stiftungsrat festgesetzt wird.

§ 7 Stellung und Aufgaben des Stiftungsvorstandes
(1) Der Vorstand ist vertretungsberechtigtes Organ der Stiftung (§§ 26, 86 BGB). Besteht der Vorstand aus mehr als einer Person, wird die Stiftung durch zwei Vorstandsmitglieder vertreten.
(2) Besteht der Vorstand aus mehr als einer Person, führen die Vorstandsmitglieder die Geschäfte des Vorstandes unbeschadet ihrer Befugnisse gem. Abs. 1 gemeinschaftlich und in gemeinsamer Verantwortung. Der Stiftungsrat gibt dem Vorstand eine Geschäftsordnung. Der Vorstand beschließt nach dem in der Geschäftsordnung festgelegten Verfahren. Bei Stimmengleichheit entscheidet die Stimme des Vorsitzenden.
(3) Aufgaben des Vorstandes sind insbesondere:
   a) die Verwaltung des Stiftungsvermögens;
   b) die Wahrnehmung der Rechte und Pflichten der Stiftung als Gesellschafterin der Unternehmen, an denen sie zur Erfüllung des Stiftungszweckes Beteiligungen hält;
   c) Ausführung der Beschlüsse des Stiftungsrates, insbesondere auch solcher, die in Erfüllung des Stiftungszweckes gemäß § 2 Abs. 1 Buchst. a) beschlossen worden sind;
   d) Aufstellung und Vorlage des Jahresabschlusses;
   e) Aufstellung einer Jahresplanung (_____) für das nächste Geschäftsjahr und einer Unternehmensplanung für die Folgegeschäftsjahre nach näherer Maßgabe durch den Stiftungsrat bis zwei Monate vor Ablauf eines Geschäftsjahres, die dem Stiftungsrat zur Genehmigung vorzulegen sind.

(4) Bei Erfüllung der Vorstandsaufgaben hat der Vorstand für die folgenden Maßnahmen und Rechtsgeschäfte die vorherige ausdrückliche Zustimmung des Stiftungsrates einzuholen: _____. (Zustimmungskatalog für wesentliche Geschäfte, wie aus Gesellschaftsverträgen, Geschäftsordnungen und Beiratssatzungen bekannt).[140]

§ 8 Zusammensetzung des Stiftungsrates
(1) Der Stiftungsrat besteht aus fünf Personen.
(2) Die Mitglieder des Stiftungsrates sollen besonders qualifizierte Persönlichkeiten aus der Wirtschaft sein. Sie dürfen nicht in einer Position sein, die zu einer Interessenkollision mit ihren Aufgaben an das Stiftungsratsmitglied führen kann. Mitglied des Stiftungsrates kann nur sein, wer nicht zugleich Mitglied des Vorstandes der Stiftung oder der Geschäftsführung einer der Gesellschaften ist, an denen die Stiftung Beteiligungen hält.
(3) Die ersten Mitglieder des Stiftungsrates ernennt der Stifter. Diese wählen dann ihre Nachfolger nach Abs. 4 und mit qualifizierter Mehrheit selbst (Kooptation).
(4) Die Stiftungsratsmitglieder werden für eine Amtszeit von fünf Jahren gewählt. Die Amtszeit endet mit Ablauf der Stiftungsratsitzung, die über die Feststellung des Jahresabschlusses für das vierte Geschäftsjahr nach dem Beginn der Amtszeit beschließt. Das Geschäftsjahr, in dem die Amtszeit beginnt, wird nicht mitgerechnet. Wiederwahl ist zulässig, wobei jedoch darauf zu achten ist, dass ein Vorstandsmitglied nicht über den Tag der Erreichung seines 70. Lebensjahres bestellt wird.
(5) Die Mitglieder des Stiftungsrates wählen aus ihrer Mitte einen Vorsitzenden und einen stellvertretenden Vorsitzenden.
(6) Die Abberufung eines Stiftungsratsmitgliedes erfolgt durch Beschluss des Stiftungsrates. Ein Stiftungsratsmitglied kann von sich aus seinen Rücktritt schriftlich gegenüber den anderen Stiftungsratsmitgliedern erklären.
(7) Die Mitglieder des Stiftungsrates sollen nicht älter als 70 Jahre sein. Ein Stiftungsratsmitglied, das diese Altersgrenze erreicht hat, scheidet aus dem Gremium aus, sofern der Stiftungsrat nicht ausdrücklich mit qualifizierter Mehrheit einen gegenteiligen Beschluss fasst.
(8) Die Stiftungsratsmitglieder erhalten für ihre Tätigkeit eine angemessene Vergütung, die in der Geschäftsordnung zu regeln ist.

§ 9 Beschlussfassung durch den Stiftungsrat
(1) Der Stiftungsrat erfüllt seine Aufgaben durch Beschlussfassung, grundsätzlich in Sitzungen oder, wenn alle Stiftungsratsmitglieder einverstanden sind, im schriftlichen Verfahren. Beschlüsse werden mit der Mehrheit der abgegebenen Stimmen gefasst, es sei denn, diese Satzung oder die Geschäftsordnung für den Stiftungsrat bestimmt etwas anderes. Bei Stimmengleichheit entscheidet die Stimme des Sprechers bzw. des Vorsitzenden bzw. des stellvertretenden Vorsitzenden. Der Stiftungsrat ist beschlussfähig, wenn mindestens drei Mitglieder anwesend sind und zu diesen der Sprecher oder sein Stellvertreter gehört.
(2) Beschlüssen, zu denen die qualifizierte Mehrheit erforderlich ist, müssen mindestens vier Stiftungsratsmitglieder zustimmen.
(3) Abstimmungen in Personalfragen erfolgen geheim. Bei Angelegenheiten, die ein Stiftungsratsmitglied oder einen Familienangehörigen des Stiftungsratsmitgliedes betreffen, ist das Stiftungsratsmitglied von der Beratung und Beschlussfassung ausgeschlossen. Das gilt nicht für Beschlüsse nach Abs. 4 und § 11 Abs. 2.
(4) Weitere Einzelheiten regelt eine Geschäftsordnung, die sich der Stiftungsrat innerhalb von drei Monaten nach Gründung der Stiftung selbst gibt. Er beschließt hierüber und auch über Änderungen der Geschäftsordnung mit qualifizierter Mehrheit.

---

[140] Siehe dazu auch § 16 Rn 14 ff.

§ 10 Stellung und Aufgabe des Stiftungsrates
(1) Der Stiftungsrat ist das oberste Organ der Stiftung.
(2) Aufgaben des Stiftungsrates sind insbesondere:
   a) Beschlüsse gem. § 4
   b) die Wahl, Bestellung und Abberufung des Vorstandes sowie der Abschluss von Verträgen über Einstellung und Vergütung
   c) die Überwachung des Vorstandes bei der Erfüllung seiner Aufgaben
   d) die Beschlussfassung gem. § 7 Abs. 3 Buchst. e) (Jahresplanung und Unternehmensplanung) und § 7 Abs. 4 (Zustimmungskatalog)
   e) Feststellung des Jahresabschlusses
   f) Entlastung des Vorstandes
   g) Wahl des Abschlussprüfers
   f) _____.

§ 11 Satzungsänderungen
(1) Satzungsänderungen sollen die nachhaltige Erfüllung des Zwecks der Stiftung nach dem Willen und den Vorstellungen des Stifters im Wandel der Verhältnisse ermöglichen.
(2) Für Satzungsänderungen ist ein Beschluss des Stiftungsrates mit qualifizierter Mehrheit erforderlich. Der Stiftungsrat hat den Vorstand von der Satzungsänderung jeweils zu informieren und angemessen anzuhören.

§ 12 Aufhebung der Stiftung
(1) Die Stiftung kann nur durch Beschluss des Stiftungsrates aufgehoben werden und auch nur dann, wenn die Erfüllung des Stiftungszwecks entsprechend dem Willen und den Vorstellungen des Stifters rechtlich oder tatsächlich nicht mehr möglich ist oder bei einer wesentlichen Änderung der Verhältnisse. Der Beschluss bedarf der Genehmigung durch die Stiftungsaufsichtsbehörde.
(2) Bei Aufhebung der Stiftung fällt das Vermögen zu gleichen Teilen an die Destinatäre. Sind keine Destinatäre mehr vorhanden, fällt das Vermögen an die gemeinnützige _____-Stiftung, Bonn.
_____, den _____
_____ **(Unterschrift)**

Anmerkungen:
1. Das vorstehende Beispiel geht auf verschiedene Fälle aus der Praxis zurück. Es handelt sich steuerlich nach der Erbschaftsteuerrichtlinien der Finanzverwaltung (!) nicht um eine Familienstiftung im Sinne des Steuerrechts.
2. Stiftungssatzungen für unternehmensverbundene Stiftungen sind deutlich komplizierter in ihrer Gestaltung als sonstige Stiftungssatzungen. Sie bedürfen einer besonders sorgfältigen Abstimmung und Beratung, so dass es allgemein gültige „Formulierungsbeispiele" nicht geben kann.

Kapitel 5 Sonderformen gesellschaftsrechtlicher Gestaltungen

Wolfgang Arens
§ 11 Die Betriebsaufspaltung

Literatur

Monographien/Kommentare/Formularbücher: *Brandmüller*, Die Betriebsaufspaltung nach Handels- und Steuerrecht, 7. Aufl. 1997; *Braun/Günther*, Das Steuer-Handbuch, Stand: 2012; *Carlé*, Die Betriebsaufspaltung, 2003; *Fichtelmann*, Betriebsaufspaltung im Steuerrecht, 10. Aufl. 1999; *Heidel/Pauly*, Steuerrecht in der anwaltlichen Praxis, 3. Aufl. 2003; *Kaligin*, Die Betriebsaufspaltung, 5. Aufl. 2005; *Peter/Crezelius*, Gesellschaftsverträge und Unternehmensformen, 6. Auflage 1995; *Schmidt*, Einkommensteuergesetz, Kommentar, 31. Aufl. 2012; *Söffing*, Die Betriebsaufspaltung, 3. Aufl. 2005.

Aufsätze: *Binz*, Die Betriebsaufspaltung bei Dienstleistungsunternehmen, DStR 1996, 565; *Brandmüller*, Betriebsaufspaltung heute – eine planmäßige Entsorgung?, DStZ 1998, 4; *Bublitz/Tesmer*, Neuerungen und Gestaltungshinweise zur Betriebsaufspaltung, StuB 2004, 1046; *Carlé/Carlé*, Erstreckung der Gewerbesteuerbefreiung der Betriebskapitalgesellschaft auf das Besitzunternehmen, NZG 2004, 1040; *Crezelius*, Finanzierungsaufwendungen in der Betriebsaufspaltung, DB 2002, 1124; *Engelsing/Lange*, Teilwertbemessung im Rahmen der Betriebsaufspaltung, StuB 2004, 963; *Fichtelmann*, Anpassung der Pachtzahlungen im Rahmen einer Betriebsaufspaltung an die wirtschaftliche Leistungsfähigkeit der Betriebs-GmbH, INF 1998, 431; *Fichtelmann*, Gütergemeinschaft und Betriebsaufspaltung, EStB 2001, 140; *Fichtelmann*, Gewinnerzielungsabsicht bei Betriebsaufspaltung, EStB 2003, 223; *Fichtelmann*, Ausgewählte Fragen zur Betriebsaufspaltung, GmbHR 2006, 345; *Gäbelein*, Die Unternehmensspaltung, BB 1989, 1420; *Gabriel*, Verfassungswidrige Substanzbesteuerung bei Betriebsaufspaltungen, StuB 2002, 945; *Gail*, Auswirkungen von Erbstreitigkeiten auf eine Betriebsaufspaltung, BB 1995, 2502; *Gebhardt*, Aktuelle Entwicklungen bei der mitunternehmerischen Betriebsaufspaltung, GmbHR 1998, 1022; *Groh*, Die Betriebsaufspaltung in der Selbstauflösung, DB 1989, 748; *Grützner*, Bedeutung von Einstimmigkeitsabreden bei Besitzunternehmen für das Vorliegen einer personellen Verflechtung, StuB 2002, 1106; *Hermanns*, Einstimmigkeitsabreden und Betriebsaufspaltung, GmbHR 1999, 469; *Hitz*, Die Betriebsaufspaltung – ein Überblick, FR 1997, 850; *Höger*, Normspezifische Auslegung des Begriffs „wesentliche Betriebsgrundlage", DStR 1998, 233; *Honert*, Willentliche Beendigung einer Betriebsaufspaltung, EStB 2003, 310; *Kempermann*, Aktuelle Entwicklungen bei der Betriebsaufspaltung, NWB 2003, Fach 3, S. 12501; *Kessler/Teufel*, Die umgekehrte Betriebsaufspaltung zwischen Schwestergesellschaften, DStR 2001, 869; *Kessler/Teufel*, Die klassische Betriebsaufspaltung nach der Unternehmenssteuerreform, BB 2001, 17; *Kiesel*, Die „richtige" Betriebsaufspaltung ist sehr zeitgemäß, DStR 1998, 962; *Klein/Wienands*, Die Kapitalgesellschaft als Besitzgesellschaft im Rahmen der Betriebsaufspaltung, GmbHR 1995, 499; *Kloster/Kloster*, Einkünfte- und Vermögenszuordnung bei der mitunternehmerischen Betriebsaufspaltung, BB 2001, 1449; *Knatz*, Der Einfluss der Dauertestamentsvollstreckung auf die personelle Verflechtung im Rahmen der Betriebsaufspaltung, DStR 2009, 27; *Lutterbach*, Sonderbetriebsvermögen II bei Betriebsaufspaltungen, DB 1999, 2332; *Märkle*, Neue Rechtsprechung zur Betriebsaufspaltung, BB 1994, 831; *Märkle*, Beratungsschwerpunkt Betriebsaufspaltung, DStR 2002, 1109 und 1153; *Mitsch*, Einstimmigkeitsabreden bei Besitzunternehmen, INF 2002, 746; *Mohr*, Mitunternehmerische Betriebsaufspaltung und Sonderbetriebsvermögen, Steueranwalt 2004, 27; *Neufang*, Bietet die Betriebsaufspaltung noch Möglichkeiten zur Steueroptimierung?, INF 1999, 13; *Pannen*, Entwicklungstendenzen in der Betriebsaufspaltung, DB 1996, 1252; *Prühs*, Betriebsaufspaltungsfalle „Gesellschafter-Immobilie", GmbH-Stpr 2007, 33; *Raiser*, Betriebsaufspaltung und Haftungsausschluss – eine Illusion?, NJW 1995, 1804; *Richter*, Die sachliche Verflechtung bei Bürogebäuden im Spiegel der jüngsten Rechtsprechung, BB 2000, 1166; *Schäfers*, Gestaltungen der Unternehmensnachfolge bei Betriebsaufspaltung, GmbH-StB 2003, 226; *Schneeloch*, Betriebsaufspaltung – Voraussetzungen und Steuerfolgen, DStR 1991, 761 und 804; *Schoor*, Betriebsaufspaltung, StBp 1997, 60 und 94; *Schulze zur Wiesche*, Die mitunternehmerische Betriebsaufspaltung, BB 1997, 1229; *Schulze zur Wiesche*, Die Betriebsaufspaltung unter Berücksichtigung des StSenkG und des UntStFG, WPG 2003, 90; *Slabon*, Probleme der Betriebsaufspaltung im Erbfall und Lösungsmöglichkeiten, ZErb 2006, 49; *Söffing*, Gedanken zur Rechtfertigung der Betriebsaufspaltung, DStR 1996, 1225; *Söffing*, Der Beherrschungswille bei der Betriebsaufspaltung, BB 1998, 397; *Stahl*, Beratungsfeld echte Betriebsaufspaltung und unechte Betriebsaufspaltung, KÖSDI 2003, 13794; *Strahl/Bauschatz*, Betriebsaufspaltungen im Steuer- und Zivilrecht, NWB 2002, Fach 3, S. 11921; *Tiedtke/Wälzholz*, Zum Teilbetriebsbegriff bei der Betriebsaufspaltung, BB 1999, 765; *Vorwold/Schiffler*, Betriebsaufspaltung vererben: Besser nicht, BB 1999, 1300; *Warnke*, Begründung einer Betriebsaufspaltung, EStB 2001, 452; *Wachter*, Betriebsaufspaltung mit einer Aktiengesellschaft, DStR 2011, 1599; *Wehrheim*, Sachliche Verflechtung bei ausschließlich büromäßig genutzten Gebäuden?, DStR 1999, 1803; *Wehrheim*, Die Betriebsaufspaltung im Spannungsfeld zwischen wirtschaftlicher Einheit und rechtlicher Selbstständigkeit, BB 2001, 913; *Weilbach*, Die Betriebsaufspaltung – ein realökonomisches Erfordernis, BB 1990, 829.

Inhalt
A. Rechtliche Grundlagen —— 1
I. Arten und rechtliche Grundlagen der Betriebsaufspaltung —— 1
  1. Allgemeines zur Einordnung —— 1
    a) Formen der Betriebsaufspaltung —— 1
    b) Echte Betriebsaufspaltung —— 6
    c) Unechte Betriebsaufspaltung —— 7
    d) Umgekehrte Betriebsaufspaltung —— 8
    e) Kapitalistische Betriebsaufspaltung —— 9
    f) Mitunternehmerische Betriebsaufspaltung —— 10
  2. Gründe für die Betriebsaufspaltung —— 11
    a) Zivilrechtliche Motive —— 11
    b) Steuerliche Motive —— 12
  3. Personelle Verflechtung —— 18
    a) Beherrschungsidentität —— 18
    b) Ausnahmegestaltungen —— 24
    c) Einheitlicher geschäftlicher Betätigungswille —— 31
  4. Sachliche Verflechtung —— 34
  5. Wesentliche Steuerfolgen der Betriebsaufspaltung —— 45
  6. Steuerfragen bei Entstehen der Betriebsaufspaltung —— 54
  7. Steuerliche Konsequenzen für Einkünfte und Vermögen —— 59
    a) Allgemeine Konsequenzen —— 59
    b) Steuerfolgen der klassischen Betriebsaufspaltung —— 68
    c) Steuerfolgen der mitunternehmerischen Betriebsaufspaltung —— 74
    d) Steuerfolgen der kapitalistischen Betriebsaufspaltung —— 79
    e) Unternehmensnachfolge in Betriebsaufspaltungsfällen —— 80
  8. Beendigung der Betriebsaufspaltung —— 82

B. Typischer Sachverhalt —— 91
C. Muster —— 92
I. Checkliste: Betriebsaufspaltung —— 92
  1. Gesellschaftsrechtliche Vorüberlegungen/Durchführungsschritte —— 92
  2. Arbeitsverhältnisse —— 93
  3. Sonstige Dauerschuldverhältnisse —— 94
  4. Banken —— 95
  5. Lieferanten —— 96
  6. Kunden —— 97
  7. Steuern/Finanzamt/Sozialversicherung —— 98
II. Muster: Vertragsformulierungen bei Mitverpachtung/Nichtmitverpachtung/Fehlen eines Firmenwertes —— 99
  1. Muster: Bei Verpachtung des gesamten Betriebes —— 99
  2. Muster: Bei Verpachtung von Teilen des Betriebes —— 100
  3. Muster: Bei Nichtmitverpachtung eines Firmenwertes —— 101
  4. Muster: Bei Nichtvorhandensein eines Firmenwertes —— 102
  5. Muster: Pachthöhe —— 103
  6. Muster: Bei unentgeltlicher Überlassung —— 104
  7. Muster: Bei Verpflichtung zur entschädigungslosen Rückgabe —— 105
  8. Muster: Bei Verpflichtung zur (teil-)entgeltlichen Rückgabe —— 106
III. Muster: Ergebnis- und umsatzbezogener Mietvertrag im Rahmen einer (echten) Betriebsaufspaltung —— 107
IV. Muster: Aufhebungs- und Übernahmevereinbarung mit den in die Betriebsgesellschaft zu übernehmenden Arbeitnehmern —— 108

A. Rechtliche Grundlagen

I. Arten und rechtliche Grundlagen der Betriebsaufspaltung

1. Allgemeines zur Einordnung
a) Formen der Betriebsaufspaltung

1 Bei der Betriebsaufspaltung überlässt ein **Besitzunternehmen** wesentliche Betriebsgrundlagen leih-, miet- oder pachtweise einer von ihm bzw. seinen Anteilseignern beherrschten **Betriebsge-**

sellschaft zum Zwecke der Betriebsführung bzw. Betriebsfortführung (siehe hierzu schon § 1 Rn 62 ff. und die dortigen Übersichten siehe Rn 260 ff.). Besitzunternehmen und Betriebsgesellschaft müssen personell und sachlich miteinander verflochten sein.

Das Besitzunternehmen kann dabei ein Einzelunternehmen (natürliche Person als Inhaber), eine Personen- oder Personenhandelsgesellschaft, eine Kapitalgesellschaft oder eine sonstige Personenmehrheit, insbesondere etwa eine Erbengemeinschaft, Bruchteilsgemeinschaft, eheliche Gütergemeinschaft, Wohnungseigentümergemeinschaft oder sonstige Gesamthand sein.[1]

Wesensmerkmal ist, dass das Besitzunternehmen und die Betriebsgesellschaft unter einem **einheitlichen geschäftlichen Betätigungswillen** geführt werden.[2] Die gewerbliche Tätigkeit des Betriebsunternehmens prägt dann auch die Einkünfte und das Vermögen des Besitzunternehmens und der Anteile daran:
- die **Einkünfte** des Besitzunternehmens gelten als Einkünfte aus Gewerbebetrieb i.S.v. § 15 EStG,
- das **Vermögen** der Besitzunternehmung gilt als Betriebsvermögen mit der entsprechenden steuerlichen Verhaftung[3] und
- die **Anteile** der Gesellschafter der Betriebsgesellschaft gelten ebenfalls als Betriebsvermögen.

Die **Ausstrahlung der gewerblichen Tätigkeit** des Betriebsunternehmens auf das Besitzunternehmen umfasst dabei auch die Einkünfte und die Anteile der Personen, die nur am Besitzunternehmen beteiligt sind. Umgekehrt erstreckt sich nach der neueren Rechtsprechung des BFH auch die Gewerbesteuerfreiheit des Betriebsunternehmens (hier: nach § 3 Nr. 20 GewStG) auf die Vermietungstätigkeit des Besitzunternehmens.[4] Die Anteile des Besitzunternehmers und beherrschenden Gesellschafters der Betriebskapitalgesellschaft an einer anderen Kapitalgesellschaft, die 100 % der Anteile einer weiteren Kapitalgesellschaft hält, gehören dann zum notwendigen Betriebsvermögen des Besitz(einzel-)unternehmens, wenn die weitere Gesellschaft intensive und dauerhafte Geschäftsbeziehungen zur Betriebsgesellschaft unterhält.[5]

Die verschiedenen **Formen der Betriebsaufspaltung**[6] lassen sich sowohl hinsichtlich ihres Entstehens als auch hinsichtlich ihrer gesellschaftsrechtlichen Konstruktion klassifizieren, also nach dem Entstehungsweg und -zeitpunkt der beteiligten Unternehmen/Gesellschaften oder nach deren Rechtsform:
- Echte Betriebsaufspaltung
- Unechte Betriebsaufspaltung
- Umgekehrte Betriebsaufspaltung
- Kapitalistische Betriebsaufspaltung
- Mitunternehmerische Betriebsaufspaltung.

b) Echte Betriebsaufspaltung

Bei der echten Betriebsaufspaltung wird ein bisher einheitliches Unternehmen in eine Besitzunternehmung und eine (neue) Betriebsgesellschaft aufgeteilt. Entscheidend ist die nachträgliche

---
1 Dazu *Schmidt*, EStG, § 15 Rn 861 m.w.N.
2 BFH BStBl II 1972, 63; H 137 Abs. 6 EStR bzw. R 15.7 Abs. 4 EStR 2006.
3 Zur Zurechnung der Gewinne aus Zeiträumen vor der Betriebsaufspaltung zu den Einkünften nach § 15 EStG bei späteren Gewinnausschüttungsbeschlüssen siehe BFH BB 2000, 443.
4 BFH GmbHR 2006, 776; BFH DStR 2006, 2207 entgegen BFH DStR 2002, 902; FG Rheinland-Pfalz DStRE 2002, 741; dazu auch *Geschwendtner*, DStR 2002, 896 ff.; *Meyer/Ball*, DB 2003, 1597.
5 BFH v. 26.8.2005, BStBl II 2005, 833 m. Anm. *Hoffmann*, GmbHR 2005, 1503.
6 Dazu *Braun/Günther*, Das Steuer-Handbuch, „Betriebsaufspaltung", Rn 2 ff.; *Heidel/Pauly*, Steuerrecht in der anwaltlichen Praxis, § 4 Rn 30 f., Rn 43 ff.; Peter/Crezelius/*Glade*, Gesellschaftsverträge und Unternehmensformen, E. „Betriebsaufspaltung", Rn 1142 ff.

Abspaltung oder sonstige Implementierung eines Unternehmens (Betriebsgesellschaft) aus einem ursprünglich einheitlichen Unternehmen.[7]

c) Unechte Betriebsaufspaltung

7 Bei der unechten Betriebsaufspaltung werden Besitzunternehmen und Betriebsgesellschaft von vornherein als zwei rechtlich selbständige Unternehmen nebeneinander errichtet und dann durch miet- oder pachtweise Übertragung von Anlage- und Umlaufvermögen miteinander verbunden. Teilweise wird auch dann von „unechter" Betriebsaufspaltung gesprochen, wenn das Besitzunternehmen erst nach Gründung des Betriebsunternehmens entstanden ist.[8] Die auf den Gründungsvorgang abstellende Unterscheidung ist für die laufende Besteuerung ohne Relevanz.

d) Umgekehrte Betriebsaufspaltung

8 Dabei wird eine Kapitalgesellschaft aufgespalten bzw. aufgeteilt.[9] Die Gesellschafter gründen eine Personengesellschaft, an die das Anlage- und/oder Umlaufvermögen verpachtet wird. Besitzgesellschaft ist also eine Kapitalgesellschaft (i.d.R. GmbH), Betriebsgesellschaft ein Personenunternehmen. Die Betriebspersonengesellschaft unterliegt dabei ggf. nicht den Publizitätsverpflichtungen.

e) Kapitalistische Betriebsaufspaltung

9 Darunter versteht man die Aufspaltung einer bestehenden Kapitalgesellschaft in eine Besitz- und in eine Betriebskapitalgesellschaft.[10]

f) Mitunternehmerische Betriebsaufspaltung

10 Bei der mitunternehmerischen Betriebsaufspaltung hat die Betriebsgesellschaft und auch die Besitzgesellschaft die Rechtsform eines Personenunternehmens.[11]

2. Gründe für die Betriebsaufspaltung
a) Zivilrechtliche Motive

11 – **Haftungsbeschränkung** durch die Rechtsform der Betriebs-GmbH: das werthaltige Anlagevermögen bleibt beim Besitzunternehmen (zunächst) vom Wirtschaftsrisiko des operativen Geschäfts des Betriebsunternehmens getrennt (zur Gefahr eines Haftungsdurchgriffs auf das Vermögen des Besitzunternehmens aber siehe Rn 67 ff.).
– **Einschränkung der Publizitätspflicht** (Das Betriebsunternehmen ist i.d.R. eine kleine Kapitalgesellschaft, §§ 267, 325 ff. HGB).
– Vermeidung der **Mitbestimmungsgesetze** und der Beteiligungsrechte des Betriebsrats (insbesondere Informationsrechte) nach dem Betriebsverfassungsgesetz im Besitzunternehmen.

---

7 *Braun/Günther*, Das Steuer-Handbuch, „Betriebsaufspaltung", Rn 3; Peter/Crezelius/*Glade*, E. „Betriebsaufspaltung", Rn 1143.
8 *Braun/Günther*, Das Steuer-Handbuch, „Betriebsaufspaltung", Rn 4; dazu auch BFH BStBl II 1991, 773.
9 Peter/Crezelius/*Glade*, E. „Betriebsaufspaltung", Rn 1186; *Schulze zur Wiesche*, GmbHR 1989, 815.
10 *Heidel/Pauly*, Steuerrecht in der anwaltlichen Praxis, § 4 Rn 42; dazu BFH NV 1998, 1258.
11 Dazu BFH DStR 1996, 1521; BFH DStRE 1999, 215; dazu auch *Söffing*, DStR 2001, 158.

– Sicherung der **Unternehmenskontinuität** durch Trennung von Management und Inhaberschaft sowie der Ermöglichung einer (ggf. familienfremden) **Fremdgeschäftsführung** in der Betriebsgesellschaft.

b) Steuerliche Motive

Die Vorteile der Betriebsaufspaltung liegen **weniger im ertragsteuerlichen Bereich**; dort sind zu nennen: 12
- Ausnutzung von Progressions- und Steuersatzunterschieden durch gezielte Ausschüttungspolitik;
- Anwendbarkeit des § 7g EStG für kleinere und mittlere Betriebe;
- Inanspruchnahme von (Steuer-)Subventionen durch das Besitzunternehmen, die an die Gewerblichkeit der Betätigung geknüpft sind, z.B. Investitionszulagen;[12]
- gewerbesteuerlicher Freibetrag für die Besitzunternehmung in der Rechtsform des Personenunternehmens (Einzelunternehmens oder Personengesellschaft), Verdopplung des Freibetrages, wenn das Betriebsunternehmen ebenfalls keine Kapitalgesellschaft ist;[13]
- steuergünstige Bildung einer Altersversorgung durch Pensionsrückstellung in der Betriebskapitalgesellschaft;
- keine phasenkongruente Aktivierung der Dividendenausschüttung, sondern Versteuerung erst beim Zufluss der Dividende;[14]
- stille Reserven der Besitzunternehmung müssen nicht versteuert werden, solange die Betriebsaufspaltung besteht bzw. kein sonstiger Entnahme- oder Entstrickungstatbestand verwirklicht wird.

Die Begründung einer Betriebsaufspaltung durch Vermietung wesentlicher Betriebsgrundlagen an eine GmbH schließt aber die vorangehende steuerbegünstigte Aufgabe eines Betriebs, zu dessen Betriebsvermögen die zur Nutzung überlassenen Wirtschaftsgüter gehörten, nicht aus, wenn der Steuerpflichtige zuvor seine wirtschaftliche Betätigung beendet hatte.[15]

Die Vorteile der Betriebsaufspaltung[16] liegen **vor allem im gewerbesteuerlichen Bereich**. 13
Diese ergeben sich dort durch
- die Abzugsfähigkeit des Geschäftsführergehaltes als Betriebsausgabe bei der GmbH und
- die Abzugsfähigkeit der Rückstellungen bzw. sonstigen Leistungen zur Altersversorgung der geschäftsführenden bzw. tätigen Gesellschafter.

Auch die Besitzgesellschaft ist gewerbesteuerpflichtig und zwar mit ihren gesamten Einkünften, wenn sie in der Rechtsform der Personengesellschaft betrieben wird. Die **sachliche Gewerbesteuerpflicht** beginnt erst, wenn sämtliche tatbestandlichen Merkmale eines Gewerbebetriebes erfüllt sind und der Gewerbebetrieb in Gang gesetzt ist. Bloße Vorbereitungshandlungen begründen im Unterschied zum Einkommensteuerrecht, das die Einkünfte aus gewerblichen Unternehmen zu den Einkünften aus Gewerbebetrieb rechnet, noch keine Steuerpflicht. Der sachlichen Gewerbesteuerpflicht unterliegt damit nur der auf einen in Gang gesetzten Betrieb 14

---

12 BFH BStBl II 1993, 723; BFH DB 1995, 192; *Heidel/Pauly*, Steuerrecht in der anwaltlichen Praxis, § 4 Rn 47; *Schmidt*, EStG, § 15 Rn 879.
13 Zu der Gefahr der gewerbesteuerlichen Doppelbelastung siehe aber *Heidel/Pauly*, Steuerrecht in der anwaltlichen Praxis, § 4 Rn 49, § 14 Rn 302; Peter/Crezelius/*Glade*, E. „Betriebsaufspaltung", Rn 1201.
14 Zur Annahme eines Gestaltungsmissbrauchs insoweit siehe Schleswig-Holsteinisches FG DStRE 2003, 409.
15 BFH GmbHR 2006, 888.
16 Dazu *Braun/Günther*, Das Steuer-Handbuch, „Betriebsaufspaltung", Rn 7 ff.; Peter/Crezelius/*Glade*, E. „Betriebsaufspaltung", Rn 1148 ff.; *Heidel/Pauly*, Steuerrecht in der anwaltlichen Praxis, § 4 Rn 48 f.

entfallende Gewinn, wohingegen die Einkommensteuer als Personensteuer auch betriebliche Vorgänge im so genannten Vorbereitungsstadium umfasst.

15 Eine etwaige **Befreiung der Betriebskapitalgesellschaft von der Gewerbesteuer** nach § 3 Nr. 20 Buchst. c GewStG erstreckt sich bei einer Betriebsaufspaltung jedoch auch auf die Vermietungs- oder Verpachtungstätigkeit des Besitzpersonenunternehmens.[17]

16 Zu beachten ist § 8 Nr. 1e GewStG, der die **hälftige Hinzurechnung von Pachtzinsen** für die Überlassung (nicht in Grundbesitz bestehender) Wirtschaftsgüter anordnet. Vereinfacht: Bei Betriebsaufspaltungen kommt die Hinzurechnung nur zum Tragen, wenn ein Betrieb verpachtet wird und mehr als 100.000 EUR Pachtzinsen jährlich für nicht in Grundbesitz bestehende Wirtschaftsgüter einer Betriebsstätte gezahlt werden.[18]

17 In aller Regel ist es aber am günstigsten, den Betrieb in eine „Besitzgesellschaft" und eine „Betriebsgesellschaft" aufzuspalten, ohne dass die Voraussetzungen für die Annahme einer Betriebsaufspaltung im steuerlichen Sinne erfüllt werden, weil dann die **„Umqualifizierung" der Einkünfte und des Vermögens** des Besitzpersonenunternehmens in gewerbliche Einkünfte bzw. Betriebsvermögen vermieden wird (siehe § 1 Rn 67 ff.).

3. Personelle Verflechtung
a) Beherrschungsidentität

18 Eine personelle Verflechtung liegt vor, wenn die hinter beiden Unternehmen stehenden Personen einen **einheitlichen geschäftlichen Betätigungswillen** haben. Nur dann unterscheidet sich die Tätigkeit des Besitzunternehmens von der Tätigkeit eines gewöhnlichen Vermieters. Dieser Wille tritt am klarsten hervor, wenn an beiden Unternehmen dieselben Personen im gleichen Verhältnis beteiligt sind (sog. **Beteiligungsidentität**).

19 Es genügt aber, dass die Person oder die Personen, die das Besitzunternehmen tatsächlich beherrschen, in der Lage sind, auch im Betriebsunternehmen ihren Willen durchzusetzen.[19] Nach der Rechtsprechung des BFH ist dann von gleichgerichteten Interessen auszugehen, wenn an der Besitzgesellschaft und der Betriebsgesellschaft dieselben Personen beteiligt sind, und zwar auch dann, wenn die Gesellschafter an der Besitz- und Betriebsgesellschaft unterschiedlich hoch, aber mehrheitlich beteiligt sind.[20] Sog. Beteiligungsidentität ist also nicht erforderlich, es reicht sog. **Beherrschungsidentität** aus.[21]

---

20 **Wichtig**
Eine tatsächliche Nutzung der Stimmenmehrheit zur Beherrschung durch den Mehrheitsgesellschafter ist dabei nicht erforderlich. Es reicht regelmäßig die Möglichkeit zur Beherrschung aus.

---

21 Normalerweise erfordert die „Beherrschung" eine Stimmrechtsmehrheit bei Besitz- und Betriebsgesellschaft. In extremen Ausnahmefällen kann sich die Beherrschung – ohne Stimmenmehrheit – aufgrund einer durch die Besonderheiten des Einzelfalles bedingten tatsächlichen

---

[17] BFH GmbHR 2006, 776 m. Anm. *Bitz* und BFH DStR 2006, 2207 in Abweichung von der bisherigen Rechtsprechung; vgl. dazu insbesondere BFH BStBl II 1984, 115; BFH NV 1986, 362; BFH BStBl II 2002, 662.
[18] Peter/Crezelius/*Glade*, E. „Betriebsaufspaltung", Rn 1200 f.
[19] BFH BFHE 191, 295 = BStBl II 2000, 417, m.w.N.; BFH BStBl II 2005, 340.
[20] BFH GS BStBl II 1972, 63; BFH, BStBl II 1994, 466; BFH BStBl II 1997, 437; BFH BFHE 154, 566 = BStBl II 1989, 152; BFH BFHE 187, 260 = BStBl II 1999, 445; *Heidel/Pauly*, § 4 Rn 37 f.
[21] Vgl. auch schon BFH BStBl II 1987, 858; BFH, BB 1994, 1195 = DB 1994, 1222; BFH, DStR 1997, 64; GmbHR 2000, 575; FG Schleswig-Holstein DStRE 2001, 626.

Machtstellung eines Beteiligten oder einer Beteiligtengruppe ergeben (**faktische Beherrschung**).²²

Das **Handeln eines Testamentsvollstreckers** (hier: Dauervollstreckung) ist den Erben auch im Rahmen der Beurteilung der personellen Verflechtung von Besitz- und Betriebsunternehmen zuzurechnen.²³ Nach Auffassung des FG Münster soll auch eine Testamentsvollstreckung, die nur eines der an der Betriebsaufspaltung beteiligten Unternehmen betrifft (hier: Betriebsgesellschaft), der Annahme einer personellen Verflechtung und damit einer Betriebsaufspaltung nicht entgegenstehen, weil die Erben sich das Verhalten des Testamentsvollstreckers als eigenes zurechnen lassen müssten.²⁴

22

Hinweis
Besonderheiten gelten auch bei **Nießbrauchgestaltungen**.²⁵

23

---

b) Ausnahmegestaltungen

Die Voraussetzungen der personellen Verflechtung liegen aber nicht vor, wenn
- die **Beteiligungsverhältnisse** im Besitz- und im Betriebsunternehmen **krass gegenläufig** gestaltet sind²⁶ oder
- wenn ein Gesellschafter der Besitzgesellschaft nicht auch Gesellschafter der Betriebsgesellschaft ist und nach dem Gesellschaftsvertrag der Besitzgesellschaft für alle Geschäfte – zumindest im Zusammenhang mit den überlassenen Betriebsgrundlagen – **Einstimmigkeit** erforderlich ist.²⁷

24

Allerdings hat der BFH trotz eines **Einstimmigkeitserfordernisses** nach dem Gesellschaftsvertrag einer Besitz-GbR eine Beherrschung durch den alleinigen **geschäftsführenden Gesellschafter** angenommen.²⁸

25

Diese Ausnahmerechtsprechung hat der BFH inzwischen fortgeführt: Ein Besitzunternehmer beherrscht die Betriebskapitalgesellschaft auch dann personell, wenn er zwar über die einfache Stimmrechtsmehrheit und nicht über die im Gesellschaftsvertrag vorgeschriebene qualifizierte Mehrheit verfügt, er aber als Gesellschafter-Geschäftsführer deren **Geschäfte des täglichen Lebens beherrscht**, zumindest sofern ihm die Geschäftsführungsbefugnis nicht gegen seinen Willen entzogen werden kann.²⁹

26

Im Regelfall schließt auch nach der bisherigen Rechtsauffassung der Finanzverwaltung das bloße **Vorhandensein eines Nur-Besitzgesellschafters** in der Besitzgesellschaft die Beherrschung der Betriebsgesellschaft durch die übrigen Gesellschafter nicht aus. Der oder die beherrschenden Gesellschafter müssen nur in der Lage sein, ihren unternehmerischen Willen im Be-

27

---

22 BFH BStBl II 1997, 437; BFH BStBl II 1999, 445; BFH BStBl II 2000, 417; FG Düsseldorf GmbHR 1997, 559.
23 BFH DStR 2008, 1679 = GmbHR 2008, 1043; dazu *Knatz*, DStR 2009, 27.
24 FG Münster v. 3.3.2005 – 5 K 3631/03 F, 5 K 3724/03 F, 5 K 3722/03 F, 5 K 3711/03 F, ZErb 2005, 13; ähnlich BFH DStR 1995, 1423 zur Rolle des Treuhänders.
25 Dazu *Rund*, GmbHR 2006, 1325; Niedersächsisches FG DStRE 2010, 334.
26 BFH BFHE 154, 566 = BStBl II 1989, 152 = BFH GmbHR 1989, 174, im dortigen Fall: 98% zu 2% bzw. 2% zu 98%; BFH BStBl II 1994, 466; BFH BFHE 187, 260 = BStBl II 1999, 445.
27 BFH FR 1999, 596; dazu auch *Hermanns*, GmbHR 1999, 469 m.w.N.; BFH, BStBl II 2002, 771; dazu auch *Grützner*, StuB 2002, 1106; BMF v. 7.10.2002, GmbHR 2002, 1088.
28 BFH DStR 2003, 1431 = GmbHR 2003, 1020.
29 BFH BB 2006, 920, in Fortführung von BFH BFHE 181, 284 = BStBl II 1997, 44; zur Abgrenzung der laufenden Geschäfte von außergewöhnlichen Geschäften in diesem Zusammenhang siehe FG Schleswig-Holstein GmbHR 2011, 1053.

sitzunternehmen trotz der Einstimmigkeitsabrede tatsächlich zu verwirklichen. Indizien dafür sollen sich aus der Handhabung in der Vergangenheit ergeben können.[30]

28 In einem **BMF-Schreiben vom 7.10.2002**[31] vertritt die Finanzverwaltung unter Abkehr von der früher vertretenen Ansicht die Auffassung, dass eine Beherrschungsidentität im Sinne der Rechtsprechung zur Betriebsaufspaltung nicht gegeben ist, wenn an einer Besitzgesellschaft neben der mehrheitlich bei der Betriebsgesellschaft beteiligten Person oder Personengruppe mindestens ein weiterer Gesellschafter beteiligt ist (sog. Nur-Besitzgesellschafter) und Beschlüsse der Gesellschafterversammlung wegen vertraglicher oder gesetzlicher Bestimmungen einstimmig gefasst werden müssen.

29 Zugleich enthält das BMF-Schreiben **Übergangsregelungen**. In den Fällen, in denen in der Vergangenheit von einer echten Betriebsaufspaltung ausgegangen worden ist, die personelle Verflechtung aber nach der BFH-Rechtsprechung zu keinem Zeitpunkt bestanden hat, sollen die der „Betriebsgesellschaft" überlassenen Wirtschaftsgüter – sofern sie nicht aus anderen Gründen dem Betriebsvermögen zuzurechnen sind – in dem Zeitpunkt als entnommen angesehen werden, ab dem die Betriebsaufspaltung angenommen worden ist. Sind die Bescheide des entsprechenden Veranlagungszeitraums bereits bestandskräftig, sollen sie nach § 174 Abs. 3 AO 1977 zu ändern sein. Zur Begründung heißt es, vor dem Ergehen der einschlägigen BFH-Urteile hätten die Finanzämter aufgrund der bisherigen Rechtsauffassung auf die Besteuerung erkennbar in der Annahme verzichtet, die stillen Reserven seien in späteren Veranlagungszeiträumen steuerwirksam zu erfassen. Diese Annahme habe sich nachträglich als unzutreffend erwiesen.

30 Im **Schrifttum** wird die Richtigkeit dieser Aussage einhellig bezweifelt.[32] Der BFH hält diese Zweifel für berechtigt.[33]

c) Einheitlicher geschäftlicher Betätigungswille

31 Dieser liegt vor, wenn die Person oder die Personen, die das Besitzunternehmen tatsächlich beherrschen, in der Lage sind, auch in der Betriebsgesellschaft ihren Willen durchzusetzen. Beherrschung bedeutet also, dass die Gesellschafter des Besitzunternehmens ihren Willen auch bei der Betriebsgesellschaft durchsetzen können. Die Frage der Beherrschung richtet sich nach dem Gesellschaftsrecht. Dazu bedarf es der Mehrheit der Stimmen. Die **Anzahl der Stimmen** richtet sich grundsätzlich – wenn nichts anderes vereinbart ist – nach dem Umfang der Anteile. In der Regel bedarf es also der Mehrheit der Anteile, d.h. bei einer Betriebs-GmbH mehr als 50% der Anteile. Die Beherrschung kraft Stimmenmehrheit indiziert dann das Vorliegen eines einheitlichen geschäftlichen Betätigungswillens.

32 Von besonderer Bedeutung ist die **Personengruppentheorie**.[34] Beherrschung liegt danach auch vor, wenn die beiden Unternehmen von einer durch gleichgerichtete Interessen verbundenen „geschlossenen Personengruppe" dominiert werden (können). Das gilt auch dann, wenn die Gesellschafter in jeweils unterschiedlicher Höhe an den beiden Unternehmen beteiligt sind.[35] Die Personengruppentheorie gilt auch für Familienangehörige.

33 Die **Personengruppentheorie** gilt **ausnahmsweise nicht**

---

30 BMF v. 23.1.1989, BStBl I 1989, 39.
31 BMF v. 7.10.2002, BStBl I 2002, 1028.
32 *Tiedtke/Szczesny*, NJW 2002, 3733, 3735, und *Tiedtke/Szczesny*, DStR 2003, 757, 758; *Mitsch*, INF 2002, 746, 750; *Ley/Strahl*, DStR 2002, 2057, 2060; *Kempermann*, NWB 2003 Fach 3, 12501, 12509; *Schmidt/Wacker*, EStG, § 15 Rn 825.
33 BFH BStBl II 2006, 158.
34 Dazu *Schmidt*, EStG, § 15 Rn 820 ff.; BFH BStBl II 2000, 417.
35 BFH BStBl II 2000, 417.

- bei **extrem konträren Beteiligungsverhältnissen** in beiden Gesellschaften, weil dann aufgrund dieser konträren Beteiligungsrelation divergierende wirtschaftliche Interessen vermutet werden müssen,[36]
- wenn das Bestehen einer Gruppe mit einheitlichem Betätigungswillen durch wirksame **besondere Stimmrechtsvereinbarungen** zugunsten Dritter widerlegt wird, oder
- wenn **nachweisbare Interessengegensätze** bestehen. Die Interessengegensätze dürfen dabei aber nicht nur möglich erscheinen, sondern müssen durch konkrete Tatsachen nachgewiesen werden (z.B. durch bisherige Rechtsstreitigkeiten). Es genügt nicht, dass irgendwelche Streitigkeiten bestehen, sondern die Interessenkollision muss so beschaffen sein, dass der auf Besitz- und Betriebsgesellschaft bezogene einheitliche Betätigungswille nicht mehr besteht.

4. Sachliche Verflechtung

Eine sachliche Verflechtung ist gegeben, wenn es sich bei den vermieteten Wirtschaftsgütern für das Betriebsunternehmen um wesentliche Betriebsgrundlagen handelt. Das ist der Fall, wenn die Wirtschaftsgüter **zur Erreichung des Betriebszwecks erforderlich** sind und ein besonderes Gewicht für die Betriebsführung besitzen.[37] **34**

Sachliche Verflechtung ist aber schon dann gegeben, wenn das Besitzunternehmen dem Betriebsunternehmen **mindestens eine wesentliche Betriebsgrundlage** zur Nutzung überlässt.[38] Die Überlassung wenigstens einer für den Betrieb der Betriebsgesellschaft wesentlichen Betriebsgrundlage genügt. Es müssen also nicht alle wesentlichen Betriebsgrundlagen von der Besitzgesellschaft überlassen werden. Ob der überlassene Gegenstand auch für die Besitzgesellschaft eine wesentliche Betriebsgrundlage darstellt, ist dagegen unerheblich. **35**

Beispiel **36**
Pachteinnahmen, die ein Steuerberater aus der **Verpachtung des Mandantenstamms** seiner freiberuflichen Einzelpraxis an die von ihm beherrschte Steuerberatungs-GmbH erzielt, unterliegen der Gewerbesteuer, weil insoweit eine freiberufliche Betriebsaufspaltung anzunehmen ist.[39]

Der BFH hat in der dazu ergangenen Entscheidung über die Nichtzulassungsbeschwerden die Auffassung des FG München bestätigt:[40] In der Rechtsprechung des BFH ist geklärt, dass der **Mandantenstamm** eines Steuerberaters als **eigenständiges Wirtschaftsgut** Gegenstand eines Pachtvertrags sein kann und dass es sich dabei um „den wesentlichsten und werthaltigsten" Teil des Betriebsvermögens handelt.[41] Anerkannt ist ebenfalls, dass die vermietende oder verpachtende Tätigkeit einer freiberuflichen Besitzgesellschaft im Rahmen einer freiberuflichen Betriebsaufspaltung zu Einkünften aus Gewerbebetrieb.[42] **37**

Eine wesentliche Betriebsgrundlage liegt nach der neueren Rechtsprechung des BFH vor, wenn das von der Betriebsgesellschaft genutzte **Grundstück** für diese wirtschaftlich von nicht nur geringer Bedeutung ist. Eine besondere Gestaltung für den jeweiligen Unternehmenszweck der Betriebsgesellschaft (**branchenspezifische Herrichtung** und Ausgestaltung) ist **nicht er- 38**

---

36 BFH BStBl II 1989, 152.
37 BFH BFHE 187, 36 = BStBl II 1999, 281.
38 H 137 Abs. 5 EStR; Peter/Crezelius/*Glade*, Kap. E. „Betriebsaufspaltung", Rn 1177.
39 FG München DStRE 2011, 1447.
40 BFH v. 8.4.2011 – VIII B 116/10, NV 2011, 1135.
41 BFH BFHE 182, 366 = BStBl. II 1997, 546.
42 BFH BFHE 184, 512 = BStBl. II 1998, 254.

forderlich; notwendig ist allein, dass ein Grundstück dieser Art für die Geschäftstätigkeit der Betriebsgesellschaft genutzt wird und es ihr ermöglicht, ihren Geschäftsbetrieb aufzunehmen und auszuüben (**funktionale Betrachtungsweise**).[43]

39 Diese Rechtsprechung hat der BFH auch auf **reine Büro- oder Verwaltungsgebäude** erstreckt. Diese stellen jedenfalls dann eine wesentliche Betriebsgrundlage des Betriebsunternehmens dar, wenn sich in ihnen der Mittelpunkt der Geschäftsleitung des Unternehmens befindet. Unerheblich für die Beurteilung als wesentliche Betriebsgrundlage ist, dass nicht jeweils ein ganzes Gebäude, sondern **nur einzelne Büroräume** (Gebäudeteile) vermietet werden.[44]

40 Die **Überlassung** kann sowohl **entgeltlich** als auch **teilentgeltlich** oder **unentgeltlich** erfolgen.[45] Es ist auch nicht erforderlich, dass das Besitzunternehmen Eigentümer der wesentlichen Betriebsgrundlagen ist. Auch die **Untervermietung**- bzw. -verpachtung durch das Besitzunternehmen kann also ausreichend sein.[46] Entsprechendes gilt für **Sale-and-lease-back-Gestaltungen**. Der BFH hat auch die Überlassung eines unbebauten Grundstücks im Wege der **Erbbaurechtsgewährung** durch das Besitzunternehmen an die Betriebsgesellschaft zum Zwecke der Bebauung mit einem Betriebsgebäude für die Besitzgesellschaft als „sachliche Verflechtung" angesehen.[47]

---

41 **Hinweis**
Eine **private Nutzung** solcher vermieteter Räume kann wiederum zur Annahme einer **verdeckten Gewinnausschüttung** führen.[48]

---

42 Die **Wesentlichkeit** richtet sich nach den sachlichen Betriebserfordernissen im konkreten Betriebsunternehmen (sog. funktionale Betrachtungsweise). Wesentlich sind die Wirtschaftsgüter, die zur Erreichung des Betriebszweckes erforderlich sind und besondere Bedeutung für die Betriebsführung besitzen.[49] Das ist vor allem bei Wirtschaftsgütern des Anlagevermögens anzunehmen, die **für den Betriebsablauf unerlässlich** sind, so dass ein gedachter Erwerber den Betrieb nur mit ihrer Hilfe in der bisherigen Form fortführen könnte; sie werden benötigt um den Betrieb als intakte Wirtschafts- und Organisationseinheit zu erhalten.

43 Die höchstrichterliche Rechtsprechung hat eine absolute oder relative **Unwesentlichkeitsgrenze** bisher nicht festgelegt hat. Bei den Einkünften aus Land- und Forstwirtschaft vertritt der BFH seit langem die Auffassung, dass Flächen von nicht mehr als 10 v.H. im Allgemeinen nicht als wesentliche Betriebsgrundlagen angesehen werden können.[50] Auch in anderen Bereichen existiert im Steuerrecht eine **10 v.H.-Grenze**, wenn es um die Frage geht, ob eine „untergeordnete Bedeutung" vorliegt.[51] Der BFH spricht in seiner Entscheidung vom 2. Oktober 2003[52] von einer auch „sonst im Steuerrecht allgemein anerkannten Geringfügigkeitsgrenze" bei weniger als 10 v.H.

---

43 BFH BFHE 214, 343 = BStBl II 2006, 804; BFH GmbHR 2010, 552.
44 BFH BFHE 214, 343 = BStBl II 2006, 804; BFH GmbHR 2010, 552.
45 *Schmidt*, EStG, § 15 Rn 808; zur leihweisen Überlassung BFH BStBl II 1991, 713.
46 BFH BStBl II 1989, 1014; BFH, NV 1993, 95; *Schmidt*, EStG, § 15 Rn 808.
47 BFH GmbHR 2002, 593 m. Anm. Bitz.
48 BFH DStRE 2010, 859.
49 BFH BStBl II 1993, 718; *Schmidt*, EStG, § 15 Rn 808.
50 BFH NV 2005, 1062 m.w.N.; vgl. auch BFH NV 2006, 53.
51 Vgl. BFH NV 2005, 879; BFH BFHE 203, 373 = BStBl II 2004, 985 mit weiteren Hinweisen zur Geringfügigkeitsgrenze 10 v.H.: Zuordnung zum gewillkürten Betriebsvermögen, Vorsteuerabzug, begünstigte Praxisveräußerung, schädliche Nebentätigkeit bei der erweiterten Kürzung nach § 9 Nr. 1 S. 2 GewStG.
52 BFH BFHE 203, 373 = BStBl II 2004, 985; vgl. auch BFH BStBl II 2005, 130.

Allein in der **Identität der Firmierung** einer Tochtergesellschaft liegt zumindest noch keine   44
Überlassung einer wesentlichen Betriebsgrundlage.⁵³

5. Wesentliche Steuerfolgen der Betriebsaufspaltung
Die Betriebsaufspaltung ist eine Gestaltungsform, die Wesensmerkmale aus dem Bereich der   45
Besteuerung sowohl der Personen- als auch der Kapitalgesellschaften hat und in ihrer häufigsten Gestaltungsform, nämlich der Spaltung in ein Besitz-Personenunternehmen und eine Betriebs-Kapitalgesellschaft, letztlich weitgehend den **steuerlichen Regeln für Personenunternehmen** unterliegt.⁵⁴

Das wesentliche steuerliche Argument für die Betriebsaufspaltung ist die **Kombinations-**   46
und Variationsmöglichkeit der vorteilhaften Aspekte sowohl der Personen- als auch der Kapitalgesellschaftsbesteuerung. Damit ergeben sich Möglichkeiten zur **Steuerplanung** im Hinblick vor allem auf Geschäftsführergehälter sowie auf Miet- und Pachtzinsen, die von der Betriebsgesellschaft zum Besitzunternehmen fließen und damit in der typischen Betriebsaufspaltung von der Belastung durch Körperschaftsteuer und Teileinkünfteverfahren in die – häufig vorteilhafte – einkommensteuerliche Belastung wechseln.

Wichtig   47
Dieser Vorteil führt aber auch zur **Gefahr** der Entstehung **verdeckter Gewinnausschüttungen**, wenn unangemessene Vergütungen an das Besitzunternehmen und über diese an die Gesellschafter fließen.

Wichtig   48
Wegen des einheitlichen Betätigungswillens in beiden Unternehmen kann für das Besitzunternehmen nichts anderes gelten als für die Betriebsgesellschaft. Infolgedessen unterliegt das Besitzunternehmen auch der Gewerbesteuerpflicht und das ihm zugehörige Vermögen – einschließlich der Anteile an der Betriebsgesellschaft – gilt steuerlich als Betriebsvermögen, dessen **Wertsteigerungen** sind daher steuerlich verstrickt und somit bei Realisierung steuerbar.

Auch durch die **Aufgabe der Gepräge-Rechtsprechung des BFH**⁵⁵ hat sich an der steuer-   49
rechtlichen Beurteilung der Betriebsaufspaltung nichts geändert. Durch die Rechtsprechung zur Betriebsaufspaltung wird nämlich die gewerbliche Tätigkeit der Betriebsgesellschaft nicht dem Besitzunternehmen zugerechnet. Die gewerbliche Tätigkeit des Besitzunternehmens beruht vielmehr darauf, dass die Vermietung und/oder Verpachtung bei Vorliegen besonderer Umstände nicht mehr als Vermögensverwaltung, sondern als gewerbliche Tätigkeit anzusehen ist.

Die besonderen Umstände, die es im Fall der Betriebsaufspaltung rechtfertigen, die Vermie-   50
tung und/oder Verpachtung durch das Besitzunternehmen als gewerbliche Tätigkeit zu beurteilen, sind die **sachliche und personelle Verflechtung**. Das Abstellen auf die Tätigkeit des Besitzunternehmens bedeutet nicht, dass die besonderen Umstände ausschließlich in dem Besitzunternehmen vorhanden sein müssen. Diese sind nicht Teil dieser Tätigkeit, sondern verleihen ihm lediglich die Eigenschaft eines Gewerbebetriebs.⁵⁶

---

53 BFH GmbHR 2011, 263.
54 Siehe daneben zur sog. mitunternehmerischen Betriebsaufspaltung BFH DStR 1996, 1521; BFH DStRE 1999 215; dazu auch *Söffing*, DStR 2001, 158.
55 BFH GS BStBl II 1984, 751.
56 Vgl. BFH BStBl II 1986, 296.

51 Eine vom **Gesetzgeber** seinerzeit geplante klarstellende **gesetzliche Regelung des Rechtsinstituts der Betriebsaufspaltung**[57] ist bisher im Hinblick darauf **unterblieben**, dass der BFH auch nach der Aufgabe der Gepräge-Rechtsprechung die Grundsätze über die steuerrechtliche Beurteilung der Betriebsaufspaltung beibehalten hat.[58] Das **BVerfG** hat die Rechtsprechung zum Rechtsinstitut der Betriebsaufspaltung als **(noch) zulässige Rechtsfortbildung** durch die dritte Gewalt anerkannt, bei Ehegattenbeteiligung aber auch Grenzen gezogen.[59] Dennoch erscheint das steuerliche Rechtsinstitut der Betriebsaufspaltung ohne jegliche gesetzliche Grundlage verfassungsrechtlich als bedenklich, da daran erhebliche – auch belastende – Steuerfolgen hängen.

52 Das steuerliche Rechtsinstitut der „Betriebsaufspaltung" setzt nicht voraus, dass eine besondere **Entstehungsform** eingehalten werden muss.[60] Auch muss zur Annahme der Betriebsaufspaltung nicht die „klassische" Aufteilung in Besitzunternehmen und Betriebskapitalgesellschaft gegeben sein. Im Rahmen der steuerlich zu berücksichtigenden Betriebsaufspaltung sind grundsätzlich alle Kombinationen insbesondere zwischen Personen- und Kapitalgesellschaften, aber auch Bruchteilgemeinschaften und Einzelunternehmen möglich. Die häufigste Form der Betriebsaufspaltung ist jedoch die der Aufspaltung in ein Personenunternehmen (Einzelunternehmen oder Besitzpersonengesellschaft) und in eine Betriebskapitalgesellschaft.

53 **Wichtig**
Die Betriebsgesellschaft kann aber ebenso in der Form der **Aktiengesellschaft** geführt werden, auch wenn die Hauptversammlung einer AG im Gegensatz zur Gesellschafterversammlung einer GmbH grundsätzlich nicht befugt ist, durch Einzelweisungen gegenüber dem Vorstand Einfluss auf die Geschäftsführung zu nehmen (§§ 76 Abs. 1, 111, 119 Abs. 2 AktG).[61] Dieser Unterschied rechtfertigt es nach Auffassung des BFH nicht, das Vorliegen eines einheitlichen geschäftlichen Betätigungswillens als personelle Voraussetzung einer Betriebsaufspaltung bei der AG anders zu beurteilen als bei der GmbH.[62]

6. Steuerfragen bei Entstehen der Betriebsaufspaltung

54 Im einfachsten Fall entsteht aus **zwei selbständigen Unternehmen** die Konstruktion einer Betriebsaufspaltung so, dass die Voraussetzungen der personellen und sachlichen Verflechtung erfüllt sind, z.B. durch Eigentümerwechsel wesentlicher Wirtschaftsgüter oder durch Inhaberwechsel von Anteilen. Dieser Vorgang bleibt für sich gesehen ohne ertragsteuerliche Folgen. Er führt jedoch – sofern nicht auch zuvor schon gegeben – regelmäßig zur „steuerlichen Verstrickung" des Vermögens des Besitzunternehmens.

55 Vom Einzelunternehmen ausgehend kann die **Übertragung von Einzelwirtschaftsgütern** des Umlaufvermögens ggf. frei von stillen Reserven erfolgsneutral erfolgen. Stille Reserven müssen aber realisiert werden, wenn bewegliches Anlagevermögen auf die künftige Betriebs-GmbH übertragen wird, denn weder § 20 UmwStG noch § 6 Abs. 5 EStG sind einschlägig. Erfolglos bleibt wegen § 6 Abs. 5 EStG auch der Versuch, Einzelwirtschaftsgüter auf eine Personengesellschaft zu übertragen und diese in eine Kapitalgesellschaft umzuwandeln.

---

57 BR-Drucks. 165/85; siehe auch BT-Drucks. 10/4513, 63.
58 Vgl. BFH BStBl II 1989, 152.
59 BVerfG BVerfGE 69, 188 = BStBl II 1985, 475.
60 Vgl. BFH BStBl II 1982, 60.
61 BFH GmbHR 2011, 887; dazu EWiR 2011, 741 (*Jungbluth*); *Wachter*, DStR 2011, 1599.
62 Vgl. BFH BStBl II 1982, 479.

Soll eine (klassische) Betriebsaufspaltung neu begründet werden, so hat das **Verbot der** 56
steuerneutralen Übertragung von Einzelwirtschaftsgütern auf die Betriebs-GmbH verschlechtert.[63]

Nach **§ 6 Abs. 6 S. 1 EStG** i.d.F. des Steuerentlastungsgesetzes 1999/2000/2002 vom 24.3. 57
1999[64] führt der unentgeltliche Übergang von Einzelwirtschaftsgütern eines Steuerpflichtigen auf einen anderen Steuerpflichtigen seit dem 1.1.1999 zur Aufdeckung der stillen Reserven, wobei der Ansatz des gemeinen Wertes der übertragenen Wirtschaftsgüter vorgeschrieben wird.[65] Bei der Begründung einer echten Betriebsaufspaltung durch Sacheinlagen bedeutet das, dass die Betriebs-GmbH das auf sie übergegangene Wirtschaftsgut mit dem **gemeinen Wert** ansetzen muss. Eine Buchwertfortführung scheidet also aus.

Erfolgt die Betriebsaufspaltung ausgehend von einer bestehenden Kapitalgesellschaft, so 58
muss zur Erreichung der Steuerbegünstigung ein **Betrieb, Teilbetrieb oder Mitunternehmeranteil** übergehen. Einzelwirtschaftsgüter können nicht ohne Aufdeckung stiller Reserven übertragen werden.

7. Steuerliche Konsequenzen für Einkünfte und Vermögen
a) Allgemeine Konsequenzen

Die Anwendung der Grundsätze der Betriebsaufspaltung hat weit reichende Folgen für die 59
steuerliche Qualifizierung der Einkünfte und des Vermögens des Besitzunternehmens:
- die **Einkünfte des Besitzunternehmens** gelten dann auch als Einkünfte aus Gewerbebetrieb i.S.v. § 15 EStG,
- das **Vermögen des Besitzunternehmens** gilt als Betriebsvermögen mit der entsprechenden steuerlichen Verhaftung[66] und
- die **Anteile der Gesellschafter** des Besitzunternehmens **an der Betriebsgesellschaft** gelten ebenfalls als Betriebsvermögen.

Aus der Gewerblichkeit auch des Besitzunternehmens folgt dort die **Buchführungs- und Bilan-** 60
zierungspflicht.

Wichtig 61
Die **Ausstrahlung der Gewerblichkeit** auf das Besitzunternehmen umfasst dabei auch die Einkünfte und die Anteile der Personen, die nur am Besitzunternehmen beteiligt sind (sog. **Nur-Besitzgesellschafter**).

Auch die **Besitzgesellschaft** ist gewerbesteuerpflichtig und zwar mit ihren gesamten Ein- 62
künften, wenn sie in der Rechtsform der Personengesellschaft betrieben wird. Die **sachliche Gewerbesteuerpflicht** beginnt aber erst, wenn sämtliche tatbestandlichen Merkmale eines Gewerbebetriebes erfüllt sind und der Gewerbebetrieb in Gang gesetzt ist. Bloße Vorbereitungshandlungen begründen im Unterschied zum Einkommensteuerrecht noch keine Steuerpflicht.

---

63 Vgl. *Schulze zur Wiesche*, Wpg 2003, 90.
64 BStBl I 1999, 402.
65 *Schmidt*, EStG, § 15 Rn 877 m.w.N.
66 Zur Zurechnung der Gewinne aus Zeiträumen vor der Betriebsaufspaltung zu den Einkünfte nach § 15 EStG bei späteren Gewinnausschüttungsbeschlüssen siehe BFH BB 2000, 443.

63 Praxistipp
In aller Regel ist es aber am Günstigsten, den Betrieb in eine „Besitzgesellschaft" und eine „Betriebsgesellschaft" aufzuspalten, ohne dass die Voraussetzungen einer Betriebsaufspaltung im steuerlichen Sinne erfüllt werden, weil dann die „Umqualifizierung" der Einkünfte in gewerbliche Einkünfte und des Vermögens des Besitzpersonenunternehmens in Betriebsvermögen vermieden wird.

64 Wichtig
Generell besteht bei der Betriebsaufspaltung eine besondere Notwendigkeit zur Beobachtung der aktuellen Entwicklungen, denn die Gefahr von Rechtsprechungsänderungen beim „Rechtsinstitut" der Betriebsaufspaltung ist ständig gegeben.[67]

65 Liegt bereits eine Betriebsaufspaltung vor, so wird es in aller Regel geboten sein, diese zu erhalten oder zumindest die Aufdeckung etwaiger stiller Reserven im Vermögen des Besitzunternehmens zu vermeiden. Regelmäßig bietet es sich dabei an, das Besitzunternehmen in eine „**gewerblich geprägte Personengesellschaft**" umzustrukturieren (Siehe dazu § 4 Rn 160 ff.).

66 Festzuhalten bleibt aber auch, dass steuerliche Aspekte in den Gestaltungsüberlegungen in der Regel einen zwar sicherlich bedeutenden, aber nicht den dominierenden Raum einnehmen sollten. Vor allem **Haftungsaspekte** und die bessere **Steuerbarkeit von Einzelrisiken** durch die Trennung von Besitzunternehmen und Betriebsgesellschaft müssen abgewogen werden und sprechen unabhängig von steuerlichen Vorteilen tendenziell für die Betriebsaufspaltung als Gestaltungsform mittelständischer Unternehmen.[68]

67 Umgekehrt können aber die Rechtsregeln des **Eigenkapitalersatzrechts** bzw. der **Gesellschafterfremdfinanzierung** die erwünschten Haftungsvorteile ganz oder teilweise zunichtemachen.

b) Steuerfolgen der klassischen Betriebsaufspaltung

68 Die steuerlichen Resultate einer klassischen Betriebsaufspaltung differieren stark in Abhängigkeit vom Erfolg des betrachteten Unternehmensverbundes. Grundsätzlich wird ein Teil des Gewinns im Rahmen der Personenunternehmens-, ein anderer Teil im Rahmen der Kapitalgesellschaftsbesteuerung abgewickelt. Die Betriebsaufspaltung hat häufig bei hohen Gewinnen, bei hohen **Geschäftsführergehältern** und insbesondere im Verlustfall, Nachteile gegenüber anderen Unternehmensformen, während sich die Gewinnthesaurierung in der Kapitalgesellschaft positiv auswirkt. Ein großer Teil der Steuerbelastung fällt im Rahmen der Einkommensteuer an, die allerdings durch die Gewerbesteueranrechnung seit 2002 durch § 35 EStG vermindert wird.

69 Erzielt das Unternehmen **Gewinne**, so ist die klassische Betriebsaufspaltung häufig die zweitbeste Alternative. Bei niedrigen Gewinnen wird die einheitliche Personen-, bei hohen Gewinnen die einheitliche Kapitalgesellschaft, insbesondere im Thesaurierungsfall, eine günstige Alternative darstellen.[69]

70 Fallen **Verluste** an, sind die Nachteile der Betriebsaufspaltung schwerwiegend, da diese i.d.R. nur die Betriebsgesellschaft betreffen und nicht mit positiven Einkünften des Besitzunternehmens oder dessen Gesellschaftern verrechnet werden können, feste Miet- bzw. Pachtzahlungen verstärken den Effekt.

---

67 Vgl. *Engelsing/Sievert*, SteuerStud 2004, 26.
68 Vgl. *Engelsing/Sievert*, SteuerStud 2003, 624.
69 Vgl. *Jacobs*, Unternehmensbesteuerung, S. 562.

Praxistipp 71

Eine Möglichkeit, die negativen steuerlichen Auswirkungen der klassischen Betriebsaufspaltung zu vermeiden, ist ein **Organschaftsverhältnis** zwischen den beiden beteiligten Gesellschaften.[70] Durch die Organschaft findet eine weitere Verschiebung der Gewinne statt, die Betriebsaufspaltung gleicht dann weitgehend einer Personengesellschaft, insbesondere die Verlustverrechnung wird möglich.[71]

Im Regelfall kann aber davon ausgegangen werden, dass die außersteuerlichen Folgen einer 72 Organschaft dazu führen werden, dass man auf eine solche Konstruktion verzichtet. Voraussetzung der Organschaft ist nämlich die **Ergebnisabführung**. Damit verbunden ist aber zwingend eine Verpflichtung zum **Verlustausgleich** entsprechend § 302 AktG. Diese soll durch die Betriebsaufspaltung jedoch gerade vermieden werden.[72]

Praxistipp 73

Die **umgekehrte Betriebsaufspaltung** kann besonders bei ertragsstarken Unternehmen im Thesaurierungsfall die einkommensteuerlichen Anrechnungsfolgen seit 2002 durch § 35 EStG optimal ausnutzen.

c) Steuerfolgen der mitunternehmerischen Betriebsaufspaltung

Die mitunternehmerische Betriebsaufspaltung kommt hinsichtlich ihrer steuerlichen Folgen 74 weiterhin der üblichen Personengesellschaftsbesteuerung sehr nah, dabei können doppelte **Freibeträge** in gewerbesteuerlicher Hinsicht, aber auch Gewinnsteuerungsmöglichkeiten genutzt werden.

Ertragsteuerlich sind diese Fälle allerdings nicht ganz einfach gelagert. Die mitunternehmerische Betriebsaufspaltung unterliegt im Grundsatz den gesetzlichen Regelungen der Personengesellschaftsbesteuerung. Aus § 15 Abs. 1 Nr. 2 EStG ergibt sich zwar regelmäßig die weitere Erfassung der überlassenen Wirtschaftsgüter als Betriebsvermögen. Jedoch sind hiermit allein die **Kollisionsprobleme** zwischen § 15 EStG und dem Rechtsinstitut der Betriebsaufspaltung noch nicht gelöst. 75

Voraussetzung für die Annahme einer Betriebsaufspaltung, unabhängig davon, in wie viele 76 Unternehmen und Gesellschaften aufgespalten wird, warum und wann eine Betriebsaufspaltung erfolgt, ist auch in diesen Fallgestaltungen:
– Das Betriebsunternehmen/Vertriebsunternehmen muss überhaupt einen **Gewerbebetrieb** i.S.v. § 15 Abs. 2 EStG betreiben.
– Zwischen Besitzunternehmen und Betriebs-/Vertriebsgesellschaft muss ein einheitlicher geschäftlicher Betätigungswille gegeben sein (sog. **personelle Verflechtung**).
– Zwischen Besitzunternehmen und Betriebs-/Vertriebsgesellschaft muss mindestens eine wesentliche Betriebsgrundlage überlassen werden (sog. **sachliche Verflechtung**).

Nach der Rechtsprechung ist es dabei weder erforderlich, dass das Besitzunternehmen schon 77 vorher gewerblich tätig war,[73] noch, dass die Betriebsgesellschaft eigengewerblich tätig ist; es reicht auch ein Gewerbebetrieb kraft Rechtsform nach § 8 Abs. 2 KStG bei Kapitalgesellschaften bzw. nach § 15 Abs. 3 Nr. 2 EStG für gewerblich geprägte Personengesellschaften aus (sog. **gewerblich geprägte Betriebsaufspaltung**).[74]

---

70 Vgl. *Jacobs*, Unternehmensbesteuerung, S. 565.
71 Zur Frage einer umsatzsteuerlichen Organschaft zwischen den von einer Personengruppe beherrschten Schwestergesellschaften im Rahmen einer Betriebsaufspaltung siehe BFH DStR 2010, 1277.
72 Vgl. Carlé/Carlé/*Bauschatz*, Betriebsaufspaltung, S. 134 f.
73 BFH BStBl II 1989, 455.
74 Vgl. BFH NV 1992, 333.

78 Außerdem dürfen die Wirtschaftsgüter im Fall sog. **Schwester-Personengesellschaften** nicht unentgeltlich überlassen werden, weil es dann an einer Gewinnerzielungsabsicht und damit an einer eigenen gewerblichen Tätigkeit der Besitzpersonengesellschaft fehlt.[75] Auch im Fall einer lediglich teilentgeltlichen Nutzungsüberlassung muss deshalb bei der Besitzpersonengesellschaft Gewinnerzielungsabsicht vorliegen, um eine mitunternehmerische Betriebsaufspaltung annehmen zu können. Andernfalls ist § 15 Abs. 1 Nr. 2 EStG anzuwenden. Liegen die genannten Voraussetzungen gleichzeitig vor, ist allerdings eine Betriebsaufspaltung gegeben.

d) Steuerfolgen der kapitalistischen Betriebsaufspaltung
79 Die steuerlichen Folgen der kapitalistischen Betriebsaufspaltung orientieren sich weitgehend an der GmbH & Co. KG.

e) Unternehmensnachfolge in Betriebsaufspaltungsfällen
80 Soll eine bestehende Betriebsaufspaltung in der Unternehmensnachfolge im Wege der vorweggenommenen Erbfolge übertragen werden, so liegt ein wesentliches Problem in der Vermeidung der Aufdeckung stiller Reserven, die vor allem in der Besitzgesellschaft vorhanden sein können. Soll eine vorweggenommene Erbfolge stattfinden, ist es von entscheidender Bedeutung, dass trotz des Generationenwechsels **kein Wegfall der personellen Verflechtung** erfolgt, auch wenn Erträge aus der Besitzgesellschaft als Altersversorgung dienen sollen.

---

81 Praxistipp
Empfehlenswert ist in diesem Fall die Fortführung des Besitzunternehmens als **gewerblich geprägte Personengesellschaft** (siehe dazu § 4 Rn 160 ff.) unter Beteiligung des Nachfolgers (Kindes).[76] Zur Vermeidung von Erbfolgeproblemen müssen die Regelungen zur Erhaltung der Betriebsaufspaltung rechtzeitig getroffen werden. Eine durch plötzliche Ereignisse eingetretene Gewinnrealisierung kann im Nachhinein nicht mehr ungeschehen gemacht werden.[77]

---

8. Beendigung der Betriebsaufspaltung
82 Eine Betriebsaufspaltung endet, wenn ihre Voraussetzungen durch sachliche oder personelle **Entflechtung** entfallen. In der Regel wird dann eine Betriebsaufgabe des Besitzunternehmens stattfinden, diese führt zur Auflösung der im Betriebsvermögen enthaltenen stillen Reserven.[78]

83 Entfallen – beabsichtigt oder unbeabsichtigt – die Voraussetzungen der Betriebsaufspaltung, also der sachlichen oder personellen Verflechtung von Besitzunternehmen und Betriebsgesellschaft (sog. **sachliche oder personelle „Entflechtung"**), liegt in aller Regel eine Betriebsaufgabe des Besitzunternehmens vor, mit der Folge des Zwangs zur Aufdeckung der stillen Reserven. Eine Teilbetriebsaufgabe eines Besitzunternehmens ist rechtlich aber auch möglich.[79] Zur Vermeidung der **Gewinnrealisation** sind bereits vor Ende der Betriebsaufspaltung geeignete Maßnahmen zu ergreifen.

---

75 Vgl. BFH BStBl II 1998, 325.
76 Vgl. Brandmüller/*Schoor*, Praxishandbuch Betriebsaufspaltung, Gruppe 5.1, S. 27.
77 Vgl. *Engelsing/Sievert*, SteuerStud 2004, 26; *Kiesel*, DStR 1998, 962, 963.
78 *Engelsing/Sievert*, SteuerStud 2004, 25.
79 *Heidel/Pauly*, § 4 Rn 50; *Schmidt*, EStG, § 15 Rn 865 m.w.N.

> **Praxistipp** 84
> Probates und in der Gestaltungspraxis übliches Mittel ist es, das Besitzunternehmen in eine **gewerblich geprägte GmbH & Co. KG** (siehe dazu § 4 Rn 160 ff.) oder eine Kapitalgesellschaft umzuwandeln.[80]

> **Wichtig** 85
> Da die **Betriebsgesellschaft** in der Regel weiter gewerblich tätig bleibt, wird zumeist bei ihr keine Betriebsaufgabe vorliegen.

Die Besteuerung erfolgt in der Regel nach §§ 16, 34 EStG, das heißt mit Gewährung des **Freibetrages** und der **Progressionsmilderung**. Dennoch ist häufig – gerade in den Fällen der unbeabsichtigten Beendigung der Voraussetzungen der Betriebsaufspaltung – die **Liquiditätsbelastung** durch die Steuerzahlungsverpflichtungen kaum zu tragen. 86

Verpachtet ein Steuerpflichtiger seinen gesamten Betrieb, ist zu fragen, ob eine **Betriebsaufgabe** im Sinne des § 16 Abs. 3 EStG vorliegt oder ein **ruhender Gewerbebetrieb** und wie künftig die Pachteinnahmen des ehemaligen Betriebsinhabers zu qualifizieren sind. Die Annahme einer Betriebsaufgabe wird für den Steuerpflichtigen trotz deren steuerlicher Begünstigung in der Regel nachteilig sein, weil mit einem Schlag sämtliche stillen Reserven aktiviert werden. 87

Inzwischen hält es der BFH auch für möglich, dass die Grundsätze der **Betriebsunterbrechung** zum Tragen kommen.[81] Auch hält der BFH die Vermeidung einer Betriebsaufgabe bei dem Besitzunternehmen bei Wegfall der Merkmale der personellen oder der sachlichen Verflechtung für möglich, wenn zu diesem Zeitpunkt die Voraussetzungen einer **Verpachtung des Betriebes im Ganzen** vorliegen, solange keine Betriebsaufgabe erklärt wird.[82] 88

Dazu gibt die Rechtsprechung dem Steuerpflichtigen ein **Wahlrecht**. Er kann wählen, ob die Verpachtung des Betriebs für ihn eine Betriebsaufgabe oder nur eine Betriebsunterbrechung sein soll: 89
– Optiert er für die Betriebsaufgabe, so muss der Steuerpflichtige den Aufgabegewinn versteuern und er erzielt künftig mit der Pacht Einkünfte aus Vermietung und Verpachtung.
– Hat der Steuerpflichtige dagegen die Absicht, den Betrieb zu einem späteren Zeitpunkt selbst wieder aufzunehmen und fortzuführen, kann er für eine Betriebsunterbrechung optieren; diese wird vermutet, wenn der Steuerpflichtige nichts erklärt, aber tatsächlich so verfährt. In diesem Fall bleiben die stillen Reserven unaufgedeckt. Die erzielten Pachteinnahmen werden wegen der Nutzung betrieblichen Vermögens als gewerbliche Einkünfte qualifiziert, sind nach Ansicht des BFH aber nicht gewerbesteuerpflichtig, da sie nicht auf einer werbenden gewerblichen Tätigkeit beruhen. Diesen Fall meint § 21 Abs. 3 EStG in erster Linie. Das Institut der Betriebsunterbrechung bewirkt einen Aufschub der Erfassung der stillen Reserven, der gerechtfertigt ist, weil die Verpachtung keine endgültige Betriebsaufgabe ist.

Diese Möglichkeit der Wahlrechtsausübung entfällt, wenn der Pächter den **Betrieb** so **umgestaltet**, dass der Verpächter den ursprünglichen Betrieb nicht fortführen kann. 90

---
[80] Vgl. ausführlich Carlé/Carlé/*Bauschatz*, Betriebsaufspaltung, S. 160 ff.
[81] BFH BStBl II 1998, 325; dazu Braun/Günther, Das Steuer-Handbuch, „Betriebsaufspaltung", Rn 28.
[82] BFH GmbHR 2005, 947.

B. Typischer Sachverhalt

91 Das umzustrukturierende Unternehmen ist ein Herstellungs- und Vertriebsunternehmen, das bislang in der Rechtsform einer GmbH & Co. KG betrieben wurde und einen einheitlichen Betrieb unterhielt. Im Rahmen der Generationenfolge und aus Haftungsgründen soll aus der GmbH & Co. KG die Produktion abgespalten und auf eine neue Betriebs-GmbH übertragen werden. Die GmbH & Co. KG soll künftig nur noch als Vertriebsgesellschaft und als Verpächterin der Immobilie und des sonstigen wesentlichen Anlagevermögens fungieren.

C. Muster

I. Checkliste: Betriebsaufspaltung

1. Gesellschaftsrechtliche Vorüberlegungen/Durchführungsschritte

92
- Gründungsvarianten vergleichen:
  - Ausgliederung/Abspaltung (Gesamtrechtsnachfolge) oder
  - Bargründung/Sachgründung/gemischte Sachgründung (Einbringung, also Umstrukturierung im Wege der Einzelrechtsnachfolge)
- Prüfung, ob gesetzliche Hindernisse bestehen (z.B. § 12 GüKG; § 9 Apothekergesetz)
- Festlegung des konkreten Betriebsaufspaltungsmodells
- Festlegung der Verteilung der Gesellschaftsanteile in dem Besitzunternehmen und der Betriebsgesellschaft unter Beachtung und Sicherstellung der Übereinstimmung der Gesellschaftsverträge bzgl. einheitlicher Beherrschungsmöglichkeit oder deren bewusster Vermeidung
- Wahl der Firmierung (Vermeidung von Haftung gem. § 25 HGB etc.)
- Bestimmung des Gesellschaftszwecks
- Bei Beteiligung von Minderjährigen: Bestellung je eines Ergänzungspflegers bzw. Einholung der familiengerichtlichen Genehmigung
- Abstimmung der Gesellschaftsverträge von Besitzunternehmen und Betriebsgesellschaft aufeinander, insbesondere hinsichtlich Entnahmeregelungen und Nachfolgeregelungen, Jahresabschluss und Gesellschafterversammlungen (einheitliche Stichtage)
- Regelung über Gewinnausschüttung im Gesellschaftsvertrag (Gewinn- oder Steuerentnahmeanspruch, Schütt-aus-Hol-zurück-Verfahren; Bildung offener Rücklagen)
- Bei Personenidentität: Geschäftsführerbefreiung von den Beschränkungen des § 181 BGB (Handelsregisteranmeldung)
- Anmeldung zum Handelsregister, einschließlich der Anmeldung von Prokuren und Handlungsvollmachten
- Briefköpfe mit exakter Firmierung (Rechtsformangabe, Vor- und Zunamen aller Gesellschafter und Geschäftsführer, Sitz des Unternehmens, Registergericht mit Registernummer, Steuernummer)
- Stammkapitaleinzahlungsnachweise einholen und sorgfältig archivieren
- Ausreichende Eigenkapitalausstattung (Gefahr des Haftungsdurchgriffs bei Unterkapitalisierung)
- Gesellschafterdarlehen und Stellung von Sicherheiten an Dritte als Kreditgrundlage durch Gesellschafter vermeiden (Gefahr der Haftung durch Rechtsfigur der kapitalersetzenden Darlehen/Sicherheiten)
- Exakte schriftliche Vereinbarungen wie unter fremden Dritten bezüglich der Rechtsverhältnisse zwischen Besitz- und Betriebsgesellschaft fixieren (Betriebsüberlassungs- und Pachtvertrag)

- Rechnungstellung an die Betriebsgesellschaft bezüglich des Verkaufs von Anlage- und Umlaufvermögen mit Umsatzsteuerausweis
- Exakte Führung des Verrechnungskontos (möglichst keine Verpflichtung der Besitzunternehmung gegenüber der Betriebsgesellschaft offen halten)

2. Arbeitsverhältnisse

- Unterrichtung über den beabsichtigten Betriebsübergang und das Widerspruchsrecht mit den Inhalten nach § 613a Abs. 5 und Abs. 6 BGB und sodann Beendigungs- und Übernahmevereinbarungen von den beteiligten Unternehmen und jedem Mitarbeiter, einschließlich Aushilfs- und Teilzeitbeschäftigten, langzeiterkrankten (Krankengeldbezug) sowie in Mutterschutz/Elternzeit befindlichen Mitarbeitern, unterzeichnen lassen **93**
- Ausbildungsverträge mit Azubis und Eintragung bei der IHK/Handwerkskammer/Standesorganisation umstellen
- Sozialversicherung ummelden (ab- und anmelden)
- Berufsgenossenschafts-Änderungsanzeige vornehmen
- Zusatzversorgungskassen-Änderungsanzeige (Baubetriebe) vornehmen
- Eventuelle betriebliche Altersversorgung ummelden (Pensionssicherungsverein, Versicherungsgesellschaft, Pensions- oder Unterstützungskasse)
- Lohnsteuerkarten und Lohnabrechnung ändern

3. Sonstige Dauerschuldverhältnisse

- Postanschrift und Postfachadressen ändern **94**
- Telefonanlagen und andere Telekommunikationseinrichtungen ummelden, einschließlich eventueller Miet- und Leasingverträge in diesem Zusammenhang
- Sonstige Miet-, Pacht- und Leasingverträge sowie Serviceverträge umstellen
- Versicherungen ummelden
- Fuhrpark beim Straßenverkehrsamt ummelden
- Sonstige Dauerbezugsverhältnisse/Mitgliedschaften (Verbände/Organisationen)/Zeitschriften etc. ändern
- Neue Betriebsnummer der Agentur für Arbeit beschaffen

4. Banken

- Bankkonten einschließlich Unterschriftsberechtigungen und Anschriften umstellen **95**
- Kredite (insbesondere Kontokorrentkredit) auf neue Betriebsgesellschaft umstellen
- Sicherungsverträge neu abschließen bzw. ändern (Globalzessionen, Sicherungsübereignungsverträge, Zweckerklärungen von Grundpfandrechten etc.)

5. Lieferanten

- Rundschreiben an die Lieferanten und Dienstleistungsunternehmen mit dem Hinweis, dass eine Betriebsaufspaltung durchgeführt wird und ab einem konkret zu benennenden Stichtag alle Rechnungen an die neue Betriebsgesellschaft zu richten sind **96**
- Unrichtig adressierte Rechnungen unverzüglich mit der Bitte um Korrektur der Anschrift (neue Betriebsgesellschaft) an die Rechnungssteller zurückgeben (andernfalls Probleme bei der Geltendmachung der Vorsteuer und Haftungsgefahr bei stillschweigender Duldung)

6. Kunden

97
- Rundschreiben an die Kunden (Information, dass die Betriebsgesellschaft neuer Vertragspartner in Zukunft ab dem konkret zu benennenden Stichtag sein wird)
- Bei laufenden Verträgen (insbesondere öffentlich-rechtlichen Auftraggebern etc.) Vertragseintritt des neuen Betriebsunternehmens schriftlich gegenbestätigen lassen

7. Steuern/Finanzamt/Sozialversicherung

98
- Unterrichtung des Finanzamtes von der Betriebsaufspaltung (Übersendung der Verträge)
- Antrag auf Neufestsetzung der Einkommensteuervorauszahlung der Gesellschafter
- Antrag auf Neufestsetzung der Gewerbesteuervorauszahlung
- Antrag auf Umsatzsteueroption
- Ggf. Umstellung der Umsatzsteuervoranmeldung auf Organschaft
- Antrag auf Freistellung von der Abgabe von Lohnsteueranmeldungen, soweit Arbeitsverhältnisse auf die Betriebsgesellschaft übergegangen sind
- Antrag auf Zuteilung einer Steuernummer für Lohn-, Umsatz- und Körperschaftsteuer für die Betriebsgesellschaft
- Antrag auf Festsetzung der Körperschaft- und Gewerbesteuervorauszahlungen
- Antrag auf Festsetzung des Gewerbesteuermessbescheides für Vorauszahlungen

II. Muster: Vertragsformulierungen bei Mitverpachtung/Nichtmitverpachtung/Fehlen eines Firmenwertes

M 182 ### 1. Muster: Bei Verpachtung des gesamten Betriebes

99 „Die Verpachtung erfolgt einschließlich des Firmenwertes."
alternativ:
„Neben den im Einzelnen aufgeführten verpachteten Gegenständen des Anlage- und Umlaufvermögens wird auch der vorhandene Firmenwert mitverpachtet."

M 183 ### 2. Muster: Bei Verpachtung von Teilen des Betriebes

100 „Mitverpachtet wird auch der auf diesen Betriebsteil entfallende Firmenwert."

M 184 ### 3. Muster: Bei Nichtmitverpachtung eines Firmenwertes

101 „Die Pächterin zahlt an die Verpächterin eine monatliche/jährliche Pacht in Höhe von _____ EUR. Eine Vergütung für einen Firmen- oder Geschäftswert wird nicht gezahlt, da der Firmen- oder Geschäftswert nicht mitverpachtet ist."

M 185 ### 4. Muster: Bei Nichtvorhandensein eines Firmenwertes

102 „Die Pächterin zahlt an die Verpächterin eine monatliche/jährliche Pacht in Höhe von _____ EUR. Eine Vergütung für einen Firmen- oder Geschäftswert wird nicht gezahlt, da bei Pachtbeginn kein Firmen- oder Geschäftswert vorhanden ist."

5. Muster: Pachthöhe

M 186

„Die Pächterin zahlt an die Verpächterin eine monatliche Pacht in Höhe von _____ EUR. Hiervon entfallen _____ EUR auf die nach § _____ des Pachtvertrages überlassenen Wirtschaftsgüter und _____ EUR auf den überlassenen Firmenwert."

103

alternativ:
„Die Pächterin zahlt an die Verpächterin eine monatliche/jährliche Pacht in Höhe von _____% des Umsatzes (maximal _____ EUR; höchstens _____ EUR) für die nach § _____ des Pachtvertrages/Anlage _____ zum Pachtvertrag überlassenen Wirtschaftsgüter. Für die Überlassung des Firmenwerts wird zusätzlich eine Vergütung an die Verpächterin in Höhe von _____ EUR monatlich/jährlich entrichtet."

6. Muster: Bei unentgeltlicher Überlassung

M 187

„Die Pächterin zahlt an die Verpächterin eine monatliche/jährliche Pacht in Höhe von _____ EUR. Der vorhandene Geschäfts- und Firmenwert wird der Pächterin für die Dauer des Pachtverhältnisses unentgeltlich überlassen. Der Geschäfts- und Firmenwert ist pfleglich zu behandeln und bei Beendigung des Pachtverhältnisses entschädigungslos zurückzugeben."

104

7. Muster: Bei Verpflichtung zur entschädigungslosen Rückgabe

M 188

„Die Pächterin ist verpflichtet, nach Ablauf des Pachtvertrages den gem. § _____ des Pachtvertrages überlassenen Geschäftswert/Firmenwert, soweit er noch vorhanden bzw. neu entstanden ist, entschädigungslos auf die Verpächterin zu übertragen."

105

8. Muster: Bei Verpflichtung zur (teil-)entgeltlichen Rückgabe

M 189

„Bei Beendigung des Vertragsverhältnisses ist die Pächterin verpflichtet, einen dann vorhandenen Firmenwert auf die Verpächterin zu übertragen. Die Verpächterin ist dabei verpflichtet, einen etwaigen höheren Firmenwert, als er bei Betriebsüberlassung vorhanden war, entgeltlich abzulösen."

106

III. Muster: Ergebnis- und umsatzbezogener Mietvertrag im Rahmen einer (echten) Betriebsaufspaltung

M 190

Mietvertrag

107

zwischen
_____ GmbH & Co. KG, vertreten durch die persönlich haftende Gesellschafterin, _____ Beteiligungs-GmbH, diese vertreten durch deren Geschäftsführer _____
– nachstehend Vermieter genannt –
und
_____ GmbH _____, vertreten durch deren Geschäftsführer _____
– nachstehend Mieter genannt –
wird folgender Mietvertrag geschlossen:

§ 1 Mieträume

1. Zum Betrieb eines Gewerbes, welches nicht gegen die guten Sitten verstößt, insbesondere zur Produktion von _____, werden folgende Räume und Flächen vermietet, die bisher dem Vermieter zu Zwecken der Herstellung von _____ dienten, gelegen in: _____ (Ort), _____ (Straße)
Gebäude/Gebäudeteile:
– Produktionshalle _____, ca. _____ qm
– Lagerhalle ca. _____ qm
jeweils einschließlich der vorhandenen Strom-, EDV- und Kommunikationsnetze.
Bewegliches Anlagevermögen:
– Maschinen/Betriebsvorrichtungen/Betriebseinrichtungen: gemäß als *Anlage 1* beiliegendem Verzeichnis des beweglichen Anlagevermögens, das Bestandteil dieses Vertrages ist;
– Pkw _____, amtl. Kennzeichen _____, die vom Vermieter unter Vollkasko-Versicherungsschutz zu halten sind.
Der Firmen- oder Geschäftswert ist nicht mitverpachtet.
Die Gesamtmietfläche beträgt: ca. _____ qm.
Der Vermieter erklärt, dass er alleiniger Eigentümer und/oder uneingeschränkter Besitzer der Räume und Flächen ist. Soweit der Vermieter dabei selbst nicht Eigentümer ist, tritt er als Zwischenvermieter im Wege der berechtigten Untervermietung auf.
2. Folgende Einrichtungen (insbesondere Parkplätze etc.) können außer dem Bürogebäude mitbenutzt bzw. allein benutzt werden:
– Hoffläche: _____
– Büroparkplatz: _____
– _____

3. Dem Mieter werden für die Dauer der Mietzeit alle erforderlichen Schlüssel zu den vermieteten Gebäudeteilen und Räumen bzw. mitzubenutzenden Einrichtungen überlassen.
Fehlende Schlüssel sind vom Mieter auf eigene Kosten zu beschaffen. Der Vermieter ist über die Anzahl der nachträglich gefertigten Schlüssel schriftlich zu unterrichten. Bei Verlust kann der Vermieter den Austausch der Schließanlage auf Kosten des Mieters verlangen.
4. Der Mieter tritt, soweit diese Vertrags- und Rechtsbeziehungen nicht ohnehin schon auf den Mieter übergegangen sind, in alle die Produktion betreffenden Dienst- und Arbeitsverhältnisse, einschließlich der Altersversorgungsverträge und -anwartschaften ebenso ein wie in die die Produktion betreffenden Lieferverträge.

§ 2 Mietzeit

1. Das Mietverhältnis beginnt am _____, spätestens jedoch mit Übergabe. Für die Zeit seit dem _____ gilt das Mietverhältnis von der Vermieterin als für Rechnung der Mieterin geführt. Das Mietverhältnis wird auf unbestimmte Zeit abgeschlossen. Es hängt insgesamt vom Fortbestand des Hauptmietverhältnisses ab. Das Mietverhältnis kann mit einer Kündigungsfrist von _____ Monaten zum Kalenderjahresende gekündigt werden, erstmalig zum _____.
2. Der Mieter kann die Mietzeit zu den Bedingungen dieses Vertrages _____ mal um je _____ Jahre verlängern. Voraussetzung für die Ausübung der Option ist, dass der Mieter während der vergangenen Vertragszeit sich vertragstreu gezeigt hat. Diese Optionen treten jeweils in Kraft, wenn der Mieter spätestens _____ Monate vor Ablauf der Mietzeit eine entsprechende schriftliche Erklärung abgibt. Nach Ablauf der Miet- bzw. Optionszeit verlängert sich das Mietverhältnis stillschweigend jeweils um ein Jahr, wenn es nicht von einem der Vertragspartner _____ Monate vor Ablauf gekündigt wird.
3. Unberührt bleibt das Recht zur fristlosen Kündigung aus wichtigem Grund. Ist der Mieter mit einer Miete oder Nebenkosten ganz oder teilweise länger als 14 Tage im Rückstand und zahlt er nach schriftlicher Zahlungsaufforderung nicht binnen einer Frist von 14 Tagen, so steht dem Vermieter das Recht zur fristlosen Kündigung zu, ebenso bei vertragswidrigem Gebrauch der Mietsache, nicht ge-

nehmigter Weitervermietung an Dritte oder nach vorheriger einmaliger Abmahnung bei sonstigen schweren Verstößen gegen diesen Vertrag.
4. Die Kündigung bedarf der schriftlichen Form. Für die Rechtzeitigkeit der Kündigung ist der Eingang des Kündigungsschreibens beim Vermieter bzw. Mieter maßgebend.

§ 3 Mietzins
1. Der Mietzins ist ergebnis- und umsatzbezogen und errechnet sich aus mehreren Einzelkomponenten als Jahresmietzins wie folgt:
- Abschreibungsvergütung in Höhe der Abschreibungen auf das bewegliche Anlagevermögen, wobei die Abschreibungsgrundsätze und -methoden zugrunde zu legen sind, die im Jahresabschluss per _____ zugrunde lagen;
- Kapitalverzinsung in Höhe von _____% des Gegenstandswertes des verpachteten beweglichen Anlagevermögens zum Jahresabschlussstichtag des vorausgegangenen Geschäftsjahres; der Gegenstandswert wird dabei aus dem Buchwert des vorausgegangenen Geschäftsjahres zuzüglich der Abschreibungsbeträge der letzten fünf Jahre gebildet;
- Umsatzvergütung von _____% der auszuweisenden Umsatzerlöse des laufenden Geschäftsjahres;
- Sockelmietbetrag für Grund- und Boden und aufstehende Gebäude von jährlich _____ EUR (12 x _____ EUR).

Die vorstehend bezeichnete Gesamtjahresmiete umfasst auch die etwaige Überlassung immaterieller Anlagewerte. Sie ist eine Nettomiete und versteht sich zuzüglich jeweils gültiger Mehrwertsteuer, derzeit 19%, letztere zahlbar nach Vorlage der Bestätigung des Finanzamtes auf die Mehrwertsteuer-Option des Vermieters. Die Abrechnung und Feststellung der Gesamtmiete für das abgelaufene Geschäftsjahr hat jeweils mit der Erstellung des Jahresabschlusses des abgelaufenen Geschäftsjahres zu erfolgen.
2. Der Mietzins ist durch monatliche Vorauszahlungen bereits im laufenden Geschäftsjahr zu zahlen, wobei die monatlichen Vorauszahlung ein Zwölftel des Jahresgesamtbetrages für das vorangegangene Geschäftsjahr entspricht. Diese monatliche Mietzinsvorauszahlung ist im Voraus bis spätestens zum 5. Werktag eines Monats zusammen mit den Mietnebenkosten an eine vom Vermieter zu bezeichnende Stelle zu zahlen. Nach Erteilung der Abrechnung der Gesamtmiete für das Vorjahr ist der Restbetrag unter Berücksichtigung der geleisteten monatlichen Vorauszahlungen binnen zwei Wochen an den Vermieter zu zahlen. Eine sich etwa ergebende Erstattung zugunsten des Mieters kann mit den folgenden monatlichen Vorauszahlungen verrechnet werden. Entscheidend für die Rechtzeitigkeit der Mietzahlungen ist nicht deren Absendung, sondern deren Eingang beim Vermieter.
3. Der Mieter hat Anspruch auf eine Neuverhandlung der Höhe des Gesamtmietbetrages und auf angemessene Reduzierung des Gesamtmietzinses, wenn er nachweist, dass er in zwei aufeinander folgenden Geschäftsjahren keinen Gewinn erwirtschaftet hat. Dabei sind die Bewertungs- und Bilanzierungsmethoden zugrunde zu legen, die im Jahresabschluss per _____ zugrunde gelegt waren. Abschreibungen auf neu angeschaffte Maschinen und Leasingraten für neu angeschaffte Maschinen bleiben im Rahmen dieser Gewinnermittlung unberücksichtigt.

§ 4 Mietnebenkosten
1. Der Mieter übernimmt die Brennstoffversorgung für den Mietgegenstand.
2. Die Abrechnung über Strom-, Wasser-, Kanalverbrauch nimmt der Mieter ebenfalls über von ihm notfalls auf seine Kosten zu setzende Zähler mit dem jeweiligen Versorgungsunternehmen direkt vor.
3. Die Kosten für die öffentliche Straßen- und die Kaminreinigung werden vom Mieter anteilig nach der Nutzfläche zum Gesamtobjekt gezahlt, wobei die Erdgeschossfläche zu _____% zu berücksichtigen ist, die übrigen Geschosse zu _____% entsprechend der Quadratmeterzahl. Die Müllabfuhrgebühren übernimmt der Mieter nach Anzahl der von ihm jeweils beantragten Müllbehälter. Die

Grundsteuer ist entsprechend der Quadratmeterzahl des Mietobjektes zum Gesamtobjekt vom Mieter zu zahlen. Etwaige sonstige öffentliche Lasten, wie Erschließungskosten, trägt der Vermieter.
4. Die Abrechnung der Mietnebenkosten mit den entsprechenden Belegen (Fotokopien) erfolgt jeweils kalenderjährlich. Sie ist spätestens _____ Monate nach Ablauf der Abrechnungsperiode dem Mieter zuzustellen. Der Vermieter ist berechtigt, für die Mietnebenkosten eine angemessene monatliche Vorauszahlung zu verlangen, falls sich im Verlauf des Mietverhältnisses eine deutliche Steigerung der derzeitigen Nebenkosten herausstellen sollte. Die monatliche Mietnebenkostenvorauszahlung ist dann ebenfalls spätestens am 5. Werktag, wie der Mietzins, zu zahlen.

§ 5 Aufrechnung, Zurückbehaltung
Die Geltendmachung eines Zurückbehaltungsrechts oder Aufrechnung gegenüber dem Mietzins oder den Nebenkosten mit anderen als unbestrittenen oder rechtskräftig festgestellten Forderungen ist ausgeschlossen.

§ 6 Versicherungen, Haftpflicht
1. Der Vermieter ist verpflichtet, das Gebäude einschließlich Inventar gegen die üblichen Risiken, z.B. Feuer, Wasser, Sturm, auf seine Kosten zu versichern. Der Mieter wird auf seine Kosten die Haftpflichtversicherung gegen Gewässerschäden abschließen auf eigenen Namen. Dem Mieter obliegt es, die üblichen Geschäftsversicherungen, wie z.B. Betriebsunterbrechungsversicherung sowie eine Haftpflichtversicherung abzuschließen. Er übernimmt ferner die auf die Produktion und die gemieteten Produktionsanlagen und -maschinen entfallenden Versicherungen.
2. Das Glasbruchrisiko trägt der Mieter. Der Mieter ist verpflichtet, die dem Vermieter obliegende Reinigungspflicht und insbesondere Streupflicht im Winter zu erfüllen. Der Mieter hat dafür zu sorgen, dass auf den nichtöffentlichen Zufahrten, Parkplätzen und Wegen die üblichen Verkehrssicherungsmaßnahmen durchgeführt bzw. auf seine Kosten erfüllt werden.
3. Der Mieter hat den Vermieter unverzüglich zu verständigen, wenn sich die Rechtsform seines Unternehmens ändert oder wenn sich andere Veränderungen ergeben, die für den Vermieter von Belang sind. Die Untervermietung der Mieträume ist nur mit Einwilligung des Vermieters gestattet. Der Mieter haftet gegenüber dem Vermieter bei einer erlaubten Untervermietung oder Gebrauchsüberlassung für alle Handlungen und Unterlassungen des Untermieters. Seine Haftung gegenüber dem Vermieter bleibt auch bei erlaubter Untervermietung weiter bestehen.

§ 7 Instandhaltung, Ersatz- und Neuanschaffungen, Wartung und Reparaturen
1. Der Mieter hat Schäden in den Mieträumen dem Vermieter zu melden, sobald er sie wahrnimmt. Für Schäden, die durch verspätete Anzeige entstehen, haftet der Mieter. Der Mieter hat dem Vermieter auch die Schäden zu ersetzen, die er durch Verletzung seiner Sorgfaltspflicht schuldhaft verursacht hat. Das trifft vor allem zu für Versorgungs- und Abflussleitungen, Toiletten, Heizungsanlagen, unzureichend gelüftete und beheizte Räume und _____. In gleicher Weise haftet der Mieter für Schäden, die seine Angehörigen, Beschäftigten, Untermieter, Besucher, Handwerker usw. schuldhaft verursacht haben. Der Mieter hat zu beweisen, dass kein schuldhaftes Verhalten vorgelegen hat.
2. Der Mieter hat die Leitungen und Anlagen, mit Ausnahme von Großreparaturen, für Elektrizität, Wasser und Gas, die sanitären Einrichtungen, Rollläden, Jalousien und Schlösser u.Ä. Einrichtungen in gebrauchsfähigem Zustand zu halten. Der Mieter hat von ihm zu beseitigende Schäden sofort zu beheben. Der Vermieter kann die erforderlichen Arbeiten auf Kosten des Mieters in Auftrag geben, wenn der Mieter seine Pflichten nach schriftlicher Mahnung innerhalb einer angemessenen Frist nicht nachkommt.
3. Der Vermieter verpflichtet sich, in angemessenen Abständen die gesamte Bausubstanz von Fachleuten überprüfen zu lassen und ggf. entsprechende Maßnahmen zu ergreifen. Alle Schönheitsreparaturen in den Mieträumen haben in angemessenen Abständen zu erfolgen und gehen voll zu Lasten des Mieters.

Arens

4. Großreparaturen an Dach und Fach und Großreparaturen an Heizung, Klimaanlage und Absaugung gehen zu Lasten des Vermieters. Als Großreparaturen zu Lasten des Vermieters im Sinne des § 7 dieses Vertrages gelten alle Reparaturen, die im Einzelfall mehr als _____ EUR ohne Umsatzsteuer betragen und/oder wenn im Kalenderjahr für alle Reparaturen oder eine Reparatur ein Betrag von mehr als _____ EUR ohne Umsatzsteuer überschritten wird.
5. Der Vermieter trägt die Kosten für im Einvernehmen mit dem Mieter getroffene Ersatzanschaffungen für aktivierungspflichtige Wirtschaftsgüter, nicht jedoch für geringwertige Wirtschaftsgüter und sonstige Wirtschaftsgüter mit einer Nutzungsdauer von weniger als einem Jahr. Der Mieter trägt die Kosten für Neuanschaffungen für aktivierungspflichtige Wirtschaftsgüter. Die Kostentragung für Ersatzbeschaffungen in Höhe von mehr als _____% der Jahresmiete wird im Einzelfall zwischen Vermieter und Mieter ausgehandelt.
6. Wartungen und laufende Reparaturen von Maschinen, maschinellen Anlagen, Betriebs- und Geschäftsausstattungsgegenständen trägt der Mieter auf seine Kosten.

§ 8 Ausbesserungen und bauliche Veränderungen
Der Vermieter darf Ausbesserungen und bauliche Veränderungen unter folgenden Voraussetzungen veranlassen:
Die Arbeiten müssen zur Erhaltung des Gebäudes bzw. der Miträume, zur Abwendung drohender Gefahr oder zum Beseitigen von Schäden notwendig oder zweckmäßig sein. Der Vermieter muss derartige Vorhaben dem Mieter rechtzeitig bekannt geben, wenn die Räume des Mieters davon betroffen sind oder der Geschäftsbetrieb des Mieters dadurch erheblich eingeschränkt wird. Die Abwendung drohender Gefahren kann den Vermieter von der Pflicht zur Vorankündigung entbinden. Muss der Mieter die Arbeiten dulden, hat er kein Recht, den Mietzins zu mindern, ein Zurückbehaltungsrecht auszuüben oder Schadenersatz zu verlangen. Das Recht steht ihm aber zu bei Arbeiten, welche die Nutzung der gemieteten Räume für den vereinbarten Zweck ganz oder teilweise unmöglich machen oder erheblich beeinträchtigen.

§ 9 Reklame und Werbemaßnahmen/Mietereinbauten
1. Werbemaßnahmen, wie Firmenschilder, Firmenzeichnungen, Werbetexte u.Ä., dürfen vom Mieter angebracht werden. Der Mieter hat insoweit den ursprünglichen Zustand auf Verlangen des Vermieters wieder herzustellen, wenn das Mietverhältnis beendet wird. Der Mieter ist verpflichtet, die verwaltungsrechtlichen und technischen Vorschriften einzuhalten, welche Anbringung, Unterhaltung usw. der Werbemaßnahmen regeln. Der Mieter übernimmt die Haftung für alle Schäden, die im Zusammenhang mit diesen Vorrichtungen entstehen.
2. Im Übrigen darf der Mieter Gegenstände in die Mietsache einbauen. Der Einbau hat den baupolizeilichen Vorschriften zu entsprechen. Der Vermieter wird die hierzu erforderlichen Erklärungen abgeben.

§ 10 Betreten der Miträume durch den Vermieter
Der Vermieter oder ein von ihm Beauftragter kann die Miträume betreten, um die Notwendigkeit unaufschiebbarer Reparaturarbeiten festzustellen. Will der Vermieter das Mietobjekt verkaufen, so darf er die Miträume zusammen mit Kaufinteressenten an Wochentagen nach vorheriger Absprache mit dem Mieter betreten. Ist das Mietverhältnis gekündigt oder läuft es aus, so darf der Vermieter oder sein Beauftragter mit dem Mietinteressenten die Räume nach vorheriger Rücksprache mit dem Mieter betreten und besichtigen. Der Mieter ist dafür verantwortlich, dass die Räume auch bei längerer Abwesenheit zur Abwehr von Gefahren betreten werden können.

§ 11 Vorzeitige Beendigung der Mietzeit
Bei fristloser Kündigung durch den Vermieter, z.B. wegen Mietzinsrückstand, vertragswidriger Nutzung, haftet der Mieter für die Schäden, die dem Vermieter dann entstehen, wenn das Mietobjekt an-

schließend nicht vermietet werden kann oder billiger vermietet werden muss. Die Haftung dauert bis zum Ende der vereinbarten Mietzeit. Sie entfällt, wenn der Vermieter keine ausreichenden Anstrengungen unternimmt, einen gleichwertigen Ersatzmieter zu finden. Der Mieter hat zu beweisen, dass der Vermieter keine ausreichenden Anstrengungen unternommen hat.

§ 12 Ausstattung der Mieträume, Zufahrt
1. Der Vermieter unterhält den in § 1 aufgeführten Mietgegenstand unter Berücksichtigung aller behördlichen Vorschriften. Die Beschaffung baurechtlicher und sonstiger öffentlich-rechtlicher Genehmigungen ist Sache des Vermieters.
2. Die Zufahrt und die Möglichkeit zur Be- und Entladung sind vom Vermieter technisch und öffentlich-rechtlich während der Geschäfts- und Anlieferzeit (auch für Lieferfahrzeuge bis 38t) zu gewährleisten. Die verkehrsmäßig vorgesehene Anbindung einschließlich der Erfüllung der behördlichen Auflagen ist Sache des Vermieters. Die Änderung der verkehrsmäßigen Anbindung ist mit dem Mieter abzustimmen.

§ 13 Übergabeprotokoll
Mängel der Mietsache, die zu einer Minderung des Mietzinses bzw. die die Abnahmefähigkeit des Mietgegenstandes derzeit beeinträchtigen könnten, liegen nicht vor. Die Mieträume sind dem Mieter im Übrigen bekannt.
Mit dem Tag der Übergabe wird ein Übergabeprotokoll erstellt. Entsprechendes gilt im Falle der Beendigung des Mietverhältnisses bei Rückgabe der Mietsache.

§ 14 Besondere Vereinbarungen
Dem Vermieter steht das Recht zur Vertragsübertragung zu, wobei ein evtl. neuer Vermieter zugleich Eigentümer sein muss. Die Regelungen des § 566 BGB gelten entsprechend. Änderungen im Gesellschafterbestand auf Vermieterseite haben auf diesen Mietvertrag keine Auswirkungen.

§ 15 Sicherheitsleistung/Vermieterpfandrecht
1. Der Mieter verpflichtet sich unwiderruflich wegen sämtlicher Forderungen des Vermieters zu folgender Sicherheitsleistung:
a) Zahlung einer verzinslichen Barkaution in Höhe von _____ EUR (in Worten: _____ EUR) oder
b) Selbstschuldnerische, unwiderrufliche und unbefristete Bürgschaft einer im Zollgebiet der Bundesrepublik Deutschland geschäftsansässigen Bank in Höhe von _____ EUR unter Verzicht auf die Möglichkeit der Hinterlegung.
2. Der Mieter erklärt, dass die bei Einzug in die Mieträume eingebrachten Sachen sein Eigentum und weder verpfändet, gepfändet oder zur Sicherheit übereignet sind, mit Ausnahme der nachstehenden Gegenstände: _____.
3. Der Mieter verpflichtet sich, den Vermieter von einer etwaigen Pfändung bei Einzug oder nachträglich eingebrachter Sachen unverzüglich zu unterrichten. Wissentlich unrichtige Erklärungen und unterlassene Unterrichtung über nachträgliche Beschränkungen berechtigen den Vermieter in diesem Zusammenhang zur fristlosen Kündigung des Vertrages.

§ 16 Rückgabe
1. Das Mietobjekt ist bei Beendigung des Mietverhältnisses besenrein und mit sämtlichen Schlüsseln zurückzugeben. Schönheitsreparaturen sind bei Beendigung dann durchzuführen, wenn zuvor nicht im üblichen Turnus die Schönheitsreparaturen durchgeführt wurden.
2. Im Falle einer Beendigung des Mietverhältnisses ist der Mieter berechtigt, die von ihm eingebauten Gegenstände auszubauen. In diesem Fall muss der ursprüngliche Zustand vom Mieter wieder hergestellt werden. Der Vermieter kann trotzdem verlangen, dass die Gegenstände unter Abgeltung des Verkehrswertes in der Mietsache verbleiben. Vier Monate vor Ablauf des Mietverhältnisses hat der

Mieter bzw. Vermieter dem Vermieter bzw. Mieter schriftlich mitzuteilen, ob er Ausbau oder Abgeltung der eingebauten Gegenstände verlangt.

Einigen sich die Parteien im Falle des Verbleibens der Gegenstände in der Mietsache nicht über den Verkehrswert bei Auszug, so entscheidet über den Verkehrswert der verbliebenen Gegenstände ein von dem Präsidenten der Industrie- und Handelskammer _____ zu bestimmender öffentlich bestellter und vereidigter Sachverständiger durch Sachverständigengutachten. Er hat die Parteien zu laden. Die Kosten des Sachverständigen tragen die Parteien im Verhältnis der Abweichung ihrer Vorstellungen zum Verkehrswert zu dem Wert, den der Sachverständige feststellt.

3. Bei Beendigung des Vertragsverhältnisses ist der Mieter verpflichtet, einen dann vorhandenen Firmenwert auf den Vermieter entgeltlich/unentgeltlich zu übertragen.

§ 17 Schlussbestimmungen

1. Jede Erwähnung des Namens des Mieters in öffentlich zugänglichen Unterlagen aller Art, z.B. Prospekte, bedarf seiner vorherigen schriftlichen Zustimmung. Soweit dieser Vertrag keine Regelungen enthält, gelten die gesetzlichen Bestimmungen. Nachträgliche Änderungen und Ergänzungen dieses Vertrages sowie des Abweichens von dieser Formvorschrift bedürfen der Schriftform. Mündliche Nebenabreden sind nicht getroffen worden.

2. Sollte eine Bestimmung dieses Mietvertrages rechtsunwirksam sein, so berührt dies nicht die Wirksamkeit der übrigen Bestimmungen. Die unwirksame Bestimmung soll vielmehr durch eine gültige Neuformulierung ersetzt werden. Der ursprüngliche Wille der Vertragspartei ist dabei ohne Einschränkung zu berücksichtigen.

3. Gerichtsstand ist der Ort der Mietsache.

_____ (Ort, Datum und Unterschriften der Parteien)

IV. Muster: Aufhebungs- und Übernahmevereinbarung mit den in die Betriebsgesellschaft zu übernehmenden Arbeitnehmern M 191

Aufhebungs- und Übernahmevereinbarung 108

zwischen
1. Firma _____
– bisherige Arbeitgeberin –
2. Firma _____
– neue Arbeitgeberin –
und _____
– Arbeitnehmer/-in –

Die Parteien schließen nachstehende Vereinbarung:

1. Der/die Arbeitnehmer/-in ist bis zum _____ bei der unter Ziffer 1. genannten Arbeitgeberin beschäftigt.
Der/die Arbeitnehmer/-in vereinbart nunmehr mit der Arbeitgeberin zu Ziffer 1. die einvernehmliche Beendigung des Arbeitsverhältnisses zum _____.

2. Beginnend mit dem _____ begründet der/die Arbeiternehmer/-in mit der Arbeitgeberin zu Ziffer 2. ein neues Beschäftigungsverhältnis. Das Beschäftigungsverhältnis wird von der Arbeitgeberin zu Ziffer 2. zu den bisherigen Bedingungen unter Anrechnung der bisherigen Beschäftigungszeiten fortgeführt. Es bleiben somit alle bei der Arbeitgeberin zu 1. erdienten Ansprüche gegenüber der Arbeitgeberin zu Ziffer 2. als neuer Anspruchsgegnerin erhalten.

_____ (Ort, Datum, Unterschriften des/der Arbeitnehmers/-in, der bisherigen und der neuen Arbeitgeberin)

Wolfgang Arens
§ 12 Die Innengesellschaften

Literatur

Kommentare: *Baumbach/Hopt*, HGB, 34. Aufl. 2010; *Baumbach/Hueck*, GmbH-Gesetz, 19. Aufl. 2010; *Blümich*, Einkommensteuer, Körperschaftsteuer, Gewerbesteuer, 114. Aufl., Stand: 2012; *Hachenburg/Ulmer*, GmbHG, 8. Aufl. 1992; *Heymann*, HGB, 6. Aufl. 2005; *Koller/Roth/Morck*, Handelsgesetzbuch, 7. Aufl. 2011; *Palandt*, Bürgerliches Gesetzbuch, 71. Aufl. 2012; *Rowedder/Schmidt-Leithoff*, GmbHG, 4. Aufl. 2002; *Schmidt*, Einkommensteuergesetz, 31. Aufl. 2012; *Scholz*, GmbH-Gesetz, Kommentar, 10. Aufl. 2006/2007/2010; *Staudinger*, Kommentar zum Bürgerlichen Gesetzbuch, 12. Aufl. ab 1978.

Monographien, Handbücher, Formularbücher: *Arens*, Familiengesellschaften in der familienrechtlichen, gesellschaftsrechtlichen und steuerrechtlichen Praxis, 1997; *Arens/Tepper*, Praxishandbuch Gesellschaftsrecht, 2. Aufl. 2013; *Bilsdorfer*, Der steuerliche Fremdvergleich bei Vereinbarungen unter nahestehenden Personen, 1996; *Blaurock*, Handbuch der stillen Gesellschaft, 7. Aufl. 2010; *Bopp u.a.*, Formularbuch Recht und Steuern, 7. Aufl. 2011; *Braun/Günther*, Das Steuer-Handbuch, Stand: 2012; *Bülow*, Die Unterbeteiligung, Heidelberger Musterverträge, Heft 55, 2. Aufl. 1991; *Fichtelmann*, Beteiligung von Angehörigen, 1993; *Finke/Ebert*, Familienrecht in der anwaltlichen Praxis, 7. Aufl. 2010; *Flume*, Allgemeiner Teil des Bürgerlichen Gesetzbuches, Erster Band, Erster Teil, Die Personengesellschaft, 1977; *Heidel/Pauly*, Steuerrecht in der anwaltlichen Praxis, 3. Aufl. 2003; *Heidel/Pauly/Amend*, Anwaltformulare, 7. Aufl. 2012; *Heidenhain/Meister*, Münchener Vertragshandbuch, Band I, Gesellschaftsrecht, 7. Aufl. 2011; *Hennerkes*, Unternehmenshandbuch Familiengesellschaften, 1996; *Hoffmann-Becking/Schippel*, Beck'sches Formularbuch zum Bürgerlichen, Handels- und Wirtschaftsrecht, 11. Aufl. 2012; *Hoffmann/Müller* (Hrsg.), Beck'sches Handbuch der Personengesellschaften, 3. Aufl. 2009; *Klamroth*, Die stille Gesellschaft, Heidelberger Musterverträge, Heft 8, 8. Aufl. 1994; *Langenfeld*, Die Gesellschaft bürgerlichen Rechts, 7. Aufl. 2009; *Langenfeld/Gail*, Handbuch der Familienunternehmen, Stand: 2012; Münchener Handbuch des Gesellschaftsrechts, Bd. I, 3. Aufl. 2009 (zitiert: MünchGesR/*Bearbeiter*); *Paus/Eckmann*, Steuersparende Gestaltungen mit Kindern, 1991; *Peter/Crezelius*, Gesellschaftsverträge und Unternehmensformen, 6. Aufl. 1995; *K. Schmidt*, Gesellschaftsrecht, 4. Aufl. 2002; *Schoor*, Die GmbH & Still im Steuerrecht, 4. Aufl. 2005; *Schulze zur Wiesche*, Vereinbarungen unter Familienangehörigen und ihre steuerlichen Folgen, 9. Aufl. 2006; *Schulze zur Wiesche*, Die GmbH & Still, 5. Aufl. 2009; *Tzschaschel*, Die Gesellschaft bürgerlichen Rechts, Heidelberger Musterverträge, Heft 51, 10. Aufl. 2004; *Weigl*, Stille Gesellschaft und Unterbeteiligung, 3. Aufl. 2012; *Westermann*, Handbuch der Personengesellschaften, Teil I, Stand: 2012; *Wever*, Vermögensauseinandersetzung der Ehegatten außerhalb des Güterrechts, 5. Aufl. 2010; *Wurm/Wagner/Zartmann*, Das Rechtsformularbuch, 16. Aufl. 2010; *Zacharias/Hebig/Rinnewitz*, Die atypisch stille Gesellschaft, 2000.

Aufsätze: *Arens*, Rückabwicklung ehebedingter Zuwendungen und die Rechtsfigur der „konkludent vereinbarten Innengesellschaft" – Allzweckwaffen zur Herbeiführung gerechter Vermögensausgleichsregelungen?, FamRZ 2000, 266; *Armbrüster/Joos*, Zur Abwicklung fehlerhafter stiller Beteiligungen, ZIP 2004, 189; *Berninger*, Keine Haftung des atypisch stillen Gesellschafters im Außenverhältnis für Verbindlichkeiten des Handelsgeschäftsinhabers nach §§ 128, 171 HGB, DStR 2010, 2359; *Bilsdorfer*, Gesellschafts- und steuerrechtliche Probleme bei Unterbeteiligung von Familienangehörigen, NJW 1980, 2785; *Bitz*, Aktuelle Entwicklungen bei der GmbH & Still, GmbHR 1997, 769; *Bordewin*, Besonderheiten bei der Ertragsbesteuerung bei Familienpersonengesellschaften, DB 1996, 1359; *Czisz/Krane*, Die Besteuerung von Einkünften aus typisch stillen Gesellschaften unter der Abgeltungsteuer, DStR 2010, 226; *Damrau*, Kein Erfordernis der gerichtlichen Genehmigung bei Schenkung von Gesellschaftsbeteiligungen an Minderjährige, ZEV 2000, 209; *Dauner-Lieb*, Die höchstrichterliche Rechtsprechung zur Ehegatteninnengesellschaft, FuR 2009, 361; *Degethof*, Praxishinweise beider Betriebsprüfung des atypisch stillen Gesellschafters, StBp 2002, 349 und 2003, 1; *Ehlers/Busse*, Die steuerliche Vermögenszuordnung bei der atypisch stillen Gesellschaft, DB 1989, 448; *Esch*, Das Dogma der Einheitlichkeit der Personengesellschaftsbeteiligung, BB 1995, 1621; *Felix*, Gesellschaftsbeteiligungen im Erbfall: Einkommen- und Erbschaftsteuer, KÖSDI 1997, 11064; *Flore*, Beteiligungsformen am GmbH-Geschäftsanteil, GmbH-StB 2003, 102; *Gebel*, Schenkungsteuer bei Vermögensverschiebungen zwischen Eheleuten – steuerfreier Vermögensausgleich im Rahmen einer Ehegatteninnengesellschaft, BB 2000, 2017; *Geck*, Rückwirkung der Erbauseinandersetzung bei einfacher Nachfolgeklausel, DStR 2000, 1383; *Grauel*, Zur Genehmigung des Vormundschafts-/Familiengerichts, insbesondere zu ihrer Wirksamkeit, ZNotP 2000, 152; *Grziwotz*, Die zweite Spur – ein (neuer) Weg zur Gerechtigkeit zwischen Ehegatten, DNotZ 2000, 486; *Grunewald*, Haftungsbeschränkungs- und Kündigungsmöglichkeiten für volljährig gewordene Gesellschafter, ZIP 1999, 597; *Gundlach/Frenzel/Schmidt*, Der Auseinandersetzungsanspruch des stillen Gesellschafters in der Insolvenz des Unternehmensträgers, ZIP 2006, 501; *Harthaus*, Typische oder atypische stille Gesellschaft oder bloßes Darlehensverhältnis?, Der Steuerberater 1998, 14; *Hennerkes/May*, Der Gesellschaftsvertrag des Familienunternehmens, NJW 1988, 2761; *Hennerkes/May*, Überlegungen zur Rechtsformwahl im Familienunternehmen, DB 1988, 483 (Teil I) und 537 (Teil II); *Horn*, Die GmbH & atypisch Still als Verfahrensbeteiligte im Steuerrecht, GmbHR 2001, 138; *Jakob*, Die Mitunternehmerschaft in der Form der sog. atypisch stillen Gesellschaft, BB 1986, 1615; *Jebens*, Die stille Beteiligung an einer Kapitalgesellschaft, BB 1996, 701; *Keilbach*, Zu den im Güterrechtsregister eintragungsfähigen Tatsachen, FamRZ 2000, 870; *Kempermann*, Unterbeteiligte als „andere Unternehmer" i.S.d. § 15a EStG, FR 1998, 248; *Kogel*, Zugewinn oder Ehegatteninnengesellschaft? Eine Gratwanderung in der Vermögensauseinandersetzung, FamRZ 2006, 1799; *Kort*, Das Informations- und Prüfungsrecht des stillen Gesellschafters gem. § 233 HGB, DStR 1997, 1372; *Langholz/Vahle*, Handels- und steuerrechtliche Behandlung des Abfindungsguthabens des ausscheidenden atypischen stillen Gesellschafters für einen Geschäfts- oder Firmenwert, DStR 2000, 763; *Lienau/Lotz*, Die Abgrenzung zwischen stiller Gesellschaft und partiarischem Darlehen und die steuerlichen Konsequenzen, DStR 1991, 618; *Lindwurm*, Gewinnverteilung und Gewinnfeststellung bei der Kumulation von stillen Gesellschaften, DStR 2000, 53; *List*, Die eheähnliche Lebensgemeinschaft in steuerrechtlicher Sicht, DStR 1997, 1101; *Niedner/Kusterer*, Die atypisch ausgestaltete Familien-KGaA, DB 1997, 1451 (Teil I) und 2010 (Teil II); *Oennings*, Gewerbesteuerliche Verlustverrechnung – Unternehmensidentität i. S. des § 10a GewStG bei atypisch stiller Gesellschaft, DStR 2008, 279; *Pupeter*, Der Unterbeteiligte als „virtueller" Gesellschafter einer GmbH, GmbHR 2006, 910; *Reimann*, Der Minderjährige in der Gesellschaft – Kautelarjuristische Überlegungen aus Anlaß des Minderjährigenhaftungsbeschränkungsgesetzes, DNotZ 1999, 179; *Renner*, Die Stellung des atypisch stillen Gesellschafters in der Insolvenz des Geschäftsinhabers, ZIP 2002, 1430; *Ros*, Die Veranlagung der GmbH & atypisch Still im Spiegel der Rechtsprechung des BFH, DStR 2001, 1592; *Schmidt-Ott*, Publizitätserfordernisse bei atypisch stillen Beteiligungen an dem Unternehmen einer GmbH?, GmbHR 2001, 182; *Schulte/Waechter*, Atypische stille Beteiligungen und § 294 AktG – neue Fassung, alte Probleme?, GmbHR 2002, 189; *Schulze zur Wiesche*, Die Unterbeteiligung als Mitunternehmerschaft, DB 1987, 551; *Schulze zur Wiesche*, Die atypische Unterbeteiligung an einem GmbH-Anteil, GmbHR 2006, 630; *Schulze zur Wiesche*, Die GmbH & Still unter Berücksichtigung des Unternehmensteuerreformgesetzes 2008 ab 2009, GmbHR 2008, 1140; *Sterzenbach*, GmbH & Still: Vorzüge einer beliebten Rechtsform und ihre steuerlichen Besonderheiten, DStR 2000, 1669; *Tebben*, Gesellschaftsvertraglicher Schutz gegen Treuhand- und Unterbeteiligungen an Geschäftsanteilen, GmbHR 2007, 63; *Tettinger*, Die fehlerhafte stille Gesellschaft, DStR 2006, 849; *Wehrheim*, Die einkommensteuerliche Qualifikation der Einkünfte des atypisch stillen Gesellschafters einer GmbH & Still, DStR 1998, 1533; *Weinreich*, Die vermögensrechtliche Auseinandersetzung der nichtehelichen Lebensgemeinschaft, FuR 1999, 356.

Inhalt

A. Rechtliche Grundlagen —— 1
I. Wesen und wirtschaftliche Bedeutung von Innengesellschaften —— 1
  1. Begriffsbestimmung in Abgrenzung zu den Außengesellschaften —— 1
    a) Keine Teilnahme am Rechtsverkehr —— 2
    b) Fehlen eines Gesamthandsvermögens —— 3
      aa) Rechtsprechung und herrschende Meinung im Schrifttum —— 4
      bb) Mindermeinung —— 5
      cc) Vermittelnde Ansicht —— 6
  2. Entstehen —— 7
  3. Außenverhältnis —— 10
  4. Innenverhältnis —— 12
  5. Beendigung —— 13

II. Typische Erscheinungsformen der Innengesellschaften —— 17
  1. Innengesellschaften zwischen Ehegatten und Lebenspartnern —— 19
    a) Entstehung —— 21
      aa) Ausdrücklicher Abschluss —— 23
      bb) Konkludenter Abschluss —— 25
    b) Vermögensrechtlicher Ausgleich bei Scheitern der Ehe —— 31
    c) Steuerliche Aspekte —— 34
  2. Stille Gesellschaft —— 37
    a) Definition —— 37
    b) Anwendung —— 38
    c) Typen —— 39
    d) Abgrenzung —— 40
    e) Entstehung —— 44
      aa) Formerfordernis —— 45

bb) Besonderheiten bei Personengesellschaften —— 48
cc) Schenkweise Einräumung zugunsten minderjähriger Kinder —— 49
f) Einlage —— 53
g) Außenverhältnis —— 54
h) Innenverhältnis —— 55
i) Gewinn- und Verlustbeteiligung —— 57
j) Haftung —— 59
k) Entnahmen —— 61
l) Wegfall eines Gesellschafters —— 62
m) Verfügungen über die Gesellschaftsbeteiligung —— 63
n) Auflösung/Beendigung einer fehlerhaften stillen Gesellschaft —— 64
o) Voraussetzungen für die steuerliche Anerkennungsfähigkeit —— 66
aa) Freie Verfügung über Gewinnanteile —— 67
bb) Kontrollrechte gem. § 233 HGB —— 69
cc) Kündigungsrechte —— 70
dd) Sicherung der Einlage des stillen Gesellschafters —— 71
ee) Rückzahlungsbeschränkung nach Beendigung der Gesellschaft —— 72
ff) Tatsächliche Durchführung der Vereinbarung —— 73
gg) Angemessenheit der Gewinnbeteiligung —— 74
p) Steuerliche Behandlung bei Anerkennung der stillen Gesellschaft —— 82
aa) Besteuerung des Geschäftsinhabers —— 83
bb) Besteuerung des stillen Gesellschafters —— 88
cc) Steuerliche Behandlung eines Abfindungsguthabens —— 113
q) Besonderheiten der stillen Gesellschaft mit Kapitalgesellschaften —— 117
aa) Praktische und steuerrechtliche Bedeutung der GmbH & Still —— 117
bb) Entstehensvoraussetzungen —— 123
cc) Stille Gesellschaft mit minderjährigen Kindern des GmbH-Geschäftsführers —— 139
dd) Steuerliche Anerkennung —— 141
ee) Steuerliche Vor- und Nachteile der GmbH & Still —— 143
3. Die Unterbeteiligung —— 147
a) Definition und Abgrenzung —— 147
b) Anwendung —— 149
c) Arten der Unterbeteiligung —— 153
aa) Typische Unterbeteiligung —— 154
bb) Atypische Unterbeteiligung —— 155
d) Entstehung —— 156

e) Inhalte der Vereinbarung —— 164
f) Geschäftsführung —— 167
g) Vertretung —— 170
h) Kontroll- und Informationsrechte —— 171
i) Treuepflicht —— 172
j) Wettbewerbsverbot —— 173
k) Beiträge, Einlagen —— 174
l) Gewinn- und Verlustbeteiligung —— 175
aa) Ergebnisermittlung —— 176
bb) Verteilungsschlüssel —— 180
m) Entnahmen —— 182
n) Verfügungen über Gesellschafterrechte —— 184
o) Haftung —— 185
p) Tod eines Gesellschafters —— 187
q) Auflösung —— 188
r) Steuerliche Aspekte —— 193
aa) Typische Unterbeteiligung —— 198
bb) Atypische Unterbeteiligung —— 200
4. Sonderproblem: Notarielle Doppelvollmacht bei Beteiligung Minderjähriger —— 205
a) Pflegerbestellung bei Insichgeschäften —— 205
b) Genehmigung, Bekanntgabe, Mitteilung und Empfangnahme —— 206
c) Problematik der Doppelvollmacht —— 207
d) Verlautbarungen nach außen —— 211
aa) Muster: Notarielle Doppelvollmacht —— 212
bb) Muster: Vermerk, den der Notar auf dem Genehmigungsbeschluss anbringt —— 213
e) Notarielle Gebühren —— 214
B. Muster —— 215
I. Stille Gesellschaft —— 215
1. Typischer Sachverhalt —— 215
2. Muster: Vertrag über die Errichtung einer typischen stillen Gesellschaft mit einem Einzelkaufmann —— 216
3. Typischer Sachverhalt —— 217
4. Muster: Vertrag über die Errichtung einer atypischen stillen Gesellschaft mit einer GmbH & Co. KG —— 218
5. Typischer Sachverhalt —— 219
6. Muster: Vertrag über die Errichtung einer GmbH & atypisch Still —— 220
II. Unterbeteiligungen —— 221
1. Typischer Sachverhalt —— 221
2. Muster: Schenkung einer typischen Unterbeteiligung an einem Komplementäranteil —— 222

3. Typischer Sachverhalt —— 223
4. Muster: Schenkung einer typischen Unterbeteiligung an einem Kommanditanteil —— 224
5. Muster: Ermittlung des einheitlich und gesondert festzustellenden Gesamtgewinns der GmbH & atypisch Still —— 225

A. Rechtliche Grundlagen

I. Wesen und wirtschaftliche Bedeutung von Innengesellschaften

1. Begriffsbestimmung in Abgrenzung zu den Außengesellschaften

Innengesellschaften sind letztlich eine **Sonderform der Gesellschaft bürgerlichen Rechts**. Auch sie erfordern einen Gesellschaftszweck, dessen Erfüllung die Beteiligten gemeinsam anstreben. Eine Bestimmung der Besonderheiten der Innengesellschaften lässt sich am besten über die Abgrenzung zu den Außengesellschaften treffen. Dabei sind für eine Innengesellschaft folgende Merkmale entscheidend:
– keine Teilnahme am Rechtsverkehr
– Fehlen eines Gesamthandsvermögens.

a) Keine Teilnahme am Rechtsverkehr

Die Innengesellschaft wird im Gegensatz zur Außengesellschaft dadurch charakterisiert, dass sie nach außen hin nicht in Erscheinung tritt. Die handelnden Gesellschafter treten nach außen hin nur allein und im eigenen Namen und nicht für die Gesellschaft auf. Eine wesentliche Eigenheit der Innengesellschaft besteht also darin, dass sie als Gesellschaft **keine rechtsgeschäftlichen Aktivitäten im Außenverhältnis** entfaltet und mithin eine Vertretung der einzelnen Gesellschafter ausscheidet. Geschäftsführungs- und Vertretungsregelungen sind also nicht erforderlich. Die Innengesellschaft als solche soll daher auch nicht insolvenzfähig sein.[1]

b) Fehlen eines Gesamthandsvermögens

Die Innengesellschaft verfügt – zumindest im Regelfall – nicht über ein Gesamthandsvermögen i.S.d. §§ 718, 719 BGB. Ob eine Innengesellschaft überhaupt ein Gesamthandsvermögen bilden kann, ist umstritten.

aa) Rechtsprechung und herrschende Meinung im Schrifttum

Die Rechtsprechung und die herrschende Literaturmeinung halten es für ein Wesensmerkmal der Innengesellschaft, dass sie ihre vermögensrechtlichen Grundlagen dinglich nicht absichern kann.[2] Sie begründen das mit dem Fehlen von Vertretungsregelungen für die Innengesellschaft. Danach findet § 718 BGB auf Innengesellschaften keine Anwendung.

An die Stelle eines Gesamthandsvermögens treten rein schuldrechtliche Ausgleichsbeziehungen, die die Gesellschafter so stellen, als ob ein Gesellschaftsvermögen vorhanden wäre.

---
[1] AG Köln v. 6.10.2003–71 IN 168/03.
[2] RGZ 172, 13, 21; RGZ 166, 160, 163; BGHZ 12, 308, 314; BGH WM 1965, 793, 794; BGH WM 1973, 296, 297; BGH WM 1990, 573, 574; BGH NJW 1982, 99, 100 und die überwiegende Meinung im Schrifttum: *Flume*, Personengesellschaft, S. 6 ff.; *K. Schmidt*, Gesellschaftsrecht, § 58 II 2b; Staudinger/*Keßler*, vor § 705 Rn 92; BGB-RGRK/*v. Gamm*, § 718 Rn 11; so auch OFD Rostock v. 19.12.1999, DStR 2000, 591.

bb) Mindermeinung

5 Eine Mindermeinung im Schrifttum hält es dagegen für möglich, dass eine Innengesellschaft Gesamthandsvermögen bilden kann.[3]

cc) Vermittelnde Ansicht

6 Eine vermittelnde Auffassung nimmt an, dass jedenfalls die Sozialansprüche, also die Ansprüche der Gesellschaft gegen die Gesellschafter, insbesondere auf etwaige Beitragsleistungen, auch bei Innengesellschaften gesamthänderisch gebundenes Gesellschaftsvermögen seien.[4]

Nach dieser Auffassung ist es daher rechtlich möglich, dass auch Innengesellschaften Gesellschaftsvermögen bilden können, wenn auch nur bezogen auf bestimmte Vermögenskreise.

2. Entstehen

7 Für die Entstehung der Innengesellschaft ist es erforderlich, dass ein **Gesellschaftsvertrag** abgeschlossen wird, d.h. zwei oder mehrere Personen müssen die Förderung eines gemeinsamen Zwecks vereinbaren. Die Annahme einer Innengesellschaft bürgerlichen Rechts erfordert, dass sich die Beteiligten mit gesellschaftsrechtlicher Bindung zur Förderung eines gemeinsamen Zwecks verpflichten.[5] Eine Innengesellschaft bürgerlichen Rechts liegt daher nur vor, wenn zwischen den Beteiligten ein Gesellschaftsvertrag geschlossen worden ist, der jedenfalls die Einigkeit darüber enthält, einen gemeinsamen Zweck zu verfolgen und diesen durch vermögenswerte Leistungen (Beiträge) zu fördern.[6]

8 Ist kein ausdrücklicher Gesellschaftsvertrag geschlossen worden, so muss im Einzelnen geprüft werden, ob die Parteien eine Gesellschaft bilden oder eine andere oder gar keine rechtliche Bindung eingehen wollten.

9 Allerdings besteht nach der Rechtsprechung des II. und des XII. Zivilsenats des BGH für die nichteheliche Lebensgemeinschaft einerseits und die eheliche Lebensgemeinschaft andererseits eine unterschiedliche Auffassung zu der Frage, ob „eine rein faktische Willensübereinstimmung" der Partner ausreiche oder ob ein zumindest schlüssig zustande gekommener Gesellschaftsvertrag erforderlich ist.[7]

3. Außenverhältnis

10 Da die Innengesellschaft nach außen hin nicht in Erscheinung tritt, gibt es kein Außenverhältnis der Gesellschaft. Die Gesellschaft wird nicht vertreten und haftet auch nicht. Es können jedoch die Gesellschafter der Innengesellschaft nach den normalen Vertretungsregeln der §§ 164 ff. BGB vertreten werden und als Gesamt- oder Teilschuldner haften.[8]

11 Der Inhaber eines gewerblichen (bzw. land- und forstwirtschaftlichen) Betriebs ist regelmäßig schon allein wegen seiner unbeschränkten Außenhaftung und des ihm allein möglichen Auftretens im Rechtsverkehr (Mit-)Unternehmer einer bürgerlich-rechtlichen Innengesellschaft, die zum Zwecke der stillen Beteiligung an seinem Unternehmen gegründet wurde. Dies gilt auch dann, wenn dem Inhaber des Betriebs im Innenverhältnis neben einem festen Vorabgewinn für

---

[3] MüKo-BGB/*Ulmer*, § 705 Rn 234; Soergel/*Hadding*, vor § 705 Rn 28.
[4] Jauernig/*Stürner*, § 705 Anm. 5.
[5] BGH ZIP 2008, 24.
[6] BGH ZIP 2008, 2311.
[7] BGH FamRZ 1982, 1065 und FamRZ 1999, 1580, dazu *Arens*, FamRZ 2000, 266, 269.
[8] *K. Schmidt*, Gesellschaftsrecht, § 60 I 2.

seine Tätigkeit keine weitere Gewinnbeteiligung zusteht und die Geschäftsführungsbefugnis weitgehend von der Zustimmung des stillen Beteiligten abhängt.[9]

4. Innenverhältnis
Auch bei Innengesellschaften besteht eine Verpflichtung zur Mitarbeit sowie eine Beteiligung am Gewinn und Verlust. Auch bestehen Kontroll- und Informationsrechte. Bei Innengesellschaften wird die Geschäftsführung oft abweichend vom Regelfall des § 709 BGB, d.h. Geschäftsführung durch die Gesamtheit der Gesellschafter, geregelt, so dass es einen oder mehrere geschäftsführende Gesellschafter gibt.

12

5. Beendigung
Bei der Auflösung der Gesellschaft erfolgt mangels Gesellschaftsvermögens keine Auseinandersetzung gem. §§ 730 ff. BGB. Es besteht lediglich ein schuldrechtlicher Anspruch der Innenbeteiligten gegen den Vermögensinhaber auf Auszahlung ihres **Abfindungsguthabens**.[10]

13

Allerdings gilt regelmäßig – bezogen auf das (Innen-)Gesellschaftsverhältnis – eine Durchsetzungssperre für die Geltendmachung von Einzelansprüchen. Ein auf einem anderen Rechtsverhältnis beruhender Anspruch eines Gesellschafters gegen seinen Mitgesellschafter unterliegt in der Auseinandersetzung einer Gesellschaft keiner Durchsetzungssperre.[11]

14

Die Grundsätze über die **fehlerhafte Gesellschaft** sollen nach h.M. bei in-Vollzug-gesetzten stillen Gesellschaften Anwendung finden, so dass eine rückwirkende Unwirksamkeit mit einem Anspruch auf Erstattung der geleisteten Einlage nicht bestehe, sondern nur eine Abwicklung ex-nunc erfolgen könne.[12]

15

Etwas anderes soll ausnahmsweise dann gelten können, wenn der Inhaber verpflichtet ist, den stillen Gesellschafter im Wege des Schadenersatzes so zu stellen, wie er stehen würde, wenn er nicht beigetreten wäre.[13] Die Vorausabtretung der Auseinandersetzungsforderung eines stillen Gesellschafters soll nach der Rechtsprechung des BGH hinfällig werden, wenn dieser seine Beteiligung auf einen Dritten überträgt, bevor der Auseinandersetzungsanspruch in seiner Person entstanden ist.[14]

16

II. Typische Erscheinungsformen der Innengesellschaften

Zu den Innengesellschaften gehören sog. **Gelegenheitsgesellschaften des täglichen Lebens** wie die Fahr-, Tipp- und Wettgemeinschaften, die oft von kurzer Dauer sind und bei denen den Beteiligten oft gar nicht bewusst ist, dass das von ihnen eingegangene Rechtsverhältnis eine BGB-Gesellschaft in Form einer Innengesellschaft ist.

17

Weitere Erscheinungsformen der Innengesellschaft sind:
– die Stille Gesellschaft

18

---

9 BFH DStR 2007, 2002.
10 BGH NJW 1982, 99, 100; BGH NJW 1990, 573, 574; BGH NJW 1992, 830, 832.
11 BGH BB 2008, 132.
12 OLG Dresden BB 2002, 1776; OLG Hamm ZIP 2003, 1151; OLG Braunschweig ZIP 2004, 28; OLG Frankfurt ZIP 2004, 32; OLG Bamberg v. 18.8.2003 – 4 U 213/02, n.v.; dazu *Armbrüster/Joos*, ZIP 2004, 189; *Tettinger*, DStR 2006, 849; so schon für typische und für atypisch stille Gesellschaften auch BGHZ 55, 5, 8; BGHZ 62, 234, 237; BGH NJW 1992, 1552.
13 BGH BB 2004, 2147, dazu EWiR 2004, 1093 (*Lürken*); BGH DStR 2005, 295; BGH ZIP 2005, 753, 759, 763; dazu *Kiethe*, DStR 2005, 924; *Tettinger*, DStR 2006, 849.
14 BGH DStR 2001, 494.

- die Unterbeteiligung
- die Innengesellschaften zwischen Ehegatten oder Partnern nichtehelicher Lebensgemeinschaften.

1. Innengesellschaften zwischen Ehegatten und Lebenspartnern

19 Die vermögensrechtlichen Beziehungen zwischen Ehegatten und zwischen Partnern nichtehelicher Lebensgemeinschaften können auch gesellschaftsrechtlicher Natur sein. Die Partner wählen dabei oft die Gestaltungsform der Innengesellschaft als eine Unterform der Gesellschaft bürgerlichen Rechts, die nach außen nicht in Erscheinung tritt. Sie wird weder durch die Natur der Lebensgemeinschaft noch durch die Vorschriften über den ehelichen Güterstand ausgeschlossen.

20 Bei einer Ehegatteninnengesellschaft kommt ein Ausgleichsanspruch eines Ehegatten daher nicht erst dann in Betracht, wenn der Zugewinnausgleich nicht zu einem angemessenen Ergebnis führt. Ein gesellschaftsrechtlicher Ausgleichsanspruch besteht vielmehr ggf. auch neben einem Anspruch auf Zugewinnausgleich.[15]

a) Entstehung

21 Die Innengesellschaft zwischen Ehegatten kann durch ausdrücklichen Abschluss eines Gesellschaftsvertrages begründet werden. Ohne Abschluss eines Gesellschaftsvertrages ist, falls nicht eine ausdrückliche vertragliche Regelung entgegensteht, auch eine konkludente Begründung einer Innengesellschaft möglich.[16]

22 Entsprechendes gilt – mit einigen Besonderheiten – auch für Partner einer nichtehelichen Lebensgemeinschaft.[17] Voraussetzung ist, dass die Beteiligten abredegemäß durch beiderseitige Leistungen einen gemeinschaftlichen Zweck verfolgen. Allerdings besteht nach der Rechtsprechung des II. und des XII. Zivilsenats des BGH für die nichteheliche Lebensgemeinschaft einerseits und die eheliche Lebensgemeinschaft andererseits eine unterschiedliche Auffassung zu der Frage, ob „eine rein faktische Willensübereinstimmung" der Partner ausreiche oder ob ein zumindest schlüssig zustande gekommener Gesellschaftsvertrag erforderlich ist.[18]

aa) Ausdrücklicher Abschluss

23 Die Partner können in einem Gesellschaftsvertrag ausdrücklich die Begründung einer Innengesellschaft regeln. Voraussetzung ist dabei die Vereinbarung eines Gesellschaftszwecks. Als **Gesellschaftszweck** kommt jeder erlaubte wirtschaftliche oder ideelle Zweck in Betracht. Es spielt dabei keine Rolle, ob dadurch gleichzeitig Verpflichtungen berührt werden, die sich im Prinzip bereits aus den Vorschriften des Familienrechts (§§ 1353, 1360 BGB) ergeben.[19]

24 Gebräuchlich ist die ausdrückliche Vereinbarung einer Gesellschaft zwischen Lebenspartnern zu dem Zweck, ein Familienheim zu erbauen, zu erwerben und zu erhalten.[20] Ist bei einem Erwerb verschiedener Grundstücke die Begründung einer Gesellschaft gewollt, so sollte dieses in die ent-

---

15 BGH NJW 2006, 1268 = FamRZ 2006, 607 m. Anm. *Hoppenz*, FamRZ 2006, 610, m. Anm. *Volmer*, FamRZ 2006, 844 und Anm. *Kogel*, FamRZ 2006, 1177; im Anschluss an BGHZ 155, 249, 255; dazu *Kogel*, FamRZ 2006, 1799.
16 BGH WM 1995, 1365; BGH NJW 1999, 2962; *Arens*, FamRZ 2000, 266; *ders.*, Familiengesellschaften, S. 50ff.; *Wever*, FamRZ 2000, 993, 1000, jeweils m.w.N.
17 BGH DStR 1996, 1740; BGH NJW 1997, 3371 = FamRZ 1997, 1533; BGH FamRZ 2003, 1541 = DStR 2004, 50; dazu *List*, DStR 1997, 1101, 1107; *Weinreich*, FuR 1999, 356, 358.
18 BGH FamRZ 1982, 1065 und FamRZ 1999, 1580, dazu *Arens*, FamRZ 2000, 266, 269.
19 BGH NJW 1982, 170, 171.
20 BGH NJW 1982, 170.

sprechende Beurkundung gem. § 31b BGB aufgenommen werden. Erfolgt nämlich der Erwerb zum Bruchteilseigentum, so spricht dies tendenziell gegen das Bestehen einer GbR. Der BGH hat nämlich verlangt, dass die Gesellschaft nach außen verlautbart wird, z.B. durch Grundbucheintragung.[21]

bb) Konkludenter Abschluss

Der BGH hat sich mehrfach mit der Frage beschäftigt, unter welchen Umständen zwischen Ehegatten konkludent eine Innengesellschaft des bürgerlichen Rechts begründet wird. In ständiger Rechtsprechung kommt die Begründung einer Ehegatten-Innengesellschaft durch schlüssiges Verhalten in Betracht, wenn Eheleute abredegemäß durch beiderseitige Leistungen einen über den typischen Rahmen der ehelichen Lebensgemeinschaft hinaus gehenden Zweck verfolgen, indem sie etwa durch Einsatz von Vermögenswerten und Arbeitsleistungen gemeinsam ein Unternehmen aufbauen oder gemeinsam eine berufliche oder gewerbliche Tätigkeit ausüben.[22] 25

Ehegatten können beispielsweise in der Land- und Forstwirtschaft ohne ausdrücklichen Gesellschaftsvertrag eine Mitunternehmerschaft bilden, wenn jeder der Ehegatten einen erheblichen Teil der selbst bewirtschafteten land- und forstwirtschaftlichen Grundstücke zur Verfügung stellt. Dabei kommt es nicht darauf an, ob dem Ehegatten das Fruchtziehungsrecht an den zur Verfügung gestellten Grundstücken als Alleineigentümer, als Miteigentümer oder als Pächter zusteht. Der Anteil des selbst bewirtschafteten land- und forstwirtschaftlichen Grundbesitzes, den jeder Ehegatte zur Verfügung gestellt hat, ist in der Regel nicht erheblich und daher zur Begründung einer konkludenten Mitunternehmerschaft nicht geeignet, wenn er weniger als 10% der insgesamt land- und forstwirtschaftlich genutzten Eigentumsflächen beträgt. Erforderlich ist, dass die Ehegatten die Grundstücke gemeinsam in einem Betrieb bewirtschaften, so dass von einer gemeinsamen Zweckverfolgung ausgegangen werden kann.[23] 26

Ein konkludent abgeschlossener Gesellschaftsvertrag wurde z.B. auch angenommen:[24] 27
- beim gemeinsamen Bau und der Vermietung von Appartementwohnungen[25]
- beim gemeinsamen Betrieb einer Gaststätte unter Abschluss eines Pachtvertrages als Mitpächter und Aufnahme eines gemeinsamen Darlehens und Einsatz der Arbeitskraft.[26]

Das bloße Bestreben, die eheliche Lebensgemeinschaft zu verwirklichen und Voraussetzungen dafür zu schaffen, wird nicht als eigenständiger Zweck einer zwischen den Eheleuten bestehenden Gesellschaft anerkannt.[27] Erforderlich ist vielmehr, dass eine „gemeinschaftliche Wertschöpfung" beabsichtigt ist, eine bloße gemeinsame Nutzung soll nicht ausreichen.[28] 28

Wichtig ist ferner, dass die Ehegatten diesen Zweck **gemeinsam** verfolgen. Daran fehlt es bei nur untergeordneter und nebensächlicher Tätigkeit eines der Ehegatten.[29] 29

Des Weiteren darf die Annahme einer durch schlüssiges Verhalten errichteten Innengesellschaft nach allgemeinen Grundsätzen nicht mit den von den Ehegatten ausdrücklich getroffenen 30

---

21 BGH NJW 1982, 2237.
22 BGHZ 84, 361, 366; BGH FamRZ 1989, 147; 1990, 973; BGH NJW 1995, 3384; sehr instruktiv, auch zur Abgrenzung zu ehebedingten Zuwendungen, BGH NJW 1999, 2962 = FamRZ 1999, 1580, dazu *Arens*, FamRZ 2000, 266; *Haas*, FamRZ 2002, 205; *Krug*, ZErb 2002, 15; *Dauner-Lieb*, FuR 2009, 361; siehe etwa BGH NJW 2003, 2039 = FamRZ 2003, 1454 m. Anm. *Wever*, FamRZ 2003, 1457 und Anm. *Spieker*, FamRZ 2004, 174.
23 BFH BStBl. II 2009, 989; dazu BMF v. 18.12.2009, DStR 2010, 132.
24 Vgl. die weiteren Nachweise bei Palandt/*Thomas*, § 705 Rn 27 ff.
25 BGH FamRZ 1975, 35.
26 BGH NJW 1982, 2236; BGH NJW-RR 1989, 66; BGH NJW-RR 1990, 736.
27 BGHZ 74, 995; BGH FamRZ 1989, 147; OLG Düsseldorf FamRZ 1999, 228, 229.
28 BGH DStR 1996, 1740; BGH ZIP 1997, 1962 = NJW 1997, 3371 = FamRZ 1997, 1533 für eine eheähnliche Lebensgemeinschaft; dazu *List*, DStR 1997, 1101, 1107; *Weinreich*, FuR 1999, 356, 358.
29 BGH NJW 1974, 2045; BGH NJW-RR 1988, 260; BGH NJW 1999, 2962; OLG Düsseldorf FamRZ 1999, 228, 229.

Vereinbarung in Widerspruch stehen.[30] Aus diesem Grund wurde die Begründung einer Ehegatten-Innengesellschaft vom BGH abgelehnt, weil ein wirksamer Anstellungsvertrag mit dem Ehegatten vorlag.[31]

b) Vermögensrechtlicher Ausgleich bei Scheitern der Ehe

31 Wurde eine Innengesellschaft wirksam vereinbart, besteht bei Scheitern der Ehe ein Auseinandersetzungsanspruch gem. §§ 730 ff. BGB.[32] Das hat zur Folge, dass unabhängig von den Güterständen ein Ausgleich erfolgt. Dazu soll nach Auffassung des BGH eine Gesamtabrechnung erforderlich sein.[33] Allerdings ist ein Liquidationsverfahren nicht durchzuführen, da der Innengesellschafter nur Anspruch auf schuldrechtlichen Ausgleich in Geld hat.[34]

32 Ob die Ausgleichsansprüche gemäß § 197 BGB nach drei oder gemäß § 195 BGB nach dreißig Jahren verjähren, ist noch nicht abschließend entschieden.

33 Erst im Anschluss an diesen gesellschaftsrechtlichen Ausgleich erfolgt ggf. das güterrechtliche bzw. zugewinnausgleichsrechtliche Auseinandersetzungsverfahren.[35] Demgegenüber soll nach verbreiteter Auffassung der Ausgleich über das Institut der ehebedingten Zuwendung bei gesetzlichem Güterstand nur ausnahmsweise in Betracht kommen, nämlich bei unerträglichen, unbilligen Ergebnissen.[36] Endet gleichzeitig mit der Innengesellschaft auch die werbende Tätigkeit des Unternehmens des Inhabers, so kann es interessengerecht sein, wenn dies bei der Bemessung der Abfindung des Ehegatten-Innengesellschafters berücksichtigt wird.[37]

c) Steuerliche Aspekte

34 Voraussetzung für die steuerliche Anerkennung einer Innengesellschaft ist, dass sie alle Merkmale einer Gesellschaft aufweist.[38] Folgende Merkmale sind ausschlaggebend:
– Abschluss eines wirksamen Gesellschaftsvertrages
– Rechtsstellung eines Gesellschafters
– tatsächliche Durchführung.

35 Der steuerlichen Anerkennung steht nicht entgegen, dass die Gesellschaft nach außen hin nicht in Erscheinung tritt.[39] Es wird dann jedoch erhöhte Aufmerksamkeit auf die tatsächliche Durchführung der Gesellschaft gerichtet, vor allem auf die ordnungsgemäße buchhalterische Behandlung des Innengesellschaftsverhältnisses.

---

30 BGHZ 84, 361, 367; BGH NJW-RR 1988, 260; BGH FamRZ 1990, 1219.
31 BGH NJW 1995, 3383.
32 Vgl. zu der Auseinandersetzung einer gescheiterten nichtehelichen Lebensgemeinschaft nach gesellschaftsrechtlichen Regeln auch BGH DStR 1996, 1740 m. Anm. *Goette*; BGH NJW 1999, 2962; OLG Düsseldorf FamRZ 1999, 228; OLG Bremen FamRZ 1999, 227.
33 BGH FamRZ 2003, 1648; zur Berechnung auch *Schiebel*, NJW-Spezial 2004, 343.
34 Dazu LG Düsseldorf FamRZ 2004, 1035.
35 OLG Düsseldorf FamRZ 1999, 228, 229; *Arens*, FamRZ 2000, 266, 269; a.A. *Langenfeld*, ZEV 2000, 14, der Nachrangigkeit gegenüber güterrechtlichen Ausgleichsregelungen oder unbenannten Zuwendungen annimmt; dazu *Grziwotz*, DNotZ 2000, 486, 492; *Waas*, FamRZ 2000, 453; zur bereicherungsrechtlichen Vermögensauseinandersetzung siehe BGH ZNotP 2009, 199.
36 OLG Braunschweig FamRB 2002, 2; zur unbenannten Zuwendung auch *Seif*, FamRZ 2000, 1194; *Schröder*, FamRZ 2001, 142; zur Korrektur des Zugewinnausgleichs bei „untragbaren" Ergebnissen siehe auch OLG Frankfurt FamRZ 2001, 158; OLG München FamRZ 1999, 1663; BGH FamRZ 2002, 949 zur Darlegungs- und Beweislast bzgl. der Ausgleichspflicht.
37 BGH ZNotP 2001, 432 = ZIP 2001, 1414, dazu EWiR 2002, 215 (*Aderhold*).
38 BFH BStBl II 1984, 751.
39 BFH BStBl III 1960, 44.

Innengesellschaften der Art, dass sie nur einen Ausgleichsanspruch bei Beendigung der Ehe gewähren, sind ertragsteuerlich ohne Bedeutung, da sie während der Ehe keine Wirkung haben. Es fehlt dann an der „Einkunftsquelle" des Innengesellschafters.[40] Allerdings kann dadurch möglicherweise schenkungsteuerlich eine steuerfreie Vermögensverschiebung zwischen den Ehegatten bewirkt werden, was gegenüber schenkungsteuerpflichtigen unentgeltlichen Zuwendungen – wie reinen Schenkungen oder unbenannten (ehebedingten) Zuwendungen[41] – eine vorteilhafte Gestaltungsmöglichkeit eröffnet.[42]

2. Stille Gesellschaft
a) Definition
Die stille Gesellschaft ist eine Personengesellschaft, bei der sich jemand am Handelsgewerbe eines anderen mit einer Vermögenseinlage, die an diesen übertragen wird, gegen einen Anteil am Gewinn beteiligt.[43] Sie tritt als solche nicht nach außen auf. Kaufmannseigenschaft hat sie nicht; Kaufmann ist nur der Hauptbeteiligte.[44]

b) Anwendung
Die stille Gesellschaft erfreut sich vor allem im familiären Bereich als Beteiligungsform großer Beliebtheit. Das liegt zum einen daran, dass sie als Innengesellschaft nicht nach außen in Erscheinung tritt und regelmäßig auch relativ einfach (formfrei) geschlossen werden kann. Zum anderen stellt sie ein geeignetes Instrument zur angemessenen Vermögensverteilung innerhalb der Familie dar. Die Beteiligung z.B. minderjähriger Kinder kann wegen der Einkommensspaltung erhebliche Vorteile bringen.

c) Typen
Es wird zwischen typischer und atypischer stiller Gesellschaft unterschieden.[45]

Um eine **typische stille Gesellschaft** handelt es sich, wenn sich der Gesellschaftsvertrag im Wesentlichen an den §§ 230 ff. HGB orientiert und den typischen stillen Gesellschafter **kein Unternehmerrisiko** trifft.

Bei der **atypischen stillen Gesellschaft** handelt es sich um eine rechnerische Beteiligung des stillen Gesellschafters am Vermögen des Unternehmens einschließlich der stillen Reserven, jedoch auch – zumindest in begrenztem Umfang – am Verlust[46] sowie in der Regel auch durch die Teilnahme des stillen Gesellschafters an der Geschäftsführung des Unternehmens.[47] Eine dingliche Berechtigung an der Vermögenssubstanz ist aber auch dabei nicht gegeben. Der Betriebsinhaber weist die Beteiligung des stillen Gesellschafters als Fremdkapital aus.[48] Steuerverfahrensrechtlich wird eine einheitliche und gesonderte Gewinnfeststellung des Gewinns der

---
40 BFH BStBl III 1958, 445; BStBl III 1959, 172; zur gesonderten Einkünftefeststellung von Ehegattengesellschaften bei Vermietung an einen Ehegatten siehe Niedersächsisches FG v. 20.7.2000 – 14 K 280/97, n.v.
41 BFH BB 1994, 847 m. Anm. *Felix*, BB 1994, 1342; BFH NV 1994, 907; BFH NV 1995, 341.
42 Dazu *Gebel*, BB 2000, 2017; *Seif*, FamRZ 2000, 1193.
43 BGH WM 1976, 1030, 1031.
44 OFD Erfurt v. 23.10.2003, GmbHR 2003, 209.
45 Zur Abgrenzung *Horn*, GmbHR 2000, 711; OFD Erfurt v. 23.10.2003, GmbHR 2003, 209; FG Münster DStRE 2004, 501.
46 FG Münster DStRE 2004, 501, unter Hinweis auf BFH NV 1993, 647; BFH NV 2003, 601, wobei das Risiko, die Einlage zu verlieren, nicht ausreichend sein soll.
47 Vgl. BGHZ 7, 174; BGHZ 18, 157; ähnlich BFH GmbHR 2000, 293.
48 *Sterzenbach*, DStR 2000, 1669.

atypischen stillen Gesellschaft durchgeführt (dazu Muster siehe Rn 218). Eine darauf bezogene Prüfungsanordnung ist nach Auffassung des BFH an den Geschäftsinhaber zu richten, und zwar auch dann, wenn die atypisch stille Gesellschaft bereits vollbeendet ist.[49]

d) Abgrenzung

40 Die stille Gesellschaft muss insbesondere von einem **partiarischen Darlehen** abgegrenzt werden, da sich daraus unterschiedliche zivilrechtliche und steuerrechtliche Konsequenzen ergeben können.[50] Zentrales Abgrenzungskriterium ist der Zweck bzw. die Art der Ergebnisbeteiligung. Partiarische Rechtsverhältnisse sind Verträge, bei denen die Vergütung für die erbrachte Leistung vom Erfolg abhängt.[51] Beim partiarischen Darlehen ist Zweck der Vereinbarung die Beteiligung am fremden Erfolg, nämlich dem des Darlehensnehmers.[52] Bei der stillen Gesellschaft streben die Gesellschafter einen gemeinsamen Erfolg an, nämlich die Erzielung von Gewinn mit Handelsgeschäften durch den Geschäftsinhaber.[53]

41 Indiz dafür ist nach Auffassung der Finanzverwaltung die Vereinbarung von Kontrollrechten.[54] Deshalb soll eine Verlustbeteiligung zwingend für und eine Festverzinsung zwingend gegen eine stille Gesellschaft sprechen.[55] Ob im Einzelfall eine stille Gesellschaft (i.S.v. § 8 Nr. 3 GewStG) oder ein partiarisches Darlehen vereinbart worden ist, unterliegt im gerichtlichen Verfahren der Beurteilung des Tatrichters. Dessen Würdigung kann der BFH nur daraufhin überprüfen, ob sie in verfahrensfehlerhafter Weise zustande gekommen ist oder ob sie gegen Denkgesetze oder allgemeine Erfahrungssätze verstößt. Bei der Ermittlung des Gewerbeertrags ist ein Gewinnanteil eines stillen Gesellschafters auch dann gemäß § 8 Nr. 3 GewStG dem Gewinn hinzuzurechnen, wenn der stille Gesellschafter eine gemäß § 3 Nr. 24 GewStG von der Gewerbesteuer befreite Kapitalbeteiligungsgesellschaft ist.[56]

42 Abzugrenzen ist die stille Gesellschaft auch von Genussrechten. Ein Genussrecht liegt vor, wenn dem Rechtsinhaber zwar schuldrechtliche Ansprüche, nicht aber gesellschaftsrechtlich geprägte Mitgliedschaftsrechte vermittelt werden, ihm Vermögensrechte zugestanden werden, die typischerweise nur Gesellschaftern zustehen, die Rechte in großer Zahl und nicht nur vereinzelt begeben und dem Rechtsinhaber keine aktiven Mitverwaltungsrechte eingeräumt werden. Einnahmen aus Genussrechten, mit denen sowohl eine Beteiligung am Gewinn als auch am Aufgabe- bzw. Liquidationserlös verbunden ist, fallen unter § 20 Abs. 1 Nr. 1 EStG.[57]

43 Für die Annahme einer stillen Gesellschaft können – vor allem in Grenzfällen – von den Vertragsparteien gewählte Formulierungen indizielle Bedeutung haben; entscheidend ist, was die Vertragsparteien wirtschaftlich gewollt haben und ob der – unter Heranziehung aller Umstände zu ermittelnde – Vertragswille auf die Merkmale einer (stillen) Gesellschaft gerichtet ist. Dabei darf der für eine stille Gesellschaft erforderliche gemeinsame Zweck der Gesellschafter nicht mit deren Motiven für ihre Beteiligung vermengt werden.[58]

---

49 BFH DStRE 2003, 944.
50 Dazu *Harthaus*, INF 1998, 14.
51 MüKo-BGB/*Ulmer*, vor § 705 Rn 64; *Dautel*, DStR 2001, 925; BGH DStR 1995, 106 und BGH DStR 1995, 1844 m. Anm. *Goette*.
52 BGH DStR 1995, 106; DStR 1995, 1844 m. Anm. *Goette*.
53 BFH BStBl II 1983, 563.
54 H 77 zu Abschn. 77 LStR 2000; ähnlich BGH ZIP 1994, 1847; BGH NJW 1992, 2969.
55 OLG Dresden DStR 2000, 649 m. Anm. *Haas*, in Abgrenzung zu OLG Celle NZG 2000, 85; OLG Köln NZG 2000, 89 und OLG Stuttgart NZG 2000, 93.
56 BFH BB 2006, 253 m. Anm. *Bünning* = GmbHR 2006, 215.
57 BFH BStBl. II 2008, 852.
58 BFH BStBl. II 2008, 852.

e) Entstehung

Die stille Gesellschaft entsteht durch Abschluss eines Gesellschaftsvertrages zwischen dem Inhaber des Handelsgeschäftes und dem stillen Gesellschafter. Der gemeinsame Zweck der Gesellschaft besteht in der Beteiligung des stillen Gesellschafters am Handelsgewerbe des Geschäftsinhabers gegen einen Gewinnanteil. Daher muss der Geschäftsinhaber Kaufmann sein (Einzelkaufmann, Personenhandels- oder Kapitalgesellschaft). Stille Gesellschafter können natürliche und juristische Personen sein, aber auch Personengesellschaften. Es können auch mehrere stille Gesellschaften parallel begründet werden.[59] Wer einer atypisch stillen Gesellschaft unter einer aufschiebenden Bedingung beitritt, wird mit Eintritt der Bedingung Mitunternehmer.[60]

44

aa) Formerfordernis

Grundsätzlich ist der Vertragsabschluss formfrei. Schon allein für steuerliche Zwecke wird man allerdings regelmäßig einen schriftlichen Gesellschaftsvertrag erwarten.[61]

45

Bei schenkweiser Einräumung der stillen Beteiligung ist das Erfordernis der notariellen Form gem. § 518 Abs. 1 BGB zu beachten. Zwar heilt der Vollzug der Schenkung den Formmangel (§ 518 Abs. 2 BGB). Ebenso wie bei der Unterbeteiligung – und anders als bei der schenkweisen Einräumung einer Beteiligung an einer Personenhandelsgesellschaft – war aber nach bisherigem Verständnis ein Vollzug der Schenkung noch nicht anzunehmen, wenn eine Umbuchung vom Kapitalkonto des Inhabers auf das Einlagekonto des stillen Gesellschafters erfolgt. Nach der früheren Auffassung des BGH lag darin kein Vollzug, weil nur die eine schuldrechtliche Forderung (Anspruch auf Einräumung der stillen Gesellschaft) durch eine andere, ebenfalls nur schuldrechtliche Forderung (Anspruch auf die Einlage) ersetzt wird.[62]

46

Ob daran festgehalten werden kann, erscheint aber zweifelhaft, nachdem der BFH seine entsprechende Rechtsprechung zu Unterbeteiligungen überraschend geändert hat (siehe dazu Rn 160).

47

bb) Besonderheiten bei Personengesellschaften

Handelt es sich allerdings nicht um eine stille Gesellschaft zwischen dem Beschenkten und dem Schenker, sondern zwischen dem Beschenkten und einer Personengesellschaft, an der der Schenker seinerseits beteiligt ist, dann ist im Hinblick auf den Vollzug zu differenzieren:[63]
- Tritt der Schenker aus einer gegen die Gesellschaft bestehenden Forderung (z.B. Darlehensanspruch) einen Betrag oder Teilbetrag an den stillen Gesellschafter ab und wird im Verhältnis zwischen dem stillen Gesellschafter und der Gesellschaft die Forderung in eine Einlage umgewandelt, dann stellt die Abtretung den dinglichen Vollzug dar, der Heilungswirkung hat.
- Lässt der Schenker (Gesellschafter) eine Umbuchung von seinem Kapitalkonto vornehmen und ist er in Höhe des umgebuchten Betrages gesellschaftsrechtlich zu einer Entnahme berechtigt, dann liegt mit der Umbuchung bei der Gesellschaft ebenfalls der Vollzug der Schenkung vor.

48

cc) Schenkweise Einräumung zugunsten minderjähriger Kinder

Bei der schenkweisen Einräumung einer stillen Gesellschaft der Eltern oder eines Elternteils zugunsten minderjähriger Kinder ist zunächst zu beachten, dass § 107 BGB in der Regel nicht ein-

49

---

59 Zur sog. mehrgliedrigen stillen Gesellschaft *Lindwurm*, DStR 2000, 53.
60 BFH DStRE 2002, 414.
61 Vgl. *Fichtelmann*, Beteiligung von Angehörigen, Rn 433/1.
62 BGHZ 7, 179, 187; *Fichtelmann*, Rn 433/3; a.A. *Baumbach/Hopt*, HGB, § 230 HGB Anm. 4 B.
63 *Fichtelmann*, Rn 433/4 ff.

schlägig ist, weil mit der Eingehung der stillen Gesellschaft die Verpflichtung zur Leistung einer Einlage verbunden ist und deshalb die Einräumung einer stillen Gesellschaft nicht lediglich ein rechtlicher Vorteil ist.[64] Nur dann, wenn eine bereits bestehende stille Gesellschaft schenkweise übertragen wird, bei der die Einlage bereits geleistet ist, gilt etwas anderes.[65] Auch die Schenkung eines Geldbetrages mit der Auflage, den geschenkten Betrag als Einlage in eine stille Gesellschaft einzubringen, ist deshalb genehmigungspflichtig.[66]

50 Allerdings hat der BGH inzwischen im Falle einer Grundstücksbelastung im Rahmen einer Schenkung eines Geldbetrages als Teilkaufpreis für ein Grundstück des minderjährigen Beschenkten § 1821 Abs. 1 Nr. 1 BGB als nicht einschlägig angesehen.[67] Auch soll die Übertragung eines vermieteten Grundstücks trotz des nach § 566 BGB (§ 571 BGB a.F.) damit verbundenen Eintritts in die Vermieterpflichten nicht der Pflegerbestellung und der familiengerichtlichen Zustimmung bedürfen.[68] Ob diese Rechtsprechung verallgemeinerungsfähig ist, bleibt abzuwarten.

51 Da ein Insichgeschäft vorliegt, können die Eltern im Rahmen der schenkweisen Begründung der stillen Gesellschaft das Kind nicht vertreten (vgl. § 1795 Abs. 2 BGB). Das gilt auch dann, wenn nur ein Elternteil das Rechtsgeschäft mit dem Kind abschließen will, beide Elternteile aber die Vermögenssorge für das Kind gemeinsam haben. Es ist deshalb vom Familiengericht gem. § 1909 BGB ein Ergänzungspfleger zu bestellen.

52 Da es sich bei der Eingehung einer stillen Gesellschaft um den Betrieb eines Erwerbsgeschäfts i.S.v. § 1822 Nr. 3 BGB handelt, ist auch eine familiengerichtliche Genehmigung grundsätzlich erforderlich, es sei denn, es handelt sich lediglich um eine einmalige Kapitalbeteiligung ohne Beteiligung am Verlust.[69]

f) Einlage

53 Der stille Gesellschafter beteiligt sich mit einer Vermögenseinlage, die normalerweise in Geld besteht, ausnahmsweise auch in der Leistung von Diensten. Die Einlage wird auch hier in das Vermögen des Geschäftsinhabers eingebracht, da kein Gesamthandsvermögen bei den Innengesellschaften besteht. Bei einer Unterbilanz- bzw. Überschuldungsprüfung im Rahmen einer Krise soll sie als „Verbindlichkeit" wie ein eigenkapitalersetzendes Gesellschafterdarlehen (ohne Rangrücktrittsvereinbarung) behandelt werden, wenn die Gesellschafter der Hauptgesellschaft die stille Gesellschaft mit der Hauptgesellschaft begründet haben.[70]

g) Außenverhältnis

54 Da es sich bei der stillen Gesellschaft um eine Innengesellschaft handelt, tritt sie nach außen hin nicht in Erscheinung. Der Geschäftsinhaber tritt gegenüber Dritten im eigenen Namen auf und wird deshalb im Außenverhältnis allein berechtigt und verpflichtet (§ 230 Abs. 2 HGB).

---

64 Vgl. BGHZ 78, 34; *Fichtelmann*, Rn 433/9.
65 *Damrau*, ZEV 2000, 209, 212.
66 Vgl. BFH BStBl II 1980, 242; BFH BStBl II 1988, 245; *Fichtelmann*, Rn 433/11.
67 BGH DStR 1998, 176; ähnlich BayObLG ZNotP 1998, 381 = DNotZ 1999, 589 für die Übertragung eines mit Nießbrauchsrechten und Vorkaufsrechten belasteten Grundstücks; anders BayObLG EWiR 1997, 451 m. Anm. *Gernhuber* für die beabsichtigte Beteiligung der minderjährigen Kinder an einer vermögensverwaltenden GbR trotz Freistellungsverpflichtung der Eltern für die Kinder.
68 FG Rheinland-Pfalz DStRE 1998, 556.
69 Vgl. BGH JZ 1957, 382; Palandt/*Diederichsen*, § 1822 Rn 14; *Fichtelmann*, Rn 434; zu den Ermessenserwägungen des Gerichts BayObLG EWiR § 1822 BGB 1/97 m. Anm. *Gernhuber*.
70 OLG Brandenburg GmbHR 1998, 190.

h) Innenverhältnis

Die Geschäftsführung steht allein dem Geschäftsinhaber zu. Abweichende Regelungen sind durch Vereinbarungen im Gesellschaftsvertrag möglich.

Dem stillen Gesellschafter stehen gem. § 233 HGB lediglich eingeschränkte Kontrollrechte zu.[71] Er kann die abschriftliche Mitteilung – nicht jedoch die Erstellung[72] – des Jahresabschlusses verlangen und zur Überprüfung der Richtigkeit Bücher und Papiere einsehen (§ 231 Abs. 2 HGB). Nach Beendigung der stillen Gesellschaft reduziert sich sein Informationsanspruch auf ein Einsichtsrecht nach § 810 BGB.[73]

i) Gewinn- und Verlustbeteiligung

Die Gewinnbeteiligung ist eine zwingende Voraussetzung einer stillen Gesellschaft.[74] Gewinn und Verlust sind nach Abschluss des Geschäftsjahres vom Inhaber zu ermitteln. Auf die Ermittlung und Auszahlung des Gewinns hat der stille Gesellschafter einen klagbaren Anspruch.[75] Anstelle einer Gewinnauszahlung kann vereinbarungsgemäß der Gewinn dem stillen Gesellschafter auf einem Darlehenskonto gutgeschrieben werden.

Die Vereinbarung einer Beteiligung am Gewinn gilt im Zweifel auch für die Beteiligung am Verlust.[76] Die Verlustbeteiligung kann aber ausgeschlossen werden (§ 231 Abs. 2 Hs. 1 HGB). Besteht eine Verlustbeteiligung, so haftet der stille Gesellschafter nur bis zur Höhe seiner Einlage, soweit nichts anderes vereinbart ist.

j) Haftung

Der Geschäftsinhaber haftet dem stillen Gesellschafter für Pflichtverletzungen in der Geschäftsführung. Umgekehrt haftet der stille Gesellschafter seinerseits für Vertragsverletzungen im Innenverhältnis.

Der stille Gesellschafter haftet dagegen nicht den Gläubigern des Inhabers.[77] Auch der atypisch stille Gesellschafter einer KG (der im Innenverhältnis die gleichen Rechte und Pflichten eines Kommanditisten hat) haftet nicht analog § 171 Abs. 2 HGB im Außenverhältnis. Weder die Gesetzessystematik noch der Gesetzeszweck rechtfertigen die analoge Anwendung der Bestimmungen zur Außenhaftung des Kommanditisten gem. §§ 171, 172 HGB. Die „Innen – KG" wird zwar wie eine echte KG gegründet und abgewickelt, allerdings ist sie im Außenverhältnis (d. h. als Rechtsträgerin) inexistent. Die spezielle Sonderverjährung der §§ 161 Abs. 2, 159 Abs. 1 HGB (5 Jahre nach Eintragung der Auflösung der Gesellschaft in das Handelsregister) findet im Fall der Geltendmachung des vertraglichen Erfüllungsanspruch der Gesellschaft gegen einen Gesellschafter (wegen der noch ausstehenden Einlageforderung im Innenverhältnis) keine Anwendung. Dieser Anspruch unterliegt bei den Personengesellschaften (OHG und KG) – anders als bei den Kapitalgesellschaften – vielmehr der 3-jährigen Regelverjährung nach § 195 BGB. Der Sonderverjährung nach § 159 HGB unterliegen nur Ansprüche aus der persönlichen Haftung (§§ 128 ff., 161 Abs. 2, 171 ff.) für Gesellschaftsverbindlichkeiten.[78] Der BGH hat dies bestätigt. Ein atypischer stiller Gesellschafter, der im Gesellschaftsvertrag hinsichtlich seiner Rechte und Pflichten einem Kommanditisten gleichgestellt ist, haftet allein deswegen noch nicht für die

---

71 Vgl. dazu *Kort*, DStR 1997, 1372; BFH DStR 1998, 203.
72 OLG Hamburg ZIP 2004, 1099; n. rk.
73 OLG Hamburg ZIP 2004, 1099.
74 BGH BB 1976, 1030.
75 Vgl. zur Gewinnermittlung BGH DStR 1995, 1843 m. Anm. *Goette*.
76 BFH BB 2002, 2317.
77 Siehe aber zur Haftung nach Eigenkapitalersatzregeln *Renner*, ZIP 2002, 1430 ff.
78 OLG Schleswig ZIP 2009, 421.

Verbindlichkeiten des Inhabers des Handelsgeschäfts nach §§ 128, 171 HGB; eine solche Außenhaftung erfordert einen darüber hinausgehenden besonderen Haftungsgrund.[79]

k) Entnahmen

61 Der stille Gesellschafter hat das Recht, den auf ihn entfallenden Gewinn nach § 337 HGB voll zu entnehmen. Nicht entnommene Gewinnanteile können auf ein Darlehenskonto verbucht werden mit entsprechender Verzinsung.

l) Wegfall eines Gesellschafters

62 Der Tod des Geschäftsinhabers hat die Auflösung der stillen Gesellschaft zur Folge (§ 727 Abs. 1 BGB). Verstirbt der stille Gesellschafter, so ist seine stille Beteiligung vererblich gem. § 234 Abs. 2 HGB.

m) Verfügungen über die Gesellschaftsbeteiligung

63 Die Übertragung oder Belastung des Anteils an der stillen Gesellschaft zugunsten dritter Personen bedarf der Zustimmung des anderen Vertragsteils. Die **Vorausabtretung** der Auseinandersetzungsforderung eines stillen Gesellschafters soll nach der Rechtsprechung des BGH hinfällig werden, wenn dieser seine Beteiligung auf einen Dritten überträgt, bevor der Auseinandersetzungsanspruch in seiner Person entstanden ist.[80]

n) Auflösung/Beendigung einer fehlerhaften stillen Gesellschaft

64 Mit der Auflösung tritt sofort die Beendigung der Gesellschaft ein. Einer besonderen Liquidation bedarf es nicht, da kein Gesamthandsvermögen vorhanden ist. Es besteht lediglich ein schuldrechtlicher Anspruch des stillen Gesellschafters gegen den Geschäftsinhaber.[81] Die Auflösungsgründe sind mit denen bei der Unterbeteiligung identisch.[82] Auch in der stillschweigenden Duldung der Abwicklung des Gesellschaftsverhältnisses durch den stillen Gesellschafter (oder seine Erben) kann die Akzeptanz der Beendigung des Gesellschaftsverhältnisses gesehen werden.[83]

65 Zumindest bei der atypisch stillen Gesellschaft finden aber die Grundsätze über die fehlerhafte Gesellschaft Anwendung, so dass bei (durch Einlageleistung)[84] in Vollzug gesetzten Gesellschaften – auch bei betrügerischen Sachverhalten – der (geschädigte) Anleger nicht die Rückzahlung seiner Einlage, sondern nur die Abrechnung seines Auseinandersetzungsguthabens verlangen können soll.[85] Verbraucherschutzüberlegungen sollen dem nicht entgegenstehen.[86] Etwas anderes soll ausnahmsweise dann gelten können, wenn der Inhaber verpflichtet

---

79 BGH ZIP 2010, 1341; dazu EWiR 2010, 643 (*Bürk/Seidl*) und *Berninger*, DStR 2010, 2359.
80 BGH DStR 2001, 494.
81 Zur Abtretbarkeit im Voraus BGH NJW 1997, 3370.
82 Zur Auflösung durch konkludentes Verhalten BGH ZIP 2001, 69; zum Sonderkündigungsrecht des stillen Gesellschafters bei einseitiger Änderung des Auszahlungsmodus siehe BGH DStR 2005, 1064.
83 BGH ZIP 2001, 69.
84 *Blaurock*, HdB der stillen Gesellschaft, 11.4; *Armbrüster/Joos*, ZIP 2004, 189.
85 OLG Dresden ZIP 2002, 1293; OLG Stuttgart ZIP 2002, 1885; dazu EWiR 2003, 233 (*Schwennicke*) und ZIP 2003, 763, dazu EWiR 2003, 505 (*Wagner*); OLG Hamm ZIP 2003, 1151; OLG Karlsruhe ZIP 2003, 202; OLG Braunschweig ZIP 2003, 1154 und ZIP 2004, 28; OLG Frankfurt ZIP 2004, 32; dazu *Armbrüster/Joos*, ZIP 2004, 189; a.A. OLG Schleswig NZG 2003, 166; OLG Jena ZIP 2003, 1444.
86 Zur Haftung – auf das negative Interesse – aus c.i.c. siehe OLG Frankfurt v. 8.5.2003 – 27 U 23/02, n.rk. (Az. d. BGH: II ZR 188/03).

ist, den stillen Gesellschafter im Wege des Schadenersatzes so zu stellen, wie er stehen würde, wenn er nicht beigetreten wäre.[87]

o) Voraussetzungen für die steuerliche Anerkennungsfähigkeit
Damit eine stille Gesellschaft unter Angehörigen steuerlich anerkannt wird, müssen verschiedene Voraussetzungen erfüllt sein. Zunächst muss es sich um ein zivilrechtlich wirksam zustande gekommenes Rechtsverhältnis handeln, welches so auch zwischen Dritten geschlossen worden wäre.[88]

Wesentliche Kriterien für die steuerliche Anerkennung der Vereinbarung sind:

aa) Freie Verfügung über Gewinnanteile
Der stille Gesellschafter muss nach dem Gesellschaftsvertrag frei über seine Gewinnanteile verfügen können. Das ist insbesondere bei der schenkweisen Einräumung der stillen Gesellschaft nötig, da ansonsten das Eigentum des Beschenkten zugunsten des Schenkers ausgehöhlt werden kann.

Als schädlich erweisen sich daher beispielsweise folgende Regelungen im Gesellschaftsvertrag:
- zehnjährige Verfügungssperre[89]
- Entnahmen nur mit Zustimmung Dritter, meist des Geschäftsinhabers[90]
- jederzeit widerrufliche Gewinnbeteiligung[91]
- Auszahlungsverbot bis zur Beendigung der stillen Gesellschaft mit dem minderjährigen Kind.[92]

bb) Kontrollrechte gem. § 233 HGB
Dem stillen Gesellschafter müssen zumindest die Kontrollrechte gem. § 233 HGB eingeräumt werden.[93]

cc) Kündigungsrechte
Der Ausschluss von Kündigungsrechten ist für die steuerliche Anerkennung nicht schädlich, wenn alle Gesellschafter davon gleichmäßig betroffen werden.[94] Sollten sich jedoch Kündigungserschwernisse, etwa durch zeitliche oder faktische Beschränkungen, einseitig zuungunsten des stillen Gesellschafters auswirken, so ist das für die steuerliche Anerkennung schädlich.[95]

---

87 BGH BB 2004, 2147, dazu EWiR 2004, 1093 (*Lürken*); BGH DStR 2005, 295; BGH ZIP 2005, 753, 759, 763; dazu *Kiethe*, DStR 2005, 924; *Tettinger*, DStR 2006, 849.
88 BFH BStBl II 1988, 245; BStBl II 1990, 10; zur gewerbesteuerlichen Behandlung BFH GmbHR 1986, 363; BMF v. 26.11.1987, GmbHR 1988, 125.
89 BFH BStBl II 1970, 114.
90 BFH BStBl II 1970, 416; BFH BStBl II 1975, 569; BFH BStBl II 1996, 269; BFH DStRE 1997, 18.
91 BFH BStBl II 1975, 34.
92 FG Baden-Württemberg DStRE 2000, 2.
93 BFH DB 1991, 1054.
94 BFH BStBl II 1987, 54; BFH BStBl II 1990, 10.
95 BFH BStBl I 1975, 569; BFH BStBl II 1979, 513; BFH BStBl II 1979, 670; BFH BStBl II 1990, 1.

dd) Sicherung der Einlage des stillen Gesellschafters

71 Bei nahen Angehörigen wird bei langfristigen Einlagen wie bei Darlehen eine Besicherung des Guthabens des stillen Gesellschafters verlangt, um im Sinne eines Fremdvergleichs dem Sicherungsinteresse des Stillen zu genügen.[96] Da jedoch die Sicherstellung der Einlage nicht dem Regelstatut des HGB und auch nicht unbedingt der Praxis unter Fremden entspricht, kann die steuerliche Anerkennung aus diesem Grund nach diesseitiger Auffassung nicht versagt werden.

ee) Rückzahlungsbeschränkung nach Beendigung der Gesellschaft

72 Nach Beendigung der Gesellschaft hat der stille Gesellschafter einen Anspruch auf Rückzahlung seiner Einlage, der auch sofort fällig ist. Eine Stundung der Rückzahlung ist durchaus üblich und steht der steuerlichen Anerkennung nicht entgegen. Von Bedeutung ist jedoch, ob eine Verzinsung vorzunehmen ist. Unverzinslichkeit oder unangemessen niedrige Verzinsung stehen bei längerer Laufzeit der Stundungsregelung einer steuerlichen Anerkennung entgegen. Weiterhin ist es wichtig, dass diese Abfindungsguthaben gesichert sind.

ff) Tatsächliche Durchführung der Vereinbarung

73 Ein wichtiger Aspekt für die steuerliche Anerkennung ist, dass das Gesellschaftsverhältnis entsprechend der getroffenen Vereinbarungen tatsächlich durchgeführt wird.[97] Vollzogen ist der Gesellschaftsvertrag mit der pünktlichen und vertragskonformen Auszahlung der Gewinnanteile. Gleichbedeutend ist die Gutschrift der Gewinnanteile oder die Umwandlung der Gewinnansprüche in ein jederzeit abrufbares Darlehen,[98] wobei das Darlehen seinerseits den steuerlichen Anerkennungsvoraussetzungen entsprechen muss. Andererseits soll aber eine abredewidrige Verwendung der Einlage durch den Geschäftsinhaber dem Abzug der Gewinnanteile des stillen Gesellschafters als Betriebsausgabe nicht entgegenstehen.[99]

gg) Angemessenheit der Gewinnbeteiligung

74 Zur steuerlichen Anerkennungsfähigkeit muss schließlich der Gewinnanteil, der dem stillen Gesellschafter eingeräumt wird, der Höhe nach angemessen sein.[100]

75 Ist die Kapitalbeteiligung des stillen Gesellschafters in vollem Umfang vom Unternehmer geschenkt worden, so ist im Regelfall die Gewinnverteilungsabrede als angemessen zu betrachten, wenn im Zeitpunkt der Vereinbarung bei vernünftiger kaufmännischer Beurteilung eine jährliche Durchschnittsrendite von 15% der Einlage zu erwarten ist, sofern der Beschenkte am Gewinn und Verlust beteiligt ist. Ist die Beteiligung am Verlust ausgeschlossen, ist eine durchschnittliche Rendite von bis zu 12% angemessen.[101]

76 Ist die Kapitaleinlage des stillen Gesellschafters dagegen aus eigenen Mitteln erbracht worden, so ist in der Regel eine Gewinnverteilungsabrede noch angemessen, wenn im Zeitpunkt der Vereinbarung bei vernünftiger kaufmännischer Beurteilung eine durchschnittliche Rendite von 25% der Einlage zu erwarten ist, sofern der stille Gesellschafter nicht am Verlust beteiligt ist.[102]

---

96 BFH BStBl II 1991, 18; BFH BStBl II 1991, 391; BFH BStBl II 1991, 882.
97 BFH BStBl I 1975, 34.
98 BFH BStBl II 1990, 68.
99 Niedersächs. FG v. 17.7.2002 – 2 K 868/99, n.v.
100 Vgl. Abschn. 138a Abs. 6 und Abs. 7 EStR 1993; OFD Rostock v. 19.12.1999, DStR 2000, 591; *Sterzenbach*, DStR 2000, 1669.
101 Vgl. BFH BStBl II 1973, 650.
102 Vgl. BFH BStBl II 1973, 395; anders BFH DStR 1988, 513 bei Partnern einer eheähnlichen Lebensgemeinschaft, dazu *List*, DStR 1997, 1101, 1106.

Ist der stille Gesellschafter am Verlust beteiligt, ist in der Regel ein Satz von bis zu 35% noch angemessen.[103]

Bei Überschreiten dieser Grenzen wird der Teil, der den angemessenen Betrag übersteigt, steuerrechtlich als unbeachtliche Zuwendung nach § 12 Nr. 2 EStG dem Geschäftsinhaber zugerechnet.[104] Allerdings hat der BFH diese Rechtsprechung inzwischen in den Fallgestaltungen eingeschränkt, in denen die Gesellschaft mit fremden Dritten besteht.[105]

Eines der wesentlichen Probleme im Rahmen der Feststellung der angemessenen Gewinnbeteiligung ist sicherlich die Ermittlung des tatsächlichen Wertes der stillen Beteiligung als Bezugsgröße für den Gewinnanteil des stillen Gesellschafters. Bei der typischen stillen Beteiligung entspricht der tatsächliche Wert ihrem Nennwert.[106] Bei der atypischen stillen Beteiligung entspricht der Wert des Gesellschaftsanteils des stillen Gesellschafters nicht dem Nominalwert. Vielmehr ist der Wert unter Einbeziehung aller stillen Reserven und ggf. einschließlich eines Geschäftswerts zu ermitteln, wobei auch wertmindernde Faktoren zu berücksichtigen sind. Wertmindernde Faktoren können insbesondere Abfindungsbeschränkungen sein.[107]

Der BFH hat beispielsweise auch angenommen, dass der Wert der Beteiligung lediglich dem Buchwert entspricht, wenn im Rahmen einer schenkweisen Übertragung der Beteiligung der Schenker sich das Recht vorbehalten hat, den Anteil gegen Buchwertabfindung zurückzuerwerben.[108] In einem solchen Fall wird man – ähnlich wie bei einer Klausel, wonach eine freie Hinauskündigung des stillen Gesellschafters möglich ist – aber auch schon die Mitunternehmerstellung in Frage stellen können.[109]

Nach der Meinung der FG Bremen muss eine Zinsvereinbarung, die sich ursprünglich im vorgezeichnet erlaubten Rahmen hielt, in späteren Jahren überprüft werden. Im Streitfall hatte sich die Gewinnsituation so ändert, dass die von Rechtsprechung vorgegebenen Höchstverzinsungen überschritten wurden.[110] Dass die Gewinnentwicklung zum Abschlusszeitpunkt der stillen Gesellschaftsvereinbarung nicht vorhersehbar war, war nach der Auffassung des FG Bremen nicht maßgeblich.

Diese Rechtsauffassung hat der BFH inzwischen bestätigt.[111] Ist ein Angehöriger als typisch stiller Gesellschafter an einer Familienpersonengesellschaft beteiligt, so muss eine zunächst angemessene Rendite bei Veränderung der tatsächlichen Verhältnisse (hier: nicht erwarteter Gewinnsprung) nach dem Maßstab des Fremdvergleichs korrigiert werden. Auch hierbei ist dem Charakter der stillen Beteiligung als einer risikobehafteten Teilhabe am Erfolg oder Misserfolg des Handelsgewerbes Rechnung zu tragen und die (angemessene) Einlagerendite in einen angemessenen und der veränderten Gewinnerwartung angepassten (geringeren) Gewinnanteilssatz umzuformen.[112]

p) Steuerliche Behandlung bei Anerkennung der stillen Gesellschaft
Falls diese Voraussetzungen für die steuerliche Anerkennung (siehe Rn 44 ff.) erfüllt sind, erfolgt die Besteuerung folgendermaßen:[113]

---

103 Vgl. BFH BStBl II 1982, 387.
104 Vgl. *Braun/Günther*, Steuer-Handbuch, „Innengesellschaft", Rn 11; Peter/Crezelius/*Geck*, Kap. F, Rn 1458 ff.
105 BFH BStBl II 2002, 460.
106 Vgl. BFH BStBl II 1973, 650; Abschn. 138a Abs. 7 S. 5 EStR 1993.
107 Vgl. Peter/Crezelius/*Geck*, Kap. F, Rn 1460.
108 Vgl. BFH BStBl II 1974, 51.
109 Vgl. dazu allgemein auch Blümich/*Stuhrmann*, EStG, § 15 EStG Rn 225 ff.; Peter/Crezelius/*Geck*, Kap. F, Rn 1448.
110 FG Bremen DStRE 2007, 939.
111 BFH GmbHR 2009, 672.
112 BFH GmbHR 2009, 672.
113 Dazu umfassend OFD Erfurt v. 23.10.2003; GmbHR 2004, 209 m.w.N.

aa) Besteuerung des Geschäftsinhabers

83 Die Gewinnanteile des stillen Gesellschafters kann der Geschäftsinhaber als Aufwand vom Gewinn absetzen. Die Einlage des stillen Gesellschafters wird in der Bilanz als Verbindlichkeit des Geschäftsinhabers behandelt, d.h. sie gehört nicht zum Vermögen bzw. Eigenkapital.

84 Bei der **Gewerbesteuer** wird allerdings der Gewinnanteil des stillen Gesellschafters dem Gewerbeertrag des Unternehmens gem. § 8 Nr. 3 GewStG hinzugerechnet. Auch wurde die Einlage dem Gewerbekapital des Geschäftsinhabers hinzugerechnet (§ 12 Abs. 2 Nr. 1 GewStG a.F.).[114]

85 Als Mitunternehmerschaft ist der GmbH & atypisch Still auch der **Freibetrag** nach § 11 GewStG bei der Berechnung des Gewerbesteuer-Messbetrages zu gewähren, und zwar nach der Auffassung des FG Niedersachsen – entgegen Abschn. 69 Abs. 1 GewStR – auch dann, wenn die stille Gesellschafterin ihrerseits eine GmbH ist.[115] Dies hat der BFH in der Revisionsinstanz bestätigt: Der Freibetrag nach § 11 Abs. 1 S. 3 Nr. 1 GewStG für Personengesellschaften steht auch einer Kapitalgesellschaft zu, an deren gewerblichem Unternehmen nur eine andere Kapitalgesellschaft als atypischer stiller Gesellschafter beteiligt ist.[116]

86 Gewerbesteuerlich darf die einem atypisch stillen Gesellschafter geleistete **Geschäftsführervergütung** den Gewerbeertrag nicht mindern, da er Mitunternehmer ist. Schuldner der Gewerbesteuer bei der atypisch stillen Gesellschaft ist aber stets der Geschäftsinhaber.[117]

87 Mit dem Ausscheiden des stillen Gesellschafters aus einer atypischen stillen Gesellschaft geht anteilig ein etwaiger gewerbesteuerlicher Verlustvortrag verloren, soweit der Fehlbetrag auf den ausscheidenden Gesellschafter entfällt, ggf. kommt aber noch eine unterjährige Verlustverrechnung in Betracht.[118]

bb) Besteuerung des stillen Gesellschafters

88 Bei der Besteuerung des stillen Gesellschafters wird danach unterschieden, ob es sich um eine typische oder atypische stille Gesellschaft handelt.[119]

89 Beim typisch stillen Gesellschafter sind die **Gewinnanteile Einkünfte aus Kapitalvermögen**, die dem Kapitalertragsteuerabzug unterliegen.[120] Der Geschäftsinhaber muss die Kapitalertragsteuer also für Rechnung des Stillen einbehalten und abführen mit entsprechender steuerlicher Haftung. Diese vorausbezahlte Kapitalertragsteuer wird dem stillen Gesellschafter im Rahmen seiner Ertragsteuerermittlung angerechnet.[121]

90 Ein beim Erwerb der stillen Beteiligung an den Geschäftsinhaber gezahltes **Aufgeld** gehört zu den **Anschaffungskosten** der stillen Beteiligung und ist nicht als Werbungskosten bei den Einkünften aus Kapitalvermögen abziehbar.[122]

91 Beim Geschäftsinhaber ist die **Vermögenseinlage** des typisch stillen Gesellschafters steuer- und bilanzrechtlich **Fremdkapital** und als (sonstige) Verbindlichkeit zu passivieren.[123] Bei ihm sind die an den typisch stillen Gesellschafter geleisteten **Gewinnanteile Betriebsausgaben**. Etwas anderes gilt nur insoweit, wie der Geschäftsinhaber die Vermögenseinlage des Stillen zu

---

114 *Sterzenbach*, DStR 2000, 1669; zur Gewerbesteuerpflicht des Hauptbeteiligten BFH GmbHR 2000, 292.
115 FG Niedersachsen DStRE 2005, 959 = EFG 2005, 1292, n. rk.
116 BFH DB 2008, 103.
117 BFH NV 2003, 1308.
118 BFH DStR 2009, 683.
119 Vgl. *Bitz*, DStR 1997, 769; dazu umfassend OFD Frankfurt a.M. v. 14.9.2000, GmbHR 2000, 1276.
120 Vgl. OFD Rostock v. 19.12.1999, DStR 2000, 591, 592.
121 Zur Abgeltungsteuer siehe *Czisz/Krane*, DStR 2010, 2226.
122 BFH DStR 2000, 2037.
123 BFH DStR 2003, 1116 unter Hinweis auf BFH BStBl II 1993, 289; BFH DStR 1993, 43.

privaten Zwecken verwendet hat, weil die Aufwendungen für die Fremdfinanzierung einer Entnahme nicht zum Betriebsausgabenabzug zuzulassen sind.[124]

Verlustanteile eines typisch stillen Gesellschafters können nur bis zur Höhe der geleisteten Einlage berücksichtigt werden; eine schuldrechtliche Verpflichtung des stillen Gesellschafters gegenüber dem Geschäftsinhaber, nach der der Geschäftsinhaber von allen Risiken und Verbindlichkeiten aus einem Darlehensverhältnis freigestellt wird, steht einer tatsächlich geleisteten Einlage nicht gleich. Verluste des typisch stillen Gesellschafters können auch vor Feststellung der Bilanz der Kapitalgesellschaft nicht berücksichtigt werden.[125] **92**

Diese Rechtsprechung hat der BFH bestätigt:[126] Verlustanteile eines typisch stillen Gesellschafters dürfen erst dann als Werbungskosten bei seinen Einkünften aus Kapitalvermögen abgezogen werden, wenn auf der Ebene der Gesellschaft ein dem stillen Gesellschafter anteilig zuzurechnender Verlust entstanden ist, die Gesellschafter den Jahresabschluss festgestellt haben, der Verlustanteil des stillen Gesellschafters berechnet wurde und – im Regelfall – der Anteil am Verlust von seiner Einlage abgebucht worden ist.[127] **93**

Von der Rechtsprechung ist nur unter engen Voraussetzungen ausnahmsweise eine Schätzung eines laufenden Verlustes durch das Finanzamt zugelassen worden.[128] **94**

Bei der atypischen stillen Gesellschaft ist der stille Gesellschafter steuerlich **Mitunternehmer**.[129] Die Gewinnanteile stellen deshalb Einkünfte aus einem Gewerbebetrieb oder aus selbständiger Arbeit dar und werden genauso behandelt wie beim Geschäftsinhaber.[130] Die GmbH-Beteiligung stellt bei einer GmbH & atypisch Still im Regelfall Sonderbetriebsvermögen II dar.[131] **95**

Es muss dabei auf der Ebene der stillen Gesellschaft die einheitliche und gesonderte Gewinnfeststellung gem. § 180 Abs. 1 Nr. 2 AO beim sog. Betriebsfinanzamt mit Erteilung eines Gewinnfeststellungsbescheides und Feststellung des Gewinnanteils der Gesellschafter für die Besteuerung bei deren Wohnsitzfinanzamt erfolgen,[132] bei mehreren stillen Gesellschaftern ggf. in einem gemeinsamen Verfahren.[133] **96**

Bei der Verlustzurechnung ist § 15a EStG zu berücksichtigen.[134] Einlagen des atypisch stillen Gesellschafters bewirken, dass bis zu ihrer Höhe im Einlagejahr entstehende Verluste auch bei einem negativen Kapitalkonto ausgleichsfähig sind, nicht jedoch, dass ein für einen früheren Veranlagungszeitraum festgestellter verrechenbarer Verlust ausgleichsfähig wird.[135] Verluste des nach außen nicht auftretenden Gesellschafters, die zu einem negativen Kapitalkonto geführt haben, sind nicht ausgleichsfähig, sondern nur nach § 15a EStG verrechenbar.[136] Das gilt auch dann, wenn sich der stille Gesellschafter gegenüber dem tätigen Gesellschafter zum Verlustausgleich verpflichtet hat, er eine Gesellschaftsschuld befreiend übernommen hat[137] bzw. er im Au- **97**

---

[124] BFH DStR 2003, 1116 unter Hinweis auf BFH BStBl II 1998, 193; BFH DStR 1998, 159; BFH NV 2002, 908.
[125] FG München v. 26.4.2006 – 9 K 1490/03, Az. d. BFH: VIII R 21/06.
[126] BFH DStR 2008, 35 = GmbHR 2008, 157.
[127] Siehe grundlegend BFHE 151, 434 = BStBl II 1988, 186; bestätigt durch BFHE 199, 477 = BStBl II 2002, 858; BFH BFHE 184, 21 = BStBl II 1997, 755; BFH NV 2001, 415.
[128] Vgl. dazu BFH NV 2007, 1118, m.w.N.; BFH GmbHR 2008, 157.
[129] Zu den Wesensmerkmalen BFH GmbHR 2000, 293; OFD Erfurt v. 23.10.2003, GmbHR 2004, 209.
[130] A.A. FG Münster EFG 1998, 560 bei einer ausschließlich vermögensverwaltenden GmbH.
[131] BFH BB 1999, 94.
[132] Zur richtigen Adressierung – an den Inhaber – einer Betriebsprüfungsanordnung BFH DStR 2000, 1091; zum Geheimhaltungsinteresse des stillen Gesellschafters BFH DStRE 2001, 494; zum Verfahrensrecht auch *Horn*, GmbHR 2001, 138.
[133] BFH DStRE 2002, 1339, auch zur fehlenden Gewinnerzielungsabsicht und unterschiedlich hohen Verlustzuweisungen.
[134] BFH DStR 2001, 1598.
[135] BFH DStRE 1998, 624.
[136] BFH BB 2002, 2317.
[137] BFH DStRE 2002, 1363.

ßenverhältnis durch Eingehung von Kreditverbindlichkeiten oder Bürgschaften „überschießend" eine Haftung herbeigeführt hat.[138]

98 Die im Interesse des gemeinsamen Unternehmens eingegangenen Verpflichtungen eines Innengesellschafters gegenüber Gläubigern des Geschäftsinhabers begründen keinen erweiterten Verlustausgleich i.S.v. § 15a EStG. Die Inanspruchnahme aus solchen Verpflichtungen ist einkommensteuerlich vielmehr als Einlage zu behandeln, die für frühere Jahre festgestellte verrechenbare Verluste nicht ausgleichsfähig macht.[139]

99 Nach der Auffassung des BFH handelt es sich bei der Leistung eines Agios nicht um eine Einlage des atypisch stillen Gesellschafters in die Kapitalrücklage der Kapitalgesellschaft. Eine solche Einlage kann nur von Personen vorliegen, die eine Leistung in das Gesellschaftsvermögen im Hinblick auf eine bestehende oder angestrebte Beteiligung an der Gesellschaft erbringen.[140]

100 Die Zahlung des Agios durch den atypisch stillen Gesellschafter kann andererseits auch nicht zu einem zu verteilenden Aufwand des betreffenden Gesellschafters führen. Wird angenommen, dass das Agio in das eigene Kapitalkonto geleistet wird und dort zum Ausgleich von Verlusten zur Verfügung steht, kommt es nicht zu einer sofortigen Minderung der Einkünfte des Gesellschafters. Vielmehr wirkt sich die Leistung des Agios später entweder durch die Zuweisung verrechenbarer Verluste oder aber spätestens durch Minderung des Gewinns bei Ausscheiden des Gesellschafters auf dessen einkommensteuerliche Bemessungsgrundlage aus. Beurteilt man demgegenüber das Agio als für fremde Rechnung geleistet, kommt entweder die Bildung einer Ergänzungsbilanz mit ggf. abzuschreibenden Mehrwerten zu Wirtschaftsgütern des mitunternehmerischen Vermögens oder ein sofortiger Abzug als Sonderbetriebsausgabe des Gesellschafters in Betracht.[141]

101 Auch Einlagen eines atypisch stillen Gesellschafters, die er zum Ausgleich seines negativen Kapitalkontos geleistet hat und die nicht durch ausgleichsfähige Verluste verbraucht wurden (sog. vorgezogene Einlagen), sind geeignet, die Verluste späterer Wirtschaftsjahre als ausgleichsfähig zu qualifizieren. Der IV. Senat des BFH hat sich mit Urteil vom 26. Juni 2007[142] der Rechtsprechung des VIII. Senats des BFH[143] angeschlossen, nach der Einlagen, die zum Ausgleich eines negativen Kapitalkontos geleistet und im Wirtschaftsjahr der Einlage nicht durch ausgleichsfähige Verluste verbraucht werden, (grundsätzlich) zum Ansatz eines Korrekturpostens mit der weiteren Folge führen, dass – abweichend vom Wortlaut des § 15a Abs. 1 S. 1 EStG – Verluste späterer Wirtschaftsjahre bis zum Verbrauch dieses Postens auch dann als ausgleichsfähig zu qualifizieren sind, wenn hierdurch (erneut) ein negatives Kapitalkonto entsteht oder sich erhöht. Diese Rechtsprechung hat der IV. Senat auch auf Verluste eines atypisch stillen Gesellschafters ausgedehnt.[144]

102 Dagegen ist eine zeitlich vorverlagerte Verlustzurechnung aufgrund gesellschaftsvertraglicher Vereinbarungen steuerlich nicht anzuerkennen. Denn für den Werbungskostenabzug sind nach § 11 Abs. 2 EStG die tatsächlichen Gegebenheiten und damit die Erstellung des Jahresabschlusses maßgebend.[145]

---

138 FG München EFG 1998, 1262; BFH ZIP 2001, 1765, dazu EWiR 2001, 1143 (*Himmelmann*) für eine Innengesellschaft; ebenso FG Niedersachsen v. 15.8.2001 – 2 K 363/01, n.rk., (Az. d. BFH: VIII R 36/01) für die Verlustbeteiligung eines stillen Gesellschafters; FG Nürnberg v. 1.2.2001 – IV 282/97, bestätigt durch BFH DStR 2003, 1288.
139 BFH DStR 2002, 1085.
140 BFH GmbHR 2010, 1223; anders im Fall des BFH-Urteils in BFHE 211, 339 = BStBl II 2008, 809.
141 BFH GmbHR 2010, 1223.
142 BFH NV 2007, 1982
143 BFH BFHE 203, 462 = BStBl II 2004, 359.
144 BFH BStBl. II 2008, 118 = BB 2008, 370 m. Anm. *Behrens*; so zuvor auch schon FG Hamburg DStRE 2007, 825 = EFG 2007, 1236.
145 BFH GmbHR 2008, 157.

103 Eine Kommanditeinlage ist für § 15a EStG geleistet, wenn sie tatsächlich bis zum Bilanzstichtag erbracht worden ist. Die Leistung durch den typisch stillen Gesellschafter ist nach denselben Grundsätzen zu beurteilen. Soweit die Einlage nicht in bar ins Gesellschaftsvermögen geleistet wird, fehlt es an einem Zufluss. Daher stellt die Übernahme von Darlehensverbindlichkeiten durch den stillen Gesellschafter gegenüber Drittgläubigern erst dann eine maßgebliche „geleistete" Einlage dar, wenn die Gesellschaft zum maßgebenden Bilanzstichtag von ihren Verbindlichkeiten befreit ist. Bis zur Schuldbefreiung des Unternehmens liegt nur im Innenverhältnis eine Übernahme vor. Dabei wirkt eine erst später erteilte Genehmigung zur Schuldübernahme nicht auf den Zeitpunkt zurück, in dem der stille Gesellschafter sich dazu verpflichtet hatte. Muss die Gesellschaft die Verbindlichkeiten erst einmal weiter passivieren, ist noch kein erweiterter Verlustausgleich begründet.[146]

104 Erst wenn die Gesellschaft endgültig von einer Schuld befreit wird, handelt es sich im Falle der Übernahme einer Gesellschaftsschuld durch den stillen Gesellschafter um die allein maßgebliche „geleistete Einlage" i.S.v. § 15a Abs. 1 EStG. Eine erst später erteilte Genehmigung einer Schuldübernahme durch den Gläubiger wirkt steuerrechtlich nicht auf den Zeitpunkt zurück, in dem der stille Gesellschafter sich dazu verpflichtet hatte. Die Verpflichtung zur Schuldübernahme begründet keinen „erweiterten Verlustausgleich" nach § 15a EStG bei dem stillen Gesellschafter.[147]

105 Verluste des nach außen nicht auftretenden Gesellschafters, die zu einem negativen Kapitalkonto geführt haben, sind nicht ausgleichsfähig, sondern nur nach § 15a EStG verrechenbar.[148] Das gilt auch dann, wenn sich der stille Gesellschafter gegenüber dem tätigen Gesellschafter im Innenverhältnis zum Verlustausgleich verpflichtet hat, er eine Gesellschaftsschuld befreiend übernommen hat[149] bzw. er im Außenverhältnis durch Eingehung von Kreditverbindlichkeiten oder Bürgschaften „überschießend" eine Haftung herbeigeführt hat.[150] Ist der stille Gesellschafter am Verlust des Geschäftsinhabers beteiligt, ist ihm der Verlustanteil steuerrechtlich nicht nur bis zum Verbrauch seiner Einlage, sondern auch in Höhe seines negativen Einlagekontos zuzurechnen. Spätere Gewinne sind zunächst mit den auf diesem Konto ausgewiesenen Verlusten zu verrechnen.[151]

106 Die im Interesse des gemeinsamen Unternehmens eingegangenen Verpflichtungen eines Innengesellschafters gegenüber Gläubigern des Geschäftsinhabers begründen keinen erweiterten Verlustausgleich i.S.v. § 15a EStG. Die Inanspruchnahme aus solchen Verpflichtungen ist einkommensteuerlich vielmehr als Einlage zu behandeln, die für frühere Jahre festgestellte verrechenbare Verluste nicht ausgleichsfähig macht.[152]

107 Wird das Darlehen, das ein Nichtgesellschafter einer Personengesellschaft gewährt hat, in eine atypisch stille Beteiligung umgewandelt, so können dem stillen Gesellschafter ertragsteuerlich Verluste nur in Höhe des gemeinen Wertes der Darlehensforderung zum Zeitpunkt der Umwandlung zugewiesen werden. Bei der Bestimmung des gemeinen Wertes ist zu berücksichtigen, ob das Unternehmen des Darlehensschuldners fortgeführt wird oder von Liquidation bedroht ist.[153]

---

146 BFH GmbHR 2008, 157.
147 BFH GmbHR 2008, 157.
148 BFH BB 2002, 2317.
149 BFH DStRE 2002, 1363.
150 FG München EFG 1998, 1262; BFH ZIP 2001, 1765, dazu EWiR 2001, 1143 (*Himmelmann*) für eine Innengesellschaft; ebenso FG Niedersachsen v. 15.8.2001 – 2 K 363/01 für die Verlustbeteiligung eines stillen Gesellschafters, Az. d. BFH: VIII R 36/01; FG Nürnberg v. 1.2.2001 – IV 282/97, Az. d. BFH: VIII R 33/01, bestätigt durch BFH BStBl. II 2002, 858 und BFH DStR 2003, 1288; zur Berücksichtigung von Darlehensverlusten des atypisch stillen Gesellschafters Centrale-Gutachten, GmbHR 2004, 1387.
151 BFH BStBl. II 2002, 858 = DStR 2003, 1288.
152 BFH DStR 2002, 1085.
153 BFH NV 2001, 1498 = GmbHR 2001, 933 m. Anm. Hoffmann; dazu auch Winter, GmbHR 2001, R 441.

108   Nach § 15 Abs. 4 S. 6 und 7 EStG 2002 bzw. nun § 15 Abs. 4 S. 6 bis 8 EStG sind Verluste aus atypisch stillen Beteiligungen und vergleichbaren Innengesellschaften an Kapitalgesellschaften, an denen unmittelbar oder mittelbar Kapitalgesellschaften beteiligt und als Mitunternehmer anzusehen sind, nach Maßgabe des § 10d EStG nur mit späteren Gewinnen oder dem Vorjahresgewinn aus derselben Einkunftsquelle, also aus derselben Innengesellschaft, verrechenbar.

109   Dasselbe gilt sinngemäß für Verluste, die eine nicht als Mitunternehmerin anzusehende Kapitalgesellschaft aus einer stillen Gesellschaft erzielt (§ 20 Abs. 1 Nr. 4 S. 2 EStG 2002). Die genannten Regelungen schließen in ihrem Anwendungsbereich einen sofortigen Verlustabzug aus. Soweit an der stillen Gesellschaft unmittelbar oder mittelbar, ganz oder teilweise jedoch natürliche Personen beteiligt sind, bleibt der Verlust weiterhin abzugsfähig. Näheres regelt das BMF-Schreiben vom 19.11.2008.[154]

110   Offen ist ferner, ob ein entstandener Verlust „phasengleich"[155] oder – ebenso wie ein Gewinnanteil aus einer im Privatvermögen gehaltenen stillen Beteiligung[156] – erst im Anschluss an die Aufstellung der Bilanz des Beteiligungsunternehmens[157] zu berücksichtigen ist.[158]

111   Nach Ansicht der Finanzverwaltung wird von § 15 Abs. 4 S. 6 bis 8 EStG – die Nachfolgeregelung zu § 15 Abs. 4 S. 6 und 7 EStG 2002 – nur den laufenden Verlust aus der Beteiligung, nicht aber den Verlust der Beteiligung selbst erfasst.[159] Das erstreckt sich nach der genannten Verwaltungsanweisung auf einen bei der Veräußerung der Beteiligung entstehenden Verlust, könnte aber ebenso für den Fall der Teilwertabschreibung gelten.[160]

112   Das BMF ist daher vom 1. Senat des BFH aufgefordert worden,[161] dem dort anhängigen Revisionsverfahren beizutreten und zu folgenden Fragen Stellung zu nehmen:
1. Schließt § 15 Abs. 4 S. 6 und 7 i.V.m. § 20 Abs. 1 Nr. 4 S. 2 EStG 2002 i.d.F. des StVergAbG den Abzug eines Verlustes aus, der darauf beruht, dass eine Kapitalgesellschaft eine stille Beteiligung am Unternehmen einer anderen Kapitalgesellschaft in ihrer Bilanz gemäß § 6 Abs. 1 Nr. 2 S. 2 EStG 2002 mit dem niedrigeren Teilwert bewertet?
2. Ist es mit Art. 3 Abs. 1 GG vereinbar, dass § 15 Abs. 4 S. 6 und 7 i.V.m. § 20 Abs. 1 Nr. 4 S. 2 EStG 2002 i.d.F. des StVergAbG einen Abzug von Verlusten nur für die Beteiligung einer Kapitalgesellschaft ausschließen?
3. Ist es mit den Regeln zum verfassungsrechtlichen Vertrauensschutz vereinbar, § 15 Abs. 4 S. 6 und 7 i.V.m. § 20 Abs. 1 Nr. 4 S. 2 EStG 2002 i.d.F. des StVergAbG auf Verluste anzuwenden, die auf einer im Februar 2002 vereinbarten stillen Beteiligung beruhen und im Veranlagungszeitraum 2003 entstanden sind?

cc) Steuerliche Behandlung eines Abfindungsguthabens

113   Nach der Beendigung der stillen Gesellschaft hat sich der Inhaber des Handelsgeschäfts mit dem stillen Gesellschafter auseinander zu setzen (§ 235 HGB) und dessen Guthaben in Geld auszuzahlen.[162] Wird eine typische stille Gesellschaft vorzeitig aber vereinbarungsgemäß aufgelöst, wird neben der Rückzahlung der Kapitaleinlage häufig auch ein zusätzlicher Betrag an den scheidenden Gesellschafter gezahlt, das so genannte Aufgeld. Für gewöhnlich handelt es sich hierbei um

---

154 BMF v. 19.11.2008, BStBl I 2008, 970.
155 So z.B. *Blümich/Buciek*, § 5 EStG Rn 740 „Stille Beteiligung", m.w.N.
156 BFH BFHE 199, 477, 481 = BStBl II 2002, 858, 860.
157 So z.B. *Kessler/Reitsam*, DStR 2003, 315, 316.
158 Differenzierend Herrmann/Heuer/Raupach/Richter, § 6 EStG Rn 830; offen *Kirchhof/Crezelius*, EStG, 9. Aufl., § 5 Rn 158 „Stille Beteiligung".
159 BMF v. 19.11.2008, BStBl I 2008, 970, Rn 3.
160 So z.B. *Intemann/Nacke*, DStR 2004, 1149, 1153; a.A. wohl *Kirchhof/Reiß*, a.a.O., § 15 Rn 428.
161 BFH DStR 2010, 2619.
162 BGH BB 1961, 583.

Einkünfte aus Kapitalvermögen. Dies gilt allerdings nicht, sofern das Aufgeld als Vergütung für die Einwilligung in die vorzeitige Auflösung der Gesellschaft gezahlt wurde. In diesem Fall steht die Zahlung nicht im Zusammenhang mit der Kapitalgewährung.[163]

Bei der atypischen stillen Gesellschaft bedarf es der Aufstellung eine Abschichtungs- oder Vermögensbilanz zum Auflösungstag, die die Grundlage für die Feststellung des Anteils des stillen Gesellschafters an dem tatsächlichen Geschäftswert des Unternehmens abgibt.[164] Die Beendigung der atypisch stillen Gesellschaft als Mitunternehmerschaft führt i.d.R. zu einer steuerpflichtigen Betriebsveräußerung oder -aufgabe auf Seiten des stillen Gesellschafters, wenn nicht ein Fall des § 6 Abs. 3 EStG vorliegt. Ein solcher Fall liegt aber nur dann vor, wenn alle für den Erwerber wesentlichen Wirtschaftsgüter des Sonderbetriebsvermögens mit übertragen werden. Dies betrifft bei der GmbH & atypisch Still insbesondere die GmbH-Anteile des Stillen, die Sonderbetriebsvermögen II sind.[165] **114**

Da der atypisch stille Gesellschafter schuldrechtlich am Betriebsvermögen beteiligt ist, erhält er in der Regel einen Betrag ausgezahlt, der über den Buchwert seines Einlagekontos hinausgeht und das Entgelt für die in dem Unternehmen vorhandenen **stillen Reserven** oder den **Geschäftswert** darstellt. Wenn der Mehrwert für die in dem Unternehmen vorhandenen stillen Reserven gezahlt worden ist, sind die Werte derjenigen Wirtschaftsgüter, bei denen stille Reserven offen gelegt wurden, entsprechend zu erhöhen, mit der Folge, dass sich die Absetzung für Abnutzung nach diesem Betrag bemisst. **115**

Der auf den Firmenwert entfallende Abfindungsbetrag ist auf dem Konto „Geschäfts- oder Firmenwert" zu aktivieren und gem. § 7 Abs. 1 S. 3 EStG innerhalb von 15 Jahren abzuschreiben. Nach der Rechtsprechung des BFH ist der Mehrbetrag (Abfindungsbetrag für die stillen Reserven und den Firmenwert) aktivierungspflichtig.[166] Der BFH begründet dies damit, dass der Inhaber des Handelsgeschäfts mit dieser Abfindungszahlung einen betrieblichen Vorteil erlangt, nämlich die Befreiung von einer befristeten Verpflichtung zur Abführung von Teilen des laufenden Gewinns an den stillen Gesellschafter, der als abnutzbarer Vermögensgegenstand im handelsrechtlichen Sinne und als abnutzbares Wirtschaftsgut im einkommensteuerlichen Sinne zu beurteilen und demgemäß mit den Anschaffungskosten zu aktivieren sei. **116**

q) Besonderheiten der stillen Gesellschaft mit Kapitalgesellschaften
aa) Praktische und steuerrechtliche Bedeutung der GmbH & Still

Auch Kapitalgesellschaften können – etwa mit ihren Gesellschaftern selbst oder mit deren Angehörigen – stille Gesellschaftsverhältnisse begründen. Dies wird häufig praktiziert bei der GmbH; es entsteht die sog. **GmbH & Still**.[167] Hintergrund ist einerseits die Absicht, etwa aus zivilrechtlichen oder aus steuerrechtlichen Gründen, das haftende Kapital so gering wie möglich zu halten, wenngleich die stille Beteiligung eines GmbH-Gesellschafters Kapitalersatzfunktion nach § 32a GmbHG a.F. erlangen kann;[168] andererseits trägt die Leistung einer Einlage als stiller Gesellschafter mit gewinnabhängiger Beteiligung der Liquiditätslage der Gesellschaft besser Rechnung als ein Darlehen mit fester Verzinsung. Ein an einer GmbH beteiligter stiller Gesellschafter ist in Bezug auf die Kapitalerhaltungsregeln wie ein GmbH-Gesellschafter zu behandeln, wenn er aufgrund der vertraglichen Ausgestaltung des stillen Gesellschaftsverhältnisses hinsichtlich seiner vermögensmäßigen Beteiligung und seines Einflusses auf die Geschicke der **117**

---

[163] FG Niedersachsen DStRE 2006, 1517.
[164] *Blaurock*, Stille Gesellschaft, Anm. 1037; *Langholz/Vahle*, DStR 2000, 763, 764.
[165] FG Nürnberg EFG 2001, 566 = DStRE 2001, 573; dazu auch *Sender/Weilbach*, StuB 2001, 1171.
[166] BFH BStBl II 1979, 74; dazu auch BFH BB 2002, 2494.
[167] Dazu *Sterzenbach*, DStR 2000, 1669.
[168] Vgl. *Fichtelmann*, Rn 494/1.

GmbH weitgehend einem GmbH-Gesellschafter gleichsteht.[169] Ein atypisch stiller Beteiligter ist auch nach der Neuregelung durch das MoMiG als nachrangiger Insolvenzgläubiger zu behandeln.[170]

118   Beteiligt ein Gesellschafter, insbesondere ein beherrschender Gesellschafter, seine Angehörigen in der GmbH als stille Gesellschafter (und nicht als Mitgesellschafter), behält er einerseits seine beherrschende Stellung, muss andererseits die wirtschaftliche Beteiligung der **Familienangehörigen** in keiner Form nach außen verlautbaren und kann dennoch eine Einkunfts- und Vermögensverlagerung erzielen. Allerdings ist gerade bei beherrschenden Gesellschaftern die Ausgestaltung des stillen Gesellschaftsverhältnisses mit Angehörigen unter dem Gesichtspunkt der verdeckten Gewinnausschüttung kritisch zu prüfen.[171] Eine solche Gestaltung führt regelmäßig zu einer GmbH & atypisch Still,[172] Ausnahmen sind aber möglich.[173] Eine – zur Annahme einer Mitunternehmerinitiative führende – wesentliche Einflussnahme kann aber in solchen Konstellationen auch mittelbar über schuldrechtliche Verträge, wie etwa Miet- oder Pachtverträge, vermittelt werden.[174]

119   Als atypische GmbH & Still bzw. als Mitunternehmerschaft im ertragsteuerlichen Sinn ist die Beteiligung des stillen Gesellschafters dann anzusehen, wenn ihm **Kontroll- und Informationsrechte** i.S.v. § 716 BGB, eine, wenn auch der Höhe nach beschränkte, **Gewinn- und Verlustbeteiligung** und bei Beendigung eine Abfindung z.B. nach dem Stuttgarter Verfahren zusteht.[175]

120   Umgekehrt stellt sich aber die Frage, inwieweit die Befugnisse und Rechte der GmbH als Hauptbeteiligter beschränkt werden können. Das FG Hamburg vertritt insoweit eine sehr großzügige Auffassung: Der Anerkennung einer GmbH & Still stehe es nicht ohne weiteres entgegen, dass die Stellung der GmbH, deren Gesellschafter zugleich die stillen Gesellschafter sind, insoweit schwach sei, als einerseits ihre Geschäftsführungsbefugnis durch Gesellschaftsvertrag beschränkt ist und andererseits ihre Beteiligung am Ergebnis auf einen festen Gewinnanteil begrenzt ist, während ihre Beteiligung an weiteren Gewinnen, sonstigen Vermögensmehrungen und stillen Reserven ausgeschlossen ist.[176]

121   Ist eine (atypisch) stille Gesellschaft mit der Komplementär-GmbH einer GmbH & Co. KG begründet, hat – bei gewerblicher Prägung i.S.v. § 15 Abs. 3 S. 2 EStG – diese den Vorrang vor der Zuordnung von Vermögen bzw. Einkünften als Sonderbetriebsvermögen bzw. Sonderbetriebseinkünften.[177]

122   § 15 Abs. 4 S. 6 und § 20 Abs. 1 Nr. 4 EStG sind durch das Gesetz zum Abbau von Steuervergünstigungen und Ausnahmeregelungen[178] in das Gesetz eingefügt worden. Sie waren erstmals für den Veranlagungszeitraum 2003 anzuwenden (§ 52 Abs. 1 S. 1 EStG i.d.F. des StVergAbG). Danach ist eine unmittelbare steuermindernde Berücksichtigung u.a. von Verlusten aus stillen Gesellschaften an Kapitalgesellschaften ausgeschlossen. Denn nach diesen Vorschriften sind u.a. Verluste aus stillen Gesellschaften an Kapitalgesellschaften nur mit späteren Gewinnen des Gesellschafters aus derselben Innengesellschaft verrechenbar, wenn der Gesellschafter eine Kapitalgesellschaft ist. Der BFH sieht diese Gesetzesvorschriften als problematisch an: Es sei ernst-

---

[169] BGH DStR 2006, 860 = GmbHR 2006, 531; Bestätigung von BGHZ 106, 7.
[170] OLG Köln ZIP 2011, 2208.
[171] Vgl. *Fichtelmann*, Rn 495.
[172] BFH NV 2000, 555; BFH NV 2001, 1550; BFH GmbHR 2004, 436.
[173] OFD Erfurt v. 23.10.2003; GmbHR 2004, 209 m.w.N.
[174] BFH GmbHR 1991, 217.
[175] FG München DStRE 1998, 468; BFH GmbHR 2000, 293.
[176] FG Hamburg DStRE 2006, 398.
[177] BFH DStR 1997, 815 = GmbHR 1997, 554; zu den Besonderheiten nach der Beendigung der stillen Gesellschaft FG Nürnberg EFG 2001, 566 und DStRE 2001, 738.
[178] StVergAbG v. 16.5.2003, BGBl I 2003, 660 = BStBl I 2003, 321.

lich zweifelhaft, ob der Ausschluss des Ausgleichs von Verlusten aus stillen Beteiligungen an Kapitalgesellschaften gemäß §§ 15 Abs. 4 S. 6, 20 Abs. 1 Nr. 4 EStG i.d.F. des StVergAbG insoweit mit dem GG vereinbar ist, als er sich ohne Einschränkung auch auf Verluste bezieht, die auf vor dem Jahr 2003 begründeten Verpflichtungen beruhen.[179]

bb) Entstehensvoraussetzungen

Streitig ist zunächst schon, bei welchem Gesellschaftsorgan die **Kompetenz zum Abschluss** eines Vertrages über eine stille Gesellschaft mit der GmbH liegt und welche **Förmlichkeiten** in diesem Zusammenhang zu beachten sind.

Stille Gesellschaftsverhältnisse haben zur Folge, dass der Gewinn bzw. ein Teil des Gewinns der Gesellschaft an den stillen Gesellschafter abzuführen ist. Die Wirkung entspricht also insoweit der **Wirkung von sog. Teilgewinnabführungsverträgen** i.S.v. § 292 Abs. 1 Nr. 2 AktG. Ein mit einer AG geschlossener stiller Gesellschaftsvertrag ist deshalb nach der Auffassung des BGH ein Teilgewinnabführungsvertrag i. S. des § 292 Abs. 1 Nr. 2 AktG und wird deshalb grundsätzlich erst mit der Genehmigung der Hauptversammlung und der Eintragung in das Handelsregister wirksam. Will sich der andere Vertragsteil mangels Vorliegens dieser Voraussetzungen von dem Vertrag lösen, muss er deutlich machen, dass der Widerruf oder die Kündigung gerade auf diesen Grund gestützt wird.[180]

Teilweise wird deshalb gefordert, für die GmbH & Still sei daher die Regelung der §§ 291, 292 AktG rechtsformübergreifend anzuwenden und die weiteren strengen Voraussetzungen der §§ 293 ff. AktG seien entsprechend dabei zu beachten.[181]

Die Vorschrift des § 293a Abs. 1 AktG findet daher nach Auffassung des LG München I auch auf einen stillen Beteiligungsvertrag mit einer GmbH Anwendung, der als Teilgewinnabführungsvertrag und damit als Unternehmensvertrag im Sinne des § 292 Abs. 1 Nr. 2 AktG zu qualifizieren ist; eine teleologische Reduktion des § 293a AktG komme nicht in Betracht. Hat der stille Gesellschafter den Beteiligungsvertrag gekündigt oder die Anfechtung erklärt, so ist dieser Umstand in den Vorstandsbericht nach § 293a Abs. 1 AktG aufzunehmen. Unterbleibt diese, so kann der Beschluss der Hauptversammlung über die Zustimmung zu diesem Unternehmensvertrag angefochten werden.[182]

Problematisch ist häufig schon die Feststellung, ob auch bei einer GmbH ein Unternehmensvertrag i.S.d. §§ 291 ff. AktG vorliegt. Nach Auffassung des Kammergerichts eignen sich als **Abgrenzungskriterien von Unternehmensverträgen** i.S.d. §§ 291 ff. AktG nicht:[183]
– die Bedeutung des Vertrages für die Gesellschaft,
– die Frage, ob der Vertrag zu einer Änderung der Struktur der Gesellschaft führt,
– die Änderung des Gesellschaftszwecks durch den Vertrag.

Der Annahme eines Unternehmensvertrages stehe auch nicht entgegen, dass der **Schwerpunkt** des zu beurteilenden Vertrages ganz andere Verpflichtungen zum Inhalt habe und lediglich in einer **Nebenbestimmung** eine Verpflichtung beispielsweise zu Abführungen eines Teils des Gewinns durch die Gesellschaft begründet werde. In solchen Fällen genügten auch geringe Teile der Gewinnabführungsverpflichtung, da es insoweit weder einen Höchst- noch einen Mindestbruchteil gebe. Ausgehend vom Gesetzeszweck sei **jede Abführung von Gewinnen** des Unter-

---

[179] BFH GmbHR 2005, 498.
[180] BGH DStR 2006, 1292.
[181] Vgl. *Hachenburg/Ulmer*, GmbHG, Anhang zu § 77 GmbHG Rn 194 und 203; *Rowedder/Schmidt-Leithoff*, GmbHG, Anhang zu § 52 GmbHG Rn 44 ff.; a.A. *Schmidt-Ott*, GmbHR 2001, 182.
[182] LG München I ZIP 2010, 522.
[183] Vgl. KG DStR 1999, 2133.

nehmens oder einzelner Betriebe des Unternehmens ohne Rücksicht auf deren genaue Berechnung grundsätzlich an die Zustimmung der Anteilseignerversammlungen gebunden, auch wenn der Vertrag ggf. weitere Abreden enthalte.

128 Nach anderer Auffassung soll die Kompetenz zum Abschluss von stillen Gesellschaftsverträgen bei dem Geschäftsführer bzw. der Geschäftsführung liegen und es soll insoweit nur ein einfacher Zustimmungsbeschluss der Gesellschafterversammlung der GmbH erforderlich sein,[184] letzterer zumindest bei der Begründung einer atypisch stillen Gesellschaft. Begründet wird das Zustimmungserfordernis der Gesellschafterversammlung dabei damit, dass der Geschäftsführer das Weisungsrecht der Gesellschafterversammlung nach § 37 Abs. 1 GmbHG nicht dadurch soll einschränken bzw. unterlaufen können, dass er schuldrechtliche Verträge mit dritten Personen abschließt.[185]

129 Zumindest für eine Darlehensverzinsung auf der Grundlage einer Besserungsabrede unter Bezugnahme auf die Erwirtschaftung eines Jahresüberschusses hat das OLG München die Annahme eines Teilgewinnabführungsvertrages abgelehnt.[186]

130 Nach der wohl herrschenden Auffassung soll dagegen die Vertretungsmacht der Geschäftsführungsorgane der GmbH nicht ausreichend sein, um Verträge über eine stille Gesellschaft mit der GmbH abzuschließen. Die organschaftliche Vertretungsmacht beziehe sich nur auf die schuldrechtlichen Austauschbeziehungen zu Dritten, nicht aber auf solche Vertragsbeziehungen, die sich auf die Verbandsorganisation der GmbH auswirken und „satzungsgleich den rechtlichen Status der Gesellschaft verändern".[187] Bei solchen Vertragsverhältnissen, die auf die **Verbandsorganisation der GmbH** Auswirkung haben, bedürfe es deshalb der Zustimmung der Gesellschafterversammlung mindestens mit **satzungsändernder Mehrheit**, ggf. sogar der Zustimmung aller Gesellschafter; wegen dieser satzungsähnlichen Wirkung des Vertrages seien in Anlehnung an § 53 Abs. 2 GmbHG **notarielle Beurkundung** der Beschlussfassung erforderlich und ferner auch **Eintragung im Handelsregister** mit der konstitutiven Wirkung analog § 54 Abs. 3 GmbHG.[188]

131 Hergeleitet wird diese Rechtsauffassung insbesondere auch aus dem sog. Supermarkt-Beschluss des BGH v. 24.10.1988[189] und dem sog. Siemens-Beschluss v. 30.1.1992,[190] in denen der BGH für den Abschluss von Beherrschungs- und Gewinnabführungsverträgen mit einer abhängigen GmbH ähnliche Zustimmungs- und Formerfordernisse aufgestellt hat, wie sie in §§ 293 bis 299 AktG geregelt sind.

132 Teilweise wird auch noch weiter differenziert dahin gehend, ob es sich um eine der Aktiengesellschaft ähnliche Publikums-GmbH handelt bzw. ob es sich um eine atypische oder um eine typische stille Gesellschaft mit der GmbH handelt.[191]

133 Das BayObLG[192], das AG Charlottenburg[193] und nunmehr auch das OLG München[194] lehnen dagegen die Eintragungsfähigkeit einer Stillen Gesellschaft (und einer gewinnabhängigen „Genussrechtsvereinbarung") mit einer GmbH in deren Handelsregister ab, zumindest

---

184 Vgl. Scholz/*Emmerich*, GmbHG, Anhang Konzernrecht, Rn 337; *Schneider/Reusch*, DB 1989, 713, 715; K. *Schmidt*, ZGR 1983, 295, 310; *Schmidt-Ott*, GmbHR 2001, 182.
185 Vgl. *Fichtelmann*, Rn 495/1.
186 OLG München ZIP 2009, 318.
187 Vgl. *Jebens*, BB 1996, 701, 702; *Weigl*, GmbHR 2002, 778; a.A. *Schmidt-Ott*, GmbHR 2001, 182; BayObLG ZIP 2003, 845 = DStR 2003, 1218 m. Anm. *Wälzholz*.
188 Vgl. die Nachweise bei *Jebens*, BB 1996, 701, 702; *Weigl*, GmbHR 2002, 778 und DNotI-Report 2004, 57.
189 BGHZ 105, 324 = BB 1989, 95.
190 NJW 1992, 1452 = BB 1992, 662.
191 Vgl. die Nachweise bei *Jebens*, BB 1996, 701, 702; a.A. *Schmidt-Ott*, GmbHR 2001, 182.
192 BayObLG RPfleger 2000, 504; BayObLG GmbHR 2003, 534 m. Anm. *Weigl* = DStR 2003, 1218 m. Anm. *Wälzholz*; ähnlich LG Darmstadt ZIP 2005, 402.
193 AG Charlottenburg GmbHR 2006, 258.
194 OLG München ZIP 2011, 811; dazu EWiR 2011, 447 (*Berninger*).

solange nicht der gesamte Gewinn der GmbH abzuführen ist, da nur die im Gesetz dafür vorgesehenen Tatsachen eintragungsfähig seien bzw. solche Tatsachen, für deren Eintragung nach Sinn und Zweck der Registerführung ein erhebliches Bedürfnis des Rechtsverkehrs bestehe.

Das AG Charlottenburg sieht insoweit bei solchen stillen Gesellschaftsverhältnissen letztlich keinen wesentlichen Unterschied zu schuldrechtlichen Austauschverträgen, bei denen die gewinnabhängige Vergütung schon als Aufwand und nicht erst nach Gewinnfeststellung abgeführt werden muss.

Ist dagegen eine Personengesellschaft die beherrschte Gesellschaft, kann – wohl unstreitig – die Eintragung eines Unternehmensvertrages in das Handelsregister weder auf eine ausdrückliche gesetzliche Bestimmung gestützt noch aus einer entsprechenden Anwendung der für eine Satzungsänderung geltenden Vorschriften hergeleitet werden.[195]

Der BGH hat noch nicht die Frage entschieden, ob die Aufhebung eines Unternehmensvertrages als „actus contrarius" den gleichen Form- und Regelungszwängen wie der Abschluss unterworfen ist.[196] Die h.M. geht davon aus, dass die Eintragung der Beendigung – im Gegensatz zum Abschluss eines Beherrschungs- und Gewinnabführungsvertrages mit einer GmbH als beherrschter Gesellschaft – nur deklaratorische Bedeutung hat.[197] Solange eine höchstrichterliche Klärung dazu nicht vorliegt, sollten vorsorglich insoweit auch die strengen Form- und Beschlussregelungen angewandt werden.[198]

Die Kündigung eines Unternehmensvertrages bedarf entsprechend § 297 Abs. 3 AktG aus Gründen der Rechtssicherheit der Schriftform. Das Handelsregister hat bei der Anmeldung einer außerordentlichen Kündigung eines Unternehmensvertrages nur dann materiell zu prüfen, ob ein wichtiger Grund zur Kündigung vorliegt, wenn Anhaltspunkte für das Gegenteil bestehen.[199]

Mit der Neufassung des § 294 AktG durch das „Gesetz über elektronische Register und Justizkosten für Telekommunikation" v. 10.12.2001 ist aber zumindest der Inhalt der Eintragungen im Handelsregister auf „das Bestehen und die Art des Unternehmensvertrages sowie den Namen des anderen Vertragsteils" beschränkt und damit auch der Umfang der richterlichen Überprüfungspflicht reduziert worden.[200]

cc) Stille Gesellschaft mit minderjährigen Kindern des GmbH-Geschäftsführers

Bei der Begründung einer stillen Gesellschaft mit minderjährigen Kindern des Geschäftsführers der GmbH ist zunächst § 181 BGB zu beachten. Das gilt auch bei gemeinschaftlicher Vertretungsmacht beider Elternteile. Weder kann dann ein Elternteil das Kind allein vertreten, noch kann der Geschäftsführer den anderen Elternteil bevollmächtigen, da § 181 BGB auch einer Untervertretung entgegensteht. Wenn nicht andere Geschäftsführer der GmbH in vertretungsberechtigter Zahl zur Verfügung stehen, ist somit **Pflegerbestellung** erforderlich.[201]

Bei der sog. Ein-Personen-Gesellschaft ist darüber hinaus für die Zeit seit dem 1.1.1992 § 35 Abs. 4 S. 2 GmbHG zu beachten, nämlich die Pflicht zur unverzüglichen Vornahme einer Niederschrift über das abgeschlossene Geschäft.

---

[195] OLG München GmbHR 2011, 376.
[196] OLG Schleswig ZIP 2011, 517; *Timm/Geuting*, GmbHR 1996, 229 m.w.N.; *Timm*, DB 1993, 569.
[197] OLG München GmbHR 2011, 489.
[198] Zur Beraterhaftung bei fehlerhafter Gestaltung siehe BGH GmbHR 2000, 1196.
[199] OLG München GmbHR 2009, 148.
[200] Dazu *Schulte/Waechter*, GmbHR 2002, 189.
[201] Vgl. *Fichtelmann*, Rn 495/3; *ders.*, GmbH & Still im Steuerrecht, S. 22 f.

dd) Steuerliche Anerkennung

141 Soll die Annahme einer verdeckten Gewinnausschüttung vermieden werden, muss die stille Gesellschaft eindeutig und klar und zivilrechtlich rechtswirksam vereinbart sein, sie muss entsprechend der getroffenen Vereinbarungen tatsächlich durchgeführt werden und die Leistungen im Rahmen des Gesellschaftsverhältnisses dürfen nicht über das hinausgehen, was einem fremden Dritten unter gleichen Umständen eingeräumt worden wäre.[202] Die **Prüfung der Angemessenheit** hat dabei für den Zeitpunkt zu erfolgen, in dem die Vereinbarung getroffen wird.[203]

142 Entwickeln sich die Verhältnisse der Gesellschaft so, dass die **Gewinnverteilung** sich als unangemessen darstellt und hat die Gesellschaft die Möglichkeit zur Kündigung, so kann eine verdeckte Gewinnausschüttung zumindest dann angenommen werden, wenn von dieser Kündigungsmöglichkeit seitens der Gesellschaft kein Gebrauch gemacht wird.[204]

ee) Steuerliche Vor- und Nachteile der GmbH & Still

143 Ein wesentlicher Vorteil der GmbH & Still besteht insbesondere darin, dass **Verluste**, die in der GmbH entstanden sind und dort grundsätzlich auch verbleiben, über die stille Beteiligung auf den Gesellschafter als stillen Gesellschafter verlagert werden können, zumindest soweit, wie nicht ein negatives Einlagenkonto bzw. negatives Kapitalkonto beim stillen Gesellschafter entsteht.[205]

144 Da die GmbH & atypisch Still eine Personengesellschaft im Sinne einer Mitunternehmerschaft ist, können für dieses Personenunternehmen der **Freibetrag beim Gewerbeertrag** nach § 11 Abs. 1 Nr. 1 GewStG in Anspruch genommen werden. Allerdings ist der stille Gesellschafter selbst nicht gewerbesteuerpflichtig und daher auch nicht Adressat eines Gewerbesteuerbescheides und auch nicht notwendig Beizuladender bei einem Streit daraus.[206]

145 Nachteilig ist bei der GmbH & atypisch Still insbesondere die Tatsache, dass nach der Rechtsprechung der GmbH-Geschäftsanteil des stillen Gesellschafters notwendiges **Sonderbetriebsvermögen** ist und daher **Veräußerungsgewinne** auch dann der Einkommensteuer unterliegen, wenn es sich nicht um eine wesentliche Beteiligung i.S.v. § 17 EStG bzw. um ein Spekulationsgeschäft i.S.v. § 23 EStG handelt.[207]

146 Soweit der atypisch stille Gesellschafter gleichzeitig GmbH-Geschäftsführer ist, ist sein **Geschäftsführergehalt als Sondervergütung** i.S.v. § 15 Abs. 1 S. 1 Nr. 2 EStG anzusehen und die ansonsten grundsätzlich gegebene Abzugsfähigkeit dieses Gehalts als Betriebsausgabe bei der GmbH, auch hinsichtlich der gewerbesteuerlichen Bemessungsgrundlage, geht verloren; entsprechendes gilt für die Pensionsrückstellungen.[208]

---

202 Vgl. BFH BStBl II 1977, 155; BFH BStBl II 1984, 384; BFH NV 1990, 63; zur steuerlichen Behandlung der GmbH & Still siehe sehr ausführlich OFD Frankfurt GmbHR 2000, 1276.
203 BFH BStBl II 1971, 600.
204 Vgl. BFH BStBl II 1980, 477; FG Hamburg EFG 1986, 86; *Fichtelmann*, Rn 499/2.
205 Vgl. §§ 20 Abs. 1 Nr. 4 S. 2, 15a Abs. 5 Nr. 1 EStG; dazu *Braun/Günther*, Steuer-Handbuch, „Innengesellschaft", Rn 14; *Blaurock*, BB 1992, 1969; *Bitz*, DStR 1997, 769, 771; *Ros*, DStR 2001, 1592; zur erbschaftsteuerlichen Bewertung siehe Centrale-Gutachten, GmbHR 2002, 323.
206 BFH GmbHR 2000, 292; dazu insgesamt auch *Horn*, GmbHR 2001, 138.
207 Vgl. BFH BStBl II 1988, 23; OFD Rostock v. 19.12.1999, DStR 2000, 591, 593; *Braun/Günther*, Steuer-Handbuch, „Innengesellschaft", Rn 15; *Wehrheim*, DStR 1998, 1533; BFH DStR 1997, 815 = GmbHR 1997, 554 zu Ausnahmen bei der gewerblichen Prägung der GmbH & atypisch Still.
208 Vgl. *Braun/Günther*, Steuer-Handbuch, „Innengesellschaft", Rn 15.

3. Die Unterbeteiligung
a) Definition und Abgrenzung

Eine weitere wirtschaftlich sehr bedeutende Erscheinungsform der Innengesellschaft ist die Unterbeteiligung.[209] Die Unterbeteiligung ist eine Beteiligung, die ein Beteiligter (Hauptbeteiligter) einer anderen Person (Unterbeteiligter) an einer ihm zustehenden Gesellschaftsbeteiligung (Hauptbeteiligung) einräumt, wodurch der Unterbeteiligte zumindest am Gewinn bzw. dem Gewinnanteil der Hauptbeteiligung beteiligt ist.[210] 147

Abzugrenzen ist die Unterbeteiligung vom **Treuhandverhältnis**. Eine Umdeutung des (form-)unwirksamen Treuhandverhältnisses über einen GmbH-Anteil in eine – formfrei mögliche – Unterbeteiligung ist nicht möglich, wenn die Parteien nicht nur eine Mitberechtigung an den Vermögenswerten der GmbH vereinbaren wollten, sondern auch einen Zugriff auf die GmbH-Anteile als Ganzes.[211] 148

b) Anwendung

Die Unterbeteiligung ist eine **mittelbare Beteiligung an der Hauptgesellschaft** und wird dort verwandt, wo eine direkte Beteiligung vermieden werden soll oder nicht möglich ist. Die Unterbeteiligung kann als Ersatz für die Einräumung der vollen oder eines Teils der Beteiligung verwendet werden, da die anderen Gesellschafter der Hauptgesellschaft von einer Unterbeteiligung keine Kenntnis zu haben brauchen. Sie kann weiterhin geeignet sein, um eine Dauerbeteiligung zu begründen, vor allem für Fälle, in denen der Unterbeteiligte nicht nach außen in Erscheinung treten will. Dadurch können Kapitalgeber am Gewinn und Verlust der Gesellschaft beteiligt werden, ohne unmittelbar Gesellschafter zu sein. 149

Allerdings darf eine Unterbeteiligungs- oder eine Treuhandregelung nicht gegen die Vorgaben des Gesellschaftsvertrages verstoßen. Eine nach dem Gesellschaftsvertrag unzulässige Unterbeteiligung ist unwirksam.[212] 150

Besonders beliebt ist die Unterbeteiligung bei Familiengesellschaften, deren Gesellschaftsvertrag die Anzahl der Gesellschafter begrenzt. Hier kann dann ein Gesellschafter weitere **Familienangehörige** im Wege der Unterbeteiligung wirtschaftlich am Familienunternehmen beteiligen.[213] Zweck ist insbesondere die teilweise Übertragung von Einkunftsquellen. 151

Die Unterbeteiligung ist ferner ein beliebtes Instrument zur Regelung der Rechtsnachfolge in Form der **vorweggenommenen Erbfolge**. Sie ermöglicht es schon zu Lebzeiten, Kinder am Vermögensertrag zu beteiligen und so das Interesse am Familienunternehmen zu wecken und sie mit den Chancen und Risiken des Unternehmertums bekannt zu machen (dazu siehe Rn 223f.). Weiterhin wird diese Rechtsform gewählt, um unerwünschte Pflichtteilsforderungen abzuwenden. 152

c) Arten der Unterbeteiligung

Es wird zwischen typischer und atypischer Unterbeteiligung unterschieden, wobei sich diese Unterscheidung vor allem im Steuerrecht auswirkt. 153

---

[209] Vgl. dazu umfassend Peter/Crezelius/*Fichtelmann*, Kap. 6, Rn 1531ff.; *Bilsdorf*, NJW 1980, 2785; *Bülow*, Heidelberger Musterverträge, Heft 55.
[210] Zur Umdeutung einer formnichtigen Treuhandvereinbarung in eine Unterbeteiligung an einem GmbH-Anteil siehe OLG Bamberg, Urt. v. 30.11.2000 – 1 U 72/00, n.v., im Anschluss an BGH NZG 1999, 656.
[211] OLG Bamberg v. 30.11.2000 – 1 U 72/00, n.v.
[212] BGH DB 2006, 1672 = GmbHR 2006, 875; dazu *Tebben*, GmbHR 2007, 63.
[213] *Schindhelm/Stein*, ErbStB 2003, 32.

aa) Typische Unterbeteiligung

154 Eine typische Unterbeteiligung liegt vor, wenn der Unterbeteiligte ausschließlich einen schuldrechtlichen Anspruch auf eine **Quote des Ertrages** der Beteiligung hat.

bb) Atypische Unterbeteiligung

155 Um eine atypische Unterbeteiligung handelt es sich, wenn der Unterbeteiligte wirtschaftlich auch an der **Substanz** beteiligt ist, d.h. an den Wertschwankungen des Gesellschaftsanteils, so dass ihm bei Beendigung des Gesellschaftsverhältnisses gegen den Hauptbeteiligten nicht nur ein Anspruch auf Rückzahlung seiner nominellen Kapitaleinlage, sondern auch ein Anspruch auf die anteiligen **stillen Reserven** und ggf. am **Firmenwert** zusteht. Das kann auch bei einer nur kurzzeitigen Unterbeteiligung gelten.[214]

d) Entstehung

156 Die Unterbeteiligung wird durch **Gesellschaftsvertrag** zwischen dem Haupt- und dem Unterbeteiligten begründet zu dem gemeinsamen Zweck des Haltens und der Nutzung der Hauptbeteiligung. Durch den Gesellschaftsvertrag verpflichten sich die Parteien, diesen Zweck in der Weise zu fördern, dass der Hauptbeteiligte die Hauptbeteiligung auch im Interesse des Unterbeteiligten hält, während der Unterbeteiligte einen rechnerischen Anteil an der Hauptbeteiligung hält, d.h. eine Beteiligung mit einer bilanzmäßig darstellbaren **Einlage**.[215]

157 Eine Unterbeteiligung ist auch wiederum an einer anderen (atypischen) Unterbeteiligung möglich, ebenso an einer mittelbaren Beteiligung durch Treuhand.[216]

158 Bei **schenkweiser Einräumung** ist § 518 BGB (notarielle Form) zu beachten. Heilung durch Vollzug der Schenkung wird nach der Rechtsprechung – anders als bei Personenhandelsgesellschaften – nicht schon dann angenommen, wenn eine kapitalmäßige Umbuchung der geschenkten Beteiligung erfolgt.[217] (Auch) die Vereinbarung einer Unterbeteiligung an einer – etwa durch ein Treuhandverhältnis vermittelten – mittelbaren Beteiligung an einer GmbH bedarf der notariellen Beurkundung.[218]

159 Bei der schenkweisen Einräumung einer Unterbeteiligung an einen Minderjährigen ist bei einer bereits voll eingezahlten Einlage zumindest dann familien**gerichtliche Genehmigung** nicht erforderlich, wenn auch eine Ausfallhaftung (etwa nach §§ 16 Abs. 3, 24 GmbHG) nicht mehr in Betracht kommt.[219]

160 Bei der schenkweisen Einräumung einer Unterbeteiligung an einem Gesellschaftsanteil will der BFH in seiner neuen Rechtsprechung[220] nunmehr differenzieren:

Wird schenkweise eine typische Unterbeteiligung an einem Gesellschaftsanteil eingeräumt, wird kein Vermögensgegenstand zugewendet, über den der Empfänger schon tatsächlich und rechtlich verfügen kann. Ihm werden vielmehr lediglich Rechtsansprüche in Gestalt eines Bündels schuldrechtlicher Ansprüche gegen den Zuwendenden eingeräumt. Bereichert ist der Zuwendungsempfänger erst, wenn ihm aus der Unterbeteiligung tatsächlich Gewinnausschüttungen und Liquidationserlöse zufließen. Weder der Abschluss eines Vertrages über die unent-

---

214 BFH GmbHR 2005, 1633.
215 *Schlegelberger/K. Schmidt*, § 335 HGB Rn 186, 216.
216 BFH GmbHR 2008, 1229.
217 BFH BStBl II 1975, 141; 1982, 646; BFH NV 1986, 91; *Fichtelmann*, Rn 1562/2.
218 BFH GmbHR 2008, 1229.
219 BGH BGHZ 107, 23, 28; *Damrau*, ZEV 2000, 209, 212.
220 BFH BStBl. II 2008, 631 = GmbHR 2008, 501.

geltliche Einräumung einer typischen Unterbeteiligung noch die Einbuchung einer solchen Unterbeteiligung bewirkt bereits einen Schenkungsvollzug i.S.d. § 518 Abs. 2 BGB.[221]

Bei der Zuwendung einer atypischen Unterbeteiligung dagegen ist nach der Auffassung des BFH die Schenkung bereits mit Abschluss des Gesellschaftsvertrages oder doch spätestens mit der Einbuchung der atypischen Unterbeteiligung vollzogen.[222] Denn bei einer atypischen Unterbeteiligung ist der Unterbeteiligte vermögensrechtlich über eine Teilhabe an den Betriebsergebnissen hinaus am Anteil des Hauptbeteiligten beteiligt und wirkt dergestalt an der Geschäftsführung der Innengesellschaft mit, dass er, ohne Inhaber oder Mitinhaber des Anteils zu werden, maßgeblichen Einfluss auf die Innengesellschaft nehmen kann.[223] Diese Verknüpfung mitgliedschaftlicher Rechte wie Stimm-, Verwaltungs- und Kontrollrechte mit den vermögensrechtlichen Ansprüchen auf Teilhabe am Gewinn und Liquidations- oder Abfindungserlös begründet eine Rechtsposition, über die der Zuwendungsempfänger als Gesellschafter der Innengesellschaft vergleichbar einem Stammrecht bereits rechtlich und tatsächlich verfügen kann.

Ob bei Verträgen zwischen nahen Angehörigen der Mangel der zivilrechtlichen Form als Beweisanzeichen mit verstärkter Wirkung den Vertragsparteien anzulasten ist, beurteilt sich nach der Eigenqualifikation des Rechtsverhältnisses durch die Parteien. Vereinbaren Ehegatten die Unterbeteiligung an einem von einem Dritten treuhänderisch für einen der Ehegatten als Treugeber gehaltenen Kapitalgesellschaftsanteil in einer zivilrechtlich nicht hinreichenden Form und behaupten sie, den Vertrag entsprechend dem Vereinbarten auch tatsächlich vollzogen zu haben, so können sie zum Beweis nicht lediglich ihre eigene Schilderung des Verfahrensablaufs mit Blick auf die zwischen Ehegatten intern üblichen Gepflogenheiten (keine schriftliche Kommunikation) anbieten.[224]

Vereinbaren Ehegatten die Unterbeteiligung an einem von einem Dritten treuhänderisch für einen der Ehegatten als Treugeber gehaltenen Kapitalgesellschaftsanteil in einer zivilrechtlich nicht hinreichenden Form und behaupten sie, den Vertrag entsprechend dem Vereinbarten auch tatsächlich vollzogen zu haben, so können sie zum Beweis nicht lediglich ihre eigene Schilderung des Verfahrensablaufs mit Blick auf die zwischen Ehegatten intern üblichen Gepflogenheiten (keine schriftliche Kommunikation) anbieten. Ob bei Verträgen zwischen nahen Angehörigen der Mangel der zivilrechtlichen Form als Beweisanzeichen mit verstärkter Wirkung den Vertragsparteien anzulasten ist, beurteilt sich nach der Eigenqualifikation des Rechtsverhältnisses durch die Parteien.[225]

e) Inhalte der Vereinbarung
Der Unterbeteiligungsvertrag sollte folgenden **Mindestinhalt** haben:
– Bezeichnung der Vertragspartner:
    – Hauptbeteiligter kann sein, wer Gesellschafter der Hauptgesellschaft ist, d.h. eine natürliche oder juristische Person; die Hauptgesellschaft kann verschiedenste Rechtsformen haben.
    – Unterbeteiligter kann jede natürliche oder juristische Person sein sowie jede Personenvereinigung, sofern sie Träger von Rechten und Pflichten sein kann.

---

221 Vgl. MüKo-BGB/*Ulmer*, 4. Aufl., § 705 Rn 46; MüKo-HGB/*Karsten Schmidt*, § 230 Rn 103; *Karsten Schmidt*, Gesellschaftsrecht, 4. Aufl., § 63 III 1, jeweils m.w.N.
222 MüKo-BGB/*Kollhosser*, 4. Aufl., § 518 Rn 32; MüKo-BGB/*Ulmer*, 4. Aufl., § 705 Rn 45; MüKo-HGB/*Karsten Schmidt*, § 230 Rn 224; *Baumbach/Hopt*, HGB, 32. Aufl., § 230 Rn 10; *Blaurock*, Unterbeteiligung und Treuhand an Gesellschaftsanteilen, 1981, S. 156, jeweils m.w.N.; a.A. aber BGH BGHZ 7, 174; BGH BGHZ 7, 378.
223 Vgl. MüKo-HGB/*Karsten Schmidt*, § 230 HGB Rn 208 f.
224 BFH FamRZ 2010, 1438 = GmbHR 2010, 946.
225 BFH BStBl. II 2010, 823.

- Bezeichnung der Hauptbeteiligung
- Vereinbarung, dass der Unterbeteiligte an dieser Hauptbeteiligung eine Unterbeteiligung erhalten soll; Festlegung des Anteils der Unterbeteiligung an der Hauptbeteiligung
- Festlegung der Einlage
- Regelung der Gewinnbeteiligung.

165 Zu den Regelungen, die ein solcher Vertrag zweckmäßig **zusätzlich** enthalten sollte, gehören:
- Regelung der Geschäftsführung
- Informations- und Kontrollrechte
- Rechnungslegung und Ergebnisverteilung, besonders Verlustbeteiligung
- Entnahmerecht des Unterbeteiligten
- Zulässigkeit von Verfügungen über Gesellschafterrechte, und zwar beider Beteiligter
- Vertragsdauer und Kündigung
- Rechtsfolgen im Falle des Todes eines Vertragspartners
- Rechtsfolgen der Beendigung.

166 Bei der Ausgestaltung des Unterbeteiligungsvertrages ist in jedem Fall darauf zu achten, dass diese Regelungen nicht mit den Regelungen des Gesellschaftsvertrages der Hauptbeteiligung kollidieren.

f) Geschäftsführung

167 Abweichend vom gesetzlichen Regelfall gem. § 709 Abs. 1 BGB steht die Geschäftsführung grundsätzlich dem Hauptbeteiligten zu. Die Geschäftsführung umfasst die Wahrnehmung der Rechte und Pflichten aus der Hauptbeteiligung sowie die Erledigung von Angelegenheiten, die sich aus dem Unterbeteiligungsverhältnis selbst ergeben.

168 Damit steht der Hauptbeteiligte bei der Verwaltung der Hauptbeteiligung in einem **doppelten Gesellschaftsverhältnis**, zum einen zur Hauptgesellschaft und zum anderen zur Unterbeteiligungsgesellschaft. Er hat daher zum einem die gesellschaftsvertraglichen Grundsätze und Vereinbarungen, vor allem die **Treuepflicht**, in der Hauptgesellschaft zu beachten und zum anderen Rücksicht auf die Interessen des Unterbeteiligten zu nehmen. Verstößt der Hauptbeteiligte bei der Ausübung seiner Rechte aus der Hauptbeteiligung gegen seine Pflichten in der Unterbeteiligungsgesellschaft, so bleiben davon seine Maßnahmen in der Hauptgesellschaft unberührt, aber er macht sich unter Umständen dem Unterbeteiligten gegenüber schadenersatzpflichtig.

169 Der Unterbeteiligungsvertrag kann die Geschäftsführung auch abweichend regeln in der Form, dass dem Unterbeteiligten **Mitwirkungsrechte**, etwa Stimmbindungsrechte, Zustimmungsvorbehalte und Weisungsrechte, eingeräumt werden.

g) Vertretung

170 Da die Unterbeteiligungsgesellschaft eine Innengesellschaft ist, findet keine Vertretung statt. Der Hauptbeteiligte handelt im Außenverhältnis im eigenen Namen.

h) Kontroll- und Informationsrechte

171 Grundsätzlich beschränken sich die Kontroll- und Informationsrechte des Unterbeteiligten nur auf den Hauptbeteiligten, nicht jedoch auf die Hauptgesellschaft. Gem. § 233 Abs. 1 HGB analog kann der Unterbeteiligte vom Hauptbeteiligten eine jährliche Bilanz über die Hauptbeteiligung

verlangen.²²⁶ Des Weiteren steht ihm auch das außerordentliche Informationsrecht des § 233 Abs. 3 HGB zu. Weiter gehende Kontroll- und Informationsrechte stehen dem Unterbeteiligten ohne besondere Vereinbarung nicht zu.²²⁷

i) Treuepflicht
Auch in der Unterbeteiligungsgesellschaft gilt die gesellschaftsrechtliche Treuepflicht. Danach kann der Unterbeteiligte vom Hauptbeteiligten keinen Treuepflichtverstoß gegen die Hauptgesellschaft verlangen und der Hauptbeteiligte muss im Rahmen der Hauptbeteiligung auf die Interessen des Unterbeteiligten achten. 172

j) Wettbewerbsverbot
Ob ein Wettbewerbsverbot gegenüber der Hauptgesellschaft existiert, richtet sich für den Hauptbeteiligten nach dem Gesellschaftsvertrag der Hauptgesellschaft und für den Unterbeteiligten nach dem Unterbeteiligungsvertrag. Da der Unterbeteiligte jedoch in keinem Rechtsverhältnis zur Hauptgesellschaft steht, muss ein solches Wettbewerbsverbot für ihn ausdrücklich im Unterbeteiligungsvertrag vereinbart werden. Auch ein Wettbewerbsverbot zwischen den Parteien dergestalt, dass der Hauptbeteiligte keine weiteren Unterbeteiligungen einräumen kann und der Unterbeteiligte an keiner anderen Hauptbeteiligung beteiligt sein kann, existiert nicht grundsätzlich, kann jedoch vereinbart werden. 173

k) Beiträge, Einlagen
Dem Unterbeteiligten wird meistens nur gegen Gewährung einer Einlage die Unterbeteiligung eingeräumt. Dabei stellt diese Einlage keine Gegenleistung für die Einräumung der Gesellschafterstellung dar, sondern einen Beitrag i.S.v. § 705 BGB.²²⁸ Diese Einlage ist in das Vermögen des Hauptbeteiligten zu leisten. 174

l) Gewinn- und Verlustbeteiligung
Eine wichtige Rolle spielt die Gewinn- und Verlustbeteiligung, auf deren Regelung im Unterbeteiligungsvertrag besonderes Augenmerk gerichtet werden muss. 175

Es sind dabei insbesondere folgende Aspekte zu beachten:

aa) Ergebnisermittlung
Ausschlaggebend für die Ergebnisermittlung im Rahmen der Unterbeteiligung ist das Ergebnis der Hauptbeteiligung, welches sich aus der Handelsbilanz der Hauptgesellschaft ergibt, falls nichts anderes vereinbart ist. Sollte die Hauptgesellschaft nur eine Steuerbilanz oder eine Einnahme-Überschussrechnung erstellen, so gilt diese. Entscheidungen der Hauptgesellschaft zur Bilanzgestaltung und zur Bildung stiller Reserven hat der Unterbeteiligte hinzunehmen. Eine Ausnahme mag gelten, wenn der Hauptbeteiligte als beherrschender Gesellschafter in der Hauptgesellschaft die Bilanzierung dort willkürlich gestalten kann. 176

Streitig ist jedoch, ob der Unterbeteiligte bei **Auflösung von vorvertraglich gebildeten stillen Reserven** daran beteiligt werden muss. Im Ergebnis ist das zu bejahen, da regel- 177

---
226 BGHZ 50, 316, 323.
227 BGHZ 50, 316, 323; MüKo-BGB/*Ulmer*, vor § 705 Rn 67.
228 *Schlegelberger/K. Schmidt*, § 335 HGB Rn 217.

mäßig diese stillen Reserven bereits bei der Bemessung der Einlage mitberücksichtigt werden.[229]

178 Des Weiteren ist fraglich, ob der Unterbeteiligte an **Tätigkeits-, Haftungs- und Nutzungsvergütungen des Hauptbeteiligten** beteiligt werden muss. Bei nur kapitalmäßiger Beteiligung kommt eine solche Beteiligung nicht in Betracht. Anders verhält es sich, wenn der Unterbeteiligte auch das wirtschaftliche Risiko mitträgt. Dann dürfte ihm die Haftungsvergütung des Hauptbeteiligten zugutekommen. Eine Beteiligung an der Tätigkeitsvergütung des Hauptbeteiligten dürfte regelmäßig nicht gewollt sein.[230]

179 Sollte es zu den Pflichten des Hauptbeteiligten in der Hauptgesellschaft gehören, Gegenstände zur Nutzung zu überlassen, so ist im Zweifel anzunehmen, dass der Unterbeteiligte an der Nutzungsvergütung partizipieren soll.

bb) Verteilungsschlüssel

180 Der Verteilungsschlüssel richtet sich vorrangig nach dem Unterbeteiligungsvertrag, ergänzend nach § 231 Abs. 1 HGB. Die Beteiligung des Unterbeteiligten am Gewinn ist zwingend. Häufig wird ein bestimmter Prozentsatz des Gewinnes der Hauptbeteiligung festgelegt. Auch ist es möglich, den Gewinnanteil des Unterbeteiligten der Höhe nach zu begrenzen oder dem Hauptbeteiligten einen Vorzugsgewinnanteil einzuräumen. Keine zwingende Gewinnbeteiligung erfolgt im Zweifel bei einer Verzinsung der Einlage und der Bemessung des Gewinnanteils des Hauptbeteiligten nicht am Gewinn der Hauptbeteiligung, sondern z.B. am Umsatz.

181 Die **Verlustbeteiligung** ist hingegen **fakultativ**. Üblich ist die Begrenzung der Verlustbeteiligung auf die Höhe der Einlage. Eine darüber hinaus gehende Verlustbeteiligung muss im Unterbeteiligungsvertrag ausdrücklich geregelt sein.

m) Entnahmen

182 Das Entnahmerecht des Unterbeteiligten ergibt sich aus dem Vertrag, ergänzend aus § 232 Abs. 1 HGB. Danach hat der Hauptbeteiligte am Geschäftsjahresende dem Unterbeteiligten seinen Gewinnanteil, vermindert um den anteiligen Verlust, auszuzahlen. Es ist jedoch möglich, anstelle der Auszahlung eine Gutschrift auf ein Darlehens- oder Privatkonto zu vereinbaren.

183 **Entnahmebeschränkungen** des Hauptbeteiligten gegenüber der Hauptgesellschaft gelten ebenso für den Unterbeteiligten. Wichtig ist für die steuerliche Anerkennung, dass das Verfügungsrecht über den ausgeschütteten Gewinnanteil, vor allem bei unterbeteiligten Angehörigen, erhalten bleibt.[231]

n) Verfügungen über Gesellschafterrechte

184 Die Berechtigung zur Übertragung der Unterbeteiligung ergibt sich, wenn nicht aus dem Vertrag, so aus § 717 BGB. Danach können weder der Haupt- noch der Unterbeteiligte ihre **Mitgliedschaft** ohne Zustimmung des jeweils anderen übertragen. Frei übertragbar sind dagegen die in § 717 S. 2 BGB genannten Ansprüche, insbesondere **Gewinn- und Auseinandersetzungsguthabenansprüche**. Nicht übertragbar sind die **Mitwirkungsrechte**, da diese dem Beteiligten nur persönlich zustehen.

---

229 MünchGesR/*Riegger*, Bd. 1, § 24 Rn 42.
230 Großkommentar HGB/*Zutt*, § 232 Rn 37.
231 BFH DB 1959, 751; BFH BStBl II 1970, 114; 1976, 332; BFH DStRE 1997, 18.

o) Haftung

Für die Haftung bei Pflichtverletzungen in der Unterbeteiligungsgesellschaft zwischen Haupt- und Unterbeteiligten gelten die allgemeinen Grundsätze, d.h. begeht einer der Beteiligten eine zum Schaden führende Pflichtverletzung, so ist er dem anderen zum Schadenersatz verpflichtet. Haftungsmaßstab ist § 708 BGB (eigenübliche Sorgfalt). **185**

Gegenüber der Hauptgesellschaft, ihren Gläubigern und Gesellschaftern haftet nur der Hauptbeteiligte, weil der Unterbeteiligte zu ihnen in keinem Rechtsverhältnis steht. Eine unmittelbare Haftung des Unterbeteiligten kommt daher nur aus Rechtsschein oder aus Delikt in Betracht. **186**

p) Tod eines Gesellschafters

Nach herrschender Meinung hat der **Tod des Hauptbeteiligten** in der Regel die Auflösung der Unterbeteiligungsgesellschaft zur Folge, während der **Tod des Unterbeteiligten** nicht zur Auflösung führt (entgegen der Regel des § 727 BGB). Führt der Tod eines Gesellschafters zur Auflösung, so ist zwischen dem überlebenden Gesellschafter und den Erben abzurechnen, und zwar in der Regel mit einer Abfindung in Geld. Bei Vererbung der Mitgliedschaft in der Unterbeteiligungsgesellschaft gelten die Grundsätze über die Nachfolge in Gesellschaftsanteile einer Personengesellschaft. **187**

q) Auflösung

Die Auflösung der Unterbeteiligungsgesellschaft erfolgt, sobald ein Auflösungsgrund vorliegt. Nach herrschender Meinung führt die Auflösung einer Innengesellschaft ohne weiteres zur **Vollbeendigung** des Gesellschaftsverhältnisses.[232] Eine Liquidation ist nicht erforderlich. **188**

Als **Auflösungsgründe** kommen in Betracht: **189**
- Zeitablauf
- auflösende Bedingung
- Aufhebungsvertrag
- Kündigung
- Wegfall eines Gesellschafters:
  - Tod einer natürlichen Person
  - Auflösung bzw. Löschung einer Gesellschaft
- Zweckerreichung/Zweckvereitelung:
  - Untergang oder Veräußerung der Hauptbeteiligung
  - Auflösung der Hauptgesellschaft
  - Insolvenz des Haupt- oder des Unterbeteiligten
- Konfusion.

Bei der Kündigung wiederum ist zu unterscheiden zwischen der **ordentlichen Kündigung** und der außerordentlichen Kündigung. Dabei ist für die ordentliche Kündigung die **Kündigungsfrist** streitig: **190**
- § 234 Abs. 1 HGB analog = sechs Monate
- § 723 Abs. 1 S. 1 BGB = jederzeit.

Die **außerordentliche Kündigung** setzt das Vorliegen eines wichtigen Grundes (z.B. schwere Pflichtverletzung) voraus. **191**

Nach seiner Auflösung ist das Unterbeteiligungsverhältnis auseinander zu setzen. Da die Unterbeteiligungsgesellschaft kein Gesamthandvermögen besitzt, finden nicht die Regeln der **192**

---

[232] BGH NJW 1982, 99.

§§ 730 ff. BGB, sondern des § 235 HGB (analog) Anwendung. Das bedeutet, dass es nicht zu einer Versilberung der Hauptbeteiligung gem. § 733 Abs. 3 BGB kommt, sondern es wird nur der Geldbetrag ermittelt, der dem Unterbeteiligten unter Berücksichtigung seiner Einlage, seiner etwaigen Beteiligung an stillen Reserven und am Firmenwert und unter Beachtung der Gewinne und Verluste zusteht.[233]

r) Steuerliche Aspekte

193 Für die steuerliche Behandlung ist entscheidend, ob es sich um eine **typische oder atypische Unterbeteiligung** handelt. Der typisch Unterbeteiligte wird nämlich steuerlich als Gläubiger einer Geldforderung angesehen, während der atypisch Unterbeteiligte als Mitunternehmer gilt. Die **wirtschaftliche Inhaberschaft** wird dem an einem Kapitalgesellschaftsanteil **Unterbeteiligten** nur dann vermittelt, wenn er nach dem Inhalt der getroffenen Abrede alle mit der Beteiligung verbundenen wesentlichen Rechte (Vermögens- und Verwaltungsrechte) ausüben und im Konfliktfall effektiv durchsetzen kann.

194 Nach § 39 Abs. 2 Nr. 1 AO ist die Rechtsstellung des wirtschaftlichen Eigentümers dadurch gekennzeichnet, dass er den zivilrechtlichen Eigentümer im Regelfall für die gewöhnliche Nutzungsdauer von der Einwirkung auf das Wirtschaftsgut wirtschaftlich ausschließen kann. Der Tatbestand des § 17 Abs. 1 S. 1 EStG wird auch dann verwirklicht, wenn die wirtschaftliche Inhaberschaft an dem Kapitalgesellschaftsanteil auf den Erwerber übergeht.

195 Letzteres ist im Falle des Verkaufs eines GmbH-Anteils jedenfalls dann anzunehmen, wenn der Käufer des Anteils
– aufgrund eines (bürgerlich-rechtlichen) Rechtsgeschäfts eine rechtlich geschützte, auf den Erwerb des Rechts gerichtete Position erworben hat, die ihm gegen seinen Willen nicht mehr entzogen werden kann, und
– die mit dem Anteil verbundenen wesentlichen Rechte sowie
– das Risiko einer Wertminderung und die Chance einer Wertsteigerung auf ihn übergegangen sind.[234]

196 Eine Unterbeteiligung unter **nahen Angehörigen** oder **Ehegatten** wird nur dann steuerlich anerkannt, wenn eindeutige und klare Vereinbarungen getroffen sind, die auch tatsächlich vollzogen werden und einem Fremdvergleich standhalten. Auch muss die Gewinnbeteiligung aus einer geschenkten Unterbeteiligung den von der Rechtsprechung aufgestellten Angemessenheitskriterien entsprechen.[235]

197 Die steuerrechtliche Anerkennung eines Unterbeteiligungs- oder eines Treuhandverhältnisses setzt nicht eine entsprechende Mitteilung an das für die Besteuerung zuständige Finanzamt voraus.[236]

aa) Typische Unterbeteiligung

198 Handelt es sich um eine typische Unterbeteiligung, sind die Gewinnanteile des Unterbeteiligten **Einkünfte aus Kapitalvermögen**, von denen die Kapitalertragsteuer abzuziehen ist und Verluste abzugsfähige Werbungskosten (§ 20 Abs. 1 Nr. 4 EStG) bilden.[237] Auf Verluste ist § 15a EStG

---

233 BGH BB 1968, 268; zur Auseinandersetzung in der Insolvenz des Hauptbeteiligten siehe *Gundlach/Frenzel/Schmidt*, ZIP 2006, 501.
234 BFH BFHE 211, 277 = BStBl II 2006, 253 = GmbHR 2006, 98; BFH BFHE 153, 318 = BStBl II 1988, 832.
235 BFH BStBl II 1974, 676; BFH NV 1991, 35; davon abweichend nunmehr BFH BB 2001, 2561 = DStR 2001, 2108.
236 BFH GmbHR 2008, 1229.
237 BFH BStBl II 1988, 86; BFH BStBl II 1997, 406 für eine Unterbeteiligung an Mieterträgen einer Personengesellschaft.

entsprechend anwendbar.²³⁸ Der Gewinn, der bei der Veräußerung der Unterbeteiligung entsteht, ist nur in Fällen der Spekulation steuerpflichtig (§§ 22, 23 EStG). Sollte die Unterbeteiligung beim Unterbeteiligten zu einem **Betriebsvermögen** gehören, liegen aber **gewerbliche Einkünfte** vor (§ 15 Abs. 1 Nr. 1 EStG). Auch der Veräußerungsgewinn ist dann steuerpflichtig, ggf. privilegiert nach §§ 15, 16, 34 EStG.

Die Gewinnanteile des Unterbeteiligten sind beim Hauptbeteiligten von seinem Gewinnanteil abzugsfähige **Sonderbetriebsausgaben oder Werbungskosten**, je nachdem, welcher Einkunftsart die Erträge der Hauptgesellschaft zuzuordnen sind und ob der Hauptbeteiligte seine Beteiligung im Privat- oder im Betriebsvermögen hält.²³⁹

bb) Atypische Unterbeteiligung

Handelt es sich um eine atypische Unterbeteiligung, so sind die Einkünfte beim Unterbeteiligten derselben **Einkunftsart** zuzurechnen **wie beim Hauptbeteiligten**. Stellt der Gewinn des Hauptbeteiligten gewerbliche Einkünfte dar, so handelt es sich beim Unterbeteiligten auch um gewerbliche Einkünfte gem. § 15 Abs. 1 Nr. 2 EStG; sind es freiberufliche Einkünfte i.S.v. § 18 EStG, sind sie es auch beim Unterbeteiligten. Tätigkeitsvergütungen, die der atypisch still Unterbeteiligte erhält, sind gem. § 15 Abs. 1 Nr. 2 EStG dem Gesamtgewinn zuzurechnen.²⁴⁰

Damit die Unterbeteiligung für die Mitgesellschafter der Hauptgesellschaft unberücksichtigt, vielleicht auch unentdeckt bleibt, wird in einer **gesonderten Feststellung der Einkünfte** aus der Unterbeteiligungsgesellschaft das Ergebnis der Gesellschaft ermittelt und beiden Gesellschaftern ihr Anteil direkt zugerechnet. Wenn alle Beteiligten einverstanden sind, kann die Unterbeteiligung auch im Feststellungsverfahren für die Hauptgesellschaft mitberücksichtigt werden.²⁴¹ Bei der Unterbeteiligung eines **zusammen veranlagten Ehegatten** an der Gesellschaftsbeteiligung des anderen Ehepartners soll eine gesonderte und einheitliche Gewinnfeststellung ausnahmsweise nicht erforderlich sein.²⁴²

Der Gewinn bei **Veräußerung der Unterbeteiligung** ist bei atypischer Unterbeteiligung zu versteuern (§ 16 Abs. 1 Nr. 2 EStG). Dabei bestehen die **Tarifbegünstigungen** gem. § 16 Abs. 4 und § 34 Abs. 1 und 2 Nr. 1 EStG.

Diese Auffassung wird allerdings vom FG Düsseldorf modifiziert: Zwar führe die atypische Unterbeteiligung an einem GmbH-Anteil als Nutzungsüberlassung von Kapital gegen Entgelt zu Einkünften aus Kapitalvermögen. Kein Entgelt für die Überlassung des Kapitals sei aber der Gewinn, der sich bei der Rückzahlung der Einlage daraus ergibt, dass der gewachsene Wert der Einlage zu vergüten ist. Solche Gewinne aus der Veräußerung der Unterbeteiligung gehörten auch nicht zu den Einkünften aus Gewerbebetrieb, weil eine Unterbeteiligung an einer GmbH keine Mitunternehmerschaft begründe, solange die Grenze einer sog. wesentlichen Beteiligung nicht überschritten sei.²⁴³

Der BFH²⁴⁴ hat dazu entschieden: Der wirtschaftliche Inhaber von Kapitalgesellschaftsanteilen erzielt originär sowohl Einkünfte nach § 20 Abs. 1 Nr. 1 EStG (Gewinnanteile und sonstige

---

[238] BFH DStR 2001, 1598.
[239] BFH BStBl II 1989, 34.
[240] BFH DStR 1998, 203.
[241] BFH BStBl II 1989, 343; zur Frage der Zurechnung von Sondervergütungen, z.B. Tätigkeitsvergütungen des atypisch Unterbeteiligten zum Gewinn der (Haupt-)Gesellschaft gem. § 15 Abs. 1 Nr. 2 EStG, siehe FG München DStRE 1997, 318, n.rk., aufgehoben durch BFH DStR 1998, 203; siehe für die atypisch stille Gesellschaft auch BFH DStRE 1999, 465 und zur Anwendung des § 15a EStG FG Düsseldorf DStRE 1997, 710; *Kempermann*, FR 1998, 248.
[242] FG Düsseldorf DStRE 2001, 1208.
[243] FG Düsseldorf DStRE 2001, 1208.
[244] BFH BB 2005, 2386 = GmbHR 2005, 1633 m. Anm. *Heinz/Hageböke*; dazu auch *Schulze zur Wiesche*, GmbHR 2006, 630; *Pupeter*, GmbHR 2006, 911.

Bezüge) als auch diejenigen nach § 17 EStG (Gewinne oder Verluste aus der Anteilsveräußerung). Die wirtschaftliche Inhaberschaft wird dem an einem Kapitalgesellschaftsanteil Unterbeteiligten nur dann vermittelt, wenn er nach dem Inhalt der getroffenen Abrede alle mit der Beteiligung verbundenen wesentlichen Rechte (Vermögens- und Verwaltungsrechte) ausüben und im Konfliktfall effektiv durchsetzen kann. Auch kurze Haltezeiten können dann die wirtschaftliche Zurechnung von Anteilsrechten begründen, wenn dem Berechtigten (hier: Unterbeteiligten) der in der Zeit seiner Inhaberschaft erwirtschaftete Erfolg (einschließlich eines Substanzwertzuwachses) gebührt.

4. Sonderproblem: Notarielle Doppelvollmacht bei Beteiligung Minderjähriger
a) Pflegerbestellung bei Insichgeschäften

205 Wenn ein Insichgeschäft vorliegt, können die Eltern regelmäßig auch im Rahmen schenkweiser Begründung das Kind nicht vertreten (vgl. § 1795 Abs. 2 BGB). Das gilt auch dann, wenn nur ein Elternteil das Rechtsgeschäft mit dem Kind abschließen will, beide Elternteile aber die Vermögenssorge für das Kind gemeinsam haben. Es ist deshalb gem. § 1909 BGB ein **Ergänzungspfleger** zu bestellen.

b) Genehmigung, Bekanntgabe, Mitteilung und Empfangnahme

206 Bei Rechtsgeschäften, die Eltern, Pfleger oder Betreuer für den Minderjährigen abschließt, die der Genehmigung des Familiengerichts bedürfen, wird die nach Vertragsabschluss erteilte gerichtliche Genehmigung erst wirksam, wenn das Gericht sie dem Elternteil, Pfleger, Betreuer oder den Eltern erteilt hat und der Vertreter sie dem anderen Vertragsteil mitgeteilt hat.[245] Handelt es sich um Grundstücksangelegenheiten, ist die Mitteilung der Genehmigung an den Vertragsgegner mindestens in öffentlich beglaubigter Form (§ 29 GBO) dem Grundbuchamt nachzuweisen.

c) Problematik der Doppelvollmacht

207 Häufig wird der Notar in solchen Fällen vom gesetzlichen Vertreter zur Empfangnahme der Genehmigung und zur Mitteilung an den anderen Vertragsteil sowie von diesem zur Empfangnahme der Mitteilung bevollmächtigt (sog. Doppelvollmacht). Beurkundungsrechtliche Bedenken stehen dem nicht entgegen. Der Notar darf diese doppelte Vollmacht auf sich selbst beurkunden, da es sich nicht um eine Angelegenheit von ihm selbst handelt.

208 Die familiengerichtliche **Genehmigung** ist **unverzüglich einzuholen**; wird sie alsbald erteilt, kann der Gesellschaftsvertrag auch steuerlich ab dem Zeitpunkt des Vertragsabschlusses anerkannt werden.[246] Andernfalls erfolgt die steuerliche Anerkennung ab Erteilung der familiengerichtlichen Genehmigung nur für die Zukunft.[247] Das gilt auch dann, wenn dem beurkundenden Notar die Vollmacht erteilt wird, die Genehmigung sowohl für den Schenker als auch für das beschenkte minderjährige Kind entgegen zu nehmen.[248]

209 Ein Erwerbsvorgang, der der gerichtlichen Genehmigung bedarf, ist nämlich auch in steuerlicher Hinsicht nicht vor deren Erteilung verwirklicht, wenn die Vertragsbeteiligten den beurkundenden Notar beauftragen und ermächtigen, die Genehmigung für den Vormund (gesetz-

---

245 Dazu umfassend *Grauel*, ZNotP 2000, 152; *Rust*, DStR 2005, 1942 und 1992; *Schöner/Stöber*, Grundbuchrecht, 13. Aufl. 2004, Rn 3680 ff.
246 BFH BStBl II 1981, 435.
247 BFH BStBl II 1968, 671 und BStBl II 1973, 287.
248 BFH DStR 2000, 775, dazu auch *Grauel*, ZNotP 2000, 152.

lichen Vertreter eines Minderjährigen) entgegenzunehmen und den anderen Vertragsbeteiligten mitzuteilen sowie zugleich diese Mitteilung für die anderen Vertragsbeteiligten zu empfangen (sog. Doppelvollmacht).

Wenn die Bevollmächtigung des Notars, den Erwerbern die Genehmigung des Familiengerichts mitzuteilen, jederzeit widerruflich ist, lässt sie den Eltern als gesetzlichen Vertretern weiterhin die volle Entscheidungsfreiheit darüber, ob der Vertrag wirksam werden soll. Erzeugt das genehmigungsbedürftige Rechtsgeschäft während der Schwebezeit keine Bindungswirkung, so ist der Erwerbsvorgang vor dem Wirksamwerden der vormundschaftsgerichtlichen Genehmigung nicht verwirklicht.[249]

d) Verlautbarungen nach außen

Dabei ist es notwendig, dass der Notar den inneren Willen, die Genehmigung sich selbst als Vertreter des Vertragsgegners mitzuteilen und für diesen entgegenzunehmen, als Doppelbevollmächtigter nach außen hin erkennbar macht. In der Praxis geschieht dies regelmäßig durch die Erteilung einer beglaubigten Abschrift oder Ausfertigung einschließlich einer beglaubigten Abschrift der Ausfertigung des Genehmigungsbeschlusses des Gerichts oder durch einen entsprechenden Vermerks des Notars auf dem Genehmigungsbeschluss. Nach wohl herrschender Auffassung handelt es sich bei dem Vermerk, den der Notar auf dem Genehmigungsbeschluss anbringt, um eine **Eigenurkunde des Notars**, die er mit seinem Amtssiegel versehen muss. Eine solche Eigenurkunde soll dabei den Formerfordernissen des § 29 GBO genügen.

aa) Muster: Notarielle Doppelvollmacht — M 192

_____ (Doppelvollmacht/Empfangnahme/Mitteilung)[250]
Der gesetzliche Vertreter _____ (Eltern, Vormund, Pfleger, Betreuer), der sich die Genehmigung des Familiengerichts oder Betreuungsgerichts vorbehält und sie hiermit beantragt, bevollmächtigt den amtierenden Notar, diese Genehmigung vom Familiengericht bzw. Betreuungsgericht für ihn in Empfang zu nehmen und sie den anderen Vertragsbeteiligten mitzuteilen. Diese bevollmächtigen den Notar zur Empfangnahme der Mitteilung.
Die Empfangnahme und die Mitteilung sollen durch die Einreichung einer Ausfertigung/beglaubigten Abschrift dieser Urkunde mit einer beglaubigten Abschrift des Genehmigungsbeschlusses zu den Grundakten als bewirkt gelten.
Alternativ zum vorigen Absatz:
Die Empfangnahme und die Mitteilung sollen als bewirkt gelten durch Unterzeichnung eines diesbezüglichen Vermerks unter der Genehmigungsurkunde durch den Notar.

bb) Muster: Vermerk, den der Notar auf dem Genehmigungsbeschluss anbringt — M 193

Diese mir als dem Bevollmächtigten des gesetzlichen Vertreters _____ (Eltern, Pfleger/Betreuer) zugegangene Genehmigung habe ich heute in dieser Eigenschaft mir selbst als gleichzeitigem Bevollmächtigten des Vertragsgegners mitgeteilt und für ihn in Empfang genommen.
_____ (Ort, Datum, Unterschrift des Notars)

---

249 BFH DStR 2000, 775; BFH BStBl II 1999, 606.
250 *Grauel*, ZNotP 2000, 152.

e) Notarielle Gebühren

214 Für die Entgegennahme der betreuungsgerichtlichen oder familiengerichtlichen Genehmigung durch den Notar nach § 1829 BGB und die Verschaffung der Wirksamkeit im Wege des Selbstkontrahierens entsteht nach herrschender Meinung eine Gebühr nach § 147 Abs. 2 KostO zum Geschäftswert von 10 bis 20% des Wertes des genehmigungspflichtigen Geschäfts,[251] nach einer Mindermeinung dagegen keine Gebühr.[252]

B. Muster

I. Stille Gesellschaft

1. Typischer Sachverhalt

215 Der Unternehmer hat sein bisher einzelkaufmännisch betriebenes Unternehmen aus Altersgründen an einen qualifizierten jüngeren Mitarbeiter verkauft, da er in seiner Familie selbst keinen geeigneten Nachfolger hatte. Da der Käufer wirtschaftlich nicht in der Lage war, den vollen angemessenen Kaufpreis aufzubringen bzw. zu finanzieren, aber auch aufgrund der Verbundenheit mit seinem Unternehmen, hat der Unternehmer sich bereit gefunden, einen Restbetrag des Kaufpreises in eine Einlage umzuwandeln und sich mit dieser weiterhin am Unternehmen zu beteiligen. Echte unternehmerische Mitsprache- und Kontrollrechte sollen ihm aber nicht mehr eingeräumt werden. Wirtschaftlich kommt dies einem teilweisen Verkauf auf Raten nahe. Der so in eine Einlage umgewandelte Restkaufpreis stellt letztlich auch einen Teil der laufenden Alters- und Hinterbliebenenversorgung des Unternehmers dar. Alternativ wäre auch etwa die Vereinbarung eines partiarischen Darlehens in Betracht gekommen.

M 194 2. Muster: Vertrag über die Errichtung einer typischen stillen Gesellschaft mit einem Einzelkaufmann

216 *Vertrag über die Errichtung einer typischen stillen Gesellschaft*[253]

zwischen

_____,

– im Folgenden auch Geschäftsinhaber genannt –
und

_____,

– im Folgenden auch stiller Gesellschafter genannt –

§ 1 Einlage des stillen Gesellschafters

(1) Der Geschäftsinhaber ist alleiniger Inhaber des unter der eingetragenen Firma _____ in _____ betriebenen Einzelhandelsgeschäfts, eingetragen im Handelsregister des Amtsgerichts _____ unter HRA _____.

(2) An diesem vom Geschäftsinhaber betriebenen Handelsgewerbe beteiligt sich _____ als stiller Gesellschafter mit einer Bareinlage von _____ EUR (in Worten: _____ EUR). Diese Einlage ist/wird wie folgt erbracht: _____.

---

251 *Grauel*, ZNotP 2000, 152; *Korintenberg/Lappe/Bengel*, KostO, 15. Aufl. 2002, § 147 Rn 64.
252 KG DNotZ 1973, 39.
253 Der Vertrag bedarf, soweit die Einlage des stillen Gesellschafters nicht geschenkt wird (§ 518 BGB), nicht der notariellen Form.

(3) Der stille Gesellschafter ist weder an der Vermögenssubstanz noch am Firmenwert oder sonstigen immateriellen Wirtschaftsgütern des Unternehmens des Geschäftsinhabers beteiligt.

§ 2 Konten des stillen Gesellschafters
(1) Die Einlage des stillen Gesellschafters wird auf einem für ihn errichteten Einlagekonto verbucht. Der stille Gesellschafter kann ohne Kündigung der Gesellschaft keine Auszahlung zu Lasten dieses Einlagekontos verlangen. Das Konto ist unverzinslich.
(2) Auf einem Verlustkonto als Gegenkonto zum Einlagekonto werden die auf den stillen Gesellschafter entfallenden Verluste gebucht. Solange das Verlustkonto belastet ist, werden auf diesem die auf den stillen Gesellschafter entfallenden Gewinnanteile gebucht, bis dieses Konto ausgeglichen ist.
(3) Nicht die Einlage oder ihre Erhöhung berührende Vorgänge werden auf einem Privatkonto verbucht, das mit _____ v. H. über dem jeweiligen Basiszinssatz zu verzinsen ist. Der stille Gesellschafter kann mit einer Kündigungsfrist von drei Monaten insgesamt oder teilweise Rückzahlung dieses Privatkontos verlangen. Entsprechendes gilt für die Auszahlungsberechtigung des Geschäftsinhabers.

§ 3 Dauer der Gesellschaft
(1) Als Dauer der Gesellschaft wird die Zeit vom _____ bis _____ fest vereinbart.
(2) Sie kann erstmals mit einer Frist von _____ Monaten zu dem in Abs. 1 bezeichneten Termin nach Maßgabe von § 12 gekündigt werden.
(3) Erfolgt keine Kündigung, verlängert sich die Gesellschaft um jeweils _____ Jahre.
(4) _____ Monate vor Ablauf des in Abs. 3 bestimmten Zeitpunktes kann die Gesellschaft nach Maßgabe des § 12 gekündigt werden.

§ 4 Geschäftsführung
(1) Die Geschäftsführung wird allein von dem Geschäftsinhaber wahrgenommen.
(2) Der Geschäftsinhaber bedarf zur Vornahme von Handlungen, die über den gewöhnlichen Geschäftsbetrieb hinausgehen, der vorherigen Zustimmung des stillen Gesellschafters. Als über den gewöhnlichen Geschäftsbetrieb hinausgehend gelten insbesondere:
– Änderung der Firma oder des Unternehmensgegenstandes;
– Änderung der Unternehmensform;
– Aufnahme neuer Gesellschafter einschließlich der Beteiligung weiterer stiller Gesellschafter oder der Einräumung von Nießbrauchrechten;
– Einstellung, Aufgabe oder Veräußerung des Unternehmens sowie dessen Verpachtung.
(3) Der Geschäftsinhaber hat den stillen Gesellschafter schriftlich zur Zustimmung aufzufordern. Gibt der stille Gesellschafter binnen drei Wochen nach Zugang der Aufforderung keine Erklärung ab, gilt sein Schweigen als Zustimmung.
(4) Der Geschäftsinhaber erhält für seine Geschäftsführertätigkeit eine feste monatliche Vergütung von _____ EUR, die ungeachtet ihrer steuerlichen Behandlung, im Innenverhältnis der Vertragsparteien als Aufwand zu verbuchen ist.

§ 5 Informationsrechte des stillen Gesellschafters
(1) Dem stillen Gesellschafter stehen die Rechte nach § 716 BGB zu. Außerdem ist er berechtigt, den Jahresabschluss des Geschäftsinhabers und die Buchführung durch einen Wirtschaftsprüfer oder eine Wirtschaftsprüfungsgesellschaft oder eine sonstige sachverständige und zur beruflichen Verschwiegenheit verpflichtete Person prüfen zu lassen. Diese Kontroll- und Informationsrechte stehen ihm auch nach Auflösung des Gesellschaftsverhältnisses bis zur endgültigen Festsetzung des Abfindungsguthabens zu. Die Kosten der Prüfung werden von ihm getragen.
(2) Über die Angelegenheiten der Gesellschaft hat der stille Gesellschafter Stillschweigen zu bewahren. Diese Verpflichtung gilt auch für die Dauer von _____ Jahren nach Beendigung der Gesellschaft, es sei denn, das Interesse des Geschäftsinhabers erfordert keine Erfüllung dieser Verpflichtung.

§ 6 Geschäftsjahr und Aufstellung des Jahresabschlusses
(1) Das Geschäftsjahr der Gesellschaft ist das Kalenderjahr und beginnt am _____ und endet am darauf folgenden 31. Dezember.
(2) Spätestens innerhalb von _____ Monaten nach Ablauf des Geschäftsjahres hat der Geschäftsinhaber für das abgelaufene Geschäftsjahr eine Bilanz sowie eine Gewinn- und Verlustrechnung (Jahresabschluss) aufzustellen und dem stillen Gesellschafter abschriftlich mitzuteilen. Eventuelle Einwendungen gegen den Jahresabschluss hat der stille Gesellschafter binnen _____ Wochen nach dessen Erhalt dem Geschäftsinhaber gegenüber schriftlich geltend zu machen.

§ 7 Gewinn- und Verlustbeteiligung bei Änderung der Kapitalverhältnisse
(1) Bei der Beteiligung eines weiteren stillen Gesellschafters am Handelsgeschäft des Geschäftsinhabers werden die Parteien die Gewinn- und Verlustbeteiligung angemessen neu festsetzen.
(2) Ändert sich das Kapital in der Bilanz des Geschäftsinhabers, die diesem Vertrag zugrunde liegt und als Anlage beigefügt ist, kann der stille Gesellschafter eine Erhöhung seiner Kapitaleinlage in entsprechender Weise verlangen. Die Einlage des stillen Gesellschafters ist binnen _____ Wochen fällig, nachdem ihm der Geschäftsinhaber die Kapitalerhöhung schriftlich angezeigt hat. Erhöht der stille Gesellschafter seinen Kapitalanteil nicht, werden die Vertragsparteien seine Gewinn- und Verlustbeteiligung neu vereinbaren.

§ 8 Ergebnisbeteiligung des stillen Gesellschafters
(1) Grundlage der Ermittlung der Ergebnisbeteiligung (Gewinn und Verlust) des stillen Gesellschafters ist der nach § 6 aufgestellte Jahresabschluss des Geschäftsinhabers, der zu Zwecken der Ermittlung der Ergebnisbeteiligung des stillen Gesellschafters nach Maßgabe der folgenden Absätze zu korrigieren ist.
(2) Weicht die Gewinnermittlung des handelsrechtlichen Jahresabschlusses von steuerlichen Gewinnermittlungsvorschriften und -grundsätzen ab, ist die steuerliche Gewinnermittlung der Bestimmung der Ergebnisbeteiligung zugrunde zu legen.
(3) Soweit in dem modifizierten Jahresabschluss nach Abs. 2 enthalten, wird dieser zur Ermittlung der Ergebnisbeteiligung so geändert, dass den Gewinnen hinzuzusetzen bzw. von den Verlusten abzusetzen sind:
- An die Stelle von nach steuerrechtlichen Vorschriften vorgenommenen erhöhten Absetzungen und Sonderabschreibungen treten die betriebswirtschaftlichen Grundsätzen entsprechenden Absetzungen und Abschreibungen.
- Erträge oder Verluste aus der Veräußerung, dem Abgang oder Zugang/Zuschreibung von Wirtschaftsgütern des Anlagevermögens sowie Ergebnisse außergewöhnlicher Geschäftsvorfälle aus Sachverhalten, die vor dem Beginn der stillen Gesellschaft begründet worden sind.
- Die auf den stillen Gesellschafter entfallenden Ergebnisanteile.
- Zinsbelastungen an den Geschäftsinhaber.
- Aufwendungen zur Bildung steuerfreier Rücklagen werden hinzugerechnet, soweit dadurch nicht die Realisierung stiller Reserven ausgeglichen werden soll, an der der stille Gesellschafter nicht beteiligt ist.
- Erträge aus vor dem Beginn der stillen Gesellschaft gebildeten Rückstellungen und Rücklagen bleiben unberücksichtigt.
- Erhaltene steuerfreie Investitionszulagen werden dem Ergebnis hinzugerechnet, soweit sie im steuerlichen Ergebnis nicht enthalten sind; haben sie die Anschaffungs- oder Herstellungskosten gemindert, nimmt der stille Gesellschafter jedoch an Gewinnen teil, die bei der Veräußerung der zulagebegünstigten Wirtschaftsgüter entstehen.

(4) Soweit in dem der Ergebnisermittlung zugrunde gelegten Jahresabschluss nicht enthalten, werden korrigiert, d.h. vermindern den Gewinn bzw. erhöhen einen Verlust:
- Erträge aus der Ablösung steuerfreier Rücklagen;

– Tätigkeitsvergütungen oder Zinsen, die dem Geschäftsinhaber gutgeschrieben worden sind;
– Erträge aus der Veräußerung von Wirtschaftsgütern des Anlagevermögens, soweit diese Wirtschaftsgüter bei Beginn der stillen Gesellschaft bereits vorhanden waren.

(5) Der nach den vorstehenden Absätzen modifizierte Jahresabschluss bildet die Bemessungsgrundlage der Ergebnisbeteiligung des stillen Gesellschafters. Von dem so ermittelten Ergebnis entfallen auf den stillen Gesellschafter _____ Prozent, höchstens aber ein Betrag von _____ EUR. Am Verlust ist der stille Gesellschafter mit _____ Prozent dieses Ergebnisses, jedoch nicht über einen Betrag von jährlich _____ EUR hinaus beteiligt.

(6) Kommt es aufgrund einer steuerlichen Außenprüfung zu Änderungen der Jahresabschlüsse, die der Ermittlung der Ergebnisbeteiligung des stillen Gesellschafters zugrunde gelegt worden sind, tritt eine Änderung der Grundlage für die Ermittlung der Ergebnisbeteiligung ein. An Mehrergebnissen aufgrund einer steuerlichen Außenprüfung ist der stille Gesellschafter nach den in Abs. 5 festgelegten Prozentsätzen zu beteiligen.

(7) In Anrechnung auf den Gewinnanteil sind dem stillen Gesellschafter monatlich, und zwar beginnend am _____, zahlbar bis zum _____ eines jeden Monats, _____ EUR (in Worten: _____ EUR) zu zahlen. Falls der stille Gesellschafter aufgrund dieser Vorauszahlungen mehr erhalten hat, als ihm für das Geschäftsjahr aufgrund der endgültigen Ergebnismitteilung zusteht, ist der zu viel gezahlte Betrag auf die monatlichen Vorauszahlungen des folgenden Geschäftsjahrs anzurechnen.

(8) Darüber hinaus kann der stille Gesellschafter die Auszahlung derjenigen Beträge, ggf. darlehensweise, verlangen, die zur Zahlung der mit der stillen Beteiligung erforderlichen Steuern fällig werden.

(9) Die Abrechnung der für ein Geschäftsjahr dem stillen Gesellschafter zustehenden Ergebnisbeteiligung nach Verrechnung mit Vorauszahlungen hat innerhalb einer Frist von _____ Monaten nach Abschluss des Geschäftsjahres des Geschäftsinhabers zu erfolgen.

§ 9 Anspruch auf Erhöhung der Einlage
Der stille Gesellschafter kann verlangen, dass Gewinnanteile pro Jahr von höchstens _____ EUR und insgesamt von _____ EUR seinem Einlagekonto gutgeschrieben werden (Erhöhung seiner Einlage). Dieses Verlangen hat er dem Geschäftsinhaber binnen einer Frist von _____ Wochen nach Fälligkeit des Gewinnanspruchs schriftlich mitzuteilen. Eine Einlageerhöhung von je _____ EUR erhöht die Gewinn- oder Verlustbeteiligung um _____%.

§ 10 Verfügungen über die stille Beteiligung
(1) Der stille Gesellschafter kann seine Beteiligung insgesamt auf seinen Ehegatten oder seine Abkömmlinge übertragen. Den Abkömmlingen können auch Unterbeteiligungen oder Nießbrauchrechte daran eingeräumt werden.
(2) Weiter gehende Verfügungen über die Beteiligung oder einzelne Rechte daraus sind nicht zulässig. Ein Verstoß berechtigt den Inhaber zur Kündigung aus wichtigem Grund.

§ 11 Tod eines Gesellschafters
(1) Stirbt der Geschäftsinhaber, so wird die stille Gesellschaft nicht aufgelöst, sondern mit seinen Erben fortgesetzt, soweit diese den Geschäftsbetrieb weiterführen.
(2) Beim Tod des stillen Gesellschafters treten dessen Erben an seine Stelle.
(3) Der stille Gesellschafter kann Testamentsvollstreckung anordnen.

§ 12 Kündigung
(1) Die Kündigung hat schriftlich zu erfolgen.
(2) Die ordentliche Kündigung ist innerhalb der in § 3 Abs. 2 genannten Fristen möglich.
(3) Ohne Einhaltung einer Kündigungsfrist kann die Gesellschaft jederzeit bei Vorliegen eines wichtigen Grundes gekündigt werden. Ein wichtiger Grund ist gegeben, wenn Umstände eintreten, bei de-

ren Vorliegen einem Gesellschafter die Fortsetzung des Gesellschaftsverhältnisses billigerweise nicht zugemutet werden kann. Als wichtiger Grund für eine Kündigung gilt insbesondere:
- Verstoß gegen wesentliche sich aus diesem Vertrag ergebende Verpflichtungen;
- Zwangsvollstreckungsmaßnahmen oder Einleitung eines Insolvenzverfahrens gegen den Geschäftsinhaber oder den stillen Gesellschafter, falls sie nicht binnen vier Wochen nach Eintritt der Maßnahme durch Zahlung abgewendet werden;
- schwerwiegende Verstöße des Geschäftsinhabers bei der Ausübung der ihm obliegenden Geschäftsführung;
- Ertraglosigkeit der Gesellschaft während einer Dauer von _____ Geschäftsjahren.

(4) Der Gesellschafter, der selbst die Veranlassung zur Kündigung aus wichtigem Grund gegeben hat, ist nicht zur Kündigung berechtigt.

§ 13 Beendigung – Auseinandersetzung
(1) Bei Beendigung der Gesellschaft ist der stille Gesellschafter abzufinden.
(2) Zur Ermittlung der Abfindung ist auf den Tag der Beendigung der stillen Gesellschaft eine Auseinandersetzungsbilanz auf der Grundlage der in § 8 genannten Grundsätze aufzustellen; stille Reserven und ein etwaiger Firmenwert sind nicht zu berücksichtigen.
(3) Diese Abfindung besteht aus
- der Rückzahlung der Einlage des stillen Gesellschafters nach Saldierung mit einem bestehenden Verlustgegenkonto;
- einem Anteil an den am Tag der Beendigung der Gesellschaft schwebenden Geschäften.

Ergibt sich bei dieser Berechnung ein negativer Saldo, ist dieser von dem stillen Gesellschafter bis zur Höhe seiner Verlustbeteiligung (§ 8 Abs. 1) auszugleichen.

§ 14 Auszahlung der Abfindung
(1) Wird die Gesellschaft wegen eines vom Geschäftsinhaber zu vertretenden wichtigen Grundes aufgelöst, sind die Ansprüche des stillen Gesellschafters sofort zu erfüllen. In den übrigen Fällen entsteht der Anspruch auf Auszahlung des Guthabens des stillen Gesellschafters mit der Auflösung der stillen Gesellschaft; die Auszahlung kann jedoch bis zu _____ Monate nach diesem Termin erfolgen. Für diesen Zeitraum ist das Guthaben mit _____ v. H. über dem jeweils gültigen Basiszinssatz zu verzinsen.
(2) Wird die der Auseinandersetzung zugrunde zu legende Steuerbilanz nachträglich durch eine steuerliche Außenprüfung geändert, ist der stille Gesellschafter an einem dadurch entstehenden Mehrgewinn auch nach seinem Ausscheiden in Höhe seines Gewinnbezugsrechts zu beteiligen. Für Minderergebnisse gilt Entsprechendes.
(3) Unabhängig von den vorstehenden Bestimmungen ist das Privatkonto des Stillen Gesellschafters mit der Beendigung der stillen Gesellschaft auszuzahlen bzw. auszugleichen.

§ 15 Wettbewerbsverbot
(1) Während des Bestehens der stillen Gesellschaft ist der Geschäftsinhaber nicht berechtigt, in den räumlichen Grenzen _____ ein Handelsgewerbe, dessen Gegenstand mit dem dieser Gesellschaft wirtschaftlich ganz oder teilweise identisch ist, zu errichten oder sich an einem solchen in irgendeiner Form zu beteiligen oder für ein solches mittelbar oder unmittelbar tätig zu werden.
(2) Handelt der Geschäftsinhaber dieser Verpflichtung in irgendeiner Form zuwider, hat er dem stillen Gesellschafter für jeden Fall der Verletzung eine Vertragsstrafe von _____ EUR (in Worten: EUR _____) zu zahlen. Außerdem ist der stille Gesellschafter zur fristlosen Kündigung dieses Gesellschaftsvertrages berechtigt.

§ 16 Sicherung der Ansprüche des stillen Gesellschafters
_____ (gewünschte Regelung über die Sicherheitenbestellung einsetzen)

§ 17 Kosten des Vertrages
Die Kosten dieses Vertrages übernimmt der Geschäftsinhaber/der Stille Gesellschafter.

§ 18 Schiedsklausel
Für alle Streitigkeiten aus diesem Vertrag wird laut besonderer Urkunde die ausschließliche Zuständigkeit eines Schiedsgerichts vereinbart.

§ 19 Schlussbestimmungen
(1) Vertragsänderungen, einschließlich der Abbedingung dieses Schriftformerfordernisses, bedürfen der Schriftform.
(2) Die Ungültigkeit oder Unvollständigkeit einzelner Bestimmungen dieses Vertrages berührt seine Wirksamkeit im Ganzen nicht, vielmehr ist anstelle der unwirksamen Bestimmung oder zur Ausfüllung einer Lücke eine angemessene Regelung durch die Vertragschließenden zu vereinbaren, die der am nächsten kommt, was dieselben gewollt haben oder nach dem Sinn und Zweck des Vertrages gewollt haben würden, sofern sie die Ungültigkeit oder Unvollständigkeit der Bestimmung bedacht hätten.
_____ (Ort und Datum)
_____ (Unterschriften der Gesellschafter)

3. Typischer Sachverhalt

Die Gesellschaft in der Rechtsform einer GmbH & Co. KG ist ein sehr innovatives und erfolgreiches Unternehmen, das wegen seiner Expansionspläne erheblichen Bedarf an Risikokapital hat. Ein wichtiger Geschäftspartner ist bereit, sich mit solchem Risikokapital zu beteiligen, will sich aber aus geschäftspolitischen Gründen nicht nach außen als Mitgesellschafter zu erkennen geben, was bei der Rechtsform der Kommanditgesellschaft bei einer unmittelbaren Beteiligung wegen der Handelsregisterpublizität aber automatische Folge wäre.[254] Aus steuerlichen Gründen soll auch die Rechtsform der Personengesellschaft nicht geändert werden, insbesondere um eine unmittelbare Zuordnung der zu erwartenden Anfangsverluste zur Einkommensteuerebene der Beteiligten zu gewährleisten. Deshalb wird die Beteiligung als atypisch stille Gesellschaft vereinbart, da so sowohl eine echte Mitunternehmerschaft entstehen kann als auch dem Bedürfnis nach Anonymität Rechnung getragen werden kann (zur steuerlichen Behandlung siehe Rn 82ff.). 217

4. Muster: Vertrag über die Errichtung einer atypischen stillen Gesellschaft mit einer GmbH & Co. KG

M 195

Vertrag über die Errichtung einer stillen Gesellschaft[255] 218

zwischen
1. der Firma _____ GmbH & Co. KG, vertreten durch die Firma _____-Verwaltungsgesellschaft mbH, diese vertreten durch den Geschäftsführer _____ (Anschrift)
  – im Folgenden „die Inhaberin" genannt –
und
2. _____, wohnhaft _____
  – im Folgenden „der stille Gesellschafter" genannt –

---

[254] Siehe §§ 162 Abs. 1, 106 Abs. 2 HGB.
[255] Der Vertrag bedarf, soweit die Einlage des stillen Gesellschafters nicht geschenkt wird (§ 518 BGB), nicht der notariellen Form. Bei notarieller Beurkundung entsteht eine 20/10-Gebühr gem. § 36 Abs. 2 KostO zum Geschäftswert nach § 39 Abs. 1 KostO.

§ 1 Einlage
Der stille Gesellschafter beteiligt sich an dem Handelsunternehmen der Inhaberin mit einer Einlage von _____ EUR. Ein Teilbetrag der Einlage in Höhe von _____ EUR ist durch Bareinzahlung bis zum Beginn der stillen Gesellschaft zu leisten; der Restbetrag in Höhe von _____ EUR wird aus künftigen Gewinnanteilen des stillen Gesellschafters geleistet.

§ 2 Dauer der Gesellschaft
(1) Die stille Gesellschaft beginnt am 1.1._____ und wird auf unbestimmte Dauer abgeschlossen. Das Geschäftsjahr der stillen Gesellschaft entspricht dem Geschäftsjahr der Inhaberin. Die stille Gesellschaft kann von beiden Vertragsparteien jeweils mit einer Kündigungsfrist von _____ Monaten zum jeweiligen Geschäftsjahresende gekündigt werden, erstmalig jedoch zum _____. Die Kündigung erfolgt in Schriftform gegenüber der anderen Vertragspartei.
(2) Das Recht zur fristlosen Kündigung aus wichtigem Grund bleibt für beide Vertragsparteien unberührt. Als wichtige Gründe gelten insbesondere
- Auflösung der Inhaberin;
- Eröffnung des Insolvenzverfahrens über das Vermögen der Inhaberin oder über das Vermögen des stillen Gesellschafters;
- Zwangsvollstreckungsmaßnahmen in das Vermögen der anderen Vertragspartei, soweit diese Maßnahmen nicht spätestens innerhalb eines Monats wieder aufgehoben worden sind;
- Abschluss und/oder Durchführung von Handlungen oder Rechtsgeschäften, die nach diesem Vertrag der Zustimmung der anderen Vertragspartei bedürfen, ohne die erforderliche Zustimmung.

§ 3 Jahresabschluss
(1) Die Inhaberin hat innerhalb von _____ Monaten nach Ablauf eines jeden Geschäftsjahres ihren Jahresabschluss zu erstellen und dem stillen Gesellschafter abschriftlich oder in Fotokopie zu übermitteln.
(2) Der Jahresabschluss hat, soweit handelsrechtlich zulässig, den einkommensteuerlichen Gewinnermittlungsvorschriften zu entsprechen. Werden im Rahmen der steuerlichen Gewinnfeststellung oder aufgrund einer Außenprüfung andere Ansätze verbindlich als die im ursprünglichen Jahresabschluss enthaltenen, so sind diese auch für den stillen Gesellschafter maßgeblich.
(3) Dem stillen Gesellschafter steht das Recht zur Prüfung des Jahresabschlusses durch Einsicht in die Bücher und Geschäftsunterlagen binnen einer Frist von _____ Monaten nach Vorlage des Jahresabschlusses an den stillen Gesellschafter zu. Der stille Gesellschafter kann die Prüfung auch durch eine sachkundige und zur Berufsverschwiegenheit verpflichtete Person vornehmen lassen.

§ 4 Gewinn- und Verlustbeteiligung
(1) Grundlage für die Gewinn- und Verlustbeteiligung des stillen Gesellschafters ist die Ermittlung des Gewinnes oder Verlustes, wie er sich aus dem Jahresabschluss der Inhaberin vor Berücksichtigung des auf die stille Gesellschafterin entfallenden Gewinn- oder Verlustanteils ergibt, jedoch mit folgender Maßgabe:
- Erhöhte Absetzungen und Sonderabschreibungen sind durch die betriebswirtschaftlichen Grundsätzen entsprechenden linearen und degressiven Absetzungen und Abschreibungen zu ersetzen.
- Herauszurechnen sind Einstellungen in steuerfreie Rücklagen oder Erträge aus der Auflösung solcher Rücklagen.
- Herauszurechnen sind Zinsen, die den Gesellschaftern der Inhaberin belastet worden sind, oder Tätigkeitsvergütungen bzw. Zinsen, die den Gesellschaftern der Inhaberin gutgeschrieben worden sind.

– Herauszurechnen sind außerordentliche Aufwendungen, soweit sie aus Geschäftsvorfällen herrühren, die vor Beginn der stillen Gesellschaft erfolgt sind und Erträge oder Verluste aus der Veräußerung oder Zerstörung von Wirtschaftsgütern des Anlagevermögens, soweit diese Wirtschaftsgüter im Zeitpunkt des Beginns der Gesellschaft bereits vorhanden waren.

(2) An dem nach vorstehenden Vorschriften ermittelten und berichtigten Gewinn bzw. Verlust nimmt der stille Gesellschafter in Höhe von _____% teil, höchstens jedoch in einer Höhe von _____% seiner Einlage. In jedem Fall ist die Verlustbeteiligung des stillen Gesellschafters bis zur Höhe seiner Einlage begrenzt.

(3) Gewinne sind dem Einlagenkonto bis zum Erreichen der vollständigen Einlage gutzuschreiben.

Alternativ:

§ 4 *Gewinn und Verlustbeteiligung*

(1) Die Gewinn- oder Verlustbeteiligung des stillen Gesellschafters wird auf der Grundlage des Jahresabschlusses der Inhaberin vor Berücksichtigung des auf den stillen Gesellschafter entfallenden Gewinn- oder Verlustanteils ermittelt. Tätigkeitsvergütungen der Gesellschafter der Inhaberin und etwaige Zinsen, die diesen gutgeschrieben oder belastet worden sind, sind dabei ebenfalls zuvor zu bereinigen.

(2) Der stille Gesellschafter nimmt an dem so ermittelten Betriebsgewinn oder -verlust mit _____% teil. Die Gewinnbeteiligung ist jedoch begrenzt auf _____% seiner Einlage; die Beteiligung an etwaigen Verlusten ist begrenzt bis zur Höhe seiner Einlage. Gewinne sind dem Einlagekonto bis zum Erreichen der vereinbarten Einlage gutzubringen.

§ 5 *Entnahmen*

(1) Der stille Gesellschafter ist berechtigt, Entnahmen zu Lasten des Guthabens auf seinem Darlehenskonto zu tätigen, wobei bis zur Höhe eines Auszahlungsbetrages von _____ EUR Auszahlungen jederzeit verlangt werden können und in darüber hinausgehender Höhe nur mit einer Kündigungsfrist von _____ Monaten. Entnahmen über _____ EUR hinaus pro Geschäftsjahr bedürfen darüber hinaus der Zustimmung der Inhaberin.

(2) Auszahlungen zu Lasten seines Einlagenkontos kann der stille Gesellschafter nicht verlangen.

(3) Die Inhaberin ist berechtigt, das Guthaben des stillen Gesellschafters auf dessen Darlehenskonto jederzeit ganz oder teilweise auszuzahlen.

§ 6 *Änderungen der Beteiligungsverhältnisse*

(1) Im Falle des Eintritts weiterer stiller Gesellschafter ist die Höhe der Gewinn- und Verlustbeteiligung angemessen neu festzusetzen.

(2) Wenn und soweit sich das haftende Kapital der Inhaberin ändert, ist dem stillen Gesellschafter die Möglichkeit einzuräumen, seine Einlage entsprechend zu ändern. Macht der stille Gesellschafter davon keinen Gebrauch, so ist sein Gewinn- und Verlustanteil angemessen neu festzusetzen.

(3) Der stille Gesellschafter ist berechtigt, mit einer Ankündigungsfrist von _____ Monaten zum Geschäftsjahresende durch Umwandlung von Gutschriften auf seinem Darlehenskonto bis zu einer Höhe von _____ EUR die Einlage mit Wirkung ab dem folgenden Geschäftsjahr zu erhöhen, wobei die Erhöhung der Einlage um jeweils volle _____ EUR einer Erhöhung der Gewinn- bzw. Verlustbeteiligung um jeweils 1% entspricht.

§ 7 *Informations- und Kontrollrechte des stillen Gesellschafters*

(1) Dem stillen Gesellschafter stehen, soweit in diesem Vertrag nichts anderes geregelt ist, die Informations- und Kontrollrechte gem. § 716 BGB zu. Dies gilt auch nach der Beendigung der Gesellschaft, solange und soweit dies zur Überprüfung des Auseinandersetzungsguthabens oder der sonstigen Vermögensrechte des stillen Gesellschafters erforderlich ist. Der stille Gesellschafter ist dabei

berechtigt, die Informations- und Kontrollrechte auch durch einen sachkundigen und zur Berufsverschwiegenheit verpflichteten Angehörigen eines freien Berufs wahrnehmen zu lassen.
(2) Bis zur Dauer von _____ Jahren nach Beendigung der stillen Gesellschaft ist der stille Gesellschafter verpflichtet, über alle ihm bekannt gewordenen Angelegenheiten der Gesellschaft Stillschweigen zu bewahren.

§ 8 Wettbewerbsverbot
(1) Während des Bestehens der stillen Gesellschaft darf die Inhaberin ohne Einwilligung des stillen Gesellschafters weder in dem Geschäftszweig des Unternehmens mittelbar oder unmittelbar tätig werden, noch ein Wettbewerbsunternehmen gründen, erwerben oder sich selbst oder durch Dritte an einem solchen beteiligen.
(2) Die Aufnahme von Wettbewerb im Sinne des vorstehenden Absatzes durch den stillen Gesellschafter ist der Inhaberin durch den stillen Gesellschafter zuvor mitzuteilen. In diesem Fall steht der Inhaberin ein Sonderkündigungsrecht mit einer Frist von _____ Monaten zum _____ zu.

§ 9 Verfügungen über die stille Beteiligung
(1) Der stille Gesellschafter ist berechtigt, seine Beteiligung ganz oder zum Teil auf seinen Ehegatten oder volljährige Abkömmlinge zu übertragen oder sie zu deren Gunsten mit einem Nießbrauch zu belasten oder Unterbeteiligungen zu deren Gunsten daran einzuräumen. Ein solcher Übertragungs- oder Belastungsvorgang kann nur einheitlich für das Einlage-, Darlehens- und Verlustkonto erfolgen.
(2) Verfügungen über die stille Beteiligung durch den stillen Gesellschafter in jeder Form zugunsten sonstiger Personen sind nur mit vorheriger schriftlicher Zustimmung der Inhaberin zulässig.

§ 10 Tod des stillen Gesellschafters/Testamentsvollstreckung
Beim Tode des stillen Gesellschafters wird die stille Gesellschaft mit dessen Erben nur fortgesetzt, wenn und soweit der stille Gesellschafter von seinen Abkömmlingen und/oder seinem Ehegatten beerbt wird. Werden weder Abkömmlinge noch Ehegatte des stillen Gesellschafters dessen Erben, endet die stille Gesellschaft mit dem Tode des stillen Gesellschafters. Die Anordnung der Testamentsvollstreckung am Nachlass des stillen Gesellschafters ist/ist nicht (*nicht Gewünschtes streichen*) zulässig.

§ 11 Auseinandersetzung
(1) Bei Beendigung der stillen Gesellschaft steht dem stillen Gesellschafter ein Abfindungsguthaben zu, das sich aus dem Saldo des Einlagen-, Darlehens- und Verlustkontos und seinem Anteil an einem etwaigen Firmenwert und den stillen Reserven des Vermögens der Inhaberin, bezogen auf den Tag der Beendigung der stillen Gesellschaft, errechnet. Für die Ermittlung der stillen Reserven gelten die Vorschriften im Gesellschaftsvertrag der Inhaberin entsprechend.
(2) Bei Beendigung der stillen Gesellschaft im Laufe eines Geschäftsjahres ist vom Kontostand am letzten vorausgehenden Bilanzstichtag der Inhaberin auszugehen. Dabei sind die inzwischen erfolgten Entnahmen und Einlagen zu bereinigen. Der stille Gesellschafter ist am Geschäftsergebnis des laufenden Geschäftsjahres zeitanteilig beteiligt. Der sich so ergebende anteilige Gewinn wird dem Abfindungsguthaben hinzugesetzt, ein sich etwa ergebender anteiliger Verlust davon abgezogen.

§ 12 Auszahlung des Abfindungsguthabens
(1) Ein sich zugunsten des stillen Gesellschafters ergebendes Abfindungsguthaben ist in drei gleichen Jahresraten auszuzahlen. Die erste Rate wird _____ Monate nach dem Stichtag des Ausscheidens zur Zahlung fällig, die zweite und dritte Rate jeweils ein Jahr danach. Ab Fälligkeit der ersten Rate sind die nicht ausgezahlten Teilbeträge jeweils mit einem Zinssatz von _____% jährlich über dem Basiszinssatz zu verzinsen. Die Zinsen sind anteilig mit der jeweiligen Rate zur Zahlung fällig.
(2) Die Inhaberin ist berechtigt, das Abfindungsguthaben ganz oder teilweise auch vor Fälligkeit auszuzahlen.

(3) Soweit sich zu Lasten des stillen Gesellschafters ein Negativsaldo ergibt, gilt die vorstehende Auszahlungs- und Fälligkeitsregelung einschließlich der Verzinsungsregelung entsprechend.

§ 13 Beendigung der stillen Gesellschaft/Liquidation der Inhaberin
Endet die stille Gesellschaft infolge der Auflösung der Inhaberin, so steht dem stillen Gesellschafter eine mit Beendigung der Liquidation insgesamt fällige Beteiligung am Liquidationserlös entsprechend dem Verhältnis des Wertes seiner Einlage zum Gesamtwert des Unternehmens zu. Die vorstehende Abfindungsregelung ist in diesem Fall nicht anwendbar.

§ 14 Sicherung der Einlage
Zur Sicherung der Einlage und der sonstigen Ansprüche des stillen Gesellschafters bestellt die Inhaberin zugunsten des stillen Gesellschafters folgende Sicherheiten: _____.

§ 15 Formvorschriften
Änderungen oder Ergänzungen dieses Vertrages bedürfen zu ihrer Wirksamkeit der Schriftform, sofern nicht eine strengere gesetzliche Formvorschrift gilt. Das Schriftformerfordernis gilt auch für die Abbedingung dieser Schriftformklausel.

§ 16 Ergänzende Bestimmungen
(1) Auf das Rechtsverhältnis finden, soweit keine anderen Regelungen in diesem Vertrag getroffen worden sind, die Bestimmungen der §§ 230 ff. HGB ergänzende Anwendung, soweit sie mit dem Sinn und Zweck der Regelung vereinbar sind.
(2) Wenn und soweit Bestimmungen dieses Vertrages oder künftige Vertragsbestimmungen rechtsunwirksam oder undurchführbar sein sollten oder ihre Rechtswirksamkeit oder Durchführbarkeit verlieren sollten, soll die Gültigkeit der übrigen Bestimmungen dieses Vertrages davon nicht berührt werden. Gleiches gilt, wenn sich herausstellt, dass der Vertrag eine Regelungslücke enthält. Anstelle der unwirksamen, undurchführbaren oder unvollständigen Regelung soll eine angemessene Regelung gelten, die, soweit rechtlich möglich, dem am nächsten kommt, was die Parteien gewollt oder nach Sinn und Zweck des Vertrages gewollt hätten, sofern sie bei Abschluss dieses Vertrages oder bei der späteren Aufnahme einer Bestimmung den Punkt bedacht hätten.
_____ (Ort, Datum)
_____ (Unterschrift Inhaberin, vertreten durch _____)
_____ (Unterschrift stiller Gesellschafter)

5. Typischer Sachverhalt
Die Gesellschaft in der Rechtsform einer GmbH ist ein Unternehmen in der Wachstumsphase, das wegen der Entwicklung innovativer Produkte bzw. wegen der erheblichen Kosten für den Marktzugang größeren Kapitalbedarf hat, der durch Bankkredit bzw. Leistungen der Gesellschafter nicht oder nicht vollständig gedeckt werden kann. Es steht ein externer potentieller Geldgeber zur Verfügung. Bei der Einlage des stillen Gesellschafters handelt es sich angesichts der Ungewissheit der wirtschaftlichen Entwicklung um Risikokapital. Der Geldgeber möchte deshalb einerseits bei Erfolg der Investitionsmaßnahmen nicht nur im Wege einer normalen Verzinsung auf sein eingesetztes Kapital beteiligt sein, sondern auch ggf. an einer nachhaltigen Gewinnentwicklung, an der Bildung stiller Reserven und an einem sich bildenden Firmenwert. Im Falle des Misserfolges oder im Falle weniger erfolgreicher Jahre will er zumindest steuerlich unmittelbar im Rahmen seiner persönlichen Einkommensbesteuerung die auf ihn anteilig entfallenden Verluste (zumindest bis zur Höhe seiner Einlage) geltend machen können.

Die atypisch stille Gesellschaft mit einer GmbH ermöglicht die Berücksichtigung beider Aspekte. Die GmbH & atypisch Still gilt als Mitunternehmerschaft i.S.v. § 15 EStG mit entsprechenden

Auswirkungen auf die Einkommensteuerebene des atypisch stillen Gesellschafters (siehe Rn 95 ff.). Die Feststellung des Gewinns und die Verteilung des Gewinns zwischen der GmbH und dem atypisch stillen Gesellschafter sind dabei im Rahmen des Verfahrens der einheitlichen und gesonderten Gewinnfeststellung gem. §§ 179 ff. AO vorzunehmen (siehe Rn 96). Insgesamt ist deshalb die GmbH & atypisch Still eine geeignete Gestaltungsform, um die sog. Abschirmungswirkung der Kapitalgesellschaft gegenüber ihren Gesellschaftern in ertragsteuerlicher Hinsicht zumindest teilweise auszuhebeln (siehe § 1 Rn 15 f.). Atypisch stille Gesellschafter einer GmbH können dabei selbstverständlich auch die Gesellschafter und/oder Geschäftsführer der GmbH sein.

M 196 6. Muster: Vertrag über die Errichtung einer GmbH & atypisch Still[256]

220

Vertrag über die Errichtung einer atypisch stillen Gesellschaft[257]

zwischen
1. _____GmbH, vertreten durch ihren/ihre Geschäftsführer _____
   – im Folgenden „die GmbH" genannt –
und
2. Kauffrau/Kaufmann _____
   – im Folgenden „stiller Gesellschafter" genannt –

Vorbemerkung
Die GmbH betreibt unter der vorstehend angegebenen Anschrift ein Unternehmen mit folgendem Gesellschaftsgegenstand: _____. An diesem Unternehmen wird der stille Gesellschafter im Wege der Begründung einer atypischen stillen Gesellschaft gemäß nachfolgenden Regelungen beteiligt:

§ 1 Einlage und Beteiligung
Der stille Gesellschafter leistet in das Vermögen der GmbH eine Bareinlage in Höhe von _____ EUR. Die Einlage ist zur Einzahlung fällig am _____/sofort fällig. Die Einlage wird auf einem Einlagekonto des stillen Gesellschafters gutgeschrieben.

§ 2 Beteiligung des stillen Gesellschafters am Gewinn und Verlust und am Vermögen
(1) Der stille Gesellschafter ist sowohl an den Erträgen der GmbH als auch an deren Vermögen einschließlich der immateriellen Werte, insbesondere eines etwaigen Geschäftswertes, beteiligt. Die Beteiligung an den Erträgen umfasst eine Beteiligung am Gewinn und am Verlust.
(2) Grundlage der Berechnung der Gewinnbeteiligung des stillen Gesellschafters ist der Gewinn, der sich aus der Steuerbilanz vor Abzug der Körperschaftsteuer ergibt. Darüber hinaus ist der stille Gesellschafter an außerordentlichen Erträgen beteiligt, die durch Anlageabgänge entstehen.
(3) Die Gewinnbeteiligung beträgt _____% der Bemessungsgrundlage gemäß vorstehender Regelung. Die Verlustbeteiligung entspricht der Gewinnbeteiligung.

§ 3 Gesellschafterkonten und Jahresabschluss
(1) Neben dem Einlagekonto wird für den stillen Gesellschafter ein Privatkonto geführt, auf dem seine Gewinnbeteiligung und seine etwaigen Entnahmen gebucht werden. Daneben wird ein besonderes

---
256 Wegen des Erfordernisses der notariellen Form und der Eintragung im Handelsregister siehe Rn 44 ff. Vergleiche auch das umfassende Muster von *Kandler*, in: Wurm/Wagner/Zartmann Rechtsformularbuch, Kap. 109, Muster 109.2.
257 Weitere Muster etwa bei *Schoor*, Die GmbH & Still im Steuerrecht, S. 138 ff.; Wurm/Wagner/Zartmann/*Kandler*, Rechtsformularbuch, S. 1919 ff.

Verlustkonto geführt, auf dem anfallende Verlustbeteiligungen gebucht werden. Wenn das Verlustkonto belastet ist, werden künftige Gewinnanteile dem Verlustkonto so lange gutgeschrieben, bis es ausgeglichen ist.
(2) Die GmbH ist verpflichtet, spätestens innerhalb einer Frist von _____ Monaten nach Ablauf ihres Geschäftsjahres ihren Jahresabschluss aufzustellen und dem stillen Gesellschafter in Form einer vollständigen Abschrift mitzuteilen.

§ 4 Geschäftsjahr
Das Geschäftsjahr der atypischen stillen Gesellschaft entspricht dem Geschäftsjahr der GmbH. Das erste Geschäftsjahr ist ein Rumpfgeschäftsjahr, das mit dem Tag des Wirksamwerdens dieses Gesellschaftsvertrages über eine atypisch stille Beteiligung beginnt und mit dem Ablauf des derzeit laufenden Geschäftsjahres der GmbH endet.

§ 5 Dauer der stillen Gesellschaft und Beendigungsregelung
(1) Die stille Gesellschaft kann durch beide Vertragsparteien mit einer Frist von _____ Monaten zum Ende eines jeden Geschäftsjahres gekündigt werden, erstmalig jedoch zum _____.
(2) Das Recht zur fristlosen Kündigung aus wichtigem Grund bleibt unberührt. Als wichtige Gründe für eine fristlose Kündigung gelten insbesondere
- Ertraglosigkeit der GmbH während der Dauer von _____ aufeinander folgenden Geschäftsjahren;
- Einleitung eines Insolvenzverfahrens über das Vermögen des stillen Gesellschafters oder der GmbH;
- vorsätzliche oder grob fahrlässige Pflichtverletzungen eines der beiden Vertragspartner.

(3) Die stille Gesellschaft endet darüber hinaus durch den Tod des stillen Gesellschafters. Die Erben des stillen Gesellschafters erhalten eine Abfindung gemäß der nachstehenden Regelung in § 8.

§ 6 Geschäftsführung
(1) Die Geschäftsführung obliegt allein der GmbH, vertreten durch ihre Geschäftsführungsorgane.
(2) Der stille Gesellschafter hat die Informationsrechte entsprechend § 51a GmbHG und die Kontroll- und Widerspruchsrechte entsprechend §§ 164, 166 HGB.
(3) Zu den nachfolgend genannten Geschäften bedarf die GmbH der Zustimmung des stillen Gesellschafters:
- Aufgabe, wesentliche Einschränkung, Veräußerung und Verpachtung ihres Geschäftsbetriebes
- Änderung der Rechtsform
- Kapitalerhöhung oder Kapitalherabsetzung
- Aufnahme neuer Gesellschafter
- Begründung weiterer stiller Gesellschaftsverhältnisse
- Änderung des Gesellschaftsgegenstandes.

§ 7 Entnahmen
(1) Während des Geschäftsjahres ist der stille Gesellschafter zur Entnahme von bestehenden Guthaben auf seinem Privatkonto bis zu einer Höhe von _____ EUR jederzeit, darüber hinaus mit einer Ankündigungsfrist von _____ Wochen berechtigt. Zu Entnahmen in Anrechnung auf einen zu erwartenden Gewinnanteil des laufenden Geschäftsjahres ist der stille Gesellschafter nur dann berechtigt, wenn auf Grundlage eines Zwischenabschlusses ein entsprechender Gewinn für das betreffende Geschäftsjahr mit hinreichender Sicherheit zu erwarten ist.
(2) Ist während eines Geschäftsjahres vom stillen Gesellschafter mehr entnommen worden, als seinem etwaigen Guthaben auf dem Privatkonto und/oder seinem Gewinnanteil für das betreffende Geschäftsjahr entspricht, ist er auf Verlangen der Geschäftsführung der GmbH zur Wiedereinlage des zu

viel entnommenen Betrages verpflichtet. Ansonsten ist die Entnahme des nachfolgenden Geschäftsjahres entsprechend zu ermäßigen.

§ 8 Auseinandersetzung und Abfindung
(1) In jedem Fall der Beendigung der stillen Gesellschaft steht dem stillen Gesellschafter (oder seinen Erben) eine Abfindung gemäß nachstehenden Regelungen zu. Diese ist auf der Grundlage einer Auseinandersetzungsbilanz auf den Tag der Beendigung zu errechnen. In der Auseinandersetzungsbilanz hat die GmbH ihr Betriebsvermögen, einschließlich der immateriellen Wirtschaftsgüter, insbesondere eines etwaigen Geschäftswertes, mit dem gemeinem Wert unter Fortführungsgesichtspunkten anzusetzen.
(2) Der stille Gesellschafter ist an den nach vorstehender Regelung zu ermittelnden stillen Reserven einschließlich eines Geschäftswertes beteiligt mit _____%.
(3) Der Abfindungsanspruch setzt sich zusammen, jeweils bezogen auf den Tag der Beendigung, aus:
– dem Stand des Einlagekontos
– zzgl. des Privatkontos
– abzgl. des etwaigen Standes des Verlustkontos
– zzgl. der nach vorstehender Regelung ermittelten anteiligen stillen Reserven.
(4) Endet die stille Gesellschaft durch Auflösung der GmbH, ist die Abfindung des stillen Gesellschafters mit _____% des Liquidationsgewinns der Gesellschaft zu berechnen.
(5) Der Anspruch des stillen Gesellschafters auf Auszahlung seiner Abfindung aus der Auseinandersetzung ist innerhalb von _____ Monaten nach dem Stichtag der Beendigung der stillen Gesellschaft fällig.

§ 9 Schlussbestimmungen
(1) Änderungen oder Ergänzungen dieses Vertrages bedürfen zu ihrer Gültigkeit der Schriftform. Dies gilt auch für eine Abbedingung des Schriftformerfordernisses.
(2) Sollte eine Regelung dieses Vertrages unvollständig oder unwirksam sein oder werden, so wird dadurch die Wirksamkeit der übrigen Bestimmungen nicht berührt. Die unvollständige oder unwirksame Regelung ist vielmehr durch eine solche Regelung zu ersetzen, die dem Willen der Vertragsparteien bei Vertragsabschluss am nächsten kommt.
(3) Die Kosten[258] dieses Vertrages trägt/tragen _____.

§ 10 Gerichtsstand
Gerichtsstand für alle Streitigkeiten aus diesem Gesellschaftsvertrag ist der Sitz der GmbH.
_____, den _____ (Unterschriften)

II. Unterbeteiligungen

1. Typischer Sachverhalt

221 Der Schenker ist als Seniorpartner persönlich haftender Gesellschafter einer gewerblich tätigen Kommanditgesellschaft. Die Mitgesellschafter sind familienfremde Personen, die aus Gründen der Wahrung der bisherigen Stimmrechtsverhältnisse und der Überschaubarkeit des Gesellschafterkreises die Aufnahme weiterer Mitgesellschafter bzw. die Teilung und Übertragung des Gesellschaftsanteils des Seniorpartners nicht akzeptieren möchten. Gegen eine nur mittelbare

---

[258] Gegenstandswert ist die Höhe der Einlageleistung(en) des stillen Gesellschafters (§ 39 Abs. 1 KostO). Bei notarieller Beurkundung entsteht eine 20/10-Gebühr nach § 36 Abs. 2 KostO.

Beteiligung von dessen Angehörigen ohne Wesentlichen unternehmerischen Einfluss haben sie aber nichts einzuwenden. Daher soll eine Unterbeteiligung an dem Gesellschaftsanteil des Schenkers eingeräumt werden.

2. Muster: Schenkung einer typischen Unterbeteiligung an einem Komplementäranteil

M 197

_____ *(Notarielle Urkundenformalien)*[259]
Die Erschienenen baten um die Beurkundung der nachstehenden

Schenkung einer Unterbeteiligung

I. Schenkung
Der Erschienene zu 1 ist persönlich haftender Gesellschafter der Kommanditgesellschaft _____ (Firma) KG in _____ (Ort). Er räumt im Wege der Schenkung an seinem Kapitalanteil, wie er sich aus der festen Einlage gem. § _____ des Gesellschaftsvertrages der Firma (Firma) KG vom _____ ergibt, dem/der Erschienenen zu 2 eine Unterbeteiligung in Höhe von _____ % ein.
Die/der Erschienene zu 2 nimmt diese Schenkung an.

II. Unterbeteiligungsvertrag
Die Unterbeteiligungsgesellschaft richtet sich nach den folgenden Vertragsbestimmungen:

§ 1 Rechtsverhältnisse der Beteiligten untereinander und im Verhältnis zu der Kommanditgesellschaft
(1) Die/der Unterbeteiligte steht nur in unmittelbaren Rechtsbeziehungen zu dem Erschienenen zu 1 (nachstehend „Hauptgesellschafter" genannt), nicht dagegen zu der _____ KG (nachstehend „Hauptgesellschaft" genannt). Der Hauptgesellschafter ist durch die Unterbeteiligung nicht gehindert, seine Gesellschafterrechte gegenüber der Hauptgesellschaft selbständig in vollem Umfang wahrzunehmen; jedoch hat er hierbei die Interessen des Unterbeteiligten nach Maßgabe dieser Vereinbarung zu wahren.
(2) Die dem Unterbeteiligten im Innenverhältnis gegenüber dem Hauptgesellschafter zustehenden Rechte und Pflichten finden ihre Grenze in dem Gesellschaftsvertrag der Hauptgesellschaft, der den Vertragspartnern bekannt ist. Seine Bestimmungen ergänzen, soweit erforderlich, die Bestimmungen der vorliegenden Vereinbarung.
(3) Erhöht die Hauptgesellschaft ihr Kapital, steht es im freien Ermessen des Hauptgesellschafters, ob und in welcher Höhe er sich daran beteiligt. Nimmt der Hauptgesellschafter an der Kapitalerhöhung teil, hat er dies dem Unterbeteiligten durch eingeschriebenen Brief mitzuteilen. Binnen vier Wochen nach Zugang dieser Anzeige kann der Unterbeteiligte dem Hauptgesellschafter durch eingeschriebenen Brief mitteilen, dass er seine Unterbeteiligungsquote in entsprechender Weise erhöhen will. Die Erhöhung wird mit Zugang dieser Mitteilung wirksam. Gleichzeitig wird der Erhöhungsbetrag fällig.

§ 2 Dauer der Gesellschaft
Die Unterbeteiligungsgesellschaft beginnt am _____. Sie wird auf unbestimmte Zeit abgeschlossen.

§ 3 Geschäftsjahr
Das Geschäftsjahr ist das Geschäftsjahr der Hauptgesellschaft.

---

[259] Das Erfordernis der notariellen Form ergibt sich hier aus § 518 BGB.

§ 4 Konten der Gesellschaft
(1) Für jeden Gesellschafter werden folgende Konten geführt:
   a) Kapitalkonto
   b) Privatkonto
   c) Verlustkonto als Kapitalgegenkonto.
(2) Die Beteiligungen der Gesellschafter werden auf den Kapitalkonten gebucht. Diese sind fest und unverzinslich.
(3) Auf den Privatkonten werden die Gewinnanteile, Entnahmen und Zinsen verbucht. Die Privatkonten werden zu denselben Bedingungen wie die Privatkonten der Hauptgesellschaft verzinst.
(4) Auf den Verlustkonten werden die Verlustanteile gebucht. Ist ein Verlustkonto belastet, sind zukünftige Gewinnanteile auf diesem Konto zu buchen, bis es ausgeglichen ist. Das Verlustkonto ist unverzinslich.

§ 5 Geschäftsführung
(1) Alleiniger Geschäftsführer der Unterbeteiligungsgesellschaft ist der Hauptgesellschafter. Für seine Tätigkeit erhält er keine gesonderte Vergütung/als Vergütung _____ EUR pro Monat.
(2) Handlungen des Hauptgesellschafters von besonderer Bedeutung bedürfen der Zustimmung des Unterbeteiligten. Dazu zählen insbesondere:
   a) Kündigung der Hauptgesellschaft
   b) Änderung des Gesellschaftsvertrags der Hauptgesellschaft
   c) Sonstige Maßnahmen, die auf der Ebene der Hauptgesellschaft über die regelmäßigen Geschäftsführungsmaßnahmen hinausgehen, insbesondere solche Maßnahmen der Hauptgesellschaft, die nach deren Gesellschaftsvertrag der Beschlussfassung mit qualifizierter Mehrheit bedürfen.

§ 6 Informationsrechte des Unterbeteiligten
Der Hauptgesellschafter ist dem Unterbeteiligten gegenüber zur Vorlage der jährlichen Bilanz über seinen Gesellschaftsanteil sowie etwaiger Berechnungen über seinen Gewinn- und Verlustanteil verpflichtet. Der Unterbeteiligte kann darüber hinaus Auskünfte über alle wesentlichen Vorgänge in der Hauptgesellschaft, vor allem über besondere Risiken, welche die Unterbeteiligung gefährden können, verlangen, soweit der Hauptgesellschafter nach der ihm gegenüber der Hauptgesellschaft bestehenden Verschwiegenheits- und Treuepflicht zur Auskunftserteilung berechtigt ist.

§ 7 Jahresabschluss
(1) _____ Monate nach Feststellung des Jahresabschlusses der Hauptgesellschaft stellt der Hauptgesellschafter den Jahresabschluss der Unterbeteiligungsgesellschaft nach denselben Grundsätzen auf, wie bei der Hauptgesellschaft Rechnung zu legen ist.
(2) Der Hauptgesellschafter hat dem Unterbeteiligten den Jahresabschluss der Hauptgesellschaft sowie etwaige weitere Berechnungen über seinen Gewinn- und Verlustanteil vorzulegen.

§ 8 Gewinn- und Verlustbeteiligung
(1) Der verteilungsfähige Gewinn und der den Gesellschaftern zuzurechnende Verlust sind wie folgt zu ermitteln:
   a) Ausgangsgröße ist der auf den Hauptgesellschafter entfallende Gewinn nach dem steuerlichen Jahresabschluss (Steuerbilanz) der Hauptgesellschaft. Ergebnisänderungen aufgrund steuerlicher Außenprüfungen sind zu berücksichtigen.
   b) Dieser Ergebnisanteil ist um eine etwa an den Hauptgesellschafter zu zahlende Vergütung für seine Tätigkeit bei der Hauptgesellschaft zu mindern, soweit sie in der Steuerbilanz bereits wieder hinzugerechnet worden ist.

c) Der Ergebnisanteil mindert sich außerdem um die Zinsen, die einem Gesellschafter auf seinem Privatkonto zu vergüten sind; er erhöht sich im Gegenzug um die Zinsen, die ein Gesellschafter auf den Saldo seines Privatkontos zu entrichten hat; Voraussetzung ist, dass entsprechende Korrekturen in der Steuerbilanz vorgenommen worden sind.
d) Der Ergebnisanteil ändert sich außerdem, wenn das Jahresergebnis der Hauptgesellschaft aufgrund gesellschaftsvertraglicher Bestimmungen hinsichtlich der Ergebnisbeteiligung zu ändern ist.

(2) Der nach Abs. 1 ermittelte verteilbare Jahresüberschuss oder zuzurechnende Verlust wird dem Hauptgesellschafter und dem Unterbeteiligten nach dem Verhältnis der Kapitalkonten der Unterbeteiligungsgesellschaft zugerechnet.

§ 9 Entnahmen
(1) Der Hauptgesellschafter kann seine (etwaige) Tätigkeitsvergütung (§ 5 Abs. 1 S. 2) monatlich entnehmen.
(2) Für weitere Entnahmen gelten die Entnahmebestimmungen des Gesellschaftsvertrages der Hauptgesellschaft entsprechend.

§ 10 Verfügungen des Unterbeteiligten
Der Unterbeteiligte kann über seine Beteiligung insgesamt oder teilweise nur nach vorheriger Zustimmung des Hauptgesellschafters verfügen. Dies gilt nicht/gilt *(nicht Gewünschtes streichen)* auch für die Einräumung von Nießbrauchrechten oder weiteren Unter-Unterbeteiligungen an seiner Beteiligung zugunsten seines Ehegatten und/oder seiner volljährigen leiblichen Abkömmlinge.

§ 11 Verfügungen des Hauptgesellschafters
Beabsichtigt der Hauptgesellschafter Verfügungen über seine Beteiligung an der Hauptgesellschaft, so hat er den Unterbeteiligten davon zu unterrichten. Das gilt nicht für die Einräumung von Nießbrauchrechten oder weiteren Unterbeteiligungen an dem Gesellschaftsanteil des Hauptgesellschafters. Im Fall einer Abtretung steht er dafür ein, dass der Abtretungsempfänger dem Unterbeteiligten die Möglichkeit zum Abschluss eines diesem Vertrag entsprechenden Unterbeteiligungsvertrages einräumt, soweit der Unterbeteiligte die Hauptbeteiligung nicht selbst übernehmen will und er dieses nach dem Gesellschaftsvertrag der Hauptgesellschaft kann.

§ 12 Änderung der Rechtsverhältnisse an oder bei der Hauptgesellschaft
Falls sich die Beteiligung des Hauptgesellschafters an der Hauptgesellschaft durch Umwandlung oder in anderer Weise rechtlich ändert, wird die Unterbeteiligung in gleicher Weise an der neuen Beteiligung des Hauptgesellschafters fortgesetzt.

§ 13 Beendigung der Hauptgesellschaft
(1) Die Unterbeteiligung endet mit der Auflösung der Hauptgesellschaft, ohne dass es einer besonderen Kündigung des Unterbeteiligungsvertrages bedarf.
(2) Entsprechendes gilt bei Ausscheiden des Hauptgesellschafters aus der Hauptgesellschaft; das Ausscheiden bedarf keiner Zustimmung des Unterbeteiligten.

§ 14 Tod eines Gesellschafters
(1) Der Tod des Hauptgesellschafters führt nicht zur Auflösung der Unterbeteiligungsgesellschaft, es sei denn, dass der Unterbeteiligte den Hauptgesellschafter beerbt und mit dem geerbten Kapitalanteil selbst Gesellschafter der Hauptgesellschaft wird oder die Hauptgesellschaft selbst durch den Tod erlischt.
(2) Stirbt der Unterbeteiligte, so geht die Unterbeteiligung auf seine Erben oder Vermächtnisnehmer über unter der Voraussetzung, dass es sich um seinen Ehegatten, um eheliche Abkömmlinge, Ge-

schwister, deren Abkömmlinge, Geschwister des Ehegatten und deren Abkömmlinge handelt. In allen anderen Fällen endet die Unterbeteiligungsgesellschaft.
(3) Mehrere Erben oder Vermächtnisnehmer des Unterbeteiligten können ihre Rechte gegenüber dem Hauptgesellschafter nur durch einen gemeinsamen, volljährigen Vertreter ausüben. Bis zur Bestimmung eines solchen Vertreters ruhen die Rechte aus dem Unterbeteiligungsverhältnis, mit Ausnahme der Beteiligung an Gewinn oder Verlust.

§ 15 Insolvenz, Pfändung
(1) Die Unterbeteiligungsgesellschaft erlischt, wenn über das Vermögen des Unterbeteiligten rechtskräftig ein Insolvenzverfahren eröffnet oder dessen Eröffnung abgelehnt wird.
(2) Entsprechendes gilt, wenn der Anteil des Unterbeteiligten oder sein Auseinandersetzungsguthaben von einem seiner Gläubiger gepfändet und diese Pfändung nicht innerhalb von _____ Monaten aufgehoben wird.

§ 16 Kündigung
(1) Die Unterbeteiligungsgesellschaft kann, unbeschadet des Rechts auf Kündigung aus wichtigem Grund, wie die Hauptgesellschaft erstmals zum _____ gekündigt werden und von diesem Zeitpunkt weiterhin wie die Hauptgesellschaft jeweils zum _____. Änderungen der Kündigungsregelungen im Gesellschaftsvertrag der Hauptgesellschaft gelten entsprechend auch für die Kündigungsregelung in der Unterbeteiligungsgesellschaft.
(2) Der Unterbeteiligte kann die Unterbeteiligungsgesellschaft _____ Monate vor Beginn der im Gesellschaftsvertrag der Hauptgesellschaft vereinbarten Kündigungsfrist gegenüber dem Hauptgesellschafter kündigen.
(3) Der Hauptgesellschafter seinerseits kann die Unterbeteiligungsgesellschaft mit einer Frist von _____ Monaten zum Monatsende kündigen.
(4) Die Kündigung bedarf der Schriftform.
(5) Mit Ablauf der Kündigungsfrist ist nach einer Kündigung die Unterbeteiligungsgesellschaft beendet.

§ 17 Abfindung
(1) Dem Unterbeteiligten steht bei Beendigung der Unterbeteiligungsgesellschaft eine Abfindung in Höhe des Buchwertes seiner Beteiligung zu, nämlich dem Saldo aus Kapitalkonto, Privatkonto und eventuellem Verlustkonto, das jedoch nur mit dem Kapitalkonto zu verrechnen ist. Sie ist auf den Tag seines Ausscheidens zu berechnen. Am Ergebnis schwebender Geschäfte nimmt der Unterbeteiligte teil. Er kann insoweit auch nach Beendigung der Unterbeteiligungsgesellschaft Auskunft und Rechnungslegung verlangen.
(2) Die Abfindung ist innerhalb von drei Jahren in drei gleichen Jahresraten, von denen die erste innerhalb _____ Monaten nach Anspruchsentstehung fällig ist, zu zahlen. Die noch nicht ausgezahlten Teile der Abfindung sind jährlich mit _____ v. H. über dem Basiszinssatz, jedoch nicht mit mehr als _____ v. H. zu verzinsen. Die Zinsen sind sofort fällig. Der Hauptgesellschafter kann die Abfindung in größeren Beträgen oder in kürzerer Zeit auszahlen.

§ 18 Salvatorische Klausel
_____

§ 19 Schiedsklausel
_____

§ 20 Kosten[260]
Die Kosten dieses Vertrages trägt, unbeschadet der gesamtschuldnerischen Haftung aller Urkundsbeteiligten, über die der Notar belehrt hat, _____.
_____ *(Notarielle Schlussformel, Unterschriften)*

3. Typischer Sachverhalt

Der Unternehmer betreibt seinen Gewerbebetrieb in der Rechtsform einer GmbH & Co. KG. **223** Wegen der recht guten Gewinne in den vergangenen Jahren hat ihn sein Steuerberater schon wiederholt dahin gehend angesprochen, dass er einen Teil seiner Einkünfte auf seine Kinder übertragen sollte, damit so eine Ausschöpfung der Grundfreibeträge (§ 32a Abs. 1 Nr. 1 EStG) der Kinder und eine Milderung der Einkommensteuerprogression erreicht werde. Eine unmittelbare unternehmerische Beteiligung der Kinder scheidet für den Unternehmer derzeit noch aus, da die Kinder noch zu jung seien und zunächst der Gang ihrer Ausbildungen abgewartet werden solle. Eine Beteiligung auch der Ehefrau an der Einkunftsquelle ist nicht erforderlich, da durch die Zusammenveranlagung zur Einkommensteuer nach §§ 26, 26a EStG deren Grundfreibetrag bereits genutzt wird und eine entsprechende Progressionsmilderung im Splittingtarif nach § 32a Abs. 5 EStG bereits angelegt ist.

4. Muster: Schenkung einer typischen Unterbeteiligung an einem Kommanditanteil

M 198

Vor mir, dem unterzeichnenden Notar _____ mit Amtssitz in _____ **224**
erschienen heute:
1. der _____
    Erschienener zu 1.
    – nachfolgend „Hauptbeteiligter" genannt –
2. der _____
    Erschienener zu 2.
    – nachfolgend „Unterbeteiligter zu 1." genannt –
3. der Rechtsanwalt _____
    Erschienener zu 3.
    – nachfolgend „Pfleger" genannt –
nicht handelnd für sich selbst, sondern als Pfleger gemäß Bestellungsurkunde des Amtsgerichts _____ vom _____ mit dem Aktenzeichen _____ für die minderjährige Tochter _____ des Hauptbeteiligten
    – nachfolgend „Unterbeteiligte zu 2." genannt –
Alle Erschienenen sind dem Notar von Person bekannt.
_____ *(Vorbefassungsklausel einsetzen)*
Die Erschienenen erklärten:
Der Hauptbeteiligte ist Kommanditist der Firma _____-GmbH & Co. KG (im Folgenden die „Hauptgesellschaft" genannt) mit Sitz in _____ mit einem festen Kapitalanteil in Höhe von _____ EUR (die Gesellschaftsbeteiligung des Hauptbeteiligten wird im Folgenden „die Hauptbeteiligung" genannt). Die Hauptgesellschaft ist im Handelsregister des Amtsgerichts _____ unter HRA _____ eingetragen. Gegenstand der Hauptgesellschaft ist nach § _____ des Kommanditgesellschaftsvertrages der Gesellschaft _____.

---

[260] Bei notarieller Beurkundung entsteht eine 20/10-Gebühr gem. § 36 Abs. 2 KostO zum Geschäftswert nach § 39 Abs. 1 KostO. Bei anwaltlicher Beratung/Vertretung orientiert sich der Geschäftswert an der Höhe der Einlage und ggf. an zusätzlich vereinbarten Verpflichtungen des Unterbeteiligten.

Der Gesellschaftsvertrag der Hauptgesellschaft vom _____ ist allen Erschienenen nach deren Angaben bekannt. Auf nochmalige Verlesung wird nach Belehrung von allen Beteiligten verzichtet. Lediglich zu Beweiszwecken wird eine einfache Fotokopie des Gesellschaftsvertrages der Hauptgesellschaft dieser Urkunde beigefügt.

Der Unterbeteiligte zu 1. ist nach den Angaben der Erschienenen der volljährige Sohn des Hauptbeteiligten; die Unterbeteiligte zu 2. ist nach den Angaben der Erschienenen die minderjährige Tochter des Hauptbeteiligten und die Schwester des Unterbeteiligten zu 1.

Der Hauptbeteiligte ist nach seinen eigenen Angaben nicht im gesetzlichen Güterstand der Zugewinngemeinschaft verheiratet, sondern er hat mit seiner Ehefrau Gütertrennung vereinbart. Die Gütertrennung ist nach seinen Angaben eingetragen im Güterrechtsregister des Amtsgerichts _____ unter _____.

Ausfertigung des Beschlusses des Familiengerichts _____ vom _____ über die Bestellung des Erschienenen zu 3. zum Ergänzungspfleger für die minderjährige Unterbeteiligte zu 2., lag vor. Eine einfache Fotokopie dieser Ausfertigung wird als Anlage zu dieser Urkunde genommen.

Die Beteiligten baten sodann um die Beurkundung des nachstehenden
Vertrages über die schenkweise Einräumung von Unterbeteiligungen.

§ 1 Schenkungen

Der Hauptbeteiligte räumt dem Unterbeteiligten zu 1. im Wege der Schenkung eine Unterbeteiligung an der Hauptbeteiligung mit der Maßgabe ein, dass der Unterbeteiligte zu 1. so gestellt wird, als ob er als Kommanditist mit einem Festkapitalanteil in Höhe von _____ EUR an der Stelle des Hauptbeteiligten beteiligt wäre.

Der Hauptbeteiligte räumt der Unterbeteiligten zu 2. im Wege der Schenkung eine Unterbeteiligung an der Hauptbeteiligung mit der Maßgabe ein, dass die Unterbeteiligte zu 2. so gestellt wird, als ob sie als Kommanditist mit einem Festkapitalanteil in Höhe von _____ EUR an der Stelle des Hauptbeteiligten beteiligt wäre.

Die Schenkungen zugunsten des Unterbeteiligten zu 1. und zugunsten der Unterbeteiligten zu 2. erfolgen jeweils unter Anrechnung auf deren etwaigen Erb- oder Pflichtteilsrechte.

Der Unterbeteiligte zu 1. und die Unterbeteiligte zu 2. nehmen die Schenkung hiermit an.

§ 2 Rechtsverhältnisse zur Hauptgesellschaft

Der Unterbeteiligte zu 1. und die Unterbeteiligte zu 2. erkennen den ihnen bekannten Gesellschaftsvertrag der Hauptgesellschaft und die darin für die Hauptbeteiligung enthaltenen Regelungen und Beschränkungen auch für die Unterbeteiligungsverhältnisse jeweils als maßgeblich und verbindlich an.

Die Unterbeteiligten treten zu der Hauptgesellschaft nicht in unmittelbare Rechtsbeziehungen. Inhalt und Umfang der Rechte und Pflichten des Hauptbeteiligten nach dem Gesellschaftsvertrag der Hauptgesellschaft bestimmen und begrenzen die Rechte auch der Unterbeteiligten gegenüber dem Hauptbeteiligten.

Der Hauptbeteiligte und die Unterbeteiligten sind sich darüber einig, dass – vorbehaltlich der Zustimmung der anderen Gesellschafter der Hauptgesellschaft – die Gewinnermittlung im Rahmen der Hauptgesellschaft durch einheitliche und gesonderte Gewinnfeststellung gem. § 180 Abgabenordnung auch auf die Gewinnermittlung im Rahmen der Unterbeteiligung erstreckt werden kann, soweit dies rechtlich möglich ist.

Der Hauptbeteiligte ist durch die Unterbeteiligungen nicht gehindert, in der Hauptgesellschaft seine Rechte als Gesellschafter nach eigenem Ermessen auszuüben. Er ist insbesondere berechtigt, an Änderungen des Gesellschaftsvertrages der Hauptgesellschaft, einschließlich der Aufnahme neuer Gesellschafter, mitzuwirken, auch mit Wirkung für die Unterbeteiligungen. Die Beendigung der Hauptbeteiligung oder die Mitwirkung an einer Beschlussfassung an der Hauptgesellschaft über die Beendigung der Hauptgesellschaft bedarf jedoch der Zustimmung der Unterbeteiligten.

Arens

Der Hauptbeteiligte ist jedoch stets verpflichtet, den Unterbeteiligten etwaige Änderungen des Gesellschaftsvertrages der Hauptgesellschaft unverzüglich mitzuteilen.

Dem Hauptbeteiligten steht es frei, sich im Rahmen einer etwaigen Kapitalerhöhung der Hauptgesellschaft mit der Leistung weiterer Einlagen zu beteiligen. In diesem Fall sind die Unterbeteiligten jeweils berechtigt, mit einer ihrer Unterbeteiligungsquote entsprechenden Einzahlung im Unterbeteiligungsverhältnis an der Kapitalerhöhung teilzunehmen. Soweit sie dieses Recht ausüben, gestaltet sich das Innenverhältnis zwischen den Unterbeteiligten und dem Hauptbeteiligten so, als ob sich die Unterbeteiligten unmittelbar an der Kapitalerhöhung als Kommanditisten beteiligt hätten. Das gilt auch, wenn eine Kapitalerhöhung in der Hauptgesellschaft aus Gesellschaftsmitteln erfolgt. Nimmt einer der Unterbeteiligten nicht durch Einzahlung an einer Kapitalerhöhung durch Gesellschaftereinlagen teil, richtet sich das Innenverhältnis zum Hauptbeteiligten nach der sich dann neu ergebenden Beteiligungsquote. Die Unterbeteiligten können das Recht, im Unterbeteiligungsverhältnis an einer Kapitalerhöhung teilzunehmen, jeweils durch schriftliche Erklärung gegenüber dem Hauptbeteiligten binnen einer Frist von _____ Monaten nach dessen Mitteilung darüber an sie ausüben.

Bei Herabsetzung des Kapitalanteils des Hauptbeteiligten in der Hauptgesellschaft ermäßigen sich die Kapitalanteile der Unterbeteiligten entsprechend.

§ 3 Beginn der Unterbeteiligungsgesellschaften
Die Unterbeteiligungen beginnen jeweils am 1.1._____. Die Unterbeteiligungen werden jeweils für die Dauer der Beteiligung des Hauptbeteiligten an der Hauptgesellschaft vereinbart.

§ 4 Änderungen oder Beendigung der Hauptbeteiligung
Im Falle der Änderung der Rechtsform der Hauptgesellschaft oder der Änderung der Rechtsnatur der Hauptbeteiligung bleiben die Unterbeteiligungsverhältnisse davon unberührt.

Im Falle des Ausscheidens des Hauptbeteiligten aus der Hauptgesellschaft oder der Auflösung bzw. Veräußerung der Hauptbeteiligung sind die Unterbeteiligten jeweils an dem Auseinandersetzungsguthaben bzw. dem Anteil des Hauptbeteiligten am Liquidationserlös oder Veräußerungserlös entsprechend ihrer jeweiligen Unterbeteiligungsquote zu beteiligen. Dies gilt auch, soweit die Hauptbeteiligung nur teilweise aufgegeben, aufgelöst oder veräußert wird.

§ 5 Beendigung der Unterbeteiligungen
Die Unterbeteiligungsgesellschaften – auch unabhängig voneinander – können jeweils frühestens nach Ablauf von _____ Jahren zum Ablauf des Geschäftsjahres der Hauptgesellschaft unter Einhaltung einer Kündigungsfrist von _____ Monaten beiderseits gekündigt werden. Die Kündigung bedarf der Schriftform. Das Recht zur Kündigung ohne Einhaltung einer Kündigungsfrist aus wichtigem Grund für beide Seiten bleibt davon unberührt.

Bei Beendigung oder teilweiser Beendigung der Unterbeteiligungen erhält der Unterbeteiligte ein Auseinandersetzungsguthaben unter Berücksichtigung des vollen Wertes seiner Beteiligung unter Einschluss der stillen Reserven und einer Beteiligung an den immateriellen Werten, einschließlich des Firmenwertes, wobei für die Ermittlung und Fälligkeit die Regelungen des Gesellschaftsvertrages der Hauptgesellschaft entsprechend gelten.

§ 6 Kontroll- und Informationsrechte
Der Hauptbeteiligte ist verpflichtet, den Unterbeteiligten die Jahresabschlüsse der Hauptgesellschaft und die Abrechnungen über seinen Gewinn- und Verlustanteil in der Hauptgesellschaft unverzüglich in Abschrift oder Fotokopie zuzuleiten. Im Übrigen richten sich die Kontroll- und Widerspruchsrechte der Unterbeteiligten nach den für Kommanditisten gem. §§ 164, 166 HGB bestimmten Regelungen.

§ 7 Verfügungen über die Unterbeteiligungen
Jede Verfügung (Übertragung, Verpfändung, sonstige Belastung) der Unterbeteiligungen durch die Unterbeteiligten bedürfen der vorherigen schriftlichen Zustimmung des Hauptbeteiligten; das Gleiche gilt für die Einräumung von Unterbeteiligungen oder Nießbrauchrechten an der Unterbeteiligung. Auch die Abtretung von Rechten und Ansprüchen, insbesondere Gewinnbeteiligungsansprüchen, ist nur mit vorheriger schriftlicher Zustimmung des Hauptbeteiligten zulässig.

§ 8 Gewinn- und Verlustverteilungsregelung
Die Unterbeteiligten sind jeweils an dem Gewinn- oder Verlustanteil des Hauptbeteiligten auf der Grundlage des nach dem Gesellschaftsvertrag der Hauptgesellschaft festgestellten Jahresabschlusses entsprechend ihren Unterbeteiligungsquoten beteiligt. Aus der Verlustbeteiligung der Unterbeteiligten ergibt sich keine Nachschusspflicht.
Die Unterbeteiligten können die Auszahlung des Gewinns insoweit und solange nicht verlangen, als der Hauptbeteiligte selbst an der Entnahme gehindert ist. Auch künftige Entnahmebeschränkungen in der Hauptgesellschaft gelten entsprechend für das Rechtsverhältnis zwischen Haupt- und Unterbeteiligten.
Nicht ausgezahlte Gewinnanteile der Unterbeteiligten werden als Guthaben nach den Bedingungen berücksichtigt, die für das Darlehenskonto des Hauptbeteiligten in der Hauptgesellschaft nach den dortigen jeweiligen gesellschaftsvertraglichen Regelungen gelten.

§ 9 Tod eines Beteiligten
Beim Tod des Hauptbeteiligten bleiben die Unterbeteiligungen bestehen. Sie werden mit denjenigen Erben, die in seine Gesellschafterstellung eintreten, fortgeführt. Den Unterbeteiligten steht in diesem Fall aber ein Sonderkündigungsrecht zum Ende des Geschäftsjahres der Hauptgesellschaft zu, in dem der Hauptbeteiligte verstirbt.
Beim Tod eines Unterbeteiligten wird die Unterbeteiligung mit dessen Erben fortgeführt, wobei entsprechend den Erbquoten der Erben des Unterbeteiligten Unterbeteiligungen nach den Regeln der Sonderrechtsnachfolge in Personengesellschaftsanteile entstehen. In diesem Fall steht jedoch dem Hauptbeteiligten das Sonderkündigungsrecht gemäß dem vorstehenden Absatz zu.

§ 10 Wettbewerbsverbot
Die Unterbeteiligten dürfen sich während der Dauer ihrer Unterbeteiligungen an keinem Unternehmen mittelbar oder unmittelbar beteiligen oder für ein solches Dienst- oder Arbeitsleistungen erbringen, das mit der Hauptgesellschaft in einem Wettbewerbsverhältnis steht. Für den Hauptbeteiligten gilt das Wettbewerbsverbot nach dem Gesellschaftsvertrag der Hauptgesellschaft entsprechend auch im Unterbeteiligungsverhältnis.

§ 11 Widerrufsrecht bei Tod des Unterbeteiligten
Der Hauptbeteiligte und nach seinem Tod jeder seiner Erben können die Schenkungen nach diesem Vertrag für den Fall widerrufen, dass die Unterbeteiligung von Todes wegen auf eine Person übergeht, die nicht zu den leiblichen Abkömmlingen des Hauptbeteiligten gehört, oder auf eine Erbengemeinschaft oder andere Gemeinschaft zur gesamten Hand, an der eine solche Person beteiligt ist. Dies gilt nicht, soweit der Übergang auf den Ehepartner des Hauptbeteiligten erfolgt. Das Widerrufsrecht kann längstens binnen Jahresfrist nach der durch Testamentseröffnung oder Erbscheinerteilung erfolgten Feststellung der Erben des Unterbeteiligten erfolgen. Der oder die Erben des Unterbeteiligten sind verpflichtet, die Gesamtrechtsnachfolge unverzüglich dem Hauptbeteiligten oder seinen Erben mitzuteilen. Die Jahresfrist beginnt mit der Mitteilung.

§ 12 Kosten
Die Kosten dieses Vertrages und seiner Durchführung trägt der Hauptbeteiligte.[261]
Etwa anfallende Schenkungsteuer tragen die Unterbeteiligten im Umfang ihrer jeweiligen Schenkungsteuerpflicht.

§ 13 Änderungen oder Ergänzungen des Vertrages
Änderungen oder Ergänzungen dieses Vertrages, einschließlich der Abbedingung der Schriftformklausel, bedürfen der Schriftform, sofern nicht nach dem Gesetz eine strengere Form erforderlich ist.

§ 14 Ergänzende Vorschriften
Soweit dieser Vertrag keine abweichenden Regelungen enthält, gelten ergänzend für die Unterbeteiligungsverhältnisse die für die Kommanditgesellschaft geltenden Vorschriften der §§ 161 ff. HGB. Ergänzend gelten weiterhin die Vorschriften für die stille Gesellschaft gem. §§ 230 ff. HGB, soweit sie mit dem Sinn und Zweck der Regelung vereinbar sind.
Soweit einzelne Bestimmungen der Vereinbarung unwirksam sind, wird die Wirksamkeit des Vertrages im Übrigen nicht berührt. An deren Stelle gilt eine Regelung als vereinbart, die unter Berücksichtigung des Vertragszwecks den Absichten und Interessen beider Vertragsparteien am nächsten kommt.

§ 15 Familiengerichtliche Genehmigung
Der Notar wies die Erschienenen darauf hin, dass dieser Vertrag, soweit er das Unterbeteiligungsverhältnis zwischen dem Hauptbeteiligten und der Unterbeteiligten zu 2. betrifft, zu seiner Wirksamkeit der Zustimmung des Familiengerichts bedarf. Diese wird hiermit beantragt.
Die Beteiligten sind sich darüber einig, dass das Erfordernis der familiengerichtlichen Genehmigung für das Rechtsverhältnis zwischen dem Hauptbeteiligten und der Unterbeteiligten zu 2. und deren etwaige Nichterteilung die sofortige Wirksamkeit der Regelungen zwischen dem Hauptbeteiligten und dem Unterbeteiligten zu 1. unberührt lässt.
Das Familiengericht wird gebeten, eine Ausfertigung des Genehmigungsbeschlusses, versehen mit dem Vermerk über die erfolgte Zustellung an den Pfleger, dem Urkundsnotar zu übersenden. Der Erschienene zu 3. ermächtigt hiermit den Urkundsnotar, die familiengerichtliche Genehmigung dem Hauptbeteiligten und dem Unterbeteiligten zu 1. mitzuteilen. Der Hauptbeteiligte ermächtigt den Notar, die Genehmigung für ihn entgegenzunehmen. Mit der Erteilung einer Ausfertigung dieser Urkunde gilt die Mitteilung der familiengerichtlichen Genehmigung und deren Entgegennahme als erfolgt (zur sog. Doppelvollmacht siehe Rn 205 ff.).
Vorstehende Verhandlung wurde den Erschienenen in Gegenwart des Notars vorgelesen, von ihnen genehmigt und wie folgt eigenhändig unterschrieben:
_____ (Unterschriften)

5. Muster: Ermittlung des einheitlich und gesondert festzustellenden Gesamtgewinns der GmbH & atypisch Still

Der einheitlich und gesondert festzustellende Gesamtgewinn der GmbH & atypisch Still kann wie folgt ermittelt werden:[262]

225

---

261 Bei notarieller Beurkundung entsteht eine 20/10-Gebühr gem. § 36 Abs. 2 KostO zum Geschäftswert nach § 39 Abs. 1 KostO. Bei anwaltlicher Beratung/Vertretung orientiert sich der Geschäftswert an der Höhe der Einlage und ggf. an zusätzlich vereinbarten Verpflichtungen des stillen Gesellschafters.
262 OFD Erfurt v. 23.10.2003, GmbHR 2004, 209.

			Erläuterung
1		Jahresüberschuss der GmbH lt. Handelsbilanz	der Gewinnanteil des Stillen ist als Betriebsausgabe (BA) berücksichtigt
2		Steuerliche Anpassungen nach § 60 Abs. 2 EStDV	
3	=	Jahresüberschuss lt. Steuerbilanz der GmbH	der Gewinnanteil des Stillen ist als BA berücksichtigt
4	+	Hinzurechnung des als BA gebuchten Gewinnanteils des Stillen	Aufhebung der Gewinnminderung des „Stillen" aus Zeile 1
5	+	Hinzurechnung – des gebuchten KSt-Aufwands der GmbH, – von Spenden und – sonstigen nicht abziehbaren Ausgaben	
6	./.	Abzug von steuerfreien Einnahmen (z.B. InvZ, nach DBA steuerfreie Einnahmen)	
7	+	Hinzurechnung von verdeckten Gewinnausschüttungen (vGA) i.S.v. § 8 Abs. 3 KStG	voller Betrag der gesellschaftsrechtlich veranlassten Vermögensminderung bzw. verhinderten Vermögensmehrung
6	+	Hinzurechnung der anteiligen vGA, wenn der „Stille" Empfänger und gleichzeitig Anteilseigner der GmbH ist	anteiliger Betrag der vGA, der im Rahmen der Gewinnverteilung anteilig der GmbH als Mehrgewinn zugerechnet worden ist, nur soweit nicht nach § 8b KStG oder § 3 Nr. 40 EStG steuerfrei
7	+	Hinzurechnung weiterer Sonderbetriebseinnahmen (SBE) des Stillen (z.B. von der GmbH bezogenes Geschäftsführergehalt)	nur soweit nicht nach § 8b KStG oder § 3 Nr. 40 EStG steuerfrei
8	./.	Abzug von Sonderbetriebsausgaben (SBA) des Stillen	
9	±	nach dem Halbeinkünfteverfahren oder nach § 8b KStG steuerfreie Teile der Einkünfte, soweit in den Zeilen 6, 7, 8 noch nicht berücksichtigt	

			Erläuterung
10	+ −	Gewinne/Verluste aus Ergänzungsbilanzen	
11	=	steuerlicher Gewinn der Mitunternehmerschaft	einheitlich und gesondert festzustellen

Wolfgang Arens
§ 13 Der Nießbrauch an Gesellschaftsanteilen

Literatur

Kommentare: *Baumbach/Hopt*, HGB, 34. Aufl. 2010; *Baumbach/Hueck*, GmbH-Gesetz, 19. Aufl. 2010; *Blümich*, Einkommensteuer, Körperschaftsteuer, Gewerbesteuer, 114. Aufl., Stand: 2012; *Hachenburg/Ulmer*, GmbHG, 8. Aufl. 1992; *Heymann*, HGB, 6. Aufl. 2005; *Koller/Roth/Morck*, Handelsgesetzbuch, 7. Aufl. 2011; *Palandt*, Bürgerliches Gesetzbuch, 71. Aufl. 2012; *Rowedder/Schmidt-Leithoff*, GmbHG, 4. Aufl. 2002; *Schmidt*, Einkommensteuergesetz, 31. Aufl. 2012; *Scholz*, GmbH-Gesetz, Kommentar, Bd. 1 – III, 10. Aufl. 2006, 2007 und 2010; *Staudinger*, Kommentar zum Bürgerlichen Gesetzbuch, 12. Aufl. ab 1978.

Monographien, Handbücher, Formularbücher: *Arens*, Familiengesellschaften in der familienrechtlichen, gesellschaftsrechtlichen und steuerrechtlichen Praxis, 1997; *Arens/Tepper*, Praxishandbuch Gesellschaftsrecht, 2. Aufl. 2012; *Bopp u.a.*, Formularbuch Recht und Steuern, 7. Aufl. 2011; *Braun/Günther*, Das Steuer-Handbuch, Stand: 2012; *Bülow*, Nießbrauch an Unternehmen und Unternehmensbeteiligungen, Heidelberger Musterverträge, Heft 53, 2. Aufl. 1986; *Fichtelmann*, Beteiligung von Angehörigen, 1993; *Heidel/Pauly*, Steuerrecht in der anwaltlichen Praxis, 3. Aufl. 2003; *Heidel/Pauly/Amend*, AnwaltFormulare, 7. Aufl. 2012; *Heidenhain/Meister*, Münchener Vertragshandbuch, Band I, Gesellschaftsrecht, 7. Aufl. 2011; *Hennerkes*, Unternehmenshandbuch Familiengesellschaften, 1996; *Hoffmann-Becking/Schippel*, Beck'sches Formularbuch zum Bürgerlichen, Handels- und Wirtschaftsrecht, 11. Aufl. 2012; *Hoffmann/Müller (Hrsg.)*, Beck'sches Handbuch der Personengesellschaften, 3. Aufl. 2009; *Jansen/Jansen*, Der Nießbrauch im Zivil- und Steuerrecht, 8. Aufl. 2009; *Langenfeld/Gail*, Handbuch der Familienunternehmen, Stand: 2012; *Paus/Eckmann*, Steuersparende Gestaltungen mit Kindern, 1991; *Peter/Crezelius*, Gesellschaftsverträge und Unternehmensformen, 6. Aufl. 1995; *Pelka u.a., Schulze zur Wiesche*, Vereinbarungen unter Familienangehörigen und ihre steuerlichen Folgen, 9. Aufl. 2006; *Wurm/Wagner/Zartmann*, Das Rechtsformularbuch, 16. Aufl. 2010.

Aufsätze: *Bitz*, Der Nießbrauch an Personengesellschaftsanteilen, DB 1987, 1506; *Brandi/Mühlmeier*, Übertragung von Gesellschaftsanteilen im Wege vorweggenommener Erbfolge und Vorbehaltsnießbrauch, GmbHR 1997, 734; *Damrau*, Kein Erfordernis der gerichtlichen Genehmigung bei Schenkung von Gesellschaftsbeteiligungen an Minderjährige, ZEV 2000, 209; *Daragan*, Verzicht auf einen Vorbehaltsnießbrauch und Schenkungsteuer, StB 2002, 342; *Esch*, Das Dogma der Einheitlichkeit der Personengesellschaftsbeteiligung, BB 1995, 1621; *Flore*, Beteiligungsformen am GmbH-Geschäftsanteil, GmbH-StB 2003, 102; *Fricke*, Der Nießbrauch an einem GmbH-Geschäftsanteil – Zivil- und Steuerrecht, GmbHR 2008, 739; *Friedrich*, Nießbrauch in neuem Gewand, NJW 1996, 32; *Götz/Jorde*, Nießbrauch an Personengesellschaftsanteilen, ZErb 2005, 365; *Götz/Hülsmann*, Surrogation beim Vorbehaltsnießbrauch: Zivilrechtliche und schenkungsteuerliche Aspekte, DStR 2010, 2377; *Hennerkes/May*, Der Gesellschaftsvertrag des Familienunternehmens, NJW 1988, 2761; *Hennerkes/May*, Überlegungen zur Rechtsformwahl im Familienunternehmen, DB 1988, 483 (Teil I) und DB 1988, 537 (Teil II); *Jülicher*, Nießbrauch ist nicht gleich Nießbrauch, DStR 2001, 1200; *Jülicher*, Nießbrauchsgestaltungen: Erbschaft- und Schenkungsteuerrecht, steueranwaltsmagazin 2003, 2; *Klose*, Eintragung des Nießbrauchs am Kommanditanteil im Handelsregister?, DStR 1999, 807; *Klümpen-Neusel*, „Bedingte" Übertragung von GmbH-Anteilen, GmbH-Stpr 2006, 321; *Kogel*, Nießbrauch, Altenteil und Leibrente im Zugewinn, FamRZ 2006, 451; *Korn*, Nießbrauchsgestaltungen auf dem Prüfstand, DStR 1999, 1461 (Teil I) und 1512 (Teil II); *Kuckenburg*, Wohnrecht, Leibrenten, Altenteil und Nießbrauch nach der neuen Rechtsprechung des BGH, FuR 2008, 316; *Milatz/Sonneborn*, Nießbrauch an GmbH-Geschäftsanteilen: Zivilrechtliche Vorgaben und ertragsteuerliche Folgen, DStR 1999, 137; *Paus*, Der Unternehmensnießbrauch, BB 1990, 1675; *Reichert/Schlitt/Düll*, Die gesellschafts- und steuerrechtliche Gestaltung des Nießbrauchs an GmbH-Anteilen, GmbHR 1998, 565; *Schulze zur Wiesche*, Der Nießbrauch am Gesellschaftsanteil einer Personengesellschaft, DStR 1995, 318; *Schwetlik*, Veräußerung nießbrauchsbelasteter Personengesellschaftsanteile, GmbHR 2006, 1096; *Wachter*, GmbH-Musterformulierungen: Nießbrauch an GmbH-Anteilen, NotBZ 2000, 33 (Teil I) und 78 (Teil II); *Wälzholz*, Aktuelle Gestaltungsprobleme des Nießbrauchs am Anteil einer Personengesellschaft, DStR 2010, 1786; *Weber/Reinhardt*, Nießbrauch an GmbH-Geschäftsanteilen, GmbH-StB 2002, 299.

Inhalt

A. Rechtliche Grundlagen —— 1
I. Zivilrechtliche Grundlagen —— 1
  1. Zivilrechtliche Gestaltungsformen —— 2
     a) Allgemeines —— 2
     b) Quotennießbrauch —— 4
     c) Zuwendungs- und Vorbehaltsnießbrauch —— 5
  2. Unternehmens- und Beteiligungsnießbrauch, Vollrechts- und Ertragsnießbrauch —— 6
     a) Gegenstand und Inhalt des Nießbrauchs —— 6
     b) Umfang der Rechtsausübung —— 7
     c) Einräumung des Nießbrauchs —— 9
  3. Gesellschaftsrechtliche Voraussetzungen —— 11
     a) Zustimmungserfordernisse —— 11
     b) Formerfordernisse —— 12
     c) Beteiligung Minderjähriger —— 14
  4. Regelungsinhalte des Nießbrauchs an Gesellschaftsanteilen —— 17
II. Steuerliche Behandlung des Nießbrauchs an Gesellschaftsanteilen —— 19
  1. Allgemeine und besondere steuerliche Voraussetzungen —— 19
     a) Inhaltliche Anforderungen —— 19
     b) Nießbrauchbestellung zugunsten Angehöriger, insbesondere Unterhaltsberechtigter —— 24
     c) Folgen der steuerlichen Nichtanerkennung —— 27
  2. Nießbrauch an Kapitalgesellschaftsanteilen —— 28
     a) Unentgeltliche Einräumung —— 28
     b) Entgeltliche Einräumung —— 31
  3. Nießbrauch an Personengesellschaftsanteilen —— 34
     a) Mitunternehmerschaft als Voraussetzung —— 34
        aa) Stimmrecht und Bezüge —— 34
        bb) Mitunternehmerinitiative und Mitunternehmerrisiko —— 35
     b) Steuerliche Behandlung beim Nießbrauchbesteller —— 39
     c) Interne Gewinnverteilung zwischen Nießbrauchbesteller und Nießbraucher —— 42
        aa) Entnahmefähige Gewinne —— 43
        bb) Nicht entnahmefähige Gewinne —— 45
        cc) Sondervergütungen und Nießbrauchentgelte —— 46
     d) Sonderbetriebsvermögen —— 48
  4. Erbschaftsteuerliche Behandlung des Nießbrauchs —— 50

B. Muster —— 59
I. Zuwendungsnießbrauch —— 59
  1. Typischer Sachverhalt —— 59
  2. Muster: Schenkweise Einräumung eines Zuwendungsnießbrauchs an einem GmbH-Anteil —— 60
II. Vorbehaltsnießbrauch —— 61
  1. Typischer Sachverhalt —— 61
  2. Muster: Schenkung eines GmbH-Anteils unter Nießbrauchvorbehalt —— 62
III. Quotennießbrauch —— 63
  1. Typischer Sachverhalt —— 63
  2. Muster: Schenkung eines Quotennießbrauchs an einem GmbH-Anteil (unentgeltlicher Zuwendungsnießbrauch) —— 64
IV. Vermächtnisnießbrauch —— 65
  1. Typischer Sachverhalt —— 65
  2. Muster: Vermächtnisnießbrauch an einem Gesellschaftsanteil —— 66

A. Rechtliche Grundlagen

I. Zivilrechtliche Grundlagen

Im Rahmen der Übertragung von Einkunftsquellen bzw. der Verlagerung von Einkünften, insbesondere innerhalb der Familien, zum Zwecke der Steuerersparnis (Familiensplitting) kommt auch dem Nießbrauch eine erhebliche Bedeutung zu.[1] Der Nießbrauch ist darüber hinaus auch im Hinblick auf die Gestaltungsmöglichkeiten im Rahmen vorweggenommener Erbfolge ein häu- **1**

---

[1] Vgl. *Langenfeld/Gail*, Handbuch der Familienunternehmen, Kap. II, Rn 430; *Fichtelmann*, Beteiligung von Angehörigen, Rn 1261 ff., 1351 ff.; *Paus/Eckmann*, Steuersparende Gestaltungen mit Kindern, Rn 441 ff.; *Schulze zur Wiesche*, Vereinbarungen unter Familienangehörigen und ihre steuerlichen Folgen, Rn 254 ff.; *Bülow*, Nießbrauch an Unternehmen und Unternehmensbeteiligungen, Heidelberger Mustertexte, Heft 53; *Brandi/Mühlmeier*, GmbHR

fig eingesetztes Gestaltungsmittel, um eine „zeitlich gestreckte" Übertragung in der Generationenfolge herbeizuführen.[2]

1. Zivilrechtliche Gestaltungsformen
a) Allgemeines

2 Zivilrechtlich wird bekanntlich unterschieden zwischen dem Nießbrauch an Sachen (§ 1030 BGB) bzw. an einem Inbegriff von Sachen (§ 1035 BGB) einerseits, dem Nießbrauch an Rechten (§ 1068 BGB) andererseits und schließlich dem Nießbrauch an einem Vermögen (§ 1085 BGB). Durch die Nießbrauchbestellung entstehen zwischen dem Eigentümer und dem Nießbraucher ein **dingliches Rechtsverhältnis** und ein **gesetzliches Schuldverhältnis**.[3]

3 Als **schuldrechtliches Grundgeschäft** für die Bestellung des Nießbrauchs liegt üblicherweise ein Überlassungsvertrag, eine Verfügung von Todes wegen, ein Kauf, ein Sicherungsvertrag oder ein ähnliches Rechtsgeschäft zugrunde.[4] Insoweit unterscheidet man bzgl. des schuldrechtlichen Grundgeschäfts den unentgeltlichen vom entgeltlichen Nießbrauch. Den Nießbraucher trifft die Pflicht zur Bewirtschaftung des Nießbrauchgegenstandes, also die Pflicht, die bisherige wirtschaftliche Bestimmung aufrechtzuerhalten und nach den Regeln einer ordnungsgemäßen Wirtschaft zu verfahren (§§ 1036 Abs. 2, 1068 BGB).

b) Quotennießbrauch

4 Begründet werden kann auch ein sog. Quotennießbrauch. Dabei wird ein bestimmter Bruchteil des Nießbrauchgegenstandes mit dem Nießbrauchrecht belastet, so dass zwischen dem Eigentümer und dem Nießbraucher (und/oder anderen Quotennießbrauchern) eine Nutzungs- und Verwaltungsgemeinschaft entsteht, für die die §§ 741 ff. BGB entsprechend gelten.[5] Ein solcher **Teil- oder Quotennießbrauch** ist ein übliches Gestaltungsmittel für die Beteiligung mehrerer (minderjähriger) Kinder am Vermögensgegenstand.

c) Zuwendungs- und Vorbehaltsnießbrauch

5 Bekanntlich werden zwei Bestellungsformen des Nießbrauchs unterschieden, nämlich der sog. Zuwendungsnießbrauch und der sog. Vorbehaltsnießbrauch. Beim sog. **Zuwendungsnießbrauch** bleibt der Eigentümer oder Inhaber des Nießbrauchgegenstandes (belastete Sache bzw. Sachgesamtheit, belastetes Recht oder belastetes Vermögen) Eigentümer bzw. Inhaber und wendet dem Nießbraucher das Nießbrauchrecht daran zu. Beim sog. **Vorbehaltsnießbrauch** überträgt der Eigentümer das Eigentum bzw. die Inhaberschaft an dem Nießbrauchgegenstand und behält sich den Nießbrauch daran vor.

1997, 734; *Reichert/Schlitt/Düll*, GmbHR 1998, 565; *Klümpen-Neusel*, GmbH-Stpr 2006, 321; *Wälzholz*, DStR 2010, 1786.
2 Zu einer kombinierten Gestaltung zu Lebzeiten und für den Todesfall siehe BFH GmbHR 2001, 834.
3 Vgl. statt aller Palandt/*Bassenge*, vor § 1030 Rn 1 m.w.N.; *Korn*, DStR 1999, 1461; Formulierungsbeispiele bei *Wachter*, NotBZ 2000, 33 und 78 sowie *Jansen/Jansen*, Der Nießbrauch im Zivil- und Steuerrecht, S. 207 ff.; zu den Wirkungen einer Pfändung eines Nießbrauchrechts siehe BGH InVo 2006, 321.
4 Palandt/*Bassenge*, vor § 1030 Rn 3; zur Annahme einer gemischten Schenkung siehe OLG Koblenz FamRZ 2002, 1029.
5 Palandt/*Bassenge*, § 1030 Rn 2.

2. Unternehmens- und Beteiligungsnießbrauch, Vollrechts- und Ertragsnießbrauch
a) Gegenstand und Inhalt des Nießbrauchs

Tauglicher Gegenstand einer Nießbrauchbestellung sind selbstverständlich auch Unternehmen oder Unternehmensbeteiligungen.[6] Dies betrifft sowohl Einzelunternehmen als auch Gesellschaftsanteile an Personengesellschaften oder Kapitalgesellschaften.[7] Dabei ist wiederum weiterhin zu unterscheiden zwischen dem sog. Vollrechtsnießbrauch, auch als sog. **Unternehmensnießbrauch** bezeichnet, und dem sog. Ertragsnießbrauch. Beim **Ertragsnießbrauch**[8] wird dem Nießbraucher nur ein Nießbrauch an den Vermögensrechten des Gesellschaftsanteils (Auseinandersetzungsguthaben und Gewinnanspruch) eingeräumt. Beim **Vollrechts- oder Unternehmensnießbrauch** werden ihm darüber hinaus auch die mit der Gesellschafterstellung verbundenen Verwaltungs- und Stimmrechte übertragen.

6

b) Umfang der Rechtsausübung

Auch beim Vollrechtsnießbrauch ist umstritten, wie weit die Wahrnehmung der Gesellschafterrechte durch den Nießbraucher gehen kann und darf. Während nach einer Auffassung der Nießbraucher aufgrund des ihm zustehenden Verwaltungsrechts im Zusammenwirken mit den anderen Gesellschaftern den Gesellschaftsvertrag und den Gesellschaftszweck ändern kann,[9] soll nach anderer, wohl zutreffender Auffassung auch in diesen Fällen die Wahrnehmung der Gesellschafterrechte sich nur auf den laufenden Geschäftsbetrieb der Gesellschaft beschränken, also beispielsweise auf die Aufstellung des Jahresabschlusses, die Gewinnfeststellung und sonstige laufende Geschäftsvorfälle, nicht aber auf die Änderung des Gesellschaftsvertrages, die Änderung der Gewinn- oder Vermögensbeteiligung, die Aufnahme neuer Gesellschafter und die Veräußerung wesentlichen Gesellschaftsvermögens.[10]

7

Nicht einmal abschließend geklärt ist in der Rechtsprechung, ob und unter welchen Voraussetzungen der Nießbraucher ein **eigenes Stimmrecht** in der Gesellschafterversammlung hat oder ob er nur ein durch rechtsgeschäftliche Vollmacht **abgeleitetes Stimmrecht** hat, was insbesondere auch Auswirkungen auf die Frage von Einladungen und Beschlussmängel haben kann.[11] Noch nicht abschließend geklärt ist auch, ob ein Nießbrauch am Gesellschaftsanteil, insbesondere am Kommanditanteil, in das Handelsregister eingetragen werden kann.[12]

8

c) Einräumung des Nießbrauchs

Die früher herrschende zivilrechtliche Lehre ging sogar davon aus, dass nur eine Übertragung des Gesellschaftsanteils auf den Nießbraucher insgesamt (sog. Vollrechtsübertragung) zivilrechtlich möglich und zulässig sei mit entsprechender schuldrechtlicher Treuhandbindung des Nießbrauchers im Innenverhältnis. Dabei sollte der Nießbraucher echter „Gesellschafter auf Zeit" werden und, soweit Eintragungsfähigkeit bzw. Eintragungspflicht gegeben ist, als solcher in das Handelsregister eingetragen werden. Auch im Außenverhältnis sollte ihn deshalb die Haftung des Gesellschafters unmittelbar treffen, während der Inhaber bzw. Eigentümer als Nieß-

9

---

6 Dazu umfassend *Korn*, DStR 1999, 1461 ff., 1512 ff.
7 *Koller/Roth/Morck*, HGB, § 105 Rn 22; *Schön*, ZHR 1994, 229 ff.
8 Vgl. dazu etwa *Jansen/Jansen*, S. 54; *Fichtelmann*, Rn 1279, 1329; *Milatz/Sonneborn*, DStR 1999, 137.
9 *Paus*, BB 1990, 1675, 1679.
10 Vgl. *Westermann*, Handbuch der Personengesellschaften, Band I, S. 681; *Schön*, ZHR 1994, 229, 260; *Schulze zur Wiesche*, DStR 1995, 318, 319; *Bitz*, DB 1987, 1506; siehe auch BGH BB 1999, 175 = ZIP 1999, 68 = DNotZ 1999, 607 m. Anm. *Armbrüster*, DNotZ 1999, 562 für Grundlagenbeschlüsse in einer Personengesellschaft.
11 Vgl. BGH DStR 1996, 713 m. Anm. *Goette*.
12 Mit der h.M. ablehnend *Klose*, DStR 1999, 807; bejahend LG Oldenburg v. 8.4.2008 – 15 T 257/08, DNotI-Report 2008; LG Köln RNotZ 2001, 170 m. Anm. *Lindemeier*; LG Aachen RNotZ 2001, 155.

brauchbesteller auf Zeit aus der Gesellschaft ausscheiden und nur schuldrechtliche Ansprüche gegen den Nießbraucher haben solle.[13]

10 Darüber hat sich die heute herrschende Lehre hinweggesetzt. Wie vorstehend beschrieben, soll durch die Nießbrauchbestellung eine **Abspaltung bestimmter Rechte und Pflichten aus der Mitgliedschaft** erfolgen.[14] Auch der BGH geht davon aus, dass selbst beim vorgenannten Vollrechtsnießbrauch dem Nießbrauchbesteller weiterhin die Substanz des Nießbrauchsgegenstandes (Eigentum/Inhaberschaft) zusteht.[15]

3. Gesellschaftsrechtliche Voraussetzungen
a) Zustimmungserfordernisse

11 Gesellschaftsrechtlich ist selbstverständlich zu prüfen, ob und ggf. unter welchen Voraussetzungen eine Nießbraucheinräumung am Gesellschaftsanteil möglich und zulässig ist. Wenn der Gesellschaftsanteil kraft gesellschaftsvertraglicher Vereinbarung frei übertragbar ist, ist dementsprechend auch eine Nießbraucheinräumung ohne weiteres möglich. Bedarf die Übertragung des Anteils der Zustimmung der Gesellschafterversammlung, gilt dies auch für die Einräumung eines Nießbrauchs daran.[16] Der BGH hat im Übrigen dazu auch entschieden, dass der Nießbraucher zumindest so lange in der Gesellschafterversammlung das Stimmrecht nicht ausüben kann, wie die erforderliche Zustimmung der Gesellschafter zur Nießbrauchbestellung nicht vorliegt.[17]

b) Formerfordernisse

12 Auch die Form der Nießbrauchbestellung soll sich nach der Form einer Abtretung des Gesellschaftsanteils richten. Für Gesellschaftsanteile an **Personengesellschaften** ist anerkannt, dass deren Übertragung zumindest nicht der notariellen Form bedarf.[18] Nach § 1069 Abs. 1 BGB richtet sich die Bestellung des Nießbrauchs nach den für die Übertragung des Rechts geltenden Vorschriften. Soweit also Gesetz und Gesellschaftsvertrag für die Übertragung des Gesellschaftsanteils keine bestimmte Form vorsehen, genügt sogar formlose Einigung über die Bestellung des Nießbrauchrechts gem. §§ 398, 413 BGB.

13 Für die Bestellung des Nießbrauchs an dem Gesellschaftsanteil einer **Kapitalgesellschaft** sind demgemäß die dortigen Formvorschriften für die Abtretung von Gesellschaftsanteilen zu beachten. Dies bedeutet bei einem GmbH-Anteil notarielle Form entsprechend § 15 Abs. 3 GmbHG.

c) Beteiligung Minderjähriger

14 Soweit Minderjährige an der Nießbrauchbestellung beteiligt sind, ist die **Mitwirkung eines Pflegers** erforderlich.[19] Zivilrechtlich ist Dauerergänzungspflegschaft nicht erforderlich, ebenso wenig ist eine **familiengerichtliche Genehmigung** erforderlich.[20] Das soll auch bei der

---

13 Vgl. Staudinger/*Kessler*, § 717 Rn 27.
14 Vgl. die Zusammenstellung bei *Schmidt*, EStG, § 15 EStG Rn 305; Palandt/*Bassenge*, § 1068 Rn 3 f.; *Bitz*, DB 1987, 1506 m.w.N.; *Schulze zur Wiesche*, DStR 1995, 318, 319.
15 BGHZ 58, 316; BGH BB 1975, 295; BGH ZIP 1989, 1186; zur Eintragungsfähigkeit eines Nießbrauchs an einem Personengesellschaftsanteil *Klose*, DStR 1999, 807; DNotI-Report 1999, 194.
16 Vgl. BGH DStR 1996, 713 m. Anm. *Goette*; OLG Koblenz NJW 1992, 2163 = ZIP 1992, 844; Palandt/*Bassenge*, § 1068 Rn 4; *Schulze zur Wiesche*, DStR 1995, 318; *Langenfeld/Gail*, Rn 438; *Petzold*, GmbHR 1981, 381.
17 BGH DStR 1996, 713.
18 Vgl. *Paus*, BB 1990, 1675, 1679.
19 Vgl. BFH BStBl II 1981, 297 = BB 1980, 1562; OFD Düsseldorf v. 24.6.1981, BB 1981, 1257.
20 So auch noch BFH BStBl II 1981, 295 = BB 1980, 1562; OFD Düsseldorf v. 24.6.1981, BB 1981, 1257.

schenkweisen Übertragung eines mit einem Nießbrauchrecht (und einem Vorkaufsrecht) belasteten Gegenstands gelten, da auch eine solche Schenkung lediglich einen rechtlichen Vorteil i.S.v. § 107 BGB begründe.[21]

Andererseits soll aber ein vermieteter Gegenstand, der unter Vorbehaltsnießbrauch auf einen Minderjährigen übertragen wird, schon allein wegen des Eintritts in das Mietverhältnis der Mitwirkung eines Pflegers bedürfen.[22] 15

Nach einem anderen Urteil des BFH[23] soll für die steuerliche Anerkennungsfähigkeit ein Ergänzungspfleger selbst dann erforderlich sein, wenn das zuständige Gericht die Bestellung eines Ergänzungspflegers für nicht notwendig angesehen hat.[24] 16

4. Regelungsinhalte des Nießbrauchs an Gesellschaftsanteilen

Ähnlich wie beim Unternehmensnießbrauch (Nießbrauchbestellung an einem Einzelunternehmen) sind auch bei der Nießbrauchbestellung an einem Gesellschaftsanteil zweckmäßigerweise genaue Regelungen über die **wechselseitigen Rechte und Pflichten** bzw. die interne Abgrenzung der Rechte und Pflichten zwischen Eigentümer und Nießbraucher zu treffen.[25] 17

Insbesondere sollten vertragliche Vereinbarungen getroffen werden über: 18
– Gewinn- und Verlustverteilung;
– Gewinnentnahmerecht des Nießbrauchers bzw. des Nießbrauchbestellers;
– etwaige vorzeitige Beendigung des Nießbrauchs bei dauernder Arbeitsunfähigkeit des Nießbrauchers (bei Tod des Nießbrauchers erlischt ohnehin das Nießbrauchrecht, § 1061 BGB);
– konkrete Regelung sonstiger Tatbestände für eine vorzeitige Beendigung des Nießbrauchrechts;
– Sicherungsinstrumente zugunsten des Nießbrauchbestellers;[26]
– etwaige Schiedsgerichtsvereinbarungen bzw. Wertermittlungsvereinbarungen;
– Vereinbarungen über das Abstimmungsverhalten in der Gesellschaft betreffend die Investitionspolitik, Entnahme- bzw. Ausschüttungspolitik etc.;
– Voraussetzungen und Folgen für den Nießbrauch bei Beendigung der Gesellschaft.[27]

II. Steuerliche Behandlung des Nießbrauchs an Gesellschaftsanteilen

1. Allgemeine und besondere steuerliche Voraussetzungen
a) Inhaltliche Anforderungen

Für den Fall der Nießbrauchbestellung hatte die Finanzverwaltung früher nur deren **zivilrechtliche Wirksamkeit** und die **tatsächliche Durchführung** gefordert sowie die Bestellung auf eine **Mindestdauer** von in der Regel mehr als fünf Jahren.[28] Die finanzgerichtliche Rechtsprechung hat die Anforderungen aber über diese formellen Aspekte hinaus noch weiter verschärft. Für die Anerkennungsfähigkeit soll nicht allein das dingliche Nutzungsrecht des Nießbrauchers ausrei- 19

---
21 BayObLG ZNotP 1998, 381; ähnlich FG Rheinland-Pfalz DStRE 1998, 556.
22 BFH BStBl II 1981, 297; BMF v. 26.5.1992, BStBl I 1992, 370; BMF v. 9.2.2001, DStR 2001, 441.
23 BFH FR 1990, 462.
24 A.A. inzwischen aber BMF v. 9.2.2001, DStR 2001, 441.
25 Vgl. dazu *Paus*, BB 1990, 1676; *Brandi/Mühlmeier*, GmbHR 1997, 734; *Reichert/Schlitt/Düll*, GmbHR 1998, 565; *Jülicher*, DStR 2001, 1200; Musterformulierungen bei *Wachter*, NotBZ 2000, 33 ff. und 78 ff.
26 Dazu *Moog*, DStR 2002, 180.
27 Vgl. zur Beendigung des Nießbrauchs bei Beendigung der Gesellschaft durch Anteilsvereinigung OLG Düsseldorf EWiR 1998, 1023 m. Anm. *Aderhold*.
28 Vgl. Abschn. 123 Abs. 1 Satz 6 EStR 1978; Nießbraucherlass vom 23.11.1983, BStBl I 1983, 509 ff. unter Tz. 9.

chend sein, sondern es wird für die steuerliche Anerkennungsfähigkeit „das tatsächliche Innehaben der Einkunftsquelle" gefordert.

20 Der Nießbraucher darf also nicht nur das Recht zur Fruchtziehung haben, er muss vielmehr „in seiner Person den Tatbestand der Einkunftserzielung erfüllen".[29] Deshalb kann etwa bei der Bestellung eines (Zuwendungs-)Nießbrauchs an einem GmbH-Anteil die Gestaltung steuerlich nur anerkannt werden, wenn dem Nießbraucher neben dem **Gewinnbezugsrecht** auch **wesentliche Mitverwaltungsrechte** wie etwa das Stimmrecht des Gesellschafters übertragen werden.[30]

21 Fallen das zivilrechtliche und wirtschaftliche Eigentum auseinander, so sind die Wirtschaftsgüter dem wirtschaftlichen (und nicht dem zivilrechtlichen) Eigentümer zuzurechnen, § 39 Abs. 2 Nr. 1 S. 1 AO. Wirtschaftlicher Eigentümer ist derjenige, der die tatsächliche Herrschaft über ein Wirtschaftsgut in der Weise ausübt, dass er den Eigentümer im Regelfall für die gewöhnliche Nutzungsdauer des Wirtschaftsguts von der Einwirkung auf das Wirtschaftsgut wirtschaftlich ausschließen kann. Der Nießbraucher ist, da er nur einen abgeleiteten Besitz ausübt, nach der Auffassung des FG Köln im Regelfall nicht wirtschaftlicher Eigentümer des seiner Nutzung unterliegenden Wirtschaftsguts.[31]

22 Die Anforderungen insoweit sind bislang leider nicht näher konkretisiert worden. Der seit langem angekündigte ländereinheitliche Nießbraucherlass, der auch den Nießbrauch an Unternehmen und Gesellschaftsbeteiligungen erfassen soll, ist bisher nicht ergangen. Der III. Nießbraucherlass des BMF vom 24.7.1998[32] bezieht sich auf die einkommensteuerliche Behandlung des Nießbrauchs und anderer Nutzungsrechte bei den Einkünften aus Vermietung und Verpachtung.

23 Die Formen des reinen Ertragsnießbrauches, bei denen also der Nießbraucher lediglich auf die Vermögensrechte am Gesellschaftsanteil (Gewinnanspruch und Auseinandersetzungsguthaben) beschränkt ist, dürfte der Gefahr unterliegen, generell steuerlich nicht anerkannt zu werden.[33]

b) Nießbrauchbestellung zugunsten Angehöriger, insbesondere Unterhaltsberechtigter

24 Die steuerliche Anerkennung von Nießbrauchgestaltungen unter Familienangehörigen erfordert – wie auch bei sonstigen Gestaltungskonstellationen – die Beachtung der **zivilrechtlichen Wirksamkeitsvoraussetzungen** (Formvorschriften, Zustimmungserfordernisse, familien- bzw. vormundschaftsgerichtliche Genehmigung bei Minderjährigen) und die **tatsächliche Durchführung** entsprechend den getroffenen Vereinbarungen.[34] Darüber hinaus muss bei der Nießbrauchbestellung zugunsten von Unterhaltsberechtigten das **Separierungsprinzip** des § 12 Nr. 2 EStG beachtet werden.[35]

25 Früher hatten die Finanzverwaltung und die finanzgerichtliche Rechtsprechung die einkunftsverlagernde Wirkung von Nießbrauchbestellungen zugunsten unterhaltsberechtigter Personen weitgehend anerkannt, auch bei unentgeltlicher Nießbrauchbestellung. Dabei werden bekanntlich von der Finanzverwaltung als unterhaltsberechtigt i.S.v. § 12 Nr. 2 EStG alle diejenigen Personen angesehen, die nach bürgerlichem Recht gegen den Steuerpflichtigen oder seinen

---

29 Vgl. BFH BStBl II 1977, 115; 1981, 369; siehe auch BFH DStR 1999, 372 und FG Düsseldorf DStRE 1999, 486 zur Frage des wirtschaftlichen Eigentums des Vorbehaltsnießbrauchers bei dinglich gesichertem Rückforderungsrecht.
30 FG Münster EFG 2003, 690 m. Anm. *Braun* = GmbHR 2003, 911.
31 FG Köln EFG 2008, 98 = ZErb 2007, 467.
32 BStBl I 1998, 914 ff.
33 Vgl. *Biergans*, DStR 1985, 330, 335; *Langenfeld/Gail*, Rn 437.
34 Vgl. *Langenfeld/Gail*, Rn 430.
35 Steuerschädlich dürften insbesondere Nießbrauchgewährungen zugunsten minderjähriger Kinder mit freier Widerruflichkeit durch die Eltern sein, vgl. Niedersächsisches FG v. 27.1.2000 – 5 K 53/98, n. rk., Az. des BFH: IX R 54/00 bei Einkünften aus Vermietung und Verpachtung.

Ehegatten einen gesetzlichen Unterhaltsanspruch haben können. Es kommt dabei nicht darauf an, ob nach den persönlichen Verhältnissen der Beteiligten ein solcher Anspruch auch tatsächlich besteht.[36]

Der Vorbehalt eines **Rückforderungsrechts im Scheidungsfall** ist sicherlich steuerunschädlich.[37] Gleiches soll für einen Nießbrauchvorbehalt mit durch Rückauflassungsvormerkung gesichertem Veräußerungsverbot zu Lasten des Vorbehaltsnießbrauchers gelten.[38]

26

c) Folgen der steuerlichen Nichtanerkennung

Steuerliche Nichtanerkennung bedeutet, dass die Einkünfte aus dem Gesellschaftsanteil ertragsteuerrechtlich weiterhin dem Eigentümer bzw. Gesellschafter zugerechnet werden, bei ihm liegt sog. **verdeckte Einkommensverwendung** (bei entgeltlicher Bestellung möglicherweise aber auch Sonderbetriebsaufwand) vor.[39]

27

2. Nießbrauch an Kapitalgesellschaftsanteilen
a) Unentgeltliche Einräumung

Ungeachtet der Tatsache, dass zivilrechtlich selbstverständlich ein Nießbrauch an **Wertpapieren** zulässig ist, hat die finanzgerichtliche Rechtsprechung schon vor langer Zeit – zumindest beim unentgeltlich bestelltem Nießbrauch – dessen einkunftsverlagernde Wirkung nicht anerkannt. Vielmehr sollen die Einkünfte aus solchen Wertpapieren weiterhin beim Eigentümer zu versteuern sein, weil Einkünfte aus Kapitalvermögen nur derjenige erzielen könne, der selbst Kapital gegen Entgelt zur Nutzung überlasse. Die Nießbrauchbestellung an solchen Kapitalerträgen stelle deshalb ertragsteuerrechtlich **Einkommensverwendung** in der Form der Vorausabtretung von Kapitalerträgen dar.[40] Es soll sich dabei um eine allgemeine Regel für alle Kapitaleinkünfte handeln. Dies soll auch beim schenkweisen Vorbehaltsnießbrauch gelten, so dass dem beschenkten Eigentümer die Einkünfte zuzurechnen sind, obwohl sie dem Vorbehaltsnießbraucher zufließen. Er soll sie aber als dauernde Last abziehen können und der Nießbraucher soll sie als wiederkehrende Bezüge nach § 22 Nr. 1 EStG seinerseits versteuern.[41] Zumindest nach dem Wortlaut der vorstehend zitierten Verfügung der OFD Düsseldorf muss also davon ausgegangen werden, dass bei unentgeltlich bestelltem Nießbrauch an Kapitalgesellschaftsanteilen die einkunftsverlagernde Wirkung ertragsteuerlich nicht anerkannt wird.

28

Allerdings ist die Praxis darüber hinweggegangen.[42] Auch der BFH anerkannt weitgehend die einkunftsverlagernde Wirkung des Nießbrauchs an Kapitalgesellschaftsanteilen.

29

Die Übertragung einer wesentlichen Beteiligung i.S. von § 17 EStG unter Vorbehalt eines Nießbrauchrechts im Wege der vorweggenommenen Erbfolge ist als unentgeltliche Vermögensübertragung **keine Veräußerung i.S. von § 17 Abs. 1 EStG**. Eine Anteilsveräußerung liegt auch

30

---

36 Vgl. BFH BStBl III 1961, 535; BStBl II 1973, 86; zur erbschaft- und schenkungsteuerlichen Belastung im Rahmen der Einräumung des Nießbrauchrechts siehe *Reichert/Schlitt/Düll*, GmbHR 1998, 565, 570; *Jülicher*, DStR 2001, 1200; zur einkommensteuerlichen Behandlung bei Einkünften aus Vermietung und Verpachtung zuletzt BMF v. 24.7.1998, BStBl I 1998, 914 = DStR 1998, 1175; dazu *Stuhrmann*, DStR 1998, 1405.
37 BFH NJW 1998, 1975.
38 Hessisches FG v. 26.6.1997 – 1 K 2331/95, n. rk.; a.A. FG München DStRE 1998, 83.
39 Vgl. *Schmidt*, § 15 EStG Rn 314; kritisch *Paus*, BB 1990, 1675, 1681; Blümich/*Stuhrmann*, § 15 EStG Rn 261a, 262.
40 Vgl. BFH BStBl II 1977, 115; OFD Düsseldorf v. 24.6.1981, BB 1981, 1257, 1260 unter III. 1.; *Bülow*, S. 9 f.; *Milatz/Sonneborn*, DStR 1999, 137, 140; *Flore*, GmbH-StB 2003, 102; zur schenkweisen Einräumung eines Gewinnbezugsrechts an einem GmbH-Anteil FG Köln DStRE 2000, 200; zur Kappung der Werbungskosten (Schuldzinsen) siehe BFH v. 29.5.2001 – VIII R 11/00, n.v.
41 Vgl. OFD Düsseldorf v. 24.6.1981, BB 1981, 1257, 1260.
42 Dazu *Fricke*, GmbHR 2008, 739.

dann nicht vor, wenn das Nießbrauchrecht später abgelöst wird und der Nießbraucher für seinen Verzicht eine Abstandszahlung erhält, sofern der Verzicht auf einer neuen Entwicklung der Verhältnisse beruht (Ablehnung des sog. Surrogationsprinzips).[43]

b) Entgeltliche Einräumung

31 Selbst beim entgeltlich bestellten Nießbrauch soll nach dieser Verfügung der OFD Düsseldorf[44] entsprechendes gelten. Der Nießbraucher soll den Gewinn (Dividende) lediglich im Sinne eines **Forderungseinzugs** für den Eigentümer (Gesellschafter) einziehen; die Kapitalerträge sollen ebenfalls nicht bei ihm zu versteuern sein, sondern vielmehr beim Eigentümer nach § 20 Abs. 2 Nr. 2 EStG. Dementsprechend soll auch die Anrechnung des Körperschaftsteuerguthabens nach bisherigem Körperschaftsteuerrecht im Rahmen der Ausschüttungen der Gesellschaft nur dem Eigentümer, nicht aber dem Nießbraucher zugute kommen.

32 Die Verwaltung bezieht diese Auffassung z. T. auch auf den Vorbehaltsnießbrauch.[45] Der Eigentümer soll in diesen Fällen lediglich die ihm ertragsteuerlich zuzurechnenden, aber dem Nießbraucher zufließenden Erträge als dauernde Last gem. § 10 Abs. 1 Nr. 1a EStG abziehen dürfen. Der Nießbraucher soll sie als wiederkehrende Bezüge nach § 22 Nr. 1 EStG versteuern müssen.

33 Zumindest für den **Vorbehaltsnießbrauch** geht die instanzgerichtliche Rechtsprechung jedoch von einer Zurechnung der Einkünfte bei dem Nießbraucher aus.[46] Erträge aus nießbrauchbelastetem Kapitalvermögen sollen danach – zumindest beim Vorbehaltsnießbrauch – dem Nießbraucher zuzurechnen sein, da ihm zivilrechtlich die Berechtigung zustehe, die Nutzungen aus dem Vermögen zu ziehen. Dementsprechend stehe aber dem Nießbrauchbesteller keine Werbungskostenabzugsberechtigung zu.[47]

3. Nießbrauch an Personengesellschaftsanteilen
a) Mitunternehmerschaft als Voraussetzung
aa) Stimmrecht und Bezüge

34 Für die ertragsteuerliche Anerkennung der einkünfteverlagernden Wirkung des Nießbrauchs ist nach der Rechtsprechung des BFH eine Mitunternehmerstellung des Nießbrauchers erforderlich. Der Nießbraucher muss über das Stimmrecht verfügen und seine Bezüge müssen in gleicher Weise wie die eines Anteilseigners erfolgsabhängig sein.[48] Der bloße Nießbrauch am Gewinnstammrecht (Ertragsnießbrauch) ist insoweit nicht ausreichend.[49]

bb) Mitunternehmerinitiative und Mitunternehmerrisiko

35 Im Einzelnen müssen also die Kriterien beim Nießbraucher erfüllt sein, die allgemein für eine Mitunternehmerschaft i.S.v. § 15 Abs. 1 S. 2 EStG von der finanzgerichtlichen Rechtsprechung gefordert werden. Es müssen Mitunternehmerinitiative und Mitunternehmerrisiko beim Nieß-

---

43 BFH DStR 2005, 1853; dazu *Fleischer*, ZEV 2005, 538.
44 Unter Bezugnahme auf BFH BStBl II 1970, 212 = BB 1970, 433.
45 A.A. aber BMF v. 23.11.1983, BStBl I 1983, 508, Tz. 55.
46 Niedersächsisches FG EFG 1980, 482; vgl. auch *Petzold*, GmbHR 1987, 438; *Langenfeld/Gail*, Rn 444.
47 FG Düsseldorf DStRE 2000, 731 für nießbrauchbelasteten Aktienbesitz und Schuldzinsen im Zusammenhang mit deren Anschaffung.
48 BFH BStBl II 1973, 528; BFH DStR 1994, 1803; Blümich/*Stuhrmann*, § 15 EStG Rn 259; *Schmidt*, § 15 EStG Rn 306; *Götz/Jorde*, ZErb 2005, 365, 367.
49 *Schmidt*, § 15 EStG Rn 314; Blümich/*Stuhrmann*, § 15 EStG Rn 442; zur AfA-Befugnis beim Vorbehalts- bzw. Zuwendungsnießbrauch BFH DStR 1997, 707.

braucher vorhanden sein. Der Nießbraucher muss also kraft seiner Nießbraucherstellung die wesentlichen **Verwaltungsrechte** wahrnehmen können, insbesondere zumindest das **Stimmrecht** im Rahmen der laufenden Geschäftsführung und das **Widerspruchsrecht** gegen Geschäfte, die über die laufende Geschäftsführung hinausgehen.[50] Dem Nießbraucher müssen also im Regelfall die Widerspruchs- und Kontrollrechte nach §§ 164, 166 HGB zustehen.[51]

Im Rahmen des Mitunternehmerrisikos müssen **Gewinn- und Verlustrisiko** beim Nießbraucher vorhanden sein. Nach wohl herrschender Auffassung muss der Nießbraucher dabei nur am entnahmefähigen Gewinn beteiligt sein, nicht aber an dem Gewinn, der durch Auflösung von stillen Reserven realisiert wird.[52] Zwar ist üblicherweise für die Annahme einer Mitunternehmerstellung die **Beteiligung an den stillen Reserven** im Regelfall Voraussetzung, bei ausreichend starker Mitunternehmerinitiative des Nießbrauchers soll aber darauf verzichtet werden können.[53]

Der Gewinnanteil des Nießbrauchers soll sich regelmäßig auf den entnahmefähigen Teil des Anteils am festgestellten **Handelsbilanzgewinn** erstrecken, der restliche Teil des Steuerbilanzgewinnanteils soll dem Nießbrauchbesteller zustehen.[54] Die erforderliche Beteiligung des Nießbrauchers am **Verlustrisiko** realisiert sich üblicherweise in dem Umfang, wie der Gesellschafter (Nießbrauchbesteller) eine Haftung trägt (der Kommanditist beispielsweise nach § 167 HGB: Verrechnung des Verlustanteils mit zukünftigen Gewinnansprüchen).

Hat der Treugeber-Kommanditist weder im Außenverhältnis noch im Innenverhältnis effektiv durchsetzbare Mitwirkungsrechte gemäß § 166 HGB bzw. § 716 BGB oder hat er zugunsten des Treuhänders einen Vollrechtsnießbrauch bestellt, so besteht bei ihm keine Mitunternehmerstellung und kein steuerlich anzuerkennendes Treuhandverhältnis. Denn er kann das Treuhandverhältnis nicht beherrschen und ist daher kein Mitunternehmer, auch wenn der Treuhänder seine Interessen zu berücksichtigen hat. Gegen eine beherrschende Stellung des Treugebers spricht auch, wenn der Treuhänder ein eigenes wirtschaftliches Interesse an der Treuhandstellung hat. Die im Gewinnfeststellungsbescheid enthaltenen negativen Einkünfte sind in so einem Fall dem Treuhänder zuzurechnen.[55]

b) Steuerliche Behandlung beim Nießbrauchbesteller

Nach der Rechtsprechung des BFH und der wohl herrschenden Lehre bleibt auch der Nießbrauchbesteller neben dem Nießbraucher **Mitunternehmer**.[56] Nach früherer Auffassung in der Literatur wurde beispielsweise angenommen, dass der Nießbrauchbesteller während der Laufzeit des Nießbrauchs nicht mehr Mitunternehmer sei[57] bzw. es wurde ein „Ruhen" der Mitunternehmerschaft angenommen.[58] Dabei sollte, ähnlich wie bei einer Verpachtung eines Gewerbebetriebes, eine gewerbliche Tätigkeit des Nießbrauchbestellers in der Form einer Verpachtung und eine gewerbliche Tätigkeit des Nießbrauchers in der Form der Führung eines gepachteten Gewerbebetriebes angenommen werden.

Nach der nunmehr herrschenden Meinung liegen also **zwei Mitunternehmerschaften parallel** zueinander vor. Wegen seiner nach wie vor bestehenden Beteiligung an den Wertverände-

---

50 BFH GS BStBl II 1984, 51; BFH DStR 1984, 669.
51 Vgl. Blümich/*Stuhrmann*, § 15 EStG Rn 260; FG Köln EFG 1984, 462; BFH GmbHR 2010, 499.
52 *Schulze zur Wiesche*, DStR 1995, 320; *Schmidt*, § 15 EStG Rn 306; *Petzold*, DStR 1992, 1171, 1175.
53 Vgl. *Schulze zur Wiesche*, DStR 1995, 320.
54 Vgl. *Schmidt*, § 15 EStG Rn 306; Blümich/*Stuhrmann*, § 15 EStG Rn 261a m.w.N.
55 FG Baden-Württemberg DStRE 2007, 688.
56 BFH DStR 1994, 1803; Blümich/*Stuhrmann*, § 15 EStG Rn 438; *Bitz*, DB 1987, 1506; *Petzold*, GmbHR 1987, 433 und DStR 1992, 1171; *Schulze zur Wiesche*, DStR 1995, 318 ff.; *Brandi/Mühlmeier*, GmbHR 1997, 734.
57 Vgl. *Jansen/Jansen*, S. 140; *Fichtelmann*, DStR 74, 341.
58 *Schulze zur Wiesche*, DStR 1980, 222 und DB 1983, 2538.

rungen des Anteils (Bildung und Auflösung von stillen Reserven) und wegen seines nach wie vor bestehenden Haftungsrisikos in seiner Eigenschaft als Gesellschafter soll auch das Tatbestandsmerkmal des Mitunternehmerrisikos nach wie vor bei dem Nießbrauchbesteller verwirklicht sein.[59]

41 Ausreichende Mitunternehmerinitiative soll darüber hinaus auch vorliegen, weil der Nießbraucher die Gesellschafterrechte nur im Rahmen der laufenden Geschäfte wahrnehmen darf, er aber Maßnahmen, die Auswirkung auf den wesentlichen Inhalt der Beteiligung haben, gegen den Willen des Gesellschafters nicht beschließen bzw. mitbeschließen darf und weil schließlich im Rahmen des Nießbrauchverhältnisses der Nießbrauchbesteller auch weiterhin Mitwirkungs- und Informationsrechte, zumindest gegenüber dem Nießbraucher, hat.

c) Interne Gewinnverteilung zwischen Nießbrauchbesteller und Nießbraucher

42 Wegen dieser intern bestehenden parallelen Mitunternehmerschaften von Nießbrauchbesteller und Nießbraucher ist auch ertragsteuerlich eine entsprechende interne Aufteilung vorzunehmen. Diese Aufteilung ist wegen der beiden Mitunternehmerschaften im **Verfahren der einheitlichen und gesonderten Gewinnfeststellung** für die Gesellschaft vorzunehmen.[60]

aa) Entnahmefähige Gewinne

43 Dem **Nießbraucher** stehen dabei die entnahmefähigen Gewinne zu, also alle Erträge, die mit seinem Beteiligungsrecht verbunden und das **Ergebnis der ordnungsgemäßen Wirtschaftsführung** sind, und zwar soweit sie als Vorabgewinn und als Restgewinn in der Gesellschaft verteilt werden.[61] Gesellschaftsvertragliche Entnahmebeschränkungen muss selbstverständlich auch der Nießbraucher gegen sich gelten lassen. Soweit solche Gewinne nach dem Gesetz oder dem Gesellschaftsvertrag zur Auffüllung des (negativen) Kapitalkontos aus vorausgegangenen Verlusten verwandt werden müssen, können sie dem Nießbraucher nicht zugerechnet werden. Gleiches gilt für Gewinne, die einer gesamthänderischen Rücklage oder dem Kapitalkonto II gutgeschrieben werden.[62]

44 Diese Auffassung ist allerdings nicht unbestritten. Nach anderer Auffassung sollen solche Verluste, soweit sie die Einlage übersteigen, dem Nießbraucher zugerechnet werden, weil dieser dadurch künftige entnahmefähige Gewinnanteile verliert.[63] Gerade hinsichtlich der Regelung der Gewinn- und Verlustbeteiligung sollte deshalb im Vorhinein eine klare Vereinbarung zwischen Nießbraucher und Nießbrauchbesteller getroffen werden.

bb) Nicht entnahmefähige Gewinne

45 Alle nicht entnahmefähigen Gewinne (Wertsteigerungen einschließlich Firmen- und Geschäftswert) fallen dem Nießbrauchbesteller zu, ebenso **außerordentliche Erträge** aus Anlagenabgängen.[64]

---

59 BFH DStR 1994, 1803; BFH GmbHR 2010, 499; *Schulze zur Wiesche*, DStR 1995, 320.
60 Vgl. Blümich/*Stuhrmann*, § 15 EStG Rn 261a.
61 *Schulze zur Wiesche*, DStR 1995, 320.
62 Vgl. *Schulze zur Wiesche*, DStR 1995, 320.
63 *Langenfeld/Gail*, Rn 440; *Biergans*, DStR 1985, 331, 333.
64 Vgl. *Schulze zur Wiesche*, DStR 1995, 320; *Schmidt*, § 15 EStG Rn 307; *Biergans*, DStR 1985, 327, 332; *Bitz*, DB 1987, 1506, 1508.

cc) Sondervergütungen und Nießbrauchentgelte

Soweit der Nießbraucher oder der Nießbrauchbesteller jeweils Sondervergütungen i.S.v. § 15 **46** Abs. 1 S. 1 Nr. 2 EStG erzielen bzw. Aufwand und Ertrag im Rahmen ihres **Sonderbetriebsvermögens** haben, sind sie ihren jeweiligen gewerblichen Einkünften hinzuzurechnen.[65]

Soweit der Nießbraucher dem Nießbrauchbesteller ein Entgelt für die Nießbrauchbestellung **47** zahlt, stellt dieses bei ihm **Sonderbetriebsausgaben** und beim Nießbrauchbesteller **Sonderbetriebseinnahmen** dar.[66]

d) Sonderbetriebsvermögen

Soweit der Gesellschafter (Nießbrauchbesteller) Sonderbetriebsvermögen innehat, wird dieses **48** nicht automatisch von der Nießbrauchbestellung erfasst. Da der Nießbrauchbesteller nach den vorstehenden Grundsätzen seinerseits Mitunternehmer bleibt, scheidet das Wirtschaftsgut im Sonderbetriebsvermögen mit der Nießbrauchbestellung auch nicht aus dem Betriebsvermögen aus.[67]

Selbstverständlich kann durch eine Vereinbarung aber der Nießbrauch an dem Gesell- **49** schaftsanteil auch auf das Sonderbetriebsvermögen des Gesellschafters erstreckt werden. Auch in diesem Falle bewirkt die Bestellung des Nießbrauchs nicht die Entnahme des Sonderbetriebsvermögens.[68]

4. Erbschaftsteuerliche Behandlung des Nießbrauchs

§ 25 Abs. 1 ErbStG gab bis zum 31.12.2008 dem Steuerpflichtigen zunächst das Wahlrecht auf eine **50** sofortige Besteuerung des unter Nießbrauchvorbehalt erworbenen Vermögensgegenstandes ohne Abzug des Nießbrauchs als Belastung oder aber auf eine zinslose Stundung der auf den Kapitalwert des Nutzungsrechts entfallenden, bereits festgesetzten Steuer bis längstens zum Erlöschen des Nießbrauchrechts.[69]

Durch das ErbStRG ist § 25 ErbStG mit Wirkung zum 1.1.2009 ersatzlos gestrichen worden. **51** Nunmehr ist in Erb- und Schenkungsfällen die Belastung des Übertragungsgegenstandes mit dem Nießbrauch (Kapitalwert des Nutzungsrechts) als Wertminderung abzuziehen.[70]

Beim Vorbehaltsnießbrauch überträgt der Schenker den Vermögensgegenstand, behält sich **52** aber gleichzeitig die Nutzungen und Früchte daran zurück. Die Einräumung des Nießbrauchs stellt kein Entgelt dar, sondern ist eine die Bereicherung der Beschenkten mindernde Belastung.[71] Der mit dem Tod des Nießbrauchers verbundene Wegfall des Nießbrauchs ist dann allerdings kein nach § 3 ErbStG steuerpflichtiger Erwerb[72] und unterliegt damit nicht der Besteuerung.

Der vorzeitige unentgeltliche Verzicht auf ein vorbehaltenes Nießbrauchrecht erfüllt nach **53** der Auffassung des BFH[73] als Rechtsverzicht den Tatbestand des § 7 Abs. 1 Nr. 1 ErbStG. § 25

---

[65] *Schmidt*, § 15 EStG Rn 307 bzw. 311; *Biergans*, DStR 1985, 327, 332; *Paus*, BB 1990, 1675, 1680.
[66] *Schmidt*, § 15 EStG Rn 308, 312; *Bitz*, DB 1987, 1509.
[67] BFH DStR 1994, 1803; *Schulze zur Wiesche*, DStR 1995, 322.
[68] BFH DStR 1994, 1803; *Schulze zur Wiesche*, DStR 1995, 322.
[69] Dazu *Meincke*, ZEV 1998, 406; *Ziegeler*, DB 1998, 1058; *Klümpen-Neusel*, GmbH-StB 2006, 321.
[70] Dazu *Geck*, DStR 2009, 1005.
[71] Wenngleich aus zivilrechtlicher Sicht umstritten ist, ob die Nießbraucheinräumung noch der Übertragende selbst vornimmt und mithin nur das Eigentumsrecht ohne das Nutzungsrecht überträgt (*Flume*, Allgemeiner Teil BGB 2. Bd. S. 192; BFH BStBl. II 1983, 627) oder der Erwerber den Nießbrauch erst zu bestellen hat (so wohl Staudinger/*Dilcher*, § 107 Rn 16; *Liedel*, MittBayNot 1992, 238, 240) spielt dies doch für das Steuerrecht keine Rolle, zusammenfassend *Spiegelberger*, Vermögensnachfolge, Rn 102.
[72] *Esch/Schulze zur Wiesche*, Handbuch der Vermögensnachfolge, II. Rn 88.
[73] BFH BStBl. II 2004, 429 = DStR 2004, 722.

Abs. 1 ErbStG a.F. steht der Tatbestandsmäßigkeit nicht entgegen. Eine Doppelerfassung des Nießbrauchrechts – sowohl bei der Nichtberücksichtigung als Abzugsposten nach § 25 Abs. 1 Satz 1 ErbStG a.F. als auch beim späteren Verzicht des Berechtigten – ist bei der Besteuerung des Nießbrauchverzichts durch den Abzug des bei der Besteuerung des nießbrauchbelasteten Gegenstandes tatsächlich unberücksichtigt gebliebenen (Steuer-)Werts des Nutzungsrechts von der Bemessungsgrundlage (Steuerwert) für den Rechtsverzicht zu beseitigen.

Bei der Übertragung eines zwar belasteten Gegenstandes unter Nießbrauchvorbehalt soll schenkungsteuerlich von einer reinen Schenkung auszugehen sein, wenn der Vorbehaltsnießbraucher verpflichtet ist, die Belastungen weiterhin zu tragen bzw. zu tilgen.[74] Trägt der Schenker auch die Schenkungsteuer, ist diese dem schenkungsteuerpflichtigen Erwerb hinzuzurechnen und sofort fällig.[75] Dass der vorzeitige unentgeltliche Verzicht des Nießbrauchberechtigten auf das Nießbrauchrecht als freigebige Zuwendung der Schenkungsteuer unterliegt und nicht nur zur Beendigung der Stundung nach § 25 Abs. 1 S. 1 ErbStG a.F. führt, ist durch den BFH noch unter der Geltung des früheren Erbschaft- und Schenkungsteuergesetzes geklärt.[76]

54 Problematisch ist die Gewährung von Verschonungen aber auch nach dem neuen Recht für Betriebsvermögen, wenn der Sache nach keine „Mitunternehmerstellung" eingeräumt wird.[77] Wenn keine Mitunternehmerstellung eingeräumt wird, fehlt es an der „Übertragung" von „Betriebsvermögen", so dass keine Verschonungsregelungen in Anspruch genommen werden können.[78]

55 Ob und inwieweit Nießbrauchgestaltungen im Rahmen der vorweggenommenen Erbfolge noch tauglich sind, war schon unter der Geltung des früheren Rechts nach der Entscheidung des BFH vom 25.1.2001[79] fraglich geworden. In der zitierten Entscheidung hatte der BFH für die schenkweise Einräumung einer atypischen Unterbeteiligung an einem Kommanditanteil festgestellt, dass ein Fall der vorweggenommenen Erbfolge, der die Privilegierungen von Betriebsvermögen durch das Erbschaftsteuer- und Schenkungsteuergesetz (ErbStG) auslöse, dann nicht vorliege, wenn es sich nicht um eine endgültige Übertragung von Betriebsvermögen handele. Die Länderfinanzminister haben mit einem einheitlichen Nichtanwendungserlass v. 15.5.2001 auf die Entscheidung des BFH und der Gesetzgeber hat mit einer redaktionellen Anpassung des Gesetzeswortlauts reagiert.[80]

56 § 97 Abs. 1 Satz 1 Nr. 5 BewG fingiert eine Zurechnung von Betriebsvermögen (jetzt auch § 10 Abs. 1 Satz 3 ErbStG). Die Vorschrift setzt jedoch voraus, dass der Beschenkte Mitunternehmer i.S. des § 15 Abs. 1 Nr. 2 des EStG geworden ist.[81] Kennzeichnend für einen Mitunternehmer i.S. des § 15 Abs. 1 Nr. 2 EStG ist, dass er zusammen mit anderen Personen Unternehmerinitiative (Mitunternehmerinitiative) entfaltet und Unternehmerrisiko (Mitunternehmerrisiko) trägt. Mitunternehmerinitiative bedeutet vor allem Teilnahme an unternehmerischen Entscheidungen. Ausreichend ist die Möglichkeit zur Ausübung von Gesellschafterrechten, die wenigstens den Stimm-, Kontroll- und Widerspruchsrechten angenähert sind, die einem Kommanditisten nach dem HGB zustehen oder die den gesellschaftsrechtlichen Kontrollrechten nach § 716 Abs. 1 BGB entsprechen.[82]

57 Lastet ein vorbehaltener Nießbrauch auf der zugewendeten Beteiligung an einer Personengesellschaft in vollem Umfang und ist er ausnahmsweise so ausgestaltet, dass dem Bedachten

---

[74] BFH BB 2002, 399.
[75] BFH DStR 2002, 493 = NJW 2002, 1447.
[76] BFH DStR 2004, 722; bejahend schon FG Nürnberg DStRE 2001, 150; verneinend FG Hamburg DStRE 2002, 638.
[77] Jülicher, ZErb 2009, 128, Anm. zu BFH ZErb 2009, 125.
[78] Jülicher, ZErb 2009, 128.
[79] BFH DStR 2001, 573 m. Anm. Mößlang = DB 2001, 798 m. Anm. Ebeling = ZEV 2001, 166 m. Anm. Viskorf = BB 2001, 819 m. Anm. Scherer/Geuyen; dazu auch Demuth, BB 2001, 945 und Jülicher, DStR 2001, 769.
[80] DStR 2001, 896 m. Anm. Moench.
[81] BFH ZErb 2009, 125.
[82] BFH NJW-RR 2008, 986.

keine Mitunternehmerinitiative und/oder kein Mitunternehmerrisiko zukommt, ist zivilrechtlich der Schenker als Nießbraucher lediglich Mitunternehmer und der Bedachte lediglich Gesellschafter. Ertragsteuerrechtlich kann die Trennung der Mitunternehmerstellung von der Stellung als Gesellschafter gemäß § 39 Abs. 2 Nr. 1 AO dadurch überbrückt werden, dass jemand, der zivilrechtlich nicht Gesellschafter ist, wirtschaftlich als Inhaber der Gesellschaftsbeteiligung behandelt wird.[83]

Behält also der Vorbehaltsnießbraucher die Stimm-/Kontrollrechte wird daraus abgeleitet, dass die schenkweise Übertragung der Beteiligung an einer Personengesellschaft auf einen Bedachten, nicht begünstigt ist, wenn sich der Schenker einen derart ausgestalteten Nießbrauch vorbehalten hat, dass dem Bedachten bei isolierter Betrachtung des geschenkten Anteils die Stellung eines Mitunternehmers fehlt.[84]

B. Muster

I. Zuwendungsnießbrauch

1. Typischer Sachverhalt

Der Gesellschafter einer GmbH nimmt auch noch mit verschiedenen anderen unternehmerischen Aktivitäten am Wirtschaftsleben teil, wobei er in erheblichem Umfang auch persönlich haftet. Er will aus Gründen der Zuordnung werthaltigen und ertragbringenden Vermögens außerhalb seines persönlichen Vermögenskreises deshalb seiner Ehefrau schon einzelne Vermögenspositionen zu Lebzeiten übertragen, ohne die Gesellschafterrechte in der GmbH schon in vollem Umfang ebenfalls abzugeben. Er entschließt sich daher, seiner Ehefrau ein Nießbrauchrecht an dem GmbH-Anteil zuzuwenden, wobei er selbst weiterhin die Gesellschafterrechte in der Gesellschafterversammlung vertreten will und die üblichen „Sicherungsklauseln" vereinbart wissen will.[85]

2. Muster: Schenkweise Einräumung eines Zuwendungsnießbrauchs an einem GmbH-Anteil   **M 199**

_____ *(Notarielle Urkundenformalien)*

Vorbemerkung
Der Nießbrauchbesteller ist nach seinen Angaben an der Firma _____ GmbH mit Sitz in _____, eingetragen im Handelsregister des Amtsgerichts _____ unter HRB _____, (im Folgenden die „Gesellschaft" genannt) mit einem Geschäftsanteil mit einer Stammeinlage in Höhe von _____ EUR (im Folgenden der „Gesellschaftsanteil" oder der „Anteil" genannt) beteiligt, den er bei Gründung der Gesellschaft (bzw. aufgrund Geschäftsanteilsabtretung vom _____) gemäß Urkunde des Notars _____ mit dem Amtssitz in _____ erworben hat. Der Anteil ist nach seinen Angaben voll einbezahlt. Weitere Mitgesellschafter in der Gesellschaft sind nach seinen Angaben mit folgenden Geschäftsanteilen: _____ und _____.
Die Satzung der Gesellschaft ist allen Beteiligten bekannt. Sie lag bei Beurkundung in beglaubigter Abschrift vor. Auf nochmalige Verlesung und Beifügung wurde nach Belehrung allseits verzichtet.

---

83 BFH GmbHR 2010, 499.
84 *Jülicher*, ZErb 2009, 128, Anm. zu BFH ZErb 2009, 125.
85 Zu den erbschaft- und schenkungsteuerlichen Folgen siehe Rn 24 ff.

Die Erschienenen baten sodann um die Beurkundung[86] der nachstehenden

Schenkung mit Nießbraucheinräumung[87]

§ 1 Nießbraucheinräumung
Der Nießbrauchbesteller räumt der Nießbraucherin an seinem oben bezeichneten Geschäftsanteil unentgeltlich lebenslänglichen Nießbrauch mit Wirkung ab 1.1._____ ein.

§ 2 Rechte und Pflichten des Nießbrauchers und des Nießbrauchbestellers
Die Parteien sind sich darüber einig, dass die mit dem Gesellschaftsanteil verbundenen Mitgliedschaftsrechte einschließlich des Stimmrechts vom Nießbrauchbesteller ausgeübt werden. Dabei ist der Nießbrauchbesteller jedoch verpflichtet, bei der Wahrnehmung der Gesellschafterrechte die Interessen der Nießbraucherin in angemessener Weise zu berücksichtigen und alles zu unterlassen, was den Nießbrauch an der Beteiligung beeinträchtigen oder vereiteln könnte.
Insbesondere verpflichtet er sich zu folgendem Verhalten:
- der Nießbraucherin auf Anforderung unverzüglich Auskunft über die Angelegenheiten der Gesellschaft zu erteilen, insbesondere über deren wirtschaftliche Verhältnisse;
- sich vor jeder Gesellschafterversammlung und vor jeder Stimmabgabe mit der Nießbraucherin über das Abstimmungsverhalten abzustimmen;
- das Stimmrecht insoweit nicht auszuüben, wie nicht eine Einigung mit der Nießbraucherin über das Abstimmungsverhalten erzielt worden ist hinsichtlich:
  - Verwendung des Bilanzgewinns
  - Kapitalerhöhungen oder Kapitalherabsetzungen
  - Aufnahme von Ausschließungs- oder Einziehungstatbeständen in den Gesellschaftsvertrag
  - Änderungen des Verteilungsschlüssels für Gewinn oder Liquidationserlös
  - Auflösung der Gesellschaft
  - Umwandlung der Gesellschaft
  - Kündigung der Gesellschaft
  - Austritt aus der Gesellschaft
  - Zustimmung zur Einziehung von Geschäftsanteilen
- bei Beschlussfassungen in der Gesellschafterversammlung darauf hinzuwirken, dass mindestens jeweils die Hälfte des von der Gesellschaft erzielten Jahresüberschusses an die Gesellschafter ausgeschüttet wird.

§ 3 Kontroll- und Widerspruchsrechte
Im Übrigen stehen der Nießbraucherin die Kontroll- und Widerspruchsrechte zu, die einem Kommanditisten nach §§ 164, 166 HGB zustehen.

§ 4 Zustimmungserfordernisse
Der Gesellschaftsvertrag enthält keine Beschränkungen hinsichtlich der Abtretbarkeit von Geschäftsanteilen oder der Bestellung eines Nießbrauchs an Geschäftsanteilen.
Variante 1:
Die nach § _____ der Satzung der Gesellschaft erforderliche Zustimmung der Gesellschafterversammlung ist am _____ erteilt worden.

---

[86] Das Erfordernis der notariellen Form ergibt sich schon aus § 518 BGB, bei GmbH-Anteilen auch aus § 1069 Abs. 1 BGB i.V.m. § 15 Abs. 3 und 4 GmbHG, da der Nießbrauch den Rechtsregeln für die Abtretung folgt (vgl. Wurm/Wagner/Zartmann/*Götte*, Rechtsformularbuch, Kap. 49, S. 996 und siehe Rn 12 f.).
[87] In Anlehnung an das Muster bei *Wachter*, NotBZ 2000, 33 ff.

Variante 2:
Der Notar wies die Erschienenen darauf hin, dass nach der Regelung in § _____ der Satzung der Gesellschaft die Nießbrauchbestellung der Zustimmung der Gesellschafterversammlung bedarf und bis dahin die Nießbrauchbestellung schwebend unwirksam ist. Die nach § _____ der Satzung der Gesellschaft erforderliche Zustimmung der Gesellschafterversammlung wird von den Beteiligten unverzüglich eingeholt.

Variante 3:
Der Notar wies die Erschienenen darauf hin, dass nach der Regelung in § _____ der Satzung der Gesellschaft die Nießbrauchbestellung der Zustimmung der Gesellschafterversammlung bedarf und bis dahin die Nießbrauchbestellung schwebend unwirksam ist. Der Nießbrauchbesteller verpflichtet sich, die erforderliche Zustimmung der Gesellschafterversammlung unverzüglich einzuholen und der Nießbraucherin die Zustimmung nachzuweisen.

§ 5 Widerrufsvorbehalt
Der Nießbrauchbesteller ist berechtigt, die Nießbrauchbestellung unter den nachfolgend genannten Voraussetzungen zu widerrufen. Der Widerruf hat dabei in notarieller Urkunde zu erfolgen. Der Widerruf wird mit Zugang wirksam. Der Zugang ist auch gewahrt bei Beurkundung des Widerrufs vor dem Urkundsnotar oder seinem Vertreter im Amt bzw. mit Eingang eines formgerechten Widerrufs beim Urkundsnotar oder seinem Vertreter im Amt. Für diesen Fall wird der Urkundsnotar oder sein Vertreter im Amt beauftragt, die Nießbraucherin über den Widerruf zu informieren.
Der Widerruf der Nießbrauchbestellung durch den Nießbrauchbesteller ist zulässig, wenn
– die Voraussetzungen der §§ 528, 530 BGB vorliegen,
– die Nießbraucherin in Vermögensverfall gerät oder gegen sie die Zwangsvollstreckung betrieben bzw. und nicht binnen einer Frist von einem Monat abgewendet wird oder
– die Nießbraucherin stirbt und nicht von gemeinsamen Abkömmlingen des Nießbrauchbestellers und der Nießbraucherin beerbt wird oder
– die Nießbraucherin und der Nießbrauchbesteller als Ehepartner länger als ein Jahr getrennt leben oder einer von ihnen Antrag auf Scheidung der Ehe stellt.

§ 6 Anmeldung an die Gesellschaft
Der Notar wies dabei auf das Erfordernis der Anmeldung der Nießbrauchbestellung an die Gesellschaft hin. Die Erschienenen baten um Erteilung je einer beglaubigten Abschrift dieser Urkunde an den Nießbrauchbesteller, die Nießbraucherin und die Gesellschaft. Der Notar wird dabei beauftragt und bevollmächtigt, die Anmeldung der vorstehenden Nießbrauchbestellung durch Übersendung einer beglaubigten Abschrift dieser Urkunde der Gesellschaft gegenüber anzuzeigen.
Alternativ:
Der Notar hat auf das Erfordernis der Anmeldung der Nießbrauchbestellung an die Gesellschaft hingewiesen. Die Vertragsteile verpflichten sich, die Bestellung des Nießbrauchs an dem Geschäftsanteil bei der Gesellschaft anzumelden.

§ 7 Kosten[88]
Die Kosten dieses Vertrages und seiner Durchführung trägt der Nießbrauchbesteller, unbeschadet der gesamtschuldnerischen Haftung der Beteiligten im Außenverhältnis, über die der Notar die Erschienenen belehrt hat.
Vorstehende Verhandlung wurde den Erschienenen in Gegenwart des Notars vorgelesen, von ihnen genehmigt und wie folgt eigenhändig unterschrieben:
_____ (Unterschriften)

---

[88] Zum Geschäftswert nach §§ 39 Abs. 1, 24 Abs. 1a KostO entsteht eine 20/10-Gebühr nach § 36 Abs. 2 KostO.

II. Vorbehaltsnießbrauch

1. Typischer Sachverhalt

61 Der Gesellschafter einer GmbH möchte diesen Anteil schon zu seinen Lebzeiten einem als Nachfolger vorgesehenen Kind zukommen lassen, ohne schon die gesamten Gesellschafterrechte aufzugeben. Da die Zusammensetzung des Gesellschafterkreises derzeit die erforderliche Zustimmung zur Übertragung des Anteils erlaubt und da die gesellschaftsvertragliche Nachfolgeklausel nicht die von dem Gesellschafter gewünschte Rechtsnachfolge vorsieht, hält er die lebzeitige Anteilsübertragung jetzt für geboten. Die Verwaltungsrechte aus der Beteiligung, insbesondere das Stimmrecht, möchte er noch weiterhin selbst ausüben. Er entschließt sich daher zur Übertragung unter Nießbrauchvorbehalt (zu den erbschaft- und schenkungsteuerlichen Problemen bei solchen „gestreckten Übertragungen" siehe Rn 1).

M 200 | 2. Muster: Schenkung eines GmbH-Anteils unter Nießbrauchvorbehalt

62 _____ *(Notarielle Urkundenformalien)*
Die Erschienenen baten um die Beurkundung der nachstehenden

Schenkung eines Gesellschaftsanteils mit Nießbrauchsvorbehalt[89]

§ 1 Gegenstand der Schenkung und des Nießbrauchs
Im Handelsregister des Amtsgerichts _____ ist unter HRB _____ die Firma „_____ mbH" mit Sitz in _____ eingetragen, im Folgenden auch „Gesellschaft" genannt. Das Stammkapital der Gesellschaft beträgt _____ EUR. An der Gesellschaft ist der Schenker (nachstehend auch „Veräußerer" genannt) mit einem Geschäftsanteil im Nennbetrag von _____ EUR beteiligt, den er bei Gründung der Gesellschaft (*alternativ*: aufgrund Geschäftsanteilsabtretung) zur Urkunde des Notars _____ mit dem Amtssitz in _____ erworben hat. Die Stammeinlagen sind nach Angabe des/der _____ in voller Höhe eingezahlt. Weitere Mitgesellschafter in der Gesellschaft sind nach seinen Angaben mit folgenden Geschäftsanteilen: _____ und _____.
Die Satzung der Gesellschaft ist allen Beteiligten bekannt. Sie lag bei Beurkundung in beglaubigter Abschrift vor. Auf nochmalige Verlesung und Beifügung wurde nach Belehrung allseits verzichtet.

§ 2 Schenkung und Abtretung

1. Schenkung
Der Veräußerer schenkt den vorbezeichneten Geschäftsanteil mit allen Rechten und Pflichten dem/der _____, nachstehend „Erwerber" genannt, der/die die Schenkung annimmt.
Schenkung und Abtretung erfolgen jeweils mit Wirkung zum _____.

2. Gewährleistung
Der Geschäftsanteil ist voll einbezahlt, was der Schenker hiermit zusichert. Er sichert weiterhin zu, dass der Geschäftsanteil ordnungsgemäß und ohne Verstoß gegen das Verbot der verschleierten Sacheinlage einbezahlt bzw. erbracht wurde, dass der Geschäftsanteil nicht sein ganzes oder nahezu ganzes Vermögen darstellt, dass er nicht mit Rechten Dritter belastet ist und er über den Geschäftsanteil frei verfügen kann.

---
[89] In Anlehnung an das Muster bei *Wachter*, NotBZ 2000, 33 ff.; weitere Muster bei *Götz/Jorde*, ZErb 2005, 365.

Der Notar hat den Erwerber darauf hingewiesen, dass er für die zur Zeit der Anmeldung der Veräußerung bei der Gesellschaft auf den Geschäftsanteil rückständigen Leistungen als Gesamtschuldner neben dem Veräußerer haftet. Dies gilt insbesondere auch für den Fall, dass ein Geschäftsanteil nicht ordnungsgemäß erbracht wurde, z.B. eine Bareinlage durch eine verschleierte Sacheinlage. Den Veräußerer hat der Notar darauf hingewiesen, dass er für derartige rückständige fällige Leistungen als Gesamtschuldner neben dem Erwerber verhaftet bleibt. Weiterhin haftet der Veräußerer hilfsweise auch in den Fällen der §§ 22, 28 GmbHG.

Er hat weiter darauf hingewiesen, dass der gutgläubige Erwerb von Geschäftsanteilen einer GmbH nur eingeschränkt möglich ist und dass der gutgläubig lastenfreie Erwerb von Geschäftsanteilen einer GmbH nicht möglich ist, dass also der Erwerber auf die Richtigkeit und Vollständigkeit der Angaben des Veräußerers angewiesen ist.

3. Abtretung
In Erfüllung der vorstehend vereinbarten Schenkung tritt der Veräußerer den Geschäftsanteil an den Erwerber ab. Der Erwerber nimmt die Abtretung an.

4. Zustimmung
Eine Zustimmung zur Abtretung ist nicht erforderlich (bzw. ist am _____ durch Beschluss der Gesellschafterversammlung wirksam erteilt worden).

§ 3 Nießbrauchbestellung

1. Nießbrauchbestellung
Mit Wirkung zum _____ bestellt der Erwerber – im Folgenden auch „Nießbrauchbesteller" genannt – dem Veräußerer – im Folgenden auch „Nießbrauchberechtigter" genannt – den lebenslänglichen unentgeltlichen Nießbrauch an dem vorbezeichneten Geschäftsanteil.

2. Rechte des Nießbrauchers
Während der Dauer des Nießbrauchs ausgeschüttete Gewinne stehen sämtlich dem Nießbrauchberechtigten zu. Dies gilt auch dann, wenn die Ausschüttungen auf Gewinnvorträgen beruhen, die vor der Bestellung des Nießbrauchs gebildet wurden. Wegen der Auflösung von Gewinnvorträgen oder Gewinnrücklagen stehen dem Nießbrauchbesteller somit keinerlei Ausgleichsansprüche gegen den Nießbrauchberechtigten zu.
Umgekehrt steht dem Nießbrauchberechtigten (und dessen Rechtsnachfolgern) wegen der Bildung von Rücklagen kein Ausgleichsanspruch gegen den Nießbrauchbesteller zu. Rücklagen und Gewinnvorträge, die während der Dauer des Nießbrauchs gebildet werden, aber erst nach der Beendigung des Nießbrauchs verteilt werden, stehen ausschließlich dem Nießbrauchbesteller zu.
Wird der Nießbrauch im Laufe eines Geschäftsjahres bestellt oder aufgehoben, steht der Gewinn dem Gesellschafter und dem Nießbrauchberechtigten zeitanteilig zu. Dies gilt unabhängig davon, wann über die Verteilung des Gewinns für das jeweilige Geschäftsjahr beschlossen wird.
Alternativ:
Wird der Nießbrauch im Laufe eines Geschäftsjahres beendet, steht der Gewinn des laufenden Geschäftsjahres sowie nicht verteilte Gewinne aus früheren Geschäftsjahren dem Gesellschafter zu. Ein Ausgleichsanspruch des Nießbrauchberechtigten besteht nicht.

3. Zuzahlungsverpflichtung
Soweit die Gesellschaft den Jahresgewinn nicht ausschüttet, sondern in eine gesetzliche oder freie Rücklage einstellt, verpflichtet sich der Nießbrauchbesteller gegenüber dem Nießbrauchberechtigten, den entsprechenden Betrag unverzüglich nach der Beschlussfassung über die Gewinnverteilung aus eigenen Mitteln zu bezahlen.

4. Außerordentliche Erträge
Die Vertragsteile sind darüber einig, dass außerordentliche Erträge, die aus der Verwertung der Vermögenssubstanz der Gesellschaft resultieren (z.B. Gewinne aus der Veräußerung von Gegenständen des Anlagevermögens), ausschließlich dem Nießbrauchbesteller zustehen.

5. Vinkulierung
Der Gesellschaftsvertrag enthält keine Beschränkungen hinsichtlich der Abtretbarkeit von Geschäftsanteilen oder der Bestellung eines Nießbrauchs an Geschäftsanteilen.
Variante 1:
Die nach § _____ der Satzung der Gesellschaft erforderliche Zustimmung der Gesellschafterversammlung ist am _____ erteilt worden.
Variante 2:
Die nach § _____ der Satzung der Gesellschaft erforderliche Zustimmung der Gesellschafterversammlung wird von den Beteiligten unverzüglich eingeholt.

6. Anzeige an die Gesellschaft
Der Notar wies dabei auf das Erfordernis der Anmeldung der Nießbrauchbestellung an die Gesellschaft hin. Die Erschienenen baten um Erteilung je einer beglaubigten Abschrift dieser Urkunde an den Nießbrauchbesteller, die Nießbraucherin und die Gesellschaft. Der Notar wird dabei beauftragt und bevollmächtigt, die Anmeldung der vorstehenden Nießbrauchbestellung durch Übersendung einer beglaubigten Abschrift dieser Urkunde der Gesellschaft gegenüber anzuzeigen.
Alternativ:
Der Notar hat auf das Erfordernis der Anmeldung der Nießbrauchbestellung an die Gesellschaft hingewiesen. Die Vertragsteile verpflichten sich, die Bestellung des Nießbrauchs an dem Geschäftsanteil bei der Gesellschaft anzumelden.

7. Kapitalerhöhungen
Das Bezugsrecht aus Kapitalerhöhungen steht ausschließlich dem Nießbrauchbesteller zu.

a) Kapitalerhöhung aus Gesellschaftsmitteln
Der vorstehend bestellte Nießbrauch erstreckt sich auch auf neue Geschäftsanteile, die im Wege einer Kapitalerhöhung aus Gesellschaftsmitteln geschaffen werden. Für den Fall, dass die automatische Erstreckung des Nießbrauchs auf die neuen Geschäftsanteile nicht wirksam sein sollte, verpflichtet sich der Nießbrauchbesteller, vorsorglich alle Erklärungen abzugeben, die zur Bestellung des Nießbrauchs erforderlich sein sollten.

b) Kapitalerhöhung aus Einlagen
Macht der Gesellschafter von seinem Bezugsrecht Gebrauch und übernimmt einen neuen Geschäftsanteil gegen Leistung von Einlagen, erstreckt sich der Nießbrauch nicht auf den neuen Geschäftsanteil.
Soweit allerdings der Ausgabekurs der neuen Geschäftsanteile nicht ihrem inneren Wert entspricht, verpflichtet sich der Nießbrauchbesteller, dem Nießbrauchberechtigten daran anteilig ein Nießbrauchrecht zu bestellen. Durch die Bestellung des Nießbrauchs ist der Nießbrauchberechtigte wirtschaftlich so zu stellen, als ob die Kapitalerhöhung zu einem angemessenen Ausgabekurs erfolgt wäre. Kann eine Einigung nicht erzielt werden, entscheidet ein von _____ zu bestellender Wirtschaftsprüfer als Schiedsgutachter mit bindender Wirkung. Die Kosten des Gutachtens tragen beide Vertragsteile zu untereinander gleichen Teilen.
Sofern der Nießbrauchbesteller sein Bezugsrecht aus einer Kapitalerhöhung nicht selbst ausübt, verpflichtet er sich, das Bezugsrecht auf den Nießbrauchberechtigten zu übertragen. Soweit die Übertragung des Bezugsrechts nach der Satzung der Gesellschaft nicht möglich ist, ist der Nießbrauchbestel-

ler zur Ausübung des Bezugsrechts verpflichtet, wenn ihm der Nießbrauchberechtigte die dafür erforderlichen Mittel in vollem Umfang zur Verfügung stellt. Der Nießbrauch erstreckt sich auf denjenigen Teil des neuen Geschäftsanteils, der dem Wertverhältnis des Bezugsrechts zum Gesamtwert der neuen Geschäftsanteile entspricht. In diesem Fall hat der Nießbrauchbesteller dem Nießbrauchberechtigten bzw. dessen Rechtsnachfolger die erhaltenen Mittel bei Beendigung des Nießbrauchs unverzinslich zu erstatten.

8. Surrogate
Die Vertragsteile sind darüber einig, dass Surrogate des Geschäftsanteils dem Nießbrauchberechtigten allein zustehen, sich der Nießbrauch aber automatisch darauf erstreckt. Zu den Surrogaten gehören beispielsweise:
– das Einziehungsentgelt, § 34 GmbHG,
– die Abfindung bei sonstigem Ausscheiden,
– der Überschuss aus dem Verkauf des abandonnierten Geschäftsanteils, § 27 GmbHG,
– die Liquidationsquote, § 72 GmbHG,
– die Rückzahlung von Nachschüssen, § 30 Abs. 2 GmbHG,
– die Teilrückzahlung der Stammeinlage im Fall der Kapitalherabsetzung nach § 58 Abs. 2 GmbHG und
– die gewährten Anteile an dem übernehmenden Rechtsträger im Falle der Umwandlung der Gesellschaft bzw. eine Barabfindung im Sinne von § 29 UmwG.

Für den Fall, dass die automatische Erstreckung des Nießbrauchs auf ein Surrogat nicht wirksam sein sollte, verpflichtet sich der Nießbrauchbesteller vorsorglich, alle Erklärungen form- und fristgerecht abzugeben, die zur Bestellung des Nießbrauchs an dem Surrogat erforderlich sein sollten.

9. Ausübung der Mitgliedschaftsrechte
Die mit dem Geschäftsanteil verbundenen Mitgliedschaftsrechte, insbesondere die Stimmrechte, stehen dem Nießbrauchbesteller zu. Der Nießbrauchbesteller ist verpflichtet, alles zu unterlassen, was den Nießbrauch an der Beteiligung beeinträchtigen oder vereiteln könnte. Insbesondere wird er bei der Ausübung des Stimmrechts die Interessen des Nießbrauchberechtigten angemessen berücksichtigen.

10. Stimmrecht
Der Nießbrauchbesteller ermächtigt den Nießbrauchberechtigten, das mit dem belasteten Geschäftsanteil verbundene Stimmrecht im eigenen Namen auszuüben. Bei der Ausübung des Stimmrechts unterliegt der Nießbrauchberechtigte der gesellschaftsrechtlichen Treuebindung in gleicher Weise wie die übrigen Gesellschafter.
Ergänzend bzw. alternativ:
Der Nießbrauchbesteller erteilt dem Nießbrauchberechtigten unwiderruflich Vollmacht, das auf den Geschäftsanteil entfallende Stimmrecht in der Gesellschafterversammlung auszuüben.[90]

11. Stimmbindungsvereinbarung
Dementsprechend verpflichtet sich der Nießbrauchbesteller, von seinem eigenen Stimmrecht keinen Gebrauch zu machen (bzw. nur nach Weisung des Nießbrauchberechtigten abzustimmen).

12. Einschränkung der Stimmrechtsvollmacht und der Stimmbindungsvereinbarung
Die vorstehende Stimmrechtsvollmacht sowie die Stimmbindungsvereinbarung gelten jedoch nicht für die Gesellschafterbeschlüsse über Satzungsänderungen, Konzernbildungsmaßnahmen und sonstige Grundlagenbeschlüsse.

---

[90] Zur internen Stimmrechtsverteilung siehe Rn 8.

13. Recht zur Teilnahme an Gesellschafterversammlungen
Die Gesellschafterversammlung hat den vorstehenden Vereinbarungen in § 3 dieser Urkunde mit Beschluss vom _____ mehrheitlich zugestimmt und dem Nießbrauchberechtigten das Recht eingeräumt, neben und unabhängig von dem Nießbrauchbesteller an den Gesellschafterversammlungen teilzunehmen. Die Geschäftsführung wurde dementsprechend angewiesen, den Nießbrauchberechtigten (zusätzlich zu den Gesellschaftern) zu Gesellschafterversammlungen zu laden.

14. Auskunftsrechte
Das gesetzliche Auskunfts- und Einsichtsrecht (§ 51a GmbHG) steht nur dem Nießbrauchbesteller zu. Der Nießbrauchberechtigte kann von der Gesellschaft insoweit Auskunft verlangen, als sie sich auf die Gewinnverteilung bezieht.
Dem Nießbrauchberechtigten wird ferner das Recht eingeräumt, Auskunft über alle Angelegenheiten der Gesellschaft zu verlangen und alle Geschäftsunterlagen des Gesellschafters einzusehen. Ihm steht insbesondere das Recht zu, den Jahresabschluss der Gesellschaft – ggf. unter Hinzuziehung eines zur Berufsverschwiegenheit verpflichteten Sachverständigen – zu überprüfen, soweit dem nicht die Satzung oder gesetzliche Geheimhaltungsverpflichtungen entgegen stehen.

15. Klagebefugnis
Zur Erhebung von Anfechtungs-, Nichtigkeits- und Auflösungsklagen ist nur der Nießbrauchbesteller berechtigt.

16. Sonstige Mitverwaltungsrechte
Soweit vorstehend nichts anderes vereinbart ist, bleibt der Nießbrauchbesteller Inhaber sämtlicher Mitverwaltungsrechte und kann diese grundsätzlich nach seinem eigenen Ermessen ausüben.

17. Beendigung des Nießbrauchs
Das Nießbrauchrecht endet, ohne dass es einer Kündigung bedarf, mit _____.
Ansonsten ist das Nießbrauchrechtsverhältnis beiderseits (oder: für den _____) – erstmals zum _____ – kündbar durch schriftliche Kündigungserklärung mit einer Frist von _____ zum _____.

18. Widerruf der Übertragung
Der Veräußerer ist berechtigt, die Anteilsübertragung unter den nachfolgend genannten Voraussetzungen zu widerrufen. Der Widerruf hat dabei in notarieller Urkunde zu erfolgen. Der Widerruf wird mit Zugang wirksam. Der Zugang ist auch gewahrt bei Beurkundung des Widerrufs vor dem Urkundsnotar oder seinem Vertreter im Amt bzw. mit Eingang eines formgerechten Widerrufs beim Urkundsnotar oder seinem Vertreter im Amt. Für diesen Fall wird der Urkundsnotar oder sein Vertreter im Amt beauftragt, den Erwerber über den Widerruf zu informieren.
Der Widerruf ist zulässig, wenn
– die Voraussetzungen der §§ 528, 530 BGB vorliegen oder
– der Erwerber in Vermögensverfall gerät oder gegen ihn die Zwangsvollstreckung betrieben und nicht binnen einer Frist von einem Monat abgewendet wird oder
– der Erwerber vor dem Veräußerer verstirbt und nicht von _____ beerbt wird.

19. Erbrechtliche Bestimmungen

a) Ausgleichung
Der Erwerber ist in den Fällen der §§ 2050 ff. BGB *(nicht)* verpflichtet, den Wert der Zuwendung zur Ausgleichung zu bringen.

b) Anrechnung
Der Erwerber ist verpflichtet, sich den derzeitigen Verkehrswert des übertragenen Geschäftsanteils, soweit dieser die vereinbarten Gegenleistungen übersteigt, auf das gesetzliche Pflichtteilsrecht am Nachlass des Veräußerers anrechnen zu lassen.

c) Pflichtteilsverzicht
Der Erwerber verzichtet für sich und seine Abkömmlinge auf das gesetzliche Pflichtteilsrecht am Nachlass des Veräußerers ohne Rücksicht auf den Wert des künftigen Nachlasses. Der Veräußerer nimmt den Pflichtteilsverzicht des Erwerbers an. Das gesetzliche Erbrecht bleibt unberührt.

d) Gegenständlich beschränkter Verzicht anderer Pflichtteilsberechtigter
_____ verzichtet auch mit Wirkung für seine Abkömmlinge auf das Pflichtteilsrecht am Nachlass des Veräußerers in der Weise, dass der Wert der heutigen Zuwendung bei der Berechnung des Pflichtteilsanspruchs als nicht zum Nachlass gehörend und somit aus der Berechnung für Pflichtteilsansprüche ausgeschieden wird. Der Veräußerer nimmt diesen gegenständlich beschränkten Pflichtteilsverzicht an.

20. Schriftformklausel
Jede Änderung dieses Vertrages bedarf der Schriftform, soweit nicht gesetzlich die notarielle Beurkundung vorgeschrieben ist.

21. Salvatorische Klausel
Sollten einzelne Bestimmungen dieser Vereinbarung unwirksam sein oder werden, lässt dies die Wirksamkeit der Vereinbarung im Übrigen unberührt. Die unwirksame Bestimmung ist durch eine wirksame Vereinbarung zu ersetzen, die dem Zweck der weggefallenen Bestimmung und dem mutmaßlichen Willen der Vertragsteile in weitest möglichem Umfang entspricht. Dies gilt entsprechend im Fall einer Vertragslücke.

22. Kosten und Steuern
Sämtliche mit diesem Vertrag verbundenen Kosten[91] und Steuern[92] trägt _____, unbeschadet der gesamtschuldnerischen Kostenhaftung im Außenverhältnis, über die der Notar die Beteiligten belehrt hat.

23. Abschriften
Von dieser Urkunde erhalten:
- Ausfertigungen:
    - die Vertragsteile
- Beglaubigte Abschriften:
    - das Finanzamt _____ (Ort) – Erbschaft- und Schenkungsteuerstelle – als Anzeige nach § 34 ErbStG
    - das Finanzamt – Veranlagungssteuerstelle – _____ (Ort) als Anzeige nach § 54 EStDV (Steuernummer _____
    - die Gesellschaft als Anzeige der Anteilsübertragung unter Nießbrauchsvorbehalt
- Einfache Abschrift:
    - das Finanzamt _____ (Ort) – Grunderwerbsteuerstelle – als Anzeige nach § 18 GrEStG (nur soweit zum Vermögen der Gesellschaft inländischer Grundbesitz gehört).

---

91 Zum Geschäftswert nach §§ 39 Abs. 1, 24 Abs. 1a KostO entsteht eine 20/10-Gebühr nach § 36 Abs. 2 KostO.
92 Zu den erbschaft- und schenkungsteuerlichen Problemen bei solchen „gestreckten Übertragungen" siehe Rn 1.

Vorstehende Verhandlung wurde den Erschienenen in Gegenwart des Notars vorgelesen, von ihnen genehmigt und wie folgt eigenhändig unterschrieben:
_____ (Unterschriften)

III. Quotennießbrauch

1. Typischer Sachverhalt

63 Der Gesellschafter einer GmbH möchte aus Gründen der Steuerersparnis, insbesondere aber auch zur Transformation gegen ihn bestehender Unterhaltsansprüche durch die Verschaffung bedarfsdeckender eigener Einkunftsquellen, nahe Angehörige (z.B. Ehepartner und/oder Kinder) an den Erträgnissen seines GmbH-Anteils beteiligen. Dabei möchte er einzelne Familienmitglieder sukzessive – entsprechend ihrem Unterhaltsbedarf – beteiligen, ohne dass diese untereinander in eine Gesellschaft oder Gemeinschaft eingebunden werden. Er möchte vielmehr diese Beteiligungen separat gestalten und auch separat beenden können. Er entscheidet sich für die Übertragung entsprechender Einkunftsquellen durch schenkweise Einräumung von Quotennießbrauchrechten. Alternativ käme ggf. auch die Einräumung von Unterbeteiligungen an seinem Gesellschaftsanteil in Betracht.

M 201 2. Muster: Schenkung eines Quotennießbrauchs an einem GmbH-Anteil (unentgeltlicher Zuwendungsnießbrauch)

64 _____ *(Notarielle Urkundenformalien)*
Die Erschienenen baten um die Beurkundung der nachstehenden

Schenkung eines Quotennießbrauchs an einem Gesellschaftsanteil[93]

§ 1 Gegenstand der Schenkung und des Nießbrauchs
Im Handelsregister des Amtsgerichts _____ ist unter HRB _____ die Firma „_____ mbH" mit Sitz in _____ eingetragen, im Folgenden auch „Gesellschaft" genannt. Das Stammkapital der Gesellschaft beträgt _____ EUR. An der Gesellschaft ist der Nießbrauchbesteller (nachstehend auch „Veräußerer" genannt) mit einem Geschäftsanteil im Nennbetrag von _____ EUR beteiligt, den er bei Gründung der Gesellschaft (*alternativ*: aufgrund Geschäftsanteilsabtretung) zur Urkunde des Notars _____ mit dem Amtssitz in _____ erworben hat. Die Stammeinlagen sind nach Angabe des/der _____ in voller Höhe eingezahlt. Weitere Mitgesellschafter in der Gesellschaft sind nach seinen Angaben mit folgenden Geschäftsanteilen: _____ und _____.
Die Satzung der Gesellschaft ist allen Beteiligten bekannt. Sie lag bei Beurkundung in beglaubigter Abschrift vor. Auf nochmalige Verlesung und Beifügung wurde nach Belehrung allseits verzichtet.

§ 2 Schenkung

1. Schenkung
Mit Wirkung zum _____ bestellt der Nießbrauchbesteller dem Nießbrauchberechtigten (nachstehend auch „Erwerber" genannt) den unentgeltlichen Quotennießbrauch an dem vorbezeichneten Gesellschaftsanteil in Höhe von _____% der Nutzungen für die Dauer von _____ Jahren ab dem Beginn des nächsten Geschäftsjahres.

---
[93] Siehe auch das Muster bei *Wachter*, NotBZ 2000, 33 ff.

2. Gewährleistung
Der Geschäftsanteil ist voll einbezahlt, was der Veräußerer hiermit zusichert. Er sichert weiterhin zu, dass der Geschäftsanteil ordnungsgemäß und ohne Verstoß gegen das Verbot der verschleierten Sacheinlage einbezahlt bzw. erbracht wurde, dass der Geschäftsanteil nicht sein ganzes oder nahezu ganzes Vermögen darstellt, dass er nicht mit Rechten Dritter belastet ist und er über den Geschäftsanteil frei verfügen kann.
Der Notar hat darauf hingewiesen, dass der gutgläubige oder gutgläubig lastenfreie Erwerb von Nießbrauchrechten an Geschäftsanteilen einer GmbH nicht möglich ist, dass also der Nießbraucher auf die Richtigkeit und Vollständigkeit der Angaben des Nießbrauchbestellers angewiesen ist.

3. Zustimmung und weitere Nießbraucheinräumungen
Eine Zustimmung zur Abtretung ist nicht erforderlich (bzw. ist am _____ durch Beschluss der Gesellschafterversammlung wirksam erteilt worden).
Der Nießbrauchbesteller ist zur Einräumung weiterer Nießbrauchrechte und/oder Unterbeteiligungen an seinem GmbH-Anteil ohne vorherige Zustimmung des Nießbrauchberechtigten berechtigt.

4. Rechte des Nießbrauchers
Der Umfang des Nießbrauchs beschränkt sich auf die Erträge, die nach anteiligem Abzug der persönlichen Steuerbelastung des Nießbrauchbestellers verbleiben.

5. Außerordentliche Erträge
Die Vertragsteile sind darüber einig, dass außerordentliche Erträge, die aus der Verwertung der Vermögenssubstanz der Gesellschaft resultieren (z.B. Gewinne aus der Veräußerung von Gegenständen des Anlagevermögens), ausschließlich dem Nießbrauchbesteller zustehen.

6. Mitverwaltungsrechte
Das Stimmrecht aus dem belasteten Geschäftsanteil werden Nießbrauchbesteller und Nießbrauchberechtigter nur gemeinschaftlich ausüben. Sie werden sich vor jeder Gesellschafterversammlung untereinander abstimmen. Sofern keine einvernehmliche Regelung erzielt werden kann, verfällt das Stimmrecht für den nießbrauchbelasteten Geschäftsanteil.

7. Vinkulierung
Der Gesellschaftsvertrag enthält keine Beschränkungen hinsichtlich der Abtretbarkeit von Geschäftsanteilen oder der Bestellung eines Nießbrauchs an Geschäftsanteilen.
Variante 1:
Die nach § _____ der Satzung der Gesellschaft erforderliche Zustimmung der Gesellschafterversammlung ist am _____ erteilt worden.
Variante 2:
Die nach § _____ der Satzung der Gesellschaft erforderliche Zustimmung der Gesellschafterversammlung wird von den Beteiligten unverzüglich eingeholt.

8. Anzeige an die Gesellschaft
Der Notar wies dabei auf das Erfordernis der Anmeldung der Nießbrauchbestellung an die Gesellschaft hin. Die Erschienenen baten um Erteilung je einer beglaubigten Abschrift dieser Urkunde an den Nießbrauchbesteller, die Nießbraucherin und die Gesellschaft. Der Notar wird dabei beauftragt und bevollmächtigt, die Anmeldung der vorstehenden Nießbrauchbestellung durch Übersendung einer beglaubigten Abschrift dieser Urkunde der Gesellschaft gegenüber anzuzeigen.

Alternativ:
Der Notar hat auf das Erfordernis der Anmeldung der Nießbrauchbestellung an die Gesellschaft hingewiesen. Die Vertragsteile verpflichten sich, die Bestellung des Nießbrauchs an dem Geschäftsanteil bei der Gesellschaft anzumelden.

9. Surrogate
Die Vertragsteile sind darüber einig, dass sich der Nießbrauch automatisch auf Surrogate des Geschäftsanteils erstreckt. Zu den Surrogaten gehören beispielsweise:
- das Einziehungsentgelt, § 34 GmbHG,
- die Abfindung bei sonstigem Ausscheiden,
- der Überschuss aus dem Verkauf des abandonnierten Geschäftsanteils, § 27 GmbHG,
- die Liquidationsquote, § 72 GmbHG,
- die Rückzahlung von Nachschüssen, § 30 Abs. 2 GmbHG,
- die Teilrückzahlung der Stammeinlage im Fall der Kapitalherabsetzung nach § 58 Abs. 2 GmbHG und
- die gewährten Anteile an dem übernehmenden Rechtsträger im Falle der Umwandlung der Gesellschaft bzw. eine Barabfindung im Sinne von § 29 UmwG.

Für den Fall, dass die automatische Erstreckung des Nießbrauchs auf ein Surrogat nicht wirksam sein sollte, verpflichtet sich der Nießbrauchbesteller vorsorglich, alle Erklärungen form- und fristgerecht abzugeben, die zur Bestellung des Nießbrauchs an dem Surrogat erforderlich sein sollten.

10. Auskunftsrechte
Das gesetzliche Auskunfts- und Einsichtsrecht (§ 51a GmbHG) steht nur dem Nießbrauchbesteller zu. Der Nießbrauchberechtigte kann von der Gesellschaft insoweit Auskunft verlangen, als sie sich auf die Gewinnverteilung bezieht.
Dem Nießbrauchberechtigten wird ferner das Recht eingeräumt, Auskunft über alle Angelegenheiten der Gesellschaft zu verlangen und alle Geschäftsunterlagen des Gesellschafters einzusehen. Ihm steht insbesondere das Recht zu, den Jahresabschluss der Gesellschaft – ggf. unter Hinzuziehung eines zur Berufsverschwiegenheit verpflichteten Sachverständigen – zu überprüfen, soweit dem nicht die Satzung oder gesetzliche Geheimhaltungsverpflichtungen entgegenstehen.

11. Beendigung des Nießbrauchs
Das Nießbrauchrecht endet, ohne dass es einer Kündigung bedarf, mit _____.
Ansonsten ist das Nießbrauchrechtsverhältnis beiderseits (oder: für den _____) – erstmals zum _____ – kündbar durch schriftliche Kündigungserklärung mit einer Frist von _____ zum _____.

12. Widerruf der Übertragung
Der Veräußerer ist berechtigt, die Anteilsübertragung unter den nachfolgend genannten Voraussetzungen zu widerrufen. Der Widerruf hat dabei in notarieller Urkunde zu erfolgen. Der Widerruf wird dabei mit Zugang wirksam. Der Zugang ist auch gewahrt bei Beurkundung des Widerrufs vor dem Urkundsnotar oder seinem Vertreter im Amt bzw. mit Eingang eines formgerechten Widerrufs beim Urkundsnotar oder seinem Vertreter im Amt. Für diesen Fall wird der Urkundsnotar oder sein Vertreter im Amt beauftragt, den Erwerber über den Widerruf zu informieren.
Der Widerruf ist zulässig, wenn
- die Voraussetzungen der §§ 528, 530 BGB vorliegen oder
- der Erwerber in Vermögensverfall gerät oder gegen ihn die Zwangsvollstreckung betrieben wird und nicht binnen einer Frist von einem Monat abgewendet wird oder
- der Erwerber vor dem Veräußerer verstirbt und nicht von _____ beerbt wird.

13. Erbrechtliche Bestimmungen

a) Ausgleichung

Der Erwerber ist in den Fällen der §§ 2050 ff. BGB *(nicht)* verpflichtet, den Wert der Zuwendung zur Ausgleichung zu bringen.

b) Anrechnung

Der Erwerber ist verpflichtet, sich den derzeitigen Verkehrswert des übertragenen Geschäftsanteils, soweit dieser die vereinbarten Gegenleistungen übersteigt, auf das gesetzliche Pflichtteilsrecht am Nachlass des Veräußerers anrechnen zu lassen.

c) Pflichtteilsverzicht

Der Erwerber verzichtet für sich und seine Abkömmlinge auf das gesetzliche Pflichtteilsrecht am Nachlass des Veräußerers ohne Rücksicht auf den Wert des künftigen Nachlasses. Der Veräußerer nimmt den Pflichtteilsverzicht des Erwerbers an. Das gesetzliche Erbrecht bleibt unberührt.

d) Gegenständlich beschränkter Verzicht anderer Pflichtteilsberechtigter

_____ verzichtet auch mit Wirkung für seine Abkömmlinge auf das Pflichtteilsrecht am Nachlass des Veräußerers in der Weise, dass der Wert der heutigen Zuwendung bei der Berechnung des Pflichtteilsanspruchs als nicht zum Nachlass gehörend und somit aus der Berechnung für Pflichtteilsansprüche ausgeschieden wird. Der Veräußerer nimmt diesen gegenständlich beschränkten Pflichtteilsverzicht an.

14. Schriftformklausel

Jede Änderung dieses Vertrages bedarf der Schriftform, soweit nicht gesetzlich die notarielle Beurkundung vorgeschrieben ist.

15. Salvatorische Klausel

Sollten einzelne Bestimmungen dieser Vereinbarung unwirksam sein oder werden, lässt dies die Wirksamkeit der Vereinbarung im Übrigen unberührt. Die unwirksame Bestimmung ist durch eine wirksame Vereinbarung zu ersetzen, die dem Zweck der weggefallenen Bestimmung und dem mutmaßlichen Willen der Vertragsteile in weitestmöglichem Umfang entspricht. Dies gilt entsprechend im Fall einer Vertragslücke.

16. Kosten und Steuern

Sämtliche mit diesem Vertrag verbundenen Kosten[94] und Steuern trägt _____, unbeschadet der gesamtschuldnerischen Kostenhaftung im Außenverhältnis, über die der Notar die Beteiligten belehrt hat.

17. Abschriften

Von dieser Urkunde erhalten:
- Ausfertigungen:
  - die Vertragsteile
- Beglaubigte Abschriften:
  - das Finanzamt _____ (Ort) – Erbschaft- und Schenkungsteuerstelle – als Anzeige nach § 34 ErbStG
  - das Finanzamt – Veranlagungssteuerstelle – _____ (Ort) als Anzeige nach § 54 EStDV (Steuernummer _____)

---

[94] Zum Geschäftswert nach §§ 39 Abs. 1, 24 Abs. 1a KostO entsteht eine 20/10-Gebühr nach § 36 Abs. 2 KostO.

- die Gesellschaft als Anzeige der Nießbraucheinräumung
- Einfache Abschrift:
  - das Finanzamt _____ (Ort) – Grunderwerbsteuerstelle – als Anzeige nach § 18 GrEStG (nur soweit zum Vermögen der Gesellschaft inländischer Grundbesitz gehört)
  - der Steuerberater der Gesellschaft.

Vorstehende Verhandlung wurde den Erschienenen in Gegenwart des Notars vorgelesen, von ihnen genehmigt und wie folgt eigenhändig unterschrieben:
_____ (Unterschriften)

IV. Vermächtnisnießbrauch

1. Typischer Sachverhalt

65 Der Gesellschafter einer Personen- oder Kapitalgesellschaft möchte im Rahmen einer letztwilligen Verfügung einer bestimmten Person die Erträgnisse seines Gesellschaftsanteils vermachen, die nach der Nachfolgeregelung im Gesellschaftsvertrag nicht Rechtsnachfolger in den Gesellschaftsanteil werden kann oder die aus anderen Gründen – z.B. wegen fehlender Sachkompetenz – nicht Gesellschafter werden soll. Durch die Anordnung eines Vermächtnisnießbrauchs kann er die Erträgnisse (ganz oder teilweise) aus dem Anteil von der Gesellschafterposition als solcher trennen. Die Anordnung eines solchen Vermächtnisnießbrauchs kann auch als Vorausvermächtnis zugunsten eines Erben erfolgen, etwa um den Wert der Erträgnisse aus dem Gesellschaftsanteil bei der Wertfindung bzw. der Auseinandersetzung der Erbengemeinschaft privilegiert zu übertragen. Auch kann die Gestaltung als Quotennießbrauch zugunsten mehrerer Miterben gewählt werden.[95]

M 202 2. Muster: Vermächtnisnießbrauch an einem Gesellschaftsanteil

66 _____ *(Urkundenformalien einsetzen)*
Der/die Erschienene(n) bat(en) um die Beurkundung der nachstehenden
testamentarischen/erbvertraglichen Regelung[96]
Der Erschienene (zu _____) erklärte seinen letzten Willen wie folgt:

§ 1 *Erbeinsetzung*
Zu meinem/meinen Alleinerben setze ich _____ ein, ersatzweise dessen/deren Abkömmlinge nach Maßgabe der gesetzlichen Erbfolge.

§ 2 *Nießbrauchbestellung*

1. *Gegenstand des Nießbrauchs*
_____ *(genaue Bezeichnung der Hauptgesellschaft und der Gesellschaftsbeteiligung, an der der Nießbrauch bestellt werden soll)*

---

95 Dann muss eine Kombination mit dem vorherigen Muster (siehe Rn 64) erfolgen.
96 Die Regelung kann Teil der letztwilligen Verfügung eines Erblassers in einem Testament, einem gemeinschaftlichen Testament oder in einem Erbvertrag sein; die hier noch fehlenden Detailregelungen können ggf. aus den vorherigen Mustern (Rn 60, 62, 64) übernommen werden; siehe auch die Muster bei *Wachter*, NotBZ 2000, 33 ff.

2. Nießbrauchvermächtnis

Ich vermache hiermit _____ (im Folgenden auch „Vermächtnisnehmer" oder „Nießbraucher" genannt) den unentgeltlichen Nießbrauch an dem vorbezeichneten Gesellschaftsanteil. Das Vermächtnis ist unverzüglich nach meinem Tod zu erfüllen. Der Nießbrauch erlischt mit dem Ableben des Vermächtnisnehmers (bzw. mit der Wiederverehelichung).

Als Ersatzvermächtnisnehmer bestimme ich _____.

Alternativ:

Das Vermächtnis entfällt, wenn der Bedachte zur Zeit des Erbfalls nicht mehr lebt.

Der Vermächtnisnehmer hat die Kosten für die Erfüllung des Vermächtnisses sowie eine etwaig anfallende Erbschaftsteuer selbst zu tragen.

Für den Fall, dass die an den Nießbrauchberechtigten gezahlten Geldbeträge einen Monatsbetrag/Jahresbetrag von durchschnittlich _____ EUR unterschreiten, besteht die Verpflichtung des/der Erben, an den Nießbrauchberechtigten den Differenzbetrag zu bezahlen, um den die vom Nießbrauchberechtigten tatsächlich erhaltenen Zahlungen den genannten Betrag unterschreiten (Untergrenze). Der Nießbrauchberechtigte ist verpflichtet, aufgrund des bestellten Nießbrauchs erhaltene Geldzahlungen insoweit an den/die Erben zu erstatten, als sie einen durchschnittlichen Monatsbetrag von _____ EUR übersteigen (Obergrenze).[97]

3. Vinkulierung

Nach § _____ des Gesellschaftsvertrages der Gesellschaft bedarf die Abtretung eines Gesellschaftsanteils der Zustimmung der Gesellschafterversammlung. Zur Bestellung eines Nießbrauchs in Erfüllung des vorstehend angeordneten Vermächtnisses wurde mit Beschluss vom _____ bereits die Zustimmung erteilt.

4. Anzeige an die Gesellschaft

_____ *(falls der Vermächtnisnießbrauch an einem GmbH-Anteil bestellt wird)*

5. Umfang des Nießbrauchs

_____ *(gewünschte Detailregelung hier einsetzen)*

6. Mitverwaltungsrechte

_____ *(gewünschte Detailregelung hier einsetzen)*

§ 3 Sonstige Vermächtnisse

_____ *(etwaige sonstige Vermächtnisse hier einsetzen)*

§ 4 Testamentsvollstreckung

Ich ordne für meinen Nachlass Testamentsvollstreckung an. Zum Testamentsvollstrecker ernenne ich _____/den Vermächtnisnehmer. Der Testamentsvollstrecker hat die Aufgabe, das *(zu seinen Gunsten)* angeordnete Vermächtnis zu erfüllen. Von den Beschränkungen des § 181 BGB ist der Testamentsvollstrecker befreit. Der Testamentsvollstrecker hat nur Anspruch auf Ersatz seiner Auslagen; einen Anspruch auf Vergütung hat er nicht (*alternativ:* Der Testamentsvollstrecker erhält eine Vergütung in Höhe von _____ EUR.).

§ 5 Sonstige letztwillige Verfügungen

_____

---

[97] Ggf. jeweils ergänzt um eine Wertsicherungsklausel.

§ 6 Schlussbestimmungen

1. Kosten

Sämtliche mit diesem Vertrag verbundenen Kosten[98] und Steuern trägt _____, unbeschadet der gesamtschuldnerischen Kostenhaftung im Außenverhältnis, über die der Notar die Beteiligten belehrt hat. Den Wert seines/ihres reinen Nachlasses gibt der Erschienene/geben die Erschienenen an mit _____ EUR.

2. Abschriften

Von dieser Urkunde erhalten:
- Ausfertigungen:
  - der Erblasser/die Vertragsteile
- Beglaubigte Abschriften:
  - das Finanzamt _____ (Ort) – Erbschaft- und Schenkungsteuerstelle – als Anzeige nach § 34 ErbStG
  - (die Gesellschaft als Anzeiger Nießbrauchbestellung)

Vorstehende Verhandlung wurde dem/den Erschienenen in Gegenwart des Notars vorgelesen, von ihm/ihnen genehmigt und wie folgt eigenhändig unterschrieben:

_____ (Unterschriften)

---

[98] Der Wert der Nießbrauchrechtsbestellung ergibt sich aus §§ 39 Abs. 1, 24 Abs. 1a KostO.

Kapitel 6 Gesellschaftsformen von Freiberuflern

Dr. Peter Heid
§ 14 Die Freiberufler-Personengesellschaften

Literatur

Kommentare: Bamberger/*Roth*, BGB, Band 2, §§ 611–1296, ErbbauVO, WEG, 2003; *Baumbach/Hopt*, Handelsgesetzbuch, 33. Aufl. 2008; *Baumbach/Hueck*, GmbH-Gesetz, 19. Aufl. 2010; *Feuerich/Weyland*, Kommentar zur Bundesrechtsanwaltsordnung, 6. Aufl. 2003; *Gehre/von Borstel*, Steuerberatungsgesetz, 5. Aufl. 2005; *Hartung/Holl*, Anwaltliche Berufsordnung, 2. Aufl., 2003; *Henssler/Prütting*, Bundesrechtsanwaltsordnung 2. Aufl. 2004; *Henssler*, Partnerschaftsgesellschaftsgesetz, 2. Aufl. 2008; *Meilicke/Graf v. Westphalen/Hoffmann/Lenz*, Partnerschaftsgesellschaftsgesetz, 2. Aufl. 2006; *Michalski/Römermann*, PartGG, Kommentar zum Partnerschaftsgesellschaftsgesetz, 2005; *Münchener Kommentar*, Bürgerliches Gesetzbuch, Schuldrecht, Besonderer Teil III (§§ 705 bis 853), PartGG, ProdhaftG, 5. Aufl. 2009; *Palandt*, Bürgerliches Gesetzbuch, 71. Aufl. 2012; *Ring*, Die Partnerschaftsgesellschaft, 1997; *Schmidt, L.*, Einkommensteuergesetz, 31. Aufl. 2012; *Stöber*, Zwangsversteigerungsgesetz, 18. Aufl. 2006.

Monographien, Handbücher, Formularbücher: *Bauer/Diller*, Wettbewerbsverbote, 4. Aufl. 2006; *Beck'sches FormularbuchBürgerliches-, Handels- und Wirtschaftsrecht*, 9. Aufl. 2006; *Beck'sches Rechtsanwalts-Handbuch*, 9. Aufl. 2007; *v. Borstel/Schoor*, Kauf und Bewertung einer Steuerberaterpraxis, 2000; *DAV-Ratgeber für junge Rechtsanwältinnen und Rechtsanwälte*, 12. Aufl. 2008; *Eich*, Die Bewertung von Anwaltspraxen, 1997; *Englert*, Die Bewertung von Wirtschaftsprüfer- und Steuerberaterpraxen, 1996; *Gail/Overlack*, Anwaltsgesellschaften, RWS-Skript 277, 2. Aufl. 1996; *Heid/Juli*, Anwalts- und Steuerberatergesellschaften, 2. Aufl. 2004; *Heid*, Mehrheitsbeschluß und Inhaltskontrolle als Instrumentarien des Kapitalanlegerschutzes in der Publikums-GmbH & Co. KG, 1986; Heid, Gründung, Kauf, Eintritt, Zusammenschluss, in: DAV-Anwaltsausbildung, Band 2, Die Anwaltskanzlei; *Heidel/Pauly/Amend* (Hrsg.), AnwaltFormulare, 7. Aufl. 2012; *Henssler/Streck* (Hrsg.), Handbuch des Sozietätsrechts, 2001; *Kaiser/Bellstedt*, Die Anwaltssozietät, 2. Aufl. 1995; *Kaiser/Wollny*, Kauf und Bewertung einer Anwaltspraxis, 1996; *Knief*, Steuerberater- und Wirtschaftsprüfer-Jahrbuch 2006; *Kögler/Block/Pauly*, Die Besteuerung von Rechtsanwälten und Anwaltsgesellschaften, 2001; *Laufs/Kern*, Handbuch des Arztrechts, 4. Aufl. 2010; *Mihm*, Berufsrechtliche Kollisionsprobleme beim Anwaltsnotar, 2000; *Möller*, Kauf, Verkauf und Fusion von Anwaltskanzleien, 1998; *Münchener Handbuch des Gesellschaftsrechts*, Bd. 1, BGB-Gesellschaft, Offene Handelsgesellschaft, PartGG, EWIV, 3. Aufl. 2009; *Münchener Vertragshandbuch*, Bd. 1, Gesellschaftsrecht, 6. Aufl. 2005; *Peter/Crezelius*, Gesellschaftsverträge und Unternehmensformen, 6. Aufl. 1995; *Piltz*, Die Unternehmensbewertung in der Rechtsprechung, 3. Aufl. 1994; *Schmidt, K.*, Gesellschaftsrecht, 4. Aufl. 2002; *Schmidt-von Rhein*, Bewertung von Freiberuflerpraxen, 1997; *Schurr*, Anwaltsgesellschaften in Deutschland und den Vereinigten Staaten von Amerika, Schriftenreihe des Instituts für Anwaltsrecht, Bd. 28, 1998; *Sozietätsrecht*, Handbuch für rechts-, steuer- und wirtschaftsberatende Gesellschaften, 2. Aufl. 2006; *Stuber*, Die Partnerschaftsgesellschaft (Beck'sche Musterverträge), 2. Aufl. 2001; *Wehmeier*, Praxisübertragung in wirtschaftsprüfenden und steuerberatenden Berufen, 5. Aufl. 2009; *Wollny/Wollny*, Unternehmens- und Praxisübertragungen, 6. Aufl. 2005; *WP-Handbuch 2006*, Bd. I, 13. Aufl. 2006.

Aufsätze: *Alvermann/Wollweber*, Haftungsbegrenzungsvereinbarungen der Steuerberatersozietäten und steuerbetenden Partnerschaftsgesellschaften, DStR 2008, 1707; *Axmann/Deister*, Die Unternehmergesellschaft (haftungsbeschränkt) – Geeignete Rechtsform für Anwälte, NJW 2009, 2941; *Baldringer/Jordans*, Die Haftung des Anwalts für den gemeinsamen Auftritt der (Schein-)Sozietät, AnwBl. 2005, 676; *Benecke*, Inhaltskontrolle im Gesellschaftsrecht oder: „Hinauskündigung" und das Anstandsgefühl aller billig und gerecht Denkenden, ZIP 2005, 1437; *Böttcher/Grewe*, Der Versammlungsleiter in der Gesellschaft mit beschränkter Haftung, NZG 2002, 1086; *Bruns*, Wegfall der Sekundärhaftung? – Die Auswirkungen des Schuldrechtsmodernisierungsgesetzes auf die Verjährung von Schadensersatzansprüchen des Mandanten gegen den Rechtsanwalt, BB 2001, 1347; *Deckenbrock*, Sozietät und Bürogemeinschaft – berufsrechtlich gebotene Gleichbehandlung, NJW 2008, 3529; *Drinkuth*, Hinauskündigungsregelungen unter dem Damoklesschwert der Rechtsprechung, NJW 2006, 410; *Freund*, Abfindungsrechtliche Aspekte in der Sozietät, ZIP 2009, 941; *Goette*, Aktuelle höchstrichterliche Rechtsprechung zur Freiberuflersozietät, AnwBl 2007, 637; *Grunewald*, Die Entwicklung der Rechtsprechung zum anwaltlichen Berufsrecht in den Jahren 2006–

2008, NJW 2009, 3621; *Hagenkötter*, Umsatzentwicklung deutscher Anwaltskanzleien von 1996–2006, AnwBl 2008, 533; *Hartung*, Mandatsvertrag – Das Einzelmandat in der Anwaltssozietät, MDR 2002, 1224; *Hartung/Halbach*, Wie sieht der Anwaltsmarkt in 15 Jahren aus? Nichts ist mehr wie gestern, AnwBl 2006, 318 ff.; *Hasenkamp*, Die formularvertragliche Haftungsbeschränkung bei der Gesellschaft bürgerlichen Rechts, BB 2004, 230; *Heid*, Die Bewertung gemischter Sozietäten, DStR 1998, 1565; *Henssen*, Gewinnverteilung – Strategie – Unternehmenskultur, AnwBl. 2007, 169; *Henssler*, Die grenzüberschreitende Tätigkeit von Rechtsanwaltsgesellschaften in der Rechtsform der Kapitalgesellschaft innerhalb der EU, NJW 2009, 950; *Henssler*, Die interprofessionelle Zusammenarbeit in der Sozietät, WPK-Mitt 1999, 2; *Henssler*, Die Postulationsfähigkeit ausländischer Anwaltsgesellschaften, NJW 2009, 3136; *Henssler/Mansel*, Die Limited Liability Partnership als Organisationsform für anwaltliche Berufsausübung, NJW 2007, 1393; Hommerich, Der Preis des Rechtsanwalts, AnwBl 2008, 135; *Hommerich*, Einzelanwälte – die schweigende Mehrheit, AnwBl 2009, 298; *Hommerich*, Sozietätsanwälte, AnwBl 2009, 444; *Hübner/Lami*, Kanzleimodell „Partnerschaft", BBkM 2007, 110; *Hülsmann*, Gesellschafterabfindung und Unternehmensbewertung nach der Ertragswertmethode im Lichte der Rechtsprechung, ZIP 2001, 450; *Hundsdoerfer/Normann*, Bewertung der privaten PKW-Nutzung vor und nach dem StVergAbG: Fahrtenbuch oder 1%- bzw. 1,5%-Methode?, BB 2003, 281; *Janssen*, Die Bewertung von Anwaltskanzleien, NJW 2003, 3387; *Kääb/Oberlander*, Kooperationsformen bei Rechtsanwälten, BRAK-Mitt. 2005, 55; *Kamps/Alvermann*, Außen- und Scheinsozietäten von Rechtsanwälten, NJW 2001, 2121; *Kamps/Wollweber*, Formen der Berufsausübung für Steuerberater – Sozietät, GmbH & Co. KG, Bürogemeinschaften und Kooperationen, DStR 2009, 926; *Kamps/Wollweber*, Formen der Berufsausübung für Steuerberater – Steuerberatungs-GmbH und Partnerschaftsgesellschaft, DStR 2009, 1870; *Kempter/Kopp*, Berufsrechtliche Zulassung der Rechtsanwalts-Aktiengesellschaft kraft Richterrecht, BRAK-Mitt. 2005, 174; *Klose*, Zulässigkeit von Kapital- und Personengesellschaften für Ärzte und andere Heilberufe ab 2004, BB 2003, 2704; *Knief*, Das Preis-/Leistungsverhältnis der anwaltlichen Dienstleistung, AnwBl 1999, 76; *Knief*, Der kalkulatorische Unternehmerlohn für Rechtsanwälte, AnwBl 2010, 92; *Knief*, Der kalkulatorische Unternehmerlohn für Steuerberater, DStR 2008, 1895; *Knief*, Die Bewertung von Steuerberaterpraxen ab 01.01.2009, DStR 2009, 604; *Knöfel*, Zulassung einer „Anwalts-Ltd." als Rechtsanwaltsgesellschaft?, AnwBl 2007, 742; *Krenzler*, Zum quantitativen Wachstum der Anwaltschaft (sog. Massenproblem) und seinen Folgen, BRAK-Mitt. 1/2006, 12; *Lange*, Neues zu Abfindungsklauseln – Anmerkungen zu den Urteilen des OLG Dresden, NZG 2000, 1042, und des BGH, NZG 2000, 1027; *Langenkamp/Jaeger*, Die Haftung für Fehler von Scheinpartnern in Rechtsanwalts- und Steuerberater-Partnerschaftsgesellschaften, NJW 2005, 3238; *Lerch*, Sozietät zwischen Anwaltsnotar und Wirtschaftsprüfer, NJW 1999, 401; *Lux*, Rechtsscheinhaftung des Scheinsozius auch für nicht anwaltstypische Tätigkeiten, NJW 2008, 2309; *Merkner*, Interprofessionelle Zusammenarbeit von Wirtschaftsprüfern, Steuerberatern und Rechtsanwälten in einer GmbH, AnwBl. 2004, 529; *Pluskat,* Die Ausgestaltung der Rechtsanwaltsaktiengesellschaft, AnwBl 2003, 131; *Pluskat*, Satzungsentwurf für eine interprofessionelle GmbH, AnwBl. 2004, 535; *Quaas*, Verbot widerstrebender Interessen und Sternsozietäten, NJW 2008, 1697; *Reiff*, Die unbeschränkte Gesellschafterhaftung in der (Außen-)Gesellschaft bürgerlichen Rechts und ihre Ausnahmen, ZGR 2003, 550; *Remmertz*, Zulässigkeit der Selbsteinschätzung als „Spezialist" nach neuem Berufsrecht, NJW 2008, 266; *Römermann*, Auflösung und Abspaltung bei Anwaltskanzleien, NJW 2007, 2209; *Römermann*, Die Anwalts-GmbH & Co. KG, AnwBl 2008, 609; *Römermann*, Namensfortführung in der Freiberuflersozietät und Partnerschaft, NZG 1998, 121; *Römermann*, Satzungsgestaltung bei der Anwalts-GmbH, GmbHR 1999, 1175; *Römermann/Schröder*, Die Bewertung von Anwaltskanzleien, NJW 2003, 2709; *Segna*, Neues zur Haftung des Eintretenden für Altverbindlichkeiten der GbR: Das partielle Ende des Vertrauensschutzes für Altfälle, NJW 2005, 1565; *Sassenbach*, Berufsrecht contra Gesellschaftsrecht, AnwBl. 2005, 304; *Sassenbach*, Rechtsanwaltsgesellschaften, RA-GmbH, RA-AG und RA-LLP?, AnwBl. 2007, 293; *Schmidt, A.*, Sozienhaftung bei einer aus Rechtsanwälten, Steuerberatern und Wirtschaftsprüfern bestehenden Kanzlei, NJW 2001, 1911; *Schmidt, K.*, Analoge Anwendung von § 28 HGB auf die Sachgründung freiberuflicher und gewerbetreibender BGB-Gesellschaften?, BB 2004, 785; *Schmidt, K.*, Die Sozietät als Sonderform der BGB-Gesellschaft, NJW 2005, 2801; *Triebel/Silny*, Die persönliche Haftung der Gesellschafter einer in Deutschland tätigen englischen Rechtsanwalts-LLP, NJW 2008, 1034; *Ulmer*, Die Haftungsverfassung der BGB-Gesellschaft, ZIP 2003, 1113; *Veise*, Inhaltskontrolle von „Hinauskündigungsklauseln" – eine korrekturbedürftige Rechtsprechung, DStR 2007, 1822; *Vieth/Schulz-Jander*, Die Rechtsanwalts-GmbH: Ein Vertragsentwurf mit Erläuterungen, NZG 1999, 1126; *Wangler*, Einfluss des neuen Bewertungs- und Erbschaftsteuerrechts auf Abfindungsregelungen in Gesellschaftsverträgen, DStR 2009, 1501; *Westermann*, Rechtsfolgen des Ausscheidens aus einer Freiberufler-Sozietät, AnwBl. 2007, 103; *Wilmowsky*, Lösungsklauseln für den Insolvenzfall – Wirksamkeit, Anfechtbarkeit, Reform, ZIP 2007, 553; *Winkemann*, Realteilung von Freiberuflersozieäten – Steuerfall Praxiswert; *Wolff*, Die Auseinandersetzung von Freiberuflergesellschaften und ihre prozessuale Bewältigung, NJW 2009, 1302; *Zacharias*, Die neue BGH-Rechtsprechung zur Haftung neuer GbR-Gesellschafter für Altverbindlichkeiten – Existenzbedrohung für Freiberufler?, BB 2003, 1916.

Inhalt
A. Rechtliche Grundlagen —— 1
I. Überblick und Systematik —— 1
  1. Bedeutung der Freiberuflergesellschaften —— 1
     a) Anwälte —— 2
     b) Steuerberater, Wirtschaftsprüfer —— 5
     c) Ärzte —— 6
     d) Sonstige Berufsgruppen —— 7
  2. Kernprobleme der Vertragsgestaltung —— 9
     a) Der Gegenstand der Vergemeinschaftung —— 9
        aa) Grundstrukturen —— 9
        bb) Berufsrechtsvorbehalte —— 14
        cc) Gemeinschaftsmandat und Haftung —— 17
     b) Das Bewertungsproblem (Goodwill) —— 24
     c) Abfindungsklauseln, Mandatsschutzklauseln, Mandatsanrechnungsklauseln —— 36
  3. Systematik, Begriffe und Folgerungen —— 44
     a) Typusmerkmale —— 44
     b) Berufsausübungsgesellschaften —— 50
     c) Organisationsgesellschaften —— 56
        aa) Gewinnvergemeinschaftungsgesellschaften —— 57
        bb) Kostenumlagegesellschaften (Unterstützungsgesellschaften) —— 58
     d) Fördergesellschaften (Kooperationen) —— 59
II. Typische Erscheinungsformen —— 60
  1. Berufsausübungs- und Organisationsgesellschaften —— 60
     a) Gesellschaft bürgerlichen Rechts gemäß §§ 705 ff. BGB —— 60
        aa) Bedeutung —— 60
        bb) Entstehung, Formvorschriften —— 63
        cc) Gesellschaftszweck —— 64
        dd) Beiträge —— 65
        ee) Sozien —— 68
        ff) Name —— 71
        gg) Geschäftsführung und Vertretung —— 74
        hh) Gesellschafterversammlung —— 76
        ii) Haftung —— 78
        jj) Haftungsbeschränkung —— 82
        kk) Berufshaftpflicht —— 85
        ll) Verjährung —— 86
        mm) Krankheit, Urlaub —— 88
        nn) Wettbewerbsverbot —— 89
        oo) Werbung —— 90
        pp) Rechnungslegung —— 92
        qq) Gewinnverteilung —— 94
        rr) Kfz —— 100
        ss) Aufnahme neuer Sozien, Eintrittsgeld —— 101
        tt) Auseinandersetzungsguthaben, Praxisbewertung —— 103
        uu) Mandatsschutzklauseln —— 105
        vv) Kündigungsregelungen —— 106
        ww) Überörtliche Sozietät —— 107
     b) Partnerschaftsgesellschaft —— 108
        aa) Bedeutung —— 109
        bb) Entstehung, Formvorschriften —— 116
        cc) Name —— 119
        dd) Geschäftsführung und Vertretung —— 124
        ee) Haftung —— 125
  2. Kostenumlagegesellschaften (Unterstützungsgesellschaften) —— 129
  3. Fördergesellschaften (Kooperationen) —— 136
III. Steuerrecht —— 139
  1. Einkommensteuer —— 139
  2. Gewerbesteuer —— 141
  3. Umsatzsteuer —— 142
  4. Sonderproblem: Kraftfahrzeuge —— 145
  5. Steuerbelastungsvergleich zwischen Personengesellschaft und GmbH —— 148
B. Muster —— 149
I. Freiberufler-GbR —— 149
  1. Sozietätsvertrag zwischen zwei Rechtsanwälten —— 149
     a) Typischer Sachverhalt —— 149
        aa) Aufnahme eines bislang angestellten Kollegen —— 150
        bb) Verschmelzung von zwei Einzelpraxen —— 151
        cc) Gemeinsame Grundproblematik: Praxisbewertung —— 152
     b) Muster: Sozietätsvertrag zwischen zwei Rechtsanwälten —— 156
     c) Muster: Schiedsvertrag —— 157
  2. Sozietätsvertrag zwischen fünf Rechtsanwälten —— 158
     a) Typischer Sachverhalt (mittelständischer Generationenvertrag) —— 158
     b) Muster: Sozietätsvertrag zwischen fünf Rechtsanwälten —— 159
  3. Hinweise zu weiteren Berufsgruppen —— 160
     a) Ärzte —— 160
     b) Architekten —— 165
     c) Beratende Volks- und Betriebswirte/Unternehmensberatungsgesellschaften —— 167

II. Partnerschaftsgesellschaft —— 168
1. Typischer Sachverhalt —— 168
2. Muster: Vertrag einer interprofessionellen Partnerschaft zwischen Rechtsanwälten, Steuerberatern und Wirtschaftsprüfern —— 170
3. Berechnungsbeispiel: Praxiswert gemischte Sozietät/Partnerschaft —— 171
4. Muster: Partnerschaftsregisteranmeldung —— 172

III. Kostenumlagegesellschaft (Unterstützungsgesellschaft) —— 173
1. Typischer Sachverhalt —— 173
2. Muster: Vertrag einer Bürogemeinschaft zwischen zwei Rechtsanwälten —— 174

IV. Fördergesellschaft (Kooperation) —— 175
1. Typischer Sachverhalt —— 175
2. Muster: Vertrag über die Zusammenarbeit zwischen Rechtsanwalt und Steuerberater —— 176

A. Rechtliche Grundlagen

I. Überblick und Systematik

1. Bedeutung der Freiberuflergesellschaften

1 In den letzten Jahrzehnten ist ein starker Trend bei allen Freiberufler-Berufsgruppen zur beruflichen Zusammenarbeit zu verzeichnen.

a) Anwälte

2 Der Einzelanwalt ist ein historisch überkommener Idealtypus.[1] Zwar ist auch im Zeitalter der wachsenden Bedeutung der Sozietäten durchaus Platz für erfolgreiche Einzelanwälte. Dennoch ist der Zug zur Sozietät nicht mehr aufzuhalten, wie alle statistischen Daten und Erkenntnisse über die Organisationsformen der anwaltlichen Berufsbetätigung zeigen.[2] Neben vielen anderen Gründen, insbesondere dem Gesichtspunkt, dass zwei oder mehr Anwälte durch Gedankenaustausch, gemeinsame Beratung und gegenseitige Ergänzung in der Gemeinschaft leistungsfähiger sein werden, besteht auch von der Sache her ein starker Trend zu gemeinsamen Organisationsformen anwaltlicher Tätigkeit, nämlich durch den **Zwang zur Spezialisierung**.[3] Es dürfte heute unstreitig sein, dass der Allround-Jurist ein Auslaufmodell ist. Angesichts der Fülle der verschiedenen Rechtsgebiete in der modernen Industrie- und Privatgesellschaft und der immer komplizierter werdenden Gesetzgebung[4] wäre es vermessen, wenn ein Anwalt von sich behaupten wollte, dass er sich in der Lage sieht, auf allen Rechtsgebieten qualitativ hochstehende und effektive anwaltliche Dienstleistung zu bieten. Dies ist nicht nur ein quantitatives Problem im intellektuellen Bereich,[5] sondern auch ein qualitatives Problem im Hinblick auf die für jede Berufsausübung notwendige Berufserfahrung. Diese kann

---

[1] Handbuch des Sozietätsrechts/*Henssler*, A Rn 1.
[2] Vgl. hierzu *Hommerich*, DAV-Ratgeber „Die Gründungsplanung", S. 219 ff./227; Handbuch des Sozietätsrechts/*Henssler*, A Rn 7; von mittlerweile 153.251 Rechtsanwälten (Mitglieder der Rechtsanwaltskammern am 1.1.2010) gemäß DAV-Depesche vom 25.3.2010 sind mittlerweile bundesweit nur noch ca. 45% Einzelkanzleien zu finden (vgl. *Kääb/Oberlander*, BRAK-Mitt 2005, 55/56), nachdem bereits im Jahr 1997 nur noch 48% aller Rechtsanwälte im Westen Einzelkanzleien unterhielten, in den neuen Bundesländern ca. 52%, vgl. Erhebungen zum Statistischen Berichtssystem für Rechtsanwälte (STAR) des Instituts für freie Berufe in Nürnberg für die Jahre 1998 bis 2004, BRAK-Mitt 2007, 46; lt. *Hommerich*, AnwBl 2007, 298 und 444: 55% Einzelanwälte und 45% Sozietätsanwälte; zum Massenproblem in der Anwaltschaft *Kilger*, AnwBl 2005, 534.
[3] Ähnlich auch *Gail/Overlack*, Rn 145; *Hommerich*, AnwBl 2009, 444; sehr problemorientiert hierzu *Kilger*, DAV-Ratgeber „Generalist oder Spezialist?", S. 91 ff.
[4] Selbst die Steuerberater, die sich auf ein Rechtsgebiet von vornherein konzentrieren können, sind häufig angesichts der nicht mehr zu überbietenden Änderungen im Steuerrecht überfordert.
[5] Welcher Jurist wird behaupten wollen, dass er in der Lage ist, alle relevanten Gerichtsentscheidungen, Zeitschriften und sonstigen Publikationen auch nur einigermaßen zu überblicken?

man auch in einem sehr langen Anwaltsleben von vornherein nur in bestimmten, begrenzten Bereichen sammeln.

Wer als Anwalt die Notwendigkeit der Spezialisierung[6] für sich akzeptiert, wird in der Planung seiner beruflichen Tätigkeit sehr schnell bei der Erkenntnis landen, dass nur ein Agieren am Markt in einer geeigneten Form anwaltlicher Kooperation sinnvoll ist, um mit der Kanzlei nicht nur einige wenige Rechtsgebiete am Markt abzudecken, die ein einzelner Anwalt beherrschen kann, sondern mehrere Rechtsgebiete, die den Beratungsbedarf einer ganz bestimmten Klientel, der Zielgruppe des Anwalts, abdecken. Eine Kanzlei, die im Bereich der gewerblichen Wirtschaft anwaltliche Dienstleistung anbietet, wird um die Dezernate Gesellschaftsrecht, Bilanz- und Steuerrecht, Arbeitsrecht, Erbrecht, Insolvenz- und Sanierungsrecht, Wettbewerbsrecht, Umwandlungsrecht, Handelsrecht usw. auf Dauer nicht herumkommen. Auch in der Bevölkerung ist die Spezialisierung des Anwalts ein Qualitätskriterium, das ganz oben rangiert. 80% halten dies für wichtig.[7] 3

Auch die Einkommenschancen in Sozietäten und überörtlichen Sozietäten sind wesentlich höher als in Einzelkanzleien.[8] Der Durchschnittsumsatz eines Sozius in lokaler Sozietät (West) betrug 2006 € 174.000, derjenige des Einzelanwalts € 121.000 (in 2004 noch € 168.000 bzw. € 134.000). Vergleichszahlen beim Überschuss für 2006: T€ 88 bzw. € 51.000.[9] 4

b) Steuerberater, Wirtschaftsprüfer

Während bei den Anwälten der starke Trend zur Berufsausübungsgesellschaft etwas jüngerer Natur ist, war die Bedeutung der Formen gemeinschaftlicher Berufsausübung bei Steuerberatern und Wirtschaftsprüfern schon seit jeher wesentlich größer. Von 19.814 Mitgliedern der Wirtschaftsprüferkammer (u.a. WP, WPG, vBP, BPG)[10] ist ein Großteil in Wirtschaftsprüfungsgesellschaften in der Rechtsform der GmbH und der AG organisiert.[11] Ebenso wie die Wirtschaftsprüfer benutzten die Steuerberater schon recht frühzeitig ein breites Spektrum von Gesellschaftsformen. Bei 69.598 Steuerberatern und 2.647 Steuerbevollmächtigten als Mitglieder der Steuerberaterkammern zum 1.1.2007[12] waren 7.364 Steuerberatungsgesellschaften vorhanden. Danach dürfte auch bei den Steuerberatern der größere Teil der Berufsträger in **Steuerberatungsgesellschaften** zusammengeschlossen sein (die Zahl der Steuerberatungsgesellschaften betrifft nur die GmbH's, die in Sozietäten zusammengeschlossenen Steuerberater sind in der Zahl von 69.598 enthalten). Der Berufsstand der Steuerberater wächst aktuell (Juni 2010) auf mehr als 84.000.[13] Bei den Steuerberatern sind zwar immer noch 74,5% Einzelkämpfer zu verzeichnen, der Zuwachs bei den Steuerberater-Gesellschaften ist aber am stärksten.[14] 5

---

6 Zu diesem Aspekt insb. auch Sozietätsrecht/*Kunz*, § 2 Rn 46; *Kreuzler*, BRAK-Mitt 2006, 12/14: Entwicklung zur Spezialisierung wird anhalten; *Kilger*, DAV-Ratgeber, S. 91 ff.; vgl. hierzu auch die sehr pointierte Diskussion zwischen *Hartung* und *Halbach* in AnwBl 2006, 318/319.
7 *Hommerich*, AnwBl 2008, 135.
8 Vgl. hierzu *Oberlander/Schmucker*, BRAK-Mitt 2005, 252 ff.
9 *Eggert*, BRAK-Mitt 2009, 254 ff.; nach den Statistiken des Statistischen Bundesamtes sind es durchschnittlich nur € 86.627,00 Umsatz p.a. für 2006, *Hagenkötter*, AnwBl 2008, 533.
10 WP-Handbuch 2006, B Rn 47.
11 Gemäß WPK-Mitt 1999, 55 ff. sind von den Wirtschaftsprüfern (Stand 1.1.1999) 36,7% in eigener Praxis tätig, 57,1% in Wirtschaftsprüfungsgesellschaften oder bei Wirtschaftsprüfern.
12 Vgl. WPK-Magazin 2/2007, 20.
13 Vgl. Mitt. der Steuerberaterkammer in DStR 2009, 715.
14 Steuerberaterkammer, aaO.

c) Ärzte

6 Auch bei den Ärzten hat sich in den letzten Jahrzehnten ein zunehmendes Bedürfnis herausgestellt, ambulante ärztliche Behandlungen und Operationen nicht nur in Einzelpraxen, sondern in Kooperation mit anderen Arztkollegen auszuüben.[15] Die mittlerweile mehrfachen Gesundheitsreformen mit ihrem Kostendruck dienen hier noch einmal als Beschleuniger für ärztliche Zusammenschlüsse. Bei den Ärzten steht allerdings hinsichtlich der Bedeutung nicht die ärztliche Gemeinschaftspraxis im Vordergrund, sondern die Praxis- bzw. Apparategemeinschaft, bei denen die ärztliche Berufsausübung nicht vergemeinschaftet ist, sondern nur das ärztliche Inventar und ggf. das Personal (Kostenumlagegesellschaften). Insbesondere durch das gemeinschaftliche Anschaffen und Nutzen von zum Teil sehr teuren ärztlichen Apparaten kann ein erheblicher **Kostenspareffekt** erzielt werden.[16]

d) Sonstige Berufsgruppen

7 Das, was vorstehend für Anwälte, Steuerberater, Wirtschaftsprüfer und Ärzte ausgeführt wurde, gilt im Ansatz für alle Berufsgruppen von Freiberuflern: Es ist ein **Trend zum beruflichen Zusammenschluss mit anderen Berufsträgern aus Gründen der Spezialisierung** im speziellen Freiberufler-Berufsfeld festzustellen. So ist etwa bei **Ingenieuren** und **Architekten** bei größeren und komplizierten Immobilien-Projekten der Gesichtspunkt der Spezialisierung als Grund für einen Zusammenschluss ebenfalls bedeutend, ebenso wie bei **beratenden Volks- und Betriebswirten** im Rahmen von Unternehmensberatungen (Unternehmensberatungsgesellschaften). Diese Gesichtspunkte der Spezialisierung und des Know-how-Austauschs in der Gemeinschaft sowie der Kostenminimierung durch gemeinsame Benutzung von Einrichtungen lassen in der immer hektischeren und leistungsbezogeneren Wettbewerbsgesellschaft bei allen Freiberufler-Berufsgruppen den Zwang zur gemeinschaftlichen Berufsausübung als natürliche Folge der allgemeinen gesellschaftlichen und Marktentwicklung erscheinen.

8 Der Trend wird vermutlich in den nächsten Jahrzehnten ungebrochen bleiben.

2. Kernprobleme der Vertragsgestaltung
a) Der Gegenstand der Vergemeinschaftung
aa) Grundstrukturen

9 Die wohl wichtigste Frage im Bereich der Organisationsstruktur[17] in einer Berufsausübungsgesellschaft ist diejenige nach dem **Zweck gemäß § 705 BGB**, der Grundnorm für alle Gesellschaften im weiteren Sinne,[18] d.h. die Frage danach, was **Gegenstand der Gesellschaft** ist. Dies wäre bei einem gewerblichen Unternehmen die Frage nach dem „Gegenstand des Unternehmens" und ist bei Freiberuflergesellschaften in bestimmten Konstellationen, insbesondere bei interprofessionellen Sozietäten, eine sehr differenzierte Frage nach dem, was nach den **Berufsrechten** überhaupt vergemeinschaftet werden darf.

10 Herkömmlicherweise wird unterschieden zwischen **Berufsausübungsgesellschaften**, bei denen der Beruf gemeinschaftlich ausgeübt wird, und **Organisationsgesellschaften**,[19] bei denen die eigenständige Berufstätigkeit mit jeweils eigenen Mandaten beibehalten wird und ledig-

---
15 *Laufs/Kern*, § 18 Rn 6.
16 Erscheinungsformen: Apparategemeinschaft, Laborgemeinschaft, Ärztehaus, Praxisklinik, vgl. *Laufs/Kern*, aaO.
17 Hier gemeint im Gegensatz zur Vermögensverfassung, vgl. hierzu Rn 24 ff., 35 ff.
18 Vgl. *K. Schmidt*, § 58 I 1b, S. 1690: „Grundform der Personengesellschaften, wenn nicht all der gesellschaftsrechtlichen Gebilde überhaupt"; MüKo-BGB/*Ulmer*, vor § 705 Rn 1; Bamberger/Roth/*Timm/Schöne*, § 705 Rn 6.
19 Vgl. *K. Schmidt*, § 58 III 5b, S. 1700 f.; MünchGesR/*Schmid*, Bd. 1, § 24 Rn 2; Handbuch des Sozietätsrechts/*Michalski/Römermann*, B Rn 9.

lich bestimmte Betriebsmittel gemeinsam genutzt werden. Im anwaltlichen Bereich wird die Organisationsgesellschaft in der Regel als **Bürogemeinschaft** bezeichnet.[20]

Nach Auffassung des Verfassers sollte im Rahmen der Organisationsgesellschaft noch einmal unterschieden werden zwischen **Gewinnvergemeinschaftungsgesellschaften** und **reinen Kostenumlagegesellschaften**. Die klassische Bürogemeinschaft in diesem Sinne ist dann lediglich Kostenumlagegesellschaft, weil weder die gemeinschaftliche Berufsausübung noch die Vereinnahmung der Honorare auf gemeinsame Rechnung Gegenstand der Gesellschaft ist. Der Gesellschaftszweck besteht quasi noch eine Ebene tiefer in der bloßen kostengünstigsten Anschaffung, Verwaltung und Unterhaltung der gemeinschaftlichen Arbeitsmittel (ggf. Personal). Die Gewinnvergemeinschaftungsgesellschaft als Unterform der Organisationsgesellschaft geht somit hinsichtlich ihres Gesellschaftszwecks im Sinne des § 705 BGB etwas weiter als die reine Bürogemeinschaft, weil bei dieser über die gemeinschaftliche Nutzung der Betriebsmittel die gemeinschaftliche Einkünfteerzielung hinzutritt, ohne dass die Berufsausübung vergemeinschaftet ist.

– Als Beispiel für eine Gewinnvergemeinschaftungsgesellschaft mag eine Zweiersozietät aus reinen Strafverteidigern dienen. Die Wahlverteidigung nach der Strafprozessordnung ist stets an die einzelne Person eines Strafverteidigers gebunden.[21] Gemäß § 59a Abs. 1 S. 2 BRAO steht die Tatsache, dass diese konkrete Berufsausübung von Anwälten nicht vergemeinschaftungsfähig ist, der Sozietätsfähigkeit nicht entgegen.[22] Nur: Diese „Sozietät" ist dann eben nicht Berufsausübungsgesellschaft, sondern Organisationsgesellschaft in der Form der Gewinnvergemeinschaftungsgesellschaft, aber auch nicht bloß Bürogemeinschaft.

– Ein weiteres Beispiel ist die Sozietät zwischen Anwalt und einem Wirtschaftsprüfer, der sich auf Vorbehaltsaufgaben (Jahresabschlussprüfungen) beschränkt.

– Bei der gemeinsamen Berufstätigkeit von Anwaltsnotar und Anwalt (vgl. § 59a Abs. 1 S. 3 BRAO zur Zulässigkeit der Sozietät von Anwaltsnotaren mit Rechtsanwälten)[23] handelt es sich um einen Mischfall (Zwittergesellschaft): Mit „einem Bein", der anwaltlichen Tätigkeit, steht der Anwaltsnotar mit seinem Sozius in einer echten Berufsausübungsgesellschaft, mit seiner Notartätigkeit dagegen entweder in einer Gewinnvergemeinschaftungsgesellschaft oder auch reinen Bürogemeinschaft, je nach den Vereinbarungen im Innenverhältnis über die Gewinnverteilung bzw. Kostentragung. Obwohl die Notartätigkeit des Anwaltsnotars nicht vergemeinschaftungs(sozietäts-)fähig ist, wird es allgemein für zulässig gehalten, dass der Notar seine Honorare über eine entsprechende Gewinnverteilungsabrede mit seinem reinen Anwaltssozius teilt (vergemeinschaftet).[24] Dies ist sogar ständige Übung in Sozietäten von Rechtsanwälten und Anwaltsnotaren.[25] In neuerer Zeit gibt es aber wieder einige kritische Stimmen.[26] Die Lösung dürfte darin zu sehen sein, dass § 17 BNotO lediglich die Beteiligung Dritter an den Gebühren verbietet. Bei denjenigen Personen, die kraft ausdrücklicher berufsrechtlicher Zulassung mit dem Notar in einer Berufsausübungsgesellschaft verbunden sein können, handelt es sich aber nicht um Dritte im Sinne des § 17 BNotO.[27]

---

20 Handbuch des Sozietätsrechts/*Michalski/Römermann*, B Rn 9.
21 Handbuch des Sozietätsrechts/*Michalski/Römermann*, B Rn 61.
22 Vgl. hierzu auch § 7 Abs. 4 S. 3 PartGG.
23 Zur Zulässigkeit der Soziierung von Anwaltsnotar und Wirtschaftsprüfer vgl. *Lerch*, NJW 1999, 401 ff.
24 *Gail/Overlack*, Rn 40; *Ahlers*, AnwBl 1995, 3 f.
25 Insbesondere *Gail/Overlack*, Rn 40.
26 Handbuch des Sozietätsrechts/*Henssler*, E Rn 214 m.w.N. in Fn 1.
27 So auch ausdrücklich und überzeugend Handbuch des Sozietätsrechts/*Henssler*, E Rn 214, auch für die Beteiligung eines Anwaltsnotars an einer Anwalts-GmbH, E Rn 217; Sozietätsrecht/*Krauss/Senft*, § 15 Rn 27.

13 Aus § 59a Abs. 1 i.V.m. Abs. 4 BRAO dürften sich damit folgende allgemeine Prinzipien ableiten lassen:

bb) Berufsrechtsvorbehalte

14 Schon Bürogemeinschaften, also Berufsträgergesellschaften (als reine Kostenumlagegesellschaften) geringen Zwecks, stellt § 59a Abs. 4 BRAO hinsichtlich der auf die Personen bezogene Gemeinschaftsfähigkeit den Berufsausübungsgesellschaften gleich. Bereits in dem bloßen Unterhalten gemeinsamer Räume und Arbeitmittel wird eine solche Gefährdung für den Berufsstand gesehen, dass die Bürogemeinschaft mit anderen Personen als denjenigen, mit denen eine Berufsausübungsgesellschaft möglich ist, ausgeschlossen wird. Daraus folgt aber auch umgekehrt ein Vertrauensvorschuss für diesen Personenkreis: Wenn mit diesem Personenkreis Bürogemeinschaften (Organisationsgesellschaften in der Form der Kostenumlagegesellschaft) gebildet werden können, dürfen die Beteiligten auch in den Fällen, in denen die eigentliche Berufstätigkeit nach den tatsächlichen Verhältnissen ganz oder teilweise nicht vergemeinschaftet ist und/oder werden kann, zumindest das erzielte Honorar aus dieser nicht gemeinschaftsfähigen Berufsausübungstätigkeit vergesellschaften (poolen).

15 Umgekehrt kann aus dieser Verallgemeinerung gefolgert werden, dass nicht nur etwa im Verhältnis eines Anwaltsnotars zu einem Notar, sondern auch bei sämtlichen Freiberufler-Gruppen des Katalogs des Partnerschaftsgesellschaftsgesetzes (§ 1 Abs. 2 PartGG) Organisationsgesellschaften in der Ausprägung der Gewinnvergemeinschaftungsgesellschaft zulässig sind, soweit die spezifischen Berufsgesetze der einzelnen Berufsgruppen eine Soziierung zulassen (Berufsrechtsvorbehalt gemäß § 1 Abs. 2 PartGG).

16 Folgende Soziierungen sind möglich:
   – § 59a Abs. 1 BRAO: **Anwalt**ssoziierung mit Steuerberatern, Steuerbevollmächtigten, Wirtschaftsprüfern und vereidigten Buchprüfern sowie Anwaltsnotaren;
   – §§ 56 i.V.m. 3 StBerG: Sozietätsfähigkeit für **Steuerberater** und **Steuerbevollmächtigte** (nur) mit Rechtsanwälten, Wirtschaftsprüfern und vereidigten Buchprüfern sowie Anwaltsnotaren;
   – § 44b WPO: Sozietätsfähigkeit der **Wirtschaftsprüfer** mit allen natürlichen und juristischen Personen sowie Personengesellschaften, die der Berufsaufsicht einer Berufskammer eines freien Berufs im Geltungsbereich dieses Gesetzes unterliegen und ein Zeugnisverweigerungsrecht nach § 53 Abs. 1 Nr. 3 StPO haben.
   – MBO-Ä[28] Kap. D II Nr. 8 Abs. 1 S. 1: Für **Ärzte** möglich Gemeinschaftspraxis (GbR) und Partnerschaftsgesellschaft nicht nur zwischen Ärzten derselben Fachrichtung, sondern auch die sog. fachübergreifende oder fachverbindende Gemeinschaftspraxis; darüber hinaus Möglichkeit zum Zusammenschluss zu einer kooperativen Berufsausübung zwischen Ärzten und Angehörigen anderer Fachberufe (medizinische Kooperationsgemeinschaft) gemäß § 22 MBO-Ä i.V.m. Kap. D II Nr. 9 Abs. 2 S. 1 mit Zahnärzten, Psychologen und Psychotherapeuten, Klinischen Chemikern, Ernährungswissenschaftlern und anderen Naturwissenschaftlern, Dipl.-Sozial- und Heilpädagogen, Hebammen, Logopäden, Ergotherapeuten, Medizinisch-technischen Assistenten, Angehörigen staatlich anerkannter Pflegeberufe sowie Diätassistenten.[29]
   – Bei **Architekten** und **Ingenieuren** bestehen keine berufsrechtlichen Beschränkungen für die Soziierungsfähigkeit mit anderen Berufsgruppen, sondern lediglich ein landesgesetzlicher Schutz der Berufsbezeichnung.[30]

---

28 Musterberufsordnung für Ärzte, MBO-Ä 1997, abgedruckt in NJW 1997, 3076 ff.
29 Vgl. hierzu *Henssler*, PartGG, § 1 Rn 99 ff.; MüKo-BGB/*Ulmer*, § 1 PartGG Rn 69; *Laufs/Uhlenbruck*, § 18 Rn 7.
30 Vgl. *Henssler*, PartGG, § 1 Rn 152 ff.; MüKo-BGB/*Ulmer*, § 1 PartGG Rn 57 f.

– Beratende **Volks- und Betriebswirte** sind ebenfalls ohne berufsrechtliche Beschränkung bei der Soziierungsmöglichkeit.[31]

cc) Gemeinschaftsmandat und Haftung

Der Verfasser ist der Auffassung, dass bei Berufstätigkeiten, die aufgrund der Berufsrechtsvorbehalte nicht vergemeinschaftet werden können, auch kein Gemeinschaftsmandat möglich ist. Dies ist allerdings umstritten. So wird insbesondere von *Michalski/Römermann*[32] und *Streck*[33] die gegenteilige Auffassung vertreten. 17

Es ist zwar richtig, dass die Rechtsprechung aufgrund der von ihr angenommenen Verkehrsauffassung grundsätzlich von einem Gemeinschaftsmandat ausgeht.[34] Der BGH hat allerdings die Möglichkeit (und Notwendigkeit) des Vorliegens eines Gemeinschaftsmandats bei Sozietäten ersichtlich bislang nur für Sozietäten von Berufsträgern mit gleichgerichteten freiberuflichen Tätigkeiten ausgesprochen. Dies war im Hinblick auf die ältere Auffassung notwendig, die (insbesondere noch zu Beginn des 20. Jahrhunderts) davon ausging, dass z.B. bei der Beauftragung eines Rechtsanwalts auch dann, wenn er im Rahmen einer Anwaltssozietät tätig wird, grundsätzlich nur ein Einzelmandat vorlag.[35] Dieser Fall ist indes sicherlich unproblematisch. 18

Anders muss dies jedoch bei Berufstätigkeiten sein, die von der Berufsausübungsgesellschaft in toto, d.h. von allen Gesellschaftern, gar nicht erbracht werden können, wobei folgende Fälle zu unterscheiden sind: 19
– Die Rechtsordnung sieht für einzelne Tätigkeiten die Möglichkeit zur Erbringung der freiberuflichen Dienstleistung durch eine Gesellschaft nicht vor, z.B. Insolvenzverwaltungen,[36] Zwangsverwaltungen,[37] Testamentsvollstreckungen, Nachlasspflegschaften, Betreuungen, Tätigkeiten als Schiedsrichter, Aufsichtsrat oder Beirat, Gutachteraufträge als bei der Industrie- und Handelskammer zugelassener Sachverständiger, Wahlstrafverteidigermandate.
– Es bestehen Berufsrechtsvorbehaltsaufgaben, so etwa:
  – die Notartätigkeit in der Anwalts- und Notarsozietät;
  – die Jahresabschlussprüfungstätigkeit des Wirtschaftsprüfers oder vereidigten Buchprüfers gemäß § 319 Abs. 1 HGB in der interprofessionellen Sozietät oder Partnerschaft;
  – die Rechtsanwaltsvorbehaltsaufgaben, z.B. Prozessvertretung von Mandanten vor dem Landgericht gemäß § 78 Abs. 1 ZPO oder Rechtsberatung in der interprofessionellen Sozietät oder Partnerschaft, die über die zulässige Rechtsberatung von Steuerberatern und Wirtschaftsprüfern gemäß § 5 Nr. 2 RBerG, die mit ihrer spezifischen Berufstätigkeit in unmittelbarem Zusammenhang steht, hinausgeht.[38]

Dementsprechend ist es in der Rechtsprechung anerkannt, dass ein Gemeinschaftsmandat, welches sämtliche Mitglieder einer interprofessionellen Berufsausübungsgesellschaft betrifft, nicht vorliegt etwa bei einem Auftrag, der eine Rechtsbesorgung zum Inhalt hat. In einem sol- 20

---

31 Nicht einmal gesetzlicher Schutz der Berufsbezeichnung besteht – und auch keine Kontrolle des Berufsverbandes, etwa durch ein Kammersystem; vgl. MüKo-BGB/*Ulmer*, § 1 PartGG Rn 56; *Schmidt/Wacker*, EStG, § 18 Rn 107.
32 In: Handbuch des Sozietätsrechts, B Rn 25.
33 In: Handbuch des Sozietätsrechts, B Rn 778 f.
34 Vgl. Handbuch des Sozietätsrechts/*Michalski/Römermann*, B Rn 29; BGH NJW 1988, 1973; 1994, 254.
35 Handbuch des Sozietätsrechts/*Michalski/Römermann*, B Rn 25 m.w.N. in Fn 3.
36 Vgl. § 56 Abs. 1 InsO.
37 Gemäß § 150 Abs. 1 ZVG (allg. Meinung, *Stöber*, § 150 Rn 2.2).
38 A.A. ohne eingehende Begründung aber Handbuch des Sozietätsrechts/*Streck*, B Rn 788.

chen Fall sind nur die in der Berufsausübungsgesellschaft verbundenen Rechtsanwälte Vertragspartner und nicht die zugleich in der Berufsausübungsgesellschaft mitwirkenden Steuerberater.[39]

21   Es mag sein, dass bei Mandaten an interprofessionelle Sozietäten, die dem Berufsrechtsvorbehalt unterliegen, für die Nicht-Berufsträger Rest-Organisationsverpflichtungen bestehen, etwa dafür zu sorgen, dass das angetragene Mandat ordnungsgemäß von einem Berufsträger der Sozietät (wenn ein zweiter mit einer solchen Berufsqualifikation vorhanden) bearbeitet wird, wenn der ursprüngliche Bearbeiter z.B. wegen Krankheit ausfällt.[40] Dies sind aber nach Auffassung des Verfassers solch untergeordnete Rest-Verpflichtungen, dass von einem Gemeinschaftsmandat nicht mehr gesprochen werden sollte.

22   Die **haftungsrechtlichen Konsequenzen** folgen dieser Einordnung: Liegt nach vorstehenden Grundsätzen ein Gemeinschaftsmandat nicht vor, entfällt auch eine Haftung der Mitglieder der Berufsausübungsgesellschaft, denen der Auftrag nicht erteilt ist bzw. nicht erteilt sein kann.[41] Nach der Bejahung der Teilrechtsfähigkeit der GbR durch das Urteil des BGH vom 29.1.2001[42] bekommt diese Frage jedoch eine neue Dimension.[43] Wenn der Mandatsvertrag mit der teilrechtsfähigen Sozietät zustande kommt, ist die Frage im Sinne einer gesamtschuldnerischen Haftung aller Gesellschafter entschieden[44]. Der Frage des Zustandekommens des Mandatsvertrages kommt deshalb in solchen Fällen vermehrt Bedeutung zu.[45] Der BGH hat allerdings immer noch nicht entschieden, ob das Modell der akzessorischen Haftung auch für berufliche Haftungsfälle gelten soll, sondern dies zuletzt ausdrücklich noch im Urteil vom 7.4.2003[46] offen gelassen. Ulmer[47] geht für die interprofessionelle Partnerschaft zwar von einem Gemeinschaftsmandat aus, verneint aber Tätigkeitspflicht und Haftungsrisiko des kraft Berufsrecht nicht zur Tätigkeit verpflichteten Sozius.

23   Die vorstehende Problematik hat nichts zu tun mit der **Haftung von Scheinsozien** (angestellten Rechtsanwälten oder freien Mitarbeitern), die auf dem Briefkopf aufgeführt und damit vorbehaltlich der vorstehenden Eingrenzung immer in der Haftung sind.[48]

b) Das Bewertungsproblem (Goodwill)

24   Das Problem der **Bewertung von Freiberuflerpraxen** bzw. **von Anteilen an Freiberuflerpraxen** ist weitgehend ungelöst. Es wird zum Teil sogar die Ansicht vertreten, dass die Abfindungsproblematik der Praxen von Freiberuflern unlösbar ist.[49] Vereinzelt wird versucht, die Problema-

---

39 BGH NJW 2000, 1333 = DStR 2000, 599; ausdrücklich a.A.: Handbuch des Sozietätsrechts/*Streck*, B Rn 779; kritisch auch *Schmidt*, NJW 2001, 1911; der BGH hat auch im Hinblick auf eine Anwaltskanzlei, in der sich nur ein OLG-Anwalt befindet, für den Auftrag zur Einlegung der Berufung zum OLG ein Gemeinschaftsmandat verneint: BGHZ 56, 355, 361; BGH VersR 1979, 232; vgl. hierzu auch Handbuch des Sozietätsrechts/*Terlau*, B Rn 397; wie hier auch OLG Köln ZIP 1997, 667; Sozietätsrecht/*Schmid*, § 5 Rn 63.
40 Vgl. Handbuch des Sozietätsrechts/*Terlau*, B Rn 403.
41 Vgl. BGH NJW 2000, 1333; jetzt aber unter Berufung auf das Urteil des BGH zur Teilrechtsfähigkeit der GbR OLG München, Urt. v. 28.2.2005, zitiert bei *Sassenbach*, AnwBl 2006, 304/306.
42 NJW 2001, 1056; 2002, 1207.
43 So zu Recht Henssler/Prütting/*Hartung*, § 59a BRAO Rn 55.
44 Hierzu insbesondere *K. Schmidt*, NJW 1995, 2801, 2806ff.; dagegen: *Sassenbach*, AnwBl 2006, 304.
45 Nach *Hartung*, MDR 2002, 1224ff. wohl immer mit der gesamten Sozietät.
46 BGH NJW 2003, 1803.
47 Müko-BGB/*Ulmer*, § 8 PartGG Rn 23, Fn 28.
48 Einhellige Meinung: aus der Rspr. jüngst: OLG Frankfurt/M. EWiR 2001, 513 mit Anm. *Kleine-Cosack*; Kamps/Alvermann, NJW 2001, 2121f. m.w.N. in Fn 4.
49 Vgl. z.B. Gail/Overlack: „Die Vielzahl besonderer Umstände, die in der Vertragspraxis in unterschiedlichen Kombinationen auftreten, lässt es nicht zu, eine für die Berechnung der Abfindung eines ausscheidenden Freiberuflers allgemein brauchbare Lösung vorzuschlagen", Rn 277, A VI 5b; *K. Schmidt*, NJW 1995, 1, 4: „Lernbedarf besteht noch hinsichtlich der Abfindungsforderung"; neuerdings: *Westermann*, AnwBl 2007, 103, 105ff.

tik der Bewertung des Goodwills mit Pauschalierungen in den Griff zu bekommen.[50] Es dürfte allgemeiner Ansicht entsprechen, dass es allgemeinverbindliche Methoden zur Feststellung des Verkehrswerts einer Freiberuflerpraxis nicht gibt.[51] Von Versorgungsregelungen in Form von Pensionen wird – zu Recht – zunehmend abgeraten, und sie kommen auch immer weniger vor.[52]

Es werden hierzu die unterschiedlichsten Meinungen über das richtige Bewertungsverfahren vertreten. Am häufigsten wird das **Umsatzwertverfahren**[53] genannt, welches von den Berufskammern als üblich und in der Praxis als durchgesetzt empfohlen wird, aber auch das **Ertragswertverfahren**[54], auf das von den Berufskammern zumindest die Steuerberaterkammer in ihren Empfehlungen als Kontrollverfahren hinweist. Die Rechtsprechung bietet ein uneinheitliches Bild.[55]

25

Der Verfasser vertritt das sog. **modifizierte Ertragswertverfahren**, welches weitgehend identisch ist mit dem Verfahren der sog. Übergewinnverrentung. Diese Entscheidung für das modifizierte Ertragswertverfahren beruht auf den Erkenntnissen, die der Verfasser im Rahmen einer kritischen Auseinandersetzung mit dem Umsatzwertverfahren gewonnen hat. Die Gründe für und wider das Ertragswertverfahren bzw. das Umsatzwertverfahren sind in dem Aufsatz des Verfassers unter dem Titel „Die Bewertung gemischter Sozietäten" in der Zeitschrift Deutsches Steuerrecht 1998, 1565 ff. zusammengefasst.

26

Das Umsatzwertverfahren kann nach Überzeugung des Verfassers allenfalls ein grobes Schema darstellen, welches nicht darüber hinwegtäuschen darf, dass ein betriebswirtschaftlich „richtiges" Bewertungsschema immer nur von den erzielbaren Überschüssen ausgehen kann. Das Umsatzwertverfahren passt deshalb als vereinfachendes Verfahren allenfalls in den Fällen, in denen in der Praxis „übliche" Umsatzrenditen erzielt werden. Bei Besonderheiten muss auf das Ertragswertverfahren zurückgegriffen werden.[56] Hier spielt insbesondere die Nachhaltigkeit der Erzielbarkeit der Umsätze/Erträge eine Rolle. Je personenbezogener und spezialisierter die Umsätze sind, um so geringer wird der Kapitalisierungsfaktor auf den nachhaltig erzielbaren Jahresertrag anzusetzen sein. Es sind kalkulatorische Beraterlöhne abzusetzen.[57]

27

Die Überzeugung der Berufskammern von der Tauglichkeit des Umsatzwertverfahrens für die Praxisbewertung ist offensichtlich unausrottbar. Dies haben insbesondere einige Reaktionen regionaler Steuerberaterkammern auf den Aufsatz des Unterzeichners in der Zeitschrift „Deutsches Steuerrecht" ergeben. Haupt-„Argument" ist nach wie vor, dass sich das Umsatzwertverfahren in der Praxis bewährt habe. Die Geschäftsführer der örtlichen Steuerberaterkammern berichten zum Teil von der Zufriedenheit der Beteiligten an einem Praxiskauf.

28

Auf der anderen Seite gibt es aber auch durchaus einige kritische Stimmen von Geschäftsführern der Steuerberaterkammern, die allerdings (noch) in der Minderheit sein dürften.

---

50 Vgl. z.B. Beck'sches Rechtsanwalts-Handbuch/*von der Recke*, N 6 VIII. Anhang: Vertragsmuster, Sozietätsvertrag, § 11 Abs. 2: 20% des Jahresumsatzes; Partnerschaftsvertrag, § 15 Abs. 1: 25% des Jahresumsatzes; aber auch Satzung der Rechtsanwalts-GmbH: § 12 Abs. 1: Buchwert, in den Vorauflagen noch: Verkehrswert, ermittelt nach Ertragswertverfahren; MünchVertragsHdB/*Marsch/Barner*, Bd. 1, I 7 § 16 Abs. 4: ein Viertel Gewinnquote auf die Dauer von sechs Jahren (= Faktor 1,5 auf die volle Quote, aber ohne Abzug eines Freiberuflerlohns); unrichtig wohl Henssler/Prütting/*Henssler*, § 9 PartGG, Rn 18 und *Henssler*, PartGG, § 9 Rn 49, der meint, dass Buchwertklauseln üblich seien.
51 Für Arztpraxen vgl. *Laufs/Uhlenbruck*, § 19 Rn 8.
52 Vgl. Beck'sches Rechtsanwalts-Handbuch/*von der Recke*, N 6 Rn 26.
53 Für Anwaltspraxen BRAK-Mitt 2004, 222 ff.
54 Darstellung des Ertragswertverfahrens bei *Heid*, DAV-Anwaltsbildung, Band 2, Kapitel Gründung, Kauf, Zusammenschluss, 213 ff.
55 Vgl. hierzu insbesondere *Piltz*, S. 249 ff.; *Hülsmann*, NZG 2001, 625, 627; zu Schwierigkeiten bei der Unternehmensbewertung mit eingehender Analyse der Rspr. *Hülsmann*, ZIP 2001, 450 ff.
56 So in der Tendenz auch *Lenzen/Ettmann*, BRAK-Mitt 2005, 13, 17 ff.; Umsatzwertmethode einfach und schnell, aber häufig auch sehr unzutreffend.
57 Vgl. z. B. *Lenzen/Ettmann*, BRAK-Mitt 2005, 13/14.

29 Zumindest bezüglich eines Aspektes dürfte die Tauglichkeit des Umsatzwertverfahrens aber unstreitig infrage gestellt sein: Bei größeren Praxen, bei denen nach allen Erkenntnissen, insbesondere Kostenstrukturanalysen, die Rendite bezogen auf den Umsatz geringer ist als „üblich", wird auch von den Steuerberaterkammern mittlerweile zugegeben, dass bei solchen Praxen der Rendite bei der Bewertung eine erhöhte Aufmerksamkeit zu schenken ist.[58] Es gibt aber keine Begründung dafür, dass das Umsatzwertverfahren nur bei Großpraxen ggf. nicht passt. Auch bei kleineren und mittleren Praxen sind durchaus atypische Kosten- und damit Renditestrukturen nicht gerade eine Seltenheit. So wird auch zunehmend von Vertretern des Umsatzwertverfahrens, z.B. von *Möller*,[59] der sich sehr eingehend mit den Bewertungsproblemen beschäftigt, darauf hingewiesen, dass dem Aspekt der im Bewertungszeitraum erzielten Rendite erhöhte Aufmerksamkeit zu schenken ist. „Liegt diese deutlich unter 40% des Jahresumsatzes, so darf auch – bei sonst ungünstigen wertbildenden Merkmalen – ein Faktor von weniger als 0,5 (auf den Umsatz, Erg. d. Verfassers) nicht tabu sein."[60] *Möller* bezieht sich hier auf die angegebenen Bandbreiten der Bewertung durch die Bundesrechtsanwaltskammer gemäß deren empfohlenem Umsatzwertverfahren. Der Faktor von 0,5 entspricht 50% des tatsächlichen Umsatzes als Bewertungsgrundlage für den Praxiswert.

30 Die Beharrlichkeit der Berufskammern ist nach Überzeugung des Verfassers um so bedauerlicher, als die Kammern mit Verkaufsvorgängen kaum noch konfrontiert sind,[61] schon gar nicht Verkäufe größerer Kanzleien über die Berufskammern vermittelt werden,[62] d.h. das Urteil der Kammern über die Zufriedenheit der Beteiligten mit dem Umsatzwertverfahren nach Auffassung des Verfassers nur noch bedingt durch Praxiserfahrungen belegt sein kann. Das Umsatzwertverfahren ist nach Überzeugung des Verfassers neben anderen Streitigkeiten um Bewertungsfragen häufig der entscheidende Grund für das Auseinanderbrechen von Sozietäten. Deutliche Kritik am Umsatzwertverfahren wird jetzt auch von *Streck*[63] geübt, der insbesondere die Methode der Zugrundelegung des Umsatzwertverfahrens mit Kürzung um den Unternehmerlohn bei der Bewertung von Anwaltspraxen als falsch bezeichnet.[64] Instruktiv jüngst auch *Janssen*,[65] der aufzeigt, dass die Bewertung nach dem UWF bei einer völlig wertlosen Kanzlei noch zu einem Kaufpreis von rund 180 TDM führen könnte.

Bei Fällen, in denen es nicht gelingt, den Mandantenstamm überzuleiten (Beispiel: Ausscheiden eines sehr prominenten Praxisgründers), kann der Praxiswert Null sein.[66]

31 Beim Verkauf einer Praxis wird allerdings das Umsatzwertverfahren eine Art Untergrenze darstellen können, nämlich dann, wenn sich nach dem Ertragswertverfahren unter Abzug eines kalkulatorischen Freiberuflerlohnes kein Ertragswert mehr ergibt, etwa vergleichbar mit dem Zerschlagungswert bei der Unternehmensbewertung als Untergrenze der Bewertung, falls der Ertragswert unter dem Liquidationswert liegt (dann aber sicherlich nur mit wesentlich geringeren Prozentsätzen bzw. Faktoren als den von den Kammern empfohlenen). Als Nachfrager nach solchen Praxen, die bereit sind, für eine solche Praxis ohne Ertragswert noch einem bestimmten Mindestkaufpreis zu zahlen, kommen jedoch nur solche Berufsträger in Frage, die hinsichtlich ihrer Einkommenschancen unter der Grenze eines kalkulatorischen Freiberuflerlohnes liegen, insbesondere Berufsanfänger. Bei diesen ist ggf. entweder nur ein geringerer oder kein Freibe-

---

58 So z.B. die Steuerberaterkammer München in einem Schreiben v. 23.12.1998 an den Verfasser.
59 *Möller*, Kauf, Verkauf und Fusion von Anwaltskanzleien, 1998.
60 *Möller*, Rn 191; ähnlich auch Rn 113.
61 Vgl. hierzu *Möller*, Rn 20 aufgrund einer Umfrage bei den Anwaltskammern.
62 So u.a. die Steuerberaterkammer München in dem o.a. Schreiben v. 23.12.1998 an den Verfasser.
63 Handbuch des Sozietätsrechts/*Streck*, B Rn 1015 ff.; für das Ertragswertverfahren auch *Kopp*, Handbuch des Sozietätsrechts, C Rn 151 f.
64 Handbuch des Sozietätsrechts/*Kopp*, B Rn 1029.
65 NJW 2003, 3387 ff., in Auseinandersetzung mit *Römermann/Schröder*, NJW 2003, 2709 ff.
66 OLG Celle NZA 2002, 862 und *Westermann*, AnwBl 2007, 106.

ruflerlohn im Rahmen des Ertragswertverfahrens abzuziehen, d.h. es wird nicht nur der Übergewinn kapitalisiert, sondern im Extremfall sogar der Gesamtgewinn.

Wie unsicher die Praxis bei der Behandlung der Bewertung von Freiberuflerpraxen ist, zeigt z.B. auch das Werk „Sozietätsrecht, Handbuch für rechts-, steuer- und wirtschaftsberatende Gesellschaften": Im Erläuterungsteil wird das Umsatzwertverfahren eingehend erläutert, in der Praxis als durchgesetzt bezeichnet, und es werden die „üblichen" Quoten von 50% bis 80% für Rechtsanwälte, 90% bis 120% für Steuerberater und 120% bis 150% des bereinigten durchschnittlichen Jahresumsatzes als Bewertungskriterien für den Praxiswert genannt.[67] Den Vertragsmustern (jeweils Rechtsanwaltsgesellschaften) wird dann aber – ohne Begründung – durchweg nicht das Umsatzwertverfahren zugrunde gelegt, sondern das Ertragswertverfahren, und zwar in Form einer Weiterzahlung des Gewinnanteils des ausscheidenden Sozius/Partners in Höhe der Hälfte der bisherigen Gewinnquote auf die Dauer von zwei Jahren (= Faktor 1 auf den Jahresgewinn ohne Abzug eines Freiberuflerlohns)[68] bzw. ein Fünftel auf die Dauer von fünf Jahren (= ebenfalls Faktor 1).[69] Dies wäre jeweils die Untergrenze von 50% nach dem Umsatzwertverfahren, was aber zusätzlich voraussetzt, dass die Kostenquote nicht höher ist als 50%! In den Vertragshandbüchern wird neuerdings für das Ausscheiden fast nur noch eine ertragsorientierte Abfindung vorgesehen.[70]

32

Den Vertragsmustern liegt durchweg bei der Ermittlung des Praxiswerts die Ertragswertmethode zugrunde, und zwar in der Weise, dass von dem Überschuss der Freiberuflerpraxis ein kalkulatorischer Freiberufler-Lohn abgezogen wird und der Kapitalwert dann durch einen Faktor auf diese Bemessungsgrundlage bestimmt wird. Für eine Rechtsanwaltspraxis sind Faktoren in einer Bandbreite von 1,5–2,5 (max. 3) angesetzt. Diese Systematik und der Vorschlag zur Bestimmung möglicher Faktoren für eine Anwaltspraxis in dieser Höhe hat heftige Kritik von *Wehmeier*[71] erfahren, der sich gegen jegliche Tendenz wehrt, die ggfls. früher üblichen Bandbreiten für die Bewertung von Freiberuflerpraxen unter heutigen Wirtschaftsverhältnissen (nach unten) zu revidieren.[72] Während *Wehmeier* als Kammergeschäftsführer die vom Verfasser vorgeschlagenen Faktoren-Bandbreiten tendenziell als zu niedrig kritisiert, werden diese z.B. von *Eich* noch als zu hoch empfunden.[73] Die Diskussion wird – heftig – weitergehen!

33

Möglicherweise hat ein in der Bewertungspraxis wohl noch nicht ausreichend berücksichtigtes Urteil des BGH die Notwendigkeit ergeben, die Grundsätze für die Bewertung von Freiberuflerpraxen völlig neu zu überdenken. In seinem Urteil vom 6.2.2008, NJW 2008, 1221, hat der BGH in einem Zugewinnausgleichsverfahren sehr konkret Stellung bezogen zu den Bewertungsverfahren, die vom Gutachter angewendet wurden. Die sog. IBT-Methode des Gutachters wurde vom BGH als unbrauchbar verworfen.

34

Das Urteil räumte zunächst einmal damit auf, den Goodwill einer Freiberuflerpraxis im Rahmen einer Scheidung quasi doppelt in voller Höhe heran zu ziehen, sowohl bei der Bemessung der Höhe der Unterhaltszahlungen als auch bei der Ermittlung der Zugewinnausgleichsforderung. Völlig zu Recht und allein logisch hat der BGH wie folgt unterschieden:

---

[67] Sozietätsrecht/*Peres*, § 8 Rn 50 ff., S. 290 ff.
[68] Vgl. Sozietätsrecht/*Peres*, § 9 „Mustervertrag", § 21 „Rechtsfolgen aus Ausscheidens/Abfindung", S. 327 (Sozietätsvertrag).
[69] Vgl. Sozietätsrecht/*Peres*, § 14 „Mustervertrag", § 14 „Ausscheiden/Abfindung", S. 364 (Partnerschaftsvertrag).
[70] Vgl. z.B. auch *Stuber*, S. 55 (§ 15 Abs. 4 und 5 des Musters); eingehend und überzeugend auch *Schmidt-v. Rhein*, S. 86 ff.
[71] *Wehmeier*, Kap. B Rn 111 i.V.m. Fn 6; Kap. D Rn 37 i.V.m. Fn 1 (S. 317) und Fn 1 (S. 318).
[72] Z.B. auf S. 126 gegen von *Borstel/Schoor*, Rn 490, die im Gegensatz zu *Wehmeier* unter Berufung auf Literaturmeinungen Prozentwerte (im Rahmen des Umsatzwertverfahrens) statt 70–130% nur noch 50–60% nennen.
[73] Vgl. *Eich*, DAV-Ratgeber „Der „Kauf" einer Anwaltspraxis", 8. Aufl. 2000, S. 319, 332 Fn. 37.

– von dem Gesamt-Überschuss einer Freiberuflerpraxis ist zunächst einmal der kalkulatorische Freiberuflerlohn abzuziehen, der **allein** für die Höhe der Unterhaltszahlungen maßgeblich ist;
– lediglich der nach Abzug des kalkulatorischen Unternehmerlohns verbleibende Betrag, der sog. Übergewinn, wird im Rahmen der Ermittlung des Zugewinns bei der Bewertung des Vermögensstamms „Praxis" bzw. „Goodwill" berücksichtigt.

Dies ist an und für sich eine Selbstverständlichkeit, wurde aber in der Vergangenheit in der Praxis, auch von den Gerichten bis hin zu den Oberlandesgerichten, unrichtig gehandhabt.

Die Kritik des BGH gegen das Bewertungsgutachten im betreffenden Rechtsstreit bezog sich insbesondere auf die Unbestimmtheit und fehlende Nachvollziehbarkeit vieler Rechenfaktoren des Gutachters „aus dem Bauch der Erfahrung" heraus. Insbesondere fordert der BGH eine individuelle Ermittlung des sog. kalkulatorischen Unternehmerlohns nach Region der Berufsausübung und der Größe der Praxis unter Berücksichtigung sehr individueller fachlicher Bewertungsmaßstäbe. Damit dürfte sämtlichen Empfehlungen der Berufskammern zur Praxisbewertung (Bundesanwaltskammer, Bundessteuerberaterkammer und Wirtschaftsprüferkammer), die immer noch als Ausgangsgröße für die Bewertung vom Umsatz ausgehen, endgültig der Boden entzogen sein. Die Ansätze zur Bewertung von Freiberuflerpraxen müssen also im Sinne eines „echten Ertragswertverfahrens" entsprechend neu durchdacht werden. Soweit ersichtlich, hat sich bislang lediglich *Knief*[74] mit der Problematik beschäftigt.

Im Rahmen dieser Bewertung wird der Ansatz des kalkulatorischen Freiberuflerlohns die eigentliche **zentrale Einflussgröße** für die Berechnungen.[75] In Anlehnung an den IDWS1 (Fachgutachten des Instituts der Wirtschaftsprüfer) müssen die gängigen Verfahren mit abgekürzten Goodwill-Verflüchtigungsdauern wohl ernsthaft überdacht werden.

Es muss auch eine Verzinsung des in der Praxis eingesetzten Eigenkapitals angesetzt werden. Schließlich ist auch noch ein Abschlag von dem nachhaltig erzielbaren Ertrag von 30% (?) für die Ertragsteuerbelastung des Erwerbers zu machen.

Vorläufig kann zu dieser möglicherweise bahnbrechenden Wende in der Bewertungspraxis durch dieses BGH-Urteil folgendes gesagt werden: Wegen des Erfordernisses einer konkreten individuellen Ermittlung der Werte darf ein Gutachter im Streitfall nicht mehr auf Multiples, d.h. Bewertungsfaktoren, die als Multiplikationsfaktoren auf den nachhaltig erzielbaren Gewinn empirisch durch Marktgesichtspunkte ermittelt wurde, zurück greifen. Damit wird die Bewertung von Freiberuflerpraxen aber wesentlich komplizierter, und die Beurteilungsspielräume des Gutachters werden, solange sich die neue Methode in der Praxis noch nicht konkretisiert bzw. durchgesetzt hat, sehr groß sein, so dass zumindest in der Übergangszeit für die Betroffenen der bloße Hinweis auf die Ermittlung des Praxiswerts nach dem Ertragswertverfahren (IDWS1) bzw. dessen verbindliche Vereinbarung im Gesellschaftsvertrag gefährlich, d.h. ein Lotteriespiel sein könnte.

Nach Auffassung des Verfassers ist es deshalb nach wie vor zu empfehlen, dass die an dem Vertrag einer Freiberuflerpraxis Beteiligten, d.h. die Gesellschafter bzw. Partner, das Heft in der Hand behalten und sich im Vertrag selbst eine Bewertungsregelung vorgeben, die zwischen den Beteiligten verbindlich ist. Wenn auch sicherlich der Empfehlung von *Knief* zu folgen ist, dass die Berufskammern aufhören sollten, Umsatzmultiplikatoren zu nennen,[76] was auch der Verfasser schon immer als unhaltbar ansah (siehe oben Rn 24 ff.), dürfte es jedoch **nach wie vor** zu empfehlen sein, dass sich die Gesellschafter/Partner selbst ein Bewertungsschema im individu-

---

74 Vgl. *Knief*, DStR 2009, 604; ders., DStR 2008, 1895; ders., AnwBl 2010, 92.
75 *Knief*, DStR 2009, 604/606.
76 *Knief*, DStR 2008, 1895, 1903.

ellen Gesellschaftsvertrag vorgeben.[77] Der Verfasser hat in seinen 30 Jahren Berufsausübung schon zu viele Gutachten gesehen, nicht nur für Freiberuflerpraxen, sondern auch Unternehmen und Grundstücke, als dass ein breit gestreutes Vertrauen in die Angemessenheit der Ergebnisse der Gutachter bestehen könnte. Nicht jede Freiberuflerpraxis wird im Falle von Streitfragen um die Bewertung der Praxis auf solch kompetente und erfahrene Gutachter stoßen wie *Knief* selbst.

Demgemäß werden die Empfehlungen des Verfassers zur Ermittlung der Bemessungsgrundlage für den Praxiswert in den nachfolgenden Formularen (unter Anwendung von Multiples) zunächst beibehalten. In der nächsten Aufl. wird dem in den Formularen zugrunde gelegten Grob-Bewertungsschema ein etwas differenzierteres Schema zugrunde gelegt werden, welches die neueren Gesichtspunkte aufgrund des Urteils des BGH eingehend berücksichtigt, aber nach wie vor im Ergebnis einer Praxisbewertung in etwa in der „Region" landen wird, wie es sich aus dem diesen Formularen zugrunde gelegten Schema ergibt. Der kalkulatorische Beraterlohn wird dabei entsprechend den ersten Erkenntnissen von *Knief* wesentlich erhöht werden, womit die Bemessungsgrundlage (nachhaltig erzielbarer Übergewinn) sinkt, im Gegenzug werden aber die kalkulatorischen Zinsfüße gemindert und damit die Kapitalisierungsfakten erhöht.

Ein interessanter Ansatzpunkt könnte das Modell sein, die gesamte Partnerschaft durch die Partner jedes Jahr gemeinsam bewerten zu lassen, und dabei möglicherweise ohne fixe Bewertungsregel. Insofern gilt beim Ausscheiden eines Partners nicht nur ein Aufgriffsrecht, sondern auf eine Aufgriffspflicht für die verbleibenden Partner. Während des Bewertungsvorgangs weiß somit jeder Partner, dass für ihn beide Seiten von Bedeutung sein können – die als ausscheidender Partner oder als Erwerber. Dieses Bewertungsverfahren ist vergleichbar mit dem bekannten Schokoladen-Beispiel: Einer teilt, der andere wählt die Schokoladenhälfte aus. Dieser Ansatz mag wissenschaftlich nicht fundiert sein, hat sich aber offensichtlich bereits in der Praxis bewährt.[78]

35 Es ist bei Verhandlungen über den Eintritt von Jungsozien oder bei der Einführung einer Bewertungsregelung für die Anteile im Gesellschaftsvertrag zu empfehlen, die finanziellen Auswirkungen der Eintrittsbedingungen der Junioren und der Austrittsbedingungen der Senioren für alle Beteiligten in einer Zeitreihe, etwa zehn Jahre, darzustellen. Hierzu hat die Kanzlei des Verfassers ein Berechnungsschemaentwickelt.

c) Abfindungsklauseln, Mandatsschutzklauseln, Mandatsanrechnungsklauseln

36 Nicht nur die „richtige" Bewertung einer Freiberuflerpraxis gibt noch Rätsel auf, sondern auch die Zulässigkeit und Grenzen von **Abfindungsbeschränkungen durch Vertragsklauseln**. Ein völliger Abfindungsausschluss ist unzulässig (schon nach allgemeinem Gesellschaftsrecht),[79] ebenso sind problematisch Abfindungsbeschränkungen etwa auf 50% des Regelabfindungsanspruchs,[80] aber auch Buchwertklauseln,[81] die insbesondere bei Freiberuflergesellschaften eine Teilhabe am eigentlich wesentlichen Wert abschneiden: dem Praxiswert.[82]

---

[77] Gut zur empirischen Untersuchung der Häufigkeit von Bewertungsregelungen in den Gesellschaftsverträgen *Wangler*, DStR 2009, 1501: bei 73% von 60 untersuchten Verträgen sind Abfindungsregelungen vorgeschrieben, 41,6% Buchwertklausel, 25% Ertragswert, 11% Stuttgarter Verfahren (a.a.O., 1504).
[78] *Hübner/Lahmi*, BBkM 2007, 110/113.
[79] Sozietätsrecht/*Peres*, § 8 Rn 70 (S. 242); MüKo-BGB/*Ulmer*, § 738 Rn 45, 60; BGH NJW 1989, 2685f.; *Westermann*, AnwBl 2007, 103/109.
[80] Sozietätsrecht/*Peres*, § 8 Rn 71 (S. 298); BGH NJW 1989, 2685; Handbuch des Sozietätsrechts/*Kopp*, C Rn 156ff.; bei 10% wirksam lt. OLG Oldenburg GmbHR 1997, 503 unter besonderen Umständen
[81] Sozietätsrecht/*Peres*, § 8 Rn 72f.; BGH DB 1998, 1399 = NJW 1998, 2685; MüKo-BGB/*Ulmer*, § 738 Rn 42, 46, 52, 63f.; eingehend *Lange*, NZG 2001, 635, 640ff.
[82] Sozietätsrecht/*Peres*, § 8 Rn 74.

37   Umgekehrt gilt, dass die Rechtsprechung für Partnerschaften mit festem Mandanten- oder Patientenstamm in der Mitnahme eines Teils dieser Mandanten durch den Ausscheidenden eine angemessene Form der Auseinandersetzung sieht.[83] Der ausscheidende Partner soll damit eine Grundlage erhalten, für seine berufliche Existenz zu sorgen. Eine Kumulierung in Form von Mandantenmitnahme und Beteiligung am Geschäftswert wird nur in seltenen Ausnahmefällen als angemessen anzusehen sein.[84] Jedenfalls ist der Wert der Mandate dann in vollem Umfang auf einen finanziellen Abfindungsanspruch anzurechnen auch ohne ausdrückliche Bestimmung im Gesellschaftsvertrag.[85]

38   Besonderen Einfluss hat bei der Ermittlung von Abfindungsansprüchen in einer ärztlichen Gemeinschaftspraxis die Regelung, dass der Ausscheidende verpflichtet ist, seine vertragsärztliche Zulassung zugunsten eines Dritten, der von den verbleibenden Ärzten benannt werden darf, ausschreiben zu lassen.[86]

39   Ebenso problematisch wie die Abfindungsklauseln sind die sog. **Mandatsschutz- und Mandatsanrechnungsklauseln**, insbesondere bei der **Trennung der Partner zu aktiven Zeiten**.[87] Auf Mandatsschutzklauseln für den Fall einer Trennung zu aktiven Zeiten wurde deshalb in den nachfolgenden Formularen vollständig verzichtet und statt dessen eine Anrechnung mitgenommener Mandate auf das Abfindungsguthaben beim Ausscheiden vorgesehen.[88] Abgesehen von der fraglichen juristischen Haltbarkeit von Mandatsschutzklauseln dürfte es häufig schwierig sein, einen Verstoß gegen den Mandatsschutz nachzuweisen. Auch Umgehungsmöglichkeiten liegen mehr oder weniger auf der Hand. Mandatsschutzklauseln haben deshalb beim Auseinandergehen zu aktiven Zeiten von vornherein nur eingeschränkten Sinn für den Fall, dass man mehr oder weniger einvernehmlich auseinander geht. Für den Fall des Ausscheidens eines Sozius aus Gründen der Berufsunfähigkeit/Altersgrenze/Tod ist dagegen ein uneingeschränkter Mandatsschutz sicherlich zulässig und sinnvoll.

40   Wenn schon an den „klassischen" Mandatsschutzklauseln festgehalten werden soll, ist Folgendes zu beachten:

41   Es wird unterschieden zwischen folgenden Regelungen:
- **Beschränkte Mandantenschutzklauseln** regeln lediglich das Abwerbeverbot und haben dadurch keinen eigenen Regelungsgehalt, da bereits das Standesrecht solche Abwerbung verbietet (z.B. Nr. 25 und 26 der Richtlinien für Steuerberater). Solche Klauseln sind deshalb uneingeschränkt zulässig sowohl im Fall des Ausscheidens von Sozien als auch von Mitarbeitern (bei diesen auch ohne Karenzentschädigung).[89]
- **Allgemeine Mandantenschutzklauseln** verpflichten den ausscheidenden Sozius oder Mitarbeiter, innerhalb eines bestimmten Zeitraums nach Beendigung des Gesellschafts- oder Dienstverhältnisses entweder im Umkreis sich nicht niederzulassen und/oder keine Tätigkeit, freiberuflich oder als Angestellter eines anderen Berufsangehörigen, für solche Auftraggeber auszuüben, die in den letzten Jahren vor Beendigung des Dienstverhältnisses zum

---

83 BGH NJW 2000, 2584, MünchGesR/*Schmid*, Bd. 1, § 19 Rn 70; *Westermann*, AnwBl 2007, 103/107.
84 BGH DB 1995, 1121 = NJW 1995, 1551; Handbuch des Sozietätsrechts/*Kopp*, C Rn 159; *Hülsmann*, NZG 2001, 625, 627 Fn 33; NZG 2001, 654f.
85 Vgl. hierzu *Westermann*, AnwBl 2007, 103, 110, der sich auch intensiv mit der Frage auseinandersetzt, was gilt, wenn die Möglichkeit der Mitnahme von Mandanten, aber keine Abfindung vorgesehen ist, die Mitnahme von Mandanten aber aus tatsächlichen Gründen nicht in Betracht kommt, etwa weiter Wegzug des Ausscheidenden oder Ausscheiden eines „Managing-Partners" ohne Mandatsbeziehungen.
86 Vgl. hierzu MünchGesR/*Gummert*, § 25 Rn 109 (S. 573).
87 Vgl. hierzu nur MünchVertragsHdB/*Marsch-Barner*, Bd. 1, I.7, Anm. 46; Beck'sches Rechtsanwalts-Handbuch/*Tiling/Ludwig*, H 5 Rn 22 ff.
88 So auch die Empfehlung von Beck'sches Rechtsanwalts-Handbuch/*von der Recke*, N 6 Rn 24; zur Problematik auch *Westermann*, AnwBl 2007, 103/107 ff.
89 Sozietätsrecht/*Schmid*, § 8 Rn 81; Handbuch des Sozietätsrechts/*Moll*, G Rn 121 ff.; Handbuch des Sozietätsrechts/*Michalski/Römermann*, B Rn 250; *Bauer/Diller* Rn 147.

Mandantenkreis der Kanzlei gehörten. Die Zulässigkeit unter Sozien ist etwas umstritten,[90] wird aber überwiegend für gegeben erachtet.[91] Bei einem Wettbewerbsverbot für den Ausscheidenden ist bekanntlich die sog. Schrankentrias zu beachten, es muss sich also in räumlicher, gegenständlicher und zeitlicher Hinsicht auf das durch Art. 12 GG vorgegebene Maß beschränken.[92] Nur in zeitlicher Hinsicht erfolgt im Falle der Unwirksamkeit eine geltungserhaltende Rechtsform, ansonsten ist es zur Gänze unheilbar unwirksam.[93] Bei Arbeitnehmern sind sie zulässig, erfordern aber eine Entschädigung gem. § 74 Abs. 2 HGB,[94] und bei freien Mitarbeitern geht die Tendenz dahin, auch für diese als Äquivalent für die Mandantenschutzklausel den fundamentalen Schutzgesichtspunkt der §§ 74 ff. HGB heranzuziehen.[95] Solche nachträglichen Wettbewerbsverbote müssen Grenzen zeitlicher (2 Jahre), räumlicher und gegenständlicher Art einhalten.[96]

– **Mandantenübernahmeklauseln** verbieten dem Sozius oder Arbeitnehmer nichts direkt, sondern erlauben in beliebigem Umfang die Betreuung der Mandanten der Sozietät/des ehemaligen Arbeitgebers gegen Abführung eines Teils des Honorars. Der abzuführende Teil muss angemessen sein. Bei ausgeschiedenen Mitarbeitern ist die Pflicht zur Abführung von 20% des Jahresumsatzes über eine Dauer von fünf Jahren in jedem Fall unwirksam.[97] Auf gesellschaftsvertraglicher Ebene ist eine solche Mandantenübernahmeklausel sicherlich ohne weiteres wirksam, wenn sie abgestimmt ist mit dem Abfindungssystem im Gesellschaftsvertrag durch eine Anrechnungsklausel und 100% eines Jahresumsatzes nicht übersteigt.[98] Ohne Einbettung in eine Abfindungsregelung sind Entgeltklauseln, die eine Vergütung von 100% eines Jahresumsatzes mit dem Mandanten für die Mitnahme fordern, unzulässig.[99] Unzulässig ist aber sicherlich, bei der Goodwill-Abfindungsklausel durch niedrige Wertansätze im Gesellschaftsvertrag die Abfindung zu drücken und dann mitgenommene Mandate mit wesentlich höheren Beträgen auf die Abfindung anzurechnen. Unzulässig ist auch ein völliger Abfindungsausschluss, verbunden mit der Verpflichtung zur Ausgleichszahlung bei der Mitnahme von Mandaten durch eine Mandantenübernahmeklausel.

Bei **Arbeitnehmern** ist fraglich allein, ob sich durch die Honorarregelung eine Wirkung ergibt, 42 die den Schutz der §§ 74 ff. HGB erfordert. Es wird danach unterschieden, ob der Honoraranteil, den der ausscheidende Mitarbeiter abzuführen hat, derart hoch ist, dass die Bearbeitung dieser Mandate wirtschaftlich nicht lohnt. Dann ist der Schutzbereich der §§ 74 ff. HGB tangiert. Dies wurde in einem BGH-Urteil vom 9.5.1968[100] bereits in einem Fall angenommen, in dem ein ausgeschiedener Wirtschaftsprüfer 30% seiner Honorare abführen sollte. Eine solche Mandantenübernahmeklausel führt also zu einer Beschränkung der beruflichen Tätigkeit im Sinne des § 74 Abs. 1 HGB und stellt deshalb eine unzulässige Umgehung des § 75d HGB dar.[101] Etwas anderes

---

90 BGH AnwBl 2005, 280 m.w.V.: zulässig in gewissen räumlichen, gegenständlichen und zeitlichen (2 Jahre) Grenzen; Zulässigkeit verneinend: LG Baden-Württemberg AnwBl 1987, 142, 145.
91 Handbuch des Sozietätsrechts/*Moll*, G Rn 125 m.w.N.; eingehend mit Analyse der Rspr. auch *Hülsmann*, NZG 2001, 625, 630 f.
92 BGH ZIP 2000, 1337; *Freund*, ZIP 2009, 941, 945.
93 *Freund*, ZIP 2009, 941, 945; *Goette*, AnwBl 2007, 640.
94 Vgl. hierzu Handbuch des Sozietätsrechts/*Moll*, G Rn 126 ff; *Wehmeier*, B Rn 25 ff.; *Bauer/Diller*, Rn 149.
95 Handbuch des Sozietätsrechts/*Moll*, G Rn 133.
96 Vgl. BGH NJW 2004, 66; BGH AnwBl 2005, 715; *Westermann*, AnwBl 2007, 103, 109; *K. Schmidt*, NJW 2005, 2801, 2803 f.
97 Umgehung des § 74d S. 2 HGB, vgl. BAG DB 2004, Heft 40 VIII; *Wehmeier*, B Rn 82.
98 Handbuch des Sozietätsrechts/*Michalski/Römermann*, B Rn 254.
99 BGH NJW-RR 1996, 741 f.; *Westermann*, AnwBl 2007, 103, 109.
100 NJW 1968, 1717.
101 *Michalski/Römermann*, ZIP 1994, 446 f. m.w.N.; vgl. hierzu auch allg. Sozietätsrecht/*Schmid*, § 8 Rn 99.

soll sich auch nicht daraus ergeben, dass bei der Veräußerung einer Freiberuflerpraxis für übergehende Mandate üblicherweise eine erheblich höhere Vergütung gezahlt wird.[102] Ein Verstoß gegen §§ 74 ff. HGB wird lt. BAG nur dann nicht angenommen, wenn der abzuführende Honorarteil 20% p.a. nicht übersteigt und auf 2 Jahre begrenzt ist.[103]

43 Die Konzeption des Gesellschaftsvertrages einer Freiberuflerpraxis bedarf deshalb im Hinblick auf die Bewertungs- und Abfindungs- sowie die Mandatsübernahme- und -anrechnungsproblematik einer Feinabstimmung, die den schwierigsten Teil bei dem Entwurf darstellt.[104] Im Zusammenhang mit der Auseinandersetzung von Freiberuflersozietäten geben Wettbewerbsverbote und Mandantenschutzklauseln immer wieder Anlass zur Anrufung der Gerichte. Selbst die Gestaltung „normaler" Wettbewerbsverbote ist besonders fehlerträchtig,[105] die professionelle Bewältigung schwierig.[106]

3. Systematik, Begriffe und Folgerungen
a) Typusmerkmale

44 Aus der Differenzierung des Gesellschaftszwecks (Rn 9 ff.) ist folgende **Systematik der Freiberuflergesellschaften** abzuleiten:

45 Zunächst ist – selbstverständlich – die **Hauptunterteilung in Freiberufler-Personengesellschaften und Freiberufler-Kapitalgesellschaften** beizubehalten. Von besonderer Bedeutung bei den Freiberuflergesellschaften ist dann aber sogleich die **Differenzierung beim Gesellschaftszweck**, die wegen der Berufsrechtsvorbehalte, die bestimmte Vergemeinschaftungsmöglichkeiten verbieten, besonders filigran ist. Diese Berufsrechtsvorbehalte und auch die beschränkten Zwecke bestimmter Zusammenschlussformen gemäß § 705 BGB lassen in der Rechtswirklichkeit nach der Intensität der beruflichen Zusammenarbeit fein abgestufte Ausprägungen erscheinen.

46 Der Typus eines Schuldverhältnisses wird ausschließlich nach der Leistungsseite bestimmt und nicht von der Gegenleistungs(Entgelt-)seite und erst recht nicht von der ggf. mehr oder weniger zufälligen Bezeichnung durch die Beteiligten. Dass es maßgeblich weder auf die Bezeichnung eines Schuldverhältnisses für die Bestimmung des Schuldrechtstyps durch die Parteien ankommt[107] noch auf die Entgeltseite,[108] ist nicht nur im besonderen Schuldrecht des BGB, sondern auch in der höchstrichterlichen Finanzrechtsprechung anerkannt.[109] So ist es für das Vorliegen und den Typus einer Gesellschaft nicht entscheidend, wie im konkreten Rechtsverhältnis die Entgeltseite geregelt ist. Typisch für Erwerbsgesellschaften ist sicherlich die Gewinnbeteiligung (Gewinnbezugsrecht) als Vergütungsform. Ebenso wie aber z.B. beim freien Mitarbeiter durch eine Tantiemeregelung eine Gewinnbeteiligung gegeben sein kann, ohne dass dieser Gesellschafter ist, kann eine Person ohne Gewinnbeteiligung Mitgesellschafter sein; eine Beteili-

---

102 Vgl. hierzu *Bauer/Diller*, Rn 169 ff./172.
103 *Bauer/Diller*, Rn 172; Handbuch des Sozietätsrechts/*Moll*, G Rn 134 ff.
104 Ebenso im Ansatz Beck'sches Rechtsanwalts-Handbuch/*von der Recke*, N 6 Rn 24 (S. 1664); *K. Schmidt*, NJW 2005, 2801, 2804: der BGH sorgt für ein Gleichgewicht bei dem Mandatsschutz und der Beteiligung am Fortführungswert der Sozietät.
105 *Goette*, a.a.O., 644; *Römermann*, NJW 2007, 2209; mehr als die Hälfte der Sozietätsverträge enthalten unwirksame Klauseln.
106 Vgl. *Wolff*, NJW 2009, 1302.
107 MüKo-BGB/*Ulmer*, Vor § 705 Rn 110 i.V.m. Fn 328: Bezeichnung hat allenfalls indizielle Bedeutung; OLG Schleswig, NZG 2000, 1176.
108 Hierzu im Zusammenhang mit der Abgrenzung partiarisches Darlehen/stille Gesellschaft MüKo-BGB/*Ulmer*, vor § 705 Rn 109.
109 Vgl. hierzu Heidel/Pauly/Amend/*Heid*, Kap. 33 Rn 147 Fn 113; zum Steuerrecht nur: *L. Schmidt*, EStG, § 15 Rn 15 zur Abgrenzung Selbständigkeit/Unselbständigkeit; für das Zivilrecht: Palandt/*Heinrichs*, Überbl vor § 311 Rn 11; für die Abgrenzung partiarisches Darlehen/stille Gesellschaft: MüKo-BGB/*Ulmer*, vor § 705 Rn 109 f.

gung am Erfolg ist kein Wesensmerkmal der Gesellschaft, so dass sich auch ein Gesellschafter aus völlig uneigennützigen Motiven an einer Gesellschaft beteiligen kann, etwa der Vater, der auf eine Beteiligung am Gewinn des gemeinsam betriebenen Unternehmens verzichtet, um seinen Kindern als Mitgesellschafter den Aufbau einer Existenz zu ermöglichen.[110]

Dementsprechend ist auch für die Freiberufler-Sozietät, insbesondere für die Anwaltssozietät, anerkannt, dass weder die gemeinschaftliche Hereinnahme von Entgelten, die Verwendung der eingegangenen Entgelte, deren Verteilung, ja nicht einmal die Erforderlichkeit aktiver Berufsausübung aller Sozien wesentlich ist für die Bestimmung des Vorliegens einer Freiberuflergesellschaft in der Form einer Berufsausübungsgesellschaft.[111] 47

Die Beantwortung der Frage, ob eine Freiberuflergesellschaft vorliegt[112] (und ob ein einzelnes Mitglied auch tatsächlich Gesellschafter ist) und welcher Typus gegeben ist, bestimmt sich nach der hier vertretenen Auffassung somit streng nach dem **spezifischen Zweck**, verbunden mit gegenseitigen Förderpflichten,[113] wobei sich die Bestimmung des konkreten Zweckes, zu dessen Förderung sich die Berufsträger wechselseitig verpflichten, und die Zweckförderungspflichten zwangsläufig gegenseitig bedingen: Die Zweckförderungspflichten können nicht weiter reichen als der gemeinsame Zweck, und die Reichweite des Zweckes bestimmt automatisch den Umfang der Zweckförderungspflichten (je weit reichender der Zweck, desto intensiver auch die Zweckförderungspflichten). 48

Freiberuflergesellschaften sind damit folgende Erscheinungsformen: 49

b) Berufsausübungsgesellschaften

Bei diesen handelt es sich um Freiberuflergesellschaften, bei denen sich die Berufsträger zur gemeinsamen Berufsausübung zusammenschließen (Berufsausübungsvergemeinschaftungsgesellschaft). 50

Die **Unabhängigkeit** und **Eigenverantwortlichkeit** der Sozien und Partner werden als Wesenselemente der freien Berufe angesehen. Eine Beschränkung der Geschäftsführung eines Partners hinsichtlich seiner Berufsausübung ist danach unzulässig. Weisungen der Mitgesellschafter, die in die unabhängige Berufsausübung eingreifen, sind nicht erlaubt, sofern sie den Gesellschafter zu einer Vertragserfüllung zwingen, die seiner Vorstellung von einer gewissenhaften Berufsausübung nicht entspricht.[114] In § 6 Abs. 2 PartGG ist jetzt geregelt, dass einzelne Partner im Partnerschaftsvertrag nur von der Führung der sonstigen Geschäfte ausgeschlossen werden können, was im Umkehrschluss bedeutet, dass der Gesellschafter hinsichtlich der zu seiner Berufsausübung gehörenden Handlungen allein zur Geschäftsführung imstande sein muss. Diese Regelung des PartGG strahlt nach allgemeiner Ansicht auch auf das Recht der Gesellschaft bürgerlichen Rechts aus und beinhaltet ein allgemeines Prinzip der Freiberuflergesellschaften.[115] 51

Angesichts des berufsrechtlichen Gebots der Unabhängigkeit der freiberuflichen Tätigkeit ist damit die Frage danach, was als gemeinsamer Zweck für eine Berufsausübungsgesellschaft 52

---

[110] Vgl. hierzu und zur sog. societas leonina insbesondere MüKo-BGB/*Ulmer*, § 705 Rn 149–151; Palandt/*Sprau*, § 705 Rn 21 i.V.m. § 722 Rn 1.
[111] Handbuch des Sozietätsrechts/*Michalski/Römermann*, B Rn 9 ff., 16 ff.
[112] Wichtig bei der Abgrenzung Sozius/freier Mitarbeiter, vgl. hierzu Handbuch des Sozietätsrechts/*Michalski/Römermann*, B Rn 192 ff., und insbesondere zu den Begriffsbestimmungen Seniorpartner/Vollpartner/Juniorpartner/angestellter Rechtsanwalt Rn 204/205 mit dem etwas resignierenden Fazit, dass „angesichts weitgehender Vertragsfreiheit (die) äußerst variantenreiche und ausdifferenzierte Rechtswirklichkeit nicht mehr eindeutig zu erfassen (ist)".
[113] Vgl. hierzu Palandt/*Sprau*, § 705 Rn 1; MüKo-BGB/*Ulmer*, vor § 705 Rn 6, § 705 Rn 1, 153 f.: Der Wille der Parteien zur Begründung wechselseitiger Leistungspflichten zur Förderung des gemeinsamen Zwecks.
[114] Vgl. zur Partnerschaftsgesellschaft Handbuch des Sozietätsrechts/*Kopp*, C Rn 76.
[115] Vgl. hierzu eingehend Handbuch des Sozietätsrechts/*Michalski/Römermann*, B Rn 126 ff.

übrig bleibt (oder übrig bleiben kann), damit (noch) von einer Gesellschaft i.S.d. § 705 BGB gesprochen werden kann, besonders schwierig zu beantworten, kann aber, wenn man sich darüber einig ist, dass die Entgeltseite nicht entscheidend sein kann (vgl. Rn 44 f.), nur in Folgendem liegen: In einer gesellschaftsrechtlichen Selbstbindung der Freiberufler, die ihren Beruf in einer Freiberuflergesellschaft ausüben. Einigkeit dürfte zunächst darin bestehen, dass das berufsrechtliche Gebot der Unabhängigkeit nicht das Verbot einer gesellschaftsrechtlichen Selbstbindung beinhaltet.[116] Wer die Vorteile der gemeinsamen Berufsausübung in einer Freiberuflergesellschaft sucht, muss auch die Bereitschaft mitbringen, sich einer gemeinsamen Willensbildung innerhalb der Freiberuflergesellschaft anzupassen.[117] Im Zusammenhang mit einem „idealen" Gewinnverteilungsmodell wird dies von *Michalski/Römermann*[118] besonders anschaulich formuliert: „Dieser Vertrag bedarf zusätzlich der Untermauerung durch die Schaffung einer ‚Firmenkultur', die garantiert, dass der grundsätzliche Konsens in der Sozietät nicht permanent in Frage gestellt werden kann. Dies geschieht einerseits durch eine Selektion der neu aufzunehmenden Partner unter Vermeidung der ‚rainmaker' und unter Betonung des Teamgeistes als Voraussetzung für die Aufnahme in die Sozietät. Andererseits ist eine ständige Sozialisierung der Partner erforderlich, also die Forderung kanzleiinterner Zusammenarbeit unter Einbindung möglichst sämtlicher juristischer Mitarbeiter."

53 Wer die Vorteile der gemeinsamen Berufsausübung einer Anwaltsgesellschaft sucht, muss auch die Bereitschaft mitbringen, sich einer **gemeinsamen Willensbildung innerhalb der Anwaltsgesellschaft anzupassen**. Auch wenn diese gemeinsame Willensbildung nicht direkt in das einzelne Mandat wegen des berufrechtlichen Gebots der Unabhängigkeit eingreifen darf, bleiben doch noch mannigfache Felder für eine gemeinsame Selbstbindung übrig, etwa:
– Erscheinungsbild der Freiberuflergesellschaft nach außen (Gestaltung Briefbogen, Kanzleischilder, Ausstattung der beruflich genutzten Räume, Regelung von Fragen wie z.B.: Wie meldet sich die Sekretärin an der Rezeption am Telefon?, d.h. all diejenigen Fragen, die sich hinter dem Begriff „corporate identity" verbergen);
– Personaleinstellung (Wer passt zu uns?);
– Grundsätze der Honorarpolitik (Grundsätzlich Vorkasse ja oder nein? Grundsätzlich Honorarvereinbarung ja oder nein? Höhe der Stundensätze? usw.);
– Know-how-Austausch und interne Fortbildung; Regelungen zur internen Kommunikation zum Zweck der Erweiterung des beruflichen Wissens- und Erfahrungsstandes (Stichwort: Wissensmanagement).

54 Bei der (echten) Berufsausübungsgesellschaft gibt es (selbstverständlich) auch durchweg Gemeinschaftsmandate, die von allen Gesellschaftern zu erfüllen sind, wobei jedoch die interne Aufgabenverteilung Vorrang hat,[119] und eine gemeinschaftliche, gesamtschuldnerische Haftung.[120]

55 **Typische Erscheinungsformen** der Berufsausübungsgesellschaften sind
– Gesellschaften bürgerlichen Rechts (GbR gemäß §§ 705 ff. BGB), z.B. die Sozietäten zwischen Anwälten und/oder Steuerberatern und/oder Wirtschaftsprüfern, die Gemeinschaftspraxen von Ärzten, das Architekturbüro, die Unternehmensberatungsgesellschaft;

---

116 So insbesondere *Gail/Overlack*, Rn 154.
117 Vgl. *Gail/Overlack*, Rn 154.
118 In: Handbuch des Sozietätsrechts, B Rn 246.
119 Handbuch des Sozietätsrechts/*Michalski/Römermann*, B Rn 37 ff.
120 Bei Mischformen ist jeweils hinsichtlich der einzelnen Tätigkeiten danach zu qualifizieren, ob eine gemeinschaftliche Berufsausübung vorliegt und damit ein Gemeinschaftsmandat und eine gemeinsame Haftung. Als partielle Berufsausübungsgesellschaften können diejenigen interprofessionellen Freiberuflergesellschaften bezeichnet werden, bei denen neben Vorbehaltsaufgaben Berufstätigkeiten ausgeübt werden können, die alle Berufsträger verschiedener Couleur betreffen (z.B. Rechtsberatung in der Anwaltsnotar- und Anwaltssozietät oder der Anwalts-, Steuerberater- und Wirtschaftsprüfersozietät).

Heid

- die Partnerschaftsgesellschaften gemäß PartGG;
- die Körperschaften mit Berufszulassung, insbesondere die Anwalts-GmbH, die Steuerberatungs-GmbH und die Wirtschaftprüfungs-GmbH gemäß GmbH-Gesetz i.V.m. den spezifischen Berufsgesetzen.[121]
- Im Rahmen der Zulässigkeit der Wahl von Gesellschaftsformen ausländischen Rechts dürfte auch die RA-LLP (limited liability partnership) zulässig sein.[122]

c) Organisationsgesellschaften

Dieser Begriff sollte Freiberuflergesellschaften vorbehalten bleiben, bei denen keine, auch nicht teilweise, gemeinschaftliche Berufsausübung stattfindet, entweder weil sie nicht beabsichtigt ist (etwa bei der Bürogemeinschaft von Rechtsanwälten), oder aus berufsrechtlichen Gründen wegen der Berufsrechtsvorbehalte nicht möglich ist (und damit auch nicht beabsichtigt sein kann). 56

aa) Gewinnvergemeinschaftungsgesellschaften

Hier ist Zweck nicht die gemeinsame Berufsausübung, sondern „nur" die **Poolung der Einnahmen und Kosten**. Es sind vier denkbare Formen zu unterscheiden: 57
- Gesellschaften, die nach außen als Berufsausübungsgesellschaften auftreten, im Innenverhältnis aber keine sind, etwa weil sich die Beteiligten auf Vorbehaltsaufgaben konzentrieren (Beispiel: Sozietät zwischen Anwaltsnotar und Anwalt, bei der sich der Notar auf die reine Notartätigkeit beschränkt).
- Reine Innengesellschaften ohne Vergemeinschaftung der Berufsausübung, etwa eine Bürogemeinschaft aus Anwälten, bei der jeder einzelne Anwalt nach außen einzeln auftritt, bei der die Einzelhonorare aber auf gemeinsame Rechnung vereinnahmt werden.
- Als dritte Kategorie schließlich die sog. „strukturellen" Organisationsgesellschaften, bei denen die Gesellschaft als solche die freiberufliche Tätigkeit nicht erbringen kann, sondern nur deren Gesellschafter. So erbrachte etwa die **Anwalts-GmbH** vor ihrer gesetzlichen Zulassung selbst keine Berufstätigkeit (im Gegensatz zu den als Steuerberatungs- und/oder Wirtschaftsprüfungsgesellschaft zugelassenen GmbHs gemäß §§ 27 ff. WPO und §§ 49 ff. StBerG). Die Anwalts-GmbH bildete nur den Organisationsrahmen für die Berufsausübung der Rechtsanwälte, die sich in ihr zusammengeschlossen hatten. Die Berufsausübung fand statt durch die Gesellschafter und die Mitarbeiter der GmbH, wobei es nicht darauf ankam, ob diese Geschäftsführer waren oder nicht. Die Geschäftsführerposition war keine Voraussetzung für die Berufsausübung.[123] Dies betraf allerdings nur den Rechtszustand vor Einfügen der §§ 59c ff. in die Bundesrechtsanwaltsordnung nach der Anerkennung der Zulässigkeit der Rechtsanwalts-GmbH durch das Bayerische Oberlandesgericht in seinem Beschluss vom 24.11.1994.[124] Überraschenderweise[125] hat der Gesetzgeber der Rechtsanwaltsgesellschaft die Postulationsfähigkeit zugebilligt (vgl. § 59c Abs. 1 BRAO). Damit ist die Anwalts-GmbH seit 1998 Berufsausübungsgesellschaft. Auch die **Anwalts-AG**, für die es noch keine gesetzliche Regelung gibt und die zuerst (wiederum) durch das Bayerische Oberlandesgericht durch Beschluss vom 27.3.2000[126] für zulässig

---

121 Für Anwälte vgl. z.B. §§ 59c ff. BRAO.
122 Vgl. die Rechtsprechung des BGH zur Zulässigkeit der private limited companies (BGH NJW 2005, 1648) und hierzu *Sassenbach*, AnwBl 2007, 293/295 f.
123 Vgl. *Gail/Overlack*, Rn 156.
124 NJW 1995, 201 = ZIP 1994, 1868 = DB 1994, 2540.
125 Vgl. Handbuch des Sozietätsrechts/*Henssler*, E Rn 5.
126 NJW 2000, 1647.

erachtet wurde, ist nach der neueren BGH-Rechtsprechung Berufsausübungsgesellschaft.[127]
– Gemischte Sozietäten sind i.d.R. Mischformen aus Berufsausübungs- und Organisationsgesellschaften, d.h. Honorare aus Vorbehaltsaufgaben (etwa der Jahresabschlussprüfungstätigkeit) werden als Einnahmen der Gesellschaft behandelt.

bb) Kostenumlagegesellschaften (Unterstützungsgesellschaften)

58 Organisationsgesellschaften in der Ausprägung von Kostenumlagegesellschaften sind alle diejenigen Gesellschaften von Freiberuflern, bei denen weder die Berufsausübung noch die Einnahmen vergemeinschaftet sind. Beispiel: die Bürogemeinschaft der Rechtsanwälte/Steuerberater/Wirtschaftsprüfer bzw. die Praxisgemeinschaft der Ärzte. Hier ist der Gesellschaftszweck in der Weise beschränkt, dass lediglich die wechselseitige Verpflichtung zur Unterhaltung von sachlichen Betriebsmitteln und/oder Personal besteht und die Kosten je nach Inanspruchnahme geschlüsselt werden. Es handelt sich somit um eine **Gesellschaft ohne Gewinnerzielungsabsicht**.

d) Fördergesellschaften (Kooperationen)

59 Auch der Kooperationsvertrag zwischen Freiberuflern ist eine „echte" Gesellschaft.[128] Gesellschaftszweck ist hier die **gegenseitige Förderung der beruflichen Interessen**, ohne dass eine Bürogemeinschaft unterhalten oder gar die Berufsausübung vergemeinschaftet ist.[129] Bei den Steuerberatern mittlerweile gesetzlich geregelt in § 56 Abs. 5 S. 1 StBerG.

II. Typische Erscheinungsformen

1. Berufsausübungs- und Organisationsgesellschaften
a) Gesellschaft bürgerlichen Rechts gemäß §§ 705ff. BGB
aa) Bedeutung

60 Die herkömmliche und noch bei weitem häufigste Organisationsform der Zusammenarbeit mehrerer Rechtsanwälte ist die Sozietät,[130] wobei die Rechtsform der Partnerschaftsgesellschaft mit 953 (Stand: 1.1.2003) allerdings stark an Boden gewinnt[131]. Bei Wirtschaftsprüfern überwiegt dagegen als Rechtsform die GmbH.[132] Die Situation bei den Steuerberatern ist gemischt.[133]

61 Bei Anwälten ist die Bedeutung der Partnerschaftsgesellschaft durch den geänderten § 8 Abs. 2 der ab 1.8.1998 geltenden Fassung des Partnerschaftsgesellschaftsgesetzes gewachsen, da kraft Rechtsform in der Partnerschaftsgesellschaft seit dieser Änderung die Haftungskonzentration auf den handelnden Partner gilt, während diese Möglichkeit der Haftungskonzentration in der Sozietät gemäß § 51a Abs. 1 BRAO nur durch vorformulierte Vertragsbedingungen für die Fälle einfacher Fahrlässigkeit herbeigeführt werden kann. Zu beachten ist hierbei, dass diese Haftungskonzentration auf den handelnden Partner bei der Partnerschaftsgesellschaft nicht auf leicht fahrlässige Pflichtverletzungen beschränkt ist. Insofern ist wegen dieser Vorschrift insbe-

---

127 BGH Beschluss v. 10.2.2005, BRAK-Mitt 2005, 128; vgl. hierzu auch *Jungk*, BRAK-Mitt 2005, 109.
128 Vgl. hierzu insbesondere *Peter/Crezelius*, J Rn 1669ff. und *Heid/Juli*, A Rn 47, 117, C Rn 507ff.
129 Vgl. zur Kooperation eingehend *Kamps/Wollweber*, DStR 2009, 926. 930ff.
130 Vgl. Handbuch des Sozietätsrechts/*Henssler*, A Rn 30.
131 *Kääb/Oberlander*, BRAK-Mitt 2005, 55, 57.
132 Handbuch des Sozietätsrechts/*Henssler*, A Rn 22.
133 3.711 Sozietäten (Stand: 1.1.1999), vgl. Handbuch des Sozietätsrechts/*Henssler*, A Rn 24.

sondere zu erwarten, dass die Attraktivität der Partnerschaftsgesellschaft zu Lasten der Sozietät steigt.

Auch bei den übrigen Berufsgruppen, insbesondere Ärzten und Architekten, steht die 62 Rechtsform der Gesellschaft bürgerlichen Rechts als Berufsausübungsgesellschaft (nach ärztlichem Berufsrecht definiert als „Gemeinschaftspraxis") ganz im Vordergrund.

bb) Entstehung, Formvorschriften

Die Freiberufler-GbR entsteht durch Abschluss eines Gesellschaftsvertrages zwischen den einzelnen Berufsträgern. Eine besondere Form ist für den Abschluss des Gesellschaftsvertrages nicht vorgesehen.[134] 63

cc) Gesellschaftszweck

Der Gesellschaftszweck besteht in der Regel in der gemeinsamen Ausübung der Berufe (**Berufsausübungsgesellschaft**).[135] 64

dd) Beiträge

Nach der hier vertretenen Auffassung ist die aktive Berufstätigkeit Primärpflicht und somit Beitragspflicht jedes einzelnen Gesellschafters und nicht Geschäftsführungstätigkeit (streitig). 65

Der Beitrag ist von der Geschäftsführung danach abzugrenzen, dass es sich bei diesem um „jede als Primärpflicht vom Mitglied geschuldete Zweckförderungsleistung" handelt.[136] Die Pflicht, den Freiberuf in der Gesellschaft auszuüben und dafür die volle Arbeitskraft zur Verfügung zu stellen, ist die Primärpflicht, so dass die besseren Argumente dafür sprechen, freiberufliche Berufsausübung nicht als Geschäftsführung, sondern als Gesellschafterbeitrag zu begreifen.[137] 66

Fraglich ist, ob bei dem Vorliegen eines Gemeinschaftsmandats der Mandant Anspruch auf Erfüllung des Mandatsvertrages gegen jeden Sozius hat. Nach h.M. ist wohl die Maßgeblichkeit der internen Aufgabenteilung zu beachten, d.h. der Mandant muss sich auf denjenigen Berufsträger verweisen lassen, der nach der internen Aufgabenverteilung für die Mandatserfüllung vorgesehen ist.[138] 67

ee) Sozien

Wer Sozius sein kann, richtet sich nach Berufsrecht. Auf die einzelnen Berufsrechte wird verwiesen (siehe Rn 14 ff.). Die Möglichkeit der Beteiligung von Rechtsanwälten an mehreren Sozietäten (sog. Sternsozietät) war lange umstritten,[139] wurde zwischenzeitlich vom BGH für unzulässig erklärt,[140] ist aber mit dem Gesetz zur Neuregelung des Rechtsberatungsrechts vom 13.12.2007 68

---

134 Vgl. z.B. Sozietätsrecht/*Peres*, § 3 Rn 6 (S. 50) unter Fn 27/28.
135 Zu Mischformen vgl. Rn 14, 55.
136 *K. Schmidt*, § 20 II 1; MüKo-BGB/*Ulmer*, § 706 Rn 2.
137 Insofern folgt der Verfasser der eingehend begründeten Auffassung von *Gail/Overlack*, Rn 135 ff. m.w.N. in Rn 141; wohl auch MüKo-BGB/*Ulmer*, § 1 PartGG Rn 11; a.A. Handbuch des Sozietätsrechts/*Michalski/Römermann*, B Rn 127;, *Michalski/Römermann*, PartGG, § 6 Rn 14; MünchVertragsHdB/*Marsch-Barner*, Bd. 1, Muster I 7 Anm. 27.
138 Vgl. hierzu im Einzelnen Handbuch des Sozietätsrechts/*Michalski/Römermann*, B Rn 37 ff., insbesondere Rn 48, 53, die vom Vertrauen gegenüber einer Gruppe sprechen (Rn 55).
139 Verbot gem. §§ 59e Abs. 2, 59a Abs. 1 BRAO a.F., 31 BORA; vgl. hierzu *Deichfuß*, AnwBl 2001, 645 ff.; *Kilian*, NJW 2001, 326 ff.; *Jawansky*, DB 2002, 2699, 2700 ff.
140 BGH AnwBl 2006, 210; Gesichtspunkt: Gefahr der Interessenkollision; Handbuch des Sozietätsrechts/*Michalski/Römermann*, B Rn 777 hielten das Verbot allerdings für verfassungswidrig; kritisch auch

aufgehoben worden (Neufassung des § 59a BRAO), ebenso § 31 BRAO von der Satzungsversammlung der BRAK mit Beschluss vom 18.1.2008.[141]

69 Die Notwendigkeit einer aktiven Tätigkeit der Freiberufler in der Freiberufler-GbR ist weder aus der Formulierung in § 59a Abs. 1 S. 1 BRAO, dass sich die Partner zur gemeinschaftlichen Berufsausübung zusammenschließen, noch nach im Vordringen befindlicher Meinung[142] aus den Regelungen anderer Katalogberufe zu folgern.[143]

70 Die Scheinsozietät (Aufnahme angestellter Rechtsanwälte oder freie Rechtsanwalts-Mitarbeiter in den Briefkopf) ist zulässig.[144]

ff) Name

71 Nachdem der BGH mit Urteil vom 29.1.2001[145] die Rechts- und Parteifähigkeit der GbR ausdrücklich bejaht hat,[146] gewinnt das Namensrecht der GbR zunehmend an Bedeutung, weil nur bei individueller, eindeutiger Bezeichnung einer Personengruppe die Haftung dieser „Gesellschaft als solche" praktikabel ist.[147] Ob diese Rechtsprechung angesichts eines für die GbR fehlenden Register- und Firmenrechts ohne Schwierigkeiten im Rechtsverkehr umgesetzt werden kann, bleibt noch abzuwarten. Die Kritik an diesem Urteil ist vielfältig.[148]

72 Ein Rechtsformzusatz ist nicht notwendig.[149] Besondere Vorschriften für die Bildung des Namens bestehen nicht, sondern nur negative Abgrenzungen: der Zusatz „Partnerschaft" oder „und Partner" ist seit dem 1.7.1995 (In-Kraft-Treten des Partnerschaftsgesellschaftsgesetzes) grundsätzlich für Partnerschaftsgesellschaften reserviert, und die Bezeichnung „Rechtsanwaltsgesellschaft" seit 1.3.1999 gemäß § 59k Abs. 2 BRAO für Anwalt-GmbHs.

73 Nach § 71 S. 1 der früheren Standesrichtlinien konnte der Name eines verstorbenen oder in den Ruhestand eingetretenen Rechtsanwalts auf den Briefbögen und Kanzleischildern für fünf Jahre weitergeführt werden. Nach §§ 9 Abs. 2, 10 Abs. 4 der neuen Berufsordnung für Anwälte 1997 besteht keine zeitliche Begrenzung mehr.

gg) Geschäftsführung und Vertretung

74 Es gilt das **Prinzip der Selbstorganschaft**, welches bedeutet, dass Dritten Geschäftsführungs- und Vertretungsrechte nicht mit dinglicher, verdrängender Wirkung im Hinblick auf die Gesellschafter eingeräumt werden können, sondern nur abgeleitete Befugnisse im Sinne konkurrierender Rechtszuständigkeiten.[150]

Henssler, ZIP 1998, 2121 ff.; für nicht-anwaltliche Sozien galt dieses Verbot nie, BGH NJW 1999, 2970; vgl. auch Sozietätsrecht/*Krauss*/*Seuft*, § 15 Rn 48.
141 Vgl. zum Verbot widerstrebender Interessen *Quaas*, NJW 2008, 1697.
142 Handbuch des Sozietätsrechts/*Michalski*/*Römermann*, B Rn 16 ff.; *Gail*/*Overlack*, Rn 48.
143 Trotz noch schärferer Formulierungen im Partnerschaftsgesellschaftsgesetz in § 1 Abs. 1 S. 1 „zur Ausübung ihrer Berufe zusammenschließen" wohl auch in der Partnerschaftsgesellschaft nicht notwendig, Handbuch des Sozietätsrechts/*Michalski*/*Römermann*, m.w.N.; Hartung/Holl/*Römermann*, § 59a Rn 7; *Gail*/*Overlack*, Rn 42 ff. (S. 14 ff.); a.A. die wohl h.M., vgl. MüKo-BGB/*Ulmer*, § 1 PartGG Rn 116 f. i.V.m. Fn 15 für reine Kapitalbeteiligungen, *Henssler*, PartGG, § 1, Rn 22, m.w.N.
144 BGH NJW 2001, 165, 167; *Kamps*/*Alvermann*, NJW 2001, 2121, 2122.
145 ZIP 2001, 320 ff. = NZG 2001, 311 ff.
146 Vgl. hierzu Handbuch des Sozietätsrechts/*Terlau*, B Rn 400 f.
147 Vgl. hierzu § 2 Rn 4.
148 Vgl. hierzu nur – nach Auffassung des Verfassers überzeugend – *Westermann*, NZG 2001, 289 ff.; *Pfeifer*, NZG 2001, 296 ff.
149 Vgl. MüKo-BGB/*Ulmer*, § 705 Rn 274; Handbuch des Sozietätsrechts/*Michalski*/*Römermann*, B Rn 76.
150 Vgl. hierzu *Heid*, S. 137 ff., 147 ff.; Handbuch des Sozietätsrechts/*Michalski*/*Römermann*, B Rn 115.

Wegen der aus den Berufsrechten fließenden Eigenverantwortlichkeiten der Berufsträger 75
müssen diese hinsichtlich der zu ihrer Berufsausübung gehörenden Tätigkeit zum Alleinhandeln
berechtigt sein. Deshalb ist z.B. die Vorschrift des § 711 S. 1 BGB (Widerspruchsrecht des Gesellschafters gegen Geschäftsführungsmaßnahmen anderer Gesellschafter) nicht anwendbar.[151]
Nach der hier vertretenen Auffassung handelt es sich aber bei der Berufsausübung nicht um
Tätigkeiten auf der Geschäftsführungsebene, sondern um die primäre Beitragspflicht des Gesellschafters, so dass hier Überschneidungen ohnehin nicht bestehen (vgl. Rn 63 ff.).

hh) Gesellschafterversammlung

Eingehende Regelungen über die Förmlichkeiten der Einberufung und Abhaltung einer Gesell- 76
schafterversammlung werden oft als unnötig empfunden. Hiervor kann jedoch aus Praxiserfahrungen nur gewarnt werden: Unter Gesellschaftern – und gerade bei Freiberufler-Gesellschaftern – ist wegen des persönlichen Einschlags der gemeinschaftlichen Berufstätigkeit ein Streit
häufig unangenehm und heftig (Praxis-Bonmot: Schlimmer als bei Ehegatten!).[152] Deshalb ist ein
gut handhabbares Instrumentarium, Willensbildungen (Beschlüsse) auch gegen boykottierende
Mitgesellschafter herbeiführen zu können, im Streitfall „Gold wert". Hierauf sollte also nicht
verzichtet werden.[153]

Als Regelungssystematik, insbesondere bei der Abgrenzung der Kompetenzen zwischen Ge- 77
schäftsführung und Gesellschafterversammlung, ist es zu empfehlen, hinsichtlich wichtiger Geschäftsführungsmaßnahmen, die der Kompetenz der Gesellschafterversammlung vorbehalten
bleiben sollen, einen Katalog zustimmungsbedürftiger Maßnahmen vorzusehen und alle sonstigen Individualrechte der Gesellschafter, insbesondere das Widerspruchsrecht gemäß § 711 S. 1
BGB, auszuschließen. Praktikabel hat sich insbesondere erwiesen, einen solchen **Katalog zustimmungsbedürftiger Maßnahmen** nicht in den Gesellschaftsvertrag aufzunehmen, sondern
in eine Geschäftsordnung zum Gesellschaftsvertrag oder einen Anhang, weil ein solcher Klauselkatalog erst praktiziert werden muss und sich hier häufiger Änderungsnotwendigkeiten ergeben, die bei einer Fixierung außerhalb des Gesellschaftsvertrages einfacher und leichter zu
handhaben sind.

ii) Haftung

Seit dem Urteil des BGH vom 29.1.2001[154] haften neben der Sozietät (als rechtsfähiges Rechtssub- 78
jekt mit ihrem Gesamthandsvermögen) die Mitglieder der Sozietät akzessorisch analog § 128
HGB.[155] Die Haftung von Scheinsozien ergibt sich aus dem Rechtsinstitut der Duldungs- und
Anscheinsvollmacht.[156] Äußerste Vorsicht ist für angestellte Anwälte gegeben, die auf dem Briefkopf erscheinen (sollen). Es ist nicht einmal geklärt, ob die Bezeichnung Bürogemeinschaft
ausreicht, um die Rechtsfolge einer Scheinsozietät zu vermeiden. Die Bezeichnung „Kanzleige-

---

151 Vgl. hierzu Handbuch des Sozietätsrechts/*Michalski/Römermann*, B Rn 126 ff., für die Geschäftsführung und
die Vertretung.
152 *Hülsmann*, NZG 2001, 625 spricht von erbitterten Auseinandersetzungen beim Ausscheiden.
153 Besonders eingehend zur Notwendigkeit einer sauberen Verteilung der Angriffslast bei
Gesellschafterbeschlüssen, insb. durch die Beschlussfeststellungskompetenz des Vorsitzenden, *Baumbach/
Hueck*, GmbHG, Anh. § 47 Rn 116 ff.; *Böttcher/Grewe*, NZG 2002, 1086 ff.
154 NJW 2001, 1056 = ZIP 2001, 320; vgl. hierzu *Elsing*, BB 2001, 909 ff.; *K. Schmidt*, § 60 III Abs. 2 (S. 1790 ff.);
Ulmer, ZIP 2003, 1113 ff.; *Scholz*, NZG 2002, 153 ff.
155 Grundlegend hierzu *K. Schmidt*, NJW 2005, 2801, 2804 ff.
156 BGH NJW 2001, 165, 166; BGH NJW 2007, 2490; vgl. hierzu *Langenkamp/Jaeger*, NJW 2005, 3238.

meinschaft" (statt Gemeinschaftskanzlei) reicht jedenfalls nicht.[157] Eine Rechtsscheinhaftung des Scheinsozius soll für nicht anwaltstypische Tätigkeiten allerdings nicht gelten.[158]

79   Ein neu eintretender Gesellschafter haftet jetzt seit diesem Urteil im Gegensatz zur früheren Rechtslage analog § 130 HGB auch für Altverbindlichkeiten. Dies war allerdings zunächst streitig.[159] Das Urteil des BGH NJW 2003, 1803 hat die entsprechende Klarheit gebracht;[160] es gesteht für Altfälle Vertrauensschutz zu.[161] Der BGH hat aber anklingen lassen, dass für Verbindlichkeiten aus Haftungsfällen von Freiberuflern ggf. eine Ausnahme zu machen ist.[162] Beim Zusammenschluss von Einzelanwälten zu einer Sozietät kommt eine analoge Anwendung von § 130 HGB und § 28 HGB nicht in Betracht (streitig).[163]

80   Bei einem austretenden Gesellschafter ergibt sich eine Nachhaftung von fünf Jahren aus §§ 736 Abs. 2 BGB, 160 HGB.

81   Der BGH hat zur **Haftung der interprofessionellen Tätigkeit** klargestellt, dass nur diejenigen Sozien persönlich haften, die die generellen rechtlichen fachlichen Voraussetzungen zur Bearbeitung des erhaltenen Auftrags erfüllen.[164] Nach der hier vertretenen Auffassung wird auch das Haftungsrecht von den Berufsrechtsvorbehalten dominiert, d.h. soweit Berufsrechtsvorbehalte bestehen, können Aufträge auch nur mit den entsprechenden Berufsträgern zustande kommen und Gemeinschaftsmandate aller Sozien nicht entstehen (vgl. ausführlich Rn 17 ff.).[165] Nach der Rechtsprechung des BGH zur Teilrechtsfähigkeit der GbR wird aber vermehrt über die Haftung der Berufsträger nachgedacht.[166] Für gemischte Sozietäten gilt die gesamtschuldnerische Haftung jedenfalls bis zum Zeitpunkt des 29.1.2001 nicht.[167]

jj) Haftungsbeschränkung

82   Eine Haftungsbeschränkung aufgrund der gewählten Gesellschaftsform durch die früher häufiger praktizierte GbR mbH ist seit dem Urteil des BGH v. 27.9.1999[168] nicht mehr möglich. In einem früheren Urteil hat der BGH[169] die Haftungsbeschränkung („Anwaltsozietät m. b. H.") auf dem Briefbogen daran scheitern lassen, dass diese nicht ohne weiteres erkennbar war. Eine Haftungsbeschränkung auf das Gesellschaftsvermögen durch einseitige Erklärung des Geschäftsführers ohne eine dahin gehende Vereinbarung mit dem Vertragspartner ist nach diesem Urteil nicht wirksam,[170] auch nicht durch interne Beschränkung der Vertretungsmacht des geschäftsführenden Gesellschafters.[171] Durch Individualabrede kann sie unstreitig immer noch herbeigeführt werden.[172] Fraglich ist nur, welche Anforderungen im Rechtstatsächlichen zu stellen

---

157 OLG Köln NJW-RR 2004, 279; *Baldringer/Jordans*, AnwBl 2005, 676, 677.
158 BGH NJW 2008, 2330; a.A. *Lux*, NJW 2008, 2309.
159 Vgl. die gegensätzlichen Urteile des OLG Hamm NZG 2002, 282 und OLG Düsseldorf NZG 2002, 284.
160 Vgl. hierzu Palandt/*Sprau*, § 736 Rn 6.
161 Vgl. hierzu *Segna*, NJW 2006, 1565.
162 BGH NJW 2003, 1803 ול; *Zacharias*, BB 2003, 1916/1917; *Baldringer/Jordans*, .AnwBl 2005, 676; für Haftung aber auch in diesen Fällen LG Hamburg NJW 2004, 3492; engagiert gegen eine solche Haftung *Sassenbach*, AnwBl 2006, 304, 306 ff.
163 BGH NZG 2004, 321 = BGH NJW 2004, 836; a.A. *K. Schmidt*, BB 2004, 759 ff; *ders.*, NJW 2005, 2801, 2807.
164 BGH NJW 1993, 2799 = BB 1993, 1682, 1685; BGH NJW 2000, 1333, 1334 = AnwBl 2000, 316; vgl. hierzu *Sassenbach*, AnwBl 2005, 304, 306 ff.
165 Zu versicherungsrechtlichen Fragen vgl. *Eichele*, BRAK-Mitt 2001, 156 ff.
166 Vgl. hierzu insbesondere *Sassenbach*, AnwBl 2006, 304 ff.
167 BGH NJW-RR 2008, 1594; *Grunewald*, NJW 2009, 3621, 3622.
168 BGHZ 142, 315, 318 ff. = NJW 1999, 3483.
169 NJW 1992, 3037 ff.
170 Vgl. hierzu eingehend *Reiff*, ZGR 2003, 550 ff.; Handbuch des Sozietätsrechts/*Terlau*, B Rn 504; *Hasenkamp*, BB 2004, 230 ff.: nach ihrer Ansicht in Form von AGB nur noch für die Publikumsgesellschaft und den Idealverein.
171 Vgl. hierzu *K. Schmidt*, § 60 III Abs. 2c (S. 1794 ff.).
172 *K. Schmidt*, § 60 III Abs. 2c (S. 1796).

sind, um von einem Konsens des Gläubigers mit der Haftungsbeschränkung sprechen zu können.[173]

Durch Vereinbarung mit dem Mandanten ist kraft Gesetzes Folgendes möglich: 83
- Schriftlich kann gemäß § 51a Abs. 1 Nr. 1 BRAO die Haftung des Anwalts auf Ersatz eines grob und einfach fahrlässig verursachten Schadens auf die Mindestversicherungssumme gemäß § 51 Abs. 4 S. 1 BRAO von 250.000 EUR beschränkt werden;
- durch vorformulierte Vertragsbedingungen ist die Haftung für Fehler bei einfacher Fahrlässigkeit auf den vierfachen Betrag der Mindestversicherungssumme, also 1 Mio. EUR, gemäß § 51a Abs. 1 Nr. 2 BRAO möglich;
- durch vorformulierte Vertragsbedingungen ist auch eine Haftungskonzentration auf den das Mandat bearbeitenden und namentlich bezeichneten Sozius gemäß § 51a Abs. 2 BRAO zu erreichen. Hierbei ist jedoch zu beachten, dass diese nur für Mitglieder der Sozietät in Betracht kommt, nicht aber für sonstige Mitglieder der Sozietät, insbesondere angestellte Anwälte, die das Mandat bearbeiten.[174]

Für **Steuerberater** und **Wirtschaftsprüfer** ergeben sich gleich lautende Regelungen aus § 67a 84 StBerG bzw. § 54a WPO.

kk) Berufshaftpflicht[175]
- Mindestversicherungssumme für Rechtsanwälte: 250.000 EUR gemäß § 51 Abs. 4 S. 1 BRAO. 85
- Steuerberater: angemessene Versicherung gemäß § 67 S. 1 StBerG.
- Wirtschaftsprüfer: Mindestversicherungssumme 1 Mio. EUR gemäß § 54 Abs. 1 S. 2 WPO i.V.m. § 323 Abs. 2 S. 1 HGB; bei Prüfung von Aktiengesellschaften besteht Ersatzpflicht in Höhe von 4 Mio. EUR gemäß § 323 Abs. 2 S. 2 HGB; insbesondere bei interprofessionellen Sozietäten mit Wirtschaftsprüfern ziehen somit diese die Mindesthaftpflichtversicherungssummen und damit die Prämien nach oben.

ll) Verjährung
Der Anspruch gegen den Anwalt auf Schadensersatz verjährte nach altem Recht in drei Jahren, 86 spätestens jedoch drei Jahre nach Beendigung des Auftrags (§ 51b BRAO). Bzgl. der sog. Sekundärhaftung (Versagung der Berufung auf Verjährung bei mangelnder Belehrung des Mandanten über die Schadensersatzmöglichkeit durch den Anwalt) gab es durch die Schuldrechtsreform neue Diskussionsansätze.[176] Bei Steuerberatern betrug die Verjährung drei Jahre ab Anspruchsentstehung ohne Rücksicht auf das Mandatsende (§ 68 StBerG), bei Wirtschaftsprüfern gemäß § 51a S. 1 WPO fünf Jahre ab Anspruchsentstehung, ebenfalls ohne Rücksicht auf das Mandatsende. Diese Sonderverjährungsregelungen für Anwälte und Steuerberater wurden allerdings nicht im Rahmen der Schuldrechtsreform (Stichtag: 1.1.2002), sondern durch „Anpassung" der Verjährungsvorschriften mit Gesetz vom 14.12.2004 mit Wirkung vom 5.12.2004 gestrichen, so dass ab diesem Zeitpunkt die Regelverjährung von 3 Jahren ab Kenntniserlangung gem. §§ 195, 199 Abs. 1 BGB gilt.[177]

---

173 Zu den Anforderungen an eine individualvertragliche Haftungsabrede *Alvermann/Wollweber*, DStR 2008, 1707/1710 f.
174 Vgl. hierzu Handbuch des Sozietätsrechts/*Terlau*, B Rn 500.
175 Vgl. zur Berufshaftpflichtversicherung im Einzelnen Handbuch des Sozietätsrechts/*Stobbe*, B Rn 524 ff.
176 Vgl. *Bruns*, BB 2001, 1347 ff.
177 Mit mannigfachen Schwierigkeiten der Bestimmung der maßgeblichen Vorschriften bei Grenzfällen, vgl. *Bräuner*, AnwBl 65, 67.

87 Bei einer interprofessionellen Sozietät fand für jeden Sozius seine berufsspezifische Verjährungsregelung Anwendung.[178] Da mit Wirkung vom 1.1.2004 auch die Sonderverjährungsregelung für Wirtschaftsprüfer aufgehoben wurde, hat diese Rechtsprechung nur noch für die Übergangszeit Bedeutung.

mm) Krankheit, Urlaub

88 Bei Freiberuflerngesellschaften ist es üblich, dass sich die Kollegen bei Krankheit und Urlaub zeitweise vertreten, ohne dass dies Auswirkungen auf den Gewinnanteil hat. Dies wird nach dem Überblick des Verfassers in allen gängigen Musterverträgen von Freiberuflergesellschaften so vorgesehen. Üblich ist des Weiteren häufig der Abschluss einer Krankentagegeldversicherung für den sich an die Verpflichtung zur Vertretung anschließenden Zeitraum, um diese Einnahmen ggf. für die Bezahlung eines Vertreters zu verwenden.

nn) Wettbewerbsverbot

89 Ein Wettbewerbsverbot ergibt sich zwar schon aus der **gesellschafterlichen Treuepflicht als Ausprägung der Zweckförderungspflicht gemäß § 705 BGB**, sollte aber im Vertrag ausdrücklich noch einmal deutlich hinsichtlich der Reichweite ausformuliert werden. Insbesondere die Ausformulierung von Ausnahmeregelungen ist wichtig, damit es keine späteren Unstimmigkeiten zwischen den Sozien gibt. Zum nachvertraglichen Wettbewerbsverbot vgl. oben Rn 39 unter „Allgemeine Mandatsschutzklauseln". Für angestellte Rechtsanwälte gilt § 60 HGB.[179]

oo) Werbung

90 Die Werbung der Freiberufler wurde vor 1987 standesrechtlich äußerst restriktiv gehandhabt. Nachdem das anwaltliche Standesrecht durch das Bundesverfassungsgericht im Jahr 1987 für verfassungswidrig erklärt wurde, ist allgemein eine wesentlich großzügigere Einstellung zur Werbung von Freiberuflern zu verzeichnen, die allerdings nach dem Selbstverständnis der anwaltlichen Berufsstände nicht schrankenlos sein kann, so dass z.B. für Anwälte § 53b BRAO regelt, dass Werbung nur so weit erlaubt ist, als sie über die berufliche Tätigkeit in Form und Inhalt sachlich unterrichtet und nicht auf die Erteilung eines Auftrags im Einzelfall gerichtet ist. Zulässigkeit und Grenzen sind nach wie vor äußerst umstritten. Sie weichen immer mehr auf. So ist jetzt auch eine Werbung zur Erbringung einer außergerichtlichen Rechtsberatung für € 20,00 brutto zulässig.[180] Wer sich als Spezialist bezeichnet, muss eine Spezialisierung nachweisen, die die eines Fachanwalts übersteigt.[181] Insoweit kann nur auf weiterführende Darstellungen verwiesen werden.[182]

91 Bis 2001 stand § 10 Abs. 1 BORA, der die Verpflichtung zur Aufführung sämtlicher Gesellschafter auf dem Briefbogen normiert, auf dem Prüfstand des BGH, nachdem zuvor die Anwaltsgerichtshöfe Nordrhein-Westfalen und Hamburg diese Frage völlig unterschiedlich beurteilt hatten.[183] Im Schrifttum war man der Auffassung, dass bei großen Kanzleien mit mehreren An-

---

[178] BGH NJW 1988, 1663, 1664; Handbuch des Sozietätsrechts/*Terlau*, B Rn 511.
[179] BAG DB 2007, 2656.
[180] OLG Stuttgart BRAK-Mitt 2007, 82.
[181] OLG Karlsruhe NJW 2009, 3363/3365; OLG Nürnberg NJW 2007, 1984: wird es nur noch geben können in sehr beschränkten Rechtsbereichen, etwa Spezialist für Waffenrecht oder Unterhaltsrecht; *Remmerts*, NJW 2008, 266 zu der Zulässigkeit der Bezeichnung als „Spezialist" neben den Fachanwaltschaftsbezeichnungen.
[182] Vgl. hierzu insbesondere Handbuch des Sozietätsrechts/*Koch*, B Rn 286 ff.
[183] Vgl. Artikel im Handelsblatt v. 11.7.2001.

wälten dieses Erfordernis unsinnig ist.[184] Der BGH hat jedoch zugunsten der Wirksamkeit von § 10 Abs. 1 Nr. 1 BORA entschieden.[185]

pp) Rechnungslegung

Wirtschaftjahr muss bei Freiberuflern das **Kalenderjahr** sein (§ 4a Abs. 1 Nr. 3 S. 1 EStG).[186]

Bei Freiberuflern ist es in der Regel vorzuziehen, auf eine Bilanzierung zu verzichten und steuerlich eine **Einnahme-Überschussrechnung** gemäß § 4 Abs. 3 EStG zu wählen, insbesondere um die Soll-Umsatzbesteuerung zu vermeiden. Eine Mindestbestandsbuchführung, insbesondere Debitoren- und Kreditorenbuchhaltung, sollte aber zumindest intern im Sinne eines Mindestkontrollsystems unterhalten werden.

qq) Gewinnverteilung

Hier muss stets eine individuelle Lösung gefunden werden.[187] Es gibt kein gerechtes Gewinnverteilungssystem, so unterschiedlich und zahlreich die Freiberufler (Menschen) sind.[188] Fehler in der Gewinnverteilung können eine Sozietät sprengen.[189]

Das **Lockstep-System** oder auch **Punktzahlsystem** verteilt die Gewinne nach der Dauer der Zugehörigkeit des Anwalts in der Sozietät und fördert die Beamtenmentalität.[190]

Produktivitätsorientierte Systeme, beispielsweise Gewinnverteilung nach der Zahl der berechneten Stunden im Außenverhältnis gegenüber dem Mandanten, fördern kanzleiinterne Konkurrenzsituationen bis hin zu einer permanenten Instabilität und zum Auseinanderbrechen einer Kanzlei.[191] Das produktivitätsorientierte System fördert insbesondere das Phänomen des sog. „rainmakers", d.h. Kollegen, die darauf bedacht sind, die Mandanten an ihre Person und nicht etwa an die Kanzlei zu binden, was sie in die Lage versetzt, bei günstigeren Angeboten von einer anderen Sozietät mitsamt der an sie gebundenen Klientel dorthin zu wechseln. Die Großkanzlei ist nur noch eine Basis für den „rainmaker", die er wegen ihrer finanziellen und personellen Kapazitäten benötigt, da er für die Wahrnehmung der akquirierten Mandate auf geeignete Zuarbeit bzw. Spezialisten-Kollegen angewiesen ist.[192]

Eine funktionierende Sozietätskultur erfordert eine **sorgfältige Auslese der aufzunehmenden Partner** unter Vermeidung der „rainmaker", und es ist eine **ständige Sozialisierung der Partner** erforderlich durch **Förderung kanzleiinterner Zusammenarbeit** unter Einbindung möglichst sämtlicher juristischer Mitarbeiter.[193]

Der Verfasser ist davon überzeugt, dass in kleineren und mittleren Sozietäten (bis 20 Berufsträger (?)) nur ein Bewertungs- bzw. Vergütungssystem mittel- und langfristig (d.h. z.B. nach allmählicher Heranführung eines Jung-Sozius im Rahmen des Gewinnaufbaumodells) Erfolg verspricht, das die **Leistung der einzelnen Anwälte in der Gemeinschaft gleich bewertet**.

---

184 Besonders kritisch hierzu schon Handbuch des Sozietätsrechts/*Koch*, B Rn 325 ff., der auch in Rn 326 die Fülle der Bestimmungen der neuen Berufsordnung, die mittlerweile vom Bundesverfassungsgericht aufgehoben worden sind, aufführt.
185 BGH NJW 2002, 1419.
186 Vgl. L. Schmidt/*Heinicke*, EStG, § 4a Rn 6; *Gail/Overlack*, Rn 207.
187 Eingehend hierzu zuletzt *Henssen*, AnwBl 2007, 169.
188 Formulierung von Handbuch des Sozietätsrechts/*v. Westphalen*, B Rn 681.
189 *Henssen*, AnwBl 2007, 169.
190 Vgl. Handbuch des Sozietätsrechts/*Michalski/Römermann*, B Rn 220 ff.; funktioniert laut *Henssen* (wohl zu Recht) nur in einer jahrelang gepflegten homogenen Sozietätskultur, AnwBl 2007, 169/171.
191 Vgl. Handbuch des Sozietätsrechts/*Michalski/Römermann*, B Rn 234.
192 Vgl. zum „rainmaker" insbesondere Handbuch des Sozietätsrechts/*Michalski/Römermann*, B Rn 236 ff.
193 Vgl. Handbuch des Sozietätsrechts/*Michalski/Römermann*, B Rn 245 f.

Werden keine gleichmäßigen, sondern unterschiedliche Vergütungssysteme vereinbart, etwa nach Umsätzen, Profitcentern[194] oder Punkten, fördert dies die Unzufriedenheit der einzelnen Berufsträger, weil die Dienstleistung der einzelnen Anwälte nicht gleichmäßig, sondern unterschiedlich entgolten und damit letztlich auch verschieden „bewertet" werden. Eine gerechte Bewertung im Rahmen eines leistungsorientierten Systems ist äußerst schwierig,[195] wenn nicht gar unlösbar. Voraussetzung ist allerdings das Vorliegen einer jahrelang gepflegten homogenen Sozietätskultur, in der die Selektion der Partner (Aufnahme in den Kreis) nach längerer und intensiver „Beobachtung" im Status des Mitarbeiters stattfindet.[196] Warum soll etwa in einer Wirtschaftskanzlei, die es als sinnvoll erachtet, das Arbeitsrecht als neues Dezernat hinzuzunehmen, der Arbeitsrechtler etwa nur 80% der Vergütung der übrigen Sozien erhalten, wenn von vornherein feststeht bzw. wahrscheinlich ist, dass im Vergleich zur hohen Profitabilität der anderen Dezernate im Dezernat „Arbeitsrecht" voraussichtlich nur 80% der Deckungsbeiträge erzielt werden können? Unterstellt, der neue Anwalt ist ebenso leistungsfähig und leistungsbereit wie die übrigen Sozien (im Zweifel wird man sich immer nur mit solchen Kandidaten soziieren, bei denen man hiervon überzeugt ist), gibt es keinen rechtfertigenden Grund dafür, den Neuanwalt vergütungsmäßig schlechter zu stellen. Die Ergänzung der Kanzlei um ein solches Dezernat wird nämlich im Zweifel nur dann vorgenommen, wenn für die Kanzlei insgesamt hiervon ein Vorteil erwartet wird. Dann ist aber die Arbeit des Anwalts in einem solchen Dezernat auch vergütungsmäßig mit den übrigen Dezernaten als gleichwertig zu erachten. Sicherlich sollte und müsste allerdings bei dem Wunsch einzelner Sozien nach weniger Belastung und mehr Freizeit (der eine ist bereit, „üblicherweise" 60 Stunden pro Woche zu arbeiten, der andere mit Rücksicht auf Freizeitinteressen und/oder Familie „nur" 40 oder 30) **insofern** eine angepasste Gewinnverteilung eingeführt werden.

99 Produktivitätsorientierte Systeme nach Umsätzen bzw. Profitcentern finden sich in der Praxis häufiger.[197]

rr) Kfz
100 In der Regel empfiehlt sich die Anschaffung eines zu betrieblichen Zwecken genutzten Personenkraftwagens durch die Sozietät aus steuerlichen Gründen (vgl. hierzu Rn 142 ff.).

ss) Aufnahme neuer Sozien, Eintrittsgeld
101 Bei der Aufnahme neuer Sozien bieten sich zwei Modelle an, nämlich
- das sog. Einkaufsmodell und
- das Gewinnaufbaumodell.

---

194 Bei Profitcentern handelt es sich um Wertschöpfungseinheiten in einem Unternehmen, deren Beiträge zum Unternehmensgesamtergebnis buchhalterisch durch Deckungsbeiträge (Profite) erfasst werden können. In einer Anwaltspraxis kann dies z.B. durch die Erfassung der Umsätze und Kosten einzelner Dezernate geschehen. In der Betriebswirtschaft wird als Deckungsbeitrag derjenige Gewinn bezeichnet, der zur Deckung der Fixkosten beiträgt. Es geht also nicht um die Zurechnung der Gesamtkosten zu bestimmten Umsätzen, sondern nur der variablen Kosten. Dies sind bei Freiberuflern im Wesentlichen nur die Personalkosten. Die Umsätze abzüglich Personalkosten müssen dann also die Fixkosten wie Raumkosten, Kfz-Kosten usw. decken.
195 Vgl. *Henssen*, AnwBl 2007, 169/176 ff.
196 Im Einzelnen hierzu im Zusammenhang mit dem lockstep-System *Henssen*, AnwBl 2007, 16/171 f.
197 Vgl. etwa die Formulare von *Lenz/Braun* zur Partnerschaftsgesellschaft, § 4 Abs. 4; *Kaiser/Bellstedt*, § 11 Abs. 3 (Sozietätsvertrag); Beck'sches Rechtsanwalts-Handbuch/*von der Recke*, N 6 Rn 18, zum Punktesystem; Beck'sches Formularbuch zum Bürgerlichen, Handels- und Wirtschaftsrecht/*Blaum*, VIII. A. 1, Sozietätsvertrag zwischen Architekten, § 6 Abs. 1 i.V.m. Anm. 13.

Die Systematik dieser beiden Eintrittssysteme sind vom Verfasser eingehend an anderer Stelle behandelt worden.[198] Beim **Einkaufsmodell** wird die Praxis bewertet, und zwar nach Auffassung des Verfassers nicht nach dem Umsatzwertverfahren, sondern nach dem Ertragswertverfahren,[199] und zu dem erworbenen Anteil hat sich dann der Neu-Sozius einzukaufen, ist dann aber auch sofort gewinnmäßig mit den aufnehmenden Partnern gleichgestellt. Beim **Gewinnaufbaumodell** wird kein Entgelt gezahlt, sondern die Aufnahme wird durch geringere Anfangsgewinnanteile erkauft (Kaufpreisersatzmodell).

Der Aufnahme eines Partners sollte nach Auffassung des Verfassers in aller Regel eine **längere Erprobungsphase** vorausgehen. In Partnerschaften bzw. Sozietäten sind sehr häufig Eigenschaften wie Loyalität, Kooperationsfähigkeit, Durchsetzungsvermögen im Außenverhältnis usw. für ein Gelingen der Partnerschaft höher einzuschätzen als berufliche Kenntnisse. Hier handelt es sich um die spezifischen Eigenschaften eines Freiberuflers, der es vorzieht, statt einzeln „zu kämpfen" gemeinschaftlich zu arbeiten. Solche Eigenschaften können die aufnehmenden Partner in vielen Fällen erst nach längerer Zeit der Zusammenarbeit mit dem Kandidaten erkennen. Eine solche Wartezeit für einen Kandidaten dürfte deshalb als Regelung der umgekehrten Möglichkeit einer relativ raschen Aufnahme als Partner/Sozius in Verbindung mit dem Vorsehen erleichterter Trennungsmöglichkeiten vorzuziehen sein. Hierfür sprechen auch juristische Gründe: Denn das Vorsehen eines Ausschließungsrechts ohne wichtigen, zumindest sachlichen, Grund, die so genannte **Hinauskündigung**, ist nur eingeschränkt möglich. Es muss nach der Rechtsprechung des BGH eine Rechtfertigung für die Ausschließungsbefugnis vorliegen.[200] Ob es als sachlicher Grund ausreicht, dass sich die Zusammenarbeit nicht bewährt (Vertrauensprüfung), wurde als nicht ganz zweifelsfrei erachtet[201], ist aber mittlerweile vom BGH[202] geklärt. Falls ausnahmsweise einmal eine solche Regelung unumgänglich ist (denkbar z.B. bei der Aufnahme eines älteren Kollegen, der sich in der Praxis bereits durch Führen einer Einzelkanzlei oder in einer anderen Sozietät, aus der er ausgestiegen ist, bewährt hat und auf einer sofortigen Aufnahme als Sozius/Partner besteht), sollte die Motivation für eine solche Regelung (einseitiges Hinauskündigungsrecht der aufnehmenden Partner) ausdrücklich formuliert werden, um die sachliche Rechtfertigung für die Ausschließungsbefugnis im Sinne der BGH-Rechtsprechung zu dokumentieren.

tt) Auseinandersetzungsguthaben, Praxisbewertung

Die Abfindungsproblematik ist das wohl schwierigste Thema bei Gesellschaften von Freiberuflern. Hierzu kann auf die Ausführungen in Rn 24 ff. verwiesen werden. Grundsätzlich gilt: Besteht die rechtlich und tatsächlich unbeschränkte Möglichkeit, um die Mandanten der Praxis zu werben, dann gibt es keinerlei Abfindungsansprüche.[203] Wer Mandate mitnimmt, bekommt sie angerechnet.[204]

In der Praxis dürfte als häufigste Form einer Abfindungsregelung in Sozietätsverträgen von Rechtsanwälten die Gestaltung zu finden sein, dass die **ausscheidenden Sozien** eine **Pension** er-

---

198 Vgl. *Heid*, DStR 1998, 565 ff.
199 Das Ertragswertverfahren wird jetzt neuerdings auch einheitlich im Handbuch des Sozietätsrechts empfohlen, vgl. dort z.B. *Michalski/Römermann*, Muster Sozietätsvertrag, B Rn 266, § 14 Abs. 2 Buchst. b und *Streck*, B Rn 1015 ff.
200 Vgl. BGH NJW 1977, 1292, 1293; MüKo-BGB/*Ulmer*, § 737 Rn 17 ff.; *Palandt/Sprau*, § 737 Rn 5.
201 Die Zulässigkeit insoweit bejahend: Beck'sches Formularbuch zum Bürgerlichen, Handels- und Gesellschaftsrecht/*Blaum*, VIII A 1 Sozietätsvertrag zwischen Architekten, Anm. 23.
202 BGH AnwBl 2004, 724 = NJW 2004, 2013.
203 *Goette*, AnwBl 2007, 637/643 mit Hinweis auf BGH ZIP 1994, 378, 380; ZIP 1995, 833 f.; ZIP 2000, 1337.
204 *Goette*, a.a.O.; BGH ZIP 2000, 1337; BGH NJW-RR 1996, 1254.

halten.²⁰⁵ Vor Versorgungsregelungen zugunsten älterer Partner oder der Ehegatten verstorbener Partner wird – zu Recht – gewarnt. Diese können eine außerordentliche Belastung der Partnerschaft – insbesondere der jüngeren Partner – für die unübersehbare Zukunft sein und den Kern von Auseinandersetzungen in sich tragen.²⁰⁶ Bei **Versorgungsregelungen** wird mittlerweile verbreitet zumindest zu einer **Kappungsgrenze** geraten, etwa in der Weise, dass der Gesamtbetrag der in einem Jahr aufzubringenden Versorgungsaufwendungen einen bestimmten Prozentsatz des jeweiligen Gewinns der Sozietät/Partnerschaft nicht übersteigen darf.²⁰⁷ Die Abfindungsregelungen von Steuer- und Wirtschaftsprüferpraxen sehen dagegen häufig Abfindungen nach dem Umsatzwertverfahren vor, ebenso wie sich jüngere Kollegen häufig nach dem Umsatzwertverfahren einkaufen müssen. Der Verfasser vertritt dagegen das Ertragswertverfahren (siehe eingehend Rn 26 ff.).

uu) Mandatsschutzklauseln

105 Hierzu kann auf die bereits gemachten Ausführungen (siehe Rn 37 ff.) verwiesen werden.

vv) Kündigungsregelungen

106 In einem Rechtsanwalts-Sozietätsvertrag stellt der Ausschluss des Rechts zur ordentlichen Kündigung für einen Zeitraum von 30 Jahren eine unzulässige Kündigungsbeschränkung nach § 723 Abs. 3 BGB dar, auch wenn sie Teil der Alterssicherung des Seniorpartners ist.²⁰⁸ Auf den Insolvenzfall bezogene Lösungsklauseln sind nach ganz herrschender Meinung wirksam.²⁰⁹ Die Hinauskündigung eines Gesellschafters aus einer Gesellschaft ohne sachlichen Grund ist grundsätzlich laut BGH nicht zulässig.²¹⁰ Bei Freiberuflerpraxen wird das Testen des Vertrauens (Probezeit) aber jetzt als ein solcher sachlicher Grund anerkannt.²¹¹ Eine gesellschaftsvertragliche Fortsetzungsklausel, nach der im Falle einer Kündigung eines Gesellschafters dieser ausscheidet und die Gesellschaft unter den verbleibenden Gesellschaftern fortgesetzt wird, findet mangels anderweitiger gesellschaftsvertraglicher Regelungen auch dann Anwendung, wenn die Mehrheit der Gesellschafter die Mitgliedschaft kündigt.²¹²

ww) Überörtliche Sozietät

107 Die Zulässigkeit der überörtlichen Sozietät war im Rahmen des alten (überkommenen) Standesrechts umstritten. Mittlerweile hat die überörtliche Sozietät in § 49a Abs. 2 BRAO ihre gesetzliche Grundlage gefunden. Im Rahmen des § 49a Abs. 2 BRAO ist irrelevant, ob es sich um eine „echte" überörtliche Sozietät oder nur um eine „Scheinsozietät" oder „Außensozietät" handelt.²¹³ Sie

---

205 Vgl. z.B. Musterentwurf Sozietätsvertrag für Anwälte, AnwBl 1977, 192, 194.
206 Beck'sches Formularbuch zum Bürgerlichen, Handels- und Gesellschaftsrecht/*Blaum*, VIII A 1 Sozietätsvertrag zwischen Architekten, Anm. 26; MünchVertragsHdB/*Marsch-Barner*, Bd. 1, Muster I 7, Anm. 43; besonders deutlich auch MünchGesR/*Schmid*, Bd. 1, § 24 Rn 70 und 78.
207 Vgl. etwa DAV-Ratgeber „Mustervertrag für örtliche Sozietät"/*Weipert/Vorbrugg*, S. 295, 304 (§ 17 des Mustervertrages).
208 BGH NJW 2007, 295 = AnwBl 2007, 158.
209 Vgl. BGH ZIP 2006, 87 und *Wilmowsky*, ZIP 2007, 553.
210 kritisch hierzu *Drinkuth*, NJW 2006, 410 ff.
211 BGH NJW 2004, 2013 = ZIP 2004, 903 (laborähnliche Gemeinschaftspraxis); vgl. hierzu *K. Schmidt*, NJW 2005, 2801/2803 und *Goette*, AnwBl 2007, 637/642; bestätigt von BGH NJW-RR 2007, 1256; zum sog. Managermodell BGH ZIP 2005, 1917 (sachlicher Grund bei Einräumung von Minderheitsbeteiligungen für die Zeit der Managertätigkeit) und *Benecke*, ZIP 2005, 1437; *Veise*, DStR 2007, 1822, hält die Rechtsprechung zur Hinauskündigungsklausel grundsätzlich für korrekturbedürftig.
212 BGH NJW 2008, 2987.
213 Vgl. hierzu Handbuch des Sozietätsrechts/*v. Westphalen*, B Rn 591.

muss nach außen gemeinschaftlich auftreten.[214] Auch internationale Sozietäten sind zulässig und etablieren sich zusehends.[215]

b) Partnerschaftsgesellschaft

Das PartGG und die durch dieses Gesetz geschaffene Rechtsform kann nicht als geglückt bezeichnet werden.[216] Hinsichtlich der Einzelprobleme kann weitgehend auf die Ausführungen zur Sozietät verwiesen werden. In der nachfolgenden Darstellung sind deshalb zu einzelnen Problemkreisen nur Ausführungen gemacht, wenn die spezifischen Regelungen des Partnerschaftsgesellschaftsgesetzes (PartGG) im Unterschied zur Sozietät (GbR) Erläuterungen erfordern. **108**

aa) Bedeutung

Zur Verbreitung wird auf die Ausführungen zur GbR verwiesen (siehe Rn 58 ff.). **109**

Rechtsgrundlage für die Partnerschaftsgesellschaft ist das **Gesetz über Partnerschaftsgesellschaften Angehöriger freier Berufe** (Partnerschaftsgesellschaftsgesetz – PartGG) v. 25.6.1994. Das Partnerschaftsgesellschaftsgesetz erfreut sich in der Praxis zunehmender Beliebtheit.[217] **110**

Die praktischen Auswirkungen des Gesetzes sind relativ gering. Im Wesentlichen sind zwei Aspekte gegenüber der bisher üblichen Rechtsform der Sozietät (oder Gemeinschaftspraxis bei Ärzten), jeweils in der Rechtsform der Gesellschaft bürgerlichen Rechts, bedeutsam: **111**

– Die Partnerschaft ist ebenso wie die OHG und KG **teilrechtsfähig**.[218] Dies hatte z.B. bei Klagen der Partnerschaft, die in der Praxis in der Regel lediglich bei Gebührenrechtsstreiten relevant sein dürften, die Erleichterung zur Folge, dass nicht alle Partner im Mahnbescheid oder in der Klage (als Gesellschafter bürgerlichen Rechts) aufgeführt werden müssen, sondern die Klage im Namen der „Firma" erhoben werden kann. Seitdem die GbR aber der Partnerschaftsgesellschaft haftungsmäßig durch die Rechtsprechung gleichgestellt ist, hat auch dieser Gesichtspunkt im Vergleich zur GbR keine Bedeutung mehr.

– Kraft Rechtsform ist seit der Änderung des Partnerschaftsgesellschaftsgesetzes mit Gesetz v. 22.7.1998 eine **Haftungsbeschränkung** auf denjenigen Partner gegeben, der innerhalb der Partnerschaft die berufliche Leistung zu erbringen oder verantwortlich zu leiten oder zu überwachen hat[219] sowie die Möglichkeit der Haftungsbeschränkung auf einen bestimmten Höchstbetrag durch AGB.[220] Bei Rechtsanwälten bestehen diese Möglichkeiten allerdings auch gemäß § 51a BRAO bei Sozietäten in der Rechtsform der GbR, so dass auf den ersten Blick aus Haftungsgesichtspunkten die Notwendigkeit zur Wahl der Rechtsform der Partnerschaft entfällt.

Nach § 8 Abs. 2 der ab 1.8.1998 geltenden Fassung des PartGG ist die **Haftungsbeschränkung auf den so genannten handelnden Partner** aber die gesetzliche Regel, braucht also nicht mehr **112**

---

214 Ausführlich wird die überörtliche Sozietät behandelt von Handbuch des Sozietätsrechts/*v. Westphalen*, B Rn 586 ff.; Musterklauseln zur überörtlichen Sozietät finden sich bei *Heid/Juli*, C 400 ff.
215 Vgl. rechtsvergleichend *Schurr*, S. 217 ff., zusammenfassend S. 397 ff.
216 *K. Schmidt*, § 64 I Abs. 2 (S. 1878).
217 Zum 1.1.2000 waren 568 RA-Partnerschaftsgesellschaften registriert (vgl. *Hülsmann*, NZG 2001, 625 unter Fn 5), zum 1.1.2002 746 Partnerschaften und 122 RA-GmbHs, zum 1.1.2003 schon 953 Partnerschaften (MüKo-BGB/*Ulmer*, vor § 705 Rn 38 i.V.m. Fn 95.
218 § 7 Abs. 2 PartGG i.V.m. § 124 HGB.
219 § 8 Abs. 2 PartGG.
220 § 8 Abs. 3 PartGG i.V.m. § 51a BRAO.

durch vorformulierte Vertragsbedingungen oder durch Individualvereinbarung zum Inhalt des Vertrages gemacht zu werden. Dieser Gesichtspunkt veranlasste die Praxis wohl vermehrt, die Rechtsform der Partnerschaftsgesellschaft zu wählen.[221] Im Regelfall dürfte es aus Praxisgesichtspunkten, nämlich einer möglichen Verunsicherung des Mandanten, der beim Erstkontakt mit der Kanzlei bereits mit Honorarvereinbarungen, vorformulierten Vertragsbedingungen usw. konfrontiert wird, vorzuziehen sein, auf die Vorlage eines solchen „Haufens Papier" zu verzichten.[222] Bei der Mehrzahl der Mandate wird – jedenfalls bei ausreichender Mindestversicherungssumme – eine Haftungsbeschränkung der Höhe nach entbehrlich sein. Wenn dann noch zusätzlich kraft Gesellschaftsform (Partnerschaftsgesellschaft) die Haftung des einzelnen Berufsträgers auf seine Person beschränkt ist, bietet insofern die Partnerschaftsgesellschaft tatsächlich gegenüber der Sozietät einen nicht zu unterschätzenden Vorteil. Es ist allerdings nicht ganz unstreitig, ob das Berufsrecht (hier z.B. § 51 Abs. 2 S. 2 und 3 BRAO) wegen des Berufsrechtsvorbehalts gemäß § 1 Abs. 3 PartGG Vorrang vor dieser Bestimmung des PartGG hat. Die überwiegende Ansicht verneint dies zwar, ganz unproblematisch erscheint dies jedoch nicht.[223] Zur praktischen Umsetzbarkeit dieser Norm bedarf es eines Auskunftsanspruchs gegen die Partnerschaft dahin gehend, wer der „handelnde" bzw. verantwortliche Partner war/ist.[224]

113   Die „Umwandlung" einer **Sozietät in eine Partnerschaftsgesellschaft** ist im Übrigen lediglich ein **identitätswahrender Rechtsformwechsel**.[225] Dies hat z.B. zur Folge, dass im Falle einer solchen Umwandlung nicht nochmals eine (weitere) ausdrückliche Gestattung der Namenserweiterung zu verlangen ist. Das ursprüngliche Einverständnis eines Kanzleimitglieds in die Weiterführung seines Namens wird durch die Umwandlung in eine Partnerschaft nicht berührt.

114   Einen Rückschlag schien die Partnerschaftsgesellschaft durch das Urteil des BFH v. 23.7.1998[226] erfahren zu haben. Danach war eine nicht als Steuerberatungsgesellschaft anerkannte Partnerschaftsgesellschaft zur geschäftsmäßigen Hilfe in Steuersachen nicht befugt.[227] Das Urteil erfuhr herbe Kritik.[228] Die praktischen Auswirkungen dieser Entscheidung waren aber nicht allzu weit reichend, weil man sich hier mit Vollmachten auf die in der Partnerschaftsgesellschaft zusammengeschlossenen Steuerberater behelfen konnte.

115   Diese Problematik hat sich durch Eingreifen des Gesetzgebers gelöst. Durch das Siebte Steuerberatungsänderungsgesetz v. 24.6.2000[229] wurde in § 56 Abs. 2 StBerG und § 44b Abs. 1 WPO den Wirtschaftsprüfern und Steuerberatern ausdrücklich die Berufsausübung in der nicht als Steuerberatungs- und/oder Wirtschaftsprüfungsgesellschaft anerkannten Partnerschaftsgesellschaft erlaubt, was zuvor zu mannigfachen Problemen bei interprofessionellen Partnerschaften bis hin zum (angeblichen) Verbot der Ausübung der Wirtschaftsprüfungstätigkeit durch einen Wirtschaftsprüfer in einer einfachen Partnerschaftsgesellschaft führte,[230] und zugleich über § 3 Nr. 2 StBerG i.V.m. § 7 Abs. 4 PartGG der einfachen Partnerschaftsgesellschaft die Befugnis zur geschäftsmäßigen Steuerberatung gewährt.[231]

---

221 Vgl. hierzu insb. *Henssler,* § 8 PartGG Rn 3, 13 ff., 51 ff.; *K. Schmidt,* § 64 I e (S. 1880), *Stuber,* Vorwort.
222 Deutlich insofern insbesondere MüKo-BGB/*Ulmer,* vor § 705 Rn 37: „Belastung des Vertrauensverhältnisses".
223 Vgl. hierzu *Gail/Overlack*, Rn 334 ff., insb. Rn 344; *Ring,* § 8 Rn 53, Fn 25; a.A. *Michalski/Römermann,* § 8 PartGG Rn 73 ff.
224 Allg. Meinung, vgl. *Henssler,* § 8, PartGG, Rn 81; MüKo-BGB/*Ulmer,* § 8 PartGG Rn 24.
225 Vgl. hierzu z.B. *Römermann,* NZG 1998, 121, 123.
226 DStR 1998, 1630.
227 Weitere Nachw. zur Rspr. bei *Hülsmann,* NZG 2001, 625 in Fn 6.
228 Insb. *Bärwaldt,* EWiR 1998, § 49 StBerG 1/98.
229 BGBl I, 874 ff.
230 Vgl. *Heid/Juli,* A 95 f.
231 Vgl. hierzu auch Handbuch des Sozietätsrechts/*Henssler,* C Rn 252.

bb) Entstehung, Formvorschriften

Die Partnerschaft ist den Kapitalgesellschaften durch ihre Teilrechtsfähigkeit gemäß § 7 Abs. 2 PartGG angenähert, aber keine juristische Person. 116

Die Partnerschaft als solche entsteht durch Eintragung im Partnerschaftsregister gemäß § 7 Abs. 1 PartGG, sie ist gemäß § 4 Abs. 1 PartGG zum Partnerschaftsregister anzumelden (konstitutive Wirkung der Eintragung). Die Vorpartnerschaft ist BGB-Gesellschaft.[232] 117

§ 3 Abs. 1 PartGG schreibt für den gesamten Partnerschaftsvertrag die Schriftform vor. Falls Interesse daran besteht, dem Registergericht nicht allzu viel aus dem Gesellschaftsvertrag zu offenbaren, kann eine Fassung zum Partnerschaftsregister eingereicht werden, in der nur die Mindestregelungen gemäß § 3 Abs. 2 PartGG enthalten sind.[233] 118

cc) Name

Gemäß § 2 Abs. 1 PartGG hat die Partnerschaft einen Namen zu führen aus dem Namen mindestens eines Partners und dem **Zusatz „und Partner"** oder **„Partnerschaft"** sowie die Berufsbezeichnung aller in der Partnerschaft vertretenen Berufe. Es dürfen nur aktive Mitglieder aufgeführt werden.[234] 119

Fraglich ist, ob bei Vorhandensein minderer und höherer Qualifikationen desselben Berufszweigs (z.B. Wirtschaftsprüfer/vereidigte Buchprüfer; Steuerberater/Steuerbevollmächtigte; Rechtsanwälte/Rechtsbeistände) jeweils beide Berufsqualifikationen im Namen der Partnerschaft enthalten sein müssen oder ob die Angabe des höherqualifizierten Berufs ausreicht. Die Berufskammern scheinen hierzu den formalistischeren Standpunkt der Notwendigkeit des Aufführens beider Berufsqualifikationen zu vertreten.[235] 120

Nach § 2 Abs. 2 PartGG sind eine Reihe **firmenrechtlicher Grundsätze des Handelsgesetzbuches**, etwa die Grundsätze der Firmenwahrheit, Firmenausschließlichkeit und Firmenbeständigkeit, auf die Partnerschaft entsprechend anwendbar. Verboten ist etwa die Verwendung des Zusatzes „& Co.", da dadurch ein unzulässiger Hinweis auf eine Handelsgesellschaft erfolgt. Geographische Hinweise sind nur bei führenden Unternehmen des Geschäftszweiges bzw. der geographischen Region statthaft.[236] 121

Neu in der Partnerschaft ausgeübte Berufe müssen unverzüglich aufgenommen werden.[237] 122

Der selbst nicht promovierte Erwerber eines Geschäfts darf, auch wenn er vom Veräußerer das Recht zur Firmenfortführung erhalten hat, einen in der übernommenen Firmenbezeichnung enthaltenen Doktortitel nicht beibehalten, wenn er im Firmennamen keinen Nachfolgerzusatz hinzufügt.[238] 123

dd) Geschäftsführung und Vertretung

Hier ist insbesondere § 6 Abs. 2 PartGG zu beachten, der bestimmt, dass einzelne Partner im Partnerschaftsvertrag nur von der Führung der sonstigen Geschäfte ausgeschlossen werden können. Hier ist der **Vorrang der Eigenverantwortlichkeit der Freiberufler**, etwa des Anwalts gemäß § 43a BRAO, vor einschränkenden Geschäftsführungsregelungen normiert. Diese Norm 124

---

232 Vgl. hierzu Handbuch des Sozietätsrechts/*Kopp*, C Rn 18 ff.; MüKo-BGB/*Ulmer*, §§ 4, 5 PartGG Rn 18, § 7 PartGG Rn 4.
233 *Gail/Overlack*, Rn 106 ff. (S. 31 ff.).
234 Handbuch des Sozietätsrechts/*Kopp*, C Rn 48 mit Hinw. auf BT-Drucks 12/6152.
235 So z.B. Steuerberaterkammer Hessen in einem Schreiben vom Februar 1999 an den Verfasser bezüglich der Berufsbezeichnung Wirtschaftsprüfer/Buchprüfer.
236 *Ring*, § 2 Rn 9 unter Fn 8 (S. 54).
237 *Ring*, § 2 Rn 12 (S. 54).
238 Zum Namensrecht im übrigen Handbuch des Sozietätsrechts/*Kopp*, C Rn 41 ff.

ist zwingend und hat allgemeine Bedeutung auch für sonstige Freiberuflergesellschaften, insbesondere für Anwaltsgesellschaften in der Form der GbR (Sozietät).[239]

ee) Haftung

125 Die Partnerschaft selbst haftet gemäß § 7 Abs. 2 PartGG i.V.m. § 124 HGB.

126 Die Partner haften mit ihrem eigenen Vermögen als Gesamtschuldner gemäß § 8 Abs. 1 S. 1 PartGG entsprechend § 128 HGB; zur Beschränkung der Haftung auf den handelnden Partner gem. § 8 Abs. 2 PartGG vgl. oben Rn 108 f.

127 Der eintretende Partner haftet gemäß § 8 Abs. 1 S. 2 PartGG, § 130 HGB.[240] Ob dies auch für die Haftung für berufliche Kunstfehler uneingeschränkt gilt, ist zweifelhaft.[241]

128 Der ausscheidende Partner haftet gemäß § 10 Abs. 2 PartGG i.V.m. § 160 HGB fünf Jahre weiter.

2. Kostenumlagegesellschaften (Unterstützungsgesellschaften)

129 Zur Definition wird zunächst auf Rn 58 verwiesen.

130 Daran, dass es sich um eine „echte" Gesellschaft mit wechselseitigen Zweckförderungspflichten handelt, besteht kein Zweifel.[242] Plastische Zweckförderungs- bzw. Treuepflicht aus einem solchen Vertrag ist sicherlich die Verpflichtung zur Neuanschaffung eines Geräts, wenn ein Altgerät vollständig irreparabel ausfällt. Als Hilfszweck für die Berufsausübung der einzelnen Berufsträger im Sinne einer in die Zukunft gerichteten Tätigkeit in Erwerbserzielungsabsicht ist eine solche Kostenumlagegesellschaft zwangsläufig **Gesellschaft i.S.d. § 705 BGB**.

131 Es wäre möglich, die Bürogemeinschaft (Kostenumlagegesellschaft) auch als GmbH, AG oder Partnerschaftsgesellschaft zu organisieren. Davon wird jedoch wegen des zu großen Aufwands in der Praxis kein Gebrauch gemacht.[243]

132 Das anwaltliche Berufsrecht definiert die Bürogemeinschaft nicht, stellt sie allerdings in berufsrechtlicher Hinsicht der Sozietät gemäß § 59a Abs. 4 BRAO gleich.[244]

133 Die einzelnen Mitglieder der Bürogemeinschaft führen – selbstverständlich – keinen gemeinschaftlichen Briefbogen, weil sie dann nach außen als Sozietät erscheinen würden. Ein Hinweis auf den Briefbogen des jeweiligen Einzelanwalts auf die Bürogemeinschaft mit dem anderen Anwalt ist jedoch zulässig. Hierbei muss jedoch darauf geachtet werden, dass der Hinweis so eindeutig ist, dass keine Schein-Außensozietät mit entsprechenden Haftungsfolgen[245] entsteht.

134 Außerhalb der Mandatsverhältnisse kann aber selbstverständlich ein gemeinsamer Briefbogen verwendet werden, etwa bei der Bestellung von Büromaterial und/oder Ausstattungsgegenständen für die Bürogemeinschaft, womit diese dann (zumindest im Kostenbereich) auch gleichzeitig Außengesellschaft ist. Wenn bei Bedarf für die Bürogemeinschaft jeweils der eine oder andere Anwalt allein bestellt, handelt er im Innenverhältnis als Beauftragter für die Bürogemeinschaft. In diesem Fall handelt es sich dann um eine reine Innengesellschaft.

135 Aus Unabhängigkeitsgründen können sich Freiberufler nicht an jedwede Büroorganisationen „anhängen", sondern nur an Büroorganisationen solcher Berufsgruppen, mit denen auch

---

[239] Hierzu eingehend Rn 48 ff.
[240] Vgl. hierzu *Baumbach/Hopt*, HGB, § 130 Rn 1 ff.
[241] Vgl. MüKo-BGB/*Ulmer*, § 8 PartGG Rn 32.
[242] Z.B. MüKo-BGB/*Ulmer*, vor § 705 Rn 39.
[243] Vgl. insofern MünchVertragsHdB/*Marsch-Barner*, Bd. 1, Formular I.6, Vorbemerkung.
[244] Vgl. hierzu insb. *Deckenbrock*, NJW 2008, 3529 ff.
[245] Vgl. MüKo-BGB/*Ulmer*, vor § 705 Rn 36; BGH NJW 1991, 1225; *Deckenbrock*, a.a.O. 3533.

Sozietäten erlaubt wären (vgl. z.B. § 59a Abs. 1 und 4 BRAO). Dies ist sicherlich auch aus Gründen der Verschwiegenheit geboten. Auch technisch ist es nicht vorstellbar, dass ein Freiberufler unter Beachtung der Verschwiegenheitspflicht etwa die EDV-Anlage eines gewerblichen Unternehmens mitbenutzen könnte.

3. Fördergesellschaften (Kooperationen)

Zur Definition wird auf Rn 59 verwiesen. **136**

Ein Kooperationsvertrag kann in den verschiedensten denkbaren Ausprägungen vorliegen. **137** Insofern ist es beim Kooperationsvertrag die eigentliche Kunst, den Gesellschaftszweck, d.h. das Ziel der beruflichen Kooperation, zu definieren.

Denkbarer Inhalt eines Kooperationsvertrages ist z.B. die gegenseitige Mandatsvermittlung, **138** bei Rechtsanwälten im Falle einer stärkeren Spezialisierung einzelner Anwälte, denkbar aber auch zwischen größeren Kanzleien. Es werden jeweils diejenigen Mandate, die mangels entsprechender Spezialisierung auf dem betreffenden Gebiet nicht bearbeitet werden sollen/können, jeweils an die andere Kanzlei weitergeleitet. Noch interessanter und von der Sache her nahe liegender sind sicher insbesondere Kooperationsverträge zwischen Rechtsanwälten, Steuerberatern und/oder Wirtschaftsprüfern.

III. Steuerrecht

1. Einkommensteuer

Die Sozietät als solche ist nicht Steuersubjekt. Die im Rahmen der Sozietät erzielten Einkünfte **139** werden einheitlich und gesondert festgestellt (§§ 179, 180 Abs. 1 Nr. 2 AO) und den Sozien entsprechend dem Gewinnverteilungsschlüssel anteilig zugerechnet.[246]

Auf die vielfältigen steuerlichen Probleme bei der Praxisveräußerung und dem Ein- und **140** Austritt von Gesellschaftern kann hier aus Platzgründen nicht eingegangen werden.[247] Die steuerneutrale Realteilung gem. § 16 Abs. 3 Satz 2 EStG scheitert meist am Vorliegen von Teilbetrieben.[248]

2. Gewerbesteuer

Die Sozietät ist nicht gewerbesteuerpflichtig. Seit der Steuerreform ist aber auf Folgendes deut- **141** lich hinzuweisen: Dadurch, dass bei Gewerbetreibenden die Gewerbesteuer pauschal gemäß § 35 EStG auf die Einkommensteuerschuld angerechnet wird, ist der frühere Vorteil der Freiberufler, nicht der Gewerbesteuer zu unterliegen, „unterm Strich" vorbei. Mit der Steuerreform hat somit auf „kaltem Wege" wirtschaftlich die Abschaffung des Gewerbesteuerprivilegs der Freiberufler stattgefunden.

3. Umsatzsteuer

Die Sozietät ist umsatzsteuerlich Unternehmer gemäß §§ 2 Abs. 1, 13 Abs. 2 Nr. 1 UStG. Die Unter- **142** nehmereigenschaft erstreckt sich auch auf Sondermandate, die höchstpersönlicher Natur sind und gesetzlich oder auftragsgemäß nur durch einen einzelnen Sozius erfüllt werden können

---

246 *Kögler/Block/Pauly*, § 2 Rn 384.
247 Vgl. hierzu weiterführend *Heid/Juli*, S. 62 ff.; *Kögler/Block/Pauly*, § 3c (S. 154 ff.); *Schulze zur Wiesche*, Stbg 2001, 301 ff.
248 *Winkemann*, NJW 2009, 1308.

(z.B. Insolvenzverwalter, Testamentsvollstrecker).[249] Etwas problematischer dürfte dies bei Berufsrechtsvorbehaltsumsätzen in gemischten Sozietäten sein, wird aber in der Praxis der Finanzverwaltungen ebenso geduldet.

143 Freiberufler haben das Wahlrecht, nach § 20 Abs. 1 Nr. 3 UStG die Umsatzversteuerung nach dem Geldeingang (Ist-Versteuerung) vorzunehmen. Die Ist-Versteuerung ist zweckmäßig und üblich bei Einnahme-Überschussrechnung im Sinne des § 4 Abs. 3 EStG, weil in diesem Fall die einkommensteuer- und umsatzsteuerliche Einnahmenerfassung parallel verläuft.

144 Bei Scheinsozietäten, Scheinsozien und freien Mitarbeitern[250] könnten umsatzsteuerlich Probleme auftauchen, da in diesen Fällen verdeckt wird, wer umsatzsteuerlich Unternehmer ist.[251] Durch Erlasse der Finanzverwaltung[252] erscheint jedoch diese Praxis abgesichert.

4. Sonderproblem: Kraftfahrzeuge

145 Bei Kfz wird es sich in der Regel schon aus Gründen des Vorsteuerabzugs empfehlen, die Kfz von der Sozietät anschaffen zu lassen. Bei Anschaffung durch den einzelnen Sozius entfällt die Vorsteuerabzugsmöglichkeit, soweit der Sozius – wie i.d.R. – kein Unternehmer ist.

146 Als weitere Gestaltungsalternative kommt in Betracht, dass die Kfz von den jeweiligen Partnern angeschafft und unterhalten, aber gleichzeitig entgeltlich an die Gesellschaft überlassen werden. In diesem Fall bleibt der Vorsteuerabzug erhalten, weil der Sozius dann durch die Vermietungstätigkeit zum Unternehmer im Sinne des Umsatzsteuergesetzes wird.[253] Da gerade bei Kfz häufiger Unstimmigkeiten zwischen einzelnen Sozien entstehen, insbesondere wenn bei einem der Sozien der Hang zu besonders teuren Autos besteht, kann dem Rechnung getragen werden, indem (wie in den Formularen, siehe Rn 153, § 11 Abs. 3) sämtliche Kosten der Kfz inkl. AfA im Rahmen der Gewinnverteilung zunächst einmal dem Gewinn wieder hinzugerechnet werden und der so ermittelte (erhöhte) Gewinn dann auf die Gesellschafter unter Abzug der auf sie entfallenden Kfz-Kosten verteilt wird.

147 Achtung: Durch die vor allem bei teuren Alt-Kfz ohne AfA und bei geringer Privatnutzung sehr nachteilige 1%-Regelung[254] gemäß § 6 Abs. 1 Nr. 4 S. 1 EStG für den privaten Nutzungsanteil des einzelnen Freiberuflers (Pauschalregelung, die nur durch Führung eines Fahrtenbuchs widerlegbar ist) kann im Einzelfall das Halten des Kfz im Privatvermögen und die Berechnung von Kilometer-Kostenerstattungen an die Sozietät gemäß LStR 38 Abs. 1 S. 6, Abs. 4 i.V.m. EStR 23 Abs. 2 S. 2 (0,30 EUR)[255] günstiger sein. Es ist in jedem Einzelfall nach den tatsächlichen Verhältnissen zu rechnen, was vorteilhaft ist![256]

5. Steuerbelastungsvergleich zwischen Personengesellschaft und GmbH

148 Hierzu wird auf die Ausführungen in dem Beitrag § 15 Rn 10 ff. verwiesen.

---

249 Vgl. hierzu Handbuch des Sozietätsrechts/*Streck*, B Rn 901 und BFH BStBl II 1987, S. 524.
250 Bei Arbeitnehmer-Rechtsanwälten kein Problem, vgl. Handbuch des Sozietätsrechts/*Streck*, B Rn 935.
251 Vgl. Handbuch des Sozietätsrechts/*Streck*,B Rn 937; sehr eingehend und unter Hinweis auf Gefahren neuerdings *Kamps/Alvermann*, NJW 2001, 2121, 2123 ff.
252 OFD Erfurt v. 26.11.1997, DStR 1998, 34; OFD Hannover v. 17.11.1998, DStR 1999, 200; *Kögler/Block/Pauly*, § 5 Rn 53.
253 Vgl. BFH BStBl II 1993, 529 (Abschn. 213 UStR).
254 Vgl. *Schmid/Glanegger*, EStG, § 6 Rn 422.
255 Ab 2002; vgl. Schmidt/*Heinicke*, EStG, § 3 ABC „Reisekostenvergütungen"; § 4 Rn 520, „Geschäftsreise"; BMF BStBl I 2001, 541.
256 Zur Entscheidungsfindung zwischen Fahrtenbuch und Pauschalierung, vgl. *Hundsdoerfer/Normann*, BB 2003, 281 ff.

B. Muster

I. Freiberufler-GbR

1. Sozietätsvertrag zwischen zwei Rechtsanwälten
a) Typischer Sachverhalt
Insbesondere folgende zwei Lebenssachverhalte sind häufig der Grund für den Zusammenschluss von zwei Rechtsanwälten zu einer kleinen Sozietät: **149**

aa) Aufnahme eines bislang angestellten Kollegen
Wenn sich ein Kollege als angestellter Anwalt schon einige Jahre bewährt hat, wird von der Interessenlage her folgende Situation eintreten: Der erfolgreiche, angestellte Rechtsanwalt wird spüren, dass er im Mandantenkreis seines „Chefs" ein gutes Standing hat und bei vielen Mandanten genauso akzeptiert wird wie der Inhaber der Praxis. Vielleicht hat er sich auf einigen Gebieten sogar schon so weit profiliert, dass ihm der Inhaber die eigenverantwortliche Bearbeitung bestimmter Sachgebiete/Dezernate vollständig überlässt. Der angestellte Kollege wird in einer solchen Situation früher oder später über seine Berufsperspektiven nachdenken und zu dem Ergebnis kommen, dass ein Dauer-Angestelltendasein seinem Leistungsvermögen und seinen Ansprüchen nicht gerecht wird. Er steht dann vor der Alternative, entweder als Sozius in die bestehende Kanzlei aufgenommen zu werden oder sich selbständig zu machen, entweder als Einzelanwalt oder durch Eintritt in eine andere Sozietät. Umgekehrt wird der Inhaber der Praxis im Regelfall daran interessiert sein, seinen erfolgreichen, angestellten Kollegen auf Dauer zu gewinnen, d.h. „zu halten", so dass auch von dieser Seite her ein natürliches Interesse zur Sozietätsbindung besteht. **150**

bb) Verschmelzung von zwei Einzelpraxen
Dies sind Fälle, in denen die beiden Einzelanwälte erkannt haben, dass es sich in einer Sozietät effektiver arbeiten lässt (Synergieeffekt). Die Gründe hierfür sind bereits in Rn 2ff. beschrieben. **151**

cc) Gemeinsame Grundproblematik: Praxisbewertung
In beiden Fällen könnte eine wesentliche Frage, die spätestens mit zunehmendem Zeitablauf immer mehr an Bedeutung gewinnen wird, zunächst unproblematisiert bleiben, nämlich die Frage nach dem Wert der Praxis des aufnehmenden Partners bzw. im Verschmelzungsfall nach dem Wert der beiden Praxen. **152**

Im ersten Fall ist die Problematik häufig beim Eintritt zunächst nicht relevant und wird den Beteiligten ggf. auch nicht bewusst, weil statt der Zahlung eines so genannten Eintrittsgeldes in Form eines Kaufpreises für den erworbenen Sozietätsanteil das in der Praxis noch häufig angewandte so genannte Gewinnaufbaumodell gewählt wird. Es wird häufig als unangemessen betrachtet, wenn der zuvor als Angestellter arbeitende Kollege mit seiner Aufnahme in die Sozietät sofort den gleichen Gewinnanteil wie der aufnehmende Partner erhält, etwa einen Sprung von 50.000 EUR auf 100.000 EUR Jahreseinkommen vollzieht. Es wird deshalb, ausgehend vom bisherigen Einkommensniveau, ein Gewinnaufbau nach Prozentsätzen über einen festzulegenden Zeitraum, etwa zehn Jahre, festgelegt, in dem die Gewinnbeteiligung des eintretenden Partners allmählich auf das gleiche Niveau wie das des aufnehmenden Partners anwächst. Dies ist aber – gleichwertige Leistungen unterstellt – nichts anderes als ein Kaufpreisersatz für den erworbenen Sozietätsanteil. Das Gewinnaufbaumodell ist auch tatsächlich in den meisten Fällen der Aufnahme eines angestellten Sozius ein angemessener Interessenausgleich zwischen den Betei- **153** ligten. Ob dieses Modell aus steuerlichen Gründen der Weisheit letzter Schluss ist, muss bezweifelt werden. Hierzu sind vom Verfasser an anderer Stelle ausführliche Bemerkungen gemacht worden.[257]

154 Die Problematik wird aber brisant, wenn es um das **Ausscheiden des aufnehmenden Sozius** geht. In diesem Fall sehen Sozietätsverträge von kleineren und mittleren Anwaltspraxen wohl noch am häufigsten eine Versorgungsrente zugunsten des „Alt-"Sozius und seiner Hinterbliebenen vor. Die Gefahren, die mit einer solchen Versorgungsregelung verbunden sind, insbesondere die Gefahr einer Überforderung des Jung-Sozius, werden zunehmend erkannt. Deshalb empfiehlt sich, wenn tatsächlich das Modell „Versorgungsrente" gewählt wird – was nach Auffassung des Verfassers nicht anzuraten ist – zumindest eine Begrenzung der Versorgungsbezüge auf einen Prozentsatz des jeweiligen Jahresergebnisses der Praxis. So wird es auch in diesem Formular und dem Mustervertrag des Deutschen Anwaltvereins gehandhabt.[258]

155 Auch im zweiten Fall, der **Einbringung der beiden Einzelpraxen in eine gemeinsame Sozietät**, stellt sich die Frage der Bewertung. Es wird sicherlich nicht als gerecht empfunden werden, wenn der Partner mit dem höheren Überschuss seiner Einzelpraxis keinen finanziellen Ausgleich dafür erhält, dass er seine Einkünfte zukünftig mit dem anderen Partner teilt.

M 203 **b) Muster: Sozietätsvertrag zwischen zwei Rechtsanwälten**

156 Inhalt
- I. Grundlagen der Gesellschaft
  - § 1 Gemeinschaftliche Berufsausübung
  - § 2 Rechtsform, Name, Sitz
  - § 3 Gesellschafter
- II. Verwaltung der Gesellschaft
  - § 4 Geschäftsführung, Vertretung
  - § 5 Gesellschafterversammlung
- III. Gesellschafterrechte und -pflichten
  - § 6 Krankheit, Urlaub
  - § 7 Wettbewerbsverbot
  - § 8 Informationsrecht/Verschwiegenheitspflicht
- IV. Vermögensverfassung
  - § 9 Jahresabschluss/Wirtschaftsplan
  - § 10 Gesellschafterkonten
  - § 11 Vermögens- und Ergebnisbeteiligung
  - § 12 Entnahmen
- V. Veränderungen im Gesellschafterbestand
  - § 13 Verfügung über Gesellschaftsanteile
  - § 14 Aufnahme neuer Sozien
  - § 15 Ausschluss eines Sozius
  - § 16 Kündigung eines Sozius
  - § 17 Berufsunfähigkeit/Altersgrenze/Tod
- VI. Rechtsfolgen des Ausscheidens
  - § 18 Mandatsüberleitung
  - § 19 Auseinandersetzungsguthaben

---

[257] *Heid*, DStR 1998, 1565 ff.
[258] Vgl. DAV-Ratgeber „Mustervertrag für örtliche Sozietät"/*Weipert*/*Vorbrugg*, S. 295, 304 (§ 17).

§ 20 Versorgung von Sozien
VII. Beendigung der Gesellschaft/Sonstiges
  § 21 Dauer der Gesellschaft
  § 22 Auflösung
  § 23 Schiedsgericht
  § 24 Schlussbestimmungen

Sozietätsvertrag
Zwischen
Herrn A, Rechtsanwalt
und
Herrn B, Rechtsanwalt
  – im Folgenden kurz „Sozien" genannt –
wird folgender Sozietätsvertrag zum Zwecke der gemeinschaftlichen Berufsausübung geschlossen:

I. Grundlagen der Gesellschaft

§ 1 Gemeinschaftliche Berufsausübung
(1) Die Sozien üben ihre Tätigkeit als Rechtsanwälte dauernd gemeinschaftlich aus.
(2) Die Mandate werden, soweit zulässig, im Namen der Sozietät angenommen. Jeder Sozius hat das Recht, Mandate anzunehmen und zu kündigen.
(3) Soweit Mandate nicht von der Sozietät angenommen werden können, etwa Gutachteraufträge, Insolvenzverwaltungen, Testamentsvollstreckungen, Nachlasspflegschaften, Betreuungen, Tätigkeiten als Schiedsrichter, Aufsichtsrat oder Beirat usw., werden die Honorare hieraus im Innenverhältnis für Rechnung der Sozietät behandelt.
(4) Die Sozien verpflichten sich, ihre volle Arbeitskraft der Sozietät zu widmen. Bei der Einteilung der Arbeitszeit stehen die gemeinsamen Interessen im Vordergrund, jedoch ist auf die individuellen Einteilungswünsche im Sinne einer freiberuflichen Tätigkeit großzügig Rücksicht zu nehmen.
(5) Wissenschaftliche Tätigkeit einschließlich Lehrtätigkeit, Tätigkeit in anwaltlichen Berufsorganisationen und in der anwaltlichen Selbstverwaltung sowie politische, journalistische und ehrenamtliche richterliche Tätigkeit sind zulässig, sofern sie ein angemessenes Maß nicht überschreiten.
(6) Die Sozien halten die von ihnen getätigten Arbeiten mandatsbezogen in möglichst einheitlicher Form abrechnungsgeeignet fest.

§ 2 Rechtsform, Name, Sitz
(1) Diese Gesellschaft ist eine Gesellschaft bürgerlichen Rechts. Es finden ergänzend die §§ 705 ff. BGB Anwendung.
(2) Die Sozietät tritt im Geschäftsverkehr auf unter der Bezeichnung
A & B Rechtsanwälte.
(3) Auf den Geschäftspapieren der Sozietät, Praxisschildern und sonstigen schriftlichen Verlautbarungen, die sich an Dritte richten, werden die Namen beider Sozien aufgeführt. Die Reihenfolge entspricht dem Zeitpunkt des Eintritts in die Sozietät.
(4) Neben den Namen der Sozien werden auf den Briefbögen und Praxisschildern Mitarbeiter, die als Rechtsanwälte zugelassen sind, nach entsprechender Bewährung in der Praxis aufgeführt.
(5) Die Sozien gestatten einander wechselseitig, ihren Namen über ihr Ausscheiden hinaus in dem Namen der Sozietät sowie auf den Briefbögen und Praxisschildern fortzuführen, soweit nicht der Fortführung standesrechtliche Bestimmungen und/oder wichtige Gründe in der Person des ausgeschiedenen Sozius entgegenstehen. Dies gilt auch für den Fall, dass die Sozietät in eine andere Rechtsform umgewandelt wird, etwa in eine Partnerschaftsgesellschaft oder Rechtsanwalts-GmbH.
(6) Sitz der Sozietät ist _____ (Ort). Die Praxisräume befinden sich in _____ (Ort), _____ (Straße).

§ 3 Gesellschafter
Gesellschafter sind:
a) Herr A, Rechtsanwalt,
   mit einem Anteil von   50%
b) Herr B, Rechtsanwalt,
   mit einem Anteil von   50%.

II. Verwaltung der Gesellschaft

§ 4 Geschäftsführung, Vertretung
(1) Jeder Sozius ist zur Geschäftsführung allein berechtigt. Die Geschäftsführungsbefugnis erstreckt sich auf alle Geschäfte, Maßnahmen und Willenserklärungen, die der gewöhnliche Betrieb der Kanzlei mit sich bringt, mit der Maßgabe, dass für alle darüber hinausgehenden Geschäfte, Maßnahmen und Willenserklärungen eine Zustimmung des anderen Sozius erforderlich ist.
(2) Das Widerspruchsrecht des § 711 BGB bleibt unberührt.
(3) Abs. 1 und 2 gelten nur für diejenigen Geschäfte und geschäftsähnlichen Handlungen, die nicht unmittelbar die Berufsausübung betreffen. Im Rahmen der Berufsausübung ist der Sozius in der alleinigen Geschäftsführung und Vertretung nicht beschränkt (vgl. § 1 Abs. 2 S. 2).
(4) Die Sozien sind einzeln vertretungsberechtigt. Die Beschränkungen der Geschäftsführungsbefugnis gemäß Abs. 1 und 2 berühren die Vertretungsbefugnis nicht.
(5) Den Sozien wird für alle Handlungen gesellschaftsrechtlicher Art mit der Gesellschaft Befreiung von den Beschränkungen des § 181 BGB erteilt.
(6) Die Sozien verpflichten sich, bei Mandaten mit besonderem Haftungsrisiko, die nur nach vorheriger Abstimmung mit dem anderen Sozius angenommen werden dürfen, durch Individualvereinbarung mit den Mandanten eine Haftungsbeschränkung auf die Haftpflichtversicherungssumme der Sozietät von 1 Mio. EUR und den Ausschluss der gesamtschuldnerischen Haftung, d.h. eine Haftungskonzentration auf den jeweils mit der Bearbeitung der Angelegenheit befassten Sozius (handelnder Sozius), zu vereinbaren. Diese Haftungsbeschränkung wird im Rahmen der nach § 51a BRAO (für leichte Fahrlässigkeit) gebotenen Möglichkeiten auch Gegenstand der Allgemeinen Geschäftsbedingungen, die möglichst in jedem Mandatsvertrag mit der Sozietät vereinbart werden sollen.

§ 5 Gesellschafterversammlung
(1) Jeder Sozius kann eine Gesellschafterversammlung schriftlich unter Angabe von Ort, Tag, Uhrzeit und Tagesordnung einberufen, unter Beachtung einer Frist von mindestens vier Wochen bei ordentlichen Gesellschafterversammlungen und einer Frist von mindestens zwei Wochen bei außerordentlichen Gesellschafterversammlungen. Auf die Einladungsformalitäten kann verzichtet werden, wenn beide Sozien anwesend oder vertreten sind und kein Widerspruch wegen der nicht form- und fristgerechten Einberufung erhoben wird.
(2) Die ordnungsgemäß einberufene Gesellschafterversammlung ist beschlussfähig, wenn beide Sozien vertreten sind. Erweist sich die Gesellschafterversammlung wegen Fehlens eines Sozius als beschlussunfähig, so ist binnen zwei Wochen eine zweite Gesellschafterversammlung mit gleicher Tagesordnung einzuberufen, die auch bei Fehlen eines Sozius beschlussfähig ist, es sei denn, das Fehlen ist entschuldigt. In diesem Fall ist der fehlende Gesellschafter verpflichtet, sich auf eine schriftliche Beschlussfassung einzulassen, die voraussetzt, dass mit der Aufforderung zur schriftlichen Stimmabgabe die Beschlussvorlage ausreichend schriftlich erläutert bzw. begründet wird. Die schriftliche Stimmabgabe hat binnen fünf Tagen seit der Aufforderung zu erfolgen, wobei für die Fristbestimmung jeweils der Zugang maßgebend ist. Eine Nichtabgabe der Stimme innerhalb der Frist gilt als Zustimmung.
(3) Eine schriftliche Beschlussfassung der Sozien ist zulässig, wenn beide Sozien sich mit dieser Art der Abstimmung einverstanden erklären. Der die schriftliche Beschlussfassung herbeiführende Sozi-

us hat unverzüglich nach Durchführung des schriftlichen Abstimmungsverfahrens dem anderen Sozius das Beschlussergebnis schriftlich mitzuteilen.
(4) Jeder Sozius hat eine Stimme.

III. Gesellschafterrechte und -pflichten

§ 6 Krankheit, Urlaub
(1) Ist ein Sozius durch Krankheit, Unfall oder einen sonstigen in seiner Person liegenden Grund, jedoch ohne sein Verschulden, wobei leichte Fahrlässigkeit nicht als Verschulden gilt, für längere Zeit an der Ausübung seiner Berufstätigkeit verhindert, so hat ihn der andere Sozius bis zu einer Dauer von drei Monaten im Jahr zu vertreten. Dauert die Krankheit – nicht dauernde Berufsunfähigkeit – länger und ist der andere Sozius nicht in der Lage, den erkrankten Sozius weiter zu vertreten, so ist ein Vertreter zu bestellen, der die Zustimmung beider Sozien hat, und dessen Kosten zu Lasten des vertretenen Sozius gehen, die als steuerliche Sonderbetriebsausgaben zu behandeln sind.
(2) Jeder Sozius ist verpflichtet, eine Krankentagegeldversicherung in Höhe von mindestens 150 EUR vom ersten Tag des Krankenhausaufenthalts an sowie eine Krankentagegeldversicherung in Höhe von mindestens 200 EUR vom 91. Tage der Krankheit an abzuschließen. Die Zahlung der Prämien für die genannten Versicherungen erfolgt (gebucht als Entnahme) durch die Sozietät. Zahlt die Krankentagegeldversicherung aus Gründen, die die Sozietät zu vertreten hat, kein Tagegeld, ist dem betroffenen Sozius dieser Verlust durch Erhöhung seines Gewinnanteils entsprechend auszugleichen.
(3) Die Sozien sind im Interesse der Erhaltung ihrer Gesundheit verpflichtet, den ihnen zustehenden Urlaub zu nehmen. Jeder Sozius hat bis zur Vollendung des 45. Lebensjahres 25 Tage Jahresurlaub, nach Vollendung des 45. Lebensjahres 28 Tage, nach Vollendung des 50. Lebensjahres 30 Tage (jeweils gerechnet fünf Arbeitstage pro Woche).

§ 7 Wettbewerbsverbot
(1) Die Sozien dürfen während der Dauer ihrer Zugehörigkeit zur Sozietät in den Tätigkeitsbereichen der Sozietät weder für eigene noch für fremde Rechnung entgeltlich oder unentgeltlich tätig werden noch Mitglied des gesetzlichen Vertretungsorgans oder persönlich haftender Gesellschafter bei einer anderen Rechtsanwalts-, Steuerberatungs- oder Wirtschaftsprüfungssozietät oder einem ähnlich organisierten Unternehmen sein. Ihnen ist untersagt, sich an der Kanzlei eines Berufsträgers der vorstehend bezeichneten Qualifikation zu beteiligen. Die Gesellschafterversammlung kann in begründeten, im Interesse der Sozietät liegenden Fällen Ausnahmen von diesen Beschränkungen zulassen. Die Annahme von Ehrenämtern oder Aufträgen bei berufsständischen Organisationen/Institutionen sowie im Bereich der gewerblichen Wirtschaft soll mit Zustimmung des anderen Gesellschafters gestattet werden. Der Zustimmung bedarf es nicht, wenn derartige Tätigkeiten die volle Arbeitskraft, die der Sozius der Sozietät schuldet, nicht oder kaum beeinflussen. Darüber hinausgehende Nebentätigkeiten bedürfen in jedem Einzelfall der vorherigen schriftlich zu erteilenden Zustimmung der Gesellschafterversammlung.
(2) Die Sozien dürfen während der Dauer ihrer Zugehörigkeit zur Sozietät darüber hinaus ohne vorherige, schriftlich zu erteilende Zustimmung der Gesellschafterversammlung – unbeschadet berufsrechtlicher Vorschriften über mit dem Beruf unvereinbare gewerbliche Tätigkeiten – weder im Bereich der gewerblichen Wirtschaft entgeltliche oder unentgeltliche Tätigkeiten ausüben noch mittelbar oder unmittelbar an einem anderen Unternehmen beteiligt sein. Bei gewerblichen Unternehmen gilt Aktienbesitz, Besitz von Geschäftsanteilen an Kapital- oder Personengesellschaften mit einer Beteiligung von unter 25% nicht als Beteiligung im Sinne dieser Bestimmung.

§ 8 Informationsrecht/Verschwiegenheitspflicht
(1) eder Sozius kann jederzeit in Angelegenheiten der Sozietät – innerhalb oder außerhalb der Gesellschafterversammlung – Auskunft verlangen und sämtliche Bücher und Papiere der Sozietät einse-

hen, überprüfen und von ihnen Ablichtungen oder Abschriften anfertigen, um sich über die Vermögens- und Ertragslage der Sozietät oder auch einzelner Maßnahmen der Sozietät zu informieren. Das Informations- und Kontrollrecht bezieht sich auch auf alle Bücher und Unterlagen, die der Ermittlung steuerlicher Bemessungsgrundlagen dienen.
(2) Die Sozien sind zur Verschwiegenheit über die Verhältnisse der Sozietät – auch nach dem Ausscheiden – verpflichtet.

IV. *Vermögensverfassung*

§ 9 Jahresabschluss/Wirtschaftsplan
(1) Geschäftsjahr ist das Kalenderjahr.
(2 Für das vergangene Geschäftsjahr ist ein Jahresabschluss zu erstellen.
(3) Am Ende des Geschäftsjahres ist ein Wirtschaftsplan für das kommende Jahr aufzustellen. Einzelheiten bleiben einem gesonderten Beschluss vorbehalten.

§ 10 Gesellschafterkonten
(1) Für jeden Sozius wird ein Kapitalkonto I geführt (Festkonto).
(2) Darüber hinaus wird für jeden Sozius ein Kapitalkonto II (Gesellschafterdarlehen) eingerichtet. Auf diesem Konto werden die anteiligen Jahresergebnisse sowie die Entnahmen und Einlagen verbucht. Eine Verzinsung der Kapitalkonten II erfolgt nicht, da diese jeweils nach Feststellung des Jahresabschlusses durch Ein- bzw. Auszahlungen gleichzustellen sind.
(3) Neben den Kapitalkonten I und II werden im Bedarfsfall Kapitalkonten III als Darlehenssonderkonten eingerichtet.

§ 11 Vermögens- und Ergebnisbeteiligung
(1) Am Vermögen sowie am Gewinn und Verlust sind die Sozien in dem Verhältnis beteiligt, in dem sie Anteile am Festkapital (Kapitalkonten I) halten.
(2) Für die laufende Gewinnermittlung gilt der Grundsatz der Beibehaltung der bisherigen Ansatz- und Bewertungsgrundsätze. Diese können nur einvernehmlich durch Beschluss geändert werden.
(3) Jeder Sozius ist berechtigt, die Anschaffung eines zu betrieblichen Zwecken genutzten Personenkraftwagens durch die Sozietät zu verlangen. Die Abschreibungen und die Betriebskosten sind, soweit steuerlich zulässig, Betriebsausgaben der Sozietät.
    a) Im Innenverhältnis gilt die anteilige private Pkw-Nutzung nicht als Entnahme und ist entsprechend auch nicht zu verbuchen, sondern außerhalb des Jahresabschlusses im Rahmen der einheitlichen Gewinnfeststellung zu berücksichtigen.
    b) Die vorgenannten Betriebskosten und Abschreibungen des von dem jeweiligen Sozius genutzten Pkw sind jedoch vor Gewinnverteilung dem Gesamtgewinn hinzuzurechnen und von dem danach auf den jeweiligen Sozius entfallenden Gewinnanteil abzuziehen. Lediglich die Finanzierungskosten werden ohne Umlegung auf den jeweiligen Sozius von der Sozietät getragen.
    c) Entstehen Gewinne oder Verluste bei Verkauf oder Verlust des Pkw bzw. durch Versicherungsleistungen o.ä. mit entsprechenden Differenzen zum jeweiligen Buchwert, sind diese Gewinne und Verluste genauso zu berücksichtigen wie die Betriebskosten und Abschreibungen. Bei Ausscheiden eines Sozius ist der auf seinen Wunsch angeschaffte Pkw von ihm oder seinen Rechtsnachfolgern zum DAT-Schätzwert zu übernehmen. Differenzen zum Buchwert werden in vorgenannter Weise behandelt.
    d) Alternativ zur Anschaffung eines Pkw kann jeder Sozius den Abschluss eines Leasingvertrages über einen Pkw verlangen. Die Leasingkosten werden wie die Kosten eines angeschafften Pkw bei der Gewinnverteilung berücksichtigt. Bei Ausscheiden des Sozius ist der Leasingvertrag von ihm oder seinem Rechtsnachfolger zu übernehmen.

e) Sozien, für die von der Sozietät kein Pkw angeschafft oder geleast wird und die für Dienstfahrten ihren eigenen Pkw benutzen, erhalten hierfür eine Erstattung in Höhe der jeweils geltenden steuerlichen Pauschalbeträge. Diese Aufwendungen werden als Betriebsausgaben gebucht und bleiben bei der Gewinnverteilung unberücksichtigt.

(4) Vor Verteilung von Gewinn und Verlust sind ferner über Aufwand bzw. Ertrag zu verbuchen:
    a) Rentenzahlungen an ausgeschiedene Sozien bzw. deren Witwen, saldiert mit der Auflösung des Rückstellungsbetrages (Zinsanteil der Rentenzahlungen);
    b) im Einzelfall festzulegende Zinsen für Darlehenssonderkonten der Sozien (Kapitalkonten III);
    c) steuerlich nicht abzugsfähige Praxisausgaben (Spenden, Anteile an Bewirtungskosten, Geschenke, Prämien für Risikoversicherungen usw.).

(5) Für Haftpflichtfälle vereinbaren die Sozien im Innenverhältnis, dass bei leichter Fahrlässigkeit der zu leistende Schadenersatz als Betriebsausgabe der Sozietät gilt. Bei grob fahrlässiger oder vorsätzlicher Schädigung fällt der Schaden dem verursachenden Sozius allein zur Last, soweit nicht die Haftpflichtversicherung den Schaden deckt.

§ 12 Entnahmen
(1) Jeder Sozius ist berechtigt, den auf ihn entfallenden monatlichen Entnahmebetrag, der zu Beginn des Jahres entsprechend der Vermögens- und Ertragslage beschlossen wird, zu entnehmen. Hieraus hat er die auf ihn entfallenden Steuern zu leisten.
(2) Darüber hinausgehende Entnahmen bedürfen eines gesonderten Beschlusses. Die Beschlussfassung hat sich zu orientieren an der Vermögens- und Finanzlage der Sozietät, ferner an den geplanten Investitionen gemäß Wirtschaftsplan.

V. Veränderungen im Gesellschafterbestand

§ 13 Verfügung über Gesellschaftsanteile
(1) Die Verfügung über den Anteil an der Sozietät oder Teile des Anteils unter Lebenden bedarf der Einwilligung des anderen Sozius.
(2) Die Anteile an der Sozietät dürfen weder für Rechnung eines Dritten gehalten noch verpfändet noch sonst in irgendeiner Weise mit Rechten Dritter, insbesondere nicht mit einem Nießbrauch, belastet werden. Die Ansprüche der Sozien gegenüber der Sozietät oder untereinander aus dem Gesellschaftsverhältnis, gleich aus welchem Rechtsgrund, insbesondere der Anspruch auf anteiligen Jahresüberschuss, Auseinandersetzungsguthaben und anteiligen Liquidationserlös, sind nicht auf Dritte übertragbar.

§ 14 Aufnahme neuer Sozien
(1) Die Sozietät ist grundsätzlich offen für die Aufnahme neuer Sozien. Voraussetzung für die Aufnahme ist neben der erforderlichen Zulassung als Rechtsanwalt die persönliche, einwandfreie Integrität, eine überdurchschnittliche Berufsqualifikation, ferner die Bereitschaft, mit den vorhandenen Sozien in loyaler und kooperativer Form zusammenzuarbeiten.
(2) Die Aufnahme eines neuen Sozius ist in der Regel möglich nach einer Tätigkeit von fünf Jahren in der Sozietät, nicht jedoch vor Vollendung des 35. Lebensjahres.
(3) Der neu aufgenommene Sozius ist in dem Verhältnis am Vermögen inkl. stiller Reserven und dem Praxiswert sowie am Jahresergebnis der Sozietät beteiligt, in dem er Anteile am Festkapital (Kapitalkonten I) übernommen hat.

§ 15 Ausschluss eines Sozius
(1) Auf Antrag eines Sozius ist ein Verfahren über den Ausschluss des anderen Sozius aus der Sozietät einzuleiten, wenn in seiner Person ein wichtiger Grund i.S.d. § 133 HGB, § 723 BGB vorliegt, insbesondere:

a) wenn er gegen das gesellschaftsvertraglich vereinbarte Wettbewerbsverbot oder gegen § 13 verstößt;
b) wenn er durch von ihm zu vertretende, in seiner Person oder in seinem Verhalten liegende Gründe nachhaltig das Ansehen der Sozietät schädigt;
c) wenn über das Vermögen eines Sozius durch rechtskräftigen Beschluss das Insolvenzverfahren oder die Eröffnung des Insolvenzverfahrens mangels Masse abgelehnt wird oder ein Gläubiger aufgrund eines nicht nur vorläufig vollstreckbaren Titels den Anteil an der Sozietät pfändet und die Pfändung nicht binnen zweier Monate seit Zustellung des Pfändungs- und Überweisungsbeschlusses wieder aufgehoben wird;
d) wenn er seine Berufszulassung verliert.

(2) Der Ausschluss bedarf eines einstimmigen Beschlusses der übrigen Sozien. Das Stimmrecht des betroffenen Sozius ruht bei diesem Beschluss.
(3) Der Ausschließungsbeschluss kann von dem betroffenen Sozius binnen einer Frist von zwei Wochen nach Bekanntgabe des Beschlusses angefochten werden. Der Ausschluss wird in diesem Fall erst wirksam, wenn dieser durch das Schiedsgericht, welches von dem betroffenen Sozius spätestens binnen zwei weiterer Wochen anzurufen ist, rechtskräftig festgestellt worden ist.

§ 16 Kündigung eines Sozius
(1) Eine Kündigung der Beteiligung ist erstmalig auf den 31.12. des fünften Jahres nach dem Abschluss dieses Vertrages möglich, danach zu dem Ende eines jeden dritten Jahres, jeweils mit einer Kündigungsfrist von einem Jahr. Die Kündigung bedarf der Schriftform.
(2) Kündigt ein Privatgläubiger eines Sozius die Gesellschaftsbeteiligung, so scheidet der betreffende Sozius aus der Gesellschaft aus. Der Gläubiger wird gemäß § 19 dieses Vertrages abgefunden.

§ 17 Berufsunfähigkeit/Altersgrenze/Tod
(1) Ein Sozius scheidet aus der Sozietät aus, wenn
a) er vor Vollendung des 65. Lebensjahres dauernd berufsunfähig wird,
b) er nach Vollendung des 65. Lebensjahres seinen Austritt erklärt,
c) er das 67. Lebensjahr vollendet hat; bei Zustimmung der anderen Sozien ist auch eine längere Mitarbeit als freier Mitarbeiter möglich;
d) er stirbt.

(2) Einem aus Gründen des Abs. 1 ausscheidenden Sozius ist es verwehrt, ohne Abstimmung mit dem anderen Sozius Mandate von Auftraggebern der Sozietät zu übernehmen. Für jeden Fall der Zuwiderhandlung ist der Ausgeschiedene verpflichtet, einen Jahresumsatz des mit diesem Mandanten vereinbarten Honorars an die Sozietät abzuführen.

VI. Rechtsfolgen des Ausscheidens

§ 18 Mandatsüberleitung[259]
(1) Scheidet ein Sozius aufgrund einer Kündigung oder aufgrund eines Ausschlusses aus der Sozietät aus, ist vorrangig eine Einigung darüber zu erzielen, dass die von dem ausscheidenden Sozius allein oder mitbetreuten Mandate auf die Sozietät in geeigneter Weise übergeleitet werden.
(2) Kommt eine Einigung hierüber nicht innerhalb eines halben Jahres ab Kündigung zustande, im Falle des Ausschlusses innerhalb eines Monats ab dem Ausschließungsbeschluss, so haben die Sozien alle von dem Ausscheidenden teilweise oder allein betreuten Mandanten gemäß § 32 der Berufsordnung und Fachanwaltsordnung für Rechtsanwälte vom 10.12.1996 darüber zu befragen, wer künftig ihre laufenden Sachen bearbeiten soll.

---

[259] Vgl. hierzu im Einzelnen *Hartung/Holl*, § 32 BerufsO (S. 765 ff.).

(3) Kommt auch über die Art der Befragung oder den Kreis der zu befragenden Mandanten keine Verständigung zustande, so hat die Befragung in einem gemeinsamen Rundschreiben an alle von dem Ausscheidenden benannten Mandanten, für die er im letzten Jahr vor dem Ausscheiden tätig war, zu erfolgen.
(4) Kommt auch hierüber eine Verständigung innerhalb von einem weiteren Monat nicht zustande und hat auch innerhalb eines nochmaligen weiteren Monats ein Vermittlungsversuch des Vorstandes der für die Kanzlei zuständigen Rechtsanwaltskammer keinen Erfolg, sind sowohl die Sozietät als auch der ausscheidende Sozius berechtigt, durch ein sachlich gehaltenes Schreiben einseitig die Entscheidung aller Mandanten einzuholen, deren Mandatsbeziehung der Ausscheidende auf sich überzuleiten wünscht.

§ 19 Auseinandersetzungsguthaben
(1) Scheidet ein Sozius gemäß §§ 15, 16 aus der Sozietät aus, ist zur Ermittlung des Auseinandersetzungsguthabens (Abfindung) eine Auseinandersetzungsbilanz auf den Tag des Ausscheidens (Stichtag) zu erstellen.
(2) Das Auseinandersetzungsguthaben des ausscheidenden Sozius besteht zunächst in dem Guthaben der für ihn in der Sozietät geführten Konten, insbesondere Darlehenskonten. Darüber hinaus erhält der ausscheidende Sozius den seiner Quote entsprechenden Anteil am Eigenkapital der Sozietät, jedoch ausschließlich Forderungen; maßgeblich sind die Buchwerte am Ende des Jahres, in dem der Sozius aus der Sozietät ausscheidet. Insbesondere findet keine Vergütung für einen eventuell vorhandenen (fiktiven) Aktivposten „Praxiswert" statt.
(3) Der ausscheidende Sozius ist an schwebenden Geschäften nicht beteiligt. Er nimmt am Gewinn und Verlust der Gesellschaft bis zum Auseinandersetzungsstichtag teil. Die bis zu seinem Ausscheiden erfolgten Entnahmen und Einlagen sind zu berücksichtigen.
(4) Der ausscheidende Sozius kann keine Sicherheit für sein Auseinandersetzungsguthaben von der Gesellschaft verlangen.
(5) Die Auszahlung des Auseinandersetzungsguthabens erfolgt in zehn gleichen Vierteljahresraten, beginnend sechs Monate nach dem Ausscheiden des Sozius, frühestens jedoch nach Erstellung der Auseinandersetzungsbilanz und Übertragung des Festkapitals auf die verbleibenden Gesellschafter. Das Auseinandersetzungsguthaben ist mit 2,5% über dem maßgebenden Zinssatz gemäß Diskontsatz-Überleitungsgesetz zu verzinsen.
(6) Sollte die vereinbarte Auseinandersetzungsregelung, aus welchem Grund auch immer, unzulässig sein, ist eine gültige Auseinandersetzungsregelung nach den zum Zeitpunkt des Ausscheidens geltenden gesetzlichen Bestimmungen bzw. nach der Rechtsprechung maßgebend, wobei der niedrigstmögliche Ansatz zu wählen ist.

§ 20 Versorgung von Sozien[260]
(1) Scheidet ein Sozius gemäß § 17 aus der Sozietät aus, erhalten er und seine Angehörigen lebenslang Versorgungsbezüge nach Maßgabe der nachfolgenden Vorschriften, sofern er der Sozietät zehn Jahre lang angehört hat.
(2) Bemessungsgrundlage für die Pension ist das Grundgehalt der Stufe A 15 (Regierungsdirektor) gemäß höchster Besoldungs- und Dienstaltersstufe einschließlich Zuschläge, jedoch ohne Familienzuschlag und ohne Beihilfen. Scheidet ein Sozius vor Vollendung des 65. Lebensjahres wegen dauernder Berufsunfähigkeit aus, so ist die tatsächliche Dienstaltersstufe zugrundezulegen. Für die Festlegung der jeweiligen Dienstaltersstufe ist das Eintrittsdatum in die Sozietät maßgebend.
(3) Die Versorgungsleistung besteht aus:

---
[260] Eine Abfindungsregelung in Form einer Pensionszusage ist nach Auffassung des Verfassers nicht zu empfehlen (zu den Gründen siehe Rn 104 f.). Vorzuziehen ist die Regelungssystematik und der Regelungsinhalt des Musters „Sozietätsvertrag zwischen fünf Rechtsanwälten" (Rn 156, §§ 20 ff.).

a) einer Alters- bzw. Berufsunfähigkeitsrente in Höhe von 75% der vorstehenden Bemessungsgrundlage;
b) einer Witwenrente von 60% der Alters- bzw. Berufsunfähigkeitsrente, die der Pensionsberechtigte bezogen hätte, wenn er zu diesem Zeitpunkt dienstunfähig geworden wäre; die Witwenrente ist entsprechend zu kürzen, wenn die Witwe gegenüber ihrem verstorbenen Ehegatten mehr als zehn Jahre jünger ist; für jedes Jahr, das die Grenze von zehn Jahren überschreitet, erfolgt eine jährliche Kürzung von 3 v.H. Die Witwenrente entfällt bei Wiederverheiratung;
c) einer Waisenrente in Höhe von 10% der Alters- bzw. Berufsunfähigkeitsrente für jedes unterhaltsberechtigte Kind; die Waisenrente wird darüber hinaus gewährt, solange sich die Berechtigten in einer Schul- oder Berufsausbildung befinden und kein eigenes Einkommen haben, längstens jedoch bis zur Vollendung des 25. Lebensjahres.

(4) Die Hinterbliebenenbezüge dürfen insgesamt das ihrer Berechnung zugrunde liegende Ruhegehalt nicht übersteigen, andernfalls werden sie anteilig gekürzt.

(5) Die Sozien können durch einstimmigen Beschluss den Abschluss einer Rückdeckungsversicherung bzw. die Aufstockung der vorhandenen Rückdeckungsversicherung beschließen. Die anfallenden Versicherungsprämien stellen gesellschaftsrechtlich Betriebsausgaben dar; der jeweilige Rückkaufswert ist zu aktivieren.

(6) Bei Eintritt des Versorgungsfalls können der Berechtigte bzw. dessen Angehörige wählen, ob ihnen der Barwert der Versicherung in Anrechnung auf ihre Versorgungsansprüche ausgezahlt wird.

(7) Die Verpflichtung der Sozietät zur Zahlung von Versorgungsrenten ist für ein Kalenderjahr auf 20% des Jahresgewinns der Sozietät begrenzt. In diesem Fall sind die Versorgungsleistungen anteilig zu kürzen, jedoch sind alle Umstände des einzelnen Falles, insbesondere auch eine anderweitig gesicherte Versorgung des Berechtigten, zu berücksichtigen und Härten nach Möglichkeit zu vermeiden.

(8) Versorgungsrenten nach diesem Vertrag sind am Ende eines jeden Monats fällig.

VII. Beendigung der Gesellschaft/Sonstiges

§ 21 Dauer der Gesellschaft
(1) Die Dauer der Gesellschaft ist unbestimmt.
(2) Scheidet ein Sozius, gleich aus welchem Grund (vgl. §§ 15 bis 17), aus der Sozietät aus, wird die Sozietät nicht aufgelöst, sondern von den verbleibenden Sozien mit oder ohne Aufnahme des Nachfolgers des ausscheidenden Sozius fortgeführt.
(3) Kündigt ein Sozius oder scheidet er aus sonstigen Gründen, jedoch mit Ausnahme der Fälle des § 17, aus der Gesellschaft aus, so ist jeder der übrigen Sozien berechtigt, auch seinerseits mittels Anschlusskündigung die Gesellschaft auf denselben Zeitpunkt zu kündigen. Die Anschlusskündigung muss innerhalb einer Frist von einem Monat nach Eingang der Kündigung bei der Gesellschaft oder dem Ereignis erklärt werden. Hat die Mehrheit der Sozien – maßgebend sind die Stimmrechtsverhältnisse – gekündigt bzw. die Anschlusskündigung ausgesprochen, so tritt die Gesellschaft in Liquidation, an der sodann alle Sozien, auch der zuerst kündigende bzw. ausscheidende, teilnehmen.

§ 22 Auflösung
(1) Die Auflösung ist nach den gesetzlichen Bestimmungen der §§ 729 ff. BGB durchzuführen.
(2) Der Liquidationserlös ist nach den Beteiligungsverhältnissen, ferner unter Berücksichtigung der Kapitalkonten, auf die Sozien zu verteilen.
(3) Die der Sozietät erteilten Mandate werden nach den Wünschen der Auftraggeber weitergeführt, nachdem diese gemeinschaftlich schriftlich befragt worden sind (Realteilung). Soweit keine Bestimmungen durch die Auftraggeber getroffen werden, werden diese Mandate nach berufsüblichen Grundsätzen verteilt.

(4) Die Sozien sind verpflichtet, die der Berufsverschwiegenheit unterliegenden Akten und sonstigen Gegenstände dem betreffenden Sozius auszuhändigen, der die jeweiligen Mandate übernimmt. Alle Sozien unterliegen auch nach Auflösung der Sozietät der Verschwiegenheit.

§ 23 Schiedsgericht
Alle Streitigkeiten aus diesem Vertrag oder über seine Gültigkeit, die zwischen den Sozien und/oder zwischen einem oder mehreren Sozien einerseits und der Sozietät andererseits entstehen, werden unter Ausschluss des ordentlichen Rechtsweges von einem Schiedsgericht endgültig entschieden. Die Schiedsvereinbarung ist in einer gesonderten Urkunde als Anlage zu diesem Vertrag niedergelegt.

§ 24 Schlussbestimmungen
(1) Sollten einzelne Bestimmungen dieses Vertrages nichtig oder unwirksam sein oder werden bzw. Formfehler, Lücken oder Widersprüche enthalten, so wird die Gültigkeit des Vertrages hiervon nicht berührt. Die Gesellschafter verpflichten sich vielmehr, etwaige nichtige oder undurchführbare Vertragsbestimmungen oder vorhandene Lücken durch Bestimmungen zu ersetzen oder zu ergänzen, die dem wirtschaftlichen Willen der Gesellschafter am nächsten kommen. Dies gilt auch für den Fall, dass Teile dieses Vertrages zwecks Wirksamkeit der notariellen Form bedürfen.
(2) Etwaige Änderungen, Ergänzungen und Berichtigungen dieses Vertrages bedürfen für ihre Gültigkeit der Form eines schriftlichen Nachtrages. Die Nichtbeachtung des Schriftformerfordernis führt zur Unwirksamkeit.
(3) Die Bestimmungen dieses Gesellschaftsvertrages treten mit Wirkung vom _____ in Kraft. _____

c) Muster: Schiedsvertrag

M 204

Schiedsvertrag zum Sozietätsvertrag vom _____

157

zwischen
1. Herrn Rechtsanwalt A
2. Herrn Rechtsanwalt B

Wie in § 23 des Sozietätsvertrages vorgesehen, vereinbaren die Parteien hiermit, dass alle Streitigkeiten aus und im Zusammenhang mit dem am _____ geschlossenen Sozietätsvertrag unter Ausschluss des ordentlichen Rechtswegs durch ein Schiedsgericht entschieden werden, für welches nachstehende Regelungen gelten:

§ 1
Das Schiedsgericht besteht aus zwei Schiedsrichtern und einem Obmann.

§ 2
Die Parteien sollen sich auf die Schiedsrichter und den Obmann innerhalb von zwei Wochen einigen. Kommt die Einigung innerhalb der Frist nicht zustande, ist wie folgt zu verfahren:
(1) Jede Partei benennt einen Schiedsrichter. Nachdem eine Partei unter Darlegung ihres Anspruchs der Gegenpartei schriftlich ihren Schiedsrichter benannt hat, ist die Gegenpartei innerhalb von zwei Wochen zur Benennung ihres Schiedsrichters verpflichtet. Kommt sie dieser Aufforderung nicht innerhalb der Frist nach, so ernennt auf Antrag der anderen Partei der Präsident der Rechtsanwaltskammer _____ den Schiedsrichter. Mehrere Beklagte oder mehrere Kläger können jeweils nur einen Schiedsrichter benennen.
(2) Beide Schiedsrichter haben innerhalb von einem Monat nach der Ernennung des letzten von ihnen einen Obmann zu wählen. Können sich die Schiedsrichter innerhalb dieser Frist nicht auf einen

Obmann einigen, so wird er auf Antrag eines der beiden Schiedsrichter oder einer der beiden Parteien von dem Präsidenten der Rechtsanwaltskammer _____ ernannt.
(3) Die Schiedsrichter müssen Rechtsanwälte sein. Wenn im Zeitpunkt der Anrufung des Schiedsgerichts Wirtschaftsprüfer, Steuerberater oder Patentanwälte Sozien sind, können auch Mitglieder dieser Berufsgruppen zu Schiedsrichtern bestellt werden. Obmann kann nur ein Rechtsanwalt sein. Obmann und anwaltliche Schiedsrichter können auch einer anderen als der für die Parteien zuständigen Rechtsanwaltskammer angehören.

§ 3
Das Schiedsgericht ist auch zu rechtsgestaltender Entscheidung befugt.

§ 4
Für die Hinterlegung des Schiedsspruchs und aller im Rahmen des schiedsgerichtlichen Verfahrens vorzunehmenden gerichtlichen Handlungen wird die Zuständigkeit des Amtsgerichts/Landgerichts _____ vereinbart.

§ 5
Im Übrigen gelten für das Verfahren die Bestimmungen der §§ 1025 ff. ZPO.

2. Sozietätsvertrag zwischen fünf Rechtsanwälten
a) Typischer Sachverhalt (mittelständischer Generationenvertrag)

158 Die Kanzlei hatte bislang folgende Struktur: Vor 15 Jahren entstand aus der ehemaligen Einzelpraxis des Anwalts A eine Sozietät, indem Anwalt A seinen Sohn B in die Sozietät aufnahm. Ein schriftlicher Sozietätsvertrag wurde damals zwischen A und B nicht geschlossen. Da die Praxis gut lief, entstand vor fünf Jahren das Bedürfnis, den damaligen angestellten Anwalt C in die Sozietät aufzunehmen. Schon damals wollten die Beteiligten einen ausführlicheren Sozietätsvertrag in schriftlicher Form verabschieden. Das „leidige" Tagesgeschäft verhinderte es jedoch, dass es zu einem Abschluss eines schriftlichen Vertrages kam. Das einzige, was A, B und C bei der Aufnahme des C vor fünf Jahren „zustandebrachten", war ein Tableau, aus dem hervorgeht, wie C im Verhältnis zu seinen Sozien A und B im Rahmen des so genannten Gewinnaufbaumodells im Laufe der Jahre in eine gleichberechtigte Partnerschaft hineinwächst. Seine Anfangsgewinnbeteiligung betrug 18% und diejenigen der beiden Mitsozien A und B zusammen dementsprechend 82%. Nach diesem Tableau hat C jedes Jahr 2% Beteiligung hinzuerworben, so dass er jetzt nach fünf Jahren bei 28% steht und somit in drei Jahren gleichberechtigt sein wird. A wird entsprechend seinem Alter voraussichtlich in vier Jahren ausscheiden. Schließlich hat sich die Kanzlei auch in den letzten fünf Jahren weiter kontinuierlich gut entwickelt, so dass die beiden angestellten Anwälte D und E, die sich bewährt haben, schon in den „Startlöchern" zur Sozietät stehen. Im Hinblick auf das baldige Ausscheiden von A möchten die Sozien B und C wissen, was beim Ausscheiden von A aus Altersgründen als Abfindungsguthaben fällig wird, und die zukünftigen Sozien D und E interessiert neben dieser selbstverständlich auch die Frage, was sie der Eintritt in die Sozietät kostet. Die Beteiligten haben in monatelangen Verhandlungen erkannt, wie schwierig sich die Materie insbesondere zu den Bewertungsfragen erweist, und haben in teilweiser doch erheblicher Revidierung eigener Standpunkte schließlich einen für alle Beteiligten akzeptablen Kompromiss verhandelt, der im nachfolgenden schriftlichen Sozietätsvertrag dokumentiert werden soll.

b) Muster: Sozietätsvertrag zwischen fünf Rechtsanwälten

M 205

Inhalt
  I. Grundlagen der Gesellschaft (§§ 1–3)
  II. Organe der Gesellschaft (§§ 4–7)
  III. Gesellschafterrechte und -pflichten (§§ 8–10)
  IV. Vermögensverfassung (§§ 11–14)
  V. Veränderungen im Gesellschafterbestand (§§ 15–19)
  VI. Bewertung von Anteilen an der Sozietät (§§ 20–23)
  VII. Beendigung der Gesellschaft/Sonstiges (§§ 24–27)
Anlagen: Planbilanz mit Erläuterungen

Sozietätsvertrag

Zwischen
1. Herrn A, Rechtsanwalt
2. Herrn B, Rechtsanwalt
3. Herrn C, Rechtsanwalt
4. Frau D, Rechtsanwältin
5. Herrn E, Rechtsanwalt
– im Folgenden kurz „Sozien" genannt –
wird folgender Sozietätsvertrag zum Zwecke der gemeinschaftlichen Berufsausübung geschlossen:

I. Grundlagen der Gesellschaft

§ 1 Gemeinschaftliche Berufsausübung
(1) Die Sozien üben ihre Tätigkeit als Rechtsanwälte dauernd gemeinschaftlich aus.
(2) Die Mandate werden, soweit zulässig, im Namen der Sozietät angenommen. Jeder Sozius hat das Recht, Mandate anzunehmen und zu kündigen.
(3) Soweit Mandate nicht von der Sozietät angenommen werden können, etwa Gutachteraufträge, Insolvenzverwaltungen, Testamentsvollstreckungen, Nachlasspflegschaften, Betreuungen, Tätigkeiten als Schiedsrichter, Aufsichtsrat oder Beirat usw., werden die Honorare hieraus im Innenverhältnis für Rechnung der Sozietät behandelt.
(4) Die Sozien verpflichten sich, ihre volle Arbeitskraft der Sozietät zu widmen. Bei der Einteilung der Arbeitszeit stehen die gemeinsamen Interessen im Vordergrund, jedoch ist auf die individuellen Einteilungswünsche im Sinne einer freiberuflichen Tätigkeit großzügig Rücksicht zu nehmen.
(5) Wissenschaftliche Tätigkeit einschließlich Lehrtätigkeit, Tätigkeit in anwaltlichen Berufsorganisationen und in der anwaltlichen Selbstverwaltung sowie politische, journalistische und ehrenamtliche richterliche Tätigkeit sind zulässig, sofern sie ein angemessenes Maß nicht überschreiten.
(6) Die Sozien halten die von ihnen getätigten Arbeiten mandatsbezogen in möglichst einheitlicher Form abrechnungsgeeignet fest.

§ 2 Rechtsform, Name, Sitz
(1) Diese Gesellschaft ist eine Gesellschaft bürgerlichen Rechts im Sinne der §§ 705 ff. BGB.
(2) Die Sozietät tritt im Geschäftsverkehr auf unter der Bezeichnung
X & Kollegen – Rechtsanwälte.
(3) Auf den Geschäftspapieren der Sozietät, Praxisschildern und sonstigen schriftlichen Verlautbarungen, die sich an Dritte richten, werden die Namen aller Sozien aufgeführt. Die Reihenfolge entspricht dem Zeitpunkt des Eintritts in die Sozietät.

(4) Neben den Namen der Sozien werden auf den Briefbögen und Praxisschildern Mitarbeiter, die als Rechtsanwälte zugelassen sind, nach entsprechender Bewährung in der Praxis aufgeführt.
(5) Die Sozien gestatten einander wechselseitig, ihren Namen über ihr Ausscheiden hinaus in dem Namen der Sozietät sowie auf den Briefbögen und Praxisschildern fortzuführen, soweit nicht der Fortführung standesrechtliche Bestimmungen und/oder wichtige Gründe in der Person des ausgeschiedenen Sozius entgegenstehen. Dies gilt auch für den Fall, dass die Sozietät in eine andere Rechtsform umgewandelt wird, etwa in eine Partnerschaftsgesellschaft oder Rechtsanwalts-GmbH.
(6) Sitz der Sozietät ist _____ (Ort). Die Praxisräume befinden sich in _____ (Ort), _____ (Straße).

§ 3 Sozien
Sozien sind:
a) Herr A, Rechtsanwalt, mit einem Anteil von 20%,
b) Herr B, Rechtsanwalt, mit einem Anteil von 20%,
c) Herr C, Rechtsanwalt, mit einem Anteil von 20%,
d) Frau D, Rechtsanwältin, mit einem Anteil von 20%,
e) Herr E, Rechtsanwalt, mit einem Anteil von 20%.

II. Organe der Gesellschaft

§ 4 Geschäftsführung
(1) Die Sozien sind allein zur Geschäftsführung befugt.
(2) Die Geschäftsführungsbefugnis erstreckt sich auf alle Geschäfte, Maßnahmen und Willenserklärungen, die der gewöhnliche Kanzleibetrieb mit sich bringt. Für alle darüber hinausgehenden Geschäfte, Maßnahmen und Willenserklärungen ist ein Beschluss der Gesellschafterversammlung erforderlich.
(3) Das Widerspruchsrecht einzelner Sozien gemäß § 711 BGB wird ausgeschlossen. Es wird ausschließlich durch die Gesellschafterversammlung in der Weise wahrgenommen, dass im Falle des Widerspruchs einer der Sozien diese über die Geschäftsführungsmaßnahme entscheidet.
(4) Die Angemessenheit der Deckungssummen wird von den Sozien jährlich überprüft. Jeder Sozius hat das Recht, bei veränderten Umständen eine angemessene Erhöhung der Versicherung zu verlangen.
(5) Die Bestimmungen dieses Paragraphen gelten nur für diejenigen Geschäfte und geschäftsähnlichen Handlungen, die nicht unmittelbar die Berufsausübung betreffen („sonstige Geschäfte" i.S.v. § 6 Abs. 2 PartGG). Im Rahmen der Berufsausübung ist der Sozius in der alleinigen Geschäftsführung nicht beschränkt (vgl. § 1 Abs. 2 S. 2).

§ 5 Vertretung
(1) Die Sozien sind einzeln vertretungsberechtigt.
(2) Den Sozien wird für alle Handlungen gesellschaftsrechtlicher Art mit der Gesellschaft und solchen Gesellschaften, an denen die Sozien beteiligt sind, Befreiung von den Beschränkungen des § 181 BGB erteilt.
(3) Mandate mit besonderem Haftungsrisiko dürfen nur nach vorheriger Abstimmung mit den anderen Sozien angenommen werden. Jeder Sozius ist verpflichtet, bei solchen Mandaten durch Individualvereinbarung mit den Mandanten eine Haftungsbeschränkung auf die Haftpflichtversicherungssumme der Sozietät von 1 Mio. EUR und den Ausschluss der gesamtschuldnerischen Haftung, d.h. eine Haftungskonzentration auf den jeweils mit der Bearbeitung des Auftrags befassten Sozius (handelnder Sozius), zu vereinbaren. Diese Haftungsbeschränkung wird im Rahmen der nach § 51a BRAO (für leichte Fahrlässigkeit) gebotenen Möglichkeiten auch Gegenstand der Allgemeinen Geschäftsbedingungen, die möglichst in jedem Mandatsvertrag vereinbart werden sollen.
(4) Die Vertretungsberechtigung jedes einzelnen Sozius, die umfassend ist, wird durch die Regelungen des § 4 und des § 5 Abs. 3 nicht eingeschränkt.

§ 6 Gesellschafterversammlung
(1) Jeder Sozius kann eine Gesellschafterversammlung schriftlich unter Angabe von Ort, Tag, Zeit und Tagesordnung einberufen. Die Frist beträgt bei ordentlichen Gesellschafterversammlungen mindestens vier und bei außerordentlichen Gesellschafterversammlungen mindestens zwei Wochen. Auf die Einladungsformalitäten kann verzichtet werden, wenn sämtliche Sozien anwesend oder vertreten sind und kein Widerspruch wegen der nicht form- und fristgerechten Einberufung erhoben wird.
(2) Die ordnungsgemäß einberufene Gesellschafterversammlung ist beschlussfähig, wenn alle Sozien vertreten sind. Erweist sich die Gesellschafterversammlung wegen Fehlens eines Sozius als beschlussunfähig, so ist binnen zwei Wochen eine zweite Gesellschafterversammlung mit gleicher Tagesordnung einzuberufen. Diese ist sodann beschlussfähig, wenn drei Fünftel der Sozien vertreten sind.
(3) Eine schriftliche Beschlussfassung der Sozien ist zulässig, wenn sich alle Sozien mit dieser Art der Abstimmung einverstanden erklären. Der die schriftliche Beschlussfassung herbeiführende Sozius hat unverzüglich nach Durchführung des schriftlichen Abstimmungsverfahrens allen Sozien das Beschlussergebnis schriftlich mitzuteilen.

§ 7 Gesellschafterbeschlüsse
(1) In der Gesellschafterversammlung hat jeder Sozius, ungeachtet der Höhe seiner Vermögens- bzw. Ergebnisbeteiligung, eine Stimme.
(2) Ist ein Sozius verhindert, an der Gesellschafterversammlung teilzunehmen, kann er sich durch einen anderen Sozius vertreten lassen. Die Vollmacht bedarf der Schriftform.
(3) Gesellschafterbeschlüsse werden grundsätzlich mit zwei Dritteln Mehrheit der in der Gesellschafterversammlung abgegebenen stimmberechtigten Stimmen gefasst, soweit dieser Gesellschaftsvertrag nicht eine andere Mehrheit vorsieht. Der Zustimmung von zwei Dritteln bedürfen insbesondere: _____ (Katalog zustimmungsbedürftiger Maßnahmen)
(4) Der Zustimmung von 80% bedürfen Gesellschafterbeschlüsse über:
    a) Änderungen dieses Gesellschaftsvertrages bezüglich der korporativen Bestandteile, insbesondere zur Geschäftsführungs- und Vertretungsregelung, es sei denn, es handelt sich um Sonderrechte eines Sozius, die als solche ausdrücklich zu bezeichnen sind, für die Abs. 5 entsprechend gilt;
    b) Aufnahme von weiteren Sozien;
    c) Verkauf der Kanzlei;
    d) Auflösung oder Fortsetzung der Gesellschaft;
    e) alle sonstigen Grundlagenangelegenheiten.
(5) Beschlüsse, die in die Rechtsstellung eines einzelnen Sozius als solche eingreifen, bedürfen der Einstimmigkeit; auch (insbesondere) der betroffene Sozius ist stimmberechtigt. Unberührt bleibt der Stimmrechtsausschluss bei Beschlüssen über Maßnahmen gegenüber einem Sozius aus wichtigem Grund, z.B. gemäß § 17, und bei Interessenkollision.
(6) Beschlüsse der Gesellschafterversammlung können binnen einer Ausschlussfrist von einem Monat seit Beschlussfassung bzw. Bekanntgabe durch schriftliche Erklärung gegenüber der Sozietät angefochten und im Falle der Ablehnung der Anfechtung binnen einer weiteren Ausschlussfrist von einem Monat durch Klage angefochten werden.

III. Gesellschafterrechte und -pflichten

§ 8 Krankheit, Urlaub
(1) Ist ein Sozius durch Krankheit, Unfall oder einen sonstigen in seiner Person liegenden Grund, jedoch ohne sein Verschulden, wobei leichte Fahrlässigkeit nicht als Verschulden gilt, für längere Zeit an der Ausübung seiner Berufstätigkeit verhindert, so hat ihn der andere Sozius bis zu einer Dauer von drei Monaten im Jahr zu vertreten. Dauert die Krankheit – nicht dauernde Berufsunfähigkeit –

länger und ist der andere Sozius nicht in der Lage, den erkrankten Sozius weiter zu vertreten, so ist ein Vertreter zu bestellen, der die Zustimmung beider Sozien hat, und dessen Kosten zu Lasten des vertretenen Sozius gehen, die als steuerliche Sonderbetriebsausgaben zu behandeln sind.
(2) Jeder Sozius ist verpflichtet, eine Krankentagegeldversicherung in Höhe von mindestens 150 EUR vom ersten Tag des Krankenhausaufenthalts an sowie eine Krankentagegeldversicherung in Höhe von mindestens 200 EUR vom 91. Tage der Krankheit an abzuschließen. Die Zahlung der Prämien für die genannten Versicherungen erfolgt (gebucht als Entnahme) durch die Sozietät. Zahlt die Krankentagegeldversicherung aus Gründen, die die Sozietät zu vertreten hat, kein Tagegeld, ist dem betroffenen Sozius dieser Verlust durch Erhöhung seines Gewinnanteils entsprechend auszugleichen.
(3) Die Sozien sind im Interesse der Erhaltung ihrer Gesundheit verpflichtet, den ihnen zustehenden Urlaub zu nehmen. Jeder Sozius hat bis zur Vollendung des 45. Lebensjahres 25 Tage Jahresurlaub, nach Vollendung des 45. Lebensjahres 28 Tage, nach Vollendung des 50. Lebensjahres 30 Tage (jeweils gerechnet fünf Arbeitstage pro Woche).

§ 9 Wettbewerbsverbot
(1) Die Sozien dürfen während der Dauer ihrer Zugehörigkeit zur Sozietät in den Tätigkeitsbereichen der Sozietät weder für eigene noch für fremde Rechnung entgeltlich oder unentgeltlich tätig werden noch Mitglied des gesetzlichen Vertretungsorgans oder persönlich haftender Gesellschafter bei einer anderen Rechtsanwalts-, Steuerberatungs- oder Wirtschaftsprüfungssozietät oder einem ähnlich organisierten Unternehmen sein. Ihnen ist untersagt, sich an der Kanzlei eines Berufsträgers der vorstehend bezeichneten Qualifikation zu beteiligen. Die Gesellschafterversammlung kann in begründeten, im Interesse der Sozietät liegenden Fällen Ausnahmen von diesen Beschränkungen zulassen. Die Annahme von Ehrenämtern oder Aufträgen bei berufsständischen Organisationen/Institutionen sowie im Bereich der gewerblichen Wirtschaft soll mit Zustimmung des anderen Gesellschafters gestattet werden. Der Zustimmung bedarf es nicht, wenn derartige Tätigkeiten die volle Arbeitskraft, die der Sozius der Sozietät schuldet, nicht oder kaum beeinflussen. Darüber hinausgehende Nebentätigkeiten bedürfen in jedem Einzelfall der vorherigen schriftlich zu erteilenden Zustimmung der Gesellschafterversammlung.
(2) Die Sozien dürfen während der Dauer ihrer Zugehörigkeit zur Sozietät darüber hinaus ohne vorherige, schriftlich zu erteilende Zustimmung der Gesellschafterversammlung – unbeschadet berufsrechtlicher Vorschriften über mit dem Beruf unvereinbare gewerbliche Tätigkeiten – weder im Bereich der gewerblichen Wirtschaft entgeltliche oder unentgeltliche Tätigkeiten ausüben noch mittelbar oder unmittelbar an einem anderen Unternehmen beteiligt sein. Bei gewerblichen Unternehmen gilt Aktienbesitz, Besitz von Geschäftsanteilen an Kapital- oder Personengesellschaften mit einer Beteiligung von unter 25% nicht als Beteiligung im Sinne dieser Bestimmung.

§ 10 Informationsrecht/Verschwiegenheitspflicht
(1) Jeder Sozius kann jederzeit in Angelegenheiten der Sozietät – innerhalb oder außerhalb der Gesellschafterversammlung – Auskunft verlangen und sämtliche Bücher und Papiere der Sozietät einsehen, überprüfen und von ihnen Ablichtungen oder Abschriften anfertigen, um sich über die Vermögens- und Ertragslage der Sozietät oder auch einzelner Maßnahmen der Sozietät zu informieren. Das Informations- und Kontrollrecht bezieht sich auch auf alle Bücher und Unterlagen, die der Ermittlung steuerlicher Bemessungsgrundlagen dienen.
(2) Die Sozien sind zur Verschwiegenheit über die Verhältnisse der Sozietät – auch nach dem Ausscheiden – verpflichtet.

IV. Vermögensverfassung

§ 11 Jahresabschluss/Wirtschaftsplan
(1) Geschäftsjahr ist das Kalenderjahr.

(2) Für das vergangene Geschäftsjahr ist ein Jahresabschluss zu erstellen.
(3) Am Ende des Geschäftsjahres ist ein Wirtschaftsplan für das kommende Jahr aufzustellen. Einzelheiten bleiben einem gesonderten Beschluss vorbehalten.

§ 12 Gesellschafterkonten
(1) Für jeden Sozius wird ein Kapitalkonto I geführt (Festkonto).
(2) Darüber hinaus wird für jeden Sozius ein Kapitalkonto II (Gesellschafterdarlehen) eingerichtet. Auf diesem Konto werden die anteiligen Jahresergebnisse sowie die Entnahmen und Einlagen verbucht. Eine Verzinsung der Kapitalkonten II erfolgt nicht, da diese jeweils nach Feststellung des Jahresabschlusses durch Ein- bzw. Auszahlungen gleichzustellen sind.
(3) Neben den Kapitalkonten I und II werden im Bedarfsfall Kapitalkonten III als Darlehenssonderkonten eingerichtet.

§ 13 Vermögens- und Ergebnisbeteiligung
(1) Am Vermögen sowie am Gewinn und Verlust sind die Sozien in dem Verhältnis beteiligt, in dem sie Anteile am Festkapital (Kapitalkonten I) halten.
(2) Für die laufende Gewinnermittlung gilt der Grundsatz der Beibehaltung der bisherigen Ansatz- und Bewertungsgrundsätze. Diese können nur einvernehmlich durch Beschluss geändert werden.
(3) Jeder Sozius ist berechtigt, die Anschaffung eines zu betrieblichen Zwecken genutzten Personenkraftwagens durch die Sozietät zu verlangen. Die Abschreibungen und die Betriebskosten sind, soweit steuerlich zulässig, Betriebsausgaben der Sozietät.
   a) Im Innenverhältnis gilt die anteilige private Pkw-Nutzung nicht als Entnahme und ist entsprechend auch nicht zu verbuchen, sondern außerhalb des Jahresabschlusses im Rahmen der einheitlichen Gewinnfeststellung zu berücksichtigen.
   b) Die vorgenannten Betriebskosten und Abschreibungen des von dem jeweiligen Sozius genutzten Pkw sind jedoch vor Gewinnverteilung dem Gesamtgewinn hinzuzurechnen und von dem danach auf den jeweiligen Sozius entfallenden Gewinnanteil abzuziehen. Lediglich die Finanzierungskosten werden ohne Umlegung auf den jeweiligen Sozius von der Sozietät getragen.
   c) Entstehen Gewinne oder Verluste bei Verkauf oder Verlust des Pkw bzw. durch Versicherungsleistungen o.Ä. mit entsprechenden Differenzen zum jeweiligen Buchwert, sind diese Gewinne und Verluste genauso zu berücksichtigen wie die Betriebskosten und Abschreibungen. Bei Ausscheiden eines Sozius ist der auf seinen Wunsch angeschaffte Pkw von ihm oder seinen Rechtsnachfolgern zum DAT-Schätzwert zu übernehmen. Differenzen zum Buchwert werden in vorgenannter Weise behandelt.
   d) Alternativ zur Anschaffung eines Pkw kann jeder Sozius den Abschluss eines Leasingvertrages über einen Pkw verlangen. Die Leasingkosten werden wie die Kosten eines angeschafften Pkw bei der Gewinnverteilung berücksichtigt. Bei Ausscheiden des Sozius ist der Leasingvertrag von ihm oder seinem Rechtsnachfolger zu übernehmen.
   e) Sozien, für die von der Sozietät kein Pkw angeschafft oder geleast wird und die für Dienstfahrten ihren eigenen Pkw benutzen, erhalten hierfür eine Erstattung in Höhe der jeweils geltenden steuerlichen Pauschalbeträge. Diese Aufwendungen werden als Betriebsausgaben gebucht und bleiben bei der Gewinnverteilung unberücksichtigt.
(4) Vor Verteilung von Gewinn und Verlust sind ferner über Aufwand bzw. Ertrag zu verbuchen:
   a) Rentenzahlungen an ausgeschiedene Sozien bzw. deren Witwen, saldiert mit der Auflösung des Rückstellungsbetrages (Zinsanteil der Rentenzahlungen);
   b) im Einzelfall festzulegende Zinsen für Darlehenssonderkonten der Sozien (Kapitalkonten III);
   c) steuerlich nicht abzugsfähige Praxisausgaben (Spenden, Anteile an Bewirtungskosten, Geschenke, Prämien für Risikoversicherungen usw.).

(5) Für Haftpflichtfälle vereinbaren die Sozien im Innenverhältnis, dass bei leichter Fahrlässigkeit der zu leistende Schadenersatz als Betriebsausgabe der Sozietät gilt. Bei grob fahrlässiger oder vorsätzlicher Schädigung fällt der Schaden dem verursachenden Sozius allein zur Last, soweit nicht die Haftpflichtversicherung den Schaden deckt.

§ 14 *Entnahmen*
(1) Jeder Sozius ist berechtigt, den auf ihn entfallenden monatlichen Entnahmebetrag, der zu Beginn des Jahres entsprechend der Vermögens- und Ertragslage beschlossen wird, zu entnehmen. Hieraus hat er die auf ihn entfallenden Steuern zu leisten.
(2) Darüber hinausgehende Entnahmen bedürfen eines gesonderten Beschlusses. Die Beschlussfassung hat sich zu orientieren an der Vermögens- und Finanzlage der Sozietät, ferner an den geplanten Investitionen gemäß Wirtschaftsplan.

V. Veränderungen im Gesellschafterbestand

§ 15 *Verfügung über Gesellschaftsanteile*
(1) Die Verfügung über den Anteil an der Sozietät oder über Teile des Anteils unter Lebenden bedarf der Einwilligung aller anderen Sozien.
(2) Die Anteile an der Sozietät dürfen weder für Rechnung eines Dritten gehalten noch verpfändet noch sonst in irgendeiner Weise mit Rechten Dritter, insbesondere nicht mit einem Nießbrauch, belastet werden. Die Ansprüche der Sozien gegenüber der Sozietät oder untereinander aus dem Gesellschaftsverhältnis, gleich aus welchem Rechtsgrund, insbesondere der Anspruch auf anteiligen Jahresüberschuss, Auseinandersetzungsguthaben und anteiligen Liquidationserlös, sind nicht auf Dritte übertragbar.

§ 16 *Aufnahme neuer Sozien*
(1) Die Sozietät ist grundsätzlich offen für die Aufnahme neuer Sozien. Voraussetzung für die Aufnahme ist neben der erforderlichen Zulassung als Rechtsanwalt die persönliche, einwandfreie Integrität, eine überdurchschnittliche Berufsqualifikation, ferner die Bereitschaft, mit den vorhandenen Sozien in loyaler und kooperativer Form zusammenzuarbeiten.
(2) Die Aufnahme eines neuen Sozius ist in der Regel möglich nach einer Tätigkeit von fünf Jahren in der Sozietät, nicht jedoch vor Vollendung des 35. Lebensjahres.
(3) Der neu aufgenommene Sozius ist in dem Verhältnis am Vermögen inkl. stiller Reserven und dem Praxiswert sowie am Jahresergebnis der Sozietät beteiligt, in dem er Anteile am Festkapital (Kapitalkonten I) übernommen hat.

§ 17 *Ausschluss eines Sozius*
(1) Auf Antrag eines Sozius ist ein Verfahren über den Ausschluss des anderen Sozius aus der Sozietät einzuleiten, wenn in seiner Person ein wichtiger Grund i.S.d. § 133 HGB, § 723 BGB vorliegt, insbesondere:
  a) wenn er gegen das gesellschaftsvertraglich vereinbarte Wettbewerbsverbot oder § 15 verstößt;
  b) wenn er durch von ihm zu vertretende, in seiner Person oder in seinem Verhalten liegende Gründe nachhaltig das Ansehen der Sozietät schädigt;
  c) wenn über das Vermögen eines Sozius durch rechtskräftigen Beschluss das Insolvenzverfahren oder die Eröffnung des Insolvenzverfahrens mangels Masse abgelehnt wird oder ein Gläubiger aufgrund eines nicht nur vorläufig vollstreckbaren Titels den Anteil an der Sozietät pfändet und die Pfändung nicht binnen zweier Monate seit Zustellung des Pfändungs- und Überweisungsbeschlusses wieder aufgehoben wird;
  d) wenn er seine Berufszulassung verliert.

(2) Der Ausschluss bedarf eines einstimmigen Beschlusses der übrigen Sozien. Das Stimmrecht des betroffenen Sozius ruht bei diesem Beschluss.
(3) Der Ausschließungsbeschluss kann von dem betroffenen Sozius binnen einer Frist von zwei Wochen nach Bekanntgabe des Beschlusses angefochten werden. Der Ausschluss wird in diesem Fall erst wirksam, wenn dieser durch das Schiedsgericht, welches von dem betroffenen Sozius spätestens binnen zwei weiterer Wochen anzurufen ist, rechtskräftig festgestellt worden ist.
(4) Der ausgeschlossene Sozius ist verpflichtet, die von ihm bearbeiteten Mandate auf die verbleibenden Sozien überzuleiten.

§ 18 Kündigung eines Sozius
(1) Eine Kündigung der Gesellschaft kann seitens der „Alt"-Sozien A, B und C nur aus wichtigem Grund erfolgen. Das Recht zur Anschlusskündigung gemäß § 24 Abs. 3 bleibt unberührt.
(2) Eine Kündigung der Neu-Sozien D und E ist erstmalig auf den 31.12. des fünften Jahres nach dem Beitritt möglich, danach zu dem Ende eines jeden dritten Jahres, jeweils mit einer Kündigungsfrist von einem Jahr. Die Kündigung bedarf der Schriftform.
(3) Die Mandanten sind zu befragen, wer künftig ihre laufenden Sachen bearbeiten soll (vgl. § 32 der Berufsordnung und Fachanwaltsordnung für Rechtsanwälte vom 10.12.1996).

§ 19 Berufsunfähigkeit/Altersgrenze/Tod
(1) Ein Sozius scheidet aus der Sozietät aus, wenn
   a) er vor Vollendung des 65. Lebensjahres dauernd berufsunfähig wird,
   b) er nach Vollendung des 65. Lebensjahres seinen Austritt erklärt,
   c) er das 67. Lebensjahr vollendet hat; bei Zustimmung der anderen Sozien ist auch eine längere Mitarbeit als freier Mitarbeiter möglich;
   d) er stirbt.
(2) Einem aus Gründen des Abs. 1 ausscheidenden Sozius ist es verwehrt, ohne Abstimmung mit den anderen Sozien Mandate von Auftraggebern der Sozietät zu übernehmen. Für jeden Fall der Zuwiderhandlung ist der Ausgeschiedene verpflichtet, einen Jahresumsatz des mit diesem Mandanten vereinbarten Honorars an die Sozietät abzuführen.

VI. Bewertung von Anteilen an der Sozietät

§ 20 Auseinandersetzungsguthaben
(1) Scheidet ein Sozius aus der Sozietät aus, so ist zur Ermittlung seines Auseinandersetzungsguthabens spätestens bis zum 31.12. des Folgejahres eine Auseinandersetzungsbilanz auf den 31.12. des Jahres seines Ausscheidens zu erstellen. Das Gewinnbezugsrecht steht dem ausgeschiedenen Sozius zeitanteilig bis zum Tag seines Ausscheidens zu.
(2) Das Auseinandersetzungsguthaben des ausscheidenden Sozius ist die Summe aller Kapitalkonten (I, II und III) zuzüglich des sich aus den stillen Reserven des Sachanlagevermögens und aus der fiktiven Position „Praxiswert" gemäß Abs. 3 ergebenden anteiligen Mehrbetrages.
(3) Die Bilanzpositionen sind wie folgt anzusetzen:
   a) Es ist eine Neubewertung der Positionen, in denen stille Reserven vorhanden sind, durchzuführen, insbesondere der Sach- und Finanzanlagen, der geringwertigen Wirtschaftsgüter und der Literatur; diese Positionen werden pauschal wie folgt angesetzt:
      – Der Sonderposten mit Rücklageanteil in voller Höhe;
      – die geringwertigen Wirtschaftsgüter mit 40% der Anschaffungs- oder Herstellungskosten, soweit diese in den letzten fünf Jahren vor dem Stichtag angeschafft wurden;
      – die in den letzten fünf Jahren angeschaffte Literatur mit 20% der Anschaffungskosten;
      – Fahrzeuge nach DAT-Schätzwert, soweit sie nicht der Regelung des § 13 Abs. 3 unterfallen;

- das übrige Anlagevermögen mit einem Zuschlag von 15% auf den Buchwert. Ohne Zuschlag bleiben die in den letzten beiden Jahren vor dem Stichtag angeschafften Anlagegegenstände;
- die halbfertigen Arbeiten nach den bisherigen Ansatz- und Bewertungsgrundsätzen.

b) Alle übrigen Bilanzpositionen werden mit dem jeweiligen Nominalwert in die Auseinandersetzungsbilanz übernommen.

c) Zusätzlich zu den bilanzierten Vermögensgegenständen erfolgt der Ansatz eines (fiktiven) Aktivpostens „Praxiswert". Der Ansatz dieses Postens wird nach dem sog. modifizierten Ertragswertverfahren gemäß § 21 ermittelt.

d) Das Abfindungsguthaben eines ausgeschiedenen Gesellschafters ändert sich nicht, wenn aufgrund einer späteren Betriebsprüfung oder aus anderen Gründen nachträglich Bilanzansätze in der Bilanz, die der Berechnung des Abfindungsguthabens zugrunde lag, geändert werden.

(4) Der ausscheidende Sozius ist an schwebenden Geschäften nicht beteiligt. Er nimmt am Gewinn und Verlust der Gesellschaft bis zum Auseinandersetzungsstichtag teil. Die bis zu seinem Ausscheiden erfolgten Entnahmen und Einlagen sind zu berücksichtigen.

(5) Der ausscheidende Sozius kann keine Sicherheit für sein Auseinandersetzungsguthaben von der Gesellschaft verlangen.

(6) Die Auszahlung des Auseinandersetzungsguthabens erfolgt in zehn gleichen Vierteljahresraten, beginnend sechs Monate nach dem Ausscheiden des Sozius, frühestens jedoch nach Erstellung der Auseinandersetzungsbilanz. Das Auseinandersetzungsguthaben ist mit 2,5% über der jeweiligen Bezugsgröße gemäß Diskontsatz-Überleitungsgesetz zu verzinsen.

(7) Sollte die vereinbarte Auseinandersetzungsregelung, gleich aus welchem Grund, unzulässig sein, ist eine gültige Auseinandersetzungsregelung nach den zum Zeitpunkt des Ausscheidens geltenden gesetzlichen Bestimmungen bzw. nach der Rechtsprechung maßgebend, wobei der niedrigstmögliche Ansatz zu wählen ist.

§ 21 Ermittlung des Praxiswertes
(1) Der Praxiswert wird auf der Basis des so genannten modifizierten Ertragswertverfahrens, bei dem der Übergewinn kapitalisiert[261] wird, ermittelt. Da es sich bei den Umsätzen einer freiberuflichen Praxis um personenbezogene Leistungen handelt, sind die Umsätze einem bestimmten Verflüchtigungscharakter unterworfen, so dass nur eine begrenzte Zeitdauer für eine Übergewinnverrentung in Betracht kommt, d.h. insbesondere die Formel von der ewigen Rente nicht anwendbar ist. Die Kapitalisierungsfaktoren liegen damit unter den Faktoren im Rahmen von Unternehmensbewertungen, weil auf den üblichen Risikozinsfuß ein erheblicher Aufschlag für die Verflüchtigung der Umsätze und infolge davon auch der Erträge vorzunehmen ist.

(2) Die Bemessungsgrundlage wird wie folgt ermittelt:

a) Es wird zunächst der Gewinn der Sozietät in den letzten drei vollen Kalenderjahren vor dem Ausscheiden bzw. dem Eintritt eines Sozius, bereinigt um die Auflösung des bzw. Einstellung in den Sonderposten mit Rücklageanteil sowie Abschreibungen auf den Praxiswert, zugrun-

---

[261] Bei einer Kapitalisierung handelt es sich um das „Herabrechnen" einer gleichmäßigen oder sich verhältnismäßig entwickelnden Zahlenreihe auf einen bestimmten Zeitpunkt. Bei einer gleichmäßigen Reihe, wie sie bei der Unternehmensbewertung maßgebend ist, handelt es sich um die prognostizierten zukünftigen Erträge. Der Ertrag, der etwa im Jahr 10 statt im Jahr 01 an den Investor fließt, ist für diesen weniger Wert, da er diesen, wenn er ihn schon jetzt zur Verfügung hätte, verzinslich anlegen könnte. Die gleichmäßig pro Jahr in der Zukunft als Ertrag erwarteten Beträge werden deshalb abgezinst, wobei die Abzinsung umso größer ausfällt, je weiter der Zufluss in der Zukunft liegt. Nach der Formel von der ewigen Rente wird ein Betrag, der erst in 30 Jahren zu zahlen ist, auf ca. 0,00 EUR abgezinst, so dass nur die Reihe von 01 bis 29 interessant ist. Der Praktiker bedient sich bei der Berechnung gängiger Tabellen, die z.B. im Steuerberater- und Wirtschaftsprüfer-Jahrbuch von *Peter Knief* oder auch im Rechtsanwalts-Jahrbuch von *Hannelore Krüger-Knief* enthalten sind.

de gelegt. Hierbei werden bisherige Vergütungen für eintretende Sozien also weiterhin als gewinnmindernde Kosten berücksichtigt und nicht abgezogen.
  b) Von diesem jeweiligen Jahresgewinn werden dann kalkulatorische Gehälter (Unternehmerlohn) von den in diesem Jahr tätigen Sozien abgezogen. Das Gehalt richtet sich nach A 16 (Behördenleiter) der Beamtenbesoldung, höchste Dienstaltersstufe, ohne Familienzuschlag, 13 x zuzüglich 40% Aufschlag auf das Jahresgehalt, was zur Zeit einem Betrag von rund 75.000 EUR p.a. entspricht. Maßgebend ist der jeweils aktuelle gültige Tarif.
  c) Weiter in Abzug zu bringen sind 6% Verzinsung des Substanzwertes (Saldo aus Aktiva und Passiva) zu Verkehrswerten (Buchwerte zuzüglich stille Reserven) ohne Berücksichtigung des Praxiswertes.
(3) Der Kapitalisierungsfaktor beträgt 1,5 bis 2,5 (max. 3).
(4) Der angemessene Faktor innerhalb der Bandbreite wird wie folgt bestimmt:
  a) Bei dem Eintritt eines Sozius ist der angemessene Kapitalisierungsfaktor im Zweifel eher am unteren Ende der Bandbreite zu ermitteln. Hierbei ist insbesondere auch das Alter des Neu-Sozius bei seinem Eintritt zu berücksichtigen. Es ist ggf. folgende Vergleichsrechnung anzustellen: Zunächst ist der Zeitpunkt zu ermitteln, zu dem der eintretende Sozius spätestens eine gleichberechtigte Stellung in Bezug auf den Gewinnanteil haben sollte (spätestens 50. Lebensjahr). Ausgehend von dem Gehaltsniveau des eintretenden Sozius bei dem Eintritt ist ein gleichmäßiger Anstieg der Tätigkeitsvergütung/des Gewinnanteils des eintretenden Sozius bis zur vollen Gleichberechtigung zum betreffenden Zeitpunkt zu unterstellen, wobei die Ertragssituation zum Zeitpunkt des Eintritts zugrundezulegen ist. Die sich aus dieser Berechnung ergebenden Mindergewinnbeträge im Vergleich zur gleichberechtigten Gewinnbeteiligung sind auf den Zeitpunkt des Eintritts des Sozius zu kapitalisieren. Der sich so ergebende Betrag ist, soweit das so genannte Einkaufsmodell gewählt wird, vergleichend bei der Bestimmung des angemessenen Faktors zum Zwecke der Ermittlung des Entgelts für den Erwerb des Anteils heranzuziehen (vgl. § 22).
  b) Bei ausscheidenden Sozien soll in der Regel eher die obere Bandbreite des Rahmens für die Bestimmung des angemessenen Kapitalisierungsfaktors herangezogen werden (Anerkennung Lebensarbeitsleistung). Mindernd ist dagegen zu berücksichtigen, wenn es der aus Altersgründen ausscheidende Sozius versäumt hat, die Überleitung der von ihm betreuten Mandate auf einen (Funktions-)Nachfolger sicherzustellen.
(5) Sollte über die richtige Ermittlung der Bemessungsgrundlage und/oder die angemessene Bestimmung des Kapitalisierungsfaktors im Rahmen der Bandbreiten zwischen den Sozien Streit entstehen, entscheidet für alle Sozien verbindlich ein Schiedsgutachter, der auf Antrag eines der Sozien von der Berufskammer des beantragenden Sozius zu bestimmen ist. Der Gutachter muss Rechtsanwalt sein und möglichst nachweisbare Erfahrungen auf dem Gebiet der Bewertung von Rechtsanwaltspraxen aufweisen können.
(6) Die Sozien werden sich von Zeit zu Zeit, spätestens im Abstand von fünf Jahren, darüber verständigen, ob die vorstehenden Bewertungsgrundsätze noch den wirtschaftlichen Gegebenheiten der beruflichen Tätigkeiten und/oder den Erkenntnissen der Wissenschaft bzw. den Grundsätzen der beruflichen Übung betreffend die Ermittlung angemessener Entgelte für Praxiswerte von Rechtsanwälten entsprechen. Falls sich gravierendere Anlässe ergeben, die eine Anpassung der vorstehenden Bestimmungen an geänderte Umstände erfordern, verpflichten sich die Sozien gegenseitig zur Neuverhandlung über die Abänderung der entsprechenden Bestimmungen.
(7) Falls Streit darüber entsteht, ob die Voraussetzungen für eine Neuverhandlungspflicht gegeben sind, entscheidet wiederum der entsprechend Abs. 5 zu beauftragende Schiedsgutachter. Dies gilt entsprechend für den Fall, dass Streit über den Inhalt der anzupassenden Regelungen entsteht.

§ 22 Eintrittsbedingungen
(1) Der Eintritt eines neues Sozius erfolgt jeweils zu im Einzelfall vereinbarten Bedingungen. Grundsätzlich kann dabei ein Eintritt nach dem „Einkaufsmodell" oder dem „Gewinnaufbaumodell" erfolgen.
(2) Bei dem Einkaufsmodell wird der erworbene Anteil gemäß §§ 20 und 21 bewertet. Der so ermittelte und verhandelte Wert des Anteils des neuen Sozius an der Sozietät stellt seine Ausgleichsverpflichtung gegenüber den aufnehmenden Sozien dar (Eintrittsgeld). Diese Ausgleichsverpflichtung des neuen Sozius ist eine individuelle Schuld gegenüber den aufnehmenden Sozien und berührt somit das Rechnungswesen der Sozietät nicht. Die Ausgleichsverpflichtung wird rechnungsmäßig über Ergänzungsbilanzen der Sozien dargestellt. Die Ausgleichsverpflichtung des neuen Sozius wird, soweit sie nicht sofort abgelöst wird, ab Eintritt in die Sozietät entsprechend der Regelung des § 20 Abs. 6 S. 2 zugunsten der aufnehmenden Sozien verzinst und spätestens anteilig fällig, sobald der betreffende „Alt"-Sozius aus der Gesellschaft, gleich aus welchem Grund, ausscheidet.
(3) Bei dem Gewinnaufbaumodell wird kein Eintrittsgeld bezahlt, sondern eine verbindliche Staffelung der Gewinnanteile bis zur Gleichberechtigung bzw. der vereinbarten Höchstgewinnbeteiligung des Eintretenden vereinbart.

§ 23 Abfindung in besonderen Fällen
(1) Für die Fälle des Ausschlusses aus wichtigem Grund gemäß § 17, der Eigenkündigung eines Sozius gemäß § 18 bzw. § 24 Abs. 3 gelten die nachfolgenden Regelungen:
   a) Erfolgte die Aufnahme des ausscheidenden Sozius nach dem Gewinnaufbaumodell (§ 22 Abs. 3), errechnet sich der Praxiswert nach der allgemeinen Regelung des § 21, aber anteilig nach dem Prozentsatz am Gewinn, den der Ausscheidende bei seinem Ausscheiden erreicht hat, in den Fällen der §§ 17, 18 abzüglich eines pauschalen Abschlags von 40%, der sich mit der Vollendung des 50. Lebensjahres auf 30% und mit Vollendung des 60. Lebensjahres auf 10% vermindert.
   b) Erfolgte die Aufnahme des ausscheidenden Sozius aufgrund des Einkaufsmodells, gilt für die Ermittlung des Praxiswertes in den Fällen der §§ 17, 18 die allgemeine Regelung des § 21 mit der Maßgabe, dass von dem so ermittelten Betrag ein pauschaler Abschlag von 10% zu machen ist. Soweit das Einkaufsentgelt noch nicht oder nicht vollständig gezahlt sein sollte, wird dieses mit dem Abfindungsguthaben verrechnet.
   c) Auf das Auseinandersetzungsguthaben sind diejenigen Umsätze anzurechnen, die der ausscheidende Sozius gemäß §§ 17 Abs. 4, 18 Abs. 3 mitnimmt, d.h. die der Sozietät durch das Ausscheiden des Sozius verloren gehen und von diesem zukünftig für gleichartige Tätigkeiten mit demselben Mandanten erzielt werden.
   d) Die Anrechnung erfolgt pauschal wie folgt: Es wird eine durchschnittliche Umsatzrendite der Praxis gemäß § 21 Abs. 2 ermittelt. Diese Umsatzrendite ist dann einheitlich maßgebend für sämtliche vom Ausscheidenden mitgenommene Umsätze in der Weise, dass bei jedem mitgenommenen Umsatz ein entsprechender mitgenommener Gewinn unterstellt wird. Auf die so festgestellte Bemessungsgrundlage werden dann der in § 21 Abs. 3 genannte Kapitalisierungsfaktor zur Ermittlung des Anrechnungsbetrages angewandt.
   e) Übersteigt der Anrechnungsbetrag das Abfindungsguthaben, hat der ausscheidende Gesellschafter die Differenz an die Gesellschaft auszugleichen.
   f) Sollte sich die Ertragslage der Kanzlei nach dem Ausscheiden eines kündigenden oder ausgeschlossenen Sozius in dem Zeitraum der Anzahl der Jahre nach dem Ausscheiden, die dem angewandten Faktor auf die Bemessungsgrundlage entspricht (bei angenommenem Mischfaktor 2,5 z.B. 2 1/2 Jahre), verschlechtern, mindert dies nachträglich anteilig das zum Zeitpunkt des Ausscheidens festgestellte Auseinandersetzungsguthaben. Bei Streitigkeiten gilt § 21 Abs. 5 entsprechend.

g) Wegen möglicher Anrechnungen in den Fällen der vorstehenden Buchstaben c) und d) werden 30% des errechneten Auseinandersetzungsguthabens auf die Dauer von drei Jahren einbehalten.
(2) In den Fällen der §§ 17, 18 wird das Auseinandersetzungsguthaben (vgl. § 20 Abs. 6) in zwanzig gleichen Vierteljahresraten ausbezahlt.
(3) Im Übrigen gilt § 20 entsprechend.

VII. Beendigung der Gesellschaft/Sonstiges

§ 24 Dauer der Gesellschaft
(1) Die Dauer der Gesellschaft ist unbestimmt.
(2) Scheidet ein Sozius, gleich aus welchem Grund (vgl. §§ 17 bis 19), aus der Sozietät aus, wird die Sozietät nicht aufgelöst, sondern von den verbleibenden Sozien mit oder ohne Aufnahme des Nachfolgers des ausscheidenden Sozius fortgeführt.
(3) Kündigt ein Sozius oder scheidet er aus sonstigen Gründen, jedoch mit Ausnahme der Fälle des § 19, aus der Gesellschaft aus, so ist jeder der übrigen Sozien berechtigt, auch seinerseits mittels Anschlusskündigung die Gesellschaft auf denselben Zeitpunkt zu kündigen. Die Anschlusskündigung muss innerhalb einer Frist von einem Monat nach Eingang der Kündigung bei der Gesellschaft oder dem Ereignis erklärt werden. Hat die Mehrheit der Sozien – maßgebend sind die Stimmrechtsverhältnisse – gekündigt bzw. die Anschlusskündigung ausgesprochen, so tritt die Gesellschaft in Liquidation, an der sodann alle Sozien, auch der zuerst kündigende bzw. ausscheidende, teilnehmen.

§ 25 Auflösung
(1) Die Auflösung ist nach den gesetzlichen Bestimmungen der §§ 729 ff. BGB durchzuführen.
(2) Der Liquidationserlös ist gemäß dem Beteiligungsverhältnis, ferner unter Berücksichtigung der Kapitalkonten, auf die Sozien zu verteilen.
(3) Die der Sozietät erteilten Mandate werden nach Wünschen der Auftraggeber weitergeführt, nachdem diese gemeinschaftlich schriftlich befragt worden sind (Realteilung). Soweit keine Bestimmungen durch die Auftraggeber getroffen werden, werden diese Mandate nach berufsüblichen Grundsätzen verteilt. Zwischen den Sozien erfolgt ein vermögensmäßiger Spitzenausgleich unter Ansatz der übernommenen Vermögensgegenstände und Mandate, die gemäß §§ 20, 21 zu bewerten sind.
(4) Verbindlichkeiten aus Altersversorgung und Auseinandersetzungsguthaben schon vor der Auflösung ausgeschiedener Sozien haben die Sozien quotal entsprechend ihrem Beteiligungsverhältnis zu übernehmen, es sei denn, dass die ausgeschiedenen Sozien im Zuge der Liquidation einer Abfindungszahlung zustimmen.
(5) Im Falle der Auflösung sind die Sozien verpflichtet, die der Berufsverschwiegenheit unterliegenden Akten und sonstigen Gegenstände dem betreffenden Sozius auszuhändigen, der die jeweiligen Mandate übernimmt. Alle Sozien unterliegen auch nach Auflösung der Sozietät der Verschwiegenheit.

§ 26 Schiedsgericht
Alle Streitigkeiten aus diesem Vertrag oder über seine Gültigkeit, die zwischen den Sozien und/oder zwischen einem oder mehreren Sozien einerseits und der Sozietät andererseits entstehen, werden unter Ausschluss des ordentlichen Rechtsweges von einem Schiedsgericht endgültig entschieden. Die Schiedsvereinbarung ist in einer gesonderten Urkunde als Anlage zu diesem Vertrag niedergelegt.

§ 27 Schlussbestimmungen
(1) Sollten einzelne Bestimmungen dieses Vertrages nichtig oder unwirksam sein oder werden bzw. Formfehler, Lücken oder Widersprüche enthalten, so wird die Gültigkeit des Vertrages hiervon nicht berührt. Die Gesellschafter verpflichten sich vielmehr, etwaige nichtige oder undurchführbare Vertragsbestimmungen oder vorhandene Lücken durch Bestimmungen zu ersetzen oder zu ergänzen, die

dem wirtschaftlichen Willen der Gesellschafter am nächsten kommen. Dies gilt auch für den Fall, dass Teile dieses Vertrages zwecks Wirksamkeit der notariellen Form bedürfen.
(2) Etwaige Änderungen, Ergänzungen und Berichtigungen dieses Vertrages bedürfen für ihre Gültigkeit der Form eines schriftlichen Nachtrages. Die Nichtbeachtung des Schriftformerfordernis führt zur Unwirksamkeit.
(3) Die Bestimmungen dieses Gesellschaftsvertrages treten mit Wirkung vom _____ in Kraft.

Anlagen zum Sozietätsvertrag

Aktiva			Tsd. EUR	Passiva	Tsd. EUR
I.	Praxiswert (fiktiv)		2.000	I. Festkapital (Kapitalkonten I)	500
II.	Sach- und Finanz-	300		II. Gesellschafterdarlehen	
	anlagen	200	500	(Kapitalkonten II)	50
	stille Reserven (fiktiv)		1.000	III. Sonstiges Kapital (fiktiv)	2.200
III.	Forderungen			IV. Bankverbindlichkeiten	500
				V. Sonstige Verbindlichkeiten	250
			3.500		3.500

Bei Erwerb von 20% bei Eintritt hat der Neu-Partner 20% vom Kapital, d.h. die Positionen I bis III der Passiva (= 2.750 EUR) = 550 EUR auszugleichen („Eintrittsgeld"), erhält aber von Anfang an den gleichen Gewinnanteil.

II. Erläuterungen zur Planbilanz
A. Aktivseite
Die Bewertung erfolgt gemäß §§ 20, 21 des Sozietätsvertrages.
B. Passivseite
I. Sonstiges Kapital (fiktiv)
Hierbei handelt es sich um die Summe der auf der Aktivseite ausgewiesenen „fiktiven" Positionen Praxiswert mit 2.000 EUR und stille Reserven von 200 EUR.
II. Pensionsrückstellungen
1. Bei dem Ausscheiden eines Sozius ist die Abfindung als Gesellschaftsschuld in die Bilanz der Sozietät einzustellen. Der ausscheidende Sozius hat das Wahlrecht, seine Abfindung aufzuteilen in eine Pension gemäß nachstehenden Grundsätzen unter Berücksichtigung des Barwertes der Pension und dem dann noch verbleibenden Spitzenbetrag. Sollte die Abfindung nicht ausreichen, um den Barwert der Pension abzudecken, ist diese anteilig zu kürzen.
2. Dieser Pensionsverpflichtung liegt die nachfolgend aufgeführte Versorgungszusage zugrunde:
(1) Scheidet ein Sozius gemäß § 19 des Sozietätsvertrages aus der Sozietät aus, erhalten er und seine Angehörigen lebenslang Versorgungsbezüge nach Maßgabe der nachfolgenden Vorschriften, sofern er der Sozietät zehn Jahre lang angehört hat.
(2) Bemessungsgrundlage für die Pension ist das Grundgehalt der Stufe A 15 (Regierungsdirektor) gemäß höchster Besoldungs- und Dienstaltersstufe einschließlich Zuschläge, jedoch ohne Familienzuschlag und ohne Beihilfen. Scheidet ein Sozius vor Vollendung des 65. Lebensjahres wegen dauernder Berufsunfähigkeit aus, so ist die tatsächliche Dienstaltersstufe zugrundezulegen. Für die Festlegung der jeweiligen Dienstaltersstufe ist das Eintrittsdatum in die Sozietät maßgebend.
(3) Die Versorgungsleistung besteht aus:
    a) einer Alters- bzw. Berufsunfähigkeitsrente in Höhe von 75% der vorstehenden Bemessungsgrundlage;
    b) einer Witwenrente von 60% der Alters- bzw. Berufsunfähigkeitsrente, die der Pensionsberechtigte bezogen hätte, wenn er zu diesem Zeitpunkt dienstunfähig geworden wäre; die

Witwenrente ist entsprechend zu kürzen, wenn die Witwe gegenüber ihrem verstorbenen Ehegatten mehr als zehn Jahre jünger ist; für jedes Jahr, das die Grenze von zehn Jahren überschreitet, erfolgt eine jährliche Kürzung von 3 v.H. Die Witwenrente entfällt bei Wiederverheiratung;

c) einer Waisenrente in Höhe von 10% der Alters- bzw. Berufsunfähigkeitsrente für jedes unterhaltsberechtigte Kind; die Waisenrente wird darüber hinaus gewährt, solange sich die Berechtigten in einer Schul- oder Berufsausbildung befinden und kein eigenes Einkommen haben, längstens jedoch bis zur Vollendung des 25. Lebensjahres.

(4) Die Hinterbliebenenbezüge dürfen insgesamt das ihrer Berechnung zugrunde liegende Ruhegehalt nicht übersteigen, andernfalls werden sie anteilig gekürzt.

(5) Die Sozien können durch einstimmigen Beschluss den Abschluss einer Rückdeckungsversicherung bzw. die Aufstockung der vorhandenen Rückdeckungsversicherung beschließen. Die anfallenden Versicherungsprämien stellen gesellschaftsrechtlich Betriebsausgaben dar; der jeweilige Rückkaufswert ist zu aktivieren.

(6) Bei Eintritt des Versorgungsfalls können der Berechtigte bzw. dessen Angehörige wählen, ob ihnen der Barwert der Versicherung in Anrechnung auf ihre Versorgungsansprüche ausgezahlt wird.

(7) Die Verpflichtung der Sozietät zur Zahlung von Versorgungsrenten ist für ein Kalenderjahr auf 20% des Jahresgewinns der Sozietät begrenzt. In diesem Fall sind die Versorgungsleistungen anteilig zu kürzen, jedoch sind alle Umstände des einzelnen Falles, insbesondere auch eine anderweitig gesicherte Versorgung des Berechtigten, zu berücksichtigen und Härten nach Möglichkeit zu vermeiden.

(8) Versorgungsrenten nach diesem Vertrag sind am Ende eines jeden Monats fällig.

3. Hinweise zu weiteren Berufsgruppen
a) Ärzte

Nach dem ärztlichen Berufsrecht haben sich die Begriffe „**Gemeinschaftspraxis**" für die Berufsausübungsgesellschaft sowie der „**Praxisgemeinschaft**" bzw. „**Apparate- und Laborgemeinschaft**" für die Unterstützungsgesellschaften/Kostenumlagegesellschaften eingebürgert. § 23a Muster-BO-Ä eröffnet die Möglichkeit kooperativer Berufsausübung mit Angehörigen anderer Gesundheitsberufe, ist aber insoweit keine Berufsausübungsgesellschaft. Neben den Berufsgesetzen, insbesondere der Bundesärzteordnung, sind die jeweiligen Berufsordnungen der regionalen Ärztekammern zu beachten (autonomes Satzungsrecht mit unmittelbarer Rechtswirkung).[262] 1995 wurde vom Deutschen Ärztetag eine Neufassung des Musterentwurfs einer Berufsordnung für die deutschen Ärzte (Muster-BO-Ä) verabschiedet. Die Berufsordnungen der Landesärztekammern stimmen mit dieser Muster-BO-Ä weitgehend überein. 160

Der Zusammenschluss von Ärzten zur gemeinsamen Berufsausübung ist nach § 23 Abs. 1 Muster-BO-Ä jetzt nur noch der Ärztekammer anzuzeigen. Darüber hinaus besteht nach § 14 Abs. 2 Muster-BO-Ä die Pflicht, alle Verträge über seine ärztliche Tätigkeit vor ihrem Abschluss der Ärztekammer vorzulegen, damit geprüft werden kann, ob die beruflichen Belange gewahrt sind. 161

Fachübergreifende Gemeinschaftspraxen sind seit der Entscheidung des BSG v. 22.4.1983[263] zulässig. Einschränkungen ergeben sich aber aus dem Kassenarztrecht.[264] 162

Gemäß § 34 Abs. 7 Muster-BO-Ä ist für die Bezeichnung der Praxis der Zusatz „Gemeinschaftspraxis" vorgeschrieben. Bei der Behandlung der Patienten muss die freie Arztwahl gewährleistet sein (§ 23 Abs. 2 Muster-BO-Ä). 163

---

262 Vgl. MünchVertragsHdB/*Marsch-Barner*, Bd. 1, Muster I.8 Anm. 3.
263 NJW 1984, 1424.
264 Vgl. hierzu MünchVertragsHdB/*Marsch-Barner*, Bd. 1, Muster I.8 Anm. 6.

164 Gemäß § 12 Muster-BO-Ä besteht Haftpflichtversicherungspflicht. Ein zeitlich und örtlich begrenztes Wettbewerbsverbot für einen ausscheidenden Arzt im Gesellschaftsvertrag ist zulässig.[265] Eine „Patientenschutzklausel", wie bei Anwälten mit „Mandatsschutzklauseln" teilweise üblich, ist im Arztrecht wegen des Rechts des Patienten zur freien Arztwahl wohl nicht zulässig.[266]

b) Architekten

165 Für Architekten gibt es keine besonderen Vorschriften, die bei der Formulierung eines Gesellschaftsvertrages zu beachten sind (mit Ausnahme selbstverständlich der Beachtung der Sozietätsfähigkeit mit anderen Freiberufler-Berufsgruppen), vgl. Rn 16. Das Berufsbild der Architekten ist landesgesetzlich geregelt. Bei Vertragsverfassung sind somit die Landesgesetze unbedingt heranzuziehen. Eine Mindestberufshaftpflichtversicherungssumme gibt es nach jetzigem Stand der Architekten-Landesgesetze nicht.

166 Bei Architekten dürfte es anzuraten sein, das Urheberrecht zu regeln und der Sozietät/Partnerschaft zuzuweisen.[267]

c) Beratende Volks- und Betriebswirte/Unternehmensberatungsgesellschaften

167 Hier bestehen berufsrechtlich keinerlei Beschränkungen (vgl. Rn 16).

II. Partnerschaftsgesellschaft

1. Typischer Sachverhalt

168 Dem Vertrag liegt folgende Konstellation zugrunde: Die derzeitigen Kanzleiinhaber haben sich entschlossen, von dem ursprünglichen „Stammesdenken" abzugehen und, dem weiteren Wachsen der Kanzlei Rechnung tragend, diese für Kollegen zu öffnen, die in ihrer Person den Ansprüchen des § 17 Abs. 1 des Vertrages gerecht werden. Besonderer Wert wurde bei diesem Vertragsmuster auf die Abfindungsregelung gelegt. Abfindungsregelungen bei Sozietäten von Freiberuflern sind äußerst problematisch.[268]

169 Ziel dieses Vertragsmusters ist die **volle Gleichberechtigung der Neu-Sozien nach einer Übergangsphase.** Nach dem Konzept werden alle der Kanzlei dienenden Gegenstände zum Verkehrswert in die größere Gemeinschaft „eingebracht". Durch eine Beiratsverfassung soll im Übrigen Schwierigkeiten beim Auftreten von Streitigkeiten unter den Gesellschaftern vorgebeugt werden.

M 206 ### 2. Muster: Vertrag einer interprofessionellen Partnerschaft zwischen Rechtsanwälten, Steuerberatern und Wirtschaftsprüfern

170 Inhalt
I. Grundlagen der Gesellschaft (§§ 1–3)
II. Organe der Gesellschaft (§§ 4–8)
III. Gesellschafterrechte und -pflichten (§§ 9–11)

---

[265] Vgl. BGH NJW 1955, 337 f.
[266] MünchVertragsHdB/*Marsch-Barner*, Bd. 1, Muster I.8 Anm. 28.
[267] Vgl. hierzu die Klausel bei Beck'sches Formularbuch/*Blaum*, Formular VIII.A.1, § 12 i.V.m. Anm. 28.
[268] Vgl. insofern MünchVertragsHdB, Bd. 1, I.7 Anm. 45.

IV. Vermögensverfassung (§§ 12–15)
V. Veränderungen im Gesellschafterbestand (§§ 16–20)
VI. Bewertung von Anteilen an der Partnerschaft (§§ 21–24)
VII. Beendigung der Gesellschaft/Sonstiges (§§ 25–28)

Partnerschaftsgesellschaftsvertrag

Zwischen
1. Herrn A, Wirtschaftsprüfer, Steuerberater
2. Herrn B, Wirtschaftsprüfer, Steuerberater
3. Herrn C, Rechtsanwalt
4. Frau D, Steuerberaterin
5. Herrn E, Rechtsanwalt
– im Folgenden kurz „Partner" genannt –
wird folgender Partnerschaftsgesellschaftsvertrag zum Zwecke der gemeinschaftlichen Berufsausübung geschlossen:

I. Grundlagen der Gesellschaft

§ 1 Gemeinschaftliche Berufsausübung
(1) Die Partner üben ihre Tätigkeit als Steuerberater, Wirtschaftsprüfer und Rechtsanwälte, soweit zulässig, dauernd gemeinschaftlich aus.
(2) Die Mandate werden, soweit zulässig, im Namen der Partnerschaft angenommen. Jeder Partner hat das Recht, Mandate anzunehmen und zu kündigen.
(3) Soweit Mandate nicht von der Partnerschaft angenommen werden können, etwa Gutachteraufträge, Insolvenzverwaltungen, Testamentsvollstreckungen, Nachlasspflegschaften, Betreuungen, Tätigkeiten als Schiedsrichter, Aufsichtsrat oder Beirat usw., werden die Honorare hieraus im Innenverhältnis für Rechnung der Partnerschaft behandelt.
(4) Die Partner verpflichten sich, ihre volle Arbeitskraft der Partnerschaft zu widmen. Bei der Einteilung der Arbeitszeit stehen die gemeinsamen Interessen im Vordergrund, jedoch ist auf die individuellen Einteilungswünsche im Sinne einer freiberuflichen Tätigkeit großzügig Rücksicht zu nehmen.
(5) Wissenschaftliche Tätigkeit einschließlich Lehrtätigkeit, Tätigkeit in anwaltlichen Berufsorganisationen und in der anwaltlichen Selbstverwaltung sowie politische, journalistische und ehrenamtliche richterliche Tätigkeit sind zulässig, sofern sie ein angemessenes Maß nicht überschreiten.
(6) Die Partner halten die von ihnen getätigten Arbeiten mandatsbezogen in möglichst einheitlicher Form abrechnungsgeeignet fest.

§ 2 Rechtsform, Name, Sitz
(1) Diese Gesellschaft ist eine Gesellschaft im Sinne des Partnerschaftsgesellschaftsgesetzes und im Partnerschaftsregister des Amtsgerichts _____ einzutragen.
(2) Die Partnerschaft tritt im Geschäftsverkehr auf unter der Bezeichnung
X & Partner
Steuerberater – Wirtschaftsprüfer – Rechtsanwälte.
(3) Auf den Geschäftspapieren der Partnerschaft, Praxisschildern und sonstigen schriftlichen Verlautbarungen, die sich an Dritte richten, werden die Namen aller Partner aufgeführt. Die Reihenfolge entspricht dem Zeitpunkt des Eintritts in die Partnerschaft.
(4) Neben den Namen der Partner werden auf den Briefbögen und Praxisschildern Mitarbeiter, die als Rechtsanwälte zugelassen sind, nach entsprechender Bewährung in der Praxis aufgeführt.
(5) Die Partner gestatten einander wechselseitig, ihren Namen über ihr Ausscheiden hinaus in dem Namen der Partnerschaft sowie auf den Briefbögen und Praxisschildern fortzuführen, soweit nicht der

Fortführung standesrechtliche Bestimmungen und/oder wichtige Gründe in der Person des ausgeschiedenen Partner entgegenstehen. Dies gilt auch für den Fall, dass die Partnerschaft in eine andere Rechtsform umgewandelt wird, etwa in eine GbR oder Rechtsanwalts-GmbH.
(6) Sitz der Partnerschaft ist _____ (Ort). Die Praxisräume befinden sich in _____ (Ort), _____ (Straße).

§ 3 Partner
Partner sind:
a) Herr A, Wirtschaftsprüfer, Steuerberater, mit einem Anteil von 20%,
b) Herr B, Wirtschaftsprüfer, Steuerberater, mit einem Anteil von 20%,
c) Herr C, Rechtsanwalt, mit einem Anteil von 20%,
d) Frau D, Steuerberaterin, mit einem Anteil von 20%,
e) Herr E, Rechtsanwalt, mit einem Anteil von 20%.

II. Organe der Gesellschaft

§ 4 Geschäftsführung
(1) Die Partner sind allein zur Geschäftsführung befugt.
(2) Die Geschäftsführungsbefugnis erstreckt sich auf alle Geschäfte, Maßnahmen und Willenserklärungen, die der gewöhnliche Kanzleibetrieb mit sich bringt. Für alle darüber hinausgehenden Geschäfte, Maßnahmen und Willenserklärungen ist ein Beschluss der Gesellschafterversammlung erforderlich.
(3) Das Widerspruchsrecht einzelner Partner gemäß § 711 BGB, § 115 Abs. 1 HGB i.V.m. § 6 Abs. 3 PartGG wird ausgeschlossen. Diese Rechte werden ausschließlich entsprechend § 116 Abs. 2 HGB i.V.m. § 6 Abs. 3 PartGG durch die Gesellschafterversammlung in der Weise wahrgenommen, dass im Falle des Widerspruchs eines der Partner/der Zustimmungsnotwendigkeit der anderen Gesellschafter diese über die Geschäftsführungsmaßnahme entscheidet.
(4) Die Angemessenheit der Deckungssummen wird von den Partnern jährlich überprüft. Jeder Partner hat das Recht, bei veränderten Umständen eine angemessene Erhöhung der Versicherung zu verlangen.
(5) Die Bestimmungen dieses Paragraphen gelten nur für diejenigen Geschäfte und geschäftsähnlichen Handlungen, die nicht unmittelbar die Berufsausübung betreffen („sonstige Geschäfte" i.S.v. § 6 Abs. 2 PartGG). Im Rahmen der Berufsausübung ist der Partner in der alleinigen Geschäftsführung nicht beschränkt (vgl. § 1 Abs. 2 S. 2).

§ 5 Vertretung
(1) Die Partner sind einzeln vertretungsberechtigt.
(2) Den Partnern wird für alle Handlungen gesellschaftsrechtlicher Art mit der Gesellschaft und solchen Gesellschaften, an denen die Partner beteiligt sind, Befreiung von den Beschränkungen des § 181 BGB erteilt.
(3) Mandate mit besonderem Haftungsrisiko dürfen nur nach vorheriger Abstimmung mit den anderen Partnern angenommen werden. Jeder Partner ist verpflichtet, bei solchen Mandaten durch Individualvereinbarung mit den Mandanten eine Haftungsbeschränkung auf die Haftpflichtversicherungssumme der Partnerschaft bzw. der Partner von 4 Mio. EUR zu vereinbaren. Diese Haftungsbeschränkung wird im Rahmen der nach dem Partnerschaftsgesellschaftsgesetz und nach den Berufsgesetzen (§ 51a BRAO, § 67a StBerG, § 54a WPO) gegebenen Möglichkeiten auch Gegenstand der Allgemeinen Geschäftsbedingungen, die möglichst in jedem Mandatsvertrag vereinbart werden sollen.
(4) Die Vertretungsberechtigung jedes einzelnen Partners, die umfassend ist, wird durch die Regelungen des § 4 nicht eingeschränkt.

Heid

§ 6 Gesellschafterversammlung
(1) Jeder Partner kann eine Gesellschafterversammlung schriftlich unter Angabe von Ort, Tag, Uhrzeit und Tagesordnung einberufen, unter Beachtung einer Frist von mindestens vier Wochen bei ordentlichen Gesellschafterversammlungen und einer Frist von mindestens zwei Wochen bei außerordentlichen Gesellschafterversammlungen. Auf die Einladungsformalitäten kann verzichtet werden, wenn alle Partner anwesend oder vertreten sind und kein Widerspruch wegen der nicht form- und fristgerechten Einberufung erhoben wird.
(2) Die ordnungsgemäß einberufene Gesellschafterversammlung ist beschlussfähig, wenn alle Partner vertreten sind. Erweist sich die Gesellschafterversammlung wegen Fehlens eines Partners als beschlussunfähig, so ist binnen zwei Wochen eine zweite Gesellschafterversammlung mit gleicher Tagesordnung einzuberufen, die auch bei Fehlen eines Partners beschlussfähig ist, es sei denn, das Fehlen ist entschuldigt. In diesem Fall ist der fehlende Gesellschafter verpflichtet, sich auf eine schriftliche Beschlussfassung einzulassen, die voraussetzt, dass mit der Aufforderung zur schriftlichen Stimmabgabe die Beschlussvorlage ausreichend schriftlich erläutert bzw. begründet wird. Die schriftliche Stimmabgabe hat binnen fünf Tagen seit der Aufforderung zu erfolgen, wobei für die Fristbestimmung jeweils der Zugang maßgebend ist. Eine Nichtabgabe der Stimme innerhalb der Frist gilt als Zustimmung.
(3) Eine schriftliche Beschlussfassung der Partner ist zulässig, wenn alle Partner sich mit dieser Art der Abstimmung einverstanden erklären. Der die schriftliche Beschlussfassung herbeiführende Partner hat unverzüglich nach Durchführung des schriftlichen Abstimmungsverfahrens dem anderen Partner das Beschlussergebnis schriftlich mitzuteilen.
(4) Jeder Partner hat eine Stimme.

§ 7 Gesellschafterbeschlüsse
(1) In der Gesellschafterversammlung hat jeder Partner, ungeachtet der Höhe seiner Vermögens- bzw. Ergebnisbeteiligung, eine Stimme.
(2) Ist ein Partner verhindert, an der Gesellschafterversammlung teilzunehmen, kann er sich durch einen anderen Partner vertreten lassen. Die Vollmacht bedarf der Schriftform.
(3) Gesellschafterbeschlüsse werden grundsätzlich mit zwei Dritteln Mehrheit der in der Gesellschafterversammlung abgegebenen stimmberechtigten Stimmen gefasst, soweit dieser Gesellschaftsvertrag nicht eine andere Mehrheit vorsieht. Der Zustimmung von zwei Dritteln bedürfen insbesondere: _____ (Katalog zustimmungsbedürftiger Maßnahmen)
(4) Der Zustimmung von 80% bedürfen Gesellschafterbeschlüsse über:
    a) Änderungen dieses Gesellschaftsvertrages bezüglich der korporativen Bestandteile, insbesondere zur Geschäftsführungs- und Vertretungsregelung, es sei denn, es handelt sich um Sonderrechte eines Partners, die als solche ausdrücklich zu bezeichnen sind, für die Abs. 5 entsprechend gilt;
    b) Aufnahme von weiteren Partnern;
    c) Verkauf der Kanzlei;
    d) Auflösung oder Fortsetzung der Gesellschaft;
    e) alle sonstigen Grundlagenangelegenheiten.
(5) Beschlüsse, die in die Rechtsstellung eines einzelnen Partners als solche eingreifen, bedürfen der Einstimmigkeit; auch (insbesondere) der betroffene Partner ist stimmberechtigt. Unberührt bleibt der Stimmrechtsausschluss bei Beschlüssen über Maßnahmen gegenüber einem Partner aus wichtigem Grund, z.B. gemäß § 17, und bei Interessenkollision.
(6) Beschlüsse der Gesellschafterversammlung können binnen einer Ausschlussfrist von einem Monat seit Beschlussfassung bzw. Bekanntgabe durch schriftliche Erklärung gegenüber der Sozietät angefochten und im Falle der Ablehnung der Anfechtung binnen einer weiteren Ausschlussfrist von einem Monat durch Klage angefochten werden.

§ 8 Beirat
(1) Aufgaben des Beirats sind:
    a) Beratung der Partnerschaft in strategischen Fragen;
    b) Mitwirkung bei wichtigen Geschäftsführungsmaßnahmen (z.B. Personalentscheidungen, Investitionen u.Ä.);
    c) Überwachung der Einhaltung der Grundsätze der Kanzleipolitik, ferner Mitwirkung bei der Vorgabe genereller Grundsätze und Rahmenanweisungen hinsichtlich der Kanzleiführung;
    d) Schlichtungsversuche bei Streitigkeiten der Partner untereinander;
    e) Prüfung von eventuell vorwerfbaren Sachverhalten gegenüber einem Partner auf Antrag eines Partners;
    f) Anträge gemäß § 18 Abs. 1 (Ausschlussverfahren).
(2) Der Beirat ist regelmäßig über die Entwicklung der Partnerschaft in geeigneter Form zu unterrichten.
(3) Der Beirat besteht aus drei Mitgliedern.
(4) Zusammensetzung des Beirats:
    a) Erstes geborenes Mitglied des Beirates ist jeweils der jüngste der aus Altersgründen ausgeschiedenen Partner, soweit er das 75. Lebensjahr noch nicht vollendet hat. Durch einstimmigen Beschluss der Gesellschafterversammlung kann bestimmt werden, dass ein ausgeschiedener Senior-Partner auch über das 75. Lebensjahr hinaus Beiratsmitglied ist, nicht aber über das 80. Lebensjahr hinaus. Lehnt ein nach diesen Bestimmungen berufenes Beiratsmitglied diese Tätigkeit ab, ist der jeweils Nächstberufene Beiratsmitglied.
    b) Die übrigen zwei Beiratsmitglieder werden wie folgt nominiert:
        aa) Ein Beiratsmitglied ist regelmäßig der jeweilige älteste aktive Partner (Senior-Partner).
        bb) Das dritte Beiratsmitglied wird durch die Partnerschaftsversammlung jeweils auf die Dauer von zwei Jahren gewählt. Das dritte Beiratsmitglied darf kein Partner, sondern muss ein Dritter sein, der Berufsträger ist und eine Berufsqualifikation besitzt, die durch die anderen Beiratsmitglieder nicht vertreten ist, sofern in den Personen der anderen Beiratsmitglieder die Berufsqualifikationen nicht vollständig vertreten sind.
(5) Der Beirat gibt sich eine Geschäftsordnung.
(6) Die Beiratsmitglieder erhalten für ihre Tätigkeit eine angemessene Vergütung nach dem Zeitaufwand und Ersatz der Auslagen.

III. Gesellschafterrechte und -pflichten

§ 9 Krankheit, Urlaub
(1) Ist ein Partner durch Krankheit, Unfall oder einen sonstigen in seiner Person liegenden Grund, jedoch ohne sein Verschulden, wobei leichte Fahrlässigkeit nicht als Verschulden gilt, für längere Zeit an der Ausübung seiner Berufstätigkeit verhindert, so haben ihn die anderen Partner bis zu einer Dauer von drei Monaten im Jahr zu vertreten. Dauert die Krankheit – nicht dauernde Berufsunfähigkeit – länger und sind die anderen Partner nicht in der Lage, den erkrankten Partner weiter zu vertreten, so ist ein Vertreter zu bestellen, der die Zustimmung der anderen Partner hat, und dessen Kosten zu Lasten des vertretenen Partners gehen, die als steuerliche Sonderbetriebsausgaben zu behandeln sind.
(2) Jeder Partner ist verpflichtet, eine Krankentagegeldversicherung in Höhe von mindestens 150 EUR vom ersten Tag des Krankenhausaufenthalts an sowie eine Krankentagegeldversicherung in Höhe von mindestens 200 EUR vom 91. Tage der Krankheit an abzuschließen. Die Zahlung der Prämien für die genannten Versicherungen erfolgt (gebucht als Entnahme) durch die Partnerschaft. Zahlt die Krankentagegeldversicherung aus Gründen, die die Partnerschaft zu vertreten hat, kein Tagegeld, ist dem betroffenen Partner dieser Verlust durch Erhöhung seines Gewinnanteils entsprechend auszugleichen.
(3) Die Partner sind im Interesse der Erhaltung ihrer Gesundheit verpflichtet, den ihnen zustehenden Urlaub zu nehmen. Jeder Partner hat bis zur Vollendung des 45. Lebensjahres 25 Tage Jahresurlaub,

nach Vollendung des 45. Lebensjahres 28 Tage, nach Vollendung des 50. Lebensjahres 30 Tage (jeweils gerechnet fünf Arbeitstage pro Woche).

§ 10 Wettbewerbsverbot
(1) Die Partner dürfen während der Dauer ihrer Zugehörigkeit zur Partnerschaft in den Tätigkeitsbereichen der Partnerschaft weder für eigene noch für fremde Rechnung entgeltlich oder unentgeltlich tätig werden noch Mitglied des gesetzlichen Vertretungsorgans oder persönlich haftender Gesellschafter bei einer anderen Rechtsanwalts-, Steuerberatungs- oder Wirtschaftsprüfungsgesellschaft oder einem ähnlich organisierten Unternehmen sein. Ihnen ist untersagt, sich an der Kanzlei eines Berufsträgers der vorstehend bezeichneten Qualifikation zu beteiligen. Die Gesellschafterversammlung kann in begründeten, im Interesse der Partnerschaft liegenden Fällen Ausnahmen von diesen Beschränkungen zulassen. Die Annahme von Ehrenämtern oder Aufträgen bei berufsständischen Organisationen/Institutionen sowie im Bereich der gewerblichen Wirtschaft soll mit Zustimmung der anderen Partner gestattet werden. Der Zustimmung bedarf es nicht, wenn derartige Tätigkeiten die volle Arbeitskraft, die der Partner der Partnerschaft schuldet, nicht oder kaum beeinflussen. Darüber hinausgehende Nebentätigkeiten bedürfen in jedem Einzelfall der vorherigen schriftlich zu erteilenden Zustimmung der Gesellschafterversammlung.
(2) Die Partner dürfen während der Dauer ihrer Zugehörigkeit zur Partnerschaft darüber hinaus ohne vorherige, schriftlich zu erteilende Zustimmung der Gesellschafterversammlung – unbeschadet berufsrechtlicher Vorschriften über mit dem Beruf unvereinbare gewerbliche Tätigkeiten – weder im Bereich der gewerblichen Wirtschaft entgeltliche oder unentgeltliche Tätigkeiten ausüben noch mittelbar oder unmittelbar an einem anderen Unternehmen beteiligt sein. Bei gewerblichen Unternehmen gilt Aktienbesitz, Besitz von Geschäftsanteilen an Kapital- oder Personengesellschaften mit einer Beteiligung von unter 25% nicht als Beteiligung im Sinne dieser Bestimmung.

§ 11 Informationsrecht/Verschwiegenheitspflicht
(1) Jeder Partner kann jederzeit in Angelegenheiten der Partnerschaft – innerhalb oder außerhalb der Gesellschafterversammlung – Auskunft verlangen und sämtliche Bücher und Papiere der Partnerschaft einsehen, überprüfen und von ihnen Ablichtungen oder Abschriften anfertigen, um sich über die Vermögens- und Ertragslage der Partnerschaft oder auch einzelner Maßnahmen der Partnerschaft zu informieren. Das Informations- und Kontrollrecht bezieht sich auch auf alle Bücher und Unterlagen, die der Ermittlung steuerlicher Bemessungsgrundlagen dienen.
(2) Die Partner sind zur Verschwiegenheit über die Verhältnisse der Partnerschaft – auch nach dem Ausscheiden – verpflichtet.

IV. Vermögensverfassung

§ 12 Jahresabschluss/Wirtschaftsplan
(1) Geschäftsjahr ist das Kalenderjahr.
(2) Für das vergangene Geschäftsjahr ist ein Jahresabschluss zu erstellen.
(3) Am Ende des Geschäftsjahres ist ein Wirtschaftsplan für das kommende Jahr aufzustellen. Einzelheiten bleiben einem gesonderten Beschluss vorbehalten.

§ 13 Gesellschafterkonten
(1) Für jeden Partner wird ein Kapitalkonto I geführt (Festkonto).
(2) Darüber hinaus wird für jeden Partner ein Kapitalkonto II (Gesellschafterdarlehen) eingerichtet. Auf diesem Konto werden die anteiligen Jahresergebnisse sowie die Entnahmen und Einlagen verbucht. Eine Verzinsung der Kapitalkonten II erfolgt nicht, da diese jeweils nach Feststellung des Jahresabschlusses durch Ein- bzw. Auszahlungen gleichzustellen sind.

(3) Neben den Kapitalkonten I und II werden im Bedarfsfall Kapitalkonten III als Darlehenssonderkonten eingerichtet.

§ 14 Vermögens- und Ergebnisbeteiligung
(1) Am Vermögen sowie am Gewinn und Verlust sind die Partner in dem Verhältnis beteiligt, in dem sie Anteile am Festkapital (Kapitalkonten I) halten.
(2) Für die laufende Gewinnermittlung gilt der Grundsatz der Beibehaltung der bisherigen Ansatz- und Bewertungsgrundsätze. Diese können nur einvernehmlich durch Beschluss geändert werden.
(3) Jeder Partner ist berechtigt, die Anschaffung eines zu betrieblichen Zwecken genutzten Personenkraftwagens durch die Partnerschaft zu verlangen. Die Abschreibungen und die Betriebskosten sind, soweit steuerlich zulässig, Betriebsausgaben der Partnerschaft.
  a) Im Innenverhältnis gilt die anteilige private Pkw-Nutzung nicht als Entnahme und ist entsprechend auch nicht zu verbuchen, sondern außerhalb des Jahresabschlusses im Rahmen der einheitlichen Gewinnfeststellung zu berücksichtigen.
  b) Die vorgenannten Betriebskosten und Abschreibungen des von dem jeweiligen Partner genutzten Pkw sind jedoch vor Gewinnverteilung dem Gesamtgewinn hinzuzurechnen und von dem danach auf den jeweiligen Partner entfallenden Gewinnanteil abzuziehen. Lediglich die Finanzierungskosten werden ohne Umlegung auf den jeweiligen Partner von der Partnerschaft getragen.
  c) Entstehen Gewinne oder Verluste bei Verkauf oder Verlust des Pkw bzw. durch Versicherungsleistungen o.ä. mit entsprechenden Differenzen zum jeweiligen Buchwert, sind diese Gewinne und Verluste genauso zu berücksichtigen wie die Betriebskosten und Abschreibungen. Bei Ausscheiden eines Partners ist der auf seinen Wunsch angeschaffte Pkw von ihm oder seinen Rechtsnachfolgern zum DAT-Schätzwert zu übernehmen. Differenzen zum Buchwert werden in vorgenannter Weise behandelt.
  d) Alternativ zur Anschaffung eines Pkw kann jeder Partner den Abschluss eines Leasingvertrages über einen Pkw verlangen. Die Leasingkosten werden wie die Kosten eines angeschafften Pkw bei der Gewinnverteilung berücksichtigt. Bei Ausscheiden des Partners ist der Leasingvertrag von ihm oder seinem Rechtsnachfolger zu übernehmen.
  e) Partner, für die von der Partnerschaft kein Pkw angeschafft oder geleast wird und die für Dienstfahrten ihren eigenen Pkw benutzen, erhalten hierfür eine Erstattung in Höhe der jeweils geltenden steuerlichen Pauschalbeträge. Diese Aufwendungen werden als Betriebsausgaben gebucht und bleiben bei der Gewinnverteilung unberücksichtigt.
(4) Vor Verteilung von Gewinn und Verlust sind ferner über Aufwand bzw. Ertrag zu verbuchen:
  a) Rentenzahlungen an ausgeschiedene Partner bzw. deren Witwen, saldiert mit der Auflösung des Rückstellungsbetrages (Zinsanteil der Rentenzahlungen);
  b) im Einzelfall festzulegende Zinsen für Darlehenssonderkonten der Partner (Kapitalkonten III);
  c) steuerlich nicht abzugsfähige Praxisausgaben (Spenden, Anteile an Bewirtungskosten, Geschenke, Prämien für Risikoversicherungen usw.).
(7) Für Haftpflichtfälle vereinbaren die Partner im Innenverhältnis, dass bei leichter Fahrlässigkeit der zu leistende Schadenersatz als Betriebsausgabe der Partnerschaft gilt. Bei grob fahrlässiger oder vorsätzlicher Schädigung fällt der Schaden dem verursachenden Partner allein zur Last, soweit nicht die Haftpflichtversicherung den Schaden deckt.

§ 15 Entnahmen
(1) Jeder Partner ist berechtigt, den auf ihn entfallenden monatlichen Entnahmebetrag, der zu Beginn des Jahres entsprechend der Vermögens- und Ertragslage beschlossen wird, zu entnehmen. Hieraus hat er die auf ihn entfallenden Steuern zu leisten.

(2) Darüber hinausgehende Entnahmen bedürfen eines gesonderten Beschlusses. Die Beschlussfassung hat sich zu orientieren an der Vermögens- und Finanzlage der Partnerschaft, ferner an den geplanten Investitionen gemäß Wirtschaftsplan.

V. Veränderungen im Gesellschafterbestand

§ 16 Verfügung über Gesellschaftsanteile
(1) Die Verfügung über den Anteil an der Partnerschaft oder über Teile des Anteils unter Lebenden bedarf der Einwilligung aller anderen Partner.
(2) Die Anteile an der Partnerschaft dürfen weder für Rechnung eines Dritten gehalten noch verpfändet noch sonst in irgendeiner Weise mit Rechten Dritter, insbesondere nicht mit einem Nießbrauch, belastet werden. Die Ansprüche der Partner gegenüber der Partnerschaft oder untereinander aus dem Gesellschaftsverhältnis, gleich aus welchem Rechtsgrund, insbesondere der Anspruch auf anteiligen Jahresüberschuss, Auseinandersetzungsguthaben und anteiligen Liquidationserlös, sind nicht auf Dritte übertragbar.

§ 17 Aufnahme neuer Partner
(1) Die Partnerschaft ist grundsätzlich offen für die Aufnahme neuer Partner (vgl. § 7 Abs. 4 Buchst. b). Voraussetzung für die Aufnahme ist neben der erforderlichen Zulassung als Steuerberater, Wirtschaftsprüfer oder Rechtsanwalt die persönliche, einwandfreie Integrität, eine überdurchschnittliche Berufsqualifikation und die Bereitschaft, mit den aufnehmenden Partnern loyal und kooperativ zusammenzuarbeiten.
(2) Die Aufnahme eines neuen Partners ist in der Regel möglich nach einer Tätigkeit von fünf Jahren in der Partnerschaft, nicht jedoch vor Vollendung des 35. Lebensjahres.
(3) Der neu aufgenommene Partner ist in dem Verhältnis am Vermögen inkl. stiller Reserven und dem Praxiswert sowie am Jahresergebnis der Partnerschaft beteiligt, in dem er Anteile am Festkapital (Kapitalkonten I) übernommen hat.

§ 18 Ausschluss eines Partners
(1) Auf Antrag eines Partners oder des Beirats ist ein Verfahren über den Ausschluss eines Partners aus der Partnerschaft einzuleiten, wenn in seiner Person ein wichtiger Grund i.S.d. § 133 HGB, § 723 BGB vorliegt, insbesondere:
   a) wenn er gegen das gesellschaftsvertraglich vereinbarte Wettbewerbsverbot oder gegen § 16 verstößt;
   b) wenn er durch von ihm zu vertretende, in seiner Person oder in seinem Verhalten liegende Gründe nachhaltig das Ansehen der Partnerschaft schädigt;
   c) wenn über das Vermögen eines Partners durch rechtskräftigen Beschluss das Insolvenzverfahren oder die Eröffnung des Insolvenzverfahrens mangels Masse abgelehnt wird oder ein Gläubiger aufgrund eines nicht nur vorläufig vollstreckbaren Titels den Anteil an der Partnerschaft pfändet und die Pfändung nicht binnen zweier Monate seit Zustellung des Pfändungs- und Überweisungsbeschlusses wieder aufgehoben wird.
(2) Der Ausschluss bedarf eines einstimmigen Beschlusses der übrigen Partner. Das Stimmrecht des betroffenen Partners ruht bei diesem Beschluss.
(3) Der Ausschließungsbeschluss kann von dem betroffenen Partner binnen einer Frist von zwei Wochen nach Bekanntgabe des Beschlusses angefochten werden. Der Ausschluss wird in diesem Fall erst wirksam, wenn dieser durch das Schiedsgericht, welches von dem betroffenen Partner spätestens binnen zwei weiterer Wochen anzurufen ist, rechtskräftig festgestellt worden ist.
(4) Der ausgeschlossene Partner ist verpflichtet, die von ihm bearbeiteten Mandate auf die verbleibenden Partner überzuleiten.

§ 19 Kündigung eines Partners
(1) Eine Kündigung der Gesellschaft kann seitens der „Alt"-Partner A, B und C nur aus wichtigem Grund erfolgen. Das Recht zur Anschlusskündigung gemäß § 25 Abs. 3 bleibt unberührt.
(2) Eine Kündigung der Neu-Partner D und E ist erstmalig auf den 31.12. des fünften Jahres nach dem Beitritt möglich, danach zu dem Ende eines jeden dritten Jahres, jeweils mit einer Kündigungsfrist von einem Jahr. Die Kündigung bedarf der Schriftform.
(3) Die Mandanten sind zu befragen, wer künftig ihre laufenden Sachen bearbeiten soll (vgl. § 32 der Berufsordnung und Fachanwaltsordnung für Rechtsanwälte vom 10.12.1996).

§ 20 Berufsunfähigkeit/Altersgrenze/Tod
(1) Ein Partner scheidet aus der Partnerschaft aus, wenn
   a) er vor Vollendung des 65. Lebensjahres dauernd berufsunfähig wird,
   b) er nach Vollendung des 65. Lebensjahres seinen Austritt erklärt,
   c) er das 67. Lebensjahr vollendet hat; bei Zustimmung der anderen Partner ist auch eine längere Mitarbeit als freier Mitarbeiter möglich;
   d) er stirbt.
(2) Einem aus Gründen des Abs. 1 ausscheidenden Partner ist es verwehrt, ohne Abstimmung mit den anderen Partnern Mandate von Auftraggebern der Partnerschaft zu übernehmen. Für jeden Fall der Zuwiderhandlung ist der Ausgeschiedene verpflichtet, einen Jahresumsatz des mit diesem Mandanten vereinbarten Honorars an die Partnerschaft abzuführen.

VI. Bewertung von Anteilen an der Partnerschaft

§ 21 Auseinandersetzungsguthaben
(1) Scheidet ein Partner aus der Partnerschaft aus, so ist zur Ermittlung seines Auseinandersetzungsguthabens spätestens bis zum 31.12. des Folgejahres eine Auseinandersetzungsbilanz auf den 31.12. des Jahres seines Ausscheidens zu erstellen. Das Gewinnbezugsrecht steht dem ausgeschiedenen Partner zeitanteilig bis zum Tag seines Ausscheidens zu.
(2) Das Auseinandersetzungsguthaben des ausscheidenden Partners ist die Summe aller Kapitalkonten (I, II und III) zuzüglich des sich aus den stillen Reserven des Sachanlagevermögens und aus der fiktiven Position „Praxiswert" gemäß Abs. 3 ergebenden anteiligen Mehrbetrages.
(3) Die Bilanzpositionen sind wie folgt anzusetzen:
   a) Es ist eine Neubewertung der Positionen, in denen stille Reserven vorhanden sind, durchzuführen, insbesondere der Sach- und Finanzanlagen, der geringwertigen Wirtschaftsgüter und der Literatur; diese Positionen werden pauschal wie folgt angesetzt:
      – Der Sonderposten mit Rücklageanteil in voller Höhe;
      – die geringwertigen Wirtschaftsgüter mit 40% der Anschaffungs- oder Herstellungskosten, soweit diese in den letzten fünf Jahren vor dem Stichtag angeschafft wurden;
      – die in den letzten fünf Jahren angeschaffte Literatur mit 20% der Anschaffungskosten;
      – Fahrzeuge nach DAT-Schätzwert, soweit sie nicht der Regelung des § 13 Abs. 3 unterfallen;
      – das übrige Anlagevermögen mit einem Zuschlag von 15% auf den Buchwert. Ohne Zuschlag bleiben die in den letzten beiden Jahren vor dem Stichtag angeschafften Anlagegegenstände;
      – die halbfertigen Arbeiten nach den bisherigen Ansatz- und Bewertungsgrundsätzen.
   b) Alle übrigen Bilanzpositionen werden mit dem jeweiligen Nominalwert in die Auseinandersetzungsbilanz übernommen.

c) Zusätzlich zu den bilanzierten Vermögensgegenständen erfolgt der Ansatz eines (fiktiven) Aktivpostens „Praxiswert". Der Ansatz dieses Postens wird nach dem sog. modifizierten Ertragswertverfahrens gemäß § 21 ermittelt.

d) Das Abfindungsguthaben eines ausgeschiedenen Partners ändert sich nicht, wenn aufgrund einer späteren Betriebsprüfung oder aus anderen Gründen nachträglich Bilanzansätze in der Bilanz, die der Berechnung des Abfindungsguthabens zugrunde lag, geändert werden.

(4) Der ausscheidende Partner ist an schwebenden Geschäften nicht beteiligt. Er nimmt am Gewinn und Verlust der Partnerschaft bis zum Auseinandersetzungsstichtag teil. Die bis zu seinem Ausscheiden erfolgten Entnahmen und Einlagen sind zu berücksichtigen.

(5) Der ausscheidende Partner kann keine Sicherheit für sein Auseinandersetzungsguthaben von der Partnerschaft verlangen.

(6) Die Auszahlung des Auseinandersetzungsguthabens erfolgt in zehn gleichen Vierteljahresraten, beginnend sechs Monate nach dem Ausscheiden des Partners, frühestens jedoch nach Erstellung der Auseinandersetzungsbilanz. Das Auseinandersetzungsguthaben ist mit 2,5% über der jeweiligen Bezugsgröße gemäß Diskontsatz-Überleitungsgesetz zu verzinsen.

(7) Sollte die vereinbarte Auseinandersetzungsregelung, gleich aus welchem Grund, unzulässig sein, ist eine gültige Auseinandersetzungsregelung nach den zum Zeitpunkt des Ausscheidens geltenden gesetzlichen Bestimmungen bzw. nach der Rechtsprechung maßgebend, wobei der niedrigstmögliche Ansatz zu wählen ist.

§ 22 Ermittlung des Praxiswertes

(1) Der Praxiswert wird auf der Basis des so genannten modifizierten Ertragswertverfahrens, bei dem der Übergewinn kapitalisiert[269] wird, ermittelt. Da es sich bei den Umsätzen einer freiberuflichen Praxis um personenbezogene Leistungen handelt, sind die Umsätze einem bestimmten Verflüchtigungscharakter unterworfen, so dass nur eine begrenzte Zeitdauer für eine Übergewinnverrentung in Betracht kommt, d.h. insbesondere die Formel von der ewigen Rente nicht anwendbar ist. Die Kapitalisierungsfaktoren liegen damit unter den Faktoren im Rahmen von Unternehmensbewertungen, weil auf den üblichen Risikozinsfuß ein erheblicher Aufschlag für die Verflüchtigung der Umsätze und infolge davon auch der Erträge vorzunehmen ist.

(2) Die Bemessungsgrundlage wird wie folgt ermittelt:

a) Es wird zunächst der Gewinn der Partnerschaft in den letzten drei vollen Kalenderjahren vor dem Ausscheiden bzw. dem Eintritt eines Partners, bereinigt um die Auflösung des bzw. Einstellung in den Sonderposten mit Rücklageanteil sowie Abschreibungen auf den Praxiswert, zugrunde gelegt. Hierbei werden bisherige Vergütungen für eintretende Partner also weiterhin als gewinnmindernde Kosten berücksichtigt und nicht abgezogen.

b) Von diesem jeweiligen Jahresgewinn werden dann kalkulatorische Gehälter (Unternehmerlohn) von den in diesem Jahr tätigen Partner abgezogen. Das Gehalt richtet sich nach A 16 (Behördenleiter) der Beamtenbesoldung, höchste Dienstaltersstufe, ohne Familienzuschlag, 13 x zuzüglich 40% Aufschlag auf das Jahresgehalt, was zur Zeit einem Betrag von rund 80.000 EUR p.a. entspricht. Maßgebend ist der jeweils aktuelle gültige Tarif.

---

[269] Bei einer Kapitalisierung handelt es sich um das „Herabrechnen" einer gleichmäßigen oder sich verhältnismäßig entwickelnden Zahlenreihe auf einen bestimmten Zeitpunkt. Bei einer gleichmäßigen Reihe, wie sie bei der Unternehmensbewertung maßgebend ist, handelt es sich um die prognostizierten zukünftigen Erträge. Der Ertrag, der etwa im Jahr 10 statt im Jahr 01 an den Investor fließt, ist für diesen weniger wert, da er diesen, wenn er ihn schon jetzt zur Verfügung hätte, verzinslich anlegen könnte. Die gleichmäßig pro Jahr in der Zukunft als Ertrag erwarteten Beträge werden deshalb abgezinst, wobei die Abzinsung umso größer ausfällt, je weiter der Zufluss in der Zukunft liegt. Nach der Formel von der ewigen Rente wird ein Betrag, der erst in 30 Jahren zu zahlen ist, auf ca. 0,00 EUR abgezinst, so dass nur die Reihe von 01 bis 29 interessant ist. Der Praktiker bedient sich bei der Berechnung gängiger Tabellen, die z.B. im Steuerberater- und Wirtschaftsprüfer-Jahrbuch von *Peter Knief* oder auch im Rechtsanwalts-Jahrbuch von *Hannelore Krüger-Knief* enthalten sind.

Heid

c) Weiter in Abzug zu bringen sind 6% Verzinsung des Substanzwertes (Saldo aus Aktiva und Passiva) zu Verkehrswerten (Buchwerte zuzüglich stille Reserven) ohne Berücksichtigung des Praxiswertes.

(3) Auf die vorstehend ermittelte Bemessungsgrundlage wird kein einheitlicher, sondern ein differenzierter Kapitalisierungsfaktor nach Erlösgruppen angewandt. Zu diesem Zweck wird die gemäß vorstehendem Absatz ermittelte Bemessungsgrundlage (Übergewinn) im Verhältnis folgender Umsätze der Praxis aufgeteilt:
  a) Steuerberatungsumsätze im engeren Sinne (Erstellung von Bilanzen und Steuererklärungen – §§ 23 bis 29, 35 StBGebVO)
  b) Buchhaltungsumsätze (§§ 32 bis 34, 39 StBGebVO)
  c) sonstige Umsätze, insbesondere Umsätze Rechtsberatung und Rechtsvertretung, Umsätze Wirtschaftsprüftätigkeit, Sonderumsätze Steuerberatung, z.B. Beratungs- und Gutachterhonorare (§§ 13, 21, 22, 30, 31, 36 bis 38, 40 ff. StBGebVO), Insolvenzverwaltervergütungen usw.

(4) Die Kapitalisierungsfaktoren betragen für die einzelnen Erlösgruppen:
  a) Steuerberatungsleistungen gem. Abs. 3 Buchst. a)   3,5 bis 4,5 (max. 5)
  b) Buchhaltung   2,5 bis 3,5 (max. 4)
  c) sonstige Umsätze/Erträge   1,5 bis 2,5 (max. 3).

(5) Die angemessenen Faktoren innerhalb der Bandbreiten werden wie folgt bestimmt:[270]
  a) Bei dem Eintritt eines Partners ist der angemessene Kapitalisierungsfaktor im Zweifel eher am unteren Ende der Bandbreite zu ermitteln. Hierbei ist insbesondere auch das Alter des Neu-Partners bei seinem Eintritt zu berücksichtigen. Es ist ggf. folgende Vergleichsrechnung anzustellen: Zunächst ist der Zeitpunkt zu ermitteln, zu dem der eintretende Partner spätestens eine gleichberechtigte Stellung in Bezug auf den Gewinnanteil haben sollte (spätestens 50. Lebensjahr). Ausgehend von dem Gehaltsniveau des eintretenden Partners bei dem Eintritt ist ein gleichmäßiger Anstieg der Tätigkeitsvergütung/des Gewinnanteils des eintretenden Partners bis zur vollen Gleichberechtigung zum betreffenden Zeitpunkt zu unterstellen, wobei die Ertragssituation zum Zeitpunkt des Eintrittes zugrundezulegen ist. Die sich aus dieser Berechnung ergebenden Mindergewinnbeträge im Vergleich zur gleichberechtigten Gewinnbeteiligung sind auf den Zeitpunkt des Eintrittes des Partners zu kapitalisieren. Der sich so ergebende Betrag ist, soweit das so genannte Einkaufsmodell gewählt wird, vergleichend bei der Bestimmung des angemessenen Faktors zum Zwecke der Ermittlung des Entgelts für den Erwerb des Anteils heranzuziehen (vgl. § 23).
  b) Bei ausscheidenden Partnern soll in der Regel eher die obere Bandbreite des Rahmens für die Bestimmung des angemessenen Kapitalisierungsfaktors herangezogen werden (Anerkennung Lebensarbeitsleistung). Mindernd ist dagegen zu berücksichtigen, wenn es der aus Altersgründen ausscheidende Partner versäumt hat, die Überleitung der von ihm betreuten Mandate auf einen (Funktions-)Nachfolger sicherzustellen.

(6) Sollte über die richtige Ermittlung der Bemessungsgrundlage und/oder die angemessene Bestimmung des Kapitalisierungsfaktors im Rahmen der Bandbreiten zwischen den Partnern Streit entstehen, entscheidet für alle Partner verbindlich ein Schiedsgutachter, der auf Antrag eines der Partner von der Berufskammer des beantragenden Partners zu bestimmen ist. Der Gutachter muss Rechtsanwalt sein und möglichst nachweisbare Erfahrungen auf dem Gebiet der Bewertung von Rechtsanwaltspraxen aufweisen können.

(7) Die Partner werden sich von Zeit zu Zeit, spätestens im Abstand von fünf Jahren, darüber verständigen, ob die vorstehenden Bewertungsgrundsätze noch den wirtschaftlichen Gegebenheiten der

---

[270] Für die Berechnung des Praxiswertes einer gemischten Partnerschaft siehe das Berechnungsbeispiel in Rn 168.

beruflichen Tätigkeiten und/oder den Erkenntnissen der Wissenschaft bzw. den Grundsätzen der beruflichen Übung betreffend die Ermittlung angemessener Entgelte für Praxiswerte von Rechtsanwälten entsprechen. Falls sich gravierendere Anlässe ergeben, die eine Anpassung der vorstehenden Bestimmungen an geänderte Umstände erfordern, verpflichten sich die Partner gegenseitig zur Neuverhandlung über die Abänderung der entsprechenden Bestimmungen.

(8) Falls Streit darüber entsteht, ob die Voraussetzungen für eine Neuverhandlungspflicht gegeben sind, entscheidet wiederum der entsprechend Abs. 6 zu beauftragende Schiedsgutachter. Dies gilt entsprechend für den Fall, dass Streit über den Inhalt der anzupassenden Regelungen entsteht.

§ 23 Eintrittsbedingungen
(1) Der Eintritt eines neues Partners erfolgt jeweils zu im Einzelfall vereinbarten Bedingungen. Grundsätzlich kann dabei ein Eintritt nach dem „Einkaufsmodell" oder dem „Gewinnaufbaumodell" erfolgen.

(2) Bei dem Einkaufsmodell wird der erworbene Anteil gemäß §§ 21 und 22 bewertet. Der so ermittelte und verhandelte Wert des Anteils des neuen Partners an der Partnerschaft stellt seine Ausgleichsverpflichtung gegenüber den aufnehmenden Partnern dar (Eintrittsgeld). Diese Ausgleichsverpflichtung des neuen Partners ist eine individuelle Schuld gegenüber den aufnehmenden Partnern und berührt somit das Rechnungswesen der Partnerschaft nicht. Die Ausgleichsverpflichtung wird rechnungsmäßig über Ergänzungsbilanzen der Partner dargestellt. Die Ausgleichsverpflichtung des neuen Partners wird, soweit sie nicht sofort abgelöst wird, ab Eintritt in die Partnerschaft entsprechend der Regelung des § 21 Abs. 6 zugunsten der aufnehmenden Partner verzinst und spätestens anteilig fällig, sobald der betreffende „Alt"-Partner aus der Gesellschaft, gleich aus welchem Grund, ausscheidet.

(3) Bei dem Gewinnaufbaumodell wird kein Eintrittsgeld bezahlt, sondern eine verbindliche Staffelung der Gewinnanteile bis zur Gleichberechtigung bzw. der vereinbarten Höchstgewinnbeteiligung des Eintretenden vereinbart.

§ 24 Abfindung in besonderen Fällen
(1) Für die Fälle des Ausschlusses aus wichtigem Grund gemäß § 18, der Eigenkündigung eines Partners gemäß § 19 bzw. § 25 Abs. 3 gelten die nachfolgenden Regelungen:
   a) Erfolgte die Aufnahme des ausscheidenden Partners nach dem Gewinnaufbaumodell (§ 23 Abs. 3), errechnet sich der Praxiswert nach der allgemeinen Regelung des § 22, aber anteilig nach dem Prozentsatz am Gewinn, den der Ausscheidende bei seinem Ausscheiden erreicht hat, in den Fällen der §§ 18, 19 abzüglich eines pauschalen Abschlags von 40%, der sich mit der Vollendung des 50. Lebensjahres auf 30% und mit Vollendung des 60. Lebensjahres auf 10% vermindert.
   b) Erfolgte die Aufnahme des ausscheidenden Partners aufgrund des Einkaufsmodells, gilt für die Ermittlung des Praxiswertes in den Fällen der §§ 18, 19 die allgemeine Regelung des § 22 mit der Maßgabe, dass von dem so ermittelten Betrag ein pauschaler Abschlag von 10% zu machen ist. Soweit das Einkaufsentgelt noch nicht oder nicht vollständig gezahlt sein sollte, wird dieses mit dem Abfindungsguthaben verrechnet.
   c) Auf das Auseinandersetzungsguthaben sind diejenigen Umsätze anzurechnen, die der ausscheidende Partner gemäß §§ 18 Abs. 4, 19 Abs. 3 mitnimmt, d.h. die der Partnerschaft durch das Ausscheiden des Partners verloren gehen und von diesem zukünftig für gleichartige Tätigkeiten mit demselben Mandanten erzielt werden.
   d) Die Anrechnung erfolgt pauschal wie folgt: Es wird eine durchschnittliche Umsatzrendite der Praxis gemäß § 22 Abs. 2 ermittelt. Diese Umsatzrendite ist dann einheitlich maßgebend für sämtliche vom Ausscheidenden mitgenommene Umsätze in der Weise, dass bei jedem mitgenommenen Umsatz ein entsprechender mitgenommener Gewinn unterstellt wird. Auf die

so festgestellte Bemessungsgrundlage werden dann die in § 22 Abs. 4 genannten Kapitalisierungsfaktoren zur Ermittlung des Anrechnungsbetrages angewandt.

e) Übersteigt der Anrechnungsbetrag das Abfindungsguthaben, hat der ausscheidende Partner die Differenz an die Gesellschaft auszugleichen.

f) Sollte sich die Ertragslage der Kanzlei nach dem Ausscheiden eines kündigenden oder ausgeschlossenen Partners in dem Zeitraum der Anzahl der Jahre nach dem Ausscheiden, die dem angewandten Faktor auf die Bemessungsgrundlage entspricht (bei angenommenem Mischfaktor 2,5 z.B. 2 1/2 Jahre), verschlechtern, mindert dies nachträglich anteilig das zum Zeitpunkt des Ausscheidens festgestellte Auseinandersetzungsguthaben. Bei Streitigkeiten gilt § 22 Abs. 6 entsprechend.

g) Wegen möglicher Anrechnungen in den Fällen der vorstehenden Buchstaben c) und d) werden 30% des errechneten Auseinandersetzungsguthabens auf die Dauer von drei Jahren einbehalten.

(2) In den Fällen der §§ 18, 19 wird das Auseinandersetzungsguthaben (vgl. § 21 Abs. 6) in zwanzig gleichen Vierteljahresraten ausbezahlt.

(3) Im Übrigen gilt § 21 entsprechend.

VII. Beendigung der Gesellschaft/Sonstiges

§ 25 Dauer der Gesellschaft
(1) Die Dauer der Gesellschaft ist unbestimmt.
(2) Scheidet ein Partner, gleich aus welchem Grund (vgl. §§ 18 bis 20), aus der Partnerschaft aus, wird die Partnerschaft nicht aufgelöst, sondern von den verbleibenden Partnern mit oder ohne Aufnahme des Nachfolgers des ausscheidenden Partners fortgeführt.
(3) Kündigt ein Partner oder scheidet er aus sonstigen Gründen, jedoch mit Ausnahme der Fälle des § 20, aus der Gesellschaft aus, so ist jeder der übrigen Partner berechtigt, auch seinerseits mittels Anschlusskündigung die Gesellschaft auf denselben Zeitpunkt zu kündigen. Die Anschlusskündigung muss innerhalb einer Frist von einem Monat nach Eingang der Kündigung bei der Gesellschaft oder dem Ereignis erklärt werden. Hat die Mehrheit der Partner – maßgebend sind die Stimmrechtsverhältnisse – gekündigt bzw. die Anschlusskündigung ausgesprochen, so tritt die Gesellschaft in Liquidation, an der sodann alle Partner, auch der zuerst kündigende bzw. ausscheidende, teilnehmen.

§ 26 Auflösung
(1) Die Auflösung ist nach den gesetzlichen Bestimmungen der §§ 729 ff. BGB durchzuführen.
(2) Der Liquidationserlös ist gemäß dem Beteiligungsverhältnis, ferner unter Berücksichtigung der Kapitalkonten, auf die Partner zu verteilen.
(3) Die der Partnerschaft erteilten Mandate werden nach Wünschen der Auftraggeber weitergeführt, nachdem diese gemeinschaftlich schriftlich befragt worden sind (Realteilung). Soweit keine Bestimmungen durch die Auftraggeber getroffen werden, werden diese Mandate nach berufsüblichen Grundsätzen verteilt. Zwischen den Partnern erfolgt ein vermögensmäßiger Spitzenausgleich unter Ansatz der übernommenen Vermögensgegenstände und Mandate, die gemäß §§ 21, 22 zu bewerten sind.
(4) Verbindlichkeiten aus Altersversorgung und Auseinandersetzungsguthaben schon vor der Auflösung ausgeschiedener Partner haben die Partner quotal entsprechend ihrem Beteiligungsverhältnis zu übernehmen, es sei denn, dass die ausgeschiedenen Partner im Zuge der Liquidation einer Abfindungszahlung zustimmen.
(5) Im Falle der Auflösung sind die Partner verpflichtet, die der Berufsverschwiegenheit unterliegenden Akten und sonstigen Gegenstände dem betreffenden Partner auszuhändigen, der die jeweiligen Mandate übernimmt. Alle Partner unterliegen auch nach Auflösung der Partnerschaft der Verschwiegenheit.

§ 27 Schiedsgericht
Alle Streitigkeiten aus diesem Vertrag oder über seine Gültigkeit, die zwischen den Partnern und/oder zwischen einem oder mehreren Partnern einerseits und der Partnerschaft andererseits entstehen, werden unter Ausschluss des ordentlichen Rechtsweges von einem Schiedsgericht endgültig entschieden. Die Schiedsvereinbarung ist in einer gesonderten Urkunde als Anlage zu diesem Vertrag niedergelegt.

§ 28 Schlussbestimmungen
(1) Sollten einzelne Bestimmungen dieses Vertrages nichtig oder unwirksam sein oder werden bzw. Formfehler, Lücken oder Widersprüche enthalten, so wird die Gültigkeit des Vertrages hiervon nicht berührt. Die Gesellschafter verpflichten sich vielmehr, etwaige nichtige oder undurchführbare Vertragsbestimmungen oder vorhandene Lücken durch Bestimmungen zu ersetzen oder zu ergänzen, die dem wirtschaftlichen Willen der Gesellschafter am nächsten kommen. Dies gilt auch für den Fall, dass Teile dieses Vertrages zwecks Wirksamkeit der notariellen Form bedürfen.
(2) Etwaige Änderungen, Ergänzungen und Berichtigungen dieses Vertrages bedürfen für ihre Gültigkeit der Form eines schriftlichen Nachtrages. Die Nichtbeachtung des Schriftformerfordernis führt zur Unwirksamkeit.
(3) Die Bestimmungen dieses Gesellschaftsvertrages treten mit Wirkung vom _____ in Kraft.

3. Berechnungsbeispiel: Praxiswert gemischte Sozietät/Partnerschaft

171

I.	Bemessungsgrundlage		Tds. EUR	Tds. EUR
	Umsatz RA-Praxis	400		
	Kosten 50%	./. 200		
	kalkulatorischer Beraterlohn		./. 130	
	Übergewinn			70
	Umsatz StB-Praxis	600		
	Kosten 60%	./. 360		
	kalkulatorischer Beraterlohn		./. 130	
	Übergewinn			110
	Gesamtgewinn		180	
	abzüglich 6% Verzinsung Substanzwert, angenommen mit Tds. EUR 500			./. 30
	Bemessungsgrundlage (Übergewinn nach Eigenkapitalverzinsung)			150

II.	Aufteilung auf Erlösgruppen			
	1. Verhältnis der Umsätze		Tds. EUR	%
	a) Steuerberatungsumsätze im engeren Sinne		300	30
	b) Buchhaltungsumsätze		200	20
	c) sonstige Umsätze		500	50
	Gesamtumsätze		1.000	100
	2. Zuordnung Gewinn auf Erlösgruppen			
	a) Steuerberatungsgewinn im engeren Sinne		45	30
	b) Buchhaltungsgewinn		30	20
	c) sonstige Gewinne		75	50
	Gesamtgewinn		150	100

III. Anwendung Faktoren (jeweils mittlerer Wert)	Gewinn		Praxiswert
	Tds. EUR	Faktor	Tds. EUR
a) Steuerberatung	45	4	180
b) Buchhaltung	30	3	90
c) Sonstige	75	2	150
Gesamt	150		420

Der Praxiswert der Gesamtpraxis beträgt Tds. EUR 420, der anteilige Wert für die Rechtsanwaltspraxis Tds. EUR 120 gemäß nachfolgender Berechnung:	Tds. EUR
Übergewinn vor Kapitalverzinsung	70
anteilige Kapitalverzinsung (geschätzt)	./. 10
Bemessungsgrundlage (BMG)	60
BMG x Faktor 2 =	120

M 207 4. Muster: Partnerschaftsregisteranmeldung

172

Anmeldung zum Partnerschaftsregister

Zur Eintragung in das Partnerschaftsregister melden wir an:[271]
Wir,
1. Rechtsanwalt A _____ (Vorname, Name, Geburtsdatum, Wohnort),
2. Rechtsanwältin B _____ (Vorname, Name, Geburtsdatum, Wohnort),
haben eine Partnerschaftsgesellschaft nach dem Partnerschaftsgesellschaftsgesetz mit dem Namen
_____ & Partner, Rechtsanwälte
gegründet.
Gegenstand der Partnerschaft ist die gemeinschaftliche Ausübung des Berufs der Partner als Rechtsanwälte.
Die Partnerschaft hat ihren Sitz in _____ (Ort).
Die Partnerschaft wird durch jeden Partner einzeln vertreten, sofern nicht im Einzelfall bestimmt ist, dass ein Partner zur Vertretung der Partnerschaft nur gemeinsam mit einem anderen Partner berechtigt ist. Rechtsanwalt A und Rechtsanwältin B sind jeweils einzeln vertretungsberechtigt.[272]
Wir zeichnen unsere Namensunterschriften wie folgt:
_____ (Unterschrift Rechtsanwalt A)
_____ (Unterschrift Rechtsanwältin B)
Die Zulassungsurkunden von Rechtsanwalt A und Rechtsanwältin B zur Anwaltschaft sind in beglaubigter Abschrift beigefügt.[273]
_____ (Beglaubigungsvermerk)

---

[271] Gemäß § 4 Abs. 1 PartGG i.V.m. § 106 Abs. 1 HGB muss die Partnerschaftsgesellschaft bei dem Gericht, in dessen Bezirk sie ihren Sitz hat, mit Name, Sitz und Gegenstand der Partnerschaft zur Eintragung in das Partnerschaftsregister angemeldet werden. Sie entsteht mit der Eintragung als Partnerschaftsgesellschaft. Vorher ist sie nicht wirksam, vgl. § 7 Abs. 1 PartGG; ergänzend dazu gilt die Partnerschaftsregisterverordnung (PRV).
[272] Anzumelden ist die abstrakte und die konkrete Vertretungsregelung, § 4 Abs. 1 S. 8, § 5 Abs. 1 PartGG.
[273] Nicht unbedingt zwingend, aber zweckdienlich (vgl. Beck'sches Formularbuch/*Blaum*, VIII B 2 Anm. 6), und nach Erfahrung des Verfassers vom Partnerschaftsregister häufig angefordert.

III. Kostenumlagegesellschaft (Unterstützungsgesellschaft)

1. Typischer Sachverhalt

Zwei Rechtsanwälte haben sich durch die tägliche Berufspraxis, insbesondere durch häufigere Begegnungen bei Gericht, mittlerweile näher kennen gelernt. Jeder der beiden erkennt die Leistungsfähigkeit und Fairness des anderen an. Nachdem man sich auch persönlich etwas näher beschnuppert hat, möchten beide einer beruflichen Zusammenarbeit näher treten. Als Ziel ist die Gründung einer Sozietät geplant. Von einem sofortigen beruflichen Zusammenschluss wollen die beiden jedoch absehen, da wegen der sehr weitgehenden Bindung und gemeinschaftlichen Haftung im Rahmen eines Sozietätsverhältnisses in den Augen beider das bisherige gegenseitige Kennenlernen noch nicht ausreichend vertieft ist, um diesen Schritt schon jetzt zu wagen. Dem endgültigen Zusammenschluss soll deshalb zunächst eine Bürogemeinschaft vorausgehen, die das gegenseitige Kennenlernen bei der beruflichen Arbeit als Vorstufe zu einer Sozietät besser ermöglicht.

173

2. Muster: Vertrag einer Bürogemeinschaft zwischen zwei Rechtsanwälten

M 208

Präambel
A und B haben die Möglichkeit, zu den Kanzleiräumen von Rechtsanwalt A in der X-Straße in Y-Stadt weitere Büroräume hinzuzumieten, in die Rechtsanwalt B die bisherige Ausstattung seiner Kanzlei in der Z-Straße einbringen kann. Die Vertragsparteien beabsichtigen, die Kanzleiräume in der X-Straße zukünftig gemeinsam anzumieten sowie das Personal und die Ausstattung der beiden Kanzleien, soweit möglich, insbesondere Telefon, EDV und Literatur, gemeinsam zu nutzen. Zur Regelung der beiderseitigen Rechtsbeziehungen wird Folgendes vereinbart:

174

§ 1 Zweck der Gesellschaft
(1) A und B gründen eine Gesellschaft bürgerlichen Rechts mit dem Zweck, zur Unterstützung ihrer Berufsausübung als Rechtsanwälte ein gemeinsames Büro, gemeinsames Inventar und gemeinsames Personal zu unterhalten. Die Gesellschaft hat keine Gewinnerzielungsabsicht, sondern wirtschaftet mit Kostenumlagen.
(2) Die Gesellschaft führt die Bezeichnung
„Bürogemeinschaft A und B".
(3) A und B üben ihre Berufstätigkeit getrennt und unabhängig voneinander aus. Jeder hat sein eigenes Briefpapier, sein eigenes Praxisschild und seine eigene Mandantschaft.
(4) Es ist beabsichtigt, dass die Gesellschafter nach Ablauf eines halben Jahres sich darüber verständigen, ob eine gegenseitige Vertretung bei Abwesenheit (Urlaub, Tagungen, Krankheit usw.) beschlossen werden soll.[274]

§ 2 Sachmittel
(1) Die Bürogemeinschaft mietet die Kanzleiräume vom Vermieter C in der X-Straße, Y-Stadt, gemeinsam an. Die Aufteilung der Nutzung ergibt sich aus der anliegenden Skizze. Die Räume, die von A allein genutzt werden, sind grün schraffiert, diejenigen von B blau. Die gelb schraffierten Räume stellen die gemeinsam genutzten Räume dar (insbesondere Sekretariat, Empfang, Flur, Toiletten, Besprechungszimmer, Bibliothek, Sozialraum Personal, Abstellkammer).

---

[274] Auch die gegenseitige Vertretung setzt ein gewisses Vertrauensverhältnis voraus, welches ggf., wie hier im Muster vorgesehen, erst nach einer gewissen Testphase in Betracht kommt.

(2) Insbesondere folgende Einrichtungen werden gemeinschaftlich unterhalten (angeschafft, gemietet, geleast o.Ä.):
- Mobiliar der Gemeinschaftsräume
- Telefonanlage
- Fernschreiber
- Telefax
- Fotokopiergerät
- Literatur.

§ 3 Personal

(1) A und B beschäftigen jeweils eine eigene Rechtsanwaltsfachangestellte, deren Gehalt vom jeweiligen Anwalt zu tragen ist. In gegenseitiger Abstimmung und bei entsprechender Kapazität werden sich jedoch die Anwälte mit diesen eigenen Angestellten bei Bedarf gegenseitig aushelfen. Zum Ausgleich der Kosten werden die Zeiten, in denen die jeweilige Kraft für den anderen Anwalt tätig ist, festgehalten. Die Stunden werden dem anderen Anwalt jeweils am Monatsende zu einem Stundenverrechnungssatz von _____ EUR berechnet. Die Berechnung erfolgt zuzüglich Umsatzsteuer.

(2) Der Arbeitsplatz an der Rezeption wird gemeinschaftlich durch eine von der Bürogemeinschaft einzustellende Bürokauffrau besetzt, die den Telefondienst versieht und den Besucherempfang regelt. Darüber hinaus erledigt diese Bürokraft für die einzelnen Anwälte nach Weisung der Anwälte oder der Rechtsanwaltsfachangestellten unterstützende Tätigkeiten wie Schreibdienst, Wiedervorlagen, Ablagen, Zahlungsverkehr, Einkauf von Büromaterial sowie alle sonstigen gemeinsamen notwendigen Tätigkeiten der Bürogemeinschaft. Falls sich mit der Zeit herausstellen sollte, dass diese gemeinsam beschäftigte Bürokraft für einen einzelnen Anwalt dauerhaft verhältnismäßig mehr Tätigkeiten ausführt, wobei eine Mehrbeschäftigung von mindestens 20% bei grober Schätzung vorliegen muss, sind die Anwälte verpflichtet, eine Verständigung über einen entsprechenden Kostenausgleich untereinander herbeizuführen. Gelingt eine Verständigung nicht, ist jeder Anwalt berechtigt, die gemeinsam beschäftigte Bürokraft anzuweisen, geeignete Aufzeichnungen über die Inanspruchnahme durch den jeweiligen Anwalt zu beginnen.

(3) Das Reinigungspersonal wird gemeinschaftlich eingestellt und bezahlt.

§ 4 Verwaltung

(1) Jeder der Bürogemeinschafter ist einzeln geschäftsführungs- und vertretungsbefugt. Bei Anschaffungen für die gemeinschaftlichen Einrichtungen im Einzelfall von mehr als 500 EUR ist jedoch vor Ausführung des Geschäfts die Zustimmung des anderen Anwalts einzuholen.

(2) Die Bürogemeinschaft richtet ein Bankkonto ein, über das sowohl A als auch B alleine verfügen können. Im Innenverhältnis gilt hinsichtlich der Zustimmungsnotwendigkeit des anderen Gemeinschafters Abs. 1 S. 2 entsprechend.

(3) Jeder der Gesellschafter bringt zunächst 2.000 EUR als Einlage in die Bürogemeinschaft ein, die auf das gemeinschaftliche Bankkonto einzuzahlen sind.

§ 5 Jahresabschluss, Buchführung

(1) Das Geschäftsjahr ist das Kalenderjahr.

(2) Die Gesellschaft führt Bücher und Aufzeichnungen nach steuerlichen Vorschriften, soweit diese im Rahmen einer Einnahme-Überschussrechnung gemäß § 4 Abs. 3 EStG vorgeschrieben sind. Diese Aufgabe wird im ersten Jahr durch Rechtsanwalt A wahrgenommen, im zweiten Geschäftsjahr durch Rechtsanwalt B usw.

(3) Die Einnahme-Überschussrechnung ist jeweils innerhalb von drei Monaten nach Ablauf eines Geschäftsjahres aufzustellen und innerhalb eines weiteren Monats nach Aufstellung durch schriftliche Zustimmung der Gesellschafter festzustellen. Kommt eine Feststellung innerhalb des genannten Zeitraums nicht zustande, so wird die Einnahme-Überschussrechnung von einem durch die zuständi-

ge Industrie- und Handelskammer zu benennenden Wirtschaftsprüfer mit bindender Wirkung für die Gesellschafter festgestellt.

§ 6 Kostenumlagen
(1) Die Miete (ohne Nebenkosten), die anteilig auf die von den Gesellschaftern allein genutzten Flächen entfällt, wird zunächst im Verhältnis der Zahl der Quadratmeter geteilt, die der jeweilige Gesellschafter allein im Rahmen seiner Berufsausübung nutzt. Die verbleibende Miete der gemeinschaftlich genutzten Räume trägt jeder Gesellschafter zur Hälfte (Umlageschlüssel 1). Soweit verbrauchsabhängige Nebenkosten der Räume nur die gemeinschaftlichen Räume betreffen, insbesondere Wasser, Abwasser, Entsorgungskosten (Müll), werden diese ebenfalls hälftig geteilt, aus Vereinfachungsgründen auch die Stromkosten (Umlageschlüssel 2). Die Heizkosten dagegen werden nach dem Umlageschlüssel für die Miete umgelegt. Diesem Vertrag ist als Anlage eine Liste möglicher Nebenkosten beigefügt, die nach dem dort ebenfalls bestimmten Umlageschlüssel umzulegen sind, unabhängig davon, ob sie vom Vermieter schon zur Zeit oder möglicherweise später umgelegt werden.
(2) Die Nutzungsgebühren für die gemeinschaftlichen Einrichtungen gemäß § 2 Abs. 2, insbesondere Telefon, Telefax usw., werden von den Gesellschaftern in dem Verhältnis getragen, in dem die von jedem von ihnen in dem betreffenden Jahr erzielten Nettoumsätze (ohne Umsatzsteuer) zur Summe der Nettoumsätze stehen (Umlageschlüssel 3). Zwecks Bestimmung des jährlichen Verteilungsschlüssels werden die Gesellschafter spätestens einen Monat nach Ablauf eines Geschäftsjahres die von ihnen in den abgelaufenen Geschäftsjahren erzielten Umsätze schriftlich mitteilen.
(3) Zur Überprüfung der Richtigkeit der gemäß Abs. 2 gemachten Umsatzangaben hat jeder Gesellschafter auf Verlangen des anderen Gesellschafter einen von Berufs wegen zur Verschwiegenheit verpflichteten neutralen Buchsachverständigen einmal im Jahr Bucheinsicht zu gewähren.
(4) Zur Deckung der laufenden Kosten der Gesellschaft leistet jeder Gesellschafter eine Monatspauschale von zunächst _____ EUR. Diese Kostenumlage wird ständig insoweit angepasst, dass das Konto in Anbetracht der monatlichen Ausgaben jeweils keinen negativen Saldo ausweist. Sollten sich aufgrund des Jahresabschlusses Unterdeckungen oder Überdeckungen ergeben, werden diese durch Zahlung ausgeglichen.
(5) Nach Feststellung der Einnahme-Überschussrechnung der Gesellschaft und Verteilung sämtlicher Kosten nach den festgelegten Verteilungsschlüsseln werden die von jedem Gesellschafter in dem betreffenden abgelaufenen Geschäftsjahr insgesamt geleisteten Umlagen von dem durch ihn nach Anwendung des Verteilungsschlüssels zu tragenden Ausgabenteil abgerechnet. Der verbleibende Rest ist von jedem Gesellschafter innerhalb von zwei Wochen nachzuzahlen. Ein etwa verbleibender Überschuss ist entweder von der Bürogemeinschaft zu erstatten oder kann von dem betreffenden Gesellschafter mit zukünftigen Vorab-Beiträgen verrechnet werden.

§ 7 Dauer, Kündigung
(1) Die Gesellschaft beginnt am _____. Sie kann von jedem Gesellschafter schriftlich unter Einhaltung einer Frist von sechs Monaten auf das Ende eines Kalenderjahres gekündigt werden. Die Kündigungsmöglichkeit aus wichtigem Grund bleibt unberührt.
(2) Im Falle der Kündigung durch einen Gesellschafter oder sonstigen Gründen, in denen nach dem Gesetz die Auflösung der Gesellschaft Rechtsfolge wäre, geht das Vermögen ohne Liquidation mit Aktiven und Passiven auf den verbleibenden Gesellschafter über, sofern und sobald dieser innerhalb eines Monates gegenüber dem ausscheidenden Gesellschafter eine entsprechende schriftliche Erklärung abgibt. Mangels einer derartigen Erklärung wird die Gesellschaft aufgelöst.
(3) Im Falle der Übernahme des Gesellschaftsvermögens durch einen Gesellschafter erhält der ausscheidende Gesellschafter eine Abfindung nach einer Abfindungsbilanz, die auf den Stichtag des Ausscheidens aufzustellen ist. Der Ansatz der Vermögenswerte in der Bilanz erfolgt dabei zu steuerlichen Buchwerten, mindestens jedoch mit 30% der Anschaffungskosten als Restwert, es sei denn, die Gesellschafter verständigen sich wegen besonderen Verschleißes auf einen niedrigeren Restwert.

Falls eine Einigung hierüber nicht möglich ist, wird ein ggf. niedrigerer Restwert durch einen von der zuständigen Industrie- und Handelskammer auf Antrag einer der Gesellschafter zu bestellenden Sachverständigen mit verbindlicher Wirkung für beide Gesellschafter bestimmt.
(4) Das Abfindungsguthaben ist mit 2% über der maßgebenden Richtgröße gemäß Diskonsatz-Überleitungsgesetz zu verzinsen. Es ist in zwei Halbjahresraten fällig, wobei die erste Rate drei Monate nach dem Stichtag des Ausscheidens des Gesellschafters fällig ist.

§ 8 Schlussbestimmungen
(1) Nebenabreden zu diesem Vertrag bestehen nicht. Änderungen und/oder Ergänzungen bedürfen der Schriftform. Dies gilt auch für einen Verzicht auf dieses Schriftformerfordernis selbst.
(2) Sollte eine Bestimmung dieses Vertrages unwirksam sein oder werden oder der Vertrag eine Lücke enthalten, so bleibt die Rechtswirksamkeit der übrigen Bestimmungen hiervon unberührt. Anstelle der unwirksamen Bestimmung gilt eine wirksame Bestimmung als vereinbart, die dem von den Parteien Gewollten wirtschaftlich am nächsten kommt; das gleiche gilt im Falle einer Lücke.

Anlage zum Bürogemeinschaftsvertrag: Umlageschlüssel
Zusammenstellung der Umlageschlüssel/Ergänzung für künftige Fälle:
Umlageschlüssel 1: Vgl. § 6 Abs. 1 Sätze 1 und 2
Umlageschlüssel 2: Vgl. § 6 Abs. 1 S. 3
Umlageschlüssel 3: Vgl. § 6 Abs. 2 S. 1

Mögliche Kosten

		Umlageschlüssel
1.	Büroraummiete	1
2.	Schönheitsreparaturen	1
3.	Kosten der Reparatur und Wartung der mitvermieteten technischen Einrichtungen, z.B. Heiz- und Kocheinrichtung, Fenster- und Türverschlüsse, Installationsgegenstände	2
4.	Betriebskosten in Anlehnung an Anlage 3 zu § 27 Abs. 1 II. BV	
	– die laufenden öffentlichen Lasten des Grundstücks, z.B. Grundsteuer;	1
	– die Kosten der Wasserversorgung und Entwässerung, z.B. Kosten des Wasserverbrauchs, Grundgebühren, Kosten für Zählermiete, Eichkosten für Zähler und Zwischenzähler, Kanalgebühren, Kosten der Berechnung und Aufteilung, Kosten einer hauseigenen Wasserversorgungs- und Wasseraufbereitungsanlage;	2
	– Heiz- und Warmwasserkosten, insbesondere die Kosten der verbrauchten Brennstoffe und ihrer Lieferung, die Kosten des Betriebsstroms, der Bedienung, Überwachung, Pflege, Wartung und Reinigung der Anlage, Kosten einer zentralen Brennstoffversorgungsanlage, Entgelte für die Wärmelieferung, Kosten der Reinigung und Wartung von Etagenheizungen;	1
	– Kosten des Betriebs des maschinellen Personen- oder Lastenaufzugs, z.B. Kosten des Betriebsstroms, der Beaufsichtigung, der Bedie-	2

		Umlageschlüssel
	nung, der Überwachung, Wartung und Pflege der Anlage;	
	– Kosten der Straßenreinigung und Müllabfuhr;	2
	– Kosten der Hausreinigung und Ungezieferbekämpfung (außerhalb der vermieteten Räume);	2
	– Kosten der Gartenpflege;	2
	– Kosten der Beleuchtung (z.B. im Außenbereich und der gemeinsam benutzten Räume);	2
	– Kosten der Schornsteinreinigung;	2
	– Kosten der Sach- und Haftpflichtversicherung;	1
	– Kosten für den Hauswart;	1
	– Kosten des Betriebs der Gemeinschafts-Antennenanlage oder des Betriebs der mit einem Breitbandkabelnetz verbundenen privaten Verteilanlage;	2
	– Kosten des Betriebs der maschinellen Wascheinrichtung;	2
	– sonstige Betriebskosten; hier kommen insbesondere Kosten für einen Müllschlucker in Betracht.	2
5.	Nutzungsgebühren für gemeinschaftliche Einrichtungen, z.B. Telefon, Internet, Online-Verbindungen;	3
6.	Kosten des Betriebs, der Wartung und Reparatur eines Fotokopierers	3
7.	Kosten für Bezug von Zeitschriften, Anschaffung von gemeinsam genutzter Literatur	3
8.	Anschaffung von Büromaterial	3

IV. Fördergesellschaft (Kooperation)

1. Typischer Sachverhalt

Rechtsanwalt A hat sich in den letzten sechs Jahren im Wirtschaftsrecht einen recht guten Namen gemacht, insbesondere bei Existenzgründern. Diese fragen nicht selten bei der Inanspruchnahme der anwaltlichen Dienstleistung des A nach guten und engagierten Steuerberatern. Ohne größeres Nachdenken hat A in den letzten beiden Jahren seinen Studienfreund B, Steuerberater, empfohlen, der in derselben Stadt ebenfalls seit ca. sechs Jahren ein Steuerberatungsbüro unterhält. A ist aufgefallen, dass es sich bei der Mandatsvermittlung durch ihn an Steuerberater B um eine Einbahnstraße handelt, d.h. von Steuerberater B umgekehrt noch nie ein Rechtsberatungsmandat an A vermittelt worden ist. Nachdem A den B nach dem Grund hierfür angesprochen, insbesondere die Vermutung ausgesprochen hat, dass B's Mandanten offensichtlich wohl keinen Rechtsberatungsbedarf hätten, entgegnet B, dass A mit dieser Vermutung völlig falsch liege, sondern B schon seit Jahren – ebenfalls ohne großes Nachdenken – routinemäßig solche Mandate seiner früheren Kanzlei vermittle, in der er früher gearbeitet hatte, bei der es sich um eine gemischte Sozietät handelt. Da aber von dort bislang ebenfalls noch nie ein Mandat an ihn selbst gekommen sei, wäre er selbstverständlich ebenfalls daran interessiert, diese einseitige Situation zu beenden und mit A einen entsprechenden Kooperationsvertrag abzuschließen.

M 209 | 2. Muster: Vertrag über die Zusammenarbeit zwischen Rechtsanwalt und Steuerberater

176 *§ 1 Zweck der Gesellschaft*
(1) A und B gründen eine Gesellschaft bürgerlichen Rechts mit dem Zweck, insbesondere durch die gegenseitige Vermittlung von Mandaten die Berufsausübung des jeweiligen Partners zu fördern. Gegenstand der Gesellschaft ist nicht die Unterhaltung eines gemeinsamen Büros und auch nicht die gemeinsame Berufsausübung. Der gemeinsame Zweck besteht auch nicht in der gemeinsamen Erzielung von Einkünften, sondern jeder Gesellschafter arbeitet auf eigene Rechnung. Gemeinsamer Zweck ist jedoch das Bemühen (und die Verpflichtung) der Partner, dem jeweiligen Partner aus dem eigenen Mandantenkreis heraus möglichst viele Mandate zu vermitteln und gemeinsame Verfahrensgrundsätze und Bedingungen zu entwickeln, die eine möglichst optimale Verfolgung dieses Ziels gewährleisten.
(2) A und B üben ihre Berufstätigkeit getrennt und unabhängig voneinander aus. Jeder hat sein eigenes Briefpapier, sein eigenes Praxisschild und seine eigene Mandantschaft.
(3) Es ist beabsichtigt, dass die Gesellschafter sich nach Ablauf von zwei Jahren darüber verständigen, ob eine Bürogemeinschaft oder auch eine Sozietät in Betracht kommt.

§ 2 Gegenseitige Mandatsvermittlung
(1) Jeder Gesellschafter verpflichtet sich, bei erkennbarem Beratungsbedarf im Kreis der eigenen Mandanten auf dem Gebiet, das der jeweils andere Partner bearbeitet, diesen Partner als kompetenten Berater zu empfehlen. Hierbei ist jedoch streng darauf zu achten, dass diese Empfehlung die freie Entscheidung des Mandanten zur Beraterwahl nicht beeinträchtigen darf, sondern sich auf eine Empfehlung im Sinne einer „bewährten Zusammenarbeit" zu beschränken hat. Jegliche Einflussnahme mit anderen Argumenten auf den Mandanten ist zu unterlassen.
(2) Für die Mandatsvermittlung wird kein Entgelt berechnet.[275]

§ 3 Grundsätze der Zusammenarbeit
(1) Die Parteien verpflichten sich gegenseitig, gemeinsam Grundsätze über die gemeinsame Zusammenarbeit, insbesondere bei den laufenden Mandatsbearbeitungen, zu entwickeln und in den jeweiligen Kanzleibroschüren Hinweise auf diese Kooperation mit entsprechenden Verfahrensbeschreibungen zu geben. Bei dieser Beschreibung der Kooperation soll im Vordergrund stehen, dass dem Mandanten durch die bewährte und eingespielte Zusammenarbeit zwischen den beiden Kanzleien Vorteile entstehen, insbesondere im Hinblick auf die Qualität der Beratung, die Schnelligkeit bei der Mandatsbearbeitung (schnellerer Informationsfluss aufgrund kurzer Wege), das gegenseitige Kennen der Stärken und Schwächen des anderen Partners usw.
(2) Die Vertragspartner verpflichten sich gegenseitig, auf ihren Briefbögen auf die Kooperation hinzuweisen. Dieser Hinweis muss nicht nur inhaltlich, sondern auch gestalterisch so klar und eindeutig sein, dass jegliche Gefahr einer Verwechslung mit einer Sozietät vermieden wird.

---

[275] Berufs- und standesrechtlich ist die Abgabe und Entgegennahme eines Teils der Gebühren oder sonstiger Vorteile für die Vermittlung von Aufträgen, gleichviel ob im Verhältnis zu einem Rechtsanwalt oder Dritten gleich welcher Art, unzulässig (vgl. § 49b Abs. 3 S. 1 BRAO); *Hennsler/Prütting*, BRAO, § 49b Rn 28; *Feuerich/Braun*, BRAO, § 49b Rn 27. Es wurde wohl früher schon für unzulässig gehalten, wenn eine Zusammenarbeit mehrerer bei verschiedenen Landgerichten postulationsfähiger Rechtsanwälte in der Weise, dass die im jeweils anderen Landgerichtsbezirk zu führenden Prozesse wechselweise stets demselben Kollegen angetragen werden, ausschließlich in der Erwartung geschehe, dass andere Mandate „zurückkommen" und nicht auf gegenseitigem Vertrauen in die anwaltlichen Fähigkeiten des Kollegen beruhte (*Hennsler/Prütting*, BRAO, § 49b Rn 28). Insoweit dürften heute wohl keine Bedenken mehr bestehen, wenn die gegenseitige Mandatierung nicht mit einer Provisionsregelung verbunden ist. Ein Vermittlungshonorar ist auch nach den Standesregeln der Rechtsanwälte der Europäischen Gemeinschaft, Ziff. 5.4, unzulässig.

§ 4 Dauer/Kündigung
(1) Dieser Vertrag beginnt am _____.
(2) Er kann von jedem Gesellschafter schriftlich unter Einhaltung einer Frist von drei Monaten auf das Ende eines Kalenderhalbjahres gekündigt werden. Die Kündigungsmöglichkeit aus wichtigem Grund bleibt unberührt.

§ 5 Schlussbestimmungen
(1) Nebenabreden zu diesem Vertrag bestehen nicht. Änderungen und/oder Ergänzungen bedürfen der Schriftform. Dies gilt auch für einen Verzicht auf dieses Schriftformerfordernis selbst.
(2) Sollte eine Bestimmung dieses Vertrages unwirksam sein oder werden oder der Vertrag eine Lücke enthalten, so bleibt die Rechtswirksamkeit der übrigen Bestimmungen hiervon unberührt. Anstelle der unwirksamen Bestimmung gilt eine wirksame Bestimmung als vereinbart, die dem von den Parteien Gewollten wirtschaftlich am nächsten kommt; das gleiche gilt im Falle einer Lücke.

Dr. Peter Heid
§ 15 Die Freiberufler-Kapitalgesellschaften

Literatur

Es wird verwiesen auf die Literaturangaben bei § 14.

Inhalt

A. Rechtliche Grundlagen — 1	4. Sonderproblem: Kraftfahrzeuge — 9
I. Bedeutung — 1	5. Steuerbelastungsvergleich zwischen Sozietät und GmbH — 10
II. Rechtsformen — 2	**B. Vertragsmuster zur Freiberufler-GmbH — 14**
1. GmbH — 2	I. Typischer Sachverhalt — 14
2. AG und sonstige — 3	II. Muster: Vertrag einer Wirtschaftsprüfungs- und Steuerberatungs-GmbH — 15
III. GmbH und Steuerrecht — 4	III. Muster: Anmeldung der GmbH zum Handelsregister — 16
1. Körperschaftsteuer — 4	
2. Gewerbesteuer — 7	
3. Umsatzsteuer — 8	

A. Rechtliche Grundlagen

I. Bedeutung

1 Größere Bedeutung konnten die Freiberufler-Kapitalgesellschaften bislang nicht erlangen. Lediglich bei den Wirtschaftsprüfern, z.T. auch bei den Steuerberatern, erfreuen sich die GmbHs wegen ihrer schon langjährigen berufsrechtlichen Anerkennung größerer Beliebtheit.[1] Nachdem das Bayerische Oberste Landesgericht im Jahr 1994 für Anwälte die Zulässigkeit der Wahl der Rechtsform der GmbH anerkannt hatte[2] und die **Rechtsanwalts-GmbH** auch gesetzlich seit 1998[3] anerkannt ist (durch Einfügung der §§ 59 ff. in die BRAO), könnte die Bedeutung allgemein steigen.[4] Haftungsrechtlich dürfte die Wahl der Freiberufler-Kapitalgesellschaft im Vergleich zur Freiberufler-Personengesellschaft allerdings nicht motiviert sein,[5] neuerdings evtl. aber bei Ärzten bei Gründung der durch das Gesetz zur Modernisierung der Gesetzlichen Krankenversicherung ab 1.1.2004 besonders geförderten medizinischen Versorgungszentren, denen durch dieses Gesetz ausdrücklich auch die GmbH und die GmbH & Co. KG als Rechtsform offen stehen.[6] Steuerliche Gesichtspunkte standen stets im Vordergrund.[7] Seit der letzten Steuerreform ist die Vorteilhaftigkeit der einen oder anderen Rechtsform wegen deren „verschärften" Unsystematik und Unübersichtlichkeit noch schwerer zu beurteilen als bisher (vgl. näher Rn 10 ff.).

Im Rahmen grenzüberschreitender Tätigkeiten von Rechtsanwaltsgesellschaften dürfte allerdings die Kapitalgesellschaft die größere Rolle spielen.[8]

---

1 Vgl. hierzu eingehend § 14 Rn 5.
2 BayObLG NJW 1995, 199 mit Anm. *Taupitz.*
3 BGBl I 1998, 2600 ff.
4 Zum 1.1.2000 waren allerdings nur 34 RA-GmbHs registriert, vgl. *Hülsmann*, NZG 2001, 625, Fn 5.
5 So noch DAV-Ratgeber/*Korts*, 7. Aufl., S. 255; vgl. jetzt: DAV-Ratgeber/*Weipert*, S. 247, 249 f.
6 Vgl. *Klose*, BB 2003, 2702 ff.
7 DAV-Ratgeber/*Korts*, 7. Aufl., S. 260.
8 *Henssler*, NJW 2009, 950 ff.

II. Rechtsformen

1. GmbH
Bislang ist in der Rechtspraxis wegen ihrer berufsrechtlichen ausdrücklichen Regelungen bei den Freiberufler-Kapitalgesellschaften fast ausnahmslos die Rechtsform der GmbH anzutreffen.[9] Bei interprofessionellen GmbHs blockieren sich die einschlägigen Berufsrechte der WP, StB und RAe bei den Mehrheitserfordernissen gegenseitig![9a] Ob sich die ohne Zweifel auch für Anwälte zulässige Unternehmergesellschaft (haftungsbeschränkt) für Anwälte eignet, erscheint fraglich.[10] Zum 1.1.2010 gab es 401 Rechtsanwalts-GmbHs, ein Plus von 24% im Vergleich zum Vorjahr.[11]

2

2. AG und sonstige
Die **Aktiengesellschaft** und andere Rechtsformen spielen bislang in der Rechtswirklichkeit nur eine untergeordnete Rolle. Vorreiter für die Anerkennung der AG als zulässige Rechtsform für Rechtsanwälte war – wie schon bei der GmbH – wiederum das Bayerische Oberste Landesgericht;[12] hier ist eine gesetzliche Regelung überfällig, wie z. B. der Beschluss des OLG Hamm[13] zeigt, durch den die Zurückweisung eines Antrages einer RA-AG zur Eintragung im Handelsregister zurückgewiesen wurde, weil keine Zulassung der AG zur Anwaltschaft vorgelegt wurde.[14] Die Rechtsform der **Genossenschaft** erfreut sich schon seit Jahrzehnten im Rahmen des Genossenschaftsbankensystems reger Beliebtheit.[15] Interessant könnte die Freiberufler-LLP (Limited Liability Partnership) englischen Rechts sein, bei der nur die Gesellschaft als solche haftet und der konkret tätige Anwalt auch keiner persönlichen Haftungsgefahr nach dem nur in England, nicht aber in Deutschland geltenden Grundsatz der persönlichen Leistungsverantwortung (assumption of personal responsibility) unterliegt.[16]

3

III. GmbH und Steuerrecht

1. Körperschaftsteuer
Die GmbH ist im Unterschied zur Personengesellschaft selbständiges Steuersubjekt und unterliegt der Körperschaftsteuer (§ 1 Abs. 1 Nr. 1 KStG). Verluste der GmbH bleiben bei dieser „hängen", d.h. können nicht mit anderen positiven Einkünften des Gesellschafters verrechnet werden.

4

Die GmbH ist kraft Rechtsform bilanzierungspflichtig (§ 13 Abs. 3 GmbHG, §§ 6 Abs. 1, 238 ff., 264 HGB).

5

---

9 Vgl. §§ 59c ff. BRAO, §§ 49 ff. StBerG, §§ 27 ff. WPO; zum 1.1.2006 1969 GmbHs und 136 AGs bei den WP; siehe statistische Informationen der WPK zu den Mitgliedern (www.wpk.de).
9a *Merkner*, AnwBl 2004, 529/534; *Kamps/Wollweber*, DStR 2009, 1870, 1873 f.
10 Vgl. *Axmann/Deister*, NJW 2009, 2941.
11 Vgl. *Korts*, AnwBl 2010, 423.
12 NJW 2000, 1647 ff. = ZIP 2000, 835 ff.; BGH NJW 2005, 1568; Zulässigkeitsprüfung in Anlehnung an §§ 59 c ff. BRAGO; vgl. *Kempter/Kopp*, BRAK-Mitt. 2005, 174; vgl. auch *Henssler/Prütting*, vor § 59c Rn 16 ff., *Hülsmann*, NZG 2001, 625 m.w.N. in Fn 3; *Pluskat*, AnwBl 2003, 131 ff.; Beck'sches Rechtsanwalts-Handbuch/*Kupfer*, N 6 Rn 111 ff.
13 OLG Hamm v. 26.6.2006, BRAK-Mitt. 2006, 290.
14 Vgl. *Henssler/Prütting*, § 59c Rn 32 und OLG Nürnberg AnwBl 2004, 57, zur mangelnden Zulässigkeit der Firmenbildung unter einer Phantasiebezeichnung.
15 Meist sind solche Genossenschaften als Rechtsbeistände von den Justizverwaltungen zugelassen. Dadurch, dass die „Mandantschaft" die eigenen Genossen sind, bestehen Zweifel an der ausreichenden berufsrechtlichen Unabhängigkeit.
16 Vgl. *Triebel/Silny*, NJW 2008, 1034; zum Problem mit der Postulationsfähigkeit vgl. *Henssler*, NJW 2009, 3136.

6 Es sind Pensionsrückstellungen (im Gegensatz zur Personengesellschaft) absetzbar (§ 6a EStG). Zur Abzugsfähigkeit der Gesellschafter-Geschäftsführergehälter vgl. Rn 7.

2. Gewerbesteuer

7 Die GmbH ist kraft Rechtsform gewerbesteuerpflichtig (§ 2 Abs. 2 S. 1 GewStG), auch wenn bei einer Freiberufler-GmbH eine materiell an sich nicht gewerbliche Tätigkeit ausgeübt wird.[17] Die Freiberufler-Gehälter, auch die der Sozien, sind als Betriebsausgaben von der steuerlichen Bemessungsgrundlage absetzbar, so dass sich (auch) die Gewerbesteuerlast reduzieren lässt. Die kaum noch zu übersehende Rechtsprechung und Verwaltungshandhabung zur sog. **verdeckten Gewinnausschüttung** (die Geschäftsführergehälter müssen angemessen[18] sein, d.h. einem Drittvergleich standhalten) bereitet der Steuerrechtspraxis jedoch mannigfaltige Probleme und kann allein wegen dieses Problemkreises die Rechtsform der GmbH verleiden.[19]

3. Umsatzsteuer

8 Da die GmbH kraft Rechtsform bilanzierungspflichtig ist, kann sie nicht die einfachere Rechnungslegung in Form der Einnahme-Überschussrechnung gemäß § 4 Abs. 3 EStG wählen und damit auch nicht die sog. Ist-Umsatzbesteuerung nach vereinnahmten Entgelten, sondern muss nach der Soll-Versteuerung (der Forderungen/Rechnungsausgang) verfahren. Ein Antrag einer Freiberufler-GmbH auf Gestattung der Umsatzversteuerung nach vereinnahmten Entgelten gemäß § 20 Abs. 1 S. 1 Nr. 3 UStG hätte nach dem Urteil des BFH v. 22.7.1999[20] keine Aussicht auf Erfolg.

4. Sonderproblem: Kraftfahrzeuge

9 Vgl. hierzu die Ausführungen zur Sozietät in § 14 Rn 145 ff.

5. Steuerbelastungsvergleich zwischen Sozietät und GmbH

10 Der Körperschaftsteuersatz von 25% ist auf 15% mit Wirkung ab 2008 gesenkt worden und damit wesentlich geringer als der Einkommensteuersatz von derzeit 42%. Die GmbH ist gewerbesteuerpflichtig. Die Gewerbesteuer kann ab 2008 nicht mehr als Betriebsausgabe von der stl. BMG abgesetzt werden.

Freiberufliche Kapitalgesellschaften schütten ihren Gewinn jedoch in der Regel aus, womit der Steuersatz von 15% auf den Steuersatz der Gesellschafter „hochgeschleust" wird, wobei allerdings bei Option zum Teileinkünfteverfahren (§ 32d Abs. 2 Nr. 3 lit. a, b EStG) nur 60% der Ausschüttung als Bemessungsgrundlage herangezogen werden. Für ausgeschüttete Gewinne ergibt sich aber dann trotz des niedrigen KSt-Satzes von 15% immer noch eine wenn auch nur geringfügig höhere Steuerbelastung. Ansonsten (d. h. ohne Option) gilt das System der Abgeltungssteuer (§§ 32d, 43 ff. EStG) von 25%. Die Steuerbelastung der Dividende ist im Teileinkünfteverfahren ab einem persönlichen Steuersatz von 41,67 höher als die 25% Abgeltungssteuer.[21] Das Besteuerungssystem ist damit durch die letzte Steuerreform noch einmal komplizierter und unübersichtlicher geworden.

---

[17] Vgl. *Dietlmeier*, ZIP 1996, 1800, 1805; *Sommer*, GmbHR 1995, 249.
[18] Zur Angemessenheit von Gewinntantiemen (sog. 75 : 25-Regel) vgl. Handbuch des Sozietätsrechts/*Streck*, E Rn 255.
[19] Vgl. hierzu Handbuch des Sozietätsrechts/*Streck*, E Rn 223.
[20] GmbHR 1999, 1112.
[21] *Korts*, AnwBl 2010, 423, 425.

Die **Freiberufler-GmbH** kann damit zum **Steuersparmodell** werden in Fällen, in denen der Gewinn thesauriert wird.[22] Bei Freiberuflern gibt es aber im Gegensatz zu gewerblichen Unternehmen, in denen häufig Gewinne reinvestiert werden, in der Regel keine häufigeren und gravierenderen Anlässe für eine Gewinnthesaurierung in der GmbH. Wenn sich die Freiberufler ein eigenes Kanzlei-Grundstück zulegen wollen, wird man dies aus Haftungsgründen nicht im Rahmen der GmbH tun, sondern i.d.R. im Rahmen einer Betriebsaufspaltung, d.h. Anschaffung des Grundstücks durch die Freiberufler persönlich (Grundstücks-GbR) und Vermietung/Verpachtung des Grundstücks an die GmbH.

Weitere Ausführungen hierzu würden den Rahmen dieses Formularbuchs sprengen. Jedenfalls ist nach wie vor Skepsis auch nach der letzten Steuerreform mit ihrem niedrigen Körperschaftsteuersatz von 15% für nicht ausgeschüttete Gewinne hinsichtlich der Vorteilhaftigkeit für die Freiberufler gegeben. Es sind in jedem Einzelfall eingehende Überlegungen und Steuerbelastungsvergleichs-Rechnungen anzustellen.

Es ergibt sich Folgende schematische Steuerbelastung nach aktuellem Recht (Stand: Mai 2010):

	Personengesellschaft	GmbH Teileinkünfteverfahren	Abgeltungssteuer
	Tds. EUR	Tds. EUR	
I. Ebene Gesellschaft:			
Gewinn	100,00	100,000	100,000
Körperschaftsteuer (15%)		– 15,000	– 15,000
Solidaritätszuschlag (5,5%)		– 0,825	– 0,825
GewSt[23]		– 13,300	– 13,300
Ausschüttbares Ergebnis	100,00	**70,875**	70,875
II. Ebene Gesellschafter:			
Steuersatz	42,00%	42,00%	25,00%
Einnahmen	100,00	70,875	70,875
davon stpfl. (bei GmbH 60%)	100,00	42,525	70,875
festzusetzende ESt	42,00	17,860	17,715
festzusetzender SolZ	2,31	0,970	0,970
Steuerbelastung	44,31	18,842	18,685
beim Gesellschafter			
verbleibender Gewinn	**55,69**	**52,033**	**52,190**
III. GesamtSteuerbelastung:			
Gesellschafter	44,31	18,830	18,685
Gesellschaft	–	29,130	29,130
	44,31	47,960	47,815

B. Vertragsmuster zur Freiberufler-GmbH

I. Typischer Sachverhalt

Drei Wirtschaftsprüfer und Steuerberater haben nach intensiven Berechnungen aufgrund ihrer persönlichen Einkommenssituation festgestellt, dass die Rechtsform der GmbH unter bestimm-

---
22 In dieser Richtung Handbuch des Sozietätsrechts/*Streck*, E Rn 224.
23 100 ./. 5 (Freibetrag) = 95 x 3,5% (Steuermesszahl) = 3.325 x 400% (Hebesatz Gemeinde) = 13,3.

ten Prämissen für sie steuerlich günstiger ist als eine Personengesellschaft und entschließen sich deshalb zur Gründung einer Beratungs-GmbH.

M 210 II. Muster: Vertrag einer Wirtschaftsprüfungs- und Steuerberatungs-GmbH[24]

15
*Gesellschaftsvertrag
der
RevisoTax Wirtschaftsprüfungs- und Steuerberatungs-GmbH*

I. Grundlagen der Gesellschaft

§ 1 Firma und Sitz
(1) Die Firma der Gesellschaft lautet:
RevisoTax Gesellschaft mit beschränkter Haftung Wirtschaftsprüfungsgesellschaft[25]/Steuerberatungsgesellschaft.[26]
(2) Sitz der Gesellschaft ist _____ (Ort).

§ 2 Gegenstand des Unternehmens
(1) Gegenstand des Unternehmens sind die für Wirtschaftsprüfungsgesellschaften bzw. Steuerberatungsgesellschaften gesetzlich und berufsrechtlich zulässigen Tätigkeiten, insbesondere
    a) Durchführung von Jahresabschlussprüfungen (§ 2 Abs. 1 WPO);
    b) die Steuerberatung gemäß § 33 StBerG, § 2 Abs. 2 WPO;
    c) die Sachverständigentätigkeit auf den Gebieten der wirtschaftlichen Betriebsführung, Beratung und Interessenwahrnehmung in wirtschaftlichen Angelegenheiten, treuhänderische Verwaltung (§ 2 Abs. 3 WPO, § 57 Abs. 3 Nrn. 2 und 3 StBerG);
    d) die mit dem Beruf des Wirtschaftsprüfers und Steuerberaters zu vereinbarenden Tätigkeiten gemäß § 43a Abs. 4 Nrn. 1 bis 8 WPO, § 57 Abs. 3 Nrn. 4 bis 6 StBerG.
(2) Gewerbliche Tätigkeiten sind ausgeschlossen.[27]
(3) Die Gesellschaft ist berechtigt, sich an Gesellschaften ähnlicher Art zu beteiligen oder gleichartige Unternehmen zu erwerben. Sie darf Zweigniederlassungen errichten, soweit die berufsrechtlichen Voraussetzungen dafür erfüllt sind.[28]

§ 3 Geschäftsjahr, Beginn
(1) Das Geschäftsjahr ist das Kalenderjahr.
(2) Das erste Geschäftsjahr beginnt mit der Gründung der Gesellschaft und endet am 31.12._____ (Rumpfgeschäftsjahr).
(3) Die Gesellschaft darf mit ihrer Tätigkeit erst beginnen, wenn sie im Handelsregister eingetragen ist.[29]

---

24 Es wird der Mustervertrag für eine Wirtschaftsprüfungs- und Steuerberatungs-GmbH angeboten, weil bislang ausschließlich bei diesen Berufsgruppen die Rechtsform der GmbH eine größere Bedeutung erlangt hat; vgl. § 14 Rn 58; zum Mustervertrag einer Anwalts-GmbH vgl. *Heid/Juli*, Kap. C III 1 Rn 458, Gesellschaftsvertrag einer Rechtsanwalts-GmbH; *Vieth/Schulz-Jander*, NZG 1999, 1126 ff.; *Römermann*, GmbHR 1999, 1175 ff.; zum Satzungsentwurf für eine interprofessionelle GmbH zwischen RAen, StB und WP siehe *Pluskat*, AnwBl 2004, 535.
25 Diese Bezeichnung ist gemäß § 31 S. 1 WPO in die Firma aufzunehmen.
26 Diese Bezeichnung ist gemäß § 53 S. 1 StBerG in die Firma aufzunehmen.
27 Vgl. § 43a Abs. 3 Nr. 1 WPO, § 57 Abs. 4 Nr. 1 StBerG.
28 § 47 WPO, § 34 StBerG.
29 Im Hinblick auf § 28 Abs. 6 S. 2 WPO in der seit 1.1.2001 geltenden Fassung (Gesetz v. 19.12.2000) zu empfehlen, mit dem wohl erstmalig gesetzlich die höchstrichterliche Rechtsprechung zur Differenzhaftung kodifiziert wurde.

(4) Die Gesellschafterversammlung darf ihre Geschäftstätigkeit erst dann aufnehmen, wenn die erforderlichen behördlichen Anerkennungen als Wirtschaftsprüfungs- bzw. Steuerberatungsgesellschaft vorliegen.[30]

§ 4 Stammkapital
(1) Das Stammkapital der Gesellschaft beträgt _____ EUR.
(2) Vom Stammkapital werden folgende Stammeinlagen übernommen:
    a) Von Herrn A,
       Steuerberater   _____ EUR
    b) von Herrn B,
       Wirtschaftsprüfer   _____ EUR
    c) von Herrn C,
       Wirtschaftsprüfer und Steuerberater[31] _____ EUR.
(3) Die Stammeinlagen werden in bar erbracht und müssen vor Anmeldung der GmbH vollständig auf ein noch einzurichtendes Konto der GmbH eingezahlt sein.[32]

§ 5 Gesellschafter
(1) Gesellschafter dürfen nur die in § 28 Abs. 4 Nr. 1 WPO, § 50a Abs. 1 Nr. 1 StBerG genannten Personen sein. Die Angehörigen freier Berufe (vBP, StB, RAe, StBv) sowie gesetzliche Vertreter ohne WP-Qualifikation im Sinne von § 28 Abs. 2 und 3 WPO müssen darüber hinaus in der Gesellschaft aktiv tätig sein (keine freie Mitarbeit).[33]
(2) Die Gesellschafter, die Wirtschaftsprüfer sind, müssen stets zusammen über die Kapital- und Stimmenmehrheit verfügen.[34]
(3) Die Geschäftsanteile dürfen nicht für Rechnung eines Dritten gehalten werden.[35] Verpfändungen oder sonstige Belastungen sind ebenso unzulässig wie Treuhand- oder Unterbeteiligungsverhältnisse sowie stille Beteiligungen an den Geschäftsanteilen.
(4) Zur Übertragung von Geschäftsanteilen sowie Teilen von Geschäftsanteilen ist die Zustimmung der Gesellschaft erforderlich.[36] Die Zustimmung darf nur dann erteilt werden, wenn es sich bei dem Erwerber um eine Person handelt, die zu dem in den vorstehenden Absätzen bezeichneten Personenkreis gehört und wenn die Voraussetzungen über die Mehrheitsverhältnisse und etwaigen sonstigen berufsrechtlichen Vorschriften in der Person des Erwerbers erfüllt sind.

II. Organe der Gesellschaft

§ 6 Geschäftsführung
(1) Die Gesellschaft hat einen oder mehrere Geschäftsführer.

---

30 § 29 Abs. 3 WPO, § 52 StBerG.
31 Damit sind die Voraussetzungen erfüllt, die sowohl die WPO als auch das StBerG an die Mehrheitsverhältnisse stellen: In Wirtschaftsprüfungsgesellschaften müssen Wirtschaftsprüfer oder Wirtschaftsprüfungsgesellschaften zusammen die Mehrheit der Stimmrechte haben; bei einer Steuerberatungsgesellschaft besteht ein vergleichbares Erfordernis nicht: Dort müssen Steuerberater nur zusammen mit Rechtsanwälten und/oder Wirtschaftsprüfern die Mehrheit der Stimmrechte besitzen (§ 50a Abs. 1 Nr. 5 StBerG).
32 Gemäß § 28 Abs. 6 S. 1 WPO muss das Stammkapital jetzt nur noch 25.000 EUR betragen, muss aber nicht mehr vollständig eingezahlt sein (so aber § 29 Abs. 6 S. 1 WPO a.F.). Dennoch ist es zu empfehlen, die Volleinzahlung vorzusehen.
33 Vgl. hierzu WP-Handbuch, 2000, Bd. I, A Rn 118; zum Rechtsanwalt in der Steuerberatungsgesellschaft eingehend *Kamps*, S. 173 ff.
34 § 28 Abs. 4 Nr. 3 WPO.
35 § 28 Abs. 4 Nrn. 2, 5 WPO, § 50a Abs. 1 Nr. 2 StBerG.
36 § 28 Abs. 5 S. 2 und 3 WPO, § 50 Abs. 5 S. 2 und 3 StBerG.

(2) Die Gesellschaft muss von Wirtschaftsprüfern und Steuerberatern verantwortlich geführt werden.[37] Als Geschäftsführer können neben Wirtschaftsprüfern und Steuerberatern auch vereidigte Buchprüfer sowie sonstige Personen unter Beachtung der Bestimmunen des § 28 Abs. 2 und 3 WPO bzw. § 50 Abs. 2 und 3 StBerG bestellt werden. Die Zahl der nicht als Wirtschaftsprüfer bestellten Geschäftsführer darf die Zahl der als Wirtschaftsprüfer bestellten Geschäftsführer nicht erreichen,[38] wobei bei Vorhandensein von nur zwei Geschäftsführern Parität genügt.[39] Die Zahl der nicht als Steuerberater bestellten Geschäftsführer darf die Zahl der als Steuerberater bestellten Geschäftsführer nicht übersteigen.[40] Bei der Willensbildung innerhalb der Geschäftsführung dürfen Beschlüsse nicht gegen die Stimmen der Wirtschaftsprüfer- bzw. Steuerberatergeschäftsführer gefasst werden.
(3) Infolge des Verlustes der Berufszulassung oder der Anteilspfändung endet die Geschäftsführung, ohne dass es eines Beschlusses der Gesellschafterversammlung bedarf.
(4) Die Rechte und Pflichten der Geschäftsführer ergeben sich aus dem Gesetz, dem Anstellungsvertrag und den von den Gesellschaftern gegebenen Weisungen, auch in Form einer Geschäftsordnung. Die Gesellschafterversammlung ist insbesondere berechtigt, einen Katalog zustimmungsbedürftiger Maßnahmen aufzustellen, diesen jederzeit zu ändern und/oder zu ergänzen. Die Geschäftsführer haben insbesondere für den Abschluss und die Unterhaltung der berufsgesetzlich vorgesehenen Vermögensschadenshaftpflichtversicherungen zu sorgen.[41]
(5) Die berufsrechtliche Eigenverantwortlichkeit (§ 43 Abs. 1 WPO, § 57 Abs. 1 StBerG) bleibt unberührt.[42]
(6) Mindestens ein Wirtschaftsprüfer, der Geschäftsführer ist, muss seine berufliche Niederlassung am Sitz der Gesellschaft haben.[43] Mindestens ein Steuerberater, der Mitglied der Geschäftsführung ist, muss seine berufliche Niederlassung am Sitz der Gesellschaft oder in dessen Nahbereich haben.[44]
(7) Jede Änderung in der Person der Geschäftsführung ist der Steuerberaterkammer und/oder Wirtschaftsprüferkammer unverzüglich anzuzeigen.[45]

§ 7 Vertretung
(1) Ist nur ein Geschäftsführer vorhanden, so vertritt dieser die Gesellschaft allein. Sind mehrere Geschäftsführer bestellt, wird die Gesellschaft durch zwei Geschäftsführer oder einen Geschäftsführer in Gemeinschaft mit einem Prokuristen vertreten.
(2) Die Gesellschafterversammlung kann einem, mehreren oder allen Geschäftsführern Einzelvertretungsbefugnis erteilen.
(3) Die Gesellschafterversammlung kann Geschäftsführer von den Beschränkungen des § 181 BGB befreien.
(4) Unabhängig von der Regelung gemäß Abs. 1 und 2 haben die Geschäftsführer für die Übernahme und Erfüllung von beruflichen Aufträgen stets Einzelvertretungsmacht. Des Weiteren sind die Vorschriften der Wirtschaftsprüferordnung und der Berufssatzung der Wirtschaftsprüferkammer sowie

---

37 § 1 Abs. 3 S. 2 WPO, § 32 Abs. 3 S. 2 StBerG.
38 § 28 Abs. 2 S. 3 WPO.
39 § 28 Abs. 2 S. 3 Hs. 2 WPO.
40 § 50 Abs. 4 StBerG.
41 § 28 Abs. 7 WPO, § 50 Abs. 6 StBerG.
42 Vgl. hierzu § 6 Abs. 2 PartGG: Einzelne Partner können im Partnerschaftsvertrag nur von der Führung der sonstigen Geschäfte ausgeschlossen werden; hierbei handelt es sich um einen allgemeinen Grundsatz des Rechts der freien Berufe, der aus der Eigenverantwortlichkeit abzuleiten und somit als allgemeines Prinzip anzusehen ist. Für Wirtschaftsprüfer vgl. hierzu WP-Handbuch 2000, Bd. I, A Rn 295.
43 § 28 Abs. 1 S. 2 WPO.
44 § 50 Abs. 1 S. 2 StBerG.
45 § 30 S. 1 WPO, § 49 Abs. 4 S. 1 StBerG.

des Steuerberatungsgesetzes und der Berufsordnung der Bundessteuerberaterkammer für die Vertretung der Gesellschaft zu beachten.[46]
(5) Bei der Erteilung von Prokura bzw. Handlungsvollmacht ist der Grundsatz der verantwortlichen Führung der Gesellschaft durch Wirtschaftsprüfer und Steuerberater entsprechend zu berücksichtigen. Insbesondere gilt Folgendes:
   a) Prokura darf grundsätzlich nur Personen, die Berufsträger sind bzw. gemäß § 3 StBerG zur Hilfeleistung in Steuersachen befugt sind, erteilt werden. Prokuristen, die nicht Wirtschaftsprüfer oder Steuerberater sind, dürfen die Gesellschaft nur gemeinschaftlich mit einem Steuerberater oder Wirtschaftsprüfer vertreten.
   b) Handlungsvollmacht zur Hilfeleistung in Steuersachen darf nur Personen erteilt werden, die nach § 3 StBerG zur Hilfeleistung in Steuersachen befugt sind; eine Handlungsvollmacht, die zum Betrieb der Steuerberatungsgesellschaft ermächtigt (§ 54 Abs. 1 Alt. 1 HGB), ist unzulässig.

§ 8 Zuständigkeit der Gesellschafterversammlung
(1) Die Gesellschafterversammlung beschließt neben den in § 46 GmbHG geregelten Angelegenheiten über Folgendes:
   a) Bestellung von Geschäftsführern, Abschluss der Anstellungsverträge sowie Festsetzungen und Änderungen der Vergütungen der Geschäftsführer;
   b) Veräußerung des Geschäftsbetriebes;
   c) Errichtung oder Auflösung von Zweigniederlassungen;
   d) Erwerb, Veräußerung oder Belastung von Grundstücken oder grundstücksgleichen Rechten;
   e) Genehmigung des Jahresabschlusses und Ergebnisverwendung.
(2) Beschlüsse der Gesellschafter werden mit der Mehrheit der abgegebenen Stimmen gefasst, sofern die Satzung oder unabdingbare gesetzliche Vorschriften nichts anderes bestimmen. Jeder Anteil von 100 EUR des Stammkapitals gewährt eine Stimme.

§ 9 Gesellschafterversammlung/Beschlussfassung
(1) Beschlüsse der Gesellschafter werden in Versammlungen gefasst. Gesellschafterversammlungen sind durch die Geschäftsführung einzuberufen.
(2) Anstelle der Beschlussfassung in einer Gesellschafterversammlung ist auch schriftliche Abstimmung zulässig, wenn alle Gesellschafter an der Beschlussfassung teilnehmen.
(3) Die Frist zur Einberufung der Gesellschafterversammlung beträgt zwei Wochen. Mit der Ladung zur Gesellschafterversammlung soll den Gesellschaftern eine Tagesordnung über die Punkte, die zur Beschlussfassung anstehen, bekannt gegeben werden.
(4) Die Gesellschafterversammlung ist beschlussfähig, wenn die erschienenen Gesellschafter mindestens die Hälfte des Stammkapitals vertreten. Kommt eine beschlussfähige Versammlung nicht zustande, so ist eine neue Versammlung einzuberufen, die dann ohne Rücksicht auf die Höhe des vertretenen Stammkapitals beschlussfähig ist.
(5) Die Gesellschafter können sich in der Gesellschafterversammlung nur durch Wirtschaftsprüfer vertreten lassen.[47]

---

46 Diese Vorschrift entspricht dem von der Wirtschaftsprüferkammer herausgegebenen Vertragsmuster (Stand: Dezember 1997), vgl. hierzu *Krauss/Senft*, in: Sozietätsrecht, § 28, Mustervertrag der Wirtschaftsprüfungs-GmbH und Steuerberatungs-GmbH, S. 541 ff. Praktische Bedeutung hat diese Klausel nach dem Überblick des Verfassers nicht.
47 § 28 Abs. 4 Nr. 6 WPO. Gemäß § 50a Abs. 1 Nr. 6 StBerG können sich Steuerberater dagegen nicht nur von Steuerberatern, sondern auch von Rechtsanwälten, niedergelassenen europäischen Rechtsanwälten, Wirtschaftsprüfern, vereidigten Buchprüfern oder Steuerbevollmächtigten vertreten lassen. Ob diese zwingende

III. Gesellschafterrechte und -pflichten

§ 10 Pflichten der Gesellschafter

(1) Jeder aktiv tätige Gesellschafter übt seine Berufstätigkeit eigenverantwortlich und unter Beachtung seines Berufsrechts aus, insbesondere unter Beachtung der Unabhängigkeit, der Eigenverantwortlichkeit, der Weisungsfreiheit, der persönlichen vertrauensvollen Beziehung zwischen der Gesellschaft und den Mandanten, der Verschwiegenheitspflicht, des Tätigkeitsverbots bei Interessenkollisionen, des Verbots der Vertretung widerstreitender Interessen.[48]

(2) Alle Gesellschafter und Geschäftsführer sind verpflichtet, über die Angelegenheiten der Gesellschaft gegenüber Dritten Stillschweigen zu bewahren; sie haben dafür zu sorgen, dass ihnen zugängliche Unterlagen, die die Gesellschaft oder die Tätigkeit der Gesellschaft betreffen, nicht in die Hände Dritter gelangen. Diese Verpflichtung besteht auch nach dem Ausscheiden aus der Gesellschaft fort. Mitarbeiter, die nicht selbst kraft Gesetzes zur Berufsverschwiegenheit verpflichtet sind, müssen bei Dienstantritt durch die Geschäftsführung zur Verschwiegenheit verpflichtet werden.[49]

(3) Zur Ausübung von Gesellschafterrechten (z.B. Vertretung in der Gesellschafterversammlung, Auskunfts- und Einsichtsrecht gemäß § 51a GmbHG) können nur Gesellschafter bevollmächtigt werden, die Wirtschaftsprüfer sind.[50]

§ 11 Wettbewerbsverbot

(1) Die Gesellschafter und Geschäftsführer üben ihre Berufstätigkeit ausschließlich im Rahmen der Gesellschaft aus. Eigene Berufstätigkeiten auf eigene Rechnung außerhalb der Gesellschaft sind nicht zulässig.[51]

(2) Die Gesellschafterversammlung ist berechtigt, einzelnen Gesellschaftern und/oder Geschäftsführern Dispens vom Wettbewerbsverbot zu erteilen, die Abgrenzung der Tätigkeitsbereiche durch eine Abgrenzungsvereinbarung und die Modalitäten einer Befreiung vom Wettbewerbsverbot festzulegen.[52]

§ 12 Jahresabschluss und Gewinnverwendung

(1) Geschäftsjahr ist das Kalenderjahr

(2) Der Jahresabschluss (ggf. nebst Lagebericht) ist von den Geschäftsführern innerhalb der gesetzlichen Frist aufzustellen und – soweit vorgeschrieben – dem Abschlussprüfer vorzulegen.

(3) Die Gesellschafter beschließen über die Ergebnisverwendung.

Regelung in der WPO für die Anerkennung einer WP-Gesellschaft bei interprofessionellen Gesellschaften zulässig ist, ist zweifelhaft.

48 Vgl. hierzu für Wirtschaftsprüfer WP-Handbuch 2000, Bd. I, A Rn 227 ff.
49 § 62 StBerG, § 50 WPO.
50 § 28 Abs. 4 Nr. 6 WPO; diese Vorschrift ist problematisch, weil sie auch für Gesellschafter, die nicht Wirtschaftsprüfer sind, eine Vertretung nur durch Wirtschaftsprüfer vorsieht, während § 50a Abs. 1 Nr. 6 StBerG hier wesentlich liberaler ist. *Kauss/Senft*, in: Sozietätsrecht, § 28, Mustervertrag, § 9 Fn 6, scheinen diese Vorschrift für zulässig zu halten. Nach Auffassung des Verfassers ist die Zulässigkeit der Vorschrift, soweit sie andere Berufsrechte einschränkt, problematisch.
51 Für Gesellschafter, die nicht zugleich Geschäftsführer sind, ist eine solche Regelung unbedingt zu empfehlen, sofern dies der Interessenlage der Beteiligten entspricht (vgl. für Anwalts-GmbH *Gail/Overlack*, Rn 245).
52 Aus steuerlichen Gründen unbedingt zu empfehlen, vgl. hierzu *Dietlmeier*, ZIP 1996, 1800, 1805; sog. Eröffnungsklausel, *Kempter/Kopp*, BRAK-Mitt. 1998, 254, 256 (für Anwaltsgesellschaften). Welche Probleme in diesem Zusammenhang auftauchen können, wird ebenfalls durch die Ausführungen von *Dietlmeier*, ZIP 1996, 1800, 1805, deutlich. Dies sollte hinsichtlich der Zweckmäßigkeit der GmbH als Gesellschaftsform für die Ausübung freiberuflicher Tätigkeit zu denken geben.

IV. Kündigung/Geschäftsanteile

§ 13 Kündigung eines Gesellschafters
(1) Jeder Gesellschafter kann das Gesellschaftsverhältnis mit der Wirkung kündigen, dass er zum Kündigungsstichtag aus der Gesellschaft ausscheidet; die Gesellschaft wird von den verbleibenden Gesellschaftern fortgesetzt.
(2) Die Kündigung ist nur auf das Ende eines Geschäftsjahres zulässig; die Kündigungsfrist beträgt zwölf Monate.
(3) Das Recht zur außerordentlichen Kündigung aus wichtigem Grund bleibt unberührt.
(4) Die Kündigung hat mit eingeschriebenem Brief einem Geschäftsführer gegenüber zu erfolgen; jeder Geschäftsführer ist zum Empfang von Kündigungen bevollmächtigt.
(5) Der ausscheidende Gesellschafter ist verpflichtet, seinen Geschäftsanteil gemäß einem von den verbleibenden Gesellschaftern unter Beachtung von § 14 Abs. 3 bis 5 der Satzung herbeizuführenden einstimmen Beschluss an die Gesellschaft – soweit nach § 33 GmbHG zulässig – abzutreten, auf Gesellschafter oder Dritte zu übertragen oder die Einziehung seines Anteils zu dulden.

§ 14 Einziehung von Geschäftsanteilen
(1) Die Gesellschafter können ohne Zustimmung des betroffenen Gesellschafters die Einziehung von Geschäftsanteilen beschließen, wenn
  a) über das Vermögen des betroffenen Gesellschafters das Insolvenzverfahren eröffnet oder die Eröffnung desselben mangels Masse abgelehnt worden ist und das Verfahren nicht innerhalb von sechs Wochen wieder eingestellt wird;
  b) der betroffene Gesellschaftsanteil gepfändet oder sonstige Zwangsvollstreckungsmaßnahmen in den Geschäftsanteil des betroffenen Gesellschafters nicht nur aufgrund eines vorläufig vollstreckbaren Titels betrieben und nicht innerhalb von sechs Wochen eingestellt werden;
  c) gegen den Gesellschafter ein Berufs- oder Vertretungsverbot verhängt wird oder er seine Zulassung zur Berufsausübung verliert;
  d) der Gesellschafter das 65. Lebensjahr vollendet hat;
  e) ein sonstiger wichtiger Grund vorliegt, insbesondere wenn der Gesellschafter durch seine Person oder sein Verhalten die Erreichung des Gesellschaftszwecks unmöglich macht, erheblich gefährdet oder sein Verbleiben in der Gesellschaft untragbar erscheinen lässt;
  f) der Gesellschafter stirbt und der Anteil auf dessen Erben übergegangen ist; der Anteil ist einzuziehen, wenn der oder die Erben nicht zu dem Personenkreis gemäß § 5 gehört und auch dann, wenn er zwar zu dem Personenkreis gehört, aber nicht aktiv in der Gesellschaft tätig wird.[53] Solange die Einziehungsvoraussetzungen vorliegen, hat der Erbe kein Stimmrecht;[54]
  g) aus den übrigen im Gesellschaftsvertrag bestimmten Gründen.
(2) Steht der Anteil mehreren Berechtigten zu, genügt es, wenn diese Voraussetzungen nur bei einem von ihnen vorliegen.
(3) Die Gesellschafter können beschließen, dass statt der Einziehung des Geschäftsanteils des betroffenen Gesellschafters der Geschäftsanteil auf die Gesellschaft oder einen Dritten übertragen wird.
(4) Gesellschafterbeschlüsse nach Abs. 1 und 3 müssen einstimmig gefasst werden. Für den Beschluss gemäß Abs. 1 Buchst. e) (Einziehung nach Erbfall) gilt, dass die übrigen Gesellschafter verpflichtet sind, der Einziehung zuzustimmen, wenn auch nur einer der Gesellschafter die Einziehung verlangt; aufgrund des in der freiberuflichen Sozietät notwendigen Vertrauensverhältnisses unter den

---

53 Vgl. hierzu *Kempter/Kopp*, BRAK-Mitt. 1998, 254, 257.
54 Vgl. § 59e Abs. 3 S. 2 BRAO.

Gesellschaftern soll keinem der Gesellschafter ein Mitgesellschafter aufgedrängt werden, mit dem er nicht einverstanden ist, auch nicht im Erbwege.
(5) Einziehung und Übertragung des Geschäftsanteils erfolgen gegen Zahlung einer Abfindung.[55]

V. Sonstiges

§ 15 Änderungen des Gesellschaftsvertrages, Auflösung
(1) Beschlüsse über Änderungen des Gesellschaftsvertrages und über die Auflösung der Gesellschaft sind nur gültig, wenn sie in einer ordnungsgemäß einberufenen und beschlussfähigen Gesellschafterversammlung mit einer Mehrheit von drei Viertel der abgegebenen und vertretenen Stimmen gefasst werden.
(2) Wird der Gesellschaftsvertrag geändert, so ist die Änderung unverzüglich den zuständigen obersten Landesbehörden sowie der Wirtschaftsprüferkammer und der zuständigen Steuerberaterkammer anzuzeigen.[56]
(3) Im Falle des Erlöschens, der Rücknahme oder des Widerrufs der Anerkennung als Wirtschaftsprüfungs- bzw. Steuerberatungsgesellschaft ist die Geschäftsführung verpflichtet, die der Berufsverschwiegenheit unterliegenden Akten und sonstigen Gegenstände in persönliche Verwahrung zu nehmen und sicherzustellen, dass eine auftrags- bzw. berufswidrige Verwendung ausgeschlossen ist. Entsprechendes gilt hinsichtlich der sonstigen anvertrauten bzw. bekannt gewordenen Daten der Mandanten.

§ 16 Schlussbestimmungen
(1) Bekanntmachungen der Gesellschaft erfolgen nur im Bundesanzeiger.
(2) Gründungskosten gehen bis zu einem Betrag von _____ EUR zu Lasten der Gesellschaft.
(3) Sollten einzelne Bestimmungen des Gesellschaftsvertrages ganz oder teilweise nicht gültig sein, so wird hiervon die Wirksamkeit der übrigen Bestimmungen nicht berührt. Der Gesellschaftsvertrag ist dann nach Möglichkeit durch Beschluss der Gesellschafter so zu ergänzen oder zu ersetzen, dass der beabsichtigte Zweck erreicht wird. Dasselbe gilt, wenn sich bei Durchführung des Gesellschaftsvertrages eine ergänzungsbedürftige Lücke ergeben sollte.
(4) Soweit in diesem Gesellschaftsvertrag keine Regelung getroffen ist, gelten für die Gesellschaft die Vorschriften des GmbH-Gesetzes, der Wirtschaftsprüferordnung und des Steuerberatungsgesetzes.

---

[55] In den angebotenen Vertragsmustern etwa von *Dietlmeier* (ZIP 1996, 1800 ff.) ist – erstaunlicherweise – keine Bestimmung über die Ermittlung der Abfindung enthalten. Dies ist angesichts der völlig unklaren Rechtslage, wie Anteile an Freiberuflerpraxen zu bewerten sind, nicht zu empfehlen. Es sollten daher – unbedingt – geeignete Bestimmungen aufgenommen werden. Es können ohne weiteres die Bewertungsregelungen herangezogen werden, wie sie in diesem Buch für die Sozietät und die Partnerschaftsgesellschaft vorgesehen sind, vgl. §§ 20–23 des Musters „Sozietätsvertrag zwischen fünf Anwälten" (§ 14 Rn 156), und §§ 21–24 des Musters „Vertrag einer interprofessionellen Partnerschaft zwischen Rechtsanwälten, Steuerberatern und Wirtschaftsprüfern" (§ 14 Rn 167).
[56] § 30 WPO, § 49 Abs. 4 StBerG.

III. Muster: Anmeldung der GmbH zum Handelsregister

M 211

An das
Amtsgericht _____
– Handelsregister –

_____

Neuanmeldung der RevisoTax Wirtschaftsprüfungs- und Steuerberatungs-GmbH
Ich, der/die Unterzeichnete
_____
überreiche in der Anlage eine Ausfertigung der Gründungsurkunde der Gesellschaft und melde diese zur Eintragung in das Handelsregister an.
Für die Vertretung der Gesellschaft gilt die allgemeine gesetzliche Regelung gem. § 35 GmbHG. Danach hat die Gesellschaft einen oder mehrere Geschäftsführer. Ist nur ein Geschäftsführer bestellt, so vertritt dieser die Gesellschaft allein/einzeln. Sind mehrere Geschäftsführer bestellt, so wird die Gesellschaft durch sämtliche Geschäftsführer vertreten. Die Gesellschafterversammlung kann unabhängig von der Zahl der bestellten Geschäftsführer jederzeit einem, mehreren oder allen Geschäftsführern Einzelvertretungsbefugnis und Befreiung von § 181 BGB erteilen.
Der/Die unterzeichnende _____ ist zum/r Geschäftsführer/in bestellt und von den Beschränkungen des § 181 BGB befreit. Der/Die Unterzeichner/in versichert, dass keine Umstände vorliegen, die seiner/ihrer Bestellung nach § 6 Abs. 2 S. 2 Nr. 2, Nr. 3 sowie S. 3 GmbHG entgegenstehen. Demgemäß versichert er/sie insbesondere folgendes:

1. Der Tatbestand des § 6 Abs. 2 Nr. 2 GmbHG liegt nicht vor, dass der/die Unterzeichner/in aufgrund eines gerichtlichen Urteils oder einer vollziehbaren Entscheidung einer Verwaltungsbehörde einen Beruf, einen Berufszweig, ein Gewerbe oder einen Gewerbezweig nicht ausüben darf.
2. Der Tatbestand des § 6 Abs. 2 S. 2 Nr. 3 GmbHG liegt nicht vor: Der/Die Unterzeichner/in ist nicht – noch nie – wegen einer oder mehrerer vorsätzlich begangener Straftaten
    a) des Unterlassens der Stellung des Antrags auf Eröffnung des Insolvenzverfahrens (Insolvenzverschleppung),
    b) nach §§ 283 bis 283 d StGB (Insolvenzstraftaten)
    c) der falschen Angaben nach § 82 GmbHG oder § 399 AktG,
    d) der unrichtigen Darstellung nach § 400 AktG, § 331 HGB, § 313 UmwG oder § 17 PublG oder
    e) nach §§ 263 bis 264 a oder §§ 265 b bis 266 a StGB zu einer Freiheitsstrafe von mind. einem Jahr verurteilt worden.
3. Es gibt auch keine Verurteilung im Ausland wegen einer Tat, die mit den in der Versicherung gem. vorstehender Ziff. 2 genannten Taten vergleichbar ist.
4. Der/Die Unterzeichner/in ist vom beglaubigenden Notar über seine unbeschränkte Auskunftspflicht gegenüber dem Gericht, über die Strafbarkeit falscher Angaben im Rahmen dieser Handelsregisteranmeldung und darüber belehrt worden, dass das Registergericht zur Überprüfung seiner/ihrer Angaben einen Auszug aus dem Bundeszentralregister über strafrechtliche Verurteilungen und andere Eintragungen (z. B. Untersagen der Ausübung eines Berufs oder Gewerbes) einholen kann.
5. Der/Die Unterzeichnende versichert weiter,
    a) dass auf die Stammeinlage des Gesellschafters _____ in Höhe von _____ EUR ein Betrag von _____ EUR, sowie auf die Stammeinlage des Gesellschafters _____ in Höhe von _____ EUR ein Betrag von _____ EUR, je durch Überweisung auf das Bankkonto der Gesellschaft geleistet wurde. Ich versichere, dass sich die eingezahlten Beträge endgültig in der freien Verfügung des Geschäftsführers befinden.

b) Ich versichere weiter, dass das Gesellschaftsvermögen nicht mit Verbindlichkeiten vorbelastet ist, mit Ausnahme des im Gesellschaftsvertrag genannten Gründungsaufwandes in Höhe von _____ EUR (Kosten, Gebühren und Steuern).
6. Die Geschäftsräume der Gesellschaft befinden sich in _____. Die inländische Geschäftsanschrift der Gesellschaft lautet _____.
7. Zu dieser Anmeldung überreiche ich folgende Anlagen:
   a) Beglaubigte Abschrift des Gesellschaftsvertrages zur Urkunde des Notars _____ in _____, UR-Nr. _____;
   b) beglaubigte Abschrift des Beschlusses über die Geschäftsführerbestellung, in der gleichen Urkunde enthalten;
   c) Liste der Gesellschafter.
8. Die berufsrechtlichen Zulassungsvoraussetzungen gemäß §§ 28, 31 WPO, §§ 59, 50a, 53 StBerG sind erfüllt. Die berufsrechtliche Zulassung als Wirtschaftsprüfungsgesellschaft ist unter dem _____ (Datum) bei der Wirtschaftsprüferkammer in Düsseldorf beantragt worden, die berufsrechtliche Zulassung als Steuerberatungsgesellschaft unter dem _____ (Datum) bei der Steuerberaterkammer in Frankfurt/Main. Es wird angeregt, bei diesen Genehmigungsbehörden entsprechende Unbedenklichkeitsbescheinigungen einzuholen.
_____ (Unterschrift des Geschäftsführers)
_____ (Beglaubigungsvermerk)

Kapitel 7 Freiwilliger Unternehmensbeirat

Dr. K. Jan Schiffer
§ 16 Der freiwillige Unternehmensbeirat

Literatur

Baumbach/Hopt, Handelsgesetzbuch, 35. Aufl., 2012; *Baumbach/Hueck* (Hrsg.), GmbH-Gesetz, 19. Aufl. 2010; *Beckmann*, Die Informationsversorgung von Mitgliedern des Aufsichtsrats börsennotierter Aktiengesellschaften, 2009; *Binz/Sorg*, Die GmbH & Co. KG, 11. Aufl. 2010; Münchener Kommentar Handelsgesetzbuch, 3. Aufl. 2011, Band 2 (§§ 105–160 HGB), 2006) und Band 3 (§§ 161–237 HGB); *Ring/Grziwotz* (Hrsg.) Systematischer Praxiskommentar GmbH-Recht, 2009; *Schiffer*, Der Unternehmensanwalt, 1997; *Schiffer* (Hrsg.), Schiedsverfahren und Mediation, 2. Aufl. 2005; *Schiffer/Rödl/Rott*, Haftungsgefahren im Unternehmen – Ein Handbuch für Unternehmer, Führungskräfte und deren Berater, 2004; *Schwerdtfeger* (Hrsg.), Kompaktkommentar Gesellschaftsrecht, 2007; *Wiedemann/Kögel*, Beirat und Aufsichtsrat in Familienunternehmen, 2008.

Inhalt

- A. **Typische Sachverhalte** — 1
- B. **Rechtliche Grundlagen** — 9
  - I. Gestaltungsüberlegungen und -grenzen — 9
  - II. Traditionelle Erfolgsfaktoren — 12
  - III. Moderne Erfolgsfaktoren — 14
    1. Das wirtschaftliche Umfeld — 14
    2. Konsequenzen für die Praxis — 15
  - IV. Errichtung eines Beirats — 20
  - V. Auswahl und Wahl der Beiratsmitglieder — 22
    1. Qualifikation und Aufgaben der Beiratsmitglieder — 22
    2. Das (Aus-)Wahlverfahren — 37
    3. Innere Ordnung des Beirats — 41
  - VI. Vergütung — 42
  - VII. Beiratsausschüsse — 45
    1. Beiratsausschüsse zur Effizienzsteigerung — 46
    2. Mögliche Aufgabenbereiche — 47
    3. Einrichtung von Beiratsausschüssen — 50
  - VIII. Problemfelder in der Beiratstätigkeit — 54
    1. Informationsrechte und Informationspflichten — 54
    2. Interessenkollision als Problem? — 55
    3. Machtbalance — 56
    4. Beiratstätigkeit und gleichzeitige weiter gehende Beratung — 57
    5. Haftung und D & O-Versicherung — 58
       - a) Haftungsgrundlage — 59
       - b) Haftung für Organisationsverschulden — 66
       - c) Außen- und Innenhaftung — 67
       - d) Möglichkeiten und Grenzen der Haftungsbeschränkung — 69
       - e) Versicherbarkeit der Beiratshaftung — 71
- C. **Muster** — 76
  - I. Muster: Vereinbarung mit einem Beiratsmitglied — 76
  - II. Muster: Satzung eines beratenden Beirats — 77
  - III. Muster: Kurze, einfache Beiratssatzung — 78
  - IV. Muster: Ausführliche, eher traditionelle Beiratssatzung (GmbH & Co. KG) — 79
  - V. Checkliste: Zustimmungspflichtige Geschäfte (traditionell) — 80
  - VI. Muster: Moderne Beiratssatzung (GmbH) — 81
  - VII. Muster: Geschäftsordnung für einen Beirat — 82

A. Typische Sachverhalte

Freiwillige Unternehmensbeiräte finden sich vor allem in Familienunternehmen. Ob in einem Unternehmen freiwillig ein Beirat eingerichtet werden sollte[1] und welche Vorteile ein Beirat für **1**

---

[1] Thema dieses Abschnitts ist der freiwillige Beirat, der mitunter auch „Aufsichtsrat" genannt wird, und nicht der zwingende Aufsichtsrat (§ 95 AktG, § 9 GenG, § 3 KAGG, §§ 78 Abs. 6, 77 BetrVG 1952, § 1 MitBestG 1976) und auch

ein Unternehmen bringen kann, sind rechtsformübergreifende Fragen. Freiwillige Unternehmensbeiräte finden sich in GmbHs, GmbH & Co. KGs, KGs und OHGs, aber auch in Gesellschaften Bürgerlichen Rechts, beispielsweise in sog. Pool-GbRs, in denen die „Familienstimmen" in Familien-AGs gepoolt werden. Vom Lebenssachverhalt her gesehen finden sich freiwillige Unternehmensbeiräte vor allem in Familienunternehmen, d.h. in Unternehmen, die von einer oder mehreren Familien dominiert und/oder getragen werden.

2   Ebenso wie Aufsichtsräte, insbesondere solche von Aktiengesellschaften,[2] geraten freiwillige Unternehmensbeiräte zunehmend in den Fokus verschiedener „Diskussionen"[3]: Haftung, Transparenz, Frauenförderung, Sachkunde und Vergütung sind dabei wesentliche Schlagwörter. Bis auf das Thema Frauenförderung überrascht das nicht wirklich, sind es doch die Themen, die hier auch schon in der Vorauflage behandelt wurden. Die politische Frage der Frauenförderung soll hier nicht näher behandelt werden. Frau mag es mir bitte nachsehen. Meine persönliche Erfahrung aus der Beiratstätigkeit ist, dass Frauen hier genauso wie Männer absolut sinnvoll tätig sein können. Es kommt dabei meiner Ansicht nach ganz überwiegend auf die Persönlichkeit, deren Fachkunde sowie deren Erfahrungen an, worauf anschließend (geschlechtsneutral) noch näher einzugehen sein wird.

3   **Aktive Beiräte** steigern den Unternehmenswert. Deutsche Gremien dieser Art wurden dennoch in der Vergangenheit vielfach als wenig effizient erachtet, so hat es beispielsweise die Wirtschaftswoche in 1997 beschrieben.[4] Diese Kritik ist bis heute nicht wirklich verstummt.[5] Angesichts der aus der Wirtschafts- und sogar aus der Tagespresse bekannten Problemfälle wird über deutsche Unternehmensaufsichtsgremien und deren Effizienz kritisch diskutiert.[6] Das hat auch zu einem neuen Geschäftsfeld geführt: Mittelständische Unternehmen können ihre Aufsichtsräte und Beiräte seit 2008 durch den TÜV-Rheinland zertifizieren lassen.[7] So soll „die Professionalisierung des Berufsbildes Aufsichtsrat/Beirat für den Mittelstand vorangetrieben" werden. Das ist zu begrüßen, andererseits ist zu beklagen, dass der „Zertifizierungswahn" auch diesen Bereich ergriffen hat. Angeboten wird ein Lehrgang in drei Modulen zu je drei Tagen. Ob so eine Zertifizierung sinnvoll und nützlich ist, wird ein Unternehmen für seinen konkreten Fall sehr genau prüfen. (Mich beschleicht ein wenig der Verdacht, dass wahre Beratungs- und Kontrollqualität nicht wirklich zertifiziert werden kann!) Es sollte vor allem sehr genau betrachtet werden, ob der jeweilige Zertifizierungsansatz passt und ob die zertifizierende Stelle überhaupt über hinreichende Sachkunde verfügt. Daneben finden sich so genannte „Board Academies", die sich die Ausbildung der „Kontrolleure" auf die Fahnen geschrieben haben, weil man eben eine Art Führerschein für Aufsichtsräte benötige.[8] Zu prüfen ist jeweils auch, ob im Lichte der aktuellen BGH-Rechtsprechung überhaupt wettbewerbsrechtlich zulässig „zertifiziert" und ggf. ein entsprechender Titel geführt werden kann.

4   Der BGH hat ein erstes Urteil zu der **Zulässigkeit der Führung eines Zertifizierungstitels** vorgelegt.[9] Er hat in einem konkreten Fall das Führen eines Zertifizierungstitels („zertifizierter

---

nicht der freiwillige Aufsichtsrat nach § 52 GmbHG, siehe dazu aber Rn 21. Zum Wechsel vom obligatorischen zum freiwilligen Aufsichtsrat und umgekehrt siehe *Meier*, DStR 2011, S. 1430 ff. Zur Abgrenzung vom US-amerikanischen Board-System siehe etwa *Turner*, DB 1996, 1609.
2 Zu deren Entwicklung, die mir zunehmend auf freiwillige Unternehmensbeiräte abzufärben scheint, *Knapp*, DStR 2011, 177 ff. und 225 ff.; 2012, 364 ff.
3 Siehe etwa *Ulrich*, GmbHR 2011, R97.
4 Wirtschaftswoche, Heft 46/1997, 199 ff.
5 Siehe etwa Handelsblatt v. 5.2.2004, S. 14 und vom 10./11./12.7.2009, S. 19 sowie und die gesamte aktuelle Corporate Governance-Diskussion, Beispiel: *Eppinger/Fischer/Rechkemmer*, ZCG 2008, S. 65 ff.
6 Siehe nur *Gernoth*, DStR 2001, 299 ff.
7 GmbHReport, 06/2008, R 93; http://concentro.de/
tuev-zertifizierte-aufsichts--und-beiraete-fuer-den-mittelstand.60.0.html.
8 Siehe *Höpner*, Handelsblatt v. 12.1.2012, S. 26.
9 Urteil v.9.6.2011, Az.: I ZR 113/10 (http://juris.bundesgerichtshof.de/cgi-bin/rechtsprechung/document.py?Gericht=bgh&Art=en&Datum=Aktuell&Sort=12288&nr=56506&pos=6&anz=573).

Schiffer

Testamentsvollstrecker") nur unter bestimmten Voraussetzungen für zulässig erklärt, aber einen wettbewerbsrechtlichen (!), d. h. generell für Zertifizierungen gültigen Unterlassungsanspruch nach § 8 Abs. 1 S. 1, Abs. 3 Nr. 2, § 5 Abs. 1 S. 2 Nr. 3 **UWG** bei Fehlvorstellungen bei einem nicht unerheblichen Teil der Verbraucher über eine vermeintlich besondere Qualifikation des Betreffenden bejaht. Wettbewerbsrechtlich ist der Zusatz „zertifiziert" nach Auffassung des BGH zwar nicht per se als irreführend nach § 5 Abs. 1 S. 2 Nr. 3 UWG anzusehen.[10] Allerdings ist eine Werbung im Rechtsverkehr mit dem Zusatz „zertifiziert" wettbewerbsrechtlich nur dann zulässig, wenn der Werbende bestimmte Voraussetzungen erfüllt.[11] Der BGH knüpft die Zulässigkeit der Werbung/des Auftritts im Rechtsverkehr mit einer Zertifizierung letztlich zumindest an zwei Voraussetzungen, nämlich an besondere theoretische Kenntnisse und besondere praktische Erfahrungen auf dem Gebiet, für das die Zertifizierung erteilt wurde. Eine „Online-Prüfung" etwa, wie man sie auch bei einem bekannten Seminaranbieter in einem anderen Zusammenhang als Voraussetzung für die Führung eines Zertifikates in seinem bunten Prospekt findet, dürfte wegen der Täuschungsanfälligkeit ebenso wenig ausreichen wie nur geringe praktische Erfahrungen (hier: als Beiratsmitglied). Die Einzelheiten werden noch fachlich zu diskutieren und in der Praxis zu erproben sein. Fast scheint es so, als sei sich der BGH ebenso wie die Fachwelt noch gar nicht wirklich darüber im Klaren, was die generell geltende (!) wettbewerbsrechtliche Begründung des BGH für die Praxis bedeutet.

Die Errichtung eines Beirats bietet jenseits dieser Problemfelder grundsätzlich eine relativ günstige Möglichkeit, externe Fachleute in die Entscheidungsfindung des Unternehmens einzubinden. Entscheidend ist die Auswahl der für das konkrete Unternehmen „richtigen" Beiratsmitglieder und deren professionelle Arbeit. Einzelne schwarze Schafe oder negative Fälle, auf die z. B. in der Wirtschaftspresse mitunter abgehoben wird, sollten nicht den Ruf eines sinnvollen Unternehmensführungsinstruments verderben. Ein Beirat wird vor diesem Hintergrund heute als begleitendes Beratungs-, Überwachungs-, Kontroll- und Vermittlungsgremium vor allem in mittelständischen Unternehmen (und dort insbesondere in Familienunternehmen) eingesetzt, wobei er diese Funktionen im typischen Fall nebeneinander ausübt. Tatsächlich ist ein fakultativer Beirat heutzutage oftmals ein wichtiges Element der Corporate Governance[12] und somit auch des Risikomanagements[13] und der Haftungsvermeidung,[14] wenngleich Unternehmensbeiräte in der Praxis wohl leider immer noch eher selten sind.[15] 5

Vor allem folgende in der Praxis wesentliche Fälle, in denen typischerweise ein Beirat freiwillig eingerichtet wird, lassen sich unterscheiden:[16] 6
- Der Fall der **Unternehmensnachfolgebegleitung**.[17] Der Beirat hilft hier bei einer objektiven Auswahl eines Nachfolgers in der Unternehmensleitung. An sich will jeder in der Unternehmerfamilie nicht „einfach" das „anstehende" älteste (o. ä.) Familienmitglied nachfolgen lassen, sondern einen fachlich geeigneten Kandidaten. Nicht ganz selten bringt die Unter-

---

10 BGH Urteil v. 9.6.2011, Rn 12.
11 BGH Urteil v. 9.6.2011, Rn 16–18.
12 *Lange*, GmbHR 2006, 897 ff.; *Huber*, GmbHR 2004, 772 ff.; *Koeberle-Schmid/Schween/May*, BB 2011, 2499 ff. (Governance Kodex für Familienunternehmen); siehe auch www.mittelstand-plus.de unter „Beiräte und Aufsichtsräte".
13 Zum Risikomanagement im Mittelstand: *Schiffer/v. Schubert*, steuer-journal, 18/2005, 31 ff.; *Becker/Janker/Müller*, DStR 2004, 1578 ff.
14 Zahlreiche Praxistipps zur Haftungsvermeidung finden sich bei *Schiffer/Rödl/Rott* und etwa bei *Kiethe*, DStR 2007, 393 ff. (für geschäftsführende Organe).
15 *Schneider/Viebahn*, Der Aufsichtsrat 2005, 5 f. Das Ergebnis einer INTES-Studie, über die das Handelsblatt am 2.2.2009, S. 18, berichtet hat, wonach 52% aller Familienunternehmen in Deutschland ein Beirat haben, klingen fast zu schön. Aus meiner – wohl unrepräsentativen – Praxis kann ich das Umfrageergebnis jedenfalls leider nicht bestätigen.
16 Siehe auch *Hinterhuber/Minrath*, BB 1991, 1201 ff.; *Hille*, Rn 1301 ff.; siehe auch die Übersicht „Beiratsreader" unter https://www.mittelstand-plus.de/html/download/beiratsreader.pdf.
17 *Schiffer/Reinke*, Erbfolgebesteuerung 2002, 134 ff.

nehmerfamilie dennoch aus vielfältigen Gründen selbst nicht die Kraft auf, diesen Ansatz praktisch durchzusetzen.
- Der Fall der **Beteiligung außenstehender Kapitalgeber**. Hier wird dem Kapitalgeber über den Sitz im Beirat neben der Gesellschafterstellung ein direkterer Einfluss auf die Geschäftsführung gewährt.
- Der Fall einer **Vielzahl von Gesellschaftern**. Bei diesem in Familiengesellschaften, aber auch bei Fondskonstruktionen häufigen Fall wirkt der Beirat quasi als „Filter" zwischen der Geschäftsführung und den Gesellschaftern.[18] Die mit der Einführung eines Beirats verbundene Übertragung von wesentlichen Kompetenzen der Gesellschafterversammlung auf den Beirat führt dazu, dass etwaige Meinungsverschiedenheiten zwischen den Gesellschaftern grundsätzlich nicht mehr unmittelbar belastend auf die Geschäftsführungsebene durchgreifen und dass die Gesellschafterinteressen durch den Beirat gebündelt wahrgenommen werden.
- Der Fall einer **Mitarbeiterbeteiligung**. Hier erhalten die Mitarbeiter über einen ihnen ggf. zustehenden Sitz im Beirat einen direkten Einfluss.
- Der Fall der **Unternehmenskrise**. Hier kann die Unternehmensführung über den Beirat gezielt verstärkt werden.
- Der Fall der **strategischen Allianz**. Hier kann etwa über eine wechselseitige Entsendung von Mitgliedern in den Beirat der Partner der strategischen Allianz die Zusammenarbeit formalisiert werden. Nicht übersehen werden sollte hier die jedenfalls latente Gefahr von Interessengegensätzen (siehe Rn 55).
- Der Fall einer „prominenten" Beiratsbesetzung. Hier soll der Beirat für das Unternehmen zudem positive **Marketingeffekte** setzen. Ein reiner Schau-Beirat ist allerdings grundsätzlich ebenso wenig empfehlenswert wie der sprichwörtliche „Frühstücksdirektor".

7 Diese hier systematisch zugespitzten Fallgruppen treten in der Praxis regelmäßig in einer **Mischform** auf.

8 Ein Beirat, der mit den erforderlichen Kompetenzen (siehe Rn 57 ff.) ausgestattet ist, kann in der Tat ein **wesentlicher Erfolgsfaktor** für ein Unternehmen sein. Einem in der Praxis gelegentlich zu beobachtenden Irrglauben sollten die Beteiligten allerdings nicht unterliegen: Der Beirat wird **nicht** die eigentliche **Geschäftsführungsarbeit** übernehmen. Er dient nicht als Personalreserve für die Geschäftsleitung. Er wird beraten und kontrollieren, kann und darf aber nicht die Geschäfte führen, so kompetent und überzeugend er auch besetzt sein mag. Auch hier gilt das, was das Aktienrecht für das Verhältnis von Vorstand und Aufsichtsrat einer Aktiengesellschaft ausdrücklich geregelt hat (§ 111 Abs. 4 S. 1 AktG): Maßnahmen der Geschäftsführung können dem Aufsichtsrat (sprich: Beirat) nicht übertragen werden.

B. Rechtliche Grundlagen

I. Gestaltungsüberlegungen und -grenzen

9 Typischerweise bestehen Beiräte aus drei bis fünf Mitgliedern. Größere Gremien verlieren regelmäßig deutlich an Effizienz.

10 Die Gesellschafter besitzen bei der **Auswahl der Kompetenzen**, die sie dem Beirat übertragen, einen großen Spielraum. Grenzen,[19] die je nach Rechtsform der Gesellschaft unterschiedlich

---

18 Zu den Grenzen der Gestaltungsfreiheit bei der Errichtung von Beiräten und der Schaffung von Vertreterklauseln im Recht der Kommanditgesellschaft siehe *Grunewald*, ZEV 2011, 283 ff.
19 *Müller/Wolf*, GmbHR 2003, 810 ff.

Schiffer

sind, ergeben sich vor allem aus einigen gesetzlichen Einzelkompetenzvorschriften, aus tragenden Grundsätzen des Gesellschaftsrechts und aus dem nicht entziehbaren Kernbereich individueller Mitwirkungsrechte der Gesellschafter.

Beispiel 11
Auf freiwillige Unternehmensbeiräte, die Kommanditisten – etwa in einer GmbH & Co. KG – repräsentieren, können Geschäftsführungsbefugnisse und Weisungsrechte in weitem Umfang übertragen werden,[20] wobei den Kommanditisten aber eben der unverzichtbare Kernbereich ihrer Rechte verbleiben muss.

- So können beispielsweise zwar (theoretisch) die Gesellschafter einer Personenhandelsgesellschaft einen Beirat zur Änderung des Gesellschaftsvertrages ermächtigen, neben dem Beirat muss jedoch auch die Gesellschafterversammlung für Gesellschaftsvertragsänderungen zuständig bleiben.[21]
- Rechtlich unzulässig ist es etwa auch (Es wurde aber dennoch in der Praxis tatsächlich beurkundet!), wenn für die Änderung der Satzung einer GmbH neben der Zustimmung der Gesellschafter außerdem die Zustimmung des Beirats gefordert wird. Eine solche Klausel ist nach § 53 GmbHG unwirksam.[22]

II. Traditionelle Erfolgsfaktoren

Erfolgreich kann ein Beirat in der Praxis nur sein, wenn ihm wesentliche Kompetenzen zugestanden werden, so dass er tatsächlich Einfluss nehmen kann. Als herkömmliche und traditionelle Erfolgsfaktoren für einen Beirat lassen sich vor allem sechs Punkte identifizieren: 12
- die fachliche Qualifikation der Beiratsmitglieder;
- das Vertrauensverhältnis zwischen Beirat und Geschäftsführung sowie zwischen Beirat und Gesellschaftern;
- die persönliche Qualifikation der Beiratsmitglieder;
- der richtige Mix der Persönlichkeiten;
- hinreichende und klar abgegrenzte Befugnisse des Beirats;
- ein effizienter Informationsfluss zwischen den Beteiligten.

Ausgehend davon finden sich in **herkömmlichen Beiratssatzungen** grundsätzlich nur **drei Hauptkompetenzen** für den Beirat: 13
- Informationsrechte nach §§ 118, 166 HGB oder § 51a GmbHG;
- bestimmte außergewöhnliche Geschäftsführungsmaßnahmen zur Abgrenzung der Kompetenzen zwischen Beirat und Geschäftsführung. (Der Zustimmungskatalog bezieht sich etwa auf Immobiliengeschäfte, die Prokuraerteilung und sonstige Maßnahmen mit einer wesentlichen finanziellen oder wirtschaftlichen Auswirkung auf das Unternehmen.)
- die Kompetenz zur Bestellung, Anstellung, Abberufung und Kündigung der Geschäftsführer.

Nach modernen betriebswirtschaftlichen Erkenntnissen reichen diese Kompetenzen für eine erfolgreiche Beiratstätigkeit nicht aus.

---
[20] Zu den Grenzen der Gestaltungsfreiheit bei der Errichtung von Beiräten und der Schaffung von Vertreterklauseln im Recht der Kommanditgesellschaft siehe *Grunewald*, ZEV 2011, S. 283, 287.
[21] Vgl. BGH WM 1985, 256; MüKo-HGB/*Grunewald*, § 161 HGB, Rn 163.
[22] *Ring/Grziwotz/Krause*, § 45 GmbHG Rn 13; BGH NJW 1965, S. 1378.

III. Moderne Erfolgsfaktoren

1. Das wirtschaftliche Umfeld

14 In dem heutigen dynamischen wirtschaftlichen Umfeld haben solche klassischen, eher auf Substanzerhaltung ausgerichteten Kontrollmechanismen, mehr denn je ganz erheblich an Bedeutung verloren. Leider setzt sich diese Erkenntnis nur sehr langsam in der Praxis durch. Der Wert eines Unternehmens wird heute anders als früher nicht mehr überwiegend nach dessen Substanz bestimmt, sondern nach dessen zukünftigen **Ertragschancen**.[23] Damit ist die Planung ein wesentliches Element bei der Führung einer Unternehmung geworden. Die strategische **Unternehmensplanung** rückt in den Vordergrund.[24] In einer Mehrjahresplanung werden die festgelegten strategischen Unternehmensziele in konkrete Programme, Aufgaben und Zahlenvorgaben umgesetzt. Dabei werden langfristige Ziele – durchaus für einen Zeitraum von fünf Jahren! – formuliert, sowie die für die Erreichung dieser Ziele erkannten Prioritäten festgehalten und fortlaufend überprüft. Die Erkenntnis dieser grundsätzlichen Zusammenhänge muss sich auch auf die Tätigkeit eines modernen Beirats auswirken und sie muss vom Beirat gemeinsam mit der Unternehmensführung **aktiv gelebt** werden. Wer die Unternehmensplanung nur als lästiges oder relativ beliebiges Zahlenspiel verstehen will, wird auf Dauer nicht erfolgreich sein können. Das zeigt sich in wirtschaftlich etwas härteren Zeiten wie heute mit der zunehmenden Zahl von Unternehmensinsolvenzen ganz deutlich.

2. Konsequenzen für die Praxis

15 Für eine erfolgversprechende Tätigkeit muss der Unternehmensbeirat also in die **strategische Unternehmensplanung** eingebunden werden. Er sollte sie im besten Fall ganz erheblich mitbestimmen. Ihm ist deshalb ein Mitwirkungsrecht bei der Unternehmensplanung an sich und insbesondere auch bei der Langfristplanung einzuräumen. Die Aufgabe des Beirats besteht hier zunächst darin, die betriebswirtschaftliche Plausibilität und Ordnungsmäßigkeit der ihm regelmäßig von der Geschäftsführung vorzulegenden Planungen zu prüfen und dabei vor allem die Vertretbarkeit der zugrunde gelegten Prämissen und Prioritäten sowie die Ziele und vorgesehenen Maßnahmen zu beurteilen. Der Beirat wird zudem die Planeinhaltung kontrollieren und die aus etwaigen Planabweichungen zu ziehenden Konsequenzen prüfen. Sinnvollerweise werden, um dieses Ziel zu erreichen, die kurzfristige und die längerfristige strategische Unternehmensplanung der Unternehmensleitung an die Zustimmung des Beirats gebunden. Die **kurzfristige Detailplanung** (insbesondere Vertriebspläne, Marketingpläne, Personalpläne, Umsatzpläne, Liquidationspläne, Ergebnispläne) ist unbedingt sorgfältig aus der immer wieder von Geschäftsführung und Beirat zu hinterfragenden langfristigen strategischen Planung abzuleiten, aber auch von dieser abzugrenzen.

16 Die „Mitarbeit" des Beirats kann aber noch weiter gehen. Die aktive Mitarbeit des Beirats kann durchaus darin bestehen, dass der Beirat gegebenenfalls zusammen mit weiteren unternehmenseigenen oder externen Fachleuten bei konkreten einzelnen Vorhaben (Beispiel: Einführung eines neuen Produktes) die **Aufgabe eines Projektteams**[25] übernimmt.

17 Eine Selbstverständlichkeit ist an sich – jedenfalls bei einem nicht nur beratenden Beirat –, dass dieser **Kontakt zu dem Wirtschaftsprüfer** des Unternehmens hält, der ihm nicht nur in der „Bilanzsitzung" für Fragen und Erläuterungen zur Verfügung stehen sollte. Angesichts der derzeit allseits diskutierten „Bilanzskandale", die wir zumindest aus der Presse kennen, drängt

---

23 Siehe etwa *Hennerkes/Schiffer/Fröhlich*, DSWR 1996, 134 ff.
24 Den betreffenden Ausführungen in einer Vorauflage dieses Buches ausdrücklich zustimmend etwa *Wälzholz*, DStR 2003, 511 ff.
25 Siehe *Schiffer*, Der Unternehmensanwalt, S. 221 ff.

sich der Gedanke auf, dass manches Kontrollorgan bei einer solchen aktiven und kritischen **Kommunikation mit dem Wirtschaftsprüfer** nicht von dem Skandal überrascht worden wäre. Heute ist die Berichterstattung des Abschlussprüfers ein Element der „Corporate Governance".[26] Früher war das faktisch auch schon so, es hieß nur nicht „Corporate Governance", sondern etwa professionelle Beratung/Begleitung/Unternehmensaufsicht.

Von den Wirtschaftsprüfern übernommen werden kann für die Kontroll- und Überwachungstätigkeit durch einen freiwilligen Unternehmensbeirat sinnvollerweise auch der so genannte **„risikoorientierte Überwachungsansatz"**,[27] wodurch dann der Überwachungsprozess auf wesentliche Risiken fokussiert wird. Das setzt ein modernes Risikomanagement mit Risikofrüherkennungssystem im Unternehmen voraus. Die Beiratsmitglieder sollten folglich darauf drängen, dass ein solches eingeführt wird, falls noch nicht geschehen. Andernfalls kann vielfach nur eine semiprofessionelle Überwachung, quasi aus dem Bauch heraus, erfolgen. **18**

Ob es tatsächlich sinnvoll ist so weit zu gehen, einem Beirat auch die **Aufgabe eines echten Schiedsgerichts** für Streitigkeiten aus dem Gesellschaftsverhältnis zuzuweisen,[28] ist stark zu bezweifeln. Ohne Zweifel ist gerade für Streitigkeiten im Unternehmensbereich die Vereinbarung eines Schiedsgerichts anzuraten,[29] auch ist der Beirat mit dem Unternehmen in aller Regel besonders vertraut, doch dürfte er mit der zusätzlichen Aufgabe als echtes Schiedsgericht regelmäßig überfordert sein. Die Tätigkeit eines Gerichtes ist eine grundsätzlich andere als die eines gesellschaftsrechtlichen Beratungs-, Kontroll- und Überwachungsorgans. Zwar hat ein Beirat ähnlich wie ein Schiedsgericht durchaus auch einmal eine streitschlichtende Funktion. Als Organ des Unternehmens steht er aber zu wenig außerhalb des fraglichen Geschehens, um eine neutrale, richtende Funktion übernehmen zu können. Sinnvoller erscheint deshalb ein gesondertes Schiedsgericht für die betreffende Gesellschaft, das nicht mit Beiratsmitgliedern besetzt ist. **19**

IV. Errichtung eines Beirats

Der Beirat und dessen Befugnisse sollten **im Gesellschaftsvertrag** selbst verankert sein.[30] Die rechtlich auch mögliche Errichtung des Beirats auf rein schuldrechtlicher Basis, d.h. durch bloße Geschäftsbesorgungsverträge mit den Beiratsmitgliedern, wird allenfalls dann ausreichen, wenn dem Beirat lediglich Beratungsaufgaben, nicht aber Kontrollfunktionen übertragen werden. Ein solcher rein beratender Beirat ist aber eher selten. **20**

Ist bei einer GmbH nach dem Gesellschaftsvertrag ein **freiwilliger Aufsichtsrat**[31] zu bestellen, so gelten für diesen eine ganze Reihe aktienrechtlicher Vorschriften (§ 52 GmbHG), soweit im Gesellschaftsvertrag nichts anderes bestimmt ist. Keinesfalls alle aktienrechtlichen Vorschriften, auf die § 52 GmbHG verweist, sind jedoch für jedes Unternehmen im Einzelfall sinnvoll. Es ist daher dringend zu raten, bei den Regelungen zum Beirat (= aufsichtsratsähnliches Gremium[32]) in der Satzung der GmbH die **Anwendung des § 52 GmbHG vorsorglich ausdrücklich auszuschließen**, um auch eine etwaige nicht gewünschte analoge Anwendung besagter Vorschriften[33] zu vermeiden. Diese Verweisungsvorschrift erscheint grundsätzlich auch nicht als „Auffangvorschrift" für etwaige Regelungslücken geeignet. **21**

---

26 S. etwa *Lanfermann*, BB 2011, 937 ff.
27 *Bihr/Philippsen*, DStR 2011, 1133, 1135 f.
28 Ohne nähere Begründung schlagen das etwa vor *Binz/Sorg*, S. 199.
29 Ausführlich Schiffer/*Schiffer*, Wirtschaftsschiedsverfahren und Mediation, S. 145 ff.
30 *Hinterhuber/Minrath*, BB 1991, 1201 ff.
31 Siehe dazu etwa *Vetter*, GmbHR 2011, 449 ff.
32 So etwa Baumbach/Hueck/*Zöllner/Noack*, § 52 Rn 22.
33 Die etwa Baumbach/Hueck/*Zöllner/Noack*, § 52 Rn 22 „je nach den Umständen" für möglich halten.

V. Auswahl und Wahl der Beiratsmitglieder

1. Qualifikation und Aufgaben der Beiratsmitglieder

22 Jeder Beirat und jeder Aufsichtsrat ist nur so gut wie seine Mitglieder! Diese Binsenweisheit hat in der Praxis immer noch nicht allseits zu den erforderlichen Konsequenzen geführt, wie mancher aus der Presse bekannte „Bilanzskandal" belegt. Der **Wettbewerb um kompetente Beiratsmitglieder** nimmt weiterhin zu, denn gesucht werden abweichend von der grundsätzlich abzulehnenden traditionellen Besetzungsarithmetik („Hausbanker, Hausanwalt, prominenter Kunde/Lieferant") hoch qualifizierte, unabhängige Mandatsträger (etwa auch unabhängige Bilanzexperten[34]), deren Kompetenz und Erfahrung den Unternehmenserfolg nachhaltig unterstützen kann.[35] Hier werden heute sog. Headhunter eingesetzt, die durchaus auch Auswahlverfahren wie bei Vorständen oder Geschäftsführern durchführen. Daneben gibt es im Internet „Datenbanken", über die man potentielle Beiratsmitglieder finden kann.[36]

23 Die praktische Tätigkeit der Unternehmensbeiräte und Aufsichtsräte ist durch aus der Presse bekannte spektakuläre Fälle stark ins Gerede gekommen.[37] Den Mitgliedern dieser Organe wird pauschal oder in konkreten Fällen Oberflächlichkeit und wenig professionelles Verhalten vorgeworfen. Richtig ist, dass in jedem Fall von den in ein solches Kontrollorgan berufenen Fachleuten eine **sorgfältige und aktive Mitarbeit** gefordert ist. Das Bilanzrechtsmodernisierungsgesetz (BilMoG), das am 29.5.2009 in Kraft getreten ist, enthält u. a. auch Regelungen, die den Aufgabenbereich des Aufsichtsrates und des Prüfungsausschusses sowie die Qualifikationsanforderungen an deren Mitglieder betreffen.[38] Über § 52 Abs. 1 S. 1 GmbHG gelten diese Regelungen auch für den fakultativen GmbH-Aufsichtsrat entsprechend, soweit nicht im Gesellschaftsvertrag etwas anders bestimmt ist (siehe Rn 21).

24 **„Corporate Governance"** lautet hier das aktuelle Stichwort.[39] Es ist Ausdruck für unternehmerische Leitung und Kontrolle börsennotierter Aktiengesellschaften. Er umfasst Vorgaben und Anregungen, wie man als Vorstand und als Aufsichtsrat eine börsennotierte AG zu leiten hat, einschließlich der Vorgaben, die kodifiziert sind (AktG, HGB, WpHG, WpÜG, BörsG), strahlt aber natürlich auch auf die Tätigkeit eines Unternehmensbeirats aus. Der erste offizielle „Deutsche Corporate Governance Kodex" wurde im Februar 2002 veröffentlicht.[40] Die Vorstände und Aufsichtsräte deutscher börsennotierter Gesellschaften werden nach dem neuen § 161 AktG, der durch das neue „Transparenz- und Publizitätsgesetz" (TransPuG) eingefügt worden ist, verpflichtet, jährlich zu erklären, dass den Verhaltensregeln des Kodex entsprochen wurde und wird, oder welche Verhaltensregeln nicht angewendet werden.

25 Das Thema Corporate Governance ist ein weites Feld. Es befindet sich bei genauer Betrachtung noch in der wissenschaftlichen Begriffsklärung.[41] Der aktuelle Deutsche Corporate Governance Kodex („Kodex") stellt, wie es in seiner Präambel heißt,[42] wesentliche gesetzliche Vorschriften zur Leitung und Überwachung deutscher börsennotierter Gesellschaften (Unternehmensführung) dar und enthält international und national anerkannte Standards guter und verantwortungsvoller Unternehmensführung. Der Kodex soll das deutsche Corporate Govern-

---

34 *Luttermann*, BB 2003, 745 ff.
35 So schon *Wieczorek*, Handelsblatt v. 2.11.1999, S. 17. Ausführlich zu den Anforderungen an Beiratsmitglieder schon *Hinterhuber/Minrath*, BB 1991, 1201 ff.
36 Siehe etwa unter www.mittelstand-plus.de.
37 *Potthoff*, DB 1995, 163 f. beispielsweise forderte deshalb schon 1995 einen Kodex für den Aufsichtsrat.
38 Ausf. dazu: *Braun/Louven*, GmbHR 2009, 965 ff.
39 Zur Corporate Governance beim fakultativen **Aufsichtsrat** der GmbH siehe *Vetter*, GmbHR 2011, 449 ff.; *Koeberle-Schmidt/Schween/May*, BB 2011, 2499 ff. (Governance Kodex für Familienunternehmen).
40 Siehe dazu etwa *Schiffer*, StuB 2002, 879 ff. und 1185 ff.
41 Siehe etwa *Berndt*, ZCG 2006, 1 f. (enge und weite Auslegung des Begriffs).
42 Siehe unter www.corporate-governance-code.de (Fassung des Kodex vom 18.6.2009).

ance System transparent und nachvollziehbar machen. Er will das Vertrauen der internationalen und nationalen Anleger, der Kunden, der Mitarbeiter und der Öffentlichkeit in die Leitung und Überwachung deutscher börsennotierter Aktiengesellschaften fördern.

In der Präambel des Kodex ist die Aufforderung enthalten: „Auch nicht börsennotierten Gesellschaften wird die Beachtung des Kodex empfohlen." Darüber sollte nachgedacht und es sollten entsprechende Vorschläge gemacht werden, wie die Regeln des Kodex ganz oder in Teilen auf die (freiwilligen) Aufsichtsgremien anderer Gesellschaften sinnvollerweise heruntergebrochen werden können. Bis dahin bleibt nur der Weg, im Einzelfall zu prüfen, wie und in welchem Umfang die Verhaltensregeln des Kodex etwa in eine Beiratssatzung integriert werden können. Einem Unternehmensbeirat kann „freiwillig" eine entsprechende Pflicht auferlegt werden. Unabhängig davon sind nach Erfahrungen aus der Praxis folgende Punkte für eine erfolgreiche Beiratstätigkeit unerlässlich: 26

Der hier geforderte **aktive Beiratsvorsitzende** beispielsweise wird nicht nur zu den in der Regel jährlich vier Sitzungen des Beirats im Unternehmen erscheinen, sondern sich durch regelmäßige Gespräche mit der Unternehmensleitung und Besuche im Unternehmen auf dem Laufenden halten und die übrigen Beiratsmitglieder entsprechend informieren. 27

Die Beiratsmitglieder sollten **wirtschaftlich unabhängig** sein. Effizient kontrollieren kann nur, wer sein Beiratsmandat ohne Rücksicht auf die ihn damit treffenden finanziellen Konsequenzen jederzeit niederlegen kann. 28

Zudem sollten Beiratsmitglieder ausreichend **Zeit** und **Interesse** haben, um sich ihrem Mandat wirklich widmen zu können und zu wollen. „Vielfachbeiräte" sind oft nicht die geeigneten Mitglieder für einen effizienten Beirat. Für ein einfaches Beiratsmitglied wird man bei vier Sitzungen im Jahr mit der Vorbereitungszeit als Aufwand in normalen Zeiten sechs bis acht Tage veranschlagen können und für einen aktiven Beiratsvorsitzenden jedenfalls ca. acht bis zwölf Tage. „Vielfachbeiräte" können das oft schon zeitlich neben ihren sonstigen Aktivitäten gar nicht leisten. Die Zahl von allenfalls fünf Aufsichtsgremienmandaten, wie sie der Corporate Governance Kodex anspricht, sollte wohl generell die Obergrenze bilden. Ausnahmen sollten auch für „Berufsaufsichtsräte" nicht gemacht werden, es sei denn im Einzelfall sprechen besondere Argumente und Erwägungen für eine solche Ausnahme. 29

Ein **ehemaliger Geschäftsführer** sollte im Übrigen ebenso wenig wie der Vorstandsvorsitzende einer AG in den Vorsitz des Aufsichtsgremiums seines Unternehmens wechseln.[43] Zwar wird es regelmäßig richtig sein, seine Kenntnisse und Erfahrungen über seine Mitgliedschaft in dem Gremium für das Unternehmen weiterhin zu nutzen. Er sollte jedoch nicht in der besonders herausgehobenen Position des Vorsitzenden seine Tätigkeit aus der Vergangenheit in ihren Auswirkungen auf die Gegenwart kontrollieren müssen/dürfen. Zudem droht hier die Gefahr, dass er als Vorsitzender mit nun besonders hervorgehobener Stellung faktisch das Unternehmen leitet, also weiterhin Geschäftsführungsaufgaben wahrnimmt. Das liefe dem mit der Einrichtung des freiwilligen Unternehmensbeirats bewusst installierten dualen Unternehmensführungssystem entgegen und würde die Aufgabenzuweisung verwischen. Das wiederum hat regelmäßig eine Verwischung der Verantwortlichkeiten zur Folge, die einer erfolgreichen Unternehmensleitung entgegensteht. 30

Der Beirat sollte überdies so zusammengesetzt sein, dass er das im Unternehmen vorhandene **Fachwissen sinnvoll ergänzt**. Es macht regelmäßig wenig Sinn, wenn sich im Beirat nur verschiedene Interessenträger des Unternehmens, etwa der Steuerberater der Gesellschaft, ein Vertreter der Hausbank und der Seniorgesellschafter zusammenfinden. Die **Auswahl der Bei-** 31

---

43 Nach § 100 Abs. 2 Nr. 4 AktG kann ab dem 5.8.2009 (keine Rückwirkung, § 23 EGAktG) Mitglied eines Aufsichtsrats nicht sein, wer in den letzten zwei Jahren Vorstandsmitglied derselben börsennotierten Gesellschaft war, es sei denn, seine Wahl erfolgt auf Vorschlag von Aktionären, die mehr als 25 Prozent der Stimmrechte an der Gesellschaft halten (= sog. „Familienunternehmenklausel"); ausf. dazu *Gaul/Janz*, GmbHR 2009, 959 ff.

ratsmitglieder sollte mithin ebenso sorgfältig erfolgen wie die Auswahl von Geschäftsführern und leitenden Angestellten des Unternehmens.

32 Beiratsmitglieder sollten gerade in der heutigen schnelllebigen Zeit möglichst zukunftsorientiert, branchenübergreifend und multifunktional denken und kompromissbereit sein. Sie müssen kritisch hinterfragen können, um konstruktive Vorschläge unterbreiten zu können.

33 Verdiente Gesellschafter oder Geschäftsführer können zu Ehrenmitgliedern des Beirats/Aufsichtsrates ernannt werden,[44] damit ihr Ratschlag dem Unternehmen erhalten bleibt. Ehrenmitglieder und auch **Ehrenvorsitzende** eines Beirats sind allerdings keine wirklichen Organmitglieder mit den diesen zustehenden Entscheidungsrechten und Kompetenzen. Ihnen können jedoch in eingeschränktem Maße Teilnahme-, Rede- und Informationsrechte zugestanden werden.

34 Dem Beirat sollte ein erfahrener **Koordinator vorstehen**, der für die Vorschläge und Beschlüsse des Beirats eintritt und den Beirat entsprechend gegenüber der Geschäftsführung und den Gesellschaftern vertritt. Der **Vorsitzende** sollte überdies, um die Entscheidungsfähigkeit des Beirats in Pattsituationen sicherzustellen, mit ausschlaggebendem Stimmrecht ausgestattet sein. Sinnvollerweise hat er auch ausgleichende Fähigkeiten, ohne dass er gleich ein ausgebildeter Mediator sein muss.

35 Dass die Beiratsmitglieder persönlich zueinander und zu der Geschäftsführung sowie den Gesellschaftern „passen" müssen, ist ebenso selbstverständlich, wie gegebenenfalls im Einzelfall schwierig umzusetzen.

36 Ein Beiratsmitglied unterliegt der **Verschwiegenheitspflicht**[45] als Korrelat zu den regelmäßig umfassenden Informationsrechten des Beirats.

2. Das (Aus-)Wahlverfahren

37 Die (Aus-)**Wahl** der Beiratsmitglieder sollte nach Möglichkeit **durch die Gesellschafterversammlung** erfolgen, wobei zunehmend auch auf Personalberater („Headhunter") zurückgegriffen wird. Traditionell halten aber Familienunternehmer geeignete Bewerber für eine Beiratsposition eher über einen längeren Zeitraum unter Beobachtung. Ich habe auch schon erlebt, dass Kandidaten eine Zeit lang als Gäste im Beirat geübt haben.

38 Benennungs- und Entsenderechte einzelner Gesellschafter oder Gesellschafterstämme sind grundsätzlich nachteilig, denn sie führen allzu leicht dazu, dass sich das betreffende Beiratsmitglied als Interessenvertreter des Entsenders fühlt. Werden beispielsweise Gesellschafter zu Beiräten ernannt, so werden die in der Gesellschafterversammlung vorhandenen Interessengegensätze häufig lediglich auf eine andere Ebene gehoben. Ähnlich wie bei dem Aufsichtsrat einer Aktiengesellschaft[46] stellt sich vor allem bei einem kontrollierenden und nicht nur beratenden Beirat die Frage, ob der Wechsel eines ehemaligen Mitglieds der Geschäftsleitung in den Beirat eine gute Corporate Governance ist. Eine generelle Antwort darauf gibt es wohl nicht. Entscheidend ist die konkrete Situation im Einzelfall. Das gilt vor allem bei mittelständischen Unternehmen, die in Familienbesitz stehen.

39 Die **Abberufung** erfolgt im Zweifel durch die Stelle, die das Beiratsmitglied ernannt hat. Einzelheiten sollten in dem Gesellschaftsvertrag, der Satzung und/oder der von der Gesellschafterversammlung erlassenen Beiratsordnung festgelegt werden. Wegen der besonderen Vertrauensstellung sollte überlegt werden, ob eine Abberufung jederzeit auch ohne wichtigen Grund möglich ist. Man mag einwenden, dass dadurch die Stellung des Beiratsmitgliedes geschwächt wird. Dem ist für den Fall von Entsende- und Abberufungsrechten einzelner Gesellschafter wohl grundsätzlich zuzustimmen, indessen wohl nicht bei Berufungen und Abberufungen durch

---

44 Näher dazu *Hennerkes/Schiffer*, DB 1992, 875 ff.
45 Ausführlich *Erker/Freund*, GmbHR 2001, 463 ff.
46 Siehe etwa *Rode*, BB 2006, 341 ff.

(qualifizierte) Mehrheiten in der Gesellschafterversammlung. Ein Beiratsmitglied sollte sein Amt jederzeit ohne Angabe von Gründen **niederlegen** können – außer zur Unzeit, d.h. insbesondere dann nicht, wenn dem Unternehmen dadurch ein (vermeidbarer) Schaden zugefügt würde und die fortdauernde Amtsausübung zumutbar ist.

Vorsorge ist im Gesellschaftsvertrag für den Fall zu treffen, dass es der Gesellschafterversammlung in späteren Beiratsperioden nicht gelingt, den Beirat mit der erforderlichen Mehrheit zu wählen oder ein ausgeschiedenes Beiratsmitglied zu ersetzen. In diesen Fällen ist es grundsätzlich das kleinere Übel, wenn sich die Amtszeit der bisherigen Beiratsmitglieder bis zur verzögerten Neuwahl verlängert oder wenn der Beirat fehlende Mitglieder selbst „kooptiert" (hinzuwählt), als wenn sich die Gesellschafter fortan in Auseinandersetzungen über die Besetzung des Beirats blockieren. 40

3. Innere Ordnung des Beirats

Die innere Ordnung des Beirats sollte bis auf Grundregeln zur Einberufung, Beschlussfähigkeit und Abstimmung im Beirat, die in dem Gesellschaftsvertrag festgelegt werden sollten, den Beiratsmitgliedern zur Regelung in einer **Beiratsgeschäftsordnung** überlassen werden. Sinnvollerweise wird festgelegt, dass die Gesellschafterversammlung dieser Beiratsordnung für deren Wirksamkeit erst zustimmen muss, denn der Beirat ist ein den Gesellschaftern dienendes Organ. 41

VI. Vergütung

Die hier geforderte aktive Mitarbeit des Beirats im Unternehmen muss sich allerdings auch in einer dem Aufwand angemessenen **Vergütung** niederschlagen. Zahlt er nur eine Art „Anerkennungsgebühr" für die Organmitglieder, darf sich der Unternehmer nicht wundern, wenn er kein wirklich aktives, sondern nur ein das Unternehmen „schmückendes" Organ erhält. Überwiegend liegt die Jahresvergütung eines einfachen Beiratsmitgliedes in mittleren und größeren Unternehmen in 2012 wohl zwischen 10.000 EUR und 15.000 EUR. Sie kann allerdings je nach dem zu erwartenden Zeitaufwand für die Beiratstätigkeit und aufgrund der oben angesprochenen vermehrten Suche nach kompetenten Beiratsmitgliedern auch deutlich höher liegen.[47] Nur in kleinen Unternehmen liegt die Vergütung mitunter deutlich darunter. 42

Der **Beiratsvorsitzende** erhält in der Regel die eineinhalbfache bis doppelte Vergütung. Die Vergütung sollte, um den Gesellschaftern die erforderliche Flexibilität zu erhalten, nicht betragsmäßig im Gesellschaftsvertrag festgeschrieben werden, sondern jeweils einem besonderen Gesellschafterbeschluss überlassen bleiben. Welche Vergütung konkret angemessen ist, hängt aber natürlich von den spezifischen Umständen des jeweiligen Einzelfalles ab, d.h. insbesondere von der Größe des Unternehmens, der tatsächlichen Verantwortung der Beiratsmitglieder und dem Umfang ihrer Tätigkeit (Anzahl der jährlichen Sitzungen und sonstiger Zeitaufwand). Die Vergütung wird nicht selten in eine Grundpauschale und ein Sitzungsgeld aufgeteilt. 43

Auf die Möglichkeit, die Vergütung der Beiratsmitglieder ebenso wie die der Geschäftsführer stärker am Unternehmenserfolg zu orientieren, sei hier deutlich hingewiesen. Von dieser Art der Vergütung wird gegenwärtig leider noch zu wenig Gebrauch gemacht. Im Zusammenhang mit den gegenwärtig populären Optionsplänen bei Großunternehmen hört man jedoch auch zunehmend von **variablen Vergütungen** und **Erfolgsvergütungen** für Unternehmensaufsichtsorgane.[48] Im 44

---

[47] Einen Rahmen von damals 20.000 DM bis 40.000 DM nannte *Peter May*, ehemaliger Geschäftsführer eines bekannten mittelständischen Familienunternehmens, schon im Handelsblatt v. 23./24.2.1996, S. 25. Die Beträge liegen heute vor allem in der Spitze nach meinen Erfahrungen durchaus höher.
[48] Siehe etwa *Lückmann*, Handelsblatt v. 18.2.2003, S. 16; *Merx*, Handelsblatt v. 31.10./1.11.1997, S. 1 f.; *Steppan*, Handelsblatt v. 5./6.3.1999, S. 10. Siehe auch *Zimmer*, DB 1999, 999 ff.

Einzelfall wird sorgfältig abzuwägen sein, an welche Erfolgsparameter man die Beiratsvergütung anbindet. Die geeignete **Anknüpfungsgröße** wird wegen der fehlenden Möglichkeit der unmittelbaren Einflussnahme auf das Geschäft oft sinnvollerweise nur der (handelsrechtliche) Jahresüberschuss sein können. Gemäß §10 Ziffer 4. KStG sind bei der Körperschaftsteuer **nicht** als **Betriebsausgaben** abziehbar die **Hälfte der Vergütungen** jeder Art, die an Mitglieder des Aufsichtsrats, Verwaltungsrats, Grubenvorstands oder andere mit der **Überwachung der Geschäftsführung** beauftragte Personen gewährt werden.[49]

VII. Beiratsausschüsse

45 Bei größeren Unternehmen mit in der Regel auch größeren Beiräten findet man ähnlich wie bei Aktiengesellschaften (§ 107 Abs. 3 AktG) nicht selten Beiratsausschüsse, auf die der Beirat Teile seiner Kompetenz delegiert.

1. Beiratsausschüsse zur Effizienzsteigerung

46 Durch die Einsetzung von Fachausschüssen für spezielle Fragestellungen und Bereiche steigert ein Beirat ersichtlich seine Effizienz und bei entsprechender Spezialisierung der beteiligten Personen ggf. auch die spezifische „Kompetenz pro Kopf". In einem kleineren Gremium kann in der Regel intensiver an einer Aufgabe gearbeitet werden. Wenn man will, kann man solche Beiratsausschüsse durchaus in dem oben beschriebenen Sinne als Projektteam begreifen. Auf diese Weise wird das Zeitbudget der beteiligten Fachleute zum Nutzen des Unternehmens vergrößert.

2. Mögliche Aufgabenbereiche

47 Man unterscheidet **ständige Ausschüsse** und **Ad-hoc-Ausschüsse**, die für konkrete Projekte eingerichtet werden. Ausschüsse sind organisationsrechtliche Untergliederungen des Beirats. Ihnen können vorbereitende und beratende Aufgaben übertragen werden. Die Bewertung und Beschlussfassung liegt dann beim Beirat. Beiratsausschüssen können aber auch Entscheidungsbefugnisse zur abschließenden Beschlussfassung anstelle des Beirats übertragen werden. Die Einrichtung von Ausschüssen sollte aber nicht zu Geheimniskrämereien führen. Jedenfalls über den Ausschussvorsitzenden sollte der Gesamtbeirat ständig über die wesentlichen Punkte der Ausschusstätigkeit informiert werden. Hier kommt auch dem Beiratsvorsitzenden eine wichtige Koordinierungsaufgabe zu.

48 In der Praxis finden sich etwa ein **Finanzausschuss**, ein **Kreditausschuss**, ein **Personalausschuss**, ein **sozialpolitischer Ausschuss**, ein **technisch-wissenschaftlicher Ausschuss** etc. Je nach Tätigkeit des Unternehmens erscheint auch ein Marketing- und Vertriebsausschuss sinnvoll. Man findet in der Praxis ebenso einen Betriebswirtschafts- und Prüfungsausschuss mit eher allgemeinen Aufgabenstellungen. Jedenfalls bei dem (Gesamt-)Beirat sollte aber die Kompetenz für die Zustimmung zur Unternehmensplanung bleiben. Als **Präsidium** wird ein Ausschuss bezeichnet, dem etwa der Aufsichtsratsvorsitzende und sein Stellvertreter angehören und der vor allem die Arbeit im Beirat koordiniert, die Sitzungen vorbereitet, mit den Geschäftsführern und den Gesellschaftern in ständiger Verbindung steht, laufende Angelegenheiten so weit wie möglich erledigt, ggf. Initiativen entfaltet und repräsentative Aufgaben wahrnimmt.

49 Recht häufig findet man auch den sog. **Bilanzausschuss** ähnlich den USA üblichen „audit committees". Diese Ausschüsse haben in der Regel die Aufgabe, die Möglichkeiten zur Prüfung

---

[49] Ausf.: *Peetz*, GmbHR 2009, 977 ff.

des Jahresabschlusses durch den Beirat zu verbessern, wozu sie auch während des Geschäftsjahres laufend die Verbindung zwischen Beirat und Abschlussprüfer halten.

3. Einrichtung von Beiratsausschüssen

Es bestehen grundsätzlich keine rechtlichen Bedenken dagegen, dass vorbereitende, beratende oder auch beschließende Ausschüsse durch den **Gesellschaftsvertrag**, aufgrund einer **Beiratsgeschäftsordnung** oder durch **Beschluss des Beirats** eingesetzt werden. Das folgt aus der Organisationshoheit der Gesellschafter und des von ihnen eingesetzten Beirats,[50] ist aber in den Einzelheiten zu beschließenden Ausschüssen umstritten.[51] Zur Sicherheit und auch zur ausdrücklichen Klarstellung sollte man in der Praxis etwaige Ausschüsse und deren Kompetenzen im Gesellschaftsvertrag oder in einer von den Gesellschaftern angenommenen Beiratsgeschäftsordnung ausdrücklich regeln. Jedenfalls vorbereitende Ausschüsse können ohne Einschränkung eingesetzt werden. 50

Die Beiratsausschüsse erhalten ihre **Aufträge** grundsätzlich mit ihrer Einsetzung von dem Beirat, aus dessen Kompetenz sie ihre eigene Kompetenz ableiten. Der Beirat kann aber nicht nur Entscheidungskompetenzen auf Ausschüsse delegieren, sondern etwa auch bestimmen, dass ein Ausschuss eine Entscheidung im Plenum des Beirats nur vorbereitet. Nicht delegierbar sind Entscheidungen, die etwa nach dem Gesellschaftsvertrag zwingend dem Beirat vorbehalten sind oder die Grundfragen der Organisation und Arbeitsweise des Beirats betreffen, z.B. der Beschluss über die Geschäftsordnung des Beirats und über die Einsetzung und Auflösung von Ausschüssen. Mit Mehrheitsbeschluss kann der Beirat im Übrigen jederzeit Entscheidungen, die er einem Ausschuss übertragen hat, wieder an sich ziehen. 51

Innerhalb des ihnen vorgegebenen Rahmens bestimmen die Beiratsausschüsse in der Regel die Einzelheiten ihrer Tätigkeit selbst. Dazu können sie eine eigene Geschäftsordnung erlassen. Der Beirat und die Gesellschafter sollten sich die Genehmigung solcher Geschäftsordnungen vorbehalten. Die Ausschüsse können auch aus ihrer Mitte selbst Prüfungs- und Beratungsaufgaben für den Beirat initiieren. In jedem Fall ist durch ein geeignetes Berichtswesen sicherzustellen, dass der Beirat über die Ausschussarbeit und das Ergebnis dieser Arbeit kontinuierlich und zeitnah informiert wird. 52

Bei einem fakultativen Beirat sind die Gesellschafter und der Beirat in der Regelung frei, wie sie die Ausschüsse zusammensetzen. Sie können auch aus nur zwei Beiratsmitgliedern bestehen. Es gibt keinen ungeschriebenen zwingenden Grundsatz, dass ein Ausschuss aus mindestens drei Mitgliedern bestehen muss. In der Praxis werden nicht selten **dritte Personen**, die nicht Mitglieder des Beirats sind, in vorbereitende Ausschüsse berufen. 53

VIII. Problemfelder in der Beiratstätigkeit

1. Informationsrechte und Informationspflichten

Der beste Beirat ist nutzlos, wenn er nicht die erforderlichen Informationen erhält. Anders als der Vorstand einer AG gegenüber dem Aufsichtsrat nach § 90 AktG[52] hat die Geschäftsführung einer GmbH oder einer Personengesellschaft keine Informationspflicht gegenüber dem fakultativen Beirat. Ausgehend von § 46 Nr. 6 GmbHG[53] bei der GmbH und der gesellschaftsrechtli- 54

---

50 Siehe etwa *Ring/Grziwotz/Krause*, § 45 GmbHG Rn 12.
51 Vgl. Baumbach/Hueck/*Zöllner/Noack*, § 52 Rn 99 m.w.N.; *Skibbe*, GmbHR 1961, 3 ff.
52 Ausführlich und auch empirisch hat *Beckmann* die Informationsversorgung der Mitglieder von Aufsichtsräten börsennotierter Aktiengesellschaften untersucht.
53 Ausführlich *Meier*, DStR 1997, 1894 ff.

chen Gestaltungsfreiheit bei der Personengesellschaft sind die betreffenden Informationspflichten der Geschäftsführung und die Informationsrechte des Beirats in der Beiratssatzung festzulegen.

2. Interessenkollision als Problem?

55 Branchenkenntnisse werden als positives Qualifikationsmerkmal für ein Beiratsmitglied angesehen. Dem ist durchaus zuzustimmen! Übersehen werden darf dabei aber nicht, dass hier der Boden für einen möglichen Interessenkonflikt bereitet wird. Ein Beiratsmitglied erhält Einblick in sensible Unternehmensdaten. Diese Daten sind für Konkurrenten oder Personen, die diesen nahe stehen, nicht geeignet. Ein Beiratsmitglied sollte deshalb, auch bei noch so guter persönlicher Beziehung, nicht aus dem unmittelbaren oder mittelbaren Konkurrenzumfeld kommen. Gesucht werden sollte ein Beiratsmitglied, das hier keinem potentiellen Interessenkonflikt unterliegt, aber dennoch möglichst eng mit den (branchen-)spezifischen Problemen des Unternehmens vertraut ist.

3. Machtbalance

56 Für eine erfolgreiche Beiratstätigkeit ist die Machtbalance innerhalb der Gesellschaft und des Unternehmens eine Grundvoraussetzung. Hier liegt in der Praxis nicht selten ein Problem. Der Beirat wird in einem solchen Fall die Aufgabe haben, das Machtdreieck „Geschäftsführung – Beirat – Gesellschafter" auszubalancieren. Dieses Problem wird sich ihm insbesondere bei Familienunternehmen mit mehreren Stämmen, die widerstreitende Interessen verfolgen, bieten.

4. Beiratstätigkeit und gleichzeitige weiter gehende Beratung

57 Eine oft übersehene Problematik ist die der Beratung der Gesellschaft durch ein Beiratsmitglied. **Praxisbeispiele**: Der langjährige Unternehmensanwalt wird zusätzlich in den Beirat berufen oder der in den Beirat berufene spezialisierte Rechtsanwalt berät das Unternehmen in einer Spezialfrage. Ist hier § 114 AktG entsprechend anwendbar? Darüber kann man blendend streiten. *Lutter/Kremer* sprechen sich – wohl de lege ferenda – für eine entsprechende Anwendung der §§ 113, 114ff. AktG auch auf einen fakultativen Beirat aus, sehen allerdings die Genehmigung entsprechender Beraterverträge durch einfachen Gesellschafterbeschluss als möglich und ausreichend an,[54] fordern also nicht etwa einen vorherigen entsprechenden Beiratsbeschluss. Allenfalls dieser Forderung nach einem einfachen Gesellschafterbeschluss ist zu folgen, denn der Beirat leitet – anders als der gesetzlich verankerte Aufsichtsrat – seine Macht „nur" aus der Macht der Gesellschafter ab, kann also nicht mehr Befugnisse als diese haben. Ein Beiratsbeschluss in diesem Zusammenhang ist mithin abzulehnen. Selbst das Erfordernis eines Gesellschafterbeschlusses ist bei genauer Betrachtung abzulehnen, da der freiwillige Unternehmensbeirat mit nur fakultativen Kompetenzen eben mit dem zwingenden Aufsichtsrat, dessen Kompetenzen das AktG festlegt, gerade nicht vergleichbar ist.[55]

---

54 Zu der Problematik der Beratung der Gesellschaft durch Aufsichtsrats- und Beiratsmitglieder (entsprechende Anwendung von § 114 AktG?) siehe BGHZ 114, 127 ff. = ZIP 1991, 653 ff.; ausführlich *Lutter/Kremer*, ZGR 1992, 87 ff., 100 (entspr. Anwendung der §§ 113, 114 ff. AktG auch auf Beirat, aber Genehmigung der Beraterverträge durch einfachen Gesellschafterbeschluss); siehe auch BGH DB 1994, 1666 ff.; LG Stuttgart BB 1998, 1549 ff. (Aufsichtsrat); dazu *Wissmann/Ost*, BB 1998, 1957 ff.; BGH DStR 2006, 1610 ff. und DStR 2007, 122 (Aufsichtsrat); *Tophoven*, BB 2007, 2413 ff.; *Rohde*, GmbHR 2007, 1128 ff.; *Weis*, BB 2007, 1853 ff.; BGH GmbHR 2009, 1103 ff.
55 In dieser Richtung etwa auch *Weis*, BB 2007, 1853, 1860.

5. Haftung und D & O-Versicherung

Das Gesetz zur Kontrolle und Transparenz im Unternehmensbereich (**KonTraG**), das am 1.5.1998 in Kraft getreten ist, hat hier auch für die Unternehmensaufsichtsorgane zu wesentlichen Neuerungen geführt. Das Gesetz hat anerkanntermaßen vor allem psychologische Bedeutung und strahlt weit über die Kapitalgesellschaften auf alle Unternehmen aus. Auch unabhängig davon scheint es eine Tendenz zur vermehrten Haftung von Organmitgliedern zu geben. Das Urteil des OLG Stuttgart vom 29.2.2012,[56] das im Zusammenhang mit VW-Optionsgeschäften von Porsche eine schwerwiegende Pflichtverletzung des Aufsichtsratsmitgliedes Ferdinand Piech gesehen hat, ist da wohl nur ein prominentes (noch nicht abgeschlossenes) Praxisbeispiel. Das OLG Stuttgart hat in seiner Entscheidung u. a. zu folgenden grundsätzlichen Leitsätzen gefunden:

„1. Bei Geschäften, die wegen ihres Umfangs, der mit ihnen verbundenen Risiken oder ihrer strategischen Funktion für die Gesellschaft für die Gesellschaft besonders bedeutsam sind, muss jedes Aufsichtsratsmitglied den relevanten Sachverhalt erfassen und sich ein eigenes Urteil bilden; dies umfasst regelmäßig auch eine eigene Risikoanalyse.

2. Mitglieder des Aufsichtsrats, die durch öffentliche „pointierte Meinungsäußerungen" im Rahmen eines unternehmensinternen Konflikts die Kreditwürdigkeit der Gesellschaft gefährden, verletzen grundsätzlich ihre Treuepflicht dieser gegenüber.

3. Lässt sich ein Sachverhalt zwar unterschiedlich interpretieren, ergibt sich aber in jedem Fall eine schwerwiegende Pflichtverletzung des Entlasteten, fehlt es nicht an der für die Anfechtung eines Entlastungsbeschlusses nötigen Eindeutigkeit einer Pflichtverletzung des Entlasteten."

Unabhängig von den hier nicht näher zu erörternden Einzelheiten des besagten Falles halte ich diese generellen Leitsätze auch für Mitglieder eines freiwilligen Unternehmensbeirates durchaus für lehrreich.

a) Haftungsgrundlage

Die Frage, aus welchem rechtlichen Ansatz ein Beiratsmitglied ggf. haftet, ist noch nicht für alle Bereiche abschließend geklärt.[57] Es ist wie folgt zu unterscheiden:

Für den fakultativen Aufsichtsrat nach § 52 GmbHG mit aktienrechtlichen Befugnissen gilt durch die Verweisung im Gesetz das Aktienrecht, d.h. § 116 AktG.[58] Die dortigen Aufsichtsratsmitglieder haben danach sinngemäß dieselbe Sorgfaltspflicht und Verantwortlichkeit wie die Vorstandsmitglieder einer AG nach § 93 AktG. Sie haben die Sorgfalt eines ordentlichen und gewissenhaften Beiratsmitglieds anzuwenden, d.h. ähnlich einem Treuhänder fremde Vermögensinteressen zu wahren. Das entspricht dem allgemeinen Verhaltensstandard, wie er sich z.B. auch in § 276 BGB findet.

Bei **Publikumsgesellschaften**, d.h. bei Gesellschaften mit einer Vielzahl von Anlegern/ Gesellschaftern, hat der BGH eine Haftung der Beiratsmitglieder auf eine analoge Anwendung der §§ 116, 93 AktG gestützt.[59] Das überzeugt, da sich bei einer Publikumsgesellschaft für deren Beirat eine ähnliche Situation und Interessenlage wie für den Aufsichtsrat einer AG ergibt. Be-

---

[56] OLG Stuttgart Urteil v. 29.2.2012, Az. 20 U 3/11. Der Volltext findet sich im Internet über dejure.org oder über die üblichen Suchmaschinen.
[57] Schiffer/Rödl/Rott/*Schiffer*, S. 116 ff. – siehe dort auch zu der folgenden Darstellung; *Binz/Sorg*, S. 205 ff.; siehe auch *Reichert/Weller*, ZRP 2002, 49 ff.; MüKo-HGB/*Grunewald*, § 161 HGB Rn 166 f.; MüKo-HGB/*Enzinger*, § 119 HGB Rn 59.
[58] Siehe nur: OLG Brandenburg GmbHR 2009, S. 657 ff.; BGH GmbHR 2010, 1200 ff. = BB 2010, 2657 ff. Siehe auch den Überblick von *Vetter*, GmbHR 2012, 181 ff.
[59] BGH ZIP 1983, 472 ff.; BGH NJW 1977, 2311 ff.

treffend eine Publikumsgesellschaft hat der BGH am 7.6.2010 zu folgenden Leitsätzen gefunden:[60]

> „1. Die Gesellschafter einer Personengesellschaft können zum Zwecke der Durchsetzung von Ersatzansprüchen gegen ihren organschaftlichen Vertreter in entsprechender Anwendung von §§ 46 Nr. 8 Hs. 2 GmbHG, 147 Abs. 2 S. 1 AktG einen besonderen Vertreter bestellen.
> 2. Als ein solcher besonderer Vertreter kann der **Beirat** einer Publikums-Kommanditgesellschaft bestellt werden." (Hervorhebung = nur hier)

62 Bei **personalistisch strukturierten Gesellschaften** gibt es fachlichen Streit. Betroffen sind in Abgrenzung zu den Publikumsgesellschaften, bei denen sich die Gesellschafter typischerweise ob der Vielzahl schon gar nicht kennen, solche Gesellschaften, die auf dem persönlichen Zusammenwirken der (wenigen) Gesellschafter beruhen. Manche Juristen wollen auch auf solche Gesellschaften die §§ 116, 93 AktG entsprechend anwenden.[61] Andere lehnen das ab und begründen die Haftung aus dem mit den Beiratsmitgliedern abzuschließenden (Anstellungs-)Vertrag und/oder aus dem Gesellschaftsvertrag, wenn der Beirat dort geregelt ist.[62] Zwar überzeugt diese Ansicht mehr, weil das persönliche Zusammenwirken bei den betreffenden Gesellschaften diese eben von der typischen Situation bei einer AG unterscheidet, letztlich kann der Streit jedoch dahinstehen. Praktisch unterscheiden sich die Haftungsgrundlagen und -maßstäbe im Ergebnis nicht. Es gilt der bekannte, allgemeine Verhaltensstandard, über den sich im Einzelfall trefflich streiten lässt.

63 Der spezifische Haftungsumfang für ein Beiratsmitglied ist schwer zu bestimmen. Ob ein Beiratsmitglied im konkreten Einzelfall seine Pflichten schuldhaft verletzt hat und deshalb der Gesellschaft zum Schadensersatz verpflichtet ist, hängt in erster Linie davon ab, welche Pflichten ihm tatsächlich übertragen worden sind. In dem Anstellungsvertrag, dem Gesellschaftsvertrag, der Beiratsordnung, der Geschäftsordnung für den Beirat, kurz gesagt, in den rechtlichen Grundlagen für die Tätigkeit eines Beiratsmitgliedes sollten dessen Rechte und Pflichten deshalb möglichst konkret festgehalten werden, damit es bei der Frage nach der Haftung keine Diskussionen gibt. Dies gilt unabhängig von der Rechtsform der Gesellschaft.

Erschwerend für die Abgrenzung des Sorgfaltsmaßstabes im Einzelfall kommt hinzu, dass die Beiratstätigkeit anders als eine Geschäftsführungstätigkeit nur sporadisch erfolgt.

64 Für die **Praxis** lassen sich folgende **Grundregeln** festhalten:

- Ein Beiratsmitglied ist in seinem Tun **ausschließlich den Interessen der Gesellschaft verpflichtet,** und zwar auch dann, wenn es von Gesellschaftergruppen oder Dritten in den Beirat entsandt worden ist,[63] wobei ein Interessenkonflikt nicht entlastet.[64]
- Es ist unter objektiver (!) Betrachtung ein Mindestmaß an Sorgfalt erforderlich, das zur konkreten Verantwortung in der Gesellschaft geboten ist. Bei Personengesellschaften soll im Zweifel § 708 BGB gelten, so dass auf die Sorgfalt in eigenen Angelegenheiten abzustellen ist.[65] Da diese gesetzliche Regel auf eine entgeltliche Beiratstätigkeit idR nicht passt, dürfte es grundsätzlich sinnvoll sein, die Anwendung von § 708 BGB vorsorglich ausdrücklich auszuschließen und einen objektiven Sorgfaltsmaßstab zu vereinbaren („Sorgfalt eines ordentlichen Kaufmanns").
  - Fehlen einem Beiratsmitglied die für seine Aufgabe erforderlichen Fähigkeiten, Kenntnisse und Erfahrungen, hat es dafür einzustehen.

---

60 BGH DStR 2010, 2588 mit Anm. von *Goette*.
61 So etwa *Binz/Sorg*, S. 205 f.
62 So *Rinze*, NJW 1992, 2790 ff.
63 Siehe nur *Baumbach/Hopt*, § 164 HGB Rn 15.
64 *Baumbach/Hopt*, § 164 HGB Rn 15; BGH NJW 1980, 1630.
65 So etwa ausdrücklich Schwerdtfeger/*Partikel*, § 164 HGB Rn 19.

- Denjenigen, der das Beiratsmitglied ernannt hat, kann ein Mitverschulden treffen.
- Die Maßstäbe, die jetzt auch im Corporate Governance Kodex für Aufsichtsräte festgehalten sind, werden auch auf den freiwilligen Unternehmensbeirat ausstrahlen.
- Der objektive Maßstab wird verschärfend überlagert durch das subjektiv von dem einzelnen Beiratsmitglied nach seinen persönlichen Fähigkeiten und Kenntnissen zu erwartende und ihm zumutbare Maß an Sorgfalt.
- Im Gesellschaftsvertrag oder sonstigen Vertrag mit dem Beiratsmitglied kann dieser Sorgfaltsmaßstab herabgesetzt werden, aber nicht unter grobe Fahrlässigkeit (siehe Rn 69).
- Möglich ist es auch, die Verjährungsfristen zu verkürzen.
    - Bei einer GmbH beträgt die Verjährungsfrist für Schadensersatzansprüche gegen Beiratsmitglieder in entsprechender Anwendung von §§ 43 Abs. 4, 52 Abs. 3 GmbHG fünf Jahre.[66]
    - Bei einer Personengesellschaft tritt die Verjährung bereits nach drei Jahren ein (§ 195 BGB).

Praxisbeispiele für Haftungsfälle im Unternehmensbeirat: 65
- Unzureichende Überwachung der Geschäftsführung dadurch, dass trotz Kenntnis der Insolvenzreife die Beiratsmitglieder nicht darauf hinwirkten, dass der Vorstand/die Geschäftsführung rechtzeitig einen Insolvenzantrag stellt.[67]
- Beiratsmitglieder segneten einen komplizierten in Englisch gefassten Vertrag ohne weiteres ab, obwohl sie ihn wegen fehlender Sprachkenntnisse gar nicht verstanden hatten. Dadurch entstand dem Unternehmen ein erheblicher Schaden.
- Obwohl die Beiratsmitglieder aus verschiedenen Quellen über (sich später bewahrheitende) Unregelmäßigkeiten in der Geschäftsleitung informiert waren, gingen sie dem nicht nach. Der Beirat verletzte in diesem Fall seine „Holschuld", was bei dem Unternehmen zu einem beträchtlichen Schaden führte.

b) Haftung für Organisationsverschulden

Besonders zu erwähnen ist die **Rechtsprechung des BGH,** und vor allem die grundlegende Entscheidung aus dem Jahr 1990, zum Organisationsverschulden,[68] wobei die weitreichende Rechtsprechung hier nicht in ihren einzelnen Facetten dargestellt werden kann.[69] Bei der Entscheidung aus 1990 ging es vordergründig um den Eingriff in das Eigentum des Vorbehaltsverkäufers durch Weiterverarbeitung seitens des Vorbehaltskäufers. Der Eingriff war rechtswidrig, weil die Weiterverarbeitung ohne Vorausabtretung der jeweiligen Kundenforderungen stattfand, was wie üblich Voraussetzung war. Obwohl dem Unternehmensleiter eine persönliche Beteiligung an der Entscheidung zur Weiterverarbeitung des gelieferten Materials nicht (!) nachgewiesen werden konnte, wurde er dennoch dem Vorbehaltsverkäufer gegenüber zum Schadensersatz verurteilt. Zum Vorwurf gemacht wurde ihm mangelnde Organisation seines Betriebs. Als „Beschützergarant" für die dem Unternehmen anvertrauten Rechtsgüter Dritter hätte er nach Ansicht des BGH darauf hinwirken müssen, dass durch eine geeignete Organisation rechtswidrige Eingriffe in solche Rechtsgüter unterbleiben. Diese Entscheidung zum Organisationsmangel hat besonders weit reichende Auswirkungen, da sie für den Unternehmensleiter eine deliktische Haftung ohne direkte Tatbeteiligung begründet. Ihr Rechtsgedanke lässt sich auch bei anderen absolut ge- 66

---

66 *Binz/Sorg*, S. 208.
67 Vgl. BGH GmbHR 2009, 654 ff. (AG-Aufsichtsrat).
68 BGHZ 109, 297 „Baustoff"; siehe auch BGH NJW 1997, 1926 ff. (ARAG) und dazu *Götz*, NJW 1997, 3275 ff.
69 Siehe aber etwa schon die grundlegende Untersuchung von *Matusche-Beckmann*, Das Organisationsverschulden, 2001.

schützten Rechtsgütern problemlos einsetzen, wie z.B. im Bereich des Patentrechts oder des Produkthaftungsrechts.

c) Außen- und Innenhaftung

67 Regelmäßig werden die Beiratsmitglieder nicht **nach außen gegenüber Dritten** haften, da sie grundsätzlich nur innerhalb der Gesellschaft handeln. Für unerlaubte Handlungen haftet nach außen neben (!) der Gesellschaft aber auch das betreffende Organglied (§ 840 BGB: Gesamtschuldner).

68 In allen Fällen der Außenhaftung der Gesellschaft stellt sich zugleich die Frage nach der **Innenhaftung** der Organe, d.h. nach dem Rückgriff der Gesellschaft auf die Beiratsmitglieder wegen des ihr entstandenen Schadens. Diese Frage stellt sich natürlich auch, wenn der Gesellschaft ein Schaden nicht durch einen Fall der Außenhaftung, sondern etwa auf sonstige Weise (z.B. Vermögensverlust) entstanden ist. Im Rückgriff haften die Organmitglieder der Gesellschaft gegenüber im Innenverhältnis regelmäßig nach § 276 BGB wegen positiver Forderungsverletzung (§ 280 BGB) des mit ihr geschlossenen Geschäftsbesorgungsvertrages. Mehrere Organmitglieder haften als Gesamtschuldner.

d) Möglichkeiten und Grenzen der Haftungsbeschränkung

69 In der Beiratssatzung kann für die Organmitglieder der Rückgriff auf Fälle von **Vorsatz und grober Fahrlässigkeit** beschränkt werden. Bei der Prüfung, ob eine (vertragliche/satzungsmäßige) Haftungsbeschränkung angeraten ist, sollte bedacht werden, dass unangemessen strenge Haftungsregeln die Akteure verunsichern und zu einer „Rückversicherungsmentalität" führen können, die der Entschlusskraft der Gesellschaftsorgane abträglich ist. Wird hier in der Praxis überzogen, könnte gerade in dem hier in Frage stehenden unternehmerischen Bereich die Zusammenarbeit der Organe leiden. Es besteht die Gefahr, die Besonderheiten in Familienunternehmen nicht hinreichend zu beachten und sich für Familienunternehmen eher untypischen „Konzernstrukturen" anzunähern.

70 Wird von außen, d.h. von Dritten, eine Schadensersatzhaftung eines Organmitgliedes geltend gemacht, kann eine **Haftungsbeschränkung**, der die Gesellschafter(innen) zugestimmt haben, nicht greifen. Zu Lasten Dritter können die Gesellschafter ersichtlich keine Haftungsbeschränkung festlegen. Eine solche Haftungsbeschränkung kann sich nur aus dem Verhältnis zwischen dem potentiell haftenden Organmitglied und dem Dritten selbst ergeben. Im Gegensatz zu der Haftungsbeschränkung, die eine Haftung insoweit gar nicht erst entstehen lässt, bedeutet „**Haftungsfreistellung**" (im eigentlichen Sinne), dass die an sich haftende Person durch einen Dritten von der Haftung freigestellt wird, der die Haftung „übernimmt", d.h. im Innenverhältnis den Schadensersatz für die Außenhaftung gegenüber dem Haftenden finanziell ausgleicht. Ein solches Modell macht jedoch grundsätzlich nur Sinn, wenn entweder nur geringe Schadensbeträge drohen oder anderenfalls der Dritte, der freistellt, über ganz erhebliche freie Mittel verfügt.

e) Versicherbarkeit der Beiratshaftung

71 Wegen der verhältnismäßig eingeengten und auch oft unpraktikablen Haftungsbeschränkungsmöglichkeiten ist die Versicherungsdeckung in der Praxis ein wichtiges Thema. Entsprechende Policen (**D&O-Policen**; Directors an Officers Liability Insurance) werden seit einer Reihe von Jahren auch in Deutschland von verschiedenen in- und ausländischen Versicherern angeboten.[70] Ob

---

[70] Siehe dazu etwa *Thümmel*, StuB 2001, S. 48 ff.; *Lück*, DB 2000, 1473 ff.; *Kästner*, DStR 2001, 195 ff. (insb. steuerrechtliche Probleme bei einer D&O-Versicherung).

die Versicherer wirklich passende Angebote unterbreiten können, ist im Einzelfall sehr genau zu prüfen. Sorgfältig sind insbesondere in jedem Einzelfall der Deckungsumfang der Policen (Ausschlüsse, Rückwärtsversicherung, Nachhaftung etc.) sowie die Angemessenheit der Deckungssumme zu prüfen. Versicherte Personen sind typischerweise sämtliche Organe. Auch grob fahrlässiges Verhalten wird gedeckt, erst bei Vorsatz scheitert die Versicherungslösung. Aktuell ist zu beobachten, dass die Versicherungsprämien deutlich steigen.

„Haftpflicht für Manager wird teurer – unerwartet hohe Schäden", so titelte jedenfalls die FAZ am 7.11.2003 unter Berufung auf eine der Kernaussagen des zweiten Wiesbadener Versicherungskongresses. Wer eine D&O-Versicherung abschließen will, muss danach künftig mit deutlich höheren Prämien rechnen. Selbst bei höheren Prämien wird eine solche Versicherung in manchen Bereichen (z.B. Softwareentwicklung, Telekommunikation und Start-Ups) überhaupt nur noch schwer zu erhalten sein. **72**

Vor der zunehmenden Bedeutung von Haftungs- und Risikofragen für Unternehmen sollte kein Manager, kein Unternehmensleiter und auch kein Beiratsmitglied mehr die Augen verschließen. Die deutsche Rechtsprechung hat in den letzten Jahren die Haftungsvoraussetzungen im Unternehmensbereich vielfach präzisiert und zu Lasten der Organmitglieder deutlich verschärft. Der sog. Mannesmannprozess, der führende Köpfe der deutschen Wirtschaft betrifft, und weitere „Verfahren" (Balsam, Bremer Vulkan etc.), die teilweise schwierige und rechtlich noch nicht abschließend geklärte wirtschaftsrechtliche Fragen betreffen, sprechen eine deutliche Sprache. Hinzu kommt der in Deutschland noch recht junge haftungsverschärfende Gedanke des „Corporate Governance" (siehe Rn 24).

Gestiegen ist parallel dazu die Anspruchsmentalität.[71] Die D&O-Versicherung ist einerseits eine sinnvolle Reaktion auf die zunehmenden Haftungsprobleme, scheint aber andererseits das Problem im Zusammenwirken mit Rechtsschutzversicherungen und Prozessfinanzierungsunternehmen eher noch zu verstärken. Bevor es solche Versicherer und solche Finanzierer gab, musste sich jeder Kläger in Deutschland gut überlegen, ob er einen Manager oder ein Unternehmen verklagte, denn er musste nicht nur den Gerichtskostenvorschuss zahlen und prüfen, ob der Manager überhaupt über ausreichende Haftungsmasse verfügte, sondern lief vor allem Gefahr, im Fall einer Niederlage vor Gericht die Gerichtskosten sowie seine eigenen Anwaltskosten und zusätzlich die des Gegners zahlen zu müssen. **73**

Die Fachwelt ist gespalten. Die einen verweisen zur Lösung der Problematik auf einen möglichst umfassenden Versicherungsschutz, der aber schon angesichts steigender Versicherungsprämien immer problematischer wird. Deutlich Erfolg versprechender ist da der vorbeugende Ansatz. Dazu setzt sich die **Unternehmensleitung einschließlich des Beirats** mit möglichen Haftungsgefahren und Risiken aktiv auseinander und gestaltet mit ihren Beratern Vermeidungsstrategien (altes Motto: „Problem erkannt, Gefahr gebannt", oder als moderneres Schlagwort: Risikomanagement). Dieser Ansatz ist unternehmerisch sinnvoll, beugt er doch soweit möglich dem unkalkulierbaren Krisenfall vor. Für den dauerhaften Unternehmenserfolg ist der vorbeugende Umgang mit dem Thema Haftung und Risiko unerlässlich. Nur wer über Haftung und Risiko in „seinem" Unternehmen wirklich Bescheid weiß, wird nicht von einem Haftungsproblem oder einem Risiko überrascht, auf das er dann allenfalls noch schadensbegrenzend „reagieren" kann, dem er aber in der Regel ausgeliefert ist. **74**

Auch wird ein Unternehmen, das nach erfolgter Risikoanalyse ein spezifisches Haftungs- und **Risikomanagemen**t[72] unter Einbeziehung des Beirats aufbaut und nachweist, bei der D&O-Versicherung deutliche Vorteile haben. Erstens dürfte der Abschluss einer Versicherung dann unproblematisch sein. Zweitens wird das Unternehmen wirtschaftlich tragbare Prä- **75**

---

71 Schiffer/Rödl/Rott/*Schiffer*, S. 3.
72 Siehe dazu etwa Schiffer/Rödl/Rott/*Wolf*, S. 717 ff.

C. Muster

M 212 **I. Muster: Vereinbarung mit einem Beiratsmitglied**

76 Die Gesellschafterversammlung der _____ Gesellschaft hat durch Beschluss vom _____ Herrn _____ ab dem _____ für _____ Jahre zum Mitglied des Beirats der Gesellschaft bestellt. Ausgehend davon vereinbaren die Unterzeichner[73] das Folgende zu der Beiratstätigkeit von Herrn _____:

1. Grundlage für die Rechte und Pflichten von Herrn _____ als Beiratsmitglied sind die Regelungen im Gesellschaftsvertrag und in der aktuellen Beiratssatzung nebst Beiratsgeschäftsordnung, die dieser Vereinbarung als Anlage 1 und 2 beigefügt sind. Ergänzend gelten die nachfolgenden Bestimmungen dieser Vereinbarung.
2. Herr _____ erhält für die Dauer seiner Mitgliedschaft im Beirat eine jährliche pauschale Vergütung in Höhe von _____ EUR zuzüglich etwaiger Mehrwertsteuer. Außerdem werden ihm seine erforderlichen Auslagen für seine Tätigkeit als Beiratsmitglied erstattet (beispielsweise Reisekosten).
3. Herr _____ haftet der Gesellschaft gegenüber nur bei vorsätzlicher oder grob fahrlässiger Verletzung seiner Pflichten als Beiratsmitglied. Die Gesellschaft stellt Herrn _____ im Außenverhältnis von allen etwaigen Ansprüchen Dritter wegen etwaiger Verletzungen seiner Pflichten als Beiratsmitglied frei, soweit dem nicht zwingendes Recht entgegensteht. Die Kosten der Abwehr solcher etwaiger Ansprüche übernimmt die Gesellschaft.
4. Diese Vereinbarung ist befristet für die Dauer der Bestellung von Herrn _____ zum Beiratsmitglied und endet ohne weiteres automatisch mit dem Ende der Amtszeit bzw. einer vorzeitigen Abberufung von _____. Herr _____ ist berechtigt, sein Amt jederzeit ohne Angaben von Gründen mit sofortiger Wirkung durch schriftliche Erklärung gegenüber der Geschäftsführung der Gesellschaft mit einer Frist von zwei Wochen niederzulegen. Die Amtsniederlegung gilt zugleich als Kündigung dieser Vereinbarung mit entsprechender Frist.

M 213 **II. Muster: Satzung eines beratenden Beirats**

77 *Satzung des beratenden Beirats der A-GmbH*

Vorbemerkung
Die A-GmbH ist ein traditionsreiches und gleichzeitig zukunftsorientiertes Familienunternehmen. Zur Beratung und Unterstützung der Geschäftsführung u. a. bei der Regelung der Unternehmensnachfolge und bei der strategischen Planung im Unternehmen, insbesondere aber auch zur Beratung und Unterstützung eines nachfolgenden Geschäftsführers bei den wesentlichen unternehmerischen Entscheidungen hat die A-GmbH einen beratenden Beirat ins Leben gerufen, für dessen Tätigkeit die von der Geschäftsführung und der Gesellschafterversammlung am _____ verabschiedete nachfolgende Beiratssatzung maßgebend ist.

---

[73] Zu dem in der rechtlichen Einordnung umstrittenen Rechtsverhältnis zwischen einem Beiratsmitglied und der Gesellschaft (nur korporationsrechtlich oder auch schuldrechtlich?) vgl. Baumbach/Hueck/*Zöllner*/*Noack*, § 52 Rn 59.

§ 1 Der Beirat
(1)   Der beratende Beirat, dessen Mitglieder jeweils aufgrund einer schuldrechtlichen Vereinbarung mit der Geschäftsführung tätig werden, besteht aus zwei oder einer anderen Zahl von Mitgliedern, die die Geschäftsführung mit Zustimmung der Gesellschafter auswählt. Der erste Beirat besteht aus zwei Mitgliedern.
(2)   Die Beiratsmitglieder werden von der Geschäftsführung mit Zustimmung der Gesellschafter auf unbestimmte Zeit bestellt. Sie scheiden mit Vollendung des 70. Lebensjahres als Beiratsmitglied aus. Damit endet automatisch das Beratungsverhältnis.
(3)   Die Beiratsmitglieder können jederzeit mit einer Frist von vier Wochen durch schriftliche Erklärung der Geschäftsführung abberufen werden oder ihr Mandat innerhalb dieser Frist durch schriftliche Erklärung gegenüber der Geschäftsführung niederlegen.
(4)   Die Beiratsmitglieder wählen aus ihrer Mitte den Vorsitzenden und ggf. einen Stellvertreter. Der Vorsitzende, bei Verhinderung sein Stellvertreter, vertritt den Beirat, soweit erforderlich, nach außen. Der Beirat kann sich mit Zustimmung der Geschäftsführung eine Geschäftsordnung geben, die diese Satzung ergänzt.
(5)   Mitglieder des Beirats sollen solche Persönlichkeiten sein, die aufgrund ihres Berufsstandes, ihrer Tätigkeit und ihrer Erfahrung für die Beratungsaufgabe des Beirats besonders geeignet sind.
(6)   Die Beiratsmitglieder haben Anspruch auf Ersatz ihrer angemessenen Auslagen. Außerdem erhält jedes Mitglied eine Pauschalvergütung von _____ EUR p.a. zuzüglich etwaiger gesetzlicher Umsatzsteuer. Es wird kein gesondertes Sitzungsgeld gezahlt. Die Beiratsmitglieder werden die Sitzungstermine wahrnehmen, wenn nicht außergewöhnliche Umstände (z.B. plötzliche Erkrankung) entgegenstehen.

§ 2 Aufgaben und Tätigkeit
(1)   Der Beirat berät die Geschäftsführung in allen mit der A-GmbH zusammenhängenden Fragen und Bereichen. Die Fragestellungen werden von der Geschäftsführung, von den Gesellschaftern, vom Beirat oder gemeinsam entwickelt. Themenbereiche sind insbesondere
- der Erhalt des Unternehmens als Familienbetrieb und die dazu notwendigen Nachfolgeregelungen;
- die mittel- und langfristige strategische Unternehmensplanung;
- die laufende Anpassung des Unternehmens an moderne technische Entwicklungen;
- die ständige Weiterentwicklung von Ideen, Aufgaben, Zielen und Visionen in dem sich ständig ändernden Markt.

(2)   Der Beirat übt seine Tätigkeit grundsätzlich im Rahmen der Sitzungen aus. Er kann zur Optimierung seiner Tätigkeit in Abstimmung mit der Geschäftsführung Gäste zu seinen Sitzungen einladen und zu einzelnen Themen, Bereichen und Projekten Ausschüsse bilden.
(3)   Dem Beirat und/oder einzelnen Mitgliedern können gemäß gesonderten Vereinbarungen gegebenenfalls auch besondere Aufgaben im Zusammenhang mit der A-GmbH zugewiesen werden.
(4)   Die Beiratsmitglieder haben über vertrauliche Angaben und Geheimnisse der Gesellschaft, namentlich Betriebs- und Geschäftsgeheimnisse, die ihnen durch ihre Tätigkeit im Beirat bekannt geworden sind, strenges Stillschweigen zu bewahren. Die Verschwiegenheitsverpflichtung wirkt nach Beendigung des Beiratsmandats fort.

§ 3 Sitzungen
(1)   Der Beirat tritt regelmäßig viermal im Jahr zu einer Sitzung zusammen. Zusätzliche Sitzungen können von der Geschäftsführung in Absprache mit dem Beirat anberaumt werden. Die Organisation der Sitzungen wird von der Geschäftsführung übernommen.
(2)   Die Sitzungen des Beirats werden von der Geschäftsführung unter Mitteilung der Tagesordnung mit einer Frist von mindestens drei Wochen einberufen, es sei denn, alle Beiratsmitglieder sind im jeweiligen Fall mit einer anderen Handhabung einverstanden. An den Beiratssitzungen nehmen die

Geschäftsführung und ggf. zuständige Mitarbeiter der A-GmbH teil, um eine „Beratung der kurzen Wege und des geringsten erforderlichen Aufwandes" zu ermöglichen.
(3) Der Beirat kann seine Beratungsergebnisse in geeigneten Fällen in Beschlüssen („Empfehlungen") niederlegen. Er beschließt in Sitzungen mit einfacher Mehrheit der abgegebenen Stimmen. Bei Stimmengleichheit entscheidet die Stimme des Vorsitzenden. Stimmenthaltungen werden dabei nicht mitgezählt.
(4) Der Vorsitzende leitet die Beiratssitzungen. Erklärungen des Beirats werden durch den Vorsitzenden abgegeben. Über die Sitzungen des Beirats und über etwaige Beschlüsse des Beirats außerhalb von Sitzungen sind unverzüglich Niederschriften anzufertigen, die der Vorsitzende unterzeichnet und die Geschäftsführung den Beiratsmitgliedern zusendet. Die Geschäftsführung trägt jeweils für die Niederschriften Sorge.

§ 4 Satzungsänderungen
Der Geschäftsführung steht das Recht zu, diese Satzung mit Zustimmung der Gesellschafter zu ändern. Sie wird das jedoch grundsätzlich nur nach Rücksprache mit den Beiratsmitgliedern tun. Jede Satzungsänderung gibt jedem Beiratsmitglied, das mit der Änderung nicht einverstanden ist, das Recht zur fristlosen Kündigung des Beiratsmandats. Die Kündigung hat innerhalb von 14 Tagen nach Kenntnis der Änderung schriftlich gegenüber dem Vorstand zu erfolgen.

M 214 III. Muster: Kurze, einfache Beiratssatzung

78 Beiratssatzung

§ 1 Beiratsmitglieder
Die Gesellschaft hat einen aus den Mitgliedern bestehenden Beirat, dessen Mitglieder von der Gesellschafterversammlung mit 3/4-Mehrheit gewählt werden. Die Beiratsmitglieder wählen einen Vorsitzenden für die Dauer von dessen Zugehörigkeit zum Beirat. Die Mitglieder des Beirats werden für die Dauer von drei Jahren gewählt. Die Beiratsmitglieder erhalten für ihre Tätigkeit eine jährliche Vergütung von _____ EUR. Den Beiratsmitgliedern werden ihre erforderlichen Auslagen – wie z.B. Reisekosten – erstattet.

§ 2 Aufgaben
Die Aufgabe des Beirats ist es, die Geschäftsführung zu überwachen. Dem Beirat steht gegenüber den Geschäftsführern kein Weisungsrecht zu. Der Beirat stellt gemeinsam mit den geschäftsführenden Gesellschaftern für jedes Jahr einen Geschäfts- und einen Finanzplan mit einer dreijährigen Vorschau auf. Der Beirat überwacht das Risikomanagement der Geschäftsführer, die dem Beirat regelmäßig über ihr Risikomanagement und ihr Risikofrüherkennungssystem berichten. Die von der Geschäftsführung zu erstellende Überschussrechnung ist von dem Beirat zu genehmigen. Außerdem ist der Beirat zur Schlichtung von Meinungsverschiedenheiten zwischen der Geschäftsführung und der Gesellschafterversammlung zuständig. Unabhängig davon ist der Beirat für alle Angelegenheiten zuständig, die ihm die Gesellschafterversammlung überträgt.

§ 3 Tätigkeit
Die Beiratsmitglieder fassen ihre Beschlüsse grundsätzlich in Sitzungen. Sie können Beschlüsse auch schriftlich im Umlaufverfahren fassen. Jedes Beiratsmitglied hat eine Stimme. Der Beirat ist beschlussfähig, wenn mindestens zwei Beiratsmitglieder anwesend sind bzw. mitstimmen. Er fasst seine Beschlüsse mit einfacher Mehrheit der vorhandenen Beiratsmitglieder. Der Beirat tritt mindestens viermal im Jahr zu einer Sitzung zusammen. Auf Verlangen des Beirats hat die Geschäftsführung eine

Gesellschafterversammlung einzuberufen. Die Mitglieder des Beirats haben das Recht, an der Gesellschafterversammlung teilzunehmen, auch wenn sie nicht der Gesellschaft angehören.

IV. Muster: Ausführliche, eher traditionelle Beiratssatzung (GmbH & Co. KG) — **M 215**

Beiratssatzung[74] 79

§ 1 Zugehörigkeit zum Beirat
(1) Die Gesellschaft hat einen Beirat, der aus drei Personen besteht.
(2) Dem Beirat können Gesellschafter oder gesellschaftsfremde Personen angehören. Die Mitglieder der Geschäftsführung der Komplementärin oder andere Bedienstete beider Gesellschaften können dem Beirat nicht angehören.

§ 2 Wahl der Beiratsmitglieder
(1) Die Mitglieder des Beirats werden von der Gesellschafterversammlung in geheimer Wahl mit einfacher Mehrheit gewählt. Die Amtsdauer der Beiratsmitglieder endet mit der ordentlichen Gesellschafterversammlung, in welcher über die Entlastung für das vierte Geschäftsjahr nach ihrer Wahl beschlossen wird. Dabei wird das Geschäftsjahr, in welchem die Wahl stattgefunden hat, nicht mitgerechnet. Nach Amtsablauf bleibt jedes Beiratsmitglied bis zur Wahl seines Nachfolgers im Amt.
(2) Fällt ein Beiratsmitglied fort, so wählen die verbliebenen Beiratsmitglieder einen Ersatzmann, dessen Amtszeit mit der Regelamtszeit des fortgefallenen Beiratsmitglieds endet.

§ 3 Zuständigkeit des Beirats
(1) Die Komplementärin bedarf zur Vornahme von Geschäften und Rechtshandlungen, die über den üblichen Rahmen des Geschäftsbetriebes hinausgehen, und insbesondere zu dem für jedes Jahr aufzustellenden Geschäfts- und Finanzplan (mit jeweils dreijähriger Vorschau) der Einwilligung des Beirats. Dies gilt – aber nicht ausschließlich – für die nachstehenden Rechtshandlungen und Rechtsgeschäfte: _____ *(siehe nachfolgende Checkliste Rn 80)*
(2) Der Beirat überwacht das Risikomanagement der Komplementärin.
(3) Im Übrigen bedarf die Komplementärin zur Vornahme solcher Geschäfte und Rechtshandlungen der Einwilligung des Beirats, die dieser unter dem Vorbehalt seiner Mitwirkung stellt.

§ 4 Beiratsvorsitz, Beschlussfähigkeit
(1) Der Beirat wählt aus seiner Mitte einen Vorsitzenden. Der Vorsitzende vertritt den Beirat gegenüber der Komplementärin. Der Vorsitzende bestimmt für den Fall seiner Verhinderung einen Vertreter.
(2) Der ordnungsgemäß einberufene Beirat ist beschlussfähig, wenn _____ Mitglieder an der Beschlussfassung teilnehmen. Abgestimmt wird mit einfacher Mehrheit. Bei Stimmengleichheit gibt die Stimme des Vorsitzenden den Ausschlag. Wenn kein Mitglied des Beirats widerspricht, kann auch schriftlich, fernschriftlich, telegrafisch oder fernmündlich abgestimmt werden.
(3) Über jegliche Beschlüsse des Beirats ist unverzüglich ein Protokoll anzufertigen und unverzüglich von dem Vorsitzenden zu unterzeichnen.

§ 5 Vergütung
Die Mitglieder des Beirats erhalten eine Grundvergütung von jährlich _____ EUR zuzüglich etwaiger Mehrwertsteuer. Der Vorsitzende erhält das Eineinhalbfache dieses Betrages. Außerdem erhält jedes

---

[74] Hinweis: Die Paragraphen einer Beiratssatzung können natürlich auch in den Gesellschaftsvertrag eingefügt werden.

Beiratsmitglied ein Sitzungsgeld von _____ EUR zuzüglich etwaiger Mehrwertsteuer pro Sitzung, an der es teilnimmt. Über die Beiratsvergütung und deren Höhe beschließt im Übrigen die Gesellschafterversammlung.

V. Checkliste: Zustimmungspflichtige Geschäfte (traditionell)

80 Für den traditionellen Ansatz (siehe Rn 9–13) lässt sich beispielsweise die nachfolgende ausführliche, aber noch nicht abschließende Checkliste zur Identifizierung zustimmungspflichtiger Geschäfte formulieren:

„Beteiligungsangelegenheiten"
- Erwerb und Veräußerung von Beteiligungen an anderen Unternehmen – einschließlich Unterbeteiligungen und stillen Beteiligungen
- Ausübung von (bestimmten) Gesellschafterrechten in Beteiligungsunternehmen
- Beherrschungsverträge
- Kooperations- und Netzwerkverträge

Finanzgeschäfte
- Aufnahme und Gewährung von Darlehen in Verbindung mit einer Wertgrenze
- Übernahme von Bürgschaften
- Eingehung von Wechselverbindlichkeiten
- Eingehung offener Terminpositionen
- sonstige Finanzanlagen

Grundlagen der Geschäftstätigkeit
- Stilllegung des gesamten Geschäftsbetriebs
- Eröffnung und Schließung von Filialen oder Zweigniederlassungen
- wesentliche Einschränkung oder Ausweitung des Geschäftsbetriebs
- Veräußerung des gesamten Betriebs und von wesentlichen Betriebsteilen
- Abschluss von Betriebspachtverträgen.

Grundstücksangelegenheiten:
- Erwerb, Veräußerung und Belastung von Grundstücken und grundstücksgleichen Rechten
- Errichtung, Umbau und Abriss von Gebäuden auf eigenen und fremden Grundstücken.

Personalangelegenheiten
- Einstellung und Entlassung von näher bestimmten Arbeitnehmern
- Verträge mit Zeitarbeitsunternehmen
- Veränderung der Arbeitsbedingungen bei näher bestimmten Arbeitnehmern
- Pensionszusagen
- Vereinbarung von Gewinnbeteiligungen
- Erteilung und Widerruf von Prokura oder Handlungsvollmacht
- Beitritt in und Austritt aus einem Arbeitgeberverband

Sonstige bedeutende Geschäfte
- Abschluss und Beendigung von Franchiseverträgen
- Abschluss und Beendigung von Lizenzverträgen
- Eingehung und Beendigung von Ausschließlichkeitsbindungen bei Einkauf oder Vertrieb
- Erwerb und Veräußerung von Patent-, Marken- und sonstigen gewerblichen Schutzrechten
- Geschäfte oberhalb bestimmter Wertgrenzen

– Abschluss und Beendigung von langjährigen Dauerschuldverhältnissen, insbesondere Miete, Pacht, Leasing.

Vermeidung von Interessenkonflikten
– Geschäfte mit Gesellschaftern, Beiratsmitgliedern und Geschäftsführern sowie deren Angehörigen und Unternehmen, an denen diese Personen maßgeblich beteiligt sind.

VI. Muster: Moderne Beiratssatzung (GmbH)

Präambel

In Zusammenhang mit der Regelung der Unternehmensnachfolge und der Neustruktur der Gesellschafter der _____ GmbH wird bei der Gesellschaft ein Beirat errichtet. Für diesen gelten die nachfolgenden Bestimmungen:

§ 1 Beiratsmitglieder
(1) Die Gesellschaft hat einen aus (drei bis) fünf Mitgliedern bestehenden Beirat. Auf den Beirat sind die Bestimmungen des Aktiengesetzes über Aufsichtsräte nicht entsprechend anzuwenden.
(2) Die Beiratsmitglieder werden von der Gesellschafterversammlung, die auch die Anzahl der Beiratsmitglieder bestimmt, gewählt und abberufen. Die Beschlüsse über eine Wahl in den Beirat und eine Abberufung aus dem Beirat bedürfen der einfachen Mehrheit der in der Gesellschafterversammlung vorhandenen Stimmen.
(3) Mitglieder des Beirats sollen Personen sein, die über die wirtschaftliche Erfahrung und Fachkenntnis verfügen, die der Bedeutung des Amtes entsprechen. Mitglieder des Beirats dürfen nicht sein:
   a) Personen, die bereits in _____ Unternehmen – gleich welcher Rechtsform – Mitglied eines Aufsichtsorgans sind;
   b) Personen, die für ein Unternehmen tätig sind, das im weitesten Sinne in Konkurrenz zu der Gesellschaft steht oder die einem solchen Unternehmen nahe stehen;
   c) Geschäftsführer der Gesellschaft oder eines von der Gesellschaft abhängigen Unternehmens im Sinne des § 17 AktG sowie Personen, die bei der Gesellschaft oder einem von der Gesellschaft abhängigen Unternehmen im Sinne von § 17 AktG angestellt sind;
   d) Abschlussprüfer der Gesellschaft oder eines von der Gesellschaft abhängigen Unternehmens im Sinne von § 17 AktG.
(4) Das Amt eines Beiratsmitgliedes endet automatisch mit
   a) der Vollendung des _____ Lebensjahres,
   b) Eintritt eines der Ausschlusstatbestände nach Abs. 3 bei dem Beiratsmitglied,
   c) Tod des Beiratsmitglieds,
   d) Amtsniederlegung durch das Beiratsmitglied, die von einem Beiratsmitglied jederzeit ohne Angabe von Gründen mit einer Frist von _____ Wochen durch schriftliche Erklärung gegenüber der Gesellschaft erfolgen kann,
   e) Abberufung des Beiratsmitglieds, die jederzeit ohne Angabe von Gründen erfolgen kann. Die Abberufung soll in der Weise geschehen, dass gleichzeitig ein neues Beiratsmitglied gewählt wird.
(5) Endet das Amt eines Beiratsmitgliedes, ohne dass gleichzeitig ein Nachfolger bestimmt ist, hat die Gesellschafterversammlung unverzüglich einen Nachfolger zu wählen. Geschieht das nicht innerhalb von _____ Monaten nach dem Wegfall des Beiratsmitglieds, so ist er auf Antrag eines Geschäftsführers, eines Beiratsmitgliedes oder von Gesellschaftern, denen mindestens 10% des Stammkapitals gehören, vom Präsidenten der Industrie- und Handelskammer _____ zu bestellen.

Schiffer

§ 2 Aufgaben, Rechte und Pflichten des Beirats
(1) Der Beirat berät und überwacht die Geschäftsführung. Er ist auch zuständig für die Bestellung und Abberufung der Geschäftsführer, für deren Entlastung und für den Abschluss nebst inhaltlicher Ausgestaltung sowie die Beendigung der Anstellungsverträge. Das Weisungsrecht der Gesellschafter gegenüber der Geschäftsführung wird vom Beirat ausgeübt, soweit es die Gesellschafter nicht mit einem Beschluss, der mit einer Mehrheit von 75% der in der Gesellschafterversammlung insgesamt vorhandenen Stimmen zu fassen ist, im Einzelfall wieder an sich ziehen.
(2) Die Geschäftsführung hat jährlich eine Planung für das kommende Geschäftsjahr sowie jeweils fortschreibend für die nächsten drei Jahre aufzustellen und dem Beirat spätestens einen Monat vor Beginn des neuen Geschäftsjahres zur Zustimmung vorzulegen. Die Planung muss zumindest einen Umsatz- und Ergebnisplan, einen Investitionsplan nebst Vorschlag zur Finanzierung der Investitionen und eine Personalplanung enthalten. Maßnahmen, denen der Beirat bereits im Rahmen des Budgets und der Planung zugestimmt hat, bedürfen nicht mehr der Zustimmung gemäß dem Zustimmungskatalog nach Abs. 3.
(3) Der Beirat überwacht das Risikomanagement der Komplementärin, deren Geschäftsführer dem Beirat regelmäßig über ihr Risikomanagement und ihr Risikofrüherkennungssystem berichtet.
(4) Zur Vornahme der nachfolgend aufgeführten Geschäfte bedarf die Geschäftsführung der vorherigen Zustimmung des Beirats: _____ *(Zustimmungskatalog, siehe Checkliste Rn 80)*
(5) Die vorherige Zustimmung des Beirats ist außerdem einzuholen, wenn die Geschäftsführung bei einem von der Gesellschaft abhängigen Unternehmen im Sinne von § 17 AktG Stimmrechte oder sonstige Gesellschafterrechte ausübt und damit an Geschäften und Maßnahmen der folgenden Art mitwirkt: _____ *(Zustimmungskatalog, siehe Checkliste Rn 80)*
(6) Der Beirat kann die Zustimmungskataloge nach Abs. 4 und 5 jederzeit ergänzen oder einschränken. In dringenden Fällen, in denen die vorherige Zustimmung des Beirats nicht eingeholt werden kann, darf die Geschäftsführung auch ohne vorherige Zustimmung handeln. Sie hat den Beiratsvorsitzenden dann unverzüglich über die vorgenommenen Handlungen und die Gründe zu unterrichten, aus denen die vorherige Zustimmung des Beirats nicht eingeholt werden konnte.
(7) In allen Angelegenheiten der Gesellschaft kann er von der Geschäftsführung jederzeit Auskunft verlangen und sich auch selbst darüber informieren. Dazu kann er insbesondere die Bücher und Schriften der Gesellschaft sowie deren Vermögensgegenstände einsehen und prüfen. Er kann mit dieser Prüfung auch einzelne seiner Mitglieder oder – soweit erforderlich – auf Kosten der Gesellschaft sachverständige und zur Berufsverschwiegenheit verpflichtete Personen beauftragen. Die Mitglieder der Geschäftsführung sind verpflichtet, dem Beirat jede gewünschte Auskunft über geschäftliche Angelegenheiten unverzüglich zu erteilen. Der Beirat muss in der Person seines Vorsitzenden von der Geschäftsführung Auskunft zu bestimmten Angelegenheiten verlangen, wenn auch nur eines der Beiratsmitglieder dies verlangt.

§ 3 Vermittlung, Teilnahme an den Gesellschafterversammlungen
(1) Der Beirat soll bei Meinungsverschiedenheiten der Gesellschafter vermitteln sowie regelmäßig über den Inhalt seiner Tätigkeit, insbesondere über die von ihm gefassten Beschlüsse, unterrichten.
(2) Die Beiratsmitglieder sind berechtigt und verpflichtet, an den Gesellschafterversammlungen teilzunehmen; bei einer außerordentlichen Gesellschafterversammlung besteht eine Teilnahmeverpflichtung nur, wenn Gesellschafter, denen mindestens 75% des Stammkapitals gehören, dies spätestens eine Woche vor der Gesellschafterversammlung ausdrücklich verlangen.

§ 4 Innere Ordnung des Beirats
(1) Abstimmungen im Beirat erfolgen nach Köpfen.
(2) Der Beirat wählt nach seiner Konstituierung und nach jeder Änderung seiner Zusammensetzung aus seiner Mitte mit einfacher Mehrheit der vorhandenen Stimmen einen Beiratsvorsitzenden, der den

Beirat gerichtlich und außergerichtlich vertritt. Die Bestellung gilt, solange die Beiratsmitglieder nicht ein anderes Beiratsmitglied zum Vorsitzenden wählen.

(3) Der Vorsitzende kann bei Gefahr im Verzug die dem Beirat zustehenden Rechte auch ohne vorherigen Beiratsbeschluss ausüben. Er hat die übrigen Beiratsmitglieder unverzüglich zu unterrichten und die Gründe für die Unaufschiebbarkeit der Entscheidung darzulegen. Im Falle der Verhinderung des Vorsitzenden kann erforderlichenfalls jedes Beiratsmitglied den Beirat vertreten.

(4) Der Vorsitzende hat die Beiratssitzungen einzuberufen. Er hat für eine Protokollierung der Beiratsbeschlüsse Sorge zu tragen und allen Beiratsmitgliedern das von ihm unterzeichnete Protokoll zuzuleiten. Der Beirat tritt zusammen, sooft es die Erfüllung seiner Aufgaben erfordert. Jeder Geschäftsführer und jedes Beiratsmitglied kann unter Angabe des Zwecks und der Gründe die Einberufung des Beirats verlangen. Er soll mindestens viermal im Jahr zusammentreten.

(5) Beschlüsse des Beirats werden grundsätzlich in Beiratssitzungen gefasst. Sie können auch im Umlaufverfahren gefasst werden, wenn kein Mitglied diesem Verfahren widerspricht.

(6) Der Beirat ist beschlussfähig, wenn die Mehrheit der Mitglieder, aus denen er zu bestehen hat, anwesend ist.

(7) Beschlüsse des Beirats werden mit der einfachen Mehrheit der abgegebenen Stimmen gefasst; bei Stimmengleichheit entscheidet die Stimme des Vorsitzenden.

(8) Der Beirat ist befugt, vorbereitende (beratende) Beiratsausschüsse laufend oder ad hoc einzurichten.

(9) Im Übrigen kann der Beirat seine innere Ordnung durch eine Geschäftsordnung regeln, die der Zustimmung der Gesellschafterversammlung bedarf.

§ 5 Haftung, Vergütung der Beiratsmitglieder

(1) Die Beiratsmitglieder sind an Weisungen nicht gebunden; sie haben ihre Entscheidungen nach bestem Wissen und Gewissen zu treffen. Sie sind Dritten gegenüber zur Verschwiegenheit verpflichtet. Diese Verpflichtung gilt auch nach dem Ausscheiden aus dem Amt fort.

(2) Die Beiratsmitglieder haften nur für Vorsatz und grobe Fahrlässigkeit. Im Falle grober Fahrlässigkeit ist ihre Haftung auf einen Höchstbetrag von _____ EUR pro Mitglied begrenzt. Der Anspruch verjährt drei Jahre nach Entstehung.

(3) Die Beiratsmitglieder haben Anspruch auf Ersatz der ihnen bei der Ausübung ihres Amtes erwachsenden Auslagen sowie auf eine angemessene Vergütung (einschließlich etwa anfallender Mehrwertsteuer). Die Höhe der Vergütung wird jährlich von der ordentlichen Gesellschafterversammlung für das laufende Geschäftsjahr festgesetzt.

VII. Muster: Geschäftsordnung für einen Beirat

Geschäftsordnung des Beirats der _____ Gesellschaft

82

Mit Zustimmung der Gesellschafterversammlung durch Beschluss vom _____ hat sich der Beirat einstimmig die folgende Geschäftsordnung gemäß § _____ des Gesellschaftsvertrages der _____ Gesellschaft vom _____ gegeben:

1. Der Beirat wählt nach jeder Änderung seiner Zusammensetzung aus seiner Mitte einen Vorsitzenden. Die Bestellung gilt, solange die Beiratsmitglieder nicht ein anderes Beiratsmitglied zum Vorsitzenden wählen.
2. Der Vorsitzende vertritt den Beirat gerichtlich und außergerichtlich. Bei Gefahr im Verzug kann er die dem Beirat zustehenden Rechte auch ohne vorherigen Beiratsbeschluss ausüben; er hat jedoch in diesem Fall die übrigen Beiratsmitglieder unverzüglich zu unterrichten und die Gründe für die Unaufschiebbarkeit der Entscheidung darzulegen. Im Falle der Verhinderung des Vorsitzenden kann jedes Beiratsmitglied den Beirat vertreten.

3. Der Vorsitzende hat die Beiratssitzungen unter Angabe der Tagesordnung mit einer Frist von 14 Tagen einzuberufen. Jedes Beiratsmitglied darf bis eine Woche vor dem Sitzungstermin bei dem Vorsitzenden Ergänzungen der Tagesordnung beantragen, die der Vorsitzende unverzüglich an alle Beiratsmitglieder weiterleitet.
4. Der Vorsitzende hat für eine Protokollierung der Beiratsbeschlüsse Sorge zu tragen und allen Beiratsmitgliedern das von ihm unterzeichnete Protokoll unverzüglich zuzuleiten.
5. Der Beirat tritt zusammen, sooft es die Erfüllung seiner Aufgaben erfordert. Jeder Geschäftsführer und jedes Beiratsmitglied kann unter Angabe des Zwecks und der Gründe die Einberufung des Beirats verlangen. Der Beirat soll viermal im Jahr zusammentreten.
6. Der Beirat tagt, so die Beiratsmitglieder nicht einstimmig etwas anderes beschließen, in den Räumen der Gesellschaft.
7. Beschlüsse des Beirats werden in Beiratssitzungen gefasst. Auf Anordnung des Vorsitzenden können Beschlüsse des Beirats auch im Umlaufverfahren gefasst werden, wenn alle Mitglieder diesem Verfahren zustimmen. Der Vorsitzende des Beirats wird in einem solchen Fall die Zustimmung der Beiratsmitglieder ausdrücklich mit in das zu fertigende Beschlussprotokoll aufnehmen.
8. Zwischen den Sitzungsterminen hält der Vorsitzende des Beirats für diesen in angemessenem Umfang Kontakt mit der Geschäftsführung.
9. _____

Kapitel 8 Umwandlung

Wolfgang Arens/Ulrich Spieker
§ 17 Grundlagen des Umwandlungsrechts – Zivilrecht

Literatur

Dokumentationen/Kommentare/Monographien: *Arens/Spieker*, Umwandlungsrecht in der Beratungspraxis, 1996; *Benkert/Bürkle*, Umwandlungsgesetz/Umwandlungssteuergesetz (deutsch/englisch), 1996; *Beuthien*, Genossenschaftsgesetz mit Umwandlungsrecht, Kommentar, 15. Aufl. 2010; *Blaurock*, Handbuch der stillen Gesellschaft, 7. Aufl. 2010; *Boecken*, Unternehmensumwandlungen und Arbeitsrecht, 1996; *Buyer*, Änderung der Unternehmensform, 8. Aufl. 2010; *Fitting/Engels/Schmidt/Trebinger/Linsenmaier*, Betriebsverfassungsgesetz, 26. Aufl. 2012; *Fritzsche/Dreier/Verfürth*, Kommentar zum Spruchverfahrensgesetz, 2004; *Ganske*, Umwandlungsrecht, 2. Aufl. 1995; *Goutier/Knopf/Tulloch*, Kommentar zum Umwandlungsrecht, 1995; *Heidel* (Hrsg.), Aktienrecht und Kapitalmarktrecht, 3. Aufl. 2011 (zitiert: AnwK-AktR/*Bearbeiter*); *Heidel/Pauly/Amend*, AnwaltFormulare, 7. Aufl. 2012; *Heidinger/Limmer/Holland/Reul*, Gutachten zum Umwandlungsrecht 1996/97, Deutsches Notarinstitut, Band IV, 1998; *v. Hoyningen-Huene/Linck*, Kündigungsschutzgesetz, Kommentar, 14. Aufl. 2007; *Kallmeyer*, Umwandlungsgesetz, 4. Aufl. 2010; *Kiem*, Unternehmensumwandlung, 2. Aufl. 2009; *Limmer* (Hrsg.), Umwandlungsrecht, 4. Aufl. 2012; *Lutter*, Verschmelzung, Spaltung, Formwechsel nach neuem Umwandlungsrecht und Umwandlungssteuerrecht, 1995; *Lutter* (Hrsg.), Umwandlungsgesetz, 4. Aufl. 2009; *Meyer-Scharenberg*, Umwandlungsrecht, 1995; *Naraschewski*, Stichtage und Bilanzen bei der Verschmelzung, 2001; *Neufang/Henrich*, Rückumwandlung, 1995; *Neye*, Umwandlungsgesetz/Umwandlungssteuergesetz, 1994; *Ott*, Das neue Umwandlungs- und Umwandlungssteuerrecht, 1995; *Petersen*, Der Gläubigerschutz im Umwandlungsrecht, 2001; *Palandt*, Bürgerliches Gesetzbuch, Kommentar, 71. Aufl. 2012; *Posdziech*, Neues Umwandlungsrecht, 1994; *Sagasser/Bula/Brünger*, Umwandlungen, 4. Aufl. 2011; *Schaumburg/Rödder*, Umwandlungsgesetz und Umwandlungssteuergesetz, 1995; *Schmitt/Hörtnagl/Stratz*, Umwandlungsgesetz/Umwandlungssteuergesetz, 5. Aufl. 2009; *Schwarz*, Umwandlung mittelständischer Unternehmen im Handels- und Steuerrecht, 1995; *Schwedhelm*, Die Unternehmensumwandlung, 7. Aufl. 2012; *Semler/Stengel*, Kommentar zum Umwandlungsgesetz, 3. Aufl. 2012; *Stoye-Benk*, Handbuch Umwandlungsrecht für die rechtsberatende und notarielle Praxis, 2005; *Widmann/Mayer*, Umwandlungsrecht, Kommentar, Loseblatt, Stand 2012; *Weisemann/Smid* (Hrsg.), Handbuch Unternehmensinsolvenz, 1999; *Willemsen/Hohenstatt/Schweibert*, Umstrukturierung und Übertragung von Unternehmen, 4. Aufl. 2011; *Wunsch*, Die Verschmelzung und Spaltung von Kapitalgesellschaften, 2003.

Aufsätze: *Aha*, Ausgewählte Zweifelsfragen zur Rechnungslegung bei Verschmelzungen, BB 1996, 2559; *Aha*, Einzel- oder Gesamtrechtsnachfolge bei der Ausgliederung?, AG 1997, 345; *App*, Das Spruchstellenverfahren bei der Abfindung von Gesellschaftern nach einer Umwandlung, BB 1995, 267; *Bachner*, Individualarbeits- und kollektivrechtliche Auswirkungen des neuen Umwandlungsrechts, NJW 1995, 2881; *Bachner*, Das Übergangsmandat des Betriebsrates bei Unternehmensumstrukturierungen, DB 1995, 2068; *Balzer*, Die Umwandlung von Vereinen der Fußballbundesligen in Kapitalgesellschaften zwischen Gesellschafts-, Vereins- und Verbandsrecht, ZIP 2001, 175; *Bartovics*, Die Ausschlußfrist gem. § 17 Abs. 2 UmwG, GmbHR 1996, 514; *Bärwaldt/Schabacher*, Der Formwechsel als modifizierte Neugründung, ZIP 1998, 1293; *Bärwaldt/Schabacher*, Der vorsorgliche Formwechsel in eine OHG beim Formwechsel einer Kapitalgesellschaft in eine GbR, NJW 1999, 623; *Baumann*, Arbeitsrechtliche Aspekte des neuen Umwandlungsrechts, DStR 1995, 888; *Baumann*, Kapitalerhöhung zur Durchführung der Verschmelzung von Schwestergesellschaften mbH im Konzern?, BB 1998, 2321; *Bayer*, 1000 Tage neues Umwandlungsrecht – eine Zwischenbilanz, ZIP 1997, 1613; *Bayer/Schmidt*, Schutz der grenzüberschreitenden Verschmelzung durch die Niederlassungsfreiheit, ZIP 2006, 210; *Beckmann*, Grunderwerbsteuer bei Umstrukturierungen, GmbHR 1999, 217; *Berscheid*, Die Auswirkungen der arbeitsrechtlichen Vorschriften des Umwandlungsgesetzes auf die einzelnen Arbeitsverhältnisse und die Beteiligungsrechte des Betriebsrats, in: Festschrift für Stahlhacke, 1995, 15; *Beuthien*, Zur Grunderwerbsteuerneutralität von Umwandlungen, BB 2007, 133; *Boecken*, Der Übergang von Arbeitsverhältnissen bei Spaltung nach dem neuen Umwandlungsrecht, ZIP 1994, 1087; *Böhringer*, Grundzüge des neuen Umwandlungsrechts, BWNotZ 1995, 97; *Bokelmann*, Eintragung eines Beschlusses: Prüfungskompetenz des Registerrichters bei Nichtanfechtung rechtsmißbräuchlicher Anfechtungsklage und bei Verschmelzung, DB 1994, 1341; *Bokelmann*, Die Firma im Fall der Umwandlung, ZNotP 1998, 265; *Borges*, Einheitlicher Vertrag bei Ausgliederung mehrerer Vermögensteile?, BB 1997, 589; *Bork*, Zuständigkeitsprobleme im Spruchverfahren, ZIP 1998, 550; *Boßmann*, Arbeitsrechtliche Folgen bei der Umwandlung von Unternehmen, INF 1996, 431; *Brandes*, Mitbestimmungsvermeidung mittels grenzüberschreitender Verschmelzungen, ZIP 2008, 2193; *Bremer*, Öffentlich-rechtliche Rechtspositionen im Rahmen von Spaltungen nach dem Umwandlungsgesetz, GmbHR 2000, 865; *Buchberger*, Zur Zuständigkeit des Rechtspflegers für Geschäfte nach dem Umwandlungsgesetz, Rpfleger 1998, 145; *Buchner*, Die Ausgliederung von betrieblichen Funktionen (Betriebsteilen) unter arbeitsrechtlichen Aspekten, GmbHR 1997, 377 (Teil I) und GmbHR 1997, 494 (Teil II); *Buchner/Schlobach*, Die Auswirkung der Umwandlung von Gesellschaften auf die Rechtsstellung ihrer Organpersonen, GmbHR 2004, 1; *Büchel*, Voreilige Eintragung von Verschelzung und Formwechsel, ZIP 2006, 2289; *Bungert*, Zuständigkeit des Landgerichts bei Bestellung des Verschmelzungsprüfers im neuen Umwandlungsrecht, BB 1995, 1399; *Bungert*, Die Übertragung beschränkter persönlicher Dienstbarkeiten bei der Spaltung, BB 1997, 897; *Bungert*, Ausgliederung durch Einzelrechtsübertragung und analoge Anwendung des Umwandlungsgesetzes, NZG 1998, 367; *Bungert*, Darstellungsweise und Überprüfbarkeit der Angaben über Arbeitnehmerfolgen im Umwandlungsvertrag, DB 1997, 2209; *Custodis*, Die gelöschte Verschmelzung, GmbHR 2006, 904; *Decher*, Die Überwindung der Registersperre nach § 16 Abs. 3 UmwG, AG 1997, 388; *Decher*, Rechtsfragen des grenzüberschreitenden Merger of Equals, in: Festschrift für Marcus Lutter, 2000; *Dörrie*, Erbrecht und Gesellschaftsrecht bei Verschmelzung, Spaltung und Formwechsel, GmbHR 1996, 245; *Dötsch*, Inländische Umwandlungsvorgänge mit Auslandsberührung, BB 1998, 1029; *Düwell*, Umstrukturierungen von Unternehmen – legislaturische Defizite und rechtspolitische Forderungen, AuR1994, 357; *Düwell*, Umwandlung von Unternehmen und arbeitsrechtliche Folgen, NZA 1996, 393; *Eckert*, Der Formwechsel einer Kapitalgesellschaft in eine Personengesellschaft und seine Auswirkungen auf öffentlich-rechtliche Erlaubnisse, ZIP 1998, 1950; *Engelmeyer*, Ausgliederung aus dem Vermögen von Gebietskörperschaften oder aus Zusammenschlüssen von Gebietskörperschaften nach §§ 168 ff. UmwG, ZAP-Ost, Fach 15, 235; *Engert*, Umstrukturierungen unter Beteiligung von EU-Auslandsgesellschaften im deutschen Steuerrecht, DStR 2004, 664; *Fatouros*, Grunderwerbsteuer bei Umwandlungen als sofort abziehbare Betriebsausgabe, DStR 2003, 772; *Feddersen/Kiem*, Die Ausgliederung zwischen „Holzmüller" und neuem Umwandlungsrecht, ZIP 1994, 1078; *Feudner*, Übergangs- und Restmandate des Betriebsrats, BB 1996, 1934; *Feudner*, Übergangs- und Restmandate des Betriebsrats gem. §§ 21a, 21b BetrVG, DB 2003, 882; *Flesch*, Die Beteiligung von 5-DM-Aktionären an der GmbH nach einer formwechselnden Umwandlung, ZIP 1996, 2153; *Flick*, Raus aus der GmbH, rein in die Personengesellschaft!, DB 1994, 64 und DB 1996, 1102; *Fritsche/Dreier*, Spruchverfahren und Anfechtungsklage im Aktienrecht, BB 2002, 737; *Gaiser*, Die Umwandlung und ihre Auswirkungen auf personenbezogene öffentlich-rechtliche Erlaubnisse, DB 2000, 361; *Gärtner*, Verschmelzung von Kapitalgesellschaften und Grundstücksfragen, DB 2000, 409; *Gaul*, Beteiligungsrechte von Wirtschaftsausschuß und Betriebsrat bei Umwandlung und Betriebsübergang, DB 1995, 2265; *Gaul*, Das Schicksal von Tarifverträgen und Betriebsvereinbarungen bei der Umwandlung von Unternehmen, NZA 1995, 717; *Germann*, Die Acht-Monats-Frist für die Einreichung der Schlußbilanz nach Verschmelzung und ihre Bedeutung für die Praxis, GmbHR 1999, 591; *Götz*, Grunderwerbsteuerliche und organschaftliche Fragen bei Umwandlungen im Konzern, GmbHR 2001, 277; *Graf*, Umwandlungen aus der Sicht des Registergerichts – eine Checkliste, BWNotZ 1995, 103; *Gratzel*, Kleine Versäumnisse bei der Bereinigung des Umwandlungsrechts, BB 1995, 2438; *Grohmann/Gruschinske*, Die identitätswahrende grenzüberschreitende Satzungssitzverlegung in Europa – Schein oder Realität?, GmbHR 2008, 27; *Großfeld*, Internationales Umwandlungsrecht, AG 1996, 303; *Haritz/Wisniewski*, Steuerneutrale Umwandlung über die Grenze, GmbHR 2004, 28; *Hartmann*, Die privatautonome Zuordnung von Arbeitsverhältnissen nach Umwandlungsrecht, ZfA 1997, 21; *Heckschen*, Die Entwicklung des Umwandlungsrechts aus Sicht der Rechtsprechung und Praxis, DB 1998, 1385; *Heckschen*, Die Reform des Umwandlungsrechts, DNotZ 2007, 444; *Heermann*, Die Ausgliederung von Vereinen auf Kapitalgesellschaften, ZIP 1998, 1249; *Heermann*, Auswirkungen einer Behebbarkeit oder nachträglichen Korrektur von gerügten Verfahrensmängeln auf das Unbedenklichkeitsverfahren nach § 16 Abs. 3 UmwG, ZIP 1999, 1861; *Heidemann*, Möglichkeiten und Verfahrensweisen bei der Rechtsformumwandlung in eine Aktiengesellschaft, BB 1996, 558; *Heinze*, Arbeitsrechtliche Fragen bei der Übertragung und Umwandlung von Unternehmen, ZfA 1997, 1; *Henssler*, Aufspaltung, Ausgliederung und Fremdvergabe, NZA 1994, 294; *Henze*, Neue Maßstäbe für die Auslegung des Umwandlungsrechts?, BB 1999, 2208; *Hergeth*, Mitbestimmung und Aufsichtsratsbesetzung bei Umwandlung einer Personengesellschaft in eine Aktiengesellschaft, DStR 1999, 1948; *Heurung*, Zur Anwendung und Angemessenheit verschiedener Unternehmenswertverfahren im Rahmen von Umwandlungsfällen, DB 1997, 837 und 888; *Hirte*, Das Recht der Umwandlung, ZInsO 2004, 353 und 419; *Hjort*, Der notwendige Inhalt eines Verschmelzungsvertrages aus arbeitsrechtlicher Sicht, NJW 1999, 750; *Horn*, Umwandlung der BGB-Gesellschaft in eine OHG durch Handelsregistereintragung, BuW 2001, 294; *Ihrig*, Gläubigerschutz durch Kapitalaufbringung bei Verschmelzung und Spaltung nach neuem Umwandlungsrecht, GmbHR 1995, 622; *Joost*, Arbeitsrechtliche Angaben im Umwandlungsvertrag, ZIP 1995, 976; *Jorde/Wetzel*, Rückwirkung und Interimszeit bei

Umwandlungen, BB 1996, 1246; *Kallmeyer*, Die Reform des Umwandlungsrechts, DB 1993, 367; *Kallmeyer*, Das neue Umwandlungsgesetz, ZIP 1994, 1746; *Kallmeyer*, Der Ein- und Austritt der Komplementär-GmbH einer GmbH & Co. KG bei Verschmelzung, Spaltung und Formwechsel nach dem Umwandlungsgesetz 1995, GmbHR 1996, 80; *Kallmeyer*, Grenzüberschreitende Verschmelzungen und Spaltungen?, ZIP 1996, 535; *Kallmeyer*, Die GmbH & Co. KG im Umwandlungsrecht, GmbHR 2000, 418; *Kallmeyer*, Gläubigerschutz bei Umwandlung beteiligungsidentischer GmbH & Co. KG, GmbHR 2000, 541; *Kania*, Tarifbindung bei Ausgliederung und Aufspaltung eines Betriebes, DB 1995, 625; *Kiem*, Die Stellung der Vorzugsaktionäre bei Umwandlungsmaßnahmen, ZIP 1997, 1627; *Kiem*, Die schwebende Umwandlung, ZIP 1999, 173; *Klette*, Arbeitsrechtliche Folgen des neuen Umwandlungsgesetzes, BC 1997, 89; *Kloster*, EU-grenzüberschreitende Verschmelzungen sind (steuerneutral) durchführbar, GmbHR 2003, 1413; *Knop*, Die Wegzugsfreiheit nach dem Cartesio-Urteil des EuGH, DZWIR 2009, S. 147; *Knott*, Gläubigerschutz bei horizontaler und vertikaler Konzernverschmelzung, DB 1996, 2423; *Körner/Rodewald*, Bedingungen, Befristungen, Rücktritts- und Kündigungsrechte in Verschmelzungs- und Spaltungsverträgen, BB 1999, 853; *Kort*, Gesellschaftsrechtlicher und registerlicher Bestandsschutz eingetragener fehlerhafter Umwandlungen, DStR 2004, 185; *Kort*, Die Registereintragung gesellschaftsrechtlicher Strukturänderungen nach dem UmwG und nach dem UMAG, BB 2005, 1577; *Korte*, Aktienerwerb und Kapitalschutz bei Umwandlungen, WiB 1997, 953; *Krause*, Wie lang ist ein Monat? – Fristberechnung am Beispiel des § 5 III UmwG, NJW 1999, 1448; *Kreßel*, Arbeitsrechtliche Aspekte des neuen Umwandlungsbereinigungsgesetzes, BB 1995, 925; *Kutt*, Das Ende der Maßgeblichkeit bei Umwandlungen?, BB 2004, 371; *Lenz*, Abspaltung und Konzernhaftung, INF 1997, 564; *Limmer*, Firmenrecht und Umwandlung nach dem Handelsrechtreformgesetz, NotBZ 2000, 101; *Limmer*, Grenzüberschreitende Umwandlung nach dem Sevic-Urteil des EuGH, NotBZ 2007, 242 (Teil I) und 282 (Teil II); *Louven/Dettmeier/Pöschke/Weng*, Optionen grenzüberschreitender Verschmelzungen innerhalb der EU, BB-Special 3/2006; *Lüttge*, Das neue Umwandlungs- und Umwandlungssteuerrecht, NJW 1995, 417; *Lüttge*, Unternehmensumwandlungen und Datenschutz, NJW 2000, 2463; *Mayer*, Das Umwandlungsrecht als Instrumentarium der Unternehmensnachfolge, DNotZ 1999, 159; *Melchior*, Die Beteiligung von Betriebsräten an Umwandlungsvorgängen aus Sicht des Handelsregisters, GmbHR 1997, 833; *Melchior*, Vollmachten bei Umwandlungsvorgängen – Vertretungshindernisse und Interessenkollisionen, GmbHR 1999, 520; *Meyer*, Gestaltungsüberlegungen zur Umwandlung mittelständischer GmbH in Personengesellschaften, DStR 1994, 1767; *Müller*, Internationalisierung des deutschen Umwandlungsrechts, ZIP 2007, 1081; *K.J. Müller*, Auswirkungen der Umstrukturierungen nach dem Umwandlungsgesetz auf Beherrschungs- und Gewinnabführungsverträge, BB 2002, 157; *Müller-Eising/Bert*, § 5 Abs. 3 UmwG: Eine Norm, eine Frist, drei Termine, DB 1996, 1398; *Naraschewski*, Gläubigerschutz bei der Verschmelzung von GmbH, GmbHR 1998, 356; *Neumayer/Schulz*, Die Verschmelzung von rechtsfähigen Vereinen, DStR 1996, 872; *Neye*, Der Regierungsentwurf zur Reform des Umwandlungsrechts, ZIP 1994, 165; *Neye*, Nochmals: Entstehung vermögens- und subjektloser Kapitalgesellschaften, GmbHR 1995, 565; *Neye*, Partnerschaft und Umwandlung, ZIP 1997, 722; *Neye*, Das Gesetz zur Änderung des Umwandlungsgesetzes, des Partnerschaftsgesellschaftsgesetzes und anderer Gesetze, ZAP 1998, Fach 15, 257; *Neye/Timm*, Mehr Mobilität für die GmbH in Europa, GmbHR 2007, 561; *Niedner/Kusterer*, Der Weg von der GmbH in die GmbH & Co. KGaA, GmbHR 1998, 584; *Oechsler*, Die Zulässigkeit grenzüberschreitender Verschmelzungen, NJW 2006, 812; *Orth*, Einbringung nach dem sog. erweiterten Anwachsungsmodell, DStR 2009, 192; *Ott*, Umwandlung einer Personengesellschaft in eine Kapitalgesellschaft, INF 1996, 173 und 205; *Paefgen*, Umwandlung, europäische Grundfreiheiten und Kollisionsrecht, GmbHR 2004, 463; *Pfeifer*, Umwandlung und Insolvenz: Zur Insolvenzfähigkeit sich umwandelnder Rechtsträger und zur Umwandlungsfähigkeit insolventer Rechtsträger nach dem UmwG 1995, ZInsO 1999, 547; *Priester*, Das neue Umwandlungsrecht aus notarieller Sicht, DNotZ 1995, 427; *Priester*, Die „Umwandlung" einer GmbH auf ihren nicht-vollkaufmännischen Alleingesellschafter, DB 1996, 413; *Priester*, Mitgliederwechsel im Umwandlungszeitpunkt, DB 1997, 560; *Probenius*, „Cartesio": Partielle Wegzugsfreiheit für Gesellschaften in Europa, DStR 2009, 487; *Racky*, Die Behandlung von im Ausland belegenen Gesellschaftsvermögen bei Verschmelzungen, DB 2003, 923; *Randenborgh/Kallmeyer*, Pro und Contra: Beurkundung gesellschaftsrechtlicher Rechtsgeschäfte durch ausländische Notare?, GmbHR 1996, 908; *Reuter*, Keine Auslandsbeurkundung im Gesellschaftsrecht?, BB 1998, 116; *Rieble*, Verschmelzung und Spaltung von Unternehmen und ihre Folgen für Schuldverhältnisse mit Dritten, ZIP 1997, 301; *Riegger/Schockenhoff*, Das Unbedenklichkeitsverfahren zur Eintragung der Umwandlung ins Handelsregister, ZIP 1997, 2105; *Röder/Göpfert*, Unterrichtung des Wirtschaftsausschusses bei Unternehmenskauf und Umwandlung, BB 1997, 2105; *Saß*, Zur Umwandlung einer inländischen Kapitalgesellschaft in eine inländische Personengesellschaft mit einem Gesellschafter in einem anderen EU-Mitgliedstaat, BB 1997, 2505; *Schaub*, Treuhand an GmbH-Anteilen – Treuhandgefahren für den Treugeber, DStR 1996, 65; *Schaumburg*, Grenzüberschreitende Umwandlungen, GmbHR 1996, 501 und GmbHR 1996, 585; *Schaumburg*, Ausländische Umwandlungen mit Inlandsbezug, GmbHR 1996, 668; *Schaumburg*, Inländische Umwandlungen mit Auslandsbezug, GmbHR 1996, 414; *Schindhelm/Pickhardt-Poremba/Hilling*, Das zivil- und steuerrechtliche Schicksal der Unterbeteiligung bei Umwandlung der Hauptgesellschaft, DStR 2003, 1444 und 1469;

Schmid, Einstweiliger Rechtsschutz von Kapitalgesellschaften gegen die Blockade von Strukturentscheidungen durch Anfechtungsklagen, ZIP 1998, 1057; *Schmid*, Das umwandlungsrechtliche Unbedenklichkeitsverfahren und die Reversibilität registrierter Verschmelzungsbeschlüsse, ZGR 1997, 493; *Schmidt, A.*, Von der GmbH in die AG, GmbH-StB 2001, 63; *Schmidt, K.*, Zur gesetzlichen Befristung der Nichtigkeitsklage gegen Verschmelzungs- und Umwandlungsbeschlüsse, DB 1995, 1849; *Schmidt, K.*, Einschränkung der umwandlungsrechtlichen Eintragungswirkungen durch den umwandlungsrechtlichen numerus clausus, ZIP 1998, 181; *Schmidt, K.*, § 673 BGB bei Verschmelzungsvorgängen in Dienstleistungsunternehmen – oder: Geisterstunde im Umwandlungsrecht?, DB 2001, 1019; *Schnitker/Grau*, Arbeitsrechtliche Aspekte von Unternehmensumstrukturierungen durch Anwachsung von Gesellschaftsanteilen, ZIP 2008, 394; *Schnorbus*, Analogieverbot und Rechtsfortbildung im Umwandlungsrecht, DB 2001, 1654; *Schöne*, Die Klagefrist des § 14 Abs. 1 UmwG; teils Rechtsfortschritt, teils „Aufforderung" zu sanktionslosen Geheimbeschlüssen?, DB 1995, 1317; *Schwab*, Abfindungsanspruch außenstehender Aktionäre bei Beendigung des Unternehmensvertrags durch Verschmelzung, BB 2000, 527; *Schwarz*, Das neue Umwandlungsrecht, DStR 1994, 1694; *Schwarz*, Einvernehmliche Kürzung der Zuleitungsfrist gem. §§ 5 Abs. 3, 126 Abs. 3 und 194 Abs. 2 UmwG in der handelsregisterlichen Praxis, ZNotP 2001, 22; *Schwedhelm*, Typische Beratungsfehler in Umwandlungsfällen und ihre Vermeidung, BB 2008, 2208; *Sedemund*, EU-weite Verschmelzungen, BB 2006, 519; *Sigel*, Von der GmbH in die GmbH & Co. KG, GmbHR 1998, 1208; *Simon*, Nochmals: „Umwandlung" der GmbH & Co. GbR in eine KG, DStR 2000, 578; *Sinewe*, Keine Anfechtungsklagen gegen Umwandlungsbeschlüsse bei wertbezogenen Informationsmängeln, DB 2001, 690; *Sommer*, Umwandlung einer GbR in eine Partnerschaftsgesellschaft, NJW 1998, 3549; *Steuck*, Die privatisierende Umwandlung, NJW 1995, 2887; *Stohlmeier*, Zuleitung der Umwandlungsdokumentation und Einhaltung der Monatsfrist: Verzicht des Betriebsrats?, BB 1999, 1394; *Stuhrmann*, Zur Realteilung durch Bar- und Sachwertabfindung, DStR 2005, 1355; *Suchan/Peykan*, Steuerliche Erfassung von Nachzahlungen an außenstehende Gesellschafter infolge Spruchverfahren, DStR 2003, 136; *Teichmann*, Cartesio: Die Freiheit zum formwechselnden Wegzug, ZIP 2009, 393; *Tiedtke*, Kostenrechtliche Behandlung von Umwandlungsvorgängen nach dem Umwandlungsgesetz, ZNotP 2001, 226 (Teil I) und 260 (Teil II); *Trappehl/Zimmer*, Unternehmenseinheitlicher Betriebsrat bei Verschmelzung BB 2008, 778; *Triebel/von Hase*, Wegzug und grenzüberschreitende Umwandlung nach „Überseering" und „Inspire Art", BB 2003, 2409; *Trölitzsch*, Rechtsprechungsbericht: das Umwandlungsrecht seit 1995, WiB 1997, 795; *Trölitzsch*, Aktuelle Tendenzen im Umwandlungsrecht, DStR 1999, 764; *Veil*, Die Registersperre bei der Umwandlung einer AG in eine GmbH, ZIP 1996, 1065; *Watermeyer*, Umwandlung einer GmbH & Co. KG in eine GmbH durch Anwachsung, GmbH-StB 2003, 96; *Weimar/Grote*, Die Umwandlung einer GmbH in eine kleine Aktiengesellschaft, INF 2000, 407; *Wertenbruch*, Partnerschaftsgesellschaft und neues Umwandlungsrecht, ZIP 1995, 712; *Wessel*, Die Übertragung von Nießbrauchsrechten bei Unternehmensveräußerung nach § 1059a BGB, DB 1994, 1605; *Willemsen*, Arbeitsrecht im Umwandlungsgesetz, NZA 1996, 791; *Winter*, Die Anteilsgewährung – zwingendes Prinzip des Verschmelzungsrechts?, in: Festschrift für Marcus Lutter, 2000; *Wlotzke*, Arbeitsrechtliche Aspekte des neuen Umwandlungsrechts, DB 1995, 40; *Wolf*, Die Haftung des Kommanditisten beim Formwechsel in die GmbH, ZIP 1996, 1200; *Zerres*, Arbeitsrechtliche Aspekte bei der Verschmelzung von Unternehmen, ZIP 2001, 359.

Inhalt

A. Rechtsgrundlagen des Umwandlungsrechts — 1
I. Gesetzgebungsverfahren — 1
II. Ziele des Umwandlungsrechts und des Umwandlungssteuerrechts — 5
   1. Gesetzgeberische Motive — 5
      a) Rechtsbereinigung — 6
      b) Verbesserung der rechtlichen Rahmenbedingungen — 8
      c) Gesellschafter- und Gläubigerschutz — 9
   2. Ziele der Reform des Umwandlungssteuergesetzes — 10
      a) Rechtsformneutralität des Steuerrechts — 10
      b) Steuerneutralität der Umwandlung — 11
      c) Harmonisierung von Gesellschafts- und Steuerrecht — 14
III. Parallelität des Umwandlungsrechts und der Alternativmodelle — 15
IV. Motive der Umwandlung von Unternehmen — 18
V. Aufbau und Gliederung des UmwG 1995 — 20
VI. Anwendungsbereich des UmwG 1995 — 21
VII. Umwandlungsmöglichkeiten nach früherem Recht — 30
VIII. Umwandlungsmöglichkeiten nach dem UmwG 1995 — 31
IX. Änderungen durch das Zweite Gesetz und das Dritte Gesetz zur Änderung des Umwandlungsgesetzes — 36

X. Mischformen und Kombinationen von Umwandlungen —— 40
XI. Vorbereitung und Durchführung der Umwandlung —— 43
1. Zu beachtende Vorschriften außerhalb des UmwG —— 43
2. Interne und externe Abstimmung der Beteiligten —— 44
3. Wirksamwerden der Umwandlung —— 45
4. Klagen gegen die Umwandlung —— 48
   a) Klagen als Gefahr der „Registersperre" —— 50
   b) Eilentscheidung nach § 16 Abs. 3 UmwG —— 52
   c) Rechtsfolgen „verfrühter" Eintragungen —— 55
XII. Wesentliche Kernpunkte der Durchführung von Umwandlungen —— 60
1. Umwandlungsplan/Umwandlungsvertrag —— 60
   a) Wesen und Bedeutung von Umwandlungsplan/Umwandlungsvertrag —— 60
   b) Formerfordernis —— 66
   c) Mindestinhalte —— 69
   d) Sinnvolle Inhalte —— 71
   e) Bedeutung der Betriebsratbeteiligung —— 72
2. Berichte —— 75
   a) Grundlagen der Berichtspflicht —— 75
   b) Rechtzeitige Zuleitung und Inhalt des Umwandlungsberichts —— 80
3. Umwandlungsprüfung —— 88
   a) Aktiengesellschaft (AG) und Kommanditgesellschaft auf Aktien (KGaA) —— 89
   b) Personenhandelsgesellschaft und GmbH —— 91
      aa) Einstimmiger Umwandlungsbeschluss —— 91
      bb) Mehrheitlicher Umwandlungsbeschluss —— 92
4. Anteilseigner-/Gesellschafterbeschlüsse —— 93
   a) Gesellschafterversammlung —— 93
   b) Form —— 95
   c) Mehrheitsverhältnisse —— 98
      aa) Personengesellschaften —— 98
      bb) Kapitalgesellschaften —— 99
      cc) Publikumsaktiengesellschaften —— 101
      dd) Aktiengesellschaften mit verschiedenen Aktiengattungen —— 103
5. Anmeldung —— 104
   a) Registergericht —— 104
   b) Beizufügende Unterlagen —— 105
   c) Bedeutung der Acht-Monats-Frist —— 115
   d) Prüfungskompetenz des Registergerichts —— 118
   e) Besonderheit der Anmeldung eines Formwechsels —— 120
6. Registereintragung und Bekanntmachung —— 121
7. Grundbuchberichtigung —— 128
8. Mitteilungspflicht des Notars —— 133
XIII. Rechtsformspezifische Gründungs- und Kapitalschutzvorschriften —— 134
1. Allgemeine und umwandlungsspezifische Vorschriften —— 134
2. Vorschriften über Gründung, Gründungsbericht und Gründungsprüfung —— 135
   a) Verweisung auf rechtsformspezifische Gründungsvorschriften —— 135
   b) Erleichterungen zu den rechtsformspezifischen Gründungsvorschriften —— 137
3. Vorschriften zur Gründerhaftung —— 140
4. Kapitalerhöhungen —— 141
5. Kapitalherabsetzung —— 144
XIV. Schutz der Anteilsinhaber und Inhaber von Sonderrechten —— 152
1. Gerichtlicher Rechtsschutz —— 153
2. Anspruch auf Barabfindung —— 160
3. Gewährung von Anteilen/Mitgliedschaftsrechten —— 164
   a) Gesetzlicher Grundfall —— 164
   b) Bewertungsfragen: Umtauschverhältnis, Abfindung, bare Zuzahlungen —— 166
   c) Nicht verhältniswahrende Umwandlungen —— 171
   d) Beteiligung Dritter am Umwandlungsvorgang —— 173
4. Minderheitenschutzrechte —— 175
5. Organhaftung —— 179
6. Schutz der Sonderrechtsinhaber —— 180
XV. Gläubigerschutz —— 181
1. Überblick: Schutzmechanismen —— 181
2. Gesamtschuldnerische Haftung —— 184
3. Sicherheitsleistung —— 191
4. Haftung der Vertretungsorgane —— 196
XVI. Arbeitsrechtliche Probleme des Umwandlungsrechts —— 200
1. Allgemeine arbeitsrechtliche Überlegungen —— 201
   a) Betriebsbezogenheit des BetrVG —— 204
   b) Abgrenzung: Betrieb und Unternehmen —— 211
   c) Unternehmerentscheidung und betriebliche Belange —— 216
2. Individualarbeitsrechtliche und kollektivarbeitsrechtliche Probleme bei Verschmelzung und Spaltung —— 219

Arens/Spieker

a) Betriebsübergang, § 613a BGB —— 220
aa) Verschmelzung —— 224
bb) Spaltung und Vermögens-Teilübertragung —— 230
b) Zur Anwendung des § 613a Abs. 1 S. 2–4 BGB —— 234
c) Gläubigerschutz/Haftungsfragen —— 237
d) Besondere Haftungsregelungen für bestimmte Arbeitnehmeransprüche —— 240
3. Kündigungsschutz —— 246
a) Kündigungsregeln —— 246
b) Zuordnung der Arbeitnehmer —— 252
4. Betriebsverfassungsrecht —— 257
a) Unterrichtung des Betriebsrats —— 257
b) Rechtzeitige Zuleitung —— 263
c) Sonstige Beteiligungsrechte —— 276
d) Fortgeltung von Rechten aus Betriebsvereinbarung oder Tarifvertrag —— 284
e) Schutz sonstiger Vertretungsorgane —— 288
5. Unternehmensmitbestimmung —— 293
B. Muster —— 294
I. Checkliste: Stationen des Umwandlungsverfahrens —— 294
II. Muster: Vollmacht zur Umwandlung —— 295
III. Muster: Empfangsquittung des Betriebsrats i.S.v. §§ 5 Abs. 3, 194 Abs. 2 UmwG —— 296
IV. Muster: Empfangsbestätigung des Betriebsrats mit Verzicht auf die Einhaltung der Monatsfrist nach §§ 5 Abs. 3, 194 Abs. 2 UmwG —— 297
V. Muster: Separater Antrag auf Bestellung des Gründungsprüfers gem. § 33 AktG bei Umwandlungsvorgängen, die mit der Gründung einer AG verbunden sind —— 298
VI. Muster: Unterrichtung nach § 613a Abs. 5, Abs. 6 BGB i.V.m. § 324 UmwG —— 299

A. Rechtsgrundlagen des Umwandlungsrechts

I. Gesetzgebungsverfahren

1 Noch unmittelbar vor dem Ablauf der damaligen Legislaturperiode hatte der Gesetzgeber überraschend das **„Gesetz zur Bereinigung des Umwandlungsrechts (UmwBerG)"** beschlossen, das am 28.10.1994 ausgefertigt und im Bundesgesetzblatt verkündet wurde.[1] Mit der Verabschiedung des Gesetzes noch in jener Legislaturperiode war nicht mehr gerechnet worden, nachdem das Gesetzgebungsverfahren erst im Februar 1994 begonnen hatte und im Streit um die Sicherung der Mitbestimmung der Arbeitnehmer und ihrer Vertreter zwischen Bundestag und Bundesrat lange Zeit keine Einigkeit erzielt werden konnte.[2]

2 Das Gesetz zur Bereinigung des Umwandlungsrechts gliedert sich in den Art. 1, das **„Umwandlungsgesetz (UmwG)"**, das seinerseits in seiner Erstfassung aus den **§§ 1–325** besteht, in die Art. 2–19, in denen verschiedene andere gesetzliche Vorschriften (u.a. das BGB, das HGB, das GmbHG und das AktG) geändert wurden, bzw. in Art. 5, der das Kapitalerhöhungsgesetz aufhob. Nach Art. 20 ist das Gesetz mit dem 1.1.1995 in Kraft getreten.

3 Parallel und zeitgleich dazu wurde das **„Gesetz zur Änderung des Umwandlungssteuerrechts"**[3] verabschiedet und in Kraft gesetzt, das in seinem Art. 1 das **„Umwandlungssteuergesetz (UmwStG)"** enthält, welches seinerseits in seiner Erstfassung aus den **§§ 1–27** bestand, und wodurch in Art. 2–7 verschiedene Änderungen anderer Gesetze vorgenommen wurden (z.B. des Körperschaftsteuergesetzes, des Gewerbesteuergesetzes, des Außensteuergesetzes und des Einkommensteuergesetzes).

4 Offensichtlich hatte der Gesetzgeber zunächst aber auch vergessen, die Partnerschaftsgesellschaften nach dem PartGG vom 25.7.1994[4] im UmwG und im UmwStG zu berücksichtigen. Dieses Versäumnis ist dann mit Wirkung ab 1.8.1998 mit dem „Ersten Gesetz zur Änderung des Umwandlungsgesetzes" korrigiert worden.[5]

---

1 Gesetz zur Bereinigung des Umwandlungsrechts v. 8.11.1994 (BGBl I, 3209).
2 Vgl. *Lüttge*, NJW 1995, 417; *Lutter*, UmwG, Einleitung.
3 V. 8.11.1994 (BGBl I, 3267).
4 BGBl I 1994, 1744 ff.
5 Vgl. dazu *Neye*, ZIP 1997, 722 ff.; ZAP 1998, Fach 15, 257 ff. und GmbHR 1998, R 213; *Sommer*, NJW 1998, 3549.

II. Ziele des Umwandlungsrechts und des Umwandlungssteuerrechts

1. Gesetzgeberische Motive
Mit dem neuen Umwandlungsrecht hat der damalige Gesetzgeber erklärtermaßen mindestens drei Hauptziele verfolgt:[6]

a) Rechtsbereinigung
Die bisherigen gesellschaftsrechtlichen Vorschriften zur Umwandlung von Unternehmen waren uneinheitlich und verstreut in verschiedenen Gesetzen geregelt, insbesondere im:
- Umwandlungsgesetz 1969 (UmwG 1969)
- Aktiengesetz 1965 (AktG 1965)
- Kapitalerhöhungsgesetz (KapErhG)
- Genossenschaftsgesetz (GenG)
- Versicherungsaufsichtsgesetz (VAG).

Durch das Umwandlungsgesetz 1995 wurden die bis dahin schon bestehenden Möglichkeiten der Umwandlung und Veränderung zusammengefasst, systematisiert und erheblich erweitert.

b) Verbesserung der rechtlichen Rahmenbedingungen
Durch die Erleichterung und die Erweiterung der Umwandlungsmöglichkeiten sollte deutschen Unternehmen die Möglichkeit eingeräumt werden, die rechtliche Struktur des Unternehmens den jeweils veränderten Umständen des Wirtschaftslebens anzupassen. Der „Wirtschaftsstandort Deutschland" sollte auch auf diese Weise attraktiver gemacht werden.

c) Gesellschafter- und Gläubigerschutz
Im Rahmen des neuen Umwandlungsrechts sollte der Schutz von Minderheitsgesellschaftern, Anlegern und Gläubigern gesichert und ausgebaut werden. Dadurch sollten deutsche Unternehmen für Kapitalanleger und für die Öffentlichkeit wirtschaftlich lukrativer gemacht werden. Hintergrund ist die im internationalen Vergleich bekannte „Eigenkapitalschwäche" deutscher Unternehmen.

2. Ziele der Reform des Umwandlungssteuergesetzes
a) Rechtsformneutralität des Steuerrechts
Das neue Umwandlungssteuerrecht sollte ein weiterer Schritt auf dem Weg zur Rechtsformneutralität des Steuerrechts sein. Soweit betriebswirtschaftlich sinnvolle und handelsrechtlich zulässige Umstrukturierungen von Unternehmen möglich sind, sollte das Steuerrecht nicht mehr im Wege stehen. Diesen begrüßenswerten Weg hat der Gesetzgeber aber mit den nachfolgenden Änderungen des Umwandlungssteuerrechts und insbesondere mit der Einführung des Halbeinkünfteverfahrens im Körperschaftsteuerrecht ab 1.1.2002 längst wieder verlassen.

---

6 Vgl. dazu *Neye*, ZIP 1994, 165 ff.; *Ott*, INF 1995, 143 ff., *Schwarz*, DStR 1994, 1694, 1695.

b) Steuerneutralität der Umwandlung

11 Umstrukturierungen sollten weitgehend steuerneutral gestellt werden und insbesondere sollte auch der früher steuerlich meist verbaute Weg heraus aus der Kapitalgesellschaft, insbesondere aus der GmbH, eröffnet werden.[7] Auch davon ist infolge der anschließenden Änderungen des Umwandlungssteuerrechts wenig übrig geblieben.[8]

12 Das UmwStG wurde bereits mehrfach verschärft. Auch der BMF hat mit dem Umwandlungssteuer-Erlass vom 25.3.1998[9] eine sehr restriktive Haltung eingenommen.

13 Inzwischen ist ein neuer Umwandlungssteuer-Erlass herausgegeben worden, der den vorausgegangenen Erlass des BMF nicht vollständig ersetzt, sondern nur ergänzt.[10]

c) Harmonisierung von Gesellschafts- und Steuerrecht

14 Die handelsrechtlichen Regelungen des Umwandlungsrechts (UmwG) erforderten eine Anpassung auch der steuerlichen Vorschriften, damit das Steuerrecht den zivilrechtlichen Voraussetzungen folgen kann. Allerdings wurden umwandlungssteuerrechtlich alte Bezeichnungen weitgehend beibehalten und bei weitem nicht alle Umwandlungen i.S.d. UmwG 1995 auch steuerneutral gestellt. Auch sind für einheitliche Umwandlungsvorgänge i.S.d. UmwG teilweise mehrere umwandlungssteuerrechtliche Schritte vorgesehen.[11]

III. Parallelität des Umwandlungsrechts und der Alternativmodelle

15 Schon vorher gab es gesellschaftsrechtliche Gestaltungsmöglichkeiten, die wirtschaftlich auf eine Unternehmensumwandlung hinauslaufen. Erwähnt seien beispielsweise die Realteilung und die An- und Abwachsungsmodelle[12] im Recht der Personen- und Personenhandelsgesellschaften sowie die Übertragung von Vermögen oder Wirtschaftsgütern bzw. die Einbringung von Betrieben und Teilbetrieben im Wege der Einzelrechtsnachfolge gegen Anteilsgewährung.[13] Diese Möglichkeiten bestehen neben den Möglichkeiten nach dem neuen Umwandlungsgesetz auch weiterhin.[14]

16 Hervorzuheben ist dabei zweierlei:
1. Die Umwandlungsformen nach dem Umwandlungsgesetz unterliegen einem **numerus clausus**, d.h. im Rahmen der Geltung des Umwandlungsgesetzes können die dort angebotenen Umwandlungsmöglichkeiten nicht abweichend von den gesetzlichen Grundlagen gehandhabt werden (sie können allerdings kombiniert werden).[15]
2. Die Regelungen des Umwandlungssteuergesetzes beziehen sich zwar grundsätzlich auf Umwandlungen nach dem neuen Umwandlungsgesetz. Dies gilt insbesondere für die steuerlichen Privilegien wie die steuerneutrale Umwandlung. Eine Ausnahme ist allerdings in § 20 Abs. 8 S. 3 UmwStG 1995 (heute: § 20 Abs. 6 S. 3 UmwStG) geregelt; danach gilt die

---

7 Vgl. dazu beispielsweise *Ott*, INF 1995, 460 ff. und 492 ff.
8 Siehe etwa *Kutt*, BB 2004, 371.
9 BMF v. 25.3.1998, BStBl I 1998, 268 = GmbHR 1998, 444.
10 BMF v. 11.11.2011, BStBl I 2011, 1314; dazu *Heurung/Engel/Schröder*, GmbHR 2011, 617; *Rödder*, DStR 2011, 1053 und 1059; *Kessler/Philipp*, DStR 2011, 1065; *Schmitt*, DStR 2011, 1108; *Sistermann/Beutel*, DStR 2011, 1162; *Neumann*, GmbHR 2012, R 33.
11 Vgl. dazu *Meyer-Scharenberg*, Umwandlungsrecht, S. 13.
12 Dazu ausführlich *Orth*, DStR 1999, 1011 ff. und 1053 ff.; zur steuerlichen Behandlung des Ausscheidens der Kommanditisten aus der GmbH & Co. KG mit Anwachsung des Gesellschaftsvermögens auf die gesellschafteridentische Komplementär-GmbH siehe OFD Düsseldorf v. 22.6.1998, DB 1988, 1524 unter Hinweis auf BFH DB 1981, 196 und BFH DB 1987, 1815 (verdeckte Einlage); *Watermeyer*, GmbH-StB 2003, 96.
13 Siehe etwa Centrale-Gutachten, GmbHR 2004, 226, Niedersächs. FG v. 31.7.2002–2 K 352/00, n.v.
14 Vgl. etwa *Aha*, AG 1997, 345; *Tönnes/Wewel*, DStR 1998, 274; *Veil*, ZIP 1998, 361, jeweils zur Ausgliederung.
15 Dazu *Schnorbus*, DB 2001, 1654.

achtmonatige Rückwirkung auch für Einbringungen, die im Wege der Einzelrechtsnachfolge oder der Anwachsung außerhalb des UmwG 1995 vollzogen werden müssen (z.B. Freiberufler, Nichtkaufmann, GbR bringt Wirtschaftsgüter in eine Kapitalgesellschaft ein). Eine Ausnahme gilt auch insoweit, als der 8. und der 9. Teil des UmwStG für die dort beschriebenen Einbringungsfälle generell gilt.[16]

Die wirtschaftlichen „Alternativformen" außerhalb des Umwandlungsgesetzes sind im Übrigen in der Regel mit dem Erfordernis verbunden, dass Wirtschaftsgüter unter Beachtung des Gebots sachenrechtlicher Bestimmtheit nur **einzeln übertragen** werden können (mit den entsprechenden Formvorschriften, beispielsweise für Immobilien die notarielle Form oder Abtretung der einzelnen Forderungen[17]). In aller Regel sind mit solchen alternativen Umwandlungsvorgängen auch die Auflösung der stillen Reserven und die entsprechende Besteuerung verbunden. Im Einzelfall können diese „Alternativmodelle" aber auch gewisse Vorteile haben, so dass sie bei den Gestaltungsüberlegungen in jedem Falle mit einbezogen werden sollten. 17

IV. Motive der Umwandlung von Unternehmen

Die Motivation für die Umwandlung von Unternehmen kann so vielfältig sein, dass eine umfassende Darstellung hier nicht erfolgen kann.[18] Hervorgehoben werden soll aber auch an dieser Stelle, dass das Motiv der **Steuerersparnis**[19] bei Gestaltungsüberlegungen, insbesondere bei Umwandlungsüberlegungen, sicherlich ein wichtiges ist, vielleicht auch das wichtigste, aber sicherlich bei weitem nicht der einzige Aspekt ist, der entscheidungsrelevant sein sollte.[20] Immer muss auch berücksichtigt werden, dass dem Mandanten bzw. dem Gesellschafterkreis (der durchaus unterschiedlichste Interessenrichtungen haben kann) eine Gesellschaftsform zur Verfügung gestellt wird, die in der täglichen Praxis auch handhabbar ist. 18

Ebenso wie bei Gesellschaftsneugründungen muss also auch bei Umwandlungen darauf geachtet werden, dass die für das Unternehmen und den Gesellschafterkreis passende Rechtsform gewählt wird, also nicht nur in steuerlicher Hinsicht, sondern auch in 19
– gesellschaftsrechtlicher Hinsicht
– in familienrechtlicher Hinsicht
– in erbrechtlicher Hinsicht
– in arbeitsrechtlicher Hinsicht und ggf. auch
– in mitbestimmungsrechtlicher Hinsicht und
– in publizitätsrechtlicher Hinsicht.

V. Aufbau und Gliederung des UmwG 1995

Das Umwandlungsgesetz mit seinen – ursprünglich – insgesamt 325 Paragraphen ist in acht Bücher gegliedert, und die einzelnen Bücher sind ihrerseits teilweise wiederum untergliedert in Teile, Abschnitte und Unterabschnitte. Dabei arbeitet der Gesetzgeber weitgehend mit dem 20

---

16 Zur Möglichkeit einer rückwirkenden gewerbesteuerlichen Organschaft siehe BFH DStR 2003, 2062.
17 Siehe etwa OLG Bremen GmbHR 1999, 822 für die Einbringung eines einzelkaufmännischen Unternehmens in eine GmbH.
18 Siehe zu den Überlegungen zur Rechtsformwahl die Darstellung in § 1 Rn 5 ff.
19 Vgl. dazu etwa *Goldenbaum/Strunk*, DStR 1995, 1773.
20 Vor diesem Hintergrund erscheint die Rechtsprechung des BGH bedenklich, wonach der Steuerberater grundsätzlich wegen eines Beratungsfehlers auf Schadensersatz haftet, wenn er nicht von mehreren Umwandlungsalternativen die steuerlich günstigste wählt: BGH GmbHR 1997, 211.

Mittel der Verweisung, beispielsweise in § 73 UmwG für die Verschmelzung durch Neugründung auf Vorschriften über die Verschmelzung durch Aufnahme oder in § 177 UmwG für Teilübertragungen auf Vorschriften, die für die Aufspaltung, Abspaltung oder Ausgliederung zur Aufnahme von Teilen für die übertragende Kapitalgesellschaft gelten. Durch die Verweisungen und Querverweisungen ist das Gesetz relativ schwer zu lesen und teilweise schwer handhabbar.

VI. Anwendungsbereich des UmwG 1995

21 Stichwortartig lässt sich der wesentliche Anwendungsbereich des UmwG 1995 wie folgt skizzieren:
1. Das Umwandlungsgesetz spricht vom „**Rechtsträger**".[21] Es muss sich um eine „im Rechtsverkehr auftretende juristische Einheit" handeln. Nicht erforderlich ist, dass es sich um ein Unternehmen/einen Unternehmer im engeren Sinne handelt.
2. Das Umwandlungsgesetz ist mit Wirkung **ab 1.1.1995** in Kraft getreten.[22]
3. Es gilt der **numerus clausus der Umwandlungsarten**. Die Umwandlungsarten sind abschließend im Gesetz aufgezählt (Typenzwang und Analogieverbot).[23] Die schon bisher bekannten wirtschaftlichen „Alternativmodelle" bleiben erhalten, für sie gelten aber die Vorschriften des Umwandlungsgesetzes nicht. Ein Teil der instanzgerichtlichen Rechtsprechung[24] will allerdings einzelne Vorschriften (z.B. §§ 127, 63 Abs. 1 Nr. 3 UmwG bei Ausgliederung durch Einzelrechtsübertragung) analog anwenden.[25]
4. Das Umwandlungssteuergesetz 1995, insbesondere die dortigen Vergünstigungen, gilt grundsätzlich nur für die Umwandlungen nach dem Umwandlungsgesetz 1995 (Ausnahmen: Der 8. und 9. Teil des UmwStG gelten generell für Einbringungsfälle, § 20 Abs. 6 S. 3 UmwStG).
5. Nach § 17 Abs. 2 UmwG ist – gerechnet ab dem Eingang der Anmeldung – acht Monate lang ein Rückgriff auf den letzten Jahresabschluss möglich, also eine **Rückbeziehung des Umwandlungsstichtages** (früher: sechs Monate). Für Rechtsvorgänge in der Übergangszeit ist damit eine Vielzahl zivil- und steuerrechtlicher Besonderheiten zu beachten.[26]
6. Das Umwandlungsgesetz hat – zumindest nach der ursprünglichen Konzeption des Gesetzgebers – **keinen Auslandsbezug**.[27] Es galt zunächst nur für „Rechtsträger" mit Sitz im Inland und für reine Inlandsumwandlungen.[28]

22 Allerdings war diese zuletzt unter Ziffer 6 dargestellte Entscheidung des nationalen Gesetzgebers in europarechtlicher Hinsicht (insbesondere wegen der Niederlassungsfreiheit, vgl. Art. 43, 48 EGV) fraglich geworden.[29] Der Generalanwalt *Antonio Tizzano* beim EuGH hatte auf Vorlage des LG Koblenz[30] im Streit mit dem AG Neuwied um die **Eintragungsfähigkeit einer grenzüberschreitenden Verschmelzung** unter dem Gesichtspunkt der **Niederlassungs- und der**

---

21 *Hirte*, ZInsO 2004, 353.
22 Auf das BMF-Schreiben v. 19.12.1994 (BStBl I 1995, 42 = BB 1995, 82) sei verwiesen.
23 Dazu auch *Schnorbus*, DB 2001, 1654; *Semler/Stengel*, UmwG, § 1 Rn 73ff.; *Hirte*, ZInsO 2004, 353; zum Analogieverbot auch OLG München DStR 2006, 2045.
24 So etwa LG Karlsruhe ZIP 1998, 385, dazu EWiR 1997, 1148 (*Bork*); dazu auch *Trölitzsch*, DStR 1999, 764; LG Frankfurt ZIP 1997, 1698, dazu EWiR 1997, 919 (*Drygala*) = NZG 1998, 113 m. abl. Anm. *Zeidler*.
25 Vgl. *K. Schmidt*, ZGR 1995, 675, 677; a.A. LG Hamburg AG 1997, 238; BGH ZIP 1997, 2134; *K. Schmidt*, ZIP 1998, 181ff. zum LwAnpG; *Trölitzsch*, WiB 1997, 795f.
26 Vgl. dazu *Jorde/Wetzel*, BB 1996, 1246ff.
27 *Schmitt/Hörtnagl/Stratz*, UmwG/UmwStG, Einl. UmwG Rn 5.
28 Zu grenzüberschreitenden Umwandlungen muss auf die Spezialliteratur verwiesen werden, insbesondere auf die Aufsatzliteratur im Literaturverzeichnis.
29 *Racky*, DB 2003, 923; *Triebel/von Hase*, BB 2003, 2409; *Engert*, DStR 2004, 664; *Paefgen*, GmbHR 2004, 463.
30 LG Koblenz ZIP 2003, 2210; dazu EWiR 2004, 139 (*Mankowski*).

Kapitalfreiheit im Verschmelzungsverfahren Security Vision Concept S.A., Lux./Sevic Systems AG folgenden Schlussantrag gestellt:[31]

„Die Artikel 43 EG und 48 EG stehen einer Regelung eines Mitgliedstaats, wie sie das Umwandlungsgesetz darstellt, entgegen, die die Eintragung von Verschmelzungen von Gesellschaften mit Sitz in diesem Staat und Gesellschaften aus anderen Mitgliedstaaten in das nationale Handelsregister nicht zulässt."

Der EuGH ist dem gefolgt:[32]

23

„Es stellt eine Verletzung der durch den EG-Vertrag geschützten Niederlassungsfreiheit dar, dass die Verschmelzung einer Gesellschaft mit Sitz in Deutschland mit einer Gesellschaft aus einem anderen Mitgliedstaat nicht in das deutsche Handelsregister eingetragen werden kann. Ein derart generelles Verbot geht über die zum Schutz der Gläubiger, Minderheitsaktionäre und Arbeitnehmer erforderlichen Maßnahmen hinaus und ist daher unverhältnismäßig."

Am 20.9.2005 hat der europäische Ministerrat auch eine **Richtlinie über die grenzüberschreitende Verschmelzung von Kapitalgesellschaften** verabschiedet und am 26.10.2005 in Kraft gesetzt (dazu siehe Rn 36).[33] Durch die Einfügung eines neuen Zehnten Abschnitts in das UmwG (§§ 122a bis 122l UmwG) ist bereits Ende 2006 hatte er zuvor mit dem sog. SEStEG[34] die flankierenden steuerlichen Vorschriften geschaffen.[35]

24

In der sog. Cartesio-Entscheidung hat der EuGH inzwischen auch die Freiheit zum formwechselnden Wegzug behandelt.[36] Die Art. 43 und 48 EG sind danach beim gegenwärtigen Stand des Gemeinschaftsrechts dahin auszulegen, dass sie Rechtsvorschriften eines Mitgliedstaats nicht entgegenstehen, die es einer nach dem nationalen Recht dieses Mitgliedstaats gegründeten Gesellschaft verwehren, ihren Sitz in einen anderen Mitgliedstaat zu verlegen und dabei ihre Eigenschaft als Gesellschaft des nationalen Rechts des Mitgliedstaats, nach dessen Recht sie gegründet wurde, zu behalten. Allerdings muss eine solche Sitzverlegung möglich sein, ohne dass dies zur Auflösung der ursprünglichen juristischen Person und zur Schaffung einer neuen juristischen Person führt. Das bedingt dann aber, dass eine solche Verlegung zwangsläufig die Änderung des auf die betreffende Einheit anwendbaren nationalen Rechts mit sich bringt.

25

Die Frage der Zulässigkeit einer grenzüberschreitenden Sitzverlegung unter Statuten- und Formwechsel hatte der EuGH jüngst in der Rechtssache Vale zu behandeln. Er hat entschieden, dass die grenzüberschreitende Umwandlung (Wechsel in eine ausländische Rechtsform) grundsätzlich möglich ist. Die Gesellschaft erlischt im Herkunftsstaat (nach dessen Regeln) und entsteht neu im Aufnahmestaat (nach dessen Regeln).[37]

26

Das OLG Nürnberg hat mit Beschluss vom 13.2.2012[38] über eine Konstellation entscheiden müssen, die sich in genau diesem Spannungsfeld europarechtlicher Vorgaben und nationaler umwandlungsrechtlicher Bestimmungen bewegt. Es hat hierbei den Zuzug einer nach luxemburgischem Recht errichteten Gesellschaft mit beschränkter Haftung i.V.m. einem Formwechsel

27

---

31 EuGH GA ZIP 2005, 1227; dazu EWiR 2005, 581 (*Wachter*); dazu auch *Wachter*, GmbHR 2005, R 285; so auch schon *Kloster*, GmbHR 2003, 1413; *Paefgen*, GmbHR 2004, 463.
32 EuGH ZIP 2005, 2311 = BB 2006, 11 m. Anm. *Schmidt/Maul*; dazu EWiR 2006, 25 (*Drygala*), *Geyrhalter/Weber*, DStR 2006, 146; *Simon/Leuering*, NJW-Spezial 2006, 75.
33 Richtlinie 2005/56/EGPE-CONS 3632/4/05; dazu *Neye*, ZIP 2005, 1893; *Bayer/Schmidt*, ZIP 2006, 210; *Bayer/Schmidt*, NJW 2006, 401; *Forsthoff*, DStR 2006, 613; *Geyrhalter/Weber*, DStR 2006, 146; *Meilicke/Rabback*, GmbHR 2006, 123; *Nagel*, NZG 2006, 97; *Oechsler*, NJW 2006, 812; *Sedemund*, BB 2006, 519; *Teichmann*, ZIP 2006, 355.
34 Gesetz über steuerliche Begleitmaßnahmen zur Einführung der Europäischen Gesellschaft und zur Änderung weiterer steuerlicher Vorschriften vom 7.12.2006, BGBl I 2006, 2782.
35 Dazu *Blumers*, BB 2008, 2041; *Teiche*, DStR 2008, 1757.
36 EuGH v. 16.12.2008 – Rs. C-210/06, NJW 2009, 569 = ZIP 2009, 24; dazu EWiR 2009, 141 (*D. Schulz/H. Schröder*); dazu auch *Teichmann*, ZIP 2009, 393; *Probenius*, DStR 2009, 487; *Knop*, DZWIR 2009, 147.
37 EuGH GA v. 15.12.2011 – Rs C-378/10 – Vale, Schlussanträge des Generalanwalts, DB 2012, 733; EuGH v. 12.7.2012, ZIP 2012, 1394; dazu *Bayer/Schmidt*, ZIP 2012, 1481; *Stöber*, ZIP 2012, 1273.
38 OLG Nürnberg DB 2012, 853; dazu EWiR 2012, 161 (*Babel*); NJW-Spezial 2012, 241; DNotI-Report 2012, 58.

in eine deutsche GmbH für unzulässig erachtet. Auch unter dem Gesichtspunkt der Niederlassungsfreiheit sei dieses Vorhaben nicht zwingend zulässig.

28 Nach Ansicht des OLG Nürnberg führt die gleichzeitige Verlegung des Satzungs- und des Verwaltungssitzes dazu, dass die möglichen Anknüpfungspunkte für die Anwendbarkeit des Rechts des Heimatstaates entfallen. Die Gesellschaft unterliege daher nicht mehr luxemburgischem, sondern deutschem Recht. Demzufolge sei es nicht von Belang, dass das luxemburgische Recht eine Änderung der Nationalität der Gesellschaft ohne Verlust ihrer Rechtspersönlichkeit zulasse. Das deutsche Recht kenne eine derartige grenzüberschreitende Verlegung des Satzungs- und Verwaltungssitzes unter identitätswahrendem Formwechsel nicht. § 4a GmbHG erlaube zwar die Verlegung des Verwaltungssitzes ins Ausland, treffe aber keine Aussage über die Zulässigkeit des Zuzugs einer ausländischen Gesellschaft. Auch das Umwandlungsrecht enthalte hierfür keine unmittelbaren Vorgaben, sondern nur für den Fall der grenzüberschreitenden Verschmelzung. Für eine identitätswahrende grenzüberschreitende Sitzverlegung einer ausländischen Gesellschaft nach Deutschland unter gleichzeitiger Annahme der äquivalenten inländischen Rechtsform finde sich daher keine rechtliche Grundlage.

29 Bis zur Entscheidung des EuGH in Sachen „Vale" war die Rechtslage in Bezug auf grenzüberschreitende Formwechsel weitgehend ungeklärt. Die Entscheidung vom 12.7.2012 in Sachen „Vale" hat zwar die grundsätzliche Zulässigkeit der grenzüberschreitenden Umwandlung bestätigt, aber viele Detailfragen offen gelassen. Insoweit sind der Richtliniengeber und die Gesetzgeber gefordert.

VII. Umwandlungsmöglichkeiten nach früherem Recht

30 Auch das bis zum 31.12.1994 geltende Recht ließ verschiedene Umwandlungsmöglichkeiten zu. Wie bereits ausgeführt (siehe Rn 6), waren diese Umwandlungsmöglichkeiten aber in fünf gesetzlichen Vorschriften verstreut und zudem unsystematisch geregelt. Darüber hinaus war die Terminologie hinsichtlich der einzelnen Umwandlungsmöglichkeiten eine andere als nach dem neuen Recht. Insbesondere der Begriff „Umwandlung" wurde nicht – wie im neuen Recht – als Oberbegriff für die verschiedenen gesetzlichen Umstrukturierungsmöglichkeiten verwendet, sondern stand als eine der Umstrukturierungsmöglichkeiten neben der Verschmelzung (geregelt im AktG, KapErhG, GenG und VAG) und neben der Vermögensübertragung (geregelt im VAG). Die Umwandlung nach früherem Recht (geregelt im AktG und im UmwG 1969) wurde ihrerseits unterteilt in
– die übertragende Umwandlung (diese wiederum unterteilt in verschmelzende oder errichtende Umwandlung) und
– die formwechselnde Umwandlung.

VIII. Umwandlungsmöglichkeiten nach dem UmwG 1995

31 Das Umwandlungsgesetz 1995 hat zunächst die schon erwähnte sprachliche Korrektur bzw. Änderung herbeigeführt, wonach nunmehr **„Umwandlung"** als **Oberbegriff** für die verschiedenen Änderungen der Gesellschaftsstruktur bzw. Gesellschaftsrechtsform verstanden wird. In § 1 UmwG ist abschließend geregelt, welche Arten der Umwandlung im Rahmen des UmwG möglich sind.

32 Das Gesetz enthält insoweit einen numerus clausus der Umwandlungsmöglichkeiten und schreibt darüber hinaus eine entsprechende Formstrenge vor: Die (vier) gesetzlichen Umwandlungsmöglichkeiten sind jeweils im Rahmen des Umwandlungsgesetzes zwingend nach den dortigen Einzelvoraussetzungen durchzuführen.

Das UmwG 1995 unterscheidet abschließend[39] **vier Umwandlungsmöglichkeiten**, nämlich   33
- Verschmelzung (§§ 2–122l)
- Spaltung (§§ 123–173)
- Vermögensübertragung (§§ 178–189)
- Formwechsel (§§ 190–304).

Die Eleganz der Umwandlungsvorgänge liegt insbesondere darin begründet, dass eine Gesamt-   34
rechtsübertragung bzw. zumindest eine „partielle Gesamtrechtsübertragung" ohne die Erfordernisse von Einzelübertragungsakten und von Zustimmungen der Gläubiger erfolgt.[40]

Während bei den drei zuerst genannten Umwandlungsmöglichkeiten eine solche **Vermö-**   35
gensübertragung erfolgt, ist bei der vierten Umwandlungsmöglichkeit, dem Formwechsel, lediglich eine **Änderung der Rechtsform** („Wechsel des Rechtskleides") gegeben, eine Vermögensübertragung findet dabei nicht statt. Dies ist eindeutiger gesetzlicher Regelungsinhalt. Dogmatisch ist dies allerdings schwer einzuordnen.

IX. Änderungen durch das Zweite Gesetz und das Dritte Gesetz zur Änderung des Umwandlungsgesetzes

Das Bundesministerium der Justiz hatte am 13.2.2006 den Entwurf eines Zweiten Gesetzes zur   36
Änderung des Umwandlungsgesetzes vorgelegt.[41] Der Referentenentwurf beschränkte sich nicht darauf, die Vorgaben der Richtlinie über die grenzüberschreitende Verschmelzung von Kapitalgesellschaften (siehe Rn 24) umzusetzen. Er griff auch Änderungswünsche auf. Berücksichtigung finden vor allem die Vorschläge aus dem Bericht der Regierungskommission „Corporate Governance" von Juli 2001.[42] Diese Änderungswünsche sind im Wesentlichen unverändert in den Gesetzesentwurf übernommen worden.[43] Am 1.2.2007 hat der Deutsche Bundestag das Zweite Gesetz zur Änderung des Umwandlungsgesetzes in zweiter und dritter Lesung beraten und der Bundesrat hat das Gesetz am 9.3.2007 beschlossen und darin die EG-Verschmelzungsrichtlinie vollständig umgesetzt.[44] Das Gesetz ist am 20.4.2007 in Kraft getreten.

Bereits Ende 2006 hat der Gesetzgeber mit dem sog. SEStEG[45] die flankierenden steuerlichen   37
Vorschriften geschaffen.

Durch die Einfügung eines neuen Zehnten Abschnitts in das UmwG (§§ 122a bis 122l UmwG)   38
ist die grenzüberschreitende Verschmelzung im Bereich der EU nunmehr aus Sicht des deutschen Rechts geregelt. Es fehlte zunächst aber in den meisten EU-Mitgliedsstaaten noch die korrespondierende Anpassung der dortigen nationalen Gesetze. Hervorzuheben sind folgende Punkte:

---

39 *Hirte*, ZInsO 2004, 353.
40 Siehe etwa zum Übergang von Beherrschungs- und Gewinnabführungsverträgen ohne Zustimmung des beherrschten Unternehmens LG Bonn GmbHR 1996, 774; zum Schicksal von Unterbeteiligungen *Schindhelm u.a.*, DStR 2003, 1444 ff. und 1469 ff.; zur Fortgeltung von Dienstverträgen mit Geschäftsführungsorganen siehe BGH ZIP 1997, 1106 = DStR 1997, 932; zur ausschließlichen Vertretungsbefugnis des Aufsichtsrats gegenüber ausgeschiedenen Vorstandsmitgliedern nach Umwandlung der AG in eine GmbH siehe BGH ZIP 1997, 1108; BGH ZIP 1998, 508; BGH BB 2004, 64 = DStR 2004, 366; dazu EWiR 2004, 97 (*Ziemons*).
41 Veröffentlicht unter: www.bmj.bund.de.
42 BT-Drucks 14/7515.
43 Gesetzentwurf Bundesregierung v. 11.8.2006 BR-Drucks 548/06 und Gesetzesfassung v. 19.4.2007, BGBl I 2007, 542.
44 *Neye*, BB 2007, 389; zum Referentenentwurf siehe *Drinhausen/Keinath*, BB 2006, 725; zum Regierungsentwurf siehe *Drinhausen*, BB 2006, 2313.
45 Gesetz über steuerliche Begleitmaßnahmen zur Einführung der Europäischen Gesellschaft und zur Änderung weiterer steuerlicher Vorschriften vom 7.12.2006, BGBl I 2006, 2782.

- Die im Gesetz zur Unternehmensintegrität und Modernisierung des Anfechtungsrechts (UMAG) erstmals eingeführte Dreimonatsfrist für die gerichtliche Entscheidung im sog. Freigabeverfahren zur Durchsetzung der Eintragung einer gesellschaftsrechtlichen Maßnahme trotz erhobener Anfechtungsklage ist auf Umstrukturierungsfälle ausgedehnt worden.
- Die Aktionäre einer Aktiengesellschaft, die an der Börse notiert ist und auf eine nichtbörsennotierte Gesellschaft verschmolzen wird, haben künftig die Möglichkeit, gegen Abfindung aus der Gesellschaft auszuscheiden.
- Die Bezeichnung unbekannter Aktionäre in Umwandlungsverfahren soll künftig praxisgerechter geregelt werden.
- Zur Erleichterung der Verschmelzung von Schwestergesellschaften im Konzern, deren Anteile zu 100% von der Muttergesellschaft gehalten werden, ist eine Ausnahme von der Anteilsgewährungspflicht geschaffen worden.
- Die Verschmelzungsmöglichkeit für genossenschaftliche Prüfungsverbände ist erweitert worden.
- Der für Spaltungen geltende Grundsatz des Vorrangs des allgemeinen Rechts (§ 132 UmwG) ist beseitigt worden, weil diese Regelung gegenüber dem Ministerium als Spaltungsbremse kritisiert worden sei.[46]
- Das generelle Spaltungsverbot in der Nachgründungsphase (§ 141 UmwG) ist gelockert worden.
- Beim Formwechsel ist auf die Beifügung einer Vermögensaufstellung zum Umwandlungsbericht verzichtet worden.

39 Am 15.5.2011 wurde das „Dritte Gesetz zur Änderung des Umwandlungsgesetzes" in 2. und 3. Lesung im Bundestag beschlossen, der Bundesrat hat das Gesetz am 16.6.2011 bestätigt und es in Kraft gesetzt. Es ist am 11.7.2011 in Kraft getreten.[47] Es enthält in erster Linie Regelungen für die Umwandlungsvorgänge bei Aktiengesellschaften.

X. Mischformen und Kombinationen von Umwandlungen

40 Durch die Neuregelungen des UmwG sind in noch weiter erhöhtem Maße Verknüpfungen der einzelnen Umwandlungsarten, insbesondere der Verschmelzung und der Spaltung, aber auch Kombinationen innerhalb der einzelnen Umwandlungsarten möglich.[48]
- Zunächst sei auf § 123 Abs. 4 UmwG hingewiesen, wonach eine Spaltung auch durch gleichzeitige Übertragung auf bestehende und auf neue Rechtsträger erfolgen kann (Kombination von Spaltung „durch Neugründung" und „durch Aufnahme").
- Eine weitere Kombinationsmöglichkeit besteht darin, dass bei Spaltungsvorgängen nicht nur ein übertragender Rechtsträger beteiligt ist, sondern mehrere.
- Ferner kann geregelt werden, dass auf- oder abgespaltene Teile mehrerer übertragender Rechtsträger miteinander verschmolzen werden, beispielsweise dann auch wieder in Mischformen „durch Neugründung" und/oder „durch Aufnahme".

41 Zur Zulässigkeit einer **Kettenverschmelzung** hat das OLG Hamm entschieden.[49] Ein Verschmelzungsvertrag kann danach unter der aufschiebenden Bedingung geschlossen werden, dass ein früherer Verschmelzungsvertrag, an dem die nunmehr übertragende Gesellschaft als aufneh-

---

46 *Neye/Timm*, DB 2006, 493.
47 BGBl I 2011, 1338.
48 Vgl. *Kallmeyer*, DB 1995, 81; *Mayer*, DB 1995, 861.
49 OLG Hamm GmbHR 2006, 255 = DNotZ 2006, 378.

mender Rechtsträger beteiligt ist, durch Eintragung im Handelsregister wirksam wird. In einem solchen Vertrag muss die übertragende Gesellschaft entsprechend ihrer gegenwärtigen Eintragung im Handelsregister ohne Berücksichtigung einer im Zusammenhang mit der Erstfusion vorgenommenen, erst mit deren Eintragung im Handelsregister wirksam werdenden Firmenänderung bezeichnet werden.

Diese Kombinations- und Mischformen erlauben, dass komplizierte Umstrukturierungsvorgänge in Fusionsfällen bzw. Umstrukturierungsfällen zeitlich wesentlich schneller, mit erheblich niedrigeren Kosten und mit erheblich geringerem Arbeitsaufwand (Jahresabschlüsse, Registeranmeldungen etc.) durchgeführt werden können. 42

XI. Vorbereitung und Durchführung der Umwandlung

1. Zu beachtende Vorschriften außerhalb des UmwG

Vorbereitung und Durchführung einer Umwandlung bedürfen gründlicher Planung, Abstimmung und genauer Beachtung der gesetzlichen Vorschriften. Hervorzuheben ist, dass auch eine Vielzahl von Vorschriften außerhalb des UmwG zu beachten sind: 43
– Informations- und Beteiligungsrechte der Gesellschafter bzw. Gesellschaftsgremien nach AktG, GmbHG, HGB, GenG bzw. nach dem Gesellschaftsvertrag oder der Satzung
– Informations- und Beteiligungsrechte des Betriebsrates (dazu siehe Rn 257 ff.) bzw. eines etwa bestehenden Wirtschaftsausschusses nach § 106 BetrVG
– Firmengrundsätze nach § 19 HGB
– Beteiligung der Kartellbehörde.

2. Interne und externe Abstimmung der Beteiligten

Ferner ist eine wechselseitige Abstimmung der beteiligten Rechtsträger untereinander und innerhalb der Organe und Gremien der beteiligten Rechtsträger im Rahmen der verschiedenen Stationen des Umwandlungsverfahrens erforderlich. Dies bedeutet insbesondere, dass zunächst weitgehend auf der Basis von Absichtserklärungen bzw. Entwürfen gearbeitet werden muss, die dann wechselseitig abzustimmen sind. Dies gilt insbesondere für die Abstimmung des Entwurfs des Umwandlungsvertrages mit dem Entwurf des Umwandlungsberichts und des Berichts des Umwandlungsprüfers (vgl. §§ 8 Abs. 1, 9 Abs. 1 UmwG). 44

3. Wirksamwerden der Umwandlung

Das Wirksamwerden aller Umwandlungen nach dem UmwG ist durch die Eintragung der Umwandlung im Handelsregister bestimmt (§§ 20 Abs. 1, 36 Abs. 1, 131 Abs. 1, 135 Abs. 1, 202 Abs. 1 UmwG). Dies gilt auch für **Personengesellschaften**. Bekanntlich ist ansonsten bei Personengesellschaften weder bezüglich der Gründung noch bezüglich einer Änderung des Gesellschaftsvertrages die Eintragung im Handelsregister konstitutiv. 45

Zu dieser besonderen Wirkung der Eintragung im Register gehören insbesondere: 46
– Übergang des Vermögens einschließlich der Verbindlichkeiten des übertragenden Rechtsträgers auf den übernehmenden Rechtsträger;[50]
– übertragende Rechtsträger, die nicht bestehen bleiben, erlöschen, ohne dass es einer Liquidation oder einer besonderen Löschung bedarf;[51]

---

50 Zum (Nicht-)Eintritt in die Beklagtenstellung des übertragenden Rechtsträgers bei einer Ausgliederung siehe BGH ZIP 2001, 305.
51 *Hirte*, ZInsO 2004, 353.

- der Übergang der Anteilsinhaberschaft (je nach Umwandlungsart: auf die Anteilsinhaber bzw. den übertragenden Rechtsträger) vollzieht sich;
- der neue/formwechselnde Rechtsträger entsteht in seiner (neuen) Rechtsform;
- Mängel der notariellen Beurkundung des Umwandlungsbeschlusses und das Fehlen ggf. erforderlicher Zustimmungs- oder Verzichtserklärungen einzelner Anteilsinhaber werden geheilt;[52] eine Rückgängigmachung – etwa eine „Entschmelzung" – kommt nicht mehr in Betracht, weder aufgrund entsprechender Beschlussfassung noch aufgrund einer Amtslöschung;[53]
- bestehen bleibende Rechte Dritter richten sich nunmehr gegen den neuen/formwechselnden Rechtsträger in seiner (neuen) Rechtsform (vgl. §§ 20 Abs. 2, 36 Abs. 1, 131 Abs. 2, 135 Abs. 1, 202 Abs. 3 UmwG); anhängige Gerichtsverfahren werden ohne Unterbrechung fortgeführt;[54]
- Mitgliedschaftsrechte am erlöschenden übertragenden Rechtsträger gehen unter, ebenso Organstellungen (insbesondere Vorstands- bzw. Geschäftsführerämter, nicht aber die Dienstverträge),[55] Prokuren,[56] Handlungsvollmachten[57] und vom übertragenden Rechtsträger erteilte (Spezial-)Vollmachten,[58] nach h.M. aber nicht die ihm erteilten Vollmachten.[59]

47 § 19 Abs. 3 UmwG regelt zusätzlich eine für alle Umwandlungsarten geltende **Bekanntmachungspflicht**. Jedes Registergericht hat von Amts wegen die Eintragung der Umwandlung im Bundesanzeiger zu veröffentlichen.

4. Klagen gegen die Umwandlung

48 Allerdings bleiben gem. § 28 UmwG Klagen gegen die Wirksamkeit der Umwandlungsbeschlüsse zulässig, soweit nicht das Spruchverfahren nach dem SpruchG zu betreiben ist (dazu siehe § 23). Die nach § 16 Abs. 2 S. 1 UmwG (i.V.m. § 198 Abs. 3 UmwG) erforderliche **Negativerklärung** der Vertretungsorgane des umwandelnden (formwechselnden) Rechtsträgers kann wirksam erst nach Ablauf der Frist für die Erhebung einer Klage gegen die Wirksamkeit des Umwandlungsbeschlusses abgegeben werden, sofern nicht alle Anteilsinhaber formgerecht (in notarieller Form) auf eine Anfechtung des Umwandlungsbeschlusses verzichtet haben.[60]

49 Vor dieser Erklärung darf die Umwandlung, sofern die klageberechtigten Anteilsinhaber nicht auf die Klage verzichtet haben, nicht eingetragen werden (§ 16 Abs. 2 S. 2 UmwG). Das folgt

---

[52] Dazu zuletzt *Kort*, DStR 2004, 185.
[53] BayObLG DB 1999, 2504; OLG Hamm ZIP 2001, 569; OLG Hamburg NZG 2003, 981; OLG Frankfurt NZG 2003, 236; OLG Frankfurt ZIP 2003, 1607 = DStR 2003, 849 m. Anm. *Schaub*; dazu EWiR 2003, 941 (*Grunewald*).
[54] Siehe etwa BGH BB 2003, 64 m. Anm. *Graef*, BB 2004, 125.
[55] Widmann/Mayer/*Vossius*, UmwG, § 20 Rn 330; Schmitt/Hörtnagl/Stratz, UmwG/UmwStG, § 20 Rn 7; Lutter/*Grunewald*, UmwG, § 20 Rn 26.
[56] Widmann/Mayer/*Vossius*, UmwG, § 20 Rn 304; Schmitt/Hörtnagl/Stratz, UmwG/UmwStG, § 20 Rn 8; Lutter/*Grunewald*, UmwG, § 20 Rn 24.
[57] Widmann/Mayer/*Vossius*, UmwG, § 20 Rn 304; Schmitt/Hörtnagl/Stratz, UmwG/UmwStG, § 20 UmwG Rn 8; Lutter/*Grunewald*, UmwG, § 20 Rn 24; a.A. Goutier/Knopf/Tulloch/*Bermel*, UmwG, § 20 Rn 21.
[58] LG Koblenz MittRhNotK 1997, 321; Widmann/Mayer/*Vossius*, UmwG, § 20 Rn 303; Lutter/*Grunewald*, UmwG, § 20 Rn 23.
[59] LG Koblenz MittRhNotK 1997, 321; DNotI-Gutachten, DNotI-Report 2000, 59 f. m.w.N.; a.A. Lutter/*Grunewald*, UmwG, § 20 Rn 23.
[60] BGH DStR 2007, 357 = NZG 2006, 956 = NJW 2007, 224; dazu NJW-Spezial 2006, 31 f.; so auch OLG Karlsruhe NJW-RR 2001, 1326, 1327 = DB 2001, 1483, 1484; Kallmeyer/*Marsch-Barner*, UmwG, § 16 Rn 26; Lutter/*Bork*, UmwG, § 16 Rn 11; Lutter/*Decher*, UmwG, § 198 Rn 36, 38; Widmann/Mayer/*Fronhöfer*, Umwandlungsrecht, § 16 UmwG Rn 73; abweichend Goutier/Knopf/Tulloch/*Bermel*, Kommentar zum Umwandlungsrecht, 1996, § 16 UmwG Rn 24.

schon daraus, dass erst nach diesem Zeitpunkt überhaupt beurteilt werden kann, ob eine Klage „nicht oder nicht fristgemäß" erhoben worden ist.

a) Klagen als Gefahr der „Registersperre"

Bei allen Handelsgesellschaften bedeutet dies, dass im Falle der Klageerhebung durch den oder 50 die überstimmten Anteilseigner die Handelsregistereintragung zunächst nicht erfolgen kann (**Eintragungssperre**)[61] und damit die Umwandlung nicht wirksam wird (vgl. §§ 16, 26 Abs. 1, 125, 135 Abs. 1, 198 Abs. 3 UmwG). Entweder muss der Beschluss dann unter Vermeidung des Mangels wiederholt werden oder aber das Prozessgericht entscheidet in einem Verfahren vorläufigen Rechtsschutzes schnell darüber, dass die Klage unzulässig oder offensichtlich unbegründet ist.[62]

Beispiel 51

Auf dieser Grundlage ist beispielsweise die Eintragung der Verschmelzung „Thyssen/Krupp AG" trotz Anfechtungsklagen gegen die Beschlüsse der Hauptversammlungen durchgesetzt worden. Die zuständigen Gerichte haben die strengen Anforderungen der Kläger an den Inhalt des Verschmelzungsberichts als überzogen beurteilt und dem Eintragungsinteresse Vorrang zuerkannt, weil **erhebliche Nachteile bei Aufschub** der Verschmelzung drohten.[63]

b) Eilentscheidung nach § 16 Abs. 3 UmwG

Durch eine solche Eilentscheidung des Gerichts kann die Eintragungssperre, die in der Klage- 52 erhebung liegt, überwunden werden.[64] Diese Möglichkeit gem. § 16 Abs. 3 UmwG, die Klage des Gesellschafters gegen die Beschlussfassung in einem Eilverfahren als unzulässig oder offensichtlich unbegründet erklären zu lassen und so die Eintragungssperre zu verhindern, gilt nicht entsprechend für Klagen gegen Unternehmensverträge.[65] „Offensichtliche Unbegründetheit" i.S.v. § 16 Abs. 3 UmwG kann nicht angenommen werden, wenn die Rechtslage nicht eindeutig ist oder nur weil die Verzögerung der Eintragung durch die Klage der beklagten Gesellschaft hohe Kosten verursacht.[66] Nach anderer Auffassung soll aber eine Klage eines Gesellschafters mit einer Kleinstbeteiligung im Regelfall die Eintragungssperre nicht auslösen.[67]

Der **Betriebsrat** ist in einem Klageverfahren gegen Umwandlungsbeschlüsse nicht partei- 53 fähig.[68]

Eine Rechtsbeschwerde ist in diesem Verfahren ausgeschlossen.[69] Mit der gesetzlichen Neu- 54 regelung des UmwG ist dies nunmehr auch – für § 16 Abs. 3 UmwG, §§ 246a Abs. 3 und 319 Abs. 6 AktG – ausdrücklich kodifiziert worden.[70]

---

61 OLG Hamburg NZG 2003, 981.
62 Zur Frage der Kausalität eines Ladungsmangels für den Gesellschafterversammlungsbeschluss BGH BB 1992, 1949; BGH BB 1998, 338.
63 OLG Hamm BB 1999, 1234; OLG Düsseldorf BB 1999, 1236.
64 Vgl. etwa *Böhringer*, BWNotZ 1995, 97, 101; OLG Frankfurt ZIP 1996, 379 ff., dazu EWiR 1996, 187 (*Bork*); *Riegger/Schockenhoff*, ZIP 1997, 2015; *Decher*, AG 1997, 388; *Heermann*, ZIP 1999, 1861; *Kösters*, WM 2000, 1921.
65 Vgl. LG Hanau ZIP 1995, 1820 = DB 1995, 2362; Entscheidung in der Hauptsache: LG Hanau ZIP 1996, 422; dazu *Veil*, ZIP 1996, 1065 ff.; für allgemeinen vorläufigen Rechtsschutz bei Anfechtungsklagen gegen Strukturentscheidungen *Schmid*, ZIP 1998, 1057.
66 LG Hanau ZIP 1995, 1820; siehe auch OLG Karlsruhe DStR 2007, 406.
67 LG Heilbronn EWiR 1997, 43 (*Bayer/Schmitz-Rial*); im Ergebnis bestätigt durch OLG Stuttgart DB 1997, 217 = ZIP 1997, 75; dazu EWiR 1997, 131 (*Bork*).
68 OLG Naumburg GmbHR 1998, 382.
69 BGH BB 2006, 1584 m. Anm. *Neye*.
70 Dazu *Neye*, BB 2007, 389.

c) Rechtsfolgen „verfrühter" Eintragungen

55 Es entsprach auch schon bisher einhelliger Auffassung, dass gegen Eintragungen im Handelsregister wegen deren Publizitätswirkungen die Beschwerde nicht statthaft ist.[71] Für die Rechtspflegererinnerung gilt nichts anderes.[72] Der Betroffene ist vielmehr auf die Einleitung eines **Amtslöschungsverfahrens** mit dem Ziel einer Beseitigung der eingetretenen Wirkungen für die Zukunft und notfalls auf eine Amtshaftungsklage verwiesen.[73]

56 Dabei kann freilich ein in das Handelsregister eingetragener Hauptversammlungsbeschluss nur dann als nichtig gelöscht werden, wenn er durch seinen Inhalt zwingende Vorschriften des Gesetzes verletzt und seine Beseitigung im öffentlichen Interesse erscheint.[74]

57 Selbst dieser Weg wird indessen durch den **umfassenden Bestandsschutz nach § 20 Abs. 2 UmwG und § 202 Abs. 3 UmwG** zusätzlich eingeschränkt und weitgehend versperrt.[75] Die Verletzung nur verfahrensrechtlicher Vorschriften im Anmeldeverfahren wie die Nichtbeachtung der Registersperre genügt jedenfalls für eine Amtslöschung der Umwandlung ersichtlich nicht. Erforderlich wären inhaltliche Mängel des Umwandlungsbeschlusses, die nach § 241 AktG zu dessen Nichtigkeit führen.[76]

58 In Betracht kommen daher bestenfalls **Amtshaftungsansprüche**. Für **richterliche Amtspflichtverletzungen** außerhalb des Anwendungsbereichs des § 839 Abs. 2 Satz 1 BGB hat der BGH allerdings entschieden, dass auch der Verfassungsgrundsatz der richterlichen Unabhängigkeit zu beachten sei. Soweit in solchen Fällen im Amtshaftungsprozess darüber zu befinden sei, ob ein Richter bei der Rechtsanwendung und Gesetzesauslegung schuldhaft amtspflichtwidrig gehandelt habe, könne ihm ein Schuldvorwurf in diesem Bereich nur bei besonders groben Verstößen gemacht werden.[77] Inhaltlich laufe dies auf eine Haftung – nur – für Vorsatz und grobe Fahrlässigkeit hinaus.

59 Im späteren Urteil vom 21.7.2005 hat der BGH stattdessen auf die Vertretbarkeit der richterlichen Rechtsansicht abgestellt.[78] Der **Rechtspfleger** ist zwar im verfassungsrechtlichen Sinne (Art. 92, 97 Abs. 1 GG) kein Richter.[79] Er ist jedoch gemäß § 9 RpflG in seiner Amtsausübung in gleicher Weise sachlich unabhängig und nur an Recht und Gesetz gebunden. Die an ihn im Rahmen seiner Zuständigkeit bei der Rechtsanwendung und Gesetzesauslegung anzulegenden Sorgfaltsmaßstäbe müssen dem ebenfalls Rechnung tragen.[80] Ein Verschulden des Rechtspflegers kann deswegen auch nach der Auffassung des BGH nur bejaht werden, wenn die seiner Entscheidung zugrunde gelegte Rechtsansicht objektiv nicht mehr vertretbar erscheint.[81]

---

71 So zuletzt BGH („T-Online") BB 2006, 1473 und 1584 m. Anm. *Gehrlein* = ZIP 2006, 1151; zuvor LG Darmstadt EWiR 2006, 57 (*Krolop*) und OLG Frankfurt ZIP 2006, 370, dazu EWiR 2006, 189 (*Wilsing/Goslar*) m. Anm. *Deder*, ZIP 2006, 746; zuvor bereits BGHZ 104, 61, 63; BayObLGZ 1986, 540, 541; BayObLGZ 1991, 337, 339; Keidel/Kuntze/*Winkler*, Freiwillige Gerichtsbarkeit, 15. Aufl. 2003, § 142 Rn 4; jeweils m.w.N.
72 BayObLG DNotZ 1986, 48; Arnold/Meyer-Stolte/*Hansen*, RpflG, 6. Aufl. 2002, § 11 Rn 88.
73 BGH ZIP 2006, 2312 gegen OLG Hamm ZIP 2006, 1296; dazu *Büchel*, ZIP 2006, 2289; zu den Rechtsfragen bei zu Unrecht erfolgter Löschung einer Verschmelzung siehe *Custodis*, GmbHR 2006, 904.
74 Vgl. BayObLGZ 1991, 337, 342; OLG Frankfurt NJW-RR 2003, 1122 = ZIP 2003, 1607; OLG Hamburg NZG 2003, 981; OLG Hamm OLGZ 1994, 415, 416 = NJW-RR 1994, 548, 549; OLG Hamm ZIP 2001, 569, 570; OLG Karlsruhe NJW-RR 2001, 1326 f.; Keidel/Kuntze/*Winkler*, a.a.O., § 144 Rn 5.
75 Vgl. BayObLG DNotZ 2000, 232 f.; OLG Hamburg a.a.O.; OLG Frankfurt a.a.O.; Jansen/*Steder*, FGG, 3. Aufl. 2006, § 144 Rn 29; Lutter/*Grunewald*, UmwG, § 20 Rn 71 ff.; Lutter/*Decher*, UmwG, § 202 Rn 57, 64; Semler/Stengel/*Kübler*, UmwG, § 202 Rn 34 f.
76 Vgl. dazu OLG Karlsruhe NJW-RR 2001, 1326, 1327.
77 BGHZ 155, 306, 309; BGH NJW-RR 1992, 919.
78 BGH v. 21.7.2005 – III ZR 21/05, n.v.
79 Vgl. BVerfGE 101, 397, 404 = NJW 2000, 1709.
80 Weitergehend OLG Frankfurt MDR 2005, 1051 = OLG-Report 2005, 241, 243.
81 BGH DStR 2007, 357 = NZG 2006, 956 = NJW 2007, 224; dazu NJW-Spezial 2006, 31 f.

XII. Wesentliche Kernpunkte der Durchführung von Umwandlungen

1. Umwandlungsplan/Umwandlungsvertrag
a) Wesen und Bedeutung von Umwandlungsplan/Umwandlungsvertrag

Sind an einem Umwandlungsvorgang zwei oder mehrere Rechtsträger beteiligt, ist zwischen ihnen, vertreten durch ihre Vertretungsorgane, zunächst in notarieller Form ein Umwandlungsvertrag abzuschließen, jedoch unter dem Vorbehalt der Zustimmungen ihrer jeweiligen Anteilseigner. Ist an dem Umwandlungsvorgang zunächst nur ein Rechtsträger beteiligt, erstellt dessen Vertretungsorgan, unter dem Vorbehalt der Zustimmung der Anteilseigner, in notarieller Form einen Umwandlungsplan. 60

Umwandlungsplan und **Umwandlungsvertrag** sind also nicht zwei verschiedene Stufen des gleichen Umwandlungsvorgangs, sondern Alternativen für die erste wesentliche Stufe des eigentlichen Umwandlungsverfahrens. Bei Verschmelzung und Spaltung sind sie Wirksamkeitsvoraussetzung. 61

Beim Formwechsel ist ein Umwandlungsplan bzw. Umwandlungsvertrag nicht erforderlich, es erfolgt nur ein Umwandlungsbeschluss der Gesellschafterversammlung. 62

Der **Verschmelzungs-** bzw. **Spaltungsvertrag** ist ein Rechtsgeschäft, das von den Vertretungsorganen der an der Verschmelzung bzw. Spaltung zur Aufnahme beteiligten Rechtsträger abzuschließen ist, also ein zwei- bzw. mehrseitiges Rechtsgeschäft. 63

Der **Spaltungsplan** (bei der Spaltung zur Neugründung) ist ein einseitiges Rechtsgeschäft des Vertretungsorgans des zu spaltenden Rechtsträgers. Es ist vergleichbar mit der Umwandlungserklärung des Einzelkaufmanns nach der früheren Regelung des § 56b UmwG 1969. Bei der Spaltung zur Neugründung ist nur ein einseitiges Rechtsgeschäft in Form des Spaltungsplanes erforderlich, weil nur ein beteiligter Rechtsträger vorhanden ist, der die Spaltung vollzieht, und gleichzeitig die Neugründung des Rechtsträgers vornimmt, der das „Spaltprodukt" aufnimmt. 64

Zu beachten ist, dass Umwandlungsplan bzw. Umwandlungsvertrag nicht den Übergang des Vermögens bewirken. Der **Vermögensübergang** tritt vielmehr erst mit der Eintragung der Verschmelzung bzw. Spaltung im Handelsregister ein (§§ 20 Abs. 1 Nr. 1, 131 Abs. 1 Nr. 1 UmwG). 65

b) Formerfordernis

Umwandlungsplan und Umwandlungsvertrag sowie die Zustimmungsbeschlüsse der Anteilseigner bedürfen der **notariellen Beurkundung** (§§ 6, 26 Abs. 1, 125, 136 UmwG; siehe Rn 95), ebenso der Formwechselbeschluss.[82] Geschäftswert ist der Wert des Aktivvermögens des übertragenden bzw. formwechselnden Rechtsträgers bzw. bei Abspaltungen oder Ausgliederungen der Wert des übergehenden Aktivvermögens.[83] 66

§ 4 Abs. 1 UmwG stellt klar, dass dem Verschmelzungsvertrag die Vorschrift des § 310 BGB a.F. (§ 311b Abs. 2 BGB), wonach Verpflichtungen zu Verfügungen über künftiges Vermögen nichtig sind, nicht entgegen steht. 67

Der gesetzgeberische Zweck des Verschmelzungs- bzw. Spaltungsvertrages besteht darin, dass damit sichergestellt wird, dass die beteiligten Rechtsträger völlig gleich lautende Beschlüsse fassen, da sie im Rahmen ihrer jeweiligen Beschlussfassung über einen ausformulierten und für alle beteiligten Rechtsträger gleich lautenden Vertragsabschluss beschließen. Würden die Anteilseigner nicht über einen schon vorliegenden Vertrag zu beschließen haben, sondern über einen Vertragsentwurf ihrer jeweiligen Vertretungsorgane, wäre nicht auszuschließen, dass – bewusst oder unbewusst – unterschiedliche Beschlussfassungen der beteiligten Rechtsträger 68

---
82 Zur (Un-)Zulässigkeit von Auslandsbeurkundungen siehe AnwK-AktienR/*Braunfels*, Kap. 11 Rn 10 m.w.N.; *Goette*, DStR 1996, 709; BGH DStR 2000, 601, dazu EWiR 2000, 487 (*Werner*).
83 §§ 41a, 41c KostO.

vorliegen, so dass die vorgesehene Umwandlung nicht oder nur erschwert durchgeführt werden könnte (Erfordernis von Nachverhandlungen etc.).

c) Mindestinhalte

69 Den Mindestinhalt des Verschmelzungsvertrages regeln § 5 und § 37 UmwG bzw. bei Beteiligung von Personengesellschaften ergänzend § 40 UmwG. Den Mindestinhalt des Spaltungsvertrages regelt § 126 UmwG, auf den § 136 UmwG für den Spaltungsplan (bei Spaltung zur Neugründung) verweist.

70 Wesentliche Regelungspunkte des Umwandlungsvertrages bzw. Umwandlungsplanes sind:
– Bezeichnung und Abgrenzung des übertragenen Vermögens
– Stichtag der Umwandlung (Verschmelzung/Spaltung)
– Umtauschverhältnis der Anteile bzw. Abfindungsangebot[84] an ausscheidenswillige Anteilseigner
– Schutzregelungen für Inhaber von Sonderrechten
– Einzelheiten der Anteilsübertragung
– Beginn des Dividendenrechts.

d) Sinnvolle Inhalte

71 Sowohl im Falle der Verschmelzung als auch im Falle der Spaltung empfiehlt es sich, über den Umfang der gesetzlichen Mindestregelungen im Umwandlungsvertrag hinaus auch eine Regelung aufzunehmen über die weitere Funktion der Organe der übertragenden Rechtsträger. Im Falle der Verschmelzung beispielsweise endet die Organstellung der Vertretungsorgane des übertragenden Rechtsträgers nach dem gesetzlichen Grundmodell. Dagegen enden nicht die zugrunde liegenden Dienst- bzw. Anstellungsverträge mit den betroffenen Organmitgliedern. Es ist also rechtzeitig dafür Sorge zu tragen, dass sowohl auf der Ebene der Organstellung als auch auf der Ebene des Dienst- bzw. Anstellungsvertrages eine harmonische und übereinstimmende Regelung gefunden wird, beispielsweise durch rechtzeitigen Abschluss von Aufhebungsvereinbarungen.

e) Bedeutung der Betriebsratbeteiligung

72 Zum Schutz der Arbeitnehmerinteressen und der Interessen der Arbeitnehmervertretungen gilt sowohl für den Verschmelzungsvertrag als auch für den Spaltungs- und Übernahmevertrag/Spaltungsplan, dass der Vertrag (oder sein Entwurf) spätestens einen Monat vor der Versammlung der Anteilseigner, in der Beschluss darüber gefasst wird, dem zuständigen Betriebsrat/den zuständigen Betriebsräten des/der beteiligten Rechtsträger zugeleitet werden muss.[85] Ist ein Gesamtbetriebsrat vorhanden und vom Umwandlungsvorgang betroffen, ist auch dieser rechtzeitig und ordnungsgemäß zu beteiligen (siehe Rn 269 m.w.N.).

73 Der Betriebsrat soll dadurch die Möglichkeit bekommen, noch auf Änderungen für die Arbeitnehmerschaft bzw. auf Regelungen zur Milderung der Folgen für die Arbeitnehmerschaft hinzuwirken (§§ 5 Abs. 1 Nr. 9, 126 Abs. 1 Nr. 11 UmwG).

74 Nach inzwischen wohl h.M. (siehe Rn 271 m.w.N.) soll der Betriebsrat aber zumindest auf die Einhaltung der Monatsfrist durch Erklärung gegenüber dem Registergericht verzichten können, wohl aber nicht auf die Vorlage der Umwandlungsurkunde bzw. deren Entwurf als solcher.[86]

---

84 Zur Bewertung siehe Rn 166 ff.
85 Zur Fristberechnung *Müller-Eising/Bert*, DB 1996, 1398 ff. m.w.N.
86 LG Stuttgart GmbHR 2000, 622 m. Anm. *Kinzelmann*; Widmann/Mayer/*Mayer*, UmwG, § 5 Rn 266; Lutter/*Lutter*, UmwG, § 5 Rn 87b.

2. Berichte
a) Grundlagen der Berichtspflicht

Für alle Umwandlungsarten schreibt das UmwG vor, dass die Vertretungsorgane **schriftliche** 75
Berichte erstellen müssen, in denen die Umwandlung sowohl in rechtlicher als auch in wirtschaftlicher Hinsicht umfassend erläutert und begründet wird:
- § 8 UmwG für die Verschmelzung durch Aufnahme
- § 36 UmwG für die Verschmelzung durch Neugründung
- § 127 UmwG für die Spaltung durch Aufnahme
- § 135 UmwG für die Spaltung durch Neugründung
- § 192 UmwG für den Formwechsel.

Der Bericht ist dabei – unabhängig von der gesellschaftsvertraglichen Vertretungsregelung – nach h.M. von allen Mitgliedern des Vertretungsorgans zu unterzeichnen.[87]

Diese Berichtspflicht ist zwingend und hat im Gesetz nur wenige **Ausnahmen**: 76
- bei Personengesellschaften, in denen alle Gesellschafter zur Geschäftsführung berechtigt sind (§§ 41, 125 UmwG)
- bei Verschmelzung und Spaltung, wenn alle Anteile des übertragenden Rechtsträgers in der Hand des übernehmenden Rechtsträgers sind (§§ 8 Abs. 3, 125 UmwG)
- beim Formwechsel eines Ein-Personen-Rechtsträgers (§ 192 Abs. 3 UmwG)
- bei Verzicht aller Anteilsinhaber aller beteiligten Rechtsträger durch notariell beurkundete Verzichtserklärungen (§§ 8 Abs. 3, 36 Abs. 1, 127, 192 Abs. 3 UmwG); praktischerweise wird man diese Verzichtserklärungen in die notarielle Urkunde über den Zustimmungsbeschluss aufnehmen.

Zur Wahrung der schriftlichen Form des Verschmelzungsberichts gemäß § 8 Abs. 1 UmwG bei 77
dessen Unterzeichnung durch Organmitglieder (nur) in vertretungsberechtigter Zahl und zur Relevanz eines etwaigen diesbezüglichen Formmangels hat der BGH inzwischen entschieden.[88] Bislang war höchstrichterlich noch nicht entschieden worden, ob aus der gesetzlichen Anordnung der Schriftlichkeit in § 8 UmwG abzuleiten ist, dass eine eigenhändige Unterschrift jedes einzelnen Mitglieds des Vertretungsorgans erforderlich ist[89] oder ob eine Unterzeichnung durch Organmitglieder in vertretungsberechtigter Zahl ausreicht.[90]

Für die zuletzt genannte Mindermeinung sprechen nach Auffassung des BGH nachhaltig 78
Sinn und Zweck der Regelung. Dem Verschmelzungsbericht gemäß § 8 Abs. 1 S. 1 UmwG kommt vor allem eine umfassende Informationsfunktion zu: Er soll die Verschmelzung und den Verschmelzungsvertrag im Einzelnen, insbesondere das Umtauschverhältnis der Anteile, rechtlich und wirtschaftlich erläutern und begründen. Weil dem geschriebenen Wort eine größere Präzision, Nachvollziehbarkeit und Überprüfbarkeit zukommt, soll der Bericht schriftlich vorliegen und nicht lediglich mündlich vorgetragen werden. Dass bei Unterzeichnung des Berichts durch Organmitglieder nur in vertretungsberechtigter Zahl etwa die Gefahr bestünde, der Bericht entspreche nicht dem Willen der Mehrheit des Organs, erscheint lebensfremd.

Der 2. Senat des BGH hat diese Frage aber nicht abschließend entschieden, weil es – selbst 79
wenn man der bisher h. M. folgen wollte – im Falle der Nichteinhaltung der Schriftform an der

---

[87] LG Berlin ZIP 2003, 2027; dazu EWiR 2004, 141 (*Keil*); Lutter/*Lutter*, UmwG, § 8 Rn 8 f.; *Semler/Stengel*, UmwG, § 8 Rn 5; a.A. *K.J. Müller*, NJW 2000, 2001.
[88] BGH DNotZ 2008, 143.
[89] So die bisher h. M.: vgl. Lutter/*Drygala* UmwG, § 8 Rn 8; Kallmeyer/*Marsch-Barner* UmwG, § 8 Rn 3; Schmidt/Hörtnagel/*Stratz*, UmwG/ UmwStG § 8 Rn 6; Semler/Stengel/*Gehling*, UmwG § 8 Rn 7; Geßler/Hefermehl/Eckhardt/Kropff/*Grunewald*, AktG § 340a Rn 18.
[90] So *K.J. Müller*, NJW 2000, 2001.

Relevanz des Formmangels für die Informations- und Mitwirkungsrechte der Aktionäre im Sinne der Senatsrechtsprechung fehlen würde.[91] Der Sinn eines etwaigen Erfordernisses der Unterzeichnung durch alle Organmitglieder könne nur darin bestehen, den Aktionären zu verlautbaren, dass der Vorstand mehrheitlich „hinter dem Bericht steht". Jedem vernünftig denkenden Aktionär ist aber klar, dass es der Lebenserfahrung widerspricht, dass ein Vorstand in vertretungsberechtigter Zahl einen Verschmelzungsbericht herausgibt, mit dem die Mehrheit des Vorstandes nicht einverstanden ist.

b) Rechtzeitige Zuleitung und Inhalt des Umwandlungsberichts

80 Der Umwandlungsbericht ist den Anteilsinhabern rechtzeitig, spätestens zusammen mit der Einberufung zur Gesellschafterversammlung, in der über die Umwandlung beschlossen werden soll, vorzulegen.

81 Im Umwandlungsbericht sind die Umwandlung als solche, der Umwandlungsvertrag oder -plan (oder sein Entwurf) und – im Falle verbundener Unternehmen i.S.d. § 15 AktG – Angaben über alle für die Umwandlung wesentlichen Angelegenheiten der anderen Unternehmen zu machen.

82 Ferner ist das **Umtauschverhältnis** der Anteile zu erläutern bzw. sind Angaben über die Mitgliedschaft und die Höhe einer etwaigen Barabfindung rechtlich und wirtschaftlich zu erläutern. Weiterhin sind auch etwaige Schwierigkeiten bei der Bewertung der beteiligten Rechtsträger und die Folgen für die Beteiligung der Anteilsinhaber darzustellen. Insbesondere ist die zur Ermittlung der **Barabfindungshöhe** (zur Bewertung siehe Rn 166 ff. m.w.N.). angewandte **Bewertungsmethode** mitzuteilen; inwieweit Auskünfte aus dem Umwandlungsprüfungsbericht zu erteilen sind, ist noch nicht abschließend geklärt.[92]

83 Der Bericht muss nur die Tatsachen enthalten, die ein vernünftig denkender Anteilsinhaber als Entscheidungsgrundlage für sein Abstimmungsverhalten für erforderlich halten darf. Eine ins einzelne gehende konkrete Darstellung der beabsichtigten **Einzelvorhaben** und der bezweckten Synergieeffekte, sog. **Synergiefahrplan**, kann nicht erwartet werden, weil es sich um künftige Maßnahmen der Geschäftsführung handelt.[93] Es genügt daher, wenn ein Verschmelzungsbericht eine grobe Schätzung der Synergiepotentiale enthält und schlagwortartig die geplanten Sparmaßnahmen aufzählt.[94]

84 Der Umwandlungsbericht ist nicht nur für die Anteilsinhaber, sondern auch für die **Arbeitnehmer** von Interesse. Denn dort können sie nachlesen, wo im Zuge der weiteren Entwicklung durch Freisetzung von Synergien Personal abgebaut werden.

85 Soweit die Angabe von Tatsachen im Bericht einem der beteiligten Rechtsträger oder einem verbundenen Unternehmen Nachteile zufügen würde, können diese Angaben im Bericht unterlassen werden. Die Gründe für das Unterlassen der Angaben sind aber im Bericht darzulegen (Begründung des **Geheimhaltungsinteresses**).

86 Verstößt der Bericht gegen die gesetzlichen Anforderungen oder fehlt der Bericht, so liegt darin ein – ggf. anfechtbarer – Mangel des Zustimmungsbeschlusses.

87 Im Hinblick auf die schwerwiegenden Folgen von Mängeln des Umwandlungsberichts für die Wirksamkeit bzw. Angreifbarkeit des Umwandlungsbeschlusses sollte der Berichtspflicht

---

91 Vgl. BGHZ 153, 32; BGHZ 160, 385.
92 Dazu LG Heidelberg DB 1996, 1768; dazu EWiR 1996, 901 m. Anm. *Veil*; a.A. LG Berlin ZIP 1997, 1065, dazu EWiR 1997, 421 m. Anm. *Kiem* für den Formwechsel; zur Verletzung von Mitteilungspflichten nach § 20 AktG bei Beteiligung von Mutter- und Tochterunternehmen LG Berlin v. 1.12.1997 – 99 O 171/97, n.v.; zur fehlenden Umwandlungsprüfung LG Freiburg v. 26.11.1997 – 11 T 1/96, n.v.
93 OLG Hamm („Krupp") DB 1999, 1156, 1157.
94 OLG Düsseldorf („Thyssen") DB 1999, 1153, 1154.

– gerade im Falle divergierender Anteilseigner- bzw. Gesellschafterinteressen – hohe Aufmerksamkeit geschenkt werden.

3. Umwandlungsprüfung

Der Umfang bzw. die Schärfe der Prüfungspflicht bestimmt sich in erster Linie nach der Rechtsform der an der Umwandlung beteiligten Rechtsträger:[95] **88**

a) Aktiengesellschaft (AG) und Kommanditgesellschaft auf Aktien (KGaA)

Grundsatz: Es besteht generelle Prüfungspflicht (§§ 60 Abs. 1, 78, 125 UmwG). **89**
    Ausnahmen gelten bei: **90**
- Verzicht sämtlicher Anteilsinhaber durch notariell beurkundete Erklärungen (§ 9 Abs. 3 i.V.m. § 8 Abs. 3, § 125 UmwG)
- Verschmelzung einer 100%-igen Tochtergesellschaft (§ 9 Abs. 2 UmwG).

b) Personenhandelsgesellschaft und GmbH
aa) Einstimmiger Umwandlungsbeschluss

Es besteht **kein Anspruch** eines Gesellschafters auf Umwandlungsprüfung. **91**

bb) Mehrheitlicher Umwandlungsbeschluss

Eine Umwandlungsprüfung erfolgt auf Kosten der Gesellschaft (§§ 44, 48, 125 UmwG) bei der Verschmelzung und der Spaltung in Form der Aufspaltung und Abspaltung (nicht bei Ausgliederung) gem. §§ 9–12 UmwG **auf Verlangen** eines der Gesellschafter. **92**

4. Anteilseigner-/Gesellschafterbeschlüsse
a) Gesellschafterversammlung

Wesentliches Kernstück jeder Umwandlung, unabhängig von der Umwandlungsart, ist das Erfordernis des Zustimmungsbeschlusses der Anteilseigner/Gesellschafter der beteiligten Rechtsträger. In jedem Fall ist der Umwandlungsbeschluss zwingend in einer **Versammlung** der Gesellschafter/Anteilsinhaber zu fassen. Ein schriftliches Abstimmungsverfahren, wie sonst im Gesellschaftsrecht häufig praktiziert und zulässig, kommt nicht in Betracht. **93**

Die Versammlungsmehrheit kann den Vertrag nicht dadurch abändern, dass sie mit Maßgaben oder Vorbehalten zustimmt. Wollen die Anteilsinhaber den Umwandlungsvertrag **ändern**, muss ein neuer Entwurf erstellt und zur Abstimmung vorgelegt werden.[96] Dabei sind die **Berichts- und Prüfungspflichten** gegenüber den Anteilsinhabern sowie die **Zuleitungspflicht** an den Betriebsrat erneut zu erfüllen. Können beispielsweise die an den Rechtsträgern beteiligten Arbeitnehmer in den Anteilsinhaberversammlungen durch eine große Präsenz Änderungen zu ihren Gunsten erreichen, muss das Umwandlungsverfahren erneut eingeleitet werden. **94**

---

[95] Zur Gerichtszuständigkeit für die Bestellung der Prüfer vgl. §§ 60 Abs. 3, 10 UmwG; dazu *Bungert*, BB 1995, 1399 ff.
[96] Schmitt/Hörtnagl/*Stratz*, UmwG, § 13 Rn 18.

b) Form

95 Die Zustimmungsbeschlüsse müssen zwingend **notariell beurkundet** werden (siehe Rn 66). Nach der bisherigen instanzgerichtlichen Rechtsprechung muss davon ausgegangen werden, dass Auslandsbeurkundungen dabei nicht als wirksam anerkannt werden.[97]

96 Das Beurkundungserfordernis gilt auch für Personenhandelsgesellschaften, bei denen bekanntlich die Errichtung und die Änderung des Gesellschaftsvertrages ansonsten nicht der notariellen Form bedürfen.

97 Die **Kostenberechnung** richtet sich nach dem Aktivvermögen (ohne Abzug der Verbindlichkeiten) des übertragenden Rechtsträgers bzw. nach dem übertragenen Aktivvermögen gemäß Schlussbilanz des übertragenden Rechtsträgers[98] bzw. bei einzelnen Zustimmungserklärungen auch nach dem Wert der anteiligen Mitberechtigung (§ 40 Abs. 2 KostO). Die Wertbeschränkung des § 39 Abs. 4 KostO galt dabei zunächst nicht.[99] Der Gesetzgeber hat dann aber auch den Höchstwert von 5 Mio. EUR durch Klarstellung des Wortlautes in § 39 Abs. 4 KostO durch das JuMiG v. 26.6.1997 festgeschrieben.

c) Mehrheitsverhältnisse
aa) Personengesellschaften

98 Für die Mehrheitsverhältnisse gilt bei Personengesellschaften das folgende Regel-Ausnahme-Verhältnis:
- Grundsatz: Einstimmigkeitserfordernis
- Ausnahme: eine Mehrheitsklausel für den Umwandlungsfall ist im Gesellschaftsvertrag enthalten (§ 43 Abs. 2 UmwG).

bb) Kapitalgesellschaften

99 Demgegenüber gilt – soweit der Gesellschaftsvertrag nichts anderes bestimmt – bei Kapitalgesellschaften im Regelfall das Erfordernis der Dreiviertelmehrheit der abgegebenen Stimmen (vgl. §§ 50 Abs. 1, 65 Abs. 1, 84 UmwG).

100 Ausnahmsweise, bei nicht voll eingezahlten Geschäftsanteilen einer GmbH als übernehmender Rechtsträgerin, ist Einstimmigkeit aller anwesenden Gesellschafter des übertragenden Rechtsträgers erforderlich (§ 51 Abs. 1 UmwG).

cc) Publikumsaktiengesellschaften

101 Hier gilt als Grundsatz: Befinden sich in der Hand der übernehmenden AG oder KGaA mindestens 90% des Stammkapitals/Grundkapitals einer zu übertragenden Kapitalgesellschaft, ist bei Verschmelzung oder Spaltung ein Gesellschafterbeschluss nicht erforderlich.

102 Ausnahme: Eine Minderheit von 5% des Kapitals verlangt die Einberufung einer Gesellschafterversammlung (§§ 62, 68, 125 UmwG).

---

[97] AnwK-AktienR/*Braunfels*, Kap. 11 Rn 10 m.w.N.; vgl. für eine Verschmelzungsbeurkundung in Zürich LG Augsburg GmbHR 1996, 461; dazu EWiR 1996, 937 m. Anm. *Wilken*; *Randenborgh/Kallmeyer*, GmbHR 1996, 908; ebenso AG Kiel GmbHR 1997, 506; a.A. LG Kiel BB 1998, 120; *Reuter*, BB 1998, 116; OLG München BB 1998, 119: für eine Verschmelzungsbeurkundung in Österreich.
[98] BayObLG GmbHR 1997, 506 = BB 1997, 1176.
[99] BayObLG GmbHR 1997, 258, dazu EWiR 1997, 183 (*Neye*).

dd) Aktiengesellschaften mit verschiedenen Aktiengattungen

Beim Vorhandensein verschiedener Aktiengattungen sind getrennte Beschlussfassungen der einzelnen Aktiengattungen erforderlich (§§ 65, 125 UmwG). **103**

5. Anmeldung
a) Registergericht

Die Vertretungsorgane der an der Umwandlung beteiligten Rechtsträger haben die Umwandlung zur Eintragung in das betreffende Register (Handelsregister, Genossenschaftsregister oder Vereinsregister) des Sitzes des Rechtsträgers anzumelden.[100] Welches Register zuständig ist, ist abhängig von der Umwandlungsart (vgl. §§ 16, 36, 129, 130 Abs. 2, 135, 198 UmwG). **104**

b) Beizufügende Unterlagen

Der Anmeldung der Umwandlung zur Eintragung in das Register sind im Wesentlichen folgende Unterlagen beizufügen (§§ 17 Abs. 1, 36 Abs. 1, 125, 199 UmwG): **105**
- Umwandlungsvertrag/-plan
- Umwandlungsbericht
- Niederschrift des Beschlusses der Anteilseigner
- Nachweis über rechtzeitige Zuleitung des Umwandlungsvertrages/-planes bzw. -entwurfs bzw. Entwurfs des Umwandlungsbeschlusses an den zuständigen Betriebsrat; besteht kein Betriebsrat, ist dies dem Registergericht glaubhaft zu machen[101]
- Namensunbedenklichkeitsbescheinigung der Industrie- und Handelskammer, falls eine neue Firmierung verwendet wird
- Erklärung der Vertretungsorgane über Nichtvorliegen von Klagen gegen die Wirksamkeit des Umwandlungsbeschlusses[102]
  alternativ: Vorlage eines gerichtlichen Urteils, wonach eine solche Klage unzulässig oder offensichtlich unbegründet ist (§§ 16 Abs. 2, 36 Abs. 1, 125, 198 Abs. 3 UmwG). Allein die Behauptung hoher Kosten und eines hohen Arbeitsaufwandes im Falle der Verzögerung der Umwandlung durch eine Klage rechtfertigt nicht die Anwendung der Regelung in § 16 Abs. 2, 3 UmwG.[103] Auch bei einer nicht zweifelsfrei zu beantwortenden Rechtsfrage soll eine offensichtliche Unbegründetheit nicht anzunehmen sein.[104]
  alternativ: Vorlage formgerechter Verzichtserklärungen sämtlicher Anteilsinhaber (Verzicht auf Anfechtung)

Bei der Verschmelzung/Spaltung zusätzlich: **106**
- Bilanz[105] jedes übertragenden Rechtsträgers, deren Abschlussstichtag nicht älter als acht Monate sein darf (§§ 17, Abs. 2, 36 Abs. 1, 125 UmwG).

---

100 Vgl. *Priester*, DNotZ 1995, 427, 452.
101 AG Duisburg GmbHR 1996, 372.
102 Dazu BGH NZG 2006, 956; dazu NJW-Spezial 2006, 31.
103 Vgl. OLG Frankfurt ZIP 1997, 1291; LG Wiesbaden AG 1997, 274; zum früheren Recht BGHZ 112, 9 = ZIP 1990, 985; zum Prüfungsmaßstab der offensichtlichen Unbegründetheit und zur Streitwertbestimmung OLG Frankfurt DB 1998, 1222; OLG Karlsruhe EWiR 1998, 469 m. Anm. *Bayer* bei mangelhaftem Umwandlungsprüfungsbericht.
104 OLG Düsseldorf ZIP 1999, 793; dazu EWiR 1999, 1185 (*Keil*); Lutter/*Bork*, UmwG, § 16 Rn 19; a.A. OLG Hamm BB 1999, 1234.
105 Es muss sich um eine Schlussbilanz des übertragenden Rechtsträgers handeln, da diese dem Gläubigerschutz dient; dazu umfassend *Naraschewski*, Stichtage und Bilanzen bei der Verschmelzung; ferner DNotI-Gutachten, DNotI-Report 2001, 89 f.

Ist zusätzlich eine **Zwischenbilanz** für den übertragenden Rechtsträger aufgestellt worden, muss diese aber nicht auch zusätzlich vorgelegt werden, selbst wenn sie in den Umwandlungsunterlagen erwähnt wird.[106]

107   Sinn dieser Vorschrift ist, dass sich die Gläubiger über die Vermögensverhältnisse der übertragenden Rechtsträger ein Bild machen zu können.[107]

108   Zu den begünstigten Gläubigern gehören auch die **Arbeitnehmer**. Sie können aus der Schlussbilanz der übertragenden Rechtsträger beispielsweise Anhaltspunkte dafür entnehmen, ob sie bei einer Verschmelzung nach § 22 UmwG **Sicherheitsleistung** wegen der Besorgnis der Nichterfüllung von Forderungen verlangen sollen.

109   Gem. § 5 Abs. 3 UmwG ist der **Betriebsrat** einen Monat vor der Versammlung der Anteilsinhaber, die den Verschmelzungsbeschluss fassen soll, zu informieren, und zwar durch Zuleitung der Umwandlungsurkunde oder ihres (endgültigen) Entwurfs.

110   Dem Handelsregister gegenüber ist ein Nachweis über die Zuleitung des Verschmelzungsvertrages an den Betriebsrat zu erbringen. Entsprechendes gilt für die Spaltung und den Formwechsel (§§ 126, 194 UmwG). Fraglich ist dabei insbesondere, wie der Nachweis zu führen ist, dass der Betriebsrat unter Beachtung der Monatsfrist nach §§ 5 Abs. 3, 126 Abs. 3, 194 Abs. 2 UmwG rechtzeitig und vollständig informiert wurde.[108] Hier wird man mangels anderslautender gesetzlicher Vorgaben eine entsprechende **Versicherung der Vertretungsorgane** der beteiligten Rechtsträger ausreichen lassen müssen. Diese sollten sich aber vorsorglich und zweckmäßigerweise vom Betriebsrat, vertreten durch den Betriebsratsvorsitzenden, eine schriftliche Bestätigung (**Empfangsquittung**) darüber erteilen lassen und diese dem Register vorlegen.[109] Allerdings fehlt in einem Verfahren auf Nichtigkeit eines Umwandlungsbeschlusses dem Betriebsrat die **Parteifähigkeit**.[110]

111   Dem Betriebsrat ist, sofern vorhanden, eine beglaubigte Fotokopie oder Ausfertigung des notariellen Vertrages oder des Entwurfes[111] zu überreichen (siehe Rn 72). Es muss sich genau um den **Entwurf** handeln, der später Gegenstand der Beschlussfassung sein wird und mit dem beurkundeten Vertrag identisch ist. Zulässig sind nach wohl h.M. nur Abweichungen bei Korrektur von Schreibfehlern.[112]

112   Wird dem Betriebsrat lediglich ein Entwurf zugeleitet, so ist auch nachzuweisen, dass dieser Entwurf identisch war mit dem letztlich beurkundeten Vertrag. Dies kann dadurch geschehen, dass der Betriebsrat nach Beurkundung nochmals eine Bestätigung abgibt oder den Vertragstext auf jeder Seite absigniert, so dass dem Handelsregister die Überprüfung möglich ist, dass Entwurf und Urkunde identisch sind. Es muss aber regelmäßig auch eine entsprechende Versicherung der anmeldenden Vertretungsorgane gegenüber dem Registergericht ausreichen.

113   Soweit **staatliche Genehmigungsurkunden** erforderlich sind (z.B. Nachweis über Eintragung in die Handwerksrolle oder dergleichen), sind auch diese mit der Anmeldung beim Register vorzulegen.

114   Entsprechendes gilt für etwa notwendige **Zustimmungserklärungen** (Zustimmungserklärungen von Gesellschaftern/Anteilseignern mit Sonderrechten; etwa erforderliche Zustimmungserklärungen Dritter).

---

106 OLG Frankfurt GmbHR 2006, 382.
107 *Heckschen*, NotBZ 1997, 132.
108 Zum Streit um die Berechnung der Monatsfrist siehe *Schmitt/Hörtnagl/Stratz*, UmwG/UmwStG, § 5 UmwG Rn 56 f. AnwK-AktienR/*Braunfels*, Kap. 11 Rn 50 m.w.N.; Widmann/Mayer/*Heckschen*, UmwG, § 5 Rn 105; *Müller-Eising/Bert*, DB 1996, 1398 ff. m.w.N.; *Melchior*, GmbHR 1996, 833, 836.
109 Vgl. dazu umfassend *Melchior*, GmbHR 1996, 833 ff.
110 OLG Naumburg GmbHR 1998, 382.
111 Siehe dazu Widmann/Mayer/*Heckschen*, UmwG, § 5 Rn 250 ff.
112 Dazu Widmann/Mayer/*Heckschen*, UmwG, § 6 Rn 28, § 13 UmwG Rn 54, 62.

c) Bedeutung der Acht-Monats-Frist

Ob eine **fristgerecht aufgestellte Bilanz** allerdings auch außerhalb der Acht-Monats-Frist des 115
§ 17 Abs. 2 UmwG zum Register nachgereicht werden kann, ist ebenso streitig[113] wie die Frage, ob
bei der Verschmelzung auch die Anmeldung zum Register des übernehmenden Rechtsträgers
innerhalb der Acht-Monats-Frist liegen muss.[114]

Die Anmeldung der Umwandlung zum Register muss eine zur Acht-Monats-Frist zeitnahe 116
Eintragung ermöglichen. Deshalb kann die Eintragung wegen mangelhafter Anmeldung, insbesondere wegen fehlender Angaben und/oder Anlagen ohne Zwischenverfügung zurückgewiesen werden, wenn eine zeitnahe Eintragung nicht möglich ist.[115]

Wird eine Verschmelzung erst nach Ablauf der Acht-Monats-Frist des § 17 Abs. 2 S. 4 UmwG 117
zum Handelsregister angemeldet, liegt jedoch nach der Auffassung des OLG Schleswig eine
durch Zwischenverfügung zu rügender, behebbarer Mangel vor.[116] Geheilt werden könne dieser
Mangel durch Änderung des Umwandlungsstichtages mittels Nachtrags zur Verschmelzungsvertrag und Nachreichung einer auf einen entsprechend späteren Stichtag lautenden Schlussbilanz.
Nach zutreffender Auffassung könne die Schlussbilanz der Anmeldung nachgereicht werden,
weil eine aktuelle Bilanz dem Schutz der Gläubiger diene und deren Interessen durch eine Nachreichung nicht beeinträchtigt würden.[117] Sei es aber zulässig, eine zur Zeit der Anmeldung noch
nicht vorhandene Bilanz nachzureichen, so bestünden auch keine Bedenken dagegen, den Anmeldenden auf die Ungültigkeit der eingereichten Bilanz hinzuweisen und ihm durch Zwischenverfügung die Einreichung einer gültigen Bilanz binnen angemessener Frist aufzugeben. Dies
gelte entsprechend für die Anpassung der Vertragsbestimmung. Folgt man dieser Auffassung
muss allerdings wohl auch die zustimmende Beschlussfassung der Gesellschafterversammlungen zum Verschmelzungsvertrag nachgeholt werden.

d) Prüfungskompetenz des Registergerichts

Obwohl Umwandlungsvertrag/-plan, Umwandlungsbericht und Beschlussfassung der Anteils- 118
eigner der Anmeldung beizufügen sind, ist es nicht Sache des Registergerichts, diese Unterlagen, insbesondere den Bericht, auf Rechtmäßigkeit und Ordnungsgemäßheit, insbesondere
Vollständigkeit, zu prüfen (**eingeschränkte Prüfungskompetenz** des Registergerichts). Lediglich dann, wenn ein evidenter Gesetzesverstoß aus diesen Unterlagen ersichtlich ist, wird der
Registerrichter die Eintragung verweigern dürfen.[118]

Vor dem Hintergrund erscheint ein Beschluss des OLG Hamm[119] bedenklich, in dem ein Ver- 119
trag über eine Verschmelzung einer Steuerberatungs-GmbH mit einer ein Handelsgewerbe (Geflügelhandel) betreibenden GmbH wegen Verstoßes gegen §§ 72 Abs. 1, 57 Abs. 2, 4 Nr. 1 StBerG gem.
§ 134 BGB als nichtig und damit nicht eintragungsfähig angesehen wurde. Fragen des Berufs- oder
Standesrechts dürften nicht der Prüfungskompetenz der Registergerichte unterliegen.[120]

---

113 Bejahend LG Frankfurt GmbHR 1998, 379 und DB 1998, 410; OLG Zweibrücken GmbHR 2003, 118;
AnwK-AktienR/*Braunfels*, Kap. 11 Rn 50 m.w.N.
114 Verneinend LG Frankfurt GmbHR 1996, 542, dazu EWiR 1996, 419 m. Anm. *Neye*; *Bartovics*, GmbHR 1996, 514;
vgl. zu den Anforderungen an die Bilanz, dem Erfordernis eines Anhangs und dem Inhalt des Bestätigungsvermerks
Aha, BB 1996, 2559; HFA-Gutachten, Wpg. 1996, 536 ff.
115 LG Dresden NotBZ 1997, 138 m. Anm. *Heckschen*, S. 132.
116 OLG Schleswig DNotZ 2007, 957; dazu *Weiler*, DNotZ 2007, 888.
117 Vgl. Schmitt/Hörtnagl/*Stratz*, UmwG, § 17 Rn 46 m.w.N.
118 Vgl. *Bokelmann*, DB 1994, 1341, 1346; *Kallmeyer*, ZIP 1994, 1746, 1756; der Notar hat aber – trotz der
Bestimmung des § 129 FGG – kein eigenes Beschwerderecht: BayObLG GmbHR 2000, 493 = ZNotP 2000, 242, dazu
EWiR 2000, 1013 (*Rottnauer*).
119 OLG Hamm NJW 1997, 666, dazu EWiR 1997, 319 m. Anm. *Neye*.
120 So auch *Neye*, EWiR 1997, 319.

e) Besonderheit der Anmeldung eines Formwechsels

120 Beim Formwechsel ist die neue Rechtsform (nicht die Umwandlung als solche; Ausnahme: beim Formwechsel in eine Gesellschaft bürgerlichen Rechts, § 235 UmwG) zur Eintragung in das Register anzumelden. Zuständig ist grundsätzlich das für die bisherige Rechtsform zuständige Register (§ 198 Abs. 1 UmwG). War bislang noch keine Registereintragungspflicht gegeben (z.B. bei der GbR) oder wechselt die Registerzuständigkeit (vom Handels- zum Vereins- oder Genossenschaftsregister oder umgekehrt, sog. „**kreuzender Formwechsel**"), muss die Anmeldung bei dem für die neue Rechtsform maßgeblichen Register, ggf. zusätzlich auch beim bisherigen Register, vorgenommen werden (§ 198 UmwG).

6. Registereintragung und Bekanntmachung

121 Die eigentliche Umwandlung erfolgt mit der Eintragung der Umwandlung im Register, insbesondere Handelsregister (§§ 20 Abs. 1, 36 Abs. 1, 131 Abs. 1, 135 Abs. 1, 202 Abs. 1 UmwG), und zwar auch bei der Personengesellschaft, bei der ansonsten weder Entstehung noch Abschluss oder Änderungen des Gesellschaftsvertrages von der Registereintragung abhängen. Bei Kapitalgesellschaften bestimmt ohnehin die Handelsregistereintragung den Zeitpunkt der Wirksamkeit (vgl. § 54 Abs. 3 GmbHG, § 181 Abs. 3 AktG).

122 Der Tag der Eintragung ist auch der maßgebliche Stichtag, an dem die **arbeitsrechtlichen Folgen** einer Umwandlung eintreten.[121]

123 Mängel der Umwandlung nach der Eintragung im Handelsregister lassen die Wirksamkeit der Umwandlung unberührt (§§ 20 Abs. 2, 36 Abs. 1, 131 Abs. 2, 135 Abs. 1, 202 Abs. 3 UmwG). Klagen gegen die Wirksamkeit der Umwandlungsbeschlüsse bleiben aber zulässig (vgl. § 28 UmwG); sie können aber die Wirksamkeit der Umwandlung nicht mehr beseitigen.[122] Auch ein Antrag auf Amtslöschung wegen Nichtbeachtung der Registersperre aus § 16 Abs. 2 UmwG soll unzulässig sein (siehe Rn 153ff.).[123]

124 Nachdem die Umwandlung in allen Registern der übertragenden Rechtsträger – dort mit deklaratorischer Wirkung – eingetragen worden ist, wird zuletzt die Eintragung im Register des übernehmenden Rechtsträgers durchgeführt.[124] Falls der übernehmende Rechtsträger nicht in einem Handelsregister eingetragen ist (z.B. Alleingesellschafter), hat die Eintragung im Register des übertragenden Rechtsträgers ausnahmsweise konstitutive Wirkung.[125]

125 Diese Eintragung im Register des übernehmenden Rechtsträgers hat gem. § 20 UmwG bei der Verschmelzung, teilweise auch bei anderen Umwandlungsarten, folgende (konstitutiven) Wirkungen:
– Erlöschen der übertragenden Rechtsträger
– Übergang des Vermögens einschließlich der Verbindlichkeiten und einschließlich etwaiger stiller Beteiligungen[126] daran im Wege der Gesamtrechtsnachfolge auf den übernehmenden Rechtsträger. **Ausgenommen** von der Gesamtrechtsnachfolge ist lediglich der Übergang von Rechten, die nicht ohne weiteres übertragbar sind, wie z.B. die Mitgliedschaft in einem Arbeitgeberverband. Anlässlich einer übertragenden Unternehmensumwandlung kann deshalb ohne Austritt aus dem Arbeitgeberverband die Tarifbindung verloren gehen.

---

121 *Mengel*, Umwandlungen im Arbeitsrecht, S. 43.
122 Vgl. zum Umfang der Heilungswirkung Lutter/*Grunewald*, UmwG, § 20 Rn 64; *K. Schmidt*, DB 1996, 1859ff.; zur Heilungswirkung gem. § 352a AktG a.F. BGH BB 1996, 342 = DB 1996, 417 = NJW 1996, 659.
123 OLG Hamm ZIP 2001, 569.
124 Kritisch dazu *Heidenhain*, GmbHR 1995, 264; a.A. *Neye*, GmbHR 1995, 565.
125 § 122 Abs. 2 UmwG n.F.; dazu *Neye*, GmbHR 1998, R 145; *Driesen*, GmbHR 1998, R 177; so zur Rechtslage vor dem 1.7.1998 auch schon BGH ZIP 1998, 1225.
126 LG Bonn EWiR 2001, 445 n.r. (*Blaurock/Brandner*); zustimmend auch *Blaurock*, Handbuch der stillen Gesellschaft, Rn 1139ff.

- Erwerb der Anteile/der Mitgliedschaft an dem übernehmenden Rechtsträger durch die Anteilseigner/Mitglieder der übertragenden Rechtsträger bzw. (im Falle der Ausgliederung) durch den übertragenden Rechtsträger selbst
- Heilung von Mängeln (mit Ausnahmen), es können Mängel nicht mehr mit dem Ziel geltend gemacht werden, die Eintragung zu löschen.[127]

Nach der Auffassung des OLG Frankfurt erlangt auch eine mit der Umwandlung im Handelsregister eingetragene Kapitalerhöhung oder Kapitalherabsetzung analog § 20 Abs. 2 UmwG Bestandskraft, zumindest dann, wenn sie mit der Umwandlung in einem untrennbaren Zusammenhang steht.[128]

Die Vorschrift des § 19 Abs. 3 UmwG enthält zusätzlich eine für alle Umwandlungsarten geltende **Bekanntmachungspflicht**. Jedes Registergericht hat von Amts wegen die Eintragung der Umwandlung im **Bundesanzeiger** zu veröffentlichen.

7. Grundbuchberichtigung

Soweit mit der Umwandlung wegen totaler bzw. partieller **Gesamtrechtsnachfolge** Grundbücher unrichtig geworden sind, sind diese gem. §§ 22, 29, 32 GBO zu berichten.[129] Ob für die Grundbuchberichtigung eine Gebühr erhoben werden darf oder ob darin eine unzulässige Steuer nach Art. 10c der Richtlinie 69/335/EWG des Rates vom 17.7.1969 betreffend die indirekten Steuern auf die Ansammlung von Kapital in der Fassung der Richtlinie 85/303/EWG des Rates vom 10.6.1985 liegt, ist umstritten. Der EuGH hat sie als zulässige Besitzwechselsteuer angesehen, wenn sie nicht höher ist als diejenigen, die in dem erhebenden Mitgliedstaat für gleichartige Vorgänge erhoben werden.[130]

Bei den Umwandlungsarten, die mit Vermögensvollübertragungen verbunden sind (Verschmelzung/Aufspaltung), und beim Formwechsel sind ein Antrag des übernehmenden bzw. neuen Rechtsträgers und ein Registerauszug des übernehmenden bzw. neuen Rechtsträgers vorzulegen, bei der Aufspaltung zusätzlich der Spaltungsplan und der Spaltungsbeschluss.

Bei den Umwandlungsarten, bei denen der übertragende Rechtsträger bestehen bleibt (Abspaltung, Ausgliederung, Vermögens-Teilübertragung), sind neben dem Antrag des Rechtsträgers, der das grundstücks- bzw. grundstücksgleiche Recht inne hat (übertragender oder übernehmender Rechtsträger), dessen Registerauszug, Spaltungsplan und Spaltungsbeschluss bzw. Berichtigungsbewilligung des übertragenden Rechtsträgers und Zustimmung des übernehmenden Rechtsträgers (§ 22 Abs. 2 GBO) vorzulegen.[131]

Bei der Spaltung geht das Eigentum an Grundstücken jedoch nur dann mit der Registereintragung auf den übernehmenden Rechtsträger über, wenn die Grundstücke in dem Spaltungs- und Übernahmevertrag nach § 28 S. 1 GBO bezeichnet sind.[132]

Ferner ist die Unbedenklichkeitsbescheinigung des zuständigen Finanzamts gem. §§ 22, 17 GrEStG vorzulegen.[133] Etwa (noch) fehlende behördliche Genehmigungen (z.B. nach GrdstVG, BauGB, LBO) i.S.v. § 132 S. 1 Alt. 3 UmwG a.F. nach Eintragung im Register des übertragenden Rechtsträgers führten schon nach bisherigem Recht nicht zur schwebenden Unwirksamkeit des Spaltungs- und Übernahmevertrages und nicht zur Zurückweisung des Eintragungsantrags,

---

[127] BayObLG DNotZ 2000, 232 = DNotI-Report 1999, 191.
[128] OLG Frankfurt ZIP 2012, 826.
[129] Vgl. dazu *Böhringer*, BWNotZ 1995, 97, 102; *Hettler*, DStR 1997, 596, 598.
[130] EuGH v. 15.6.2006, DStRE 2006, 1301.
[131] Vgl. *Böhringer*, BWNotZ 1995, 97, 102.
[132] BGH ZIP 2008, 600; dazu EWiR 2008, 223 (*Priester*).
[133] Kritisch zur Grunderwerbsteuerpflicht *Beuthien*, BB 2007, 133.

sondern lediglich dazu, dass hinsichtlich der betroffenen Grundstücke die Rechtsnachfolge (noch) nicht erfolgte und vom Grundbuchamt eine Zwischenverfügung zu erteilen war.[134] § 132 UmwG ist inzwischen ohnehin aufgehoben worden.

8. Mitteilungspflicht des Notars

133 Auf der Grundlage des Art. 10 Nr. 6 JStG 1996[135] ist in § 54 EStDV eine Verpflichtung des beurkundenden Notars aufgenommen worden, **binnen zwei Wochen** ab Beurkundung dem Finanzamt eine beglaubigte Abschrift der Urkunden vorzulegen, die die Gründung, Kapitalerhöhung oder -herabsetzung, Umwandlung oder Auflösung von Kapitalgesellschaften oder die Verfügung über Anteile daran zum Gegenstand haben. Vorher dürfen den Beteiligten Urschriften, beglaubigte Abschriften oder Ausfertigungen nicht ausgehändigt werden. Streitig ist, ob diese Mitteilungspflicht des Notars auch bei nur treuhänderischer Abtretung von GmbH-Anteilen besteht.[136] Der BMF hat die rein treuhänderische Abtretung und die Verpfändung von Anteilen an Kapitalgesellschaften von der Mitteilungspflicht ausgenommen.[137] Bei Umwandlungsvorgängen ist diese Mitteilungspflicht aber zwingend zu befolgen.

XIII. Rechtsformspezifische Gründungs- und Kapitalschutzvorschriften

1. Allgemeine und umwandlungsspezifische Vorschriften

134 Da Umwandlungen einerseits mit der Neugründung von Rechtsträgern verbunden sein können (Spaltung oder Verschmelzung zur Neugründung und in gewisser Weise auch beim Formwechsel), und da andererseits Umwandlungsvorgänge auch mit Kapitalerhöhungs- und Kapitalherabsetzungsmaßnahmen verbunden sein können bzw. ggf. sein müssen, enthält das Umwandlungsgesetz für einzelne Umwandlungsarten einerseits und für bestimmte Rechtsformen der beteiligten Rechtsträger andererseits Sondervorschriften über die Gründung und den Kapitalschutz.[138] Diese Sondervorschriften finden sich **im UmwG verstreut**. Teilweise ergänzen sie die entsprechenden Kapitalschutzvorschriften in den Spezialgesetzen (GmbHG, AktG etc.), teilweise schaffen sie Modifizierungen oder Erleichterungen zu jenen spezialgesetzlichen Gründungs- und Kapitalschutzvorschriften.

2. Vorschriften über Gründung, Gründungsbericht und Gründungsprüfung
a) Verweisung auf rechtsformspezifische Gründungsvorschriften

135 Eine Verweisung auf die rechtsformspezifischen Gründungsvorschriften und deren Anwendbarkeit zusätzlich zu den Vorschriften des UmwG ist erfolgt für:
– die Verschmelzung zur Neugründung (§ 36 Abs. 2 UmwG)
– die Spaltung zur Neugründung (§ 135 Abs. 2 UmwG)
– den Formwechsel (§ 197 UmwG).

136 Besondere Bedeutung haben die GmbH-Gründungsvorschriften für die UG (haftungsbeschränkt). Die Neugründung einer Unternehmergesellschaft (haftungsbeschränkt) durch Abspaltung ver-

---

[134] LG Ellwangen EWiR 1996, 472 (*Suppliet*).
[135] BGBl I 1995, 1249, 1384.
[136] Dazu *Heidinger*, DStR 1996, 1353 ff.; BMF v. 14.3.1997, DStR 1997, 822 m. Anm. *Heidinger*.
[137] BMF v. 14.3.1997, DStR 1997, 822.
[138] Siehe etwa das Prinzip der sog. Reinvermögensdeckung gem. § 220 Abs. 1 UmwG beim Formwechsel in eine AG/GmbH; dazu *Priester*, DB 1995, 911 ff.; *K. Schmidt*, ZIP 1995, 1385 ff.

stößt gegen das Sacheinlagenverbot nach § 5a Abs. 2 Satz 2 GmbHG.[139] Das Sacheinlagenverbot nach § 5a Abs. 2 S. 2 GmbHG gilt jedoch für eine den Betrag des Mindestkapitals nach § 5 Abs. 1 GmbHG erreichende oder übersteigende Erhöhung des Stammkapitals einer Unternehmergesellschaft (haftungsbeschränkt) nicht.[140]

b) Erleichterungen zu den rechtsformspezifischen Gründungsvorschriften

Solche Erleichterungen sind enthalten in: 137
- § 75 Abs. 2 UmwG: Gründungsbericht und Gründungsprüfung sind bei der Verschmelzung im Wege der Neugründung einer Aktiengesellschaft nicht erforderlich, soweit eine Kapitalgesellschaft übertragender Rechtsträger ist.
- § 58 Abs. 2 UmwG: Ein Sachgründungsbericht ist bei einer Verschmelzung im Wege der Neugründung einer GmbH nicht erforderlich, soweit eine Kapitalgesellschaft übertragender Rechtsträger ist.

Beide Erleichterungen gelten aber nicht bei der Spaltung zur Neugründung (§§ 138, 144 UmwG). 138

Beim Formwechsel einer Aktiengesellschaft/KGaA in eine GmbH ist gemäß § 245 Abs. 4 UmwG ein Sachgründungsbericht nicht erforderlich (jedoch beim Formwechsel in eine AG/KGaA, §§ 220 Abs. 3, 245 Abs. 1–3 UmwG). 139

3. Vorschriften zur Gründerhaftung

Soweit die Umwandlung mit der Neugründung (Verschmelzung und Spaltung zur Neugründung) bzw. mit einem gründungsähnlichen Vorgang (Formwechsel) verbunden ist, stellt sich auch die Frage nach der Gründerhaftung (vgl. beispielsweise § 11 GmbHG) und den sonstigen Gründungsformalien. Dem Gesetzestext und der amtlichen Regierungsbegründung dazu ist Folgendes zu entnehmen:[141] 140
- **Verschmelzung und Spaltung zur Neugründung**: Als Gründer gelten „die übertragenden Rechtsträger" (§§ 36 Abs. 2 S. 2, 135 Abs. 2 S. 2 UmwG), nicht jedoch die Anteilsinhaber der übertragenden Rechtsträger. Soweit es sich beim übertragenden Rechtsträger um eine Rechtsform handelt, bei der die Anteilsinhaber keiner persönlichen Haftung unterliegen, werden sie also nicht selbst in die Gründerhaftung bei der Verschmelzung bzw. Spaltung zur Neugründung einbezogen.
- **Formwechsel einer Personenhandelsgesellschaft in eine Kapitalgesellschaft**: Die Gesellschafter der formwechselnden Gesellschaft gelten als Gründer (§ 219 S. 1 UmwG). Im Falle einer Mehrheitsentscheidung gelten die Gesellschafter, die für den Formwechsel gestimmt haben, als Gründer; im Falle des Formwechsels in eine KGaA gelten auch die beitretenden persönlich haftenden Gesellschafter als Gründer (§ 219 S. 2 UmwG).
- **Formwechsel einer GmbH in eine AG/KGaA**: Die Gesellschafter, die für den Formwechsel gestimmt haben, und zur KGaA beitretende persönlich haftende Gesellschafter gelten als Gründer (§ 245 Abs. 1 UmwG).
- **Formwechsel einer AG in eine KGaA**: Die persönlich haftenden Gesellschafter der Gesellschaft neuer Rechtsform (KGaA) gelten als Gründer (§ 245 Abs. 2 UmwG).

---
[139] BGH NJW 2011, 1883 = GmbHR 2011, 701 m. Anm. *Bremer*; dazu *Lieder/Hoffmann*, GmbHR 2011, R 193; EWiR 2011, 419 (*Priester*).
[140] BGH NJW 2011, 1881 = GmbHR 2011, 699 m. Anm. *Bremer*; dazu *Lieder/Hoffmann*, GmbHR 2011, R 193; EWiR 2011, 349 (*Berninger*)); *Lieder/Hoffmann*, GmbHR 2011, 561.
[141] Vgl. auch *Kallmeyer*, ZIP 1994, 1746, 1753 f.

– **Formwechsel einer KGaA in eine AG**: Die persönlich haftenden Gesellschafter der formwechselnden Gesellschaft (KGaA) gelten als Gründer (§ 245 Abs. 3 UmwG).

4. Kapitalerhöhungen

141 Mit dem Umwandlungsvorgang können auch Kapitalerhöhungsvorgänge verbunden sein. Insbesondere bei der Verschmelzung zur Aufnahme und bei der Spaltung zur Aufnahme wird regelmäßig eine Kapitalerhöhung erforderlich sein. Nur ausnahmsweise wird eine Kapitalerhöhung nicht erforderlich sein, wenn beispielsweise darauf verzichtet wird (vgl. § 54 Abs. 1 S. 3 UmwG) oder wenn die Anteilsinhaber der übertragenden Gesellschaft bereits an der übernehmenden Kapitalgesellschaft im gewünschten Verhältnis beteiligt sind oder wenn die übernehmende Kapitalgesellschaft eigenen Anteilsbesitz zur Überlassung an die Anteilsinhaber der übertragenden Gesellschaft zur Verfügung hat.

142 Soweit **Sachkapitalerhöhungen** erforderlich sind, sieht das UmwG folgende Modifikationen vor:
– Ist bei einer Verschmelzung durch Aufnahme die übernehmende Gesellschaft eine GmbH, gibt es keine Übernahme von Stammeinlagen (§ 55 Abs. 1 UmwG).
– Ist bei der Verschmelzung durch Aufnahme die übernehmende Gesellschaft eine Aktiengesellschaft, erfolgt keine Zeichnung von Aktien (§ 69 Abs. 1 UmwG) und es findet nur unter eingeschränkten Voraussetzungen eine Sacheinlageprüfung statt (§ 69 Abs. 1 UmwG).
– Die Kapitalerhöhung bei der GmbH bzw. AG muss aber vor der Eintragung der Verschmelzung eingetragen sein (§§ 53, 66 UmwG).
– Bei der GmbH bzw. AG sind die Verträge, die der Sacheinlage zugrunde liegen oder zu ihrer Ausführung geschlossen worden sind, der Anmeldung zum Handelsregister beizufügen (§ 55 Abs. 2 UmwG i.V.m. § 57 Abs. 3 Nr. 3 GmbHG bzw. § 69 Abs. 2 UmwG i.V.m. § 188 Abs. 3 Nr. 2 AktG).

143 Bei einer Verschmelzung von Aktiengesellschaften im Wege der Aufnahme (§ 2 Nr. 1 UmwG) mit Kapitalerhöhung der übernehmenden Gesellschaft (§ 69 UmwG) trifft die Aktionäre der beteiligten Rechtsträger im Fall einer Überbewertung des Vermögens des übertragenden Rechtsträgers nach der Auffassung des BGH grundsätzlich keine (verschuldensunabhängige) Differenzhaftung. Ob dies auch für die Verschmelzung von GmbH im Wege der Aufnahme (§ 2 Nr. 1 UmwG) mit Kapitalerhöhung der übernehmenden Gesellschaft gilt, hat der BGH offen gelassen.[142]

5. Kapitalherabsetzung

144 Auch Kapitalherabsetzungsvorgänge können – freiwillig oder gezwungenermaßen – mit Umwandlungsvorgängen verbunden sein. Bei der Abspaltung oder Ausgliederung kann eine Kapitalherabsetzung bei der übertragenden Gesellschaft zwingend erforderlich werden, nämlich dann, wenn der Netto-Buchwert des übertragenen Vermögensteils nicht durch Rücklagen gedeckt ist. Soweit der Netto-Buchwert des übertragenen Vermögensteils durch Rücklagen nicht gedeckt ist, muss das Grund- oder Stammkapital entsprechend herabgesetzt werden, der Abgang also gegen Grund- oder Stammkapital gebucht werden.

145 Auch in diesem Fall muss die Kapitalherabsetzung vor der Eintragung der Abspaltung oder der Ausgliederung im Handelsregister eingetragen werden (§§ 139 S. 2, 145 S. 2 UmwG).

---

[142] BGH GmbHR 2007, 1160; dazu *Kallmeyer*, GmbHR 2007, 1121.

Die Kapitalherabsetzung kann in vereinfachter Form, also **ohne Sperrfrist**, vorgenommen werden. Dies ergibt sich für die GmbH aus § 139 UmwG i.V.m. §§ 58a ff. GmbHG und für die AG/KGaA aus § 145 UmwG i.V.m. §§ 229 ff. AktG.[143] **146**

Eine Kapitalherabsetzung **in vereinfachter Form** im Falle einer Abspaltung zur Neugründung ist nach der Auffassung des AG Charlottenburg jedoch nur dann „erforderlich" i.S.v. § 139 UmwG, wenn und soweit der durch den Eigenkapitalschutz der §§ 30 ff. GmbHG gewährleistete kumulierte Haftungsfonds der in Folge Abspaltung zur Neugründung entstehenden Mehrheit von Gesellschaften mit beschränkter Haftung, also die Summe deren „Stammkapitalia", nicht hinter dem Betrag des ursprünglichen Stammkapitals der übertragenden Gesellschaft zurückbleibt.[144] **147**

Wie der Wortlaut des § 139 S. 1 UmwG deutlich mache („erforderlich"), komme eine Kapitalherabsetzung in vereinfachter Form aber nur in Betracht, wenn und soweit die durch die Abspaltung zur Neugründung entstehende Minderung des buchmäßigen Reinvermögens der übertragenden Gesellschaft nicht gegen offene Eigenkapitalposten (Rücklagen oder Gewinnvortrag) gebucht werden kann.[145] Die Kapitalherabsetzung in vereinfachter Form ist nur dann „erforderlich" i.S.v. § 139 UmwG, wenn und soweit der durch den Eigenkapitalschutz der §§ 30 ff. GmbHG gewährleistete kumulierte Haftungsfonds der in Folge Abspaltung zur Neugründung entstehenden Mehrheit von Gesellschaften mit beschränkter Haftung, also die Summe deren Stammkapitalia, nicht hinter dem Betrag des ursprünglichen Stammkapitals der übertragenden Gesellschaft zurückbleibt. **148**

Im Grundsatz bedarf die Herabsetzung des Stammkapitals außerhalb des Anwendungsbereichs der §§ 58a ff. GmbHG der besonderen Sicherung der Gläubiger, die durch die Anordnung der öffentlichen Bekanntmachung, der Sicherstellung der Gläubiger und der einjährigen Wartefrist gewährleistet wird (vgl. § 58 GmbHG). Sinn und Zweck des § 139 UmwG ist es, jedenfalls bei einer Abspaltung zur Neugründung die Ausstattung der in Folge Abspaltung neu entstehende Gesellschaft mit einem den gesetzlichen Anforderungen entsprechenden Stammkapital auch praktisch zu ermöglichen, wenn der Abfluss des entsprechenden Reinvermögens bei der übertragenden Gesellschaft nicht aus freien Eigenkapitalposten „gespeist" werden kann. **149**

Der Schutz der Gläubiger der Gesellschaften verbietet es jedoch, Teile des Kapitalherabsetzungsbetrages nicht zur Neubildung von gebundenem Nennkapital bei der übernehmenden Gesellschaft zu verwenden, sondern dort in die Kapitalrücklage einzustellen und diesen Teil folglich dem Ausschüttungsschutz der §§ 30 ff. GmbH zu entziehen. Würde im Falle der Spaltung bei der übernehmenden Gesellschaft die Bildung einer über das Nennkapital hinausgehenden Kapitalrücklage, betragsmäßig zu Lasten des Stammkapitals bei der übertragenden Gesellschaft, zugelassen, bestünde die Gefahr, dass diese an die Gesellschafter der übernehmenden Gesellschaft, die in der Regel mit den Gesellschaftern der übertragenden Gesellschaft identisch sind, ausgeschüttet wird. Über den Umweg der Abspaltung könnte daher eine vereinfachte Kapitalherabsetzung vorgenommen werden, deren Ziel die Ausschüttung von Beträgen an die Gesellschafter ist, obwohl nach der Systematik des GmbHG hierzu eine ordentliche Kapitalherabsetzung unter Beachtung des § 58 GmbHG erforderlich wäre.[146] **150**

Nach der Begründung der Bundesregierung zu § 139 des Entwurfs des UmwG soll die Bildung von freien Rücklagen bei der übernehmenden Gesellschaft zu Lasten des herabgesetzten **151**

---
143 Vgl. dazu auch *Naraschewski*, GmbHR 1995, 697; zur „vereinfachten Kapitalherabsetzung durch Verschmelzung" und zur Freisetzung von Stammkapital ohne die Ausschüttungssperre analog § 225 Abs. 2 AktG vgl. *Rodewald*, GmbHR 1997, 19 ff.
144 AG Charlottenburg GmbHR 2008, 993 m. Anm. *Priester*.
145 *Kallmeyer*, UmwG, § 139, Rn 2.
146 So Semler/Stengel/*Reichert*, UmwG, § 139, Rn 10; Lutter/*Priester*, UmwG, § 139, Rn 10 m.w.N.; a.A. *Kallmeyer*, UmwG, Rn 3.

Haftungsfonds allein wegen der Gefahr der Ausschüttung an die Gesellschafter der übertragenden und damit auch die der übernehmenden Gesellschaft vermieden werden.[147] Dies zeigt, dass auch die entsprechende Anwendung des Ausschüttungsverbots gem. § 58b Abs. 1 GmbHG auf die übernehmende Gesellschaft[148] als nicht ausreichend erachtet werden kann, den Gläubigerschutz zu gewährleisten. Abgesehen von der betragsmäßigen Beschränkung auf 10% des (neuen) Stammkapitals ist die Verwendungseinschränkung des § 58b Abs. 3 GmbHG nicht auf die neu entstehende Gesellschaft anzuwenden.

XIV. Schutz der Anteilsinhaber und Inhaber von Sonderrechten

152 Mit der Umwandlung sind in der Regel tief greifende Änderungen der Rechtsnatur und des Inhalts der Anteilsinhaberschaft/Mitgliedschaft und/oder der Rechtsstellung der Anteilsinhaber verbunden. Gleiches gilt für den Inhalt bzw. Bestand von Sonderrechten. Zum Schutz der Anteilsinhaber bzw. Sonderrechtsinhaber hat das UmwG verschiedene Mechanismen vorgesehen.[149]

1. Gerichtlicher Rechtsschutz

153 Der gerichtliche Rechtsschutz der Anteilsinhaber und Inhaber von Sonderrechten wird in zwei verschiedenen Verfahrensarten gewährt. Einerseits können **Klagen gegen die Wirksamkeit von Umwandlungsbeschlüssen** zum zuständigen Zivilgericht (Landgericht) erhoben werden. Dies gilt für alle Umwandlungsarten und für alle beteiligten Rechtsformen.

154 Das **Klagerecht** ist aber in zweierlei Hinsicht **eingeschränkt**:
- Klagen können nur innerhalb eines Monats nach der Beschlussfassung erhoben werden (§§ 14 Abs. 1, 36 Abs. 1, 125, 195 Abs. 1 UmwG).[150] Dies entspricht der schon im Aktienrecht verankerten Anfechtungsklagefrist (§ 246 Abs. 1 AktG), die nach der Rechtsprechung des Bundesgerichtshofs[151] im Regelfall auch im GmbH-Recht für die Anfechtung von Gesellschafterbeschlüssen entsprechend herangezogen werden können soll, zumindest dann, wenn der Gesellschafter um die Beschlussmängel weiß.
- Anfechtungsklagen gegen Umwandlungsbeschlüsse sind aber auch insoweit inhaltlich eingeschränkt, als die Wirksamkeit des Umwandlungsbeschlusses durch Klage nicht mit der Begründung angegriffen werden kann, dass das Umtauschverhältnis der Anteile zu niedrig bemessen sei oder die Mitgliedschaft bei dem übernehmenden Rechtsträger keinen ausreichenden Gegenwert darstelle (§§ 14 Abs. 2, 36 Abs. 1, 125, 195 Abs. 2 UmwG). In diesen Fällen ist das sog. Spruchverfahren im Rahmen der freiwilligen Gerichtsbarkeit zu führen.

155 Das vorstehend erwähnte **Spruchverfahren** hat einerseits den Zweck, Umwandlungen trotz möglicher Angriffe der Anteilseigner durchführen zu können und andererseits rechtsmissbräuchliche Anfechtungsklagen von Anteilseignern, die in den vergangenen Jahren für Furore gesorgt und Umwandlungsvorgänge massiv behindert haben, abzuwehren.[152]

---

147 Vgl. BR-Drucks. 75/94, 125.
148 Dafür aber ansatzweise *Naraschewski*, GmbHR 1995, 697, 701.
149 Vgl. zu der Einführung entsprechender Schutzmechanismen bei Unternehmensverträgen §§ 293 ff. AktG n.F.; kritisch dazu *Gratzel*, BB 1995, 2438 ff.; zum Erwerb eigener Anteile im Rahmen von Umwandlungen siehe *Korte*, WiB 1997, 953 ff.
150 Vgl. *K. Schmidt*, DB 1995, 1849 ff.; kritisch *Schöne*, DB 1995, 1317 ff.
151 BGH DB 1990, 1456 = GmbHR 1990, 344 ff.
152 Vgl. bereits zum neuen Umwandlungsrecht OLG Frankfurt EWiR 1996, 187 m. Anm. *Borck*; siehe etwa zur Frage des Rechtsmissbrauchs bei einer Verschmelzung zur Vorbereitung eines Squeeze Out OLG Hamburg BB 2008, 2199 m. Anm. *Ogorek/Wilsing*.

Im Spruchverfahren können die Anteilsinhaber der übertragenden Rechtsträger die Angemessenheit der ihnen zugewiesenen neuen Beteiligung, den Wert der neuen Mitgliedschaft oder den Wert der Gegenleistung oder des Abfindungsanspruchs mit dem Ziel einer Verbesserung überprüfen lassen (§§ 15, 125, 176 Abs. 1, 177 Abs. 1, 196 UmwG).[153] **156**

Eine Veräußerung von Anteilen nach Antragstellung führt auf Grund einer analogen Anwendung des § 265 Abs. 2 ZPO nicht zum Wegfall der Antragsberechtigung im Spruchverfahren.[154] **157**

Im Spruchverfahren muss der Antragsteller seine Stellung als Gesellschafter (Antragsberechtigung) innerhalb der Anspruchsbegründungsfrist lediglich darlegen, nicht auch nachweisen.[155] Der Nachweis über die Eintragung im Aktienregister kann nach Auffassung des OLG Frankfurt auch noch im Beschwerdeverfahren nachgereicht werden, wenn das Spruchverfahren dadurch nicht verzögert wird.[156] Auch im Squeeze-out-Verfahren ist bei der Ausgabe von Namensaktien jedoch nur derjenige antragsberechtigt, der im Zeitpunkt des Wirksamwerdens der Strukturmaßnahme im Aktienregister der Gesellschaft eingetragen ist. **158**

Auf das Spruchverfahren im Spruchverfahrensgesetz (bis zum 31.8.2003 im 6. Buch des Umwandlungsgesetzes: §§ 305 ff. i.V.m. §§ 15, 36 Abs. 1, 125, 196 UmwG) wird in § 23 ausführlich eingegangen. **159**

2. Anspruch auf Barabfindung

Verändert sich die Rechtsnatur der Beteiligung (Gesellschaftsanteil, Geschäftsanteil, Mitgliedschaft) des Anteilsinhabers im Rahmen der Umwandlung, dann steht den Anteilsinhabern, die gegen den Umwandlungsbeschluss Widerspruch zur Niederschrift im Versammlungsprotokoll erklärt haben, ein **Anspruch auf Barabfindung** (§§ 29, 30, 31, 34, 36 Abs. 1 S. 1, 125, 135 Abs. 1 S. 1, 176 Abs. 1, 177 Abs. 1, 207–212 UmwG) zu. **160**

Das **Abfindungsangebot** muss bereits im Umwandlungsvertrag/-plan und im Entwurf des Umwandlungsbeschlusses ausdrücklich vorgesehen sein und es muss – soweit eine Umwandlungsprüfung stattfindet – auch von den Umwandlungsprüfern geprüft werden (§§ 30, 208 UmwG). **161**

Auf die **Prüfung** kann verzichtet werden; ob auch auf das Abfindungsangebot selbst verzichtet werden kann, ist dagegen streitig. Insoweit wird auch die Meinung vertreten, dass dann, wenn vorher bekannt ist, dass kein Gesellschafter dem Beschluss widersprechen werde, auf die Formulierung des Abfindungsangebotes verzichtet werden könne und dieser **Verzicht** dann im Protokoll über den Gesellschafterbeschluss formgerecht mit beurkundet werde. **162**

Die Höhe des notwendigen Abfindungsangebotes (zur Bewertung siehe Rn 166 ff. m.w.N.) ergibt sich aus § 30 UmwG. Danach muss der Wert des Anteils im Zeitpunkt der Umwandlung zugrunde gelegt werden.[157] **163**

3. Gewährung von Anteilen/Mitgliedschaftsrechten
a) Gesetzlicher Grundfall

Der vom Gesetz vorgesehene Regelfall der Umwandlung besteht selbstverständlich nicht darin, dass die Anteilsinhaber der übertragenden Rechtsträger gegen Barabfindung ausscheiden, son- **164**

---

153 Zur steuerlichen Behandlung der Nachzahlungen siehe *Suchan/Peykan*, DStR 2003, 136 m.w.N.
154 OLG Stuttgart ZIP 2008, 2020.
155 BGH DStR 2008, 1932.
156 OLG Frankfurt NZG 2008, 435 = ZIP 2008, 1039; dazu EWiR 2009, 61 (*Leuering*), in Fortführung von OLG Frankfurt v. 9.1.2006 – 20 W 124/05. n.v.
157 Siehe zur Berechnungsmethode LG Dortmund DB 1996, 2221 f.

dern darin, dass ihnen **Anteile/Mitgliedschaften am neuen Rechtsträger gewährt** werden, soweit dies nach der Art der Umwandlung und der Rechtsform möglich ist (beispielsweise nicht bei der Ausgliederung). Dies ergibt sich für
- die Verschmelzung aus § 5 Abs. 1 Nr. 2 UmwG
- die Spaltung aus §§ 135, 126 Abs. 1 Nr. 2 UmwG und
- den Formwechsel aus §§ 194 Abs. 1 Nr. 3 und Nr. 4, 202 Abs. 1 Nr. 2 UmwG.

165 Mit dem Erwerb neuer Anteile im Zuge einer Verschmelzung beginnt nach der Auffassung des BFH allerdings für den Anteilseigner die nach § 23 Abs. 1 S. 1 Nr. 2 EStG maßgebliche Veräußerungsfrist und somit eine neue „Spekulationsfrist" von einem Jahr.[158]

b) Bewertungsfragen: Umtauschverhältnis, Abfindung, bare Zuzahlungen

166 Gesetzliche Regelungen darüber, wie die Bewertung vorzunehmen ist, enthält das UmwG 1995 nicht.[159] Ob die aktienrechtlichen Grundsätze für die Bewertung der Anteile an einer börsennotierten AG nach der Rechtsprechung des BVerfG[160] und des BGH,[161] nämlich die Pflicht zur Berücksichtigung des Börsenkurses, auch für umwandlungsrechtliche Abfindungsangebote gelten, war bislang noch nicht abschließend geklärt.[162]

167 Das BVerfG hat mit Beschluss vom 26.4.2011[163] entschieden: Ein Minderheitsaktionär, der seine mitgliedschaftliche Stellung verliert oder hierin durch eine Strukturmaßnahme in relevantem Maße eingeschränkt wird, muss **wirtschaftlich voll entschädigt** werden. Die Entschädigung hat den „wahren" Wert des Anteilseigentums widerzuspiegeln. Das GG gibt keine bestimmte Methode zur Unternehmensbewertung vor. Es ist verfassungsrechtlich zulässig, die Unternehmenswerte der an der Verschmelzung beteiligten Rechtsträger, die im vorliegenden Fall in bedeutenden Aktienindizes notiert waren, anhand von **Börsenwerten** zu schätzen. Des Weiteren lässt sich weder dem GG noch der Rechtsprechung des BVerfG entnehmen, dass die Fachgerichte zur Bestimmung des Unternehmenswertes stets sämtliche denkbaren Methoden heranzuziehen und bei der Bestimmung des Umtauschverhältnisses die den Anteilsinhabern des übertragenden Rechtsträgers günstigste zugrunde zu legen haben. Daher ist es verfassungsrechtlich unbedenklich, wenn sich ein Fachgericht mit sorgfältiger und ausführlicher Begründung für eine Bewertung der Unternehmen beider Rechtsträger anhand des Börsenwerts entscheidet, ohne sich dabei den Blick dafür zu verstellen, dass die Frage nach der vorzuziehenden Methode grundsätzlich von den jeweiligen Umständen des Falles abhängt. Ein solches Vorgehen ist nach Art. 14 Abs. 1 GG nicht zu beanstanden, zumal es den zu anderen Strukturmaßnahmen entwickelten Grundsatz, der Börsenwert bilde regelmäßig die Untergrenze einer zu gewährenden Abfindung, nicht in Frage stellt.

168 Soweit das Umtauschverhältnis der Anteile zu niedrig bemessen ist oder die Mitgliedschaft bei dem übernehmenden Rechtsträger keinen ausreichenden Gegenwert für den Anteil oder die

---

158 BFH BStBl. II 2009, 13 = BB 2008, 2784 m. Anm. *Hahne/Malisius*.
159 Vgl. *Mujkanovic*, BB 1995, 1735; *Trölitzsch*, WiB 1997, 795, 796 m.w.N.; zur Bewertung nach der Ertragswertmethode OLG Düsseldorf v. 14.1.2004 – 19 W 1/03 AktE, n.v.; zum tatrichterlichen Ermessen OLG Düsseldorf EWiR 2002, 543 (*Knoll*).
160 BVerfG DB 1999, 1693.
161 BGH DStR 2001, 754 = ZIP 2001, 734, dazu EWiR 2001, 605 m. Anm. *Wenger* in Sachen DAT/Altana.
162 Dazu *Luttermann*, ZIP 2001, 869; *Erb*, DB 2001, 523; *Wilsing/Kruse*, DStR 2001, 991; ablehnend BayObLG („Hypo-Vereinsbank") ZIP 2003, 253 = BB 2003, 275; dazu *Bungert*, BB 2003, 699; *Paschos*, ZIP 2003, 1017; *Weiler/Meyer*, ZIP 2003, 2153; EWiR 2003, 583 (*Wilhelm/Dreier*); zuvor bereits LG Dortmund ZIP 2001, 739 und OLG Düsseldorf ZIP 2000, 1525; siehe auch den sog. „Guano-Beschluss" des BGH BB 1997, 1705, dazu *Schwab*, BB 2000, 527.
163 BVerfG ZIP 2011, 1051; dazu EWiR 2011, 515 (*von der Linden*).

Mitgliedschaft bei dem übertragenden Rechtsträger für den Anteilsinhaber darstellt, besteht **Anspruch auf bare Zuzahlung**.[164]

Bezüglich der „baren Zuzahlung" sind § 54 Abs. 4 UmwG (für die Verschmelzung) bzw. §§ 135 Abs. 1, 125, 54 Abs. 4 UmwG (für die Auf- und Abspaltung) zu beachten. Danach dürfen diese baren Zuzahlungen **10% des Gesamtnennbetrages der gewährten neuen Anteile nicht übersteigen** (vgl. auch § 23 Abs. 3 KapErhG a.F.). Allerdings kann bei gerichtlicher Neufestsetzung bzw. Erhöhungen im Rahmen des Spruchverfahrens diese 10%-Grenze durch das Gericht überschritten werden (§ 15 Abs. 1 UmwG). 169

Auch bei der Gewährung von Anteilen sind zusätzlich die **rechtsformspezifischen Sondervorschriften** der spezialgesetzlichen Regelungen (GmbHG, AktG etc.) zu beachten und etwaige Modifikationen dazu im UmwG. So konnte nach früherem Recht beispielsweise bei der GmbH ein Gesellschafter nicht mehrere Stammeinlagen übernehmen (§ 5 Abs. 1 GmbHG), der Gesamtbetrag der Stammeinlagen muss mit dem Stammkapital übereinstimmen (§ 5 Abs. 3 S. 2 und 3 GmbHG). 170

c) Nicht verhältniswahrende Umwandlungen

Das UmwG geht von dem Regelfall der **„Wahrung der Beteiligungsidentität"** aus, wonach die Gesellschafter/Anteilseigner an der übernehmenden Gesellschaft im gleichen Verhältnis beteiligt werden wie an der übertragenden Gesellschaft. Abweichende Beteiligungsregelungen sollen aber möglich sein, dies ergibt sich für die Spaltung bereits unmittelbar aus § 128 UmwG. § 128 UmwG schreibt bei einer „nicht verhältniswahrenden Spaltung" aber ein Zustimmungserfordernis aller Anteilsinhaber des übertragenden Rechtsträgers vor. Durch die „nicht verhältniswahrende" Spaltung ergibt sich insbesondere die Möglichkeit, Gesellschafterstämme zu trennen, beispielsweise bei Streitsituationen.[165] 171

Zu beachten ist aber, dass die „nicht verhältniswahrende" Spaltung nur die Anteilsverteilung in der übernehmenden Gesellschaft betrifft. Soweit auch die Anteile in der übertragenden Gesellschaft neu verteilt oder getrennt werden sollen, ist eine Anteilsübertragung (insbesondere Anteilstausch) oder eine Einziehung der Anteile erforderlich. Ob dies steuerneutral geschehen kann, ist im Einzelfall sehr sorgfältig zu prüfen.[166] 172

d) Beteiligung Dritter am Umwandlungsvorgang

Im Rahmen der Umwandlung, insbesondere bei Formwechsel oder Spaltung, können Dritte, also Rechtsträger, die bisher nicht Gesellschafter/Mitglied waren, nicht unmittelbar an der neu gegründeten Gesellschaft beteiligt werden.[167] Die Praxis wird hier in der Regel mit Übertragungen (Abtretungen) arbeiten, die auf den Zeitpunkt des Wirksamwerdens der Umwandlung aufschiebend bedingt sind. Auch in diesem Fall sind die steuerlichen Folgen sehr sorgfältig zu prüfen. 173

Alternativ sollte überlegt werden, ob nicht der „Dritte" noch vor der Umwandlung Mitgesellschafter/Mitglied des übertragenden Rechtsträgers wird, um eine steuerneutrale Umwandlung und seine unmittelbare Beteiligung an dem übernehmenden Rechtsträger zu ermöglichen. Voraussetzung dabei ist selbstverständlich, dass der Gesellschaftsvertrag/die Satzung dies zulässt bzw. etwa erforderliche Beschlussfassungen der Gesellschafterversamm- 174

---

164 Für die Verschmelzung: §§ 5 Abs. 1 Nr. 3, 15 UmwG; für die Spaltung: §§ 126 Abs. 1 Nr. 3, 135 Abs. 1, 15 UmwG; für den Formwechsel: § 196 UmwG.
165 Nach LG Essen ZIP 2002, 893 soll auch eine Spaltung „zu Null" möglich sein.
166 Siehe dazu BFH GmbHR 2011, 266.
167 Vgl. *Mayer*, DB 1995, 861, 863.

lung und Zustimmungserklärungen der Mitgesellschafter oder Sonderrechtsinhaber dazu erfolgen.

4. Minderheitenschutzrechte

175 Durch das seit dem 1.1.1995 geltende Umwandlungsrecht sind die Rechte der (Minderheits-) Gesellschafter gegenüber dem früheren Rechtszustand deutlich verbessert worden. Zu nennen sind beispielhaft:
- Pflicht der Vertretungsorgane zur Erstellung eines umfangreichen Umwandlungsberichts (§ 8 UmwG);
- Anspruch auf Verschmelzungsprüfung (§ 48 UmwG);
- mindestens Dreiviertel-Mehrheit für den Zustimmungsbeschluss, soweit die Satzung/der Gesellschaftsvertrag nicht eine größere Mehrheit vorschreibt (§ 50 Abs. 1 UmwG);
- Einstimmigkeitserfordernis der Gesellschafter des übertragenden Rechtsträgers, wenn bei der übernehmenden GmbH die Geschäftseinlagen nicht voll eingezahlt sind (§ 51 UmwG);
- Zustimmungserfordernis für Sonderrechtsinhaber (§ 50 Abs. 2 UmwG), wobei die Zustimmung nicht anwesender Sonderrechtsinhaber in notarieller Form ggf. nachgeholt werden muss;[168]
- Anspruch auf Barabfindung bei Nichtbereitschaft zur Fortsetzung der Beteiligung an dem neuen Rechtsträger nach Umwandlung;
- Rechtsschutzgewährung über das Anfechtungsklage- und das Spruchverfahren.[169]

176 Das bisher im GmbH-Recht angenommene Zustimmungserfordernis aller Gesellschafter (vgl. § 53 Abs. 3 GmbHG), wenn bei der übernehmenden Gesellschaft Nachteile oder zusätzliche Pflichten entstehen, ist in das UmwG 1995 nicht übernommen worden und soll ausweislich der Regierungsbegründung zum Umwandlungsgesetz[170] nicht gelten.

177 Mit der umfassenden Annahme des Barabfindungsangebots scheidet der Anteilseigner gem. § 29 Abs. 1 S. 3 UmwG aus dem Rechtsträger aus. Damit ist dann auch seine Antragsbefugnis für ein Spruchverfahren nach dem SpruchG (früher: §§ 305 ff. UmwG a.F.) erloschen.[171]

178 Der in §§ 210, 212 UmwG normierte Ausschluss des Anfechtungsklageverfahrens gegen den Umwandlungsbeschluss bei zu niedrigen, nicht ordnungsgemäßen oder fehlenden Barabfindungsangeboten gilt nach der Rechtsprechung des BGH auch insoweit, als der Anteilsinhaber die Verletzung von Informations-, Auskunfts- und Berichtspflichten im Zusammenhang mit dem Barabfindungsangebot geltend macht.[172] Ansonsten führt ein **nicht ordnungsgemäßer Bericht** regelmäßig aber zur Anfechtbarkeit des Umwandlungsbeschlusses.[173]

5. Organhaftung

179 Bei schuldhaftem Fehlverhalten haften die Vertretungsorgane der Rechtsträger, die an der Umwandlung beteiligt sind, den Anteilsinhabern unmittelbar auf Schadenersatz (§§ 25–27, 36 Abs. 1 S. 1, 125, 176 Abs. 1, 177 Abs. 1, 205, 206 UmwG). Vorläufer dieser Vorschrift waren die §§ 349–351 AktG.[174]

---

[168] Zum Schutz der Vorzugsaktionäre allgemein *Kiem*, ZIP 1997, 1627 ff.; *Bayer*, ZIP 1997, 1613, 1623 m.w.N.
[169] Zur Möglichkeit einer Pflegerbestellung für unbekannte Gesellschafter siehe OLG Bremen BB 2003, 1525.
[170] RegEBegr BR-Drucks 75/94 zu § 50 Abs. 2 UmwG.
[171] OLG Düsseldorf ZIP 2001, 158, dazu EWiR 2001, 291 (*Luttermann*); LG Dortmund ZIP 2000, 1110.
[172] BGH BB 2001, 382 m. Anm. *Luttermann* = ZIP 2001, 199, dazu EWiR 2001, 331 (*Wenger*) = GmbHR 2001, 200 m. Anm. *Kallmeyer* und BGH BB 2001, 485 = GmbHR 2001, 247 dazu *Sinewe*, DB 2001, 690.
[173] Dazu etwa LG Wiesbaden DB 1997, 671; OLG Frankfurt ZIP 1997, 1291, dazu EWiR 1997, 1039 (*Kiem*) und ZIP 2000, 1928, dazu EWiR 2000, 1125 (*Keil*); LG München I DB 2000, 267.
[174] Zur Konzernhaftung bei Abspaltungen *Lenz*, INF 1997, 564 ff.

6. Schutz der Sonderrechtsinhaber

Das UmwG regelt darüber hinaus auch den Schutz der Inhaber von Sonderrechten, insbesondere solcher Sonderrechtsinhaber, die kein Stimmrecht haben (stimmrechtslose Anteile, Inhaber von Genussrechten und Wandel- und Gewinnschuldverschreibungen). Insoweit soll ein „**Verwässerungsschutz**" gewährt werden (§§ 23, 36 Abs. 1 S. 1, 125, 133, 204 UmwG). Ihnen sollen beim übernehmenden Rechtsträger gleichwertige Rechte gewährt werden. **180**

XV. Gläubigerschutz

1. Überblick: Schutzmechanismen

Der Schutz der Gläubiger der beteiligten Rechtsträger bei Umwandlungsvorgängen im Umwandlungsrecht wird durch drei Schutzmechanismen herbeigeführt, nämlich **181**
1. die gesamtschuldnerische Haftung der beteiligten Rechtsträger
2. den Anspruch auf Sicherheitsleistung und
3. die Organhaftung der Vertretungsorgane der an der Umwandlung beteiligten Rechtsträger.

Das UmwG ist dabei in engem sachlichen und zeitlichen Zusammenhang mit dem sog. Nachhaftungsbegrenzungsgesetz[175] zu sehen. Daneben sind natürlich auch die Kapitalaufbringungs- und -erhaltungsvorschriften im Rahmen der Umwandlungsvorgänge „gläubigerschützend".[176] **182**

Eine echte Gesellschafter-Kapitalaufbringungshaftung ist aber nicht vorgesehen. Stellt sich nach der Verschmelzung zweier Aktiengesellschaften mit Kapitalerhöhung (§ 69 UmwG) heraus, dass der Wert der übertragenden Gesellschaft hinter dem geringsten **Ausgabebetrag** der dafür ausgegebenen Aktien der übernehmenden Gesellschaft zurückgeblieben war, sind die Aktionäre der übertragenden Gesellschaft aber nicht verpflichtet, die **Wertdifferenz** in bar einzuzahlen. Für eine entsprechende Anwendung der §§ 56 Abs. 2, 9 Abs. 1 GmbHG auf diesen Fall ist kein Raum.[177] **183**

2. Gesamtschuldnerische Haftung

Bei der **Verschmelzung** und bei der **Vermögensübertragung** handelt es sich um Formen der Vollübertragung. Der bisherige Rechtsträger erlischt. Die komplette bisherige Haftungsmasse befindet sich beim übernehmenden Rechtsträger. Dieser tritt im Rahmen der Gesamtrechtsnachfolge in die Rechtsstellung und somit auch in die Haftung des übertragenden Rechtsträgers ein.[178] **184**

Ähnlich liegen die Verhältnisse beim **Formwechsel**. Hier vollzieht sich zwar kein Vermögensübergang durch Gesamtrechtsnachfolge. Der formwechselnd umgewandelte Rechtsträger bleibt jedoch mit der gesamten Haftungsmasse als Zugriffsobjekt der Gläubiger bestehen. Soweit es sich bei dem Rechtsträger vor dem Formwechsel um eine Personenhandelsgesellschaft gehandelt hat, bleibt die persönliche Haftung der OHG-Gesellschafter (§ 128 HGB) bzw. der persönlich haftenden Gesellschafter der KG (§§ 161 Abs. 2, 128 HGB) für bestehende Verbindlichkeiten bestehen. **185**

---

175 BGBl I 1994, 560 ff.
176 Vgl. auch *Ihrig*, GmbHR 1995, 622 ff.; *Naraschewski*, GmbHR 1998, 356 ff.
177 OLG München ZIP 2005, 2108, dazu EWiR 2006, 29 (*Grunewald*).
178 Zur Frage des Übergangs beschränkter persönlicher Dienstbarkeiten i.S.v. §§ 1092, 1059a BGB gem. § 132 UmwG vgl. *Bungert*, BB 1997, 897 ff.; *Timm*, ZGR 1996, 247 ff.; zum Gläubigerschutz bei Verschmelzungen im Konzern siehe *Knott*, DB 1996, 2423 ff.; zum Vertragsschutz siehe *Rieble*, ZIP 1997, 301 ff.

186 Allerdings ist durch das Nachhaftungsbegrenzungsgesetz i.V.m. § 224 UmwG die persönliche Haftung **auf fünf Jahre begrenzt** worden, und zwar beginnend mit dem Tage, an dem die Eintragung der neuen Rechtsform oder des Rechtsträgers neuer Rechtsform in das Register bekannt gemacht worden ist.[179]

187 Bei der **Spaltung** sind die Gläubigerinteressen selbstverständlich deutlicher berührt, da die Zuteilung der Vermögensmassen im Rahmen der Spaltung mehr oder weniger willkürlich durch die beteiligten Rechtsträger vorgenommen werden kann.[180] Das Gesetz hat deshalb in § 133 Abs. 1 S. 1 UmwG gesamtschuldnerische Haftung aller an der Spaltung beteiligten Rechtsträger vorgesehen. Diejenigen Rechtsträger, denen Verbindlichkeiten im Spaltungs- und Übernahmevertrag nicht zugewiesen worden sind, haften aber im Rahmen dieser gesamtschuldnerischen Haftung nur, wenn die Verbindlichkeiten vor Ablauf von fünf Jahren nach der Spaltung fällig werden und daraus Ansprüche gegen sie gerichtlich geltend gemacht worden sind (§ 133 Abs. 3 UmwG).

188 Der Fristbeginn wird wiederum berechnet ab Bekanntmachung der Eintragung der Spaltung im Register des Sitzes des übertragenden Rechtsträgers (§ 133 Abs. 4 UmwG). Auch für die Haftung gegenüber Sonderrechtsinhabern, die Ansprüche nach §§ 125, 23 UmwG haben, ist die Nachhaftung auf diese Fünf-Jahres-Frist begrenzt (§ 133 Abs. 6 UmwG).

189 Besonderheiten bestehen bei der Haftung für bestimmte Arbeitnehmeransprüche (siehe dazu Rn 240 ff.).

190 Eine klare Regelung für **„vergessene" Verbindlichkeiten** im Rahmen des Spaltungsvertrages/-planes enthält das UmwG 1995 aber nicht.[181]

3. Sicherheitsleistung

191 Bei allen Spaltungsarten besteht ein Anspruch der Gläubiger, die noch nicht fällige Ansprüche haben, auf Bestellung von Sicherheitsleistung, wenn sie glaubhaft machen, dass durch die Umwandlung die Erfüllung ihrer Forderungen gefährdet ist. Wesentliche Voraussetzung ist also die **Glaubhaftmachung der Erfüllungsgefährdung** (§ 22 Abs. 1 S. 2 UmwG). Die Erfüllungsgefährdung ist glaubhaft gemacht, wenn sie **überwiegend wahrscheinlich** ist.[182]

192 Diese Glaubhaftmachung kann mit den allgemeinen zivilprozessualen Mitteln erfolgen, insbesondere durch eidesstattliche Versicherung (§ 294 ZPO). Voraussetzung für den Anspruch auf Bestellung der Sicherheit ist weiterhin, dass die betreffenden Gläubiger **binnen sechs Monaten** ab Bekanntmachung der Eintragung ihren Anspruch **nach Grund und Höhe schriftlich anmelden**.[183]

193 Die Pflicht zur Sicherheitsleistung ist **ausgeschlossen**, wenn im Falle der Insolvenz ein **Recht auf vorzugsweise Befriedigung** aus einer Deckungsmasse besteht, die nach gesetzlicher Vorschrift errichtet und staatlich überwacht ist (§ 22 Abs. 2 UmwG).

194 Das trifft insbesondere für die auf unmittelbaren Versorgungszusagen beruhenden Versorgungsanwartschaften zu. Denn diese sind für den Fall der Rechtsträgerinsolvenz über den besonderen **Insolvenzschutz durch den Pensionssicherungsverein a.G** (§ 14 BetrAVG) abgesichert (§ 7 ff. BetrAVG). Nach Eintritt des Versorgungsfalles hat nämlich der PSV gem. § 7 Abs. 1 BetrAVG Versorgungsleistungen in der Höhe zu erbringen, die der Arbeitgeber aufgrund der Versorgungszusagen zu erbringen hätte, wenn keine Insolvenz eingetreten wäre. Das BAG hat die Betriebsrentner bereits durch die Insolvenzsicherung des PSV als ausreichend geschützt an-

---

[179] Zur umgekehrten Problematik der Haftung der BGB-Gesellschafter bei Umwandlung aus einer GmbH vgl. *Heidinger*, GmbHR 1996, 890 ff.
[180] Vgl. etwa *Schöne*, ZAP 1995, 693, 705, Fach 15, S. 169.
[181] Vgl. *Heidenhain*, NJW 1995, 2873, 2878; *Naraschewski*, DB 1995, 1265.
[182] *Boecken*, Unternehmensumwandlung und Arbeitsrecht, 1996, S. 148.
[183] Vgl. insgesamt §§ 22, 36 Abs. 1, 125, 133 Abs. 1 S. 2, 176 Abs. 1, 177 Abs. 1, 204 UmwG.

gesehen. In dem noch nach dem AktG entschiedenen Fall hat es bereits auf die Rechtslage nach dem UmwG verwiesen.[184] Problematisch ist das, weil der **PSV nicht zur Anpassung der Betriebsrenten verpflichtet** ist.

Im Rahmen der **Bekanntmachung der Eintragung** der Umwandlung ist auf dieses Recht der Gläubiger hinzuweisen. Nach der Rechtsprechung des BGH zu § 26 Abs. 1 S. 1 KapErhG a.F. sollte die abstrakte Gefahr einer Erhöhung des Erfüllungsrisikos des Gläubigers das Sicherungsverlangen bereits rechtfertigen können.[185] Bei Dauerschuldverhältnissen soll aber nicht die ganze Restlaufzeit maßgebend für die Höhe der Sicherheitsleistung sein, sondern ein konkret zu bestimmendes Sicherungsinteresse des Gläubigers.[186] Allerdings soll bei einem Pächterwechsel durch eine Verschmelzung mit konkreter Gefährdung der Ansprüche des Verpächters ggf. eine außerordentliche Kündigung des Pachtvertrages durch diesen möglich sein.[187] Das System der Sicherheitsleistung allein biete bei solchen Dauerschuldverhältnissen nur einen schwachen Schutz. 195

4. Haftung der Vertretungsorgane

Die Vertretungsorgane der an der Umwandlung beteiligten Rechtsträger haften nicht nur – wie erwähnt – gegenüber den Gesellschaftern/Anteilsinhabern, sondern auch gegenüber den Gläubigern der beteiligten Rechtsträger im Falle schuldhafter Gesetzesverletzungen unmittelbar und persönlich (§§ 25, 36 Abs. 1 S. 1, 125, 176 Abs. 1, 177 Abs. 1, 205, 206 UmwG). Daneben kann aber auch ein Erfüllungsanspruch des geschädigten Gläubigers gemäß §§ 25, 26 UmwG fortbestehen.[188] 196

Einer Differenzhaftung unterliegt gemäß §§ 9, 56 Abs. 2 GmbHG der Gesellschafter einer GmbH bei deren Gründung oder Kapitalerhöhung, wenn der Wert der von ihm versprochenen Sacheinlage den Betrag der dafür übernommenen Stammeinlage nicht erreicht. Im Aktiengesetz fehlt zwar eine entsprechende ausdrückliche Haftungsanordnung; sie wird jedoch im Schrifttum aus § 36a Abs. 2 S. 3 AktG sowie – für die Kapitalerhöhung – aus dem auf diese Vorschrift verweisenden § 188 Abs. 2 S. 1 AktG gefolgert.[189] 197

Nach ständiger Rechtsprechung des BGH, die bis in die Zeit vor Einfügung der §§ 2 GmbHG, 36a Abs. 2 AktG zurückreicht[190] und deren Vorbild war, rechtfertigt sich die Differenzhaftung des Sacheinlegers im Aktienrecht aus seiner mit der Übernahme bzw. mit der Zeichnung von Aktien in einem bestimmten Nennbetrag zwangsläufig verbundenen Kapitaldeckungszusage in Verbindung mit dem Verbot einer Unterpariemission gemäß § 9 Abs. 1 AktG, dessen Inhalt § 36a Abs. 2 S. 3 AktG für die Sacheinlage lediglich konkretisiert. Die Vereinbarung einer Sacheinlage ist ein körperschaftliches Hilfsgeschäft,[191] mit dem der Gesellschaft Sachwerte in Höhe des von dem Inferenten übernommenen Einlagebetrages zugeführt werden sollen.[192] 198

Die genannten Grundsätze sind auf die Gesellschafter des übertragenden Rechtsträgers (§ 2 Nr. 1 UmwG) im (vorliegenden) Fall einer Verschmelzung von Aktiengesellschaften (§§ 60ff. UmwG) mit Kapitalerhöhung der übernehmenden Gesellschaft (§ 69 UmwG), nach der Auffassung des BGH nicht übertragbar.[193] Bei einer Verschmelzung von Aktiengesellschaften im Wege 199

---

184 BAG AP Nr. 1 zu § 374 AktG m. Anm. *Boecken*.
185 Vgl. BGH GmbHR 1996, 369 = ZIP 1996, 705; dazu EWiR 1996, 517 m. Anm. *Rittner*.
186 BGH GmbHR 1996, 369.
187 BGH ZIP 2002, 1490; dazu EWiR 2003, 255 (*Blaurock*); OLG Oldenburg OLGR 2000, 65.
188 OLG Frankfurt ZIP 2007, 311.
189 Vgl. *Hüffer*, AktG, § 183 Rn 21; MüKo-AktG/*Peifer*, § 183 Rn 72 m.w.N.
190 BGHZ 64, 52, 62; BGHZ 68, 191, 195; *Hüffer*, a.a.O, § 27 Rn 28.
191 BGHZ 45, 342 ff.
192 Vgl. Lutter/Hommelhoff/*Bayer*, GmbHG, § 5 Rn 13.
193 BGH BB 2007, 1237 = ZNotP 2007, 272.

der Aufnahme (§ 2 Nr. 1 UmwG) mit Kapitalerhöhung der übernehmenden Gesellschaft (§ 69 UmwG) trifft die Aktionäre der beteiligten Rechtsträger im Fall einer Überbewertung des Vermögens des übertragenden Rechtsträgers grundsätzlich keine (verschuldensunabhängige) Differenzhaftung.

XVI. Arbeitsrechtliche Probleme des Umwandlungsrechts

200 Teil des Gläubigerschutzes des UmwG sind letztlich auch die Vorschriften der §§ 321 ff. UmwG,[194] die die Rechte der Arbeitnehmer und ihrer Vertretungen (insbesondere Betriebsräte, Wirtschaftsausschüsse und Arbeitnehmervertreter im Rahmen der Unternehmensmitbestimmung) schützen sollen. Letztlich sind die Arbeitnehmer eine besondere Gläubigergruppe der an Umwandlungsvorgängen beteiligten Rechtsträger, die im Hinblick auf die fortbestehenden Arbeitsverhältnisse als Dauerschuldverhältnisse besonderer Schutz- und Regelungsmechanismen bedürfen.

1. Allgemeine arbeitsrechtliche Überlegungen

201 Das Umwandlungsrecht enthält wichtige arbeitsrechtliche Regelungen, die die Interessen der betroffenen Arbeitnehmer bei Umwandlungen berücksichtigen sollen.[195] Wichtig für die Praxis ist die Unterscheidung zwischen den auf **unternehmens- bzw. gesellschaftsrechtlicher Ebene** sich vollziehenden Umwandlungen und den innerhalb des Unternehmens stattfindenden **Betriebsänderungen**.[196] Strukturveränderungen im Unternehmen sind keine Unternehmensumwandlungen. Denn ohne Änderungen auf der gesellschaftsrechtlichen Ebene liegt kein Anwendungsfall des UmwG vor. Strukturveränderungen **im** Unternehmen können deshalb nur Betriebsänderungen sein. Strukturveränderungen **am** Unternehmen sind Umwandlungen.

202 Nach dem sog. „**Trennungsprinzip**"[197] ist stets zwischen Betriebsänderungen und Umwandlungen zu unterscheiden. Denn die Durchführbarkeit von Betriebsänderungen hängt von der Erfüllung betriebsverfassungsrechtlicher Beratungs- und Umwandlungspflichten des Unternehmers, insbesondere aus den §§ 111–113 BetrVG ab, während der Unternehmer vor der Umwandlung des Unternehmens den Betriebsrat nur zu unterrichten hat.

203 Es kann jedoch ein „**Überschneidungsbereich**" zwischen Umwandlungs- und Betriebsverfassungsrecht bestehen.[198]

a) Betriebsbezogenheit des BetrVG

204 Sämtliche Mitbestimmungsrechte kollektiver Art des Betriebsrates und sämtliche Arbeitnehmerschutzrechte (z.B. KSchG, § 613a BGB) sind zunächst betriebsbezogen. Das gilt auch für Betriebsvereinbarungen und für Haustarifverträge. Eine Zusatzbetrachtung ist erforderlich bei Unternehmenstarifverträgen und Verbandstarifverträgen. Ändert sich somit lediglich die Unternehmensstruktur, d.h. die gesellschaftsrechtlich bzw. verbandsrechtlich verfasste Struktur des Unternehmens, die Organisation des Kapitals und die Organisation der Anteilseigner-

---

194 §§ 321 und 322 Abs. 1 UmwG sind durch Art. 3 des BetrVerf-Reformgesetz v. 23.7.2001 (BGBl I, 1852, 1863) mit Wirkung ab 24.7.2001 gestrichen und durch §§ 21a, 21b BetrVG bzw. § 1 Abs. 2 BetrVG n.F. ersetzt worden.
195 Vgl. dazu insbesondere *Wlotzke*, DB 1995, 40 ff.; *Boecken*, ZIP 1994, 1087 ff.; *Kallmeyer*, ZIP 1994, 1046, 1057 ff.; *Düwell*, AuR 1994, 357 ff.; *Kreßel*, BB 1995, 925; *Düwell*, NZA 1996, 393 ff.
196 *Willemsen*, NZA 1996, 791, 792.
197 *Willemsen*, NZA 1996, 791, 796.
198 *Willemsen*, NZA 1996, 791, 795.

seite, dann sind davon bis auf die oben genannten Ausnahmen keine betrieblichen Belange betroffen.

205 Der Begriff des Betriebes, der im Kündigungsschutzgesetz selbst nicht definiert wird, sondern nach dem allgemeinen arbeitsrechtlichen Betriebsbegriff bestimmt werden muss, deckt sich im Bereich des § 17 KSchG mit dem des Betriebsverfassungsgesetzes.[199] Immer ist von der allgemeinen **Definition „Betrieb"** auszugehen als einer eigenen arbeitstechnischen organisatorischen Einheit, innerhalb deren ein Arbeitgeber allein oder mit seinen Arbeitnehmern mit Hilfe von technischen, materiellen und immateriellen Mitteln bestimmte arbeitstechnische Zwecke fortgesetzt verfolgt, die sich nicht in der Befriedigung von Eigenbedarf erschöpfen. (Vgl. § 1 BetrVG n.F. i.d.F. des BetrVerfReformG v. 27.7.2001).[200]

206 Wie *Hümmerich* zutreffend ausgeführt hat, reicht diese sehr allgemeine Definition nicht für die erschöpfende Beantwortung der sich in der Praxis stellenden Zweifelsfragen aus.[201] Dies zeigt sich bei den – teilweise sehr schwierigen – **Abgrenzungen zwischen Betriebsübergang** (§ 613a BGB), **Betriebsänderung** (§§ 111 ff. BetrVG), **Betriebsverlagerung** und **Betriebsschließung**.[202] Ein wesentliches Abgrenzungsproblem stellt sich auch bei der Beantwortung der Frage der **Selbstständigkeit von Betriebsteilen und Nebenbetrieben** nach § 4 BetrVG.[203]

207 Ein weiteres wesentliches Abgrenzungsproblem stellt sich auch im Zusammenhang mit der Beantwortung der Frage, ob mehrere Unternehmen einen sog. **gemeinsamen Betrieb** unterhalten. Anerkanntermaßen kann nämlich ein Unternehmen mehrere selbstständige Betriebe führen. Für die Annahme eines gemeinsamen Betriebes fordert die Rechtsprechung einen sog. **„einheitlichen Leitungsapparat"**, der sich auf den Bereich der personellen und sozialen Angelegenheiten bezieht und die für die Erreichung der arbeitstechnischen Zwecke eingesetzten personellen, technischen und immateriellen Mittel lenkt.[204] Eine bloße unternehmerische Zusammenarbeit genügt nicht, vielmehr müssen die Funktionen des Arbeitgebers institutionell einheitlich für die beteiligten Unternehmen wahrgenommen werden.[205]

208 Voraussetzung ist aber weiterhin, dass die (mehreren) Unternehmen tatsächlich eine gemeinsame Betriebsführung ihres gemeinsamen Betriebes – **zumindest konkludent – vereinbart** haben bzw. von der Konzernspitze hierzu angewiesen wurden. Dabei kann auf die Existenz einer **Führungsvereinbarung aus den tatsächlichen Umständen geschlossen** werden.[206]

209 Da insoweit keine förmlichen Voraussetzungen bestehen und somit die dazu erforderlichen Feststellungen in der Praxis nur schwer zu treffen sind, hat der Gesetzgeber mit der Neufassung des § 1 Abs. 2 BetrVG **zwei widerlegbare Vermutungstatbestände** geregelt:
– Die Annahme eines gemeinsamen Betriebes wird nach **§ 1 Abs. 2 Nr. 1 BetrVG** zunächst dann widerlegbar vermutet, wenn von den Unternehmen die in der Betriebsstätte vorhandenen sächlichen und immateriellen Betriebsmittel für den oder die arbeitstechnischen Zwecke gemeinsam genutzt werden und wenn zudem die Arbeitnehmer gemeinsam eingesetzt werden, unabhängig davon, zu welchem der (mehreren) Arbeitgeberunternehmen sie in einem Arbeitsverhältnis stehen. Durch die so gefasste Neuregelung ist zweifelhaft gewor-

---

[199] Vgl. *v. Hoyningen-Huene/Linck*, KSchG, § 17 Rn 3 ff.
[200] BGBl I 2001, 1852 ff.
[201] *Hümmerich/Spirolke*, Das arbeitsrechtliche Mandat, 7. Aufl., § 12 Rn 16.
[202] ErfK/*Preis*, § 613a BGB Rn 5 ff.
[203] Vgl. ErfK/*Eisemann*, § 1 BetrVG, Rn 10 und § 4 BetrVG Rn 2 ff.; *Hümmerich/Spirolke*, aaO, Rn 17.
[204] BAG AP Nr. 9 zu § 23 KSchG; BAG AP Nr. 9 zu § 1 BetrVG 1972; BAG AP Nr. 7 zu § 1 BetrVG 1972; BAG DB 2005, 2643 = NZA 2005, 1248; dazu EWiR 2006, 359 (*Urban*); *Hümmerich/Spirolke*, Das arbeitsrechtliche Mandat, § 12 Rn 17.
[205] BAG AP Nr. 12 zu § 1 BetrVG 1972 Gemeinsamer Betrieb (*v. Hoyningen-Huene*) = NZA 2000, 1350 = ZInsO 2001, 141 (*Berscheid*); BAG EzA BetrVG 1972 § 1 Nr. 11.
[206] BAG AP BetrVG 1972 § 1 Gemeinsamer Betrieb Nr. 22 = EzA BetrVG 2001 § 1 Nr. 2.

den, ob damit auf das Erfordernis eines (vereinbarten) einheitlichen Leitungsapparates verzichtet werden soll.[207]
- Nach **§ 1 Abs. 2 Nr. 2** BetrVG wird ein gemeinsamer Betrieb dann vermutet, wenn infolge der Spaltung eines Unternehmens von einem Betrieb einem an der Spaltung beteiligten anderen Unternehmen ein oder mehrere Betriebsteile zugeordnet werden, ohne das sich dabei die Organisation des betreffenden Betriebes wesentlich ändert. Eine solche Vermutungsregelung war zunächst in § 322 Abs. 1 UmwG a.F. enthalten, der sich ausschließlich auf Spaltungen nach dem Umwandlungsgesetz bezog, da nach herrschender Meinung hinsichtlich der Umwandlungsregelungen ein sog. Analogieverbot bestand.[208] Durch die Aufnahme in § 1 Abs. 2 Nr. 1 BetrVG ist diese **Vermutungsregelung** nunmehr **auf alle betrieblichen Spaltungen übertragen** worden.

210 Diese **Vermutungsregelungen** sind aber **nicht abschließend**. Auch wenn die dortigen Tatbestände nicht eingreifen, kann nach Auffassung des BAG aus anderen Gründen ein gemeinsamer Betrieb vorliegen.[209] § 1 Abs. 2 BetrVG hat **§ 322 Abs. 1 UmwG a.F. abgelöst.** Auch § 322 Abs. 1 UmwG a.F.[210] sah hinsichtlich der Anwendung des BetrVG eine widerlegbare Vermutung für einen gemeinsamen Betrieb vor, wenn eine Unternehmensspaltung oder Vermögensteilübertragung auch die Spaltung des Betriebes zur Folge hat, seine bisherige Organisation aber nicht geändert wird.

b) Abgrenzung: Betrieb und Unternehmen

211 Im Gegensatz zu dem Begriff des Betriebes (siehe Rn 204 ff.) ist das **Unternehmen** die organisatorische Einheit, mit der der Unternehmer seine wirtschaftlichen oder ideellen Zwecke verfolgt. Für das Unternehmen ist die „Einheit des Rechtsträgers" ein wesentliches Erfordernis. Auch für den Unternehmensbegriff gibt es keine gesetzliche Definition.[211]

212 Während nach ganz herrschender Meinung eine natürliche Person mehrere Unternehmen haben kann, nämlich wenn keine einheitliche Leitung der gebildeten selbstständigen Organisationseinheiten vorhanden ist, ist eine Personengesellschaft oder eine Kapitalgesellschaft identisch mit dem Unternehmen.[212] Die Gesellschaft kann nur ein Unternehmen haben.

213 Unternehmen und Betrieb können identisch sein, wenn das Unternehmen nur aus einem Betrieb besteht. Ein Unternehmen kann auch aus mehreren Betrieben bestehen, wenn der im Unternehmen verfolgte Zweck in mehreren Einheiten verfolgt wird, die jeweils selbstständige Betriebe nach den oben genannten Kriterien bilden.

214 Die klare Definition des Unternehmens ist auch deshalb für Umstrukturierungsvorgänge von großer Bedeutung, weil die Fragen der sog. **unternehmerischen Mitbestimmung** sich daran orientieren, also der Mitbestimmung nach dem Mitbestimmungsgesetz 1976 (MitbestG), dem sog. Drittelbeteiligungsgesetz, das die bisherigen Regelungen nach §§ 76 ff. BetrVG 1952 abgelöst hat, sowie nach dem Montan-Mitbestimmungsgesetz und dem Mitbestimmungsergänzungsgesetz.

215 Ferner ist der Unternehmensbegriff auch für die Frage der Etablierung eines **Wirtschaftsausschusses** nach §§ 106 ff. BetrVG von Bedeutung.[213]

---
207 Vgl. *Richardi*, NZA 2001, 346, 349; a.A. ErfK/*Eisemann*, 7. Aufl. 2007, § 1 BetrVG Rn 14.
208 *Arens/Spieker*, Umwandlungsrecht in der Beratungspraxis, 1996, Rn 60 und Rn 170.
209 BAG DB 2004, 1213; dazu EWiR 2004, 1067 (*Joost*).
210 § 322 Abs. 1 UmwG ist durch Art. 3 des BetrVerf-Reformgesetz v. 23.7.2001 (BGBl. I 2001, 1852, 1863) mit Wirkung ab 24.7.2001 gestrichen worden, ebenso § 321 UmwG a.F.
211 ErfK/*Eisemann*, § 1 BetrVG Rn 7; *Hümmerich/Spirolke*, aaO, § 12 Rn 30; *Schaub*, Arbeitsrechtshandbuch, § 7 Rn 9.
212 BAG AP Nr. 7 zu § 106 BetrVG 1972; BAG AP Nr. 10 zu § 1 KSchG 1969.
213 ErfK/*Kania*, § 106 BetrVG Rn 2.

c) Unternehmerentscheidung und betriebliche Belange

Soweit Beteiligungsrechte des Betriebsrates gegenüber dem Unternehmer bestehen, hat das seinen Grund darin, dass bestimmte **Informations- und Beteiligungspflichten** nur derjenige erfüllen kann, der die Unternehmensziele bestimmt und über die entsprechenden wirtschaftlichen Dispositionsbefugnisse verfügt.

Betriebsverfassungsrechtlich ist der Unternehmer verpflichtet, den Betriebsrat und andere Vertretungen der Arbeitnehmer über geplante und erfolgte unternehmerische Entscheidungen zu informieren.[214] Die unternehmerische Entscheidung selbst kann der Betriebsrat letztlich kaum beeinflussen. Er kann versuchen, in einem **Interessenausgleich** Nachteile für die Arbeitnehmer so weit wie möglich abzuwenden oder in einem **Sozialplan** Nachteile unternehmerischer Entscheidungen auszugleichen.[215]

Unmittelbar beeinflusst wird die unternehmerische Entscheidung durch die **Mitbestimmung im Aufsichtsrat** und die **Bestellung eines Arbeitsdirektors** nach dem Mitbestimmungsgesetz.

2. Individualarbeitsrechtliche und kollektivarbeitsrechtliche Probleme bei Verschmelzung und Spaltung

Die beiden Umwandlungsarten des Formwechsels und der Vermögensübertragung können hier außer Betracht bleiben: Beim Formwechsel ändert sich nur die Rechtsform und damit die rechtliche Struktur. Darüber hinaus kann die formwechselnde Umwandlung auch in aller Regel keine Nachteile für die Arbeitnehmer bzw. die Betriebsverfassungsorgane mit sich bringen, mit Ausnahme der etwaigen Haftungsbegrenzung – allerdings mit fünfjähriger Nachhaftung bisher persönlich haftender Gesellschafter nach dem Nachhaftungsbegrenzungsgesetz – und mit Ausnahme der rechtsformspezifischen Unternehmensmitbestimmung.[216] Die Vermögensübertragung betrifft im Wesentlichen nur die öffentliche Hand und öffentlich-rechtliche Versicherungsunternehmen und für sie gelten die Regeln anderer Umwandlungsarten – insbesondere der Spaltung – weitgehend entsprechend.

a) Betriebsübergang, § 613a BGB

§ 324 UmwG bestimmt, dass § 613a Abs. 1 und 4, 5 und 6 BGB – nicht also auch § 613a Abs. 2 BGB (Haftung) – durch die Wirkungen der Eintragung einer Verschmelzung, Spaltung oder Vermögensübertragung unberührt bleibt.[217] Außerdem wurde § 613a BGB durch Art. 2 UmwBerG klarstellend dahin redaktionell angepasst, dass § 613a Abs. 2 BGB (Haftung) nicht gilt, „wenn eine juristische Person oder Personenhandelsgesellschaft durch Umwandlung erlischt". § 324 UmwG wird als Rechtsfolgenverweisung verstanden.

Durch den am 10.10.2001 vom Bundeskabinett verabschiedeten Entwurf eines „Gesetzes zur Änderung des Seemannsgesetzes und anderer Gesetze"[218] ist seit dem 1.4.2002 neben Änderungen des Seemanns- und dem Seeaufgabengesetzes in § 613a Abs. 5 und 6 BGB eine Unterrichtungsverpflichtung des Arbeitgebers über den Betriebsübergang und das Recht des Arbeitnehmers zum Widerspruch gegen den Betriebsübergang eingefügt worden.[219] Das bedeutet

---

[214] §§ 80 Abs. 2, 106 ff., 111 BetrVG; zur Unterrichtung des Wirtschaftsausschusses *Röder/Göpfert*, BB 1997, 2105 ff.
[215] Vgl. Einzelheiten zum Inhalt und Umfang der Beteiligungsrechte in wirtschaftlichen Angelegenheiten in §§ 112, 112a BetrVG; zu allem vgl. *Fitting u.a.*, BetrVG, § 1 Rn 69 ff.
[216] Widmann/Mayer/*Vollrath*, UmwG, § 194 Rn 46–51.
[217] Vgl. auch *Bachner*, NJW 1995, 2881 f.
[218] BR-Drucks 831/01; BT-Drucks 14/7760; am 31.1.2002 wurde das Gesetz durch den Bundestag verabschiedet, der Bundesrat hat ihm am 1.3.2002 zugestimmt (BR-Drucks 71/02).
[219] Dazu auch *Berkowsky*, NZI 2002, 415 ff.; *Bonanni*, GmbHR 2002, R 137; *Grobys*, BB 2002, 726 ff.; *Bauer/Steinau-Steinrück*, ZIP 2002, 457 ff.; *Sayatz/Wolff*, DStR 2002, 2039 ff.; *Willemsen/Lembke*, NJW 2002, 1159 ff.

insbesondere, dass auch in Umwandlungsfällen, die mit einem Betriebsübergang oder Teilbetriebsübergang verbunden sind, der alte oder der neue Arbeitgeber den Arbeitnehmer nach Maßgabe der Regelung in § 613a Abs. 5 und Abs. 6 BGB über den Übergang des Arbeitsverhältnisses und über sein **Widerspruchsrecht** vollständig und rechtzeitig schriftlich unterrichten muss (dazu Muster siehe Rn 299)[220] Auf die **Unterrichtung** soll der Arbeitnehmer auch nicht wirksam verzichten können.[221]

222 Der Schutz des § 613a BGB bezieht sich aber auch insoweit nur auf die noch bestehenden Arbeitsverhältnisse, also diejenigen, die zum Zeitpunkt des Wirksamwerdens der Umwandlung noch nicht beendet sind.

223 Das gilt insbesondere auch für Ruhestandsverhältnisse von Betriebsrentnern. Der Übergang einer Versorgungsverbindlichkeit durch Spaltungsplan im Rahmen einer Umwandlung ist nach Auffassung des BAG nicht von einer Zustimmung des Versorgungsberechtigten und/oder des Pensions-Sicherungs-Vereins abhängig. Er wird auch nicht durch einen ausdrücklichen Widerspruch des Berechtigten verhindert. Das gilt auch im Falle der Privatisierung kommunaler Einrichtungen.[222]

aa) Verschmelzung

224 Nach der Rechtsprechung des Bundesarbeitsgerichts soll das Tatbestandsmerkmal Betriebsübergang „**durch Rechtsgeschäft**" in § 613a Abs. 1 S. 1 BGB zum Ausdruck bringen, dass die Vorschrift nicht für die Fälle gilt, in denen sich der Betriebsübergang – wie bei übertragenden Umwandlungen – im Wege der Gesamtrechtsnachfolge vollzieht.[223] Dies entspricht auch der bisherigen h.M. in der Literatur.[224] Dies bedeutet, dass bei einer Verschmelzung § 613a Abs. 1 BGB unmittelbar nicht zur Anwendung kommt.[225] An der betrieblichen Situation selbst ändert sich nichts. Auch würde ein Widerspruchsrecht des Arbeitnehmers gegen einen Rechtsübergang, der nach § 613a Abs. 1 BGB grundsätzlich gegeben ist, ins Leere führen. Wer sollte beim Untergang des übertragenden Rechtsträgers später kündigen und wer die Ansprüche erfüllen?

225 Eine andere Wertung ergibt sich nur, wenn man insoweit § 25 Abs. 2 UmwG für anwendbar ansieht, wonach die „**Fiktion des Fortbestehens**" des übertragenden Rechtsträgers ggf. einschlägig ist und zum Erfordernis einer Abwicklung führen kann. Ein Widerspruch des Arbeitnehmers gegen den Übergang seines Arbeitsverhältnisses würde also ggf. dazu führen, dass **Annahmeverzugsansprüche** des Arbeitnehmers gegen den eigentlich durch die Verschmelzung erlöschenden oder schon erloschenen übertragenden Rechtsträger begründet und im Rahmen einer Abwicklung befriedigt werden müssten.

226 Allerdings soll im Allgemeinen eine **vorübergehende Beschäftigung** des widersprechenden Arbeitnehmers **beim Betriebserwerber grundsätzlich zumutbar** i.S.v. § 615 BGB sein, so dass der Arbeitnehmer bei einer Weigerung dort bis zum Ablauf der Kündigungsfrist zu arbeiten, seine Vergütungsansprüche aus Annahmeverzug riskiert.[226]

227 Ferner könnten so bei einem **kollektiven Widerspruch** einer Vielzahl von Arbeitnehmern ggf. auch noch ein Interessenausgleich und ein Sozialplan dort erzwungen werden.

---

220 *Semler/Stengel*, UmwG, § 324 Rn 39 ff.
221 *Grobys*, BB 2002, 726, 730.
222 BAG DB 2005, 954 = ZIP 2005, 957; dazu EWiR 2005, 583 (*Matthießen*); a.A. AG Hamburg ZIP 2005, 1249, dazu EWiR 2005, 779 (*Flitsch*); bestätigt durch LG Hamburg ZIP 2005, 2331, dazu EWiR 2006, 127 (*Laufersweiler*) wegen § 123 UmwG i.V.m. § 4 BetrAVG; dazu auch *Bahnsen*, NJW 2005, 3328; *Grub*, DZWIR 2005, 397; *Klemm/Hamisch*, BB 2005, 2409; *Louven/Weng*, BB 2006, 619; *Hohenstatt/Seibt*, ZIP 2006, 546.
223 BAG NJW 1986, 453.
224 *Schmitt/Hörtnagl/Stratz*, UmwG/UmwStG, § 324 UmwG Rn 1 m.w.N.; Palandt/*Putzo*, § 613a BGB Rn 13.
225 AnwK-AktienR/*Braunfels*, Kap. 11 Rn 23.
226 BAG NZA 1998, 750 = ZIP 1998, 1080; BAG ZIP 1997, 2167.

Ein Arbeitnehmer kann nach der Rechtsprechung des BAG dem Übergang seines Arbeitsverhältnisses auf ein anderes Unternehmen im Rahmen gesellschaftsrechtlicher Gesamtrechtsnachfolge nicht widersprechen, wenn der bisherige Arbeitgeber im Rahmen der Gesamtrechtsnachfolge erlischt. Das hat das BAG für den Fall einer Umstrukturierung im Wege des sog. Anwachsungsmodells entschieden.[227] Das BAG stellte fest, dass das Arbeitsverhältnis infolge der Gesamtrechtsnachfolge übergegangen sei. Dem stehe auch nicht der vom Kläger erklärte Widerspruch gegen den Übergang seines Arbeitsverhältnisses auf die GmbH entgegen. Der vom Kläger erklärte Widerspruch sei nämlich unwirksam, weil der Kläger nicht gemäß § 613a Abs. 6 BGB habe widersprechen können. Ein solcher Widerspruch sei nämlich nicht möglich, wenn der bisherige Arbeitgeber durch die gesellschaftsrechtliche Gestaltung erloschen sei. 228

Auch wenn diese Entscheidung nicht unmittelbar den Übergang von Arbeitsverhältnissen infolge einer Verschmelzung nach dem Umwandlungsgesetz betrifft, wird mit der Entscheidung doch eine lange offene Fragestellung geklärt. Bislang bestand keine Einigkeit darüber, welche Folge ein Widerspruch gegen den Übergang eines Arbeitsverhältnisses hat, wenn ein Arbeitsverhältnis infolge einer Verschmelzung auf einen anderen Arbeitgeber übergeht und der bisherige Arbeitgeber im Rahmen der Verschmelzung erlischt. Dazu wurde bisher verschiedentlich angenommen, dass ein Widerspruch die Folge einer Eigenkündigung habe, mithin also zum Erlöschen des Arbeitsverhältnisses führe. Das BAG hat nunmehr klargestellt, dass ein Widerspruch in einem solchen Fall schlicht keinerlei Wirkungen hat, weil ein Widerspruchsrecht nicht bestehe. Damit hat es auch verdeutlicht, dass ein Widerspruch in diesem Fall nicht ohne weiteres als Eigenkündigung ausgelegt werden kann. 229

bb) Spaltung und Vermögens-Teilübertragung

In der Spaltung und Vermögens-Teilübertragung liegen zwei Hauptfälle des § 613a Abs. 1 S. 1 BGB. Hier sind die Arbeitsverhältnisse einem oder mehreren bestehenden oder neu gegründeten Rechtsträgern zuzuordnen. Ein **Betriebsteilübergang** liegt nur vor, wenn ein organisatorisch selbständiger Betriebsbereich **(sog. Identität der übertragenen Einheit)** auf den Erwerber übergeht. Für eine **Rückeingliederung** gelten insoweit die gleichen Grundsätze wie für die vorangegangene Ausgliederung.[228] 230

Bei einem Betriebsteilübergang verstößt es auch nicht gegen den Schutzzweck des § 613a BGB, wenn Betriebsteilbereiche nicht übernommen werden, die danach **nicht isoliert überlebensfähig** sind und geschlossen werden müssen.[229] Die nicht dem übergehenden Betriebsteil **zuzuordnenden Arbeitsverhältnisse** gehen in diesem Rahmen daher nicht mit über.[230] 231

Die Rechtsträger sind in der Festlegung frei, welche Betriebe und Betriebsteile auf welchen anderen Rechtsträger zu übertragen sind. Gemeinsam mit diesen übertragenen Betrieben oder Betriebsteilen gehen dann die damit verbundenen und zugeordneten Arbeitsverhältnisse über. Dies kommt auch in § 126 Abs. 1 Nr. 9 UmwG zum Ausdruck. Hier kommt ein Widerspruchsrecht des Arbeitnehmers mit den bekannten Folgen nach § 613a BGB in Betracht.[231] Der Widerspruch bedarf dabei keiner Begründung. 232

Ist ein Arbeitsverhältnis nicht einem bestimmten Betrieb oder Betriebsteil zuzuordnen, so kann im Spaltungs- oder Übernahmevertrag (§§ 126, 177 UmwG) oder im Spaltungsplan (§ 136 233

---

227 BAG DB 2008, 1578.
228 BAG ArbRB 2003, 325.
229 BAG ZInsO 2002, 1198, dazu EWiR 2003, 1073 (*Schneider*).
230 BAG ArbRB 2003, 321.
231 Vgl. BAG NZA 1998, 750; LAG Hamm ZInsO 2001, 336; *Baumann*, DStR 1995, 688, 689; *Hennrichs*, ZIP 1995, 794, 799; *Commandeur*, NJW 1996, 2543; zum Widerspruchsrecht nach bisherigem Recht auch BAG ZIP 1998, 1080; zuvor BAGE 70, 238, 250; dazu auch Handbuch der Unternehmensinsolvenz/*Arens*, Kap. 14 Rn 58 m.w.N.

UmwG) – und ferner ggf. auch in einem **Interessenausgleich mit Namensliste** (§ 323 Abs. 2 UmwG) – festgelegt werden, auf welche anderen Rechtsträger die Arbeitsverhältnisse übertragen werden.

b) Zur Anwendung des § 613a Abs. 1 S. 2–4 BGB

234 Nach § 613a Abs. 1 S. 2 BGB gelten die Vereinbarungen in Tarifverträgen und Betriebsvereinbarungen nach einem Betriebsübergang auf individualrechtlicher Grundlage befristet für ein Jahr fort. Sie dürfen für ein Jahr nach dem Betriebsübergang nicht zum Nachteil des Arbeitnehmers verändert werden, es sei denn, dass die durch die Normen geregelten Rechte und Pflichten durch einen anderen Tarifvertrag oder eine andere Betriebsvereinbarung bei dem neuen Inhaber geregelt werden (§ 613a Abs. 1 S. 3).

235 Weder das Tarifvertragsgesetz noch das Betriebsverfassungsgesetz sehen Regelungen vor, nach denen nach Betriebsübergängen die bisher geltenden Normen von Tarifverträgen[232] und Betriebsvereinbarungen kollektivrechtlich fortgelten, z.B. wenn der neue Betriebsinhaber nicht tarifgebunden ist oder der bisherige Betrieb etwa durch Übertragung der Betriebsteile auf verschiedene neue Inhaber seine Identität einbüßt und/oder ein Betriebsrat nicht existiert.

236 Das BAG hat aber die Fortgeltung eines Firmentarifvertrages eines übertragenden Rechtsträgers nach Verschmelzung beim übernehmenden Rechtsträger angenommen.[233] Insofern schließt § 613a Abs. 1 S. 2–4 BGB eine Lücke im Sinne einer vertraglichen Auffangklausel. Voraussetzung ist dabei jedoch immer, dass ein Betriebsübergang i.S.d. § 613a Abs. 1 S. 1 BGB vorliegt.

c) Gläubigerschutz/Haftungsfragen

237 In Umwandlungsfällen gelten statt der arbeitsrechtlichen Haftung nach § 613a Abs. 2 BGB die Vorschriften über den Gläubigerschutz des UmwG. In Fällen der Verschmelzung und Vermögensvollübertragung haftet der übernehmende Rechtsträger für alle gegenwärtigen und künftigen Ansprüche der Arbeitnehmer aus dem Arbeitsverhältnis, die auf ihn im Wege der Gesamtrechtsnachfolge übergegangen sind.

238 Bei Spaltungen und Vermögens-Teilübertragungen geht mit der Vermögensübertragung stets auch eine Änderung der Haftungsmasse einher. Zum Schutz der Gläubiger, auch der Arbeitnehmerschaft, schreibt § 133 Abs. 1 UmwG die **gesamtschuldnerische Haftung** der an der Spaltung oder Teilübertragung beteiligten übernehmenden Rechtsträger vor, und zwar für die vor der Spaltung oder Teilübertragung begründeten Verbindlichkeiten des übertragenden Rechtsträgers. Allerdings haftet der übernehmende Rechtsträger nur, wenn die Verbindlichkeiten vor Ablauf von fünf Jahren nach der Spaltung fällig und daraus Ansprüche gegen den Rechtsträger geltend gemacht werden (§ 133 Abs. 3–5 UmwG). Ansonsten tritt eine Enthaftung ein.

239 Zusätzlich gilt auch für den Gläubigerschutz bei Spaltung und Teilübertragungen das System der **Sicherheitsleistung** bei nicht fälligen, aber gefährdeten Ansprüchen gem. § 22 UmwG i.V.m. § 133 Abs. 1 S. 2 UmwG (siehe Rn 191 ff.).

d) Besondere Haftungsregelungen für bestimmte Arbeitnehmeransprüche

240 Wird jedoch das Unternehmen im Rahmen einer Spaltung in eine Besitzgesellschaft und in eine Betriebsgesellschaft aufgeteilt – wie bei der sog. **typischen Betriebsaufspaltung** –, gelten be-

---

232 Vgl. dazu *Kania*, DB 1995, 625 ff.
233 BAG ZIP 1998, A 59.

sondere Haftungsregelungen. Hier besteht die Gefahr, dass die Haftungsmasse erheblich geschmälert wird. § 134 Abs. 1 UmwG sieht daher eine genau eingegrenzte **Mithaftung der Besitzgesellschaft** vor.[234] Falls die Besitzgesellschaft der Betriebsgesellschaft die betriebsnotwendigen Vermögensteile zur Nutzung überlassen hat und die Anteilsinhaber der beteiligten Gesellschaften im Wesentlichen identisch sind, haftet die Besitzgesellschaft – über die Haftungsregelung des § 133 UmwG hinaus[235] – auch für solche Forderungen der Arbeitnehmer der Betriebsgesellschaft gesamtschuldnerisch, die binnen fünf Jahren nach dem Wirksamwerden der Spaltung aufgrund der §§ 111–113 BetrVG (Ansprüche aus Sozialplänen oder auf Nachteilsausgleich) begründet werden. Der Haftungszeitraum beträgt dann noch einmal fünf Jahre. Durch die Verweisung in § 134 Abs. 3 auf § 133 Abs. 3 UmwG wird nämlich sichergestellt, dass Ansprüche, die innerhalb der Fünfjahresfrist begründet werden, auch dann noch aufgrund der gesamtschuldnerischen Haftung zu erfüllen sind, wenn sie erst später fällig werden.[236]

Mit der gesamtschuldnerischen Haftung ist ein **Berechnungsdurchgriff** verbunden. Für die Bemessung der Sozialplanleistungen und der Abfindungen für den Nachteilsausgleich ist auf das Vermögen der Anlagegesellschaft abzustellen.[237] Erst durch den sog. „Bemessungsschutz" erlangt die gesamtschuldnerische Haftung ihre Wirkung.[238] **241**

Diese Auffassung hat das BAG inzwischen bestätigt und konkretisiert:[239] **242**

Ist für eine Betriebsgesellschaft i.S.d. § 134 Abs. 1 UmwG ein Sozialplan aufzustellen, darf die Einigungsstelle für die Bemessung des Sozialplanvolumens auch die wirtschaftliche Leistungsfähigkeit einer Anlagegesellschaft iSd. § 134 Abs. 1 UmwG berücksichtigen. Der Bemessungsdurchgriff ist jedoch der Höhe nach auf die der Betriebsgesellschaft bei der Spaltung entzogenen Vermögensteile begrenzt.

Nach § 134 Abs. 2 UmwG gilt diese Mithaftung auch für solche **Versorgungsverpflichtungen** im Sinne des Gesetzes zur Verbesserung der betrieblichen Altersversorgung (BetrAVG) gegenüber Arbeitnehmern der Betriebsgesellschaft, die vor dem Wirksamwerden der Spaltung begründet worden sind. **243**

Mit dem Zweiten Gesetz zur Änderung des Umwandlungsgesetzes ist die Vorschrift des § 132 UmwG gestrichen worden und die in § 133 Abs. 3 UmwG normierte allgemeine Mithaftungsfrist für Versorgungsverpflichtungen aufgrund des Betriebsrentengesetzes von fünf Jahren auf zehn Jahre verdoppelt worden.[240] **244**

Durch Umwandlungen eines Unternehmensträgers können also reine **Rentnergesellschaften** entstehen. Diese verfolgen nicht erwerbswirtschaftliche Zwecke, sondern dienen dazu, die betriebliche Altersversorgung abzuwickeln. Der Übergang der Versorgungsverbindlichkeiten bedarf nicht der Zustimmung der Betriebsrentner und der bereits ausgeschiedenen Versorgungsanwärter. Dies hat das BAG jüngst auch nochmals für einen sog. Altfall für die Zeit vor der Streichung des § 132 UmwG entschieden.[241]

Den früheren Arbeitgeber trifft jedoch die arbeitsvertragliche Nebenpflicht, die Rentnergesellschaft als neue Versorgungsschuldnerin ausreichend auszustatten. Sie muss in die Lage versetzt werden, nicht nur die laufenden Betriebsrenten zu erfüllen, sondern auch, sie nach § 16 Abs. 1 BetrAVG anzupassen. Dafür hat das BAG nun – als obiter dictum – Mindestanforderungen **245**

---

234 Vgl. etwa *Bachner*, NJW 1995, 2881, 2884.
235 Vgl. zur Frage der Anwendbarkeit des § 133 UmwG auf Arbeitnehmeransprüche auch *Kallmeyer*, ZIP 1995, 550 ff.
236 *Willemsen*, NZA 1996, 791, 800.
237 *Bachner*, NJW 1995, 2881, 2885; *Däubler*, RdA 1995, 136, 144.
238 *Herbst*, AiB 1995, 5, 13.
239 BAG ZIP 2011, 1433.
240 Dazu *Neye*, BB 2007, 389; *Ihrig/Kranz*, ZIP 2012, 749.
241 BAG BB 2009, 329 m. Anm. *Hock* = GmbHR 2008, 1326 m. Anm. *Heinz/Wildner*; dazu EWiR 2008, 765 (*Matthießen*); *Baum/Humpert*, BB 2009, 950.

entwickelt, die zu beachten sind. Eine unzureichende Ausstattung kann Schadensersatzansprüche der Versorgungsberechtigten gegen den früheren Arbeitgeber auslösen.

3. Kündigungsschutz
a) Kündigungsregeln

246 § 323 Abs. 1 UmwG bestimmt, dass sich die kündigungsrechtliche Stellung eines Arbeitnehmers, der vor dem Wirksamwerden einer **Spaltung oder Teilübertragung** beim übertragenden Rechtsträger in einem Arbeitsverhältnis steht, aufgrund der Umwandlung für die Dauer von zwei Jahren (vom Zeitpunkt des Wirksamwerdens der Umwandlung an gerechnet) nicht verschlechtert.

247 **Voraussetzungen** für die kündigungsrechtliche Besitzstandswahrung sind:
– Bestand eines Arbeitsverhältnisses vor der Spaltung mit dem übertragenden Rechtsträger,
– Vorhandensein einer kündigungs- und/oder kündigungsschutzrechtliche Position,
– Verschlechterung dieser Position aufgrund der Spaltung (oder Teilübertragung).

248 Dies betrifft insbesondere § 23 Abs. 1 KSchG, der für die **Anwendbarkeit des Kündigungsschutzgesetzes** eine Mindestmitarbeiterzahl von in der Regel mehr als zehn (bzw. früher mehr als fünf) Mitarbeitern ausschließlich der Auszubildenden vorsieht. Die Gesetzesbegründung nennt ausdrücklich den Fall, dass infolge einer Unternehmens- und Betriebsspaltung das übergegangene Arbeitsverhältnis in einem kleinen Betrieb fortgesetzt wird, in dem die **Mindestgröße nach § 23 Abs. 1 S. 2 KSchG** nicht erreicht wird.[242] In diesem Fall soll für die Dauer von zwei Jahren das Fortbestehen des allgemeinen Kündigungsschutzes „fingiert" werden.

249 § 323 Abs. 1 UmwG, wonach im Fall einer Unternehmungsspaltung sich die kündigungsrechtliche Stellung der betroffenen Arbeitnehmer auf Grund der Spaltung für die Dauer von zwei Jahren ab dem Zeitpunkt ihres Wirksamwerdens nicht verschlechtert, steht nach Auffassung des BAG aber einer **Kündigung durch den Insolvenzverwalter wegen Betriebsstilllegung in der Insolvenz** eines abgespaltenen Unternehmens nicht entgegen.[243]

250 Umstritten ist, ob § 323 Abs. 1 UmwG „eng" auszulegen ist. Ein Teil des Schrifttums bejaht dies.[244] Der Wortlaut gibt aber für eine Beschränkung nur auf die Sicherung der kündigungsschutzrechtlichen Position nichts her. Deshalb ist der Arbeitnehmer nach der h.M. auch vor einer Verschlechterung der übrigen vor der Spaltung innegehabten kündigungsrechtlichen Stellung geschützt.[245] Daher wird auch die **kündigungsrechtliche Stellung** selbst erhalten, d.h. aufgrund etwaiger tariflicher Kündigungsverbote, etwaiger tariflich verlängerter **Kündigungsfristen** oder günstigerer Betriebsvereinbarungen. Dies gilt selbst dann, wenn beim neuen Arbeitgeber ein anderer Tarifvertrag angewandt wird bzw. eine andere Betriebsvereinbarung besteht. § 323 Abs. 1 UmwG ist insofern eine Spezialregelung.

251 Entsteht durch die Spaltung oder Teilübertragung ein **gemeinsamer Betrieb** und führen die beiden Unternehmen den gemeinsamen Betrieb fort, gilt dieser als „Betrieb" i.S.d. Kündigungsschutzrechtes. Es ist dann die Konstellation anzutreffen, dass ein Betrieb einem oder mehreren Unternehmen zuzuordnen ist. Weitere Besonderheiten über die bisherige Rechtslage hinaus ergeben sich in diesen Fällen nicht.

---

242 RegE BT-Drucks 12/6699, S. 175.
243 BAG ZIP 2006, 631 = BB 2006, 1278 m. Anm. *Hohenstatt/Schramm*.
244 *Bauer/Lingemann*, NZA 1995, 1060; *Kreßel*, BB 1995, 925, 928.
245 *Trümner*, AiB 1995, 309, 313; *Wlotzke*, DB 1995, 40, 44.

b) Zuordnung der Arbeitnehmer

Kommt bei einer Verschmelzung, Spaltung oder Vermögensübertragung ein **Interessenausgleich** zustande, in dem diejenigen **Arbeitnehmer namentlich bezeichnet** werden, die nach der Umwandlung einem bestimmten Betrieb oder Betriebsteil zugeordnet werden, so kann die Zuordnung der Arbeitnehmer durch das Arbeitsgericht nur auf grobe Fehlerhaftigkeit überprüft werden (§ 323 Abs. 2 UmwG).[246] Dies gilt insbesondere für diejenigen Arbeitnehmer, bei denen es an einer klaren Zuordnung zu einem bestimmten Betrieb oder Betriebsteil fehlt und deren Arbeitsverhältnisse, falls sie zu einem bestimmten Unternehmen übergehen sollen, im Spaltungs- und Übernahmevertrag ganz zuzuordnen sind.

252

Bei einer Betriebsspaltung entstehen regelmäßig Probleme bei der Frage der Zuordnung der übergehenden und der verbleibenden Arbeitnehmer. Nach der Rechtsprechung des BAG ist im Streitfall die **Zuordnung der Stelle zu dem übergehenden Teil der Betriebsorganisation** entscheidend.[247] Entgegen einer vielfach angenommenen Meinung genügt es für die Zuordnung auch nach der Rechtsprechung des EuGH nicht, dass der zuzuordnende Arbeitnehmer Tätigkeiten für den übergehenden Teil verrichtet hat. Entscheidend ist, ob der **Arbeitnehmer in dem Organisationsbereich** dieses Betriebsteils **beschäftigt** worden ist.[248]

253

Spätestens seit der neuen Rechtsprechung des BAG[249] im Anschluss an die sog. „Klarenberg"-Entscheidung des EuGH[250] erscheint diese Auffassung als allein zutreffend. Das BAG hat inzwischen entschieden, dass bei einem Betriebsteilübergang nur diejenigen Arbeitnehmer erfasst werden, die in dem betreffenden Betriebsteil gearbeitet haben. Es reicht nicht aus, dass sie für diesen Betriebsteil gearbeitet haben.[251]

254

Eine weiterreichende Deutung des § 323 Abs. 2 UmwG geht jedoch dahin, dass durch die namentliche Bezeichnung von Arbeitnehmern im Interessenausgleich (verbunden mit einer geplanten Betriebsänderung) deren Versetzung in einen anderen Betrieb oder Betriebsteil unter Zustimmung des Betriebsrats und ggf. nach Abstimmung mit dem übernehmenden Unternehmen erleichtert werden soll. Dies kann schon vor der Umwandlung, aber mit der Wirkung für die Zeit danach geschehen.

255

Ein Arbeitnehmer, der nach einer solchen namentlichen Bezeichnung im Interessenausgleich – zulässigerweise – der Übernahme des Arbeitsverhältnisses widerspricht, würde jeglichen Schutz verlieren, es sei denn, die Zuordnung wäre grob fehlerhaft:
– Beim alten Arbeitgeber, wo er sich noch nach Widerspruch gegen den Betriebsübergang befände, erhielte er ggf. keine Leistungen aus einem Sozialplan, wenn der Sozialplan für diese Fälle einen Leistungsausschluss vorsieht.
– Außerdem erhielte er keine Lohn- und Gehaltszahlung mehr. Er würde nämlich beim neuen Arbeitgeber den anderweitigen Erwerb böswillig unterlassen (vgl. § 615 S. 2 Alt. 2 BGB).
– Einen Kündigungsschutzprozess (gegen den alten Arbeitgeber) müsste er auch verlieren, weil sein Arbeitsverhältnis nämlich bei dem neuen Arbeitgeber definiert wird.

256

---

246 Vgl. *Arens/Spieker*, Umwandlungsrecht, S. 76, Rn 213 f.; dies entspricht auch den gesetzlichen Neuregelungen in anderen Bereichen, siehe § 125 InsO, § 113 BetrVG und § 1 Abs. 5 KSchG in der bis zum 31.12.1998 und der seit dem 1.1.2004 geltenden Fassung.
247 BAG AP Nr. 31 zu § 613a BGB; BAG AP Nr. 23 zu § 7 BetrAVG; BAG AP Nr. 170 zu § 613a BGB.
248 EuGH („Botzen"), Slg. 185, 519, 528 und EuGH AP Nr. 5 zu EWG-Richtlinie Nr. 77/187.
249 BAG („Charite") NZA 2009, 905 und BAG (Betriebskantine) NZA 2010, 499; dazu EWiR 2010, 241 (*Fuhlrott*), dazu NJW-Spezial 2010, 212.
250 EuGH NZA 2009, 251.
251 BAG AP BGB § 613a Nr. 406.

4. Betriebsverfassungsrecht
a) Unterrichtung des Betriebsrats

257 Grundlage der Unterrichtung des Betriebsrats ist der gesellschaftsrechtliche Vertrag über die Umwandlung mit den dafür vorgeschriebenen Mindestangaben.[252] Für betroffene Arbeitnehmer und den Betriebsrat ist es besonders wichtig, im Umwandlungsvertrag oder -plan oder im Formwechselbeschluss die in allen Fällen anzugebenden **Folgen der Umwandlung** für die Arbeitnehmer und ihre Vertretungen sowie die insoweit **vorgesehenen Maßnahmen** dargestellt zu bekommen (§§ 5 Abs. 1 Nr. 9, 126 Abs. 1 Nr. 11, 136, 176, 177, 194 Abs. 1 Nr. 7 UmwG).

258 Daraus wird von einem Teil des Schrifttums abgeleitet, die Verpflichtung entfalle, wenn **kein Betriebsrat** bestehe, an den der Umwandlungsvertrag zugeleitet werden kann.[253] Das wird zu Recht aber fast einhellig abgelehnt.[254] § 5 Abs. 1 und Abs. 3 UmwG stehen nämlich nicht in einem unauflösbaren Zusammenhang. Abs. 1 legt den Mindestinhalt des Vertrags fest, Abs. 3 bestimmt zusätzlich die **Zuleitungspflicht**. Entfällt die zusätzliche Zuleitungspflicht, so bleibt der Umfang des vorgeschriebenen Mindestinhalts des Vertrags davon unberührt. Denn die Angaben über die Folgen der Umwandlung für die Arbeitnehmer dienen nicht nur dem **Informationsinteresse des Betriebsrats**, sondern auch dem **der Anteilsinhaber**, die bei der Zustimmungsentscheidung wissen sollen, ob und gegebenenfalls welche Maßnahmen die Leitungsorgane zum Ausgleich nachteiliger Umwandlungsfolgen für die Arbeitnehmer vorsehen.

259 Deshalb ist diese Pflichtangabe nur dann gegenstandslos, wenn in den von der Umwandlung betroffenen Unternehmen überhaupt **keine Arbeitnehmer** beschäftigt werden. Ist bei einer Verschmelzung zwar der übertragende Rechtsträger arbeitnehmerlos, beschäftigt der aufnehmende aber Arbeitnehmer, dann müssen die Pflichtangaben gemacht werden.[255]

260 Bei den anzugebenden Folgen für die Arbeitnehmer handelt es sich zunächst um diejenigen, die durch die Umwandlung unmittelbar bewirkt werden. Dies gilt auch für Betriebszusammenlegungen, falls nach einer Verschmelzung die Verwaltungen oder andere Bereiche der bisher getrennten Unternehmen zusammengelegt werden sollen. Dies gilt auch für **Synergieeffekte** bei Zusammenlegung von mehreren Betrieben oder Betriebsteilen.

261 Die instanzgerichtliche Rechtsprechung hat dazu inzwischen schon klargestellt, dass eine bloß schlagwortartige Darstellung der Folgen des Umwandlungsvorgangs für die Arbeitnehmer und ihre Vertretungen nicht ausreicht, sondern vielmehr alle **negativen und positiven Folgen** und die dazu vorgesehenen Maßnahmen ausreichend präzise darstellt werden müssen.[256]

262 Häufig wird auch das Vorhandensein eines Gesamtbetriebsrates (bei mehreren Betrieben in einem Unternehmen) übersehen, auf dessen Zusammensetzung und Kompetenzbereich der Umwandlungsvorgang, insbesondere bei Verschmelzung oder Spaltung, erheblichen Einfluss haben kann. Auch die Folgen der Umwandlung für den **Gesamtbetriebsrat** müssen also dargestellt werden.[257]

---

[252] Vgl. dazu etwa *Bachner*, NJW 1995, 2881, 2886 f.; *Gaul*, DB 1995, 2265; zur Unterrichtung des Wirtschaftsausschusses *Röder/Göpfert*, BB 1997, 2105.
[253] *Joost*, ZIP 1995, 976, 985.
[254] *Boecken*, Unternehmensumwandlungen und Arbeitsrecht, Rn 336; *Müller*, DB 1997, 713, 716.
[255] OLG Düsseldorf NZA 1998, 766 = ZIP 1998, 1190; zustimmend Preis/Willemsen/*Joost*, Kölner Tage des Arbeitsrechts, C Rn 13.
[256] Vgl. OLG Düsseldorf NZA 1998, 766 = ZIP 1998, 1190; AnwK-AktienR/*Braunfels*, Kap. 11 Rn 22 m.w.N.; dazu auch AnwaltFormulare/*Arens/Spieker*, Kap. 45 Rn 9 Fn 27; Muster auch bei AnwaltFormulare/*Pauly/Steinweg*, Kap. 3 Rn 520 Muster 141; *Joost*, ZIP 1995, 976; zur Fristberechnung *Müller-Eising/Bert*, DB 1996, 1398.
[257] Vgl. *Arens/Spieker*, Umwandlungsrecht, 1996, 77, Rn 216; Heider/Pauly/Amend, AnwaltFormulare/Arens/Spieker, Kap 45 Rn 9.

b) Rechtzeitige Zuleitung

263 Der Umwandlungsvertrag oder sein Entwurf (bzw. Spaltungsplan oder der Umwandlungsbeschluss) ist spätestens einen Monat vor dem Tag der Anteilsinhaberversammlung jedes beteiligten Unternehmens, die über die Zustimmung zum Vertrag beschließt, dem **jeweils zuständigen Betriebsrat** zuzuleiten (§§ 5 Abs. 3, 126 Abs. 3, 176, 177, 194 Abs. 2 UmwG; Nachweise siehe Rn 72 ff.).[258] Der Betriebsrat/die Betriebsräte soll(en) dadurch die Möglichkeit bekommen, noch auf Änderungen für die Arbeitnehmerschaft bzw. auf Regelungen zur Milderung der Folgen für die Arbeitnehmerschaft hinzuwirken (§§ 5 Abs. 1 Nr. 9, 126 Abs. 1 Nr. 11 UmwG).

264 Problematisch ist der vom Gesetz verwandte Begriff „**Zuleitung**". Darunter muss die Aushändigung des Umwandlungsvertrages an den **Betriebsratsvorsitzenden** verstanden werden. Denn dieser ist nach § 26 Abs. 3 BetrVG allein zum Empfang von Erklärungen, die an den Betriebsrat gerichtet sind, berechtigt. Das wird von Teilen des gesellschaftsrechtlichen Schrifttums verkannt, wenn dort die Übergabe an ein Betriebsratsmitglied für ausreichend erachtet wird.[259]

265 Es ist dabei die vollständige Umwandlungsurkunde bzw. der vollständige Entwurf vorzulegen; es kann nicht zwischen wichtigen und unwichtigen Bestandteilen der Urkunde unterschieden werden.[260] Es muss sich daher nach wohl h.M. genau um den Entwurf handeln, der später Gegenstand der Beschlussfassung ist und mit dem beurkundeten Vertrag identisch ist. Zulässig sind nur Abweichungen bei Korrektur von Schreibfehlern.[261]

266 Nach Auffassung des LG Essen soll der vorgelegte Entwurf allerdings noch nicht exakt der später beurkundeten Version entsprechen müsse. Es soll ausreichend sein, dass der Betriebsrat in die Lage versetzt wird, auf eine ausreichend „sozialverträgliche Durchführung" der Umwandlung hinzuwirken.[262]

267 Teilweise werden alle nachträglichen Änderungen für zulässig gehalten, die weder für die Struktur des Unternehmens noch für die Interessen der Belegschaft wesentlich sind.[263]

268 Grundsätzlich gilt, dass jede Änderung zur erneuten Vorlage verpflichtet.[264] Vor diesem Hintergrund gefährden also nachträgliche Änderungen des dem Betriebsrat vorgelegten Entwurfs das Wirksamwerden des gesamten Umwandlungsvorgangs.

269 Zuständig ist, wenn das Unternehmen aus mehreren Betrieben besteht, auch der **Gesamtbetriebsrat**, weil alle Umwandlungen auch unternehmensbezogen sind und sich z.B. auch die Abspaltung nur eines Betriebes auf die anderen verbleibenden Betriebe auswirken kann.

270 Die Beachtung der rechtzeitigen Zuleitung und Unterrichtung des Betriebsrats wird durch das UmwG in der Weise sichergestellt, dass der Nachweis darüber eine – dem Registergericht nachzuweisenden – **Voraussetzung für die Eintragung** der Umwandlung in das Register und damit für das Wirksamwerden der Umwandlung ist (z.B. § 17 Abs. 1 UmwG für die Verschmelzung).

271 Nach inzwischen wohl h.M. soll der Betriebsrat aber zumindest auf die **Einhaltung der Monatsfrist** durch Erklärung gegenüber dem Registergericht verzichten können, aber nicht auf die Vorlage der Umwandlungsurkunde bzw. deren Entwurf als solcher.[265]

272 Ein Betriebsrat kann gegenüber dem für die Führung des Handelsregisters zuständigen Amtsgericht die nach seiner Ansicht bestehenden Unterrichtungsmängel und sonstigen Beden-

---

[258] Siehe dazu Widmann/Mayer/*Heckschen*, UmwG, § 5 Rn 250 ff.
[259] So *Melchior*, GmbHR 1996, 837.
[260] OLG Naumburg GmbHR 2003, 1433.
[261] Dazu Widmann/Mayer/*Heckschen*, UmwG, § 6 Rn 28, § 13 Rn 54, 62.
[262] LG Essen ZIP 2002, 893.
[263] Kallmeyer/*Willemsen*, UmwG, § 5 Rn 77.
[264] Lutter/*Priester*, Verschmelzung, Spaltung, Formwechsel, S. 116.
[265] LG Stuttgart GmbHR 2000, 622 m. Anm. *Kinzelmann*; Widmann/Mayer, UmwG, § 5 Rn 266; *K. Müller*, BB 1997, 713, 717; *Willemsen*, RdA 1998, 23, 33; so schon *Heidinger/Limmer u.a.*, Gutachten zum UmwG 1996/1997, S. 63 ff.; Kallmeyer/*Willemsen*, UmwG, § 5 Rn 76; *Lutter*, UmwG, § 5 Rn 87b; *Melchior*, GmbHR 1996, 833; *Stohlmeier*, BB 1998, 1394; *Schwarz*, ZNotP 2001, 22; *Kiem*, Unternehmensumwandlung, S. 17 Fn 58.

ken gegen die Eintragung geltend machen. Allerdings ist der Betriebsrat in einem Verfahren betreffend die Wirksamkeit eines Umwandlungsbeschlusses nicht parteifähig.[266] Sind die Mängel innerhalb der verbleibenden Zeit der Achtmonatsfrist noch zu beheben, wird das Registergericht in einer Zwischenverfügung Hinweise erteilen und dazu Gelegenheit geben.

273 Demgegenüber kann jeder Anteilsinhaber den Beschluss der Hauptversammlung selbst erfolgreich anfechten, wenn die beschlossene Umwandlung von der angekündigten abweicht.[267] Zu berücksichtigen ist in diesem Zusammenhang, dass auch jedem **Mitglied des Aufsichtsrats**, auch einem von den Arbeitnehmern entsandten, nach § 249 Abs. 1, § 246 AktG ein Klage- und Anfechtungsrecht zusteht.

274 Die Rechtsprechung hat die Klage eines Aufsichtsratsmitglieds, das eine Abweichung vom Text des dem Betriebsrat zugeleiteten Umwandlungsvertrags gerügt hat, nur deshalb abgewiesen, weil die nachträgliche Änderung nur den vorübergehenden Ausschluss der Vergütung für Aufsichtsratsmitglieder betraf. Das Gericht hat das als Regelung einer für die Belegschaft unwesentlichen Einzelfrage angesehen. Aus den Entscheidungsgründen ist zu entnehmen, dass bei einer substanziellen, die Unternehmensstruktur betreffenden nachträglichen Änderung die Klage wegen der unterlassenen Zuleitung des geänderten Umwandlungsvertrags erfolgreich gewesen wäre.[268]

275 Im Schrifttum wird demgegenüber vereinzelt geltend gemacht, die mittelbare Überprüfung dieser Pflichtangaben durch Anfechtungs- und Nichtigkeitsklagen sei ausgeschlossen. Das wird damit begründet, die Verpflichtungen zu arbeitnehmerbezogenen Angaben im Umwandlungsvertrag und zur Zuleitung des Vertrages an den Betriebsrat beruhten auf formalen Ordnungsvorschriften.[269] Das sieht bisher die überwiegende Meinung anders, insbesondere weil ein Ausschluss des Klagerechts zur völligen Sanktionslosigkeit führe.[270]

c) Sonstige Beteiligungsrechte

276 Das UmwG selbst sieht außer der Unterrichtung des Betriebsrates (siehe Rn 72 und 257 ff.) keine weiteren Beteiligungsrechte des Betriebsrats hinsichtlich des Umwandlungsvorhabens vor. Diese ergeben sich jedoch aus dem BetrVG (rechtzeitige Information und Beratung im **Wirtschaftsausschuss** gem. § 106 BetrVG und Information des Betriebsrats allgemein gem. § 80 Abs. 2 BetrVG).

277 In Fällen der Betriebsänderung besteht das Erfordernis der **Unterrichtung** sowie der Verhandlung über den Abschluss von **Interessenausgleich** und **Sozialplan** gem. §§ 111 ff. BetrVG.

278 In **§ 111 S. 3 Nr. 3 BetrVG n.F.** ist im Jahr 2001 der Katalog der Beispielsfälle für Betriebsänderungen ergänzt worden. Der Unternehmer hat danach sowohl über den „Zusammenschluss mit anderen Betrieben" als auch über die „**Spaltung von Betrieben**" rechtzeitig den zuständigen Betriebsrat zu unterrichten und mit ihm diese geplanten Betriebsänderungen zu beraten. Damit ist der Fall der Betriebsspaltung auch dann eine Betriebsänderung, wenn der abgespaltene Teil nur einen **kleinen Teil der Belegschaft** umfasst, so dass er nach der Rechtsprechung zur Betriebseinschränkung nicht als nicht „wesentlich" gilt. Maßgeblich ist allein, ob es sich um eine **„abspaltungsfähige" wirtschaftliche Teil-Einheit** handelt.

279 Kommt es infolge der Spaltung oder der Teilübertragung zu einer solchen Neubildung von zwei oder mehreren Betrieben oder werden Betriebe oder Betriebsteile in Unternehmen eingegliedert, ohne dass dort ein Betriebsrat besteht, besteht ein sog. **Übergangsmandat** des bisheri-

---

[266] OLG Naumburg GmbHR 1998, 382.
[267] LG Wiesbaden DB 1998, 2052.
[268] OLG Naumburg DB 1997, 467.
[269] *Bungert*, DB 1997, 2209, 2210.
[270] *Drygalla*, ZIP 1996, 1365 m.w.N.

gen Betriebsrats für höchstens sechs Monate (§ 321 Abs. 1 UmwG a.F. bzw. § 21a Abs. 1 BetrVG n.F.).[271] Das Übergangsmandat soll verhindern, dass in den von der Betriebsspaltung betroffenen Betriebsteilen betriebsratlose Zeiten eintreten und die betroffenen Arbeitnehmer während der für sie ohnehin schwierigen Übergangszeit ohne Schutz der Beteiligungsrechte des Betriebsrats sind, u.a. bei Versetzungen, Kündigungen und Betriebsänderungen.

280 Das Übergangsmandat besteht jedoch nur, soweit die auf- oder abgespaltenen Betriebsteile über die in § 1 BetrVG genannte Arbeitnehmerzahl verfügen und nicht in einen anderen Betrieb eingegliedert werden, in dem ein Betriebsrat besteht.

281 Ein Übergangsmandat für den **Gesamtbetriebsrat** ist im UmwG dagegen nicht vorgesehen. Geht im Rahmen eines Spaltungsvertrages ein Betrieb auf einen neuen Rechtsträger (selbständiges Unternehmen) über, so scheidet dessen Betriebsrat aus dem Gesamtbetriebsrat des bisherigen Unternehmens aus.[272] Ein Übergangsmandat für einen **Gesamtbetriebsrat**, dessen Entstehensvoraussetzungen durch die Umwandlung wegfallen, besteht dagegen auch nicht.[273]

282 Geht dagegen im Rahmen eines Spaltungs- oder sonstigen Umstrukturierungsvorgangs (Stilllegung oder Zusammenlegung) ein Betrieb unter, hat dessen bisheriger Betriebsrat ein **Restmandat** nach § 21b BetrVG, solange wie noch im Zusammenhang damit betriebsverfassungsrechtliche Aufgaben wahrzunehmen sind.[274] Ist dies nicht der Fall, endet das Mandat schon mit der tatsächlichen Betriebsstilllegung.[275]

283 Keines Übergangsmandats bedarf es bei einer Betriebsspaltung, wenn der abgespaltene Betriebsteil vom aufnehmenden Rechtsträger in einen bereits bestehenden Betrieb mit Betriebsrat eingegliedert wird. Der Betriebsrat des aufnehmenden Betriebes vertritt dann den neu hinzukommenden Teil der Belegschaft mit. Der eingegliederte Betrieb(-steil) geht mit der Zusammenfassung unter. Da das Mandat des aufnehmenden Betriebs ein Dauer- und kein Übergangsmandat ist, muss es konsequenterweise auch ein an sich denkbares Restmandat des Betriebsrats des eingegliederten Betriebs verdrängen.[276]

d) Fortgeltung von Rechten aus Betriebsvereinbarung oder Tarifvertrag

284 Für die Fälle der Spaltung und Teilübertragung eines Unternehmens, die auch die Spaltung eines Betriebes zur Folge haben, sieht § 325 Abs. 2 UmwG vor, dass dann, wenn für die aus der Spaltung hervorgegangenen Betriebe Rechte oder Beteiligungsrechte des Betriebsrats entfallen, deren Fortgeltung – ohne zeitliche Begrenzung – durch **Betriebsvereinbarung** oder Tarifvertrag vereinbart werden kann.[277]

285 Die Vorschrift hat vor allem Bedeutung, wenn im bisherigen Betrieb insbesondere die §§ 99 ff., 111 ff. BetrVG anwendbar waren, dies aber in dem neuen Betrieb nicht mehr der Fall ist, weil hier die erforderliche Schwellenzahl von in der Regel mehr als 20 wahlberechtigten Arbeitnehmern nicht erreicht wird.

---

271 Vgl. zu § 321 UmwG a.F. und zur analogen Anwendung *Bachner*, DB 1995, 2068 ff.; *Baumann*, DStR 1995, 688, 692; § 321 UmwG ist durch Art. 3 des BetrVerf-Reformgesetz v. 23.7.2001 (BGBl I, 1852, 1863) mit Wirkung ab 24.7.2001 gestrichen worden, ebenso § 322 Abs. 1 UmwG a.F. Die Regelung bzgl. des Übergangsmandats ist nun in § 21a Abs. 1 BetrVG enthalten und bzgl. des Restmandats in § 21b BetrVG; die Vermutung des gemeinschaftlichen Betriebes in § 1 Abs. 2 BetrVG. Dazu *Löwisch*, BB 2001, 1734 ff.; *Leßmann/Liersch*, DStR 2001, 1302 ff.; *Feudner*, DB 2003, 882 ff.
272 Vgl. auch *Joost*, ZIP 1995, 976, 982.
273 BAG ZIP 2003, 271.
274 *Fitting/Engels/Schmidt*, BetrVG, § 21b Rn 6 ff.; zum Restmandat des Betriebsrates bei Betriebsschließung siehe BAG AP Nr. 5 zu § 24 BetrVG 1972; BAG ZIP 2001, 1384, dazu EWiR 2001, 985 (*Moll/Langenhoff*).
275 BAG ZInsO 2002, 94.
276 *Feudner*, BB 1996, 1934, 1936; *Fitting/Engels/Schmidt*, BetrVG, § 21a Rn 14.
277 Siehe *Gaul*, NZA 1995, 717 ff.; *Kania*, DB 1995, 625 ff.; AnwK-AktienR/*Braunfels*, Kap. 11 Rn 24 ff.

286 Der Verlust der Sozialplananwartschaft und die Verringerung der Haftungsmasse des neuen Arbeitgebers bei Spaltungsvorgängen führen aber für sich gesehen nicht zur Sozialplanpflicht.[278]

287 Im Fall eines Betriebsübergangs behalten **Gesamtbetriebsvereinbarungen**, die in den Betrieben des abgebenden Unternehmens gelten, in den übertragenen Teilen des Unternehmens ihren Status als Rechtsnormen auch dann, wenn nur einer oder mehrere Betriebe übergehen. Wird ein übernommener Betriebsteil vom Erwerber als selbständiger Betrieb geführt, gelten in ihm die im ursprünglichen Betrieb bestehenden Einzel- und Gesamtbetriebsvereinbarungen normativ weiter.[279]

e) Schutz sonstiger Vertretungsorgane

288 Für die nach § 72 Abs. 1 BetrVG auf der Unternehmensebene zu errichtende **Gesamt-Jugend- und -Auszubildendenvertretung** gelten die Grundsätze, die für die Kontinuität des Gesamtbetriebsrats entwickelt worden sind.

289 Die betrieblichen Schwerbehindertenvertretungen wählen nach § 97 Abs. 1 S. 1 SGB IX nur dann eine **Gesamtschwerbehindertenvertretung**, wenn für mehrere Betriebe im Unternehmen ein Gesamtbetriebsrat errichtet worden ist. Hier hat das Gesetz bereits eine Koppelung vorgesehen. Allerdings muss beachtet werden, dass abweichend von der betriebsverfassungsrechtlichen Zuständigkeitsordnung nach § 27 Abs. 1 S. 2 SGB IX bei Fehlen eines Gesamtbetriebsrats die nur von den Schwerbehinderten eines Betriebs gewählte Schwerbehindertenvertretung die Aufgaben der Gesamtschwerbehindertenvertretung wahrnimmt. Das bedeutet, ist im Unternehmen eine Schwerbehindertenvertretung gewählt, so vertritt sie alle Schwerbehinderten des Unternehmens.

290 Ein **Wirtschaftsausschuss** ist nach § 106 Abs. 1 BetrVG in Unternehmen mit mehr als 100 Arbeitnehmern zu bilden. Erreicht ein Unternehmen durch die Verschmelzung den Schwellenwert, so ist erstmals der Wirtschaftsausschuss vom Betriebsrat oder Gesamtbetriebsrat durch die Bestimmung der Mitglieder zu errichten (§ 107 Abs. 2 BetrVG). Er ist ebenso wie der Gesamtbetriebsrat für bestimmte Angelegenheiten zuständig, die auf der Unternehmensebene anfallen. Seine **Organkontinuität** ist daher im Grundsatz so zu beurteilen wie die des Gesamtbetriebsrats.

291 Wenn beim übernehmenden Rechtsträger vor einer Verschmelzung der Betriebsrat den Wirtschaftsausschuss gebildet hatte, geht mit der Errichtung des Gesamtbetriebsrats die **Zuständigkeit** für die Bestimmung der Mitglieder des Wirtschaftsausschusses auf den Gesamtbetriebsrat über (§ 107 Abs. 2 S. 2 BetrVG). Der Gesamtbetriebsrat kann nach § 107 Abs. 2 S. 3 die Mitglieder, deren Amtszeit ansonsten synchron mit der des Betriebsrats läuft, ohne weiteres vorzeitig abberufen und im Interesse der Vertretung aller Betriebe neue Mitglieder wählen.

292 Zu den wirtschaftlichen Angelegenheiten, über die der Unternehmer den Wirtschaftsausschuss zu informieren und mit ihm zu beraten hat, gehörte bisher nach § 106 Abs. 3 Nr. 8 BetrVG der Zusammenschluss von Betrieben. Diese Nr. 8 ist seit 1.1.1995 auf „den **Zusammenschluss** oder die **Spaltung von Unternehmen oder Betrieben**" erweitert worden.[280]

5. Unternehmensmitbestimmung

293 § 325 Abs. 1 UmwG sieht eine **zeitlich befristete** und auf die Fälle der Abspaltung und Ausgliederung i.S.d. § 123 Abs. 2 und 3 UmwG begrenzte **Beibehaltung** der bisher geltenden Mitbestimmungsregelungen vor. Entfallen danach bei einem übertragenden Unternehmen die gesetz-

---

[278] BAG GmbHR 1997, 850.
[279] BAG ZIP 2003, 1059.
[280] Vgl. dazu auch *Gaul*, DB 1995, 2265.

lichen Voraussetzungen für die Beteiligung der Arbeitnehmer im Aufsichtsrat, so sind die vor der Spaltung geltenden Vorschriften noch für einen **Zeitraum von fünf Jahren** nach dem Wirksamwerden der Abspaltung oder Ausgliederung anzuwenden.[281]

B. Muster

I. Checkliste: Stationen des Umwandlungsverfahrens

Folgende Stationen des Umwandlungsverfahrens ergeben sich in aller Regel, wobei es sich nicht unbedingt um eine chronologische Reihenfolge handelt, sondern die Stationen auch **teilweise parallel** verlaufen.[282]   294

1. Vorplanungsphase der Vertretungs-/Geschäftsführungsorgane des/der beteiligten Rechtsträger
2. Je nach Rechtsform/Gesellschaftsvertrag/Satzung: Information an Aufsichtsrat oder Beirat bzw. Beratung mit Aufsichtsrat oder Beirat
3. Anbahnung von Verhandlungen mit dem Vertretungsorgan des weiteren beteiligten Rechtsträgers bzw. den Vertretungsorganen der weiteren beteiligten Rechtsträger
4. Interne Bewertung der Unternehmen der beteiligten Rechtsträger (für die Frage des Kaufpreises/der Anteilsverhältnisse/der Anteilsbewertung/etwaiger Zuzahlungen)
5. Ggf. Einholung von Bewertungsgutachten eines Wirtschaftsprüfers zu der vorstehenden Frage
6. Einigung der beteiligten Rechtsträger über ein Umwandlungskonzept
7. Parallel zueinander:
   a) Erstellung des Entwurfs eines Umwandlungsvertrages
   b) Einleitung der Umwandlungsprüfung
   c) Entwurf des Umwandlungsberichts
8. Verabschiedung des endgültigen Entwurfs des Umwandlungsvertrages zunächst durch die Vertretungs-/Geschäftsführungsorgane der beteiligten Rechtsträger
9. Unterrichtung des Wirtschaftsausschusses gem. § 106 BetrVG
10. Falls eine Betriebsänderung i.S.d. § 111 BetrVG gegeben ist: Unterrichtung und Verhandlung mit dem Betriebsrat darüber und Vereinbarung eines Interessenausgleichs/Sozialplans
11. Beurkundung des Umwandlungsvertrages durch die Vertretungsorgane der beteiligten Rechtsträger (unter dem Vorbehalt der Einholung der weiteren Zustimmungen)
12. Ggf. Anmeldung des Umwandlungsvorhabens (Verschmelzung/Spaltung zur Aufnahme) bei den Kartellbehörden
13. Vorlage des Umwandlungsvertrages bzw. des Entwurfs an den Betriebsrat einen vollen Monat[283] vor den Versammlungen der Anteilseigner, in denen über die Umwandlung beschlossen wird (eine unterlassene Information des Betriebsrates ist – insbesondere außerhalb der Acht-Monats-Frist – nicht heilbar)[284]

---

[281] Vgl. *Joost*, ZIP 1995, 976, 983; *Baumann*, DStR 1995, 888, 892; *Wlotzke*, DB 1994, 40, 47.
[282] Wegen weiterer Einzelheiten kann auf *Kallmeyer*, ZIP 1994, 1746; *Priester*, DNotZ 1995, 427 ff. und auf *Meyer-Scharenberg*, Umwandlungsrecht, S. 27 ff. verwiesen werden.
[283] Nach der Auffassung des LG Stuttgart (GmbHR 2000, 622 m. Anm. *Kinzelmann*) soll der Betriebsrat gegenüber dem Handelsregister auf die Einhaltung der Monatsfrist wirksam verzichten können. Dazu Rn 271 ff. m.w.N. Nach Literaturmeinung (Mindermeinung) soll der Betriebsrat sogar auf die Zuleitung überhaupt wirksam verzichten können, siehe auch Widmann/Mayer/*Heckschen*, UmwG, § 5 Rn 266 und § 24 Rn 69; *Stohlmeier*, BB 1999, 1394, 1396.
[284] AG Duisburg GmbHR 1996, 372.

14. Bei Aktiengesellschaften
    a) Einreichung des Umwandlungsvertrages zum Handelsregister (vgl. § 61 i.V.m. § 135 Abs. 1 UmwG)
    b) Beschlussfassung des Aufsichtsrats über den Vorschlag an die Hauptversammlung, dem Umwandlungsvertrag zuzustimmen
15. Einberufung der Gesellschafterversammlung/Hauptversammlung/Generalversammlung unter Beachtung der Förmlichkeiten bzgl. Ladung, Ladungsfristen und Tagesordnung. Einladungsmängel führen zur Anfechtbarkeit der Beschlussfassung.[285]
16. Beschlussfassung über den Umwandlungsvertrag in den Versammlungen der Anteilsinhaber der beteiligten Rechtsträger, jeweils in notarieller Form[286] (§ 13 Abs. 1, 3, § 135 Abs. 1 i.V.m. §§ 13, 193 Abs. 3 UmwG)
17. Form- und fristgerechte Anmeldung der Umwandlung durch die Vertretungsorgane jedes an der Umwandlung beteiligten Rechtsträgers zum Register (Handelsregister/Genossenschaftsregister/Vereinsregister) des Sitzes des jeweiligen Rechtsträgers gem. § 16 bzw. §§ 16, 125, 135 Abs. 1 bzw. §§ 198, 199 UmwG
18. Eintragung der Umwandlung im Register und Bekanntmachung der Umwandlung (vgl. §§ 20, 122 bzw. §§ 130, 131 bzw. §§ 201, 202 UmwG)
19. Nachträgliche Maßnahmen, insbesondere
    – Grundbuchberichtigungen
    – Rubrumsberichtigungen in rechtshängigen Streitverfahren
    – Titelumschreibung in abgeschlossenen Verfahren[287]
    – Benachrichtigung sonstiger Behörden und Register.

M 218 II. Muster: Vollmacht zur Umwandlung

295 Hiermit erteile ich, der/die Unterzeichnende _____, geboren am _____, wohnhaft _____,
– nachstehend „Vollmachtgeber" genannt –
Herrn/Frau _____, geboren am _____, wohnhaft/geschäftsansässig _____,
– nachstehend „Bevollmächtigte(r)" genannt –

Vollmacht[288]
den Vollmachtgeber bei der Umwandlung der _____ mit dem Sitz in _____ (Amtsgericht _____, Registergericht, HRB/HRA _____) durch Verschmelzung/Spaltung/Formwechsel umfassend zu vertreten.
Der Bevollmächtigte ist insbesondere berechtigt, den Umwandlungsbeschluss zu fassen, den Gesellschaftsvertrag einer im Rahmen der Umwandlung entstehenden oder sich in ihrer Rechtsform ändernden Gesellschaft zu schließen, nach dem UmwG erforderliche, mögliche oder geeignete Zustimmungs- und Verzichtserklärungen abzugeben und alle sonst erforderlichen und zweckmäßigen Erklärungen abzugeben und entgegenzunehmen.

---
285 Vgl. LG Hanau DB 1995, 2515; zur Problematik namentlich nicht bekannter Aktionäre bei Publikums-AG siehe LG Augsburg ZIP 1996, 1011; dazu EWiR 1996, 619 (*Schöne*); BayObLG ZIP 1996, 1467 = BB 1996, 2318.
286 Zur Beurkundung vor ausländischen Notaren, insbesondere in der Schweiz und in Österreich, siehe Fn 82 m.w.N.
287 Zur Titelumschreibung gegen einen aufgespaltenen Rechtsträger siehe OLG Frankfurt BB 2000, 1000.
288 Möglicherweise verlangt das Handelsregister im Eintragungsverfahren die Vorlage einer öffentlich beglaubigten Vollmacht. Notarielle Beurkundung oder Beglaubigung der Vollmacht ist nach § 167 Abs. 2 BGB materiell-rechtlich regelmäßig aber nicht erforderlich. Umfassend zu Vollmachten und zu Vertretungsverboten im Umwandlungsrecht *Melchior*, GmbHR 1999, 520 ff.; siehe auch die Vollmachtmuster in § 30 Rn 175 M 335 und das Muster einer Umwandlungsbescheinigung in § 31 Rn 14.

Der Bevollmächtigte ist von den Beschränkungen des § 181 BGB befreit und befugt, Untervollmacht zu erteilen.
Diese Vollmacht gilt über den Tod hinaus.
_____ (Ort, Datum)
_____ (Unterschrift des Vollmachtgebers)

III. Muster: Empfangsquittung des Betriebsrates i.S.v. §§ 5 Abs. 3, 194 Abs. 2 UmwG   M 219

Empfangsbestätigung des Betriebsrates zur Vorlage beim Amtsgericht _____, Handelsregister (HRA/HRB _____)   296

In meiner Eigenschaft als Vorsitzende(r) des Betriebsrates der _____, Anschrift: _____, bestätige ich, dass mir die Geschäftsführung der Gesellschaft am _____ den vollständigen Entwurf (nebst Anlagen) des Beschlusses der Gesellschafterversammlung mit dem Umwandlungsvertrag/Umwandlungsplan über die Umwandlung der Gesellschaft durch Verschmelzung/Spaltung/Formwechsel auf/in _____ unter der Firmierung _____ vorgelegt hat.
Die Informations- und Beteiligungsrechte des Betriebsrates nach dem Umwandlungsgesetz sind damit gewahrt.
_____ (Ort, Datum)
_____ (Unterschrift des/der Betriebsratvorsitzende/n)

IV. Muster: Empfangsbestätigung des Betriebsrates mit Verzicht auf die Einhaltung der Monatsfrist nach §§ 5 Abs. 3, 194 Abs. 2 UmwG   M 220

Empfangsbestätigung des Betriebsrates mit Verzicht auf die Einhaltung der Monatsfrist zur Vorlage beim Amtsgericht _____, Handelsregister (HRA/HRB _____)   297

In meiner Eigenschaft als Vorsitzende(r) des Betriebsrates der _____, Anschrift: _____, bestätige ich, dass mir die Geschäftsführung der Gesellschaft am _____ den vollständigen Entwurf (nebst Anlagen) des Beschlusses der Gesellschafterversammlung mit dem Umwandlungsvertrag/Umwandlungsplan über die Umwandlung der Gesellschaft durch Verschmelzung/Spaltung/Formwechsel auf/in _____ unter der Firmierung _____ vorgelegt hat.
Weiterhin bestätige ich hiermit, dass der Betriebsrat beschlossen hat, auf die Einhaltung der Monatsfrist zwischen Vorlage der Umwandlungsurkunde im Entwurf und der Beschlussfassung der Gesellschafterversammlung über die Umwandlung zu verzichten.
Die Informations- und Beteiligungsrechte des Betriebsrates nach dem Umwandlungsgesetz sind damit gewahrt.
_____ (Ort, Datum)
_____ (Unterschrift des/der Betriebsratvorsitzende/n)

V. Muster: Separater Antrag auf Bestellung des Gründungsprüfers gem. § 33 AktG bei Umwandlungsvorgängen, die mit der Gründung einer AG verbunden sind   M 221

An das   298
Amtsgericht _____
– Registergericht –

_____

Als Gründer der _____-Aktiengesellschaft übergeben wir vorläufig eine beglaubigte Ablichtung des Gründungsprotokolls und teilen mit, dass die Gründer _____ und _____ zum Aufsichtsrat und die Gründer _____ und _____ zum Vorstand bestellt wurden. Nach § 33 Abs. 2 Nr. 1 AktG ist daher eine Prüfung durch einen Gründungsprüfer erforderlich. Im Gründungsprotokoll haben wir bereits den Wirtschaftsprüfer _____/die Wirtschaftsprüfungsgesellschaft _____ zum Gründungsprüfer vorgeschlagen, was wir hiermit wiederholen. Die Industrie- und Handelskammer _____, deren Stellungnahme vom _____ beigefügt ist, ist mit der Bestellung einverstanden. Wir beantragen die Bestellung.
_____ (Ort, Datum)
_____ (Unterschriften der Gründer)

M 222 VI. Muster: Unterrichtung nach § 613a Abs. 5, Abs. 6 BGB i.V.m. § 324 UmwG

299 Unterrichtung über einen Betriebsübergang und das damit verbundene Widerspruchsrecht des Arbeitnehmers/der Arbeitnehmerin gem. § 613a Abs. 5 und Abs. 6 BGB
Bisheriger Arbeitgeber: _____
Neuer Arbeitgeber: _____
Sehr geehrte Frau _____/sehr geehrter Herr _____,
hiermit teilen wir Ihnen auf der Grundlage der gesetzlichen Unterrichtungsverpflichtung nach § 613a Abs. 5 und Abs. 6 BGB in der seit dem 1.4.2002 geltenden Fassung Folgendes mit:
Mit Wirkung ab _____ übernimmt der vorstehend bezeichnete neue Arbeitgeber den Geschäftsbetrieb in _____ vom bisherigen Arbeitgeber.
Zeitpunkt des Übergangs:
Der bisherige Inhaber wird den Betrieb bis zum _____ einschließlich führen. Mit Wirkung ab _____ wird der neue Arbeitgeber den Betrieb übernehmen und als neuer Inhaber im eigenen Namen fortführen.
Grund für den Übergang:
Der Grund für den Übergang des Betriebes auf den neuen Arbeitgeber liegt darin, dass der bisherige Arbeitgeber _____ (*Darstellung des konkreten Umwandlungsvorgangs*).
Rechtliche, wirtschaftliche und soziale Folge des Übergangs für die Arbeitnehmer:
Im Hinblick auf die Regelung des § 613a BGB ändert sich für die im Betrieb beschäftigten Arbeitnehmer in rechtlicher, wirtschaftlicher und sozialer Hinsicht nichts. Die bisher bestehenden Beschäftigungsverhältnisse bleiben mit ihrem sozialen Besitzstand, insbesondere unter Anrechnung der bisherigen Beschäftigungszeiten, erhalten. Daraus folgt insbesondere auch, dass die durch die bisherigen Beschäftigungszeiten erworbenen Kündigungsfristen für die Kündigung der Arbeitsverhältnisse und die sonstige kündigungsrechtliche Stellung erhalten bleiben. Eine Änderung der Mitarbeiterstruktur bzw. der einzelnen Arbeitsverhältnisse ist vom neuen Arbeitgeber derzeit auch nicht beabsichtigt.
Bei „normalen" Betriebsübergangsfällen:
Der bisherige Arbeitgeber haftet neben dem neuen Inhaber für alle Verpflichtungen aus den im Zeitpunkt des Übergangs bestehenden Arbeitsverhältnissen, soweit sie vor dem Zeitpunkt des Übergangs entstanden sind und vor Ablauf von einem Jahr nach diesem Zeitpunkt fällig werden, als Gesamtschuldner. Werden solche Verpflichtungen nach dem Zeitpunkt des Übergangs fällig, so haftet der bisherige Arbeitgeber für sie jedoch nur in dem Umfang, der dem im Zeitpunkt des Übergangs abgelaufenen Teil ihres Bemessungszeitraums entspricht.
Bei Spaltungen:
Der bisherige Arbeitgeber haftet neben dem neuen Arbeitgeber als Gesamtschuldner für alle Verpflichtungen aus den im Zeitpunkt des Übergangs bestehenden Arbeitsverhältnissen, soweit sie vor dem Zeitpunkt des Übergangs entstanden sind und vor Ablauf von fünf Jahren nach dem Zeitpunkt des Wirksamwerdens der Spaltung durch Bekanntmachung der Eintragung der Spaltung im Handelsregister des übertragenden Rechtsträgers fällig werden (§ 133 Abs. 1, 2, 3 UmwG). Für vor dem Wirksam-

werden der Spaltung begründete Versorgungsverpflichtungen auf Grund des Betriebsrentengesetzes beträgt die Frist zehn Jahre.
(Beispielhafte Darstellungen)
Eine Arbeitnehmervertretung besteht im Betrieb (nicht). ...
Hinsichtlich der Arbeitnehmer in Aussicht genommen Maßnahmen:
Maßnahmen, die eine Änderung der Arbeitsverhältnisse oder deren Beendigung zur Folge haben würden, sind vom neuen Arbeitgeber derzeit nicht beabsichtigt. *(Beispielhafte Darstellung)*
Hinweis auf das Widerspruchsrecht des Arbeitnehmers:
Wir weisen darauf hin, dass nach § 613a Abs. 6 BGB jeder Arbeitnehmer dem Übergang seines Arbeitsverhältnisses auf den neuen Arbeitgeber innerhalb eines Monats nach Zugang dieser Unterrichtung schriftlich widersprechen kann. Ein solcher Widerspruch bedarf der Schriftform und der Unterschrift des Arbeitnehmers.
Im Falle eines solchen Widerspruchs geht das Arbeitsverhältnis auf den neuen Arbeitgeber nicht über. Es verbleibt dann beim alten Arbeitgeber. Wir weisen bei dieser Gelegenheit aber darauf hin, dass der alte Arbeitgeber dann gezwungen wäre, das Arbeitsverhältnis durch eine Beendigungskündigung zu beenden, weil er wegen Aufgabe seiner unternehmerischen Tätigkeiten in dem Betrieb keine Beschäftigungsmöglichkeit mehr hätte. *(Beispielhafte Darstellung)*
Bei Verschmelzungen:
Ein Widerspruchsrecht gemäß § 613a Abs. 6 BGB gegen den Übergang des Arbeitsverhältnisses auf den neuen Arbeitgeber besteht nach der Rechtsprechung des Bundesarbeitsgerichts nicht. Jedoch ist ein Sonderkündigungsrecht der Arbeitnehmer gegeben.
Bitte bestätigen Sie uns durch Ihre Unterschrift unter dieses Schreiben den Erhalt der Unterrichtung und ggf. durch weitere Unterschrift auch Ihr Einverständnis mit dem Übergang des Arbeitsverhältnisses auf den neuen Arbeitgeber unter Verzicht auf das Widerspruchsrecht.
Der bisherige Arbeitgeber dankt Ihnen für die bisher erbrachte Betriebstreue und die bisher erbrachte Arbeitsleistung und bittet Sie, mit gleichen Engagement auch für den neuen Arbeitgeber tätig zu werden.
_____ (Ort, Datum)
_____ (Bisheriger Arbeitgeber) _____ (Neuer Arbeitgeber)
Zur Kenntnis genommen am: _____
_____ (Arbeitnehmer/in)
Zustimmungserklärung mit Verzicht auf das Widerspruchsrecht
Ich bin mit dem Übergang des Arbeitsverhältnisses einverstanden und verzichte hiermit auf mein Widerspruchsrecht.
_____ (Ort, Datum)
_____ (Arbeitnehmer/in)

Matthias Diehm
§ 18 Umwandlungssteuerrecht – Grundzüge

Literatur

Dokumentationen/Kommentare/Monographien: *Blümich*, EStG KStG GewStG, Band 5: Nebengesetze, Stand: Oktober 2006; *Blumenberg/Schäfer*, Das SEStEG, 2007; *Djanani/Brähler*, Internationales Steuerrecht, 3. Aufl. 2006; *Djanani/Brähler*, Umwandlungssteuerrecht, 2. Aufl. 2005; *Dötsch*, Umwandlungssteuerrecht, 4. Aufl. 1998; *Haritz/Benkert*, Umwandlungssteuergesetz, 2. Aufl. 2000; *Klingebiel/Patt/Rasche/Krause*, Umwandlungssteuerrecht, 3. Aufl. 2012; *Madl*, Umwandlungssteuerrecht, 2. Aufl. 2002; *Rödder/Herlinghaus/van Lishaut*, Umwandlungssteuergesetz, 2008; *Sagasser/Bula/Brünger*, Umwandlungen, 3. Aufl. 2002; *Schmitt/Hörtnagl/Stratz*, Umwandlungsgesetz Umwandlungssteuerrecht, 3. Aufl. 2001, 4. Aufl. 2006 sowie 5. Aufl. 2009; *Schmidt*, Einkommensteuergesetz, 25. Aufl. 2006; Schmitt/Schloßmacher, Umwandlungssteuererlass – UmwStE 2011, 2012; *Zenthöfer/Schulze zur Wiesche*, Einkommensteuer, 9. Aufl. 2007.

Aufsätze: *Bartelt*, Umfang der gewerbesteuerlich verhafteten stillen Reserven in Fällen des § 18 Abs. 4 UmwStG, DStR 2006, 1109; *Benecke/Schnitger*, Neuregelung des UmwStG und der Entstrickungsnormen durch das SEStEG, IStR 2006, 765; *Benecke/Schnitger*, Letzte Änderungen der Neuregelungen des UmwStG und der Entstrickungsnormen durch das SEStEG – Beschlussempfehlung und Bericht des Finanzausschusses, IStR 2007, 22; *Benz/Rosenberg*, Einbringungsvorgänge nach dem SEStEG, Special zu BB 2006, Heft 44, 52; *Berg*, Kapitalertragsteuer bei Ausschüttungen nach rückwirkender Umwandlung, DStR 1999, 1219; Bindl, Zur Steuerpflicht von Beteiligungserträgen nach § 8b Abs. 7 KStG bei Industrieholdinggesellschaften, DStR 2006, 1817; *Blumenberg/Lechner*, Der Regierungsentwurf des SEStEG: Entstrickung und Sitzverlegung bei Kapitalgesellschaften, Neuerungen beim Einlagekonto, Körperschaftsteuerminderung und -erhöhung sowie sonstige Änderungen im Körperschaftsteuerrecht, Special zu BB 2006, Heft 44, 25; *Blumers/Beinert/Witt*, Unternehmenskaufmodelle nach der Steuerreform, DStR 2001, 233; *Breiteneicher*, Die Anwachsung als steuerliches Umwandlungsinstrument, DStR 2004, 1405; Dietel, Die Sachwertabfindung von Mitunternehmern – Ungeklärte Rechtslage bei der Abfindung mit betrieblichen Sachgesamtheiten, DStR 2009, 1352; *Dörfler/Rautenstrauch/Adrian*, Verlustnutzung bei Verschmelzung von Körperschaften vor und nach Änderung des § 12 Abs. 3 UmwStG durch das SEStEG, BB 2006, 1657; *Dörr/Loose/Motz*, Verschmelzungen nach dem neuen Umwandlungssteuererlass, NWB Nr. 7 v. 13.02.2012, S. 566; *Dötsch/Pung*, SEStEG: Die Änderungen des UmwStG, DB 2006, 2704 (Teil I), 2763 (Teil II); *Eisele*, Jahressteuergesetz 2007: Neuerungen im erbschaftsteuerlichen Bewertungsrecht, INF 04/2007, 136; *Fatouros*, Grunderwerbsteuer bei Umwandlungen als sofort abziehbare Betriebsausgabe – Zugleich Anmerkungen zum Urteil des FG Köln vom 5.9.2002 – 13 K 5561/01, DStR 2003, 772; *Förster/Felchner*, Auszahlung des Körperschaftsteuerguthabens nach dem SEStEG, DStR 2007, 280; *Förster/Felchner*, Umwandlung von Kapitalgesellschaften in Personenunternehmen nach dem Referentenentwurf zum SEStEG, DB 2006, 1072; *Götz*, Rückgedeckte Pensionszusagen an Gesellschafter-Geschäftsführer bei Umwandlung einer Kapitalgesellschaft in eine Personengesellschaft, DStR 1998, 1946; *Gottwald*, Nachträgliche Grunderwerbsteuerbelastung bei einem Formwechsel von einer Personen- in eine Kapitalgesellschaft, DStR 2004, 341; *Hageböke*, Verlustübergang im Wege der Gesamtrechtsnachfolge bei Umwandlungen – Zugleich Anmerkungen zum BFH-Urteil vom 31.5.2005, DStR 2005, 2054; *Harder*, Die Stichtagswahl beim Formwechsel nach § 25 UmwStG und die Substanzsteuern, DStR 1997, 8; *Haritz*, Verschmelzung einer GmbH auf eine KGaA – eine steuerrechtliche Mischumwandlung, DStR 1996, 1192; *Haritz*, § 5 Abs. 2 S. 2 UmwStG – eine systemwidrige Dummefalle, DStR 1998, 589; *Haritz*, Ausstrahlung des § 6 Abs. 5 EStG auf Einbringungsvorgänge nach dem Umwandlungssteuergesetz, DStR 1999, 2009; *Haritz*, Zur gewerbesteuerlichen Berücksichtigung eines Übernahmeverlusts: „Rückwirkende Klarstellung" unzulässig, NWB 2000, Fach 18, 3769; *Haritz/Wisniewski*, Das Ende des Umwandlungsmodells, GmbHR 2000, 161; *Herzig/Förster/Förster*, Gewerbesteuerlicher Verlustvortrag bei Wechseln im Gesellschafterbestand und Umstrukturierung von Personengesellschaften, DStR 1996, 1025; *Heß*, Die Realteilung einer Personengesellschaft – Anmerkungen zum BMF-Schreiben vom 28.2.2006, DStR 2006, 777; *Korn*, Gelöste und ungelöste Einkommensteuerprobleme bei Praxisveräußerung, -einbringung und -verpachtung, DStR 1995, 961; *Korn*, Änderungen der Unternehmensform bei der Umsatz-, Grunderwerb- und Schenkungsteuer, Stbg. 1997, 11; *Kort*, Gesellschaftsrechtlicher und registerrechtlicher Bestandsschutz eingetragener fehlerhafter Umwandlungen und anderer Strukturänderungen, DStR 2004, 185; *Kowallik/Merklein/Scheipers*, Ertragsteuerliche Beurteilung der Anwachsung nach den Änderungen des UmwStG aufgrund des SEStEG, DStR 2008, 173, 177; *Lauermann/Protzen*, „Anwachsung": Ertragsteuerliche Neutralität bei entschädigungslosem

Ausscheiden des nicht am Vermögen der Personengesellschaft beteiligten Komplementärs, DStR 2001, 647; *Lauermann/Sprenger*, Ertragsteuerliche Nachwirkungen des Formwechsels einer Kapital- in eine Personengesellschaft, GmbHR 2001, 601; Ley, Einbringungen nach §§ 20, 24 UmwStG in der Fassung des SEStEG, FR 2007, 109; *Ley/Bodden*, Verschmelzung und Spaltung von inländischen Kapitalgesellschaften nach dem SEStEG (§§ 11–15 UmwStG n.F.), FR 2007, 265; *Mahlow/Franzen*, Ertragsteuerliche Berücksichtigung von Gewinnausschüttungen bei der steuerneutralen Umwandlung von Körperschaften auf Körperschaften sowie zur Rückwirkungsfiktion, GmbHR 2000, 12; *Maiterth/Müller*, Abschaffung der Verlustübernahme bei Verschmelzung von Körperschaften – steuersystematisch geboten oder fiskalisch motiviert, DStR 2006, 1861; *Maiterth/Müller*, Anmerkungen zu den Auswirkungen des neuen Steuerrechts auf Unternehmenskaufmodelle aus steuersystematischer Sicht, BB 2002, 598; *Maiterth/Müller/Semmler*, Das Lied vom „Tod" der Unternehmenskaufmodelle: Alter Wein in neuen Schläuchen, DStR 2003, 1313; *Milatz/Lütticken*, Zeitpunkt der Einbringung einer mehrheitsvermittelnden Beteiligung, GmbHR 2001, 560; *Müller/Maiterth*, Die Anpassung des steuerlichen Eigenkapitalausweises bei der Verschmelzung von Körperschaften im neuen Steuerrecht, DStR 2001, 1229; Müller/Maiterth, Die Anpassung des gesonderten steuerlichen Eigenkapitalausweises von Körperschaften bei Kapitaländerungen in Umwandlungsfällen, DStR 2002, 746; *Neumann*, Behandlung von Pensionszusagen an Gesellschafter-Geschäftsführer bei Umwandlung einer GmbH auf eine Personengesellschaft, GmbHR 2002, 996; *Orth*, Umwandlung durch Anwachsung, DStR 1999, 1011 (Teil I) und DStR 1999, 1053 (Teil II); Orth, Einbringung nach dem sog. erweiterten Anwachsungsmodell – Zugleich Anmerkung zu dem BFH-Urteil vom 28. 5. 2008, I R 98/06, DStR 2009, 192; *Ott*, Aufspaltung und Abspaltung von Kapitalgesellschaften, INF 1996, 46 und 76; *Ott*, Umwandlung einer GmbH in eine GmbH & Co. KG durch Formwechsel, INF 1996, 333; *Patt*, Die Selbständigkeit der Mitunternehmerschaft bei der Einbringung in eine Kapitalgesellschaft gem. § 20 UmwStG, DStR 1995, 1081; *Patt*, Gewerbesteuerliche Beurteilung der Gewinne aus der Einbringung von Betriebsvermögen in Kapitalgesellschaften oder Personengesellschaften, DStZ 1998, 156; *Patt*, Neue steuerliche Gestaltungsmöglichkeiten durch die Novellierung des HGB und Änderungen des UmwG, DStZ 1999, 5; *Patt*, Umwandlungsbedingte Entstehung von Sonderbetriebsvermögen, EStB 2000, 235; *Patt/Rasche*, Einbringung von Betriebsvermögen in eine Personengesellschaft gem. § 24 UmwStG mit steuerlicher Rückwirkung, FR 1996, 365; *Pfalzgraf/Meyer*, Eintritt neuer Gesellschafter in eine Personengesellschaft, DStR 1995, 1289; *Prinz*, Gestaltungsmaßnahmen zur steuerlichen Verlustnutzung, FR 1996, 769; *Reiche*, Zur Einordnung von Beteiligungen als wesentliche Betriebsgrundlagen im Umwandlungssteuerrecht, DStR 2006, 1206; *Rödder*, Das neue BMF-Schreiben zum Tauschgutachten – Grundsatz- und Detailanmerkungen, DStR 1998, 474; Rödder: Verschmelzung von Kapital- auf Kapitalgesellschaften – Kritische Anmerkungen zu den einschlägigen Textziffern des UmwSt-Erlass-Entwurfs vom 2. 5. 2011, DStR 2011, 1059; *Rödder/Beckmann*, Ein neues Teilbetriebsverständnis im Umwandlungssteuergesetz tut not!, DStR 1999, 751; *Rödder/Schönfeld*, Zweifelsfragen im Zusammenhang mit der Auslegung von § 2 Abs. 4 UmwStG i.d. F des JStG 2009, DStR 2009, 560; *Rödder/Schumacher*, Das kommende SEStEG: Das geplante neue Umwandlungssteuergesetz – Der Regierungsentwurf eines Gesetzes über steuerliche Begleitmaßnahmen zur Einführung der Europäischen Gesellschaft und zur Änderung weiterer steuerrechtlicher Vorschriften, DStR 2006, 1481 (Teil I), 1525 (Teil II); *Rödder/Schumacher*, Das SEStEG – Überblick über die endgültige Fassung und die Änderungen gegenüber dem Regierungsentwurf, DStR 2007, 369; *Rödder/Schumacher*, Verschmelzung von Kommanditgesellschaften und § 15a EStG, DB 1998, 99; *Rogall*, Ertragsteuerliche Implikationen der nicht verhältniswahrenden Teilung von Personengesellschaften, DStR 2005, 992; *Rogall*, Steuerliche Einflussfaktoren beim Kapitalgesellschaftskauf, DStR 2003, 750; *Rogall*, Steuerneutrale Bar- und Sachwertabfindung beim Ausscheiden aus Personengesellschaften – zum Verhältnis von § 6 Abs. 5 EStG zu § 16 EStG, DStR 2006, 731; *Schindhelm/Pickhardt-Poremba/Hilling*, Das zivil- und steuerrechtliche Schicksal der Unterbeteiligung bei „Umwandlung" der Hauptgesellschaft, DStR 2003, 1444 und 1469; *Schmidbauer*, Die Bilanzierung von Pensionsrückstellungen und daraus resultierende Ergebnisrisiken – Vergleichende Betrachtung des deutschen Handels- und Steuerrechts unter Berücksichtigung von E-DRS 19 sowie der International Accounting Standards, DStR 2003, 795; Schmitt, Auf- und Abspaltung von Kapitalgesellschaften – Anmerkungen zum Entwurf des Umwandlungssteuererlasses, DStR 2011, 1108; *Schmitt*, Verschmelzungsgewinn in der Handelsbilanz und Prinzip der Gesamtrechtsnachfolge, BB 2000, 1563; *Schulze zur Wiesche*, Die ertragsteuerliche Behandlung von Pensionszusagen an Gesellschafter-Geschäftsführer bei Umwandlung von Gesellschaften, DStR 1996, 2000; *Schulze zur Wiesche*, Umwandlung einer Personengesellschaft in eine Kapitalgesellschaft unter Zurückbehaltung von Sonderbetriebsvermögen, GmbHR 1996, 749; *Schwedhelm/Olbing*, Umwandlung von Kapital- in Personengesellschaften, Stbg. 1998, 544; *Siebert*, Gewerbesteuerprobleme bei Unternehmensumstrukturierungen, DStR 2000, 758; *Sigel*, Von der GmbH in die GmbH & Co. KG, GmbHR 1998, 1208; *Simon*, Nochmals: „Umwandlung" der GmbH & Co. GbR in eine KG, DStR 2000, 578; Sistermann, Umwandlung Kapital- auf Kapitalgesellschaften (§§ 11 ff. UmwStG), Beihefter zu DStR 2 2012, 9; *Stadler/Elser*, Der Regierungsentwurf des SEStEG: Einführung eines allgemeinen Entstrickungs- und Verstrickungstatbestandes und andere Änderungen des EStG, Special zu BB 2006 Heft 44, 18; *Streck/Posdziech*, Verschmelzung und Formwechsel nach dem neuen Umwandlungssteuergesetz, GmbHR 1995, 271 (Teil I) und GmbHR 1995, 357 (Teil II); *Stuhrmann*, Zur Realteilung durch Bar- und Sachwertabfindung, DStR 2005, 1355; *Thiel*, Die Spaltung (Teilverschmelzung) im Umwandlungsgesetz und im Umwandlungssteuergesetz, DStR 1995, 237 (Teil I) und DStR 1995, 276 (Teil II); *Töben/Reckwardt*, Entstrickung und Verstrickung privater Anteile an Kapitalgesellschaften, FR 2007, 159; *Tönnes/Wewel*, Ausgliederung wirtschaftlicher Geschäftsbetriebe durch steuerbefreite Einrichtungen, DStR 1998, 274; Tyarks/Mensching, Grunderwerbsteuerrechtliche Einführung einer Konzernklausel durch das Wachstumsbeschleunigungsgesetz, BB 2010, S. 87; *Voss*, SEStEG: Die vorgesehenen Änderungen im Einkommensteuergesetz, im Körperschaftsteuergesetz und im 1. bis 7. Teil des Umwandlungssteuergesetzes, BB 2006, 411; *Wacker*, Zur Einbringung von Mitunternehmeranteilen in eine Kapitalgesellschaft nach § 20 UmwStG, BB 1996, 2224; *Walpert*, Zur Steuerneutralität der nicht-verhältniswahrenden Abspaltung von einer Kapitalgesellschaft auf Kapitalgesellschaften, DStR 1998, 361; *Walter*, Steuerliche Rückwirkung des Formwechsels und Organschaft, GmbHR 1996, 905; *Werra/Teiche*, Das SEStBeglG aus der Sicht international tätiger Unternehmen, DB 2006, 1455; *Westerwald/Rasche*, Einbringung in die Kapitalgesellschaft, StW 1997, 27; *Wienands*, Gewerbesteuerliche Behandlung von Umwandlungen, GmbHR 1999, 462; *Wiese*, Umwandlungssteuerliche Frage bei der Trennung von Gesellschaftern, GmbHR 1997, 60; Wischott/Schönweiß, Wachstumsbeschleunigungsgesetz – Einführung einer Grunderwerbsteuerbefreiung für Umwandlungsvorgänge, DStR 2009, 2638.

Inhalt

A. **Das Umwandlungssteuerrecht im System des Steuerrechts** — 1
I. Ertragsbesteuerung steuerverstrickter Wirtschaftsgüter — 1
II. Umwandlungsmöglichkeiten und deren steuerliche Behandlung — 3
   1. Arten der Vermögensübertragung — 3
   2. Umwandlungsgesetz und Umwandlungssteuergesetz — 5
   3. Umwandlungsmöglichkeiten nach dem Umwandlungsgesetz — 6
      a) Verschmelzung (§ 2 UmwG) — 6
      b) Spaltung (§ 123 UmwG) — 9
         aa) Aufspaltung (§ 123 Abs. 1 UmwG) — 9
         bb) Abspaltung (§ 123 Abs. 2 UmwG) — 11
         cc) Ausgliederung (§ 123 Abs. 3 UmwG) — 13
         dd) Spaltung im Umwandlungssteuerrecht — 14
      c) Formwechsel (§ 190 UmwG) — 16
      d) Vermögensübertragung i.S.d. § 174 UmwG — 18
   4. Einbringung — 19
III. Weitere Ausnahmen von der (Sofort-)Besteuerung — 23
IV. Exkurs: Ausschluss oder Beschränkung des deutschen Besteuerungsrechts — 24
B. **Umwandlungen aus der Körperschaft heraus** — 27
I. Anwendbarkeit des zweiten bis fünften Teils des UmwStG — 27
   1. Umwandlungen i.S.d. UmwG — 27
   2. Umwandlungen mit Auslandsbezug — 30
   3. Steuerliche Rückwirkung (§ 2 UmwStG) — 32
      a) Allgemeines — 32
      b) Probleme bei Personengesellschaften oder natürlichen Personen als übernehmende Rechtsträger — 36
II. Verschmelzung einer Körperschaft auf eine Personengesellschaft oder natürliche Person (§§ 3–8, 10 UmwStG) — 38
   1. Ebene des übertragenden Rechtsträgers — 38
      a) Wertansätze in der steuerlichen Schlussbilanz und Übertragungsgewinn — 38
      b) Aufgabe des Maßgeblichkeitsprinzips — 48
      c) Körperschaftsteuerminderung — 49
      d) Körperschaftsteuererhöhung (§ 10 UmwStG) — 53
      e) Übergang von negativen Einkünften und Verlustvorträgen — 54
   2. Ebene des übernehmenden Rechtsträger — 58
      a) Bilanzansatz der übergehenden Wirtschaftsgüter — 58
      b) Pensionsrückstellung zugunsten eines Gesellschafters der übertragenden Kapitalgesellschaft — 59
      c) Eintritt in die Rechtsstellung der übertragenden Körperschaft — 62
      d) Bemessung der Abschreibung für die übergehenden Wirtschaftsgüter — 63
         aa) Übertragung zum Buchwert — 63
         bb) Wertansatz über dem Buchwert (§ 4 Abs. 3 UmwStG) — 64
   3. Besteuerung offener Rücklagen (§ 7 UmwStG) — 67
   4. Ermittlung des Übernahmeergebnisses — 69

a) Die Anteile befinden sich zu 100% im Betriebsvermögen der übernehmenden Personengesellschaft —— 69
b) Anteile im Privatvermögen —— 79
c) Anteile in einem anderen Betriebsvermögen eines Anteilseigners —— 81
d) Gewerbesteuer und Verhinderung von Missbrauch —— 82
5. Grunderwerbsteuer —— 83
6. Umsatzsteuer —— 85
III. Auf- oder Abspaltungen von Körperschaften auf eine Personengesellschaft (§ 16 UmwStG) —— 86
1. Allgemeines —— 86
2. Ermittlung des Übernahmeergebnisses im Falle der Spaltung —— 88
IV. Formwechsel einer Kapitalgesellschaft in eine Personengesellschaft (§ 9 UmwStG) —— 89
1. Allgemeines —— 89
2. Unternehmenskaufmodelle als typischer Anwendungsfall für einen Formwechsel – mittlerweile nicht mehr möglich —— 94
V. Verschmelzung einer Körperschaft auf eine andere Körperschaft (§§ 11–13 UmwStG) —— 97
1. Allgemeines —— 97
2. Ebene des übertragenden Rechtsträgers —— 98
   a) Wertansätze in der steuerlichen Schlussbilanz der übertragenden Körperschaft —— 98
   b) Anteile an der übernehmenden Körperschaft (down-stream merger) —— 101
3. Ebene des übernehmenden Rechtsträgers —— 104
   a) Bilanzansatz der übergehenden Wirtschaftsgüter —— 104
   b) Übernahmeergebnis —— 105
   c) Bemessung der Abschreibung für die übergehenden Wirtschaftsgüter —— 115
4. Besteuerung auf Ebene der Anteilseigner der übertragenden Körperschaft (§ 13 UmwStG) —— 116
   a) Allgemeines —— 116
   b) Ansatz zum gemeinen Wert —— 119
   c) Ansatz zum Buchwert bzw. zu Anschaffungskosten —— 120
   d) Zuzahlung oder Barabfindung durch die übernehmende Gesellschaft —— 125
5. Übergang von Verlusten, EBITDA- und Zinsvorträgen —— 126
6. Verlust-/Zinsvortrag bei der übernehmenden Körperschaft —— 128
7. Gewerbesteuer —— 129
8. Sonstige Nebensteuern —— 130
VI. Auf- oder Abspaltungen von einer Körperschaft auf andere Körperschaften (§ 15 UmwStG) —— 131
1. Allgemeines —— 131
2. Teilbetriebserfordernis —— 135
3. Verhinderung von Missbrauch —— 138
   a) Dreijährige Haltefrist für Mitunternehmeranteile/Anteile an Kapitalgesellschaften —— 138
   b) Spaltung zum Vollzug einer Veräußerung —— 139
   c) Trennung von Gesellschafterstämmen —— 141
4. Verlust-, EBITDA- oder Zinsvortrag bei der übertragenden Körperschaft —— 143
5. Ermittlung des Übernahmeergebnisses —— 144
VII. Formwechsel in eine andere Kapitalgesellschaft —— 145
C. **Einbringung** —— 146
I. Einbringung in eine Kapitalgesellschaft (§§ 20–23 UmwStG) —— 147
1. Allgemeines —— 147
2. Anwendbarkeit des sechsten Teils des UmwStG —— 152
   a) Einbringungen im Wege der Gesamtrechtsnachfolge nach dem UmwG —— 152
   b) Einbringungen im Wege der Einzelrechtsnachfolge —— 153
   c) Einbringungen mit Auslandsbezug —— 154
3. Steuerliche Rückwirkung —— 157
4. Ertragsteuerliche Folgen bei der übernehmenden Kapitalgesellschaft —— 159
   a) Bilanzansatz des eingebrachten Betriebsvermögens —— 159
   b) Rechtsstellung der übernehmenden Körperschaft —— 166
   c) Verbleibender Verlustvortrag —— 169
   d) Grunderwerbsteuer —— 170
5. Ertragsteuerliche Folgen für den Einbringenden —— 171
   a) Steuerliche Behandlung des Einbringungsgewinns —— 171
   b) Steuerliche Behandlung der als Gegenleistung erhaltenen Anteile —— 174
   c) Verhinderung von Missbrauch —— 177
      aa) Allgemeines —— 177
      bb) Einbringungsgewinn I —— 178
      cc) Einbringungsgewinn II —— 182
6. Anteilstausch (§ 21 UmwStG) —— 184

a) Allgemeines —— 184
b) Steuerliche Rückwirkung —— 187
c) Bilanzansatz der eingebrachten Anteile bei der übernehmenden Gesellschaft —— 188
d) Ertragsteuerliche Folgen für den Einbringenden —— 191
aa) Steuerliche Behandlung der Anteile —— 191
bb) Steuerliche Behandlung eines Veräußerungsgewinns/-verlusts —— 197
II. Einbringung in eine Personengesellschaft (§ 24 UmwStG) —— 200
1. Allgemeines —— 200
2. Anwendbarkeit des siebten Teils des UmwStG —— 202
a) Einbringungen im Wege der Gesamtrechtsnachfolge nach dem UmwG —— 202
b) Einbringungen im Wege der Einzelrechtsnachfolge —— 204
c) Einbringender —— 205
d) Übernehmende Personengesellschaft —— 206
3. Steuerliche Rückwirkung —— 207
4. Ertragsteuerliche Folgen bei der übernehmenden Personengesellschaft —— 208
a) Wertansatz der eingebrachten Wirtschaftsgüter —— 208
b) Rechtsstellung der übernehmenden Personengesellschaft —— 211
5. Ertragsteuerliche Folgen für den Einbringenden —— 212
6. Praktische Anwendungsfälle —— 215
a) Zuzahlung ins Gesellschaftsvermögen und Buchwertansatz —— 216
b) Zuzahlung ins Gesellschaftsvermögen und Ansatz zum gemeinen Wert —— 221
c) Zuzahlung ins Privatvermögen eines Gesellschafters —— 224
III. Formwechsel einer Personengesellschaft in eine Kapitalgesellschaft oder Genossenschaft (§ 25 UmwStG) —— 229
D. **Umwandlungsähnliche Fallgestaltungen außerhalb des UmwG —— 231**
I. Umwandlung durch Anwachsung —— 231
1. Allgemeines —— 231
2. Abfindung in das Privatvermögen —— 233
a) Barabfindung —— 233
b) Sachwertabfindung —— 234
3. Abfindung in ein anderes Betriebsvermögen —— 236
a) Sachwertabfindung —— 236
b) Barabfindung —— 242
4. Sog. „Anwachsungsmodell" als typische Fallgestaltung —— 244
II. Realteilung —— 246
1. Allgemeines —— 246
2. Praxisprobleme bei der Realteilung —— 252
a) Sperrfrist bei der Übertragung von Einzelwirtschaftsgütern —— 252
b) Beispiel: Realteilung einer Anwaltssozietät —— 255

A. Das Umwandlungssteuerrecht im System des Steuerrechts

I. Ertragsbesteuerung steuerverstrickter Wirtschaftsgüter

1 Befinden sich Wirtschaftsgüter in einem Betriebsvermögen, so unterliegen deren Wertsteigerungen der Ertragsbesteuerung, wenn sie durch Erfüllung eines Besteuerungstatbestandes realisiert werden (sog. **„Realisationsprinzip"**).[1] Ein solcher Tatbestand ist nicht nur die Veräußerung, sondern beispielsweise auch ein Tausch (§ 6 Abs. 6 EStG), eine Entnahme[2] (§ 4 Abs. 1 S. 2 EStG) oder eine sog. „Entstrickung"[3] nach § 4 Abs. 1 S. 3 EStG oder § 12 Abs. 1 KStG.

2 Auch **Umwandlungs- und Einbringungsvorgänge** würden nach den allgemeinen Vorschriften eine Gewinnrealisierung auslösen. Um betriebswirtschaftlich sinnvolle Umstrukturie-

---
1 Vgl. Schmidt/*Heinicke*, EStG, 25. Aufl. 2006, § 4 Rn 50 ff.
2 Vgl. Schmidt/*Heinicke*, EStG, 25. Aufl. 2006, § 4 Rn 125.
3 Eine sog. „Entstrickung" liegt vor, wenn das deutsche Besteuerungsrecht hinsichtlich des Gewinns aus der Veräußerung oder der Nutzung eines Wirtschaftsgutes beschränkt oder ausgeschlossen wird. Vgl. BT-Drucks 16/2710, 26.

rungsvorgänge nicht zu behindern, enthält das UmwStG[4] Regelungen, nach denen Vermögen im Rahmen von Verschmelzungen, Spaltungen, Vermögensübertragungen, beim Formwechsel und bei Einbringungen **steuerneutral** übertragen werden kann, wenn die jeweiligen Voraussetzungen erfüllt sind.

II. Umwandlungsmöglichkeiten und deren steuerliche Behandlung

1. Arten der Vermögensübertragung

Wird ein Unternehmen umgewandelt, erfolgt grundsätzlich eine **Vermögensübertragung** von einem Rechtsträger auf einen anderen. Eine Ausnahme bildet der Formwechsel. Hierbei bleibt der Rechtsträger bestehen und ändert lediglich sein Rechtskleid.

Eine Vermögensübertragung kann zivilrechtlich im Wege der **Einzelrechtsnachfolge** (Übertragung der einzelnen Wirtschaftsgüter und Übernahme der Schulden durch zwei- bzw. dreiseitigen[5] Vertrag) oder im Wege der **Gesamtrechtsnachfolge** durchgeführt werden. Das UmwG bietet die Möglichkeit der Gesamtrechtsnachfolge. In allen Fällen ist die Einzelrechtsnachfolge möglich, was auch Umstrukturierungen ermöglicht, die das UmwG nicht vorsieht.[6]

2. Umwandlungsgesetz und Umwandlungssteuergesetz

Das zivilrechtliche Umwandlungsgesetz (UmwG) regelt sehr detailliert und umfassend die einzelnen **Umwandlungsvorgänge** (Verschmelzung, Spaltung, Vermögensübertragung und Formwechsel) in den §§ 1–325. Die **steuerlichen Folgen** dieser Umwandlungsvorgänge regelt das Umwandlungssteuergesetz (UmwStG) in den §§ 1–28. Das UmwStG ist daher (leider) nicht entsprechend dem UmwG nach Umwandlungsarten gegliedert, sondern stark abstrahiert. Der Aufbau des UmwStG ist in erster Linie daran orientiert, wie (beispielsweise Verschmelzung oder Formwechsel) und auf wen (beispielsweise Personengesellschaft) sich der Vermögensübergang vollzieht. Im Folgenden werden daher zunächst die Umwandlungsvorgänge nach dem UmwG kurz erläutert und jeweils die Verknüpfung zur steuerlichen Behandlung aus Sicht des UmwStG hergestellt.

3. Umwandlungsmöglichkeiten nach dem Umwandlungsgesetz
a) Verschmelzung (§ 2 UmwG)

Die Verschmelzung ist in § 2 UmwG als Auflösung des übertragenden Rechtsträgers ohne Abwicklung definiert, wobei **dessen Anteilsinhaber** Anteile am Vermögen des aufnehmenden Rechtsträgers als Gegenleistung erhalten. Aus zwei oder mehr Rechtsträgern wird also durch die Verschmelzung ein einziger Rechtsträger.

Die steuerrechtlichen Folgen einer Verschmelzung i.S.d. UmwG werden im UmwStG an verschiedenen Stellen geregelt. Erfolgt die Verschmelzung von einer **Körperschaft** auf eine Personengesellschaft oder natürliche Person,[7] so sind die §§ 3–8 und 10 UmwStG anzuwenden, im Falle der Verschmelzung auf eine andere Körperschaft die §§ 11–13 UmwStG.

---

4 Soweit im Folgenden die Abkürzung „UmwStG" verwendet wird, handelt es sich um das „Umwandlungssteuergesetz vom 7.12.2006 (BGBl I 2006, 2782)", verkündet als Art. 6 SEStEG v. 7.12.2006 (BGBl I, 2782); In-Kraft-Treten gem. Art. 14 SEStEG am 13.12.2006; Zuletzt geändert d. Art. 4 Gesetz zur Beschleunigung des Wirtschaftswachstums (Wachstumsbeschleunigungsgesetz) v. 22. 12. 2009 BGBl I 2009, 3950.
5 Im Falle einer Schuldübernahme ist ein Vertrag mit drei Beteiligten zu schließen, da die Schuldübernahme die Zustimmung des Gläubigers erfordert (§ 415 Abs. 1 S. 1 BGB).
6 Vgl. Klingebiel/Patt/Rasche/*Wehrmann*, Umwandlungssteuerrecht, 2004, S. 3.
7 Natürliche Personen können bei einer Verschmelzung nur aufnehmender Rechtsträger sein, wenn sie „als Alleingesellschafter einer Kapitalgesellschaft deren Vermögen übernehmen." (§ 3 Abs. 2 Nr. 1 UmwG).

8 Erfolgt die Verschmelzung aus einer **Personengesellschaft** heraus, handelt es sich steuerrechtlich um eine **Einbringung**, bei der es zur Anwendung der §§ 20–23 UmwStG kommt, wenn eine Körperschaft aufnehmender Rechtsträger ist. Ist eine Personengesellschaft aufnehmender Rechtsträger, kommt es zur Anwendung von § 24 UmwStG.

b) Spaltung (§ 123 UmwG)
aa) Aufspaltung (§ 123 Abs. 1 UmwG)

9 Bei der Aufspaltung überträgt ein Rechtsträger (übertragender Rechtsträger) sein **gesamtes Vermögen** auf mindestens zwei andere Rechtsträger (übernehmende Rechtsträger). Als Gegenleistung für die Vermögensübertragung erhalten **die Gesellschafter** des übertragenden Rechtsträgers Anteile am Vermögen der übernehmenden Rechtsträger.

10 Die Aufspaltung ist das Gegenteil der Verschmelzung. In ihren ertragsteuerlichen Folgen sind sich Verschmelzung und Aufspaltung allerdings sehr ähnlich, denn in beiden Fällen wird der übertragende Rechtsträger aufgelöst, sein Vermögen geht komplett über und als Gegenleistung erhalten **die Anteilseigner** des übertragenden Rechtsträgers Anteile am Vermögen des übernehmenden Rechtsträgers. Der Unterschied liegt lediglich darin, dass das Vermögen bei der Verschmelzung auf einen einzigen Rechtsträger übergeht, wohingegen es bei der Aufspaltung an mindestens zwei Rechtsträger fällt.

bb) Abspaltung (§ 123 Abs. 2 UmwG)

11 Bei der Abspaltung überträgt ein Rechtsträger (übertragender Rechtsträger) einen oder mehrere **Teile** seines Vermögens auf mindestens einen anderen Rechtsträger (übernehmender Rechtsträger). Als Gegenleistung für die Vermögensübertragung erhalten **die Anteilseigner** des übertragenden Rechtsträgers Anteile am Vermögen des übernehmenden Rechtsträgers/der übernehmenden Rechtsträger.

12 Auch die Abspaltung ähnelt in ihren ertragsteuerlichen Folgen sehr der Verschmelzung, denn auch hier geht das Vermögen eines Rechtsträgers auf einen oder mehrere andere Rechtsträger über. Im Unterschied zu Verschmelzung und Aufspaltung wird der übertragende Rechtsträger allerdings nicht aufgelöst, denn er behält ja einen Teil seines Vermögens.

cc) Ausgliederung (§ 123 Abs. 3 UmwG)

13 Im Falle der Ausgliederung gliedert ein Rechtsträger (übertragender Rechtsträger) einen **Teil** seines Vermögens durch Übertragung auf einen oder mehrere Rechtsträger (übernehmende Rechtsträger) aus. Im Unterschied zu Auf-, Abspaltung und Verschmelzung, erhält der **übertragende Rechtsträger** selbst Anteile am übernehmenden Rechtsträger als Gegenleistung und nicht seine Anteilseigner. Es entsteht eine **Mutter-Tochter-Konstellation**.

dd) Spaltung im Umwandlungssteuerrecht

14 Ertragsteuerliche Folgen von **Auf- und Abspaltungen** nach dem UmwG, bei denen eine **Körperschaft** übertragender Rechtsträger ist, regelt das UmwStG in § 15, soweit eine Körperschaft aufnehmender Rechtsträger ist und in § 16, soweit aufnehmender Rechtsträger eine Personengesellschaft ist. Auf Grund der beschriebenen Ähnlichkeit mit der Verschmelzung, verweisen die Regelungen zur Auf- und Abspaltung auf die jeweiligen Vorschriften über die Verschmelzung in den §§ 3–8 und 10 bzw. §§ 11–13 des UmwStG. Wichtigste Voraussetzung für die Anwendbarkeit der §§ 15, 16 UmwStG ist, dass ein **Teilbetrieb** abgespalten wird und im Falle der Abspaltung bei

der übertragenden Körperschaft auch ein Teilbetrieb zurückbleibt.[8] Nach dem UmwG besteht dieses Erfordernis nicht.[9]

Auf-und Abspaltungen aus einer **Personengesellschaft** heraus, werden steuerrechtlich als **Einbringung** von Vermögen durch die Personengesellschaft in die übernehmende Gesellschaft behandelt. Als Einbringung wird auch die **Ausgliederung** behandelt, und zwar unabhängig davon, ob übertragender Rechtsträger eine Personengesellschaft oder eine Körperschaft ist. Ist aufnehmender Rechtsträger eine Kapitalgesellschaft oder Genossenschaft, richten sich die ertragsteuerlichen Folgen nach den §§ 20–23 UmwStG. Soweit eine Personengesellschaft aufnehmender Rechtsträger ist, gilt § 24 UmwStG.

c) Formwechsel (§ 190 UmwG)

Der Formwechsel ist nicht mit den anderen Umwandlungsvorgängen vergleichbar. Seine Besonderheit besteht darin, dass an ihm nur ein einziger Rechtsträger beteiligt ist, der vor und nach der Umwandlung rechtlich identisch weiter besteht (§ 202 Abs. 1 Nr. 1 UmwG) und lediglich sein Rechtskleid wechselt. Zivilrechtlich findet **keine** Vermögensübertragung statt.[10]

Ist mit dem Formwechsel ein Systemwechsel bei der Besteuerung verbunden, sind steuerrechtlich Regelungen notwendig. Das UmwStG regelt den Formwechsel einer Kapitalgesellschaft in eine Personengesellschaft in § 9, der auf die Vorschriften über die **Verschmelzung** einer Kapital- auf eine Personengesellschaft (§§ 3–8 und 10 UmwStG) verweist. Wird dagegen eine Personengesellschaft in eine Kapitalgesellschaft formgewechselt, handelt es sich steuerrechtlich um eine **Einbringung**, die in den §§ 20–23 UmwStG geregelt ist.

d) Vermögensübertragung i.S.d. § 174 UmwG

Die Vermögensübertragung nach dem UmwG eröffnet die Möglichkeit, Vermögen im Wege der Gesamtrechtsnachfolge zu übertragen, obwohl den übertragenden Rechtsträgern **keine** Anteile oder Mitgliedschaften als Gegenleistung gewährt werden (§ 174 UmwG). Dies ist z.B. der Fall, wenn der Bund, ein Land oder eine Gebietskörperschaft aufnehmender Rechtsträger ist, denn sie können kei-ne (Gesellschafts-)Anteile gewähren. Im Rahmen der Vermögensübertragung können Teile des Ver-mögens (Teilübertragung) oder das gesamte Vermögen (Vollübertragung) übertragen werden. Die **Vollübertragung** wird im UmwStG als Verschmelzung (§§ 11–13, 19 UmwStG) und die **Teilübertragung** als Spaltung (§§ 15, 19 UmwStG) betrachtet. Werden andere Wirtschaftsgüter als Anteile oder Mitgliedschaften als Gegenleistung gewährt, ist die Vermögensübertragung i.S.d. § 174 UmwG **nicht** steuerneutral möglich.[11] Auf die Vermögensübertragung wird im Weiteren nicht mehr explizit eingegangen.

4. Einbringung

Bei der Einbringung wird Vermögen in eine Kapitalgesellschaft (§§ 20–23 UmwStG) oder in eine Personengesellschaft (§ 24 UmwStG) gegen Gewährung von Anteilen eingebracht. Die Einbringung ist ein rein steuerlicher Begriff, der im UmwG nicht zu finden ist.

---

8 Siehe Rn 135 ff.
9 Vgl. *Prinz*, FR 1996, 769, 772.
10 Sagasser/Bula/Brünger/*Sagasser*/*Sickinger*, Umwandlungen, 3. Aufl. 2002, Rn 7 ff.
11 Vgl. BMF v. 11.11.2011 – IV C 2 – S 1978-b/08/10001 (im Folgenden: UmwSt-Erlass, BStBl I 2011, 1314), Tz 11.14; Klingebiel/Patt/Rasche/*Wehrmann*, Umwandlungssteuerrecht, 2004, S. 652.

20 Als Einbringung sind steuerrechtlich alle Umwandlungen i.S.d. UmwG (**Verschmelzung, Spaltung, Formwechsel**) zu verstehen, soweit **Personenhandelsgesellschaften** oder **Einzelunternehmer** als übertragende Rechtsträger beteiligt sind. Die **Ausgliederung** (§ 123 Abs. 3 UmwG) ist auch dann als Einbringung zu behandeln, wenn eine Kapitalgesellschaft übertragender Rechtsträger ist. Hintergrund ist, dass die Ausgliederung der Konzeption der §§ 20, 24 UmwStG entspricht, nach der **der Einbringende** Anteile am Vermögen des übernehmenden Rechtsträgers erhält.

21 Vermögensübertragungen i.S.d. UmwG erfolgen jeweils im Wege der Gesamtrechtsnachfolge. Da es bei der Einbringung unerheblich ist, ob die Vermögensübertragung im Wege der **Einzel- oder Gesamtrechtsnachfolge** erfolgt, werden auch Einbringungen außerhalb des UmwG erfasst.

22 Grundlegende Voraussetzung für die Anwendung der Vorschriften über die Einbringung (§§ 20–23 bzw. § 24 UmwStG) ist, dass ein Betrieb oder ein Teilbetrieb eingebracht wird.[12] Eine solche sog. „**Teilbetriebserfordernis**" ist im UmwG nicht vorgesehen.[13]

III. Weitere Ausnahmen von der (Sofort-)Besteuerung

23 Neben dem Umwandlungssteuerrecht gibt es noch weitere Ausnahmen, durch die trotz des Vorliegens eines Realisationstatbestandes die Besteuerung der stillen Reserven hinausgeschoben werden kann. Dies sind beispielsweise:[14]
– Bildung einer Reinvestitionsrücklage (§ 6b EStG).
– Übertragung der stillen Reserven auf die Anschaffungskosten eines Ersatzwirtschaftsgutes (R 6.6 EStR 2008).
– Entnahme eines Wirtschaftsguts zum Buchwert für steuerbegünstigte Zwecke (§ 6 Abs. 1 Nr. 4 S. 4 EStG).
– Inanspruchnahme des sog. „Verpächterwahlrechts" bei der Verpachtung des gesamten Betriebs (R 16 Abs. 5 EStR 2008).
– Unentgeltliche Übertragung von Betrieben, Teilbetrieben und Mitunternehmeranteilen (§ 6 Abs. 3 EStG).
– Übertragung von Einzelwirtschaftsgütern zwischen verschiedenen Betriebsvermögen desselben Steuerpflichtigen (§ 6 Abs. 5 EStG).
– Realteilung einer Mitunternehmerschaft (§ 16 Abs. 3 S. 2 EStG).[15]
– Unentgeltliche Realteilung im Rahmen von Erbauseinandersetzungen.[16]

IV. Exkurs: Ausschluss oder Beschränkung des deutschen Besteuerungsrechts

24 Mit der Erweiterung des Anwendungsbereiches des UmwStG durch das SEStEG[17] soll einerseits die grenzüberschreitende Umstrukturierung von Unternehmen erleichtert, anderseits aber auch

---

12 Siehe hierzu Rn 135 ff.
13 Vgl. *Prinz*, FR 1996, 769, 772.
14 Vgl. *Madl*, Umwandlungssteuerrecht, 2. Aufl. 2002, S. 21.
15 Siehe hierzu BMF v. 28.2.2006 – IV B 2 – S 2242 – 6/06, DStR 2006, 426; vgl. auch Rn 246 ff.
16 Siehe hierzu BMF v. 11.1.1993 – IV B 2 – S 2242 – 86/92, BStBl I 1993, 62; BMF v. 5.12.2002 – IV A 6 – S 2242 – 25/02, BStBl I 2002, 1392 = DStR 2002, 2219; BMF v. 14.3.2006 – IV B 2 – S 2242 – 7/06, BStBl I, 253.
17 Gesetz über steuerliche Begleitmaßnahmen zur Einführung der Europäischen Gesellschaft und zur Änderung weiterer steuerrechtlicher Vorschriften (SEStEG) v. 7.12.2006, BGBl I, 2006, 2782. Das SEStEG ist am 13.12.2006 in Kraft getreten.

„konsequent deutsches Besteuerungsrecht gesichert"[18] werden. Seitdem ist die Bewertung zum Buchwert die Ausnahme und durchgehend an die Bedingung geknüpft, dass durch die Umwandlung bzw. Einbringung deutsches Besteuerungsrecht am übertragenen Vermögen bzw. an Anteilen weder ausgeschlossen noch beschränkt wird.[19] Nach der Gesetzesbegründung des SEStEG liegt eine **Beschränkung** z.B. dann vor, wenn aufgrund einer Umwandlung für ausländische Einkünfte ein Doppelbesteuerungsabkommen mit Freistellungs-[20] anstatt mit Anrechnungsmethode[21] zur Anwendung kommt.[22]

In der Praxis wird nach einer Umwandlung (z.B. Verschmelzung einer deutschen GmbH auf eine in einem anderen EU/EWR-Staat ansässige Kapitalgesellschaft) in vielen Fällen eine inländische Betriebsstätte zurückbleiben. Soweit das Vermögen auch nach einer Umwandlung der inländischen Betriebsstätte zuordenbar ist, verliert Deutschland nicht sein Besteuerungsrecht, weil die Einkünfte der Besteuerung nach § 49 Abs. 1 Nr. 2 Buchst. a) EStG i.V.m. § 8 Abs. 1 KStG und Art. 7 OECD-MA[23] unterliegen. Jedoch ist nach Ansicht der Finanzverwaltung einer reinen Betriebsstätte keine Finanzierungs-, Holding- oder Lizenzgeberfunktion einzuräumen (sog. Zentralfunktion des Stammhauses),[24] sodass beispielsweise eine Beteiligung oder immaterielle Wirtschaftsgüter, die „nicht einer in der Betriebsstätte ausgeübten Tätigkeit"[25] dienen, dem (dann ausländischen) Stammhaus zuzurechnen sind, was dazu führt, dass das deutsche **Besteuerungsrecht** insoweit **verloren** geht. 25

Wann eine Beschränkung oder ein Verlust des deutschen Besteuerungsrechts vorliegt, ist in vielen Einzelheiten noch umstritten,[26] sodass die Rechtsprechung zu diesem Thema zu beachten ist. 26

B. Umwandlungen aus der Körperschaft heraus

I. Anwendbarkeit des zweiten bis fünften Teils des UmwStG

1. Umwandlungen i.S.d. UmwG

Der zweite bis fünfte Teil des UmwStG ist für folgende Umwandlungen anwendbar, wenn diese **i.S.d. UmwG**, also im Wege der **Gesamtrechtsnachfolge**, durchgeführt werden (§ 1 Abs. 1 UmwStG): 27

---

18 Vgl. *BT*-Drucks 16/2710, 1.
19 *Rödder/Schumacher*, DStR 2007, 369, 371.
20 Bei der sog. „Freistellungsmethode" werden die ausländischen Einkünfte von der inländischen Besteuerung freigestellt, unterliegen jedoch dem Progressionsvorbehalt des § 32b EStG. Siehe hierzu: *Djanani/Brähler*, Internationales Steuerrecht, 3. überarbeitete Aufl. 2006, S. 182. Dies bedeutet gegenüber der „Anrechnungsmethode" eine (weitere) Beschränkung des deutschen Besteuerungsrechts.
21 Bei der sog. „Anrechnungsmethode" unterliegen die ausländischen Einkünfte zwar der deutschen Besteuerung, jedoch wird die ausländische Steuer auf die inländische Steuerschuld angerechnet. Siehe hierzu: *Djanani/Brähler*, Internationales Steuerrecht, 3. überarbeitete Aufl. 2006, S. 186.
22 Vgl. BT-Drucks 16/2710, 38.
23 OECD-Musterabkommen 2005 zur Vermeidung der Doppelbesteuerung auf dem Gebiet der Steuern vom Einkommen und vom Vermögen.
24 Vgl. *Blumenberg/Lechner*, Der Regierungsentwurf des SEStEG: Entstrickung und Sitzverlegung bei Kapitalgesellschaften, Neuerungen beim Einlagekonto, Körperschaftsteuerminderung und -erhöhung sowie sonstige Änderungen im Körperschaftsteuerrecht, Special zu BB 2006, Heft 44, S. 30.
25 Vgl. BMF v. 24.12.1999 – IV B 4 – S 1300 – 111/99 (Betriebsstätten-Verwaltungsgrundsätze), BStBl I 1999, 1076 sowie BMF v. 25.8.2009 – IV B 5 – S 1341/07/10004, BStBl I 2009, 888.
26 Siehe zur sog. „Entstrickung" z.B.: *Stadler/Elser*, Der Regierungsentwurf des SEStEG: Einführung eines allgemeinen Entstrickungs- und Verstrickungstatbestandes und andere Änderungen des EStG, Special zu BB 2006, Heft 44, S. 18 ff.; *Töben/Reckwardt*, FR 2007, 159.

- **Verschmelzungen** aus einer Körperschaft heraus (§ 2 UmwG).
- **Auf- und Abspaltungen** aus einer Körperschaft heraus (§ 123 UmwG).
- **Formwechsel** einer Kapitalgesellschaft in eine Personengesellschaft (§ 190 Abs. 1 UmwG).
- **Vermögensübertragungen** (§ 174 UmwG).

28 Welche Rechtsformen als übertragender und als aufnehmender Rechtsträger auftreten können, bestimmt sich in diesen Fällen allein nach den Vorschriften des UmwG. Die Finanzverwaltung stellt bei der Beurteilung, ob eine Umwandlung i.S.d. UmwG vorliegt, grundsätzlich auf die registerrechtliche Entscheidung ab.[27]

29 **Ausgliederungen** i.S.d. § 123 Abs. 3 UmwG werden steuerrechtlich als **Einbringungen** mittels Gesamtrechtsnachfolge behandelt.[28] Als Einbringung wird auch eine Umwandlung aus der Körperschaft behandelt, die nicht nach den Regelungen des UmwG durchgeführt wird, soweit ein Betrieb, ein Teilbetrieb oder ein Mitunternehmeranteil übertragen wird. Insoweit wird auf den Teil „Einbringung" (siehe Rn 146 ff.) verwiesen.

2. Umwandlungen mit Auslandsbezug

30 Während die Vorschriften des zweiten bis siebten Teils des UmwStG a.F. nur dann anwendbar waren, wenn ausschließlich Rechtsträger mit Sitz im Inland beteiligt waren,[29] wurde der Anwendungsbereich des UmwStG mit Einführung des SEStEG europäisiert und damit erheblich erweitert. Die Regelungen des zweiten bis fünften Teils des UmwStG für Verschmelzungen, Auf- und Abspaltungen, sowie den Formwechsel sind unter bestimmten Voraussetzungen nun auch für bestimmte **grenzüberschreitende Umwandlungen** anwendbar. Dafür gelten folgende Voraussetzungen:

- Findet die Umwandlung nicht auf Grundlage des deutschen Umwandlungsgesetzes statt, so muss es sich um „**vergleichbare ausländische Vorgänge**"[30] oder „vergleichbare Vorschriften in den Verordnungen der Europäischen Union"[31] handeln.
- Als vergleichbare Vorgänge werden ausdrücklich die Gründung einer **Europäischen (Aktien-)Gesellschaft (SE)** oder **Europäischen Genossenschaft (SCE)** durch Verschmelzung nach den Vorschriften in Art. 17 SE-Verordnung[32] bzw. Art. 19 SCE-Verordnung[33] genannt (§ 1 Abs. 1 Nr. 1 UmwStG).
- Bei den beteiligten Rechtsträgern muss es sich um Gesellschaften i.S.d. Art. 48[34] EG-Vertrag[35] bzw. Art 34[36] EWR-Abkommen[37] handeln, die nach dem Recht eines EU/EWR-Staates

---

27 Vgl. UmwSt-Erlass, BStBl I 2011, 1314, Tz 01.06; Zum Bestandsschutz eingetragener fehlerhafter Umwandlungen, vgl. *Kort*, DStR 2004, 185.
28 Vgl. UmwSt-Erlass, BStBl I 2011, 1314, Tz 01.43.
29 Vgl. Vgl. BMF v. 25.3.1998 – IV B 7 – S 1978 – 21/98 (im Folgenden: UmwSt-Erlass 1998, BStBl I 1998, 268), Tz 00.03, 01.03.
30 Vgl. BT-Drucks 16/2710, 35; *Benecke/Schnitger*, IStR 2006, 765, 769 f.
31 Vgl. BT-Drucks 16/2710, 36.
32 Verordnung (EG) Nr. 2157/2001 des Rates vom 8.10.2001 über das Statut der Europäischen Gesellschaft (SE), ABl EU Nr. L 294, S. 1. Die Verordnung enthält mit dem „Anhang I" eine Auflistung darüber, welche Gesellschaften der einzelnen Mitgliedstaaten zu einer SE verschmolzen werden können.
33 Verordnung (EG) Nr. 1435/2003 des Rates vom 22.7.2003 über das Statut der Europäischen Genossenschaft (SCE), ABl EU Nr. L 207, S. 1.
34 Art. 48 EG-Vertrag: „.... Als Gesellschaften gelten die Gesellschaften des bürgerlichen Rechts und des Handelsrechts einschließlich der Genossenschaften und die sonstigen juristischen Personen des öffentlichen und privaten Rechts mit Ausnahme derjenigen, die keinen Erwerbszweck verfolgen."
35 Vertrag zur Gründung der Europäischen Gemeinschaft v. 25.3.1957 (EG-Vertrag).
36 Art. 34 EWR-Abkommen enthält dieselben Gesellschaften wie Art. 48 EG-Vertrag.
37 Abkommen über den Europäischen Wirtschaftsraum v. 2.5.1992 (EWR-Abkommen).

gegründet wurden und deren Sitz und Ort der Geschäftsleitung sich in einem EU/EWR-Staat befinden. Übernehmender Rechtsträger kann auch eine natürliche Person sein, die ihren Wohnsitz oder ihren gewöhnlichen Aufenthalt in einem EU/EWR-Staat hat und nicht aufgrund eines DBA als außerhalb ansässig angesehen wird (§ 1 Abs. 2 Nr. 2 UmwStG).

Ob im Einzelfall trotz Anwendbarkeit des zweiten bis fünften Teils des UmwStG eine **steuerneutrale Umwandlung** möglich ist, hängt von den Vorschriften in den §§ 3–13 UmwStG ab und damit wesentlich davon, inwieweit deutsches Besteuerungsrecht beschränkt wird.

3. Steuerliche Rückwirkung (§ 2 UmwStG)
a) Allgemeines
Bei der Umwandlung ist eine Rückbeziehung des sog. „steuerlichen Übertragungsstichtages" möglich. Für die Teile zwei bis fünf des UmwStG wird diese Rückbeziehung durch § 2 UmwStG geregelt. Der „**steuerliche Übertragungsstichtag**" i.S.d. § 2 Abs. 1 UmwStG ist danach zwangsläufig der Tag, auf den die handelsrechtliche Schlussbilanz aufgestellt wurde.[38] Diese muss auf einen Stichtag lauten, der höchstens acht Monate vor dem Tag der Anmeldung zur Eintragung beim Registergericht liegt (§ 17 Abs. 2 UmwG). Somit kann eine **steuerliche Rückwirkung von bis zu acht Monaten** ab dem Tag der Anmeldung der Verschmelzung zum Register erreicht werden. Da beim **Formwechsel** keine Handelsbilanz aufgestellt werden muss, enthält § 9 S. 3 UmwStG eigene Vorschriften zur steuerlichen Rückwirkung. Danach ist ebenfalls eine Rückwirkung von bis zu acht Monaten vorgesehen.

Mit Ablauf des steuerlichen Übertragungsstichtags geht das Vermögen auf den übernehmenden Rechtsträger über, weshalb die übertragenen Wirtschaftsgüter bereits in der Bilanz des übernehmenden Rechtsträgers zum steuerlichen Übertragungsstichtag auszuweisen sind. Übertragungs- und Übernahmeergebnis entstehen daher immer im gleichen Veranlagungszeitraum.[39]

Die steuerliche Rückwirkung gilt für die Besteuerung im Rahmen der Körperschaft-, Einkommen-, und Gewerbesteuer, nicht beispielsweise für die Erbschaft- und Schenkungsteuer, die Grunderwerb- oder die Umsatzsteuer.[40] Sie gilt auch für die Gesellschafter einer aufnehmenden Personengesellschaft (§ 2 Abs. 2 UmwStG), also auch für die neuen Gesellschafter. Deren Anteile an der übertragenden Körperschaft gelten daher zum steuerlichen Übertragungsstichtag als in Anteile an der aufnehmenden Personengesellschaft getauscht.[41]

Eine steuerliche Rückwirkung wird nicht gewährt, wenn dadurch sog. „weiße Einkünfte"[42] entstehen (§ 2 Abs. 3 UmwStG).[43] Eine **Verlustnutzung** (Nutzung von verrechenbaren Verlusten, verbleibenden Verlustvorträgen, nicht ausgeglichenen negativen Einkünften sowie von EBITDA- oder Zinsvorträgen[44]) ist nur zulässig, wenn sie auch ohne die steuerliche Rückwirkung möglich

---
38 Vgl. UmwSt-Erlass, BStBl I 2011, 1314, Tz 02.02.
39 Vgl. Klingebiel/Patt/Rasche/*Wehrmann*, Umwandlungssteuerrecht, 2004, S. 46 ff.
40 Vgl. *Blümich/Klingberg/Klingberg*, EStG KStG GewStG, Band 5: Nebengesetze, Stand: Oktober 2006, UmwStG § 20, Rn 113.
41 Vgl. Klingebiel/Patt/Rasche/*Wehrmann*: Umwandlungssteuerrecht, 2004, S. 48.; UmwSt-Erlass, BStBl I 2011, 1314, Tz 02.03.
42 „Weiße Einkünfte" in diesem Zusammenhang sind Einkünfte, die aufgrund unterschiedlicher Regelungen zur steuerlichen Rückwirkung in keinem Staat der Besteuerung unterliegen. Dies wäre beispielsweise der Fall, wenn Deutschland aufgrund der Rückwirkung einen Rechtsträger nicht mehr und ein ausländischer Staat ihn noch nicht besteuert, weil er keine Rückwirkung kennt.
43 Vgl. BT-Drucks 16/2710, 36 f.; *Rödder/Schumacher*, DStR 2006, 1525, 1528 f.
44 Beim EBITDA-/Zinsvortrag handelt es sich um gesondert festzustellende Beträge im Rahmen der sog. „Zinsschranke" (§ 4h Abs. 1 S. 3 bzw. S. 5 EStG).

gewesen wäre (§ 2 Abs. 4 UmwStG). Damit soll verhindert werden, dass über die Rückwirkung eine Gewinnrealisierung zu einem Zeitpunkt vor einem schädlichen Ereignis nach §8c KStG und damit eine Nutzung bereits untergegangener Verluste, EBITDA- oder Zinsvorträge erreicht wird.[45]

b) Probleme bei Personengesellschaften oder natürlichen Personen als übernehmende Rechtsträger

36 Im Zeitraum zwischen steuerlichem Übertragungsstichtag und Eintragung der Verschmelzung im Handelsregister (**steuerlicher Rückwirkungszeitraum**) existiert die übertragende Körperschaft zivilrechtlich noch,[46] gleichzeitig wird aber die Einkommensermittlung so durchgeführt, als ob es sich um eine Personengesellschaft handeln würde. Daraus ergeben sich Besonderheiten.[47] Hat die übertragende Körperschaft im Rückwirkungszeitraum Gewinnausschüttungen beschlossen, gelten diese bei der übernehmenden Personengesellschaft als Entnahme.[48] Scheiden im Rückwirkungszeitraum Anteilseigner aus, so gilt für diese die steuerliche Rückwirkung nicht[49] und sie veräußern steuerlich Anteile an der übertragenden Körperschaft.[50] Zuführungen zu einer Pensionsrückstellung zugunsten eines Gesellschafters nach dem steuerlichen Übertragungsstichtag mindern den Gewinn der Personengesellschaft nicht mehr.[51]

37 Zu eliminieren sind Lieferungen und Leistungen zwischen den Gesellschaften, die während des steuerlichen Rückwirkungszeitraums erbracht wurden. Sie stellen steuerlich innerbetriebliche Vorgänge dar.[52]

II. Verschmelzung einer Körperschaft auf eine Personengesellschaft oder natürliche Person (§§ 3–8, 10 UmwStG)

1. Ebene des übertragenden Rechtsträgers
a) Wertansätze in der steuerlichen Schlussbilanz und Übertragungsgewinn

38 Die übertragende Körperschaft hat eine steuerliche Schlussbilanz auf den steuerlichen Übertragungsstichtag aufzustellen, in der die übergehenden Wirtschaftsgüter nach § 3 Abs. 1 UmwStG grundsätzlich mit dem **gemeinen Wert** (§ 9 Abs. 2 BewG) anzusetzen sind. Dies umfasst alle Wirtschaftsgüter, auch selbst geschaffene, immaterielle Wirtschaftsgüter, inklusive eines originären Firmenwerts. Durch die Aufstockung der Buchwerte entsteht regelmäßig ein **Übertragungsgewinn**.[53]

39 Pensionsrückstellungen müssen mit dem nach § 6a EStG ermittelten Wert[54] ausgewiesen werden, obwohl dieser regelmäßig niedriger ist, als deren gemeiner Wert. Nach Ansicht der

---

45 Vgl. *Rödder/Schönfeld*, DStR 2009, 560, 561.
46 Vgl. UmwSt-Erlass, BStBl I 2011, 1314, Tz 02.10.
47 Ausführlich zu Besonderheiten im steuerlichen Rückwirkungszeitraum: *Djanani/Brähler*, Umwandlungssteuerrecht, 2. Aufl. 2005, S. 57 ff.
48 Siehe hierzu auch UmwSt-Erlass, BStBl I 2011, 1314, Tz 02.31 ff.; *Berg*, DStR 1999, 1219.
49 Vgl. UmwSt-Erlass, BStBl I 2011, 1314, Tz 02.17 ff.
50 Vgl. UmwSt-Erlass, BStBl I 2011, 1314, Tz 02.20.
51 Vgl. hierzu UmwSt-Erlass, BStBl I 2011, 1314, Tz 06.04 – 06.08; BMF v. 28.5.2002 – IV A 2 – S 2742 – 32/02, DStR 2002, 910. Siehe auch Rn 59 ff.
52 Vgl. *Djanani/Brähler*, Umwandlungssteuerrecht, 2. Aufl. 2005, S. 64.
53 Siehe Rn 46 f.
54 Siehe zur Bewertung von Pensionsrückstellungen z.B. *Schmidbauer*, DStR 2003, 795; *Schmidt/Weber-Grellet*, 25. Aufl. 2006, § 6a; BMF v. 16.12.2005 – IV B 2 – S 2176 – 106/05, BStBl I, 1054 = DStR 2006, 35.

Finanzverwaltung mindert der (höhere) gemeine Wert auch nicht den originären Firmenwert,[55] was jedoch in der Literatur umstritten ist.[56]

Auf Antrag, welcher spätestens bis zur Abgabe der steuerlichen Schlussbilanz beim zuständigen Finanzamt zu stellen ist, ist allerdings auch weiterhin ein Ansatz zum **Buchwert** oder einem **Zwischenwert** möglich, soweit die folgenden Voraussetzungen kumulativ erfüllt werden (§ 3 Abs. 2 UmwStG): 40

- Die Wirtschaftsgüter werden Betriebsvermögen der übernehmenden Personengesellschaft/ natürlichen Person und unterliegen auch nach dem Übergang der in- oder ausländischen Besteuerung mit Einkommen- oder Körperschaftsteuer.[57]
- Das Recht der Bundesrepublik bezüglich der Besteuerung des Veräußerungsgewinns bei den Gesellschaftern der übernehmenden Personengesellschaft bzw. bei der übernehmenden natürlichen Person wird nicht ausgeschlossen oder beschränkt.[58]
- Die Gegenleistung besteht in Gesellschaftsrechten oder es wird keine Gegenleistung gewährt.[59]

Die Voraussetzungen müssen dabei für alle Gesellschafter der Personengesellschaft einzeln geprüft werden und erfüllt sein, damit ein Buch- oder Zwischenwertansatz möglich ist. Werden die Voraussetzungen von einem Gesellschafter nicht erfüllt, ist **anteilig** der gemeine Wert anzusetzen.[60] Die korrekte Zuordnung der stillen Reserven auf Ebene der Personengesellschaft muss dann ggf. mit Hilfe von Ergänzungsbilanzen vorgenommen werden. 41

Der Antrag auf Vermögensübertragung zum Buch- oder Zwischenwert ist für alle übergehenden Vermögensgegenstände, die die Voraussetzungen des § 3 Abs. 2 S. 1 UmwStG erfüllen, einheitlich zu stellen.[61] 42

Wie im alten Recht ist es nach dem Wortlaut des Gesetzes unschädlich, wenn die übertragenen Wirtschaftsgüter nach der Umwandlung nicht mehr der Besteuerung mit **Gewerbesteuer** unterliegen.[62] Soweit die o.g. Voraussetzungen erfüllt sind, ist eine Übertragung der Vermögensgegenstände zu Buchwerten also auch dann möglich, wenn sie danach zur Erzielung von Einkünften i.S.d. §§ 13 oder 18 EStG dienen.[63] 43

Erfolgt ein Ansatz der Wirtschaftsgüter zu einem **Zwischenwert**, so stellt sich die Frage, in welchem Verhältnis die stillen Reserven aufgedeckt werden müssen. Die Finanzverwaltung vertritt die Ansicht, dass diese in allen bilanzierten u. nicht bilanzierten Wirtschaftsgütern anteilig aufzudecken sind.[64] In der Praxis führt das dazu, dass auch bei Aufdeckung eines nur geringen Anteils der stillen Reserven, der gemeine Wert aller Wirtschaftsgüter zu ermitteln ist. 44

---

55 Vgl. UmwSt-Erlass, BStBl I 2011, 1314, Tz 03.26 i.V.m. Tz 03.08.
56 Vgl. z.B. Blumenberg/Schäfer/*Schaflitzl/Widmayer*, Das SEStEG, S. 110; *Rödder*, Verschmelzung von Kapital- auf Kapitalgesellschaften, DStR 2011, 1059.
57 Vgl. BT-Drucks 16/2710, 37.
58 Für Beispiele zu Konstellationen in denen es zu einer Beschränkung des deutschen Besteuerungsrechtes kommt, vgl. Blumenberg/Schäfer/*Schaflitzl/Widmayer*, Das SEStEG, S. 116 ff.
59 Soweit für die Wirtschaftsgüter eine andere Gegenleistung gewährt wird, ist der gemeine Wert anzusetzen. Vgl. (mit Beispiel) *Dötsch/Pung*, DB 2006, 2704, 2708 f.
60 Vgl. Blumenberg/Schäfer/*Schaflitzl/Widmayer*, Das SEStEG, S. 111; BT-Drucks 16/2710, 37.
61 Vgl. BT-Drucks 16/2710, 37. Siehe hierzu auch *Schaflitzl/Widmayer*, Das SEStEG, S. 111 f.
62 Vgl. *Schmitt/Hörtnagl/Stratz*, Umwandlungsgesetz Umwandlungssteuergesetz, 4. Aufl. 2006, UmwStG § 3 Rn 18; *Rödder/Schumacher*, DStR 2006, 1481, 1484.
63 Vgl. UmwSt-Erlass, BStBl I 2011, 1314, Tz 03.17 u. 18.01.
64 Vgl. UmwSt-Erlass, BStBl I 2011, 1314, Tz 03.25.

45 **Beispiel**
Die X-GmbH soll auf die AB-OHG verschmolzen werden.

Bilanz der X-GmbH per 31.12.2006

	(Buchwert)	(gemeiner Wert)		(Buchwert)	(gemeiner Wert)
Firmenwert	0,–	150.000,–	Stammkapital	150.000,–	550.000,–
sonst. immaterielle WG	0,–	87.500,–	Kapitalrücklage	50.000,–	50.000,–
Betriebsgebäude	300.000,–	450.000,–	Gewinnrücklage	200.000,–	200.000,–
Umlaufvermögen	200.000,–	262.500,–	Pensionsrückstellung	100.000,–	150.000,–
	500.000,–	950.000,–		500.000,–	950.000,–

Da sie noch über einen verbleibenden Verlustvortrag bei Körperschaft- und Gewerbesteuer i.H.v. 250.000 EUR verfügt, entscheidet sich die X-GmbH zu einem Zwischenwertansatz, bei dem die Hälfte der stillen Reserven aufgedeckt wird.

46

Steuerliche Schlussbilanz der X-GmbH per 31.12.2006

	(Buchwert)	(gemeiner Wert)		(Buchwert)	(gemeiner Wert)
Firmenwert	100.000,–	150.000,–	Stammkapital	150.000,–	300.000,–
sonst. immaterielle WG	43.750,–	87.500,–	Kapitalrücklage	50.000,–	50.000,–
Betriebsgebäude	375.000,–	450.000,–	Gewinnrücklage	200.000,–	200.000,–
Umlaufvermögen	231.250,–	262.500,–	**Übertragungsgewinn**	**250.000,–**	**250.000,–**
	750.000,–	950.000,–	Pensionsrückstellung	100.000,–	150.000,–
				750.000,–	950.000,–

Die stillen Reserven werden in allen Wirtschaftsgütern zur Hälfte aufgedeckt.

Die in der Pensionsrückstellung enthaltenen stillen Lasten[65] sind nicht anteilig aufzudecken, da sie mit dem nach § 6a EStG ermittelten Wert anzusetzen sind.

Zu beachten gilt es, dass der Firmenwert für Zwecke der Zuordnung der stillen Reserven hier mit 200.000 EUR angesetzt wird. Zwar würde ein gedachter Erwerber des Betriebs aufgrund der stillen Lasten in der Pensionsrückstellung nur 150.000 EUR (gemeiner Wert) für den Firmenwert bezahlen. Diese Lasten in den Pensionsrückstellungen dürfen den Firmenwert jedoch zumindest nach Auffassung der Finanzverwaltung nicht mindern.[66]

47 Der **Übertragungsgewinn** unterliegt bei der übertragenden Körperschaft sowohl der Besteuerung mit Körperschaft- als auch mit Gewerbesteuer,[67] soweit keine verbleibenden Verlustvorträge bzw. laufende Verluste vorhanden sind. Entstehen bei der übertragenden Körper-

---

[65] Ein Grund dafür, dass Pensionsrückstellungen oftmals stille Lasten enthalten, ist der nach § 6a Abs. 3 S. 3 EStG vorgeschriebene Diskontierungszinssatz von 6%. Vgl. *Schmidbauer*, DStR 2003, 795, 801.
[66] Siehe hierzu Rn 39.
[67] Vgl. Klingebiel/Patt/Rasche/*Wehrmann*, Umwandlungssteuerrecht, 2004, S. 68 ff.

schaft **Umwandlungskosten**, so mindern diese als Betriebsausgaben den Übertragungsgewinn.[68]

b) Aufgabe des Maßgeblichkeitsprinzips

Die Finanzverwaltung vertrat früher die (umstrittene)[69] Meinung, dass auch bei einer Verschmelzung der Maßgeblichkeitsgrundsatz der Handelsbilanz für die Steuerbilanz Gültigkeit besitzt.[70] Daher ging die im UmwStG a.F. vorgesehene Wahlmöglichkeit des Ansatzes der Wirtschaftsgüter mit dem Teil- oder einem Zwischenwert weitgehend ins Leere. Im neuen UmwStG 2006 ist ausdrücklich vorgesehen, dass das Maßgeblichkeitsprinzip keine Anwendung mehr findet.[71] Sind stille Reserven vorhanden, ist nun die Nutzung eines verbleibenden Verlustvortrags bzw. laufender Verluste bei der übertragenden Körperschaft durch entsprechende Aufstockung der Buchwerte möglich.[72] 48

c) Körperschaftsteuerminderung

Durch das Steuersenkungsgesetz vom 23.10.2000 fand ein Systemwechsel bei der Besteuerung von Körperschaften statt. Im alten Anrechnungsverfahren wurden ausgeschüttete Gewinne niedriger besteuert als thesaurierte Gewinne, weshalb beim Übergang zum Halbeinkünfteverfahren „die mit einer Körperschaftsteuer belasteten Teile des verwendbaren Eigenkapitals (sog. „EK 40") auf die Ausschüttungsbelastung von 30% herabgeschleust"[73] wurden. Dadurch entstand ein Körperschaftsteuerguthaben, das bei jeder Gewinnausschüttung i.H.v. 1/6 des Ausschüttungsbetrages „ausgezahlt"[74] wurde. Im Falle der Verschmelzung einer Körperschaft auf eine Personengesellschaft/natürliche Person konnte das gesamte Körperschaftsteuerguthaben nach § 10 UmwStG a.F. auf einmal realisiert werden. 49

Durch das **SEStEG** und die damit verbundene Änderung des KStG, ist die Möglichkeit der sofortigen Realisierung des Körperschaftsteuerguthabens durch Umwandlung entfallen. Hintergrund ist, dass die Auszahlung nun ratierlich in zehn gleichen Jahresraten erfolgt und nicht mehr von Gewinnausschüttungen abhängt.[75] Dazu wird bzw. wurde das Körperschaftsteuerguthaben zum 31.12.2006 letztmalig ermittelt und der Erstattungsanspruch für den gesamten zehnjährigen Auszahlungszeitraum festgesetzt. In **allen** Fällen erfolgt die Auszahlung des Guthabens jährlich zum 30. September, erstmals jedoch im Jahr 2008. 50

Der Erstattungsanspruch ist spätestens am 31.12.2006 in der Bilanz der übertragenden Körperschaft zu aktivieren, da er zu diesem Zeitpunkt rechtlich entsteht (§ 37 Abs. 5 S. 2 KStG). Da der Anspruch unverzinslich ist, ist er mit dem Barwert zu aktivieren. Diese Vermögensmehrung ist auf Ebene der Körperschaft nicht steuerbar (§ 37 Abs. 7 KStG) und daher außerbilanziell zu korrigieren.[76] Bei der Berechnung des Übernahmeergebnisses auf Ebene der übernehmenden Personengesellschaft ist die Forderung aber als Vermögensgegenstand zu berücksichtigen.[77] 51

---

68 Zur Zuordnung und Abzugsfähigkeit von Verschmelzungskosten siehe z.B. BFH v. 22.4.1998 – I R 83/96, DStR 1998, 1420.
69 Vgl. z.B. *Schmitt/Hörtnagel/Stratz*, Umwandlungsgesetz, Umwandlungssteuergesetz, 4. Aufl. 2006, UmwStG § 3 Rn 32 ff.
70 Vgl. UmwSt-Erlass 1998, BStBl I 1998, 268, Tz 03.01.
71 BT-Drucks 16/2710, 34, 37.
72 Siehe hierzu Rn 54 f.
73 BT-Drucks 14/2683, 15.2.2000, S. 121.
74 Es erfolgte eine Minderung der Körperschaftsteuerschuld i. H. dieses Betrags (§ 37 Abs. 2 KStG). Die Minderung wurde durch G. v. 16.5.2003 (BGBl I S. 660) begrenzt (§ 37 Abs. 2a KStG).
75 *Rödder/Schumacher*, DStR 2007, 369, 376.
76 Vgl. *Förster/Felchner*, DStR 2007, 280, 282 f.
77 Vgl. *Dötsch/Pung*, DB 2006, 2704, 2712 f.

52 Bei Umwandlungen mit steuerlichem Übertragungsstichtag 31.12.2006 und später wird zukünftig das Körperschaftsteuerguthaben somit bereits als Forderung in der Bilanz der übertragenden Körperschaft aktiviert sein. Bei der Umwandlung geht der Anspruch im Wege der Gesamtrechtsnachfolge auf die übernehmende Personengesellschaft/natürliche Person über. Ergeben sich daraus später Erträge oder Aufwendungen (z.B. Zinsgewinne/-verluste aus der Abzinsung auf den Barwert), sind diese steuerbar, wenn übernehmender Rechtsträger eine Personengesellschaft ist.[78]

d) Körperschaftsteuererhöhung (§ 10 UmwStG)[79]

53 Mit dem Übergang vom Anrechnungs- zum Halbeinkünfteverfahren, wurde auch der sog. „unbelastete Teilbetrag" gesondert festgestellt. Dieser Posten enthält das ehemalige sog. „EK 02". Dabei handelt es sich um Eigenkapital, das im alten Anrechnungsverfahren keiner Besteuerung unterlegen hat (§ 30 Abs. 1 S. 3 Nr. 3 KStG 1999). Im Falle der Verschmelzung wird eine Ausschüttung des ehemaligen EK 02 fingiert und die Körperschaftsteuer erhöht sich um 3/7 des als ausgeschüttet geltenden Betrages, höchstens jedoch um 3/10 des EK 02.[80] So wird im Nachhinein eine **Belastung des EK 02 mit 30% Körperschaftsteuer** erreicht.

Durch das Jahressteuergesetz 2008 wurde § 10 UmwStG aufgehoben und festgelegt, dass der sog. „unbelastete Teilbetrag" grundsätzlich für alle Körperschaften –unabhängig von einer Umwandlung- letztmalig zum 31.12.2006 festgestellt und dann ein Körperschaftsteuererhöhungsbetrag festgesetzt wird, der in zehn gleichen Jahresbeträgen ab dem Jahr 2008 zu entrichten ist. Damit ist §10 UmwStG für Umwandlungen mit Übertragungsstichtag nach dem 31.12.2006 nur noch in Fällen von Bedeutung, in denen ein Antrag auf weitere Anwendung des alten Rechts gestellt wurde. Wer einen solchen Antrag stellen konnte, regelt § 34 Abs. 16 KStG.

e) Übergang von negativen Einkünften und Verlustvorträgen

54 Nach § 4 Abs. 2 S. 2 UmwStG gehen **verrechenbare Verluste, verbleibende Verlustvorträge, nicht ausgeglichene negative Einkünfte sowie ein EBITDA- oder Zinsvortrag**[81] nicht auf den übernehmenden Rechtsträger über. Somit ist eine Verlustnutzung bei der aufnehmenden Personengesellschaft oder natürlichen Person für **laufende und frühere Verluste** der Körperschaft ausgeschlossen.[82] Verlust- bzw. Zinsvortrag sollten noch auf Ebene der übertragenden Körperschaft durch Ansatz des Teil- oder eines Zwischenwertes im maximalen Umfang genutzt werden.

---

55 **Beispiel**
Bei der X-GmbH entsteht durch den Zwischenwertansatz ein Übertragungsgewinn i.H.v. 250.000 EUR (siehe Rn 46 f.). Da bei der X-GmbH in gleicher Höhe ein Verlustvortrag sowohl bei der Körperschaft- als auch bei der Gewerbesteuer besteht, löst die Buchwertaufstockung keine Steuerzahlung aus. Die übernehmende Personengesellschaft profitiert aber von höheren Abschreibungsvolumina.

---

78 Vgl. BMF v. 14.1.2008 – IV B 7-S 2861/07/0001, BStBl I 2008, 280; Anderer Ansicht: *Förster/Felchner*, DStR 2007, 280, 283.
79 Vgl. Klingebiel/Patt/Rasche/*Wehrmann*, Umwandlungssteuerrecht, 2004, S. 174 ff.; *Schmitt/Hörtnagl/Stratz*, Umwandlungsgesetz Umwandlungssteuergesetz, 4. Aufl. 2006, UmwStG § 10 Rn 22, S. 1309.
80 Für Beispiele: Vgl. BMF v. 16.12.2003 – IV A 2 – S 1978 – 16/03, BStBl I 2003, 786.
81 Beim EBITDA- und Zinsvortrag handelt es sich um gesondert festzustellende Beträge im Rahmen der sog. „Zinsschranke" (§ 4h Abs. 1 S. 3 bzw. S. 5 EStG).
82 *BT-Drucks* 16/2710, 38.

Wegen der sog. „Mindestbesteuerung" (§ 10d Abs. 2 EStG bzw. § 10a S. 2 GewStG), nach der die 56
Verrechnung von Verlustvorträgen über 1.000.000 EUR nur teilweise möglich ist, gehen Verlustvorträge möglicherweise endgültig verloren.

Eine weitere Gestaltungsmöglichkeit besteht darin, bereits im Vorfeld der Verschmelzung 57
gezielt Vermögensgegenstände mit hohen stillen Reserven und kurzer Nutzungsdauer beispielsweise an den aufnehmenden Rechtsträger zu veräußern, soweit dies im Einzelfall keinen Missbrauch darstellt.[83]

2. Ebene des übernehmenden Rechtsträger
a) Bilanzansatz der übergehenden Wirtschaftsgüter
Im Hinblick auf die Wertansätze in der Bilanz ist die übernehmende Personengesellschaft/ 58
natürliche Person an die Werte gebunden, die in der steuerlichen Schlussbilanz der übertragenden Körperschaft angesetzt wurden (§ 4 Abs. 1 S. 1 UmwStG). Die Wertverknüpfung bezieht sich dabei nicht allein auf die Gesamthandsbilanz, sondern auch auf etwaige Ergänzungsbilanzen.[84]
Im Einzelfall muss die bilanzielle Darstellung mit deren Hilfe vorgenommen werden, um die Beteiligungsverhältnisse in der Gesamthand korrekt auszuweisen und gleichzeitig den einzelnen Gesellschaftern die stillen Reserven richtig zuzuordnen.[85]

b) Pensionsrückstellung zugunsten eines Gesellschafters der übertragenden Kapitalgesellschaft
Im Falle der Verschmelzung einer Kapitalgesellschaft auf einen Einzelunternehmer ist eine zu 59
dessen Gunsten gebildete **Pensionsrückstellung erfolgswirksam** aufzulösen.[86] Zum Ausgleich kann vorübergehend eine gewinnmindernde Rücklage gebildet werden, die in den drei folgenden Wirtschaftsjahren zu je mindestens einem Drittel aufzulösen ist (§ 6 Abs. 2 UmwStG).

Erfolgt die Verschmelzung dagegen auf eine Personengesellschaft, kann die Rückstellung 60
grundsätzlich weitergeführt werden.[87] Hat der begünstigte Gesellschafter jedoch das Pensionsalter noch nicht erreicht, kommt es i.d.R. zur ergebniswirksamen Teilauflösung der Rückstellung.[88] Hintergrund ist, dass der Gesellschafter-Geschäftsführer nach der Umwandlung Mitunternehmer der Personengesellschaft und nicht mehr Arbeitnehmer der übertragenden Kapitalgesellschaft ist. Daher muss die Personengesellschaft die Rückstellung mit dem sog. „Anwartschaftsbarwert" (§ 6a Abs. 3 S. 2 Nr. 2 EStG) passivieren, der i.d.R. niedriger ist, als der sonst anzusetzende „Teilwert" i.S.d. § 6a Abs. 3 S. 2 Nr. 1 EStG.[89] Soweit die Pensionsrückstellung noch aus der Arbeitnehmertätigkeit für die Kapitalgesellschaft stammt, ist in der Sonderbilanz des begünstigten Gesellschafters kein korrespondierender Anspruch zu aktivieren. Dies gilt auch für auf diesen Teil entfallende Aufzinsungsbeträge. Diese mindern den steuerlichen Gewinn der Personengesellschaft auch nach dem steuerlichen Übertragungsstichtag. Dieser Teil der Pensionszusage ist vom Gesellschafter erst bei Zufluss als nachträglicher Arbeitslohn (§ 24 Nr. 2 i.V.m. § 19 EStG) zu versteuern.[90]

Soweit **nach** dem steuerlichen Übertragungsstichtag weitere Zuführungen vorgenommen 61
werden, stellen diese Sondervergütungen i.S.d. § 15 Abs. 1 S. 1 Nr. 2 EStG dar. Jeder Erhöhung der

---
83 Vgl. *Dörfler/Rautenstrauch/Adrian*, BB 2006, 1657, 1660.
84 Vgl. Haritz/*Benkert*, Umwandlungssteuergesetz, 2. Aufl. 2000, § 4 Rn 20.
85 Siehe zur Bildung von Ergänzungsbilanzen das Beispiel in Rn 216 ff.
86 Vgl. UmwSt-Erlass, BStBl I 2011, 1314, Tz 06.07.
87 Vgl. UmwSt-Erlass, BStBl I 2011, 1314, Tz 06.04; BFH v. 22.6.1977 – I R 8/75, BStBl II, 1997, 798.
88 Vgl. *Neumann*, GmbHR 2002, 996.
89 Siehe hierzu auch FG Nürnberg, Beschl. v. 26.6.2002 – V 229/98, DStRE 2002, 1292.
90 Vgl. *Schulze zur Wiesche*, DStR 1996, 2000, 2002 f.

Rückstellung auf Ebene der Gesellschaft folgt die korrespondierende Aktivierung des Anspruchs in der Sonderbilanz des Gesellschafters. Insoweit wird der steuerliche Gewinn der Mitunternehmerschaft im Ergebnis nicht mehr gemindert.[91]

c) Eintritt in die Rechtsstellung der übertragenden Körperschaft

62 Da die Verschmelzung nach dem UmwG und damit im Wege der **Gesamtrechtsnachfolge** erfolgt, tritt die übernehmende Personengesellschaft vollumfänglich in die steuerliche Rechtsstellung der übertragenden Körperschaft ein (§ 4 Abs. 2 UmwStG). Dementsprechend liegt keine neue Anschaffung vor,[92] was beispielsweise zur Folge hat, dass keine Investitionszulage gewährt wird und keine Rücklage nach § 6b EStG für den Übernahmegewinn gebildet werden darf.[93] Andererseits werden Vorbesitzzeiten angerechnet und Behaltefristen nicht unterbrochen.[94]

d) Bemessung der Abschreibung für die übergehenden Wirtschaftsgüter
aa) Übertragung zum Buchwert

63 Auch hinsichtlich der Absetzung für Abnutzung tritt der übernehmende Rechtsträger als Gesamtrechtsnachfolger in die steuerliche Rechtsstellung der übertragenden Körperschaft ein (§ 4 Abs. 2 S. 1 UmwStG). Im Falle einer **Übertragung zum Buchwert** führt der übernehmende Rechtsträger die Absetzung für Abnutzung, die erhöhten Absetzungen und ähnliche Erleichterungen fort.[95]

bb) Wertansatz über dem Buchwert (§ 4 Abs. 3 UmwStG)

64 Für **Gebäude** ist der bisher gültige Prozentsatz für die Abschreibung weiterhin anzuwenden. Die Bemessungsgrundlage erhöht sich allerdings um den Aufstockungsbetrag. Da sich die AfA-Bemessungsgrundlage bei Gebäuden nach den ursprünglichen Anschaffungs-/Herstellungskosten richtet, ist die neue Bemessungsgrundlage die Summe aus ursprünglichen Anschaffungs-/Herstellungskosten zzgl. des Aufstockungsbetrages.[96] Ist die voraussichtliche, tatsächliche Restnutzungsdauer am steuerlichen Übertragungsstichtag kürzer als der sich so ergebende Abschreibungszeitraum, kann auch ein höherer Prozentsatz angesetzt werden.[97]

65 Bei allen **anderen Wirtschaftsgütern** bemisst sich die Abschreibung nach dem Wert, mit dem das einzelne Wirtschaftsgut in der steuerlichen Schlussbilanz der übertragenden Körperschaft angesetzt wurde. Die Restnutzungsdauer ist hierbei zur Bestimmung des Prozentsatzes am steuerlichen Übertragungsstichtag neu zu schätzen. Als (Rest-)Nutzungsdauer eines Geschäfts- oder Firmenwertes sind wegen § 7 Abs. 1 S. 3 EStG 15 Jahre anzusetzen.[98]

---

91 Zur weiteren steuerlichen Behandlung einer Pensionsrückstellung im Falle der Verschmelzung auf eine Personengesellschaft vgl. *Götz*, DStR 1998, 1946.
92 A.A.: *Schmitt/Hörtnagl/Stratz*: Umwandlungsgesetz Umwandlungssteuergesetz, 4. Aufl. 2006, UmwStG § 4 Rn 40 ff.
93 Vgl. UmwSt-Erlass, BStBl I 2011, 1314, Tz 04.14.
94 Vgl. UmwSt-Erlass, BStBl I 2011, 1314, Tz 04.15.
95 Vgl. UmwSt-Erlass, BStBl I 2011, 1314, Tz 04.09.
96 Vgl. *Djanani/Brähler*, Umwandlungssteuerrecht, 2. überarbeitete Aufl. 2005, S. 129.
97 Vgl. UmwSt-Erlass, BStBl I 2011, 1314, Tz 04.10.
98 Vgl. UmwSt-Erlass, BStBl I 2011, 1314, Tz 04.10 sowie BFH v. 29. 11. 2007 IV R 73/02, BStBl II 2008, 407.

Beispiel 66

Die X-GmbH (Bilanz unter Rn 45) hat ihr Betriebsgebäude genau zehn Jahre vor der Umwandlung für 500.000 EUR angeschafft und seitdem planmäßig abgeschrieben (lineare AfA, 4% jährlich). Der Buchwert bei Vermögensübergang beträgt 300.000 EUR. Wird das Gebäude in der steuerlichen Schlussbilanz zum gemeinen Wert (450.000 EUR) angesetzt, beträgt die neue AfA-Bemessungsgrundlage für die AB-OHG 650.000 EUR (Anschaffungskosten plus Aufstockungsbetrag).[99] Der ursprüngliche Prozentsatz ist nun auf die höhere Bemessungsgrundlage anzuwenden, was zu einer längeren AfA-Dauer führt.[100]

3. Besteuerung offener Rücklagen (§ 7 UmwStG)

Wegen der unterschiedlichen steuerlichen Behandlung von Körperschaften und Personengesellschaften müssen die Gewinnrücklagen der Körperschaft der Besteuerung unterworfen werden. Während eine Ausschüttung auf Ebene der Körperschaft steuerpflichtig wäre, könnten sie auf Ebene der Personengesellschaft steuerfrei entnommen werden.[101] Zu diesem Zweck fingiert § 7 UmwStG eine Totalausschüttung der Gewinnrücklagen, und zwar im Gegensatz zum UmwStG a.F., für **alle** Anteilseigner. Der fiktive Ausschüttungsbetrag ist dann auf die einzelnen Anteilseigner der Kapitalgesellschaft gemäß ihrem Anteil am Nennkapital zu verteilen. 67

Beispiel 68

Wir nehmen an, dass für die X-GmbH (Bilanz unter Rn 45) **vor** der Verschmelzung das steuerliche Einlagekonto[102] (§ 27 Abs. 1 S. 1 KStG) mit 50.000 EUR und ein Sonderausweis[103] (§ 28 Abs. 1 S. 3 KStG) i.H.v. 20.000 EUR gesondert festgestellt wurden. Für die „fiktive" Ausschüttung i.S.d. § 7 UmwStG berechnen sich die Bezüge wie folgt:[104]

	Nennkapital	150.000 EUR
−	Sonderausweis (28 Abs. 1 S. 3 KStG)	20.000 EUR
=	Unterschiedsbetrag (erhöht das steuerliche Einlagekonto)	130.000 EUR
	Eigenkapital lt. Steuerbilanz (siehe Rn 46)	650.000 EUR
−	modifiziertes steuerliches Einlagekonto[105]	180.000 EUR
=	fiktiver Ausschüttungsbetrag	470.000 EUR

4. Ermittlung des Übernahmeergebnisses

a) Die Anteile befinden sich zu 100% im Betriebsvermögen der übernehmenden Personengesellschaft

Als Grundfall für die Verschmelzung einer Kapital- auf eine Personengesellschaft unterstellt der Gesetzgeber eine 100%ige Beteiligung der übernehmenden Personengesellschaft an der 69

---

99 Vgl. *Djanani/Brähler*, Umwandlungssteuerrecht, 2. überarbeitete Aufl. 2005, S. 131.
100 Es ergibt sich eine neue jährliche Abschreibung i.H.v. 26.000 EUR (650.000 EUR x 0,04 = 26.000 EUR). Bis das Gebäude vollständig abgeschrieben ist, dauert es nun noch 17,3 Jahre (450.000 EUR / 26.000 EUR = 17,3), statt 15 Jahre (300.000 EUR / 20.000 EUR = 15).
101 Vgl. *Djanani/Brähler*, Umwandlungssteuerrecht, 2. überarbeitete Aufl. 2005, S. 49 ff.
102 Vgl. BMF v. 4.6.2003 – IV A 2 – S 2836 – 2/03, BStBl I 2003, 366 = DStR 2003, 1027, Rn 1.
103 Ein Sonderausweis entsteht, wenn „sonstige Rücklagen" (außer Einlagen) in Nennkapital umgewandelt werden. Sie müssen bei einer Kapitalherabsetzung als Ausschüttung behandelt werden, die zu Bezügen i.S.d. § 20 Abs. 1 Nr. 2 EStG führt, da sie sonst wegen § 20 Abs. 1 Nr. 1 S. 3 EStG nicht der Besteuerung unterliegen würden. Vgl. *Müller/Maiterth*, DStR 2001, 1229, 1231; BMF v. 4.6.2003 – IV A 2 – S 2836 – 2/03, BStBl I 2003, 366 = DStR 2003, 1027, Rn 33.
104 Vgl. *Djanani/Brähler*, Umwandlungssteuerrecht, 2. überarbeitete Aufl. 2005, S. 106.
105 § 29 Abs. 1 i.V.m. § 28 Abs. 2 S. 1 KStG.

übertragenden Kapitalgesellschaft (100%iger up-stream merger). Dementsprechend sind die Vorschriften zur Ermittlung des Übernahmeergebnisses in § 4 Abs. 4 UmwStG ausgestaltet. Variieren die Anschaffungskosten der einzelnen Gesellschafter für die Beteiligung, muss die Ermittlung des Übernahmegewinns **personenbezogen** durchgeführt werden.[106]

70 Das **Übernahmeergebnis** ermittelt sich wie folgt:[107]

    Wert (Buchwert, Zwischenwert oder gemeiner Wert) der übergehenden Wirtschaftsgüter lt. Schlussbilanz der übertragenden Körperschaft.
- Kosten für den Vermögensübergang bei der übernehmenden Personengesellschaft/natürlichen Person (§ 4 Abs. 4 S. 1 UmwStG).
- Buchwert der Anteile an der übertragenden Körperschaft ggf. korrigiert nach § 4 Abs. 1 S. 2 UmwStG, soweit im Betriebsvermögen befindlich.[108]
+ Neutrales Vermögen[109] (§ 4 Abs. 4 S. 2 UmwStG)
= **Übernahmegewinn/-verlust 1. Stufe** (§ 4 Abs. 4 S. 1 UmwStG)

+ Sperrbetrag i.S.d. § 50c EStG (§ 4 Abs. 5 S. 1 UmwStG)
- Nach § 7 S. 1 UmwStG zufließende Einnahmen i.S.d. § 20 Abs. 1 Nr. 1 EStG

= **Übernahmegewinn/-verlust 2. Stufe** (§ 4 Abs. 5 UmwStG)

71 Soweit Körperschaften, Personenvereinigungen oder Vermögensmassen Mitunternehmer sind, findet auf den **Übernahmegewinn 2. Stufe** § 8b KStG Anwendung. Für natürliche Personen und Personengesellschaften als Mitunternehmer gelten die Vorschriften des § 3 Nr. 40 EStG sowie § 3c EStG (§ 4 Abs. 7 S. 2 UmwStG).

72 Mit der Regelung in § 4 Abs. 4 u. 5 UmwStG wird das Übernahmeergebnis praktisch in einen Dividenden- und einen Veräußerungsteil zerlegt.[110] Der **Dividendenteil** besteht aus den Gewinnrücklagen[111] der übertragenden Körperschaft und wird deren Gesellschaftern gemäß § 7 UmwStG jeweils anteilig als Bezüge i.S.d. § 20 Abs. 1 Nr. 1 EStG zugerechnet (vgl. Rn 67). Der Übernahmegewinn 2. Stufe stellt den **Veräußerungsteil** dar. Hintergrund ist die Sicherung des deutschen Besteuerungsrechts. Die fiktive Ausschüttung unterliegt nämlich – im Gegensatz zum Übernahmeergebnis – der Kapitalertragsteuer nach § 43 Abs. 1 S. 1 Nr. 1 EStG.

73 Ein **Übernahmeverlust** ist, soweit er auf **Personengesellschaften oder natürliche Personen** als Mitunternehmer entfällt, zu 60% zu berücksichtigen, höchstens jedoch i.H.v. 60% der Bezüge i.S.d. § 7 UmwStG. Diese Regelung entspricht im Ergebnis der Regelung im UmwStG a.F., wonach Übernahmeverluste **nicht** angesetzt werden konnten. Die Berücksichtigung bis zur Höhe von 60% der Bezüge i.S.d. § 7 UmwStG ist notwendig, weil diese im neuen Recht bereits als

---

106 Vgl. UmwSt-Erlass, BStBl I 2011, 1314, Tz 04.19.
107 Vgl. *Benecke/Schnitger*, IStR 2006, 765, 773.
108 Dazu gehören auch die Anteile, die nach § 5 UmwStG als in das Betriebsvermögen der übernehmenden Personengesellschaft eingelegt bzw. überführt gelten.
109 Differenz zwischen gemeinem Wert der Wirtschaftsgüter an denen kein deutsches Besteuerungsrecht bestand (z.B. Vermögen in einer ausländischen Betriebsstätte, das durch ein DBA mit Freistellungsmethode von der deutschen Besteuerung befreit ist) und dem Wert, mit dem sie in der Bilanz zu übernehmen sind. Vgl. *Dötsch/Pung*, DB 2006, 2704, 2711; BT-Drucks 16/2710, 38; Vgl. auch *Schaflitzl/Widmayer*, Das SEStEG, S. 123; *Werra/Teiche*, DB 2006, 1455, 1459; *Förster/Felchner*, DB 2006; 1072, 1075, die darin eine europarechtliche Diskriminierung sehen.
110 *Rödder/Schumacher*, DStR 2007, 369, 372 ff.
111 Lt. § 7 UmwStG: Eigenkapital in der Steuerbilanz nachdem das Nennkapital nach § 29 KStG herabgesetzt wurde, abzgl. Bestand des steuerlichen Einlagekontos i.S.d. § 27 KStG.

Dividendenanteil nach § 7 UmwStG der Besteuerung als Bezüge i.S.d. § 20 Abs. 1 Nr. 1 EStG unterliegen. In Fällen des § 3 Nr. 40 S. 3 u. 4 EStG (Anteile im Handelsbuch oder zum Eigenhandel bei Finanzunternehmen) findet der Übernahmeverlust bis zur vollen Höhe der Bezüge i.S.d. § 7 UmwStG Berücksichtigung (§ 4 Abs. 6 S. 5 UmwStG).

Soweit der **Übernahmeverlust** auf eine **Körperschaft, Personenvereinigung oder Vermögensmasse** als Mitunternehmer entfällt, bleibt er außer Ansatz, obwohl durch die fiktive Ausschüttung (§ 7 UmwStG) fünf% der offenen Rücklagen wegen § 8b Abs. 5 KStG der Besteuerung unterworfen werden.[112] Für Anteile im Handelsbuch oder zum Eigenhandel bei Finanzunternehmen (§ 8b Abs. 7[113] und Abs. 8 S. 1 KStG) findet der Übernahmeverlust bis zur Höhe der Bezüge i.S.d. § 7 UmwStG Berücksichtigung. Dies ist notwendig, da in solchen Fällen die Bezüge i.S.d. § 7 UmwStG nicht nach §8b Abs. 1 KStG außer Ansatz bleiben.

In jedem Fall bleibt der Übernahmeverlust außer Ansatz, soweit die Anteile in den letzten fünf Jahren entgeltlich erworben wurden oder ein Veräußerungsverlust nach § 17 Abs. 2 S. 6 EStG nicht zu berücksichtigen wäre (§ 4 Abs. 6 S. 6 UmwStG).[114]

Beispiel
Die AB-OHG hält 100% der Anteile an der X-GmbH (Bilanz unter Rn 45) im gesamthänderischen Betriebsvermögen. Die Anteile wurden vor einigen Jahren für 200.000 EUR erworben. Kosten für die Übernahme fallen nicht an.

Bilanz der AB-OHG per 31.12.2006 vor Verschmelzung

	(Buchwert)	(gemeiner Wert)		(Buchwert)	(gemeiner Wert)
Anlagevermögen	100.000,–	200.000,–	Kapitalkonto A	250.000,–	650.000,–
Anteil an X-GmbH	200.000,–	800.000,–	Kapitalkonto B	250.000,–	650.000,–
Umlaufvermögen	300.000,–	400.000,–	Verbindlichkeiten	100.000,–	100.000,–
	600.000,–	1.400.000,–		600.000,–	1.400.000,–

Nach der Verschmelzung treten an die Stelle der Anteile an der X-GmbH die von der X-GmbH übertragenen Wirtschaftsgüter und zwar mit dem Wert, mit dem die X-GmbH diese in ihrer steuerlichen Schlussbilanz angesetzt hat.

Bilanz der AB-OHG per 31.12.2006 nach Verschmelzung

	(Buchwert)	(gemeiner Wert)		(Buchwert)	(gemeiner Wert)
Anlagevermögen	100.000,–	200.000,–	Kapitalkonto A	250.000,–	425.000,–
Aktiva der X-GmbH	750.000,–	950.000,–	Kapitalkonto B	250.000,–	425.000,–
Umlaufvermögen	300.000,–	400.000,–	Übernahmegewinn 1. Stufe	450.000,–	450.000,–
	1.150.000,–	1.550.000,–	Pensionsrückstellung	100.000,–	150.000,–
			Verbindlichkeiten	100.000,–	100.000,–
				1.150.000,–	1.550.000,–

---

112 Kritisch hierzu: *Rödder/Schumacher*, DStR 2006, 1525, 1532.
113 Zur Frage welche Körperschaften solche i.S.d. § 8b Abs. 7 KStG sind, vgl. *Bindl*, DStR 2006, 1817.
114 Kritisch hierzu: *Rödder/Schumacher*, DStR 2006, 1525, 1532.

Es ergibt sich ein Übernahmegewinn 1. Stufe i.H.v. 450.000 EUR,[115] der den beiden Mitunternehmern A und B je zur Hälfte zuzurechnen wäre. Allerdings gilt es zu berücksichtigen, dass sich der Übernahmegewinn nach § 4 Abs. 5 UmwStG um die **fiktive Ausschüttung** i.S.d. § 7 UmwStG mindert. Diese beträgt im Falle der X-GmbH 470.000 EUR.[116] Somit verbleibt ein **Übernahmeverlust 2. Stufe** i.H.v. 20.000 EUR (§ 4 Abs. 4 S. 1 UmwStG). Weil er die fiktive Ausschüttung nach § 7 UmwStG nicht übersteigt, wird er nach § 4 Abs. 6 S. 4 UmwStG zu 60% berücksichtigt, da wir annehmen, dass A und B natürliche Personen sind.

b) Anteile im Privatvermögen

79   Werden die Anteile an der übertragenden Körperschaft im Privatvermögen gehalten, kommt es für die steuerliche Behandlung auf die Höhe der Beteiligung an. Handelt es sich um eine **wesentliche Beteiligung** i.S.d. § 17 EStG, so **gelten die Anteile als** am steuerlichen Übertragungsstichtag zu Anschaffungskosten in das Betriebsvermögen des aufnehmenden Rechtsträgers **eingelegt**. Dies gilt für alle Anteile an der übertragenden Gesellschaft, für die ein inländisches Besteuerungsrecht bestand.[117] Damit wird der Zweck des § 5 UmwStG deutlich. Er dient dazu, den vom Gesetzgeber in § 4 Abs. 4 UmwStG unterstellten Grundfall (100%ige Beteiligung an der übertragenden Körperschaft im Betriebsvermögen der übernehmenden Körperschaft) herzustellen.[118]

80   Für Anteile im Privatvermögen, die **keine wesentliche Beteiligung** i.S.d. § 17 EStG darstellen und die daher nicht nach § 5 Abs. 2 UmwStG als in das Betriebsvermögen eingelegt gelten, ist kein Übernahmegewinn zu ermitteln. Der Wert der übertragenen Wirtschaftsgüter bleibt ebenfalls **anteilig** bei der Ermittlung des Übernahmeergebnisses **außer Ansatz**.[119] Trotzdem wird natürlich auch der nicht wesentlich beteiligte Anteilseigner Mitunternehmer der neuen Personengesellschaft und erhält anteilig die fiktive Ausschüttung nach § 7 UmwStG.[120]

c) Anteile in einem anderen Betriebsvermögen eines Anteilseigners

81   Befinden sich Anteile an der übertragenden Körperschaft am steuerlichen Übertragungsstichtag in einem anderen Betriebsvermögen eines Anteilseigners so gelten diese als am steuerlichen Übertragungsstichtag zum Buchwert „in das Betriebsvermögen des übernehmenden Rechtsträgers überführt" (§ 5 Abs. 3 UmwStG). Der Buchwert ist vorher ggf. nach § 5 Abs. 3 S. 1 UmwStG zu korrigieren.

d) Gewerbesteuer und Verhinderung von Missbrauch

82   Ein Übernahmegewinn oder -verlust unterliegt bei der übernehmenden Personengesellschaft nicht der Gewerbesteuer (§ 18 Abs. 2 S. 1 UmwStG). Wird allerdings der Betrieb, ein Teilbetrieb oder ein Anteil an einer Personengesellschaft innerhalb von fünf Jahren nach der Umwandlung **aufgegeben oder veräußert**, unterliegt nach dem Wortlaut des Gesetzes der komplette Aufgabegewinn der Gewerbesteuer (§ 18 Abs. 3 UmwStG, sog. „Missbrauchsbremse").[121] Dies gilt auch dann, wenn der übernehmende Rechtsträger keine gewerblichen Einkünfte erzielt.[122] Damit soll **Missbrauch**

---

115 Der Übernahmegewinn kann auch nach dem Schema unter Rn 70 ermittelt werden.
116 Zur Ermittlung der fiktiven Ausschüttung vgl. das Beispiel in Rn 68.
117 Vgl. *Dötsch/Pung,* DB 2006, 2704, 2711.
118 Vgl. *Djanani/Brähler,* Umwandlungssteuerrecht, 2. überarbeitete Aufl. 2005, S. 98.
119 Vgl. UmwSt-Erlass, BStBl I 2011, 1314, Tz 04.25.
120 Vgl. *Djanani/Brähler,* Umwandlungssteuerrecht, 2. überarbeitete Aufl. 2005, S. 104.
121 Vgl. UmwSt-Erlass, BStBl I 2011, 1314, Tz 18.05; *Siebert,* DStR 2000, 758; Zur Behandlung von Entnahmen vgl. OFD Frankfurt v. 30.5.1996, DStR 1996, 1203.
122 Vgl. *Schmitt/Hörtnagl/Stratz,* Umwandlungsgesetz Umwandlungssteuergesetz, 3. Aufl. 2001, UmwStG § 18 Rn 35.

dahingehend verhindert werden, dass eine gewerbesteuerfreie Liquidation einer Kapitalgesellschaft durch vorherige Verschmelzung auf eine Personengesellschaft erreicht werden kann. Der BFH vertrat die These, dass sich die Gewerbesteuerpflicht nicht auf stille Reserven erstreckt, die in schon vor der Verschmelzung vorhandenem Betriebsvermögen des aufnehmenden Rechtsträgers ruhen.[123] Der Gesetzgeber hat den Gesetzestext inzwischen präzisiert. § 18 Abs. 3 S. 1 UmwStG schließt mit Wirkung für Umwandlungen ab 2008 ausdrücklich auch stille Reserven ein, die bereits vor der Umwandlung bei der übernehmenden Gesellschaft/Person vorhanden waren.

5. Grunderwerbsteuer

Da im Falle der Verschmelzung ein Rechtsträgerwechsel stattfindet, ist die Übertragung von Grundstücken nach § 1 Abs. 1 Nr. 3 S. 1 GrEStG grundsätzlich grunderwerbsteuerpflichtig. Als Bemessungsgrundlage dient nach § 8 Abs. 2 S. 1 Nr. 2 GrEStG der sog. „Grundbesitzwert"[124] (§ 138 Abs. 2 bzw. 3 BewG) der übertragenen Grundstücke.[125] Dieser ist seit dem In-Kraft-Treten des Jahressteuergesetzes 2007 am 1.1.2007 „unter Berücksichtigung der tatsächlichen Verhältnisse und der Wertverhältnisse zum Besteuerungszeitpunkt" festzustellen (§ 138 Abs. 1 S. 1 BewG).[126] Seitdem gibt es auch eine Öffnungsklausel, nach der der Steuerpflichtige nachweisen kann, dass der gemeine Wert der wirtschaftlichen Einheit niedriger ist als der durch das Finanzamt festgestellte Grundbesitzwert. In diesem Fall gilt dann der gemeine Wert als Grundbesitzwert (§ 138 Abs. 4 BewG).[127]

83

Bei konzerninternen Umstrukturierungen wird seit dem 1.1.2010 unter bestimmten Voraussetzungen auf die **Erhebung der Grunderwerbsteuer verzichtet** (§ 6a GrEStG).[128] Dazu muss es sich um eine Umwandlung i.S.d. UmwG, also im Wege der Gesamtrechtsnachfolge handeln. Umwandlungen im Wege der **Einzelrechtsnachfolge** sind **nicht begünstigt**. Weiterhin dürfen an der Umwandlung nur Unternehmen/Gesellschaften eines Konzerns beteiligt sein. § 6a S. 4 GrEStG enthält eine eigene Konzerndefinition. Demnach muss das herrschende Unternehmen (Mutter) zu mindestens 95% am Kapital der abhängigen Gesellschaft (Tochter/Enkel usw.) mittel- oder unmittelbar beteiligt sein. Die Beteiligung muss ununterbrochen fünf Jahre vor und fünf Jahre nach der Umwandlung bestehen.

Bei der übernehmenden Personengesellschaft/natürlichen Person kann die Grunderwerbsteuer nur noch in Altfällen sofort als Betriebsausgabe abgezogen werden.[129] Der Meinung des BFH, der in einer Verschmelzung einen tauschähnlichen und damit entgeltlichen Vorgang sieht,[130] hat sich die Finanzverwaltung zwischenzeitlich angeschlossen.[131] Demnach sollen die objektbezogenen Nebenkosten der Anschaffung, insbesondere also die Grunderwerbsteuer, zu aktivieren sein.

84

---

123 Vgl. BFH v. 16.11.2005 – X R 6/04, DStR 2006, 175; Kritisch dazu: *Bartelt*, DStR 2006, 1109; Siehe auch FG Nürnberg v. 19.4.2005, I 110/2003 i.V.m. BFH v. 20.11.2006 – VIII R 47/05, GmbHR 2007, 272.
124 Bei unbebauten Grundstücken richtet sich der Grundbesitzwert nach Größe des Grundstücks und dem um 20% geminderten Bodenrichtwert (§ 145 Abs. 3 BewG). Bei bebauten Grundstücken wird zur Ermittlung des Grundbesitzwertes ein Multiplikator (12,5) auf die (übliche) Jahresmiete angewandt. Wertminderungen wegen Alters sind zu berücksichtigen (siehe § 146 BewG). Die Bewertung von Land- und Forstwirtschaftlichem Vermögen richtet sich nach den §§ 140–144 BewG.
125 Vgl. Klingebiel/Patt/Rasche/*Wehrmann*, Umwandlungssteuerrecht, 2004, S. 189.
126 Nach § 138 Abs. 4 BewG a.F. waren die Grundbesitzwerte nach den Wertverhältnissen zum 1.1.1996 festzustellen.
127 Siehe hierzu *Eisele*, INF 04/2007, S. 136.
128 Siehe für weitere Informationen hierzu z.B. *Wischott/Schönweiß*, DStR 2009, 2638 oder *Tyarks/Mensching*, BB 2010, S. 87.
129 Vgl. UmwSt-Erlass 1998, BStBl I 1998, 268, Tz 04.43; *Fatouros*, DStR 2003, 772.
130 Vgl. BFH v. 15.10.1997 – I R 22/96, DStR 1998, 164 sowie BFH v. 17.9.2003 – I R 97/02, DStRE 2004, 38.
131 Vgl. BMF v. 18.1.2010 – IV C 2 – S 1978-b/0.

6. Umsatzsteuer

85 Bei der Verschmelzung geht das gesamte Vermögen des übertragenden Rechtsträgers auf den übernehmenden Rechtsträger über. Der Vorgang ist daher „gem. § 1 Abs. 1a UStG nicht steuerbar."[132]

III. Auf- oder Abspaltungen von Körperschaften auf eine Personengesellschaft (§ 16 UmwStG)

1. Allgemeines

86 Die ertragsteuerliche Behandlung von Auf- und Abspaltungen von Körperschaften auf eine Personengesellschaft ist in § 16 UmwStG geregelt. Wegen der Ähnlichkeit von Auf- und Abspaltungen mit einer Verschmelzung wird auf die §§ 3–8 und 10 UmwStG verwiesen. Der Verweis auf die Vorschriften über die Verschmelzung ist möglich, weil die Auf- bzw. Abspaltung als „Teilverschmelzung"[133] angesehen werden kann. Zur entsprechenden Anwendung der Vorschriften muss der übergehende Teilbetrieb so behandelt werden, als ob er selbst eine Körperschaft wäre, die auf die übernehmende Personengesellschaft verschmolzen wird.[134] Die Rechtsfolgen der §§ 3–8 und 10 UmwStG (Bewertungswahlrecht, Eintritt in die steuerliche Rechtsstellung usw.) treten nur für das übergehende Vermögen ein.[135]

87 Auch die Vorschriften für die Auf- oder Abspaltung auf eine Körperschaft (§ 15 UmwStG) gelten entsprechend. Entsprechende Anwendung von § 15 UmwStG bedeutet, dass – analog der Spaltung auf eine Körperschaft – ein **Teilbetrieb** übertragen werden muss (siehe Rn 135 f.), damit ein Ansatz der Vermögensgegenstände zum Buch- oder einem Zwischenwert möglich ist (§ 15 Abs. 1 S. 2 UmwStG). Die Vorschriften zur **Verhinderung von Missbrauch** (§ 15 Abs. 2 UmwStG) sind ebenfalls anzuwenden (siehe Rn 138 f.) und auch ein **verbleibender Verlust-, EBITDA- oder Zinsvortrag** (§ 15 Abs. 3 UmwStG) bei der übertragenden Körperschaft vermindert sich (siehe Rn 143).

2. Ermittlung des Übernahmeergebnisses im Falle der Spaltung

88 Zur Ermittlung des **Übernahmeergebnisses** ist der Buchwert der Anteile an der übertragenden Körperschaft nur anteilig anzusetzen. Das UmwStG schreibt keinen Aufteilungsmaßstab vor. Die Finanzverwaltung sieht eine Aufteilung wie im Spaltungs-/Übernahmevertrag bzw. im Verhältnis des gemeinen Wertes des übergegangenen Vermögens zum Gesamtvermögen der Körperschaft vor Spaltung als sachgerecht an.[136]

IV. Formwechsel einer Kapitalgesellschaft in eine Personengesellschaft (§ 9 UmwStG)

1. Allgemeines

89 Der Formwechsel einer Kapitalgesellschaft in eine Personengesellschaft ist **zivilrechtlich** ein Vorgang **ohne Vermögensübertragung.** Es wird davon ausgegangen, dass der formwechselnde Rechtsträger nicht untergeht, sondern in einer anderen Rechtsform weiter besteht (sog. „Identitätsprinzip") und zwar mit identischen Gesellschaftern und Beteiligungsverhältnissen (sog.

---

132 Vgl. *Djanani/Brähler*, Umwandlungssteuerrecht, 2. überarbeitete Aufl. 2005, S. 136.
133 Vgl. *Schmitt/Hörtnagl/Stratz*, Umwandlungsgesetz Umwandlungssteuergesetz, 4. Aufl. 2006, UmwStG § 16 Rn 24.
134 Klingebiel/Patt/Rasche/*Wehrmann*, Umwandlungssteuerrecht, 2004, S. 313.
135 Vgl. *Schmitt/Hörtnagl/Stratz*, Umwandlungsgesetz Umwandlungssteuergesetz, 4. Aufl. 2006, UmwStG § 16 Rn 25 ff.
136 Vgl. UmwSt-Erlass, BStBl I 2011, 1314, Tz 15.43; *Schmitt/Hörtnagl/Stratz*, Umwandlungsgesetz Umwandlungssteuergesetz, 4. Aufl. 2006, UmwStG § 16 Rn 31.

„Beteiligungsidentität"). Mit dem Formwechsel von einer Kapitalgesellschaft auf eine **Personengesellschaft** ist jedoch eine grundlegend andere Art der Besteuerung verbunden. Kapitalgesellschaften sind selbst Steuersubjekt, während bei Personengesellschaften die einzelnen Gesellschafter Subjekt der Besteuerung sind und nicht die Personengesellschaft.[137]

Um diesen Übergang ertragsteuerlich zu erfassen, wird der **Formwechsel** im Umwandlungssteuerrecht wie eine **Verschmelzung** behandelt und die dafür geltenden Vorschriften (§§ 3–8 und 10 UmwStG) entsprechend angewandt. Der Formwechsel läuft also steuerlich so ab, wie die Verschmelzung einer Kapitalgesellschaft auf eine dafür neu gegründete Personengesellschaft. 90

Da bei einem Formwechsel zivilrechtlich kein Vermögensübergang stattfindet, ist der Vorgang hinsichtlich **Grunderwerbsteuer** nicht steuerbar.[138] Unabhängig von den Voraussetzungen des § 6a GrEStG (Steuervergünstigung bei Umstrukturierungen im Konzern) fällt also keine Grunderwerbsteuer an. 91

Da beim Formwechsel keine Handelsbilanz aufgestellt werden muss,[139] kann diese nicht Grundlage für die Vermögensübertragung sein. § 9 UmwStG enthält daher eigene Vorschriften für die **steuerliche Rückwirkung**. Die Kapitalgesellschaft muss für steuerliche Zwecke eine Übertragungs- und die Personengesellschaft eine Eröffnungsbilanz aufstellen (§ 9 S. 2 UmwStG). Die Bilanzen dürfen auf einen Stichtag lauten, der bis zu **acht Monate** vor dem Tag der Anmeldung des Formwechsels zur Eintragung in das Handelsregister liegt (§ 9 S. 3 UmwStG). 92

Auch im Falle des Formwechsels wird nicht mehr an der **Maßgeblichkeit** der Handelsbilanz für die Steuerbilanz festgehalten.[140] Im alten Recht war für die Steuerbilanz entweder die zum gleichen Stichtag aufgestellte oder jedoch die letzte Handelsbilanz maßgeblich.[141] 93

2. Unternehmenskaufmodelle als typischer Anwendungsfall für einen Formwechsel – mittlerweile nicht mehr möglich

Beim Unternehmenskauf ist der Veräußerer einer Kapitalgesellschaft daran interessiert, das Vermögen möglichst steuerbegünstigt zu veräußern. Für ihn bietet sich daher der Verkauf seiner Anteile (Share-Deal) an, da dieser nach § 3 Nr. 40 EStG bzw. § 8b KStG begünstigt ist. Dem steht das Bestreben des Erwerbers gegenüber, den Unternehmenskaufpreis so weit als möglich über steuermindernde Abschreibungen zu finanzieren und eine volle steuerliche Abzugsfähigkeit der Finanzierungskosten zu erreichen.[142] Da dies im Rahmen des Share-Deals nicht bzw. nur teilweise gelingt, war in der Praxis bis vor einigen Jahren das sog. „Umwandlungsmodell" oft vorzufinden. 94

Beim **Umwandlungsmodell** werden zunächst die Anteile an der Kapitalgesellschaft im Rahmen eines Share-Deals erworben. Nach dem Erwerb wird die Kapitalgesellschaft durch Formwechsel in eine Personengesellschaft umgewandelt. Sind die Anschaffungskosten für die Anteile höher als der Buchwert des Vermögens der Kapitalgesellschaft, was wohl regelmäßig der Fall ist, entsteht dabei ein Übernahmeverlust (vgl. Rn 70). Dieser führte im alten Recht zur Aufstockung der Buchwerte (Step-Up) der durch die Personengesellschaft übernommenen Wirtschaftsgüter. Da seit der Unternehmenssteuerreform im Rahmen des StSenkG v. 23.10.2000 und des StSenkErgG v. 20.12.2000 ein Übernahmeverlust außer Ansatz bleibt (vgl. § 4 Abs. 6 UmwStG), besteht diese Möglichkeit allerdings nicht mehr.[143] 95

---

137 Vgl. *Klingebiel/Patt/Rasche/Wehrmann*, Umwandlungssteuerrecht, 2004, S. 203.
138 Vgl. Finanzministerium Baden-Württemberg v. 18.9.1997 – S 4520/2, DStR 1997, 1576.
139 Sagasser/Bula/Brünger/*Sagasser/Sickinger*, Umwandlungen, 3. Aufl. 2002, R 17.
140 Vgl. *BT*-Drucks. 16/2710, 34, 37.
141 Vgl. UmwSt-Erlass 1998, BStBl I 1998, 268, Tz 14.02 f.
142 Siehe zu steuerlichen Effekten beim Kapitalgesellschaftskauf *Rogall*, DStR 2003, 750.
143 Vgl. *Haritz/Wisniewski*, GmbHR 2000, 161.

96 In der Literatur wurden seitdem neue Unternehmenskaufmodelle diskutiert. Dazu gehört u.a. das sog. **„Organschaftsmodell"**, wobei der Organträger der Organgesellschaft einzelne Wirtschaftsgüter abkauft. Die dabei realisierten Gewinne führt die Organgesellschaft an den Organträger ab, der diese daraufhin durch eine abführungsbedingte Teilwertabschreibung neutralisiert.[144] Durch die Anschaffung der Wirtschaftsgüter hat der Organträger dabei gleichzeitig neues AfA-Potenzial geschaffen (Step-Up). Das Organschaftsmodell basierte darauf, dass für **abführungsbedingte** Teilwertabschreibungen § 3c Abs. 2 EStG und § 8b Abs. 3 KStG nicht anwendbar sein sollten. Diesem Modell wurde durch das UntStFG[145] die Grundlage entzogen, weil der Gesetzgeber mit der Änderung von § 3c Abs. 2 S. 2 EStG und § 8b Abs. 3 KStG klargestellt hat, dass das (teilweise) Abzugsverbot auch für abführungsbedingte Teilwertabschreibungen gilt.[146] Die restriktive Politik des Gesetzgebers hat dazu geführt, dass Unternehmenskaufmodelle, die eine Buchwertaufstockung ohne korrespondierende Steuerbelastung ermöglichen, nicht mehr funktionieren. Unternehmenskaufmodelle sind daher nur noch in Einzelfällen vorteilhaft.[147]

V. Verschmelzung einer Körperschaft auf eine andere Körperschaft (§§ 11–13 UmwStG)
1. Allgemeines

97 Wird im Rahmen einer Verschmelzung i.S.d. § 2 UmwG das Vermögen einer Körperschaft auf eine andere Körperschaft übertragen, so richtet sich die steuerliche Behandlung nach den §§ 11–13 und 19 UmwStG. Grundsätzlich ist vorgesehen, dass die Anteilseigner des übertragenden Rechtsträgers als Gegenleistung Anteile am Vermögen des übernehmenden Rechtsträgers erhalten (§ 2 UmwG). Hält aber zumindest eine an der Verschmelzung beteiligte Körperschaft Anteile an einer anderen beteiligten Körperschaft, so ist eine Gewährung von Anteilen als Gegenleistung vielfach zumindest teilweise unmöglich. Trotzdem werden solche Konstellationen vom UmwG erfasst,[148] was zur Folge hat, dass auch die §§ 11–13 und 19 UmwStG zur Anwendung kommen. Dabei sind folgende Kombinationen vorstellbar:[149]
- Up-stream merger (Verschmelzung von der Tochter auf die Mutter)
- Down-stream merger (Verschmelzung von der Mutter auf die Tochter)
- Kombinierter up-stream/down-stream merger (wechselseitige Beteiligung)
- Side-stream merger (Verschmelzung Tochter auf Tochter).

Auf den up- und den down-stream merger wird im Rahmen der weiteren Ausführungen noch ausführlicher eingegangen.

2. Ebene des übertragenden Rechtsträgers
a) Wertansätze in der steuerlichen Schlussbilanz der übertragenden Körperschaft

98 § 11 UmwStG sieht im Grundsatz einen Ansatz der Vermögensgegenstände und Schulden zum **gemeinen Wert** vor. Unter bestimmten Voraussetzungen ist jedoch auch eine Übertragung der Wirtschaftsgüter zum **Buch- oder** einem **Zwischenwert** möglich. Pensionsrückstellungen müssen immer mit dem nach § 6a EStG ermittelten Wert angesetzt werden.

---

144 Siehe zum sog. „Organschaftsmodell" *Blumers/Beinert/Witt*, DStR 2001, 233.
145 Das „Gesetz zur Fortentwicklung des Unternehmenssteuerrechts (Unternehmenssteuerfortentwicklungsgesetz – UntStFG) ist am 25.12.2001 in Kraft getreten (BGBl I 2001, 3858).
146 Vgl. hierzu Maiterth/*Müller*, BB 2002, 598, 602.
147 Vgl. *Rogall*, DStR 2003, 750, 755 f. Zu Konstellationen, in denen ein Unternehmenskaufmodell dennoch vorteilhaft sein kann, vgl. auch *Maiterth/Müller/Semmler*, DStR 2003, 1313.
148 Vgl. *Bärwaldt* in Haritz/Benkert, Umwandlungssteuergesetz, 2. Aufl. 2000, Vor §§ 11–13 Rn 3.
149 Vgl. *Djanani/Brähler*, Umwandlungssteuerrecht, 2. überarbeitete Aufl. 2005, S. 163 sowie UmwSt-Erlass, BStBl I 2011, 1314, Tz 11.01.

Die Übertragung zum Buch- oder Zwischenwert ist nur auf Antrag und **soweit** folgende Be- 99
dingungen kumulativ erfüllt sind, möglich (§ 11 Abs. 2 UmwStG):
- Es muss sichergestellt sein, dass die übergehenden Wirtschaftsgüter auch bei der übernehmenden Körperschaft der Besteuerung mit Körperschaftsteuer unterliegen.
- Das deutsche Besteuerungsrecht hinsichtlich des Veräußerungsgewinns bei der übernehmenden Körperschaft wird nicht ausgeschlossen oder beschränkt.
- Die Gegenleistung besteht in Gesellschaftsrechten oder es wird keine Gegenleistung gewährt.

Die Voraussetzungen sind beispielsweise nicht erfüllt, wenn das Vermögen auf eine nach § 5 KStG steuerbefreite Körperschaft[150] übertragen wird.[151]

Die Vorschriften zum Wertansatz der Wirtschaftsgüter bei der übertragenden Körperschaft 100
(§ 11 Abs. 1 und 2 UmwStG), entsprechen denen bei der Verschmelzung auf eine Personengesellschaft (§ 3 UmwStG).[152] Auch die Ermittlung und Besteuerung eines **Übertragungsgewinnes**[153] erfolgt analog. Der im Zusammenhang mit der Verschmelzung umstrittene[154] **Maßgeblichkeitsgrundsatz** der Handelsbilanz für die Steuerbilanz, dürfte ebenfalls nicht mehr anzuwenden sein.[155]

b) Anteile an der übernehmenden Körperschaft (down-stream merger)

Soweit die übertragende Körperschaft Anteile an der übernehmenden Körperschaft besitzt, sind 101
diese grundsätzlich in die einheitliche Bewertung des übergehenden Vermögens mit einzubeziehen. Der Buchwert der Anteile ist ggf. vor der Verschmelzung nach § 11 Abs. 2 S. 2 UmwStG[156] zu korrigieren. Im Gegensatz zum UmwStG a.F. stellt jedoch der gemeine Wert und nicht die historischen Anschaffungskosten die Obergrenze dar.[157]

Fraglich ist, ob die Anteile der übertragenden Körperschaft (Muttergesellschaft) an der 102
übernehmenden Körperschaft (Tochtergesellschaft) zunächst zu eigenen Anteilen der übernehmenden Körperschaft werden, bevor sie im Rahmen der Verschmelzung an die Anteilseigner der übertragenden Körperschaft als Gegenleistung ausgegeben werden (sog. „Durchgangserwerb").[158] Im Umwandlungssteuererlass vertritt die Finanzverwaltung die Ansicht, dass die Anteile nicht zum übergehenden Vermögen gehören, wenn sie mit der Verschmelzung als Gegenleistung an die Anteilseigner der übertragenden Körperschaft „ausgekehrt" werden.[159] Eine steuerneutrale Übertragung der Anteile soll dann nur möglich sein, wenn die Voraussetzungen des § 11 Abs. 2 S. 1 Nr. 2 u. 3 UmwStG (keine Beschränkung des deutschen Besteuerungsrechts) auf Ebene der Anteilseigner der Muttergesellschaft erfüllt sind. Für die Bewertung der Anteile an der übernehmenden (Tochter-)Gesellschaft soll § 13 UmwStG gelten.[160] Da die Anteile jedoch mangels Durchgangserwerb nicht zum übergehenden Vermögen gehören ist die Anwendbarkeit des § 11 Abs. 2 UmwStG in der Literatur umstritten. Auch § 13 UmwStG soll nach h. M. in der Literatur nicht zur Anwendung kommen, da er sich auf die Anteile an der (untergehenden) Muttergesellschaft be-

---

150 Gemeinnützig tätige Körperschaften sind z.B. nach § 5 Abs. 1 Nr. 9 KStG von der Körperschaftsteuer befreit.
151 Vgl. UmwSt-Erlass, BStBl I 2011, 1314, Tz 11.07.
152 Siehe Rn 38 f.
153 Siehe zum Übertragungsgewinn Rn 46 f.
154 Vgl. *Schmitt/Hörtnagl/Stratz*, Umwandlungsgesetz Umwandlungssteuergesetz, 4. Aufl. 2006, UmwStG § 11 Rn 19 ff.
155 Vgl. Rn 48; siehe auch BT-Drucks 16/2710, 34; *Voss*, BB 2006, 411, 417.
156 Nach § 11 Abs. 2 S. 2 UmwStG müssen früher vorgenommene Abschreibungen, Abzüge nach § 6b EStG und ähnliche steuerwirksame Abzüge rückgängig gemacht werden.
157 Vgl. Blumenberg/*Schäfer*/*Schaflitzl*/*Widmayer*, Das SEStEG, S. 131.
158 So Haritz/Benkert/ *Bärwaldt*, Umwandlungssteuergesetz, 2. Aufl. 2000, Vor §§ 11–13 Rn 12.
159 Vgl. UmwSt-Erlass, BStBl I 2011, 1314, Tz 11.18; *Schmitt*/*Hörtnagl*/*Stratz*, Umwandlungsgesetz Umwandlungssteuergesetz, 4. Aufl. 2006, UmwStG § 11 Rn 42.
160 Vgl. UmwSt-Erlass, BStBl I 2011, 1314, Tz 11.19.

zieht. Folglich soll es nicht zu einer Besteuerung von stillen Reserven in den Anteilen an der Tochtergesellschaft kommen.[161]

103   Nach Ansicht der Finanzverwaltung war die Anwendung der §§ 11–13 UmwStG a.F. beim down-stream merger nur aus Billigkeitsgründen und auf Antrag aller Beteiligten möglich.[162] Auf Grund der Tatsache, dass der down-stream merger mit § 11 Abs. 2 S. 2 UmwStG nun ausdrücklich im Gesetz genannt wird, ist ein solcher Antrag nicht mehr nötig.[163]

3. Ebene des übernehmenden Rechtsträgers
a) Bilanzansatz der übergehenden Wirtschaftsgüter

104   Im Hinblick auf die Wertansätze in der Bilanz ist die übernehmende Körperschaft an die Werte gebunden, die in der steuerlichen Schlussbilanz der übertragenden Körperschaft angesetzt wurden (§ 12 Abs. 1 S. 1 UmwStG).

b) Übernahmeergebnis

105   Bei der übernehmenden Kapitalgesellschaft ist ein Übernahmeergebnis zu ermitteln. Vor Ermittlung des Übernahmeergebnisses muss der Buchwert evtl. vorhandener Anteile an der übertragenden Körperschaft[164] ggf. noch nach § 12 Abs. 1 S. 2 UmwStG erfolgswirksam korrigiert werden.

Das Übernahmeergebnis lässt sich nach folgendem Schema ermitteln:

	Wert (Buchwert, Zwischenwert oder gemeiner Wert) der übergehenden Wirtschaftsgüter lt. Schlussbilanz der übertragenden Körperschaft (Saldo aus Vermögensgegenständen und Schulden)
–	Kosten für den Vermögensübergang
–	Buchwert der Anteile an der übertragenden Körperschaft[165]
=	Übernahmegewinn/-verlust

106   In der Literatur ist umstritten, ob ein Übernahmeergebnis in jedem Fall[166] oder nur insoweit zu ermitteln ist, wie die übernehmende Körperschaft an der übertragenden beteiligt ist,[167] also ein up-stream merger vorliegt. Nach unserer Auffassung spricht der neue Wortlaut des § 12 UmwStG dafür, in jedem Fall ein Übernahmeergebnis zu ermitteln. Weiterhin würde sich bei der nur anteiligen Ermittlung des Übernahmeergebnisses ein Agiogewinn/-verlust ergeben, soweit Dritte beteiligt sind. Dann wäre es aber auch konsequent, die Anschaffungskosten der Anteile der beteiligten Dritten vom Wert dieser Einlage abhängig zu machen. Die Anschaffungskosten hängen

---

161 Vgl. *Rödder*, DStR 2011, 1063; *Schmitt/Schloßmacher*, Umwandlungssteuererlass – UmwStE 2011, 2012, S. 172; *Dörr/Loose/Motz*, NWB Nr. 7 v. 13.2.2012, S. 566.
162 Vgl. UmwSt-Erlass 1998, BStBl I 1998, 268, Tz 11.24.
163 Auch im UmwSt-Erlass 2011 wird er nicht mehr gefordert. Vgl. UmwSt-Erlass, BStBl I 2011, 1314, Tz. 11.17–11.19.
164 Nach § 12 Abs. 1 S. 2 UmwStG müssen früher vorgenommene steuerwirksame Abschreibungen, Abzüge nach § 6b EStG und ähnliche Abzüge erfolgswirksam rückgängig gemacht werden. Das Halbeinkünfteverfahren ist nicht anzuwenden, soweit die Abzüge in vollem Umfang das steuerliche Ergebnis gemindert haben. Die Begünstigung nach § 8b KStG wird nicht gewährt, soweit die Abzüge steuerwirksam waren. Siehe § 12 Abs. 1 S. 2 UmwStG i.V.m. § 4 Abs. 1 S. 2 und 3 UmwStG, § 8b Abs. 2 S. 4 und 5 KStG, § 3 Nr. 40 S. 1 Buchstabe a S. 2 und 3 EStG.
165 Ggf. korrigiert nach § 12 Abs. 1 S. 2 UmwStG.
166 So *Dötsch*, Umwandlungssteuerrecht, Rn 369, 416; *Djanani/Brähler*, Umwandlungssteuerrecht, 2. überarbeitete Aufl. 2005, S. 190.
167 So z.B. *Schmitt/Hörtnagl/Stratz*, Umwandlungsgesetz Umwandlungssteuergesetz, 4. Aufl. 2006, UmwStG § 12 Rn 23 und 28 ff.; *Klingebiel/Patt/Rasche/Wehrmann*, Umwandlungssteuerrecht, 2004, S. 229.

aber nach § 13 UmwStG vom Wertansatz der alten Anteile ab, was ebenfalls dafür spricht, immer ein Übernahmeergebnis zu ermitteln. Der Agiogewinn/-verlust ist dann als Sonderform bzw. Bestandteil des Übernahmegewinns zu betrachten.[168]

Soweit der **Übernahmegewinn**[169] vermindert um die (anteiligen) Kosten für den Vermögensübergang der Höhe der Beteiligung entspricht, ist § 8b des Körperschaftsteuergesetzes anzuwenden. Das hat zur Folge, dass insoweit 5% des Übernahmegewinns als nicht abziehbare Betriebsausgabe gelten (§ 8b Abs. 3 KStG). Begründet wird dies damit, dass auch im Falle einer Anteilsveräußerung § 8b KStG anzuwenden wäre.[170] Da Art. 7 der Fusionsrichtlinie[171] im Falle einer Beteiligung[172] der übernehmenden Körperschaft an der übertragenden die Steuerfreiheit des Übernahmegewinns vorsieht, bestehen Zweifel an der Vereinbarkeit dieser Regelung mit dem geltenden Europarecht.[173] Umstritten ist auch, wie weit die Anwendung von § 8b KStG auf den Übernahmegewinn reicht. Teilweise wird die Ansicht vertreten, dass § 8b Abs. 7 und 8 KStG nicht zur Anwendung kommen, weil ein Übernahmeergebnis bereits nach § 12 Abs. 2 S. 1 UmwStG außer Ansatz bleibt.[174] Andererseits ist es der Wille des Gesetzgebers, den Übertragungsvorgang wie einen Veräußerungsvorgang zu behandeln, soweit die übernehmende Körperschaft an der übertragenden beteiligt ist.[175] Folgt man dieser Ansicht, ist insoweit ein Übernahmegewinn im Rahmen der Sonderregelungen für Kreditinstitute und Versicherungen (§ 8b Abs. 7 und 8 KStG) vollständig steuerpflichtig.[176]

107

Der andere Teil des Übernahmeergebnisses bleibt bei der übernehmenden Körperschaft außer Ansatz und muss deshalb vollständig außerbilanziell korrigiert werden (§ 12 Abs. 2 S. 1 UmwStG),[177] soweit er im Jahresergebnis enthalten ist.

108

Beispiel

Die Z-GmbH soll per 31.12.2006 auf die Y-GmbH verschmolzen werden. Die Übertragung der Vermögensgegenstände erfolgt zum Buchwert. Die Y-GmbH hält 60% der Anteile an der Z-GmbH. Es handelt sich also um einen (partiellen) up-stream merger. Der Rest der Anteile an der Z-GmbH wird von der natürlichen Person B gehalten. Das steuerliche Einlagekonto beider Gesellschaften weist vor der Verschmelzung einen Bestand von 0 EUR auf.

109

Bilanz der Y-GmbH per 31.12.2006

110

	(Buchwert)	(gemeiner Wert)		(Buchwert)	(gemeiner Wert)
Aktiva	400.000,–	600.000,–	Stammkapital	300.000,–	740.000,–
Beteiligung Z-GmbH	120.000,–	360.000,–	Gewinnrücklage	220.000,–	220.000,–
	520.000,–	960.000,–		520.000,–	960.000,–

---

168 Vgl. *Djanani/Brähler*, Umwandlungssteuerrecht, 2. überarbeitete Aufl. 2005, S. 190.
169 § 12 Abs. 2 S. 2 UmwStG schreibt die Anwendung von § 8b KStG nur für einen Gewinn vor. In der Literatur wird die Ansicht vertreten, dass eine Auslegung dahingehend erfolgen muss, dass § 8b KStG auch auf einen Verlust anzuwenden ist. Vgl. *Benecke/Schnitger*, IStR 2007, 22, 26; *Ley/Bodden*, FR 2007, 265, 274.
170 BT-Drucks 16/2710, 41.
171 Richtlinie 2009/133/EG des Rates v. 19. Oktober 2009 (Fusionsrichtlinie), Artikel 7.
172 Die Beteiligung muss nach Artikel 7 Abs. 2 der Fusionsrichtlinie mindestens 15% betragen, ab 1.1.2009 mindestens 10%.
173 Vgl. *Blumenberg/Schäfer/Schaflitzl/Widmayer*, Das SEStEG, S. 132 f.; *Rödder/Schumacher*, DStR 2006, 1525, 1533.
174 Vgl. *Rödder/Schumacher*, DStR 2007, 369, 373.
175 Vgl. BT-Drucks 16/3369, 10.
176 So auch *Ley/Bodden*, FR 2007, 265, 273; *Benecke/Schnitger*, IStR 2007, 22, 26.
177 Vgl. UmwSt-Erlass, BStBl I 2011, 1314, Tz 12.05.

111 Bilanz der Z-GmbH per 31.12.2006

	(Buchwert)	(gemeiner Wert)		(Buchwert)	(gemeiner Wert)
Aktiva	300.000,-	600.000,-	Stammkapital	200.000,-	500.000,-
	300.000,-	600.000,-	Gewinnrücklage	100.000,-	100.000,-
				300.000,-	600.000,-

Durch die Verschmelzung gehen Vermögensgegenstände mit einem Buchwert i.H.v. 300.000 EUR auf die Y-GmbH über. Im Gegenzug geht die Beteiligung an der Z-GmbH unter. Nach § 29 Abs. 1 KStG gilt das Nennkapital der Z-GmbH durch die Verschmelzung als in voller Höhe herabgesetzt und wird deren steuerlichem Einlagekonto gutgeschrieben.

112 Bilanz der Y-GmbH per 31.12.2006 nach Verschmelzung

	(Buchwert)	(gemeiner Wert)		(Buchwert)	(gemeiner Wert)
Aktiva	400.000,-	600.000,-	Stammkapital	300.000,-	800.000,-
Aktiva (Z-GmbH)	300.000,-	600.000,-	Gewinnrücklage	220.000,-	220.000,-
	700.000,-	1.200.000,-	Übernahmegewinn	180.000,-	180.000,-
				700.000,-	1.200.000,-

Da die Y-GmbH zu 60% an der Z-GmbH beteiligt war, ist für diesen Teil des Übernahmegewinns (108.000 EUR) § 8b KStG anzuwenden. Der restliche Gewinn i.H.v. 72.000 EUR bleibt bei der Gewinnermittlung außer Ansatz (§ 12 Abs. 2 S. 1 UmwStG). Unter der Annahme, dass a) § 8b KStG unmittelbar anwendbar ist soweit die übernehmende Körperschaft an der übertragenden beteiligt ist, b) der restliche Gewinn nach § 12 Abs. 2 S. 1 UmwStG außer Ansatz bleibt, und c) die Verschmelzung der einzige Geschäftsvorfall der Y-GmbH im Jahre 2006 war, errechnet sich das zu versteuernde Einkommen der Y-GmbH für das Jahr 2006 wie folgt:

	Übernahmegewinn	180.000 EUR
−	Korrektur nach § 12 Abs. 2 S. 1 UmwStG	72.000 EUR
−	Korrektur nach § 8b Abs. 2 S. 1 KStG	108.000 EUR
+	Korrektur nach § 8b Abs. 3 S. 1 KStG	5.400 EUR
=	zu versteuerndes Einkommen	5.400 EUR

Die natürliche Person B muss als weitere Anteilseignerin der Z-GmbH auch am Vermögen der (übernehmenden) Y-GmbH beteiligt werden. Dazu wird eine Erhöhung des Stammkapitals um 75.000 EUR vorgenommen, sodass B zukünftig mit 20% beteiligt ist. Diese Beteiligung hat rechnerisch den gleichen Wert, wie die 40%ige Beteiligung an der Z-GmbH.[178]

113 Bilanz der Y-GmbH per 31.12.2006 nach Kapitalerhöhung

	(Buchwert)	(gemeiner Wert)		(Buchwert)	(gemeiner Wert)
Aktiva	400.000,-	600.000,-	Stammkapital	375.000,-	875.000,-
Aktiva (Z-GmbH)	300.000,-	600.000,-	Kapitalrücklage	5.000,-	5.000,-
	700.000,-	1.200.000,-	Gewinnrücklage	320.000,-	320.000,-
				700.000,-	1.200.000,-

---

[178] Siehe zur steuerlichen Behandlung der neuen Anteile der B Rn 124.

Das steuerliche Einlagekonto der Z-GmbH (200.000 EUR) wird dem steuerlichen Einlagekonto der Y-GmbH hinzugerechnet, jedoch nur soweit diese nicht selbst an der Z-GmbH beteiligt ist (§ 29 Abs. 2 S. 1 und 2 KStG). Das steuerliche Einlagekonto der Y-GmbH erhöht sich demnach um 80.000 EUR. Die Erhöhung des Stammkapitals mindert das steuerliche Einlagekonto wiederum um 75.000 EUR (§ 28 Abs. 1 S. 1 KStG), sodass schlussendlich ein Bestand von 5.000 EUR verbleibt, der als Kapitalrücklage ausgewiesen wird.

Das Beispiel zeigt die Auswirkungen auf den steuerlichen Eigenkapitalausweis für den Fall eines (partiellen) up-stream mergers. In anderen Konstellationen und unter Berücksichtigung der weiteren Posten des steuerlichen Eigenkapitals, können sich andere Auswirkungen ergeben.[179]   114

c) Bemessung der Abschreibung für die übergehenden Wirtschaftsgüter
Die Ermittlung der Abschreibung richtet sich nach denselben Grundsätzen wie bei der Verschmelzung auf eine Personengesellschaft/natürliche Person.[180]   115

4. Besteuerung auf Ebene der Anteilseigner der übertragenden Körperschaft (§ 13 UmwStG)
a) Allgemeines
Die Anteilseigner der übertragenden Körperschaft bekommen im Regelfall als Gegenleistung für die Übertragung der Wirtschaftsgüter Anteile an der übernehmenden Körperschaft. Soweit Anteile als Gegenleistung gewährt werden, gelten die Anteile an der übertragenden Körperschaft grundsätzlich „als zum **gemeinen Wert** veräußert" und die im Gegenzug erhaltenen Anteile „als mit diesem Wert angeschafft" (§ 13 Abs. 1 UmwStG). Dies hätte eine vollständige Aufdeckung der in den Anteilen enthaltenen stillen Reserven zur Folge.   116

Um steuerneutrale Umstrukturierungen zu ermöglichen, ist im Rahmen der Umwandlung **auf Antrag** ein Ansatz der neu erhaltenen Anteile mit dem Buchwert der (alten) Anteile an der übertragenden Körperschaft möglich, wenn folgende Voraussetzungen erfüllt sind (§ 13 Abs. 2 UmwStG):   117
– Das inländische Besteuerungsrecht am Veräußerungsgewinn der Anteile an der übernehmenden Körperschaft wird „nicht ausgeschlossen oder beschränkt" **oder**
– im Falle einer grenzüberschreitenden Verschmelzung sind die Voraussetzungen zur Anwendung der Fusionsrichtlinie[181] gegeben. In einem solchen Fall ist der Veräußerungsgewinn erst im Zeitpunkt der Veräußerung der neu gewährten Anteile der Besteuerung zu unterwerfen und zwar genauso „wie die Veräußerung der Anteile an der übertragenden Körperschaft zu besteuern wäre. § 15 Abs. 1a S. 2 des Einkommensteuergesetztes ist entsprechend anzuwenden."

Sind die Voraussetzungen zur Anwendung der Fusionsrichtlinie gegeben, kann also selbst bei einer Einschränkung des deutschen Besteuerungsrechts ein Ansatz der neuen Anteile zum Buchwert der Anteile an der übertragenden Körperschaft gewählt werden. Hierdurch wird die Vorgabe in Artikel 8 der Fusionsrichtlinie umgesetzt, die eine Besteuerung des Veräußerungsgewinnes im Zeitpunkt des bloßen Anteilstausches verbietet, wenn der Ansatz der erworbenen Anteile ebenfalls zum Buchwert erfolgt.[182] Dies führt allerdings dazu, dass bei einer späte-   118

---
179 Ausführlich zur Änderung des steuerlichen Eigenkapitalausweises siehe z.B. *Djanani/Brähler*, Umwandlungssteuerrecht, 2. überarbeitete Aufl. 2005, S. 212 ff.; *Müller/Maiterth*, DStR 2001, 1229; *Müller/Maiterth*, DStR 2002, 746.
180 Siehe hierzu Rn 63 ff.
181 Richtlinie 2009/133/EG des Rates v. 19. Oktober 2009 (Fusionsrichtlinie).
182 Vgl. § 13 Abs. 2 Nr. 2 UmwStG i.V.m. Richtlinie 2009/133/EG des Rates v. 19. Oktober 2009 (Fusionsrichtlinie), Artikel 8.

ren Veräußerung der Anteile der Veräußerungsgewinn ungeachtet der Bestimmungen eines Doppelbesteuerungsabkommens besteuert wird (Treaty-Override).[183] Es sollte daher überlegt werden, ob der Buchwertansatz in einem solchen Fall sinnvoll ist. § 13 UmwStG ist für die Besteuerung von Anteilen unbeschränkt sowie beschränkt Steuerpflichtiger anzuwenden. Ob auf Ebene der übernehmenden Körperschaft § 12 UmwStG zur Anwendung kommt, ist unerheblich.[184]

b) Ansatz zum gemeinen Wert

119 Beim Ansatz der Anteile zum gemeinen Wert wird eine Veräußerung der alten und eine Anschaffung der neuen Anteile zum gemeinen Wert der alten Anteile fingiert (§ 13 Abs. 1 UmwStG). Dies gilt jedoch nur für Anteile im Betriebsvermögen, wesentliche Beteiligungen i.S.v. § 17 EStG sowie einbringungsgeborene Anteile.[185] Andernfalls treten die neuen Anteile steuerlich an die Stelle der alten Anteile, wenn das deutsche Besteuerungsrecht nicht beschränkt wird (§ 20 Abs. 4a S. 1 u. 2 EStG).

c) Ansatz zum Buchwert bzw. zu Anschaffungskosten

120 Im Falle des Ansatzes zum Buchwert/zu Anschaffungskosten treten die neuen Anteile in die steuerrechtliche Stellung der Anteile an der übertragenden Körperschaft ein. Dies hat, je nach steuerlicher Verstrickung der „alten" Anteile, unterschiedliche ertragsteuerliche Konsequenzen.

121 Befinden sich die **Anteile im Privatvermögen der Gesellschafter**, so findet keine neue Anschaffung statt. Die neu erhaltenen Anteile können also z.B. weiterhin steuerfrei veräußert werden, wenn die Altanteile keine wesentliche Beteiligung i.S.d. § 17 EStG waren und vor dem 1.1.2009 angeschafft wurden. Besteht vor der Verschmelzung eine **wesentliche Beteiligung** i.S.d. § 17 EStG, so gelten die erworbenen Anteile ebenfalls als Anteile i.S.d. § 17 EStG, auch wenn die Beteiligung an der übernehmenden Körperschaft weniger als 1% beträgt (sog. verschmelzungsgeborene Anteile).[186]

122 Werden die **Anteile im Betriebsvermögen der übernehmenden Körperschaft** gehalten (up-stream merger), so treten die übertragenen Wirtschaftsgüter an die Stelle dieser Anteile. Zur Ermittlung und Besteuerung des sich ergebenden Übernahmeergebnisses vgl. Rn 105.

123 Befinden sich die **Anteile im Betriebsvermögen weiterer Gesellschafter**, so geht beispielsweise auch die Verpflichtung zur Wertaufholung nach einer Teilwertabschreibung bei Wegfall der Gründe für die dauernde Wertminderung (§ 6 Abs. 1 Nr. 1 S. 4 EStG) über, weil die neuen Anteile in die steuerliche Rechtsstellung der alten eintreten.[187]

---

124 **Beispiel**
Die natürliche Person B hatte für ihren 40%igen Anteil an der Z-GmbH (Bilanz unter Rn 111) Anschaffungskosten i.H.v. 80.000 EUR und hält diese im Privatvermögen. Im Rahmen der Verschmelzung erhält sie als Gegenleistung für die untergehenden Anteile an der Z-GmbH neue Anteile an der Y-GmbH im Nennwert von 75.000 EUR. Die Voraussetzungen des § 13 Abs. 2 S. 1 UmwStG liegen vor und B entscheidet sich für einen Ansatz mit den Anschaffungskosten. Nach § 13 Abs. 2 S. 2 UmwStG treten die neuen Anteile steuerlich an die Stelle der alten Anteile und gelten als für 80.000 EUR angeschafft.

---

183 Vgl. *Benecke/Schnitger*, IStR 2006, 765, 774.
184 Vgl. BT-Drucks 16/2710, 41.
185 Vgl. UmwSt-Erlass, BStBl I 2011, 1314, Tz 13.01.
186 *BT-Drucks* 16/2710, 41; UmwSt-Erlass, BStBl I 2011, 1314, Tz 13.11.
187 BT-Drucks 16/2710, 41; UmwSt-Erlass, BStBl I 2011, 1314, Tz 13.11.

d) Zuzahlung oder Barabfindung durch die übernehmende Gesellschaft

Erhalten die Gesellschafter der übertragenden Körperschaft von der übernehmenden Körperschaft neben Anteilen als Gegenleistung auch eine **Zuzahlung**, so stellt dies eine anteilige Veräußerung seiner Anteile dar,[188] die nach den allgemeinen Regeln zu besteuern ist. Der (anteiligen) Anwendung von § 13 UmwStG hinsichtlich der gewährten Anteile steht die Zuzahlung nicht im Wege.[189] Im Falle einer **Barabfindung** findet § 13 UmwStG dagegen keine Anwendung.[190]

125

5. Übergang von Verlusten, EBITDA- und Zinsvorträgen

Seit dem Inkrafttreten des UmwStG i.d.F. des SEStEG am 13.12.2006 geht bei einer Verschmelzung von einer Körperschaft auf eine andere Körperschaft ein **Verlustvortrag** i.S.d. § 10d EStG[191] oder des § 10a GewStG[192] nicht mehr über.[193] Begründet wird dies mit der Gefahr des Imports ausländischer Verluste,[194] in Wirklichkeit spielen wohl fiskalische Gründe die Hauptrolle für diese Einschränkung.[195] Die Vorschrift des § 12 Abs. 3 UmwStG stellt durch ihren Verweis auf § 4 Abs. 2 UmwStG zudem klar, dass auch **laufende Verluste** der übertragenden Körperschaft nicht auf die übernehmende Körperschaft übergehen.[196] Dasselbe gilt für einen **EBITDA- oder Zinsvortrag** i.S.v. § 4h Abs. 1 EStG.

126

Um einen laufenden Verlust oder einen Verlustvortrag der übertragenden Körperschaft zu nutzen, können ggf. die Wirtschaftsgüter bei der übertragenden Körperschaft zum Teil- oder einem Zwischenwert angesetzt werden.[197] Durch die Erhöhung des verrechenbaren EBITDA i.S.v. § 4h Abs. 1 EStG kann dadurch ggf. auch ein noch vorhandener Zinsvortrag ganz oder teilweise genutzt werden. Eine weitere Möglichkeit ist z.B. die Verschmelzung von der profitablen auf die Körperschaft mit verbleibendem Verlustvortrag/laufendem Verlust[198] bzw. von der Körperschaft ohne auf die Körperschaft mit Zinsvortrag. Dabei ist auf Ebene der übernehmenden Körperschaft allerdings § 8c KStG zu beachten (siehe Rn 128).

127

6. Verlust-/Zinsvortrag bei der übernehmenden Körperschaft

Die Verschmelzung auf eine Körperschaft kann ein **schädlicher Beteiligungserwerb** i.S.d. § 8c KStG sein, weshalb ein ggf. vorhandener Verlust- oder Zinsvortrag ganz oder teilweise verloren gehen kann. Sind nach der Verschmelzung die neuen Anteilseigner zu mehr als 25% an der übernehmenden Körperschaft beteiligt, führt dies zum anteiligen Untergang des Verlust-/Zinsvortrages (§ 8c Abs. 1 S. 1 KStG), soweit dieser die (anteiligen) stillen Reserven übersteigt. Die Verschmelzung ist nämlich ein der Anteilsübertragung vergleichbarer Sachverhalt.[199] Ab einer Beteiligung von mehr als 50% erlischt ein die stillen Reserven übersteigender Verlust-/Zinsvortrag vollständig (§ 8c Abs. 1 S. 2 i.V.m. S. 6 KStG).

128

---

188 Vgl. Haritz/Benkert/ *Bärwaldt*, Umwandlungssteuergesetz, 2. Aufl. 2000, § 13 Rn 13 sowie
Schmitt/Hörtnagl/Stratz, Umwandlungsgesetz Umwandlungssteuergesetz, 4. Aufl. 2006, UmwStG § 13 Rn 25.
189 Vgl. UmwSt-Erlass, BStBl I 2011, 1314, Tz 13.02.
190 Vgl. *Schmitt/Hörtnagl/Stratz*, Umwandlungsgesetz Umwandlungssteuergesetz, 4. Aufl. 2006, UmwStG § 13 Rn 24.
191 Vgl. § 12 Abs. 3 Hs. 2 UmwStG.
192 Vgl. § 19 Abs. 2 i.V.m. § 12 Abs. 3 UmwStG.
193 Zur alten Rechtslage vgl. z.B. *Hageböke*, DStR 2005, 2054.
194 Vgl. BMF-Pressemitteilung Nr. 89/2006 v. 12.7.2006.
195 Vgl. *Maiterth/Müller*, DStR 2006, 1861.
196 BT-Drucks 16/2710, 38 u. 41.
197 Vgl. hierzu Rn 45 und Rn 54 ff., wo ein verbleibender Verlustvortrag bei Verschmelzung auf eine Personengesellschaft durch einen Ansatz mit dem Zwischenwert genutzt wird.
198 Ausführlich zu Verlustnutzung: *Dörfler/Rautenstrauch/Adrian*, BB 2006, 1657.
199 Vgl. BMF v. 4.7.2008 – IV C 7 – S 2745 – a/08/10001, BStBl I 736 = DStR 2008, 1436, Tz 7.

7. Gewerbesteuer

129 Nach § 19 Abs. 1 UmwStG gelten die §§ 11–15 UmwStG auch für die Ermittlung des Gewerbeertrags. Dies hat zur Folge, dass ein bei der übertragenden Körperschaft entstehender **Übertragungsgewinn** gewerbesteuerpflichtig ist (§ 19 Abs. 1 i.V.m. § 11 UmwStG). Auf Ebene der übernehmenden Körperschaft bleibt der **Übernahmegewinn** gewerbesteuerlich außer Ansatz (§ 19 Abs. 1 i.V.m. § 12 Abs. 2 S. 1 UmwStG). Ein **gewerbesteuerlicher Verlustvortrag** bei der übertragenden Körperschaft geht **nicht** auf die übernehmende Körperschaft über (§ 19 Abs. 2 i.V.m. § 12 Abs. 3 UmwStG).

8. Sonstige Nebensteuern

130 Auch bei der Verschmelzung einer Körperschaft auf eine andere Körperschaft findet ein Rechtsträgerwechsel statt, weshalb der Vorgang grundsätzlich **grunderwerbsteuer**pflichtig ist (§ 1 Abs. 1 Nr. 3 GrEStG).[200] Für konzerninterne Umstrukturierungen wird seit dem 1.1.2010 unter Umständen auf die Erhebung der Grunderwerbsteuer verzichtet (§ 6a GrEStG). Siehe hierzu Rn 83. **Umsatzsteuer** fällt bei der Verschmelzung nicht an, da das gesamte Vermögen des übertragenden Rechtsträgers auf den übernehmenden Rechtsträger übergeht und der Vorgang daher nicht steuerbar ist (§ 1 Abs. 1a UStG).

VI. Auf- oder Abspaltungen von einer Körperschaft auf andere Körperschaften (§ 15 UmwStG)

1. Allgemeines

131 Bei der Auf- und Abspaltung geht das gesamte Vermögen bzw. Teile des Vermögens der übertragenden Körperschaft auf einen anderen Rechtsträger über. Als Gegenleistung werden an **die Gesellschafter** der übertragenden Körperschaft jeweils Anteile am Vermögen des übernehmenden Rechtsträgers gewährt. Die Auf- bzw. Abspaltung ist zivilrechtlich eine „Teilverschmelzung".[201] Bei der Abspaltung wird ein **Teil** des Vermögens auf eine andere Körperschaft „verschmolzen", bei der Aufspaltung wird das gesamte Vermögen auf **mehrere** aufnehmende Körperschaften „verschmolzen". Aus diesem Grund wird in § 15 UmwStG auf die Vorschriften über die Verschmelzung (§§ 11–13 UmwStG)[202] verwiesen.

132 Die übertragende Körperschaft kann das **Bewertungswahlrecht** des § 11 UmwStG nur beschränkt auf das übergehende Vermögen ausüben,[203] muss aber das gesamte Vermögen in der steuerlichen Schlussbilanz ausweisen.[204] Der **steuerliche Eigenkapitalausweis** ist ebenfalls anzupassen, wobei beispielsweise das steuerliche Einlagekonto nur **anteilig** auf die übernehmende Körperschaft übergeht.[205]

133 Die **Buchwerte bzw. Anschaffungskosten der Anteile** an der übertragenden Körperschaft sind im Rahmen der entsprechenden Anwendung von § 13 UmwStG[206] nach dem Verhältnis im Spaltungsplan bzw. nach dem Verhältnis der gemeinen Werte des übergehenden Vermögens

---

[200] Siehe hierzu auch Rn 83 f.
[201] Vgl. *Schmitt/Hörtnagl/Stratz*, Umwandlungsgesetz Umwandlungssteuergesetz, 4. Aufl. 2006, UmwStG § 15 Rn 3.
[202] Siehe hierzu Rn 97 ff.
[203] Vgl. *Schmitt/Hörtnagl/Stratz*, Umwandlungsgesetz Umwandlungssteuergesetz, 4. Aufl. 2006, UmwStG § 15 Rn 245.
[204] Vgl. *Schmitt/Hörtnagl/Stratz*, Umwandlungsgesetz Umwandlungssteuergesetz, 4. Aufl. 2006, UmwStG § 15 Rn 111.
[205] Vgl. für Einzelheiten und Beispiel: BMF v. 16.12.2003 – IV A 2 – S 1978 – 16/03, BStBl I 2003, 786, Tz. 33 ff.
[206] Siehe Rn 116.

zum gemeinen Wert des Vermögens der übertragenden Körperschaft vor der Spaltung aufzuteilen.[207]

Beispiel 134
Eine Körperschaft (gemeiner Wert des Gesamtvermögens vor der Spaltung 100.000 EUR) spaltet Vermögen im gemeinen Wert von 50.000 EUR ab. Die Aufteilung der Anteile erfolgt nach dem Verhältnis des gemeinen Wertes des übergehenden Vermögens zum gemeinen Wert des Gesamtvermögens vor der Spaltung. Der (alleinige) Gesellschafter der übertragenden Körperschaft stellt keinen Antrag nach § 13 Abs. 2 S. 1 UmwStG. Demnach gilt die Hälfte der Anteile an der übertragenden Körperschaft als zum gemeinen Wert veräußert. Die Anteile an der neuen Körperschaft gelten als zu diesem Wert angeschafft (§ 13 Abs. 1 UmwStG). Würden sich die Anteile in diesem Fall im Betriebsvermögen der übernehmenden Körperschaft befinden,[208] geht nur die Hälfte der Anteile unter. Dementsprechend wäre auch nur dieser Teil in die Ermittlung des Übernahmeergebnisses einzubeziehen.

2. Teilbetriebserfordernis

Wie bei der Verschmelzung müssen auch bei der Spaltung die Vermögensgegenstände grundsätzlich mit dem gemeinen Wert angesetzt werden (§ 15 Abs. 1 S. 1 i.V.m. § 11 Abs. 1 S. 1 UmwStG). Um eine Vermögensübertragung zum **Buchwert** durchführen zu können, ist zwingende Voraussetzung, dass ein **Teilbetrieb** übertragen wird und im Falle der Abspaltung oder Teilübertragung auch bei der übertragenden Körperschaft ein Teilbetrieb verbleibt.[209] 135

Seit dem UmwSt-Erlass 2011 vertritt die Finanzverwaltung die Ansicht, dass der **Teilbetriebsbegriff** i.S.d. § 15 UmwStG sich nach der Fusionsrichtline und damit nach Europarecht richten soll.[210] Der europäische Teilbetriebsbegriff unterscheidet sich in einigen Punkten vom „nationalen Teilbetriebsbegriff", dessen Grundsätze über viele Jahre von Verwaltung und Rechtsprechung zu § 16 EStG entwickelt wurden. 136

Ein **Teilbetrieb i.S.v. § 16 EStG** ist „ein mit einer gewissen Selbständigkeit ausgestatteter, organisch geschlossener Teil des Gesamtbetriebs, der für sich betrachtet alle Merkmale eines Betriebs im Sinne des Einkommensteuergesetzes aufweist und für sich lebensfähig ist".[211] Eine (begünstigte) „Veräußerung des Betriebs" i.S.d. § 16 EStG liegt vor, wenn „alle wesentlichen Betriebsgrundlagen in einem einheitlichen Vorgang veräußert oder entnommen werden."[212] Für die Spaltung bedeutet dies, dass die Übertragung eines Teilbetriebs nur dann vorliegt, wenn alle wesentlichen Betriebsgrundlagen des Teilbetriebs auf den übernehmenden Rechtsträger übergehen. Eine Nutzungsüberlassung im Rahmen einer Vermietung reicht nicht aus.[213]

Zu einem **Teilbetrieb i.S.d. Fusionsrichtlinie** gehört jedoch „die Gesamtheit der ... aktiven und passiven Wirtschaftsgüter, die in organisatorischer Hinsicht einen selbständigen Betrieb ... darstellen"[214] und nicht nur die funktional wesentlichen Betriebsgrundlagen. In der Praxis ist dadurch die Wahlmöglichkeit zur Zuordnung von Wirtschaftsgütern die nicht zu den wesentlichen Betriebsgrundlagen gehören, erheblich eingeschränkt. Zudem kennt die Fusionsrichtlinie keinen Teilbetrieb im Aufbau, weshalb dessen Existenz nicht mehr genügen soll.[215]

---

207 UmwSt-Erlass, BStBl I 2011, 1314, Tz 15.43.
208 So wie dies im Beispiel in Rn 109 ff. der Fall ist.
209 UmwSt-Erlass, BStBl I 2011, 1314, Tz 15.01.
210 UmwSt-Erlass, BStBl I 2011, 1314, Tz 15.02.
211 R 16 Abs. 3 S. 1 EStR 2008; siehe zu den Abgrenzungsmerkmalen auch BFH v. 10.10.2001 – XI R 35/00, DStRE 2002, 423.
212 Vgl. BMF v. 16.8.2000 – IV C 2 – S 1909 – 23/00, BStBl I 2000, 1218 = DStR 2000, 1603.
213 Vgl. BFH v. 7.4.2010 – I R 96/08, DStR 2010, 1517.
214 Vgl. Artikel 2, Buchst. j) Richtlinie 2009/133/EG des Rates v. 19. Oktober 2009 (Fusionsrichtlinie).
215 Vgl. UmwSt-Erlass, BStBl I 2011, 1314, Tz 15.03.

Ein Zwang zur Anwendung der Fusionsrichtlinie besteht nur, wenn an einer Umstrukturierung „Gesellschaften aus zwei oder mehr Mitgliedstaaten beteiligt sind".[216] Ob es der Wille des Gesetzgebers war, die Fusionsrichtlinie auch für rein innerstaatliche Umstrukturierungen anzuwenden, ist daher umstritten.[217] Zu dem Thema sollte also unbedingt die Rechtsprechung beobachtet werden!

Eine weitere Verschärfung stellt die Tatsache dar, dass die Teilbetriebsvoraussetzungen nun bereits zum steuerlichen Übertragungsstichtag vorliegen müssen,[218] wohingegen im alten Recht noch der Zeitpunkt des Spaltungsbeschlusses genügen sollte.[219]

Nach wie vor ist der Begriff **„wesentliche Betriebsgrundlage"** im Rahmen von § 15 Abs. 1 UmwStG „funktional" zu verstehen[220] und nicht auch quantitativ. „Funktional wesentlich" heißt, dass das Wirtschaftsgut „zur Erreichung des Betriebszwecks des (Teil-)Betriebs bzw. der Mitunternehmerschaft erforderlich" sein „und ein besonderes wirtschaftliches Gewicht für diese steuerfunktionale Einheit haben"[221] muss. Abweichend von der Auslegung im Rahmen des § 16 EStG ist daher ein Wirtschaftsgut nicht allein deshalb eine wesentliche Betriebsgrundlage, weil es hohe stille Reserven beinhaltet (quantitative Betrachtungsweise).[222] Auch Beteiligungen können eine wesentliche Betriebsgrundlage sein.[223]

137 Als Teilbetrieb **gilt** auch ein Mitunternehmeranteil,[224] ein Teil eines Mitunternehmeranteils[225] sowie die Beteiligung an einer Kapitalgesellschaft, wenn sie das gesamte Nennkapital umfasst (sog. **„fiktive Teilbetriebe"** i.S.d. § 15 Abs. 1 S. 3 UmwStG). Ist die Beteiligung an einer Kapitalgesellschaft eine wesentliche Betriebsgrundlage[226] für einen eigenständigen Teilbetrieb, gilt sie nach (umstrittener)[227] Auffassung der Finanzverwaltung selbst nicht als Teilbetrieb.[228] Dies ist z.B. dann von Bedeutung, wenn es darum geht, ob bei der übertragenden Körperschaft nach einer Abspaltung ein Teilbetrieb zurückbleibt.

3. Verhinderung von Missbrauch[229]
a) Dreijährige Haltefrist für Mitunternehmeranteile/Anteile an Kapitalgesellschaften[230]

138 Wurde ein **Mitunternehmeranteil** oder eine 100%ige **Beteiligung** an einer Kapitalgesellschaft in den letzten drei Jahren „vor dem steuerlichen Übertragungsstichtag durch Übertragung von Wirtschaftsgütern, die kein Teilbetrieb sind, erworben oder aufgestockt", ist keine Spaltung zum

---

216 Vgl. Artikel 1, Buchst. a) Richtlinie 2009/133/EG des Rates v. 19. Oktober 2009 (Fusionsrichtlinie).
217 Vgl. z.B. Schmitt, DStR 2011, 1108 ff.; Sistermann, Beihefter zu DStR 2 2012, 11 ff.; BFH v. 7.4.2010 – I R 96/08, DStR 2010, 1517.
218 Vgl. UmwSt-Erlass, BStBl I 2011, 1314, Tz 15.03.
219 Vgl. UmwSt-Erlass 1998, BStBl I 1998, 268, Tz 15.10.
220 Vgl. UmwSt-Erlass, BStBl I 2011, 1314, Tz 15.02.
221 Reiche, DStR 2006, 1205, 1206.
222 Vgl. BMF v. 16.8.2000 – IV C 2 – S 1909 – 23/00, BStBl I 2000, 1218 = DStR 2000, 1603.
223 Vgl. Reiche, Zur Einordnung von Beteiligungen als wesentliche Betriebsgrundlagen im Umwandlungssteuerrecht, DStR 2006, 1205.
224 Zu einem Mitunternehmeranteil gehört neben der quotalen Mitberechtigung am Gesamthandsvermögen, auch evtl. vorhandenes Sonderbetriebsvermögen sowie die Mitgliedschaft bei der Personengesellschaft. Vgl. Schmidt/Wacker, Einkommensteuergesetz, 25. Aufl. 2006, § 16 Rn 407.
225 Vgl. Schmitt/Hörtnagl/Stratz, Umwandlungsgesetz Umwandlungssteuergesetz, 4. Aufl. 2006, UmwStG § 15 Rn 79; UmwSt-Erlass, BStBl I 2011, 1314, Tz 15.04.
226 Vgl. Reiche, DStR 2006, 1205, 1206.
227 Vgl. Schmitt/Hörtnagl/Stratz, Umwandlungsgesetz Umwandlungssteuergesetz, 4. Aufl. 2006, UmwStG § 15 Rn 90.
228 Vgl. UmwSt-Erlass, BStBl I 2011, 1314, Tz 15.06.
229 Vgl. Klingebiel/Patt/Rasche/Wehrmann, Umwandlungssteuerrecht, 2004, S. 281 ff.
230 Vgl. UmwSt-Erlass, BStBl I 2011, 1314, Tz 15.16 ff.

Buchwert möglich (§ 15 Abs. 2 S. 1 UmwStG).[231] Nach Ansicht der Finanzverwaltung gilt dies auch für einen zurückbleibenden (fiktiven) Teilbetrieb.[232]

b) Spaltung zum Vollzug einer Veräußerung

Werden innerhalb von 5 Jahren nach dem steuerlichen Übertragungsstichtag Anteile an einer der an der Spaltung beteiligten Körperschaften an **außen stehende Personen**[233] veräußert, so kann ein Missbrauch vorliegen.[234] Davon wird ausgegangen, wenn mehr als 20% der an der ursprünglichen Körperschaft (vor Spaltung) bestehenden Anteile übertragen werden (§ 15 Abs. 2 S. 4 UmwStG). „Die Quote ist entsprechend dem Verhältnis der übergehenden Vermögensteile zu dem bei der übertragenden Gesellschaft vor der Spaltung vorhandenen Vermögen aufzuteilen."[235] Damit soll die steuerneutrale Abspaltung von Teilbetrieben bzw. Aufspaltung in Teilbetriebe und anschließende steuerbegünstigte bzw. steuerfreie Veräußerung der Anteile verhindert werden.[236] Dies macht in vielen Fällen ein vertragliches Veräußerungsverbot erforderlich und führt in der Praxis dazu, dass eine steuerneutrale Spaltung von Publikumsgesellschaften beinahe unmöglich wird („Spaltungssperre"). 139

Beispiel 140
Die Z-GmbH (Bilanz unter Rn 111) soll nun nicht auf die Y-GmbH verschmolzen werden, sondern spaltet einen Teilbetrieb auf eine neu zu gründende GmbH ab. Der gemeine Wert des übergehenden Vermögens beträgt 300.000 EUR. Gemessen am gemeinen Wert gehen also 50% des Vermögens der Z-GmbH über. Ein Missbrauch liegt vor, wenn innerhalb von fünf Jahren nach dem steuerlichen Übertragungsstichtag mehr als 40% der Anteile an der neuen GmbH <u>oder</u> mehr als 40% der Anteile an der Z-GmbH an Außenstehende veräußert werden.[237]

c) Trennung von Gesellschafterstämmen

Sind an den an der Spaltung beteiligten Körperschaften vor und nach der Spaltung nicht mehr alle Gesellschafter der übertragenden Körperschaft beteiligt, so ist darin eine Trennung des Gesellschafterstammes zu sehen. Dies stellt einen Missbrauch dar, wenn die Gesellschafter seit dem steuerlichen Übertragungsstichtag weniger als fünf Jahre an der übertragenden Körperschaft beteiligt waren.[238] Änderungen in der Höhe der Beteiligung sind unerheblich.[239] Dadurch soll verhindert werden, dass die Missbrauchsvorschriften in § 15 Abs. 2 S. 1–4 UmwStG umgangen werden. 141

---

231 Die Regelung gilt nur für fiktive Teilbetriebe i.S.d. § 15 Abs. 1 S. 3 UmwStG. „Echte" Teilbetriebe sind dagegen nicht betroffen. Vgl. *Schmitt/Hörtnagl/Stratz*, Umwandlungsgesetz Umwandlungssteuergesetz, 4. Aufl. 2006, UmwStG § 15 Rn 117.
232 Vgl. UmwSt-Erlass, BStBl I 2011, 1314, Tz 15.17; a.A.: *Haritz/Benkert*, Umwandlungssteuergesetz, 2. Aufl. 2000, § 15 Rn 80; *Schmitt/Hörtnagl/Stratz*, Umwandlungsgesetz Umwandlungssteuergesetz, 4. Aufl. 2006, UmwStG § 15 Rn 118.
233 Vgl. *Sagasser/Bula/Brünger/Sagasser/Fahrenberg*, Umwandlungen, 3. Aufl. 2002, P 34.
234 Siehe hierzu auch *Thiel*, DStR 1995, 237, 242.
235 Vgl. UmwSt-Erlass, BStBl I 2011, 1314, Tz 15.29.
236 Vgl. *Schmitt/Hörtnagl/Stratz*, Umwandlungsgesetz Umwandlungssteuergesetz, 4. Aufl. 2006, UmwStG § 15 Rn 145.
237 Für eine Übersicht kritischer Quoten für ausgewählte Aufteilungsverhältnisse vgl. auch UmwSt-Erlass, BStBl I 2011, 1314, Tz 15.30.
238 Vgl. UmwSt-Erlass, BStBl I 2011, 1314, Tz 15.37.
239 Vgl. UmwSt-Erlass, BStBl I 2011, 1314, Tz 15.36.

142 Beispiel
Der potentielle Käufer eines Teilbetriebs erwirbt vor der Spaltung Anteile an der übertragenden Körperschaft. Danach wird eine Auf- oder Abspaltung durchgeführt, bei der der potentielle Käufer dann alleiniger Gesellschafter der Gesellschaft wird, in der „sein" Teilbetrieb enthalten ist. Es liegt eine missbräuchliche Trennung von Gesellschafterstämmen i.S.d. § 15 Abs. 2 S. 5 UmwStG vor.

4. Verlust-, EBITDA- oder Zinsvortrag bei der übertragenden Körperschaft

143 Besteht bei der übertragenden Körperschaft ein verbleibender körperschaftsteuerlicher Verlustvortrag, ein verrechenbarer Verlust, ein EBITDA- oder Zinsvortrag[240] oder negative Einkünfte, so sind diese im Verhältnis des gemeinen Wertes der übergegangenen Wirtschaftsgüter zu dem gemeinen Wert des Gesamtvermögens vor Spaltung zu kürzen (§ 15 Abs. 3 UmwStG). Dies gilt auch für einen gewerbesteuerlichen Verlustvortrag (§ 19 Abs. 2 i.V.m. § 15 Abs. 3 UmwStG). Die Verlust-/EBITDA-/Zinsvorträge gehen also bei einer Aufspaltung in voller Höhe und bei einer Abspaltung teilweise verloren,[241] wenn sie nicht durch Aufstockung der Buchwerte genutzt werden können.

5. Ermittlung des Übernahmeergebnisses

144 Bei der übernehmenden Körperschaft ist, analog zur Verschmelzung, auch bei der Spaltung ein Übernahmeergebnis zu ermitteln (§ 15 Abs. 1 S. 1 i.V.m. § 12 Abs. 2 S. 1 UmwStG). Wegen der steuerlichen Behandlung und weiterer Einzelheiten wird auf die Ausführungen zur Verschmelzung von Kapitalgesellschaften unter Rn 105 ff. verwiesen. Zur Ermittlung des Ergebnisses wird, im Unterschied zur Verschmelzung, der Buchwert der Beteiligung jedoch nur **anteilig** vom Wert der übergegangenen Wirtschaftsgüter abgezogen. Der Anteil ist nach dem Umtauschverhältnis der Anteile im Spaltungsplan oder nach dem Verhältnis des gemeinen Werts des übergehenden Vermögens zum Wert des Gesamtvermögens der übertragenden Gesellschaft zu ermitteln.[242] Der Buchwert der Beteiligung verringert sich dementsprechend um diesen Teil.

VII. Formwechsel in eine andere Kapitalgesellschaft

145 Für den Formwechsel von einer Kapitalgesellschaft (z.B. GmbH) in eine andere Kapitalgesellschaft (z.B. AG) enthält das UmwStG keine Regelung, weil sich das Steuersubjekt nicht ändert (Identitätsprinzip) und auch die anzuwendende Steuerart (Körperschaftsteuer) identisch bleibt.[243]

C. Einbringung

146 Die sog. „Einbringung" ist ein steuerrechtlicher Begriff, der im UmwG nicht verwendet wird. Da im sechsten und siebten Teil des UmwStG keine zwingende Anknüpfung an zivilrechtliche Vorgänge etwa i.S.d. UmwG hergestellt wird, ist die Einbringung eine Art „Auffangtatbestand" für alle zivilrechtlich möglichen Umwandlungen, die in anderen Teilen des UmwStG nicht geregelt sind.[244]

---

240 Beim EBITDA- und Zinsvortrag handelt es sich um gesondert festzustellende Beträge im Rahmen der sog. „Zinsschranke" (§ 4h Abs. 1 S. 3 bzw. S. 5 EStG). Die Vorschrift greift nur ab einem negativen Zinssaldo von 3 Mio. Euro und bei Konzernzugehörigkeit (§ 4h Abs. 2 EStG).
241 Vgl. *BT*-Drucks. 16/2710, 42.
242 Vgl. UmwSt-Erlass, BStBl I 2011, 1314, Tz 15.43.
243 Vgl. Klingebiel/Patt/Rasche/*Wehrmann*, Umwandlungssteuerrecht, 2004, S. 203.
244 Vgl. Haritz/Benkert/*Friedrichs*, Umwandlungssteuergesetz, 2. Aufl. 2000, Vor § 20 Rn 2.

I. Einbringung in eine Kapitalgesellschaft (§§ 20–23 UmwStG)

1. Allgemeines

Die §§ 20–23 UmwStG behandeln die Einbringung von Betriebsvermögen in eine bestehende oder zu diesem Zweck neu gegründete Kapitalgesellschaft oder Genossenschaft. Im Gegensatz zum UmwStG a.F. ist es nicht mehr notwendig, dass diese Gesellschaft unbeschränkt steuerpflichtig ist. Dadurch werden nun auch Einbringungen in ausländische Kapitalgesellschaften durch das UmwStG erfasst. **147**

Zentrale Voraussetzung für die Vermögensübertragung im Rahmen einer Einbringung nach dem sechsten Teil des UmwStG ist, dass **Betriebe**, **Teilbetriebe** oder **Mitunternehmeranteile** übertragen und als Gegenleistung **neue** Anteile an der Kapitalgesellschaft gewährt werden (§ 20 Abs. 1 UmwStG).[245] Es muss sich dabei tatsächlich um neue Anteile aus einer Kapitalerhöhung oder Gründung handeln, die anlässlich der Einbringung durchgeführt wurde.[246] **148**

Ob ein Teilbetrieb vorliegt, ist nach Auffassung der Finanzverwaltung nach der Definition in Art. 2 der Fusionsrichtlinie abzugrenzen.[247] In der Literatur wird jedoch teilweise angezweifelt, ob dies auch für rein innerstaatliche Vorgänge gilt. Siehe hierzu Rn 136. Nach wie vor gilt bei der Einbringung nach § 20 UmwStG für die Beurteilung, ob es sich um eine **wesentliche Betriebsgrundlage** handelt oder nicht, nur die **funktionale** Betrachtungsweise.[248] Wird im Rahmen der Einbringung auch nur eine (funktional) wesentliche Betriebsgrundlage des (Teil-)Betriebs zurückbehalten, so liegt keine Übertragung eines (Teil-)Betriebs mehr vor. Vielmehr ist dann von einem Tausch i.S.d. § 6 Abs. 6 S. 1 EStG auszugehen und die übertragenden Wirtschaftsgüter sind mit dem gemeinen Wert anzusetzen, die stillen Reserven also aufzudecken.[249] Selbiges soll nach dem neuen Teilbetriebsverständnis der Finanzverwaltung nun auch bei Zurückbehaltung der „nach wirtschaftlichen Zusammenhängen zuordenbaren Wirtschaftsgüter"[250] gelten. **149**

Wird ein **Mitunternehmeranteil** in eine Kapitalgesellschaft eingebracht, so stellt sich dies als eigenständiger Einbringungsvorgang dar, auch wenn er sich in einem Betriebsvermögen befindet, das ebenfalls eingebracht wird.[251] Ein Mitunternehmeranteil muss inklusive aller wesentlichen Betriebsgrundlagen eingebracht werden. Dazu gehören auch solche wesentlichen Betriebsgrundlagen, die sich im Sonderbetriebsvermögen befinden.[252] Möglich ist auch die Einbringung des **Teils eines Mitunternehmeranteils**[253] und dessen Ansatz zum Buch- oder Zwischenwert.[254] Dabei sind die wesentlichen Betriebsgrundlagen im Sonderbetriebsvermögen nach herrschender Meinung quotal mit zu übertragen.[255] **150**

---

245 Vgl. *Benz/Rosenberg*, Einbringungsvorgänge nach dem Regierungsentwurf des SEStEG, BB 2006, Heft 44, S. 52 ff.
246 Vgl. *Madl*, Umwandlungssteuerrecht, 2. Aufl. 2002, S. 120.
247 UmwSt-Erlass, BStBl I 2011, 1314, Tz 20.06.
248 Siehe hierzu Rn 136 sowie UmwSt-Erlass, BStBl I 2011, 1314, Tz 20.06 i.V.m. BMF v. 16.8.2000 – IV C 2 – S 1909–23/00, BStBl I 2000 1253 = DStR 2000, 1603 und R 16 Abs. 3 EStR 2008.
249 Vgl. UmwSt-Erlass, BStBl I 2011, 1314, Tz 20.06; Klingebiel/Patt/Rasche/*Wehrmann*, Umwandlungssteuerrecht, 2004, S. 353.
250 Vgl. UmwSt-Erlass, BStBl I 2011, 1314, Tz 20.06 i.V.m. Tz 15.07.
251 Vgl. UmwSt-Erlass, BStBl I 2011, 1314, Tz 20.12.
252 Vgl. UmwSt-Erlass, BStBl I 2011, 1314, Tz 20.06; Klingebiel/Patt/Rasche/*Wehrmann*, Umwandlungssteuerrecht, 2004, S. 355.
253 Vgl. Klingebiel/Patt/Rasche/*Wehrmann*, Umwandlungssteuerrecht, 2004, S. 360 ff.
254 Vgl. UmwSt-Erlass, BStBl I 2011, 1314, Tz 20.11 i.V.m. § 20 Abs. 4 S. 1 UmwStG; *Schmitt/Hörtnagl/Stratz*, Umwandlungsgesetz Umwandlungssteuergesetz, 4. Aufl. 2006, UmwStG § 20 Rn 127.
255 Hintergrund ist, dass zu einem Mitunternehmeranteil auch die Vermögensgegenstände im Sonderbetriebsvermögen gehören. Vgl. *Schmitt/Hörtnagl/Stratz*, Umwandlungsgesetz Umwandlungssteuergesetz, 4. Aufl. 2006, UmwStG § 20 Rn 127 i.V.m. z.B. BFH v. 12.4.2000 – XI R 35/99, BStBl II 2001, 26 = DStR 2000, 2080; BFH v. 10.11.2005 – IV R 7/05, BStBl II 2006, 176 = DStR 2006, 23.

151   Die Einbringung von **Anteilen an einer Kapitalgesellschaft** oder Genossenschaft in eine andere Kapitalgesellschaft oder Genossenschaft gegen Gewährung neuer Anteile (**Anteilstausch**) ist nunmehr in § 21 UmwStG separat geregelt. Sind solche Anteile in einer Sachgesamtheit (Betrieb, Teilbetrieb, Mitunternehmeranteil) enthalten, so fällt die Einbringung allerdings trotzdem insgesamt unter § 20 UmwStG.[256]

2. Anwendbarkeit des sechsten Teils des UmwStG
a) Einbringungen im Wege der Gesamtrechtsnachfolge nach dem UmwG

152   Der sechste Teil des UmwStG regelt die steuerlichen Konsequenzen für folgende Umwandlungen i.S.d. UmwG:[257]
- **Verschmelzung** einer Personenhandelsgesellschaft oder Partnerschaftsgesellschaft auf eine Kapitalgesellschaft (§ 2 UmwG).
- **Auf- und Abspaltung** von Vermögen einer Personenhandelsgesellschaft oder Partnerschaftsgesellschaft auf eine Kapitalgesellschaft (§ 123 Abs. 1 und 2 UmwG).
- **Ausgliederung** (§ 123 Abs. 3 UmwG) von Vermögen aus Kapital-, Personenhandels- und Partnerschaftsgesellschaften, sowie aus dem Vermögen eines Einzelkaufmanns oder eines sonstigen sowohl in § 1 Abs. 1 KStG als auch in § 124 Abs. 1 zweite Alternative i.V.m. § 2 Abs. 1 UmwG genannten Rechtsträgers.

b) Einbringungen im Wege der Einzelrechtsnachfolge

153   Über Einbringungen i.S.d. Umwandlungsgesetzes hinaus können auch Vermögensübertragungen außerhalb des Regelungsbereiches des Umwandlungsgesetzes nach den Vorschriften der Einbringung durchgeführt werden und sind so u.U. auch steuerneutral möglich. Dies sind im Einzelnen:[258]
- Sacheinlage bei der Gründung einer Kapitalgesellschaft/Genossenschaft
  (§ 5 Abs. 4 GmbHG; § 27 AktG; § 7a Abs. 3 GenG)
- Sachkapitalerhöhung aus Gesellschaftermitteln
  (§ 56 GmbHG; §§ 183, 194, 205 AktG; § 15b GenG)
- Anwachsung des Anteils eines scheidenden Gesellschafters im Rahmen des sog. erweiterten Anwachsungsmodells[259] (§ 738 BGB; § 140 Abs. 1 S. 2 HGB)[260]

c) Einbringungen mit Auslandsbezug

154   Der Anwendungsbereich von § 20 UmwStG ist mit Einführung des SEStEG europäisiert und teilweise sogar internationalisiert worden. Soweit es sich um ausländische Vorgänge, die denen i.S.d. deutschen UmwG (Verschmelzung, Auf- und Abspaltung, Ausgliederung, Formwechsel) vergleichbar sind (§ 1 Abs. 3 Nr. 1–3 UmwStG) oder um die Einbringung von Betriebsvermögen durch Einzelrechtsnachfolge handelt, ist § 20 UmwStG grundsätzlich anwendbar. Als **Einbringende** bzw. übertragende Rechtsträger dürfen dabei folgende Rechtsträger fungieren:[261]

---

[256] Vgl. *Benz/Rosenberg*, Einbringungsvorgänge nach dem Regierungsentwurf des SEStEG, BB 2006, Heft 44, S. 52.
[257] Vgl. UmwSt-Erlass, BStBl I 2011, 1314, Tz 01.44.
[258] Vgl. UmwSt-Erlass, BStBl I 2011, 1314, Tz 01.44.
[259] Siehe Rn 245; vgl. auch Klingebiel/Patt/Rasche/*Wehrmann*, Umwandlungssteuerrecht, 2004, S. 367 f.
[260] Die Anwendbarkeit der §§ 20–23 UmwStG wird jedoch teilweise bezweifelt. Siehe hierzu Rn 245.
[261] BT-Drucks 16/2710, 42; Blumenberg/Schäfer/*Benz/Rosenberg*, Das SEStEG, S. 150.

- Natürliche Personen, die ihren Wohnsitz oder gewöhnlichen Aufenthalt in einem EU/EWR-Staat haben und auch nicht aufgrund eines DBA als außerhalb dieser Staaten ansässig angesehen werden.
- Kapitalgesellschaften und Europäische Genossenschaften, die nach den Rechtsvorschriften eines EU/EWR-Staates gegründet wurden und die ihren Sitz und den Ort der Geschäftsleitung in einem EU/EWR-Staat haben.
- Personengesellschaften und andere Gesellschaften, die nach deutschem Recht als steuerlich transparent angesehen werden, wenn sie nach den Rechtsvorschriften eines EU/EWR-Staates gegründet wurden und ihren Sitz und den Ort der Geschäftsleitung in einem EU/EWR-Staat haben. Zusätzlich müssen die einzelnen Mitunternehmer die oben genannten Voraussetzungen für natürliche Personen oder Kapitalgesellschaften als Einbringende erfüllen.

Wird das deutsche Besteuerungsrecht an den als Gegenleistung erhaltenen Anteilen nicht ausgeschlossen oder beschränkt, so spielt die Ansässigkeit, der Ort der Geschäftsleitung oder der gewöhnliche Aufenthalt des Einbringenden keine Rolle (§ 1 Abs. 4 S. 1 Nr. 2, Buchstabe b UmwStG).[262] In diesem Fall können Einbringungen nach § 20 UmwStG auch durch natürliche Personen bzw. Gesellschaften aus **Drittstaaten** vorgenommen werden. 155

In allen Fällen des § 20 UmwStG muss der **übernehmende Rechtsträger** eine Kapitalgesellschaft oder Genossenschaft sein, die nach den Rechtsvorschriften eines EU/EWR-Staates gegründet wurde und deren Sitz und Ort der Geschäftsleitung sich in einem EU/EWR-Staat befindet (§ 1 Abs. 4 S. 1 Nr. 1 UmwStG). 156

3. Steuerliche Rückwirkung
Bei einer Einbringung im Wege der Verschmelzung (§ 2 UmwG), Aufspaltung, Abspaltung oder Ausgliederung (§ 123 UmwG) darf der Tag, auf den die übertragenden Unternehmen ihre handelsrechtlichen Schlussbilanzen aufgestellt haben, auch als steuerlicher Übertragungsstichtag angesehen werden. Diese Bilanzen dürfen auf einen Stichtag lauten, der „höchstens **acht Monate** vor der Anmeldung" zur Eintragung in das Handelsregister liegt (§ 20 Abs. 6 S. 1 und 2 UmwStG). 157

Auch „in anderen Fällen der Sacheinlage" gewährt das Gesetz eine steuerliche Rückwirkung (§ 20 Abs. 6 S. 3 UmwStG). Der steuerliche Übertragungsstichtag darf höchstens acht Monate vor Abschluss des Einbringungsvertrages und Übergang des einzubringenden Betriebsvermögens liegen, je nachdem was später erfolgt ist. Durch den Verweis auf § 2 Abs. 3 u. 4 UmwStG soll auch bei der Einbringung die Entstehung sog. „weißer Einkünfte" sowie eine Nutzung bereits untergegangener Verluste, EBITDA- oder Zinsvorträge[263] verhindert werden. 158

4. Ertragsteuerliche Folgen bei der übernehmenden Kapitalgesellschaft
a) Bilanzansatz des eingebrachten Betriebsvermögens
Bei der Einbringung handelt es sich steuerlich um einen tausch- oder veräußerungsähnlichen Vorgang, weil die Kapitalgesellschaft als Gegenleistung für die eingebrachten Vermögensgegenstände **neue** Gesellschaftsanteile gewährt.[264] 159

Das eingebrachte Betriebsvermögen ist bei der übernehmenden Gesellschaft grundsätzlich mit dem **gemeinen Wert** anzusetzen. Dabei sind auch selbst geschaffene immaterielle Wirt- 160

---
262 Vgl. UmwSt-Erlass, BStBl I 2011, 1314, Tz 01.53.
263 Siehe Rn 35.
264 Vgl. UmwSt-Erlass, BStBl I 2011, 1314, Tz 20.01.

schaftsgüter einschließlich eines Geschäfts- oder Firmenwerts zu aktivieren.[265] Pensionsrückstellungen sind mit dem nach § 6a EStG ermittelnden Wert anzusetzen (§ 20 Abs. 2 S. 1 UmwStG). Die **Maßgeblichkeit** der Handelsbilanz für die Steuerbilanz ist nicht zu beachten.[266]

161 Auf Antrag, welcher spätestens bis zur Abgabe der steuerlichen Schlussbilanz beim für die übernehmende Gesellschaft zuständigen Finanzamt zu stellen ist, ist allerdings auch ein Ansatz zum **Buchwert** oder einem **Zwischenwert** möglich, soweit alle folgenden Voraussetzungen erfüllt werden (§ 20 Abs. 2 UmwStG):
- Es muss sichergestellt sein, dass die übergehenden Wirtschaftsgüter bei der übernehmenden Körperschaft der Besteuerung mit Körperschaftsteuer unterliegen.
- Die Passivposten des eingebrachten Betriebsvermögens (ohne Berücksichtigung des Eigenkapitals) dürfen die Aktivposten nicht übersteigen. Dies gilt bereits während des steuerlichen Rückwirkungszeitraums.[267]
- Das deutsche Besteuerungsrecht bezüglich des Veräußerungsgewinns aus dem eingebrachten Betriebsvermögen bei der übernehmenden Kapitalgesellschaft wird nicht ausgeschlossen oder beschränkt.

162 Beim Ansatz zu **Zwischenwerten** müssen nach Ansicht der Finanzverwaltung **die stillen Reserven** in allen Wirtschaftsgütern um einen einheitlichen Prozentsatz aufgelöst werden. Im Gegensatz zu der im UmwSt-Erlass 1998 vertretenen Auffassung,[268] gilt das nun wohl auch für einen selbst geschaffenen Geschäfts- oder Firmenwert.[269]

163 **Neben** den Gesellschaftsanteilen können auch andere Gegenleistungen wie z.B. Bargeld gewährt werden. Im Gegensatz zum Regierungsentwurf des SEStEG[270] bleibt es bei der alten Regelung, wonach ein Ansatz mit dem Buchwert erst dann nicht mehr möglich ist, wenn der gemeine Wert der anderen Wirtschaftsgüter höher ist, als der Buchwert der eingebrachten Wirtschaftsgüter (§ 20 Abs. 2 S. 4 UmwStG).

---

164 **Beispiel**
Es wird Betriebsvermögen mit einem Buchwert von 1.000 EUR (gemeiner Wert: 2.000 EUR) eingebracht. Als Gegenleistung erhält der Einbringende neben neuen Anteilen noch 1.100 EUR. Die Gesellschaft muss das Betriebsvermögen mindestens mit 1.100 EUR in der Bilanz ansetzen (§ 20 Abs. 2 S. 4 UmwStG).

---

165 Bei einer Einbringung mit Ansatz der Wirtschaftsgüter unter dem gemeinen Wert gilt es zu bedenken, dass sich die stillen Reserven verdoppeln. Grund ist, dass sich die Anschaffungskosten der als Gegenleistung für die Einbringung erhaltenen Anteile nach dem Wert bemessen, mit dem das eingebrachte Vermögen in der Bilanz des übernehmenden Rechtsträgers angesetzt wird. Die stillen Reserven im übertragenen Vermögen ruhen daher nach der Einbringung in identischer Höhe auch in den erhaltenen Anteilen. Neben der Besteuerung mit Körperschaft- und Gewerbesteuer auf Ebene der Gesellschaft unterliegen die stillen Reserven damit zusätzlich auf Ebene des Anteilseigners der Besteuerung, wenn dieser die Anteile veräußert oder die Gesellschaft einen Gewinn ausschüttet. Diese Veräußerungsgewinne und Ausschüttungen sind i.d.R nach § 3 Nr. 40 EStG (sog. „Halb, bzw. ab 2009 „Teileinkünfteverfahren") oder § 8b KStG begünstigt.

---

[265] Vgl. UmwSt-Erlass, BStBl I 2011, 1314, Tz 23.17.
[266] BT-Drucks 16/2710, 43; BFH v. 19.10.2005 – I R 38/04 = DStR 2006, 271; UmwSt-Erlass, BStBl I 2011, 1314, Tz 20.20.
[267] UmwSt-Erlass, BStBl I 2011, 1314, Tz 20.19.
[268] Vgl. UmwSt-Erlass 1998, BStBl I 1998, 268, Tz. 22.08; ebenso: *Schmitt/Hörtnagl/Stratz*, Umwandlungsgesetz Umwandlungssteuergesetz, 4. Aufl. 2006, UmwStG § 20 Rn 315f.
[269] Vgl. UmwSt-Erlass, BStBl I 2011, 1314, Tz 23.14.
[270] BT-Drucks 16/2710, 43.

b) Rechtsstellung der übernehmenden Körperschaft[271]

Erfolgt ein Ansatz des übertragenen Betriebsvermögens zum **Buchwert**, so tritt die übernehmende Gesellschaft in die steuerliche Rechtsstellung des übertragenden Rechtsträgers ein (§ 23 Abs. 1 i.V.m. § 12 Abs. 3 Hs. 1 UmwStG). Vorbesitzzeiten werden ggf. angerechnet (§ 23 Abs. 1 i.V.m. § 4 Abs. 2 S. 3 UmwStG). 166

Bei einem Ansatz mit einem **Zwischenwert** erfolgt ebenfalls ein Eintritt in die steuerliche Rechtsstellung des übertragenden Rechtsträgers, jedoch mit den Einschränkungen des § 23 Abs. 3 UmwStG. Als neue Bemessungsgrundlage für die Abschreibung dienen die ursprünglichen Anschaffungs- oder Herstellungskosten zzgl. der bei der einbringenden Gesellschaft aufgedeckten stillen Reserven (sog. „Aufstockungsbetrag"). Auf diese Bemessungsgrundlage ist der bisherige AfA-Prozentsatz weiter anzuwenden.[272] Für Fälle des § 7 Abs. 2 EStG (degressive Abschreibung) gilt der Bilanzansatz bei der übernehmenden Gesellschaft als Bemessungsgrundlage und die Restnutzungsdauer ist bei Einbringung neu zu schätzen.[273] 167

Erfolgt der Ansatz zum **gemeinen Wert** so gelten die Wirtschaftsgüter des eingebrachten Betriebsvermögens als angeschafft (Anschaffungsfiktion), wenn das Betriebsvermögen im Rahmen der **Einzelrechtsnachfolge** übertragen wurde. Ist jedoch eine Übertragung nach dem UmwG erfolgt und die übernehmende Gesellschaft daher **Gesamtrechtsnachfolger**, so erfolgt der Eintritt in die steuerliche Rechtsstellung mit denselben Einschränkungen wie bei einem Ansatz zum Zwischenwert (§ 23 Abs. 4 UmwStG). 168

c) Verbleibender Verlustvortrag

Ein Verlustvortrag i.S.d. § 10d EStG geht nicht auf den übernehmenden Rechtsträger über, sondern verbleibt beim Einbringenden. Dies gilt entsprechend für einen Verlustvortrag nach § 10a GewStG.[274] Ein Zins- oder EBITDA-Vortrag (§ 4h EStG) geht ebenfalls nicht auf den übernehmenden Rechtsträger über und damit nach Ansicht der Finanzverwaltung anteilig verloren.[275] Vorsicht ist geboten, wenn der **übernehmende Rechtsträger** selbst noch über einen verbleibenden Verlust- oder Zinsvortrag verfügt. Die Finanzverwaltung wendet die Bestimmungen zum sog. „**Mantelkauf**"[276] (§ 8c KStG) auch bei der Einbringung an,[277] denn es erfolgt eine Übertragung von Anteilen. 169

d) Grunderwerbsteuer

Da es sich bei der Einbringung um einen Veräußerungs- bzw. tauschähnlichen Vorgang[278] handelt, fällt grundsätzlich Grunderwerbsteuer an. Ausnahmen gibt es für konzerninterne Umstrukturierungen.[279] Die Grunderwerbsteuer ist von der übernehmenden Kapitalgesellschaft als Anschaffungsnebenkosten zu aktivieren.[280] 170

---

271 Vgl. Klingebiel/Patt/Rasche/*Wehrmann*, Umwandlungssteuerrecht, 2004, S. 400 ff.
272 Vgl. (mit Beispiel) UmwSt-Erlass, BStBl I 2011, 1314, Tz 23.14 f.
273 Vgl. (mit Beispiel) UmwSt-Erlass, BStBl I 2011, 1314, Tz 23.14 f.
274 Vgl. UmwSt-Erlass, BStBl I 2011, 1314, Tz 23.02.
275 Vgl. § 4h Abs. 5 EStG i.V.m. BMF v. 4.7.2008 IV C 7 – S 2742 – a/07/10001, Tz. 47.
276 Siehe hierzu auch Rn 128.
277 Vgl. UmwSt-Erlass, BStBl I 2011, 1314, Tz 23.03.
278 Vgl. UmwSt-Erlass, BStBl I 2011, 1314, Tz 20.01.
279 Siehe zur Grunderwerbsteuer auch Rn 83.
280 Vgl. BFH v. 17.9.2003 – I R 97/02, DStRE 2004, 38 sowie BMF v. 18.01.2010 – IV C 2 – S 1978-b/0.

5. Ertragsteuerliche Folgen für den Einbringenden
a) Steuerliche Behandlung des Einbringungsgewinns

171 Für den Einbringenden gilt der Wert, mit dem die übernehmende Gesellschaft die übergehenden Wirtschaftsgüter ansetzt als deren **Veräußerungspreis**. Bei einem Ansatz des Betriebsvermögens über dem Buchwert entsteht daher ein Veräußerungsgewinn, der grundsätzlich nach den allgemeinen Regeln des EStG, KStG und GewStG zu versteuern ist.[281]

172 Wird das Vermögen bei der übernehmenden Gesellschaft zum **gemeinen Wert** angesetzt und die stillen Reserven in allen funktional **und quantitativ**[282] **wesentlichen Betriebsgrundlagen**[283] des (Teil-)Betriebs bzw. Mitunternehmeranteils aufgedeckt, so handelt es sich um einen Veräußerungsgewinn, für den der Freibetrag nach § 16 Abs. 4 EStG und die Begünstigungen nach § 34 EStG (Fünftelregelung, verminderter Steuersatz) gewährt werden,[284] soweit er auf eine natürliche Person entfällt. Unterliegt der Gewinn bereits dem Halb-, bzw. ab 2009 dem Teileinkünfteverfahren, ist eine weitere Begünstigung nach § 34 EStG ausgeschlossen (§ 20 Abs. 4 S. 2 UmwStG). Nicht nach § 16 EStG begünstigt ist die Einbringung des **Teils** eines Mitunternehmeranteils, auch wenn dieser als zum gemeinen Wert veräußert gilt (§ 20 Abs. 4 S. 1 UmwStG).

173 Erfolgt ein Ansatz der Vermögensgegenstände zum **Zwischenwert**, so wird für den Veräußerungsgewinn der Freibetrag des § 16 Abs. 4 EStG und die Vergünstigungen nach § 34 EStG nicht gewährt (§ 20 Abs. 4 S. 1 UmwStG).[285]

b) Steuerliche Behandlung der als Gegenleistung erhaltenen Anteile

174 Der Wert mit dem die übernehmende Gesellschaft die Vermögensgegenstände in ihrer Bilanz ansetzt gilt als **Anschaffungskosten** für die neuen Anteile (§ 20 Abs. 3 S. 1 UmwStG).[286] Hat der Einbringende neben Anteilen an der Kapitalgesellschaft oder Genossenschaft noch weitere Wirtschaftsgüter als Gegenleistung erhalten, so ist deren gemeiner Wert von den (fiktiven) Anschaffungskosten der erhaltenen Anteile abzuziehen (§ 20 Abs. 3 S. 3 UmwStG).

---

175 **Beispiel**

A bringt sein Einzelunternehmen zum Buchwert (100.000 EUR) in die B-GmbH ein und erhält als Gegenleistung Anteile an der B-GmbH sowie 20.000 EUR Bargeld. Die Anschaffungskosten für die Anteile betragen somit 80.000 EUR.

---

176 Anteile im Privatvermögen, die als Gegenleistung für eine Sacheinlage unter dem gemeinen Wert erworben wurden, gelten auch dann als wesentliche Beteiligung i.S.d. § 17 EStG, wenn der Anteilseigner mit weniger als 1% beteiligt ist (§ 17 Abs. 6 EStG).[287]

---

281 Vgl. UmwSt-Erlass, BStBl I 2011, 1314, Tz 20.25; Klingebiel/Patt/Rasche/*Wehrmann*, Umwandlungssteuerrecht, 2004, S. 407/408.
282 Die Einbringung eines (Teil-)Betriebs i.S.d. § 20 Abs. 1 UmwStG liegt dagegen bereits vor, wenn alle funktional wesentlichen Betriebsgrundlagen übertragen werden. Siehe hierzu Rn 136, 149, sowie UmwSt-Erlass, BStBl I 2011, 1314, Tz 20.25 i.V.m. BMF v. 16.8.2000 – IV C 2 – S 1909 – 23/00, BStBl I 2000 1253 = DStR 2000, 1603 und R 16 Abs. 3 EStR 2008.
283 Dazu gehören auch wesentliche Betriebsgrundlagen im Sonderbetriebsvermögen. Vgl. z.B. BFH v. 24.8.2000 – IV R 51/98, BStBl II 2005, 173 = DStR 2000, 1768.
284 Vgl. R 16 Abs. 3 EStR 2008 i.V.m. BMF v. 16.8.2000 – IV C 2 – S 1909 – 23/00, BStBl I 2000, 1253 = DStR 2000, 1603.
285 Vgl. Klingebiel/Patt/Rasche/*Wehrmann*, Umwandlungssteuerrecht, 2004, S. 414f.
286 *Schmitt/Hörtnagl/Stratz*, Umwandlungsgesetz, Umwandlungssteuergesetz, 4. Aufl. 2006, UmwStG § 20 Rn 327ff.
287 Vgl. Blumenberg/Schäfer/*Benz/Rosenberg*, Das SEStEG, S. 171.

c) Verhinderung von Missbrauch
aa) Allgemeines

Um zu verhindern, dass Wirtschaftsgüter zum Buchwert übertragen und die im Gegenzug gewährten Anteile steuerbegünstigt veräußert werden, enthält § 22 UmwStG Vorschriften zur Verhinderung von Missbrauch.[288] Das alte System der sog. „**Einbringungsgeborenen Anteile**" wird dabei aufgegeben. An seine Stelle tritt die rückwirkende Besteuerung des Veräußerungsgewinns mit Hilfe des sog. „Einbringungsgewinn I" und „Einbringungsgewinn II". Als Folge von Einbringungen nach dem UmwStG a.F. können trotzdem noch Einbringungsgeborene Anteile existieren. 177

bb) Einbringungsgewinn I

Veräußert **der Einbringende** die als Gegenleistung für die Einbringung erhaltenen Anteile innerhalb eines Zeitraums von sieben Jahren nach dem Einbringungszeitpunkt, so muss **rückwirkend** im Wirtschaftsjahr der Einbringung der sog. „**Einbringungsgewinn I**" als Einkünfte i.S.d. § 16 EStG versteuert werden.[289] Die Anschaffungskosten der erhaltenen Anteile erhöhen sich in diesem Fall nachträglich um den Einbringungsgewinn I und die übernehmende Kapitalgesellschaft darf den Einbringungsgewinn I gewinnneutral als „Erhöhungsbetrag" (§ 23 Abs. 2 S. 1 UmwStG) auf die Anschaffungskosten der einzelnen Wirtschaftsgüter verteilen, soweit die Steuer darauf entrichtet wurde.[290] Die Freibetragsregelung des § 16 Abs. 4 EStG und die Vorschriften des § 34 EStG dürfen nicht angewendet werden. § 22 Abs. 1 UmwStG enthält mit Nr. 1–6 noch mehrere Vorgänge, die in diesem Zusammenhang der Veräußerung gleichgestellt sind, darunter die verdeckte Einlage in eine Kapitalgesellschaft (Nr. 1) oder Ketteneinbringungen (Nr. 4).[291] 178

Der Einbringende hat sieben Jahre lang jährlich gegenüber dem für ihn zuständigen Finanzamt nachzuweisen,[292] „wem die erhaltenen Anteile und bei Ketteneinbringungen etc. die darauf beruhenden Anteile zuzurechnen sind",[293] da ansonsten eine **Veräußerungsfiktion** eintritt (§ 22 Abs. 3 S. 1 Nr. 1 UmwStG). 179

Der Einbringungsgewinn I ermittelt sich wie folgt (§ 22 Abs. 1 UmwStG): 180

	Gemeiner Wert des eingebrachten Betriebsvermögens im Zeitpunkt der Einbringung
−	Kosten für den Vermögensübergang
−	Wert mit dem die übernehmende Gesellschaft die Wirtschaftsgüter in ihrer Bilanz ansetzt
=	Einbringungsgewinn I

Der Einbringungsgewinn I verringert sich für jedes seit der Einbringung abgelaufene Zeitjahr um ein Siebtel.

---

288 Vgl. BT-Drucks 16/2710, 46.
289 Nach § 233a Abs. 2a AO beginnt der Zinslauf für die Steuernachforderung 15 Monate nach Ablauf des Kalenderjahres, in dem das rückwirkende Ereignis eingetreten ist. Die Veräußerung der als Gegenleistung für die Einbringung erhaltenen Anteile gilt nach § 22 Abs. 1 S. 2 UmwStG insoweit als rückwirkendes Ereignis. Siehe auch *Ley*, FR 2007, 109.
290 Wurde das Vermögen zwischenzeitlich zum gemeinen Wert veräußert, stellt der Aufstockungsbetrag sofort abziehbaren Aufwand dar. Soweit es zu einem Wert unter dem gemeinen Wert übertragen wurde, entfällt sowohl Aufstockung als auch sofortiger Abzug als Aufwand. Vgl. UmwSt-Erlass BStBl I 2011, 1314, Tz 23.09.
291 Vgl. *Ley*, FR 2007, 109, 114.
292 Einzelheiten hierzu siehe BMF v. 4.9.2007 – IV B 2 – S 1909/07/0001, BStBl I 2007, 698 = DStR 2007, 1629; Zusatz der OFD Koblenz v. 5.11.2007 – S 1978 A – St 33 2, DStR 2008, 408 und Zusatz der OFD Frankfurt v. 9.1.2008 – S 1978 A – 43 – St 52, DStR 2008, 408.
293 Vgl. *Rödder/Schumacher*, DStR 2007, 369, 375.

181	**Beispiel**
	A bringt sein Einzelunternehmen zu Buchwerten (100.000 EUR) in die B-GmbH ein. Der gemeine Wert des eingebrachten Betriebs beträgt 800.000 EUR. Im Gegenzug erhält A Anteile an der B-GmbH, für die die (fiktiven) Anschaffungskosten 100.000 EUR betragen. Genau ein Jahr nach der Einbringung veräußert A die Anteile für 800.000 EUR. In diesem Fall besteht noch ein Einbringungsgewinn I i.H.v. 600.000 EUR, den A nun rückwirkend als Veräußerungsgewinn **für den eingebrachten Betrieb** nach § 16 EStG versteuern muss.[294] Gleichzeitig erhöhen sich die Anschaffungskosten seiner Anteile auf 700.000 EUR. Es verbleibt also noch ein Veräußerungsgewinn **für die Anteile** i.H.v. 100.000 EUR, der ggf. nach dem Halb- bzw. ab 2009 nach dem Teileinkünfteverfahren besteuert wird. Sobald A die Steuer für den Einbringungsgewinn I entrichtet hat, kann die B-GmbH die Buchwerte der eingebrachten Wirtschaftsgüter erfolgsneutral um 600.000 EUR aufstocken.

cc) Einbringungsgewinn II

182 Im Rahmen eines **Anteilstausches**[295] (§ 21 UmwStG) **oder als Teil eines Betriebs**, Teilbetriebs oder Mitunternehmeranteils (§ 20 UmwStG) können **Anteile** ggf. zum Buch- oder einem Zwischenwert in eine Kapitalgesellschaft eingebracht werden. Soweit **die übernehmende Kapitalgesellschaft** die eingebrachten Anteile innerhalb eines Zeitraums von sieben Jahren nach dem Einbringungszeitpunkt veräußert und soweit der Gewinn zum Zeitpunkt der Einbringung beim Einbringenden nicht nach §8b Abs. 2 KStG steuerfrei gewesen wäre, muss der sog. „**Einbringungsgewinn II**" **vom Einbringenden** rückwirkend als Gewinn aus der Veräußerung von Anteilen versteuert werden (§ 22 Abs. 1 S. 5 bzw. Abs. 2 UmwStG).[296] Dieser Veräußerungsgewinn unterliegt i.d.R. dem Halb- bzw ab 2009 dem Teileinkünfteverfahren[297] und erhöht beim Einbringenden nachträglich die Anschaffungskosten der als Gegenleistung für die Einbringung neu erhaltenen Anteile. Auf Ebene der übernehmenden Kapitalgesellschaft erhöhen sich die Anschaffungskosten für die eingebrachten Anteile entsprechend, soweit der Einbringende die Steuer auf den Einbringungsgewinn II entrichtet hat (§ 23 Abs. 2 S. 3 UmwStG). Die Freibetragsregelung des § 16 Abs. 4 EStG und die Vergünstigung für außerordentliche Einkünfte nach § 34 EStG sind für den Einbringungsgewinn II nicht anzuwenden (§ 22 Abs. 2 S. 1 Hs. 2 UmwStG).

Mit der Vorschrift soll verhindert werden, dass steuerverstrickte Anteile (z.B. im Betriebsvermögen einer Personengesellschaft) in eine Kapitalgesellschaft eingebracht und dann veräußert werden und ein Veräußerungsgewinn durch die Regelung des § 8b Abs. 2 KStG bis zu einer etwaigen Ausschüttung steuerfrei[298] bleibt.

Der Einbringungsgewinn II ermittelt sich wie folgt (§ 22 Abs. 2 S. 3 UmwStG):

  Gemeiner Wert der eingebrachten Anteile im Einbringungszeitpunkt
- Kosten für den Vermögensübergang
- Wert mit dem die übernehmende Gesellschaft die Anteile in ihrer Bilanz ansetzt

= Einbringungsgewinn II

---

294 Der Freibetrag nach § 16 Abs. 4 und die Begünstigung nach § 34 EStG wird für den Einbringungsgewinn I nicht gewährt (§ 22 Abs. 1 S. 1 Hs. 2 UmwStG). Für die Besteuerung mit Gewerbesteuer gelten die allgemeinen Grundsätze (§ 7 Abs. 2 GewStG). Vgl. UmwSt-Erlass, BStBl I 2011, 1314, Tz 22.07.
295 Siehe Rn 184 ff.
296 Nach § 233a Abs. 2a AO beginnt der Zinslauf für die Steuernachforderung 15 Monate nach Ablauf des Kalenderjahres, in dem das rückwirkende Ereignis eingetreten ist. Die Veräußerung der eingebrachten Anteile durch die Kapitalgesellschaft gilt nach § 22 Abs. 2 S. 2 UmwStG insoweit als rückwirkendes Ereignis. Siehe auch *Ley*, FR 2007, 109, 115.
297 BT-Drucks 16/2710, 46.
298 5% des Gewinns unterliegen als nicht abziehbare Betriebsausgabe der Besteuerung (§ 8b Abs. 3 KStG).

Der Einbringungsgewinn II ist für jedes seit der Einbringung abgelaufene Zeitjahr um ein Siebtel zu verringern.

Der Einbringende hat den Nachweis nach § 22 Abs. 3 S. 1 Nr. 2 UmwStG in diesem Fall für die eingebrachten Anteile zu führen.[299]

183

6. Anteilstausch (§ 21 UmwStG)
a) Allgemeines

Ein Anteilstausch liegt vor, wenn Anteile an einer Kapitalgesellschaft oder Genossenschaft in eine andere Kapitalgesellschaft/Genossenschaft eingebracht werden und der Einbringende als Gegenleistung neue Anteile an der übernehmenden Kapitalgesellschaft/Genossenschaft erhält.

184

Die einzige **Voraussetzung für die Anwendung** von § 21 UmwStG ist, dass es sich bei der übernehmenden Gesellschaft um eine Kapitalgesellschaft handelt, die nach den Rechtsvorschriften eines EU/EWR-Staates gegründet wurde und deren Sitz und Ort der Geschäftsleitung sich in einem EU/EWR-Staat befindet (§ 1 Abs. 3 Nr. 5 i.V.m. Abs. 4 S. 1 Nr. 1 UmwStG).[300] Ob ein Anteilstausch zum **Buchwert** möglich ist, hängt von weiteren Kriterien ab.

185

Soweit ein Veräußerungsgewinn zum Zeitpunkt der Einbringung beim Einbringenden nicht nach § 8b Abs. 2 KStG steuerfrei gewesen wäre, löst eine Veräußerung der eingebrachten Anteile durch die übernehmende Kapitalgesellschaft innerhalb von sieben Jahren nach dem Einbringungszeitpunkt die rückwirkende Besteuerung des **Einbringungsgewinns II** aus (§ 22 Abs. 2 S. 1 UmwStG).[301]

186

b) Steuerliche Rückwirkung

Weil ein Verweis auf § 20 Abs. 5 und 6 UmwStG in den Vorschriften über den Anteilstausch nicht enthalten ist, ist eine steuerliche Rückwirkung beim Anteilstausch offensichtlich nicht vorgesehen.[302]

187

c) Bilanzansatz der eingebrachten Anteile bei der übernehmenden Gesellschaft

Die übernehmende Kapitalgesellschaft hat die Anteile grundsätzlich zum **gemeinen Wert** in der Bilanz anzusetzen (§ 21 Abs. 1 UmwStG). Auf Antrag kann die übernehmende Gesellschaft die Anteile mit dem **Buch-** oder einem **Zwischenwert** ansetzen, wenn sie nach der Einbringung unmittelbar die **Mehrheit der Stimmrechte** an der Gesellschaft hält, deren Anteile eingebracht wurden (qualifizierter Anteilstausch).[303] Es muss also kein (Teil-)Betrieb eingebracht werden, um in den Genuss der Buchwertfortführung zu kommen.

188

Werden **neben** neuen Anteilen noch andere Vermögensgegenstände als Gegenleistung gewährt, so sind die eingebrachten Anteile mindestens mit dem gemeinen Wert dieser anderen Vermögensgegenstände anzusetzen (§ 21 Abs. 1 S. 3 UmwStG).

189

---

299 Siehe Rn 179.
300 Vgl. *Rödder/Schumacher*, DStR 2007, 369, 370 ff.
301 Siehe zum sog. „Einbringungsgewinn II" Rn 182.
302 Vgl. *Rödder/Schumacher*, DStR 2006, 1525, 1540; für Gestaltungsmöglichkeiten hinsichtlich Rückwirkung vgl. Blumenberg/Schäfer/*Benz*/Rosenberg, Das SEStEG, S. 173.
303 Vgl. UmwSt-Erlass, BStBl I 2011, 1314, Tz 21.09.

190 **Beispiel**
A bringt Anteile an der B-GmbH (Buchwert: 15.000 EUR) in die C-GmbH ein und erhält als Gegenleistung Anteile an der C-GmbH, sowie 20.000 EUR Bargeld. Die eingebrachten Anteile müssen bei der C-GmbH mindestens mit 20.000 EUR angesetzt werden. A erzielt dabei einen Veräußerungsgewinn i.H.v. 5.000 EUR, seine Anschaffungskosten für die neu erhaltenen Anteile betragen 0 EUR (§ 21 Abs. 2 S. 6 UmwStG).

d) Ertragsteuerliche Folgen für den Einbringenden
aa) Steuerliche Behandlung der Anteile

191 Auch beim Anteilstausch gilt grundsätzlich der Wert, mit dem die übernehmende Gesellschaft die Anteile in ihrer Bilanz ansetzt als **Veräußerungspreis** der alten Anteile und gleichzeitig als **Anschaffungskosten** für die neuen Anteile (sog. „**doppelte Buchwertverknüpfung**", § 21 Abs. 2 S. 1 UmwStG). Werden neben den Gesellschaftsrechten noch andere Wirtschaftsgüter als Gegenleistung für die Einbringung gewährt, sind die Anschaffungskosten für die neuen Anteile um den gemeinen Wert der anderen Wirtschaftsgüter zu mindern (§ 21 Abs. 2 S. 6 UmwStG).[304]

192 Ist nach der Einbringung das deutsche Besteuerungsrecht an den **eingebrachten Anteilen** ausgeschlossen oder beschränkt, gilt für den Einbringenden der gemeine Wert der eingebrachten Anteile als Veräußerungspreis und zwar unabhängig davon, wie die übernehmende Gesellschaft die Anteile ansetzt (§ 21 Abs. 2 S. 2 Hs. 1 UmwStG). Insoweit wird die doppelte Buchwertverknüpfung aufgegeben. Auf Antrag kann dennoch ein Ansatz zum Buch- oder einem Zwischenwert zugelassen werden, wenn das deutsche Besteuerungsrecht an den **neu erhaltenen Anteilen** nicht ausgeschlossen oder beschränkt ist oder der Gewinn nach Art. 8 der Fusionsrichtlinie[305] nicht sofort besteuert werden darf (§ 21 Abs. 2 S. 3 UmwStG).

193 **Beispiel**
Eine in Deutschland ansässige, unbeschränkt steuerpflichtige Person bringt im inländischen Betriebsvermögen gehaltene GmbH-Anteile in eine französische S.A. ein und erhält als Gegenleistung Anteile an der S.A. Zwar unterliegen die eingebrachten Anteile nicht mehr der deutschen Besteuerung, ein Anteilstausch zum Buchwert ist dennoch möglich, weil Deutschland das uneingeschränkte Besteuerungsrecht für die neuen Anteile an der S.A. zusteht.[306]

194 Wird durch die Einbringung das deutsche Besteuerungsrecht an den **neu erhaltenen Anteilen** ausgeschlossen oder beschränkt, gilt für den Einbringenden der gemeine Wert der eingebrachten Anteile als Veräußerungspreis und zwar unabhängig davon, wie die übernehmende Gesellschaft die Anteile ansetzt (§ 21 Abs. 2 S. 2 Hs. 2 UmwStG). Auf Antrag kann jedoch ebenfalls ein Ansatz zum Buch- oder einem Zwischenwert zugelassen werden, wenn der Gewinn nach Art. 8 der Fusionsrichtlinie nicht sofort besteuert werden darf. Bei einer späteren Veräußerung der erhaltenen Anteile muss der Veräußerungsgewinn nach § 21 Abs. 2 S. 3 Nr. 2 UmwStG ohne Anrechnung eventueller ausländischer Steuern in Deutschland versteuert werden. Dies gilt auch dann, wenn in einem DBA etwas anderes vereinbart ist (Treaty-Override).

---

[304] Siehe hierzu das Beispiel unter Rn 190.
[305] Richtlinie 2009/133/EG des Rates v. 19. Oktober 2009.
[306] Vgl. Art 7 Abs. 1 DBA Frankreich.

Diehm

Beispiel 195
Eine in Deutschland unbeschränkt steuerpflichtige Person bringt ihre im Privatvermögen gehaltenen Anteile an einer österreichischen GesmbH in eine tschechische s.r.o. ein und erhält als Gegenleistung Anteile an der s.r.o. Ein qualifizierter Anteilstausch i.S.v. § 21 Abs. 1 S. 2 UmwStG liegt vor. Im Gegensatz zu Österreich steht Tschechien ein Besteuerungsrecht an den Anteilen zu und Deutschland muss ggf. anfallende tschechische Steuer anrechnen.[307] Das deutsche Besteuerungsrecht wird dadurch eingeschränkt, was eigentlich zur Folge hat, dass der gemeine Wert der hingegebenen Anteile als Veräußerungspreis gilt. Nach Artikel 8 Fusionsrichtlinie muss allerdings ein steuerneutraler Tausch möglich sein, weshalb auf Antrag der Buchwert als Veräußerungspreis gilt. Bei einer späteren Veräußerung der Anteile an der s.r.o. muss dann aber der gesamte Veräußerungsgewinn nachträglich versteuert werden und zwar entgegen dem DBA ohne Anrechnung eventueller tschechischer Steuer (Treaty-Override).[308]

196
Handelt es sich bei den eingebrachten Anteilen um sog. „**einbringungsgeborene Anteile**" i.S.d. § 21 Abs. 1 UmwStG a.F., so treten die neuen Anteile insoweit in die Stellung der alten Anteile ein und gelten auch als „einbringungsgeboren" (§ 21 Abs. 2 S. 6 UmwStG).

bb) Steuerliche Behandlung eines Veräußerungsgewinns/-verlusts

Weicht der (fiktive) Veräußerungspreis i.S.d. § 21 UmwStG vom Buchwert oder den Anschaffungskosten der Anteile ab, so entsteht beim Einbringenden ein Veräußerungsgewinn bzw. -verlust. Dieser Gewinn/Verlust ist grundsätzlich nach den allgemeinen Regeln zu versteuern, da es sich um eine (fiktive) Veräußerung handelt.[309] 197

Befanden sich die eingebrachten Anteile im **Privatvermögen**, so ist die Freibetragsregelung des § 17 Abs. 3 EStG jedoch nur anzuwenden, wenn der Einbringende eine natürliche Person ist und für ihn der **gemeine Wert** der eingebrachten Anteile als (fiktiver) Veräußerungspreis gilt (§ 21 Abs. 3 S. 1 UmwStG). 198

Dasselbe gilt bei Anteilen im **Betriebsvermögen** für die Freibetragsregelung des § 16 Abs. 4 EStG. Hier ist aber zusätzlich noch erforderlich, dass die Beteiligung „das gesamte Nennkapital der Kapitalgesellschaft umfasst" (§ 21 Abs. 3 UmwStG). Die Fünftelregelung des § 34 Abs. 1 EStG findet beim Anteilstausch keine Anwendung (§ 21 Abs. 3 S. 2 UmwStG). Zur Anwendbarkeit von § 34 Abs. 3 EStG (verminderter Steuersatz) wird in § 21 UmwStG keine explizite Aussage getroffen.[310] Nach allgemeinen Grundsätzen kommen Veräußerungsgewinne, die bereits nach dem Halbeinkünfteverfahren begünstigt sind, nicht als außerordentliche Einkünfte in Betracht (§ 34 Abs. 2 Nr. 1 EStG). 199

II. Einbringung in eine Personengesellschaft (§ 24 UmwStG)

1. Allgemeines

Als zentrale Zugangsvorschrift regelt § 24 Abs. 1 UmwStG, dass die Vorschriften zur Einbringung in Personengesellschaften nur bei der Übertragung von **Betrieben**, **Teilbetrieben** oder **Mitunternehmeranteilen** anwendbar sind. Damit ein (Teil-)Betrieb eingebracht wird, müssen alle **funktional** wesentlichen Betriebsgrundlagen und –nach Ansicht der Finanzverwaltung- wohl 200

---
307 Vgl. Art. 23 Abs. 1 Buchstabe b Nr. 3 i.V.m. Art. 13 Abs. 3 DBA Tschechoslowakei.
308 BT- Drucks 16/2710, 46.
309 Vgl. UmwSt-Erlass, BStBl I 2011, 1314, Tz 21.16.
310 Daraus kann nach Ansicht von *Benz/Rosenberg* geschlossen werden, dass § 34 Abs. 3 auch auf Veräußerungsgewinne angewandt werden kann, die aus dem Ansatz von Zwischenwerten stammen, soweit die in § 34 Abs. 2 EStG genannten Voraussetzungen erfüllt sind. Vgl. Blumenberg/Schäfer/*Benz/Rosenberg*, Das SEStEG, S. 172.

auch alle „nach wirtschaftlichen Gesichtspunkten zuordenbaren Wirtschaftsgüter" übergehen.[311] Bei Mitunternehmeranteilen betrifft dies auch die wesentlichen Betriebsgrundlagen im Sonderbetriebsvermögen.[312] Speziell für § 24 UmwStG wird jedoch bezweifelt, dass die Auffassung der Finanzverwaltung richtig ist. Es soll auch weiterhin „der rein (nationale) Teilbetriebsbegriff"[313] maßgeblich sein. Gestützt wird dies darauf, dass Personengesellschaften mangels Erwähnung in Anhang I Teil A i.V.m. Art. 3 Buchstabe a) der Fusionsrichtline nicht von dieser erfasst werden.

Auch ein Teil eines Mitunternehmeranteils[314] sowie eine Beteiligung i.H.v. 100% an einer Kapitalgesellschaft[315] gelten als Teilbetrieb i.S.d. § 24 Abs. 1 UmwStG.

201 Wichtig ist, dass der Einbringende nach der Einbringung **Mitunternehmer** der Personengesellschaft wird, ansonsten liegt keine Einbringung i.S.d. § 24 UmwStG vor. Auch die Aufstockung eines Mitunternehmeranteils durch Einbringung wird von § 24 UmwStG erfasst.[316]

2. Anwendbarkeit des siebten Teils des UmwStG
a) Einbringungen im Wege der Gesamtrechtsnachfolge nach dem UmwG

202 Der siebte Teil des UmwStG regelt die steuerlichen Folgen für folgende Umwandlungen i.S.d. zivilrechtlichen UmwG:[317]
- **Verschmelzung** von Personenhandels- oder Partnerschaftsgesellschaften (§§ 2, 39 ff. UmwG).
- **Auf- und Abspaltung** von Personenhandels- oder Partnerschaftsgesellschaften (§ 123 Abs. 1 u. 2 UmwG).
- **Ausgliederung** aus Körperschaften, Einzelunternehmen, Personenhandels- oder Partnerschaftsgesellschaften heraus (§ 123 Abs. 3 UmwG).

203 Da § 24 UmwStG lex specialis zu § 16 EStG darstellt und die Aufspaltung im Wege der Gesamtrechtsnachfolge nach § 123 Abs. 1 UmwG direkt in den Anwendungsbereich von § 24 UmwStG fällt, (§ 1 Abs. 3 Nr. 1 UmwStG),[318] ist sie nicht als Realteilung i.S.d. § 16 Abs. 3 S. 2 EStG anzusehen.

b) Einbringungen im Wege der Einzelrechtsnachfolge[319]
204 - **Aufnahme** eines Gesellschafters **in ein Einzelunternehmen** gegen **Einlage** von Bargeld oder anderer Wirtschaftsgüter. Aus Sicht des § 24 UmwStG entsteht dabei eine neue Personengesellschaft, in die der Einzelunternehmer seinen Betrieb **einbringt**.
- **Eintritt** eines neuen Gesellschafters **in eine** bereits bestehende **Personengesellschaft oder Aufstockung eines** bereits bestehenden **Mitunternehmeranteils** gegen Einlage von Geld

---

311 Siehe hierzu Rn 136, 149 sowie UmwSt-Erlass, BStBl I 2011, 1314, Tz 24.03 i.V.m. Tz 20.06 i.V.m. Tz 15.02 sowie BMF v. 16.8.2000 – IV C 2 – S 1909 – 23/00, BStBl I 2000 1253 = DStR 2000, 1603 und R 16 Abs. 3 EStR 2008.
312 Wird ein Teil eines Mitunternehmeranteils eingebracht, so sind diese quotal mit zu übertragen.
313 Vgl. *Klingebiel/Patt/Rasche/Krause*, Umwandlungssteuerrecht, 3. Aufl. 2012, S. 560; *Schmitt/Hörtnagl/Stratz*, UmwG, UmwStG, 5. Aufl. 2009, § 24 UmwStG, Rz. 60.
314 Vgl. UmwSt-Erlass, BStBl I 2011, 1314, Tz 24.03 i.V.m. Tz 20.11; *Schmitt/Hörtnagl/Stratz*, Umwandlungsgesetz Umwandlungssteuergesetz, 4. Aufl. 2006, UmwStG § 24 Rn 69.
315 Vgl. UmwSt-Erlass, BStBl I 2011, 1314, Tz 24.02; *Schmitt/Hörtnagl/Stratz*, UmwG, UmwStG, 5. Aufl. 2009, § 24 UmwStG Rz. 71; a.A.: BFH v. 17.17.2008 – I R 77/06, DStR 2008, 2254; *Rödder/Herlinghaus/van Lishaut*, UmwStG, 2008, § 24 Rz. 42.
316 Vgl. UmwSt-Erlass, BStBl I 2011, 1314, Tz 24.07.
317 Vgl. UmwSt-Erlass, BStBl I 2011, 1314, Tz 01.47.
318 Vgl. auch UmwSt-Erlass, BStBl I 2011, 1314, Tz 01.47.
319 Vgl. UmwSt-Erlass, BStBl I 2011, 1314, Tz 01.47.

oder anderen Wirtschaftsgütern. Aus Sicht des § 24 UmwStG entsteht hierbei eine neue Personengesellschaft, in die der neue Gesellschafter Geld oder andere Wirtschaftsgüter **einlegt** und die Altgesellschafter ihre Mitunternehmeranteile **einbringen**.
- **Zusammenschluss** mehrerer Einzelunternehmen, die ihre Betriebe in eine neue Personengesellschaft einbringen oder **Einbringung eines Einzelunternehmens** in eine Personengesellschaft die bereits besteht.
- Einbringung aller Mitunternehmeranteile an einer Personengesellschaft durch deren Gesellschafter in eine andere Personengesellschaft gegen Gewährung von Mitunternehmeranteilen an der anderen Personengesellschaft. Dabei **wächst** das Gesellschaftsvermögen der einen Personengesellschaft der anderen Personengesellschaft **an** (§ 738 BGB, § 140 Abs. 1 S. 2 HGB).[320]

c) Einbringender

Grundsätzlich kann jeder, also auch eine nicht unbeschränkt steuerpflichtige Person, Einbringender i.S.d. § 24 UmwStG sein. Voraussetzung ist lediglich, dass ein (Teil-)Betrieb oder ein Mitunternehmeranteil eingebracht wird (§ 1 Abs. 4 S. 2 UmwStG). **205**

d) Übernehmende Personengesellschaft

Übernehmende Gesellschaft kann jede Gesellschaft sein, bei der die Gesellschafter als Mitunternehmer des Betriebs i.S.d. § 15 Abs. 1 S. 1 Nr. 2 S. 1 EStG anzusehen sind, also beispielsweise auch eine a-typisch stille Gesellschaft.[321] Die übernehmende Personengesellschaft muss spätestens mit der Einbringung die Wirtschaftsgüter so nutzen, dass „deren Buchwertansatz im Rahmen einer Gewinnermittlung (Land- und Forstwirtschaft, selbständige Arbeit oder Gewerbebetrieb) ermöglicht"[322] wird. Auch eine ausländische Gesellschaft kann Übernehmender sein,[323] wenn die Vermögensgegenstände in eine inländische Betriebsstätte eingebracht werden, wo sie steuerverhaftet bleiben. **206**

3. Steuerliche Rückwirkung

Bei der Einbringung in eine Personengesellschaft ist eine steuerliche Rückwirkung nur möglich, sofern die Umwandlung im Wege der **Gesamtrechtsnachfolge** durchgeführt wurde (§ 24 Abs. 4 UmwStG). In diesen Fällen ist dann ebenfalls eine **Rückwirkung von bis zu acht Monaten** (§ 20 Abs. 8 S. 1 UmwStG) seit der Anmeldung zur Eintragung der Umwandlung in das maßgebliche Register möglich. **207**

Bei Einzelrechtsnachfolge erkennt die Finanzverwaltung wohl eine sog. „technische Rückwirkung" von sechs bis acht Wochen an.[324]

---

320 Die Anwendbarkeit von § 24 UmwStG wird teilweise bezweifelt. Siehe hierzu Rn 245.
321 Eine a-typisch stille Gesellschaft liegt vor, „wenn der stille Gesellschafter als Mitunternehmer anzusehen ist." Dies ist der Fall, wenn er „wirtschaftlich so gestellt ist, als wäre er am Vermögen beteiligt oder wenn er im Innenverhältnis nicht auf die Kontrollrechte beschränkt ist und seine Stellung wie die eines Kommanditisten ausgestaltet ist." (vgl. *Zenthöfer/Schulze zur Wiesche*, Einkommensteuer, 9. Aufl. 2007, S. 549).
322 Klingebiel/Patt/Rasche/*Wehrmann*, Umwandlungssteuerrecht, 2004, S. 462.
323 Vgl. Blumenberg/Schäfer/*Benz/Rosenberg*, Das SEStEG, S. 209 f.
324 Vgl. OFD Karlsruhe v. 8.10.2007 – S 1978/20 – St 111, Einbringungsfälle nach § 24 UmwStG – Fehlerquellen/Checklisten unter 2. Die Verfügung enthält neben einer grafisch dargestellten Prüfsystematik auch eine Liste mit Unterlagen, die nach Ansicht der Finanzverwaltung in Fällen des § 24 UmwStG benötigt werden.

4. Ertragsteuerliche Folgen bei der übernehmenden Personengesellschaft
a) Wertansatz der eingebrachten Wirtschaftsgüter

208 Grundsätzlich hat die **übernehmende Personengesellschaft** die eingebrachten Wirtschaftsgüter in ihrer Bilanz mit dem **gemeinen Wert** anzusetzen. Das gilt auch für immaterielle Wirtschaftsgüter einschließlich eines selbst geschaffenen Firmenwerts.[325] Pensionsrückstellungen müssen mit dem nach § 6a EStG ermittelnden Wert angesetzt werden (§ 24 Abs. 2 S. 1 UmwStG).

209 Auf Antrag, der bis zur Abgabe der steuerlichen Schlussbilanz zu stellen ist, kann die übernehmende Gesellschaft die Vermögensgegenstände aber auch zum **Buch-** oder einem **Zwischenwert**[326] ansetzen, wenn das deutsche Besteuerungsrecht an dem eingebrachten Betriebsvermögen nicht ausgeschlossen oder beschränkt wird. Der Wertansatz gilt für den Einbringenden als Veräußerungspreis (§ 24 Abs. 3 S. 1 UmwStG). Eine **Maßgeblichkeit** der Handels- für die Steuerbilanz besteht im Rahmen von § 24 UmwStG nicht.[327]

210 Im Gegensatz zur Einbringung in eine Kapitalgesellschaft reicht es bei der Personengesellschaft aus, wenn Betriebsvermögen in das Sonderbetriebsvermögen der Gesellschafter eingebracht wird. Da aber die Gewährung bzw. Erweiterung einer Mitunternehmerstellung notwendig ist, muss zumindest ein Teil des Vermögens in die Gesamthand eingebracht werden.[328]

b) Rechtsstellung der übernehmenden Personengesellschaft

211 Die steuerliche Behandlung der übernommenen Vermögensgegenstände wird in § 24 Abs. 4 UmwStG durch einen Verweis auf § 23 Abs. 1, 3, 4 und 6 UmwStG geregelt. Auf die Erläuterungen unter Rn 166ff. wird daher verwiesen.

5. Ertragsteuerliche Folgen für den Einbringenden

212 Wie auch bei der Einbringung in eine Kapitalgesellschaft liegt grundsätzlich ein veräußerungs- bzw. tauschähnlicher Vorgang vor, was eine Besteuerung des **Veräußerungsgewinns** nach den allgemeinen Regeln im EStG, KStG und GewStG zur Folge hat. Wurden die stillen Reserven in allen funktional **und quantitativ**[329] wesentlichen Betriebsgrundlagen aufgedeckt und das Vermögen bei der übernehmenden Personengesellschaft zum **gemeinen Wert** angesetzt, so handelt es sich um einen Veräußerungsgewinn, für den der Freibetrag nach § 16 Abs. 4 EStG und die Vergünstigungen nach § 34 EStG (Fünftelregelung, verminderter Steuersatz) gewährt werden. Soweit der Gewinn dem Halb- bzw. ab 2009 dem Teileinkünfteverfahren unterliegt, ist eine weitere Begünstigung nach § 34 EStG jedoch ausgeschlossen (§ 24 Abs. 3 S. 2 UmwStG).

Die Begünstigung nach § 16 Abs. 4 EStG und § 34 Abs. 1 und 3 EStG ist ausgeschlossen, wenn die Vermögensgegenstände bei der übernehmenden Personengesellschaft zum **Zwischenwert** angesetzt werden oder es sich um die Einbringung eines **Teils** eines Mitunternehmeranteils handelt (§ 24 Abs. 3 S. 2 UmwStG).[330]

---

325 Vgl. UmwSt-Erlass, BStBl I 2011, 1314, Tz 24.03 i.V.m. Tz 20.17 i.V.m. Tz 03.07.
326 Zur Vorgehensweise bei der Aufstockung der Buchwerte im Falle eines Ansatzes zum Zwischenwert kann auf die Erläuterungen zur Einbringung in eine Kapitalgesellschaft unter Rn 162 verwiesen werden; Siehe auch UmwSt-Erlass, BStBl I 2011, 1314, Tz 24.03 i.V.m. Tz 23.14, Tz 03.25f. u. Tz 03.07ff.
327 Vgl. UmwSt-Erlass, BStBl I 2011, 1314, Tz 24.03 i.V.m. Tz 20.20.
328 Vgl. Klingebiel/Patt/Rasche/*Wehrmann*, Umwandlungssteuerrecht, 2004, S. 465ff.
329 Die Einbringung eines (Teil-)Betriebs i.S.d. § 24 Abs. 1 UmwStG liegt dagegen bereits vor, wenn alle funktional wesentlichen Betriebsgrundlagen übertragen werden. Siehe hierzu Rn 136, 149, sowie UmwSt-Erlass, BStBl I 2011, 1314, Tz 24.03 i.V.m. Tz 20.06 i.V.m. Tz 15.02 sowie BMF v. 16.8.2000 – IV C 2 – S 1909 – 23/00, BStBl I 2000, 1253 = DStR 2000, 1603 und R 16 Abs. 3 EStR 2008.
330 Vgl. Klingebiel/Patt/Rasche/*Wehrmann*, Umwandlungssteuerrecht, 2004, S. 491ff.

Ein **EBITDA- oder ein Zinsvortrag** geht bei der Einbringung eines Betriebs nicht auf den neuen Rechtsträger über (§ 24 Abs. 6 i.V.m. § 20 Abs. 9 UmwStG). Wird ein Mitunternehmeranteil übertragen, so dürfte mangels ausdrücklicher Regelung in § 24 UmwStG die allgemeine Vorschrift in § 4h Abs. 5 EStG zur Anwendung kommen, die einen quotalen Untergang i.H.d. Beteiligung des ausscheidenden Mitunternehmers vorsieht. 213

Unterdessen kann ein **gewerbesteuerlicher Verlustvortrag** bei der Einbringung eines Betriebs vollständig oder teilweise auf den neuen Rechtsträger übergehen, soweit dieselben Gesellschafter an der eingebrachten und der aufnehmenden Gesellschaft beteiligt sind (**Unternehmeridentität**) und der Gewerbebetrieb im Anrechnungsjahr noch identisch mit dem im Jahr der Verlustentstehung ist (**Unternehmensidentität**).[331]

Soweit der Einbringende wirtschaftlich **an sich selbst veräußert**, gilt der Einbringungsgewinn ebenfalls als laufender Gewinn, auch wenn die übernehmende Gesellschaft die Wirtschaftsgüter mit dem gemeinen Wert ansetzt (§ 24 Abs. 3 S. 3 UmwStG). Bringt beispielsweise ein bereits an einer Personengesellschaft beteiligter Mitunternehmer sein Einzelunternehmen in diese Personengesellschaft ein, so veräußert er dabei teilweise an sich selbst. Dabei ist umstritten, ob bei der Einbringung auf die Gesellschafter in ihrer gesamthänderischen Verbundenheit oder auf den einzelnen Gesellschafter abzustellen ist. Dies hat große Auswirkungen darauf, inwieweit der entstehende Einbringungsgewinn als nicht begünstigter, laufender Gewinn anzusehen ist.[332] 214

6. Praktische Anwendungsfälle

Die Einbringung in eine Personengesellschaft nach § 24 UmwStG gehört in der Praxis zu den bedeutendsten Vorschriften des UmwStG. Soweit die Aufnahme eines neuen Gesellschafters gegen Entgelt erfolgt, kann die Leistung entweder in das Gesamthandsvermögen der Mitunternehmerschaft oder in das Privatvermögen der (Alt-)Gesellschafter erfolgen. Daraus ergeben sich verschiedene steuerliche Konsequenzen. 215

a) Zuzahlung ins Gesellschaftsvermögen und Buchwertansatz

Beispiel 216

E möchte in die CD-OHG eintreten, welche einen gemeinen Wert von 600.000 EUR hat.[333] An der CD-OHG sind bislang C und D zu je 50% beteiligt. Nach der Aufnahme sollen alle drei Gesellschafter zu je einem Drittel beteiligt sein. E leistet dafür eine Zahlung i.H.v. 300.000 EUR in das Gesamthandsvermögen der neuen Gesellschaft.

Bilanz der CD-OHG vor Eintritt des E: 217

	(Buchwert)	(gemeiner Wert)		(Buchwert)	(gemeiner Wert)
Anlagevermögen	300.000,–	500.000,–	Kapitalkonto C	150.000,–	300.000,–
Umlaufvermögen	100.000,–	200.000,–	Kapitalkonto D	150.000,–	300.000,–
			Verbindlichkeiten	100.000,–	100.000,–
	400.000,–	700.000,–		400.000,–	700.000,–

---

[331] Für Einzelheiten zur Unternehmer- und Unternehmensidentität siehe A 66–68 GewStR 1998, in denen auch auf verschiedene BFH-Urteile verwiesen wird. Zu beachten gilt es auch die mit dem JStG 2009 eingeführten Verlustabzugsbeschränkungen in § 10a Abs. 10 GewStG i.V.m. § 8c KStG.
[332] Siehe hierzu das Beispiel unter Rn 221f.
[333] Für ein Beispiel zum Eintritt eines Gesellschafters in ein Einzelunternehmen vgl. UmwSt-Erlass, BStBl I 2011, 1314, Tz 24.14.

218 **Bilanz der CDE-OHG:**

	(Buchwert)	(gemeiner Wert)		(Buchwert)	(gemeiner Wert)
Anlagevermögen	300.000,-	500.000,-	Kapitalkonto C	150.000,-	300.000,-
Umlaufvermögen	100.000,-	200.000,-	Kapitalkonto D	150.000,-	300.000,-
Bank	300.000,-	300.000,-	Kapitalkonto E	300.000,-	300.000,-
			Verbindlichkeiten	100.000,-	100.000,-
	700.000,-	1.000.000,-		700.000,-	1.000.000,-

E kommt mit der Zahlung der 300.000 EUR seiner **Einlageverpflichtung**[334] nach, C und D bringen jeweils ihre Mitunternehmeranteile nach § 24 UmwStG zu Buchwerten in die neue Gesellschaft ein. Der Vorgang bleibt vollständig steuerneutral, wenn die Wirtschaftsgüter zu Buchwerten angesetzt werden. Regelmäßig ist gewünscht, dass die Kapitalkonten in der Gesamthandsbilanz im richtigen Verhältnis ausgewiesen werden. Um das richtige Beteiligungsverhältnis in der Gesamthandsbilanz darzustellen, müssen die Buchwerte der Vermögensgegenstände bis auf den Teilwert aufgestockt werden, was allerdings zunächst zur Folge hätte, dass C und D jeweils einen Veräußerungsgewinn i.H.v. 150.000 EUR zu versteuern hätten.

219 **Bilanz der CDE-OHG nach Anpassung der Kapitalkonten:**

	(Buchwert)	(gemeiner Wert)		(Buchwert)	(gemeiner Wert)
Anlagevermögen	500.000,-	500.000,-	Kapitalkonto C	300.000,-	300.000,-
Umlaufvermögen	200.000,-	200.000,-	Kapitalkonto D	300.000,-	300.000,-
Bank	300.000,-	300.000,-	Kapitalkonto E	300.000,-	300.000,-
			Verbindlichkeiten	100.000,-	100.000,-
	1.000.000,-	1.000.000,-		1.000.000,-	1.000.000,-

Hier hilft man sich mit Ergänzungsbilanzen, in denen die höheren Wertansätze der Wirtschaftsgüter wieder neutralisiert werden.

220 **Ergänzungsbilanz für C bzw. D:**

	(Buchwert)	(gemeiner Wert)		(Buchwert)	(gemeiner Wert)
Minderkapital	150.000,-	150.000,-	Minderwert AV	100.000,-	100.000,-
			Minderwert UV	50.000,-	50.000,-
	150.000,-	150.000,-		150.000,-	150.000,-

In der Gesamthandsbilanz werden die Wertansätze der Vermögensgegenstände erhöht, was auch zu höheren Abschreibungen führt. C und D können die Wertansätze in einer Ergänzungsbilanz korrigieren. Fasst man die Buchwerte des von C und D eingebrachten Vermögens in Gesamthands- und den Ergänzungsbilanzen zusammen, so ergibt sich ein Wertansatz von insgesamt 300.000 EUR für dieses Vermögen (600.000 EUR Buchwert in der Gesamthandsbilanz[335] abzgl. zweimal 150.000 EUR Minderwert in den Ergänzungsbilanzen). Dies ist genau so viel, wie

---

334 E nimmt keine Einbringung i.S.d. § 24 UmwStG vor.
335 Saldo aus Vermögensgegenständen (700.000 EUR) und Schulden (100.000 EUR).

in der Bilanz der CD-OHG vor der Einbringung, wodurch die Steuerneutralität erreicht wird.[336] Als Veräußerungspreis gilt nämlich „der Wert, mit dem das eingebrachte Betriebsvermögen in der Bilanz der Personengesellschaft einschließlich der **Ergänzungsbilanzen** für ihre Gesellschafter angesetzt wird".[337] Die Minderwerte in den Ergänzungsbilanzen sind korrespondierend zur Gesamthandsbilanz aufzulösen. Diese Fortführung dient dazu, die (zu hohe) Abschreibung, die C und D aus der Gesamthandsbilanz erhalten, zu neutralisieren, sodass im Ergebnis nur die AfA-Beträge wirksam werden, die auch vor Eintritt des E vorhanden waren.

b) Zuzahlung ins Gesellschaftsvermögen und Ansatz zum gemeinen Wert

Beispiel 221
Wie vorheriges Beispiel, jedoch werden die Wirtschaftsgüter nun bei der CDE-OHG zum gemeinen Wert angesetzt und die beiden Altgesellschafter bilden **keine** Ergänzungsbilanzen.

Bilanz der CDE-OHG 222

	(Buchwert)	(gemeiner Wert)		(Buchwert)	(gemeiner Wert)
Anlagevermögen	500.000,–	500.000,–	Kapitalkonto C	300.000,–	300.000,–
Umlaufvermögen	200.000,–	200.000,–	Kapitalkonto D	300.000,–	300.000,–
Bank	300.000,–	300.000,–	Kapitalkonto E	300.000,–	300.000,–
			Verbindlichkeiten	100.000,–	100.000,–
	1.000.000,–	1.000.000,–		1.000.000,–	1.000.000,–

Da der Wert, mit dem die Vermögensgegenstände bei der CDE-OHG angesetzt werden, gleichzeitig als Veräußerungspreis gilt, entsteht ein Veräußerungsgewinn i.H.v. 150.000 EUR je Altgesellschafter. Über die steuerliche Behandlung des Veräußerungsgewinns gibt es unterschiedliche Auffassungen. Sieht man die beiden Altgesellschafter in ihrer gesamthänderischen Verbundenheit als Einbringende an,[338] veräußern sie ihre Mitunternehmeranteile wirtschaftlich gesehen zu zwei Dritteln an sich selbst, da sie zusammen an der CDE-OHG zu zwei Dritteln beteiligt sind. Der **Veräußerungsgewinn** ist demnach **zu zwei Dritteln** als laufender Gewinn zu qualifizieren. Sieht man jedoch den einzelnen Gesellschafter als Einbringenden seines Mitunternehmeranteils an,[339] so erfolgt die Veräußerung nur zu einem Drittel an sich selbst, da der einzelne Gesellschafter zu je einem Drittel an der CDE-OHG beteiligt ist. So wäre nur **ein Drittel** des Veräußerungsgewinns als laufender Gewinn zu klassifizieren und nicht nach § 16 Abs. 4 und § 34 EStG begünstigt.

Strittig ist auch die **gewerbesteuerliche Behandlung** des nach § 24 Abs. 3 S. 3 UmwStG als 223 fiktiv laufender Gewinn zu qualifizierenden Teils des Veräußerungsgewinns. Während die Finanzverwaltung die Ansicht vertritt, dass sich die Fiktion der Behandlung als laufender Gewinn

---
336 Vgl. UmwSt-Erlass, BStBl I 2011, 1314, Tz 24.14.
337 Vgl. BFH v. 8.12.1994 – IV R 82/92, DStR 1995, 601.
338 So die Ansicht der Finanzverwaltung. Vgl. UmwSt-Erlass, BStBl I 2011, 1314, Tz 24.16.
339 So Haritz/Benkert/*Schlößer*, Umwandlungssteuergesetz, 2. Aufl. 2000, § 24 Rn 152 f.; wohl auch BFH v. 21.9.2000 – IV R 54/99, BStBl II 2001, 178 = DStR 2000, 2183 u. BFH v. 15.6.2004 – VIII R 7/01, BStBl 2004, 754 = DStRE 2004, 1032.

auch auf die Gewerbesteuer erstreckt,[340] ist dies nach herrschender Literaturmeinung nicht der Fall.[341]

c) Zuzahlung ins Privatvermögen eines Gesellschafters

224 **Beispiel**
Wiederum möchte E in die CD-OHG (Bilanz unter Rn 221) eintreten. Abweichend von der vorangegangenen Gestaltung wird jetzt vereinbart, dass A den beiden Gesellschaftern C und D jeweils 100.000 EUR in deren Privatvermögen zahlt und dafür an der neuen CDE-OHG zu einem Drittel beteiligt wird.

225 In diesem Falle veräußern die Gesellschafter C und D in einem ersten Schritt jeweils ein Drittel ihrer Mitunternehmeranteile. Im zweiten Schritt erfolgt die Einbringung der Mitunternehmeranteile in die neue Gesellschaft. Der Ansatz der Vermögensgegenstände soll so erfolgen, dass jedem Gesellschafter „seine" Anschaffungskosten für die Beteiligung richtig zugeordnet werden, weil dies Auswirkungen auf die Höhe der ihm zuzurechnenden Abschreibung hat und den Veräußerungsgewinn/-verlust im Falle einer späteren Veräußerung des Mitunternehmeranteils beeinflusst. Außerdem sollen in der Gesamthandsbilanz die Kapitalkonten im richtigen Verhältnis ausgewiesen werden. Um dies zu erreichen, werden die Wirtschaftsgüter in der Gesamthandsbilanz mit demselben Wert angesetzt, wie in der Bilanz der CD-OHG. Der Wert der Kapitalkonten der beiden Altgesellschafter C und D ist um den an E veräußerten Teil ihrer Anteile (ein Drittel) niedriger.

226 **Bilanz der CDE-OHG**

	(Buchwert)	(gemeiner Wert)		(Buchwert)	(gemeiner Wert)
Anlagevermögen	300.000,–	500.000,–	Kapitalkonto C	100.000,–	200.000,–
Umlaufvermögen	100.000,–	200.000,–	Kapitalkonto D	100.000,–	200.000,–
	400.000,–	700.000,–	Kapitalkonto E	100.000,–	200.000,–
			Verbindlichkeiten	100.000,–	100.000,–
				400.000,–	700.000,–

Das Kapitalkonto des E (100.000 EUR) entspricht allerdings nicht den tatsächlichen Anschaffungskosten für seinen Anteil an der Gesellschaft, die ja 200.000 EUR betragen. Aus diesem Grund muss für E eine Ergänzungsbilanz aufgestellt werden, in der ein Mehrkapital von 100.000 EUR ausgewiesen und auf die einzelnen Vermögensgegenstände verteilt wird.

227 **Ergänzungsbilanz für E**

	(Buchwert)	(gemeiner Wert)		(Buchwert)	(gemeiner Wert)
Mehrwert AV	66.666,–	66.666,–	Mehrkapital E	100.000,–	100.000,–
Mehrwert UV	33.334,–	33.334,–			
	100.000,–	100.000,–		100.000,–	100.000,–

Die Mehrwerte in Anlage- und Umlaufvermögen stellen für E AfA-Volumen dar, das zusätzlich zu den Abschreibungen die er über die Gesamthandsbilanz erhält, seinen steuerlichen Gewinn mindert. Dies ist sachgerecht, da E höhere Anschaffungskosten für seinen Mitunternehmeranteil hatte, als die beiden Altgesellschafter C und D.

---

340 Vgl. UmwSt-Erlass, BStBl I 2011, 1314, Tz 24.17.
341 Vgl. Haritz/Benkert/*Schlößer*, Umwandlungssteuergesetz, 2. Aufl. 2000, § 24 Rn 161; *Schmitt/Hörtnagl/Stratz*, Umwandlungsgesetz Umwandlungssteuergesetz, 4. Aufl. 2006, UmwStG § 24 Rn 253; Klingebiel/Patt/Rasche/*Wehrmann*, Umwandlungssteuerrecht, 2004, S. 500; FG Berlin v. 16.2.2000 – 6 K 4411/97, DStR 2000, 807.

Bei der Einbringung mit Zuzahlung ins Privatvermögen der Gesellschafter handelt es sich um **228**
den Verkauf von Teilen von Mitunternehmeranteilen. Da als Veräußerungspreis der eingebrachten Mitunternehmeranteile der Wert gilt, mit dem die CDE-OHG die Wirtschaftsgüter in Gesamthandsbilanz einschließlich der Ergänzungsbilanzen ansetzt,[342] entsteht für die beiden Altgesellschafter der CD-OHG insgesamt ein Veräußerungsgewinn i.H.v. 100.000 EUR.[343] Dieser ist bei der Einkommensermittlung als laufender Gewinn zu qualifizieren[344] und kann nicht durch die Bildung einer negativen Ergänzungsbilanz ausgeglichen werden.[345]

III. Formwechsel einer Personengesellschaft in eine Kapitalgesellschaft oder Genossenschaft (§ 25 UmwStG)

Der Formwechsel einer Personengesellschaft in eine Kapitalgesellschaft oder Genossenschaft ist **229**
zivilrechtlich ein Vorgang **ohne Vermögensübertragung**, an dem nur ein Rechtsträger beteiligt ist.[346] Aus diesem Grund fällt keine Grunderwerbsteuer an.[347]

Da Personen- und Kapitalgesellschaften ertragsteuerlich allerdings vollkommen unterschiedlich behandelt werden, wird im UmwStG eine **Vermögensübertragung fingiert**. Der Formwechsel einer Personengesellschaft in eine Kapitalgesellschaft oder Genossenschaft i.S.d. § 190 UmwG oder vergleichbarer ausländischer Vorgänge, wird im Umwandlungssteuerrecht wie die Einbringung in eine Kapitalgesellschaft bzw. Genossenschaft behandelt. Steuerlich gesehen bringen die Mitunternehmer des formwechselnden Rechtsträgers ihre Mitunternehmeranteile in die Kapitalgesellschaft oder Genossenschaft ein.[348] Auch evtl. vorhandenes Sonderbetriebsvermögen muss mit übertragen werden.[349] Im Gegenzug erhalten sie Anteile an der Kapitalgesellschaft. Aus diesem Grund wird in § 25 UmwStG auf die Vorschriften zur Einbringung in eine Kapitalgesellschaft oder Genossenschaft (§§ 20–23 UmwStG) verwiesen,[350] die entsprechend gelten. Die Vorschriften zur steuerlichen Rückwirkung und zur Aufstellung einer Übertragungs- und Eröffnungsbilanz in § 9 S. 2 und 3 UmwStG[351] sind ebenfalls entsprechend anzuwenden (§ 25 S. 2 UmwStG). Da in § 25 S. 2 UmwStG ausdrücklich auf § 9 S. 2 UmwStG verwiesen wird, dürften die dort enthaltenen Vorschriften zur steuerlichen Rückwirkung den in § 20 Abs. 5 enthaltenen Vorschriften vorgehen.[352] **230**

---

342 Vgl. BFH v. 8.12.1994 – IV R 82/92, DStR 1995, 601.
343 Veräußerungsgewinn = Wertansatz der Vermögensgegenstände bei der CDE-OHG (500.000 EUR) abzgl. Buchwerte der Vermögensgegenstände bei der CD-OHG (400.000 EUR). Auf jeden der beiden Altgesellschafter entfallen 50.000 EUR Veräußerungsgewinn.
344 Die Veräußerung von Teilen von Mitunternehmeranteilen ist nicht (mehr) nach § 16 EStG begünstigt. Der Gewinn unterliegt auch der Gewerbesteuer (vgl. Schmidt/*Wacker*, Einkommensteuergesetz, 25. Aufl. 2006, § 16 Rn 411; BMF v. 12.1.2007 – IV B 2 – S 2296a – 2/07, Rn 10, DStR 2007, 198).
345 Vgl. BFH v. 8.12.1994 – IV R 82/92, BStBl II 1995, 599 = DStR 1995, 601.
346 Vgl. Sagasser/Bula/Brünger/*Bula/Schlösser*, Umwandlungen, 3. Aufl. 2002, S 1.
347 Vgl. Finanzministerium Baden-Württemberg v. 18.9.1997 – S 4520/2, DStR 1997, 157.
348 Vgl. UmwSt-Erlass, BStBl I 2011, 1314 Tz 25.01; *Schmitt/Hörtnagl/Stratz*, Umwandlungsgesetz Umwandlungssteuergesetz, 4. Aufl. 2006, UmwStG § 25 Rn 29.
349 Vgl. *Schmitt/Hörtnagl/Stratz*, Umwandlungsgesetz Umwandlungssteuergesetz, 4. Aufl. 2006, UmwStG § 25 Rn 4.
350 Siehe hierzu Rn 147 ff.
351 Vgl. hierzu Ausführungen unter Rn 92.
352 So auch Blumenberg/Schäfer/*Benz/Rosenberg*, Das SEStEG, S. 218.

D. Umwandlungsähnliche Fallgestaltungen außerhalb des UmwG

I. Umwandlung durch Anwachsung

1. Allgemeines

231 Scheidet ein Gesellschafter aus einer Personengesellschaft aus und sieht der Gesellschaftsvertrag (oder das gesetzliche Regelungsstatut) keine damit verbundene Auflösungs-, sondern eine Fortsetzungsregelung vor, „so wächst den verbleibenden Gesellschaftern sein Anteil am Gesellschaftsvermögen zu"[353] (§ 738 Abs. 1 S. 1 BGB, ggf. in Verbindung mit §§ 105, 161 HGB). Zu unterscheiden ist die Anwachsung von der Realteilung, bei der auf Ebene der Mitunternehmerschaft eine Betriebsaufgabe vorliegt.[354] Bei der Anwachsung hingegen, wird die Mitunternehmerschaft „im Übrigen von den verbleibenden Mitunternehmern fortgeführt".[355] Der ausscheidende Mitunternehmer erhält nach § 738 Abs. 1 S. 2 BGB einen Abfindungsanspruch gegen den/die verbleibenden Gesellschafter.

232 Einen Fall der Anwachsung stellt auch der **entschädigungslose Austritt** eines Gesellschafters aus der Personengesellschaft dar. Dann soll ein Ausscheiden ohne Aufdeckung von stillen Reserven nach § 6 Abs. 3 EStG möglich sein.[356]

2. Abfindung in das Privatvermögen
a) Barabfindung

233 Erhält der Ausscheidende eine Barabfindung in sein Privatvermögen, so handelt es sich dabei um die **Veräußerung** seines Mitunternehmeranteils an die verbliebenen Gesellschafter, die der Begünstigung nach § 16 Abs. 4 und § 34 EStG unterliegt, wenn der gesamte Anteil veräußert und auch die stillen Reserven im dazugehörigen Sonderbetriebsvermögen (z.B. durch Entnahme) aufgedeckt werden.[357] Für die verbleibenden Gesellschafter stellt die Abfindung **Anschaffungskosten** dar, die anteilig nach der sog. „Stufentheorie"[358] bei den materiellen und immateriellen Wirtschaftsgütern zu aktivieren sind.[359]

b) Sachwertabfindung

234 Auch die Sachwertabfindung führt zur Veräußerung des Mitunternehmeranteils des Ausscheidenden und stellt für die Mitunternehmerschaft Anschaffungskosten dar, die wiederum anteilig bei den einzelnen Wirtschaftsgütern aktiviert werden müssen. Dabei ist der Vorgang in zwei Schritte aufzuteilen:[360] Zunächst wird die Abfindungsverpflichtung passiviert und mit dem Kapitalkonto des Ausscheidenden verrechnet. Der Unterschiedsbetrag wird anteilig auf die Vermögensgegenstände verteilt. Im nächsten Schritt wird die Abfindungsverpflichtung abgelöst. Der

---

353 Vgl. *Zenthöfer/Schulze zur Wiesche*, Einkommensteuer, 9. Aufl. 2007, S. 549; siehe zur Umwandlung durch Anwachsung auch *Orth*, DStR 1999, 1011; *ders.*, DStR 1999, 1053; *Breiteneicher*, DStR 2004, 1405; *Kowallik/Merklein/Scheipers*: Ertragsteuerliche Beurteilung der Anwachsung nach den Änderungen des UmwStG aufgrund des SEStEG, DStR 2008, 173.
354 Vgl. Schmidt/*Wacker*, Einkommensteuergesetz, 25. Aufl. 2006, § 16 Rn 535.
355 Vgl. BMF v. 28.2.2006 – IV B 2 – S 2242 – 6/06, DStR 2006, 426 ff., Tz. II; FSen Berlin v. 28.12.2009 – III B – S 2242 – 1/2009.
356 Vgl. Schmidt/*Glanegger*, Einkommensteuergesetz, 25. Aufl. 2006, § 6 Rn 473 f.
357 Vgl. H 16 Abs. 4 EStR 2008; BMF v. 3.3.2005 – IV B 2 – S 2241 – 14/05; BFH v. 24.8.2000 – IV R 51/98, DStR 2000, 1768; *Zenthöfer/Schulze zur Wiesche*, Einkommensteuer, 9. Aufl. 2007, S. 546.
358 Siehe hierzu Rn 44 ff.; vgl. auch Schmidt/*Wacker*, Einkommensteuergesetz, 25. Aufl. 2006, § 16 Rn 487 ff.
359 Vgl. *Rogall*, Steuerneutrale Bar- und Sachabfindung beim Ausscheiden aus Personengesellschaften – zum Verhältnis von § 6 Abs. 5 EStG zu § 16 EStG, DStR 2006, 731, 732.
360 So z.B. BFH v. 23.11.1995 – IV R 75/94, BStBl II 1996, 194.

Unterschied zwischen gemeinem Wert des hingegebenen Vermögens und der Abfindungsverpflichtung stellt für die Gesellschaft laufenden Gewinn dar.

Beispiel 235

An der KLM-OHG sind K, L und M zu je einem Drittel beteiligt. Die Bilanz der KLM-OHG gliedert sich wie folgt:

Bilanz der KLM-OHG

	(Buchwert)	(gemeiner Wert)		(Buchwert)	(gemeiner Wert)
Firmenwert	0,–	150.000,–	EK des K	100.000,–	200.000,–
Grundstück	110.000,–	200.000,–	EK des L	100.000,–	200.000,–
sonstige Aktiva	190.000,–	250.000,–	EK des M	100.000,–	200.000,–
	300.000,–	600.000,–		300.000,–	600.000,–

M möchte gegen Abfindung in das Privatvermögen aus der Gesellschaft ausscheiden. Es wird vereinbart, dass er als Abfindung das Grundstück erhält.

Die Gesellschaft nimmt folgende Buchungen vor:

EK des M	an Abfindungsverpflichtung	100.000,–	200.000,–
Firmenwert		50.000,–	
Grundstück		30.000,–	
sonstige Aktiva		20.000,–	
Abfindungsverpflichtung	an Grundstück	200.000,–	140.000,–
	Ertrag		60.000,–

Durch die Abfindung des M mit dem Grundstück erzielt dieser einen nach § 16 Abs. 1 S. 1 Nr. 2 EStG begünstigten Veräußerungsgewinn i.H.v. 100.000 EUR und die verbleibenden Gesellschafter in der Gesamthand einen laufenden Gewinn i.H.v. 60.000 EUR.[361]

3. Abfindung in ein anderes Betriebsvermögen
a) Sachwertabfindung

Im Rahmen einer Sachwertabfindung durch **Einzelwirtschaftsgüter**, die in ein Betriebsvermögen[362] des ausscheidenden Gesellschafters überführt werden, ist u.U. ein steuerneutrales Ausscheiden möglich. Grundlage dafür ist § 6 Abs. 5 S. 3 Nr. 1 oder 2 EStG, wonach eine **Buchwertfortführung zwingend** vorgeschrieben ist, „sofern die Besteuerung der stillen Reserven sichergestellt ist."[363] Entspricht der Buchwert der übergehenden Wirtschaftsgüter nicht dem Kapitalkonto des ausscheidenden Gesellschafters, kommt es vor dem Ausscheiden noch zu einer (steuerneutralen) Anpassung der Kapitalkonten.[364] 236

---

361 Vgl. *Rogall*, DStR 2006, 731, 733.
362 Umstritten ist, ob die Buchwertfortführung auch gewährt wird, wenn die Sachwertabfindung aus dem Gesamthandsvermögen direkt in das Gesamthandsvermögen einer anderen Personengesellschaft übertragen wird. Siehe z.B. *Glanegger* in Schmidt, Einkommensteuergesetz, 25. Aufl. 2006, § 6 Rn 536.
363 § 6 Abs. 5 S. 1 EStG.
364 Bei der sog. „Kapitalkontenanpassungsmethode" werden die Kapitalkonten der Gesellschafter in der Schlussbilanz steuerneutral angepasst, sodass das Kapitalkonto des Ausscheidenden den Buchwerten der Wirtschaftsgüter entspricht, die er als Abfindung erhält. Der Ausscheidende führt den Buchwert dann in seinem Betriebsvermögen fort. Dabei kommt es zu einem Überspringen stiller Reserven zwischen den Gesellschaftern. Die Gesellschafter sollten diese „Umverteilung" zukünftiger Steuerbelastungen bei der Zuteilung der Wirtschaftsgüter berücksichtigen. Der BFH hat mit Urteil v. 10.12.1991 – VIII R 69/86 verschiedene Möglichkeiten zur Anpassung der

237	**Beispiel**
	Das von der KLM-OHG als Sachwertabfindung gewährte Grundstück soll nun anstatt in das Privatvermögen in das Betriebsvermögen des Einzelunternehmers M gewährt werden. Die Besteuerung der stillen Reserven ist sichergestellt. Die Gesellschaft nimmt folgende Buchungen vor:

Kapitalkonto K	an Kapitalkonto M	5.000,–	10.000,–
Kapitalkonto L		5.000,–	
Kapitalkonto M	an Grundstück	110.000,–	110.000,–

Bei dieser Vorgehensweise scheidet M zwar steuerneutral aus der Gesellschaft aus, jedoch springen durch die Anpassung der Kapitalkonten stille Reserven auf die beiden Gesellschafter K und L über.

238 Die Regelungen des § 6 Abs. 5 EStG gelten auch dann, wenn es sich bei den übertragenen Wirtschaftsgütern um **wesentliche Betriebsgrundlagen** handelt. Wird allerdings eine wesentliche Betriebsgrundlage zum Buchwert in ein anderes Betriebsvermögen des Ausscheidenden übertragen, so ist ein etwaig darüber hinaus entstehender Veräußerungs- oder Aufgabegewinn nicht mehr nach § 16 Abs. 4 und § 34 EStG steuerlich begünstigt,[365] weil dann nicht „alle stillen Reserven der wesentlichen Grundlagen des Betriebs in einem einheitlichen Vorgang aufgelöst werden".[366] Dies betrifft auch Wirtschaftsgüter des Sonderbetriebsvermögens.[367]

239 Sollen im Rahmen der Sachwertabfindung Einzelwirtschaftsgüter nach § 6 Abs. 5 EStG übertragen werden, so gelten dabei übernommene Verbindlichkeiten als Entgelt (sog. **„Trennungstheorie"**).[368] Eine Übertragung zum Buchwert ist bezüglich des entgeltlichen Teils nicht möglich.

240 Bei der Übertragung zum Buchwert nach § 6 Abs. 5 S. 3 EStG sind die Vorschriften zur **Verhinderung von Missbrauch** in § 6 Abs. 5 S. 4–6 zu beachten (Sperrfrist und sog. „Körperschaftsteuerklausel").[369]

241 Soll der ausscheidende Mitunternehmer mit einer **Sachgesamtheit** (Betrieb, Teilbetrieb, Mitunternehmeranteil) abgefunden werden, bestand Rechtsunsicherheit dahingehend, ob eine Übertragung zum Buchwert möglich ist,[370] da § 6 Abs. 5 EStG explizit nur die Übertragung von „Einzelwirtschaftsgütern" regelt. Die Finanzverwaltung hat inzwischen jedoch klargestellt, dass die Übertragung von Sachgesamtheiten der Anwendbarkeit von § 6 Abs. 5 S. 1 u. 2 EStG aus Ihrer Sicht nicht im Wege steht.[371]

Immer wieder wird in der Literatur auch die Anwendung der Grundsätze der **Realteilung** (§ 16 Abs. 3 S. 2 EStG) für Fälle des Ausscheidens eines Gesellschafters gegen Sachwertabfindung als möglich angesehen.[372] Dem steht allerdings die Ansicht der Finanzverwaltung entgegen, die dafür eine Betriebsaufgabe auf Ebene der Mitunternehmerschaft voraussetzt.[373]

Bilanz im Fall der Realteilung abgewogen und sich für die Anwendung der Kapitalkontenanpassungsmethode ausgesprochen. Vgl. auch Schmidt/*Glanegger*, Einkommensteuergesetz, 25. Aufl. 2006, § 16 Rn 524; BMF v. 28.2.2006 – IV B 2 – S 2242 – 6/06 = DStR 2006, 426; *Heß*, DStR 2006, 777, 780; *Rogall*, DStR 2006, 731, 733.
365 Zur gewerbesteuerlichen Behandlung vgl. BFH v. 17.2.1994 – VIII R 13/94, BStBl II 1994, 809 = DStR 1994, 1418.
366 Vgl. BFH v. 6.9.2000 – IV 176/2004, DStR 2000, 2123, 2124.
367 Siehe zur Behandlung des Sonderbetriebsvermögens im Rahmen von § 16 EStG z.B. H 16 Abs. 4 EStR 2008; BMF v. 3.3.2005 – IV B 2 – S 2241 – 14/05; BFH v. 24.8.2000 – IV R 51/98, DStR 2000, 1768; *Zenthöfer/Schulze zur Wiesche*, Einkommensteuer, 9. Aufl. 2007, S. 546.
368 Vgl. BFH v. 27.3.1998 – IV B 2 – S 2240 – 41/98, DStR 1998, 766.
369 Vgl. z.B. Schmidt/ *Glanegger*, Einkommensteuergesetz, 25. Aufl. 2006, § 6 Rn 537ff.; *Rogall*, Ertragsteuerliche Implikationen der nicht verhältniswahrenden Teilung von Personengesellschaften, DStR 2005, 992, 994.
370 Vgl. z.B. *Dietel*, DStR 2009, 1352.
371 Vgl. BMF v. 8.12.2011 IV C 6 – S 2241/10/10002, Tz 7.
372 Vgl. z.B. *Stuhrmann*, Zur Realteilung durch Bar- und Sachwertabfindung, DStR 2005, 1355.
373 Vgl. BMF v. 28.2.2006 – IV B 2 – S 2242 – 6/06, DStR 2006, 426; *Heß*, Die Realteilung einer Personengesellschaft – Anmerkungen zum BMF-Schreiben vom 28.2.2006, DStR 2006, 777; FSen Berlin v. 28.12.2009 – III B – S 2242 – 1/2009.

b) Barabfindung

Wird im Rahmen des Ausscheidens eine Barabfindung in das Betriebsvermögen des Ausscheidenden gewährt, so liegt eine Veräußerung des Mitunternehmeranteils gegen Entgelt vor.[374] Der Ausscheidende erzielt einen Veräußerungserlös. Für die verbleibenden Gesellschafter stellt die Barabfindung Anschaffungskosten dar. Die Behandlung erfolgt analog der Vorgehensweise einer Barabfindung in das Privatvermögen (siehe Rn 233). 242

Es wird auch die Ansicht vertreten, dass bei einer Barabfindung in das Betriebsvermögen unter bestimmten Voraussetzungen[375] ein steuerneutrales Ausscheiden möglich ist.[376] Dazu ist allerdings eine Anpassung der Kapitalkonten[377] notwendig, wobei erhebliche stille Reserven zwischen den Gesellschaftern überspringen. Da für die verbleibenden Gesellschafter dann „die zukünftige Steuerbelastung höher ausfallen wird als vor dem steuerneutralen Bar-Ausscheiden eines Gesellschafters, werden sie darauf drängen, dass die Barabfindung dies entsprechend berücksichtigt."[378] 243

4. Sog. „Anwachsungsmodell" als typische Fallgestaltung

Durch Anwachsung[379] lässt sich eine **Umwandlung außerhalb des UmwG** erreichen. In der Praxis ist diese Form der „Umwandlung" wegen der vergleichsweise geringen Kosten und der einfachen Handhabung beliebt. Grundsätzlich gilt, dass eine Personengesellschaft nach Ausscheiden aller übrigen Gesellschafter in der Rechtsform des letzten verbleibenden Rechtsträgers fortgeführt wird.[380] Dieser übernimmt kraft Gesetzes sämtliche Aktiva und Passiva, ohne dass dafür Einzelübertragungsakte notwendig sind.[381] 244

Scheiden beispielsweise aus einer GmbH & Co. KG sämtliche Kommanditisten aus, so wächst deren Anteil am Gesamtvermögen der Komplementär-GmbH kraft Gesetzes an (§ 738 Abs. 1 S. 1 BGB i.V.m. §§ 105, 161 HGB) und die Personengesellschaft erlischt. Treten die Kommanditisten entschädigungslos aus, liegt nach Ansicht der Finanzverwaltung eine verdeckte Einlage in die Kapitalgesellschaft vor[382] und es kommt zur Aufdeckung der stillen Reserven (sog. **„einfaches Anwachsungsmodell"**). Eine andere Möglichkeit besteht darin, dass die Kommanditisten ihren Mitunternehmeranteil nach § 20 Abs. 2 UmwStG gegen Gewährung neuer Anteile zum Buchwert in die Komplementär-GmbH einbringen[383] (sog. **„erweitertes Anwachsungsmodell"**). 245

Teilweise wird bezweifelt, dass § 20 bzw. § 24 UmwStG noch für die Anwachsung anwendbar ist. Sie sind nach dem Wortlaut des UmwStG 2006 nämlich –neben Umwandlungen nach dem UmwG- nur noch bei Einzelrechtsnachfolge anwendbar (§ 1 Abs. 3 Nr. 4 UmwStG). Die Anwachsung erfolgt jedoch im Rahmen einer Gesamtrechtsnachfolge.[384] Die Befürworter der Anwend-

---

374 Vgl. Schmidt/*Wacker*, Einkommensteuergesetz, 25. Aufl. 2006, § 16 Rn 545.
375 Nach *Rogall* darf es sich nicht lediglich um einen verdeckten Erwerb des Mitunternehmeranteils handeln, der im Rahmen der Gesamtplanrechtsprechung jedenfalls dann angenommen wird, wenn die Finanzmittel erst im Zusammenhang mit dem Ausscheiden eingelegt werden.
376 Vgl. *Rogall*, Steuerneutrale Bar- und Sachabfindung beim Ausscheiden aus Personengesellschaften – zum Verhältnis von § 6 Abs. 5 EStG zu § 16 EStG, DStR 2006, 731, 734.
377 Vorgehensweise wie unter Rn 236 f.
378 *Rogall*, Steuerneutrale Bar- und Sachabfindung beim Ausscheiden aus Personengesellschaften – zum Verhältnis von § 6 Abs. 5 EStG zu § 16 EStG, DStR 2006, 731, 735.
379 Ausführlich zur Umwandlung durch Anwachsung: *Orth*, Umwandlung durch Anwachsung (Teil I), DStR 1999, 1011; (Teil II) DStR 1999, 1053.
380 Vgl. *Orth*, Umwandlung durch Anwachsung (Teil I), DStR 1999, 1011.
381 Vgl. *Breiteneicher*, DStR 2004, 1405.
382 Vgl. UmwSt-Erlass, BStBl I 2011, 1314, Tz E 20.10.
383 Zur Einbringung in eine Kapitalgesellschaft siehe Rn 147 ff.
384 Ständige Rechtsprechung, siehe z.B. BGH v. 7.7.2008 – II ZR 37/07, DStR 2008, 1792 sowie auch BMF v. 3. 1. 2005, IV A – S 0062 – 4/04, BStBl I 2005, 3 unter 2.

barkeit von § 20 bzw. § 24 UmwStG führen an, dass beim erweiterten Anwachsungsmodell in einem ersten Schritt die Kommanditanteile im Wege der Einzelrechtsnachfolge auf die Komplementär-GmbH übergehen und erst als Folge davon die Vermögensgegenstände und Schulden im Wege der Gesamtrechtsnachfolge „anwachsen".[385] Die Finanzverwaltung hat sich dieser Meinung im neuen UmwSt-Erlass 2011 angeschlossen und die Regelungen der §§ 20 u. 24 UmwStG ausdrücklich als für die Anwachsung anwendbar erklärt.[386]

II. Realteilung

1. Allgemeines

246 Ein Fall der Realteilung liegt vor, wenn auf **Ebene der Personengesellschaft** der Tatbestand der „**Betriebsaufgabe**" verwirklicht wird und das Gesamthandsvermögen auf die Gesellschafter entsprechend ihrem Anteil (real) zu **Alleineigentum** verteilt wird.[387] Dadurch unterscheidet sich die Realteilung von der Anwachsung, bei der der Betrieb nach dem Ausscheiden durch die verbleibenden Gesellschafter oder einen Einzelunternehmer[388] fortgeführt wird. Eine weitere Voraussetzung für eine Realteilung ist, „dass mindestens eine wesentliche Betriebsgrundlage auch nach der Realteilung Betriebsvermögen eines Realteilers darstellt."[389] Sind diese Voraussetzungen erfüllt, gehen die Vorschriften über die Realteilung (§ 16 Abs. 3 S. 2–4 EStG) den Vorschriften zur Übertragung von Einzelwirtschaftsgütern (§ 6 Abs. 5 und 3 EStG) vor. Bei Überführung in ein **Betriebsvermögen** sind zwingend die Buchwerte fortzuführen, wenn die Besteuerung der stillen Reserven sichergestellt ist (§ 16 Abs. 3 S. 2 EStG).

247 Wird ein **Spitzen- oder Wertausgleich** geleistet, so entsteht in Höhe der Differenz zwischen dem Spitzenausgleich und dem Buchwert der übernommenen Wirtschaftsgüter, der dem Verhältnis der Ausgleichszahlung zum Verkehrswert des übernommenen Vermögens entspricht, ein laufender Gewinn,[390] der jedoch wohl nicht der Gewerbesteuer unterliegt, soweit er auf eine natürliche Person als Mitunternehmer entfällt.[391]

248 Eine Realteilung kann durch Übertragung von Teilbetrieben, Mitunternehmeranteilen[392] sowie Einzelwirtschaftsgütern erfolgen. Eine 100%ige Beteiligung an einer Kapitalgesellschaft gilt als Teilbetrieb, Teile von Mitunternehmeranteilen als Mitunternehmeranteile.[393] Im Rahmen der Realteilung findet durchgängig, also auch bei der Übertragung einzelner Wirtschaftsgüter, die sog. „**Einheitstheorie**" Anwendung, wonach die Übertragung von Verbindlichkeiten nicht als Entgelt behandelt wird.[394]

249 Werden Wirtschaftsgüter in ein **Privatvermögen** überführt, stellt dies eine Entnahme der **Realteilungsgemeinschaft** dar,[395] die mit dem gemeinen Wert zu bewerten ist. Zu beachten gilt es, dass in diesem Fall für den einzelnen Realteiler eine Begünstigung der Aufgabe seines Mitunternehmeranteils nach § 16 Abs. 4 und § 34 EStG nur in Betracht kommt, wenn nicht einzelne

---

385 Vgl. z.B. Kowallik/Merklein/Scheipers, DStR 2008, 173, 177.
386 Vgl. UmwSt-Erlass, BStBl I 2011, 1314, Tz 01.44 u. 01.47.
387 Vgl. Schmidt/ Wacker, Einkommensteuergesetz, 25. Aufl. 2006, § 16 Rn 535.
388 Vgl. BFH v. 10.3.1998 – VIII R 76/96, BStBl II 1999 269 = DStR 1998, 1253.
389 Vgl. BMF v. 28.2.2006 – IV B 2 – S 2242 – 6/06, DStR 2006, 426.
390 Vgl. BMF v. 28.2.2006 – IV B 2 – S 2242 – 6/06, DStR 2006, 426, 427, a.A.: BFH, v. 1.12.1992 – VIII R 57/90, DStR 1994, 819.
391 Vgl. BFH v. 17.2.1994 – VIII R 13/94, BStBl II 1994, 809 = DStR 1994, 1418 i.V.m. § 7 S. 2 GewStG.
392 Mitunternehmeranteile stellen an sich schon Anteile an einem Betriebsvermögen dar und müssen daher nicht in ein weiteres Betriebsvermögen des Realteilers übergehen.
393 Vgl. BMF v. 28.2.2006 – IV B 2 – S 2242 – 6/06, DStR 2006, 426.
394 Vgl. BMF v. 27.3.1998 – IV B 2 – S 2240 – 41/98, DStR 1998, 766.
395 Vgl. BMF v. 28.2.2006 – IV B 2 – S 2242 – 6/06, DStR 2006, 426, 427.

wesentliche Betriebsgrundlagen zum Buchwert in ein anderes Betriebsvermögen überführt werden.[396]

Soweit einzelne Wirtschaftsgüter auf eine an der Mitunternehmerschaft **beteiligte Körperschaft**, Personenvereinigung oder Vermögensmasse übertragen werden, ist der gemeine Wert anzusetzen. Dies gilt jedoch, entgegen dem Wortlaut in § 16 Abs. 3 S. 4 EStG, nur für den Teil, zu dem die Körperschaft „nicht schon bisher mittelbar oder unmittelbar an dem übertragenen Wirtschaftsgut beteiligt war."[397]

In der Praxis werden sich bei der Realteilung die Summe von Buchwerten der übertragenen Wirtschaftsgüter und des Kapitalkontos nicht entsprechen. In diesem Fall ist eine steuerneutrale **Anpassung der Kapitalkonten**[398] vorzunehmen, bei der allerdings stille Reserven zwischen den verschiedenen Realteilern überspringen.

2. Praxisprobleme bei der Realteilung
a) Sperrfrist bei der Übertragung von Einzelwirtschaftsgütern
Werden im Rahmen der Realteilung **Einzelwirtschaftsgüter** übertragen, so wird rückwirkend zum Zeitpunkt der Übertragung der gemeine Wert angesetzt, **soweit** diese innerhalb der Sperrfrist von drei Jahren veräußert oder entnommen werden (§ 16 Abs. 3 S. 3 EStG). Dies gilt allerdings nur für **wesentliche Betriebsgrundlagen** sowie für Grund- und Boden und Gebäude, auch wenn sie keine wesentliche Betriebsgrundlage darstellen.[399] Die Sperrfrist beginnt mit Abgabe der Steuererklärung der Mitunternehmerschaft für den Veranlagungszeitraum der Realteilung.

Die Sperrfrist gilt nur, wenn im Rahmen der Realteilung einzelne Wirtschaftsgüter übertragen wurden. Bei einer Übertragung von (Teil-)Betrieben bzw. Mitunternehmeranteilen ist sie **nicht** zu beachten. Im Zusammenhang mit der Realteilung gelten Teile von Mitunternehmeranteilen als Mitunternehmeranteile und 100%ige Beteiligungen an Kapitalgesellschaften[400] als Teilbetriebe.

Veräußerung ist auch die Einbringung nach §§ 20, 24 UmwStG, der Formwechsel nach § 25 UmwG und die Übertragung gegen Gewährung von Gesellschaftsrechten nach § 6 Abs. 5 EStG.[401]

b) Beispiel: Realteilung einer Anwaltssozietät
Insbesondere seit sich das BMF mit Schreiben vom 28.2.2006[402] zur Anwendung der Vorschriften über die Realteilung geäußert hat, bestehen erhebliche praktische Probleme mit der Realteilung. Dies gilt vor allem dann, wenn die Realteiler nach der Realteilung wieder in eine Personengesellschaft eintreten wollen. Die Problematik soll anhand des folgenden Beispiels verdeutlicht werden:

---
396 Vgl. *Heß*, DStR 2006, 777; BFH v. 6.9.2000 – IV 176/2004, DStR 2000, 2123, 2124.
397 Vgl. BMF v. 28.2.2006 – IV B 2 – S 2242 – 6/06, DStR 2006, 426, 427.
398 Zur Vorgehensweise siehe Rn 236 f.
399 Vgl. BMF v. 28.2.2006 – IV B 2 – S 2242 – 6/06, DStR 2006, 426, 428; a.A.: *Wacker* in Schmidt, Einkommensteuergesetz, 25. Aufl. 2006, § 16 Rn 554.
400 BMF v. 28.2.2006 – IV B 2 – S 2242 – 6/06, DStR 2006, 426, Tz III; kritisch hierzu: *Heß*, DStR 2006, 777, 779.
401 Vgl. BMF v. 28.2.2006 – IV B 2 – S 2242 – 6/06, DStR 2006, 426, Tz VIII.
402 BMF v. 28.2.2006 – IV B 2 – S 2242 – 6/06, DStR 2006, 426.

256 **Beispiel**
Die beiden Rechtsanwälte Q und R üben ihren Beruf gemeinsam in einer Sozietät aus.

Bilanz der QR-GbR

	(Buchwert)	(gemeiner Wert)		(Buchwert)	(gemeiner Wert)
Mandantenstamm	0,–	500.000,–	Kapitalkonto Q	50.000,–	300.000,–
BGA	100.000,–	100.000,–	Kapitalkonto R	50.000,–	300.000,–
	100.000,–	600.000,–		100.000,–	600.000,–

Q und R entschließen sich, die Sozietät aufzulösen und ihren Beruf jeweils in neuen Einzelpraxen auszuüben. Mandantenstamm und die Betriebs- und Geschäftsausstattung übertragen sie je zur Hälfte in ihre Einzelunternehmen.

Da auf Ebene der Personengesellschaft eine Betriebsaufgabe vorliegt, sind die Regelungen der Realteilung (§ 16 Abs. 3 S. 2 bis 4 EStG) anwendbar. Die einzelnen Wirtschaftsgüter müssen mit dem Buchwert übertragen werden, da sie in das Betriebsvermögen der einzelnen Realteiler überführt werden und damit steuerverhaftet bleiben (§ 16 Abs. 3 S. 2 EStG). In den Eröffnungsbilanzen ihrer Einzelunternehmen setzen Q und R korrespondierend die Betriebs- und Geschäftsausstattung mit dem Buchwert von jeweils 50.000 EUR an. Die Auflösung der Sozietät bleibt so zunächst steuerneutral. Ein Jahr später entschließt sich Rechtsanwalt R, sein Einzelunternehmen nach § 24 UmwStG gegen Gewährung von Gesellschaftsrechten in die Sozietät der Anwälte S und T einzubringen.

257 Die Einbringung in eine Personengesellschaft (§ 24 UmwStG) ist nach Ansicht der Finanzverwaltung als **Veräußerung** i.S.d. § 16 Abs. 3 S. 3 EStG anzusehen. Da R seinen Mandantenstamm mit einbringt, dieser als **einzelnes** Wirtschaftsgut aus der QR-GbR übernommen wurde und es sich um eine **wesentliche Betriebsgrundlage** handelt, muss für den Mandantenstamm rückwirkend der gemeine Wert angesetzt werden. Die Folge ist, dass stille Reserven i.H.v. 250.000 EUR rückwirkend aufgedeckt werden. Der dadurch entstehende Gewinn ist nicht nach §§ 16 und 34 EStG begünstigt und entfällt je zur Hälfte auf die **beiden** Altgesellschafter, wenn diese für diesen Fall nicht eine abweichende Vereinbarung getroffen haben.[403] Dieselben Folgen treten ein, wenn R sich entschließt, einzelne Wirtschaftsgüter gegen Gewährung von Gesellschaftsrechten nach § 6 Abs. 5 S. 3 Nr. 1 EStG zum Buchwert auf die ST-GbR zu übertragen.

258 Im Ergebnis sind beide Rechtsanwälte innerhalb der Sperrfrist von drei Jahren daran gehindert, gegen Übertragung der bei der Realteilung übernommenen Einzelwirtschaftsgüter wieder in eine Gesellschaft einzutreten, ohne dabei rückwirkend die Aufdeckung von stillen Reserven auszulösen. Dies wird von Verbänden und in der Literatur heftig kritisiert.[404]

---

[403] Es empfiehlt sich daher bereits im Vorfeld der Realteilung eine entsprechende abweichende Gewinnverteilung für diesen Fall zu vereinbaren. Dies wird von der Finanzverwaltung auch anerkannt. Vgl. BMF v. 28.2.2006 – IV B 2 – S 2242 – 6/06, DStR 2006, 426, Tz IX.
[404] Vgl. *Bundesrechtsanwaltskammer*, Stellungnahme zum BMF-Erlass zur Realteilung vom 28.2.2006, http://www.brak.de/w/files/05_zur_rechtspolitik/BMF_Realteilung_3.8.2006.pdf, abgerufen am 3.6.2012; *Institut der Wirtschaftsprüfer*, WPg 2006, 145, 1243 und 1380; *Heß*, DStR 2006, 777, 782.

Wolfgang Arens/Ulrich Spieker
§ 19 Die Verschmelzung (§§ 2–122l UmwG)

Literatur

Dokumentationen/Kommentare/Monographien: *Arens/Spieker*, Umwandlungsrecht in der Beratungspraxis, 1996; *Benkert/Bürkle*, Umwandlungsgesetz/Umwandlungssteuergesetz (deutsch/englisch), 1996; *Beuthien*, Genossenschaftsgesetz mit Umwandlungsrecht, Kommentar, 15. Aufl. 2011; *Ganske*, Umwandlungsrecht, 2. Aufl. 1995; *Goutier/Knopf/Tulloch*, Kommentar zum Umwandlungsrecht, 1995; *Heidel* (Hrsg.), Anwaltkommentar Aktienrecht und Kapitalmarktrecht, 3. Aufl. 2011 (zitiert: AnwK-AktR/*Bearbeiter*); *Heidel/Pauly/Amend*, AnwaltFormulare, 7. Aufl. 2012; *Heidinger/Limmer/Holland/Reul*, Gutachten zum Umwandlungsrecht 1996/97, Deutsches Notarinstitut, Band IV, 1998; *Kallmeyer*, Umwandlungsgesetz, 4. Aufl. 2010; *Katschinski*, Die Verschmelzung von Vereinen, 1999; *Korintenberg/Lappe/Bengel*, KostO, 18. Aufl. 2010; *Limmer* (Hrsg.), Umwandlungsrecht, 4. Aufl. 2012; *Naraschewski*, Stichtage und Bilanzen bei der Verschmelzung, 2001; *Neye*, Umwandlungsgesetz/Umwandlungssteuergesetz, 1994; *Rettmann*, Kontrolle von Verschmelzungsbeschlüssen, 1998; *Sagasser/Bula/Brünger*, Umwandlungen, 4. Aufl. 2011; *Schmitt/Hörtnagl/Stratz*, Umwandlungsgesetz/Umwandlungssteuergesetz, 5. Aufl. 2009; *Schwedhelm*, Die Unternehmensumwandlung, 7. Aufl. 2012; *Semler/Stengel*, Kommentar zum Umwandlungsgesetz, 3. Aufl. 2011; *Widmann/Mayer*, Umwandlungsrecht, Kommentar, Loseblatt, Stand 2012; *Wunsch*, Die Verschmelzung und Spaltung von Kapitalgesellschaften, 2003.

Aufsätze: *Aha*, Ausgewählte Zweifelsfragen zur Rechnungslegung bei Verschmelzungen, BB 1996, 2559; *Bartovics*, Die Ausschlußfrist gem. § 17 Abs. 2 UmwG, GmbHR 1996, 514; *Baumann*, Kapitalerhöhung zur Durchführung der Verschmelzung von Schwestergesellschaften mbH im Konzern?, BB 1998, 2321; *Böhringer*, Grundzüge des neuen Umwandlungsrechts, BWNotZ 1995, 97; *Bokelmann*, Eintragung eines Beschlusses: Prüfungskompetenz des Registerrichters bei Nichtanfechtung rechtsmißbräuchlicher Anfechtungsklage und bei Verschmelzung, DB 1994, 1341; *Brandes*, Mitbestimmungsvermeidung mittels grenzüberschreitender Verschmelzungen, ZIP 2008, 2193; *Bund*, Beschlüsse, Verschmelzung und Anmeldungen der Vereine, ZNotP 2003, 377; *Bungert*, Zuständigkeit des Landgerichts bei Bestellung des Verschmelzungsprüfers im neuen Umwandlungsrecht, BB 1995, 1399; *Bungert*, Umtauschverhältnis bei Verschmelzungen, BB 2003, 699; *Decher*, Die Überwindung der Registersperre nach § 16 Abs. 3 UmwG, AG 1997, 388; *Decher*, Rechtsfragen des grenzüberschreitenden Merger of Equals, in: Festschrift für Marcus Lutter, 2000; *Dehmer*, Das Umwandlungssteuergesetz 1995, DStR 1994, 1713 und 1753; *Dehmer/Stratz*, Nochmals: die Verschmelzung auf den Alleingesellschafter, DB 1996, 1071; *Dieterlen/Schaden*, Ertragsteuerliche Behandlung von Umwandlungskosten bei der Verschmelzung von Tochterkapitalgesellschaften auf ihre Mutterkapitalgesellschaft, BB 1997, 2297; *Ditges*, Verlust der Verluste bei der Abwärtsverschmelzung, steueranwaltsmagazin 2011, 93; *Dörrie*, Erbrecht und Gesellschaftsrecht bei Verschmelzung, Spaltung und Formwechsel, GmbHR 1996, 245; *Dötsch*, Inländische Umwandlungsvorgänge mit Auslandsberührung, BB 1998, 1029; *Fischer*, Verschmelzung von GmbH in der Handels- und Steuerbilanz, DB 1995, 485; *Gärtner*, Verschmelzung von Kapitalgesellschaften und Grundstücksfragen, DB 2000, 409; *Gaiser*, Die Umwandlung und ihre Auswirkungen auf personenbezogene öffentlich-rechtliche Erlaubnisse, DB 2000, 361; *Germann*, Die Acht-Monats-Frist für die Einreichung der Schlußbilanz nach Verschmelzung und ihre Bedeutung für die Praxis, GmbHR 1999, 591; *Graf*, Umwandlungen aus der Sicht des Registergerichts eine Checkliste, BWNotZ 1995, 103; *Hannemann*, Down-Stream Merger einer Kapitalgesellschaft auf eine Personengesellschaft, DB 2000, 2497; *Haritz*, Verschmelzung einer GmbH auf eine KGaA – eine steuerrechtliche Mischumwandlung, DStR 1996, 1192; *Heckschen*, Die Verschmelzung auf den Alleingesellschafter – eine mißglückte gesetzliche Regelung, ZIP 1996, 450; *Heermann*, Auswirkungen einer Behebbarkeit oder nachträglichen Korrektur von gerügten Verfahrensmängeln auf das Unbedenklichkeitsverfahren nach § 16 Abs. 3 UmwG, ZIP 1999, 1861; *Hjort*, Der notwendige Inhalt eines Verschmelzungsvertrages aus arbeitsrechtlicher Sicht, NJW 1999, 750; *Hüffer*, Der Schutz besonderer Rechte in der Verschmelzung, in: Festschrift für Marcus Lutter, 2000; *Ihrig*, Gläubigerschutz durch Kapitalaufbringung bei Verschmelzung und Spaltung nach neuem Umwandlungsrecht, GmbHR 1995, 622; *Impelmann*, Die Verschmelzung und der Formwechsel von Unternehmen nach dem neuen Umwandlungsrecht, DStR 1995, 769; *Kallmeyer*, Der Ein- und Austritt der Komplementär-GmbH einer GmbH & Co. KG bei Verschmelzung, Spaltung und Formwechsel nach dem Umwandlungsgesetz, GmbHR 1996, 80; *Kallmeyer*, Grenzüberschreitende Verschmelzungen und Spaltungen?, ZIP 1996, 535; *Kallmeyer*, Die GmbH & Co. KG im Umwandlungsrecht, GmbHR 2000, 418; *Kesseler*, Steuerliche Kapitalerhöhungspflicht bei der Mutterpersonengesellschaft auf die 100%ige Tochter-GmbH,

DStR 2006, 67; *Knott*, Gläubigerschutz bei horizontaler und vertikaler Konzernverschmelzung, DB 1996, 2423; *Körner/Rodewald*, Bedingungen, Befristungen, Rücktritts- und Kündigungsrechte in Verschmelzungs- und Spaltungsverträgen, BB 1999, 853; *Kösters*, Das Unbedenklichkeitsverfahren nach § 16 Abs. 3 UmwG, WM 2000, 1921; *Kowalski*, Kapitalerhöhung bei horizontaler Verschmelzung, GmbHR 1996, 158; *Krause*, Wie lang ist ein Monat? – Fristberechnung am Beispiel des § 5 III UmwG, NJW 1999, 1448; *Kröner*, Verlustverwertung bei der Verschmelzung von Kapitalgesellschaften, GmbHR 1996, 256; *Lenz*, Verschmelzung zur Neugründung, GmbHR 2001, 717; *Limmer*, Firmenrecht und Umwandlung nach dem Handelsrechtreformgesetz, NotBZ 2000, 101; *Mayer*, Anteilsgewährung bei der Verschmelzung mehrerer übertragender Rechtsträger, DB 1998, 913; *Melchior*, Die Beteiligung von Betriebsräten an Umwandlungsvorgängen aus Sicht des Handelsregisters, GmbHR 1997, 833; *Melchior*, Vollmachten bei Umwandlungsvorgängen – Vertretungshindernisse und Interessenkollisionen, GmbHR 1999, 520; *Middendorf/Stegemann*, Down-stream merger einer Personenhandelsgesellschaft auf ihre 100%ige Tochterkapitalgesellschaft, DStR 2005, 1082 und DStR 2006, 71; *Mildner*, Zeitliche Nutzung von Verlusten bei Verschmelzungen, GmbHR 2003, 644; *Müller*, Unterzeichnung des Verschmelzungsberichts, NJW 2000, 2001; *Müller*, Internationalisierung des deutschen Umwandlungsrechts, ZIP 2007, 1081; *Müller-Eising/Bert*, § 5 Abs. 3 UmwG: Eine Norm, eine Frist, drei Termine, DB 1996, 1398; *Mujkanovic*, Zur Bewertung bei Verschmelzung am Beispiel von AG und GmbH, BB 1995, 1735; *Naraschewski*, Verschmelzung im Konzern: Ausgleichs- und Abfindungsansprüche außenstehender Aktionäre bei Erlöschen eines Unternehmensvertrages, DB 1997, 1653; *Naraschewski*, Gläubigerschutz bei der Verschmelzung von GmbH, GmbHR 1998, 356; *Neumayer/Schulz*, Die Verschmelzung von rechtsfähigen Vereinen, DStR 1996, 872; *Olbing*, Spaltung und Verschmelzung von Kapitalgesellschaften, Stbg. 1999, 15; *Ossadnik*, Die „angemessene" Synergieverteilung bei der Verschmelzung, DB 1997, 885; *Ossadnik/Maus*, Die Verschmelzung im neuen Umwandlungsrecht aus betriebswirtschaftlicher Sicht, DB 1995, 105; *Paschos*, Die Maßgeblichkeit des Börsenkurses bei Verschmelzungen, ZIP 2003, 1017; *Passarge/Stark*, Gläubigerschutz bei grenzüberschreitenden Verschmelzungen, GmbHR 2007, 803; *Pfeifer*, Umwandlung und Insolvenz: Zur Insolvenzfähigkeit sich umwandelnder Rechtsträger und zur Umwandlungsfähigkeit insolventer Rechtsträger nach dem UmwG 1995, ZInsO 1999, 547; *Priester*, Das neue Umwandlungsrecht aus notarieller Sicht, DNotZ 1995, 427; *Priester*, Die „Umwandlung" einer GmbH auf ihren nichtvollkaufmännischen Allgemeingesellschafter, DB 1996, 413; *Priester*, Mitgliederwechsel im Umwandlungszeitpunkt, DB 1997, 560; *Reuter*, Keine Auslandsbeurkundung im Gesellschaftsrecht?, BB 1998, 116; *Rieble*, Verschmelzung und Spaltung von Unternehmen und ihre Folgen für Schuldverhältnisse mit Dritten, ZIP 1997, 301; *Riegger/Schockenhoff*, Das Unbedenklichkeitsverfahren zur Eintragung der Umwandlung ins Handelsregister, ZIP 1997, 2105; *Rodewald*, Vereinfachte „Kapitalherabsetzung" durch Verschmelzung von GmbH, GmbHR 1997, 19; *Rödder/Schumacher*, Verschmelzung von Kommanditgesellschaften und § 15a EStG, DB 1998, 99; *Röder/Göpfert*, Unterrichtung des Wirtschaftsausschusses bei Unternehmenskauf und Umwandlung, BB 1997, 2105; *Rubner*, Grenzüberschreitende Verschmelzungen nach dem Umwandlungsgesetz, NJW-Spezial 2007, 21; *Schaumburg*, Grenzüberschreitende Umwandlungen, GmbHR 1996, 501 und GmbHR 1996, 585; *Schaumburg*, Ausländische Umwandlungen mit Inlandsbezug, GmbHR 1996, 668; *Schaumburg*, Inländische Umwandlungen mit Auslandsbezug, GmbHR 1996, 414; *Scheidle/Sparrer/Pflanzer*, Wertansätze in der steuerlichen Schlußbilanz nach § 3 UmwStG, DStR 1999, 1340; *Schmid*, Einstweiliger Rechtsschutz von Kapitalgesellschaften gegen die Blockade von Strukturentscheidungen durch Anfechtungsklagen, ZIP 1998, 1057; *Schmid*, Das umwandlungsrechtliche Unbedenklichkeitsverfahren und die Reversibilität registrierter Verschmelzungsbeschlüsse, ZGR 1997, 493; *Schmidt, K.*, Zur gesetzlichen Befristung der Nichtigkeitsklage gegen Verschmelzungs- und Umwandlungsbeschlüsse, DB 1995, 1849; *Schmidt, K.*, Haftungsrisiken bei „steckengebliebenen" Verschmelzungen?, DB 1996, 1859; *Schmidt, K.*, Einschränkung der umwandlungsrechtlichen Eintragungswirkungen durch den umwandlungsrechtlichen numerus clausus, ZIP 1998, 181; *Schmidt, K.*, § 673 BGB bei Verschmelzungsvorgängen in Dienstleistungsunternehmen – oder: Geisterstunde im Umwandlungsrecht?, DB 2001, 1019; *Schmitt*, Verschmelzungsgewinn in der Handelsbilanz und Prinzip der Gesamtrechtsnachfolge, BB 2000, 1563; *Schöne*, Die Klagefrist des § 14 Abs. 1 UmwG; Teils Rechtsfortschritt, teils „Aufforderung" zu sanktionslosen Geheimbeschlüssen?, DB 1995, 1317; *Schulze zur Wiesche*, Die Verschmelzung nach dem neuen Umwandlungssteuergesetz, WPg 1995, 656; *Schwab*, Abfindungsanspruch außenstehender Aktionäre bei Beendigung des Unternehmensvertrags durch Verschmelzung, BB 2000, 527; *Schwarz*, Einvernehmliche Kürzung der Zuleitungsfrist gem. §§ 5 Abs. 3, 126 Abs. 3 und 194 Abs. 2 UmwG in der handelsregisterlichen Praxis, ZNotP 2001, 22; *Sedemund*, EU-weite Verschmelzungen, BB 2006, 519; *Sinewe*, Keine Anfechtungsklagen gegen Umwandlungsbeschlüsse bei wertbezogenen Informationsmängeln, DB 2001, 690; *Stohlmeier*, Zuleitung der Umwandlungsdokumentation und Einhaltung der Monatsfrist: Verzicht des Betriebsrats?, BB 1999, 1394; *Streck/Mack/Schwedhelm*, Verschmelzung und Formwechsel nach dem neuen Umwandlungsgesetz, GmbHR 1994, 161; *Streck/Posdziech*, Verschmelzung und Formwechsel nach dem neuen Umwandlungssteuergesetz, GmbHR 1995, 271 (Teil I) und GmbHR 1995, 357 (Teil II); *Thomas*, Verschmelzung von Kapitalgesellschaften, NWB 2001; Fach 18, 3789; *Tiedtke*, Kostenrechtliche Behandlung von Umwandlungsvorgängen nach dem Umwandlungsgesetz, ZNotP 2001, 226 (Teil I) und 260 (Teil II); *Tillmann*, Die Verschmelzung von Schwestergesellschaften unter Beteiligung von GmbH und GmbH & Co. KG, GmbHR 2003, 740; *Trappehl/Zimmer*, Unternehmenseinheitlicher Betriebsrat bei Verschmelzung BB 2008, 778; *Uder*, Verlustabzug bei der Verschmelzung von Kapitalgesellschaften, NWB 1997, Fach 18, 3543; *Ulrich/Böhle*, Verschmelzung auf zum Verschmelzungsstichtag nicht existierende Rechtsträger, GmbHR 2006, 644; *Veil*, Die Registersperre bei der Umwandlung einer AG in eine GmbH, ZIP 1996, 1065; *de Weerth*, Die „Verschmelzung" von Personengesellschaften und das neue Umwandlungs(steuer)recht, WiB 1995, 625; *Weiler/Meyer*, Heranziehung des Börsenkurses zur Unternehmensbewertung bei Verschmelzungen, ZIP 2001, 2153; *Wilsing/Kruse*, Maßgeblichkeit der Börsenkurse bei umwandlungsrechtlichen Verschmelzungen?, DStR 2001, 991; *Winter*, Die Anteilsgewährung – zwingendes Prinzip des Verschmelzungsrechts?, in: Festschrift für Marcus Lutter, 2000.

Inhalt
A. Rechtliche Grundlagen —— 1
I. Verschmelzungsarten und verschmelzungsfähige Rechtsträger —— 1
  1. Verschmelzungsarten, § 2 UmwG —— 1
    a) Verschmelzung „durch Aufnahme" —— 2
    b) Verschmelzung „durch Neugründung" —— 3
    c) Wesentliche Wirkungen —— 4
  2. Verschmelzungsfähige Rechtsträger, § 3 UmwG —— 5
    a) Übernehmende/neue Rechtsträger —— 6
    b) Übertragende Rechtsträger —— 9
II. Verschmelzungsvertrag und Verschmelzungsbeschluss —— 13
  1. Mindestinhalte des Verschmelzungsvertrages, § 5 UmwG —— 13
    a) Gesetzliche Mindestinhalte —— 13
    b) Besonderheiten bei der Verschmelzung auf eine Personenhandelsgesellschaft —— 15
  2. Besonderheiten beim Verschmelzungsbeschluss —— 16
  3. Kapitalerhöhung bei der Verschmelzung auf eine GmbH —— 20
    a) Erfordernis der Kapitalerhöhung —— 20
    b) Kapitalerhöhungsverbote, § 54 Abs. 1 UmwG —— 22
    c) Kapitalerhöhungswahlrechte, § 54 Abs. 2 UmwG —— 23
  4. Kostenrechtliche Grundlagen —— 26
    a) Geschäftswert —— 26
    b) Gebührentatbestände —— 29
    c) Verzichte und notarielle Nebentätigkeiten —— 31

B. Muster: Verschmelzung mit typischen Sachverhalten —— 33
I. Checkliste: Ablauf der Verschmelzung —— 33
II. Verschmelzung einer GmbH auf eine GmbH zur Aufnahme —— 34
  1. Typischer Sachverhalt —— 34
  2. Muster: Verschmelzungsvertrag —— 35
  3. Muster: Verschmelzungsbeschluss des übernehmenden Rechtsträgers mit Verzichtserklärung der Gesellschafter auf Erstellung eines Verschmelzungsberichts, auf Verschmelzungsprüfung und auf Erstellung eines Verschmelzungsprüfungsberichts und mit Anfechtungsverzicht —— 36
  4. Muster: Verschmelzungsbeschluss des übertragenden Rechtsträgers mit Verzichtserklärung der Gesellschafter auf Erstellung eines Verschmelzungsberichts, auf Verschmelzungsprüfung und auf Erstellung eines Verschmelzungsprüfungsberichts und mit Anfechtungsverzicht —— 37
  5. Muster: Anmeldung der Verschmelzung zum Register des übernehmenden Rechtsträgers —— 38
  6. Muster: Anmeldung der Verschmelzung zum Register des erlöschenden Rechtsträgers —— 39
III. Verschmelzung einer GmbH auf ihren Alleingesellschafter —— 40
  1. Typischer Sachverhalt —— 40
  2. Muster: Verschmelzungsvertrag —— 41
  3. Muster: Handelsregisteranmeldung zum Register der GmbH als übertragendem Rechtsträger —— 42
  4. Muster: Handelsregisteranmeldung zum Register der Einzelfirma als übernehmendem Rechtsträger —— 43
IV. Verschmelzung einer Tochtergesellschaft nach § 62 AktG auf die Muttergesellschaft (sog. Konzernverschmelzung) —— 44
  1. Muster: Einladung an die Aktionäre der Mutter-AG —— 44
  2. Muster: Bekanntmachung und Einladung im elektronischen Bundesanzeiger —— 45

3. Muster: Einreichung des Entwurfs des Verschmelzungsvertrages zum Handelsregister der übernehmenden AG gem. § 62 Abs. 3 UmwG —— 46
4. Muster: Verschmelzungsvertrag einer Konzernverschmelzung (Verschmelzung einer Tochtergesellschaft auf die Mutter-Aktiengesellschaft) —— 47
5. Muster: Anmeldung zum Handelsregister der übertragenden GmbH —— 48
6. Muster: Anmeldung zum Handelsregister des übernehmenden Rechtsträgers —— 49

A. Rechtliche Grundlagen

I. Verschmelzungsarten und verschmelzungsfähige Rechtsträger

1. Verschmelzungsarten, § 2 UmwG

1 Die Arten der Verschmelzung sind in § 2 UmwG geregelt. Es wird unterschieden zwischen
- Verschmelzung „durch Aufnahme" und
- Verschmelzung „durch Neugründung".

a) Verschmelzung „durch Aufnahme"

2 Das Vermögen eines oder mehrerer Rechtsträger („übertragende Rechtsträger") wird als Ganzes auf einen anderen schon bestehenden Rechtsträger („übernehmender Rechtsträger") übertragen.

b) Verschmelzung „durch Neugründung"

3 Das Vermögen zweier oder mehrerer Rechtsträger („übertragende Rechtsträger") wird jeweils als Ganzes auf einen neuen, von ihnen dadurch (im Wege der Sachgründung) gegründeten Rechtsträger („übernehmenden Rechtsträger") übertragen.

c) Wesentliche Wirkungen

4 Die Verschmelzung hat dabei zwei Wesensmerkmale:
- Der/die übertragende(n) Rechtsträger erlischt/erlöschen.
- Die Inhaber (Gesellschafter, Aktionäre, Genossen oder Mitglieder) der oder des übertragenden Rechtsträger(s) erhalten Anteile oder Mitgliedschaftsrechte des übernehmenden/neuen Rechtsträgers.

Das Vermögen des übertragenden Rechtsträgers geht im Wege der **Gesamtrechtsnachfolge** auf den übernehmenden Rechtsträger über. Das betrifft auch etwaigen Immobilienbesitz des übertragenden Rechtsträgers; der Eigentumsübergang vollzieht sich insoweit außerhalb des Grundbuchs; dieses ist lediglich entsprechend zu berichtigen.[1]

2. Verschmelzungsfähige Rechtsträger, § 3 UmwG

5 Am 1.2.2007 hat der Deutsche Bundestag das Zweite Gesetz zur Änderung des Umwandlungsgesetzes in zweiter und dritter Lesung beraten und der Bundesrat hat das Gesetz am 9.3.2007 be-

---

[1] *Schmitt/Hörtnagl/Stratz*, UmwG/UmwStG, § 20 UmwG Rn 23 und Rn 60; Semler/Stengel/*Kübler*, UmwG, § 20 Rn 8 ff. Die in diesem Rahmen anfallenden Grunderwerbsteuerbelastungen sind nach Auffassung des BFH beim übernehmenden Rechtsträger nicht Betriebsausgaben, sondern aktivierungspflichtige Anschaffungskosten: BFH GmbHR 2004, 58 m. Anm. *Lahl/Kleinert*; anders noch FG Köln EFG 2003, 339; dazu *Fatouros*, DStR 2003, 772.

schlossen und darin die EG-Verschmelzungsrichtlinie vollständig umgesetzt.[2] Das Gesetz ist am 20.4.2007 in Kraft getreten.[3] Durch die Einfügung eines neuen Zehnten Abschnitts in das UmwG (§§ 122a bis 122l UmwG) ist die **grenzüberschreitende Verschmelzung** im Bereich der EU nunmehr aus Sicht des deutschen Rechts geregelt. Es fehlten aber zunächst in den meisten EU-Mitgliedsstaaten noch die korrespondierende Anpassung der dortigen nationalen Gesetze. Dies ist inzwischen nachgeholt. Welche Rechtsträger nach deutschem Recht als übertragende bzw. als übernehmende Rechtsträger beteiligt sein können, regelt § 3 UmwG:

a) Übernehmende/neue Rechtsträger

Übernehmende bzw. neue Rechtsträger können sein: 6
- **Personengesellschaften**: Personenhandelsgesellschaften (OHG, KG), seit dem 1.8.1998 auch Partnerschaftsgesellschaften; nicht jedoch: Gesellschaften bürgerlichen Rechts (sie müssen zuvor in Personenhandelsgesellschaften umgestaltet und in das Handelsregister eingetragen werden);[4]
- **Körperschaften**:
    - Kapitalgesellschaften[5] (GmbH, AG, KGaA)
    - eingetragene Genossenschaften
    - eingetragene Vereine i.S.v. § 21 BGB[6]
    - genossenschaftliche Prüfungsverbände
    - Versicherungsvereine auf Gegenseitigkeit (VVaG);
    - **natürliche Personen**, die als Alleingesellschafter einer Kapitalgesellschaft deren Vermögen übernehmen (§ 3 Abs. 2 Nr. 2 UmwG).[7]

Der übernehmende Rechtsträger muss dabei seinerseits zum (rückwirkend gewählten) Verschmelzungsstichtag noch nicht existiert haben.[8]

Bei der zuletzt genannten Gestaltung (natürliche Person, die als Alleingesellschafter einer 7 Kapitalgesellschaft deren Vermögen übernimmt) war früher streitig, ob der übernehmende Gesellschafter (zukünftig) Vollkaufmannseigenschaften haben und im Handelsregister eingetragen sein musste.[9] Diese Zweifelsfrage hat der Gesetzgeber mit Wirkung ab 1.7.1998 durch § 122 Abs. 2 UmwG n.F. mit dem HRefG geklärt. Dem Registergericht muss dabei sowohl der Zustimmungsbeschluss der Gesellschafterversammlung als auch die separate Zustimmung des Alleingesellschafters in notarieller Form vorgelegt werden.[10]

Der Verschmelzung einer GmbH auf ihren Alleingesellschafter steht eine insolvenzrechtlich 8 relevante **Überschuldung** der Gesellschaft, die nicht zu der Eröffnung eines Insolvenzverfahrens geführt hat, nicht entgegen. Bei der Eintragung der Verschmelzung in das Handelsregister ist daher vom Registergericht weder zu prüfen, ob der übertragende Rechtsträger überschuldet

---

[2] *Neye*, BB 2007, 389; zum Referentenentwurf siehe *Drinhausen/Keinath*, BB 2006, 725; zum Regierungsentwurf siehe *Drinhausen*, BB 2006, 2313.
[3] BGBl I 2007, 542.
[4] Dazu etwa *Horn*, BuW 2001, 294.
[5] Dazu *Haritz*, DStR 1996, 1192.
[6] Vgl. dazu *Neumayer/Schulz*, DStR 1996, 872 ff.
[7] Zur Berechtigung zur Fortführung der bisherigen Firmierung siehe OLG Schleswig BB 2001, 273 = GmbHR 2001, 205.
[8] *Lutter/Schaumburg/Schumacher*, UmwG, Anh. § 122 Rn 25 und 94; *Ulrich/Böhle*, GmbHR 2006, 644 m.w.N.
[9] So BGH ZIP 1998, 1225; zuvor auch OLG Zweibrücken ZIP 1996, 460 m. Anm. *Heckschen* und Anm. *Felix*, DStR 1996, 658 = EWiR 1996, 277 (*Neye*) = DB 1996, 418; *Dehmer/Stratz*, DB 1996, 1071; a.A. AG Dresden GmbHR 1997, 175; LG Berlin GmbHR 1997, 552.
[10] AG Dresden GmbHR 1997, 33; a.A. LG Dresden GmbHR 1997, 175. Die Fortführung einer Namensfirmierung ohne Vornamen soll dabei nach §§ 122, 18 UmwG zulässig sein: OLG Düsseldorf NJW 1998, 616.

ist noch ob der übernehmende Alleingesellschafter durch die Verschmelzung in die Überschuldung gerät.[11]

b) Übertragende Rechtsträger

9 Übertragende Rechtsträger können die vorstehend genannten Rechtsträger mit Ausnahme der natürlichen Personen (siehe Rn 6) sein, also:
- Personenhandelsgesellschaften
- Körperschaften und zusätzlich
- wirtschaftlicher Verein gem. § 22 BGB (§ 3 Abs. 2 Nr. 1 UmwG).

10 Sollen zwei **aufgelöste und in der Liquidation befindliche Rechtsträger** miteinander verschmolzen werden, muss zumindest bei dem übernehmenden Rechtsträger zugleich ein Fortsetzungsbeschluss gefasst werden.[12] Bei einer aufgelösten Kapitalgesellschaft als übertragendem Rechtsträger ist dabei aber erforderlich, dass sie nicht überschuldet ist, weil sonst ein Fortsetzungsbeschluss nicht zulässig ist.[13]

11 Die Einzelheiten der Verschmelzung durch Aufnahme sind in §§ 4–35 UmwG geregelt, die Einzelheiten zur Verschmelzung durch Neugründung in §§ 36–38 UmwG. In §§ 39 ff. UmwG sind dann die einzelnen Verschmelzungsalternativen – je nach Rechtsform der beteiligten Rechtsträger – geregelt.

12 Eine unwirksame Verschmelzung ist nicht nach den Grundsätzen fehlerhafter gesellschaftlicher Akte (sog. **fehlerhafte Gesellschaft**) zu behandeln und führte schon nach bisheriger Rechtslage bis zum 31.12.1998 auch nicht zur Haftung des übernehmenden Rechtsträgers nach § 419 BGB in der bis dahin geltenden Fassung.[14]

II. Verschmelzungsvertrag und Verschmelzungsbeschluss

1. Mindestinhalte des Verschmelzungsvertrages, § 5 UmwG
a) Gesetzliche Mindestinhalte

13 Gesetzliche Mindestinhalte des Verschmelzungsvertrages (§ 5 UmwG) sind:[15]
- Name/Firmierung und Sitz der beteiligten Rechtsträger
- die eigentliche Verschmelzungsvereinbarung (Übertragung des Vermögens des übertragenden Rechtsträgers als Ganzes gegen Gewährung von Anteilen/Mitgliedschaftsrechten an dem übernehmenden Rechtsträger)
- Umtauschverhältnis der Anteile, ggf. Höhe der baren Zuzahlungen, bzw. Abfindungsangebot an ausscheidenswillige Anteilseigner
- Einzelheiten der Anteilsübertragung/des Mitgliedschaftserwerbs[16]

---

11 OLG Stuttgart DStR 2006, 338 = ZIP 2005, 2066, dazu EWiR 2005, 839 (*Heckschen*); ähnlich LG Leipzig v. 18.1.2006 – 1 HK T 7414/04 für die Verschmelzung einer insolventen GmbH & CoKG auf eine andere GmbH & CoKG.
12 AG Erfurt GmbHR 1996, 373 = Rpfleger 1996, 163; OLG Naumburg GmbHR 1997, 1152 und GmbHR 1998, 382; Semler/Stengel/*Stengel*, UmwG, § 3 Rn 11 ff.
13 BayObLG ZIP 1998, 739 = BB 1998, 1327; KG DZWIR 1999, 251 m. Anm. *Heckschen*; siehe auch *Pfeifer*, ZInsO 1999, 547; Centrale-Gutachten, GmbHR 1999, 653.
14 BGH EWiR 1996, 267 (*Grunewald*) = BB 1996, 342 = NJW 1996, 659; dazu *Priester*, DB 1996, 1859 ff.
15 Vgl. etwa *Impelmann*, DStR 1995, 769, 770 f.; *Schmitt/Hörtnagl/Stratz*, UmwG/UmwStG, § 5 UmwG Rn 3 ff.
16 Zum Inhalt eines Verschmelzungsvertrages mit mehreren Schwestergesellschaften als übertragenden Rechtsträgern siehe OLG Frankfurt BB 1998, 1075 = GmbHR 1998, 542; DNotI-Gutachten, DNotI-Report 1997, 217; zum Auskunftsanspruch des Aktionärs OLG München v. 4.7.2001 – 7 U 5285/00, n.v.

- Beginn des Anspruchs auf Ergebnisbeteiligung[17]
- Verschmelzungsstichtag[18]
- Regelung über die Bestimmung bzw. Abgeltung von Sonderrechten
- Angaben über Sondervorteile für Mitglieder des Vertretungsorgans/Aufsichtsorgans bzw. für geschäftsführende Gesellschafter/Abschlussprüfer oder Verschmelzungsprüfer[19]
- negative und positive Folgen der Verschmelzung für die Arbeitnehmer und die Arbeitnehmervertretungen (dazu siehe § 17 Rn 219 m.w.N.).[20] Eine bloß schlagwortartige Darstellung der Folgen des Umwandlungsvorgangs für die Arbeitnehmer und ihre Vertretungen reicht nicht aus, sondern es müssen vielmehr alle **negativen und positiven Folgen** und die dazu vorgesehenen Maßnahmen ausreichend präzise darstellt werden.[21]
- vorgesehene Maßnahmen zum Schutz der Rechte/Interessen der Arbeitnehmer/Arbeitnehmervertretungen
- Definition und Abgrenzung des übertragenen Vermögens
- bei GmbH: Nennbeträge der einzelnen Anteile.

Nach § 37 UmwG muss in dem Verschmelzungsvertrag der Gesellschaftsvertrag, die Satzung 14 oder das Statut des neuen Rechtsträgers enthalten sein oder festgestellt werden. Die den Gesellschaftern des übertragenden Rechtsträgers zu gewährenden Leistungen – Anteile, ggf. bare Zuzahlungen bzw. Abfindungsangebot – müssen klar definiert werden (siehe Rn 24). Ob die aktienrechtlichen Grundsätze für die **Bewertung der Anteile** einer börsennotierten AG nach der Rechtsprechung des BVerfG[22] und des BGH,[23] nämlich die Pflicht zur Berücksichtigung des Börsenkurses, auch für umwandlungsrechtliche Abfindungsangebote gelten, war lange Zeit nicht abschließend geklärt.[24] Inzwischen hat dies das BVerfG verneint.[25]

b) Besonderheiten bei der Verschmelzung auf eine Personenhandelsgesellschaft

Bei der Verschmelzung auf eine (bestehende oder neue) Personenhandelsgesellschaft (KG, OHG) 15 muss der Verschmelzungsvertrag klarstellen, ob Anteilsinhaber eines übertragenden Rechtsträgers die Stellung eines persönlich haftenden Gesellschafters oder eines Kommanditisten erhalten werden. Der Betrag der Einlage jedes Gesellschafters ist dabei festzustellen. Waren die Ge-

---

17 Eine nach dem steuerlichen Übertragungsstichtag beschlossene Gewinnausschüttung für den davor liegenden Besteuerungszeitraum soll im Zweifel dem übernehmenden Rechtsträger zuzuordnen sein: FG Berlin EFG 2004, 70 m. Anm. *Trossen*.
18 Nach der Rechtsprechung des BFH (GmbHR 1999, 1312 = DStR 1999, 1983) zu § 2 UmwStG 1977 kann der steuerlich maßgebliche Zeitpunkt für den fiktiven Vermögensübergang nicht durch die Beteiligten bestimmt werden; er ergibt sich als das Ende des Tages, auf den die Schlussbilanz des übertragenden Rechtsträgers aufgestellt ist; vgl. auch Tz. 2.01 des Umwandlungssteuererlasses v. 25.3.1998 (BStBl I, 268). Zum Bilanzierungszeitpunkt siehe Centrale-Gutachten, GmbHR 2000, 1197; zum rückwirkenden Entstehen einer gewerbesteuerlichen Organschaft siehe BFH DStR 2003, 2062.
19 Eine „Negativerklärung" dazu ist nach der Auffassung des OLG Frankfurt ZIP 2011, 2408 allerdings entbehrlich.
20 Vgl. dazu auch *Joost*, ZIP 1995, 976 ff.; OLG Düsseldorf ZIP 1998, 1190.
21 Vgl. OLG Düsseldorf ZIP 1998, 1190; AnwK-AktR/*Braunfels*, Kap. 11 Rn 22 m.w.N.; dazu auch AnwaltFormulare/*Arens/Spieker*, Kap. 45 Rn 9 Fn 29 und 30; *Joost*, ZIP 1995, 976; Semler/Stengel/*Simon*, UmwG, § 63 Rn 5 ff.
22 BVerfG DB 1999, 1693.
23 BGH DStR 2001, 754 = ZIP 2001, 734, dazu EWiR 2001, 605 m. Anm. *Wenger* in Sachen DAT/Altana.
24 Dazu *Luttermann*, ZIP 2001, 869; *Erb*, DB 2001, 523; *Wilsing/Kruse*, DStR 2001, 991; ablehnend BayObLG („Hypo-Vereinsbank") ZIP 2003, 253 = BB 2003, 275; dazu *Bungert*, BB 2003, 699; *Paschos*, ZIP 2003, 1017; *Weiler/Meyer*, ZIP 2003, 2153; EWiR 2003, 583 (*Wilhelm/Dreier*); zuvor bereits LG Dortmund ZIP 2001, 739 und OLG Düsseldorf ZIP 2000, 1525; siehe auch den sog. „Guano-Beschluss" des BGH BB 1997, 1705, dazu *Schwab*, BB 2000, 527.
25 BVerfG ZIP 2011, 170; dazu NJW-Spezial 2011, 111.

sellschafter beim übertragenden Rechtsträger nicht persönlich unbeschränkt haftbar, ist ihnen in der (neuen) Gesellschaft eine Kommanditistenstellung zu gewähren. Abweichende Bestimmungen sind nur mit ihrer Zustimmung im Verschmelzungsbeschluss wirksam (§ 40 UmwG).

2. Besonderheiten beim Verschmelzungsbeschluss

16 Grundsätzlich besteht auch bei Kapitalgesellschaften das Erfordernis der **Dreiviertel-Mehrheit der abgegebenen Stimmen** (§ 50 Abs. 1 UmwG). Die Satzung kann höhere Anforderungen stellen. Über die Verweisung in § 125 UmwG gelten diese Regelungen weitgehend auch bei einzelnen Spaltungsarten.

17 Darüber hinaus können **zusätzliche Zustimmungserfordernisse** bestehen:
- Zustimmung aller Anteilsinhaber der übertragenden Rechtsträger ist erforderlich, wenn eine GmbH als übernehmender Rechtsträger auftritt, deren Geschäftsanteile nicht voll einbezahlt sind (§ 51 Abs. 1 S. 2 und 3 UmwG). Der Grund dafür liegt in der persönlichen Haftung der hinzutretenden Gesellschafter nach § 24 GmbHG;
- Zustimmung einzelner Anteilsinhaber mit Sonderrechten ist erforderlich, wenn durch die Verschmelzung die Sonderrechte beeinträchtigt werden (§ 50 Abs. 2 UmwG);
- Zustimmung aller Anteilsinhaber des übertragenden und des übernehmenden Rechtsträgers ist erforderlich, wenn eine GmbH als übertragender Rechtsträger beteiligt ist, deren Geschäftsanteile nicht voll einbezahlt sind (§ 51 Abs. 1 S. 3 UmwG).

18 Die letzte Fallvariante war im früheren Umwandlungsrecht (vgl. § 20 KapErhG) nicht vorgesehen. Der vom Gesetzgeber mit der Neuregelung bezweckte **Schutz vor Ausfallhaftung** nach § 24 GmbHG wäre gar nicht nötig. Da die übertragende GmbH durch die Verschmelzung erlischt, erlischt auch der Geschäftsanteil, auf den die Einlage nicht voll geleistet ist. Es bleibt dann nur die Einlageforderung als einfacher Anspruch bestehen, der auf den übernehmenden Rechtsträger übergeht. Für diese Forderung des übernehmenden Rechtsträgers auf die Einlage besteht keine gesamtschuldnerische Haftung der Gesellschafter der übernehmenden Gesellschaft.

19 Andererseits lässt § 62 UmwG bei der Verschmelzung einer Kapitalgesellschaft auf eine übernehmende Aktiengesellschaft dann sogar eine **Verschmelzung ohne Hauptversammlungsbeschluss** zu, wenn sich mindestens neun Zehntel des Stamm- oder Grundkapitals des übertragenden Rechtsträgers in der Hand der übernehmenden Aktiengesellschaft befinden und die weiteren förmlichen Voraussetzungen der Regelung in § 62 Abs. 3 UmwG beachtet werden. Allerdings kann eine Minderheit von 5% der Aktionäre der übernehmenden Aktiengesellschaft die Einberufung einer entsprechenden Hauptversammlung verlangen. Die Regelung des § 62 UmwG soll die sog. **Konzernverschmelzung** erleichtern.[26]

3. Kapitalerhöhung bei der Verschmelzung auf eine GmbH
a) Erfordernis der Kapitalerhöhung

20 Um den Anteilsinhabern der übertragenden Rechtsträger als Ausgleich Geschäftsanteile an der übernehmenden GmbH gewähren zu können, muss in der Regel eine Kapitalerhöhung bei der übernehmenden GmbH erfolgen. Es handelt sich dabei wirtschaftlich letztlich um eine „**Kapitalerhöhung durch Sacheinlage**", da die Kapitalerhöhung durch Einbringung des von dem oder den übertragenden Rechtsträger(n) gehaltenen Vermögens erfolgt.[27] Sie bietet sich insoweit

---

26 Dazu umfassend Widmann/Mayer/*Rieger*, UmwG, § 62 Rn 8 ff.
27 Vgl. *Kowalski*, GmbHR 1996, 158; zum Erfordernis eines Sachkapitalerhöhungsberichts siehe Semler/Stengel/*Reichert*, UmwG, § 53 Rn 7; zur Kapitalerhöhung und zur Anteilsgewährungspflicht bei Verschmelzung von Schwestergesellschaften siehe *Tillmann*, GmbHR 2003, 740.

insbesondere auch als Alternative zur echten Sachkapitalerhöhung mit Bezugsrechtsausschluss an.[28]

Das Umwandlungsrecht enthält dazu einige Kapitalerhöhungsverbote und einige Kapitalerhöhungswahlrechte (vgl. § 23 KapErhG a.F., § 344 AktG a.F.). Über die Verweisung in § 125 UmwG gelten diese Regelungen weitgehend – aber nicht vollständig – auch bei einzelnen Spaltungsarten: 21

b) Kapitalerhöhungsverbote, § 54 Abs. 1 UmwG
Es bestehen Kapitalerhöhungsverbote in folgenden Fällen: 22
- Die Übernehmerin hält Anteile des übertragenden Rechtsträgers = Verschmelzung der Tochtergesellschaft auf die/eine Muttergesellschaft (Vermeidung der Bildung eigener Geschäftsanteile).
- Der übertragende Rechtsträger hält eigene Anteile oder Geschäftsanteile an der Übernehmerin, die nicht voll eingezahlt sind (Verbot, durch Kapitalerhöhung eigene Geschäftsanteile zu schaffen bzw. Zweck der Kapitalschutzvorschrift des § 33 Abs. 1 GmbH).

c) Kapitalerhöhungswahlrechte, § 54 Abs. 2 UmwG
Es bestehen Kapitalerhöhungswahlrechte in folgenden Fällen: 23
- Die übernehmende Gesellschaft besitzt ausreichend viele und wertgerechte eigene Anteile (diese Geschäftsanteile können den Gesellschaftern der übertragenden Gesellschaft gewährt werden, eine Kapitalerhöhung ist nicht nötig).
- Die übertragende Gesellschaft besitzt voll eingezahlte Geschäftsanteile der übernehmenden Gesellschaft (die übernehmende Gesellschaft erwirbt im Wege der Gesamtrechtsnachfolge ihre eigenen Anteile, diese kann sie den Gesellschaftern zur Verfügung stellen).

Im Regelfall besteht aber eine **Anteilsgewährungspflicht**[29] und somit regelmäßig auch eine Kapitalerhöhungspflicht. Nach wohl h.M. kann deshalb der Verzicht auf eine Kapitalerhöhung mit Anteilsgewährung an die Gesellschafter des übernehmenden Rechtsträgers bei Verschmelzung der Tochtergesellschaft auf die Muttergesellschaft nach §§ 20 Abs. 1 Nr. 3 Hs. 2, 5 Abs. 2 UmwG nicht auf die Verschmelzung von Schwestergesellschaften des gleichen Anteilsinhabers übertragen werden.[30] Bei der Verschmelzung von Schwestergesellschaften mit nicht voll eingezahlten Einlagen bedarf es aber nicht der vorherigen Einzahlung.[31] 24

Die Verschmelzung der 100%igen Muttergesellschaft auf ihre Tochtergesellschaft (sog. **down-stream-merger**) ohne Kapitalerhöhung gilt – zumindest nach der h.M. – als zulässig und möglich; dabei soll nicht eine „Kein-Personen-GmbH" entstehen, sondern die Gesellschafter der Muttergesellschaft sollen im Wege des sog. „Direkterwerbs" die Anteile an der Tochtergesellschaft erwerben.[32] 25

---

28 Dazu OLG Frankfurt ZIP 2003, 1654.
29 Dazu auch DNotI-Gutachten, DNotI-Report 2000, 23; Centrale-Gutachten, GmbHR 2001, 69; *Tillmann*, GmbHR 2003, 740.
30 KG DNotZ 1999, 157; OLG Frankfurt DNotZ 1999, 154 m. Anm. *Heidinger*; Lutter/*Lutter*, UmwG, § 5 Rn 9; Widmann/Mayer/*Mayer*, UmwG, § 5 Rn 15; *Tillmann*, GmbHR 2003, 740.
31 Siehe Centrale-Gutachten, GmbHR 1997, 653.
32 Widmann/Mayer/*Mayer*, UmwG, § 5 Rn 38; Lutter/*Grunewald*, UmwG, § 20 Rn 55; Centrale-Gutachten, GmbHR 2003, 763 m.w.N.

4. Kostenrechtliche Grundlagen
a) Geschäftswert

26 Der Geschäftswert der Verschmelzung ist der **Wert des Aktivvermögens** des übertragenden Rechtsträgers, unter Berücksichtigung der Verkehrs-, nicht der Buchwerte (vgl. § 19 Abs. 2 KostO).[33] Verbindlichkeiten dürfen nicht abgezogen werden (§ 18 Abs. 3 KostO). Das gilt auch bei Verschmelzung verbundener Gesellschaften aufeinander und bei Verschmelzung von Gesellschaften mit wechselseitigen Forderungen, die dadurch erlöschen. Ausgangspunkt sind die Aktiven in der Bilanz.

27 Abzuziehen sind lediglich Positionen, die keinen Vermögenswert darstellen oder die das Vermögen des übertragenden Rechtsträgers unmittelbar mindern,[34] etwa Positionen wie
- Aufwendungen für Ingangsetzung und Erweiterung des Geschäftsbetriebes[35]
- nicht durch Eigenkapital gedeckter Fehlbetrag
- Verlustvorträge auf der Aktivseite der Bilanz.[36]

Der Posten „Angefangene, noch nicht abgerechnete Arbeiten" auf der Aktivseite ist um die „Erhaltenen Anzahlungen" zu saldieren.[37]

28 Eine Nichtbeachtung des so zu ermittelnden Geschäftswertes kann als Verstoß gegen § 140 KostO (Verbot der Gebührenvereinbarung) angesehen werden.[38]

b) Gebührentatbestände

29 Für den Verschmelzungsvertrag entsteht eine 20/10-Gebühr nach § 36 Abs. 2 KostO, für den jeweiligen Zustimmungsbeschluss der Gesellschafterversammlung(en) eine 20/10-Gebühr nach § 47 KostO, und zwar auch dann, wenn das beschlussfassende Organ nur aus einer Person besteht.[39] Die Höchstgebühr beträgt 5.000 EUR (§ 47 KostO).[40] Allerdings sind für badische Amtsnotare auch insoweit die einschränkenden Überlegungen nach der Rechtsprechung des EuGH zur Orientierung der Gebühren an dem konkret erbrachten Aufwand zu beachten.[41]

30 Werden mehrere übertragende Rechtsträger auf denselben übernehmenden Rechtsträger in einer Urkunde verschmolzen, sind die Werte der einzelnen Verschmelzungen zusammenzuzählen, wobei der Höchstwert des § 39 Abs. 4 mehrfach anfallen kann.[42]

c) Verzichte und notarielle Nebentätigkeiten

31 Für Verzichtserklärungen (vgl. §§ 8 Abs. 3, 9 Abs. 3, 12 Abs. 3, 192 Abs. 3, 195, 207 UmwG etc.) entsteht eine 10/10-Gebühr gem. § 36 Abs. 1 KostO. Werden Verzichtserklärungen mehrerer Anteilsinhaber in einer Urkunde beurkundet, sind die Werte ihrer Verzichtserklärungen nach § 44 Abs. 2a KostO zusammenzurechnen. Werden Zustimmungserklärungen nicht erschienener An-

---

33 BayObLG DB 1992, 1923 und FGPrax 1999, 198; OLG Düsseldorf ZIP 1998, 1754; OLG Karlsruhe BB 2001, 798; dazu *Tiedtke*, MittBayNot 1997, 209, 211; ZNotP 1999, 414 und ZNotP 2001, 260; *Lappe/Schulz*, NotBZ 1997, 54, 57; *Bund*, ZNotP 2003, 377.
34 *Tiedtke*, ZNotP 2001, 260; *Lappe/Schulz*, NotBZ 1997, 54, 57; OLG Karlsruhe BB 2001, 798.
35 BayObLG ZNotP 1999, 414 m. Anm. *Tiedtke*.
36 *Korintenberg/Bengel*, KostO, § 39 Rn 47; *Tiedtke*, ZNotP 1999, 414.
37 LG Zweibrücken MittBayNot 1982, 54; *Korintenberg/Bengel*, KostO, § 39 Rn 47; *Tiedtke*, ZNotP 1999, 414.
38 *Tiedtke*, MittBayNot 1997, 209, 211; *Lappe/Schulz*, NotBZ 1997, 54, 57.
39 *Tiedtke*, ZNotP 2001, 260.
40 Die Obergrenze des § 47 Abs. 4 KostO gilt aber nach h.M. nicht für Einbringungsvorgänge, BayObLG BayObLGZ 1963, 141, 154; 1996, 264, 266; BayObLG ZNotP 1999, 134 m. Anm. *Tiedtke*.
41 EuGH ZIP 2002, 663; OLG Karlsruhe GmbHR 2003, 1277; OLG Karlsruhe ZIP 2003, 800.
42 OLG Hamm DB 2003, 1947.

teilsinhaber beurkundet, fällt lediglich eine 5/10-Gebühr nach § 38 Abs. 2 Nr. 1 und Nr. 4 KostO an; werden sie nur entworfen, nach § 38 Abs. 2 Nr. 1 und Nr. 4 KostO i.V.m. § 145 Abs. 1 S. 1 KostO.[43]

Daneben gibt es noch eine Vielzahl von notariellen Nebentätigkeiten, deren Geschäftswerte bzw. Gebührentatbestände jeweils gesondert zu ermitteln bzw. nach § 30 Abs. 1 KostO zu schätzen sind.[44]

32

B. Muster: Verschmelzung mit typischen Sachverhalten

I. Checkliste: Ablauf der Verschmelzung

- Aufstellung der Schlussbilanzen der übertragenden Rechtsträger (§ 17 Abs. 2 UmwG)
- Erstellung des Verschmelzungsvertrages (§§ 46, 4 Abs. 1 UmwG)
  - Ggf. Erstellung des Verschmelzungsvertragsentwurfes (§§ 46, 13 i.V.m. § 4 Abs. 2 UmwG)
- Berichterstattung durch die Vertretungsorgane (§ 8 Abs. 1 UmwG), zu unterzeichnen von allen Mitgliedern des Vertretungsorgans, unabhängig von der konkreten gesellschaftsvertraglichen Vertretungsregelung[45]
  - Ggf. Verzicht aller Anteilseigner in notarieller Form gem. 8 Abs. 3 UmwG
- Bestellung der Verschmelzungsprüfer (§§ 48, 10 UmwG)
  - Ggf. Verzicht gem. § 9 Abs. 3 i.V.m. § 8 Abs. 3 UmwG, notariell zu beurkunden
- Zuleitung des Verschmelzungsvertrages (bzw. -entwurfes) an den Betriebsrat (§§ 46, 5 Abs. 3 UmwG), mindestens einen Monat vor Beschlussfassung der Gesellschafterversammlung, möglichst gegen Zugangsnachweis (zur Vorlage beim Registergericht)[46]
- Unterrichtung der Arbeitnehmer über den beabsichtigten (Teil-) Betriebsübergang/ Übergang des Arbeitsverhältnisses nach § 613a Abs. 5 BGB unter Beachtung der Monatsfrist;[47] ein Widerspruchsrecht nach § 613a Abs. 6 BGB soll nach h.M. bei der Verschmelzung nicht bestehen.[48]
- Hinweis auf die Verschmelzung in den Bekanntmachungsorganen (nur wenn Aktiengesellschaften beteiligt sind bzw. bei GmbH: Vorabinformation) (§ 61 UmwG)
- Einberufung der Gesellschafterversammlungen (§§ 50, 51 GmbHG, §§ 47, 49 UmwG)
- Offenlegung der Jahresabschlüsse der letzten drei Jahre (§ 49 UmwG)
- Beschluss zur Kapitalerhöhung (§§ 53, 54 UmwG)
- Zustimmungsbeschlüsse:
  - Zustimmung der übernehmenden Gesellschaft (§§ 50, 13 UmwG; Ausnahme: § 63 UmwG)
  - Zustimmung der übertragenden Gesellschaft(en) (§§ 50, 13 UmwG)
- Beurkundung des Verschmelzungsvertrages (§ 6 UmwG)
- Anmeldung der Kapitalerhöhung (§§ 53 ff. GmbHG, § 55 UmwG)
- Eintragung der Kapitalerhöhung
- Anmeldung der Verschmelzung bei dem Register der übertragenden Gesellschaft(en) (§ 19 UmwG)
- Anmeldung der Verschmelzung bei dem Register der übernehmenden Gesellschaft
- Eintragung der Verschmelzung im Register der übertragenden Gesellschaft(en)

33

---

43 *Tiedtke*, ZNotP 2001, 260; BayObLG MittBayNot 1975, 238.
44 Umfangreiche Übersicht bei *Tiedtke*, ZNotP 2001, 260, 262 ff. m.w.N.; siehe auch *Bund*, ZNotP 2003, 377.
45 LG Berlin ZIP 2003, 2027.
46 Siehe dazu § 17 Rn 72 ff. und zu weiteren arbeitsrechtlichen Aspekten bei Verschmelzungen *Arens/Spieker*, Umwandlungsrecht in der Beratungspraxis, Rn 200 ff.; *Zerres*, ZIP 2001, 359 ff.
47 Siehe dazu § 17 Rn 221 ff. m.w.N. und das Muster in § 17 Rn 224.
48 BAG DB 2008, 1578.

- Eintragung im Register der übernehmenden Gesellschaft (§§ 53, 20 UmwG)
- Veröffentlichung (§§ 22, 19 UmwG):
  - im Register der übertragenden Gesellschaft
  - im Register der übernehmenden Gesellschaft
- Mitteilung des Handelsregisters der übertragenden Gesellschaft an das Handelsregister der übernehmenden Gesellschaft (§ 19 UmwG)
- Bekanntmachung durch das Registergericht
- Ggf. Antrag auf Grundbuchberichtigung, soweit Grundvermögen vom übertragenden auf den übernehmenden Rechtsträger übergegangen ist[49]
- Nachträgliche Maßnahmen
  - evtl. Spruchverfahren (§ 34 UmwG)
  - evtl. Sicherheitsleistung (§ 22 UmwG)
  - evtl. Antrag auf Rubrumsberichtigung in anhängigen Prozessen
  - evtl. Titelumschreibung bei abgeschlossenen Verfahren.[50]

II. Verschmelzung einer GmbH auf eine GmbH zur Aufnahme

1. Typischer Sachverhalt

34 Die Gesellschafter der demnächst allein verbleibenden (übernehmenden) GmbH sind zugleich auch Gesellschafter einer weiteren inzwischen weitgehend inaktiven GmbH. Sie haben in der Vergangenheit ihre unternehmerischen Aktivitäten in zwei rechtlich getrennten Gesellschaften betrieben. Einerseits diente dies der Haftungsbegrenzung, andererseits der Transparenz der wirtschaftlichen Erfolge bzw. Misserfolge der beiden unterschiedlichen unternehmerischen Aktivitäten durch getrennte Buchführungskreise und getrennte Jahresabschlüsse. In den letzten Jahren hat die weitere GmbH durch strukturelle Einflüsse erhebliche Marktanteile verloren. Die Gesellschafter beabsichtigen, die dortige unternehmerische Tätigkeit einzustellen. Um das aufwendige und zeitraubende Liquidationsverfahren zu ersparen, aber auch, um die restlichen Aktivitäten der weiteren GmbH in der verbleibenden GmbH noch zu nutzen, wollen sie die weitgehend inaktive GmbH auf die aktive GmbH verschmelzen.

M223 2. Muster: Verschmelzungsvertrag

35 _____ (*Notarielle Urkundsformalien*)[51]
Die Erschienenen baten um Beurkundung des nachfolgenden
Verschmelzungsvertrages
zwischen der _____ GmbH und der _____ GmbH
Präambel
Mit diesem Vertrag wird die Verschmelzung der _____ GmbH als übertragender Rechtsträger auf die _____ GmbH als übernehmender Rechtsträger vereinbart. An der _____ GmbH als übertragendem Rechtsträger, deren Stammkapital von _____ EUR voll eingezahlt ist, sind beteiligt:
- Herr/Frau _____ mit einem Geschäftsanteil mit einer Stammeinlage von _____ EUR und
- Herr/Frau _____ mit einem Geschäftsanteil mit einer Stammeinlage von _____ EUR.

---

[49] Zur Grunderwerbsteuer siehe § 18 Rn 83 f. und zu den Kosten einer Grundbuchberichtigung siehe LG Freiburg v. 30.1.2003 – 4 T 276/02, n.v.
[50] Siehe dazu etwa OLG Frankfurt/M. BB 2000, 1000.
[51] Es treten die Geschäftsführungs-/Vertretungsorgane (hier: die Geschäftsführer, ggf. bei unechter Gesamtvertretung in Gemeinschaft mit Prokuristen) in vertretungsberechtigter Zahl auf.

§ 1 Vermögensübertragung/Bilanzstichtag
Die _____ GmbH in _____ überträgt ihr Vermögen als Ganzes mit allen Rechten und Pflichten unter Ausschluss der Abwicklung gem. § 2 UmwG auf die _____ GmbH mit Sitz in _____ im Wege der Verschmelzung durch Aufnahme. Zum Ausgleich gewährt die _____ GmbH den Gesellschaftern der _____ GmbH Geschäftsanteile an der _____ GmbH.
Der Verschmelzung werden die jeweils mit dem uneingeschränkten Bestätigungsvermerk des Wirtschaftsprüfers versehenen Bilanzen der _____ GmbH und der _____ GmbH zum _____ als Schlussbilanzen zugrunde gelegt.
Die Verschmelzung erfolgt zu den Buchwerten der Schlussbilanz des übertragenden Rechtsträgers. Übersteigt der Wert des durch die Verschmelzung übertragenen Vermögens den Nennbetrag der dafür gewährten Geschäftsanteile, wird dieser Mehrbetrag in die Kapitalrücklage der GmbH eingestellt. (Alternativ, aber steuerlich problematisch: wird dieser Mehrbetrag als Gesellschafterdarlehen der _____ GmbH zur Verfügung gestellt).[52]
Die Urkundsbeteiligten beantragen hiermit vorsorglich zugleich auch gegenüber dem für die Besteuerung des übernehmenden Rechtsträgers zuständigen Finanzamt gemäß § 11 Abs. 2 S. 1 UmwStG, abweichend von dem Wertansatz des § 11 Abs. 1 UmwStG den Wert des übernommenen Betriebsvermögens einheitlich mit dem Buchwert gemäß der Schlussbilanz des übertragenden Rechtsträgers anzusetzen.

§ 2 Gegenleistung/Durchführung
Die _____ GmbH gewährt den Gesellschaftern der _____ GmbH als Gegenleistung für die Übertragung des Vermögens Geschäftsanteile an der _____ GmbH, und zwar
– dem Gesellschafter _____ einen Geschäftsanteil im Nennbetrag von _____ EUR und
– dem Gesellschafter _____ einen Geschäftsanteil im Nennbetrag von _____ EUR.
Die Geschäftsanteile werden kostenfrei und mit Gewinnberechtigung ab _____ gewährt.
Zur Durchführung der Verschmelzung wird die _____ GmbH ihr Stammkapital von bislang _____ EUR um _____ EUR auf _____ EUR erhöhen, und zwar durch Bildung eines Geschäftsanteils im Nennbetrag von _____ EUR und eines weiteren Geschäftsanteils im Nennbetrag von _____ EUR.
Als bare Zuzahlung erhält der Gesellschafter _____ einen Betrag von _____ EUR und der Gesellschafter _____ einen Betrag von EUR.

§ 3 Verschmelzungsstichtag
Die Übernahme des Vermögens der _____ GmbH erfolgt im Innenverhältnis mit Wirkung zum Ablauf des _____. Auf den Ablauf des _____, 24.00 Uhr errichtet der übertragende Rechtsträger eine Schlussbilanz. Auf den _____ 0.00 Uhr errichtet der übernehmende Rechtsträger eine Eröffnungsbilanz. Vom _____ an gelten alle Handlungen und Geschäfte der _____ GmbH als für Rechnung der _____ GmbH bewirkt.

§ 4 Mitgliedschaft beim übertragenden Unternehmen
Die Satzung der _____ GmbH gestaltet die Mitgliedschaftsrechte in keiner Weise unterschiedlich gegenüber den bei der _____ GmbH geltenden Regelungen aus (*alternativ:* wie folgt aus: _____).

§ 5 Keine besonderen Rechte
Besondere Rechte im Sinne von § 5 Abs. 1 Nr. 7 UmwG bestanden bei der _____ GmbH nicht. Einzelnen Anteilsinhabern werden im Rahmen der Verschmelzung keine besonderen Rechte gewährt.

---

[52] Eine Buchung des Mehrbetrages als Gesellschafterdarlehen ist handelsrechtlich zulässig: siehe OLG München ZIP 2011, 2359 für eine Ausgliederung zur Aufnahme.

§ 6 Keine besonderen Vorteile
Keinem Mitglied eines Vertretungsorgans, weder dem Abschlussprüfer noch dem Verschmelzungsprüfer oder Personen im Sinne von § 5 Abs. 1 Nr. 8 UmwG, werden besondere Vorteile gewährt.

§ 7 Folgen der Verschmelzung für Arbeitnehmer und ihre Vertretungen
Für die Arbeitnehmer der _____ GmbH gilt: _____.
Für die Arbeitnehmer der _____ GmbH gilt: _____.
Bei der _____ GmbH und der _____ GmbH existiert ein/kein Betriebsrat. Als Rechtsfolge der Verschmelzung ergeben sich für die Arbeitnehmer (und ihre Vertretungen): _____.
Es sind insoweit folgende Maßnahmen vorgesehen: _____. Die Arbeitnehmer sind nach § 613a Abs. 5 BGB i.V.m. § 324 UmwG form- und fristgerecht über den Übergang ihrer Arbeitsverhältnisse unterrichtet worden. Ein Widerspruchsrecht der Arbeitnehmer des übertragenden Rechtsträgers nach § 613a Abs. 6 BGB bei der Verschmelzung besteht nicht. Ihnen steht jedoch ein Sonderkündigungsrecht zu.

§ 8 Weitere Regelungen im Zusammenhang mit der Verschmelzung
Herr/Frau _____ wird zum Geschäftsführer bestellt mit der Befugnis, die Gesellschaft _____ (einzeln/in Gemeinschaft mit _____) zu vertreten.

§ 9 Hinweise
Der Notar hat die Beteiligten auf den weiteren Verfahrensablauf bis zum Wirksamwerden der Verschmelzung und auf den Wirksamkeitszeitpunkt sowie die Rechtsfolgen der Verschmelzung hingewiesen, ferner auf das Erfordernis eines Grundbuchberichtigungsantrags bei Vorhandensein von Grundbesitz im Vermögen des übertragenden Rechtsträgers. Die Beteiligten erklären,
dass der übertragende Rechtsträger nicht über Grundbesitz verfügt
(*alternativ:* dass der übertragende Rechtsträger folgenden Grundbesitz hat: _____; die Beteiligten stellen hiermit – aufschiebend bedingt mit der Eintragung der Verschmelzung im Handelsregister des übernehmenden Rechtsträgers – den Antrag an das Grundbuchamt/die Grundbuchämter, das Grundbuch/die Grundbücher _____ entsprechend zu berichtigen).
Die Beteiligten erklären ferner, dass sie die steuerlichen Auswirkungen des Vertrages und seiner Durchführung eigenverantwortlich überprüfen bzw. überprüft haben. Der Notar hat über die steuerlichen Auswirkungen dieses Vertrages keine Auskünfte gegeben.
Den Wert des Aktivvermögens gemäß der Schlussbilanz des übertragenden Rechtsträgers geben die Erschienenen an mit _____ EUR.
Vorstehende Verhandlung wurde den Erschienenen in Gegenwart des Notars vorgelesen, die Schlussbilanz des übertragenden Rechtsträgers zur Durchsicht vorgelegt, von ihnen genehmigt und wie folgt eigenhändig unterschrieben:
_____ (Unterschrift der Vertretungsorgane des übertragenden Rechtsträgers)
_____ (Unterschrift der Vertretungsorgane des übernehmenden Rechtsträgers)

M 224 3. **Muster: Verschmelzungsbeschluss des übernehmenden Rechtsträgers mit Verzichtserklärung der Gesellschafter auf Erstellung eines Verschmelzungsberichts, auf Verschmelzungsprüfung und auf Erstellung eines Verschmelzungsprüfungsberichts und mit Anfechtungsverzicht**

36 _____ (*Notarielle Urkundsformalien*)
Die Erschienenen baten um Beurkundung des nachstehenden
Gesellschafterbeschlusses nebst weiteren Erklärungen der Gesellschafter
Präambel

Wir sind die sämtlichen Gesellschafter der _____ GmbH mit Sitz in _____, deren Stammkapital voll eingezahlt ist. Unter Verzicht auf alle durch Gesetz oder Gesellschaftsvertrag vorgeschriebenen Formen betreffend Ladung, Tagesordnung und Fristen halten wir hiermit eine Gesellschafterversammlung der _____ GmbH ab und beschließen:

I. Zustimmung
Dem Verschmelzungsvertrag zwischen der _____ GmbH und der _____ GmbH mit dem Sitz in _____ vom _____, UR-Nr. _____ des Notars _____ in _____, wird zugestimmt.

II. Kapitalerhöhung, Zulassung zur Übernahme und Übernahmeerklärung
Zur Durchführung der Verschmelzung wird das Stammkapital der Gesellschaft von _____ EUR um _____ EUR auf _____ EUR erhöht, und zwar durch Bildung _____ neuer Geschäftsanteile im Nennbetrag von _____ EUR und _____ EUR.
Die neuen Geschäftsanteile sind gewinnberechtigt ab dem _____. Sie werden als Gegenleistung für die Übertragung des Vermögens der _____ GmbH als übertragender Rechtsträger im Wege der Verschmelzung an die Gesellschafter der _____ GmbH ausgegeben, und zwar
der Geschäftsanteil im Nennbetrag von _____ EUR an _____ sowie
der Geschäftsanteil im Nennbetrag von _____ EUR an _____.
Die Gesellschafter _____ und _____ erklären sodann hiermit, dass sie die vorstehend bezeichneten Geschäftsanteile übernehmen.

III. Änderung des Gesellschaftsvertrages
§ _____ des Gesellschaftsvertrages erhält folgende Fassung:
„§ _____ Stammkapital und Stammeinlagen: _____"

IV. Geschäftsführerbestellung
Herr/Frau _____ wird zum Geschäftsführer bestellt. Er/sie vertritt die Gesellschaft _____.

V. Anfechtungsverzicht und Verzichtserklärung gem. §§ 8 Abs. 3, 9 Abs. 3, 12 Abs. 3 UmwG
Gemäß §§ 8 Abs. 3, 9 Abs. 3, 12 Abs. 3 UmwG verzichte(n) ich/wir auf die Erstellung eines Verschmelzungsberichts und auf eine Verschmelzungsprüfung mit Verschmelzungsprüfungsbericht.
Der Notar belehrte den/die Erschienenen über die Unwiderruflichkeit dieser Verzichtserklärung und deren Wirkung und wies darauf hin, dass durch diese Erklärung die Ausübung von Gesellschafterrechten bei der bevorstehenden Verschmelzung beeinträchtigt sein kann.
Auf die Anfechtung dieses Beschlusses, insbesondere durch Klageerhebung, wird hiermit einstimmig ausdrücklich verzichtet.
Anlagen
Eine Ausfertigung des Verschmelzungsvertrages nebst dortigen Anlagen ist dieser Niederschrift als Anlage beigefügt. Auf nochmalige Verlesung wird nach Belehrung ausdrücklich verzichtet.
Vorstehende Verhandlung nebst Anlage wurde den Erschienenen in Gegenwart des Notars vorgelesen, von ihnen genehmigt und wie folgt eigenhändig unterschrieben:
_____ (Unterschriften aller Gesellschafter)

4. Muster: Verschmelzungsbeschluss des übertragenden Rechtsträgers mit Verzichtserklärung der Gesellschafter auf Erstellung eines Verschmelzungsberichts, auf Verschmelzungsprüfung und auf Erstellung eines Verschmelzungsprüfungsberichts und mit Anfechtungsverzicht M 225

_____ (*Notarielle Urkundsformalien*)

37

Die Erschienenen baten um Beurkundung des nachstehenden
Gesellschafterbeschlusses nebst weiteren Erklärungen der Gesellschafter

Präambel

Wir sind die sämtlichen Gesellschafter der _____ GmbH mit Sitz in _____, deren Stammkapital voll eingezahlt ist. Unter Verzicht auf alle durch Gesetz oder Gesellschaftsvertrag vorgeschriebenen Formen betreffend Ladung, Tagesordnung und Fristen halten wir hiermit eine Gesellschafterversammlung der _____ GmbH ab und beschließen:

I. Zustimmung
Dem Verschmelzungsvertrag zwischen der _____ GmbH und der _____ GmbH mit dem Sitz in _____ vom _____, UR-Nr. _____ des Notars _____ in _____, wird zugestimmt.

II. Anfechtungsverzicht und Verzichtserklärung gem. §§ 8 Abs. 3, 9 Abs. 3, 12 Abs. 3 UmwG
Gemäß §§ 8 Abs. 3, 9 Abs. 3, 12 Abs. 3 UmwG verzichte(n) ich/wir auf die Erstellung eines Verschmelzungsberichts und auf eine Verschmelzungsprüfung mit Verschmelzungsprüfungsbericht.
Der Notar belehrte den/die Erschienenen über die Unwiderruflichkeit dieser Verzichtserklärung und deren Wirkung und wies darauf hin, dass durch diese Erklärung die Ausübung von Gesellschafterrechten bei der bevorstehenden Verschmelzung beeinträchtigt sein kann.
Auf die Anfechtung dieses Beschlusses und Klageerhebung wird hiermit ebenfalls allseits ausdrücklich verzichtet.
Anlagen
Eine Ausfertigung des Verschmelzungsvertrages nebst dortigen Anlagen ist dieser Niederschrift als Anlage beigefügt. Auf nochmalige Verlesung wird nach Belehrung ausdrücklich verzichtet.
Vorstehende Verhandlung nebst Anlage wurde den Erschienenen in Gegenwart des Notars vorgelesen, von ihnen genehmigt und wie folgt eigenhändig unterschrieben:
_____ (Unterschriften aller Gesellschafter)

M 226 **5. Muster: Anmeldung der Verschmelzung zum Register des übernehmenden Rechtsträgers**

38 Amtsgericht _____
– Handelsregister –

_____

Zum Handelsregister der Firma _____
– HRB _____ –

I. Anlagen
Als Anlagen überreichen wir, die sämtlichen Geschäftsführer der _____ GmbH:
1. notariell beglaubigte Fotokopie des Verschmelzungsvertrages vom _____, UR-Nr. _____ des Notars _____;
2. (ggf. gemeinsame) Verschmelzungsberichte der Geschäftsführungen der _____ GmbH als übernehmender Rechtsträger und der _____ GmbH als übertragender Rechtsträger;
3. Verschmelzungsprüfungsbericht der _____ Wirtschaftsprüfungsgesellschaft;
4. Nachweise über die rechtzeitige Zuleitung des Verschmelzungsvertrages an die Betriebsräte der _____ GmbH und der _____ GmbH (Quittungen der Betriebsratvorsitzenden). Die Arbeitnehmer sind bereits nach § 613a Abs. 5 BGB i.V.m. § 324 UmwG form- und fristgerecht über den Übergang ihrer Arbeitsverhältnisse unterrichtet worden. Ein Widerspruchsrecht nach § 613a Abs. 6 BGB besteht nicht.

5. Ausfertigung/notariell beglaubigte Fotokopie der Niederschrift über die Gesellschafterversammlung des übernehmendem Rechtsträgers vom _____ nebst Anlagen mit:
   a) dem Beschluss der Gesellschafterversammlung über die Zustimmung zu dem Verschmelzungsvertrag
   b) dem Beschluss über die Erhöhung des Stammkapitals des übernehmenden Rechtsträgers und über die entsprechende Änderung von § _____ des Gesellschaftsvertrages sowie die jeweiligen Übernahmeerklärungen
   c) dem Beschluss über die Änderung der Firma und über die entsprechende Änderung von § _____ des Gesellschaftsvertrages des übernehmenden Rechtsträgers
   d) dem Beschluss über die Änderung von § _____ (Geschäftsführung) des Gesellschaftsvertrages des übernehmenden Rechtsträgers
   e) dem Beschluss über die Bestellung von Herrn/Frau _____ zum neuen/weiteren Geschäftsführer;
6. Ausfertigung/notariell beglaubigte Fotokopie der Niederschrift über die Gesellschafterversammlung der _____ GmbH als übertragender Rechtsträger vom _____ nebst Anlagen mit:
   a) dem Beschluss der Gesellschafterversammlung des übertragenden Rechtsträgers über die Zustimmung zu dem Verschmelzungsvertrag
   b) der Schlussbilanz des übertragenden Rechtsträgers zum _____;
7. Liste der Personen, welche die neuen Stammeinlagen übernommen haben (§ 57 Abs. 3 Nr. 2 GmbHG);
8. berichtigte Gesellschafterliste gemäß § 40 GmbHG wird nach Wirksamwerden nachgereicht;
9. vollständiger Wortlaut des Gesellschaftsvertrages der _____ GmbH als übernehmender Rechtsträger mit der Bescheinigung des Notars gem. § 54 Abs. 1 S. 2 GmbHG;
10. zustimmende Stellungnahme der IHK _____ zur Firmenänderung.
11. Wir erklären gem. § 16 Abs. 2 S. 2 letzter Halbs. UmwG unter Bezug auf die vorgelegten Zustimmungsbeschlüsse und die dort abgegebenen Anfechtungsverzichtserklärungen, dass eine Anfechtung ausgeschlossen und daher eine Negativerklärung nach § 16 Abs. 2 S. 1 UmwG entbehrlich ist.

Den Wert des auf die _____ GmbH als übernehmenden Rechtsträger übergehenden Aktivvermögens geben wir mit _____ EUR an.

II. Anmeldungen

Wir melden zur Eintragung in das Handelsregister an:
1. Die _____ GmbH in _____ als übertragender Rechtsträger ist aufgrund des Verschmelzungsvertrages vom _____, des Beschlusses der Gesellschafterversammlung der _____ GmbH vom _____ und des Beschlusses der Gesellschafterversammlung der _____ GmbH vom _____ mit der Gesellschaft des übernehmenden Rechtsträgers durch Aufnahme verschmolzen.
2. Das Stammkapital des übernehmenden Rechtsträgers ist zum Zwecke der Durchführung der Verschmelzung von _____ EUR um _____ EUR auf _____ EUR erhöht worden. § _____ des Gesellschaftsvertrages ist entsprechend geändert.
3. Die Firma der Gesellschaft ist geändert in: _____
4. Zum weiteren Geschäftsführer der Gesellschaft wurde bestellt: Herr/Frau _____

Der/die Geschäftsführer(in) vertritt die Gesellschaft _____.
Er/sie gibt hiermit die folgende Erklärung ab:
Ich versichere, dass
– ich nicht als Betreute(r) bei der Besorgung meiner Vermögensangelegenheiten ganz oder teilweise einem Einwilligungsvorbehalt (§ 1903 BGB) unterliege,
– ich nicht wegen einer oder mehrerer vorsätzlicher Straftaten des Unterlassens der Stellung des Antrags auf Eröffnung des Insolvenzverfahrens (Insolvenzverschleppung),

§§ 283–283d StGB (Insolvenzstraftaten), der falschen Angaben nach § 82 GmbHG oder § 399 AktG, der unrichtigen Darstellung nach § 400 AktG, § 331 HGB, § 313 UmwG oder § 17 PublizitätsG, nach den §§ 263 StGB (Betrug), § 263a StGB (Computerbetrug), § 264 StGB (Kapitalanlagebetrug) § 264a (Subventionsbetrug) oder den §§ 265b StGB (Kreditbetrug), § 266 StGB (Untreue) bis § 266a StGB (Vorenthalten und Veruntreuen von Arbeitsentgelt – Nichtabführung von Sozialversicherungsbeiträgen) zu einer Freiheitsstrafe von mindestens einem Jahr verurteilt worden bin
– und dass mir weder durch gerichtliches Urteil noch durch die vollziehbare Entscheidung einer Verwaltungsbehörde die Ausübung eines Berufes, eines Berufszweiges, eines Gewerbes oder eines Gewerbezweiges ganz oder teilweise untersagt wurde,
– und auch keine vergleichbaren strafrechtlichen Entscheidungen ausländischer Behörden oder Gerichte gegen den Geschäftsführer vorliegen und
– dass ich als Geschäftsführer/in über die uneingeschränkte Auskunftspflicht gegenüber dem Gericht durch den Notar belehrt wurde.
Die Geschäftsräume der Gesellschaft – zugleich inländische Geschäftsanschrift – befinden sich in _____.

III. Anträge zur Reihenfolge der Eintragungen
Wir bitten darum, im Hinblick auf § 53 UmwG zunächst nur die Kapitalerhöhung einzutragen. Die Firmenänderung, die Bestellung des neuen Geschäftsführers und die Satzungsänderung bitten wir mit Wirksamwerden der Verschmelzung einzutragen. Wir werden sodann zur Vervollständigung der Anmeldung der Verschmelzung noch einen beglaubigten Handelsregisterauszug der _____ GmbH als übertragender Rechtsträger einreichen, aus dem sich ergibt, dass die Verschmelzung in das Handelsregister des Sitzes der _____ GmbH als übertragender Rechtsträger eingetragen ist.

IV. Handelsregisterauszüge
Nach Vollzug des Antrages auf Eintragung der Kapitalerhöhung und schließlich nach Vollzug der Anträge auf Eintragung der Verschmelzung und der Satzungsänderung sowie des Antrages auf Eintragung der/des neuen Geschäftsführer(s) bitten wir jeweils um Eintragungsnachricht an die Gesellschaft und an den beglaubigenden Notar sowie um Übermittlung von _____ beglaubigten Handelsregisterauszügen an die Gesellschaft und einem beglaubigten Handelsregisterauszug an den beglaubigenden Notar.
_____ (*Es folgen die Unterschriftszeichnung/en der/des Geschäftsführer/s und der notarielle Beglaubigungsvermerk mit Bestätigung der Vertretungsberechtigung gem. § 21 BNotO*)

M 227 **6. Muster: Anmeldung der Verschmelzung zum Register des erlöschenden Rechtsträgers**

39 Amtsgericht _____
– Handelsregister –
_____
Zum Handelsregister der Firma _____
– HRB _____ –

I. Anlagen
Als **Anlagen** überreiche(n) ich/wir als alleiniger/sämtliche Geschäftsführer der GmbH:
1. notariell beglaubigte Fotokopie des Verschmelzungsvertrages vom _____, UR-Nr. _____ des Notars _____;
2. (ggf. gemeinsame) Verschmelzungsberichte der Geschäftsführungen der _____ GmbH und der _____ GmbH;
3. Verschmelzungsprüfungsbericht der _____ Wirtschaftsprüfungsgesellschaft;

4. Nachweise über die rechtzeitige Zuleitung des Verschmelzungsvertrages an die Betriebsräte der _____ GmbH und der _____ GmbH. Die Arbeitnehmer sind nach § 613a Abs. 5 BGB i.V.m. § 324 UmwG form- und fristgerecht über den Übergang ihrer Arbeitsverhältnisse unterrichtet worden. Ein Widerspruchsrecht nach § 613a Abs. 6 BGBbesteht nicht.
5. Ausfertigung/notariell beglaubigte Fotokopie der Niederschrift über die Gesellschafterversammlung der _____ GmbH als übertragender Rechtsträger vom _____ nebst Anlagen mit:
    a) dem Beschluss der Gesellschafterversammlung über die Zustimmung zu dem Verschmelzungsvertrag
    b) der Schlussbilanz zum _____ ;
6. Ausfertigung/notariell beglaubigte Fotokopie der Niederschrift über die Gesellschafterversammlung der _____ GmbH als übernehmender Rechtsträger vom _____ nebst Anlagen mit den Beschlüssen über die Zustimmung zu dem Verschmelzungsvertrag und die Erhöhung des Stammkapitals;
7. beglaubigten Handelsregisterauszug der _____ GmbH in _____ als übernehmender Rechtsträger, aus dem sich ergibt, dass die zur Durchführung der Verschmelzung beschlossene Erhöhung des Stammkapitals im Handelsregister eingetragen worden ist (§ 53 UmwG);

Ich/Wir versichere/versichern gem. § 16 Abs. 2 S. 2 letzter Halbs. UmwG, dass alle Gesellschafter beider beteiligten Gesellschaften auf die Anfechtung der Zustimmungsbeschlüsse zur Verschmelzung verzichtet haben.

II. Anmeldung
Ich/wir melde(n) zur Eintragung in das Handelsregister an:
Die Gesellschaft ist aufgrund des Verschmelzungsvertrages vom _____, des Beschlusses der Gesellschafterversammlung des übernehmenden Rechtsträgers vom _____ und des Beschlusses der Gesellschafterversammlung der _____ GmbH als übertragender Rechtsträger in _____ vom _____ mit der _____ GmbH durch Aufnahme verschmolzen.

III. Handelsregisterauszüge
Nach Vollzug bitte ich um Eintragungsnachricht an die Gesellschaft und an den beglaubigenden Notar sowie um Übermittlung je eines beglaubigten Handelsregisterauszuges an die Vorgenannten.
_____ (*Es folgen die Unterschriftszeichnung/en der/des Geschäftsführer/s und der notarielle Beglaubigungsvermerk mit Bestätigung der Vertretungsberechtigung gem. § 21 BNotO*)

III. Verschmelzung einer GmbH auf ihren Alleingesellschafter

1. Typischer Sachverhalt
Die Gesellschaft wurde bisher in der Rechtsform der Ein-Personen-GmbH geführt. In den letzten Jahren sind die Aktivitäten der Gesellschaft deutlich zurückgegangen. Der Gesellschafter-Geschäftsführer hat im Rahmen der steuerlichen Betriebsprüfungen auch im Hinblick auf die Nichteinhaltung der Formvorschriften immer wieder verdeckte Gewinnausschüttungen angelastet bekommen. Er möchte sein Unternehmen daher künftig als Personenunternehmen fortführen, zumal die kreditgebenden Banken auch bisher der GmbH Kreditmittel nur gegen persönliche Bürgschaften des Gesellschafters gewährt haben.

2. Muster: Verschmelzungsvertrag

M 228

_____ (*Notarielle Urkundsformalien, soweit nicht nachstehend bereits aufgeführt*)
Der Erschienene handelt hier

a) sowohl im eigenen Namen
 – Beteiligter zu 1 –
b) als auch als einzelvertretungsberechtigter und von den Beschränkungen des § 181 BGB befreiter Geschäftsführer der _____ GmbH mit Sitz in _____, eingetragen im Handelsregister des Amtsgerichtes _____ unter HRB _____ in deren Namen
 – Beteiligter zu 2 –.

Der Erschienene wies sich gegenüber dem Notar aus durch Vorlage seines gültigen amtlichen Lichtbildausweises.

Der Beteiligte zu 1 wird im Folgenden auch „der übernehmende Rechtsträger" genannt. Der Beteiligte zu 2 auch „der übertragende Rechtsträger".

Die Beteiligten erklären, dass weder der Notar noch ein Sozius bzw. Angestellter der Anwalts- und Notariatskanzlei des Urkundsnotars in dieser Angelegenheit anwaltlich tätig war (Vorbefassung im Sinne des § 3 BeurkG) und dass ausreichend Gelegenheit bestand, den Inhalt und die Tragweite der nachstehenden rechtsgeschäftlichen Erklärungen zu überprüfen (§ 17 BeurkG).

Die Beteiligten baten um die Beurkundung der nachstehenden Erklärungen:

A. Rechtslage

Der Beteiligte zu 1 erklärte: Ich bin Alleingesellschafter des übertragenden Rechtsträgers, also der _____ GmbH mit dem Sitz in _____, mit einem voll eingezahlten Stammkapital von _____ EUR. Die GmbH betreibt ein Handelsgewerbe mit kaufmännisch eingerichtetem Gewerbebetrieb, und zwar _____. Ich will im Wege der Verschmelzung das Vermögen der Gesellschaft aufnehmen und deren Geschäft in einzelkaufmännischer Rechtsform fortführen.

B. Verschmelzungsvertrag

Die Beteiligten schließen sodann folgenden

Verschmelzungsvertrag

und erklären, handelnd wie angegeben:

I. Vermögensübertragung

Die _____ GmbH als übertragender Rechtsträger überträgt im Wege der Verschmelzung durch Aufnahme ihr Vermögen als Ganzes mit allen Rechten und Pflichten unter Ausschluss der Abwicklung auf ihren Alleingesellschafter, den Beteiligten zu 1 als übernehmenden Rechtsträger.

Der übertragende Rechtsträger verfügt nicht über Grundbesitz.

Der übernehmende Rechtsträger führt den Geschäftsbetrieb des übertragenden Rechtsträgers in einzelkaufmännischer Rechtsform unter der Firma _____ e.K. fort.

II. Bilanzstichtag

Der Verschmelzung wird die mit dem uneingeschränkten Bestätigungsvermerk des Wirtschaftsprüfers _____ in _____ versehene Bilanz des übertragenden Rechtsträgers zum _____ als Schlussbilanz zugrunde gelegt. Sie ist als Anlage 1 dieser Niederschrift beigefügt.

Die Verschmelzung erfolgt zu den Buchwerten gemäß der Schlussbilanz des übertragenden Rechtsträgers. Der Wert des durch die Verschmelzung übertragenen Vermögens nach Abzug der Verbindlichkeiten wird in das Eigenkapital des einzelkaufmännischen Unternehmens eingestellt.

Die Urkundsbeteiligten beantragen hiermit vorsorglich zugleich auch gegenüber dem für die Besteuerung des übernehmenden Rechtsträgers zuständigen Finanzamt gemäß § 3 Abs. 2 S. 1 UmwStG, abweichend von dem Wertansatz des § 3 Abs. 1 UmwStG den Wert des übernommenen Betriebsvermögens einheitlich mit dem Buchwert gemäß der Schlussbilanz des übertragenden Rechtsträgers anzusetzen.

III. Verschmelzungsstichtag
Die Übernahme des Vermögens des übertragenden Rechtsträgers erfolgt im Innenverhältnis zum _____ Von diesem Zeitpunkt an gelten alle Handlungen und Geschäfte des übertragenden Rechtsträgers als für Rechnung ihres Alleingesellschafters vorgenommen. Auf den Ablauf des _____, 24.00 Uhr errichtet der übertragende Rechtsträger eine Schlussbilanz. Auf den _____ 0.00 Uhr errichtet der übernehmende Rechtsträger eine Eröffnungsbilanz.

IV. Besondere Rechte
Besondere Rechte im Sinne von § 5 Abs. 1 Nr. 7 UmwG bestehen bei dem übertragenden Rechtsträger nicht. Dem Anteilsinhaber werden im Rahmen der Verschmelzung keine besonderen Rechte gewährt.

V. Besondere Vorteile
Besondere Vorteile im Sinne von § 5 Abs. 1 Nr. 8 UmwG werden keinem Mitglied des Vertretungsorgans und keinem Abschlussprüfer bzw. keinem Verschmelzungsprüfer gewährt.

VI. Folgen der Verschmelzung für Arbeitnehmer und ihre Vertretungen
Die Einzelfirma übernimmt die Arbeitsverhältnisse der _____ GmbH, so dass sich Folgen für die Arbeitnehmer und ihre Vertretungen aus der Verschmelzung nicht ergeben. Die Verschmelzung und die insoweit vorgesehenen Maßnahmen lassen die individualrechtlichen und kollektivrechtlichen Belange der Arbeitnehmer und den Inhalt der Arbeitsverhältnisse unberührt. Die bisher bei der _____ GmbH bestehenden Arbeitsverhältnisse bleiben mit ihrem bisherigen Inhalt und ihrem bisherigen sozialen Besitzstand auch im Einzelunternehmen erhalten. Die Arbeitnehmer des übertragenden Rechtsträgers sind nach § 613a Abs. 5 BGB i.V.m. § 324 UmwG form- und fristgerecht über den Übergang ihrer Arbeitsverhältnisse unterrichtet worden. Ein Widerspruchsrecht nach § 613a Abs. 6 BGB bei der Verschmelzung besteht nicht.

C. Gesellschafterversammlung mit Zustimmungsbeschluss
Sodann hält der Beteiligte zu 1 als Alleingesellschafter des übertragenden Rechtsträgers eine Gesellschafterversammlung unter Verzicht auf alle Frist- und Formvorschriften ab und stellt fest, dass die Gesellschafterversammlung als Vollversammlung beschlussfähig ist. Er beschließt sodann mit allen Stimmen Folgendes:

I. Feststellung der Verschmelzungsbilanz
Die dieser Urkunde als Anlage 1 beigefügte Schlussbilanz (Verschmelzungsbilanz) zum _____ wird festgestellt.

II. Zustimmung zum Verschmelzungsvertrag
Dem vorstehend unter B. beurkundeten Verschmelzungsvertrag wird mit allen Stimmen vorbehaltlos zugestimmt.

D. Sonstiges, Kosten und Abschriften

I. Verzichts- und Zustimmungserklärung
Ein Verschmelzungsbericht ist gem. § 8 Abs. 3 UmwG nicht erforderlich. Eine Verschmelzungsprüfung und ein Verschmelzungsprüfungsbericht werden nicht verlangt. Der Beteiligte zu 1 als Alleingesellschafter verzichtet darauf sowie auf die Anfechtung des Zustimmungsbeschlusses.

II. Kosten
Die Kosten dieser Urkunde trägt die Einzelfirma des Beteiligten zu 1.

III. Abschriften
Abschriften dieser Urkunde erhalten: _____

IV. Belehrungen
Der Notar belehrte den Beteiligten zu 1 darüber, dass er für die Verbindlichkeiten der GmbH mit der Eintragung der Verschmelzung unbeschränkt persönlich haftet.
Diese Niederschrift nebst Anlagen wurde dem Erschienenen vom Notar vorgelesen, von ihm genehmigt und von ihm und dem Notar eigenhändig wie folgt unterschrieben:
_____ (Unterschrift)

M 229 3. Muster: Handelsregisteranmeldung zum Register der GmbH als übertragendem Rechtsträger

42 An das
Amtsgericht _____
– Handelsregister –

_____
HRB _____
Eintragung der _____ GmbH mit Sitz in _____
In der Anlage überreiche ich als einzelvertretungsberechtigter Geschäftsführer:
1. Ausfertigung des Verschmelzungsvertrages samt Zustimmungsbeschluss und Verzichtserklärungen gem. § 16 Abs. 2 GmbHG vom _____ – UR-Nr. _____ des beglaubigenden Notars;
2. Schlussbilanz des übertragenden Rechtsträgers zum Verschmelzungsstichtag;
3. Nachweis über die Zuleitung des Entwurfs des Verschmelzungsvertrages an den Betriebsrat der _____ GmbH (*alternativ:* Ich versichere, dass ein Betriebsrat im Betrieb des übertragenden Rechtsträgers nicht besteht.) Die Arbeitnehmer sind bereits nach § 613a Abs. 5 und Abs. 6 BGB i.V.m. § 324 UmwG form- und fristgerecht über den Übergang ihrer Arbeitsverhältnisse und über ihr Widerspruchsrecht unterrichtet worden.
Ich melde zur Eintragung in das Handelsregister an:
Der übertragende Rechtsträger ist auf seinen Alleingesellschafter, _____, im Wege der Verschmelzung durch Aufnahme verschmolzen.
Ich versichere, dass auf die Anfechtung des Verschmelzungsbeschlusses verzichtet wurde.
_____ (Ort, Datum, Unterschrift)
_____ (Beglaubigungsvermerk)

M 230 4. Muster: Handelsregisteranmeldung zum Register der Einzelfirma als übernehmendem Rechtsträger

43 An das
Amtsgericht _____
– Handelsregister –

_____
HRA neu
Eintragung eines Einzelunternehmens
In der Anlage überreiche ich:
1. Ausfertigung des Verschmelzungsvertrages samt Zustimmungsbeschluss und Verzichtserklärungen, insbesondere gem. § 16 Abs. 2 GmbH vom _____ – UR-Nr. _____ des beglaubigenden Notars;

2. Nachweis über die rechtzeitige Zuleitung zum Betriebsrat (*alternativ:* Ich versichere, dass ein Betriebsrat im Betrieb des übertragenden Rechtsträgers nicht besteht.). Die Arbeitnehmer sind bereits nach § 613a Abs. 5 BGB i.V.m. § 324 UmwG form- und fristgerecht über den Übergang ihrer Arbeitsverhältnisse unterrichtet worden. Ein Widerspruchsrecht nach § 613a Abs. 6 BGB besteht bei einer Verschmelzung nicht;

Ich melde zur Eintragung in das Handelsregister an:
1. Der übertragende Rechtsträger ist aufgrund des Verschmelzungsvertrages samt Zustimmungsbeschluss durch Aufnahme mit ihrem Alleingesellschafter, _____, verschmolzen.
2. Der bisherige Alleingesellschafter _____ führt das bisher von der _____ GmbH betriebene Handelsgeschäft weiter. Die Firma lautet nunmehr: _____.
3. Das Einzelunternehmen hat als Unternehmensgegenstand _____. Das Unternehmen erfordert nach Art und Umfang einen kaufmännisch eingerichteten Gewerbebetrieb. Es führt kaufmännische Bücher.

Der Wert des übertragenen Aktivvermögens beträgt _____ EUR.
Die Geschäftsräume – zugleich inländische Geschäftsanschrift – befinden sich _____.
Ich versichere, dass auf die Anfechtung des Verschmelzungsbeschlusses verzichtet wurde.
_____ (Ort, Datum, Unterschrift)
_____ (Beglaubigungsvermerk)

IV. Verschmelzung einer Tochtergesellschaft nach § 62 AktG auf die Muttergesellschaft (sog. Konzernverschmelzung)

1. Muster: Einladung an die Aktionäre der Mutter-AG

M 231

44

An die Aktionäre
der _____ AG,
eingetragen unter HRB _____, Amtsgericht _____
Geschäftsadresse: _____
Sehr geehrter Damen und Herren,
hiermit laden wir ein zu einer ordentlichen Hauptversammlung am _____ um _____ Uhr in den Räumen der 100%igen Tochtergesellschaft, _____ GmbH, _____ (Anschrift).
Tagesordnung

I. Verschmelzung (TOP 1)

1.
Verschmelzung zur Aufnahme der _____ GmbH als übertragender Rechtsträger auf die _____ AG als übernehmender Rechtsträger mit
– zustimmendem Hauptversammlungsbeschluss der _____ AG und
– zustimmendem Gesellschafterversammlungsbeschluss der _____ GmbH und
– Abschluss des Verschmelzungsvertrages.
Der Entwurf des Verschmelzungsvertrages ist als Anlage 1 beigefügt.

2.
Das Protokoll der Hauptversammlung der _____ AG vom _____, mit dem Jahresabschluss der Gesellschaft auf den _____, ist als Anlage 2 beigefügt.
Der Jahresabschluss der _____ GmbH mit dem entsprechenden Protokoll der Gesellschafterversammlung vom _____ ist als Anlage 3 beigefügt.

3.
a) Gemäß §§ 68, 54 Abs. 1 Nr. 1 UmwG wird der _____ AG eine Gegenleistung in Form von Gesellschaftsanteilen am übernehmenden Rechtsträger nicht gewährt, da die _____ GmbH bereits 100%ige Tochter der _____ AG ist.
b) Verschmelzungsbericht und Verschmelzungsprüfung sind nach §§ 60 Abs. 1, 63 Abs. 1 Nr. 4, 8 Abs. 3 UmwG i.V.m. §§ 60 Abs. 1, 9 Abs. 2 UmwG nicht erforderlich.
c) In den Räumen der Gesellschaft sind ab sofort zur Einsichtnahme der Aktionäre zu den üblichen Geschäftsstunden von _____ h bis _____ h an Werktagen, mit Ausnahme des Sonnabends, folgende Unterlagen zur Einsicht ausgelegt:
aa) der Verschmelzungsvertrag im Entwurf
bb) die Jahresabschlüsse der AG und der GmbH gem. § 63 Abs. 1 Nr. 2 UmwG
cc) eine Zwischenbilanz gem. § 63 Abs. 1 Nr. 3 UmwG (*falls der Jahresabschlussstichtag mehr als sechs Monate vor dem Abschluss des Verschmelzungsvertrages lag*).

4.
Der Verschmelzungsvertragsentwurf ist vor der Einberufung zur Hauptversammlung, nämlich am _____, zum Amtsgericht _____ – Handelsregister – gem. § 61 UmwG eingereicht worden.

II. Weitere Tagesordnungspunkte
_____

III. Weiterer Hinweis
Soweit Sie an der Hauptversammlung nicht teilnehmen wollen, bitten wir sie darum, die anliegende, auf _____ lautende Vollmacht zur Stimmabgabe bei der Gesellschaft einzureichen bis zum _____.
Mit freundlichen Grüßen
_____ (Ort, Datum)
_____ AG
_____ – Vorstand –

M 242 **2. Muster: Bekanntmachung und Einladung im elektronischen Bundesanzeiger**

45   _____ AG
– Der Vorstand –
eingetragen unter HRB _____, im Handelsregister des Amtsgerichts _____
Geschäftsadresse: _____
An die Aktionäre und die Mitglieder des Aufsichtsrats
der _____ AG
über Veröffentlichung im Bundesanzeiger
Sehr geehrte Damen und Herren,

1.
Die _____ AG ist alleinige Gesellschafterin der im Handelsregister des Amtsgerichts _____ eingetragenen Firma _____ GmbH (HRB _____). Die _____ AG hält weder unmittelbar noch mittelbar eigene Aktien an ihrem Grundkapital.

2.
Die Hauptversammlung der _____ AG vom _____ hat den Vorstand beauftragt, unter Wahrung der gesetzlichen Vorschriften die Verschmelzung der _____ GmbH als übertragender Rechtsträger auf die _____ AG als übernehmenden Rechtsträger vorzubereiten.

Die Hauptversammlung vom gleichen Tage hat die Änderung des Namens der _____ AG in _____ AG beschlossen und deren Sitzverlegung von _____ nach _____. Die Eintragung im Handelsregister ist noch nicht erfolgt.

3.
Der Vorstand beabsichtigt, die Verschmelzung nach § 62 Abs. 1 S. 1 UmwG durchzuführen.

4.
Am _____ um _____ Uhr findet eine Gesellschafterversammlung der Firma _____ GmbH in den Räumen _____ statt. Im Rahmen dieser Gesellschafterversammlung soll der Verschmelzungsvertrag zwischen _____ AG und _____ GmbH abgeschlossen und der Zustimmungsbeschluss der Gesellschafterversammlung der GmbH gefasst werden.

5.
Gemäß § 62 Abs. 3 S. 1 i.V.m. § 63 Abs. 1 UmwG liegen ab sofort in den Geschäftsräumen: _____, während der üblichen Geschäftsstunden _____ von _____ h bis _____ h zur Einsichtnahme aus:
a) Entwurf des Verschmelzungsvertrages
b) der geprüfte Jahresabschluss der _____ GmbH auf den _____ mit dem entsprechenden Feststellungsbeschluss der Gesellschafterversammlung vom _____, versehen mit dem uneingeschränkten Bestätigungsvermerk der _____ Wirtschaftprüfungsgesellschaft (mbH)
c) der geprüfte Jahresabschluss, versehen mit dem uneingeschränkten Bestätigungsvermerk der _____ Wirtschaftprüfungsgesellschaft (mbH), der _____ AG auf den _____ mit Feststellung durch die Hauptversammlung und den Aufsichtsrat vom _____
d) die weiteren Jahresabschlüsse gem. § 63 Abs. 1 Nr. 2 UmwG der _____ AG und der _____ GmbH
e) eine Zwischenbilanz nach § 63 Abs. 1 Nr. 3 UmwG *(falls der Jahresabschlussstichtag mehr als sechs Monate vor dem Abschluss des Verschmelzungsvertrages lag)*.

6.
Verschmelzungsbericht und Verschmelzungsprüfung der AG und GmbH sind nach §§ 60 Abs. 1, 63 Abs. 1 Nr. 4, 8 Abs. 3 UmwG (Bericht) i.V.m. §§ 60 Abs. 1, 9 Abs. 2 (Prüfung) UmwG nicht erforderlich.

7.
Der Entwurf des Verschmelzungsvertrages ist darüber hinaus vor dieser Veröffentlichung an das Amtsgericht _____, Handelsregister, als Handelsregister der _____ AG eingereicht worden (§ 61 UmwG).

8.
Jeder Aktionär hat das Recht zur kostenlosen Anforderung von Abschriften der zur Einsicht ausgelegten Unterlagen (§ 62 Abs. 3 S. 6 UmwG).

9.
Die Aktionäre haben das Recht auf Einberufung einer Hauptversammlung gem. § 62 Abs. 3 S. 3, S. 2 Halbs. 1, Abs. 2 UmwG. Danach können Aktionäre der AG, deren Anteile zusammen den 20. Teil des Grundkapitals der Gesellschaft erreichen, die Einberufung einer Hauptversammlung verlangen, in der über die Zustimmung zur Verschmelzung beschlossen wird. Die Satzung sieht insoweit abweichende Mehrheiten nicht vor.
Geht ein solches Verlangen von Aktionären, deren Anteile zusammen den 20. Teil des Grundkapitals der Gesellschaft erreichen, nicht ein, ist beabsichtigt, die Verschmelzung gem. § 62 Abs. 1 S. 1 UmwG unter Verzicht auf die Durchführung einer Hauptversammlung durchzuführen.

Arens/Spieker

_____ (Ort, Datum der Veröffentlichung)
_____ AG
_____ – Vorstand –

M 233 **3. Muster: Einreichung des Entwurfs des Verschmelzungsvertrages zum Handelsregister der übernehmenden AG gem. § 62 Abs. 3 UmwG**

46 An das
Amtsgericht _____
– Handelsregister – _____
Zum Handelsregister der Firma _____ AG
– HRB _____ –
reiche ich als einzelvertretungsberechtigter Vorstand im Hinblick auf die bevorstehende Verschmelzung gem. §§ 62 Abs. 3 S. 2, 61 Abs. 1 UmwG vor der Einberufung der Gesellschafterversammlung des übertragenden Rechtsträgers, der _____ GmbH, die über die Zustimmung zum Verschmelzungsvertrag zu beschließen hat, den Entwurf des Verschmelzungsvertrages nebst dessen Anlage 1 ein. Auf Seiten der AG soll die Verschmelzung nach § 62 Abs. 1 S. 1 UmwG ohne Beschlussfassung der Hauptversammlung durchgeführt werden.
_____ (Ort, Datum)
_____ (Unterschrift Vorstand)
UR-Nr.: _____
Beglaubigungsvermerk
Vorstehende, heute vor mir geleistete Namensunterschriften des _____,
hier handelnd als einzelvertretungsberechtigter, von den Beschränkungen des § 181 BGB befreiter, Vorstand der Firma _____ AG, eingetragen im Handelsregister des Amtsgerichts _____ unter HRB _____, Geschäftsadresse: _____
– dem Notar von Person bekannt/ausgewiesen durch _____ –
beglaubige ich hiermit.
Nachweise zur Vertretungsberechtigung lagen nicht vor, dennoch wurde um sofortige Beglaubigung gebeten.
Die Vorbefassungsfrage im Sinne von § 3 Abs. 1 Nr. 7 BeurkG wurde verneint.
_____ (Ort, Datum)
_____ (Unterschrift Notar)

M 234 **4. Muster: Verschmelzungsvertrag einer Konzernverschmelzung (Verschmelzung einer Tochtergesellschaft auf die Mutter-Aktiengesellschaft)**

47 _____ (*Notarielle Urkundsformalien*)
_____ erschienen heute in den Geschäftsräumen _____, wohin sich der Notar auf Ersuchen der Beteiligten begab:
1. Herr _____
– Erschienener zu 1 –
hier handelnd nicht für sich selbst, sondern als einzelvertretungsberechtigter, von den Beschränkungen des § 181 BGB befreiter Vorstand der Firma _____ AG, eingetragen im Handelsregister des Amtsgerichts _____ unter HRB _____, Geschäftsadresse: _____
2. Herr _____
– Erschienener zu 2 –

hier handelnd nicht für sich selbst, sondern als einzelvertretungsberechtigter, von den Beschränkungen des § 181 BGB befreiter Geschäftsführer der Firma _____ GmbH, eingetragen im Handelsregister des Amtsgerichts _____ unter HRB _____, Geschäftsadresse: _____.
Die Erschienenen sind dem Notar von Person bekannt/wiesen sich aus durch _____.
Die Frage nach einer Vorbefassung im Sinne von § 3 Abs. 1, Nr. 7 BeurkG wurde verneint. Der Notar hat die Beurkundung in den Geschäftsräumen _____ vorgenommen, weil dies gemäß der im Bundesanzeiger vom _____ erfolgten Veröffentlichung der Versammlungsort ist.
Zum Nachweis der Vertretungsbefugnisse lagen vor: _____
Die Beteiligten baten um Beurkundung des folgenden

*Verschmelzungsvertrages zwischen der _____ AG und der _____ GmbH
nebst Gesellschafterversammlung der _____ GmbH*

Präambel
Mit diesem Vertrag wird die _____ GmbH (übertragender Rechtsträger) auf die _____ AG (übernehmender Rechtsträger) verschmolzen. An der _____ GmbH, deren Stammkapital in Höhe von _____ EUR nach Angabe der Beteiligten voll eingezahlt ist, hält die _____ AG 100% (einhundert Prozent) der Geschäftsanteile. Aktionäre der _____ AG sind nach dem derzeitigen Stand des Aktienregisters, dessen Richtigkeit von den Erschienenen versichert wird, nur Dritte. Die _____ AG hält weder selbst noch durch Dritte eigene Aktien. Die Verschmelzung erfolgt nach § 62 Abs. 1 S. 1 UmwG. Die Einreichung des Entwurfes des Verschmelzungsvertrages an das Handelsregister des Amtsgerichts _____ gem. § 61 UmwG erfolgte vor der Veröffentlichung im elektronischen Bundesanzeiger durch UR-Nr. _____ des beurkundenden Notars, dem der Einlieferungsnachweis im Original vorlag. Die Veröffentlichung im elektronischen Bundesanzeiger Nr. _____ vom _____ lag bei Beurkundung vor (Veröffentlichungsbestätigung).
Der Erschienene zu 1 als organschaftlicher Vertreter der _____ AG erklärt nach Belehrung durch den Notar, dass bis zum heutigen Tage kein Verlangen von Aktionären auf Einberufung einer Hauptversammlung nach § 62 UmwG eingegangen ist.

Teil I: Verschmelzungsvertrag

§ 1 Vermögensübertragung
Die _____ GmbH mit Sitz in _____ (HRB _____, Amtsgericht _____) als übertragender Rechtsträger (nachstehend auch GmbH genannt) überträgt mit Wirkung vom _____ ihr Vermögen als Ganzes mit allen Rechten und Pflichten unter Auflösung ohne Abwicklung im Wege der Verschmelzung durch Aufnahme gem. §§ 2 Nr. 1, 39 ff., 46 ff. UmwG auf die _____ AG mit Sitz in _____ (HRB _____, Amtsgericht _____) als übernehmenden Rechtsträger (nachstehend auch AG genannt) nach Maßgabe der nachfolgenden Bestimmungen.
Der Name der AG und deren Sitz sind unter entsprechender Änderung der Satzung in der Hauptversammlung vom _____ dahin gehend geändert worden, dass die Firma der AG jetzt _____ AG lautet und der Sitz der AG jetzt _____ ist (Geschäftsadresse: _____). Eine Eintragung im Handelsregister der AG ist noch nicht erfolgt.

§ 2 Verschmelzungsstichtag
Die Übernahme des Vermögens der GmbH erfolgt im Innenverhältnis mit Wirkung zum _____. Vom _____ an bis zum Zeitpunkt des Erlöschens der GmbH gem. § 20 Abs. 1 Nr. 2 UmwG gelten alle Handlungen und Geschäfte der GmbH als für Rechnung der AG geführt.
Sollte die Verschmelzung nicht bis zum 31. Dezember _____ in das Handelsregister der übernehmenden AG eingetragen worden sein, so ändern sich Bilanz- und Verschmelzungsstichtag wie folgt:
– Der Verschmelzung wird abweichend von der vorstehenden Regelung dieses Vertrages die Schlussbilanz der GmbH zum _____ zugrunde gelegt;
– der Verschmelzungsstichtag verschiebt sich auf den _____, 24.00 Uhr.

Sollte die Verschmelzung auch nicht bis zum 31. Dezember _____ oder bis zum 31. Dezember eines der Folgejahre in das Handelsregister der übernehmenden AG eingetragen worden sein, so verschieben sich Bilanz- und Verschmelzungsstichtag und der Stichtag der Dividendenberechtigung analog der vorstehenden Regelung.

Beide Gesellschaften sind zum Rücktritt von diesem Verschmelzungsvertrag berechtigt, wenn die Verschmelzung nicht bis zum _____ in das Handelsregister der übernehmenden AG eingetragen worden ist. Der Rücktritt ist der anderen Gesellschaft gegenüber durch eingeschriebenen Brief mit Rückschein zu erklären. Die Rechtsfolgen des Rücktritts richten sich nach den gesetzlichen Bestimmungen. Die Vertragskosten tragen dann die beteiligten Gesellschaften je zur Hälfte.

Der Verschmelzung wird der mit dem uneingeschränkten Bestätigungsvermerk des Wirtschaftsprüfers _____, Wirtschaftsprüfungsgesellschaft mbH in _____, versehene Jahresabschluss (Bilanz) der GmbH zum _____ als Schlussbilanz zugrunde gelegt. Die Bilanz ist als Anlage 1 beigefügt. Die AG verpflichtet sich, die steuerlichen Buchwerte der übertragenden GmbH gem. § 20 Abs. 2 S. 2 UmwStG in ihrer Steuerbilanz fortzuführen und spätere etwaige Änderungen aufgrund einer Betriebsprüfung zu übernehmen.

§ 3 Gegenleistung

Für die Mitgliedschaft der übernehmenden AG in der übertragenden GmbH wird keine Gegenleistung in Form von Gesellschaftsanteilen gewährt (§ 68 Abs. 1 Nr. 1 i.V.m. § 54 Abs. 1 Nr. 1 UmwG).

Sonderrechte oder sonstige Vorzüge im Sinne von § 5 Abs. 1 Nr. 7 UmwG bestehen bei der übertragenden GmbH nicht. Deshalb entfallen die in § 5 Abs. 1 Nr. 7 UmwG vorgesehenen Angaben.

Es werden keine besonderen Vorteile an die in § 5 Abs. 1 Nr. 8 UmwG genannten Personen (ein Mitglied der Geschäftsführung, ein Mitglied eines Aufsichtsrats, ein geschäftsführender Gesellschafter, ein Abschlussprüfer) gewährt; daher entfallen die in § 5 Abs. 1 Nr. 8 UmwG vorgesehenen Angaben.

§ 4 Folgen der Verschmelzung für die Arbeitnehmer und ihre Vertretungen sowie die insoweit vorgesehenen Maßnahmen

Die Verschmelzung der GmbH führt zum Übergang sämtlicher Rechte und Ansprüche der Arbeitnehmer der GmbH im Wege der Gesamtrechtsnachfolge auf die AG. Auf den Übergang findet § 613a Abs. 1, 4 und Abs. 5 BGB Anwendung (§ 324 UmwG). Damit hat die Verschmelzung individualarbeitsrechtlich keinen Nachteil für die Arbeitnehmer der übertragenden GmbH sowie für die Arbeitnehmer der AG. Auch ändern sich nicht die tarifrechtlichen Regeln. Auswirkungen auf den Bestand oder den Inhalt der Arbeitsverhältnisse mit Ausnahme des Arbeitgeberwechsels für die Arbeitnehmer der GmbH stehen durch diese Verschmelzung somit nicht an. Die Arbeitnehmer sind bereits nach § 613a Abs. 5 BGB i.V.m. § 324 UmwG form- und fristgerecht über den Übergang ihrer Arbeitsverhältnisse unterrichtet worden. Ein Widerspruchsrecht nach § 613a Abs. 6 BGB besteht bei einer Verschmelzung nicht.

Auch nach der Verschmelzung wird der Betrieb der GmbH in _____ von der AG in seinem heutigen Bestand unverändert fortgeführt. Weder bei der GmbH noch bei der übernehmenden AG besteht ein Betriebsrat.

Auswirkungen für Mitglieder (Arbeitnehmervertreter) des Aufsichtsrates der AG ergeben sich nicht, da weder die GmbH noch die AG einzeln oder zusammen 500 Arbeitnehmer oder 2000 Arbeitnehmer haben (DrittelbeteiligungsG, § 1 MitbestG 1976). Im Aufsichtsrat der AG sind derzeit keine Arbeitnehmervertreter vertreten.

§ 5 Sonstige Regelungen im Zusammenhang mit der Verschmelzung

Die übernehmende AG trägt die Kosten dieser Urkunde, der notwendigen Beschlüsse, ihres Vollzugs und etwaiger anfallender Verkehrssteuern, unbeschadet der gesamtschuldnerischen Haftung aller Beteiligten, über die der Notar belehrt hat.

Die Erstellung eines Umwandlungsberichtes ist bei der GmbH nach § 8 Abs. 3 S. 1 UmwG nicht erforderlich. Die Erstellung eines Umwandlungsberichtes ist auch bei der AG nach § 8 Abs. 3 S. 1 UmwG nicht erforderlich.

Arens/Spieker

Eine Umwandlungsprüfung ist bei der GmbH nach §§ 48, 9 Abs. 2 UmwG nicht erforderlich. Eine Umwandlungsprüfung ist auch bei der AG nach §§ 60 Abs. 1, 9 Abs. 2 UmwG nicht erforderlich. Vorsorglich verzichten die Beteiligten nach Belehrung durch den Notar unwiderruflich auf die Erstellung eines Umwandlungsberichtes bzw. die Vornahme der Verschmelzungsprüfung nebst Verschmelzungsprüfungsbericht in Kenntnis der Tatsache, dass der Verzicht nicht widerruflich ist.

Teil II: Zustimmungen und Gesellschafterbeschlüsse der GmbH und AG

§ 1 Zustimmung des übernehmenden Rechtsträgers
Die Beschlüsse der Hauptversammlung der AG sind nach § 62 Abs. 1 S. 1 UmwG nicht erforderlich. Der Erschienene zu 1 als Vertreter der AG stimmt dem Verschmelzungsvertrag zu.
§ 2 Zustimmung und Verzichte des übertragenden Rechtsträgers und seiner Gesellschafter
Unter Verzicht auf alle Fristen und Formen wird eine Gesellschafterversammlung der GmbH abgehalten. Die nachfolgenden Beschlüsse erfolgen einstimmig:
a) Dem Verschmelzungsvertrag zwischen der AG und der GmbH vom heutigen Tage wird zugestimmt.
b) Die Schlussbilanz der GmbH zum _____, die dieser Urkunde als Anlage 1 beigefügt ist, wird festgestellt.
c) Auf die Erstellung eines Verschmelzungsberichts im Sinne von § 8 Abs. 1 UmwG wird hiermit gem. § 8 Abs. 3 UmwG durch die Beteiligten vorsorglich verzichtet, ebenso auf die Prüfung nach § 48 UmwG.
d) Auf das Recht, die vorstehenden Beschlüsse anzufechten, insbesondere gegen den Zustimmungsbeschluss Klage zu erheben, wird ausdrücklich verzichtet.

Teil III: Hinweise, Vollzugsvollmacht
Der Notar hat die Beteiligten beispielhaft auf den weiteren Verfahrensablauf bis zur Wirksamkeit der Verschmelzung und die Rechtsfolgen wie folgt hingewiesen:
1. Die Verschmelzung wird erst mit der Eintragung derselben in das Handelsregister der AG als übernehmender Rechtsträger nach Eintragung in das Handelsregister der GmbH als übertragender Rechtsträger wirksam.
2. Rechte Dritter an den Geschäftsanteilen bestehen an den künftigen Gesellschaftsrechten der Aktionäre der AG fort.
3. Soweit in der GmbH Sonderrechte zugunsten von Dritten eingeräumt worden sein sollten, sind diesen Dritten vergleichbare Rechte in der AG einzuräumen.
4. Die GmbH, ihre Gesellschafter sowie die Gläubiger der AG können Sicherheiten für ihre Forderungen verlangen und die Geschäftsführer gesamtschuldnerisch auf Schadensersatz in Anspruch nehmen, soweit sie im Zusammenhang mit der Verschmelzung einen Schaden erlitten haben.
5. Die Eintragung der Verschmelzung wird durch das Registergericht bekannt gemacht. Diese Bekanntmachung weist die Gläubiger der GmbH auf Folgendes hin: Wenn die Gläubiger binnen sechs Monaten nach der Bekanntmachung der Verschmelzung ihren Anspruch nach Grund und Höhe gegenüber der GmbH schriftlich anmelden und glaubhaft machen, dass die Erfüllung ihrer Ansprüche gefährdet wird, können sie Sicherheitsleistung verlangen, sofern sie nicht schon die Befriedigung ihrer Forderung beanspruchen können.
6. Auf die GmbH lautende Rechtstitel müssen nach Wirksamkeit der Verschmelzung berichtigt werden. In Verfahren (insbesondere Rechtsstreitigkeiten), die unter Beteiligung der GmbH geführt werden, ist ggf. die Rubrumsberichtigung zu beantragen.

Die Beteiligten erklären, dass sie die steuerlichen Auswirkungen dieser Urkunde und ihrer Durchführung eigenverantwortlich überprüfen bzw. überprüft haben. Der Notar hat über die steuerlichen Auswirkungen dieser Urkunde keine Auskünfte gegeben. Die Beteiligten baten trotz etwaiger eventueller Gefahren, die mit einer nicht oder nicht vollständigen Klärung der steuerlichen Fragen verbunden sein könnten, um sofortige weitere Beurkundung.

Die Beteiligten bevollmächtigen über ihren Tod hinaus die Notarfachangestellten Frau _____ und Frau _____, jede für sich allein, unter Befreiung von den Beschränkungen des § 181 BGB und unter Ausschluss jeder eigenen Haftung, alle Erklärungen zum Handelsregister, auch Änderungen und Ergänzungen dieser Urkunde, abzugeben, die zur Durchführung dieser Urkunde und zur Eintragung in das Handelsregister erforderlich sind. Von dieser Vollmacht kann nur vor dem amtierenden Notar, dessen Nachfolger im Amt oder dessen Vertreter im Amt oder einem mit ihm in Sozietät verbundenen Notar, dessen Nachfolger im Amt oder dessen Vertreter im Amt, Gebrauch gemacht werden. Sie erlischt mit der Eintragung im Handelsregister. Die Bevollmächtigten sind nicht verpflichtet, die Vollmacht auszuüben.

Die Urkundsbeteiligten sind damit einverstanden, dass personenbezogene Daten, die über die Mandatsbearbeitung in den Kenntnisbereich des beurkundenden Notars bzw. dessen Vertreter im Amt gelangen, dort über die EDV verarbeitet werden. Ihnen ist bekannt, dass eine Übermittlung der erhobenen Daten an Dritte nicht stattfindet und die Daten zur Mandatsbearbeitung verwendet werden. Ferner ist ihnen bekannt, dass sie diese Einwilligung verweigern und mit Wirkung für die Zukunft widerrufen können.

Sollte eine Bestimmung dieser Vereinbarung ganz oder teilweise unwirksam sein oder werden, so berührt dies nicht die Wirksamkeit der Bestimmungen im Übrigen. Die unwirksame Bestimmung ist vielmehr durch eine zu ersetzen, die dem wirtschaftlichen Streben der Parteien am nächsten kommt.

Die Anlage 1 lag zur Durchsicht vor. Gemäß § 14 BeurkG verzichten die Erschienenen nach Belehrung auf deren Verlesung, sie wird jedoch jeweils von den Erschienenen und dem Notar unterzeichnet und zur Verhandlungsniederschrift genommen.

Vorstehende Verhandlung wurde den Erschienenen vorgelesen, von ihnen genehmigt und wie folgt eigenhändig unterschrieben:

_____ (Unterschrift der Erschienenen)
_____ (Unterschrift des Notars)

M 235 | 5. Muster: Anmeldung zum Handelsregister der übertragenden GmbH

48 An das Amtsgericht _____
– Handelsregister –
_____

Zum Handelsregister der Firma _____ GmbH
– HRB _____ –
melden wir als jeweils einzelvertretungsberechtigte Geschäftsführer der Firma _____ GmbH mit dem Sitz in _____ gem. § 16 Abs. 1 S. 2 UmwG an:
Die Gesellschaft ist mit der Firma _____ AG mit dem Sitz in _____, diese eingetragen unter HRB _____ beim Amtsgericht _____, aufgrund des Verschmelzungsvertrages vom _____, des Beschlusses der Gesellschafterversammlung der Gesellschaft vom _____ und unter Verzicht auf die Durchführung einer Hauptversammlung nach § 62 UmwG durch Aufnahme verschmolzen worden (§ 2 Nr. 1 UmwG).
Als Anlagen fügen wir anbei:
1. Beglaubigte Fotokopie der Einreichung des Entwurfes des Verschmelzungsvertrages zum Handelsregister des AG _____ vom _____;
2. Ausfertigung des Verschmelzungsvertrages vom _____ nebst Beschlussfassung der Gesellschafterversammlung des übertragenden Rechtsträgers, UR-Nr. _____ des Notars _____ in _____, darin enthalten:
   a) Versicherung des Vorstands darüber, dass kein Aktionär nach der Veröffentlichung im elektronischen Bundesanzeiger vom _____ (Veröffentlichungsnachweis anbei) die Einberufung einer Hauptversammlung gefordert hat;

b) die Beschlüsse der Gesellschafterversammlung des übertragenden Rechtsträgers, _____ GmbH, nämlich:
      – Verzichtserklärung gem. § 8 Abs. 3 UmwG betreffend die Erstattung und die Vorlage des Verschmelzungsberichts gem. §§ 8, 41 UmwG;
      – Feststellung, dass keine Verschmelzungsprüfung gem. §§ 44, 9–12 UmwG durchzuführen ist;
      – Feststellungsbeschluss zur Schlussbilanz der _____ GmbH;
3. Erklärung aller Gesellschafter, auf die Anfechtung der vorstehend genannten Beschlüsse unwiderruflich zu verzichten, insbesondere gegen den Zustimmungsbeschluss zum Verschmelzungsvertrag gem. § 14 UmwG keine Klage zu erheben, weswegen die Erklärung gem. § 16 Abs. 1 S. 1, Abs. 2 S. 2, 2. Halbs. UmwG entfällt.
4. Nachweis über die rechtzeitige Zuleitung zum Betriebsrat (*alternativ:* Ich versichere, dass ein Betriebsrat im Betrieb des übertragenden Rechtsträgers nicht besteht.). Die Arbeitnehmer sind bereits nach § 613a Abs. 5 BGB i.V.m. § 324 UmwG form- und fristgerecht über den Übergang ihrer Arbeitsverhältnisse unterrichtet worden. Ein Widerspruchsrecht nach § 613a Abs. 6 BGB besteht nicht.

Die festgestellte und unterzeichnete Schlussbilanz des übertragenden Rechtsträgers, der _____ GmbH, zum _____ ist Anlage der überreichten Umwandlungsurkunde.
_____ (Ort, Datum)
_____ (Unterschrift der Geschäftsführer der GmbH)
_____ (*Es folgt der notarielle Beglaubigungsvermerk, ggf. mit Vertretungsbescheinigung nach § 21 BNotO*)

6. Muster: Anmeldung zum Handelsregister des übernehmenden Rechtsträgers

M 236

An das
Amtsgericht _____
– Handelsregister –
_____

Zum Handelsregister der _____ AG
– HRB _____ –
melde ich als Vorstand an:
Die Firma _____ GmbH mit Sitz in _____, eingetragen beim Amtsgericht _____ unter HRB _____, ist als übertragender Rechtsträger auf die Firma _____ AG mit Sitz in _____ als übernehmender Rechtsträger gem. § 2 Nr. 1 UmwG aufgrund des Verschmelzungsvertrages _____ und des Beschlusses der Gesellschafterversammlung der _____ GmbH vom gleichen Tage verschmolzen worden.
Beigefügt werden:
1. Ausfertigung des Verschmelzungsvertrages vom _____ nebst Beschlussfassung der Gesellschafterversammlung des übertragenden Rechtsträgers UR-Nr. _____ des Notars _____ in _____, beinhaltend die Erklärungen des Vorstands der übernehmenden Gesellschaft,
   – dass kein Aktionär nach der Veröffentlichung im Bundesanzeiger vom _____ (Veröffentlichungsnachweis anbei) die Einberufung einer Hauptversammlung gefordert hat;
   – dass der Entwurf des Verschmelzungsvertrages zuvor mit Anmeldung vom _____ (UR-Nr. _____ des Notars _____ in _____) zum Handelsregister gereicht wurde;
   – dass die _____ AG zu 100% alleinige Gesellschafterin der _____ GmbH ist und dass die _____ AG weder selbst noch durch Dritte eigene Aktien hält.
2. die Beschlüsse der Gesellschafterversammlung der übertragenden Rechtsträgerin, der Firma _____ GmbH, nämlich:
   – Verzichtserklärung gem. § 8 Abs. 3 UmwG auf die Erstattung und die Vorlage eines Verschmelzungsberichts gem. §§ 8, 41 UmwG;

- Feststellung, dass keine Verschmelzungsprüfung gem. §§ 44, 9–12 UmwG durchzuführen ist;
- Feststellungsbeschluss zur Schlussbilanz der _____ GmbH;
3. Erklärung aller Gesellschafter, auf die Anfechtung der vorstehenden Beschlüsse unwiderruflich zu verzichten, insbesondere gegen den Zustimmungsbeschluss zum Verschmelzungsvertrag gem. § 14 UmwG keine Klage zu erheben, weswegen die Erklärung gem. § 16 Abs. 1 S. 1, Abs. 2 S. 2, 2. Halbs. UmwG entfällt.
4. Nachweis über die rechtzeitige Zuleitung zum Betriebsrat (*alternativ:* Ich versichere, dass ein Betriebsrat im Betrieb des übertragenden Rechtsträgers nicht besteht.). Die Arbeitnehmer sind bereits nach § 613a Abs. 5 BGB i.V.m. § 324 UmwG form- und fristgerecht über den Übergang ihrer Arbeitsverhältnisse unterrichtet worden. Ein Widerspruchsrecht nach § 613a Abs. 6 BGB besteht nicht.

_____ (Ort, Datum)

_____ (Unterschrift Vorstand)

_____ (*Es folgt der notarielle Beglaubigungsvermerk, ggf. mit Vertretungsbescheinigung nach § 21 BNotO*)

Wolfgang Arens/Ulrich Spieker
§ 20 Die Spaltung (§§ 123–173 UmwG)

Literatur

Dokumentationen/Kommentare/Monographien: *Arens/Spieker,* Umwandlungsrecht in der Beratungspraxis, 1996; *Benkert/Bürkle,* Umwandlungsgesetz/Umwandlungssteuergesetz (deutsch/englisch), 1996; *Buyer,* Änderung der Unternehmensform, 8. Aufl. 2010; *Dehmer,* Umwandlungssteuererlaß 1998, 1998; *Dötsch,* Das neue Umwandlungssteuerrecht ab 1995, 1995; *Ebel,* Besteuerung der Ausgliederung und Spaltung bei Unternehmensumstrukturierungen, 1998; *Ganske,* Umwandlungsrecht, 2. Aufl. 1995; *Goutier/Knopf/Tulloch,* Kommentar zum Umwandlungsrecht, 1995; *Haritz/Benkert,* Umwandlungssteuergesetz, 3. Aufl. 2007; *Heidinger/Limmer/Holland/Reul,* Gutachten zum Umwandlungsrecht 1996/97, Deutsches Notarinstitut, Band IV, 1998; *Herzig* (Hrsg.), Neues Umwandlungssteuerrecht, 1996; *Kallmeyer,* Umwandlungsgesetz, 4. Aufl. 2010; *Limmer* (Hrsg.), Umwandlungsrecht, 4. Aufl. 2010; *Lutter* (Hrsg.), Umwandlungsgesetz, 4. Aufl. 2009; *Meyer-Scharenberg,* Umwandlungsrecht, 1995; *Neye,* Umwandlungsgesetz/Umwandlungssteuergesetz, 1994; *Noll,* Steuerliche Verluststrategien bei Umwandlungen von Kapitalgesellschaften, 1999; *Ott,* Das neue Umwandlungs- und Umwandlungssteuerrecht, 1995; *Posdziech,* Neues Umwandlungsrecht, 1994; *Sagasser/Bula/Brünger,* Umwandlungen, 4. Aufl. 2011; *Schaub,* Arbeitsrechts-Handbuch, 15. Aufl. 2012; *Schaumburg/Rödder,* Umwandlungsgesetz und Umwandlungssteuergesetz, 1995; *Schmitt/Hörtnagl/Stratz,* Umwandlungsgesetz/Umwandlungssteuergesetz, 5. Aufl. 2009; *Schwarz,* Umwandlung mittelständischer Unternehmen im Handels- und Steuerrecht, 1995; *Schwedhelm,* Die Unternehmensumwandlung, 7. Aufl. 2012; *Semler/Stengel,* Kommentar zum Umwandlungsgesetz, 3. Aufl. 2012; *Widmann/Mayer,* Umwandlungsrecht, Kommentar, Stand 2012; *Wunsch,* Die Verschmelzung und Spaltung von Kapitalgesellschaften, 2003.

Aufsätze: *Aha,* Einzel- oder Gesamtrechtsnachfolge bei der Ausgliederung?, AG 1997, 345; *Bachner,* Das Übergangsmandat des Betriebsrates bei Unternehmensumstrukturierungen, DB 1995, 2068; *Berscheid,* Die Auswirkungen der arbeitsrechtlichen Vorschriften des Umwandlungsgesetzes auf die einzelnen Arbeitsverhältnisse und die Beteiligungsrechte des Betriebsrates, in: Festschrift für Stahlhacke, 1995, 15; *Blumers,* Ausgliederung und Spaltung und wesentliche Betriebsgrundlagen, DB 1995, 496; *Blumers,* Der Teilbetrieb im Aufbau im Umwandlungssteuerrecht, BB 1995, 1821; *Bock,* Die Begriffe „Betrieb" und „Betriebsteil" im Sinne des § 12 Abs. 3 S. 2 UmwStG, GmbHR 1999, 279; *Boecken,* Der Übergang von Arbeitsverhältnissen bei Spaltung nach dem neuen Umwandlungsrecht, ZIP 1994, 1087; *Böhringer,* Grundzüge des neuen Umwandlungsrechts, BWNotZ 1995, 97; *Bokelmann,* Die Firma im Fall der Umwandlung, ZNotP 1998, 265; *Borges,* Einheitlicher Vertrag bei Ausgliederung mehrerer Vermögensteile?, BB 1997, 589; *Bremer,* Öffentlich-rechtliche Rechtspositionen im Rahmen von Spaltungen nach dem Umwandlungsgesetz, GmbHR 2000, 865; *Buchner,* Die Ausgliederung von betrieblichen Funktionen (Betriebsteilen) unter arbeitsrechtlichen Aspekten, GmbHR 1997, 377 (Teil I) und GmbHR 1997, 494 (Teil II); *Bungert,* Die Übertragung beschränkter persönlicher Dienstbarkeiten bei der Spaltung, BB 1997, 897; *Bungert,* Ausgliederung durch Einzelrechtsübertragung und analoge Anwendung des Umwandlungsgesetzes, NZG 1998, 367; *Bungert,* Darstellungsweise und Überprüfbarkeit der Angaben über Arbeitnehmerfolgen im Umwandlungsvertrag, DB 1997, 2209; *Eich/Carlé,* Ausgliederung eines Einzelunternehmens zur Aufnahme durch eine bestehende GmbH, FR 2003, 764; *Engelmeyer,* Ausgliederung aus dem Vermögen von Gebietskörperschaften oder aus Zusammenschlüssen von Gebietskörperschaften nach §§ 168 ff. UmwG, ZAP-Ost, Fach 15, 235; *Feddersen/Kiem,* Die Ausgliederung zwischen „Holzmüller" und neuem Umwandlungsrecht, ZIP 1994, 1078; *Fenske,* Besonderheiten bei der Rechnungslegung der ausgliedernden Kapitalgesellschaft, WPg 1997, 256; *Fenske,* Besonderheiten bei der Rechnungslegung übernehmender Kapitalgesellschaften bei Spaltungen, BB 1997, 1247; *Feudner,* Übergangs- und Restmandate des Betriebsrats, BB 1996, 1934; *Flore,* Ausgliederung oder kapitalistische Betriebsaufspaltung als Unternehmensalternativen, GmbHR 1997, 250; *Gaiser,* Die Umwandlung und ihre Auswirkungen auf personenbezogene öffentlich-rechtliche Erlaubnisse, DB 2000, 361; *Gaul,* Beteiligungsrechte von Wirtschaftsausschuß und Betriebsrat bei Umwandlung und Betriebsübergang, DB 1995, 2265; *Gaul,* Das Schicksal von Tarifverträgen und Betriebsvereinbarungen bei der Umwandlung von Unternehmen, NZA 1995, 717; *Geck,* Die Spaltung von Unternehmen nach dem neuen Umwandlungsrecht, DStR 1995, 416; *Graf,* Umwandlungen aus der Sicht des Registergerichts eine Checkliste, BWNotZ 1995, 103; *Grub,* Keine Zustimmung des PSV zur Spaltung, DZWIR 2005, 397; *Haritz,* Abspaltung von Kapitalgesellschaftsbeteiligungen, FR 2003, 549; *Haritz/Wagner,* Steuerneutralität bei nicht-verhältniswahrender Abspaltung, DStR 1997, 181; *Hartmann,* Die privatautonome Zuordnung von Arbeitsverhältnissen nach Umwandlungsrecht, ZfA 1997, 21; *Heckschen,* Die Entwicklung des Umwandlungsrechts aus Sicht der Rechtsprechung und Praxis, DB 1998, 1385; *Heermann*, Die Ausgliederung von Vereinen auf Kapitalgesellschaften, ZIP 1998, 1249; *Heidenhain*, Entstehung vermögens- und subjektloser Kapitalgesellschaften – Bemerkungen zu §§ 130, 131, 135 UmwG, GmbHR 1995, 264; *Heidenhain*, Spaltungsvertrag und Spaltungsplan, NJW 1995, 2873; *Heidenhain*, Sonderrechtsnachfolge bei der Spaltung, ZIP 1995, 801; *Heinze*, Arbeitsrechtliche Fragen bei der Übertragung und Umwandlung von Unternehmen, ZfA 1997, 1; *Hennrichs*, Zum Formwechsel und zur Spaltung nach dem neuen Umwandlungsgesetz, ZIP 1995, 794; *Henssler*, Aufspaltung, Ausgliederung und Fremdvergabe, NZA 1994, 294; *Herzig/Förster*, Problembereiche bei der Auf- und Abspaltung von Kapitalgesellschaften nach neuem Umwandlungssteuerrecht, DB 1995, 338; *Ihrig*, Gläubigerschutz durch Kapitalaufbringung bei Verschmelzung und Spaltung nach neuem Umwandlungsrecht, GmbHR 1995, 622; *Jung*, Die stille Gesellschaft in der Spaltung, ZIP 1996, 1734; *Kallmeyer*, Spaltung nach neuem Umwandlungsgesetz, ZIP 1995, 550; *Kallmeyer*, Kombinationen von Spaltungsarten nach dem neuen Umwandlungsgesetz, DB 1995, 81; *Kallmeyer*, Der Ein- und Austritt der Komplementär-GmbH einer GmbH & Co. KG bei Verschmelzung, Spaltung und Formwechsel nach dem Umwandlungsgesetz 1995, GmbHR 1996, 80; *Kallmeyer*, Spaltung: wie man mit § 132 UmwG 1995 leben kann, GmbHR 1996, 242; *Kallmeyer*, Grenzüberschreitende Verschmelzungen und Spaltungen?, ZIP 1996, 535; *Kallmeyer*, Die GmbH & Co. KG im Umwandlungsrecht, GmbHR 2000, 418; *Kania*, Tarifbindung bei Ausgliederung und Aufspaltung eines Betriebes, DB 1995, 625; *Körner/Rodewald*, Bedingungen, Befristungen, Rücktritts- und Kündigungsrechte in Verschmelzungs- und Spaltungsverträgen, BB 1999, 853; *Köster/Prinz*, Verlustverwertung durch Spaltung von Kapitalgesellschaften, GmbHR 1997, 336; *Kösters*, Das Unbedenklichkeitsverfahren nach § 16 Abs. 3 UmwG, WM 2000, 1921; *Kratz/Siebert*, Steuerinduzierte Unternehmenswertsteigerung durch Abspaltung am Beispiel einer GmbH, DStR 2008, 417; *Kromer*, Ertragsteuerlich irrelevante Ausgliederungen von Unternehmensteilen bei Kapitalgesellschaften, DStR 2000, 2157; *Krüger*, Bezeichnung von Grundstücken in Spaltungs- und Übernahmeverträgen, ZNotP 2008, 466; *Leitzen*, Zur Bedeutung des § 28 GBO im Spaltungsrecht, ZNotP 2008, 272; *Lenz*, Abspaltung und Konzernhaftung, INF 1997, 564; *Lieber/Stifter*, Die atypisch stille Beteiligung als Alternative zur Ausgliederung, FR 2003, 831; *Limmer*, Firmenrecht und Umwandlung nach dem Handelsrechtreformgesetz, NotBZ 2000, 101; *Mayer*, Erste Zweifelsfragen bei der Unternehmensspaltung, DB 1995, 861; *Mayer*, Spaltungsbremse? Ein Vorschlag zur sachgerechten Auslegung des § 132 UmwG, GmHR 1996, 403; *Melchior*, Die Beteiligung von Betriebsräten an Umwandlungsvorgängen aus Sicht des Handelsregisters, GmbHR 1997, 833; *Melchior*, Vollmachten bei Umwandlungsvorgängen – Vertretungshindernisse und Interessenkollisionen, GmbHR 1999, 520; *Meister*, Übergang von Unternehmensverträgen bei der Spaltung der herrschenden Gesellschaft, DStR 1999, 1741; *Menner/Broer*, Steuerliche Gestaltungsmöglichkeiten bei Umstrukturierungen im Konzern – Alternativen zur Spaltung von Kapitalgesellschaften, DB 2003, 1075; *Momen*, Die Veräußerung durch Spaltung: Die Mißbrauchsklausel des § 15 Abs. 3 S. 2 UmwStG auf dem Prüfstand, DStR 1997, 355; *Müller*, Spaltung nach dem Umwandlungsgesetz und Übergang von Verträgen mit Abtretungsbeschränkung, BB 2000, 365; *Müller-Eising/Bert*, § 5 Abs. 3 UmwG: Eine Norm, eine Frist, drei Termine, DB 1996, 1398; *Nagel/Thies*, Die nicht verhältniswahrende Abspaltung als Gestaltungsinstrument, GmbHR 2004, 83; *Nagl*, Die Spaltung durch Einzelrechtsnachfolge und nach neuem Umwandlungsrecht, DB 1996, 1221; *Naraschewski*, Haftung bei der Spaltung von Kommanditgesellschaften, DB 1995, 1265; *Naraschewski*, Die vereinfachte Kapitalherabsetzung bei der Spaltung, GmbHR 1995, 697; *Neye*, Nochmals: Entstehung vermögens- und subjektloser Kapitalgesellschaften, GmbHR 1995, 565; *Neye*, Partnerschaft und Umwandlung, ZIP 1997, 722; *Neye*, Das Gesetz zur Änderung des Umwandlungsgesetzes, des Partnerschaftsgesellschaftsgesetzes und anderer Gesetze, ZAP 1998, Fach 15, 257; *Olbing*, Spaltung und Verschmelzung von Kapitalgesellschaften, Stbg. 1999, 15; *Ott*, Aufspaltung und Abspaltung von Kapitalgesellschaften, INF 1996, 46 und 76; *Ott*, Umwandlung einer GmbH in eine GmbH & Co. KG durch Formwechsel, INF 1996, 333; *Pfeifer*, Umwandlung und Insolvenz: Zur Insolvenzfähigkeit sich umwandelnder Rechtsträger und zur Umwandlungsfähigkeit insolventer Rechtsträger nach dem UmwG 1995, ZInsO 1999, 547; *Priester*, Das neue Umwandlungsrecht aus notarieller Sicht, DNotZ 1995, 427; *Priester*, Mitgliederwechsel im Umwandlungszeitpunkt, DB 1997, 560; *Rieble*, Verschmelzung und Spaltung von Unternehmen und ihre Folgen für Schuldverhältnisse mit Dritten, ZIP 1997, 301; *Riegger/Schockenhoff*, Das Unbedenklichkeitsverfahren zur Eintragung der Umwandlung ins Handelsregister, ZIP 1997, 2105; *Rödder/Beckmann*, Ein neues Teilbetriebsverständnis im Umwandlungssteuergesetz tut not!, DStR 1999, 751; *Schmitt*, Auf- und Abspaltung von Kapitalgesellschaften, DStR 2011, 1108; *Schöne*, Auf- und Abspaltung nach § 123 ff. UmwG – ein Überblick unter Berücksichtigung der Rechtslage für die GmbH, ZAP 1995, 693 (Fach 15, 157); *Schwarz*, Einvernehmliche Kürzung der Zuleitungsfrist gem. §§ 5 Abs. 3, 126 Abs. 3 und 194 Abs. 2 UmwG in der handelsregisterlichen Praxis, ZNotP 2001, 22; *Sistermann/Beutel*, Spaltung und Begründung von wirtschaftlichem Eigentum, DStR 2011, 1162; *Steding*, Ausgliederung – originelle Spaltungsvariante insbesondere für GmbH und eG, BuW 2002, 31; *Stohlmeier*, Zuleitung der Umwandlungsdokumentation und Einhaltung der Monatsfrist: Verzicht des Betriebsrats?, BB 1999, 1394; *Thiel*, Die Spaltung (Teilverschmelzung) im Umwandlungsgesetz und im Umwandlungssteuergesetz, DStR 1995, 237 (Teil I), und 276

(Teil II); *Tiedtke*, Kostenrechtliche Behandlung von Umwandlungsvorgängen nach dem Umwandlungsgesetz, ZNotP 2001, 226 (Teil I) und 260 (Teil II); *Tönnes/Wewel*, Ausgliederung wirtschaftlicher Geschäftsbetriebe durch steuerbefreite Einrichtungen, DStR 1998, 274; *Veil*, Aktuelle Probleme im Ausgliederungsrecht, ZIP 1998, 361; *Walpert*, Zur Steuerneutralität der nicht-verhältniswahrenden Abspaltung von einer Kapitalgesellschaft auf Kapitalgesellschaften, DStR 1998, 361; *Wiese*, Umwandlungssteuerliche Frage bei der Trennung von Gesellschaftern, GmbHR 1997, 60; *Wilken*, Zur Gründungsphase bei der Spaltung zur Neugründung, DStR 1999, 677; *Wlotzke*, Arbeitsrechtliche Aspekte des neuen Umwandlungsrechts, DB 1995, 40.

Inhalt
A. **Rechtliche Grundlagen** —— 1
 I. Spaltungsarten und besondere Rechtsregeln für die Spaltung —— 1
  1. Übersicht über die Spaltungsarten —— 1
  2. Beteiligte Rechtsträger —— 7
  3. Besondere Regelungen für die Spaltung —— 8
  4. Mindestinhalte des Spaltungsplanes bzw. Spaltungsvertrages —— 10
 II. Aufspaltung (§ 123 Abs. 1 UmwG) —— 18
 III. Abspaltung (§ 123 Abs. 2 UmwG) —— 20
 IV. Ausgliederung (§ 123 Abs. 3 UmwG) —— 22
  1. Arten und Wesensmerkmale der Ausgliederung —— 22
  2. Ausgliederungsfähige Rechtsträger —— 24
  3. Besonderheiten der Ausgliederung aus einem einzelkaufmännischen Unternehmen —— 26
 V. Mischformen aus Spaltung „zur Aufnahme" und „zur Neugründung" (§ 123 Abs. 4 UmwG) —— 33
 VI. Kostenrechtliche Grundlagen —— 34
B. **Muster** —— 39
 I. Abspaltung zur Neugründung einer GmbH aus einer GmbH & Co. KG mit freiwilligem Übernahmeangebot eines Gesellschafters und Vereinbarung eines einheitlichen Betriebes —— 39
  1. Typischer Sachverhalt —— 39
  2. Checkliste: Ablauf der Abspaltung —— 41
  3. Muster: Umwandlungsurkunde —— 42
  4. Muster: Sachgründungsbericht der Gesellschafter des übertragenden Rechtsträgers als Gründungsgesellschafter —— 43
  5. Muster: Handelsregisteranmeldung des übernehmenden Rechtsträgers —— 44
  6. Muster: Handelsregisteranmeldung des übertragenden Rechtsträgers —— 45
 II. Abspaltung zur Aufnahme aus einer GmbH auf eine bereits bestehende GmbH —— 46
  1. Typischer Sachverhalt —— 46
  2. Muster: Spaltungsvertrag und Gesellschafterbeschlüsse —— 47
  3. Muster: Handelsregisteranmeldung des übertragenden Rechtsträgers —— 48
  4. Muster: Handelsregisteranmeldung des übernehmenden Rechtsträgers —— 49
 III. Aufspaltung einer OHG auf zwei GmbH —— 50
  1. Typischer Sachverhalt —— 50
  2. Muster: Aufspaltungsvertrag und Aufspaltungsplan nach § 123 Abs. 1 Nr. 1 und Nr. 2, Abs. 4 UmwG mit Gesellschafterversammlungen und Verzichtserklärungen —— 51
  3. Muster: Anmeldung zum Handelsregister B des neu entstehenden Rechtsträgers —— 52
  4. Muster: Anmeldung zum Handelsregister B des bereits bestehenden Rechtsträgers —— 53
  5. Muster: Anmeldung zum Handelsregister A des übertragenden Rechtsträgers —— 54
  6. Muster: Sachgründungsbericht der Gründungsgesellschafter des neu entstehenden Rechtsträgers —— 55
 IV. Ausgliederung einer GmbH aus einem einzelkaufmännischen Unternehmen —— 56
  1. Typischer Sachverhalt —— 56
  2. Checkliste: Ablauf der Ausgliederung —— 57
  3. Muster: Ausgliederungsplan —— 58
  4. Muster: Anmeldung zum Handelsregister der neu entstehenden GmbH —— 59
  5. Muster: Anmeldung zum Handelsregister des erlöschenden einzelkaufmännischen Unternehmens —— 60
 V. Spaltung eines Einzelunternehmens mit Ausgliederung auf zwei GmbH & Co. KG —— 61
  1. Typischer Sachverhalt —— 61
  2. Rechtliche Grundlagen —— 65
  3. Checkliste —— 72
  4. Muster der Spaltungs- und Ausgliederungsvereinbarungen nebst Gesellschafterbeschlüssen —— 73
  5. Muster: Anmeldung zum Handelsregister der Besitz-GmbH & Co. KG —— 74
  6. Muster: Anmeldung zum Handelsregister der Betriebs-GmbH & Co. KG —— 75
  7. Muster: Anmeldung zum Handelsregister der (erlöschenden) Einzelfirma —— 76

A. Rechtliche Grundlagen

I. Spaltungsarten und besondere Rechtsregeln für die Spaltung

1. Übersicht über die Spaltungsarten

1 In § 123 UmwG sind zunächst die **drei Arten der Spaltung** geregelt.[1] Man unterscheidet zwischen:
- Aufspaltung (§ 123 Abs. 1 UmwG)
- Abspaltung (§ 123 Abs. 2 UmwG)
- Ausgliederung (§ 123 Abs. 3 UmwG).

2 Bei allen drei Arten der Spaltung wird wiederum unterschieden zwischen
- Spaltung „zur Aufnahme" und
- Spaltung „zur Neugründung".

3 Diese letztgenannte Unterscheidung entspricht wiederum der Unterscheidung bei der Verschmelzung. Nimmt ein bereits bestehender Rechtsträger die „Spaltprodukte" auf, handelt es sich um eine **Spaltung „zur Aufnahme"**. Entsteht der aufnehmende Rechtsträger (übernehmender Rechtsträger) erst durch die Übernahme der durch Spaltung separierten Vermögensteile neu, so spricht man von der **Spaltung „zur Neugründung"**.

4 Auch die Spaltung – in ihren drei Varianten Abspaltung, Aufspaltung und Ausgliederung – ist verbunden mit den Wirkungen einer Gesamtrechtsnachfolge, die in diesem besonderen Fall als **„partielle Gesamtrechtsnachfolge"** bezeichnet wird: In dem Umfang, wie nach dem Spaltungsvertrag bzw. dem Spaltungsplan Vermögensgegenstände (Aktiva und Passiva[2]) auf den oder die übernehmenden Rechtsträger übergehen, tritt der jeweilige übernehmende Rechtsträger ohne das Erfordernis von Einzelübertragungsakten in die Rechtsstellung des übertragenden Rechtsträgers ein.

5 Wegen des Übergangs im Rahmen der (partiellen) Gesamtrechtsnachfolge ist hinsichtlich des Übergangs von Vertragsverhältnissen, von Forderungen oder von Verbindlichkeiten – anders als bei Einzelübertragungsvorgängen – regelmäßig eine Zustimmung der Vertragspartner bzw. Schuldner oder Gläubiger nicht erforderlich.[3]

6 Allerdings soll nach der Rechtsprechung des BGH[4] und nunmehr auch des BFH[5] prozessual kein Eintritt in die Beklagtenstellung des übertragenden Rechtsträgers durch den übernehmenden Rechtsträger bei der Ausgliederung erfolgen. Es soll weder das **Steuerschuldverhältnis** noch das **Prozessrechtsverhältnis** übergehen. Ebenso wenig soll sich die Rechtskraft eines gegen den nach § 123 Abs. 2 Nr. 2 UmwG abgespaltenen Rechtsträger ergangenen Urteils auf den übertragenden Rechtsträger erstrecken; der übertragende Rechtsträger ist nicht Rechtsnachfolger im Sinne des § 325 Abs. 1 ZPO.[6]

---

1 Vgl. etwa *Schöne*, ZAP 1995, Fach 15, 157 ff.; *Schwedhelm/Streck/Mack*, GmbHR 1995, 7 ff. und 100 ff.; *Geck*, DStR 1995, 416 ff.
2 Zur Übertragung von Vermögensbestandteilen mit negativem Wert siehe Semler/Stengel/*Schwanna*, UmwG, § 123 Rn 6.
3 LG Nürnberg-Fürth WM 2008, 2016; dazu EWiR 2008, 743 (*Krüger*) für den Übergang eines Kreditportfolios im Rahmen einer Spaltung und OLG Karlsruhe DB 2008, 2241 = DStR 2008, 2175; dazu NJW-Spezial 2008, 689 für den Übergang eines Mietverhältnisses bei der Ausgliederung auf eine GmbH. Siehe auch BGH ZIP 2008, 2188 für den Schutz von Unternehmenskennzeichen bei Verschmelzung.
4 BGH ZIP 2001, 305; *Schmitt/Hörtnagl/Stratz*, UmwG/UmwStG, § 123 UmwG Rn 5 und § 131 UmwG Rn 4 ff.
5 BFH DStZ 2003, 98 m. Anm. *Reiser*.
6 BGH NJW 2006, 2038.

2. Beteiligte Rechtsträger

§ 124 UmwG bestimmt, welche Rechtsträger als übertragende und als übernehmende Rechtsträger an der Spaltung beteiligt sein können. § 124 UmwG verweist zunächst auf den Kreis der Rechtsträger, die nach § 3 UmwG auch für eine Verschmelzung in Betracht kommen, und nennt dann noch einige weitere Rechtsträger.

3. Besondere Regelungen für die Spaltung

Gem. § 132 bzw. §§ 132, 135 UmwG in bisheriger Fassung waren für die Übertragbarkeit von bestimmten Gegenständen bzw. deren Voraussetzungen auch die allgemeinen Vorschriften zu beachten; dies betrifft bei Grundstücken insbesondere die für deren Übertragung erforderlichen Genehmigungen. § 132 UmwG ist durch das 2. Gesetz zur Änderung des Umwandlungsgesetzes mit Wirkung ab 20.4.2007 gestrichen worden.[7]

In §§ 126–134 UmwG werden die maßgeblichen Vorschriften für die Spaltung zur Aufnahme und in §§ 135–137 UmwG die maßgeblichen Vorschriften für die Spaltung zur Neugründung wiedergegeben. In §§ 138 ff. UmwG werden dann die Detailvorschriften für die Spaltung je nach Rechtsform der beteiligten Rechtsträger geregelt. Grundsätzlich erfolgen Spaltungen „verhältniswahrend", also unter Beachtung und Wahrung der bisherigen Beteiligungsverhältnisse der Gesellschafter der/des übertragenden Rechtsträger(s). Wie sich aus § 128 UmwG ergibt, sind aber auch **„nicht verhältniswahrende Spaltungen"** möglich.[8]

4. Mindestinhalte des Spaltungsplanes bzw. Spaltungsvertrages

Der Umwandlungsvertrag wird im Falle der Spaltung im Gesetz als **„Spaltungs- und Übernahmevertrag"** (§ 126 UmwG) bezeichnet, also mit einem Begriff, der einerseits die Sicht des spaltenden und andererseits die Sicht des aufnehmenden Rechtsträgers ausdrückt.

Wesentlicher Inhalt des Spaltungs- und Übernahmevertrages und aufgrund der Verweisung des § 136 UmwG auch des Spaltungsplanes sind:[9]
- Name/Firma und Sitz der beteiligten Rechtsträger
- eigentliche Spaltungsregelung (Übertragung der Teile des Vermögens des übertragenden Rechtsträgers als Gesamtheit gegen Gewährung von Anteilen/Mitgliedschaften am übernehmenden Rechtsträger)
- Umtauschverhältnis der Anteile und ggf. bare Zuzahlungen bei Aufspaltung und Abspaltung
- Einzelheiten der Anteilsübertragung/des Mitgliedschaftserwerbs beim übernehmenden Rechtsträger bei Aufspaltung und Abspaltung
- Zeitpunkt des Übergangs der Anteile und des Dividendenrechts
- Spaltungsstichtag
- Regelungen über Sonderrechte bzw. deren Ablösung
- Sondervorteile für Mitglieder eines Vertretungsorgans/Aufsichtsorgans bzw. geschäftsführende Gesellschafter, Abschlussprüfer, Spaltungsprüfer
- genaue Bezeichnung und Aufteilung der Gegenstände des zu übertragenden Aktiv- und Passivvermögens,[10] wobei sog. „Allklauseln" zulässig sein sollen (siehe Rn 12 m.w.N.)
- genaue Bezeichnung der übergehenden Betriebe und Betriebsteile unter Zuordnung auch der Arbeitnehmer zu den übernehmenden Rechtsträgern

---

[7] Vgl. dazu *Hennrichs*, ZIP 1995, 794, 797 f.; *Heidenhain*, ZIP 1995, 801 ff.; *Mayer*, GmbHR 1996, 403 ff.; *Kallmeyer*, GmbHR 1996, 242 ff.; zur Spaltung unter Beteiligung von stillen Gesellschaften siehe *Jung*, ZIP 1996, 1734.
[8] Dazu Semler/Stengel/*Schröer*, UmwG, § 128 Rn 5 ff.; *Nagel/Thies*, GmbHR 2004, 83.
[9] Vgl. *Heidenhain*, NJW 1995, 2873, 2875; *Mayer*, DB 1995, 861, 863; *Priester*, DNotZ 1995, 427, 444 ff.
[10] Zur Zuordnung der Verbindlichkeiten siehe auch OFD Hannover GmbHR 2000, 334.

- Aufteilung und Aufteilungsmaßstab für die Anteile/Mitgliedschaftsrechte bei Aufspaltung und Abspaltung
- Folgen der Spaltung für die Arbeitnehmer/Arbeitnehmervertretungen, und zwar sowohl etwaige negative wie positive Folgen[11]
- vorgesehene Maßnahmen zum Schutz der Interessen und Rechte der Arbeitnehmer/Arbeitnehmervertretungen.

12 Auf Urkunden (z.B. Bilanzen, Inventare) kann Bezug genommen werden. Diese **Bezugsurkunden** sind dem Spaltungs- und Übernahmevertrag bzw. dem Spaltungsplan als Anlagen beizufügen.[12] Wichtig ist, dass alle aktiven und passiven Vermögensgegenstände und -bestandteile eindeutig entweder dem/den übertragenden oder dem/den übernehmenden Rechtsträger(n) zugeordnet werden, und sei es auch durch Bezugnahme auf Anlagen oder durch sog. **Allklauseln**, also Klauseln, wonach zu einem bestimmten Betrieb oder Betriebsteil gehörende sämtliche Vermögensgegenstände pauschal dem entsprechenden Rechtsträger zugeordnet werden.[13]

13 § 28 GBO ist zu beachten (§ 126 Abs. 2 S. 1 und 2 UmwG). Damit wird dem **Bestimmtheitserfordernis** des Grundbuchrechts Rechnung getragen. Es dient dazu, dass jedermann aus der im Bestandsverzeichnis des Grundbuchs eingetragenen **Grundstücksbezeichnung** erkennen kann, um welches Grundstück es sich handelt.[14] Ihm kommt im Umwandlungsrecht eine besondere Bedeutung zu, weil die Vermögensteile mit der Eintragung der Spaltung in das Handelsregister als Gesamtheit auf den übernehmenden Rechtsträger übergehen (§ 131 Abs. 1 Nr. 1 UmwG). Ein gesonderter Übertragungsakt hinsichtlich der einzelnen Gegenstände ist nicht erforderlich. Bei Grundstücken tritt der Vermögensübergang demnach außerhalb des Grundbuchs ein. Mit dem Vollzug der Spaltung durch die Registereintragung wird es im Hinblick auf die Eintragung des Eigentümers unrichtig.

14 Diese Rechtsfolge verlangt die Bezeichnung der übergehenden Grundstücke in dem Spaltungs- und Übernahmevertrag nach § 28 S. 1 GBO, also entweder übereinstimmend mit dem Grundbuch oder durch Hinweis auf das Grundbuchblatt.[15] Bei der Spaltung geht das Eigentum an Grundstücken nur dann mit der Registereintragung auf den übernehmenden Rechtsträger über, wenn die Grundstücke in dem Spaltungs- und Übernahmevertrag nach § 28 S. 1 GBO bezeichnet sind.[16] Das entspricht auch dem Willen des Gesetzgebers; er hat den Hinweis auf § 28 GBO in § 126 Abs. 2 S. 2 UmwG aufgenommen, weil er es für erforderlich gehalten hat, Grundstücke in dem Spaltungs- und Übernahmevertrag so zu bezeichnen, wie dies der beurkundende Notar bei einer Einzelübertragung tun würde.[17]

15 § 28 GBO darf allerdings nicht formalistisch überspannt werden.[18] Deshalb hat der BGH in den Fällen der **Teilflächenübertragung** eine Ausnahme zugelassen, wenn bereits ein genehmigter Veränderungsnachweis vorliegt, der die übertragene Teilfläche katastermäßig bezeich-

---

11 OLG Düsseldorf DStR 1998, 1190 = ZIP 1998, 1190; Semler/Stengel/*Schröer*/*Simon*, UmwG, § 126 Rn 84 ff.
12 Vgl. auch OLG Karlsruhe BB 1998, 1123.
13 BGH DStR 2003, 2172 = ZIP 2003, 2155; dazu DNotI-Report 2003, 190; Lutter/*Priester*, UmwG, § 126 Rn 43; Schmitt/Hörtnagel/*Stratz*, UmwG/UmStG, § 133 UmwG Rn 10.
14 BGH BGHZ 150, 334, 338 = ZNotP 2008, 163 m. Anm. *Leitner*, ZNotP 2008, 272; dazu *Krüger*, ZNotP 2008, 466.
15 Ebenso *Böhringer*, Rpfleger 1996, 154 f.; *Böhringer*, Rpfleger 2001, 59, 63; Semler/Stengel/*Schröer*, UmwG, § 126 Rn 64; vgl. auch LG Leipzig VIZ 1994, 562 und *Heiss*, Die Spaltung von Unternehmen im deutschen Gesellschaftsrecht, S. 55 (jeweils zu der mit den Vorschriften in § 126 Abs. 1 Nr. 9, Abs. 2 S. 1 und 2 UmwG inhaltsgleichen Regelung in § 2 Abs. 1 Nr. 9 SpTrUG); a.A. Schmitt/Hörtnagel/Strutz, UmwG und UmwStG, § 126 UmwG, Rn 81; Widmann/*Mayer*, Umwandlungsrecht, § 126 UmwG Rn 212; *Priester*, DNotZ 1995, 427, 445 f.; *Volmer*, WM 2002, 428, 430 f.; widersprüchlich *Priester* in Lutter/Winter, UmwG, 3. Aufl., § 126 Rn 53, 55.
16 BGH DNotZ 2008, 468 m. Anm. Limmer; dazu *Leitzen*, ZNotP 2008, 272.
17 BT-Drucks 12/6699, 119.
18 BGHZ 90, 323, 327.

net, und auf den in der Verurteilung zur Abgabe der Eintragungsbewilligung Bezug genommen werden kann.[19]

In umwandlungssteuerrechtlicher Sicht ist zu einer ertragssteuerneutralen Spaltung insbesondere erforderlich, dass ein **Teilbetrieb im steuerrechtlichen Sinne** übergeht und dabei keine wesentlichen Betriebsgrundlagen zurückbehalten werden. 16

Die Übertragung eines Teilbetriebs i. S. des § 15 Abs. 1 S. 1 UmwStG 1995 liegt nur vor, wenn auf den übernehmenden Rechtsträger **alle funktional wesentlichen Betriebsgrundlagen** des betreffenden Teilbetriebs übertragen werden. Daran fehlt es, wenn einzelne dieser Wirtschaftsgüter nicht übertragen werden, sondern der übernehmende Rechtsträger insoweit nur ein obligatorisches Nutzungsrecht erhält.[20] 17

II. Aufspaltung (§ 123 Abs. 1 UmwG)

Eine **Aufspaltung** liegt vor, wenn ein Rechtsträger (übertragender Rechtsträger) sein (gesamtes) Vermögen aufspaltet und die durch Aufspaltung entstandenen Vermögensteile jeweils als Gesamtheit auf andere Rechtsträger (übernehmende Rechtsträger) überträgt. Je nachdem, ob die übernehmenden Rechtsträger schon bestehen oder ob sie durch die Übertragung der Vermögensteile erst entstehen, spricht man von der Spaltung „zur Aufnahme" oder „zur Neugründung" (siehe Rn 3). 18

Wesensmerkmale der Aufspaltung sind: 19
- Der übertragende Rechtsträger wird durch die Aufspaltung ohne Abwicklung seines Vermögens aufgelöst.
- Die Anteilsinhaber des übertragenden Rechtsträgers erhalten Anteile oder Mitgliedschaftsrechte an den übernehmenden Rechtsträgern.

III. Abspaltung (§ 123 Abs. 2 UmwG)

Bei der **Abspaltung** spaltet der übertragende Rechtsträger von seinem Vermögen einen Teil oder mehrere Teile ab und überträgt diesen Teil bzw. die mehreren Teile jeweils als Gesamtheit 20
- auf einen oder mehrere **schon bestehende** übernehmende Rechtsträger (Abspaltung „zur Aufnahme"),

oder er überträgt den oder die abgespaltenen Teile seines Vermögens jeweils als Gesamtheit
- auf einen oder mehrere, von ihm **dadurch (im Wege der Sachgründung) gegründete(n)** neue(n) Rechtsträger (Abspaltung „zur Neugründung").

Wesensmerkmale der Abspaltung sind: 21
- Der übertragende Rechtsträger bleibt (mit seinem restlichen Vermögen) bestehen.
- Die Anteilsinhaber des übertragenden Rechtsträgers erhalten Anteile oder Mitgliedschaftsrechte an dem oder den übernehmenden Rechtsträger(n).

IV. Ausgliederung (§ 123 Abs. 3 UmwG)

1. Arten und Wesensmerkmale der Ausgliederung

Bei der **Ausgliederung** gliedert der übertragende Rechtsträger aus seinem Vermögen einen Teil oder mehrere Teile aus und überträgt diesen Teil bzw. diese Teile jeweils als Gesamtheit 22

---
[19] BGHZ 90, 323, 328; BGH WM 2002, 763, 764.
[20] BFH BStBl II 2011, 467.

- auf einen bestehenden oder mehrere bestehende übernehmende Rechtsträger (Ausgliederung „zur Aufnahme"),

oder er überträgt diesen Teil seines Vermögens bzw. die mehreren ausgegliederten Teile seines Vermögens jeweils als Gesamtheit
- auf einen oder mehrere von ihm dadurch gegründete(n) neue(n) Rechtsträger (Ausgliederung „zur Neugründung"), wobei er selbst Anteile oder Mitgliedschaftsrechte an dem oder den aufnehmenden Rechtsträger(n) erhält.

23 Wesensmerkmale der Ausgliederung sind:
- Der übertragende Rechtsträger bleibt bestehen.
- Der übertragende Rechtsträger selbst (nicht seine Anteilsinhaber) erhält die Anteile oder Mitgliedschaftsrechte an dem oder den übernehmenden Rechtsträger(n).

2. Ausgliederungsfähige Rechtsträger

24 Ausgliederungsfähig – als übertragende und als übernehmende Rechtsträger – sind alle verschmelzungsfähigen Rechtsträger (§ 124 Abs. 1 i.V.m. § 3 Abs. 1 UmwG), also:
- offene Handelsgesellschaft (OHG)
- Kommanditgesellschaft (KG)
- Partnerschaftsgesellschaft (seit 1.8.1998)
- Gesellschaft mit beschränkter Haftung (GmbH)[21]
- Aktiengesellschaft (AG)
- Kommanditgesellschaft auf Aktien (KGaA)[22]
- eingetragene Genossenschaft
- eingetragener Verein (e.V.)
- genossenschaftliche Prüfungsverbände
- Versicherungsverein auf Gegenseitigkeit (VVaG)
- **nicht**: Gesellschaft bürgerlichen Rechts (GbR), solange sie nicht zuvor nach der HGB-Reform in eine Personenhandelsgesellschaft umgestaltet und im Handelsregister eingetragen ist.[23]

25 Als übertragende Rechtsträger kommen bei der Ausgliederung zusätzlich in Betracht:
- Einzelkaufleute
- Stiftungen
- Zusammenschlüsse von Gebietskörperschaften, die nicht selbst Gebietskörperschaften sind
- wirtschaftliche Vereine gem. § 22 BGB (aber nur als übertragende Rechtsträger).

3. Besonderheiten der Ausgliederung aus einem einzelkaufmännischen Unternehmen

26 Die Ausgliederung ist die einzige Art der Spaltung, an der ein Einzelkaufmann als übertragender Rechtsträger beteiligt sein kann.[24] Aufgrund der Neuregelung des Kaufmannsbegriffs in § 1 HGB gemäß dem HRefG seit dem 1.7.1998 hat sich die praktische Relevanz dieser Umwandlungsmöglichkeit deutlich erhöht, da auch alle Gewerbetreibenden (ohne vollkaufmännisch eingerichteten Betrieb), nicht aber Freiberufler, sich nunmehr freiwillig in das Handelsregister eintragen lassen und so „umwandlungsfähig" werden können.

---

21 Zur Ausgliederung von ausländischen Kapitalgesellschaften siehe *Becker*, IStR 2001, 773.
22 Zur Zulässigkeit der GmbH & Co. KGaA siehe BGH ZIP 1997, 1027, dazu EWiR 1997, 1061 (*Sethe*).
23 Dazu etwa *Horn*, BuW 2001, 294.
24 Vgl. LG Hagen GmbHR 1996, 127; zum Umfang der Prüfung der Werthaltigkeit der Sacheinlage bei der Umwandlung eines Einzelunternehmens in eine „kleine GmbH" siehe OLG Düsseldorf DB 1995, 1392.

Das UmwG 1995 hat für die „Umwandlung" eines einzelkaufmännischen Unternehmens in **27** eine Handelsgesellschaft, insbesondere eine Kapitalgesellschaft oder eine GmbH & Co. KG, eine der drei Spaltungsvarianten i.S.v. § 123 UmwG, nämlich die Ausgliederung gem. § 123 Abs. 3 UmwG, vorgesehen (vgl. §§ 152 ff. UmwG), ausgehend von der Überlegung, dass der Einzelkaufmann aus seinem Gesamtvermögen das Betriebsvermögen separiert und auf die dadurch neu entstehende oder schon bestehende Handelsgesellschaft ausgliedert.[25] Wesensmerkmal der Ausgliederung ist, dass der bisherige Inhaber des fraglichen Betriebsvermögens auch Gesellschafter des durch die Ausgliederung entstehenden neuen bzw. des schon bestehenden Rechtsträgers wird.

Voraussetzung für eine solche Ausgliederung ist, dass der **Einzelkaufmann** mit seiner Fir- **28** ma **im Handelsregister eingetragen** ist, was durch die Handelsrechtsreform seit 1.7.1998 bekanntlich wesentlich erleichtert ist. Ist aufnehmender Rechtsträger eine **GmbH & Co. KG**, wird also auf eine GmbH & Co. KG ausgegliedert, muss diese schon bestehen, es kommt also nur eine **Ausgliederung zur Aufnahme** in Betracht.

Weil nur eine Person, nämlich der Einzelkaufmann, beteiligt ist, ist ein Ausgliederungsbe- **29** richt nicht erforderlich (§ 153 UmwG). Da es sich bei der Ausgliederung auf eine neu entstehende GmbH um eine **Sachgründung** handelt, ist ein Sachgründungsbericht erforderlich (§ 159 Abs. 1 UmwG i.V.m. § 5 Abs. 4 GmbHG). Nach Eintragung der neu entstehenden GmbH im Handelsregister B und mit Eintragung der Ausgliederung im Handelsregister A des einzelkaufmännischen Unternehmens erlischt die vom Einzelkaufmann bisher geführte Firma (vgl. §§ 155, 131 UmwG).

Bei der Umwandlung des Unternehmens eines Einzelkaufmanns in eine GmbH im Wege der **30** Ausgliederung nach dem UmwG erfolgt der Übergang des Mietvertrages und der Mietverbindlichkeiten des Einzelkaufmanns auf die GmbH im Wege der Gesamtrechtsnachfolge ohne Zustimmung des Vertragspartners.[26]

Allerdings muss dazu auch bei einer Ausgliederung zur Aufnahme eine **Kapitalerhöhung 31** und somit eine Anteilsgewährung erfolgen. Da § 125 UmwG für die Ausgliederung nicht auf § 54 UmwG verweist, ist ein Verzicht auf eine Kapitalerhöhung mit Anteilsgewährung gemäß § 54 Abs. 1 S. 3 UmwG nicht möglich. Er wäre aber auch ggf. steuerschädlich, da das FG Baden-Württemberg eine Einbringung eines Einzelunternehmens in eine Kapitalgesellschaft als Betriebsaufgabe ansieht, wenn der Einbringende nicht neue Anteile erhält.[27]

Umwandlungssteuerlich gilt dieser Ausgliederungsvorgang als Einbringung eines Betriebes **32** in eine (unbeschränkt körperschaftsteuerpflichtige) Kapitalgesellschaft.[28] Es gilt das umwandlungssteuerliche Rückwirkungsprivileg der Rückbeziehung des Umwandlungsstichtages um bis zu acht Monate (§ 20 Abs. 6 S. 2 UmwStG).[29] Steuerliche Privilegierung eines etwaigen Einbringungsgewinns des Einbringenden und die Behandlung der „einbringungsgeborenen" Anteile sind bzw. waren in § 20 Abs. 5 UmwStG bzw. § 21 UmwStG geregelt.[30]

V. Mischformen aus Spaltung „zur Aufnahme" und „zur Neugründung" (§ 123 Abs. 4 UmwG)

Nach § 123 Abs. 4 UmwG kann die Spaltung (Aufspaltung, Abspaltung, Ausgliederung) auch **33** durch gleichzeitige Übertragung einerseits auf bestehende und andererseits auf neue Rechtsträger erfolgen. Logische Voraussetzung ist dabei natürlich, dass mindestens zwei übernehmbare

---

25 Dazu *Eich/Carlé*, FR 2003, 764; siehe auch *Steding*, BuW 2003, 31.
26 OLG Karlsruhe DB 2008, 2241 = DStR 2008, 2175; dazu NJW-Spezial 2008, 689.
27 FG Baden-Württemberg GmbHR 2011, 776.
28 Vgl. *Schmitt/Hörtnagl/Stratz*, UmwG/UmwStG, § 1 UmwStG Rn 19 ff. und § 20 UmwStG Rn 186.
29 Vgl. *Schmitt/Hörtnagl/Stratz*, UmwG/UmwStG, § 2 UmwStG Rn 9 ff.
30 Vgl. *Neye/Limmer/Frenz/Harnacke*, UmwG/UmwStG, 2279 ff. und 2287 ff.

„Spaltprodukte" entstehen, was bei der Aufspaltung selbstverständlich ist, nicht aber bei der Abspaltung und bei der Ausgliederung.[31]

VI. Kostenrechtliche Grundlagen

34 Der Geschäftswert der Spaltung ist der **Wert des übergehenden Aktivvermögens** des übertragenden Rechtsträgers unter Berücksichtigung der Verkehrs-, nicht der Buchwerte (vgl. § 19 Abs. 2 KostO).[32] Verbindlichkeiten dürfen nicht abgezogen werden (§ 18 Abs. 3 KostO). Ausgangspunkt sind die Aktiven in der Bilanz. Abzuziehen sind lediglich Positionen, die keinen Vermögenswert darstellen oder die das Vermögen des übertragenden Rechtsträgers unmittelbar mindern,[33] etwa Positionen wie
- Aufwendungen für Ingangsetzung und Erweiterung des Geschäftsbetriebes[34]
- nicht durch Eigenkapital gedeckter Fehlbetrag
- Verlustvorträge auf der Aktivseite der Bilanz.[35]

Der Posten „Angefangene, noch nicht abgerechnete Arbeiten" auf der Aktivseite ist um die „Erhaltenen Anzahlungen" zu saldieren.[36]

35 Eine Nichtbeachtung des so zu ermittelnden Geschäftswertes kann als Verstoß gegen § 140 KostO (Verbot der Gebührenvereinbarung) angesehen werden.[37]

36 Für den Spaltungsvertrag entsteht eine 20/10-Gebühr nach § 36 Abs. 2 KostO, für den jeweiligen Spaltungsplan bei Spaltungen zur Neugründung eine 10/10-Gebühr nach § 36 Abs. 1 KostO, für den jeweiligen Zustimmungsbeschluss der Gesellschafterversammlung(en) eine 20/10-Gebühr nach § 47 KostO, und zwar auch dann, wenn das beschlussfassende Organ nur aus einer Person besteht.[38] Die Höchstgebühr beträgt 5.000 EUR (§ 47 Abs. 4 KostO).

37 Für Verzichtserklärungen (vgl. §§ 8 Abs. 3, 9 Abs. 3, 12 Abs. 3, 192 Abs. 3, 195, 207 UmwG etc.) entsteht eine 10/10-Gebühr gem. § 36 Abs. 1 KostO. Werden Verzichtserklärungen mehrerer Anteilsinhaber in einer Urkunde beurkundet, sind die Werte ihrer Verzichtserklärungen nach § 44 Abs. 2 Buchst. a KostO zusammenzurechnen. Werden Zustimmungserklärungen nicht erschienener Anteilsinhaber beurkundet, fällt lediglich eine 5/10-Gebühr nach § 38 Abs. 2 Nr. 1 und Nr. 4 KostO an; werden sie nur entworfen nach § 38 Abs. 2 Nr. 1 und Nr. 4 KostO i.V.m. § 145 Abs. 1 S. 1 KostO.[39]

38 Daneben gibt es noch eine Vielzahl von notariellen Nebentätigkeiten, deren Geschäftswerte bzw. Gebührentatbestände jeweils gesondert zu ermitteln bzw. nach § 30 Abs. 1 KostO zu schätzen sind.[40]

---

31 Zur Frage, ob eine Ausgliederung oder Abspaltung aus einem Rechtsträger auf mehrere übernehmende Rechtsträger auch in mehreren Verträgen geregelt werden kann, vgl. *Borges*, BB 1997, 589 ff.; *Schmitt/Hörtnagl/Stratz*, UmwG/UmwStG, § 126 UmwG Rn 18; *Heidenhain*, NJW 1995, 2873.
32 OLG Zweibrücken ZNotP 1999, 415; dazu *Tiedtke*, MittBayNot 1997, 209, 211; *Tiedtke*, ZNotP 1999, 414 und ZNotP 2001, 260; *Lappe/Schulz*, NotBZ 1997, 54, 57.
33 *Tiedtke*, ZNotP 2001, 260; *Lappe/Schulz*, NotBZ 1997, 54, 57.
34 BayObLG ZNotP 1999, 414 m. Anm. *Tiedtke*.
35 *Korintenberg/Bengel*, KostO, § 39 Rn 47; *Tiedtke*, ZNotP 1999, 414.
36 LG Zweibrücken MittBayNot 1982, 54; *Korintenberg/Bengel*, KostO, § 39 Rn 47; *Tiedtke*, ZNotP 1999, 414.
37 *Tiedtke*, MittBayNot 1997, 209, 211; *Lappe/Schulz*, NotBZ 1997, 54, 57.
38 *Tiedtke*, ZNotP 2001, 260.
39 *Tiedtke*, ZNotP 2001, 260; BayObLG MittBayNot 1975, 238.
40 Umfangreiche Übersicht bei *Tiedtke*, ZNotP 2001, 260, 262 ff. m.w.N.

B. Muster

I. Abspaltung zur Neugründung einer GmbH aus einer GmbH & Co. KG mit freiwilligem Übernahmeangebot eines Gesellschafters und Vereinbarung eines einheitlichen Betriebes

1. Typischer Sachverhalt

Der übertragende Rechtsträger ist ein erfolgreiches Produktions- und Vertriebsunternehmen, das im Wesentlichen selbst hergestellte Produkte vertreibt, in kleinerem Umfang auch Handelsware. Der größte Teil der Belegschaft ist im Bereich der Produktion tätig. Für den Betrieb der GmbH & Co. KG gelten die tarifvertraglichen Regeln des einschlägigen Branchentarifvertrages. Es besteht im Betrieb des Unternehmens ein mehrköpfiger Betriebsrat. Im Hinblick auf eine beabsichtigte Ausweitung der Handelstätigkeit und im Hinblick auf die Generationenfolge (Einbindung der Kinder der Gründungsgesellschafter in die Geschäftsführung) soll aus dem Geschäftsbetrieb der GmbH & Co. KG der Bereich der Produktion abgespalten werden auf eine dadurch neu entstehende GmbH. Die bisherige GmbH & Co. KG soll reine Handels- und Vertriebsfunktion übernehmen und dabei als Verpächterin der für die Produktion benötigten Immobilie und des weiter benötigten Anlagevermögens fungieren.

Durch die Abspaltung entstehen rechtlich selbständige Unternehmen mit jeweils eigener Belegschaft und eigenen Geschäftsführungen. Die Unternehmensspaltung hätte insoweit eine – gegebenenfalls interessenausgleichs- und sozialplanpflichtige – Betriebsspaltung nach §§ 111 ff. BetrVG und das Überwechseln der verbleibenden Vertriebs-GmbH & Co. KG in die Tarifzuständigkeit des Groß- und Außenhandels (mit möglicherweise allgemeinverbindlichen Tarifverträgen) zur Folge. Diese arbeitsrechtlichen Folgen sind vorliegend aber nicht gewünscht. Deshalb soll die Spaltung unter Wahrung der Einheit des Betriebes in arbeitsrechtlicher Hinsicht und unter Wahrung der bisherigen tarifrechtlichen Regelungen für alle Bereiche erfolgen. Zu diesem Zwecke wird deshalb zwischen der GmbH & Co. KG als übertragendem Rechtsträger und der GmbH als übernehmendem Rechtsträger eine Vereinbarung über einen einheitlichen Betrieb unter einheitlicher Leitungsmacht[41] getroffen und vorsorglich auch mit dem Betriebsrat ergänzend in Form einer Betriebsvereinbarung geregelt.

2. Checkliste: Ablauf der Abspaltung
- Entwurf eines Spaltungsplanes mit Anlagen (§§ 136, 126 UmwG)
- Berichterstattung durch die Vertretungsorgane des übertragenden Rechtsträgers (vgl. §§ 135 Abs. 1, 127, 8 Abs. 1 S. 2–4, Abs. 2 und 3 UmwG)
  - Ggf. Verzicht aller Gesellschafter in notarieller Form gem. § 8 Abs. 3 UmwG
- Spaltungsprüfung (vgl. § 125 i.V.m. §§ 9–12; vgl. aber auch § 48 UmwG: „nur auf Verlangen eines Gesellschafters" und § 9 Abs. 3 UmwG)
- Zuleitung des Entwurfes des Spaltungsplanes an den Betriebsrat des übertragenden Rechtsträgers spätestens einen Monat vor dem Spaltungsbeschluss gegen Zugangsnachweis (§§ 135 Abs. 1, 126 Abs. 3 UmwG);[42] ggf. Einschaltung des Wirtschaftsausschusses nach § 106 Abs. 2 und 3 BetrVG
- Einberufung der Gesellschafterversammlung (Spaltungsbeschluss):
  - Zuleitung des Entwurfes des Spaltungsplanes an die Gesellschafter zusammen mit der Einberufung der Versammlung (§§ 125, 47 UmwG)

---

[41] Dazu BAG ArbRB 2001, 11 m. Anm. *Mues*. Zum einheitlichen Betrieb mehrerer Unternehmen siehe auch *Schaub*, Arbeitsrechts-Handbuch, § 17 I Rn 5, 6.
[42] Siehe dazu § 17 Rn 72 ff. m.w.N.

- Formulierung des Tagesordnungspunktes „Ankündigung der Spaltung als Gegenstand der Beschlussfassung" (vgl. §§ 125, 49 Abs. 1 UmwG)
    - Auslage der Jahresabschlüsse und Lageberichte des übertragenden Rechtsträgers für die letzten drei Jahre in den Geschäftsräumen der Gesellschaft zur Einsichtnahme durch die Gesellschafter (§§ 125, 49 Abs. 2 UmwG)
- Unterrichtung der Arbeitnehmer über den beabsichtigten (Teil-)Betriebsübergang/Übergang des Arbeitsverhältnisses und ihr Widerspruchsrecht nach § 613a Abs. 5 und Abs. 6 BGB unter Beachtung der Monatsfrist[43]
- Notarielle Beurkundung des Spaltungsplanes (§§ 136, 125, 6 UmwG) mit Neugründung des übernehmenden Rechtsträgers und anschließend notarielle Beurkundung des Spaltungsbeschlusses (§§ 125, 50, 51 und 13 Abs. 3 UmwG)
- Anmeldung der neuen Gesellschaft (§ 137 Abs. 1 UmwG) und der Vertretungsorgane nebst folgenden Anlagen zur Anmeldung (vgl. § 135 Abs. 2 UmwG):
    - notariell beurkundeter Spaltungsplan
    - Spaltungsbeschluss (ggf. mit Zustimmung der Inhaber von Sonderrechten)
    - Sachgründungsbericht (§ 138 UmwG) mit besonderem Inhalt (vgl. § 125 i.V.m. § 58 UmwG)
    - weitere Anlagen, soweit nach allgemeinem Gründungsrecht erforderlich (§ 135 Abs. 2 UmwG i.V.m. § 8 GmbHG)
    - Satzung der neuen Gesellschaft(en)
- Eintragung der neuen Gesellschaft mit dem Wirksamkeitsvorbehaltsvermerk nach § 130 Abs. 1 S. 2 UmwG und Eintragung der Organe der neuen Gesellschaft; anschließend Mitteilung nach § 137 Abs. 3 S. 1 UmwG an das Registergericht des übertragenden Rechtsträgers
- Anmeldung der Spaltung zugleich mit Anmeldung des/der neuen Rechtsträger(s)
    - Eintragung erst nach Mitteilung gem. § 137 Abs. 3 S. 1 UmwG über die Eintragung der neuen Gesellschaft
    - Zusätzlich ist eine Schlussbilanz für den übertragenden Rechtsträger vorzulegen (vgl. §§ 125, 17 Abs. 2 UmwG)
- Ggf. Antrag auf Grundbuchberichtigung bei Übergang von Grundbesitz im Rahmen der Abspaltung unter Vorlage einer beglaubigten Abschrift von Spaltungsplan und entsprechenden (Handels-)Registereintragungen.

M 237 **3. Muster: Umwandlungsurkunde**

42 _____ (*Notarielle Urkundsformalien einsetzen, soweit nachstehend noch nicht geschehen*)
erschienen heute:
Herr _____, wohnhaft in _____
– Erschienener zu 1 und Beteiligter zu 1 –
Herr _____, wohnhaft in _____
– Erschienener zu 2 –
hier handelnd:
a) einerseits für sich selbst
– Beteiligter zu 2 –
b) andererseits nicht für sich selbst, sondern als einzelvertretungsberechtigter und von den Beschränkungen des § 181 BGB befreiter Geschäftsführer der _____ Beteiligungs-GmbH (HRB _____, Amtsgericht _____),
– Beteiligte zu 4 –

---

[43] Siehe dazu § 17 Rn 72 ff. m.w.N. und das Muster in § 17 Rn 296.

diese einerseits handelnd für sich selbst und andererseits nicht handelnd für sich selbst, sondern als persönlich haftende Gesellschafterin (Komplementärin) der _____ GmbH & Co. KG (HRA _____, Amtsgericht _____),
– Beteiligte zu 3, nachstehend auch „übertragender Rechtsträger" oder „übertragende Gesellschaft" oder nur „Gesellschaft" genannt –
Der Erschienene zu 1 und der Erschienene zu 2 sind dem Notar von Person bekannt/wiesen sich aus durch _____.
Die Beteiligten erklären, dass weder der Notar noch ein Sozius bzw. Angestellter der Rechtsanwalts- und Notariatskanzlei des Urkundsnotars in dieser Angelegenheit anwaltlich tätig war (Vorbefassung im Sinne des § 3 BeurkG) und dass sie ausreichend Gelegenheit hatten, den Inhalt und die Tragweite der nachstehenden rechtsgeschäftlichen Erklärungen zu überprüfen (§ 17 BeurkG).
Die Erschienenen baten um Beurkundung des nachstehenden

Spaltungsplanes nebst Ergänzungsvereinbarungen

und der nachstehenden

Gesellschafterversammlung

Teil A. *Spaltungsplan*

Präambel
Die Beteiligte zu 3, die Firma _____ GmbH & Co. KG, ist im Handelsregister des Amtsgerichts _____ unter HRA _____ eingetragen. Das Fest- bzw. Haftkapital beträgt _____ EUR und verteilt sich wie folgt:
– Der Erschienene zu 1 als Kommanditist hält einen Kommanditanteil im Nennwert von _____ EUR.
– Der Erschienene zu 2 als Kommanditist hält einen Kommanditanteil im Nennwert von _____ EUR.
Die persönlich haftende Gesellschafterin _____ Beteiligungs-GmbH (HRB _____, Amtsgericht _____), die Beteiligte zu 4, ist nicht am Kapital der Gesellschaft beteiligt.
Die vorstehend bezeichneten Kapitalanteile sind nach den Angaben der Beteiligten vollständig einbezahlt. Der Notar hat dazu keine eigenen Feststellungen getroffen.
Gem. § 1 des Gesellschaftsvertrages der _____ GmbH & Co. KG ist deren wesentlicher Unternehmensgegenstand die _____.
Mit der nachstehenden Spaltung soll der Teilbetrieb _____ zum Zwecke der Schaffung einer weiteren am Markt selbständig auftretenden Einheit und zur Trennung von _____ von der übertragenden Gesellschaft abgespalten werden. Dementsprechend wird in Anwendung des Gesetzes zur Bereinigung des Umwandlungsrechts der vorgenannte Teilbetrieb von der übertragenden Gesellschaft auf die gleichzeitig neu gegründete Firma _____ GmbH mit dem Sitz in _____ unter Fortbestand der übertragenden Gesellschaft abgespalten.

I. Spaltungsplan
Das Vertretungsorgan der übertragenden Gesellschaft stellt folgenden Spaltungsplan auf:

1. Firma und Sitz
Die Firma der übertragenden Gesellschaft lautet: _____ GmbH & Co. KG.
Der Sitz der übertragenden Gesellschaft ist: _____.
Durch die Spaltung entsteht zusätzlich folgende Gesellschaft: _____ GmbH mit dem Sitz in _____.
Vorbehaltlich der Genehmigung durch die Gesellschafterversammlung der übertragenden Gesellschaft gilt der dieser Urkunde als **Anlage I** beigefügte Gesellschaftsvertrag (Satzung) der durch die Spaltung entstehenden übernehmenden Gesellschaft. Dieser wurde mitverlesen und bildet einen wesentlichen Bestandteil der Urkunde.

2. Vermögensübertragung
Die übertragende Gesellschaft überträgt die nachfolgend bezeichneten Vermögensteile jeweils als Gesamtheit mit allen Rechten und Pflichten unter Fortbestand der übertragenden Gesellschaft auf die vorbezeichnete, durch die Spaltung entstehende Gesellschaft, und zwar gegen Gewährung von Gesellschaftsrechten für die Anteilseigner der übertragenden Gesellschaft. Die Spaltung erfolgt unter Anwendung der §§ 123 ff. UmwG. Die aufgestellte und geprüfte Schlussbilanz nebst Anhang der Firma _____ GmbH & Co. KG zum _____ ist beigefügt als **Anlage II**.
Für die Übertragung der Gegenstände des Aktiv- und Passivvermögens auf die durch die Spaltung entstehende Gesellschaft gilt im Einzelnen:
a) Auf die durch die Spaltung entstehende Gesellschaft übertragen werden alle Aktiva, die wirtschaftlich zum Unternehmensteil _____ gehören und in der Eröffnungsbilanz für den abzuspaltenden Teilbetrieb der Firma _____ GmbH & Co. KG zum _____ (**Anlage III**) enthalten sind, und zwar im Einzelnen die:
   - in der *Anlage III* aufgeführten Vermögensgegenstände des Anlage- und Umlaufvermögens gem. Inventar und allgemeiner Beschreibung, und außerdem die dem übergehenden Betriebsteil zuzuordnenden Vermögensgegenstände, soweit sie nicht bilanzierungspflichtig bzw. bilanzierungsfähig sind;
   - alle dem Teilbetrieb/Unternehmensteil _____ zuzuordnenden Verträge (**Anlage IV**), insbesondere Pacht-, Leasing- und Lieferverträge, Betriebsführungsverträge, Konzessionsverträge, Angebote und sonstige Rechtsstellungen sowie alle mit dem Geschäft des Unternehmensteils _____ im Zusammenhang stehenden sonstigen Vermögensgegenstände.
b) Von der durch die Spaltung entstehenden Gesellschaft _____ GmbH übernommen werden diejenigen Verbindlichkeiten gemäß **Anlage V**, die wirtschaftlich zu dem vorstehend genannten Unternehmensteil gehören.
c) Entsprechend der vorstehend niedergelegten Aufteilung des Aktiv- und des Passivvermögens gehen auf die _____ GmbH die in der **Anlage VI** beschriebenen Arbeitsverhältnisse über, die zum übergehenden Betriebsteil gehören, sowie die in der **Anlage VII** bezeichneten Betriebsrentenverhältnisse.
d) Soweit ab dem Zeitpunkt der wirtschaftlichen Trennung gem. nachstehender Ziff. 5 Gegenstände durch die übertragende Gesellschaft im regelmäßigen Geschäftsverkehr veräußert worden sind oder bis zum Wirksamwerden der Spaltung noch veräußert werden, treten die Surrogate an deren Stelle. Vermögensgegenstände, Verbindlichkeiten und Arbeitsverhältnisse, die nicht in den beigefügten Anlagen aufgeführt sind, gehen entsprechend der im Spaltungsplan getroffenen Zuordnung auf die _____ GmbH über, soweit sie dem übergehenden Unternehmensteil im weitesten Sinne zuzuordnen sind. Dies gilt insbesondere auch für immaterielle oder bis zur Eintragung der Spaltung in das Handelsregister am Sitz der übertragenden Gesellschaft erworbene Vermögensgegenstände, begründete Arbeitsverhältnisse und entstandene Verbindlichkeiten.
e) Die Übertragung erfolgt zu Buchwerten. Übersteigt der Wert des auf die durch die Spaltung entstehenden Gesellschaft übertragenen Vermögens den Nennbetrag des Stammkapitals der Gesellschaft, wird dieser Betrag in die Kapitalrücklage bei der _____ GmbH eingestellt (*alternativ:* wird dieser als Gesellschafterdarlehen entsprechend den Beteiligungsquoten der Gesellschafter gebucht).
Die Urkundsbeteiligten beantragen hiermit vorsorglich zugleich auch gegenüber dem für die Besteuerung des übernehmenden Rechtsträgers zuständigen Finanzamt gemäß § 20 Abs. 2 S. 2 UmwStG, abweichend von dem Wertansatz des § 20 Abs. 2 S. 1 UmwStG den Wert des übernommenen Betriebsvermögens einheitlich mit dem Buchwert gemäß der Schlussbilanz des übertragenden Rechtsträgers anzusetzen.

3. Gewährung von Anteilen, Umtauschverhältnis, Abfindungsangebot
Die Umwandlung durch Abspaltung erfolgt verhältniswahrend entsprechend der bisherigen Kapitalbeteiligung in der übertragenden Gesellschaft, unbeschadet des Rechts widersprechender Gesellschafter, gegen Abfindung aus der übernehmenden Gesellschaft auszuscheiden.

a) Als Gegenleistung für die vorstehende Vermögensübertragung erhalten die Gesellschafter Geschäftsanteile an der _____ GmbH, nämlich:
- Gesellschafter _____ einen Geschäftsanteil mit einer Stammeinlage zu lfd. Nr. 1 der Gesellschafterliste im Nennwert von _____ EUR (in Worten: _____ EUR).
- Gesellschafter _____ einen Geschäftsanteil mit einer Stammeinlage zu lfd. Nr. 2 der Gesellschafterliste im Nennwert von _____ EUR (in Worten: _____ EUR).

b) Bare Zuzahlungen sind nicht zu leisten.
c) Besondere Rechte und Vorteile für die Gesellschafter der _____ GmbH & Co. KG oder an sonstige in § 126 Abs. 1 Nr. 7 und 8 UmwG bezeichnete Personen werden nicht gewährt.

4. Anspruch auf Bilanzgewinn
Ab dem in nachfolgender Ziff. 5 genannten Zeitpunkt haben die Gesellschafter entsprechend ihren Anteilen Anspruch auf den Bilanzgewinn der neuen Gesellschaft.

5. Spaltungsstichtag
Ab dem _____ gelten die auf die übertragenen Vermögensgegenstände und Verbindlichkeiten bezogenen Handlungen der übertragenden Gesellschaft jeweils als für Rechnung der durch die Spaltung entstehenden (übernehmenden) Gesellschaft vorgenommen. Auf den 31.12._____, 24.00 Uhr errichtet der übertragende Rechtsträger für steuerliche Zwecke eine Übertragungsbilanz, der übernehmende Rechtsträger errichtet auf den 1.1._____, 0.00 Uhr eine Eröffnungsbilanz.

6. Abfindungsangebot
Die übernehmende Gesellschaft bietet demjenigen Gesellschafter, der im Rahmen der Gesellschafterversammlung Widerspruch gegen den Umwandlungsbeschluss erhebt, eine Abfindung in Höhe von _____ EUR pro 1 EUR Stammeinlage eines Geschäftsanteils an.
Dieses Abfindungsangebot der Gesellschaft kann gem. § 31 UmwG nur binnen zwei Monaten nach dem Tag angenommen werden, an dem die Eintragung der Spaltung in das Register des Sitzes des übernehmenden Rechtsträgers als bekannt gemacht gilt.

7. Folgen der Spaltung für die Arbeitnehmer und ihre Vertretungen
Die betroffenen Arbeitnehmer sind bereits nach § 613a Abs. 5 und Abs. 6 BGB i.V.m. § 324 UmwG form- und fristgerecht über den Übergang ihrer Arbeitsverhältnisse und über ihr Widerspruchsrecht unterrichtet worden.
Bei der _____ GmbH & Co. KG existiert ein Betriebsrat.
Die Folgen der Spaltung für die Arbeitnehmer und ihre Vertretung sowie die insoweit vorgesehenen Maßnahmen werden wie folgt beschrieben:
Aufgrund der in dieser Urkunde nachstehend zu treffenden Vereinbarung über die Begründung einer einheitlichen Leitungsmacht und der Aufrechterhaltung eines einheitlichen Betriebes im arbeitsrechtlichen Sinne ergeben sich aus der Spaltungsregelung für die Arbeitnehmer und deren Vertretungen ansonsten keine arbeitsrechtlichen, betriebsverfassungsrechtlichen, tarifrechtlichen oder mitbestimmungsrechtlichen Folgen.
Im Rahmen einer freiwilligen Betriebsvereinbarung mit dem Betriebsrat sollen die vorstehenden Regelungen von beiden Unternehmen, also sowohl vom übertragenden Rechtsträger als auch vom übernehmenden Rechtsträger, auch noch einmal unmittelbar mit dem Betriebsrat festgeschrieben werden.

8. Sicherheitsleistung
Den Gläubigern der an der Spaltung beteiligten Gesellschaften ist, wenn sie binnen sechs Monaten nach der Bekanntmachung der Eintragung der Spaltung in das Handelsregister des Sitzes der Gesellschaft, dessen Gläubiger sie sind, ihren Anspruch nach Grund und Höhe schriftlich anmelden, Sicher-

heit zu leisten, soweit sie nicht Befriedigung verlangen können und glaubhaft machen, dass durch die Spaltung die Erfüllung ihrer Forderungen gefährdet wird. Zur Sicherheitsleistung ist allerdings nur die an der Spaltung beteiligte Gesellschaft verpflichtet, gegen die sich der Anspruch richtet.

9. Steuerklausel
Die Beteiligten erklären, dass sie die steuerlichen Auswirkungen der Spaltung und ihrer Durchführung eigenverantwortlich überprüfen bzw. überprüft haben. Der Notar hat über die steuerlichen Auswirkungen keine Auskünfte gegeben.

10. Salvatorische Klausel
Sollten einzelne Bestimmungen dieser Urkunde unwirksam oder nicht durchführbar sein, so bleiben die abgegebenen Erklärungen insgesamt wirksam. An die Stelle der unwirksamen oder undurchführbaren Bestimmungen treten solche, die den mit den unwirksamen oder undurchführbaren Bestimmungen verfolgten wirtschaftlichen Zwecken in zulässiger Weise am nächsten kommen.

II. Hinweise
Der Notar hat insbesondere über Folgendes belehrt bzw. hingewiesen,
a) darauf, dass die Spaltung erst mit Eintragung in das Handelsregister der übertragenden Gesellschaft wirksam wird und diese Eintragung erst nach Eintragung der neuen Gesellschaft erfolgen kann;
b) darauf, dass bei Eintragung der neu entstehenden Gesellschaft im Handelsregister der Wert des Gesellschaftsvermögens nicht niedriger sein darf als das ausgewiesene Stammkapital und dass die Gesellschafter und die übertragende Gesellschaft – mit Ausnahme des übernommenen Gründungsaufwands – für einen etwa bestehenden Fehlbetrag haften;
c) auf die Wirkungen der Eintragung nach § 131 UmwG und auf die Haftungsvorschriften der §§ 133 ff. UmwG;
d) für den Fall des Vorliegens einer Betriebsspaltung i.S.v. §§ 111 ff. BetrVG: auf die etwaige Interessenausgleichs- und Sozialplanpflicht und auf das etwaige Übergangsmandat/Restmandat des Betriebsrates nach §§ 21a, 21b BetrVG und die kündigungsrechtliche Stellung der Arbeitnehmer nach § 323 UmwG sowie auf die Anwendbarkeit des § 613a BGB;
e) auf eine evtl. Schadenersatzpflicht der Vertretungsorgane der übertragenden Gesellschaft nach § 25 UmwG;
f) darauf, dass weiter gehende Haftungsvorschriften gelten können, insbesondere § 25 HGB, § 75 AO (§ 133 Abs. 1 S. 2 UmwG);
g) darauf, dass bei der Anmeldung der Abspaltung zur Eintragung in das Handelsregister der übertragenden Gesellschaft vom Vertretungsorgan zu erklären ist, dass die durch Gesetz und Gesellschaftsvertrag vorgesehene Voraussetzung für die Gründung dieser Gesellschaft unter Berücksichtigung der Abspaltung im Zeitpunkt der Anmeldung vorliegen;
h) auf die etwa anfallende Grunderwerbsteuer bei Übergang auch von Grundstücken und grundstücksgleichen Rechten.

III. Geschäftsführerbestellung
Die Gesellschafter der _____ GmbH & Co. KG als Gründungsgesellschafter der neuen _____ GmbH halten hiermit unter Verzicht auf alle Vorschriften betreffend Fristen und Ladung eine außerordentliche Gesellschafterversammlung der _____ GmbH i.G. ab und beschließen einstimmig, was folgt:
– Zu(m) ersten Geschäftsführer(n) der _____ GmbH wird/werden bestellt:
– Kaufmann/Kauffrau _____
– Er/sie vertritt/vertreten die Gesellschaft einzeln. Er/sie ist/sind von den Beschränkungen des § 181 BGB befreit.

Teil B. Vereinbarung über einen einheitlichen Betrieb unter einheitlicher Leitungsmacht
Ungeachtet der Tatsache, dass durch die in dieser Urkunde geregelte Abspaltung zwei rechtlich selbständige Unternehmen entstehen, vereinbaren die übertragende Gesellschaft und die übernehmende Gesellschaft (in Gründung), dass eine Spaltung des bisher einheitlichen Betriebes gem. § 111 S. 2 Nr. 3 BetrVG nicht erfolgen soll. Vielmehr unterstellen die übertragende Gesellschaft und die übernehmende Gesellschaft die betriebliche Organisation ihrer einheitlichen und gemeinsamen Leitungsmacht. Unbeschadet der Zuordnung der Arbeitsverhältnisse gemäß der Spaltungsregelung in dieser Urkunde wird der Betrieb beider Unternehmen gemeinsam und einheitlich geführt, und die betriebsverfassungsrechtliche Struktur und die tarifrechtliche Zuordnung bleiben unverändert.
Der bestehende Betriebsrat behält seine Zuständigkeit für die Arbeitnehmerschaft des gesamten Betriebes beider Unternehmen. Betriebsverfassungsrechtliche Regelungen, insbesondere Betriebsvereinbarungen, behalten ebenso ihre Wirkung wie derzeit etwa bestehende tarifliche Regelungen für den gesamten Betrieb.
Im Rahmen einer freiwilligen Betriebsvereinbarung mit dem Betriebsrat sollen die vorstehenden Regelungen von beiden Unternehmen, also sowohl vom übertragenden Rechtsträger als auch vom übernehmenden Rechtsträger, auch noch einmal unmittelbar mit dem Betriebsrat festgeschrieben werden.

Teil C. Freiwilliges Übernahmeangebot des Beteiligten zu 1
Zur Vermeidung einer etwa durch die übernehmende Gesellschaft gem. §§ 127, 125, 29, 30 Umwandlungsgesetz bei Widerspruch des Beteiligten zu 2 zu leistenden Abfindung aus dem Gesellschaftsvermögen unterbreitet der Beteiligte zu 1 dem Beteiligten zu 2 hiermit das Angebot zur Übernahme des Geschäftsanteils des Beteiligten zu 2 durch den Beteiligten zu 1 an der übernehmenden Gesellschaft mit Wirkung ab dem Stichtag der Umwandlung gem. Ziff. 5 des Spaltungsplanes (Teil A. I.) gegen Zahlung eines Kaufpreises (freiwillige Abfindung) in Höhe des im Abfindungsangebot der Gesellschaft im Spaltungsplan vorgesehenen Abfindungsbetrages. Der Beteiligte zu 1 bietet dem Beteiligten zu 2 hiermit den Ankauf des durch die Spaltung entstehenden Geschäftsanteils an der übernehmenden Gesellschaft zu den vorstehenden Bedingungen und den dinglichen Vollzug durch die Abtretung an. Die Zahlung des Kaufpreises in Höhe des Abfindungsbetrages durch den Beteiligten zu 1 ist mit der etwaigen Annahme sofort fällig. Der Beteiligte zu 1 trägt die Kosten der Übertragung.
Dieses Angebot gilt ab der Bekanntmachung des Entwurfs der vorstehenden Spaltungsregelung bis zum Tag der Eintragung der Spaltung im Handelsregister. Mit der Annahme dieses Angebots auf Ankauf und Abtretung des Geschäftsanteils des Beteiligten zu 2 ist, anders als mit der durch die Gesellschaft angebotenen Abfindung, keine Nachbesserung durch ein etwaiges gerichtliches Spruchverfahren verbunden. Das Übernahmeangebot (Ankaufsangebot) des Beteiligten zu 1 kann der Beteiligte zu 2 durch notarielle Annahmeerklärung vor dem Urkundsnotar oder dessen Vertreter im Amt oder vor einem anderen Notar annehmen, wobei der Zugang der Annahmeerklärung beim Beteiligten zu 1 bereits durch die notarielle Niederschrift der Annahmeerklärung ersetzt wird.

Teil D. Gesellschafterversammlung des übertragenden Rechtsträgers mit Zustimmungs- und Verzichtserklärungen
Die Erschienenen zu 1 und zu 2 als Gesellschafter halten nach ihren Angaben sämtliche Kapitalanteile und Stimmrechte an der Beteiligten zu 3 (übertragende Gesellschaft) mit dem Sitz in _____.
1. Die Gesellschafter halten hiermit unter Verzicht auf alle Formen und Fristen für die Einberufung und Durchführung eine Gesellschafterversammlung ab. Sie bestätigen zunächst, dass sie rechtzeitig vor dieser Versammlung Kenntnis vom Spaltungsplan und allen der Spaltung zugrunde liegenden Unterlagen, einschließlich der zugrunde liegenden Spaltungsbilanz und des Abfindungsangebots, erhalten haben.
2. Die Gesellschafter erklären, von der Geschäftsführung der übertragenden Gesellschaft darüber unterrichtet worden zu sein, dass der Spaltungsplan entsprechend den gesetzlichen Vorschriften fristgerecht dem zuständigen Betriebsrat zugeleitet wurde.

3. Die Geschäftsführung hat die Gesellschafter weiter darüber unterrichtet, dass in der Zeit zwischen Aufstellung des Spaltungsplanes und dem heutigen Tage keine wesentlichen Veränderungen im Vermögen der übertragenden Gesellschaft eingetreten sind.
4. Die Gesellschafter stellen fest, dass eine Kapitalherabsetzung zur Durchführung der Abspaltung nicht erforderlich ist.
5. Alle Gesellschafter verzichten nach Belehrung auf die Erstattung eines Spaltungsberichts, einer Spaltungsprüfung und eines Prüfungsberichts sowie einer Prüfung des Abfindungsangebots der Gesellschaft.
6. Sodann beschließen die Gesellschafter:
   a) Dem vorstehend in Teil A dieser Urkunde enthaltenen Spaltungsplan wird zugestimmt.
   b) Dem im Spaltungsplan enthaltenen Gesellschaftsvertrag der neu entstehenden Gesellschaft wird ebenfalls mit allen Stimmen vorbehaltlos gem. §§ 125, 59 S. 1 UmwG zugestimmt.
   c) Weiterhin wird der im Spaltungsplan vorgenommenen Geschäftsführerbestellung mit allen Stimmen vorbehaltlos zugestimmt.
   d) Ferner wird der Vereinbarung über die Begründung eines einheitlichen Betriebes unter einheitlicher Leitungsmacht der am Spaltungsvorgang beteiligten Gesellschaften sowie der darüber noch abzuschließenden freiwilligen Betriebsvereinbarung mit dem Betriebsrat zugestimmt.
   e) Schließlich wird einer Geschäftsanteilsübertragung auf den Beteiligten zu 1 durch Annahme des vom Beteiligten zu 1 unterbreiteten freiwilligen Übernahmeangebots durch den Beteiligten zu 2 zugestimmt.

Teil E. Sonstige Regelungen
Die Erschienenen bevollmächtigen über ihren Tod hinaus die Rechtsanwalts- und Notarfachangestellten _____ und _____, jede für sich allein, unter Befreiung von den Beschränkungen des § 181 BGB und unter Ausschluss jeder eigenen Haftung, alle Erklärungen zum Handelsregister, auch Änderungen und Ergänzungen des Vertrages, abzugeben, die zur Durchführung dieser Urkunde und zur Eintragung in das Handelsregister erforderlich sind. Von dieser Vollmacht kann nur vor dem amtierenden Notar oder dessen Vertreter im Amt Gebrauch gemacht werden. Sie erlischt mit der Eintragung im Handelsregister.
Die Beteiligten erklären, dass sie die steuerlichen Auswirkungen dieser Urkunde und ihrer Durchführung eigenverantwortlich überprüfen bzw. überprüft haben. Der Notar hat über die steuerlichen Auswirkungen keine Auskünfte gegeben.
Die Urkundenbeteiligten sind damit einverstanden, dass personenbezogene Daten, die über Mandatsbearbeitung in den Kenntnisbereich des beurkundenden Notars bzw. dessen Vertreter im Amt gelangen, dort über die EDV verarbeitet werden. Ihnen ist bekannt, dass eine Übermittlung der erhobenen Daten an Dritte nicht stattfindet und die Daten zur Mandatsbearbeitung verwendet werden. Ferner ist ihnen bekannt, dass sie diese Einwilligung verweigern und mit Wirkung für die Zukunft widerrufen können.
Vorstehende Verhandlung nebst Anlagen wurde den Erschienenen in Gegenwart des Notars vorgelesen, der Jahresabschluss der übertragenden Gesellschaft zum _____ und die Eröffnungsbilanz zum _____ wurden ihnen nach notarieller Belehrung über ihr Recht auf Verlesung und ihrem diesbezüglichen Verzicht zur Durchsicht vorgelegt, von ihnen genehmigt und wie folgt eigenhändig unterschrieben:
_____ (Unterschriften aller Erschienenen und des Notars)

4. Muster: Sachgründungsbericht der Gesellschafter des übertragenden Rechtsträgers als Gründungsgesellschafter

M 238

Sachgründungsbericht
der Gesellschafter der _____ GmbH i.G., _____
zu UR-Nr. _____ des Notars _____ mit Amtssitz in _____.
Wir,
- der Kaufmann _____, als Kommanditist;
- der Kaufmann _____, als Kommanditist;
- die _____ Beteiligungs-GmbH (HRB _____, Amtsgericht _____), vertreten durch den Kaufmann _____ als einzelvertretungsberechtigten und von den Beschränkungen des § 181 BGB befreiten Geschäftsführer, als persönlich haftende Gesellschafterin ohne Kapitalbeteiligung und ohne Stimmrecht in der Gesellschafterversammlung,

sind die sämtlichen Gesellschafter der _____ GmbH & Co. KG, _____ (HRA _____, Amtsgericht _____).
Aus der _____ GmbH & Co. KG geht durch Abspaltung zur Neugründung die _____ GmbH hervor, deren Gesellschafter nach dem Spaltungsplan die bisher auch bereits am Kapital der _____ GmbH & Co. KG beteiligten Gesellschafter _____ und _____ werden sollen.
In unserer Eigenschaft als Gründungsgesellschafter im Sinne von § 5 Abs. 4 S. 2 GmbHG erstatten wir dazu folgenden

Sachgründungsbericht:

Im Wege der Abspaltung zur Neugründung werden aus dem Vermögen der _____ GmbH & Co. KG (im Folgenden der „übertragende Rechtsträger" genannt) auf die _____ GmbH (im Folgenden der „übernehmende Rechtsträger" genannt) die Wirtschaftsgüter des Anlage- und Umlaufvermögens übertragen, die in der als Anlage III zur Umwandlungsurkunde vom _____ beigefügten „Eröffnungsbilanz zum _____" der _____ GmbH mit Sitz in _____, bezeichnet sind. Der übertragende Rechtsträger bleibt mit seinem übrigen Vermögen bestehen.
Die im Wege dieses Sachgründungsvorgangs (Abspaltung zur Neugründung) auf den übernehmenden Rechtsträger übergehenden Wirtschaftsgüter weisen ausweislich der Eröffnungsbilanz zum _____ (Anlage III zur Umwandlungsurkunde) einen Wert von _____ EUR auf. Sie decken damit das nominell ausgewiesene Stammkapital des übernehmenden Rechtsträgers in Höhe von _____ EUR. Der über die Stammkapitalziffer hinausgehende Mehrbetrag wird in die Rücklage des übernehmenden Rechtsträgers (Kapitalrücklage) eingestellt (*alternativ:* wird als Gesellschafterdarlehen entsprechend den Beteiligungsquoten der Gesellschafter gebucht).
Verbindlichkeiten oder sonstige Belastungen übernimmt der übernehmende Rechtsträger nur in dem folgenden Umfang:
- _____
- Pensionsanwartschaften derjenigen Arbeitnehmer, die im Rahmen der Abspaltung zur Neugründung dem übernehmenden Rechtsträger zugeordnet sind. Die Pensionsrückstellungen für diese Arbeitnehmer belaufen sich zum Übertragungsstichtag auf _____ EUR, so dass unter Berücksichtigung des gezeichneten Kapitals und der erheblichen Kapitalrücklagen die Aufbringung des Stammkapitals des übernehmenden Rechtsträgers gesichert ist.
- Sonstige Verbindlichkeiten oder Verpflichtungen, die auf den übernehmenden Rechtsträger übergehen würden, sind nicht ersichtlich.

Bei den übergehenden Wirtschaftsgütern des Anlage- und Umlaufvermögens handelt es sich im Wesentlichen um _____ und um _____.
Die Vorräte ihrerseits bestehen zum größten Teil aus Roh-, Hilfs- und Betriebsstoffen. Es handelt sich dabei um Roh-, Hilfs- und Betriebsstoffe für die aktuelle Produktion des übernehmenden Rechtsträ-

gers. Diese Roh-, Hilfs- und Betriebskosten sind mit Anschaffungs- bzw. Herstellungskosten bewertet und befinden sich in einwandfreiem Zustand und sind voll verkehrsfähig. Sie werden im Rahmen der laufenden Produktion benötigt und befinden sich technisch auf aktuellem Stand. Der Verkehrswert entspricht mindestens dem dafür aktivierten Betrag von _____ EUR.
Weiterhin umfassen die Vorräte unfertige Erzeugnisse im Umfang von _____ EUR. Es handelt sich um in der Produktion befindliche Erzeugnisse aus dem aktuellen Produktions- und Lieferprogramm, die im Zusammenhang mit entsprechenden Aufträgen der Kundenunternehmen gefertigt wurden. Diese unfertigen Erzeugnisse sind entsprechend dem kaufmännischen Vorsichtsprinzip zu Teilkosten unter Berücksichtigung eines angemessenen Gemeinkostenzuschlags bewertet worden. Auch insoweit entspricht der Verkehrswert mindestens dem aktivierten Wertansatz. Gleiches gilt für die aktivierten fertigen Erzeugnisse und Waren im Umfang von _____ EUR. Zugrunde liegen ebenfalls entsprechende Kundenaufträge. Die Erzeugnisse und Waren sind aus der aktuellen Produktion und ohne Preisabschlag oder sonstige wertmindernde Faktoren voll verkehrsfähig. Auch insoweit entspricht der Verkehrswert mindestens dem aktivierten Betrag.
Bei den mit einem Betrag von _____ EUR aktivierten „sonstigen Vermögensgegenständen" handelt es sich um Deckungskapital der Altersversorgung der vom übernehmenden Rechtsträger übernommenen Arbeitnehmer (Wert der Rückdeckungsversicherung).
Wir versichern, dass insgesamt die Bewertungen in der Eröffnungsbilanz zum _____ (Anlage III zur Umwandlungsurkunde), die der Bewertung der Sacheinlage zugrunde liegen, nach den Grundsätzen ordnungsgemäßer Buchführung unter Beachtung des Vorsichtsgrundsatzes vorgenommen werden und unter den voraussichtlichen Verkehrswerten liegen. Die Sacheinlage hat also mindestens den im Gesellschaftsvertrag festgestellten Wert.
Hinsichtlich der Verbindlichkeiten verweisen wir auf die vorstehenden Ausführungen.
Als Werthaltigkeitsnachweis überreichen wir zudem _____ (nach Vorabstimmung mit dem Registergericht z.B. Wirtschaftsprüfergutachten oder Testat des Steuerberaters der Gesellschaft).
Das letzte Jahresergebnis des übertragenden Rechtsträgers ergibt sich aus dem als Anlage II der Umwandlungsurkunde beiliegenden Jahresabschluss zum _____. Das Jahresergebnis des übertragenden Rechtsträgers des davor liegenden Jahres ergibt sich aus dem hier beiliegenden Jahresabschluss zum _____ (§ 5 Abs. 4 S. 2 GmbHG). (*Bei Sacheinlage in Form eines Betriebes*).
_____ (Ort, Datum, Unterschriften aller Gesellschafter des übertragenden Rechtsträgers einschließlich der Komplementär-GmbH)

M 239 5. Muster: Handelsregisteranmeldung des übernehmenden Rechtsträgers

44 Amtsgericht _____
– Handelsregister –

_____

Zu HRB (neu)
der _____ GmbH i.G.
hier: Abspaltung zur Neugründung
Als Vertretungsorgan des übertragenden Rechtsträgers, der Firma _____ GmbH & Co. KG mit Sitz in _____, sowie als bestellter Geschäftsführer der vorstehend bezeichneten neu entstehenden GmbH überreichen wir in der Anlage:
– Ausfertigung der Umwandlungsurkunde mit Abspaltung zur Neugründung _____ (UR-Nr. _____ des Notars _____ mit Amtssitz in _____), darin enthalten die Verzichtserklärungen nach §§ 8 Abs. 3, 9 Abs. 3 und 12 Abs. 3 UmwG
– Liste der Gesellschafter und der übernommenen Stammeinlagen
– Sachgründungsbericht
– Werthaltigkeitsnachweis in Form eines _____

– Namensunbedenklichkeitsbescheinigung der IHK
– Nachweis über die rechtzeitige Zuleitung der Umwandlungsurkunde im vollständigen Entwurf an den zuständigen Betriebsrat (Quittung des Betriebsratsvorsitzenden).

Wir melden die neu errichtete Gesellschaft mit beschränkter Haftung und den neubestellten Geschäftsführer _____ zur Eintragung in das Handelsregister an.

Der neubestellte Geschäftsführer _____ versichert, dass ab der Eintragung der Abspaltung im Handelsregister der übertragenden Gesellschaft das Vermögen der durch die Abspaltung entstehenden neuen Gesellschaft sich endgültig in der freien Verfügung von deren Geschäftsführern befindet.

Der neubestellte Geschäftsführer _____ versichert weiterhin,
– dass er nicht wegen einer oder mehrerer vorsätzlicher Straftaten des Unterlassens der Stellung des Antrags auf Eröffnung des Insolvenzverfahrens (Insolvenzverschleppung), §§ 283–283d StGB (Insolvenzstraftaten), der falschen Angaben nach § 82 GmbHG oder § 399 AktG, der unrichtigen Darstellung nach § 400 AktG, § 331 HGB, § 313 UmwG oder § 17 PublizitätsG, nach den §§ 263 StGB (Betrug), § 263a StGB (Computerbetrug), § 264 StGB (Kapitalanlagebetrug) § 264a StGB (Subventionsbetrug) oder den §§ 265b StGB (Kreditbetrug), § 266 StGB (Untreue) bis § 266a StGB (Vorenthalten und Veruntreuen von Arbeitsentgelt – Nichtabführung von Sozialversicherungsbeiträgen) zu einer Freiheitsstrafe von mindestens einem Jahr verurteilt worden ist,
– dass ihm weder durch gerichtliches Urteil noch durch die vollziehbare Entscheidung einer Verwaltungsbehörde die Ausübung eines Berufes, eines Berufszweiges, eines Gewerbes oder eines Gewerbezweiges ganz oder teilweise untersagt wurde,
– und auch keine vergleichbaren strafrechtlichen Entscheidungen ausländischer Behörden oder Gerichte gegen den Geschäftsführer vorliegen und
– dass er nicht als Betreuter bei der Besorgung seiner Vermögensangelegenheiten ganz oder teilweise einem Einwilligungsvorbehalt (§ 1903 BGB) unterliegt
– und dass der Geschäftsführer über die uneingeschränkte Auskunftspflicht gegenüber dem Gericht gem. § 53 Abs. 2 des Gesetzes über das Zentralregister durch den Notar belehrt wurde.

Die Vertretungsbefugnis ist im übernehmenden Rechtsträger allgemein wie folgt geregelt:
_____ (*Hier ist die Vertretungsregelung aus der Satzung wörtlich wiederzugeben*).

Die Geschäftsräume befinden sich in _____. Dies ist zugleich die inländische Geschäftsanschrift.

Wir erklären gem. § 16 Abs. 2 S. 2 Hs. 1 UmwG unter Bezug auf die in der Abspaltungsurkunde abgegebenen Anfechtungsverzichtserklärungen sämtlicher Gesellschafter der übertragenden Gesellschaft, dass eine Anfechtung ausgeschlossen ist und daher eine Negativerklärung nach § 16 Abs. 2 S. 1 UmwG entbehrlich ist.

_____ (*Ort, Datum und Unterschriften der Geschäftsführer der Komplementär-GmbH der KG, handelnd für diese, und des neuen Geschäftsführers der neuen GmbH*)

_____ (*Es folgt der notarielle Beglaubigungsvermerk*)

6. Muster: Handelsregisteranmeldung des übertragenden Rechtsträgers

M 240

45

Amtsgericht _____
– Handelsregister –

_____

Zum Handelsregister
_____ GmbH & Co. KG
– HRA _____ –
überreichen wir, die sämtlichen Gesellschafter der _____ GmbH & Co. KG, _____ (Anschrift), nämlich

- die _____ Beteiligungs-GmbH (HRB _____, Amtsgericht _____) als persönlich haftende Gesellschafterin,
- der/die_____, als Kommanditist,
- der/die_____, als Kommanditist,

anliegend
1. **Ausfertigung** des Beschlusses über die Abspaltung zur Neugründung der _____ GmbH aus der _____ GmbH & Co. KG (UR-Nr. _____ des Notars _____ mit Amtssitz in _____ vom _____)
2. Nachweis über die Zuleitung des Spaltungsentwurfes nebst allen Anlagen an den Betriebsrat der übertragenden Gesellschaft,

und melden die Abspaltung zur Neugründung gem. § 123 Abs. 2 Nr. 2 UmwG zur Eintragung an. Wir erklären dazu:
- Alle Gesellschafter des übertragenden Rechtsträgers haben durch notariell beurkundete Verzichtserklärung ausweislich der überreichten Urkunde auf eine Klage gegen die Wirksamkeit des Spaltungsbeschlusses verzichtet.
- Eine Spaltungsprüfung ist nicht durchgeführt worden, da keiner der Gesellschafter diese verlangt hat bzw. alle Gesellschafter formgerecht darauf verzichtet haben.
- Die Spaltung bedarf keiner staatlichen Genehmigung.

Der Anmeldung ist außer den der Umwandlungsurkunde bereits beigefügten Anlagen der Nachweis über die rechtzeitige Zuleitung des Abspaltungsplanes an den Betriebsrat beigefügt (Originalquittung des Betriebsratsvorsitzenden). Wir versichern vorsorglich zusätzlich noch einmal die rechtzeitige Zuleitung des Entwurfs der Spaltungsurkunde an den Betriebsrat.

Der übertragende Rechtsträger besteht mit seinem restlichen Vermögen unter der bisherigen Firmierung fort.

Hinsichtlich der Reihenfolge bitten wir wie folgt vorzugehen: Nach Vollzug des vorliegenden Antrags wird um Eintragungsnachricht an die Gesellschaft und an den beglaubigenden Notar sowie um Übersendung je eines beglaubigten Handelsregisterauszugs gebeten, ferner wird um Mitteilung an das Handelsregister des Sitzes des übernehmenden Rechtsträgers gebeten.

_____ (Ort, Datum und Unterschriften aller Gesellschafter der GmbH & Co. KG einschließlich der Komplementär-GmbH)

_____ *(Es folgt der notarielle Beglaubigungsvermerk)*

II. Abspaltung zur Aufnahme aus einer GmbH auf eine bereits bestehende GmbH

1. Typischer Sachverhalt

46 Die Gesellschafter einer GmbH wollen die operativen Aktivitäten ihres Unternehmens auf zwei rechtlich selbständige Unternehmen aufteilen, jedoch zunächst entsprechend ihren bisherigen Beteiligungsquoten in beiden Unternehmen vertreten bleiben. Dazu soll auch das bisher einheitliche Betriebsgrundstück geteilt und eine Teilfläche auf das neue Unternehmen übertragen werden. Die Grundstücksteilung ist eingeleitet, aber noch nicht katasterlich und grundbuchlich vollzogen worden.

In eines der beiden Unternehmen soll mittelfristig als weiterer Gesellschafter und Kapitalgeber ein externes, branchennahes Unternehmen eintreten. Schon bisher sind die beiden Unternehmensbereiche organisatorisch und inzwischen auch buchhalterisch getrennt geführt worden. Um den Weg einer Abspaltung zur Neugründung mit den damit verbundenen Sachgründungsvorschriften zu vermeiden, haben die Gesellschafter bereits im Wege der Bargründung eine beteiligungsidentische neue GmbH mit dem gesetzlichen Mindeststammkapital von 25.000 EUR gegründet.

Nach bisher h.M. bestand auch bei einer Abspaltung auf eine beteiligungsidentische Schwester-GmbH eine Anteilsgewährungspflicht und damit das Erfordernis einer (Sach-)Kapitalerhöhung.⁴⁴ Durch die Neufassung des § 54 UmwG können die Gesellschafter aber auf eine Kapitalerhöhung verzichten. Erfolgt kein Verzicht, bedarf es der Gewährung von Anteilen an die Gesellschafter. Die nachfolgenden Muster sind dann entsprechend zu ergänzen. Auf diese neue GmbH als übernehmender Rechtsträger soll nun der abzuspaltende Teilbetrieb mit der dazugehörigen Grundstücksteilfläche im Wege der Abspaltung zur Aufnahme übertragen werden. Die bisherige GmbH hat ihr Stammkapital noch in DM ausgewiesen, es soll bei dieser Gelegenheit in EUR umgestellt werden.

2. Muster: Spaltungsvertrag und Gesellschafterbeschlüsse

M 241

_____ (*Notarielle Urkundsformalien*)
Die Erschienenen baten um Beurkundung des nachstehenden Umwandlungsvorgangs (Abspaltung zur Aufnahme) nebst Satzungsänderungen

Teil I. Spaltungs- und Übernahmevertrag

I. Präambel
Die Firma _____ GmbH – nachstehend „übertragender Rechtsträger genannt – ist im Handelsregister des Amtsgerichts _____ unter HRB _____ eingetragen. Das Stammkapital beträgt _____ DM (entspricht _____ EUR) und verteilt sich wie folgt:
– Der Gesellschafter _____ hält einen Geschäftsanteil mit einer Stammeinlage im Nennwert von _____ DM (entspricht _____ EUR).
– Der Gesellschafter _____ hält
  – einen Geschäftsanteil im Nennwert von _____ DM (entspricht _____ EUR) und
  – einen weiteren Geschäftsanteil im Nennwert von _____ DM (entspricht _____ EUR).
Die Geschäftsanteile wurden vom Gesellschafter _____ anlässlich der Gründung der Gesellschaft am _____ (UR-Nr. _____ des Notars _____ in _____) und vom Gesellschafter _____ von vormaligen Gründungsgesellschaftern und Mitgesellschaftern nach der Gründung erworben.
Die Anteile sind nach den Angaben der Beteiligten, zu denen der Notar keine eigenen Feststellungen getroffen hat, vollständig einbezahlt.
Gem. § _____ der Satzung der _____ GmbH ist deren wesentlicher Unternehmensgegenstand: _____.
Die Firma _____ GmbH – nachstehend „übernehmender Rechtsträger genannt – ist im Handelsregister des Amtsgerichts _____ unter HRB _____ eingetragen. Das Stammkapital beträgt _____ EUR) und verteilt sich wie folgt:
– Der Gesellschafter _____ hält einen Geschäftsanteil mit einer Stammeinlage im Nennwert von _____ EUR).
– Der Gesellschafter _____ hält einen Geschäftsanteil im Nennwert von _____ EUR.
Diese Geschäftsanteile wurden von den Gesellschaftern anlässlich der Gründung der Gesellschaft am _____ (UR-Nr. _____ des Notars _____ in _____ erworben.
Die Anteile sind nach den Angaben der Beteiligten, zu denen der Notar keine eigenen Feststellungen getroffen hat, ebenfalls vollständig einbezahlt.
Gem. § _____ der Satzung der _____ GmbH ist deren wesentlicher Unternehmensgegenstand: _____.
Mit der nachstehenden Spaltung soll der Teilbetrieb _____ zum Zwecke der Schaffung einer weiteren am Markt selbstständig auftretenden Einheit von der _____ GmbH als übertragendem Rechtsträger auf

---

44 Dazu Lutter/*Priester*, UmwG, § 126 Rn 21; Semler/Stengel/*Schröer*, UmwG, § 126 Rn 29.

die _____ GmbH als übernehmender Rechtsträger abgespalten werden. Dementsprechend wird in Anwendung des Gesetzes zur Bereinigung des Umwandlungsrechts der vorgenannte Teilbetrieb im Wege der Abspaltung zur Aufnahme von der übertragenden Gesellschaft auf die übernehmende Gesellschaft _____ GmbH mit dem Sitz in _____ unter Fortbestand der übertragenden Gesellschaft abgespalten.

II. Spaltungs- und Übernahmevertrag
Die Vertretungsorgane der beteiligten Rechtsträger schließen folgenden Spaltungsvertrag vorbehaltlich der Genehmigung durch die Gesellschafterversammlungen der beteiligten Rechtsträger:

1. Firma und Sitz
Die Firma der übertragenden Gesellschaft lautet: _____ GmbH
Der Sitz der übertragenden Gesellschaft ist: _____.
Die Abspaltung erfolgt zur Aufnahme auf folgende Gesellschaft: _____ mit dem Sitz in _____.

2. Vermögensübertragung
Die übertragende Gesellschaft überträgt die nachfolgend bezeichneten Vermögensteile jeweils als Gesamtheit mit allen Rechten und Pflichten unter Fortbestand der übertragenden Gesellschaft auf die vorbezeichnete, übernehmende Gesellschaft, und zwar ohne zusätzliche Gewährung von Gesellschaftsrechten für die Anteilseigner der übertragenden Gesellschaft, da die Anteilseigner des übernehmenden Rechtsträgers und des übertragenden Rechtsträgers im exakt gleichen Beteiligungsverhältnis an beiden Rechtsträgern beteiligt sind und sie auf eine solche Anteilsgewährung verzichten (§§ 125, 128, 54 UmwG).
Die Spaltung erfolgt unter Anwendung der §§ 123 ff. UmwG.
Für die Übertragung der Gegenstände des Aktiv- und Passivvermögens im Rahmen der Spaltung gilt im Einzelnen:
a) Auf die übernehmende Gesellschaft übertragen werden alle Aktiva, die wirtschaftlich zum Unternehmensteil/Teilbetrieb _____ gehören und in der als Eröffnungsbilanz für den übernehmenden Rechtsträger auf den _____ (**Anlage I**) enthalten sind, und zwar im Einzelnen
   – die in der **Anlage II** aufgeführten Grundstücke nebst Gebäude(n);
   – die in der **Anlage III** aufgeführten Gegenstände des Finanzanlagevermögens (Beteiligungen);
   – die sonstige Vermögensgegenstände des Anlage- und Umlaufvermögens gem. Inventar und allgemeiner Beschreibung nach **Anlage IV**, soweit sie nicht bilanzierungspflichtig bzw. bilanzierungsfähig sind;
   – alle dem Teilbetrieb/Unternehmensteil _____ zuzuordnenden Verträge, insbesondere Pacht-, Leasing- und Lieferverträge, Betriebsführungsverträge, Konzessionsverträge, Angebote und sonstige Rechtsstellungen sowie alle mit dem Geschäft des Unternehmensteils _____ im Zusammenhang stehenden sonstigen Vermögensgegenstände gemäß **Anlage V**.
b) Von der übernehmenden Gesellschaft _____ GmbH übernommen werden diejenigen Verbindlichkeiten, die wirtschaftlich zu dem vorstehend genannten Unternehmensteil/Teilbetrieb gehören und die in der beigefügten **Anlage VI** aufgeführt sind.
c) Entsprechend der vorstehend niedergelegten Aufteilung gehen auf die _____ GmbH die in der **Anlage VII** beschriebenen Arbeitsverhältnisse und die in der **Anlage VIII** aufgeführten Betriebsrentenverhältnisse über, die zum übergehenden Betriebsteil gehören.
d) Soweit ab dem Zeitpunkt der wirtschaftlichen Trennung gemäß nachstehender Ziff. 5. Gegenstände durch die übertragende Gesellschaft im regelmäßigen Geschäftsverkehr veräußert worden sind, treten die Surrogate an deren Stelle.
e) Arbeitsverhältnisse, Vermögensgegenstände und Verbindlichkeiten, die nicht in den beigefügten Anlagen aufgeführt sind, gehen entsprechend der im Spaltungsvertrag getroffenen Zuordnung auf die _____ GmbH über, soweit sie dem Unternehmensteil im weitesten Sinne zuzuordnen

sind. Dies gilt insbesondere auch für immaterielle oder bis zur Eintragung der Spaltung in das Handelsregister am Sitz der übertragenden Gesellschaft erworbene Vermögensgegenstände, begründete Arbeitsverhältnisse und entstandene Verbindlichkeiten.

3. Gewährung von Anteilen, Umtauschverhältnis, Bewertung
Es erfolgt keine zusätzliche Gewährung von Gesellschaftsrechten für die Anteilseigner der übertragenden Gesellschaft, da die Anteilseigner des übernehmenden Rechtsträgers und des übertragenden Rechtsträgers im exakt gleichen Beteiligungsverhältnis an beiden Rechtsträgern beteiligt sind (§§ 125, 128, 54 UmwG).[45] Die Gesellschafter verzichten vorsorglich hiermit auf auf eine solche Anteilsgewährung. Bare Zuzahlungen sind nicht zu leisten.
Die Übertragung erfolgt zu Buchwerten. Übersteigt der Wert des Vermögens, das auf die durch die Spaltung entstehende Gesellschaft übertragen wird, den Nennbetrag des Stammkapitals der Gesellschaft, wird dieser Betrag in die Rücklage bei der _____ GmbH als übernehmenden Rechtsträger eingestellt.
Die Urkundsbeteiligten beantragen hiermit vorsorglich zugleich auch gegenüber dem für die Besteuerung des übernehmenden Rechtsträgers zuständigen Finanzamt gemäß § 15 Abs. 1 UmwG i.V.m. § 11 Abs. 2 S. 1 UmwStG, abweichend von dem Wertansatz des § 11 Abs. 1 S. 1 UmwStG den Wert des übernommenen Betriebsvermögens einheitlich mit dem Buchwert gemäß der Schlussbilanz des übertragenden Rechtsträgers anzusetzen.
Besondere Rechte und Vorteile für die Gesellschafter des übertragenden Rechtsträgers, der _____ GmbH, oder an sonstige in § 126 Abs. 1 Ziff. 7 und 8 UmwG bezeichnete Personen wurden nicht gewährt.
Die Aufteilung der Anteile bleibt verhältniswahrend entsprechend den Beteiligungen der Gesellschafter der _____ GmbH.

4. Anspruch auf Bilanzgewinn
Ab dem in nachfolgender Ziff. 5 genannten Zeitpunkt haben die Gesellschafter des übertragenden Rechtsträgers entsprechend ihren Anteilen Anspruch auf den Bilanzgewinn der Gesellschaft auch aus den wirtschaftlich erhöhten Anteilen.

5. Spaltungsbilanz, Spaltungsstichtag
Auf den 31.12._____ ist für den übertragenden Rechtsträger die als **Anlage IX** beigefügte Schlussbilanz errichtet, die zugleich dieser Umwandlung als Umwandlungsbilanz zugrunde gelegt wird. Auf den 31.12._____, 24.00 Uhr errichtet der übertragende Rechtsträger für steuerliche Zwecke eine Übertragungsbilanz, der übernehmende Rechtsträger errichtet auf den 1.1._____, 0.00 Uhr eine Eröffnungsbilanz.
Ab dem 1.1._____ gelten die auf die übertragenen Rechtsverhältnisse, Vermögensgegenstände und Verbindlichkeiten bezogenen Handlungen der übertragenden Gesellschaft jeweils als für Rechnung der aufnehmenden Gesellschaft vorgenommen.

III. Grundbucherklärungen
Soweit im Rahmen der Spaltung noch zu vermessende Grundstücksteilflächen übertragen werden, wird auf die beigefügten Pläne (*Anlage X*) Bezug genommen. Diese wurden den Beteiligten zur Durchsicht vorgelegt und von ihnen genehmigt.
Die Vermessung hat unverzüglich zu erfolgen. Der beurkundende Notar bzw. sein Vertreter oder Nachfolger im Amt wird beauftragt und ermächtigt, die erforderliche Teilungsgenehmigung einzuholen, sowie bevollmächtigt, nach Vorliegen des amtlichen Messungsergebnisses den übertragenen Grund-

---

[45] Siehe aber die Erläuterungen in § 19 Rn 24 zur Anteilsgewährungspflicht.

besitz zum Zweck des Grundbuchvollzuges genau zu beschreiben und die erforderliche Identitätserklärung gegenüber dem Grundbuchamt abzugeben. Sollte die Teilung nicht genehmigt werden, so sind die Beteiligten zur Vereinbarung einer Regelung verpflichtet, die wirtschaftlich dem Gewollten am nächsten kommt.

Im Übrigen bewilligt und beantragt die übertragende Gesellschaft, vertreten durch ihre Geschäftsführer, das Grundbuch entsprechend dem Spaltungsplan zu berichtigen.

IV. Folgen der Spaltung für die Arbeitnehmer und ihre Vertretungen
Die Folgen der Spaltung für die Arbeitnehmer und ihre Vertretungen sowie die insoweit vorgesehenen Maßnahmen werden wie folgt beschrieben:
Die betroffenen Arbeitnehmer sind nach § 613a Abs. 5 und Abs. 6 BGB i.V.m. § 324 UmwG form- und fristgerecht über den Übergang ihrer Arbeitsverhältnisse und über ihr Widerspruchsrecht unterrichtet worden.
Die arbeitsrechtliche Stellung der Arbeitnehmer und ihr sozialer Besitzstand bleiben durch die Abspaltung unberührt. Die Zuordnung der Arbeitsverhältnisse zum übertragenden und zum übernehmenden Rechtsträger entspricht der bisherigen Aufgabenverteilung in den Teilbetrieben/Bereichen _____ und _____. Die kündigungsrechtliche Stellung der Arbeitnehmer in beiden Unternehmen verschlechtert sich auch bei Geltung der sog. Kleinbetriebsregelung nach § 23 KSchG für den Zeitraum von zwei Jahren ab Wirksamwerden der Abspaltung nicht (§ 323 Abs. 1 UmwG).
Bei beiden beteiligten Rechtsträgern existiert kein Betriebsrat.
Tarifrechtliche oder mitbestimmungsrechtliche Änderungen ergeben sich für die Arbeitnehmer nicht.

V. Sicherheitsleistung
Den Gläubigern der an der Spaltung beteiligten Gesellschaften ist, wenn sie binnen sechs Monaten nach der Bekanntmachung der Eintragung der Spaltung in das Handelsregister des Sitzes der Gesellschaft, dessen Gläubiger sie sind, ihren Anspruch nach Grund und Höhe schriftlich anmelden, Sicherheit zu leisten, soweit sie nicht Befriedigung verlangen können und glaubhaft machen, dass durch die Spaltung die Erfüllung ihrer Forderungen gefährdet wird.
Zur Sicherheitsleistung ist allerdings nur die an der Spaltung beteiligte Gesellschaft verpflichtet, gegen die sich der Anspruch richtet.

VI. Steuerklausel
Die Beteiligten erklären, dass sie die steuerlichen Auswirkungen dieser Beurkundung und ihrer Durchführung eigenverantwortlich überprüfen bzw. überprüft haben. Der Notar hat über die steuerlichen Auswirkungen keine Auskünfte gegeben.

VII. Salvatorische Klausel
Sollten einzelne Bestimmungen dieser Urkunde unwirksam oder nicht durchführbar sein, so bleiben die abgegebenen Erklärungen insgesamt wirksam. An die Stelle der unwirksamen oder undurchführbaren Bestimmungen treten solche, die den mit den unwirksamen oder undurchführbaren Bestimmungen verfolgten wirtschaftlichen Zwecken in zulässiger Weise am nächsten kommen.

VIII. Hinweise
Der Notar hat insbesondere über Folgendes belehrt bzw. hingewiesen,
a) darauf, dass die Spaltung erst mit Eintragung in das Handelsregister der übertragenden Gesellschaft wirksam wird und diese Eintragung erst nach Eintragung im Handelsregister der übernehmenden Gesellschaft erfolgen kann;
b) darauf, dass bei Eintragung der übernehmenden Gesellschaft im Handelsregister der Wert des Gesellschaftsvermögens nicht niedriger sein darf als das ausgewiesene Stammkapital und dass die Gesellschafter und die übertragende Gesellschaft für einen etwa bestehenden Fehlbetrag haften;

c) auf die Wirkungen der Eintragung nach § 131 UmwG und auf die Haftungsvorschriften des § 133 und ggf. § 134 UmwG;
d) auf das Übergangsmandat/Restmandat eines etwaigen Betriebsrates nach §§ 21a, 21b BetrVG und die kündigungsrechtliche Stellung der Arbeitnehmer nach § 323 UmwG sowie auf die Anwendbarkeit des § 613a BGB;
e) auf eine evtl. Schadenersatzpflicht der Vertretungsorgane der übertragenden Gesellschaft nach § 25 UmwG;
f) darauf, dass weiter gehende Haftungsvorschriften bestehen können, insbesondere die in § 25 HGB, § 75 AO (§ 133 Abs. 1 S. 2 UmwG);
g) auf die etwa anfallende Grunderwerbsteuer.

Teil II. Beschlussfassungen des übertragenden und des übernehmenden Rechtsträgers

A. Beschlussfassung des übertragenden Rechtsträgers
Die Beteiligten zu _____ und _____ als alleinige Gesellschafter des übertragenden Rechtsträgers treten sodann unter Verzicht auf sämtliche Förmlichkeiten betreffend Ladung, Ladungsfristen und Tagesordnung zu einer außerordentlichen Gesellschafterversammlung zusammen und bitten sodann um Beurkundung des nachstehenden

Spaltungsbeschlusses
des übertragenden Rechtsträgers

und erklärten:

I. Präambel
Die Gesellschafter halten nach ihren Angaben sämtliche Geschäftsanteile zu insgesamt _____ DM (entspricht _____ EUR) (Nominalbetrag des Stammkapitals) an der Firma _____ GmbH (übertragende Gesellschaft) mit dem Sitz in _____, eingetragen im Handelsregister des Amtsgerichts _____, HRB _____.

II. Gesellschafterversammlungen, Spaltungsbeschluss

1.
Die Gesellschafter halten hiermit unter Verzicht auf alle Formen und Fristen für die Einberufung und Durchführung eine Gesellschafterversammlung der übertragenden _____ GmbH ab.
Sie bestätigen zunächst, dass sie rechtzeitig vor dieser Versammlung Kenntnis vom Spaltungsvertrag und allen der Spaltung zugrunde liegenden Unterlagen erhalten haben.

2.
Die Geschäftsführung hat die Gesellschafter weiter darüber unterrichtet, dass in der Zeit zwischen Aufstellung des Spaltungsvertrages und dem heutigen Tage (bei Beschlussfassung nach Aufstellung des Spaltungsvertrages) keine wesentlichen Veränderungen im Vermögen der übertragenden Gesellschaft eingetreten sind.

3.
Die Gesellschafter stellen fest, dass eine Kapitalherabsetzung zur Durchführung der Abspaltung nicht erforderlich oder gewünscht ist.

4.
Alle Gesellschafter verzichten auf die Erstattung eines Spaltungsberichts, einer Spaltungsprüfung und eines Prüfungsberichts sowie auf ein Abfindungsangebot und dessen Prüfung und auf eine Anfechtung der gesamten Umwandlungsbeschlüsse, insbesondere durch Klageerhebung i.S.v. § 16

Abs. 2 UmwG. Ferner verzichten sie auf eine Gewährung von Anteilen am übernehmenden Rechtsträger.

5.
Sodann beschließen die Gesellschafter einstimmig:
a) Dem vorstehend unter Teil I enthaltenen Spaltungsvertrag wird zugestimmt.
b) _____ (*Ggf. Beschlussfassung über Änderung der Firmierung des übertragenden Rechtsträgers und andere Satzungsänderungen*)
Damit wird diese Gesellschafterversammlung geschlossen.

B. Beschlussfassung des übernehmenden Rechtsträgers
Die Beteiligten zu _____ und zu _____ als Gesellschafter des übernehmenden Rechtsträgers treten sodann unter Verzicht auf sämtliche Förmlichkeiten betreffend Ladung, Ladungsfristen und Tagesordnung zu einer außerordentlichen Gesellschafterversammlung zusammen und bitten sodann um Beurkundung des nachstehenden

*Spaltungsbeschlusses
des übernehmenden Rechtsträgers*

und erklärten:

I. Präambel
Die Gesellschafter halten nach ihren Angaben sämtliche Geschäftsanteile zu insgesamt _____ EUR (Nominalbetrag des Stammkapitals) an der Firma _____ GmbH (übernehmende Gesellschaft) mit dem Sitz in _____, eingetragen im Handelsregister des Amtsgerichts _____, HRB _____.

II. Gesellschafterversammlung, Spaltungsbeschluss

1.
Die Gesellschafter halten hiermit unter Verzicht auf alle Formen und Fristen für die Einberufung und Abhaltung eine Gesellschafterversammlung der übernehmenden GmbH ab.
Sie bestätigen zunächst, dass sie rechtzeitig vor dieser Versammlung Kenntnis vom Spaltungsvertrag und allen der Spaltung zugrunde liegenden Unterlagen erhalten haben.

2.
Die Geschäftsführung hat die Gesellschafter weiter darüber unterrichtet, dass in der Zeit zwischen Aufstellung des Spaltungsvertrages und dem heutigen Tage (bei Beschlussfassung nach Aufstellung des Spaltungsvertrages) keine wesentlichen Veränderungen im Vermögen der übertragenden Gesellschaft eingetreten sind.

3.
Die Gesellschafter stellen fest, dass eine Kapitalerhöhung zur Durchführung der Abspaltung nicht erforderlich oder gewünscht ist.[46] Der durch die Abspaltung zufließende Mehrwert wird in die Kapitalrücklage gebucht.

4.
Alle Gesellschafter verzichten auf die Erstattung eines Spaltungsberichts, einer Spaltungsprüfung und eines Prüfungsberichts sowie auf ein Abfindungsangebot und dessen Prüfung und auf eine Anfechtung der gesamten Umwandlungsbeschlüsse, insbesondere durch Klageerhebung i.S.v. § 16

---

46 Siehe aber die Erläuterungen zu § 19 Rn 24 zur Anteilsgewährungspflicht.

Abs. 2 UmwG. Ferner verzichten sie auf eine Gewährung von neuen Anteilen am übernehmenden Rechtsträger.

5.
Sodann beschließen die Gesellschafter:
a) Dem vorstehend unter Teil I enthaltenen Spaltungsvertrag wird zugestimmt.
b) _____ (Ggf. Beschlussfassung über Änderung der Firmierung des Rechtsträgers und andere Satzungsänderungen)
Damit wird diese Gesellschafterversammlung geschlossen.

Teil III. Satzungsänderungen mit Euro-Kapitalumstellung des übertragenden Rechtsträgers
_____ (Es folgt ggf. die entsprechende Beschlussfassung über die Kapitalumstellung in EUR.)

Teil IV. Sonstige Regelungen und Hinweise

1. Kosten
Die durch diesen Vertrag und seine Ausführung entstehenden Kosten trägt die aufnehmende Gesellschaft.

2. Salvatorische Klausel
Sollten einzelne Bestimmungen dieser Urkunde unwirksam oder nicht durchführbar sein, so bleiben die abgegebenen Erklärungen im Übrigen wirksam. An die Stelle der unwirksamen oder undurchführbaren Bestimmungen treten solche, die den mit den unwirksamen oder undurchführbaren Bestimmungen verfolgten wirtschaftlichen Zwecken in zulässiger Weise am nächsten kommen.

3. Vollzugsvollmachten
Die Erschienenen bevollmächtigen über ihren Tod hinaus die Rechtsanwalts- und Notarfachangestellten _____ und _____, jede für sich allein, unter Befreiung von den Beschränkungen des § 181 BGB und unter Ausschluss jeder eigenen Haftung, alle Erklärungen zum Handelsregister, auch Änderungen und Ergänzungen der Urkunde, abzugeben, die zur Durchführung dieser Urkunde und zur Eintragung in das Handelsregister erforderlich sind. Von dieser Vollmacht kann nur vor dem amtierenden Notar oder dessen Vertreter im Amt Gebrauch gemacht werden. Sie erlischt mit der Eintragung im Handelsregister.

4. Steuerrechtliche und datenschutzrechtliche Erklärungen
Die Beteiligten erklären, dass sie die steuerlichen Auswirkungen dieser Urkunde und ihrer Durchführung eigenverantwortlich überprüfen bzw. überprüft haben. Der Notar hat über die steuerlichen Auswirkungen keine Auskünfte gegeben.
Die Urkundsbeteiligten sind damit einverstanden, dass personenbezogene Daten, die über die Mandatsbearbeitung in den Kenntnisbereich des beurkundenden Notars bzw. dessen Vertreter im Amt gelangen, dort über die EDV verarbeitet werden. Ihnen ist bekannt, dass eine Übermittlung der erhobenen Daten an Dritte nicht stattfindet und die Daten zur Mandatsbearbeitung verwendet werden. Ferner ist ihnen bekannt, dass sie diese Einwilligung verweigern und mit Wirkung für die Zukunft widerrufen können.
Vorstehende Verhandlung nebst Anlagen wurde den Erschienenen in Gegenwart des Notars vorgelesen, die *Anlagen I und IX* (Bilanzen) und die Pläne (*Anlage X*) zur Durchsicht vorgelegt, von ihnen genehmigt und wie folgt eigenhändig unterschrieben, wobei die Beteiligten nach Belehrung des Notars gemäß § 14 BeurkG auf ein Verlesen der Anlagen I, IX und X nach deren Vorlage und Kenntnisnahme verzichten:
_____ (Unterschriften aller Erschienenen und des Notars)

M 242 3. Muster: Handelsregisteranmeldung des übertragenden Rechtsträgers

48 An das
Amtsgericht _____
– Handelsregister –

_____

Zu HRB _____ der _____ GmbH
überreichen wir, die unterzeichnenden Geschäftsführer:
1. Erste Ausfertigung/beglaubigte Abschrift des Spaltungsvertrages vom _____ (UR-Nr. _____ des beglaubigenden Notars), darin enthalten:
   - Zustimmungsbeschluss der Gesellschafterversammlung der _____ GmbH als übernehmender Rechtsträger
   - Zustimmungsbeschluss der Gesellschafterversammlung der _____ GmbH als übertragender Rechtsträger
   - Verzichtserklärungen der Gesellschafter des übernehmenden und des übertragenden Rechtsträgers auf Gewährung neuer Anteile, auf Erstellung eines Spaltungsberichts, auf Spaltungsprüfung und auf Erstellung eines Prüfungsberichts sowie auf ein Barabfindungsangebot nebst Prüfung
   - Spaltungsbilanz des übertragenden Rechtsträgers.
2. Nachweis über die Zuleitung des Spaltungsvertragsentwurfes nebst Anlagen an den Betriebsrat der Gesellschaft.

Wir melden zur Eintragung in das Handelsregister an:
1. Die _____ GmbH hat die im Spaltungsvertrag vom _____ genannten Teile ihres Vermögens als Gesamtheit im Wege der Abspaltung durch Aufnahme auf die _____ GmbH übertragen.
2. _____ (*Etwaige weitere Anmeldungsgegenstände wie Euro-Kapitalumstellung, Kapitalherabsetzung, Geschäftsführerwechsel, Umfirmierung, sonstige Satzungsänderungen*)

Wir versichern, dass alle Gesellschafter des übertragenden Rechtsträgers und alle Gesellschafter des übernehmenden Rechtsträgers auf eine Anfechtung der Beschlussfassung und auf eine Klageerhebung i.S.v. §§ 16 Abs. 2, 125 UmwG verzichtet haben und weder der Spaltungsbeschluss der Gesellschafter der _____ GmbH noch der Spaltungsbeschluss der _____ GmbH angefochten worden ist.

_____ (Ort, Datum)
_____ (Unterschriften der Geschäftsführer)
_____ (*Es folgt der notarielle Beglaubigungsvermerk*)

M 243 4. Muster: Handelsregisteranmeldung des übernehmenden Rechtsträgers

49 An das
Amtsgericht _____
– Handelsregister –

_____

Zu HRB _____ der _____ GmbH
überreichen wir, die unterzeichnenden Geschäftsführer:
1. Erste Ausfertigung/beglaubigte Abschrift des Spaltungsvertrages vom _____ (UR-Nr. _____ des beglaubigenden Notars), darin enthalten:
   - Zustimmungsbeschluss der Gesellschafterversammlung der _____ GmbH als übernehmender Rechtsträger
   - Zustimmungsbeschluss der Gesellschafterversammlung der _____ GmbH als übertragender Rechtsträger

- Verzichtserklärungen der Gesellschafter des übernehmenden und des übertragenden Rechtsträgers auf Gewährung neuer Anteile, auf Erstellung eines Spaltungsberichts, auf Spaltungsprüfung und auf Erstellung eines Prüfungsberichts sowie auf ein Barabfindungsangebot nebst Prüfung
- Spaltungsbilanz des übertragenden Rechtsträgers.
2. Nachweis über die Zuleitung des Spaltungsvertragsentwurfes nebst Anlagen an den Betriebsrat der Gesellschaft.

Wir melden zur Eintragung in das Handelsregister an:
1. Die _____ GmbH hat die im Spaltungsvertrag vom _____ genannten Teile ihres Vermögens als Gesamtheit im Wege der Abspaltung durch Aufnahme auf die _____ GmbH übertragen.
2. _____ (Etwaige weitere Anmeldungsgegenstände wie Kapitalerhöhung,[47] Geschäftsführerwechsel, Umfirmierung, sonstige Satzungsänderungen).

Wir versichern, dass alle Gesellschafter des übertragenden Rechtsträgers und alle Gesellschafter des übernehmenden Rechtsträgers auf eine Anfechtung der Beschlussfassung und auf eine Klageerhebung i.S.v. §§ 16 Abs. 2, 125 UmwG verzichtet haben und weder der Spaltungsbeschluss der Gesellschafter der _____ GmbH noch der Spaltungsbeschluss der _____ GmbH angefochten worden ist.

_____ (Ort, Datum)
_____ (Unterschriften der Geschäftsführer)
_____ (Es folgt der notarielle Beglaubigungsvermerk)

III. Aufspaltung einer OHG auf zwei GmbH

1. Typischer Sachverhalt

Die OHG ist schon vor Jahrzehnten im Rahmen eines Unternehmensnachfolgevorgangs entstanden, nachdem die jetzigen Gesellschafter das zuvor vom Erblasser betriebene Einzelunternehmen geerbt hatten. Die OHG hat in den letzten Jahren einen deutlichen Strukturwandel erfahren. Die geschäftlichen Aktivitäten haben sich seitdem in (zwei) verschiedene Richtungen entwickelt: einen personalintensiven Dienstleistungsbereich und einen betriebsmittelintensiven Fertigungsbereich. Angesichts des erheblichen Investitionsvolumens soll eine Fortführung der unternehmerischen Aktivitäten in haftungsbegrenzter Rechtsform erfolgen.

Die als Unternehmensnachfolger jeweils zur Verfügung stehenden Personen verfügen über unterschiedliche berufliche Qualifikationen im Bereich der Tätigkeitsfelder der Gesellschaft. Sie sollen – zunächst als Minderheitsgesellschafter – im Zusammenhang mit einer vorweggenommenen Erbfolge in die Gesellschafterstellung und die Geschäftsführung einrücken. Außerdem ist daran gedacht, zumindest die Möglichkeit einer späteren leichten Trennung der Gesellschafterstämme zu schaffen. Aufgrund des jeweils erreichten geschäftlichen Umfangs soll für die einzelnen Tätigkeitsbereiche eine haftungsbeschränkende Rechtsform gewählt werden, darüber hinaus sollen aber auch die Bereiche organisatorisch, betriebswirtschaftlich und haftungsrechtlich voneinander getrennt werden.

Die OHG soll deshalb in zwei GmbH aufgespalten werden. Die GmbH, die den Dienstleistungsbereich übernehmen soll, ist bereits zuvor im Wege der Bargründung als 100%ige Tochtergesellschaft errichtet worden, weil eine Sachgründung im Wege der Spaltung zur Neugründung mit den entsprechenden Werthaltigkeitsnachweisen vermieden werden sollte und dort ohnehin neues Barkapital benötigt wurde. Die GmbH, die den Fertigungsbereich übernehmen soll, soll dagegen als Sachgründung im Wege der Spaltung zur Neugründung errichtet werden. Es soll so

---
[47] Siehe aber die Erläuterungen zu § 19 Rn 24 zur Anteilsgewährungspflicht.

nach § 123 Abs. 4 UmwG eine Aufspaltung zur Aufnahme mit einer Aufspaltung zur Neugründung kombiniert werden.

M 244 **2. Muster: Aufspaltungsvertrag und Aufspaltungsplan nach § 123 Abs. 1 Nr. 1 und Nr. 2, Abs. 4 UmwG mit Gesellschafterversammlungen und Verzichtserklärungen**

51 _____ (*Notarielle Urkundsformalien*)
Die Erschienenen, handelnd wie angegeben, baten um Beurkundung des nachstehenden
Spaltungsvertrages und Spaltungsplanes
nebst Gesellschafterversammlungen mit Verzichtserklärungen

Teil A

I. Vorbemerkungen

1. Rechts- und Beteiligungsverhältnisse des übertragenden Rechtsträgers
Am übertragenden Rechtsträger, der Beteiligten zu _____, der _____ OHG, eingetragen im Handelsregister des Amtsgerichts _____ unter HRA _____, im Folgenden auch die „OHG" oder „der übertragende Rechtsträger" genannt, sind wie folgt beteiligt:
– der/die Beteiligte zu _____ mit _____
– der/die Beteiligte zu _____ mit _____.

2. Rechtsverhältnisse des bereits bestehenden übernehmenden Rechtsträgers
Die vorstehend bezeichnete Beteiligte zu _____, die _____ OHG, ist die alleinige Gesellschafterin der Beteiligten zu _____, der _____ GmbH, eingetragen im Handelsregister des Amtsgerichts _____ unter HRB _____.
Das voll eingezahlte Stammkapital der _____ GmbH in Höhe _____ EUR ist ausgewiesen durch einen einzigen Geschäftsanteil im Nennbetrag des Stammkapitals.
Diese GmbH, die Beteiligte zu _____, wird im Folgenden auch „der bereits bestehende übernehmende Rechtsträger" oder „der übernehmende Rechtsträger I" genannt.

3. Ziel und Gestaltung der beabsichtigten Aufspaltung
Die OHG soll unter Anwendung der Vorschriften der §§ 123 Abs. 1 Nr. 1 und Nr. 2, Abs. 4, 126 ff., 138 ff. UmwG unter Auflösung ohne Abwicklung ihres Vermögens aufgespalten werden und ihr Vermögen mit Aktiven und Passiven zum einen Teil auf den bereits bestehenden übernehmenden Rechtsträger, die Beteiligte zu _____, übergehen und zum anderen Teil mit Aktiven und Passiven übergehen auf „den neu entstehenden übernehmenden Rechtsträger", im Folgenden auch der „übernehmende Rechtsträger II" genannt.
Die OHG (nachfolgend auch „übertragender Rechtsträger") wird unter Auflösung ohne Abwicklung ihres Vermögens aufgespalten und das Vermögen des übertragenden Rechtsträgers
– zum einen Teil auf die _____ GmbH, den übernehmenden Rechtsträger I, ohne Gewährung von Anteilen oder Mitgliedschaften gem. § 125 i.V.m. § 54 Abs. 1 S. 2 Nr. 2 UmwG
– und zum anderen Teil auf die dadurch neu entstehende _____ GmbH gegen Gewährung von Geschäftsanteilen (übernehmender Rechtsträger II)
übertragen.
Dies vorausgeschickt schließen die Beteiligten, handelnd wie angegeben, zunächst folgenden

II. Spaltungs- und Übernahmevertrag zwischen dem übertragenden Rechtsträger und dem bereits bestehenden übernehmenden Rechtsträgers (übernehmender Rechtsträger I)

§ 1 Übertragung von Vermögensteilen
Die OHG überträgt die nachfolgend bezeichneten Teile ihres Vermögens auf den übernehmenden Rechtsträger I als Gesamtheit mit allen Rechten und Pflichten unter Ausschluss der Abwicklung im Wege der Aufspaltung zur Aufnahme:
a) den Grundbesitz, verzeichnet im Grundbuch des Amtsgerichts _____ von _____, Blatt _____, der Gemarkung _____, Flur _____, Flurstück _____, _____ qm groß, nebst allen wesentlichen Bestandteilen und Zubehör;
b) den auf dem vorstehend unter a) genannten Grundbesitz befindlichen Teilbetrieb/Betriebsteil „_____", bestehend aus der in der als **Anlage 1** zu dieser Urkunde beigefügten Aufstellung der Gegenstände des Umlauf- und Anlagevermögens bzw. die inzwischen an ihre Stelle infolge Veräußerung im regelmäßigen Geschäftsverkehr getretenen Surrogate;
c) die in der **Anlage 2** aufgeführten Gegenstände des Finanzanlagevermögens, Patente, gewerbliche Schutzrechte und Nutzungsrechte;
d) die in der **Anlage 3** genannten Dienstverhältnisse, insbesondere Ausbildungs- und Arbeitsverhältnisse;
e) die in der **Anlage 4** genannten Betriebsrentenverhältnisse;
f) sämtliche Schuldverhältnisse, insbesondere Dauerschuldverhältnisse wie z.B. Miet-, Leasing- und Lieferverträge, soweit sie dem vorgenannten Teilbetrieb/Betriebsteil zuzuordnen sind;
g) die in der **Anlage 5** genannten Verbindlichkeiten, soweit sie dem vorgenannten Teilbetrieb/Betriebsteil zuzuordnen sind;
h) alle weiteren Verbindlichkeiten, Sachen und Sachgesamtheiten, Rechte und Schuldverhältnisse, die im weitesten Sinne dem vorgenannten Teilbetrieb/Betriebsteil rechtlich und/oder wirtschaftlich zuzuordnen sind bzw. die infolge des normalen Geschäftsverkehrs an deren Stelle getretenen Surrogate.

§ 2 Gegenleistung/Umtauschverhältnis/Übernahmeerklärungen
Der übernehmende Rechtsträger I gewährt der Beteiligten zu _____, der OHG als seiner einzigen Gesellschafterin, keine Gegenleistung in Form neuer Geschäftsanteile im Hinblick auf § 125 i.V.m. § 54 Abs. 1 S. 2 Nr. 2 UmwG. Der durch die Vermögensübertragung im Rahmen der Aufspaltung auf den übernehmenden Rechtsträger I übergehende Vermögenswert wächst im Rahmen der Auflösung der OHG als übertragender Rechtsträger deren Gesellschaftern, den Beteiligten zu _____ und zu _____, zu.
Die Beteiligten zu _____ und zu _____ als Gesellschafter der erlöschenden OHG übernehmen die Geschäftsanteile des übernehmenden Rechtsträgers I entsprechend ihrer Beteiligungsquote am übertragenden Rechtsträger.
Durch den Übergang der Geschäftsanteile des übernehmenden Rechtsträgers I auf die Beteiligten zu _____ und zu _____ als Gesellschafter der sich auflösenden OHG als übertragender Rechtsträger sind am Stammkapital des übernehmenden Rechtsträgers I dann wie folgt beteiligt:
– der Beteiligte zu _____ mit einem Geschäftsanteil mit einer Stammeinlage im Nennbetrag von _____ EUR.
– der Beteiligte zu _____ mit einem Geschäftsanteil mit einer Stammeinlage im Nennbetrag von _____ EUR.
Bare Zuzahlungen erfolgen nicht.
Die Übertragung erfolgt zu Buchwerten. Der Wert des auf den übernehmenden Rechtsträger I übertragenen Vermögens wird bei diesem in die Kapitalrücklage eingestellt (*alternativ:* wird dieser als Gesellschafterdarlehen anteilig entsprechend den Beteiligungsquoten der Gesellschafter gebucht).

Die Urkundsbeteiligten beantragen hiermit vorsorglich zugleich auch gegenüber dem für die Besteuerung des übernehmenden Rechtsträgers zuständigen Finanzamt gemäß § 20 Abs. 2 Satz 2 UmwStG, abweichend von dem Wertansatz des § 20 Abs. 2 Satz 1 UmwStG den Wert des übernommenen Betriebsvermögens einheitlich mit dem Buchwert gemäß der Schlussbilanz des übertragenden Rechtsträgers anzusetzen.

§ 3 Spaltungsstichtag
Der Spaltung liegt die als **Anlage 6** zu dieser Urkunde genommene Schlussbilanz der OHG zum 31.12._____ zugrunde.
Spaltungsstichtag ist der 1.1._____. Auf den 31.12._____, 24.00 Uhr errichtet der übertragende Rechtsträger für steuerliche Zwecke eine Übertragungsbilanz, der übernehmende Rechtsträger errichtet auf den 1.1._____, 0.00 Uhr eine Eröffnungsbilanz.
Mit Wirkung von diesem Stichtag an gelten alle Handlungen und Rechtsgeschäfte der OHG, soweit sie das an den übernehmenden Rechtsträger I übertragene Vermögen und die auf ihn übergehenden Rechtsbeziehungen betreffen, als mit Wirkung für diesen vorgenommen.
Ab dem Spaltungsstichtag steht das Gewinnbezugsrecht aus den durch den Vermögenszugang beim übernehmenden Rechtsträger I wirtschaftlich, nicht jedoch nominell erhöhten Geschäftsanteilen den Gesellschaftern des übertragenden Rechtsträgers zu.

§ 4 Gewährung besonderer Rechte und Vorteile
Keiner der in § 126 Abs. 1 Nr. 7 UmwG genannten Personen stehen am übertragenden Rechtsträger irgendwelche besonderen Rechte zu bzw. sind am übernehmenden Rechtsträger I besondere Rechte im Sinne dieser Vorschrift gewährt worden.
Keiner der in § 126 Abs. 1 Nr. 8 UmwG genannten Personen ist ein Vorteil im Sinne dieser Vorschriften im Zusammenhang mit der Aufspaltung gewährt worden.

§ 5 Folgen für die Arbeitnehmer und ihrer Vertretung
Der bei dem übertragenden Rechtsträger bestehende Betriebsrat ist gem. § 126 Abs. 3 UmwG rechtzeitig durch Übersendung der endgültigen Beurkundungsfassung des Entwurfes dieser Aufspaltungsurkunde nebst allen Anlagen informiert worden. Eine Kopie des Empfangsbekenntnisses ist dieser Urkunde als **Anlage 7** beigefügt.
Bei dem übernehmenden Rechtsträger I, der bislang seine werbende Tätigkeit noch nicht aufgenommen hat, sind bislang noch keine Mitarbeiter beschäftigt, dort besteht deshalb auch noch kein Betriebsrat. Gleiches gilt für den übernehmenden Rechtsträger II.
Die betroffenen Arbeitnehmer gemäß **Anlage 3** sind nach § 613a Abs. 5 und Abs. 6 BGB i.V.m. § 324 UmwG form- und fristgerecht über den Übergang ihrer Arbeitsverhältnisse und über ihr Widerspruchsrecht unterrichtet worden.
Sämtliche Arbeitsverhältnisse der OHG werden entweder von dem übernehmenden Rechtsträger I oder dem übernehmenden Rechtsträger II übernommen werden. Die individualarbeitsrechtliche Stellung der Arbeitnehmer und ihr sozialer Besitzstand bleiben durch die Aufspaltung unberührt. Die Zuordnung der Arbeitsverhältnisse zum übernehmenden Rechtsträger I und zum übernehmenden Rechtsträger II entspricht der bisherigen Aufgabenverteilung in den Teilbetrieben/Bereichen _____ und _____. Die kündigungsrechtliche Stellung der Arbeitnehmer in beiden übernehmenden Unternehmen verschlechtert sich auch bei Geltung der sog. Kleinbetriebsregelung nach § 23 KSchG für den Zeitraum von zwei Jahren ab Wirksamwerden der Aufspaltung nicht (§ 323 Abs. 1 UmwG).
Die mit der Aufspaltung des übertragenden Rechtsträgers verbundene Spaltung auch des bisher einheitlichen Betriebes i.S.v. § 111 Nr. 3 BetrVG und die Neubildung von zwei Betrieben im betriebsverfassungsrechtlichen Sinne begründen ein sog. Übergangsmandat des bisherigen Betriebsrats für höchstens sechs Monate (§ 21a Abs. 1 BetrVG). Entgegen der Vermutung eines Gemeinschaftsbetriebes gemäß § 1 Abs. 2 Nr. 2 BetrVG entstehen durch wesentliche organisatorische Neuregelungen in

den aus der Spaltung hervorgehenden Betriebsteilen eigenständige arbeitsrechtliche Betriebe, da folgende neue Organisations- und Leitungsstrukturen gebildet werden: _____.
Darüber hinaus ist die betriebliche Mitbestimmung nach §§ 111 ff. BetrVG bei Betriebsänderungen (Betriebsspaltung) zu beachten. Wirtschaftliche Nachteile für die Arbeitnehmer i.S.v. §§ 111 ff. BetrVG ergeben sich jedoch aus der Aufspaltung nicht, so dass in Übereinstimmung mit dem Betriebsrat eine Interessenausgleich- und Sozialplanpflicht nicht besteht.
Tarifrechtliche Änderungen ergeben sich für die Arbeitnehmer nicht (*alternativ*: ergeben sich daraus, dass der übernehmende Rechtsträger _____ nunmehr wegen seines neuen Tätigkeitsschwerpunktes in den Anwendungsbereich der Tarifverträge der _____ überwechselt. Dazu gilt, dass _____) Mitbestimmung auf Unternehmensebene nach dem DrittelbeteiligungsG oder nach dem MitbestG 1976 ist bei keinem der aufnehmenden Rechtsträger gegeben.

§ 6 Sonstige Vereinbarungen
Soweit im Hinblick auf die übertragenen Vermögensgegenstände gegebenenfalls besondere Voraussetzungen geschaffen oder staatliche Genehmigungen eingeholt werden müssen, verpflichten sich die Urkundsbeteiligten, dies unverzüglich zu tun, und alle erforderlichen Erklärungen formgerecht abzugeben und Handlungen vorzunehmen, die zur endgültigen Übertragung erforderlich sind.

§ 7 Bedingungen
Der vorliegende Aufspaltungsvertrag steht unter der aufschiebenden Bedingung, dass die Gesellschafterversammlungen aller beteiligten Rechtsträger formgerecht ihre Zustimmung zu diesem Vertrag erklären.

§ 8 Spaltungsbericht, Spaltungsprüfung und Spaltungsprüfungsbericht
Alle Beteiligten verzichten auf die Erstellung von Spaltungsberichten gem. § 127 i.V.m. § 8 Abs. 3 UmwG.
Auch auf Spaltungsprüfung und die Erstellung eines Spaltungsprüfungsberichtes wird gem. §§ 125, 9 Abs. 3, 8 Abs. 3 UmwG allseits verzichtet.

§ 9 Kosten des Spaltungsvertrages und seiner Durchführung
Die durch den vorliegenden Spaltungsvertrag und seine Durchführung entstehenden Kosten bis zum Betrag von _____ EUR trägt für den Fall der Durchführung der Aufspaltung der übernehmende Rechtsträger I, darüber hinausgehende Kosten die Beteiligten zu _____ und zu _____; ansonsten tragen die Kosten die beteiligten Rechtsträger zu gleichen Teilen. Dies gilt unbeschadet der gesamtschuldnerischen Kostenhaftung aller Urkundsbeteiligten im Außenverhältnis, über die der Notar belehrt hat. Anfallende Steuern, insbesondere Grundsteuern, und Grundbuchkosten trägt jeder übernehmende Rechtsträger für seinen Erwerb.

III. Spaltungsplan für den neu entstehenden übernehmenden Rechtsträger (übernehmender Rechtsträger II)

§ 1 Übertragung von Vermögensteilen
Die OHG überträgt die nachfolgend bezeichneten restlichen Teile ihres Vermögens auf den dadurch neu entstehenden übernehmenden Rechtsträger II als Gesamtheit mit allen Rechten und Pflichten unter Ausschluss der Abwicklung im Wege der Aufspaltung zur Neugründung:
a) den Grundbesitz, verzeichnet im Grundbuch des Amtsgerichts _____ von _____, Blatt _____, der Gemarkung _____, Flur _____, Flurstück _____, _____ qm groß, nebst allen wesentlichen Bestandteilen und Zubehör;
b) den auf dem vorstehend unter a) genannten Grundbesitz befindlichen Teilbetrieb/Betriebsteil „_____", bestehend aus der in der als **Anlage 8** zu dieser Urkunde beigefügten Aufstellung der

Gegenstände des Umlauf- und Anlagevermögens bzw. die an ihre Stelle infolge Veräußerung im regelmäßigen Geschäftsverkehr getretenen Surrogate;
c) die in der **Anlage 9** aufgeführten Gegenstände des Finanzanlagevermögens, Patente, gewerbliche Schutzrechte und Nutzungsrechte;
d) die in der **Anlage 10** genannten Dienstverhältnisse, insbesondere Ausbildungs- und Arbeitsverhältnisse;
e) die in der **Anlage 11** genannten Betriebsrentenverhältnisse;
f) sämtliche Schuldverhältnisse, insbesondere Dauerschuldverhältnisse, wie z.B. Miet-, Leasing- und Lieferverträge, soweit sie dem vorgenannten Teilbetrieb/Betriebsteil zuzuordnen sind;
g) die in der **Anlage 12** genannten Verbindlichkeiten, soweit sie dem vorgenannten Teilbetrieb/Betriebsteil zuzuordnen sind;
h) alle weiteren Verbindlichkeiten, Sachen und Sachgesamtheiten, Rechte und Schuldverhältnisse, die im weitesten Sinne dem vorgenannten Teilbetrieb/Betriebsteil rechtlich und/oder wirtschaftlich zuzuordnen sind bzw. die infolge des normalen Geschäftsverkehrs an deren Stelle getretenen Surrogate.

Für den dadurch neu entstehenden übernehmenden Rechtsträger II gilt die als **Anlage 13** beigefügte und mitverlesene Satzung.

§ 2 Gegenleistung/Umtauschverhältnis/Übernahmeerklärungen
Der übernehmende Rechtsträger II gewährt der Beteiligten zu _____, der OHG als seiner einzigen Gründungsgesellschafterin, eine Gegenleistung in Form der Geschäftsanteile am übernehmenden Rechtsträger II. Der durch die Vermögensübertragung im Rahmen der Aufspaltung auf den übernehmenden Rechtsträger II übergehende Vermögenswert wächst im Rahmen der Auflösung der OHG als übertragender Rechtsträger deren Gesellschaftern, den Beteiligten zu _____ und zu _____, zusammen mit den Geschäftsanteilen des übernehmenden Rechtsträgers II entsprechend ihrer Beteiligungsquote am übertragenden Rechtsträger zu.

Die Beteiligten zu _____ und zu _____ als Gesellschafter der erlöschenden OHG übernehmen die Geschäftsanteile des übernehmenden Rechtsträgers II entsprechend ihrer Beteiligungsquote am übertragenden Rechtsträger.

Durch den Übergang der Geschäftsanteile des übernehmenden Rechtsträgers II auf die Beteiligten zu _____ und zu _____ als Gesellschafter der sich auflösenden OHG als übertragender Rechtsträger sind am Stammkapital des übernehmenden Rechtsträgers I dann wie folgt beteiligt:
– der Beteiligte zu _____ mit einem Geschäftsanteil mit einer Stammeinlage im Nennbetrag von _____ EUR
– der Beteiligte zu _____ mit einem Geschäftsanteil mit einer Stammeinlage im Nennbetrag von _____ EUR.

Bare Zuzahlungen erfolgen nicht.
Die Übertragung erfolgt zu Buchwerten. Der Wert des auf den übernehmenden Rechtsträger II übertragenen Vermögens, soweit er über das Stammkapital hinausgeht, wird bei diesem in die Kapitalrücklage eingestellt (*alternativ:* wird dieser als Gesellschafterdarlehen anteilig entsprechend den Beteiligungsquoten der Gesellschafter gebucht).
Die Urkundsbeteiligten beantragen hiermit vorsorglich zugleich auch gegenüber dem für die Besteuerung des übernehmenden Rechtsträgers zuständigen Finanzamt gemäß § 20 Abs. 2 S. 2 UmwStG, abweichend von dem Wertansatz des § 20 Abs. 2 S. 1 UmwStG den Wert des übernommenen Betriebsvermögens einheitlich mit dem Buchwert gemäß der Schlussbilanz des übertragenden Rechtsträgers anzusetzen.

§ 3 Spaltungsstichtag und Gewinnbezugsrecht
Der Spaltung liegt die als **Anlage 6** bereits zu dieser Urkunde genommene Schlussbilanz der OHG zum 31.12._____ zugrunde.

Spaltungsstichtag ist der 1.1._____. Auf den 31.12._____, 24.00 Uhr errichtet der übertragende Rechtsträger für steuerliche Zwecke eine Übertragungsbilanz, der übernehmende Rechtsträger errichtet auf den 1.1._____, 0.00 Uhr eine Eröffnungsbilanz.
Mit Wirkung von diesem Stichtag an gelten alle Handlungen und Rechtsgeschäfte der OHG, soweit sie das an den übernehmenden Rechtsträger II übertragene Vermögen und die auf ihn übergehenden Rechtsbeziehungen betreffen, als mit Wirkung für diesen vorgenommen.
Ab dem Spaltungsstichtag steht das Gewinnbezugsrecht aus den neu entstehenden Geschäftsanteilen den Gesellschaftern des übertragenden Rechtsträgers zu.

§ 4 Gewährung besonderer Rechte und Vorteile
Keiner der in § 126 Abs. 1 Nr. 7 UmwG genannten Personen stehen am übertragenden Rechtsträger irgendwelche besonderen Rechte zu bzw. sind am übernehmenden Rechtsträger I besondere Rechte im Sinne dieser Vorschrift gewährt worden.
Keiner der in § 126 Abs. 1 Nr. 8 UmwG genannten Personen ist ein Vorteil im Sinne dieser Vorschriften im Zusammenhang mit der Aufspaltung gewährt worden.

§ 5 Folgen für die Arbeitnehmer und ihrer Vertretung
Der bei dem übertragenden Rechtsträger bestehende Betriebsrat ist gem. § 126 Abs. 3 UmwG rechtzeitig durch Übersendung des endgültigen Entwurfes dieser Aufspaltungsurkunde nebst allen Anlagen informiert worden. Eine Kopie des Empfangsbekenntnisses ist dieser Urkunde als **Anlage 7** bereits beigefügt.
Bei dem übernehmenden Rechtsträger II sind bislang noch keine Mitarbeiter beschäftigt, dort besteht deshalb auch noch kein Betriebsrat.
Die betroffenen Arbeitnehmer des übertragenden Rechtsträgers sind nach § 613a Abs. 5 und Abs. 6 BGB i.V.m. § 324 UmwG form- und fristgerecht über den Übergang ihrer Arbeitsverhältnisse und über ihr Widerspruchsrecht unterrichtet worden.
Sämtliche Arbeitsverhältnisse der OHG werden entweder von dem übernehmenden Rechtsträger I oder dem übernehmenden Rechtsträger II übernommen werden. Die individualarbeitsrechtliche Stellung der Arbeitnehmer und ihr sozialer Besitzstand bleiben durch die Aufspaltung unberührt. Die Zuordnung der Arbeitsverhältnisse zum übernehmenden Rechtsträger I und zum übernehmenden Rechtsträger II entspricht der bisherigen Aufgabenverteilung in den Teilbetrieben/Bereichen _____ und _____. Die kündigungsrechtliche Stellung der Arbeitnehmer in beiden übernehmenden Unternehmen verschlechtert sich auch bei Geltung der sog. Kleinbetriebsregelung nach § 23 KSchG für den Zeitraum von zwei Jahren ab Wirksamwerden der Abspaltung nicht (§ 323 Abs. 1 UmwG).
Die mit der Aufspaltung des übertragenden Rechtsträgers verbundene Spaltung auch des bisher einheitlichen Betriebes i.S.v. § 111 Nr. 3 BetrVG und die Neubildung von zwei Betrieben im betriebsverfassungsrechtlichen Sinne begründen ein sog. Übergangsmandat des bisherigen Betriebsrats für höchstens sechs Monate § 21a Abs. 1 BetrVG).
Darüber hinaus ist die Mitbestimmung nach §§ 111 ff. BetrVG bei Betriebsänderungen zu beachten. Wirtschaftliche Nachteile für die Arbeitnehmer i.S.v. §§ 111 ff. BetrVG ergeben sich jedoch aus der Aufspaltung nicht, so dass in Übereinstimmung mit dem Betriebsrat eine Interessenausgleich- und Sozialplanpflicht nicht besteht.
Tarifrechtliche Änderungen ergeben sich für die Arbeitnehmer nicht (*alternativ:* ergeben sich daraus, dass der übernehmende Rechtsträger _____ nunmehr wegen seines neuen Tätigkeitsschwerpunkts in den Anwendungsbereich der Tarifverträge der _____ überwechselt. Dazu gilt, dass _____).
Mitbestimmung auf Unternehmensebene nach dem DrittelbeteiligungsG oder nach dem MitbestG 1976 ist bei keinem der aufnehmenden Rechtsträger gegeben.

§ 6 Sonstige Vereinbarungen
Soweit im Hinblick auf die übertragenen Vermögensgegenstände gegebenenfalls besondere Voraussetzungen geschaffen oder staatliche Genehmigungen eingeholt werden müssen, verpflichten sich

die Urkundsbeteiligten, dies unverzüglich zu tun, und alle erforderlichen Erklärungen formgerecht abzugeben und Handlungen vorzunehmen, die zur endgültigen Übertragung erforderlich sind.

§ 7 Bedingungen
Der vorliegende Aufspaltungsplan steht unter der aufschiebenden Bedingung, dass die Gesellschafterversammlungen aller beteiligten Rechtsträger formgerecht ihre Zustimmung zu diesem Vertrag erklären.

§ 8 Spaltungsbericht, Spaltungsprüfung und Spaltungsprüfungsbericht
Alle Beteiligten verzichten auf die Erstellung von Spaltungsberichten gem. § 127 i.V.m. § 8 Abs. 3 UmwG.
Auch auf Spaltungsprüfung und die Erstellung eines Spaltungsprüfungsberichtes wird gem. §§ 125, 9 Abs. 3, 8 Abs. 3 UmwG allseits verzichtet.

§ 9 Kosten des Spaltungsplanes und seiner Durchführung
Die durch den vorliegenden Spaltungsplan und seine Durchführung entstehenden Kosten bis zum Betrag von _____ EUR trägt für den Fall der Durchführung der Aufspaltung der übernehmende Rechtsträger II, darüber hinausgehende Kosten die Beteiligten zu _____ und zu _____; ansonsten tragen die Kosten die beteiligten Rechtsträger zu gleichen Teilen. Dies gilt unbeschadet der gesamtschuldnerischen Kostenhaftung aller Urkundsbeteiligten im Außenverhältnis, über die der Notar belehrt hat. Anfallende Steuern, insbesondere Grundsteuern, und Grundbuchkosten trägt jeder übernehmende Rechtsträger für seinen Erwerb.

Teil B Gesellschafterversammlung des übernehmenden Rechtsträgers II mit Zustimmungs- und Verzichtserklärungen

I. Beschlussfassung mit Zustimmungs- und Verzichtserklärungen
Die Beteiligte zu _____, die OHG als übertragender Rechtsträger und als Gründungsgesellschafter, hält sämtliche Geschäftsanteile und Stimmrechte an der _____ GmbH i.G. (als übernehmender Rechtsträger II) mit dem Sitz in _____.
- Die Gesellschafterin, die OHG, vertreten durch ihre sämtlich anwesenden Gesellschafter, hält hiermit unter Verzicht auf alle Formen und Fristen für die Einberufung und Durchführung eine Gesellschafterversammlung ab. Sie und ihre Gesellschafter bestätigen zunächst, dass sie rechtzeitig vor dieser Versammlung Kenntnis von der Spaltungsurkunde mit Spaltungsvertrag und Spaltungsplan und allen der Spaltung zugrunde liegenden Unterlagen, einschließlich der zugrunde liegenden Spaltungsbilanz erhalten haben.
- Sie erklärt, darüber unterrichtet worden zu sein, dass der endgültige Entwurf der Spaltungsurkunde nebst allen Anlagen entsprechend den gesetzlichen Vorschriften fristgerecht dem zuständigen Betriebsrat zugeleitet wurde.
- Sie ist weiter darüber unterrichtet, dass in der Zeit zwischen Aufstellung des Spaltungsplanes und dem heutigen Tage keine wesentlichen Veränderungen im Vermögen der übertragenden Gesellschaft eingetreten sind.
- Die Gesellschafter bestätigen, dass eine Kapitalerhöhung beim übernehmenden Rechtsträger I zur Durchführung der Aufspaltung nicht erforderlich ist.
- Alle Gesellschafter verzichten nach Belehrung auf die Erstattung eines Spaltungsberichts, einer Spaltungsprüfung und eines Prüfungsberichts sowie auf ein Abfindungsangebot der Gesellschaft.

Sodann beschließen die Gesellschafter:
- Dem vorstehend in Teil A und Teil B dieser Urkunde enthaltenen Spaltungsvertrag und Spaltungsplan wird zugestimmt.

– Dem im Spaltungsplan enthaltenen Gesellschaftsvertrag der neu entstehenden Gesellschaft wird ebenfalls mit allen Stimmen vorbehaltlos gem. §§ 125, 59 S. 1 UmwG zugestimmt.

II. *Geschäftsführerbestellung*
Die Beteiligte zu _____ als Gründungsgesellschafter der neuen _____ GmbH i.G. beschließt weiterhin einstimmig:
Zu(m) ersten Geschäftsführer(n) der _____ GmbH wird/werden bestellt:
Kaufmann/Kauffrau _____
Er/Sie vertritt/vertreten die Gesellschaft einzeln. Er/Sie ist/sind von den Beschränkungen des § 181 BGB befreit.

Teil C Gesellschafterversammlung des übernehmenden Rechtsträgers I mit Zustimmungs- und Verzichtserklärungen
1. Die Gesellschafterin, die OHG, vertreten durch ihre sämtlich anwesenden Gesellschafter, hält hiermit unter Verzicht auf alle Formen und Fristen für die Einberufung und Durchführung eine Gesellschafterversammlung ab. Sie und ihre Gesellschafter bestätigen zunächst, dass sie rechtzeitig vor dieser Versammlung Kenntnis von der Spaltungsurkunde mit Spaltungsvertrag und Spaltungsplan und allen der Spaltung zugrunde liegenden Unterlagen, einschließlich der zugrunde liegenden Spaltungsbilanz erhalten haben.
2. Die Gesellschafter erklären, darüber unterrichtet worden zu sein, dass der Entwurf der Spaltungsurkunde nebst allen Anlagen entsprechend den gesetzlichen Vorschriften fristgerecht dem zuständigen Betriebsrat zugeleitet wurde.
3. Die Gesellschafter sind weiter darüber unterrichtet, dass in der Zeit zwischen Aufstellung des Spaltungsplanes und dem heutigen Tage keine wesentlichen Veränderungen im Vermögen der übertragenden Gesellschaft eingetreten sind.
4. Alle Gesellschafter verzichten nach Belehrung auf die Erstattung eines Spaltungsberichts, einer Spaltungsprüfung und eines Prüfungsberichts sowie auf ein Abfindungsangebot der Gesellschaft.
5. Sodann beschließen die Gesellschafter:
   Dem vorstehend in Teil A und Teil B dieser Urkunde enthaltenen Spaltungsvertrag und Spaltungsplan wird zugestimmt.
   Dem im Spaltungsplan enthaltenen Gesellschaftsvertrag der neu entstehenden Gesellschaft wird ebenfalls mit allen Stimmen vorbehaltlos gem. §§ 125, 59 S. 1 UmwG zugestimmt.
   Weiterhin wird der im vorstehenden Teil B vorgenommenen Geschäftsführerbestellung mit allen Stimmen vorbehaltlos zugestimmt.

Teil D Gesellschafterversammlung des übertragenden Rechtsträgers mit Zustimmungs- und Verzichtserklärungen
Die Erschienenen zu _____ und zu _____ als Gesellschafter halten nach ihren Angaben sämtliche Kapitalanteile und Stimmrechte an der Beteiligten zu _____ (OHG als übertragender Rechtsträger) mit dem Sitz in _____.
1. Die Gesellschafter halten hiermit unter Verzicht auf alle Formen und Fristen für die Einberufung und Durchführung eine Gesellschafterversammlung ab. Sie bestätigen zunächst, dass sie rechtzeitig vor dieser Versammlung Kenntnis von der Spaltungsurkunde mit Spaltungsvertrag und Spaltungsplan und allen der Spaltung zugrunde liegenden Unterlagen, einschließlich der zugrunde liegenden Spaltungsbilanz erhalten haben.
2. Die Gesellschafter erklären, darüber unterrichtet worden zu sein, dass der endgültige Entwurf der Spaltungsurkunde nebst allen Anlagen entsprechend den gesetzlichen Vorschriften fristgerecht dem zuständigen Betriebsrat zugeleitet wurde.

3. Die Gesellschafter sind weiter darüber unterrichtet, dass in der Zeit zwischen Aufstellung des Spaltungsplanes und dem heutigen Tage keine wesentlichen Veränderungen im Vermögen der übertragenden Gesellschaft eingetreten sind.
4. Die Gesellschafter stellen fest, dass eine Kapitalerhöhung beim übernehmenden Rechtsträger I zur Durchführung der Aufspaltung nicht erforderlich ist.
5. Alle Gesellschafter verzichten nach Belehrung auf die Erstattung eines Spaltungsberichts, einer Spaltungsprüfung und eines Prüfungsberichts sowie auf ein Abfindungsangebot der Gesellschaft.
6. Sodann beschließen die Gesellschafter:
    a) Dem vorstehend in Teil A und Teil B dieser Urkunde enthaltenen Spaltungsvertrag und Spaltungsplan wird zugestimmt.
    b) Dem im Spaltungsplan enthaltenen Gesellschaftsvertrag der neu entstehenden Gesellschaft wird ebenfalls mit allen Stimmen vorbehaltlos gem. §§ 125, 59 S. 1 UmwG zugestimmt.
    c) Weiterhin wird der im Spaltungsplan vorgenommenen Geschäftsführerbestellung mit allen Stimmen vorbehaltlos zugestimmt.

Teil E Sonstige Regelungen und Hinweise

1. Sicherheitsleistung
Den Gläubigern der an der Spaltung beteiligten Gesellschaften ist, wenn sie binnen sechs Monaten nach der Bekanntmachung der Eintragung der Spaltung in das Handelsregister des Sitzes der Gesellschaft, dessen Gläubiger sie sind, ihren Anspruch nach Grund und Höhe schriftlich anmelden, Sicherheit zu leisten, soweit sie nicht Befriedigung verlangen können und glaubhaft machen, dass durch die Spaltung die Erfüllung ihrer Forderungen gefährdet wird. Zur Sicherheitsleistung ist allerdings nur die an der Spaltung beteiligte Gesellschaft verpflichtet, gegen die sich der Anspruch richtet.

2. Steuerklausel
Die Beteiligten erklären, dass sie die steuerlichen Auswirkungen der Spaltung und ihrer Durchführung eigenverantwortlich überprüfen bzw. überprüft haben. Der Notar hat über die steuerlichen Auswirkungen keine Auskünfte gegeben.

3. Salvatorische Klausel
Sollten einzelne Bestimmungen dieser Urkunde unwirksam oder nicht durchführbar sein, so bleiben die abgegebenen Erklärungen insgesamt wirksam. An die Stelle der unwirksamen oder undurchführbaren Bestimmungen treten solche, die den mit den unwirksamen oder undurchführbaren Bestimmungen verfolgten wirtschaftlichen Zwecken in zulässiger Weise am nächsten kommen.

4. Notarielle Hinweise und Belehrungen
Der Notar hat insbesondere über Folgendes belehrt bzw. hingewiesen:
- darauf, dass die Spaltung erst mit Eintragung in das Handelsregister der übertragenden Gesellschaft wirksam wird und diese Eintragung erst nach Eintragung in den Handelsregistern der übernehmenden Rechtsträger, insbesondere der neuen Gesellschaft, erfolgen kann;
- darauf, dass bei Eintragung der neu entstehenden Gesellschaft im Handelsregister der Wert des Gesellschaftsvermögens nicht niedriger sein darf als das ausgewiesene Stammkapital und dass die Gesellschafter und die übertragende Gesellschaft – mit Ausnahme des übernommenen Gründungsaufwands – für einen etwa bestehenden Fehlbetrag haften;
- auf die Wirkungen der Eintragung nach § 131 UmwG und auf die Haftungsvorschriften der §§ 133 ff. UmwG;
- für den Fall des Vorliegens einer Betriebsspaltung i.S.v. §§ 111 ff. BetrVG: auf die etwaige Interessenausgleichs- und Sozialplanpflicht und auf das Übergangsmandat des Betriebsrates nach

- § 21a BetrVG und die kündigungsrechtliche Stellung der Arbeitnehmer nach § 323 UmwG sowie auf die Anwendbarkeit des § 613a BGB;
- auf eine evtl. Schadenersatzpflicht der Vertretungsorgane der übertragenden Gesellschaft nach § 25 UmwG;
- darauf, dass weiter gehende Haftungsvorschriften gelten können, insbesondere § 25 HGB, § 75 AO (§ 133 Abs. 1 S. 2 UmwG);
- darauf, dass bei der Anmeldung der Aufspaltung zur Eintragung in das Handelsregister der übertragenden Gesellschaft vom Vertretungsorgan zu erklären ist, dass die durch Gesetz und Gesellschaftsvertrag vorgesehenen Voraussetzungen für die Gründung der neu entstehenden Gesellschaft unter Berücksichtigung der Aufspaltung im Zeitpunkt der Anmeldung vorliegen;
- auf die etwa anfallende Grunderwerbsteuer bei Übergang auch von Grundstücken und grundstücksgleichen Rechten.

5. Vollzugsvollmachten
Die Erschienenen bevollmächtigen über ihren Tod hinaus die Rechtsanwalts- und Notarfachangestellten _____ und _____, jede für sich allein, unter Befreiung von den Beschränkungen des § 181 BGB und unter Ausschluss jeder eigenen Haftung, alle Erklärungen zum Handelsregister, auch Änderungen und Ergänzungen des Vertrages, abzugeben, die zur Durchführung dieser Urkunde und zur Eintragung in das Handelsregister erforderlich sind. Von dieser Vollmacht kann nur vor dem amtierenden Notar oder dessen Vertreter im Amt Gebrauch gemacht werden. Sie erlischt mit der Eintragung im Handelsregister.

6. Datenschutzklausel
Die Urkundsbeteiligten sind gem. damit einverstanden, dass personenbezogene Daten, die über die Mandatsbearbeitung in den Kenntnisbereich des beurkundenden Notars bzw. dessen Vertreter im Amt gelangen, dort über die EDV verarbeitet werden. Ihnen ist bekannt, dass eine Übermittlung der erhobenen Daten an Dritte nicht stattfindet und die Daten zur Mandatsbearbeitung verwendet werden. Ferner ist ihnen bekannt, dass sie diese Einwilligung verweigern und mit Wirkung für die Zukunft widerrufen können.

7. Kosten
Die durch die vorstehenden Gesellschafterversammlungen entstehenden Kosten bis zum Betrag von _____ EUR trägt für den Fall der Durchführung der Aufspaltung der jeweilige Rechtsträger, darüber hinausgehende Kosten die Beteiligten zu _____ und zu _____; ansonsten tragen die Kosten die beteiligten Rechtsträger zu gleichen Teilen. Dies gilt unbeschadet der gesamtschuldnerischen Kostenhaftung aller Urkundsbeteiligten im Außenverhältnis, über die der Notar belehrt hat.

8. Grundbuchberichtigungsanträge
Hinsichtlich der im Spaltungsvertrag in dieser Urkunde bezeichneten Grundstücke gemäß Grundbuch von _____ Blatt _____ wird Grundbuchberichtigung in der Weise beantragt, dass die _____ GmbH als übernehmender Rechtsträger I mit dem Sitz in _____ als Eigentümer eingetragen wird.
Hinsichtlich der im Spaltungsplan in dieser Urkunde bezeichneten Grundstücke gemäß Grundbuch von _____ Blatt _____ wird Grundbuchberichtigung in der Weise beantragt, dass die _____ GmbH als übernehmender Rechtsträger II mit dem Sitz in _____ als Eigentümer eingetragen wird.
Vorstehende Verhandlung nebst Anlagen wurde den Erschienenen in Gegenwart des Notars vorgelesen, der Jahresabschluss der übertragenden Gesellschaft zum _____ als Spaltungsbilanz (*Anlage 6*) wurde ihnen zur Durchsicht vorgelegt, von ihnen genehmigt und wie folgt eigenhändig unterschrieben, wobei die Beteiligten nach Belehrung des Notars gemäß § 14 BeurkG auf ein Verlesen der Anlage nach deren Vorlage und Kenntnisnahme verzichteten:
_____ (Unterschriften aller Erschienenen und des Notars)

M 245 3. Muster: Anmeldung zum Handelsregister B des neu entstehenden Rechtsträgers

52 Amtsgericht _____
– Handelsregister –

_____

Zum Handelsregister B (neu) der _____ GmbH
melden wir als Geschäftsführer des neu entstehenden übernehmenden Rechtsträgers zur Eintragung in das Handelsregister an:
1. die Firma _____ GmbH
2. meine/unsere Bestellung zum/zur Geschäftsführer(in).

Jeder/der/die Geschäftsführer(in) vertritt die Gesellschaft einzeln und ist von den Beschränkungen des § 181 BGB befreit.
Die allgemeine Bestimmung in § _____ des Gesellschaftsvertrages über die Vertretung der Gesellschaft lautet: _____.
Wir überreichen als Anlagen:
1. Erste Ausfertigung/beglaubigte Fotokopie der notariellen Urkunde vom _____ (UR-Nr. _____ des Notars _____ mit Amtssitz in _____) über die Aufspaltung der _____ OHG in _____ als übertragender Rechtsträger (eingetragen im Handelsregister des Amtsgerichts _____ unter HRA _____) einerseits auf die dadurch neu gegründete, hier angemeldete _____ GmbH i.G. mit Sitz in _____ nebst Satzung der Gesellschaft und Gesellschafterbeschluss über meine/unsere Bestellung als Geschäftsführer(in), und andererseits auf die bereits bestehende _____ GmbH
2. Sachgründungsbericht der Gründungsgesellschafter
3. Werthaltigkeitsbescheinigung (Gutachten der Wirtschaftsprüfungsgesellschaft _____ vom _____)
4. Eine Liste, in welcher die Gründungsgesellschafter und die von ihnen übernommene Stammeinlage aufgeführt sind
5. Namensunbedenklichkeitsbescheinigung der IHK
6. Empfangsnachweis des Betriebsrates des übertragenden Rechtsträgers vom _____ über die rechtzeitige Zuleitung des vollständigen endgültigen Entwurfs der Umwandlungsurkunde nebst allen Anlagen.

Die maßgebliche Bilanz – Jahresabschluss per _____ – bildet eine Anlage (Anlage 6) der überreichten Urkunde. Im Hinblick auf die Regelung des § 5 Abs. 4 S. 2 letzter Halbs. GmbHG fügen wir auch eine Abschrift des vorausgegangenen Jahresabschlusses zum 31.12._____ bei, in dem das Jahresergebnis des vorausgegangenen Geschäftsjahres _____ ausgewiesen ist.
Wir versichern, dass seit dem Stichtag der Bilanz bis heute in den Vermögensverhältnissen des übertragenden Unternehmens keine Verschlechterung eingetreten ist.
Wir versichern weiterhin in Kenntnis der Strafbarkeit einer falschen eidesstattlichen Versicherung an Eides statt, dass in den Betrieben der beiden aufnehmenden Rechtsträger bislang noch kein Betriebsrat besteht.
Der übertragende Rechtsträger als alleiniger Gründungsgesellschafter hat seine Stammeinlage in Höhe von _____ EUR durch die Einbringung des Betriebsvermögens des Teilbetriebes/Betriebsteils _____ des bisher einheitlichen Unternehmens unter der Firma „_____" mit dem Sitz in _____ im Wege der Aufspaltung zur Neugründung erbracht. Nach der Spaltungsbilanz zum _____, dem Werthaltigkeitsnachweis der Wirtschaftsprüfungsgesellschaft _____ vom _____ und dem Sachgründungsbericht vom _____, die dieser Anmeldung beigefügt sind, ist der Wert der Stammeinlage erreicht und überschritten. Der überschießende Wert wird in die Kapitalrücklage der GmbH eingestellt.
Jeder/der/die Geschäftsführer(in) erklärt:
Ich versichere,

- dass die Sacheinlage im Rahmen des Umwandlungsvorgangs (Sachgründung) vollständig bewirkt ist und endgültig und nicht vorbelastet zu meiner freien Verfügung als Geschäftsführer(in) steht (§§ 7 Abs. 2 und 3, 8 Abs. 2 GmbHG), so dass das gesamte Stammkapital in Höhe von _____ EUR erbracht ist. Ferner versichere ich als Geschäftsführer(in), dass die durch Gesetz und Gesellschaftsvertrag vorgesehenen Voraussetzungen für die Gründung dieser Gesellschaft im Zeitpunkt der Anmeldung vorliegen (§ 140 UmwG),
- dass ich nicht als Betreute(r) bei der Besorgung meiner Vermögensangelegenheiten ganz oder teilweise einem Einwilligungsvorbehalt (§ 1903 BGB) unterliege,
- dass ich nicht wegen einer oder mehrerer vorsätzlicher Straftaten des Unterlassens der Stellung des Antrags auf Eröffnung des Insolvenzverfahrens (Insolvenzverschleppung), §§ 283–283d StGB (Insolvenzstraftaten), der falschen Angaben nach § 82 GmbHG oder § 399 AktG, der unrichtigen Darstellung nach § 400 AktG, § 331 HGB, § 313 UmwG oder § 17 PublizitätsG, nach den §§ 263 StGB (Betrug), § 263a StGB (Computerbetrug), § 264 StGB (Kapitalanlagebetrug) § 264a (Subventionsbetrug) oder den § 265b StGB (Kreditbetrug), § 266 StGB (Untreue) bis § 266a StGB (Vorenthalten und Veruntreuen von Arbeitsentgelt – Nichtabführung von Sozialversicherungsbeiträgen) zu einer Freiheitsstrafe von mindestens einem Jahr verurteilt worden bin,
- dass mir weder durch gerichtliches Urteil noch durch die vollziehbare Entscheidung einer Verwaltungsbehörde die Ausübung eines Berufes, eines Berufszweiges, eines Gewerbes oder eines Gewerbezweiges ganz oder teilweise untersagt wurde,
- und auch keine vergleichbaren strafrechtlichen Entscheidungen ausländischer Behörden oder Gerichte gegen den Geschäftsführer vorliegen und
- dass ich als Geschäftsführer/in über die uneingeschränkte Auskunftspflicht gegenüber dem Gericht durch den Notar belehrt wurde.

Die Geschäftsräume der Gesellschaft befinden sich in _____. Dies ist auch die inländische Geschäftsanschrift.
_____ (Ort, Datum)
_____ (Unterschriften der/des Geschäftsführer(s))
_____ (Es folgt die notarielle Beglaubigung der Namensunterschrift(en) der/des Geschäftsführer(s))

4. Muster: Anmeldung zum Handelsregister B des bereits bestehenden Rechtsträgers — **M 246**

An das
Amtsgericht _____
– Handelsregister –

_____
Zu HRB _____ der _____ GmbH
überreichen wir, die unterzeichnenden Geschäftsführer:
1. Erste Ausfertigung/beglaubigte Fotokopie der Spaltungsurkunde vom _____ (UR-Nr. _____ des beglaubigenden Notars), darin enthalten:
   - Spaltungsvertrag betreffend die Vermögensübertragung auf die _____ GmbH als bereits bestehenden übernehmenden Rechtsträger
   - Spaltungsplan betreffend die Vermögensübertragung auf die _____ GmbH als neu entstehenden übernehmenden Rechtsträger
   - Zustimmungsbeschluss der Gesellschafterversammlung der _____ GmbH als bereits bestehender übernehmender Rechtsträger
   - Zustimmungsbeschluss der Gesellschafterversammlung der _____ GmbH als neu entstehender übernehmender Rechtsträger
   - Zustimmungsbeschluss der Gesellschafterversammlung der _____ OHG als übertragender Rechtsträger

- Verzichtserklärungen der Gesellschafter der beiden übernehmenden und des übertragenden Rechtsträgers auf Erstellung eines Spaltungsberichts, auf Spaltungsprüfung und auf Erstellung eines Prüfungsberichts
  - Spaltungsbilanz des übertragenden Rechtsträgers.
2. Nachweis über die Zuleitung des endgültigen Spaltungsentwurfes nebst allen Anlagen an den Betriebsrat der übertragenden Gesellschaft.
3. Liste der Gesellschafter und der von ihnen übernommenen Stammeinlagen.

Wir melden zur Eintragung in das Handelsregister an:
1. Die _____ OHG hat die im Spaltungsvertrag vom _____ genannten Teile ihres Vermögens als Gesamtheit im Wege der Aufspaltung durch Aufnahme auf die _____ GmbH übertragen.
2. Das Erlöschen der _____ OHG.
3. _____ (*Etwaige weitere Anmeldungsgegenstände wie Kapitalerhöhung, Geschäftsführerwechsel, Umfirmierung, sonstige Satzungsänderugen*)

Wir erklären, dass alle Gesellschafter des übertragenden Rechtsträgers und alle Gesellschafter der beiden übernehmenden Rechtsträger auf eine Anfechtung der Beschlussfassung und auf eine Klageerhebung i.S.v. §§ 16 Abs. 2, 125 UmwG verzichtet haben und weder der Spaltungsbeschluss der Gesellschafter der _____ GmbH noch der Spaltungsbeschluss der _____ GmbH noch der Spaltungsbeschluss der _____ OHG angefochten worden ist.

_____ (Ort, Datum)
_____ (Unterschriften der/des Geschäftsführer(s))
_____ (*Es folgt der notarielle Beglaubigungsvermerk*)

M 247 **5. Muster: Anmeldung zum Handelsregister A des übertragenden Rechtsträgers**

54 Amtsgericht _____
– Handelsregister –
_____

Zum Handelsregister A _____ der Firma _____ OHG
überreichen wir als deren sämtliche Gesellschafter
1. _____ Ausfertigung/beglaubigte Fotokopie der notariellen Urkunde vom _____ (UR-Nr. _____) des Notars _____ mit Amtssitz in _____) über die Aufspaltung der _____ OHG als übertragender und erlöschender Rechtsträger auf die bereits bestehende _____ GmbH einerseits (Aufspaltung zur Aufnahme) und auf die dadurch neu entstehende _____ GmbH andererseits (Aufspaltung zur Neugründung).
2. Nachweis über die Zuleitung des endgültigen Spaltungsentwurfes nebst allen Anlagen an den Betriebsrat der übertragenden Gesellschaft.

Wir melden die Aufspaltung und das Erlöschen der Firma _____ OHG zur Eintragung im Handelsregister an.

Wir erklären, dass alle Gesellschafter des übertragenden Rechtsträgers und alle Gesellschafter der übernehmenden Rechtsträger jeweils auf eine Anfechtung der Beschlussfassung und auf eine Klageerhebung i.S.v. §§ 16 Abs. 2, 125 UmwG verzichtet haben und weder der Spaltungsbeschluss der Gesellschafter der _____ GmbH noch der Spaltungsbeschluss der _____ GmbH noch der Spaltungsbeschluss der _____ OHG angefochten worden ist.

_____ (Ort, Datum und Unterschriften aller Gesellschafter der OHG)
_____ (*Es folgt die notarielle Unterschriftsbeglaubigung*)

6. Muster: Sachgründungsbericht der Gründungsgesellschafter des neu entstehenden Rechtsträgers

M 248

Sachgründungsbericht 55
der Gesellschafter der _____ GmbH i.G., _____
zu UR-Nr. _____ des Notars _____ mit Amtssitz in _____
Wir,
- die/der _____, als persönlich haftender Gesellschafter der _____ OHG
- die/der _____, als persönlich haftender Gesellschafter der _____ OHG

sind die sämtlichen Gesellschafter der _____ OHG, _____ (HRA _____, Amtsgericht _____).
Aus der _____ OHG geht durch Aufspaltung zur Neugründung die _____ GmbH i.G. hervor, deren Gesellschafter wir als die bisher auch bereits am Kapital der _____ OHG beteiligten Gesellschafter _____ und _____ entsprechend unseren dortigen Beteiligungsquoten werden.
In unserer Eigenschaft als Gründungsgesellschafter im Sinne von § 5 Abs. 4 S. 2 GmbHG erstatten wir dazu folgenden

Sachgründungsbericht

Im Wege der Aufspaltung zur Neugründung werden aus dem Vermögen der _____ OHG, im Folgenden der „übertragende Rechtsträger" genannt, auf die _____ GmbH (im Folgenden der „übernehmende Rechtsträger" genannt) die Wirtschaftsgüter des Anlage- und Umlaufvermögens übertragen, die in der als Anlage 8 zur Umwandlungsurkunde vom _____ bezeichnet sind. Der übertragende Rechtsträger erlischt im Rahmen der Aufspaltung.

Die im Wege dieses Sachgründungsvorgangs (Aufspaltung zur Neugründung) auf den übernehmenden Rechtsträger übergehenden Wirtschaftsgüter des Anlage- und Umlaufvermögens weisen ausweislich ihrer Bewertung in der Schlussbilanz des übertragenden Rechtsträgers (Anlage 6 zur Umwandlungsurkunde) einen Wert von _____ EUR auf.

Verbindlichkeiten oder sonstige Belastungen übernimmt der übernehmende Rechtsträger nur in dem folgenden Umfang:
- _____
- Pensionsanwartschaften derjenigen Arbeitnehmer, die im Rahmen der Aufspaltung zur Neugründung dem übernehmenden Rechtsträger zugeordnet sind. Die Pensionsrückstellungen für diese Arbeitnehmer belaufen sich zum Übertragungsstichtag auf _____ EUR, so dass unter Berücksichtigung des gezeichneten Kapitals und der erheblichen Kapitalrücklagen die Aufbringung des Stammkapitals des übernehmenden Rechtsträgers gesichert ist.
- Sonstige Verbindlichkeiten oder Verpflichtungen, die auf den übernehmenden Rechtsträger übergehen würden, sind nicht ersichtlich.

Bei den übergehenden Wirtschaftsgütern des Anlage- und Umlaufvermögens handelt es sich im Wesentlichen um _____ und um _____.

Die Vorräte ihrerseits bestehen zum größten Teil aus Roh-, Hilfs- und Betriebsstoffen. Es handelt sich dabei um Roh-, Hilfs- und Betriebsstoffe für die aktuelle Produktion des übernehmenden Rechtsträgers. Diese Roh-, Hilfs- und Betriebsstoffe sind mit Anschaffungs- bzw. Herstellungskosten bewertet und befinden sich in einwandfreiem Zustand und sind voll verkehrsfähig. Sie werden im Rahmen der laufenden Produktion benötigt und befinden sich auf aktuellem technischem Stand. Der Verkehrswert entspricht mindestens dem dafür aktivierten Betrag von _____ EUR.

Weiterhin umfassen die Vorräte unfertige Erzeugnisse im Umfang von _____ EUR. Es handelt sich um in der Produktion befindliche Erzeugnisse aus dem aktuellen Produktions- und Lieferprogramm, die im Zusammenhang mit entsprechenden Aufträgen der Kundenunternehmen gefertigt wurden. Diese unfertigen Erzeugnisse sind entsprechend dem kaufmännischen Vorsichtsprinzip zu Teilkosten unter Berücksichtigung eines angemessenen Gemeinkostenzuschlags bewertet worden. Auch insoweit entspricht der Verkehrswert mindestens dem aktivierten Wertansatz. Gleiches gilt für die aktivierten fertigen Erzeugnisse und Waren im Umfang von _____ EUR. Zugrunde liegen ebenfalls entsprechende

Kundenaufträge. Die Erzeugnisse und Waren sind aus der aktuellen Produktion und ohne Preisabschlag oder sonstige wertmindernde Faktoren voll verkehrsfähig. Auch insoweit entspricht der Verkehrswert mindestens dem aktivierten Betrag.

Bei dem mit einem Betrag von _____ EUR aktivierten „sonstigen Vermögensgegenständen" handelt es sich um Deckungskapital der Altersversorgung der vom übernehmenden Rechtsträger übernommenen Arbeitnehmer (Wert der Rückdeckungsversicherung).

Die übergehenden Aktivwerte decken damit auch unter Berücksichtigung der übergehenden Verbindlichkeiten und Eventualverbindlichkeiten das nominell ausgewiesene Stammkapital des übernehmenden Rechtsträgers in Höhe von _____ EUR. Der über die Stammkapitalziffer hinausgehende Mehrbetrag wird in die Rücklage des übernehmenden Rechtsträgers (Kapitalrücklage) eingestellt (*alternativ:* wird als Gesellschafterdarlehen anteilig entsprechend den Beteiligungsquoten der Gesellschafter gebucht).

Wir versichern, dass insgesamt die Bewertungen in der Umwandlungsbilanz zum _____ (Anlage 6 zur Umwandlungsurkunde), die der Bewertung der Sacheinlage zugrunde liegen, nach den Grundsätzen ordnungsgemäßer Buchführung unter Beachtung des Vorsichtsgrundsatzes vorgenommen werden und unter den voraussichtlichen Verkehrswerten liegen. Die Sacheinlage hat also mindestens den im Gesellschaftsvertrag festgestellten Wert.

Als Werthaltigkeitsnachweis überreichen wir zudem _____ (*nach Vorabstimmung mit dem Registergericht z.B. Wirtschaftsprüfergutachten oder Testat des Steuerberaters der Gesellschaft*).

Das letzte Jahresergebnis des übertragenden Rechtsträgers ergibt sich aus der als Anlage 6 der Umwandlungsurkunde beiliegenden Jahresabschlusses zum _____. Das Jahresergebnis des übertragenden Rechtsträgers des davor liegenden Jahres ergibt sich aus dem hier beiliegenden Jahresabschluss zum _____ (§ 5 Abs. 4 S. 2 GmbHG). (*Bei Sacheinlage in Form eines Betriebes*)

_____ (Ort, Datum, Unterschriften aller Gesellschafter des übertragenden Rechtsträgers)

IV. Ausgliederung einer GmbH aus einem einzelkaufmännischen Unternehmen

1. Typischer Sachverhalt

56 Ein Einzelkaufmann hat bislang für sein Unternehmen die Rechtsform einer Handelsgesellschaft nicht für nötig gehalten. Inzwischen hat sein Unternehmen aber eine solche Größenordnung erreicht und der Investitionsbedarf der nächsten Jahre ist so erheblich, dass er insbesondere im Hinblick auf die Haftungsgefahr eine haftungsbeschränkende Rechtsform wählen möchte. Er denkt auch darüber nach, einen qualifizierten Mitarbeiter, möglicherweise auch im Hinblick auf eine spätere Nachfolge, demnächst gesellschaftsrechtlich zu beteiligen. Daher möchte er sein Unternehmen in eine GmbH „umwandeln". Ähnlich kann auch die Umwandlung eines Einzelunternehmens in eine GmbH & Co. KG gestaltet werden. Allerdings muss dann zunächst deren Komplementär-GmbH gegründet werden, ferner die KG selbst, da dort nur eine Ausgliederung zur Aufnahme möglich ist (siehe Rn 28 ff.).

2. Checkliste: Ablauf der Ausgliederung

57 – Entwurf eines Ausgliederungsplanes mit Anlagen (§§ 158, 136, 126 UmwG):
  – GmbH-Satzung mit Bezeichnung des Gegenstands der Sacheinlage und des Betrages der Stammeinlage, auf die sich die Sacheinlage (einzelkaufmännisches Unternehmen) bezieht (§ 5 Abs. 4 S. 1 GmbHG)
  – Sachgründungsbericht mit Darlegung der wesentlichen Umstände für die Angemessenheit der Sacheinlage und Angabe der Jahresergebnisse der beiden letzten Geschäftsjahre (§ 5 Abs. 4 S. 2 GmbHG)
  – Nicht erforderlich: Ausgliederungsbericht (§ 153 UmwG)

- Nicht erforderlich: Prüfung, Bestellung eines Ausgliederungsprüfers und Prüfungsbericht gem. §§ 9–12 UmwG (§ 125 S. 2 UmwG)
- Zuleitung des endgültigen Entwurfs des Ausgliederungsplanes an den Betriebsrat des einzelkaufmännischen Unternehmens spätestens einen Monat vor dem Ausgliederungsbeschluss (§§ 158, 135 Abs. 1, 126 Abs. 3 UmwG) gegen Zugangsnachweis
- Unterrichtung der Arbeitnehmer über den beabsichtigten Betriebsübergang/Übergang des Arbeitsverhältnisses und ihr Widerspruchsrecht nach § 613a Abs. 5 und Abs. 6 BGB unter Beachtung der Monatsfrist[48]
- Notarielle Beurkundung des Ausgliederungsplanes nebst Gesellschaftsvertrag der neu entstehenden GmbH und Bestellung der/des neuen Geschäftsführer(s)
- Anmeldung der neuen GmbH zum HRB durch den Einzelkaufmann und den/die Geschäftsführer (§§ 137 Abs. 1, 160 UmwG)[49] und Anmeldung des/der neuen Geschäftsführer(s) mit den Versicherungen gem. § 152 S. 2 bzw. §§ 7 Abs. 3, 8 Abs. 2 und Abs. 3 GmbHG sowie gem. § 6 Abs. 2 GmbHG i.V.m. §§ 283–283d StGB
- Anlagen der Anmeldung (§§ 158, 160, 135 Abs. 2 UmwG):
  - Notariell beurkundeter Ausgliederungsplan nebst GmbH-Satzung
  - Sachgründungsbericht
  - Liste der Gründungsgesellschafter
  - Umwandlungsbilanz
  - Unbedenklichkeitsbescheinigung der IHK
  - Weitere Anlagen, soweit nach allgemeinem Gründungsrecht erforderlich (§§ 158, 135 Abs. 2 UmwG i.V.m. § 8 GmbHG)
- Anmeldung der Ausgliederung beim Handelsregister des einzelkaufmännischen Unternehmens (§§ 158, 154, 137 Abs. 2 UmwG)
- Anlagen der Anmeldung
  - Ausgliederungsplan nebst Anlagen
- Eintragung der neuen GmbH im HRB mit Wirksamkeitsvermerk nach § 130 Abs. 1 S. 2 UmwG und Mitteilung darüber von Amts wegen an das Handelsregister des einzelkaufmännischen Unternehmens
- Eintragung der Ausgliederung und des Erlöschens des einzelkaufmännischen Unternehmens im HRA des einzelkaufmännischen Unternehmens (§§ 158, 137 Abs. 3, 135 Abs. 2, 131 Abs. 1 UmwG) und Mitteilung darüber an das HRB (§ 137 Abs. 3 S. 2 UmwG)
- Ggf. Antrag auf Grundbuchberichtigung, soweit Grundvermögen vom übertragenden auf den übernehmenden Rechtsträger übergegangen ist
- Nachträgliche Maßnahmen:
  - evtl. Sicherheitsleistung (§ 22 UmwG)
  - evtl. Antrag auf Rubrumsberichtigung in anhängigen Prozessen[50]
  - evtl. Titelumschreibung bei abgeschlossenen Verfahren.[51]

---

48 Siehe dazu § 17 Rn 220 ff. m.w.N. und das Muster in § 17 Rn 299.
49 Ggf. kann die Anmeldung auch durch den Geschäftsführer zugleich in Vollmacht für den Einzelkaufmann, also den bisherigen Inhaber, erfolgen, BayObLG ZIP 2000, 791, dazu EWiR 2000, 1013 (*Rottnauer*).
50 Es erfolgt aber kein automatischer Eintritt eines an einem Spaltungsvorgang beteiligten, partiell aufnehmenden Rechtsträgers in die Beklagtenposition des übertragenden Rechtsträgers in einem anhängigen Prozess (BGH ZIP 2001, 305).
51 Siehe dazu etwa OLG Frankfurt BB 2000, 1000.

M 249 3. Muster: Ausgliederungsplan

58 _____ (*Notarielle Urkundsformalien*)
Der Erschienene bat um Beurkundung des nachstehenden

Ausgliederungsplans und Gesellschaftsvertrages

und erklärte:

I. Vorbemerkung
Im Handelsregister des Amtsgerichts _____ unter HRA _____ bin ich mit meinem unter der Firma _____ betriebenen Einzelunternehmen eingetragen.
Mit der nachstehenden Ausgliederung soll das gesamte Einzelunternehmen mit allen Aktiva und Passiva auf eine dadurch neu gegründete Gesellschaft mit beschränkter Haftung ausgegliedert werden, so dass damit die Firma des Einzelunternehmens erlischt.
Dementsprechend wird in Anwendung des Gesetzes zur Bereinigung des Umwandlungsrechts das vorbezeichnete Unternehmen von mir auf die neu gegründete Firma _____ mit dem Sitz in _____ ausgegliedert (§ 123 Abs. 3 Nr. 2 UmwG).

II. Ausgliederungserklärung, Ausgliederungsplan
Angesichts dessen gebe ich nachfolgende Ausgliederungserklärung ab.
Ich errichte hiermit eine Gesellschaft mit beschränkter Haftung gemäß dem nachstehenden Ausgliederungsplan, deren einziger Gesellschafter ich selbst bin und stelle den in Anlage I beigefügten Gesellschaftsvertrag (Satzung) für die GmbH fest. Dieser ist wesentlicher Bestandteil der Urkunde und wird mitverlesen.
Ich gliedere das vorbezeichnete Handelsunternehmen gemäß dem nachstehenden Ausgliederungsplan nach den §§ 152 ff. UmwG auf die von mir hierdurch gegründete GmbH aus.
Ich versichere, dass meine Verbindlichkeiten nicht mein Vermögen übersteigen (§ 152 S. 2 UmwG).
Ich stelle hiermit folgenden Ausgliederungsplan auf:

1. Firma
Die Firma der neu entstehenden GmbH lautet: _____.
Sie hat ihren Sitz in: _____.
Die Firma des übertragenden Rechtsträgers lautet: _____.

2. Vermögensübertragung
Ich übertrage die nachfolgend bezeichneten Vermögensteile und alle sonstigen Aktiva und Passiva des einzelkaufmännischen Unternehmens jeweils als Gesamtheit mit allen Rechten und Pflichten auf die durch die Spaltung entstehende _____ GmbH, und zwar gegen Gewährung von Gesellschaftsrechten an mich. Die Spaltung erfolgt in Anwendung der §§ 152 ff., 123 ff. UmwG.
Für die Übertragung der Gegenstände des Aktiv- und Passivvermögens auf die durch die Spaltung entstehende Gesellschaft gilt im Einzelnen:
a) Auf die durch die Spaltung entstehende Gesellschaft übertragen werden alle Aktiva und Passiva des einzelkaufmännischen Unternehmens _____, die in der zum _____ aufgestellten Schlussbilanz des einzelkaufmännischen Unternehmens enthalten sind, und zwar insbesondere alle dem einzelkaufmännischen Unternehmen zuzuordnenden Verträge, insbesondere Pacht-, Leasing- und Lieferverträge, Betriebsführungsverträge, Konzessionsverträge, Angebote und sonstige Rechtstellungen (vgl. Anlage II).
Die Schlussbilanz ist dieser Urkunde als Anlage III beigefügt.

b) Von der durch die Spaltung entstehenden Gesellschaft _____ GmbH werden sämtliche Verbindlichkeiten des einzelkaufmännischen Unternehmens, wie aus der Bilanz ersichtlich, übernommen.
c) Auf die _____ GmbH gehen sämtliche beim einzelkaufmännischen Unternehmen bestehenden Arbeitsverhältnisse über.
d) Für Zweigniederlassungen des übertragenen Einzelunternehmens und für von ihr erteilte Prokuren und Handlungsvollmachten gilt Fortbestand.
e) Soweit ab dem Zeitpunkt der wirtschaftlichen Trennung gemäß nachstehender Ziffer 5 Gegenstände durch mich veräußert worden sind, treten die Surrogate an deren Stelle.

Alle Vermögensgegenstände, Verbindlichkeiten und Arbeitsverhältnisse, auch soweit sie nicht in den beigefügten Anlagen bzw. der Bilanz aufgeführt sind, gehen auf die _____ GmbH über. Dies gilt insbesondere auch für immaterielle oder bis zur Eintragung der Spaltung in das Handelsregister des einzelkaufmännischen Unternehmens erworbene Vermögensgegenstände, begründete Arbeitsverhältnisse und entstandene Verbindlichkeiten.

3. Gewährung von Anteilen
a) Als Gegenleistung für die vorstehende Vermögensübertragung erhält der Erschienene einen Geschäftsanteil im Nennwert von _____ EUR.
Die Übertragung erfolgt zu Buchwerten. Übersteigt der Wert des Vermögens, das auf die durch die Ausgliederung entstehende Gesellschaft übertragen wird, den Nennbetrag des Stammkapitals der Gesellschaft, wird dieser Mehrbetrag in die Kapitalrücklage der GmbH eingestellt. (Alternativ, aber steuerlich problematisch: wird dieser Mehrbetrag als Gesellschafterdarlehen der _____ GmbH zur Verfügung gestellt).[52]
b) Bare Zuzahlungen sind nicht zu leisten.
c) Besondere Rechte und Vorteile für den Erschienenen oder an sonstige in § 126 Abs. 1 Nr. 7 und 8 UmwG bezeichnete Personen wurden nicht gewährt.[53]
d) Die Urkundsbeteiligten beantragen hiermit vorsorglich zugleich auch gegenüber dem für die Besteuerung des übernehmenden Rechtsträgers zuständigen Finanzamt gemäß § 20 Abs. 2 S. 2 UmwStG, abweichend von dem Wertansatz des § 20 Abs. 2 S. 1 UmwStG den Wert des übernommenen Betriebsvermögens einheitlich mit dem Buchwert gemäß der Schlussbilanz des übertragenden Rechtsträgers anzusetzen.

4. Anspruch auf Bilanzgewinn
Ab dem in nachfolgender Ziff. 5 genannten Zeitpunkt hat der neu erworbene Anteil Anspruch auf den Bilanzgewinn der neuen Gesellschaft.

5. Spaltungsstichtag
Ab dem _____ gelten die auf die übertragenen Vermögensgegenstände und Verbindlichkeiten bezogenen Handlungen des übertragenden Rechtsträgers jeweils als für Rechnung der durch die Ausgliederung entstehenden Gesellschaft vorgenommen. Auf den 31.12._____, 24.00 Uhr errichtet der übertragende Rechtsträger für steuerliche Zwecke eine Übertragungsbilanz, der übernehmende Rechtsträger errichtet auf den 1.1._____, 0.00 Uhr eine Eröffnungsbilanz.

6. Folgen der Ausgliederung für die Arbeitnehmer und ihre Vertretungen
Die Folgen stellen sich im Einzelnen wie folgt dar:

---

[52] Die zivilrechtliche Zulässigkeit einer solchen Darlehensgestaltung wird jedoch vom OLG München anerkannt: OLG München GmbHR 2012, 41; dazu EWiR 2012, 223 (*Wieneke*).
[53] Eine solche „Negativerklärung" ist nach der Auffassung des OLG Frankfurt ZIP 2011, 2408 allerdings entbehrlich.

Die Ausgliederung und die insoweit vorgesehenen Maßnahmen lassen die individualrechtlichen und kollektivrechtlichen Belange der Arbeitsverhältnisse unberührt. Die bestehenden Arbeitsverhältnisse bleiben mit ihrem bisherigen Inhalt und ihrem bisherigen sozialen Besitzstand auch bei der _____ GmbH erhalten.

Die betroffenen Arbeitnehmer sind bereits nach § 613a Abs. 5 und Abs. 6 BGB i.V.m. § 324 UmwG form- und fristgerecht über den Übergang ihrer Arbeitsverhältnisse und über ihr Widerspruchsrecht unterrichtet worden.

Bei dem Einzelunternehmen _____ existiert kein Betriebsrat. Dies versichere ich vorsorglich hiermit gegenüber den beteiligten Registergerichten in Kenntnis der Strafbarkeit falscher eidesstattlicher Versicherungen an Eides statt.

III. Gesellschafterversammlung mit Geschäftsführerbestellung

Der Erschienene als Gründungsgesellschafter der neuen _____ GmbH i.G. hält hiermit unter Verzicht auf alle Vorschriften betreffend Fristen und Ladung eine außerordentliche Gesellschafterversammlung der _____ GmbH i.G. ab und beschließt einstimmig was folgt:

Zum ersten Geschäftsführer wird bestellt: _____, wohnhaft _____

Der Geschäftsführer vertritt die Gesellschaft einzeln und ist von den Beschränkungen des § 181 BGB befreit.

IV. Beschlüsse

Ich verzichte auf eine etwa erforderliche Spaltungsprüfung. Ich stimme als alleiniger Gesellschafter der _____ GmbH i.G. der Ausgliederung zu.

V. Salvatorische Klausel

Sollten einzelne Bestimmungen dieser Urkunde unwirksam oder nicht durchführbar sein, so bleiben die abgegebenen Erklärungen im Übrigen wirksam. An die Stelle der unwirksamen oder undurchführbaren Bestimmungen treten solche, die den mit den unwirksamen oder undurchführbaren Bestimmungen verfolgten wirtschaftlichen Zwecken in zulässiger Weise am nächsten kommen.

VI. Kosten, Abschriften

Die Kosten dieser Urkunde und ihres Vollzugs trägt der übertragende Rechtsträger.

Abschriften von dieser Urkunde erhalten:
- der Erschienene _____: _____
- die _____ GmbH _____: _____
- die Finanzverwaltung nach § 54 EStDV

VII. Hinweise

Der Notar hat insbesondere über Folgendes belehrt bzw. hingewiesen,
a) darauf, dass die Ausgliederung erst mit Eintragung in das Handelsregister des übertragenden Rechtsträgers wirksam wird und diese Eintragung erst nach Eintragung der neuen Gesellschaft erfolgen kann;
b) darauf, dass bei Eintragung der neu entstehenden Gesellschaft im Handelsregister der Wert des Gesellschaftsvermögens nicht niedriger sein darf als das ausgewiesene Stammkapital und dass der Gesellschafter und der übertragende Rechtsträger für einen etwa bestehenden Fehlbetrag haften;
c) auf die Wirkungen der Eintragung nach § 131 UmwG und auf die Haftungsvorschriften der §§ 133 ff. UmwG.
d) auf die kündigungsrechtliche Stellung der Arbeitnehmer nach § 323 UmwG sowie auf die Anwendbarkeit des § 613a BGB;
e) auf eine eventuelle Schadenersatzpflicht nach § 25 UmwG;

f) darauf, dass weiter gehende Haftungsvorschriften gelten können, insbesondere § 25 HGB, § 75 AO (§ 133 Abs. 1 S. 2 UmwG).

Ein Ausgliederungsbericht ist nach §§ 158, 153 UmwG nicht erforderlich. Eine Ausgliederungsprüfung entfällt nach § 125 S. 2 UmwG.

VIII. Bevollmächtigung

Die Beteiligten bevollmächtigen über ihren Tod hinaus die Rechtsanwalts- und Notarfachangestellten Frau _____ aus _____ und Frau _____ aus _____, jede für sich allein, unter Befreiung von den Beschränkungen des § 181 BGB und unter Ausschluss jeder eigenen Haftung, alle Erklärungen zum Handelsregister, auch Änderungen und Ergänzungen dieser Urkunde, abzugeben, die zur Durchführung dieser Urkunde und zur Eintragung in das Handelsregister erforderlich sind. Von dieser Vollmacht kann nur vor dem amtierenden Notar oder dessen Vertreter im Amt Gebrauch gemacht werden. Sie erlischt mit der Eintragung im Handelsregister.

IX. Bundesdatenschutzgesetz

Die Urkundsbeteiligten sind damit einverstanden, dass personenbezogene Daten, die über die Mandatsbearbeitung in den Kenntnisbereich des Urkundsnotars bzw. dessen Vertreter im Amt gelangen, dort über die EDV verarbeitet werden. Ihnen ist bekannt, dass eine Übermittlung der erhobenen Daten an Dritte nicht stattfindet und die Daten zur Mandatsbearbeitung verwendet werden. Ferner ist ihnen bekannt, dass sie diese Einwilligung verweigern und mit Wirkung für die Zukunft widerrufen können. Vorstehende Verhandlung nebst Anlagen wurde dem Erschienenen in Gegenwart des Notars vorgelesen, von ihm genehmigt und wie folgt eigenhändig unterschrieben:

_____ (Unterschriften des Erschienenen und des Notars)

4. Muster: Anmeldung zum Handelsregister der neu entstehenden GmbH

M 250

Amtsgericht _____
– Handelsregister –
_____

Zum Handelsregister B (neu) der _____ GmbH mit Sitz in _____
melde ich – als bisheriger Inhaber des einzelkaufmännischen Unternehmens _____ (HRA _____) als übertragender Rechtsträger und als Geschäftsführer des neu entstehenden übernehmenden Rechtsträgers – zur Eintragung an
die Firma _____ GmbH.
Ich überreiche als Anlagen:
1. Ausfertigung der notariellen Urkunde vom _____ (UR-Nr. _____ des Notars _____ in _____) über die Ausgliederung des Einzelunternehmens des Kaufmanns _____ mit der Firma „_____" in _____ auf die dadurch neu gegründete „_____" in _____ nebst Satzung der Gesellschaft und Gesellschafterbeschluss über meine Bestellung als Geschäftsführer
2. Sachgründungsbericht des Einzelkaufmanns/Gesellschafters
3. eine Liste, in welcher die Gründungsgesellschafter und die von ihnen übernommene Stammeinlage aufgeführt sind
4. Namensunbedenklichkeitsbescheinigung der IHK.

Die maßgebliche Bilanz – Jahresabschluss per _____ – bildet eine Anlage der überreichten Urkunde. Im Hinblick auf die Regelung des § 5 Abs. 4 S. 2 letzter Hs. GmbHG fügen wir auch eine Abschrift des vorausgegangenen Jahresabschlusses zum 31.12._____ bei, in dem das Jahresergebnis des vorausgegangenen Geschäftsjahres _____ ausgewiesen ist.
Wir versichern, dass seit dem Stichtag der Bilanz bis heute in den Vermögensverhältnissen des Unternehmens keine Verschlechterung eingetreten ist.

Wir versichern weiterhin in Kenntnis der Strafbarkeit einer falschen eidesstattlichen Versicherung an Eides statt, dass in dem Unternehmen kein Betriebsrat besteht.

Ich, der einzelkaufmännische Inhaber des übertragenden Rechtsträgers, versichere, dass meine Verbindlichkeiten als Einzelkaufmann mein Vermögen nicht übersteigen (§ 152 S. 2 UmwG).

Als Inhaber des übertragenden Rechtsträgers und als Geschäftsführer der Gesellschaft (§§ 137 Abs. 1, 160 UmwG) melde ich die Gesellschaft und die Bestellung zum Geschäftsführer zur Eintragung in das Handelsregister an.

Ich, der Geschäftsführer, vertrete die Gesellschaft einzeln; ich bin von den Beschränkungen des § 181 BGB befreit.

Die allgemeine Bestimmung im Gesellschaftsvertrag über die Vertretung der Gesellschaft lautet: _____.

Der Gesellschafter, der Kaufmann _____, hat seine Stammeinlage in Höhe von _____ EUR durch die Einbringung des Betriebsvermögens seines bisherigen Einzelunternehmens unter der Firma „_____" mit dem Sitz in _____ im Wege der Ausgliederung erbracht. Nach der Einbringungsbilanz zum _____ und dem Sachgründungsbericht vom _____, die dieser Anmeldung beigefügt sind, ist der Wert der Stammeinlage erreicht und überschritten. Der überschießende Wert wird in die Kapitalrücklage der GmbH eingestellt.

Ich, der Geschäftsführer, versichere, dass die Sacheinlage im Rahmen des Umwandlungsvorgangs (Sachgründung) vollständig bewirkt ist und endgültig zu meiner freien Verfügung als Geschäftsführer steht (§§ 7 Abs. 2 und 3, 8 Abs. 2 GmbHG), so dass das gesamte Stammkapital in Höhe von _____ EUR erbracht ist. Ferner versichere ich als Geschäftsführer gem. § 140 UmwG, dass die durch Gesetz und Gesellschaftsvertrag vorgesehenen Voraussetzungen für die Gründung dieser Gesellschaft im Zeitpunkt der Anmeldung vorliegen.

Ich, die/der Geschäftsführer(in), versichere ferner,
- dass die durch Gesetz und Gesellschaftsvertrag vorgesehenen Voraussetzungen für die Gründung dieser Gesellschaft im Zeitpunkt der Anmeldung vorliegen (§ 140 UmwG),
- dass ich nicht als Betreute(r) bei der Besorgung meiner Vermögensangelegenheiten ganz oder teilweise einem Einwilligungsvorbehalt (§ 1903 BGB) unterliege,
- dass ich nicht wegen einer oder mehrerer vorsätzlicher Straftaten des Unterlassens der Stellung des Antrags auf Eröffnung des Insolvenzverfahrens (Insolvenzverschleppung), §§ 283–283d StGB (Insolvenzstraftaten), der falschen Angaben nach § 82 GmbHG oder § 399 AktG, der unrichtigen Darstellung nach § 400 AktG, § 331 HGB, § 313 UmwG oder § 17 PublizitätsG, nach den §§ 263 StGB (Betrug), § 263a StGB (Computerbetrug), § 264 StGB (Kapitalanlagebetrug) § 264a StGB (Subventionsbetrug) oder den § 265b StGB (Kreditbetrug), § 266 StGB (Untreue) bis § 266a StGB (Vorenthalten und Veruntreuen von Arbeitsentgelt – Nichtabführung von Sozialversicherungsbeiträgen) zu einer Freiheitsstrafe von mindestens einem Jahr verurteilt worden bin,
- dass mir weder durch gerichtliches Urteil noch durch die vollziehbare Entscheidung einer Verwaltungsbehörde die Ausübung eines Berufes, eines Berufszweiges, eines Gewerbes oder eines Gewerbezweiges ganz oder teilweise untersagt wurde,
- und auch keine vergleichbaren strafrechtlichen Entscheidungen ausländischer Behörden oder Gerichte gegen den Geschäftsführer vorliegen und
- dass ich als Geschäftsführer/in über die uneingeschränkte Auskunftspflicht gegenüber dem Gericht durch den Notar belehrt wurde.

Die Geschäftsräume der Gesellschaft befinden sich in _____. Dies ist zugleich die inländische Geschäftsanschrift.

_____ (Datum, Ort, Unterschrift Gesellschafter)
_____ (Datum, Ort, Unterschrift Geschäftsführer)
_____ (Es folgt die notarielle Beglaubigung der Namensunterschriften des Gesellschafters/Einzelkaufmanns und des Geschäftsführers)

5. Muster: Anmeldung zum Handelsregister des erlöschenden einzelkaufmännischen Unternehmens

M 251

Amtsgericht _____
– Handelsregister –
_____

HRA _____
Zum Handelsregister A _____ der Firma _____ übergebe ich als deren Inhaber die Ausfertigung der notariellen Urkunde vom _____ über die Ausgliederung auf die dadurch neu entstehende _____ GmbH.
In Kenntnis der Strafbarkeit einer falschen eidesstattlichen Versicherung versichere ich an Eides statt, dass in dem Unternehmen kein Betriebsrat besteht.
Ich melde die Ausgliederung und das Erlöschen der Firma _____ zur Eintragung im Handelsregister an.
_____ (Ort, Datum und Unterschrift des Einzelkaufmanns)
_____ (*Es folgt die notarielle Unterschriftsbeglaubigung*)

60

V. Spaltung eines Einzelunternehmens mit Ausgliederung auf zwei GmbH & Co. KG

1. Typischer Sachverhalt

Der Einzelunternehmer, der inzwischen über wesentlichen Immobilienbesitz im Betriebsvermögen verfügt, möchte diesen Immobilienbesitz und andere werthaltige Wirtschaftsgüter des Anlagevermögens aus Haftungsgründen aus dem operativen Unternehmen herauslösen, jedoch ohne die Immobilien mit ertragsteuerlichen Konsequenzen (Entnahmebesteuerung) in das Privatvermögen zu überführen. Gleichzeitig möchte er so die Grundlage für eine Übertragung des operativen Unternehmens oder von Anteilen daran im Rahmen der Generationenfolge auf seine Kinder vorbereiten. 61

Der Immobilienbesitz soll von einer Übertragung im Wege der vorweggenommenen Erbfolge ausgenommen bleiben, da er durch Vermietung bzw. Verpachtung der betrieblich genutzten Immobilien an seine Unternehmensnachfolger noch einen Teil seiner Alterseinkünfte bestreiten will. Auch gedenkt er, im Falle seines Todes diesen Immobilienbesitz im Wege einer letztwilligen Verfügung auf seine Ehefrau zu übertragen, um auch deren entsprechendes Versorgungsbedürfnis abzudecken. 62

Als Rechtsform sowohl für das operative Unternehmen als auch für das Besitzunternehmen (Verpächterunternehmen) soll nach steuerlicher Beratung jeweils die Rechtsform der GmbH & Co. KG dienen. 63

Ein besonderes Problem des beabsichtigten Umwandlungsvorgangs besteht darin, dass eine der Immobilien, ein gemischt genutztes Wohn- und Geschäftshaus, steuerlich teilweise als Privat- und teilweise als Betriebsvermögen gilt. Diese steuerrechtliche Qualifizierung des Immobilienbesitzes soll möglichst nicht geändert werden. 64

2. Rechtliche Grundlagen

Um den Immobilienbesitz und andere Wirtschaftsgüter des bisherigen Einzelunternehmens einerseits und das sonstige Betriebsvermögen andererseits im Rahmen einer entsprechenden Spaltung des Einzelunternehmens jeweils auf eine GmbH & Co. KG zu übertragen, muss das Einzelunternehmen zunächst im Handelsregister eingetragen sein, da nur der eingetragene Einzelkaufmann umwandlungsrechtlich als spaltungsfähiger Rechtsträger anzusehen ist (§§ 124, 3 Abs. 1 UmwG). 65

Eine GmbH & Co. KG kommt als übernehmender Rechtsträger nur im Rahmen einer Spaltung zur Aufnahme in Betracht, sie muss also bereits bestehen, um als aufnehmender Rechtsträ- 66 ger an einem Spaltungsvorgang beteiligt werden zu können (§ 152 UmwG). Deshalb muss in einem ersten Schritt – soweit noch nicht gegeben – das Einzelunternehmen im Handelsregister A eingetragen werden. Ferner müssen beide GmbH & Co. KG, die als übernehmende Rechtsträger an dem vorgesehenen Spaltungsvorgang teilnehmen sollen, zunächst gegründet und in das Handelsregister eingetragen werden. Entsprechendes gilt für deren jeweilige Komplementär-GmbH's. Bei einer Kommanditgesellschaft ist zwar die Eintragung im Handelsregister nicht konstitutiv, im Hinblick auf die Haftungsfolgen des § 176 HGB verbietet sich aber eine Aufnahme der Geschäftstätigkeit vor der Handelsregistereintragung; entsprechendes gilt hinsichtlich einer persönlichen Haftung der Gesellschafter der beiden Komplementär-GmbH's bei einer Aufnahme der Geschäftstätigkeit vor der Handelsregistereintragung.

67 Bei der anschließenden Spaltung des Vermögens des Einzelunternehmens muss darauf geachtet werden, dass das gesamte Betriebsvermögen des Einzelunternehmens erfasst und entweder der Besitz-GmbH & Co. KG („vermögensverwaltende Personengesellschaft") oder der operativen Gesellschaft („Betriebs-GmbH & Co. KG") zugeordnet wird. Ein Zurückbehalten von Wirtschaftsgütern des Betriebsvermögens durch den Einzelunternehmer könnte zumindest insoweit zur Aufdeckung der stillen Reserven in diesen zurückbehaltenen Wirtschaftsgütern bewirken. Die Vermeidung der Aufdeckung der stillen Reserven in den übertragenen Wirtschaftsgütern beruht bei diesem Spaltungsvorgang nicht auf § 24 UmwStG, da im Rahmen der Spaltung nicht Betriebe oder Teilbetriebe übergehen, sondern auf § 6 Abs. 5 EStG, da Einzelwirtschaftsgüter aus einem Betriebsvermögen des Steuerpflichtigen gegen Gewährung von Gesellschaftsanteilen in ein Gesamthandsvermögen übertragen werden.

68 Soweit der Einzelunternehmer auch alleiniger wirtschaftlicher Inhaber der Besitz-GmbH & Co. KG ist, ist die Übertragung des Immobilienbesitzes auf diese Besitz-GmbH & Co. KG grunderwerbsteuerfrei (§ 5 Abs. 2 GrErwStG).

69 Da die Ausgliederung als Spaltungsalternative eine partielle Gesamtrechtsnachfolge darstellt, geht der betreffende Immobilienbesitz mit dem umwandlungsrechtlichen Wirksamwerden der Ausgliederung „außerhalb des Grundbuchs" auf die Besitz-GmbH & Co. KG über, einer Auflassung bedarf es nicht, das Grundbuch ist demgemäß nur zu berichtigen.

70 Da jedoch nur der betrieblich genutzte Teil des Wohn- und Geschäftshauses auf die Besitz-GmbH & Co. KG übergehen soll, während der privat genutzte Teil im Privatvermögen des Einzelkaufmanns verbleiben soll, bedarf es im Zuge der Spaltung einer entsprechenden dinglichen Neuregelung, da die dingliche Rechtslage bisher die steuerliche Aufteilung der gemischt genutzten Immobilie nicht nachvollzogen hat, sondern das Grundbuch diese Immobilie insgesamt und unterschiedslos als im Alleineigentum des Einzelunternehmers stehend ausweist. Es muss also eine entsprechende dingliche Aufteilung der gemischt genutzten Immobilie entsprechend den bisherigen Nutzungsverhältnissen erfolgen. Dies kann etwa durch Aufteilung in Wohn- und Teileigentum nach dem WEG geschehen.

71 Falls dies nicht gewünscht oder nicht möglich ist, muss im Rahmen der Ausgliederung die entsprechende Bildung einer Miteigentümergemeinschaft zwischen dem Einzelunternehmer und der Besitz-GmbH & Co. KG erfolgen. Dabei müssen die Miteigentumsquoten den bisherigen Nutzungsanteilen (privat bzw. betrieblich) entsprechen und es muss eine verbindliche Nutzungsregelung getroffen werden, die die Nutzung des privaten Teils der Immobilie ausschließlich dem (vormaligen) Einzelunternehmer und die Nutzung des betrieblichen Teils der Immobilie ausschließlich der der Besitz-GmbH & Co. KG zuweist, und zwar unter Ausschluss des Rechts beider Miteigentümerparteien, die Aufhebung der Miteigentümergemeinschaft verlangen zu können sowie der entsprechenden Grundbucheintragung. Der BFH hat mit Entscheidung vom 26.5.1982[54] festgestellt, dass eine solche Miteigentumskonstellation als ausrei-

---

[54] BStBl II 1982, 695 = BFHE 136, 222.

chende Aufrechterhaltung der bisherigen Trennung des „wirtschaftlichen Eigentums" an dem privaten und dem betrieblichen Immobilienbesitz angesehen werden kann, die betriebliche Miteigentümer-Einheit dann auch weiterhin als „Wirtschaftsgut" des Betriebsvermögens gelte.

3. Checkliste
- Eintragung des Einzelunternehmens im Handelsregister
- Gründung der beiden Komplementär-GmbH's (selbstverständlich kann für beide KG´s auch dieselbe GmbH als Komplementärin fungieren)
- Anmeldung der beiden Komplementär-GmbH's zur Eintragung im Handelsregister
- Gründung der beiden Kommanditgesellschaften
    - Anmeldung der beiden Kommanditgesellschaften zur Eintragung im Handelsregister
- Entwurf eines Ausgliederungsvertrages mit Anlagen (§§ 158, 136, 126 UmwG):
    - Nicht erforderlich: Ausgliederungsbericht bei entsprechendem Verzicht (§ 153 UmwG)
    - Nicht erforderlich: Prüfung, Bestellung eines Ausgliederungsprüfers und Prüfungsbericht gem. §§ 9–12 UmwG bei entsprechendem Verzicht (§ 125 S. 2 UmwG)
- Zuleitung des endgültigen Entwurfs des Ausgliederungsvertrages an den etwaigen Betriebsrat des einzelkaufmännischen Unternehmens spätestens einen Monat vor dem Ausgliederungsbeschluss (§§ 158, 135 Abs. 1, 126 Abs. 3 UmwG) gegen Zugangsnachweis
- Unterrichtung der Arbeitnehmer über den beabsichtigten (Teil-)Betriebsübergang/Übergang des Arbeitsverhältnisses und ihr Widerspruchsrecht nach § 613a Abs. 5 und Abs. 6 BGB unter Beachtung der Monatsfrist[55]
- Notarielle Beurkundung des Ausgliederungsvertrages und Beschlussfassung der Gesellschafterversammlungen der beiden übernehmenden Rechtsträger
- Anmeldung der Ausgliederung zu den Handelsregistern der beiden übernehmenden Rechtsträger durch den Einzelkaufmann und den/die Geschäftsführer der Komplementär-GmbH's der beiden übernehmenden Rechtsträger (§§ 137 Abs. 1, 160 UmwG) mit den Versicherungen gem. § 152 S. 2 UmwG
- Anlagen der Anmeldung (§§ 158, 160, 135 Abs. 2 UmwG):
    - Notariell beurkundeter Ausgliederungsvertrag mit zustimmender Beschlussfassung der Gesellschafterversammlungen der beiden übernehmenden Rechtsträger
    - Umwandlungsbilanz
- Anmeldung der Ausgliederung beim Handelsregister des einzelkaufmännischen Unternehmens (§§ 158, 154, 137 Abs. 2 UmwG)
- Anlagen der Anmeldung
    - Ausgliederungsvertrag nebst Anlagen
- Eintragung der Ausgliederung in den HRA der beiden übernehmenden Rechtsträger mit Wirksamkeitsvermerk nach § 130 Abs. 1 S. 2 UmwG und Mitteilung darüber von Amts wegen an das Handelsregister des einzelkaufmännischen Unternehmens
- Eintragung der Ausgliederung und des Erlöschens des einzelkaufmännischen Unternehmens im HRA des einzelkaufmännischen Unternehmens (§§ 158, 137 Abs. 3, 135 Abs. 2, 131 Abs. 1, 137 Abs. 3 S. 2 UmwG)
- Ggf. Antrag auf Grundbuchberichtigung, soweit Grundvermögen vom übertragenden auf den übernehmenden Rechtsträger übergegangen ist
- Nachträgliche Maßnahme:

---

[55] Siehe dazu § 17 Rn 220 ff. m.w.N. und das Muster in § 17 Rn 299.

- evtl. Sicherheitsleistung (§ 22 UmwG)
- evtl. Antrag auf Rubrumsberichtigung in anhängigen Prozessen[56]
- evtl. Titelumschreibung bei abgeschlossenen Verfahren.

M 252 4. Muster der Spaltungs- und Ausgliederungsvereinbarungen nebst Gesellschafterbeschlüssen

73 _____ (*Notariele Urkundsformalitäten*)
erscheint heute:
der Kaufmann _____, geb. am _____, wohnhaft _____
– Erschienener –
hier handelnd
    a) einerseits für sich selbst als Inhaber des Einzelunternehmens „_____ e. Kfm.", eingetragen im Handelsregister des Amtsgerichts _____ unter HRA _____
– Beteiligter zu 1 –
    b) andererseits als einzelvertretungsbefugter und von den Beschränkungen des § 181 BGB befreiter Geschäftsführer der _____ Verwaltungs-GmbH (Amtsgericht _____, HRB _____),
– Beteiligte zu 2 –
diese wiederum handelnd als einzige persönlich haftende Gesellschafterin der _____ Verpachtungen GmbH & Co. KG (Amtsgericht _____, HRA _____),
– Beteiligte zu 3 –
    c) andererseits als einzelvertretungsbefugter und von den Beschränkungen des § 181 BGB befreiter Geschäftsführer der _____ Beteiligungs-GmbH (Amtsgericht _____, HRB _____),
– Beteiligte zu 4 –
diese wiederum handelnd als einzige persönlich haftende Gesellschafterin der _____ GmbH & Co. KG (Amtsgericht _____, HRA _____),
– Beteiligte zu 5 –
Der Erschienene ist dem Notar von Person bekannt.
Die Satzung der Beteiligten zu 2, der _____ Verwaltungs-GmbH (Amtsgericht _____, HRB _____) und der Gesellschaftsvertrag der Beteiligten zu 3, der _____ Verpachtungen GmbH & Co. KG (Amtsgericht _____, HRA _____) und die Satzung der Beteiligten zu 4, der _____ Beteiligungs-GmbH (Amtsgericht _____, HRB _____) und der Gesellschaftsvertrag der Beteiligten zu 5, der _____ GmbH & Co. KG (Amtsgericht _____, HRA _____) lagen in Urschrift vor. Auf die nochmalige Verlesung und Beifügung der Urschriften wird nach Belehrung allseits verzichtet.
Die Beteiligten erklären, dass weder der Notar noch ein Sozius bzw. Angestellter des Urkundsnotars in dieser Angelegenheit anwaltlich tätig war (keine Vorbefassung i.S.v. § 3 BeurkG).
Der Erschienene erklärt ferner, dass er ausreichend Gelegenheit hatte, den Inhalt und die Tragweite seiner rechtsgeschäftlichen Erklärungen zu überprüfen (§ 17 BeurkG).
Der Erschienene bat um Beurkundung der nachstehenden
Spaltung mit Ausgliederung eines Einzelunternehmens auf zwei Kommanditgesellschaften
zur Aufnahme

und erklärte:

---

[56] Es erfolgt aber kein automatischer Eintritt eines an einem Spaltungsvorgang beteiligten, partiell aufnehmenden Rechtsträgers in die Beklagtenposition des übertragenden Rechtsträgers in einem anhängigen Prozess (BGH ZIP 2001, 305).

Teil A Vorbemerkung

1. Der Beteiligte zu 1 ist eingetragener Eigentümer der im Grundbuch des Amtsgerichts _____ von _____ Blatt _____ lfd. Nr. _____ des Bestandsverzeichnisses verzeichneten Grundstücks der Gemarkung _____ Flur _____ Flurstück _____, in der Größe von _____ qm, _____.
Das Grundbuch weist folgende Belastungen aus:
  Abteilung II:

  _____

  Abteilung III:

  _____

Der Notar hat das Grundbuch nicht eingesehen, dennoch baten die Erschienenen nach Belehrung über die Gefahren um weitere Beurkundung.
Grundbuchauszug vom _____, Grundbuch von _____, Blatt _____ lag vor und wird erörtert. Das Grundstück ist nach den Angaben der Beteiligten mit einem als Wohn- und Geschäftshaus genutzten Gebäude bebaut; es stellt nach den Angaben der Beteiligten hinsichtlich des betrieblich genutzten Teils steuerlich Betriebsvermögen dar.

2. Der Beteiligte zu 1 ist weiterhin eingetragener Eigentümer der im Grundbuch des Amtsgerichts _____ von _____ Blatt _____ lfd. Nr. _____ des Bestandsverzeichnisses verzeichneten Grundstücks der Gemarkung _____ Flur _____ Flurstück _____, in der Größe von _____ qm, _____.
Das Grundbuch weist folgende Belastungen aus:
  Abteilung II:

  _____

  Abteilung III:

  _____

Der Notar hat das Grundbuch nicht eingesehen, dennoch baten die Erschienenen nach Belehrung über die Gefahren um weitere Beurkundung. Grundbuchauszug vom _____, Grundbuch von _____, Blatt _____ lag vor und wird erörtert. Das Grundstück ist nach den Angaben der Beteiligten mit _____ bebaut; es stellt nach den Angaben der Beteiligten insgesamt steuerlich Betriebsvermögen dar.

3. Der Beteiligte zu 1 ist weiterhin allseits von den Beschränkungen des § 181 BGB befreiter einziger Gesellschafter und einziger Geschäftsführer der Beteiligten zu 2, der _____ Verwaltungs-GmbH (Amtsgericht _____, HRB _____), diese wiederum einzige persönlich haftende Gesellschafterin der Beteiligten zu 3, der _____ Verpachtungen GmbH & Co. KG (Amtsgericht _____, HRA _____). Einziger Kommanditist mit einer Hafteinlage von _____ EUR der Beteiligten zu 3 ist ebenfalls der Beteiligte zu 1.

4. Der Beteiligte zu 1 ist weiterhin allseits von den Beschränkungen des § 181 BGB befreiter einziger Gesellschafter und einziger Geschäftsführer der Beteiligten zu 4, der _____ Beteiligungs-GmbH (Amtsgericht _____, HRB _____), diese wiederum einzige persönlich haftende Gesellschafterin der Beteiligten zu 5, der _____ GmbH & Co. KG (Amtsgericht _____, HRA _____). Einziger Kommanditist mit einer Hafteinlage von _____ EUR der Beteiligten zu 5, der _____ GmbH & Co. KG ist ebenfalls der Beteiligte zu 1.

Teil B Ausgliederungsverträge nebst Gesellschaftsbeschlüssen

I. Vorbemerkung

Im Handelsregister des Amtsgerichts _____ unter HRA _____ bin ich, der Erschienene zu 1, mit meinem unter der Firma _____ e. Kfm betriebenen Einzelunternehmen eingetragen.
Mit der nachstehenden Ausgliederung zur Aufnahme sollen
– der betrieblich genutzte Teil der gemischt genutzten Immobilie _____, eingetragen im Grundbuch des Amtsgerichts _____ von _____ Blatt _____ lfd. Nr. _____ des Bestandsverzeichnis-

ses der Gemarkung _____ Flur _____ Flurstück _____, sowie die komplette Betriebsimmobilie, eingetragen im Grundbuch des Amtsgerichts _____ von _____ Blatt _____ lfd. Nr. _____ des Bestandsverzeichnisses der Gemarkung _____ Flur _____ Flurstück _____, jeweils nebst eingetragenen dinglichen Belastungen auf die bereits bestehende Beteiligte zu 3 und
– das gesamte sonstige Vermögen des Einzelunternehmens des Beteiligten zu 1 mit allen weiteren Aktiva und Passiva, insbesondere einschließlich der beweglichen Wirtschaftsgüter des Anlagevermögens und des Umlaufvermögens sowie der weiteren Verbindlichkeiten auf die bereits bestehende Beteiligte zu 5

als übernehmende Rechtsträger ausgegliedert werden, so dass damit die Firma des Einzelunternehmens erlischt.

II. Ausgliederungserklärung
Angesichts dessen gebe ich, der Beteiligte zu 1, nachfolgende Ausgliederungserklärung ab:
Ich gliedere unter entsprechender Spaltung des Vermögens das vorbezeichnete einzelkaufmännische Handelsunternehmen gemäß den nachstehenden Ausgliederungsverträgen nach den §§ 152 ff. UmwG auf die Beteiligte zu 3 einerseits und die Beteiligte zu 5 andererseits aus.
Ich versichere, dass meine Verbindlichkeiten nicht mein Vermögen übersteigen (§ 152 S. 2 UmwG).
Die Schlussbilanz des Beteiligten zu 1 ist dieser Urkunde als **Anlage I** beigefügt.

III. Ausgliederungsvertrag mit Nutzungs- und Verwaltungsregelung unter Miteigentümern zwischen dem Beteiligten zu 1 und der Beteiligten zu 3
Der Beteiligte zu 1 und die Beteiligte zu 3 vereinbaren dazu den folgenden Ausgliederungsvertrag:

1. Beteiligte Rechtsträger
Übertragender Rechtsträger ist: _____ e. Kfm. mit Sitz in _____
Übernehmender Rechtsträgers ist: _____ Verpachtungen GmbH & Co. KG mit Sitz in _____

2. Vermögensübertragung
Der Beteiligte zu 1 überträgt die nachfolgend bezeichneten Vermögensteile des einzelkaufmännischen Unternehmens des Beteiligten zu 1 jeweils als Gesamtheit mit allen Rechten und Pflichten auf die Beteiligte zu 3, und zwar gegen Gewährung von Gesellschaftsrechten.
Die Spaltung (Ausgliederung) erfolgt in Anwendung der §§ 152 ff., 123 ff. UmwG.
Für die Übertragung der Gegenstände des Aktiv- und Passivvermögens auf die Beteiligte zu 3 gilt im Einzelnen:
Der Beteiligte zu 1 überträgt auf die Beteiligte zu 3 die nachfolgend bezeichneten Vermögensteile und alle sonstigen Aktiva und Passiva des einzelkaufmännischen Unternehmens des Beteiligten zu 1 jeweils als Gesamtheit mit allen Rechten und Pflichten:
a) Auf die Beteiligte zu 3 als übernehmende Gesellschaft übertragen werden insbesondere – soweit Miteigentumsanteile entstehen bzw. übergehen gemäß nachstehenden Miteigentümerregelungen –
  – das gesamte, ausschließlich betrieblich genutzte Grundstück der Gemarkung _____ Flur _____ Flurstück(e) _____, in der Größe von _____ qm, eingetragen unter lfd. Nr. _____ des Bestandsverzeichnisses des Grundbuchs von _____ Blatt _____, mit aufstehender _____ nebst _____, im Kontonachweis zur Aktivseite der als **Anlage I** zu dieser Niederschrift beigefügten Schlussbilanz verzeichnet unter Kontonummern _____ und _____,
  – der betrieblich genutzte Teil des Grundstücks der Gemarkung _____ Flur _____ Flurstück(e) _____, in der Größe von _____ qm, eingetragen unter lfd. Nr. _____ des Bestandsverzeichnisses des Grundbuchs von _____ Blatt _____, einschließlich des betrieblich genutzten Teils der aufstehenden Gebäude _____ und einschließlich der unbebauten Flächen, in dem als **Anlage II** zu dieser Niederschrift beigefügten Auszug aus dem Lageplan und dem als

Anlage III zu dieser Niederschrift beigefügten Grundrissplan jeweils rot umrandet und rot schraffiert gekennzeichnet, im Kontennachweis zur Aktivseite der als **Anlage I** zu dieser Niederschrift beigefügten Schlussbilanz verzeichnet unter Kontonummern _____ und _____, und zwar nebst allen den Betriebsimmobilien des einzelkaufmännischen Unternehmens zuzuordnenden grundstücksbezogenen (eingetragenen und nicht eingetragenen) dinglichen Belastungen (einschließlich bestehender Baulasten) sowie der zur Finanzierung des Erwerbs/Bebauung dieser Immobilien aufgenommenen etwaigen betrieblichen Darlehensverpflichtungen bei der
- Volksbank _____
- Sparkasse _____
- und bei der Bausparkasse _____

und einschließlich aller abgeschlossener Verträge, insbesondere etwaige Lieferverträge für Energie, Ver- und Entsorgung, und diesbezügliche Angebote und sonstige Rechtsstellungen des einzelkaufmännischen Unternehmens des Beteiligten zu 1, insbesondere _____ *(beispielhafte Aufzählung)*
- Belieferungs- und Entsorgungsvertrag mit der Stadtwerke/Gemeindewerke _____ GmbH betreffend _____
- Gebäude- und Feuerversicherungsvertrag betreffend _____

b) Von der Beteiligten zu 3 werden sämtliche sonstigen grundstücksbezogenen Rechtsstellungen und Verbindlichkeiten des einzelkaufmännischen Unternehmens, wie aus der Bilanz ersichtlich, übernommen.

c) Auf die Beteiligte zu 3 als übernehmende Gesellschaft übertragen werden weiterhin alle weiteren grundstücksbezogenen Aktiva und Passiva des einzelkaufmännischen Unternehmens der Beteiligten zu 1, die in der zum 31.12._____ aufgestellten Schlussbilanz des einzelkaufmännischen Unternehmens enthalten sind, und zwar insbesondere auch alle dem einzelkaufmännischen Unternehmen zuzuordnenden grundstücksbezogenen Verträge, insbesondere Miet- oder Pacht-, Leasing- und Lieferverträge, Konzessionsverträge, Angebote und sonstige Rechtsstellungen soweit sie nicht nach nachstehender Regelung auf die Beteiligte zu 5 übertragen werden, insbesondere
- Mietvertrag mit _____ betreffend _____.
- Mietvertrag mit _____ betreffend _____.

Soweit Ver- und Entsorgungsverträge und Versicherungs-, Telekommunikationsverträge sowie Wartungsverträge einheitlich für die gesamte Immobilie bestehen, verbleiben sie bei dem Beteiligten zu 1, die Belastungen und Verpflichtungen daraus sind – ebenso wie die Rechte und Ansprüche daraus – entsprechend mietrechtlichen Regeln anteilig zwischen den Beteiligten zu 1 und zu 3 abzurechnen und auszugleichen.

d) Für etwa erteilte Prokuren und Handlungsvollmachten des übertragenen Einzelunternehmens gilt Fortbestand. Solche bestehen nach den Angaben der Beteiligten aber nicht.

e) Soweit ab dem Zeitpunkt der wirtschaftlichen Trennung gemäß nachstehender Ziffer 5 Gegenstände durch den Beteiligten zu 1 veräußert worden sind, treten die Surrogate an deren Stelle.

3. Gewährung von Anteilen

a) Als Gegenleistung für die vorstehende Vermögensübertragung erhöht sich die Kommanditeinlage (Hafteinlage) des Erschienene zu 1 bei der Beteiligten zu 3 von derzeit _____ EUR um _____ EUR auf _____ EUR.

Die Übertragung erfolgt zu Buchwerten. Übersteigt der Wert des auf die Beteiligte zu 3 als übernehmende Gesellschaft übertragenen Vermögens den Nennbetrag des als Gegenleistung gewährten Gesellschaftsanteils (Erhöhungsbetrag), wird dieser Mehrbetrag als Gesellschafterbeitrag in die Kapitalrücklage der Beteiligten zu 3 eingestellt.

b) Bare Zuzahlungen sind nicht zu leisten.

c) Besondere Rechte und Vorteile für den Erschienenen oder an sonstige in § 126 Abs. 1 Nr. 7 und 8 UmwG bezeichnete Personen wurden nicht gewährt.[57]

d) Die Urkundsbeteiligten beantragen hiermit vorsorglich zugleich auch gegenüber dem für die Besteuerung des übernehmenden Rechtsträgers zuständigen Finanzamt gemäß § 24 Abs. 2 S. 2 UmwStG, abweichend von dem Wertansatz des § 24 Abs. 2 S. 1 UmwStG den Wert des übernommenen Betriebsvermögens einheitlich mit dem Buchwert gemäß der Schlussbilanz des übertragenden Rechtsträgers anzusetzen.

4. Anspruch auf Bilanzgewinn
Ab dem in nachfolgender Ziff. 5 genannten Zeitpunkt hat der neu erworbene (erhöhte) Anteil Anspruch auf den Bilanzgewinn der übernehmenden Gesellschaft.

5. Spaltungsstichtag
Ab dem 1.1._____ gelten die auf die übertragenen Vermögensgegenstände und Verbindlichkeiten bezogenen Handlungen des übertragenden Rechtsträgers jeweils als für Rechnung der Beteiligten zu 3 vorgenommen. Auf den 31.12._____, 24.00 Uhr errichtet der übertragende Rechtsträger für steuerliche Zwecke eine Übertragungsbilanz, der übernehmende Rechtsträger errichtet auf den 1.1._____, 0.00 Uhr eine Eröffnungsbilanz.

6. Folgen der Ausgliederung für die Arbeitnehmer und ihre Vertretungen
In dem Einzelunternehmen des Beteiligten zu 1 gibt es keine Arbeit- und/oder Dienstnehmer, die grundstücksbezogen tätig sind und die zur Beteiligten zu 3 wechseln, und es existiert kein Betriebsrat. Dies versichert der Erschienene vorsorglich hiermit gegenüber dem Registergericht in Kenntnis der Strafbarkeit falscher eidesstattlicher Versicherungen an Eides statt. Die Übernahme aller Arbeitsverhältnisse erfolgt durch die Beteiligte zu 5 gemäß § 324 UmwG i.V.m. § 613a BGB. Über den Übergang des Arbeitsverhältnisses und das Widerspruchsrecht gemäß § 613a Abs. 6 BGB sind die Arbeitnehmer gemäß § 613a Abs. 5 BGB bereits form- und fristgerecht informiert worden.

IV. Miteigentümerregelung zwischen dem Beteiligten zu 1 und der Beteiligten zu 3

1. Miteigentümerregelung betreffend Flurstück _____

a) Miteigentumseinräumung
Der Beteiligte zu 1 und die Beteiligte zu 3 sind sich darüber einig, dass das Eigentum an dem Grundbesitz der Gemarkung _____ Flur _____ Flurstück(e) _____, in der Gesamtgröße von _____ qm, unter lfd. Nr. _____ des Bestandsverzeichnisses des Grundbuchs von _____ Blatt _____ verzeichnet, zu _____/100stel Miteigentumsanteil dem Erschienenen zu 1 und zu _____/100stel Miteigentumsanteil der Beteiligten zu 3 zu Eigentum gehört. Vorsorglich und soweit erforderlich lässt der Erschienenen zu 1 der Beteiligten zu 3 den zuletzt genannten _____/100stel Miteigentumsanteil hiermit auf.

b) Nutzungsvereinbarung
Der Erschienene zu 1 und die Beteiligte zu 3 treffen dazu folgende Miteigentümerregelung:
Dem Erschienenen zu 1 als Miteigentümer steht die ausschließliche Nutzung an folgenden Teilen des Grundstücks und des aufstehenden Gebäudes zu *(beispielhafte Aufzählung)*:
– Wohnung und Kellergeschoss des Wohnhauses,

---

[57] Eine solche „Negativerklärung" ist nach der Auffassung des OLG Frankfurt ZIP 2011, 2408 allerdings entbehrlich.

- PKW-Garage im Anbau zum Haupthaus,
- Carport,
- gesamte Gartenfläche, in dem als *Anlage II* zu dieser Niederschrift beigefügten Auszug aus dem Lageplan grün umrandet und grün schraffiert gekennzeichnet.

Der Beteiligten zu 3 als Miteigentümerin steht die ausschließliche Nutzung der folgenden Gebäudeteile, Räume und Freiflächen zu *(beispielhafte Aufzählung)*:
- sämtliche Büroräume des Haupthauses
- Fahrzeughalle und
- die weiteren Freiflächen des Grundstücks der Gemarkung _____ Flur _____ Flurstück _____, in dem als *Anlage II* zu dieser Niederschrift beigefügten Auszug aus dem Lageplan rot umrandet und rot schraffiert gekennzeichnet.

2. Gemeinsame Miteigentümerregelung betreffend Flurstücke _____ und _____
Die sonstigen Freiflächen des Grundstück der Gemarkung _____ Flur _____ Flurstücke _____ und _____, stehen den Beteiligten zu 1 und zu 3 zur gemeinschaftlichen Nutzung zur Verfügung.
Die Verwaltung und die laufende Unterhaltung jedes zur ausschließlichen Nutzung zugewiesenen Grundstücks und Gebäudeteils obliegen dem jeweiligen Nutzungsberechtigten allein. Das gilt insbesondere für Ver- und Entsorgungsleitungen und Einrichtungen, in dem Umfang, wie diese ausschließlich den allein genutzten Flächen und Räumen einer Einheit dienen. Es besteht die Verpflichtung, die Leitungen und die sonstigen Einrichtungen stets in einem ordnungsgemäßen, funktionsfähigen Zustand zu erhalten und insbesondere nachteilige Auswirkungen für den anderen Miteigentümer und die Gesamtanlage zu vermeiden.

3. Ausschluss gemäß § 751 BGB
Das Recht, die Aufhebung der Gemeinschaft zu verlangen, wird für immer ausgeschlossen.

V. Gesellschafterversammlung und Beschlüsse
Der Beteiligte zu 1 als einziger Kommanditist der Beteiligten zu 3 und zugleich als von den Beschränkungen des § 181 BGB befreiter Geschäftsführer der Beteiligten zu 2, diese wiederum als persönlich haftende Gesellschafterin der Beteiligten zu 3, hält hiermit unter Verzicht auf alle Vorschriften betreffend Fristen und Ladung eine außerordentliche Gesellschafterversammlung der Beteiligten zu 3 ab und beschließt einstimmig was folgt:
- Der Ausgliederung gemäß vorstehendem Ausgliederungsvertrag zur Aufnahme wird zugestimmt.
- Auf einen etwa erforderlichen Ausgliederungsbericht, eine etwa erforderliche Ausgliederungsprüfung und einen etwa erforderlichen Ausgliederungsprüfungsbericht wird hiermit verzichtet.
- Auf eine Klage gegen die Wirksamkeit des Ausgliederungsbeschlusses wird verzichtet

Der Beteiligte zu 1 erklärt für sich als Inhaber des übertragenden Rechtsträgers ebenfalls:
Auf eine Klage gegen die Wirksamkeit des Ausgliederungsbeschlusses, auf einen etwa erforderlichen Ausgliederungsbericht, eine etwa erforderliche Ausgliederungsprüfung und einen etwa erforderlichen Ausgliederungsprüfungsbericht wird hiermit von mir vorsorglich verzichtet.

VI. Grundbuchberichtigung
Der Beteiligte zu 1 bewilligt und die Beteiligten zu 1, 2 und 3 beantragen
- die Berichtigung des Grundbuchs und die Anlegung eines neuen Grundbuchs für den auf die Beteiligte zu 3 zu Alleineigentum übergehenden Grundbesitz der Gemarkung _____ Flur _____ Flurstück _____, unter lfd. Nr. _____ des Bestandsverzeichnisses des Grundbuchs von _____ Blatt _____,
- die Berichtigung der Grundbücher und die Anlegung (je) eines neuen Grundbuchs sowie die Eigentumsumschreibung im Hinblick auf die Miteigentumseinräumung zugunsten der Beteiligten

zu 3 bzw. hinsichtlich des Eigentumsübergangs auf die Beteiligte zu 3 und der Miteigentümerregelungen der Grundstücke der
- Gemarkung _____ Flur _____ Flurstück _____, unter lfd. Nr. _____ des Bestandsverzeichnisses des Grundbuchs von _____ Blatt _____,
- Gemarkung _____ Flur _____ Flurstück _____, unter lfd. Nr. _____ des Bestandsverzeichnisses des Grundbuchs von _____ Blatt _____.

Den Wert des auf die Beteiligte zu 3 übergegangenen Grundbesitzes geben wir an mit _____ EUR.

VII. *Ausgliederungsvertrag zwischen dem Beteiligten zu 1 und der Beteiligten zu 5*
Der Beteiligte zu 1 und die Beteiligte zu 5 vereinbaren den folgenden Ausgliederungsvertrag:

1. Beteiligte Rechtsträger
Übertragender Rechtsträger ist: _____ e. Kfm. mit Sitz in _____
Übernehmender Rechtsträgers ist: _____ GmbH & Co. KG mit Sitz in _____

2. Vermögensübertragung
Der Beteiligte zu 1 überträgt die nachfolgend bezeichneten Vermögensteile und alle sonstigen Aktiva und Passiva des einzelkaufmännischen Unternehmens des Beteiligten zu 1 jeweils als Gesamtheit mit allen Rechten und Pflichten, soweit sie nicht nach vorstehender Regelung auf die Beteiligte zu 3 übertragen worden sind, auf die Beteiligte zu 5, und zwar gegen Gewährung von Gesellschaftsrechten.

Die Spaltung (Ausgliederung) erfolgt in Anwendung der §§ 152 ff., 123 ff. UmwG.

Für die Übertragung der Gegenstände des Aktiv- und Passivvermögens auf die Beteiligte zu 5 gilt im Einzelnen:

a) Auf die Beteiligte zu 5 als übernehmende Gesellschaft übertragen werden alle nicht grundstücksbezogenen Aktiva und Passiva des einzelkaufmännischen Unternehmens des Beteiligten zu 1, die in der zum 31.12._____ aufgestellten Schlussbilanz des einzelkaufmännischen Unternehmens enthalten sind, und zwar insbesondere alle dem einzelkaufmännischen Unternehmen zuzuordnenden nicht grundstücksbezogenen Verträge, insbesondere Pacht-, Leasing- und Lieferverträge, Konzessionsverträge, Angebote und sonstige Rechtsstellungen, soweit sie nicht nach vorstehender Regelung auf die Beteiligte zu 3 übertragen worden sind, insbesondere _____ (*beispielhafte Aufzählung*)
   - Wartungsvertrag zu Kunden-Nr. _____ bei der _____.
   - Telefon- und Mobiltelefonverträge mit der Deutsche Telekom AG zu Kundennummern _____.
b) Von der Beteiligten zu 5 werden sämtliche Verbindlichkeiten des einzelkaufmännischen Unternehmens, wie aus der Bilanz ersichtlich, übernommen, soweit sie nicht nach vorstehender Regelung auf die Beteiligte zu 3 übertragen worden sind.
c) Auf die Beteiligte zu 3 gehen sämtliche beim einzelkaufmännischen Unternehmen bestehenden Arbeitsverhältnisse über **(Anlage IV)**.
d) Für etwa erteilte Prokuren und Handlungsvollmachten des übertragenen Einzelunternehmens gilt Fortbestand. Solche bestehen nach den Angaben der Beteiligten aber nicht.
e) Soweit ab dem Zeitpunkt der wirtschaftlichen Trennung gemäß nachstehender Ziff. 5 Gegenstände durch den Beteiligten zu 1 veräußert worden sind, treten die Surrogate an deren Stelle.

Alle Vermögensgegenstände, Verbindlichkeiten und Arbeitsverhältnisse, auch soweit sie nicht in den beigefügten Anlagen bzw. der Bilanz aufgeführt sind, gehen auf die Beteiligte zu 5 über, soweit sie nicht nach vorstehender Regelung auf die Beteiligte zu 3 übertragen worden sind. Dies gilt insbesondere auch für immaterielle oder bis zur Eintragung der Spaltung in das Handelsregister des einzelkaufmännischen Unternehmens erworbene Vermögensgegenstände, etwa begründete Arbeitsverhältnisse und entstandene Verbindlichkeiten.

3. Gewährung von Anteilen

a) Als Gegenleistung für die vorstehende Vermögensübertragung erhöht sich die Kommanditeinlage (Hafteinlage) des Erschienenen zu 1 bei der Beteiligten zu 5 von derzeit _____ EUR um _____ EUR auf _____ EUR.
Die Übertragung erfolgt zu Buchwerten. Übersteigt der Wert des auf die Beteiligte zu 5 als übernehmende Gesellschaft übertragenen Vermögens den Nennbetrag des als Gegenleistung gewährten Gesellschaftsanteils (Erhöhungsbetrag), wird dieser Mehrbetrag als Gesellschafterbeitrag in die Kapitalrücklage der Beteiligten zu 5 eingestellt.

b) Bare Zuzahlungen sind nicht zu leisten.

c) Besondere Rechte und Vorteile für den Erschienenen oder an sonstige in § 126 Abs. 1 Nr. 7 und 8 UmwG bezeichnete Personen wurden nicht gewährt.

d) Die Urkundsbeteiligten beantragen hiermit vorsorglich zugleich auch gegenüber dem für die Besteuerung des übernehmenden Rechtsträgers zuständigen Finanzamt gemäß § 24 Abs. 2 S. 2 UmwStG, abweichend von dem Wertansatz des § 24 Abs. 2 S. 1 UmwStG den Wert des übernommenen Betriebsvermögens einheitlich mit dem Buchwert gemäß der Schlussbilanz des übertragenden Rechtsträgers anzusetzen.

4. Anspruch auf Bilanzgewinn

Ab dem in nachfolgender Ziff. 5 genannten Zeitpunkt hat der neu erworbene (erhöhte) Anteil Anspruch auf den Bilanzgewinn der übernehmenden Gesellschaft.

5. Spaltungsstichtag

Ab dem 1.1._____ gelten die auf die übertragenen Vermögensgegenstände und Verbindlichkeiten bezogenen Handlungen des übertragenden Rechtsträgers jeweils als für Rechnung der Beteiligten zu 5 vorgenommen. Auf den 31.12._____, 24.00 Uhr errichtet der übertragende Rechtsträger für steuerliche Zwecke eine Übertragungsbilanz, der übernehmende Rechtsträger errichtet auf den 1.1._____, 0.00 Uhr eine Eröffnungsbilanz.

6. Folgen der Ausgliederung für die Arbeitnehmer und ihre Vertretungen

In dem Einzelunternehmen des Beteiligten zu 1 gibt es keinen Betriebsrat. Dies versichert der Erschienene vorsorglich hiermit gegenüber dem Registergericht in Kenntnis der Strafbarkeit falscher eidesstattlicher Versicherungen an Eides statt.
Die Übernahme aller Arbeitsverhältnisse erfolgt durch die Beteiligte zu 5 gemäß § 324 UmwG i.V.m. § 613a BGB. Alle Arbeitsverhältnisse werden ohne Änderungen hinsichtlich der Vergütungen oder sonstiger Arbeitsbedingungen unverändert unter Wahrung des bisherigen sozialen Besitzstandes und der bisherigen Beschäftigungszeiten übernommen. Über den Übergang der Arbeitsverhältnisse und das Widerspruchsrecht gemäß § 613a Abs. 6 BGB sind die Arbeitnehmer gemäß § 613a Abs. 5 BGB bereits form- und fristgerecht informiert worden.

VIII. Gesellschafterversammlung und Beschlüsse

Der Beteiligte zu 1 als einziger Kommanditist der Beteiligten zu 5 und zugleich als von den Beschränkungen des § 181 BGB befreiter Geschäftsführer der Beteiligten zu 4, diese wiederum als persönlich haftende Gesellschafterin der Beteiligten zu 5, hält hiermit unter Verzicht auf alle Vorschriften betreffend Fristen und Ladung eine außerordentliche Gesellschafterversammlung der Beteiligten zu 5 ab und beschließt einstimmig was folgt:

– Der Ausgliederung gemäß vorstehendem Ausgliederungsvertrag zur Aufnahme wird zugestimmt.
– Auf einen etwa erforderlichen Ausgliederungsbericht, eine etwa erforderliche Ausgliederungsprüfung und einen etwa erforderlichen Ausgliederungsprüfungsbericht wird hiermit verzichtet.
– Auf eine Klage gegen die Wirksamkeit des Ausgliederungsbeschlusses wird verzichtet.

Der Beteiligte zu 1 erklärt für sich als Inhaber des übertragenden Rechtsträgers ebenfalls:
Auf eine Klage gegen die Wirksamkeit des Ausgliederungsbeschlusses, auf einen etwa erforderlichen Ausgliederungsbericht, eine etwa erforderliche Ausgliederungsprüfung und einen etwa erforderlichen Ausgliederungsprüfungsbericht wird hiermit von mir vorsorglich verzichtet.

IX. Gemeinsame salvatorische Klausel
Sollten einzelne oder mehrere Bestimmungen dieser Niederschrift oder einer künftigen Ergänzung ganz oder teilweise unwirksam oder undurchführbar sein oder ihre Wirksamkeit oder Durchführbarkeit später verlieren, so soll hierdurch die Gültigkeit der übrigen Bestimmungen nicht berührt werden. Gleiches gilt, falls sich herausstellen sollte, dass die beurkundete Regelung eine Regelungslücke enthält. Anstelle der unwirksamen oder undurchführbaren Bestimmung oder zur Ausfüllung der Regelungslücke soll dann eine angemessene Regelung gelten, die, soweit nur rechtlich möglich, dem am meisten gerecht wird, was die Beteiligten vereinbart oder beschlossen hätten, wenn sie die Unwirksamkeit, Undurchführbarkeit oder Lückenhaftigkeit gekannt hätten. Beruht die Unwirksamkeit einer Bestimmung auf einem festgelegten Maß der Leistung oder der Zeit (Frist oder Termin), so soll das Maß der Leistung oder Zeit (Frist oder Termin) gelten, das rechtlich zulässig ist und dem von den Beteiligten Gewollten möglichst nahe kommt.

X. Kosten, Abschriften
Die Kosten dieser Urkunde und ihres Vollzugs tragen im Innenverhältnis der Beteiligten anteilig die übernehmenden Rechtsträger, unbeschadet der gesamtschuldnerischen Haftung aller Urkundsbeteiligten im Außenverhältnis, über die der Notar sie belehrt hat.
Von dieser Urkunde erhalten beglaubigte Abschriften:
- der Erschienene
- die Beteiligte zu 3 und die Beteiligte zu 5
- Steuerberater _____
- Finanzamt, Grunderwerbsteuerstelle
- Finanzamt, Veranlagungsstelle nach § 54 EStDV.

XI. Hinweise
Der Notar hat insbesondere darüber belehrt bzw. darauf hingewiesen,
a) dass die Ausgliederung erst mit Eintragung in das Handelsregister des übertragenden Rechtsträgers wirksam wird und diese Eintragung erst nach Eintragung im Register der übernehmenden Rechtsträger erfolgen kann;
b) dass die Eintragung die Wirkungen nach § 131 UmwG hat und dass die Haftungsvorschriften der §§ 133 ff. UmwG gelten; insbesondere alle an der Spaltung beteiligten Rechtsträger gesamtschuldnerisch für die zur Zeit der Eintragung der Spaltung bestehenden Verbindlichkeiten des übertragenden Rechtsträgers haften;
c) dass für die kündigungsrechtliche Stellung etwaiger Arbeitnehmer § 323 UmwG gilt sowie § 613a BGB anwendbar ist;
d) dass eine eventuelle Schadenersatzpflicht nach § 25 UmwG besteht;
e) dass weiter gehende Haftungsvorschriften gelten können, insbesondere § 25 HGB, § 75 AO (§ 133 Abs. 1 S. 2 UmwG) sowie die besondere Haftungsregelung nach § 134 UmwG bei späterer Sozialplanpflicht.
Ein Ausgliederungsbericht ist nach § 153 UmwG nicht erforderlich. Eine Ausgliederungsprüfung entfällt nach § 125 S. 2 UmwG.

Teil C Sonstige Regelungen und Hinweise
1. Die Beteiligten bevollmächtigen über ihren Tod hinaus die Rechtsanwalts- und Notarfachangestellten _____, jede für sich allein, unter Befreiung von den Beschränkungen des § 181 BGB und unter Aus-

schluss jeder eigenen Haftung, alle Erklärungen zum Handelsregister und zu den Grundbüchern, auch Änderungen und Ergänzungen dieser Niederschrift, abzugeben, die zur Durchführung dieser Urkunde und zur Eintragung in das Handelsregister und in die Grundbücher erforderlich sind. Von dieser Vollmacht kann nur vor dem amtierenden Notar oder dessen Vertreter oder Nachfolger im Amt Gebrauch gemacht werden. Sie erlischt mit der Eintragung im Handelsregister und in den Grundbüchern.

2. Die Beteiligten erklären, dass sie die steuerlichen Auswirkungen dieser Niederschrift und ihrer Durchführung eigenverantwortlich überprüfen bzw. überprüft haben. Der Notar hat über die steuerlichen Auswirkungen keine Auskünfte gegeben.

3. Die Urkundsbeteiligten sind damit einverstanden, dass personenbezogene Daten, die über die Mandatsbearbeitung in den Kenntnisbereich des beurkundenden Notars bzw. dessen Vertreter im Amt gelangen, dort über die EDV verarbeitet werden. Ihnen ist bekannt, dass eine Übermittlung der erhobenen Daten an Dritte nicht stattfindet und die Daten zur Mandatsbearbeitung verwendet werden. Ferner ist ihnen bekannt, dass sie diese Einwilligung verweigern und mit Wirkung für die Zukunft widerrufen können.

Vorstehende Verhandlung sowie die **Anlagen**, einschließlich der Umwandlungsbilanz, wurden dem Erschienenen in Gegenwart des Notars vorgelesen, **Pläne** zur Durchsicht vorgelegt, von ihm genehmigt und von ihm und dem Notar wie folgt eigenhändig unterschrieben, wobei der Erschienene nach Belehrung des Notars gemäß § 14 BeurkG auf ein Verlesen der Pläne nach deren Vorlage und Kenntnisnahme verzichtete: _____

5. Muster: Anmeldung zum Handelsregister der Besitz-GmbH & Co. KG

M 253

Amtsgericht _____
– Handelsregister –

_____

Zum Handelsregister A

_____

der Fa. _____ Verpachtungen GmbH & Co. KG
melde ich
– einerseits als bisheriger Inhaber des einzelkaufmännischen Unternehmens „_____ e. K." mit Sitz in _____ (HRA _____) als übertragender Rechtsträger und
– andererseits als Geschäftsführer der _____ Verwaltungs-GmbH (HRB _____), diese wiederum handelnd als persönlich haftende Gesellschafterin der _____ Verpachtungen GmbH & Co. KG (HRA _____) als übernehmender Rechtsträger

zur Eintragung an:
1. Die Ausgliederung zur Aufnahme des Immobilienvermögens der „_____ e. K." mit Sitz in _____ (HRA _____) als übertragender Rechtsträger auf die _____ Verpachtungen GmbH & Co. KG (HRA _____) als übernehmender Rechtsträger.
2. Die Hafteinlage des Kommanditisten _____ ist von _____ EUR um _____ EUR auf _____ EUR erhöht.

Ich überreiche als Anlage:
Ausfertigung der notariellen Urkunde vom _____ (UR-Nr. _____/_____ des Notars _____) über die Ausgliederung des Immobilienvermögens des Einzelunternehmens mit der Firma „_____ e. K." mit Sitz in _____ (HRA _____) auf die _____ Verpachtungen GmbH & Co. KG (HRA _____).

Die maßgebliche Bilanz (Jahresabschluss per 31.12._____) bildet eine Anlage der überreichten Urkunde.

Ich versichere, dass seit dem Stichtag der Bilanz bis heute in den Vermögensverhältnissen des Unternehmens keine Verschlechterung eingetreten ist.

Ich versichere weiterhin in Kenntnis der Strafbarkeit einer falschen Versicherung an Eides statt, dass in dem Unternehmen kein Betriebsrat besteht.

Ich versichere weiterhin in Kenntnis der Strafbarkeit einer falschen Versicherung an Eides statt, dass alle Beteiligten auf eine Anfechtung/Klage gegen die Ausgliederung verzichtet haben und eine Klage gegen die Ausgliederung nicht erhoben wurde.

Ich, der einzelkaufmännische Inhaber des übertragenden Rechtsträgers, versichere, dass meine Verbindlichkeiten als Einzelkaufmann mein Vermögen nicht übersteigen (§ 152 S. 2 UmwG).

Die Geschäftsräume der Gesellschaft befinden sich weiterhin in _____, _____. Dies ist zugleich die inländische Geschäftsanschrift.

_____, den _____

_____

_____ als Kommanditist

_____

_____ als Geschäftsführer der _____ Verwaltungs-GmbH, diese wiederum handelnd als persönlich haftende Gesellschafterin der _____ Verpachtungen GmbH & Co. KG

_____ als Inhaber der „ _____ e. K."
(*Es folgt der notarielle Beglaubigungsvermerk*)

M 254 6. Muster: Anmeldung zum Handelsregister der Betriebs-GmbH & Co. KG

Amtsgericht _____
– Handelsregister –

_____

Zum Handelsregister A

_____

der Fa. _____ GmbH & Co. KG
melde ich
– einerseits als bisheriger Inhaber des einzelkaufmännischen Unternehmens „_____ e. K." mit Sitz in _____ (HRA _____) als übertragender Rechtsträger und
– andererseits als Geschäftsführer der _____ Beteiligungs-GmbH (HRB _____), diese wiederum handelnd als persönlich haftende Gesellschafterin der _____ GmbH & Co. KG (HRA _____) als übernehmender Rechtsträger
zur Eintragung an:
1. Die Ausgliederung zur Aufnahme des nicht immobilienbezogenen Vermögens der „_____ e. K." mit Sitz in _____ (HRA _____) als übertragender Rechtsträger auf die _____ GmbH & Co. KG (HRA _____) als übernehmender Rechtsträger
2. Die Hafteinlage des Kommanditisten _____ ist von _____ EUR um _____ EUR auf _____ EUR erhöht.

Ich überreiche als Anlage:
Ausfertigung der notariellen Urkunde vom _____ (UR-Nr. _____/_____ des Notars _____) über die Ausgliederung des nicht immobilienbezogenen Vermögens des Einzelunternehmens mit der Firma „_____ e. K." mit Sitz in _____ (HRA _____) auf die _____ GmbH & Co. KG (HRA _____).

Die maßgebliche Bilanz (Jahresabschluss per 31.12._____) bildet eine Anlage der überreichten Urkunde.

Ich versichere, dass seit dem Stichtag der Bilanz bis heute in den Vermögensverhältnissen des Unternehmens keine Verschlechterung eingetreten ist.

Ich versichere weiterhin in Kenntnis der Strafbarkeit einer falschen Versicherung an Eides statt, dass in dem Unternehmen kein Betriebsrat besteht.

Ich versichere weiterhin in Kenntnis der Strafbarkeit einer falschen Versicherung an Eides statt, dass alle Beteiligten auf eine Anfechtung/Klage gegen die Ausgliederung verzichtet haben und eine Klage gegen die Ausgliederung nicht erhoben wurde.
Ich, der einzelkaufmännische Inhaber des übertragenden Rechtsträgers, versichere, dass meine Verbindlichkeiten als Einzelkaufmann mein Vermögen nicht übersteigen (§ 152 S. 2 UmwG).
Die Geschäftsräume der Gesellschaft befinden sich weiterhin in _____, _____.Dies ist zugleich die inländische Geschäftsanschrift.
_____, den _____

_____
_____ als Kommanditist

_____
_____ als Geschäftsführer der _____ Beteiligungs-GmbH, diese wiederum handelnd als persönlich haftende Gesellschafterin der _____ GmbH & Co. KG

_____
_____ als Inhaber der „_____ e. K."
(*Es folgt der notarielle Beglaubigungsvermerk*)

7. Muster: Anmeldung zum Handelsregister der (erlöschenden) Einzelfirma

M 255

76

Amtsgericht _____
– Handelsregister –
_____

Zum Handelsregister A

_____
der Fa. _____ e. K.
melde ich
als bisheriger Inhaber des einzelkaufmännischen Unternehmens „_____ e. K." mit Sitz in _____ (HRA _____) als übertragender Rechtsträger
zur Eintragung an:
Die Spaltung mit Ausgliederung zur Aufnahme der „_____ e. K." mit Sitz in _____ (HRA _____) als übertragender Rechtsträger einerseits hinsichtlich des betrieblichen Immobilienbesitzes auf die _____ Verpachtungen GmbH & Co. KG (HRA _____) als übernehmender Rechtsträger und andererseits hinsichtlich des sonstigen Betriebsvermögens auf die _____ GmbH & Co. KG (HRA _____) als weiteren übernehmender Rechtsträger sowie das damit verbundene Erlöschen der Einzelfirma.
Ich überreiche als Anlage:
Ausfertigung der notariellen Urkunde vom _____ (UR-Nr. _____/_____ des Notars _____) über die Spaltung und Ausgliederung des Einzelunternehmens mit der Firma „_____ e. K." mit Sitz in _____ (HRA _____) einerseits auf die _____ Verpachtungen GmbH & Co. KG (HRA _____) und andererseits auf die _____ GmbH & Co. KG (HRA _____).
Die maßgebliche Bilanz (Jahresabschluss per 31.12._____) bildet eine Anlage der überreichten Urkunde.
Ich versichere, dass seit dem Stichtag der Bilanz bis heute in den Vermögensverhältnissen des Unternehmens keine Verschlechterung eingetreten ist.
Ich versichere weiterhin in Kenntnis der Strafbarkeit einer falschen Versicherung an Eides statt, dass in dem übertragenen Unternehmen kein Betriebsrat besteht.
Ich versichere weiterhin in Kenntnis der Strafbarkeit einer falschen Versicherung an Eides statt, dass alle Beteiligten auf eine Anfechtung/Klage gegen die Ausgliederung verzichtet haben und eine Klage gegen die Ausgliederung nicht erhoben wurde.

Ich, der einzelkaufmännische Inhaber des übertragenden Rechtsträgers, versichere, dass meine Verbindlichkeiten als Einzelkaufmann mein Vermögen nicht übersteigen (§ 152 S. 2 UmwG).
_____, den _____
_____ als Inhaber der „_____ e. K."
(Es folgt der notarielle Beglaubigungsvermerk)

Wolfgang Arens/Ulrich Spieker
§ 21 Der Formwechsel (§§ 190–304 UmwG)

Literatur

Dokumentationen/Kommentare/Monographien: *Arens/Spieker*, Umwandlungsrecht in der Beratungspraxis, 1996; *Benkert/Bürkle*, Umwandlungsgesetz/Umwandlungssteuergesetz (deutsch/englisch), 1996; *Dehmer*, Umwandlungssteuererlaß 1998, 1998; *Dötsch*, Das neue Umwandlungssteuerrecht ab 1995, 1995; *Ganske*, Umwandlungsrecht, 2. Aufl. 1995; *Goutier/Knopf/Tulloch*, Kommentar zum Umwandlungsrecht, 1995; *Haritz/Benkert*, Umwandlungssteuergesetz, 2. Aufl. 2000; *Heidinger/Limmer/Holland/Reul*, Gutachten zum Umwandlungsrecht 1996/97, Deutsches Notarinstitut, Band IV, 1998; *Herzig* (Hrsg.), Neues Umwandlungssteuerrecht, 1996; *Kallmeyer*, Umwandlungsgesetz, 4. Aufl. 2010; *Korintenberg/Lappe/Bengel*, KostO, 18. Aufl. 2010; *Limmer* (Hrsg.), Umwandlungsrecht, 4. Aufl. 2012; *Lutter* (Hrsg.), Umwandlungsgesetz, 4. Aufl. 2009; *Meyer-Scharenberg*, Umwandlungsrecht, 1995; *Neufang/Henrich*, Rückumwandlung, 1995; *Neye*, Umwandlungsgesetz/Umwandlungssteuergesetz, 1994; *Noll*, Steuerliche Verluststrategien bei Umwandlungen von Kapitalgesellschaften, 1999; *Ott*, Das neue Umwandlungs- und Umwandlungssteuerrecht, 1995; *Posdziech*, Neues Umwandlungsrecht, 1994; *Rödder/Herlinghaus/van Lishaut*, Umwandlungssteuerrecht, 2. Aufl. 2012; *Sagasser/Bula/Brünger*, Umwandlungen, 4. Aufl. 2011; *Schaumburg/Rödder*, Umwandlungsgesetz und Umwandlungssteuergesetz, 1995; *Schwarz*, Umwandlung mittelständischer Unternehmen im Handels- und Steuerrecht, 1995; *Schmitt/Hörtnagl/Stratz*, Umwandlungsgesetz/Umwandlungssteuergesetz, 5. Aufl. 2009; *Schwedhelm*, Die Unternehmensumwandlung, 7. Aufl. 2012; *Semler/Stengel*, Kommentar zum Umwandlungsgesetz, 3. Aufl. 2012; *Widmann/Mayer*, Umwandlungsrecht, Kommentar, Stand 2012.

Aufsätze: *Bärwaldt/Schabacher*, Der Formwechsel als modifizierte Neugründung, ZIP 1998, 1293; *Bärwaldt/Schabacher*, Der vorsorgliche Formwechsel in eine OHG beim Formwechsel einer Kapitalgesellschaft in eine GbR, NJW 1999, 623; *Beckmann*, Grunderwerbsteuer bei Umstrukturierungen, GmbHR 1999, 217; *Böhringer*, Grundzüge des neuen Umwandlungsrechts, BWNotZ 1995, 97; *Bokelmann*, Eintragung eines Beschlusses: Prüfungskompetenz des Registerrichters bei Nichtanfechtung rechtsmißbräuchlicher Anfechtungsklage und bei Verschmelzung, DB 1994, 1341; *Bokelmann*, Die Firma im Fall der Umwandlung, ZNotP 1998, 265; *Boochs*, Auswirkungen des Umwandlungssteuerrechts 1995 auf die Umsatzsteuer und die Grunderwerbsteuer, UVR 1997, 36; *Courage*, Fiktiver Vermögensübergang und Grunderwerbsteuer bei Formwechsel zwischen Kapital- und Personengesellschaft?, DB 1995, 1102; *Courage*, Keine Grunderwerbsteuer bei Formwechsel zwischen Kapitalgesellschaft und Personengesellschaft, NWB, Fach 8, 1267; *Dörrie*, Erbrecht und Gesellschaftsrecht bei Verschmelzung, Spaltung und Formwechsel, GmbHR 1996, 245; *Eckert*, Der Formwechsel einer Kapitalgesellschaft in eine Personengesellschaft und seine Auswirkungen auf öffentlich-rechtliche Erlaubnisse, ZIP 1998, 1950; *Eisolt*, Vornahme von Sonder-AfA nach einem Formwechsel, DStR 1999, 267; *Felix*, Formwechsel nach §§ 190 ff. UmwG und Grunderwerbsteuer, NJW 1995, 1137; *Fischer*, Formwechsel zwischen GmbH und GmbH & Co. KG, BB 1995, 2173; *Fleischer*, Die Vermeidung von Grunderwerbsteuer durch steuergünstige Gestaltungen bei der Umstrukturierung von Unternehmen, DStR 1996, 1390; *Flesch*, Die Beteiligung von 5-DM-Aktionären an der GmbH nach einer formwechselnden Umwandlung, ZIP 1996, 2153; *Flick*, Raus aus der GmbH, rein in die Personengesellschaft!, DB 1994, 64 und DB 1996, 1102; *Gaiser*, Die Umwandlung und ihre Auswirkungen auf personenbezogene öffentlich-rechtliche Erlaubnisse, DB 2000, 361; *Gottwald*, Nachträgliche Grunderwerbsteuerbelastung bei einem Formwechsel von einer Personen- in eine Kapitalgesellschaft, DStR 2004, 341; *Graf*, Umwandlungen aus der Sicht des Registergerichts – eine Checkliste, BWNotZ 1995, 103; *Haase*, Rückwirkender Formwechsel einer GmbH in eine GmbH & Co. KG zur Vermeidung einer vGA, StuB 2003, 1013; *Harder*, Die Stichtagswahl beim Formwechsel nach § 25 UmwStG und die Substanzsteuern, DStR 1997, 8; *Heckschen*, Der Formwechsel unter Berücksichtigung des Wechsels von der GmbH in die GmbH & Co. KG, ZAP, Fach 15, 219; *Heidemann*, Möglichkeiten und Verfahrensweisen bei der Rechtsformumwandlung in eine Aktiengesellschaft, BB 1996, 558; *Heidinger*, Haftung der BGB-Gesellschafter beim Formwechsel aus einer GmbH, GmbHR 1996, 890; *Heidinger*, Die Euroumstellung beim Formwechsel von Kapitalgesellschaften, NZG 2000, 532; *Hennrichs*, Zum Formwechsel und zur Spaltung nach dem neuen Umwandlungsgesetz, ZIP 1995, 794; *Herzberg*, Steuerklauseln in Anteilskaufverträgen und Formwechsel, DStR 2000, 1129; *Horn*, Umwandlung der BGB-Gesellschaft in eine OHG durch Handelsregistereintragung, BuW 2001, 294; *Impelmann*, Die Verschmelzung und der Formwechsel von Unternehmen nach dem neuen Umwandlungsrecht, DStR 1995, 769; *Jakobs/Plewka*, Formwechselnde Umwandlung einer Kapitalgesellschaft in eine Personengesellschaft aus der Sicht beschränkt steuerpflichtiger Gesellschafter, DB

1995, 1630; *Kallmeyer*, Der Formwechsel der GmbH oder GmbH & Co. in die AG oder KGaA zur Vorbereitung des going public, GmbHR 1995, 888; *Kallmeyer*, Der Ein- und Austritt der Komplementär-GmbH einer GmbH & Co. KG bei Verschmelzung, Spaltung und Formwechsel nach dem Umwandlungsgesetz 1995, GmbHR 1996, 80; *Kerssenbrock*, Bilanzierungskonkurrenz: Sonderbetriebsvermögen infolge formwechselnder Umwandlung?, BB 2000, 763; *Kessler*, Wahlrechte, Automatismen und Wechselwirkungen bei der Umwandlung einer Kapitalgesellschaft in eine Personengesellschaft, DStR 1997, 1506; *Kopp*, Stückaktie und Euroumstellung, DB 1998, 701; *Korn*, Änderungen der Unternehmensform bei der Umsatz-, Grunderwerb- und Schenkungsteuer, Stbg. 1997, 11; *Korte*, Aktienerwerb und Kapitalschutz bei Umwandlungen, WiB 1997, 953; *Krüger*, Umwandlung einer Körperschaft in eine Personenunternehmung als Ausweg aus dem „Körperschaftsteuermoratorium"?, DB 2003, 2249; *Kußmaul/Zabel*, Grundsätzliche Überlegungen zur Umwandlung eines (Fußball-)Vereins in eine Kapitalgesellschaft, StuB 2003, 687; *Lauermann/Sprenger*, Ertragsteuerliche Nachwirkungen des Formwechsels einer Kapital- in eine Personengesellschaft, GmbHR 2001, 601; *Limmer*, Firmenrecht und Umwandlung nach dem Handelsrechtreformgesetz, NotBZ 2000, 101; *Meyer-Landrut/Kiem*, Der Formwechsel einer Publikumsgesellschaft, WM 1997, 1361 und WM 1997, 1413; *Niedner/Kusterer*, Der Weg von der GmbH in die GmbH & Co. KGaA, GmbHR 1998, 584; *Orth*, Einbringung nach dem sog. erweiterten Anwachsungsmodell, DStR 2009, 192; *Ott*, Umwandlung einer Kapitalgesellschaft in eine Personengesellschaft nach neuem Umwandlungs- und Umwandlungssteuerrecht; INF 1995, 460 und 492; *Ott*, Umwandlung einer Personengesellschaft in eine Kapitalgesellschaft, INF 1996, 173 und 205; *Ott*, Umwandlung einer GmbH in eine GmbH & Co. KG durch Formwechsel, INF 1996, 333; *Ott*, Keine Grunderwerbsteuerpflicht beim Formwechsel, INF 1997, 199; *Otto/Busch*, Formwechselnde Umwandlungen und Grunderwerbsteuerpflicht nach dem JStG 1997, BB 1997, 1024; *Patt*, Umwandlungsbedingte Entstehung von Sonderbetriebsvermögen, EStB 2000, 235; *Petersen*, Schenkungsteuer bei der identitätswahrenden Umwandlung eines Vereins in eine AG?, BB 1997, 1981; *Piltz*, Umwandlung einer Gewinn- bzw. einer Verlust-GmbH in eine KG, Stbg. 1998, 97; *Priester*, Kapitalgrundlage beim Formwechsel, DB 1995, 911; *Prinz*, Die „formgewechselte GmbH" und ihr Börsengang: „Steuerfallen" für Anteilseigner, GmbHR 2008, 626; *Schaub*, Treuhand an GmbH-Anteilen – Treuhandgefahren für den Treugeber, DStR 1996, 65; *Schmid/Dietel*, Praxisfragen bei der Anwachsung von Personengesellschaften mit faktischer Rückwirkung, DStR 2008, 529; *Schmidt, A.*, Von der GmbH in die AG, GmbH-StB 2001, 63; *Schmidt, K.*, Formwechsel zwischen GmbH und GmbH & Co. KG, GmbHR 1995, 693; *Schmidt, K.*, Volleinzahlungsgebot beim Formwechsel in die AG oder GmbH?, ZIP 1995, 1385; *Schnorbus*, Analogieverbot und Rechtsfortbildung im Umwandlungsrecht, DB 2001, 1654; *Schultes-Schnitzlein/Kaiser*, Formwechsel einer Personengesellschaft in eine Kapitalgesellschaft – Handelsrechtliche und steuerrechtliche Implikationen, NWB 2009, 2500; *Schulze zur Wiesche*, Die GmbH & Co. KG im neuen Umwandlungssteuerrecht, DB 1996, 1539; *Schulze zur Wiesche*, Die Umwandlung von Gesellschaften nach dem Steuersenkungsgesetz, WPg 2001, 500; *Sigel*, Von der GmbH in die GmbH & Co. KG, GmbHR 1998, 1208; *Simon*, Nochmals: „Umwandlung" der GmbH & Co. GbR in eine KG, DStR 2000, 578; *Sommer*, Umwandlung einer GbR in eine Partnerschaftsgesellschaft, NJW 1998, 3549; *Stegemann/Middendorf*, Das Schicksal der Unterbeteiligung bei Formwechsel der Hauptgesellschaft, BB 2006, 1084; *Streck/Mack/Schwedhelm*, Verschmelzung und Formwechsel nach dem neuen Umwandlungsgesetz, GmbHR 1994, 161; *Streck/Posdziech*, Verschmelzung und Formwechsel nach dem neuen Umwandlungssteuergesetz, GmbHR 1995, 271 (Teil I) und GmbHR 1995, 357 (Teil II); *Teichmann*, Cartesio: Die Freiheit zum formwechselnden Wegzug, ZIP 2009, 393; *Tiedtke*, Kostenrechtliche Behandlung von Umwandlungsvorgängen nach dem Umwandlungsgesetz, ZNotP 2001, 226 (Teil I) und 260 (Teil II); *Veil*, Die Registersperre bei der Umwandlung einer AG in eine GmbH, ZIP 1996, 1065; *Veil*, Der nicht-verhältniswahrende Formwechsel von Kapitalgesellschaften, DB 1996, 2529; *von der Osten*, Die Umwandlung einer GmbH in eine GmbH & Co., GmbHR 1995, 432; *Walter*, Steuerliche Rückwirkung des Formwechsels und Organschaft, GmbHR 1996, 905; *Weber*, Ausgewählte Zweifelsfragen zum Formwechsel einer Kapitalgesellschaft in eine Personengesellschaft, GmbHR 1996, 263 und 334; *Weimar/Grote*, Die Umwandlung einer GmbH in eine kleine Aktiengesellschaft, INF 2000, 407; *Wertenbruch*, Partnerschaftsgesellschaft und neues Umwandlungsrecht, ZIP 1995, 712; *Winkeljohann/Stegemann*, Postakquisitorischer Formwechsel in eine Kapitalgesellschaft als steuerliches Gestaltungsinstrument, DStR 2004, 544; *Wolf*, Die Haftung des Kommanditisten beim Formwechsel in die GmbH, ZIP 1996, 1200.

Inhalt

A. Rechtliche Grundlagen —— 1
I. Begriff und Wesensmerkmale des Formwechsels —— 1
   1. Definition des Formwechsels —— 1
   2. Keine Analogiefähigkeit —— 7
   3. Formwechselfähige Rechtsträger —— 8
     a) Formwechselnde Rechtsträger —— 9
     b) Rechtsträger neuer Rechtsform —— 10

II. Durchführung des Formwechsels —— 12
1. Gliederungsschema, Inhalt und Anlagen eines Umwandlungsberichts (§ 192 UmwG) —— 12
   a) Gliederungsschema und Inhalt —— 12
   b) Vermögensaufstellung —— 13
2. Inhalte des Formwechselbeschlusses —— 16
3. Anmeldung eines Formwechsels —— 21
4. Praktischer Hauptanwendungsfall: Umwandlung einer GmbH in eine GmbH & Co. KG —— 23
   a) Gestaltungsalternativen —— 23
   b) Umwandlung einer GmbH in eine GmbH & Co. KG durch Formwechsel —— 25
      aa) Gründung und Beitritt der künftigen Komplementär-GmbH —— 25
      bb) Kernproblem: Übernahme der persönlichen Haftung —— 27
      cc) Treuhandmodell —— 29
      dd) Firmierungsfragen —— 31
   c) Umwandlung einer GmbH in eine GmbH & Co. KG: Verschmelzungsmodell als Alternative —— 33
   d) Umwandlung einer GmbH in eine GmbH & Co. KG: Spaltungsmodell als Alternative —— 35
5. Weiterer Hauptanwendungsfall: Umwandlung einer GmbH in eine AG —— 38
   a) Alternative Umwandlungswege —— 38
   b) Probleme im Zusammenhang mit dem Formwechsel in eine AG —— 39
   c) Stationen des Umwandlungsvorganges —— 42
   d) Wesentlicher Inhalt des Formwechselbeschlusses —— 43
6. Umwandlung einer AG in eine GmbH —— 44

B. **Muster** —— 46
I. Muster: Formwechsel einer GmbH in eine GmbH & Co. KG —— 46
1. Typischer Sachverhalt —— 46
2. Checkliste: Ablauf des Formwechsels —— 55
3. Muster: Treuhandvertrag zur Aufnahme der künftigen Komplementär-GmbH in die übertragende GmbH mit treuhänderischer Geschäftsanteilsübertragung und aufschiebend bedingter Rückabtretung des damit verbundenen Kapitalanteils —— 56
4. Muster: Formwechselbeschluss nach dem „Identitätsgrundsatz" mit Verzicht auf die Erstellung eines Umwandlungsberichts —— 57
5. Muster: Formwechselbeschluss nach dem „Beitrittsmodell" mit Verzicht auf die Erstellung eines Umwandlungsberichts —— 58
6.
7. Muster: Anmeldung des Formwechsels zum Register der formwechselnden GmbH —— 59
8. Muster: Anmeldung des Formwechsels zum Handelsregister der formgewechselten KG —— 60
9. Muster: Anmeldung des Formwechsels nur zum Register der formwechselnden GmbH —— 61

II. Formwechsel einer KG oder GmbH & Co.KG in eine GmbH —— 62
1. Typischer Sachverhalt —— 62
2. Muster: Formwechselbeschluss —— 77
3. Muster: Anmeldung des Formwechsels einer KG in eine GmbH zum Handelsregister —— 78
4. Muster: Formwechselnde Umstrukturierung einer GmbH & Co.KG in eine GmbH nach dem sog. erweiterten Anwachsungsmodell —— 79
5. Muster: Anmeldung des Erlöschens der Kommanditgesellschaft —— 80
6. Muster: Anmeldung zum Handelsregister der GmbH —— 81

III. Formwechsel einer GmbH in eine Aktiengesellschaft —— 82
1. Typischer Sachverhalt —— 82
2. Muster: Formwechselnde Umwandlung einer GmbH in eine AG mit Euro-Umstellung, Kapitalerhöhung und Anteilsübertragung auf neue Gesellschafter —— 84
3. Muster: Gründungsbericht der Gründer der Aktiengesellschaft —— 85
4. Muster: Gründungsprüfungsbericht der Mitglieder des Vorstandes und des Aufsichtsrates —— 86
5. Muster: Protokoll der ersten Sitzung des Aufsichtsrates —— 87
6. Muster: Handelsregisteranmeldung —— 88

IV. Formwechsel einer Aktiengesellschaft in eine GmbH —— 89
1. Typischer Sachverhalt —— 89
2. Muster: Niederschrift der Hauptversammlung mit Formwechselbeschluss und Geschäftsführerbestellung —— 90
3. Muster: Anmeldung des Formwechsels zum Handelsregister —— 91
4. Muster: Einladung zur Hauptversammlung mit Tagesordnung, Entwurf der Umwandlungsbeschlussfassung und Barabfindungsangebot —— 92
5. Checkliste: Gliederungsschema eines Umwandlungsberichts (§ 192 UmwG) beim Formwechsel einer AG in eine GmbH —— 93

A. Rechtliche Grundlagen

I. Begriff und Wesensmerkmale des Formwechsels

1. Definition des Formwechsels

1 Der Formwechsel nach dem UmwG 1995 entspricht im Wesentlichen dem, was früher im UmwG 1969 und im AktG von 1965 als „Umwandlung" bezeichnet war.[1]

2 Die gesetzliche Definition in § 190 Abs. 1 UmwG ist denkbar präzise und knapp: „Ein Rechtsträger kann durch Formwechsel eine andere Rechtsform erhalten."

3 Die wohl anschaulichste und transparenteste Beschreibung des Formwechsels ist die, dass der betroffene Rechtsträger (insbesondere Unternehmen) durch den Formwechsel lediglich **„das Rechtskleid wechselt"** bei gleichzeitiger **„Identitätswahrung"**. Dies bedeutet insbesondere, dass eine Vermögensübertragung nicht erforderlich ist und sich auch nicht im Wege der Gesamtrechtsnachfolge vollziehen muss.[2] Der Rechtsträger bleibt derselbe, er hat durch den Formwechsel lediglich eine andere Rechtsform erhalten.[3] Allerdings soll die bisherige Gewerblichkeit einer GmbH kraft Rechtsform (§ 6 HGB) nicht auch nach formwechselnder Umwandlung in eine Personengesellschaft fortbestehen.[4]

4 Praktisch bedeutet die Wahrung der Identität des Rechtsträgers, dass öffentliche Register (z.B. Handelsregister, Grundbuch) lediglich hinsichtlich der neuen Rechtsform berichtigt werden müssen. Dementsprechend müssen auch fortbestehende Prokuren zur Umschreibung nicht neu angemeldet werden.[5] Entsprechendes soll grundsätzlich für Unternehmensverträge gelten.[6]

5 Deshalb sollte sich auch – mangels Vermögensübertragung – der Geschäftswert der Beurkundung nur nach §§ 27 Abs. 1, 26 Abs. 3 KostO a.F. richten (halber Stufenwert) und nicht nach dem Wert des Aktivvermögens.[7] Seit der Neufassung in § 27 Abs. 2 KostO per 27.6.1997 ist aber auch insoweit der Wert des Aktivvermögens des formwechselnden Rechtsträgers – unter Berücksichtigung der Verkehrs-, nicht der Buchwerte (vgl. § 19 Abs. 2 KostO) – maßgeblich.[8] Gem. § 39 Abs. 4 Alt. 1 KostO ist der Wert auf höchstens 5 Mio. EUR begrenzt.[9] Verbindlichkeiten dürfen nicht abgezogen werden (§ 18 Abs. 3 KostO). Ausgangspunkt sind die Aktiven in der Bilanz. Abzuziehen sind lediglich Positionen, die keinen Vermögenswert darstellen oder die das Vermögen des formwechselnden Rechtsträgers unmittelbar mindern,[10] etwa Positionen wie
– Aufwendungen für Ingangsetzung und Erweiterung des Geschäftsbetriebes[11]
– nicht durch Eigenkapital gedeckter Fehlbetrag
– Verlustvorträge auf der Aktivseite der Bilanz.[12]

---

1 Vgl. *Streck/Mack/Schwedhelm*, GmbHR 1995, 161, 170 ff.; *Heckschen*, ZAP, Fach 15, 219 ff.
2 Siehe etwa BFH GmbHR 1986, 213; BFH GmbHR 2004, 196, 197; Semler/Stengel/*Fonk*, UmwG, § 190 Rn 4.
3 Kritisch dazu *Bärwaldt/Schabacker*, ZIP 1998, 1293.
4 BFH GmbHR 2000, 995; zur Investitionszulageberechtigung siehe BFH GmbHR 2004, 196 m. Anm. *Mildner*.
5 OLG Köln DNotZ 1997, 700 = GmbHR 1996, 773; siehe etwa auch Widmann/Mayer/*Vossius*, UmwG, § 202 Rn 114 für den Fall des Formwechsels, allerdings einschränkend für den Fall der unechten Gesamtprokura.
6 OLG Düsseldorf ZIP 2004, 753 m. Anm. *Götz*; Lutter/*Decher*, UmwG, § 202 Rn 43; Kallmeier/*Meister/Klöcker*, UmwG, § 202 Rn 18; zum Schicksal der Unterbeteiligung bei Formwechsel der Hauptgesellschaft, *Stegemann/Middendorf*, BB 2006, 1084.
7 BayObLG BB 1998, 1122.
8 Dazu *Tiedtke*, MittBayNot 1997, 209, 211; *Tiedtke*, ZNotP 1999, 414 und ZNotP 2001, 260; *Lappe/Schulz*, NotBZ 1997, 54, 57; Schmitt/*Hörtnagel/Stratz*, UmwG/UmwStG, vor §§ 190–213 UmwG Rn 4.
9 Schmitt/*Hörtnagel/Stratz*, UmwG/UmwStG, vor §§ 190–213 UmwG Rn 4; *Filzek/Sommerfeldt*, MittBayNot 1997, 306.
10 *Tiedtke*, ZNotP 2001, 260; *Lappe/Schulz*, NotBZ 1997, 54, 57.
11 BayObLG ZNotP 1999, 414 m. Anm. *Tiedtke*.
12 Korintenberg/*Bengel*, KostO, § 39 Rn 47; *Tiedtke*, ZNotP 1999, 414.

Der Posten „Angefangene, noch nicht abgerechnete Arbeiten" auf der Aktivseite ist um die „Erhaltenen Anzahlungen" zu saldieren.[13] Eine Nichtbeachtung des so zu ermittelnden Geschäftswertes kann als Verstoß gegen § 140 KostO (Verbot der Gebührenvereinbarung) angesehen werden.

2. Keine Analogiefähigkeit
§ 190 Abs. 2 UmwG bestimmt, dass die dann folgenden Vorschriften im UmwG 1995 nicht für Änderungen der Rechtsform gelten, die in anderen Gesetzen vorgesehen oder zugelassen sind. Die Formwechselvorschriften nach dem fünften Buch des UmwG 1995 (§§ 190 ff.) sind also für andere Änderungen der Rechtsformen nicht analogiefähig.[14]

3. Formwechselfähige Rechtsträger
Welche Rechtsträger an einem Formwechsel beteiligt sein können, ergibt sich aus § 191 UmwG:

a) Formwechselnde Rechtsträger
Formwechselnde Rechtsträger können sein:[15]
- Personenhandelsgesellschaften (OHG, KG)
- Partnerschaftsgesellschaft (seit 1.8.1998), allerdings nur in Kapitalgesellschaft oder Genossenschaft (§ 225a UmwG n.F.)
- Kapitalgesellschaften (GmbH, AG, KGaA)
- eingetragene Genossenschaften (eG)
- rechtsfähige Vereine
- Versicherungsvereine auf Gegenseitigkeit (VVaG)
- Körperschaften und Anstalten des öffentlichen Rechts;
- **nicht**: Gesellschaften bürgerlichen Rechts (mit gewerblicher Tätigkeit), solange sie nicht nach freiwilliger Umgestaltung in eine Personenhandelsgesellschaft seit der Neuregelung des Kaufmannsbegriffs in §§ 1 ff. HGB seit dem 1.7.1998 (vgl. §§ 1, 2, 4, 105 Abs. 2, 161 Abs. 2 HGB) in das Handelsregister eingetragen sind.[16]

Aufgelöste Rechtsträger sind so lange formwechselfähig, wie ihre Fortsetzung in der bisherigen Rechtsform beschlossen werden könnte (§ 191 Abs. 3 UmwG).[17]

b) Rechtsträger neuer Rechtsform
Rechtsträger neuer Rechtsform können sein:[18]
- Gesellschaft bürgerlichen Rechts (GbR), die dadurch aber nach früherem Verständnis als solche nicht grundbuchfähig wird;[19] jedoch nicht bei Formwechsel einer Personenhandelsgesellschaft (§ 214 UmwG)

---

13 LG Zweibrücken MittBayNot 1982, 54; Korintenberg/*Bengel*, KostO, § 39 Rn 47; *Tiedtke*, ZNotP 1999, 414.
14 Dazu *Schnorbus*, DB 2001, 1654.
15 *Schmitt/Hörtnagel/Stratz*, UmwG/UmwStG, § 191 UmwG Rn 4 ff.
16 Dazu etwa *Horn*, BuW 2001, 294.
17 Dazu auch OLG Naumburg NJW-RR 1998, 178; dazu EWiR 1997, 807 (*Bayer*), BayObLG ZIP 1998, 739; dazu EWiR 1998, 515 (*Kiem*); *Hirte*, ZInsO 2004, 353.
18 *Schmitt/Hörtnagel/Stratz*, UmwG/UmwStG, § 191 UmwG Rn 32 ff.
19 LG Wuppertal EWiR 1996, 1119 (*Witzorrek*); OLG Düsseldorf DNotZ 1997, 737 m. Anm. *Demharter*; zur Grundbuch- und Registerfähigkeit auch *Münch*, DNotZ 2001, 535; zur partiellen Rechtsfähigkeit der GbR aber BGH DStR 2001, 310 m. Anm. *Goette* = DNotZ 2001, 234 m. Anm. *Schemmann*; *Dauner-Lieb*, DStR 2001, 356 ff.

- Partnerschaftsgesellschaft (früher streitig, seit 1.8.1998 gesetzlich geregelt)
- Personenhandelsgesellschaften
- Kapitalgesellschaften
- eingetragene Genossenschaften.

11 In den Fällen des Formwechsels einer Personengesellschaft in eine Kapitalgesellschaft darf die Kapitalgesellschaft das übergegangene Betriebsvermögen gemäß § 25 S. 1 i.V.m. § 20 Abs. 2 S. 1 UmwStG 1995 mit seinem Buchwert oder mit einem höheren Wert ansetzen.[20]

II. Durchführung des Formwechsels

1. Gliederungsschema, Inhalt und Anlagen eines Umwandlungsberichts (§ 192 UmwG)
a) Gliederungsschema und Inhalt

12 Der **Umwandlungsbericht** hat folgende Erläuterungen zu enthalten:
- Darstellung der Gründe für den Formwechsel
- Beschreibung des Ablaufs der Umwandlung
- Darstellung über den identitätswahrenden Charakter der Umwandlung („Wechsel des Rechtskleids")
- Umwandlung der Beteiligung (z.B. des Aktienkapitals bzw. der Aktien in Stammkapital bzw. in Geschäftsanteile, wobei sich die Gesamtzahl der Inhaberaktien in Geschäftsanteile der GmbH-Gesellschafter umwandelt)[21]
- Kapitalaufbringung
- Darstellung darüber, dass bzw. ob durch den Umwandlungsvorgang eine neue Haftung der Gesellschafter für Verbindlichkeiten der umgewandelten Gesellschaft entsteht
- Fortbestand von Rechten Dritter an den bisherigen und den nunmehrigen Gesellschaftsanteilen
- Folgen für die Arbeitnehmer und ihre Vertretungen (Arbeitsverhältnisse, etwaige tarifvertragliche Bestimmungen und Mitbestimmung auf Betriebs- und ggf. auf Unternehmensebene)
- Auswirkung der Umwandlung auf die Firmierung
- Steuerliche Folgen des Umwandlungsvorgangs auf Gesellschafts- und auf Gesellschafterebene (z.B. keine steuerlichen Auswirkungen für die Gesellschaft und ihre Gesellschafter; Buchwertfortführung, kein besonderer Zwischenabschluss erforderlich u.Ä.)
- Bestellung der Geschäftsführungs- oder Vertretungsorgane
- Ggf. Bestellung des Abschlussprüfers, soweit die rechtsform- und größenklassenmäßigen Voraussetzungen vorliegen
- Darstellung der Anfechtungsmöglichkeiten gegen den Umwandlungsbeschluss und seine Einschränkungen
- Angaben zu den Kosten der Umwandlung und zur Kostentragung.

b) Vermögensaufstellung

13 Im Falle des Formwechsels war früher dem Bericht eine Vermögensaufstellung beizufügen, in der die Gegenstände und Verbindlichkeiten des formwechselnden Rechtsträgers mit dem **wirklichen Wert** anzusetzen waren (Stichtag: Erstellung des Berichts). In umwandlungssteuerlicher

---

20 BFH BStBl II 2005, 568 = DStR 2006, 271; entgegen BMF-Schreiben vom 25.3.1998 (UmwSt-Erlass), BStBl I 1998, 268 Tz. 20.30, so auch BMF v. 4.7.2006, BStBl I 2006, 445 = DStR 2006, 797.
21 Zum Minderheitenschutz siehe auch OLG Düsseldorf ZIP 2003, 1749 m.w.N.

Hinsicht ist dagegen stets eine **Steuerbilanz** auf den Stichtag der Umwandlung erforderlich (§§ 14, 25 UmwStG).

Wurde allerdings wirksam auf die Erstellung eines Berichts verzichtet, entfiel auch die 14 Pflicht zur Erstellung der Vermögensaufstellung, da diese Teil des Berichts war (§ 192 Abs. 2 S. 2 UmwG a.F.).[22] Wurde auf die Vermögensaufstellung nicht verzichtet, war deren Fehlen jedoch auch dann ein **Eintragungshindernis**, wenn gegen den Gesellschafterbeschluss über den Formwechsel eine Anfechtungsklage nicht erhoben wurde.[23]

Anstelle der im Umwandlungsgesetz beabsichtigten Erleichterung des Umwandlungsvor- 15 gangs war somit letztlich doppelter Arbeits- und Kostenaufwand erforderlich. Der Gesetzgeber hat daher mit dem 2. Gesetz zur Änderung des UmwG die Regelung des § 192 Abs. 2 UmwG mit Wirkung ab 20.4.2007 ersatzlos gestrichen.

2. Inhalte des Formwechselbeschlusses

Zum **Mindestinhalt** des Umwandlungsbeschlusses beim Formwechsel gehören (§ 194 UmwG): 16
- Rechtsform des neuen Rechtsträgers
- Regelung der Beteiligungen in der neuen Rechtsform
- Abfindungsangebot für ausscheidende Gesellschafter
- Darstellung der Folgen des Formwechsels für die Arbeitnehmer und die Arbeitnehmervertretungen[24]
- Beachtung der gesetzlichen Vorschriften für die neue Rechtsform.

Dass beim Formwechsel ein Umwandlungsvertrag bzw. Umwandlungsplan nicht erforderlich 17 ist, beruht auf dem Zweck des Vertrages bzw. Planes im Falle der Verschmelzung und der Spaltung, nämlich divergierende Beschlussfassungen zu verhindern. Beim Formwechsel ist ohnehin nur ein Rechtsträger beteiligt. Die Gefahr divergierender Beschlüsse der Anteilseigner-/Gesellschafterversammlungen besteht also von vornherein nicht.

Darüber hinaus kann die formwechselnde Umwandlung auch in aller Regel keine Nachteile 18 für die **Arbeitnehmer** bzw. die **Betriebsverfassungsorgane** mit sich bringen, mit Ausnahme der etwaigen Haftungsbegrenzung – allerdings mit fünfjähriger Nachhaftung bisher persönlich haftender Gesellschafter nach dem Nachhaftungsbegrenzungsgesetz – und mit Ausnahme der rechtsformspezifischen Unternehmensmitbestimmung.[25]

Auch ein **nicht-verhältniswahrender Formwechsel** ist – zumindest nach Literatur- 19 meinung – zulässig,[26] zumindest mit Zustimmung der betroffenen Gesellschafter in notarieller Form. Ein Verfügungsverbot bezüglich der Gesellschaftsanteile für den Zeitraum zwischen Beschlussfassung über den Formwechsel und Handelsregistereintragung soll ebenso nicht bestehen.[27]

Beim Formwechsel einer **Publikums-AG mit unbekannten Aktionären** sind §§ 213, 35 20 UmwG zu beachten.[28]

---

22 *Schmitt/Hörtnagel/Stratz*, UmwG/UmwStG, § 192 UmwG Rn 3; Semler/Stengel/*Bärwaldt*, UmwG, § 192 Rn 23 ff.
23 OLG Frankfurt GmbHR 2003, 1274.
24 Dazu Semler/Stengel/*Bärwaldt*, UmwG, § 194 Rn 30 ff.
25 Widmann/Mayer/*Vollrath*, UmwG, § 194 Rn 46–51.
26 Dazu – auch mit Formulierungsbeispielen – Widmann/Mayer/*Vollrath*, UmwG, § 194 Rn 17 ff.; *Limmer*, Umwandlungsrecht, Rn 68; Lutter/*Decher*, UmwG, § 195 Rn 9; *Veil*, DB 1996, 2529 ff.
27 Lutter/*Decher*, UmwG, § 202 Rn 15; Kallmeier/*Meister/Klöcker*, UmwG, § 194 Rn 25 und § 202 Rn 12, 30; BayObLG ZIP 2000, 230; BayObLG ZIP 2003, 1145 = DStR 2003, 1269 m. Anm. *Wälzholz*.
28 Vgl. dazu LG Augsburg ZIP 1996, 1011; *Trölitzsch*, WiB 1997, 795, 801; *Bayer*, ZIP 1997, 1613; zur Pflegerbestellung bei unbekannten GmbH-Gesellschaftern siehe auch OLG Bremen BB 2003, 1525.

3. Anmeldung eines Formwechsels

21 Beim Formwechsel ist die neue Rechtsform (nicht die Umwandlung als solche; Ausnahme: beim Formwechsel in eine Gesellschaft bürgerlichen Rechts, § 235 UmwG) zur Eintragung in das Register anzumelden. Zuständig ist grundsätzlich das für die bisherige Rechtsform **zuständige Register** (§ 198 Abs. 1 UmwG).

22 War bislang noch keine Registereintragungspflicht gegeben (beispielsweise bei der GbR) oder wechselt die Registerzuständigkeit (vom Handels- zum Vereins- oder Genossenschaftsregister oder umgekehrt), muss die Anmeldung bei dem für die neue Rechtsform maßgeblichen Register, ggf. zusätzlich auch beim bisherigen Register, vorgenommen werden (§ 198 UmwG).[29]

4. Praktischer Hauptanwendungsfall: Umwandlung einer GmbH in eine GmbH & Co. KG
a) Gestaltungsalternativen

23 In der Praxis wird gerade die nunmehr einfach zu vollziehende **Umwandlung einer GmbH in eine GmbH & Co. KG** als einer der wesentlichen Vorteile des neuen Umwandlungsrechts angesehen und ist deshalb ein Hauptanwendungsfall, wenn nicht der **Hauptanwendungsfall** des neuen Rechts. Nach der Regelung in § 1 Abs. 2 UmwG a.F. war eine unmittelbare formwechselnde Umwandlung einer GmbH in eine GmbH & Co. KG ausdrücklich ausgeschlossen. Sie konnte nur als verschmelzende Umwandlung erfolgen, war jedoch auch nicht steuerlich privilegiert (kein Wahlrecht zur Buchwertfortführung).

24 Nach dem UmwG 1995 bieten sich dagegen verschiedene Wege einer solchen Umwandlung unter Inanspruchnahme der Vorteile einer Gesamtrechtsnachfolge an. In der Praxis wird aber wohl regelmäßig der nachstehend beschriebene Formwechsel gem. § 190 UmwG (Rn 25 ff.) dafür in Anspruch genommen werden, seltener das dann folgende Verschmelzungsmodell (Rn 33 f.), nur ganz ausnahmsweise das abschließend aufgeführte Spaltungsmodell (Rn 35 ff.).[30] Das Verschmelzungs- und das Spaltungsmodell lösen aber bei Vorhandensein von Grundbesitz Grunderwerbsteuer aus.

b) Umwandlung einer GmbH in eine GmbH & Co. KG durch Formwechsel
aa) Gründung und Beitritt der künftigen Komplementär-GmbH

25 Der praktische Regelfall der Umwandlung einer GmbH in eine GmbH & Co. KG dürfte der Formwechsel gem. §§ 190 ff. UmwG sein.[31] In diesem Fall ist aber erforderlich, dass die zukünftige Komplementär-GmbH vorher (zusätzlich) gegründet wird und der formwechselnden GmbH beitritt. Dies ergibt sich aus § 202 Abs. 1 Nr. 2 UmwG, wonach bei einem Formwechsel die vor und nach dem Formwechsel beteiligten Gesellschafter identisch sein müssen (sog. **Identitätsgrundsatz**). Da aber die Komplementär-GmbH nach dem Formwechsel Gesellschafterin, nämlich Komplementärin, der Kommanditgesellschaft sein soll, muss sie zuvor auch in der Alt-GmbH (formwechselnder Rechtsträger) Gesellschafterin gewesen sein.[32] Bei der Neugründung der zukünftigen Komplementär-GmbH ist also der Gesellschaftszweck auch von vornherein entsprechend zu fassen.

26 Diese – zumindest bisherige – h.M. zum sog. „Identitätsgrundsatz" wird in Zweifel gezogen, nachdem der **BGH** in einer Entscheidung vom 9.5.2005[33] im Falle der formwechselnden Um-

---

29 *Schmitt/Hörtnagel/Stratz*, UmwG/UmwStG, § 198 UmwG Rn 7 f.
30 Vgl. insgesamt auch *Höflacher/Wendlandt*, GmbHR 1996, 53.
31 Vgl. dazu umfassend *Weber*, GmbHR 1996, 263 ff. und 334 ff.; *Heckschen*, ZAP, Fach 15, 219 ff.
32 Lutter/*Decher*, UmwG, § 202 Rn 16 m.w.N.; Centrale-Gutachten, GmbHR 1998, 4; a.A. *K. Schmidt*, GmbHR 1995, 693 ff.; *Kallmeyer*, GmbHR 1996, 80 ff. und nunmehr auch BayObLG BB 1999, 2629 = GmbHR 2000, 89, wonach es ausreichend sein soll, wenn die künftige Komplementär-GmbH vor Eintragung des Formwechsels, aber erst nach Fassung des Umwandlungsbeschlusses beitritt; ähnlich auch – gegen den Identitätsgrundsatz – LG Saarbrücken DNotI-Report 1999, 163 für den Fall der Verschmelzung einer GmbH & Co. KG auf eine andere.
33 BGH NZG 2005, 722.

wandlung einer AG in eine GmbH & Co.KG in einem obiter dictum den Beitritt neuer Gesellschafter im Rahmen eines Formwechsels für zulässig erklärt hat.[34] Die nachstehenden Überlegungen beruhen insoweit noch auf der bisher h.M.

bb) Kernproblem: Übernahme der persönlichen Haftung

Nachdem die neu gegründete Komplementär-GmbH der Alt-GmbH beigetreten ist, kann der Formwechsel gem. §§ 190 ff. UmwG vollzogen werden, wobei dann die Altgesellschafter der Alt-GmbH Kommanditisten und die neu beigetretene Komplementär-GmbH Komplementärin der aus dem Formwechsel hervorgehenden KG werden. Damit die neue GmbH & Co. KG nicht als Schein-KG entsteht, musste sie bis zur HGB-Reform 1998 einen vollkaufmännischen Geschäftsbetrieb unterhalten.[35] Andernfalls wurde der Formwechsel steuerlich ggf. als Betriebsaufgabe angesehen.[36] 27

Sicherlich könnte auch die Umwandlung dergestalt vollzogen werden, dass zunächst die Alt-GmbH durch Formwechsel in eine KG umgewandelt wird, an der alle Gesellschafter der Alt-GmbH beteiligt sind; dabei müsste aber einer der Alt-Gesellschafter (vorübergehend) die Komplementärrolle einnehmen, was im Hinblick auf die Haftung und die Nachhaftung in der Regel aber regelmäßig nicht gewünscht wird.[37] Anschließend könnte eine neu gegründete Komplementär-GmbH als persönlich haftende Gesellschafterin in diese KG eintreten und den dann wieder in die Kommanditistenrolle wechselnden Gesellschafter als Komplementär ersetzen. 28

cc) Treuhandmodell

Da eine Beteiligung der Komplementär-GmbH am Gesellschaftskapital der GmbH & Co. KG regelmäßig unerwünscht ist, wird der Beitritt der künftigen Komplementär-GmbH zur Alt-GmbH in der Praxis üblicherweise wie folgt gestaltet: 29
- Ein Altgesellschafter der Alt-GmbH als Treugeber tritt treuhänderisch einen Kleinstanteil der Alt-GmbH (ggf. nach vorheriger entsprechender Teilung seines Anteils) an die künftige Komplementär-GmbH ab. Das Treuhandverhältnis ist auflösend bedingt und endet mit dem Wirksamwerden des Formwechsels.
- Die Abtretung erfolgt dabei mit aufschiebend bedingter Rückübertragung der mit dem Kleinstanteil verbundenen Kapitalbeteiligung an den Treugeber (Altgesellschafter).
- Aufschiebende Bedingung ist die Eintragung des Formwechsels im Handelsregister.

Auch wenn nämlich die zuvor gegründete und beigetretene Komplementär-GmbH durch treuhänderische Abtretung eines geringen Teilgeschäftsanteils eingesetzt wird, besteht für die treugebenden Altgesellschafter eine **Haftungsgefahr**.[38] Die Komplementär-GmbH hat nämlich als Treuhänderin der Anteile gegen den Altgesellschafter als Treugeber den **Freistellungsanspruch** aus § 670 BGB.[39] Wird nämlich die Rückübertragung erst nach Eintragung des Formwechsels vorgenommen, ist möglicherweise in der Zwischenzeit die unbeschränkte persönliche Haftung der Komplementär-GmbH Teil des Freistellungsanspruchs aus dem Treuhandverhältnis geworden. Um dies zu vermeiden, sollte die Treuhänderschaft auflösend bedingt bzw. die Rückabtre- 30

---

34 Dazu *Simon/Leuering*, NJW-Spezial 2005, 459; so auch *Wagner/Dux*, Die GmbH & Co. KG, 11. Aufl. 2009, S. 512 Rn 734; Semler/Stengel/*Ihrig*, UmwG, § 228 Rn 22.
35 Vgl. §§ 1, 2, 4 HGB a.F.
36 FG Münster EFG 1996, 816.
37 *Bärwaldt/Schabacker*, ZIP 1998, 1293 f.
38 Vgl. dazu allgemein *Schaub*, DStR 1996, 65 ff.
39 Zur Umwandlung des Freistellungsanspruchs eines Treuhand-Gesellschafters in einen Zahlungsanspruch gegen den Treugeber siehe BGH ZIP 2001, 789; dazu EWiR 2001, 583 (*Armbrüster*).

tung des Kapitalanteils an den Treugeber aufschiebend bedingt mit der Eintragung der KG gestaltet werden.[40] Für das Treuhandverhältnis gilt § 39 Abs. 2 Nr. 1 S. 2 AO, so dass die Anteile steuerlich den (Alt-)Gesellschaftern zugerechnet werden.

dd) Firmierungsfragen

31 Zu beachten ist auch die Wahl der richtigen Firmierung der durch den Formwechsel neu entstehenden GmbH & Co. KG im Hinblick auf die schon bestehende Firmierung der Alt-GmbH und die daraus resultierende **Verwechslungsgefahr**. Die wortgleiche Übernahme der Firma (Firmenkern) durch die GmbH & Co. KG war schon vor der Reform des Firmenrechts zum 1.7.1998 zulässig, soweit sie den Namen einer natürlichen Person enthielt. Dagegen wurde die Fortführung einer reinen Sachfirma (Firmenkern) im Hinblick auf §§ 200 Abs. 1, 18 Abs. 1 S. 2 UmwG nicht für zulässig erachtet.[41]

32 Soll ein bisher in der Firma geführter Name einer natürlichen Person fortgeführt, aber ansonsten die Firmierung geändert werden, ist dies auf Antrag beim Registergericht zulässig (§ 200 Abs. 3 UmwG). Der Name eines Gesellschafters, der anlässlich des Formwechsels ausscheidet, darf mit dessen Zustimmung für die Firmierung benutzt werden (§ 200 Abs. 4 UmwG). Dagegen ist die Zustimmung von Erben zur Fortführung des Namens eines verstorbenen Gesellschafters bei Übernahme der Firma nicht erforderlich.[42]

c) Umwandlung einer GmbH in eine GmbH & Co. KG: Verschmelzungsmodell als Alternative

33 Den Bedürfnissen der Praxis entspricht gelegentlich auch das Modell einer Verschmelzung durch Aufnahme gem. § 2 Nr. 1 UmwG. Die aufnehmende GmbH & Co. KG muss dabei bereits bestehen, einschließlich der Komplementär-GmbH. Eine Verschmelzung durch Neugründung gem. § 2 Nr. 2 UmwG scheidet aus, weil bei dieser Verschmelzungsform das Vermögen von mindestens zwei bereits bestehenden Rechtsträgern auf den neuen Rechtsträger übertragen werden muss.

34 Es muss demgemäß zunächst eine neue GmbH gegründet werden, die sich dann in einem weiteren Schritt als Komplementärin an der neu entstehenden GmbH & Co. KG beteiligt. An dieser neuen KG beteiligen sich ferner die Gesellschafter der umzuwandelnden Alt-GmbH als Kommanditisten. Auf diese neu entstandene GmbH & Co. KG kann dann im Wege der Verschmelzung zur Aufnahme das Vermögen der Alt-GmbH übertragen werden. Ggf. ist es zweckmäßig, aber nicht zwingend erforderlich, dass sich die neue GmbH & Co. KG vorab als Mitgesellschafterin an der Alt-GmbH beteiligt.[43]

d) Umwandlung einer GmbH in eine GmbH & Co. KG: Spaltungsmodell als Alternative

35 § 123 UmwG bietet selbstverständlich die Möglichkeit, einen Teil des Vermögens der bisherigen GmbH (übertragender Rechtsträger) durch Abspaltung auf die GmbH & Co. KG (übernehmender Rechtsträger) im Wege der partiellen Gesamtrechtsnachfolge zu übertragen. Dabei kann eine vorab neu gegründete GmbH & Co. KG (Abspaltung zur Aufnahme gem. § 123 Abs. 2 Nr. 1 UmwG) als übernehmender Rechtsträger fungieren.

---

40 Wegen der Anzeigepflicht des Notars gem. § 54 EStDV siehe BMF v. 14.3.1997, DStR 1997, 822 m. Anm. *Heidinger* und zuvor schon *Heidinger*, DStR 1996, 1353 ff.
41 A.A. LG Bielefeld GmbHR 1996, 543.
42 Zur Firmierung nach neuem Handelsrecht seit 1.7.1998 siehe *K. Schmidt*, NJW 1998, 2161, 2167; zur Firmierung im Rahmen von Umwandlungen allgemein *Bokelmann*, ZNotP 1998, 265 ff.
43 Vgl. zu diesem Verschmelzungsmodell mit Gesellschafteridentität *v. Braunschweig*, WiB 1996, 609 ff.

Die Komplementär-GmbH in der GmbH & Co. KG muss dabei schon vorab gegründet werden, an ihr sollten die Gesellschafter der Alt-GmbH auch schon vor der Abspaltung beteiligt sein, da übernehmender Rechtsträger die Kommanditgesellschaft ist und die Gesellschafterrechte am übernehmenden Rechtsträger im Rahmen des Spaltungsvorgangs den Gesellschaftern des übertragenden Rechtsträgers zustehen. 36

Diesem Spaltungsmodell stehen aber zwei Aspekte entgegen: 37
- Zunächst bliebe bei einer solchen Abspaltung die bisherige GmbH mit ihren Vermögensresten als übertragender Rechtsträger bestehen, müsste also mit entsprechendem Kapital ausgestattet bleiben und ihren Geschäftszweck weiter verfolgen – oder aber liquidiert werden mit entsprechendem Liquidationsaufwand.
- Daneben konnte aber eine solche Abspaltung auch schon bisher in aller Regel auch nicht steuerneutral vollzogen werden. Eine Abspaltung mit Buchwertfortführung (§ 15 Abs. 1 UmwStG) ist nämlich nur dann möglich, wenn sowohl bei der bestehen bleibenden GmbH (übertragender Rechtsträger) das verbleibende Vermögen als auch bei der GmbH & Co. KG als übernehmendem Rechtsträger das übernommene Vermögen einen Teilbetrieb im steuerlichen Sinne darstellt, was bei der GmbH als übertragendem Rechtsträger sich praktisch wohl selten einrichten lässt bzw. auch in der Regel nicht gewünscht ist.

5. Weiterer Hauptanwendungsfall: Umwandlung einer GmbH in eine AG
a) Alternative Umwandlungswege

Ein weiterer in der Praxis wesentlicher Fall des Formwechsels ist die **formwechselnde Umwandlung einer GmbH in eine Aktiengesellschaft**. Häufig diente und dient der entsprechende Formwechsel in eine Aktiengesellschaft dem **späteren Börsengang** des Unternehmens. Ähnlich wie beim Formwechsel einer GmbH in eine GmbH & Co. KG könnte das Umwandlungsziel auch durch eine Verschmelzung oder eine Spaltung zur Neugründung erreicht werden. Ein solcher Weg ist aber in aller Regel komplizierter, aufwendiger, kostspieliger und – bei Vorhandensein von Grundvermögen – auch mit einer Grunderwerbsteuerpflicht verbunden. Demgegenüber ist die Umwandlung einer GmbH in eine Aktiengesellschaft durch Formwechsel relativ einfach zu gestalten und durchzuführen. 38

b) Probleme im Zusammenhang mit dem Formwechsel in eine AG

Dennoch werden die damit verbundenen praktischen Probleme von den Beteiligten häufig deutlich unterschätzt. Dies liegt zum einen in dem Missverständnis begründet, dass die Beteiligten häufig eine Aktiengesellschaft letztlich nur als eine etwas qualifiziertere Variante zur GmbH betrachten und die deutlichen Struktur- und Rechtsunterschiede – insbesondere im Bereich der zwingenden gesetzlichen Vorschriften – nicht zutreffend erkennen. Darüber hinaus wird häufig auch übersehen, dass die Umwandlung eines Rechtsträgers in die Rechtsform einer Aktiengesellschaft weitestgehend den Gründungs-, insbesondere auch den **Sachgründungsvorschriften** des Aktienrechts unterliegt. 39

Die formwechselnde Umwandlung einer GmbH in eine Aktiengesellschaft bedarf daher einer gründlichen und kompetenten Vorbereitung. Dies gilt insbesondere im Hinblick auf die Acht-Monats-Frist des § 17 UmwG und des § 20 UmwStG, da viele Fehler im Bereich der Vorbereitung des Umwandlungsvorgangs nach Ablauf der Acht-Monats-Frist – also in aller Regel nach dem 31.8. des betreffenden Jahres – nicht mehr geheilt werden können. 40

Bei der Umwandlung einer GmbH mit einem noch in DM ausgewiesenen Stammkapital ist für die Zeit seit dem 1.1.2002, auf die Ausweisung eines Grundkapitals in einem runden Euro- 41

Betrag zu achten und – zumindest bei Nennbetragsaktien – darauf, dass der Mindestnennbetrag der Aktien in EUR lautet.[44]

c) Stationen des Umwandlungsvorganges

42 Folgende wesentliche Stationen des Umwandlungsvorganges sind bei dem Formwechsel einer GmbH in eine AG zu beachten:
- Rechtzeitige Prüfung der Kapitalaufbringung/Kapitalerhaltung in der GmbH im Hinblick auf das Mindestgrundkapital der Aktiengesellschaft (50.000 EUR)
- gegebenenfalls rechtzeitige Kapitalwiederherstellungs- bzw. Kapitalerhöhungsmaßnahmen (Prinzip der Reinvermögensdeckung)[45]
- Erstellung des Umwandlungsberichts, sofern nicht sichergestellt ist, dass alle Gesellschafter darauf verzichten wollen (§ 192 Abs. 2 UmwG)
- Erstellung des Umwandlungsbeschlusses im Entwurf mit Barabfindungsangebot für etwa widersprechende Gesellschafter (vgl. § 207 UmwG), sofern nicht alle GmbH-Gesellschafter in notarieller Form darauf verzichten (§§ 194 Abs. 1 Nr. 6, 208, 30 Abs. 2 UmwG)
- Erstellung der Satzung der Aktiengesellschaft (als Anlage zum Entwurf des Umwandlungsbeschlusses und spätere Anlage zum Umwandlungsbeschluss)
- rechtzeitige Abstimmung der Firmierung mit der Industrie- und Handelskammer im Hinblick auf die spätere Eintragungsfähigkeit der gewählten Firma der Aktiengesellschaft
- Klärung, ob von ungesicherten Gläubigern eine Sicherheitsleistung gem. §§ 22, 204 UmwG verlangt werden wird
- rechtzeitige Zuleitung des Entwurfs des Umwandlungsbeschlusses nebst allen Anlagen an den Betriebsrat gegen Empfangsbestätigung (§ 194 Abs. 2 UmwG)[46]
- rechtzeitige Einladung zur Gesellschafterversammlung der GmbH, nebst ausdrücklicher Benennung des vorgesehenen Formwechsels als Tagesordnungspunkt, unter Beifügung des etwaigen Umwandlungsberichts und des Entwurfs des Umwandlungsbeschlusses nebst Anlagen, ggf. auch eines Abfindungsangebotes an widersprechende Gesellschafter
- Beschlussfassung der Gesellschafterversammlung über den Formwechsel in notarieller Form
- Bestellung des Aufsichtsrats und Annahme der Bestellung durch die bestellten Aufsichtsratsmitglieder (§ 95 AktG)
- Bestellung des Vorstands der Aktiengesellschaft
- Bestellung etwaiger Prokuristen und Handlungsbevollmächtigter bzw. Bestätigung des Fortbestandes bisheriger Prokuren und Handlungsvollmachten
- Erstellung des Gründungsberichts der Anteilseigner (§ 32 AktG)
- Erstellung des Gründungsprüfungsberichts durch Vorstand und Aufsichtsrat (§ 33 Abs. 1 AktG i.V.m. § 245 Abs. 1 UmwG)
- Anmeldung des Formwechsels und der neuen gesetzlichen Vertretung (Vorstand, etwaige Prokuristen/Handlungsbevollmächtigte) zum Handelsregister in notariell beglaubigter Form nebst Negativerklärung gem. §§ 16 Abs. 2, 198 Abs. 3 UmwG und Nachweis (Glaubhaftmachung) der rechtzeitigen Zuleitung des endgültigen Entwurfs des Umwandlungsbeschlusses an den Betriebsrat)

---

[44] Vgl. zu den Problemen in der Übergangszeit bis zum 31.12.2001 *Kopp*, Stückaktie und Euroumstellung, DB 1998, 701 ff.; *Heidinger*, Die Euroumstellung beim Formwechsel von Kapitalgesellschaften, NZG 2000, 532 ff.; DNotI-Report 2000, 103 ff.
[45] Zur Bedeutung von Rangrücktrittsvereinbarungen im Hinblick auf die erforderliche Deckung des Nennbetrages des Stamm- bzw. Grundkapitals siehe OLG Naumburg GmbHR 2003, 1432.
[46] Zur Frage der Verzichtbarkeit siehe § 17 Rn 74 ff. m.w.N.

- etwaiger Antrag/Vorschlag (ggf. zusammen mit der Handelsregisteranmeldung) zur Bestellung eines Gründungsprüfers nach Einholung einer entsprechenden Stellungnahme der Industrie- und Handelskammer in den Fällen des § 33 Abs. 2 AktG
- etwaige nachträgliche Maßnahmen (Rubrumsberichtigungen in anhängigen Verfahren, Grundbuchberichtigung und Titelumschreibung).

d) Wesentlicher Inhalt des Formwechselbeschlusses

Der notariell zu beurkundende (§ 193 Abs. 1 und 3 UmwG) und mit mindestens Dreiviertel-Mehrheit (§ 240 Abs. 1 UmwG) zu fassende Umwandlungsbeschluss der Gesellschafter der GmbH unterliegt folgenden Mindestanforderungen: 43
- Bezeichnung der Rechtsform und der Firma der Aktiengesellschaft
- Beschlussfassung über die Satzung der AG (§§ 218 Abs. 1, 243 Abs. 1 S. 1 UmwG)
- Festsetzung des Grundkapitals der AG unter Berücksichtigung des Mindestnennbetrages von 50.000 EUR (§ 7 AktG) und Bestimmung von Zahl, Art und Umfang der Aktien
- (zu prüfendes) Abfindungsangebot für widersprechende Gesellschafter (§ 207 UmwG), sofern nicht auf den Widerspruch bzw. die Prüfung des Abfindungsangebots verzichtet wird (§§ 208, 30 UmwG)
- Darstellung zur Gewährung oder Nichtgewährung von Sonderrechten und besonderen Rechten (gem. §§ 204, 23 UmwG i.V.m. § 194 Abs. 1 Nr. 5 UmwG)
- Zustimmung der Inhaber von Sonderrechten zum Formwechsel (gem. §§ 241 Abs. 2, 50 Abs. 2 UmwG)
- Darstellung der Folgen des Formwechsels für die Arbeitnehmer und für ihre Vertretungen (§ 194 Abs. 1 Nr. 7 UmwG), wobei häufig die Drittel-Paritätische-Mitbestimmung auf Unternehmensebene nach dem DrittelbeteiligungsG übersehen wird
- Darstellung über die rechtzeitige Zuleitung des endgültigen Entwurfs des Umwandlungsbeschlusses nebst Anlagen gegenüber dem Betriebsrat bzw. den Betriebsräten in den einzelnen Betrieben des Unternehmens der Gesellschaft mindestens einen Monat vor der Gesellschafterversammlung bzw. über einen entsprechenden Verzicht des Betriebsrates auf die Einhaltung der Monatsfrist
- Bestellung des ersten Aufsichtsrats gem. §§ 97 ff. AktG, sofern bei der GmbH noch kein Aufsichtsrat bestand. War bei der GmbH bereits ein Aufsichtsrat, insbesondere ein mitbestimmter Aufsichtsrat, bestellt, so bleibt dieser gem. § 203 S. 1 UmwG bis zum Ablauf der derzeitigen Amtszeit auch bei der AG bestehen, falls nicht seine Zusammensetzung geändert werden muss
- Bestellung der Mitglieder des Vorstands der Aktiengesellschaft durch den Aufsichtsrat nach dessen Bestellung und Annahme der Bestellung
- Regelung über die Übernahme der Kosten des Umwandlungsbeschlusses
- etwaige Verzichte auf Erstellung des Umwandlungsberichtes, ein etwaiges Barabfindungsangebot, eine etwaige Prüfung des Barabfindungsangebots, auf Erhebung der Anfechtungsklage gegen den Umwandlungsbeschluss (jeweils in notarieller Form, § 192 Abs. 3 UmwG)
- namentliche Bezeichnung der Gesellschafter, die der Umwandlung im Beschluss zugestimmt haben (§ 244 Abs. 1 UmwG)
- besonders berücksichtigt werden muss, dass eine Gründungsprüfung durch einen geeigneten Prüfer gem. §§ 33 Abs. 5, 143 Abs. 2 AktG i.V.m. § 319 Abs. 2 HGB erforderlich ist, wenn ein Gründer gleichzeitig Mitglied des Vorstandes oder des Aufsichtsrats wird. Die Gesellschaft hat insoweit lediglich ein Vorschlagsrecht. Die Bestellung des externen Prüfers nimmt das Registergericht vor.

6. Umwandlung einer AG in eine GmbH

44 Beim umgekehrten Formwechsel einer Aktiengesellschaft in eine GmbH ist zu beachten, dass nach § 197 UmwG die für die Gründung einer GmbH geregelten **Gründungsvorschriften** gelten. Zählt man dazu auch die Regelung des § 2 Abs. 2 GmbHG, dann ist bei der Vertretung eines Aktionärs und künftigen GmbH-Gesellschafters eine **Gründungsvollmacht** in notarieller Form erforderlich, was bei größeren Aktiengesellschaften, insbesondere bei Publikumsgesellschaften zu nahezu unlösbaren Problemen führen kann.

45 Ein Sachgründungsbericht ist dabei gemäß § 245 Abs. 4 UmwG allerdings nicht erforderlich.

B. Muster

I. Muster: Formwechsel einer GmbH in eine GmbH & Co. KG

1. Typischer Sachverhalt

46 Die Gesellschafter einer GmbH beabsichtigen, diese in die Rechtsform einer GmbH & Co. KG umzuwandeln. Sie wollen dabei einerseits die Vorteile einer haftungsbeschränkenden Rechtsform erhalten wissen, andererseits aber die ertragsteuerlichen Wirkungen eines Personenunternehmens in Anspruch nehmen und die steuerlichen Nachteile einer GmbH, insbesondere im Zusammenhang mit verdeckten Gewinnausschüttungen, für die Zukunft vermeiden. In den vergangenen Jahren sind nämlich im Rahmen von steuerlichen Betriebsprüfungen immer wieder Leistungen an Gesellschafter, den Gesellschaftern nahe stehende Personen und an Gesellschafter-Geschäftsführer infolge von Formfehlern bzw. infolge von Gestaltungsfehlern von der Finanzverwaltung als verdeckte Gewinnausschüttungen behandelt worden.[47]

47 Durch das seit dem 1.1.1995 geltende Umwandlungsrecht (Umwandlungsgesetz 1995 und Umwandlungssteuergesetz 1995) ist die Möglichkeit geschaffen worden, weitgehend steuerneutral den Wechsel von einer Kapitalgesellschaft in eine Personengesellschaft zu vollziehen, was aber durch das sog. SEStEG seit dem 13.12.2006 erschwert wurde.[48] Technisch könnte dies beispielsweise auch durch ein Spaltungs- oder durch ein Verschmelzungsmodell geschehen, was aber erhebliche Nachteile, sowohl hinsichtlich der Haftung als auch hinsichtlich des Ablaufs, haben kann. Üblicherweise wird deshalb eine solche Umwandlung im Wege des Formwechsels gem. §§ 190 ff. UmwG vollzogen.

48 Üblich ist dabei, dass die künftige Komplementär-GmbH vorher gegründet wird und Mitgesellschafterin der formwechselnd umzuwandelnden GmbH wird, weil nach verbreiteter Auffassung auch beim Formwechsel alle künftigen Mitgesellschafter schon zuvor Mitgesellschafter des umzuwandelnden Rechtsträgers gewesen sein müssen.[49] Es erfolgt also zunächst die **Gründung der späteren Komplementär-GmbH und** deren **Beitritt** zur umzuwandelnden GmbH und dann, ebenfalls in notarieller Form, der **Formwechselbeschluss** mit anschließender **Anmeldung des Formwechsels** zum Handelsregister der bisherigen GmbH, nach Mindermeinung auch zum Handelsregister der neu entstehenden KG. Nach anderer Auffassung reicht es aus, wenn die künftige Komplementär-GmbH noch nicht bei der Beschlussfassung über den Form-

---

47 Darüber hinaus konnten bis zur Unternehmenssteuerreform auch die Vorteile der Begrenzung des Einkommensteuertarifs gem. § 32c EStG für gewerbliche Einkünfte (damaliger Spitzensteuersatz: 47%) genutzt werden.
48 Vgl. *Arens/Spieker*, Umwandlungsrecht in der Beratungspraxis, Rn 63 ff.
49 Siehe die Ausführungen zu Rn 57 und die dortigen Nachweise; a.A. schon *K. Schmidt*, ZIP 1995, 693 ff., wonach die Komplementär-GmbH erst im Formwechselverfahren hinzutreten können soll, siehe auch die dort zitierte neuere Rechtsprechung des BGH.

wechsel, aber zur Zeit der Eintragung des Formwechsels im Handelsregister Gesellschafterin der umzuwandelnden Gesellschaft ist.[50]

Vorteilhaft ist auch beim Formwechsel die Möglichkeit der **achtmonatigen Rückbeziehung**, sowohl umwandlungssteuerrechtlich als auch handelsrechtlich, also der Rückbeziehung des Umwandlungsstichtages auf ein bis zu acht Monate vor der Handelsregisteranmeldung liegendes Datum. Üblicherweise, zumindest häufig, soll die künftige Komplementär-GmbH nicht auch kapitalmäßig an der Kommanditgesellschaft beteiligt sein. In der Praxis wird deshalb in aller Regel die spätere Komplementär-GmbH durch Abtretung eines kleinen Geschäftsanteils an der umzuwandelnden GmbH beteiligt. Sie hält diesen Geschäftsanteil aber nur vorübergehend für die Gesellschafter treuhänderisch. Auflösend bedingt auf das Wirksamwerden des Formwechsels durch Eintragung im Handelsregister wird das **Treuhandverhältnis** aufgehoben und aufschiebend bedingt auf das Wirksamwerden des Formwechsels durch Eintragung im Handelsregister wird der Kapitalanteil der Komplementär-GmbH auf den oder die treugebenden Gesellschafter der Kommanditgesellschaft zurückübertragen. 49

Aus dieser Treuhandkonstruktion folgt ansonsten für den treugebenden Gesellschafter eine Haftungsgefahr. Die Komplementär-GmbH hat als Treuhänderin den **Freistellungsanspruch** gem. § 670 BGB. Um diesen zu vermeiden, sollte das Treuhandverhältnis spätestens mit dem Wirksamwerden des Formwechsels enden und die Rückabtretung des Kapitalanteils durch die Komplementär-GmbH an den Gesellschafter mit der Eintragung der KG auf diesen Zeitpunkt erfolgen. Für das Treuhandverhältnis gilt § 39 Abs. 2 Nr. 1 S. 2 AO, so dass die Anteile steuerlich den (Alt-)Gesellschaftern zugerechnet werden. 50

Der Formwechsel wird wirksam mit der Eintragung des Formwechsels im Register des formwechselnden Rechtsträgers, also im Handelsregister der umzuwandelnden GmbH. Umwandlungssteuerlich wird dieser Formwechselvorgang wie die Verschmelzung einer Kapitalgesellschaft auf eine Personengesellschaft behandelt, es gelten also §§ 9, 3–8 und 18 UmwStG.[51] Es gilt das **Wahlrecht** zwischen Buchwert-, Teilwert- oder Zwischenwertansatz mit entsprechender **Buchwertverknüpfung** für die Eröffnungsbilanz der übernehmenden Personenhandelsgesellschaft. 51

Die Berücksichtigung eines Übernahmeverlustes ist inzwischen ausgeschlossen (§§ 4 Abs. 6, 18 Abs. 2 UmwStG).[52] Eine „**Verlustmitnahme**" ist nicht möglich (§§ 4 Abs. 2, 18 Abs. 1 UmwStG). 52

Steuerliche Probleme können sich ergeben, wenn die GmbH vor dem Formwechsel nur vermögensverwaltend und daher nur kraft Rechtsform gewerblich tätig war. Diese Gewerblichkeit strahlt nämlich nicht auf die Tätigkeit in der neuen Rechtsform der Personengesellschaft aus.[53] Ansonsten tritt die Personengesellschaft aber in die Rechtsstellung der GmbH ein (§ 4 Abs. 2 UmwStG). 53

Als rechtlich geklärt kann inzwischen angesehen werden, dass bei Vorhandensein von Grundbesitz der Formwechsel zwischen Personen- und Kapitalgesellschaft **keine Grunderwerbsteuer** auslöst.[54] Allerdings kann durch eine formwechselnde Umwandlung einer Personen- in eine Kapitalgesellschaft eine Grunderwerbsteuerbefreiung nachträglich wieder verloren gehen, die zuvor bei Einbringung eines Grundstücks in die Personengesellschaft nach §§ 5, 6 GrErwStG gewährt worden war.[55] 54

---

50 BayObLG DNotZ 2000, 233 = GmbHR 2000, 89.
51 Vgl. *Arens/Spieker*, Umwandlungsrecht in der Beratungspraxis, Rn 281 und 247 ff.; *Neye/Limmer/Frenz/Harnacke*, UmwG/UmwStG, Rn 2033 ff. und Rn 2183 ff.
52 Zur Beseitigung der Übernahmeverlustregelung durch die Neufassung des § 4 Abs. 6 UmwStG im Rahmen des StSenkG v. 23.10.2000 siehe *Stegner/Heinz*, GmbHR 2001, 54.
53 BFH GmbHR 2000, 995.
54 BFH BB 1997, 137; FG Münster BB 1997, 2150; FG Niedersachsen GmbHR 1997, 1117.
55 BFH GmbHR 2003, 485; dazu *Gottwald*, DStR 2004, 341; FinMin Baden-Württemberg, GmbHR 1998, 906; siehe auch BFH GmbHR 2003, 1515 für den Fall des nachträglichen Verlusts einer Grunderwerbsteuerbefreiung bei einer späteren Verschmelzung; dazu auch *Franz/Golücke*, DB 2003, 1153.

2. Checkliste: Ablauf des Formwechsels

55
- Rechtzeitige und zutreffende Beteiligung eines etwaigen Aufsichtsrates/Beirates
- Bei Formwechsel einer GmbH in eine GmbH & Co. KG: Gründung der späteren Komplementär-GmbH und deren Beitritt zur umzuwandelnden GmbH auf der Grundlage eines Treuhandvertrages mit aufschiebend bedingter Rückabtretung der Kapitalbeteiligung[56]
- Erstellung des Umwandlungsberichts (§ 192 i.V.m. § 8 Abs. 1 S. 2–4, Abs. 2 UmwG):
  - Ausnahmen:
  - nur ein Anteilsinhaber (§ 192 Abs. 2 Alt. 1 UmwG n.F.)
  - Verzicht aller Anteilsinhaber in notarieller Form (§ 192 Abs. 2 Alt. 2 UmwG n.F.).
  - Erläuterung des Formwechsels und der künftigen Beteiligung der Anteilsinhaber in rechtlicher und wirtschaftlicher Hinsicht
  - Erläuterung etwaiger Schwierigkeiten der Bewertung
  - Erläuterung etwaiger Geheimhaltungsinteressen (§ 8 Abs. 2 UmwG)
  - Beifügung des Umwandlungsbeschlusses im Entwurf (Mindestinhalt: § 194 UmwG)
- Zuleitung des endgültigen Entwurfs des Umwandlungsbeschlusses an den zuständigen Betriebsrat gegen Zugangsnachweis mindestens einen Monat vor Beschlussfassung der Gesellschafterversammlung (§ 194 Abs. 2 UmwG)[57]
- Form- und fristgerechte Einladung zur Gesellschafterversammlung (ggf. einstimmiger Verzicht aller Gesellschafter darauf in Beschlussfassung aufnehmen)
- Umwandlungsbeschluss in notarieller Form unter Beachtung der Gründungsvorschriften (§ 197 UmwG) und der Firmierungsvorschriften (§ 200 UmwG); Beachtung etwaiger Genehmigungserfordernisse/Gesellschaftersonderrechte (§ 193 Abs. 2 UmwG)
- Anmeldung des Formwechsels zum Register (soweit vorhanden) des formwechselnden Rechtsträgers (§ 198 Abs. 1 UmwG); nebst Versicherung gem. § 16 Abs. 2 UmwG (Negativerklärung/Klageverzichte)
- Andernfalls: Anmeldung zum Register des neuen Rechtsträgers (§ 198 Abs. 2 S. 1 UmwG)
- Beim registerwechselnden Formwechsel oder bei Sitzverlegung: Anmeldung zu beiden Registern (§ 198 Abs. 2–4 S. 2 UmwG)
- Anlagen zur Anmeldung (§ 199 UmwG):
  - Ausfertigung/beglaubigte Abschrift der notariellen Niederschrift des Umwandlungsbeschlusses
  - Ausfertigung/beglaubigte Abschrift der notariellen Niederschrift über die erforderlichen Zustimmungserklärungen einzelner Anteilsinhaber mit Sonderrechten/nicht erschienener Anteilsinhaber
  - Urschrift/Abschrift des Umwandlungsberichts bzw. Ausfertigung/beglaubigte Fotokopie der notariellen Erklärung über den Verzicht auf seine Erstellung (soweit nicht im Umwandlungsbeschluss der Verzicht schon erfolgt ist)
  - Nicht: Schlussbilanz gem. § 17 Abs. 2 UmwG (Umkehrschluss aus der Verweisung in § 198 Abs. 3 auf § 16 Abs. 2, 3 UmwG), aber ggf. Werthaltigkeitsnachweise bei Umwandlung in eine Kapitalgesellschaft
  - Nachweis über die rechtzeitige Zuleitung an den Betriebsrat/die Betriebsräte im Betrieb bzw. in den Betrieben des formwechselnden Rechtsträgers
  - Etwaige Genehmigungsurkunden, insbesondere hinsichtlich der neuen Firmierung eine Namensunbedenklichkeitsbescheinigung der IHK
- Registereintragung (mit Vermerk gem. § 198 Abs. 2 S. 3 UmwG)
- Bekanntmachung (§ 201 UmwG)

---

[56] Siehe aber Rn 25 ff.; zur Treugeberhaftung bzw. zum Freistellungsanspruch des Treuhänders siehe BGH ZIP 2001, 789; dazu EWiR 2001, 583 (*Armbrüster*).
[57] Siehe dazu § 17 Rn 72 ff.

– Ggf. formfreie Grundbuchberichtigungsanträge, falls Grundbesitz vorhanden ist. Für die bloße Richtigstellung des Grundbuchs (keine Unrichtigkeit i.S.d. § 22 GBO, da die Identität des Rechtsträgers gewahrt ist), ist nach h.M. nicht die Form des § 29 GBO zu wahren.[58] Es soll der Nachweis im Wege des Freibeweises ausreichen.

3. Muster: Treuhandvertrag zur Aufnahme der künftigen Komplementär-GmbH in die übertragende GmbH mit treuhänderischer Geschäftsanteilsübertragung und aufschiebend bedingter Rückabtretung des damit verbundenen Kapitalanteils

M 256

_____ (*Notarielle Urkundsformalien*) 56
erscheinen heute:
1. Herr _____, hier handelnd
   a) einerseits für sich selbst in seiner Eigenschaft als Gesellschafter der _____ GmbH
      – Beteiligter zu 1 –
   und
   b) andererseits als einzelvertretungsberechtigter, von den Beschränkungen des § 181 BGB befreiter Geschäftsführer der _____ GmbH, eingetragen beim Amtsgericht _____ unter HRB _____
      – Beteiligte zu 2 –
2. Herr _____
   hier nicht handelnd für sich selbst, sondern als einzelvertretungsberechtigter, von den Beschränkungen des § 181 BGB befreiter Geschäftsführer der Firma _____ Verwaltungs-GmbH, eingetragen beim Amtsgericht _____ unter HRB _____[59]
   – Beteiligte zu 3 –.
Aufgrund der heutigen Einsichtnahme in das Handelsregister des Amtsgerichts _____, HRB _____, bestätige ich, dass dort eingetragen ist: die Firma _____ GmbH und als deren einzelvertretungsberechtigter, von den Beschränkungen des § 181 BGB befreiter Geschäftsführer, der Kaufmann _____.
Aufgrund der heutigen Einsichtnahme in das Handelsregister des Amtsgerichts _____, HRB _____, bestätige ich ferner, dass dort eingetragen ist: die Firma _____ Verwaltungs GmbH und als deren einzelvertretungsberechtigter, von den Beschränkungen des § 181 BGB befreiter Geschäftsführer _____.
Die Erschienenen baten um Beurkundung des nachstehenden
Treuhandvertrages mit aufschiebend bedingter Rückabtretung
und erklärten:

§ 1
Die Firma _____ Verwaltungs-GmbH, eingetragen beim Amtsgericht _____ unter HRB _____ (nachfolgend „Treuhänder" genannt) ist Gesellschafterin der Firma _____ GmbH, diese, nachstehend auch als die „Gesellschaft" bezeichnet, eingetragen beim Amtsgericht _____ unter HRB _____.
Das Stammkapital der Gesellschaft beträgt _____ EUR, wovon der Treuhänder den Geschäftsanteil mit einer Stammeinlage von _____ EUR hält.

§ 2
Zwischen _____ (nachfolgend „Treugeber" genannt) und dem Treuhänder ist vereinbart, dass der Treuhänder den Geschäftsanteil von _____ EUR treuhänderisch, somit als Vertreter und im Auftrage des Treugebers mit dessen Mitteln für diesen erworben hat und nunmehr hält.

---
[58] Vgl. *Böhringer*, BWNotZ 1995, 97, 103; zur Grunderwerbsteuerfreiheit BFH DStR 1997, 112; FG Münster BB 1997, 2150.
[59] Sofern die Komplementär-GmbH noch nicht eingetragen ist, ist auf deren notarielle Gründungsunterlagen und deren Anmeldung zum Handelsregister B zu verweisen.

§ 3

Der Treuhänder verpflichtet sich, sämtliche sich aus dieser Gesellschafterposition bei der in § 1 genannten Gesellschaft ergebenden Rechte nur nach Weisung des Treugebers auszuüben und wahrzunehmen.

Im Übrigen gilt zwischen Treuhänder und Treugeber die jeweils gültige Satzung der Gesellschaft entsprechend. Die jetzt gültige Satzung ist den Beteiligten bekannt, sie lag bei Beurkundung dieses Treuhandvertrages in beglaubigter Abschrift vor, auf nochmalige Verlesung und Beifügung wird allseits verzichtet.

Der Treuhänder erteilt dem Treugeber eine Vollmacht zur Wahrnehmung aller sich aus diesem Geschäftsanteil und der Gesellschafterposition ergebenden Rechte in der in § 1 genannten Gesellschaft. Die Vollmacht ist unwiderruflich und gilt über den Tod hinaus.

§ 4

Das Treuhandverhältnis endet automatisch mit der Eintragung des Formwechsels der Gesellschaft in eine GmbH & Co. KG im Handelsregister (auflösende Bedingung). Aufschiebend bedingt durch die Eintragung des Formwechsels der Gesellschaft in eine GmbH & Co. KG im Handelsregister tritt der Treuhänder hiermit die Kapitalbeteiligung, die mit dem Gesellschaftsanteil verbunden ist, an den diese annehmenden Treugeber im Wege der Rückabtretung wieder ab, so dass die Kapitalbeteiligung mit der Eintragung des Formwechsel an den Treugeber zurückfällt.

§ 5

Die dem Treuhänder entstehenden Aufwendungen bei der Wahrnehmung der aus diesem Vertrag sich ergebenden Pflichten bis zur Beendigung des Treuhandverhältnisses werden ihm, soweit er sie nach den Umständen für erforderlich halten durfte, von dem Treugeber ersetzt.

Der Treugeber stellt ihn insbesondere von der Zahlungsverpflichtung bis zur Beendigung des Treuhandverhältnisses im Rahmen der sich aus dem Gesellschaftsvertrag oder Gesetz ergebenden Einlageverpflichtungen und von den mit dem Geschäftsanteil verbundenen steuerlichen Pflichten frei. Die Parteien werden insbesondere darauf hingewiesen, dass bei Eintragung der Gesellschaft im Handelsregister der Wert des Gesellschaftsvermögens (zzgl. des Gründungsaufwandes) nicht niedriger sein darf als das Stammkapital und dass jeder Gesellschafter für die Leistung der von den anderen Gesellschaftern übernommenen, aber nicht erbrachten Geldeinlagen sowie für die Vollwertigkeit der von den Gesellschaftern geleisteten Sacheinlagen haftet. Im Übrigen gelten die Bestimmungen über den Auftrag.

§ 6

Unter Verzicht auf alle Fristen und Formen werden hiermit weiterhin außerordentliche Gesellschafterversammlungen folgender Gesellschaften abgehalten:
- _____ GmbH
- _____ Verwaltungs-GmbH.

Die Gesellschafter beschließen insoweit wechselseitig die Zustimmung zu diesem Vertrag. Die Gesellschaften genehmigen ebenfalls diesen Vertrag.

Sollte eine Bestimmung ganz oder teilweise unwirksam sein oder werden, so berührt dies nicht die Wirksamkeit der Bestimmungen im Übrigen.

§ 7

Die Kosten dieses Vertrages trägt der Treugeber.

Vorstehende Verhandlung wurde den Erschienenen in Gegenwart des Notars vorgelesen, von ihnen genehmigt und wie folgt eigenhändig unterschrieben:

_____ (Unterschriften der Erschienenen und des Notars)

4. Muster: Formwechselbeschluss nach dem „Identitätsgrundsatz" mit Verzicht auf die Erstellung eines Umwandlungsberichts

M 257

_____ (Notarielle Urkundsformalien; Urkundsbeteiligte sind die Gesellschafter der umzuwandelnden GmbH, also deren Altgesellschafter und die inzwischen beigetretene spätere Komplementär-GmbH, vertreten durch ihre Vertretungsorgane)

Die Beteiligten erklärten:

Wir sind die alleinigen Gesellschafter der _____ GmbH.

Unter Verzicht auf sämtliche Vorschriften betreffend Frist, Form und Tagesordnung, auch soweit sie in §§ 230, 231 und 232 UmwG vorgeschrieben sind, treten wir hiermit zu einer Gesellschafterversammlung zusammen und beschließen einstimmig folgenden

Formwechsel:

1. Die _____ GmbH wird durch Formwechsel gem. §§ 190–213, 226–237 UmwG in eine Kommanditgesellschaft umgewandelt.
2. Die Firmierung der Kommanditgesellschaft lautet: _____ GmbH & Co. KG.
3. Der Sitz der _____ GmbH & Co. KG ist _____.
4. An der _____ GmbH & Co. KG sind in dem folgenden Beteiligungsverhältnis beteiligt:
   a) die _____ Verwaltungs-GmbH als alleinige persönlich haftende Gesellschafterin ohne Gesellschaftereinlage/(*alternativ:* mit einer Komplementäreinlage in Höhe von _____ EUR);
   b) Herr/Frau _____ als Kommanditist mit einer Kommanditeinlage in Höhe von _____ EUR;
   c) Herr/Frau _____ als Kommanditist mit einer Kommanditeinlage in Höhe von _____ EUR.
   Der Umfang der Gesellschafterrechte im Einzelnen ist im Gesellschaftsvertrag der _____ GmbH & Co. KG mit Datum vom _____ geregelt. Der Kommanditgesellschaftsvertrag ist gemäß § 234 Nr. 2 UmwG als mitverlesene Anlage I dieser Urkunde beigefügt.
5. Nach dem Gesellschaftsvertrag der Kommanditgesellschaft sind folgende Sonderrechte eingeräumt: _____.
6. Der Stichtag gem. § 9 S. 2 UmwStG für den Rechtsformwechsel ist der _____, _____ Uhr. Auf den 31.12._____, 24.00 Uhr errichtet die _____ GmbH für steuerliche Zwecke eine Übertragungsbilanz, die _____ GmbH & Co. KG errichtet auf den 1.1._____, 0.00 Uhr eine Eröffnungsbilanz. Die _____ GmbH & Co. KG führt gem. § 3 UmwStG die Buchwerte fort.
7. Sämtliche Beteiligten verzichten auf die Erstellung eines Umwandlungsberichts gem. § 192 Abs. 2 UmwG, auf eine Anfechtung des Umwandlungsbeschlusses und auf eine Klage gegen die Wirksamkeit des Formwechsels gem. §§ 16, 195 UmwG.
8. Da ein Widerspruch eines Gesellschafters gegen den Formwechsel nicht vorliegt, entfällt ein Abfindungsangebot gem. §§ 231, 207 UmwG.
9. Der endgültige Entwurf des Umwandlungsbeschlusses ist dem zuständigen Betriebsrat in der Person der/des Betriebsratsvorsitzenden _____ am _____ ausgehändigt worden, also mehr als einen Monat vor der heutigen Beschlussfassung.
10. Für die Arbeitnehmer der _____ GmbH und ihre Vertretung ergeben sich aus dem Formwechsel keine Folgen. Der bisher erworbene soziale Besitzstand, insbesondere die bisherigen Beschäftigungszeiten, bleiben ungeschmälert erhalten. Die tarifrechtlichen Regelungen ändern sich nicht. Das Amt der Betriebsverfassungsorgane und die Wirksamkeit der bisherigen Betriebsvereinbarungen bleiben unberührt. Auch im Hinblick auf die Unternehmensmitbestimmung ergeben sich keine Konsequenzen, da der formwechselnde Rechtsträger bislang nicht den Regelungen der Unternehmensmitbestimmung unterlag.
11. Die Kosten dieser Urkunde und ihres Vollzugs trägt die _____ GmbH. Den Wert des Aktivvermögens des formwechselnden Rechtsträgers geben wir an mit _____ EUR.

Vorstehende Verhandlung nebst Anlage (Gesellschaftsvertrag) wurde den Erschienenen in Gegenwart des Notars vorgelesen, von ihnen genehmigt und wie folgt eigenhändig unterschrieben:
_____ (Unterschriften der Erschienenen und des Notars)

M 258 **5. Muster: Formwechselbeschluss nach dem „Beitrittsmodell" mit Verzicht auf die Erstellung eines Umwandlungsberichts**

58 _____ (*Notarielle Urkundsformalien; Urkundsbeteiligte sind die Gesellschafter der umzuwandelnden GmbH, also deren Altgesellschafter und die inzwischen beigetretene spätere Komplementär-GmbH, vertreten durch ihre Vertretungsorgane*)
Die Beteiligten erklärten:
Die Beteiligten zu [...] und zu [...] sind die derzeit alleinigen Gesellschafter der _____ GmbH. Der Erschienene zu [...] ist der einzelvertretungsbefugte und von den Beschränkungen des § 181 BGB befreite Geschäftsführer der _____ Verwaltungs GmbH mit Sitz in [...] (AG [...], HRB [...]).
Unter Verzicht auf sämtliche Vorschriften betreffend Frist, Form und Tagesordnung, auch soweit sie in §§ 230, 231 und 232 UmwG vorgeschrieben sind, treten wir hiermit zu einer Gesellschafterversammlung zusammen und beschließen einstimmig folgenden
Formwechsel:
1. Die _____ GmbH wird durch Formwechsel gem. §§ 190–213, 226–237 UmwG in eine Kommanditgesellschaft umgewandelt.
2. Die Firmierung der Kommanditgesellschaft lautet: _____ GmbH & Co. KG.
3. Der Sitz der _____ GmbH & Co. KG ist _____.
4. An der _____ GmbH & Co. KG sind in dem folgenden Beteiligungsverhältnis beteiligt:
   a) die _____ Verwaltungs GmbH mit Sitz in _____ (AG [...], HRB _____) als alleinige persönlich haftende Gesellschafterin ohne Beteiligung am Kapital und ohne Gesellschaftereinlage/ mit einer Komplementäreinlage in Höhe von _____ EUR, ohne Beteiligung am Ergebnis und ohne Beteiligung an den Stimmrechten; zu diesem Zwecke tritt die _____ Verwaltungs-GmbH, aufschiebend bedingt auf den Zeitpunkt der Eintragung des Formwechsels der Gesellschaft in die Rechtsform der Kommanditgesellschaft mit Zustimmung aller Urkundsbeteiligten der Kommanditgesellschaft als persönlich haftende Gesellschafterin (Komplementärin) bei.
   – als Kommanditist mit einer Kommanditeinlage von _____ EUR,
   – als Kommanditist mit einer Kommanditeinlage von _____ EUR.
   Der Umfang der Gesellschafterrechte im Einzelnen ist im Gesellschaftsvertrag der _____ GmbH & Co. KG mit Datum vom _____ geregelt. Dieser Gesellschaftsvertrag ist gemäß § 234 Nr. 2 UmwG als mit verlesene Anlage I dieser Urkunde beigefügt.
5. Nach dem Gesellschaftsvertrag der Kommanditgesellschaft sind folgende Sonderrechte eingeräumt: _____.
6. Der Stichtag gem. § 9 S. 2 UmwStG für den Rechtsformwechsel ist der _____, _____ Uhr. Auf den 31.12. _____ errichtet die _____ GmbH für steuerliche Zwecke eine Übertragungsbilanz, die _____ GmbH & Co. KG errichtet auf den 01.01. _____, 0.00 eine Eröffnungsbilanz. Die _____ GmbH & Co. KG führt gem. § 3 Abs. 2 S. 1 UmwStG die Buchwerte fort.
7. Sämtliche Beteiligten verzichten auf die Erstellung eines Umwandlungsberichts gem. § 192 Abs. 2 UmwG, auf eine Anfechtung des Umwandlungsbeschlusses und eine Klage gegen die Wirksamkeit des Formwechsels gemäß §§ 16, 195 UmwG.
8. Da ein Widerspruch eines Gesellschafters gegen den Formwechsel nicht vorliegt, entfällt ein Abfindungsangebot gem. §§ 231, 207 UmwG.
9. Der endgültige Entwurf des Umwandlungsbeschlusses ist dem zuständigen Betriebsrat am _____ ausgehändigt worden, also mehr als einen Monat vor der heutigen Beschlussfassung.

10. Für die Arbeitnehmer der _____ GmbH und ihre Vertretung ergeben sich aus dem Formwechsel keine Folgen. Der bisher erworbene soziale Besitzstand, insbesondere die bisherigen Beschäftigungszeiten, bleiben ungeschmälert erhalten. Die tarifrechtlichen Regelungen ändern sich nicht. Das Amt der Betriebsverfassungsorgane und die Wirksamkeit der bisherigen Betriebsvereinbarungen bleiben unberührt. (alternativ: Ein Betriebsrat besteht im Betrieb der Gesellschaft nicht, ebenso wenig eine andere Arbeitnehmervertretung). Auch im Hinblick auf die Unternehmensmitbestimmung ergeben sich keine Konsequenzen, da der formwechselnde Rechtsträger bislang nicht den Regelungen der Vorschriften über die Unternehmensmitbestimmung unterlag.
11. Die Kosten dieser Urkunde und ihres Vollzugs trägt die _____ GmbH. Der Wert des Aktivvermögens des formwechselnden Rechtsträgers beträgt _____ EUR.

Vorstehende Verhandlung nebst Anlage (Gesellschaftsvertrag) wurde den Erschienenen in Gegenwart des Notars vorgelesen, von ihnen genehmigt und von ihnen und dem Notar wie folgt eigenhändig unterschrieben:

7. Muster: Anmeldung des Formwechsels zum Register der formwechselnden GmbH[60]

M 259

Amtsgericht _____
– Handelsregister –
_____

Zum Handelsregister der Firma _____ GmbH
– HRB _____ –
überreiche(n) ich/wir als deren einzelvertretungsberechtigte(r) Geschäftsführer:

1. Beglaubigte Abschrift des Geschäftsanteilsübertragungsvertrages zwischen _____ und der _____ Verwaltungs-GmbH vom _____ (UR-Nr. _____ des Notars _____ in _____), betreffend den Erwerb eines Geschäftsanteils an der _____ GmbH über _____ EUR durch die _____ Verwaltungs-GmbH, zum Nachweis der Tatsache, dass die _____ Verwaltungs-GmbH inzwischen durch Erwerb eines Teilgeschäftsanteils des Altgesellschafters _____ als Gesellschafter in die _____ GmbH eingetreten ist.
2. Erste Ausfertigung/beglaubigte Fotokopie der Niederschrift des Umwandlungsbeschlusses der Gesellschafterversammlung der _____ GmbH vom _____ (UR-Nr. _____ des Notars _____ in _____) und Original des Umwandlungsberichts vom _____.
   Alternativ:
   Erste Ausfertigung/beglaubigte Fotokopie der Niederschrift des Umwandlungsbeschlusses der Gesellschafterversammlung der _____ GmbH vom _____ mit dem Verzicht aller Gesellschafter auf die Erstellung des Umwandlungsberichts gem. § 192 Abs. 2 UmwG (UR-Nr. _____ des Notars _____ in _____).
3. Beglaubigte Fotokopie(n) der erforderlichen Zustimmungserklärung in notarieller Form des/der Gesellschafter(s) _____ (UR-Nr. _____/_____ des Notars _____ in _____).
4. Beglaubigte Fotokopie(n) der erforderlichen Zustimmungserklärung in notarieller Form des/der nicht erschienenen Gesellschafter(s) _____ (UR-Nr. _____/_____ des Notars _____ in _____).
5. Nachweis über die rechtzeitige Zuleitung des Umwandlungsbeschlusses im Entwurf an den zuständigen Betriebsrat (Empfangsquittung der/des Betriebsratsvorsitzenden _____ vom _____).

---

[60] Folgt man der h.M. (siehe die Ausführungen in Rn 21f.), dann ist im vorliegenden Fall keine Doppelanmeldung (= Anmeldung zu HRA und HRB) erforderlich, sondern nur eine Anmeldung zum Register des formwechselnden Rechtsträgers. Dieses Muster (Rn 59) und das folgende Muster (Rn 60) sind dann entsprechend zusammenzufassen (Siehe Muster Rn 61).

Ich/wir melde(n) hiermit den Formwechsel der Gesellschaft in die _____ GmbH & Co. KG, _____ (Ort) zum Handelsregister gem. § 198 UmwG an. Ich/wir erkläre(n), dass eine Klage gegen die Wirksamkeit des Beschlusses über den Formwechsel nicht erhoben worden ist.
Eine Anmeldung zum Handelsregister A für die _____ GmbH & Co. KG erfolgt durch die Gesellschafter der Kommanditgesellschaft vorsorglich gesondert.
_____ *(Es folgen die Namensunterschrift des/aller Geschäftsführer(s) des formwechselnden Rechtsträgers und der notarielle Beglaubigungsvermerk mit Bestätigung der Vertretungsberechtigung gem. § 21 BNotO)*

M 260 — 8. Muster: Anmeldung des Formwechsels zum Handelsregister der formgewechselten KG[61]

60 Amtsgericht _____
– Handelsregister –
_____

Zum Handelsregister der _____ GmbH & Co. KG
– HRA neu –
melden wir als die alleinigen Gesellschafter der Firma _____ GmbH & Co. KG, _____ (Ort), nämlich
– _____ Verwaltungs-GmbH als persönlich haftende Gesellschafterin, vertreten durch den/die Geschäftsführer _____,
– Frau/Herrn _____ als Kommanditist(in) mit einer Einlage von _____ EUR und mit einer Einlage von _____ EUR,
Folgendes an:
1. Die _____ GmbH & Co. KG ist durch Formwechsel gem. Umwandlungsbeschluss aus der _____ GmbH hervorgegangen.
2. Sitz der Gesellschaft ist _____.
3. Die Gesellschaft entsteht in der Rechtsform der GmbH & Co. KG mit dem Zeitpunkt ihrer Eintragung im Handelsregister.
4. Gegenstand der Gesellschaft ist: _____.
5. Die Geschäftsräume der Gesellschaft befinden sich unverändert in/nunmehr in: _____. Dies ist zugleich die inländische Geschäftsanschrift.
6. Die allgemeine Vertretungsregelung lautet: _____.
7. Die konkrete Vertretungsregelung lautet: _____.
Wir überreichen als Anlagen:
1. Beglaubigte Fotokopie der Niederschrift des Umwandlungsbeschlusses der Gesellschafterversammlung der _____ GmbH vom _____ (UR-Nr. _____ des Notars _____ in _____) und Original des Umwandlungsberichts vom _____.
Alternativ:
Beglaubigte Fotokopie der Niederschrift des Umwandlungsbeschlusses mit dem Verzicht aller Gesellschafter auf einen Umwandlungsbericht gem. § 192 Abs. 2 UmwG vom _____ (UR-Nr. _____/_____ des Notars _____ in _____).
2. Beglaubigte Fotokopie(n) der erforderlichen Zustimmungserklärungen der Anteilsinhaber mit Sonderrechten vom _____ (UR-Nr. _____ des Notars _____ in _____).
3. Beglaubigte Fotokopie(n) der Zustimmungserklärungen der nicht erschienenen Anteilsinhaber _____ vom _____ (UR-Nr. _____ des Notars _____ in _____).

---

[61] Folgt man der h.M. (siehe die Ausführungen in Rn 21 f.), dann ist im vorliegenden Fall keine Doppelanmeldung (siehe vorige Fußnote) erforderlich, sondern nur eine Anmeldung zum Register des fromwechselnden Rechtsträgers. Das vorherige Muster (Rn 59) und dieses Muster (Rn 60) sind dann entsprechend zusammenzufassen (Siehe Muster Rn 61).

4. Nachweis über die rechtzeitige Zuleitung des endgültigen Umwandlungsbeschlusses im Entwurf an den zuständigen Betriebsrat (Empfangsquittung der/des Betriebsratsvorsitzenden _____ vom _____).
5. Namensunbedenklichkeitsbescheinigung der zuständigen Industrie- und Handelskammer.

Wir erklären weiterhin, dass eine Klage gegen die Wirksamkeit des Beschlusses über den Formwechsel nicht erhoben worden ist.

Der Wert des Aktivvermögens der _____ GmbH beträgt _____ EUR.

_____ (Ort, Datum, Unterschriften aller Gesellschafter)

_____ (*Es folgen die notariellen Beglaubigungsvermerke hinsichtlich der Firmenzeichnung und der Namensunterschrift des Geschäftsführers und hinsichtlich der Namensunterschriften aller Gesellschafter sowie die Bestätigung der Vertretungsberechtigung der Komplementär-GmbH und des Geschäftsführers gem. § 21 BNotO*)

9. Muster: Anmeldung des Formwechsels nur zum Register der formwechselnden GmbH — M 261

61

Amtsgericht _____
– Handelsregister –

_____

Zum Handelsregister der Firma _____ GmbH – HRB _____ –
überreiche(n) ich/wir als deren einzelvertretungsberechtigte(r) Geschäftsführer:
- beglaubigte Abschrift des Geschäftsanteilsübertragungsvertrages zwischen dem Gesellschafter _____ und der _____ Verwaltungs-GmbH i.G. (AG _____, HRB _____) vom _____ (UR-Nr. _____/_____ des Notars _____), betreffend den Erwerb eines Geschäftsanteils an der _____ GmbH über nominell _____ EUR durch die _____ Verwaltungs-GmbH i. G. (AG _____, HRB _____), zum Nachweis der Tatsache, dass die _____ Verwaltungs-GmbH inzwischen durch Erwerb dieses Geschäftsanteils als Gesellschafterin in die _____ GmbH eingetreten ist,
- Umwandlungsbeschluss der Gesellschafterversammlung der _____ GmbH (UR-Nr. _____/_____ des Notars _____) mit dem Verzicht aller Gesellschafter auf die Erstellung des Umwandlungsberichts gem. § 192 Abs. 2 UmwG, Verzicht auf Anfechtung des Formwechselbeschlusses und auf Klagen gegen den Formwechselbeschluss sowie dem Gesellschaftsvertrag der Kommanditgesellschaft.

Wir[62] melden den Formwechsel der Gesellschaft _____ GmbH in _____ GmbH & Co. KG zum Handelsregister gem. § 198 UmwG wie folgt an:
1. Die _____ GmbH & Co. KG ist durch Formwechsel gem. Umwandlungsbeschluss aus der _____ GmbH entstanden.
2. Sitz der Gesellschaft ist _____.
3. Gegenstand des Unternehmens ist die _____. Die Gesellschaft kann alle mit dem Gegenstand des Unternehmens zusammenhängenden Geschäfte ausüben, gleichartige oder ähnliche Unternehmen im In- und Ausland erwerben, pachten, sich an solchen beteiligen, deren Vertretung übernehmen und Zweigniederlassungen errichten.
4. Die allgemeine Vertretungsregelung der Kommanditgesellschaft lautet: Die persönlich haftenden Gesellschafter sind zur Vertretung der Gesellschaft stets einzeln berechtigt.
5. Die konkrete Vertretungsregelung der Kommanditgesellschaft lautet: Die persönlich haftende Gesellschafterin _____ Verwaltungs-GmbH mit Sitz in _____ ist zur Vertretung der Gesellschaft einzeln berechtigt. Die persönlich haftende Gesellschafterin und ihre Vertretungsorgane (Geschäftsführer) sind von den Beschränkungen des § 181 BGB befreit.

---

[62] Gemäß §§ 235 Abs. 2 Alt. 2, 198 UmwG muss die Anmeldung des Formwechsels nur durch die Geschäftsführer der formwechselnden GmbH erfolgen.

6. An der _____ GmbH & Co. KG sind in dem folgenden Beteiligungsverhältnis beteiligt:
   a) die _____ Verwaltungs-GmbH mit Sitz in _____ als alleinige persönlich haftende Gesellschafterin ohne Gesellschaftereinlage und ohne Hafteinlage.
   b) der Kaufmann _____ als Kommanditist mit einer Kommanditeinlage von _____ EUR.
   c) der Kaufmann _____ als Kommanditist mit einer Kommanditeinlage von _____ EUR.
7. Die Geschäftsräume der Gesellschaft (zugleich inländische Geschäftsanschrift) befinden sich unverändert in _____.

Wir versichern weiterhin, dass alle Gesellschafter auf eine Klage gegen die Wirksamkeit des Beschlusses über den Formwechsel verzichtet haben und eine Klage gegen die Wirksamkeit des Beschlusses über den Formwechsel auch nicht erhoben worden ist.

Wir versichern, dass in dem Betrieb der Gesellschaft kein Betriebsrat besteht. Auch ein Wirtschaftsausschuss besteht nicht.

Eine etwa erforderliche Namensunbedenklichkeitsbescheinigung der zuständigen Industrie- und Handelskammer bitte ich ggf. durch das Registergericht anzufordern.

Der Wert des Aktivvermögens der _____ GmbH beträgt _____ EUR.

Die Erschienenen bevollmächtigen über ihren Tod hinaus die Rechtsanwalt- und Notarfachangestellten _____ und _____, jede für sich allein, unter Befreiung von den Beschränkungen des § 181 BGB und unter Ausschluss jeder eigenen Haftung, alle Erklärungen zum Handelsregister, auch Änderungen und Ergänzungen dieser Urkunde, abzugeben, die zur Durchführung dieser Urkunde und zur Eintragung in das Handelsregister erforderlich sind. Von dieser Vollmacht kann nur vor dem amtierenden Notar oder dessen Vertreter im Amt Gebrauch gemacht werden. Sie erlischt mit der Eintragung im Handelsregister.

(Es folgen die notariellen Beglaubigungsvermerke hinsichtlich der Namensunterschrift des Geschäftsführers und hinsichtlich der Namensunterschriften aller unterzeichnenden Gesellschafter sowie ggf. die notarielle Bestätigung der Vertretungsberechtigung des Geschäftsführers der Komplementär-GmbH gem. § 21 BNotO).[63]

II. Formwechsel einer KG oder GmbH & Co.KG in eine GmbH

1. Typischer Sachverhalt

62 Die Gesellschafter der Kommanditgesellschaft sind – teilweise aufgrund der wirtschaftlichen Erfolge der Gesellschaft, teilweise aufgrund hoher Einkünfte aus sonstigen Einkommensquellen – regelmäßig mit persönlicher Einkommensteuer im Bereich des Spitzensteuersatzes belastet. Unabhängig vom Entnahme- bzw. Gewinnausschüttungsverhalten werden ihnen die Gewinne der Gesellschaft für das Gewinnentstehungsjahr wegen der fehlenden einkommensteuerlichen Abschirmungswirkung der Personengesellschaft gegenüber ihren Gesellschaftern im Bereich ihrer persönlichen Einkommenbesteuerung zugerechnet und führen zu entsprechender Steuerbelastung. Durch die Unternehmenssteuerreform im Rahmen des Steuersenkungsgesetzes vom 23.10.2000 und des Steuersenkungsergänzungsgesetzes vom 19.12.2000 mit Einführung der Definitivbelastung im Rahmen der Körperschaftsteuer für die Kapitalgesellschaft einerseits und der Beseitigung des früheren körperschaftsteuerlichen Anrechnungsverfahrens sowie der Einführung des so genannten Teileinkünfteverfahrens ergeben sich für die Gesellschafter durch die Rechtsform der Kapitalgesellschaft mögliche steuerliche Vorteile. Die Gesellschafter der Kommanditgesellschaft wollen diese einkommensteuerlichen Vorteile nutzen und beabsichtigen deshalb, die Gesellschaft durch Formwechsel in eine GmbH umzuwandeln.

---

[63] Gemäß §§ 235 Abs. 2 Alt. 2, 198 UmwG muss die Anmeldung des Formwechsels nur durch die Geschäftsführer der formwechselnden GmbH erfolgen.

Die Umstrukturierung einer GmbH & Co.KG in eine GmbH kann aber auch im Wege des **er-** 63
weiterten Anwachsungsmodells erfolgen. Darauf beziehen sich die nachstehenden Muster
unter 4., 5. und 6. (Rn 79 bis 81). Die Fortsetzung eines Unternehmens durch den oder die verbleibenden Gesellschafter bei Anwachsung des Gesellschaftsvermögens im Zusammenhang mit
dem Ausscheiden eines Mitgesellschafters kann nämlich auch zu einer Änderung der Rechtsform führen. Dies gilt insbesondere bei Ausscheiden des einzigen oder aller Kommanditisten aus
einer KG oder GmbH & Co. KG bzw. bei Ausscheiden des einzigen oder aller persönlich haftenden Gesellschafters aus einer solchen Gesellschaft.[64]

Mithin findet eine Anwachsung statt, wenn die Komplementär-GmbH sämtliche Komman- 64
ditanteile übernimmt. Dieses sog. Anwachsungsmodell wird häufig genutzt, um einen Formwechsel von einer GmbH & Co. KG in eine GmbH außerhalb des UmwG durchzuführen. Will der
einzige Kommanditist einer GmbH & Co. KG seine Kommanditeinlage auf die Komplementär-GmbH übertragen, die die alleinige persönlich haftende Gesellschafterin dieser KG ist, so dass
die Komplementär-GmbH nunmehr mit der Hafteinlage des ausgeschiedenen Kommanditisten
auch als am Kapital beteiligte Gesellschafterin in die GmbH & Co. KG eintritt, wäre die Komplementär-GmbH dadurch sowohl (einzige) persönlich haftende Gesellschafterin als auch einzige
Kommanditistin der GmbH & Co. KG.[65]

Eine GmbH, die alleinige persönlich haftende Gesellschafterin einer GmbH & Co. KG ist, 65
kann aber nicht auch gleichzeitig Kommanditistin dieser GmbH & Co. KG sein. Die wohl noch
überwiegende Meinung in Rechtsprechung und Literatur geht nämlich davon aus, dass bei
Personenhandelsgesellschaften jeder Gesellschafter nur eine einheitliche Beteiligung halten
kann.[66] Ist beispielsweise ein Mitgesellschafter Erbe eines Kommanditisten, so vereinigen sich
die ursprüngliche und die erbte Beteiligung im Außenverhältnis zu einem einheitlichen
Gesellschaftsanteil.[67] Dies gilt auch, wenn es sich um zwei gleichartige Kommanditanteile
handelt.

Entsprechendes gilt für die Übertragung von Gesellschaftsanteilen. Dementsprechend wird 66
der Komplementär einer KG durch den Erwerb eines Anteils eines Kommanditisten nach h.M.
nicht auch Kommanditist, sondern bleibt nur Komplementär mit vergrößertem Anteil.[68] Nach
h.M. wäre es deshalb insbesondere auch unzulässig, eine Personengesellschaft mit derselben
GmbH sowohl als Komplementärin wie als Kommanditistin zu gründen (anders nach Mindermeinung in der Literatur).

Nach h.M. endet eine Gesamthandsgemeinschaft, wenn sich **alle Anteile in der Hand eines** 67
Gesellschafters vereinigen.[69] Werden alle Gesellschaftsanteile einer Personenhandelsgesellschaft auf einen einzigen Erwerber übertragen, wird die Gesellschaft aufgelöst und der Erwerber
übernimmt sämtliche Vermögensgegenstände im Wege der **Gesamtrechtsnachfolge**.[70]

---

64 Dazu *Demuth*, BB 2007, 1569; *Reif*, GmbHR 2007, 617.
65 Dazu ausführlich *Orth*, DStR 1999, 1011ff. und 1053ff.; zur steuerlichen Behandlung des Ausscheidens der
Kommanditisten aus der GmbH & Co.KG mit Anwachsung des Gesellschaftsvermögens auf die
gesellschafteridentische Komplementär-GmbH siehe OFD Düsseldorf v. 22.6.1998, DB 1988, 1524 unter Hinweis auf
BFH DB 1981, 196 und BFH DB 1987, 1815 (verdeckte Einlage).
66 BGH BGHZ 50, 307, 309; BGH NJW 1989, 3152, 3155 = DNotZ 1990, 183; BGH NJW 1993, 1917, 1918; MüKo-
BGB/*Ulmer*, vor § 723 Rn 9; Palandt/*Sprau*, BGB, § 705 Rn 1; vgl. zum Ausscheiden eines Gesellschafters aus einer
Zwei-Personen-Gesellschaft in: Röhricht/Graf v. Westphalen/*von Gerkan*, HGB, § 131 Rn 15; Baumbach/*Hopt*, HGB,
§ 131 Rn 35; kritisch dazu *Weimar*, ZIP 1997, 1769; *Baumann*, DB 1998, 225; *Priester*, DB 1998, 55; *Fette/Brand*, NZG
1999, 45; *Kanzleiter*, FS Weichler 1977, S. 39ff.
67 BGH BGHZ 24, 106, 108; OLG Hamm DNotZ 1982, 496 = Rpfleger 1982, 29; BayObLG MittBayNot 1983, 22 =
Rpfleger 1983, 115; MünchGesR/*Klein*, Bd. 2, § 43 Rn 27.
68 Baumbach/*Hopt*, HGB, § 124 Rn 16.
69 BGH BGHZ 113, 132, 134 = NJW 1981, 844.
70 BGH BGHZ 71, 296, 299 = DNotZ 1978, 556 = NJW 1978, 1525; *K. Schmidt*, Gesellschaftsrecht, 3. Aufl. 1997, § 11
IV 2, S. 317; Baumbach/*Hopt*, § 131 HGB Rn 7, 19, 35.

68 Ist eine Abfindung der ausscheidenden Gesellschafter in Form von Sachwerten vorgesehen, gelten aber gegebenenfalls insoweit die besonderen Formvorschriften, bei Grundstücken also § 311 b BGB und bei GmbH-Geschäftsanteilen § 15 Abs. 4 GmbHG.

69 In jüngster Zeit wandten sich jedoch vermehrt Stimmen in der Literatur gegen das Dogma der Einheitlichkeit der Beteiligung an einer Personengesellschaft, wenn die Gesellschaftsanteile rechtlich unterschiedlich ausgestaltet sind.[71] Selbst diese Stimmen kommen aber zur Einheitlichkeit der Mitgliedschaft, wenn die Beteiligungen rechtlich gleich ausgestaltet sind (z.B. bei zwei Kommanditanteilen).

70 Beim erweiterten Anwachsungsmodell, bei dem die gleichen Formvorschriften und Mehrheitserfordernisse gelten wie beim einfachen Anwachsungsmodell, übertragen die bisherigen Kommanditisten ihre Kommanditanteile als **Sacheinlage gegen Gewährung von Gesellschafterrechten** (GmbH-Geschäftsanteilen) im Rahmen einer dortigen Kapitalerhöhung in die Komplementär-GmbH.

71 Auch dabei wird der Komplementär einer KG durch den Erwerb eines Kommanditanteils nach h.M. nicht auch Kommanditist, sondern bleibt (nur) Komplementär mit vergrößertem Anteil.[72]

72 Die **Kapitalerhöhung** bei der Komplementär-GmbH muss nicht exakt dem Betrag entsprechen, der dem Einbringungswert der Kommanditanteile der vormaligen Kommanditisten entspricht, er kann auch niedriger sein. Die Differenz zwischen dem Nennbetrag des erhöhten Kapitals und dem Einbringungswert kann dabei in die Kapitalrücklage der GmbH eingestellt werden oder gegebenenfalls auch als Gesellschafterdarlehen verbucht werden.[73]

73 Die Übertragung der sämtlichen Kommanditanteile auf die Komplementär-GmbH bewirkt daher ebenfalls die Auflösung der Kommanditgesellschaft, da wegen des Grundsatzes der Einheitlichkeit des Personengesellschaftsanteils die Komplementär-GmbH damit einzige Gesellschafterin – mit größerem Kapitalanteil – würde und nicht etwa zusätzlich auch Kommanditistin wird. Nach h.M. endet eine Gesamthandgemeinschaft, wenn alle Anteile in einer Hand zusammenfallen.[74]

74 Beim erweiterten Anwachsungsmodell ist die die Privilegierungsregelung des § 20 Abs. 1 UmwStG mit der zur Erfolgsneutralität des Vorgangs führenden **Buchwertanknüpfung** schon nach dem Wortlaut der Vorschrift gegeben,[75] da die ausscheidenden Kommanditisten für die Einlage ihrer Kommanditanteile in die GmbH dort neue GmbH-Geschäftsanteile erhalten. Restzweifel verblieben jedoch insoweit, als eine etwaige Differenz zwischen dem Nennbetrag des erhöhten Kapitals und dem Einbringungswert der vormaligen Kommanditanteile nicht in die Kapitalrücklage eingestellt wurde, sondern als Gesellschafterdarlehen verbucht wurde. Insoweit besteht die Gegenleistung nicht in Gesellschafterrechten, sondern in schuldrechtlichen Ansprüchen auf Darlehensrückzahlung.

75 Wenn die vormalige Komplementär-GmbH kapitalmäßig an der Kommanditgesellschaft beteiligt war, müssen auch insoweit die Buchwerte fortgeführt werden, da die GmbH sich im Rahmen des Anwachsungsvorgangs keine eigenen Anteile gewähren kann.[76]

76 Diese Rechtslage ist mit dem Inkrafttreten des SEStEG in Frage gestellt worden, weil die Aufzählung der begünstigten Umwandlungen im Katalog des § 1 Abs. 3 Nr. 1 bis 5 UmwStG als abschließend für die möglichen Umwandlungen nach dem 6. bis 8. Teil des UmwStG n.F. anzu-

---

71 Vgl. *Weimar*, ZIP 1997, 1769; *Baumann*, DB 1998, 225; *Priester*, DB 1998, 55; *Kanzleiter*, FS Weichler 1977, S. 39 ff.; *Fette/Brand*, NZG 1999, 45.
72 Baumbach/*Hopt*, HGB, 32. Aufl. 2006, § 124 Rn 16.
73 Vgl. *Binz/Sorg*, Die GmbH & Co. KG, 10. Aufl., § 28 Rn 43.
74 BGH BGHZ 113, 132, 134 = NJW 1981, 844.
75 Vgl. *Widmann/Mayer*, UmwStG, § 20 Rn 446; *Schmitt*/Hörtnagel/Stratz, UmwStG, § 20 Rn 199; *Binz/Sorg*, die GmbH & Co. KG, § 28 Rn 44.
76 BFH NV 1998, 1412; *Orth*, DStR 1999, 1053, 1059.

sehen sein soll und nicht analogiefähig sein soll.[77] Diese Zweifel sind aber dogmatisch unbegründet.

2. Muster: Formwechselbeschluss

M 262

_____ (*Notarielle Urkundsformalien*)
Die Erschienenen baten um Beurkundung der nachfolgenden

77

Gesellschafterversammlung mit Beschlussfassung über die formwechselnde Umwandlung der Kommanditgesellschaft in eine GmbH nebst Verzichtserklärungen

A. Vorbemerkung und Erklärungen
Die Beteiligten sind nach ihren Angaben die alleinigen Gesellschafter der im Handelsregister des Amtsgerichts _____ unter HRA _____ eingetragenen _____ KG, im Folgenden auch „die Gesellschaft" genannt. Die Beteiligten halten dabei nach ihren Angaben folgende voll eingezahlten Gesellschaftsanteile:
– _____ als persönlich haftender Gesellschafter (Komplementär) einen Kapitalanteil von _____ EUR (alternativ: ohne Beteiligung am Kapital der Gesellschaft)
– _____ als Kommanditist einen Kapitalanteil von _____ EUR, der auch im Handelsregister als Hafteinlage eingetragen ist
– _____ als Kommanditist einen Kapitalanteil von _____ EUR, der auch im Handelsregister als Hafteinlage eingetragen ist.

Zur Geschäftsführung in der Gesellschaft ist/sind berechtigt: _____.
Die Gewinnverteilung erfolgt nach § _____ des Gesellschaftsvertrages entsprechend den vorstehend aufgeführten Kapitalanteilen.
Alternativ:
Die Gewinnverteilung erfolgt – abweichend von der vorstehend bezeichneten Kapitalverteilung – nach § _____ des Gesellschaftsvertrages wie folgt: _____.
Der Buchwert des Vermögens der Gesellschaft beträgt _____ EUR. Die vorhandenen stillen Reserven betragen _____ EUR. Die Gesellschafter erklären daher, dass sie aufgrund der der Umwandlung zugrunde gelegten Bilanz, die dieser Niederschrift als **Anlage 2** beigefügt ist, davon ausgehen, dass die Kapitalanteile verhältnismäßig ihre vermögensmäßige Beteiligung an der Gesellschaft wiedergeben, so dass das Vermögen der neuen Gesellschaft in dieser Höhe vorhanden ist.
Die Gesellschaft hat keinen Grundbesitz/folgenden Grundbesitz: _____.
Die Erschienenen erklären, dass dem Betriebsrat im Betrieb der Gesellschaft der vollständige Entwurf des Umwandlungsbeschlusses nebst allen Anlagen am _____, also mehr als einen Monat vor der heutigen Gesellschafterversammlung und damit fristgemäß zugeleitet wurde und dass eine entsprechende schriftliche Empfangsbestätigung vorliegt, die lediglich zu Beweiszwecken in Kopie dieser Urkunde beigefügt wird.
Alternativ:
Die Erschienenen erklären, dass im Betrieb der Gesellschaft kein Betriebsrat vorhanden ist.

---

[77] Dazu *Ettinger/Merklies/Scheipers*, DStR 2008, 173; *Ettinger/Schmitz*, GmbHR 2008, 1089; *Orth*, DStR 2009, 192; zur Antragstellung siehe *Stümper/Walter*, GmbHR 2008, 1147.

B. Beschlussfassung
Wir halten hiermit unter Verzicht auf alle gesetzlich oder gesellschaftsvertraglich vorgesehenen Form- und Fristvorschriften betreffend Ladung, Ladungsfristen und Tagesordnung eine Gesellschafterversammlung ab und beschließen einstimmig:

I. Formwechsel

1. Formwechsel und Satzungsfeststellung
Die _____ KG wird nach Maßgabe der §§ 190 ff. UmwG formwechselnd in eine Gesellschaft mit beschränkter Haftung umgewandelt. Art, Zahl und Umfang der Beteiligungen der an der Kommanditgesellschaft beteiligten Gesellschafter an der künftigen Gesellschaft mit beschränkter Haftung sowie deren Rechte im Einzelnen ergeben sich aus dem als **Anlage 1** dieser Niederschrift beigefügten Gesellschaftsvertrag, der mitverlesen und genehmigt wurde. Die Gesellschafter stellen diesen Gesellschaftsvertrag hiermit fest.

2. Firma und Sitz
Die Firma der GmbH lautet: _____.
Sitz der GmbH ist _____.

3. Stammkapital, Stammeinlagen und Beteiligungsverhältnisse
Das Stammkapital der _____ GmbH beträgt _____ EUR. Das Vermögen der Gesellschaft beträgt _____ EUR.
An dem Stammkapital der GmbH werden die Gesellschafter wie folgt beteiligt:
– _____: Geschäftsanteil in Höhe von _____ EUR
– _____: Geschäftsanteil in Höhe von _____ EUR
– _____: Geschäftsanteil in Höhe von _____ EUR
Die Stammeinlagen sind in voller Höhe bereits dadurch erbracht, dass die Gesellschafter die zwischen ihnen bestehende Kommanditgesellschaft unter der Firma _____ KG mit Sitz in _____ formwechselnd nach §§ 190 ff. UmwG in diese GmbH umgewandelt haben, dass das nach Abzug der Schulden verbleibende Vermögen der Kommanditgesellschaft mindestens dem Nennbetrag des Stammkapitals entspricht und die Anteile der an der Kommanditgesellschaft beteiligten Gesellschafter am Vermögen der Kommanditgesellschaft den vorbezeichneten Stammeinlagen entsprechen. Ein etwa auf die Gesellschaft in der neuen Rechtsform der GmbH übergehender Mehrbetrag wird in die Kapitalrücklage der Gesellschaft eingestellt.

4. Sonderrechte
Sonderrechte i.S.v. § 194 Abs. 1 Nr. 5 UmwG bestehen nicht; sonstige besondere Rechte werden nicht gewährt.

5. Abfindungsangebot
Ein Abfindungsangebot ist nach § 207 UmwG nicht erforderlich, da der Umwandlungsbeschluss nach dem Gesellschaftsvertrag der Kommanditgesellschaft nur einstimmig gefasst werden kann.
Alternativ:
Ein Abfindungsangebot ist nicht erforderlich, da _____.

6. Auswirkungen auf die Arbeitnehmer und deren Vertretungen
Die Umwandlung führt zu keinen Auswirkungen individualarbeitsrechtlicher, betriebsverfassungsrechtlicher, tarifvertraglicher oder mitbestimmungsrechtlicher Art. Da sich die Rechtsperson der Gesellschaft aufgrund des vorliegenden Umwandlungsbeschlusses nicht ändert, sondern nur deren

Rechtsform, tritt durch die Umwandlung keine Änderungen in den Beziehungen der Gesellschaft zu ihren Arbeitnehmern und deren Vertretung ein.
Entsprechendes gilt für die von der Kommanditgesellschaft abgeschlossenen Betriebsvereinbarungen sowie andere kollektivrechtlichen Bestimmungen. Mitbestimmung der Arbeitnehmer im Rahmen der Unternehmensmitbestimmung nach dem DrittelbeteiligungsG, dem MontanMitbestG oder dem MitbestG 1976 ist wegen der zu niedrigen Beschäftigtenzahl nicht gegeben.
Die Weisungsrechte des Arbeitgebers werden nach dem Formwechsel von dem/den zukünftigen Geschäftsführer(n) der GmbH ausgeübt.

7. Umwandlungsstichtag
Auf den 31.12. _____ hat die _____ GmbH & Co.KG für steuerliche Zwecke eine Übertragungsbilanz (Schlussbilanz) errichtet. Der Formwechsel erfolgt mit Wirkung zum 1.1._____. Auf diesen Stichtag errichtet die Gesellschaft in der Rechtsform der GmbH eine Eröffnungsbilanz, die an die Buchwerte der als Anlage 2 dieser Urkunde beigefügten Schlussbilanz der Gesellschaft zum 31.12._____ anknüpft.

8. Abschlussprüfer
Zum Abschlussprüfer für das am _____ endende Geschäftsjahr bestellen wir: _____.

II. Geschäftsführerbestellung in der GmbH
Die Erschienenen halten als die sämtlichen Gesellschafter der GmbH unter Verzicht auf alle vorgesehenen Form- und Fristvorschriften betreffend Ladung, Ladungsfristen und Tagesordnung eine Gesellschafterversammlung der GmbH ab und beschließen einstimmig:
Zu(m) ersten Geschäftsführer(n) der _____ GmbH wird/werden bestellt: _____.
Er/sie ist/sind einzelvertretungsberechtigt und von den Beschränkungen des § 181 BGB befreit.

III. Grundbucherklärungen
Mit Zustimmung aller Erschienenen bewilligt und beantragt der Geschäftsführer namens der Gesellschaft die Grundbuchberichtigung hinsichtlich der neuen Rechtsform und der neuen Firmierung bezüglich des vorstehend unter A bezeichneten Grundbesitzes mit dem Wirksamwerden der Umwandlung der Gesellschaft in eine GmbH.

B. Verzichte
Alle Gesellschafter verzichten nach Belehrung auf die Erstattung eines Umwandlungsberichts sowie auf eine Umwandlungsprüfung, einen Umwandlungsprüfungsbericht und auf ein Abfindungsangebot.
Die Erschienenen verzichten nach Belehrung weiter ausdrücklich auf eine Klage gegen die Wirksamkeit des Umwandlungsbeschlusses (§ 198 Abs. 3 i.V.m. § 16 Abs. 2 UmwG).

C. Kosten
Die Kosten des Formwechsels trägt die Gesellschaft bis zu einer Höhe von _____ EUR, darüber hinausgehende Kosten die Gesellschafter entsprechend ihrer Beteiligungsquote, unbeschadet der gesamtschuldnerischen Haftung gegenüber Gericht und Notar, über die der Notar die Erschienenen belehrt hat.
Den Wert des Aktivvermögens der Gesellschaft geben die Erschienenen an mit _____ EUR.

D. Hinweise und Belehrungen
Der Notar weist die Erschienenen auf Folgendes hin:
1. _____ in seiner Eigenschaft als Komplementär der Gesellschaft und damit als alleiniger geschäftsführender Gesellschafter der Gesellschaft ist verpflichtet, der Gesellschaft, ihren Gesell-

schaftern und Gläubigern jeden etwaigen Schaden zu ersetzen, den diese durch den Formwechsel erleiden.
2. Die Umwandlung der Gesellschaft in die _____ GmbH wird erst wirksam, wenn der Formwechsel in dem für die neue Rechtsform zuständigen Handelsregister eingetragen worden ist.
3. Ist der Wert des Gesellschaftsvermögens bei der Eintragung der GmbH im Handelsregister, zuzüglich des durch den Formwechsel bedingten Aufwands, niedriger als das ausgewiesene Stammkapital, hat jeder Gesellschafter den insoweit bestehenden Differenzbetrags zu leisten, wobei jeder Gesellschafter auch für die Vollwertigkeit der den anderen Gesellschaftern zugerechneten Stammeinlagen haftet. Bei fehlender Deckung des Stammkapitals kann die GmbH gegebenenfalls solange nicht im Handelsregister eingetragen werden, bis die volle Deckung des Stammkapitals herbeigeführt worden ist. Jedoch erlischt die vorstehend beschriebene Haftung der Gesellschafter auch nicht mit der Eintragung der Umwandlung im Handelsregister.
4. Mit der Bekanntgabe der Eintragung der Umwandlung in das Handelsregister im elektronischen Bundesanzeiger werden die Gläubiger der Gesellschaft auf ihr Recht hingewiesen, Sicherheit zu verlangen, wenn sie binnen sechs Monaten nach der Bekanntmachung der Eintragung ihren Anspruch nach Grund und Höhe der GmbH gegenüber schriftlich anmelden und glaubhaft machen, dass ihre Forderung durch den Formwechsel gefährdet wird, sofern sie nicht schon die Befriedigung ihrer Forderung beanspruchen können.
5. Soweit Sonderrechte in der Kommanditgesellschaft zugunsten Dritter bestanden, sind diesen Dritten vergleichbare Rechte in der GmbH einzuräumen.

E. Schlussbestimmungen

1.
Sollte eine Bestimmung dieser Urkunde ganz oder teilweise unwirksam sein, ist diese durch eine zu ersetzen, die dem wirtschaftlichen Streben der Parteien am nächsten kommt.

2.
Die Erschienenen bevollmächtigen über ihren Tod hinaus die Rechtsanwalts- und Notarfachangestellten _____ aus _____ und _____ aus _____, jede für sich allein, unter Befreiung von den Beschränkungen des § 181 BGB und unter Ausschluss jeder eigenen Haftung, alle Erklärungen zum Handelsregister, auch Änderungen und Ergänzungen dieser Urkunde, einschließlich des Gesellschaftsvertrages und der Umwandlung, abzugeben, die zur Durchführung dieser Urkunde und zur Eintragung in das Handelsregister erforderlich sind. Von dieser Vollmacht kann nur vor dem amtierenden Notar oder dessen Vertreter im Amt Gebrauch gemacht werden. Sie erlischt mit der Eintragung der Umwandlung im Handelsregister.

3.
Die Beteiligten erklären, dass sie die steuerlichen Auswirkungen dieser Beurkundung sowie der Durchführung eigenverantwortlich überprüfen bzw. überprüft haben. Der Notar hat über die steuerlichen Auswirkungen dieser Urkunde keine Auskünfte gegeben.

4.
Von dieser Urkunde erhalten:
- die Gesellschaft zu Händen des Geschäftsführers nach Vollzug eine Ausfertigung,
- die Beteiligten sowie das Finanzamt gem. § 54 EStDV je eine beglaubigte Abschrift.

Vorstehende Verhandlung nebst Anlagen wurde den Erschienenen von dem Notar verlesen, von den Erschienenen genehmigt und von ihnen und dem Notar eigenhändig wie folgt unterschrieben:
_____ (Unterschriften der Erschienenen und des Notars)

3. Muster: Anmeldung des Formwechsels einer KG in eine GmbH zum Handelsregister

M 263

An das Amtsgericht _____
– Handelsregister –

_____

Zu HRA _____ der _____ KG
melden wir hiermit in unserer Eigenschaft als bisherige Kommanditisten und persönlich haftende(r) Gesellschafter sowie als nunmehrige Geschäftsführer der formwechselnd umgewandelten _____ GmbH die Umwandlung der Kommanditgesellschaft _____ in eine Gesellschaft mit beschränkter Haftung nach §§ 190 ff. UmwG und die Bestellung als deren Geschäftsführer zur Eintragung in das Handelsregister an.
Als Anlagen überreichen wir:
1. Erste Ausfertigung/beglaubigte Fotokopie des Umwandlungsbeschlusses vom (UR. Nr. _____ des Notars _____ mit Amtssitz in _____) über den Formwechsel der Kommanditgesellschaft unter der Firma _____ in die Firma _____ GmbH, dem als Anlagen der neugefasste Gesellschaftsvertrag (Satzung) der _____ GmbH sowie die Bilanz zum _____ beigefügt sind.
2. Liste, in welcher die Gründungsgesellschafter und die von ihnen übernommenen Stammeinlagen aufgeführt sind.
3. Sachgründungsbericht der Gesellschafter vom _____.
4. Werthaltigkeitsnachweis darüber, dass der Wert des freien Vermögens der umgewandelten Kommanditgesellschaft den Betrag des Stammkapitals der _____ GmbH erreicht (Gutachten der _____ Wirtschaftsprüfungsgesellschaft zum Wert der Kommanditgesellschaft auf der Grundlage des Jahresabschlusses der Gesellschaft zum _____).
5. Namensunbedenklichkeitsbescheinigung der Industrie- und Handelskammer.
6. Empfangsbestätigung über die rechtzeitige Zuleitung des endgültigen Entwurfs des Umwandlungsbeschlusses nebst Anlagen an den Betriebsrat der Gesellschaft.

Alternativ:
6. Ich versichere/wir versichern hiermit in Kenntnis der Strafbarkeit einer unrichtigen Anmeldungsversicherung, dass in dem Betrieb der Gesellschaft kein Betriebsrat besteht.

Die maßgebliche Bilanz (Jahresabschluss per _____) bildet eine Anlage der überreichten Urkunde. Im Hinblick auf die Regelung des § 5 Abs. 4 S. 2 letzter Halbs. GmbHG fügen wir ferner auch eine Abschrift des vorausgegangenen Jahresabschlusses zum 31.12._____ bei, in dem das Jahresergebnis des vorausgegangenen Geschäftsjahres _____ ausgewiesen ist.
Gegenstand der Gesellschaft ist nach § _____ der Satzung: _____.
Ferner melde(n) ich/wir meine/unsere Bestellung als Geschäftsführer der _____ GmbH zur Eintragung in das Handelsregister an. Die Bestellung zu(m) Geschäftsführer(n) ergibt sich aus _____ des beigefügten Umwandlungsbeschlusses. Ich bin/wir sind danach einzelvertretungsbefugt und von den Beschränkungen des § 181 BGB befreit.
Hinsichtlich der Vertretungsbefugnis des Geschäftsführers gilt nach § _____ der Satzung der _____ GmbH: _____.
Die bisher bestehenden Prokuren bestehen fort.
Der/jeder Geschäftsführer versichert:
– Dem Übergang des Vermögens der _____ KG auf die neu errichtete _____ GmbH stehen keine Hindernisse entgegenstehen. Zwischen dem Tag der Aufstellung der Umwandlungsbilanz und dem heutigen Tag sind bezüglich der Vermögenslage der Gesellschaft keine Umstände eingetreten, durch die das in der Umwandlungsbilanz ausgewiesene Kapital beeinträchtigt worden wäre. Das Vermögen der _____ KG befindet sich im unvorbelasteten gesamthänderisch gebundenen Vermögen der Gesellschafter.

- Die Sacheinlage im Rahmen des Umwandlungsvorgangs (Sachgründung) ist vollständig bewirkt und steht endgültig zu meiner/unserer freien Verfügung als Geschäftsführer (§§ 7 Abs. 2 und Abs. 3, 8 Abs. 2 GmbHG), so dass das gesamte Stammkapital in Höhe von _____ EUR erbracht ist.
- Gegen die Wirksamkeit der Umwandlung ist keine Klage erhoben worden und die Gesellschafter haben auf das Recht zur Klageerhebung gegen die Umwandlung verzichtet.
- Der/jeder Geschäftsführer versichert ferner, dass
- ich nicht als Betreute(r) bei der Besorgung meiner Vermögensangelegenheiten ganz oder teilweise einem Einwilligungsvorbehalt (§ 1903 BGB) unterliege,
- ich nicht wegen einer oder mehrerer vorsätzlicher Straftaten des Unterlassens der Stellung des Antrags auf Eröffnung des Insolvenzverfahrens (Insolvenzverschleppung), §§ 283–283d StGB (Insolvenzstraftaten), der falschen Angaben nach § 82 GmbHG oder § 399 AktG, der unrichtigen Darstellung nach § 400 AktG, § 331 HGB, § 313 UmwG oder § 17 PublizitätsG, nach den §§ 263 StGB (Betrug), § 263a StGB (Computerbetrug), § 264 StGB (Kapitalanlagebetrug) § 264a (Subventionsbetrug) oder den §§ 265b StGB (Kreditbetrug), § 266 StGB (Untreue) bis § 266a StGB (Vorenthalten und Veruntreuen von Arbeitsentgelt – Nichtabführung von Sozialversicherungsbeiträgen) zu einer Freiheitsstrafe von mindestens einem Jahr verurteilt worden bin
- und dass mir weder durch gerichtliches Urteil noch durch die vollziehbare Entscheidung einer Verwaltungsbehörde die Ausübung eines Berufes, eines Berufszweiges, eines Gewerbes oder eines Gewerbezweiges ganz oder teilweise untersagt wurde,
- und auch keine vergleichbaren strafrechtlichen Entscheidungen ausländischer Behörden oder Gerichte gegen den Geschäftsführer vorliegen und
- dass ich als Geschäftsführer/in über die uneingeschränkte Auskunftspflicht gegenüber dem Gericht durch den Notar belehrt wurde.

Die Geschäftsräume der _____ GmbH befinden sich (weiterhin) in: _____ (Ort, Straße). Dies ist zugleich die inländische Geschäftsanschrift.

_____ (Ort, Datum und Unterschriften der bisherigen Gesellschafter der KG, einschließlich der Kommanditisten sowie der Geschäftsführer der GmbH)

_____ (Es folgt der notarielle Beglaubigungsvermerk)

M 264 **4. Muster: Formwechselnde Umstrukturierung einer GmbH & Co.KG in eine GmbH nach dem sog. erweiterten Anwachsungsmodell**

79 _____ (Notarielle Urkundsformalien)
erschienen heute:
1.
Frau/Herr _____
– Erschienene/r zu 1 und Beteiligte/r zu 1 –
2.
Frau/Herr _____
– Erschienene/r zu 2 und Beteiligte/r zu 2 –
3.
Frau/Herr _____
– Erschienene/r zu 3 und Beteiligte/r zu 3 –
4.
Frau/Herr _____
– Erschienene/r zu 4 und Beteiligte/r zu 4 –
Die Erschienenen handeln hier

- sowohl im eigenen Namen als Kommanditisten der _____ GmbH & Co.KG mit Sitz in _____ (AG _____, HRA _____) und als Gesellschafter der _____ Verwaltungs GmbH mit Sitz in _____ (AG _____, HRB _____).
- als auch jeweils als einzelvertretungsberechtigte Geschäftsführer der _____ Verwaltungs GmbH mit Sitz in _____ (AG _____, HRB _____) in deren Namen.

Die Erschienenen wiesen sich aus durch ihre gültigen und mit Lichtbild versehenen Bundespersonalausweise. Sie erklärten sich damit einverstanden, dass der Notar eine Fotokopie davon zu seinen Akten nimmt.

Die Beteiligten erklärten,
- dass weder der Notar noch ein Sozius bzw. Angestellter des Urkundsnotars in dieser Angelegenheit anwaltlich tätig war (Vorbefassung im Sinne des § 3 BeurkG),
- dass ausreichend Gelegenheit bestand, den Inhalt und die Tragweite der nachstehenden rechtsgeschäftlichen Erklärungen zu überprüfen (§ 17 BeurkG),
- dass sie die steuerlichen Auswirkungen dieser Niederschrift und ihrer Durchführung eigenverantwortlich geklärt haben bzw. klären werden. Der Notar hat über die steuerlichen Auswirkungen dieses Vertrages und seiner Durchführung keinerlei Auskünfte gegeben. Trotz damit etwaiger verbundener Gefahren baten die Beteiligten um sofortige weitere Beurkundung,
- dass sie damit einverstanden sind, dass personenbezogene Daten, die über die Mandatsbearbeitung in den Kenntnisbereich des beurkundenden Notars bzw. dessen Vertreter im Amt gelangen, dort über die EDV verarbeitet werden. Ihnen ist bekannt, dass eine Übermittlung der erhobenen Daten an Dritte nicht stattfindet und die Daten zur Mandatsbearbeitung verwendet werden. Ferner ist ihnen bekannt, dass sie diese Einwilligung verweigern und mit Wirkung für die Zukunft widerrufen können.

Die Beteiligten bevollmächtigen über ihren Tod hinaus die Notarfachangestellten _____, oder eine vom amtierenden Notar oder einem mit ihm in Sozietät verbundenen Notar, deren Nachfolger oder Vertreter im Amt zu bestimmende/n Notarfachangestellte/n, jede/r für sich allein, unter Befreiung von den Beschränkungen des § 181 BGB und unter Ausschluss jeder eigenen Haftung, alle Erklärungen zum Handelsregister, auch Änderungen und Ergänzungen dieser Urkunde, abzugeben, die zur Durchführung dieser Urkunde und zur Eintragung in das Handelsregister erforderlich sind. Von dieser Vollmacht kann nur vor dem amtierenden Notar oder einem mit ihm in Sozietät verbundenen Notar, deren Nachfolger oder Vertreter im Amt Gebrauch gemacht werden. Sie erlischt mit der Eintragung und dem Vollzug im Handelsregister. Die Bevollmächtigten sind nicht verpflichtet, die Vollmacht auszuüben.

Die Beteiligten baten um die Beurkundung der nachstehenden Erklärungen:

A. Rechtslage
_____ Verwaltungs GmbH
Die Beteiligten zu 1, zu 2, zu 3 und zu 4 sind die alleinigen Gesellschafter der _____ Verwaltungs GmbH mit Sitz in _____ (AG _____, HRB _____), mit einem voll eingezahlten Stammkapital von nominal 25.000 EUR. Diese Gesellschaft wird nachstehend auch „GmbH" oder „Beteiligte zu 5" genannt.

Die/Der Beteiligte zu 1 hält einen voll eingezahlten Geschäftsanteil zu Nr. 1 der Gesellschafterliste mit Stammeinlagen in Höhe von _____ EUR.

Die/Der Beteiligte zu 2 hält einen voll eingezahlten Geschäftsanteil zu Nr. 2 der Gesellschafterliste mit Stammeinlagen in Höhe von _____ EUR.

Die/Der Beteiligte zu 3 hält einen voll eingezahlten Geschäftsanteil zu Nr. 3 der Gesellschafterliste mit Stammeinlagen in Höhe von _____ EUR.

Die/Der Beteiligte zu 4 hält einen voll eingezahlten Geschäftsanteil zu Nr. 4 der Gesellschafterliste mit Stammeinlagen in Höhe von _____ EUR.

Die GmbH ist einzige persönlich haftende Gesellschafterin der _____ GmbH & Co.KG mit Sitz in _____ (AG _____, HRA _____).

Dazu lag die Liste der Gesellschafter mit Datum vom _____ vor. Die Erschienenen erklären übereinstimmend, dass seit der Gründung der Gesellschaft der Kreis der Gesellschafter und ihre Beteiligungen unverändert geblieben sind.

_____ GmbH & Co.KG

Die Beteiligten zu 1, zu 2, zu 3 und zu 4 sind die alleinigen Kommanditisten der _____ GmbH & Co.KG mit Sitz in _____ (AG _____, HRA _____), mit einem voll eingezahlten Kommanditkapital (Haftkapital) von nominal _____ EUR. Diese Gesellschaft wird nachstehend auch „GmbH & Co.KG" oder „Kommanditgesellschaft" oder „Beteiligte zu 6" genannt.

Die persönlich haftende Gesellschafterin ist nicht am Kapital, am Ergebnis und an den Stimmrechten beteiligt.

Die/Der Beteiligte zu 1 hält einen voll eingezahlten Kommanditanteil mit Hafteinlage in Höhe von _____ EUR.

Die/Der Beteiligte zu 2 hält einen voll eingezahlten Kommanditanteil mit Hafteinlage in Höhe von _____ EUR.

Die/Der Beteiligte zu 3 hält einen voll eingezahlten Kommanditanteil mit Hafteinlage in Höhe von _____ EUR.

Die/Der Beteiligte zu 4 hält einen voll eingezahlten Kommanditanteil mit Hafteinlage in Höhe von _____ EUR.

Die GmbH & Co.KG betreibt ein vollkaufmännisches Handelsgewerbe.

Die GmbH & Co.KG soll im Wege des erweiterten Anwachsungsmodells in eine GmbH umgewandelt werden. Mit der Einbringung der sämtlichen Kommanditanteile aller Kommanditisten der GmbH & Co.KG in die _____ Verwaltungs GmbH erlischt die _____ GmbH & Co.KG und die _____ Verwaltungs GmbH übernimmt deren Vermögen durch Gesamtrechtsnachfolge im Wege des Anwachsungserwerbs in entsprechender Anwendung des § 738 Abs. 1 BGB. Sie führt sodann den Geschäftsbetrieb der _____ GmbH & Co.KG in der Rechtsform der GmbH unter der Firma _____ GmbH weiter.

Die Beteiligten erklärten:

B. Anteilseinbringungen

1. Einbringungsvereinbarungen
- Die/Der Beteiligte zu 1 bringt ihren/seinen voll eingezahlten Kommanditanteil mit Hafteinlage in Höhe von _____ EUR in die dies annehmende _____ Verwaltungs GmbH ein,
- Die/Der Beteiligte zu 2 bringt ihren/seinen voll eingezahlten Kommanditanteil mit Hafteinlage in Höhe von _____ EUR in die dies annehmende _____ Verwaltungs GmbH ein,
- Die/Der Beteiligte zu 3 bringt ihren/seinen voll eingezahlten Kommanditanteil mit Hafteinlage in Höhe von _____ EUR in die dies annehmende _____ Verwaltungs GmbH ein,
- Die/Der Beteiligte zu 4 bringt ihren/seinen voll eingezahlten Kommanditanteil mit Hafteinlage in Höhe von _____ EUR in die dies annehmende _____ Verwaltungs GmbH ein.

Die Einbringungen erfolgen jeweils gegen Gewährung neuer Gesellschafterrechte zugunsten der einbringenden Gesellschafter. Zum Zwecke der Gewährung neuer Gesellschafterrechte wird das Stammkapital der _____ Verwaltungs GmbH von 25.000,00 EUR um _____ EUR auf _____ EUR erhöht, und zwar durch Erhöhung der bisherigen Stammeinlagen der Gesellschafter. Übersteigt der Wert des durch die Einbringung übertragenen Vermögens den Betrag der Erhöhung der Stammeinlagen, wird der Mehrbetrag in die Kapitalrücklage der Gesellschaft eingestellt. Bare Zuzahlungen oder sonstige Gegenleistungen sind nicht vereinbart.

Die Einbringungen erfolgen mit Gewinnbezugsrecht ab dem 1.1. _____.

Die Beteiligten zu 1 bis 4 als einbringende Gesellschafter und die Beteiligte zu 5 als Erwerberin sind sich jeweils darüber einig, dass der mit dem übertragenen Kommanditanteil verbundene Gewinn-

anspruch für die Kalenderjahre bis zum 31.12. _____ nicht mit übergehen, ebenso nicht die Gesellschafter- und Darlehenskonten der einbringenden Gesellschafter bei der _____ GmbH & Co. KG.
Zum Zwecke der Anteilsgewährung wird der
– Geschäftsanteil zu Nr. 1 der Gesellschafterliste der/des Beteiligten zu 1 mit Stammeinlagen in Höhe von _____ EUR um _____ EUR auf _____ EUR erhöht.
– Geschäftsanteil zu Nr. 2 der Gesellschafterliste der/des Beteiligten zu 2 mit Stammeinlagen in Höhe von _____ EUR um _____ EUR auf _____ EUR erhöht.
– Geschäftsanteil zu Nr. 3 der Gesellschafterliste der/des Beteiligten zu 3 mit Stammeinlagen in Höhe von _____ EUR um _____ EUR auf _____ EUR erhöht.
– Geschäftsanteil zu Nr. 4 der Gesellschafterliste der/des Beteiligten zu 4 mit Stammeinlagen in Höhe von _____ EUR um _____ EUR auf _____ EUR erhöht.
Die Beteiligten zu 1 bis 4 werden als Übernehmer der jeweils erhöhten Stammeinlagen zugelassen. Sie erklären dazu die Übernahme.

2. Zusicherung der einbringenden Gesellschafter
Die einbringenden Gesellschafter versichern jeweils, dass
– dass der Kommanditanteil nicht ihr ganzes oder nahezu ganzes Vermögen darstellt,
– dass der Kommanditanteil und die vermögensrechtlichen Ansprüche daraus nicht mit Rechten Dritter belastet sind
– sie über den Kommanditanteil mit Zustimmung der Gesellschafterversammlung frei verfügen können und
– keine sonstigen Unwirksamkeitsgründe für die Übertragung bestehen.

3. Hinweise des Notars
Der Notar hat die Beteiligten auf die Haftungsregelungen im Innen- und im Außenverhältnis bei einer Kommanditgesellschaft hingewiesen.
Der Notar hat weiterhin darauf hingewiesen, dass der gutgläubige Erwerb und der gutgläubige lastenfreie Erwerb von Kommanditanteilen nicht möglich sind, dass also die Erwerberseite auf die Richtigkeit und Vollständigkeit der Angaben der einbringenden Gesellschafter angewiesen ist.

4. Dinglicher Vollzug (Abtretungen)
Nach Maßgabe der vorstehenden Regelung treten die einbringenden Gesellschafter der Beteiligten zu 5 hiermit den jeweiligen Kommanditanteil nebst Kapitalkonto I ab. Die Beteiligte zu 5 nimmt die Abtretungen hiermit an.

C. Gesellschafterversammlung der _____ Verwaltungs-GmbH
Unter Verzicht auf sämtliche Vorschriften betreffend Frist, Form und Tagesordnung treten die Beteiligten zu 1, zu 2, zu 3 und zu 4 hiermit zu einer außerordentlichen Gesellschafterversammlung der Beteiligten zu 5 zusammen und beschließen einstimmig:
1. Der Einbringung (Übertragung und Abtretung) der Kommanditanteile der Beteiligten zu 1 bis 4 an der _____ GmbH & Co.KG und der damit verbundenen Umstrukturierung in eine Gesellschaft mit beschränkter Haftung wird zugestimmt.
2. Die Firma der Gesellschaft und der Gesellschaftszweck werden geändert. Die Firmierung der Gesellschaft lautet: _____ GmbH. § 1 Ziffer 1 der Satzung wird entsprechend geändert:

„§ 1
Firma und Sitz
1. Die Firma der Gesellschaft lautet: _____ GmbH."
§ _____ der Satzung wird geändert und lautet nunmehr:

„§ _____
Gesellschaftszweck
Gegenstand der Gesellschaft ist _____ "
3. Zum Zwecke der Anteilsgewährung wird das Stammkapital der Gesellschaft von 25.000,00 EUR um _____ EUR auf _____ EUR erhöht, und zwar durch verhältniswahrende Erhöhung der Stammeinlagen der Geschäftsanteile, nämlich es wird der
    – Geschäftsanteil zu Nr. 1 der Gesellschafterliste der/des Beteiligten zu 1 mit Stammeinlagen in Höhe von _____ EUR um _____ EUR auf _____ EUR erhöht.
    – Geschäftsanteil zu Nr. 2 der Gesellschafterliste der/des Beteiligten zu 2 mit Stammeinlagen in Höhe von _____ EUR um _____ EUR auf _____ EUR erhöht.
    – Geschäftsanteil zu Nr. 3 der Gesellschafterliste der/des Beteiligten zu 3 mit Stammeinlagen in Höhe von _____ EUR um _____ EUR auf _____ EUR erhöht.
    – Geschäftsanteil zu Nr. 4 der Gesellschafterliste der/des Beteiligten zu 4 mit Stammeinlagen in Höhe von _____ EUR um _____ EUR auf _____ EUR erhöht.
§ _____ Ziffer _____ und _____ der Satzung werden entsprechend geändert:

„§ _____
Stammkapital, Stammeinlagen
Das Stammkapital beträgt _____ Euro. Es ist durch Gesellschafterbeschluss vom _____ im Wege der Sachkapitalerhöhung von 25.000 Euro um _____ Euro auf _____ Euro erhöht worden.
Auf das Stammkapital haben übernommen:
    Frau/Herr _____   _____ Euro
    Frau/Herr _____   _____ Euro
    Frau/Herr _____   _____ Euro
    Frau/Herr _____   _____ Euro."
4. Übersteigt der Wert des durch die Einbringung übertragenen Vermögens den Betrag der Erhöhung der Stammeinlagen, wird der Mehrbetrag in die Kapitalrücklage der Gesellschaft eingestellt. Bare Zuzahlungen oder sonstige Gegenleistungen erfolgen nicht.
    Die Urkundsbeteiligten beantragen hiermit vorsorglich zugleich auch gegenüber dem für die Besteuerung des übertragenden und des übernehmenden Rechtsträgers zuständigen Finanzamt gemäß § 20 Abs. 2 S. 2 UmwStG, abweichend von dem Wertansatz des § 20 Abs. 1 UmwStG den Wert des übernommenen Betriebsvermögens einheitlich mit dem Buchwert gemäß der Schlussbilanz des übertragenden Rechtsträgers anzusetzen.
5. Die Einbringungen erfolgen mit Gewinnbezugsrecht ab dem 1.1. _____ .
6. Sämtliche Beteiligten sowie die _____ Verwaltungs GmbH, vertreten wie angegeben, verzichten nach notarieller Belehrung auf eine Anfechtung dieses Beschlusses und auf eine Klage gegen die Wirksamkeit des Beschlusses.
7. Für die Arbeitnehmer der _____ GmbH & Co.KG ergeben sich aus der formwechselnden Umstrukturierung keine Folgen. Der bisher erworbene soziale Besitzstand, insbesondere die bisherigen Beschäftigungszeiten, bleiben ungeschmälert erhalten. Die tarifrechtlichen Regelungen ändern sich nicht. Ein Betriebsrat besteht im Betrieb der Gesellschaft nicht, ebenso wenig eine andere Arbeitnehmervertretung. Auch im Hinblick auf die Unternehmensmitbestimmung ergeben sich keine Konsequenzen, da die beteiligten Gesellschaften bislang und auch zukünftig nicht den Regelungen der Vorschriften über die Unternehmensmitbestimmung unterlagen bzw. unterliegen.
8. Die Kosten dieser Urkunde und ihres Vollzugs trägt die Beteiligte zu 5 als übernehmende Gesellschaft. Der Wert des Aktivvermögens der _____ GmbH & Co.KG beträgt _____ EUR.

D. Gesellschafterversammlung der _____ GmbH & Co.KG
Unter Verzicht auf sämtliche Vorschriften betreffend Frist, Form und Tagesordnung treten die Beteiligten zu 1, zu 2, zu 3 und zu 4 sowie die Beteiligte zu 5, vertreten wie angegeben, hiermit zu einer au-

ßerordentlichen Gesellschafterversammlung der Beteiligten zu 6 zusammen und beschließen einstimmig:
1. Der Einbringung (Übertragung und Abtretung) der Kommanditanteile der Beteiligten zu 1 bis 4 an der _____ GmbH & Co.KG mit Sitz in _____ (AG _____, HRA _____) in die Beteiligte zu 5 und der damit verbundenen Umstrukturierung in eine Gesellschaft mit beschränkter Haftung wird zugestimmt.
2. Sämtliche Beteiligten sowie die _____ Verwaltungs GmbH, vertreten wie angegeben, verzichten nach notarieller Belehrung auf eine Anfechtung dieses Beschlusses und auf eine Klage gegen die Wirksamkeit des Beschlusses.
3. Für die Arbeitnehmer der _____ GmbH & Co.KG ergeben sich aus der formwechselnden Umstrukturierung keine Folgen. Der bisher erworbene soziale Besitzstand, insbesondere die bisherigen Beschäftigungszeiten, bleiben ungeschmälert erhalten. Die tarifrechtlichen Regelungen ändern sich nicht. Ein Betriebsrat besteht im Betrieb der Gesellschaft nicht, ebenso wenig eine andere Arbeitnehmervertretung. Auch im Hinblick auf die Unternehmensmitbestimmung ergeben sich keine Konsequenzen, da die beteiligten Gesellschaften bislang und auch zukünftig nicht den Regelungen der Vorschriften über die Unternehmensmitbestimmung unterlagen bzw. unterliegen.

E. *Schlussbestimmungen*

1. Hinweise
Der Notar hat die Beteiligten auf den weiteren Verfahrensablauf bis zum Wirksamwerden der Kapitalerhöhung und auf den Wirksamkeitszeitpunkt hingewiesen, ferner auf das Erfordernis eines Grundbuchberichtigungsantrags bei Vorhandensein von Grundbesitz im Vermögen des übertragenden Rechtsträgers.
Die Beteiligten erklären, dass der übertragende Rechtsträger nicht über Grundbesitz verfügt.
Der Notar wies die Beteiligten insbesondere auf das Erfordernis der Erstellung eines sog. Sachkapitalerhöhungsberichts im Zusammenhang mit der Kapitalerhöhung durch Einbringung der Kommanditgesellschaft in die GmbH hin.
Der Notar wies die Beteiligten schließlich auf seine gesetzlichen Mitteilungspflichten, insbesondere nach steuerrechtlichen Vorschriften hin.

2. Salvatorische Klausel
Sollten einzelne oder mehrere Bestimmungen dieser Niederschrift oder einer künftigen Ergänzung ganz oder teilweise unwirksam oder undurchführbar sein oder ihre Wirksamkeit oder Durchführbarkeit später verlieren, so soll hierdurch die Gültigkeit der übrigen Bestimmungen nicht berührt werden. Gleiches gilt, falls sich herausstellen sollte, dass die beurkundete Regelung eine Regelungslücke enthält. Anstelle der unwirksamen oder undurchführbaren Bestimmung oder zur Ausfüllung der Regelungslücke soll dann eine angemessene Regelung gelten, die, soweit nur rechtlich möglich, dem am meisten gerecht wird, was die Beteiligten vereinbart oder beschlossen hätten, wenn sie die Unwirksamkeit, Undurchführbarkeit oder Lückenhaftigkeit gekannt hätten.

3. Abschriften
Von dieser Urkunde erhalten beglaubigte Abschriften:
Finanzamt, Veranlagungsstelle, gemäß § 54 EStDV
die Beteiligten zu 1 bis 4
die Beteiligte zu 5
Steuerberater _____.
Vorstehende Verhandlung wurde den Erschienenen in Gegenwart des Notars vorgelesen, von ihnen genehmigt und wie folgt eigenhändig unterschrieben:

M 265   5. Muster: Anmeldung des Erlöschens der Kommanditgesellschaft

80   Amtsgericht _____
– Handelsregister –

_____

Handelsregister der Firma
_____ GmbH & Co.KG mit Sitz in _____
HRA _____ –

I. Anlagen
Als Anlage überreichen wir, die sämtlichen Gesellschafter:
Ausfertigung des Einbringungsvertrages vom _____, UR-Nr. _____/_____ des Notars _____ nebst Beschlussfassungen der Gesellschafterversammlungen über die Einbringung sämtlicher Kommanditanteile aller Kommanditisten in das Vermögen der persönlich haftenden Gesellschafterin, der _____ Verwaltungs-GmbH;
Den Wert des übertragenen Aktivvermögens geben wir mit _____ EUR an.

II. Anmeldungen
Durch das Ausscheiden sämtlicher Kommanditisten ist die Gesellschaft erloschen. Der Geschäftsbetrieb der Gesellschaft wird von der bisherigen persönlich haftenden Gesellschafterin, der _____ Verwaltungs-GmbH (künftig: _____ GmbH) im Wege des Anwachsungserwerbs (§ 738 Abs. 1 BGB entsprechend) fortgeführt.
Die Gesellschaft ist erloschen.
Wir versichern hiermit vorsorglich,
dass den ausscheidenden Kommanditisten aus dem Gesellschaftsvermögen keinerlei Abfindung versprochen oder gewährt wurde, und
dass in dem Betrieb der beiden beteiligten Gesellschaften kein Betriebsrat und keine sonstige Arbeitnehmervertretung besteht.

III. Vollmachten
Die Beteiligten bevollmächtigen über ihren Tod hinaus die Notarfachangestellten _____, jede für sich allein, unter Befreiung von den Beschränkungen des § 181 BGB und unter Ausschluss jeder eigenen Haftung, alle Erklärungen zum Handelsregister, auch Änderungen und Ergänzungen dieser Urkunde, abzugeben, die zur Durchführung dieser Urkunde und zur Eintragung in das Handelsregister erforderlich sind. Von dieser Vollmacht kann nur vor dem amtierenden Notar oder dessen Vertreter im Amt Gebrauch gemacht werden. Sie erlischt mit der Eintragung im Handelsregister.
_____ (Ort, Datum)
(Unterschriften der bisherigen Gesellschafter der KG, einschließlich der Kommanditisten sowie der Geschäftsführer der GmbH)

_____
(Es folgt der notarielle Beglaubigungsvermerk)

M 266   6. Muster: Anmeldung zum Handelsregister der GmbH

81   Amtsgericht _____
– Handelsregister –

_____

Zum Handelsregister der Firma
_____ Verwaltungs GmbH mit Sitz in _____
HRB _____ –

I. Anlagen
Als Anlagen überreichen wir, die sämtlichen Geschäftsführer der _____ Verwaltungs GmbH:
1. Ausfertigung des Einbringungsvertrages vom _____, UR-Nr. _____/_____ des Notars _____ nebst Beschlussfassungen der Gesellschafterversammlungen über die Einbringung sämtlicher Kommanditanteile aller Kommanditisten in das Vermögen der persönlich haftenden Gesellschafterin, der _____ Verwaltungs-GmbH; darin enthalten die Zulassung zur Übernahme und die Übernahmeerklärungen.
2. Satzungsbescheinigung des Notars gemäß § 54 Abs. 1 S. 2 GmbHG
3. Liste der Personen, welche die erhöhten Stammeinlagen übernommen haben (§ 57 Abs. 3 Nr. 2 GmbHG); eine neugefasste Liste der Gesellschafter gemäß § 40 GmbHG wird nach Wirksamwerden der Kapitalerhöhung nachgereicht
4. Sachkapitalerhöhungsbericht
5. Werthaltigkeitsnachweis darüber, dass der Wert des freien Vermögens der Kommanditgesellschaft den Erhöhungsbetrag des Stammkapitals der _____ GmbH erreicht: Gutachten der _____ Wirtschaftsprüfungsgesellschaft zum Wert der Kommanditgesellschaft auf der Grundlage des Jahresabschlusses der Gesellschaft zum 31.12.2011.
6. zustimmende Stellungnahme der IHK zur Umfirmierung (wird nachgereicht).
7. Im Hinblick auf die Regelung des § 5 Abs. 4 S. 2 letzter Hs.z GmbHG fügen wir ferner auch eine Abschrift des Jahresabschlusses zum 31.12. _____ und des vorausgegangenen Jahresabschlusses zum 31.12. _____ bei, in dem das Jahresergebnis des vorausgegangenen Geschäftsjahres ausgewiesen ist.
Den Wert des übertragenen Aktivvermögens geben wir mit _____ EUR an.

II. Anmeldungen
Wir melden zur Eintragung in das Handelsregister an:
1. Die Gesellschafterversammlung hat die Firma und den Zweck der Gesellschaft geändert. Sie lautet nunmehr: „... GmbH". § 1 Ziffer 1 der Satzung lautet nunmehr:
„§ 1
Firma und Sitz
Die Firma der Gesellschaft lautet: _____ GmbH."
§ _____ der Satzung lautet nunmehr:
„§ _____
Gesellschaftszweck
Gegenstand der Gesellschaft ist_____"
2. Die Gesellschafterversammlung hat die Erhöhung des Stammkapitals und die Änderung der Satzung in § _____ Ziffern _____ und _____ des Gesellschaftsvertrages dahingehend beschlossen, dass das Stammkapital der Gesellschaft im Wege der Sachkapitalerhöhung von 25.000 EUR um _____ EUR auf _____ EUR durch Erhöhung der Nennbeträge der bisherigen Geschäftsanteile erhöht wird. Die Sacheinlage erfolgte durch Einbringung aller Kommanditanteile in der Gesamthöhe von _____ EUR an der _____ GmbH & Co. KG mit Sitz in _____ (AG Münster, HRA _____) im Wege der Abtretung.
Zur Übernahme der erhöhten Geschäftsanteile wurden die bisherigen Gesellschafter
Die Sachkapitalerhöhung erfolgt durch verhältniswahrende Erhöhung der Stammeinlagen der Geschäftsanteile, nämlich es wird der
– Geschäftsanteil zu Nr. 1 der Gesellschafterliste des Gesellschafters _____ mit Stammeinlagen in Höhe von _____ EUR um _____ EUR auf _____ EUR erhöht.

- Geschäftsanteil zu Nr. 2 der Gesellschafterliste des Gesellschafters _____ mit Stammeinlagen in Höhe von _____ EUR um _____ EUR auf _____ EUR erhöht.
- Geschäftsanteil zu Nr. 3 der Gesellschafterliste des Gesellschafters _____ mit Stammeinlagen in Höhe von _____ EUR um _____ EUR auf _____ EUR erhöht.
- Geschäftsanteil zu Nr. 4 der Gesellschafterliste des Gesellschafters _____ mit Stammeinlagen in Höhe von _____ EUR um _____ EUR auf _____ EUR erhöht.

Die vorbezeichneten Gesellschafter haben die Übernahme der erhöhten Geschäftsanteile erklärt.

§ _____ Ziffer und _____ der Satzung wurde entsprechend geändert:

„§ _____

Stammkapital, Stammeinlagen

Das Stammkapital beträgt _____ Euro. Es ist durch Gesellschafterbeschluss vom _____ im Wege der Sachkapitalerhöhung von 25.000 Euro um _____ Euro auf _____ Euro erhöht worden.

Auf das Stammkapital haben übernommen:

Frau/Herr _____ ... Euro
Frau/Herr _____ ... Euro
Frau/Herr _____ ... Euro
Frau/Herr _____ ... Euro."

Eine vollständige Bilanz nebst Gewinn- und Verlustrechnung sowie Erläuterungsbericht des Steuerberaters/Wirtschaftsprüfers _____ aus _____ liegt zum Nachweis der Werthaltigkeit der Einlageleistungen bei.

Die Geschäftsräume der Gesellschaft (zugleich inländische Geschäftsanschrift) befinden sich weiterhin in _____.

III. Versicherungen

Wir versichern in Kenntnis der Strafbarkeit einer unrichtigen Anmeldungsversicherung, dass die Gesellschafter ihre erhöhte Stammeinlagen i. H. v. insgesamt _____ EUR dadurch erbracht haben, dass sie ihre sämtlichen Kommanditanteile mit Hafteinlagen in der Gesamthöhe von _____ an der _____ GmbH & Co. KG mit Sitz in _____ (AG _____, HRA _____) in die Gesellschaft eingebracht haben und dass sich diese Beträge endgültig in unserer freien Verfügung als Geschäftsführer befinden, nicht an die Einleger zurückgewährt wurde und mit keinerlei Verbindlichkeiten belastet sind, außer mit den von der Gesellschaft nach dem Beschluss zu tragenden Kosten der Beschlussfassung und der Durchführung der Kapitalerhöhung.

Wir versichern hiermit ferner vorsorglich,

dass in dem Betrieb der beiden beteiligten Gesellschaften kein Betriebsrat und keine sonstige Arbeitnehmervertretung besteht.

dass dem Übergang des Vermögens der _____ GmbH & Co. KG auf die _____ GmbH keine Hindernisse entgegenstehen. Zwischen dem Tag der Aufstellung der Einbringungsbilanz und dem heutigen Tag sind bezüglich der Vermögenslage der Gesellschaft keine Umstände eingetreten, durch die das in der Umwandlungsbilanz ausgewiesene Kapital beeinträchtigt worden wäre. Das Vermögen der vormaligen _____ GmbH & Co. KG befindet sich im unvorbelasteten gesamthänderisch gebundenen Vermögen der Gesellschafter.

dass gegen die Wirksamkeit der Einbringung ist keine Klage erhoben worden und die Gesellschafter auf das Recht zur Klageerhebung gegen die Einbringung verzichtet haben.

IV. Handelsregisterauszüge

Nach Vollzug des Antrages auf Eintragung der Kapitalerhöhung bitten wir jeweils um Eintragungsnachricht an die Gesellschaft und an den beglaubigenden Notar sowie um Übermittlung von _____ beglaubigten Handelsregisterauszügen an die Gesellschaft und einem beglaubigten Handelsregisterauszug an den beglaubigenden Notar.

V. Vollmachten
Die Beteiligten bevollmächtigen über ihren Tod hinaus die Notarfachangestellten _____, jede für sich allein, unter Befreiung von den Beschränkungen des § 181 BGB und unter Ausschluss jeder eigenen Haftung, alle Erklärungen zum Handelsregister, auch Änderungen und Ergänzungen dieser Urkunde, abzugeben, die zur Durchführung dieser Urkunde und zur Eintragung in das Handelsregister erforderlich sind. Von dieser Vollmacht kann nur vor dem amtierenden Notar oder dessen Vertreter im Amt Gebrauch gemacht werden. Sie erlischt mit der Eintragung im Handelsregister.
_____ (Ort, Datum)
_____ (*Es folgen die Unterschriftszeichnungen der Geschäftsführer*)

III. Formwechsel einer GmbH in eine Aktiengesellschaft

1. Typischer Sachverhalt

Die Gesellschaft hat in den letzten Jahren eine erhebliche Ausweitung ihrer Geschäftstätigkeit und ihres Umsatzes erreicht. Die Festigung und der weitere Ausbau der Marktstellung erfordern jedoch auch erhebliche Investitionen in ein Vertriebs- und Niederlassungsnetz, in neue Technologien und in differenzierte Organisations- und Leitungsfunktionen. Der dazu erforderliche Kapitalbedarf soll durch einen baldigen Börsengang gedeckt werden. Darüber hinaus sollen auch wichtige Schlüsselkräfte in der Mitarbeiterschaft und in der Führungsebene durch wirtschaftlich lukrative Beteiligungen an das Unternehmen gebunden werden. Vor diesem Hintergrund soll die Gesellschaft – jedoch zunächst unter Inanspruchnahme der Vorteile einer so genannten kleinen Aktiengesellschaft – in eine Aktiengesellschaft formwechselnd umgewandelt werden. **82**

Die formwechselnd umzuwandelnde GmbH ist derzeit noch ausgestattet mit dem bisherigen gesetzlichen Mindeststammkapital von 50.000 DM. Im Rahmen eines einheitlichen Vorgangs soll das Kapital erhöht, die Umstellung von DM auf EUR erfolgen und es sollen – unter teilweisem Verzicht der bisherigen Gesellschafter auf ihr Bezugsrecht – neue Gesellschafter beitreten und im Rahmen einer Kapitalerhöhung zur Übernahme zugelassen werden. Die Fallgestaltung hat darüber hinaus – in den Alternativen – die Besonderheit, dass inländisches und ausländisches Immobilienvermögen vorhanden ist und dass im Hinblick auf den bevorstehenden Ablauf der Acht-Monats-Frist nach § 17 UmwG/§ 9 S. 3 UmwStG die Monatsfrist gem. §§ 5 Abs. 3, 194 Abs. 2 UmwG für die Informationserteilung an den Betriebsrat nicht eingehalten werden kann. **83**

2. Muster: Formwechselnde Umwandlung einer GmbH in eine AG mit Euro-Umstellung, Kapitalerhöhung und Anteilsübertragung auf neue Gesellschafter

M 267

_____ (*Notarielle Urkundsformalien*)[78]   **84**
Die Satzung der Gesellschaft (UR-Nr. _____ des Notars _____ in _____ vom _____) und der Geschäftsanteilsübertragungsvertrag vom _____ (UR-Nr. _____ des Urkundsnotars) lagen vor und sind allen Erschienenen voll inhaltlich bekannt, auf nochmalige Beifügung und Verlesung wird nach Belehrung allseits verzichtet.
Die Erschienenen baten sodann um die Beurkundung der nachstehenden Gesellschafterversammlungen und Geschäftsanteilsübertragungen.

---

[78] Wegen der sofort in der Urkunde erfolgenden Bestellung des Aufsichtsrates und der Annahmeerklärungen der Aufsichtsratsmitglieder nebst erster Aufsichtsratssitzung ist deren Beteiligung erforderlich.

A. Vorbemerkung

Die Beteiligten zu 1, 2, 3 und 4 sind Gesellschafter der _____ GmbH (Gesellschaft) mit nach ihren Angaben voll eingezahlten Geschäftsanteilen mit folgenden Beteiligungen am Stammkapital der Gesellschaft in Höhe von derzeit _____ DM, und zwar
- Die/der Beteiligte zu 1 mit Geschäftsanteilen mit Stammeinlagen in Höhe von _____ DM, von weiteren _____ DM und von weiteren _____ DM
- Die/der Beteiligte zu 2 mit einem Geschäftsanteil mit einer Stammeinlage in Höhe von _____ DM
- Die/der Beteiligte zu 3 mit einem Geschäftsanteil mit einer Stammeinlage in Höhe von _____ DM
- Die/der Beteiligte zu 4 mit einem Geschäftsanteil mit einer Stammeinlage in Höhe von _____ DM und einem weiteren Geschäftsanteil mit einer Stammeinlage in Höhe von _____ DM.

Die Gesellschaft hat keinen Grundbesitz.

Alternativ:

Die Gesellschaft hat folgenden Grundbesitz:
- _____, eingetragen im Grundbuch von _____, Blatt _____;
- Gewerbeimmobilie in _____, für die Gesellschaft noch einzutragen im _____ (nähere Bezeichnung der ausländischen Immobilie nebst Registerangaben).

B. Gesellschafterversammlung der _____ GmbH

Die Erschienenen treten hiermit unter Verzicht auf sämtliche Förmlichkeiten betreffend Ladung, Ladungsfristen und Tagesordnung zu einer außerordentlichen Gesellschafterversammlung der Gesellschaft zusammen und beschließen einstimmig Folgendes:

I. Umstellung des Stammkapitals auf EUR, Kapitalerhöhung, Geschäftsanteilsvereinigung und -teilung

1. Umrechnung der bisherigen GmbH-Beteiligungen in EUR

a) Beteiligte(r) zu 1
   Gesellschaftsanteil _____ DM : 1,95583 = _____ EUR
   Gesellschaftsanteil _____ DM : 1,95583 = _____ EUR
   Gesellschaftsanteil _____ DM : 1,95583 = _____ EUR
b) Beteiligte(r) zu 2
   Gesellschaftsanteil _____ DM : 1,95583 = _____ EUR
c) Beteiligte(r) zu 3
   Gesellschaftsanteil _____ DM : 1,95583 = _____ EUR
d) Beteiligte(r) zu 4
   Gesellschaftsanteil _____ DM : 1,95583 = _____ EUR
   Gesellschaftsanteil _____ DM : 1,95583 = _____ EUR

EUR – gesamt _____ EUR

Aufschiebend bedingt auf die Eintragung der nachstehend zu beschließenden Kapitalerhöhung und -umstellung auf _____ EUR und der Eintragung der Umwandlung der Gesellschaft in eine Aktiengesellschaft mit einem durch _____ nennwertlose Stück-Aktien ausgewiesenen Grundkapital von _____ EUR wird die Umstellung des Kapitals der Gesellschaft in EUR mit einem Grundkapital von zunächst _____ EUR einstimmig beschlossen.

2. Kapitalerhöhung nebst Übernahmeerklärungen und Vereinigung von Geschäftsanteilen

a) Kapitalerhöhung

Das Stammkapital der Gesellschaft wird von _____ EUR um _____ EUR auf _____ EUR erhöht, und zwar durch Bildung und Ausgabe der folgenden neuen Geschäftsanteile mit Stammeinlagen von
- _____ EUR

- _____ EUR
- _____ EUR
- _____ EUR
- _____ EUR
- _____ EUR
- _____ EUR
- _____ EUR.

Summe der neuen Stammeinlagen: _____ EUR.

b) Zulassung zur Übernahme

Zur Übernahme der neuen Stammanteile werden als Übernehmer zugelassen:

Gesellschafter _____	zu	_____ EUR
Gesellschafter _____	zu	_____ EUR
Gesellschafter _____	zu	_____ EUR
Gesellschafter _____	zu	_____ EUR
Gesellschafter _____	zu	_____ EUR
Gesellschafter _____	zu	_____ EUR
Gesellschafter _____	zu	_____ EUR.

Die Beteiligten zu _____, zu _____ und zu _____ verzichten insoweit nach Belehrung auf ihr weiter gehendes anteiliges Bezugsrecht. Die Übernehmer haben die Stammeinlagen in obiger Höhe in bar nach Erklärung der Übernahme sofort zu erbringen. Die neuen Geschäftsanteile nehmen am Gewinn und Verlust des laufenden Kalenderjahres ab dem 1. Januar teil.

c) Übernahmeerklärungen

Die Übernehmer erklären, dass sie die neuen Geschäftsanteile nach dieser Maßgabe übernehmen.

d) Anteilsvereinigung

Die vorhandenen und die neu gebildeten Geschäftsanteile werden, soweit zur Herstellung glatter und durch ein EUR teilbarer Anteile erforderlich, wie folgt vereinigt:

Der Geschäftsanteil	von EUR:	mit EUR:	zu EUR:
_____:	_____	_____	_____
_____:	_____	_____	_____
_____:	_____	_____	_____
_____:	_____	_____	_____
_____:	_____	_____	_____
_____:	_____	_____	_____
_____:	_____	_____	_____
			_____
Gesamt:			_____

e) Satzungsänderung

§ _____ des Gesellschaftsvertrages wird daher wie folgt abgeändert:

„Das Stammkapital der Gesellschaft beträgt _____ EUR."

3. Teilung eines Geschäftsanteils

Der Geschäftsanteil des Gesellschafters _____ mit einer Stammeinlage von _____ EUR wird mit Zustimmung aller Gesellschafter wie folgt geteilt, und zwar in
- einen Geschäftsanteil mit einer Stammeinlage von _____ EUR
- einen weiteren Geschäftsanteil mit einer Stammeinlage von _____ EUR

II. Zustimmung zur vorstehenden Anteilsvereinigung und -teilung und zur nachstehenden Geschäftsanteilsübertragung
Die Gesellschafterversammlung erteilt hiermit einstimmig die Zustimmung zu der vorstehenden Geschäftsanteilsvereinigung, der vorstehenden Geschäftsanteilsteilung und der nachstehenden Geschäftsanteilsübertragung.

C. *Verkauf und Abtretung von GmbH-Anteilen (Geschäftsanteilsübertragung)*

I. Schuldrechtlicher Teil

1. Anteilsverkäufe
Der Beteiligte zu 1 als Verkäufer verkauft von den durch vorstehende Teilung entstandenen Geschäftsanteilen
– der/dem Beteiligten zu _____ den Geschäftsanteil mit einer Stammeinlage von _____ EUR zu einem Kaufpreis von _____ EUR (in Worten: _____ EUR);
– der/dem Beteiligten zu _____ den Geschäftsanteil mit einer Stammeinlage von _____ EUR zu einem Kaufpreis von _____ EUR (in Worten: _____ EUR).
Die jeweilige Kaufpreisschuld ist fällig binnen _____ nach Anmeldung der Umwandlung der Gesellschaft in eine Aktiengesellschaft zum Handelsregister, die bis zum _____ nach Durchführung der dazu ebenfalls erforderlichen Kapitalerhöhung beabsichtigt ist, spätestens jedoch am _____.
Der Geschäftsanteil mit einer Stammeinlage von _____ EUR verbleibt bei dem Beteiligten zu 1.

2. Rücktrittsrechte der Käufer
Den Käufern, nämlich der/dem Beteiligten zu _____ und der/dem Beteiligten zu _____, steht jeweils ein voneinander unabhängig auszuübendes Rücktrittsrecht vom schuldrechtlichen Teil dieser Geschäftsanteilsübertragungsvereinbarungen zu, falls die Umwandlung der Gesellschaft in eine Aktiengesellschaft nicht bis zum _____ beschlossen und formgerecht zum Handelsregister angemeldet worden sein sollte.

3. Gewährleistungen des Verkäufers
Der Beteiligte zu 1 als Verkäufer versichert, dass die Gesellschaft nicht überschuldet und nicht zahlungsunfähig ist, dass die Geschäftsanteile einschließlich der verkauften Geschäftsanteile, ordnungsgemäß und ohne Verstoß gegen das Verbot der verschleierten Sacheinlage einbezahlt bzw. erbracht wurden, dass die Geschäftsanteile nicht sein ganzes oder nahezu ganzes Vermögen darstellen, dass sie nicht mit Rechten Dritter belastet sind und er über die Geschäftsanteile frei verfügen kann.

4. Belehrungen, Hinweise und Abtretungsanzeige
Der Notar hat die Erwerber darauf hingewiesen, dass sie nach § 16 Abs. 2 GmbHG für auf den Geschäftsanteilen rückständigen Leistungen als Gesamtschuldner neben dem Veräußerer haften, dass dies insbesondere auch für den Fall gilt, dass ein Geschäftsanteil nicht ordnungsgemäß erbracht wurde, z.B. eine Bareinlage durch eine verschleierte Sacheinlage.
Den Beteiligten zu 1 als Veräußerer hat der Notar darauf hingewiesen, dass er für derartige rückständige fällige Leistungen als Gesamtschuldner neben den Erwerbern haftbar bleibt. Weiterhin hat der Notar den Veräußerer auch auf die Haftung in den Fällen des §§ 22, 28 GmbHG hingewiesen.
Der Notar hat weiterhin auf die Risiken einer Abtretung der verkauften Geschäftsanteile vor Zahlung der Kaufpreise hingewiesen, auch darauf, dass diese Risiken durch vorherige Einzahlung des Kaufpreises auf ein Treuhandkonto und eine dann nachfolgende Abtretung vermieden werden könne. Auf diese Sicherung verzichten alle Beteiligten nach Belehrung.
Der Notar hat ferner darauf hingewiesen, dass der gutgläubige Erwerb von Geschäftsanteilen einer GmbH eingeschränkt möglich ist und der gutgläubig lastenfreie Erwerb von Geschäftsanteilen einer

GmbH nicht möglich ist, dass also die Erwerber auf die Richtigkeit und Vollständigkeit der Angaben des Veräußerers angewiesen sind.
Ferner hat der Notar auf die Bedeutung und die Wirkung einer neugefassten Gesellschafterliste gem. § 16 Abs. 1 GmbHG hingewiesen.

5. Ergebnisverwendung des Vorjahres
Der Beteiligte zu 1 als Verkäufer und die Käufer sind sich jeweils darüber einig, dass der mit den übertragenen Geschäftsanteilen verbundene Gewinnanspruch für das Kalenderjahr _____ mit den vorgetragenen Verlusten der Gesellschaft verrechnet und nicht ausgeschüttet werden soll, ein etwa darüber hinausgehender Gewinn dem Beteiligten zu 1 als Verkäufer zustehen soll. Die Käufer treten hiermit vorsorglich diesen entsprechenden Gewinnanspruch für das Geschäftsjahr _____ an den diesen annehmenden Verkäufer im Wege der Rückabtretung ab.

II. Abtretungsvereinbarung
Die vorstehend bezeichneten verkauften Geschäftsanteile werden hiermit an die diese annehmenden Käufer nach Maßgabe der kaufvertraglichen Regelung abgetreten. Die Anteile gehen heute über.

D. Weitere Gesellschafterversammlung der Gesellschaft

I. Formwechselnde Umwandlung
Unter Verzicht auf sämtliche Vorschriften betreffend Frist, Form und Tagesordnung, auch soweit sie in §§ 226, 238 ff. des Umwandlungsgesetzes vom 28.10.1994 vorgeschrieben sind, treten wir, die Beteiligten zu _____, _____, _____ und _____ hiermit zu einer weiteren außerordentlichen Gesellschafterversammlung zusammen und beschließen einstimmig unter der aufschiebenden Bedingung der Eintragung der vorstehend beschlossenen Umstellung des Kapitals auf EUR und der Kapitalerhöhung auf _____ EUR im Handelsregister folgenden
Formwechsel

1.
Die Gesellschaft wird durch Formwechsel gem. §§ 190–213, 226, 238 ff. UmwG in eine Aktiengesellschaft umgewandelt.

2.
Die Firmierung der Aktiengesellschaft lautet: _____ AG.

3.
Der Sitz der Gesellschaft in der neuen Rechtsform der Aktiengesellschaft ist _____.

4.
Das Grundkapital der Aktiengesellschaft beträgt _____ EUR und ist eingeteilt in _____ nennwertlose Stück-Aktien, die auf den Namen des Aktionärs lauten.

5.
An der _____ AG sind in dem folgenden Beteiligungsverhältnis beteiligt:
a) _____ mit _____ Stück-Aktien (entspricht _____ % des Grundkapitals)
b) _____ mit _____ Stück-Aktien (entspricht _____ % des Grundkapitals)
c) _____ mit _____ Stück-Aktien (entspricht _____ % des Grundkapitals)
d) _____ mit _____ Stück-Aktien (entspricht _____ % des Grundkapitals).
Der Umfang der Gesellschafterrechte im Einzelnen ist in der als **Anlage I** beiliegenden Satzung, die mitverlesen und dieser Urkunde beigefügt wird, geregelt.

Nach der Satzung der _____ AG sind keine Sonderrechte eingeräumt, ebenso wenig Vorzugsaktien, Mehrstimmrechtsaktien, Schuldverschreibungen, Genussscheine oder dergleichen.

6.
Der Stichtag für den Rechtsformwechsel ist der 1.1._____, 0.00 Uhr. Auf den 31.12._____, 24.00 Uhr, errichtet die Gesellschaft noch in der Rechtsform der GmbH für steuerliche Zwecke einen Jahresabschluss mit Jahresbilanz, letztere zugleich als Übertragungsbilanz, die Gesellschaft in der Rechtsform der Aktiengesellschaft errichtet auf den 1.1._____, 0.00 Uhr, eine Eröffnungsbilanz. Die Gesellschaft in der Rechtsform der Aktiengesellschaft führt gem. § 3 UmwStG die Buchwerte fort.
Die Jahresbilanz, zugleich als Umwandlungsbilanz der Gesellschaft per _____, ist als **Anlage II** beigefügt. Sie bildet einen Bestandteil dieser Urkunde.

7.
Sämtliche Beteiligten verzichten nach Belehrung durch den Notar auf die Erstellung eines Umwandlungsberichts gem. § 192 Abs. 2 UmwG und auf eine Anfechtung des Umwandlungsbeschlusses und eine Klage gegen die Wirksamkeit des Formwechsels.

8.
Da ein Widerspruch eines Gesellschafters gegen den Formwechsel nicht vorliegt, entfällt ein Abfindungsangebot gem. § 207 UmwG, vorsorglich wird nach Belehrung allseits auch darauf verzichtet.

9.
Für die Arbeitnehmer der Gesellschaft ergeben sich aus dem Formwechsel keine Folgen. Der bisher erworbene soziale Besitzstand, insbesondere die bisherigen Beschäftigungszeiten, bleiben ungeschmälert erhalten. Auswirkungen tariflicher Art ergeben sich nicht; ebensowenig Auswirkungen in mitbestimmungsrechtlicher Hinsicht, da die Mitarbeiterzahl lediglich _____ beträgt.
Ein Betriebsrat besteht beim formwechselnden Rechtsträger nicht.
Alternativ:
Im Betrieb der Gesellschaft besteht ein aus _____ Mitgliedern bestehender Betriebsrat. Die formwechselnde Umwandlung hat auf die Zusammensetzung und die Tätigkeit dieser Arbeitnehmervertretung keinerlei Auswirkungen, ebenso wenig auf die Wirksamkeit oder Inhalte der bestehenden Betriebsvereinbarungen und Regelungsabsprachen.

10.
Den Wert des Aktivvermögens der formwechselnden Gesellschaft geben wir an mit _____ EUR.

11.
In den Aufsichtsrat werden gewählt:
a) _____, wohnhaft _____ (Beruf, Name, Geburtsdatum und Anschrift)
b) _____, wohnhaft _____ (Beruf, Name, Geburtsdatum und Anschrift)
c) _____, wohnhaft _____ (Beruf, Name, Geburtsdatum und Anschrift).
Die Gewählten nehmen hiermit die Bestellung in den Aufsichtsrat an.

12.
Zum Abschlussprüfer für das am 31.12._____ endende Wirtschaftsjahr wird bestellt: _____.
Gemäß § 33 Abs. 2 AktG wird hiermit beim Amtsgericht _____, Handelsregister, beantragt, einen Gründungsprüfer zu bestellen. Dazu wird von der Gesellschaft vorgeschlagen: _____.
Es wird dazu versichert, dass Ausschlussgründe bezüglich der vorgeschlagenen Gründungsprüfer(in) i.S.v. §§ 33 Abs. 5, 143 Abs. 2 AktG i.V.m. § 319 HGB nicht vorliegen und der/die vorgeschlagene Gründungsprüfer(in) zuvor noch keine beratende oder prüfende Tätigkeit für die Gesellschaft geleistet hat.

13.
Klarstellend wird festgestellt, dass die bisher bestehenden Prokuren für _____ und _____ fortbestehen.

II. Hinweise und Belehrungen
Der Notar hat insbesondere darüber belehrt bzw. darauf hingewiesen, dass der Formwechsel erst mit der Eintragung in das Handelsregister der Gesellschaft wirksam wird, ferner dass bei Eintragung des Formwechsels in das Handelsregister der Wert des Gesellschaftsvermögens nicht niedriger sein darf als das ausgewiesene Stammkapital bzw. Grundkapital und dass die Gesellschafter – mit Ausnahme des zulässigerweise übernommenen Gründungsaufwands – für einen etwa bestehenden Fehlbetrag haften. Ferner hat der Notar auf das Erfordernis eines Gründungsberichts der Gründungsgesellschafter nach § 32 AktG und einer Gründungsprüfung des Aufsichtsrats, des Vorstands und eines externen Prüfers in den Fällen des § 33 AktG i.V.m. § 197 UmwG hingewiesen.

III. Bestellung des Vorstands
Sodann treten hiermit die Beteiligten zu _____, _____ und _____ als gewählte Aufsichtsratsmitglieder zu ihrer ersten Aufsichtsratssitzung zusammen und bestellen zu Vorständen der Gesellschaft:
a) _____
b) _____.
Den Vorstandsmitgliedern _____ und _____ wird hiermit jeweils Einzelvertretungsbefugnis erteilt und sie werden jeweils von den Beschränkungen des § 181 BGB befreit.

IV. Grundbuchberichtigungsanträge
Die Beteiligten zu _____ und _____ in ihrer Eigenschaft als Vertretungsorgan der Gesellschaft bewilligen und beantragen hiermit – aufschiebend bedingt durch die Eintragung des Formwechsels im Handelsregister – die Berichtigung des Grundbuchs von _____, Blatt _____, und vorsorglich auch des Grundbuchs bzw. Registers von _____ bzgl. der Gewerbeimmobilie in _____, hinsichtlich der neuen Firmierung und der neuen Rechtsform der Gesellschaft.

E. Schlussbestimmungen

1.
Die Kosten dieser Urkunde trägt hinsichtlich des Formwechsels die Gesellschaft, ebenso die Kosten hinsichtlich der Kapitalerhöhungen, mit Ausnahme der Kosten für die Übernahmeerklärungen der übernehmenden Gesellschafter. Letztere Kosten tragen die Gesellschafter im Verhältnis der Kapitalerhöhung bei tatsächlicher Durchführung, unbeschadet der gesamtschuldnerischen Kostenhaftung aller Beteiligten im Außenverhältnis, über die der Notar die Beteiligten belehrt hat. Die Kosten der Geschäftsanteilsübertragung tragen die Käufer im Verhältnis der Kaufpreise für die jeweils übertragenen Geschäftsanteile im Innenverhältnis anteilig, unbeschadet der gesamtschuldnerischen Kostenhaftung aller Urkundsbeteiligten im Außenverhältnis, über die der Notar die Erschienenen belehrt hat.

2.
Sollte eine Bestimmung dieser Urkunde ganz oder teilweise unwirksam sein, ist diese durch eine zu ersetzen, die dem wirtschaftlichen Streben der Parteien am nächsten kommt.

3.
Die Erschienenen bevollmächtigen über ihren Tod hinaus die Rechtsanwalts- und Notarfachangestellten _____ aus _____ und _____ aus _____, jede für sich allein, unter Befreiung von den Beschränkungen des § 181 BGB und unter Ausschluss jeder eigenen Haftung, alle Erklärungen zum

Handelsregister, auch Änderungen und Ergänzungen dieser Urkunde, einschließlich des Gesellschaftsvertrages und der Umwandlung, abzugeben, die zur Durchführung dieser Urkunde und zur Eintragung in das Handelsregister erforderlich sind. Von dieser Vollmacht kann nur vor dem amtierenden Notar oder dessen Vertreter im Amt Gebrauch gemacht werden. Sie erlischt mit der Eintragung der Umwandlung im Handelsregister.

4.
Die Beteiligten erklären, dass sie die steuerlichen Auswirkungen dieser Beurkundung und des darin enthaltenen Geschäftsanteilsübertragungsvertrages sowie der Durchführung eigenverantwortlich überprüfen bzw. überprüft haben. Der Notar hat über die steuerlichen Auswirkungen dieser Urkunde keine Auskünfte gegeben.

5.
Der Notar hat darauf hingewiesen, dass die Regelungen des Umwandlungsgesetzes lediglich Inlandsbezug haben und die Rechtswirkungen der Umwandlung hinsichtlich ausländischer Rechtsbeziehungen und ausländischen Vermögens, insbesondere etwa hinsichtlich der Immobilie der Gesellschaft in _____, sich ggf. anders gestalten können. Er hat insbesondere darauf hingewiesen, dass er keine Aussagen zu den Erfordernissen für eine entsprechende Umschreibung der vorstehend genannten Auslandsimmobilie in den dortigen Registern machen könne.
Vorstehende Verhandlung nebst *Anlagen I und II* wurde den Erschienenen in Gegenwart des Notars vorgelesen, von ihnen genehmigt und wie folgt eigenhändig unterschrieben:
_____ (Unterschriften der Erschienenen und des Notars)

M 268 **3. Muster: Gründungsbericht der Gründer der Aktiengesellschaft**

85 Wir, die unterzeichnenden Gründer _____ und _____ der _____ Aktiengesellschaft in _____ erstatten über den Hergang der Gründung folgenden Bericht:
1. Die Satzung der Gesellschaft wurde im Umwandlungsprotokoll (Beschluss der Gesellschafterversammlung über einen Formwechsel nach §§ 190 ff. UmwG) vom _____ (UR-Nr. _____ des Notars _____ in _____) als dortige Anlage I festgestellt.
2. Als Gründer haben sich beteiligt:
   Beruf/Name/Geburtsdatum/Anschrift   **Betrag des Gründungskapitals**
   _____, geb. am _____, wohnhaft _____   _____ EUR
   _____, geb. am _____, wohnhaft _____   _____ EUR
   _____, geb. am _____, wohnhaft _____   _____ EUR
   ____
   Gesamt _____ EUR
3. Das Grundkapital der Gesellschaft beträgt _____ EUR. Aufgelder sind von den Gründungsgesellschaftern nicht zu leisten. Die Gründer haben die Aktien übernommen. Das Stammkapital der Gesellschaft betrug vor dem Formwechsel der bisherigen GmbH in eine Aktiengesellschaft _____ EUR. Auf das Stammkapital haben übernommen und geleistet:
   Beruf/Name/Geburtsdatum/Anschrift   **Geleisteter Betrag**
   _____, geb. am _____, wohnhaft _____   _____ EUR
   _____, geb. am _____, wohnhaft _____   _____ EUR
   _____, geb. am _____, wohnhaft _____   _____ EUR
   ____
   Gesamt _____ EUR
   Die Stammeinlagen sind durch Bareinlagen in Gesamthöhe von _____ EUR und durch werthaltige Sacheinlagen in Höhe von weiteren _____ EUR mit insgesamt _____ EUR vollständig er-

bracht. Diese Einlagen stehen laut Bescheinigung der _____ Wirtschaftsprüfungsgesellschaft und laut Anmeldungsversicherung der Vorstandsmitglieder im Rahmen der heutigen Anmeldung des Formwechsels zum Handelsregister abzüglich des Betrages der Notargebühren endgültig zur freien Verfügung des Vorstandes.

4. Zu Mitgliedern des Aufsichtsrates wurden von den Gründern bestellt:
   a) _____ (Beruf und Name), geb. am _____, wohnhaft _____
   b) _____ (Beruf und Name), geb. am _____, wohnhaft _____
   c) _____ (Beruf und Name), geb. am _____, wohnhaft _____.

   Die zu Mitgliedern des Aufsichtsrates bestellten Personen haben die Bestellungen jeweils angenommen.

   Der Aufsichtsrat hat sodann in seiner ersten Sitzung gewählt:
   a) Zum Vorsitzenden des Aufsichtsrates: _____
   b) Zum stellvertretenden Vorsitzenden des Aufsichtsrates: _____.

5. Der Aufsichtsrat hat durch Beschluss vom _____ zum Vorstand bestellt:
   _____ (Beruf und Name), geb. am _____, wohnhaft _____
   _____ (Beruf und Name), geb. am _____, wohnhaft _____
   _____ (Beruf und Name), geb. am _____, wohnhaft _____

   Der Vorstand ist wie folgt vertretungsbefugt:
   _____ (*Wiedergabe der Vertretungsregelung aus der Satzung*)

   Der Aufsichtsrat hat mit Beschluss vom heutigen Tage den Vorstandsmitgliedern _____ und _____ jeweils Einzelvertretungsbefugnis erteilt und sie jeweils von den Beschränkungen des § 181 BGB befreit.

6. Die Gründer
   _____ (Beruf und Name), geb. am _____, wohnhaft _____
   _____ (Beruf und Name), geb. am _____, wohnhaft _____
   _____ (Beruf und Name), geb. am _____, wohnhaft _____

   sind gleichzeitig Mitglieder des Vorstandes/Aufsichtsrates. Es wurden darüber hinaus keine weiteren Aktien für Rechnung eines Mitgliedes des Vorstandes oder des Aufsichtsrates übernommen. Weder ein Mitglied des Vorstandes noch ein Mitglied des Aufsichtsrates hat sich einen besonderen Vorteil oder für die Gründung bzw. ihre Vorbereitung eine Entschädigung oder Belohnung ausbedungen.

7. In der Satzung hat die Gesellschaft die geschätzten Gründungskosten bis zum Betrag von _____ EUR übernommen.

_____ (Ort, Datum, Unterschriften der Gründer)

4. Muster: Gründungsprüfungsbericht der Mitglieder des Vorstandes und des Aufsichtsrates M 269

Gründungsprüfungsbericht der Mitglieder des Vorstandes und des Aufsichtsrates der _____ Aktiengesellschaft

Wir, die unterzeichnenden Mitglieder des Vorstandes und des Aufsichtsrates der _____ Aktiengesellschaft in _____, haben den Hergang der Gründung geprüft. Es haben uns folgende Unterlagen vorgelegen:

– Gründungsprotokoll (Beschlussfassung über formwechselnde Umwandlung nach §§ 190 ff. UmwG) vom _____ (UR-Nr. _____ Notars _____ in _____)
– Niederschrift über die Bestellung des Vorstandes durch den Aufsichtsrat vom _____
– Prüfungsbericht der _____ Wirtschaftsprüfungsgesellschaft betreffend die vollwertige Aufbringung des Grundkapitals der Gesellschaft und des anteiligen Grundkapitals durch jeden Aktionär
– Gründungsbericht der Gründer vom _____.

Der Hergang der Gründung entspricht nach unseren Feststellungen den gesetzlichen Vorschriften. Die Angaben der Gründer über die Übernahme der Aktien und ihre Leistungen auf die Einlageverpflichtun-

gen durch Bareinlagen und Sacheinlagen sind richtig und vollständig. Die Satzung enthält keine Festsetzungen über besondere Vorteile für einzelne Aktionäre oder über Entschädigungen oder Belohnungen für die Gründung oder ihre Vorbereitung. In der Satzung hat die Gesellschaft die Gründungskosten bis zu _____ EUR übernommen. Dagegen bestehen keine Einwendungen.
_____ (Ort, Datum, Unterschriften aller Vorstände und Mitglieder des Aufsichtsrates)

M 270 5. Muster: Protokoll der ersten Sitzung des Aufsichtsrates

87 **Niederschrift über die erste Sitzung des Aufsichtsrates der _____ Aktiengesellschaft vom _____**
Im Gründungsprotokoll vom _____ (UR-Nr. _____ Notars _____ in _____) wurden wir,
a) Herr/Frau _____
b) Herr/Frau _____
c) Herr/Frau _____,
zu Mitgliedern des Aufsichtsrats der Gesellschaft bestellt.
Wir treten unter Annahme der Bestellung in eine Sitzung des Aufsichtsrats ein und fassen folgende Beschlüsse:
1. Zum Vorsitzenden des Aufsichtsrates wird bestellt: _____.
2. Zum Stellvertreter des Vorsitzenden des Aufsichtsrates wird bestellt: _____.
3. Zum Vorstand werden bestellt: _____ und _____.
4. Den Vorstandsmitgliedern _____ und _____ wird hiermit jeweils Einzelvertretungsbefugnis erteilt und sie werden jeweils von den Beschränkungen des § 181 BGB befreit.
5. Die dem Aufsichtsrat vorliegenden Anstellungsverträge werden genehmigt. Sie werden vom Vorsitzenden des Aufsichtsrates, der hierzu ermächtigt wird, im Namen des Aufsichtsrates mit dem Vorstandsmitglied abgeschlossen.
_____ (Ort, Datum und Unterschriften aller Aufsichtsratsmitglieder)

M 271 6. Muster: Handelsregisteranmeldung

88 An das Amtsgericht _____
– Handelsregister –

_____
HRB _____ der _____ GmbH
Zur Eintragung in das Handelsregister melden wir an:

I. Euro-Umstellung und Kapitalerhöhung mit Geschäftsanteilsvereinigung und -teilung:
Das Stammkapital der Gesellschaft ist von _____ DM auf _____ EUR umgestellt worden und sodann von _____ EUR um _____ EUR auf _____ EUR erhöht worden.
§ _____ des Gesellschaftsvertrages lautet nunmehr:
„Das Stammkapital der Gesellschaft beträgt _____ EUR."
Wir versichern, dass auf die übernommenen Stammeinlagen von dem/der Übernehmer(in) _____ ein Betrag von _____ EUR und dem/der Übernehmer(in) _____ ein Betrag von _____ EUR durch Überweisung auf ein Konto der Gesellschaft eingezahlt worden ist, der eingezahlte Betrag sich endgültig in unserer freien Verfügung als Geschäftsführer befindet und nicht an die Einleger zurückgewährt wurde.

II. Umwandlung
1. Durch Formwechsel ist die _____ GmbH aufgrund des Umwandlungsbeschlusses vom _____ (UR-Nr. _____ des Notars _____ in _____) in die _____ Aktiengesellschaft umgewandelt worden. Der Aktiengesellschaft liegt die der Umwandlungsurkunde als Anlage beigefügte Satzung zugrunde.

Gründer der Gesellschaft sind alle Gesellschafter der GmbH, d.h.:
   a) _____
   b) _____
   c) _____.
2. Zu Vorständen wurden bestellt:
   a) Frau/Herr _____ in _____ (Beruf, Name und Anschrift)
   b) Frau/Herr _____ in _____ (Beruf, Name und Anschrift).
3. Zu Mitgliedern des ersten Aufsichtsrats wurden bestellt:
   a) Frau/Herr _____ in _____ (Beruf, Name und Anschrift)
   b) Frau/Herr _____ in _____ (Beruf, Name und Anschrift)
   c) Frau/Herr _____ in _____ (Beruf, Name und Anschrift).
4. Die Vorstände sind berechtigt, die Gesellschaft einzeln zu vertreten. Sie sind von den Beschränkungen des § 181 BGB befreit.
5. Die abstrakte Vertretungsbefugnis nach § _____ der Satzung lautet: _____
6. Jeder Vorstand versichert,
   - dass keine Umstände vorliegen, die seiner Bestellung nach § 76 Abs. 3 S. 1 und 2 AktG entgegenstehen;
   - dass er nicht als Betreute(r) bei der Besorgung seiner Vermögensangelegenheiten ganz oder teilweise einem Einwilligungsvorbehalt (§ 1903 BGB) unterliegt,
   - er nicht wegen einer oder mehrerer vorsätzlicher Straftaten des Unterlassens der Stellung des Antrags auf Eröffnung des Insolvenzverfahrens (Insolvenzverschleppung), §§ 283–283d StGB (Insolvenzstraftaten), der falschen Angaben nach § 82 GmbHG oder § 399 AktG, der unrichtigen Darstellung nach § 400 AktG, § 331 HGB, § 313 UmwG oder § 17 PublizitätsG, nach den §§ 263 StGB (Betrug), § 263a StGB (Computerbetrug), § 264 StGB (Kapitalanlagebetrug) § 264a (Subventionsbetrug) oder den §§ 265b StGB (Kreditbetrug), § 266 StGB (Untreue) bis § 266a StGB (Vorenthalten und Veruntreuen von Arbeitsentgelt – Nichtabführung von Sozialversicherungsbeiträgen) zu einer Freiheitsstrafe von mindestens einem Jahr verurteilt worden ist,
   - dass ihm weder durch gerichtliches Urteil noch durch die vollziehbare Entscheidung einer Verwaltungsbehörde die Ausübung eines Berufes, eines Berufszweiges, eines Gewerbes oder eines Gewerbezweiges ganz oder teilweise untersagt wurde,
   - und auch keine vergleichbaren strafrechtlichen Entscheidungen ausländischer Behörden oder Gerichte gegen den Geschäftsführer vorliegen und
   - dass er über die uneingeschränkte Auskunftspflicht gegenüber dem Gericht durch den Notar belehrt wurde.
7. Die Geschäftsräume der Gesellschaft befinden sich (weiterhin) in _____. Dies ist zugleich die inländische Geschäftsanschrift.
8. Das Grundkapital der Gesellschaft beträgt _____ EUR und ist eingeteilt in _____ Stück-Aktien, die auf den Inhaber lauten.
9. Als Gründungsprüfer wird von der Gesellschafterversammlung und von den Vertretungsorganen vorgeschlagen _____, die/der bislang in keinerlei rechtlichen oder wirtschaftlichen Beziehung zur Gesellschaft steht. Es wird dazu versichert, dass diese(r) Prüfer(in) die Voraussetzungen nach § 33 Abs. 4 AktG erfüllt und Ausschlussgründe gegen sie/ihn nach §§ 33 Abs. 5, 143 Abs. 2 AktG in Verbindung mit § 319 Abs. 2 HGB nicht bestehen.

Zu dieser Anmeldung überreichen wir folgende **Anlagen**:
- Ausfertigung/Beglaubigte Fotokopie des Umwandlungsbeschlusses samt Satzung und Aufsichtsratsbestellung zur Urkunde des Notars _____, in _____, UR-Nr. _____
- Ausfertigung/ Beglaubigte Fotokopie des Beschlusses des Aufsichtsrates über die Bestellung der Mitglieder des Vorstandes und deren Befreiung von den Beschränkungen des § 181 BGB
- Gründungsbericht der Gründer

Arens/Spieker

- Prüfungsbericht der Mitglieder des Vorstandes und des Aufsichtsrates
- Berechnung des Gründungsaufwandes
- Namensunbedenklichkeitsbescheinigung der IHK.

Auf den Umwandlungsbericht wurde allseits formgerecht verzichtet.
Ein Betriebsrat besteht nicht, was hiermit nach Belehrung versichert wird.
Alternativ:
Ein Betriebsrat besteht, er wurde in der Person der Betriebsratsvorsitzenden am _____, also vor mehr als einem Monat vor der Anteilseignerversammlung, in der über die Umwandlung beschlossen wurde, vollständig durch Übergabe einer vollständigen Fassung der Umwandlungsurkunde nebst Anlagen im Entwurf unterrichtet und über die Einzelheiten der beabsichtigten Umwandlung informiert. Empfangsquittung des Betriebsrats im Original liegt bei.
Alternativ:
Ein Betriebsrat besteht, er wurde in der Person der Betriebsratsvorsitzenden am _____, also vor weniger als einem Monat vor der Anteilseignerversammlung, in der über die Umwandlung beschlossen wurde, vollständig durch Übergabe einer vollständigen Fassung der Umwandlungsurkunde nebst Anlagen im Entwurf unterrichtet und über die Einzelheiten der beabsichtigten Umwandlung informiert, woraufhin der Betriebsrat mit schriftlicher Erklärung vom _____ ausdrücklich auf die Einhaltung der Monatsfrist verzichtet hat, was hiermit vorsorglich noch einmal nach Belehrung versichert wird. Empfangsquittung des Betriebsrats mit darin enthaltenem Verzicht auf die Wahrung der Monatsfrist im Original liegt bei.
Weiter versichern wir, dass Klagen gegen den Umwandlungsbeschluss nicht erhoben sind und im Umwandlungsbeschluss die Gesellschafter auf eine Anfechtung formgerecht verzichtet haben.
_____ (Ort, Datum und Unterschriften der GmbH-Geschäftsführer, Unterschriften der Vorstandsmitglieder der AG und des Aufsichtsratsvorsitzenden)
_____ (Beglaubigungsvermerk)

IV. Muster: Formwechsel einer Aktiengesellschaft in eine GmbH

1. Typischer Sachverhalt

89 Im Hinblick auf ihre damaligen Geschäftsplanungen und Umsatzerwartungen hatten die Gesellschafter die Gesellschaft sogleich in der Rechtsform einer Aktiengesellschaft gegründet. Angesichts ihres innovativen Leistungsangebotes und der damaligen Marktsituation waren sie davon ausgegangen, dass ihnen ein schneller Marktzutritt und eine schnelle Notierung am „Neuen Markt" gelingen werden würde. Im Hinblick auf die dortigen Entwicklungen hat sich bei den Gesellschaftern in den letzten Jahren eine deutliche Ernüchterung breit gemacht. Die Aussichten für einen Börsengang werden nicht mehr als ausreichend angesehen.

Die Aktiengesellschaft hat ihre wirtschaftlichen Aktivitäten konjunkturbedingt deutlich zurückfahren müssen. Ein wesentlicher Teil des investierten Kapitals ist bereits in der bisherigen Zeit verbraucht worden.

Darüber hinaus haben die Gesellschafter auch die Formzwänge und die rechtlichen Bindungen im Bereich des Aktienrechts deutlich unterschätzt. Im Hinblick auf die Strenge der Rechtsregeln in der Aktiengesellschaft, insbesondere auch im Hinblick auf die Einladung zur und die Durchführung von Hauptversammlungen, ist beabsichtigt, die Gesellschaft formwechselnd in eine GmbH umzuwandeln, zumal die Umwandlung von einer Kapitalgesellschaft in eine andere Kapitalgesellschaftsform unter Aufrechterhaltung der Haftungsbegrenzung und der sonstigen Vorteile einer Kapitalgesellschaft vollzogen werden kann.

2. Muster: Niederschrift der Hauptversammlung mit Formwechselbeschluss und Geschäftsführerbestellung

M 272

_____ (*Notarielle Urkundsformalien*)
Auf Ersuchen der Vertretungsorgane der _____ Aktiengesellschaft mit Sitz in _____ begab sich der unterzeichnende Notar _____ in/nach _____, um an der auf heute, den _____, um _____ Uhr dorthin einberufenen
(außer-)ordentlichen Hauptversammlung
der Aktionäre der Firma _____ AG teilzunehmen und über den Ablauf der Verhandlung sowie über die dort gefassten Beschlüsse folgende
Hauptversammlungsniederschrift
zu errichten:

I. Feststellung der Anwesenden
Dort anwesend waren:

1. Aufsichtsrat
Sämtliche/folgende Mitglieder des Aufsichtsrats der Gesellschaft:
a)   Herr/Frau _____, _____ (Beruf), wohnhaft in _____, (Vorsitzender)
b)   Herr/Frau _____, _____ (Beruf), wohnhaft in _____,
c)   Herr/Frau _____, _____ (Beruf), wohnhaft in _____.

2. Vorstand
Sämtliche/folgende Mitglieder des Vorstands der Gesellschaft:
a)   Herr/Frau _____, _____ (Beruf), wohnhaft in _____, (Vorsitzender)
b)   Herr/Frau _____, _____ (Beruf), wohnhaft in _____,
c)   Herr/Frau _____, _____ (Beruf), wohnhaft in _____.

3. Aktionäre und Aktionärsvertreter
Die in dem dieser Urkunde als Anlage 1 beigefügten Teilnehmerverzeichnis nebst in Nachträgen aufgeführten Aktionäre und Aktionärsvertreter. Sie haben ihre Berechtigung zur Teilnahme an der Hauptversammlung und zur Ausübung des Stimmrechts im Sinne der Satzung und Einladung ordnungsgemäß nachgewiesen.

II. Tagesordnung und Abstimmungsgrundlagen
Den Vorsitz in der Hauptversammlung führte der Vorsitzende des Aufsichtsrates.
Der Aufsichtsratsvorsitzende eröffnete die Versammlung um _____ Uhr.

1. Feststellung der ordnungsgemäßen Einladung
Er stellte fest, dass die Hauptversammlung form- und fristgemäß durch Bekanntmachung im elektronischen Bundesanzeiger Nr. _____ vom _____ einberufen wurde. Ein Beleg dieser Ausgabe ist dieser Niederschrift als Anlage 2 beigefügt.

2. Feststellung der Tagesordnung und der Beschlussfähigkeit
Die Bekanntmachung enthält folgende Tagesordnung:
I.   _____ (*Begrüßung und etwaige weitere Tagesordnungspunkte*)
II. Umwandlung der Gesellschaft nach den Vorschriften des Umwandlungsgesetzes durch Formwechsel in eine GmbH:
1.   Erläuterung des Entwurfes des Umwandlungsbeschlusses und des Umwandlungsberichtes durch den Vorstand.

2. Beschlussfassung über die Umwandlung der _____-Aktiengesellschaft in die _____-GmbH.
3. Beschlussfassung über die Bestellung der Geschäftsführer der _____-GmbH.
III. _____ (*Weitere etwaige Tagesordnungspunkte*)

Der Aufsichtsratsvorsitzende stellte fest, dass sämtliche in dem Verzeichnis aufgeführten Aktionäre ihre Berechtigung zur Teilnahme an der Hauptversammlung ordnungsgemäß nachgewiesen haben. Es sind demnach erschienen bzw. vertreten:

_____ Aktionäre bzw. Aktionärsvertreter mit einem Aktienkapital von _____ EUR und _____ Stimmen.

Anschließend legte der Aufsichtsratsvorsitzende das von ihm unterzeichnete Verzeichnis der erschienenen oder vertretenen Aktionäre (Anlage 1 dieser Niederschrift) zur Einsichtnahme aus. Das Teilnehmerverzeichnis wurde vor der ersten Abstimmung für die gesamte Dauer der Hauptversammlung zur Einsicht für alle Teilnehmer ausgelegt.

Bei Änderung in der Präsenz fertigte der Aufsichtsratsvorsitzende vor jeder Abstimmung Nachträge, die ebenfalls für die restliche Dauer ausgelegt wurden. Er stellte die Präsenz der Aktionäre und Aktionärsvertreter und die sich daraus ergebende Beschlussfähigkeit der Hauptversammlung vor jeder Abstimmung fest und gab diese bekannt.

Der Aufsichtsratsvorsitzende erklärte, dass die Abstimmung wie folgt zu erfolgen hat: _____ (*Beschreibung der festgelegten Abstimmungsmethode*)

Einwendungen dagegen wurden nicht erhoben.

3. Feststellung der weiteren Abstimmungsvoraussetzungen
Der Aufsichtsratsvorsitzende stellte weiter fest, dass
- mit der Einladung zu dieser Hauptversammlung der Formwechsel als Gegenstand der Beschlussfassung angekündigt wurde unter Beifügung des Entwurfes des Umwandlungsbeschlusses und, als dessen Anlage, des Entwurfes der Satzung der GmbH;
- der Umwandlungsbericht jedem Aktionär übersandt wurde, seit der Einberufung der Hauptversammlung in den Geschäftsräumen der Gesellschaft ausgelegen hat und dieser auch während der Dauer der Hauptversammlung zur Einsichtnahme der Aktionäre am Ort der Versammlung ausliegt;
- den Aktionären mit der Einberufung der Hauptversammlung ein Abfindungsangebot nach § 207 UmwG übersandt wurde;
- die Wirtschaftsprüfungsgesellschaft _____ die Angemessenheit der im Entwurf des Umwandlungsbeschlusses angebotenen Barabfindung in ihrem Prüfungsbericht festgestellt hat. Der Prüfungsbericht wurde allen Beteiligten zusammen mit dem Abfindungsangebot übersandt und liegt auch heute in der Hauptversammlung aus;
- ein Sachgründungsbericht nicht erforderlich ist (§ 245 Abs. 4 UmwG);
- der Entwurf des vollständigen und endgültigen Umwandlungsbeschlusses dem Betriebsrat, vertreten durch den Betriebsratsvorsitzenden, am _____, also fristgemäß zugeleitet wurde (§ 194 Abs. 2 UmwG).

III. Beschlussfassung über die einzelnen Tagesordnungspunkte

1. Erledigung der Tagesordnungspunkte
Sodann wurden die einzelnen Punkte der Tagesordnung wie folgt erledigt:

a) Umwandlung
Tagesordnungspunkt II 1:
Erläuterung des Entwurfes des Umwandlungsbeschlusses und des Umwandlungsberichts durch den Vorstand:
Der Vorstandsvorsitzende erläuterte den Zweck und die Vorteile der beabsichtigten formwechselnden Umwandlung, verlas den Umwandlungsbericht und erläuterte den Entwurf des Umwandlungsbeschlusses.

Arens/Spieker

Den Aktionären wurden Auskünfte über die für die Umwandlung wesentlichen Angelegenheiten erteilt. Über diese Erläuterungen fand eine Aussprache statt.
Tagesordnungspunkt II 2:
Beschluss über die Umwandlung der _____-Aktiengesellschaft in die _____-GmbH:
Nachdem keine Wortmeldungen zu diesem Tagesordnungspunkt 1 mehr vorlagen, stellte der Aufsichtsratsvorsitzende den Formwechsel der Aktiengesellschaft wie folgt zur Beschlussfassung:
(1) Die Aktiengesellschaft wird formwechselnd nach §§ 190 ff. UmwG in eine Gesellschaft mit beschränkter Haftung umgewandelt.
Die Satzung der GmbH ist dieser Niederschrift als Anlage 3 beigefügt. Sie war Bestandteil des Entwurfes des Umwandlungsbeschlusses, der mit der Einladung allen Aktionären zur Verfügung gestelltwurde. Diese Satzung wird hiermit festgestellt.
(2) Die Firma der GmbH lautet: _____-GmbH. Sie hat ihren Sitz in _____ (Ort).
(3) An dem Stammkapital der _____-GmbH von _____ EUR sind beteiligt:
 (a) _____: mit einem Geschäftsanteil mit einer Stammeinlage von _____ EUR
 (b) _____: mit einem Geschäftsanteil mit einer Stammeinlage von _____ EUR
 (c) _____: mit einem Geschäftsanteil mit einer Stammeinlage von _____ EUR
 (d) _____: mit einem Geschäftsanteil mit einer Stammeinlage von _____ EUR
 (e) _____: mit einem Geschäftsanteil mit einer Stammeinlage von _____ EUR
 (f) _____: mit einem Geschäftsanteil mit einer Stammeinlage von _____ EUR
 (g) _____: mit einem Geschäftsanteil mit einer Stammeinlage von _____ EUR
 (h) _____: mit einem Geschäftsanteil mit einer Stammeinlage von _____ EUR.
(4) Art und Umfang der Beteiligung an der _____-GmbH sowie die Rechte der Gesellschafter ergeben sich aus der hiermit festgestellten Satzung (Anlage 3 dieser Niederschrift), die einen Bestandteil des Umwandlungsbeschlusses bildet.
(5) Sonstige besondere Rechte i.S.v. § 194 Abs. 1 Nr. 5 UmwG (z.B. Genussrechte, Anteile ohne Stimmrecht, Anteile mit Mehrstimmrecht) für einzelne Gesellschafter oder Dritte werden nicht gewährt.
(6) Die Gesellschaft bietet jedem Aktionär, der gegen den Umwandlungsbeschluss Widerspruch zu Protokoll des die Hauptversammlung beurkundenden Notars erklärt, den Erwerb seiner Aktien Zug um Zug gegen Zahlung einer Barabfindung nach Maßgabe der §§ 207–211 UmwG an. Die Barabfindung beträgt je Aktie im Nominalbetrag von _____ EUR: _____.
Falls ein Aktionär nach § 212 UmwG einen Antrag auf Bestimmung der Barabfindung durch das Gericht stellt und das Gericht eine von dem vorstehenden Angebot abweichende Barabfindung bestimmt, gilt diese als angeboten.
Die Barabfindung ist zahlbar gegen Abtretung des Geschäftsanteils des widersprechenden Aktionärs an die Gesellschaft. Nach dem Tag, an dem die Verlautbarung in den Gesellschaftsblättern erschienen ist, in denen das Registergericht den Formwechsel bekannt gemacht hat, ist die Barabfindung mit 2 % über dem jeweiligen Basiszinssatz zu verzinsen. Die Zinsen sind mit der Barabfindung zu entrichten.
Das vorstehende Angebot kann binnen einer Frist von zwei Monaten nach dem Tage angenommen werden, an dem die Eintragung des Formwechsels der Gesellschaft in eine GmbH in das Handelsregister im letzten der Veröffentlichungsblätter der Gesellschaft bekannt gemacht worden ist. Hat ein widersprechender Gesellschafter nach § 212 UmwG Antrag auf Bestimmung der Barabfindung durch das Gericht gestellt, so kann das Angebot binnen zwei Monaten nach dem Tag angenommen werden, an dem die Entscheidung im Bundesanzeiger bekannt gemacht worden ist.
(7) Auswirkungen des Formwechsels in individualarbeitsrechtlicher, betriebsverfassungsrechtlicher, mitbestimmungsrechtlicher oder tarifrechtlicher Hinsicht ergeben sich nicht. Die Arbeitsverhältnisse mit den Arbeitnehmern der Gesellschaft werden auch in der neuen Rechtsform unverändert fortgesetzt. Die arbeitgeberseitigen Direktionsbefugnisse werden nach dem Formwechsel von den Geschäftsführern der Gesellschaft mit beschränkter Haftung ausgeübt.
(8) Für bisher erteilte Prokuren und Handlungsvollmachten gilt Fortbestand.

(9) Steuerlicher Umwandlungsstichtag des Formwechsels ist der 1.1._____, 0.00 Uhr. Auf diesen Zeitpunkt errichtet die Gesellschaft in der Rechtsform der GmbH eine Eröffnungsbilanz, die an die Buchwerte der Jahresbilanz der Gesellschaft noch in der Rechtsform der Aktiengesellschaft zum 31.12._____, 24.00 Uhr anknüpft.

(10) Ein Aufsichtsrat ist nach Auffassung des Vorstands der formwechselnden AG bei der umgewandelten GmbH nicht zu bilden, da die Gesellschaft regelmäßig weniger als 500 Arbeitnehmer beschäftigt und auch nach der Satzung der GmbH ein Aufsichtsrat nicht zu bilden ist. Das nach § 98 Abs. 1 AktG zuständige Gericht wurde nicht angerufen.

(11) Die Kosten des Formwechsels übernimmt die Gesellschaft bis zu einem Betrag von _____ EUR (in Worten: _____ EUR).

Sodann stimmten die Aktionäre wie folgt ab: _____.

Der Aufsichtsratsvorsitzende stellte fest, dass nach dem Teilnehmerverzeichnis Aktien im Nennbetrag von _____ EUR mit _____ Stimmen vertreten sind. Für den Umwandlungsbeschluss stimmten _____/alle Aktionäre. Der Aufsichtsratsvorsitzende stellte weiterhin fest, dass die nachfolgend namentlich bezeichneten Aktionäre (selbst oder durch ihre Vertreter) dem Formwechsel zugestimmt haben (§ 244 Abs. 1 UmwG): _____, _____, _____.

Der Aufsichtsratsvorsitzende gab das Abstimmungsergebnis bekannt und stellte fest, dass die Umwandlung der Aktiengesellschaft in die Rechtsform der GmbH mit mehr als drei Viertel Mehrheit des vertretenen Grundkapitals beschlossen ist. Damit ist der Formwechsel der _____ AG in die Rechtsform der Gesellschaft mit beschränkter Haftung wirksam beschlossen worden.

b) Geschäftsführerbestellung

Tagesordnungspunkt II 3:

Bestellung der Geschäftsführer der _____-GmbH:

Der Vorstand beantragt, zu Geschäftsführern der _____-GmbH zu bestellen:

_____ und _____.

Er beantragt weiter, den Geschäftsführern Einzelvertretungsbefugnis zu erteilen und sie von den Beschränkungen des § 181 BGB zu befreien.

Für diesen Antrag entsprechend dem Vorschlag des Vorstandes stimmten _____/alle Aktionäre.

Der Aufsichtsratsvorsitzende gab das Abstimmungsergebnis bekannt und stellte fest, dass zu Geschäftsführern der Gesellschaft in der neuen Rechtsform bestellt wurden:

_____ und _____,

und ihnen Einzelvertretungsbefugnis und Befreiung von den Beschränkungen des § 181 BGB erteilt wurde.

2. Widersprüche

Widerspruch zur Niederschrift wurde gegen keinen der in dieser Hauptversammlung gefassten Beschlüsse zu Protokoll des Notars in der Niederschrift der Hauptversammlung erklärt.

3. Ende der Tagesordnung

Der Aufsichtsratsvorsitzende stellte fest, dass damit die Tagesordnung erledigt ist und schloss die Hauptversammlung um _____ Uhr.

Die Niederschrift wurde vom Notar wie folgt unterschrieben: _____

M 273 3. Muster: Anmeldung des Formwechsels zum Handelsregister

91 An das
Amtsgericht _____
– Handelsregister –

_____

Zu HRB Nr. _____ der _____-AG
überreichen wir erste Ausfertigung/beglaubigte Fotokopie der notariellen Niederschrift über die Hauptversammlung der Gesellschaft am _____ mit Umwandlungsbeschluss und Satzungsfeststellung (UR-Nr. _____ des Notars _____ mit Amtssitz in _____) und melden zur Eintragung in das Handelsregister als Vorstand der _____ AG an:

1. Für die Gesellschaft unter der Firma _____-Aktiengesellschaft mit Sitz in _____ die neue Rechtsform als Gesellschaft mit beschränkter Haftung unter der Firma _____-GmbH mit Sitz in _____.
2. Zu Geschäftsführern der _____-GmbH wurden bestellt:
   a) Herr _____, _____ (Beruf) in _____
   b) Herr _____, _____ (Beruf) in _____.
3. Hinsichtlich der Vertretungsbefugnis der Geschäftsführer der GmbH gilt nach § _____ der Satzung: _____.
   Den Geschäftsführern _____ und _____ ist Einzelvertretungsbefugnis und Befreiung von den Beschränkungen des § 181 BGB erteilt.
4. Die bisher erteilten Prokuren bestehen fort.
   Die Gesellschafter erbringen die von ihnen übernommenen Stammeinlagen durch Formwechsel der _____-AG in die _____-GmbH. Ein Sachgründungsbericht ist nicht erforderlich (§ 245 Abs. 4 UmwG).
5. Die Geschäftsführer versichern,
   – dass keine Umstände vorliegen, die ihrer Bestellung nach § 6 Abs. 2 S. 2 und 3 GmbHG entgegenstehen;
   – dass sie nicht als Betreute(r) bei der Besorgung ihrer Vermögensangelegenheiten ganz oder teilweise einem Einwilligungsvorbehalt (§ 1903 BGB) unterliegen,
   – sie nicht wegen einer oder mehrerer vorsätzlicher Straftaten des Unterlassens der Stellung des Antrags auf Eröffnung des Insolvenzverfahrens (Insolvenzverschleppung), §§ 283–283d StGB (Insolvenzstraftaten), der falschen Angaben nach § 82 GmbHG oder § 399 AktG, der unrichtigen Darstellung nach § 400 AktG, § 331 HGB, § 313 UmwG oder § 17 PublizitätsG, nach den §§ 263 StGB (Betrug), § 263a StGB (Computerbetrug), § 264 StGB (Kapitalanlagebetrug) § 264a (Subventionsbetrug) oder den §§ 265b StGB (Kreditbetrug), § 266 StGB (Untreue) bis § 266a StGB (Vorenthalten und Veruntreuen von Arbeitsentgelt – Nichtabführung von Sozialversicherungsbeiträgen) zu einer Freiheitsstrafe von mindestens einem Jahr verurteilt worden sind,
   – dass ihnen weder durch gerichtliches Urteil noch durch die vollziehbare Entscheidung einer Verwaltungsbehörde die Ausübung eines Berufes, eines Berufszweiges, eines Gewerbes oder eines Gewerbezweiges ganz oder teilweise untersagt wurde,
   – und auch keine vergleichbaren strafrechtlichen Entscheidungen ausländischer Behörden oder Gerichte gegen den Geschäftsführer vorliegen und
   – dass sie über die uneingeschränkte Auskunftspflicht gegenüber dem Gericht durch den Notar belehrt wurden.
6. Weiter versichern sie, dass keine Klage gegen Wirksamkeit des Umwandlungsbeschlusses i.S.v. §§ 198 Abs. 3, 16 Abs. 2 und 3 UmwG erhoben worden ist.
7. Die Geschäftsräume der Gesellschaft befinden sich (weiterhin) in _____. Dies ist zugleich die inländische Geschäftsanschrift.
8. Zu dieser Anmeldung überreichen wir folgende Anlagen:
   a) Erste Ausfertigung/beglaubigte Fotokopie des Umwandlungsbeschlusses (UR-Nr. _____ des Notars _____ mit Amtssitz in _____), dem als Anlage der Gesellschaftsvertrag der durch Formwechsel entstandenen Gesellschaft mit beschränkter Haftung beigefügt ist, darin enthalten der Beschluss über die Geschäftsführerbestellung;
   b) Umwandlungsbericht gem. § 192 UmwG;

c) Namensunbedenklichkeitsbescheinigung der zuständigen IHK hinsichtlich der neuen Firmierung;
d) Nachweis über die fristgerechte Zuleitung des endgültigen Entwurfs des Umwandlungsbeschlusses an den Betriebsrat;
e) von den Vorstandsmitgliedern unterschriebene Liste der Gesellschafter und der auf sie entfallenden Stammeinlagen;
f) Zusammenstellung der Umwandlungskosten.

_____ (Ort, Datum)

_____ (*Es folgen die Unterschriften der Vorstandsmitglieder der AG und die Unterschriften der Geschäftsführer der GmbH sowie der entsprechende notarielle Beglaubigungsvermerk zu den verschiedenen Unterschriften*)

M 274 **4. Muster: Einladung zur Hauptversammlung mit Tagesordnung, Entwurf der Umwandlungsbeschlussfassung und Barabfindungsangebot**

92 An die
Aktionäre der _____ AG
Betr.: Umwandlung der _____ AG in eine Gesellschaft mit beschränkter Haftung
hier: Einladung zur Hauptversammlung, Entwürfe und Barabfindungsangebot
Sehr geehrte Aktionärin, sehr geehrter Aktionär,
anliegend stellen wir zu Ihrer Kenntnisnahme und Prüfung folgende Unterlagen zu Ihrer Verfügung:
– Einladung nebst Tagesordnung zur (außer-)ordentlichen Hauptversammlung der _____ AG am _____ um _____ Uhr in _____
– Entwurf der Beschlussfassung der Hauptversammlung über die formwechselnde Umwandlung der _____ AG in eine GmbH unter der Firma _____ GmbH mit Sitz in _____ nebst Entwurf der Satzung der GmbH
– Umwandlungsbericht i.S.v. § 192 Abs. 1 UmwG.

Der Vorstand der Gesellschaft schlägt vor, die _____ AG formwechselnd nach den §§ 190 ff. UmwG in eine GmbH umzuwandeln.
Namens der umzuwandelnden _____ AG unterbreiten wir als deren Vorstand hiermit allen Aktionären der _____ AG, die in der Hauptversammlung, in der über die vorgeschlagene Umwandlung beschlossen wird, gegen diesen Beschluss Widerspruch zu Protokoll (Niederschrift des die Hauptversammlung protokollierenden Notars) erklären, das nachfolgende Abfindungsangebot:
Dieses Abfindungsangebot wird auch Bestandteil des Umwandlungsbeschlusses sein.

1. Die Gesellschaft erwirbt nach Formwechsel in der Rechtsform der GmbH den im Zuge des Formwechsels neu geschaffenen Geschäftsanteil des widersprechenden Aktionärs gegen Zahlung einer Barabfindung in Höhe von _____ EUR pro _____ EUR des Nennbetrags dieses Geschäftsanteils. Falls ein Aktionär nach § 212 UmwG einen Antrag auf Bestimmung der Barabfindung durch das Gericht stellt und das Gericht eine von dem vorstehenden Angebot abweichende Barabfindung bestimmt, gilt diese für alle widersprechenden Aktionäre als angeboten.
2. Die Barabfindung ist zahlbar gegen Abtretung des Geschäftsanteils des widersprechenden Aktionärs an die GmbH. Ab dem Tag, an dem das Registergericht den Formwechsel bekannt gemacht hat, ist die Barabfindung mit 2 % über dem jeweiligen Basiszinssatz zu verzinsen. Die Zinsen sind mit der Barabfindung zu entrichten.
3. Das vorstehende Angebot kann binnen einer Frist von zwei Monaten nach dem Tage angenommen werden, an dem die Eintragung der GmbH in das Handelsregister im elektronischen Bundesanzeiger bekannt gemacht worden ist. Hat ein widersprechender Gesellschafter nach § 212 UmwG Antrag auf Bestimmung der Barabfindung durch das Gericht gestellt, so kann das Angebot

binnen zwei Monaten nach dem Tag angenommen werden, an dem die Entscheidung im Bundesanzeiger bekannt gemacht worden ist.
Dieses Abfindungsangebot wird auch Bestandteil des Umwandlungsbeschlusses sein.
_____ (Ort, Datum)
_____ (Unterschrift Vorstand der _____ AG)

5. Checkliste: Gliederungsschema eines Umwandlungsberichts (§ 192 UmwG) beim Formwechsel einer AG in eine GmbH

Der Umwandlungsbericht hat im Wesentlichen folgende Erläuterungen zu enthalten: 93
- Darstellung der Gründe für den Formwechsel
- Beschreibung des Ablaufs und der Wirkungen der Umwandlung, insbesondere Darstellung über den identitätswahrenden Charakter des Formwechsels
- Umwandlung des Aktienkapitals in Stammkapital bzw. der Aktien in Geschäftsanteile
- Stand der bisherigen Kapitaleinzahlungen und Kapitalaufbringung
- Angaben zum Wert und zur Methode der Wertfindung der Anteile
- Darstellung darüber, dass durch den Umwandlungsvorgang selbst keine Haftung der Gesellschafter für Verbindlichkeiten der umgewandelten Kapitalgesellschaft entsteht
- Fortbestand von etwaigen Rechten Dritter an den bisherigen Aktien und nunmehrigen Geschäftsanteilen
- Folgen für die Arbeitnehmer und ihre Vertretungen (Arbeitsverhältnisse, etwaige tarifvertragliche Bestimmungen und Mitbestimmung auf Betriebs- und ggf. auf Unternehmensebene)
- Auswirkung der Umwandlung auf die Firmierung
- Steuerliche Folgen des Umwandlungsvorgangs auf Gesellschafts- und auf Gesellschafterebene (Keine steuerlichen Auswirkungen für die Gesellschaft und ihre Gesellschafter; Buchwertfortführung, kein besonderer Zwischenabschluss erforderlich)
- Bestellung der Geschäftsführung
- Fortbestand etwaiger Prokuren und Handlungsvollmachten
- Bestellung des Abschlussprüfers, soweit die größenklassenmäßigen Voraussetzungen vorliegen
- Darstellung der Anfechtungsmöglichkeiten gegen den Umwandlungsbeschluss und seine Einschränkungen
- Angaben zu den Kosten der Umwandlung und zur Kostentragung

Wolfgang Arens
§ 22 Die Vermögensübertragung (§§ 174–189 UmwG)

Literatur

Arens/Spieker, Umwandlungsrecht in der Beratungspraxis, 1996; *Engelmeyer*, Ausgliederung aus dem Vermögen von Gebietskörperschaften oder aus Zusammenschlüssen von Gebietskörperschaften nach §§ 168 ff. UmwG, ZAP-Ost, Fach 15, 235; *Goutier/Knopf/Tulloch*, Kommentar zum Umwandlungsrecht, 1996; *Haritz*/Menner, Umwandlungssteuergesetz, 3. Aufl. 2010; *Kallmeyer*, Umwandlungsgesetz, 4. Aufl. 2010; *Limmer* (Hrsg.), Umwandlungsrecht, 4. Aufl. 2012; *van Lishaut*, Umwandlungssteuerrecht, 2. Aufl. 1998; *Lutter* (Hrsg.), Umwandlungsgesetz, 4. Aufl. 2009; *Neye*, Umwandlungsgesetz/Umwandlungssteuergesetz, 1994; *Schaumburg/Rödder*, Umwandlungsgesetz und Umwandlungssteuergesetz, 1995; *Schmitt/Hörtnagl/Stratz*, Umwandlungsgesetz/Umwandlungssteuergesetz, 5. Aufl. 2009; *Schwedhelm*, Die Unternehmensumwandlung, 7. Aufl. 2012; *Semler/Stengel*, Kommentar zum Umwandlungsgesetz, 3. Aufl. 2012; *Steuck*, Die privatisierende Umwandlung, NJW 1995, 2887; *Thode*, Steuerliche Auswirkungen der Umwandlung von Hoheitsbetrieben in Wettbewerbsanstalten oder Kapitalgesellschaften, DB 1996, 2098; *Tönnes/Wewel*, Ausgliederung wirtschaftlicher Geschäftsbetriebe durch steuerbefreite Einrichtungen, DStR 1998, 274; *Widmann/Mayer*, Umwandlungsrecht, Kommentar, Loseblatt, Stand 2012.

Inhalt

A. Rechtsgrundlagen — 1
I. Arten der Vermögensübertragung — 1
  1. Vollübertragung — 2
  2. Teilübertragung — 4
    a) Aufspaltende Teilübertragung (§ 174 Abs. 2 Nr. 1 UmwG) — 5
    b) Abspaltende Teilübertragung (§ 174 Abs. 2 Nr. 2 UmwG) — 7
    c) Ausgliedernde Teilübertragung (§ 174 Abs. 2 Nr. 3 UmwG) — 9
II. Wirkungen und Bedeutung der Vermögensübertragung — 11

B. Muster — 13
I. Typischer Sachverhalt der Ausgliederung eines kommunalen Eigenbetriebes auf eine GmbH zur Neugründung — 13
II. Muster: Ausgliederungserklärung nebst Ausgliederungsplan — 14
III. Muster: Handelsregisteranmeldung der durch die Ausgliederung entstehenden Gesellschaft — 15
IV. Muster: Sachgründungsbericht zur Ausgliederung eines kommunalen Eigenbetriebes auf eine GmbH zur Neugründung — 16

A. Rechtsgrundlagen

I. Arten der Vermögensübertragung

1 § 174 UmwG regelt zunächst die Arten der Vermögensübertragung. Es wird unterschieden zwischen der sog. Vollübertragung (§ 174 Abs. 1 UmwG) und der sog. Teilübertragung (§ 174 Abs. 2 UmwG).

1. Vollübertragung

2 Bei der Vollübertragung (§ 174 Abs. 1 UmwG) überträgt der übertragende Rechtsträger sein Vermögen als Ganzes auf einen anderen bestehenden Rechtsträger (übernehmender Rechtsträger).[1]

3 Wesensmerkmale der Vollübertragung sind:
– Der übertragende Rechtsträger wird ohne Abwicklung aufgelöst.

---

1 *Schmitt/Hörtnagel/Stratz*, UmwG/UmwStG, § 174 UmwG Rn 4 ff.; Semler/Stengel/*Fonk*, UmwG, § 174 Rn 11 ff.

- Die Anteilsinhaber des übertragenden Rechtsträgers erhalten eine Gegenleistung, die nicht in Anteilen oder Mitgliedschaften besteht (alle Formen der Geld- oder Sachleistungen sind möglich).

2. Teilübertragung

Die Teilübertragung (§ 174 Abs. 2 UmwG) kann ihrerseits in Form der Aufspaltung, der Abspaltung oder der Ausgliederung erfolgen.[2]

a) Aufspaltende Teilübertragung (§ 174 Abs. 2 Nr. 1 UmwG)

Der übertragende Rechtsträger spaltet sein gesamtes Vermögen auf und überträgt die Vermögensteile jeweils als Gesamtheit auf andere bestehende Rechtsträger.
  Wesensmerkmale der aufspaltenden Teilübertragung sind:
- Der übertragende Rechtsträger wird ohne Abwicklung aufgelöst.
- Die Anteilsinhaber des übertragenden Rechtsträger erhalten eine Gegenleistung, die nicht in Anteilen oder Mitgliedschaften besteht.

b) Abspaltende Teilübertragung (§ 174 Abs. 2 Nr. 2 UmwG)

Der übertragende Rechtsträger spaltet von seinem Vermögen einen Teil oder mehrere Teile ab und überträgt dieses Teil oder diese mehreren Teile jeweils als Gesamtheit auf einen oder mehrere bestehende Rechtsträger.
  Wesensmerkmale der abspaltenden Vermögensübertragung sind:
  Der übertragende Rechtsträger bleibt (mit seinem Restvermögen) bestehen.
  Die Anteilsinhaber des übertragenden Rechtsträgers erhalten eine Gegenleistung, die nicht in Anteilen oder Mitgliedschaftsrechten besteht.

c) Ausgliedernde Teilübertragung (§ 174 Abs. 2 Nr. 3 UmwG)

Der übertragende Rechtsträger gliedert aus seinem Vermögen einen Teil oder mehrere Teile aus und überträgt dieses Teil oder die mehreren Teile jeweils als Gesamtheit auf einen oder mehrere bestehende Rechtsträger.
  Wesensmerkmale der ausgliedernden Teilübertragung sind:
  Der übertragende Rechtsträger bleibt (mit seinem Restvermögen) bestehen.
  Der übertragende Rechtsträger selbst (nicht seine Anteilsinhaber) erhält eine Gegenleistung, die nicht in Anteilen oder Mitgliedschaftsrechten besteht.

II. Wirkungen und Bedeutung der Vermögensübertragung

Zusammenfassend ist zu sagen, dass die Vollübertragung nach § 174 Abs. 1 UmwG wirtschaftlich der Verschmelzung und die Teilübertragung nach § 174 Abs. 2 UmwG in ihren drei Untervarianten wirtschaftlich den drei Spaltungsarten entspricht. Die Vollübertragung bewirkt eine Gesamtrechtsnachfolge, die Teilübertragung eine partielle Gesamtrechtsnachfolge.[3]

Die praktische Bedeutung der Vermögensübertragungen nach §§ 174 ff. UmwG ist aber gering, weil § 175 UmwG den **Kreis der beteiligten Rechtsträger** für eine Vollübertragung

---

[2] *Schmitt/Hörtnagel/Stratz*, UmwG/UmwStG, § 174 UmwG Rn 8 ff.
[3] *Schmitt/Hörtnagel/Stratz*, UmwG/UmwStG, § 174 UmwG Rn 5 und Rn 12.

oder eine Teilübertragung stark einengt. Es handelt es sich nämlich um Rechtsvorgänge, an denen
> der Bund
> ein Land
> eine Gebietskörperschaft oder
> ein Zusammenschluss von Gebietskörperschaften oder
> Versicherungsgesellschaften (Versicherungs-Aktiengesellschaft, Versicherungsverein auf Gegenseitigkeit oder öffentlich-rechtliche Versicherungsunternehmen)

beteiligt sein müssen. Von einer Darstellung der weiteren Einzelheiten wird deshalb hier abgesehen.[4]

B. Muster

I. Typischer Sachverhalt der Ausgliederung eines kommunalen Eigenbetriebes auf eine GmbH zur Neugründung

13   Die Kommune (Stadt oder Gemeinde) betreibt ein Versorgungsunternehmen für Wasser, Elektrizität und Gas, bisher in der Rechtsform eines kommunalen Eigenbetriebes. Sie beabsichtigt, diesen Eigenbetrieb in die Rechtsform einer GmbH umzuwandeln und in einer zweiten Stufe eine Nachbarkommune gesellschaftsrechtlich daran zu beteiligen. Es existiert sowohl in dem Eigenbetrieb als auch in der Verwaltung der Kommune eine Personalvertretung. Mit der Personalvertretung sind bereits schriftliche Übernahmevereinbarungen hinsichtlich der Mitarbeiter getroffen worden. Das Versorgungsunternehmen soll durch ausgliedernde Vermögensübertragung in eine GmbH umgewandelt werden.

M 275 ### II. Muster: Ausgliederungserklärung nebst Ausgliederungsplan

14   _____ *(Notarielle Urkundsformalien)*
Der Erschienene erklärte: Ich handle hier nicht im eigenen Namen, sondern für die Stadt/Gemeinde _____, Körperschaft des öffentlichen Rechts, nachstehend auch die Beteiligte zu 1 oder „die Kommune" oder „der übertragende Rechtsträger" genannt, _____, in meiner Eigenschaft als Bürgermeister/Oberbürgermeister (*alternativ*: kraft überreichter beigefügter Originalvollmacht als Bevollmächtigter aufgrund des Beschlusses des Gemeinderats/Stadtrats in seiner Sitzung vom _____).
Die Vollmacht und das Protokoll des Beschlusses des Gemeinde-/Stadtrates lagen im Original vor und werden in beglaubigter Fotokopie beigefügt.
Der Erschienene bat um die Beurkundung der nachstehenden
Ausgliederungserklärung nebst Ausgliederungsplan

I. Vorbemerkung
Seit dem _____ wird/werden der/die kommunale _____ (*nähere Bezeichnung des bisherigen kommunalen Eigenbetriebes*) gemäß Beschluss des Rates der Beteiligten zu 1 vom _____ auf der Grundlage der §§ _____ (*landesgesetzliche Vorschriften einsetzen*) als kommunaler Eigenbetrieb geführt.
Mit den nachfolgenden Ausgliederungsregelungen soll der gesamte kommunale Eigenbetrieb mit allen Gegenständen des Aktiv- und Passivvermögens auf eine dadurch neu entstehende privatrecht-

---
[4] Vgl. weiter gehend *Steuck*, NJW 1995, 2887 ff.; *Engelmeyer*, ZAP-Ost, Fach 15, 235 ff.; zu den steuerlichen Auswirkungen *Thode*, DB 1996, 2098; *Tönnes/Wewel*, DStR 1998, 274 ff.; Semler/Stengel/*Fonk*, UmwG, § 175 Rn 5 ff.

liche Gesellschaft in der Rechtsform der Gesellschaft mit beschränkter Haftung (nachstehend auch „der übernehmende Rechtsträger" genannt) nach den Vorschriften der §§ 168 ff., 123 ff. UmwG ausgegliedert werden. Der kommunale Eigenbetrieb stellt ein Unternehmen i.S.d. §§ 168 ff. UmwG dar, weil er innerhalb des Vermögens der Kommune ein Sondervermögen bildet.

II. Ausgliederungserklärung und Ausgliederungsplan
Die Beteiligte zu 1 beabsichtigt, den kommunalen Eigenbetrieb _____ aus ihrem Vermögen auszugliedern und in eine Gesellschaft mit beschränkter Haftung umzuwandeln. Angesichts dessen gebe ich in meiner oben bezeichneten Eigenschaft für die Beteiligte zu 1 die nachfolgende
Ausgliederungserklärung
ab:
Die Beteiligte zu 1 als einzige Gesellschafterin errichtet hiermit gemäß dem nachstehenden Ausgliederungsplan auf der Grundlage der als **Anlage 1** beigefügten Satzung eine GmbH. Die Satzung wird hiermit festgestellt; sie ist wesentlicher Bestandteil der Urkunde und wurde mitverlesen. Die Beteiligte zu 1 gliedert den vorbezeichneten kommunalen Eigenbetrieb gemäß dem nachstehenden Ausgliederungsplan nach den §§ 168 ff. i.V.m. §§ 158 ff. i.V.m. §§ 123 ff. UmwG auf die von ihr dadurch gegründete GmbH aus.
Die Beteiligte zu 1 stellt dazu den folgenden
Ausgliederungsplan
auf:

§ 1 Firma und Sitz
Die Firma des übernehmenden Rechtsträgers lautet: _____ GmbH.
Sie hat ihren Sitz in _____.

§ 2 Vermögensübertragung und Anteilsgewährung
Die Beteiligte zu 1 überträgt sämtliche Aktiva und Passiva des kommunalen Eigenbetriebes, nämlich die in der als **Anlage 2** beigefügten Vermögensaufstellung aufgeführten Gegenstände ihres Aktiv- und Passivvermögens, jeweils als Gesamtheit mit allen Rechten und Pflichten auf den durch die Ausgliederung entstehenden übernehmenden Rechtsträger, und zwar gegen Gewährung eines Geschäftsanteils an dem übernehmenden Rechtsträger im Nennwert von _____ EUR. Bare Zuzahlungen sind nicht zu leisten.
Die Stammeinlage ist durch die Übertragung sämtlicher Aktiva und Passiva des bisherigen kommunalen Eigenbetriebes auf den übernehmenden Rechtsträger erbracht.
Die Vermögensübertragung erfolgt zu Buchwerten.
Übersteigt der Wert des auf den übernehmenden Rechtsträger übertragenen Vermögens den Nennbetrag des Stammkapitals der Gesellschaft, wird dieser Betrag bei dem übernehmenden Rechtsträger auf gesellschaftsrechtlicher Grundlage in die Rücklage eingestellt.
(*Alternativ*: Übersteigt der Wert des auf den übernehmenden Rechtsträger übertragenen Vermögens den Nennbetrag des Stammkapitals der Gesellschaft, wird dieser Betrag dem übernehmenden Rechtsträger als Darlehen zur Verfügung gestellt. Das Darlehen ist ab dem Umwandlungsstichtag gem. § 4 mit jährlich _____ %-Punkten über dem Basiszinssatz zu verzinsen.)
Die Ausgliederung erfolgt in Anwendung der §§ 168 ff., 123 ff. UmwG.
Der Ausgliederung liegt die als **Anlage 3** beigefügte, mit dem uneingeschränkten Bestätigungsvermerk der Wirtschaftsprüfungsgesellschaft _____ versehene Bilanz des ausgegliederten Eigenbetriebes zum _____ als Schlussbilanz zugrunde.

§ 3 Anspruch auf Bilanzgewinn
Ab dem in nachstehendem § 4 bezeichneten Stichtag sind die der Beteiligten zu 1 gewährten Geschäftsanteile an dem übernehmenden Rechtsträger gewinnberechtigt.

§ 4 Umwandlungsstichtag
Ab dem _____ gelten alle auf die übertragenen Gegenstände des Aktiv- und Passivvermögens bezogenen Handlungen und Rechtsverhältnisse des übertragenden Rechtsträgers als für Rechnung des übernehmenden Rechtsträgers vorgenommen.

§ 5 Besondere Rechte und Vorteile i.S.v. §§ 168, 135, 126 Abs. 1 Nr. 8 UmwG
Keinem Mitglied eines Vertretungsorgans oder Aufsichtsorgans der an der Ausgliederung zur Neugründung beteiligten Rechtsträger, keinem Gesellschafter, keinem Abschlussprüfer oder Ausgliederungsprüfer wurden oder werden besondere Vorteile gewährt.

§ 6 Folgen der Ausgliederung für die Arbeitnehmer und ihre Vertretungen
Beamte sind in dem Eigenbetrieb nicht beschäftigt. Die vom übernehmenden Rechtsträger zu übernehmenden Arbeiter, Angestellten und Auszubildenden sind in der als **Anlage 4** und die zu übernehmenden Betriebsrentenverhältnisse in der als **Anlage 5** zu dieser Urkunde beigefügten Personalliste und Betriebsrentenbezieherliste aufgeführt.
Die betroffenen Arbeitnehmer sind nach § 613a Abs. 5 und Abs. 6 BGB i.V.m. § 324 UmwG bereits form- und fristgerecht über den Übergang ihrer Arbeitsverhältnisse und über ihr Widerspruchsrecht unterrichtet worden.
Mit Wirkung ab dem vorstehend bezeichneten Umwandlungsstichtag tritt der übernehmende Rechtsträger – unbeschadet der Geltung der Vorschrift des § 613a BGB – in alle Arbeits-, Dienst- und Ausbildungsverträge mit den Arbeitern, Angestellten und Auszubildenden der Beteiligten zu 1 ein, die zu diesem Zeitpunkt im Betrieb des kommunalen Eigenbetriebes beschäftigt sind. Den betroffenen Arbeitnehmern steht ein Widerspruchsrecht zu.
Nach § 613a Abs. 1 S. 2 BGB gelten die Bestimmungen der bestehenden Tarifverträge fort und dürfen vor Ablauf eines Jahres nicht zum Nachteil der Arbeitnehmer verändert werden. Die kündigungsrechtliche Stellung der Arbeitnehmer ändert sich gem. § 323 UmwG nicht vor Ablauf von zwei Jahren nach Wirksamwerden der Ausgliederung.
Die Beteiligte zu 1 als übertragender Rechtsträger und bisheriger Arbeitgeber hat mit der Personalvertretung am _____ eine Vereinbarung über die Einzelheiten der Überleitung des Personals des bisherigen kommunalen Eigenbetriebes auf den übernehmenden Rechtsträger abgeschlossen. Eine Abschrift dieses Vertrages ist lediglich zu Beweiszwecken als **Anlage 6** zu dieser Urkunde beigefügt.
Der Personalrat des kommunalen Eigenbetriebes und der Gesamtpersonalrat der Beteiligten zu 1 haben mit Erklärungen vom _____ den vollständigen schriftlichen Entwurf dieser Ausgliederungsurkunde in seiner Beurkundungsfassung nebst allen Anlagen erhalten. Die Empfangsquittungen der Personalvertretungen werden lediglich zu Beweiszwecken in Kopie als **Anlage 7** und **Anlage 8** zu dieser Urkunde beigefügt. Die Originalempfangsquittungen werden mit der Handelsregisteranmeldung zu den Akten des Registergerichts übermittelt.
Auf den übernehmenden Rechtsträger als GmbH findet nicht das Personalvertretungsgesetz, sondern das Betriebsverfassungsgesetz Anwendung. Ein Übergangsmandat der bisherigen Personalvertretung des bisherigen kommunalen Eigenbetriebes besteht deshalb nicht. Das Mandat des Personalrates für die von der Ausgliederung betroffenen Arbeitnehmer endet vielmehr mit dem Wirksamwerden der Ausgliederung. Der übernehmende Rechtsträger erreicht aber die in § 1 BetrVG erforderliche Mindestarbeitnehmerzahl und ist deshalb betriebsratsfähig.
Bisher abgeschlossene Betriebsvereinbarungen verlieren ihre kollektivrechtliche Wirkung und wirken lediglich schuldrechtlich innerhalb der bestehenden Beschäftigungsverhältnisse fort. Eine Mitbestimmungspflicht auf Unternehmensebene entsteht wegen der unter 500 bzw. 2000 liegenden Beschäftigtenzahl beim übernehmenden Rechtsträger nach dem Drittelbeteiligungsgesetz oder dem MitbestG 1976 nicht.

Verzichtserklärungen
Der Notar wies auch darauf hin, dass für den Vollzug der Ausgliederung ein Ausgliederungsbericht gem. § 169 UmwG und gem. § 125 S. 2 UmwG eine Ausgliederungsprüfung nicht erforderlich sind.
Die Beteiligte zu 1 verzichtet hiermit nach Belehrung auf die Anfechtung des Ausgliederungsbeschlusses, insbesondere auf die Erhebung einer Klage gegen die etwaige Unwirksamkeit des Ausgliederungsbeschlusses.
Gesellschafterversammlung mit Beschlussfassung über die Geschäftsführerbestellung
Die Beteiligte zu 1 als einziger Gründungsgesellschafter der neuen _____ GmbH hält hiermit unter Verzicht auf alle Vorschriften betreffend Fristen, Tagesordnung und Ladung eine außerordentliche Gesellschafterversammlung der _____ GmbH i.G. ab und beschließt einstimmig, was folgt:
Zu(m) ersten Geschäftsführer(n) der _____ GmbH wird/werden bestellt:
a) Kaufmann/Kauffrau _____
b) Kaufmann/Kauffrau _____.
Er/sie vertritt/vertreten die Gesellschaft einzeln. Er/sie ist/sind von den Beschränkungen des § 181 BGB befreit.

Sonstige Regelungen und Hinweise

1. Erfordernis der aufsichtsbehördlichen Genehmigung
Der Notar wies darauf hin, dass die Ausgliederung gem. § _____ der Gemeindeordnung des Landes/Freistaates _____ zu ihrer Wirksamkeit der Genehmigung der Aufsichtsbehörde bedarf. Der amtierende Notar wird hiermit von den Beteiligten beauftragt, die Zustimmungserklärung einzuholen.

2. Weitere Hinweise und Belehrungen
Der Notar hat insbesondere über Folgendes belehrt bzw. hingewiesen:
– darauf, dass die Ausgliederung erst mit der Eintragung der neuen Gesellschaft in das Handelsregister wirksam wird;
– darauf, dass bei Eintragung der neu entstehenden Gesellschaft im Handelsregister der Wert des Gesellschaftsvermögens nicht niedriger sein darf als das ausgewiesene Stammkapital und dass die Beteiligte zu 1 als Gesellschafter für einen etwa bestehenden Fehlbetrag – mit Ausnahme des übernommenen Gründungsaufwands – haftet;
– auf die Wirkungen der Eintragung nach § 131 UmwG und auf die Haftungsvorschriften der §§ 133 ff. UmwG, insbesondere dass durch den Übergang der Verbindlichkeiten auf die aufnehmende Gesellschaft die Beteiligte zu 1 von der Haftung für die Verbindlichkeiten nicht befreit wird (§§ 133, 172 UmwG);
– auf eine evtl. Schadenersatzpflicht der Vertretungsorgane der Beteiligten zu 1 nach § 25 UmwG;
– darauf, dass weiter gehende Haftungsvorschriften gelten können, insbesondere § 25 HGB, § 75 AO (§ 133 Abs. 1 S. 2 UmwG);
– darauf, dass bei der Anmeldung der Ausgliederung zur Eintragung in das Handelsregister vom Vertretungsorgan zu erklären ist, dass die durch Gesetz und Gesellschaftsvertrag vorgesehene Voraussetzung für die Gründung dieser Gesellschaft unter Berücksichtigung der Ausgliederung im Zeitpunkt der Anmeldung vorliegen;
– auf die etwa anfallende Grunderwerbsteuer bei Übergang auch von Grundstücken und grundstücksgleichen Rechten.

3. Kosten
Die durch diese Umwandlung und ihre Durchführung entstehenden Kosten bis zu einem Betrag von _____ EUR trägt der übernehmende Rechtsträger, etwa darüber hinaus gehende Kosten die Beteiligte zu 1, unbeschadet der gesamtschuldnerischen Kostenhaftung aller Urkundsbeteiligten, über die der

Notar belehrt hat. Sollte die Ausgliederung nicht wirksam werden, werden die Kosten dieser Beurkundung von der Beteiligten zu 1 allein getragen.

4. Salvatorische Klausel
Sollten einzelne Bestimmungen dieser Urkunde unwirksam oder nicht durchführbar sein, so bleiben die abgegebenen Erklärungen im Übrigen wirksam. An die Stelle der unwirksamen oder undurchführbaren Bestimmungen treten solche, die den mit den unwirksamen oder undurchführbaren Bestimmungen verfolgten wirtschaftlichen Zwecken in zulässiger Weise am nächsten kommen.

5. Vollzugsvollmachten
Die Beteiligten bevollmächtigen über ihren Tod hinaus die Notarfachangestellten _____ und _____, jede für sich allein, unter Befreiung von den Beschränkungen des § 181 BGB und unter Ausschluss jeder eigenen Haftung, alle Erklärungen zum Handelsregister, auch Änderungen und Ergänzungen dieser Urkunde, abzugeben, die zur Durchführung dieser Urkunde und zur Eintragung in das Handelsregister erforderlich sind. Von dieser Vollmacht kann nur vor dem amtierenden Notar oder dessen Vertreter im Amt Gebrauch gemacht werden. Sie erlischt mit der Eintragung im Handelsregister.

6. Steuerrechtliche und datenschutzrechtliche Erklärungen
Die Beteiligten erklären, dass sie die steuerlichen Auswirkungen dieser Urkunde und ihrer Durchführung eigenverantwortlich überprüfen bzw. überprüft haben. Der Notar hat über die steuerlichen Auswirkungen keine Auskünfte gegeben.
Die Urkundsbeteiligten sind damit einverstanden, dass personenbezogene Daten, die über Mandatsbearbeitung in den Kenntnisbereich des beurkundenden Notars bzw. dessen Vertreter im Amt gelangen, dort über die EDV verarbeitet werden. Ihnen ist bekannt, dass eine Übermittlung der erhobenen Daten an Dritte nicht stattfindet und die Daten zur Mandatsbearbeitung verwendet werden. Ferner ist ihnen bekannt, dass sie diese Einwilligung verweigern und mit Wirkung für die Zukunft widerrufen können.
Vorstehende Verhandlung nebst allen Anlagen wurde den Erschienenen in Gegenwart des Notars vorgelesen, von ihnen genehmigt und wie folgt eigenhändig unterschrieben:
_____ (Unterschrift des/der Erschienenen und des Notars)

M 276 III. Muster: Handelsregisteranmeldung der durch die Ausgliederung entstehenden Gesellschaft

15 An das
Amtsgericht _____
– Handelsregister –

_____
HRB neu
Ausgliederung eines kommunalen Eigenbetriebes der _____ auf die dadurch neu gegründete _____ GmbH
Als Vertretung der _____ als übertragender Rechtsträger und als Geschäftsführung der _____ GmbH als übernehmender Rechtsträger melden wir zur Eintragung in das Handelsregister an:
a) Die _____ GmbH als neu entstandenen übernehmenden Rechtsträger
b) _____ und _____ als Geschäftsführer (Name, Beruf, Wohnort des/der Geschäftsführer/s).
Der/die Geschäftsführer ist/sind einzelvertretungsbefugt und von den Beschränkungen des § 181 BGB befreit.
Wir überreichen dazu:
1. Erste Ausfertigung/beglaubigte Fotokopie der Umwandlungsurkunde mit Ausgliederungserklärung und Ausgliederungsplan vom _____ (UR-Nr. _____ des Notars _____ mit Amtssitz in

Arens

_____) einschließlich der Satzung der neu entstehenden Gesellschaft, der Bestellung der Geschäftsführung der neu entstehenden Gesellschaft und der Ausgliederungsbilanz
2. Namensunbedenklichkeitsbescheinigung der IHK
3. Aufsichtsrechtliche Genehmigung vom _____
4. Liste der Gesellschafter
5. Sachgründungsbericht
6. Unterlagen über die Werthaltigkeit des im Wege der Ausgliederung auf den übernehmenden Rechtsträger übertragenen Vermögens (Gutachten der Wirtschaftsprüfungsgesellschaft _____ vom _____).

Die Vertretungsregelung in der GmbH lautet nach § _____ der Satzung: _____
Der/jeder Geschäftsführer versichert:
– dass er/sie nicht wegen einer oder mehrerer vorsätzlicher Straftaten des Unterlassens der Stellung des Antrags auf Eröffnung des Insolvenzverfahrens (Insolvenzverschleppung), §§ 283 – 283 d StGB (Insolvenzstraftaten), der falschen Angaben nach § 82 GmbHG oder § 399 AktG, der unrichtigen Darstellung nach § 400 AktG, § 331 HGB, § 313 UmwG oder § 17 PublizitätsG, nach den §§ 263 StGB (Betrug), § 263 a StGB (Computerbetrug), § 264 StGB (Kapitalanlagebetrug) § 264 a (Subventionsbetrug) oder den §§ 265 b StGB (Kreditbetrug), § 266 StGB (Untreue) bis § 266 a StGB (Vorenthalten und Veruntreuen von Arbeitsentgelt – Nichtabführung von Sozialversicherungsbeiträgen) zu einer Freiheitsstrafe von mindestens einem Jahr verurteilt worden sind, und auch keine vergleichbaren strafrechtlichen Entscheidungen ausländischer Behörden oder Gerichte gegen sie vorliegen und
-dass ihm weder durch gerichtliches Urteil noch durch die Entscheidung einer Verwaltungsbehörde die Ausübung einer beruflichen oder gewerblichen Tätigkeit untersagt oder irgendwie eingeschränkt worden ist;
– dass er/sie nicht als Betreute/r bei der Besorgung seiner Vermögensangelegenheiten ganz oder teilweise einem Einwilligungsvorbehalt (§ 1903 BGB) unterliegen
- dass der beglaubigende Notar auf die unbeschränkte Auskunftspflicht gegenüber dem Registergericht hingewiesen hat;
– dass dem Gesamtpersonalrat der Verwaltung und dem Personalrat des auszugliedernden Eigenbetriebes der vollständige Entwurf der Umwandlungsurkunde mit Ausgliederungsplan und Ausgliederungserklärung nebst allen Anlagen am _____, also rechtzeitig, zugeleitet wurde;
– dass ab der Wirksamkeit der Ausgliederung das Vermögen des durch die Ausgliederung entstehenden Rechtsträgers sich endgültig in der freien und uneingeschränkten Verfügung von deren Geschäftsführer(n) befindet und nicht mit Verbindlichkeiten, mit Ausnahme des Gründungsaufwandes bis zur Höhe von _____ EUR, vorbelastet ist;
– dass die durch die Ausgliederung des kommunalen Eigenbetriebes zu leistende Sacheinlage in Höhe des Stammkapitals vollständig durch Einbringung der in der Anlage aufgeführten Vermögensgegenstände bewirkt ist und die Sacheinlagen voll werthaltig sind;
– dass bis zum heutigen Tag in der Vermögenslage der Gesellschaft keine Verschlechterungen eingetreten sind, die dazu führen würden, dass das Stammkapital nicht mehr in voller Höhe zur Verfügung steht;
– dass im Hinblick auf die in der Umwandlungsurkunde abgegebene Verzichtserklärung eine Anfechtung des Ausgliederungsbeschlusses und eine dagegen gerichtete Klage ausgeschlossen sind und daher eine Negativerklärung entbehrlich ist.

Die Geschäftsräume der Gesellschaft befinden sich in: _____. Dies ist zugleich die inländische Geschäftsanschrift.
Es werden über den Tod hinaus die vom Notar zu benennenden Notarfachangestellten unter Befreiung von den Beschränkungen des § 181 BGB und unter Ausschluss jeder eigenen Haftung bevollmächtigt, alle Erklärungen zum Handelsregister, auch Änderungen und Ergänzungen abzugeben, die zur Durchführung dieser Urkunde und zur Eintragung in das Handelsregister erforderlich sind. Von dieser Voll-

macht kann nur vor dem amtierenden Notar oder dessen Vertreter im Amt Gebrauch gemacht werden. Sie erlischt mit der Eintragung im Handelsregister.
_____ (Ort, Datum)
_____ Unterschriften des erschienenen Vertreters der Kommune und des/der neuen Geschäftsführer/s)
_____ (Es folgt die notarielle Unterschriftsbeglaubigung)

M 277 IV. Muster: Sachgründungsbericht zur Ausgliederung eines kommunalen Eigenbetriebes auf eine GmbH zur Neugründung

16 Sachgründungsbericht
Die _____ erstattet als die alleinige Gründungsgesellschafterin des durch ausgliedernde Vermögensübertragung des kommunalen Eigenbetriebes _____ entstehenden übernehmenden Rechtsträgers in der Rechtsform der Gesellschaft mit beschränkter Haftung unter der Firma „_____ GmbH" mit Sitz in _____ folgenden Sachgründungsbericht nach § 170 UmwG i.V.m. § 5 Abs. 4 GmbHG:
Die Gründungsgesellschafterin als Gebietskörperschaft i.S.v. §§ 168 ff. UmwG ist tauglicher übertragender Rechtsträger einer ausgliedernden Vermögensübertragung. Der ausgegliederte Eigenbetrieb stellte bisher ein kommunales Sondervermögen dar. Das wesentliche Vermögen des Eigenbetriebes besteht aus _____.
Die Gründungsgesellschafterin leistet die von ihr übernommene Stammeinlage auf das Stammkapital des übernehmenden Rechtsträgers in Höhe von _____ EUR in voller Höhe durch Übertragung ihres kommunalen Eigenbetriebes _____ mit allen Gegenständen des Aktiv- und Passivvermögens. Die Gegenstände des Aktiv- und Passivvermögens sind in der der Umwandlungsurkunde zur Ausgliederungserklärung und zum Ausgliederungsplan beigefügten Vermögensaufstellung bezeichnet.
Das Aktiv- und das Passivvermögen des auszugliedernden Eigenbetriebs wurde – unter Berücksichtigung des Vorsichtsprinzips – wie nachfolgend dargelegt bewertet: _____ (Es folgen nähere Angaben zu der gewählten Bewertungsmethode und zur Begründung ihrer Anwendung).
Die Verbindlichkeiten wurden mit ihren nominellen Rückzahlungsbeträgen angesetzt. Die Rückstellungen berücksichtigen nach dem Prinzip der kaufmännischen Vorsicht alle erkennbaren wirtschaftlichen Risiken der neu entstehenden Gesellschaft angemessen.
Die Wirtschaftsprüfungsgesellschaft _____ hat mit Gutachten vom _____ bescheinigt, dass der Wert des Eigenbetriebes mit _____ EUR zutreffend aus den Bewertungsunterlagen abgeleitet wurde.
In der Vermögenslage der Gesellschaft sind bis zum heutigen Tag keine Verschlechterungen eingetreten, die dazu führen würden, dass das Stammkapital nicht mehr in voller Höhe zur Verfügung steht.
Die Geschäftsführung hat hinsichtlich der Erbringung der Einlageverpflichtungen die nach § 8 Abs. 2 GmbHG vorgeschriebenen Versicherungen geleistet. Im Rahmen der Gründung wurden keine Geschäftsanteile für Rechnung der Geschäftsführung übernommen. Zugunsten der Geschäftsführung sind auch keine besonderen Vorteile, Entschädigungen oder Belohnungen für die Gründung oder ihre Vorbereitung ausbedungen worden.
Die Gesellschaft hat den Gründungsaufwand bis zur Höhe von _____ EUR übernommen.
Der Wert des eingebrachten Vermögens des bisherigen kommunalen Eigenbetriebes erreicht auch unter Berücksichtigung der Verbindlichkeiten auf jeden Fall den Betrag der Stammeinlage von insgesamt _____ EUR, auf den sich die Sacheinlage bezieht.
Die Geschäftsräume des Eigenbetriebes und der nunmehr neu entstehenden GmbH befinden sich _____.
_____ (Ort, Datum)
_____ (Unterschrift des Gutachters)

Ulrich Spieker/Wolfgang Arens
§ 23 Das Spruchverfahren im Rahmen einer Umwandlung

Literatur

Dokumentationen/Kommentare/Monographien: *Arens/Spieker*, Umwandlungsrecht in der Beratungspraxis, 1996; *Fritzsche/Dreier/Verfürth*, Kommentar zum Spruchverfahrensgesetz, 2004; *Hüffer*, Kommentar zum AktG, 10. Aufl. 2012; *Klöcker/Frowein*, Spruchverfahrensgesetz, 2004; *Kölner Kommentar zum Spruchgesetz*, 2005; *Lorenz*, Das Verhältnis von Anfechtungsklage und Spruchverfahren, 2006; *Lutter/Winter*, Umwandlungsgesetz, 4. Aufl. 2009; *Schwedhelm*, Die Unternehmensumwandlung, 7. Aufl. 2012; *Schmitt/Hörtnagl/Stratz*, Umwandlungsgesetz/Umwandlungssteuergesetz, 5. Aufl. 2009; *Semler/Stengel*, Kommentar zum Umwandlungsgesetz, 3. Aufl. 2012; *Schüppen/Schaub*, MAH Aktienrecht, 2. Aufl. 2010; *Widmann/Mayer*, Umwandlungsrecht, Loseblatt, 127. Ergänzungslieferung 2012.

Aufsätze: *Bayer/Schmidt*, Der Regierungsentwurf zur Änderung des Umwandlungsgesetzes – eine kritische Stellungnahme –, NZG 2006, 841; *Bayer/Schmidt*, Die neue Richtlinie über die grenzüberschreitende Verschmelzung von Kapitalgesellschaften, NJW 2006, 401; *Bungert*, DAT/Altana: Der BGH gibt der Praxis Rätsel auf, BB 2001, 1163; *Bungert/Eckert*, Unternehmenswert nach Börsenwert, BB 2000, 1845; *Buschmann*, Neues zur Novellierung des Umwandlungsgesetzes, DZWIR 2011, 318; *Drinhausen/Keinath*, Referentenentwurf eines Zweiten Gesetzes zur Änderung des Umwandlungsgesetzes – Erleichterung grenzüberschreitender Verschmelzung für deutsche Kapitalgesellschaften, BB 2006, 725; *Forsthoff*, Internationale Verschmelzungsrichtlinie: Verhältnis zur Niederlassungsfreiheit und Vorwirkung: Handlungszwang für Mitbestimmungsreform, DStR 2006, 613; *Gärtner/Handke*, Unternehmenswertermittlung im Spruchverfahren – Schrittweiser Abschied vom Meistbegünstigungsprinzip des BGH (DAT/Altana)?, NZG 2012, 247; *Haritz/Wolff*, Internationalisierung des deutschen Umwandlungsrechts – Zum Entwurf eines Zweiten Gesetzes zur Änderung des Umwandlungsgesetzes, GmbHR 2006, 340; *Hollstein*, Gesetz zur Umsetzung der Aktionärsrechterichtlinie („ARUG"), jurisPR-HaGesR 8/2009 Anm. 4; *Hüttemann*, Börsenkurs und Unternehmensbewertung, ZGR 2001, 454; *Lieder*, Namensaktien im gesellschaftlichen Spruchverfahren, NZG 2005, 159; *Lutter/Bezzenberger*, Reform des Spruchverfahrens im Aktien- und Umwandlungsrecht, AG 2000, 433; *Luttermann*, Der durchschnittliche Börsenkurs bei Barabfindung von Aktionären und Verschmelzungswertrelation, ZIP 2001, 869; *Müller*, Die grenzüberschreitende Verschmelzung nach dem Referentenentwurf des Bundesjustizministeriums, NZG 2006, 286; *Neye/Jäckel*, Neuigkeiten beim Umwandlungsrecht, NZG 2011, 681; *dies.*, Umwandlungsrecht zwischen Brüssel und Berlin – Der Referentenentwurf für ein Drittes Gesetz zur Änderung des Umwandlungsgesetzes – AG 2010, 237; *Neye/Timm*, Die geplante Umsetzung der Richtlinie zur grenzüberschreitenden Verschmelzung von Kapitalgesellschaften im Umwandlungsgesetz, DB 2006, 488; *Nießen*, Internationale Zuständigkeit im Spruchverfahren, NZG 2006, 441; *Piltz*, Unternehmensbewertung und Börsenkurs im aktienrechtlichen Spruchstellenverfahren, ZGR 2001, 185; *Schwab*, Abfindungsanspruch außenstehender Aktionäre bei Beendigung des Unternehmensvertrags durch Verschmelzung, BB 2000, 527; *Sinewe*, Keine Anfechtungsklagen gegen Umwandlungsbeschlüsse bei wertbezogenen Informationsmängeln, DB 2001, 690; *Wasmann*, Endlich Neuigkeiten zum Börsenkurs, ZGR 2011, 83.

Aufsätze zum Spruchverfahrensgesetz: *Bungert/Mennicke*, Das Spruchverfahrensneuordnungsgesetz, BB 2003, 2021; *Bilda*, Abfindungsanspruch bei vertragsüberlebenden Spruchverfahren, NZG 2005, 375; *Neye*, Die Reform des Spruchverfahrens, DStR 2002, 178; *Neye*, Spruchverfahrensneuordnungsgesetz, ZIP 2002, 2097; *Neye*, Auf dem Weg zu einem neuen Spruchverfahren, FS Wiedemann, 2002, 1127; *Preuß/Leuering*, Das Spruchverfahren unter dem Regime des FamFG, NJW-Spezial 2009, 671; *Schwichtenberg/Krenek*, BB-Rechtsprechungsreport zum Aktienrecht im OLG Bezirk München im Jahre 2009, BB 2010, 1227; *Tomson/Hammerschmidt*, Aus alt mach neu? Betrachtungen zum Spruchverfahrensneuordnungsgesetz, NJW 2003, 2572; *Wasmann/Rosskopf*, Die Herausgabe von Unterlagen und der Geheimnisschutz im Spruchverfahren, ZIP 2003, 1776; *Weppner*, Internationale Zuständigkeit für die spruchverfahrensrechtliche Durchsetzung von Zuzahlungs- und Barabfindungsansprüchen bei grenzüberschreitender Verschmelzung von Kapitalgesellschaften, RIW 2011, 144; *Winter/Nießen*, Amtsermittlung und Beibringung im Spruchverfahren, NZG 2007, 13.

Inhalt

A. Rechtliche Grundlagen —— 1
- I. Zweck des Spruchverfahrens —— 1
- II. Spruchverfahren bei grenzüberschreitenden Verschmelzungen von Kapitalgesellschaften —— 7
- III. Amtsermittlungsgrundsatz und Verfahrensförderungspflicht —— 8
- IV. Gegenstand des Spruchverfahrens —— 14
  1. Angemessenheitsmaßstab —— 14
  2. Ausschluss der Anfechtungsklage gegen einen Umwandlungsbeschluss auch bei Verletzung von Informations-, Auskunfts- oder Berichtspflichten —— 17
  3. Analogiefähigkeit der Vorschriften über das umwandlungsrechtliche Spruchverfahren? —— 27
  4. Weitere Verfahrensgegenstände —— 36
- V. Zuständiges Gericht —— 39
- VI. Antragsberechtigung, Antragsfrist und Bekanntmachung des Antrags —— 44
  1. Antragsinhalt, Antragsteller und Antragsgegner —— 44
  2. Antragsfrist und Bekanntmachung —— 48
  3. Gemeinsamer Vertreter —— 51
     a) Bestellung, Aufgaben und Stellung des gemeinsamen Vertreters —— 51
     b) Absehen von der Bestellung eines gemeinsamen Vertreters —— 60
     c) Fortführungsberechtigung des gemeinsamen Vertreters gem. § 6 Abs. 3 SpruchG —— 62
     d) Übersicht zu Bestellung, Aufgaben und Stellung des gemeinsamen Vertreters —— 63
  4. Antragsrücknahme und sonstige Verfahrensbeendigungstatbestände —— 64
  5. Weitere verfahrensrechtliche Aspekte —— 67
     a) Feststellungslast im Rahmen des Amtsermittlungsgrundsatzes —— 67
     b) Rechtliches Gehör —— 68
- VII. Beschluss —— 69
  1. Wesentliche Inhalte des Beschlusses —— 69
  2. Zustellung —— 74
- VIII. Rechtsmittel und Rechtskraft —— 75
  1. Rechtsmittel —— 75
  2. Rechtskraft und Rechtskraftwirkung —— 79
- IX. Gerichtliche und außergerichtliche Kosten —— 82
  1. Gerichtliche Kosten —— 82
  2. Außergerichtliche Kosten —— 86
  3. Kosten des gemeinsamen Vertreters —— 89

B. Typischer Sachverhalt —— 92

C. Muster: Antrag auf bare Zuzahlung gem. § 15 Abs. 1 UmwG, §§ 1 Nr. 4, 4 SpruchG —— 93

A. Rechtliche Grundlagen

I. Zweck des Spruchverfahrens

1 Unter bestimmten Voraussetzungen ist die Umwandlung einer Gesellschaft in eine andere Rechtsform auch bei nur qualifizierter Mehrheit der Gesellschafter gegen die Stimmen der Minderheitsgesellschafter zugelassen. In diesem Fall ist den ausscheidenswilligen Gesellschaftern eine **angemessene Barabfindung anzubieten** (vgl. §§ 29, 125, 135, 207 Abs. 1 UmwG). Die Höhe bestimmt sich nach den Verhältnissen der umgewandelten Gesellschaft im Zeitpunkt der Beschlussfassung (§ 30 Abs. 1 UmwG i.V.m. § 208 UmwG).[1] Ebenso ist häufig bei Umwandlungen das **Umtauschverhältnis** oder die Höhe etwa erforderlicher **barer Zuzahlungen** streitig (vgl. §§ 15, 125, 135, 196 UmwG). Bei einer sog. grenzüberschreitenden Verschmelzung hat die übertragende Gesellschaft, wenn die übernehmende oder neue Gesellschaft nicht dem deutschen Recht unterliegt, den widersprechenden Anteilsinhabern im Verschmelzungsplan ebenfalls den Erwerb gegen Zahlung einer Abfindung anzubieten (§ 122i UmwG).

2 Schwierigkeiten bestehen oft auch bei der **Bewertung** des ganzen Unternehmens, wobei ein existierender Börsenkurs nunmehr sowohl im Rahmen von aktien- als auch umwandlungsrechtlichen Strukturmaßnahmen berücksichtigt werden muss.[2] Streitig ist immer noch, ob das Meist-

---

[1] BVerfG NZG 2011, 869; BGH ZIP 2002, 217 ff.; *Bilda*, NZG 2005, 375 ff.
[2] BVerfG NZG 2011, 869; ZIP 2011, 170; NJW 2007, 3266; *Gärtner/Handke*, NZG 2012, 247; *Wasmann*, ZGR 2011, 83.

begünstigungsprinzip weiter gilt, wonach der Börsenkurs lediglich die Untergrenze einer Abfindung darstellt, während bei aus Ertragswertberechnungen folgenden höheren Werten diese höheren Werte für die Abfindung maßgeblich seien. Meinungsverschiedenheiten hinsichtlich der Angemessenheit der Abfindung oder des Umtauschverhältnisses werden daher i.d.R. durch ein großzügiges Entgegenkommen der Mehrheitsgesellschafter, die ein Interesse an der Vermeidung langwieriger Rechtsstreitigkeiten haben, aufgefangen.

Sollte keine Einigung erzielt werden, wird über die Höhe der Abfindung bzw. die Angemessenheit des Umtauschverhältnisses oder der Zuzahlungen in einem speziellen Spruchverfahren nach dem zum 1.9.2003 in Kraft getretenen Spruchverfahrensgesetz (SpruchG)[3] entschieden. Der **Zweck des Spruchverfahrens** besteht darin, einen adäquaten Rechtsschutz in allen Fällen einer Umwandlung zu gewährleisten, bei denen es zum Tausch der Gesellschaftsanteile oder zu einem Wechsel oder einer Beendigung der Mitgliedschaft kommt, ohne den Umwandlungsprozess als solchen zu blockieren. Der **Zivilprozessweg** zur Anfechtung der Umwandlung als solcher steht dabei den ausscheidenden bzw. benachteiligten Gesellschaftern dann **nicht offen**.[4]

Nach den Regelungen des § 1 Nr. 4 SpruchG können die Anteilseigner im Spruchverfahren folgende **Streitfragen** klären lassen:
- zu niedrige Bemessung des Umtauschverhältnisses bei Verschmelzung (§ 15 UmwG) und Auf- und Abspaltung (§§ 29, 125 UmwG);
- nicht oder nicht ordnungsgemäßes Angebot einer Barabfindung bei Verschmelzung, Auf- oder Abspaltung (§§ 29, 34, 125 UmwG);
- zu niedrige Bemessung einer Barabfindung bei Verschmelzung, Auf- oder Abspaltung (§§ 29, 125 UmwG);
- zu niedrige Bemessung der neuen Anteile beim Formwechsel (§ 196 UmwG);
- nicht ausreichender Gegenwert der neuen Anteile für die bisherigen Anteile oder für die bisherige Mitgliedschaft beim Formwechsel (§ 196 UmwG);
- zu niedrige Bemessung der angebotenen Abfindung beim Formwechsel (§ 212 UmwG);
- nicht erfolgtes oder nicht ordnungsgemäßes erfolgtes Angebot einer Barabfindung beim Formwechsel (§ 212 UmwG);
- nicht erfolgte oder zu niedrig festgesetzte Gegenleistung bei der Vermögensübertragung (§§ 176–181, 184, 186 UmwG);
- zu niedriges Barabfindungsangebot bei Vermögensübertragung bzw. nicht oder nicht ordnungsgemäß erteiltes Barabfindungsangebot bei der Entschädigung der Inhaber von Sonderrechten (§§ 176–181, 184, 186 UmwG).

Das SpruchG hat daher in Umwandlungsfällen zu keiner wesentlichen Änderung der bei bis zu seiner Einführung geltenden §§ 305–312 UmwG hinsichtlich des Anwendungsbereiches geführt. Die Regelung des § 1 Nr. 4 SpruchG hat insoweit nur klarstellende und keine numerus-clausus Funktion.[5]

Ist das Spruchverfahren auf die Nachprüfung einer Barabfindung gerichtet, lautet der **Antrag auf Festsetzung der angemessenen Barabfindung**. Wird bei einer Verschmelzung bzw. bei einer Auf- und Abspaltung die Verbesserung des Umtauschverhältnisses oder bei einem Formwechsel die Verbesserung des Beteiligungsverhältnisses begehrt, richtet sich das Spruchverfahren auf die **Festsetzung eines Geldausgleichs durch bare Zuzahlung** oder in den Fällen

---
3 BGBl I 2003, 838 ff. in der Fassung vom 19.4.2007; BGBl I 2007, 542 ff., 547; zu den Motiven siehe RegESpruchG, BT-Drucks 15/371 u. RechtsA, BT-Drucks 15/838.
4 *Klöcker/Frowein*, SpruchG, § 10 Rn 7; *Schmitt/Hörtnagel/Stratz*, UmwG-UmwStG, SpruchG, § 10 Rn 6.
5 *Semler/Stengel/Volhard*, § 1 SpruchG Rn 3–5; Begr. zu § 1 RegESpruchG, BT-Drucks 15/371, 12; *Fritsche/Dreier/Verfürth*, SpruchG, Einl. Rn 76 m.w.N.

der grenzüberschreitenden Verschmelzung von Kapitalgesellschaften **die Festsetzung der Barabfindung** (§ 1 Nr. 4 SpruchG).

II. Spruchverfahren bei grenzüberschreitenden Verschmelzungen von Kapitalgesellschaften

7 Das zweite Gesetz zur Änderung des Umwandlungsgesetzes setzt den gesellschaftsrechtlichen Teil der Europäischen Richtlinie 2005/56/EG[6] über die Verschmelzung von Kapitalgesellschaften aus verschiedenen Mitgliedsstaaten in deutsches Recht um.[7] Diese Änderung hat auch Auswirkungen auf das Spruchverfahren.[8]
§ 122h UmwG sieht keine uneingeschränkte Anwendung der §§ 14 Abs. 2, 15 UmwG bei grenzüberschreitenden Verschmelzungen vor. Grund hierfür ist, dass nicht alle EU-Mitgliedstaaten in ihrem nationalen Recht ein Spruchverfahren oder ein dem ähnelndes Verfahren kennen. § 122h UmwG regelt nunmehr in zwei Alternativen[9] folgendes:
- Voraussetzung für die Statthaftigkeit des deutschen Spruchverfahrens ist nach **§ 122h Abs. 1 UmwG** im Fall der **Hinausverschmelzung aus dem Inland,** dass die Rechtsordnung, denen die beteiligten Gesellschaften unterliegen, auch ein dem deutschen Spruchverfahren entsprechendes Verfahren vorsieht. Ist dies nicht der Fall, so entfalten die §§ 14 Abs. 2, 15 UmwG nur Geltung, soweit die Anteilsinhaber der an der Verschmelzung beteiligten ausländischen Gesellschaften der Durchführung eines Spruchverfahrens ausdrücklich zustimmen. Liegen diese Voraussetzungen nicht vor, so verbleibt es bei der Möglichkeit, den Verschmelzungsbeschluss anzufechten.[10]
- Voraussetzung für die Statthaftigkeit des deutschen Spruchverfahrens ist nach **§ 122h Abs. 2 UmwG** im Fall der **Hineinverschmelzung aus dem Ausland,** dass die Rechtsordnung, denen die übertragenden Gesellschaften unterliegen, auch ein dem deutschen Spruchverfahren entsprechendes Verfahren vorsieht. Die Anteilsinhaber der übertragenden ausländischen Gesellschaft haben dann das Recht, ein Spruchverfahren durchführen zu lassen. Zudem ist erforderlich, dass ein deutsches Gericht zur Durchführung eines solchen Verfahrens international zuständig ist. Diese Einschränkung dient auch der Vermeidung sich widersprechender Entscheidungen deutscher und nationaler Gerichte.[11] Die internationale Zuständigkeit der deutschen Gerichte kann sich wiederum aus der Verordnung über die gerichtliche Zuständigkeit und Anerkennung und Vollstreckung von Entscheidungen in Zivil- und Handelssachen (EuGVVO) ergeben.[12]

III. Amtsermittlungsgrundsatz und Verfahrensförderungspflicht

8 Das Spruchverfahren ist auch nach dem FamFG weiterhin ein echtes **Streitverfahren der freiwilligen Gerichtsbarkeit.**[13] Für Altfälle gem. § 17 Abs. 2 SpruchG enthalten die §§ 305–312 UmwG Sonderregelungen. Nach § 307 Abs. 1 UmwG ist auf sog. Altfälle das FGG anwendbar. Der früher in § 12 FGG (jetzt § 26 FamFG) normierte Amtsermittlungsgrundsatz galt auch für das Spruchverfahren. Bei strenger Anwendung des Amtsermittlungsgrundsatzes bedeutete dies Folgendes:

---

6 Richtlinie 2005/56/EG, ABl EU Nr. L310.
7 BGBl I 2007, 542.
8 *Weppner,* RIW 2011, 144.
9 Vgl. auch: *Drinhausen/Keinath,* BB 2006, 725 ff.; *Ney/Timm,* DB 2006, 488 ff.; *Bayer/Schmidt,* NZG 2006, 841 ff.
10 Vgl. auch *Kiem,* WM 2006, 1091 ff.; *Haritz/Wolff,* GmbHR 2006, 340 ff.; *Müller,* NZG 2006, 286 ff.
11 Begründung zu § 122h Abs. 2, BT-Drucks 16/2919; *Forsthoff,* DStR 2006, 613 ff.
12 Vgl. *Nießen,* NZG 2006, 441.
13 *Preuß/Leuering,* NJW-Spezial 2009, 671.

– Das Gericht hatte von Amts wegen den Sachverhalt zu erforschen und ggf. Beweis zu erheben.
– Es bestimmte den Umfang der Beweisaufnahme; i.d.R. geschah dies durch Vorlage der entsprechenden Geschäftsunterlagen und der Bestellung eines Gutachters.
– Den Antragsteller traf die objektive Beweislast, soweit sich nach Ausschöpfung aller Beweismittel ein für die Entscheidung erheblicher Umstand nicht beweisen ließ.

Die Amtsermittlungspflicht des Gerichts ging aber auch bis zum in Kraft treten des SpruchG nur soweit, als der Vortrag der Beteiligten dazu Anlass bot. Amtsermittlungen musste das Gericht erst dann vornehmen, wenn ein Beteiligter hinreichende Anhaltspunkte für vorhandene Ansprüche vorgetragen hatte.[14]

Das Gericht konnte dazu gem. § 26 FamFG (früher § 12 FGG) beispielsweise 9
– Sachverständige beauftragen
– Zeugen vernehmen
– amtliche Auskünfte einholen
– die Vorlage der Handelsbücher gem. § 258 HGB und deren Aufbewahrung über die handelsrechtlichen Aufbewahrungsfristen hinaus anordnen.

Das SpruchG ist trotz seiner Spezialregelungen im Grundsatz ein Verfahren der freiwilligen Gerichtsbarkeit – auch nach dem heutigen FamFG – jedoch mit der Maßgabe, dass gem. § 17 Abs. 1 SpruchG das FamFG nur noch dann ergänzend anzuwenden ist, wenn im SpruchG nichts anderes bestimmt ist. Der Amtsermittlungsgrundsatz des § 26 FamFG (früher § 12 FGG) ist gem. § 10 Abs. 3 SpruchG ausdrücklich durch die Verfahrensförderungspflicht der Beteiligten gem. §§ 9, 10 SpruchG eingeschränkt.[15] Ziel des Gesetzgebers war es, das Verfahren zu straffen und damit zu beschleunigen. 10

Daraus ergibt sich im Wesentlichen folgender Verfahrensablauf: 11
– Das Gericht **muss** gem. § 7 SpruchG
  – sämtliche Anträge förmlich zustellen (§ 7 Abs. 1 SpruchG)
  – den Antragsgegnern eine schriftliche Erwiderungsfrist von mindestens einem und höchstens drei Monaten setzen (§ 7 Abs. 2 SpruchG)
  – die Antragsgegner darauf hinweisen, dass sie auf ihre Kosten nach der Zustellung der Antragsschrift dem Gericht, auf Verlangen den Antragstellern und dem gemeinsamen Vertreter den Bericht und – soweit dieser zu prüfen war – auch den Prüfungsbericht vorzulegen haben (§ 7 Abs. 3 SpruchG)
  – die schriftliche Stellungnahme der Antragsgegner den Antragstellern und dem gemeinsamen Vertreter zuleiten, verbunden mit einer zu setzenden schriftlichen Erwiderungsfrist von mindestens einem und höchstens drei Monaten (§ 7 Abs. 4 SpruchG)
  – darauf hinwirken, dass die Beteiligten sich rechtzeitig und vollständig erklären (§ 7 Abs. 5 S. 3 SpruchG)
  – die Beteiligten von jeder Anordnung des Gerichts zu benachrichtigen (§ 7 Abs. 5 S. 4 SpruchG).
– Das Gericht **kann** gem. § 7 SpruchG 12
  – weitere vorbereitende Maßnahmen erlassen (§ 7 Abs. 5 S. 1 SpruchG)
  – insbesondere den Beteiligten die Ergänzung oder Erläuterung ihres schriftlichen Vorbringens sowie die Vorlage von Aufzeichnungen unter Fristsetzung aufgeben (§ 7 Abs. 5 S. 2 SpruchG)

---
14 BGHZ 146, 241 ff., 249; KG NJW-RR 1999, 92 f.; *Winter/Nießen,* NZG 2007, 13 ff.
15 Begr. zu §§ 9, 10, 17: RegESpruchG, BT-Drucks 15/371, 12, 16, 18; OLG Düsseldorf ZIP 2005, 1369.

- entsprechend der Regelung des § 358a ZPO vor der ersten mündlichen Verhandlung anordnen, dass Sachverständige zur Klärung von Vorfragen, insbesondere zu Art und Umfang einer folgenden Beweisaufnahme befragt werden oder dazu eine schriftliche Stellungnahme des sachverständigen Prüfers einholen (§ 7 Abs. 6 SpruchG)
- auf Antrag der Antragsgegner durch den Vorsitzenden allein anordnen, dass besondere geheimhaltungsbedürftige Unterlagen trotz entsprechender Aufl. des Gerichts oder Verlangens der Antragsteller letzteren nicht zugänglich gemacht werden (§ 7 Abs. 7 SpruchG)
- zur Durchsetzung der Verpflichtungen der Antragsgegner nach § 7 Abs. 3 und Abs. 7 SpruchG die Mittel des § 35 FamFG einsetzen, d.h., **ausschließlich** Zwangsgeld[16] (§ 7 Abs. 8 i.V.m. § 17 Abs. 1 SpruchG).
- Das Gericht **kann** auch das Spruchverfahren aussetzen (§ 17 Abs. 2 SpruchG, § 21 Abs. 2 FamFG), wenn ein Rechtsstreit greifbaren Einfluss auf die im Verfahren streitige Unternehmensbewertung hat.[17] Dagegen ist entsprechend §§ 567 ff.; 252 ZPO, § 21 Abs. 2 FamFG das Rechtsmittel der sofortigen Beschwerde zulässig.[18]

13 - Das Gericht **soll** gem. § 8 SpruchG
    - im Regelfall[19] einen Termin zur mündlichen Verhandlung bestimmen (§ 8 Abs. 1 SpruchG)
    - zu diesem Termin in der Regel das persönliche Erscheinen des sachverständigen Prüfers anordnen (§ 8 Abs. 2 S. 1 SpruchG).
- Das Gericht **hat** gem. § 8 Abs. 3 SpruchG i.V.m. §§ 139, 279 Abs. 2 ZPO die schon aus der ZPO bekannten Hinweis- und Erörterungspflichten und den Beteiligten in entsprechender Anwendung des § 283 ZPO Schriftsatznachlass zu gewähren.
- Den Beteiligten **selbst obliegt** die Verfahrensförderungspflicht nach § 9 Abs. 1 SpruchG in Anlehnung an den Rechtsgedanken des § 282 ZPO.[20]
- Erfüllt einer der Beteiligten seine Verfahrensförderungspflicht nicht, so bestimmt § 10 SpruchG in Anlehnung an den Rechtsgedanken des § 296 ZPO,[21] das insoweit eine Präklusion eintreten kann.

IV. Gegenstand des Spruchverfahrens

1. Angemessenheitsmaßstab

14 **Hauptzweck** des Spruchverfahrens ist die Entscheidung über
- die Höhe der angemessenen Abfindung des ausscheidenden Aktionärs[22] oder Gesellschafters bzw.
- die Angemessenheit des Umtauschverhältnisses oder
- die Angemessenheit der etwaigen baren Zuzahlungen oder
- in den Fällen der grenzüberschreitenden Verschmelzung von Kapitalgesellschaften die Festsetzung der Barabfindung.

---

16 *Fritzsche/Dreier/Verfürth*, SpruchG, § 7 Rn 103 m.w.N.; *Schmitt/Hörtnagel/Stratz*, UmwG/UmwStG, SpruchG, § 7 Rn 24.
17 OLG München ZIP 2007, 699.
18 OLG München ZIP 2007, 685.
19 Begr. zu § 8 RegESpruchG, BT-Drucks 15/371, 15. *Klöcker/Frowein*, SpruchG, § 8 Rn 1; MüKo-Vollhard, AktG, SpruchG, § 8, Rn 1.
20 Begr. zu § 9 RegESpruchG, BT-Drucks 15/371, 15; *Schmitt/Hörtnagel/Stratz*, UmwG/UmwStG, SpruchG, § 9 Rn 2.
21 Begr. zu § 10 RegESpruchG, BT-Drucks 15/371, 16. *Klöcker/Frowein*, SpruchG, § 10 Rn 19; *Neye*, Das neue Spruchverfahrensrecht, § 10 S. 91.
22 Zur Unternehmensbewertung: BVerfG NZG 2011, 869 = ZIP 2011, 170 = NJW 2007, 3266; *Gärtner/Handke*, NZG 2012, 247; *Wasmann*, ZGR 2011, 83.

Maßstab für die Berechnung der angemessenen Barabfindung im aktienrechtlichen Spruchstellenverfahren ist bei börsennotierten Untergesellschaften regelmäßig der Börsenkurs, und zwar ein **Referenzkurs**, der sich – unter Ausschluss außergewöhnlicher Tagesausschläge oder kurzfristiger sich nicht verfestigender sprunghafter Entwicklungen – aus dem **Mittel der Börsenkurse der letzten drei Monate** vor dem Stichtag ergibt.[23] In jedem Fall soll aber nach der Rechtsprechung des BGH und des BVerfG eine Abfindungsbemessung mit Art. 14 GG unvereinbar sein, die den Börsenkurs völlig außer Acht lässt.[24] Ob und inwieweit diese Rechtsprechung auf das umwandlungsrechtliche Spruchverfahren übertragbar ist, ist jedenfalls außerhalb von Verschmelzungsfällen noch nicht abschließend geklärt.[25] 15

Ansonsten soll regelmäßig der **Ertragswert** des Unternehmens, ergänzt um den **Liquidationswert des nicht betriebsnotwendigen Vermögens**, Maßstab für die Berechnung der angemessenen Barabfindung sein.[26] Der Börsenwert als Untergrenze soll dabei den Verkehrswert darstellen, der regelmäßig mit dem Börsenwert (Marktwert) identisch sei.[27] 16

2. Ausschluss der Anfechtungsklage gegen einen Umwandlungsbeschluss auch bei Verletzung von Informations-, Auskunfts- oder Berichtspflichten

Mit Urteilen vom 18.12.2000[28] und vom 29.1.2001[29] hatte der BGH klargestellt, dass der Ausschluss von Klagen gegen einen Umwandlungsbeschluss gem. §§ 210, 212 UmwG auch gilt, soweit die von der Umwandlung betroffenen Anteilsinhaber die **Verletzung von Informations-, Auskunfts- oder Berichtspflichten im Zusammenhang mit der** nach § 207 UmwG anzubietenden **Barabfindung** geltend machen. Offen war bis zur Neufassung des § 243 Abs. 4 S. 2 AktG,[30] ob diese Rechtsprechung Ausstrahlungswirkung über den Formwechsel hinaus auf alle Strukturmaßnahmen hatte, in denen das SpruchG Anwendung findet.[31] 17

Durch die Neufassung des § 243 Abs. 4 S. 2 AktG gem. Art. 1 Nr. 20 UMAG[32] **hat der Gesetzgeber klargestellt, dass diese Rechtsprechung des BGH immer dann zum Anfechtungsausschluss führt, wenn die Bewertungsrüge im Spruchverfahren vorgesehen ist.**[33]

In dem der Entscheidung vom 18.12.2000 zugrunde liegenden Fall wurde die Anfechtungsklage darauf gestützt, dass die Auskunftsrechte der Aktionäre hinsichtlich der **Herleitung, Plausibilität und Angemessenheit des Barabfindungsangebotes** sowie hinsichtlich des **Prüfungsberichts** verletzt seien. In dem der Entscheidung vom 29.1.2001 zugrunde liegenden Fall 18

---

23 BVerfG NZG 2011, 869 = ZIP 2011, 170 = NJW 2007, 3266; BGH NZG 2010, 939 („Stollwerck"); BGH NZG 2003, 1017, (1018); BGH ZIP 2001, 734 („DAT/Altana"); dazu EWiR 2001, 605 (*Wenger*); dazu *Luttermann*, ZIP 2001, 869 ff.; *Bungert/Eckert*, BB 2000, 1845; *Hüttemann*, ZGR 2001, 454; *Meilicke/Heidel*, DB 2001, 973; *Vetter*, DB 2001, 1347; *Wilm*, NZG 2000, 234 und 1070; *Gärtner/Handke*, NZG 2012, 247; *Wasmann*, ZGR 2011, 83.
24 BGH BB 1997, 1705 zum Abfindungsanspruch außenstehender Aktionäre bei Beendigung des Unternehmensvertrages durch Verschmelzung: dazu *Schwab*, BB 2000, 527; BVerfG NZG 2007, 228 ff.; ZIP 1999, 1436 ff.
25 Zum Börsenkurs als Untergrenze eines Barabfindungsangebots im Umwandlungsrecht siehe: BVerfG NZG 2011, 869 („Telekom"); ZIP 2011, 170; NJW 2007, 3266; OLG Stuttgart NZG 2007, 112; ; OLG Düsseldorf ZIP 2001, 158.
26 OLG Stuttgart ZIP 2012, 830; BayObLG ZIP 2003, 400 ff.; OLG Düsseldorf DB 2000, 81, dazu EWiR 2000, 109 (*Luttermann*).
27 BVerfG NZG 2011, 869 („Telekom"); LG Bremen AG 2003, 214 ff.
28 BGH ZIP 2001, 1999 = BB 2001, 382 m. Anm. *Luttermann*, dazu EWiR 2001, 331 (*Wenger*) = GmbHR 2001, 200 m. Anm. *Kallmeyer*.
29 BGH AG 2001, 263 = BB 2001, 485 = GmbHR 2001, 247, dazu *Sinewe*, DB 2001, 690.
30 BGBl I 2005, 2802.
31 *Fritzsche/Dreier/Verfürth*, SpruchG, § 1 Rn 113 ff., 118 ff. m.w.N.; *Hüffer*, AktG, § 243 Rn 18; a.A. LG Frankfurt a.M. DB 2003, 2590 ff.
32 UMAG v. 22.9.2005, BGBl I 2005, 2802.
33 BT-Drucks 15/5092, 26.

wurde die Anfechtungsklage auf Mängel des Umwandlungsberichts gestützt, da dieser keine nachvollziehbaren und plausiblen Ausführungen zur Ermittlung der zu gewährenden Barabfindung enthalte. Ferner sei der diesbezügliche Prüfungsbericht den Aktionären weder vor noch in der Hauptversammlung zugänglich gemacht und die Auskunft über Fragen zu diesem Bericht grundlos verweigert worden.

19   Der BGH hat in beiden Fällen mit der gleichen Begründung entschieden, dass nach § 210 UmwG eine Anfechtungsklage gegen einen Umwandlungsbeschluss nicht auf die geltend gemachten Auskunftsverletzungen und Berichtsmängel gestützt werden kann. Nach § 210 UmwG sind Klagen gegen die Wirksamkeit des Umwandlungsbeschlusses ausgeschlossen, wenn sie darauf gestützt werden, dass das Barabfindungsgebot zu niedrig bemessen oder die Barabfindung im Umwandlungsbeschluss nicht oder nicht ordnungsgemäß angeboten worden ist. In diesen Fällen ist nach § 212 UmwG vorgesehen, dass die angemessene Barabfindung auf Antrag durch das Gericht im Spruchverfahren zu bestimmen ist. Dieser **Klageausschluss** gelte nach Sinn und Zweck der Vorschriften, verbunden mit der Verweisung in das Spruchverfahren, auch dann, wenn die betroffenen Aktionäre die Verletzung von Informations-, Auskunfts- oder Berichtspflichten im Zusammenhang mit der Barabfindung geltend machen.

20   Aus dem systematischen Zusammenhang der drei Tatbestandsvarianten des zu niedrigen, des fehlenden und des nicht ordnungsgemäßen Barabfindungsangebotes sei der weiterreichende generelle Ausschluss von Anfechtungsklagen wegen Verletzung der Informationsrechte zur Barabfindung (§ 131 AktG[34]) abzuleiten. Rügen, welche **abfindungswertbezogene Informationsmängel** beanstanden, dienten zwar fast ausschließlich dem Ziel, die Rüge, dass das Angebot zu niedrig sei, zu begründen. Allerdings könne der Klageausschluss im vorliegenden Fall nicht allein damit begründet werden, dass Streitigkeiten über die Höhe der Abfindung die Umwandlung nicht blockieren sollen. Die Information über die Abfindung diene nämlich auch dem weiteren Ziel, dass ein noch unentschlossener Anteilsinhaber überhaupt in die Lage versetzt wird, zu beurteilen, ob der angebotene oder vereinbarte Ausgleichsanspruch angemessen ist und eine Zustimmung zu der Umwandlung unter diesem Aspekt unbedenklich ist.

21   Weiterhin unterliegt der **Fall des gänzlich fehlenden Barabfindungsangebotes** dem Klageausschluss gem. § 210 UmwG. Bei gänzlich fehlendem Angebot oder fehlender Erläuterung des Angebotes ist jedoch bei anderen Strukturmaßnahmen als dem Formwechsel immer zu untersuchen, ob die Rechtslage dem des § 210 UmwG entspricht oder für diese anderen Strukturmaßnahmen speziellere Vorschriften den Rechtsgedanken des § 210 UmwG verdrängen.[35] Beispiele sind im Rahmen des Ausschlusses von Minderheitsaktionären – sog. squeeeze-out – die Regelungen der §§ 327c Abs. 2 S. 1, 327f S. 3 AktG. Hier würde ein fehlendes Angebot oder fehlende Erläuterung durch den Hauptaktionär im Wege der Anfechtungsklage außerhalb des Spruchverfahrens anfechtbar sein, jedoch bei Verstreichen der Anfechtungsfrist nur noch im Spruchverfahren (arg. § 327f S. 3 AktG).[36] Das Gesetz zur Umsetzung der Aktionärsrechterichtlinie („ARUG") soll eine weitere Beschleunigung der Verfahren befördern, gleichwohl ohne das – dringend reformbedürftige – aktienrechtliche Beschlussmängelrecht insgesamt grundlegend und systematisch zu reformieren.[37]

22   Zwischen den vorgenannten Fallgruppen verbleibt der Bereich des nicht ordnungsgemäßen Angebotes, der nach Ansicht des BGH nicht nur bei unklarer, widersprüchlicher oder unvollständiger Formulierung gegeben sei, sondern darüber hinaus auch alle Verstöße gegen die zugunsten der Anteilsinhaber angeordneten Informations- bzw. Mitteilungspflichten der Gesellschaft im Zusammenhang mit den Barabfindungsangebot erfasse. Im Fall von Informationsmängeln und Aus-

---

34 BGH NZG 2009, 342; NZG 2005, 77; OLG Stuttgart ZIP 2012, 970.
35 *Fritzsche/Dreier/Verfürth*, SpruchG, § 1 Rn 121 ff. m.w.N.
36 *Fritzsche/Dreier/Verfürth*, SpruchG, § 1 Rn 116 m.w.N.
37 BGBl 2009, Teil I Nr. 50, 2479 ff.; *Hollstein*, jurisPR-HaGesR 8/2009 Anm. 4.

kunftspflichtverletzungen bezüglich des Barabfindungsangebotes sei die Barabfindung im Umwandlungsbeschluss nicht ordnungsgemäß angeboten, so dass geltend gemachte Verletzungen der dritten Variante des § 210 UmwG unterfallen. Deshalb leidet – bei wertender Betrachtungsweise – der Beschluss immer an einem Legitimationsdefizit, wenn die Plausibilitätskontrolle nicht ermöglicht ist.[38]

Schließlich habe auch die **Verletzung von Auskunftsrechten** gem. § 131 AktG[39] durch **Nichtbeantwortung oder unzureichende Beantwortung von abfindungswertrelevanten Fragen** dem Anfechtungsausschluss gem. § 210 UmwG zu unterfallen, da diese Verletzungen dem Fall des nicht ordnungsgemäßen Angebotes gem. § 210 UmwG jedenfalls gleichstünden. Außerdem könne eine Auskunftspflichtverletzung in Form eines nur unvollständig oder mangelhaft begründeten und erläuterten Abfindungsangebots als geringerer Mangel im Hinblick auf die Willensbildung des Aktionärs die Anfechtungsklage nicht eröffnen, wenn nicht einmal ein völliges Fehlen eines Abfindungsangebots, welches ein vollständiges Informationsdefizit des Aktionärs zur Folge habe, zur Anfechtbarkeit des Umwandlungsbeschlusses führe.[40] 23

Die auf das BGH-Urteil vom 19.6.1995[41] zum Abfindungsanspruch nach § 305 AktG zurückgehende Auffassung, wonach Anfechtungsklagen dann nicht ausgeschlossen sind, wenn die Aktionäre aufgrund von Auskunftspflichtverletzungen nicht in der Lage sind, die Angemessenheit der vereinbarten Abfindung bzw. eines vereinbarten Ausgleichs zu beurteilen, wird vom BGH und der h.M. im Hinblick auf die Regelung der §§ 210, 212 UmwG soweit es den Abfindungsanspruch nach den Vorschriften des UmwG betrifft, nicht mehr aufrechterhalten. 24

Eine Anfechtungsklage kann nach Auffassung des BGH in seiner Entscheidung vom 18.12.2000 schließlich auch nicht darauf gestützt werden, dass der Vorstand den **Umwandlungsprüfungsbericht** weder in den Geschäftsräumen der Gesellschaft noch in der Hauptversammlung **zur Einsicht der Aktionäre ausgelegt** hat. Nach §§ 208, 30 Abs. 2, 10 Abs. 1 UmwG ist der Vorstand zwar verpflichtet, die Angemessenheit der Barabfindung durch unabhängige Sachverständige[42] überprüfen zu lassen; er ist jedoch nicht verpflichtet, diesen Prüfungsbericht vor der Hauptversammlung in den Geschäftsräumen oder in der Hauptversammlung zur Einsicht der Aktionäre auszulegen. Diese Pflicht besteht nach dem Gesetz lediglich für den vom Vorstand zu erstattenden **Umwandlungsbericht** gem. §§ 239 Abs. 1, 238, 230 Abs. 2 UmwG. Auch aus § 63 Abs. 1 Nr. 5 i.V.m. § 12 UmwG folge eine solche Pflicht nicht, da von diesen Vorschriften lediglich der Verschmelzungsprüfungsbericht nach §§ 9–12 UmwG, nicht aber der Prüfungsbericht über die Barabfindung nach § 30 bzw. § 207 UmwG betroffen ist. 25

Das dritte Gesetz zur Änderung des Umwandlungsgesetzes[43] diente dazu, die EU-Richtlinie 2009/109/EG vom 16.9.2009[44] in deutsches Recht umzusetzen.[45] Die Unterrichtungspflicht im Falle der Verschmelzung von Aktiengesellschaften wurde nicht wie im Gesetzentwurf vorgesehen in den allgemeinen Bestimmungen über die Verschmelzung für alle Rechtsformen (§ 8 UmwG), sondern nur im Zusammenhang mit den besonderen Vorschriften über die Verschmelzung von Aktiengesellschaften (§ 64 Abs. 1 UmwG n.F.) geregelt.[46] Bei der Verschmelzung einer 100-prozentigen Tochtergesellschaft auf ihre Muttergesellschaft soll ein Zustimmungsbeschluss

---

38 OLG Frankfurt a.M. ZIP 2012, 766.
39 BGH NZG 2009, 342; NZG 2005, 77; OLG Stuttgart ZIP 2012, 970.
40 Zur Kritik siehe *Fritzsche/Dreier/Verfürth*, SpruchG, § 1 Rn 114 f. m.w.N.
41 BGH ZIP 1995, 1256; vgl. auch LG Wiesbaden DB 1997, 671; OLG Frankfurt ZIP 1997, 1291, dazu EWiR 1997, 1039 (*Kiem*) und ZIP 2000, 1928, dazu EWiR 2000, 1125 (*Keil*); LG München I DB 2000, 267.
42 Wichtig: Nach § 10 Abs. 1 UmwG ist der Prüfer auf Antrag des/der Vertretungsorgane/s stets vom Gericht auszuwählen und zu bestellen.
43 BGBl I 2011, 1338.
44 Abl. L 259, 14.
45 *Neye/Jäckel*, NZG 2011, 681; *dies.*, AG 2010, 237.
46 BT-Drucks 17/5930.

der Gesellschafter des Tochterunternehmens entfallen. Dies gilt auch dann, wenn die Muttergesellschaft noch keine 100-prozentige Beteiligung an der Tochter erlangt hat, der Ausschluss der Minderheitsaktionäre aber bereits nach den besonderen Voraussetzungen des § 62 Abs. 5 UmwG (Squeeze-Out) für eine AG beschlossen wurde. Zum Schutz der Minderheitsaktionäre soll der Übertragungsbeschluss (Beschluss, mit dem die Minderheitsaktionäre der Tochtergesellschaft ausgeschlossen werden) im Handelsregister zwingend mit dem Vermerk versehen werden, dass der Übergang ihrer Aktien auf den Hauptaktionär erst mit der Eintragung der Verschmelzung im Register der übernehmenden Gesellschaft wirksam wird. Unterlagen zur Vorbereitung auf die Hauptversammlung dürfen auf elektronischem Wege zur Verfügung gestellt werden, anstelle einer Zwischenbilanz kann auch der Halbjahresfinanzbericht ausgelegt werden. Von einer generellen Absenkung des Schwellenwertes für den aktien – und übernahmerechtlichen Squeeze-Out auf 90 Prozent für alle Fälle wurde jedoch abgesehen.[47]

26 Bei anderen Strukturmaßnahmen als dem Formwechsel ist auch hier immer zu untersuchen, ob die Rechtslage dem der Umwandlung nach dem UmwG entspricht oder für diese anderen Strukturmaßnahmen speziellere Vorschriften die analoge Anwendung des UmwG verdrängen. Beispiel ist auch hier im Rahmen des Ausschlusses von Minderheitsaktionären – sog. squeeeze-out – die Regelung der §§ 327c Abs. 3, 327d S. 1 AktG. Hier würde eine fehlende Auslegung z.B. des Berichtes des Hauptaktionärs oder des Prüfungsberichtes vor oder in der Hauptversammlung im Wege der Anfechtung außerhalb des Spruchverfahrens zu rügen sein.[48]

Durch **§ 243 Abs. 4 S. 2 in der Fassung des UMAG v. 22.9.2005**[49] **ausgeschlossen** werden aber jetzt **Anfechtungsklagen** wegen **bewertungsbezogener Informationsmängel** in den Fällen des § 14 Abs. 2, der §§ 15, 29, 32, 125, 176 bis 181, 184, 186, 196 und 207, 210 UmwG, § 304 Abs. 3 S. 3, § 305 Abs. 4 S. 1 und 2, § 327f AktG.[50] Soweit dem Aktionär **zusätzliche Auskünfte zu Bewertungsfragen unrichtig, unvollständig oder unzureichend erteilt werden**, kann er diesen Umstand ergänzend in seiner **Antragsbegründung** nach § 4 Abs. 2 SpruchG anführen.

Der Anfechtungsausschluss ist aber nur beschränkt auf Fälle „unrichtiger, unvollständiger oder unzureichender" Information. Damit sind Fehler, Mängel, Unvollständigkeiten in Teilbereichen gemeint.[51] **Nicht** erfasst sind Totalverweigerungen von Informationen, dies führt nach wie vor zu einem Anfechtungsrecht des Anteilsinhabers.[52]

Damit würde eine fehlende Auslegung z.B. des Berichtes des Hauptaktionärs oder des Prüfungsberichtes vor oder in der Hauptversammlung nur noch dann im Wege der Anfechtung außerhalb des Spruchverfahrens zu rügen sein,[53] wenn darin „eine Totalverweigerung" zu sehen wäre.

3. Analogiefähigkeit der Vorschriften über das umwandlungsrechtliche Spruchverfahren?

27 Das Umwandlungsgesetz erlaubt es nicht, wenn an einer Aktiengesellschaft neben einem Großaktionär noch Außenstehende Kleinaktionäre beteiligt sind, diese Kleinaktionäre gegen ihren Willen „hinauszudrängen". Mitunter werden deshalb andere Wege gewählt, etwa die so genannte **„übertragende Auflösung"**.[54] Die Bedeutung der übertragenden Auflösung hat durch den

---

47 *Buschmann*, DZWIR 2011, 318.
48 OLG Hamburg ZIP 2003, 1344 f.
49 UMAG v. 22.9.2005, BGBl I 2005, 2802.
50 BGH NZG 2009, 585; BT-Drucks 15/5092, 26.
51 BGH NZG 2009, 585.
52 BT-Drucks 15/5092, 26.
53 BGH NZG 2009, 585. OLG Hamburg ZIP 2003, 1344 ff.; LG Frankfurt a.M. DB 2003, 2590 ff.; *Fritzsche/Dreier/Verfürth*, SpruchG, § 1 Rn 122.
54 BVerfG ZIP 2000, 1670 ff. („Moto-Meter"); BGHZ 103, 184 („Linotype"); BayObLG BB 1999, 281; zur Unzulässigkeit der übertragenden Auflösung bei ehem. LPGs siehe BGH ZIP 1999, 840 ff.; KK-*Wasmann*, SpruchG; § 1 Rn 38.

seit dem 1.1.2002 möglichen Ausschluss von Minderheitsaktionären – sog. squeeze-out – abgenommen.[55] Die Einzelheiten des squeeze-out ergeben sich – auch für nicht börsennotierte Aktiengesellschaften – aus §§ 327a ff. AktG. Die Regelungen der §§ 327a ff. AktG sind nach h.M. mit Art. 14 GG vereinbar.[56] Auch nach der Einführung des squeeze-out soll nach überwiegender Meinung die übertragende Auflösung noch zulässig.[57] Von ihr wird aber empfohlen, wegen der vielen höchstrichterlich noch nicht geklärten Fragen, zurückhaltend Gebrauch zu machen.[58]

Wesen der übertragenden Auflösung ist, dass mit Zustimmung der Hauptversammlung das gesamte Vermögen einer Aktiengesellschaft auf die Hauptaktionärin übertragen und anschließend die Aktiengesellschaft aufgelöst wird. In der Entscheidung des BayObLG[59] begehrte eine Gruppe von Kleinaktionären die Einleitung eines Spruchverfahrens in analoger Anwendung der auf die Verschmelzung anwendbaren Vorschriften, insbesondere §§ 15, 29 und 34 S. 2 UmwG, mit der Begründung, die ihnen zufließende „Abfindung" (in Form des auf sie entfallenden Liquidationserlöses) sei unzureichend. **28**

Das BayObLG sieht den Antrag als zulässig, aber unbegründet an. Es liege weder eine Verschmelzung nach §§ 15, 29 und 34 S. 1 UmwG, noch eine Eingliederung nach § 320b AktG, noch ein Beherrschungs- oder Gewinnabführungsvertrag nach § 305 AktG vor. Die Vorschriften über das Spruchverfahren in §§ 15, 29 und 34 S. 2 UmwG sowie § 305 AktG und § 320b AktG sind nach Ansicht des BayObLG allerdings dann **analogiefähig**, wenn es einen entsprechenden materiell-rechtlichen Anspruch auf eine Abfindung gäbe. **29**

Ein solcher liege hier aber nicht vor. Zwar seien die Interessen der Minderheit bei der Verschmelzung nach dem Umwandlungsgesetz einerseits und der Übertragung des gesamten Vermögens nach § 179a AktG mit anschließender Liquidation der Aktiengesellschaft andererseits im wirtschaftlichen Ergebnis identisch, ohne dass die spezifisch umwandlungsrechtlichen Vorschriften zum Minderheitenschutz bei der übertragenden Auflösung zur Anwendung kämen. Bei der übertragenden Auflösung sei die **Höhe des Kaufpreises für das Gesellschaftsvermögen nicht gesondert überprüfbar**, während Aktionäre bei der Verschmelzung die Angemessenheit der Barabfindung stets in dem kostengünstigen Spruchverfahren gerichtlich überprüfen lassen könnten. **30**

Diese Überlegungen rechtfertigten aber keine Analogie, denn es gebe keine ausfüllungsbedürftige Lücke. Vielmehr seien dem Gesetzgeber die Widersprüche bei Erlass des Umwandlungsgesetzes bekannt gewesen (wie er durch die Neuregelung des § 179a AktG gezeigt habe).[60] Die Interessen der Minderheitsaktionäre seien im **Fall der übertragenden Auflösung** durch die Möglichkeit geschützt, gegen die entsprechenden Beschlüsse Anfechtungsklage zu erheben, insbesondere mit der Begründung, der Mehrheitsaktionär habe Sondervorteile zu erlangen versucht. Folge wäre (anders als bei der Verschmelzung), dass der Vertrag über die Übertragung des Gesellschaftsvermögens insgesamt beseitigt würde und der Vertrag rückabzuwickeln wäre. **31**

Der Beschluss des BayObLG lag auf der Linie der bisherigen obergerichtlichen Rechtsprechung zur übertragenden Auflösung, die aber vorwiegend zur alten Rechtslage vor Inkrafttreten des Umwandlungsgesetzes erging.[61] Er bezeichnet die Bestimmungen über das Spruchverfahren als analogiefähig, die Analogie komme aber nur in Betracht, wenn ein materiell-rechtlicher An- **32**

---

[55] Gesetz zur Regelung von öffentlichen Angeboten zum Erwerb von Wertpapieren und von Unternehmensübernahmen, BGBl I 2001, 3822 ff.
[56] BVerfG ZIP 2007, 1261; OLG Stuttgart ZIP 2003, 2363 ff.; OLG Hamburg ZIP 2003, 2076 ff.; OLG Oldenburg AG 2002, 682.
[57] *Schüppen/Schaub*, MAH § 45 Rn 38-40 m.w.N.; *Fritzsche/Dreier/Verfürth*, SpruchG, § 1 Rn 71 ff.; *Wolf*, ZIP 2002, 153 ff. *Hüffer*, AktG, § 179a Rn 20 f.; a.A. *Wilhelm/Dreier*, ZIP 2003, 1369.
[58] *Schüppen/Schaub*, MAH § 45 Rn 38-40 m.w.N.
[59] BayObLG BB 1999, 281.
[60] A.A. BVerfG ZIP 2000, 1670 ff. (Gründe II. 1. a. bb) (2)).
[61] BGHZ 103, 184 („Linotype"); OLG Stuttgart DB 1994, 205; OLG Stuttgart ZIP 1995, 1515 („Moto-Meter").

spruch auf eine Abfindung vorliege. Ein solcher Anspruch wird aber gerade mangels einer zur Analogie berechtigenden Lücke im Gesetz verneint.[62]

33 Die Vorschriften über das Spruchverfahren sind nach umstrittener Auffassung jedoch generell nicht analogiefähig. Die Zuständigkeit eines Gerichts und die Anwendbarkeit der Verfahrensvorschriften des FamFG (früher FGG) könnten nur durch den Gesetzgeber, nicht durch richterliche Rechtsvorbildung entschieden werden.[63]

34 Schon in der Linotype-Entscheidung hat der BGH[64] ausgeführt, dass eine übertragende Auflösung keine Umgehung der Vorschriften über die (damals geltenden) Vorschriften über die Umwandlung in § 33 Abs. 3 KapErhG und § 369 Abs. 2 AktG a.F. darstelle. Eine solche Umgehung läge vor, wenn eine Aktiengesellschaft in einer anderen Rechtsform nur unter Wahrung der vom Gesetz zur Gewährung des Minderheitenschutzes vorgesehenen Voraussetzungen für die rechtsformändernde oder verschmelzende Umwandlung fortgeführt werden dürfte.

35 Mit dem BVerfG ist entgegen der h.M. aber davon auszugehen, dass dem Aktionär im Lichte von Art. 14 GG ein Anspruch auf Überprüfung der „Abfindung" auch in den Fällen der übertragenden Auflösung eingeräumt werden muss, sei es durch entsprechende Anwendung des SpruchG[65] oder im Wege der Anfechtungsklage.[66]

4. Weitere Verfahrensgegenstände

36 Gegenstand des Verfahrens ist auch die gesetzliche **Verzinsung** der angemessenen Barabfindung mit 2% über dem Basiszinssatz p.a. (§§ 208, 30 Abs. 1 S. 2, 15 Abs. 2 UmwG). Ein besonderer Antrag ist nicht erforderlich; dieser Nebenanspruch ist bereits mit Antrag auf Bestimmung einer angemessenen Abfindung geltend gemacht.[67]

37 Ein Anspruch auf eine **höhere Verzinsung** oder auf **Ersatz sonstiger Schäden** kann nicht im Spruchverfahren geltend gemacht werden, sondern nur im ordentlichen Zivilverfahren.[68]

38 Einwendungen, die die **Gültigkeit der Umwandlung** betreffen, sind dagegen nicht zugelassen.

V. Zuständiges Gericht

39 Nach § 2 Abs. 1 S. 1 SpruchG (= § 307 S. 1 UmwG a.F.) ist das **Landgericht** zuständig, in dessen Bezirk die Gesellschaft ihren Sitz hat.[69] Nach h.M. handelt es sich um das Landgericht am Sitz des übertragenden Rechtsträgers.[70] Die Einreichung des Antrages beim örtlich unzuständigen Gericht innerhalb der Frist, Verweisung an das zuständige Gericht und Eingang dort nach Fristablauf, wahrt die Frist entsprechend § 281 ZPO.[71]

40 Aufgrund von Art. 42 Nr. 1 Buchstabe b FGG-RG wurde die bisherige Regelung in § 2 Abs. 2 SpruchG a.F. mit der ausschließlichen Zuständigkeit der Kammer für Handelssachen aufgeho-

---

62 *Hüffer*, AktG, § 179a Rn 12a m.w.N.; a.A. BVerfG ZIP 2000, 1670 ff.
63 LG Stuttgart DB 1993, 473 f.; OLG Stuttgart DB 1997, 267; a.A. BVerfG ZIP 2000, 1670 ff.; *Fritzsche/Dreier/Verfürth*, SpruchG, § 1 Rn 71 ff., 81 f.
64 BGHZ 103, 184, 187.
65 Ablehnend OLG Zweibrücken ZIP 2005, 948.
66 BVerfG ZIP 2007 1261; BVerfG, ZIP 2000, 1670 ff.; so OLG Zweibrücken ZIP 2005, 948. *Fritzsche/Dreier/Verfürth*, SpruchG, § 1 Rn 71 ff., 81 f.; a.A. *Hüffer*, AktG, § 179a Rn 12a m.w.N.
67 Widmann/Mayer/*Schwarz*, UmwG, § 307 Rn 39.
68 *Lutter*, UmwG, § 305 Rn 3.
69 *Schmitt/Hörtnagel/Stratz*, UmwG/UmwStG, SpruchG, § 2 Rn 4.
70 BGH ZIP 2006, 826.
71 BGH ZIP 2006, 826.

ben. Stattdessen wurden die Spruchverfahren in den Katalog der Handelssachen in § 95 Abs. 2 GVG aufgenommen und wegen des Verweises auf § 71 Abs. 2 Nr. 4 Buchstabe e GVG, dem Landgericht ohne Rücksicht auf den Wert des Streitgegenstandes zugewiesen. Damit aber entfiel die ausschließliche Zuständigkeit der Kammer für Handelssachen, weil nach § 96 Abs. 1 GVG der Rechtsstreit vor der Kammer für Handelssachen nur dann verhandelt wird, wenn der „Kläger" dies in der „Klageschrift" beantragt und durch die Neuregelung eine ausschließliche Zuständigkeit nicht ausdrücklich begründet wurde. Der „Antragsgegner" kann aber nach §§ 96 Abs. 1, 98 Abs. 1 GVG auch im Spruchverfahren Verweisung an die Kammer für Handelssachen beantragen, die dann zu erfolgen hat. Wenn der Gesetzgeber schon die ausschließliche Zuständigkeit der Kammer für Handelssachen abschafft, so wäre es mit dem Regelungszusammenhang der §§ 95 ff. GVG unvereinbar, wenn dann die Verweisungsvorschriften unanwendbar sein sollten.[72] Anderseits soll die Zivilkammer verpflichtet sein auch ohne Antrag das Verfahren an die KfH zu verweisen.[73]

Dem Vorsitzenden der Kammer stehen dabei einzelne Entscheidungsrechte zu (§ 2 Abs. 2 S. 1 Nr. 1–8 SpruchG = § 306 Abs. 2 Nr. 1–7 UmwG a.F.); wenn alle Beteiligten einverstanden sind, entscheidet er auch im Übrigen allein (§ 2 Abs. 2 S. 2 SpruchG).[74]

Die Zuständigkeit kann durch Rechtsverordnung der jeweiligen Landesregierung der einzelnen Bundesländer einem bestimmten Gericht übertragen werden (§ 71 Abs. 4 GVG = § 2 Abs. 4 SpruchG a.F. = § 306 Abs. 3 UmwG a.F.). Von der im Gesetzgebungsverfahren geforderten zentralen Zuständigkeit eines Gerichtes für das gesamte Bundesland hat der Gesetzgeber ausdrücklich Abstand genommen.[75] **41**

Bei **Doppelsitz** gilt das Prioritätsprinzip: Gem. § 2 Abs. 1 S. 2 SpruchG i.V.m. § 2 Abs. 1 FamFG **42** ist das Gericht zuständig, das zuerst in der Sache tätig wurde.[76] Besteht Streit oder Ungewissheit über die Zuständigkeit des Gerichts nach § 2 Abs. 1 S. 2 SpruchG, so wird das zuständige Gericht gem. § 2 Abs. 1 S. 3 SpruchG i.V.m. § 5 FamFG durch das OLG bestimmt, welches für dasjenige LG zuständig ist, welches nach dem Prioritätsprinzip als erstes in der Sache tätig wurde. Insoweit reicht auch die passive Befassung mit der Sache, also der bloße Antragseingang aus.[77]

Es handelt sich hier um einen ausschließlichen Gerichtsstand; **Gerichtsstandsvereinbarungen** sind nicht zulässig.[78] **43**

VI. Antragsberechtigung, Antragsfrist und Bekanntmachung des Antrags

1. Antragsinhalt, Antragsteller und Antragsgegner

Während der **Inhalt des Antrags** bis zum Inkrafttreten des SpruchG lediglich so formuliert sein **44** musste, dass das Begehren des Antragstellers daraus ersichtlich war, sind nunmehr die Anforderungen an den Inhalt der Antragsschrift verschärft worden. Insoweit gilt nunmehr gem. § 4 Abs. 2 Nr. 1–4 SpruchG Folgendes:
- Der Antragsteller **muss** binnen der Antragsfrist nach § 4 Abs. 1 SpruchG den Antrag begründen
- Die Antragsschrift **muss** enthalten:
    - die Bezeichnung des Antragsgegners (§ 7 Abs. 2 Nr. 1 SpruchG)

---

[72] LG München I NZG 2010, 392; *Schwichtenberg/Krenek*, BB 2010, 1227.
[73] Semler/Stengel/*Volhard*, § 2 SpruchG Rn 4.
[74] Widmann/Mayer/*Schwarz*, UmwG, KK-*Wasmann*, SpruchG, § 2 Rn 19.
[75] RechtsA BT-Drucks 15/838, 18.
[76] *Fritzsche/Dreier/Verfürth*, SpruchG, § 2 Rn 9, 12; OLG Frankfurt a.M. ZIP 2002, 310 ff.
[77] *Fritzsche/Dreier/Verfürth*, SpruchG, § 2 Rn 15.
[78] *Fritzsche/Dreier/Verfürth*, SpruchG, § 2 Rn 5.

- die Darlegung[79] der Antragsberechtigung i.S.v. § 3 SpruchG (§ 7 Abs. 2 Nr. 2 SpruchG)
- Angaben zur Art der Strukturmaßnahme und der vom Gericht zu bestimmenden Kompensation nach § 1 SpruchG (§ 7 Abs. 2 Nr. 3 SpruchG)[80]
- konkrete Einwendungen[81] gegen den als Grundlage für die Kompensation ermittelten Unternehmenswert, soweit er sich aus den in § 7 Abs. 3 SpruchG genannten Unterlagen ergibt,
- oder Glaubhaftmachung, dass aus Gründen, die der Antragsteller nicht zu vertreten hat, er über diese Unterlagen nicht verfügt, wenn damit ein Antrag auf Vorlage dieser Unterlagen sowie auf Verlängerung der Begründungfrist verbunden wird (§ 7 Abs. 2 Nr. 4 SpruchG)
- Die Antragsschrift **soll** enthalten die Zahl der von dem Antragsteller gehaltenen Anteile (§ 7 Abs. 2 S. 2 SpruchG)

Eine konkrete Bezifferung des Antrages ist dabei nicht erforderlich.[82]

45 **Antragsberechtigt** sind nach § 3 SpruchG:
- beim Spruchverfahren zur Verbesserung der Barabfindung nur die Anteilsinhaber, die zu Protokoll Widerspruch gegen die Umwandlung erklärt haben (§ 207 UmwG);[83] soweit das Spruchverfahren (nur) zur Verbesserung des Umtauschverhältnisses eingeleitet wurde ist der Widerspruch zu Protokoll nicht Voraussetzung für die Antragsberechtigung.[84]
- alle Anteilsinhaber, deren Recht zur Klageerhebung gegen die Wirksamkeit des Umwandlungsbeschlusses ausgeschlossen ist. Ein zu Protokoll erklärter Widerspruch ist bei Spruchverfahren zur Verbesserung des Umtauschverhältnisses nicht erforderlich.[85]

Zu beachten ist auch, dass nach dem Wortlaut des § 3 S. 2 SpruchG eine Antragsberechtigung nur dann besteht, wenn der Antragsteller sowohl zum **Zeitpunkt der Beschlussfassung** über den Umwandlungsbeschluss, bei dessen **Wirksamwerden** – regelmäßig also bei Eintragung der Umwandlung im Handelsregister – und zum Zeitpunkt der Antragstellung Anteilseigner des umzuwandelnden Rechtsträgers war.[86]

46 Der Nachweis der Stellung als **Aktionär** ist gegenüber dem Gericht ausschließlich durch Urkunden zu führen (§ 3 S. 3 SpruchG).[87] Im Spruchverfahren muss der Antragsteller seine Stellung als Aktionär innerhalb der Anspruchsbegründungsfrist aber lediglich darlegen, nicht auch nachweisen,[88] so dass eine Nachholung des Nachweises im Beschwerdeverfahren auch § 10 SpruchG nicht entgegensteht.[89]

47 **Antragsgegner** sind nach § 5 Nr. 4 i.V.m. § 1 Nr. 4 SpruchG (= § 307 Abs. 2 UmwG a.F.):
- der übernehmende Rechtsträger
- der neue Rechtsträger
- der Rechtsträger in neuer Rechtsform

---

[79] Nicht erforderlich ist also der Nachweis innerhalb der Antragsfrist: OLG Frankfurt a.M. ZIP 2006, 1137; OLG Düsseldorf NZG 2005, 895.
[80] OLG Stuttgart NZG 2004, 1162.
[81] OLG Frankfurt a.M. DB 2006, 660.
[82] Widmann/Mayer/*Schwarz*, UmwG, § 305 Rn 38; *Fritzsche/Dreier/Verfürth*, SpruchG, § 4 Rn 15.
[83] OLG Stuttgart NZG 2004, 1162; *Lieder*, NZG 2005, 159 ff.
[84] Semler/Stengel/*Volhard*, § 3 SpruchG Rn 4 f.
[85] *Schmitt/Hörtnagl/Stratz*, UmwG-UmwStG, SpruchG, § 3 Rn 3.
[86] *Fritzsche/Dreier/Verfürth*, SpruchG, § 3 Rn 41; Semler/Stengel, SpruchG § 3 Rn 6.
[87] OLG Frankfurt a.M. ZIP 2006, 1137.
[88] BGH NJW-RR 2008, 1355.
[89] OLG Stuttgart NZG 2011, 1346; ZIP 2010, 274.

- bei Spaltungen: ggf. mehrere übernehmende Rechtsträger[90]
- bei einer BGB-Gesellschaft diese selbst.[91]

2. Antragsfrist und Bekanntmachung

Nach § 4 Abs. 1 S. 1 Nr. 4 SpruchG ist der Antrag von den Ausscheidenden bzw. Benachteiligten innerhalb einer **Antragsfrist** von drei Monaten nach Bekanntgabe der Eintragung der Umwandlung in das Handelsregister zu stellen, es handelt sich um eine materiell-rechtliche Ausschlussfrist.[92] Versäumt ein Antragsberechtigter die Frist, so kann er sich nicht im Wege der Nebenintervention dem rechtzeitig gestellten Antrag eines anderen Antragstellers anschließen.[93] Eine Antragstellung vor Eintragung und Bekanntmachung ist zulässig, wenn der Antrag nach Eintragung und Bekanntmachung weiterverfolgt wird.[94] Da es sich um eine materiell-rechtliche Ausschlussfrist handelt besteht keine Möglichkeit zur Wiedereinsetzung in den vorigen Stand bei einer **Fristversäumung.**[95] 48

Die Antragstellung ist durch das Landgericht gem. § 4 SpruchG **nicht** mehr bekannt zu machen. Als Kompensation dient insoweit die Verlängerung der Antragsfrist von zwei auf drei Monate.[96] 49

Sog. Folge- oder Anschlussanträge sind daher nicht mehr denkbar.[97] 50

3. Gemeinsamer Vertreter
a) Bestellung, Aufgaben und Stellung des gemeinsamen Vertreters

Anteilsinhaber des übertragenden bzw. formwechselnden Rechtsträgers, die nicht selbst als Antragsteller oder Folgeantragsteller auftreten, werden im Spruchverfahren in der Regel durch einen gemeinsamen Vertreter repräsentiert, der **vom Gericht frühzeitig zu bestellen** ist. Nach § 6 Abs. 1 S. 1 Hs. 2 SpruchG hat der gemeinsame Vertreter die Stellung eines gesetzlichen Vertreters. Er hat die Aufgabe, die **Rechte der „außenstehenden Anteilsinhaber" zu wahren**. Der Begriff „außenstehender Anteilsinhaber" ist aus dem aktienrechtlichen Spruchstellenverfahren nach § 306 Abs. 4 AktG übernommen worden. Er steht im Konzernrecht für diejenigen Aktionäre, die nicht zum herrschenden Unternehmen gehören. Die kritiklose Übernahme dieses Begriffs in das umwandlungsrechtliche Spruchverfahren erscheint verfehlt, da das umwandlungsrechtliche Spruchverfahren einen anderen Regelungsgegenstand als das aktienrechtliche Spruchstellenverfahren und den Schutz einer weiter gehenden Personengruppe zum Ziel hat.[98] 51

Im Übrigen folgt nunmehr aus §§ 6 Abs. 1 S. 1 Hs. 1 i.V.m. § 3 S. 1 Nr. 3 SpruchG, dass der gemeinsame Vertreter die Rechte der **„antragsberechtigten Anteilsinhaber"** zu wahren hat.[99] 52

Werden im umwandlungsrechtlichen Spruchverfahren sowohl die Festsetzung eines angemessenen Ausgleichs als auch die Festsetzung einer angemessenen Barabfindung beantragt, ist **für jeden der Anträge je ein gemeinsamer Vertreter** zu bestellen (§ 6 Abs. 1 S. 2 SpruchG). 53

---

[90] Vgl. *Lutter*, UmwG, § 307 Rn 3; Widmann/Mayer/*Schwarz*, UmwG, § 305 Rn 322 ff.
[91] *Fritzsche/Dreier/Verfürth*, SpruchG, § 5 Rn 6; zur Rechtsfähigkeit der GbR siehe BGHZ 146, 341 ff.
[92] OLG Düsseldorf NZG 2005, 719; BayOLG NZG 2005, 312.
[93] OLG Frankfurt a.M. ZIP 2006, 300.
[94] BayObLG ZIP 2002, 935 ff., 939; *Fritzsche/Dreier/Verfürth*, SpruchG, § 4 Rn 5.
[95] OLG Düsseldorf NZG 2005, 719; Semler/Stengler, SpruchG § 4 Rn 1 f.
[96] Begr. zu § 4 RegESpruchG, BT-Drucks 15/371, 13.
[97] Zur alten Rechtslage Widmann/Mayer/*Schwarz*, UmwG, § 305 Rn 33 f.
[98] *Lutter*, UmwG, § 308 Rn 3.
[99] *Fritzsche/Dreier/Verfürth*, SpruchG, § 6 Rn 4; zur alten Rechtslage siehe *Lutter*, UmwG, § 308 Rn 3 m.w.N.

54 Die Bestellung je eines gemeinsamen Vertreters für jeden Antrag kann gem. § 6 Abs. 1 S. 2 SpruchG unterbleiben, wenn die Wahrung der Rechte der Antragsberechtigten aufgrund konkreter Umstände auf andere Weise sichergestellt ist.[100]

55 Die Bestellung eines gemeinsamen Vertreters ist im elektronischen **Bundesanzeiger** und in etwaigen weiteren **Gesellschaftsblättern bekannt zu machen** (§ 6 Abs. 1 S. 4, 5 SpruchG). Soweit in § 6 Abs. 1 S. 5 SpruchG von „Antrag" die Rede ist, handelt es sich nach h.M. um ein gesetzgeberisches Redaktionsversehen, gemeint ist die Bestellung des gemeinsamen Vertreters.

56 Die Bestellung des gemeinsamen Vertreters gilt im Zweifel auch für das **Beschwerdeverfahren**.

57 Der Gesetzgeber hat ein Rechtsmittel gegen die Entscheidung des Landgerichts auf Bestellung eines gemeinsamen Vertreters nicht ausdrücklich im Spruchverfahrensgesetz geregelt. Entsprechend richtet sich die Möglichkeit eines Rechtsmittels nach § 17 Abs. 2 SpruchG i.V.m. § 58 FamFG. Gemäß § 58 Abs. 1 FamFG findet nur gegen die im ersten Rechtszug ergangenen Endentscheidungen der Amts- und Landgerichte die Beschwerde statt, sofern durch Gesetz nichts anderes bestimmt ist. Hieraus folgt mangels anderweitiger ausdrücklicher Regelung im Spruchverfahrensgesetz, wie sie in § 58 Abs. 1, Hs. 2 FamFG gefordert ist, im Umkehrschluss, dass eine Beschwerde gegen die Bestellung des gemeinsamen Vertreters nicht möglich ist.[101]

58 Da der gemeinsame Vertreter im Spruchverfahren die **Rechtsstellung eines gesetzlichen Vertreters** (§ 6 Abs. 1 S. 1 Hs. 2 SpruchG) hat, umfasst seine Tätigkeit insbesondere
– die Wahrnehmung der Interessen der nichtantragstellenden Anteilsinhaber, insbesondere durch schriftsätzlichen Sachvortrag
– die Antragstellung in deren Namen
– die Teilnahme an mündlichen Verhandlungen
– Vergleiche abzuschließen oder den von anderen Beteiligten geschlossenen Vergleichen zuzustimmen oder beizutreten.

59 Gegenüber den von ihm vertretenen nichtantragstellenden Anteilsinhabern handelt er **unabhängig** und ist **an deren Weisungen nicht gebunden**. Er darf jedoch keine rechtsgeschäftlichen Verpflichtungen oder gar Zahlungsverpflichtungen mit Wirkung für und gegen die von ihm vertretenen Anteilseigner eingehen.[102] Allerdings kann er sich seinerseits im Falle schuldhafter Pflichtverletzungen ihnen gegenüber schadensersatzpflichtig machen.[103]

§ 6a SpruchG sieht ferner die Bestellung eines gemeinsamen Vertreters bei Gründung einer SE vor,[104] § 6b SpruchG bei Gründung einer Europäischen Genossenschaft. Sinn dieser Vorschriften ist es, die Interessen der Anteilsinhaber, die kein dem Spruchverfahren entsprechendes Verfahren in ihrem Recht geregelt haben, zu wahren.[105] Durch die Änderung des UmwG[106] ist nun in § 6c SpruchG auch die Bestellung eines gemeinsamen Vertreters bei grenzüberschreitender Verschmelzung von Kapitalgesellschaften geregelt worden. Hintergrund für diese Regelung ist, dass die Gesellschafter einer Gesellschaft, die dem Recht eines Mitgliedstaates unterliegt, das kein Spruchverfahren kennt, sich nicht unmittelbar an einem solchen Verfahren vor deutschen Gerichten beteiligen können. Ihre Interessen sind jedoch gleichermaßen betroffen.

In allen Fällen der §§ 6a–6c SpruchG gilt § 6 Abs. 1 S. 4 und Abs. 2 SpruchG entsprechend.

---
100 Beispiele bei *Fritzsche/Dreier/Verfürth*, SpruchG, § 6 Rn 12 f.; Lutter-*Krieger*, UmwG, Anh. I SpruchG, § 6 Rn 6.
101 OLG Frankfurt a.M. ZIP 2011, 1637.
102 *Fritzsche/Dreier/Verfürth*, SpruchG, § 6 Rn 19; *Klöcker/Frowein*, SpruchG, § 6 Rn 22; Lutter-*Krieger*, UmwG, Anh. I SpruchG, § 6 Rn 11; MüKo-*Volhard*, AktG, SpruchG, § 6 Rn 15.
103 *Schmitt/Hörtnagl/Stratz*, UmwG/UmwStG, § 308 UmwG Rn 20; *Lutter*, UmwG, § 308 Rn 9.
104 BGBl I, 3675.
105 Begründung zu Art. 5 Nr. 6, BT-Drucks 15/3405.
106 Gesetz zur Zweiten Änderung des Umwandlungsgesetzes, BT-Drucks 16/2919.

b) Absehen von der Bestellung eines gemeinsamen Vertreters

Die Bestellung eines gemeinsamen Vertreters kann gem. § 6 Abs. 1 S. 3 SpruchG unterbleiben, **60** wenn die Wahrung der Rechte der Antragsberechtigten auf andere Weise sichergestellt ist. Solche Ausnahmefälle sind nur denkbar, wenn die Antragsgegner sich mit allen anderen außenstehenden Anteilsinhabern unter Verzicht auf die Bestellung eines gemeinsamen Vertreters geeignet haben.[107]

Selbst wenn alle bisher gestellten Anträge vor der Bestellung eines gemeinsamen Vertreters **61** zurückgenommen wurden, ist nach wohl h.M. ein gemeinsamer Vertreter noch zu bestellen.[108]

c) Fortführungsberechtigung des gemeinsamen Vertreters gem. § 6 Abs. 3 SpruchG

§ 6 Abs. 3 SpruchG (= § 308 Abs. 3 UmwG a.F.) regelt die so genannte **Fortführungsberechti- 62 gung des gemeinsamen Vertreters**. Er ist berechtigt, das Verfahren auch nach Rücknahme aller Hauptanträge weiterzuführen. Dadurch soll eine Gleichbehandlung aller Anteilsinhaber gewährleistet werden und verhindert werden, dass die Antragsgegnerseite die antragstellenden Anteilsinhaber auskauft. Aus seiner Pflicht, die Interessen der nichtantragstellenden Anteilsinhaber zu vertreten, ergibt sich letztlich eine Verpflichtung zur Verfahrensfortführung, soweit die Interessen der nichtantragstellenden Anteilsinhaber noch nicht befriedigt sind.

d) Übersicht zu Bestellung, Aufgaben und Stellung des gemeinsamen Vertreters

Hinsichtlich des gemeinsamen Vertreters gilt **zusammenfassend** also Folgendes: **63**
- Der gemeinsame Vertreter wird von Amts wegen ohne Anhörung der Beteiligten vom Landgericht bestellt; er nimmt die Stellung eines gesetzlichen Vertreters ein;[109]
- es handelt sich um ein unabhängiges Amt, nicht um ein schuldrechtliches Auftragsverhältnis; es liegt ein gesetzliches Geschäftsbesorgungsverhältnis vor, schuldhafte Pflichtverletzungen können eine Schadenersatzpflicht auslösen;
- bei der Auswahl sind etwaige Interessenkollisionen zu beachten;
- die Bestellung erstreckt sich auf die Dauer des gesamten Verfahrens, auch des Rechtsmittelverfahrens;[110]
- die Bestellung ist vom Landgericht im elektronischen Bundesanzeiger bekannt zu geben;
- es besteht keine Pflicht, das Amt zu übernehmen.
- der Gemeinsame Vertreter hat gem. § 6 Abs. 2 S. 1 SpruchG Anspruch auf die gesetzlichen Gebühren entsprechend der BRAGO/RVG, die vom Gericht nach § 6 Abs. 2 S. 3 SpruchG festgesetzt werden. Aus diesem Festsetzungsbeschluss kann der gemeinsame Vertreter die Zwangsvollstreckung unmittelbar betreiben.

4. Antragsrücknahme und sonstige Verfahrensbeendigungstatbestände

Bis zur Rechtskraft der Entscheidung kann der **Antrag zurückgenommen** werden.[111] Da das **64** umwandlungsrechtliche Spruchverfahren zu den echten Streitsachen des FGG zählt, bei denen ergänzend die Vorschriften der ZPO gelten, ist streitig, ob eine Antragsrücknahme nach Einlas-

---

107 *Fritzsche/Dreier/Verfürth*, SpruchG, § 6 Rn 10; Lutter-*Krieger*, UmwG, Anh. I SpruchG, § 6 Rn 6; *Schmitt/Hörtnagel/Stratz*, UmwG/UmwStG/SpruchG, § 6 Rn 5.
108 *Fritzsche/Dreier/Verfürth*, SpruchG, § 6 Rn 8; Widmann/Mayer/*Schwarz*, UmwG, § 308 Rn 23 ff.
109 *Schmitt/Hörtnagel/Stratz*, UmwG/UmwStG/SpruchG, § 6 Rn 2.
110 OLG Hamburg AG 1975, 191; BayObLGZ 1991, 358; *Fritzsche/Dreier/Verfürth*, SpruchG, § 6 Rn 9 m.w.N.
111 *Fritzsche/Dreier/Verfürth*, SpruchG, § 10 Rn 56 m.w.N.; Kölner Komm-SpruchG/*Puszkajler*, § 11 Rn 41; *Schmitt/Hörtnagel/Stratz*, UmwG/UmwStG/SpruchG, § 4 Rn 15.

sung der Antragsgegner zur Sache nur mit deren Zustimmung erfolgen kann.[112] Solange noch nicht alle Anträge zurückgenommen worden sind, nimmt der Antragsteller, der seinen Antrag zurückgenommen hat, die Stellung eines nichtantragstellenden Anteilseigners im Verfahren ein und wird regelmäßig dann vom gemeinsamen Vertreter repräsentiert.

65 Allerdings ist ein schutzwürdiges Interesse der Gesellschaft an einer gerichtlichen Entscheidung bei Antragsrücknahme nicht ersichtlich. Jedoch bedarf es zur Beendigung des Verfahrens einer **Antragsrücknahme durch sämtliche Antragsteller** und eines **Verzichtes der/des gemeinsamen Vertreter/s auf deren Weiterführungsbefugnis** gem. analog § 6 Abs. 3 SpruchG.[113]

66 Streitig war, ob das Spruchverfahren durch **Vergleich** beendet werden konnte. Im Hinblick auf die Weiterführungsbefugnis des gemeinsamen Vertreters nach § 308 Abs. 3 UmwG a.F. wurde hier eine zusätzliche Antragsrücknahme gefordert.[114] Nach § 11 Abs. 2 und 4 SpruchG ist nunmehr die Beendigung des Verfahrens durch Vergleich ausdrücklich normiert in Anlehnung an § 53a FGG.[115] Das Gericht hat zudem die Pflicht, in jeder Lage des Verfahrens auf eine gütliche Einigung hinzuwirken. Die Annahme eines gerichtlichen Vergleichsvorschlages hat nunmehr gem. § 11 Abs. 4 SpruchG in Anlehnung an § 278 Abs. 4 ZPO die Wirkung eines verfahrensbeendenden Vergleiches.

5. Weitere verfahrensrechtliche Aspekte
a) Feststellungslast im Rahmen des Amtsermittlungsgrundsatzes

67 Im Rahmen des eingeschränkten Amtsermittlungsgrundsatzes nach dem SpruchG trifft den Antragsteller die so genannte **Feststellungslast**. Kann das Gericht keine positive Feststellung hinsichtlich einer rechtswidrigen Bestimmung des Umtauschverhältnisses oder der Barabfindung feststellen, ist der Antrag zurückzuweisen.[116]

b) Rechtliches Gehör

68 Nach §§ 7, 8 Abs. 1 und 3 SpruchG ist den Verfahrensbeteiligten **rechtliches Gehör** zu gewähren. Dabei hat das Gericht auch die Pflicht, das Vorbringen der Verfahrensbeteiligten in seine Entscheidung einzubeziehen.[117]

VII. Beschluss

1. Wesentliche Inhalte des Beschlusses

69 Das Gericht entscheidet über die Sache durch mit Gründen zu versehenden Beschluss (§ 11 Abs. 1 SpruchG). Die Entscheidung erstreckt sich auch auf die beteiligten Gesellschafter, deren Anträge als unzulässig verworfen wurden:
– Hält das Gericht die angebotene Abfindung bzw. die Umtauschregelungen für angemessen oder geht es sogar von einem niedrigeren Betrag aus, weist es den Antrag als unbegründet zurück.

---

112 *Schmitt/Hörtnagl/Stratz,* UmwG/UmwStG, § 307 UmwG Rn 34; *Lutter,* UmwG, § 308 Rn 2; Widmann/Mayer/*Schwarz,* UmwG, § 308 Rn 15.
113 *Fritzsche/Dreier/Verfürth,* SpruchG, § 6 Rn 32 f.; *Schmitt/Hörtnagl/Stratz,* UmwG/UmwStG, § 308 UmwG Rn 18; *Lutter,* UmwG, § 308 Rn 11.
114 *Lutter,* UmwG, § 308 Rn 5.
115 Begr. zu § 11 RegESpruchG, BT-Drucks 15/371, 16.
116 *Fritzsche/Dreier/Verfürth,* SpruchG, § 9 Rn 5; *Lutter,* UmwG, § 307 Rn 12; Widmann/Mayer/*Schwarz,* UmwG, § 307 Rn 18; *Klöcker/Frowein,* SpruchG, § 8 Rn 12.
117 *Lutter,* UmwG, § 307 Rn 13; Widmann/Mayer/*Schwarz,* UmwG, § 307 Rn 12.

– Bei Begründetheit des Antrags trifft es die Feststellung, welche Abfindung bzw. Umtauschregelung angemessen ist.

Die **Tenorierung** des gerichtlichen Beschlusses erfolgt wie folgt: 70
– Zielt das Spruchverfahren auf die Verbesserung des Umtausch- oder Beteiligungsverhältnisses oder im Falle einer Vermögensübertragung auf Verbesserung der Gegenleistung, setzt das Gericht ggf. eine bare Zuzahlung fest.
– Ist das Spruchverfahren auf die Überprüfung einer Barabfindung gerichtet und stellt das Gericht fest, dass diese nicht oder nicht ordnungsgemäß angeboten bzw. zu niedrig bemessen war, bestimmt es im Beschluss selbst die Höhe der Barabfindung.
– Stellt das Gericht die Angemessenheit der Barabfindung fest oder eine Überhöhung der Barabfindung, weist es den Antrag als unbegründet ab. Insoweit gilt das Verbot der reformatio in peius.[118]

Darüber hinaus spricht das Gericht von Amts wegen immer auch die **gesetzliche Verzinsung** 71 nach § 15 Abs. 2 S. 1 UmwG aus. Die Entscheidung über die Verzinsungspflicht ist im Tenor auch ohne entsprechenden Antrag aufzunehmen.

Da es sich beim Spruchstellenverfahren um ein echtes Streitverfahren der freiwilligen Ge- 72 richtsbarkeit handelt, gilt im Beschwerdeverfahren ebenfalls das **Verbot der Schlechterstellung** (reformatio in peius).[119]

Der Beschluss enthält nur eine **Feststellung**. Werden bare Zuzahlungen (nebst Zinsen) oder 73 eine neue Barabfindung (nebst Zinsen) im Spruchverfahren festgesetzt, begründet dies nur einen entsprechenden materiell-rechtlichen Anspruch auf diese Leistungen, der Beschluss im Spruchverfahren selbst ist **kein Vollstreckungstitel**. Ggf. müssen die dort festgesetzten Leistungen mit einer **zusätzlichen Leistungsklage** vor demselben ordentlichen Gericht des ersten Rechtszuges und dem gleichen Spruchkörper tituliert werden.[120] Dies folgt nunmehr unmittelbar aus § 16 SpruchG.[121]

2. Zustellung
Nach den ZPO-Vorschriften für die **Zustellung von Amts** wegen wird die Entscheidung des Ge- 74 richts den berechtigten Zustellungsempfängern nach § 11 Abs. 3 SpruchG zugestellt. **Berechtigte Zustellungsempfänger** sind:
– alle Antrags- und Folgeantragsteller
– alle Antragsgegner und
– der/die gemeinsame/n Vertreter.

VIII. Rechtsmittel und Rechtskraft

1. Rechtsmittel
Nach § 12 Abs. 1 SpruchG kann gegen die Entscheidung **Beschwerde** in der Frist von einem Mo- 75 nat seit der Zustellung (§ 17 Abs. 1 SpruchG, § 63 Abs. 1 FamFG) an den Beschwerdeführer eingelegt werden. Dazu muss eine formelle Beschwerdeschrift beim wegen seiner Abhilfebefugnis

---
[118] BayObLGZ 2002, 169 ff. = ZIP 2002, 1687 ff.; BayObLGR 1996, 5 f. = WM 1996, 526 f.
[119] BayObLGZ 2002, 169 ff. = ZIP 2002, 1687 ff.; BayObLGR 1996, 5 f. = WM 1996, 526 f.; *Fritzsche/Dreier/Verfürth*, SpruchG, § 12 Rn 18;; *Schmitt/Hörtnagel/Stratz*, UmwG/UmwStG/SpruchG, § 12 Rn 8.
[120] *Lutter*, UmwG, § 311 Rn 4; Widmann/Mayer/*Schwarz*, UmwG, § 311 Rn 26.
[121] Begr. zu § 16 RegESpruchG, BT-Drucks 15/371, 18.

nach § 68 Abs. 1 S. 1 FamFG zuständigen Landgericht eingereicht werden, die durch einen zugelassenen Rechtsanwalt eigenhändig unterzeichnet sein muss (§ 12 Abs. 1 S. 2, Abs. 2 S. 1 SpruchG). Die der Einlegung der Beschwerde beim Landgericht ist entgegen der Rechtslage bis zum Inkrafttreten des FamFG [122] nunmehr wegen § 68 Abs. 1 S. 1 FamFG wieder zwingend.[123] Allerdings unterliegt nur die Einreichung der Beschwerdeschrift dem **Anwaltszwang**, wobei schon bisher eine Zulassung des Rechtsanwalts bei dem Beschwerdegericht nicht erforderlich war. Das weitere Beschwerdeverfahren kann ohnehin auch ohne anwaltliche Mitwirkung betrieben werden.[124]

Die Begründung der sofortigen Beschwerde innerhalb der Beschwerdefrist ist auch nach dem Inkrafttreten des FamFG zum 1.9. 2009 gem. § 17 Abs. SpruchG, § 64 FamFG nicht erforderlich,[125] auch nicht in sog. Altverfahren, in welchem gem. Art. 111 FGG-RG altes Recht anzuwenden ist. [126]

76 **Beschwerdebefugt** sind:
- die Anteilsinhaber, die selbst Anträge gestellt haben (§ 3 SpruchG, § 59 FamFG), also eine materielle Rechtsbeeinträchtigung geltend machen und formell beschwert sind;
- die Antragsgegner, soweit ein gegen sie gerichteter Antrag nicht in erster Instanz zurückgewiesen wurde;
- der/die gemeinsame/n Vertreter.[127]

Eine unselbständige Anschlussbeschwerde ist nur gegenüber dem Rechtsmittel des Antragsgegners zulässig, d.h., eine unselbständige Anschlussbeschwerde eines Antragstellers auf die rechtzeitige Beschwerde eines anderen Antragstellers ist nicht zulässig.[128]

77 Das Landgericht kann der Beschwerde abhelfen oder legt sie dem Oberlandesgericht im Falle der Nichtabhilfe zur Entscheidung vor. Die Durchführung des Abhilfeverfahrens ist zwingend gem. § 68 Abs. 1 S. 1 FamFG. Das Landgericht als Ausgangsgericht hat kein Wahlrecht zwischen einer Abänderung oder einer Nichtabänderung. Es ist zu einer Selbstkorrektur seiner Entscheidung verpflichtet, falls sich diese nach erneuter Prüfung als ungerechtfertigt erweist. Das Abhilfeverfahren ist wegen der eindeutigen gesetzlichen Regelung auch nicht in Ausnahmefällen entbehrlich.[129] Das Oberlandesgericht entscheidet über die Beschwerde nach den gleichen Regeln, die für die erste Instanz gelten. Die **Beschwerdeinstanz** ist **weitere Tatsacheninstanz**, in der auch eventuell weitere Tatsachen oder Beweismittel herangezogen oder gewürdigt werden können. Allerdings gilt in der Beschwerdeinstanz das Verbot der Verschlechterung (reformatio in peius). Damit kann das Oberlandesgericht den erstinstanzlichen Beschluss nicht zum Nachteil der/des Beschwerdeführer/s abändern, sofern nicht der Beschwerdegegner seinerseits Beschwerde eingelegt hat.[130] Eine unselbständige Anschlussbeschwerde ist möglich.[131] Auch die

---

122 *Fritzsche/Dreier/Verfürth*, SpruchG, § 12 Rn 1; anders noch die Regelung des § 21 Abs. 1 FGG.
123 OLG Hamm NJW-RR 2012, 582; Semler/Stengel/*Volhard*, § 12 SpruchG Rn 10d.
124 *Fritzsche/Dreier/Verfürth*, SpruchG, § 12 Rn 9; Schmitt/Hörtnagl/Stratz, UmwG/UmwStG, § 307 UmwG Rn 38; *Lutter*, UmwG, § 309 Rn 4; Widmann/Mayer/*Schwarz*, UmwG, § 309 Rn 12.
125 OLG München AG 2007, 287.
126 OLG Stuttgart AG 2011, 560; offengelassen KG NZG 2011, 1302.
127 H.M.: *Fritzsche/Dreier/Verfürth*, SpruchG, § 12 Rn 7; *Lutter*, UmwG, § 309 Rn 5; Schmitt/Hörtnagl/Stratz, UmwG/UmwStG, § 309 UmwG Rn 5; KK-*Wilske*, SpruchG; § 12 Rn 35; a.A. Widmann/Mayer/*Schwarz*, UmwG, § 309 Rn 9.
128 OLG Stuttgart NZG 2007, 237.
129 OLG Hamm NJW-RR 2012, 582.
130 BayObLGZ 2002, 169 ff. = ZIP 2002, 1687 ff.; BayObLGR 1996, 5 f. = WM 1996, 526 f.; *Fritzsche/Dreier/Verfürth*, SpruchG, § 12 Rn 18. Schmitt/Hörtnagel/Stratz, UmwG/UmwStG/SpruchG, § 12 Rn 5, 6; KK-*Wilske* SpruchG; § 12 Rn 14–18.
131 OLG Frankfurt a.M. AG 2011, 828; BayObLGR 1996, 5 f. = WM 1996, 526 f.; *Fritzsche/Dreier/Verfürth*, SpruchG, § 12 Rn 13.

Beschwerde kann bis zur rechtskräftigen Sachentscheidung jederzeit zurückgenommen werden, wobei für den gemeinsamen Vertreter **ein Fortführungsrecht gem. § 6 Abs. 3 S. 1 SpruchG** bestehen soll.[132]

Regelmäßig entscheidet das Beschwerdegericht selbst in der Sache. Nur **ausnahmsweise** – bei besonders schweren Verfahrensfehlern, insbesondere einer völlig ungenügenden Sachverhaltsaufklärung – kommt eine **Zurückverweisung an die erste Instanz** in Betracht.[133]

2. Rechtskraft und Rechtskraftwirkung

Die Entscheidung des Oberlandesgerichts unterliegt gem. § 17 Abs. 1 SpruchG, § 70 Abs. 1 FamFG der Rechtsbeschwerde zum BGH, wenn das Oberlandesgericht in seiner Entscheidung diese zugelassen hat. Die Zulassung ist zwingend, soweit die Rechtssache von grundsätzlicher Bedeutung ist oder eine einheitliche Rechtsprechung gesichert werden soll. Der BGH ist an die Zulassung der Rechtsbeschwerde gebunden (§ 17 Abs. 1 SpruchG, § 58 Abs. 2 S. 2 FamFG). Vor dem Inkrafttreten des FamFG unterlag die Entscheidung des Oberlandesgerichts keiner erneuten Beschwerde.[134] Auch das Oberlandesgericht entscheidet durch Beschluss, der mit Gründen zu versehen ist (§ 17 Abs. 1 SpruchG, § 69 Abs. 2 FamFG).

Rechtskraft tritt ein
- bei erstinstanzlichen Entscheidungen mit Ablauf der einmonatigen Beschwerdefrist (§§ 17 Abs. 1, 13 S. 1, 12 Abs. 1 SpruchG, § 63 Abs. 1 FamFG),
- mit Rücknahme aller Beschwerden oder
- mit Verkündung der Beschwerdeentscheidung oder wenn keine Verkündung erfolgt, mit Zustellung an die Beteiligten, die ihrerseits nicht beschwerdefähig ist und soweit das Rechtsbeschwerdegericht nicht die Rechtsbeschwerde zugelassen hat und die Frist für eine Nichtzulassungsbeschwerde nach § 544 Abs. 1 S. 2 ZPO abgelaufen ist (§§ 17 Abs. 1, 13 S.1, 12 SpruchG).

Die rechtskräftige Entscheidung wirkt für und gegen alle Beteiligten (so genannte **inter-omnes-Wirkung**).[135] Setzt das Gericht das Umtauschverhältnis neu fest, gilt gem. § 13 S. 2 SpruchG das auch für diejenigen Anteilseigner, die das ursprüngliche Angebot widerspruchsfrei angenommen hatten.[136]

IX. Gerichtliche und außergerichtliche Kosten

1. Gerichtliche Kosten

Verschiedene Besonderheiten beinhalten die Regelungen über die **Verfahrenskosten**. Nach § 15 Abs. 1 S. 1 SpruchG sind für die Gerichtskosten die Vorschriften der Kostenordnung (KostO) subsidiär anzuwenden. Nach § 15 Abs. 3 S. 1 SpruchG werden **Kostenvorschüsse** vom Antragsgegner erhoben. Eine Erhebung von der Antragstellerseite scheidet i.d.R. aus (§ 16 Abs. 2 S. 1 SpruchG).[137]

---

132 *Fritzsche/Dreier/Verfürth*, SpruchG, § 12 Rn 16; OLG Stuttgart ZIP 2007, 250; a.A. zur alten Rechtslage nach § 308 Abs. 3 UmwG: *Lutter*, UmwG, § 309 Rn 7; *Widmann/Mayer/Schwarz*, UmwG, § 309 Rn 18 ff.
133 *Fritzsche/Dreier/Verfürth*, SpruchG, § 12 Rn 19 m.w.N.
134 BGH NZG 2010, 347.
135 *Fritzsche/Dreier/Verfürth*, SpruchG, § 13 Rn 8; *Schmitt/Hörtnagl/Stratz*, UmwG/UmwStG, § 311 UmwG Rn 4 ff.; *Lutter*, UmwG, § 311 Rn 1; *Widmann/Mayer/Schwarz*, UmwG, § 311 Rn 6 ff.
136 So schon zur alten Rechtslage *Lutter*, UmwG, § 311 Rn 3.
137 *Fritzsche/Dreier/Verfürth*, SpruchG, § 15 Rn 32; zur alten Rechtslage OLG Düsseldorf ZIP 1998, 1109; *Schmitt/Hörtnagl/Stratz*, UmwG/UmwStG, § 312 UmwG Rn 8 ff.; *Lutter*, UmwG, § 312 Rn 2.

83 Sowohl für die erste Instanz (§ 15 Abs. 1 S. 6 SpruchG) als auch für die zweite Instanz (§ 15 Abs. 1 S. 7 SpruchG) wird im Falle einer streitigen Entscheidung jeweils eine **40/10-Gebühr** erhoben. Wird der Antrag – bzw. in der zweiten Instanz die Beschwerde – zurückgenommen, entsteht nur eine **10/10-Gebühr (§ 15 Abs. 1 S. 5 SpruchG)**, wobei es ausreicht, wenn die letzte Rücknahme vor Zustellung der Entscheidung bei Gericht eingeht.[138]

84 Nach § 15 Abs. 1 S. 2 SpruchG ist der **Geschäftswert** für die Kostenrechnung maßgeblich. Der Geschäftswert beträgt mindestens 200.000 EUR und höchstens 7,5 Mio. EUR. Der Mindestwert gilt auch bei Antragsrücknahme.[139] Bei der Bestimmung des Geschäftswertes finden die schon bisher geltenden Grundsätze des aktienrechtlichen Spruchstellenverfahrens Anwendung.[140] Gem. § 15 Abs. 1 S. 2 SpruchG wird nunmehr der Geschäftswert ausdrücklich durch den Erhöhungswert bestimmt, der sich aus dem Produkt der Anzahl aller „außenstehender" Anteile zur Differenz zwischen angebotenem Betrag und höherem festgesetzten Betrag ergibt. Die Festsetzung erfolgt von Amts wegen (§ 15 Abs. 1 S. 4 SpruchG) und bedarf der **Begründung**, wobei der Beschluss über die Festsetzung des Geschäftswerts mit der **Beschwerde** gem. § 31 Abs. 3 KostO angefochten werden kann.[141]

85 Nur ausnahmsweise kann das Gericht gem. § 15 Abs. 2 S. 2 SpruchG im Rahmen der **Kostenentscheidung** von Amts wegen – also auch ohne Antrag eines Beteiligten – aus Billigkeitserwägungen heraus andere Beteiligte als die **Antragsgegner** mit der **Kostentragung** belasten, wobei der gemeinsame Vertreter oder die von ihm vertretenen Anteilsinhaber ausgenommen sind. Eine solche Regelung kommt insbesondere in Betracht, wenn offensichtlich unzulässige, unbegründete oder sonst rechtsmissbräuchliche Anträge gestellt wurden.[142]

2. Außergerichtliche Kosten

86 Für die **außergerichtlichen Kosten** gilt ausschließlich § 15 Abs. 4 SpruchG. Das Gericht kann aus Billigkeitsgründen eine Erstattung der außergerichtlichen Kosten der Antragsteller den Antragsgegnern auferlegen. Durch § 15 Abs. 4 SpruchG ist gegenüber der Regelung in § 13a Abs. 1 S. 1 FGG Umkehr des Regel-/Ausnahmeverhältnisses erfolgt.[143] Bei rechtsmissbräuchlicher Antragstellung kann umgekehrt auch ausnahmsweise den Antragstellern die Kostentragung für die Antragsgegner auferlegt werden, ansonsten werden die außergerichtlichen Kosten gegeneinander aufgehoben.[144] Ist der Antragsteller selbst Rechtsanwalt, kann er seine durch ihn selbst durchgeführte Vertretung nicht nach dem RVG beanspruchen.[145]

Im Spruchverfahren können jedoch die außergerichtlichen Kosten des Antragsgegners (§ 5 SpruchG) wegen der abschließenden Regelung in § 15 Abs. 4 SpruchG nicht dem Antragsteller auferlegt werden.[146]

87 Die Regelung in § 15 Abs. 2 und 4 SpruchG zu den Gerichtskosten und der Erstattung außergerichtlicher Kosten gilt auch für das Beschwerdeverfahren abschließend. Die **Kosten des Beschwerdeverfahrens** können daher auch nicht dann dem Beschwerdeführer (Antragsteller)

---

138 Widmann/Mayer/*Schwarz*, UmwG, § 312 Rn 21 f.
139 OLG Stuttgart DStR 2004, 698.
140 Dazu BayObLG AG 1991, 21; OLG Stuttgart NZG 2003, 97.
141 BGH DB 2001, 1353; *Fritzsche/Dreier/Verfürth*, SpruchG, § 15 Rn 14; Widmann/Mayer/*Schwarz*, UmwG, § 312 Rn 14 ff.
142 OLG Düsseldorf AG 1998, 236 ff.; OLG Düsseldorf WM 1984, 732 ff.; OLG Frankfurt NJW 1972, 641, 644 und BayObLG WM 1973, 1032 zum aktienrechtlichen Spruchverfahren; *Fritzsche/Dreier/Verfürth*, SpruchG, § 15 Rn 22 ff.; Schmitt/Hörtnagl/Stratz, UmwG/UmwStG, § 312 Rn 10; *Lutter*, UmwG, § 312 Rn 5.
143 *Fritzsche/Dreier/Verfürth*, SpruchG, § 15 Rn 34; OLG Stuttgart NZG 2003, 97.
144 *Lutter*, UmwG, § 312 Rn 5 f.
145 BayObLG Rpfleger 2006, 601.
146 BGH NZG 2012, 191.

auferlegt werden, wenn die Beschwerde als unbegründet abgewiesen wird.[147] §§ 80, 81 FamFG sind daher über §§ 17 Abs. 1, 15 Abs. 4 SpruchG ausgeschlossen,[148] dies dürfte auch bei einer Rücknahme der Beschwerde gelten.[149]

Nur Ausnahmsweise sind auch **Kosten für ein Privatgutachten** erstattungsfähig, wenn das Gericht das Gutachten als zur Rechtsverfolgung notwendig ansieht, im Grundsatz sind sie nicht erstattungsfähig.[150]

88

3. Kosten des gemeinsamen Vertreters

Der gerichtlich bestellte **gemeinsame Vertreter** hat stets Anspruch auf **Auslagenersatz und angemessene Vergütung**.[151] Dieser Anspruch richtet sich ausschließlich gem. § 6 Abs. 2 S. 1 SpruchG gegen die Antragsgegner, wobei auch in diesem Falle mehrere Antragsgegner als Gesamtschuldner haften. Anspruchsgegner ist insoweit dagegen **nicht die Staatskasse**. Auch die von ihm **vertretenen Anteilsinhaber** sind nicht Schuldner seiner Auslagenersatz- und Vergütungsansprüche.

89

Die **Höhe** des Auslagenersatzes und der Vergütung werden vom Gericht festgesetzt (§ 6 Abs. 2 S. 2 SpruchG). Der gemeinsame Vertreter kann eine Vergütung entsprechend RVG verlangen (§ 6 Abs. 2 S. 1 SpruchG).[152]

90

Auf seinen Antrag hin kann das Gericht dem Antragsgegner gem. § 6 Abs. 2 S. 4 SpruchG **Vorschusszahlungen** auferlegen, wobei der gerichtliche Beschluss dann als Vollstreckungstitel gem. § 6 Abs. 2 S. 5 SpruchG gilt.[153] Nach § 15 Abs. 3 S. 1 SpruchG hat ausschließlich der Antragsgegner einen zur Deckung der Auslagen hinreichenden Vorschuss zu zahlen. § 15 Abs. 2 S. 2 SpruchG schließt dementsprechend nur die Beschwerde des Antragsgegners gegen die Anordnung der Vorschusszahlung aus, nicht hingegen die des Antragstellers.[154]

91

B. Typischer Sachverhalt

Die Antragsteller sind Minderheitsgesellschafter („außenstehende Aktionäre") einer Aktiengesellschaft. Diese soll – gegen ihren Willen – auf eine andere Aktiengesellschaft aus dem Konzernverbund der Hauptgesellschafterin verschmolzen werden. Mit der erforderlichen Mehrheit der Stimmen der Hauptgesellschafterin ist in der Hauptversammlung der Aktiengesellschaft deren Verschmelzung als übertragende Rechtsträgerin auf die andere Aktiengesellschaft aus dem Konzernverbund der Hauptgesellschafterin bereits beschlossen worden. Die Aktionäre des übertragenden Rechtsträgers, also auch die Antragsteller, sollen im Rahmen der Verschmelzung Aktien des übernehmenden Rechtsträgers erhalten. Sie haben in der Hauptversammlung, die über die Verschmelzung beschlossen hat, Widerspruch zu Protokoll erhoben. Sie sind der Auffassung, dass das Umtauschverhältnis zu niedrig bemessen sei, weil die Aktien, die sie am übernehmenden Rechtsträger erhalten sollen, keinen ausreichenden Gegenwert für ihr bisheriges Aktienpaket darstelle. Innerhalb der Drei-Monats-Frist gem. §§ 17 Abs. 1, 4 Abs. 1 Nr. 4 SpruchG i.V.m. § 17 FGG, § 188 Abs. 2 BGB, gerechnet ab dem Ablauf des Tages, an dem das letzte der die

92

---

147 BGH NZG 2012, 191; a.A. noch OLG Frankfurt a.M. ZIP 2012, 124; OLG München NZG 2010, 397.
148 Semler/Stengel/*Volhard*, SpruchG, § 15 Rn 18a.
149 A.A. noch zu § 13a FGG insoweit BGH AG 2011, 591.
150 OLG Düsseldorf ZIP 2011, 1935; Widmann/Mayer/*Schwarz*, UmwG, § 312 Rn 19.
151 Fritzsche/Dreier/*Verfürth*, SpruchG, § 15 Rn 35, 37.
152 Im Beschwerdeverfahren gilt über § 6 Abs. 2 S. 1 SpruchG Nr. 3500, 3515 des Vergütungsverzeichnisses zum RVG: OLG Stuttgart ZIP 2006, 1748.
153 Klöcker/*Frowein*, SpruchG, § 6 Rn 31.
154 OLG Düsseldorf ZIP 2011, 1567.

Bekanntmachung der Umwandlung enthaltenen Blätter des übernehmenden Rechtsträgers erschienen ist (§ 19 Abs. 1 UmwG, § 10 Abs. 1 und 2 HGB), haben sie beim Landgericht – Kammer für Handelssachen – am Sitz des übertragenden Rechtsträgers Antrag auf gerichtliche Entscheidung gem. § 15 UmwG gestellt.

M 278 C. Muster: Antrag auf bare Zuzahlung gem. § 15 Abs. 1 UmwG, §§ 1 Nr. 4, 4 SpruchG

93 An das Landgericht _____
– Kammer für Handelssachen –
_____ – am Sitz des übernehmenden Rechtsträgers –
Antrag auf Ausgleich durch bare Zuzahlung gem. § 15 UmwG, §§ 1 Nr. 4, 4 SpruchG
des/der _____
– Antragsteller zu _____ –
und
des/der _____
– Antragsteller zu _____ –
gegen
_____ AG (übernehmender Rechtsträger)
– Antragsgegner –
Hiermit zeigen wir die anwaltliche Vertretung der/des Antragsteller(s) an. Namens und in Vollmacht der/des Antragsteller(s) beantragen wir:
Es wird festgestellt, dass der im Rahmen der Verschmelzung der (x) AG (übertragender Rechtsträger) auf die (y) AG (übernehmender Rechtsträger) beschlossene Umtausch der Aktien des übertragenden Rechtsträgers der _____ AG in Aktien des übernehmenden Rechtsträgers der _____ AG, wonach je _____ Aktie(n) (nennwertlose Stückaktie/vinkulierte Namensaktie/Vorzugsaktie _____ im Nennbetrag von _____ EUR) _____ Aktien des übernehmenden Rechtsträgers der _____ AG (im Nennbetrag von _____ EUR) gewährt werden sollen, kein angemessenes Umtauschverhältnis darstellt und ein Ausgleich durch bare Zuzahlung i.H.v _____ EUR je _____ Aktie des übertragenden Rechtsträgers der _____ AG zzgl. Zinsen entsprechend § 15 Abs. 2 UmwG zu leisten ist.
Ferner regen wir an,
für die bisher nichtantragstellenden Minderheitsaktionäre einen gemeinsamen Vertreter gem. § 6 SpruchG zu bestellen.
Begründung:

1.
Der/die Antragsteller waren Aktionäre der _____ AG (übertragender Rechtsträger), mit Sitz in _____, eingetragen beim Amtsgericht _____ unter HRB _____.

2.
Die _____ AG ist auf die _____ AG (übernehmender Rechtsträger), mit Sitz in _____, eingetragen beim Amtsgericht _____ unter HRB _____ verschmolzen worden.

3.
Der Verschmelzung liegen zugrunde die Beschlüsse der Hauptversammlung der _____ AG vom _____, sowie der _____ AG vom _____.

4.
Die Verschmelzung wurde im Handelsregister der _____ AG als übernehmenden Rechtsträger am _____ eingetragen. Die Eintragung im Register des übernehmenden Rechtsträgers wurde am _____

im Bundesanzeiger Nr. _____ vom _____ veröffentlicht, sowie am _____ in einem weiteren Veröffentlichungsblatt, der _____. Anfechtungsklagen gegen den Umwandlungsbeschluss sind nach Kenntnis der/des Antragsteller/s nicht anhängig.

5.
Der/die Antragsteller waren mit folgenden Anteilen Aktionäre der _____ AG.

6.
Im Zuge der Verschmelzung sind je _____ Aktie(n) (nennwertlose Stückaktie/vinkulierte Namensaktie/Vorzugsaktie _____ im Nennbetrag von _____ EUR) _____ Aktien des übernehmenden Rechtsträgers (im Nennbetrag von _____ EUR) gewährt worden.

7.
Die/der Antragsteller sind auch heute noch – bei Antragstellung – Anteilsinhaber (Aktionäre). Depotauszüge/beglaubigte Aktienurkunden vom _____ liegen bei.

8.
Nach dem Umwandlungsbericht und der Umwandlungsprüfungsbericht vom _____ ist das Umtauschverhältnis unangemessen.
_____ *(Hier folgen die Begründungen im Einzelnen, insbesondere zu der Wertfindung im Rahmen der Umwandlung und zu den Angriffen gegen diese Wertfindung.)*
oder alternativ:
Zum Zeitpunkt der Antragstellung verfügen der/die Antragsteller nicht über den Umwandlungsbericht und den Umwandlungsprüfungsbericht, sowie folgende Unterlagen _____. Der/die Antragsteller haben dies aus den nachstehenden Gründen _____ nicht zu vertreten:
_____ *(Hier folgt die Begründung und Glaubhaftmachung im Einzelnen, warum der/die Antragsteller dies nicht zu vertreten hat/haben.)*
Daher wird gem. §§ 4 Abs. 2 Nr. 4, 7 Abs. 3 SpruchG beantragt:
a. dem Antragsgegner aufzugeben, dem/den Antragsteller/n binnen einer Frist von _____ folgende Unterlagen kostenlos zur Verfügung zustellen:
   – den/die Umwandlungsbericht/e
   – den Umwandlungsprüfungsbericht
   – die dem Prüfungsbericht zugrunde liegenden Gutachten des _____
b. die Antragsbegründungsfrist gem. § 4 Abs. 2 Nr. 4 SpruchG angemessen zu verlängern um _____ Wochen nach Zugang der vorbenannten Unterlagen.

Kapitel 9 Unternehmensverträge

Wolfgang Arens/Ulrich Spieker/Prof. Thomas Reich/Timo Fries
§ 24 Die Unternehmensverträge

Literatur

Monographien/Kommentare/Formularbücher: *Arens*, in: Weisemann/Smid (Hrsg.), Handbuch der Unternehmensinsolvenz, 1999, § 11, S. 385 ff.; *Beck'scher Bilanz-Kommentar*, 6. Aufl. 2006; *Dötsch/Eversberg/Jost/Witt*, Die Körperschaftsteuer, Loseblatt; *Emmerich/Sonnenschein/Habersack*, Konzernrecht, 9. Aufl. 2008; *Emmerich/Habersack*, Aktien- und GmbH-Konzernrecht, 6. Aufl. 2010; *Frotscher/Maas/Herrmann*, Kommentar zum KStG und UmwStG, Loseblatt; *Hahn*, in: Steuerliches Vertrags- und Formularbuch, 5. Aufl. 2004, Teil A, Kapitel 10; *Heidel* (Hrsg.), Anwaltkommentar Aktienrecht, 2. Aufl. 2007 (zitiert: AnwK-AktienR/*Bearbeiter*); *Hesselmann/Tillmann*, Handbuch der GmbH & Co. KG, 19. Aufl. 2006; *Hüffer*, Aktiengesetz, Kommentar, 10. Aufl. 2012; *Keßler*, Handbuch des GmbH-Konzerns, 2004; *Lutter/Hommelhoff*, GmbH-Gesetz, Kommentar, 17. Aufl. 2009; *Krafka/Willer*, Registerrecht, 7. Aufl. 2007; *Langenfeld*, GmbH-Vertragspraxis, 5. Aufl. 2006, § 3; *Melchior/Schulte*, Handelsregisterverordnung, 2003; Münchener Vertragshandbuch, Band 1, 7. Aufl. 2011, Kapitel IX f.; Münchener Kommentar zum Aktiengesetz, 2./3. Aufl. 2012; Münchener Anwaltshandbuch Aktienrecht, 2. Aufl. 2010; *Müther*, Das Handelsregister in der Praxis, 2. Aufl. 2007, § 11 Unternehmensverträge; *Rosenbach*, in: Beck'sches Handbuch der GmbH, 4. Aufl. 2009, § 17; Semler/Stengel, Kommentar zum Umwandlungsgesetz, 3. Aufl. 2012; *Schaub*, Arbeitsrechts-Handbuch, 14. Aufl. 2011; *Schmidt/Müller/Stöcker*, Die Organschaft, 6. Aufl. 2003; *Scholz*, GmbH-Gesetz, Kommentar, 10. Aufl. 2010; *Streck*, KStG, Kommentar, 7. Aufl. 2008; *Vogel/Schwarz*, UStG, Kommentar, Loseblatt; *Windbichler*, Arbeitsrecht im Konzern, 1989; Wurm/Wagner/Zartmann, Das Rechtsformularbuch, 16. Aufl. 2010, Kapitel 127.

Aufsätze: *Altmeppen*, Zu Formfragen bei Beherrschungs- und Gewinnabführungsverträgen der GmbH, DB 1994, 1273; *Altmeppen*, Zum richtigen Verständnis der neuen §§ 293a–293g AktG zu Bericht und Prüfung beim Unternehmensvertrag, ZIP 1998, 1853; *Altmeppen*, Ausgliederung zwecks Organschaftsbildung gegen Sperrminorität?, DB 1998, 49; *Ammann*, Haftungsrecht, Arbeitsrecht und Rechnungslegung im Konzern in rechtlich-betriebswirtschaftlicher Gesamtsicht, DStR 1998, 1391, 1153; *Baldamus*, An wen ist beim Gewinnabführungsvertrag Ausgleich zu zahlen, ZGR 2007, 819; *Bennecke*, Existenzvernichtender Eingriff statt qualifiziert faktischer Konzern: Die neue Rechtsprechung des BGH zur Haftung von GmbH-Gesellschaftern, BB 2003, 1190; *Bicker*, Offene Fragen der Existenzvernichtungshaftung im Konzern, DZWIR 2007, 284; *Dauner-Lieb*, Die Existenzvernichtungshaftung – Schluss der Debatte?, DStR 2006, 2034; *Drygala*, Abschied vom qualifizierten faktischen Konzern – oder Konzernrecht für alle?, GmbHR 2003, 729; *Fedke*, Auswirkungen von konzerninternen Verschmelzungsvorgängen auf bestehende Unternehmensverträge, Der Konzern 2008, 533; *Fenzl/Hagen*, Überlegungen zur Organschaft im Hinblick auf die geplante Unternehmenssteuerreform, FR 2000, 289; *Geng*, Erneute Ausgleichs- und Abfindungsansprüche beim Beitritt zu einem Beherrschungsvertrag, NZG 1998, 715; *Götz*, Grunderwerbsteuerliche und organschaftliche Fragen bei Umwandlungen im Konzern, GmbHR 2001, 277; *Graf Kerssenbrock*, Organschaft ab 2002; RiW 2002, 889; *Grunewald*, Auslegung von Unternehmens- und Umwandlungsverträgen, ZGR 2009, 647; *Groner*, Die Übertragung der Zustimmung zum Abschluss von Unternehmensverträgen auf ein fakultatives Gesellschaftsorgan der GmbH, GmbHR 2009, 923; *Grube/Behrendt/Heeg*, Vororganschaftlich verursachte Mehr- und Minderabführungen und die sog. Fußstapfentheorie im Umwandlungssteuerrecht, GmbHR 2006, 1026 und 1079; *Haas*, Kapitalerhaltung, Insolvenzanfechtung, Schadenersatz und Existenzvernichtung, ZIP 2006, 1373; *Haun/Reiser*, Die rückwirkende Begründung einer Organschaft – ein Modell mit Zukunft?, BB 2002, 2257; *Habersack*, Trihotel – Das Ende der Debatte?, ZGR 2008, 533; *Herlinghaus*, StSenkG: Änderung der Eingliederungsvoraussetzungen bei Organschaften (§ 14 KStG und § 2 Abs. 2 S. 2 GewStG), FR 2000, 1105; *Hommelhoff*, Mitbestimmungsvereinbarungen zur Modernisierung der deutschen Unternehmensmitbestimmung, ZGR 2010, 48; *Joussen*, Die Kündigung von Beherrschungsverträgen bei Anteilsveräußerung, GmbHR 2000, 221; *Kerkhoff*, Abschluß und Beendigung von GmbH-Beherrschungs- und Gewinnabführungsverträgen, GmbHR 1999, 226; *Kessler/Reitsam*, Die typisch stille Beteiligung als Alternative zur Organschaft, DStR 2003, 269 und 315; *Kirsch/Grube*, Die Organschaft nach dem Steuersenkungsgesetz – für die Gewerbesteuer noch keine wirkliche Vereinfachung, GmbHR 2001, 371; *Kleindiek*, Entstehung und Fälligkeit des Verlustausgleichsanspruchs im Vertragskonzern, ZGR 2001, 479; *Kleinert/Lahl*, Sind Zustimmungsbeschlüsse zu Unternehmensverträgen zwingend zu beurkunden?, GmbHR 2003, 698; Anwendung der Grundsätze der fehlerhaften Gesellschaft auf einen „verdeckten" Beherrschungsvertrag?, NZG 2009, 364; *Kollruss*, Neuerungen bei der Organschaft durch die Unternehmenssteuerreform 2001, StBp 2001, 132; *Kollruss*, Unternehmenskauf durch mittelbares postaquisitorisches Organschaftsmodell, INF 2002, 558; *Koss*, Der Wechsel der Konsolidierungsnorm, Der Konzern 2011, 632; *Krebs*, Die ertragsteuerliche Organschaft, BB 2001, 2029; *Kort*, Anwendung der Grundsätze der fehlerhaften Gesellschaft auf einen „verdeckten" Beherrschungsvertrag?, NZG 2009, 364; *Krieger*, Kann die Praxis mit TBB leben?, ZGR 1994, 375; *Leonhard/Knoll*, Unternehmensverträge und der BGH: Volle Entschädigung für außenstehende Aktionäre?, ZIP 2003, 2329; *Leuering/Rubner*, Das Konzernrecht der abhängigen Personengesellschaft, NJW-Spezial 2012, 143; *Müller*, Auswirkungen von Umstrukturierungen nach dem Umwandlungsgesetz auf Beherrschungs- und Gewinnabführungsverträge, BB 2002, 157; *Mitschke*, Keine grenzüberschreitende Organschaft zum europarechtlichen „Nulltarif", DStR 2010, 1368–1372; *Neu*, Steueroptimierung durch Organschaft, EStB/GmbH-StB 2000 (Sonderheft Unternehmenssteuerreform), 31; *Neu/Brandenburg*, Beherrschungs- und Gewinnabführungsvertrag, GmbH-StB 2001, 30; *Pache*, Die Neuregelung der körperschaftsteuerlichen und gewerbesteuerlichen Organschaft nach dem Steuersenkungsgesetz, GmbHR 2000, 764; *Pfaar/Welke*, Verschmelzungen und Spaltungen auf Organgesellschaften, GmbHR 2002, 516; *Priester*, Rücklagenauskehrung beim Gewinnabführungsvertrag, ZIP 2001, 725; *Reich*, Die steuerliche Organschaft – Bedeutungswandel durch das Steuersenkungsgesetz, ZNotP 2001, 96 (Teil I) und 188 (Teil II); *Rieger/Roßkopf*, Die Anrechnung erhaltener Ausgleichszahlungen auf Abfindung und Zinsen beim Unternehmensvertrag, BB 2003, 1026; *Rieble*, Betriebsführungsvertrag als Gestaltungsinstrument, NZA 2010, 1145; *Rieke*, Vorteile und Risiken einer körperschaftsteuerlichen Organschaft bei Betriebsaufspaltung, INF 2001, 269; *Röck*, Die Anforderungen der Existenzvernichtungshaftung nach »Trihotel« – Eine Zwischenbilanz, DZWIR 2012, 97; *Rödder*, Wann ist die Begründung eines Organschaftsverhältnisses sinnvoll?, Stbg. 1998, 291; *Rödder*, Verlustverrechnung im gewerbesteuerlichen Organkreis, DStR 2001, 780; *Rödder/Simon*, Folgen der Änderung der gewerbesteuerlichen Organschaftsvoraussetzungen für die steuerliche Beurteilung von Steuerumlagen im Konzern, DB 2002, 496; *Rubner/Leuering*, Verdeckte Beherrschungsverträge, NJW-Spezial 2010, 143; *Sauter/Heurung*, Errichtung steuerlicher Organschaften aufgrund der Unternehmenssteuerreform, GmbHR 2001, 165; *Schiffers*, Vorteilhafte Gestaltungen durch Organschaft, GmbH-StB 1998, 354; *Schmidt*, Das Recht der Mitgliedschaft: Ist „korporatives Denken" passé?, ZGR 2011, 108; *Schroer/Starke*, Gewinnabführung ab 2003, GmbHR 2002, R 453; *Schulte/Ries*, Teilgewinnabführungsverträge im Handelsregister – Unnötige Subventionierung von Zeitungsverlagen?, GmbHR 2000, R 269; *Schumacher*, Umwandlungssteuerrecht und Organschaft zum übernehmenden Rechtsträger, DStR 2006, 124; *Scholz*, Zusammenspiel der Befreiungsvorschriften der §§ 264 Abs. 3 und 264b HGB in mehrstufigen Konzernen, BB 2012, 107; *Schwarz*, Auswirkungen des Formwechsels einer beherrschten Kapitalgesellschaft in eine Personengesellschaft auf Organschaftsverträge, ZNotP 2002, 106; *Theiselmann*, Der Stimmrechtsausschluss für GmbH-Gesellschafter nach § 47 Abs. 4 GmbHG in der Konzernpraxis, BB 2011, 2819; *Simon*, Steuerumlagen im (mehrstufigen) Vertragskonzern, ZIP 2001, 1697; *Stegemann*, Abspaltung von Organgesellschaften, DStR 2002, 1549; *Tiedtke/Wälzholz*, Teilbetriebsveräußerung durch die Organgesellschaft und Tarifbegünstigung nach § 34 EStG beim Organträger, GmbHR 2001, 847; *Timm*, Die Auswirkungen einer Realteilung des herrschenden Unternehmens auf Beherrschungs- und Gewinnabführungsverträge, DB 1993, 569; *Trendelenburg*, Der Gewinnabführungs- und Beherrschungsvertrag in der Krise der Obergesellschaft, NJW 2002, 647; *Tröger/Dangelmayer*, Eigenhaftung der Organe für die Veranlassung existenzvernichtender Leitungsmaßnahmen im Konzern, ZGR 2011, 558; *von Rumohr*, Haftung aus einer harten Patronatserklärung Zugleich eine Anmerkung zu BGH, NJW 2010, 144 und der Frage der Wirksamkeit einer Patronatserklärung durch behördliches Negativattest, NJOZ 2010, 150; *Walter*, Die Verlustübernahme im Gewinnabführungsvertrag, GmbHR 1999, 1017; *Walter*, Handlungsbedarf bei Mehrmütterorganschaft noch im Jahr 2000, GmbHR 2000, 1089; *Walter/Götz*, Perpetuierung der Organgesellschaft bei unterjähriger rückwirkender Umwandlung durch den Anteilserwerber, GmbHR 2001, 619; *Walter/Stümper*, Neue Organschaftsfalle bei einer Personengesellschaft als Organträger, GmbHR 2001, 803; *Weber*, Ausgleichsanspruch analog § 304 AktG an die Minderheitsgesellschafter einer GmbH-Organschaft?, GmbHR 2003, 1347; *Wehrheim/Marquardt*, Zur Zuordnung von Gewinnen einer Komplementär-GmbH zum Gesamtgewinn der KG und der Eigenschaft der GmbH als Organgesellschaft zum Zwecke der Ergebniskonsolidierung, DB 2002, 1676 und 2685; *Westermann*, Das neue GmbH-Recht (i.d.F. des MoMiG) im Überblick, DZWIR 2008, 485; *Wiedemann*, Verantwortung in der Gesellschaft – Gedanken zur Haftung der Geschäftsleiter und der Gesellschafter in der Kapitalgesellschaft, ZGR 2011, 183; *Zilles*, Handelsregisteranmeldung von Unternehmensverträgen bei Verschmelzung der herrschenden Gesellschaft, GmbHR 2001, 21.

Inhalt

A. Rechtliche Grundlagen —— 1
I. Verbundene Unternehmen —— 1
 1. Ausgangsüberlegungen —— 1
 2. Stufen der Unternehmensverbindungen —— 7
  a) Mehrheitsbeteiligung (§ 16 AktG) —— 7
  b) Herrschende und abhängige Unternehmen (§ 17 AktG) —— 10
  c) Konzern (§ 18 AktG) —— 12
  d) Wechselseitige Beteiligung (§ 19 AktG) —— 18
 3. Arten der Konzernierung —— 20
  a) Vertragskonzern —— 20
  aa) Arten von Unternehmensverträgen —— 20
  bb) Abgrenzungen —— 26
  b) Faktischer Konzern —— 31
  c) Qualifiziert faktischer Konzern —— 33
  d) Eingliederung —— 35
 4. Gesellschafterschutz —— 36
 5. Gläubigerschutz —— 40
 6. Arbeitsrecht und Mitbestimmungsrecht in verbundenen Unternehmen —— 43
  a) Arbeitsrecht —— 43
  b) Unternehmensmitbestimmung —— 46
  c) Betriebsverfassungsrechtliche Mitbestimmung —— 48
II. Beherrschungs- und Gewinnabführungsvertrag (Organschaftsvertrag) —— 49
 1. Rechtsnatur und Begriffsbestimmungen —— 49
  a) Allgemeine Rechtsgrundlagen —— 49
  b) Regelung der Ausgleichszahlungen und der Abfindung —— 51
  c) Besonderheiten im GmbH-Konzernrecht —— 56
  d) Eintragung im Handelsregister —— 59
 2. Vertragsabschluss —— 60
 3. Beschlussfassung der Anteilseigner des herrschenden Unternehmens (Obergesellschaft) —— 61
 4. Beschlussfassung der Anteilseigner der beherrschten Gesellschaft (Untergesellschaft) —— 62
 5. Anmeldung zum und Eintragung im Handelsregister —— 66
 6. Vertragsbericht und Vertragsprüfung —— 72
 7. Laufzeit des Unternehmensvertrages —— 73
 8. Beendigung des Unternehmensvertrages —— 76
 9. Verschmelzung der herrschenden Gesellschaft —— 82
 10. Prüfung und Prüfungsberichte —— 85
 11. Weisungsrecht und Schadenersatzhaftung —— 86
 12. Nachteilsausgleichspflicht im faktischen Konzern —— 92
 13. Haftung im qualifiziert-faktischen GmbH-Konzern —— 96
III. Steuerliche Organschaft —— 98
 1. Allgemeines zur steuerlichen Organschaft —— 98
 2. Arten der Organschaft —— 100
 3. Organträger und Organgesellschaften —— 104
  a) Organträger —— 105
  b) Organgesellschaft —— 111
 4. Körperschaftsteuerliche Organschaft —— 117
  a) Finanzielle Eingliederung —— 119
  b) Gewinnabführungsvertrag —— 127
  aa) Allgemeines zum Gewinnabführungsvertrag —— 127
  bb) Verlustübernahmepflicht —— 135
  cc) Tatsächliche Durchführung —— 143
  c) Wirkungen der körperschaftsteuerlichen Organschaft —— 148
 5. Gewerbesteuerliche Organschaft —— 157
  a) Voraussetzungen der gewerbesteuerlichen Organschaft —— 157
  b) Wirkungen der gewerbesteuerlichen Organschaft —— 158
 6. Umsatzsteuerliche Organschaft —— 161
  a) Voraussetzungen der umsatzsteuerlichen Organschaft —— 161
  b) Finanzielle Eingliederung —— 164
  c) Wirtschaftliche Eingliederung —— 165
  d) Organisatorische Eingliederung —— 167
  e) Wirkung der umsatzsteuerlichen Organschaft —— 172
  f) Beendigung der umsatzsteuerlichen Organschaft —— 174
  g) Steuerliche Behandlung nach Beendigung der umsatzsteuerlichen Organschaft —— 178
 7. Steuerhaftung —— 184
 8. Organschaft und Grunderwerbsteuer —— 187

B. Muster —— 191
I. Beherrschungs- und Ergebnisabführungsvertrag (sog. Organschaftsvertrag) —— 191
 1. Typischer Sachverhalt —— 191
 2. Checkliste: Organschaftsvertrag —— 192
 3. Muster: Beherrschungs- und Ergebnisabführungsvertrag (Organschaftsvertrag) —— 193
 4. Muster: Zustimmungsbeschluss der Gesellschafterversammlung der beherrschten GmbH —— 194

5. Muster: Zustimmungsbeschluss der Gesellschafterversammlung der herrschenden GmbH —— 195
6. Muster: Anmeldung des Organschaftsvertrages zum Handelsregister —— 196

II. (Isolierter) Gewinnabführungsvertrag (Ergebnisabführungsvertrag) —— 197
1. Typischer Sachverhalt —— 197
2. Muster: Isolierter Ergebnisabführungsvertrag —— 198
3. Muster: Zustimmungsbeschluss der Gesellschafterversammlung der gewinnabführungspflichtigen GmbH —— 199
4. Muster: Zustimmungsbeschluss der Gesellschafterversammlung der gewinnabführungsberechtigten GmbH & Co. KG —— 200
5. Muster: Anmeldung des Ergebnisabführungsvertrages zum Handelsregister —— 201

III. Betriebspachtvertrag —— 202
1. Rechtliche Grundlagen —— 202
2. Typischer Sachverhalt —— 209
3. Checkliste: Betriebspachtvertrag —— 210
4. Muster: Betriebspachtvertrag —— 211
5. Muster: Zustimmungsbeschluss der Hauptversammlung der Verpächterin —— 212
6. Muster: Zustimmungsbeschluss der Gesellschafterversammlung der Pächterin (Obergesellschaft) —— 213
7. Muster: Anmeldung des Betriebspachtvertrages zum Handelsregister —— 214

IV. Betriebsführungsvertrag —— 215
1. Rechtliche Grundlagen —— 215
2. Typischer Sachverhalt —— 220
3. Checkliste: Betriebsführungsvertrag —— 221
4. Muster: Betriebsführungsvertrag —— 222

A. Rechtliche Grundlagen

I. Verbundene Unternehmen

1. Ausgangsüberlegungen

1   Unternehmensverträge sind ein **Teilausschnitt des Rechts verbundener Unternehmen**. Unternehmensverbindungen der unterschiedlichsten Art und der unterschiedlichsten Intensität sind seit langem ein wesentlicher Teil des modernen Wirtschaftslebens auf nationaler und auf internationaler Ebene. Eine wesentliche Kodifizierung für Unternehmensverbindungen findet sich insbesondere im Gesetz gegen Wettbewerbsbeschränkungen (GWB)[1] und in den entsprechenden Vorschriften des EWG-Vertrags (Art. 81, 82 EGV),[2] ferner auch im AktG.

2   Ein- und mehrstufige Unternehmensverbindungen und -kooperationen in ihren verschiedenen Gestaltungsformen beruhen auf vielfältigen Überlegungen, wobei – neben steuerlichen Überlegungen[3] – schwerpunktmäßig insbesondere zu nennen sind:
– erleichterter Marktzutritt (insbesondere in neue Märkte/ausländische Märkte)
– Optimierung des Kapitaleinsatzes (durch Kapitalzusammenlegung, Binnenfinanzierung im Unternehmensverbund, erleichterte Kapitalbeschaffung im Unternehmensverbund, z.B. durch sog. Cash-Management-Gestaltungen[4])
– Synergieeffekte durch Spezialisierung
– Synergieeffekte durch Arbeitsteilung
– Haftungssegmentierung bzw. Haftungsbegrenzung durch Delegation einzelner Aufgabenbereiche auf einzelne Unternehmen im Unternehmensverbund.

3   Unternehmensverbindungen bergen aber auch erhebliche **Nachteile und Gefahren** für die **Minderheitsgesellschafter** in den verbundenen Unternehmen, für die **Gläubiger** einzelner Unternehmen im Unternehmensverbund und auch für die **Wettbewerbsordnung**. Deshalb gibt es – worauf im Folgenden noch einzugehen sein wird – verschiedene gesetzliche Regelungen,

---
1 BGH NZG 2009, 182; OLG Düsseldorf WuW/E DE-R 2932; WuW/E DE-R 2947.
2 Vgl. dazu EuGH WRP 2011, 335.
3 Dazu AnwK-AktienR/*Meilicke*, Einl. §§ 291–310 AktG Rn 1, 67 ff.
4 Vgl. zum Cash-Pool allgemein: BGH NZG 2009, 944; OLG Köln NJOZ 2010, 1041.

die die Interessen der Minderheitsgesellschafter und der Gläubiger schützen sollen, ferner die bereits erwähnten kartellrechtlichen Regeln im GWB und im EGV. Die Rechte der Minderheitsgesellschafter werden insbesondere durch das sog. Spruchverfahren (siehe dazu § 23) geschützt. Das Spruchverfahrensgesetz[5] hat mit Wirkung ab 1.9.2003 die Regelungen zum umwandlungsrechtlichen Spruchverfahren in §§ 305 ff. UmwG a.F. und zum aktienrechtlichen Spruchstellenverfahren in §§ 306, 320b Abs. 3, 327f Abs. 2 AktG a.F. ersetzt.[6]

Da bei verbundenen Unternehmen die Einzelabschlüsse der beteiligten Unternehmen nur noch eine eingeschränkte Aussagekraft haben, sind darüber hinaus die Vorschriften über die **Rechnungslegung im Konzern** zu beachten, die letztlich in einem Weltabschlussprinzip münden können.[7] Auch diese Rechnungslegungsvorschriften dienen dem Gläubigerschutz. In diesem Zusammenhang ist neben den Vorschriften der §§ 290 ff. HGB beispielsweise § 18 KWG zu nennen, wonach Kreditinstitute bei Kreditgewährungen an verbundene Unternehmen sich grundsätzlich sowohl den Einzelabschluss des Kredit nachsuchenden Unternehmens als auch den Konzernabschluss vorlegen lassen müssen. 4

An Unternehmensverbünden bzw. an Unternehmenskooperationen können selbstverständlich Unternehmen unterschiedlichster Rechtsform beteiligt sein. Dies gilt insbesondere bei grenzüberschreitenden Unternehmensverbindungen. Eine detailliertere Kodifizierung des Rechts verbundener Unternehmen beinhaltet letztlich nur das Aktiengesetz. Die dortigen Rechtsregeln werden aber weitgehend – **rechtsformübergreifend** – auch auf Unternehmen zumindest in der Rechtsform der GmbH, in Unternehmensverbindungen angewendet. Anerkannt ist aber beispielsweise auch, dass der Staat[8] oder eine natürliche Person[9] „herrschendes Unternehmen", also Konzernobergesellschaft sein kann.[10] Trotz Kritik hat der BGH seine Rechtsprechung aufrechterhalten, wonach „Unternehmen" in diesem Sinne auch bei fehlender „Unternehmensträgerschaft" solche Personen sein können, die ihre wirtschaftlichen Interessen in mehreren Unternehmen verfolgen können.[11] Für die Personengesellschaft als abhängiges Unternehmen (Untergesellschaft) fehlt es jedoch an der Möglichkeit einer analogen Anwendung und damit an der Voraussetzung einer konstitutiven Eintragung eines Ergebnisabführungsvertrages im Handelsregister.[12] 5

Das Aktienrecht systematisiert das Recht der verbundenen Unternehmen[13] wie folgt, wobei **Wesensmerkmale** der verbundenen Unternehmen nach der Definition in § 15 AktG die **rechtliche Selbständigkeit** und die **wirtschaftliche Unselbständigkeit** sind: 6

2. Stufen der Unternehmensverbindungen
a) Mehrheitsbeteiligung (§ 16 AktG)

Im Mehrheitsbesitz stehende bzw. mit Mehrheit beteiligte Unternehmen gelten nach § 16 AktG als **verbundene Unternehmen**. Die Mehrheitsbeteiligung kann auf einer Kapitalmehrheit und/oder einer Stimmenmehrheit beruhen. Üblicherweise wird die Kapital- und die Stimmrechtsbe- 7

---

[5] Dazu Semler/Stengel/*Volhard*, § 1 SpruchG.
[6] Zur Reform siehe insb. auch *Neye*, DStR 2002, 178; *Neye*, ZIP 2002, 2097; *Neye*, BB 2003, 1245; *Lamb/Schluck-Amend*, DB 2003, 1259; zu Änderungen durch das FamFG *Preuß/Leuering*, NJW-Spezial 2009, 671.
[7] LG Bonn, Beschl. v. 6.12.2010 – 38 T 1168/10 – n.v.; Beschl. v. 7.4.2011 – 38 T 1869/10 – n.v.; LG Bonn NJW-RR 2010, 1406; *Koss*, Der Konzern 2011, 632; *Scholz*, BB 2012, 107.
[8] BVerfGE 128, 226 (Tz. 49 ff.).
[9] OLG München NZG 2011, 867.
[10] Vgl. BGHZ 69, 334, 337 („VEBA/Gelsenberg"-Entscheidung); BGH DNotI-Report 2001, 150; BFH BStBl II 2011, 778; BAG NZA 2011, 866.
[11] BGH NJW 2001, 2974; MüKo-AktG/*Altmeppen*, § 291 Rn 4 ff. m.w.N.
[12] OLG München GmbHR 2011, 376, *Leuering/Rubner*, NJW-Spezial 2012, 143.
[13] Dazu AnwK-AktienR/*Meilicke*, Einl. §§ 291–310 AktG.

teiligung gleich hoch ausfallen. Durch Stimmbindungsverträge, unwiderrufliche Stimmrechtsvollmachten, Mehrfachstimmrecht oder stimmrechtslose Beteiligungen können aber **Kapital- und Stimmrechtsquoten** auseinander fallen.

8   Nach der Zurechnungsvorschrift des § 16 Abs. 4 AktG werden einer Obergesellschaft auch die Stimmen zugerechnet, die von einem dritten Unternehmen gehalten werden, das seinerseits von der Obergesellschaft abhängig ist.

9   Nach § 17 Abs. 2 AktG gilt ein unter Mehrheitsbeteiligung stehendes Unternehmen als abhängig.[14] Das Aktiengesetz knüpft daran in §§ 56 Abs. 2, 57 und 71 AktG verschiedene Beschränkungen hinsichtlich der Fungibilität der Aktien (bezüglich Erwerb und Inpfandnahme).[15]

b) Herrschende und abhängige Unternehmen (§ 17 AktG)

10 Schon ein Abhängigkeitsverhältnis zwischen herrschendem und abhängigem Unternehmen, nicht erst eine Konzernverbindung, begründet die Anwendbarkeit verschiedener Schutzregeln zugunsten von Minderheitsaktionären und Gläubigern. Nach der Definition in § 17 Abs. 1 AktG liegt **Abhängigkeit** vor, wenn die herrschende Gesellschaft auf die abhängige Gesellschaft mittelbar oder unmittelbar Einfluss nehmen kann. Maßgeblich ist dabei die Sichtweise der abhängigen Gesellschaft.[16] Eine lediglich wirtschaftliche Abhängigkeit reicht aber nicht aus.[17]

11 Eine solche Abhängigkeit liegt insbesondere dann vor, wenn das herrschende Unternehmen über Kernbereiche der Geschäftstätigkeit des abhängigen Unternehmens entscheiden kann, wie etwa Finanzen, Unternehmensorganisation, Produktion, Einkauf, Vertrieb, Personalplanung etc.[18]

c) Konzern (§ 18 AktG)

12 Ein Konzernverhältnis liegt nach § 18 AktG dann vor, wenn das herrschende Unternehmen und das abhängige Unternehmen **unter einheitlicher Leitungsmacht** stehen.[19]

13 Dabei ist zu unterscheiden zwischen
    – dem Unterordnungskonzern (§ 18 Abs. 1 AktG) und
    – dem Gleichordnungskonzern (§ 18 Abs. 2 AktG).

14 Bei einem **Unterordnungskonzern** wird die einheitliche Leitung durch das herrschende Unternehmen ausgeübt.[20]

15 Beim **Gleichordnungskonzern** fehlt es an einer Abhängigkeit und einem entsprechenden Unterordnungsverhältnis, die einheitliche Leitungsmacht wird aber entweder durch einen ausdrücklichen Gleichordnungsvertrag zwischen den verbundenen Unternehmen hergestellt, oder aber faktisch durch die entsprechende personelle Verflechtung bewirkt.[21]

16 Das Aktienrecht unterscheidet für Konzerne wiederum – sowohl für Unterordnungskonzerne als auch für Gleichordnungskonzerne – verschiedene Arten der Konzernierung, und zwar hinsichtlich des Entstehens bzw. hinsichtlich der Grundlagen des Konzernverhältnisses, nämlich:
    – Vertragskonzerne (§§ 291 ff. AktG)

---

14 Vgl. BAG NZA 2011, 866.
15 Vgl. dazu *Emmerich/Sonnenschein/Habersack*, Konzernrecht, S. 53; *Ammann/Hucke*, DStR 1998, 1391, 1392.
16 Vgl. LG Düsseldorf ZIP 2011, 1712; *Hüffer*, AktG, § 17 Rn 4.
17 Vgl. BGHZ 90, 381, 395; *Ulmer*, ZGR 1978, 457, 462; *Ammann/Hucke*, DStR 1998, 1391, 1392.
18 Vgl. BAG BB 2012, 1217; BAG NZA 2011, 866; *Ammann/Hucke*, DStR 1998, 1391, 1392.
19 Vgl. BAG BB 2012, 1217; NZA 2011, 866.
20 Vgl. BAG BB 2012, 1217; NZA 2011, 866.
21 Vgl. *K. Schmidt*, ZHR 155 (1991), 417 ff.; *Lutter/Drygala*, ZGR 1995, 557; *Ammann/Hucke*, DStR 1998, 1391, 1392.

- faktische Konzerne (§§ 311 ff. AktG)
- Eingliederung (§§ 319 ff. AktG)
- sog. qualifiziert faktische Konzerne (gesetzlich nicht geregelt).

Das Recht der Unternehmensverträge ist also Teil des Rechts der verbundenen Unternehmen und darin Teil des Rechts von Konzernverbindungen. 17

d) Wechselseitige Beteiligung (§ 19 AktG)

Die Regelung des § 19 Abs. 1 AktG bezieht sich nur auf Kapitalgesellschaften, die ihren Sitz im Inland haben und wechselseitig mit jeweils mindestens 25% beteiligt sind. Berücksichtigt werden dabei **nur unmittelbare Beteiligungen**. Mittelbare Beteiligungen werden nicht berücksichtigt, insbesondere auch nicht sog. Ringbeteiligungen, bei denen ein oder mehrere dritte Unternehmen zwischengeschaltet sind.[22] 18

Wechselseitige Beteiligungen bergen die **Gefahr einer Kapitalaushöhlung** und bedürfen deshalb der Einschränkung durch gläubigerschützende Vorschriften. Darüber hinaus gefährden sie durch die damit verbundenen **Verwaltungsstimmrechte** auch den Einfluss der anderen Aktionäre in der Hauptversammlung und müssen insofern auch gesellschafterschützenden Regelungen unterworfen werden.[23] 19

3. Arten der Konzernierung
a) Vertragskonzern
aa) Arten von Unternehmensverträgen

Grundlage eines Vertragskonzerns sind **Unternehmensverträge i.S.d. §§ 291 ff. AktG**, also insbesondere: 20
- Beherrschungsverträge
- Gewinnabführungsverträge oder Teilgewinnabführungsverträge sowie
- „andere Unternehmensverträge" i.S.v. § 292 AktG.

Zur Qualifizierung eines Vertrages als Beherrschungsvertrag kommt es auf den materiell-rechtlichen Inhalt des Vertrages, nicht dagegen auf seine Bezeichnung an.[24]

Die in der Praxis am häufigsten gewählte Form des Unternehmensvertrages ist der sog. 21 **Organschaftsvertrag**, nämlich eine Kombination aus Beherrschungs- und Gewinnabführungsvertrag.[25] Reine Gewinnabführungsverträge sind demgemäß seltener, noch seltener sind in der Praxis reine Beherrschungsverträge anzutreffen. Die Einzelheiten zu Unternehmensverträgen sind im Folgenden ausführlich dargestellt.[26]

Nach der **Legaldefinition in § 291 AktG** sind **Unternehmensverträge** Verträge, durch 22 die
- eine Gesellschaft (Untergesellschaft oder beherrschtes Unternehmen) die Leitung ihrer Gesellschaft einem anderen Unternehmen (Obergesellschaft oder beherrschendes Unternehmen) unterstellt (**Beherrschungsvertrag**) oder

---

22 Vgl. *Ammann/Hucke*, DStR 1998, 1391, 1393; a.A. BGH NZG 2000, 1220 für Mitteilungspflichten in einem Mehrstufigkeitsverhältnis.
23 Vgl. *Emmerich*, NZG 1998, 622; *Ammann/Hucke*, DStR 1998, 1391, 1393.
24 *Rubner/Leuering*, NJW-Spezial 2010, 143.
25 Vgl. BGH NZG 2006, 664; OLG Karlsruhe GmbHR 2001, 523, dazu EWiR 2001, 933 (*Leuering*).
26 Dazu aus registerrichterlicher Sicht auch *Müther*, Das Handelsregister in der Praxis, § 11 Unternehmensverträge.

- ein Unternehmen sich verpflichtet, seinen ganzen Gewinn an ein anderes Unternehmen abzuführen (**Gewinnabführungsvertrag**), wobei als Vertrag über die Abführung des ganzen Gewinns auch ein solcher Vertrag gilt,
- durch den eine Gesellschaft es übernimmt, ihr Unternehmen für Rechnung eines anderen Unternehmens zu führen (**Betriebsführungsvertrag**).

§ 291 AktG ist aber unmittelbar nur anwendbar, wenn die Untergesellschaft eine Aktiengesellschaft oder eine Kommanditgesellschaft auf Aktien ist.

23 Bei **Rechtsformänderungen** der beteiligten Unternehmen können sich für die Wirkung bzw. die Wirksamkeit der Unternehmensverträge erhebliche Auswirkungen ergeben; viele der damit verbundenen Rechtsfragen sind auch noch ungelöst.[27] Bei einem **Übergang zwischen zwei Unternehmensverträgen** – von Gewinnabführungs- zu Beherrschungsverträgen – sind zumindest die Interessen der Minderheitsgesellschafter durch das Spruchverfahren (dazu § 23) geschützt.[28]

24 Sind allerdings die beteiligten Unternehmen voneinander nicht abhängig, gilt es nicht als Beherrschungsvertrag, wenn sie sich vertraglich unter einheitliche Leitung stellen, ohne dass dadurch eines von ihnen von dem anderen vertraglich abhängig wird (§ 291 Abs. 2 AktG).

25 § 292 AktG definiert darüber hinaus „**andere Unternehmensverträge**", wobei wiederum diese gesetzliche Regelung unmittelbar nur dann anwendbar ist, wenn Untergesellschaft eine Aktiengesellschaft oder eine Kommanditgesellschaft auf Aktien ist. Andere Unternehmensverträge im Sinne dieser Vorschrift sind Verträge, durch welche die Untergesellschaft
- sich verpflichtet, ihren Gewinn oder den Gewinn einzelner ihrer Betriebe ganz oder zum Teil mit dem Gewinn anderer Unternehmen oder einzelner Betriebe anderer Unternehmen zur Aufteilung eines gemeinschaftlichen Gewinns zusammenzulegen (§ 292 Abs. 1 Nr. 1 AktG: **Gewinngemeinschaft**),
- sich verpflichtet, einen Teil ihres Gewinns oder den Gewinn einzelner ihrer Betriebe ganz oder zum Teil an einen anderen abzuführen (§ 292 Abs. 1 Nr. 2 AktG: **Teilgewinnabführungsvertrag**),[29]
- den Betrieb ihres Unternehmens einem anderen verpachtet (§ 292 Abs. 1 Nr. 3 Alt. 1 AktG: **Betriebspachtvertrag**) oder sonst überlässt (§ 292 Abs. 1 Nr. 3 Alt. 2 AktG: **Betriebsüberlassungsvertrag**).

bb) Abgrenzungen

26 Problematisch ist häufig schon die Feststellung, ob überhaupt ein Unternehmensvertrag i.S.d. §§ 291 ff. AktG vorliegt.[30] Nach Auffassung des Kammergerichts eignen sich als **Kriterien für die Abgrenzung von Unternehmensverträgen** i.S.d. §§ 291 ff. AktG nicht:[31]
- die Bedeutung des Vertrages für die Gesellschaft
- die Frage, ob der Vertrag zu einer Änderung der Struktur der Gesellschaft führt
- die Änderung des Gesellschaftszwecks durch den Vertrag.

27 Der Annahme eines Unternehmensvertrages stehe auch nicht entgegen, dass der **Schwerpunkt** des zu beurteilenden Vertrages ganz andere Verpflichtungen zum Inhalt habe und lediglich in

---

[27] Siehe dazu OLG Düsseldorf ZIP 2004, 753; LG München AG 2011, 801; zu den Folgen von Umwandlungen siehe OFD Frankfurt/M. v. 21.11.2005, DStR 2006, 41; dazu *Schumacher*, DStR 2006, 124; zur umsatzsteuerlichen Organschaft bei rückwirkenden Umwandlungen siehe BFH DStR 2006, 674.
[28] BayObLG BB 2002, 218 = ZIP 2002, 127; dazu EWiR 2002, 89 (*Luttermann*).
[29] Zum Umfang etwaiger interner Ausgleichspflichten wegen der Steuerzahlungen des Organträgers für die Organgesellschaft siehe BGH BGHZ 120, 50 = GmbHR 1993, 92; BGH BGHZ 141, 79 = GmbHR 1999, 660; BGH GmbHR 2004, 258.
[30] *Hüffer*, AktG, § 291 Rn 14 m.w.N.
[31] Vgl. KG DStR 1999, 2133.

einer **Nebenbestimmung** eine Verpflichtung beispielsweise zu Abführungen eines Teils des Gewinns durch die Gesellschaft begründet werde.[32] In solchen Fällen genügten auch geringe Teile der Gewinnabführungsverpflichtung, da es insoweit weder einen Höchst- noch einen Mindestbruchteil gebe.

Ausgehend vom Gesetzeszweck sei **jede Abführung von Gewinnen** des Unternehmens oder einzelner Betriebe des Unternehmens ohne Rücksicht auf deren genaue Berechnung grundsätzlich an die Zustimmung der Anteilseignerversammlungen gebunden, auch wenn der Vertrag ggf. weitere Abreden enthalte. Ein mit einer AG geschlossener stiller Gesellschaftsvertrag ist deshalb nach der Auffassung des BGH ein Teilgewinnabführungsvertrag i.S.d. § 292 Abs. 1 Nr. 2 AktG und wird deshalb grundsätzlich erst mit der formgerechten Genehmigung der Hauptversammlung und der Eintragung in das Handelsregister wirksam. Will sich der andere Vertragsteil mangels Vorliegens dieser Voraussetzungen von dem Vertrag lösen, muss er deutlich machen, dass der Widerruf oder die Kündigung gerade auf diesen Grund gestützt wird.[33] Ob und inwieweit diese Rechtsregeln auch auf die GmbH zu übertragen sind, ist streitig.[34] Dies betrifft insbesondere die Frage, ob Teilgewinnabführungsverträge, aber auch in ihren Wirkungen darauf hinaus laufende Vereinbarungen über eine GmbH & Still den Form-, Anmelde- und Eintragungserfordernissen der §§ 293, 294 AktG analog unterliegen.[35] 28

Ein Vertrag, mit dem sich eine GmbH im Rahmen einer stillen Beteiligung verpflichtet, einen Teil ihres Gewinns an den stillen Gesellschafter abzuführen, kann nach Auffassung des OLG München jedoch nicht als Unternehmensvertrag im Handelsregister eingetragen werden.36 Ist dagegen eine Personengesellschaft die beherrschte Gesellschaft, soll die Eintragung eines Unternehmensvertrages in das Handelsregister weder auf eine ausdrückliche gesetzliche Bestimmung gestützt noch aus einer entsprechenden Anwendung der für eine Satzungsänderung geltenden Vorschriften hergeleitet werden können.[37] 29

Nach § 292 Abs. 2 AktG gilt es aber nicht als Teilgewinnabführungsvertrag, wenn mit Mitgliedern des Vorstands oder des Aufsichtsrats oder mit einzelnen Arbeitnehmern der Gesellschaft eine **Gewinnbeteiligung** vereinbart wird[38] oder wenn im Rahmen von Verträgen des laufenden Geschäftsverkehrs oder in Lizenzverträgen eine solche Gewinnbeteiligungsabrede getroffen wird. Dadurch werden insbesondere in der Gestaltungspraxis verbreitete Modelle wie **Mitarbeiterbeteiligungen**, Tantiemenregelungen mit Geschäftsführungs- und Aufsichtsorganen, **Lizenzverträge**, partiarische Darlehensverträge etc. aus dem Geltungsbereich der Vorschriften über verbundene Unternehmen ausgenommen. Dies hat insofern erhebliche praktische Bedeutung, als so die strengen Förmlichkeiten (Beschlussfassung der Gesellschafterversammlungen, Anmeldung und Eintragung im Handelsregister) in solchen Gestaltungen nicht erforderlich sind. 30

b) Faktischer Konzern
Ein faktischer Konzern i.S.d. §§ 311 ff. AktG liegt vor, wenn die **einheitliche Leitungsmacht tatsächlich ausgeübt** wird und die Führungsaufgaben für den gesamten Unternehmensverbund 31

---

[32] KG DStR 1999, 2133.
[33] BGH DStR 2006, 1292.
[34] Vgl. BayObLG GmbHR 2003, 534 m. Anm. *Weigl* = DStR 2003, 1218 m. Anm. *Wälzholz*; AG Charlottenburg GmbHR 2006, 258.
[35] *Müther*, Das Handelsregister in der Praxis, § 11 Rn 27 f.; *Kleinert/Wahl*, GmbHR 2003, 698; DNotI-Report 2004, 57; zur alternativen Gestaltung durch eine typische stille Beteiligung siehe auch *Kessler/Reitsam*, DStR 2003, 269 ff. und 315 ff.
[36] OLG München GmbHR 2011, 487; a.A. *Scholz/Emmerich*, GmbHG Anhang § 13 Rn 214; *Emmerich/Habersack*, Konzernrecht § 292 Rn 37.
[37] OLG München GmbHR 2011, 376.
[38] OLG Stuttgart AG 2011, 93.

auch tatsächlich ausgeübt werden. Das Merkmal der einheitlichen Leitung ist in § 18 AktG allerdings nicht definiert. Es ist erfüllt, wenn durch Weisungen, Zustimmungserfordernisse oder personelle Verflechtung die Konzerninteressen für den gesamten Unternehmensverbund einheitlich durchgesetzt werden, wie etwa in den Bereichen Markt-, Finanz-, Investitions- und Personalpolitik.[39]

32 Bei einem faktischen Konzern i.S.v. §§ 311 ff. AktG sind dabei aber noch die Einflussnahmen des herrschenden Unternehmens identifizierbar und einem **Einzelnachteilsausgleich** zugänglich,[40] problematisch ist aber häufig die Quantifizierung der Nachteile.[41] Stimmrechtskonsortien, die keine anderweitigen wirtschaftlichen Interessen als die Einflussnahme auf ein bestimmtes Unternehmen verfolgen, sind im Regelfall keine herrschenden Unternehmen im Sinne des Konzernrechts.[42]

c) Qualifiziert faktischer Konzern

33 Der qualifiziert faktische (GmbH)-Konzern, der im Gesetz nicht näher geregelt ist, sondern als Rechtsinstitut von der Rechtsprechung zur Begründung einer Haftung des herrschenden Unternehmens entsprechend §§ 302, 311 AktG entwickelt wurde,[43] ist nach der Aufgabe dieser Rechtsprechung durch den BGH[44] zu Gunsten einer Innenhaftung aus dem Gesichtspunkt der Existenzvernichtung praktisch bedeutungslos geworden.[45]

34 Die im Schrifttum streitige Frage, ob wenigstens eine analoge Anwendung der §§ 311, 317 AktG im faktischen GmbH – Konzern gerade im Gläubigerinteresse geboten ist, wenn die Untergesellschaft in Folge von Konzerninteressen insolvent wird, hat der BGH auch zu Gunsten einer Haftung aus dem Gesichtspunkt der Existenzvernichtung beantwortet.[46] Es bleibt abzuwarten, ob der BGH die im Schrifttum andauernde Diskussion über eine Haftung unterhalb der Schwelle der Existenzvernichtung nach § 826 BGB aufgreift.[47] Derzeit verbleibt es aber im GmbH-Konzern in der täglichen Praxis beim System der Innenhaftung unter dem Gesichtspunkt der Existenzvernichtung nach § 826 BGB.[48]

d) Eingliederung

35 Die Eingliederung gem. §§ 319 ff. AktG ist letztlich die intensivste Form des Unternehmensverbundes, da die Hauptgesellschaft alle Aktien der eingegliederten Gesellschaft hält und somit die bisherigen außenstehenden Aktionäre verdrängt sind. Im Rahmen des Eingliederungsvorgangs gelten für die bis dahin noch vorhandenen Minderheitsgesellschafter strenge Schutzvorschriften. Allerdings sind selbst nach der Auffassung des BVerfG nach Bekanntgabe oder Bekanntwerden der geplanten Eingliederungsmaßnahme keine Besonderheiten für die **Bemessung der**

---

39 Vgl. *Ammann/Hucke*, DStR 1998, 1391, 1392.
40 Vgl. *Ammann/Hucke*, DStR 1998, 1391, 1392; *Timm*, NJW 1987, 980 ff.; *ders.*, NJW 1992, 2188.
41 Vgl. *Emmerich/Sonnenschein/Habersack*, Konzernrecht, S. 341 ff.
42 *Hüffer*, AktG, § 15 Rn 10; BGH ZIP 2001, 1323; OLG Köln ZIP 2001, 2089, auch zur Frage eines dennoch ggf. erforderlichen Abhängigkeitsberichts.
43 BGHZ 95, 330 „Autokran-Entscheidung"; BGHZ 107, 7 „Tiefbau-Entscheidung"; BGHZ 115, 187 „Video-Entscheidung"; BGH BB 1992, 14 „Stromlieferung-Entscheidung"; BGHZ 122, 123 „TBB-Entscheidung".
44 BGHZ 173, 246 „Trihotel"; BGHZ 176, 204 „Gamma", BGHZ 179, 344 „Sanitary"; BGH DB 2012, 1261; *Habersack*, ZGR 2008, 533; *Röck*, DZWIR 2012, 97.
45 Vgl. MüKo-AktG/*Altmeppen*, Anhang zu § 317 Rn. 2-6 m.w.N.; *Roth/Altmeppen*, Anhang § 13 Rn 145 ff. m.w.N.; *Habersack*, ZGR 2008, 533; *Röck*, DZWIR 2012, 97.
46 Vgl. MüKo-AktG/*Altmeppen*, § 309 Rn. 2 m.w.N.; *Roth/Altmeppen*, Anhang § 13 Rn 154 ff. m.w.N.
47 Vgl. *Wiedemann*, ZGR 2011, 183, 210 f.; *Schmidt*, ZGR 2011, 108, 118 ff.
48 Vgl. MüKo-AktG/*Altmeppen*, Anhang zu § 317 Rn. 2–6 m.w.N.; *Roth/Altmeppen*, Anhang § 13 Rn 145 ff. m.w.N.; *Habersack*, ZGR 2008, 533; *Röck*, DZWIR 2012, 97.

Abfindung für die ausscheidenden Gesellschafter zu beachten.[49] Die Eigentumsgarantie aus Art. 14 Abs. 1 GG gewährt Aktionären bei Eingliederung „ihrer" AG in eine andere keinen Anspruch auf Abfindung nach Maßgabe des durchschnittlichen Börsenkurses drei Monate vor der Bekanntmachung der geplanten Eingliederung.[50] Es ist daher verfassungsrechtlich nicht zu beanstanden, dass sich die Höhe der Abfindung nach der Rechtsprechung des BGH nach dem durchschnittlichen **Börsenkurs in den letzten drei Monaten** vor der Bekanntmachung der Strukturmaßnahme berechnet. Bekanntmachung in diesem Sinne ist bereits eine ad hoc Mitteilung nach § 13 WpHG, es sei denn zwischen dieser und der Hauptversammlung verstreicht ein längerer Zeitraum und die Entwicklung eine Anpassung des Börsenkurses geboten erscheinen lässt.[51]

4. Gesellschafterschutz

Die berechtigten wirtschaftlichen Interessen der Minderheitsgesellschafter, der sog. „außenstehenden Aktionäre", sollen durch die Regelungen der §§ 304 bis 307 AktG sowie das Spruchverfahren nach dem SpruchG (dazu siehe § 23) geschützt werden. Den außenstehenden Aktionären müssen bei Begründung des Vertragskonzernverhältnisses **angemessene Abfindungen** für den Fall eines etwa von ihnen gewünschten Ausscheidens angeboten werden. Das Fehlen eines Ausgleichsangebots führt nach § 304 Abs. 3 S. 1 AktG zur Nichtigkeit des Unternehmensvertrages.[52] Allerdings hat der BGH dabei differenziert und die Nichtigkeitsrechtsfolge bei chronisch defizitären Gesellschaften eingeschränkt: Die Festsetzung eines **sog. „Null-Ausgleichs"** für außenstehende Aktionäre in einem Ergebnisabführungsvertrag mit einer chronisch defizitären Aktiengesellschaft führt weder zur Nichtigkeit des Vertrages gemäß § 304 Abs. 3 S. 1 AktG noch zur Anfechtbarkeit des ihm zustimmenden Hauptversammlungsbeschlusses. Eine etwaige Unangemessenheit des Null-Ausgleichs kann gemäß § 304 Abs. 3 S. 2, 3 AktG nur im Spruchverfahren (§§ 1 ff. SpruchG) geltend gemacht werden.[53]

36

Der Anspruch auf Abfindung nach § 305 AktG ist kein wertpapiermäßig in der Aktie verkörpertes Mitgliedschaftsrecht, sondern ein **schuldrechtlicher Anspruch** auf der Grundlage des Beherrschungs- und/oder Gewinnabführungsvertrages gegen das herrschende Unternehmen. Der Abfindungsanspruch entsteht aufgrund des Beherrschungs- und/oder Gewinnabführungsvertrages stets **originär in der Person eines jeden außenstehenden Aktionärs**. Ausgleichsansprüche der außenstehenden Aktionäre gegen das herrschende Unternehmen entstehen nicht bereits im Zeitpunkt des Wirksamwerdens des Beherrschungs- und Gewinnabführungsvertrages. Stattdessen werden die außenstehenden Aktionäre zu diesem Zeitpunkt lediglich dem Grunde nach zum Ausgleich berechtigt.[54] Aus dem Zweck des Ausgleichsanspruchs, den Verlust der mitgliedschaftlichen Vermögensrechte auszugleichen und den Anspruch auf Zahlung der Dividende zu ersetzen, resultiert vielmehr, dass der Anspruch auf Zahlung des jährlichen festen Ausgleichs grundsätzlich mit dem Ende der auf ein Geschäftsjahr folgenden ordentlichen Hauptversammlung der abhängigen Gesellschaft entsteht, soweit im Beherrschungs- und Gewinnabführungsvertrag zu Gunsten der außenstehenden Aktionäre nichts anderes vereinbart ist.[55]

37

Nach dem Ende des Unternehmensvertrages kann die Rechtsstellung eines außenstehenden Aktionärs i.S.v. § 305 AktG nicht mehr neu erworben werden. Das gilt auch im Fall des sog. ver-

---

49 BVerfG NZG 2011, 869; ZIP 2011, 170; NJW 2007, 3266; *Bungert/Wettich*, ZIP 2012, 449; *Gärtner/Handke*, NZG 2012, 247, *Wasmann*, ZGR 2011, 83.
50 BGHZ 186, 229 = ZIP 2010, 1487; *Bungert/Wettich*, ZIP 2012, 449.
51 BGHZ 186, 229 = ZIP 2010, 1487; *Bungert/Wettich*, ZIP 2012, 449.
52 Zur analogen Anwendung im GmbH-Vertragskonzern siehe Scholz/*Emmerich*, GmbHG, Anh. Konzernrecht Rn 292; *Timm*, ZGR 1987, 402, 429; *Kerkhoff*, GmbHR 1999, 226, 227.
53 BGH BB 2006, 964 m. Anm. *Bungert*, BB 2006, 1128.
54 BGH NZG 2011, 701.
55 BGH NZG 2011, 701; OLG Stuttgart NJW-Spezial 2012, 368.

tragsüberdauernden Spruchverfahrens.⁵⁶ In dieser Konstellation gilt der materiell-rechtliche Fortbestand der Abfindungsberechtigung während der Anhängigkeit des Spruchverfahrens⁵⁷ nur zugunsten der im Zeitpunkt der Beendigung des Unternehmensvertrages vorhandenen außenstehenden Aktionäre, nicht hingegen für künftige Erwerber von Aktien der ehemals abhängigen Gesellschaft.

38 Nach wohl h.M. sind die §§ 304, 305 AktG mit den Schutzregeln für die Minderheitsgesellschafter (außenstehende Gesellschafter) durch **Ausgleichszahlungen in Form wiederkehrender Geldzahlungen** und einem **Abfindungsangebot** nicht entsprechend auf die GmbH anzuwenden.⁵⁸ Da nach h.M. ohnehin die Wirksamkeit des Vertrages von der Zustimmung aller Gesellschafter der beherrschten Gesellschaft abhängig sei, hätten es die außenstehenden Gesellschafter selbst in der Hand, ihre Zustimmung von einer entsprechenden umfassenden Ausgleichs- und/oder Abfindungsleistung durch das herrschende Unternehmen abhängig zu machen.⁵⁹ Ob diese Argumentation noch schlüssig ist, ist zweifelhaft, weil seit In-Kraft-Treten des UmwG 1995 vertreten wird, dass auch bei Unternehmensverträgen nur noch eine Mehrheit von 75 % der abgegebenen Stimmen erforderlich sei.⁶⁰ Handelt es sich bei der Untergesellschaft um eine GmbH und sieht der Unternehmensvertrag ein **Umtausch- oder Abfindungsangebot** für die Geschäftsanteile der außenstehenden Gesellschafter vor, ist § 15 Abs. 4 GmbHG zu beachten: Der Unternehmensvertrag bedarf der notariellen Beurkundung.⁶¹

39 Gesellschafterschützend ist aber auch bereits das Erfordernis einer qualifizierten Mehrheit der Anteilseigner sowohl des herrschenden als auch des beherrschten Unternehmens bei der Beschlussfassung über den Unternehmensvertrag (sog. **Konzernbildungskontrolle**).⁶²

5. Gläubigerschutz

40 Dem Schutz des Gesellschaftsvermögens vor Aushöhlung und somit dem Schutz der Gläubiger der abhängigen Gesellschaft dienen die **Nachteilsausgleichsregelungen** in den §§ 300 bis 303 AktG.

41 Das herrschende Unternehmen ist nach § 302 AktG zum **Verlustausgleich** verpflichtet, also verpflichtet, den Jahresfehlbetrag des beherrschten Unternehmens zeitnah auszugleichen.⁶³ Dementsprechend sind bei der Obergesellschaft entsprechende Rückstellungen zu passivieren.⁶⁴ Der Verlustausgleichsanspruch unterliegt der regelmäßigen Verjährung, nach § 195 BGB a.F. also der Verjährungsfrist von früher 30, heute drei Jahren⁶⁵ und nach der Neufassung des § 302 Abs. 4 im Jahre 2004 zehn Jahre ab Veröffentlichung des Vertragsendes. Im Vertragskonzern ist eine **Aufrechnung** des herrschenden Unternehmens gegen einen bereits entstandenen Anspruch der abhängigen Gesellschaft auf Verlustausgleich gemäß § 302 AktG zulässig und wirksam, sofern die zur Aufrechnung gestellte Forderung werthaltig ist. Die Beweislast für die Wert-

---

56 BGH BB 2006, 1873.
57 BGHZ 135, 374.
58 Zum Meinungsstand *Roth/Altmeppen*, Anhang zu § 13 GmbHG, Rn 87-89; *Weber*, GmbHR 2003, 1347; für eine analoge Anwendung LG Dortmund GmbHR 1998, 941 und für eine analoge Anwendung des § 296 Abs. 2 AktG bei Vertragsaufhebung LG Essen GmbHR 1998, 943.
59 *Emmerich/Sonnenschein/Habersack*, Konzernrecht, S. 484; *Emmerich/Habersack*, Aktien- und GmbH-Konzernrecht, § 293 Rn 42 ff., § 304 Rn 12 m.w.N.
60 *Roth/Altmeppen*, Anhang zu § 13 GmbHG, Rn 87-89; *Weber*, GmbHR 2003, 1347.
61 Vgl. *Roth/Altmeppen*, Anhang zu § 13 GmbHG, Rn 32 m.w.N.; *Neu/Brandenburg*, GmbH-StB 2001, 30.
62 Vgl. dazu *Ammann/Hucke*, DStR 1998, 1391, 1393; *Weber*, GmbHR 2003, 1347.
63 Zur Verlustausgleichshaftung im GmbH-Vertragskonzern siehe *Schilmar*, ZIP 2006, 2346; zum umgekehrten Problem des Durchschlagens einer Krise des herrschenden Unternehmens auf die Belange des beherrschten Unternehmens siehe *Trendelenburg*, NJW 2002, 647.
64 Vgl. dazu Centrale-Gutachten, GmbHR 2002, 694, 695.
65 BGH BB 2002, 7 = DStR 2002, 1101 = ZIP 2002, 35; dazu EWiR 2002, 51 (*Wilken*).

haltigkeit hat das herrschende Unternehmen. Zulässig und wirksam ist auch eine Vereinbarung, nach der das herrschende Unternehmen der abhängigen Gesellschaft Geld- oder Sachmittel unter Anrechnung auf einen bestehenden Anspruch auf Verlustausgleich gemäß § 302 AktG oder zur Vorfinanzierung des Verlustausgleichs für das laufende Geschäftsjahr zur Verfügung stellt.[66]

Nach § 303 AktG ist das beherrschende Unternehmen darüber hinaus verpflichtet, innerhalb von sechs Monaten nach Eintragung der Beendigung des Beherrschungsvertrages den Gläubigern der vormals abhängigen Gesellschaft zur Sicherung ihrer Ansprüche **Sicherheitsleistung** zu stellen. 42

6. Arbeitsrecht und Mitbestimmungsrecht in verbundenen Unternehmen
a) Arbeitsrecht

Das Arbeitsrecht und das Arbeitnehmerschutzrecht sind weitestgehend betriebs- oder unternehmensbezogen.[67] Dies betrifft insbesondere das **Kündigungsschutzrecht**, das überwiegend **betriebsbezogen** ist und nur **in Ausnahmefällen unternehmensbezogen** (vgl. § 1 Abs. 2 S. 2 Nr. 1b KSchG). Einen Konzernbezug des Kündigungsschutzrechts lehnt das Bundesarbeitsgericht ab.[68] Ausnahmsweise kann jedoch auch eine konzernbezogene Weiterbeschäftigungspflicht bestehen,[69] z.B. dann, wenn sich ein anderes Konzernunternehmen ausdrücklich zur Übernahme des Arbeitnehmers bereit erklärt hat sowie vor allem dann, wenn sich eine solche Verpflichtung unmittelbar aus dem Arbeitsvertrag oder einer sonstigen vertraglichen Absprache oder der in der Vergangenheit geübten Praxis ergibt. Weitere Voraussetzung einer derartigen unternehmensübergreifenden Weiterbeschäftigungspflicht ist ein bestimmender Einfluss des Beschäftigungsbetriebs bzw. des vertragsschließenden Unternehmens auf die „Versetzung".[70] Die Entscheidung darüber darf grundsätzlich nicht dem zur Übernahme bereiten Unternehmen vorbehalten worden sein oder eher nur faktisch bestehen.[71] Selbst Weiterbeschäftigungsmöglichkeiten in einem anderen Unternehmen des Konzerns stehen deshalb der Wirksamkeit einer betriebsbedingten Kündigung in einem Konzernunternehmen nicht entgegen.[72] 43

Demgegenüber hatte das BAG unter Bezugnahme auf die alte Rechtsprechung des BGH zum qualifiziert faktischen Konzern einen **Haftungsdurchgriff der Arbeitnehmer** einer vermögenslos gewordenen Tochtergesellschaft gegen das herrschende Unternehmen **analog §§ 302, 303 AktG** zu, etwa bei rückständigen Vergütungsansprüchen der Arbeitnehmer, bei Rentenansprüchen oder Ansprüchen aus einem Sozialplan zugelassen.[73] Diese Rechtsprechung ist durch die Aufgabe der Rechtsprechung durch den BGH überholt.[74] 44

Dagegen ist dann, wenn für eine Betriebsgesellschaft i.S.d. § 134 Abs. 1 UmwG ein Sozialplan aufzustellen ist, die Einigungsstelle nicht gehindert für die Bemessung des Sozialplanvolumens auch die wirtschaftliche Leistungsfähigkeit einer Anlagegesellschaft i.S.d. § 134 Abs. 1 UmwG zu berücksichtigen. Der Bemessungsdurchgriff ist jedoch der Höhe nach auf die der Betriebsgesellschaft bei der Spaltung entzogenen Vermögensteile begrenzt.[75]

---

66 BGH GmbHR 2006, 928 = BB 2006, 1877 m. Anm. *Rodewald*.
67 Vgl. *Schaub*, Arbeitsrechts-Handbuch, § 32 I Anm. 11; AnwK-AktienR/*Wichert*, § 3 MitbestG Rn 12 ff.
68 Vgl. BAG AP Nr. 1 zu § 1 KSchG 1969 Konzern; BAG DB 1983, 2635.
69 BAG NZA 2005, 929.
70 BAG NZA 2007, 30.
71 BAG NZA 2008, 939.
72 BAG NZA 2008, 939.
73 BAG AG 1993, 382, BAG AG 1994, 510; *Ammann/Hucke*, DStR 1998, 1391, 1395.
74 BGHZ 173, 246 „Trihotel"; BGHZ 176, 204 „Gamma", BGHZ 179, 344 „Sanitary"; BGH DB 2012, 1261; *Habersack*, ZGR 2008, 533; *Röck*, DZWIR 2012, 97.
75 BAG NZA 2011, 1112.

45 Schließlich hat das BAG auch bei der Anpassung von Betriebsrenten nach § 16 Betriebsrentengesetzes (Gesetz zur Verbesserung der betrieblichen Altersversorgung – BetrAVG) anerkannt, dass die wirtschaftliche Lage des herrschenden Unternehmens ggf. zu berücksichtigen ist, wenn die Tochtergesellschaft aufgrund ihrer eigenen wirtschaftlichen Situation selbst zu einer Anpassung nicht in der Lage ist oder wenn die Versorgungszusage von der Konzernobergesellschaft erteilt wurde.[76] Versorgungsberechtigte können jedoch nicht nach § 303 AktG Sicherheit für künftige Betriebsrentenanpassungen verlangen. Der Schutzzweck der §§ 4 und 16 BetrAVG erfordert keine erweiternde Auslegung des § 303 AktG. Bei Beendigung eines Beherrschungsvertrages hat das herrschende Unternehmen das abhängige Unternehmen grundsätzlich so auszustatten, dass dieses zur Anpassung der Betriebsrenten wirtschaftlich in der Lage ist. Die Verletzung dieser Verpflichtung kann zu Schadensersatzansprüchen der Betriebsrentner gegen das ursprünglich herrschende Unternehmen führen.[77]

b) Unternehmensmitbestimmung

46 Unabhängig von der weiterhin bestehenden rechtlichen Selbständigkeit der einzelnen Unternehmen in einem Unternehmensverbund werden dem herrschenden Unternehmen eines Konzerns i.S.v. § 18 Abs. 1 AktG im Rahmen der Unternehmensmitbestimmung nach dem Mitbestimmungsgesetz 1976 sämtliche Mitarbeiter in den einzelnen Unternehmen des Unternehmensverbundes zugerechnet. Wird die **Mindestbeschäftigtenzahl von 2.000 Arbeitnehmern** erreicht, ergibt sich so dann die Mitbestimmung auf Unternehmensebene durch paritätische Vertretung der Arbeitnehmer im Aufsichtsrat (§ 5 Abs. 1 Mitbestimmungsgesetz 1976).[78]

47 Da sich aber nach h.M. das Mitbestimmungsgesetz 1976 nur auf inländische Kapitalgesellschaften bezieht, die Muttergesellschaft im Konzernverbund jedoch im Ausland ansässig sein kann, ist in § 5 Abs. 3 Mitbestimmungsgesetz 1976 geregelt, dass in solchen Fällen das in der Unternehmensverbunds-Hierarchie nächste inländische Unternehmen als sog. **Teilkonzernspitze** gilt und dort die Mitbestimmungsregeln anzuwenden sind.[79]

c) Betriebsverfassungsrechtliche Mitbestimmung

48 Zusätzlich zur betriebsverfassungsrechtlichen Mitbestimmung auf Betriebsebene (**Betriebsrat**) und auf Unternehmensebene (**Gesamtbetriebsrat**) sieht das Betriebsverfassungsgesetz 1972 auch eine Arbeitnehmervertretung auf Konzernebene durch einen Konzernbetriebsrat vor (§ 54 Abs. 1 S. 1 BetrVG). Ein solcher **Konzernbetriebsrat** hat lediglich koordinierende Funktion hinsichtlich der Tätigkeit der Gesamtbetriebsräte und Betriebsräte in den einzelnen Unternehmen bzw. einzelnen Betrieben. Nach § 58 Abs. 2 BetrVG können auch Aufgaben des Gesamtbetriebsrates auf den Konzernbetriebsrat delegiert werden. Nach dem Territorialprinzip gilt insoweit § 5 Absatz 3 Mitbestimmungsgesetz nicht entsprechend, d.h., die Errichtung eines Konzernbetriebsrats kommt aufgrund des Territorialitätsprinzips des AktG nur in Betracht, wenn nicht nur die unter einen einheitlichen Leitung zusammengefassten Unternehmen, sondern auch die Konzernobergesellschaft ihren Sitz im Inland hat.[80]

---

[76] BAGE 61, 94; BAG AP Nr. 22 zu § 16 BetrAVG; BAG NZA 1989, 844; BAG NZA 1993, 72; BAG NZA 1995, 368; kritisch dazu *Berenz*, NZA 1994, 385, 390.
[77] BAG NZA 2010, 641.
[78] Dazu AnwK-AktienR/*Wichert*, § 5 MitbestG Rn 3 ff.
[79] Vgl. OLG Frankfurt/M. BB 2008, 1194; BAG AP Nr 3 zu § 96a ArbGG 1979; NZA 2007, 999; *Windbichler*, 527 ff.; *Ammann/Hucke*, DStR 1998, 1391, 1395.
[80] BAG AP Nr 3 zu § 96a ArbGG 1979; NZA 2007, 999.

II. Beherrschungs- und Gewinnabführungsvertrag (Organschaftsvertrag)

1. Rechtsnatur und Begriffsbestimmungen
a) Allgemeine Rechtsgrundlagen

§ 308 Abs. 1 S. 2 AktG gewährt bei einem Beherrschungsvertrag dem herrschenden Unternehmen ein **umfassendes Weisungsrecht** und gestattet ihm im Interesse des Unternehmensverbundes auch **nachteilige Weisungen** für das abhängige Unternehmen. 49

Ein Beherrschungsvertrag i.S.d. § 291 Abs. 1 S. 1 Alt. 1 AktG ist ein **Organisationsvertrag**, der den Gesellschaftszweck am Interesse des Gesamtkonzerns ausrichtet und den Status der beherrschten Gesellschaft ändert.[81] Ein Unternehmensvertrag ist dann ein Beherrschungsvertrag, wenn das herrschende Unternehmen in die Lage versetzt wird, in die Leitung des beherrschten Unternehmens insoweit einzugreifen, als es eine auf das Gesamtinteresse der verbundenen Unternehmen ausgerichtete Zielkonzeption durchsetzt; die Unterordnung des beherrschten Unternehmens ist gekennzeichnet durch die Rechte der Obergesellschaft zur mindestens teilweisen Leitung und zur Weisung in wesentlichen unternehmerischen Bereichen. Das Weisungsrecht der herrschenden Gesellschaft überlagert dann das Weisungsrecht der Gesellschafterversammlung des beherrschten Unternehmens.[82] 50

b) Regelung der Ausgleichszahlungen und der Abfindung

Die nach § 304 AktG im Zusammenhang mit einem Gewinnabführungsvertrag zu regelnden und zu leistenden **Ausgleichszahlungen** für die außenstehenden Anteilseigner sind durch eine auf die Nennbeträge der Anteile bezogene **wiederkehrende Geldleistung** zu bewirken. Die nach § 305 AktG anzubietende Abfindung für Aktionäre, die im Zusammenhang mit dem Unternehmensvertrag gegen angemessene Abfindung ausscheiden wollen, ist im Regelfall als **Barabfindung** zu gewähren.[83] Ausnahmsweise kommt nach § 305 Abs. 2 Nr. 1 und Nr. 2 AktG auch eine Abfindung in Aktien an der Obergesellschaft in Betracht. 51

Bislang waren Details einer **Anrechenbarkeit** streitig, insbesondere ob und ggf. in welchem Umfang eine **Ausgleichszahlung** des herrschenden Unternehmens an die außenstehenden Aktionäre gem. § 304 AktG auf eine Barabfindung bzw. auf Zinsen gem. § 305 AktG anzurechnen sei.[84] Der BGH hat diese Frage in der sog. „Rüttgers AG-Entscheidung" inzwischen so beantwortet, dass die empfangenen Ausgleichsleistungen ausschließlich mit den Abfindungszinsen nach § 305 Abs. 3 S. 3 AktG, nicht jedoch mit der Barabfindung selbst zu verrechnen sind.[85] Demgegenüber sollen **Sonderdividenden** und **Körperschaftsteuergutschriften** weder auf die Abfindung noch auf die Abfindungszinsen angerechnet werden können.[86] 52

Maßstab für die Berechnung der nach § 304 AktG zu leistenden **Ausgleichszahlungen** ist der voraussichtliche durchschnittliche **Bruttogewinnanteil je Aktie** abzüglich der von der Gesellschaft hierauf zu entrichtenden **Körperschaftsteuer** in Höhe des jeweils geltenden Steuertarifs.[87] Maßstab für die Berechnung der angemessenen **Barabfindung** ist bei börsennotierten Unterge- 53

---

81 AnwK-AktienR/*Meilicke*, Einl. §§ 291–310 AktG Rn 19 ff.
82 Zum Inhalt der Leitungsmacht siehe BGH GmbHR 1967, 231; zum Umfang des Informationsrechts der Obergesellschaft vgl. auch OLG Hamm AG 1987, 20.
83 Zur Festsetzung eines sog. „Null-Ausgleichs" siehe BGH BB 2006, 964 m. Anm. *Bungert* BB 2006, 1128. Zum Abfindungsanspruch außenstehender Aktionäre bei Beendigung des Unternehmensvertrages durch Verschmelzung BVerfG, NZG 2011, 869.
84 Bejahend OLG Hamburg ZIP 2002, 754 m.w.N.
85 BGH BB 2002, 2243; dazu *Riegger/Roßkopf*, BB 2003, 1026.
86 BGH BB 2003, 1860 = DStR 2003, 2082; a.A. noch OLG Hamburg BB 2002, 747.
87 BGH DStR 2003, 1938 = ZIP 2003, 1745; dazu *Knoll*, ZIP 2003, 2329; EWiR 2004, 1 (*W. Müller*); so auch schon OLG Hamm BB 2002, 63.

sellschaften regelmäßig der Börsenkurs, und zwar ein **Referenzkurs**, der sich – unter Ausschluss außergewöhnlicher Tagesausschläge oder kurzfristiger sich nicht verfestigender sprunghafter Entwicklungen – aus dem **Mittel der Börsenkurse der letzten drei Monate** vor der Bekanntmachung ergibt.[88] In jedem Fall soll aber nach der **Rechtsprechung des BGH und des BVerfG** eine Abfindungsbemessung mit Art. 14 GG unvereinbar sein, die den Börsenkurs völlig außer Acht lässt.[89]

54 Ansonsten soll regelmäßig der **Ertragswert** des Unternehmens, ergänzt um den **Liquidationswert des nicht betriebsnotwendigen Vermögens**, Maßstab für die Berechnung der angemessenen Barabfindung sein.[90] Der Ertragswert ist dabei zwar zukunftsbezogen zu ermitteln, die erzielbaren Überschüsse sind aber anhand einer sorgfältigen Analyse der Vergangenheit zu prognostizieren.[91]

55 Akzeptiert der außenstehende Aktionär das Abfindungs- oder das Ausgleichszahlungsangebot nicht, kann er die **Angemessenheit** im sog. **Spruchverfahren nach dem SpruchG** (siehe dazu § 23) – früher: Spruchstellenverfahren gem. § 306 AktG a.F. – überprüfen lassen.[92]

c) Besonderheiten im GmbH-Konzernrecht

56 Auch im **GmbH-Konzernrecht** findet sich in der Praxis häufig der sog. Organschaftsvertrag als Kombination aus Gewinnabführungsvertrag und Beherrschungsvertrag,[93] wenngleich Unternehmensverträge i.S.d. §§ 291, 292 AktG für das GmbH-Recht **gesetzlich nicht geregelt** sind. Es ist aber anerkannt, dass auch im GmbH-Recht solche Unternehmensverträge oder Kombinationen daraus zulässig sind.[94]

57 Der BGH hat durch die sog. Supermarkt-Entscheidung[95] und den sog. Siemens-Beschluss[96] eine weitgehende Klärung über die Abschlussvoraussetzungen eines solchen Beherrschungs- und Gewinnabführungsvertrages im GmbH-Konzern herbeigeführt und dabei weitgehend die **Voraussetzungen der §§ 291ff. AktG** übernommen, wenngleich er zur Begründung insoweit nicht eine echte Analogie zu den aktienrechtlichen Vorschriften heranzieht.[97]

58 Ob die **Ausgleichs- und Abfindungsregelungen** gem. §§ 304, 305 AktG im GmbH-Recht analog anzuwenden sind, ist streitig.[98] Nach h.M. gilt zumindest der Gläubigerschutz durch **Sicherheitsleistung** nach § 303 AktG analog als zwingende gesetzliche Regelung auch im GmbH-Recht.[99]

d) Eintragung im Handelsregister

59 Ferner bedarf der Unternehmensvertrag der **Eintragung in das Handelsregister** der abhängigen Gesellschaft, nicht der herrschenden Gesellschaft[100] (vgl. § 294 Abs. 2 AktG).[101] Eingetragen

---

88 Vgl. BGHZ 186, 229 = ZIP 2010, 1487; *Bungert/Wettich*, ZIP 2012, 449.
89 Vgl. BVerfG NZG 2011, 869; ZIP 2011, 170; NJW 2007, 3266; Bungert/Wettich, ZIP 2012, 449; *Gärtner/Handke*, NZG 2012, 247, *Wasmann*, ZGR 2011, 83.
90 Vgl. OLG Stuttgart NZG 2012, 587; OLG Frankfurt/M. ZIP 2012, 371; ZIP 2012, 124.
91 BayObLG ZIP 2001, 1999; dazu EWiR 2001, 1027 (*Luttermann*).
92 Vgl. OLG Stuttgart NZG 2012, 587; OLG Frankfurt/M. ZIP 2012, 371; ZIP 2012, 124.
93 Vgl. auch die Muster in MünchVertragsHdB/*Hoffmann-Becking*, Bd. 1, Kap. X; *Wurm/Wagner/Zartmann*, Rechtsformularbuch, Kap. 131.
94 *Roth/Altmeppen*, Anhang zu § 13 GmbHG, Rn 17 m.w.N.
95 BGHZ 105, 324 = GmbHR 1989, 25.
96 BGH BGHZ 116, 37 = GmbHR 1992, 253, 255f. = NJW 1992, 1452.
97 *Altmeppen*, ZIP 1998, 1853, 1866; *Kleinert/Lahl*, GmbHR 2003, 698; *Langenfeld*, GmbH-Vertragspraxis, § 3, S. 223 Rn 519 ff.; zum Abhängigkeitsbericht analog § 312 AktG siehe OLG Frankfurt BB 2000, 1487.
98 Vgl. *Roth/Altmeppen*, Anhang zu § 13 GmbHG, Rn 87-89 m.w.N.; *Zöllner*, ZGR 1992, 173, 194.
99 BGH WM 1991, 2137 f.; *Wirth*, DB 1990, 2105, 2108; *Zöllner*, ZGR 1992, 173, 192.
100 *Krafka/Willer*, Registerrecht, Teil 1, Rn 1596; Wurm/Wagner/Zartmann/*Kandler*, Kap. 119 Rn 35.
101 Vgl. BGH GmbHR 1992, 253, 255f. = NJW 1992, 1452; *Langenfeld*, GmbH-Vertragspraxis, § 3 Rn. 524.

werden müssen gem. § 10 GmbHG der Vertragsschluss als solcher nebst Datum, die Art des Vertrages, der Name des Vertragspartners und der Zustimmungsbeschluss.[102] Durch die Reform der Handelsregisterverordnung vom 11.12.2001[103] ist der Umfang des Eintragungsinhalts im Interesse einer Erleichterung der Registerführung reduziert worden.

2. Vertragsabschluss

Die **Vertretung** der beteiligten Gesellschaften (Ober- und Untergesellschaft bzw. herrschende und abhängige Gesellschaft bzw. Organträger und Organgesellschaft) beim Vertragsabschluss erfolgt durch die Geschäftsführungsorgane, also den Vorstand der Aktiengesellschaft bzw. die Geschäftsführung der GmbH. **Einfache Schriftform** ist regelmäßig ausreichend (§ 293 Abs. 3 AktG).[104] Ist aber die Untergesellschaft eine GmbH und enthält der Vertrag ein **Umtausch- oder Abfindungsangebot** für die Geschäftsanteile der außenstehenden Gesellschafter, bedarf er nach § 15 Abs. 4 GmbHG der notariellen Beurkundung.[105]

3. Beschlussfassung der Anteilseigner des herrschenden Unternehmens (Obergesellschaft)

Auf Seiten der Obergesellschaft bedarf der Vertrag der Zustimmung der Haupt- bzw. Gesellschafterversammlung mit mindestens Dreiviertelmehrheit der abgegebenen Stimmen.[106] Ist die Obergesellschaft eine Aktiengesellschaft, ist notarielle Beurkundung erforderlich. Ist die Obergesellschaft eine GmbH, ist notarielle Beurkundung nicht erforderlich, es sei denn, die Satzung sieht dieses Formerfordernis vor.[107]

4. Beschlussfassung der Anteilseigner der beherrschten Gesellschaft (Untergesellschaft)

Nach herrschender Meinung stellt der Vertragsabschluss zwar keine Satzungsänderung dar, er bedarf aber dennoch der Zustimmung der Haupt- bzw. Gesellschafterversammlung in **notariell beurkundeter Form**.[108] Besonderheiten gelten für **Altverträge** aus der Zeit vor dem AktG 1965. Beherrschungsverträge ohne Gewinnabführungsverpflichtung waren nach dem AktG 1937 zulässig und bedurften nicht der Zustimmung der Hauptversammlung; ein derartiges Wirksamkeitserfordernis wurde auch nicht durch das AktG 1965 nachträglich geschaffen.[109]

Ist die Untergesellschaft eine **GmbH**, gelten entsprechende Regeln. Jedoch bedarf der Abschluss eines solchen Unternehmensvertrages aus der Sicht der abhängigen GmbH entsprechend §§ 53, 54 GmbHG zu seiner Wirksamkeit der **Zustimmung durch die Gesellschafterversammlung in notariell beurkundeter Form**. Weil es sich um eine „satzungsgleiche" Änderung des Organisationsstatuts der GmbH handele, sei diese Änderung nicht mehr von der Vertretungsmacht der Geschäftsführer der GmbH gedeckt.[110]

Nach h.M. bedarf dieser Gesellschafterbeschluss außerdem der **Zustimmung aller Gesellschafter**, da der Kernbereich der Mitgliedschaft betroffen ist.[111] In der GmbH bedarf der Vertrag

---

102 Kritisch zur Eintragungspflicht für Teilgewinnabführungsverträge *Schulte/Ries*, GmbHR 2000, R 269.
103 BGBl I 2001, 3688; dazu *Müther*, Das Handelsregister in der Praxis, § 11 Rn 3.
104 Roth/Altmeppen, Anhang zu § 13 GmbHG, Rn 31 m.w.N.
105 Roth/Altmeppen, Anhang zu § 13 GmbHG, Rn 32 m.w.N.
106 Roth/Altmeppen, Anhang zu § 13 GmbHG, Rn 44 m.w.N.
107 *Roth/Altmeppen*, Anhang zu § 13 GmbHG, Rn 44 m.w.N.
108 Einschränkend nunmehr *Kleinert/Lahl*, GmbHR 2003, 698, 699.
109 KG DB 2000, 1755, dazu EWiR 2001, 115 (*Rottnauer*).
110 Vgl. umfassend *Lutter/Hommelhoff*, GmbHG, Anh. § 13; Scholz/*Emmerich*, GmbHG, Anh. Konzernrecht Rn 286.
111 *Roth/Altmeppen*, Anhang zu § 13 GmbHG, Rn 36–41 m.w.N.

nach einer Mindermeinung jedoch nur der qualifizierten Mehrheit von 75% nach § 53 Abs. 2 GmbHG.[112] Begründet wird diese Auffassung im Wesentlichen damit, dass der **Minderheitenschutz** ausreichend gewährleistet sei, weil das herrschende Unternehmen verpflichtet sei, den Gesellschaftern der beherrschten Gesellschaft einen Ausgleich und eine Abfindung zu gewähren, die in der Regel als Barabfindung analog §§ 304, 305 AktG anzubieten sei. Wenn die herrschende Gesellschaft dieses Ausgleichs- und Abfindungsangebot nicht unterbreite, sei der Zustimmungsbeschluss anfechtbar, möglicherweise auch analog § 304 Abs. 3 S. 1 AktG nichtig.

65 Weder nach der h.M. noch nach der zitierten Mindermeinung besteht aber bei Beschlussfassung in der Gesellschafterversammlung des beherrschten Unternehmens für das herrschende Unternehmen ein **Stimmverbot** nach § 47 Abs. 4 S. 2 GmbHG.[113]

5. Anmeldung zum und Eintragung im Handelsregister

66 Der Vertrag und der Zustimmungsbeschluss sind **zum Handelsregister des beherrschten Unternehmens** gem. § 12 HGB in öffentlich beglaubigter Form anzumelden.[114] Der Anmeldung **beizufügen** (§ 54 Abs. 1 S. 2 GmbHG) sind:
– der Vertrag
– der Zustimmungsbeschluss des beherrschten Unternehmens
– der Zustimmungsbeschluss der herrschenden Gesellschaft.

67 **Einzutragen** im Handelsregister sind nach § 294 Abs. 1 AktG:
– das Bestehen und die Art des Vertrages
– der Name des anderen Vertragsteils
– (im Falle des Gewinnabführungsvertrages) die Höhe des abzuführenden Gewinns, nebst der vertraglichen Regelung zur Bestimmung der Höhe des abzuführenden Gewinns.[115]

Durch die Reform der Handelsregisterverordnung vom 11.12.2001[116] ist der Umfang des Eintragungsinhalts im Interesse einer Erleichterung der Registerführung reduziert worden.

68 Die umfangreiche Eintragungsverpflichtung hinsichtlich der Details der **Höhe des abzuführenden Gewinns** war sehr problematisch im Hinblick auf den Umfang der Eintragung im Handelsregister und in den Bekanntmachungsblättern der Gesellschaft.[117] Dies galt insbesondere bei Teilgewinnabführungsverträgen mit verschiedenen Anspruchsinhabern (Anlegern), möglicherweise unterschiedlichen Beteiligungssummen und möglicherweise unterschiedlichen Berechnungen der Beteiligungsquote. Im Rahmen der Reform der Handelsregisterverordnung vom 11.12.2001 hat daher der Verordnungsgeber mit einer Reduzierung des Umfangs des Eintragungsinhalts auf diese praktischen Probleme reagiert.

69 Problematisch war dies insbesondere auch vor dem Hintergrund, dass **stille Beteiligungen** in Form von typischen stillen oder atypisch stillen Gesellschaften als „andere Unternehmensver-

---

112 Vgl. *Lutter/Hommelhoff*, Anhang § 13 GmbHG Rn 63.
113 Vgl. *Kerkhoff*, GmbHR 1999, 226; für den Fall der Kündigung bzw. Aufhebung ebenso: BGH NZG 2011, 902 m.w.N.
114 Dazu ausführlich *Müther*, Das Handelsregister in der Praxis, § 11 Rn 28 ff.
115 *Geßler/Hefermehl*, AktG, § 294 Rn 13; Kölner Komm-AktG/*Koppensteiner*, § 294 Rn 20; *Hüffer*, AktG, § 294 Rn 16; *Schulte/Ries*, GmbHR, R 269.
116 BGBl I 2001, 3688; dazu *Müther*, Das Handelsregister in der Praxis, § 11 Rn 3; *Krafka/Willer*, Registerrecht, Teil 1, Rn 1603.
117 Kritisch dazu *Schulte/Ries*, GmbHR 2000, R 269.

träge" i.S.v. § 292 Abs. 1 Nr. 2 AktG angesehen werden.[118] Umstritten ist, insoweit ob die analoge Anwendbarkeit der §§ 292 ff. AktG auch für die GmbH geboten ist.[119]

Nach h.M. haben die Registergerichte dabei die Anmeldung nicht nur in formeller Hinsicht, insbesondere bezüglich der Formen und der Vollständigkeit der beizufügenden Unterlagen, zu prüfen, sondern auch eine **materielle Prüfung** hinsichtlich der Wirksamkeit des Vertrages und der darauf bezogenen Zustimmungsbeschlüsse vorzunehmen.[120] Erst mit der Eintragung im Handelsregister werden die Verträge nach § 294 Abs. 2 AktG wirksam. Allerdings hat die Eintragung bei fehlerhaften Verträgen **keine Heilungswirkung** und kann im Verfahren nach § 398 FamFG durch Löschung korrigiert werden.[121] Allerdings sollen die **Rechtsgrundsätze der fehlerhaften Gesellschaften** insoweit für in Vollzug gesetzte Verträge gelten.[122]

Trotz der weitgehend **konstitutiven Wirkung der Handelsregistereintragung** kann zumindest die Ergebnisabführungsregelung mit Rückwirkung ab Beginn des laufenden Geschäftsjahres der Untergesellschaft vereinbart werden.[123] Dagegen kann die Beherrschungsregelung (Unterwerfung unter die Weisungen der Obergesellschaft) nicht mit Rückwirkung vereinbart werden.[124]

6. Vertragsbericht und Vertragsprüfung

Nach den §§ 293 a ff. AktG sind im Aktienrecht Vertragsbericht und Vertragsprüfung vorgeschrieben. Ob dies auch für den GmbH-Konzern gilt, ist nicht abschließend entschieden.[125] Zumindest die Regelung des § 293 f AktG, wonach die dort genannten Unterlagen über die Untergesellschaft zur Information der Gesellschafter der Obergesellschaft vorliegen müssen, soll entsprechend anwendbar sein.[126]

7. Laufzeit des Unternehmensvertrages

Im Hinblick auf mögliche Steuerschäden ist auf die Beendigungsregelung besonderes Augenmerk zu richten. Wird der Vertrag nicht **für mindestens fünf Jahre** geschlossen, ist er steuerlich nicht anzuerkennen (vgl. § 14 Nr. 3 KStG; R 60 Abs. 2 KStR 2004).

Wird der Vertrag im Laufe des Wirtschaftsjahres des abhängigen Unternehmens geschlossen, muss er **bis zum Ende des folgenden Wirtschaftsjahres im Handelsregister eingetragen** sein. Seine steuerliche Wirksamkeit beginnt mit dem Wirtschaftsjahr, in dem die Eintragung im Handelsregister erfolgt ist.

Die fünfjährige Mindestlaufzeit des Gewinnabführungsvertrages bei der körperschaftsteuerlichen Organschaft bemisst sich aber nach Zeitjahren und nicht nach Wirtschaftsjahren. Mit der Statuierung einer – zivilrechtlich nicht vorgeschriebenen – Mindestdauer des Gewinnabführungsvertrages soll verhindert werden, dass die Organschaft zum Zweck willkürlicher Beeinflussung der Besteuerung und zu Einkommensverlagerungen von Fall zu Fall abgeschlossen bzw. beendet wird.[127] Ein zwischen zwei GmbH's geschlossener Beherrschungsvertrag und Gewinnab-

---

118 Vgl. Kölner Komm-AktG/*Koppensteiner*, § 292 Rn 53 f.; *Schulte/Ries*, GmbHR 2000, R 269.
119 Vgl. verneinend: OLG München GmbHR 2011, 487; BayObLG ZIP 2003, 845 = DStR 2003, 1218 m. Anm. *Wälzholz*; a.A. Scholz/*Emmerich*, GmbHG Anhang § 13 Rn. 214; *Emmerich/Habersack*, Konzernrecht § 292 Rn. 37.
120 Vgl. *Hüffer*, AktG, § 294 Rn 11; Kölner Komm-AktG/*Koppensteiner*, § 294 Rn 18; *Krafka/Willer*, Registerrecht, Teil 1, Rn 1607; *Schulte/Ries*, GmbHR 2000, R 269, 270.
121 Vgl. OLG Hamm NZG 2009, 1117; *Krafka/Willer*, Registerrecht, Teil 1, Rn 1607.
122 Vgl. *Roth/Altmeppen*, Anhang zu § 13 GmbHG, Rn 104 m.w.N.
123 Vgl. BGHZ 122, 211; OLG Frankfurt/M. GmbHR 1996, 859.
124 Vgl. Roth/Altmeppen, Anhang zu § 13 GmbHG, Rn 35 m.w.N.
125 Vgl. *Hüffer*, § 293a Rn 5 f.
126 Vgl. *Bungert*, DB 1995, 1449, 1452.
127 BFH BStBl II 2011, 727 = GmbHR 2011, 544.

führungsvertrag wird dagegen erst mit seiner Eintragung in das Handelsregister gemäß § 294 Abs. 2 AktG zivilrechtlich und steuerrechtlich wirksam.[128]

75 Die Voraussetzungen für die finanzielle Eingliederung – sowie bei der gewerbe- und umsatzsteuerlichen Organschaft der wirtschaftlichen und organisatorischen Eingliederung – müssen in dem gesamten Wirtschaftsjahr erfüllt sein, in dem das Organschaftsverhältnis erstmals gelten soll.

Bei einer anderen Kapitalgesellschaft i.S.d. § 17 KStG muss die Verlustübernahmeverpflichtung im Gewinnabführungsvertrag selbst ausdrücklich geregelt sein.[129] Dabei ist entweder die Verlustübernahmeregelung entsprechend dem Inhalt des § 302 AktG auszugestalten oder auf § 302 AktG zu verweisen.[130] Der Ergebnisabführungsvertrag muss nach Auffassung des BFH[131] eine dem § 302 AktG entsprechende Vereinbarung enthalten. Das erstreckt sich auf § 302 AktG in seiner Gesamtheit und in allen seinen Bestandteilen (in den jeweiligen Regelungsfassungen), also seit Einfügung der Verjährungsregelung des § 302 Abs. 4 AktG durch das Gesetz zur Anpassung von Verjährungsvorschriften an das Gesetz zur Modernisierung des Schuldrechts[132] mit Wirkung vom 15.12.2004 auch auf diese. Enthält ein vor dem 1.1.2006 geschlossener Gewinnführungsvertrag keinen Verweis auf den durch das Gesetz zur Anpassung von Verjährungsvorschriften an das Gesetz zur Modernisierung des Schuldrechts vom 9.12.2004[133] eingefügten Abs. 4 in § 302 AktG, wird eine fehlende Anpassung durch die Finanzverwaltung entgegen der Rechtsprechung des BFH bisher nicht beanstandet.[134]

8. Beendigung des Unternehmensvertrages

76 Nach Auffassung des BGH bedarf sowohl die Aufhebung eines Unternehmensvertrages als auch dessen Kündigung als „actus contrarius" jedenfalls bei der beherrschten Gesellschaft den gleichen Form- und Beschlussregelungen.[135] Die h.M. geht davon aus, dass die Eintragung der Beendigung – im Gegensatz zum Abschluss eines Beherrschungs- und Gewinnabführungsvertrages mit einer GmbH als beherrschter Gesellschaft – nur deklaratorische Bedeutung hat.[136] Ein mangels Eintragung in das Handelsregister nichtiger, jedoch zunächst durchgeführter Organ- oder Ergebnisabführungsvertrag ist – auch bei der abhängigen Ein-Personen-GmbH – nach dem **Grundsatz der fehlerhaften Gesellschaft** für die Zeit seiner Durchführung als wirksam zu behandeln. Eine **rückwirkende Aufhebung** eines Unternehmensvertrages ist auch im GmbH-Konzernrecht grundsätzlich **unzulässig**.[137]

77 Die Kündigung eines Unternehmensvertrages bedarf entsprechend § 297 Abs. 3 AktG aus Gründen der Rechtssicherheit der Schriftform und wie die Aufhebung eines Beschlusses der Gesellschafterversammlung der beherrschten Gesellschaft.[138] Das Handelsregistergericht hat bei der Anmeldung der außerordentlichen Kündigung eines Unternehmensvertrages materiell zu prüfen, ob ein wichtiger Grund zur Kündigung vorliegt, wenn Anhaltspunkte für das Gegenteil

---

128 BFH BStBl II 2011, 600 = GmbHR 2011, 494.
129 FG Köln EFG 1999, 730 = FG Köln DStRE 1999, 835; BFH GmbHR 2000, 949; kritisch dazu *Walpert*, DStR 1999, 1684.
130 R 66 Abs. 3 S. 3 KStR; Musterformulierung bei *Luxem*, GmbH-StB 1999, 184.
131 BFH DStR 2010, 858.
132 BGBl I 2004, 3214.
133 BGBl I 2004, 3214.
134 BMF v. 16.12.2005, BStBl I 2006, 12.
135 BGH NZG 2011, 902; OLG Schleswig ZIP 2011, 517.
136 OLG München GmbHR 2011, 489.
137 BGH BB 2002, 7 = DStR 2002, 1101 = ZIP 2002, 35, dazu EWiR 2002, 51 (*Wilken*); zur rückwirkenden Begründung einer Organschaft siehe *Haun/Reiser*, BB 2002, 2257.
138 BGH NZG 2011, 902.

bestehen.[139] So berechtigt die Auflösung der beherrschten GmbH den Organträger (hier: Einzelkaufmann) grundsätzlich nicht zur außerordentlichen Kündigung, wenn er als alleiniger Gesellschafter selbst die Auflösung beschlossen hat.[140]

Auch wenn nach § 30 Abs. 1 S. 2 GmbHG die Ausschüttungssperre nicht für Leistungen gilt, die bei Bestehen eines Beherrschungs- oder Gewinnabführungsvertrages erfolgen, ist zu beachten, dass nach § 297 Abs. 1 S. 2 AktG der Geschäftsführer der Tochtergesellschaft verpflichtet bleibt, eine Kündigung des Unternehmensvertrages zu prüfen, wenn die Muttergesellschaft voraussichtlich nicht in der Lage sein wird, ihre aus dem Vertrag folgenden Pflichten zu erfüllen.[141]

Eine **isolierte Kündigung** nur des Ergebnisabführungsvertrages in einem Organschaftsvertrag ohne Kündigung auch des Beherrschungsvertrages ist nicht möglich.[142]

78 Die fünfjährige Mindestlaufzeit des Gewinnabführungsvertrages bei der körperschaftsteuerlichen Organschaft bemisst sich aber nach Zeitjahren und nicht nach Wirtschaftsjahren. Mit der Statuierung einer – zivilrechtlich nicht vorgeschriebenen – Mindestdauer des Gewinnabführungsvertrages soll verhindert werden, dass die Organschaft zum Zweck willkürlicher Beeinflussung der Besteuerung und zu Einkommensverlagerungen von Fall zu Fall abgeschlossen bzw. beendet wird.[143] Ein zwischen zwei GmbH geschlossener Beherrschungsvertrag und Gewinnabführungsvertrag wird dagegen erst mit seiner Eintragung in das Handelsregister gemäß § 294 Abs. 2 AktG zivilrechtlich und steuerrechtlich wirksam.[144]

Wird ein **Ergebnisabführungsvertrag**, der noch nicht fünf aufeinander folgende Jahre durchgeführt worden ist, durch Kündigung oder im gegenseitigen Einvernehmen beendet, so verliert er rückwirkend seine Wirksamkeit, es sei denn, die Beendigung erfolgt wegen eines wichtigen Grundes (vgl. R 60 Abs. 2 und Abs. 6 KStR 2004). Die **Beendigung aus wichtigem Grund** ist also ggf. Voraussetzung dafür, dass in solchen Fällen einer vorzeitigen Beendigung die steuerlichen Vorteile bis zur Beendigung erhalten bleiben. Deshalb empfiehlt es sich dringend, in den Vertrag (analog § 297 AktG) eine Regelung über eine außerordentliche Beendigung aus wichtigem Grund aufzunehmen, wobei bei Vorliegen eines wichtigen Grundes nicht nur die fristlose Kündigung, sondern auch eine Aufhebungsvereinbarung möglich ist.[145] Als ein wichtiger Grund gilt es, wenn das herrschende Unternehmen seine gesamten Anteile an dem beherrschten Unternehmen veräußert (R 60 Abs. 6 S. 2 KStR 2004). Es wird aber auch für zulässig gehalten, andere Gründe als wichtige Gründe vertraglich zu vereinbaren.

79 Ohne vertragliche Regelung zur außerordentlichen Kündigung ist das herrschende Unternehmen nicht berechtigt, das Vertragsverhältnis fristlos zu kündigen, wenn es seine gesamten Anteile veräußert. In diesem Falle hätte das herrschende Unternehmen es in der Hand, sich durch Veräußerung seiner Anteile von den eingegangenen Verpflichtungen zu lösen.[146]

80 Nach der früheren Rechtsprechung des BGH zum Konkursrecht sollte bei einer **Eröffnung des Insolvenzverfahrens** über das Vermögen der Obergesellschaft der Organschaftsvertrag automatisch enden.[147] Ob diese Rechtsprechung unter Geltung der InsO noch gelten kann, ist streitig.[148]

---

139 OLG München GmbHR 2009, 148.
140 OLG München NZG 2011, 867 = GmbHR 2011, 871; für die analoge Anwendung des § 291 Abs. 1 Satz 1 AktG: OLG München NZG 2012, 590; a.A. *Priester*, NZG 2012, 641.
141 *Westermann*, DZWIR 2008, 485.
142 OLG Karlsruhe GmbHR 2001, 523.
143 BFH BStBl II 2011, 727 = GmbHR 2011, 544.
144 BFH BStBl II 2011, 600 = GmbHR 2011, 494.
145 Vgl. *Kerkhoff*, GmbHR 1999, 226, 227; *Trendelenburg*, NJW 2002, 647; BGHZ 122, 211.
146 Vgl. LG Frankenthal AG 1989, 253; LG Essen GmbHR 1998, 941, 943; OLG Düsseldorf GmbHR 1994, 805; *Lutter/Hommelhoff*, GmbHG, Anh. § 13 Rn 60; a.A LG Bochum GmbHR 1987, 24.
147 BGH BGHZ 103, 1 = NJW 1988, 1326; ebenso BayObLG OLGZ 1998, 231.
148 Zum Meinungsstand MüKo-AktG/*Altmeppen*, § 297 Rn 102 ff.; *Trendelenburg*, NJW 2002, 647.

81 Nach § 298 AktG sind die Beendigung eines Unternehmensvertrages, der Grund und der Zeitpunkt der **Beendigung unverzüglich zur Eintragung in das Handelsregister anzumelden**.[149] Ob dazu zuvor eine Beschlussfassung der Anteilseignerversammlung der Obergesellschaft und der Untergesellschaft erforderlich ist, ist streitig. Die h.M. verneint dies mit einem Umkehrschluss aus §§ 293 Abs. 2, 296 Abs. 2 AktG, wonach in den dort genannten Fällen Sonderbeschlüsse der Minderheitsgesellschafter erforderlich sind.[150] Nach überwiegender Literaturmeinung ist dagegen eine solche Beschlussfassung erforderlich, weil eine solche Beendigungsregelung als „actus contrarius" den gleichen Erfordernissen unterliege, wie die Begründung des Rechtsverhältnisses.[151] Die Eintragung der Beendigung des Unternehmensvertrages ist nur deklaratorischer Natur.[152]

9. Verschmelzung der herrschenden Gesellschaft

82 Die **Verschmelzung der herrschenden Gesellschaft** als übertragender Rechtsträger auf einen anderen übernehmenden Rechtsträger lässt den bestehenden Unternehmensvertrag zur beherrschten Gesellschaft nicht erlöschen. Dieser geht vielmehr nach § 20 Abs. 1 Nr. 1 UmwG auf den übernehmenden Rechtsträger über.[153]

83 Welche Detailfolgen der Übergang von Unternehmensverträgen kraft **Gesamtrechtsnachfolge**, insbesondere in Umwandlungsfällen, auf den übernehmenden Rechtsträger als dann neues, beherrschendes Unternehmen auslöst, ist noch nicht abschließend geklärt. Nach h.M. führt ein solcher Parteiwechsel kraft Gesetzes (Gesamtrechtsnachfolge) nicht zu einer Änderung des Unternehmensvertrages i.S.v. § 295 Abs. 1 S. 1 AktG.[154] Aus § 295 AktG i.V.m. §§ 293, 294 AktG resultiert deshalb in solchen Fällen **keine Anmeldepflicht**.[155]

84 Abgeleitet wird aber zumindest aus § 294 Abs. 1 S. 1 AktG die Verpflichtung des Vorstands der beherrschten Gesellschaft, den **Namen des übernehmenden Rechtsträgers** als nunmehrigen neuen herrschenden Unternehmens im Rahmen der Verschmelzung zum Handelsregister **anzumelden**, wobei dies auch analog für die GmbH gelten soll.[156] Zum Nachweis der Rechtsnachfolge auf Seiten des beherrschenden Unternehmens soll dabei ein beglaubigter Handelsregisterauszug über das Wirksamwerden der Verschmelzung durch deren Eintragung im Handelsregister des übernehmenden Rechtsträgers ausreichend sein bzw. – wenn das Handelsregister für dieses beherrschende Unternehmen sich beim gleichen Registergericht befindet – ein entsprechender Hinweis auf die dortigen Registerakten ausreichen. Zumindest aus § 54 Abs. 1 GmbHG soll sich eine solche Anmeldepflicht hinsichtlich des Wechsels des herrschenden Unternehmens ergeben.[157]

10. Prüfung und Prüfungsberichte

85 Darüber hinaus enthalten die §§ 313 bis 315 AktG umfangreiche Vorschriften zur Prüfung des Jahresabschlusses der beherrschten Gesellschaft mit **Berichtspflichten** der **Abschlussprüfer**, des **Aufsichtsrats** und ggf. eines **Sonderprüfers**, der auf Antrag eines Anteilseigners durch das

---

149 Dazu *Müther*, Das Handelsregister in der Praxis, § 11 Rn 42; *Krafka/Willer*, Registerrecht, Teil 1, Rn 1614.
150 OLG Karlsruhe GmbHR 1994, 807; OLG Frankfurt/M. GmbHR 1994, 809; zustimmend *Vetter*, ZIP 1995, 345.
151 BayObLG GmbHR 2003, 476; *Kerkhoff*, GmbHR 1999, 226, 227.
152 *Müther*, Das Handelsregister in der Praxis, § 11 Rn 42 m.w.N.
153 Vgl. *Zilles*, GmbHR 2001, 21; OLG Karlsruhe ZIP 1991, 101, 104.
154 *Zilles*, GmbHR 2001, 21, 22; zu verschiedenen Umwandlungssituationen siehe *Müller*, BB 2002, 157; *Pfaar/Welke*, GmbHR 2002, 516; *Schwarz*, ZNotP 2002, 106; *Stegemann*, DStR 2002, 1549.
155 A.A. *Bayer*, ZGR 1993, 599, 604.
156 *Zilles*, GmbHR 2001, 21, 22.
157 *Zilles*, GmbHR 2001, 21, 22.

Gericht bestimmt wird. Die Berichtspflicht des § 312 AktG und die Prüfungspflichten gem. §§ 313 bis 315 AktG gelten allerdings nicht, wenn zwischen der abhängigen Gesellschaft und dem herrschenden Unternehmen ein Gewinnabführungsvertrag besteht (§ 316 AktG).

11. Weisungsrecht und Schadenersatzhaftung

Besteht ein Beherrschungsvertrag, so ist das herrschende Unternehmen berechtigt, den Geschäftsführungsorganen des beherrschten Unternehmens hinsichtlich der Leitung der Gesellschaft Weisungen zu erteilen, wobei – bis zur Grenze der Rechtswidrigkeit – auch Weisungen erteilt werden können, die für die beherrschte Gesellschaft nachteilig sind, sofern der Beherrschungsvertrag nichts anderes bestimmt. Solche **nachteiligen Weisungen** setzen aber voraus, dass sie zumindest den Belangen des herrschenden Unternehmens oder der mit ihm und der Gesellschaft konzernverbundenen Unternehmen dienen. 86

Die Geschäftsführungsorgane des beherrschten Unternehmens sind verpflichtet, den Weisungen des herrschenden Unternehmens zu folgen, auch wenn sie für das beherrschte Unternehmen nachteilig sind (§ 308 Abs. 1 und 2 AktG). 87

Dementsprechend haben auch die gesetzlichen Vertreter bzw. der einzelkaufmännische Inhaber des herrschenden Unternehmens nach § 309 AktG die Pflicht, bei Erteilung der Weisungen die Sorgfalt eines ordentlichen und gewissenhaften Geschäftsleiters anzuwenden. Wird diese Pflicht verletzt, so resultiert daraus eine Schadenersatzverpflichtung (§ 309 Abs. 2 AktG). Auf diese **Schadenersatzansprüche** kann die beherrschte Gesellschaft erst drei Jahre nach Entstehung des Anspruchs **verzichten** oder sich darüber **vergleichen**, wenn die außenstehenden Anteilseigner, also die Minderheitsgesellschafter, durch Sonderbeschluss zustimmen und nicht eine Minderheitengruppe, deren Anteile zusammengerechnet 10% des bei der Beschlussfassung vertretenen Kapitals erreichen, zur Niederschrift Widerspruch erhebt (§ 309 Abs. 3 S. 1 AktG). 88

Der Ersatzanspruch der beherrschten Untergesellschaft kann auch von jedem Anteilseigner geltend gemacht werden, jedoch nur dergestalt, dass er **Leistung an die Gesellschaft** fordert (§ 309 Abs. 4 S. 1 und 2 AktG). Außerdem können auch die Gläubiger der Gesellschaft den Ersatzanspruch geltend machen, soweit sie von der Gesellschaft keine Befriedigung erlangen können (§ 309 Abs. 4 S. 3 AktG). 89

Neben den **Verantwortlichen in der Obergesellschaft** haften auch die **Geschäftsführungsorgane** und die **Aufsichtsorgane der Untergesellschaft** gesamtschuldnerisch, wenn sie unter Verletzung ihrer Pflichten gehandelt haben; das gilt auch dann, wenn die Aufsichtsorgane die Handlungen gebilligt hatten (§ 310 Abs. 1 und 2 AktG). 90

Die **Verjährungsfrist** für die Ausgleichsansprüche beträgt fünf Jahre (§§ 309 Abs. 5, 310 Abs. 4 AktG). 91

12. Nachteilsausgleichspflicht im faktischen Konzern

Besteht **kein Beherrschungsvertrag** (sog. faktischer Konzern), darf ein herrschendes Unternehmen seinen Einfluss nicht dazu nutzen, eine abhängige Gesellschaft zu veranlassen, ein für sie nachteiliges Rechtsgeschäft vorzunehmen oder Maßnahmen zu ihrem Nachteil zu treffen, es sei denn, die Nachteile werden ausgeglichen (§ 311 Abs. 1 AktG).[158] Der **Nachteilsausgleich** soll dabei während des laufenden Geschäftsjahres tatsächlich erfolgen. Spätestens aber am Ende des Geschäftsjahres, in dem der abhängigen Gesellschaft der Nachteil zugefügt worden ist, muss bestimmt werden, wann und durch welche Maßnahmen der Nachteil ausgeglichen werden soll (§ 311 Abs. 2 S. 1 AktG). 92

---

[158] BGH NZG 2011, 829; NZG 2009, 107.

93 Veranlasst in einem solchen faktischen Konzern (ohne Beherrschungsvertrag) ein herrschendes Unternehmen eine abhängige Gesellschaft, ein für sie nachteiliges Rechtsgeschäft vorzunehmen oder zu ihrem Nachteil eine Maßnahme zu treffen oder zu unterlassen, ohne dass das herrschende Unternehmen den Nachteil bis zum Ende des Geschäftsjahres tatsächlich ausgleicht oder der abhängigen Gesellschaft einen Rechtsanspruch auf einen zum Ausgleich bestimmten Vorteil gewährt, so ist das herrschende Unternehmen der abhängigen Gesellschaft zum **Schadenersatz** verpflichtet, ferner aber auch verpflichtet, den Anteilseignern den ihnen weiter daraus resultierenden Schaden zu ersetzen (§ 317 Abs. 1 AktG).[159] Dabei haften wiederum das herrschende Unternehmen und die gesetzlichen Vertreter des herrschenden Unternehmens als Gesamtschuldner innerhalb der **Verjährungsfrist** von fünf Jahren (§ 317 Abs. 3 und 4 AktG) auf die Schadenersatzleistung; ebenso die Verwaltungsmitglieder (Geschäftsführungsorgane und Aufsichtsorgane) des beherrschten Unternehmens als Gesamtschuldner daneben (§ 318 Abs. 1 AktG).

94 Im Falle eines solchen faktischen Konzerns (ohne Beherrschungsvertrag) hat die Geschäftsführung der abhängigen Gesellschaft in den ersten drei Monaten des Geschäftsjahres einen Bericht über die Beziehung der Gesellschaft zu verbundenen Unternehmen aufzustellen (**Abhängigkeitsbericht**). In dem Bericht sind alle Rechtsgeschäfte aufzuführen, welche die Gesellschaft im vergangenen Geschäftsjahr mit dem herrschenden Unternehmen oder einem mit ihm verbundenen Unternehmen oder auf Veranlassung oder im Interesse dieser Unternehmen vorgenommen hat, sowie alle anderen Maßnahmen, die sie auf Veranlassung oder im Interesse dieser Unternehmen im vergangenen Geschäftsjahr getroffen oder unterlassen hat.

95 Dabei sind im Einzelnen zu den Rechtsgeschäften die Leistung und die Gegenleistung und bei den Maßnahmen die Gründe der Maßnahme und deren Vor- und Nachteile anzugeben. Hinsichtlich des Nachteilsausgleichs ist im Einzelnen anzugeben, wie der Ausgleich während des Geschäftsjahres tatsächlich erfolgt ist oder auf welche Vorteile die Gesellschaft einen Rechtsanspruch gewährt bekommen hat (§ 312 Abs. 1 AktG). Am Schluss des Berichts hat die Geschäftsführung zu erklären, ob die Gesellschaft nach den Umständen, die den Geschäftsführungsorganen in dem Zeitpunkt bekannt waren, in dem das Rechtsgeschäft vorgenommen oder die Maßnahme getroffen oder unterlassen wurde, bei jedem Rechtsgeschäft eine **angemessene Gegenleistung** erhielt bzw. dadurch benachteiligt wurde, dass die Maßnahme getroffen oder unterlassen wurde. Wurde die Gesellschaft benachteiligt, so ist außerdem zu erklären, ob die Nachteile ausgeglichen worden sind. Diese Erklärung ist auch **in den Lagebericht zum Jahresabschluss zu übernehmen** (§ 312 Abs. 3 AktG).

13. Haftung im qualifiziert-faktischen GmbH-Konzern

96 Der qualifiziert faktische (GmbH)-Konzern, der im Gesetz nicht näher geregelt ist, sondern als Rechtsinstitut von der Rechtsprechung zur Begründung einer Haftung des herrschenden Unternehmens entsprechend §§ 302, 311 AktG entwickelt wurde,[160] ist nach der Aufgabe dieser Rechtsprechung durch den BGH[161] zu Gunsten einer Innenhaftung aus dem Gesichtspunkt der Existenzvernichtung praktisch bedeutungslos geworden.[162]

97 Die im Schrifttum streitige Frage, ob wenigstens eine analoge Anwendung der §§ 311, 317 AktG im faktischen GmbH – Konzern gerade im Gläubigerinteresse geboten ist, wenn die Unter-

---

159 Vgl. OLG Schleswig GWR 2011, 34.
160 BGHZ 95, 330 „Autokran-Entscheidung"; BGHZ 107, 7 „Tiefbau-Entscheidung"; BGHZ 115, 187 „Video-Entscheidung"; BGH BB 1992, 14 „Stromlieferung-Entscheidung"; BGHZ 122, 123 „TBB-Entscheidung".
161 BGHZ 173, 246 „Trihotel"; BGHZ 176, 204 „Gamma", BGHZ 179, 344 „Sanitary"; BGH DB 2012, 1261; Habersack, ZGR 2008, 533; Röck, DZWIR 2012, 97.
162 Vgl. MüKo-AktG/*Altmeppen*, Anhang zu § 317 Rn. 2-6 m.w.N.; Roth/*Altmeppen*, Anhang § 13 Rn 145 ff. m.w.N.; Habersack, ZGR 2008, 533; Röck, DZWIR 2012, 97.

gesellschaft in Folge von Konzerninteressen insolvent wird, hat der BGH auch zu Gunsten einer Haftung aus dem Gesichtspunkt der Existenzvernichtung beantwortet.[163] Es bleibt abzuwarten, ob der BGH die im Schrifttum andauernde Diskussion über eine Haftung unterhalb der Schwelle der Existenzvernichtung nach § 826 BGB aufgreift.[164] Derzeit verbleibt es aber im GmbH – Konzern in der täglichen Praxis beim System der Innenhaftung unter dem Gesichtspunkt der Existenzvernichtung nach § 826 BGB.[165]

III. Steuerliche Organschaft

1. Allgemeines zur steuerlichen Organschaft

Verbundene Unternehmen bleiben (auch im Falle der Eingliederung nach § 319 AktG) **zivilrechtlich selbständig**. Die Interessen der abhängigen Unternehmen und ihrer Anteilseigner und Gläubiger werden durch die verschiedenen bereits angesprochenen Schutzmechanismen (z.B. gesamtschuldnerische Haftung, Minderheitenschutzrechte, Anspruch auf Sicherheitsleistung) geschützt. Steuerrechtlich besteht demgegenüber nur eine bedingte Selbständigkeit der abhängigen Unternehmen (Untergesellschaften). Dies führt im Ergebnis dazu, dass bei Vorliegen der gesetzlichen Tatbestandsvoraussetzungen abhängige und herrschende Unternehmen als wirtschaftliche Einheit behandelt und dementsprechend besteuert werden. Solch eine Konstellation wird als **steuerliche Organschaft** bezeichnet. **98**

Zwar werden auf Ebene der Untergesellschaften deren **Gewinne und Verluste** bzw. deren **Gewerbeertrag** (im Falle der körperschaftsteuerlichen und der gewerbesteuerlichen Organschaft) bzw. deren **Umsätze** (im Falle der umsatzsteuerlichen Organschaft) weiterhin gesondert ermittelt, sie werden aber der Obergesellschaft **unmittelbar zugerechnet**, so dass diese Steuersubjekt hinsichtlich der (zugerechneten) Erträge bzw. Umsätze wird. Diese Wirkung entspricht letztlich auch der ertragsteuerlichen Behandlung von Personengesellschaften und anderen Mitunternehmerschaften, bei denen zwar auf der Ebene der Mitunternehmerschaft das Ergebnis ermittelt wird, jedoch anschließend im Wege der einheitlichen und gesonderten Gewinnfeststellung den Gesellschaftern entsprechend der Gewinnverteilungsquote ertragsteuerlich zugerechnet wird (Näheres dazu siehe § 1 Rn 18 ff.).[166]

Die Bedeutung der Organschaft im Körperschaft- und Gewerbesteuerrecht hat zwar durch die Änderungen des sog. „Korb II"-Gesetzes vom 22.12.2003[167] abgenommen, nach wie vor besteht aber der Vorteil der uneingeschränkten Verlustverrechnung im Organkreis für körperschaftsteuerliche und gewerbesteuerliche Zwecke. Die umsatzsteuerliche Organschaft hat mit dem Systemwechsel 1968 vom Allphasenbruttoumsatzsteuersystem hin zum Mehrwertsteuersystem erheblich an Bedeutung verloren.[168] Jedoch ist sie – wie häufig vermutet – keineswegs bedeutungslos und überholt. Teilweise erhebliche steuerliche Vorteile können durch bewusste Aus- und Eingliederung eigenständiger Wirtschaftseinheiten entstehen[169] – beispielsweise wenn eines der an der Organschaft beteiligten Unternehmen nicht zum Vorsteuerabzug berechtigt ist, z.B. durch Ausführen von umsatzsteuerfreien Umsätzen.[170] Eine umsatzsteuerliche Organschaft **99**

---

163 Vgl. MüKo-AktG/*Altmeppen*, § 309 Rn. 2 m.w.N.; Roth/Altmeppen, Anhang § 13 Rn 154 ff. m.w.N.
164 Vgl. *Wiedemann*, ZGR 2011, 183 (210 f.); *Schmidt*, ZGR 2011, 108 (118 ff.).
165 Vgl. MüKo-AktG/*Altmeppen*, Anhang zu § 317 Rn. 2-6 m.w.N.; *Roth/Altmeppen*, Anhang § 13 Rn 145 ff. m.w.N.; *Habersack*, ZGR 2008, 533; Röck, DZWIR 2012, 97.
166 Vgl auch *Reich*, ZNotP 2001, 96.
167 Gesetz zur Umsetzung der Protokollerklärung der Bundesregierung zur Vermittlungsempfehlung zum Steuervergünstigungsabbaugesetz, BGBl I 2003, 2840.
168 Vgl. *Müller/Stöcker*, Die Organschaft, Rn 1152; *Vogel/Schwarz*, UStG, § 2 Rn 197.
169 Vgl. *Vogel/Schwarz*, UStG, § 2 Rn 198.
170 Vgl. *Müller/Stöcker*, Die Organschaft, Rn 1154.

ist daher beispielsweise vorteilhaft, wenn ein Krankenhaus, das umsatzsteuerfreie Leistungen erbringt, Leistungen einer eigenen Wäscherei in der Rechtsform einer Kapitalgesellschaft in Anspruch nimmt, die andernfalls umsatzsteuerpflichtig und damit teurer wären.

2. Arten der Organschaft

100 Unterschieden werden:
- die körperschaftsteuerliche Organschaft (§§ 14 bis 19 KStG),
- die gewerbesteuerliche Organschaft (§ 2 Abs. 2 S. 2 GewStG) und
- die umsatzsteuerliche Organschaft (§ 2 Abs. 2 Nr. 2 UStG).

101 Die Voraussetzungen für die Organschaft sind von der jeweiligen Steuerart abhängig. Während die Voraussetzungen für die körperschaftsteuerliche Organschaft durch das Steuersenkungsgesetz vom 23.10.2000[171] und durch das Unternehmensteuerfortentwicklungsgesetz vom 20.12.2001[172] z.T. erheblich erleichtert wurden, sind sie durch das Steuervergünstigungsabbaugesetz vom 11.4.2003[173] wesentlich über die vorher bestehende Rechtslage hinaus verschärft worden. Seitdem hat es hinsichtlich der Organschaftsvoraussetzungen keine größeren Änderungen mehr gegeben. Vereinfacht wurde die Rechtslage allerdings insoweit als die Voraussetzungen der gewerbesteuerlichen Organschaft seit den Änderungen durch das Unternehmensteuerfortentwicklungsgesetz denen der körperschaftsteuerlichen Organschaft entsprechen. Änderungen im Bereich der umsatzsteuerlichen Organschaft hat es in den vergangenen Jahren nicht gegeben. Da das Umsatzsteuerrecht – insbesondere auch die Voraussetzungen der umsatzsteuerlichen Organschaft – nur im Rahmen der Vorgaben der MwStSystRL geändert werden darf, besteht mit Ausnahme der Möglichkeit der Abschaffung der umsatzsteuerlichen Organschaft in diesem Bereich auch kein gesetzgeberischer Gestaltungsspielraum.[174]

102 Die **Vereinheitlichung der Voraussetzungen für die gewerbesteuerliche und körperschaftsteuerliche Organschaft** führt seit dem Erhebungszeitraum 2002 dazu, dass bei Vorliegen einer körperschaftsteuerlichen Organschaft automatisch auch eine gewerbesteuerliche Organschaft („Zwangsorganschaft") besteht. Die Anpassung der Voraussetzungen der gewerbesteuerlichen an die körperschaftsteuerliche Organschaft führte dazu, dass nun auch für die Anerkennung einer gewerbesteuerlichen Organschaft ein Gewinnabführungsvertrag notwendig ist. Viele Unternehmen schrecken aber vor dem Abschluss eines solchen Vertrages aus Haftungsgesichtspunkten zurück.[175]

103 Unabhängig davon ist im Bereich der Gewerbesteuer die Organschaft seit längerem politisch umstritten. Städte und Gemeinden plädieren für deren vollständige Abschaffung, da sich im Hinblick auf die Verlustsaldierungsmöglichkeiten im Rahmen einer gewerbesteuerlichen Organschaft das Gewerbesteueraufkommen der ertragreichen Kommunen reduziert. Eine Abschaffung wäre jedoch aus wirtschaftlichen Überlegungen nicht zu rechtfertigen.[176]

3. Organträger und Organgesellschaften

104 Eine Organschaft besteht aus zwei oder mehreren verbundenen Unternehmen. Das herrschende Unternehmen wird dabei als **Organträger**, das bzw. die abhängigen Unternehmen als **Organge-**

---

171 BGBl I 2000, 1433.
172 BGBl I 2001, 3858.
173 BGBl I 2003, 660.
174 Vgl. *Kerssenbrock*, RIW 2002, 889, 901.
175 Vgl. *Heurung/Oblau/Röker*, GmbHR 2002, 620, 625.
176 Vgl. *Rödder/Schumacher*, DStR 2002, 1969, 1970.

sellschaft(en) bezeichnet. Bezieht man sich auf alle an der Organschaft beteiligten Unternehmen, so spricht man vom **Organkreis**.

a) Organträger

Organträger können sein:
- natürliche Personen,
- juristische Personen, einschließlich der Vorgesellschaften einer Kapitalgesellschaft, nicht jedoch Vorgründungsgesellschaften,[177]
- Personen- und Personenhandelsgesellschaften[178] sowie
- juristische Personen des öffentlichen Rechts mit einem Betrieb gewerblicher Art.[179]

105

Voraussetzung ist weiterhin, dass der Organträger
- entweder eine unbeschränkt steuerpflichtige natürliche Person, die ein inländisches Gewerbe betreibt,
- oder eine nicht steuerbefreite Körperschaft, Personenvereinigung oder Vermögensmasse i.S.d. § 1 KStG mit Geschäftsleitung im Inland
- oder eine Personengesellschaft i.S.d. § 15 Abs. 1 Nr. 2 EStG mit Geschäftsleitung im Inland ist, wenn sie eine Tätigkeit i.S.d. § 15 Abs. 1 Nr. 1 EStG ausübt (§ 14 Abs. 1 Nr. 2 S. 1 KStG).

106

Zwar können Körperschaften nach § 1 Abs. 1 KStG bereits unbeschränkt körperschaftsteuerpflichtig sein, wenn sie entweder Sitz **oder** Geschäftsleitung im Inland haben, die Organschaftsvoraussetzungen erfüllen sie aber nur, wenn sie ihre Geschäftsleitung im Inland haben.[180] Durch die Anknüpfung an den Sitz der Geschäftsleitung stellt der Gesetzgeber seit 2001 sicher, dass das inländische Besteuerungsrecht bei Organschaften mit nach inländischem oder ausländischem Recht gegründeten und im Inland geleiteten Organträgern erhalten bleibt. Im OECD Musterabkommen und in den von Deutschland abgeschlossenen Doppelbesteuerungsabkommen wird das Besteuerungsrecht bei doppelt ansässigen Gesellschaften nämlich regelmäßig auf den Sitz der Geschäftsleitung abgestellt. Bei **Personengesellschaften** ist nach h.M. der Sitz der tatsächlichen Geschäftsleitung ohnehin der Sitz der Gesellschaft. Anders als bei Kapitalgesellschaften kommt ein davon abweichender Verwaltungssitz also nicht in Betracht.[181]

Zu beachten ist außerdem, dass nach § 18 KStG auch zu einer im Handelsregister eingetragenen Zweigniederlassung eines ausländischen gewerblichen Unternehmens ein Organschaftsverhältnis begründet werden kann, wenn die Einkünfte dieser inländischen Zweigniederlassung in Deutschland der beschränkten Steuerpflicht unterliegen. Eine andere Form der Betriebsstätte i.S.d. § 12 AO ist hingegen nicht ausreichend. Im Bereich der Umsatzsteuer genügt es allerdings, dass das ausländische Unternehmen einen Unternehmensteil im Inland hat (§ 2 Abs. 2 Nr. 2 S. 4 UStG).

107

Voraussetzung auf Seiten des Organträgers ist weiterhin, dass er ein **gewerbliches Unternehmen** i.S.d. § 15 Abs. 2 S. 1 EStG bzw. § 2 GewStG betreibt. Dabei ist **Gewerblichkeit kraft Rechtsform** zumindest bei Kapitalgesellschaften (§ 2 Abs. 2 GewStG) ausreichend.[182] Als Organ-

108

---

177 BFH BStBl II 1990, 91; FG Hamburg EFG 1986, 414.
178 Zu möglichen Gestaltungsfehlern dabei siehe *Walter/Stümper*, GmbHR 2001, 803.
179 *Streck*, KStG, § 14 Rn 4.
180 Zu möglichen Problemen mit EU-Recht siehe *Meilicke*, DB 2002, 911.
181 BGH BB 1957, 799; MüKo-HGB/*Langhein*, § 106 Rn 28; a.A. *Baumbach/Hopt*, HGB, § 106 Rn 8.
182 Vgl. BFH BStBl II 1989, 668; BFH BStBl II 1990, 24; BGHZ 106, 7; dazu EWiR 1989, 587 (*Koch*); *Koppensteiner*, Kölner Komm-AktG/*Koppensteiner* § 292 Rn 53 f.; DNotI-Report 2000, 127; *Dötsch/Pung*, DB 2000, Beilage 10, 13; *Korn/Strahl*, KÖSDI 2000, 12582; einschränkend *Pache*, GmbHR 2000, 764; *Dötsch/Jost/Pung/Witt*, KStG, § 14 Rn 79; *Reich*, ZNotP 2001, 96, 99; *Streck*, KStG, § 14 Rn 5.

träger kommen daher auch reine **Holding-Kapitalgesellschaften** bei der körperschaft- und gewerbesteuerlichen Organschaft in Betracht. Ob eine Holding-Kapitalgesellschaft im Hinblick auf das Merkmal der wirtschaftlichen Eingliederung umsatzsteuerlicher Organträger sein kann, erscheint hingegen fraglich. Der BFH sowie einige Stimmen in der Literatur wollen bei Vorliegen der Eingliederungsvoraussetzungen des § 2 Abs. 2 Nr. 2 UStG auch reine Holding-Gesellschaften als Organträger anerkennen.[183] Nach der Rechtsprechung des EuGH hingegen sind reine Finanzholdings, die nur Beteiligungen halten, keine Unternehmer und können somit, anders als Führungsholdings, nicht Organträger sein.[184]

109 Bei Personengesellschaften ist zusätzlich noch erforderlich, dass sie eine eigene gewerbliche Tätigkeit i.S.d. § 15 Abs. 1 Nr. 1 EStG ausüben (§ 14 Abs. 1 Nr. 2 S. 2 KStG). Dies ist insbesondere erfüllt:[185]
- im Fall der gewerblichen Infektion nach § 15 Abs. 3 Nr. 1 EStG, sofern die eigene gewerbliche Tätigkeit nicht komplett untergeordnet ist,[186]
- bei Auftreten als geschäftsleitende Holding[187] oder
- als Besitzgesellschaft im Rahmen einer Betriebsaufspaltung.

Über die Beteiligung an einer nur gewerblich geprägten Personengesellschaft kann nach herrschender Meinung eine gewerbliche Infektion nicht herbeigeführt werden.[188] Ob dies durch eine Beteiligung an einer originär gewerblich tätigen Personengesellschaft erreicht werden kann, ist strittig. Teilweise wird in der Literatur die Auffassung vertreten, dass dies möglich ist;[189] andere Stimmen lehnen dies ab.[190] Dauerdefizitäre oder rein vermögensverwaltende Betriebe qualifizieren sich demgegenüber nicht als Gewerbebetrieb und können daher nicht Organträger sein.[191] Die rein vermögensverwaltend tätige, aber als gewerblich qualifizierte Besitzgesellschaft im Rahmen einer Betriebsaufspaltung kann demgegenüber Organträger sein.

110 **Freiberufler** und Freiberuflervereinigungen (Sozietäten) oder **Landwirte** können nicht Organträger sein, weil ein gewerblicher Betrieb fehlt.[192] Auch typisch stille Gesellschaften und atypisch stille kommen als Organträger nicht in Frage.[193]

b) Organgesellschaft

111 Organgesellschaft kann nach § 14 KStG zunächst nur eine Europäische Gesellschaft (SE), AG oder KGaA sein bzw. nach § 17 KStG außerdem eine Kapitalgesellschaft i.S.d. § 1 Abs. 1 Nr. 1 KStG mit Sitz und Geschäftsleitung im Inland.[194] Dies sind insbesondere die GmbH sowie die Unternehmergesellschaft (haftungsbeschränkt) als Variante der GmbH.[195] Auch die Vorgesellschaften der in den §§ 14 und 17 KStG bezeichneten Gesellschaften können Organgesellschaften sein,[196]

---

183 *Slapio*, DStR 2000, 999, 1001; BFH BStBl III 1959, 204.
184 *Bunjes/Geist*, UStG, § 2 Rn 112; BMF v. 26.1.2007, DB 2007, 315, Rn 6.
185 Vgl. *Blumers/Goerg*, BB 2003, 2203 m.w.N.; *Dötsch/Jost/Pung/Witt*, KStG, § 14 Rn 92.
186 *Blumers/Goerg*, DStR 2005, 399; a.A. *Herrmann/Heuer/Raupach*, KStG, § 14 Rn 165, die jede geringfügig originäre Tätigkeit als ausreichend erachten.
187 *Orth*, DB 2005, 742 f.; zu den Voraussetzungen siehe BFH BStBl II 1970, 257 und BFH BStBl II 1970, 554.
188 *Herrmann/Heuer/Raupach*, KStG, § 14 Rn 169; BMF v. 10.11.2005, BStBl I 2005, 1038.
189 *Blumers/Goerg*, BB 2003, 2203, 2205 f.; *Neu/Lühn*, DStR 2003, 61, 63; *Förster*, DB 2003, 899, 903; *Rödder/Schumacher*, DStR 2003, 805, 809.
190 *Dötsch/Jost/Pung/Witt*, KStG, § 14 Rn 98; BMF v. 10.11.2005, DStR 2005, 1990 f.
191 BMF v. 26.8.2003, DStR 2003, 1529.
192 BFH BStBl II 1972, 722.
193 Vgl. *Frotscher/Maas*, KStG, § 14 Rn 169.
194 Vgl. *Streck*, KStG, § 17 Rn 3.
195 *Herrmann/Heuer/Raupach*, KStG, § 17 Rn 16.
196 BFH BStBl II 1978, 486.

zumindest dann, wenn die gegründete Kapitalgesellschaft später auch im Handelsregister eingetragen wird.[197] Falls diese nicht eingetragen wird, spielt dies zumindest für die körperschaftsteuerliche Behandlung keine Rolle. Die **Vorgesellschaft**, die endgültig nicht eingetragen wird, wird nämlich wie eine Personengesellschaft behandelt; Personengesellschaften sind aber steuerlich transparent.

Vorgründungsgesellschaften, die immer wie Personengesellschaften besteuert werden, können nicht Organgesellschaft sein.[198] Das Gleiche gilt für Gesellschaftsformen, wie z.B. Genossenschaften, Vereine oder Personengesellschaften[199] oder die GmbH & atypisch Still.[200] 112

Ausländische Kapitalgesellschaften kommen nach § 14 KStG und § 17 KStG nicht als Organgesellschaften in Frage. In dieser Einschränkung wurde nach der Rechtsprechung des EuGH[201] sowohl in der Literatur als auch von der Europäischen Kommission ein Verstoß gegen die Niederlassungsfreiheit innerhalb der EU gesehen.[202] Daraufhin wurde mit BMF-Schreiben vom 28.3.2011[203] auch im EU-Ausland gegründeten Kapitalgesellschaften mit Geschäftsleitung im Inland die Möglichkeit eröffnet, Organgesellschaft zu sein. Dies war der Europäischen Kommission jedoch nicht ausreichend, weshalb sie Klage beim EuGH erhoben hat.[204] 113

Bei der umsatzsteuerlichen Organschaft muss die Organgesellschaft eine juristische Person sein (§ 2 Abs. 2 Nr. 2 UStG). Ob dies mit den Vorgaben der MwStSystRL vereinbar ist, ist zweifelhaft, da hier ein Verstoß gegen die Rechtsformneutralität vorliegen könnte.[205] Sollte dies der Fall sein, müssten auch Personengesellschaften bei der umsatzsteuerlichen Organschaft unter Berufung auf die MwStSystRL Organgesellschaft sein können.[206] 114

Nachdem Lebens- und Krankenversicherungsunternehmen ab dem Veranlagungszeitraum 2002 grundsätzlich nicht mehr Organgesellschaften sein konnten (§ 14 Abs. 2 KStG a.F.), wurde diese Einschränkung ab dem Veranlagungszeitraum 2009 wieder aufgehoben. 115

Das bisher beliebte Gestaltungsinstrument der **Mehrmütterorganschaft**, eine Gestaltungsform, bei der sich zwei oder mehr gewerbliche organträgerfähige Unternehmen, die gemeinsam die Voraussetzungen der finanziellen Voraussetzung erfüllt haben, zum Zwecke der einheitlichen Willensbildung gegenüber einer Kapitalgesellschaft (Organgesellschaft) in der Rechtsform einer Personengesellschaft zusammengeschlossen haben, wurde durch das Steuervergünstigungsabbaugesetz mit Wirkung ab dem Veranlagungszeitraum 2003 abgeschafft.[207] 116

4. Körperschaftsteuerliche Organschaft
Die Voraussetzungen für die körperschaftsteuerliche Organschaft sind 117
– die **finanzielle Eingliederung** und
– der Abschluss eines **Gewinnabführungsvertrages**.

Wirtschaftliche und organisatorische Eingliederung sind seit der Änderung des § 14 KStG durch das Steuersenkungsgesetz nicht mehr erforderlich. 118

---

197 BFH BStBl II 1993, 352.
198 BFH BStBl II 1990, 91.
199 Vgl. *Dötsch/Jost/Pung/Witt*, KStG, § 14 Rn 55.
200 BFH GmbHR 1995, 908.
201 Vgl. z.B. EuGH v. 13.12.2005 – C 446/03 – Rs. Marks & Spencer, DStR 2005, 2168.
202 *Herzig/Wagner*, DStR 2006, 11; *Herrmann/Heuer/Raupach*, KStG, § 14 Rn 12; Vertragverletzungsverfahren Nr. 2008/4909.
203 BStBl I 2011, 300.
204 EU-Kommission, Pressemitteilung IP/12/283 v. 22.3.2012.
205 *Hahne*, DStR 2008, 913; *Thietz-Bartram*, DB 2009, 1787.
206 *Hahne*, DStR 2008, 914.
207 Zu möglichen Gestaltungsalternativen siehe *Schroer/Starke*, GmbHR 2003, 153.

a) Finanzielle Eingliederung

119 Die finanzielle Eingliederung liegt nach § 14 Abs. 1 Nr. 1 KStG vor, wenn der Organträger an der Organgesellschaft vom Beginn ihres Wirtschaftsjahres an ununterbrochen in einem solchen Maße beteiligt ist, dass ihm die **Mehrheit der Stimmrechte** aus den Anteilen an der Organgesellschaft zusteht. Eine Kapitalmehrheit ist hingegen nicht erforderlich.

120 Grundlage der Stimmrechte muss die Beteiligung selbst sein. Über **Stimmrechtsvollmachten** oder **Stimmbindungsverträge** kann nach h.M. eine finanzielle Eingliederung nicht erreicht werden.[208] Auch muss bei einer Personengesellschaft als Organträger die finanzielle Eingliederung zur Personengesellschaft selbst erfüllt sein (§ 14 Abs. 1 Nr. 2 S. 3 KStG). Es ist nach Ansicht des BFH nicht (mehr) ausreichend, wenn die finanzielle Eingliederung nur über die Beteiligung eines Gesellschafters, die sich im Sonderbetriebsvermögen befindet, erreicht werden kann.[209] Entsprechende Beteiligungen müssen daher in das Gesamthandsvermögen eingebracht werden. Bei einer Kapitalgesellschaft als Organträger kann die finanzielle Eingliederung jedoch auch dadurch erreicht werden, dass sich ein Minderheitsgesellschafter des Organträgers, der auch an der Organgesellschaft beteiligt ist, zu einem gleichgerichteten Stimmverhalten verpflichtet.[210]

121 Außerdem ist bezüglich der Stimmrechte nicht das zivilrechtliche, sondern das wirtschaftliche Eigentum i.S.d. § 39 Abs. 2 Nr. 1 AO maßgebend.[211] Stehen jedoch dem wirtschaftlichen Eigentümer die Stimmrechte nicht zu, so kann er auch kein Organträger sein.[212]

122 Eine finanzielle Eingliederung besteht, wenn der Organträger Beschlüsse über laufende Angelegenheiten in seinem Sinne bei der Organgesellschaft erzwingen kann.[213] Dazu sind i.d.R. über 50% der Anteile notwendig. Hält die Organgesellschaft jedoch eigene Anteile, so können auch weniger als 50% der Anteile ausreichend sein, da das Stimmrecht der von der Organgesellschaft gehaltenen eigenen Anteile ruht.[214] Sehen Satzung oder Gesellschaftervertrag der Organgesellschaft generell oder überwiegend eine **größere Mehrheit für die Beschlussfassung** vor, so ist für die finanzielle Eingliederung die dort bezeichnete Mehrheit der Stimmrechte erforderlich.[215] **Stimmrechtsverbote** für einzelne Geschäfte stehen der finanziellen Eingliederung nicht entgegen.[216] Bei Unklarheiten empfiehlt sich im Vorhinein die Einholung einer verbindlichen Auskunft der Finanzverwaltung und die Beendigung von Treuhandverhältnissen vor Begründung der Organschaft.[217]

123 Seit der Streichung des Additionsverbots durch das Steuersenkungsgesetz reicht für die Vermittlung der Mehrheit der Stimmrechte im Hinblick auf die finanzielle Eingliederung neben einer unmittelbaren Beteiligung auch eine **mittelbare Beteiligung** oder ein Zusammenrechnen mittelbarer und unmittelbarer Beteiligungen aus. Mittelbare Beteiligungen sind jedoch nur dann zu berücksichtigen, wenn die Beteiligung an jeder vermittelnden Gesellschaft die Mehrheit der Stimmrechte gewährt (§ 14 Abs. 1 Nr. 1 S. 2 KStG).[218] Die mittelbare Beteiligung kann auch über eine Gesellschaft zustande kommen, die selbst nicht Organgesellschaft sein kann.[219]

---

[208] Niedersächsisches FG GmbHR 1991, 290; *Dötsch/Jost/Pung/Witt*, KStG, § 14 Rn 122; *Streck*, KStG, § 14 Rn 13; *Reich*, ZNotP 2001, 188.
[209] BFH BStBl II 2011, 600.
[210] BFH GmbHR 2002, 174.
[211] Beck'sches Handbuch der GmbH/*Rosenbach*, § 17 Rn 56; *Reich*, ZNotP 2001, 188; *Dötsch/Jost/Pung/Witt*, KStG, § 14 Rn 121.
[212] *Dötsch/Jost/Pung/Witt*, KStG, § 14 Rn 121.
[213] *Dötsch/Jost/Pung/Witt*, KStG, § 14 Rn 122.
[214] *Lutter/Hommelhoff*, GmbHG, § 33 Rn 39; *Frotscher/Maas*, KStG, § 14 Rn 209.
[215] *Herrmann/Heuer/Raupach*, KStG, § 14 Anm. 111; *Reich*, ZNotP 2001, 188.
[216] BFH BStBl II 1989, 455; H 57 „Stimmrechtsverbot" KStH.
[217] *Reich*, ZNotP 2001, 188.
[218] Beispiele zum Zusammenrechnen mittelbarer und unmittelbarer Beteiligungen: siehe R 57 KStR.
[219] BFH BStBl II 1978, 74; H 57 „Mittelbare Beteiligung" KStH.

Für die finanzielle Eingliederung ist weiterhin erforderlich, dass die **Eingliederung vom** 124
Beginn des Wirtschaftsjahres der Organgesellschaft an während des gesamten Wirtschaftsjahres bestehen muss und frühestens mit dem Ende des Wirtschaftsjahres der Organgesellschaft enden darf. Selbst kurzzeitige Unterbrechungen sind schädlich.[220]

Bei Veräußerung von Anteilen an der Organgesellschaft durch den Organträger sind für die 125
Erhaltung der Eingliederungs- und damit der Organschaftsvoraussetzungen also sog. „**Mitternachtsgeschäfte**" erforderlich, bei denen die Beteiligung am letzten Tag des Wirtschaftsjahres der Organgesellschaft um 24 Uhr veräußert wird und damit ab 0 Uhr des ersten Tages des neuen Wirtschaftsjahres für den Erwerber die Voraussetzungen der finanziellen Eingliederung (möglicherweise) wieder erfüllt sind.[221]

Alternativ kann in Erwerbsfällen im Jahr des Kaufs bei der Organgesellschaft ein **Rumpf-** 126
wirtschaftsjahr gebildet werden und auf diese Weise die Eingliederung vom Beginn des Wirtschaftsjahres an erreicht werden.[222] Das Begründen eines Organschaftsverhältnisses ist dabei ausreichender Grund für die Erteilung der notwendigen Zustimmung des Finanzamtes.[223]

b) Gewinnabführungsvertrag
aa) Allgemeines zum Gewinnabführungsvertrag

Neben der finanziellen Eingliederung ist der Abschluss eines **Gewinnabführungsvertrages** 127
i.S.d. § 291 Abs. 1 S. 1 AktG mit einer vertraglich vereinbarten **Mindestlaufzeit von fünf (Zeit-) Jahren** weitere notwendige Voraussetzung für die körperschaftsteuerliche und gewerbesteuerliche Organschaft. Da ein Gewinnabführungsvertrag nur mit einer Gesellschaft abgeschlossen werden kann, die ihren Sitz im Inland hat, wird im Erfordernis des Abschlusses eines Gewinnabführungsvertrages eine EU-rechtlich unzulässige Diskriminierung gesehen.[224]

Einem Gewinnabführungsvertrag steuerlich gleichgestellt ist ein **unentgeltlicher Unter-** 128
nehmensführungsvertrag i.S.d. § 291 Abs. 1 S. 2 AktG.[225] Steuerlich nicht anerkannt werden jedoch Teilgewinnabführungsverträge oder eine Gewinngemeinschaft.[226]

Beim Abschluss des Gewinnabführungsvertrages ist darauf zu achten, dass dem Organträger 129
das Einkommen der Organgesellschaft erst in dem Kalenderjahr zuzurechnen ist, in dem das Wirtschaftsjahr der Organgesellschaft endet, in dem der Gewinnabführungsvertrag zivilrechtlich wirksam wird (§ 14 Abs. 1 S. 2 KStG). Diese Regelung kann bei einem vom Kalenderjahr abweichenden Wirtschaftsjahr der Organgesellschaft zu einem Auseinanderfallen von zivil- und steuerrechtlicher Wirksamkeit des Gewinnabführungsvertrages führen. Da die **Eintragung im Handelsregister konstitutiv** wirkt, muss im Hinblick auf die Mindestlaufzeit von fünf Jahren für die steuerliche Anerkennungsfähigkeit darauf geachtet werden, dass die Fünf-Jahresfrist erst mit Beginn des Wirtschaftsjahres beginnt, das im Kalenderjahr der Eintragung im Handelsregister endet.[227] Eine entsprechende Formulierung, dass die Laufzeit des Gewinnabführungsvertrages erst im Jahr der Eintragung im Handelsregister beginnt, ist steuerrechtlich nicht zu beanstanden.[228] Eine nachträgliche Verlängerung des Vertrages um ein weiteres Jahr ist nicht ausreichend.

Die fünfjährige Mindestlaufzeit ist nicht mit fünf Wirtschaftsjahren der Organgesellschaft 130
gleichzusetzen, sondern – im Hinblick auf mögliche Rumpfwirtschaftsjahre – mit 60 Kalender-

---

[220] *Dötsch/Jost/Pung/Witt*, KStG, § 14 Rn 150; *Reich*, ZNotP 2001, 96, 100.
[221] Vgl. R 59 Abs. 2 KStR.
[222] Dazu *Reich*, ZNotP 2001, 96, 100.
[223] R 59 Abs. 3 KStR.
[224] *Herrmann/Heuer/Raupach*, KStG, § 14 Rn 12.
[225] Vgl. *Hüffer*, AktG, § 291 Rn 30; *Blümich*, KStG, § 14 Rn 90.
[226] Vgl. *Blümich*, KStG, § 14 Rn 89; *Frotscher/Maas*, KStG, § 14 Rn 297.
[227] Vgl. BFH BStBl II 1988, 76; *Streck*, KStG, § 14 Rn 68; *Reich*, ZNotP 2001, 188, 192.
[228] BMF v. 10.11.2005, BStBl I 2005, 1038, Rn 4.

monaten, beginnend mit dem Anfang des Wirtschaftsjahres, das im Jahr der Eintragung im Handelsregister des Gewinnabführungsvertrages endet.[229] Soweit ein Rumpfwirtschaftsjahr gebildet wird, ist die Mindestlaufzeit daher fünf Jahre plus Laufzeit des Rumpfwirtschaftsjahres – es sei denn nach 60 Monaten wird (z.B. wegen Veräußerung) ebenfalls wieder ein Rumpfwirtschaftsjahr gebildet.

131 Der Abschluss eines Gewinnabführungsvertrages auf unbestimmte Zeit reicht selbst dann nicht aus, um der Mindestvertragsdauer zu genügen, wenn er fünf Jahre lang tatsächlich durchgeführt wird, außer der Vertrag kann erst nach Ablauf von fünf Jahren erstmals ordentlich gekündigt werden.[230]

132 Nur eine **Beendigung des Gewinnabführungsvertrages** durch Kündigung oder gegenseitige Aufhebungsvereinbarung vor Ablauf der Mindestlaufzeit von fünf Jahren **aus wichtigem Grund** lässt die Wirkungen der Organschaft allein für die Zukunft entfallen. Durch jede sonstige vorzeitige Beendigung entfallen die Wirkungen der Organschaft rückwirkend für den gesamten bisherigen Organschaftszeitraum.

133 Als **wichtige Gründe** für eine vorzeitige Beendigung können in Betracht kommen:[231]
- Veräußerung oder Einbringung der mehrheitsvermittelnden Beteiligung,
- Verschmelzung, Spaltung oder Liquidation des Organträgers oder
- Verschmelzung, Spaltung oder Liquidation der Organgesellschaft.

Auch eine Gesetzesänderung, die Voraussetzungen für eine Organschaft betreffend, stellt einen wichtigen Grund zur steuerlich unschädlichen vorzeitigen Kündigung des Gewinnabführungsvertrages dar.[232]

134 Erfolgt die Beendigung des Gewinnabführungsvertrages nach Ablauf der Mindestlaufzeit von fünf Jahren, führt dies nicht zum rückwirkenden Wegfall der steuerlichen Anerkennung. Ein **neues Organschaftsverhältnis** kann dann aber nur begründet werden, wenn der Vertrag wiederum eine neue Mindestlaufzeit von fünf Jahren beinhaltet und während dieser auch tatsächlich durchgeführt wird.[233]

bb) Verlustübernahmepflicht

135 Während die Organgesellschaft zur Gewinnabführung verpflichtet ist, hat der Organträger jeden während der Vertragsdauer sonst entstehenden Jahresfehlbetrag auszugleichen (§ 302 Abs. 1 AktG). Er ist also dazu verpflichtet die Verluste der Organgesellschaft zu übernehmen.[234] Die Verlustübernahmepflicht
- **entsteht** und **wird fällig** am Stichtag der Jahresbilanz der beherrschten Gesellschaft[235] und
- **endet** mit dem Stichtag der Vertragsbeendigung.[236]

136 Die Verlustübernahme kann jedoch dadurch vermieden werden, dass den anderen Gewinnrücklagen der Organgesellschaft Beträge in entsprechender Höhe entnommen werden, allerdings ist

---

229 R 60 Abs. 2 S. 2 KStR; *Walter*, GmbHR 1995, 649.
230 *Dötsch/Jost/Pung/Witt*, KStG, § 14 Rn 216.
231 R 60 Abs. 6 KStR.
232 BMF v. 10.11.2005, BStBl I 2005, 1038, Rn 24.
233 R 60 Abs. 8 S. 1 Nr. 2 S. 2 KStR.
234 Aufgrund der mit der Gewinnabführung einhergehenden Verlustübernahmepflicht wird anstatt von einem Gewinnabführungsvertrag häufig auch von einem Ergebnisabführungsvertrag gesprochen.
235 BGH BB 1999, 2524 m. Anm. *Riegger/Beinert*.
236 Vgl. Steuerliches Vertrags- und Formularbuch/*Hahn*, 4. Aufl. 2001, A. 10.00, Rn 73 m.w.N.; siehe auch BGH NJW 2000, 210.

dies eine Ausnahme für den Fall, dass diese während der Dauer des Gewinnabführungsvertrages in diese eingestellt wurden (§ 302 Abs. 1 AktG). Die Voraussetzungen dürften daher regelmäßig nicht vorliegen.

Bei einer anderen Kapitalgesellschaft i.S.d. § 17 KStG muss die **Verlustübernahmeverpflichtung** im Gewinnabführungsvertrag selbst **ausdrücklich geregelt** sein.[237] Dabei ist entweder die Verlustübernahmeregelung entsprechend dem Inhalt des § 302 AktG auszugestalten oder auf § 302 AktG zu verweisen (R 66 Abs. 3 S. 3 KStR).[238] Enthält ein vor dem 1.1.2006 geschlossener Gewinnabführungsvertrag keinen Verweis auf den durch das Gesetz zur Anpassung von Verjährungsvorschriften an das Gesetz zur Modernisierung des Schuldrechts vom 9.12.2004[239] eingefügten Absatz 4 in § 302 AktG, ist eine Anpassung nicht erforderlich.[240] Ein Fehler bei der Ausgestaltung kann zur Haftung des Beraters führen.[241] In der Praxis sollte daher der Begriff des Ergebnisabführungsvertrages verwandt werden. 137

Die Verlustübernahmeregelung des Gewinnabführungsvertrages erfasst nur die Verluste, die während der **Vertragslaufzeit** entstehen. 138

Vororganschaftliche Verluste der Organgesellschaft können beim Organträger nicht abgezogen werden (§ 15 Nr. 1 KStG). Die Übernahme solcher Verluste über eine verringerte Gewinnabführung stellt steuerrechtlich eine Einlage dar,[242] die auf dem steuerlichen Einlagekonto der Organgesellschaft zu erfassen ist (§ 27 Abs. 1 S. 1 KStG). 139

Vororganschaftliche Verluste des Organträgers können demgegenüber mit Gewinnabführungen der Organgesellschaft verrechnet werden. 140

Nachorganschaftliche Verluste der Organgesellschaft sind auf die Jahre vor Beginn der Organschaft zurückzutragen; nachorganschaftliche Verluste des Organträgers sind auf die Jahre, in denen die Organschaft bestand, rücktragsfähig und werden dadurch mit Gewinnen der Organgesellschaft verrechenbar. 141

Die mit dem Gewinnabführungsvertrag verbundene **Verlustübernahme** gemäß bzw. analog § 302 AktG führt beim Organträger praktisch zu einer **unbeschränkten Haftung** im Hinblick auf die Verbindlichkeiten bzw. Verluste der Organgesellschaft. Aus diesem Grund wurde, um beim Organträger eine entsprechende beschränkte Haftung zu erreichen, häufig eine gewerblich geprägte Personengesellschaft i.S.d. § 15 Abs. 3 Nr. 2 EStG, also eine GmbH & Co. KG, zwischengeschaltet, weil dann wirtschaftlich die Haftung der Obergesellschaft auf ihre Kommanditeinlage in dieser zwischengeschalteten GmbH & Co. KG und auf das Vermögen der Komplementär-GmbH begrenzt ist.[243] Nach den Änderungen durch das Steuervergünstigungsabbaugesetz ist eine Zwischenschaltung einer nur gewerblich geprägten Personengesellschaft allerdings nicht mehr ausreichend (zu Ausweichgestaltungen siehe Rn 109).[244] 142

cc) Tatsächliche Durchführung

Zur steuerlichen Anerkennung gehört weiterhin neben den formellen Voraussetzungen auch die tatsächliche Durchführung des Vertrages. Das bedeutet, dass sowohl die handelsrechtlichen Bestimmungen als auch die erweiterten steuerlichen Bedingungen eingehalten werden müssen.[245] 143

---

237 FG Köln EFG 1999, 730 = DStRE 1999, 835; BFH GmbHR 2000, 949; kritisch dazu *Walpert*, DStR 1999, 1684.
238 Musterformulierung bei *Luxem*, GmbH-StB 1999, 184.
239 BGBl I 2004, 3214.
240 BMF v. 16.12.2005, BStBl I 2006, 12:1.
241 BFH GmbHR 1999, 1196; dazu *Walter*, GmbHR 1999, 1017.
242 R 60 Abs. 5 S. 1 Nr. 1 S. 2 KStR.
243 *Reich*, ZNotP 2001, 188, 191; zu möglichen Gestaltungsfehlern dabei siehe *Walter/Stümper*, GmbHR 2001, 803.
244 Siehe auch *Blumers/Goerg*, BB 2003, 2203.
245 Vgl. *Streck*, KStG, § 14 Rn 73.

144   Maßgeblich für die Ergebnisabführung ist das nach den Grundsätzen ordnungsgemäßer Buchführung und Bilanzierung zu ermittelnde **Handelsbilanzergebnis**.[246] Sowohl eine zu niedrige als auch eine überhöhte Abführung gefährden also die steuerliche Anerkennungsfähigkeit.[247] Problematisch ist dies insbesondere innerhalb der Fünfjahresfrist nach Abschluss, weil bei Nichtdurchführung in einem dieser Jahre der Vertrag von Anfang an nicht anerkannt wird.[248] Wurde er bereits fünf Jahre vollzogen, wird er ab dem Jahr der Nichtdurchführung steuerlich nicht mehr anerkannt.[249]

145   Der Gewinnabführungsvertrag gilt steuerlich als nicht durchgeführt, wenn:
- vorvertragliche Gewinn- oder Kapitalrücklagen aufgelöst und abgeführt werden,
- der Höchstbetrag der Gewinnabführung nicht ausgeschöpft bzw. ein Verlust nicht ausgeglichen wird,
- auf die Gewinnabführung bzw. Verlustübernahme verzichtet wird,
- ein vorvertraglicher Gewinnvortrag an den Organträger abgeführt oder bei der Organgesellschaft zum Verlustausgleich verwendet wird,
- die Organgesellschaft Aufwendungen mit vorvertraglichen Rücklagen verrechnet,
- die Organgesellschaft Gewinnrücklagen bildet, die wirtschaftlich nicht begründet sind, oder diese nicht nach vernünftiger kaufmännischer Beurteilung bildet, oder
- die Organgesellschaft handels- und steuerrechtlich unzulässige stille Reserven bildet.

Vorvertragliche Gewinnrücklagen dürfen zwar nicht abgeführt werden, können aber auch während der Dauer des Gewinnabführungsvertrages nach allgemeinen Regeln aufgelöst und als Dividenden ausgeschüttet werden.[250]

146   Der Durchführung des Gewinnabführungsvertrages steht es nach R 60 Abs. 5 KStR allerdings nicht entgegen, wenn:
- der abzuführende Gewinn durch einen Verlustvortrag der Organgesellschaft gemindert wird,
- der abzuführende Gewinn durch eine Einstellung in die gesetzliche Rücklage nach § 300 AktG gemindert wird,
- die Organgesellschaft Rücklagen bildet, die nach vernünftiger kaufmännischer Beurteilung wirtschaftlich begründet sind, oder
- die Organgesellschaft ständig Verluste erwirtschaftet.

Werden während des Bestehens des Gewinnabführungsvertrages **verdeckte Gewinnausschüttungen** vorgenommen, steht dies der Anerkennung der tatsächlichen Durchführung des Vertrages nicht entgegen; sie werden aber als vorweggenommene Gewinnabführung behandelt.[251]

147   Nach allgemeinen Regeln setzt die steuerliche Anerkennung auch die **zivilrechtliche Wirksamkeit** des Gewinnabführungsvertrages voraus. Ist der Vertrag zivilrechtlich unwirksam, wird eine Gewinnabführung auf dieser Grundlage als verdeckte Gewinnausschüttung behandelt[252] und eine Verlustübernahme als verdeckte Einlage, die zu nachträglichen Anschaffungskosten auf die Beteiligung führt.[253] Wegen der Voraussetzungen für die zivilrechtliche Wirksamkeit wird auf die vorstehenden Ausführungen verwiesen (siehe Rn 49 ff.).

---

246 Vgl. BGH BB 1989, 1518; *Timm*, GmbHR 1987, 8, 17.
247 Vgl. R 60 Abs. 3 KStR.
248 R 60 Abs. 8 S. 1 Nr. 1 KStR.
249 R 60 Abs. 8 S. 1 Nr. 2 KStR.
250 R 60 Abs. 4 S. 4 KStR.
251 R 61 Abs. 4 KStR.
252 BFH BStBl II 1990, 24.
253 Vgl. *Reich*, ZNotP 2001, 188, 193 m.w.N.

c) Wirkungen der körperschaftsteuerlichen Organschaft

Mit der Gestaltung einer körperschaftsteuerlichen Organschaft wird erreicht, dass das **Ergebnis** der Organgesellschaft, bereinigt um die Auswirkungen des Gewinnabführungsvertrages, körperschaftsteuerlich dem Organträger **zugerechnet** wird, so dass Verluste der Organgesellschaft mit Gewinnen des Organträgers saldiert werden können oder umgekehrt.[254] Das gilt beispielsweise auch für einen steuerfreien **Verschmelzungsgewinn**, der nicht etwa im Wege der Gewinnausschüttung an den Organträger ausgekehrt werden sollte.[255] Der aus einer Teilbetriebsveräußerung durch die Organgesellschaft resultierende Veräußerungsgewinn soll allerdings beim Organträger nicht nach § 34 EStG begünstigt sein.[256]

148

Die Zurechnung des steuerlichen Ergebnisses beim Organträger bedeutet aber nicht, dass die **Organgesellschaft** in jeder Hinsicht ihre Funktion als selbständiger **Steuerpflichtiger** verloren hätte. Sie muss weiterhin ihren Gewinn ermitteln, dabei die allgemeinen gesetzlichen Voraussetzungen beachten, wie etwa die Ordnungsmäßigkeit der Buchführung, und selbst weiterhin die Steuererklärungen abgeben.

149

Durch die im Steuersenkungsgesetz enthaltenen Änderungen ist die körperschaftsteuerliche Organschaft zu Recht wieder stärker in das Blickfeld der steuerlichen Gestaltungspraxis gerückt. Die dort erleichterten Voraussetzungen, insbesondere die Aufhebung des **bisherigen Additionsverbots von mittelbaren und unmittelbaren Beteiligungen** für die Berechnung der erforderlichen Anteilsquote sowie der Wegfall der wirtschaftlichen und organisatorischen Eingliederung haben die Erfüllung der Organschaftsvoraussetzungen deutlich erleichtert.

150

Vor dem Hintergrund der **geänderten Dividendenbesteuerung**[257] hat die körperschaftsteuerliche Organschaft besondere Bedeutung erlangt. Die durch § 23 Abs. 1 KStG nunmehr bestehende **definitive Ertragsteuerbelastung** (ohne Gewerbesteuer) von 15,825%, nämlich derzeit 15 % Körperschaftsteuer zzgl. derzeit 5,5% Solidaritätszuschlag, kann nämlich durch das Begründen einer körperschaftsteuerlichen Organschaft vermieden werden.[258]

151

Nach geltendem Körperschaftsteuerrecht werden **Dividenden**, die von Kapitalgesellschaften **an andere Kapitalgesellschaften** ausgeschüttet wurden, nach § 8b Abs. 1 KStG **steuerfrei** gestellt. Dem stand bis einschließlich Veranlagungszeitraum 2003 jedoch das Aufwandsabzugsverbot des § 3c EStG entgegen, wonach Ausgaben, soweit sie mit steuerfreien Einnahmen in Verbindung stehen, nicht als Betriebsausgaben abgezogen werden durften. Dies betraf in erster Linie Finanzierungskosten für den Erwerb der Beteiligung an einer Tochtergesellschaft sowie Teilwertabschreibungen auf diese Beteiligungen. Diese Verlustabzugsbeschränkung konnte durch die körperschaftsteuerliche Organschaft vermieden werden.[259]

152

War die körperschaftsteuerliche Organschaft bisher das einzige Instrument, um Finanzierungskosten bei gleichzeitiger Dividendenausschüttung der Tochtergesellschaft steuerlich geltend zu machen, hat sich dies mit der Änderung des § 8b KStG durch das sog. „Korb II"-Gesetz ab dem Veranlagungszeitraum 2004 grundlegend geändert. Seitdem werden 5% der Bezüge i.S.d. § 8b Abs. 1 KStG als nicht abzugsfähige Betriebsausgaben behandelt; § 3c Abs. 1 EStG ist nicht mehr anzuwenden. Dies bedeutet, dass ohne Begründen einer körperschaftsteuerlichen Organschaft die Finanzierungskosten komplett abzugsfähig bleiben, ohne dass die Nachteile der Organschaft zum Tragen kommen (siehe Rn 156). Dieses Ergebnis ließ sich bis dahin nur durch Einschaltung von Auslandsgesellschaften erreichen, da § 8b Abs. 5 KStG eine entsprechende

153

---

254 Vgl. R 61 ff. KStR; *Heidel/Pauly*, Steuerrecht in der anwaltlichen Praxis, 3. Aufl. 2002, § 2 Rn 199 ff.
255 FG Hamburg, DStRE 2000, 644 zur Frage der Zurechnung eines steuerfreien Verschmelzungsgewinns der Untergesellschaft ohne Herstellung der Ausschüttungsbelastung; dazu auch BFH GmbHR 2001, 838.
256 FG Nürnberg GmbHR 2001, 876; dazu *Tiedtke/Wälzholz*, GmbHR 2001, 847 ff.
257 Wechsel vom Anrechnungs- zum Halbeinkünfteverfahren.
258 Vgl. *Kirsch/Grube*, GmbHR 2001, 371, 372; *Sauter/Heurung*, GmbHR 2001, 165 ff.
259 Vgl. *Neu/Brandenburg*, GmbH-StB 2001, 32; *Kollruss*, StWP 2001, 132; *Neu*, GmbH-StB 2000, Sonderheft, 35; *Fenzl/Hagen*, FR 2000, 289.

Regelung enthielt. Seit 2004 werden Dividenden aus inländischen und ausländischen Quellen gleichgestellt. Teilwertabschreibungen sind von der Neuregelung jedoch nicht betroffen (§ 8b Abs. 3 S. 3 KStG).[260] Verluste der Tochtergesellschaft können wie bisher nur im Rahmen einer Organschaft durch Verlustausgleich berücksichtigt werden. Andererseits kann durch das Begründen eines Organschaftsverhältnisses die pauschalierende Hinzurechnung des § 8b Abs. 5 KStG von 5% der Bruttoausschüttung der Tochtergesellschaft vermieden werden, da es sich bei bestehendem Organschaftsverhältnis nicht um eine Ausschüttung der Organgesellschaft an den Organträger, sondern um eigenes Einkommen des Organträgers handelt.

154   Dividenden, die **an natürliche Personen** als Anteilseigner ausgeschüttet werden, unterliegen seit dem Veranlagungszeitraum 2009 der Abgeltungsteuer von 25% (§ 32d Abs. 1 S. 1 EStG). Aufwendungen, die mit diesen Einnahmen in wirtschaftlichem Zusammenhang stehen, dürfen gem. § 20 Abs. 9 EStG nicht mehr abgezogen werden. Es besteht allerdings nach § 32d Abs. 2 Nr. 3 EStG die Möglichkeit eine Besteuerung nach dem Teileinkünfteverfahren zu wählen (§ 3 Nr. 40 EStG), wenn der Anteilseigner zu mindestens 25 % an der Gesellschaft beteiligt ist. Unabhängig davon, kann die Organschaft bei natürlichen Personen immer noch attraktiv sein, um eine Ertragsteuerbelastung auf Ebene der Gesellschaft zu vermeiden.

155   Nach der Abschaffung des § 6 Abs. 4 UmwStG mit der Möglichkeit des sog. **step-up** wird in der körperschaftsteuerlichen Organschaft das wichtigste steuerliche Gestaltungsinstrument gesehen, um Finanzierungskosten für den Kauf der Beteiligung an einer Kapitalgesellschaft mit den erzielten Gewinnen verrechnen zu können.[261] Ein Formwechsel der gekauften Kapitalgesellschaft in eine Personengesellschaft, so dass die Finanzierungskosten als Sonderbetriebsausgaben abgezogen werden können, ist nämlich wegen der Nichtberücksichtigung des Umwandlungsverlustes steuerlich nicht mehr empfehlenswert.

156   Zu beachten sind bei der Organschaft immer zugleich auch die **Nachteile**, die durch den Abschluss des Gewinnabführungsvertrages entstehen. Am gewichtigsten ist sicher der **Verlust der Haftungsbeschränkung** des Organträgers, da sich dieser durch den Gewinnabführungsvertrag dazu verpflichtet hat, die Verluste der Organgesellschaft auszugleichen. Auch ist zu beachten, dass mit einer körperschaftsteuerlichen Organschaft immer auch eine **gewerbesteuerliche Zwangsorganschaft** begründet wird, was u.U. nicht gewollt ist. Daneben sollte außerdem die bei Organschaft eintretende **Steuerhaftung** bedacht werden (siehe Rn 184 ff.).

5. Gewerbesteuerliche Organschaft
a) Voraussetzungen der gewerbesteuerlichen Organschaft

157   Die Voraussetzungen für die gewerbesteuerliche Organschaft sind – wie bereits ausgeführt (siehe Rn 101 f.) – direkt an die der körperschaftsteuerlichen Organschaft angeknüpft worden.[262]
Deshalb müssen ab dem Erhebungszeitraum 2002 folgende Voraussetzungen erfüllt sein:
– finanzielle Eingliederung und
– Abschluss eines Gewinnabführungsvertrages.

Durch das direkte Anknüpfen der Tatbestandsvoraussetzungen der gewerbesteuerlichen an die der körperschaftsteuerlichen Organschaft gelten die Ausführungen bzgl. finanzieller Eingliederung und Gewinnabführungsvertrag hier analog (siehe Rn 119–126 bzw. Rn 127–147).

---

260 Vgl. *Leis*, FR 2004, 53, 60.
261 Vgl. *Reich*, DNotZ 2000, 895; *Reich*, ZNotP 2001, 96 und 188, 194; *Sauter/Heurung*, GmbHR 2001, 165; siehe etwa FG Düsseldorf GmbHR 2001, 839.
262 Zu Problemen dieser Zwangsangleichung siehe *Prinz*, FR 2002, 66 und *Kollruss*, StBp 2001, 132.

b) Wirkungen der gewerbesteuerlichen Organschaft

Zwar bleibt auch bei der gewerbesteuerlichen Organschaft die Organgesellschaft insoweit **selbständiges Steuersubjekt**, als sie weiterhin selbständig bilanzieren und ihren Gewerbeertrag selbst ermitteln muss,[263] sie wird in der weiteren gewerbesteuerlichen Behandlung dann aber wie eine Betriebsstätte des Organträgers behandelt.[264] Steuerschuldner der bei der Organgesellschaft entstehenden Gewerbesteuer ist demnach der Organträger.[265] **158**

Der bei der Organgesellschaft ermittelte Gewerbeertrag wird schließlich dem Organträger zugerechnet. Gewerbesteuerliche Doppelerfassungen werden dabei durch Korrekturen vermieden.[266] So sind beispielsweise die aufgrund des Gewinnabführungsvertrages an den Organträger abgeführten Gewinne bei der Ermittlung dessen Gewerbeertrages wieder zu streichen, da sie bereits im Gewerbeertrag der Organgesellschaft enthalten sind.[267] Ein vororganschaftlicher Verlustvortrag darf ab dem Erhebungszeitraum 2004 den Gewerbeertrag der Organgesellschaft nicht mehr mindern (§ 10a S. 3 GewStG). **159**

Nach § 35 EStG können natürliche Personen im Rahmen ihrer Einkommensbesteuerung die **Gewerbesteuer anrechnen**, nämlich mit dem 3,8-fachen[268] des für den jeweiligen Veranlagungszeitraum festgesetzten anteiligen Gewerbesteuermessbetrages, maximal jedoch die zu zahlende Gewerbesteuer. Bestand keine körperschaftsteuerliche Organschaft, so betraf dies bisher nur den originären Gewinn des Organträgers, nicht den aufgrund einer gewerbesteuerlichen Organschaft zuzurechnenden Gewinn.[269] Diese Einschränkung wurde mit Wirkung für den Veranlagungszeitraum 2004 aufgehoben. **160**

6. Umsatzsteuerliche Organschaft
a) Voraussetzungen der umsatzsteuerlichen Organschaft

Im Gegensatz zum Gewerbesteuerrecht nimmt das Umsatzsteuerrecht keinen Bezug auf die körperschaftsteuerlichen Regelungen zur Organschaft. Als Voraussetzungen für die umsatzsteuerliche Organschaft müssen nach § 2 Abs. 2 Nr. 2 UStG erfüllt sein: **161**
- finanzielle Eingliederung,
- wirtschaftliche Eingliederung und
- organisatorische Eingliederung.

Dabei ist auf das Gesamtbild der tatsächlichen Verhältnisse abzustellen. Es ist demnach nicht notwendig, dass alle drei Eingliederungsmerkmale gleich stark ausgeprägt sind. Vielmehr ist es ausreichend, wenn ein Merkmal weniger, dafür ein anderes stärker ausgeprägt ist, solange eine Eingliederung insgesamt noch erkennbar ist.[270] Es müssen jedoch immer alle drei Eingliederungsmerkmale erfüllt sein, da ein Organschaftsverhältnis sonst nicht vorliegen kann.[271] **162**

Da der Abschluss eines Gewinnabführungsvertrages nicht notwendig ist, ist das Zustandekommen einer umsatzsteuerlichen Organschaft weniger gut steuerbar und wird in der Praxis **163**

---

263 BFH BStBl II 1997, 181; BFH BStBl II 1995, 794; BFH GmbHR 2003, 1514.
264 R 2.3 Abs. 1 S. 2 GewStR.
265 BFH BStBl II 1977, 560; BFH BStBl II 1997, 181.
266 BFH BStBl II 1997, 181.
267 BFH BStBl II 1994, 768.
268 Im Rahmen der Unternehmenssteuerreform wurde die Abziehbarkeit der Gewerbesteuer als Betriebsausgabe ab 1.1.2008 abgeschafft. Die Steuermesszahl wurde daher von 5% auf 3,5% gesenkt, der Anrechnungsfaktor von 1,8 auf 3,8 erhöht (§ 35 EStG n.F.), vgl. Unternehmenssteuerreform 2008, BT-Drucks 16/5491).
269 Vgl. § 35 Abs. 2 S. 4 EStG a.F.
270 BFH BStBl III 1967, 715; BFH BStBl III 1964, 346.
271 BFH BStBl III 1964, 346.

auch manchmal übersehen. So kann es durchaus zu „ungewollten" Organschaften kommen, da im Falle einer tatsächlichen Eingliederung auch ohne Unternehmensvertrag ein Organschaftsverhältnis begründet wird.[272] Dies kann bei der Organgesellschaft insbesondere durch die dann entstehende Steuerhaftung (siehe Rn 184 ff.) u.U. unangenehme Folgen haben.

b) Finanzielle Eingliederung

164 Da die Voraussetzungen der umsatzsteuerlichen Organschaft nicht identisch mit denen für die körperschaft- und gewerbesteuerliche Organschaft sind[273] und das UStG weder eine Definition der drei Eingliederungsmerkmale noch einen Verweis enthält, stellt sich insbesondere hinsichtlich der finanziellen Eingliederung die Frage, wie diese auszulegen ist. Nach Ansicht des BFH kann die finanzielle Eingliederung auch über eine mittelbare Beteiligung begründet werden, sofern jede Beteiligung dabei die Mehrheit der Stimmrechte gewährt.[274] Die finanzielle Eingliederung kann dabei auch über eine nicht unternehmerisch tätige Gesellschaft erreicht werden, die dann aber nicht in den Organkreis einzubeziehen ist.[275] Nicht ausreichend für die finanzielle Eingliederung sind hingegen der Abschluss eines Gewinnabführungsvertrages ohne Beteiligung des Organträgers an der Organgesellschaft oder wenn mehrere Gesellschafter nur gemeinsam über die Anteilsmehrheit verfügen.[276]

c) Wirtschaftliche Eingliederung

165 Die wirtschaftliche Eingliederung der Organgesellschaft in den Organträger kommt in einem betriebswirtschaftlichen Zusammenhang der Tätigkeit von Organgesellschaft und Organträger zum Ausdruck.[277] Dabei muss die Organgesellschaft das Gesamtunternehmen fördern und ergänzen.[278] Es ist jedoch nicht notwendig, dass die Organgesellschaft ausschließlich für den Organträger tätig ist. Umsätze mit anderen Unternehmen sind jedenfalls dann zulässig, solange sie nicht gegenüber den Innenumsätzen überwiegen.[279] Die bloße Förderung der gewerblichen Zwecke des Organträgers reicht nicht aus.[280]

166 Für die wirtschaftliche Eingliederung ist weiterhin erforderlich, dass der Organträger einen **Gewerbebetrieb** unterhält und nicht nur kraft Rechtsform oder gewerblicher Prägung die Eigenschaft der Gewerblichkeit zugeschrieben bekommt.[281] Dazu ist es erforderlich, dass die Beteiligung im unternehmerischen Bereich des Organträgers gehalten wird (zu Problemen bei Holdings siehe Rn 108).[282]

d) Organisatorische Eingliederung

167 Für die umsatzsteuerliche Organschaft ist außerdem das Merkmal der organisatorischen Eingliederung erforderlich. Der Unterschied zur wirtschaftlichen Eingliederung soll darin liegen, dass bei der organisatorischen Eingliederung die rechtlichen Verhältnisse maßgeb-

---

272 BFH/NV 1992, 140.
273 Abschn. 2.8 Abs. 5 UStAE.
274 BFH BStBl II 2011, 600.
275 Abschn. 2.8 Abs. 5 UStAE.
276 BFH BStBl II 2011, 600; BFH BStBl II 2011, 597.
277 BFH BStBl II 1969, 413.
278 BFH BStBl III 1967, 715.
279 BFH BStBl III 1964, 539.
280 BFH BStBl II 1970, 257 und 554; BFH BStBl II 1976, 389; BFH GmbHR 2001, 634; *Reich*, ZNotP 2001, 188, 189.
281 BFH BStBl II 1989, 668; BFH BStBl II 1989, 668; BFH BStBl II 1990, 24 und 992; *Reich*, ZNotP 2001, 189.
282 BMF v. 26.1.2007, DB 2007, 315, Rn 16.

lich sein sollen, bei der wirtschaftlichen Eingliederung dagegen die tatsächlichen Verhältnisse.[283]

Die organisatorische Eingliederung der Organgesellschaft in den Organträger liegt dann vor, 168
wenn der Organträger seinen Willen im täglichen Geschäft der Organgesellschaft durchsetzen
kann.[284] Dabei ist es jedoch nicht ausreichend diese Möglichkeit zu besitzen, sie muss vielmehr
auch ausgeübt werden.[285] Eine vom Willen des Organträgers abweichende Willensbildung der
Organgesellschaft darf nicht möglich sein.[286]

Die organisatorische Eingliederung wird immer dann zwingend vermutet, wenn zwischen Or- 169
ganträger und Organgesellschaft ein Beherrschungsvertrag i.S.d. § 291 Abs. 1 S. 1 AktG abgeschlossen wurde oder die Organgesellschaft nach § 319 AktG in den Organträger eingegliedert ist.[287]

Auch **ohne** einen **Beherrschungsvertrag** oder Eingliederung wird eine organisatorische 170
Eingliederung aufgrund der tatsächlichen Umstände beispielsweise angenommen, wenn
– die Geschäftsführer/Vorstände in der Organgesellschaft und im Organträger identisch sind,[288]
– das Vertretungsorgan der Organgesellschaft im Dienstverhältnis zum Organträger steht und somit dienstrechtlich weisungsgebunden ist,[289]
– die Geschäftsführung der Organgesellschaft aufgrund besonderer Verpflichtung gebunden ist, die Weisungen des Organträgers zu befolgen,[290] oder
– wenn sowohl Organgesellschaft als auch Organträger ihren Sitz im gleichen Gebäude haben sowie gemeinsame Telefonanschlüsse und ein gemeinsames Postfach benutzen.[291]

Ob es für die organisatorische Eingliederung wie nach bisheriger Rechtsprechung ausreichend 171
ist, dass bei der Organgesellschaft eine vom Willen des Organträgers abweichende Willensbildung nicht möglich ist, hat der BFH in seiner Entscheidung vom 7.7.2011 ausdrücklich offen gelassen.[292]

e) Wirkung der umsatzsteuerlichen Organschaft

Bei Vorliegen einer umsatzsteuerlichen Organschaft gilt die Tätigkeit der Organgesellschaft als 172
nicht selbständig ausgeübt. Sie ist deshalb kein Unternehmer (§ 2 Abs. 1 S. 1 UStG) und somit
auch nicht umsatzsteuerpflichtig (§ 1 UStG). Ihre Umsätze sind vielmehr dem Organträger zuzurechnen, der zusammen mit allen Organgesellschaften als umsatzsteuerlich einheitliches Unternehmen angesehen wird (§ 2 Abs. 2 Nr. 2 S. 3 UStG). Leistungsbeziehungen innerhalb des umsatzsteuerlichen Organkreises werden als **unbeachtliche Innenumsätze** angesehen.[293] Der
Organgesellschaft in Rechnung gestellte Umsatzsteuer kann vom Organträger als Vorsteuer abgezogen werden.[294] Da bei der umsatzsteuerlichen Organschaft die Organgesellschaft ihre steu-

---

283 BFH BStBl II 1989, 668.
284 Vgl. *Breuninger/Prinz*, DB 1995, 2085, 2086.
285 BFH BStBl II 1999, 258.
286 BFH BStBl II 1999, 258.
287 Vgl. *Breuninger/Prinz*, DB 1995, 2085, 2086.
288 BFH BStBl II 1970, 257, 261; für das Sequestrationsverfahren mit Verfügungsverbot siehe FG Baden-Württemberg GmbHR 2001, 839.
289 BFH BStBl II 2010, 863.
290 Vgl. *Streck*, KStG, § 14 Anm. 30; *Breuninger/Prinz*, DB 1995, 2085; *Schmidt*, GmbHR 1996, 175; *Reich*, ZNotP 2001, 188, 190.
291 BFH BStBl II 1969, 505.
292 BFH DStR 2011, 1424.
293 Vgl. *Reich*, ZNotP 2001, 96, 98; zu den Gestaltungsmöglichkeiten bei umsatzsteuerlicher Organschaft siehe auch *Slapio*, DStR 2000, 999.
294 *Reich*, ZNotP 2001, 96, 98 m.w.N.

erliche Eigenständigkeit verloren hat, gibt es auf ihrer Ebene grundsätzlich auch **keine eigene Umsatzermittlung** mehr.[295]

173 Dieser Grundsatz wird jedoch durchbrochen, wenn der Organträger der umsatzsteuerlichen Organschaft seine Geschäftsleitung im Ausland hat. Da die Wirkung der umsatzsteuerlichen Organschaft auf das Inland beschränkt ist (§ 2 Abs. 2 Nr. 2 S. 2 UStG), bedeutet dies, dass Auslandsumsätze der Organgesellschaft auch bei dieser umsatzsteuerbar sind, wozu die Organgesellschaft insoweit ihre Umsätze selbst ermitteln und der Umsatzsteuer unterwerfen muss.

f) Beendigung der umsatzsteuerlichen Organschaft

174 Die umsatzsteuerliche Organschaft endet zu dem Zeitpunkt, zu dem eine der Tatbestandsvoraussetzungen des § 2 Abs. 2 Nr. 2 UStG nicht mehr erfüllt ist. Das ist z.B. der Fall, wenn[296]
- sich die Stimmrechtsverhältnisse so ändern, dass die finanzielle Eingliederung nicht mehr gegeben ist, z.B. durch Aufnahme weiterer Gesellschafter in die Organgesellschaft,[297]
- der Betrieb des Organträgers oder der Organgesellschaft veräußert wird,
- die Organgesellschaft in eine Personengesellschaft umgewandelt wird, oder
- durch Liquidation des Organträgers, weil dadurch die wirtschaftliche Eingliederung der Organgesellschaft nicht mehr gegeben ist.

175 Demgegenüber hat die **Liquidation der Organgesellschaft**, solange sie noch nicht vollständig abgeschlossen ist, keine Auswirkungen auf ihre Eingliederung in das Unternehmen des Organträgers. Der Liquidationsbeschluss führt deshalb nicht zur Beendigung des Organschaftsverhältnisses. Die Organgesellschaft rechnet vielmehr noch so lange zum Unternehmen des Organträgers, bis die Liquidation abgeschlossen und das vorhandene Gesellschaftsvermögen veräußert ist.[298] Das gilt selbst dann, wenn im Rahmen der Liquidation nur noch Umsätze aus der Verwertung sicherungsübereigneter Gegenstände bewirkt werden.[299]

176 Auch durch die **Vermögenslosigkeit der Organgesellschaft** wird die Organschaft nicht beendet; sie dauert fort, bis alle Rechtsbeziehungen der Organgesellschaft abgewickelt sind.[300] Das gilt auch in den Fällen, in denen der Antrag der Organgesellschaft auf Insolvenzeröffnung mangels einer die Kosten deckenden Masse abgelehnt wird.[301]

177 Ob mit der **Insolvenz des Organträgers** die (organisatorische) Eingliederung der Organgesellschaft und damit die umsatzsteuerliche Organschaft endet, hängt davon ab, ob der Organträger mit der Eröffnung des Insolvenzverfahrens den maßgeblichen Einfluss auf die Organgesellschaft verliert.[302]

g) Steuerliche Behandlung nach Beendigung der umsatzsteuerlichen Organschaft

178 Ab dem Zeitpunkt der Beendigung der Organschaft stellen Organträger und Organgesellschaft zwei selbständige umsatzsteuerliche Rechtssubjekte dar, die zueinander in eine **Leistungsaus-**

---

295 *Reich*, ZNotP 2001, 96, 98.
296 OFD Hannover v. 3.7.2002, DStR 2002, 1763.
297 Vgl. BFH/NV 1990, 741.
298 FG Münster UR 1991, 378.
299 FG Nürnberg EFG 1990, 543.
300 BFH UR 1992, 176; BFH/NV 1992, 346; BFH UR 1996, 265; BFH NV 1996, 275.
301 OFD Hannover v. 19.5.1999, DStR 2000, 1182.
302 Siehe dazu andererseits BFH DStR 1997, 1487; *Schiffer*, DStR 1998, 1989 und andererseits BFH DStR 1999, 497, wo der BFH ausnahmsweise eine Beendigung der Organschaft mit dem Konkurs des Organträgers angenommen hat.

tauschbeziehung treten können.³⁰³ Die damit verbundene Trennung des Organkreises in verschiedene Unternehmen beinhaltet keine Geschäftsveräußerung bzw. Teilgeschäftsveräußerung.³⁰⁴

Umsätze, die von der Organgesellschaft noch **vor Beendigung der Organschaft** ausgeführt wurden, sind stets dem Organträger zuzurechnen und von diesem zu versteuern, auch wenn die hierauf entfallende Umsatzsteuer erst nach der Beendigung der Organschaft entsteht.³⁰⁵ **Berichtigungsansprüche** nach § 17 UStG, die diese Umsätze betreffen, richten sich ebenfalls ausschließlich gegen den Organträger als leistenden Unternehmer. 179

Umsätze, die **nach Beendigung der Organschaft** von der Organgesellschaft ausgeführt werden, sind dagegen in vollem Umfang von der Organgesellschaft als leistendem Unternehmer zu versteuern. **An- und Vorauszahlungen** des Organträgers darauf sind ggf. zu berichtigen. 180

Der **Vorsteuerabzug** aus Leistungsbezügen der Organgesellschaft vor Beendigung der Organschaft steht auch dann nur dem Organträger zu, wenn die Rechnung erst nach Beendigung der Organschaft bei der Organgesellschaft eingeht und von dieser beglichen wird. **Vorsteuerberichtigungsansprüche** nach § 17 UStG, die diese Leistungsbezüge betreffen, richten sich ebenfalls ausschließlich gegen den Organträger.³⁰⁶ 181

Vorsteuer aus Leistungen, die die Organgesellschaft nach Beendigung der Organschaft bezieht, können nur von der Organgesellschaft abgezogen werden; ein von dem Organträger vorgenommener Vorsteuerabzug nach § 15 Abs. 1 Nr. 1 S. 2 UStG aus geleisteten An- und Vorauszahlungen ist ggf. zu berichtigen. Bei Beendigung der umsatzsteuerlichen Organschaft ist daher besonders auf die richtige Adressierung zu achten, damit der Vorsteuerabzug in Anspruch genommen werden kann.³⁰⁷ 182

Durch die Beendigung der Organschaft wird der Berichtigungszeitraum nach § 15a UStG nicht unterbrochen. Vorsteuerberichtigungsansprüche für Wirtschaftsgüter der Organgesellschaft, die noch zu Zeiten der Organschaft angeschafft oder hergestellt wurden, richten sich daher auch dann gegen die Organgesellschaft, wenn der erstmalige Vorsteuerabzug nach § 15 UStG dem Organträger zugestanden hat. Umgekehrt steht ein Berichtigungsanspruch, falls sich der Umfang der umsatzsteuerlichen Nutzung geändert hat, allein der Organgesellschaft zu. 183

7. Steuerhaftung

Durch Begründung einer Organschaft entsteht auch eine Steuerhaftung der Organgesellschaft. Demnach haftet diese für solche Steuern des Organträgers, für welche die Organschaft zwischen ihnen steuerlich von Bedeutung ist (§ 73 AO). Besteht also nur eine umsatzsteuerliche Organschaft, so erstreckt sich die Haftung nur auf die geschuldete Umsatzsteuer, nicht aber auf die Körperschaft- oder Gewerbesteuer des Organträgers. Weiterhin ist die Haftung auf solche Steuern beschränkt, die während der Organschaft entstanden sind.³⁰⁸ 184

Auch nach Beendigung der Organschaft haftet die Organgesellschaft für die vom Organträger geschuldeten Steuern, soweit diese vor Beendigung der Organschaft entstanden sind.³⁰⁹ 185

Der Umfang der Haftung der Organgesellschaft ist in der Literatur umstritten. Teilweise wird eine Haftung der Organgesellschaft nur für die Steuerbeträge, die im eigenen Betrieb oder im 186

---

303 BFH UR 1990, 355; BFH/NV 1990, 741.
304 OFD Hannover v. 19.5.1999, DStR 2000, 1182.
305 FG Düsseldorf EFG 1993, 747.
306 BFH/NV 1992, 140; BFH/NV 1994, 277.
307 BMF v. 29.1.2004, BStBl I 2003, 258 ff. (Rechnungsrichtlinie und Rechtsprechung des EuGH und BFH: Änderungen durch das StÄndG 2003).
308 *Tipke/Kruse*, AO/FGO, § 73 Rn 3.
309 FG München EFG 1992, 373; OFD Hannover v. 19.5.1999, DStR 2000, 1182.

Betrieb des Organträgers verursacht wurden, angenommen.[310] Anderer Ansicht sind u.a. *Tipke/Kruse*, die den Umfang der Haftung nur durch den Organkreis beschränkt sehen wollen.[311] Die Haftung für steuerliche Nebenleistungen, wie z.B. rückständige Zinsen des Organträgers, ist jedoch ausgeschlossen.[312]

8. Organschaft und Grunderwerbsteuer

187 Bei Begründung einer Organschaft stellt sich zwingend auch die Frage nach der Grunderwerbsteuer, da in einem solchen Fall die Vereinigung bzw. Übertragung von mindestens 95% der Anteile an einer grundbesitzhaltenden Gesellschaft einen grunderwerbsteuerbaren Vorgang auslösen kann (§ 1 Abs. 3 i.V.m. § 1 Abs. 4 Nr. 2 GrEStG).[313]

188 Dies ist allerdings nur dann der Fall, wenn eine tatsächliche Vereinigung innerhalb des Organkreises stattfindet. Das bloße Begründen einer Organschaft ohne gleichzeitigen Anteilserwerb löst keinen grunderwerbsteuerbaren Vorgang aus.[314]

189 Anders ist dies zu beurteilen, wenn im Zusammenhang mit der Begründung einer Organschaft Anteile erworben werden. Selbst der Erwerb von weniger als 95% der Anteile an einer Organgesellschaft kann, bei gleichzeitiger Begründung einer Organschaft, dann einen grunderwerbsteuerbaren Vorgang auslösen, ebenso wie die Vereinigung von Anteilen, die bisher nur im Organkreis vereinigt waren, auf eine Gesellschaft innerhalb des Organkreises. Soweit die Voraussetzungen durch Umstrukturierungen im Konzernkreis geschaffen werden, wird im Einzelfall nach § 6a GrEStG im Einzelfall möglicherweise keine Grunderwerbsteuer erhoben.

190 Die **rechtliche Selbständigkeit** der Organgesellschaft im Organkreis wird auch für die Grunderwerbsteuer berücksichtigt. Das Vorliegen eines Beherrschungs- und Gewinnabführungsvertrages begründet **keinen Wechsel in der Grundstückszuordnung**. Daraus resultiert keine Befugnis i.S.d. § 1 Abs. 2 GrEStG, die Grundstücke der Organgesellschaft für eigene Rechnung zu verwerten.[315]

B. Muster

I. Beherrschungs- und Ergebnisabführungsvertrag (sog. Organschaftsvertrag)

1. Typischer Sachverhalt

191 Die Obergesellschaft ist bereits Mehrheitsgesellschafterin der Untergesellschaft (sog. faktisches Konzernverhältnis). An der Untergesellschaft sind allerdings auch noch – in geringem Umfang – sog. außenstehende Gesellschafter beteiligt, also solche Gesellschafter, die nicht auch an der Obergesellschaft beteiligt sind und deshalb keine gleich gelagerten wirtschaftlichen Interessen haben. In den Gesellschafterversammlungen der Untergesellschaft hat es deshalb wiederholt streitige Abstimmungen gegeben. Die sog. außenstehenden Gesellschafter der Untergesellschaft (Minderheitsgesellschafter) werfen der Obergesellschaft als Hauptgesellschafterin einen Verstoß gegen die Gesellschaftertreuepflichten und Schädigung der Untergesellschaft vor. Um zu vermeiden, dass in Zukunft durch Anfechtungsverfahren der Minderheitsgesellschafter analog §§ 243 ff. AktG die Beschlussfassungen in der Untergesellschaft erschwert oder behindert wer-

---
310 *Reiß*, StuW 1979, 343; *Probst*, BB 1987, 1992; *Sturm*, StuW 1992, 252.
311 *Tipke/Kruse*, AO/FGO, § 73 Rn 4; *Mösbauer*, UR 1995 321.
312 Niedersächsisches FG DStRE 2004, 51; *Tipke/Kruse*, AO/FGO, § 73 Rn 7.
313 Siehe OFD Münster v. 7.12.2000, UVR 2001, 366, m. zahlr. Bsp.
314 Boruttau, GrEStG, 16. Aufl. 2007, § 1 Rn 966q.
315 BFH ZIP 2000, 1107 = DStR 2000, 1088; dazu auch *Götz*, GmbHR 2001, 277.

den, beabsichtigt die Obergesellschaft (bzw. deren Gesellschafter) als Mehrheitsgesellschafterin, durch einen sog. Organschaftsvertrag (Kombination aus Gewinnabführungs- und Beherrschungsvertrag) die Untergesellschaft der Obergesellschaft umfassend zu unterstellen.

2. Checkliste: Organschaftsvertrag

- Aufnahme von Verhandlungen über den Abschluss des Organschaftsvertrages zwischen den Geschäftsführungsorganen der Obergesellschaft (herrschende Gesellschaft) und der Untergesellschaft (beherrschte Gesellschaft)
- Frühzeitige Beteiligung etwaiger Aufsichtsräte/Beiräte der Obergesellschaft und/oder der Untergesellschaft
- Bei der Aktiengesellschaft:[316]
    - Vertragsbericht zur Unterrichtung der Gesellschafter gem. § 293a AktG
    - Prüfung des Unternehmensvertrages durch unabhängige Vertragsprüfer gem. §§ 293b–293e AktG
    - Erstellung der Berichte durch Geschäftsführung und Prüfer gem. §§ 293f, 293g AktG
- Abschluss des Organschaftsvertrages (mindestens in Schriftform)[317] durch die Vertretungsorgane der beteiligten Gesellschaften mit Wirksamkeitsvorbehalt (Zustimmung der Gesellschafterversammlungen/etwa erforderliche Zustimmung der Aufsichtsräte/Beiräte)
- Bei der AG: Zustimmungsbeschluss der Hauptversammlung mit satzungsändernder Mehrheit gem. § 293 Abs. 2 AktG
- Bei der (beherrschten) GmbH: Grundsätzlich einstimmiger Zustimmungsbeschluss; zumindest Zustimmungsbeschluss der Gesellschafterversammlung der beherrschten GmbH mit satzungsändernder Mehrheit analog § 293 Abs. 2 AktG in notarieller Form entsprechend § 53 GmbHG[318]
- Zustimmungsbeschluss der Gesellschafterversammlung mit schriftlichem Beschlussprotokoll; notarielle Form grundsätzlich nicht erforderlich
    - Ausnahme: Den außenstehenden Gesellschaftern der beherrschten Gesellschaft werden Geschäftsanteile als Ausgleichsleistung versprochen
- Anmeldung des Organschaftsvertrages durch die Geschäftsführer der beherrschten GmbH in vertretungsberechtigter Zahl zu deren Handelsregister in notariell beglaubigter Form nebst Anlagen:
    - Notarielles Protokoll über den Zustimmungsbeschluss der beherrschten GmbH
    - Schriftliches Protokoll über den Zustimmungsbeschluss der herrschenden Gesellschaft
    - Von den Geschäftsführungsorganen der beteiligten Gesellschaften in vertretungsberechtigter Zahl unterschriebener Organschaftsvertrag[319]
- Eintragung des Organschaftsvertrages im Handelsregister der beherrschten GmbH[320]

---

316 Dazu umfassend *Altmeppen*, ZIP 1998, 1853, auch zur Frage der analogen Anwendung auf die GmbH.
317 Falls den Gesellschaftern der beherrschten GmbH Angebote auf Übernahme ihrer Geschäftsanteile gegen Abfindung unterbreitet werden, ist notarielle Form gem. § 15 Abs. 4 GmbHG erforderlich; siehe *Lutter/Hommelhoff*, GmbHG, § 15 Rn 53.
318 Die Mehrheitserfordernisse sind streitig: Nach einer Auffassung soll eine qualifizierte Mehrheit ausreichen (vgl. dazu *Timm*, GmbHR 1987, 11; *Altmeppen*, DB 1994, 1273 m.w.N.; *Pache*, GmbHR 1995, 90, 92; *Lutter/Hommelhoff*, GmbHG, Rn 54), während nach h.M. Einstimmigkeit erforderlich sein soll (vgl. BGHZ 103, 1, 4; 105, 324, 332; *Scholz/Emmerich*, GmbHG, Anh. Konzernrecht, Rn 64, 68; *Kleindiek*, ZIP 1988, 613, 616; *Ulmer*, BB 1989, 10, 14; *Ebenroth/A. Müller*, BB 1991, 358, 359; *Neu/Brandenburg*, GmbH-StB 2001, 30).
319 Auch nach BGH WM 1992, 524, 525 ist der Vertrag dem Beschluss als Anlage beizufügen.
320 Anmeldung und Eintragung zum/im Handelsregister der herrschenden GmbH ist nicht erforderlich; auch für das Aktienrecht ist streitig, ob die Anmeldung und Eintragung für die herrschende AG erforderlich bzw. überhaupt möglich und zulässig ist, vgl. LG Bonn GmbHR 1993, 443; AG Duisburg GmbHR 1994, 811; *Schneider*, WM 1986, 181, 197; *Vetter*, AG 1994, 110; *Zilles*, GmbHR 2000, 21; *Neu/Brandenburg*, GmbH-StB 2001, 30; gegen die h.M.

– Wirksamwerden des Organschaftsvertrages mit seiner Eintragung im Handelsregister der beherrschten GmbH

M 279 **3. Muster: Beherrschungs- und Ergebnisabführungsvertrag (Organschaftsvertrag)**

193 _____ (Notarielle Urkundsformalien, falls den Gesellschaftern der beherrschten GmbH Angebote auf Übernahme ihrer Geschäftsanteile gegen Abfindung unterbreitet werden, vgl. § 15 Abs. 4 GmbHG)

Beherrschungs- und Ergebnisabführungsvertrag

§ 1 Unterstellung/Weisungsrecht
(1) Die _____ GmbH (im Folgenden „Untergesellschaft" genannt) unterstellt sich der einheitlichen Leitung durch die _____ GmbH (im Folgenden „Obergesellschaft" genannt). Die Obergesellschaft ist berechtigt, den Geschäftsführungsorganen der Untergesellschaft allgemeine oder auf Einzelfälle bezogene Weisungen für die Leitung ihrer Gesellschaft zu erteilen. Die Weisungen bedürfen der Schriftform und werden von den Geschäftsführungsorganen der Obergesellschaft in vertretungsberechtigter Zahl erteilt. Das Weisungsrecht beginnt erst mit der Eintragung dieses Vertrages im Handelsregister der Untergesellschaft.
(2) Die Untergesellschaft verpflichtet sich, den Weisungen der Obergesellschaft zu folgen.
(3) Das Weisungsrecht erstreckt sich nicht darauf, diesen Vertrag zu ändern, zu verlängern oder zu beenden.

§ 2 Informationsrechte
(1) Die Obergesellschaft ist berechtigt, jederzeit die Bücher und Schriften der Untergesellschaft einzusehen.
(2) Die Untergesellschaft verpflichtet sich, durch ihre Geschäftsführung Auskünfte insbesondere über die rechtlichen, geschäftlichen und verwaltungsmäßigen Angelegenheiten der Gesellschaft an die Obergesellschaft zu erteilen.

§ 3 Ergebnisübernahme
(1) Die Untergesellschaft verpflichtet sich, erstmals für ihr ab dem 1.1._____ beginnendes Geschäftsjahr ihren gesamten Gewinn an die Obergesellschaft abzuführen. Abzuführen ist der ohne die Gewinnabführung nach den maßgeblichen handelsrechtlichen Vorschriften entstehende Jahresüberschuss, jedoch vermindert um einen Verlustvortrag aus dem Vorjahr. Die Abrechnung des Ergebnisses erfolgt mit Wertstellung zum Stichtag des Jahresabschlusses.
(2) Die Untergesellschaft kann mit Zustimmung der Obergesellschaft aus dem Jahresüberschuss nur insoweit in andere Gewinnrücklagen einstellen, als dies handelsrechtlich zulässig und bei vernünftiger kaufmännischer Beurteilung wirtschaftlich begründet ist. Freie Rücklagen, die während der Dauer des Vertrages nach § 272 Abs. 3 HGB und § 272 Abs. 2 Nr. 4 HGB gebildet werden, sind auf Verlangen der Obergesellschaft aufzulösen und zum Ausgleich eines Jahresfehlbetrages zu verwenden oder als Gewinn abzuführen. Die Auflösung von Gewinnrücklagen und von Kapitalrücklagen i.S.v. § 272 Abs. 3 HGB bzw. i.S.v. § 272 Abs. 2 Nr. 4 HGB, die vor Abschluss dieses Vertrages bestanden, darf von der Untergesellschaft nicht vorgenommen und von der Obergesellschaft nicht verlangt werden.
(3) Die Obergesellschaft hat jeden während der Vertragsdauer sonst entstehenden Jahresfehlbetrag i.S.v. § 302 Abs. 1 AktG bei der Untergesellschaft auszugleichen, soweit dieser nicht dadurch aus-

---

Emmerich/Habersack, Aktien- und GmbH-Konzernrecht, § 294 Rn 4 m.w.N.; *Scholz/Emmerich*, GmbHG, Anh. Konzernrecht, nach § 44 Rn 264; *Lutter/Hommelhoff*, GmbHG, Anh. § 13 Rn 40.

geglichen wird, dass den freien Rücklagen (andere Gewinnrücklagen nach § 272 Abs. 3 HGB und Kapitalrücklagen aus Zuzahlungen nach § 272 Abs. 2 Nr. 4 HGB) Beträge entnommen werden, die während der Laufzeit dieses Vertrages in die genannten Rücklagen eingestellt worden sind. Ein Verzicht oder Vergleich über den Ausgleichsanspruch der Untergesellschaft ist unzulässig, wenn und soweit nicht die Voraussetzungen des § 302 Abs. 3 AktG vorliegen. § 304 Abs. 4 AktG findet Anwendung.

Alternativ – einfache Bezugnahme auf § 302 AktG insgesamt.[321]
Die Obergesellschaft ist entsprechend den Vorschriften des § 302 AktG verpflichtet, jeden während der Vertragsdauer sonst entstehenden Jahresfehlbetrag bei der Untergesellschaft auszugleichen, soweit dieser nicht dadurch ausgeglichen wird, dass den anderen Gewinnrücklagen Beträge entnommen werden, die während der Vertragsdauer in sie eingestellt worden sind.

(4) Der Jahresabschluss der Untergesellschaft ist vor seiner Feststellung der Obergesellschaft zur Kenntnisnahme, Prüfung und Abstimmung vorzulegen.

§ 4 Ausgleich für außenstehende Gesellschafter
(1) Die Obergesellschaft garantiert für die Vertragsdauer den außenstehenden Gesellschaftern der Untergesellschaft für jedes volle Geschäftsjahr der Untergesellschaft eine Dividende in Höhe von _____ % für je _____ EUR (Nennwert) ihrer Beteiligung. Soweit in einem Geschäftsjahr die Vertragsdauer dieses Vertrages nicht dem vollen Geschäftsjahr entspricht, wird der Ausgleich zeitanteilig gewährt. Die Ausgleichszahlung durch die Obergesellschaft ist am Tage nach der ordentlichen Gesellschaftsversammlung der Obergesellschaft für das abgelaufene Geschäftsjahr fällig, jedoch nicht vor Feststellung des Jahresabschlusses der Untergesellschaft.
(2) Die Obergesellschaft verpflichtet sich, auf Verlangen der außenstehenden Gesellschafter der Untergesellschaft deren Geschäftsanteile gegen einen in bar zu zahlenden Kaufpreis zu einem Betrag von _____ EUR für je _____ EUR Geschäftsanteil zu erwerben. Die außenstehenden Gesellschafter der Untergesellschaft, die die Übernahme ihrer Geschäftsanteile durch die Obergesellschaft ganz oder zum Teil wünschen, können dieses Verlangen binnen einer Frist von _____ durch schriftliche Erklärung gegenüber der Obergesellschaft geltend machen; die Frist beginnt mit Ablauf des Tages, an dem die Eintragung des Bestehens dieses Vertrages im Handelsregister der Untergesellschaft nach § 10 HGB als bekannt gemacht gilt.

§ 5 Wirksamkeit und Laufzeit
(1) Dieser Vertrag steht unter dem Vorbehalt der Zustimmung der Aufsichtsräte/Beiräte der Obergesellschaft und der Untergesellschaft. Der Vertrag bedarf ferner zu seiner Wirksamkeit der Genehmigungen durch die Gesellschafterversammlungen der vertragschließenden Gesellschaften. Die erforderlichen Zustimmungen sollen unverzüglich eingeholt werden.
(2) Der Vertrag wird mit seiner Eintragung in das Handelsregister der Untergesellschaft wirksam. Er wird für die Dauer von fünf vollen Wirtschaftsjahren der Untergesellschaft nach Eintragung des Vertrages im Handelsregister abgeschlossen; er ist vorher nur aus wichtigem Grund kündbar. Als wichtiger Grund für beide Vertragsparteien gilt auch der Verlust des Mehrheitsbesitzes der Obergesellschaft an der Untergesellschaft bzw. die Insolvenz der Obergesellschaft. Er verlängert sich um jeweils weitere _____ Jahre, wenn er nicht spätestens _____ Monate vor seinem Ablauf von einer der beiden Vertragsparteien schriftlich gekündigt wird.

§ 6 Sicherheitsleistung
Bei Beendigung des Vertrages ist die Obergesellschaft verpflichtet, den Gläubigern der Untergesellschaft in entsprechender Anwendung des § 303 AktG Sicherheit zu leisten.

---

[321] BFH GmbHR 2010, 1049; a.A. OFD Rheinland v. 12.8. 2009, DStR 2010, 1136.

§ 7 Schlussvorschriften

(Im Falle der – wie hier wegen des Übernahmeangebots an die außenstehenden Gesellschafter – nach § 15 Abs. 4 GmbHG erforderlichen Beurkundung:)
Vorstehende Verhandlung wurde den Erschienenen in Gegenwart des Notars vorgelesen, von ihnen genehmigt und von ihnen und dem Notar wie folgt eigenhändig unterschrieben:
_____ (Unterschriften der Geschäftsführungsorgane der Obergesellschaft und der Untergesellschaft)

M 280 **4. Muster: Zustimmungsbeschluss der Gesellschafterversammlung der beherrschten GmbH**

194 _____ (Notarielle Urkundsformalien)
Die Erschienenen baten um die Beurkundung des nachstehenden
Zustimmungsbeschlusses.
Die Erschienenen erklärten:
Wir sind die vollzählig erschienenen Gesellschafter der _____ GmbH (im Folgenden die „Untergesellschaft" genannt) mit Sitz in _____.
Wir treten hiermit unter Verzicht auf sämtliche Formen und Fristen der Einberufung zu einer Gesellschafterversammlung der Untergesellschaft zusammen und beschließen:
Dem Organschaftsvertrag über die Beherrschung und die Ergebnisabführung zwischen der _____ GmbH (im Folgenden die „Obergesellschaft" genannt) und der Untergesellschaft vom _____ wird einstimmig zugestimmt. Der Organschaftsvertrag bildet eine Anlage dieser Urkunde, er wurde den Erschienenen vorgelesen.
Die Kosten dieser Urkunde trägt die Untergesellschaft.
Die Zustimmung der Untergesellschaft zu dem Organschaftsvertrag wird hiermit festgestellt.
Weitere Beschlussfassung steht nicht an.
Die Erschienenen baten um Erteilung einer Ausfertigung für das Registergericht und je einer beglaubigten Abschrift für die Obergesellschaft, die Untergesellschaft und die Gesellschafter _____ und _____.
Vorstehende Verhandlung nebst Anlage wurde den Erschienenen im Beisein des Notars vorgelesen und von ihnen genehmigt und wie folgt eigenhändig unterschrieben:
_____ (Unterschriften)

M 281 **5. Muster: Zustimmungsbeschluss der Gesellschafterversammlung der herrschenden GmbH**

195 _____ (Ggf. die notarielle Urkundsform[322] wählen)
Protokoll einer Gesellschafterversammlung der _____ GmbH
Datum: _____
Ort: _____
Teilnehmer: _____
Wir sind die vollzähligen Gesellschafter der _____ GmbH (im Folgenden die „Obergesellschaft" genannt). Unter Verzicht auf sämtliche Formen und Fristen der Einberufung treten wir hiermit zu einer Gesellschafterversammlung der Obergesellschaft zusammen und beschließen:
Wir stimmen dem Organschaftsvertrag über Beherrschung und Ergebnisabführung zwischen der _____ GmbH (im Folgenden die „Untergesellschaft" genannt) als beherrschte Gesellschaft und der

---

[322] Notarielle Form ist nur erforderlich, wenn sonstige Inhalte diese Form erfordern würden, etwa ein Angebot an die Minderheitsgesellschafter, Geschäftsanteile an der herrschenden GmbH als Ausgleichsleistung zu übernehmen; vgl. § 15 Abs. 4 GmbHG.

Obergesellschaft als herrschende Gesellschaft vom _____ zu. Das einstimmige Beschlussergebnis wird hiermit festgestellt. Der Organschaftsvertrag liegt dem Beschlussprotokoll bei.
Weitere Beschlussfassung steht nicht an. Die Gesellschafterversammlung wird hiermit geschlossen.
_____ (Unterschriften)

6. Muster: Anmeldung des Organschaftsvertrages zum Handelsregister

M 282

An das
Amtsgericht _____
– Handelsregister –

_____
HRB _____ der _____ GmbH
Zum Handelsregister der _____ GmbH (im Folgenden auch die „Untergesellschaft" genannt) überreichen wir:
1. Ausfertigung der notariellen Urkunde über den Zustimmungsbeschluss der Gesellschafterversammlung unserer Gesellschaft vom _____ (UR-Nr. _____ des Notars _____ mit Amtssitz in _____)
2. Beglaubigte Fotokopie des Organschaftsvertrages (Beherrschungs- und Gewinnabführungsvertrages) zwischen der Untergesellschaft und der _____ als Obergesellschaft vom _____
3. Beglaubigte Fotokopie des Zustimmungsbeschlusses der Gesellschafterversammlung der _____ GmbH als Obergesellschaft vom _____

Wir melden das Bestehen des Beherrschungs- und Gewinnabführungsvertrages (Organschaftsvertrag) mit der _____ als Obergesellschaft und die Ergebnisübernahmeregelung zur Eintragung in das Handelsregister an.
Die Regelung über die Ergebnisübernahme lautet:
„1. Die Untergesellschaft verpflichtet sich, erstmals für ihr ab dem 1.1. _____ beginnendes Geschäftsjahr ihren gesamten Gewinn an die Obergesellschaft abzuführen. Abzuführen ist der ohne die Gewinnabführung nach den maßgeblichen handelsrechtlichen Vorschriften entstehende Jahresüberschuss, jedoch vermindert um einen Verlustvortrag aus dem Vorjahr. Die Abrechnung des Ergebnisses erfolgt mit Wertstellung zum Stichtag des Jahresabschlusses.
2. Die Untergesellschaft kann mit Zustimmung der Obergesellschaft aus dem Jahresüberschuss nur insoweit in andere Gewinnrücklagen einstellen, wie dies handelsrechtlich zulässig und bei vernünftiger kaufmännischer Beurteilung wirtschaftlich begründet ist. Freie Rücklagen, die während der Dauer des Vertrages nach § 272 Abs. 3 HGB und § 272 Abs. 2 Nr. 4 HGB gebildet werden, sind auf Verlangen der Obergesellschaft aufzulösen und zum Ausgleich eines Jahresfehlbetrages zu verwenden oder als Gewinn abzuführen. Die Auflösung von Gewinnrücklagen und von Kapitalrücklagen i.S.v. § 272 Abs. 3 HGB bzw. i.S.v. § 272 Abs. 2 Nr. 4 HGB, die vor Abschluss dieses Vertrages bestanden, darf von der Untergesellschaft nicht vorgenommen und von der Obergesellschaft nicht verlangt werden.
3. Die Obergesellschaft hat jeden während der Vertragsdauer sonst entstehenden Jahresfehlbetrag i.S.v. § 302 Abs. 1 AktG bei der Untergesellschaft auszugleichen, soweit dieser nicht dadurch ausgeglichen wird, dass den freien Rücklagen (andere Gewinnrücklagen nach § 272 Abs. 3 HGB und Kapitalrücklagen aus Zuzahlungen nach § 272 Abs. 2 Nr. 4 HGB) Beträge entnommen werden, die während der Laufzeit dieses Vertrages in die genannten Rücklagen eingestellt worden sind. Ein Verzicht oder Vergleich über den Ausgleichsanspruch der Untergesellschaft ist unzulässig, wenn und soweit nicht die Voraussetzungen des § 302 Abs. 3 AktG vorliegen. § 304 Abs. 4 AktG findet Anwendung."[323]

---

[323] Der Verlustausgleichsanspruch unterliegt der regelmäßigen Verjährung, nach § 195 BGB a.F. also der Verjährungsfrist von früher 30, heute drei Jahren und nach der Neufassung des § 302 Abs. 4 im Jahre 2004 zehn Jahre ab Veröffentlichung des Vertragsendes.

Alternativ – einfache Bezugnahme auf § 302 AktG insgesamt.
Die Obergesellschaft ist entsprechend den Vorschriften des § 302 AktG verpflichtet, jeden während der Vertragsdauer sonst entstehenden Jahresfehlbetrag bei der Untergesellschaft auszugleichen, soweit dieser nicht dadurch ausgeglichen wird, dass den anderen Gewinnrücklagen Beträge entnommen werden, die während der Vertragsdauer in sie eingestellt worden sind.
_____ (Ort, Datum)
_____ (Es folgt die Beglaubigung der Namensunterschriften der Geschäftsführer der Untergesellschaft in vertretungsberechtigter Anzahl ggf. nebst Bestätigung über deren Vertretungsbefugnis gem. § 21 BNotO)

II. (Isolierter) Gewinnabführungsvertrag (Ergebnisabführungsvertrag)

1. Typischer Sachverhalt

197 Die künftige Untergesellschaft in der Rechtsform einer GmbH ist bereits 100%ige Tochtergesellschaft einer als Holding fungierenden Muttergesellschaft in der Rechtsform einer Kapitalgesellschaft (z.B. AG). Diese möchte die Vorteile einer körperschaftsteuerlichen Organschaft – insbesondere die Möglichkeit der Verlustverrechnung – mit der GmbH nutzen. Allerdings sollen nicht auch die Voraussetzungen einer umsatzsteuerlichen Organschaft herbeigeführt werden. Deshalb soll – wegen der damit verbundenen Vermutung einer organisatorischen Eingliederung – nicht ein Beherrschungsvertrag mit der Gewinnabführungsregelung verbunden werden, also kein Organschaftsvertrag abgeschlossen werden, sondern ein reiner (isolierter) Ergebnisabführungsvertrag (EAV), also ein Gewinnabführungsvertrag i.S.v. § 291 Abs. 1 AktG.

Im Hinblick auf die zwingend mit dem Ergebnisabführungsvertrag verbundene unbegrenzte Verlustausgleichspflicht (§ 302 AktG) möchte aber die Holdinggesellschaft nicht ihr volles Vermögen als Haftungssubstrat zur Verfügung stellen. Deshalb wird als „Obergesellschaft" bzw. Organträger eine zu diesem Zweck gegründete GmbH & Co. KG (als neue Tochtergesellschaft der Holding und neue Muttergesellschaft der GmbH) zwischengeschaltet, deren einzige Kommanditistin die Holding ist. Dadurch werden die Ergebnisse der GmbH als „Untergesellschaft" bzw. Organgesellschaft nach den Regeln der körperschaftsteuerlichen Organschaft zunächst der GmbH & Co. KG als Organträger und dort nach den ertragsteuerlichen Regeln der Personengesellschaft der Holding als ihrer einzigen am Kapital und an Gewinn und Verlust beteiligten Gesellschafterin zugerechnet. („Mitunternehmerprinzip" = fehlende Abschirmungswirkung der Personengesellschaft gegenüber ihren Gesellschaftern hinsichtlich der Zurechnung ihrer Ergebnisse).

M 283 2. Muster: Isolierter Ergebnisabführungsvertrag

198 _____ (Notarielle Urkundsformalien, falls den Gesellschaftern der beherrschten GmbH Angebote auf Übernahme ihrer Geschäftsanteile gegen Abfindung unterbreitet werden, vgl. § 15 Abs. 4 GmbHG)

Ergebnisabführungsvertrag
(Gewinnabführungsvertrag i.S.v. § 291 Abs. 1 AktG)

§ 1 Ergebnisübernahme
(1) Die _____ GmbH (im Folgenden auch die „Untergesellschaft" genannt) verpflichtet sich, erstmals für ihr ab dem 1.1. _____ beginnendes Geschäftsjahr ihren gesamten Gewinn an die _____ GmbH & Co. KG (im Folgenden auch die „Obergesellschaft" genannt) abzuführen. Abzuführen ist der ohne die Gewinnabführung nach den maßgeblichen handelsrechtlichen Vorschriften entstehende

Jahresüberschuss, jedoch vermindert um einen Verlustvortrag aus dem Vorjahr. Die Abrechnung des Ergebnisses erfolgt mit Wertstellung zum Stichtag des Jahresabschlusses.
(2) Die Untergesellschaft kann mit Zustimmung der Obergesellschaft aus dem Jahresüberschuss nur insoweit in andere Gewinnrücklagen einstellen, wie dies handelsrechtlich zulässig und bei vernünftiger kaufmännischer Beurteilung wirtschaftlich begründet ist. Freie Rücklagen, die während der Dauer des Vertrages nach § 272 Abs. 3 HGB und § 272 Abs. 2 Nr. 4 HGB gebildet werden, sind auf Verlangen der Obergesellschaft aufzulösen und zum Ausgleich eines Jahresfehlbetrages zu verwenden oder als Gewinn abzuführen. Die Auflösung von Gewinnrücklagen und von Kapitalrücklagen i.S.v. § 272 Abs. 3 HGB bzw. i.S.v. § 272 Abs. 2 Nr. 4 HGB, die vor Abschluss dieses Vertrages bestanden, darf von der Untergesellschaft nicht vorgenommen und von der Obergesellschaft nicht verlangt werden.
(3) Die Obergesellschaft hat jeden während der Vertragsdauer sonst entstehenden Jahresfehlbetrag i.S.v. § 302 Abs. 1 AktG bei der Untergesellschaft auszugleichen, soweit dieser nicht dadurch ausgeglichen wird, dass den freien Rücklagen (andere Gewinnrücklagen nach § 272 Abs. 3 HGB und Kapitalrücklagen aus Zuzahlungen nach § 272 Abs. 2 Nr. 4 HGB) Beträge entnommen werden, die während der Laufzeit dieses Vertrages in die genannten Rücklagen eingestellt worden sind. Ein Verzicht oder Vergleich über den Ausgleichsanspruch der Untergesellschaft ist unzulässig, wenn und soweit nicht die Voraussetzungen des § 302 Abs. 3 AktG vorliegen. § 304 Abs. 4 AktG findet Anwendung.[324]
Alternativ – einfache Bezugnahme auf § 302 AktG insgesamt.
Die Obergesellschaft ist entsprechend den Vorschriften des § 302 AktG verpflichtet, jeden während der Vertragsdauer sonst entstehenden Jahresfehlbetrag bei der Untergesellschaft auszugleichen, soweit dieser nicht dadurch ausgeglichen wird, dass den anderen Gewinnrücklagen Beträge entnommen werden, die während der Vertragsdauer in sie eingestellt worden sind.
(4) Der Jahresabschluss der Untergesellschaft ist vor seiner Feststellung der Obergesellschaft zur Kenntnisnahme, Prüfung und Abstimmung vorzulegen.

§ 2 Ausgleich für außenstehende Gesellschafter
Die Obergesellschaft ist derzeit einzige Gesellschafterin der Untergesellschaft. Vorsorglich garantiert sie für die Vertragsdauer etwa hinzutretenden außenstehenden Gesellschaftern der Untergesellschaft für jedes Geschäftsjahr der Untergesellschaft während der Zeitdauer ihrer Gesellschafterschaft eine Dividende in Höhe von _____ % für je _____ EUR (Nennwert) ihrer Beteiligung. Soweit in einem Geschäftsjahr die Vertragsdauer dieses Vertrages nicht dem vollen Geschäftsjahr entspricht, wird der Ausgleich zeitanteilig gewährt. Die Ausgleichszahlung durch die Obergesellschaft ist am Tage nach der ordentlichen Gesellschaftsversammlung der Obergesellschaft für das abgelaufene Geschäftsjahr fällig, jedoch nicht vor Feststellung des Jahresabschlusses der Untergesellschaft.

§ 3 Informationsrechte
(1) Die Obergesellschaft ist berechtigt, jederzeit die Bücher und Schriften der Untergesellschaft einzusehen.
(2) Die Untergesellschaft verpflichtet sich, durch ihre Geschäftsführung Auskünfte insbesondere über die rechtlichen, geschäftlichen und verwaltungsmäßigen Angelegenheiten der Gesellschaft an die Obergesellschaft zu erteilen.

§ 4 Wirksamkeit und Laufzeit
(1) Dieser Vertrag steht unter dem Vorbehalt der Zustimmung der Aufsichtsräte/Beiräte der Obergesellschaft und der Untergesellschaft. Der Vertrag bedarf ferner zu seiner Wirksamkeit der Genehmi-

---

324 Der Verlustausgleichsanspruch unterliegt der regelmäßigen Verjährung, nach § 195 BGB a.F. also der Verjährungsfrist von früher 30, heute drei Jahren und nach der Neufassung des § 302 Abs. 4 im Jahre 2004 zehn Jahre ab Veröffentlichung des Vertragsendes.

gungen durch die Gesellschafterversammlungen der vertragschließenden Gesellschaften. Die erforderlichen Zustimmungen sollen unverzüglich eingeholt werden.
(2) Der Vertrag wird mit seiner Eintragung in das Handelsregister der Untergesellschaft wirksam. Er wird für die Dauer von fünf vollen Wirtschaftsjahren der Untergesellschaft nach Eintragung des Vertrages im Handelsregister abgeschlossen; er ist vorher nur aus wichtigem Grund kündbar. Als wichtiger Grund für beide Vertragsparteien gilt auch der Verlust des Mehrheitsbesitzes der Obergesellschaft an der Untergesellschaft. Er verlängert sich um jeweils weitere _____ Jahre, wenn er nicht spätestens _____ Monate vor seinem Ablauf von einer der beiden Vertragsparteien schriftlich gekündigt wird.

§ 5 Sicherheitsleistung
Bei Beendigung des Vertrages ist die Obergesellschaft verpflichtet, den Gläubigern der Untergesellschaft in entsprechender Anwendung des § 303 AktG Sicherheit zu leisten.

§ 6 Schlussvorschriften
_____
(*Im Falle der – wie hier wegen des Übernahmeangebots an die außenstehenden Gesellschafter – nach § 15 Abs. 4 GmbHG erforderlichen Beurkundung*) Vorstehende Verhandlung wurde den Erschienenen in Gegenwart des Notars vorgelesen, von ihnen genehmigt und von ihnen und dem Notar wie folgt eigenhändig unterschrieben:
_____ (Unterschriften der Vertretungsorgane von Ober- und Untergesellschaft)

M 284 3. Muster: Zustimmungsbeschluss der Gesellschafterversammlung der gewinnabführungspflichtigen GmbH

199 _____ (Notarielle Urkundsformalien)
Die Erschienenen baten um die Beurkundung des nachstehenden
Zustimmungsbeschlusses.

Die Erschienenen erklärten:
Wir sind die vollzählig erschienenen Gesellschafter der _____ GmbH (im Folgenden die „Untergesellschaft" genannt) mit Sitz in _____.
Wir treten hiermit unter Verzicht auf sämtliche Formen und Fristen der Einberufung zu einer Gesellschafterversammlung der Untergesellschaft zusammen und beschließen:
Dem Ergebnisabführungsvertrag zwischen der _____ GmbH & Co. KG (im Folgenden die „Obergesellschaft" genannt) und der Untergesellschaft vom _____ wird einstimmig zugestimmt. Der Ergebnisabführungsvertrag bildet eine Anlage dieser Urkunde, er wurde den Erschienenen vorgelesen.
Die Kosten dieser Urkunde trägt die Untergesellschaft.
Die Zustimmung der Untergesellschaft zu dem Ergebnisabführungsvertrag wird hiermit festgestellt.
Weitere Beschlussfassung steht nicht an.
Die Erschienenen baten um Erteilung einer Ausfertigung für das Registergericht und je einer beglaubigten Abschrift für die Obergesellschaft, die Untergesellschaft und die Gesellschafter _____ und _____.
Vorstehende Verhandlung nebst Anlage wurde den Erschienenen im Beisein des Notars vorgelesen und von ihnen wie folgt eigenhändig unterschrieben:
_____ (Unterschriften)

4. Muster: Zustimmungsbeschluss der Gesellschafterversammlung der gewinnabführungsberechtigten GmbH & Co. KG

M 285

200

_____ (Ggf. die notarielle Urkundsform[325] wählen)
Protokoll einer Gesellschafterversammlung der _____ GmbH & Co. KG
Datum: _____
Ort: _____
Teilnehmer: _____
Wir sind die vollzähligen Gesellschafter der _____ GmbH & Co. KG (im Folgenden die „Obergesellschaft" genannt). Unter Verzicht auf sämtliche Formen und Fristen der Einberufung treten wir hiermit zu einer Gesellschafterversammlung der Obergesellschaft zusammen und beschließen:
Wir stimmen dem Ergebnisabführungsvertrag zwischen der _____ GmbH (im Folgenden die „Untergesellschaft" genannt) als beherrschte Gesellschaft und der Obergesellschaft als herrschende Gesellschaft vom _____ zu. Das einstimmige Beschlussergebnis wird hiermit festgestellt. Der Ergebnisabführungsvertrag liegt dem Beschlussprotokoll bei.
Weitere Beschlussfassung steht nicht an. Die Gesellschafterversammlung wird hiermit geschlossen.
_____ (Unterschriften)

5. Muster: Anmeldung des Ergebnisabführungsvertrages zum Handelsregister

M 286

201

An das
Amtsgericht _____
– Handelsregister –
_____
HRB _____ der _____ GmbH
Zum Handelsregister der _____ GmbH (im Folgenden auch die „Untergesellschaft" genannt) überreichen wir:
1. Ausfertigung der notariellen Urkunde über den Zustimmungsbeschluss der Gesellschafterversammlung unserer Gesellschaft vom _____ (UR-Nr. _____ des Notars _____ mit Amtssitz in _____)
2. Beglaubigte Fotokopie des Ergebnisabführungsvertrages (Gewinnabführungsvertrages) zwischen der Untergesellschaft und der _____ GmbH & Co. KG als Obergesellschaft vom _____
3. Beglaubigte Fotokopie des Zustimmungsbeschlusses der Gesellschafterversammlung der _____ GmbH & Co. KG als Obergesellschaft vom _____

Wir melden das Bestehen des Gewinnabführungsvertrages (Ergebnisabführungsvertrag) mit der _____ als Obergesellschaft und die Ergebnisübernahmeregelung zur Eintragung in das Handelsregister an.
Die Ergebnisübernahmeregelung lautet:
„1. Die _____ GmbH (im Folgenden auch die „Untergesellschaft" genannt) verpflichtet sich, erstmals für ihr ab dem 1.1._____ beginnendes Geschäftsjahr ihren gesamten Gewinn an die _____ GmbH & Co. KG (im Folgenden auch die „Obergesellschaft" genannt) abzuführen. Abzuführen ist der ohne die Gewinnabführung nach den maßgeblichen handelsrechtlichen Vorschriften entstehende Jahresüberschuss, jedoch vermindert um einen Verlustvortrag aus dem Vorjahr. Die Abrechnung des Ergebnisses erfolgt mit Wertstellung zum Stichtag des Jahresabschlusses.
2. Die Untergesellschaft kann mit Zustimmung der Obergesellschaft aus dem Jahresüberschuss nur insoweit in andere Gewinnrücklagen einstellen, wie dies handelsrechtlich zulässig und bei ver-

---

[325] Notarielle Form ist nur erforderlich, wenn sonstige Inhalte diese Form erfordern würden.

nünftiger kaufmännischer Beurteilung wirtschaftlich begründet ist. Freie Rücklagen, die während der Dauer des Vertrages nach § 272 Abs. 3 HGB und § 272 Abs. 2 Nr. 4 HGB gebildet werden, sind auf Verlangen der Obergesellschaft aufzulösen und zum Ausgleich eines Jahresfehlbetrages zu verwenden oder als Gewinn abzuführen. Die Auflösung von Gewinnrücklagen und von Kapitalrücklagen i.S.v. § 272 Abs. 3 HGB bzw. i.S.v. § 272 Abs. 2 Nr. 4 HGB, die vor Abschluss dieses Vertrages bestanden, darf von der Untergesellschaft nicht vorgenommen und von der Obergesellschaft nicht verlangt werden.

3. Die Obergesellschaft hat jeden während der Vertragsdauer sonst entstehenden Jahresfehlbetrag i.S.v. § 302 Abs. 1 AktG bei der Untergesellschaft auszugleichen, soweit dieser nicht dadurch ausgeglichen wird, dass den freien Rücklagen (andere Gewinnrücklagen nach § 272 Abs. 3 HGB und Kapitalrücklagen aus Zuzahlungen nach § 272 Abs. 2 Nr. 4 HGB) Beträge entnommen werden, die während der Laufzeit dieses Vertrages in die genannten Rücklagen eingestellt worden sind. Ein Verzicht oder Vergleich über den Ausgleichsanspruch der Untergesellschaft ist unzulässig, wenn und soweit nicht die Voraussetzungen des § 302 Abs. 3 AktG vorliegen. § 304 Abs. 4 AktG findet Anwendung.[326]

Alternativ – einfache Bezugnahme auf § 302 AktG insgesamt.

Die Obergesellschaft ist entsprechend den Vorschriften des § 302 AktG verpflichtet, jeden während der Vertragsdauer sonst entstehenden Jahresfehlbetrag bei der Untergesellschaft auszugleichen, soweit dieser nicht dadurch ausgeglichen wird, dass den anderen Gewinnrücklagen Beträge entnommen werden, die während der Vertragsdauer in sie eingestellt worden sind."

_____ (Ort, Datum)

_____ (Es folgt die Beglaubigung der Namensunterschriften der Geschäftsführer der Untergesellschaft in vertretungsberechtigter Anzahl ggf. nebst Bestätigung über deren Vertretungsbefugnis gem. § 21 BNotO)

III. Betriebspachtvertrag

1. Rechtliche Grundlagen

202 Betriebspachtverträge sind gesetzlich nicht näher geregelt;[327] sie kommen in der Praxis sowohl als konzerninterne Pachtverträge vor, bei denen die abhängige Gesellschaft ihren Betrieb an das herrschende Unternehmen verpachtet, als auch zwischen voneinander unabhängigen Unternehmen. Bei Betriebspachtverträgen kommt es vor, dass Waren auf den Pächter mit der Maßgabe übertragen werden, dass bei Ablauf des Pachtvertrages dieselbe Vorratsmenge in gleicher Art und Güte an den Verpächter zurückzugeben ist. Ob dies im Einzelfall geschehen ist, muss anhand der Bestimmungen des jeweiligen Pachtvertrages geprüft werden.[328] Besonders häufig erscheint die Betriebsverpachtung im Rahmen der sog. Betriebsaufspaltung, die in aller Regel auf wirtschaftlichen (haftungsrechtlichen) und steuerlichen Gründen beruht. Bei der Betriebsaufspaltung überlässt das verpachtende Unternehmen (Besitzunternehmen) einzelne wesentliche oder alle wesentlichen Betriebsgrundlagen im Pachtwege an das Betriebsunternehmen. Üblicherweise handelt es sich beim Besitzunternehmen um eine Personengesellschaft oder ein Einzelunternehmen und beim Betriebsunternehmen aus Gründen der Haftungsbegrenzung um eine Kapitalgesellschaft.[329] Der

---

326 Der Verlustausgleichsanspruch unterliegt der regelmäßigen Verjährung, nach § 195 BGB a.F. also der Verjährungsfrist von früher 30, heute drei Jahren und nach der Neufassung des § 302 Abs. 4 im Jahre 2004 zehn Jahre ab Veröffentlichung des Vertragsendes.
327 *Niggemann/Simmert*, NWB-BB 2010, 215.
328 BGH WuM 1992, 246.
329 Das umfangreiche Vertragswerk einer Betriebsaufspaltung kann hier nicht dargestellt werden. Siehe *Schmidt*, EStG, § 15 Anm. 140–151; *Heidel/Pauly*, Steuerrecht in der anwaltlichen Praxis, 3. Aufl. 2003, § 4 Rn 30 ff.

Kommanditanteil an einer pachtenden Familien-GmbH & Co. KG ist jedoch dem bisherigen Alleinunternehmer und neuen Betriebsverpächter gemäß § 39 Abs. 2 Nr. 1 AO 1977 zuzurechnen, wenn er alleiniger Geschäftsführer und Großgläubiger der KG ist, die Mittel für die Kommanditeinlage geschenkt hat und den Betriebspachtvertrag jederzeit mit kurzer Frist kündigen kann.[330]

Besonders häufig erscheint die Betriebsverpachtung im Rahmen der sog. **Betriebsaufspaltung**, die in aller Regel auf wirtschaftlichen (haftungsrechtlichen) und steuerlichen Gründen beruht. Bei der Betriebsaufspaltung überlässt das verpachtende Unternehmen (**Besitzunternehmen**) dem **Betriebsunternehmen** im Pachtwege mindestens eine wesentliche oder mehrere bzw. alle wesentlichen Betriebsgrundlagen. **203**

Die hier im Zusammenhang der Unternehmensverträge darzustellende Betriebsverpachtung ist einerseits abzugrenzen gegenüber der nachstehend dargestellten **Betriebsführung**. Auf die dortigen Ausführungen kann verwiesen werden. Andererseits ist die Betriebsverpachtung abzugrenzen gegenüber der **Betriebsüberlassung** i.S.v. § 292 Abs. 1 Nr. 3 AktG. **204**

Bei der Betriebsüberlassung wird der Übernehmer ebenfalls auf eigene Rechnung tätig. Während jedoch bei der Betriebsüberlassung der Übernehmer in fremdem Namen, nämlich im Namen der überlassenden Gesellschaft, tätig wird, **handelt** üblicherweise der **Betriebspächter im eigenen Namen**. Die Betriebsüberlassung wird deshalb auch als „Innenpacht" bezeichnet. Da der Betriebspächter im eigenen Namen handelt, ist im Betriebspachtvertrag, anders als im Betriebsüberlassungsvertrag oder im Betriebsführungsvertrag, eine umfassende Vollmachtserteilung nicht unbedingt geboten. **205**

Auch bei der Betriebspacht kann aber der Verpächter dem Pächter die Befugnis zur Firmenfortführung einräumen (vgl. § 22 Abs. 2 HGB). Gerade die Möglichkeit der Firmenfortführung ist häufig ausschlaggebend für den Abschluss eines solchen Betriebspachtvertrages. **206**

Auch bei der Betriebsverpachtung sind die besonderen Regelungen über Unternehmensverträge nach §§ 292 ff. AktG nur einschlägig, wenn der gesamte Betrieb des Unternehmens verpachtet wird.[331] **207**

Anders als beim Betriebsführungsvertrag ist beim Betriebspachtvertrag § 613a BGB einschlägig, da der Pächter im eigenen Namen und für eigene Rechnung handelt. Arbeitnehmer, die dem Übergang ihrer Arbeitsverhältnisse nach § 613a Abs. 5 und Abs. 6 BGB widersprechen, können ggf. vom Verpächter mangels Beschäftigungsmöglichkeit – möglicherweise sozialplanpflichtig – gekündigt werden. **208**

2. Typischer Sachverhalt
Die beherrschte AG (Untergesellschaft) ist Konzernunternehmen der Obergesellschaft. Zur Straffung des Konzernverbundes soll sie ihren gesamten Geschäftsbetrieb an die Obergesellschaft verpachten. Laufzeit- und Kündigungsregelung sollten dabei mit einem etwaigen parallelen Beherrschungs- oder Organschaftsvertrag harmonisiert werden. **209**

3. Checkliste: Betriebspachtvertrag
- Aufnahme von Verhandlungen über den Abschluss des Betriebspachtvertrages zwischen den Vertretungsorganen der Verpächterin und der Pächterin
- Frühzeitige Beteiligung der etwa bestehenden Kontrollorgane (Aufsichtsräte/Beiräte) der beteiligten Gesellschaften

210

---

[330] BFH/NV 1996, 314.
[331] Dazu KG DStR 2000, 2133.

- Abschluss des Betriebspachtvertrages durch die Vertretungsorgane der beteiligten Gesellschaften mit Wirksamkeitsvorbehalt (Zustimmung der Gesellschafterversammlungen/etwa erforderliche Zustimmung der Aufsichtsräte/Beiräte)
- Zustimmungsbeschluss der Gesellschafterversammlung der Verpächterin
- Etwa erforderlicher Zustimmungsbeschluss der Gesellschafterversammlung der Pächterin gem. deren Satzung/Gesellschaftsvertrag[332]
- Bei Betriebspachtvertrag nach § 292 Abs. 1 Nr. 3 AktG: Anmeldung des Betriebspachtvertrages durch die Vertretungsorgane der Verpächterin in vertretungsberechtigter Zahl zu deren Handelsregister in notariell beglaubigter Form nebst Anlagen:
    - Notarielles Protokoll über den Zustimmungsbeschluss der Gesellschafterversammlung/Hauptversammlung der Verpächterin
    - Ggf. Protokoll über den Zustimmungsbeschluss der Gesellschafterversammlung/Hauptversammlung[333] der Pächterin
    - Von den Vertretungsorganen der beteiligten Gesellschaften in vertretungsberechtigter Zahl unterschriebener Betriebspachtvertrag
- Eintragung des Betriebspachtvertrages i.S.v. § 292 Abs. 1 Nr. 3 AktG im Handelsregister der Verpächterin
- Wirksamwerden des Betriebspachtvertrages mit seiner Eintragung im Handelsregister der Verpächterin

M 287 4. Muster: Betriebspachtvertrag

211

Betriebspachtvertrag

zwischen
der _____ (im Folgenden auch die „Obergesellschaft" genannt), vertreten durch die Geschäftsführer
_____
– als Pächter –
und
der _____ (im Folgenden auch die „Untergesellschaft" genannt), vertreten durch den Vorstand
_____
– als Verpächter –

Präambel
Zwischen dem Verpächter als Konzernunternehmen des Pächters und dem Pächter besteht ein Organschaftsvertrag (Beherrschungs- und Ergebnisabführungsvertrag vom _____). Der bereits bestehende Konzernverbund soll durch den nachstehenden Betriebspachtvertrag intensiviert werden.

§ 1 Vertragsgegenstand
(1) Der Verpächter verpachtet an den Pächter den gesamten Geschäftsbetrieb seines Unternehmens einschließlich des Geschäftswertes mit _____.
(2) Von der Verpachtung ausgenommen sind _____.

---

[332] Falls auch die Pächterin in der Rechtsform der AG organisiert ist, ist eine entsprechende Beschlussfassung erforderlich, wenn die Satzung dies vorsieht. § 293 Abs. 2 AktG bezieht das dortige gesetzliche Zustimmungserfordernis nur auf Beherrschungs- und Gewinnabführungsverträge.
[333] Sofern es sich auch bei der Pächterin um eine AG handelt, sind die Formvorschriften der dortigen Beschlussfassung zu beachten. Soweit nicht das Privileg des § 130 Abs. 1 S. 3 AktG (Protokollführung durch den Vorsitzenden des Aufsichtsrats) bei einer sog. „kleinen Aktiengesellschaft" genutzt werden kann, ist notarielle Form erforderlich.

(3) Der Pächter führt das verpachtete Unternehmen im eigenen Namen und für eigene Rechnung. Der Pächter ist aber berechtigt, die Firma _____ fortzuführen. Der Verpächter stimmt der Firmenfortführung hiermit ausdrücklich zu.
(4) Der Pächter ist nur berechtigt, die verpachteten Gegenstände im Rahmen des ordnungsgemäßen Geschäftsbetriebes des Unternehmens zu nutzen.

§ 2 Wirksamwerden und Pachtbeginn
(1) Der Pachtvertrag beginnt am _____. Das Pachtjahr ist das Kalenderjahr. Sofern das Geschäftsjahr des Pächters vom Kalenderjahr abweicht, ist der Pächter berechtigt, eine Anpassung des Pachtjahres an sein Geschäftsjahr zu verlangen.
(2) Die Übergabe des Pachtobjekts nebst allen Pachtgegenständen erfolgt am _____/ist bereits erfolgt.

§ 3 Gewährleistung
Der Zustand des Pachtobjekts nebst allen Pachtgegenständen ist dem Pächter bekannt. Der Pächter hat das Pachtobjekt bereits ausführlich und eingehend untersucht. Das Pachtobjekt geht in dem Zustand über, in dem es sich bei Pachtbeginn befindet. Eine Gewährleistung übernimmt der Verpächter nicht. Dies gilt insbesondere für die wirtschaftliche Situation des Pachtgegenstandes. Der Verpächter garantiert jedoch, dass ihm verborgene Mängel der Pachtsache nicht bekannt sind. Mit dieser Maßgabe sind alle Gewährleistungsansprüche für Sach- und Rechtsmängel des Pachtobjektes und der im Rahmen des Pachtvertrages zu übertragenden Gegenstände ausgeschlossen. Auch Ansprüche des Pächters auf Schadensersatz sind im Übrigen ausgeschlossen. Hiervon ausgenommen sind Schäden aus der Verletzung des Lebens, des Körpers oder der Gesundheit, wenn der Verpächter die Pflichtverletzung zu vertreten hat und für sonstige Schäden, die auf einer vorsätzlichen oder grob fahrlässigen Pflichtverletzung des Verpächters beruhen. Einer Pflichtverletzung des Verpächters steht die seines gesetzlichen Vertreters oder Erfüllungsgehilfen gleich.[334] Der Pächter erkennt an, dass sich das Pachtobjekt in geordnetem und für den Betrieb des Unternehmens geeignetem und vertragsgemäßem Zustand befindet.

§ 4 Pachtzins
(1) Nach Maßgabe der nachfolgenden Bestimmungen beträgt der jährliche Pachtzins _____ EUR.
(2) Der Pächter zahlt auf das jährliche Pachtentgelt monatliche/vierteljährliche Abschlagszahlungen zum _____ in Höhe von _____ EUR.

§ 5 Dauerschuldverhältnisse/Vertragsübernahme/Rechnungsabgrenzung
(1) Soweit dies rechtlich möglich ist, tritt der Pächter in alle Vertragsverhältnisse und sonstigen Rechtsstellungen des Verpächters ein, die mit dem Pachtobjekt verbunden sind bzw. dem verpachteten Betrieb zuzuordnen sind. Dies betrifft insbesondere auch Vertragsangebote. Wenn und soweit durch Eintritt in Verträge und sonstige Rechtsverhältnisse eine Vertragsübernahme mit schuldbefreiender Wirkung nicht möglich ist, schuldet der Pächter im Innenverhältnis zum Verpächter entsprechende Erfüllungsübernahme.
(2) Für bestehende Dauerschuldverhältnisse gilt Folgendes: _____
(3) Neue Vertragsverhältnisse schließt der Pächter im eigenen Namen ab, soweit eine andere Regelung zwischen den Parteien nicht erfolgt (ist).
(4) Für die Rechnungsabgrenzung auf den Zeitpunkt des Pachtvertragsbeginns gilt Folgendes: _____

---

334 Nach BGH MittBayNot 2008, 207, sind in der Regel die Klauselverbote zu § 11 AGBG (jetzt § 309 BGB) im Rahmen der Inhaltskontrolle nach § 9 AGBG (jetzt § 307 BGB) nicht nur im Verkehr zwischen Verbrauchern zu beachten, sondern auch „im kaufmännischen Verkehr".

§ 6 Verkehrssicherungspflichten, Versicherungen, Kosten
(1) Dem Pächter obliegen insbesondere alle Verkehrssicherungspflichten und alle sonst im Hinblick auf den öffentlichen Verkehr mit dem Besitz des Pachtobjektes verbundenen Pflichten. Auch insoweit stellt der Pächter den Verpächter von allen Ansprüchen Dritter frei. Behördliche Anordnungen insoweit sind vom Pächter unverzüglich zu erfüllen.
(2) Soweit vom Betrieb Beeinträchtigungen Dritter ausgehen, hat der Pächter den Verpächter von allen Ansprüchen freizustellen.
(3) Der Verpächter sorgt für angemessene Haftpflichtversicherung, Versicherung gegen Feuer-, Sturm-, Wasserschäden, Diebstahl und Einbruch. Dies gilt nicht für bewegliche Wirtschaftsgüter sowie für Neu- oder Ersatzbeschaffungen durch den Pächter. Diese hat der Pächter auf seine Kosten angemessen selbst zu versichern.
(4) Der Pächter trägt die laufenden Betriebskosten für das Pachtobjekt einschließlich der Betriebsimmobilien, insbesondere für Heizung, Strom-, Gas- und Wasserversorgung, Gebühren für Straßenreinigung, Entwässerung, Müllabfuhr, öffentlich-rechtlich vorgeschriebene Prüfungen und alle ähnlichen Aufwendungen.
(5) Die durch den Grundbesitz verursachten öffentlichen Lasten und Abgaben, einschließlich der Grundsteuer, trägt der Verpächter.

§ 7 Instandhaltung
(1) Die Instandsetzung und bauliche und sonstige Instandhaltung, insbesondere einschließlich erforderlicher Wartungen, Reparaturen und Schönheitsreparaturen des Pachtobjektes, obliegen dem Pächter.
(2) Soweit zum vertragsgemäßen Gebrauch des Pachtobjektes Ersatzanschaffungen des beweglichen Anlagevermögens erforderlich werden, hat der Pächter diese zu tragen.
(3) Der Pächter ist zu Ersatzinvestitionen nach den Grundsätzen einer ordnungsgemäßen Betriebsführung verpflichtet.

§ 8 Veränderungen des Pachtobjektes und sonstige Investitionen
(1) Der Pächter ist zu baulichen oder sonstigen Veränderungen des Pachtobjektes, insbesondere auch zu Erweiterungsinvestitionen, befugt, soweit dies den Regeln einer ordnungsgemäßen Betriebsführung entspricht. Er wird diese Investitionen aber dem Verpächter rechtzeitig mitteilen.
(2) Die vom Pächter getätigten Erweiterungen und sonstigen Investitionen, die über Ersatzinvestitionen hinausgehen, unterliegen nicht der Verpflichtung zur Zahlung eines Pachtentgeltes.
(3) Einrichtungen, die der Pächter während der Pachtzeit erworben und eingebaut hat, kann er bei Beendigung des Pachtverhältnisses auf eigene Kosten entfernen. Dabei ist der frühere Zustand wieder herzustellen.

§ 9 Dienst- und Arbeitsverträge
(1) Die Parteien sind sich darüber einig, dass die Arbeitsverhältnisse der Arbeitnehmer des Verpächters gem. § 613a BGB mit Wirkung ab dem _____ mit allen Rechten und Pflichten auf den Pächter übergehen, einschließlich aller Rechte und Pflichten aus etwa bestehenden betrieblichen Altersversorgungsregelungen, einschließlich der Verpflichtungen auf laufende Altersversorgungsleistungen und aus unverfallbaren Anwartschaften gegenüber Arbeitnehmern, die bei Pachtbeginn bereits ausgeschieden waren. Für Verpflichtungen aus den Arbeitsverhältnissen, die nach Pachtbeginn fällig werden, steht der Pächter ein und stellt den Verpächter insoweit aus einer etwaigen Inanspruchnahme frei. Die Unterrichtungspflichten gemäß § 613a Abs. 5 und Abs. 6 BGB werden die Beteiligten in interner Abstimmung erfüllen.[335]

---

[335] BAG NZA 2010, 393; Die Unterrichtungspflicht nach § 613a Abs 5 BGB trifft als **Gesamtschuldner** sowohl den bisherigen Arbeitgeber als auch den neuen Betriebsinhaber.

(2) Soweit eine Übernahme der Verpflichtungen aus den Arbeitsverhältnissen und etwaigen Altersversorgungsregelungen durch den Pächter mit schuldbefreiender Wirkung im Außenverhältnis nicht möglich ist oder nicht erreicht werden kann, ist der Pächter verpflichtet, den Verpächter im Innenverhältnis aus der Erfüllung dieser Verpflichtungen freizustellen.
(3) Sollten einzelne Arbeitnehmer im Rahmen des Betriebsübergangs gem. § 613a BGB dem Übergang ihrer Arbeitsverhältnisse widersprechen, werden die Parteien eine einvernehmliche Regelung bzgl. der Beendigung dieser Arbeitsverhältnisse und der etwaigen wirtschaftlichen Folgen einer solchen Beendigung herbeiführen.

§ 10 Haftung und Sorgfaltsmaßstab
Der Pächter haftet unbeschadet seiner sonstigen Verpflichtungen aus diesem Vertrag und unbeschadet seiner Verpflichtungen aus dem Organschaftsvertrag für alle Schäden, die durch schuldhafte Verletzung seiner Sorgfaltspflicht am Pachtgegenstand entstehen. Er hat für sich und seine Erfüllungsgehilfen mit der Sorgfalt eines ordentlichen Kaufmanns einzustehen.

§ 11 Unterverpachtung
Eine Unterverpachtung bedarf/bedarf nicht der Zustimmung des Verpächters.

§ 12 Unterbrechung des Pachtverhältnisses
Sofern infolge gesetzlicher Bestimmung oder behördlicher Anordnung oder höherer Gewalt der Pächter ohne sein Verschulden an der Fortführung des Unternehmens gehindert ist, entfällt ab _____ des Eintritts des Hinderungsereignisses die Pachtzahlungsverpflichtung des Pächters.

§ 13 Wirksamkeitsvorbehalte und Dauer des Vertrages
(1) Der Vertrag bedarf zu seiner Wirksamkeit folgender Zustimmungen:
  – Zustimmung der Hauptversammlung des Verpächters
  – Zustimmung der Gesellschafterversammlung des Pächters
  – Zustimmung des Aufsichtsrates des Verpächters
  – Zustimmung des Aufsichtsrates/Beirates des Pächters.
(2) Vorbehaltlich dieser Zustimmungserfordernisse wird der Vertrag bis zum Ablauf des _____ fest abgeschlossen. Er verlängert sich jeweils um _____ Jahre, falls er nicht mit einer Frist von _____ vor seinem jeweiligen Ablauf durch eine der Vertragsparteien gekündigt wird.
(3) Sofern der zwischen den Vertragsparteien bestehende Organschaftsvertrag vom _____ endet, steht beiden Vertragsparteien auch jeweils ein entfristetes Sonderkündigungsrecht zum Ende der Laufzeit des Organschaftsvertrages zu.
(4) Bei Beendigung des Betriebspachtvertrages hat der Pächter das Pachtobjekt, auch die gepachteten immateriellen Wirtschaftsgüter, zurückzugeben, soweit nicht etwas anderes vereinbart wird. Mit dem Ende des Pachtverhältnisses endet auch das Recht des Pächters, die Firma des Verpächters fortzuführen.

§ 14 Schlussbestimmungen
Änderungen und Ergänzungen dieses Vertrages bedürfen – vorbehaltlich weiter gehender Wirksamkeitserfordernisse – der Schriftform. Das gilt auch für die Änderung oder Aufhebung dieser Schriftformklausel. Sollten einzelne Bestimmungen dieses Vertrages unwirksam sein oder werden oder sollte der Vertrag eine Lücke enthalten, so wird die Wirksamkeit der übrigen Bestimmungen hiervon nicht berührt. Anstelle der unwirksamen Bestimmung oder zur Ausfüllung der Lücke soll eine Regelung gelten, die, soweit rechtlich möglich, dem am nächsten kommt, was die Vertragschließenden gewollt und vereinbart hätten, hätten sie Kenntnis von der Unwirksamkeit oder von der Lücke gehabt.
_____ (Unterschriften)

M 288 5. Muster: Zustimmungsbeschluss der Hauptversammlung der Verpächterin

212 Urk.-Nr. _____/_____
Verhandelt am _____ in _____,
wohin sich der unterzeichnende Notar _____ mit Amtssitz in _____ heute auf Ersuchen des Vorstands begab, um dort die Niederschrift über die Hauptversammlung der _____ AG (im Folgenden die „Untergesellschaft" genannt) mit Sitz in _____ aufzunehmen.
In der Hauptversammlung waren gemäß beigefügtem Verzeichnis folgende Aktionäre und Aktionärsvertreter und folgende Mitglieder des Aufsichtsrates und des Vorstands (§§ 129 Abs. 1, 130 Abs. 3 S. 1 AktG) anwesend: _____
Die Tagesordnung wurde sodann wie folgt erledigt: _____
Zu Tagesordnungspunkt _____:
Der Vorstandsvorsitzende erläuterte unter Bezugnahme auf die Vorlagen den mit der _____ als Obergesellschaft abgeschlossenen Betriebspachtvertrag vom _____. Er führte dazu aus: _____
Der Vorsitzende des Aufsichtsrates stellte Folgendes fest: _____
Sodann stellte _____ den Vorschlag des Vorstandes zur Abstimmung:
„Dem Betriebspachtvertrag vom _____ mit der Obergesellschaft als Pächter wird zugestimmt."
Anwesend bei der Abstimmung waren _____ Stimmen. Die Abstimmung ergab:
_____ Ja-Stimmen
_____ Nein-Stimmen
_____ Stimmenthaltungen.
Der Vorsitzende gab das Ergebnis der Abstimmung bekannt; er stellte fest, dass dem Betriebspachtvertrag vom _____ mit der Obergesellschaft als Pächter die Zustimmung erteilt ist.

Nach Erledigung der Tagesordnung schloss der Vorsitzende um _____ Uhr die Hauptversammlung.
Die vorstehende Niederschrift wurde vom Notar aufgenommen und von ihm eigenhändig wie folgt unterschrieben:
_____ (Unterschrift des Notars)

M 289 6. Muster: Zustimmungsbeschluss der Gesellschafterversammlung der Pächterin (Obergesellschaft)

213 _____ (Ggf. als notarielles Hauptversammlungsprotokoll zu gestalten[336])
Protokoll einer Gesellschafterversammlung der _____
Datum: _____
Ort: _____
Teilnehmer: _____
Wir sind die vollzählig erschienenen Gesellschafter der _____ (im Folgenden die „Obergesellschaft" genannt). Unter Verzicht auf sämtliche Formen und Fristen der Einberufung treten wir hiermit zu einer Gesellschafterversammlung der Obergesellschaft zusammen und beschließen:
Wir stimmen dem Betriebspachtvertrag vom _____ zwischen der _____ (im Folgenden die „Untergesellschaft" genannt) als Verpächterin und der Obergesellschaft als Pächterin zu. Das einstimmige Beschlussergebnis wird hiermit festgestellt. Der Betriebspachtvertrag vom _____ liegt dem Beschlussprotokoll bei (§ 293 Abs. 3 S. 6 AktG).
Weitere Beschlussfassung steht nicht an. Die Gesellschafterversammlung wird hiermit geschlossen.
_____ (Unterschriften der Gesellschafter)

---

[336] Wenn es sich etwa um eine Aktiengesellschaft handelt und kein Fall des § 130 Abs. 1 S. 3 AktG vorliegt.

7. Muster: Anmeldung des Betriebspachtvertrages zum Handelsregister

M 290

An das
Amtsgericht _____
– Handelsregister –

_____

HRB _____ der _____ (AG)
Als gemeinschaftlich zur Vertretung der _____ in _____ berechtigte Mitglieder des Vorstandes überreichen wir als Anlage:
1. Notariell beglaubigte Fotokopie der Niederschrift über die Hauptversammlung der _____ als Verpächterin (Untergesellschaft) vom _____ mit dem Beschluss der Hauptversammlung über die Zustimmung zu dem Betriebspachtvertrag.
2. Den Betriebspachtvertrag vom _____ als Anlage der Niederschrift über den Beschluss der Hauptversammlung (§ 293 Abs. 3 S. 6 AktG).

Wir melden gem. §§ 292 Abs. 1 Nr. 3, 294 AktG den Betriebspachtvertrag mit der _____ als Pächterin (Obergesellschaft) an.

_____ (Ort, Datum)

_____ (Es folgt die Beglaubigung der Namensunterschriften der Vorstandsmitglieder der Untergesellschaft in vertretungsberechtigter Zahl, ggf. nebst Bestätigung deren Vertretungsbefugnis gem. § 21 BNotO.)

IV. Betriebsführungsvertrag

1. Rechtliche Grundlagen

Die Betriebsführung kann auf der Grundlage eines **entgeltlichen Geschäftsbesorgungsvertrages** i.S.v. § 675 BGB[337] oder auf der Grundlage eines **unentgeltlichen Auftrages** gem. § 662 BGB erfolgen. Der Betriebsführer arbeitet stets für Rechnung der Eigentümergesellschaft bzw. Inhaberin. Bei der sog. **echten** Betriebsführung handelt er auch in deren Namen, bei der sog. **unechten** Betriebsführung handelt er im eigenen Namen.

Der Betriebsführungsvertrag unterscheidet sich von dem Betriebsüberlassungsvertrag bzw. dem Betriebspachtvertrag i.S.v. § 292 Abs. 1 Nr. 3 AktG dadurch, dass dort der Vertragspartner der Eigentümergesellschaft nicht nur im eigenen Namen, sondern auch für eigene Rechnung handelt. Dagegen gibt auch der Betriebsführungsvertrag die Möglichkeit, die Firma des geführten Unternehmens beizubehalten. Die Betriebsführung kann sich auf einzelne Betriebe oder einzelne Unternehmensbereiche (sog. **Teilbetriebsführungsvertrag**) beziehen, jedoch auch auf den gesamten Betrieb eines Unternehmens (sog. **Vollbetriebsführungsvertrag**; vgl. auch § 292 Abs. 1 Nr. 3 AktG[338]).

Soweit es sich um den Betrieb einer Aktiengesellschaft handelt, stellt sich die Frage nach der Zulässigkeit im Hinblick auf die Pflicht des Vorstandes zur eigenverantwortlichen Leitung gem. § 76 AktG. Nach h.M. ist die Betriebsführung zumindest dann zulässig, wenn der Vorstand weiterhin die Unternehmenspolitik entscheidet, den Betriebsführer überwacht und der Betriebsführer nur die laufende Geschäftsführung ausübt.[339]

---

[337] Vgl. BGH NJW 1980, 1817; BGH NJW 1982, 1817.
[338] Vgl. MüKo-AktG/*Altmeppen*, § 292 Rn 107, 143 f.; *Rieble*, NZA 2010, 1145.
[339] Vgl. Zur Frage, unter welchen Voraussetzungen die handelsrechtliche Personengesellschaft einen Dritten mit der Führung des Gesellschaftsunternehmens im Namen und für Rechnung der Gesellschaft betrauen kann: BGH NJW 1982, 1817.

218 Da die Betriebsführungsgesellschaft – bei der echten Betriebsführung – im Namen und für Rechnung der Eigentümergesellschaft handelt, liegt dort kein Betriebsübergang i.S.v. § 613a BGB vor. Im Regelfall werden dort deshalb auch mitbestimmungsrechtlich die Arbeitnehmer nicht der Betriebsführungsgesellschaft zugerechnet.[340]

219 Sowohl beim Teilbetriebsführungsvertrag als auch beim Vollbetriebsführungsvertrag i.S.v. § 292 Abs. 1 Nr. 3 AktG reicht einfache Schriftform aus, sofern nicht aus sonstigen Gründen – z.B. Einräumung von grundstücksbezogenen Vollmachten – notarielle Form erforderlich ist. Separate Erteilung solcher Vollmachten empfiehlt sich dann aber aus Praktikabilitätsgründen.

2. Typischer Sachverhalt

220 In dem hier zugrunde gelegten Fall einer Konzernverbindung zwischen der beherrschten AG (Untergesellschaft) und der herrschenden AG (Obergesellschaft) besteht bereits ein Organschaftsvertrag, der durch einen Betriebsführungsvertrag noch intensiviert werden soll.[341] Dabei soll aber nur ein einzelner Betrieb der beherrschten AG (nicht alle Betriebe) zur Betriebsführung überlassen werden. Somit liegt kein Fall des Betriebsführungsvertrages i.S.v. § 292 Abs. 1 Nr. 3 AktG vor, weil dort vorausgesetzt wird, dass der gesamte Betrieb des Unternehmens zur externen Führung überlassen wird.[342]

Außerhalb von Konzernverbindungen, in denen Betriebsführungsverträge häufig zur Regelung und Straffung der internen Beziehungen der verbundenen Unternehmen dienen, werden Betriebsführungsverträge häufig dort abgeschlossen, wo es darum geht, ohne Änderung der Eigentums- bzw. Inhaberschaftsverhältnisse eine fachlich kompetente externe Betriebsführung einzusetzen. Hintergrund kann eine Sanierungssituation sein oder eine (vorübergehende) fremde Betriebsführerschaft in Familiengesellschaften. Hintergrund kann auch eine intensive Geschäftsbeziehung sein, bei der bspw. der Hauptlieferant oder der Lizenzgeber die Betriebsführung übernimmt.

3. Checkliste: Betriebsführungsvertrag

221
- Aufnahme von Verhandlungen über den Abschluss des Betriebsführungsvertrages zwischen den Vertretungsorganen der Eigentümergesellschaft und der betriebsführenden Gesellschaft
- Frühzeitige Beteiligung etwaiger Aufsichtsräte/Beiräte der beteiligten Gesellschaften
- Abschluss des Betriebsführungsvertrages durch die Vertretungsorgane der beteiligten Gesellschaften
  - Beachtung etwaiger Wirksamkeitsvorbehalte nach den Satzungen/Gesellschaftsverträgen der beteiligten Gesellschaften
  - Beachtung etwaiger Zustimmungserfordernisse der Kontrollgremien (Aufsichtsräte/Beiräte)
  - Erfordernis der Zustimmung der Hauptversammlung entsprechend § 292 Abs. 1 Nr. 3 AktG bei Übertragung der Führung des gesamten „Betriebs des Unternehmens", nicht bei Teilbetriebsführungsverträgen
- Einholung der etwa erforderlichen Zustimmungen der Kontrollorgane (Aufsichtsräte/Beiräte) der beteiligten Gesellschaften

---

340 Vgl. *Rieble*, NZA 2010, 1145.
341 Falls parallel ein Organschaftsvertrag besteht, sollten die jeweiligen Laufzeit- und Kündigungsregelungen harmonisiert werden.
342 Vgl. MüKo-AktG/*Altmeppen*, § 292 Rn 107, 143 f.; *Rieble*, NZA 2010, 1145.

- Etwa erforderlicher Zustimmungsbeschluss der Gesellschafterversammlung/Hauptversammlung der Eigentümergesellschaft
- Etwa erforderlicher Zustimmungsbeschluss der Gesellschafterversammlung/Hauptversammlung der betriebsführenden Gesellschaft
- Etwa erforderliche Anmeldung eines Vollbetriebsführungsvertrages i.S.v. § 292 Abs. 1 Nr. 3 AktG zum Handelsregister
- Etwaige Eintragung des Vollbetriebsführungsvertrages im Handelsregister der Eigentümergesellschaft
- Wirksamwerden des Vollbetriebsführungsvertrages mit seiner Eintragung im Handelsregister der Eigentümergesellschaft

4. Muster: Betriebsführungsvertrag M 291

Betriebsführungsvertrag 222

zwischen
der _____ AG (im Folgenden die „Obergesellschaft" genannt), vertreten durch ihren Vorstand,
und
der _____ AG (im Folgenden die „Untergesellschaft" genannt), vertreten durch ihren Vorstand

§ 1 Vertragsgegenstand
(1) Die Obergesellschaft wird mit der Betriebsführung des in der Anlage dieses Vertrages aufgeführten Betriebes _____ der Untergesellschaft beauftragt. Sie hat dabei das Interesse der Untergesellschaft zu wahren.
(2) Die Betriebsführung erfolgt im Namen und für Rechnung der Untergesellschaft. Die Rechte und Pflichten des Vorstandes und des Aufsichtsrates der Untergesellschaft nach dem Gesetz und der Satzung der Untergesellschaft bleiben unberührt.
(3) Der Vorstand der Untergesellschaft kann von dem Vorstand der Obergesellschaft jederzeit und in allen die Betriebsführung betreffenden Angelegenheiten Auskünfte verlangen und ihm Weisungen erteilen.

§ 2 Vertretung und Zustimmungsvorbehalte
(1) Der Vorstand der Untergesellschaft erteilt der Obergesellschaft für die Betriebe und Betriebsteile, die von diesem Vertrag betroffen sind, Generalhandlungsvollmacht zur Vertretung der Untergesellschaft bei allen Rechtsgeschäften und Rechtshandlungen, bei denen das Gesetz eine Stellvertretung gestattet und die der Betrieb des Handelsgewerbes der Untergesellschaft im regulären Geschäftsverlauf mit sich bringt. Vollmacht für grundstücksbezogene Geschäfte wird zu separater notarieller Urkunde erteilt.
(2) Die Obergesellschaft darf von dieser Vollmacht nur für Zwecke der Betriebsführung und im Rahmen des Auftrages nach § 1 dieses Vertrages Gebrauch machen.
(3) Zur Vornahme der folgenden Geschäfte und Handlungen bedarf die Obergesellschaft der vorherigen Zustimmung der Untergesellschaft: _____.

§ 3 Sorgfaltspflichten
Im Verhältnis zwischen dem Vorstand der Obergesellschaft und der Untergesellschaft findet § 93 AktG sinngemäße Anwendung.

§ 4 Arbeits- und Dienstverhältnisse
(1) Die Arbeits- und Dienstverträge zwischen der Untergesellschaft und den in den geführten Betrieben beschäftigten Arbeitnehmern werden durch diesen Vertrag nicht berührt. Das gilt auch für das

Direktionsrecht gegenüber Mitarbeitern, das der Obergesellschaft jedoch zur Ausübung – jedoch in Vollmacht für die Untergesellschaft – übertragen wird.
(2) Bei Neuabschlüssen und Änderungen von Arbeits- und Dienstverträgen mit Arbeitnehmern handelt die Obergesellschaft im Namen der Untergesellschaft.
(3) Die Einstellung und die Entlassung sowie die Vertragsänderung von/mit folgenden Arbeitnehmern/Arbeitnehmergruppen bedarf der vorherigen Zustimmung der Obergesellschaft: _____.

§ 5 Informationsrechte
(1) Die Obergesellschaft verpflichtet sich gegenüber der Untergesellschaft, vierteljährlich über den Stand der Betriebseinnahmen und -ausgaben zu berichten. Bei Geschäftsvorfällen, die den Rahmen der laufenden Geschäfte überschreiten, und bei sonstigen besonderen Ereignissen von wesentlicher Bedeutung informiert die Obergesellschaft die Untergesellschaft darüber jeweils unverzüglich.
(2) Die Untergesellschaft kann jederzeit Einblick in die von der Obergesellschaft zu erstellende Buchführung und in die Geschäftsunterlagen nehmen und Auskunft über die wirtschaftliche Lage des Betriebes verlangen.

§ 6 Entgelt
(1) Die Untergesellschaft verpflichtet sich gegenüber der Obergesellschaft, alle Aufwendungen, die ihr durch die Betriebsführung entstehen, zu erstatten. Dazu gehören insbesondere sämtliche Bezüge der Vorstandsmitglieder.
(2) Die Untergesellschaft zahlt der Obergesellschaft für ihre Tätigkeit außerdem eine feste jährliche Vergütung in Höhe von _____ % des Grundkapitals der Obergesellschaft. Dieser Betrag ist in vier gleichen Raten jeweils zum Quartalsende im Nachhinein fällig.

§ 7 Vertragsdauer
(1) Dieser Vertrag tritt am _____ in Kraft.
(2) Er wird für die Dauer von _____ Jahren abgeschlossen. Er verlängert sich unverändert jeweils um weitere _____ Jahre, falls er nicht spätestens _____ Monate vor seinem Ablauf von einem Vertragspartner schriftlich gekündigt wird.

§ 8 Schlussbestimmungen

Kapitel 10 Unternehmenskauf

Dr. Michael Oltmanns, LL.M.
§ 25 Der Unternehmenskauf

Literatur

Banerjea, Due Diligence beim Erwerb von Aktien über die Börse, ZIP 2003, 1730; *Baumbach/Hopt*, Handelsgesetzbuch, Kommentar, 35. Aufl. 2012; *Baumbach/Hueck*, GmbH-Gesetz, Kommentar, 19. Aufl. 2010; *Beisel/Klumpp*, Der Unternehmenskauf, 6. Aufl. 2009; *Böttcher*, Verpflichtung des Vorstands einer AG zur Durchführung einer Due Diligence, NZG 2005, 49; *Dauner-Lieb/Thiesen*, Garantiebeschränkungen in Unternehmenskaufverträgen nach der Schuldrechtsreform, ZIP 2002, 108; *Ettinger/Wolff*, Veräußerung von Anteilen an einer deutschen GmbH & Co. KG, GmbHR 2002, 890; *Fleischer/Körber*, Due Diligence und Gewährleistung beim Unternehmenskauf, BB 2001, 841; *Gasteyer/Branscheid*, Garantie und Haftungsausschluss beim Unternehmenskauf, AG 2003, 307; *Goette*, Auslandsbeurkundungen im Kapitalgesellschaftsrecht, DStR 1996, 709; *Goette*, in: Festschrift für Boujong, 1996, S. 131; *Gronstedt/Jörgens*, Die Gewährleistungshaftung bei Unternehmensverkäufen nach dem neuen Schuldrecht, ZIP 2002, 52; *Haas/Henning*, Haftungsrisiken des GmbH-Geschäftsführers im Zusammenhang mit Unternehmens(ver)käufen, GmbHR 2004, 1169; *Hadding*, Zum gesetzlich notwendigen Umfang der notariellen Beurkundung der „Vereinbarung", einen GmbH-Geschäftsanteil zu übertragen, ZIP 2003, 2133; *Heckschen*, Die Formbedürftigkeit der Veräußerung des gesamten Vermögens im Wege des „asset deal", NZG 2006, 772; *Hermanns*, Garantien beim Unternehmens- und Anteilskaufvertrag – Gestaltungsmöglichkeiten und Formulierungsvorschläge, ZIP 2002, 696; *Hölters* (Hrsg.), Handbuch des Unternehmens- und Beteiligungskaufs, 7. Aufl. 2010; *ders.*, Beurkundungspflichten im Zusammenhang mit Unternehmenskaufverträgen und -umstrukturierungen, ZIP 2006, 2296; *Holzapfel/Pöllath*, Unternehmenskauf in Recht und Praxis, 13. Aufl. 2008; *von Hoyenberg*, Unternehmenskaufvertrag, in: Münchener Vertragshandbuch, Bd. 2, 6. Aufl. 2009; *Hüffer*, Aktiengesetz, Kommentar, 10. Aufl. 2012; *Janßen/Roberts*, Die Formunwirksamkeit des internationalen GmbH-Unternehmenskaufs, GmbHR 2003, 433; *Jaques*, Haftung des Verkäufers für arglistiges Verhalten bei Unternehmenskauf – zugleich eine Stellungnahme zu § 444 BGB n.F., BB 2002, 417; *Kiem*, Das Beurkundungserfordernis beim Unternehmenskauf im Wege des Asset Deals, NJW 2006, 2363; *Kiethe*, Vorstandshaftung aufgrund fehlerhafter Due Diligence beim Unternehmenskauf, NZG 1999, 976; *Klein-Blenkers*, Die Entwicklung des Unternehmenskaufrechts, NZG 2006, 245; *Knott*, Unternehmenskauf nach der Schuldrechtsreform, NZG 2002, 249; *Knott/Mielke*, Unternehmenskauf, 3. Aufl. 2008, *Lappe/Schmitt*, Risikoverteilung beim Unternehmenskauf durch Stichtagsregelungen, DB 2007, 153; *Lutter*, Due Diligence des Erwerbers beim Kauf einer Beteiligung, ZIP 1997, 613; *Mäger/Ringe*, Wettbewerbsverbote in Unternehmenskaufverträgen als kartellrechtswidriger Abkauf von Wettbewerb?, WuW 2007, 18; *Maier/Luke*, Beihilferechtliche Probleme beim Unternehmenskauf, DB 2003, 1207; *Merkt*, Rechtliche Bedeutung der „due diligence" beim Unternehmenskauf, WiB 1996, 145; *Mertens*, Die Information des Erwerbers einer wesentlichen Unternehmensbeteiligung an einer Aktiengesellschaft durch deren Vorstand, AG 1997, 841; *Meyer-Sparenberg*, Unternehmenskaufvertrag, in: Beck'sches Formularbuch, 10. Aufl. 2010; *Mielke/Welling*, Kartellrechtliche Zulässigkeit von Conduct of Business-Klauseln in Unternehmenskaufverträgen, BB 2007, 277; *Müller*, Der Entwurf des „MoMiG" und die Auswirkungen auf den Unternehmens- und Beteiligungskauf, GmbHR 2006, 953; *Mutschler/Mersmann*, Verfahrensmäßige Anforderungen an ordnungsgemäße Vorstandsentscheidungen im M&A-Bereich, DB 2003, 79; *Münchener Handbuch des Gesellschaftsrechts*, Bd. 4 Aktiengesellschaft, 3. Aufl. 2007; *Picot* (Hrsg.), Unternehmenskauf und Restrukturierung, 3. Aufl. 2004; *ders.*, Unternehmenskauf: Schutz vor wesentlich nachteiligen Veränderungen der Grundlagen der Transaktion durch sog. MAC-Klauseln, DB 2003, 2635; *Reithmann*, Substitution bei Anwendung der Formvorschriften des GmbH-Gesetzes, NJW 2003, 385; *Reuter*, Keine Auslandsbeurkundung im Gesellschaftsrecht?, BB 1998, 116; *Schachner*, Kauf und Verkauf von Gesellschaftsanteilen, 1995; *Schlößer*, Die Auswirkungen der Schweizer GmbH-Reform 2007 auf die Übertragung von Geschäftsanteilen einer deutschen GmbH in der Schweiz, GmbHR 2007, 301; *Schmitz*, Handelsvertreterausgleichsansprüche bei Asset Deals, ZIP 2003, 59; *Schmitz*, Mängelhaftung beim Unternehmenskauf nach der Schuldrechtsreform, RNotZ 2006, 561; *Schroeder*, Darf der Vorstand der Aktiengesellschaft dem Aktienkäufer eine Due Diligence gestatten?, DB 1997, 2161; *Schulze*, BGHReport 2006, 885; *Schütze/Weipert*, Münchener Vertragshandbuch, Band 3, Wirtschaftsrecht II, 6. Aufl. 2009; *Seibt/Raschke/Reiche*, Rechtsfragen der Haftungsbegrenzung bei Garantien (§ 444 BGB n.F.) und M&A-Transaktionen, NZG 2002, 256; *Seibt/Reiche*, Beschränkung der Garantiehaftung beim Unternehmenskauf und § 444 BGB: Klarstellung durch Gesetzgeber, DB 2003, 1560; *Töpfer/Butler*, Der Erwerb subventionierter Unternehmen: Rechtsprobleme und Risiken, ZIP 2003, 1677; 1179; *Wiesbrock*, Formerfordernisse beim Unternehmenskauf, DB 2002, 2311; *Zumbansen/Lachner*, Die Geheimhaltungspflicht des Vorstands bei der Due Diligence: Neubewertung im globalisierten Geschäftsverkehr, BB 2006, 613.

Inhalt
A. **Rechtliche Grundlagen** —— 1
I. Unternehmenskauf als Gemengelage aus den unterschiedlichsten Rechtsgebieten —— 1
II. Gesetzliches Haftungsregime —— 2
III. Der Unternehmenskauf als Prozess —— 3
   1. Stationen des Unternehmenskaufs —— 3
   2. Kontaktherstellung zwischen Veräußerer und Erwerber (u.U. mit Hilfe von Maklern) —— 5
   3. Geheimhaltungsvereinbarung (Vertraulichkeitserklärung, Letter of Confidentiality) und evtl. Exklusivverhandlungsvereinbarung —— 7
   4. Herausgabe wesentlicher Informationen an den Käufer —— 9
   5. Vorvereinbarung über die Eckpunkte des Verkaufs („Vorvertrag", „Punktation", „Letter of Intent", „Heads of Agreement") —— 11
      a) Begrifflichkeiten —— 11
      b) Begrenzte Bindungswirkung —— 13
      c) Hauptregelungspunkte —— 14
      aa) Kaufgegenstand —— 15
      bb) Kaufpreis —— 16
      cc) Weiterer Fahrplan der Transaktion —— 17
   6. Untersuchung des Unternehmens durch den Käufer („Due Diligence Review") und ggf. kartellrechtliche Vorprüfung —— 18
      a) Vorprüfung —— 19
      b) Begriff und Herkunft der Due Diligence —— 20
      c) Sinn und Nutzen der Due Diligence Prüfung —— 24
      aa) Hauptfunktionen —— 24
      (1) Risikoermittlungsfunktion —— 25
      (2) Wertermittlungsfunktion —— 26
      (3) Beweissicherungsfunktion —— 27
      (4) Gewährleistungsfunktion —— 28
      (5) Reparaturfunktion —— 29
      (6) Gestaltungsfunktion —— 30
      bb) Verzahnung mit Garantien —— 31
      d) Ablauf der Legal Due Diligence Prüfung —— 34
      e) Rechtliche Implikationen der Due Diligence —— 36
      aa) Möglicher Garantieausschluss wegen Kenntnis oder grobfahrlässiger Unkenntnis eines Mangels —— 36

      bb) Zulässigkeit der Offenlegung von Informationen durch Verkäufer und Zielunternehmen —— 39
      (1) Offenlegungsverbote bei der Aktiengesellschaft —— 40
      (2) Offenlegung bei der GmbH —— 41
      (3) Mögliche Schadensersatzpflicht bei Unterlassung einer Due Diligence vor einem Unternehmenserwerb —— 42
      f) Due Diligence Checkliste —— 43
   7. Unternehmenskaufvertrag —— 45
      a) Beginn der Arbeiten am Unternehmenskaufvertrag —— 45
      b) Autorenschaft —— 46
      c) Vertragssprache —— 47
      d) Form —— 48
      e) Wesentliche Regelungspunkte —— 53
      aa) Parteien der Transaktion —— 54
      bb) Vertragsgegenstand —— 55
      cc) Stichtag, Übernahmebilanz —— 56
      dd) Kaufpreis —— 57
      ee) Garantien —— 58
      ff) Wettbewerbsverbot —— 60
      gg) Dingliche Übertragung —— 61
      hh) Kosten und Steuern des Vertrages —— 62
      ii) Abwicklungsklausel —— 64
      f) Rechtsfragen, die typischerweise beim Entwurf des Unternehmenskaufvertrages auftauchen —— 65
      aa) Kartellrechtliche Anmeldung —— 65
      bb) Arbeitsrechtliche Fragen —— 71
      cc) Bodenschutzrecht —— 78
      dd) Recht des geistigen Eigentums —— 81
      ee) Steuerrecht —— 87
   8. Vertragsverhandlungen —— 93
   9. Vertragsschluss —— 94
   10. Übertragung, Übergabe, Kaufpreiszahlung, Closing —— 96
   11. Zusammenfassender Hinweis für den anwaltlichen Berater —— 97
B. **Muster** —— 98
I. Muster: Geheimhaltungsvereinbarung —— 98
II. Muster: Letter of Intent —— 99
III. Muster: Due Diligence Checkliste —— 100

IV. Muster: Kauf sämtlicher Geschäftsanteile einer GmbH —— 101
V. Muster: Kauf sämtlicher Aktien einer AG —— 102
VI. Muster: Kauf sämtlicher Gesellschaftsanteile/ Geschäftsanteile einer GmbH & Co. KG —— 103
VII. Muster: Unternehmenskaufvertrag —— 104

A. Rechtliche Grundlagen

I. Unternehmenskauf als Gemengelage aus den unterschiedlichsten Rechtsgebieten

Der Unternehmenskauf ist eine Gemengelage aus den unterschiedlichsten Rechtsgebieten. Abhängig von Größe und Branche des betroffenen Unternehmens können nahezu alle erdenklichen Rechtsgebiete eine Rolle spielen. Im Vordergrund stehen die folgenden Bereiche: **1**
– Kaufrecht (u.a. Mängelgewährleistung, Verjährung)
– Gesellschaftsrecht (u.a. Strukturierung der Transaktion, Abtretung von Geschäftsanteilen, Gesellschafterbeschlüsse)
– Steuerrecht
– Arbeitsrecht (u.a. Betriebsübergang, Altersversorgung)
– Recht des geistigen Eigentums (Markenrecht, Urheberrecht)
– Umweltrecht (Bodenverunreinigung)
– Kartellrecht (Fusionskontrolle).

II. Gesetzliches Haftungsregime

Gem. § 433 Abs. 1 BGB hat der Verkäufer dem Käufer die Kaufsache frei von Sach- und Rechtsmängeln zu verschaffen. Liegt ein Mangel vor, kann der Käufer unabhängig davon, ob es sich um einen Sach- oder Rechtsmangel handelt, unter den Voraussetzungen des § 437 BGB einen Nacherfüllungsanspruch geltend machen, vom Vertrag zurücktreten, mindern oder Schadensersatz geltend machen. Die Nacherfüllung steht dem Käufer einer mangelhaften Sache ohne weiteres zu (§§ 437 Nr. 1, 439 BGB). Rücktritt und Minderung setzen hingegen grundsätzlich voraus, dass dem Verkäufer eine angemessene Frist zur Nacherfüllung gesetzt wurde, es sei denn, die Nacherfüllung ist unmöglich (§§ 437 Nr. 2, 440, 323, 326 Abs. 5, 441 BGB). Die Verpflichtung zur Leistung von Schadensersatz erfordert Verschulden des Verkäufers (§§ 437 Nr. 3, 280, 281, 283, 311a BGB). **2**

In der Praxis ist ein von der gesetzlichen Lage losgelöstes Haftungsregime üblich. Häufig verständigt man sich auf Schadensersatz in Geld, weil der Käufer dem Verkäufer ungern die Möglichkeit einräumt, in das lebende Unternehmen zur Beseitigung des Schadens einzugreifen.

III. Der Unternehmenskauf als Prozess

1. Stationen des Unternehmenskaufs

Unternehmenskauf wird häufig fälschlicherweise gleichgesetzt mit Unternehmenskaufvertrag. Der Vertrag ist zwar ein wichtiges Element des Unternehmenskaufs, jedoch nur eine Momentaufnahme, in der das Ergebnis eines längeren Prozesses punktuell festgehalten wird. Die anwaltliche Betreuung eines Unternehmenskaufes sollte indessen die Mitgestaltung des gesamten Prozesses des Erwerbs eines Unternehmens von der Anbahnung bis zur Umsetzung umfassen. Dabei lassen sich **chronologisch** folgende Stationen des Unternehmenskaufs beobachten, die nachfolgend in ihren rechtlichen Aspekten einzeln gewürdigt werden: **3**

- Kontaktherstellung zwischen Veräußerer und Erwerber (unter Umständen mit Hilfe von Maklern)
- Geheimhaltungsvereinbarung und evtl. Exklusivverhandlungsvereinbarung
- Herausgabe von Basisinformationen an den Käufer
- Vorvereinbarung über die Eckpunkte des Verkaufs („Vorvertrag", „Punktation", „Letter of Intent", „Heads of Agreement", „Memorandum of Understanding")
- Untersuchung des Unternehmens durch den Käufer („Due Diligence Review") und ggf. kartellrechtliche Vorprüfung
- Strukturierung des, Verhandlung über den und Abschluss des Unternehmenskaufvertrages
- Umsetzungsmaßnahmen (z.B. Übergabe von Dokumenten, Kaufpreiszahlung, „Closing", externe und interne Publikationen, Geschäftsführerersetzung, kartellrechtliche Anmeldung/Anzeige).

4   Vorgenannte Phasen werden in der Praxis leider häufig vermischt oder teilweise übersprungen. Mitunter lässt sich eine die Gebote der Vorsicht vernachlässigende Euphorie bei den Beteiligten erkennen, die der hinzugezogene Berater nur schwer bremsen kann. Insbesondere werden Informationen durch den Verkäufer oft vorschnell an Kaufinteressenten, die gleichzeitig Konkurrenten sind, herausgegeben und die Branche vom bevorstehenden Abschluss der Verhandlungen informiert. Der Veräußerer setzt sich dadurch unter Erfolgszwang und kann bei dem nachfolgenden Verhandlungspoker seine Positionen nicht mehr durchsetzen. Deshalb ist der rechtliche Berater des Verkäufers aufgefordert, seinen Mandanten immer wieder zur Vorsicht zu mahnen und vor der Preisgabe von Geheimnissen auf die Abgabe einer Vertraulichkeits-/Geheimhaltungserklärung zu drängen.

2. Kontaktherstellung zwischen Veräußerer und Erwerber (u.U. mit Hilfe von Maklern)

5   Der erste Kontakt zwischen Veräußerer und Erwerber kommt häufig ohne Einbindung von Rechtsberatern zustande. Entweder Veräußerer und Erwerber kennen sich aus gewachsenen Geschäftsbeziehungen heraus und führen die ersten Taxierungsgespräche ganz informell oder der Veräußerer sucht über seine Hausbank und/oder einen Corporate Finance Berater den passenden Käufer. Nur bei sehr großen Transaktionen, bei denen Veräußerer und/oder Erwerber eigene Rechtsabteilungen unterhalten, kommt es schon vor Beginn des ersten Schrittes zur Auswahl der rechtlichen Berater (mitunter im Wege eines „**Beauty Contests**"). Im Normalfall wird der Rechtsberater dagegen häufig erst während des Annäherungsprozesses eingeschaltet. Da in dieser frühen Phase schon fundamentale Fehler gemacht werden können, kann man den Mandanten nicht eindringlich genug raten, sich von Anfang an professionell juristisch beraten zu lassen.

6   Sobald man vom eigenen Mandanten mit der Wahrnehmung der Interessen beauftragt ist und ein Kollisionsabgleich keinen **Interessenkonflikt** offenbart hat, sollte man sich als Anwalt die Position der Beteiligten klar machen. Vielfach treten neben den Parteien Dritte (z.B. Makler, Steuerberater, Wirtschaftsprüfer) auf, die dem einen oder anderen Lager angehören. Den Mandanten ist oft selbst nicht ganz klar, wer für wen tätig wird. Insbesondere Unternehmensmakler sind häufig für beide Seiten tätig und verlangen auch Gebühren von beiden Seiten. Dies ist nur zulässig, wenn die Parteien darüber aufgeklärt werden (arg. e § 654 BGB). Dem Anwalt wird von den Parteien ebenso hin und wieder angetragen, für beide Seiten tätig zu werden (als eine Art Schiedsrichter). Hiervon ist dringend abzuraten. Natürlich ist es erstrebenswert, den Unternehmenskauf möglichst reibungslos und harmonisch abzuwickeln. Es gibt aber bei jedem Unternehmenskauf Situationen, in denen sich der Anwalt für die eine oder andere Seite entscheiden muss oder in denen Verhandlungstaktik eine wesentliche Rolle spielt. Will der Anwalt nicht in diesen Situationen handlungsunfähig werden oder die Interessen eines Mandanten verraten, muss er sich von Anfang an entscheiden, für wen er tätig wird.

Oltmanns

3. Geheimhaltungsvereinbarung (Vertraulichkeitserklärung, Letter of Confidentiality) und evtl. Exklusivverhandlungsvereinbarung

Hat der Verkäufer professionelle Berater (Investment-Banken, Corporate-Finance-Berater) mit der Suche des geeigneten Käufers beauftragt, so werden diese streng darauf achten, vor Herausgabe irgendwelcher vertraulicher Informationen an potenzielle Käufer eine umfassende Geheimhaltungserklärung vom Käufer zu bekommen. Nimmt der Unternehmer den Verkauf selbst in die Hand, so wird dies teilweise vergessen oder der rechte Moment verpasst, zu dem eine solche Geheimhaltungsvereinbarung eingefordert werden sollte. Das Problem liegt hierbei darin, dass der Unternehmer mehr oder minder in die Verhandlungen mit dem potenziellen Käufer hineinschlittert. Ersten Taxierungen, ob die Parteien zueinander passen, folgen meist nahtlos Verhandlungen über Details. Und der Käufer hat ein legitimes Interesse, Details zu erfahren, um seinen Kaufentschluss vorzubereiten. Hier muss der Verkäufer auf die Abgabe einer Geheimhaltungserklärung drängen, denn er ist derjenige, der den Schaden davonträgt, wenn die Transaktion scheitert und der potenzielle Käufer, der ja häufig Wettbewerber ist, das gewonnene Wissen ausschlachtet. 7

Inhaltlich sollte eine **Geheimhaltungsvereinbarung** mindestens folgende Elemente enthalten: 8
- Die Pflicht des Käufers, vertrauliche Informationen, die er im Zuge der Unternehmenskaufverhandlungen und Due Diligence erhält, **geheim zu halten**;
- eine **Definition**, was unter „**vertrauliche Informationen**" zu verstehen ist (und die Ausklammerung von Gegenständen, die dem Käufer schon bekannt waren oder öffentlich zugänglich sind);
- die Pflicht, **nur mit genau bestimmten Personen** im Unternehmen des Verkäufers über den geplanten Erwerb **zu sprechen** (anderenfalls wird in der Branche spekuliert und es gibt möglicherweise kein Zurück mehr);
- die Pflicht des Käufers, die erhaltenen Informationen nur für seinen Kaufentschluss zu verwenden und bei Scheitern alle Unterlagen und Kopien **zurückzugeben bzw. zu löschen**;
- die Pflicht, bei Scheitern der Transaktion keine Arbeitnehmer des Unternehmens innerhalb eines gewissen Zeitraums **abzuwerben**, und
- die Pflicht zur Zahlung einer **Vertragsstrafe** bei Verstoß gegen die anderen Vertragspflichten (bloßer Schadensersatz reicht häufig mangels konkret feststellbaren Schadens nicht aus).

Siehe auch das Muster „Geheimhaltungsvereinbarung" (Rn 98).

4. Herausgabe wesentlicher Informationen an den Käufer

Hat der Verkäufer eine gewisse (wenngleich begrenzte) Sicherheit gegen den Missbrauch von Unternehmensgeheimnissen durch den Abschluss der Geheimhaltungsvereinbarung erreicht, so kann er **erste wesentliche Informationen** über das Unternehmen herausgeben. In dieser Phase geht es regelmäßig noch nicht um eine umfassende rechtliche und ökonomische Durchleuchtung des Unternehmens, sondern lediglich um die Aufdeckung der wesentlichen wertbildenden Faktoren, die für den Kaufentschluss des Käufers und die Preisbildung maßgeblich sind. Dazu gehören 9
- die Jahresabschlüsse der letzten Geschäftsjahre
- die Unternehmensplanung (Umsatz, Ertrag, Cash Flow, Personalentwicklung)
- wesentliche Verträge (insbesondere Rahmenverträge) auf der Beschaffungs- und auf der Vertriebsseite
- Unterlagen über geistiges Eigentum (Patente, technische Verfahren etc.).

10 Darüber hinaus kann es in jedem Unternehmen **Schlüsselverträge und -rechtsbeziehungen** aus den unterschiedlichsten Bereichen geben, auf die der Verkäufer den Käufer in dieser Phase hinweisen sollte, z.B. Subventionen, Kooperationen, langfristige Mietverträge, branchenspezifische Beschränkungen oder Besonderheiten, öffentlich-rechtliche Genehmigungen, steuerliche Besonderheiten (z.B. Verlustvorträge). Welche Verträge und Rechtsbeziehungen zu diesen Schlüsselverhältnissen gehören, muss der Verkäufer nach Gutdünken abschätzen. Die Zurückhaltung negativer Informationen ist jedoch kontraproduktiv, weil diese Informationen dann in der Due Diligence ans Tageslicht kommen und zu Kaufpreisabschlägen oder zum Abbruch der Verhandlungen führen können.

5. Vorvereinbarung über die Eckpunkte des Verkaufs („Vorvertrag", „Punktation", „Letter of Intent", „Heads of Agreement")

a) Begrifflichkeiten

11 Hat sich der Käufer anhand dieser Unterlagen ein Bild vom Zielunternehmen machen können und ist er in der Lage, ein Preisangebot auf der Basis verschiedener Annahmen zu machen, so wird er diese dem Verkäufer präsentieren und, sofern dieser das Angebot nicht außerhalb jeder Einigungsfähigkeit erachtet, versuchen, mit dem Verkäufer die Eckpunkte der Transaktion in einer Vorvereinbarung festzulegen.

12 Die Bezeichnung einer solchen Vorvereinbarung ist vielfältig. Man trifft auf
   - Vorvertrag
   - Punktation
   - Letter of Intent
   - Memorandum of Understanding
   - Heads of Agreement und
   - weitere Bezeichnungen.

Die Abgrenzungen sind unscharf, die Bezeichnung solcher Vereinbarungen ist in der Praxis häufig irreführend. Wichtig ist, welche Elemente Bindungswirkung entfalten sollen und welche nicht.

b) Begrenzte Bindungswirkung

13 In einem **Letter of Intent** (siehe dazu das ausführliche Muster Rn 99) sollen die Hauptregelungspunkte keine Bindungswirkung entfalten. Zu diesen Hauptregelungspunkten gehören insbesondere die Punkte Kaufgegenstand und Kaufpreis. Daneben können jedoch Regelungen aufgenommen werden, die durchaus verbindlich sein sollen, nämlich etwa hinsichtlich einer Geheimhaltungsabrede und einer Vertragsstrafe, die etwaige Verletzungen der Geheimhaltungspflicht sanktioniert. Trotz Unverbindlichkeit der Hauptregelungspunkte werden durch den Letter of Intent schon Weichenstellungen vorgenommen, von denen man in einer späteren Verhandlungsphase nicht mehr leicht herunterkommt. Die psychologische Wirkung des geschriebenen Wortes ist nicht zu unterschätzen. Späteres Abstandnehmen von einmal Fixiertem ist oft nur unter erheblichem Vertrauensverlust möglich. Außerdem können bei abgebrochenen Vertragsverhandlungen Schadensersatzansprüche aus culpa in contrahendo (§§ 311 Abs. 2, 241 Abs. 2 BGB) entstehen. Deshalb sind die Parteien gut beraten, schon in diesem frühen Stadium des Unternehmenskaufes einen Anwalt einzubinden.

c) Hauptregelungspunkte

14 Anders als für den späteren Kaufvertrag gibt es für die Vorvereinbarung viel weniger Inhaltsvorgaben. Jeder Unternehmenskauf ist so individuell, dass die entscheidenden wertbildenden Fak-

toren nicht einer Checkliste entnommen werden können. Ungeachtet dessen sollte man zumindest Aussagen über Kaufgegenstand, Kaufpreis und den weiteren Fahrplan der Transaktion treffen.

aa) Kaufgegenstand

Beim Kaufgegenstand sollte man sich schon in dieser Verhandlungsphase entscheiden, ob die Geschäftsanteile an der Gesellschaft („**Share Deal**") oder die Aktiva und Passiva („**Asset Deal**") erworben werden. Verhandeln die Parteien ohne professionellen Rat, lassen sie dies häufig ausdrücklich offen, weil sie die steuerlichen und rechtlichen Implikationen nicht absehen können. Nun ist ein Asset Deal fast immer für den Käufer günstiger (er kann die Anschaffungskosten auf die erworbenen Vermögensgegenstände abschreiben, was beim Erwerb von Geschäftsanteilen einer GmbH oder Aktien einer Aktiengesellschaft nicht möglich ist), während für den Verkäufer der Share Deal in aller Regel erhebliche Vorteile hat. Deshalb sollte diese Frage unbedingt schon in der Vorvereinbarung entschieden werden. Die Entscheidung kann auch in der Weise erfolgen, dass eine Seite das Wahlrecht für die eine oder die andere Struktur erhält. Spätestens in der endgültigen Vertragsverhandlung taucht sonst dieser Punkt wieder auf und führt dann regelmäßig zu Streit zwischen den Parteien.

15

bb) Kaufpreis

Beim Kaufpreis wird in „handgestrickten" Vorvereinbarungen häufig seine **Abhängigkeit vom Eigenkapital** in der Übernahmebilanz zu wenig beachtet. Steht es dem Verkäufer frei, bis zur Übergabe des Unternehmens wertvolle Gegenstände zu entnehmen, so ist die isolierte Festlegung einer Kaufpreisziffer nichts sagend, da der Kaufgegenstand nachträglich noch manipuliert werden kann. Auch von Garantien, die nur einzelne Bilanzpositionen (z.B. Bankverbindlichkeiten, Außenstände, Working Capital) betreffen, ist abzuraten. Durch Aktivtauschmaßnahmen, Bilanzverlängerungen oder -verkürzungen in der Übergangsphase lassen sich solche Zusicherungen intelligent aushebeln. Sinnvoll ist dagegen die Garantie eines bestimmten Eigenkapitals (unter Ausklammerung außergewöhnlicher Geschäftsvorfälle).

16

In den letzten Jahren hat sich zunehmend der aus dem angloamerikanischen Rechtskreis stammende Usus eingebürgert, den Kaufpreis an die sog. Nettofinanzverbindlichkeiten anzukoppeln. Diese werden zum Stichtag als Saldo von Liquidität und gewissen Umlaufvermögensposten einerseits und Finanzverbindlichkeiten und gewissen Rückstellungen andererseits berechnet und von einem vereinbarten Festkaufpreis abgezogen. Die exakte Definition der Nettofinanzverbindlichkeiten ist Verhandlungssache. Nachteil dieser Kaufpreisbemessungsmethode ist die Manipulierbarkeit. So kann etwa durch Aktivtausch (z.B. Veräußerung von Anlagevermögen) künstlich die Liquidität und damit der Kaufpreis erhöht werden (wenn nicht Mechanismen in den Kaufvertrag aufgenommen werden, die diese Manipulationen lückenlos unterbinden). Die klassische Eigenkapitalgarantie ist demgegenüber für Manipulationen weniger anfällig.

cc) Weiterer Fahrplan der Transaktion

Ferner sollte in keiner Vorvereinbarung ein Fahrplan über das weitere Vorgehen fehlen. Dazu gehören normalerweise eine wirtschaftliche, steuerliche und rechtliche **Due Diligence** des Unternehmens durch den Käufer, die Abgabe einer **Vertraulichkeitserklärung** durch den Käufer, falls dies nicht schon geschehen ist, die Festlegung, wer den Kaufvertrag vorbereitet, und ein grober **Transaktionskalender**. Auch die Frage, ob und – wenn ja – wie lange der Verkäufer dem Käufer **Exklusivität** in den Verhandlungen gewährt, sollte beantwortet werden. Sind Parteien verschiedener Muttersprachen involviert, sollte festgelegt werden, in welcher **Sprache**

17

Oltmanns

(oder in welchen Sprachen) der Kaufvertrag abgefasst werden soll, denn nur **eine** Sprache sollte letztlich verbindlich sein und in der sollte auch verhandelt werden. Ist die Transaktion von der **Zustimmung Dritter** (z.B. Bundeskartellamt, Minderheitsgesellschafter) abhängig, sollten diese frühzeitig kontaktiert und deren grundsätzliche Einstellung zu der Transaktion eruiert werden, denn Zeit und Kosten der Transaktion sind sinnlos investiert, wenn sich zwar die Parteien einigen, aber das Bundeskartellamt oder die europäische Kartellbehörde den Erwerb untersagt. Wer für diese Kontaktaufnahme (natürlich unter Wahrung der Vertraulichkeitsinteressen der Parteien) verantwortlich ist, sollte sich ebenfalls in der Vorvereinbarung wiederfinden.

18 Schließlich sollte geregelt werden, ob die Vorvereinbarung ganz oder in Einzelpunkten schon eine **Bindungswirkung** entfalten soll, was passiert, wenn eine Partei grundlos die Gespräche abbricht oder gegen Verpflichtungen aus der Vorvereinbarung verstößt (auch an **Vertragsstrafen** ist hier zu denken), und wer die **Kosten** der Verhandlungen, der Berater und der Due Diligence trägt.

6. Untersuchung des Unternehmens durch den Käufer („Due Diligence Review") und ggf. kartellrechtliche Vorprüfung

a) Vorprüfung

19 Vor dem Eintritt in detaillierte Kaufverhandlungen empfiehlt sich eine Vorprüfung sowohl des Unternehmens als auch der Transaktion. Die Prüfung des Unternehmens erfolgt im Rahmen der Due Diligence durch den Käufer. Daneben sollte die Transaktion selbst hinsichtlich möglicher fundamentaler Hinderungsgründe vorgeprüft werden; hierzu gehören gesellschaftsrechtliche Hinderungsgründe (notwendige Zustimmungen bestimmter Gesellschafter) ebenso wie behördliche Hinderungsgründe, insbesondere die kartellrechtliche Untersagung. Bevor die Parteien in langwierige und kostspielige Verhandlungen eintreten, sollten sie eine informelle Sondierung beim Bundeskartellamt (bzw. der Europäischen Kommission) vornehmen, bei der die Behörde – wenn auch ohne rechtliche Bindung – zu erkennen gibt, ob es den Unternehmenskauf als problematisch ansieht oder nicht (zu den Einzelheiten des Kartellverfahrens siehe Rn 65ff.).

b) Begriff und Herkunft der Due Diligence

20 Für den Begriff „Due Diligence" gibt es keine allseits verbindliche Definition. Im Allgemeinen versteht man darunter eine **mit gebührender Sorgfalt (due diligence) durchgeführte, systematische und detaillierte Untersuchung der Verhältnisse des Zielunternehmens**.

21 Das Konzept der Due Diligence hat seinen Ursprung im angloamerikanischen Rechtskreis. Im dortigen Recht gilt der Grundsatz des „Caveat Emptor". Danach haftet der redliche Verkäufer nicht für Mängel der Kaufsache und es ist Sache des Käufers, sich ein Bild vom Zustand der Kaufsache zu machen.[1] Im deutschen Recht haftet der Verkäufer indessen grundsätzlich ohne Rücksicht auf die Kenntnis des Verkäufers für die Mangelfreiheit (§ 433 Abs. 1 S. 2 BGB). Kennt dagegen der Käufer einen Mangel oder kennt er ihn grob fahrlässig nicht, so führt dies grundsätzlich (mangels abweichender Vereinbarung) zum Ausschluss der Mängelansprüche (§ 442 Abs. 1 BGB). Das rechtliche Umfeld einer Due Diligence ist somit im deutschen und angloamerikanischen Recht ganz unterschiedlich. Dennoch hat es sich in den letzten 15 bis 20 Jahren auch in Deutschland eingebürgert, im Vorfeld einer Unternehmensübertragung eine Due Diligence Prüfung durchzuführen. Früher wurden Unternehmen häufig auf Treu und Glauben gekauft. Den Käufern genügten meist ein umfassender Garantiekatalog und der Einbehalt eines gewissen

---

[1] *Fleischer/Körber*, BB 2001, 841, 842.

Anteils des Kaufpreises, um sich im Falle von Mängeln beim Verkäufer schadlos halten zu können. Heutzutage kauft kaum ein Unternehmenserwerber mehr die „Katze im Sack". Dies ist vernünftig, können doch Gewährleistungsregelungen und Kaufpreiseinbehalt dem Erwerber nur begrenzt Ersatz bei einer Fehlinvestition bieten. Stellen sich nämlich fundamentale Mängel des gekauften Unternehmens heraus, deren Kenntnis den Erwerber von einem Kauf abgehalten hätten, so lässt sich die Transaktion doch meist nicht mehr rückabwickeln. Zwischenzeitlich in das erworbene Unternehmen erfolgte Investitionen und Zusammenführungen mit dem eigenen Unternehmen des Erwerbers lassen sich meist nicht mehr rückgängig machen.

Ein Due Diligence Review erstreckt sich üblicherweise auf 22
– die betriebswirtschaftlichen Verhältnisse eines Unternehmens (Financial Due Diligence)
– die steuerlichen Verhältnisse (Tax Due Diligence)
– die rechtlichen Verhältnisse (Legal Due Diligence)
– den Zustand bestimmter Gegenstände (z.B. Bodenbelastungen von Grundstücken, Environmental Due Diligence).

Die Financial Due Diligence wird in aller Regel von Wirtschaftsprüfern, die Tax Due Diligence 23 von Steuerberatern, die Environmental Due Dilligence von Bodensachverständigen und die Legal Due Diligence von Anwälten durchgeführt. Nachfolgende Ausführungen beschränken sich auf die Legal Due Diligence.

c) Sinn und Nutzen der Due Diligence Prüfung
aa) Hauptfunktionen
Sinn und Nutzen der Legal Due Diligence lassen sich an folgenden sechs Hauptfunktionen verdeutlichen, nämlich: 24
– Risikoermittlungsfunktion
– Wertermittlungsfunktion
– Beweissicherungsfunktion
– Gewährleistungsfunktion
– Reparaturfunktion
– Gestaltungsfunktion.

(1) Risikoermittlungsfunktion
Die Legal Due Diligence dient in erster Linie dazu, dem Käufer die rechtlichen Risiken des Unternehmens aufzuzeigen. So wird er in die Lage versetzt, zu beurteilen, ob das Kaufobjekt überhaupt seinen Vorstellungen entspricht[2] oder ob Risiken enthalten sind, die so gravierend sind, dass sich ein Erwerb kategorisch verbietet („k.o.-Kriterien"). Stößt er auf rechtliche Mängel, die zwar gravierend sind, aber die geplante Transaktion nicht von vorne herein zum Scheitern bringen, so muss diesen durch entsprechende Garantien oder durch Bewertungsabschläge Rechnung getragen werden. 25

(2) Wertermittlungsfunktion
Somit steht in engem Zusammenhang zur Risikoermittlungsfunktion die Wertermittlungsfunktion der Legal Due Diligence. Etwaige im Rahmen der Prüfung aufgedeckte Risiken fließen in die Bestimmung des Werts des Kaufobjekts und damit des Preisangebots des Käufers ein. Sollte 26

---
[2] *Merkt*, WiB 1996, 145, 147.

– etwa im Rahmen eines Letter of Intent – bereits ein konkreter Kaufpreis genannt worden sein, dient das Ergebnis der Legal Due Diligence häufig als Grundlage für Verhandlungen über dessen Reduzierung.

(3) Beweissicherungsfunktion

27 Weiterhin hat die Legal Due Diligence die Funktion, den Ist-Zustand des Kaufobjekts festzuhalten und auch den Informationsfluss zwischen Käufer- und Verkäuferseite zu dokumentieren.[3] Dies dient sowohl zur Vermeidung von Streitigkeiten als auch zur Sicherung der Beweislage für den Fall, dass es doch zu gerichtlichen Auseinandersetzungen kommt. Insofern hängt auch die Beweissicherungsfunktion eng mit der Risikoermittlungsfunktion zusammen.[4]

(4) Gewährleistungsfunktion

28 Die Gewährleistungsfunktion der Legal Due Diligence geht zurück auf den eingangs erwähnten **caveat-emptor-Grundsatz** des angloamerikanischen Rechts, wonach es Sache des Käufers ist, sich durch eingehende Untersuchung des Kaufgegenstandes abzusichern. Da nach den deutschen Regeln zur Gewährleistungshaftung gem. §§ 434 ff. BGB grundsätzlich der Verkäufer das Risiko von Mängeln der Kaufsache zu tragen hat, besitzt die Gewährleistungsfunktion der Legal Due Diligence hierzulande ein deutlich geringeres Gewicht. Es kommt hinzu, dass den Verkäufer nach deutschem Recht umfangreiche Aufklärungspflichten aus culpa in contrahendo treffen.[5] Mit Hilfe der Due Diligence lassen sich jedoch die Risikobereiche des konkreten Unternehmens herausarbeiten und Mängel einvernehmlich zwischen Verkäufer und Käufer definieren. Als Grundlage eines konkreten Garantiekatalogs ermöglicht die Due Diligence demnach, später auftretenden Streitigkeiten über die Mangelhaftigkeit des Unternehmens vorzubeugen.

(5) Reparaturfunktion

29 Treten im Verlauf der Legal Due Diligence Mängel beim untersuchten Unternehmen auf, so lassen sich diese Mängel häufig schon vor Durchführung des Unternehmenskaufes beheben. Dies gilt insbesondere für rechtliche Defizite, die ganz in der Sphäre des Unternehmens oder des Verkäufers liegen, wie etwa fehlende oder fehlerhafte Gesellschafterbeschlüsse, die nachgeholt werden können.

(6) Gestaltungsfunktion

30 Ähnlich wie die Reparaturfunktion zielt die Gestaltungsfunktion darauf ab, die Ergebnisse der Legal Due Diligence schon im Vorfeld der Transaktion zu verwerten. Anders als die Reparaturfunktion werden aber bei der Gestaltungsfunktion nicht Mängel des Zielunternehmens beseitigt, sondern wird die Struktur der Transaktion der Fehlersituation angepasst. So wird der Käufer beispielsweise auf einem Asset Deal statt eines ursprünglich geplanten Share Deals bestehen, wenn die Eigentumsverhältnisse an den zu übertragenden Geschäftsanteilen der Zielgesellschaft nicht einwandfrei geklärt werden können.

---

3 *Kiethe*, NZG 1999, 976, 977.
4 *Kiethe*, NZG 1999, 976, 978.
5 *Fleischer/Körber*, BB 2001, 841, 842; BGH DB 2001, 1298, 1299.

bb) Verzahnung mit Garantien

Das Zusammenspiel von Due Diligence und Garantiekatalog im Unternehmenskaufvertrag wird besonders in der Gewährleistungsfunktion deutlich. Nur ein dem konkreten Einzelfall angepasstes und gegenüber den gesetzlichen Regelungen weitgehend selbständiges Gewährleistungs- und Haftungsregime wird den vielschichtigen rechtlichen Facetten eines lebenden Unternehmens gerecht.[6] Die Gestaltung dieser vertraglichen Garantieregelungen muss auf das Ergebnis der Legal Due Diligence Prüfung abstellen. Nicht zuletzt der BGH rät dazu, im Interesse einer zweckmäßigen und möglichst reibungsfreien Abwicklung von Unternehmenskäufen so zu verfahren.[7] 31

Die Legal Due Diligence Prüfung bildet hierbei den Ausgangspunkt. Sie zeigt auf, wo rechtliche Probleme und Risiken bestehen oder drohen, die bei der Abfassung des Kaufvertrags zu berücksichtigen sind. Die Legal Due Diligence Prüfung macht jedoch außerdem deutlich, wo noch weiterer Informationsbedarf des Käufers besteht und wo er „nachbohren" muss. Werden sämtliche Nachfragen des Käufers zufrieden stellend beantwortet, könnte sich der Garantiekatalog im Extremfall auf die Garantie beschränken, dass das Unternehmen die bei der Due Diligence Prüfung offenbarten Eigenschaften hat. In der Praxis ist dies aber nicht so. Erstens gibt es Risikofaktoren, deren weitere Entwicklung sich im Zeitpunkt der Legal Due Diligence Prüfung nicht sicher vorherbestimmen lässt (z.B. der Ausgang eines gerichtlichen Verfahrens). Diese können deshalb nur durch die Übernahme entsprechender Garantien abgesichert werden. Außerdem stößt die Legal Due Diligence Prüfung dort an Grenzen, wo der Verkäufer nicht bereit ist, Geschäftsgeheimnisse einem potenziellen Käufer (der nicht selten ein direkter Konkurrent ist) zu offenbaren. 32

Verallgemeinernd kann man feststellen, dass der Umfang der Legal Due Diligence Prüfung und der Umfang der vertraglichen Garantieregelungen voneinander abhängen. Ein Käufer, dem nur begrenzt Einblick gewährt wurde, muss sich in größerem Maß auf Garantien verlassen. Ein umfänglich informierter Käufer braucht weniger Garantien. 33

d) Ablauf der Legal Due Diligence Prüfung

Der praktische Ablauf einer Legal Due Diligence gliedert sich üblicherweise in folgende **Stationen**: 34

aa) Zunächst findet ein **Auftaktgespräch** (auch „Kick-off-Meeting") zwischen Verkäufer (und Geschäftsführung des zu verkaufenden Unternehmens), Käufer und Rechtsberater des Käufers statt, in dem der Umfang der Due Diligence festgelegt wird. In diesem Gespräch wird die gesellschaftsrechtliche Struktur des zu verkaufenden Unternehmens angesprochen, festgestellt, ob Tochtergesellschaften im In- oder Ausland existieren, die in die Due Diligence einbezogen werden sollen, und festgelegt, welche Schwerpunkte gebildet werden sollen.

bb) Anschließend übersendet der Rechtsberater an das Unternehmen eine **Due Diligence Checkliste** (siehe Muster Rn 100), die alle rechtlich relevanten Bereiche des Unternehmens anspricht, für die das Unternehmen die vorhandenen Unterlagen zusammenstellen soll. Nach erster Durchsicht der Liste durch das Unternehmen sollte noch ein Gespräch zwischen Unternehmen und Rechtsberater des Käufers stattfinden, in dem die Punkte der Due Diligence Checkliste einzeln angesprochen werden. Ansonsten besteht das Risiko von Missverständnissen oder von falscher Schwerpunktbildung.

cc) Die eigentliche Due Diligence findet dann in einem **Datenraum** beim Unternehmen oder – wenn das Unternehmen bereit ist, Kopien herauszugeben – in der **Kanzlei** des Käuferanwalts statt. Das Datenraumverfahren ist angebracht, wenn die Due Diligence auf einen Teilbereich beschränkt ist, wenn der Verkauf im Bieterverfahren erfolgen soll und alle potenziellen Käufer die gleichen Informationen erhalten sollen, oder wenn der Verkäufer bestimmte geheim-

---

6 *Merkt*, WiB 1996, 145, 148.
7 BGH NJW 1977, 1538, 1539.

haltungsbedürftige Tatsachen nicht offenbaren will. Sinnvoller ist jedoch eine vollständige Offenbarung und die Herausgabe von Kopien. Der Datenraum existiert heutzutage häufig nur noch virtuell, d.h. sämtliche vom Unternehmen freigegebenen Dokumente können mit Hilfe eines Zugangs-Kennworts unter der Internetadresse eines EDV-Dienstleisters eingesehen werden.

dd) Tauchen bei der Due Diligence Ungereimtheiten auf, muss der Anwalt sofort **Rücksprache** mit dem Unternehmen und – wenn sich die Ungereimtheiten nicht ausräumen lassen – auch mit dem Käufer als seinem Auftraggeber halten. Ungereimtheiten können im Extremfall zum „Deal Breaker" werden. Deshalb muss zeitnah entschieden werden, ob sich diese Punkte entschärfen lassen oder nicht und wie sie sich auf den angepeilten Kaufpreis niederschlagen. Falsch wäre es, solche Ungereimtheiten dem Abschlussbericht vorzubehalten und erst die Due Diligence zu Ende zu führen.

ee) Über die Ergebnisse der Due Diligence wird ein **Bericht** verfasst. Dieser besteht üblicherweise aus vier Teilen:
- Feststellung des Auftragsumfangs und der vorgenommenen Prüfungshandlungen
- Zusammenfassung der wichtigsten Prüfungsergebnisse („Executive Summary")
- Hauptteil: Einzeldarstellung der Prüfungsergebnisse
- Anlagen: wesentliche Dokumente.

Ungereimtheiten sollten von einer Handlungsempfehlung begleitet sein. Nach Vorlage eines Berichtsentwurfs beim Unternehmen sollte dem Unternehmen zunächst Gelegenheit zur Stellungnahme und eventuell Richtigstellung gegeben werden.

Leider stößt man immer wieder auf Due Diligence Berichte, die sich zwar durch Quantität, nicht aber durch Qualität auszeichnen. Den Lesern des Berichts ist jedoch nicht mit seitenlangen Auflistungen von gesichteten Unterlagen und deren Inhaltsbeschreibung gedient, ohne dass Besonderheiten angesprochen oder Handlungsempfehlungen gegeben werden. Solche Berichte sind häufig geradezu ungenießbar, weil man nicht erkennt, auf was der Verfasser nun eigentlich hinaus will. Sie sind eher eine Fleißarbeit – häufig der zahlreichen Anfänger, die die beauftragte Kanzlei für das Projekt heranzieht – denn eine Hilfe für den Auftraggeber bei seiner Kaufentscheidung. Als Verfasser eines Due Diligence Berichts sollte man sich immer in die Rolle des Lesers hineindenken, der von einem für ihn wichtigen Punkt zum nächsten geführt werden möchte.

ff) Nach Durchsicht des Berichts durch die Beteiligten findet eine **Schlussbesprechung** mit Verkäufer, Käufer und Due Diligence Prüfer statt, in dem die Ergebnisse der Due Diligence besprochen und in ihrer Auswirkung auf die Transaktion gewichtet werden.

35 In der Praxis werden gelegentlich einige dieser Stationen zusammengezogen. Auch kommt es vor, dass die Due Diligence vorzeitig abgebrochen wird, sei es, dass die Transaktion nicht zustande kommt oder sei es, dass der Käufer mit dem, was er gesehen hat, schon zufrieden ist. Es ist jedoch, wenn es zu dem Kauf kommt, im eigenen Interesse des Käufers, die Due Diligence bis zu einem unterschriebenen Due Diligence Bericht zu Ende zu führen. Nur dann lässt sich beim späteren Bekanntwerden von Mängeln feststellen, wer fehlerhaft gearbeitet hat: der Verkäufer, weil er nicht alle Unterlagen zur Verfügung gestellt hat, der Anwalt, weil er die Unterlagen nicht gründlich genug geprüft hat, oder der Käufer, weil er den Due Diligence Bericht nicht sorgfältig gelesen hat.

e) Rechtliche Implikationen der Due Diligence
aa) Möglicher Garantieausschluss wegen Kenntnis oder grobfahrlässiger Unkenntnis eines Mangels

36 Nach § 442 BGB sind die Rechte des Käufers wegen eines Mangels ausgeschlossen, wenn er bei Vertragsschluss (z.B. aufgrund der Legal Due Diligence) den Mangel positiv kennt. Gleiches gilt

bei grob fahrlässiger Unkenntnis des Käufers außer bei Arglist oder Garantie des Verkäufers. Die Legal Due Diligence hat demnach auch negative Auswirkungen auf die Rechtsposition des Käufers.

Diese möglichen negativen Auswirkungen sollten jedoch nicht überbewertet werden. Die bloße Kenntnis der einen Mangel begründenden Umstände reicht nicht aus, um positive Kenntnis i.S.v. § 442 Abs. 1 S. 1 BGB anzunehmen. Es ist vielmehr erforderlich, dass der Käufer den Mangel und seine Auswirkungen auf den Wert oder die Brauchbarkeit des Kaufobjekts tatsächlich erkannt hat.[8] Hierfür trägt der Verkäufer die Beweislast.[9] Wo die Grenzlinie zwischen schädlicher Kenntnis und unschädlicher Halbkenntnis verläuft, lässt sich nicht einfach ausmachen. Grob fahrlässige Unkenntnis schadet bei entsprechender Garantie jedenfalls nicht. 37

Um jedes Risiko eines Garantieverlustes wegen Vorkenntnis auszuschließen, sollte der Käufer auf eine Abbedingung von § 442 Abs. 1 BGB drängen. Dies wird vom Verkäufer meist mit der Begründung abgelehnt, der Käufer dürfe keine Garantie geltend machen von der er (aber möglicherweise nicht der Verkäufer) schon bei Vertragsschluss gewusst habe, dass sie falsch sei. In diesem Interessenstreit kann man sich dann auf die Formel einigen, dass ausdrücklich im Due Diligence Bericht angesprochene Mängel als bekannt und nicht garantiefähig gelten, während Mängel, die sich nur bei Durchsicht der Due Diligence Unterlagen aufdecken lassen, als nicht bekannt und somit garantiefähig behandelt werden. 38

bb) Zulässigkeit der Offenlegung von Informationen durch Verkäufer und Zielunternehmen
Häufig verfügt der Verkäufer selbst nur über rudimentäre Informationen hinsichtlich der Zielgesellschaft und ist auf Auskünfte von deren Management angewiesen. Das Management ist aber je nach Gesellschaftsform in unterschiedlicher Ausprägung zur Geheimniswahrung gegenüber unbefugten Dritten gesetzlich verpflichtet. 39

(1) Offenlegungsverbote bei der Aktiengesellschaft
Gem. § 93 Abs. 1 S. 3 AktG hat der Vorstand der Aktiengesellschaft über vertrauliche Informationen Stillschweigen zu bewahren. Bei börsennotierten Gesellschaften hat er außerdem das Verbot der Weitergabe von Insiderinformationen gem. § 14 Abs. 1 Nr. 2 WpHG zu beachten. Es liegt auf der Hand, dass diese Vorschriften im Hinblick auf die Preisgabe von Informationen im Rahmen einer Legal Due Diligence Konfliktpotenzial enthalten. Erschwerend kommt hinzu, dass der Käufer häufig ein direkter Konkurrent der Gesellschaft ist, der mit den vertraulichen Informationen der Gesellschaft erheblich schaden kann. 40

Dennoch wird die Weitergabe von vertraulichen Informationen durch den Vorstand im Rahmen einer Legal Due Diligence weithin unter bestimmten Voraussetzungen als zulässig angesehen. Hierfür sind die Unterzeichnung einer entsprechenden Geheimhaltungsvereinbarung (siehe Muster Rn 98) und die Deckung der Legal Due Diligence durch Beschlüsse des Aufsichtsrats und des Gesamtvorstands erforderlich.[10] Entscheidend ist jedoch, dass die Durchführung der Legal Due Diligence im objektiven Interesse der Gesellschaft liegt.[11] Ein solches objektives Interesse kann etwa dann gegeben sein, wenn die geplante Transaktion einer aus unternehmensstrategischen Gründen wünschenswerten Kooperation mit dem Käufer dient[12] oder wenn

---
8 MüKo-BGB/*Westermann*, § 460 Rn 4; *Schmitz*, RNotZ 2006, 561, 582.
9 MüKo-BGB/*Westermann*, § 460 Rn 6; *Klein-Blenkers*, NZG 2006, 245, 252.
10 *Holzapfel/Pöllath*, Rn 17a.
11 *Holzapfel/Pöllath*, Rn 17a; *Mertens*, AG 1997, 541, 546; *Kiethe*, NZG 1999, 976, 979; *Schroeder*, DB 1997, 2161, 2162; a.A. *Lutter*, ZIP 1997, 613, 618.
12 *Mertens*, AG 1997, 541, 546.

der Käufer plant, die Lebensfähigkeit des Zielunternehmens durch eine Kapitalerhöhung zu stärken. Letztlich ist es Aufgabe des Vorstands, die Chancen und Risiken der Offenlegung vertraulicher Informationen nach pflichtgemäßem Ermessen abzuwägen.[13]

(2) Offenlegung bei der GmbH

41 Die Situation in der GmbH ist der in der AG ähnlich. Zwar genießt der Gesellschafter einer GmbH anders als der Aktionär gem. § 51a GmbHG ein umfassendes Auskunfts- und Einsichtsrecht. Dieses Recht ist jedoch durch die Treuepflicht des Gesellschafters gegenüber der Gesellschaft und seinen Mitgesellschaftern begrenzt.[14] Ein verkaufswilliger Gesellschafter einer GmbH kann also die Erteilung von Informationen verlangen, die ihm die Bewertung seines Geschäftsanteils ermöglichen. Die Weitergabe dieser Informationen an einen kaufinteressierten Dritten kann jedoch treuwidrig und damit unzulässig sein. Folglich ist die Offenlegung von vertraulichen Informationen im Rahmen einer Legal Due Diligence auch bei der GmbH nur zulässig, wenn sie dem objektiven Interesse der Gesellschaft entspricht und damit nicht gegen die Treuepflicht verstößt.[15]

(3) Mögliche Schadensersatzpflicht bei Unterlassung einer Due Diligence vor einem Unternehmenserwerb

42 Grundsätzlich hat der Geschäftsführer einer GmbH bei der Entscheidung, ob und unter welchen Bedingungen ein Unternehmen erworben werden soll, einen weiten Ermessensspielraum. Allerdings ist dieses Ermessen begrenzt durch die Pflicht, die Grundlagen, Chancen und Risiken der Investitionsentscheidung ausreichend aufzuklären. Zumindest dann, wenn nicht ausreichende gesicherte Erkenntnisse über das Unternehmen vorhanden sind oder wenn vorhandene Informationen Unklarheiten aufweisen, wird eine umfassende Due Diligence durchzuführen sein. Führt eine unterlassene Due Diligence zu erheblichen Verlusten aufgrund einer Fehlinvestition, begründet dies eine persönliche Haftung der Geschäftsführer.[16]

f) Due Diligence Checkliste

43 Die Due Diligence Checkliste wird dem Verkäufer und/oder dem Management des Zielunternehmens übergeben mit der Bitte, die darin aufgelisteten Dokumente und Informationen zusammenzustellen und dem Käufer als Grundlage seiner Due Diligence Prüfung zukommen zu lassen.

44 Verfasser der Due Diligence Checkliste ist überlicherweise der Anwalt des Käufers. In der Praxis trifft man immer wieder auf Due Diligence Checklisten, die an zwei Mängeln kranken: Erstens sind sie zu kompliziert formuliert und zweitens sind sie zu umfangreich. Wer selbst schon mal eine solche Liste erhalten hat, kann bei der Zusammenstellung der gewünschten Dokumente und Informationen einen zunehmenden Ermüdungseffekt feststellen. Den auf der ersten Seite der Liste gestellten Fragen widmet man sich noch recht intensiv, je weiter die Arbeit fortschreitet, desto kursorischer wird die Beschäftigung mit den einzelnen Punkten. Deshalb sollte man als Verfasser auf Präzision und Kürze achten. Auch sollte man vermeiden, innerhalb eines Punktes der Liste zu viele Unterpunkte aufzunehmen, weil erfahrungsgemäß bei mehreren Unterpunkten nicht alle beantwortet werden. Es ist besser, sich bei Zusammenstellung der Liste

---

13 *Mertens*, AG 1997, 541, 546; *Zumbansen/Lachner*, BB 2006, 613, 615.
14 *Baumbach/Hueck*, GmbHG, § 51a Rn 31; *Lutter*, ZIP 1997, 613, 615.
15 *Holzapfel/Pöllath*, Rn 17a.
16 OLG Oldenburg ZIP 2006, 2087 ff.; ebenso *Haas*, GmbHR 2004, 1169, 1179; *Böttcher*, NZG 2005, 49 ff.; *Mutschler/Mersmann*, DB 2003, 79 ff.

zunächst auf das Wesentliche zu beschränken und in einem anschließenden Gespräch mit Verkäufer und/oder Zielunternehmen noch einmal bei Einzelpunkten nachzubohren, als den Adressaten der Liste durch einen Schwall komplizierter Fragen in eine Abwehrposition zu versetzen. Die in Muster Rn 100 enthaltene Liste ist demgemäß auch relativ knapp gehalten.

7. Unternehmenskaufvertrag
a) Beginn der Arbeiten am Unternehmenskaufvertrag

Nach Abschluss der Due Diligence oder auch noch während der Due Diligence, manchmal sogar schon vor deren Beginn, wird der erste Vertragsentwurf gefertigt. Je weiter die Due Diligence fortgeschritten ist, desto präziser können deren Ergebnisse in den Vertragsentwurf eingearbeitet werden. Ein Abwarten bis zum Abschluss der Due Diligence kostet jedoch Zeit, die die Parteien vielfach nicht haben, so dass man parallel an Due Diligence und Vertragsentwurf arbeitet. Das ist in aller Regel auch nicht schädlich, man muss jedoch eine ständige Kommunikation zwischen Due Diligence und Vertragsentwurf sicherstellen. Nur in dem Extremfall, dass die Due Diligence „Deal Breaker" offenbart und der Käufer deshalb von der Transaktion Abstand nimmt, erweisen sich die beim Entwurf und der Verhandlung des Vertrags entstandenen Kosten als nutzlos investiert. 45

b) Autorenschaft

Der Unternehmenskaufvertrag wird üblicherweise **vom Anwalt des Käufers entworfen**. Nur wenn der Verkäufer eine sehr starke Stellung hat, kann er darauf pochen, dass sein Anwalt den Vertrag entwirft. Dies hat eine nicht zu unterschätzende Bedeutung auf die Struktur und den Inhalt des Vertrages. Wer den ersten Entwurf liefert, kann seine Vorstellungen besser einbringen als der, der nur auf den Entwurf der Gegenseite reagiert. So gibt es häufig schon im Vorfeld des ersten Vertragsentwurfes einen Machtkampf zwischen den gegnerischen Anwälten. Jede Seite möchte dem Vertrag seinen Stempel aufdrücken. Schon deshalb empfiehlt es sich im „Fahrplan-Teil" des Letter of Intent zu regeln, wer den ersten Entwurf liefert. Nicht akzeptiert werden kann ein immer wieder zu beobachtendes Phänomen, nämlich dass der gegnerische Anwalt die für ihn negative Entscheidung über die Autorenschaft für den ersten Vertragsentwurf auszuhöhlen versucht, indem er auf den ersten Entwurf mit fundamentalen Änderungswünschen reagiert, die von dem Erstentwurf nicht viel übrig lassen. In einem solchen Fall sollte ein klärendes Gespräch zwischen Parteien und beiden Anwälten angestrengt werden, in dem Fairness angemahnt und die Aufgabenverteilung klargestellt wird. 46

c) Vertragssprache

Die Frage nach der Sprache, in der der Unternehmenskaufvertrag abgefasst wird, sollte eigentlich schon im Letter of Intent vereinbart sein. Dabei gibt es verschiedene Varianten. Der Vertrag kann in nur einer **Sprache** oder zweisprachig (links- und rechtsspaltig synoptisch) abgefasst werden. In letzterem Fall sollte unbedingt die bindende Vertragsfassung festgelegt werden. 47

d) Form

Bevor mit dem Vertragsentwurf begonnen werden kann, muss außerdem die Frage der Form des Vertrages entschieden werden. **Schriftform** genügt in der Regel bei einem Asset Deal oder Aktien-kaufvertrag,[17] **notarielle Beurkundung** ist hingegen bei der Übertragung von GmbH-Ge- 48

---

[17] Vgl. *Kiem*, NJW 2006, 2363 ff.; a.A. *Heckschen*, NZG 2006, 772, 777.

schäftsanteilen oder Grundstücken erforderlich. Dabei sind alle Vereinbarungen formbedürftig, die mit dem zu beurkundenden Kaufvertrag in rechtlichem Zusammenhang stehen. Des Weiteren können Verpflichtungen einer Vertragspartei im Kaufvertrag zu strukturändernden Maßnahmen (z.B. Satzungsänderungen) eine Beurkundungspflicht auslösen, wenn die Durchführung dieser Maßnahme ihrerseits formbedürftig ist.[18]

49 Da die Notargebühren in Deutschland nach dem Geschäftswert gestaffelt sind und ein Vertrag über GmbH-Geschäftsanteile mit einem Wert von 10 Mio. EUR schon Notargebühren von ca. 20.000 EUR auslöst, hat es sich eingebürgert, bei größeren Transaktionen zu ausländischen Notaren (beliebt sind besonders die schweizerischen Notare in Zürich, Basel und Zug) auszuweichen, die die Beurkundung für eine wesentlich geringere Festgebühr (5.000 bis 10.000 SFR) durchführen.

50 Der Bundesgerichtshof hat Auslandsbeurkundungen in einer Entscheidung von 1980 anerkannt.[19] Er lässt jedoch die Einhaltung der Ortsform trotz Art. 11 Abs. 1 Alt. 2 EGBGB nicht genügen, sondern verlangt für die Anerkennung der Auslandsbeurkundung die Gleichwertigkeit des Beurkundungsverfahrens, insbesondere die Vergleichbarkeit der Ausbildung der Urkundsbeamten. Diese hat er für das Notariat Zürich-Altstadt bejaht.[20]

51 Nach der Zürcher Notariatsverordnung wird das zu beurkundende Dokument entweder den Beteiligten vorgelesen oder von diesen selbst gelesen und sie danach befragt, ob die Urkunde in allen Teilen ihrem Willen entspreche und richtig abgefasst sei (§§ 25 f. Zürcher Notariatsverordnung). Am Ende der Urkunde wird dann vermerkt, ob die Verhandlung der Urkunde durch Verlesen des Notars oder Selbstlesen der Parteien erfolgte. Um späteren Streit über die Vergleichbarkeit des Selbstlesens mit dem deutschen Verfahren und somit über die Wirksamkeit der Züricher Beurkundung in Deutschland zu vermeiden, sollte man unbedingt die Form des Vorlesens wählen.

52 In den letzten Jahren sind immer wieder Zweifel an der Wirksamkeit schweizerischer Beurkundungen für die Abtretung deutscher GmbH-Anteile geäußert worden.[21]
Neuerdings hat das OLG Düsseldorf[22] jedoch entschieden, dass weiterhin die Beurkundung von GmbH-Anteilsabtretungen in der Schweiz, zumindest im Kanton Basel-Stadt, zulässig bleibt.

e) Wesentliche Regelungspunkte

53 Inhaltlich verfeinert der Unternehmenskaufvertrag die Vorvereinbarung und berücksichtigt dabei die Ergebnisse der Due Diligence. Folgende Elemente werden regelmäßig abgehandelt:

aa) Parteien der Transaktion

54 Dazu gehören auf der Verkäuferseite bei einem Share Deal sämtliche Gesellschafter, bei einem Asset Deal die verkaufende Gesellschaft. Auf der Käuferseite ist es meistens ein Unternehmen, möglicherweise auch eine neu gegründete Tochtergesellschaft des eigentlichen Erwerbers. Neben diesen Hauptakteuren werden häufig noch andere Personen in den Vertrag mit eingebunden. Hierzu gehören etwa die Geschäftsführer der Zielgesellschaft, wenn für die Gesellschaft Erklärungen abgegeben werden müssen oder wenn es um die Zukunft der Geschäftsführer unter der Ägide des Käufers geht. Auf der Käuferseite muss sich möglicherweise die Muttergesellschaft

---

18 *Hermanns*, ZIP 2006, 2296, 2299.
19 BGHZ 80, 76, 78.
20 Ebenso für Basel-Stadt OLG München NJW-RR 1998, 758, für Bern OLG Hamburg IPR Rspr. 1979 Nr. 9, für Zug LG Stuttgart IPR Rspr. 1976 Nr. 5a, und für Luzern LG Koblenz IPR Rspr. 1970 Nr. 144.
21 Zuletzt durch das LG Frankfurt a.M., Urteil v. 7.10.2009, Az 3-13 o 46/09.
22 OLG Düsseldorf, Beschluss v. 2.3.2011 Az I-3 Wx 236/10.

für Verpflichtungen der kaufenden Tochtergesellschaft verbürgen. Schließlich benötigt man vielleicht Zustimmungen Dritter, die dann ebenfalls in den Vertrag eingebunden werden sollten.

bb) Vertragsgegenstand

Beim Share Deal sind das die GmbH-Anteile oder Aktien, beim Asset Deal die einzelnen Gegenstände. Sollen einzelne Gegenstände, Verbindlichkeiten oder Betriebsteile nicht mitverkauft werden, so müssen diese beim Share Deal vorher vom Verkäufer entnommen werden (Vorsicht wegen Aufdeckung stiller Reserven!), beim Asset Deal werden diese ausdrücklich vom Kaufgegenstand ausgenommen. Vertragsbeziehungen mit Dritten können beim Asset Deal nicht ohne Zustimmung dieser Dritten übertragen werden. Deshalb sieht man normalerweise vor, dass diese Zustimmungen bei länger laufenden Verträgen eingeholt werden sollen, bei demnächst abzuwickelnden Verträgen dagegen noch der Verkäufer für Rechnung des Käufers den Vertrag durchführt. Die Zustimmungen sind nicht erforderlich bei Arbeitsverhältnissen. Diese gehen gem. § 613a BGB zusammen mit dem veräußerten Betrieb auf den Käufer über. Beim Share Deal ist das alles einfacher. Die Vermögensgegenstände, Verbindlichkeiten und Vertragsbeziehungen bestehen ja in bzw. mit der Zielgesellschaft, der Ansprechpartner ändert sich nicht, es werden nur die Anteile an der Zielgesellschaft übertragen. Darin liegt der Charme des Share Deals. Dennoch kann es Verträge mit Dritten geben, die dem Dritten ein Kündigungsrecht einräumen, wenn die Mehrheit der Anteile an der Zielgesellschaft übertragen wird (sog. „Change of Control Clause"). Solche Verträge müssen in der Due Diligence genau unter die Lupe genommen werden.

55

cc) Stichtag, Übernahmebilanz

Ein Unternehmen ist ständig im Wandel. Seinen Zustand kann man nur in einer Momentaufnahme, nämlich in einer Bilanz zu einem bestimmten Stichtag festhalten. Die Übernahmebilanz weist ein bestimmtes Eigenkapital aus, für das der Verkäufer üblicherweise einstehen muss. Am einfachsten ist es, wenn der Übernahmestichtag mit dem Geschäftsjahresende zusammenfällt, weil dann ohnehin ein Abschluss zu erstellen ist. Der Stichtag sollte aber nicht allzu weit vor dem Tag der tatsächlichen Übergabe liegen, weil sonst das Risiko auf den Käufer übergeht, obwohl er noch keinen Einfluss auf das Geschehen im Unternehmen hat. Notfalls ist deshalb ein Zwischenabschluss aufzustellen. Streit zwischen Verkäufer und Käufer gibt es häufig über die Bewertungsgrundsätze. Der Verkäufer möchte gerne seine bisherige Bewertung fortführen, weil er für diese eine gute Einschätzung hat. Der Käufer möchte sich nicht den Bewertungsmethoden des Verkäufers ausliefern und möchte für die Übernahmebilanz eine möglichst konservative Bewertung zum Ansatz bringen. Wie man sich einigt, hängt von der Verhandlungsstärke der Parteien ab. Die Übernahmebilanz wird üblicherweise von der Geschäftsführung aufgestellt. Der Käufer muss jedoch die Möglichkeit zur Überprüfung haben. Können sich Verkäufer und Käufer nicht einigen, so muss ein Sachverständiger verbindlich für beide Parteien die Übernahmebilanz feststellen. Das Verfahren der Auswahl und Beauftragung des Sachverständigen sollte unbedingt im Kaufvertrag geregelt sein, da sonst Auseinandersetzungen vorprogrammiert sind.

56

dd) Kaufpreis

Höhe, Zahlungsweise und Verzinsung des Kaufpreises sind die Mindestelemente der Kaufpreisregelung. Komplizierter wird es, wenn der Kaufpreis von der Ertragslage des Unternehmens in den Folgejahren abhängig gemacht werden soll (sog. „Earn out Clause"). Dies ist für den Verkäufer nur akzeptabel, wenn er selbst als Geschäftsführer noch eine Zeit lang Einfluss auf das Unternehmen ausüben kann.

57

ee) Garantien

58 In den meisten Unternehmenskaufverträgen nehmen die Garantien etwa die Hälfte aller Vertragsregelungen ein. Je stärker der Käufer, desto umfassender die Garantien. Als Mindeststandard muss der Käufer darauf achten, dass er beim Share Deal die verkauften Anteile lastenfrei erwirbt, dass die Gesellschaft wirksam mit dem im Handelsregister registrierten Kapital existiert und dass dieses Kapital voll einbezahlt und nicht zurückbezahlt ist. Die darüber hinausgehenden Garantien betreffen den Inhalt der Gesellschaft, die der Käufer erwirbt, sie können zwar auch wichtig werden, niemals aber so wichtig wie die erstgenannten Mindestgarantien. Diese „Inhaltsgarantien" betreffen sämtliche Bereiche des Unternehmens, nämlich die finanziellen Verhältnisse (Einzelposten der Bilanz, Ertragslage der Vergangenheit etc.), die Arbeitsverhältnisse, Fragen der Produkthaftung, Genehmigungen, Steuersituation, umweltrechtliche Situation und Immobilien, langfristige Verträge, Rechtsstreitigkeiten etc.

59 Häufig ringen Verkäufer und Käufer darum, ob die Garantien „objektiv" oder nur „subjektiv" abgegeben werden müssen. Bei einer „subjektiven" Garantie gewährleistet der Verkäufer nur „nach bestem Wissen", bei einer objektiven unabhängig davon, ob er die Umstände kennt oder nicht. Eine Kompromissformel ist häufig, dass zwar „nur" eine subjektive Garantie durch den Verkäufer abgegeben wird, aber nicht nur seine eigene Kenntnis, sondern auch die seiner leitenden Angestellten maßgeblich ist und er auch haftet, wenn er die Umstände, die für eine Haftung maßgeblich sind, zwar nicht tatsächlich kannte, sie hätte aber bei Anwendung ordnungsgemäßer Sorgfalt kennen müssen. Zum Thema Garantien gehören auch Regelungen zu den Folgen von Garantieverletzungen und zur Verjährung. Wird eine Garantie nicht eingehalten, muss der Verkäufer Schadensersatz in Geld leisten. Ein Rücktritt vom Vertrag ist kaum durchführbar, weil der Käufer das Unternehmen fortgeführt und womöglich mit seinem eigenen verschmolzen oder neues Kapital zugeführt hat. Dennoch sehen viele Unternehmenskaufverträge die Möglichkeit des Rücktritts durch den Käufer in den seltenen Fällen arglistiger Täuschung oder bei schwerwiegenden Mängeln vor, wobei das Rücktrittsrecht auf wenige Monate beschränkt wird. Ansonsten verjähren die Garantien üblicherweise zwischen 18 und 60 Monaten, was ausdrücklich geregelt werden muss. Nur bei Steuergarantien gibt es eine Sonderregelung, denn bei den Steuern weiß man erst nach der nächsten Betriebsprüfung, welche Mehrsteuern anfallen. Vorher darf also keine Verjährung eintreten.

Als eine besondere Form der Garantie haben sich sog. MAC-Klauseln (Material Adverse Change-Clauses) entwickelt. Diese Klauseln ermöglichen es dem Käufer, bei Eintritt wesentlicher Nachteile in dem Zeitraum zwischen Vertragsunterzeichnung (Signing) und Vollzugseintritt (Closing) vom Vertrag zurückzutreten und seinen bis dahin entstandenen Schaden (Maklerprovision, Due Diligence Kosten etc.) ersetzt zu bekommen.[23]

ff) Wettbewerbsverbot

60 Der wesentliche Wert eines Unternehmens steckt häufig in den Köpfen der Geschäftsführung und der Führungskräfte. Nichts wäre deshalb schädlicher für den Käufer, als wenn der Verkäufer nach dem Verkauf des Unternehmens ein neues Unternehmen gleichen oder ähnlichen Inhalts gründet. Deshalb gehört zu einem Unternehmensverkauf untrennbar die Eingehung eines Wettbewerbsverbots. Aus kartellrechtlichen Gründen kann dies jedoch nur für einen gewissen Zeitraum (maximal fünf Jahre) und beschränkt auf einen sachlichen Bereich (Branche) und einen geographischen Raum (z.B. bisheriger Wirkungskreis des Unternehmens in der Europäischen Union) vereinbart werden. Zulässig sind solche Klauseln zudem nur, wenn sie sich als Nebenabreden zum Unternehmenskauf darstellen. Keinesfalls zulässig ist eine Abrede, die auf

---

23 *Lappe/Schmitt*, DB 2007, 153 ff.

den „Abkauf von Wettbewerb" (d.h. die Unterlassung des Wettbewerbs gegen Zahlung eines Geldbetrages) zielt.[24]

gg) Dingliche Übertragung

Die dingliche Übertragung kann im Kaufvertrag selbst oder in gesonderter Urkunde erfolgen. Werden beim Share Deal GmbH-Anteile (notariell) oder Aktien (privatschriftlich) übertragen, ist eine gesonderte Übertragungsurkunde anzuraten, weil mit ihr später die Rechtsinhaberschaft nachgewiesen wird und die einzelnen Vertragsbedingungen (z.B. der Kaufpreis) Dritte nichts angehen. Beim Asset Deal ist auf die genaue Bezeichnung der zu übertragenden Gegenstände, Verbindlichkeiten und Verträge zu achten, da eine zu kursorische Beschreibung („alle in der Übernahmebilanz enthaltenen Gegenstände und Schulden") möglicherweise dem Bestimmtheitsgrundsatz nicht genügt und somit das Eigentum nicht auf den Käufer übergehen lässt. Bei Grundstücken sind die besonderen formellen Anforderungen (Auflassung, Eintragungsbewilligung, Eintragungsantrag) zu beachten. 61

hh) Kosten und Steuern des Vertrages

Es sollte klar geregelt werden, wer die Kosten der notariellen Beurkundung, eine eventuelle Einkommensteuer, Grunderwerbsteuer, die Kosten der Berater oder eines Maklers trägt. 62

Die Einkommen- (oder Körperschaft-)Steuer, die beim Veräußerer wegen des Unternehmenskaufes entsteht, sollte von ihm selbst getragen werden. Grunderwerbsteuer und Kosten der Beurkundung trägt häufig der Käufer, manchmal teilt man sich diese Kosten aber auch. Umsatzsteuer fällt in aller Regel nicht an: Der Share Deal ist nach § 4 Nr. 8f UStG von der Umsatzsteuer befreit, der Asset Deal ist regelmäßig nach § 1 Abs. 1a UStG nicht umsatzsteuerbar. Die Kosten seiner Berater trägt üblicherweise jede Partei selbst, die Kosten von Maklern und Corporate Finance Beratern trägt häufig diejenige Partei, die den Makler beauftragt hat, manchmal werden diese Kosten aber auch geteilt. 63

ii) Abwicklungsklausel

In der deutschen Rechtspraxis gibt es kein formalisiertes „Closing" wie im angloamerikanischen Recht. Gleichwohl sind auch nach Vertragsschluss noch zahlreiche Dinge zu besorgen, wie etwa Zustimmungen von Aufsichtsgremien, die kartellrechtliche Freigabe (bei Erreichen der Größenkriterien, vgl. Rn 65), die Kommunikation der Transaktion gegenüber der Belegschaft und den Geschäftspartnern, die Übergabe von Unterlagen, die Einweisung in das Unternehmen und meistens auch noch die Erstellung der Übernahmebilanz. Wird ein GmbH-Share-Deal zur Kostenersparnis nur privatschriftlich abgeschlossen, muss die dingliche Übertragung der Anteile anschließend in notarieller Form nachgeholt werden. Diese und weitere „Hausaufgaben" sollten in der Abwicklungsklausel verteilt werden. 64

f) Rechtsfragen, die typischerweise beim Entwurf des Unternehmenskaufvertrages auftauchen
aa) Kartellrechtliche Anmeldung

Die kartellrechtliche (vor Vollzug vorzunehmende) **Anmeldung** des Zusammenschlusses (§ 39 GWB) ist erforderlich bei einem Gesamtweltumsatz des Käufer-Konzerns und des Konzerns der erworbenen Gesellschaft von über 500 Mio. EUR p.a., sofern mindestens ein beteiligtes Unter- 65

---

[24] *Mäger/Ringe*, WuW 2007, 21 ff.

nehmen Inlandsumsätze von über 25 Mio. EUR p.a. und ein anderes beteiligtes Unternehmen Inlandsumsätze von über 5 Mio. EUR p.a. hat. Je nach Zusammenschlusstatbestand kann es aber statt auf die Umsätze des gesamten Konzerns der erworbenen Gesellschaft nur auf die Umsätze des erworbenen Unternehmens selbst ankommen. Eine Anmeldung ist hingegen nicht erforderlich, sofern sich ein unabhängiges kleines Unternehmen (Weltumsatz unter 10 Mio. EUR p.a.) mit einem anderen Unternehmen zusammenschließt (Anschlussklausel, § 35 Abs. 2 Nr. 1 GWB) oder ein unbedeutender Markt (unter 15 Mio. EUR Jahresumsatz, § 35 Abs. 2 Nr. 2 GWB) betroffen ist.

66   Verkäufer und Käufer sind beide zur Anmeldung verpflichtet (§ 39 Abs. 2 GWB). Wegen der Eilbedürftigkeit und wegen des übereinstimmenden Interesses von Verkäufer und Käufer an einer raschen Freigabe sollte die Anmeldung von den Anwälten beider Parteien gemeinsam vorgenommen oder zumindest zwischen diesen abgestimmt werden.

67   In den meisten Fällen ist das Anmeldeverfahren unproblematisch und unbürokratisch. Es endet mit der Mitteilung, dass das Bundeskartellamt nicht in das Hauptprüfungsverfahren eintritt oder mit Ablauf der Monatsfrist des § 40 Abs. 1 GWB ohne Mitteilung über den Eintritt in das Hauptprüfungsverfahren (letztere Alternative kommt in der Praxis kaum vor) und ermöglicht so den Vollzug des Zusammenschlusses (§ 41 Abs. 1 GWB). Tritt das Bundeskartellamt ausnahmsweise in das Hauptprüfungsverfahren ein, so endet dieses mit Freigabeverfügung, fingierter Freigabe wegen Ablaufs der Viermonatsfrist oder Untersagungsverfügung (§ 40 Abs. 2 GWB). Letztere ist nur zulässig, wenn von dem Zusammenschluss zu erwarten ist, dass er eine marktbeherrschende Stellung begründet oder verstärkt (§ 36 GWB).

68   Zusätzlich zur vorherigen Anmeldung ist nach Vollzug deren **Anzeige** an das Bundeskartellamt erforderlich (§ 39 Abs. 6 GWB).

69   Hat ein Zusammenschluss „**gemeinschaftsweite Bedeutung**", so ist grundsätzlich die **Kommission der EU** ausschließlich zuständig (§ 35 Abs. 3 GWB). Durch die Verordnung Nr. 139/2004,[25] die ab 1.5.2004 die frühere Verordnung 4064/89 abgelöst hat, und die hierzu ergangenen Leitlinien[26] wird die Kommissionsprüfung jedoch auf Zusammenschlüsse, bei denen ein weltweiter Gesamtumsatz aller beteiligten Unternehmen von mehr als 5 Mrd. EUR erreicht wird, **und** wenigstens zwei der Zusammenschlussbeteiligten gemeinschaftsweite Jahresumsätze von **jeweils** über 250 Mio. EUR haben, begrenzt. Werden diese Schwellen nicht erreicht, ist eine Kommissionsprüfung gleichwohl erforderlich, wenn der weltweite Gesamtumsatz aller beteiligten Unternehmen zusammen mehr als 2,5 Mrd. EUR beträgt, der Gesamtumsatz aller beteiligten Unternehmen in mindestens drei Mitgliedstaaten jeweils 100 Mio. EUR übersteigt, in jedem von mindestens drei dieser Mitgliedstaaten der Gesamtumsatz von mindestens zwei beteiligten Unternehmen jeweils mehr als 25 Mio. EUR beträgt und der gemeinschaftsweite Gesamtumsatz von mindestens zwei beteiligten Unternehmen jeweils 100 Mio. EUR übersteigt. Sowohl bei der 5 Mrd. EUR-Schwelle als auch bei der 2,5 Mrd. EUR-Schwelle kommt die Kommissionsprüfung nicht zur Anwendung, wenn die beteiligten Unternehmen jeweils mehr als zwei Drittel ihres gemeinschaftsweiten Gesamtumsatzes in ein und demselben Mitgliedstaat erzielen. Die Zuständigkeit der EU-Kommission entfällt auf Antrag, wenn nur der gesonderte Markt eines Mitgliedsstaates betroffen ist (Art. 4 Abs. 4 Fusionskontroll-VO). Andererseits kann auch bei Nichterreichung der Schwellenwerte eine Prüfung durch die Kommission beantragt werden, wenn mindestens drei Mitgliedstaaten betroffen sind (Art. 4 Abs. 5 Fusionskontroll-VO). Ist die Kommission zuständig, kann durch die vereinfachte EU-Fusionskontrolle[27] in bestimmten Fällen mit einer Genehmigung innerhalb eines Monats gerechnet werden. Da wegen der relativ hohen Grenzwerte die EU-Kommission insgesamt jedoch nur in den seltensten Fällen zuständig ist, wird das europäische Kontrollverfahren hier nicht vertieft.

---

25 Fusionskontroll-Verordnung, ABl EG 2004 Nr. L 24, 1.
26 ABl EG 2004 Nr. C 31, 5.
27 ABl EG 2000 Nr. C 217, 32.

Verkäufer und Käufer wünschen häufig schon **vor Vertragsschluss** eine **Indikation** hinsichtlich der kartellrechtlichen Zulässigkeit des Unternehmenskaufs, bevor sie in zeitaufwendige Verhandlungen eintreten. In der Praxis wird deshalb verschiedentlich eine informelle Vorabprüfung vorgenommen, bei der das Bundeskartellamt – ohne rechtliche Bindung – zu erkennen gibt, ob es den Unternehmenskauf als problematisch ansieht oder nicht. 70

bb) Arbeitsrechtliche Fragen

Der Share Deal ändert die Rechtsinhaberschaft des Betriebes des Zielunternehmens nicht. Da nur die Gesellschafter wechseln, bleibt der Rechtsträger des Betriebes weiterhin individualrechtlich Arbeitsvertragspartei und Arbeitgeber der Arbeitnehmer des Zielunternehmens. Es kommt beim Share Deal auch nicht zur Veräußerung des Betriebes im Wege der Übertragung von Vermögensgegenständen. § 613a BGB spielt deshalb keine Rolle. 71

Beim Asset Deal geht mit den Aktiven und Passiven des Unternehmens in aller Regel auch der Betrieb auf den Erwerber über, so dass es bei Vorliegen der übrigen Voraussetzungen des § 613a BGB (Übergang einer wirtschaftlichen Einheit, die ihre Identität bewahrt) gem. § 613a Abs. 1 BGB auch zum **Übergang der bestehenden Arbeitsverhältnisse** auf den Erwerber kommt. Die betroffenen Arbeitnehmer sind vor dem Übergang in Textform über die Einzelheiten des Übergangs von Verkäufer oder Käufer zu informieren und können innerhalb eines Monats (gerechnet ab Zugang der richtigen und vollständigen Information)[28] dem Übergang widersprechen (§ 613a Abs. 5 und 6 BGB). 72

Zu den übergehenden Bestandteilen von Arbeitsverhältnissen gehören auch bestehende **Altersversorgungszusagen** an aktive Arbeitnehmer. Mit unverfallbaren Anwartschaften Ausgeschiedene und Pensionäre werden hingegen nicht von § 613a BGB erfasst, weil keine aktiven „Arbeitsverhältnisse" im Sinne der Vorschrift vorliegen.[29] Sollen solche Verpflichtungen gleichwohl übernommen werden (etwa weil der Verkäufer liquidiert werden soll), so ist hierfür erforderlich, dass die Übernahme durch den neuen Arbeitgeber erfolgt und der jeweils Betroffene (sowie der Pensionssicherungsverein, soweit die Zusagen insolvenzgeschützt sind) zustimmt,[30] es sei denn, die Verpflichtungen werden wegen Liquidation des Veräußerers von einer Pensionskasse oder einem Lebensversicherungsunternehmen übernommen (§ 4 Abs. 4 BetrAVG). Unabhängig von der vertraglichen Übernahme kann eine gesetzliche Haftung des Käufers für diese Versorgungsverbindlichkeiten aus § 25 HGB entstehen.

Besondere Aufmerksamkeit ist bei Betriebsübergängen **Kollektivvereinbarungen**, wie Tarifverträgen und Betriebsvereinbarungen, zu widmen. Diese wirken außerhalb eines Betriebsübergangs wie Gesetze von außen unmittelbar und zwingend auf die Arbeitsverhältnisse ein. 73

Zur kollektivrechtlichen Fortgeltung von **Tarifnormen** kommt es bei einem Betriebsübergang, wenn der neue Betriebsinhaber in gleicher Weise wie der alte Betriebsinhaber (durch Mitgliedschaft im selben Arbeitgeberverband oder bei Geltung eines allgemeinverbindlichen Tarifvertrags) tarifgebunden ist. Fehlt es an den tarifrechtlichen Voraussetzungen für eine kollektivrechtliche Fortgeltung, kommt die Auffangregelung des § 613a Abs. 1 S. 2 BGB zum Zug: Die Tarifnormen werden mit dem Inhalt, den sie im Zeitpunkt des Betriebsübergangs haben (statisch) zu Individualregelungen des Arbeitsverhältnisses, das nunmehr mit dem neuen Betriebsinhaber besteht (§ 613a Abs. 1 S. 2 BGB). Diese Regelungen dürfen auf individualrechtlichem Weg (durch Änderungsverträge oder Änderungskündigungen) frühestens ein Jahr nach Betriebsübergang zum Nachteil der Arbeitnehmer geändert werden, es sei denn, die Laufzeit des 74

---

28 Zu den strengen Anforderungen an die Unterrichtung BAG, Urteile v. 13.7.2006 – 8 AZR 303/05 und 8 AZR 305/05.
29 Vgl. §§ 1, 2 VRG; BAG AP Nr. 6 zu § 613a BGB.
30 BAG AP Nr. 68 zu § 613a BGB; BAG AP Nr. 2 zu § 4 BetrAVG.

alten Tarifvertrags endet bereits vor Ablauf dieses Sperrjahres. Deshalb ist bei einem Unternehmenskauf (Asset Deal) an die Kündigung von Firmentarifverträgen noch durch den Veräußerer zu denken. Die individualrechtliche Fortgeltung der alten Tarifnormen gem. § 613a Abs. 1 S. 2 BGB ist von vornherein ausgeschlossen oder endet, wenn oder sobald bei dem neuen Betriebsinhaber kollidierende Normen anderer Tarifverträge oder Betriebsvereinbarungen gelten (§ 613a Abs. 1 S. 3 BGB). Die Ablösung durch kollidierende Kollektivnormen ist jederzeit möglich; insoweit gilt kein Sperrjahr zugunsten der Arbeitnehmer. Zur Ablösung durch einen anderen Tarifvertrag kommt es jedoch nur dann, wenn sowohl der neue Betriebsinhaber als auch die im Betrieb beschäftigten Arbeitnehmer an den anderen Tarifvertrag gebunden sind (beiderseitige Tarifgebundenheit); eine lediglich einseitige Tarifgebundenheit des neuen Betriebsinhabers führt nicht zur Ablösung. Werden die alten Tarifnormen weder durch kollidierende Kollektivnormen noch (nach Ablauf des Sperrjahres) durch Änderungsverträge oder Änderungskündigungen abgelöst, gelten sie dispositiv auf unbestimmte Zeit weiter.

Besonderes Augenmerk ist in diesem Zusammenhang auf Bezugnahmeklauseln in den Arbeitsverträgen zu legen. Verweisungen auf einen Tarifvertrag oder ein Tarifwerk „in der jeweils geltenden Fassung" können – abweichend von der in § 613a Abs. 1 S. 2 BGB normierten statischen Fortgeltung der beim bisherigen Arbeitgeber einschlägigen Tarifnormen – einen dynamischen Besitzstand begründen.[31]

75 **Betriebsvereinbarungen** gelten kollektivrechtlich fort, wenn ein Betrieb insgesamt übergeht oder ein Betriebsteil übergeht und vom Erwerber als eigenständiger Betrieb fortgeführt, also nicht in einen beim Erwerber vorhandenen Betrieb eingegliedert wird. Gliedert der Erwerber den Betrieb in einen vorhandenen Betrieb ein und gelten in dem aufnehmenden Betrieb kollidierende Kollektivnormen, gehen diese vor (§ 613a Abs. 1 S. 3 BGB). Anderenfalls gelten die Betriebsvereinbarungsnormen des Veräußerers beim Erwerber individualvertraglich fort und dürfen durch Änderungsverträge oder Änderungskündigungen frühestens ein Jahr nach Betriebsübergang zum Nachteil der Arbeitnehmer geändert werden (§ 613a Abs. 1 S. 2 BGB). Eine Ablösung der nach § 613a Abs. 1 S. 2 BGB fortgeltenden Betriebsvereinbarungsnormen durch nachfolgend vom Erwerber abgeschlossene Betriebsvereinbarungen bleibt – nach allgemeinen betriebsverfassungsrechtlichen Grundsätzen – jederzeit möglich (§ 613a Abs. 1 S. 3 BGB).

76 Vorsicht ist bei **Kündigungen** im Zusammenhang mit einem Betriebsübergang geboten. Kündigungen von Arbeitsverhältnissen wegen des Betriebsübergangs sind unwirksam (§ 613a Abs. 4 S. 1 BGB). Zulässig bleiben aber Kündigungen „aus anderen Gründen" (§ 613a Abs. 4 S. 2 BGB), z.B. wegen der Rationalisierung eines notleidenden Betriebs, selbst wenn es im Zusammenhang damit zu einer Betriebsveräußerung kommt („Kündigung nach Erwerberkonzept").[32] Liegen also solche „anderen Gründe" vor, kann sich z.B. der Verkäufer verpflichten, die Arbeitsverhältnisse mit allen oder bestimmten Betriebsangehörigen vor Übergang des Betriebs an den Erwerber zum nächstmöglichen Termin zu kündigen (siehe Muster „Unternehmenskaufvertrag", Rn 104). Findet ein Unternehmenskauf zum Zwecke der Sanierung statt und beabsichtigt der Käufer, das Unternehmen mit reduzierter Belegschaft und frischem Kapital fortzuführen, so empfiehlt es sich, den Stellenabbau schon durch den Verkäufer vornehmen zu lassen und als Teil eines notwendigen Sanierungs-Gesamtplans der Belegschaft gegenüber zu vermitteln. Eine Zustimmung zu einem solchen Rettungsplan lässt sich von der Belegschaft und ihren Vertretern dann viel einfacher erzielen, als wenn zunächst der Käufer das Unternehmen erwirbt und anschließend Stellen abbaut.

77 Im arbeitsrechtlichen Kontext von Unternehmenskäufen sind noch **Beschäftigungs- und Qualifizierungs- bzw. Transfergesellschaften** zu nennen.

---

31 So das BAG in seinem Urteil v. 18.4.2007 – 4 AZR 652/05 für Arbeitsverträge, die nach dem 31.12.2001 abgeschlossen worden sind. Seine bisherige ständige Rechtsprechung zur Auslegung dynamischer Bezugnahmeklauseln als bloße Gleichstellungsabreden hat das BAG aufgegeben.
32 Vgl. BAG NZA 2003, 1027.

Beim freiwilligen befristeten Eintritt der Mitarbeiter in eine Beschäftigungs- und Qualifizierungs- oder Transfergesellschaft zur Vermeidung einer sonst unausweichlichen Arbeitslosigkeit und bei anschließender Veräußerung des arbeitnehmerlosen Betriebs an einen Erwerber, der einen Teil der „ausgegliederten" Arbeitnehmer anschließend selektiv und zu günstigeren Bedingungen einstellt, liegt nach der Rechtsprechung des BAG keine Umgehung des § 613a BGB vor.[33]

cc) Bodenschutzrecht

Besonderes Augenmerk beim Abfassen des Kaufvertrags verdienen Risiken, die aus möglicherweise erforderlichen Bodensanierungen erwachsen. **78**

Gem. § 4 Abs. 3 S. 1 Bundes-Bodenschutzgesetz (BBodSchG) ist nicht nur der Verursacher **79** einer schädlichen Bodenveränderung oder einer Altlast für die Sanierung des Bodens verantwortlich, sondern u.a. auch der Eigentümer des betroffenen Grundstücks und der Inhaber der tatsächlichen GewAlt. Gem. § 4 Abs. 3 S. 4 BBodSchG ist zur Sanierung außerdem verpflichtet, wer aus handels- oder gesellschaftsrechtlichem Rechtsgrund für eine juristische Person einzustehen hat, die Eigentümerin eines kontaminierten Grundstücks oder Inhaberin der tatsächlichen Gewalt über ein solches Grundstück ist. Diese Bestimmung betrifft Fälle von Durchgriffs- oder Konzernhaftung. Des Weiteren kann nach § 4 Abs. 6 S. 1 BBodSchG auch der sog. frühere Grundstückseigentümer, d.h. der Verkäufer eines Grundstücks haften, wenn er die Kontamination kannte oder zumindest kennen musste.

Soweit mehrere Verantwortliche i.S.v. § 4 Abs. 3, 6 BBodSchG in Betracht kommen, hat die zuständige Behörde nach den einschlägigen Grundsätzen des Polizei- und Ordnungsrechts zur Ermessensbetätigung zu entscheiden, welchen **Störer** sie heranzieht. Die Haftung nach § 4 Abs. 3, 6 BBodSchG kann also Verkäufer und Erwerber gleichermaßen treffen. Unter Umständen kann sogar gem. § 4 Abs. 3 S. 4 BBodSchG die Konzernmutter des Erwerbers zur Sanierung verpflichtet sein. Auf ein Verschulden kommt es dabei jeweils nicht an. Allerdings besteht gem. § 24 Abs. 2 S. 1 BBodSchG hinsichtlich der Kosten der Sanierungsmaßnahmen ein zivilrechtlicher Ausgleichsanspruch zwischen mehreren Verantwortlichen. Gem. § 24 Abs. 2 S. 2 BBodSchG hängt dabei die Höhe des von jedem einzelnen Verantwortlichen zu tragenden Kostenanteils von seinem jeweiligen Verursachungsanteil ab. Der Ausgleichsanspruch verjährt gemäß § 24 Abs. 2 S. 3 BBodSchG regelmäßig in drei Jahren.

Die Kosten für die Bodensanierung können exorbitante Ausmaße annehmen. Als Anwalt des **80** Erwerbers sollte man deshalb tunlichst darauf achten, das Risiko einer möglichen behördlichen Inanspruchnahme durch Vereinbarung einer Haftungsfreistellungsvereinbarung und einer entsprechenden Garantie abzufedern (siehe Muster „Kauf sämtlicher Geschäftsanteile einer GmbH", Rn 101, § 6 Abs. 1e Nr. 4).

dd) Recht des geistigen Eigentums

Das geistige Eigentum eines Unternehmens stellt häufig einen seiner wertvollsten Bestandteile **81** dar. Deshalb sind die Bestandsaufnahme des geistigen Eigentums und seine gesicherte Übertragung für den Käufer besonders wichtig. Dazu gehören auch Rechte Dritter an diesem geistigen Eigentum sowie laufende oder drohende Angriffe Dritter gegen Schutzrechte des Zielunternehmens. Es empfiehlt sich, klare Regelungen zu treffen, welche Auswirkungen der Erfolg solcher Angriffe im Verhältnis zwischen Verkäufer und Erwerber haben würde. Zum geistigen Eigentum rechnen in erster Linie Patente, Gebrauchsmuster, Marken, geschäftliche Bezeichnungen, Geschmacksmuster, Urheberrechte sowie nicht schützbares geistiges Eigentum (Know-how).

---

[33] „Dörries-Scharmann"-Urteile, NZA 1999, 422; ZIP 1999, 1572; BAG, Urt. v. 23.11.2006 – 8 AZR 349/06.

82 Der originäre Erwerb einer **deutschen Marke** erfolgt erstens durch Registereintragung, zweitens im Falle von Verkehrsgeltung auch durch Benutzung im geschäftlichen Verkehr oder drittens aufgrund notorischer Bekanntheit i.S.d. Art. 6bis der Pariser Verbandsübereinkunft zum Schutz des gewerblichen Eigentums (§ 4 MarkenG). Er gewährt dem Inhaber der Marke ein ausschließliches Recht (§ 14 MarkenG). Dieses Recht ist auch unabhängig vom zugehörigen Geschäftsbetrieb übertragbar. Enthält ein Unternehmenskaufvertrag (Asset Deal) keine ausdrückliche Regelung über die Übertragung der Marke, geht sie gem. § 27 Abs. 2 MarkenG im Zweifel dennoch über, sofern sie im Sinne dieser Vorschrift zu dem übertragenen (Teil-)Geschäftsbetrieb gehört. Um Unsicherheiten zu vermeiden, empfiehlt es sich jedoch, eine entsprechende ausdrückliche Vereinbarung in den Kaufvertrag aufzunehmen.[34] Der Übergang des Markenrechts erfolgt durch Übertragungserklärung im Unternehmenskaufvertrag; Registereintragung ist nicht erforderlich. Die nachfolgende Eintragung ins Markenregister bedeutet lediglich eine widerlegliche Vermutung der Rechtsinhaberschaft (§ 28 Abs. 1 MarkenG);[35] die Stellung eines entsprechenden Antrags ist ferner von Bedeutung für die Beteiligung an markenrechtlichen Verfahren vor dem Deutschen Patent- und Markenamt und vor Gerichten (§ 28 Abs. 2 MarkenG) sowie für die Zustellung amtlicher Entscheidungen (§ 28 Abs. 3 MarkenG).

83 Eine international registrierte Marke (sog. **IR-Marke**) wird durch Eintragung in dem von der Weltorganisation für Geistiges Eigentum (WIPO) in Genf geführten internationalen Markenregister erworben. Ihr räumlicher Schutzbereich kann sich auf all diejenigen Länder bzw. Territorien (z.B. EU) erstrecken, die sich dem System der internationalen Markenanmeldung angeschlossen haben. Aufgrund des Charakters der IR-Marke als „Bündel einzelner Markenrechte" sowie aufgrund ihrer völkerrechtlichen Grundlage lassen sich keine pauschalen Aussagen über deren Übertragung und die hierbei zu beachtenden Erfordernisse treffen.

Eine **Gemeinschaftsmarke** i.S.d. GMVO geht – vorbehaltlich anderweitiger vertraglicher Regelungen – gem. Art. 17 Abs. 2 GMVO auf den Erwerber über, wenn das Unternehmen, zu dem sie gehört, in seiner Gesamtheit übertragen wird. Sofern die Voraussetzungen des Art. 17 Abs. 2 GMVO nicht erfüllt sind, ist gem. Art. 17 Abs. 3 GMVO für die Übertragung einer Gemeinschaftsmarke – anders als für die grundsätzlich formfreie Übertragung einer deutschen Marke nach dem MarkenG – die Einhaltung der Schriftform erforderlich.

84 **Deutsche Patent-** und **Musterrechte** sind ebenso wie deutsche Markenrechte grundsätzlich formlos übertragbar (§ 15 PatG, § 22 GebrMG, § 29 GeschmMG). Die Übertragung **europäischer Patente** muss hingegen schriftlich erfolgen (Art. 72 EPÜ). Beim **Gemeinschaftsgeschmacksmuster** richten sich die Wirksamkeitserfordernisse einer Übertragung wiederum nach der jeweils einschlägigen nationalen Rechtsordnung, die an den Sitz/Wohnsitz des Inhabers des Gemeinschaftsgeschmacksmusters anknüpft. Jedenfalls sofern von den Parteien der Übergang eines Unternehmens mit allen Aktiva unter Fortführung der Firma vereinbart wird, ist regelmäßig auch eine solche Übertragung der Patent- und Musterrechte gewollt.[36] Hinsichtlich deutscher Geschmacksmuster enthält das Gesetz – wie bei deutschen Marken (§ 27 Abs. 2 MarkenG, s.o. Rn 82) – eine Vermutung, dass sie von der Veräußerung des (Teil-)Geschäftsbetriebs mit erfasst sind, dem sie zugerechnet werden (§ 29 Abs. 2 GeschmMG). Gehören im Falle eines Share-Deal die Patent- und Musterrechte nicht zu dem zu übertragenden Unternehmen, sondern hat der Verkäufer diese Rechte persönlich inne, werden sie hingegen nicht automatisch von dem Unternehmenskaufvertrag erfasst. Sie müssen demnach gesondert übertragen oder dem Käufer im Wege eines Lizenzvertrages überlassen werden.[37] Im Falle einer Arbeitnehmererfindung ist zur Vermeidung späterer Komplikationen darauf zu achten, dass die Erfinderrechte bereits auf

---

34 *Beisel/Klumpp*, Kap. 9 Rn 17.
35 MünchVertragsHdB/*Reimann*, Bd. 3, VI. 4. Anm. 5.
36 *Beisel/Klumpp*, Kap. 9 Rn 19.
37 *Beisel/Klumpp*, Kap. 9 Rn 19.

Grundlage des Arbeitnehmererfindungsgesetzes oder in sonstiger Weise wirksam auf das zu übertragende Unternehmen übergegangen sind (was nach heutiger Rechtslage grundsätzlich der Fall ist) und ebenfalls von der Veräußerung umfasst werden.

Im Gegensatz zu Marken-, Patent- und Musterrechten sind deutsche **Urheberrechte** unter Lebenden nicht übertragbar (§ 29 UrhG). Bei einem Unternehmenskauf in Form des Asset Deal muss sich der Erwerber deshalb die Nutzungsrechte an den urheberrechtlich geschützten Werken, die von dem Unternehmen genutzt werden, übertragen lassen. Im Falle des Share Deal bedarf es hingegen keiner gesonderter Rechtshandlungen, da die Nutzungsrechte bereits zum Vermögen des verkauften Unternehmens gehören; sowohl beim Asset Deal als auch beim Share Deal hat der Urheber allerdings unter bestimmten Voraussetzungen ein Rückrufsrecht (§ 34 Abs. 3 S. 2 und 3 UrhG). 85

Neben den genannten Schutzrechten ist im Rahmen eines Unternehmenskaufvertrags (in Form des Asset Deal) außerdem die Frage nach der Übertragung von **Know-how** aller Art von praktischer Bedeutung. Know-how kommt in so vielfältiger Gestalt vor, dass sich eine einheitliche Linie für die Vertragsgestaltung kaum vorgeben lässt. So kann Know-how etwa auf Datenträgern vorhanden sein oder aber in Form des Wissens und der persönlichen Fähigkeiten bestimmter Mitarbeiter. Die Vertragsgestaltung muss sich folglich an der jeweils vorliegenden Erscheinungsform des Know-hows orientieren. 86

ee) Steuerrecht

Steuerlich ist zwischen den Steuern des zu erwerbenden Unternehmens und den durch die Transaktion ausgelösten Steuern zu unterscheiden. 87

Die **Steuerpflichten des Unternehmens** treffen in vollem Umfang den Erwerber bei einem Share Deal, da die Steuerpflichten mit der Gesellschaft, deren Anteile er erwirbt, untrennbar verbunden sind. Will sich der Erwerber gegen Steuernachforderungen, die bei Betriebsprüfungen für vergangene Steuerzeiträume drohen, schützen, so muss er sich in der Steuergarantieklausel entsprechend absichern. Beim Asset Deal bleibt das veräußernde Unternehmen Steuerschuldner. Der Erwerber kann aber bei Übernahme der Firma des Veräußerers (§ 25 HGB) oder wegen Betriebsübernahme (§ 75 AO) haftbar gemacht werden. Auch beim Asset Deal ist deshalb eine Steuergarantie angebracht. 88

Die **wegen der Transaktion anfallenden Steuern** haben maßgeblichen Einfluss auf deren Gestaltung. 89

Dabei spielen die **Ertragssteuern** (Einkommensteuer, Körperschaftsteuer, Gewerbesteuer) die größte Rolle:

Hinsichtlich **Einkommen- und Körperschaftsteuer** ist regelmäßig der **Share-Deal** für den Verkäufer von **GmbH-Anteilen/Aktien** die bevorzugte Transaktionsstruktur, da die Steuerfreiheit von Veräußerungsgewinnen bei Kapitalgesellschaften als Verkäufer (§ 8b Abs. 2 KStG) und das Teileinkünfteverfahren für Veräußerungsgewinne bei natürlichen Personen und Personengesellschaften als Verkäufer (§ 3 Nr. 40c EStG) den Share Deal steuerlich besonders interessant machen. Nach dem Teileinkünfteverfahren bleiben 40% des Veräußerungsgewinns steuerfrei. 90

Bei der Veräußerung von Anteilen an **Personengesellschaften** (insbesondere GmbH & Co. KG) sind zwingend die stillen Reserven aufzudecken und durch den Veräußerer zu versteuern. Ein gewisses Trostpflaster bietet der wieder eingeführte, ab 2004 allerdings nur noch „fast halbe Steuersatz" des § 34 EStG (56% des durchschnittlichen Steuersatzes), der dem Veräußerer zugute kommt, soweit der Veräußerungsgewinn nicht 5 Mio. EUR übersteigt und sofern der Veräußerer das 55. Lebensjahr vollendet hat oder im sozialversicherungsrechtlichen Sinne dauernd berufsunfähig ist. Voraussetzung ist ferner die Mitveräußerung von eventuellem Sonderbetriebsvermögen. Das Privileg des „fast halben Steuersatzes" kann der Veräußerer allerdings nur einmal im Leben geltend machen. Seit 2002 kommt aufgrund des Unternehmenssteuerfortentwicklungsgesetzes der „fast halbe Steuersatz" nicht mehr zum Zuge, wenn nur ein Teil der mitunternehmerischen Beteiligung (Teilkommanditanteil) veräußert wird, weil es dann nicht zu einer geballten Aufdeckung stiller Reserven kommt (§ 16 Abs. 1 Nr. 2 EStG). Beim **Asset-Deal** gibt es eine Privilegierung für den Verkäufer in Form des „fast halben Steuersatzes" nur bei Veräußerung des gesamten Betriebs oder eines Teilbetriebs durch einen Einzelunternehmer oder eine Personengesellschaft (ggf. inklusive Sonderbetriebsvermögen). Auch hier kommen die o.g. Einschränkungen (nur einmal im Leben, Vollendung des 55. Lebensjahres oder berufsunfähig, Begrenzung auf 5 Mio. EUR) zur Anwendung. Liegen diese Voraussetzungen nicht vor oder ist der Verkäufer eine Kapitalgesellschaft, fällt volle Einkommensteuer bzw. Körperschaftsteuer an.

Anders als für den Veräußerer ist für den Erwerber regelmäßig der Asset-Deal (oder Erwerb von Anteilen an einer Personengesellschaft) die bevorzugte Transaktionsstruktur, weil er im Anschluss an den Erwerb seine Anschaffungskosten im Wege von Abschreibungen steuerlich nutzen kann.

91   **Gewerbesteuerlich** werden die Veräußerung des gesamten Unternehmens eines **Einzelunternehmers** oder einer **Personengesellschaft** (Asset Deal), soweit an ihr natürliche Personen beteiligt sind, als Beendigung der gewerblichen Tätigkeit angesehen, die gewerbesteuerfrei ist.[38] Gleiches gilt bei der bloßen Veräußerung eines einzelnen Betriebes oder Teilbetriebes durch einen Einzelunternehmer oder eine Personengesellschaft, soweit an ihr natürliche Personen beteiligt sind. Auch die Veräußerung eines Mitunternehmeranteils (z.B. Kommanditbeteiligung) durch eine natürliche Person ist gewerbesteuerfrei, sofern eventuelles Sonderbetriebsvermögen mitveräußert wird. Anderenfalls (bei der Veräußerung nur eines Teils des Mitunternehmeranteils oder bei der Veräußerung ohne zugehöriges wesentliches Sonderbetriebsvermögen) ist sie gewerbesteuerpflichtig.[39] Gewerbesteuerfrei ist ebenfalls die Veräußerung von im Privatvermögen von Einzelpersonen oder Personengesellschaften gehaltenen Kapitalgesellschaftsbeteiligungen.[40] Gewerbesteuerpflichtig ist nur die Veräußerung einer Kapitalgesellschaftsbeteiligung im Betriebsvermögen eines Einzelunternehmers oder einer Personengesellschaft. Die Veräußerung eines Betriebes, eines Teilbetriebes oder des gesamten Unternehmens durch eine **Kapitalgesellschaft** ist dagegen bei ihr gewerbesteuerpflichtig.[41] Gleiches gilt für den Gewinn aus der Veräußerung eines Anteils an einer Personengesellschaft durch eine Kapitalgesellschaft.[42] Die Veräußerung eines Anteils an einer Kapitalgesellschaft durch eine Kapitalgesellschaft ist dagegen gewerbesteuerfrei (weil auch körperschaftsteuerfrei, § 8b Abs. 2 KStG). Sonderregeln gelten, wenn die zu veräußernden Anteile aus steuerneutralen Umwandlungen oder Einbringungen hervorgegangen sind. Dann werden sie im Großen und Ganzen so behandelt wie das, an dessen Stelle sie im Rahmen der Umwandlung oder Einbringung getreten sind.[43]

92   Besitzt das Zielunternehmen Grundvermögen, so wird sich die bei der Transaktion anfallende **Grunderwerbsteuer** meist nicht vermeiden lassen. Die Zurückbehaltung des Grundvermögens und Verpachtung an den Käufer ist zwar eine denkbare (u.U. Grunderwerbsteuer vermeidende) Alternative. Solche Konstruktionen sollte man aber nie nur zur Steuervermeidung ins Auge fassen, weil sich immer wieder zeigt, dass komplizierte, rein steuermotivierte Konstruktionen in der Praxis Nachteile mit sich bringen. Gleiches gilt für die Zurückbehaltung von Kleinanteilen beim Share Deal durch den Veräußerer. Dieser Gestaltung, die bis 1999 sehr beliebt war, da schon der kleinste zurückbehaltene Anteil die Grunderwerbsteuer vermeiden konnte, hat der Gesetzgeber mit der Änderung von § 1 Abs. 3 GrEStG einen Riegel vorgeschoben. Nunmehr löst

---

38   Abschn. R 7.1 Abs. 3 Nr. 1 GewStR 2009, § 7 S. 2 Nr. 1 GewStG i.d.F. v. 20.12.2001.
39   BFH/NV 2000, 1554, § 7 S. 2 Nr. 2 GewStG i.d.F. v. 20.12.2001.
40   Abschn. R 7.1 Abs. 3 Nr. 2 GewStR 2009.
41   Abschn. R 7.1 Abs. 4 S. 1 GewStR 2009.
42   § 7 S. 2 Nr. 2 GewStG.
43   Im Einzelnen hierzu §§ 18 und 19 UmwStG 2006 sowie Abschn. 18.05 ff. UmwSt-Erlass v. 11.11.2011.

schon die Übertragung von 95% Gesellschaftsanteilen Grunderwerbsteuer aus. Bei der Wahl zwischen Asset und Share Deal kann der Share Deal grunderwerbsteuerlich etwas günstiger sein, weil sich die Bemessungsgrundlage beim Share Deal nach § 8 Abs. 2 Nr. 3 GrEStG i.V.m. §§ 138 Abs. 3, 145 BewG an der Bedarfsbewertung des Bewertungsgesetzes orientiert, die auch nach der Aufhebung der Einheitswerte immer noch günstiger ist als die wahren Verkehrswerte. Beim Asset Deal kommt dagegen der auf die Grundstücke entfallende Teil des Kaufpreises zum Ansatz, der mit dem Verkehrswert weitgehend identisch sein dürfte.

8. Vertragsverhandlungen

Die Verhandlungen über den Kaufvertrag ziehen sich üblicherweise einige Zeit hin. Hatte man sich nach dem Letter of Intent schon einig gewähnt, merkt man nun, dass doch noch viele Punkte offen sind. Es ist zu empfehlen, den Verhandlungsprozess gründlich aber zügig zu gestalten. Sinnlos ist es, wenn sich die Anwälte von Verkäufer und Käufer einmal pro Woche eine überarbeitete Vertragsversion gegenseitig zuschicken, ohne dass man sich wirklich näher kommt. Insbesondere sollten die Parteien nicht dem Irrglauben erliegen, Anwälte könnten die Details untereinander regeln. Meistens versuchen Anwälte vergeblich, sich gegenseitig von der Überlegenheit der eigenen Position zu überzeugen. Weiter kommt man nur, wenn man sich gemeinsam an einen Tisch setzt mit dem festen Entschluss, nicht auseinander zu gehen, bevor alle Punkte geregelt sind. Wichtige Punkte müssen dabei manchmal vorübergehend offen bleiben und werden dann „en bloc" wie auf einem türkischen Teppichbazar verhandelt. Hier gibt es kein richtig oder falsch, sondern nur ein leben und leben lassen. **93**

9. Vertragsschluss

Sind die Verhandlungen abgeschlossen, sollte man im selben Termin zur Unterzeichnung des Vertrages schreiten. Es ist äußerst gefährlich, nach Durchverhandlung aller Punkte auseinander zu gehen mit dem Auftrag an einen der Anwälte, die gefundenen Verhandlungsergebnisse in den Vertrag einzuarbeiten und dann allen Beteiligten zur Unterschrift zuzuleiten. Bis zur Unterzeichnung tauchen dann nämlich wieder neue Fragen auf. Außerdem zeigt sich, dass die Parteien die gefundenen Ergebnisse unterschiedlich interpretieren. Deshalb ist dringend zu empfehlen, am Ende der Verhandlung den gesamten Vertrag mit den bereits eingefügten Änderungen, die sich aus der Verhandlung ergeben haben, noch einmal durchzugehen und anschließend zu unterzeichnen. Um etwaigem Misstrauen gegenüber eigenwilligen Formulierungen des gegnerischen Anwalts (sofern ihm die Redaktion des Textes obliegt) zu begegnen, empfiehlt es sich, den Text über einen Projektor an die Wand zu werfen, so dass jeder Teilnehmer der Verhandlung die Einfügung der Änderungen unmittelbar miterleben kann. **94**

Der Vertragsschluss selbst kann dann im Beisein aller Beteiligter oder durch Bevollmächtigte erfolgen. Genügt Schriftform, so sollten alle Seiten paraphiert und die Unterschriftseite unterzeichnet werden. Ist Beurkundung erforderlich, muss entweder ein Notar herbeigeholt oder Vollmacht an die Anwälte oder einen Anwalt erteilt werden, der beauftragt wird, den Vertrag ohne jede Änderung beurkunden zu lassen. Wird ein Notar herbeigeholt, so ergibt sich häufig das Problem, dass nicht vorhersehbar ist, wann die Beurkundung beginnen kann und der Notar dann möglicherweise stundenlang warten muss. Empfehlenswert ist deshalb die Ankündigung des Notartermins am Tage vorher und die Benachrichtigung über den exakten Beginn kurze Zeit vorher. Wird bei einem GmbH-Anteilskauf nur die dingliche Übertragung beurkundet (und somit der zuvor geschlossene formunwirksame schuldrechtliche Vertrag geheilt, § 15 Abs. 4 S. 2 GmbHG), so erspart man sich das nochmalige Lesen des gesamten Vertrags im Beisein des Notars. Außerdem hat diese Trennung von schuldrechtlichem und dinglichem Geschäft den Vorteil, dass der Nachweis des Rechtsübergangs allein mit dem dinglichen Vertrag ohne die **95** geheimhaltungsbedürftigen Einzelheiten des Vertrags (insbesondere den Kaufpreis) geführt werden kann. Schließlich wird von vielen Notaren akzeptiert, dass die Wertfestsetzung (als Grundlage für die Notarkosten) sich am (oft weit hinter dem wirklichen Wert zurückbleibenden) Nominalbetrag der GmbH-Anteile orientiert, weil der dingliche Vertrag ansonsten keine Wertbestimmung enthält, während bei einer Beurkundung des schuldrechtlichen und dinglichen Teiles die Kaufpreisziffer der Wertberechnung zugrunde gelegt werden muss. Wird kein Notar herbeigeholt und erteilt man einem Anwalt oder mehreren Anwälten Vollmacht, muss gesichert werden, dass nicht einer Partei über Nacht Reuegefühle kommen und die Vollmacht widerrufen wird. Sie sollte deshalb unwiderruflich sein und mit einem unwiderruflichen Auftrag zum Beurkunden lassen verbunden sein.

10. Übertragung, Übergabe, Kaufpreiszahlung, Closing

96 Nach erfolgreichem Abschluss des Vertrages wähnen sich Verkäufer und Käufer am Ende eines langen, anstrengenden Prozesses. In Wirklichkeit beginnt aber erst jetzt die Arbeit. Dazu gehören die in der „Abwicklungsklausel" des Kaufvertrags festgelegten Hausaufgaben (Information von Geschäftspartnern, Belegschaft, Behörden und Öffentlichkeit, Übergabe von Dokumenten, kartellrechtliche Anmeldung etc.). Auch hierbei hat der Anwalt des Käufers noch wichtige Aufgaben zu erfüllen, wie die Betreuung der kartellrechtlichen Anmeldung. Langfristiger und kostenintensiver sind jedoch meistens die Maßnahmen zur Integration des erworbenen Unternehmens in das rechtliche und tatsächliche Gefüge des Käufers. Bei diesen „Post-Merger-Integration"-Maßnahmen spielen besonders die Vereinheitlichung von Arbeitsverträgen, Betriebsvereinbarungen, betrieblichen Übungen etc., von Allgemeinen Geschäftsbedingungen, Versicherungs-, Leasing- und Versorgungsverträgen sowie die bei Rationalisierungsmaßnahmen entstehenden Rechtsfragen (Betriebsänderungen mit Interessenausgleich und Sozialplan) eine Rolle.

11. Zusammenfassender Hinweis für den anwaltlichen Berater

97 Die Leistung des Anwalts beim Verkauf oder Erwerb eines Unternehmens liegt weniger in dem punktuellen Vorgang der Erstellung eines Vertrages als in der Begleitung eines Prozesses, in dem neben juristischer Fachkenntnis Strategie und Verhandlungsgeschick gefragt sind. Dementsprechend sollte man als Anwalt seinem Mandanten klarmachen, dass schon in den ersten Phasen des Verhandlungsprozesses wichtige Weichen gestellt werden und sich eine juristische Betreuung von Anfang an letztlich für den Mandanten auszahlt.

B. Muster

M 292 I. Muster: Geheimhaltungsvereinbarung

98
Geheimhaltungsvereinbarung

zwischen _____ (Verkäufer)
und
_____ (Käufer)

bezüglich _____ (Gesellschaft)

I. Vorbemerkung
1. Der Käufer ist daran interessiert, das Unternehmen der Gesellschaft oder Teile davon oder eine Beteiligung an der Gesellschaft oder sämtliche Anteile zu erwerben.

Oltmanns

2. Der Verkäufer ist alleiniger Gesellschafter der Gesellschaft und bereit, dem Käufer alle die Gesellschaft betreffenden Informationen zu übermitteln, die für eine Bewertung und Kaufentscheidung wesentlich sind.
3. Die Informationen sind überwiegend der Öffentlichkeit nicht bekannt und sollen auch nicht bekannt werden.
4. Um das berechtigte Interesse des Verkäufers an einer vertraulichen Behandlung der Informationen und des beabsichtigten Unternehmenskaufes zu sichern, schließen die Parteien folgende

II. Geheimhaltungsvereinbarung
1. Der Verkäufer verpflichtet sich, solange nicht eine der Vertragsparteien die Kaufverhandlungen für erfolglos erklärt hat, dem Käufer alle Informationen, die für eine Bewertung der Gesellschaft und eine Kaufentscheidung wesentlich sind, zur Verfügung zu stellen.
2. Der Käufer verpflichtet sich, alle vertraulichen Informationen, die er vom Verkäufer oder der Gesellschaft oder Arbeitnehmern oder Beratern von diesen (Verkäufergruppe) über die Gesellschaft in schriftlicher, mündlicher oder anderweitiger Form erhält, ausschließlich zum Zwecke der Bewertung der Gesellschaft und zur Vorbereitung des Erwerbs zu verwenden und diese Informationen, solange der beabsichtigte Erwerb nicht zustande gekommen ist, geheim zu halten.
Informationen sind nur dann nicht vertraulich, wenn
   a) sie zum Zeitpunkt der Bekanntgabe durch die Verkäufergruppe an den Käufer, seine Arbeitnehmer oder Berater (Käufergruppe) nachweislich diesen oder öffentlich bekannt waren, und/oder
   b) sie nach Bekanntgabe durch die Verkäufergruppe an die Käufergruppe bekannt werden und dies nicht unmittelbar oder mittelbar auf einem Verhalten der Käufergruppe beruht, und/oder
   c) die Käufergruppe gesetzlich oder behördlich verpflichtet ist, sie zu offenbaren, sofern eine solche Pflicht vor Offenlegung dem Verkäufer schriftlich mitgeteilt wird.
3. Beide Parteien verpflichten sich, die Tatsache, dass Verhandlungen über den Erwerb stattfinden, und alle Einzelheiten dieser Verhandlungen gegenüber Dritten geheim zu halten.
4. Der Käufer darf die vertraulichen Informationen und die Tatsache, dass Verhandlungen über den Erwerb stattfinden, sowie Einzelheiten dieser Verhandlungen nur nach vorheriger schriftlicher Zustimmung des Verkäufers Dritten offenbaren.
5. Der Verkäufer darf die Tatsache, dass Verhandlungen über den Erwerb stattfinden sowie Einzelheiten dieser Verhandlungen nur leitenden Angestellten und Beratern, die beruflich zur Verschwiegenheit verpflichtet sind, offenbaren.
6. Der Käufer verpflichtet sich, mit den Arbeitnehmern der Gesellschaft oder des Verkäufers jeweils nur nach schriftlicher Zustimmung des Verkäufers in Kontakt zu treten, insbesondere diesen Arbeitnehmern weder unmittelbar noch mittelbar eine Arbeitsstelle anzubieten, und aus den vertraulichen Informationen keinen wettbewerblichen Vorteil zu ziehen, solange der beabsichtigte Erwerb nicht zustande gekommen ist.
7. Der Käufer verpflichtet sich, unverzüglich nach Aufforderung durch den Verkäufer oder die Gesellschaft sämtliche erhaltenen Unterlagen einschließlich gefertigter Kopien zurückzugewähren und elektronische Daten zu löschen, falls eine der Vertragsparteien die Verhandlungen für erfolglos erklärt.
8. Für jede Verletzung von Pflichten der Käufergruppe aus dieser Vereinbarung hat der Käufer an den Verkäufer eine Vertragsstrafe in Höhe von _____ EUR zu bezahlen.[44] Die Vertragsstrafe ist auf einen etwaigen Schadensersatzanspruch anrechenbar.

---

[44] Die Vertragsstrafe ist für den Verkäufer wichtig, weil ein Schaden schwer nachweisbar ist.

9. Der Verkäufer übermittelt dem Käufer die Informationen nach bestem Wissen und als Grundlage für eine zuverlässige Bewertung der Gesellschaft im Hinblick auf den beabsichtigten Erwerb. Gleichwohl wird jede Haftung des Verkäufers für die Richtigkeit der Informationen – soweit gesetzlich zulässig – ausgeschlossen.
10. Auf diese Vereinbarung findet deutsches Recht unter Ausschluss der Kollisionsregeln Anwendung.
11. Gerichtsstand ist, soweit gesetzlich zulässig, der Sitz der Gesellschaft.
12. Die Gesellschaft stimmt dieser Vereinbarung zu.[45]
13. Diese Vereinbarung wird mit Unterzeichnung durch den Verkäufer, den Käufer und die Gesellschaft wirksam. Die Verpflichtungen aus dieser Vereinbarung treten fünf Jahre nach Wirksamwerden außer Kraft, soweit sie oder ihre Verletzung nicht vorher gerichtlich geltend gemacht sind.
14. Sollten einzelne Bestimmungen dieser Vereinbarung ganz oder teilweise unwirksam sein oder unwirksam werden, so wird dadurch die Gültigkeit der übrigen Vereinbarung nicht berührt. Die weggefallene Bestimmung ist durch eine wirksame Regelung zu ersetzen, die dem Zweck der weggefallenen Bestimmung möglichst nahe kommt.

_____ (Ort, Datum)
_____ (Unterschrift Verkäufer)
_____ (Unterschrift Käufer)
_____ (Unterschrift Gesellschaft)

II. Muster: Letter of Intent

Letter of Intent

99

zwischen _____ (Verkäufer)
und
_____ (Käufer)

bezüglich _____ (Gesellschaft)

I. Vorbemerkung
1. Der Käufer ist daran interessiert, sämtliche Anteile an der Gesellschaft zu erwerben.
2. Der Verkäufer ist alleiniger Gesellschafter der Gesellschaft und grundsätzlich bereit, sämtliche Anteile an der Gesellschaft an den Käufer zu veräußern.
3. Verkäufer und Käufer beabsichtigen, die wesentlichen Regelungen des geplanten Beteiligungskaufvertrages festzulegen.
4. Eingedenk dessen schließen die Parteien folgenden

II. Letter of Intent
1. Kaufgegenstand
   Beabsichtigt ist der Erwerb sämtlicher Geschäftsanteile an der Gesellschaft.
2. Gegenleistung
   Die Gegenleistung soll aus einer Barkomponente und aus Aktien des Käufers bestehen:
   a) Barkomponente
      Die Barkomponente soll _____ EUR betragen, fällig in drei gleichen Raten, nämlich zum Zeitpunkt des Vertragsschlusses, sechs Monate nach Vertragsschluss und 24 Monate nach Vertragsschluss.

---

[45] Die Gesellschaft sollte zustimmen, da ihre Betriebsgeheimnisse preisgegeben werden.

b) Aktien des Käufers
Die Aktien sollen im Wege der Kapitalerhöhung gegen Sacheinlagen aus genehmigtem Kapital geschaffen werden. Der Gesamtwert soll _____ EUR betragen, berechnet nach dem Durchschnittsschlusskurs im Xetra-Handel der letzten 30 Börsentage vor und der 30 Börsentage ab dem Tag der Vertragsunterzeichnung.
3. Übernahmestichtag soll der 31.12._____ werden. Auf diesen Tag soll eine Übernahmebilanz unter Wahrung der Bilanzkontinuität aufgestellt werden. Gewinne, die nach dem Übernahmestichtag entstehen, sollen dem Käufer gebühren.
4. Der Verkäufer soll noch für zwei Jahre ab Vertragsschluss dem verkauften Unternehmen als Geschäftsführer zur Verfügung stehen.
5. Der Verkäufer soll die üblichen Garantien abgeben.
6. Voraussetzung für den Abschluss und die Durchführung des Beteiligungskaufvertrages ist die Erteilung der Zustimmung des Aufsichtsrats des Käufers, des Bundeskartellamts sowie folgender weiterer Gremien und Behörden: _____. Der Käufer wird seinem Aufsichtsrat in der nächsten Sitzung den geplanten Beteiligungskauf vorstellen und um grundsätzliche Zustimmung des Aufsichtsrats nachsuchen. Die Rechtsberater von Verkäufer und Käufer werden gemeinsam eine informelle Anfrage beim Bundeskartellamt vornehmen, um dessen vorläufige Einschätzung des geplanten Beteiligungskaufs zu sondieren.
7. Exklusivität[46]
Der Verkäufer sichert dem Käufer bis zum _____ Exklusivität in den Verhandlungen zu und versichert, bis zu diesem Tage keine parallelen Verkaufsverhandlungen mit Dritten zu führen.
8. Geheimhaltung und Abwerbeverbot[47]
Die Parteien dieses Letter of Intent bestätigen die in der Geheimhaltungsvereinbarung vom _____ getroffenen Vereinbarungen *(vgl. Muster Rn 98)* mit folgenden Maßgaben: _____
9. Vertragsentwurf
Der Rechtsberater des Käufers wird umgehend, spätestens bis zum _____, einen Beteiligungskaufvertrag nebst weiterer erforderlicher Dokumente in deutscher (englischer) Sprache entwerfen und dem Rechtsberater des Verkäufers zuleiten.
10. Due Diligence
Zeitgleich mit der Erarbeitung des Beteiligungskaufvertrages soll eine umfassende Due Diligence Prüfung (betriebswirtschaftlich, steuerlich, rechtlich, umweltbezogen) der Gesellschaft durch den Käufer stattfinden. Der Käufer wird durch seine Berater umgehend, spätestens bis zum _____, dem Verkäufer und der Gesellschaft eine Due Diligence Checkliste zuleiten sowie die Due Diligence Prüfung mit dem Verkäufer und der Gesellschaft abstimmen. Die Due Diligence soll möglichst bis zum _____ abgeschlossen werden.
11. Zeitplan
Die Parteien beabsichtigen, den Beteiligungskaufvertrag zügig und konstruktiv zu verhandeln und bis zum _____ zu unterzeichnen. Des Weiteren sind folgende Maßnahmen in dem nachstehend vorgesehenen Zeitrahmen geplant:[48]

---

[46] Die oft hohen finanziellen Aufwendungen, die durch die wirtschaftliche und rechtliche Prüfung der Zielgesellschaft entstehen, lassen den potenziellen Käufer regelmäßig eine zeitlich begrenzte Exklusivität bei den Kaufverhandlungen fordern.
[47] Da bei den Verkaufsverhandlungen regelmäßig sensible Informationen und Daten ausgetauscht werden, ist eine schriftliche Geheimhaltungsvereinbarung dringend erforderlich und meist in den LoI (Letter of Intent) miteingearbeitet. Wegen des schwierigen Schadensnachweises sollte dabei eine feste Vertragsstrafe vereinbart werden. Die Geheimhaltungsvereinbarung ist bei allen ernsthaften Verhandlungen über einen Unternehmenskauf entweder als Teil eines LoI oder als separate Vereinbarung (vgl. Muster „Geheimhaltungsvereinbarung", Rn 98) äußerst empfehlenswert.
[48] An dieser Stelle kann für den geplanten Unternehmenskauf ein zeitlicher Fahrplan mit genauen Anforderungen an die weiteren Schritte formuliert werden.

	Maßnahme	Zeitrahmen
	_____	_____

12. Kosten[49]
    Jede Partei trägt die ihr entstehenden Kosten aus und im Zusammenhang mit dem Zustandekommen dieses Letter of Intent und der weiteren Vertragsverhandlungen selbst, einschließlich aller Kosten etwaiger von ihr beauftragter Wirtschaftsprüfer, Unternehmensberater und Rechtsanwälte.
13. Auf diesen Letter of Intent findet deutsches Recht Anwendung.
14. Gerichtsstand ist, soweit gesetzlich zulässig, der Sitz der Gesellschaft.
15. Die Gesellschaft stimmt diesem Letter of Intent zu.[50]
16. Dieser Letter of Intent wird mit Unterzeichnung durch den Verkäufer, den Käufer und die Gesellschaft wirksam. Die Regelungen unter Ziffern 1 bis 5 sind unverbindliche Absichtserklärungen. Im Übrigen sind die Regelungen verbindlich. Die Verpflichtungen aus diesem Letter of Intent treten fünf Jahre nach Wirksamwerden außer Kraft, soweit sie oder ihre Verletzung nicht vorher gerichtlich geltend gemacht sind oder anderweitige Erledigung eingetreten ist.
17. Sollten einzelne Bestimmungen dieses Letter of Intent ganz oder teilweise unwirksam sein oder unwirksam werden, so wird dadurch die Gültigkeit im Übrigen nicht berührt. Die weggefallene Bestimmung ist durch eine Regelung zu ersetzen, die dem Zweck der weggefallenen Bestimmung möglichst nahe kommt.

_____ (Ort, Datum)
_____ (Unterschrift Verkäufer)
_____ (Unterschrift Käufer)
_____ (Unterschrift Gesellschaft)

III. Muster: Due Diligence Checkliste

M 294

100

Due Diligence Checkliste

zur
rechtlichen Überprüfung der
_____ Gruppe
Für die rechtliche Überprüfung der _____ Gruppe benötigen wir die im Folgenden genannten Unterlagen und Angaben. Die erbetenen Unterlagen und Angaben beziehen sich sowohl auf die _____ AG als auch auf folgende Beteiligungsgesellschaften:
1. _____
2. _____
3. _____

Soweit die erbetenen Unterlagen oder Angaben nicht einschlägig sind, bitten wir um ausdrückliche „Fehlanzeige".

I. Gesellschaftsverfassung
1. Organigramm der _____ Gruppe (einschließlich Joint Ventures und Minderheitsbeteiligungen, auch wenn diese nicht im Rahmen der Due Diligence untersucht werden) unter Angabe der jeweiligen Beteiligungsverhältnisse (Nominalbetrag und Beteiligungsquote);

---

[49] Um spätere Streitigkeiten zu vermeiden, empfiehlt es sich, bereits in diesem Stadium eine einvernehmliche Kostenregelung zu vereinbaren.
[50] Die Gesellschaft sollte zustimmen, da ihre Betriebsgeheimnisse preisgegeben werden.

2. Aktuelle Handelsregisterauszüge; noch nicht eingetragene Handelsregisteranmeldungen;
3. Aktuelle Satzungen/Gesellschaftsverträge;
4. Gründungsurkunden; satzungsändernde Gesellschafterbeschlüsse (bei Kapitalerhöhungsbeschlüssen mit Übernahmeerklärungen, Einzahlungsbelegen, Einbringungsverträgen bei Sacheinlagen, Sachgründungsberichten, Werthaltigkeitsbescheinigungen);
5. Verschmelzungsverträge, Angaben über sonstige Umwandlungen;
6. Treuhandverträge über Gesellschaftsanteile/Aktien, Unterbeteiligungsverträge, stille Gesellschaftsverträge;
7. Geschlossene Kette der notariellen/privatschriftlichen Urkunden/Verträge über die Abtretung von Geschäftsanteilen/Aktien vom Zeitpunkt der Gesellschaftsgründung bis hin zum Erwerb durch den/die jetzigen Gesellschafter;
8. Vereinbarungen über Belastungen der Geschäftsanteile/Aktien, insbesondere Verpfändungen;
9. Darlehensverträge zwischen den Gesellschaften der _____ Gruppe und Gesellschaftern/Aktionären oder nahe stehenden Personen/Gesellschaften;
10. Sicherheitenbestellung (Bürgschaften, Rangrücktritte, Patronatserklärungen, Garantien etc.) von Gesellschaftern/Aktionären oder nahe stehenden Personen/Gesellschaften zugunsten von Gesellschaften der _____ Gruppe oder umgekehrt;
11. Unternehmensverträge i.S.v. §§ 291ff. AktG (Beherrschungs- und Ergebnisabführungsverträge etc.);
12. Vereinbarungen der Gesellschafter untereinander bzw. mit Dritten, die die Gesellschaft oder das Gesellschaftsverhältnis betreffen, soweit nicht aus Gesellschaftsvertrag/Satzung ersichtlich (Stimmbindungsverträge, Konsortialverträge, Entsendungsrechte im Aufsichtsrat etc.);
13. Protokolle der Hauptversammlungen/Gesellschaftsversammlungen und Aufsichtsratssitzungen der vergangenen drei Jahre;
14. Angaben über geplante Akquisitionen und Gemeinschaftsunternehmen (Joint Ventures) mit dem Stand der laufenden Verhandlungen.

II. Betriebsgrundstücke
1. Liste der von der _____ Gruppe genutzten Grundstücke/Gebäude;
2. Grundbuchauszüge und Erwerbsverträge für die eigenen Grundstücke/Gebäude;
3. Miet-, Pacht- und Leasingverträge über die fremden Grundstücke/Gebäude;
4. Noch nicht erfüllte Kauf- oder Verkaufsverträge über Grundstücke oder grundstücksgleiche Rechte; noch nicht erfüllte Miet-, Pacht- oder Leasingverhältnisse bezüglich Grundstücke oder grundstücksgleicher Rechte.

III. Anlagevermögen
1. Miet- und Leasingverträge über Anlagen, Maschinen und Gegenstände der Betriebs- und Geschäftseinrichtungen mit jährlicher Zahllast von über 10.000 EUR netto im Einzelfall und einer Laufzeit von mehr als fünf Jahren;
2. Noch nicht erfüllte Verträge über Anschaffung von Gegenständen des Anlagevermögens, die Verpflichtungen der Gesellschaft von mehr als 20.000 EUR netto im Einzelfall begründen;
3. Kauf- und Verkaufsverträge über Betriebe oder Betriebsteile.

IV. Geschäftsbetrieb/Umweltschutz
1. Allgemeine Geschäftsbedingungen;
2. Wettbewerbsbeschränkende Vereinbarungen (einschließlich Exklusivitätsvereinbarungen);
3. Behördliche Genehmigungen, Anordnungen, Aufl.n oder Sondervereinbarungen für die Ausübung des Geschäftsbetriebes der Gesellschaften;
4. Angabe über Boden-, Gebäude-, Grundwasser-, Wasser-, Luftverunreinigungen, Lärmbelästigungen und andere Umweltbelästigungen und -gefährdungen (heute oder früher); Korrespondenz mit

Oltmanns

Behörden und Sachverständigen, Angabe zu eingetretenen oder erwartbaren Kosten (Altlastengutachten, Dekontaminationsrechnungen etc.).

V. Gewerbliche Schutzrechte
1. Aufstellung der (eigenen und fremden) Patente, Gebrauchsmuster, Marken und sonstigen gewerblichen Schutzrechte, soweit von den Gesellschaften genutzt;
2. Lizenzverträge, Entwicklungs- und Zusammenarbeitsverträge betreffend gewerbliche Schutzrechte (Lizenzen von und an die Gesellschaften);
3. Erwerbsverträge und Veräußerungsverträge über gewerbliche Schutzrechte, ggf. Nachweis der Eintragung und Übertragung in den zuständigen Registern;
4. Aufstellung von Angriffen gegen gewerbliche Schutzrechte; Beschreibung schwebender Verletzungsverfahren (Verletzung eigener gewerblicher Schutzrechte durch Dritte und Verletzung fremder gewerblicher Schutzrechte durch die Gesellschaften);
5. Know-how und Urheberrechte: Wer ist Inhaber von für die Gesellschaften wichtigem Know-how und von Urheberrechten? Gibt es diesbezüglich Nutzungsverträge?
6. Verträge über die Nutzung von Software durch die Gesellschaften.

VI. Versicherungen
1. Wesentliche Versicherungsverträge, insbesondere betreffend Produkthaftpflicht;
2. Aufstellung der in den letzten fünf Jahren geltend gemachten wesentlichen Versicherungsansprüche.

VII. Personalangelegenheiten
1. Dienstverträge der Vorstände/Geschäftsführer sowie Anstellungsverträge mit höher gestellten Arbeitnehmern (jährliche Gesamtvergütung über 50.000 EUR brutto oder Kündigungsfrist mehr als drei Monate);
2. Standard-Arbeitsverträge;
3. Auflistung sämtlicher Arbeitnehmer enthaltend Name, Alter, Eintrittszeitpunkt, Funktion, Kündigungsfrist, Vergütung mit Sonderleistungen (z.B. Lebensversicherungen, Firmenwagen, Dienstwohnung, Altersversorgungszusage ggf. mit Unverfallbarkeit), Besonderheiten (z.B. schwerbehindert); die Liste kann auch anonymisiert erstellt werden;
4. Beschreibung der Altersversorgung (Art, Umfang, Rückstellungsbetrag, Rückdeckungsversicherung, letzte versicherungsmathematische Gutachten);
5. Vereinbarungen über die Gewährung von gewinn- oder umsatzabhängigen Vergütungen;
6. Tarifverträge; Betriebsvereinbarungen, betriebliche Übungen;
7. Sozialpläne oder Interessenausgleich während der letzten drei Jahre;
8. Handelsvertreterverträge, Beraterverträge, freie Mitarbeiterverträge;
9. Aufsichtsratsmitglieder: Namen, Amtszeiten, Vergütungen, Berater-, Kredit- oder andere Verträge mit Aufsichtsratsmitgliedern.

VIII. Finanzangelegenheiten
1. Kreditverträge als Darlehensgeber oder Darlehensnehmer (einschließlich Kreditlinien, geduldeten Überziehungen o.Ä.);
2. Kreditsicherheiten (gegebene und erhaltene);
3. Sicherheitenbestellung (Bürgschaften, Rangrücktritte, Patronatserklärungen, Garantien etc.) von Gesellschaften der _____ Gruppe für Verpflichtungen Dritter oder umgekehrt (vgl. auch I.10.);
4. Liste der Bankkonten mit aktuellen Kontoständen.

IX. Rechtsstreitigkeiten
1. Anhängige oder drohende Prozesse (zivilrechtliche und verwaltungsrechtliche Verfahren), jeweils aktiv und passiv, mit einem Streitwert im Einzelfall von mehr als 10.000 EUR sowie behördliche

Untersuchungen und Verfahren gegen die Gesellschaften; Straf- und Ordnungswidrigkeitenverfahren gegen die Gesellschaften, deren Organe oder Arbeitnehmer, sofern sie mit dem Geschäftsbetrieb zusammenhängen;
2. Prozesse, Schiedsverfahren und Verwaltungsverfahren mit einem Streitwert von mehr als 50.000 EUR, die in den letzten drei Jahren erledigt wurden.

X. *Öffentliche Förderungen und Zuschüsse*
Vollständige Informationen (einschließlich Investitionsbescheiden nebst Förderbedingungen, Förderanträgen etc.) über alle in den letzten fünf Jahren von der Gesellschaft erhaltenen oder beantragten öffentlichen Förderungen und Zuschüsse gleich welcher Art (einschließlich zinsgünstiger Darlehen); Hinweise auf mögliche Rückzahlungsverpflichtungen.

XI. *Verschiedenes*
1. Sonstige längerfristige (über drei Jahre) oder außerhalb des gewöhnlichen Geschäftsbetriebs liegende Verträge der letzten drei Jahre oder gegenwärtige Verpflichtungen, jeweils mit einem Geschäftswert über 10.000 EUR;
2. Verträge, die an die geplante Transaktion Kündigungs- oder Änderungsrechte für den Vertragspartner knüpfen (sog. *Change-of-Control*-Klauseln);
3. Risiko-Management-System: Art und Umfang;
4. Sonstige Unterlagen und Informationen, die für den Erwerber bei seiner Kaufentscheidung von Bedeutung sein können.

IV. Muster: Kauf sämtlicher Geschäftsanteile einer GmbH

M 295

Urkundenrolle Nr. _____
Geschehen _____
Vor mir, dem Notar _____,[51, 52, 53]
erschienen:
1. Herr _____, wohnhaft _____,
   handelnd sowohl im eigenen Namen, als auch als von den Beschränkungen des § 181 BGB befreiter Vertreter für

101

---

[51] Der Verkauf und die Übertragung von GmbH-Anteilen bedürfen notarieller Beurkundung (§ 15 Abs. 3 und 4 GmbHG). Zur Frage der Zulässigkeit einer gebührensparenden Beurkundung im Ausland siehe oben Rn 48–52.
[52] Die Pflicht, ein beurkundungspflichtiges Rechtsgeschäft insgesamt zu beurkunden, erstreckt sich auch auf die Anlagen (vgl. BGH NJW 2002, 142, 143 m.w.N.; a.A. *Hadding*, ZIP 2003, 2133). Diese sind mitunter sehr umfangreich, ihre Verlesung im Beurkundungstermin ist entsprechend zeitraubend und ermüdend. Gelegentlich nehmen Notare deshalb gewisse Anlagen ohne Verlesung zum Beurkundungsdokument. Dies ist äußerst riskant und kann die Wirksamkeit des Vertrags insgesamt gefährden. Zweckmäßig ist in Fällen umfangreicher Anlagen vielmehr eine vorgezogene Beurkundung der Anlagen durch die beteiligten Rechtsanwälte oder Notarangestellten für die Parteien; dadurch wird im eigentlichen Beurkundungstermin ein Verlesen dieser Anlagen entbehrlich (§ 13a Abs. 1 BeurkG). § 14 BeurkG i.d.F. v. 31.8.1998 bringt eine gewisse Erleichterung mit sich, die sich jedoch auf Bilanzen, Inventare u.Ä. beschränkt.
[53] Sind an einem Unternehmenskauf ausländische Parteien beteiligt, so wird häufig eine Fremdsprache (meist Englisch) als Vertragssprache gewünscht. Auch die Beurkundung vor einem deutschen Notar kann in einer Fremdsprache erfolgen, sofern der Notar dieser Fremdsprache mächtig ist. Es ist anzustreben, dass alle Beteiligten die Vertragssprache beherrschen, da anderenfalls bei notarieller Beurkundung eine Übersetzung im Beurkundungstermin erforderlich wird (§ 16 BeurkG), oder dass die vertragssprachunkundigen Beteiligten eine vertragssprachkundige Person bevollmächtigen. Häufig trifft man auch gemischtsprachige Urkunden an, in denen die Eingangs- und Schlussformeln in Deutsch, der übrige Vertragstext in einer Fremdsprache abgefasst ist, oder in denen der ganze Vertragstext in zwei Sprachen (z.B. synoptisch dargestellt) enthalten ist. Die Verlesung des Textes in einer einzigen Sprache genügt.

Frau _____, wohnhaft _____,
aufgrund schriftlicher[54] Vollmacht vom _____, die im Termin in Urschrift vorlag und als *Anlage* zu dieser Urkunde genommen wird;
2. Herr _____, wohnhaft _____,
US-amerikanischer Staatsbürger, der deutschen Sprache hinreichend mächtig,
handelnd nicht im eigenen Namen, sondern als President and Chief Executive Officer der _____ Inc. mit Sitz in _____ mit dem Recht, die _____ Inc. einzeln zu vertreten; Vertretungsbescheinigung erfolgt durch Certificate des Secretary der _____ Inc. vom _____, das im Termin in Urschrift vorlag und als *Anlage* zu dieser Urkunde genommen wird.
3. Frau _____ *(Käufer)*
4. Herr _____ *(Geschäftsführer der GmbH)*
5. Frau _____ *(Geschäftsführerin der GmbH)*

Der Notar fragte nach einer Vorbefassung i.S.v. § 3 Abs. 1 Nr. 7 BeurkG. Sie wurde von den Erschienenen verneint.

Die Erschienenen wiesen sich aus durch Vorlage _____. Sie sind nach Überzeugung des Notars unzweifelhaft geschäftsfähig[55] und erklärten mit der Bitte um Beurkundung:

Beteiligungskaufvertrag

Vorbemerkung

(1) An der im Handelsregister des Amtsgerichts _____ unter HRB _____ eingetragenen Firma _____ GmbH
mit dem Sitz in _____
– nachstehend „GmbH" genannt –
mit einem Stammkapital von _____ EUR sind mit den nachstehenden Geschäftsanteilen beteiligt:
    1. _____ mit _____ Geschäftsanteilen mit den laufenden Nummern _____ bis _____ im Nennbetrag von je _____ EUR, insgesamt EUR _____ (= _____ % des Stammkapitals)
    2. _____ mit _____ Geschäftsanteilen mit den laufenden Nummern _____ bis _____ im Nennbetrag von je _____ EUR, insgesamt EUR _____ (= _____ % des Stammkapitals)
– nachstehend auch „Verkäufer" genannt –

(2) Die Verkäufer haben der GmbH Darlehen mit folgenden Darlehens- und Zinsständen von heute gewährt: _____

(3) Die GmbH ist an folgenden Gesellschaften beteiligt:
    a) _____ Inc./U.S.A.
        mit _____ Shares im Nennbetrag von jeweils _____ US-$
        (= _____ % des Nennkapitals);
    b) _____ GmbH
        mit dem Sitz in _____
        mit Geschäftsanteilen mit den laufenden Nummern _____ bis _____ im Nennbetrag von je _____ EUR, insgesamt EUR _____ (= _____ % des Stammkapitals).

Diese Gesellschaften werden im Folgenden zusammen „Beteiligungsgesellschaften" genannt.

(4) Die Verkäufer beabsichtigen, ihre sämtlichen Anteile an der GmbH an _____ und _____

---

54 Die Vollmacht bedarf trotz § 15 Abs. 3 und 4 GmbHG nicht der notariellen Form (§ 167 Abs. 2 BGB).
55 Bei verheirateten Vertragsparteien sollte im Hinblick auf § 1419 BGB (Gesamtgut bei Gütergemeinschaft) bzw. § 1365 BGB (Verfügung über das Vermögen im Ganzen bei Zugewinngemeinschaft) der Güterstand geprüft werden. Bei Beteiligung von Minderjährigen ist auf die ordnungsgemäße Vertretung und ggf. Einholung der vormundschaftsgerichtlichen bzw. familiengerichtlichen Genehmigung (§§ 1643 Abs. 1, 1822 Nr. 3 BGB, vgl. OLG Hamm FamRZ 1984, 1036) zu achten.

– nachstehend auch „Käufer" genannt –
zu verkaufen, welche diese Anteile zu erwerben beabsichtigen.
(5) Eingedenk dessen schließen Verkäufer und Käufer nachfolgenden

Beteiligungskaufvertrag

§ 1 Vertragsgegenstand
Die Verkäufer verkaufen an die Käufer ihre in Abs. 1 der Vorbemerkung bezeichneten Geschäftsanteile an der GmbH,[56] und zwar[57]
1. _____ Geschäftsanteile mit den laufenden Nummern _____ bis _____ an _____, und
2. _____ Geschäftsanteile mit den laufenden Nummern _____ bis _____ an _____.

§ 2 Übernahmebilanzen
(1) Dem Kauf werden die von Verkäufer und Käufer gemeinschaftlich[58] auf den Übernahmestichtag zu erstellenden Übernahmebilanzen der GmbH und der Beteiligungsgesellschaften nebst dazugehörenden Inventaren[59] zugrunde gelegt.
(2) Die Übernahmebilanz der GmbH (Übernahmebilanz) und das zugehörige Inventar sind nach den für den Jahresabschluss der Gesellschaft geltenden gesetzlichen Vorschriften zu erstellen.[60] Soweit sich nach vorstehendem Satz 1 nichts anderes ergibt, sind die bisher von der GmbH angewandten Bilanzierungs- und Bewertungsmethoden, Abschreibungssätze und sonstigen Gepflogenheiten zu beachten und die bisherigen Buchwerte fortzuführen.
(3) Die Übernahmebilanzen und Inventare der Beteiligungsgesellschaften sind nach den für den Jahresabschluss der betreffenden Beteiligungsgesellschaften jeweils geltenden nationalen gesetzlichen

---

56 Ggf. „einschließlich Gesellschafterdarlehen und Nebenrechten (insbesondere Zinsansprüchen) gem. Abs. 2 der Vorbemerkung"; sollen die Gesellschafterdarlehen nicht mitverkauft werden, so sind Laufzeit und Verzinsung besonders zu regeln und ist eventuell eine Garantie des Käufers für die fristgerechte Rückzahlung zu vereinbaren. Für die Feststellung des Wertes und der Rückzahlbarkeit der Darlehen sollte man sich darüber Klarheit verschaffen, ob es sich um kapitalersetzende Darlehen handelt.
57 Wegen des Bestimmtheitsgrundsatzes ist die genaue Bezeichnung der Geschäftsanteile erforderlich, nicht nur „im Gesamtnennbetrag von [...] EUR" (es sei denn, alle Anteile werden an einen einzigen Erwerber abgetreten). Ggf. ist vorherige Teilung erforderlich; seit dem MoMiG (2008) ist Umstellung auf 1-Euro-Geschäftsanteile üblich (falls noch nicht geschehen). Bei mehreren Käufern sollte klargestellt werden, ob die Geschäftsanteile je einzeln, in Bruchteilsgemeinschaft oder zur gesamten Hand erworben werden.
58 Alternativ kann man die Aufstellung der Übernahmebilanzen durch die Verkäufer oder die GmbH vorsehen und den Käufern in Abs. 5 ein Nachprüfungsrecht einräumen. Erfahrungsgemäß lassen sich jedoch unterschiedliche Standpunkte vor der endgültigen Festlegung der Verkäuferseite leichter versöhnen als nach Fixierung in den Übernahmebilanzen.
59 Wie konkret die Inventare sein müssen, ist eine Frage des Einzelfalls. Evtl. sollte der Käufer darauf drängen, dass gewisse Gegenstände oder Arten von Gegenständen, auf die es ihm besonders ankommt, in den Inventaren differenzierter aufgelistet werden müssen als andere.
60 Die Höhe des Kaufpreises steht üblicherweise in einer gewissen Beziehung zur Höhe des buchmäßigen Eigenkapitals, vgl. § 3 Abs. 2 (falls nicht – wie aus der anglo-amerikanischen Praxis importiert – der Kaufpreis als Festbetrag abzüglich der „Nettofinanzverbindlichkeiten" bestimmt wird, vgl. Rn 16). Der Käufer ist bei Anknüpfung des Kaufpreises an das Eigenkapital daran interessiert, dieses möglichst konservativ zu ermitteln und somit niedrig festzusetzen. Ihm ist deshalb eine Regelung am liebsten, die an die „Ausnutzung aller zulässigen Wahlrechte und Möglichkeiten zur Minderung des Gewinns" anknüpft. Der Verkäufer möchte dagegen am liebsten eine uneingeschränkte Geltung des Stetigkeitsprinzips, also die Beibehaltung der bisher angewandten Bilanzierungsmethoden. Einigt man sich auf die Geltung des Stetigkeitsprinzips, so muss sich der Käufer detailliert informieren, wie der Verkäufer handelsrechtliche Wahlrechte ausübt und welchen Einfluss diese Ausübung auf das Eigenkapital hat. Ggf. muss der Käufer den Eigenkapitaleffekt dieser Wahlrechtsausübung in die Höhe des zu fordernden Eigenkapitals einberechnen. Seit dem BilMoG (2009) sind die handelsrechtlichen Wahlrechte zwar sehr eingeschränkt, können aber im Einzelfall gleichwohl enormen Einfluss auf das Eigenkapital haben, z.B. bei der Einberechnung angemessener Anteile der Verwaltungskosten, Sozialkosten, betrieblichen Altersversorgung sowie herstellungsbezogener Zinsen in die Herstellungskosten, § 255 Abs. 2 S. 3 und Abs. 3 HGB.

Oltmanns

Vorschriften sowie den jeweiligen nationalen Grundsätzen ordnungsmäßiger Buchführung und Bilanzierung zu erstellen. Soweit nicht zwingende nationale Vorschriften entgegenstehen, sind die bisher von den Beteiligungsgesellschaften angewandten Bilanzierungs- und Bewertungsmethoden, Abschreibungssätze und sonstigen Gepflogenheiten zu beachten und die bisherigen Buchwerte fortzuführen.

(4) Abweichend von den vorstehenden Regelungen sind in den Übernahmebilanzen der GmbH bzw. der Beteiligungsgesellschaften

    a)   mit nachstehenden Werten anzusetzen:[61]
         aa) die Grundstücke und Gebäude mit _____ EUR
         bb) das bewegliche Anlagevermögen mit _____ EUR
         cc) die Beteiligungen an den Beteiligungsgesellschaften mit _____ EUR
         dd) die Patente, Marken, sonstigen immateriellen Wirtschaftsgüter und das Know-how mit _____ EUR
         ee) der Auftragsbestand mit _____ EUR
         ff)   der Geschäftswert mit _____ EUR;
    b)   bei der Bewertung von Vorräten und Forderungen Abschläge aufgrund steuerlicher Begünstigungen (Sonderabschreibungen, Bewertungsabschläge etc.) nicht vorzunehmen.

(5) Kommt eine Einigung über die in die Übernahmebilanzen einzustellenden Aktiven und Passiven oder deren Bewertung nicht bis zum _____ zustande, so entscheidet ein Sachverständiger als Schiedsgutachter verbindlich für Käufer und Verkäufer. Der Sachverständige wird von den Käufern und Verkäufern gemeinschaftlich benannt. Erforderlichenfalls gilt der auf Antrag eines Vertragsteils von der für den Sitz der GmbH zuständigen Industrie- und Handelskammer benannte Sachverständige als von beiden Parteien bestellt. Die Kosten des Sachverständigen tragen Käufer und Verkäufer je zur Hälfte.

§ 3 Kaufpreis

(1) Als Kaufpreis haben die Käufer zu entrichten: _____ EUR (i.W. _____ EUR).

(2) Unterschreitet das in der Übernahmebilanz ausgewiesene Eigenkapital den Betrag von _____ EUR, so vermindert sich der Kaufpreis um den Differenzbetrag. Als Eigenkapital gilt das Eigenkapital i.S.v. § 266 Abs. 3 HGB abzüglich der Eigenkapitalminderung, die durch die nach dem Übernahmestichtag an die Verkäufer erfolgte oder noch zu erfolgende Ausschüttung von Dividenden oder anderen Vermögensminderungen zugunsten der Verkäufer eintritt.[62]

(3) In Anrechnung auf den Kaufpreis übernehmen die Käufer mit Wirkung vom Übernahmestichtag die auf Darlehens- oder sonstigen Konten verbuchten Verbindlichkeiten der Verkäufer gegenüber der GmbH.

(4) Der Restkaufpreis ist vom Übernahmestichtag an mit 3% über Basiszinssatz p.a. (Vertragszinssatz) zu verzinsen und wie folgt zu tilgen:

    a)   in Höhe von _____ EUR (*z.B. 70% des Kaufpreises*) bis zum Ablauf des _____[63] (1. Kaufpreisrate);

---

[61] Einige oder alle dieser Bilanzkorrekturen sind dann sinnvoll, wenn sich die Parteien über die Höhe von stillen Reserven in bestimmten Wirtschaftsgütern einig sind und diese stillen Reserven besonders vergütet werden sollen.
[62] Entsprechende Regelungen können für die Beteiligungsgesellschaften – ggf. angepasst nach dem jeweils anwendbaren nationalen Recht – sinnvoll sein. Jedoch muss eine Verdoppelung des Anpassungseffekts vermieden werden, etwa durch die Regelung: „Eine Verminderung des Kaufpreises wegen Unterschreitung des Eigenkapitals bei einer Beteiligungsgesellschaft kommt jedoch nicht in Betracht, soweit der Beteiligungsansatz in der Übernahmebilanz wegen dieser Unterschreitung herabgesetzt wird."
[63] Z.B. „dritter Bankarbeitstag nach Vertragsschluss". Der Klarheit wegen sollte man ein konkretes Datum angeben. Im Falle eines kartellrechtlichen Anmeldeverfahrens (§ 12) muss es heißen „dritter Bankarbeitstag nach Wirksamwerden der §§ 1 bis 11 gem. § 12".

b) in Höhe von _____ EUR (*z.B. 85% des danach verbleibenden Restkaufpreises*) bis zum Ablauf des dritten Bankarbeitstags nach Vorliegen der verbindlichen Übernahmebilanzen bei den Käufern (2. Kaufpreisrate);[64]
  c) in Höhe des Restbetrags bis zum Ablauf des _____[65] (3. Kaufpreisrate).

Die Zinsen sind jeweils mit den Tilgungsraten zu entrichten. Vorzeitige Tilgungen sind jederzeit zulässig.
(5) Zahlungen haben mit schuldbefreiender Wirkung zu erfolgen auf folgendes gemeinschaftliche Konto der Verkäufer: Konto Nr. _____ bei der _____ Bank (BLZ _____).
(6) Die Abtretung von Kaufpreisansprüchen ist ausgeschlossen.
(7) Ergibt sich ein negativer Kaufpreis oder eine Überzahlung, so ist er/sie den Käufern nebst Zinsen zum Vertragszinssatz ab Übernahmestichtag bzw. ab Überzahlung zu erstatten.

§ 4 Übernahmestichtag, Gewinnbezugsrecht

Übernahmestichtag ist der _____, 24.00 Uhr.[66] Von diesem Zeitpunkt an stehen die auf die verkauften Geschäftsanteile zur Ausschüttung kommenden Dividenden den Käufern zu.[67]

§ 5 Geschäftsführung

(1) Frau _____ und Herr _____ – nachstehend „ausscheidende Geschäftsführer" – werden mit Wirkung vom _____ aus der Geschäftsführung der GmbH ausscheiden. Die Käufer haften dafür, dass die ausscheidenden Geschäftsführer bis zu ihrem Ausscheiden aus der Geschäftsführung die ihnen nach den getroffenen Vereinbarungen zustehenden Vergütungen erhalten.
Die Verkäufer haften dafür, dass die Anstellungsverhältnisse zwischen der GmbH und den ausscheidenden Geschäftsführern mit Wirkung vom _____ beendet sind und den ausscheidenden Geschäfts-

---

64 Die Verkäufer verlangen häufig eine selbstschuldnerische Bankgarantie auf erstes Anfordern für später zu zahlende Kaufpreisraten. Als Sicherheit kommen auch in Frage eine Garantie der Muttergesellschaft der Käufer oder Grundschulden auf Grundstücken der GmbH oder der Käufer.
65 Z.B. „dritter Bankarbeitstag nach Ablauf der zweijährigen Frist gem. § 7 Abs. 5". Der Klarheit wegen sollte man ein konkretes Datum angeben.
66 Das Formular geht davon aus, dass der Übernahmestichtag kurz vor Vertragsschluss liegt und eine Inventur zum Übernahmestichtag stattgefunden hat, die Übernahmebilanz jedoch noch nicht aufgestellt ist. Der Übernahmestichtag sollte jedoch nicht mehr als drei Monate vor Vertragsschluss liegen. Ideal, in der Praxis aber häufig undurchführbar, ist das Zusammenfallen von Übernahmestichtag und Geschäftsjahresende. Soll der Übernahmestichtag erst *nach* dem Vertragsschluss liegen, müssen verschiedene Regelungen angepasst werden, insbesondere sollte in § 2 ein neuer Abs. 4 eingefügt werden: „Die Käufer oder ihre Beauftragten haben das Recht, an der Inventuraufnahme bei der GmbH und den Beteiligungsgesellschaften zum Übernahmestichtag teilzunehmen." Ferner kann § 6 Abs. 1d) (Übergangsphase) entfallen. Der dingliche Übergang der Anteile (§ 11) sollte in diesem Fall erst zum Übernahmestichtag wirksam werden.
67 Soll der Gewinn der Gesellschaft bis zum Übernahmestichtag nicht pauschal durch den Kaufpreis abgegolten werden, sondern noch den Verkäufern gebühren, die Ausschüttung des Gewinns erst nach der Übertragung der Geschäftsanteile, so ist die Dividendenzahlung beim Erwerber zu versteuern (§ 20 Abs. 5 EStG) und kann nur „nach Steuern" an die Verkäufer als „zusätzlicher Kaufpreis" weitergeleitet werden. Bei dieser Gestaltung kann § 4 um folgende Formulierung ergänzt werden: „Der auf die verkauften Geschäftsanteile entfallende Jahresüberschuss der GmbH bis zum Übernahmestichtag, wie in einer Bilanz zum Übernahmestichtag unter strikter Anwendung des Stetigkeitsprinzips ermittelt, abzüglich Vorabausschüttungen an die Verkäufer und abzüglich der bei den Käufern entstehenden Ertragsteuerbelastung, gebührt den Verkäufern. Die Ertragsteuerbelastung wird fiktiv unter Zugrundelegung eines einheitlichen Steuersatzes der Käufer von [je nach Lage bis zu 32] % ermittelt. Der Anspruch ist am [...] fällig." Der Prozentsatz richtet sich nach den Verhältnissen der Käufer. Bei natürlichen Personen sind Einkommensteuer, Solidaritätszuschlag und Kirchensteuer sowie das Teileinkünfteverfahren für Dividenden im Betriebsvermögen, bzw. Abgeltungssteuer von 27,82% inkl. SolZ und KiSt für Dividenden im Privatvermögen) zu berücksichtigen, bei Körperschaften als Empfänger ist die weitgehende Steuerfreiheit von Dividenden nach § 8b Abs. 1 und 5 KStG und ggf. die Gewerbesteuerfreiheit (vgl. § 9 Nr. 2a GewStG) zu berücksichtigen. Die Dividenden sind jedoch (außerhalb von § 8b Abs. 1 KStG) ausnahmsweise beim Verkäufer zu versteuern, wenn sie im Betriebsvermögen gehalten werden und die Voraussetzungen der phasengleichen Aktivierung von Dividenden gegeben sind.

führern mit Ausnahme der in *Anlage zu § 5 Abs. 1* bezeichneten Ansprüche[68] keine Ansprüche gegen die GmbH oder eine der Beteiligungsgesellschaften haben.
(2) Frau _____ und Herr _____ werden der GmbH noch mindestens bis zum _____ als Geschäftsführer zur Verfügung stehen und schließen hiermit mit der GmbH die in *Anlage zu § 5 Abs. 2* enthaltenen Geschäftsführerdienstverträge ab. Kündigt einer dieser Geschäftsführer seinen Anstellungsvertrag zu einem früheren Zeitpunkt, ohne dass die GmbH dazu einen wichtigen Grund gesetzt hätte, oder wird einem dieser Geschäftsführer wegen Vorliegens eines wichtigen Grundes gekündigt, so vermindert sich der Kaufpreis um _____ EUR. Betrifft die Kündigung beide Geschäftsführer, so vermindert sich der Kaufpreis um _____ EUR.[69]

§ 6 Garantien
(1) Die Verkäufer übernehmen – zum Übernahmestichtag und zum Zeitpunkt der dinglichen Übertragung, sofern nicht nachfolgend anderweitig geregelt – die nachstehenden Garantien im Sinne eines selbständigen Garantievertrages gem. § 311 Abs. 1 BGB und nach Maßgabe von § 7 dieses Vertrages. Die Parteien sind sich einig, dass es sich dabei nicht um Beschaffenheitsgarantien i.S.v. § 444 BGB handelt.[70]

a) *Rechtliche Grundlagen*
1. Der Gesellschaftsvertrag der GmbH in der Fassung vom _____ besteht unverändert fort, eine Änderung ist nicht beschlossen, und es bestehen keine weiteren Vereinbarungen zwischen den Verkäufern oder Angehörigen der Verkäufer i.S.v. § 15 Abgabenordnung einerseits und der GmbH andererseits.
2. Die verkauften Geschäftsanteile gehören den Verkäufern, unterliegen keinen Verfügungsbeschränkungen, sind voll einbezahlt, nicht zurückbezahlt[71] und nicht mit Rechten Dritter belastet und weitere Gesellschafter sind nicht vorhanden.
3. Die Eigentumsverhältnisse hinsichtlich der Beteiligungsgesellschaften sind in der Vorbemerkung zutreffend dargestellt, diese Beteiligungen unterliegen keinen Verfügungsbeschränkungen, sind voll einbezahlt, nicht zurückbezahlt und nicht mit Rechten Dritter belastet.
4. Andere als die in Nr. 1 bis 3 genannten gesellschaftsrechtlichen Beziehungen der GmbH sowie Unternehmensverträge und Kooperationsverträge mit anderen Unternehmen bestehen nicht.

b) *Finanzielle Verhältnisse*
1. Die den Käufern überreichten Jahresabschlüsse der GmbH für die Geschäftsjahre _____ und _____ entsprechen den gesetzlichen Vorschriften und den Grundsätzen ordnungsmäßiger Buchführung und Bilanzierung und geben die Vermögens-, Finanz- und Ertragslage der GmbH zutreffend wieder.
2. Den Käufern ist von den Verkäufern nach bestem Wissen vollständig und umfassend – mündlich oder schriftlich – Auskunft über alle den Verkäufern bekannten Umstände erteilt worden, die zur Beurteilung der jetzigen und künftigen Vermögens-, Finanz- und Ertragslage der GmbH von nicht

---

[68] Z.B. laufendes Gehalt bis zum Ausscheidenszeitpunkt, Abfindung, Altersversorgungsanwartschaften, Urlaubsrückstände.
[69] Häufig ist die Fortsetzung der Geschäftsführung durch die bisherigen Geschäftsführer ein unverzichtbarer Faktor für den Käufer, der mit seinem Kaufpreis zu einem Teil das Know-how dieser Geschäftsführer vergüten will.
[70] Es ist gängige Praxis, dass sich die Parteien von Unternehmens- bzw. Beteiligungskaufverträgen durch Vereinbarung einer Reihe von selbständigen Garantien ein individuelles Gewährleistungsregime schaffen. Dabei empfiehlt sich, ausdrücklich klarzustellen, dass die selbständigen Garantien von vornherein unter Einschränkungen (s. § 7) abgegeben werden und nicht dem § 444 BGB unterfallen sollen, wenngleich das Verbot der Haftungseinschränkung bei Übernahme einer Garantie (§ 444 BGB i.d.F. vor dem 8.12.2004) nicht mehr besteht.
[71] Vgl. §§ 30, 31 GmbHG.

unerheblicher Bedeutung sind. Die erteilten Auskünfte und überreichten Unterlagen sind, soweit letztere eigene Erklärungen der Verkäufer oder der Geschäftsführer oder leitender Angestellter der GmbH enthalten,[72] richtig.
3. Der Jahresüberschuss der GmbH nach Abzug von Wertaufholungserträgen und von außerordentlichen Veräußerungserträgen im laufenden[73] und im vorausgegangenen Geschäftsjahr beträgt je mindestens _____ EUR.[74]
4. Die GmbH ist und war zu keiner Zeit zahlungsunfähig oder überschuldet.[75]
5. Die Übernahmebilanz und das Inventar der GmbH entsprechen den in § 2 aufgeführten Anforderungen.
6. Die in der Übernahmebilanz der GmbH ausgewiesenen Gegenstände stehen im Eigentum der GmbH oder gehen nach Bezahlung in ihr Eigentum über, umfassen sämtliche Wirtschaftsgüter, die im Geschäftsbetrieb der GmbH genutzt werden oder dafür erforderlich sind, und haften nur für solche Verbindlichkeiten, die in der Übernahmebilanz der GmbH ausgewiesen oder zurückgestellt sind.
7. Die in der Übernahmebilanz der GmbH ausgewiesenen Forderungen bestehen, sind nicht einredebehaftet und es treten bei diesen Forderungen keine höheren Ausfälle ein als der Betrag der auf diese Forderungen in der Übernahmebilanz gebildeten Wertberichtigungen.
8. Abgesehen von nicht bilanzierungspflichtigen Verbindlichkeiten aus noch nicht erfüllten Verträgen bestehen oder drohen am Übernahmestichtag keine weiteren oder höheren Verbindlichkeiten der GmbH als in der Übernahmebilanz der GmbH passiviert sind.
9. Die GmbH haftet nicht für fremde Verbindlichkeiten, insbesondere aufgrund Wechselhaftung, Bürgschaften, Garantieverpflichtungen, Patronatserklärungen.
10. Das Anlagevermögen befindet sich in ordnungsmäßigem Zustand, die erforderlichen Ersatzbeschaffungen und Reparaturen sind jeweils durchgeführt worden.
11. Die Lagerbestände sind nach Zusammensetzung und Umfang betriebswirtschaftlichen Grundsätzen angemessen, befinden sich in gutem Zustand und sind im gewöhnlichen Geschäftsbetrieb verkaufsfähig.
12. *Anlage zu § 6 Abs. 1b) 12.* enthält eine abschließende Liste der letzten für jede Steuerart durchgeführten steuerlichen Außenprüfungen unter Angabe des Zeitpunkts des Ergehens des jeweils nachfolgenden Steuerbescheids bzw. schwebenden Verfahrens.

c) Arbeits- und Dienstleistungsverhältnisse
1. *Anlage zu § 6 Abs. 1c) 1.* enthält eine abschließende Liste aller Arbeitnehmer der GmbH zum Übernahmestichtag, enthaltend Name, Geburtsdatum, Funktion, Eintrittstermin, Kündigungsfris-

---

[72] Im Laufe der Unternehmenskaufverhandlungen erhält der Käufer zahlreiche Informationen vom Verkäufer. Damit ist die Gefahr verbunden, dass der Käufer seinen Kaufentschluss und sein Preisangebot im Vertrauen auf diese Informationen gründet, ohne dass die angeblichen Tatsachen ausdrücklich garantiert werden. Möglicherweise kennt der Anwalt des Käufers nicht alle Informationen, die zwischen Verkäufer und Käufer ausgetauscht werden und deren Richtigkeit für den Käufer wichtig ist. Für solche Informationen dient diese Garantie als wichtige Auffangklausel. Der Anwalt des Käufers sollte diesen möglichst frühzeitig dazu anhalten, aus Beweisgründen alle mündlich erhaltenen Informationen von Belang schriftlich bestätigt zu erhalten.
[73] Fallen Übernahmestichtag und Geschäftsjahresende auseinander, so ist eine zeitliche Begrenzung bis zum Übernahmestichtag angemessen. Dabei muss jedoch festgelegt werden, nach welchen Grundsätzen der Überschuss zu ermitteln ist (allein nach GoB [Grundsätze ordnungsgemäßer Buchführung und Bilanzierung], Stetigkeitsprinzip oder unter Berücksichtigung der Besonderheiten für die Übernahmebilanz).
[74] Der Unternehmenswert, der Grundlage für den Kaufpreis ist, berechnet sich heutzutage üblicherweise nach der Ertragswertmethode oder der Discounted-Cash-Flow-Methode (DCF-Methode). Gleichzeitig wird vom Käufer ein gewisser Mindestbetrag an Eigenkapital gewünscht (vgl. § 3 Abs. 2); insofern enthält die Festlegung des Kaufpreises auch ein substanzwertbezogenes Element. Wird für beides (Ertragskomponente, § 6 Abs. 1b Nr. 3, Substanzkomponente, § 3 Abs. 2) eine Garantie abgegeben, so muss eine klare Regelung bestehen, wie sich eine Schadensersatzzahlung wegen Ertragsdefizit (oder aus anderen Gründen) im Substanzbereich (Eigenkapital) auswirkt (vgl. § 7 Abs. 8).
[75] Vgl. §§ 17, 19 InsO.

ten, Jahresvergütung im Kalenderjahr _____, Altersversorgungsart und -aufwendungen, Besonderheiten (z.B. schwerbehindert, Dienstwagen, Arbeitnehmerdarlehen).
2. *Anlage zu § 6 Abs. 1c) 2.* enthält eine abschließende Liste aller Handelsvertreter und Berater der GmbH zum Übernahmestichtag, enthaltend Name, Tätigkeitsgebiet, Vertragsbeginn, Kündigungsfristen, Jahresvergütung im Kalenderjahr _____, einschließlich aller Nebenleistungen.
3. *Anlage zu § 6 Abs. 1c) 3.* enthält eine abschließende Liste aller Altersversorgungsverpflichtungen der GmbH zum Übernahmestichtag gegenüber allen mit unverfallbaren Versorgungsanwartschaften ausgestatteten ausgeschiedenen Altersversorgungsberechtigten und Pensionären, enthaltend Name, Geburtsdatum und Höhe der Anwartschaften oder Versorgungsansprüche. Eine Unterstützungskasse oder Pensionskasse besteht bei der GmbH nicht.[76]
4. Seit _____ ist keine Erhöhung oder Zusage einer Erhöhung von Leistungen (Gehalt, Pension, Tantieme, Boni, Provision, sonstige Leistungen) an Arbeitnehmer, Berater, Handelsvertreter oder sonstige Dienstleister, außer den jährlichen Tariferhöhungen, sowie keine Modifizierung solcher Verträge (Laufzeit, Kündigungsfristen und dergleichen) erfolgt.
5. Es bestehen nur die in der *Anlage zu § 6 Abs. 1c) 5.* aufgeführten Betriebsvereinbarungen und Verträge mit Gewerkschaften.
6. Die Anstellungs- oder Arbeitsverträge sowie Handelsvertreterverträge mit den in der *Anlage zu § 6 Abs. 1c) 6.* aufgeführten Personen werden frühestens zum _____ von diesen oder von der GmbH aus wichtigem Grund gekündigt.[77]

d) *Zeitraum zwischen Übernahmestichtag und Anteilsübertragung (Übergangshase)*
1. In der Übergangsphase sind die Geschäfte der GmbH nach den Grundsätzen einer ordnungsmäßigen und gewissenhaften Geschäftsführung geführt, insbesondere sind die für Lieferungen und Leistungen der GmbH vereinbarten Preise verlustfrei kalkuliert und sind für eingegangene Verbindlichkeiten gleichwertige und werthaltige Gegenleistungen vereinbart worden.
2. In der Übergangsphase sind keine Gegenstände des Anlagevermögens der GmbH veräußert worden oder sonst abgegangen, außer den in der *Anlage* _____ aufgeführten.
3. In der Übergangsphase sind bei der GmbH keine Gewinnausschüttungen (weder offene noch verdeckte) erfolgt.
4. In der Übergangsphase wurden keine stillen Reserven aufgelöst oder der GmbH entzogen, ausgenommen durch Geschäftsvorfälle im Rahmen des gewöhnlichen Geschäftsverkehrs.
5. In der Übergangsphase wurden keine sonstigen außergewöhnlichen Geschäfte getätigt und Maßnahmen getroffen.
6. Der im Jahresabschluss der GmbH für das vorausgegangene Geschäftsjahr ausgewiesene Sonderposten mit Rücklageanteil war am Übernahmestichtag noch vorhanden und wurde in der Übergangsphase weder aufgelöst noch auf andere Wirtschaftsgüter übertragen.[78]

e) *Sonstiges*
1. Es hat in der Vergangenheit keine Produkthaftungsansprüche gegen die GmbH gegeben, und Produkthaftungsansprüche drohen auch nicht.
2. Know-how und Schutzrechte, die die GmbH nutzt, stehen auf Dauer rechtsmängelfrei in ihrer Verfügungsmacht; es sind dafür keine Leistungen an Dritte zu gewähren.

---

[76] Falls eine Unterstützungskasse besteht: „Das Vermögen der Unterstützungskasse der GmbH (Teilwerte) deckt die von der Unterstützungskasse zu bezahlenden Versorgungsleistungen und Anwartschaften hierauf".
[77] Vom Käufer nur schwer durchsetzbar, weil der Verkäufer keinen Einfluss auf die Kündigung dieser Verträge hat. Wenn es dem Käufer jedoch auf die Weiterbeschäftigung bestimmter Schlüsselarbeitnehmer entscheidend ankommt, kann das Einstehen des Verkäufers dafür Voraussetzung für das Zustandekommen des Vertrages sein.
[78] Vgl. § 247 Abs 3 HGB i.d.F. vor dem Bilanzrechtsmodernisierungsgesetz. Seit dem Geschäftsjahr 2010 dürfen keine neuen Sonderposten mit Rücklageanteil mehr gebildet werden. Bestehende Sonderposten dürfen jedoch fortgeführt werden (Art 66 Abs 6 EGHGB).

3. Die GmbH verletzt Rechtsvorschriften nicht wesentlich; insbesondere hat die GmbH ihre steuerlichen und sozialversicherungsrechtlichen Pflichten erfüllt. Die GmbH verletzt nicht vertragliche Rechte Dritter und hat sich keinen vertraglichen Beschränkungen in ihrer Geschäftstätigkeit unterworfen; insbesondere ist die GmbH mit Liefer-, Leistungs- und Zahlungspflichten nicht in Verzug.
4. Der der GmbH gehörende sowie der von der GmbH genutzte Grund und Boden sowie die darauf befindlichen Gebäude sind frei von schädlichen Belastungen aller Art (Verunreinigungen, Ablagerungen, Blindgängern etc.), keine schädlichen Substanzen werden in Grundwasser oder Flüsse eingeleitet, Luft- und Lärmemissionen, die zu Aufwendungen führen könnten (Schadensersatz, Wiederherstellung, Vorkehrung), bestehen nicht.[79] Ferner bestehen keine Rechte und Lasten, die ohne Eintragung im Grundbuch wirksam sind, wie z.B. Eintragungen im Baulastenbuch.
5. Die von der GmbH genutzten Gebäude stehen nicht unter Denkmalschutz, ihre Veränderung ist auch nicht durch ähnliche Bestimmungen beschränkt.
6. Der Geschäftsbetrieb und die dazugehörigen materiellen Vermögensgegenstände entsprechen jetzt und nach bestem Wissen auch künftig öffentlich-rechtlichen (insbesondere gewerberechtlichen, baurechtlichen, umweltschutzrechtlichen, wettbewerbsrechtlichen, kartellrechtlichen) sowie arbeitsrechtlichen Vorschriften und tarifvertraglichen Vereinbarungen.
7. Die der GmbH gewährten oder zugesagten öffentlichen Subventionen, die in der *Anlage zu § 6 Abs. 1e) 7.* abschließend verzeichnet sind, werden nicht im Hinblick auf diesen Beteiligungskauf zurückgefordert, eingeschränkt oder erschwert. Weitere Subventionen sind von der GmbH nicht beantragt.
8. Die für die GmbH wesentlichen Grundlagen (wie Konzessionen, Betriebserlaubnisse, Versorgungs-, Entsorgungs-, Miet-, Pacht-, Leasing-, Lizenz-, Kooperations-, Kredit-, Liefer- und Abnahmeverträge, sofern nicht im Einzelfall von untergeordneter Bedeutung) bestehen und werden nicht im Hinblick auf diesen Beteiligungskauf beendet, eingeschränkt oder erschwert.
9. Betriebsinterne Abläufe und Aufgabenverteilungen sind vollständig und transparent dokumentiert (in Organisationsdokumenten, Betriebshandbüchern, Arbeitsanweisungen, Stellenbeschreibungen etc.).
10. Die GmbH unterhält ein funktionierendes Risiko-Überwachungs-System.
11. Die GmbH hat angemessene Versicherungsdeckung. *Anlage zu § 6 Abs. 1e) 11.* enthält eine abschließende Liste aller Versicherungspolicen unter Angabe des versicherten Risikos, der Restlaufzeit und der Jahresprämie.
12. Die *Anlage zu § 6 Abs. 1e) 12.* enthält eine abschließende Liste aller Verträge, die die GmbH zu ertrags- oder umsatzabhängigen Zahlungen verpflichten.
13. Die *Anlage zu § 6 Abs. 1e) 13.* enthält eine abschließende Liste aller Verträge mit der GmbH mit über einem Jahr Laufzeit oder jährlichen Verpflichtungen für die GmbH von über _____ EUR, sofern nicht in einer anderen Anlage zu diesem Vertrag enthalten.
14. Außer den in der *Anlage zu § 6 Abs. 1e) 14.* aufgeführten Verfahren sind keine Rechtsstreite, Rechtsbehelfe und dergleichen anhängig oder drohen.
15. Es bestehen keine Honorar- oder Provisionsverpflichtungen der GmbH im Zusammenhang mit diesem Beteiligungskaufvertrag.
16. Die Veräußerung der Geschäftsanteile stellt keine Verfügung über das Vermögen der Verkäufer im Ganzen gem. § 1365 BGB dar.

(2) Die vorstehenden Garantien gelten entsprechend für die in Abs. 2 der Vorbemerkung bezeichneten Beteiligungsgesellschaften.[80]

---

79 Vgl. das BBodSchG v. 17.3.1998, BGBl I, 502, siehe Rn 78–80.
80 Eventuell sind Anpassungen, besonders bei den ausländischen Beteiligungsgesellschaften, erforderlich.

(3) Daneben besteht die gesetzliche Gewährleistung der Verkäufer für Rechtsmängel der Geschäftsanteile und gilt die gesetzliche Gewährleistung für Sach- und Rechtsmängel hinsichtlich der zu der GmbH und zu den Beteiligungsgesellschaften gehörenden Wirtschaftsgüter.[81]
(4) Wo es bei Garantien der Verkäufer auf das Kennen bestimmter Umstände oder Verhältnisse ankommt (z.B. „nach bestem Wissen"), gilt dem Kennen gleichgestellt das Kennen müssen bei Anwendung pflichtgemäßer SorgfAlt. Ferner muss sich jeder Verkäufer das Kennen oder Kennen müssen der anderen Verkäufer sowie der Geschäftsführer und leitenden Angestellten der GmbH zurechnen lassen.[82] Etwaige Schadensersatzansprüche gegen die Geschäftsführer und/oder leitende Angestellte der GmbH werden nach Erfüllung der entsprechenden Gewährleistungsansprüche durch die Verkäufer an diese abgetreten.

§ 7 Folgen von Garantieverletzungen
(1) Die Nichteinhaltung einer nach § 6 übernommenen Garantie verpflichtet die Verkäufer ausschließlich zum Schadensersatz. Dieser bemisst sich nach dem – anteilig auf die verkauften Geschäftsanteile entfallenden[83] – Betrag, der der GmbH oder den Beteiligungsgesellschaften geleistet werden müsste, um diese so zu stellen, als wäre der Garantieanspruch erfüllt worden.
(2) Schadensersatzansprüche sind ab dem Schadensereignis, frühestens jedoch ab Übernahmestichtag, zum Vertragszinssatz zu verzinsen.
(3) Ist ein Schaden noch nicht eingetreten, so können die Käufer von den Verkäufern Freistellung der GmbH und der Beteiligungsgesellschaften sowie – solange die Freistellung noch nicht erfolgt ist – eine unbedingte Erklärung verlangen, wonach sie die GmbH und die Beteiligungsgesellschaften hinsichtlich der geltend gemachten Garantie im Innenverhältnis freistellen.[84]
(4) Die Geltendmachung von Schadensersatzansprüchen ist ausgeschlossen, wenn diese insgesamt nicht mehr als _____ EUR betragen; bei Überschreitung kann der gesamte Schaden geltend gemacht werden.
(5) Die Schadensersatzansprüche verjähren am _____ (*üblich sind zwei bis drei Jahre nach Übergabe*).
(6) Haben die Verkäufer wesentliche Mängel der GmbH oder der Beteiligungsgesellschaften arglistig verschwiegen oder beruht die Haftung der Verkäufer auf so wesentlichen Abweichungen von den vorstehenden Garantien, dass den Käufern das Festhalten am Vertrag nicht zugemutet werden kann, sind die Käufer neben der Geltendmachung von Schadensersatzansprüchen abweichend von Abs. 1 auch zum Rücktritt vom Vertrag berechtigt. Der Rücktritt ist ausgeschlossen, wenn er nicht spätestens bis _____ ausgeübt ist.[85]
(7) Die Bestimmungen des § 377 HGB sind nicht anwendbar.[86]

---

81 In der Praxis vom Käufer häufig nicht durchsetzbar, weil die speziellen Garantien in Abs. 1 vom Verkäufer als abschließende Regelungen des besonderen Falles verstanden werden, was nicht ganz von der Hand zu weisen ist.
82 Möglicherweise ist eine Auflistung der „leitenden Angestellten" in einer Anlage sinnvoll.
83 Werden sämtliche Geschäftsanteile verkauft, kann dieser Passus entfallen.
84 Werden nicht sämtliche Geschäftsanteile verkauft, ist dieses Freistellungsrecht des Käufers möglicherweise nicht durchsetzbar. Alternativ könnte man vorsehen: „(3) Ist ein Schaden noch nicht eingetreten, so können die Käufer von den Verkäufern eine unbedingte Erklärung verlangen, wonach sie bei Eintritt des Schadens auf erstes Anfordern der Käufer den nach Abs. 1 S. 2 berechneten Betrag zu zahlen haben."
85 Das Rücktrittsrecht für den Fall unzumutbarer Abweichungen von den Garantien ist für die Käufer nur schwer durchsetzbar. In der Praxis ist ein Rücktritt nahezu undurchführbar, da die Käufer meist das Unternehmen nach dem Erwerb gründlich umgestalten (z.B. durch Verschmelzung, Kapitalerhöhung u.Ä.). Dennoch sollten die Käufer versuchen, zumindest für eine kurze Frist (z.B. sechs Monate) das Recht zu haben, wegen fundamentaler Mängel vom Kauf zurückzutreten.
86 Untersuchungs- und Rügepflicht wegen Mangels (§ 377 HGB) gilt ohnehin nur beim beidseitigen Handelskauf und wird üblicherweise auch dafür wegen des Vorrangs der vertraglichen Verjährungsregeln ausgeschlossen. Manchmal wird auch § 442 BGB ausgeschlossen (keine Gewährleistung bei Kenntnis des Käufers oder bei grob fahrlässiger Unkenntnis des Käufers und Arglist oder Garantie des Verkäufers).

(8) Wird wegen einer Garantieverletzung Schadensersatz nebst seit dem Übernahmestichtag anfallender Zinsen gezahlt, so gilt der Schadensersatz als zum Übernahmestichtag an die GmbH bzw. die Beteiligungsgesellschaften geleistet und ist/sind die Übernahmebilanz/Übernahmebilanzen entsprechend anzupassen.

§ 8 Auswirkungen steuerlicher Veranlagungen
(1) Führen steuerliche Veranlagungen (insbesondere aufgrund von Außenprüfungen) zu einer Änderung steuerlicher Wertansätze bei der GmbH oder den Beteiligungsgesellschaften für Zeiträume bis zum Übernahmestichtag, so hat dies keinen Einfluss auf die Übernahmebilanzen und den Kaufpreis.
(2) Ergeben sich bei der GmbH oder den Beteiligungsgesellschaften aufgrund von Steuerveranlagungen, Steuerfestsetzungen oder Haftungsbescheiden für Zeiträume bis zum Übernahmestichtag Mehr- oder Wenigersteuern gegenüber den bis zum Übernahmestichtag bezahlten oder in den Übernahmebilanzen ausgewiesenen Steuern, so haben die Käufer den – anteilig auf die verkauften Geschäftsanteile entfallenden –[87] Mehr- oder Wenigerbetrag von den Verkäufern zu beanspruchen bzw. diesen zu erstatten. Mehr- oder Wenigersteuern, die in der Person der Verkäufer oder ihrer Gesellschafter entstehen, verbleiben bei diesen.
(3) Führt die bestandskräftige Feststellung der am Übernahmestichtag noch vorhandenen Endbestände der Teilbeträge des verwendbaren Eigenkapitals (§§ 36, 38 KStG) der GmbH oder der Beteiligungsgesellschaften zu einer Erhöhung des aus dem sog. EK 02 hervorgegangenen Endbetrages gegenüber den am Übernahmestichtag ergangenen Feststellungsbescheiden oder abgegebenen Feststellungserklärungen, so haben die Verkäufer den Käufern die Körperschaftsteuer-Mehrbelastung – anteilig für die verkauften Geschäftsanteile –[88] zu ersetzen.[89] Führt die bestandskräftige Feststellung des am Übernahmestichtag noch vorhandenen Körperschaftsteuerguthabens i.S.v. § 37 KStG zu einer Verminderung gegenüber den am Übernahmestichtag ergangenen Feststellungsbescheiden oder abgegebenen Feststellungserklärungen, so haben die Verkäufer den Käufern den – auf die verkauften Geschäftsanteile entfallenden –[90] Minderbetrag zu ersetzen.[91]
(4) Ansprüche der Käufer nach Abs. 2 oder 3 verjähren zwölf Monate nach Bestandskraft des jeweiligen Bescheids.
(5) Die Verkäufer oder ein von ihnen benannter Steuerberater sind berechtigt und auf Verlangen der Käufer verpflichtet, an steuerlichen Außenprüfungen (insbesondere an den Schlussbesprechungen) für Veranlagungszeiträume bis zum Übernahmestichtag und an außergerichtlichen und finanzgerichtlichen Verfahren betreffend diese Veranlagungszeiträume teilzunehmen.[92]

§ 9 Steuern und Kosten
(1) Die Steuern, die von den Verkäufern oder ihren Gesellschaftern aus einem aufgrund dieses Vertrags etwa erzielten Veräußerungsgewinn zu entrichten sind, fallen den Verkäufern zur Last.

---

87 Werden sämtliche Geschäftsanteile verkauft, kann dieser Passus entfallen.
88 Werden sämtliche Geschäftsanteile verkauft, kann dieser Passus entfallen.
89 Die Körperschaftsteuer-Mehrbelastung beträgt 3/100 des zusätzlichen aus EK 02 hervorgegangenen positiven Endbetrages (§ 38 Abs. 5 KStG) und ist von 2008 bis 2017 in zehn gleichen Jahresbeträgen zu entrichten (§ 38 Abs. 6 KStG).
90 Werden sämtliche Geschäftsanteile verkauft, kann dieser Passus entfallen.
91 Das Körperschaftsteuerguthaben soll die vor 2001 einer Körperschaftsteuer von 40% unterworfenen Gewinne auf die bis 2001 geltende Ausschüttungsbelastung von 30% herunterschleusen. Es wird in 10 Jahresraten von 2008 bis 2017 ausbezahlt (§ 37 Abs 5 KStG).
92 Eine „Prozessbeteiligungsklausel" oder „Prozessübernahmeklausel" zugunsten der Verkäufer kann auch für Liefer- und Leistungsbeziehungen sinnvoll sein. Der Käufer möchte jedoch eine Prozessaktivität gegen Kunden der GmbH möglichst einschränken, um das Geschäftsklima nicht zu belasten. Eventuell kann für einzelne Liefer- oder Leistungsbeziehungen ein Prozessführungsrecht für die Verkäufer (einschließlich Kostentragungsregelung) vereinbart werden.

(2) Eine etwa zum Ansatz kommende Grunderwerbsteuer haben die Käufer zu tragen.
(3) Die Kosten dieses Vertrags und seines Vollzugs haben die Käufer zu tragen. Die Kosten für ihre Berater haben Käufer und Verkäufer je selbst zu tragen.
(4) Die Kosten für den Makler _____ haben die _____ zu tragen.

§ 10 Wettbewerbsverbot
(1) Die Verkäufer verpflichten sich,[93] auf die Dauer von zwei Jahren nach dem Übernahmestichtag weder ein zur GmbH in Wettbewerb stehendes Unternehmen zu betreiben, noch sich an einem solchen zu beteiligen oder für ein solches in irgendeiner Form tätig zu sein. Das Wettbewerbsverbot gilt nicht, wenn sich der Wettbewerb nicht in _____ auswirkt.[94] Das Wettbewerbsverbot gilt ebenfalls nicht beim Erwerb börsennotierter Aktien zu nicht mehr als 5% des Grundkapitals.
(2) Für jeden Fall des Verstoßes eines Verkäufers gegen das Wettbewerbsverbot ist eine Vertragsstrafe in Höhe von _____ EUR an die Käufer zu zahlen. Bei fortgesetztem Verstoß gilt jeder angefangene Kalendermonat als gesonderter Verstoß. Die Geltendmachung eines höheren Schadens ist den Käufern nicht verwehrt. Eine geleistete Vertragsstrafe ist jedoch auf den Schaden anzurechnen.

§ 11 Vollzugsbestimmungen
(1) Die Verkäufer treten die gem. § 1 verkauften Geschäftsanteile[95] hiermit[96] an die Käufer ab. Die Käufer nehmen die Abtretung an.
(2) Die GmbH, vertreten durch ihre Geschäftsführer, erteilt hiermit ihre Zustimmung zur Abtretung der Geschäftsanteile gem. § _____ des Gesellschaftsvertrags.[97]
(3) Die Abtretung der verkauften Geschäftsanteile wird hiermit der Gesellschaft gem. § 16 GmbHG angezeigt.[98]

§ 12 Kartellrechtliche Anmeldung[99]
(1) Die Parteien haben aufgrund einer informellen Anfrage beim Bundeskartellamt bereits die Auskunft erhalten, dass dem Beteiligungskauf als Zusammenschluss i.S.v. § 37 GWB voraussichtlich keine kartellrechtlichen Bedenken entgegenstehen.

---

93 Ggf. „für sich und ihre Gesellschafter".
94 Wegen der Gefahr der Nichtigkeit übermäßig beschränkender Wettbewerbsverbote (vgl. z.B. BGH DB 1989, 1620, BGH ZIP 1994, 61, BGH NJW 1997, 2324) sollte nicht nur eine gegenständliche und zeitliche, sondern auch eine räumliche Eingrenzung des Wettbewerbsverbots vorgenommen werden. Ein ausschließlich wegen überlanger Dauer nichtiges Wettbewerbsverbot kann allerdings im Wege der geltungserhaltenden Reduktion auf eine noch akzeptable Zeitspanne begrenzt werden (vgl. BGH NJW 1991, 699; OLG Stuttgart NJW 2002, 1431). Zeitlich geht die Rechtsprechung heute von einer Höchstdauer von 2 Jahren aus (BGH NJW 1994, 384).
95 Ggf. „einschließlich Gesellschafterdarlehen und Nebenrechten".
96 Der Verkäufer ist an einer dinglichen Übertragung erst bei Zahlung des gesamten Kaufpreises interessiert. Der Käufer möchte den dinglichen Übergang möglichst sofort. Ergebnis der Kaufvertragsverhandlungen ist häufig ein Kompromiss: Übergang des Eigentums nach Zahlung der ersten Kaufpreisrate. Als Anwalt des Käufers sollte man schon deshalb auf den bedingungslosen Eigentumsübergang drängen, weil es dem Käufer später den Nachweis seines Eigentums an den Anteilen erheblich erleichtert. Steht der Eigentumsübergang unter Bedingungen, muss beim späteren Beweis der Inhaberschaft stets die Erfüllung dieser Bedingungen (z.B. die vollständige Zahlung der Kaufpreisraten, evtl. zuzüglich Zinsen) nachgewiesen werden. Erfolgt die dingliche Übertragung vor vollständiger Kaufpreiszahlung, so wird der Verkäufer in aller Regel auf eine Sicherung der Kaufpreiszahlung im Wege der Bankbürgschaft oder der Hinterlegung des Kaufpreises bei einem Treuhänder drängen.
97 Satzungsmäßige Übertragungsbeschränkungen und Zustimmungserfordernisse müssen beachtet werden. Die Zustimmung der Gesellschaft kann auch außerhalb der notariellen Urkunde erfolgen.
98 Die Anzeige kann auch außerhalb der notariellen Urkunde erfolgen. Dies ist besonders im Falle einer kartellrechtlichen Anmeldung zu empfehlen, bei der die Wirksamkeit der dinglichen Übertragung von der Freigabe des Bundeskartellamts abhängt (vgl. § 12).
99 Vgl. Rn 65–70.

(2) Die Parteien werden unverzüglich gemeinsam den Beteiligungskauf anmelden i.S.v. § 39 GWB.
(3) Die Wirksamkeit der §§ 1 bis 11 steht unter den aufschiebenden Bedingungen, dass das Bundeskartellamt
   a) den Zusammenschluss freigibt oder
   b) die Mitteilung macht, dass es nicht in das Hauptprüfungsverfahren eingetreten ist, oder
   c) die Monatsfrist des § 40 Abs. 1 GWB verstreichen lässt, ohne Mitteilung über den Eintritt in das Hauptprüfungsverfahren gemacht zu haben, oder
   d) die Viermonatsfrist des § 40 Abs. 2 GWB verstreichen lässt, ohne dass ein Fall von § 40 Abs. 2 Satz 4 GWB vorliegt, und deshalb die Freigabe fingiert wird.

Die Parteien haben sich unverzüglich vom Wirksamwerden der §§ 1 bis 11 wegen Eintritts einer der vorgenannten Bedingungen in Kenntnis zu setzen.

(4) Ist eine der aufschiebenden Bedingungen nicht bis zum _____ eingetreten, so werden §§ 1 bis 11 endgültig unwirksam.

Keine Partei kann in diesem Fall Ansprüche gegen die andere wegen dieses Vertrags und seiner Vorbereitung erheben. Die Käufer sind in diesem Falle verpflichtet, sämtliche Kenntnisse, die sie im Rahmen des Beteiligungskaufs erworben haben, geheim zu halten und Personen, denen sie diese Kenntnisse weitergegeben haben, ebenfalls zur Geheimhaltung zu verpflichten. Von den Verkäufern, der GmbH oder den Beteiligungsgesellschaften erhaltene Gegenstände (insbesondere Dokumente) und selbst gefertigte Kopien, sind unverzüglich herauszugeben, diesbezügliche Daten sind zu löschen.

Erlässt das Bundeskartellamt Bedingungen oder Aufl.n, so sollen die Parteien diesen – soweit zumutbar – nachkommen.[100]

(5) Bis zum Wirksamwerden der §§ 1 bis 11 gem. Abs. 3, längstens jedoch bis zu deren endgültigen Unwirksamkeit gem. Abs. 4, haben die Verkäufer dafür Sorge zu tragen, dass das Unternehmen der GmbH ohne Zustimmung der Käufer nicht wesentlich verändert wird.[101]

(6) Nach Wirksamwerden der §§ 1 bis 11 haben die Parteien dem Bundeskartellamt den Vollzug des Zusammenschlusses unverzüglich anzuzeigen (§ 39 Abs. 6 GWB).

§ 13 Schlussbestimmungen
(1) Auf diesen Vertrag ist deutsches Recht unter Ausschluss der Kollisionsnormen anwendbar.
(2) Dieser Vertrag wird in deutscher Sprache abgeschlossen und ins Englische übersetzt. Maßgeblich ist der deutsche Vertragswortlaut.[102]
(3) Nebenabreden sind nicht getroffen.
(4) Änderungen und Ergänzungen dieses Vertrages bedürfen zu ihrer Wirksamkeit der Schriftform, sofern nicht notarielle Beurkundung erforderlich ist.

---

[100] Da unvorhersehbar ist, welche Bedingungen oder Aufl.n (§ 40 Abs. 3 GWB) das Bundeskartellamt erlässt und ob deren Erfüllung für den/die Beteiligten zumutbar ist, muss die Klausel vage bleiben.
[101] Die Beibehaltung des Status quo ist in der Praxis oft kaum möglich oder sinnvoll. Gleichwohl sollte zumindest eine Verhaltensregel für den Verkäufer aufgestellt werden, dass bis zur kartellrechtlichen Freigabe keine tief greifenden Veränderungen ohne Zustimmung des Käufers vorgenommen werden sollen (sog. Conduct-of-Business-Klausel). Bei der Ausgestaltung einer Conduct-of-Business-Klausel ist darauf zu achten, dass mit der Klausel kein Zusammenschlusstatbestand i.S.v. § 37 Abs. 1 GWB oder Art. 3 Abs. 2 FKVO ausgelöst wird. Anderenfalls würde die Durchführung der Klausel bereits gegen das Vollzugsverbot verstoßen mit der Folge der Unwirksamkeit der auf der Grundlage der Klausel getätigten Rechtsgeschäfte (*Mielke/Welling*, BB 2007, 277, 283).
[102] Bei Verträgen unter Beteiligung von Ausländern ist die Festlegung von Vertragssprache und anwendbarem Recht ein ganz wesentlicher Verhandlungspunkt, der unbedingt ganz zu Anfang der Verhandlungen geklärt werden muss. Das anwendbare Recht richtet sich üblicherweise nach der Belegenheit des Kaufgegenstandes, also deutsches Recht beim Kauf deutscher GmbH-Anteile oder Vermögensgegenstände. Bei der Vertragssprache trifft man sich häufig „in der Mitte", mit anderen Worten, die Parteien akzeptieren Englisch als Fremdsprache beider Parteien.

Oltmanns

(5) Erfüllungsort und Gerichtsstand[103] ist, soweit gesetzlich zulässig,[104] der Sitz der GmbH.
(6) Die Verkäufer haften für ihre Verpflichtungen aus diesem Vertrag als Gesamtschuldner. Mitteilungen und sonstige Erklärungen der Käufer an die Verkäufer sind mit Wirkung gegenüber allen Verkäufern an _____ zu richten.
(7) Die Käufer haften für ihre Verpflichtungen aus diesem Vertrag als Gesamtschuldner. Mitteilungen und sonstige Erklärungen der Verkäufer an die Käufer sind mit Wirkung gegenüber allen Käufern an _____ zu richten.
(8) Verkäufer und Käufer werden sich über Zeitpunkt, Art und Inhalt der externen und internen Publikation des Beteiligungskaufs abstimmen.
(9) Dieser Vertrag ersetzt sämtliche vorherigen Vereinbarungen und Erklärungen der Verkäufer und der Käufer in Bezug auf den Kaufgegenstand.
(10) Die Vertragsparteien verpflichten sich, sämtliche Handlungen vorzunehmen, die für eine reibungslose Umsetzung dieses Beteiligungskaufes zweckdienlich sind.
(11) Sollten einzelne Bestimmungen des Vertrags unwirksam sein oder werden, so wird dadurch die Gültigkeit des übrigen Vertragsinhalts nicht berührt. Die weggefallene Bestimmung ist durch eine Regelung zu ersetzen, die dem wirtschaftlichen Zweck der weggefallenen Bestimmung möglichst nahe kommt.

Der Notar hat die nach dem Beurkundungsgesetz erforderlichen Belehrungen erteilt. Der Notar wird gebeten, die neue Gesellschafterliste auf schriftliche Bestätigung der Verkäufer oder auf Nachweis der Zahlung des Kaufpreises durch die Käufer beim Handelsregister einzureichen.

Die Parteien erteilen den Notariatsangestellten
    a) _____
    b) _____

je einzeln und unter Befreiung von dem Mehrvertretungsverbot des § 181 BGB Vollmacht zur Änderung und Ergänzung dieser Urkunde in jeder Hinsicht. Von der Vollmacht kann nur vor dem beurkundenden Notar Gebrauch gemacht werden.

Es werden erbeten
    a) für jeden Verkäufer eine Ausfertigung
    b) für jeden Käufer eine Ausfertigung
    c) für die GmbH eine Ausfertigung
    d) für das Finanzamt gem. § 54 EStDV eine beglaubigte Abschrift
    e) für Rechtsanwalt _____ (Berater der Verkäufer) eine beglaubigte Abschrift
    f) für Rechtsanwalt _____ (Berater der Käufer) eine beglaubigte Abschrift
    g) für _____.

Die vorstehende Urkunde samt Anlagen wurde vor dem Notar den Erschienenen vorgelesen, von diesen genehmigt und eigenhändig wie folgt unterschrieben:
_____ (Unterschriften)
_____ (Notar)

---

[103] Oder: „Streitigkeiten aus diesem Vertrag werden unter Ausschluss der ordentlichen Gerichte durch ein Schiedsgericht aufgrund gesondert abzuschließender Schiedsgerichtsvereinbarung von heute entschieden"; auch Integration einer Schiedsklausel in den Vertrag ist zulässig, wegen der notariellen Form auch bei Beteiligung eines Verbrauchers (§ 1031 Abs. 1, 5 ZPO).
[104] Bei Beteiligung von inländischen Nichtkaufleuten ist die Gerichtsstandsklausel für diese unwirksam (§ 38 Abs. 1 ZPO).

V. Muster: Kauf sämtlicher Aktien einer AG

M 296

Aktienkaufvertrag

102

Vorbemerkung
(1) An der im Handelsregister des Amtsgerichts _____ unter HRB _____ eingetragenen Firma
_____ AG
mit dem Sitz in _____
– nachstehend „AG" genannt –
mit einem Grundkapital von _____ EUR sind mit den nachstehenden auf den Inhaber (auf Namen) lautenden Aktien beteiligt:
    1. Herr _____ mit _____ Stückaktien
    2. Frau _____ mit _____ Stückaktien.
– nachstehend auch „Verkäufer" genannt –
(2) Die Verkäufer haben der AG Darlehen mit folgenden Darlehens- und Zinsständen von heute gewährt: _____
(3) Die AG ist an folgenden Gesellschaften beteiligt:
    a) _____ Inc./U.S.A.
       mit _____ Shares im Nennbetrag von jeweils _____ US-$
       (= _____ % des Nennkapitals);
    b) _____ GmbH mit dem Sitz in _____
       mit Geschäftsanteilen von _____ EUR und _____ EUR.
Diese Gesellschaften werden im Folgenden zusammen „Beteiligungsgesellschaften" genannt.
(4) Die Verkäufer beabsichtigen, ihre sämtlichen Stückaktien an der AG an
_____ und _____
– nachstehend auch „Käufer" genannt –
zu verkaufen, welche diese Aktien zu erwerben beabsichtigen.
(5) Eingedenk dessen schließen Verkäufer und Käufer nachfolgenden

Aktienkaufvertrag

§ 1 Vertragsgegenstand
Die Verkäufer
verkaufen
an die Käufer ihre in Abs. 1 der Vorbemerkung bezeichneten Stückaktien an der AG,[105] und zwar an
    1. Frau _____ _____ Stückaktien
    2. Herrn _____ _____ Stückaktien.

§ 2 Übernahmebilanzen
(1) Dem Kauf werden die von Verkäufer und Käufer gemeinschaftlich[106] auf den Übernahmestichtag zu erstellenden Übernahmebilanzen der AG und der Beteiligungsgesellschaften nebst dazugehörenden Inventaren[107] zugrunde gelegt.

---

105 Ggf. „einschließlich Aktionärsdarlehen und Nebenrechten (insbesondere Zinsansprüchen) gem. Abs. 2 der Vorbemerkung"; sollen die Aktionärsdarlehen nicht mitverkauft werden, so sind Laufzeit und Verzinsung besonders zu regeln und ist eventuell eine Garantie des Käufers für die fristgerechte Rückzahlung zu vereinbaren. Für die Feststellung des Wertes und der Rückzahlbarkeit der Darlehen sollte man sich darüber Klarheit verschaffen, ob es sich um kapitalersetzende Darlehen handelt.
106 Alternativ kann man die Aufstellung der Übernahmebilanzen durch die Verkäufer oder die AG vorsehen und den Käufern in Abs. 5 ein Nachprüfungsrecht einräumen. Erfahrungsgemäß lassen sich jedoch unterschiedliche

(2) Die Übernahmebilanz der AG (Übernahmebilanz) und das zugehörige Inventar sind nach den für den Jahresabschluss der Gesellschaft geltenden gesetzlichen Vorschriften zu erstellen.[108] Soweit sich nach vorstehend Satz 1 nichts anderes ergibt, sind die bisher von der AG angewandten Bilanzierungs- und Bewertungsmethoden, Abschreibungssätze und sonstigen Gepflogenheiten zu beachten und die bisherigen Buchwerte fortzuführen.

(3) Die Übernahmebilanzen und Inventare der Beteiligungsgesellschaften sind nach den für den Jahresabschluss der betreffenden Beteiligungsgesellschaften jeweils geltenden nationalen gesetzlichen Vorschriften sowie den jeweiligen nationalen Grundsätzen ordnungsmäßiger Buchführung und Bilanzierung zu erstellen. Soweit nicht zwingende nationale Vorschriften entgegenstehen, sind die bisher von den Beteiligungsgesellschaften angewandten Bilanzierungs- und Bewertungsmethoden, Abschreibungssätze und sonstigen Gepflogenheiten zu beachten und die bisherigen Buchwerte fortzuführen.

(4) Abweichend von den vorstehenden Regelungen sind in den Übernahmebilanzen der AG bzw. der Beteiligungsgesellschaften
- a) mit nachstehenden Werten anzusetzen:[109]
  - aa) die Grundstücke und Gebäude mit _____ EUR
  - bb) das bewegliche Anlagevermögen mit _____ EUR
  - cc) die Beteiligungen an den Beteiligungsgesellschaften mit _____ EUR
  - dd) die Patente, Marken, sonstigen immateriellen Wirtschaftsgüter und das Know-how mit _____ EUR
  - ee) der Auftragsbestand mit _____ EUR
  - ff) der Geschäftswert mit _____ EUR;
- b) bei der Bewertung von Vorräten und Forderungen Abschläge aufgrund steuerlicher Begünstigungen (Sonderabschreibungen, Bewertungsabschläge etc.) nicht vorzunehmen.

(5) Kommt eine Einigung über die in die Übernahmebilanzen einzustellenden Aktiven und Passiven oder deren Bewertung nicht bis zum _____ zustande, so entscheidet ein Sachverständiger als Schiedsgutachter verbindlich für Käufer und Verkäufer. Der Sachverständige wird von den Käufern und Verkäufern gemeinschaftlich benannt. Erforderlichenfalls gilt der auf Antrag eines Vertragsteils von der für den Sitz der AG zuständigen Industrie- und Handelskammer benannte Sachverständige als von beiden Parteien bestellt. Die Kosten des Sachverständigen tragen Käufer und Verkäufer je zur Hälfte.

Standpunkte vor der endgültigen Festlegung der Verkäuferseite leichter versöhnen als nach Fixierung in den Übernahmebilanzen.
107 Wie konkret die Inventare sein müssen, ist eine Frage des Einzelfalls. Evtl. sollte der Käufer darauf drängen, dass gewisse Gegenstände oder Arten von Gegenständen, auf die es ihm besonders ankommt, in den Inventaren differenzierter aufgelistet werden müssen als andere.
108 Die Höhe des Kaufpreises steht üblicherweise in einer gewissen Beziehung zur Höhe des buchmäßigen Eigenkapitals, vgl. § 3 Abs. 2 (falls nicht – wie aus der anglo-amerikanischen Praxis importiert – der Kaufpreis als Festbetrag abzüglich der „Nettofinanzverbindlichkeiten" bestimmt wird, vgl. Rn 16). Der Käufer ist bei Anknüpfung des Kaufpreises an das Eigenkapital daran interessiert, dieses möglichst konservativ zu ermitteln und somit niedrig festzusetzen. Ihm ist deshalb eine Regelung am liebsten, die an die „Ausnutzung aller zulässigen Wahlrechte und Möglichkeiten zur Minderung des Gewinns" anknüpft. Der Verkäufer möchte dagegen am liebsten eine uneingeschränkte Geltung des Stetigkeitsprinzips, also die Beibehaltung der bisher angewandten Bilanzierungsmethoden. Einigt man sich auf die Geltung des Stetigkeitsprinzips, so muss sich der Käufer detailliert informieren, wie der Verkäufer handelsrechtliche Wahlrechte ausübt und welchen Einfluss diese Ausübung auf das Eigenkapital hat. Ggf. muss der Käufer den Eigenkapitaleffekt dieser Wahlrechtsausübung in die Höhe des zu fordernden Eigenkapitals einberechnen. Seit dem BilMoG (2009) sind die handelsrechtlichen Wahlrechte zwar sehr eingeschränkt, können aber im Einzelfall gleichwohl enormen Einfluss auf das Eigenkapital haben, z.B. bei der Einberechnung angemessener Anteile der Verwaltungskosten, Sozialkosten, betrieblichen Altersversorgung sowie herstellungsbezogener Zinsen in die Herstellungskosten, § 255 Abs. 2 S. 3 und Abs. 3 HGB.
109 Einige oder alle dieser Bilanzkorrekturen sind dann sinnvoll, wenn sich die Parteien über die Höhe von stillen Reserven in bestimmten Wirtschaftsgütern einig sind und diese stillen Reserven besonders vergütet werden sollen.

§ 3 Kaufpreis
(1) Als Kaufpreis haben die Käufer zu entrichten: _____ EUR (i.W. _____ EUR).
(2) Unterschreitet das in der Übernahmebilanz ausgewiesene Eigenkapital den Betrag von _____ EUR, so vermindert sich der Kaufpreis um den Differenzbetrag. Als Eigenkapital gilt das Eigenkapital i.S.v. § 266 Abs. 3 HGB abzüglich der Eigenkapitalminderung, die durch die nach dem Übernahmestichtag an die Verkäufer erfolgte oder noch zu erfolgende Ausschüttung von Dividenden oder anderen Vermögensminderungen zugunsten der Verkäufer eintritt.[110]
(3) In Anrechnung auf den Kaufpreis übernehmen die Käufer mit Wirkung vom Übernahmestichtag die auf Darlehens- oder sonstigen Konten verbuchten Verbindlichkeiten der Verkäufer gegenüber der AG.
(4) Der Restkaufpreis ist vom Übernahmestichtag an mit 3% über Basiszinssatz p.a. (Vertragszinssatz) zu verzinsen und wie folgt zu tilgen:
    a) in Höhe von _____ EUR (z.B. 70% des Kaufpreises) bis zum Ablauf des _____[111] (1. Kaufpreisrate);
    b) in Höhe von _____ EUR (z.B. 85% des danach verbleibenden Restkaufpreises) bis zum Ablauf des dritten Bankarbeitstags nach Vorliegen der verbindlichen Übernahmebilanzen bei den Käufern (2. Kaufpreisrate);[112]
    c) in Höhe des Restbetrags bis zum Ablauf des _____[113] (3. Kaufpreisrate).
Die Zinsen sind jeweils mit den Tilgungsraten zu entrichten. Vorzeitige Tilgungen sind jederzeit zulässig.
(5) Zahlungen haben mit schuldbefreiender Wirkung zu erfolgen auf folgendes gemeinschaftliche Konto der Verkäufer: Konto Nr. _____ bei der _____ Bank (BLZ _____).
(6) Die Abtretung von Kaufpreisansprüchen ist ausgeschlossen.
(7) Ergibt sich ein negativer Kaufpreis oder eine Überzahlung, so ist er/sie den Käufern nebst Zinsen zum Vertragszinssatz ab Übernahmestichtag bzw. ab Überzahlung zu erstatten.

§ 4 Übernahmestichtag, Gewinnbezugsrecht
Übernahmestichtag ist der _____, 24.00 Uhr.[114] Von diesem Zeitpunkt an stehen die auf die verkauften Geschäftsanteile zur Ausschüttung kommenden Dividenden den Käufern zu.[115]

---

[110] Entsprechende Regelungen können für die Beteiligungsgesellschaften – ggf. angepasst nach dem jeweils anwendbaren nationalen Recht – sinnvoll sein. Jedoch muss eine Verdopplung des Anpassungseffekts vermieden werden, etwa durch die Regelung: „Eine Verminderung des Kaufpreises wegen Unterschreitung des Eigenkapitals bei einer Beteiligungsgesellschaft kommt jedoch nicht in Betracht, soweit der Beteiligungsansatz in der Übernahmebilanz wegen dieser Unterschreitung herabgesetzt wird."
[111] Z.B. „dritter Bankarbeitstag nach Vertragsschluss". Der Klarheit wegen sollte man ein konkretes Datum angeben. Im Falle eines kartellrechtlichen Anmeldeverfahrens (§ 12) muss es heißen: „dritter Bankarbeitstag nach Wirksamwerden der §§ 1 bis 11 gem. § 12".
[112] Die Verkäufer verlangen häufig eine selbstschuldnerische Bankgarantie auf erstes Anfordern für später zu zahlende Kaufpreisraten. Als Sicherheit kommen auch in Frage eine Garantie der Muttergesellschaft der Käufer oder Grundschulden auf Grundstücken der GmbH oder der Käufer.
[113] Z.B. „dritter Bankarbeitstag nach Ablauf der zweijährigen Frist gem. § 7 Abs. 5". Der Klarheit wegen sollte man ein konkretes Datum angeben.
[114] Das Formular geht davon aus, dass der Übernahmestichtag kurz vor Vertragsschluss liegt und eine Inventur zum Übernahmestichtag stattgefunden hat, die Übernahmebilanz jedoch noch nicht aufgestellt ist. Der Übernahmestichtag sollte jedoch nicht mehr als drei Monate vor Vertragsschluss liegen. Ideal, in der Praxis aber häufig undurchführbar, ist das Zusammenfallen von Übernahmestichtag und Geschäftsjahresende. Soll der Übernahmestichtag erst *nach* dem Vertragsschluss liegen, müssen verschiedene Regelungen angepasst werden, insbesondere sollte in § 2 ein neuer Abs. 4 eingefügt werden: „Die Käufer oder ihre Beauftragten haben das Recht, an der Inventuraufnahme bei der AG und den Beteiligungsgesellschaften zum Übernahmestichtag teilzunehmen." Ferner kann § 6 Abs. 1d) (Übergangsphase) entfallen. Der dingliche Übergang der Aktien (§ 11) sollte in diesem Fall erst zum Übernahmestichtag wirksam werden.
[115] Soll der Gewinn der Gesellschaft bis zum Übernahmestichtag nicht pauschal durch den Kaufpreis abgegolten werden, sondern noch den Verkäufern gebühren, und erfolgt die Ausschüttung des Gewinns erst nach der Übertragung der Aktien, so ist die Dividendenzahlung beim Erwerber zu versteuern (§ 20 Abs. 5 EStG) und kann nur

§ 5 Vorstand

(1) Frau _____ und Herr _____ – nachstehend „ausscheidende Mitglieder des Vorstands" – werden mit Wirkung vom _____ aus dem Vorstand der AG ausscheiden. Die Käufer haften dafür, dass die ausscheidenden Mitglieder des Vorstands bis zu ihrem Ausscheiden aus dem Vorstand die ihnen nach den getroffenen Vereinbarungen zustehenden Vergütungen erhalten.
Die Verkäufer haften dafür, dass die Anstellungsverhältnisse zwischen der AG und den ausscheidenden Mitgliedern des Vorstands mit Wirkung vom _____ beendet sind und den ausscheidenden Mitgliedern des Vorstands mit Ausnahme der in *Anlage zu § 5 Abs. 1* bezeichneten Ansprüche[116] keine Ansprüche gegen die AG oder eine der Beteiligungsgesellschaften zustehen.

(2) Frau _____, Herr _____ und Herr _____ werden mit Wirkung vom _____ ihre Ämter als Mitglieder des Aufsichtsrats niederlegen, wofür der Verkäufer Sorge trägt.

(3) Frau _____ und Herr _____ werden der AG noch mindestens bis zum _____ als Mitglieder des Vorstands zur Verfügung stehen und die in *Anlage zu § 5 Abs. 2* enthaltenen Vorstandsdienstverträge abschließen. Endet das Vorstandsamt eines dieser Vorstandsmitglieder vor diesem Zeitpunkt, ohne dass die AG dazu einen wichtigen Grund gesetzt hätte, so vermindert sich der Kaufpreis um _____ EUR. Betrifft die Kündigung beide Mitglieder des Vorstands, so vermindert sich der Kaufpreis um _____ EUR.[117]

§ 6 Garantien

(1) Die Verkäufer übernehmen – zum Übernahmestichtag und zum Zeitpunkt der dinglichen Übertragung, sofern nicht nachfolgend anderweitig geregelt – die nachstehenden Garantien im Sinne eines selbständigen Garantievertrages gem. § 311 Abs. 1 BGB und nach Maßgabe von § 7 dieses Vertrages. Die Parteien sind sich einig, dass es sich dabei nicht um Beschaffenheitsgarantien i.S.v. § 444 BGB handelt.[118]

a) Rechtliche Grundlagen

1. Die Satzung der AG in der Fassung vom _____ besteht unverändert fort, eine Änderung ist nicht beschlossen, und es bestehen keine weiteren Vereinbarungen zwischen den Verkäufern oder Angehörigen der Verkäufer i.S.v. § 15 Abgabenordnung einerseits und der AG andererseits.

„nach Steuern" an die Verkäufer als „zusätzlicher Kaufpreis" weitergeleitet werden. Bei dieser Gestaltung kann § 4 um folgende Formulierung ergänzt werden: „Der auf die verkauften Aktien entfallende Jahresüberschuss der AG bis zum Übernahmestichtag, wie in einer Bilanz zum Übernahmestichtag unter strikter Anwendung des Stetigkeitsprinzips ermittelt, abzüglich Vorabausschüttungen an die Verkäufer und abzüglich der bei den Käufern entstehenden Ertragsteuerbelastung, gebührt den Verkäufern. Die Ertragsteuerbelastung wird fiktiv unter Zugrundelegung eines einheitlichen Steuersatzes der Käufer von [je nach Lage bis zu 32] % ermittelt. Der Anspruch ist am [...] fällig." Der Prozentsatz richtet sich nach den Verhältnissen der Käufer. Bei natürlichen Personen sind Einkommensteuer, Solidaritätszuschlag und Kirchensteuer sowie das Teileinkünfteverfahren für Dividenden im Betriebsvermögen, bzw. Abgeltungssteuer von 27,82% inkl. SolZ und KiSt für Dividenden im Privatvermögen) zu berücksichtigen, bei Körperschaften als Empfänger ist die weitgehende Steuerfreiheit von Dividenden nach § 8b Abs. 1 und 5 KStG und ggf. die Gewerbesteuerfreiheit (vgl. § 9 Nr. 2a GewStG) zu berücksichtigen. Die Dividenden sind jedoch (außerhalb von § 8b Abs. 1 KStG) ausnahmsweise beim Verkäufer zu versteuern, wenn sie im Betriebsvermögen gehalten werden und die Voraussetzungen der phasengleichen Aktivierung von Dividenden gegeben sind.

116 Z.B. laufendes Gehalt bis zum Ausscheidenszeitpunkt, Abfindung, Altersversorgungsanwartschaften, Urlaubsrückstände.
117 Häufig ist die Fortsetzung der Geschäftsführung durch die bisherigen Vorstandsmitglieder ein unverzichtbarer Faktor für den Käufer, der mit seinem Kaufpreis zu einem Teil das Know-how dieser Vorstandsmitglieder vergüten will.
118 Es ist gängige Praxis, dass sich die Parteien von Unternehmens- bzw. Beteiligungskaufverträgen durch Vereinbarung einer Reihe von selbständigen Garantien ein individuelles Gewährleistungsregime schaffen. Dabei empfiehlt sich, ausdrücklich klarzustellen, dass die selbständigen Garantien von vornherein unter Einschränkungen (s. § 7) abgegeben werden und nicht dem § 444 BGB unterfallen sollen, wenngleich das Verbot der Haftungseinschränkung bei Übernahme einer Garantie (§ 444 BGB i.d.F. vor dem 8.12.2004) nicht mehr besteht.

2. Die verkauften Aktien gehören den Verkäufern, unterliegen keinen Verfügungsbeschränkungen, sind voll einbezahlt, nicht zurückbezahlt[119] und nicht mit Rechten Dritter belastet und weitere Gesellschafter sind nicht vorhanden.
3. Die Eigentumsverhältnisse hinsichtlich der Beteiligungsgesellschaften sind in der Vorbemerkung zutreffend dargestellt, diese Beteiligungen unterliegen keinen Verfügungsbeschränkungen, sind voll einbezahlt, nicht zurückbezahlt und nicht mit Rechten Dritter belastet.
4. Andere als die in Nr. 1 bis 3 genannten gesellschaftsrechtlichen Beziehungen der AG sowie Unternehmensverträge und Kooperationsverträge mit anderen Unternehmen bestehen nicht.

b) Finanzielle Verhältnisse
1. Die den Käufern überreichten Jahresabschlüsse der AG für die Geschäftsjahre _____ und _____ entsprechen den gesetzlichen Vorschriften und den Grundsätzen ordnungsmäßiger Buchführung und Bilanzierung und geben die Vermögens-, Finanz- und Ertragslage der AG zutreffend wieder.
2. Den Käufern ist von den Verkäufern nach bestem Wissen vollständig und umfassend – mündlich oder schriftlich – Auskunft über alle den Verkäufern bekannten Umstände erteilt worden, die zur Beurteilung der jetzigen und künftigen Vermögens-, Finanz- und Ertragslage der AG von nicht unerheblicher Bedeutung sind. Die erteilten Auskünfte und überreichten Unterlagen sind, soweit letztere eigene Erklärungen der Verkäufer oder der Vorstands- oder Aufsichtsratmitglieder oder leitender Angestellter der AG enthalten,[120] richtig.
3. Der Jahresüberschuss der AG nach Abzug von Wertaufholungserträgen und von außerordentlichen Veräußerungserträgen im laufenden[121] und im vorausgegangenen Geschäftsjahr beträgt je mindestens _____ EUR.[122] Die AG ist und war zu keiner Zeit zahlungsunfähig oder überschuldet.[123]
4. Die Übernahmebilanz und das Inventar der AG entsprechen den in § 2 aufgeführten Anforderungen.
5. Die in der Übernahmebilanz der AG ausgewiesenen Gegenstände stehen im Eigentum der AG oder gehen nach Bezahlung in ihr Eigentum über, umfassen sämtliche Wirtschaftsgüter, die im Geschäftsbetrieb der AG genutzt werden oder dafür erforderlich sind, und haften nur für solche Verbindlichkeiten, die in der Übernahmebilanz der AG ausgewiesen oder zurückgestellt sind.
6. Die in der Übernahmebilanz der AG ausgewiesenen Forderungen bestehen, sind nicht einredebehaftet und es treten bei diesen Forderungen keine höheren Ausfälle ein als der Betrag der auf diese Forderungen in der Übernahmebilanz gebildeten Wertberichtigungen.

---

119 Vgl. §§ 57, 62 AktG.
120 Im Laufe der Unternehmenskaufverhandlungen erhält der Käufer zahlreiche Informationen vom Verkäufer. Damit ist die Gefahr verbunden, dass der Käufer seinen Kaufentschluss und sein Preisangebot im Vertrauen auf diese Informationen gründet, ohne dass die angeblichen Tatsachen ausdrücklich garantiert werden. Möglicherweise kennt der Anwalt des Käufers nicht alle Informationen, die zwischen Verkäufer und Käufer ausgetauscht werden und deren Richtigkeit für den Käufer wichtig ist. Für solche Informationen dient diese Garantie als wichtige Auffangklausel. Der Anwalt des Käufers sollte diesen möglichst frühzeitig dazu anhalten, aus Beweisgründen alle mündlich erhaltenen Informationen von Belang schriftlich bestätigt zu erhalten.
121 Fallen Übernahmestichtag und Geschäftsjahresende auseinander, so ist eine zeitliche Begrenzung bis zum Übernahmestichtag angemessen. Dabei muss jedoch festgelegt werden, nach welchen Grundsätzen der Überschuss zu ermitteln ist (allein nach GoB [Grundsätze ordnungsgemäßer Buchführung und Bilanzierung], Stetigkeitsprinzip oder unter Berücksichtigung der Besonderheiten für die Übernahmebilanz).
122 Der Unternehmenswert, der Grundlage für den Kaufpreis ist, berechnet sich heutzutage üblicherweise nach der Ertragswertmethode oder der Discounted-Cash-Flow-Methode (DCF-Methode). Gleichzeitig wird vom Käufer ein gewisser Mindestbetrag an Eigenkapital gewünscht (vgl. § 3 Abs. 2), insofern enthält die Festlegung des Kaufpreises auch ein substanzwertbezogenes Element. Wird für beides (Ertragskomponente, § 6 Abs. 1b) Nr. 3, Substanzkomponente, § 3 Abs. 2) eine Garantie abgegeben, so muss eine klare Regelung bestehen, wie sich eine Schadensersatzzahlung wegen Ertragsdefizit (oder aus anderen Gründen) im Substanzbereich (Eigenkapital) auswirkt (vgl. § 7 Abs. 8).
123 Vgl. §§ 17, 19 InsO.

7. Abgesehen von nicht bilanzierungspflichtigen Verbindlichkeiten aus noch nicht erfüllten Verträgen bestehen oder drohen am Übernahmestichtag keine weiteren oder höheren Verbindlichkeiten der AG als in der Übernahmebilanz der AG passiviert sind.
8. Die AG haftet nicht für fremde Verbindlichkeiten, insbesondere aufgrund Wechselhaftung, Bürgschaften, Garantieverpflichtungen, Patronatserklärungen.
9. Das Anlagevermögen befindet sich in ordnungsmäßigem Zustand, die erforderlichen Ersatzbeschaffungen und Reparaturen sind jeweils durchgeführt worden.
10. Die Lagerbestände sind nach Zusammensetzung und Umfang betriebswirtschaftlichen Grundsätzen angemessen, befinden sich in gutem Zustand und sind im gewöhnlichen Geschäftsbetrieb verkaufsfähig.
11. *Anlage zu § 6 Abs. 1b) 11.* enthält eine abschließende Liste der letzten für jede Steuerart durchgeführten steuerlichen Außenprüfungen unter Angabe des Zeitpunkts des Ergehens des jeweils nachfolgenden Steuerbescheids bzw. schwebenden Verfahrens.

c) *Arbeits- und Dienstleistungsverhältnisse*
1. *Anlage zu § 6 Abs. 1c) 1.* enthält eine abschließende Liste aller Arbeitnehmer der AG zum Übernahmestichtag, enthaltend Name, Geburtsdatum, Funktion, Eintrittstermin, Kündigungsfristen, Jahresvergütung im Kalenderjahr _____, Altersversorgungsart und -aufwendungen, Besonderheiten (z.B. schwerbehindert, Dienstwagen, Arbeitnehmerdarlehen).
2. *Anlage zu § 6 Abs. 1c) 2.* enthält eine abschließende Liste aller Handelsvertreter und Berater der GmbH zum Übernahmestichtag, enthaltend Name, Tätigkeitsgebiet, Vertragsbeginn, Kündigungsfristen, Jahresvergütung im Kalenderjahr _____, einschließlich aller Nebenleistungen.
3. *Anlage zu § 6 Abs. 1c) 3.* enthält eine abschließende Liste aller Altersversorgungsverpflichtungen der AG zum Übernahmestichtag gegenüber allen mit unverfallbaren Versorgungsanwartschaften ausgestatteten ausgeschiedenen Altersversorgungsberechtigten und Pensionären, enthaltend Name, Geburtsdatum und Höhe der Anwartschaften oder Versorgungsansprüche. Eine Unterstützungskasse oder Pensionskasse besteht bei der AG nicht.[124]
4. Seit _____ ist keine Erhöhung oder Zusage einer Erhöhung von Leistungen (Gehalt, Pension, Tantieme, Boni, Provision, sonstige Leistungen) an Arbeitnehmer, Berater, Handelsvertreter oder sonstige Dienstleister, außer den jährlichen Tariferhöhungen, sowie keine Modifizierung solcher Verträge (Laufzeit, Kündigungsfristen und dergleichen) erfolgt.
5. Es bestehen nur die in der *Anlage zu § 6 Abs. 1c) 5.* aufgeführten Betriebsvereinbarungen und Verträge mit Gewerkschaften.
6. Die Anstellungs- oder Arbeitsverträge sowie Handelsvertreterverträge mit den in der *Anlage zu § 6 Abs. 1c) 6.* aufgeführten Personen werden frühestens zum _____ von diesen oder von der AG aus wichtigem Grund gekündigt.[125]

d) *Zeitraum zwischen Übernahmestichtag und Aktienübertragung (Übergangsphase)*
1. In der Übergangsphase sind die Geschäfte der AG nach den Grundsätzen einer ordnungsmäßigen und gewissenhaften Geschäftsführung geführt, insbesondere sind die für Lieferungen und Leistungen der AG vereinbarten Preise verlustfrei kalkuliert und sind für eingegangene Verbindlichkeiten gleichwertige und werthaltige Gegenleistungen vereinbart worden.
2. In der Übergangsphase sind keine Gegenstände des Anlagevermögens der AG veräußert worden oder sonst abgegangen, außer den in der Anlage _____ aufgeführten.

---

[124] Falls eine Unterstützungskasse besteht: „Das Vermögen der Unterstützungskasse der GmbH (Teilwerte) deckt die von der Unterstützungskasse zu bezahlenden Versorgungsleistungen und Anwartschaften hierauf".
[125] Vom Käufer nur schwer durchsetzbar, weil der Verkäufer keinen Einfluss auf die Kündigung dieser Verträge hat. Wenn es dem Käufer jedoch auf die Weiterbeschäftigung bestimmter Schlüsselarbeitnehmer entscheidend ankommt, kann das Einstehen des Verkäufers dafür Voraussetzung für das Zustandekommen des Vertrages sein.

3. In der Übergangsphase sind bei der AG keine Gewinnausschüttungen (weder offene noch verdeckte) erfolgt.
4. In der Übergangsphase wurden keine stillen Reserven aufgelöst oder der AG entzogen, ausgenommen durch Geschäftsvorfälle im Rahmen des gewöhnlichen Geschäftsverkehrs.
5. In der Übergangsphase wurden keine sonstigen außergewöhnlichen Geschäfte getätigt und Maßnahmen getroffen.
6. Der im Jahresabschluss der AG für das vorausgegangene Geschäftsjahr ausgewiesene Sonderposten mit Rücklageanteil war am Übernahmestichtag noch vorhanden und wurde in der Übergangsphase weder aufgelöst noch auf andere Wirtschaftsgüter übertragen.[126]

e) Sonstiges
1. Es hat in der Vergangenheit keine Produkthaftungsansprüche gegen die AG gegeben, und Produkthaftungsansprüche drohen auch nicht.
2. Know-how und Schutzrechte, die die AG nutzt, stehen auf Dauer rechtsmängelfrei in ihrer Verfügungsmacht; es sind dafür keine Leistungen an Dritte zu gewähren.
3. Die AG verletzt Rechtsvorschriften nicht wesentlich; insbesondere hat die AG ihre steuerlichen und sozialversicherungsrechtlichen Pflichten erfüllt. Die AG verletzt nicht vertragliche Rechte Dritter und hat sich keinen vertraglichen Beschränkungen in ihrer Geschäftstätigkeit unterworfen; insbesondere ist die AG mit Liefer-, Leistungs- und Zahlungspflichten nicht in Verzug.
4. Der der AG gehörende sowie der von der AG genutzte Grund und Boden sowie die darauf befindlichen Gebäude sind frei von schädlichen Belastungen aller Art (Verunreinigungen, Ablagerungen, Blindgängern etc.), keine schädlichen Substanzen werden in Grundwasser oder Flüsse eingeleitet, Luft- und Lärmemissionen, die zu Aufwendungen führen könnten (Schadensersatz, Wiederherstellung, Vorkehrung), bestehen nicht.[127] Ferner bestehen keine Rechte und Lasten, die ohne Eintragung im Grundbuch wirksam sind, wie z.B. Eintragungen im Baulastenbuch.
5. Die von der AG genutzten Gebäude stehen nicht unter Denkmalschutz, ihre Veränderung ist auch nicht durch ähnliche Bestimmungen beschränkt.
6. Der Geschäftsbetrieb und die dazugehörigen materiellen Vermögensgegenstände entsprechen jetzt und nach bestem Wissen auch künftig öffentlich-rechtlichen (insbesondere gewerberechtlichen, baurechtlichen, umweltschutzrechtlichen, wettbewerbsrechtlichen, kartellrechtlichen) sowie arbeitsrechtlichen Vorschriften und tarifvertraglichen Vereinbarungen.
7. Die der AG gewährten oder zugesagten öffentlichen Subventionen, die in der *Anlage zu § 6 Abs. 1e) 7.* abschließend verzeichnet sind, werden nicht im Hinblick auf diesen Aktienkauf zurückgefordert, eingeschränkt oder erschwert. Weitere Subventionen sind von der AG nicht beantragt.
8. Die für die AG wesentlichen Grundlagen (wie Konzessionen, Betriebserlaubnisse, Versorgungs-, Entsorgungs-, Miet-, Pacht-, Leasing-, Lizenz-, Kooperations-, Kredit-, Liefer- und Abnahmeverträge, sofern nicht im Einzelfall von untergeordneter Bedeutung) bestehen und werden nicht im Hinblick auf diesen Aktienkauf beendet, eingeschränkt oder erschwert.
9. Betriebsinterne Abläufe und Aufgabenverteilungen sind vollständig und transparent dokumentiert (in Organisationsdokumenten, Betriebshandbüchern, Arbeitsanweisungen, Stellenbeschreibungen etc.).
10. Die AG unterhält ein funktionierendes Risiko-Überwachungs-System.
11. Die AG hat angemessene Versicherungsdeckung. *Anlage zu § 6 Abs. 1e) 11.* enthält eine abschließende Liste aller Versicherungspolicen unter Angabe des versicherten Risikos, der Restlaufzeit und der Jahresprämie.

---

126 Vgl. § 247 Abs. 3 HGB i.d.F. vor dem Bilanzrechtsmodernisierungsgesetz. Seit dem Geschäftsjahr 2010 dürfen keine neuen Sonderposten mit Rücklageanteil mehr gebildet werden. Bestehende Sonderposten dürfen jedoch fortgeführt werden (Art 66 Abs. 6 EGHGB).
127 Vgl. BBodSchG v. 17.3.1998, BGBl I, 502 (siehe Rn 78–80).

12. Die *Anlage zu § 6 Abs. 1e) 12.* enthält eine abschließende Liste aller Verträge, die die AG zu ertrags- oder umsatzabhängigen Zahlungen verpflichten.
13. Die *Anlage zu § 6 Abs. 1e) 13.* enthält eine abschließende Liste aller Verträge mit der AG mit über einem Jahr Laufzeit oder jährlichen Verpflichtungen für die AG von über _____ EUR, sofern nicht in einer anderen Anlage zu diesem Vertrag enthalten.
14. Außer den in der *Anlage zu § 6 Abs. 1e) 14.* aufgeführten Verfahren sind keine Rechtsstreite, Rechtsbehelfe und dergleichen anhängig oder drohen.
15. Es bestehen keine Honorar- oder Provisionsverpflichtungen der AG im Zusammenhang mit diesem Aktienkaufvertrag.
16. Die Veräußerung der Aktien stellt keine Verfügung über das Vermögen der Verkäufer im Ganzen gem. § 1365 BGB dar.

(2) Die vorstehenden Garantien gelten entsprechend für die in Abs. 2 der Vorbemerkung bezeichneten Beteiligungsgesellschaften.[128]

(3) Daneben besteht die gesetzliche Gewährleistung der Verkäufer für Rechtsmängel der Aktien und gilt die gesetzliche Gewährleistung für Sach- und Rechtsmängel hinsichtlich der zu der AG und zu den Beteiligungsgesellschaften gehörenden Wirtschaftsgüter.[129]

(4) Wo es bei Garantien der Verkäufer auf das Kennen bestimmter Umstände oder Verhältnisse ankommt (z.B. „nach bestem Wissen"), gilt dem Kennen gleichgestellt das Kennen müssen bei Anwendung pflichtgemäßer Sorgfalt. Ferner muss sich jeder Verkäufer das Kennen oder Kennen müssen der anderen Verkäufer sowie der Vorstands- und Aufsichtsratmitglieder sowie der leitenden Angestellten der AG zurechnen lassen.[130] Etwaige Schadensersatzansprüche gegen die Vorstands-/Aufsichtsratsmitglieder und/oder leitende Angestellte der AG werden nach Erfüllung der entsprechenden Gewährleistungsansprüche durch die Verkäufer an diese abgetreten.

§ 7 Folgen von Garantieverletzungen

(1) Die Nichteinhaltung einer nach § 6 übernommenen Garantie verpflichtet die Verkäufer ausschließlich zum Schadensersatz. Dieser bemisst sich nach dem – anteilig auf die verkauften Aktien entfallenden –[131] Betrag, der der AG oder den Beteiligungsgesellschaften geleistet werden müsste, um diese so zu stellen, als wäre der Garantieanspruch erfüllt worden.

(2) Schadensersatzansprüche sind ab dem Schadensereignis, frühestens jedoch ab Übernahmestichtag, zum Vertragszinssatz zu verzinsen.

(3) Ist ein Schaden noch nicht eingetreten, so können die Käufer von den Verkäufern Freistellung der AG und der Beteiligungsgesellschaften sowie – solange die Freistellung noch nicht erfolgt ist – eine unbedingte Erklärung verlangen, wonach sie die AG und die Beteiligungsgesellschaften hinsichtlich der geltend gemachten Garantie im Innenverhältnis freistellen.[132]

(4) Die Geltendmachung von Schadensersatzansprüchen ist ausgeschlossen, wenn diese insgesamt nicht mehr als _____ EUR betragen; bei Überschreitung kann der gesamte Schaden geltend gemacht werden.

(5) Die Schadensersatzansprüche verjähren am _____ (*üblich sind zwei bis drei Jahre nach Übergabe*).

(6) Haben die Verkäufer wesentliche Mängel der AG oder der Beteiligungsgesellschaften arglistig verschwiegen oder beruht die Haftung der Verkäufer auf so wesentlichen Abweichungen von den vor-

---

128 Eventuell sind Anpassungen, besonders bei den ausländischen Beteiligungsgesellschaften, erforderlich.
129 In der Praxis vom Käufer häufig nicht durchsetzbar, weil die speziellen Garantien in Abs. 1 vom Verkäufer als abschließende Regelungen des besonderen Falles verstanden werden, was nicht ganz von der Hand zu weisen ist.
130 Möglicherweise ist eine Auflistung der „leitenden Angestellten" in einer Anlage sinnvoll.
131 Werden sämtliche Aktien verkauft, kann dieser Passus entfallen.
132 Werden nicht sämtliche Aktien verkauft, ist dieses Freistellungsrecht des Käufers möglicherweise nicht durchsetzbar. Alternativ könnte man vorsehen: „(3) Ist ein Schaden noch nicht eingetreten, so können die Käufer von den Verkäufern eine unbedingte Erklärung verlangen, wonach sie bei Eintritt des Schadens auf erstes Anfordern der Käufer den nach Abs. 1 S. 2 berechneten Betrag zu zahlen haben."

stehenden Garantien, dass den Käufern das Festhalten am Vertrag nicht zugemutet werden kann, sind die Käufer neben der Geltendmachung von Schadensersatzansprüchen abweichend von Abs. 1 auch zum Rücktritt vom Vertrag berechtigt. Der Rücktritt ist ausgeschlossen, wenn er nicht spätestens bis _____ ausgeübt ist.[133]

(7) Die Bestimmungen des § 377 HGB sind nicht anwendbar.[134]

(8) Wird wegen einer Garantieverletzung Schadensersatz nebst seit dem Übernahmestichtag anfallender Zinsen gezahlt, so gilt der Schadensersatz als zum Übernahmestichtag an die AG bzw. die Beteiligungsgesellschaften geleistet und ist/sind die Übernahmebilanz/Übernahmebilanzen entsprechend anzupassen.

§ 8 Auswirkungen steuerlicher Veranlagungen

(1) Führen steuerliche Veranlagungen (insbesondere aufgrund von Außenprüfungen) zu einer Änderung steuerlicher Wertansätze bei der AG oder den Beteiligungsgesellschaften für Zeiträume bis zum Übernahmestichtag, so hat dies keinen Einfluss auf die Übernahmebilanzen und den Kaufpreis.

(2) Ergeben sich bei der AG oder den Beteiligungsgesellschaften aufgrund von Steuerveranlagungen, Steuerfestsetzungen oder Haftungsbescheiden für Zeiträume bis zum Übernahmestichtag Mehr- oder Wenigersteuern gegenüber den bis zum Übernahmestichtag bezahlten oder in den Übernahmebilanzen ausgewiesenen Steuern, so haben die Käufer den – anteilig auf die verkauften Aktien entfallenden[135] – Mehr- oder Wenigerbetrag von den Verkäufern zu beanspruchen bzw. diesen zu erstatten. Mehr- oder Wenigersteuern, die in der Person der Verkäufer oder ihrer Gesellschafter entstehen, verbleiben bei diesen.

(3) Führt die bestandskräftige Feststellung der am Übernahmestichtag noch vorhandenen Endbestände der Teilbeträge des verwendbaren Eigenkapitals (§§ 36, 38 KStG) der AG oder der Beteiligungsgesellschaften zu einer Erhöhung des aus dem sog. EK 02 hervorgegangenen Endbetrages gegenüber den am Übernahmestichtag ergangenen Feststellungsbescheiden oder abgegebenen Feststellungserklärungen, so haben die Verkäufer den Käufern die Körperschaftsteuer-Mehrbelastung – anteilig für die verkauften Aktien –[136] zu ersetzen.[137] Führt die bestandskräftige Feststellung des am Übernahmestichtag noch vorhandenen Körperschaftsteuerguthabens i.S.v. § 37 KStG zu einer Verminderung gegenüber den am Übernahmestichtag ergangenen Feststellungsbescheiden oder abgegebenen Feststellungserklärungen, so haben die Verkäufer den Käufern den – auf die verkauften Aktien entfallenden –[138] Minderbetrag zu ersetzen.[139]

(4) Ansprüche der Käufer nach Abs. 2 oder 3 verjähren zwölf Monate nach Bestandskraft des jeweiligen Bescheids.

---

133 Das Rücktrittsrecht für den Fall unzumutbarer Abweichungen von den Garantien ist für die Käufer nur schwer durchsetzbar. In der Praxis ist ein Rücktritt nahezu undurchführbar, da die Käufer meist das Unternehmen nach dem Erwerb gründlich umgestalten (z.B. durch Verschmelzung, Kapitalerhöhung u.Ä.). Dennoch sollten die Käufer versuchen, zumindest für eine kurze Frist (z.B. sechs Monate) das Recht zu haben, wegen fundamentaler Mängel vom Kauf zurückzutreten.
134 Untersuchungs- und Rügepflicht wegen Mangels (§ 377 HGB) gilt ohnehin nur beim beidseitigen Handelskauf und wird üblicherweise auch dafür wegen des Vorrangs der vertraglichen Verjährungsregeln ausgeschlossen. Manchmal wird auch § 442 BGB ausgeschlossen (keine Gewährleistung bei Kenntnis des Käufers oder bei grob fahrlässiger Unkenntnis des Käufers und Arglist oder Garantie des Verkäufers).
135 Werden sämtliche Aktien verkauft, kann dieser Passus entfallen.
136 Werden sämtliche Aktien verkauft, kann dieser Passus entfallen.
137 Die Körperschaftsteuer-Mehrbelastung beträgt 3/100 des zusätzlichen aus EK 02 hervorgegangenen positiven Endbetrages (§ 38 Abs. 5 KStG) und ist von 2008 bis 2017 in zehn gleichen Jahresbeträgen zu entrichten (§ 38 Abs. 6 KStG).
138 Werden sämtliche Aktien verkauft, kann dieser Passus entfallen.
139 Das Körperschaftsteuerguthaben soll die vor 2001 einer Körperschaftsteuer von 40% unterworfenen Gewinne auf die bis 2001 geltende Ausschüttungsbelastung von 30% herunterschleusen. Es wird in 10 Jahresraten von 2008 bis 2017 ausbezahlt (§ 37 Abs. 5 KStG).

Oltmanns

(5) Die Verkäufer oder ein von ihnen benannter Steuerberater sind berechtigt und auf Verlangen der Käufer verpflichtet, an steuerlichen Außenprüfungen (insbesondere an den Schlussbesprechungen) für Veranlagungszeiträume bis zum Übernahmestichtag und an außergerichtlichen und finanzgerichtlichen Verfahren betreffend diese Veranlagungszeiträume teilzunehmen.[140]

§ 9 Steuern und Kosten
(1) Die Steuern, die von den Verkäufern oder ihren Gesellschaftern aus einem aufgrund dieses Vertrags etwa erzielten Veräußerungsgewinn zu entrichten sind, fallen den Verkäufern zur Last.
(2) Eine etwa zum Ansatz kommende Grunderwerbsteuer haben die Käufer zu tragen.
(3) Die Kosten dieses Vertrags und seines Vollzugs haben die Käufer zu tragen. Die Kosten für ihre Berater haben Käufer und Verkäufer je selbst zu tragen.
(4) Die Kosten für den Makler _____ haben die _____ zu tragen.

§ 10 Wettbewerbsverbot
(1) Die Verkäufer verpflichten sich,[141] auf die Dauer von fünf Jahren nach dem Übernahmestichtag weder ein zur AG in Wettbewerb stehendes Unternehmen zu betreiben, noch sich an einem solchen zu beteiligen oder für ein solches in irgendeiner Form tätig zu sein. Das Wettbewerbsverbot gilt nicht, wenn sich der Wettbewerb nicht in _____ auswirkt.[142] Das Wettbewerbsverbot gilt ebenfalls nicht beim Erwerb börsennotierter Aktien zu nicht mehr als 5% des Grundkapitals.
(2) Für jeden Fall des Verstoßes eines Verkäufers gegen das Wettbewerbsverbot ist eine Vertragsstrafe in Höhe von _____ EUR an die Käufer zu zahlen. Bei fortgesetztem Verstoß gilt jeder angefangene Kalendermonat als gesonderter Verstoß. Die Geltendmachung eines höheren Schadens ist den Käufern nicht verwehrt. Eine geleistete Vertragsstrafe ist jedoch auf den Schaden anzurechnen.

§ 11 Vollzugsbestimmung

1. Variante: Abtretung der Mitgliedschaft[143]
Die Verkäufer treten die gem. § 1 verkauften Stückaktien[144] hiermit[145] an die Käufer wie folgt ab:

---

140 Eine „Prozessbeteiligungsklausel" oder „Prozessübernahmeklausel" zugunsten der Verkäufer kann auch für Liefer- und Leistungsbeziehungen sinnvoll sein. Der Käufer möchte jedoch eine Prozessaktivität gegen Kunden der AG möglichst einschränken, um das Geschäftsklima nicht zu belasten. Eventuell kann für einzelne Liefer- oder Leistungsbeziehungen ein Prozessführungsrecht für die Verkäufer (einschließlich Kostentragungsregelung) vereinbart werden.
141 Ggf. „für sich und ihre Gesellschafter".
142 Wegen der Gefahr der Nichtigkeit übermäßig beschränkender Wettbewerbsverbote (vgl. z.B. BGH DB 1989, 1620, BGH ZIP 1994, 61, BGH NJW 1997, 2324) sollte nicht nur eine gegenständliche und zeitliche, sondern auch eine räumliche Eingrenzung des Wettbewerbsverbots vorgenommen werden. Ein ausschließlich wegen überlanger Dauer nichtiges Wettbewerbsverbot kann allerdings im Wege der geltungserhaltenden Reduktion auf eine noch akzeptable Zeitspanne begrenzt werden (vgl. BGH NJW 1991, 699; OLG Stuttgart NJW 2002, 1431). Zeitlich geht die Rechtsprechung heute von einer Höchstdauer von 2 Jahren aus (BGH NJW 1994, 384).
143 Sowohl Inhaber- als auch Namensaktien können gem. §§ 398, 413 BGB durch Abtretung der Mitgliedschaft übertragen werden.
144 Ggf. „einschließlich Aktionärsdarlehen und Nebenrechten".
145 Der Verkäufer ist an einer dinglichen Übertragung erst bei Zahlung des gesamten Kaufpreises interessiert. Der Käufer möchte den dinglichen Übergang möglichst sofort. Ergebnis der Kaufvertragsverhandlungen ist häufig ein Kompromiss: Übergang des Eigentums nach Zahlung der ersten Kaufpreisrate. Als Anwalt des Käufers sollte man schon deshalb auf den bedingungslosen Eigentumsübergang drängen, weil es dem Käufer später den Nachweis seines Eigentums an den Anteilen erheblich erleichtert. Steht der Eigentumsübergang unter Bedingungen, muss beim späteren Beweis der Inhaberschaft stets die Erfüllung dieser Bedingungen (z.B. die vollständige Zahlung der Kaufpreisraten, evtl. zuzüglich Zinsen) nachgewiesen werden. Erfolgt die dingliche Übertragung vor vollständiger Kaufpreiszahlung, so wird der Verkäufer in aller Regel auf eine Sicherung der Kaufpreiszahlung im Wege der Bankbürgschaft oder der Hinterlegung des Kaufpreises bei einem Treuhänder drängen.

- Herr _____ tritt die Stückaktien mit den laufenden Nummern 1 bis _____ an Frau _____ ab.
- Frau _____ tritt die Stückaktien mit den laufenden Nummern _____ bis _____ an Herrn _____ ab.

Die Käufer nehmen die Abtretungen jeweils an.

2. Variante: Übertragung nach dem Depotgesetz[146]
1. Alternative: Sonderverwahrung
Die Verkäufer und die Käufer sind sich einig, dass das Eigentum an den gem. § 1 verkauften Aktien hiermit auf die Käufer wie folgt übergehen soll:
- an den Stückaktien mit den laufenden Nummern 1 bis _____ von Herrn _____ auf Frau _____,
- an den Stückaktien mit den laufenden Nummern _____ bis _____ von Frau _____ auf Herrn _____.

Die Verkäufer treten jeweils ihren bezüglich dieser Stückaktien bestehenden Herausgabeanspruch gegen die X-Bank hiermit an den jeweiligen Käufer ab. Die Käufer nehmen die Abtretungen an.

2. Alternative: Sammelverwahrung
Die Verkäufer und die Käufer sind sich einig, dass das Eigentum an den gem. § 1 verkauften Stückaktien auf die Käufer wie folgt übergehen soll:
- an den Stückaktien mit den laufenden Nummern 1 bis _____ von Herrn _____ auf Frau _____,
- an den Stückaktien mit den laufenden Nummern _____ bis _____ von Frau _____ auf Herrn _____.

Zur Übertragung des Mitbesitzes an den verkauften Stückaktien von den Verkäufern auf die Käufer werden die Verkäufer unverzüglich die Eintragung des jeweiligen Käufers in das von der Clearstream Banking AG geführte Verwahrungsbuch herbeiführen.

3. Variante: Übertragung von Namensaktien durch Indossament[147]
Die Verkäufer und die Käufer sind sich einig, dass das Eigentum an den gem. § 1 verkauften Namensstückaktien auf die Käufer wie folgt übergehen soll:
- an den Stückaktien mit den laufenden Nummern 1 bis _____ von Herrn _____ auf Frau _____,
- an den Stückaktien mit den laufenden Nummern _____ bis _____ von Frau _____ auf Herrn _____.

Zur Bewirkung des Eigentumsübergangs werden die Verkäufer unverzüglich nach Unterzeichnung dieses Aktienkaufvertrages die Namensstückaktien im vorgenannten Verhältnis zugunsten der Käufer indossieren und ihnen übergeben.

---

146 Inhaberaktien, die bei einem Kreditinstitut in Sonderverwahrung oder bei einer Wertpapiersammelbank in Sammelverwahrung verwahrt werden, können nach den Vorschriften des Depotgesetzes übertragen werden. Im Fall der Sonderverwahrung erfolgt die Übertragung gem. §§ 929 ff. BGB durch Einigung über den Eigentumsübergang und Abtretung des Herausgabeanspruchs gegen das verwahrende Kreditinstitut. Im Fall der Sammelverwahrung ist für die Übertragung der Inhaberaktien gem. §§ 929 ff. BGB eine Einigung über den Übergang des Miteigentums an dem Sammeldepot und die Einräumung von Mitbesitz durch eine entsprechende Umbuchung im Verwahrungsbuch (§§ 14, 28 Abs. 2 DepotG) erforderlich. Namensaktien können ebenfalls nach dem Depotgesetz übertragen werden, wenn sie mit einem Blankoindossament versehen sind. Die Eintragung ins Aktienregister ist keine Wirksamkeitsvoraussetzung für die Übertragung, sondern lediglich erforderlich, um die Vermutungswirkung des § 67 Abs. 2 AktG zu begründen (*Hüffer*, AktG, § 68 Rn 3).
147 Gem. § 68 Abs. 1 AktG können Namensaktien durch Indossament, das sich nach den Vorschriften der Art. 12, 13 und 16 WG richtet, übertragen werden. Das bloße Indossament reicht jedoch nicht aus, um den Eigentumsübergang zu bewirken. Hierfür ist gem. §§ 929 ff. BGB eine Einigung über den Eigentumsübergang und eine Übergabe oder ein Übergabesurrogat erforderlich (*MünchGesR/Wiesner*, Bd. 4, § 14 Rn 7). Die Eintragung ins Aktienregister ist auch hier keine Wirksamkeitsvoraussetzung. Das Indossament entfaltet zugunsten des Indossatars die besondere Legitimationswirkung des Art. 16 Abs. 1 WG i.V.m. § 68 Abs. 1 S. 2 AktG und ermöglicht nach Art. 16 Abs. 2 WG i.V.m. § 68 Abs. 1 S. 2 AktG den gutgläubigen Erwerb trotz Abhandenkommens (*Hüffer*, AktG, § 68 Rn 4). Gegebenenfalls sind Beschränkungen der Übertragbarkeit von Namensaktien gem. § 68 Abs. 2 AktG (Vinkulierung) zu beachten.

§ 12 Kartellrechtliche Anmeldung
(1) Die Parteien haben aufgrund einer informellen Anfrage beim Bundeskartellamt bereits die Auskunft erhalten, dass dem Aktienkauf als Zusammenschluss i.S.v. § 37 GWB voraussichtlich keine kartellrechtlichen Bedenken entgegenstehen.
(2) Die Parteien werden unverzüglich gemeinsam den Beteiligungskauf anmelden i.S.v. § 39 GWB.
(3) Die Wirksamkeit der §§ 1 bis 11 steht unter den aufschiebenden Bedingungen, dass das Bundeskartellamt
    a)   den Zusammenschluss freigibt oder
    b)   die Mitteilung macht, dass es nicht in das Hauptprüfungsverfahren eingetreten ist, oder
    c)   die Monatsfrist des § 40 Abs. 1 GWB verstreichen lässt, ohne Mitteilung über den Eintritt in das Hauptprüfungsverfahren gemacht zu haben, oder
    d)   die Viermonatsfrist des § 40 Abs. 2 GWB verstreichen lässt, ohne dass ein Fall von § 40 Abs. 2 Satz 4 GWB vorliegt, und deshalb die Freigabe fingiert wird.
Die Parteien haben sich unverzüglich vom Wirksamwerden der §§ 1 bis 11 wegen Eintritts einer der vorgenannten Bedingungen in Kenntnis zu setzen.
(4) Ist eine der aufschiebenden Bedingungen nicht bis zum _____ eingetreten, so werden §§ 1 bis 11 endgültig unwirksam.
Keine Partei kann in diesem Fall Ansprüche gegen die andere wegen dieses Vertrags und seiner Vorbereitung erheben. Die Käufer sind in diesem Falle verpflichtet, sämtliche Kenntnisse, die sie im Rahmen des Aktienkaufs erworben haben, geheim zu halten und Personen, denen sie diese Kenntnisse weitergegeben haben, ebenfalls zur Geheimhaltung zu verpflichten. Von den Verkäufern, der AG oder den Beteiligungsgesellschaften erhaltene Gegenstände (insbesondere Dokumente) und selbst gefertigte Kopien, sind unverzüglich herauszugeben, diesbezügliche Daten sind zu löschen.
Erlässt das Bundeskartellamt Bedingungen oder Aufl.n, so sollen die Parteien diesen – soweit zumutbar – nachkommen.[148]
(5) Bis zum Wirksamwerden der §§ 1 bis 11 gem. Abs. 3, längstens jedoch bis zu deren endgültigen Unwirksamkeit gem. Abs. 4, haben die Verkäufer dafür Sorge zu tragen, dass das Unternehmen der AG ohne Zustimmung der Käufer nicht wesentlich verändert wird.[149]
(6) Nach Wirksamwerden der §§ 1 bis 11 haben die Parteien dem Bundeskartellamt den Vollzug des Zusammenschlusses unverzüglich anzuzeigen (§ 39 Abs. 6 GWB).

§ 13 Schlussbestimmungen
(1) Auf diesen Vertrag ist deutsches Recht unter Ausschluss der Kollisionsnormen anwendbar.
(2) Dieser Vertrag wird in deutscher Sprache abgeschlossen und ins Englische übersetzt. Maßgeblich ist der deutsche Vertragswortlaut.[150]
(3) Nebenabreden sind nicht getroffen.

---

[148] Da unvorhersehbar ist, welche Bedingungen oder Aufl.n (§ 40 Abs. 3 GWB) das Bundeskartellamt erlässt und ob deren Erfüllung für den/die Beteiligten zumutbar ist, muss die Klausel vage bleiben.
[149] Die Beibehaltung des Status quo ist in der Praxis oft kaum möglich oder sinnvoll. Gleichwohl sollte zumindest eine Verhaltensregel für den Verkäufer aufgestellt werden, dass bis zur kartellrechtlichen Freigabe keine tief greifenden Veränderungen ohne Zustimmung des Käufers vorgenommen werden sollen (sog. Conduct-of-Business-Klausel). Bei der Ausgestaltung einer Conduct-of-Business-Klausel ist darauf zu achten, dass mit der Klausel kein Zusammenschlusstatbestand i.S.v. § 37 Abs. 1 GWB oder Art. 3 Abs. 2 FKVO ausgelöst wird. Anderenfalls würde die Durchführung der Klausel bereits gegen das Vollzugsverbot verstoßen mit der Folge der Unwirksamkeit der auf der Grundlage der Klausel getätigten Rechtsgeschäfte (*Mielke/Welling*, BB 2007, 277, 283).
[150] Bei Verträgen unter Beteiligung von Ausländern ist die Festlegung von Vertragssprache und anwendbarem Recht ein ganz wesentlicher Verhandlungspunkt, der unbedingt ganz zu Anfang der Verhandlungen geklärt werden muss. Das anwendbare Recht richtet sich üblicherweise nach der Belegenheit des Kaufgegenstandes, also deutsches Recht beim Kauf deutscher GmbH-Anteile oder Vermögensgegenstände. Bei der Vertragssprache trifft man sich häufig „in der Mitte", mit anderen Worten, die Parteien akzeptieren Englisch als Fremdsprache beider Parteien.

(4) Änderungen und Ergänzungen dieses Vertrages bedürfen zu ihrer Wirksamkeit der Schriftform, sofern nicht notarielle Beurkundung erforderlich ist.
(5) Erfüllungsort und Gerichtsstand[151] ist, soweit gesetzlich zulässig,[152] der Sitz der AG.
(6) Die Verkäufer haften für ihre Verpflichtungen aus diesem Vertrag als Gesamtschuldner. Mitteilungen und sonstige Erklärungen der Käufer an die Verkäufer sind mit Wirkung gegenüber allen Verkäufern an _____ zu richten.
(7) Die Käufer haften für ihre Verpflichtungen aus diesem Vertrag als Gesamtschuldner. Mitteilungen und sonstige Erklärungen der Verkäufer an die Käufer sind mit Wirkung gegenüber allen Käufern an _____ zu richten.
(8) Verkäufer und Käufer werden sich über Zeitpunkt, Art und Inhalt der externen und internen Publikation des Aktienkaufs abstimmen.
(9) Dieser Vertrag ersetzt sämtliche vorherigen Vereinbarungen und Erklärungen der Verkäufer und der Käufer in Bezug auf den Kaufgegenstand.
(10) Die Vertragsparteien verpflichten sich, sämtliche Handlungen vorzunehmen, die für eine reibungslose Umsetzung dieses Aktienkaufes zweckdienlich sind.
(11) Sollten einzelne Bestimmungen des Vertrags unwirksam sein oder werden, so wird dadurch die Gültigkeit des übrigen Vertragsinhalts nicht berührt. Die weggefallene Bestimmung ist durch eine Regelung zu ersetzen, die dem wirtschaftlichen Zweck der weggefallenen Bestimmung möglichst nahe kommt.
_____ (Unterschriften)

VI. Muster: Kauf sämtlicher Gesellschaftsanteile/Geschäftsanteile einer GmbH & Co. KG[153]   M 297

Urkundenrolle Nr. _____
Geschehen _____
Vor mir, dem Notar _____,[154, 155, 156, 157]

103

---

151 Oder: „Streitigkeiten aus diesem Vertrag werden unter Ausschluss der ordentlichen Gerichte durch ein Schiedsgericht aufgrund gesondert abzuschließender Schiedsgerichtsvereinbarung von heute entschieden"; auch Integration einer Schiedsklausel in den Vertrag ist zulässig, nicht jedoch bei Beteiligung eines Verbrauchers (§ 1031 Abs. 1, 5 ZPO).
152 Bei Beteiligung von inländischen Nichtkaufleuten ist die Gerichtsstandsklausel für diese unwirksam (§ 38 Abs. 1 ZPO).
153 Das Muster geht von dem Normalfall der GmbH & Co. KG aus, bei dem die GmbH einzige persönlich haftende Gesellschafterin der KG und nicht an deren Vermögen beteiligt ist und die Kommanditisten gleichzeitig einzige Gesellschafter der GmbH sind – sowie das Unternehmen von der KG geführt wird.
154 Vgl. oben Rn 49–52.
155 Die Übertragung von Kommanditanteilen ist – anders als die Übertragung von GmbH-Anteilen – formfrei. Ist jedoch bei einem einheitlichen Geschäft nur ein Teil beurkundungspflichtig, so gilt dies für das gesamte Geschäft (*Palandt/Heinrichs*, § 125 Rn 7). Bei einem Verkauf von Anteilen an einer Komplementär-GmbH und des Kommanditanteils an der KG, der zwischen den gleichen Personen stattfindet, wird man von einem einheitlichen Geschäft ausgehen müssen (BGH NJW 1986, 2642; vgl. auch BGH GmbHR 2001, 815). Man kann sich allerdings die Frage stellen, ob die Beurkundung des meist wesentlich kostenträchtigeren Vertrags über die Kommanditanteile vermieden werden kann, indem man den genannten Vertrag privatschriftlich abschließt und anschließend nur die dingliche Übertragung der GmbH-Anteile beurkundet. Grundsätzlich tritt ja nach § 15 Abs. 4 S. 2 GmbHG Heilungswirkung ein (so etwa für GmbH- und Kommanditanteile *Baumbach/Hopt*, Anh. § 177a, Rn 48, *Wiesbrock*, DB 2002, 2311, 2313; str.). Gegen dieses kostensparende Vorgehen könnte man jedoch vorbringen, die Heilung erstrecke sich nur auf den Verkauf der GmbH-Anteile (§ 15 Abs. 4 S. 2 GmbHG bezieht sich auf § 15 Abs. 4 S. 1 GmbHG, der nur den Verkauf von GmbH-Anteilen regelt), nicht jedoch auf den gleichzeitigen Verkauf mit Abtretung des Kommanditanteils (der indessen nur wegen des GmbH-Anteilsverkaufs beurkundungspflichtig wird). In der Literatur wird überwiegend eine Heilung auch der Kommanditanteilsübertragung angenommen (vgl. *Ettinger/Wolff*, GmbHR 2002, 890, 895 m.w.N.). Eine höchstrichterliche Ansicht gibt es zu dieser Frage nicht. Will man „auf Nummer sicher gehen", muss man GmbH-Anteils- und Kommanditanteilsverkäufe und -abtretungen beurkunden.

erschienen:
1. Herr _____, wohnhaft _____
   handelnd sowohl im eigenen Namen, als auch als von den Beschränkungen des § 181 BGB befreiter Vertreter für
   Frau _____, wohnhaft _____
   aufgrund schriftlicher[158] Vollmacht vom _____, die im Termin in Urschrift vorlag und als *Anlage* zu dieser Urkunde genommen wird;
2. Herr _____ wohnhaft _____,
   US-amerikanischer Staatsbürger, der deutschen Sprache hinreichend mächtig,
   handelnd nicht im eigenen Namen, sondern als President and Chief Executive Officer der _____ Inc. mit Sitz in _____ mit dem Recht, die _____ Inc. einzeln zu vertreten; Vertretungsbescheinigung erfolgt durch Certificate des Secretary der _____ Inc. vom _____, das im Termin in Urschrift vorlag und als *Anlage* zu dieser Urkunde genommen wird.
3. Frau _____ *(Käufer)*
4. Herr _____ *(Geschäftsführer der GmbH)*
5. Frau _____ *(Geschäftsführerin der GmbH)*

Der Notar fragte nach einer Vorbefassung i.S.v. § 3 Abs. 1 Nr. 7 BeurkG. Sie wurde von den Beteiligten verneint.

Die Erschienenen wiesen sich aus durch Vorlage _____. Sie sind nach Überzeugung des Notars unzweifelhaft geschäftsfähig[159] und erklärten mit der Bitte um Beurkundung:

Beteiligungskaufvertrag

Vorbemerkung
(1) An der im Handelsregister des Amtsgerichts _____ unter HRB _____ eingetragenen Firma _____ GmbH

---

156 Die Pflicht, ein beurkundungspflichtiges Rechtsgeschäft insgesamt zu beurkunden, erstreckt sich auch auf die Anlagen (vgl. BGH NJW 2002, 142, 143 m.w.N.; a.A. *Hadding*, ZIP 2003, 2133). Diese sind mitunter sehr umfangreich, ihre Verlesung im Beurkundungstermin ist entsprechend zeitraubend und ermüdend. Gelegentlich nehmen Notare deshalb gewisse Anlagen ohne Verlesung zum Beurkundungsdokument. Dies ist äußerst riskant und kann die Wirksamkeit des Vertrags insgesamt gefährden. Zweckmäßig ist in Fällen umfangreicher Anlagen vielmehr eine vorgezogene Beurkundung der Anlagen durch die beteiligten Rechtsanwälte oder Notarangestellten für die Parteien; dadurch wird im eigentlichen Beurkundungstermin ein Verlesen dieser Anlagen entbehrlich (§ 13a Abs. 1 BeurkG). § 14 BeurkG i.d.F. v. 31.8.1998 bringt eine gewisse Erleichterung mit sich, die sich jedoch auf Bilanzen, Inventare u.Ä. beschränkt.
157 Sind an einem Unternehmenskauf ausländische Parteien beteiligt, so wird häufig eine Fremdsprache (meist Englisch) als Vertragssprache gewünscht. Auch die Beurkundung vor einem deutschen Notar kann in einer Fremdsprache erfolgen, sofern der Notar dieser Fremdsprache mächtig ist. Es ist anzustreben, dass alle Beteiligten die Vertragssprache beherrschen, da anderenfalls bei notarieller Beurkundung eine Übersetzung im Beurkundungstermin erforderlich wird (§ 16 BeurkG), oder dass die vertragssprachunkundigen Beteiligten eine vertragssprachkundige Person bevollmächtigen. Häufig trifft man auch gemischtsprachige Urkunden an, in denen die Eingangs- und Schlussformeln in Deutsch, der übrige Vertragstext in einer Fremdsprache abgefasst ist, oder in denen der ganze Vertragstext in zwei Sprachen (z.B. synoptisch dargestellt) enthalten ist. Die Verlesung des Textes in einer einzigen Sprache genügt.
158 Die Vollmacht bedarf trotz § 15 Abs. 3 und 4 GmbHG nicht der notariellen Form (§ 167 Abs. 2 BGB). Im Hinblick auf die Eintragung des Kommanditistenwechsels im Handelsregister ist eine notarielle Beglaubigung der Vollmacht jedoch empfehlenswert (§ 13 S. 3 FGG) und, wenn die Anmeldung zum Handelsregister in Vollmacht erfolgen soll, zwingend erforderlich (§ 12 Abs. 2 HGB).
159 Bei verheirateten Vertragsparteien sollte im Hinblick auf § 1419 BGB (Gesamtgut bei Gütergemeinschaft) bzw. § 1365 BGB (Verfügung über das Vermögen im Ganzen bei Zugewinngemeinschaft) der Güterstand geprüft werden. Bei Beteiligung von Minderjährigen ist auf die ordnungsgemäße Vertretung und ggf. Einholung der vormundschaftsgerichtlichen bzw. familiengerichtlichen Genehmigung (§§ 1643 Abs. 1, 1822 Nr. 3 BGB, vgl. OLG Hamm FamRZ 1984, 1036) zu achten.

mit dem Sitz in _____
– nachstehend „GmbH" genannt –
mit einem Stammkapital von _____ EUR sind mit den nachstehenden Geschäftsanteilen beteiligt:
  1. _____ mit _____ Geschäftsanteilen mit den laufenden Nummern _____ bis _____ im Nennbetrag von je _____ EUR, insgesamt EUR _____ (= _____ % des Stammkapitals)
  2. _____ mit _____ Geschäftsanteilen mit den laufenden Nummern _____ bis _____ im Nennbetrag von je _____ EUR, insgesamt EUR _____ (= _____ % des Stammkapitals)
– nachstehend auch „Verkäufer" genannt –
(2) An der im Handelsregister des Amtsgerichts _____ unter HRA _____ eingetragenen Firma _____ GmbH & Co. KG
mit dem Sitz in _____
– nachstehend „KG" genannt –
mit einem Gesellschaftskapital von _____ EUR sind mit den nachstehenden Gesellschaftsanteilen beteiligt:
  1. als persönlich haftende Gesellschafterin ohne Kapitalanteil
     _____ GmbH mit dem Sitz in _____
  2. als Kommanditisten
     a) Herr _____ mit einem Kommanditanteil von _____ EUR;
     b) Frau _____ mit einem Kommanditanteil von _____ EUR.
(3) Die Verkäufer haben der KG Darlehen mit folgenden Darlehens- und Zinsständen von heute gewährt: _____.
(4) Die KG ist an folgenden Gesellschaften beteiligt:
  a) _____ Inc./U.S.A.
     mit _____ Shares im Nennbetrag von jeweils _____ US-$
     (= _____ % des Nennkapitals);
  b) _____ GmbH
     mit dem Sitz in _____
     mit Geschäftsanteilen von _____ EUR und _____ EUR.
Diese Gesellschaften werden im Folgenden zusammen „Beteiligungsgesellschaften" genannt.
(5) Die Verkäufer beabsichtigen, ihre sämtlichen Anteile an der GmbH und an der KG an _____ und _____
– nachstehend auch „Käufer" genannt –
zu verkaufen, welche diese Anteile zu erwerben beabsichtigen.
(6) Eingedenk dessen schließen Verkäufer und Käufer nachfolgenden

Beteiligungskaufvertrag

§ 1 Vertragsgegenstand
(1) Die Verkäufer verkaufen an die Käufer ihre in Abs. 1 der Vorbemerkung bezeichneten Geschäftsanteile an der GmbH, und zwar[160]
  1. _____ Geschäftsanteile mit den laufenden Nummern _____ bis _____ an _____, und
  2. _____ Geschäftsanteile mit den laufenden Nummern _____ bis _____ an _____.

---

[160] Wegen des Bestimmtheitsgrundsatzes ist die genaue Bezeichnung der Geschäftsanteile erforderlich, nicht nur „im Gesamtnennbetrag von [...] EUR" (es sei denn, alle Anteile werden an einen einzigen Erwerber abgetreten). Ggf. ist vorherige Teilung erforderlich; seit dem MoMiG (2008) ist Umstellung auf 1-Euro-Geschäftsanteile üblich (falls noch nicht geschehen). Bei mehreren Käufern sollte klargestellt werden, ob die Geschäftsanteile je einzeln, in Bruchteilsgemeinschaft oder zur gesamten Hand erworben werden.

Oltmanns

(2) Die Verkäufer verkaufen an die Käufer ihre in Abs. 2 der Vorbemerkung bezeichneten Kommanditanteile an der Kommanditgesellschaft,[161] und zwar an[162]
    1. _____
    2. _____

§ 2 Übernahmebilanzen

(1) Dem Kauf werden die von Verkäufer und Käufer gemeinschaftlich[163] auf den Übernahmestichtag zu erstellenden Übernahmebilanzen der KG, GmbH und der Beteiligungsgesellschaften nebst dazugehörenden Inventaren[164] zugrunde gelegt.

(2) Die Übernahmebilanz der KG (KG-Übernahmebilanz) und der GmbH (GmbH-Übernahmebilanz) und die zugehörigen Inventare sind nach den für die Jahresabschlüsse der Gesellschaften geltenden gesetzlichen Vorschriften, zu erstellen.[165] Soweit sich nach vorstehend Satz 1 nichts anderes ergibt, sind die bisher von der KG und der GmbH angewandten Bilanzierungs- und Bewertungsmethoden, Abschreibungssätze und sonstigen Gepflogenheiten zu beachten und die bisherigen Buchwerte fortzuführen.

(3) Die Übernahmebilanzen und Inventare der Beteiligungsgesellschaften sind nach den für den Jahresabschluss der betreffenden Beteiligungsgesellschaften jeweils geltenden nationalen gesetzlichen Vorschriften sowie den jeweiligen nationalen Grundsätzen ordnungsmäßiger Buchführung und Bilanzierung zu erstellen. Soweit nicht zwingende nationale Vorschriften entgegenstehen, sind die bisher von den Beteiligungsgesellschaften angewandten Bilanzierungs- und Bewertungsmethoden, Abschreibungssätze und sonstigen Gepflogenheiten zu beachten und die bisherigen Buchwerte fortzuführen.

---

161 Ggf. „einschließlich Gesellschafterdarlehen und Nebenrechten (insbesondere Zinsansprüchen) gem. Abs. 3 der Vorbemerkung"; sollen die Gesellschafterdarlehen nicht mitverkauft werden, so sind Laufzeit und Verzinsung besonders zu regeln und ist eventuell eine Garantie des Käufers für die fristgerechte Rückzahlung zu vereinbaren. Für die Feststellung des Wertes und der Rückzahlbarkeit der Darlehen sollte man sich darüber Klarheit verschaffen, ob es sich um kapitalersetzende Darlehen handelt. Auf die genaue Bezeichnung der Konten, die bei Kommanditgesellschaften sehr unterschiedlich sein kann, sollte Wert gelegt werden und frühzeitig geklärt werden, welche Konten „mit im Kaufpreis inbegriffen sind", also mitabgetreten werden und welche bei den Veräußerern verbleiben und dann hinsichtlich Laufzeit und Verzinsung besonders zu regeln sind.
162 Bei mehreren Verkäufern oder/und Käufern ist genau anzugeben, welcher Verkäufer an welchen Käufer welchen (Teil-)Gesellschaftsanteil verkauft. Verkaufen etwa Verkäufer 1 und 2 ihren jeweiligen Gesellschaftsanteil je hälftig an Käufer 1 und 2, so vereinigen sich die erworbenen Teilgesellschaftsanteile bei jedem der Käufer wieder zu einem einheitlichen Gesellschaftsanteil.
163 Alternativ kann man die Aufstellung der Übernahmebilanzen durch die Verkäufer oder die GmbH vorsehen und den Käufern in Abs. 5 ein Nachprüfungsrecht einräumen. Erfahrungsgemäß lassen sich jedoch unterschiedliche Standpunkte vor der endgültigen Festlegung der Verkäuferseite leichter versöhnen als nach Fixierung in den Übernahmebilanzen.
164 Wie konkret die Inventare sein müssen, ist eine Frage des Einzelfalls. Evtl. sollte der Käufer darauf drängen, dass gewisse Gegenstände oder Arten von Gegenständen, auf die es ihm besonders ankommt, in den Inventaren differenzierter aufgelistet werden müssen als andere.
165 Die Höhe des Kaufpreises steht üblicherweise in einer gewissen Beziehung zur Höhe des buchmäßigen Eigenkapitals, vgl. § 3 Abs. 2 (falls nicht – wie aus der anglo-amerikanischen Praxis importiert – der Kaufpreis als Festbetrag abzüglich der „Nettofinanzverbindlichkeiten" bestimmt wird, vgl. Rn 16). Der Käufer ist bei Anknüpfung des Kaufpreises an das Eigenkapital daran interessiert, dieses möglichst konservativ zu ermitteln und somit niedrig festzusetzen. Ihm ist deshalb eine Regelung am liebsten, die an die „Ausnutzung aller zulässigen Wahlrechte und Möglichkeiten zur Minderung des Gewinns" anknüpft. Der Verkäufer möchte dagegen am liebsten eine uneingeschränkte Geltung des Stetigkeitsprinzips, also die Beibehaltung der bisher angewandten Bilanzierungsmethoden. Einigt man sich auf die Geltung des Stetigkeitsprinzips, so muss sich der Käufer detailliert informieren, wie der Verkäufer handelsrechtliche Wahlrechte ausübt und welchen Einfluss diese Ausübung auf das Eigenkapital hat. Ggf. muss der Käufer den Eigenkapitaleffekt dieser Wahlrechtsausübung in die Höhe des zu fordernden Eigenkapitals einberechnen. Seit dem BilMoG (2009) sind die handelsrechtlichen Wahlrechte zwar sehr eingeschränkt, können aber im Einzelfall gleichwohl enormen Einfluss auf das Eigenkapital haben, z.B. bei der Einberechnung angemessener Anteile der Verwaltungskosten, Sozialkosten, betrieblichen Altersversorgung sowie herstellungsbezogener Zinsen in die Herstellungskosten, § 255 Abs. 2 S. 3 und Abs. 3 HGB.

(4) Abweichend von den vorstehenden Regelungen sind in den Übernahmebilanzen der KG, GmbH bzw. der Beteiligungsgesellschaften
   a) mit nachstehenden Werten anzusetzen:[166]
      aa) die Grundstücke und Gebäude mit _____ EUR
      bb) das bewegliche Anlagevermögen mit _____ EUR
      cc) die Beteiligungen an den Beteiligungsgesellschaften mit _____ EUR
      dd) die Patente, Marken, sonstigen immateriellen Wirtschaftsgüter und das Know-how mit _____ EUR
      ee) der Auftragsbestand mit _____ EUR
      ff) der Geschäftswert mit _____ EUR;
   b) bei der Bewertung von Vorräten und Forderungen Abschläge aufgrund steuerlicher Begünstigungen (Sonderabschreibungen, Bewertungsabschläge etc.) nicht vorzunehmen.
(5) Kommt eine Einigung über die in die Übernahmebilanzen einzustellenden Aktiven und Passiven oder deren Bewertung nicht bis zum _____ zustande, so entscheidet ein Sachverständiger als Schiedsgutachter verbindlich für Käufer und Verkäufer. Der Sachverständige wird von den Käufern und Verkäufern gemeinschaftlich benannt. Erforderlichenfalls gilt der auf Antrag eines Vertragsteils von der für den Sitz der KG zuständigen Industrie- und Handelskammer benannte Sachverständige als von beiden Parteien bestellt. Die Kosten des Sachverständigen tragen Käufer und Verkäufer je zur Hälfte.

§ 3 Kaufpreis
(1) Als Kaufpreis haben die Käufer zu entrichten: _____ EUR (i.W. _____ EUR).
(2) Unterschreitet das in der KG-Übernahmebilanz ausgewiesene Eigenkapital den Betrag von _____ EUR oder das in der GmbH-Übernahmebilanz ausgewiesene Eigenkapital den Betrag von _____ EUR, so vermindert sich der Kaufpreis um den Differenzbetrag. Als Eigenkapital gilt das Eigenkapital i.S.v. § 266 Abs. 3 HGB abzüglich der Eigenkapitalminderung, die durch die nach dem Übernahmestichtag an die Verkäufer erfolgten oder noch zu erfolgenden Entnahmen, Ausschüttungen von Dividenden oder andere Vermögensminderungen zugunsten der Verkäufer eintritt.[167]
(3) In Anrechnung auf den Kaufpreis übernehmen die Käufer mit Wirkung vom Übernahmestichtag die auf Darlehens- oder sonstigen Konten verbuchten Verbindlichkeiten der Verkäufer gegenüber der KG oder GmbH.
(4) Der Restkaufpreis ist vom Übernahmestichtag an mit 3 % über Basiszinssatz p.a. (Vertragszinssatz) zu verzinsen und wie folgt zu tilgen:
   a) in Höhe von _____ EUR (*z.B. 70% des Kaufpreises*) bis zum Ablauf des _____ [168] (1. Kaufpreisrate);
   b) in Höhe von _____ EUR (*z.B. 85% des danach verbleibenden Restkaufpreises*) bis zum Ablauf des dritten Bankarbeitstags nach Vorliegen der verbindlichen Übernahmebilanzen bei den Käufern (2. Kaufpreisrate);[169]

---

[166] Einige oder alle dieser Bilanzkorrekturen sind dann sinnvoll, wenn sich die Parteien über die Höhe von stillen Reserven in bestimmten Wirtschaftsgütern einig sind und diese stillen Reserven besonders vergütet werden sollen.
[167] Entsprechende Regelungen können für die Beteiligungsgesellschaften – ggf. angepasst nach dem jeweils anwendbaren nationalen Recht – sinnvoll sein. Jedoch muss eine Verdoppelung des Anpassungseffekts vermieden werden, etwa durch die Regelung: „Eine Verminderung des Kaufpreises wegen Unterschreitung des Eigenkapitals bei einer Beteiligungsgesellschaft kommt jedoch nicht in Betracht, soweit der Beteiligungsansatz in der Übernahmebilanz wegen dieser Unterschreitung herabgesetzt wird."
[168] Z.B. „dritter Bankarbeitstag nach Vertragsschluss". Der Klarheit wegen sollte man ein konkretes Datum angeben. Im Falle eines kartellrechtlichen Anmeldeverfahrens (§ 12) muss es heißen „dritter Bankarbeitstag nach Wirksamwerden der §§ 1 bis 11 gem. § 12".
[169] Die Verkäufer verlangen häufig eine selbstschuldnerische Bankgarantie auf erstes Anfordern für später zu zahlende Kaufpreisraten. Als Sicherheit kommen auch in Frage eine Garantie der Muttergesellschaft der Käufer oder Grundschulden auf Grundstücken der GmbH oder der Käufer.

c) in Höhe des Restbetrags bis zum Ablauf des _____[170] (3. Kaufpreisrate).
Die Zinsen sind jeweils mit den Tilgungsraten zu entrichten. Vorzeitige Tilgungen sind jederzeit zulässig.
(5) Zahlungen haben mit schuldbefreiender Wirkung zu erfolgen auf folgendes gemeinschaftliche Konto der Verkäufer: Konto Nr. _____ bei der _____ Bank (BLZ _____).
(6) Die Abtretung von Kaufpreisansprüchen ist ausgeschlossen.
(7) Ergibt sich ein negativer Kaufpreis oder eine Überzahlung, so ist er/sie den Käufern nebst Zinsen zum Vertragszinssatz ab Übernahmestichtag bzw. ab Überzahlung zu erstatten.

§ 4 Übernahmestichtag, Gewinnbezugsrecht
Übernahmestichtag ist der _____, 24.00 Uhr.[171] Von diesem Zeitpunkt an stehen die auf die verkauften Geschäftsanteile zur Ausschüttung kommenden Dividenden und die auf die verkauften Kommanditanteile entfallenden Gewinn- und Verlustanteile den Käufern zu. Gewinn- und Verlustanteile der Verkäufer bis zum Übernahmestichtag sind mit dem Kaufpreis abgegolten.[172]

§ 5 Geschäftsführung
(1) Frau _____ und Herr _____ – nachstehend „ausscheidende Geschäftsführer" – werden mit Wirkung vom _____ aus der Geschäftsführung der GmbH ausscheiden. Die Käufer haften dafür, dass die ausscheidenden Geschäftsführer die ihnen bis zu ihrem Ausscheiden aus der Geschäftsführung nach den getroffenen Vereinbarungen zustehenden Vergütungen erhalten.
Die Verkäufer haften dafür, dass die Anstellungsverhältnisse zwischen der GmbH und den ausscheidenden Geschäftsführern mit Wirkung vom _____ beendet sind und den ausscheidenden Geschäftsführern mit Ausnahme der in *Anlage zu § 5 Abs. 1* bezeichneten Ansprüche[173] keine Ansprüche gegen die GmbH/KG oder eine der Beteiligungsgesellschaften haben.
(2) Frau _____ und Herr _____ werden der GmbH noch mindestens bis zum _____ als Geschäftsführer zur Verfügung stehen und schließen hiermit mit der GmbH die in *Anlage zu § 5 Abs. 2* enthaltenen Geschäftsführerdienstverträge ab. Kündigt einer dieser Geschäftsführer seinen Anstellungsvertrag zu einem früheren Zeitpunkt, ohne dass die GmbH dazu einen wichtigen Grund gesetzt hätte, oder wird einem dieser Geschäftsführer wegen Vorliegens eines wichtigen Grundes gekündigt, so vermindert sich der Kaufpreis um _____ EUR. Betrifft die Kündigung beide Geschäftsführer, so vermindert sich der Kaufpreis um _____ EUR.[174]

---

170 Z.B. „dritter Bankarbeitstag nach Ablauf der zweijährigen Frist gem. § 7 Abs. 5". Der Klarheit wegen sollte man ein konkretes Datum angeben.
171 Das Muster geht davon aus, dass der Übernahmestichtag kurz vor Vertragsschluss liegt und eine Inventur zum Übernahmestichtag stattgefunden hat, die Übernahmebilanz jedoch noch nicht aufgestellt ist. Der Übernahmestichtag sollte jedoch nicht mehr als drei Monate vor Vertragsschluss liegen. Ideal, in der Praxis aber häufig undurchführbar, ist das Zusammenfallen von Übernahmestichtag und Geschäftsjahresende. Soll der Übernahmestichtag erst *nach* dem Vertragsschluss liegen, müssen verschiedene Regelungen angepasst werden, insbesondere sollte in § 2 ein neuer Abs. 4 eingefügt werden: „Die Käufer oder ihre Beauftragten haben das Recht, an der Inventuraufnahme bei der GmbH und den Beteiligungsgesellschaften zum Übernahmestichtag teilzunehmen." Ferner kann § 6 Abs. 1d) (Übergangsphase) entfallen. Der dingliche Übergang der Anteile (§ 11) sollte in diesem Fall erst zum Übernahmestichtag wirksam werden.
172 Soll der Gewinn der KG nicht pauschal durch den Kaufpreis abgegolten werden, sondern noch den Verkäufern gebühren (von diesen ist er auch zu versteuern), so ist alternativ folgende Regelung zu empfehlen: „Der auf die verkauften Kommanditanteile entfallende Jahresüberschuss bis zum Übernahmestichtag, wie in einer Bilanz zum Übernahmestichtag unter strikter Anwendung des Stetigkeitsprinzips ermittelt, gebührt den Verkäufern. Der Anspruch ist am [...] fällig."
173 Z.B. laufendes Gehalt bis zum Ausscheidenszeitpunkt, Abfindung, Altersversorgungsanwartschaften, Urlaubsrückstände.
174 Häufig ist die Fortsetzung der Geschäftsführung durch die bisherigen Geschäftsführer ein unverzichtbarer Faktor für den Käufer, der mit seinem Kaufpreis zu einem Teil das Know-how dieser Geschäftsführer vergüten will.

Oltmanns

§ 6 Garantien

(1) Die Verkäufer übernehmen – zum Übernahmestichtag und zum Zeitpunkt der dinglichen Übertragung, sofern nicht nachfolgend anderweitig geregelt – die nachstehenden Garantien im Sinne eines selbständigen Garantievertrages gem. § 311 Abs. 1 BGB und nach Maßgabe von § 7 dieses Vertrages. Die Parteien sind sich einig, dass es sich dabei nicht um Beschaffenheitsgarantien i.S.v. § 444 BGB handelt.[175]

a) Rechtliche Grundlagen

1. Der Gesellschaftsvertrag der GmbH in der Fassung vom _____ und der Gesellschaftsvertrag der KG in der Fassung vom _____ bestehen unverändert fort, eine Änderung ist nicht beschlossen, und es bestehen keine weiteren Vereinbarungen zwischen den Verkäufern oder Angehörigen der Verkäufer i.S.v. § 15 Abgabenordnung einerseits und der KG/GmbH andererseits.
2. Die verkauften Kommanditanteile gehören den Verkäufern, unterliegen keinen Verfügungsbeschränkungen, sind voll einbezahlt, nicht zurückbezahlt[176] und nicht mit Rechten Dritter belastet, weitere Kommanditisten sind nicht vorhanden und die GmbH ist der einzige persönlich haftende Gesellschafter der KG.
3. Die Eigentumsverhältnisse hinsichtlich der Beteiligungsgesellschaften sind in der Vorbemerkung zutreffend dargestellt, diese Beteiligungen unterliegen keinen Verfügungsbeschränkungen, sind voll einbezahlt, nicht zurückbezahlt und nicht mit Rechten Dritter belastet.
4. Andere als die in Nr. 1 bis 3 genannten gesellschaftsrechtlichen Beziehungen der KG sowie Unternehmensverträge und Kooperationsverträge mit anderen Unternehmen bestehen nicht.

b) Finanzielle Verhältnisse

1. Die den Käufern überreichten Jahresabschlüsse der KG für die Geschäftsjahre _____ und _____ entsprechen den gesetzlichen Vorschriften und den Grundsätzen ordnungsmäßiger Buchführung und Bilanzierung und geben die Vermögens-, Finanz- und Ertragslage der KG zutreffend wieder.
2. Den Käufern ist von den Verkäufern nach bestem Wissen vollständig und umfassend – mündlich oder schriftlich – Auskunft über alle den Verkäufern bekannten Umstände erteilt worden, die zur Beurteilung der jetzigen und künftigen Vermögens-, Finanz- und Ertragslage der KG von nicht unerheblicher Bedeutung sind. Die erteilten Auskünfte und überreichten Unterlagen sind, soweit letztere eigene Erklärungen der Verkäufer oder der Geschäftsführer oder sonstiger leitender Angestellter der KG enthalten,[177] richtig.
3. Der Jahresüberschuss der KG[178] nach Abzug von Wertaufholungserträgen und von außerordentlichen Veräußerungserträgen im laufenden[179] und im vorausgegangenen Geschäftsjahr beträgt je

---

[175] Es ist gängige Praxis, dass sich die Parteien von Unternehmens- bzw. Beteiligungskaufverträgen durch Vereinbarung einer Reihe von selbständigen Garantien ein individuelles Gewährleistungsregime schaffen. Dabei empfiehlt sich, ausdrücklich klarzustellen, dass die selbständigen Garantien von vornherein unter Einschränkungen (s. § 7) abgegeben werden und nicht dem § 444 BGB unterfallen sollen, wenngleich das Verbot der Haftungseinschränkung bei Übernahme einer Garantie (§ 444 BGB i.d.F. vor dem 8.12.2004) nicht mehr besteht.
[176] Vgl. §§ 30, 31 GmbHG für die GmbH, § 172 Abs. 4 HGB für die GmbH & Co. KG.
[177] Im Laufe der Unternehmenskaufverhandlungen erhält der Käufer zahlreiche Informationen vom Verkäufer. Damit ist die Gefahr verbunden, dass der Käufer seinen Kaufentschluss und sein Preisangebot im Vertrauen auf diese Informationen gründet, ohne dass die angeblichen Tatsachen ausdrücklich garantiert werden. Möglicherweise kennt der Anwalt des Käufers nicht alle Informationen, die zwischen Verkäufer und Käufer ausgetauscht werden und deren Richtigkeit für den Käufer wichtig ist. Für solche Informationen dient diese Garantie als wichtige Auffangklausel. Der Anwalt des Käufers sollte diesen möglichst frühzeitig dazu anhalten, aus Beweisgründen alle mündlich erhaltenen Informationen von Belang schriftlich bestätigt zu erhalten.
[178] Diese Garantie betrifft in erster Linie die KG. Der Jahresüberschuss der GmbH sollte jedoch zusätzlich genannt werden, wenn er nicht unbedeutend ist.
[179] Fallen Übernahmestichtag und Geschäftsjahresende auseinander, so ist eine zeitliche Begrenzung bis zum Übernahmestichtag angemessen. Dabei muss jedoch festgelegt werden, nach welchen Grundsätzen der

mindestens _____ EUR.[180] Die KG ist und war zu keiner Zeit zahlungsunfähig oder überschuldet.[181]

4. Die Übernahmebilanz und das Inventar der KG entsprechen den in § 2 aufgeführten Anforderungen.
5. Die in der Übernahmebilanz der KG ausgewiesenen Gegenstände stehen im Eigentum der KG oder gehen nach Bezahlung in ihr Eigentum über, umfassen sämtliche Wirtschaftsgüter, die im Geschäftsbetrieb der KG genutzt werden oder dafür erforderlich sind, und haften nur für solche Verbindlichkeiten, die in der Übernahmebilanz der KG ausgewiesen oder zurückgestellt sind.
6. Die in der Übernahmebilanz der KG ausgewiesenen Forderungen bestehen, sind nicht einredebehaftet und es treten bei diesen Forderungen keine höheren Ausfälle ein als der Betrag der auf diese Forderungen in der Übernahmebilanz gebildeten Wertberichtigungen.
7. Abgesehen von nicht bilanzierungspflichtigen Verbindlichkeiten aus noch nicht erfüllten Verträgen bestehen oder drohen am Übernahmestichtag keine weiteren oder höheren Verbindlichkeiten der KG als in der Übernahmebilanz der KG passiviert sind.
8. Die KG haftet nicht für fremde Verbindlichkeiten, insbesondere aufgrund Wechselhaftung, Bürgschaften, Garantieverpflichtungen, Patronatserklärungen.
9. Das Anlagevermögen befindet sich in ordnungsmäßigem Zustand, die erforderlichen Ersatzbeschaffungen und Reparaturen sind jeweils durchgeführt worden.
10. Die Lagerbestände sind nach Zusammensetzung und Umfang betriebswirtschaftlichen Grundsätzen angemessen, befinden sich in gutem Zustand und sind im gewöhnlichen Geschäftsbetrieb verkaufsfähig.
11. *Anlage zu § 6 Abs. 1b) 11.* enthält eine abschließende Liste der letzten für jede Steuerart durchgeführten steuerlichen Außenprüfungen unter Angabe des Zeitpunkts des Ergehens des jeweils nachfolgenden Steuerbescheids bzw. schwebenden Verfahrens.

c) Arbeits- und Dienstleistungsverhältnisse
1. *Anlage zu § 6 Abs. 1c) 1.* enthält eine abschließende Liste aller Arbeitnehmer der KG zum Übernahmestichtag, enthaltend Name, Geburtsdatum, Funktion, Eintrittstermin, Kündigungsfristen, Jahresvergütung im Kalenderjahr _____, Altersversorgungsart und -aufwendungen, Besonderheiten (z.B. schwerbehindert, Dienstwagen, Arbeitnehmerdarlehen).
2. *Anlage zu § 6 Abs. 1c) 2.* enthält eine abschließende Liste aller Handelsvertreter und Berater der KG zum Übernahmestichtag, enthaltend Name, Tätigkeitsgebiet, Vertragsbeginn, Kündigungsfristen, Jahresvergütung im Kalenderjahr _____, einschließlich aller Nebenleistungen.
3. *Anlage zu § 6 Abs. 1c) 3.* enthält eine abschließende Liste aller Altersversorgungsverpflichtungen der KG zum Übernahmestichtag gegenüber allen mit unverfallbaren Versorgungsanwartschaften ausgestatteten ausgeschiedenen Altersversorgungsberechtigten und Pensionären, enthaltend Name, Geburtsdatum und Höhe der Anwartschaften oder Versorgungsansprüche. Eine Unterstützungskasse oder Pensionskasse besteht bei der KG nicht.[182]

Überschuss zu ermitteln ist (allein nach GoB [Grundsätze ordnungsgemäßer Buchführung und Bilanzierung], Stetigkeitsprinzip oder unter Berücksichtigung der Besonderheiten für die Übernahmebilanz).
180 Der Unternehmenswert, der Grundlage für den Kaufpreis ist, berechnet sich heutzutage üblicherweise nach der Ertragswertmethode oder der Discounted-Cash-Flow-Methode (DCF-Methode). Gleichzeitig wird vom Käufer ein gewisser Mindestbetrag an Eigenkapital gewünscht (vgl. § 3 Abs. 2); insofern enthält die Festlegung des Kaufpreises auch ein substanzwertbezogenes Element. Wird für beides (Ertragskomponente, § 6 Abs. 1b) Nr. 3, Substanzkomponente, § 3 Abs. 2) eine Garantie abgegeben, so muss eine klare Regelung bestehen, wie sich eine Schadensersatzzahlung wegen Ertragsdefizit (oder aus anderen Gründen) im Substanzbereich (Eigenkapital) auswirkt (vgl. § 7 Abs. 8).
181 Vgl. §§ 17, 19 InsO.
182 Falls eine Unterstützungskasse besteht: „Das Vermögen der Unterstützungskasse der GmbH (Teilwerte) deckt die von der Unterstützungskasse zu bezahlenden Versorgungsleistungen und Anwartschaften hierauf".

4. Seit _____ ist keine Erhöhung oder Zusage einer Erhöhung von Leistungen (Gehalt, Pension, Tantieme, Boni, Provision, sonstige Leistungen) an Arbeitnehmer, Berater, Handelsvertreter oder sonstige Dienstleister, außer den jährlichen Tariferhöhungen, sowie keine Modifizierung solcher Verträge (Laufzeit, Kündigungsfristen und dergleichen) erfolgt.
5. Es bestehen nur die in der *Anlage zu § 6 Abs. 1c) 5.* aufgeführten Betriebsvereinbarungen und Verträge mit Gewerkschaften.
6. Die Anstellungs- oder Arbeitsverträge sowie Handelsvertreterverträge mit den in der *Anlage zu § 6 Abs. 1c) 6.* aufgeführten Personen werden frühestens zum _____ von diesen oder von der KG aus wichtigem Grund gekündigt.[183]

d) *Zeitraum zwischen Übernahmestichtag und Anteilsübertragung (Übergangsphase)*
1. In der Übergangsphase wurden/werden[184] die Geschäfte der KG nach den Grundsätzen einer ordnungsmäßigen und gewissenhaften Geschäftsführung geführt, insbesondere wurden/werden die für Lieferungen und Leistungen der KG vereinbarten Preise verlustfrei kalkuliert und für eingegangene Verbindlichkeiten gleichwertige und werthaltige Gegenleistungen vereinbart.
2. In der Übergangsphase wurden/werden keine Gegenstände des Anlagevermögens der KG veräußert oder sonst entfernt, außer den in der Anlage § 6 Abs. 1d) 2. aufgeführten.
3. In der Übergangsphase erfolgten/erfolgen bei der KG keine Gewinnausschüttungen (weder offene noch verdeckte) oder Entnahmen.
4. In der Übergangsphase wurden/werden keine stillen Reserven aufgelöst oder der KG entzogen, ausgenommen durch Geschäftsvorfälle im Rahmen des gewöhnlichen Geschäftsverkehrs.
5. In der Übergangsphase wurden/werden keine sonstigen außergewöhnlichen Geschäfte getätigt und Maßnahmen getroffen.
6. Der im Jahresabschluss der KG für das vorausgegangene Geschäftsjahr ausgewiesene Sonderposten mit Rücklageanteil war am Übernahmestichtag noch vorhanden und wurde/wird in der Übergangsphase weder aufgelöst noch auf andere Wirtschaftsgüter übertragen.[185]

e) *Sonstiges*
1. Es hat in der Vergangenheit keine Produkthaftungsansprüche gegen die KG gegeben, und Produkthaftungsansprüche drohen auch nicht.
2. Know-how und Schutzrechte, die die KG nutzt, stehen auf Dauer rechtsmängelfrei in ihrer Verfügungsmacht; es sind dafür keine Leistungen an Dritte zu gewähren.
3. Die KG verletzt Rechtsvorschriften nicht wesentlich; insbesondere hat die KG ihre steuerlichen und sozialversicherungsrechtlichen Pflichten erfüllt. Die KG verletzt nicht vertragliche Rechte Dritter und hat sich keinen vertraglichen Beschränkungen in ihrer Geschäftstätigkeit unterworfen; insbesondere ist die KG mit Liefer-, Leistungs- und Zahlungspflichten nicht in Verzug.
4. Der der KG gehörende sowie der von der KG genutzte Grund und Boden sowie die darauf befindlichen Gebäude sind frei von schädlichen Belastungen aller Art (Verunreinigungen, Ablagerungen, Blindgängern etc.), keine schädlichen Substanzen werden in Grundwasser oder Flüsse eingeleitet, Luft- und Lärmemissionen, die zu Aufwendungen führen könnten (Schadensersatz, Wieder-

---

[183] Vom Käufer nur schwer durchsetzbar, weil der Verkäufer keinen Einfluss auf die Kündigung dieser Verträge hat. Wenn es dem Käufer jedoch auf die Weiterbeschäftigung bestimmter Schlüsselarbeitnehmer entscheidend ankommt, kann das Einstehen des Verkäufers dafür Voraussetzung für das Zustandekommen des Vertrages sein.
[184] Da die dingliche Übertragung der Kommanditanteile erst mit Eintragung der Käufer als Kommanditisten im Handelsregister erfolgt, müssen die Garantien für die Übergangsphase sowohl vergangenheitsbezogen als auch zukunftsbezogen formuliert sein.
[185] Vgl. § 247 Abs 3 HGB i.d.F. vor dem Bilanzrechtsmodernisierungsgesetz. Seit dem Geschäftsjahr 2010 dürfen keine neuen Sonderposten mit Rücklageanteil mehr gebildet werden. Bestehende Sonderposten dürfen jedoch fortgeführt werden (Art 66 Abs 6 EGHGB).

Oltmanns

herstellung, Vorkehrung), bestehen nicht.[186] Ferner bestehen keine Rechte und Lasten, die ohne Eintragung im Grundbuch wirksam sind, wie z.B. Eintragungen im Baulastenbuch.
5. Die von der KG genutzten Gebäude stehen nicht unter Denkmalschutz, ihre Veränderung ist auch nicht durch ähnliche Bestimmungen beschränkt.
6. Der Geschäftsbetrieb und die dazu gehörigen materiellen Vermögensgegenstände entsprechen jetzt und nach bestem Wissen auch künftig öffentlich-rechtlichen (insbesondere gewerberechtlichen, baurechtlichen, umweltschutzrechtlichen, wettbewerbsrechtlichen, kartellrechtlichen) sowie arbeitsrechtlichen Vorschriften und tarifvertraglichen Vereinbarungen.
7. Die der KG gewährten oder zugesagten öffentlichen Subventionen, die in der *Anlage zu § 6 Abs. 1e) 7.* abschließend verzeichnet sind, werden nicht im Hinblick auf diesen Beteiligungskauf zurückgefordert, eingeschränkt oder erschwert.[187] Weitere Subventionen sind von der KG nicht beantragt.
8. Die für die KG wesentlichen Grundlagen (wie Konzessionen, Betriebserlaubnisse, Versorgungs-, Entsorgungs-, Miet-, Pacht-, Leasing-, Lizenz-, Kooperations-, Kredit-, Liefer- und Abnahmeverträge, sofern nicht im Einzelfall von untergeordneter Bedeutung) bestehen und werden nicht im Hinblick auf diesen Beteiligungskauf beendet, eingeschränkt oder erschwert.
9. Betriebsinterne Abläufe und Aufgabenverteilungen sind vollständig und transparent dokumentiert (in Organisationsdokumenten, Betriebshandbüchern, Arbeitsanweisungen, Stellenbeschreibungen etc.).
10. Die KG unterhält ein funktionierendes Risiko-Überwachungs-System.
11. Die KG hat angemessene Versicherungsdeckung. *Anlage zu § 6 Abs. 1e) 11.* enthält eine abschließende Liste aller Versicherungspolicen unter Angabe des versicherten Risikos, der Restlaufzeit und der Jahresprämie.
12. Die *Anlage zu § 6 Abs. 1e) 12.* enthält eine abschließende Liste aller Verträge, die die KG zu ertrags- oder umsatzabhängigen Zahlungen verpflichten.
13. Die *Anlage zu § 6 Abs. 1e) 13.* enthält eine abschließende Liste aller Verträge mit der KG mit über einem Jahr Laufzeit oder jährlichen Verpflichtungen für die KG von über _____ EUR,[188] sofern nicht in einer anderen Anlage zu diesem Vertrag enthalten.
14. Außer den in der *Anlage zu § 6 Abs. 1e) 14.* aufgeführten Verfahren sind keine Rechtsstreite, Rechtsbehelfe und dergleichen anhängig oder drohen.
15. Es bestehen keine Honorar- oder Provisionsverpflichtungen der KG im Zusammenhang mit diesem Beteiligungskaufvertrag.
16. Die Veräußerung der Kommanditanteile stellt keine Verfügung über das Vermögen der Verkäufer im Ganzen gem. § 1365 BGB dar.
(2) Die vorstehenden Garantien gelten entsprechend für die GmbH und die in Abs. 2 der Vorbemerkung bezeichneten Beteiligungsgesellschaften.[189]
(3) Daneben besteht die gesetzliche Gewährleistung der Verkäufer für Rechtsmängel der Kommanditanteile und Geschäftsanteile und gilt die gesetzliche Gewährleistung für Sach- und Rechtsmängel hinsichtlich der zu der KG, GmbH und zu den Beteiligungsgesellschaften gehörenden Wirtschaftsgüter.[190]
(4) Wo es bei Garantien der Verkäufer auf das Kennen bestimmter Umstände oder Verhältnisse ankommt (z.B. „nach bestem Wissen"), gilt dem Kennen gleichgestellt das Kennen müssen bei Anwendung pflichtgemäßer Sorgfalt. Ferner muss sich jeder Verkäufer das Kennen oder Kennen müssen der

---

186 Vgl. BBodSchG v. 17.3.1998, BGBl I, 502 (siehe Rn 78–80).
187 Vgl. hierzu *Töpfer/Butler*, ZIP 2003, 1677 ff.
188 Z.B. 10.000 EUR.
189 Eventuell sind Anpassungen, besonders bei den ausländischen Beteiligungsgesellschaften, erforderlich.
190 In der Praxis vom Käufer häufig nicht durchsetzbar, weil die speziellen Garantien in Abs. 1 vom Verkäufer als abschließende Regelungen des besonderen Falles verstanden werden, was nicht ganz von der Hand zu weisen ist.

anderen Verkäufer sowie der Geschäftsführer und leitenden Angestellten der KG oder GmbH zurechnen lassen.[191] Etwaige Schadensersatzansprüche gegen die Geschäftsführer und/oder leitende Angestellte der KG oder GmbH werden nach Erfüllung der entsprechenden Gewährleistungsansprüche durch die Verkäufer an diese abgetreten.

§ 7 Folgen von Garantieverletzungen
(1) Die Nichteinhaltung einer nach § 6 übernommenen Garantie verpflichtet die Verkäufer ausschließlich zum Schadensersatz. Dieser bemisst sich nach dem – anteilig auf die verkauften Kommanditanteile und Geschäftsanteile entfallenden[192] – Betrag, der der KG oder GmbH oder den Beteiligungsgesellschaften geleistet werden müsste, um diese so zu stellen, als wäre der Garantieanspruch erfüllt worden.
(2) Schadensersatzansprüche sind ab dem Schadensereignis, frühestens jedoch ab Übernahmestichtag, zum Vertragszinssatz zu verzinsen.
(3) Ist ein Schaden noch nicht eingetreten, so können die Käufer von den Verkäufern Freistellung der KG, GmbH und der Beteiligungsgesellschaften sowie – solange die Freistellung noch nicht erfolgt ist – eine unbedingte Erklärung verlangen, wonach sie die KG, GmbH und die Beteiligungsgesellschaften hinsichtlich der geltend gemachten Garantie im Innenverhältnis freistellen.[193]
(4) Die Geltendmachung von Schadensersatzansprüchen ist ausgeschlossen, wenn diese insgesamt nicht mehr als _____ EUR betragen; bei Überschreitung kann der gesamte Schaden geltend gemacht werden.
(5) Die Schadensersatzansprüche verjähren am _____ (*üblich sind zwei bis drei Jahre nach Übergabe*).
(6) Haben die Verkäufer wesentliche Mängel der KG, GmbH oder der Beteiligungsgesellschaften arglistig verschwiegen oder beruht die Haftung der Verkäufer auf so wesentlichen Abweichungen von den vorstehenden Garantien, dass den Käufern das Festhalten am Vertrag nicht zugemutet werden kann, sind die Käufer neben der Geltendmachung von Schadensersatzansprüchen abweichend von Abs. 1 auch zum Rücktritt vom Vertrag berechtigt. Der Rücktritt ist ausgeschlossen, wenn er nicht spätestens bis _____ ausgeübt ist.[194]
(7) Die Bestimmungen des § 377 HGB sind nicht anwendbar.[195]
(8) Wird wegen einer Garantieverletzung Schadensersatz nebst seit dem Übernahmestichtag anfallender Zinsen gezahlt, so gilt der Schadensersatz als zum Übernahmestichtag an die KG bzw. GmbH bzw. die Beteiligungsgesellschaften geleistet und ist/sind die Übernahmebilanz/Übernahmebilanzen entsprechend anzupassen.

§ 8 Auswirkungen steuerlicher Veranlagungen
(1) Führen steuerliche Veranlagungen (insbesondere aufgrund von Außenprüfungen) zu einer Änderung steuerlicher Wertansätze bei der KG, der GmbH oder den Beteiligungsgesellschaften für Zeit-

---

[191] Möglicherweise ist eine Auflistung der „leitenden Angestellten" in einer Anlage sinnvoll.
[192] Werden sämtliche Kommanditanteile/Geschäftsanteile verkauft, kann dieser Passus entfallen.
[193] Werden nicht sämtliche Geschäftsanteile verkauft, ist dieses Freistellungsrecht des Käufers möglicherweise nicht durchsetzbar. Alternativ könnte man vorsehen: „(3) Ist ein Schaden noch nicht eingetreten, so können die Käufer von den Verkäufern eine unbedingte Erklärung verlangen, wonach sie bei Eintritt des Schadens auf erstes Anfordern der Käufer den nach Abs. 1 S. 2 berechneten Betrag zu zahlen haben."
[194] Das Rücktrittsrecht für den Fall unzumutbarer Abweichungen von den Garantien ist für die Käufer nur schwer durchsetzbar. In der Praxis ist ein Rücktritt nahezu undurchführbar, da die Käufer meist nach dem Erwerb gründlich umgestalten (z.B. durch Verschmelzung, Kapitalerhöhung u.Ä.). Dennoch sollten die Käufer versuchen, zumindest für eine kurze Frist (z.B. sechs Monate) das Recht zu haben, wegen fundamentaler Mängel vom Kauf zurückzutreten.
[195] Untersuchungs- und Rügepflicht wegen Mangels (§ 377 HGB) gilt ohnehin nur beim beidseitigen Handelskauf und wird üblicherweise auch dafür wegen des Vorrangs der vertraglichen Verjährungsregeln ausgeschlossen. Manchmal wird auch § 442 BGB ausgeschlossen (keine Gewährleistung bei Kenntnis des Käufers oder bei grob fahrlässiger Unkenntnis des Käufers und Arglist oder Garantie des Verkäufers).

räume bis zum Übernahmestichtag, so hat dies keinen Einfluss auf die Übernahmebilanzen und den Kaufpreis.
(2) Ergeben sich bei der KG oder GmbH oder den Beteiligungsgesellschaften aufgrund von Steuerveranlagungen, Steuerfestsetzungen oder Haftungsbescheiden für Zeiträume bis zum Übernahmestichtag Mehr- oder Wenigersteuern gegenüber den bis zum Übernahmestichtag bezahlten oder in den Übernahmebilanzen ausgewiesenen Steuern, so haben die Käufer den – anteilig auf die verkauften Kommanditanteile oder Geschäftsanteile entfallenden[196] – Mehr- oder Wenigerbetrag von den Verkäufern zu beanspruchen bzw. diesen zu erstatten. Mehr- oder Wenigersteuern, die in der Person der Verkäufer oder ihrer Gesellschafter entstehen, verbleiben bei diesen.
(3) Ansprüche der Käufer nach Abs. 2 verjähren zwölf Monate nach Bestandskraft des jeweiligen Bescheids.
(4) Die Verkäufer oder ein von ihnen benannter Steuerberater sind berechtigt und auf Verlangen der Käufer verpflichtet, an steuerlichen Außenprüfungen (insbesondere an den Schlussbesprechungen) für Veranlagungszeiträume bis zum Übernahmestichtag und an außergerichtlichen und finanzgerichtlichen Verfahren betreffend diese Veranlagungszeiträume teilzunehmen.[197]

§ 9 *Steuern und Kosten*
(1) Die Steuern, die von den Verkäufern oder ihren Gesellschaftern aus einem aufgrund dieses Vertrags etwa erzielten Veräußerungsgewinn zu entrichten sind, fallen den Verkäufern zur Last.
(2) Eine etwa zum Ansatz kommende Grunderwerbsteuer haben die Käufer zu tragen.
(3) Die Kosten dieses Vertrags und seines Vollzugs haben die Käufer zu tragen. Die Kosten für ihre Berater haben Käufer und Verkäufer je selbst zu tragen.
(4) Die Kosten für den Makler _____ haben die _____ zu tragen.

§ 10 *Wettbewerbsverbot*
(1) Die Verkäufer verpflichten sich,[198] auf die Dauer von zwei Jahren nach dem Übernahmestichtag weder ein zur KG oder GmbH in Wettbewerb stehendes Unternehmen zu betreiben, noch sich an einem solchen zu beteiligen oder für ein solches in irgendeiner Form tätig zu sein. Das Wettbewerbsverbot gilt nicht, wenn sich der Wettbewerb nicht in _____ auswirkt.[199] Das Wettbewerbsverbot gilt ebenfalls nicht beim Erwerb börsennotierter Aktien zu nicht mehr als 5% des Grundkapitals.
(2) Für jeden Fall des Verstoßes eines Verkäufers gegen das Wettbewerbsverbot ist eine Vertragsstrafe in Höhe von _____ EUR an die Käufer zu zahlen. Bei fortgesetztem Verstoß gilt jeder angefangene Kalendermonat als gesonderter Verstoß. Die Geltendmachung eines höheren Schadens ist den Käufern nicht verwehrt. Eine geleistete Vertragsstrafe ist jedoch auf den Schaden anzurechnen.

---

196 Werden sämtliche Kommanditanteile/Geschäftsanteile verkauft, kann dieser Passus entfallen.
197 Eine „Prozessbeteiligungsklausel" oder „Prozessübernahmeklausel" zugunsten der Verkäufer kann auch für Liefer- und Leistungsbeziehungen sinnvoll sein. Der Käufer möchte jedoch eine Prozessaktivität gegen Kunden der GmbH möglichst einschränken, um das Geschäftsklima nicht zu belasten. Eventuell kann für einzelne Liefer- oder Leistungsbeziehungen ein Prozessführungsrecht für die Verkäufer (einschließlich Kostentragungsregelung) vereinbart werden.
198 Ggf. „für sich und ihre Gesellschafter".
199 Wegen der Gefahr der Nichtigkeit übermäßig beschränkender Wettbewerbsverbote (vgl. z.B. BGH DB 1989, 1620, BGH ZIP 1994, 61, BGH NJW 1997, 2324) sollte nicht nur eine gegenständliche und zeitliche, sondern auch eine räumliche Eingrenzung des Wettbewerbsverbots vorgenommen werden. Ein ausschließlich wegen überlanger Dauer nichtiges Wettbewerbsverbot kann allerdings im Wege der geltungserhaltenden Reduktion auf eine noch akzeptable Zeitspanne begrenzt werden (vgl. BGH NJW 1991, 699; OLG Stuttgart NJW 2002, 1431). Zeitlich geht die Rechtsprechung heute von einer Höchstdauer von 2 Jahren aus (BGH NJW 1994, 384).

§ 11 Vollzugsbestimmungen

(1) Die Verkäufer treten die gem. § 1 verkauften Geschäftsanteile[200] hiermit[201] an die Käufer ab. Die Käufer nehmen die Abtretung an.

(2) Die GmbH,[202] vertreten durch ihre Geschäftsführer, erteilt hiermit ihre Zustimmung zur Abtretung der Geschäftsanteile gem. § _____ des Gesellschaftsvertrags.[203]

(3) Die Abtretung der verkauften Geschäftsanteile wird hiermit der Gesellschaft gem. § 16 GmbHG angezeigt.[204]

(4) Die Verkäufer treten die gem. § 1 verkauften Kommanditanteile, einschließlich Privatkonten und Nebenrechten, mit Wirkung ab Eintragung der Käufer als Kommanditisten kraft Sonderrechtsnachfolge im Handelsregister an diese ab. Die Parteien werden unmittelbar im Anschluss an die Beurkundung dieses Vertrages eine entsprechende Handelsregisteranmeldung unterzeichnen und beglaubigen lassen und – vorbehaltlich § 12 – alle Handlungen vornehmen, die zu einer zügigen Eintragung der Käufer als Kommanditisten kraft Sonderrechtsnachfolge erforderlich ist. Die GmbH erteilt hiermit als persönlich haftende Gesellschafterin der KG ihre Zustimmung zur Abtretung der Kommanditanteile.[205]

§ 12 Kartellrechtliche Anmeldung[206]

(1) Die Parteien haben aufgrund einer informellen Anfrage beim Bundeskartellamt bereits die Auskunft erhalten, dass dem Beteiligungskauf als Zusammenschluss i.S.v. § 37 GWB voraussichtlich keine kartellrechtlichen Bedenken entgegenstehen.

(2) Die Parteien werden unverzüglich gemeinsam den Beteiligungskauf anmelden i.S.v. § 39 GWB.

(3) Die Wirksamkeit der §§ 1 bis 11 steht unter den aufschiebenden Bedingungen, dass das Bundeskartellamt

    a) den Zusammenschluss freigibt, oder

    b) die Mitteilung macht, dass es nicht in das Hauptprüfungsverfahren eingetreten ist, oder

    c) die Monatsfrist des § 40 Abs. 1 GWB verstreichen lässt, ohne Mitteilung über den Eintritt in das Hauptprüfungsverfahren gemacht zu haben, oder

---

200 Ggf. „einschließlich Gesellschafterdarlehen und Nebenrechten".
201 Der Verkäufer ist an einer dinglichen Übertragung erst bei Zahlung des gesamten Kaufpreises interessiert. Der Käufer möchte den dinglichen Übergang möglichst sofort. Ergebnis der Kaufvertragsverhandlungen ist häufig ein Kompromiss: Übergang des Eigentums nach Zahlung der ersten Kaufpreisrate. Als Anwalt des Käufers sollte man schon deshalb auf den bedingungslosen Eigentumsübergang drängen, weil es dem Käufer später den Nachweis seines Eigentums an den Anteilen erheblich erleichtert. Steht der Eigentumsübergang unter Bedingungen, muss beim späteren Beweis der Inhaberschaft stets die Erfüllung dieser Bedingungen (z.B. die vollständige Zahlung der Kaufpreisraten, evtl. zuzüglich Zinsen) nachgewiesen werden. Erfolgt die dingliche Übertragung vor vollständiger Kaufpreiszahlung, so wird der Verkäufer in aller Regel auf eine Sicherung der Kaufpreiszahlung im Wege der Bankbürgschaft oder der Hinterlegung des Kaufpreises bei einem Treuhänder drängen.
202 Die Übertragung von Kommanditanteilen ist nach dem Gesetz nicht zulässig, wird jedoch üblicherweise vom Gesellschaftsvertrag bei Beachtung bestimmter Zustimmungserfordernisse zugelassen; die Erfüllung dieser Erfordernisse sollte im Beteiligungskaufvertrag angesprochen werden.
203 Satzungsmäßige Übertragungsbeschränkungen und Zustimmungserfordernisse müssen beachtet werden. Die Zustimmung der Gesellschaft kann auch außerhalb der notariellen Urkunde erfolgen.
204 Die Anzeige kann auch außerhalb der notariellen Urkunde erfolgen. Dies ist besonders im Falle einer kartellrechtlichen Anmeldung zu empfehlen, bei der die Wirksamkeit der dinglichen Übertragung von der Freigabe des Bundeskartellamts abhängt (vgl. § 12).
205 Bei der Abtretung der Kommanditanteile ist zu bedenken, dass ein (erwerbender) Kommanditist für die vor seiner Eintragung als beschränkt Haftender ins Handelsregister begründeten Gesellschaftsverbindlichkeiten unbeschränkt haftet (§ 176 Abs. 2 HGB; vgl. aber auch BGH DB 1983, 1419). Deshalb muss der dingliche Rechtserwerb bis zur Eintragung ins Handelsregister aufgeschoben werden. Die Regelung des Übernahmestichtags, von dem an im Innenverhältnis Chance und Risiko aus den Kommanditanteilen von den Verkäufern auf die Käufer übergehen sollen, bleibt davon unberührt. Im Falle einer kartellrechtlichen Anmeldung (§ 12) ist zu ergänzen: „Die Handelsregisteranmeldung soll vom beurkundenden Notar eingereicht werden, sobald ihm der Eintritt einer der Wirksamkeitsbedingungen des § 12 Abs. 3 nachgewiesen ist."
206 Vgl. oben Rn 65–68.

d) die Viermonatsfrist des § 40 Abs. 2 GWB verstreichen lässt, ohne dass ein Fall von § 40 Abs. 2 S. 4 GWB vorliegt, und deshalb die Freigabe fingiert wird.

Die Parteien haben sich unverzüglich vom Wirksamwerden der §§ 1 bis 11 wegen Eintritts einer der vorgenannten Bedingungen in Kenntnis zu setzen.

(4) Ist eine der aufschiebenden Bedingungen nicht bis zum _____ eingetreten, so werden §§ 1 bis 11 endgültig unwirksam.

Keine Partei kann in diesem Fall Ansprüche gegen die andere wegen dieses Vertrags und seiner Vorbereitung erheben. Die Käufer sind in diesem Falle verpflichtet, sämtliche Kenntnisse, die sie im Rahmen des Beteiligungskaufs erworben haben, geheim zu halten und Personen, denen sie diese Kenntnisse weitergegeben haben, ebenfalls zur Geheimhaltung zu verpflichten. Von den Verkäufern, der KG, der GmbH oder den Beteiligungsgesellschaften erhaltene Gegenstände (insbesondere Dokumente) und selbst gefertigte Kopien, sind unverzüglich herauszugeben.

Erlässt das Bundeskartellamt Bedingungen oder Aufl.n, so sollen die Parteien diesen – soweit zumutbar – nachkommen.[207]

(5) Bis zum Wirksamwerden der §§ 1 bis 11 gem. Abs. 3, längstens jedoch bis zu deren endgültigen Unwirksamkeit gem. Abs. 4, haben die Verkäufer dafür Sorge zu tragen, dass das Unternehmen der KG ohne Zustimmung der Käufer nicht wesentlich verändert wird.[208]

(6) Nach Wirksamwerden der §§ 1 bis 11 haben die Parteien dem Bundeskartellamt den Vollzug des Zusammenschlusses unverzüglich anzuzeigen (§ 39 Abs. 6 GWB).

§ 13 Schlussbestimmungen

(1) Auf diesen Vertrag ist deutsches Recht unter Ausschluss der Kollisionsnormen anwendbar.

(2) Dieser Vertrag wird in deutscher Sprache abgeschlossen und ins Englische übersetzt. Maßgeblich ist der deutsche Vertragswortlaut.[209]

(3) Nebenabreden sind nicht getroffen.

(4) Änderungen und Ergänzungen dieses Vertrages bedürfen zu ihrer Wirksamkeit der Schriftform, sofern nicht notarielle Beurkundung erforderlich ist.

(5) Erfüllungsort und Gerichtsstand[210] ist, soweit gesetzlich zulässig,[211] der Sitz der KG.

(6) Die Verkäufer haften für ihre Verpflichtungen aus diesem Vertrag als Gesamtschuldner. Mitteilungen und sonstige Erklärungen der Käufer an die Verkäufer sind mit Wirkung gegenüber allen Verkäufern an _____ zu richten.

---

207 Da unvorhersehbar ist, welche Bedingungen oder Aufl.n (§ 40 Abs. 3 GWB) das Bundeskartellamt erlässt und ob deren Erfüllung für den/die Beteiligten zumutbar ist, muss die Klausel vage bleiben.
208 Die Beibehaltung des Status quo ist in der Praxis oft kaum möglich oder sinnvoll. Gleichwohl sollte zumindest eine Verhaltensregel für den Verkäufer aufgestellt werden, dass bis zur kartellrechtlichen Freigabe keine tief greifenden Veränderungen ohne Zustimmung des Käufers vorgenommen werden sollen (sog. Conduct-of-Business-Klausel). Bei der Ausgestaltung einer Conduct-of-Business-Klausel ist darauf zu achten, dass mit der Klausel kein Zusammenschlussstatbestand i.S.v. § 37 Abs. 1 GWB oder Art. 3 Abs. 2 FKVO ausgelöst wird. Anderenfalls würde die Durchführung der Klausel bereits gegen das Vollzugsverbot verstoßen mit der Folge der Unwirksamkeit der auf der Grundlage der Klausel getätigten Rechtsgeschäfte (*Mielke/Welling*, BB 2007, 277, 283).
209 Bei Verträgen unter Beteiligung von Ausländern ist die Festlegung von Vertragssprache und anwendbarem Recht ein ganz wesentlicher Verhandlungspunkt, der unbedingt ganz zu Anfang der Verhandlungen geklärt werden muss. Das anwendbare Recht richtet sich üblicherweise nach der Belegenheit des Kaufgegenstandes, also deutsches Recht beim Kauf deutscher GmbH-Anteile oder Vermögensgegenstände. Bei der Vertragssprache trifft man sich häufig „in der Mitte", mit anderen Worten, die Parteien akzeptieren Englisch als Fremdsprache beider Parteien.
210 Oder: „Streitigkeiten aus diesem Vertrag werden unter Ausschluss der ordentlichen Gerichte durch ein Schiedsgericht aufgrund gesondert abzuschließender Schiedsgerichtsvereinbarung von heute entschieden"; auch Integration einer Schiedsklausel in den Vertrag ist zulässig, nicht jedoch bei Beteiligung eines Verbrauchers (§ 1031 Abs. 1, 5 ZPO).
211 Bei Beteiligung von inländischen Nichtkaufleuten ist die Gerichtsstandsklausel für diese unwirksam (§ 38 Abs. 1 ZPO).

(7) Die Käufer haften für ihre Verpflichtungen aus diesem Vertrag als Gesamtschuldner. Mitteilungen und sonstige Erklärungen der Verkäufer an die Käufer sind mit Wirkung gegenüber allen Käufern an _____ zu richten.
(8) Verkäufer und Käufer werden sich über Zeitpunkt, Art und Inhalt der externen und internen Publikation des Beteiligungskaufs abstimmen.
(9) Dieser Vertrag ersetzt sämtliche vorherigen Vereinbarungen und Erklärungen der Verkäufer und der Käufer in Bezug auf den Kaufgegenstand.
(10) Die Vertragsparteien verpflichten sich, sämtliche Handlungen vorzunehmen, die für eine reibungslose Umsetzung dieses Beteiligungskaufes zweckdienlich sind.
(11) Sollten einzelne Bestimmungen des Vertrags unwirksam sein oder werden, so wird dadurch die Gültigkeit des übrigen Vertragsinhalts nicht berührt. Die weggefallene Bestimmung ist durch eine Regelung zu ersetzen, die dem wirtschaftlichen Zweck der weggefallenen Bestimmung möglichst nahe kommt.
Der Notar hat die nach dem Beurkundungsgesetz erforderlichen Belehrungen erteilt. Der Notar wird gebeten, die neue GmbH-Gesellschafterliste beim Handelsregister einzureichen.
Die Parteien erteilen den Notariatsangestellten
    a) _____
    _____
je einzeln und unter Befreiung von dem Mehrvertretungsverbot des § 181 BGB Vollmacht zur Änderung und Ergänzung dieser Urkunde in jeder Hinsicht. Von der Vollmacht kann nur vor dem beurkundenden Notar Gebrauch gemacht werden.
Es werden erbeten
    a) für jeden Verkäufer eine Ausfertigung,
    b) für jeden Käufer eine Ausfertigung,
    c) für die KG und die GmbH je eine Ausfertigung,
    d) für das Finanzamt gem. § 54 EStDV eine beglaubigte Abschrift,
    e) für Rechtsanwalt _____ (Berater der Verkäufer) eine beglaubigte Abschrift,
    f) für Rechtsanwalt _____ (Berater der Käufer) eine beglaubigte Abschrift,
    g) für _____.
Die vorstehende Urkunde samt Anlagen wurde vor dem Notar den Erschienenen vorgelesen, von diesen genehmigt und eigenhändig wie folgt unterschrieben:
_____ (Unterschriften)
_____ (Notar)

VII. Muster: Unternehmenskaufvertrag

M 298

Unternehmenskaufvertrag[212]

104

zwischen

_____

– nachfolgend auch „Verkäufer"[213] genannt –
und

_____

---

[212] Bzw. „Kaufvertrag über einen Betrieb" oder „Kaufvertrag über einen Betriebsteil"; „Unternehmen" ist in diesen Fällen jeweils durch „Betrieb" bzw. „Betriebsteil" zu ersetzen.
[213] Meist nur ein Verkäufer (Ausnahme: z.B. Sonderbetriebsvermögen) und ein Käufer; bei mehreren Verkäufern/Käufern ist entsprechende Textanpassung erforderlich.

Oltmanns

– nachfolgend auch „Käufer"[214] genannt –
bezüglich _____ (Gesellschaft)[215]

Vorbemerkung

(1) Der Verkäufer, eine GmbH mit Sitz in _____, HRB _____, gesetzlich vertreten[216] durch die gesamtvertretungsberechtigten Geschäftsführer _____ und _____, ist Inhaberin eines Unternehmens, das sich auf _____ spezialisiert hat.

(2) _____,_____ [217, 218]

(3) _____ [219]

(4) Der Verkäufer beabsichtigt, sein Unternehmen an den Käufer, eine Kommanditgesellschaft mit dem Sitz in _____, HRA _____, gesetzlich vertreten durch ihren einzigen persönlich haftenden Gesellschafter, die _____ GmbH mit Sitz in _____, HRB _____, diese vertreten durch ihren einzelvertretungsberechtigten Geschäftsführer _____, zu verkaufen. Beglaubigte Handelsregisterauszüge der

---

214 Vgl. vorherige Fußnote.
215 Grundsätzlich formfrei, außer bei der Übertragung von Gegenständen, die besondere Formerfordernisse nach sich ziehen, insbesondere Grundstücke (§§ 311b Abs. 1, 925 BGB), GmbH-Anteile (§ 15 Abs. 3 und 4 GmbHG). Beurkundungspflicht wegen Übertragung des gegenwärtigen Vermögens (§ 311b Abs. 3 BGB) kommt in der Regel nicht in Betracht, weil § 311b Abs. 3 BGB bei der Übertragung von Sondervermögen nicht anwendbar ist (vgl. BGHZ 25, 4 für § 311 BGB a.F.).
216 Der Verkauf des gesamten Unternehmens durch eine **GmbH** ist auch dann von der umfassenden Vertretungsmacht der Geschäftsführer gedeckt, wenn dadurch die Resttätigkeit der GmbH nicht mehr vom Unternehmensgegenstand erfasst wird (vgl. Baumbach/Hueck/*Zöllner*, GmbHG, § 35 Rn 80, a.A. *Beisel/Klumpp*, Der Unternehmenskauf, Kap. 8 Rn 86 f.: Zustimmung der Gesellschafterversammlung mit satzungsändernder Mehrheit erforderlich). Ist der Verkäufer eine **KG**, so bedarf der Verkauf des gesamten Unternehmens mit (oder ohne, str.) Firma trotz § 126 HGB als Grundlagengeschäft – vorbehaltlich anderweitiger Satzungsregelungen – der Zustimmung aller Gesellschafter (vgl. *Baumbach/Hopt*, HGB, § 126 Rn 3 m.w.N.).
217 Ist der Verkäufer eine **AG**, so bedarf der Verkauf des gesamten Unternehmens der Zustimmung der Hauptversammlung mit Dreiviertel- oder größerer satzungsändernder Mehrheit (§ 179a AktG). Ist der Verkäufer eine **natürliche Person**, so sind besonders §§ 1365, 1419 und 1822 Nr. 3 BGB zu beachten. Wird das Unternehmen durch den Verkäufer als Einzelunternehmen geführt oder wird nur ein Betrieb oder Teilbetrieb verkauft, so ist zu überlegen, das Unternehmen (den Betrieb/Teilbetrieb) vor dem Verkauf in eine Gesellschaft (GmbH oder GmbH & Co. KG) einzubringen oder auszugliedern (§ 123 Abs. 3 UmwG) und anschließend die Anteile an der Gesellschaft zu verkaufen. Durch die Gesamtrechtsnachfolge im Falle der Ausgliederung wird die Übertragung des Unternehmens etwas erleichtert.
218 Ggf. (mit der Folge der Beurkundungspflicht): „Zu dem Unternehmen gehören Beteiligungen an den folgenden Gesellschaften:
  a) [...] Inc./U.S.A.
     mit [...] Shares im Nennbetrag von jeweils [...] US-$ (= [...]% des Nennkapitals);
  b) [...] GmbH
     mit dem Sitz in [...]
     mit Geschäftsanteilen mit den laufenden Nummern [...] bis [...] im Nennbetrag von je [...] EUR, insgesamt EUR [...] (= [...] % des Stammkapitals).
Diese Gesellschaften werden im Folgenden zusammen ‚Beteiligungsgesellschaften' genannt."
219 Ggf. (mit der Folge der Beurkundungspflicht):
„Zu dem Unternehmen gehören folgende Grundstücke [genaue Bezeichnung der Grundstücke wegen § 28 GBO und wegen möglichst präziser Information des Käufers erforderlich]:
  a) Grundbuch von [...] Heft/Band [...] Blatt [...]
     Beschreibung laut Bestandsverzeichnis: Nr [...] . Bezeichnung [...] Größe [...]
     Eigentümer laut Abteilung I: Nr. der Eintragung [...] Eigentümer [...]
     Belastungen laut Abteilung II: Nr. der Eintragung [...] Betrag [...] Lasten und Beschränkungen [...]
     Belastungen laut Abteilung III: Nr. der Eintragung [...] Betrag [...] Hypotheken, Grundschulden, Rentenschulden [...]
  b) [...]
Beglaubigte Grundbuchauszüge vorstehender Grundstücke vom [...] sind diesem Vertrag als Anlage zu Abs. 3 der Vorbemerkung beigefügt."

Oltmanns

KG vom _____ und der GmbH vom _____ sind diesem Vertrag als *Anlage zu Abs. 4 der Vorbemerkung* beigefügt. Der Käufer beabsichtigt, das Unternehmen zu erwerben.

(5) Eingedenk dessen schließen Verkäufer und Käufer nachfolgenden

Unternehmenskaufvertrag

§ 1 Vertragsgegenstand, laufende Verträge, Arbeitsverhältnisse, Unterstützungskasse

(1) Der Verkäufer verkauft an den Käufer das von dem Verkäufer unter der Firma _____ in _____ betriebene Unternehmen. Verkauft werden sämtliche Aktiven und Passiven nach dem Stand am Übernahmestichtag[220] einschließlich der dem Verkäufer gehörenden,[221] dem Unternehmen dienenden nicht bilanzierten materiellen und immateriellen Gegenstände. Hierzu gehören insbesondere Anwartschafts- und Sicherungsrechte, gewerbliche Schutzrechte, Konstruktionen, Verfahren, Rezepturen, Zeichnungen, Entwürfe, Muster, Bücher und Geschäftspapiere sowie das gesamte Schriftgut und alle auf andere Weise gesammelten und gespeicherten Daten jeder Art.

Nicht mitverkauft bzw. übernommen[222] werden:
  a) Forderungen und Verbindlichkeiten gegenüber Gesellschaftern,
  b) _____[223]
  c) Schulden und Erstattungsansprüche hinsichtlich Körperschaftsteuer und anderer in § 10 Ziffer 2 KStG genannter Steuern.[224]

(2) Der Käufer tritt in alle am Übernahmestichtag laufenden Verträge des Unternehmens ein, insbesondere in
  a) Lieferungs- und Leistungsverträge mit Lieferanten und Abnehmern,
  b) Darlehens- und Kreditverträge,
  c) Handelsvertreterverträge, Versicherungsverträge sowie Beratungs-, Dienst- und Geschäftsbesorgungsverträge mit Rechtsanwälten, Steuerberatern, Wirtschaftsprüfern, Ingenieuren etc.,
  d) Verträge über die Versorgung und Entsorgung des Unternehmens (Wasser, Gas, Strom, Heizung, Müll, Abwasser etc.),
  e) Miet-, Pacht- und Leasingverträge,
  f) Lizenz-, Kooperations- und ähnliche Verträge.

Abweichend hiervon tritt der Käufer in die folgenden Verträge nicht ein:
_____.

(3) Der Käufer übernimmt sämtliche in dem verkauften Unternehmen beschäftigten und zur Ausbildung befindlichen Betriebsangehörigen. Er tritt in die bestehenden Dienstverträge mit sämtlichen Rechten und Pflichten einschließlich Verpflichtungen aus Alters- und Hinterbliebenenversorgung ein.[225] Dies gilt nicht für mit unverfallbaren Anwartschaften ausgeschiedene Arbeitnehmer und für Pensionäre.[226]

---

[220] Ggf. „einschließlich der in der Vorbemerkung genannten Beteiligungen und Grundstücke".
[221] Ggf. müssen auch bestimmte, den Gesellschaftern oder Dritten gehörenden, Gegenstände mitverkauft werden.
[222] Gleichwohl kommt eine Haftung des Käufers gegenüber Dritten aus § 25 HGB in Betracht.
[223] Ggf. bestimmte Passiva wie Produkthaftung, Umwelthaftung.
[224] Bei Verkauf durch Kapitalgesellschaft.
[225] § 613a Abs. 1 BGB. Tarifvertragliche Regelungen gelten bei den übergehenden Arbeitsverhältnissen individualvertraglich fort und dürfen frühestens ein Jahr nach Betriebsübergang zum Nachteil der Arbeitnehmer gekündigt werden, wenn sie nicht auslaufen oder der Käufer eigene tarifvertragliche Bindungen hat oder eingeht oder sich freiwillig (ohne Tarifgebundenheit) dem für ihn anwendbaren Tarifvertrag unterwirft; entsprechendes gilt für Betriebsvereinbarungen (Einzelheiten in § 613a Abs. 1 S. 2 bis 4 BGB; siehe auch Rn 72–77).
[226] Mit unverfallbaren Anwartschaften ausgeschiedene Arbeitnehmer und Pensionäre werden nicht von § 613a BGB erfasst, weil keine aktiven „Arbeitsverhältnisse" i.S.d. Vorschrift vorliegen (BAG NZA 1988, 246). Sollen die Verpflichtungen gleichwohl übernommen werden (etwa weil der Verkäufer liquidiert werden soll), ist für die

Verkäufer und Käufer werden die Betriebsangehörigen, deren Arbeitsverhältnisse auf den Käufer übergehen, unmittelbar nach Wirksamwerden der §§ 1 bis 12 dieses Vertrages gem. § 613a Abs. 5 BGB unterrichten. Soweit Betriebsangehörige der Übernahme durch den Käufer widersprechen[227] oder am Übernahmestichtag das Dienstverhältnis gekündigt war, hat der Verkäufer etwaige Ansprüche von Betriebsangehörigen auf laufende Vergütung und Abfindung zu tragen. Die laufende Vergütung für die tatsächliche Tätigkeit dieser Betriebsangehörigen für das verkaufte Unternehmen in der Zeit vom Übernahmestichtag bis zur Beendigung der Tätigkeit fällt dem Käufer zur Last.

Der Verkäufer verpflichtet sich, das Dienstverhältnis mit den ihm bis zur Besitzübergabe vom Käufer schriftlich mitgeteilten Betriebsangehörigen auf den nächstzulässigen Zeitpunkt zu kündigen.[228] Für die Ansprüche dieser Betriebsangehörigen gilt Unterabsatz 2 entsprechend.

Der Verkäufer hat den Wirtschaftsausschuss am _____ von dem bevorstehenden Unternehmenskauf unterrichtet.[229]

(4) Mit Wirkung vom Übernahmestichtag tritt der Käufer an die Stelle des Verkäufers als Trägerunternehmen für die Unterstützungskasse des verkauften Unternehmens. Beide Vertragsteile verpflichten sich, die notwendigen Änderungen der Satzung der Unterstützungskasse zu veranlassen und, soweit erforderlich, dabei mitzuwirken. Soweit Vertreter des Verkäufers dem Vorstand oder einem Aufsichtsgremium der Unterstützungskasse angehören, werden sie auf Wunsch des Käufers ihr Amt jederzeit zur Verfügung stellen.

§ 2 Übernahmebilanzen

(1) Dem Kauf werden die von Verkäufer und Käufer gemeinschaftlich[230] auf den Übernahmestichtag zu erstellenden Übernahmebilanzen des Verkäufers und der Beteiligungsgesellschaften nebst dazugehörenden Inventaren[231] zugrunde gelegt.

Übernahme die Zustimmung des jeweils Betroffenen (und des Pensionssicherungsvereins, soweit die Zusagen insolvenzgeschützt sind) erforderlich (BAG AP Nr. 68 zu § 613a BGB; BAG AP Nr. 2 zu § 4 BetrAVG), es sei denn, die Verpflichtungen werden von einer Pensionskasse oder einem Lebensversicherungsunternehmen übernommen (§ 4 Abs. 3 BetrAVG). Unabhängig von der vertraglichen Übernahme kann eine gesetzliche Haftung des Käufers für diese Verbindlichkeiten aus § 25 HGB entstehen. Auf Arbeitnehmer in Altersteilzeit findet § 613a BGB hingegen auch während der Freistellungsphase Anwendung, da ihre Arbeitsverhältnisse in dieser Zeit fortbestehen (ErfK/*Rolfs*, § 8 ATG Rn 9).

227 Der Widerspruch ist innerhalb eines Monats nach Zugangs der Unterrichtung über den Übergang des Arbeitsverhältnisses durch Verkäufer oder Käufer zulässig (§ 613a Abs. 6 BGB). Im Falle eines Widerspruchs ist in aller Regel eine ordentliche Kündigung aus betrieblichen Gründen gerechtfertigt. Darauf sollte schon in der Unterrichtung des Mitarbeiters hingewiesen werden.

228 Die Kündigung von Arbeitsverhältnissen wegen eines Betriebsübergangs ist zwar unwirksam (§ 613a Abs. 4 S. 1 BGB). Zulässig bleiben aber Kündigungen „aus anderen Gründen" (§ 613a Abs. 4 S. 2 BGB), z.B. zur Stilllegung oder Rationalisierung eines notleidenden Betriebs, selbst wenn es im Zusammenhang damit zu einer Betriebsveräußerung kommt (vgl. BAG ZIP 1989, 326 und 1012).

229 In Unternehmen mit in der Regel über 100 ständig Beschäftigten (§ 106 BetrVG). Eine Betriebsänderung mit der Folge von Interessenausgleich und Sozialplan (§§ 111 f. BetrVG) ist in einem Unternehmenskauf nur bei Vorliegen qualifizierter Umstände (z.B. Entlassungen, erhebliche organisatorische Änderungen) zu sehen. Wird ein Betrieb gespalten, bleibt gem. § 21a BetrVG n.F. dessen Betriebsrat im Amt und führt die Geschäfte für die ihm bislang zugeordneten Betriebsteile weiter (Übergangsmandat), soweit diese mindestens fünf ständige wahlberechtigte Arbeitnehmer haben, von denen drei wählbar sind (§ 1 Abs. 1 S. 1 BetrVG) und nicht in einen Betrieb mit bereits bestehendem Betriebsrat eingegliedert werden.

230 Alternativ kann man die Aufstellung der Übernahmebilanzen durch die Verkäufer oder die GmbH vorsehen und den Käufern in Abs. 5 ein Nachprüfungsrecht einräumen. Erfahrungsgemäß lassen sich jedoch unterschiedliche Standpunkte vor der endgültigen Festlegung der Verkäuferseite leichter versöhnen als nach Fixierung in den Übernahmebilanzen.

231 Wie konkret die Inventare sein müssen, ist eine Frage des Einzelfalls. Evtl. sollte der Käufer darauf drängen, dass gewisse Gegenstände oder Arten von Gegenständen, auf die es ihm besonders ankommt, in den Inventaren differenzierter aufgelistet werden müssen als andere.

Oltmanns

(2) Die Übernahmebilanz des Verkäufers (Übernahmebilanz) und das zugehörige Inventar sind nach den für den Jahresabschluss der Gesellschaft geltenden gesetzlichen Vorschriften zu erstellen.[232] Soweit sich nach vorstehend S. 1 nichts anderes ergibt, sind die bisher von dem Verkäufer angewandten Bilanzierungs- und Bewertungsmethoden, Abschreibungssätze und sonstigen Gepflogenheiten zu beachten und die bisherigen Buchwerte fortzuführen.

(3) Die Übernahmebilanzen und Inventare der Beteiligungsgesellschaften sind nach den für den Jahresabschluss der betreffenden Beteiligungsgesellschaften jeweils geltenden nationalen gesetzlichen Vorschriften sowie den jeweiligen nationalen Grundsätzen ordnungsmäßiger Buchführung und Bilanzierung zu erstellen. Soweit nicht zwingende nationale Vorschriften entgegenstehen, sind die bisher von den Beteiligungsgesellschaften angewandten Bilanzierungs- und Bewertungsmethoden, Abschreibungssätze und sonstigen Gepflogenheiten zu beachten und die bisherigen Buchwerte fortzuführen.

(4) Abweichend von den vorstehenden Regelungen sind in den Übernahmebilanzen des Verkäufers bzw. der Beteiligungsgesellschaften
  a) mit nachstehenden Werten anzusetzen:[233]
     aa) die Grundstücke und Gebäude mit _____ EUR
     bb) das bewegliche Anlagevermögen mit _____ EUR
     cc) die Beteiligungen an den Beteiligungsgesellschaften mit _____ EUR
     dd) die Patente, Marken, sonstigen immateriellen Wirtschaftsgüter und das Know-how mit _____ EUR
     ee) der Auftragsbestand mit _____ EUR
     ff) der Geschäftswert mit _____ EUR;
  b) bei der Bewertung von Vorräten und Forderungen Abschläge aufgrund steuerlicher Begünstigungen (Sonderabschreibungen, Bewertungsabschläge etc.) nicht vorzunehmen;
  c) ein Sonderposten mit Rücklageanteil nicht zu bilden;
  d) die vom Käufer nicht zu erwerbenden Vermögensgegenstände oder zu übernehmenden Schulden nicht in die Übernahmebilanzen und Inventare aufzunehmen.

(5) Kommt eine Einigung über die in die Übernahmebilanzen einzustellenden Aktiven und Passiven oder deren Bewertung nicht bis zum _____ zustande, so entscheidet ein Sachverständiger als Schiedsgutachter verbindlich für Käufer und Verkäufer. Der Sachverständige wird von den Käufern und Verkäufern gemeinschaftlich benannt. Erforderlichenfalls gilt der auf Antrag eines Vertragsteils von der für den Sitz des Verkäufers zuständigen Industrie- und Handelskammer benannte Sachverständige als von beiden Parteien bestellt. Die Kosten des Sachverständigen tragen Käufer und Verkäufer je zur Hälfte.

---

232 Die Höhe des Kaufpreises steht üblicherweise in einer gewissen Beziehung zur Höhe des buchmäßigen Eigenkapitals, vgl. § 3 Abs. 2 (falls nicht – wie aus der anglo-amerikanischen Praxis importiert – der Kaufpreis als Festbetrag abzüglich der „Nettofinanzverbindlichkeiten" bestimmt wird, vgl. Rn 16). Der Käufer ist bei Anknüpfung des Kaufpreises an das Eigenkapital daran interessiert, dieses möglichst konservativ zu ermitteln und somit niedrig festzusetzen. Ihm ist deshalb eine Regelung am liebsten, die an die „Ausnutzung aller zulässigen Wahlrechte und Möglichkeiten zur Minderung des Gewinns" anknüpft. Der Verkäufer möchte dagegen am liebsten eine uneingeschränkte Geltung des Stetigkeitsprinzips, also die Beibehaltung der bisher angewandten Bilanzierungsmethoden. Einigt man sich auf die Geltung des Stetigkeitsprinzips, so muss sich der Käufer detailliert informieren, wie der Verkäufer handelsrechtliche Wahlrechte ausübt und welchen Einfluss diese Ausübung auf das Eigenkapital hat. Ggf. muss der Käufer den Eigenkapitaleffekt dieser Wahlrechtsausübung in die Höhe des zu fordernden Eigenkapitals einberechnen. Seit dem BilMoG (2009) sind die handelsrechtlichen Wahlrechte zwar sehr eingeschränkt, können aber im Einzelfall gleichwohl enormen Einfluss auf das Eigenkapital haben, z.B. bei der Einberechnung angemessener Anteile der Verwaltungskosten, Sozialkosten, betrieblichen Altersversorgung sowie herstellungsbezogener Zinsen in die Herstellungskosten, § 255 Abs. 2 S. 3 und Abs. 3 HGB.

233 Einige oder alle dieser Bilanzkorrekturen sind dann sinnvoll, wenn sich die Parteien über die Höhe von stillen Reserven in bestimmten Wirtschaftsgütern einig sind und diese stillen Reserven besonders vergütet werden sollen.

§ 3 Kaufpreis
(1) Als Kaufpreis hat der Käufer zu entrichten:[234]
   a) den Betrag des in der Übernahmebilanz ausgewiesenen Reinvermögens;
   b) zur Abgeltung von stillen Reserven sowie etwaiger nicht bilanzierter immaterieller Wirtschaftsgüter einen Betrag von _____ EUR
(2) Der Kaufpreis ist vom Übernahmestichtag an mit 3% über Basiszinssatz p.a. (Vertragszinssatz) zu verzinsen und wie folgt zu tilgen:
   a) ein Teilbetrag von _____ EUR (1. Kaufpreisrate)[235] bis zum Ablauf des _____;[236]
   b) ein Teilbetrag von _____ EUR[237] (abzüglich der Zahlung gem. a) bis zum Ablauf des dritten Bankarbeitstags nach Vorliegen der verbindlichen Übernahmebilanzen beim Käufer (2. Kaufpreisrate);[238]
   c) in Höhe des Restbetrags bis zum Ablauf des _____ [239] (3. Kaufpreisrate).
Die Zinsen sind jeweils mit den Tilgungsraten zu entrichten. Vorzeitige Tilgungen sind jederzeit zulässig.
(3) Zahlungen haben mit schuldbefreiender Wirkung zu erfolgen auf folgendes Konto des Verkäufers: Konto Nr. _____ bei der _____ Bank (BLZ _____).
(4) Die Abtretung des Kaufpreisanspruchs ist ausgeschlossen.
(5) Ergibt sich ein negativer Kaufpreis oder eine Überzahlung, so ist er/sie dem Käufer nebst Zinsen zum Vertragszinssatz ab Übernahmestichtag bzw. ab Überzahlung zu erstatten.

§ 4 Übernahmestichtag, Aufwendungen, Erträge
Übernahmestichtag ist der _____, 24.00 Uhr. Von diesem Zeitpunkt an gilt das verkaufte Unternehmen als für Rechnung des Käufers geführt. Sämtliche Aufwendungen und Erträge des Unternehmens treffen daher im Innenverhältnis vom Übernahmestichtag an den Käufer.

§ 5 Firmenfortführung, Geschäftsführung
(1) Der Käufer und ggf. dessen Rechtsnachfolger sind berechtigt aber nicht verpflichtet, die Firma des Verkäufers mit oder ohne Beifügung von Zusätzen fortzuführen oder ganz oder teilweise zu verwenden, gleich in welcher Rechtsform. Verkäufer und Käufer sind verpflichtet, bei den erforderlichen Maßnahmen mitzuwirken.
(2) Der Verkäufer steht dafür ein, dass seine Gesellschafter der Firmenfortführung und -verwendung nach Abs. 1 zustimmen.[240]
(3) Frau _____ und Herr _____, Geschäftsführer des Verkäufers, werden nicht als Geschäftsführer oder Angestellte für den Käufer tätig. Der Verkäufer haftet dafür, dass auf den Käufer keine Verbindlichkeiten oder Haftungen hinsichtlich vorgenannter Personen übergehen.
(4) Frau _____ und Herr _____, Geschäftsführer des Verkäufers, legen mit Wirkung zum Tag der Besitzübergabe (§ 12) ihr Geschäftsführeramt beim Verkäufer nieder; zum selben Zeitpunkt werden

---

234 Gem. § 1 Abs. 1a UStG sind Unternehmenskäufe in der Regel nicht umsatzsteuerbar.
235 Z.B. ca. 70% des Kaufpreises.
236 Z.B. „dritter Bankarbeitstag nach Vertragsschluss". Der Klarheit wegen sollte man ein konkretes Datum angeben. Im Falle eines kartellrechtlichen Anmeldeverfahrens (§ 12) muss es heißen „dritter Bankarbeitstag nach Wirksamwerden der §§ 1 bis 11 gem. § 12".
237 Z.B. ca. 85% des Kaufpreises.
238 Die Verkäufer verlangen häufig eine selbstschuldnerische Bankgarantie auf erstes Anfordern für später zu zahlende Kaufpreisraten. Als Sicherheit kommen auch in Frage eine Garantie der Muttergesellschaft der Käufer oder Grundschulden auf Grundstücken der GmbH oder der Käufer.
239 Z.B. „dritter Bankarbeitstag nach Ablauf der zweijährigen Frist gem. § 7 Abs. 5". Der Klarheit wegen sollte man ein konkretes Datum angeben.
240 Alternativ kann man die Gesellschafter des Verkäufers die Zustimmung im Unternehmenskaufvertrag erklären lassen.

ihre Anstellungsverhältnisse beim Verkäufer aufgehoben und mit dem Käufer die in der *Anlage zu § 5 Abs. 4* enthaltenen Geschäftsführerdienstverträge abgeschlossen.[241] Kündigt einer dieser Geschäftsführer, ohne dass der Käufer dazu einen wichtigen Grund gesetzt hätte, oder wird einem dieser Geschäftsführer wegen Vorliegen eines wichtigen Grundes gekündigt, so vermindert sich der Kaufpreis um _____ EUR. Betrifft die Kündigung beide Geschäftsführer, so vermindert sich der Kaufpreis um _____ EUR.[242]

§ 6 Garantien
(1) Der Verkäufer übernimmt – zum Übernahmestichtag und zum Zeitpunkt der Besitzübergabe (§ 12), sofern nicht nachfolgend anderweitig geregelt – die nachstehenden Garantien im Sinne eines selbständigen Garantievertrages gem. § 311 Abs. 1 BGB und nach Maßgabe von § 7 dieses Vertrages. Die Parteien sind sich einig, dass es sich dabei nicht um Beschaffenheitsgarantien i.S.v. § 444 BGB handelt.[243]

a) Finanzielle Verhältnisse
1. Die dem Käufer überreichten Jahresabschlüsse des Verkäufers[244] für die Geschäftsjahre _____ und _____ entsprechen den gesetzlichen Vorschriften und den Grundsätzen ordnungsmäßiger Buchführung und Bilanzierung und geben die Vermögens-, Finanz- und Ertragslage des Verkäufers zutreffend wieder.
2. Dem Käufer ist vom Verkäufer nach bestem Wissen vollständig und umfassend – mündlich oder schriftlich – Auskunft über alle dem Verkäufer bekannten Umstände erteilt worden, die zur Beurteilung der jetzigen und künftigen Vermögens-, Finanz- und Ertragslage des Verkäufers von nicht unerheblicher Bedeutung sind. Die erteilten Auskünfte und überreichten Unterlagen sind, soweit letztere eigene Erklärungen eines Geschäftsführers oder sonstiger leitender Angestellter des Verkäufers enthalten,[245] richtig.
3. Der Jahresüberschuss des Verkäufers[246] nach Abzug von Wertaufholungserträgen und von außerordentlichen Veräußerungserträgen im laufenden[247] und im vorausgegangenen Geschäftsjahr beträgt je mindestens _____ EUR. Der Verkäufer ist und war zu keiner Zeit zahlungsunfähig oder überschuldet.

---

241 Geschäftsführerdienstverhältnisse sind nicht Arbeitsverhältnisse i.S.v. § 613a BGB.
242 Häufig ist die Fortsetzung der Geschäftsführung durch die bisherigen Geschäftsführer ein unverzichtbarer Faktor für den Käufer, der mit seinem Kaufpreis zu einem Teil das Know-how dieser Geschäftsführer vergüten will.
243 Es ist gängige Praxis, dass sich die Parteien von Unternehmens- bzw. Beteiligungskaufverträgen durch Vereinbarung einer Reihe von selbständigen Garantien ein individuelles Gewährleistungsregime schaffen. Dabei empfiehlt sich, ausdrücklich klarzustellen, dass die selbständigen Garantien von vornherein unter Einschränkungen (s. § 7) abgegeben werden und nicht dem § 444 BGB unterfallen sollen, wenngleich das Verbot der Haftungseinschränkung bei Übernahme einer Garantie (§ 444 BGB i.d.F. vor dem 8.12.2004) nicht mehr besteht.
244 Wird nur ein Betrieb oder Betriebsteil verkauft und sind Abschlüsse aus den vergangenen Geschäftsjahren dafür vorhanden, so kann deren Ordnungsmäßigkeit garantiert werden.
245 Im Laufe der Unternehmenskaufverhandlungen erhält der Käufer zahlreiche Informationen vom Verkäufer. Damit ist die Gefahr verbunden, dass der Käufer seinen Kaufentschluss und sein Preisangebot im Vertrauen auf diese Informationen gründet, ohne dass die angeblichen Tatsachen ausdrücklich garantiert werden. Möglicherweise kennt der Anwalt des Käufers nicht alle Informationen, die zwischen Verkäufer und Käufer ausgetauscht werden und deren Richtigkeit für den Käufer wichtig ist. Für solche Informationen dient diese Garantie als wichtige Auffangklausel. Der Anwalt des Käufers sollte diesen möglichst frühzeitig dazu anhalten, aus Beweisgründen alle mündlich erhaltenen Informationen von Belang schriftlich bestätigt zu erhalten.
246 Der Jahresüberschuss des Verkäufers kann nur Grundlage einer Garantie sein, wenn das verkaufte Unternehmen den gesamten Geschäftsbetrieb des Verkäufers umfasst. Wird nur ein Betrieb oder Betriebsteil veräußert, kann man möglicherweise Betriebsergebnisse oder Betriebsteil-Ergebnisse garantieren lassen.
247 Fallen Übernahmestichtag und Geschäftsjahresende auseinander, so ist eine zeitliche Begrenzung bis zum Übernahmestichtag angemessen. Dabei muss jedoch festgelegt werden, nach welchen Grundsätzen der Überschuss zu ermitteln ist (allein nach GoB [Grundsätze ordnungsmäßer Buchführung und Bilanzierung], Stetigkeitsprinzip oder unter Berücksichtigung der Besonderheiten für die Übernahmebilanz).

4. Die Übernahmebilanz und das Inventar entsprechen den in § 2 aufgeführten Anforderungen.
5. Die verkauften Gegenstände stehen im Eigentum des Verkäufers oder gehen nach Bezahlung übernommener Verbindlichkeiten in sein oder des Käufers Eigentum über, umfassen sämtliche Wirtschaftsgüter, die im verkauften Unternehmen genutzt werden oder dafür erforderlich sind, und haften nur für solche Verbindlichkeiten, die in der Übernahmebilanz ausgewiesen oder zurückgestellt sind.
6. Die in der Vorbemerkung bezeichneten Beteiligungen gehören dem Verkäufer, unterliegen keinen Verfügungsbeschränkungen, sind voll einbezahlt, nicht zurückbezahlt und nicht mit Rechten Dritter belastet.
7. Die in der Übernahmebilanz ausgewiesenen Forderungen bestehen, sind nicht einredebehaftet und es treten bei diesen Forderungen keine höheren Ausfälle ein als der Betrag der auf diese Forderungen in der Übernahmebilanz gebildeten Wertberichtigungen.
8. Abgesehen von nicht bilanzierungspflichtigen Verbindlichkeiten aus noch nicht erfüllten Verträgen bestehen oder drohen am Übernahmestichtag keine mit dem veräußerten Unternehmen übergehenden weiteren oder höheren Verbindlichkeiten als in der Übernahmebilanz passiviert sind.
9. Der Unternehmenskauf führt nicht zu einer Haftung des Käufers für fremde Verbindlichkeiten, insbesondere aufgrund Wechselhaftung, Bürgschaften, Garantieverpflichtungen, Patronatserklärungen.
10. Das Anlagevermögen befindet sich in ordnungsmäßigem Zustand, die erforderlichen Ersatzbeschaffungen und Reparaturen sind jeweils durchgeführt worden.
11. Die Lagerbestände sind nach Zusammensetzung und Umfang betriebswirtschaftlichen Grundsätzen angemessen, befinden sich in gutem Zustand und sind im gewöhnlichen Geschäftsbetrieb verkaufsfähig.
12. *Anlage zu § 6 Abs. 1a) 12.* enthält eine das veräußerte Unternehmen betreffende abschließende Liste der letzten für jede Steuerart durchgeführten steuerlichen Außenprüfungen unter Angabe des Zeitpunkts des Ergehens des jeweils nachfolgenden Steuerbescheids bzw. schwebenden Verfahrens.
13. Es bestehen keine das veräußerte Unternehmen betreffende Vereinbarungen zwischen den Gesellschaftern des Verkäufers oder Angehörigen der Gesellschafter i.S.v. § 15 Abgabenordnung einerseits und dem Verkäufer andererseits.

b) *Arbeits- und Dienstleistungsverhältnisse*
1. *Anlage zu § 6 Abs. 1b) 1.* enthält eine abschließende Liste aller Arbeitnehmer, deren Arbeitsverhältnisse vom Käufer übernommen werden, enthaltend Name, Geburtsdatum, Funktion, Eintrittstermin, Kündigungsfristen, Jahresvergütung im Kalenderjahr _____, Altersversorgungsart und -aufwendungen, Besonderheiten (z.B. schwerbehindert, Dienstwagen, Arbeitnehmerdarlehen).
2. *Anlage zu § 6 Abs. 1b) 2.* enthält eine abschließende Liste aller das veräußerte Unternehmen betreffenden Handelsvertreter und Berater zum Übernahmestichtag, enthaltend Name, Tätigkeitsgebiet, Vertragsbeginn, Kündigungsfristen, Jahresvergütung im Kalenderjahr _____, einschließlich aller Nebenleistungen.
3. *Anlage zu § 6 Abs. 1b) 3.* enthält eine abschließende Liste aller auf den Käufer übergehenden[248] Altersversorgungsverpflichtungen zum Übernahmestichtag gegenüber allen mit unverfallbaren Versorgungsanwartschaften ausgestatteten ausgeschiedenen Altersversorgungsberechtigten und Pensionären, enthaltend Name, Geburtsdatum und Höhe der Anwartschaften oder Versorgungsansprüche. Eine Pensionskasse besteht beim Verkäufer nicht. Das Vermögen der gem. § 1

---

248 Vgl. § 1 Abs. 3.

Abs. 4 auf den Käufer übergehenden Unterstützungskasse (Teilwerte) deckt die von der Unterstützungskasse zu bezahlenden Versorgungsleistungen und Anwartschaften hierauf.
4. Seit _____ ist keine Erhöhung oder Zusage einer Erhöhung von Leistungen (Gehalt, Pension, Tantieme, Boni, Provision, sonstige Leistungen) an Arbeitnehmer, Berater, Handelsvertreter oder sonstige Dienstleister, außer den jährlichen Tariferhöhungen, sowie keine Modifizierung solcher Verträge (Laufzeit, Kündigungsfristen und dergleichen) erfolgt.
5. Für das veräußerte Unternehmen bestehen nur die in der *Anlage zu § 6 Abs. 1b) 5.* aufgeführten Betriebsvereinbarungen und Verträge mit Gewerkschaften. Die in dieser *Anlage* genannten weiteren Betriebsvereinbarungen und Verträge mit Gewerkschaften hat der Verkäufer wirksam gekündigt.
6. Die Anstellungs- oder Arbeitsverträge sowie Handelsvertreterverträge mit den in der *Anlage zu § 6 Abs. 1b) 6.* aufgeführten Personen werden frühestens zum _____ von diesen oder vom Käufer aus wichtigem Grund gekündigt.[249]

c) *Zeitraum zwischen Übernahmestichtag und Besitzübergabe (§ 12) (Übergangsphase)*
1. In der Übergangsphase wurden/werden die Geschäfte des verkauften Unternehmens nach den Grundsätzen einer ordnungsmäßigen und gewissenhaften Geschäftsführung geführt, insbesondere wurden/werden die für Lieferungen und Leistungen vereinbarten Preise verlustfrei kalkuliert und für eingegangene Verbindlichkeiten gleichwertige und werthaltige Gegenleistungen vereinbart.
2. In der Übergangsphase wurden/werden keine Gegenstände des Anlagevermögens des verkauften Unternehmens veräußert oder sonst abgängig, außer den in der *Anlage zu § 6 Abs. 1c) 2.* aufgeführten.
3. In der Übergangsphase wurden/werden beim Verkäufer keine Gewinnausschüttungen (weder offene noch verdeckte) durchgeführt.
4. In der Übergangsphase wurden/werden keine sonstigen außergewöhnlichen Geschäfte getätigt und Maßnahmen getroffen.

d) *Sonstiges*
1. Es hat in der Vergangenheit keine Produkthaftungsansprüche wegen Produkten des Unternehmens gegeben, und Produkthaftungsansprüche drohen auch nicht.
2. Know-how und Schutzrechte, die mitverkauft werden, stehen auf Dauer rechtsmängelfrei in der Verfügungsmacht des Käufers; es sind dafür keine Leistungen an Dritte zu gewähren.
3. Das Unternehmen verletzt Rechtsvorschriften nicht wesentlich. Insbesondere hat das Unternehmen seine steuerlichen und sozialversicherungsrechtlichen Pflichten erfüllt. Das Unternehmen verletzt nicht vertragliche Rechte Dritter und hat sich keinen vertraglichen Beschränkungen in seiner Geschäftstätigkeit unterworfen; insbesondere ist das Unternehmen mit Liefer-, Leistungs- und Zahlungspflichten nicht in Verzug.
4. Der zu dem veräußerten Unternehmen gehörende sowie der von dem veräußerten Unternehmen genutzte Grund und Boden sowie die darauf befindlichen Gebäude sind frei von schädlichen Belastungen aller Art (Verunreinigungen, Ablagerungen, Blindgängern etc.), keine schädlichen Substanzen werden in Grundwasser oder Flüsse eingeleitet, Luft- und Lärmemissionen, die zu Aufwendungen führen könnten (Schadensersatz, Wiederherstellung, Vorkehrung), bestehen nicht.[250] Ferner bestehen keine Rechte und Lasten, die ohne Eintragung im Grundbuch wirksam sind, wie z.B. Eintragungen im Baulastenbuch.

---

249 Vom Käufer nur schwer durchsetzbar, weil der Verkäufer keinen Einfluss auf die Kündigung dieser Verträge hat. Wenn es dem Käufer jedoch auf die Weiterbeschäftigung bestimmter Schlüsselarbeitnehmer entscheidend ankommt, kann das Einstehen des Verkäufers dafür Voraussetzung für das Zustandekommen des Vertrages sein.
250 Vgl. das BBodSchG v. 17.3.1998, BGBl I, 502 (siehe Rn 78–80).

5. Die von dem veräußerten Unternehmen genutzten Gebäude stehen nicht unter Denkmalschutz, ihre Veränderung ist auch nicht durch ähnliche Bestimmungen beschränkt.
6. Der Geschäftsbetrieb des Unternehmens und die dazugehörigen materiellen Vermögensgegenstände entsprechen jetzt und nach bestem Wissen auch künftig öffentlich-rechtlichen (insbesondere gewerberechtlichen, baurechtlichen, umweltschutzrechtlichen, wettbewerbsrechtlichen, kartellrechtlichen) sowie arbeitsrechtlichen Vorschriften und tarifvertraglichen Vereinbarungen.
7. Die für das Unternehmen gewährten öffentlichen Subventionen, die in der *Anlage zu § 6 Abs. 1d) 7.* abschließend verzeichnet sind, werden nicht im Hinblick auf diesen Unternehmenskauf vom Käufer zurückgefordert, eingeschränkt oder erschwert.[251] Weitere Subventionen sind vom Verkäufer für das Unternehmen nicht beantragt.
8. Die für das veräußerte Unternehmen wesentlichen Grundlagen (wie Konzessionen, Betriebserlaubnisse, Versorgungs-, Entsorgungs-, Miet-, Pacht-, Leasing-, Lizenz-, Kooperations-, Kredit-, Liefer- und Abnahmeverträge, sofern nicht im Einzelfall von untergeordneter Bedeutung) werden nicht im Hinblick auf diesen Unternehmenskauf beendet, eingeschränkt oder erschwert.
9. Betriebsinterne Abläufe und Aufgabenverteilungen sind vollständig und transparent dokumentiert (in Organisationsdokumenten, Betriebshandbüchern, Arbeitsanweisungen, Stellenbeschreibungen etc.).
10. Bei dem veräußerten Unternehmen existiert ein funktionierendes Risiko-Überwachungs-System.
11. Für das veräußerte Unternehmen besteht angemessene Versicherungsdeckung. *Anlage zu § 6 Abs. 1d) 11.* enthält eine abschließende Liste aller Versicherungspolicen unter Angabe des versicherten Risikos, der Restlaufzeit und der Jahresprämie.
12. Aufgrund der übernommenen Verträge sind keine ertrags- oder umsatzabhängigen Zahlungen zu leisten.
13. Die *Anlage zu § 6 Abs. 1d) 13.* enthält eine abschließende Liste aller übernommenen Verträge. Die Verträge sind wirksam, bisher von den Parteien vertragsgemäß erfüllt und werden voraussichtlich auch weiterhin von den Parteien vertragsgemäß erfüllt. Sie sind die einzigen Verträge, die für eine ordnungsgemäße Fortführung des Unternehmens erforderlich sind. Die Vertragspartner werden dem Eintritt des Käufers in die übernommenen Verträge zu den bisherigen Konditionen, mit Ausnahme der in der *Anlage zu § 6 Abs. 1d) 13.* besonders gekennzeichneten Verträge, zustimmen.
14. Außer den in der *Anlage zu § 6 Abs. 1d) 14.* aufgeführten Verfahren sind keine das veräußerte Unternehmen betreffenden Rechtsstreite, Rechtsbehelfe und dergleichen anhängig oder drohen.
15. Die Veräußerung des Unternehmens stellt keine Verfügung über das Vermögen des Verkäufers im Ganzen gem. § 1365 BGB dar.

(2) Die vorstehenden Garantien gelten entsprechend für die in Abs. 2 der Vorbemerkung bezeichneten Beteiligungsgesellschaften. Das Eigenkapital i.S.v. § 266 Abs. 3 HGB in der Übernahmebilanz der _____ GmbH beträgt mindestens _____ EUR.[252]

(3) Daneben besteht die gesetzliche Gewährleistung des Verkäufers für Sach- und Rechtsmängel hinsichtlich der zu dem verkauften Unternehmen und zu den Beteiligungsgesellschaften gehörenden Wirtschaftsgüter.[253]

(4) Wo es bei Garantien des Verkäufers auf das Kennen bestimmter Umstände oder Verhältnisse ankommt (z.B. „nach bestem Wissen"), gilt dem Kennen gleichgestellt das Kennen müssen bei An-

---

251 Vgl. hierzu *Töpfer/Butler*, ZIP 2003, 1677 ff.
252 Eventuell sind Anpassungen, besonders bei den ausländischen Beteiligungsgesellschaften, erforderlich. Jedoch muss eine Verdoppelung des Anpassungseffekts vermieden werden, etwa durch die Regelung: „Eine Verminderung des Kaufpreises wegen Unterschreitung des Eigenkapitals bei einer Beteiligungsgesellschaft kommt jedoch nicht in Betracht, soweit der Beteiligungsansatz in der Übernahmebilanz wegen dieser Unterschreitung herabgesetzt wird."
253 In der Praxis vom Käufer häufig nicht durchsetzbar, weil die speziellen Garantien in Abs. 1 vom Verkäufer als abschließende Regelungen des besonderen Falles verstanden werden, was nicht ganz von der Hand zu weisen ist.

wendung pflichtgemäßer Sorgfalt. Ferner muss sich der Verkäufer das Kennen oder Kennen müssen leitender Angestellter des Verkäufers zurechnen lassen.[254] Etwaige Schadensersatzansprüche gegen die Geschäftsführer und/oder leitende Angestellte des Verkäufers werden nach Erfüllung der entsprechenden Garantieansprüche durch den Verkäufer an diesen abgetreten.

§ 7 Folgen von Garantieverletzungen
(1) Die Nichteinhaltung einer nach § 6 übernommenen Garantie verpflichtet den Verkäufer ausschließlich zum Schadensersatz. Dieser bemisst sich nach dem Betrag, der dem Käufer oder den Beteiligungsgesellschaften geleistet werden muss, um diese so zu stellen, als wäre der Garantieanspruch erfüllt worden.
(2) Schadensersatzansprüche sind ab dem Schadensereignis, frühestens jedoch ab Übernahmestichtag, zum Vertragszinssatz zu verzinsen.
(3) Ist ein Schaden noch nicht eingetreten, so kann der Käufer vom Verkäufer Freistellung des Käufers und der Beteiligungsgesellschaften sowie – solange die Freistellung noch nicht erfolgt ist – eine unbedingte Erklärung verlangen, wonach der Verkäufer den Käufer und die Beteiligungsgesellschaften hinsichtlich der geltend gemachten Garantie im Innenverhältnis freistellt.
(4) Die Geltendmachung von Schadensersatzansprüchen ist ausgeschlossen, wenn diese insgesamt nicht mehr als _____ EUR betragen; bei Überschreitung kann der gesamte Schaden geltend gemacht werden.
(5) Die Schadensersatzansprüche verjähren am _____ (*üblich sind zwei bis drei Jahre nach Übergabe*).
(6) Hat der Verkäufer wesentliche Mängel des verkauften Unternehmens oder der Beteiligungsgesellschaften arglistig verschwiegen oder beruht die Haftung des Verkäufers auf so wesentlichen Abweichungen von den vorstehenden Garantien, dass dem Käufer das Festhalten am Vertrag nicht zugemutet werden kann, ist der Käufer neben der Geltendmachung von Schadensersatzansprüchen abweichend von Abs. 1 auch zum Rücktritt vom Vertrag berechtigt. Der Rücktritt ist ausgeschlossen, wenn er nicht spätestens bis _____ ausgeübt ist.[255]
(7) Die Bestimmungen des § 377 HGB sind nicht anwendbar.[256]
(8) Wird wegen einer Garantieverletzung Schadensersatz nebst seit dem Übernahmestichtag anfallender Zinsen gezahlt, so gilt der Schadensersatz als zum Übernahmestichtag an den Verkäufer bzw. die Beteiligungsgesellschaften geleistet und ist/sind die Übernahmebilanz/Übernahmebilanzen entsprechend anzupassen.

§ 8 Auswirkungen steuerlicher Veranlagungen
(1) Führen steuerliche Veranlagungen (insbesondere aufgrund von Außenprüfungen) zu einer Änderung steuerlicher Wertansätze bei dem Verkäufer oder den Beteiligungsgesellschaften für Zeiträume bis zum Übernahmestichtag, so hat dies keinen Einfluss auf die Übernahmebilanzen und den Kaufpreis.
(2) Ergeben sich bei den Beteiligungsgesellschaften aufgrund von Steuerveranlagungen, Steuerfestsetzungen oder Haftungsbescheiden für Zeiträume bis zum Übernahmestichtag Mehr- oder Wenigersteuern gegenüber den bis zum Übernahmestichtag bezahlten oder in den Übernahmebilanzen ausgewiesenen Steuern, so hat der Käufer den – anteilig auf die verkauften Vermögensgegenstände

---

254 Möglicherweise ist eine Auflistung der „leitenden Angestellten" in einer Anlage sinnvoll.
255 Das Rücktrittsrecht für den Fall unzumutbarer Abweichungen von den Garantien ist für die Käufer nur schwer durchsetzbar. In der Praxis ist ein Rücktritt nahezu undurchführbar, da die Käufer meist das Unternehmen nach dem Erwerb gründlich umgestalten (z.B. durch Verschmelzung, Kapitalerhöhung u.Ä.). Dennoch sollten die Käufer versuchen, zumindest für eine kurze Frist (z.B. sechs Monate) das Recht zu haben, wegen fundamentaler Mängel vom Kauf zurückzutreten.
256 Untersuchungs- und Rügepflicht wegen Mangels (§ 377 HGB) gilt ohnehin nur beim beidseitigen Handelskauf und wird üblicherweise auch dafür wegen des Vorrangs der vertraglichen Verjährungsregeln ausgeschlossen. Manchmal wird auch § 442 BGB ausgeschlossen (keine Gewährleistung bei Kenntnis des Käufers oder bei grob fahrlässiger Unkenntnis des Käufers und Arglist oder Garantie des Verkäufers).

entfallenden[257] – Mehr- oder Wenigerbetrag vom Verkäufer zu beanspruchen bzw. diesem zu erstatten. Mehr- oder Wenigersteuern, die in der Person des Verkäufers oder seiner Gesellschafter entstehen, verbleiben bei diesen.
(3) Führt die bestandskräftige Feststellung der am Übernahmestichtag noch vorhandenen Endbestände der Teilbeträge des verwendbaren Eigenkapitals (§§ 36, 38 KStG) der Beteiligungsgesellschaften zu einer Erhöhung des aus dem sog. EK 02 hervorgegangenen Endbetrages gegenüber den am Übernahmestichtag ergangenen Feststellungsbescheiden oder abgegebenen Feststellungserklärungen, so hat der Verkäufer dem Käufer die Körperschaftsteuer-Mehrbelastung – anteilig für die verkauften Geschäftsanteile[258] – zu ersetzen.[259] Führt die bestandskräftige Feststellung des am Übernahmestichtag noch vorhandenen Körperschaftsteuerguthabens i.S.v. § 37 KStG zu einer Verminderung gegenüber den am Übernahmestichtag ergangenen Feststellungsbescheiden oder abgegebenen Feststellungserklärungen, so hat der Verkäufer dem Käufer den – auf die verkauften Geschäftsanteile entfallenden –[260] Minderbetrag zu ersetzen.[261] Die komplizierte Regelung in § 8 Abs. 3 für die Beteiligungsgesellschaften ist nur sinnvoll, wenn die Beteiligungsgesellschaften einen wesentlichen Wert des veräußerten Unternehmens ausmachen.
(4) Ansprüche des Käufers nach Abs. 2 oder 3 verjähren zwölf Monate nach Bestandskraft des jeweiligen Bescheids.
(5) Der Verkäufer oder ein von ihm benannter Steuerberater ist berechtigt und auf Verlangen des Käufers verpflichtet, an steuerlichen Außenprüfungen (insbesondere an den Schlussbesprechungen) für Veranlagungszeiträume bis zum Übernahmestichtag und an außergerichtlichen und finanzgerichtlichen Verfahren betreffend diese Veranlagungszeiträume teilzunehmen.[262]

§ 9 Steuern und Kosten
(1) Die Steuern, die vom Verkäufer oder seinen Gesellschaftern aus einem aufgrund dieses Vertrags etwa erzielten Veräußerungsgewinn zu entrichten sind, fallen dem Verkäufer zur Last.
(2) Eine etwa zum Ansatz kommende Grunderwerbsteuer hat der Käufer zu tragen.
(3) Die Kosten dieses Vertrags und seines Vollzugs hat der Käufer zu tragen. Die Kosten für ihre Berater haben Käufer und Verkäufer je selbst zu tragen.
(4) Die Kosten für den Makler _____ hat der _____ zu tragen.

§ 10 Wettbewerbsverbot
(1) Der Verkäufer verpflichtet sich,[263] auf die Dauer von zwei Jahren nach dem Übernahmestichtag weder ein zu dem verkauften Unternehmen in Wettbewerb stehendes Unternehmen zu betreiben,

---

257 Hält das veräußerte Unternehmen sämtliche Geschäftsanteile an der Beteiligungsgesellschaft, kann dieser Passus entfallen.
258 Hält das veräußerte Unternehmen sämtliche Geschäftsanteile an der Beteiligungsgesellschaft, kann dieser Passus entfallen.
259 Die Körperschaftsteuer-Mehrbelastung beträgt 3/100 des zusätzlichen aus EK 02 hervorgegangenen positiven Endbetrages (§ 38 Abs. 5 KStG) und ist von 2008 bis 2017 in zehn gleichen Jahresbeträgen zu entrichten (§ 38 Abs. 6 KStG).
260 Hält das veräußerte Unternehmen sämtliche Geschäftsanteile an der Beteiligungsgesellschaft, kann dieser Passus entfallen.
261 Das Körperschaftsteuerguthaben soll die vor 2001 einer Körperschaftsteuer von 40 % unterworfenen Gewinne auf die bis 2001 geltende Ausschüttungsbelastung von 30 % herunterschleusen. Es wird in 10 Jahresraten von 2008 bis 2017 ausbezahlt (§ 37 Abs 5 KStG).
262 Eine „Prozessbeteiligungsklausel" oder „Prozessübernahmeklausel" zugunsten der Verkäufer kann auch für Liefer- und Leistungsbeziehungen sinnvoll sein. Der Käufer möchte jedoch eine Prozessaktivität gegen Kunden der GmbH möglichst einschränken, um das Geschäftsklima nicht zu belasten. Eventuell kann für einzelne Liefer- oder Leistungsbeziehungen ein Prozessführungsrecht für die Verkäufer (einschließlich Kostentragungsregelung) vereinbart werden.
263 Ggf. „für sich und seine Gesellschafter".

noch sich an einem solchen zu beteiligen oder für ein solches in irgendeiner Form tätig zu sein. Das Wettbewerbsverbot gilt nicht, wenn sich der Wettbewerb nicht in _____ auswirkt.[264] Das Wettbewerbsverbot gilt ebenfalls nicht beim Erwerb börsennotierter Aktien zu nicht mehr als 5% des Grundkapitals.
(2) Für jeden Fall des Verstoßes gegen das Wettbewerbsverbot ist eine Vertragsstrafe in Höhe von _____ EUR an den Käufer zu zahlen. Bei fortgesetztem Verstoß gilt jeder angefangene Kalendermonat als gesonderter Verstoß. Die Geltendmachung eines höheren Schadens ist dem Käufer nicht verwehrt. Eine geleistete Vertragsstrafe ist jedoch auf den Schaden anzurechnen.

§ 11 Vollzugsbestimmungen
(1) Für die Übertragung der verkauften Vermögensgegenstände und übernommenen Schulden sowie den sonstigen Vollzug dieses Vertrags gilt Folgendes:
    a) Die Vertragschließenden sind sich über den sofortigen Übergang[265] des Eigentums an den verkauften beweglichen Sachen einig. Bis zur Besitzübergabe (§ 12) verwahrt der Verkäufer die verkauften beweglichen Sachen für den Käufer. Soweit verkaufte bewegliche Sachen nicht im unmittelbaren Besitz des Verkäufers sind, wird die Besitzübergabe dadurch ersetzt, dass die Herausgabeansprüche gegen den unmittelbaren Besitzer abgetreten werden.
    b) Die verkauften Forderungen werden hiermit an den Käufer abgetreten. Der Käufer ist berechtigt, die Abtretung den Schuldnern anzuzeigen und, soweit erforderlich, deren Zustimmung zur Abtretung einzuholen.
    c) Die verkauften Rechte werden hiermit auf den Käufer übertragen. Soweit zur rechtswirksamen Übertragung noch sonstige Maßnahmen (Eintragung in Register, Genehmigung usw.) erforderlich oder zweckdienlich[266] sind, bevollmächtigt der Verkäufer den Käufer unter Befreiung von den Beschränkungen des § 181 BGB, diese Maßnahmen auch im Namen des Verkäufers herbeizuführen.
    d) Soweit nicht übertragbare Gegenstände mitverkauft sind, ist der Verkäufer verpflichtet, den Käufer so zu stellen, als ob sie wirksam übertragen wären.
    e) Die zu den vereinbarten Schuldübernahmen erforderlichen Genehmigungen der Gläubiger hat der Käufer einzuholen, soweit die Gläubiger nicht innerhalb von sechs Monaten nach Besitzübergabe befriedigt werden. Wird eine Schuldübernahme nicht genehmigt oder ist eine Schuldübernahme aus einem anderen Grund unwirksam, ist der Käufer verpflichtet, die Gläubiger bei Fälligkeit ihrer Forderung zu befriedigen. Der Verkäufer kann verlangen, dass ihm die Genehmigung der Schuldübernahme oder die Befriedigung des Gläubigers nachgewiesen wird. Entsprechendes gilt für den vereinbarten Eintritt des Käufers in laufende Verträge, soweit dem Käufer der entsprechende Vorteil wirtschaftlich zugute kommt.[267, 268]

---

[264] Wegen der Gefahr der Nichtigkeit übermäßig beschränkender Wettbewerbsverbote (vgl. z.B. BGH DB 1989, 1620, BGH ZIP 1994, 61, BGH NJW 1997, 2324) sollte nicht nur eine gegenständliche und zeitliche, sondern auch eine räumliche Eingrenzung des Wettbewerbsverbots vorgenommen werden. Ein ausschließlich wegen überlanger Dauer nichtiges Wettbewerbsverbot kann allerdings im Wege der geltungserhaltenden Reduktion auf eine noch akzeptable Zeitspanne begrenzt werden (vgl. BGH NJW 1991, 699; OLG Stuttgart NJW 2002, 1431). Zeitlich geht die Rechtsprechung heute von einer Höchstdauer von 2 Jahren aus (BGH NJW 1994, 384).
[265] Wählt man als Übernahmestichtag einen Zeitpunkt in der Zukunft, so empfiehlt es sich, die Übertragung aufschiebend bedingt auf den Übernahmestichtag vorzunehmen und sich (mit Rücksicht auf den sachenrechtlichen Bestimmtheitsgrundsatz) auf das Inventar nach § 2 zu beziehen. Erfolgt die dingliche Übereignung vor vollständiger Kaufpreiszahlung, so wird der Verkäufer in aller Regel auf eine Sicherung der Kaufpreiszahlung im Wege der Bankbürgschaft oder der Hinterlegung des Kaufpreises bei einem Treuhänder drängen.
[266] Z.B. die Umschreibung von Marken nach § 27 MarkenG.
[267] Gehören zu den verkauften Gegenständen GmbH-Anteile, so ist der Unternehmenskaufvertrag einschließlich der dinglichen Abtretung der GmbH-Anteile notariell zu beurkunden (§ 15 Abs. 3 und 4 GmbHG) und ist folgende Vollzugsbestimmung aufzunehmen: „f) Der Verkäufer tritt hiermit die in Abs. 2 der Vorbemerkung genannten Geschäftsanteile an der [...] GmbH an den Käufer ab. Der Käufer nimmt die Abtretung an. Die nach dem

(2) Soweit zwischen dem Übernahmestichtag und der Übertragung Bestandsveränderungen bei den verkauften Vermögensgegenständen stattgefunden haben, ist für die Übertragung der veränderte Bestand maßgeblich. Ein aktuelles Inventar, enthaltend die Wesentlichen hiermit übertragenen Vermögensgegenstände, ist als *Anlage zu § 11 Abs. 2* beigefügt.

(3) Soweit zwischen dem Übernahmestichtag und heute zu dem verkauften Unternehmen gehörige Schulden im ordnungsgemäßen Geschäftsbetrieb begründet wurden, werden diese vom Käufer übernommen. Ein aktuelles Verzeichnis, enthaltend diese Schulden, ist als *Anlage zu § 11 Abs. 3* beigefügt.

§ 12 *Besitzübergabe*

(1) Die Übergabe des Besitzes an dem verkauften Unternehmen an den Käufer erfolgt am _____, frühestens jedoch binnen 14 Tagen ab Wirksamwerden der §§ 1 bis 12 gem. § 13.

(2) Bis zur Besitzübergabe ist der Verkäufer berechtigt und verpflichtet, die Geschäfte des verkauften Unternehmens weiterzuführen und dabei Vermögensgegenstände mit Wirkung für den Käufer zu erwerben und zu veräußern und Schulden mit Wirkung für den Käufer zu begründen und abzulösen. Er hat hierbei im Einvernehmen mit dem Käufer und nach dessen Weisungen, im Übrigen mit der Sorgfalt eines ordentlichen und gewissenhaften Unternehmers zu handeln. Er hat den Käufer über alle wichtigen Angelegenheiten und besonderen Vorkommnisse zu unterrichten. Der Käufer ist berechtigt, ab Vertragsunterzeichnung die Geschäftsräume des Verkäufers zu betreten und in alle Geschäftsunterlagen Einsicht zu nehmen.

§ 13 *Kartellrechtliche Anmeldung*[269]

(1) Die Parteien haben aufgrund einer informellen Anfrage beim Bundeskartellamt bereits die Auskunft erhalten, dass dem Unternehmenskauf als Zusammenschluss i.S.v. § 37 GWB voraussichtlich keine kartellrechtlichen Bedenken entgegenstehen.

(2) Die Parteien werden unverzüglich gemeinsam den Unternehmenskauf anmelden i.S.v. § 39 GWB.

(3) Die Wirksamkeit der §§ 1 bis 12 steht unter den aufschiebenden Bedingungen, dass das Bundeskartellamt

    a) den Zusammenschluss freigibt, oder

    b) die Mitteilung macht, dass es nicht in das Hauptprüfungsverfahren eingetreten ist, oder

    c) die Monatsfrist des § 40 Abs. 1 GWB verstreichen lässt, ohne Mitteilung über den Eintritt in das Hauptprüfungsverfahren gemacht zu haben, oder

    d) die Viermonatsfrist des § 40 Abs. 2 GWB verstreichen lässt, ohne dass ein Fall von § 40 Abs. 2 Satz 4 GWB vorliegt, und deshalb die Freigabe fingiert wird.

Die Parteien haben sich unverzüglich vom Wirksamwerden der §§ 1 bis 12 wegen Eintritts einer der vorgenannten Bedingungen in Kenntnis zu setzen.[270]

Gesellschaftsvertrag der GmbH erforderliche Zustimmung zur Abtretung ist bereits erteilt und wird dieser notariellen Urkunde als Anlage zu § 11 Abs. 1f) beigefügt. Die Abtretung wird der Gesellschaft unverzüglich durch den Käufer gem. § 16 GmbHG angezeigt. Der Notar wird gebeten, die neue GmbH-Gesellschafterliste beim Handelsregister einzureichen".

268 Gehören zu den verkauften Gegenständen Grundstücke, so ist der Unternehmenskaufvertrag einschließlich Auflassung notariell zu beurkunden (§ 311b Abs. 1, § 925 BGB) und ist die Eintragungsbewilligung in notariell beglaubigter Form abzugeben (§ 29 GBO): „g) Verkäufer und Käufer erklären bei gleichzeitiger Anwesenheit vor dem Notar bezüglich der in Abs. 3 der Vorbemerkung genannten Grundstücke unbedingt die Auflassung. Der Verkäufer bewilligt ferner die Eintragung des Käufers ins Grundbuch, was beide Parteien hiermit beantragen". Im Falle einer kartellrechtlichen Anmeldung sollte dieser Passus im Hinblick auf die Bedingungsfeindlichkeit von Auflassungen (§ 925 Abs. 2 BGB) entfallen und sollte die Auflassung nach Eintritt einer der aufschiebenden Bedingungen (§ 13 Abs. 3) erfolgen.

269 Vgl. oben Rn 65–70.

270 Werden Grundstücke mitverkauft, ist zu ergänzen: „Die Auflassung der in Abs. 3 der Vorbemerkung genannten Grundstücke ist unverzüglich vorzunehmen."

(4) Ist eine der aufschiebenden Bedingungen nicht bis zum _____ eingetreten, so werden §§ 1 bis 12 endgültig unwirksam.
Keine Partei kann in diesem Fall Ansprüche gegen die andere wegen dieses Vertrags und seiner Vorbereitung erheben. Der Käufer ist in diesem Falle verpflichtet, sämtliche Kenntnisse, die er im Rahmen des Unternehmenskaufs erworben hat, geheim zu halten und Personen, denen er diese Kenntnisse weitergegeben hat, ebenfalls zur Geheimhaltung zu verpflichten. Vom Verkäufer oder den Beteiligungsgesellschaften erhaltene Gegenstände (insbesondere Dokumente) und selbst gefertigte Kopien, sind unverzüglich herauszugeben.
Erlässt das Bundeskartellamt Bedingungen oder Aufl.n, so sollen die Parteien diesen – soweit zumutbar – nachkommen.[271]
(5) Bis zum Wirksamwerden der §§ 1 bis 12 gem. Abs. 3, längstens jedoch bis zu deren endgültigen Unwirksamkeit gem. Abs. 4, hat der Verkäufer dafür Sorge zu tragen, dass das Unternehmen ohne Zustimmung des Käufers nicht wesentlich verändert wird.[272]
(6) Nach Wirksamwerden der §§ 1 bis 12 haben die Parteien dem Bundeskartellamt den Vollzug des Zusammenschlusses unverzüglich anzuzeigen (§ 39 Abs. 6 GWB).

§ 14 Schlussbestimmungen
(1) Auf diesen Vertrag ist deutsches Recht unter Ausschluss der Kollisionsnormen und des Übereinkommens der Vereinten Nationen über Verträge über den internationalen Warenkauf (CISG) anwendbar.
(2) Dieser Vertrag wird in deutscher Sprache abgeschlossen und ins Englische übersetzt. Maßgeblich ist der deutsche Vertragswortlaut.[273]
(3) Nebenabreden sind nicht getroffen.
(4) Änderungen und Ergänzungen dieses Vertrages bedürfen zu ihrer Wirksamkeit der Schriftform, sofern nicht notarielle Beurkundung erforderlich ist.
(5) Erfüllungsort und Gerichtsstand[274] ist, soweit gesetzlich zulässig,[275] der Sitz des Verkäufers.
(6) (*Falls mehrere Verkäufer vorhanden sind*: Die Verkäufer haften für ihre Verpflichtungen aus diesem Vertrag als Gesamtschuldner. Mitteilungen und sonstige Erklärungen des Käufers an die Verkäufer sind mit Wirkung gegenüber allen Verkäufern an _____ zu richten.)
(7) (*Falls mehrere Käufer vorhanden sind:* Die Käufer haften für ihre Verpflichtungen aus diesem Vertrag als Gesamtschuldner. Mitteilungen und sonstige Erklärungen des Verkäufers an die Käufer sind mit Wirkung gegenüber allen Käufern an _____ zu richten.)

---

271 Da unvorhersehbar ist, welche Bedingungen oder Aufl.n (§ 40 Abs. 3 GWB) das Bundeskartellamt erlässt und ob deren Erfüllung für den/die Beteiligten zumutbar ist, muss die Klausel vage bleiben.
272 Die Beibehaltung des Status quo ist in der Praxis oft kaum möglich oder sinnvoll. Gleichwohl sollte zumindest eine Verhaltensregel für den Verkäufer aufgestellt werden, dass bis zur kartellrechtlichen Freigabe keine tief greifenden Veränderungen ohne Zustimmung des Käufers vorgenommen werden sollen (sog. Conduct-of-Business-Klausel). Bei der Ausgestaltung einer Conduct-of-Business-Klausel ist darauf zu achten, dass mit der Klausel kein Zusammenschlusstatbestand i.S.v. § 37 Abs. 1 GWB oder Art. 3 Abs. 2 FKVO ausgelöst wird. Anderenfalls würde die Durchführung der Klausel bereits gegen das Vollzugsverbot verstoßen mit der Folge der Unwirksamkeit der auf der Grundlage der Klausel getätigten Rechtsgeschäfte (*Mielke/Welling*, BB 2007, 277, 283).
273 Bei Verträgen unter Beteiligung von Ausländern ist die Festlegung von Vertragssprache und anwendbarem Recht ein ganz wesentlicher Verhandlungspunkt, der unbedingt ganz zu Anfang der Verhandlungen geklärt werden muss. Das anwendbare Recht richtet sich üblicherweise nach der Belegenheit des Kaufgegenstandes, also deutsches Recht beim Kauf deutscher GmbH-Anteile oder Vermögensgegenstände. Bei der Vertragssprache trifft man sich häufig „in der Mitte", mit anderen Worten, die Parteien akzeptieren Englisch als Fremdsprache beider Parteien.
274 Oder: „Streitigkeiten aus diesem Vertrag werden unter Ausschluss der ordentlichen Gerichte durch ein Schiedsgericht aufgrund gesondert abzuschließender Schiedsgerichtsvereinbarung von heute entschieden"; auch Integration einer Schiedsklausel in den Vertrag ist zulässig (§ 1031 Abs. 1 ZPO).
275 Bei Beteiligung von inländischen Nichtkaufleuten ist die Gerichtsstandsklausel für diese unwirksam (§ 38 Abs. 1 ZPO).

(8) Verkäufer und Käufer werden sich über Zeitpunkt, Art und Inhalt der externen und internen Publikation des Unternehmenskaufs abstimmen.

(9) Dieser Vertrag ersetzt sämtliche vorherigen Vereinbarungen und Erklärungen des Verkäufers und des Käufers in Bezug auf den Kaufgegenstand.

(10) Die Vertragsparteien verpflichten sich, sämtliche Handlungen vorzunehmen, die für eine reibungslose Umsetzung dieses Unternehmenskaufs zweckdienlich sind.

(11) Sollten einzelne Bestimmungen des Vertrags unwirksam sein oder werden, so wird dadurch die Gültigkeit des übrigen Vertragsinhalts nicht berührt. Die weggefallene Bestimmung ist durch eine Regelung zu ersetzen, die dem wirtschaftlichen Zweck der weggefallenen Bestimmung möglichst nahe kommt.

_____ (Ort, Datum)
_____ (Unterschrift Verkäufer)
_____ (Unterschrift Käufer)
_____ (Unterschrift Geschäftsführer)
_____ (Unterschrift Geschäftsführer)

Kapitel 11 Europäische und internationale Bezüge des Gesellschaftsrechts

Dr. Franz Tepper, LL.M.
§ 26 Joint Venture-Vereinbarungen

Literatur

Altin-Sieber, Joint Ventures, Technologietransfer und -schutz, 1996; *Beck'sches Handbuch der Personengesellschaften*, 3. Aufl. 2009; *Berg/Trompeter*, Ausgliederung im Treuhandmodell, FR 2003, 903; *Beschoner/Stehr*, Internationalisierungsstrategien für kleine und mittlere Unternehmen, BB 2007, 315; *Casna* (Hrsg.), International Joint Ventures – The Legal and Tax Issues, 1991; *Diebel/Fischer*, Steuerliche Ergebniskonsolidierung im Joint-Venture vor und nach Inkrafttreten des Steuervergünstigungsabbaugesetzes, GmbHR 2004, 340; *Ebenroth*, Das Verhältnis zwischen Joint-Venture-Vertrag, Gesellschaftssatzung und Investitionsvertrag, JZ 1987, 265; *Ebke*, Internationales Devisenrecht, 1991; *Ellison*, Joint Ventures in Europe, 1997; *Endres*, Joint Ventures als Instrument internationaler Geschäftstätigkeit, WiSt 1987, 3737; *Engelhardt/Seibert*, Internationale Joint Ventures, ZfBf 33 (5/1981), 428; *Eser*, Internationale Joint Ventures und EG-Kartellrecht, RIW 1984, 489; *Fleischer/Schneider*, Zulässigkeit und Grenzen von Shoot-Out-Klauseln im Personengesellschafts- und GmbH-Recht, DB 2010, 2713; *Fett/Spiering* (Hrsg.), Handbuch Joint Venture, 2010; *Görgemanns*, Tracking Stocks bei der Joint Venture GmbH, GmbHR 2004, 170; *Göthel*, Internationales Privatrecht des Joint Ventures, RIW 1999, 566; *Groeger* (Hrsg.), Joint Venture und Technologietransfer, Anleitungen für Mittelständler auf dem Weg in Zukunftsmärkte Asiens – Fakten, Erfahrungen, Praxishilfen –, AHS Außenhandelsstelle für die mittelständische Wirtschaft Nordrhein-Westfalen e.V., Düsseldorf 1990; *Hall/Duane*, The international Joint Venture, 1984; *Hellgardt/Illmer*, Wiederauferstehung der Sitztheorie?, NZG 2009, 94; *Herzfeld/Wilson*, Joint Ventures, 3. Aufl. 1996; *Horten/Graf Kageneck*, Joint Ventures in den USA, 1997; *Huber*, Das Joint Venture im internationalen Privatrecht, 1992; *IDW*-Stellungnahme HFA 1/1993 – Zur Bilanzierung von Joint Ventures, WPg 1993, 441; *Kölbl*, Besteuerung eines Joint Ventures zwischen USA und Deutschland in Form einer Kapitalgesellschaftsholding, StuB 2007, 211; *Kölbl*, Besteuerung eines Joint Ventures zwischen USA und Deutschland in Form einer Personengesellschaftsholding, StuB 2007, 416; *Langefeld-Wirth*, Joint Ventures im internationalen Wirtschaftsverkehr, 1990; *Lieder/Kliebisch*, Nichts Neues im Internationalen Gesellschaftsrecht: Anwendbarkeit der Sitztheorie auf Gesellschaften aus Drittstaaten?, BB 2009, 338; *Llevat Felius*, Ausgleich für Kundenstamm oder „Joint Venture", informaciones 2005, 107; *Martinek*, Moderne Vertragstypen, Band III, 1993, § 25 Joint-Venture-Verträge (mit weiterer Literatur); *Mayer/Schatz* (Hrsg.), Kooperations- und Joint-Venture-Verträge: Rechtliche Probleme und Vertragsgestaltung, 1994; *Merkt/Göthel*, US-amerikanisches Gesellschaftsrecht, 2. Aufl. 2006; *Nicklisch* (Hrsg.), Konsortien und Joint Ventures bei Infrastrukturprojekten, 1997; *Prescott/Swartz*, Joint Ventures in the International Arena, 2003; *Ropohl/Schulz*, Gestaltungsmöglichkeiten zur Strukturierung eines Joint-Venture Unternehmens, GmbHR 2008, 561; *Rotham*, Negotiating and Drafting International Contract Joint Ventures, in: American Bar Association, Negotiating and Structuring International Commercial Transactions, 2. Aufl. 2002; *Schaumburg* (Hrsg.), Internationale Joint Ventures, Management – Besteuerung – Vertragsgestaltung, 1999; *Schulte/Schwindt/Kuhn*, Joint Ventures, 2009; *Staudenmeyer*, Das Wirtschafts- und Vertragsrecht transnationaler Gemeinschaftsunternehmen in Entwicklungsländern, 1990; *Stollenwerk*, Neue Einschränkungen der steuerlichen Organschaft, GmbH-StB 2003, 199; *Strunk*, Steuerliche Aspekte bei Unternehmenskooperationen mit Kapitalbeteiligungen, UM 2004, 413; *Schulte/Pohl*, Joint-Venture-Gesellschaften, 2. Aufl. 2008; *Tegen*, Joint-Venture-Vertrag und Projektträgergesellschaft im amerikanischen und deutschen Recht, 1998; *Thomale*, Die Gründungstheorie als versteckte Kollisionsnorm, NZG 2011, 1290; *Waclawik*, Die Europäische Aktiengesellschaft (SE) als Konzerntochter- und Joint Venture-Gesellschaft, DB 2006, 1827; *Wächtershäuser*, Das Gesellschaftsrecht der internationalen Joint Ventures, 1992; *Wilde*, Joint Venture: Rechtliche Erwägungen für und wider die Errichtung eines Gemeinschaftsunternehmens, DB 2007, 269; *Wolf*, A guide to international joint ventures with sample clauses, 2. Aufl. 1999; *Wortmann*, Durchgriffshaftung im Joint Venture: zugleich ein Beitrag zu den rechtlichen Grundlagen des Joint Venture, 1995; *Zacher*, Grundlagen der Gestaltung Internationaler Joint Ventures, IStR 1997, 408; *Zülch/Erdmann/Popp/Wünsch*, IFRS 11 – Die neuen Regelungen zur Bilanzierung von Joint Venture Agreements und ihre praktischen Implikationen, DB 2011, 1817.

Inhalt

A. **Begriff, Zweck und Arten von Joint Ventures** — 1
  I. Typische Sachverhalte — 1
  II. Begriff des Joint Ventures — 4
  III. Contractual Joint Ventures — 7
  IV. Equity Joint Ventures — 9
B. **Rechtsgrundlagen und Internationales Gesellschaftsrecht** — 10
  I. Deutschland — 10
  II. Vereinigte Staaten von Amerika — 12
  III. Internationales Privatrecht — 13
  IV. Rechtswahl/Schiedsgerichtsklausel — 15
  V. Kartellrechtliche Regelungen und Joint Ventures — 17
C. **Checklisten: Vertragsverhandlungen** — 19
  I. Checkliste: Vorüberlegungen — 19
  II. Letter of Intent — 20
  III. Checkliste: Konkrete Vertragsverhandlungen — 21
  IV. Checkliste: Abschluss des Joint Venture-Vertrages — 24
    1. Allgemeine Bestimmungen — 24
    2. Rechtliche Struktur der Zusammenarbeit — 24
    3. Beteiligungsverhältnisse und Finanzierung — 24
    4. Organisation der Zusammenarbeit — 24
    5. Rechnungswesen, Steuern und Gewinnverwendung — 24
    6. Vertragsverletzungen — 24
    7. Vertragsanpassung — 24
    8. Veränderungen auf Gesellschafterebene — 24
    9. Vertragsbeendigung — 24
    10. Rechtswahl, Konfliktregelung und Schiedsklausel — 24
D. **Muster** — 25
  I. Muster: Joint Venture-Vertrag zur Gründung eines Gemeinschaftsunternehmens (deutsch) — 26
  II. Muster: Sample Joint Venture Agreement (englisch) — 27
  III. Muster: Joint Venture zur Entwicklung eines neuen Produktes (englisch) — 28

A. Begriff, Zweck und Arten von Joint Ventures

I. Typische Sachverhalte

1 1. Das Unternehmen A ist Hersteller des Produktes X, das u.a. vom Importeur B in dessen Heimatland vertrieben wird. Um die gestiegene Nachfrage in dieser Region zu befriedigen, das vorteilhafte Lohnniveau zu nutzen, die Transportkosten zu reduzieren und das mit dem Export verbundene Währungsrisiko zu vermeiden, beschließen A und B, im Heimatland des B einen gemeinsamen Produktionsbetrieb aufzubauen. A liefert das Fertigungs-Know-how einschließlich einzelner Lizenzen sowie einen Teil der Vorprodukte; B übernimmt den Vertrieb des Endproduktes. Am neuen Produktionsbetrieb sind beide zu gleichen Teilen beteiligt. Über die geplante Zusammenarbeit schließen sie eine Kooperationsvereinbarung (Joint Venture-Vertrag), in dem die wesentlichen Einzelheiten ihrer Absprachen festgelegt sind.[1]

2 2. Im Land X wird ein Großprojekt öffentlich ausgeschrieben (Bau eines Kraftwerkes). Das Gesamtvorhaben soll einheitlich vergeben werden. Die Teilleistungen setzen sich aus unterschiedlichen Komponenten zusammen (Baumaßnahmen, Energieanlagen, Systementwicklung, Ausbildung und Schulung). Mehrere Einzelanbieter, die Teile ausgeschriebener Leistungen erbringen können, zur Abwicklung des gesamten Ausschreibungspaketes aber nicht in der Lage sind, schließen sich zusammen, um sich gemeinsam an der Ausschreibung und ggf. an der Auftragsabwicklung zu beteiligen. Die Zusammenarbeit bezieht sich nur auf die ausgeschriebene Anlage und ist bis zur Beendigung dieses Vorhabens befristet. In ihrer Kooperationsvereinbarung regeln sie den Umfang ihrer Teilbeiträge, die Projektstruktur und weitere Einzelheiten der Zusammenarbeit. Die Gründung eines gesonderten Unternehmens ist nicht vorgesehen.[2]

---

[1] Diese Fallgestaltung ist Grundlage für das in Rn 26 dargestellte Vertragsmuster.
[2] Ein umfangreiches Vertragsbeispiel für ein Joint Venture zur gemeinschaftlichen Beteiligung an der Ausschreibung zur Erstellung einer schlüsselfertigen Anlage ist abgedruckt bei *Nicklisch*, S. 281 ff.

3. Zwei Unternehmen beabsichtigen, ein Produkt gemeinsam zu entwickeln. Die Aufwendungen dafür übersteigen jedoch den Etat eines jeden einzelnen Unternehmens, würde es die Entwicklung allein übernehmen. Deshalb bündeln sie ihre Ressourcen und schließen einen Forschungs- und Entwicklungsvertrag mit gegenseitiger Lizenzierung.[3]

II. Begriff des Joint Ventures

Der Begriff „**Joint Venture**" ist bei weiter Auslegung eine **Sammelbezeichnung für verschiedene Formen der projektbezogenen Unternehmenskooperation**[4] mit einer **möglichst gleich verteilten Risikolast**. Er wird in seinem Ursprungsland USA wie in anderen Ländern geradezu inflatorisch für alle Arten unternehmerischer Kooperation verwendet, für Arbeitsgemeinschaften des Bauwesens wie für Konsortialgeschäfte im internationalen Kapitalverkehr, für den Anlagenbau in der Entwicklungshilfe wie für stille Beteiligungen an Produktions- oder Handelsgesellschaften. Klassischerweise wird unterschieden zwischen
- einem Joint Venture, das die Gründung eines Gemeinschaftsunternehmens vorsieht (**Equity Joint Venture**), und
- einer Zusammenarbeit ohne rechtliche Verselbständigung (**Contractual Joint Venture**).

Diese scheinbar klaren Kategorien sollten allerdings nicht darüber hinwegtäuschen, dass die Joint Venture-Praxis ein buntes Bild bietet und sich nur schwer in ein Ordnungsschema pressen lässt. In diesem Beitrag kann deshalb nur der Versuch unternommen werden, die in der Praxis häufigen und wiederkehrenden Anwendungsfälle zu skizzieren.

Es gibt vielfältige Gründe, ein Joint Venture einzugehen. Die wohl größte Rolle spielt dabei die **Ressourcenoptimierung** und die damit verbundene Einsparung von Kosten. Durch Aufteilung des wirtschaftlichen Risikos wird es den Joint Venture-Partnern ermöglicht, ein von ihnen definiertes Projekt zu verwirklichen, dessen Ausführung nur von einem einzelnen Unternehmen sowohl in finanzieller als auch aus organisatorisch-technischen Gründen nicht zu bewerkstelligen wäre. **Internationale Joint Ventures** dienen vielfach dazu, im jeweiligen Partnerland **neue Märkte zu erschließen** oder bestehende zu erweitern. Weitere praktische Anwendungsfälle liegen im Zusammenschluss mehrerer Unternehmen und der gemeinsamen Beteiligung an öffentlichen Ausschreibungen oder der koordinierten Planung und Durchführung von Aktivitäten der Forschung und Entwicklung.

III. Contractual Joint Ventures

Ein **vertragliches Joint Venture** (Contractual Joint Venture) basiert auf schuldrechtlichen Absprachen zwischen den beteiligten Unternehmen, ohne dass es zu einer organisatorischen Verselbständigung der gemeinsamen Betätigung in Form einer Projektgesellschaft kommt.[5] Der Vorteil dieser Form eines Joint Ventures liegt darin, dass einerseits bei seiner Beendigung keine umfangreiche Abwicklung der Gesellschaft erforderlich ist und andererseits die Partner einen weiten Spielraum zur Vertragsgestaltung mangels einschränkender gesetzlicher Vorgaben zur Verfügung haben. Daher eignen sich Contractual Joint Ventures im Regelfall zur Durchführung einzelner, genau festgelegter Projekte, die vor anderen Wettbewerbern geheim gehalten werden

---

[3] Dieser Sachverhalt liegt dem Vertragsmuster in Rn 28 zugrunde.
[4] *Wächtershäuser*, S. 29.
[5] Schaumburg/*Stephan*, S. 99.

sollen (z.B. gemeinsame Produktentwicklung). Die mit der Gründung einer rechtlich selbständigen Einheit verbundene Publizität (z.B. Handelsregistereintragung) wird vermieden.

8 Andererseits kann ein Contractual Joint Venture im Marktgeschehen nicht eigenständig auftreten; gleichzeitig erhöht sich das Haftungsrisiko der Partner. Bei dieser losen Form der Verbindung ist darüber hinaus nicht zu erwarten, dass es zu einem erhöhten Wissensaustausch zwischen den Partnern kommen und das mögliche Potential von Synergieeffekten voll ausgeschöpft wird.

IV. Equity Joint Ventures

9 Equity Joint Ventures basieren auf der Gründung einer gemeinsamen Joint Venture Gesellschaft, die über eigene Statuten und über eine eigene Geschäftsführung verfügt und über die das operative Geschäft abgewickelt wird.[6] Ziel dieser Form des Joint Ventures ist die – in der Regel zeitlich unbefristete – gemeinschaftliche Zusammenarbeit auf einem näher definierten Tätigkeitsfeld. Es kommt regelmäßig zu einem zweistufigen gesellschaftsrechtlichen Aufbau, der sog. **Doppelgesellschaft**.[7] Neben der im operativen Bereich tätigen Joint Venture-Gesellschaft (Gemeinschaftsunternehmen) besteht regelmäßig zwischen den Joint Venture-Partnern eine Innengesellschaft.[8] Hinzu kommen in der Regel Lizenz-, Liefer- und Einkaufsverträge zwischen der Joint Venture-Gesellschaft und den Partnern. In Produktions-Joint Ventures spielt die Preisfestlegung für Bezug und Verkauf von Produkten von bzw. an Joint Venture-Partner, mit der auf die Profitabilität der gemeinsamen Gesellschaft eingewirkt werden kann, eine wichtige Rolle.

B. Rechtsgrundlagen und Internationales Gesellschaftsrecht

I. Deutschland

10 In Deutschland operieren die meisten Gemeinschaftsunternehmen (Equity Joint Venture) in der Rechtsform der GmbH oder der GmbH & Co. KG. Diese Rechtsformen verfügen gegenüber der Aktiengesellschaft über eine deutlich größere Gestaltungsfreiheit und eröffnen gleichzeitig eine unmittelbare Einflussnahme auf die Geschäftspolitik des Unternehmens durch Erteilung von Weisungen an den – insoweit gebundenen – Geschäftsführer.[9]

11 Die Zusammenarbeit der Partner im Rahmen eines vertraglichen Joint Ventures ist nach deutschem Recht als BGB-Innengesellschaft anzusehen. In der Praxis werden regelmäßig die dispositiven Vorschriften der §§ 705 ff. BGB durch im Joint Venture-Vertrag enthaltene Regelungen abbedungen. In einzelnen Fällen kann die vertragliche Zusammenarbeit auch als OHG anzusehen sein oder in der Form einer stillen Gesellschaft ausgestaltet werden.

II. Vereinigte Staaten von Amerika

12 In den USA[10] werden Gemeinschaftsunternehmen im Rahmen eines Equity Joint Ventures i.d.R. durch eine der folgenden Rechtsformen realisiert:

---

6 Schaumburg/*Stephan*, S. 99.
7 Beck'sches Handbuch der Personengesellschaften/*Stengel*, S. 1164.
8 *Ebenroth*, JZ 1987, 265, 266.
9 Zum Weisungsrecht bei Abschluss eines Beherrschungsvertrages mit AG siehe § 28 Rn 16 ff.
10 Vertiefend *Merkt/Göthel*, Rn 119 ff.; zur Gesellschaftsform des Joint Venture vgl. ebd. Rn 149.

- Corporation (entspricht ungefähr der „AG")
- Close Corporation (entspricht ungefähr der „GmbH")
- General Partnership (entspricht ungefähr der „OHG")
- Limited Partnership (entspricht ungefähr der „KG") oder
- Limited Liability Company (hybride Rechtsform zwischen Körperschaft und Personengesellschaft).[11]

III. Internationales Privatrecht

Das auf die Projektgesellschaft anwendbare Recht bestimmt sich nach den allgemeinen Regeln des internationalen Privatrechts. Hier stehen sich im internationalen Vergleich die Gründungstheorie (vorwiegend im anglo-amerikanischen Rechtskreis) und die Sitztheorie (vorwiegend in Kontinentaleuropa) gegenüber. Nach der ersten Theorie ist für die Gesellschaft das Recht des Landes entscheidend, in dem die Gesellschaft gegründet wurde. Die zweite Theorie stellt unabhängig von der Gründung auf das Recht des Landes ab, in dem die Gesellschaft ihren tatsächlichen Sitz hat. Bisher wurde im deutschen Recht gewohnheitsrechtlich die Sitztheorie vertreten.[12] Nach neueren Entscheidungen des EuGH ist bei Zuzugsfällen innerhalb der EU jedoch auf das Gesellschaftsrecht des Gründungsstaates abzustellen.[13] Zunehmend wird daher die Sitztheorie zumindest innerhalb des europäischen Binnenmarktes für unvertretbar gehalten.[14] Der BGH hält in seiner neueren Rechtsprechung allerdings dennoch an der Sitztheorie fest.[15]

13

In der Regel wird für die Gründung der spätere tatsächliche Verwaltungssitz am Ort des in Angriff genommenen Zielmarktes gewählt, d.h. an dem Ort, an welchem die geschäftspolitischen Entscheidungen auf Geschäftsführungsebene in Maßnahmen des Tagesgeschäfts umgesetzt werden. Sofern die Gesellschaft in einem Staat gegründet wird, in dem die Gesellschaft nicht tätig sein wird, ist darauf zu achten, ob der Staat des tatsächlichen Sitzes der Gesellschaft der Gründungs- oder Sitztheorie folgt; im letzteren Fall können sich im Sitzland Anerkennungsschwierigkeiten ergeben, die vermieden werden, wenn die Gründung der Gesellschaft in diesem Staat erfolgt.

Die gesellschaftsrechtliche Anknüpfung für das Statut der Projektgesellschaft ist zwingend. Von ihr kann nicht durch eine Bestimmung des Statutes durch die Partner des Joint Ventures abgewichen werden. Eine Einflussnahme erfolgt allenfalls durch die Festlegung des Gründungslandes oder des tatsächlichen Verwaltungssitzes und die damit verbundene – international-privatrechtlich bindende – Bestimmung des Statutes nach IPR-Grundsätzen. Bei der Bestimmung des auf den Joint Venture-Vertrag anwendbaren Rechts sind die Partner dagegen frei.

14

IV. Rechtswahl/Schiedsgerichtsklausel

Der Joint Venture-Vertrag ist nach deutschem internationalen Privatrecht einer selbständigen **Rechtswahl** zugänglich.[16] Es besteht grundsätzlich die Möglichkeit, den Joint Venture-Vertrag einerseits und den Gesellschaftsvertrag der Kapitalgesellschaft, der dem Recht des Gründungs-

15

---

[11] Zur steuerlichen Einordnung der LLC in Deutschland vgl. BMF v. 19.3.2004 – IV B 4 – S 1301 USA – 22/04 –.
[12] BGHZ 97, 269.
[13] EuGH NJW 1999, 2027 (*Centros*); EuGH, NJW 2002, 3614 (*Überseering*); EuGH, NJW 2003, 3331 *(Inspire Art)*.
[14] *Ulmer*, NJW 2004, 1202; *Horn*, NJW 2004, 893; *Schulz*, NJW 2003, 2705; *Sedemund*, IStR 2002, 817.
[15] BGHZ 178, 192 – Trabrennbahn; vgl. zur Thematik insgesamt *Altmeppen*, NJW 2004, 97; *Meilicke*, GmbHR 2003, 793; *Ulmer*, NJW 2004, 1202; *Horn*, NJW 2004, 893.
[16] MüKo-BGB/*Martiny*, Art. 37 EGBGB Rn 33; MüKo-BGB/*Ebenroth*, Art. 10 EGBGB Rn 433.

ortes oder dem des tatsächlichen Sitzes unterliegt, andererseits, dem Anwendungsbereich unterschiedlicher Rechtsordnungen zu unterstellen. Nach Möglichkeit sollten verschiedene Rechtsordnungen für Projektvertrag und Projektgesellschaft vermieden werden.

16   Von dieser Rechtswahl zu unterscheiden ist die Art der **Streitentscheidung**. Die Parteien haben grundsätzlich die Wahl zwischen der staatlichen Gerichtsbarkeit und einem Schiedsgericht. In der internationalen Praxis beinhalten Joint Venture-Verträge überwiegend Schiedsklauseln, wobei dabei wiederum überwiegend keine Ad-hoc-Schiedsgerichte, sondern institutionelle Schiedsgerichte gewählt werden. Am häufigsten findet man wohl die Schiedsklausel der International Chamber of Commerce (ICC) mit Sitz in Paris und die Klausel der American Arbitration Association (AAA) mit Sitz u.a. in New York City. Daneben kommt dem London Court of International Arbitration (LCIA), der Stockholmer Handelskammer sowie der Deutschen Institution für Schiedsgerichtsbarkeit (DIS) eine hohe praktische Bedeutung zu.[17]

V. Kartellrechtliche Regelungen und Joint Ventures

17 Das Kartellrecht nimmt auf die Zulässigkeit von Absprachen im Rahmen eines Joint Ventures einen entscheidenden Einfluss. Die kartellrechtlichen Regelungen der horizontalen und vertikalen wettbewerbsbeschränkenden Absprachen und des Missbrauchs marktbeherrschender Stellungen (sog. Verhaltenskontrolle) einerseits und die Zusammenschlusskontrolle andererseits sind maßgebliche Grenzen für die inhaltliche Gestaltung von Joint Ventures. Bei einem **Contractual Joint Venture** (Rn 7 f.) werden vielfach horizontale wettbewerbsbeschränkende Vereinbarungen zwischen bestehenden oder möglichen Wettbewerbern zu finden sein, deren Zulässigkeit und Grenzen nach dem Recht des Landes zu beurteilen sind, in dessen Märkten sie sich auswirken. Als eine häufig vorkommende wettbewerbsbeschränkende Absprache ist die vertragliche Behinderung eines Joint Venture-Partners zu sehen, sich neben dem gemeinsamen Projekt durch Betätigung auf gleichem Feld zu diesem in Konkurrenz zu setzen.

18   Noch stärkere kartellrechtliche Hemmnisse können sich für ein **Equity Joint Venture** (Rn 9) ergeben. Hier kann sowohl der Regelungsbereich der Verhaltens- als auch der Zusammenschlusskontrolle betroffen sein. In Abhängigkeit von der Struktur des Joint Ventures, den beteiligten Partnern und der maßgeblichen Rechtsordnung kann die Gründung eines Gemeinschaftsunternehmens einen Fall des horizontalen Kartells oder eines Unternehmenszusammenschlusses darstellen. Die kartellrechtlichen Restriktionen beeinflussen maßgeblich die Vertragsgestaltung, hierbei insbesondere die Reichweite der den Partnern auferlegten Wettbewerbsverbote und den Umfang von zwischen den Partnern eingeräumten Kontrollrechten.[18]

C. Checklisten: Vertragsverhandlungen

I. Checkliste: Vorüberlegungen

19 – Auswahl der für das konkrete Joint Venture zu konsultierenden Berater (Anwälte, Steuerberater, Unternehmensberater, Wirtschaftsprüfer, Ingenieurbüro, Architekten usw.)
 – Erstellen einer Machbarkeitsstudie („Feasibility Study" insbes. Fragen der Finanzierung des Projekts, Rentabilität)
 – Due Diligence-Prüfung von zukünftigen Partnern

---

[17] Zu internationalen Schiedsvereinbarungen siehe § 27.
[18] Zur weiteren Vertiefung der Problematik siehe Beck'sches Handbuch der Personengesellschaften/*Stengel*, S. 1167 ff.; Fett/Spiering/*K. Westermann/Bergmann*, S. 121 ff.

- Kontaktaufnahme u.a. mit den jeweiligen Auslandshandelskammern und Wirtschaftsabteilungen der Botschaften respektive Konsulate
- Auswahl und Beantragung möglicher Fördermittel (insbes. Bundesmittel und Mittel der EU), evtl. unter Einschaltung spezialisierter Beratungsunternehmen
- Erstellung eines steuerlichen Konzeptes unter Berücksichtigung des jeweiligen staatlichen Steuerrechts und des internationalen Steuerrechts (DBA)
- Überprüfung etwaiger Außenwirtschaftsrestriktionen wie z.B. Import-/Exportverbote, Devisentransferrestriktionen (vgl. u.a. Art. VIII 2 (a) und 3 IWF-Übereinkommen[19])
- „Worst Case-Studie" für den Fall des Totalverlustes unter Berücksichtigung von bei Eintritt dieses Falles erforderlichen Rückzugsstrategien
- Abstimmung des Vorhabens nach Maßgabe der Festlegungen des firmeninternen Risikomanagements
- Prüfung ausreichender Versicherungen durch qualifizierten Versicherungsmakler

II. Letter of Intent

Nach erfolgreicher Partnersuche sollte mit diesem eine **Absichtserklärung ("Letter of Intent")** 20 erarbeitet werden. Ziel dieser Absichtserklärung ist die vorläufige Klärung der Interessen, Beziehungen und wirtschaftlichen Ziele zwischen den kooperierenden Partnern wie Finanzierung, Technologie-Transfer und personelle Ausstattung sowie die Frage, mit welchen Arbeitsschritten diese Ziele erreicht werden können. Es ist sinnvoll, bereits in diesem Stadium die Aufgabenverteilung und die Klärung von essentiellen Einzelfragen wie Kostenfolgen (Ausschluss der wechselseitigen Inanspruchnahme bei Scheitern) schriftlich festzuhalten.

Der Letter of Intent sollte klar zwischen den rechtlich unverbindlichen und den rechtlich verbindlichen Erklärungen trennen. Rechtlich verbindlich sollten schon in diesem Stadium zumindest die Vertraulichkeitsverpflichtungen sein.

III. Checkliste: Konkrete Vertragsverhandlungen

Sofern die vertraglichen Grundlagen des beabsichtigten Projektes durch den Letter of Intent 21 verhandelt und schriftlich fixiert worden sind, sollte ein Entwurf des eigentlichen Joint Venture-Vertrages auf der Grundlage der Projektstudien und ausgewerteten Prüfungsergebnisse des jeweiligen Projektes erstellt und zwischen den zukünftigen Partnern verhandelt werden. Derjenige Partner, der den ersten Entwurf fertigt, verfügt über einen in der Praxis nicht zu unterschätzenden Verhandlungsvorteil, denn er legt die Struktur und den Gang der Verhandlung damit fest.

Sollen die Verhandlungen effizient geführt werden, empfiehlt es sich, **Projektteams auf beiden Seiten** zu bilden und klare Kommunikationsregeln zu schaffen. Die Projektplanung sollte mit Hilfe dazu geeigneter Hilfsmittel (z.B. Software) von vornherein begleitet, strukturiert und zeitlich geplant werden. Eine Schaffung klarer Verantwortungsbereiche mit einem entsprechenden Projektcontrolling ist schon in mittelgroßen Joint Venture-Projekten unverzichtbar.

In diesem Stadium der Verhandlungen ist gleichzeitig die Frage zu klären, welche **weiteren** 22 mit dem Joint Venture zusammenhängende **Verträge** notwendig sind. Hierzu gehören etwa:
- Lizenzverträge über gewerbliche Schutzrechte oder Know-how
- Lieferverträge, Bezugsverträge

---

[19] Vgl. dazu *Ebke*, S. 55 ff. m.w.N.

- Beratungs- und Managementvereinbarungen[20]
- Anstellungsverträge
- Geheimhaltungsvereinbarungen
- Ausbildungsvereinbarungen
- Darlehensverträge
- Versicherungsverträge.

23 Zur Vorbereitung des abschließenden Vertrages sind insbesondere folgende Fragen zu prüfen:
- Wahl der Rechtsform des angestrebten Gemeinschaftsunternehmens
- Kapitalausstattung (Eigen- und Fremdkapitalanteil) einschließlich Sacheinlagen und deren Bewertung
- Prüfung bestehender Technologie-Verträge und gewerblicher Schutzrechte
- Wettbewerbsregelungen in den betroffenen Märkten
- Nutzungsrechte an Grundstücken
- Prüfung der Rechtssicherheit und Existenz von Schlichtungsstellen im jeweiligen Land
- Nutzung und Einbeziehung staatlicher Förderungsmaßnahmen in die Gründung und den Betrieb des Joint Ventures,
- Etwaige Restriktionen (Import-/Export), erforderliche Genehmigungen, Zölle und Devisenbestimmungen
- Nationale Joint Venture-Gesetze[21]
- Rechtliche Rahmenbedingungen für ggf. im Ausland anfallende Steuern, Grund- und Bodenerwerb sowie bei Beschäftigung ausländischer Arbeitnehmer, Visa.

IV. Checkliste: Abschluss des Joint Venture-Vertrages

24 Das gemeinsam erarbeitete Joint Venture-Konzept dient als Grundlage für den Abschluss des Joint Venture-Vertrages, in den folgende Aspekte aufgenommen werden sollten:

1. Allgemeine Bestimmungen
- Beteiligte Partner mit zustellungsfähiger Anschrift
- Beschreibung der Form der Zusammenarbeit
- Beschreibung des Gegenstandes der Zusammenarbeit
- Umfang und Ziele der Zusammenarbeit
- Zeitplan
- Beteiligung von Beratern, Provisionen
- Offenlegungspflichten, Due Diligence
- Vertragssprache.

2. Rechtliche Struktur der Zusammenarbeit
- Rechtsform (u.U. auch ausländische)
- Geschäftsführungs- und Kontrollorgane

---

20 Zu Beratungs- und Management-Verträgen im Zusammenhang mit Joint Venture-Vereinbarungen siehe *Schlüter*, Management und Consulting Verträge, 1987.
21 Eine Reihe von Staaten haben spezielle Joint Venture-Gesetze erlassen, siehe dazu die Länderberichte bei *Wolf*, A guide to international joint ventures with sample clauses, 1995, und *Langefeld-Wirth*, Joint Ventures im internationalen Wirtschaftsverkehr, 1990.

- Organkompetenzen
- Gründungsverfahren
- Gründungsaufwand
- Name und Sitz der Kooperation.

3. Beteiligungsverhältnisse und Finanzierung
- Eigenkapital, Mindestkapital
- Festlegung der Anteilsarten
- Sacheinlagen und Bareinlagen
- Einbringung immaterieller Vermögenswerte
- Aufnahme von Fremdkapital
- Beteiligungsquoten
- Beteiligungsbeschränkungen
- Kapitalerhöhungen, Nachschusspflichten
- Budget und Finanzplanung
- Zustimmungserfordernisse
- Stimmrechte
- Qualifizierte Mehrheitsentscheidungen
- Minderheitenschutz
- Auskunfts-, Einsichts- und Prüfungsrechte.

4. Organisation der Zusammenarbeit
- Geschäftsführung
- Vertretungsbefugnis
- Besetzung der Organe
- Arbeitsweise der Organe (Sitzungen, Beschlussfassung)
- Stellung des Vorsitzenden
- Anzahl der Organmitglieder
- Besetzungsrechte
- Besetzung weiterer Führungsebenen
- Allg. Personalausstattung.

5. Rechnungswesen, Steuern und Gewinnverwendung
- Art und Umfang des Rechnungswesens[22]
- Grundlagen der Buchführung und Bilanzierung
- Abschreibungspolitik und -verfahren
- Auswahl und Bestellung externer Prüfer
- Dividendenpolitik und Ausschüttungen
- Thesaurierung
- Gewinnverwendung
- Steuern auf Gewinne
- Sonstige Zahlungen an die Gesellschafter.

---

22 Dazu IDW-Stellungnahme HFA 1/1993 – Zur Bilanzierung von Joint Ventures, WPg 1993, 441ff.

6. Vertragsverletzungen
- Bruch vertraglicher Pflichten
- Schadensersatz
- Vertragsstrafe
- Kündigungsrechte, Ausschluss von Gesellschaftern
- Folgen des Ausscheidens.

7. Vertragsanpassung
- Ergänzende Vertragsauslegung
- Anpassungsklauseln
- Nachverhandlungsklauseln
- Änderungen der Geschäftsgrundlage
- Höhere Gewalt.

8. Veränderungen auf Gesellschafterebene
- Ausscheiden eines Partners
- Aufnahme neuer Partner
- Übertragung der Gesellschafterstellung
- Ausübung von Vorkaufsrechten, Andienungspflichten usw.
- Berechnung von Anteilskaufpreisen
- Auszahlung von Abfindungsansprüchen
- Abtretung von Ansprüchen
- Gesellschafter- oder Eigentümerwechsel bei einem Vertragspartner (Change of Control).

9. Vertragsbeendigung
- Zeitablauf
- Verlängerungsoptionen
- Kündigungsgründe
- Kündigungsfristen
- Rechtsfolgen der Kündigung
- Liquidatoren
- Lidiquidationserlös.

10. Rechtswahl, Konfliktregelung und Schiedsklausel
- Rechtswahl
- Verfahren zur Konfliktbeilegung
- Schlichtungsorgan
- Schlichtungsverfahren
- Schiedsvereinbarung
- Schiedsgericht
- Schiedsverfahren
- Vorläufiger Rechtsschutz
- Zustellungsbevollmächtigte.

D. Muster

Die folgenden Muster sind Beispiele aus der Praxis und dienen eher der Illustration von praktischen Fällen als einer Vorlage für eine vollständige Regelung der in den dargestellten Fallkonstellationen zu berücksichtigenden Aspekte, die aufgrund der Individualität von Joint Venture Verträgen kaum möglich ist.

Das erste Vertragsmuster (deutsch; Rn 26) bezieht sich auf die geplante Gründung eines Gemeinschaftsunternehmens im Ausland (Equity Joint Venture). Es ist auf eine konkrete Situation bezogen und dementsprechend detailliert.

Der zweite Mustertext (Rn 27) beschreibt den Fall eines vertraglichen Joint Ventures, in dem die Parteien ohne Errichtung einer selbständigen Organisation gemeinsame Aktivitäten planen. Es ist abstrakt gehalten und gibt ohne Bezug auf eine konkrete Situation typische Standardvereinbarungen eines vertraglichen Joint Ventures wieder.

Das dritte Muster (Rn 28) befasst sich mit einem vertraglichen Joint Venture im Bereich der Forschung und Entwicklung eines neuen Produktes. Er beschränkt sich auf die wesentlichen Regelungen.

I. Muster: Joint Venture-Vertrag zur Gründung eines Gemeinschaftsunternehmens (deutsch) | M 299

Zwischen
der Firma A-AG,
vertreten durch den Vorstand _____,
mit Sitz in _____
und
der Firma B, in der Rechtsform _____,
vertreten durch _____,
mit Sitz in _____
wird folgender

Joint Venture-Vertrag

geschlossen:

Präambel
1. Die A-AG ist ein Unternehmen mit Sitz in _____ zur Herstellung von _____. Das Unternehmen A verfügt über umfangreiche Erfahrungen auf dem Gebiet der Herstellung von _____. Ein Teil der Produktion basiert auf Patenten, deren alleiniger Inhaber die A-AG ist.
2. Die Firma B ist im Land _____ der größte Importeur von Produkten im Bereich der _____ Produkte, die vom Unternehmen A hergestellt werden. Er ist ausschließlicher Vertriebspartner des Unternehmens A im Land _____ und verfügt über ein flächendeckendes Vertriebsnetz im Land _____ und den angrenzenden Ländern der Region.
3. Die Firmen A und B beabsichtigen, die Marktstellung des Produktes _____ in der Region des Landes _____ auszubauen. Hierzu werden sie einen gemeinsamen Fertigungsbetrieb im Land _____ errichten, der in der Rechtsform einer Gesellschaft mit beschränkter Haftung entsprechend den Gesetzen des Landes _____ gegründet und betrieben wird.
4. An dem neu gegründeten Unternehmen werden beide Partner mit jeweils 50 % beteiligt. Das Unternehmen A wird die für die Produktion erforderlichen Komponenten beschaffen und die notwendigen Produktionslizenzen zur Verfügung stellen. Das Unternehmen B wird den Absatz der Produkte in der Region _____ organisieren.

§ 1 Projektbeschreibung
1. Ziel des Projektes ist die Herstellung und der Vertrieb des Produktes _____ in der Region _____.
2. Die genaue Spezifikation des gemeinsam hergestellten Produktes ist in der *Anlage 1* zu diesem Vertrag beschrieben.
3. Die geplante Anlage wird in _____ errichtet. Die Jahreskapazität der Anlage beträgt _____ Einheiten.
4. Die geplanten Investitionskosten für den Bau und die Inbetriebnahme der Anlage betragen _____ EUR. Die genaue Investitionsplanung ist in *Anlage 2* dargestellt.
5. Die Investitionskosten werden wie folgt aufgebracht:
   - Eigenkapital der Gesellschaft _____ EUR
   - Gesellschafterdarlehen A _____ EUR
   - Gesellschafterdarlehen B _____ EUR
   - Langfristiges Fremdkapital _____ EUR
   - Kurzfristiges Fremdkapital _____ EUR
   - Fördermittel _____ EUR.

§ 2 Projektgesellschaft
1. Die Partner gründen eine neue Gesellschaft in der Rechtsform einer Gesellschaft mit beschränkter Haftung nach dem Recht des Landes _____.
2. Das Stammkapital der Gesellschaft beträgt _____ EUR. Vom Stammkapital übernehmen beide Partner jeweils 50%.
3. Der Name des Gemeinschaftsunternehmens ist _____.
4. Sitz der Gesellschaft ist _____.
5. Geschäftsjahr der Gesellschaft ist das Kalenderjahr.
6. Einzelheiten ergeben sich aus dem vorgesehenen Gesellschaftsvertrag,[23] der als *Anlage 3* diesem Vertrag beigefügt ist.
7. Die Gründung der Gesellschaft wird erst dann vorgenommen, wenn folgende Voraussetzungen erfüllt sind: _____ (*an dieser Stelle werden die Bedingungen aufgenommen, ohne die das Projekt nicht realisiert werden kann; hierzu gehören planungsrechtliche, devisenrechtliche oder produktionsbezogene Genehmigungen des Gastlandes*).

§ 3 Kapitalaufbringung und Nachschusspflicht
1. Jeder der Partner übernimmt vom Stammkapital einen Anteil in Höhe von 50 % der Stammeinlage.
2. Die Einlagen sind bar zu leisten. Sacheinlagen sind nicht gestattet.
3. Zu Nachschüssen sind die Gesellschafter nicht verpflichtet.

§ 4 Besetzung der Leitungsorgane
1. Oberstes Organ des Gemeinschaftsunternehmens ist die Versammlung der Gesellschafter.
2. Die Versammlung der Gesellschafter besteht aus sechs Mitgliedern, von denen jeweils drei von jedem der Partner ernannt werden.
3. Die Versammlung der Gesellschafter wählt aus ihrer Mitte einen Vorsitzenden und einen stellvertretenden Vorsitzenden. Einzelheiten über die Arbeit der Versammlung der Gesellschafter sind in einer Geschäftsordnung geregelt, die diesem Vertrag als *Anlage 4* beigefügt ist.

---

23 Es kann sich in Ländern mit wenig ausgeprägtem Gesellschaftsrecht (z.B. Entwicklungshilfeprojekte) empfehlen, im Joint Venture-Vertrag auch die gesellschaftsrechtlichen Regelungen ausführlich zu vereinbaren und diese einem weiterentwickelten Recht zu unterstellen. In dem Joint Venture-Vertrag sollte man im Falle eines Widerspruchs mit dem Gesellschaftsvertrag oder dessen Auslegung durch die Gerichte dann dem Joint Venture-Vertrag den Vorrang geben. So ist der Weg eröffnet, Entscheidungen staatlicher Gerichte unter Umständen über die Streitschlichtungsmechanismen des Joint Venture-Vertrages wieder zu korrigieren.

Tepper

4. Die Leitung der Gesellschaft wird einem Geschäftsführer übertragen.
5. Die Ernennung und Abberufung des Geschäftsführers kann nur in gegenseitigem Einvernehmen erfolgen.
6. Inhalt und Umfang der Vertretungsbefugnisse des Geschäftsführers ergeben sich aus dem Gesellschaftsvertrag (*Anlage 3*).[24]
7. Die Partner sind sich einig, dass der Produktionsleiter der Gesellschaft von der Firma A und der Vertriebsleiter von der Firma B bestimmt werden.

§ 5 Know How Transfer
1. Die Firma A wird mit der zu gründenden Gesellschaft einen Lizenzvertrag abschließen, der diesem Vertrag als *Anlage 5* beigefügt ist.
2. Die Firma B verpflichtet sich, alle Informationen, die sie im Zusammenhang mit dieser Lizenzvereinbarung erhalten hat, vertraulich zu behandeln. Einzelheiten hierzu sind im Lizenzvertrag enthalten.

§ 6 Zuliefervereinbarung
1. Die Firma A ist verpflichtet, die für die Produktion notwendigen Vorprodukte zuzuliefern.
2. Einzelheiten (Spezifikation, Qualitätsmerkmale, Preisfindung, Liefer- und Zahlungsvereinbarungen) sind in einem Rahmenliefervertrag[25] enthalten, den die Firma A mit der neu zu gründenden Gesellschaft abschließen wird (*Anlage 6*).

§ 7 Vertriebsvereinbarung
1. Die Vermarktung der Produkte im Land _____ erfolgt ausschließlich durch die Firma B.
2. Über die Vermarktung im Land _____ wird die Firma B mit der Gesellschaft eine Eigenhändlervereinbarung[26] schließen, die diesem Vertrag als *Anlage 7* beigefügt ist.
3. Über den Vertrieb in allen anderen Gebieten entscheidet die Gesellschaft. Das Vertriebskonzept ist in der Versammlung der Gesellschafter abzustimmen.

§ 8 Rechnungslegung/Jahresabschluss/Controlling
1. Der Jahresabschluss der Gesellschaft hat im Rahmen der gesetzlichen Bestimmungen des Landes _____ international anerkannten Standards zu entsprechen. Daneben wird die Gesellschaft einen Jahresabschluss nach den International Accounting Standards (IAS) erstellen.
2. Die Prüfung erfolgt durch eine im Land _____ vertretene international tätige Wirtschaftsprüfungsgesellschaft. Die Auswahl der Wirtschaftsprüfungsgesellschaft erfolgt einvernehmlich in der Versammlung der Gesellschafter.
3. Die Gesellschaft wird ein Berichtswesen einrichten, das den Gesellschaftern quartalsweise folgende Daten zur Verfügung stellt: _____ (*wird näher ausgeführt*).

§ 9 Gewinnverwendung
Der bilanziell festgestellte Gewinn wird an die Gesellschafter ausgeschüttet.
Alternativ: Der binanziell festgestellte Gewinn wird zu 30% den Rücklagen der Gesellschaft zugeführt und im Übrigen ausgeschüttet.

---

[24] In der Satzung der Gesellschaft ist festzulegen, welche Entscheidungen der Versammlung der Gesellschafter vorbehalten sind und in welchen Fällen der Geschäftsführer die Zustimmung der Versammlung der Gesellschafter benötigt.
[25] In diesem Vertrag werden die Preisgestaltung und -bindung sowie die Lieferverpflichtung eine bedeutende Rolle spielen. Steuerrechtlich ist dabei die Transferpreisproblematik zu beachten.
[26] Auch in diesem Vertrag wird die Preisgestaltung eine große Rolle spielen. Steuerrechtlich ist ebenfalls die Transferpreisproblematik zu beachten.

§ 10 Dauer und Kündigung der Vereinbarung
1. Die Vereinbarung ist bis zum _____ fest geschlossen.
2. Die Vereinbarung kann danach mit einer Frist von zwölf Monaten zum Ende des Kalenderjahres gekündigt werden.
3. Im Falle der Kündigung hat die andere Partei das Recht, die Anteile der kündigenden Partei an der Gesellschaft zu erwerben. (*Es folgen Vereinbarungen zur Berechnung des in diesem Fall für die Anteile zu zahlenden Kaufpreises*).[27]

§ 11 Vorkaufsrecht
1. Ein Verkauf der Anteile an der Gesellschaft ist nur mit Zustimmung des anderen Partners möglich.
2. Für den Fall des Verkaufs räumen sich die Partner ein Vorkaufsrecht ein.

§ 12 Anwendbares Recht
1. Das auf diesen Vertrag anwendbare Recht ist das Recht des Landes _____.
2. Das auf den Gesellschaftsvertrag anwendbare Recht ist das Recht des Landes _____.

§ 13 Schiedsvereinbarung
1. Alle aus oder in Zusammenhang mit dem gegenwärtigen Vertrag sich ergebenden Streitigkeiten werden nach der Schiedsgerichtsordnung der Internationalen Handelskammer von einem oder mehreren gemäß dieser Ordnung ernannten Schiedsrichtern endgültig entschieden. Das Verfahren wird in deutscher Sprache geführt. Schiedsort ist Zürich, Schweiz.[28]
2. Die Parteien benennen folgende Zustellungsbevollmächtigte:[29]
   a) Unternehmen A: _____
   b) Unternehmen B: _____

§ 14 Schlussbestimmungen
1. Sollten einzelne Bestimmungen dieses Vertrages ganz oder teilweise unwirksam sein, oder sich herausstellen, dass dieser Vertrag Lücken enthält, so wird hierdurch die Wirksamkeit der übrigen Bestimmungen nicht berührt.
2. An der Stelle der unwirksamen Bestimmung gilt die Regelung als vereinbart, die der unwirksamen Bestimmung am nächsten kommt.
3. Im Fall von Lücken gilt die Regelung als vereinbart, die derjenigen am nächsten kommt, die die Mitglieder vereinbart hätten, wenn sie die Lücke erkannt hätten.

Anlagen:
1. Produktbeschreibung
2. Investitionsplan
3. Gesellschaftsvertrag
4. Geschäftsordnung der Versammlung der Gesellschafter
5. Lizenzvereinbarung
6. Rahmenliefervertrag

---

27 Im anglo-amerikanischen Rechtskreis ist etwa die sog. *shotgun clause* weit verbreitet. Danach ist ein Gesellschafter, der seinem Mitgesellschafter seine Anteile zum Kauf anbietet, verpflichtet, von dem Mitgesellschafter die Anteile zu dem von ihm für seine eigenen Anteile verlangten Preis abzunehmen, d.h. der Anbietende muss einen Preis finden, zu dem er notfalls die Anteile des anderen kaufen würde. In der Praxis ist diese Regelung ein probates Mittel gegen langwierige Streitigkeiten über den Wert einer Beteiligung. Sie begegnet im kontinentaleuropäischen Rechtskreis aber dennoch großen Bedenken.
28 Dieser Text entspricht der Musterklausel der ICC, erweitert um die Verfahrenssprache und den Schiedsort.
29 Sinnvoll ist auch die Aufnahme von Regelungen über den Wechsel eines Zustellungsbevollmächtigten.

7. Eigenhändlervereinbarung
_____ (Unterschriften)

II. Muster: Sample Joint Venture Agreement (englisch)

M 300

This Joint Venture Agreement (the „Agreement"), made and entered into as of this day _____ of _____ by and between
_____ (hereinafter „A") and
_____ (hereinafter „B")

Article I: General Provisions
Business Purpose
The business of the Joint Venture shall be as follows: _____ (*Describe Business Purpose*).
Term of Agreement
This Joint Venture shall commence on the date first above written and shall continue in force until terminated, liquidated, or dissolved by law or as hereinafter provided.

Article II: General Definitions
The following comprise the general definitions of terms utilised in this Agreement:

2.01 Agreement
Agreement means this Joint Venture Agreement.

2.02 Affiliate
An Affiliate of an entity is a person that, directly or indirectly through one or more intermediaries, controls, is controlled by or is under common control of such entity.

2.03 Capital Contribution
The capital contribution to the Joint Venture actually made by the parties, including property, cash and any additional capital contributions made.

2.04 Profits and Losses
Any income or loss of the Partnership for federal income tax purposes determined by the Partnership' s fiscal year, including, without limitation, each item of Partnership income, gain, loss or deduction.
Article III: Obligations of the Joint Venturers
„A" is responsible for all operations and decisions of the Joint Venture and will be compensated for providing various services.

Article IV: Allocations

4.01 Profits and Losses
Commencing on the date hereof and ending on the termination of the business of the Joint Venture, all profits, losses and other allocations to the Joint Venture shall be allocated as follows at the conclusion of each fiscal year:
„A": _____ %
„B": _____ %.

Article V: Rights and Duties of the Joint Venturers

5.01 Business of the Joint Venture
„A" shall have full, exclusive and complete authority and discretion in the management and control of the business of the Joint Venture for the purposes herein stated and shall make all decisions affecting the business of the Joint Venture.

Article VI: Agreements with Third Parties and with Affiliates of the Joint Venturers

6.01 Validity of Transactions
Affiliates of the Parties to this Agreement may be engaged to perform services for the Joint Venture. The validity of any transaction, agreement or payment involving the Joint Venture and any Affiliates of the parties to this Agreement shall not be affected by reason of the relationship between them and such Affiliates or the approval of said transactions, agreement or payment.

6.02. Other Business of the Parties to this Agreement
The parties to this Agreement and their respective Affiliates may have interests in businesses other than the Joint Venture business. The Joint Venture shall not have the right to the income or proceeds derived from such other business interests and, even if they are competitive with the Partnership business, such business interests shall not be deemed wrongful or improper.

Article VII: Payment of Expenses
All expenses of the Joint Venture shall be paid by „A" and shall be reimbursed by the Joint Venture.
Article VIII: Indemnification, Insurance

8.01 Indemnification of the Joint Venturers
The Parties to this Agreement shall have no liability to the other for any loss suffered which arises out of any action or inaction if, in good faith, it is determined that such course of conduct was in the best interests of the Joint Venture and such course of conduct did not constitute negligence or misconduct. The parties to this agreement shall each be indemnified by the other against losses, judgements, liabilities, expenses and amounts paid in settlement of any claims substained by it in connection with the Joint Venture.

8.02 Insurance
Each Party agrees to obtain and maintain appropriate liability and casually insurance, or adequate levels of self insurance, to insure against any liability caused by that Party' s obligations under this Agreement.

Article IX: Termination

9.01
This Agreement shall enter into force as of the date first above written and shall continue in force for an initial period of two years.

9.01
Thereafter this Agreement shall be renewed for additional periods of one year each unless either of the parties shall have given the other party written notice of its termination of this Agreement no later than sixty days prior to the end of the initial or any renewal term hereof.

Article X: Dissolution

10.01
The Joint Venture shall be dissolved upon the happening of any of the following events:
(a) The adjudication of bankruptcy, filing of a petition pursuant to a Chapter of the Federal Bankruptcy Act, withdrawal, removal or insolvency of either the parties.
(b) Mutual agreement of the parties.

Article XI: Arbitration

11.01
Any dispute or claim arising out of or relating to this contract, or to the breach, termination or invalidity thereof, shall be settled by arbitration in accordance with the UNCITRAL-Arbitration Rules as at present in force.
The Appointing Authority shall be _____.
The numbers of arbitrators shall be _____.
The place of arbitration shall be _____.
The language(s) to be used in the arbitral proceedings shall be _____.

Article XII: Miscellaneous Provisions

12.01 Books and Records
The Joint Venture shall keep adequate books and records at its place of business, setting forth a true and accurate account of all business transactions arising out of and in connection with the conduct of the Joint Venture.

12.02 Validity
In the event that any provision of this Agreement shall be held to be invalid, the same shall not affect in any respect whatever the validity of the remainder of this Agreement.

12.03 Integrated Agreement
This Agreement constitutes the entire understanding and agreement among the parties hereto with respect to the subject matter hereof, and there are no agreements, understandings, restrictions or warranties among the parties other than those set forth herein provided for.

12.04 Headings
The headings, titles and subtitles used in this Agreement are for ease of reference only and shall not control or affect the meaning or construction of any provision hereof.

12.05 Notices
Except as may be otherwise specifically provided in this Agreement, all notices required or permitted hereunder shall be in writing and shall be deemed to be delivered when deposited in the Local mail, first class mail postage prepaid, telex, certified or registered mail, return receipt requested, addressed to the parties at their respective addresses set forth in this Agreement or at such other addresses as may be subsequently specified by written notice.

12.06 Applicable Law
This Agreement shall be governed by and interpreted in accordance with the laws of _____.

12.07 Force Majeure
No Party shall be liable, in respect to any delay in completion of work hereunder or of the non-performance of any term or condition of this Agreement directly or indirectly resulting from delays by Acts of God; acts of the public enemy; strikes; lockouts; epidemic and riots; power failure; water shortage or adverse weather conditions; or other causes beyond the control of the Parties. In the event of any of the foregoing, the time for performance shall be equitably and immediately adjusted, and in no event shall any Party be liable for any consequential or incidental damages from its performance or non-performance of any term or any condition of this Agreement. The Parties shall resume the completion of work under this Agreement as soon as possible subsequent to any delay due to force majeure.

12.08 Use of Names
No Party shall use in any advertising, promotional or sales literature the name of any other Party without prior written consent.

12.09 Other Instruments
The parties hereto agree that they will execute each such other and further instruments and documents as are or may become reasonably necessary or convenient to effectuate and carry out the purposes of this Agreement.
IN WITNESS WHEREOF, the parties hereto have executed this Agreement as of the day and year first above written.
Signed, sealed and delivered in the presence of:
_____ (Signature) _____ (Signature)
_____ (Signature) _____ (Signature)

M 301 III. Muster: Joint Venture zur Entwicklung eines neuen Produktes (englisch)

28 Agreement for the Mutual Development of _____ (Product Name)
THIS AGREEMENT, made this day _____ of _____ by and between
_____, a corporation duly organised under the laws of _____ and having its principal place of business at _____ (hereinafter „A"), and
_____, a corporation duly organised under the laws of _____ and having its principal place of business at _____ (hereinafter „B").
WHEREAS, A is a company engaged in the manufacture of _____ (widgets);
WHEREAS, B is a company engaged in the manufacture of _____ (widgets);
WHEREAS, A and B desire to develop a new product called _____;
WHEREAS, neither A nor B maintain the required capacity to develop such product alone;
WHEREAS, although A and B desire to combine their resources in the development of such new product, they intend to act as independent contractors but not as partners;
THEREFORE, the parties have agreed as follows:

Article 1: Definitions
For purposes of this Agreement, the following words, terms and phrases, where written with an initial capital letter, shall have the meanings assigned to them in this Article 1 unless the context otherwise requires:
1.1   **Contract Product.** „Contract Product" shall mean _____.
1.2   **Technical Information.** „Technical Information" shall mean engineering and manufacturing information available with A and/or B relating to design, production methods, manufacture and testing of Contract Products as well as information relating to materials used in the

manufacture thereof, insofar as such information has either been successfully incorporated in or forms part of the manufacturing or engineering technique of A and/or B and is applicable to the operations of A and/or B.

1.3 **Intellectual Property Rights**. „Intellectual Property Rights" shall mean all patents, utility models, design, know-how, trademarks, tradenames and any other intellectual property rights including applications thereof.
1.4 **Territory**. „Territory" shall mean _____.
1.5 **A's Customers**. „A's Customers" shall mean _____.
1.6 **B's Customers**. „B's Customers" shall mean _____.
1.7 **A's Market**. „A's Market" shall mean _____.
1.8 **B's Market**. „B's Market" shall mean _____.

Article 2: Objective and Milestones of Joint Development
2.1 The Parties shall use their best efforts to develop the Contract Product and contribute to such development equally.
2.2 The development shall be completed on or before _____ The Parties agree to comply with the following development milestones:
2.2.1 Milestone 1 shall be met when _____ and shall be completed on or before _____.
2.2.2 Milestone 2 shall be met when _____ and shall be completed on or before _____.
2.2.3 Milestone 3 shall be met when _____ and shall be completed on or before _____.
2.2.4 Milestone 4 shall be met when _____ and shall be completed on or before _____.
2.2.5 Milestone 5 shall be met when _____ and shall be completed on or before _____.

Article 3: Contributions
3.1 The development shall be carried out at the following facilities:
3.1.1 Milestones 1, 2 and 3 shall be carried out at A's facilities in _____.
3.1.2 Milestones 4 and 5 shall be carried out at B's facilities in _____.
3.2 A's contribution shall be as follows:
3.2.1 Milestones 1, 2 and 3: _____.
3.2.2 Milestones 4 and 5: _____.
3.2.3 In any event A's contribution shall be limited to _____ man days or a financial contribution of _____ EUR.
3.3 B's contribution shall be as follows:
3.3.1 Milestones 1, 2 and 3: _____.
3.3.2 Milestones 4 and 5: _____.
3.3.3 In any event B's contribution shall be limited to _____ man days or a financial contribution of _____ EUR.

Article 4: Project Management
4.1 Each party shall appoint a team of not less than three but not more than six individuals exclusively assigned to the management and facilitation of this project. One person each shall be designated as project leader. The project leaders shall be provided with full authority to represent the party by which those individuals are appointed. The parties shall provide those project leaders with written powers of attorney.
4.1.1 A hereby appoints the following individuals: _____ A designates _____ as the leader of the project team.
4.1.2 B hereby appoints the following individuals: _____ A designates _____ as the leader of the project team.
4.2 Although each party shall have the right to remove any individual appointed by it from such team but only by appointing an individual to replace the vacancy created by such removal,

the parties intend to use their right to remove only in exceptional circumstances in order to maintain the continuity of the project teams. Prior to any such removal the parties shall liase with each other.

4.3 The leaders shall issues a comprehensive monthly report to A and B regarding the progress of the development. Such monthly report shall comprise of the following: _____.

Article 5: Final Testing

5.1 After both project leaders reported to the parties that the development of the Contract Product is completed, such product shall be finally tested by an independent and qualified agency to be mutually appointed by both parties.

5.2 Final testing shall take place at B's facilities in _____ on or before _____.

5.3 The independent agency shall issue a written and comprehensive report to both parties. Not later than 2 weeks after receipt of such written report a party not in agreement with its findings shall in writing inform the other party about its disagreement and provide it with detailed arguments of its disagreements. If the party not in disagreement with the report finds the arguments acceptable its shall inform the other party and the independent agency thereof with instructions to the independent agency to issue a revised report taking due account of the arguments of the disagreeing party. If the party not in disagreement with report finds the arguments not convincing it shall so inform the other party and the independent agency. The independent agency shall finally decide whether the arguments of the disagreeing party shall be incorporated in its report or not.

Article 6: Intellectual Property Rights, Cross License

6.1 All Intellectual Property Rights derived from the development shall be applied for in the name of A and B collectively. The parties shall be co-owners of all intellectual property whether it can be protected by a patent, utility model or the like or not. They shall in particular be co-owners of any copyright or rights in designs or manufacturing processes.

6.2 Both parties grant to each other a license to practice the Technical Information in the Territory and to use and sell the Contract Products in any country of the world. The consideration for the grant of the license by A to B is B's license to A and *vice versa*.

6.3 The license shall be transferable, provided, however that a transfer to a competitor of the other requires its prior written consent. This shall apply *mutatis mutandis* for any sublicenses.

6.4 A shall refrain from using the license regarding sales to B's Customers in B's Market. B shall refrain from using the license regarding sales to A's Customers in A's market. The parties understand that the restrictions in this Article 6.4 may require an application under applicable antitrust law provisions. The parties will use their best efforts to obtain approval of these restrictions. If such approval cannot be obtained, the parties shall replace this provision by a mutually acceptable provision which comes as close as possible to the economic intent of the invalid provision.

Article 7: Confidentiality

Each party shall protect the other's Confidential Information from unauthorised dissemination and use with the same degree of care that such party uses to protect its own like information. Neither party shall use the other's Confidential Information for purposes other than those necessary to directly further the purposes of this Agreement. Neither party shall disclose to third parties the other's Confidential Information without the prior written consent of the other party. Except as expressly provided in this Agreement, no ownership or license right is granted in any Confidential Information. The parties' obligations of confidentiality under this Agreement shall not be construed to limit either party's right to independently develop or acquire products without use of the other party's Confidential Information. Further, either party shall be free to use for any purpose the residuals resulting from access to or work with such Confidential Information, provided that such party shall maintain the confidentiality of the Confidential Information as provided herein. The term „residuals" means information in non-tangible form, which may be retained by persons who have had access to the Confidential Information, including ideas, concepts, know-how or techniques contained therein. Neither party shall have any obligation to limit or restrict the assignment of such persons or to pay royalties for any work resulting from the use of residuals. However, the foregoing shall not be deemed to grant to either party a license under the other party's copyrights or patents.

Article 8: Term and Termination

8.1   The Agreement shall take effect on the date first above written and shall continue in force until the date designated for final testing in Article 5.2 hereof. Thereafter, this Agreement may be terminated by either party upon three months written notice.

8.2   Notwithstanding the provisions of Article 7.1 above, this Agreement may be terminated in accordance with the following provisions:

8.2.1   Either party hereto may terminate this Agreement at any time by giving notice in writing to the other party, which notice shall be effective upon dispatch, should the other party file a petition of any type as to its bankruptcy, be declared bankrupt, become insolvent, make an assignment for the benefit of creditors, go into liquidation or receivership, or otherwise lose legal control of its business, or should the other party or a substantial part of its business come under the control of a third party;

8.2.2   Either party may terminate this Agreement by giving notice in writing to the other party should an event of Force Majeure continue for more than six (6) months as provided in Article 9.8 below;

8.2.3   Either party may terminate this Agreement by giving notice in writing to the other party in the event the other party is in material breach of this Agreement and shall have failed to cure such breach within thirty (30) days of receipt of written notice thereof from the first party.

8.3   In the event of termination of this Agreement for any reason, the parties shall have the following rights and obligations:

8.3.1   Termination of this Agreement shall not release either party from the obligation to make payment of all amounts then or thereafter due and payable.

8.3.2   The provisions of Article 6 and Article 7 shall survive the termination of this Agreement.

8.3.3   If the development of the Contract Product is not completed at the time of termination, each party has the right to continue the development of the Contract Product without the other party, provided, however, it fully reimburses the other party for the cost of its contribution up until the time of termination.

Article 9: Miscellaneous

9.1   All notices and requests in connection with this Agreement shall be deemed given as of the date they are received either by messenger, delivery service, or in the United States of America mails, postage prepaid, certified or registered, return receipt requested, and addressed as follows:
To A: To B:
or to such other address as a party may designate pursuant to this notice provision.

9.2   Neither party shall issue the initial press release or make the initial public announcement relating in any way whatsoever to this Agreement or the relationship established by this Agreement without the express prior written consent of the other party.

9.3 Nothing in this Agreement shall be construed as creating an employer-employee relationship, a partnership, or a joint venture between the parties. All persons employed by a party hereto in the performance of services hereunder shall be under the sole and exclusive direction and control of such party, and for no purpose shall they be considered the employees of the other party. Each party shall remain an independent contractor and shall be responsible for and shall promptly pay all federal, state and local taxes, chargeable or assessed with respect to its employees, including but not limited to social security, unemployment, federal and state withholding, and all other assessed taxes.

9.4 This Agreement shall be governed by the laws of _____.

9.5 All disputes arising out of or in connection with this Agreement shall be finally settled under the Rules of Arbitration of the International Chamber of Commerce by one or more arbitrators appointed in accordance with the said Rules. The arbitration shall be conducted in the English language. Place of arbitration shall be _____.

9.6 In any action or suit to enforce any right or remedy under this Agreement or to interpret any provision of this Agreement, the prevailing party shall be entitled to recover its costs, including reasonable attorneys' fees.

9.7 This Agreement shall be binding upon and inure to the benefit of each party's respective successors and lawful assigns; provided, however, that neither party may assign its rights under this Agreement, in whole or in part, to any third party without the prior written approval of the other party.

9.8 Neither party shall be liable to the other under this Agreement for any delay or failure to perform its obligations under this Agreement if such delay or failure arises from any cause(s) beyond such party's reasonable control, including by way of example labour disputes, strikes, acts of nature, floods, fire, lightning, utility or communications failures, earthquakes, vandalism, war, acts of terrorism, riots, insurrections, embargoes, or laws, regulations or orders of any governmental entity („Force Majeure"). Notwithstanding the foregoing, the parties shall exercise due diligence to resume performance hereunder as soon as commercially possible.

9.9 If for any reason a court of competent jurisdiction or the arbitration tribunal finds any of this Agreement, or portion thereof, to be unenforceable, that provision of the Agreement shall be enforced to the maximum extent permissible so as to effect the intent of the parties, and the remainder of this Agreement shall continue in full force and effect. Failure by either party to enforce any provision of this Agreement shall not be deemed a waiver of future enforcement of that or any other provision. The parties and their respective counsel have negotiated this Agreement and this Agreement shall not be construed against the drafting party.

9.10 The headings used in this Agreement shall be for the convenience of the parties only and shall not be considered in interpreting or applying the provisions of this Agreement.

9.11 The parties agree to execute such additional documents as may be necessary or desirable for the other party to enforce its rights hereunder or otherwise to effectuate the purposes of this Agreement.

9.12 This Agreement may be executed in any number of counterparts, each of which when so executed and delivered shall be deemed an original, and such counterparts together shall constitute one instrument.

9.13 This Agreement shall not be effective until signed by both parties. This Agreement constitutes the entire agreement between the parties with respect to the subject matter hereof and merges all prior and contemporaneous communications. This Agreement may not be modified except by a written agreement signed on behalf of A and B by their respective duly authorised representatives.

IN WITNESS WHEREOF, the parties have caused this Agreement to be signed by their duly authorised representatives as of the dates written below.

_____ (Date)   _____ (Date)
_____ (By)   _____ (By)
_____ (Title) _____ (Title)

Dr. Franz Tepper, LL.M.
§ 27 Internationale Schiedsvereinbarungen

Literatur

Aden, Internationale Handelsschiedsgerichtsbarkeit, Kommentar zu den Schiedsverfahrensordnungen ICC-DIS-Wiener Regeln-UNCITRAL-LCIA, 2. Aufl. 2003; *Baumbach/Hopt*, HGB, Kommentar, 35. Aufl. 2012; *Bayer*, Schiedsfähigkeit von GmbH-Streitigkeiten, ZIP 2003, 881; *Berger*, Internationale Wirtschaftsschiedsgerichtsbarkeit, 1. Aufl. 1992; *Berger*, Das neue Recht der Schiedsgerichtsbarkeit, 1998; *Berger*, Das neue deutsche Schiedsverfahrensrecht, DZWir 1998, 45; *Berger*, Einführung in Recht und Praxis der Schiedsgerichtsbarkeit, in: Labes/Lörcher, T., Nationales und Internationales Schiedsverfahrensrecht, 1998; *Berger*, Herausforderungen für die (deutsche) Schiedsgerichtsbarkeit, SchiedsVZ 2009, 289; *Borges*, Die Anerkennung und Vollstreckbarkeitserklärung von Schiedssprüchen nach neuem Recht, ZZP 1998, 447; *Borris*, Streiterledigung bei (MAC-)Klauseln in Unternehmenskaufverträgen: ein Fall für „Fast-Track"-Schiedsverfahren, BB 2008, 294; *Borris*, Die Schiedsfähigkeit gesellschaftsrechtlicher Streitigkeiten in der Aktiengesellschaft, NZG 2010, 481; *Böttcher/Fischer*, Einbeziehung von Schiedsordnungen in die Satzung einer GmbH, NZG 2011, 601; *Bredow*, Das neue 10. Buch der ZPO – ein Überblick, RPS 2. Hj. 1998, S. 2, BB 1998, Beilage zu Heft 12; *Bredow*, Schiedsspruch mit vereinbartem Wortlaut – Form und Inhalt, SchiedsVZ 2010, 295; *Bühler/von Schlabrendorff*, 10 Jahre ICC Schiedsordnung 1998. Ein Blick zurück, zwei Blicke nach vorne ..., SchiedsVZ 2009, 26; *Glossner/Bredow/Bühler*, Das Schiedsgericht in der Praxis, 3. Aufl. 1990; *Gottwald/Adolphsen*, Das neue deutsche Schiedsverfahrensrecht, DStR 1998, 1017 ff.; *Haas*, Beruhen Schiedsabreden in Gesellschaftsverträgen nicht auf Vereinbarungen i.S. des § 1066 ZPO oder vielleicht doch?, SchiedsVZ 2007, 1; *Hamann/Lennarz*, Sieben Regeln für eine schnelle, einfache und gute Schiedsklausel, BB 2007, 1009; *Harbst*, Korruption und andere ordre public-Verstöße als Einwände im Schiedsverfahren – Inwieweit sind staatliche Gerichte an Sachverhaltsfeststellungen des Schiedsgerichts gebunden?, SchiedsVZ 2007, 22; *Henn*, Schiedsverfahrensrecht, 3. Aufl. 2000; *Hoffmann*, Schiedsgerichte als Gewinner der Globalisierung? – Eine empirische Analyse zur Bedeutung staatlicher und privater Gerichtsbarkeit für den internationalen Handel, SchiedsVZ 2010, 96; *Horn*, Zwingendes Recht in der internationalen Schiedsgerichtsbarkeit, SchiedsVZ 2008, 209; *Kröll*, Das neue deutsche Schiedsrecht vor staatlichen Gerichten: Entwicklungslinien und Tendenzen 1998–2000, NJW 2001, 1173; *Kröll*, Die Entwicklung des Rechts der Schiedsgerichtsbarkeit 2001/2002, NJW 2003, 791; *Kröll*, „Pathological" arbitration agreements before German Courts – short notes on the occurrence of a recent decision by the Higher Reginal Court Hamm, IHR 2006, 255; *Kröll*, Die Entwicklung des Schiedsrechts 2007–2008, NJW 2009, 1183; *Kröll*, Die Entwicklung des Schiedsrechts 2009–2010, NJW 2011, 1265; *Kronke*, Internationale Schiedsverfahren nach der Reform, RIW 1998, 257; *Kühner*, Geschäftsgeheimnisse und Schiedsverfahren – neuerdings ein Gegensatz?, IHR 2003, 202; *Lachmann*, Handbuch für die Schiedsgerichtspraxis, 3. Aufl. 2008; *Lehmann*, Anti-suit injunctions zum Schutz internationaler Schiedsvereinbarungen und EuGVVO, NJW 2009, 1645; *Lörcher/Lörcher*, Das Schiedsverfahren – national/international – nach deutschem Recht, 2. Aufl. 2001; *Markert/Wilske*, Entwicklungen in der internationalen Schiedsgerichtsbarkeit im Jahr 2009 und Ausblick auf 2010, SchiedsVZ 2010, 62; *McGuire*, Grenzen der Rechtswahlfreiheit im Schiedsverfahrensrecht? – Über das Verhältnis zwischen der Rom-I-VO und § 1051 ZPO, SchiedsVZ 2011, 257.; *Müller/Keilmann*, Beteiligung am Schiedsverfahren wider Willen?, SchiedsVZ 2007, 113; *Niklas*, Schiedsverfahren via Internet nach den Wiener Regeln, IHR 2004, 103; *Pörnbacher/Baur*, Die Reform der Schiedsgerichtsordnung der ICC, BB 2011, 2627; *Pörnbacher/Loos/Baur*, Aktuelle Neuerungen im internationalen Schiedsrecht, BB 2011, 711; *Pörnbacher/Thiel*, Kostensicherheit in Schiedsverfahren, SchiedsVZ 2010, 14; *Quinke*, Schiedsvereinbarungen und Eingriffsnormen, SchiedsVZ 2007, 246; *Raeschke-Kessler/Berger*, Recht und Praxis des Schiedsverfahrens, 3. Aufl. 1999; *Reiner*, Schiedsgerichtsbarkeit, Einstweiliger Rechtsschutz und EuGVÜ, IPRax 2003, 74; *Reithmann/Martiny*, Internationales Vertragsrecht, 7. Aufl. 2010; *Schäfer/Verbist/Imhoos*, Die ICC-Schiedsgerichtsordnung in der Praxis, 2000; *Schiffer*, Wirtschaftsschiedsgerichtsbarkeit, 1999; *Schmidt*, Neues Schiedsverfahrensrecht und Gesellschaftspraxis, ZHR 162 (1998), 265; *Schmidt-Ahrendts/Höttler*, Anwendbares Recht bei Schiedsverfahren mit Sitz in Deutschland, SchiedsVZ 2009, 241; *Schütze*, Zur notariellen Beurkundung von Schiedsvereinbarungen, BB 1992, 1877; *Schütze*, Schiedsgericht und Schiedsverfahren, 4. Aufl. 2007; *Schütze*, Die gerichtliche Überprüfung von Entscheidungen des Schiedsgerichts, SchiedsVZ 2009, 241; *Schütze/Tscherning/Wais*, Handbuch des Schiedsverfahrens, 2. Aufl. 1990; *Schumacher*, Das neue 10. Buch der Zivilprozessordnung im Vergleich zum UNCITRAL-Modellgesetz über die internationale Handelsschiedsgerichtsbarkeit, RPS 2. Hj. 1998, S. 6, BB 1998, Beilage zu Heft 12; *Schwab/Walter*, Schiedsgerichtsbarkeit, 7. Aufl. 2005; *Trittmann*, Die Auswirkungen des Schiedsverfahrens-Neuregelungsgesetzes auf gesellschaftsrechtliche Streitigkeiten, ZGR 1999, 340; *Wagner*, Die insolvente Partei im Schiedsverfahren – eine Herausforderung für alle Beteiligten, GWR 2010, 129; *Wilske/Markert*, Entwicklungen in der internationalen Schiedsgerichtsbarkeit im Jahr 2011 und Ausblick auf 2012, SchiedsVZ 2012, 58; *Winkler/Weinand*, Deutsches internationales Schiedsverfahrensrecht, BB 1998, 1101; *Wolff*, Gestaltung einer vertragsübergreifenden Schiedsklausel, SchiedsVZ 2008, 59.

Inhalt

A. **Schiedsgerichtsbarkeit im internationalen Gesellschaftsrecht** —— 1
I. Typische Sachverhalte —— 1
II. Beilegung gesellschaftsrechtlicher Streitigkeiten – Vorteile der Einschaltung eines Schiedsgerichtes —— 3
B. **Rechtliche Grundlagen** —— 15
I. Verfahrensordnungen und Zivilprozessrecht —— 15
  1. Verfahrensordnungen —— 15
  2. Zivilprozessrecht —— 18
II. Abgrenzungen —— 20
  1. Verhältnis zum Hauptvertrag —— 20
  2. Schiedsvertrag und Schiedsrichtervertrag —— 22
  3. Ad-hoc-Schiedsvereinbarung und Schiedsinstitution —— 23
  4. Schiedsvertrag und (internationale) Gerichtsstandsvereinbarung —— 26
III. Schiedsvereinbarungen im Gesellschaftsrecht —— 27
  1. Merkmale —— 27
  2. Schiedsfähigkeit bei internationalen Schiedsvereinbarungen —— 28
  3. Schiedsvereinbarungen nach deutschem Gesellschaftsrecht —— 29
    a) Satzungsrechtliche Streitigkeiten —— 30
    b) Individualrechtliche Streitigkeiten —— 32
IV. Einstweilige Anordnung und Vollstreckbarkeit —— 33
  1. Einstweilige Anordnung —— 33
  2. Vollstreckbarkeit von Schiedssprüchen —— 34
V. Internationale Schiedsordnungen —— 37
C. **Muster** —— 38
I. Standardschiedsklauseln —— 38
  1. Standardschiedsklausel – DIS —— 38
    a) Muster: Standardschiedsklausel – DIS, deutsch —— 38
    b) Muster: Standardschiedsklausel – DIS, englisch —— 39
  2. Standardschiedsklausel – ICC —— 40
    a) Muster: Standardschiedsklausel – ICC, deutsch —— 40
    b) Muster: Standardschiedsklausel – ICC, englisch —— 41
  3. Standardschiedsklausel – UNCITRAL —— 42
    a) Muster: Standardschiedsklausel – UNCITRAL, deutsch —— 42
    b) Muster: Standardschiedsklausel – UNCITRAL, englisch —— 43
II. Ad-hoc-Schiedsvereinbarung mit Schiedsort in Deutschland —— 44
  1. Muster: Ad-hoc-Schiedsvereinbarung, deutsch —— 44
  2. Muster: Ad-hoc-Schiedsvereinbarung, englisch —— 45
III. Muster: Antrag auf Beginn des schiedsrichterlichen Verfahrens (§ 1044 ZPO) —— 46

A. Schiedsgerichtsbarkeit im internationalen Gesellschaftsrecht

I. Typische Sachverhalte

Mehrere Unternehmen aus unterschiedlichen Ländern haben ein Gemeinschaftsunternehmen **1** gegründet, in dem sie Teile ihrer wirtschaftlichen Aktivitäten bündeln. Mögliche Streitigkeiten über Nachschüsse der Gesellschafter oder Ansprüche auf Auszahlung von Gewinnen sollen möglichst kurzfristig entschieden werden, um zu vermeiden, dass durch diese Auseinandersetzungen die eigentliche Tätigkeit der Gesellschaft behindert wird. Die vermutete Verfahrensdauer bei einem Verfahren vor dem ordentlichen Gericht am Sitz des Unternehmens wird mehrere Jahre betragen. Die Gesellschafter schließen für alle Streitigkeiten aus dem Gesellschaftsvertrag eine gesonderte Schiedsvereinbarung, in der sie zur Straffung des Verfahrens kurze prozessuale Fristen vereinbaren.

2   Zwei Unternehmen beteiligen sich an einem dritten Unternehmen mit Sitz im Ausland. Sie vereinbaren, alle Entscheidungen auf Gesellschafterebene abzustimmen und in der Gesellschafterversammlung koordiniert aufzutreten. Um zu vermeiden, dass Auseinandersetzungen über den Inhalt ihrer Pool-Vereinbarung in einem öffentlichen Verfahren verhandelt und so den Mitgesellschaftern oder Konkurrenzunternehmen bekannt werden, unterwerfen sie alle Streitigkeiten aus ihrer Vereinbarung einem (nicht öffentlichen) Schiedsverfahren.

II. Beilegung gesellschaftsrechtlicher Streitigkeiten – Vorteile der Einschaltung eines Schiedsgerichtes

3   Die nationale und internationale Schiedsgerichtsbarkeit gewinnt seit Jahren an Bedeutung. In immer stärkerem Umfang werden Streitigkeiten im Bereich des nationalen und internationalen Wirtschaftsverkehrs der staatlichen Gerichtsbarkeit entzogen und durch Schiedsgerichte entschieden.[1] Das gilt zunehmend auch für gesellschaftsrechtliche Auseinandersetzungen, die nicht vor den ordentlichen Gerichten ausgetragen, sondern einem Schiedsgericht zugewiesen werden.[2]

4   Die **Gründe** für die Einschaltung eines Schiedsgerichtes an Stelle der ordentlichen Gerichtsbarkeit sind unterschiedlich. Es werden für gesellschaftsrechtliche Streitigkeiten von den Beteiligten die im Folgenden dargestellten Besonderheiten des schiedsgerichtlichen Verfahrens hervorgehoben. Vor Abschluss einer grenzüberschreitenden gesellschaftsrechtlichen Vereinbarung empfiehlt sich eine Prüfung, ob aus einem oder mehreren der nachstehend dargestellten Gründe für mögliche Streitigkeiten aus der gesellschaftsrechtlichen Abrede eine parallele Schiedsvereinbarung geschlossen werden sollte.

5   –   **Dauer des Verfahrens:** In der ordentlichen Gerichtsbarkeit ist eine Verfahrensdauer in gesellschaftsrechtlichen Streitigkeiten von fünf bis sieben Jahren mittlerweile keine Seltenheit. Schiedsgerichtliche Verfahren werden in einem wesentlich kürzeren Zeitraum abgeschlossen. Die im Regelfall nicht in weiteren Instanzen überprüfbare schiedsgerichtliche Entscheidung führt in den meisten Fällen in deutlich kürzeren Fristen zu einer für alle Beteiligten bindenden Entscheidung.

6   –   **Vertraulichkeit und Geheimhaltung:** Verfahren vor den ordentlichen Gerichten sind im Regelfall öffentlich. Die Öffentlichkeit kann zwar in einzelnen Sachverhalten auf Antrag ausgeschlossen werden, dies setzt jedoch eine besondere Begründung voraus. Ein Schiedsverfahren erfolgt regelmäßig unter Ausschluss der Öffentlichkeit. Da die Prozessbeteiligten i.d.R. zur Geheimhaltung verpflichtet sind, dringen keine Informationen an die Öffentlichkeit. Dies ist gerade in gesellschaftsrechtlichen Streitigkeiten ein entscheidender Grund, den ordentlichen Rechtsweg zu meiden.

7   –   **Auswirkungen auf die Gesellschaft:** Praktiker berichten von regelmäßig deutlich geringeren negativen Auswirkungen eines Rechtsstreits auf die Gesellschaft und den Gesellschafterkreis nach einem schiedsgerichtlichen Verfahren. Dies liegt neben der kürzeren Verfahrensdauer und der Geheimhaltung der Prozessinhalte am Ablauf des Verfahrens, das den Beteiligten größtmöglichen Einfluss erlaubt (Auswahl der Schiedsrichter und Gestaltung der inhaltlichen Abwicklung) und noch stärker als ein Verfahren vor den ordentlichen Gerichten auf eine **einvernehmliche Streitbeilegung** ausgerichtet ist. Die Beilegung des Streites innerhalb kurzer Fristen ermöglicht vielfach eine Fortsetzung der Gesellschaft, die bei einem Streit vor ordentlichen Gerichten nicht zu erwarten wäre.

---

1 *Raeschke-Kessler/Berger*, Rn 1.
2 *Trittmann*, ZGR 1999, 340.

- **Mehrparteienverfahren:** Schiedsverfahren müssen sich nicht auf zwei Parteien beschränken. Die Möglichkeit von Mehrparteienverfahren wurde ausdrücklich in die Neufassung verschiedener Schiedsordnungen aufgenommen (siehe u.a. Art. 7 ff. ICC-Schiedsgerichtsordnung [gültig ab 1.1.2012] und § 13 der DIS-Schiedsordnung [gültig ab 1.7.1998] sowie §§ 2 ff. DIS-Ergänzende Regel für gesellschaftsrechtliche Streitigkeiten [gültig ab 15.9.2009]). Gerade in gesellschaftsrechtlichen Fragen eröffnet sich damit die Möglichkeit, eine **Zersplitterung der Rechtsangelegenheit** zu **vermeiden** und das Ergebnis des Gesamtverfahrens auf mehrere Beteiligte zu erstrecken. 8
- **Auswahl der Schiedsrichter:** Die Beteiligten eines schiedsgerichtlichen Verfahrens haben die Möglichkeit, die Schiedsrichter zu benennen. Im Regelfall besteht das Gremium aus drei Personen, von denen jeweils eine durch die Parteien benannt wird. Dieses Verfahren hat nicht nur den Zweck, eine Wahrung der Parteiinteressen zu gewährleisten, sondern dient dazu, das entscheidende Gericht mit Personen zu besetzen, die über eine **hohe Sachkenntnis** in der zu entscheidenden Materie verfügen. 9
- **Verfahrensgestaltung und Flexibilität:** Innerhalb des schiedsgerichtlichen Verfahrens besteht ein erheblicher Einfluss der Parteien auf die Gestaltung des Verfahrens. Hierzu gehören Fragen des inhaltlichen und zeitlichen Prozessablaufs, der Beilegung von streitigen Teilfragen oder auch der Beweiserhebung und Beweisaufnahme sowie der Bestimmung des Verhandlungsortes. Dies gibt den Parteien ein **hohes Maß an Flexibilität** in der zeitlichen, formalen und inhaltlichen Streitbeilegung. 10
- **Verfahrenssprache:** Ein Sonderaspekt der Verfahrensgestaltung ist die Möglichkeit der Parteien, die Verfahrenssprache frei zu **wählen** (vgl. § 1045 ZPO). Es besteht keine Bindung an die Sprache des Ortes, an dem das Verfahren stattfindet. Die Parteien können auch mehrere Sprachen als Verfahrenssprache festlegen. 11
- **Kosten:** Die Kosten des Verfahrens können in einem wesentlich größeren Maße durch die Parteien beeinflusst werden als im Verfahren vor den ordentlichen Gerichten. Basis für die Gebührenabrechnung sowohl des Gerichtes als auch der beteiligten Anwälte ist die gewählte Schiedsordnung. Im Regelfall erfolgt eine Honorierung zwar auf der Grundlage streitwertorientierter Festhonorare für einzelne Prozessabschnitte oder Prozesshandlungen. Es entspricht jedoch immer mehr dem internationalen Standard, die Verfahrensbeteiligten auf Basis des tatsächlich entstandenen Zeitaufwandes zu vergüten. Die **Honorierung nach Zeiteinsatz** kann auch mit einer streitwertorientierten Grundvergütung kombiniert werden.[3] Die zeitabhängige Vergütung führt gerade bei hohen Streitwerten zu Prozesskosten, die hinter den Kosten für ein ordentliches Verfahren zurückbleiben. 12
- **Präzedenzwirkung:** Schiedsrichterliche Entscheidungen werden im Regelfall nicht veröffentlicht. Sie entfalten keine Präzedenzwirkung für spätere Verfahren. 13
- **Grenzüberschreitende Sachverhalte:** Diese Gründe gewinnen eine zusätzliche Bedeutung in grenzüberschreitenden gesellschaftsrechtlichen Auseinandersetzungen. Die in Pool- und Konsortialverträgen vereinbarten Abgrenzungen des Einflusses auf die Gesellschaft, Stimmrechtsbindungen, Vorkaufsrechte oder andere Streitigkeiten auf Gesellschafterebene eignen sich besonders für eine schiedsgerichtliche Erledigung. Dies gilt nicht zuletzt für die Rechtsbeziehungen zwischen der Gesellschaft und den Gesellschaftern im Hinblick auf Ansprüche gegen die Gesellschaft (z.B. Gewinnausschüttungsansprüche, Abfindungsansprüche) oder gegen den einzelnen Gesellschafter (z.B. Erbringung der Einlage oder Zahlung von Nachschüssen). 14

---

[3] Zur Kostenberechnung vgl. *Lörcher/Lörcher*, Rn 134 ff.

B. Rechtliche Grundlagen

I. Verfahrensordnungen und Zivilprozessrecht

1. Verfahrensordnungen

15 Basis für den Ablauf des Schiedsverfahrens bilden die Bestimmungen der Schiedsordnung, die von den Parteien dem Verfahren zugrunde gelegt wurde. Sie werden für Schiedsverfahren mit Schiedsort in Deutschland ergänzt durch die – weitgehend dispositiven – Regelungen der ZPO. Die Schiedsordnungen sollten Bestimmungen enthalten über:
- die Bildung und Zusammensetzung des Schiedsgerichte
- die Aufgaben der Schiedsrichter
- die Ablehnung und Ersatzbestellung von Schiedsrichtern
- Einzelheiten zur Vorbereitung und Einleitung des Verfahrens
- den Schiedsort
- die Verfahrenssprache
- die Beratung und Entscheidung im Richterkollegium
- den Schiedsspruch
- die Kosten und
- die Beendigung des Verfahrens.

16 Zu den international anerkannten und verbreiteten **Schiedsordnungen** gehören die Ordnungen folgender Institutionen:
- London Court of International Arbitration (LCIA)[4]
- United Nations Commission on International Trade Law (UNCITRAL)[5]
- Züricher Handelskammer[6]
- American Arbitration Association (AAA)[7]
- Deutsche Institution für Schiedsgerichtsbarkeit e.V. (DIS)[8]
- International Chamber of Commerce (ICC)[9]
- Schiedsgerichtsinstitut der Handelskammer Stockholm[10]
- Internationales Schiedsgericht der Wirtschaftskammer Österreich, Wien.[11]

17 Die einzelnen Schiedsordnungen regeln die wesentlichen Fragen für den **Ablauf des Verfahrens**. Daneben überlassen sie eine Reihe von Festlegungen für das Verfahren einer Entscheidung durch die Parteien. Dies sind beispielsweise:[12]
- die Institution, die den oder die Schiedsrichter ernennt
- die Anzahl der Schiedsrichter

---

[4] Text verfügbar auf der homepage der LCIA: http://www.lcia.org/Dispute_Resolution_Services/LCIA_Arbitration_Rules.aspx
[5] Text verfügbar auf der homepage der UNCITRAL: http://www.uncitral.org/pdf/english/texts/arbitration/arb-rules-revised/pre-arb-rules-revised.pdf
[6] Text verfügbar auf der hompage der Züricher Handelskammer: https://www.swissarbitration.org/sa/en/rules.php
[7] Text verfügbar auf der homepage der AAA: http://www.adr.org/aaa/ShowProperty?nodeId=/UCM/ADRSTG_002037&revision=latestreleased
[8] Text verfügbar auf der homepage der DIS: http://www.dis-arb.de/de/16/regeln/dis-schiedsgerichtsordnung-98-id2; das DIS verfügt über eine umfangreiche Datenbank zu Schiedsvereinbarungen, in der insbesondere die Urteile zum neuen Deutschen Schiedsrecht im Volltext abrufbar sind.
[9] Text verfügbar auf der homepage der ICC: http://www.iccwbo.org/court/arbitration/id4199/index.html
[10] Text verfügbar auf der homepage der Stockholmer Handelskammer: http://www.sccinstitute.com/skiljedomsregler-4.aspx
[11] Text verfügbar auf der homepage der Witschaftskammer: http://www.viac.eu/de/schiedsordnung.html
[12] Uncitral Schiedsordnung, Text abgedruckt bei *Henn*, S. 253 ff.

- den Ort des Schiedsverfahrens oder
- die im Schiedsverfahren zu verwendende Sprache.

2. Zivilprozessrecht

Soweit das Verfahrensrecht der gewählten Schiedsordnung keine Regelungen enthält, gelten für Schiedsverfahren mit Schiedsort Deutschland ergänzend die Bestimmungen über das private Schiedsverfahren in den §§ 1025 ff. ZPO. Die dort festgelegten Regeln beziehen sich nicht nur auf das Verfahren mit deutschen Beteiligten, sondern auch auf Schiedsverfahren zwischen Parteien, die unterschiedlichen Rechtsordnungen angehören. Damit gelten die ZPO-Bestimmungen sowohl für das **nationale** als auch für das **internationale Schiedsverfahren**. 18

Das deutsche Schiedsverfahrensrecht wurde mit Wirkung zum 1.1.1998 einer grundlegenden Reform unterzogen. Inhalt der Reform waren zahlreiche Klarstellungen wie auch Verbesserungen gegenüber dem bislang geltenden Recht, das im Wesentlichen auf der Zivilprozessordnung in der Fassung von 1878 basierte. Vorbild der Reform waren die Bestimmungen des UNCITRAL-Modellgesetzes,[13] einem international weithin akzeptierten Standard. Mit der engen Anlehnung an das UNCITRAL-Modellgesetz und der damit verbundenen internationalen Vereinheitlichung wird gleichzeitig ein deutlich leichterer Zugang zum Schiedsverfahrensrecht in Deutschland eröffnet.[14] 19

II. Abgrenzungen

1. Verhältnis zum Hauptvertrag

Schiedsvereinbarung und Hauptvertrag, über dessen Schicksal zu entscheiden ist und dem die Verpflichtung zur Beilegung von Streitigkeiten in einem schiedsgerichtlichen Verfahren entstammt, sind grundsätzlich voneinander zu trennen. Beide Verträge können **unterschiedliche Schicksale** haben.[15] So gilt eine mit dem Gesellschaftsvertrag verbundene Schiedsvereinbarung auch dann fort, wenn ein Gesellschafter ausscheidet.[16] Auch die Kündigung des die Schiedsklausel enthaltenden Vertrages berührt nicht die Wirksamkeit der Schiedsklausel.[17] Insbesondere ist auch § 139 BGB (Teilnichtigkeit) für das Verhältnis Hauptvertrag und Schiedsvertrag nicht anwendbar.[18] 20

Bei der Abfassung der Schiedsvereinbarung ist darauf zu achten, dass sie alle Streitigkeiten erfasst, die aus dem Hauptvertrag einschließlich dessen Wirksamkeit resultieren können. Eine Schiedsvereinbarung, die sich nur auf Teile des Hauptvertrages bezieht, birgt die **Gefahr einer parallelen Beschreitung** von ordentlichem Rechtsweg und Beilegung im Schiedsverfahren. 21

2. Schiedsvertrag und Schiedsrichtervertrag

Die Schiedsvereinbarung ist weiter von dem Schiedsrichtervertrag zu unterscheiden. Letzterer ist der Vertrag, der nach Einleitung des Schiedsverfahrens mit dem Schiedsrichter bzw. den Schiedsrichtern geschlossen wird. Es reicht nicht aus, wenn die Parteien untereinander die Einzelheiten des Schiedsverfahrens regeln. Darüber hinaus muss auch **im Verhältnis mit den** 22

---

13 *Glossner/Bredow/Bühler*, S. 272 ff.
14 Zu den Auswirkungen des Schiedsverfahrens-Neuregelungsgesetzes auf gesellschaftsrechtliche Streitigkeiten siehe *Trittmann*, ZGR 1999, 340.
15 Cour d'Appel Paris 5. Kammer, Europäisches Transportrecht 2003, 767.
16 BGH NJW-RR 2002, 1462; zustimmend *Kröll*, EWiR 2002, 1023; *Haas/Beckmann*, DStR 2002, 557.
17 *Kröll*, NJW 2003, 791, 792.
18 BGHZ 53, 315, 317 ff.

Schiedsrichtern eine **ausdrückliche Vereinbarung** getroffen werden, in der die Rechte und Pflichten des Schiedsrichters bzw. der Schiedsrichter festgelegt werden (z.B. Verschwiegenheitspflicht und Umfang der Weisungsbefugnisse usw.).[19]

3. Ad-hoc-Schiedsvereinbarung und Schiedsinstitution

23 Für die Streitbeilegung im Rahmen eines Schiedsverfahrens sind **zwei Grundtypen von Schiedsgerichten** zu unterscheiden. Dies sind
- das Ad-hoc-Schiedsgericht und
- das institutionelle Schiedsgericht.

24 Das **Ad-hoc-Schiedsgericht** wird für einen konkreten Einzelfall eingerichtet und dem (den) nur für diesen Fall bestellten Schiedsrichter(n) von den Parteien übertragen. In dem Verfahren vor dem Ad-hoc-Schiedsgericht sind die Parteien bezüglich der Verfahrensordnung Herr des Verfahrens. Dadurch eröffnet sich eine größtmögliche Kooperation und Koordination in der Streitbeilegung zwischen den Parteien.[20]

25 Dagegen hat die gewählte **Schiedsinstitution** eine feste Organisation und eine eigene Verfahrensordnung, wobei es den Rechtsstreit nicht selbst entscheidet, sondern für die Parteien einen Rahmen zur Verfügung stellt, innerhalb dessen der Rechtsstreit vor den dazu bestimmten Schiedsrichtern ausgetragen wird. Die Schiedsgerichtsorganisation hat erst dann eine zusätzliche Funktion, wenn es im Verlauf des Schiedsverfahrens zu Störungen kommt, z.B. bei der Ablehnung von Schiedsrichtern.[21]

4. Schiedsvertrag und (internationale) Gerichtsstandsvereinbarung

26 Abzugrenzen ist der Schiedsvertrag schließlich von einer reinen Gerichtsstandsvereinbarung. Durch die Gerichtsstandsvereinbarung wird entweder die internationale Zuständigkeit eines Staates begründet, dessen Gerichte ohne die Vereinbarung zur Entscheidung des Rechtsstreits nicht zuständig wären (**Prorogation**), oder die internationale Zuständigkeit eines Staates ausgeschlossen, dessen Gerichte ohne die Vereinbarung international zuständig wären (**Derogation**). Demgegenüber wird durch die Schiedsvereinbarung die Zuständigkeit staatlicher Gerichte insgesamt ausgeschlossen.

III. Schiedsvereinbarungen im Gesellschaftsrecht

1. Merkmale

27 Bei der Beilegung von gesellschaftsrechtlichen Streitigkeiten in schiedsgerichtlichen Verfahren sind einige Besonderheiten zu beachten. Grundsätzlich können auch gesellschaftsrechtliche Fragen Gegenstand einer Schiedsvereinbarung sein. Gerade bei gesellschaftsrechtlichen Auseinandersetzungen sind vier grundsätzliche Merkmale eines schiedsgerichtlichen Verfahrens von großem Vorteil. Dies sind:
- die Möglichkeit, das jeweilige Schiedsgericht mit ausgewiesenen Fachleuten zu besetzen (vgl. Rn 9)

---

19 Näheres zum Schiedsrichtervertrag bei *Lörcher/Lörcher*, Rn 127 ff.
20 Auch bei Ad-hoc-Schiedsgerichten haben die Parteien die Möglichkeit, sich einer feststehenden Verfahrensordnung zu unterwerfen.
21 Zum Unterschied zwischen Ad-hoc-Schiedsgericht und institutionellem Schiedsgericht siehe *Raeschke-Kessler/Berger*, Rn 47 ff.

- eine deutliche Beschleunigung gegenüber einem Prozess vor staatlichen Gerichten (vgl. Rn 5)
- die Zulässigkeit eines Mehrparteienverfahrens (vgl. Rn 8) sowie
- die Geheimhaltung von Inhalten und Ergebnissen. Besonders verbreitet sind Schiedsvereinbarungen im Zusammenhang mit Konsortien- und Poolverträgen, in der Aktionäre außerhalb der Satzung ihre Einflussnahme auf die Gesellschaft vertraglich abstimmen.[22]

2. Schiedsfähigkeit bei internationalen Schiedsvereinbarungen

Das anwendbare Verfahrensrecht ist von der Frage des materiellen Rechts zu unterscheiden.[23] Das Verfahrensrecht bestimmt sich nach dem Ort des Schiedsverfahrens (lex fori). Für internationale Schiedsvereinbarungen bestimmt sich die materielle Schiedsfähigkeit nach der lex causae,[24] d.h. nach dem Wirkungsstatut der Vereinbarung. Die Frage, ob eine Streitigkeit zum Gegenstand eines Schiedsverfahrens gemacht werden kann, ist deshalb nach dem jeweiligen Gesellschaftsstatut zu beurteilen. 28

3. Schiedsvereinbarungen nach deutschem Gesellschaftsrecht

Im deutschen Recht lassen sich in gesellschaftsrechtlichen Auseinandersetzungen **zwei Arten von möglichen Streitigkeiten** unterscheiden:[25] 29

a) Satzungsrechtliche Streitigkeiten

Satzungsrechtliche Streitigkeiten fallen als eine nicht auf einer Vereinbarung beruhende Verfügung unter § 1066 ZPO, wonach die §§ 1025ff. ZPO auch für diese Streitigkeiten entsprechend anzuwenden sind. Bestimmte gesellschaftsrechtliche Klagen, insbesondere Anfechtungs- und Nichtigkeitsklagen gegen Hauptversammlungsbeschlüsse einer Aktiengesellschaft und Gesellschafterbeschlüsse einer GmbH (sog. Beschlussmängelstreitigkeiten) wurden lange Zeit für schiedsunfähig gehalten. GmbH-Beschlussmängelstreitigkeiten sind nunmehr auch nach Ansicht des Bundesgerichtshofes schiedsfähig, sofern das schiedsgerichtliche Verfahren in einer dem Rechtsschutz durch staatliche Gerichte gleichwertigen Art und Weise ausgestaltet ist.[26] Jedenfalls für personalistisch strukturierte kleine Aktiengesellschaften gelten die für die GmbH vom BGH entwickelten Anforderungen an eine Schiedsklausel entsprechend.[27] 30

Zu beachten ist weiter die **Formvorschrift des § 1031 ZPO**.[28] Bei der Gesellschaft bürgerlichen Rechts, der OHG[29] und der KG ist die Vereinbarung eines Schiedsverfahrens uneingeschränkt zulässig,[30] sie muss jedoch in einer gesonderten schriftlichen Vereinbarung erfolgen. Auch bei der GmbH[31] und der AG sind für gesellschaftsrechtliche Streitigkeiten Schiedsklauseln grundsätzlich zulässig. Die Vereinbarung hierüber muss nicht in einer gesonderten Urkunde erfolgen, sondern kann in der Satzung enthalten sein.[32] Es ist jedoch ratsam, die Schiedsvereinbarung von der Satzung zu trennen und in der Satzung einen Hinweis auf den Schiedsvertrag 31

---

22 Vgl. *Hennerkes/Schiffer*, BB 1992, 1439, 1442.
23 *Trittmann*, ZGR 1999, 357.
24 *Schütze*, S. 58 Rn 97.
25 *Schiffer*, S. 155.
26 BGHZ 180, 221, 223f., NJW 2009, 1962, 1963 – Schiedsfähigkeit II.
27 näher, *Borris*, NZG 2010, 481 ff.
28 *Schütze*, S. 155, Fn 41 m.w.N.
29 BGHZ 45, 282; BGH NJW 1980, 1049.
30 U.a. *Baumbach/Hopt*, HGB, vor § 1 Rn 90 m.w.N.
31 *Schütze*, BB 1992, 1877 ff.
32 *Schiffer*, S. 159.

aufzunehmen. Denn es muss beachtet werden, dass die Parteien des Schieds**vertrages** (die Gesellschafter) unter Umständen mit den Parteien des Schieds**verfahrens** (Gesellschafter und Gesellschaft) nicht identisch sind. Es muss sich daher die GmbH durch eine Satzungsklausel der Schiedsvereinbarung unterwerfen.[33]

b) Individualrechtliche Streitigkeiten

32 Auf individualrechtliche Streitigkeiten sind die §§ 1025 ff. ZPO unmittelbar anwendbar. Individualrechtliche Streitigkeiten können bei jeder Rechtsform vor einem Schiedsgericht ausgetragen werden.

IV. Einstweilige Anordnung und Vollstreckbarkeit

1. Einstweilige Anordnung

33 Die Neuregelung des Schiedsverfahrens ab 1.1.1998 hat erstmals die Anordnung eines Arrestes oder einer einstweiligen Anordnung im schiedsgerichtlichen Verfahren zugelassen (vgl. § 1041 ZPO). Diese im deutschen Recht bislang versperrte Möglichkeit war in vielen Schiedsordnungen vorgesehen (vgl. etwa Art. 28 ICC-Schiedsordnung) und wurde als einer der wesentlichen Nachteile für ein Schiedsverfahren mit deutschem Schiedsort angesehen. Wenn die gewählte Verfahrensordnung dies vorsieht und die Parteien nichts Gegenteiliges vereinbart haben, kann das Schiedsgericht entsprechende Maßnahmen treffen. Allerdings wird, sofern die Parteien keine besondere Vereinbarung treffen, die Zuständigkeit staatlicher Gerichte zum Erlass einstweiliger Verfügungen nicht ausgeschlossen.[34]

2. Vollstreckbarkeit von Schiedssprüchen

34 Die Vollstreckbarkeit von Schiedssprüchen richtet sich nach den §§ 1060 und 1061 ZPO. Schiedssprüche können nur dann zwangsweise durchgesetzt werden, wenn sie für **vollstreckbar erklärt** wurden. Dies gilt für inländische (§ 1060 ZPO) wie für ausländische (§ 1061 ZPO) Schiedssprüche. Für die Vollstreckung ist das Gericht zuständig, welches den Schiedsspruch für vollstreckbar erklärt hat.[35]

35 **Inländische** Schiedssprüche sind für vollstreckbar zu erklären, wenn es sich um einen wirksamen Schiedsspruch eines Schiedsgerichtes mit Sitz im Inland handelt, das Urteil nicht lediglich eine reine Prozessentscheidung betrifft und keine Aufhebungsgründe nach § 1059 Abs. 2 ZPO vorliegen.[36] Für vollstreckbar erklärt werden können nicht nur Schiedssprüche auf Leistung, sondern auch – unabhängig von einem vollstreckbaren Inhalt – Schiedssprüche, die die Klage abweisen oder feststellender oder gestaltender Natur sind.

36 **Ausländische** Schiedssprüche bedürfen der Anerkennung und der Vollstreckbarkeitserklärung. Die Anerkennung ausländischer Schiedssprüche richtet sich in dessen Anwendungsbereich nach dem UN-Abkommen über die Anerkennung ausländischer Schiedssprüche.[37] Dieses Abkommen regelt die Erfordernisse der Wirkungserstreckung. Es muss sich um einen echten Schiedsspruch mit nicht nur schuldrechtlicher Wirkung handeln, der Schiedsspruch muss eine Zivil- oder Handelssache zum Gegenstand haben und er muss auf einer wirksamen Schiedsvereinbarung be-

---

33 *Bayer*, ZIP 2003, 881.
34 *Reiner*, IPRax 2003, 74.
35 *Kröll*, NJW 2003, 791, 797 m.w.N.
36 Zu den formellen Anforderungen vgl. *Kröll*, NJW 2003, 791, 796.
37 BGBl II 1961, 121.

ruhen. Gem. § 1064 Abs. 1 ZPO ist in formeller Hinsicht keine Übersetzung des Schiedsspruchs oder der Schiedsvereinbarung erforderlich. Diese nationale Regelung hat nach dem Günstigkeitsprinzip des Art. VII Abs. 1 UNÜ Vorrang vor der entsprechenden Bestimmung des Art. IV UNÜ.[38] Für die Durchsetzung eines ausländischen Schiedsspruchs hat die obsiegende Partei grundsätzlich ein Wahlrecht: Sie kann den ausländischen Schiedsspruch nach § 1061 ZPO für vollstreckbar erklären lassen oder eine Exequaturentscheidung des ausländischen Gerichtes herbeiführen und aus diesem Urteil über eine Vollstreckbarkeitserklärung nach §§ 722, 723 ZPO vorgehen.[39]

V. Internationale Schiedsordnungen

In der Praxis wird häufig die Zuständigkeit eines der folgenden **Schiedsgerichte** vereinbArt. Bei diesen Institutionen können weitere Informationen und die entsprechenden **Schiedsordnungen** abgerufen werden: 37

London Court of International Arbitration (LCIA)
Fleet Arbitration Centre
6th Floor
Huton House
161–166 Fleet Street
London EC4A 2DY
England
Tel.: 00 44–1 71–9 36 35 30
Fax: 00 44–1 71–9 36 35 33

Schiedsgerichtsinstitut der Handelskammer Stockholm
P.O. Box 16050
103 22 Stockholm
Schweden
Tel.: 00 46–86 13 18 00
Fax: 00 46–8 11 24 32

United Nations Commission on International Trade Law (UNCITRAL)
Vienna International Centre
P.O. Box 500
A–1400 Wien
Tel.: 00 43–1-21 13 40 60
Fax: 00 43–1-23 74 85

Züricher Handelskammer
Bleichenweg 5 (Börse)
8022 Zürich
Schweiz
Tel.: 00 41–1-2 21 07 37
Fax: 00 41–1-2 21 76 15

American Arbitration Association (AAA)
140 West 51st Street
New York
NY 10020–1203
USA

---

38 BGH WM 2004, 703; weiterführend *Mallmann*, EWiR 2003, 1163; zu den formellen Anforderungen vgl. auch *Kröll*, NJW 2003, 791, 796.
39 St. Rspr. des BGH: BGH NJW 1984, 2762; BGH NJW 1990, 1126.

Tel.: 00 1–2 12–4 84 40 00
Fax: 00 1–2 12–3 07 43 87
Deutsche Institution für Schiedsgerichtsbarkeit e.V.
Schedestr. 13
53113 Bonn
Tel.: 02 28/21 00 23–24
Fax: 02 28/21 22 75
DIS-Geschäftsstelle Berlin
Fasanenstr. 85
10623 Berlin
Tel.: 0 30/3 15 10–5 89
Fax: 0 30/3 15 10–1 20
DIS-Geschäftsstelle München
Max-Joseph-Str. 2
80333 München
Tel.: 0 89/51 16–2 58
Fax: 0 89/51 16–82 58
Internationales Schiedsgericht der Wirtschaftskammer Österreich
Wiener Hauptstr. 63
1045 Wien, Österreich
Tel.: 00 43–(0)5 90 900 4398
Fax: 00 43–(0)5 90 900 216
International Chamber of Commerce (ICC)
38, Cours Albert 1er
75008 Paris
Frankreich
Tel.: 00 33-1-49 53 28 28
Fax: 00 33-1-49 53 29 33[40]

C. Muster

I. Standardschiedsklauseln

1. Standardschiedsklausel – DIS

M 302 a) **Muster: Standardschiedsklausel – DIS, deutsch**

38 Alle Streitigkeiten, die sich im Zusammenhang mit dem Vertrag _____ (genaue Bezeichnung des Vertrages) oder über seine Gültigkeit ergeben, werden nach der Schiedsgerichtsordnung der Deutschen Institution für Schiedsgerichtsbarkeit e.V. (DIS) unter Ausschluss des ordentlichen Rechtsweges endgültig entschieden. Das Schiedsgericht kann auch über die Gültigkeit dieses Schiedsvertrages bindend entscheiden.

M 303 b) **Muster: Standardschiedsklausel – DIS, englisch**

39 All disputes arising from the contract _____ (description of the contract) including its validity shall be finally settled according to the Arbitration Rules of the German Institution of Arbitration e.V. (DIS)

---

[40] *Schiffer*, S. 190. Die Texte der Schiedsvereinbarungen sind abgedruckt bei *Henn*, S. 235 ff.

without recourse to the ordinary courts of law. The arbitration tribunal may also decide on the validity of this arbitration agreement.

2. Standardschiedsklausel – ICC

a) Muster: Standardschiedsklausel – ICC, deutsch
M 304
40

Alle aus dem gegenwärtigen Vertrag sich ergebenden Streitigkeiten werden nach der Schiedsgerichtsordnung der Internationalen Handelskammer von einem oder mehreren gemäß dieser Ordnung ernannten Schiedsrichtern endgültig entschieden.

b) Muster: Standardschiedsklausel – ICC, englisch
M 305
41

All disputes arising in connection with the present contract shall be finally settled under the Rules of Arbitration of the International Chamber of Commerce by one or more arbitrators appointed in accordance with the said Rules.

3. Standardschiedsklausel – UNCITRAL

a) Muster: Standardschiedsklausel – UNCITRAL, deutsch
M 306
42

Jede Streitigkeit, Meinungsverschiedenheit oder jeder Anspruch, die sich aus diesem Vertrag ergeben oder sich auf diesen Vertrag, seine Verletzung, seine Auflösung oder seine Nichtigkeit beziehen, sind durch ein Schiedsverfahren nach der UNCITRAL-Schiedsgerichtsordnung in ihrer derzeit geltenden Fassung zu regeln.
Die ernennende Stelle ist _____.
Das Schiedsgericht besteht aus drei Schiedsrichtern (einem Einzelschiedsrichter).
Ort des Schiedsverfahrens ist _____.
Das Schiedsverfahren wird in _____ Sprache abgehalten.

b) Muster: Standardschiedsklausel – UNCITRAL, englisch
M 307
43

Any dispute or claim arising out of or relating to this contract, or to the breach, termination or invalidity thereof, shall be settled by arbitration in accordance with the UNCITRAL-Arbitration Rules as at present in force.
The Appointing Authority shall be _____.
The numbers of arbitrators shall be _____.
The place of arbitration shall be _____.
The language(s) to be used in the arbitral proceedings shall be _____.

II. Ad-hoc-Schiedsvereinbarung mit Schiedsort in Deutschland

1. Muster: Ad-hoc-Schiedsvereinbarung, deutsch[41]
M 308
44

(a) Alle sich aus oder in Zusammenhang mit dem vorliegenden Vertrag ergebenden Streitigkeiten betreffend seiner Gültigkeit, Reichweite, Bedeutung, Auslegung, Anwendung oder Beendigung, einschließlich aller Vereinbarungen zu seiner Abänderung oder Ergänzung sowie aller auf ihm beruhen-

---

[41] Aus: *Berger*, Internationale Wirtschaftsschiedsgerichtsbarkeit, S. 540 ff.

den Handlungen der Parteien, werden durch ein Schiedsgericht gemäß den nachfolgenden Verfahrensbestimmungen entschieden.
Der Sitz des Schiedsverfahrens ist in _____.
Das Schiedsgericht besteht aus drei Schiedsrichtern (einem Einzelschiedsrichter).[42]
Diejenige Partei, welche das Schiedsverfahren einleiten möchte, sendet einen eingeschriebenen Eröffnungsantrag an die Gegenpartei. Der Antrag beinhaltet den Namen und die Adresse des von dieser Partei ernannten Schiedsrichters, der von beliebiger Nationalität sein kann, und eine allgemeine Darstellung des Streitgegenstandes, einschließlich des geltend gemachten Anspruchs.
Innerhalb eines Monats nach Empfang des Eröffnungsantrags hat die Gegenpartei ihren Schiedsrichter zu ernennen und der anderen Partei davon unter Angabe seines Namens und seiner Adresse durch eingeschriebenen Brief Mitteilung zu machen.
Falls die Gegenpartei nicht innerhalb der genannten Frist ihren Schiedsrichter ernennt, wird dieser auf Antrag der anderen Partei durch _____ ernannt.
Falls die beiden, im Einklang mit diesen Bestimmungen gewählten Schiedsrichter sich nicht innerhalb eines Monats nach Ernennung des zweiternannten Schiedsrichters auf die Bestellung eines Vorsitzenden Schiedsrichters einigen können, wird dieser auf Antrag einer Partei durch _____ ernannt.
Fällt ein Schiedsrichter während des Verfahrens durch Tod, Rücktritt oder sonstige Unfähigkeit der Amtsausübung weg, so wird ein Ersatzschiedsrichter nach den Regeln bestellt, die für die Ernennung des weggefallenen Schiedsrichters galten.
Nach Rücksprache mit den Parteien wählen die Schiedsrichter Zeit, Datum und Ort der jeweiligen Sitzung des Schiedsgerichts. Die Parteien und ihre Vertreter werden vom Vorsitzenden hiervon schriftlich benachrichtigt.
Soweit die Parteien keine Vereinbarung hinsichtlich des Verfahrens getroffen haben, oder sich während des Verfahrens hierauf nicht einigen können, trifft das Schiedsgericht nach Anhörung der Parteien die entsprechenden Anordnungen.
Die Abwesenheit oder Säumnis einer Partei hindert in keiner Phase den Fortgang des Verfahrens.
Das Schiedsverfahren wird in englischer Sprache abgehalten. Die Parteien können für ihre Schriftsätze und sonstigen Stellungnahmen die deutsche Sprache wählen, vorausgesetzt, sie legen auf Antrag der anderen Partei eine englische Übersetzung vor. Die Parteien können auf eigene Kosten einen Dolmetscher beibringen.
Der Schiedsspruch soll innerhalb von zwölf (12) Monaten seit Ernennung des Vorsitzenden und nicht später als fünfundvierzig (45) Tage nach Ende der letzten mündlichen Verhandlung erlassen werden. Werden diese Fristen nicht eingehalten, so endet der Auftrag des Schiedsgerichts nicht automatisch.
Der Schiedsspruch muss die Gründe für die Entscheidung sowie eine Kostenentscheidung enthalten. Die Kostenentscheidung schließt die üblichen Aufwendungen der Parteien für ihre Verteidigung sowie die Kosten für Gutachter ein.
Die Parteien haben nach Treu und Glauben allen vorläufigen Anordnungen des Schiedsgerichts Folge zu leisten. Missachtet eine Partei diese Anordnungen oder leistet sie ihnen nicht in angemessener Weise Folge, so kann das Schiedsgericht hieraus für seine Entscheidungsfindung die Schlüsse ziehen, die es für angemessen erachtet.
Widerspricht eine der vorstehenden Bestimmungen den zwingenden Normen des am Sitz des Schiedsverfahrens geltenden Schiedsgesetzes, so gelten sie als nicht geschrieben.
(b) Die Schiedsrichter entscheiden den Streit nach dem Recht von _____ unter Ausschluss des Internationalen Privatrechts (als amiable compositeurs).[43]

---

42 Bei Bestellung eines Einzelschiedsrichters sind die nachfolgenden Bestimmungen entsprechend zu ändern.
43 Die Rechtswahlklausel sollte räumlich von der Schiedsvereinbarung abgesetzt werden, um so die Trennung deutlich zu machen und zu verhindern, dass eine Unwirksamkeit der Schiedsvereinbarung auch die Rechtswahlklausel ergreift.

Tepper

2. Muster: Ad-hoc-Schiedsvereinbarung, englisch[44]

(a) Any difference, dispute or claim arising out of or in connection with this contract concerning its validity, scope, meaning, interpretation, application or termination including all agreements to modify or supplement the contract and all acts which are based on it shall be finally settled by arbitration. The seat of the arbitration shall be in _____.
The Arbitral Tribunal shall consist of three members (a sole arbitrator).
The party which desires to refer a dispute to arbitration shall notify the other party by a formal demand in writing to this effect which shall be duly served upon the respondent party by registered letter. The demand shall include the name and address of the appointed arbitrator, who may be a citizen of any country, as well as a brief description and the claim.
The respondent party shall, within one month after service of such communication appoint its arbitrator and notify the first party of it by registered letter stating the name and address of the arbitrator.
Should the respondent party fail to appoint the second arbitrator within the indicated period, the latter, at the request of the other party, shall be appointed by _____.
If the two arbitrators, selected in accordance with the above provisions, within one month after the appointment of the second arbitrator, fail to agree on the appointment of the third arbitrator, who shall act as Chairman of the Arbitral Tribunal, the Chairman, at the request of either party, shall be appointed by _____.
If an arbitrator is unable to perform his task due to death, resignation or any other reason which renders participation in the proceedings impossible, he shall be replaced by an arbitrator to be appointed according to the rules applicable to the appointment of the replaced arbitrator.
After consultation with the parties, the arbitrators shall select the time, date and place at which each session of the arbitration shall take place. The parties and their counsel shall be notified in writing by the Chairman of such times, dates and places.
If the parties have not agreed on the procedure to the followed in the arbitration, or can not reach an agreement during the arbitration, the arbitrators, after consultation with the parties, shall determine the course of the proceedings.
The absence or default of either party shall not prevent or hinder the arbitration procedure in any or all of its stages.
The language of the arbitration shall be English. Parties may use German for their pleadings and written statements, but each party must furnish an English translation thereof if the other party so requests. Parties may be accompanied at their expense by their own interpreters.
The award shall be issued within twelve (12) months from the election of the Chairman and not later than forty five (45) days following the last hearing in the matter. Failure to comply with this deadline shall not in and of itself terminate the mandate of the Arbitral Tribunal.
The award shall set out the reasons for the decision and shall include a direction concerning the allocation of costs and expenses including the usual expenses for the parties' defence an expert advice.
The parties shall comply in good faith with any provisional measure indicated by the Tribunal. If a party does not comply, or complies insufficiently, with any such measure, the Tribunal may draw therefrom the conclusion it deems appropriate.
In case any of the above provisions contravenes the mandatory rules of the arbitration law in effect at the seat of the arbitration, the latter shall prevail.
(b) The Arbitral Tribunal shall apply the law of _____ to this substance of the dispute, the Private International Law Rules being excluded (act as amiable compositeurs).

---

[44] Aus: *Berger*, Internationale Wirtschaftsschiedsgerichtsbarkeit, S. 540 ff.

M 310 III. Muster: Antrag auf Beginn des schiedsrichterlichen Verfahrens (§ 1044 ZPO)

46 _____ (Absender; genaue Bezeichnung der Partei, die das Schiedsverfahren eröffnet)[45]
An
_____ (genaue Bezeichnung des Verfahrensgegners)

Antrag auf Eröffnung des Schiedsverfahrens nach § 1044 ZPO
1. Wir, die Firma _____ (Name, Sitz, Rechtsform), gesetzlich vertreten durch _____ (genaue Bezeichnung der vertretungsberechtigten Personen), stellen den Antrag, den nachfolgend dargestellten Rechtsstreit dem Schiedsgericht vorzulegen:
Zwischen dem deutschen Unternehmen _____ und dem englischen Unternehmen _____ wurde am _____ ein Vertrag über die Gründung einer Europäischen wirtschaftlichen Interessenvereinigung abgeschlossen. Diese Vereinigung wurde am _____ bei dem Amtsgericht _____ in das Handelsregister eingetragen (HRB _____). In dem Gründungsvertrag verpflichteten sich beide Gründer zur Leistung einer Einlage von jeweils 100.000 EUR. Das deutsche Unternehmen hat seine Einlage geleistet; das englische Mitglied verweigert die Zahlung. Mehrfachen Zahlungsaufforderungen kommt es nicht nach. Das deutsche Mitglied verlangt Zahlung der vereinbarten Einlage an den bereits bestellten Geschäftsführer der Vereinigung.
2. Die Parteien haben für alle Rechtsstreitigkeiten aus dem vorstehend genannten Vertrag folgende Schiedsvereinbarung rechtswirksam vereinbart:
_____ (*Es folgt die Schiedsklausel mit ihrem genauen Wortlaut. Gleichzeitig folgen weitere Angaben über den Abschluss der Schiedsklausel – Ort, Datum, Beteiligte*).
3. Das Unternehmen _____ bestellt gemäß dieser Vereinbarung folgende Person zum Schiedsrichter _____ (Name, Adresse und ggf. weitere Angaben über den benannten Schiedsrichter). Der benannte Schiedsrichter hat versichert, dass gegen seine Person keine Ablehnungsgründe nach § 1036 ZPO vorliegen.
4. Die Schiedsklage nach § 1046 ZPO werden wir innerhalb von _____ Wochen vorlegen.
_____ (Ort, Datum)
_____ (Unterschrift des/der Vertretungsberechtigten)

---

[45] Die Parteien werden auch im schiedsgerichtlichen Verfahren als Kläger und Beklagter bezeichnet.

Dr. Franz Tepper, LL.M.
§ 28 Grenzüberschreitender Beherrschungsvertrag

Literatur

Bauschatz, Internationale Beherrschungs- und Gewinnabführungsverträge, Der Konzern 2003, 805; *Bayer*, Der grenzüberschreitende Beherrschungsvertrag, 1988; *Brandi*, Die Europäische Aktiengesellschaft im deutschen und internationalen Konzernrecht, NZG 2003, 889; *Buxbaum*, Konzernhaftung bei Patentverletzung durch die Tochtergesellschaft, GRUR 2009, 240; *Einsele*, Kollisionsrechtliche Behandlung des Rechts verbundener Unternehmen, ZGR 1996, 40; *Emmerich/Habersack*, Aktien- und GmbH-Konzernrecht, Kommentar, 6. Aufl. 2010; *Emmerich/Habersack*, Konzernrecht, 9. Aufl. 2008; *Fleischer*, Die Barabfindung außenstehender Aktionäre nach den §§ 305 und 320b AktG: Stand-alone-Prinzip oder Verbundberücksichtigungsprinzip?, ZGR 1997, 368; *Frotscher*, Grenzüberschreitende Organschaft – wo stehen wir?, IStR 2011, 697; *Götz*, Corporate Governance multinationaler Konzerne und deutsches Unternehmensrecht, ZGR 2003, 1; *Grobecker*, Der Teilbeherrschungsvertrag, DStR 2002, 1953; *Großfeld*, Unternehmens- und Anteilsbewertung im Gesellschaftsrecht. Zur Barabfindung ausscheidender Gesellschafter, 4. Aufl. 2002; *Gotthardt/Boor*, Umsatzsteuerliche Organschaft – Keine finanzielle Eingliederung durch Anteilszurechnung oder Beherrschungsvertrag, DStR 2011, 1118; *Habersack*, Das Konzernrecht der „deutschen" SE – Grundlagen, ZGR 2003, 724; *Hahn*, Grenzüberschreitende Gewinnabführungs- und Beherrschungsverträge, IPRax 2002, 107; *Henssler*, Mitbestimmungsrechtliche Folgen grenzüberschreitender Beherrschungsverträge, ZfA 2005, 289; *Henssler/Heiden*, Sicherung von Arbeitnehmeransprüchen bei der Beendigung von Beherrschungs- und Gewinnabführungsverträgen, NZG 2010, 328; *Hentzen*, Atypische Risiken aus der Beendigung von Beherrschungs- und Gewinnabführungsverträgen, NZG 2008, 201; *Hirte*, Die Entwicklung des Unternehmens- und Gesellschaftsrechts in Deutschland, NJW 2003, 1090, 1154, 1285; *Hommelhoff*, Die Konzernleitungspflicht – Zentrale Aspekte eines Konzernverfassungsrechts, 1982; *Hommelhoff*, Zum Konzernrecht der Europäischen Aktiengesellschaft, AG 2003, 179; *Hüffer*, Aktiengesetz, 10. Aufl. 2012; *Jaecks/Schönborn*, Die Europäische Aktiengesellschaft, das internationale und das deutsche Konzernrecht, RIW 2003, 254; *Kindler*, in: Münchener Kommentar zum BGB, Band 11: Internationales Privatrecht, Internationales Wirtschaftsrecht, Art. 25–248 EGBGB, 5. Aufl. 2010; *Koppensteiner*, in: Kölner Kommentar zum AktG, Band 6, 3. Aufl. 2004, vor § 291 Rn 178 ff.; *Kort*, Bildung und Stellung des Konzernbetriebsrats bei nationalen und internationalen Unternehmensverbindungen, NZA 2009, 464; *Leyendecker*, Irrelevanz des anteiligen Unternehmenswerts zur Ermittlung der Squeeze-out-Abfindung bei Bestehen eines fortdauernden Beherrschungs- und Gewinnabführungsvertrags, NZG 2010, 927; *Maul*, Konzernrecht der deutschen SE – ausgewählte Fragen zum Vertragskonzern und den faktischen Unternehmensverbindungen, ZGR 2003, 743; *Mühl/Wagenseil*, Der Gewinnabführungsvertrag – gesellschafts- und steuerrechtliche Aspekte, NZG 2011, 1100; *Müller-Eising/Schmitt*, Mitwirkung der Gesellschafterversammlung der beherrschten GmbH bei der Beendigung von Beherrschungs- und Gewinnabführungsverträgen, NZG 2011, 1100; *Peters/Hecker*, Die Kündigung von Beherrschungs- und Gewinnabführungsverträgen im GmbH-Konzern – Zugleich Anmerkung zum Urteil des BGH vom 31.5.2011, II ZR 109/10, DStR 2011, 1576, DStR 2012, 86; *Schmidt, K.*, Gesellschaftsrecht, 4. Aufl. 2002; *Selzner/Sustmann*, Der grenzüberschreitende Beherrschungsvertrag, Der Konzern 2003, 85; *Trittin/Gilles*, Mitbestimmung im internationalen Konzern, AiB 2007, 253; *Wackerbarth*, Grenzen der Leitungsmacht in der internationalen Unternehmensgruppe, 2001; *Wolf*, Inhalt und Fälligkeit des Gewinnabführungsanspruchs im Vertragskonzern, NZG 2007, 641; *Zwirner*, Bestimmung des Verlustübernahmebetrages nach § 302 AktG – Zugleich: Anmerkungen zur zutreffenden Bestimmung der Gewinnabführungsbeiträge nach § 301 AktG, DStR 2011, 783.

Inhalt

A. Typische Sachverhalte — 1
B. Funktionen des Beherrschungsvertrages — 4
I. Gesellschaftsrechtliche Leitungsmacht — 4
II. Kontrolle von Konzernverrechnungspreisen — 6
III. Squeeze out-Funktion — 7
C. Rechtliche Grundlagen — 10
I. Internationales Privatrecht — 10
    1. Zulässigkeit des internationalen Beherrschungsvertrags — 10
    2. Maßgebendes Recht und Zustimmungspflichten — 11
        a) Anknüpfung nach der Sitztheorie — 11
        b) Grundsatz: Maßgeblichkeit des Gesellschaftsstatuts der Tochter — 12

c) Zustimmungspflicht bei ausländischer Untergesellschaft —— 13
II. Zustandekommen des Beherrschungsvertrages mit deutscher Tochter —— 15
III. Das Weisungsrecht des herrschenden Unternehmens —— 16
 1. Reichweite der Weisungsbefugnis des anderen Vertragsteils nach § 308 AktG —— 16
  a) Umfassendes Weisungsrecht gegenüber dem Vorstand der beherrschten Gesellschaft —— 16
  b) Unveränderte aktienrechtliche Zuständigkeitsverteilung —— 17
  c) Unternehmensmitbestimmung und § 308 Abs. 3 AktG —— 19
 2. Grenzen —— 21
IV. Gläubigerschutz —— 23
V. Schutz der außenstehenden Aktionäre durch Ausgleichs- und Abfindungspflicht —— 26
D. Muster: Beherrschungsvertrag mit deutscher Aktiengesellschaft —— 30

A. Typische Sachverhalte

1 1. Das Schweizer Unternehmen X erwirbt die Mehrheit der stimmberechtigten Aktien an einer deutschen Aktiengesellschaft Y-AG, die Motorräder herstellt und bislang über Jahrzehnte in Familienbesitz stand. Der zur Familie gehörende Vorstand der Y-AG hält trotz der geänderten Mehrheitsverhältnisse an traditionellen Unternehmenskonzepten fest. Er beschließt z.B., das langjährige Modell Y-1 ohne grundsätzliche Neuerungen weiterzubauen, obgleich der von der X bestellte Aufsichtsrat geschlossen auf dem Standpunkt steht, die Y-AG solle ein zukunftsweisendes Modell mit einem umweltfreundlichen Aggregat entwickeln. Derartige Meinungsverschiedenheiten häufen sich. Um dem Vorstand der Y-AG, auf dessen langjähriger Kompetenz das Unternehmen X auch in Zukunft nicht verzichten will, verbindliche Weisungen geben zu können, überlegt die Leitung der X, ob sie die Verbindung zwischen dem Unternehmen X und der Y-AG durch einen Beherrschungsvertrag verstärken kann. Der Vorstand der Y-AG ist zwar nicht begeistert von der Idee, andererseits aber auch froh, dass ihm ein Teil der Verantwortung für die Y-AG so abgenommen wird.

2 2. Im Fall 1 ist die X zwar mit der Führung der Y-AG durch den Vorstand voll einverstanden, jedoch machen ihr drei in der Gesellschaft verbliebene Minderheitsaktionäre Schwierigkeiten, da sie fast jeden Hauptversammlungsbeschluss anfechten und ständig Sonderprüfungen nach § 315 S. 2 AktG beantragen, von der eine bereits dazu geführt hat, dass ein Liefergeschäft zwischen X und Y rückabgewickelt werden musste.

3 3. Wie die X aus Fall 1 nach dem Erwerb der Mehrheit feststellt, befindet sich die Y-AG in einer schweren finanziellen Krise, da sich einige Geschäftsrisiken bei der Y-AG verwirklicht haben. Obwohl die Y-AG nach Einschätzung der X durch einige kostensenkende Maßnahmen unproblematisch saniert werden könnte, setzen die Banken die X unter Druck und geben sich auch mit Patronatserklärungen nicht zufrieden. Daraufhin beschließt die X, den Beherrschungsvertrag mit der Y-AG abzuschließen, womit die Gläubiger einverstanden sind.

B. Funktionen des Beherrschungsvertrages

I. Gesellschaftsrechtliche Leitungsmacht

4 Durch den Abschluss eines Beherrschungsvertrages kann die ausländische Mutter ihre durch mehrheitlichen Anteilsbesitz vermittelte Leitungsmacht intensivieren und rechtlich absichern. Das hat Sinn sowohl bei abhängigen Aktiengesellschaften als auch im GmbH-Konzern. Bei der abhängigen **GmbH** ist allerdings zu berücksichtigen, dass der herrschende Gesellschafter ab einer Mehrheit von 50% der Anteile praktisch den Geschäftsführern Weisungen erteilen kann. Denn er kann mit seinen Stimmen Gesellschafterbeschlüsse fassen, die den Handlungsspielraum eines Geschäftsführers effizient einschränken. Die Möglichkeit, dem Geschäftsführer über den Umweg des § 308 AktG analog Weisungen zu erteilen, wird kaum eine praktische Bedeutung besitzen.

In der abhängigen **Aktiengesellschaft** ermöglicht ein Beherrschungsvertrag dem herrschenden Gesellschafter zudem, die Gesellschaft unmittelbarer als vorher zu lenken, da er dem Vorstand direkte Weisungen erteilen kann. Da bereits eine Mehrheitsbeteiligung im Regelfall zu einer Steuerung der Gesellschaft verhilft, mag das zunächst als geringer Vorteil erscheinen, zumal angesichts der Verlustausgleichspflicht der §§ 302f. AktG der Vorteil der Haftungsbeschränkung für die Schulden der Tochter verloren geht. Doch zeigt die Praxis, dass die notwendige Einbindung einer Gesellschaft in die Unternehmensgruppe durchaus eine andere Bewertung der Rechtsfolgen nahe legen kann.

II. Kontrolle von Konzernverrechnungspreisen

Soweit man eine wesentliche Wirkung des Beherrschungsvertrags in der Ausschaltung der Kontrolle von Konzernverrechnungspreisen durch die außenstehenden Gesellschafter und damit in der gesellschaftsrechtlichen Erleichterung verdeckter Gewinnausschüttungen sieht, bestehen in der internationalen Unternehmensgruppe nur geringe Vorteile. Denn der Vertragskonzern über die Grenze wird gem. § 14 Nr. 2 KStG steuerrechtlich nicht anerkannt,[1] sondern nur, wenn und soweit die ausländische Gesellschaft im Inland eine Zweigniederlassung aufrechterhält (§ 18 KStG). Daher findet – von dem genannten Sonderfall abgesehen – steuerrechtlich auch weiterhin eine Kontrolle der Konzernverrechnungspreise statt.

III. Squeeze out-Funktion

Da die außenstehenden Gesellschafter durch die Ausgleichs- und Abfindungsregeln der §§ 304ff. AktG ausreichend geschützt werden, bedürfen konzerninterne Rechtsgeschäfte keiner Kontrolle durch außenstehende Gesellschafter mehr. § 47 Abs. 4 S. 2 GmbHG bzw. die Regeln der §§ 311ff. AktG sind daher auf vertraglich beherrschte Gesellschaften nicht mehr anwendbar. Das kann eine erhebliche Transaktionskostenersparnis für das herrschende Unternehmen bedeuten, auch ohne die steuerliche Anerkennung der internationalen Organschaft.

Es wird auch in Zukunft ein erheblicher Vorteil des Abschlusses von Beherrschungsverträgen gegenüber der Squeeze out-Regelung in den §§ 327a bis 327f AktG bestehen, da ein Beherrschungsvertrag bereits bei einer praktischen Mehrheit von 75% der stimmberechtigten Aktien vom Mehrheitsgesellschafter abgeschlossen werden kann, während der Squeeze out im technischen Sinne erst bei einer Mehrheit von 95% in Betracht kommt (§ 327a Abs. 1 AktG).[2]

Praktisch wirkt der Abschluss eines Beherrschungsvertrages im Wesentlichen **wie** eine **Fusion der Unternehmen**. Zwar bleiben formal die außenstehenden Gesellschafter an der beherrschten Gesellschaft beteiligt, wenn sie den Ausgleich im Gegensatz zur Abfindung wählen (vgl. Rn 26). Jedoch kann die Leitung der beherrschten Gesellschaft gem. § 308 AktG im Interesse des anderen Vertragsteils erfolgen, eine Rücksichtnahme auf die Interessen der außenstehenden Gesellschafter entfällt. Die beherrschte Gesellschaft kann – um ein Bild aus dem Recht der ohne Beherrschungsvertrag abhängigen Gesellschaft zu übernehmen – im Sinne eines qualifiziert faktischen Konzerns wie eine bloße Betriebsabteilung des anderen Vertragsteils gelenkt und behandelt werden.

---
1 Vgl. aber Schreiben betr. Diskriminierungsverbote der Doppelbesteuerungsabkommen; BFH, Urt. v. 29.1.2003, Az.: I R 6/99 – zu Artikel 24 Abs. 4 DBA/USA.
2 Vgl. im Einzelnen *Krause*, NJW 2002, 705.

C. Rechtliche Grundlagen

I. Internationales Privatrecht

1. Zulässigkeit des internationalen Beherrschungsvertrags

10 Der internationale Vertragskonzern ist nach ganz h.M. zulässig.[3] Der Unternehmensvertrag ist nicht Schuldvertrag,[4] sondern gesellschaftsrechtlicher Organisationsvertrag[5] und richtigerweise als gesetzlich besonders geregelte Satzungsänderung respektive -überlagerung der abhängigen Gesellschaft zu qualifizieren.[6] Auch ein Teilbeherrschungsvertrag wird z.T. als zulässig angesehen.[7]

2. Maßgebendes Recht und Zustimmungspflichten
a) Anknüpfung nach der Sitztheorie

11 Trotz kritischer Stimmen hält der BGH in seinen neueren Entscheidungen an der **Sitztheorie** als Ausgangspunkt der Anknüpfung für das Gesellschaftsstatut fest.[8] Diese Theorie wird freilich durch europarechtliche Einflüsse, die dazu führen, dass das Heimatrecht ausländischer Gesellschaften trotz Sitzverlegung weitergilt, stark überlagert.[9] Es ist wie folgt zu unterscheiden:

b) Grundsatz: Maßgeblichkeit des Gesellschaftsstatuts der Tochter

12 Ist die deutsche Gesellschaft die beherrschte Gesellschaft, so sind die Regeln der §§ 293–310 AktG auf sie und den ausländischen anderen Vertragsteil (herrschendes Unternehmen/Mutter) anzuwenden.[10] Das heißt, die deutschen Vorschriften zum Schutz der außenstehenden Gesellschafter der Tochter und ihrer Gläubiger finden extraterritorial Anwendung auf die ausländische Mutter. Es gibt allerdings eine Ausnahme: Die Frage der Zustimmungspflicht der Hauptversammlung der Mutter und etwaiger Berichtspflichten ihres Vorstands richten sich nach dem ausländischen Recht der herrschenden Gesellschaft.[11] Sieht dieses Recht keine Zustimmungspflicht vor, kann die Geschäftsleitung der Mutter den Vertrag daher auch ohne die sich aus den § 293 Abs. 2, §§ 293a ff. AktG ergebenden Pflichten abschließen.

---

3 Von der Zulässigkeit gehen BGHZ 119, 1 ff. und BGHZ 138, 136 ff. implizit aus. Ausführlich zur Zulässigkeit *Bayer*, Der grenzüberschreitende Beherrschungsvertrag, passim; MüKo-BGB/*Kindler*, IntGesR Rn 568 ff.; *Emmerich/Sonnenschein*, S. 141; KölnKomm-AktG/*Koppensteiner*, vor § 291 Rn 94; *Einsele*, ZGR 1996, 40, 46. A.A. *Däubler*, RabelsZ 39 (1975), 444, 466 f.; zu den Argumenten MüKo-BGB/*Kindler*, IntGesR Rn 568 ff.
4 So aber *Neumayer*, ZVglRWiss 83 (1984), 129; dagegen zutreffend *Bayer*, S. 14 ff. sowie BGHZ 103, 1, 4 f. (Familienheim).
5 Ganz h.M., vgl. statt aller BGHZ 105, 324, 331 ff. (*Supermarkt*); MüKo-AktG/*Altmeppen*, § 295 Rn 25 ff. sowie *Emmerich/Sonnenschein*, S. 132; ausführlich zur Herkunft, Funktion und Rechtsnatur *Bayer*, S. 7–19.
6 BGH NJW 1992, 1452, 1454 (*Siemens*); *K. Schmidt*, § 39 II 1, S. 1212 f. für die GmbH; allgemein auch *Emmerich/Sonnenschein*, S. 133; weitere Nachweise bei *Bayer*, S. 13 in Fn 95; vgl. auch *Röhricht*, ZHR 162 (1998), 249, 256 f.
7 *Grobecker*, DStR 2002, 1953.
8 Der BGH hat in dem Urteil „Trabrennbahn" vom 27.10.2008 (BGHZ 178, 192) bestätigt, dass die gewohnheitsrechtlich geltende Sitztheorie nicht aufgegeben worden ist, und zwar auch nicht nach dem MoMiG.
9 vgl. im Einzelnen MüKo-BGB/*Kindler*, Internationales Handels- und Gesellschaftsrecht, Rn 98 ff.
10 Statt aller MüKo-BGB/*Kindler*, IntGesR Rn 566 m.w.N. in Fn 64. a.A. *Hahn*, IPRax 2002, 107, 112: maßgeblich sei grundsätzlich das Vertragsstatut.
11 MüKo-BGB/*Kindler*, IntGesR Rn 549 m.w.N. in Fn 4; *Einsele*, ZGR 1996, 40, 50.

c) Zustimmungspflicht bei ausländischer Untergesellschaft

Geht es um einen Vertragskonzern zwischen deutscher Ober- und ausländischer Untergesellschaft, so richten sich Zulässigkeit und Wirkungen grundsätzlich nach ausländischem Recht. Für die deutsche Obergesellschaft gilt indessen entsprechend dem eben Ausgeführten § 293 Abs. 2 AktG, d.h. ihre Gesellschafter müssen mit satzungsändernder Mehrheit zustimmen, wenn das ausländische Recht Regeln kennt, die den §§ 302f., 304f. des deutschen AktG entsprechen.[12] Als dem Beherrschungsvertrag funktional vergleichbar kann man jede Maßnahme in einer ausländischen Gesellschaft ansehen, die dem deutschen Recht vergleichbare Rechtsfolgen nach sich zieht. Dabei kann es sowohl um Haftungsfolgen gehen, die den §§ 302, 303 AktG vergleichbar sind, als auch um Austrittsrechte, die den §§ 304–306 AktG vergleichbar sind. Beide lösen je für sich die Zustimmungspflicht in der deutschen Obergesellschaft aus. Die Auszahlung der Minderheitsgesellschafter durch Ausgleich und Abfindung nach den §§ 304, 305 AktG ist nämlich eine für die Obergesellschaft mindestens ebenso einschneidende Rechtsfolge wie der nach § 302 AktG zu leistende Verlustausgleich.[13]

13

Infolgedessen kann es durchaus Maßnahmen in ausländischen Tochtergesellschaften geben, deren Wirkungen mit dem Abschluss eines Unternehmensvertrages vergleichbar sind. Dazu gehört z.B. eine Entscheidung über einen **freeze out** in einer amerikanischen Tochtergesellschaft, soweit sie **appraisal rights**[14] der außenstehenden Aktionäre zur Folge hat. Auch wenn die deutsche Gesellschaft nach einer Strukturänderung in der ausländischen Tochter für deren Schulden pauschal haftet, müssen die Gesellschafter der deutschen Obergesellschaft zustimmen. Das wird z.B. dann der Fall sein, wenn eine ausländische Tochter mit Haftungsbeschränkung (etwa aus steuerlichen Gründen) in eine Personengesellschaft umgewandelt wird, so dass die deutsche Mutter künftig mit ihrem Vermögen für die Schulden der Tochter haftet.

14

II. Zustandekommen des Beherrschungsvertrages mit deutscher Tochter

Die wichtigsten Voraussetzungen der Wirksamkeit eines Beherrschungsvertrages mit einer deutschen **Aktiengesellschaft** sind (bei Anwendung deutschen Rechts):
- ein schriftlicher Beherrschungsvertrag gem. § 293 Abs. 3 AktG, der eine Ausgleichsregelung nach § 304 AktG enthält (vgl. Rn 26 ff.),
- die Zustimmung der Hauptversammlung der deutschen Tochter gem. § 293 Abs. 1 S. 1 AktG mit einer Mehrheit von drei Viertel des bei der Beschlussfassung vertretenen Grundkapitals, wobei der andere Vertragsteil stimmberechtigt ist, und
- die Eintragung des Beherrschungsvertrags im Handelsregister des Sitzes der deutschen Tochter gem. § 294 Abs. 2 AktG. Dagegen ist die Eintragung eines Teilgewinnabführungsvertrages nicht erforderlich.[15]

15

Für die **GmbH** gilt ähnliches aufgrund analoger Heranziehung der aktienrechtlichen Regeln. Bei Nichtbeachtung finden die Regeln über **fehlerhafte Gesellschaftsverträge** Anwendung.[16]

Nach ganz herrschender Auffassung kann ein Beherrschungsvertrag nicht mit rückwirkender Kraft vereinbart werden.[17]

---

12 Näher *Wackerbarth*, S. 437 ff. m.w.N.
13 Näher *Wackerbarth*, S. 437 f. m.w.N. in Fn 18.
14 Zu beiden siehe *Merkt/Göthel*, US-amerikanisches Gesellschaftsrecht, 2. Aufl. 2006, Rn 739 ff. und 1208 ff.
15 BayObLG NJW-RR 2003, 908.
16 Zu beiden siehe zuletzt BGH WM 2002, 77 m.w.N.; *Segna*, EWiR 2004, 415.
17 BayObLG DB 2002, 2525.

III. Das Weisungsrecht des herrschenden Unternehmens

1. Reichweite der Weisungsbefugnis des anderen Vertragsteils nach § 308 AktG
a) Umfassendes Weisungsrecht gegenüber dem Vorstand der beherrschten Gesellschaft

16 Besteht zwischen zwei Unternehmen ein Beherrschungsvertrag, so erstreckt sich das Weisungsrecht des herrschenden Unternehmens gem. § 308 Abs. 1 AktG auf alle Bereiche, die in einer unabhängigen Aktiengesellschaft zu den Aufgaben des Vorstands gehören. Damit ist zunächst der gesamte Bereich der Geschäftsführung erfasst. Als Grenze des Weisungsrechts nach § 308 AktG ist der Unternehmensgegenstand als Teil der Verfassung des Rechtsträgers anerkannt.[18] Weisungen sind nur an den Vorstand der abhängigen Gesellschaft gerichtet[19] und müssen sich in den satzungsmäßigen Grenzen halten, die den Unternehmensgegenstand vorgeben. Solange die herrschende Gesellschaft freilich das satzungsmäßige Handlungsprogramm berücksichtigt, kann sie der Tochter bis in das Tagesgeschäft hineinreichend Weisungen erteilen.[20] Da die Regeln über die Eigenkapitalerhaltung gem. § 291 Abs. 3 AktG ausgeschlossen sind, darf das abhängige Unternehmen insbesondere auch zu verdeckten Gewinnausschüttungen angewiesen werden. Den Schutz der Gläubiger übernehmen insoweit die §§ 302f. AktG, den Schutz der außenstehenden Aktionäre übernehmen die §§ 304f. AktG. Weisungen, die den Vorstand der vertraglich beherrschten Gesellschaft zu einem rechtswidrigen Handeln veranlassen, bleiben unzulässig. Das gilt vor allem für strafbare oder ordnungswidrige Handlungen.[21]

b) Unveränderte aktienrechtliche Zuständigkeitsverteilung

17 Der Beherrschungsvertrag ändert nicht die formalen Organzuständigkeiten innerhalb der beherrschten Gesellschaft. Das ergibt sich schon aus dem Gesetzeswortlaut des § 308 AktG und ist allgemeine Ansicht.[22] Insbesondere bleibt die Hauptversammlung zuständig für die Entscheidungen über Satzungsänderungen und den Fortbestand der Gesellschaft. Sie und nicht der andere Vertragsteil entscheidet über die Auflösung nach § 262 Abs. 1 Nr. 2 AktG. Die Weisungen dürfen also den Rahmen der Vorstandszuständigkeiten in einer unabhängigen Aktiengesellschaft nicht überschreiten. Allerdings wird die Zuständigkeit der Tochter-AG insoweit eingeschränkt, als sie an der Errichtung einer stillen Gesellschaft gehindert ist, denn der gesamte Gewinn ist an die Muttergesellschaft abzuführen.[23]

18 Die Weisungen dürfen diesen Rahmen aber auch voll ausschöpfen. In der unabhängigen Gesellschaft obliegt es dem Vorstand, die Hauptversammlung einzuberufen, Tagesordnungen aufzustellen und Beschlüsse vorzubereiten (§ 83 AktG). Ebenso kann er die Hauptversammlung in den Fällen des § 111 Abs. 4 S. 3 AktG einberufen, wenn der Aufsichtsrat seine Zustimmung zu einem Geschäft verweigert hat. Schließlich kann er die Hauptversammlung auch über Fragen der Geschäftsführung entscheiden lassen (vgl. § 119 Abs. 2 AktG). Nach h.M. sind auch in diesem sog. innerkorporativen Bereich Weisungen möglich, da die unternehmerische Leitung der Gesellschaft von ihrer organisatorischen Leitung nicht streng zu trennen sei.[24]

---

18 Siehe nur MüKo-AktG/*Altmeppen*, § 308 Rn 131.
19 Näher dazu und zur Frage der Delegation des Weisungsrechts MüKo-AktG/*Altmeppen*, § 308 Rn 29 ff., 72 ff.
20 MüKo-AktG/*Altmeppen*, § 308 Rn 83 ff.; *Hommelhoff*, S. 150; KölnKomm-AktG/*Koppensteiner*, § 308 Rn 17; *Sina*, AG 1991, 1, 9.
21 MüKo-AktG/*Altmeppen*, § 308 Rn 100; *Emmerich/Habersack*, § 308 AktG Rn 47 f.
22 OLG Karlsruhe AG 1991, 144, 146; vgl. *Wackerbarth*, S. 441 m.w.N.
23 *Berninger*, DB 2004, 297.
24 BGHZ 135, 347, 377 f.; KölnKomm-AktG/*Koppensteiner*, § 308 Rn 21; *Sina*, AG 1991, 1, 7; *Emmerich/Sonnenschein/Habersack*, S. 318; *Emmerich/Habersack*, § 308 AktG Rn 30 m.w.N.; a.A. für die Anrufung der Hauptversammlung gem. §§ 119 Abs. 2, 111 Abs. 4 S. 3 AktG KölnKomm-AktG/*Koppensteiner*, § 308 Rn 22; ebenso *Emmerich/Habersack*, § 308 AktG Rn 30; MüKo-AktG/*Altmeppen*, § 308 Rn 90, dagegen *Wackerbarth*, S. 441 f.

c) Unternehmensmitbestimmung und § 308 Abs. 3 AktG

In § 308 Abs. 3 AktG wird eine **verfahrensmäßige Grenze der Leitungsmacht** aufgestellt. Verweigert der Aufsichtsrat des beherrschten Unternehmens seine Zustimmung zu einem genehmigungsbedürftigen Geschäft, so kann das herrschende Unternehmen durch Wiederholung der Weisung, die – soweit vorhanden – der Zustimmung seines Aufsichtsrates bedarf, die Mitwirkung des Aufsichtsrates der Tochter ausschalten. Jedoch erklärt § 308 Abs. 3 AktG in der beherrschten Gesellschaft nicht einfach die Regelung des § 111 Abs. 4 AktG für unanwendbar. Der Aufsichtsrat der beherrschten Gesellschaft ist also an dem Verfahren zu beteiligen. 19

Im Hinblick auf die Unternehmensmitbestimmung in der Tochter folgt daraus die Information der Arbeitnehmervertreter darüber, zu welchem Verhalten der Tochtervorstand angewiesen werden soll. Ihre Mitwirkung beschränkt aber die Leitungsmacht des herrschenden Unternehmens nicht. Einer Modifikation des § 308 Abs. 3 AktG i.S. einer darüber hinaus gehenden Begrenzung des Weisungsrechtes – wie z.T. für den internationalen Vertragskonzern vorgeschlagen – bedarf es nicht.[25] 20

2. Grenzen

Der Beherrschungsvertrag ändert nicht die gesetzliche Zuständigkeitsverteilung innerhalb der beherrschten Gesellschaft.[26] Er unterstellt lediglich den Vorstand entgegen § 76 Abs. 1 AktG einer Fremdbestimmung, verschafft also einen unmittelbaren Einfluss auf ein bestimmtes Organ, nämlich den Vorstand der AG. Das Weisungsrecht des § 308 Abs. 1 AktG bleibt daher an die Vorgaben gebunden, die der Zuständigkeit der Hauptversammlung und des Aufsichtsrates (mit der Einschränkung des § 308 Abs. 3 AktG) unterfallen. Eine machtbeschränkende Wirkung solcher Grenzen der Weisungsbefugnis des anderen Vertragsteils wird indes kaum bestehen.[27] 21

Praktisch wirken deshalb allenfalls die Grenzen der Leitungsmacht, die sich aus dem allgemeinen Zivil- und Wirtschaftsrecht der Tochter ergeben. Der Vorstand der beherrschten Gesellschaft wird sich im eigenen Interesse an die Verbotsgesetze halten, für deren Einhaltung er nach § 14 StGB oder § 9 OWiG verantwortlich ist. Weisungen zur Erfüllungsverweigerung eines Vertrags hat er regelmäßig zu befolgen, da die daraus folgenden Schadensersatzforderungen über den Verlustausgleich von der Obergesellschaft zu tragen sind. Im eigenen Interesse sollte er darauf achten, dass die Weisungen dokumentiert werden, da er sich sonst auf die haftungsbefreiende Wirkung des § 310 Abs. 3 AktG nicht verlassen kann. 22

IV. Gläubigerschutz

Durch § 302 AktG wird der andere Vertragsteil mittelbar für die Folgen der Ausübung seiner Weisungsbefugnis verantwortlich gemacht. Die Verlustausgleichspflicht legt ihm das unternehmerische Risiko voll auf. Damit benötigt das Gesetz kaum weitere Maßnahmen, um den Schutz der Gläubiger zu gewährleisten. 23

Mit der Eröffnung des Insolvenzverfahrens über die beherrschte Gesellschaft endet der Unternehmensvertrag.[28] Als Grund für die Durchführung des Insolvenzverfahrens kommt nur die Zahlungsunfähigkeit der beherrschten Gesellschaft in Betracht. Die bilanzielle Überschuldung 24

---

25 Vgl. zum ganzen *Bayer*, S. 106 ff., der zum selben Ergebnis kommt, ein anderes jedoch aus mitbestimmungsrechtlichen Gründen für wünschenswert hält.
26 *Hüffer*, AktG, § 308 Rn 12.
27 Näher *Wackerbarth*, S. 443 f.; vgl. mit ähnlichem Resümee *Hommelhoff*, S. 152 f.
28 BGHZ 103, 1, 6 f. (*Familienheim*) m.w.N.; nach a.A. soll der Vertrag nur suspendiert werden und ein außerordentliches Kündigungsrecht bestehen; KölnKomm-AktG/*Koppensteiner*, § 297 Rn 29.

als Insolvenzgrund scheidet aus. Denn wegen des Verlustausgleichsanspruchs ist die Überschuldung der Tochter ausgeschlossen, solange der Anspruch werthaltig, der andere Vertragsteil also nicht selbst in der Krise ist.[29] Die Durchführung eines Insolvenzverfahrens aufgrund von eingetretener oder drohender Zahlungsunfähigkeit (§ 19 InsO) ist demgegenüber nicht ausgeschlossen.[30] Wird dagegen über das Vermögen der Obergesellschaft ein Insolvenzverfahren eröffnet, so endet der Beherrschungsvertrag nicht automatisch. Der Untergesellschaft steht jedoch ein außerordentliches Kündigungsrecht zu.[31]

25 Problematisch ist, in welcher Weise die herrschende Gesellschaft im Insolvenzfall der Tochter den letzten Verlustausgleich zu leisten hat, sollte sie nicht selbst ebenfalls insolvent sein. In der Literatur ist es umstritten, ob so genannte Abwicklungsverluste (= Differenz zwischen Eröffnungsbilanz zu Liquidationswerten und Schlussbilanz der abhängigen Gesellschaft zu Fortführungswerten) vom herrschenden Unternehmen mit auszugleichen sind oder nicht.[32] Die Entscheidung des BGH im **HSW-Fall** zeigt indessen, dass es ganz unerheblich ist, ob man die Abwicklungsverluste als von dem Verlustausgleichsanspruch gegen den anderen Vertragsteil gedeckt ansieht oder nicht. Jedenfalls haftet der andere Vertragsteil den Gläubigern entsprechend § 303 AktG, soweit sie von der Gesellschaft keine Befriedigung erhalten können.[33] Die Gläubiger müssen sich dementsprechend in der Insolvenz der vertraglich beherrschten Gesellschaft keine Sorgen machen, wenn sie von der (gem. § 303 Abs. 1 AktG befristeten) Möglichkeit der Sicherheitsleistung Gebrauch machen.

V. Schutz der außenstehenden Aktionäre durch Ausgleichs- und Abfindungspflicht

26 Bei den Regeln der §§ 304, 305 AktG handelt es sich um Zahlungspflichten der Obergesellschaft, die den finanziellen Schutz der Minderheit ermöglichen sollen, da § 291 Abs. 3 AktG dem anderen Vertragsteil auf der anderen Seite die vollständige Vereinnahmung der beherrschten Gesellschaft gestattet. Zunächst ist zwischen Ausgleichspflicht und Abfindung zu unterscheiden. Der Beherrschungsvertrag muss auf jeden Fall eine Regelung des angemessenen **Ausgleichs** für die außenstehenden Aktionäre vorsehen, andernfalls ist er nichtig gem. § 304 Abs. 3 S. 1 AktG. Dagegen ist der Vertrag, sollte er keine **Abfindungsregelung** enthalten, gem. § 305 Abs. 5 S. 2 AktG allein deshalb weder anfechtbar noch nichtig, wohl aber besteht ohne (aber auch mit) Abfindungsregelung die Möglichkeit für die außenstehenden Aktionäre, die Angemessenheit im Spruchstellenverfahren nach § 306 AktG überprüfen zu lassen (§ 305 Abs. 5 S. 2 AktG).

27 Als Abfindungsregelung kommt bei ausländischem anderen Vertragsteil gem. § 305 Abs. 2 Nr. 1–3 AktG lediglich eine Barabfindung (**Barangebot**) in Betracht. Das Angebot kann gem. § 305 Abs. 4 S. 1 AktG befristet werden (vgl. Muster, Rn 30). Für die Bestimmung der Angemessenheit kommt es beim Barangebot nach h.M. nur auf die Verhältnisse der Tochter an, die Verhältnisse bei der Mutter bleiben dagegen außer Betracht (sog. **Stand-alone-Prinzip**).[34] Übt ein Aktionär nach Entgegennahme von Ausgleichszahlungen gem. § 304 AktG von der herrschenden Gesellschaft sein Wahlrecht auf Barabfindung nach § 305 AktG aus, so sind die empfangenen

---

29 KölnKomm-AktG/*Koppensteiner*, § 302 Rn 8; *K. Schmidt*, § 31 III 2, S. 957.
30 KölnKomm-AktG/*Koppensteiner*, § 302 Rn 8.
31 *Trendelenburg*, NJW 2002, 647, 650.
32 Bejahend: Kübler/Prütting/*Noack*, InsO, Sonderband Gesellschaftsrecht, Rn 730; *Peltzer*, AG 1975, 309, 311; wohl auch *Emmerich/Habersack*, § 302 AktG Rn 39; *Meister*, WM 1976, 1182, 1186 ff.; vgl. *K. Schmidt*, ZGR 1983, 513, 531. Verneinend: KölnKomm-AktG/*Koppensteiner*, § 302 Rn 19 m.w.N., der aber dafür Sicherheitsleistung entsprechend § 303 AktG annimmt (§ 303 Rn 5); *Lwowski/Groeschke*, WM 1994, 613, 615 f.; *Müller*, FS Goerdeler (1987), S. 375, 392 ff.; nicht eindeutig BFHE 90, 370.
33 BGHZ 105, 168, 182 f. (*HSW*); siehe auch BGHZ 115, 187, 198 f. (*Video*).
34 Vgl. nur *Hüffer*, AktG, § 305 Rn 26; a.A. *Wackerbarth*, S. 460 f., vgl. *Fleischer*, ZGR 1997, 368 ff.

Ausgleichsleistungen ausschließlich mit den Abfindungszinsen nach § 305 Abs. 3 S. 3 AktG, nicht jedoch mit der Barabfindung selbst zu verrechnen.[35]

Ist der im Vertrag vorgesehene Ausgleich nicht angemessen, so besteht eine Möglichkeit für die außenstehenden Aktionäre, die Angemessenheit im Spruchstellenverfahren nach § 306 AktG überprüfen zu lassen (§ 304 Abs. 3 S. 3 AktG); eine Anfechtung des Zustimmungsbeschlusses in der beherrschten Gesellschaft wegen der Unangemessenheit des Ausgleichs ist dagegen ausgeschlossen (§ 304 Abs. 3 S. 2 AktG). Der Vertrag kann entweder einen festen oder aber einen variablen Ausgleich vorsehen. Entscheidet sich die Obergesellschaft für einen **festen Ausgleich**, so ist dieser für die Dauer des Beherrschungsvertrages endgültig festgeschrieben. Der Beitritt eines anderen Unternehmens zum Beherrschungsvertrag ändert daran nichts.[36] Im Gewinnabführungsvertrag ist den außenstehenden Aktionären gem. § 304 Abs. 1 S. 1, Abs. 2 S. 1 AktG als (fester) Ausgleich der voraussichtlich verteilungsfähige durchschnittliche Bruttogewinnanteil je Aktie abzüglich der von der Gesellschaft hierauf zu entrichtenden (Ausschüttungs-)Körperschaftsteuer in Höhe des jeweils gültigen Steuertarifs zuzusichern.[37]

Bei einem **variablen Ausgleich** in Form einer jährlichen Zahlung, die sich an der von der Obergesellschaft ausgeschütteten Dividende orientiert, liegen die Dinge komplizierter. Das Gesetz stellt auf den Gewinn ab, der auf einen (zur Verschmelzungswertrelation umgerechneten) entsprechenden Anteil der Minderheitsgesellschafter an der Obergesellschaft „entfällt". Zum einen ist schon zweifelhaft, ob man bei der Bestimmung dieses Gewinnanteils auf die tatsächlich ausgeschüttete Dividende der Obergesellschaft oder auf den ausschüttbaren Jahresüberschuss abzustellen hat.[38] Zum anderen ist fraglich, ob in der Tochter mehr als der nach § 58 Abs. 2 AktG zulässige Betrag thesauriert werden darf, weil damit die Dividende der außenstehenden Gesellschafter der Tochter mittelbar beeinträchtigt wird. Die überwiegende Meinung bejaht die Geltung des § 58 Abs. 2 AktG, wenn die Tochter außenstehende Aktionäre mit variablem Ausgleich hat.[39] Ausgleich und Abfindung lösen regelmäßig sehr komplexe Bewertungsfragen aus.[40]

D. Muster: Beherrschungsvertrag mit deutscher Aktiengesellschaft

M 311

Beherrschungsvertrag

zwischen
1. der _____ (Rechtsform), _____ (Sitz), eingetragen in/bei _____

– im Folgenden A genannt –

und
2. der _____ (Rechtsform), _____ (Sitz), eingetragen im Handelsregister des Amtsgerichtes _____ unter der Nummer _____

– im Folgenden B genannt –

---

35 BGHZ 159, 29; zustimmend *Sinewe*, NJW 2003, 270.
36 BGHZ 119, 1, 7 f., 9 f. (*ASEA/BBC*); vgl. *Röhricht*, ZHR 162 (1998), 249, 252.
37 BGHZ 156, 57.
38 Für Letzteres – wohl entgegen dem Gesetzeswortlaut – KölnKomm-AktG/*Koppensteiner*, § 304 Rn 41 ff., 44; für Ersteres unter Inkaufnahme der dadurch für die außenstehenden Gesellschafter entstehenden Nachteile MüKo-AktG/*Altmeppen*, § 304 Rn 95.
39 Vgl. dazu MüKo-AktG/*Bayer*, § 58 Rn 51 ff. m.w.N.
40 Vgl. näher *Wackerbarth*, Grenzen der Leitungsmacht in der internationalen Unternehmensgruppe, 2001, S. 454 ff., *Fleischer*, Die Barabfindung außenstehender Aktionäre nach den §§ 305 und 320b AktG: Stand-alone-Prinzip oder Verbundberücksichtigungsprinzip?, ZGR 1997, 368 ff. und *Großfeld*, Unternehmens- und Anteilsbewertung im Gesellschaftsrecht – zur Barabfindung ausscheidender Gesellschafter. Zur aktuellen Entwicklung der Rechtsprechung auf diesem Gebiet *Hirte*, NJW 2003, 1285, 1290.

§ 1 Leitung
(1) B unterstellt die Leitung ihrer Gesellschaft der A. A ist demgemäß berechtigt, dem Vorstand der B hinsichtlich der Leitung der Gesellschaft Weisungen zu erteilen.
(2) Das Weisungsrecht umfasst alle Maßnahmen, die gem. § 76 Abs. 1 AktG zum Zuständigkeitsbereich des Vorstandes von B gehören.
(3) A kann dem Vorstand der B nicht die Weisung erteilen, diesen Vertrag zu ändern, aufrechtzuerhalten oder zu beenden.
(4) Soweit nicht durch Weisungen nach dieser Bestimmung eingeschränkt, obliegen dem Vorstand der B weiterhin sämtliche Entscheidungsbefugnisse, die ihm gesetzlich oder nach der Satzung der B zustehen.

§ 2 Abfindung
(1) A verpflichtet sich, auf Verlangen eines außenstehenden Aktionärs der B dessen Aktien gegen eine Barabfindung von _____ EUR je Aktie im Nennbetrag von _____ EUR zu erwerben.
(2) Die Verpflichtung der A nach Abs. 1 ist befristet. Sie endet am _____, frühestens jedoch zwei Monate nach dem Tag, an dem die Eintragung des Bestehens dieses Vertrags im Handelsregister der B nach § 10 des Handelsgesetzbuches als bekannt gemacht gilt. Eine Verlängerung der Frist nach § 305 Abs. 4 S. 3 des Aktiengesetzes bleibt unberührt.
(3) Auf die Verzinsung des Abfindungsanspruchs nach § 305 Abs. 3 S. 3 des Aktiengesetzes wird hingewiesen.

§ 3 Ausgleich
(1) A garantiert den außenstehenden Aktionären der B als angemessenen Ausgleich für die Dauer des Vertrages einen Gewinnanteil (Bardividende) in Höhe von _____ % des Nennbetrags je Aktie und je Geschäftsjahr (Mindestdividende).
(2) Dividende und Ausgleichszahlung sind für das abgelaufene Geschäftsjahr jeweils am Tage nach der ordentlichen Hauptversammlung der B fällig.
(3) Der Ausgleich wird erstmals für das volle Geschäftsjahr gewährt, in dem dieser Vertrag wirksam wird. Die Verpflichtung der A nach Abs. 1 ist befristet. Sie endet am _____, frühestens jedoch zwei Monate nach dem Tag, an dem die Eintragung des Bestehens dieses Vertrags im Handelsregister der B nach § 10 des Handelsgesetzbuches als bekannt gemacht gilt. Eine Verlängerung der Frist nach § 305 Abs. 4 S. 3 des Aktiengesetzes bleibt unberührt.
(4) Auf die Verzinsung des Abfindungsanspruchs nach § 305 Abs. 3 S. 3 des Aktiengesetzes wird hingewiesen.

§ 4 Verlustausgleich
A verpflichtet sich, jeden während der Vertragsdauer sonst entstehenden Jahresfehlbetrag der B auszugleichen, soweit dieser nicht dadurch ausgeglichen wird, dass den anderen Gewinnrücklagen Beträge entnommen werden, die während der Vertragsdauer in sie eingestellt worden sind.

§ 5 Wirksamwerden und Dauer
(1) Der Vertrag bedarf zu seiner Wirksamkeit der Zustimmung der Hauptversammlung der B. Er wird unter dem Vorbehalt der Zustimmung des Aufsichtsrates der B abgeschlossen. Er wird weiter unter dem Vorbehalt der Zustimmung der _____ (Hauptversammlung) der A abgeschlossen.
(2) Der Vertrag wird wirksam mit der Eintragung in das Handelsregister.
(3) Der Vertrag wird auf unbestimmte Zeit abgeschlossen. Er kann mit einer Frist von 24 Monaten zum Jahresende gekündigt werden, erstmals jedoch zum 31.12._____.
alternativ:
(3) Der Vertrag wird für die Zeit bis zum Ablauf des 31.12._____ abgeschlossen.

(4) Eine Kündigung aus wichtigem Grunde bleibt vorbehalten. Einen wichtigen Grund stellt es insbesondere dar, dass der A die Mehrheit der Stimmrechte aus den Anteilen an der B weder direkt noch mittelbar mehr zusteht.
_____ (Ort, Datum)
_____ (Unterschriften A und B)

Dr. Franz Tepper, LL.M.
§ 29 Die Europäische wirtschaftliche Interessenvereinigung (EWIV)

Literatur

Abmeier, Die Europäische wirtschaftliche Interessenvereinigung und nationales Recht, NJW 1986, 2987 ff.; *Autenrieth*, Die Europäische wirtschaftliche Interessenvereinigung (EWIV), 1990; *Baumbach/Hopt*, HGB, Kommentar, 35. Aufl. 2012, Anh. nach § 160; Bayer/Schmidt, BB-Rechtsprechung- und Gesetzgebungsreport im Europäischen Gesellschaftsrecht 2008/89, BB 2010, 387; *Brindlmayer/Förschle/Hensel/Lenhard*, EWIV – Die Europäische wirtschaftliche Interessenvereinigung: Recht, Wirtschaft, Steuern, 1989; *Fey*, Rechnungslegungs- und Prüfungspflichten Europäischer Wirtschaftlicher Interessenvereinigungen, DB 1992, 233 ff.; *Ganske*, Das Recht der Europäischen wirtschaftlichen Interessenvereinigung (EWIV) – Systematische Darstellung mit Texten und Materialien, 1988; *Gleichmann*, Europäische Wirtschaftliche Interessenvereinigung, ZHR 149 (1985), 633 ff.; *Habersack*, Europäisches Gesellschaftsrecht, 4. Aufl. 2011; *Hartard*, Die Europäische wirtschaftliche Interessenvereinigung im deutschen, englischen und französischen Recht, 1991; *Klein-Blenkers*, Wirtschaftliche Bedeutung und rechtliche Fragen zur Europäischen Wirtschaftlichen Interessenvereinigungen, DB 1994, 2224 ff.; *Knobbe-Keuk*, Die EWIV im nationalen und internationalen Steuerrecht, EWS 1992, 1 ff.; *Lentner*, Das Gesellschaftsrecht der Europäischen wirtschaftlichen Interessenvereinigung (EWIV), 1994; *Lenz*, Die Europäische Wirtschaftliche Interessenvereinigung mit dem Sitz in der Bundesrepublik Deutschland vor Eintragung, 1997; *Meyer-Landrut*, Die Europäische Wirtschaftliche Interessenvereinigung – Gründungsvertrag und innere Verfassung einer EWIV mit Sitz in der Bundesrepublik Deutschland, 1988; *Müller-Gugenberger*, Die EWIV im Europäischen Wirtschaftsraum, Regelung der EWIV-Verordnung – Regelung des EWR-Abkommens – Praktische Folgerungen, EWS 1994, 346 ff.; *Müller-Gugenberger/Schotthöfer* (Hrsg.), Die EWIV in Europa, Texte und Erläuterungen aus rechtsvergleichender Sicht, 1995; *Rübesamen*, Die EWIV im deutschen und europäischen Wettbewerbsrecht, 1995; *Salger/Neye*, in: Münchener Handbuch des Gesellschaftsrechts, Band 1, §§ 94–99; *Schmidt, Karsten*, Gesellschaftsrecht, 4. Aufl. 2002, § 66; 3. Aufl. 2009; *Schlüter*, Die EWIV: Modellfall für ein europäisches Gesellschaftsrecht?, EuZW 2002, 589; *Schwarz*, Europäisches Gesellschaftsrecht, 2000, S. 580–639; *Scriba*, Die Europäische wirtschaftliche Interessenvereinigung, 1988; *Selbherr/Manz*, Kommentar zur Europäischen wirtschaftlichen Interessenvereinigung (EWIV), 1995; *Wagner*, Europäische Gesellschaftsformen, AnwBl 2009, 409; *Weimar/Delp*, Die Europäische wirtschaftliche Interessenvereinigung (EWIV) in rechtlicher und steuerlicher Sicht, WPg 1989, 89 ff.; *Zuck*, Die Europäische wirtschaftliche Interessenvereinigung als Instrument anwaltlicher Zusammenarbeit, NJW 1990, 954 ff.

Inhalt

A. **Typische Sachverhalte** —— 1
B. **Rechtshistorische und rechtstatsächliche Grundlagen** —— 4
I. Historischer Hintergrund —— 4
II. Rechtsquellen —— 6
III. Funktionen der EWIV —— 7
  1. Zwecke —— 7
  2. Unzulässige Aktivitäten —— 8
IV. Bedeutung der EWIV in der Gestaltungspraxis —— 10
C. **Rechtliche Grundlagen** —— 11
I. Gründung —— 11
  1. Gründungsvertrag —— 11
  2. Registereintragung und Hinterlegung —— 15
  3. „Vor-Vereinigung" —— 17
  4. Publizitätspflichten —— 19

II. Mitglieder —— 21
  1. Zugelassene Mitglieder —— 21
  2. Rechte der Mitglieder —— 24
  3. Pflichten der Mitglieder —— 25
   a) Allgemeine Treuepflicht —— 25
   b) Pflicht zum Verlustausgleich —— 26
III. Organe und Vertretung —— 27
  1. Notwendige Organe —— 27
  2. Versammlung der Mitglieder —— 28
  3. Geschäftsführung —— 32
  4. Fakultative Organe —— 37
IV. Wechsel im Mitgliederbestand —— 38
  1. Abtretung der Mitgliedschaft —— 39
  2. Vererblichkeit der Mitgliedschaft —— 41
  3. Ausscheiden eines Mitgliedes —— 42
  4. Abfindungsanspruch —— 43
  5. Aufnahme neuer Mitglieder —— 44

V. Kapital und Haftung —— 45
  1. Gründungskapital —— 45
  2. Haftung der Mitglieder —— 46
  3. Haftung der eintretenden Mitglieder —— 49
  4. Haftung der ausgeschiedenen Mitglieder —— 50
VI. Beendigung und Auflösung der EWIV —— 51
  1. Nichtigkeit —— 51
  2. Auflösung —— 52
  3. Abwicklung —— 54
  4. Insolvenz —— 55
D. Muster —— 56
  I. Muster: EWIV-Gründungsvertrag —— 56
  II. Muster: Anmeldung zum Handelsregister —— 57

A. Typische Sachverhalte

1. Die Bundesrepublik Deutschland plant den Ausbau einer Teilstrecke der Bundesautobahn zwischen den Orten A und B. An der Vergabe dieses Auftrages sind mehrere Unternehmen aus unterschiedlichen europäischen Ländern interessiert. Die Einzelunternehmen sind jedoch nicht in der Lage, die gesamten ausgeschriebenen Arbeiten zu übernehmen. Die eigenen Kapazitäten reichen nicht aus, um das Vorhaben in der vorgesehenen Zeit zu realisieren; zusätzlich sind für Teilarbeiten Spezialleistungen zu erbringen, die nicht vom eigenen Leistungsumfang abgedeckt sind. Um sich an der Ausschreibung beteiligen zu können, schließen sich mehrere Unternehmen aus verschiedenen europäischen Staaten zusammen. Ziel des Zusammenschlusses ist die gemeinschaftliche Beteiligung an der Ausschreibung und bei Erteilung des Zuschlages die Durchführung der ausgeschriebenen Baumaßnahmen. Zur Realisierung ihres Vorhabens gründen sie eine EWIV. 1

2. Mehrere unabhängige europäische Unternehmen zur Herstellung von Kissen und Betten beabsichtigen, ihre gemeinsamen Einkaufs- und Logistik-Aktivitäten zu bündeln. Sie kaufen die Rohstoffe für ihre Produktion weltweit bei den gleichen Rohstofflieferanten. Da das Geschäft starken saisonalen Schwankungen unterworfen ist, benötigen sie erhebliche Lagerkapazitäten. Zur Optimierung dieser unternehmerischen Teilfunktionen errichten sie eine gemeinsame Einkaufsabteilung, die für alle Mitgliedsunternehmen Einkaufsverträge abschließt. Gleichzeitig errichten sie ein gemeinsames Zentrallager, aus dem die Rohstoffe an die einzelnen Produktionsstandorte verteilt werden. Die Abwicklung von gemeinsamen Einkauf und gemeinsamer Lagerhaltung erfolgt über eine zu diesem Zweck gegründete EWIV. 2

3. Große Anwaltskanzleien aus den Standorten London, Paris, Brüssel und Düsseldorf betreuen die gleichen international tätigen Mandanten. In der Arbeit gegenüber den Klienten gibt es eine Reihe von Überschneidungen. Zur Koordination ihrer Aktivitäten schließen sich die unterschiedlichen nationalen Anwaltsbüros in einer multinationalen Verbindung zusammen. Gegenüber großen international tätigen Mandanten tritt dieser Zusammenschluss gemeinsam auf. Die Einzelleistungen werden von jeweiligen örtlichen Büros erbracht. Das Auftreten erfolgt einheitlich durch eine zu diesem Zweck gegründete EWIV. 3

B. Rechtshistorische und rechtstatsächliche Grundlagen

I. Historischer Hintergrund

Die EG-Kommission verfolgt seit Jahrzehnten das Ziel einer Harmonisierung der nationalen Gesellschaftsrechte und die Schaffung supranationaler Gesellschaftsformen. Diese Bemühungen sind Teil der Realisierung des europäischen Binnenmarktes und sollen eine grenzüberschreitende Zusammenarbeit auf Ebene der Mitgliedstaaten erleichtern. Nach Vorüberlegungen auf 4

Basis des französischen Modells der G.I.E.[1] legte die Kommission 1973 den ersten Vorschlag einer Verordnung zur Schaffung einer „europäischen Kooperationsvereinigung" vor. Mit Zustimmung des Wirtschafts- und Sozialausschusses sowie des Europäischen Parlamentes folgte 1978 eine geänderte Fassung dieser Version,[2] die endgültige Verabschiedung auf der Grundlage von Art. 308 EGV (früher: Art. 235) erfolgte am 25.7.1985. Die **Verordnung zur Einführung einer Europäischen wirtschaftlichen Interessenvereinigung (EWIV-VO)** trat am 3.8.1985 in Kraft. Von diesem Zeitpunkt an entfaltet sie unmittelbare Wirkung i.S.d. Art. 288 Abs. 2 AEUV (vormals: Art. 249 Abs. 2 EGV). Mit Wirkung vom 1.7.1989 können europäische wirtschaftliche Interessenvereinigungen eingetragen werden und damit als solche bestehen.[3]

5   Die Verordnung enthält insgesamt 43 Artikel, denen in der Präambel 17 Erwägungsgründe vorangestellt sind. Die Verordnung verpflichtet die Mitgliedstaaten, einzelne Modalitäten der in Art. 6 und 10 der Verordnung vorgesehenen Eintragung und Anerkennung im nationalen Recht zu regeln. Dieser Verpflichtung ist die Bundesrepublik Deutschland mit dem **Ausführungsgesetz** vom 14.4.1988 nachgekommen.[4] In ihrem Ausführungsgesetz hat die Bundesrepublik Deutschland von dem Wahlrecht des Art. 1 Abs. 3 der Verordnung Gebrauch gemacht und der EWIV Rechtspersönlichkeit abgesprochen. Nach Art. 1 des deutschen Ausführungsgesetzes ist die **EWIV** eine **Handelsgesellschaft**, für die subsidiär die §§ 105–160 HGB Anwendung finden.[5]

II. Rechtsquellen

6   Die Regeln über die EWIV ergeben sich aus unterschiedlichen Rechtsquellen. Dies ist primär die auf der Grundlage von Art. 308 EGV (heute: Art. 352 AEUV) erlassene EWIV-Verordnung. Sie ist gem. Art. 288 Abs. 2 AEUV in allen Mitgliedstaaten unmittelbar geltendes Recht und geht dem mitgliedstaatlichen Recht vor. Die **EWIV-Verordnung** bildet das „**Basisrecht**", das zugleich über die Anwendung der übrigen Rechtsgrundlagen entscheidet. Umgesetzt wurde die Verordnung durch das deutsche Ausführungsgesetz, das wiederum subsidiär auf das Recht der offenen Handelsgesellschaft verweist (§§ 105–160 HGB). Damit ergibt sich folgende Hierarchie der für die EWIV maßgeblichen Rechtsquellen:
– Zwingende Bestimmungen der EWIV-Verordnung
– Dispositive Bestimmungen der EWIV-Verordnung
– Bestimmungen des Deutschen Ausführungsgesetzes
– Zwingende Regelungen über die OHG in den §§ 105–160 HGB
– Dispositive Regelungen über die OHG in den §§ 105–160 HGB
– Bestimmungen des Gründungsvertrages.

---

1 *Scriba*, S. 24 ff.
2 Ursprünglicher Vorschlag vom 21.12.1973, ABl. Nr. C 14/30 vom 15.2.1974; geänderter Vorschlag vom 12.4.1978, ABl. Nr. C 103/4 vom 28.4.1978; dazu *Scriba*, S. 36 ff.
3 Gesetz zur Ausführung der EWG-Verordnung über die Europäische wirtschaftliche Interessenvereinigung (EWIV-Ausführungsgesetz) vom 14.4.1988 (BGBl I, S. 514).
4 Zur Rechtslage in den anderen Mitgliedstaaten siehe *Schwarz*, Europäisches Gesellschaftsrecht, S. 582 ff.
5 Zu den subsidiär für die EWIV geltenden gesellschaftsrechtlichen Bestimmungen in den anderen Mitgliedstaaten siehe *Schwarz*, Europäisches Gesellschaftsrecht, S. 591 f.

III. Funktionen der EWIV

1. Zwecke

Nach Art. 3 Abs. 1 S. 1 Hs. 1 EWIV-VO hat die Vereinigung den Zweck, die wirtschaftliche Tätigkeit ihrer Mitglieder zu erleichtern oder zu entwickeln sowie die Ergebnisse dieser Tätigkeit zu verbessern oder zu steigern. Damit beschränkt sich die EWIV auf **reine Hilfsfunktionen**. Die EWIV darf nicht das Ziel verfolgen, eigene Gewinne zu erwirtschaften (vgl. Art. 3 Abs. 1 S. 1 Hs. 2 EWIV-VO); dies bedeutet jedoch nicht, dass eine Gewinnerzielung grundsätzlich untersagt ist.[6] Vielmehr soll durch diese Beschränkung der gegenüber den Einzelinteressen der Mitglieder untergeordnete Zweck der EWIV verdeutlicht werden. Dies wird nochmals durch den 5. Erwägungsgrund der EWIV-VO bestätigt, wonach die Tätigkeit der Vereinigung im Zusammenhang mit der wirtschaftlichen Tätigkeit der Mitglieder stehen muss, aber nicht an ihre Stelle treten darf.

2. Unzulässige Aktivitäten

Für die Tätigkeit der EWIV gelten eine Reihe von ausdrücklichen **Verboten**:

- Nach Art. 3 Abs. 2 Buchst. a EWIV-VO darf die EWIV weder unmittelbar noch mittelbar die Leitungs- oder Kontrollmacht über die eigenen Tätigkeiten ihrer Mitglieder oder die Tätigkeiten eines anderen Unternehmens ausüben. Dies bedeutet ein absolutes **Konzernleitungsverbot** für die EWIV.
- Es ist der EWIV untersagt, Aktien oder Anteile im weitesten Sinne an ihren Mitgliedsunternehmen zu halten (Art. 3 Abs. 2 Buchst. b EWIV-VO). Dieses Verbot gilt nicht, soweit das Halten von Anteilen oder Aktien für Rechnung der Mitglieder geschieht und notwendig ist, um das Ziel der EWIV zu erreichen. Das **Holdingverbot** ergänzt das generelle Konzernleitungsverbot.
- Die Verordnung begrenzt in Art. 3 Abs. 2 Buchst. c die zulässige Höchstzahl von Mitarbeitern, die die EWIV beschäftigen darf, auf maximal 500 Arbeitnehmer (**Beschäftigungsverbot**).
- Die EWIV darf nach Art. 3 Abs. 2 Buchst. d S. 1 und 3 EWIV-VO nicht dazu benutzt werden, dem Leiter eines Mitgliedsunternehmens oder damit verbundenen Personen ein Darlehen zu gewähren oder ähnliche Geschäfte vorzunehmen, soweit dieses Rechtsgeschäft nach den für das Mitgliedsunternehmen geltenden Gesetzen einer Beschränkung oder Kontrolle unterliegt (**Kreditgewährungsverbot**). Das gleiche gilt für die Übertragung von Vermögensgegenständen.
- Die EWIV darf nicht Mitglied einer anderen EWIV sein. Dieses **Beteiligungsverbot** nach Art. 3 Abs. 2 Buchst. e EWIV-VO bezieht sich nicht auf die Mitglieder der EWIV, diese können sich an mehreren EWIV beteiligen.
- Ein weiteres Tätigkeitsverbot enthält Art. 23 EWIV-VO. Danach darf sich die EWIV nicht öffentlich an den Kapitalmarkt wenden (**Kapitalmarktverbot**).

Bei einem Verstoß gegen die Verbote des Art. 3 und Art. 23 EWIV-VO muss das zuständige Gericht auf Antrag jedes Beteiligten oder der zuständigen Behörde die **Auflösung** der Vereinigung aussprechen (Art. 32 Abs. 1 EWIV-VO), sofern der Verstoß nicht rechtzeitig vorher abgestellt wird. Liegt der Verstoß bereits bei Gründung der Vereinigung vor, ist die Eintragung abzulehnen.[7]

---

[6] *Ganske*, S. 29.
[7] *Lentner*, S. 57.

IV. Bedeutung der EWIV in der Gestaltungspraxis

10 Die EWIV ist innerhalb der Europäischen Union zu einem festen grenzüberschreitenden Kooperationsinstrument von Freiberuflern geworden. Dies zeigt der hohe Anteil von EWIV, die von Steuerberatern, Wirtschaftsprüfern und Anwälten gegründet werden.[8] Hier eröffnet sich eine Erleichterung des Marktzugangs, die Schaffung einer grenzüberschreitenden Infrastruktur oder der Spezialisierung und einem Pooling von Wissen und Ressourcen.[9] Weitere Schwerpunkte der EWIV in der Gestaltungspraxis liegen beim Vertrieb, im Dienstleistungssektor allgemein sowie in der Bündelung von Forschungsanstrengungen und des Transfers der Forschungsergebnisse. Die EWIV verbreitet sich nur langsam.[10] Sie hat die in sie gesteckten Erwartungen bisher nicht erfüllt und spielt eine eher untergeordnete Rolle.[11]

C. Rechtliche Grundlagen

I. Gründung

1. Gründungsvertrag

11 Die Gründung einer EWIV erfolgt nach Art. 1 Abs. 1 EWIV-VO durch **Abschluss eines Gründungsvertrages** und **Eintragung** der Vereinigung in ein Register, das am jeweiligen Sitzstaat geführt wird.[12] Auf den Gründungsvertrag sind gem. Art. 2 Abs. 1 EWIV-VO die innerstaatlichen Regeln des Staates anzuwenden, in dem die Vereinigung nach dem Gründungsvertrag ihren Sitz hat (sog. **Gesellschaftsstatut**). Dies sind nach deutschem Recht die Regeln über die offene Handelsgesellschaft (§§ 105–160 HGB). Eine Form ist für den Abschluss des Gründungsvertrages nicht vorgeschrieben. Aus Art. 7 S. 1 EWIV-VO, der eine Hinterlegung des Gründungsvertrages beim zuständigen Register anordnet, ergibt sich mittelbar ein Schriftformerfordernis. Eine notarielle Beglaubigung des Gründungsvertrages ist nicht notwendig.

12 Der Gründungsvertrag **muss** mindestens die in Art. 5 EWIV-VO genannten Angaben enthalten. Dazu gehören:
- der Name der Vereinigung
- der Sitz der Vereinigung
- der Unternehmensgegenstand
- die Mitglieder sowie
- die Dauer der Vereinigung.

13 Die Vereinigung muss in ihrem Namen die voran- oder nachgestellte Bezeichnung „**Europäische wirtschaftliche Interessenvereinigung**" oder kurz „**EWIV**" führen (vgl. Art. 5 Buchst. a EWIV-VO). Die Bezeichnung „EWIV" ist nur in Deutschland zulässig.[13] Die Mitgliedstaaten konnten sich auf keine einheitliche Abkürzung einigen.[14]

---

[8] Nach Art. 39 Abs. 2 EWIV-VO, § 4 Abs. 2 EWIV-Ausführungsgesetz sind alle Neugründungen dem Amt für amtliche Mitteilungen der EU mitzuteilen. Dort sind aktuelle Statistiken über die Zahl der gegründeten EWIV abrufbar.
[9] *Klein-Benkers*, DB 1994, 2224 ff.
[10] Vgl. Meyer, GmbHR 2002, 187.
[11] *Krause*, EuZW 2003, 747, 750; vgl. auch Schlüter, EuZW 2003, 589.
[12] Eine andere Form der Gründung durch Umwandlung, Verschmelzung oder Spaltung ist unzulässig, siehe *Meyer-Landrut*, S. 126.
[13] Zu den Bezeichnungen in den anderen Mitgliedstaaten siehe *Schwarz*, Europäisches Gesellschaftsrecht, S. 608.
[14] Zur Firma der EWIV vgl. *Schlüter*, EuZW 2003, 589, 593 m.w.N.; zu den Voraussetzungen für die Angaben im Briefkopf einer Kanzlei vgl. BGH NJW 2002, 608.

Darüber hinaus **kann** der Gründungsvertrag eine Reihe weiterer Regeln enthalten.[15] Hierzu gehören insbesondere Bestimmungen über: 14
- Austritt eines Mitgliedes
- Wechsel von Mitgliedern
- Rechnungslegung
- Gewinnverwendung
- Geschäftsführung und Vertretung
- Auflösung und Beendigung der Vereinigung.

2. Registereintragung und Hinterlegung

Die Vereinigung ist nach Art. 39 Abs. 1 i.V.m. Art. 6 EWIV-VO in ein vom Sitzstaat geführtes **Register** einzutragen. Durch die Eintragung erlangt die Vereinigung Rechtsfähigkeit i.S.d. Art. 1 Abs. 2 EWIV-VO. Anders als in anderen Mitgliedstaaten[16] bedeutet dies nach deutschem Recht nicht das Entstehen einer juristischen Person. Im deutschen Recht wird die EWIV nach Art. 1 des deutschen Ausführungsgesetzes als **Handelsgesellschaft** behandelt und ist damit keine selbständige juristische Person. 15

Art. 7 und 8 EWIV-VO verlangen die **Hinterlegung** des Gründungsvertrages sowie weiterer Urkunden, in denen die Mindestinhalte der notwendigen Bekanntmachung niedergelegt sind. Die Offenlegungspflichten nach Art. 10 EWIV-VO erstrecken sich auch auf mögliche Niederlassungen der Vereinigung. Einzelheiten werden durch das nationale Recht festgelegt. Dies sind in Deutschland die Vorschriften über das Handelsregister. Die §§ 2–4 des deutschen Ausführungsgesetzes treffen insoweit die nach Art. 39 EWIV-VO notwendigen Festlegungen über das Register, die Eintragung und die notwendigen Urkunden. Die Anmeldung zum Handelsregister muss – abweichend von der Regelung des § 108 HGB – durch die Geschäftsführer erfolgen (vgl. § 3 Abs. 1 EWIV-Ausführungsgesetz). 16

3. „Vor-Vereinigung"

Zwischen Abschluss des Gründungsvertrages und der nachfolgenden Eintragung ist die EWIV noch nicht errichtet. Nach Art. 2 Abs. 1 EWIV-VO kann die Vereinigung erst von der Eintragung an Träger von Rechten und Pflichten sein, Rechtshandlungen vornehmen und vor Gericht klagen und verklagt werden. Die Rechtsnatur der Vereinigung vor der Eintragung, die nach Art. 1 Abs. 1 und 2 EWIV-VO konstitutive Bedeutung hat, ist in der EWIV-VO nicht geregelt. Sie richtet sich nach dem Recht des Sitzstaates. Für die in Deutschland gegründeten Vereinigungen gelten hier die zu § 123 Abs. 1 HGB entwickelten Grundsätze. Soweit sie als Außengesellschaft auftritt, kann danach auch die Vor-Vereinigung Träger von Rechten und Pflichten sein. Vor der Eintragung wird dieser Zusammenschluss als Gesellschaft bürgerlichen Rechts behandelt.[17] 17

Die nachfolgende Eintragung verwandelt die Gesellschaft im Wege einer formwechselnden Umwandlung[18] in eine EWIV, wobei die Identität des Rechtsträgers unberührt bleibt. Insbesondere findet kein Vermögensübergang statt. Aus den für die Gesellschaft bürgerlichen Rechts begründeten Rechtsverhältnissen ist jetzt die EWIV berechtigt und verpflichtet. 18

---
15 Siehe dazu die im Mustervertrag enthaltenen Gestaltungsbeispiele in Rn 56.
16 Siehe dazu die Länderkapitel bei *Selbherr/Manz*, Kommentar zur Europäischen wirtschaftlichen Interessenvereinigung, 1995.
17 *Habersack*, S. 283 m.w.N.
18 Dies ist keine Umwandlung i.S.d. §§ 190 ff. UmwG.

4. Publizitätspflichten

19 Zum Schutz Dritter enthält die EWIV-VO eine Reihe von Publizitätspflichten. In der an die erste gesellschaftsrechtliche Richtlinie (Publizitätsrichtlinie) angelehnten EWIV-VO sind folgende Urkunden und Tatsachen **offenzulegen**:
- der Gründungsvertrag (Art. 7 S. 1 EWIV-VO)
- die Änderung des Gründungsvertrages einschließlich der Änderungen in der Mitgliedschaft (Art. 7 S. 2 Buchst. a EWIV-VO)
- die Errichtung und Aufhebung jeder Zweigniederlassung der Vereinigung (Art. 7 S. 2 Buchst. b, Art. 10 EWIV-VO)
- die Entscheidung über die Nichtigkeit der EWIV (Art. 7 S. 2 Buchst. c, Art. 15 EWIV-VO)
- die Bestellung neuer Geschäftsführer mit Angaben zur Person und Vertretungsmacht sowie die Beendigung der Stellung als Geschäftsführer (Art. 7 S. 2 Buchst. d EWIV-VO)
- die teilweise oder vollständige Abtretung der Beteiligung an der EWIV (Art. 7 S. 2 Buchst. e Abs. 1 EWIV-VO)
- der Mitgliederbeschluss und die gerichtliche Entscheidung über die Auflösung (Art. 7 S. 2 Buchst. f, Art. 31, Art. 32 EWIV-VO)
- die Bestellung der Abwickler mit Angaben zur Person (Art. 7 S. 2 Buchst. g, Art. 35 EWIV-VO)
- der Schluss der Abwicklung (Art. 7 S. 2 Buchst. h, Art. 35 EWIV-VO)
- der Sitzverlegungsplan (Art. 7 S. 2 Buchst. i, Art. 14 EWIV-VO)
- die Haftungsbefreiung neu eintretender Mitglieder (Art. 7 S. 2 Buchst. j, Art. 26 Abs. 2 EWIV-VO)
- die Löschung der EWIV (Art. 8 S. 1 Buchst. b EWIV-VO).

20 Die nach der EWIV-VO notwendige Offenlegung erfolgt durch
- Registereintragung (Art. 6 EWIV-VO)
- Hinterlegung (Art. 7 EWIV-VO) sowie
- Bekanntmachung (Art. 8 EWIV-VO).

II. Mitglieder

1. Zugelassene Mitglieder

21 Der Kreis der möglichen Mitglieder einer EWIV ist in Art. 4 Abs. 1 EWIV-VO festgelegt. **Mitglieder** können nur sein:
- Gesellschaften i.S.d. Art. 48 Abs. 2 EGV
- „andere juristische Einheiten des öffentlichen oder des Privatrechts"[19] mit Sitz und Hauptverwaltung in der Gemeinschaft sowie
- natürliche Personen, die eine gewerbliche, kaufmännische, handwerkliche, landwirtschaftliche oder freiberufliche Tätigkeit in der Gemeinschaft ausüben oder dort andere Dienstleistungen erbringen.

22 Aus der Zweckbestimmung der Vereinigung, die darin liegt, die „wirtschaftliche Tätigkeit ihrer Mitglieder zu fördern"(vgl. Art. 3 Abs. 1 EWIV-VO), ist zu entnehmen, dass jedes Mitglied eine eigene **wirtschaftliche Tätigkeit** ausüben muss. Der Begriff der wirtschaftlichen Tätigkeit ist entsprechend des fünften Erwägungsgrundes der EWIV-VO weit auszulegen. Die EWIV scheidet

---

[19] Mit dieser Erweiterung haben auch die nicht auf Gewinnerzielung ausgerichteten gemeinnützigen Einrichtungen die Möglichkeit, sich einer EWIV anzuschließen, siehe *Ganske*, S. 34.

damit als Vereinigung für Privatleute aus. Nach überwiegender Auffassung kann dagegen die Gesellschaft bürgerlichen Rechts Mitglied einer EWIV werden.[20]

Die EWIV muss durch **mindestens zwei Mitglieder** gegründet werden (Art. 4 Abs. 2 EWIV-VO). Damit ist eine Ein-Personen-EWIV auch in den Mitgliedstaaten unzulässig, in denen die EWIV als juristische Person eigene Rechtsfähigkeit erlangt. Die beteiligten Gründer müssen unterschiedlichen Mitgliedsstaaten angehören (Art. 4 Abs. 2 EWIV-VO), wobei keiner davon der Sitzstaat der EWIV sein muss. Zwei Gründungsmitglieder mit unterschiedlichen Herkunftsstaaten können einen dritten Staat innerhalb der Europäischen Union als Sitz der EWIV wählen. Eine Höchstmitgliederzahl, die in Art. 4 Abs. 3 EWIV-VO grundsätzlich zugelassen wird, ist im deutschen Recht nicht vorgesehen.

2. Rechte der Mitglieder

Aus der Mitgliederstellung ergeben sich folgende zentrale Rechte:

- Jedes Mitglied hat zunächst das Recht auf **Teilhabe an der Kooperation**. Ziel der Mitgliedschaft ist die Förderung der eigenen Tätigkeit durch die gemeinsame Kooperation. Hieraus folgt nicht nur eine allgemeine Treuepflicht der Mitglieder, sondern das Recht jedes einzelnen Mitgliedes auf die Berücksichtigung seiner eigenen individuellen Interessen und deren Förderung durch die Tätigkeit der Vereinigung.[21]
- Nach Art. 16 Abs. 2 EWIV-VO können die Mitglieder in ihrer Gesamtheit als Organ jeden Beschluss fassen, der zur Verwirklichung des Unternehmensgegenstandes dient. Das **Stimmrecht** ist damit eines der wichtigsten Mitgliedschaftsrechte. Nach Art. 17 Abs. 1 S. 1 EWIV-VO hat jedes Mitglied grundsätzlich eine Stimme. Von dieser dispositiven Regelung kann im Gründungsvertrag abgewichen und das Stimmrecht mit der Höhe der Kapitalanteile[22] verbunden werden.
- Art. 18 EWIV-VO gibt jedem Mitglied das Recht, von dem oder den Geschäftsführern Auskünfte über die Geschäfte der Vereinigung zu erhalten und die Bücher und Geschäftsunterlagen der Vereinigung einzusehen. Dies **Auskunftsrecht** ist vertraglich nicht abdingbar.
- Die Vereinigung darf nach Art. 3 Abs. 1 EWIV-VO nicht mit dem Zweck gegründet werden, eigene Gewinne zu erwirtschaften. Dennoch ist nicht ausgeschlossen, dass durch die Tätigkeit der Vereinigung Überschüsse erzielt werden. Es gilt kein generelles Gewinnerzielungsverbot (Art. 3 Abs. 1 EWIV-VO). Soweit im Gründungsvertrag nichts anderes vereinbart ist, erfolgt eine Verteilung des Gewinnes auf die Mitglieder zu gleichen Teilen. Der entstehende **Gewinnanspruch** richtet sich nicht nur auf ein Recht zur Feststellung des Gewinnanteils, sondern bedeutet einen direkten Auszahlungsanspruch gegen die Vereinigung.[23] Die Modalitäten der Auszahlung sind in der EWIV-VO nicht geregelt. Soweit das nationale Recht keine zwingenden Bestimmungen enthält, sollte das Verfahren in der Satzung festgelegt werden.
- Die Mitglieder der Vereinigung sind nicht daran gehindert, ein **Entnahmerecht** zugunsten der Mitglieder vorzusehen. Ohne eine ausdrückliche Vereinbarung sind die Mitglieder der Vereinigung hierzu allerdings nicht berechtigt. Die Entnahme richtet sich im deutschen Recht nach der Vorschrift des § 122 HGB.

---

20 Zum Meinungsstand siehe *Schwarz*, S. 598 f.
21 *Meyer-Landrut*, S. 121.
22 Da ein Gründungskapital nicht zwingend vorgeschrieben ist, kommt dies nur in Betracht, wenn die Mitglieder zur Erbringung einer Einlage verpflichtet werden.
23 *Authenrieth*, Rn 36.

- Die Mitglieder der Vereinigung haben gegen die Vereinigung einen Anspruch auf Ersatz der ihnen entstandenen Aufwendungen nach den nationalen Bestimmungen. Im deutschen Recht gilt § 110 HGB. Danach ist die Vereinigung zum Ersatz verpflichtet, soweit ein Mitglied in Angelegenheiten der EWIV Aufwendungen macht, die es für erforderlich halten darf. Ein solcher **Aufwendungsersatzanspruch** gegen die Gesellschaft entsteht insbesondere dann, wenn das Mitglied von einem Gläubiger der Vereinigung in Anspruch genommen wurde (Art. 24 EWIV-VO).

3. Pflichten der Mitglieder
a) Allgemeine Treuepflicht

25 Im Rahmen ihrer Mitgliedschaft unterliegen die Mitglieder der Vereinigung der allgemeinen gesellschaftsrechtlichen **Förderungs- und Treuepflicht**. Diese allgemeine Förderungs- und Treuepflicht ist in der EWIV-VO nicht ausdrücklich erwähnt, wird aber in Art. 27 Abs. 2 EWIV-VO vorausgesetzt. Die Vorschrift stellt klar, dass ein Mitglied verpflichtet ist, seine übernommenen Aufgaben im Zusammenschluss zu erfüllen und Störungen der Arbeit der Vereinigung zu unterlassen. Die allgemeine Förderungs- und Treuepflicht wird modifiziert durch die Zwecksetzung der EWIV. Die EWIV wird mit dem Ziel gegründet, die einzelwirtschaftlichen Interessen ihrer Mitglieder zu unterstützen (vgl. Art. 3 Abs. 1 EWIV-VO). Dies prägt auch die jedes einzelne Mitglied treffende Treuepflicht. Bezugspunkt der Treuepflicht ist das Einzelinteresse eines jeden Mitgliedes, da im Rahmen des Gesellschaftszwecks der EWIV die individuellen Interessen nicht von den Gesamtinteressen gelöst werden können.[24] Sanktion bei einem schwerwiegenden Verstoß gegen die Förderungs- und Treuepflichten kann ein Ausschluss aus der Gesellschaft sein (Art. 27 Abs. 2 EWIV-VO).[25]

b) Pflicht zum Verlustausgleich

26 Eine ausdrückliche **Beitragspflicht** und **Pflicht zum Verlustausgleich** ist in der EWIV-VO nicht vorgesehen. Die Mitglieder sind in der Ausgestaltung von Beitragspflichten grundsätzlich frei. Eine Pflicht, zur finanziellen Grundausstattung der Vereinigung beizutragen, folgt bereits aus der allgemeinen Förderungs- und Treuepflicht, wenn ohne finanzielle Beiträge die Vereinigung nicht handlungsfähig wäre. Neben der Pflicht zur Leistung einer Einlage können zusätzlich im Gründungsvertrag die Modalitäten der Pflicht vereinbart werden, eine mögliche Unterdeckung auszugleichen. Art. 21 Abs. 2 EWIV-VO bestimmt, dass ohne eine anderweitige Regelung die Mitglieder der Vereinigung entsprechend dem im Gründungsvertrag vorgesehenen Verhältnis zu gleichen Teilen zum Ausgleich des Betrages beitragen, um den die Ausgaben die Einnahmen übersteigen.

III. Organe und Vertretung

1. Notwendige Organe

27 Die EWIV verfügt über zwei gesetzlich vorgeschriebene Organe (Art. 16 Abs. 1 S. 1 EWIV-VO). Dies sind die **gemeinschaftlich handelnden Mitglieder** und der oder die **Geschäftsführer**. Darüber hinaus können nach Art. 16 Abs. 2 EWIV-VO weitere fakultative Organe vorgesehen werden, deren Aufgaben und Pflichten mangels gesetzlicher Bestimmungen in der Satzung zu regeln sind. Hierfür kommt insbesondere die Einrichtung eines **Aufsichtsrates** oder **Beirates** nach dem Vorbild der freiwilligen GmbH-Organe[26] in Betracht.

---

24 *Schwarz*, S. 618.
25 *Scriba*, S. 133.
26 Siehe dazu *K. Schmidt*, Gesellschaftsrecht, 3. Aufl., § 36 IV.

2. Versammlung der Mitglieder

Oberstes Organ ist die **Gemeinschaft der Mitglieder** (Art. 16 Abs. 2 EWIV-VO). Die Willensbildung erfolgt durch Entscheidungen in diesem Gremium. Die EWIV-VO verzichtet bewusst auf den Begriff „Mitgliederversammlung" und dementsprechend auf detaillierte Einberufungs- und Verfahrensvorschriften, in deren Rahmen sich die Willensbildung vollzieht. Diese gesetzliche Lücke muss durch entsprechende satzungsmäßige Vorgaben geschlossen werden, um im Prozess der Willensbildung innerhalb der Vereinigung ordnungsgemäße Abläufe sicherzustellen.[27] Die Sonderstellung der Gesamtheit aller Mitglieder wird insbesondere in Art. 16 Abs. 2 der EWIV-VO deutlich, nach der die Gesamtheit jeden Beschluss zur Verwirklichung des Unternehmensgegenstandes treffen kann.

Für die Beschlussfassung in der Versammlung der Mitglieder ist grundsätzlich **Einstimmigkeit** erforderlich (vgl. Art. 17 Abs. 3 EWIV-VO). Die Einstimmigkeit ist für einen Teil der Beschlüsse zwingend vorgeschrieben. Bei einer zweiten Gruppe von Beschlüssen kann im Gründungsvertrag unter Vereinbarung anderer Mehrheitserfordernisse vom Erfordernis der Einstimmigkeit abgewichen werden. Liegt in den Fällen, in denen eine Abweichung möglich ist, keine Sonderregelung im Vertrag vor, gilt auch hier das Prinzip der Einstimmigkeit. Damit sind grundsätzlich zwei Arten von Beschlüssen zu unterscheiden:

Beschlüsse, die **zwingend Einstimmigkeit** voraussetzen:
- Änderungen des Unternehmensgegenstandes der Vereinigung, der Stimmenzahl eines jeden Mitglieds, der Bedingungen für die Beschlussfassung; die Verlängerung der Vertragsdauer; Änderungen der Beitragspflichten (Art. 17 Abs. 2 Buchst. a–e EWIV-VO);
- Sitzverlegung bei Wechsel des subsidiären Rechts (Art. 14 Abs. 1 S. 3 EWIV-VO);
- Zustimmung zur Abtretung einer Beteiligung an der EWIV (Art. 22 Abs. 1 Hs. 2 EWIV-VO);
- Aufnahme neuer Mitglieder (Art. 26 Abs. 1 EWIV-VO);
- Zustimmung zur Kündigung der Mitgliedschaft (Art. 27 Abs. 1 S. 1 EWIV-VO);
- Zustimmung zur Rechtsnachfolge des Erben in die Mitgliedschaft bei Tod eines Mitglieds (Art. 28 Abs. 2 EWIV-VO).

Beschlüsse, bei denen der Gründungsvertrag **vom Einstimmigkeitsprinzip abweichende Mehrheiten** zulassen kann:
- Änderungen von Verpflichtungen der Mitglieder (Art. 17 Abs. 2 Buchst. f EWIV-VO);
- jede sonstige Änderung des Gründungsvertrages (Art. 17 Abs. 2 Buchst. g EWIV-VO);
- Bestimmung der Bedingungen für Bestellung und Entlassung von Geschäftsführern sowie die Festsetzung der Befugnisse der Geschäftsführer (Art. 19 Abs. 3 EWIV-VO);
- Zustimmung zur Bestellung von Sicherheiten an der Beteiligung eines Mitglieds (Art. 22 Abs. 2 S. 1 EWIV-VO);
- Festlegung der Bedingungen für den Fortbestand der EWIV nach Ausscheiden eines Mitglieds (Art. 30 EWIV-VO);
- Auflösung der EWIV (Art. 31 Abs. 1 EWIV-VO).

3. Geschäftsführung

Nach Art. 19 Abs. 1 EWIV-VO werden die Geschäfte der Vereinigung von einer oder mehreren natürlichen Personen geführt. Diese **Geschäftsführer** werden durch den Gründungsvertrag oder durch Beschluss der Mitglieder bestellt. Die Geschäftsführungsbefugnis ist nicht zwingend mit der Mitgliedschaft verbunden. Es ergibt sich für die EWIV damit die Möglichkeit einer Fremd-

---

[27] Siehe dazu die Regelungen in dem in Rn 56 dargestellten Muster eines Gründungsvertrages in §§ 13 und 14.

organschaft.[28] Für die Sorgfaltspflichten und Verantwortlichkeiten der EWIV-Geschäftsführer gilt nach den §§ 5 ff. des deutschen Ausführungsgesetzes insbesondere die Regelung des § 43 GmbHG.

33 Nach Art. 20 EWIV-VO wird die Vereinigung durch die Geschäftsführer vertreten. Es gilt der **Grundsatz der Einzelvertretung**. Der Gründungsvertrag kann bei mehreren Geschäftsführern eine **Gesamtvertretung** anordnen (Art. 20 Abs. 2 EWIV-VO).

34 Der **Umfang der Vertretungsmacht** ergibt sich aus Art. 20 Abs. 1 EWIV-VO. Der oder die Geschäftsführer sind danach grundsätzlich unbeschränkt und unbeschränkbar zur Vertretung der Vereinigung befugt.

35 Eine Beschränkung der Befugnisse des Geschäftsführers oder der Geschäftsführer durch den Gründungsvertrag oder durch einen Beschluss der Mitglieder kann Dritten auch dann nicht entgegengehalten werden, wenn diese Beschränkung bekanntgemacht wurde (Art. 20 Abs. 1 EWIV-VO).

36 Eine **Einschränkung der Vertretungsbefugnis** des oder der Geschäftsführer ergibt sich nur aus den Grundsätzen über den Missbrauch der Vertretungsmacht. Eine satzungsrechtliche Einschränkung der Vertretungsmacht lässt sich durch die Anordnung einer Gesamtvertretung erzielen. Ist die Gesamtvertretung nach Art. 8 EWIV-VO bekanntgemacht worden, kann sie einem Dritten grundsätzlich entgegengehalten werden. Diese Beschränkung begrenzt indes nicht die inhaltlichen Kompetenzen, sondern führt nur zu der Notwendigkeit der Hinzuziehung einer zweiten Person.

4. Fakultative Organe

37 Neben den zwingend vorgeschriebenen Organen der Gesamtheit der Mitglieder und der Geschäftsführung (Art. 16 Abs. 1 EWIV-VO) können nach Art. 16 Abs. 1 S. 1 Hs. 1 EWIV-VO im Gründungsvertrag **weitere fakultative Organe** vorgesehen werden. Die Kompetenzen des fakultativen Organs sind im Gründungsvertrag festzulegen. Dabei ist es unzulässig, die höchstpersönlichen Rechte und Pflichten der Mitglieder auf fakultative Organe zu übertragen.[29] Gleichzeitig sind Grundlagenentscheidungen nicht delegationsfähig. Die fakultativen Organe haben nur dann eine echte Organstellung, wenn sie – neben ihren beratenden Funktionen – derart in das Gefüge der EWIV eingebunden sind, dass ihnen einzelne Kompetenzen der gesetzlich vorgesehenen Organe zumindest teilweise übertragen wurden.

IV. Wechsel im Mitgliederbestand

38 Die EWIV ist grundsätzlich **vom Bestand ihrer Mitglieder unabhängig**. Sie besteht, soweit die Satzung nichts anderes bestimmt, auch dann fort, wenn eines der Mitglieder ausscheidet. Ein Mitglied kann ausscheiden durch eine eigene Kündigung (Austritt aus der Vereinigung), durch Tod oder aufgrund eines Ausschlusses durch die übrigen Mitglieder. Möglich ist auch eine Übertragung der Mitgliedschaft.

1. Abtretung der Mitgliedschaft

39 Art. 22 Abs. 2 EWIV-VO eröffnet die Möglichkeit der Mitglieder, ihre Beteiligung an der Vereinigung ganz oder teilweise an andere Mitglieder oder an Dritte abzutreten. Diese grundsätzliche

---

28 Allgemein zur Fremd- und Selbstorganschaft siehe *K. Schmidt*, § 14 III 1b.
29 *Meyer-Landrut*, S. 62; *Schwarz*, S. 627.

Möglichkeit der Übertragung der Mitgliedschaft steht unter dem Vorbehalt der Zustimmung aller übrigen Mitglieder. Dies unterstreicht den **höchstpersönlichen Charakter**[30] der Vereinigung und entspricht der Regelung im deutschen Personengesellschaftsrecht.

Mit der Übertragung tritt der Nachfolger in die Rechtsposition des ausscheidenden Mitglieds ein. Das ausscheidende Mitglied hat in diesem Fall keinen Anspruch auf Auszahlung eines Auseinandersetzungsguthabens (Art. 33 S. 1 EWIV-VO). Der Wechsel der Mitgliedschaft ist im Handelsregister einzutragen. Die Eintragung hat rein deklaratorische Wirkung (Art. 7 S. 2 EWIV-VO i.V.m. § 2 Abs. 3 Nr. 1 des deutschen Ausführungsgesetzes). 40

2. Vererblichkeit der Mitgliedschaft

Die Mitgliedschaft ist grundsätzlich nicht vererblich. Dies ergibt sich aus Art. 28 Abs. 2 EWIV-VO. Im Gründungsvertrag kann eine hiervon abweichende Regelung getroffen werden. Wenn nichts anderes vorgesehen ist, bedarf die Übertragung von Todes wegen einer Zustimmung aller übrigen Mitglieder. 41

3. Ausscheiden eines Mitgliedes

Neben dem Ausscheiden von Todes wegen enthalten die Art. 27 und 28 EWIV-VO weitere Tatbestände, bei denen das betreffende Mitglied ersatzlos aus der Vereinigung ausscheidet. Mit dem Ausscheiden eines Mitglieds bleibt der Bestand der Vereinigung unberührt (Art. 30 EWIV-VO). Der quotenmäßige Anteil des ausscheidenden Mitglieds wächst den übrigen Gesellschaftern zu. Weitere Rechtsfolgen des Ausscheidens ergeben sich aus den Art. 30 und 33 EWIV-VO. Art. 33 EWIV-VO schreibt zugunsten des Ausscheidenden die Auszahlung eines Auseinandersetzungsguthabens vor. 42

4. Abfindungsanspruch

Tritt anstelle des ausgeschiedenen Mitglieds kein Rechtsnachfolger, hat der Ausscheidende einen Anspruch auf Abfindung. Nach Art. 33 Abs. 1 S. 1 EWIV-VO wird an das ausscheidende Mitglied ein Auseinandersetzungsguthaben gewährt, das auf der Grundlage des Vermögens der EWIV zu ermitteln ist. Nähere Bestimmungen über die Berechnung des Abfindungsanspruchs, dessen Fälligkeit oder Zahlungsweise, sind in der EWIV-VO nicht enthalten. Die Mitglieder können weitgehend frei vereinbaren, wie das Abfindungsguthaben zum Zeitpunkt des Ausscheidens zu berechnen ist. Es sind grundsätzlich auch Buchwertklauseln[31] möglich. Eine pauschale Vereinbarung über die Höhe des Abfindungsanspruchs im Gründungsvertrag oder ein vollständiger Ausschluß des Abfindungsanspruchs bei Ausscheiden sind dagegen unzulässig.[32] 43

5. Aufnahme neuer Mitglieder

Nach Gründung kann die EWIV zusätzlich weitere Mitglieder aufnehmen. Die Aufnahme eines neuen Mitgliedes bedarf nach Art. 26 Abs. 1 EWIV-VO eines einstimmigen Beschlusses der übrigen Mitglieder. Das eintretende Mitglied haftet nach Art. 26 Abs. 2 EWIV-VO auch für Altverbindlichkeiten der Vereinigung. Eine abweichende Vereinbarung ist möglich, bedarf jedoch der Offenlegung. 44

---

30 *Habersack*, S. 285.
31 Zu Buchwertklauseln bei der OHG siehe Handbuch Personengesellschaften/*Sauter*, 2. Aufl., 2002, § 7 Rn 155 ff.
32 *Schwarz*, S. 617.

V. Kapital und Haftung

1. Gründungskapital

45 Die EWIV-VO sieht **kein Mindestkapital** für die Vereinigung vor. Vergleichbar dem deutschen Verein kann die EWIV ohne Aufbringung eines Grundkapitals durch die Mitglieder errichtet werden. Im Gründungsvertrag kann die Einzahlung eines Mindestkapitals vorgeschrieben werden. Die von den Mitgliedern übernommenen Kapitalanteile können gleichzeitig als Grundlage für die Stimmrechtsverteilung in der Versammlung der Mitglieder herangezogen werden. Die Einzahlung eines Mindestbetrages ist aus wirtschaftlichen Gründen sinnvoll, da ohne eine Mindestausstattung an finanziellen Mitteln die Vereinigung nicht handlungsfähig sein wird.

2. Haftung der Mitglieder

46 Art. 24 Abs. 1 S. 1 EWIV-VO sieht den **Grundsatz der gesamtschuldnerischen Haftung aller Mitglieder** vor. Die Folgen dieser Haftung ergeben sich aus dem nationalen Recht (Haftung als OHG und als OHG-Gesellschafter). Damit sind für die Haftung von in Deutschland ansässigen Vereinigungen und deren Mitglieder die §§ 128ff. HGB maßgeblich.

47 Im Hinblick auf die Haftung der Mitglieder einer EWIV besteht zu den Gesellschaftern der deutschen OHG ein wesentlicher Unterschied: Die Gläubiger einer EWIV können die Mitglieder der Vereinigung erst in Anspruch nehmen, wenn sie zuvor die Vereinigung zur Zahlung aufgefordert haben und innerhalb einer angemessenen Frist keine Zahlung erfolgte. Die **Mitglieder haften** somit – anders als die Gesellschafter einer OHG – nur **subsidiär**. Voraussetzung für das Zahlungsverlangen durch den Gläubiger gegenüber den Mitgliedern ist dabei nicht die Erhebung einer Klage; eine einfache Zahlungsaufforderung reicht aus. Hierfür ist keine Form vorgeschrieben. Die Länge der notwendigen Frist vor Inanspruchnahme der Mitglieder der Vereinigung ist in der EWIV nicht geregelt. Es kommt darauf an, wann unter gewöhnlichen Umständen und unter Berücksichtigung des Einzelfalls mit einer Zahlung durch die Vereinigung üblicherweise gerechnet werden kann.[33]

48 Die Haftung der Mitglieder einer Vereinigung ist **gesamtschuldnerisch** (Art. 24 Abs. 1 S. 1 EWIV-VO). Der Gläubiger einer Vereinigung kann damit jedes der Mitglieder ganz oder zu einem Teil in Anspruch nehmen. Die im Innenverhältnis vereinbarten Beteiligungsquoten muss er nicht berücksichtigen. Es gelten insoweit die im deutschen Recht zu § 128 HGB entwickelten Grundsätze.

3. Haftung der eintretenden Mitglieder

49 Die gesamtschuldnerische Haftung nach Art. 24 Abs. 1 S. 1 EWIV-VO trifft auch die nach Art. 26 Abs. 2 S. 1 EWIV-VO eintretenden neuen Mitglieder. Dies ergibt sich im deutschen Recht für die OHG aus § 130 HGB. Anders als in § 130 HGB ist jedoch in Art. 26 Abs. 2 S. 2 EWIV-VO die Möglichkeit vorgesehen, das neue Mitglied durch eine Klausel im Gründungsvertrag oder in dem Rechtsakt über seine Aufnahme von der Zahlung der vor seinem Beitritt entstandenen Verbindlichkeiten zu befreien. Die Befreiung kann Dritten nur dann entgegengesetzt sein, wenn sie nach Art. 8 EWIV-VO bekanntgemacht worden ist. Inhaltlich bezieht sich die Haftungsbeschränkung auf die vor dem Beitritt entstandenen Verbindlichkeiten. Die Haftung kann nicht ausgeschlossen werden für Verbindlichkeiten, deren Rechtsgrundlage bereits zum Zeitpunkt des Beitritts gelegt war, die aber erst später entstehen (z.B. Verpflichtungen aus Mietverträgen).

---

[33] *Habersack*, S. 288.

4. Haftung der ausgeschiedenen Mitglieder

Für ausscheidende Mitglieder gilt die Haftung fort, die sich aus der Tätigkeit der Vereinigung vor ihrem Ausscheiden ergeben (Art. 34 EWIV-VO). Wann eine Verbindlichkeit entstanden ist, richtet sich nach dem anwendbaren nationalen Recht. Zeitlich ist die **Nachhaftung** des ausscheidenden Mitglieds durch Art. 37 Abs. 1 EWIV-VO begrenzt. Hier gilt eine **Sonderverjährung von 5 Jahren**. Sie beginnt mit der Bekanntmachung des Ausscheidens nach Art. 7 S. 2 EWIV-VO.

50

VI. Beendigung und Auflösung der EWIV

1. Nichtigkeit

Die EWIV-VO enthält keine Regelungen über die Nichtigkeit der Gründung. Die Nichtigkeit der Vereinigung und deren Folgen sind nach dem nationalen Recht zu beurteilen. Hier sind nach § 1 des deutschen Ausführungsgesetzes die für die Gründung der OHG geltenden Regeln heranzuziehen. Damit ist die Frage nach der Nichtigkeit einer EWIV auf Basis der **Grundsätze über die fehlerhafte Gesellschaft** zu beantworten.[34] Als Nichtigkeitsgründe kommen insbesondere der Verstoß gegen ein gesetzliches Verbot oder gegen die guten Sitten nach §§ 134, 138 BGB in Betracht. Ein Verstoß gegen die Tätigkeitsverbote nach Art. 3 und Art. 23 EWIV-VO führt nicht zur Nichtigkeit, sondern stellt lediglich einen Auflösungsgrund dar.

51

2. Auflösung

Eine nachträgliche Auflösung der Vereinigung ist im Rahmen der in Art. 31 und Art. 32 EWIV-VO niedergelegten Grundsätze möglich. Eine Auflösung kann auf einem Beschluss der Mitglieder (Art. 31 EWIV-VO) oder auf einer gerichtlichen Entscheidung (§ 32 EWIV-VO) beruhen. Die Mitglieder haben jederzeit die Möglichkeit, per Beschluss über die Auflösung ihrer Vereinigung zu entscheiden. Soweit im Gründungsvertrag keine anderen Mehrheiten vorgesehen sind, ist dieser Beschluss einstimmig zu fassen.

52

In Art. 31 Abs. 2 EWIV-VO sind Gründe genannt, bei deren Vorliegen die Vereinigung durch Beschluss der Mitglieder aufgelöst werden muss. Ein solcher Beschluss ist erforderlich, wenn die im Gründungsvertrag vorgesehene Dauer abgelaufen ist oder ein anderer im Gründungsvertrag vorgesehener Auflösungsgrund eingetreten ist bzw. der Unternehmensgegenstand der Vereinigung verwirklicht wurde oder nicht weiter verfolgt werden kann. Kommt ein Mitgliederbeschluss über die Auflösung nach Art. 31 EWIV-VO nicht zustande, kann auf Antrag jedes Beteiligten (oder einer zuständigen Behörde) durch gerichtliche Entscheidung die Auflösung der Vereinigung festgestellt werden.

53

3. Abwicklung

Rechtsfolge des Auflösungsbeschlusses ist die Abwicklung der Vereinigung nach Art. 35 Abs. 3 EWIV-VO. Anders als bei einer OHG hat der Auflösungsbeschluss nicht die sofortige Auflösung der Vereinigung zur Folge, sondern verwandelt die bislang werbende Vereinigung in eine auf Abwicklung und Vollbeendigung gerichtete Vereinigung. Zum Erlöschen der Vereinigung kommt es erst mit der Beendigung der Abwicklung. Die Beendigung ist bekannt zu machen. Die Bekanntmachung hat rein deklaratorische Bedeutung.

54

---

34 Zur fehlerhaften Gesellschaft siehe *K. Schmidt*, Gesellschaftsrecht, 3. Aufl., § 6.

4. Insolvenz

55 Nach Art. 36 S. 1 EWIV-VO unterliegt eine EWIV den Insolvenzbestimmungen des nationalen Rechts. § 11 Abs. 2 Nr. 1 InsO nennt die EWIV ausdrücklich als **insolvenzfähigen Rechtsträger**. Liegen die Voraussetzungen für die Eröffnung des Insolvenzverfahrens vor, sind die Geschäftsführer verpflichtet, die Eröffnung des Insolvenzverfahrens zu beantragen. Die einzelnen Mitglieder trifft keine Antragspflicht.

D. Muster

M 312 I. Muster: EWIV-Gründungsvertrag

56 Gründungsvertrag der _____ EWIV

Zwischen
1. der _____, eingetragen im Handelsregister des Amtsgerichtes _____ unter der Nummer _____
– im folgenden _____ genannt –
2. der _____, eingetragen beim Registrar of Companies, England unter No _____
– im folgenden _____ genannt –
3. der _____, eingetragen im Registre du Tribunal de Commerce, Paris unter der Nummer _____
– im folgenden _____ genannt –
wird eine Europäische wirtschaftliche Interessenvereinigung gegründet, für die die nachfolgenden Bestimmungen gelten:

I. Allgemeine Vorschriften

§ 1 Name
Der Name der Vereinigung lautet _____ EWIV.

§ 2 Sitz
Der Sitz der Vereinigung ist in _____.

§ 3 Gegenstand
(1) Der Gegenstand der Vereinigung ist die _____.
(2) Die Vereinigung wird ausschließlich im Interesse ihrer Mitglieder tätig.
(3) Die Vereinigung ist zu allen Maßnahmen und Geschäften berechtigt, die der Gegenstand der Vereinigung üblicherweise mit sich bringt.
(4) Die Vereinigung kann sich zur Verfolgung ihrer Zwecke mit anderen Unternehmen zusammenschließen.

§ 4 Dauer
Die Vereinigung wird für unbestimmte Zeit geschlossen.

§ 5 Geschäftsjahr
Geschäftsjahr ist das Kalenderjahr. Das erste Geschäftsjahr endet mit Ablauf des Jahres, in dem der Gründungsvertrag geschlossen wurde.

II. Mitglieder, Kapital, Einlagen

§ 6 Kapital
Die Vereinigung hat ein Kapital von _____ EUR.

§ 7 Einlagen
(1) Von dem Gründungskapital übernehmen die Mitglieder folgende Einlagen:
- die _____ eine Einlage von _____ EUR
- die _____ eine Einlage von _____ EUR
- die _____ eine Einlage von _____ EUR.

(2) Die Einlagen sind unmittelbar nach der Eintragung im Handelsregister in bar zu leisten.
(3) Die Mitglieder können jederzeit die Aufnahme weiterer Mitglieder beschließen.

§ 8 Konten
(1) Für jedes Mitglied wird ein Kapitalkonto, ein Rücklagenkonto und ein Darlehenskonto geführt.
(2) Die Einlagen des Mitglieds und Rückzahlungen hierauf werden auf dem Kapitalkonto gebucht.
(3) Auf dem Rücklagenkonto werden die nicht entnahmefähigen Gewinnanteile und die Verlustanteile eines Mitgliedes gebucht.
(4) Auf dem Darlehenskonto werden die entnahmefähigen Gewinnanteile, Entnahmen, Vergütungen, Zinsen oder sonstige Zahlungen aus Geschäften mit dem Mitglied gebucht. Das Darlehenskonto ist mit _____ %-Punkten über dem Diskontsatz der Europäischen Zentralbank zu verzinsen.

§ 9 Verluste
(1) Die Mitglieder sind entsprechend ihrer Kapitalanteile zum Ausgleich der Verluste der Vereinigung verpflichtet.
(2) Die Versammlung der Mitglieder kann mit einer Mehrheit von drei Vierteln der abgegebenen Stimmen eine Leistung von Nachschüssen der Mitglieder entsprechend ihrer Anteile am Kapital beschließen. Die Höhe der Nachschüsse darf insgesamt den Betrag von 500.000 EUR für alle Mitglieder nicht überschreiten.

III. Organe, Geschäftsführung, Vertretung

§ 10 Organe
Organe der Vereinigung sind: die Geschäftsführung, die Versammlung der Mitglieder und der Aufsichtsrat.

§ 11 Geschäftsführung
(1) Die Vereinigung hat einen oder mehrere Geschäftsführer.
(2) Die Bestellung und Entlassung der Geschäftsführer sowie der Abschluss und die Beendigung des Anstellungsvertrages mit den Geschäftsführern erfolgt durch die Mitgliederversammlung.
(3) Die Geschäftsführer sind verpflichtet, den Weisungen der Mitgliederversammlung zu folgen. Das gleiche gilt für eine von der Mitgliederversammlung aufgestellte Geschäftsordnung für die Geschäftsführer.
(4) Geschäfte, die von der Mitgliederversammlung als zustimmungspflichtig bezeichnet wurden, dürfen nur mit ausdrücklicher Zustimmung abgeschlossen werden.
(5) Die Beschlussfassung über die Entscheidungen nach Ziff. 2 bis 4 erfolgt mit einfacher Mehrheit der abgegebenen Stimmen.

§ 12 Vertretung
Jeder Geschäftsführer ist berechtigt, die Vereinigung einzeln zu vertreten. Dies gilt auch, wenn mehrere Geschäftsführer bestellt sind.

IV. Mitgliederversammlungen, Beschlüsse

§ 13 Mitgliederversammlung
(1) Mindestens einmal pro Jahr findet eine Mitgliederversammlung statt. Mitgliederversammlungen sind ferner einzuberufen, wenn mehr als ein Viertel der Mitglieder dies verlangen.
(2) Die Mitgliederversammlung wird durch den Geschäftsführer einberufen. Jeder Geschäftsführer ist allein einberufungsberechtigt.
(3) Die Einberufung erfolgt durch schriftliche Mitteilung. In der Einberufung sind Ort, Zeit und Gegenstand der Tagesordnung zu nennen. Die Einladungsfrist beträgt drei Wochen.
(4) Die Versammlung der Mitglieder wählt mit einfacher Mehrheit einen Vorsitzenden als Leiter der Versammlung.
(5) Sind sämtliche Mitglieder der Vereinigung in der Versammlung anwesend oder vertreten, so können sie unter Verzicht auf Frist- und Formerfordernisse Beschlüsse auch dann fassen, wenn die gesetzlichen oder satzungsmäßigen Vorschriften nicht eingehalten sind und alle Mitglieder diesem Vorgehen zustimmen.
(6) Über die Verhandlungen der Mitgliederversammlung ist eine Niederschrift anzufertigen, in der Zeit, Ort und Teilnehmer der Sitzung, die Gegenstände der Tagesordnung, der wesentliche Inhalt der Verhandlungen und die Beschlüsse der Mitgliederversammlung wiederzugeben sind. Die Niederschrift ist vom Vorsitzenden zu unterzeichnen. Jedem Mitglied ist eine Abschrift zuzuleiten.
(7) Die Mitgliederversammlung erfolgt in deutscher Sprache.

§ 14 Beschlussfassung
(1) Die Beschlüsse der Mitglieder werden in Versammlungen gefasst.
(2) Die Mitgliederversammlung ist beschlussfähig, wenn mindestens die Hälfte der Mitglieder und die Hälfte des Kapitals vertreten sind. Ist dies nicht der Fall, muss innerhalb von vier Wochen eine neue Versammlung mit gleicher Tagesordnung einberufen werden. Diese Versammlung ist ohne Rücksicht auf die Präsenz beschlussfähig.
(3) Außerhalb von Versammlungen können Beschlüsse durch schriftliche, fernschriftliche oder fernmündliche Abstimmungen gefasst werden, wenn sich alle Mitglieder an der Abstimmung beteiligen und kein Mitglied diesem Verfahren widerspricht.
(4) Über die Beschlüsse nach Ziff. 3 ist unverzüglich eine Niederschrift anzufertigen und den Mitgliedern zuzuleiten. Die Niederschrift hat die Form der Beschlussfassung, das Beschlussergebnis und die Stimmabgaben zu bezeichnen.
(5) Beschlüsse werden mit einfacher Mehrheit der abgegebenen Stimmen gefasst, soweit nicht im Gesetz oder diesem Gründungsvertrag zwingend etwas anderes vorgeschrieben ist.
(6) Folgende Beschlüsse bedürfen einer Mehrheit von drei Vierteilen der abgegebenen Stimmen:
 – Aufnahme neuer Mitglieder
 – Verlegung des Sitzes
 – Auflösung der Vereinigung
 – _____.

§ 15 Änderung des Gründungsvertrages
Beschlüsse über die Änderung dieses Gründungsvertrages bedürfen, soweit das Gesetz keine höheren Mehrheiten verlangt, einer Zustimmung von 90 % des Kapitals und 90 % der Mitglieder.

V. Aufsichtsrat

§ 16 Aufsichtsrat
(1) Die Mitglieder können mit einer Mehrheit von drei Vierteilen der Stimmen einen Aufsichtsrat einrichten.
(2) Der Aufsichtsrat hat mindestens drei, höchstens neun Mitglieder.
(3) Die Regelung des § 52 Abs. 1 GmbHG gilt entsprechend.
(4) Die Aufgaben des Aufsichtsrates werden in einer Geschäftsordnung festgelegt, die von der Versammlung der Mitglieder mit einer Mehrheit von drei Vierteilen der Mitglieder beschlossen wird.

VI. Jahresabschluss, Gewinn, Verlust

§ 17 Jahresabschluss
(1) Der Geschäftsführer hat in den ersten drei Monaten des Geschäftsjahres den Jahresabschluss für das vorausgegangene Jahr aufzustellen.
(2) Der Jahresabschluss umfasst die Bilanz, die Gewinn- und Verlustrechnung und den Lagebericht. Er ist nach den für kleine Kapitalgesellschaften geltenden Vorschriften der §§ 238 ff., 264 ff. des deutschen Handelsgesetzbuches aufzustellen.
(3) Der Jahresabschluss ist den Mitgliedern zur Beschlussfassung vorzulegen. Die Mitglieder entscheiden mit einfacher Mehrheit über die Feststellung des Jahresabschlusses.
(4) Der Jahresabschluss ist in deutscher Sprache aufzustellen.

§ 18 Gewinn und Verlust
(1) Die Mitglieder nehmen am Gewinn und Verlust der Vereinigung entsprechend ihrer Beteiligung am Kapital der Vereinigung teil.
(2) Der Jahresüberschuss ist in Höhe von drei Vierteilen an die Mitglieder zu verteilen; in Höhe von einem Vierteile in die Gewinnrücklage einzustellen.
(3) Ein von Ziff. 2 abweichender Beschluss über die Verwendung des Jahresüberschusses bedarf einer Mehrheit von drei Vierteilen des Kapitals der Vereinigung.
(4) Die Mitglieder sind entsprechend ihrer Beteiligung am Kapital der Vereinigung verpflichtet, Verluste der Vereinigung auszugleichen und hierzu entsprechende Nachschüsse zu leisten.

VII. Beendigung und Übertragung der Mitgliedschaft, Ausschluss von Gesellschaftern

§ 19 Beendigung der Mitgliedschaft
(1) Jedes Mitglied kann die Mitgliedschaft mit einer Frist von einem Jahr zum Abschluss des Geschäftsjahres kündigen.
(2) Eine Kündigung ist erstmals zu Abschluss des dritten Geschäftsjahres nach Abschluss des Gründungsvertrages zulässig.
(3) Die Kündigung bedarf der Schriftform und erfolgt gegenüber dem Geschäftsführer der Vereinigung.
(4) Nach Ausscheiden des Mitglieds besteht die Vereinigung unter den übrigen Mitgliedern fort.
(5) Die Kündigung ist nicht an die Zustimmung der übrigen Mitglieder gebunden.

§ 20 Übertragung der Mitgliedschaft
(1) Die Mitgliedschaft kann ganz oder teilweise auf einen Dritten übertragen werden.
(2) Die Übertragung bedarf der Zustimmung der übrigen Mitglieder.

§ 21 Ausschluss von Mitgliedern
(1) Mitglieder können aus wichtigem Grund aus der Vereinigung ausgeschlossen werden.

(2) Ein wichtiger Grund liegt insbesondere vor, wenn
- das Mitglied grob gegen seine Pflichten verstoßen hat,
- das Mitglied in schwerer Weise die Interessen der Vereinigung beeinträchtigt,
- über das Vermögen des Mitglieds ein Insolvenzverfahren eröffnet wird,
- der Mitgliedsanteil gepfändet wird,
- das Mitglied seiner Verpflichtung zur Leistung von Nachschüssen trotz Mahnung nicht nachkommt.

(3) Der Beschluss über den Ausschluss des Mitglieds bedarf einer Mehrheit von drei Vierteln der abgegebenen Stimmen. Das betroffene Mitglied ist nicht berechtigt, an dem Beschluss mitzuwirken.

§ 22 Abfindung
(1) Das ausgeschiedene Mitglied erhält eine Abfindung.
(2) Die Höhe der Abfindung entspricht dem Buchwert der Beteiligung zum Zeitpunkt des Ausscheidens.

VIII. Beendigung, Auflösung

§ 23 Auflösung
(1) Die Vereinigung kann durch Beschluss der Mitglieder aufgelöst werden.
(2) Der Beschluss bedarf einer Mehrheit von drei Vierteln der Mitglieder und von drei Vierteln des Kapitals der Vereinigung.
(3) Eine Auflösung ist nur zum Ende eines Geschäftsjahres und frühestens zum Ende des zweiten Geschäftsjahres nach Abschluss des Gründungsvertrages zulässig.

IX. Schlussbestimmungen

§ 24 Teilunwirksamkeit
(1) Sollten einzelne Bestimmungen dieses Vertrages ganz oder teilweise unwirksam sein, oder sich herausstellen, dass dieser Vertrag Lücken enthält, so wird hierdurch die Wirksamkeit der übrigen Bestimmungen nicht berührt.
(2) An der Stelle der unwirksamen Bestimmung gilt die Regelung als vereinbart, die der unwirksamen Bestimmung am nächsten kommt.
(3) Im Fall von Lücken gilt die Regelung als vereinbart, die derjenigen am nächsten kommt, die die Mitglieder vereinbart hätten, wenn sie die Lücke erkannt hätten.

§ 25 Schiedsgericht
Alle Streitigkeiten, die sich im Zusammenhang mit diesem Vertrag oder über seine Gültigkeit ergeben, werden nach der Schiedsgerichtsordnung der Deutschen Institution für Schiedsgerichtsbarkeit e.V. (DIS) unter Ausschluss des ordentlichen Rechtsweges endgültig entschieden. Das Schiedsverfahren findet am Sitz der Vereinigung statt. Die Anzahl der Schiedsrichter beträgt drei (3). Die Sprache des Schiedsverfahrens ist Deutsch.

§ 26 Anwendbares Recht
Die Rechtsverhältnisse dieser Vereinigung unterliegen dem Recht der Bundesrepublik Deutschland.

II. Muster: Anmeldung zum Handelsregister

M 313

57

An das
Amtsgericht _____
– Handelsregister –
_____ (Straße, Ort)
In der neu anzulegenden Handelsregistersache
_____ (Name der EWIV)
zeige ich an, dass ich zum alleinvertretungsberechtigten Geschäftsführer der _____ EWIV bestellt bin.
Ich überreiche eine beglaubigte Abschrift des Gründungsvertrages der _____ EWIV sowie den Beschluss über meine Bestellung als Geschäftsführer der EWIV.
Ich melde folgendes an:
1. Die Firma der Vereinigung lautet: _____ (Name der Vereinigung)
2. Der Sitz der Vereinigung ist: _____ (Ort der Geschäftsräume)
3. Der Gegenstand der Vereinigung ist _____ (stichwortartige Bezeichnung des Unternehmensgegenstandes)
4. Mitglieder der Vereinigung sind:
   – _____ (Name, Beruf, Wohn- und Geschäftssitz)
   – _____ (Firma, Adresse, Registereintragung)
   – _____
5. Geschäftsführer der Vereinigung sind:
   – _____ (Name, Beruf, Adresse)
   – _____ (Firma, Adresse, Registereintragung)
6. Jeder der Geschäftsführer ist alleinvertretungsberechtigt.
Als Geschäftsführer zeichne ich die Firma der Vereinigung und meine Unterschrift wie folgt:
_____ (Unterschrift Geschäftsführer)
Nach Belehrung durch den Notar versichere ich,
– dass ich deutscher Staatsangehöriger bin,
– dass keine Umstände vorliegen, die nach Art. 19 Abs. 1 der Verordnung (EWG) Nr. 1237/85 des Rates vom 25.7.1985 über die Schaffung einer Europäischen wirtschaftlichen Interessenvereinigung (EWIV) meiner Bestellung als Geschäftsführer entgegenstehen,
– dass ich weder aufgrund des Rechts der Bundesrepublik Deutschland noch aufgrund einer in einem Mitgliedstaat der Europäischen Gemeinschaft ergangenen oder anerkannten gerichtlichen Entscheidung oder Verwaltungsentscheidung daran gehindert bin, dem Verwaltungs- oder Leitungsorgan von Gesellschaften anzugehören, Unternehmen zu leiten oder als Geschäftsführer einer Europäischen wirtschaftlichen Interessenvereinigung tätig zu werden,
– dass der Gegenstand des Unternehmens keiner staatlichen Genehmigung bedarf.
_____ (Ort, Datum)
_____ (Unterschrift Geschäftsführer)
_____ (Beglaubigungsvermerk)

Kapitel 12 Unternehmensbezogene Vollmachten und Vertretungsnachweise im Gesellschaftsrecht

Dr. Ralf Leiner

§ 30 Unternehmensbezogene Vollmachten

Literatur

Baumbach/Hopt, Handelsgesetzbuch, 35. Aufl. 2012; *Ebenroth/Boujong/Joost/Strohn*, Kommentar zum Handelsgesetzbuch 2008 (zitiert: Ebenroth/Boujong/Joost/Strohn/*Bearbeiter*); Heidelberger Kommentar zum Handelsgesetzbuch, 7. Aufl. 2007 (zitiert: HK-HGB/*Bearbeiteter*); *Gustavus*, Änderungen bei Handelsregister-Anmeldungen durch das ERJuKoG (Gesetz über elektronische Register und Justizkosten für Telekommunikation), NotBZ 2002, 77; *Huber*, Betriebsführungsverträge zwischen selbständigen Unternehmen, ZHR 152 (1988), 1; *Hübner*, Zur Zulässigkeit der Generalvollmacht bei Kapitalgesellschaften, ZHR 143 (1979), 1; *Joussen*, Die Generalvollmacht im Handels- und Gesellschaftsrecht, WM 1994, 273; *Melchior*, Vollmachten bei Umwandlungsvorgängen – Vertretungshindernisse und Interessenkollision, GmbHR 1999, 520; *Münchener Kommentar zum Bürgerlichen Gesetzbuch*, Band 1, 6. Aufl. 2012 (zitiert: MüKo-BGB/*Bearbeiter*); *Münchener Kommentar zum Handelsgesetzbuch*, Band 1, 2. Aufl. 2005, (zitiert MüKo-HGB/*Bearbeiter*); *Palandt*, Bürgerliches Gesetzbuch, 71. Aufl. 2012 (zitiert: Palandt/*Bearbeiter*).

Inhalt

- **A. Rechtliche Grundlagen —— 1**
- I. Einleitung —— 1
- II. Allgemeine zivilrechtliche und handelsrechtliche Vollmachten —— 3
- III. Allgemeine Grundprinzipien der Stellvertretung —— 8
  1. Zulässigkeit der Stellvertretung —— 9
  2. Offenkundigkeit —— 12
     - a) Allgemeines —— 12
     - b) Unternehmensbezogene Geschäfte —— 15
     - c) Einschränkungen des Offenkundigkeitsgrundsatzes —— 18
  3. Vertretungsmacht —— 21
     - a) Gesetzliche Vertretung —— 22
     - b) Vollmacht —— 24
     - aa) Erteilung der Vollmacht —— 25
     - bb) Einzel- und Gesamtvollmacht —— 27
     - cc) Formbedürftigkeit —— 28
     - dd) Einseitige Rechtsgeschäfte —— 35
     - ee) Umfang der Vollmacht —— 37
     - ff) Schutz des Erklärungsempfängers, insbesondere Duldungs- und Anscheinsvollmacht —— 39
     - gg) Beschränkung der Vertretungsmacht bei Insichgeschäften —— 51
     - hh) Erlöschen der Vollmacht —— 55
     - ii) Vollmachtsstatuten nach internationalem Privatrecht —— 62
- IV. Gesetzliche Vertretung bei Personen- und Kapitalgesellschaften —— 66
  1. Kapitalgesellschaften —— 67
  2. Personengesellschaften —— 73
- V. Handelsrechtliche Vollmachten —— 78
  1. Prokura —— 82
     - a) Inhalt —— 82
     - b) Erteilung —— 83
     - c) Anmeldung zur Eintragung in das Handelsregister —— 85
     - d) Bestellungshindernisse —— 86
     - e) Verlautbarung im Außenverhältnis —— 87
     - f) Umfang der Vertretungsmacht —— 88
     - g) Arten der Prokura —— 94
     - h) Handelsregisteranmeldung —— 96
     - i) Widerruf und sonstige Erlöschenstatbestände —— 100
     - j) Interne Zuständigkeitsverteilung für die Prokuraerteilung bei Personen- und Kapitalgesellschaften —— 106
     - aa) Personengesellschaften —— 107
     - bb) Kapitalgesellschaften —— 112
  2. Handlungsvollmacht —— 114
     - a) Erteilung —— 116
     - b) Umfang der Vertretungsmacht —— 120
     - c) Gesetzliche Beschränkung der Vertretungsmacht —— 127
     - d) Sonderformen der Handlungsvollmacht —— 130
     - e) Erlöschen —— 136
  3. Generalvollmacht —— 139

a) Grundlagen —— 139
b) Umfang und Grenzen —— 145
c) Erlöschen —— 152
VI. Vollmachten bei Umwandlungsvorgängen —— 153
VII. Checkliste: Zulässigkeit der Stellvertretung: —— 158
B. Muster —— 161
I. Einzelprokura —— 161
  1. Muster: Erteilung einer Einzelprokura durch eine Kommanditgesellschaft —— 161
  2. Muster: Anmeldung der erteilten Einzelprokura zum Handelsregister —— 162
II. Prokuraerteilung mit Immobiliarklausel durch einen Einzelkaufmann —— 163
  1. Muster: Prokuraerteilung mit Immobiliarklausel durch einen Einzelkaufmann —— 163
  2. Muster: Anmeldung der erteilten Prokura zum Handelsregister —— 164
III. Prokuraerteilung – gemischte Gesamtvertretung – durch eine GmbH —— 165
  1. Muster: Prokuraerteilung – gemischte Gesamtvertretung – durch eine GmbH —— 165
  2. Muster: Anmeldung der erteilten Prokura – gemischte Gesamtvertretung – durch eine GmbH —— 166
IV. Gesamtprokura mit Immobiliarklausel —— 167
  1. Muster: Erteilung der Gesamtprokura mit Immobiliarklausel – gleichzeitig für alle Niederlassungen – durch eine GmbH —— 167

2. Muster: Anmeldung der Gesamtprokura mit Immobiliarklausel – gleichzeitig für alle Niederlassungen – durch eine GmbH zum Handelsregister —— 168
V. Niederlassungsgesamtprokura für eine GmbH —— 169
  1. Muster: Erteilung der Niederlassungsgesamtprokura für eine GmbH —— 169
  2. Muster: Anmeldung der Niederlassungsgesamtprokura zum Handelsregister —— 170
VI. Muster: Anmeldung des Erlöschens der Prokura für eine GmbH —— 171
VII. Muster: Einfache Handlungsvollmacht —— 172
VIII. Muster: Handlungsvollmacht für eine Zweigniederlassung —— 173
IX. Muster: Erteilung der Befugnis zur Zeichnung „im Auftrag" („i.A."-Zeichnung) —— 174
X. Muster: Notarielle Gründungsvollmacht – Spezialhandlungsvollmacht – zur Gründung einer AG —— 175
XI. Muster: Eingeschränkte Generalvollmacht für eine GmbH mit Immobiliarklausel —— 176
XII. Muster: Umfassende Bankvollmacht —— 177
XIII. Muster: Handelsregistervollmacht eines Kommanditisten für die gesetzlichen Vertreter der (GmbH & Co.) KG —— 178
XIV. Kraftloserklärung einer Vollmacht —— 179
  1. Muster: Kraftloserklärung einer Vollmacht —— 179
  2. Muster: Antrag an das zuständige Amtsgericht —— 180

A Rechtliche Grundlagen

I. Einleitung

1 Aufgrund privatautonomer Gestaltungsfreiheit kann jede natürliche und juristische Person ihren Handlungsspielraum im rechtsgeschäftlichen Sinne erweitern, indem sie Vertreter bestellt. Normalerweise tritt die mit der Abgabe einer Willenserklärung beabsichtigte Rechtsfolge in der Person des Erklärenden ein. Wenn der Erklärende hingegen im fremden Namen handelt, also die Willenserklärung für einen anderen abgibt, treffen die Rechtsfolgen die Person, für die gehandelt wurde, sofern der Erklärende zu der Vertretung berechtigt war.

2 Das in den §§ 164 ff. BGB geregelte Vertretungsrecht wird dementsprechend vom Repräsentationsprinzip geprägt. Rechtsgeschäftlich gehandelt wird vom Vertreter. Die rechtlichen Wirkungen treten bei der Person ein, für den der Vertreter mit Vertretungsmacht gehandelt hat.[1] Neben dem allgemeinen zivilrechtlichen Vertretungsrecht hat sich zum Schutz der Verkehrssicherheit und zur Vereinfachung des Handelsverkehrs eine Typologie handelsrechtlicher Vollmachten herausgebildet, die zum Teil gesetzlich normiert und zum Teil von der Rechtsprechung entwickelt wurden, um den Bedürfnissen des Handelsverkehrs gerecht zu werden.

---

[1] Palandt/*Heinrichs*, vor § 164 Rn 2.

II. Allgemeine zivilrechtliche und handelsrechtliche Vollmachten

Das HGB kennt als handelsrechtliche Vollmachten die in den §§ 48–50 HGB geregelte **Prokura** sowie die **Handlungsvollmacht**, normiert in §§ 54 ff. HGB. Die Vorschriften befassen sich im Wesentlichen mit dem Umfang der Vertretungsbefugnisse. 3

Im Gegensatz zu den handelsrechtlichen Vollmachtbestimmungen ist im BGB keine Regelung zum Umfang der Vollmacht enthalten. Infolge dessen unterscheidet das allgemeine Zivilrecht begrifflich auch nicht zwischen verschiedenen Vollmachtsarten, so dass es weder eine Spezial-, Art- oder Gattungsvollmacht noch eine **Generalvollmacht** als eigenständige Vollmachtsform kennt. Der Umfang der Vollmacht bestimmt sich ausschließlich nach dem Willen des Vollmachtgebers,[2] wobei in Zweifelsfällen die allgemeinen Grundsätze der Auslegung von Willenserklärungen heranzuziehen sind.[3] Maßgeblich ist demnach, wie der Empfänger der Erklärung diese nach Treu und Glauben mit Rücksicht auf die Verkehrssitte verstehen musste und durfte.[4] Neben dem Wortlaut der Erklärung sind hierbei auch der Zweck der Vollmacht, die jeweils zugrunde liegenden Rechtsgeschäfte sowie alle begleitenden Umstände unter Einschluss des Interesses der Beteiligten zu berücksichtigen. Unterschiede können sich hierbei ergeben, je nachdem, ob es sich um eine **Innen- oder Außenvollmacht** handelt. [5] 4

Im Unterschied zu den bürgerlich-rechtlichen Vollmachten legen die §§ 49, 50 und 54 HGB den Umfang von Prokura und Handelsvollmacht gesetzlich fest, wobei es sich bei § 54 HGB nach herrschender Meinung nur um eine gesetzliche Vermutung des Umfangs der Vertretungsmacht handelt.[6] Der Zweck dieser gesetzlichen Regelungen ist in erster Linie im Schutz der Verkehrssicherheit zu sehen, der gerade im Handelsverkehr erhebliche Bedeutung hat. Diejenigen Personen, die mit dem Vertreter eines Kaufmannes Rechtsgeschäfte tätigen, müssen sich darauf verlassen können, dass diesem eine Vertretungsmacht mit feststehendem Umfang zukommt. Es wäre für den Handelsverkehr unerträglich, wenn sich der Geschäftspartner bei jedem Rechtsgeschäft erst vergewissern müsste, ob dieses von der Vollmacht gedeckt ist. Entscheidend für das Zustandekommen eines Rechtsgeschäftes ist allein, ob die handelsrechtliche Vollmacht wirksam ist und sich der Vertreter in deren gesetzlichem Rahmen hält. 5

Das Handelsrecht wird im Allgemeinen als Sonderprivatrecht der Kaufleute definiert.[7] Als solches ist es untrennbar mit dem Bürgerlichen Recht verbunden, was zur Folge hat, dass auf Kaufleute und ihre Handelsgeschäfte das allgemeine Zivilrecht weiterhin grundsätzlich anwendbar bleibt.[8] Hieraus erklärt es sich, dass die Vorschriften des HGB in aller Regel nicht allein zur Anwendung kommen, sondern nur im Zusammenhang mit den jeweiligen bürgerlich-rechtlichen Normen. Nach Art. 2 EGHGB haben die Vorschriften des HGB hierbei die Funktion, die allgemeinen Vorschriften zum Teil zu verdrängen und zum Teil zu ergänzen. 6

Dieses Verhältnis zwischen allgemeinem Zivilrecht und Handelsrecht macht es auch erklärbar, dass das HGB die mit der handelsrechtlichen Vertretung zusammenhängenden Aspekte nicht abschließend normiert. Die §§ 48–58 HGB basieren auf den allgemeinen Vorschriften der §§ 164–181 BGB und modifizieren diese lediglich im Sinne der kaufmännischen Bedürfnisse. Handelsrechtliche Besonderheiten ergeben sich insbesondere bei der Begründung, dem Umfang und dem Erlöschen der Vertretungsmacht. Im Übrigen gelten die allgemeinen Stellvertretungsnormen des BGB in gleicher Weise auch für das Handelsrecht. 7

---

2 RGZ 71, 219, 221.
3 MüKo-BGB/*Schramm*, § 167 Rn 79.
4 BGH NJW 1960, 859, 859.
5 Ausführlich: MüKo-BGB/*Schramm*, § 167 Rn 80 f.
6 *Baumbach/Hopt*, HGB, § 54 Rn 9.
7 Ebenroth/Boujong/Joost/Strohn,HGB, vor § 1 Rn 26, 36.
8 Ebenroth/Boujong/Joost/Strohn,HGB, vor § 1, Rn 36.

III. Allgemeine Grundprinzipien der Stellvertretung

8 Da die unternehmensbezogenen Vollmachten mithin auf dem allgemeinen Vertretungsrecht basieren, sollen dessen Grundlagen nachfolgend im Überblick dargestellt werden.

1. Zulässigkeit der Stellvertretung

9 Stellvertretung ist nur bei der Vornahme von Rechtsgeschäften und geschäftsähnlichen Handlungen (z.B. Mahnung) möglich. Nicht anwendbar sind die §§ 164 ff. BGB daher insbesondere bei Realakten (z.B. Verbindung, Vermischung und Verarbeitung gem. §§ 946 ff. BGB) sowie im Zusammenhang mit dem Erwerb oder der Übertragung des Besitzes.

10 Unzulässig ist die Vertretung bei der Vornahme von Rechtsgeschäften, die nach dem Gesetz persönlich getätigt werden müssen. Regelungen hierzu finden sich vor allem im Familien- und Erbrecht. Im Handelsverkehr hat diese Einschränkung keine praktische Bedeutung.

11 Infolge der Privatautonomie kann vereinbart werden, dass zukünftige Rechtsgeschäfte zwischen den jeweiligen Vertragspartnern höchstpersönlich vorgenommen werden müssen. Man spricht hierbei von **gewillkürter Höchstpersönlichkeit**.[9]

2. Offenkundigkeit
a) Allgemeines

12 **Vertreterhandeln** wirkt nur dann für und gegen den Vertretenen, wenn der Vertreter erkennbar im Namen des Vertretenen auftritt. Der Vertreter muss mit seiner Erklärung deutlich machen, dass die Rechtsfolgen des Geschäftes nicht ihn, sondern einen anderen treffen sollen. Hierbei ist ein ausdrückliches Handeln in fremdem Namen nicht zwingend erforderlich. Es genügt, wenn nach den gesamten Umständen zum Ausdruck gebracht wird, dass die mit der Erklärung verbundenen Rechtsfolgen bei einem anderen eintreffen sollen (§ 164 Abs. 1 S. 2 BGB).

13 Nach herrschender Meinung findet die Regelung des § 164 Abs. 1 S. 2 BGB nicht nur dann Anwendung, wenn zweifelhaft ist, ob jemand überhaupt in fremdem Namen gehandelt hat, sondern auch dann, wenn die Person des Vertretenen zu bestimmen ist.[10] Sofern die **Identität des Vertretenen** nicht eindeutig feststeht, ist durch Auslegung nach allgemeinen Regeln zu ermitteln, für wen gehandelt wurde.

14 Wenn der Erklärende nicht hinreichend erkennbar zum Ausdruck bringt, in fremdem Namen zu handeln, wird er selbst verpflichtet. Da § 164 Abs. 2 BGB die Anfechtung wegen eines etwaigen Irrtums, in fremdem Namen handeln zu wollen, ausschließt, liegt in diesen Fällen ein unanfechtbares Eigengeschäft vor.[11]

b) Unternehmensbezogene Geschäfte

15 Der Offenkundigkeitsgrundsatz wird bei rechtsgeschäftlichem Handeln, das sich auf Unternehmen bezieht, gelockert. Unternehmensbezogene Geschäfte liegen dann vor, wenn der Handelnde deutlich macht, nicht für sich selbst, sondern für ein Unternehmen aufzutreten. Sofern dies der Fall ist, spricht nach der Rechtsprechung des BGH eine tatsächliche Vermutung dafür, der Inhaber des Unternehmens im Zweifel Vertragspartei werden soll.[12]

---

9 Nachweise bei MüKo-BGB/*Schramm*, vor § 164 Rn 73; Palandt/*Heinrichs*, vor § 164 Rn 4.
10 MüKo-BGB/*Schramm*, § 164 Rn 18; Palandt/*Heinrichs*, § 164 Rn 1.
11 MüKo-BGB/*Schramm*, § 164 Rn 62.
12 BGH NJW 1984, 1347; NJW 1995, 43, 44; MüKo-BGB/*Schramm*, § 164 Rn 19, 23.

Falls nicht ausdrücklich für ein Unternehmen gehandelt wird, ist aus den Umständen des Einzelfalles zu ermitteln, ob ein hinreichender Unternehmensbezug vorliegt. Ein solcher wird regelmäßig dann anzunehmen sein, wenn die Vertragsleistung für den Betrieb des Unternehmens bestimmt ist.[13]

Die **Grundsätze des unternehmensbezogenen Handelns** greifen auch dann ein, wenn sich aus den Erklärungen des Vertreters nicht ohne weiteres ergibt, für welches konkrete Unternehmen gehandelt wird. Der tatsächliche Unternehmensinhaber wird auch dann aus dem Rechtsgeschäft berechtigt und verpflichtet, wenn er falsch bezeichnet wurde oder der Vertragspartner sonstwie Fehlvorstellungen über ihn hat.[14]

c) Einschränkungen des Offenkundigkeitsgrundsatzes

Bei den sog. **Geschäften für den, den es angeht**, lässt die Rechtsprechung Ausnahmen vom Offenkundigkeitsprinzip zu.[15]

Ein Geschäft, für den es angeht, setzt voraus, dass der Geschäftsgegner an der Identität seines Vertragspartners nicht interessiert ist, was grundsätzlich bei Bargeschäften des täglichen Lebens der Fall ist.[16]

Um den **Offenkundigkeitsgrundsatz** durchbrechen zu können, muss hinzukommen, dass der Vertreter den Willen hat, für den Vertretenen zu handeln. Der rein innere Wille des Handelnden genügt hierfür nicht. Der Fremdhandlungswille muss nach außen dergestalt hervortreten, dass er für einen mit den Verhältnissen Vertrauten erkennbar wird.[17] Der Vertretungswille kann sich aus den gesamten Umständen des Einzelfalles ergeben, insbesondere auch aus dem Innenverhältnis des Handelnden zum Vertretenen.

3. Vertretungsmacht

Rechtsfolgen beim Vertretenen löst die vom Vertreter abgegebene Willenserklärung nur dann aus, wenn dieser mit Vertretungsmacht zur Vornahme des Rechtsgeschäfts gehandelt hat. Vertretungsmacht ist gegeben, wenn der Vertreter kraft Gesetzes zur Abgabe der Willenserklärung berechtigt war oder der Vertretene dem Vertreter eine Vollmacht zur Vornahme des Rechtsgeschäftes erteilt hat.

a) Gesetzliche Vertretung

Juristische Personen werden kraft Gesetzes durch ihre Organe vertreten. Die durch die gesetzlichen Vertretungsorgane abgegebenen Willenserklärungen gelten als Erklärungen der juristischen Person. Der Verein und die Aktiengesellschaft werden jeweils durch ihren Vorstand (§ 26 Abs. 2 S. 1 BGB, § 78 Abs. 1 AktG) und die GmbH durch ihren Geschäftsführer (§ 35 Abs. 1 GmbHG) vertreten.

Die Regelungen der §§ 166 Abs. 2 BGB – 176 BGB finden ausdrücklich nur auf die rechtsgeschäftliche Vertretung Anwendung. Im Übrigen gelten die §§ 164 ff. BGB für sämtliche Formen der gesetzlichen Vertretung.

---

[13] BGH NJW-RR 1997, 527.
[14] BGH NJW 1990, 2678; 1998, 2897.
[15] BGHZ 114, 74, 80; MüKo-BGB/*Schramm*, § 164 Rn 47; Palandt/*Heinrichs*, § 164 Rn 8.
[16] MüKo-BGB/*Schramm*, § 164 Rn 52.
[17] MüKo-BGB/*Schramm*, § 164 Rn 55.

b) Vollmacht

24 Bei Fehlen einer gesetzlichen Vorschrift kann Vertretungsmacht nur durch entsprechende Bevollmächtigung begründet werden.

aa) Erteilung der Vollmacht

25 Die Vollmacht wird durch einseitige empfangsbedürftige Willenserklärung erteilt (§ 167 BGB). Die Bevollmächtigung wird mit Zugang der Willenserklärung wirksam, ohne dass es einer Annahme durch den Vertreter bedarf.

26 § 167 BGB unterscheidet zwischen der dem Vertreter erteilten Vollmacht (**Innenvollmacht** gem. § 167 Abs. 1, 1. Alt. BGB) und der Erklärung der Bevollmächtigung des Vertreters gegenüber einem Dritten, in der Regel dem Geschäftspartner (**Außenvollmacht** gem. § 167 Abs. 1, 2. Alt. BGB).

bb) Einzel- und Gesamtvollmacht

27 Die rechtsgeschäftliche Vertretungsmacht kann zugleich mehreren Personen eingeräumt werden und zwar entweder als Einzelvollmacht, so dass jeder für sich allein vertretungsbefugt ist, oder als Gesamtvollmacht, die die Bevollmächtigten nur zu gemeinsamem Handeln für den Vertretenen berechtigt. Bei der Gesamtvollmacht ist es möglich, dass der andere Vertretungsberechtigte von vorneherein dem Geschäft zustimmt oder es nachträglich genehmigt (Ermächtigung bzw. nachträgliche Zustimmung); eine generelle Ermächtigung ist jedoch ausgeschlossen, weil sie den Zweck der Gesamtvertretung vereiteln würde.

cc) Formbedürftigkeit

28 Die Vollmachterteilung bedarf nach § 167 Abs. 2 BGB nicht der Form, die für das Rechtsgeschäft bestimmt ist, auf das sich die Vollmacht bezieht. Die Vollmacht ist in der Regel formfrei.

29 Ein Formzwang besteht nur dann, wenn die Vertragsparteien eine entsprechende Vereinbarung hierüber getroffen haben oder durch Gesetz eine bestimmte Form verlangt wird.

30 In letzterem Fall kann es sich bei der Einhaltung der Form um eine **Wirksamkeitsvoraussetzung** handeln (z.B. § 47 Abs. 3 GmbHG; §§ 134 Abs. 3, § 135 Abs. 3 AktG). In anderen gesetzlich geregelten Fällen kann die Vollmacht zwar formlos erteilt werden, der Nachweis der Bevollmächtigung gegenüber dem Gericht bedarf aber einer bestimmten Form (z.B. § 29 GBO; § 12 Abs. 2 HGB).

31 Die Rechtsprechung schränkt § 167 Abs. 2 BGB ferner dann ein, wenn die formlose Vollmachtserteilung zur Umgehung von Formvorschriften führen würde, die für das Rechtsgeschäft gelten, zu dem bevollmächtigt wird. Hierbei handelt es sich typischerweise um Grundstückskaufverträge.[18]

32 Eine Vollmacht, die unwiderruflich zur Vornahme von Rechtsgeschäften ermächtigt, die nach § 311 b Abs. 1 S. 1 BGB beurkundungsbedürftig sind, muss **notariell beurkundet** sein.[19] Eine notarielle Beurkundung der Vollmacht wird ferner dann gefordert, wenn die Vollmacht zur Vornahme eines Rechtsgeschäftes gem. § 311 b Abs. 1 S. 1 BGB zwar widerrufen werden kann, sich der Vollmachtgeber aber tatsächlich gebunden hat.[20] Ob eine zum Formzwang führende tatsächliche Bindung eingetreten ist, beurteilt sich nach den Einzelfallumständen. Angenom-

---

[18] BGH DNotZ 1965, 549; BGH DNotZ 1979, 684.
[19] BGHZ 132, 119, 124.
[20] BGH NJW 1979, 2306.

men wird sie beispielsweise dann, wenn das Rechtsgeschäft ausschließlich den Interessen des Vollmachtnehmers dient. [21]

Auch eine widerrufliche Vollmacht zur Grundstücksveräußerung bedarf notarieller Beurkundung, wenn sie dem Bevollmächtigten ein Selbstkontrahieren ausdrücklich gestattet und sich der Vollmachtgeber dadurch bereits so weit gebunden hat, dass durch die Vollmacht das Veräußerung- und Erwerbsgeschäft praktisch vorweggenommen wurde. Dies ist dann der Fall, wenn die Vollmacht nach den Umständen zum Zeitpunkt der Vollmachtserteilung dazu dient, innerhalb kurzer Frist (so dass die Widerrufsmöglichkeit ohne Einfluss ist) den Abschluss des Grundstücksgeschäftes im Wege des Selbstkontrahierens herbeizuführen.[22] 33

Im Zweifel ist dann eine gleichzeitig ohne notarielle Beurkundung erteilte **Auflassungsvollmacht** ebenfalls (schwebend) unwirksam, so dass der so Bevollmächtigte als Vertreter ohne Vertretungsvollmacht handelt.[23] Die Grundbucheintragung des so bevollmächtigten Erwerbers führt auch nicht zur Heilung des vollmachtlos vollzogenen Geschäfts, da § 311 b Abs. 1 S. 2 BGB ausschließlich formunwirksame Verträge heilen will. Die Genehmigung eines solchen Geschäftes durch formloses schlüssiges Verhalten bleibt allerdings möglich.[24] Will der so Vertretene das Geschäft nicht gegen sich gelten lassen, verbleibt ihm ein Anspruch auf Grundbuchberichtigung aus § 894 BGB, sowie ein Herausgabeanspruch aus § 985 BGB, da er nach wie vor Eigentümer des Grundstücks ist. 34

dd) Einseitige Rechtsgeschäfte

Sofern ein Vertreter ein einseitiges Rechtsgeschäft ohne Vertretungsmacht abschließt, ist dieses nach § 180 S. 1 BGB grundsätzlich nichtig und kann vom Vertretenen auch nicht genehmigt werden. § 180 S. 2 BGB verweist auf die Regelungen in §§ 177–179 BGB, sofern der Erklärende die Vertretungsmacht behauptet und der Geschäftspartner den Mangel der Vertretungsmacht nicht beanstandet oder damit einverstanden war, dass der Vertreter ohne Vertretungsmacht handelt. 35

Dem sich hieraus ergebenden Interesse des Erklärungsempfängers, Gewissheit über das Vorliegen einer Vollmacht zu haben, trägt § 174 BGB Rechnung. Nach § 174 S. 1 ist der Empfänger zur **Zurückweisung einer einseitigen Willenserklärung** berechtigt, sofern der Erklärung keine Vollmachtsurkunde beigefügt ist. Die Zurückweisung führt zur Unwirksamkeit des einseitigen Rechtsgeschäfts (§ 174 S. 1 BGB). Vorzulegen ist immer die Urschrift oder eine Ausfertigung der Vollmachtsurkunde. Eine beglaubigte Abschrift reicht nicht aus, weil sie keine Echtheitsprüfung ermöglicht und deshalb keine Gewissheit über das Bestehen der Vollmacht schafft. Gleiches gilt für Faxkopien oder Ablichtungen, und zwar auch dann, wenn die Willenserklärung durch Vermittlung eines Gerichtsvollziehers zugestellt wird.[25] 36

ee) Umfang der Vollmacht

Der Vertretene kann den Umfang einer allgemeinen zivilrechtlichen Vollmacht frei bestimmen. Im Allgemeinen wird unterschieden zwischen der Befugnis zur Vornahme 37
- eines einzelnen, konkret bestimmten Rechtsgeschäfts (**Einzelvollmacht**);
- von Rechtsgeschäften, die zu einem bestimmten Geschäftsbereich gehören (**Gattungs- oder Artvollmacht**);

---

21 BGHZ 132, 119, 124.
22 BGH MDR 2000, 1125, 1126 = DNotZ 2000, 775, 778.
23 Palandt/*Grüneberg*, § 311 b Rn 22.
24 OLG Schleswig OLGR 2000, 350, 352 = NJW-RR 2001, 733, 734.
25 BGH NJW 1981, 1210.

— von allen den Vollmachtgeber betreffenden Rechtsgeschäften, bei denen Stellvertretung zulässig ist (Generalvollmacht).

38 Bei Zweifeln über den Umfang der Vertretungsmacht ist die Vollmacht nach den allgemeinen Regeln auszulegen (§§ 133, 157 BGB). Hierbei kommt es maßgeblich darauf an, wie derjenige, dem die Vollmacht gegenüber erklärt wurde – also der Vertreter oder der Vertragspartner – die Bevollmächtigung bei verständiger Betrachtung verstehen durfte.

ff) Schutz des Erklärungsempfängers, insbesondere Duldungs- und Anscheinsvollmacht

39 Sofern der Offenkundigkeitsgrundsatz gewahrt wird – der Erklärende also zu erkennen gibt, dass er für einen anderen handelt – ist der gute Glaube an den Bestand der Vollmacht nicht geschützt. Vielmehr ist der Erklärungsempfänger gehalten, in Erfahrung zu bringen, ob der Erklärende tatsächlich für den Vertretenen handeln durfte.

40 Ausnahmen gelten nur dann, wenn die Regelungen der §§ 170 bis 173 BGB Anwendung finden oder die Grundsätze der Duldungs- bzw. Anscheinsvollmacht eingreifen.

41 Nach den §§ 170 bis 173 BGB darf sich der Dritte auf das Bestehen von Vertretungsmacht verlassen, wenn
– die Vollmachtserteilung ihm gegenüber erfolgt ist, also eine Außenvollmacht nach § 170 BGB vorliegt,
– er von der Bevollmächtigung informiert oder diese öffentlich bekannt gemacht worden war (§ 171 Abs. 1 BGB) oder
– der Vertreter eine Vollmachtsurkunde vorgelegt hat (172 Abs. 1 BGB).

42 Sofern der Erklärungsempfänger gutgläubig ist, kann er auf die Vertretungsmacht solange vertrauen, bis ihm das Erlöschen der Vollmacht mitgeteilt wird, und zwar in gleicher Weise wie die Vollmachtserteilung ursprünglich kundgetan worden war.

43 Sofern ein Vertreter ein Rechtsgeschäft für einen anderen tätigt, ohne hierzu bevollmächtigt zu sein, muss sich der Vertretene hieran festhalten lassen, wenn ihm die Erklärungen des Vertreters nach den von der Rechtsprechung entwickelten Regeln der Duldungs- und Anscheinsvollmacht zugerechnet werden können.

44 Eine **Duldungsvollmacht** setzt voraus, dass
– eine Person **wiederholt** und über eine **gewisse Dauer** für einen anderen im Rechtsverkehr auftritt und hierdurch der Rechtsschein einer Bevollmächtigung erzeugt wird,
– der Vertretene hiervon **Kenntnis** hat und trotz Handlungsmöglichkeit hiergegen nicht einschreitet,
– der Geschäftspartner nach Treu und Glauben von einer Bevollmächtigung ausgehen durfte, also gutgläubig ist.[26]

45 Die Grundsätze der Duldungsvollmacht werden entsprechend angewandt, wenn der Vertreter zwar mit Vollmacht, jedoch nicht in deren erlaubtem Rahmen handelt.

46 Bei einer nicht wirksam beurkundeten Vollmacht kann eine Haftung aus wissentlich veranlasstem Rechtsschein auch dann zu bejahen sein, wenn das Vertrauen des Dritten auf den Bestand der Vollmacht an andere Umstände als an die Vollmachtsurkunde anknüpft und nach den Grundsätzen über die Duldungsvollmacht schutzwürdig erscheint.[27]

---

[26] BGH NJW 2007, 987; MüKo-BGB/*Schramm*, § 167 Rn 47, 70.
[27] BGH NJW 1997, 312.

Von einer **Anscheinsvollmacht** ist dann auszugehen, wenn der Vertretene das Handeln des Scheinvertreters zwar nicht kennt, er es aber bei pflichtgemäßer Sorgfalt hätte erkennen und verhindern können und der Geschäftspartner das Verhalten des Vertretenen nach Treu und Glauben so verstehen durfte, dass der Vertretene das Handeln des Vertreters dulde und billige.[28] 47

Der Duldungsvollmacht, bei der es sich um eine Rechtsscheinvollmacht handelt,[29] ist zu unterscheiden von der **stillschweigenden bzw. konkludenten Vollmachtserteilung**. Eine solche liegt dann vor, wenn der Vertretene das ihm bekannte Verhalten des Vertreters zur Kenntnis nimmt und er dieses Auftreten mit rechtsgeschäftlichem Willen billigt.[30] Maßgebliches Unterscheidungskriterium zu der Rechtsscheinsvollmacht ist demnach der Bevollmächtigungswille des Geschäftsherrn. 48

Eine GmbH muss sich das Handeln eines Mitarbeiters jedenfalls nach Rechtsscheingrundsätzen zurechnen lassen, wenn dieser im Rahmen einer langjährigen Geschäftsverbindung in Erfüllung der ihm übertragenen Aufgaben gegenüber dem Geschäftspartner als Bevollmächtigter auftritt, dabei die Verträge unter Verwendung des Firmenstempels eigenständig unterzeichnet und bevollmächtigt ist, Schecks im Namen der GmbH auszustellen und damit Rechnungen des Geschäftspartners zu begleichen sowie die Korrespondenz mit diesem ohne jede Kontrolle zu führen.[31] Indem die GmbH dem Mitarbeiter so weitgehende Befugnisse und Zugriffsmöglichkeiten eingeräumt hat, hat sie den Rechtsschein einer unbeschränkten Handlungsvollmacht gesetzt und trägt das Risiko, dass der Mitarbeiter nach zunächst ordnungsgemäßer Abwicklung von Verträgen mit dem Geschäftspartner später Geschäfte an der GmbH vorbei abschließt. 49

Anders sieht es jedoch aus, wenn dem Erklärungsgegner nicht klar ist, dass der Erklärende seine Willenserklärung im fremden Namen abgibt und sich dies auch nicht aus den Umständen ergibt. Das ist z.B. der Fall, wenn auf dem Briefbogen eines Unternehmens ein Angebot erstellt wird, das von einem Dritten unterschrieben und mit dem Stempelaufdruck einer (anderen) Firma versehen wird, für die der Dritte gelegentlich persönlich im Geschäftsverkehr aufgetreten ist. Hier wird die Vertreterbestellung des unterzeichnenden Dritten nicht erkennbar, so dass der aufgrund des Antrags geschlossene Vertrag nicht mit dem Unternehmen zustande kommt, auf dessen Briefbogen das Angebot erstellt wurde, sondern mit dem Dritten.[32] Dies gilt erst recht, wenn der Unterzeichnende des Angebotes die Vertragsverhandlungen persönlich geführt hat und dabei nicht zu erkennen gab, dass er für das Unternehmen tätig wird, auf dessen Briefbogen er das Angebot erstellte. 50

gg) Beschränkung der Vertretungsmacht bei Insichgeschäften

Dem rechtsgeschäftlichen und gesetzlichen Vertreter ist es grundsätzlich verwehrt, sog. Insichgeschäfte nach § 181 BGB zu tätigen. Rechtsfolge eines unter Verstoß gegen § 181 BGB abgeschlossenen Rechtsgeschäftes ist nicht dessen Nichtigkeit, sondern die **schwebende Unwirksamkeit**. Der Geschäftsherr hat es also in der Hand, das Geschäft durch nachträgliche Genehmigung wirksam werden zu lassen. 51

Unzulässig sind nach § 181 BGB zwei Formen des Insichgeschäftes, und zwar das Handeln im Namen des Vertretenen mit sich im eigenen Namen (Selbstkontrahieren gem. § 181, 1. Alt. BGB) und das Handeln im Namen des Vertretenen als Vertreter eines Dritten (Mehrvertretung gem. § 181, 2. Alt. BGB). 52

---

[28] BGH NJW 1998, 1854, 1955; MüKo-BGB/*Schramm*, § 167 Rn 57.
[29] BGH NJW 2005, 2985.
[30] BGH DB 1953, 372.
[31] OLG Köln OLGR 2001, 21 = NJW-RR 2001, 543.
[32] LG Itzehoe, Urt. v. 6.11.2003, Az.: 7 O 131/02.

53 Insichgeschäfte sind gem. § 181 BGB dann zulässig, wenn sie gestattet sind oder ausschließlich in der Erfüllung einer Verbindlichkeit bestehen. Nach Sinn und Zweck der gesetzlichen Regelung findet § 181 BGB ferner dann keine Anwendung, wenn das Rechtsgeschäft für den Geschäftsherr lediglich rechtlich vorteilhaft ist.

hh) Erlöschen der Vollmacht

55 Nach § 168 S. 1 BGB erlischt die Vollmacht mit Beendigung des zugrunde liegenden Rechtsgeschäftes (typischerweise Arbeits-, Dienst-, Geschäftsbesorgungsvertrag oder Auftrag).

56 Auch bei Fortbestehen des Grundverhältnisses erlischt die Vollmacht dann, wenn sie vom Vollmachtgeber widerrufen wird, es sei denn, sie wurde als unwiderrufliche Vollmacht erteilt. Die Vollmacht ist abstrakt und grundsätzlich unabhängig vom Grundverhältnis widerruflich, soweit sich aus diesem nicht anderes ergibt (§ 168 S. 2, 3 BGB).

57 Der **Widerruf der Vollmacht** erfolgt – ebenso wie die Erteilung – gegenüber dem Bevollmächtigten, dem Dritten oder durch öffentliche Bekanntmachung. Wegen des durch die erteilte Vollmacht hervorgerufenen Rechtsscheins ist sie regelmäßig in der Weise zu widerrufen, wie sie erteilt wurde. Dieser Schutz (vgl. § 170 BGB) kommt einem Dritten nur dann nicht zugute, wenn er bei der Vornahme des Rechtsgeschäftes wusste oder wissen musste, dass die Vollmacht erloschen war (§ 173 BGB).[33]

58 Ist die Vollmacht nach § 171 Abs. 1 BGB bekannt gemacht worden, ordnet Abs. 2 den Fortbestand der Vertretungsmacht an bis zum Widerruf in gleicher Form wie die Kundgabe. Der besondere Rechtsschein, den eine Vollmacht erzeugt, wird nur durch den direkten Widerruf gegenüber Dritten durch die Rückgabe der an den Vertreter ausgehändigten Vollmachtsurkunde oder durch Kraftloserklärung der Vollmachtsurkunde aufgehoben. (§ 172 Abs. 2 BGB

59 Die **Kraftloserklärung** durch öffentliche Bekanntmachung ist eine rechtsgestaltende Erklärung des Vollmachtgebers, die nach den Vorschriften der Zivilprozessordnung vorzunehmen ist. Sie erfolgt wie die Zustellung von Ladungen (§§ 204, 205 ZPO, § 176 Abs. 1 BGB). Der Vollmachtgeber hat hierzu bei dem zuständigen Amtsgericht die Bewilligung der Veröffentlichung zu beantragen (§ 176 Abs. 2 BGB); die Kraftloserklärung wird wirksam mit dem Ablauf eines Monats nach den letzten Einrücken im Veröffentlichungsblatt (§ 176 Abs. 2 BGB).

60 Dass der Bevollmächtigung zugrunde liegende Rechtsgeschäft kann vorsehen, dass die Vollmacht unwiderruflich erteilt ist. Um einer übermäßigen Einschränkung des Selbstbestimmungsrechts des Vertretenen vorzubeugen, besteht Einigkeit darin, dass für den Ausschluss bzw. die Beschränkung der Widerruflichkeit einer Vollmacht Grenzen bestehen. Maßgebliches Kriterium für die Zulässigkeit der unwiderruflichen Vollmacht ist, ob der Bevollmächtigte oder ein Dritter ein besonderes Eigeninteresse an der Bevollmächtigung hat, das dem Interesse des Vollmachtgebers an der Widerruflichkeit zumindest gleichwertig ist. Erfolgt die Vollmacht ausschließlich oder jedenfalls überwiegend im Interesse des Vollmachtgebers, ist die Vereinbarung der Unwiderruflichkeit unwirksam.[34]

61 Besonderheiten bestehen bei der sehr weit reichenden **Generalvollmacht**. Hier nimmt die herrschende Meinung an, dass der Widerruf nicht ausgeschlossen werden kann.[35] Das gilt uneingeschränkt für die sog. isolierte Generalvollmacht, also eine Vollmacht ohne zugrunde liegendes Kausalgeschäft. Aber auch bei der auf einem Grundgeschäft beruhenden Generalvollmacht wird überwiegend angenommen, dass diese zum Schutz des Selbstbestimmungsrechtes des Vertretenden nur widerruflich erteilt werden kann.[36] Ein Ausschluss der Widerruflichkeit

---

33 Vgl. auch § 171 Abs. 2 BGB.
34 MüKo-BGB/*Schramm*, § 168 Rn 21 m.w.N.
35 MüKo-BGB/*Schramm* § 168 Rn 26.
36 MüKo-BGB/*Schramm*, § 168 Rn 26 m.w.N.

soll selbst dann unzulässig sein, wenn die Vollmacht zeitlich begrenzt oder im Innenverhältnis auf einen bestimmten Kreis von Geschäften eingegrenzt ist.

ii) **Vollmachtsstatuten nach internationalem Privatrecht**

Nach deutschem internationalen Privatrecht unterliegt die Vollmacht nicht dem Geschäftsstatut des Handelns, zu dem die Vollmacht berechtigt, sondern einem besonderen Vollmachtsstatut: Für den Vollmachtsumfang gilt das Recht des Landes, in dem sich der Vertreter befindet („**Wirkungsland**", Art. 11 Abs. 3 EGBGB).[37] 62

Der in der Rspr. des RG ausgesprochene Grundsatz, wonach der Umfang der Vollmacht eines ständigen Vertreters nach dem Recht des Ortes zu beurteilen ist, wo die Vollmacht zur Auswirkung gelangt, ist auch auf nichtständige Vertreter auszudehnen, wenn es sich um eine kaufmännische Vollmacht handelt und der Bevollmächtigte eine selbständige Berufstätigkeit im Wirtschaftsleben ausübt.[38] 63

Hat ein ausländisches Unternehmen durch seine ständige Vertretung in Deutschland einem deutschen Verhandlungspartner einen Vertrag über die Lieferung von Waren nach Deutschland angetragen, so ist die Frage, ob der Vertrag zustande gekommen ist, lediglich nach deutschem Recht zu beurteilen. Ist streitig, ob jemand sich eine Willenserklärung kraft Anscheinsvollmacht zurechnen lassen muss, so entscheidet deutsches Recht, wenn der Anschein der Vollmacht gegenüber dem Erklärungsgegner in Deutschland bestanden hat.[39] 64

Die **internationalen Vollmachtsformulare** zur Verwendung in den Staaten der Europäischen Union hat die internationale Union des lateinischen Notariats (UINL) vor einigen Jahren durch geänderte Formulare ersetzt, die für viele Staaten Europas Anwendung finden können und in einer Broschüre der UINL zusammengestellt sind.[40] 65

IV. Gesetzliche Vertretung bei Personen- und Kapitalgesellschaften

Bevor auf die handelsrechtlichen Vollmachten im Einzelnen eingegangen wird, sollen die Grundzüge der gesetzlichen Vertretung bei Kapital- und Personengesellschaften dargestellt werden. 66

1. Kapitalgesellschaften

Nach der herrschenden **Organtheorie** ist die juristische Person selbst durch ihre Organe Handlungs- und Willensträger. Zwar können für die juristische Person ebenso wie für natürliche Personen auch gesellschaftsfremde Dritte als Stellvertreter handeln. Jedoch ist streng zwischen dieser Stellvertretung und dem Selbsthandeln der juristischen Person durch ihre Organe zu unterscheiden. Das Handeln der Organe ist qualitativ anders einzustufen als das Handeln gesellschaftsfremder Dritter. 67

Die Organtheorie hat für die Zulässigkeit und den Umfang von unternehmensbezogenen Vollmachten maßgebliche Bedeutung. Die organschaftliche Vertretung ist nach der Organtheorie zwingend den Gesellschaftsorganen vorbehalten. Ein Unternehmen kann einem Dritten zwar weitgehende rechtsgeschäftliche Vertretungsbefugnisse einräumen, die organschaftliche Vertretungsmacht als solche ist hingegen unübertragbar. Dies gilt für eine Übertragung durch han- 68

---

[37] Vgl. dazu auch BGHZ 43, 21; BGHZ 64, 183.
[38] BGH NJW 1954, 1561.
[39] BGH NJW 1965, 487.
[40] Bezug bei den Notarkammern bzw. der Bundesnotarkammer.

delsrechtliche Vollmachten ebenso wie für zivilrechtliche Vollmachten, insbesondere auch für eine Generalvollmacht. Gerade bei der GmbH ist die Zuständigkeitsverteilung ein zwingendes Organisationsprinzip, so dass die organschaftliche Vertretungsmacht nicht einmal auf ein anderes Gesellschaftsorgan (z.B. Gesellschafter oder zwingender bzw. fakultativer Aufsichtsrat) verlagert werden kann.

69 Trotz des Verbotes der Übertragung von Organbefugnissen hält es die Rechtsprechung für zulässig, dass der Gesellschaftsvertrag einem geschäftsführenden Gesellschafter das Recht einräumt, einen Dritten im weiteren Umfang mit der Vertretung und internen Geschäftsführungsaufgaben zu betrauen, weil hiermit nicht zwangsläufig eine Übertragung von Organbefugnissen verbunden ist. Der Bevollmächtigte erhalte gerade nicht die Stellung eines Organvertreters.[41]

70 Wo die Grenze zwischen einer zulässigen schuldrechtlichen und einer unwirksamen organschaftlichen Übertragung von **Vertretungs- und Geschäftsführungskompetenzen** zu ziehen ist, hängt von den Umständen des Einzelfalles ab.[42] Eine Übertragung der organschaftlichen Entscheidungsbefugnisse ist dann anzunehmen, wenn die Kompetenzverlagerung in Ansehung der getroffenen Vereinbarungen einer unzulässigen Selbstentmündigung der Gesellschafter gleichkommt. Zu vergleichen ist der Umfang der überlassenen Befugnisse mit den bei den Gesellschaftern verbliebenen Leitungs- und Weisungskompetenzen. Als Grundregel gilt, dass die Gesellschafter immer „Herren des Gesellschaftsvertrages" bleiben müssen, ihnen also die Möglichkeit offen stehen muss, jederzeit die Geschicke des Unternehmens in die eigenen Hände zu nehmen.

71 Unzulässig ist daher eine unwiderrufliche Übertragung von Geschäftsführungsbefugnissen, vor allem wenn diese mit einem Verzicht auf eigene Rechtsausübung verbunden ist. Aus diesem Grunde muss der einer Bevollmächtigung zugrunde liegende schuldrechtliche Vertrag für die Gesellschafter jederzeit frei kündbar sein. Das Kündigungsrecht darf auch nicht auf eine Kündigung aus wichtigem Grund begrenzt werden. Bei den Gesellschaftern muss überdies das Recht verbleiben, in ihrer Gesamtheit oder mehrheitlich zu jedem Zeitpunkt in die laufende Geschäftsführung eingreifen zu können und diese insgesamt oder zumindest in Teilbereichen an sich zu ziehen.

72 Sofern die unentziehbaren Entscheidungsrechte den Gesellschaftern zustehen und deren Einflussmöglichkeiten in ausreichendem Maße gewahrt werden, ist es unbedenklich, wenn sich die Gesellschafter durch Beschluss oder satzungsmäßige Vereinbarung von der unmittelbaren Geschäftsführung nahezu vollständig zurückziehen und diese einem Bevollmächtigten überlassen.

2. Personengesellschaften

73 Personengesellschaften werden gem. §§ 125, 161 Abs. 2 HGB durch ihre persönlich haftenden Gesellschafter vertreten. Die Rechtsnatur der Vertretung von Personengesellschaften ist ebenso wie bei Kapitalgesellschaften organschaftlicher Art.[43] Personen- und Kapitalgesellschaften unterscheiden sich in ihren Vertretungsformen im wesentlichen nur dadurch, dass die Personengesellschaften mit ihren persönlich haftenden Gesellschaftern naturgemäße gesetzliche Vertreter haben (sog. **Selbstorganschaft**), ihre Vertretungsorgane im Gegensatz zu den Kapitalgesellschaften also nicht bestellt werden müssen (sog. **Fremdorganschaft**). Die organschaftliche Rechtsnatur der in den §§ 125–127 HGB geregelten Vertretung führt dazu, dass bei der Frage der Zulässigkeit und des Umfanges eines Drittbevollmächtigung eine weitgehende Übereinstimmung mit der Rechtslage bei den Kapitalgesellschaften besteht.

---

41 BGHZ 13, 61, 65; 33, 105, 108; 36, 292, 295.
42 BGH NJW 1982, 877, 878; BGH NJW 1982, 1817, 1818.
43 BGHZ 36, 292, 295; 51, 198, 200.

Ebenso wie bei den Kapitalgesellschaften sind die organschaftlichen Vertretungsbefugnisse bei Personengesellschaften höchstpersönlicher Art und daher nicht übertragbar, sondern lediglich in dem in §§ 125–127 HGB vorgegebenen Rahmen abänderbar.

Für die internen Geschäftsführungsbefugnisse bestimmt § 114 Abs. 1 HGB, dass die Gesellschafter zur Geschäftsführung berechtigt und verpflichtet sind. Diese Regelung ist indessen nach § 109 HGB dispositiv. Sofern die Gesellschafter die internen Befugnisse untereinander aufteilen, haben sie einen nahezu unbeschränkten Spielraum. Werden hingegen Dritte mit Geschäftsführungsaufgaben betraut, ist die Vertragsfreiheit zum einen durch den Grundsatz der Selbstorganschaft und zum anderen durch das aus § 717 S. 1 BGB i.V.m. §§ 105 Abs. 2, 161 Abs. 2 HBG zu entnehmende Abspaltungsverbot begrenzt.[44]

Das **Abspaltungsverbot**, wonach die mitgliedschaftlichen Verwaltungsrechte als untrennbare Funktionseinheit zu behandeln sind, stellt in seinen sämtlichen Auswirkungen zwingendes, auch durch Gesellschaftsvertrag nicht abdingbares Recht dar. In Verbindung mit dem Grundsatz der Selbstorganschaft ergibt sich als unmittelbare Folge des Abspaltungsverbotes, dass die Gesellschafter ihre mitgliedschaftlichen Geschäftsführungsbefugnisse nicht auf Dritte übertragen können. Unzulässig ist hiernach aber lediglich eine „echte" Übertragung der mitgliedschaftlichen Geschäftsführung. Mit dem Abspaltungsverbot vereinbar ist hingegen die tatsächliche Überlassung der Geschäftsführung an einen Dritten in einem sehr weitreichenden Umfang, sofern die zwingenden Einflussmöglichkeiten der Gesellschafter gewahrt bleiben.

Für die Grenze zwischen einer zulässigen schuldrechtlichen und einer unwirksamen organschaftlichen Übertragung von Geschäftsführungskompetenzen gelten die vorstehenden Ausführungen zu den Kapitalgesellschaften unter Ziff. IV.1 entsprechend.

V. Handelsrechtliche Vollmachten

Das HGB kennt als handelsrechtliche Vollmachten[45] lediglich
- die Prokura als Vollmachtsform mit gesetzlich festgelegtem und nur begrenzt erweiterbarem Umfang (§§ 48–50 HGB) sowie
- die Handelsvollmacht mit gesetzlich vermuteten Umfang (§ 54 HGB).

Beiden Formen ist gemeinsam, dass nur ein Kaufmann die Vollmacht einer in das Unternehmen integrierten Person erteilen kann (vgl. §§ 48, 54 HGB).[46]

Obwohl gesetzlich nicht geregelt, nehmen **Gründungsvollmachten** und **Handelsregistervollmachten** einen breiten rechtstatsächlichen Raum ein. Ihr Inhalt und ihr Umfang sind dabei häufig nicht klar bestimmt.

Das OLG Schleswig[47] hat bei der Auslegung einer Handelsregistervollmacht die Auffassung vertreten, dass auch bei einer Publikumsgesellschaft der Streit, ob jemand der Gesellschaft angehört, grundsätzlich nicht mit dieser, sondern nur im Prozess mit den Mitgesellschaftern ausgetragen werden kann, sofern der Gesellschaftsvertrag der Personengesellschaft nichts abweichendes bestimmt.

Der BGH[48] hat zum Umfang der Vollmacht des Prokuristen zur Anmeldung zum Handelsregister die Auffassung vertreten, dass ein Prokurist nur dann ohne zusätzliche Vollmacht keine Anmeldungen zum Handelsregister vornehmen kann, wenn diese die Grundlagen des „eigenen"

---

44 BGHZ 3, 354, 357; 13, 61, 65; 36, 292, 293 ff.
45 Vgl. allg. Ebenroth/Boujong/Joost/Strohn HGB, vor § 48 Rn 1 ff.
46 *Baumbach/Hopt*, HGB, § 48 Rn 1.
47 OLG Schleswig NZG 2001, 404, 405.
48 BGHZ 116, 190.

Handelsgeschäfts betreffen. Die Erfüllung von Anmeldepflichten der von dem Prokuristen vertretenen Gesellschaft als Kommanditistin einer anderen Gesellschaft ist dagegen von der ihm nach § 49 Abs. 1 HGB zustehenden Vertretungsmacht gedeckt.

1. Prokura
a) Inhalt

82 Die Prokura ist die einzige Vollmachtsform, die im HGB eingehend geregelt ist (§§ 48–53 HGB). Es handelt sich um eine in das Handelsregister einzutragende (§ 53 HGB) Handelsvollmacht mit gesetzlich festgelegtem (§ 49 HGB) und unbeschränkbarem Umfang (§ 50 Abs. 1 HGB, Ausnahme in Abs. 3 für die Zweigniederlassung). Jeder, der mit einem Prokuristen Geschäfte abschließt, kann sich darauf verlassen, dass der Prokurist im gesetzlich festgelegten Umfang seinen Geschäftsherrn vertreten und verpflichten kann. Ausgenommen sind Grundstücksgeschäfte gem. § 49 Abs. 2 HGB.

b) Erteilung

83 Nach § 48 Abs. 1 HGB kann die Prokura nur von dem Inhaber eines Handelsgeschäftes oder seinem gesetzlichen Vertreter und nur durch ausdrückliche Erklärung erteilt werden. Eine schlüssige Erteilung oder stillschweigende Duldung durch den Geschäftsherrn reicht nicht aus. Eine unwirksam erteilte Prokura kann in eine Handlungsvollmacht nach § 54 HGB oder eine allgemeine zivilrechtliche Vollmacht umgedeutet werden. In Betracht kommt ferner die Anwendung von Rechtsscheingrundsätzen.[49]

84 Angesichts des ausdrücklichen Wortlauts des § 52 Abs. 1 HGB mit dem unabdingbaren **Grundsatz der freien Widerrufbarkeit** können gewillkürte Stellvertreter keine Prokura erteilen. Der Prokurist kann die Prokura auch nicht übertragen (§ 52 Abs. 2 HGB). Er ist jedoch befugt, Handelsvollmachten zu erteilen (vgl. § 49 Abs. 1 HGB).

c) Anmeldung zur Eintragung in das Handelsregister

85 Die Erteilung der Prokura ist vom Geschäftsinhaber zur Eintragung in das Handelsregister anzumelden (§ 53 Abs. 1 HGB). Die Eintragung ist **keine Wirksamkeitsvoraussetzung**, sondern wirkt nur deklaratorisch. Sie hat Bedeutung für den öffentlichen Glauben des Registers nach § 15 HGB. Die auf den Betrieb einer oder mehrerer Zweigniederlassungen beschränkte Prokura ist im Handelsregister der Zweigniederlassung ohne einen auf diese Beschränkung hinweisenden Zusatz einzutragen.[50]

d) Bestellungshindernisse

86 Zum Prokuristen kann nicht bestellt werden, wer bereits als Inhaber eines Handelsbetriebes oder als dessen gesetzlicher Vertreter handlungsbefugt ist. Gesetzlich bzw. organschaftliche Vertretungsmacht auf der einen Seite und rechtsgeschäftliche Vertretungsmacht auf der anderen Seite müssen zur Erhaltung übersichtlicher Vertretungsverhältnisse funktional auseinandergehalten werden. Umgekehrt kann der kraft des Gesetzes nicht vertretungsberechtigte Kommanditist hingegen Prokura erhalten. Gleiches gilt für den von der Vertretung ausgeschlossenen persönlich haftenden Gesellschafter einer Personengesellschaft. Die Erteilung einer Prokura an eine juristische Person ist hingegen unzulässig.[51]

---

[49] HK-HGB/*Ruß*, § 48 Rn 4.
[50] BGH NJW 1988, 1840.
[51] KG BB 2001, 2553.

e) Verlautbarung im Außenverhältnis

Gemäß § 51 HGB hat der Prokurist bei Abgabe schriftlicher Willenerklärungen seinem Namen 87
einen die Prokura andeutenden Zusatz beizufügen. Angesichts des gesetzlich festgelegten Umfangs und Bedeutung der Prokura besteht im Handelsverkehr ein berechtigtes Interesse, sofort zu erkennen, ob Prokura oder eine andere Vertretungsform vorliegt. Die allgemein übliche Zeichnung geschieht in der Weise, dass nach dem Firmennamen der **Zusatz „ppa"** hinzugefügt und dann die Unterschrift des Prokuristen geleistet wird.

f) Umfang der Vertretungsmacht

Der Umfang der Prokura ist in § 49 Abs. 1 HGB geregelt. Hiernach ermächtigt die Prokura zu allen Arten von gerichtlichen und außergerichtlichen Geschäften und Rechtshandlungen, die der Betrieb eines Handelsgewerbes mit sich bringt. Die Vertretungsmacht des Prokuristen ist mithin nicht auf Rechtsgeschäfte beschränkt, die gewöhnlich in der betreffenden Branche bzw. dem betreffenden Unternehmen vorkommen. Abgedeckt werden auch Geschäfte eines anderen Wirtschaftszweiges. Der Prokurist kann zulässigerweise auch ungewöhnliche, nicht alltägliche Rechtsgeschäfte vornehmen, sofern diese sich zumindest mittelbar auf ein Handelsgewerbe beziehen und mit dem Gewerbe jedenfalls in einem entfernten, lockeren Zusammenhang stehen. Hierbei ist unerheblich, ob das Geschäft den bislang üblichen Betriebsumfang in außergewöhnlicher Weise überschreitet und es sich unmittelbar auf den **satzungsmäßigen Unternehmensgegenstand** oder auf Hilfs- und Nebengeschäfte bezieht.[52] 88

Schranken für die Prokura ergeben sich zum Teil aus der Ermächtigungsnorm des § 49 89
Abs. 1 HGB selbst, zum Teil aus anderen ausdrücklichen Gesetzesregelungen und ferner aus allgemeinen Grundsätzen.

§ 49 Abs. 1 HGB schränkt den Umfang der Prokura dahingehend ein, dass auf „den Betrieb" 90
eines Handelsgewerbes abgestellt wird. Damit ermächtigt die Prokura nicht zu Geschäften, welche die Grundlagen des Unternehmens betreffen, sog. **Grundlagengeschäfte**.[53] Der Prokurist kann demnach nicht als Vertreter des Inhabers des Handelsgeschäftes beispielsweise das Handelsgewerbe einstellen, es veräußern, die Firma ändern oder Gesellschafter aufnehmen. Die Prokura umfasst ferner nicht das Stellen eines Antrags auf Löschung der Firma beim Registergericht und das Stellen des Insolvenzantrages.

Aufgrund des Erfordernisses der Betriebszugehörigkeit erstreckt sich die Prokura weiterhin 91
nicht auf **höchstpersönliche Rechtsgeschäfte** des Inhabers des Handelsgewerbes (z.B. Erteilung einer Prokura gem. § 48 Abs. 1 HGB und Unterzeichnung des Jahresabschlusses gem. § 245 HGB) sowie auf Geschäfte, die den privaten Bereich des Vollmachtgebers betreffen.

Ausdrückliche gesetzliche Schranken für die Prokura ergeben sich aus § 48 Abs. 2 HGB (Ge- 92
samtprokura), § 49 Abs. 2 HGB (Veräußerung und Belastung von Grundstücken), § 50 Abs. 3 HGB (Filialprokura) und § 52 Abs. 2 HGB (Nichtübertragbarkeit der Prokura).

Aus Gründen des Vertrauensschutzes kann die Vertretungsmacht des Prokuristen durch 93
rechtsgeschäftliche Absprachen im Innenverhältnis nicht begrenzt werden (§ 50 Abs. 1, Abs. 2 HGB). Eine Ausnahme stellt die sog. **Filialprokura** nach § 50 Abs. 3 HGB dar. Hierbei handelt es sich um den Sonderfall einer nach Außen wirksamen rechtsgeschäftlichen Beschränkung des Umfangs der Prokura. Die Beschränkung der Prokura auf den Betrieb einer von mehreren Niederlassungen ist gem. § 50 Abs. 3 S. 1 HGB dann wirksam, wenn die Niederlassungen unter verschiedenen Firmen betrieben werden. Die Verschiedenheit wird gem. § 50 Abs. 3 S. 2 HGB auch dadurch begründet, dass der Firmierung für eine Zweigniederlassung ein Zusatz beigefügt wird,

---

52 BGHZ 63, 32, 35
53 *Baumbach/Hopt*, HGB, § 49 Rn 2.

der sie als Zweigniederlassung bezeichnet. In der Regel ist der Filialprokurist nicht befugt, Geschäfte für eine andere Niederlassung zu tätigen.

g) Arten der Prokura

94 Das Gesetz geht im Grundsatz davon aus, dass Einzelprokura erteilt wird. In der Praxis überwiegt aber die Gesamtprokura. Nach § 48 Abs. 2 HGB kann die Erteilung der Prokura an mehrere Personen gemeinschaftlich erfolgen (Gesamtprokura). Gesamtprokura bedeutet, dass der Gesamtprokurist nur gemeinschaftlich mit den anderen Gesamtprokuristen oder mit einem Geschäftsführer den Geschäftsherrn wirksam vertreten kann. Passiv vertretungsberechtigt ist hingegen jeder einzelne Gesamtprokurist.[54]

95 **Gesamtprokura** im weiteren Sinne kommt in verschiedenen Erscheinungsformen vor, deren Zulässigkeit kontrovers beurteilt wird.[55] Zu unterscheiden sind:
- echte Gesamtprokura im Sinne des § 48 Abs. 1 HGB, bei der alle Prokuristen nur gemeinsam handeln können;
- halbseitige Gesamtprokura, bei der der Prokurist nur gemeinsam mit einem Einzelprokuristen handeln kann;
- gemischte Prokura, die dem Prokuristen nur Vertretungsmacht in Gesamtvertretung mit einem Vertreter, dessen Vertretungsmacht auf einer anderen Rechtgrundlage beruht, einräumt;
- gemischt halbseitige Gesamtprokura, bei welcher der andere (gesetzliche) Vertreter alleinvertretungsberechtigt ist.[56]

h) Handelsregisteranmeldung

96 Anders als die Handlungsvollmacht ist die Prokura zur Eintragung in das Handelsregister anzumelden (§ 53 Abs. 1 S. 1 HGB). Anzumelden hat der Inhaber des Handelsgeschäfts persönlich, bei den Personen- und Kapitalgesellschaften deren Vertretungsorgane.

97 Wurde die Prokura in Form einer Gesamtprokura erteilt, ist dies gem. § 53 Abs. 1 S. 2 HGB anmeldepflichtig.

98 § 53 Abs. 2 HGB a.F. bestimmte früher, dass der Prokurist in gleicher Weise wie der Kaufmann und die vertretungsbefugten Gesellschafter der Personengesellschaften seine Namensunterschrift unter Angabe der Firma zur Aufbewahrung beim Handelsregister zu zeichnen hat. Dieses Erfordernis ist mit der Einführung der elektronischen Handelsregisterführung entfallen.

99 Das Handelsregister dokumentiert mithin, wem Prokura oder Gesamtprokura erteilt wurde, ob eine zulässige Erweiterung der Vertretungsberechtigung (Befreiung von den Beschränkungen des § 181 BGB, Immobilienklausel des § 49 Abs. 2 HGB) oder umgekehrt die Beschränkung auf eine Niederlassung nach § 50 Abs. 3 HGB besteht. Der Rechtsverkehr kann sich nach Maßgabe des § 15 HGB auf die von der Eintragung und Nichteintragung zu unterscheidende öffentliche Bekanntmachung bzw. Bekanntmachung dieser Tatsachen verlassen. Es handelt sich hierbei um eine an die Publizität des Handelsregisters anknüpfende Rechtsscheinhaftung.

---

54 *Baumbach/Hopt*, HGB, § 48 Rn 5.
55 Vgl. MüKo-HGB/*Lieb/Krebs*, § 48 Rn 70 ff.
56 Vgl. zu allem auch *Baumbach/Hopt*, HGB, § 48 Rn 5 ff. (Gesamtprokura) und § 49 Rn 3 (gemischte Gesamtvertretung).

i) Widerruf und sonstige Erlöschenstatbestände

Nach § 52 Abs. 1 HGB ist die Prokura ohne Rücksicht auf das der Erteilung zugrunde liegende Rechtsgeschäft jederzeit widerrufbar (**Abstraktionsprinzip**). Angesichts des weiteren Umfangs der Prokura soll der Geschäftsführer immer die Möglichkeit haben, die Vertretungsmacht des Prokuristen aufzuheben. Die Regelung des § 52 Abs. 1 HGB ist zwingend, kann also nicht durch vertragliche Vereinbarung abbedungen werden. Ist jedoch in einem Gesellschaftsvertrag bestimmt, dass einem Kommanditisten Prokura zu erteilen ist, kann die dem Kommanditisten daraufhin erteilte Prokura nicht jederzeit, sondern nur bei Vorliegen eines wichtigen Grundes wieder entzogen werden.[57]

Widerruft der Arbeitgeber vertragswidrig eine Prokura, so kann er sich schadenersatzpflichtig machen und dem Arbeitnehmer das Recht geben, außerordentlich zu kündigen. Ein Anspruch auf erneute Erteilung einer Prokura steht dem Arbeitnehmer indessen nicht zu.[58]

Aus Gründen der Rechtssicherheit hat der Widerruf der Prokura ausdrücklich zu erfolgen. Im Übrigen gelten die allgemeinen Grundsätze des BGB (§§ 168 ff. BGB): Widerrufen werden kann gegenüber dem betroffenen Prokuristen, dem Dritten oder durch öffentliche Verlautbarung, insbesondere Veröffentlichung entsprechender **Handelsregistereintragung** (vgl. § 171 Abs. 1 BGB). Durch den Widerruf erlischt die Prokura. Das Erlöschen der Prokura ist gemäß § 53 Abs. 3 HGB in gleicher Weise wie ihre Erteilung zur Eintragung in das Handelsregister anzumelden.

Wird eine Gesamtprokura widerrufen, so bleibt die Vertretungsmacht der anderen Gesamtprokuristen hiervon unberührt.

Der häufigste Fall des Erlöschens der Prokura außer durch Widerruf ist die Beendigung des Dienstverhältnisses. Nach § 168 BGB bestimmt sich das Erlöschen der Vollmacht nach dem ihrer Erteilung zugrunde liegenden Rechtsverhältnis. Sofern nicht Entgegenstehendes vereinbart ist, erlischt die Prokura mit dem Tag, an dem das Dienstverhältnis beendet wird.

Die Prokura endet ferner mit endgültiger **Einstellung des Geschäftsbetriebes**. Da die Prokura inhaberbezogen ist, führt auch ein Inhaberwechsel grundsätzlich zum Erlöschen der Prokura.[59]

j) Interne Zuständigkeitsverteilung für die Prokuraerteilung bei Personen- und Kapitalgesellschaften

Bei der Bestellung von Prokuristen für Personen- und Kapitalgesellschaften sind die jeweiligen internen Zuständigkeitsregelungen zu beachten.

aa) Personengesellschaften

Bei der OHG erstreckt sich die Geschäftsführungsbefugnis gem. § 116 Abs. 1 HGB auf alle Handlungen, die der gewöhnliche Betrieb des Handelsgewerbes der Gesellschaft mit sich bringt. Für außergewöhnliche Geschäfte ist nach § 116 Abs. 2 HGB ein Beschluss sämtlicher Gesellschafter erforderlich.

Obwohl es sich bei der Bestellung eines Prokuristen regelmäßig um ein gewöhnliches Geschäft handelt, bestimmt § 116 Abs. 3 S. 1 HGB, dass es hierfür der **Zustimmung aller geschäftsführenden Gesellschafter** bedarf, sofern nicht Gefahr im Verzuge ist.

Bei § 116 Abs. 3 S. 1 HGB handelt es sich um eine nur im Innenverhältnis wirkende Kompetenzvorschrift. Im Außenverhältnis wird die Prokuraerteilung von der gesetzlichen Vertretungsmacht der Gesellschafter abgedeckt, wie § 126 Abs. 1 HGB ausdrücklich bestimmt.

---
57 BGH NJW 1955, 1394.
58 Vgl. BAG NZA 1987, 202, 203 = NJW 1987, 862, 863.
59 *Baumbach/Hopt*, HGB § 53 Rn 5.

110 Der Widerruf der Prokura kann von jedem Gesellschafter ausgesprochen werden, der zur Erteilung oder zur Mitwirkung bei der Erteilung befugt ist (§ 116 Abs. 3 S. 2 HGB). Dies gilt selbst bei angeordneter Gesamtgeschäftsführung, obwohl ein einzelner Gesellschafter in diesem Falle zur Erteilung der Prokura nicht berechtigt ist.[60]

111 Gemäß § 161 Abs. 2 HGB finden die Vorschriften über die OHG auch auf die KG Anwendung, sofern die §§ 162 ff. HGB keine Sonderregelungen enthalten. Die Kommanditisten sind nach § 164 S. 1 HGB von der Geschäftsführung ausgeschlossen. Ihnen steht bei außergewöhnlichen Geschäften lediglich ein Widerspruchsrecht zu (§ 164 S. 1 letzter Hs. HGB). § 164 S. 2 HGB bestimmt, dass die Vorschriften des § 116 Abs. 3 HGB unberührt bleiben. Demnach müssen auch bei der KG alle geschäftsführenden Gesellschafter der Bestellung eines Prokuristen zustimmen, selbst bei angeordneter Einzelgeschäftsführungsbefugnis. Die an der Geschäftsführung nicht beteiligten Kommanditisten sind an der Entscheidung über die Bestellung eines Prokuristen daher nicht beteiligt. Ihnen kann allerdings Prokura eingeräumt werden.

bb) Kapitalgesellschaften

112 Bei der GmbH erfolgt die für das Außenverhältnis maßgebliche Bestellung von Prokuristen durch den Geschäftsführer als dem allgemeinen Vertretungsorgan der Gesellschaft. Die in § 46 Nr. 7 GmbHG geregelte **Zuständigkeit der Gesellschafter** betrifft nur die interne Entscheidungskompetenz.[61] § 46 Nr. 7 GmbHG stellt keine zwingende Gesetzesregelung dar, so dass die Entscheidungskompetenz der Gesellschafter beseitigt oder einem anderen Organ übertragen werden kann.

113 Bei der Erteilung und dem Widerruf der Prokura für eine Aktiengesellschaft handelt es sich um Geschäftsführungsmaßnahmen, die als solche in den allgemeinen Zuständigkeitsbereich des Vorstandes fallen.

2. Handlungsvollmacht

114 Die Definition der in den §§ 54–58 HGB geregelten Handlungsvollmacht erfolgt üblicherweise durch eine negative Abgrenzung zur Prokura, indem die Handlungsvollmacht als jede handelsrechtliche Vollmacht verstanden wird, die nicht in Form einer Prokura erteilt wird.[62]

115 Im Gegensatz zu den §§ 49, 50 HGB, die den Umfang der Prokura gesetzlich festlegen, wird der Umfang der Handlungsvollmacht in § 54 HGB lediglich gesetzlich vermutet. Es handelt sich um eine dem Schutz des Handelsverkehrs dienende **Rechtsscheinhaftung**. Im Sinne einer widerlegbaren Vermutung kann jeder Geschäftspartner des Kaufmannes von dem gewöhnlichen Umfang der Vollmacht ausgehen und braucht sonstige Beschränkungen – insbesondere Absprachen im Innenverhältnis zwischen Kaufmann und Handlungsbevollmächtigten – nur dann gegen sich gelten zu lassen, wenn er diese kannte oder kennen musste. Die Vermutung erstreckt sich nur auf den Umfang der Befugnisse und nicht auch darauf, ob eine wirksame Handlungsvollmacht überhaupt erteilt wurde.

a) Erteilung

116 Für die Erteilung der Handlungsvollmacht gelten die allgemeinen Regeln der §§ 164 ff. BGB. Sie kann im Gegensatz zur Prokura daher auch **durch schlüssiges Verhalten** erfolgen.[63]

---

60 *Baumbach/Hopt*, HGB, § 116 Rn 9.
61 BGHZ 62, 168.
62 *Baumbach/Hopt*, HGB, § 54 Rn 1.
63 BGH NJW 1982, 1390.

Aus der Regelung für Abschlussvertreter in § 55 HGB ist zu entnehmen, dass die Handlungsvollmacht regelmäßig einer im Betrieb tätigen Hilfsperson erteilt wird. Vollmachtgeber können alle Kaufleute, Handelsgesellschaften und juristischen Personen sein. Ein Prokurist ist angesichts seiner weitreichenden Befugnisse gem. § 49 HGB ebenfalls berechtigt, Handlungsbevollmächtigte zu bestellen.[64] 117

Im Gegensatz zur Prokura wird die Handlungsvollmacht nicht in das Handelsregister eingetragen. Der Rechtsscheintatbestand des § 15 HGB greift daher nicht. Bei der Erteilung und dem Widerruf der Handlungsvollmacht handelt es sich nicht um eine eintragungsfähige Tatsache. 118

Da die Handlungsvollmacht schlüssig erteilt werden kann, sind die allgemeinen Grundsätze der Duldungs- und Anscheinsvollmacht vollumfänglich anwendbar. Im Gegensatz dazu existiert eine „Duldungsprokura" nicht. Der Anschein einer Prokura hingegen kann erweckt werden.[65] 119

b) Umfang der Vertretungsmacht

§ 54 HGB differenziert im Hinblick auf den gesetzlich vermuteten Umfang der Vertretungsmacht zwischen der Handlungsvollmacht 120
– zum Betrieb eines Handelsgewerbes (**Generalhandlungsvollmacht** gem. § 54 Abs. 1, 1. Alt. HGB),
– zur Vornahme einer bestimmten zu einem Handelsgewerbe gehörigen Art von Geschäften (**Arthandlungsvollmacht** gem. § 54 Abs. 1, 2. Alt. HGB),
– zur Vornahme einzelner zu einem Handelsgewerbe gehöriger Geschäfte (**Spezialhandlungsvollmacht** gem. § 54 Abs. 1, 3. Alt. HGB).

Für alle Formen der Handlungsvollmacht bestimmt § 54 Abs. 1 HGB, dass diese sich nur auf Geschäfte und Rechtshandlungen beziehen, die der Betrieb eines derartigen Handelsgewerbes oder die Vornahme derartiger Geschäfte gewöhnlich mit sich bringt. Anders als der Prokurist ist der Handlungsbevollmächtigte daher auf die Vornahme branchenüblicher Geschäfte beschränkt. Maßstab für die Beurteilung der Gewöhnlichkeit eines Geschäftes ist nicht der konkrete Handelsbetrieb des Vertretenen. Abzustellen ist auf den jeweiligen Handelszweig, also die Branche. 121

Generalhandlungsvollmacht gemäß § 54 Abs. 1, 1. Alt. HGB mit der Ermächtigung zum Betrieb eines Handelsgewerbes bedeutet, dass der Bevollmächtigte alle in dem Unternehmen und in dessen Branche üblichen Geschäfte vornehmen kann. Abzugrenzen ist diese handelsrechtliche Generalhandlungsvollmacht von der allgemeinen zivilrechtlichen Generalvollmacht (hierzu noch nachfolgend unter 3, Rn 139). 122

Die Erteilung einer **Generalhandlungsvollmacht** kommt in der Praxis relativ selten vor. Bedeutung erlangt die Generalhandlungsvollmacht eher in den Fällen, in denen eine unwirksame organschaftliche Generalvollmacht umgedeutet werden muss.[66] Eine Umdeutung in eine – nach dem Gesetz weitreichendere – Prokura kommt aufgrund der gesetzlichen Erfordernisse einer ausdrücklichen Prokuraerteilung (§ 48 Abs. 1 HGB) und der Eintragungspflicht (§ 53 Abs. 1 HGB) regelmäßig nicht in Betracht.[67] 123

Der BGH hat eine notariell beurkundete „Generalvollmacht", die zu weitreichenden Geschäftsführerhandlungen ermächtigte, als eine noch zulässige Generalhandlungsvollmacht im Sinne des § 54 HGB ausgelegt.[68] Gegen die Rechtmäßigkeit einer solchen allgemeinen Hand- 124

---

64 BGH DB 1952, 949.
65 Baumbach/Hopt, HGB, § 48 Rn 3.
66 Vgl. BGH GmbHR 1979, 271, 272.
67 *Hübner*, ZHR 143 (1979), 1, 19.
68 BGH BB 2002, 1824.

lungsvollmacht, die sich auf sämtliche in einem Geschäftsbetrieb üblichen Geschäfte erstreckt, und die nicht auf die organschaftliche Vertretung der GmbH, sondern lediglich auf ein Handeln in Vollmacht des Geschäftsführers gerichtet ist, beständen keine Bedenken.[69]

125   Die **Arthandlungsvollmacht** nach § 54 Abs. 1, 2. Alt. HGB umfasst die Vornahme einer bestimmten Art von Geschäften, die ihrer Rechtsnatur nach, in der Größenordnung oder nach Zeit und Ort der Vornahme bestimmt sind. Von dieser Vollmachtsform wird in der Praxis am häufigsten Gebrauch gemacht. Die Konkretisierung der Handlungsvollmacht muss generalisierend eine objektive Abgrenzung der Geschäftsgattung enthalten und diese hinreichend deutlich zum Ausdruck bringen.

126   Die dritte Art der Handlungsvollmachten (**Spezialhandlungsvollmacht**) beschränkt sich auf die Vornahme einzelner Geschäfte. Die Erteilung geschieht von Fall zu Fall meist mündlich und formlos.

c) Gesetzliche Beschränkung der Vertretungsmacht

127   § 54 Abs. 2 HGB zählt eine Reihe von Geschäften auf, die der Handlungsbevollmächtigte nur dann vornehmen darf, wenn ihm eine besondere Befugnis erteilt wurde. Es handelt sich um eine gesetzliche Beschränkung der Handlungsvollmacht bei:
– Veräußerung oder Belastung von Grundstücken
– Eingehung von Wechselverbindlichkeiten
– Aufnahme von Darlehen
– Prozessführung.

128   Die Aufzählung in § 54 Abs. 2 HGB ist willkürlich und aus diesem Grunde **nicht analogiefähig**.[70] Daher werden andere Kreditgeschäfte als die Darlehensaufnahme von § 54 Abs. 2 HGB nicht erfasst, obwohl sie für den Unternehmer von ähnlicher wirtschaftlicher Bedeutung sind, z.B. das Eingehen einer Bürgschaftsverpflichtung.

129   Die Ermächtigung nach § 54 Abs. 2 HGB bedarf keiner Form. Sie kann sich auf einzelne Rechtshandlungen beziehen, aber auch generell für sämtliche Geschäfte des § 54 Abs. 2 HGB erteilt werden.

d) Sonderformen der Handlungsvollmacht

130   § 55 HGB erstreckt die Regelungen des § 54 HGB auch auf Abschlussbevollmächtigte, die außerhalb des Betriebes des Unternehmens tätig sind.[71] Differenziert wird zwischen zwei Arten von Abschlussvertretern:

131   Anwendbar sind die §§ 54 ff. HGB zum einen auf Bevollmächtigte, die als Handelsvertreter die Kriterien des § 84 HGB erfüllen und berechtigt sind, Rechtsgeschäfte im Sinne des § 54 Abs. 1 HGB für den Unternehmer abzuschließen (**selbständiger Abschlussvertreter**). § 55 HGB bezieht sich ferner auf in Betrieb angestellte Handlungsgehilfen (Definition in § 59 HGB), die damit beauftragt sind, außerhalb des Betriebes Geschäfte für den Inhaber in dessen Namen abzuschließen (angestellte Abschlussvertreter im Außendienst).

132   Für die Abschlussbevollmächtigten im Sinne des § 55 Abs. 1 HGB enthalten die Absätze 2 und 3 besondere Beschränkungen. Sie sind weder befugt, abgeschlossene Verträge zu ändern noch nachträgliche Zahlungsfristen zu gewähren (§ 55 Abs. 2 HGB). Eine **Inkassoberechtigung** besteht nach § 55 Abs. 3 HGB nur dann, wenn hierzu gesondert bevollmächtigt wurde.

---

[69] BGH BB 2002, 1824.
[70] *Baumbach/Hopt*, HGB, § 54 Rn 16.
[71] HK-HGB/Ruß, § 55 Rn 1 f.

§ 55 Abs. 4 HGB beinhaltet eine besondere Regelung zur Passivvertretung. Hiernach umfasst die Abschlussvollmacht auch die Entgegennahme von Erklärungen, durch die ein Dritter Rechte aus mangelhafter Leistung geltend macht, z.B. Nacherfüllungs- oder Schadenersatzansprüche, Mahnung, Rücktritt und Kündigung.

§ 55 Abs. 4 HGB ist nicht erweiternd auslegbar. Nicht gedeckt wird daher die Entgegennahme von Erklärungen, mit denen Dritte andere als Mängelansprüche geltend machen wie beispielsweise die Anfechtung oder der Rücktritt aus anderen Gründen als der Mangelhaftigkeit der Ware.

Von der Handlungsvollmacht im Sinne des § 54 HGB, die auch als solche bezeichnet wird, sind die Sonderformen der **Verkaufsvollmacht** bzw. **Ladenvollmacht** zu unterscheiden. Der gesetzliche Vermutungstatbestand ist in § 56 HGB geregelt. Danach gelten Angestellte in einem Laden oder in einem offenen Warenlager als befugt, die üblichen Geschäfte zu tätigen und Erklärungen entgegenzunehmen. Die Anwendung des § 56 HGB setzt voraus, dass der Ladeninhaber Kaufmann ist. Sie ist auf Kleingewerbebetreibende entsprechend anwendbar.[72] Die Vorschrift erfasst nur solche Verkäufe, d.h. Kaufverträge einschließlich aller unselbständigen Nebenabreden und Übereignungen, die in einem derartigen Laden oder Warenlager branchenüblich sind. Nicht erfasst werden Ankäufe.[73]

e) Erlöschen

Im Gegensatz zur Prokura enthalten die §§ 54 ff. HGB keine speziellen Regelungen zum Erlöschen der Handlungsvollmacht durch **Widerruf** oder **Tod** des Inhabers des Handelsgeschäfts. Es gelten die allgemeinen Grundsätze des zivilrechtlichen Vertretungsrechts, insbesondere § 168 BGB.

Die Handlungsvollmacht erlischt mithin
– mit Beendigung des Dienst- oder Arbeitsverhältnisses,
– durch Widerruf (§ 168 S. 2, 3 BGB),
– mit Betriebsaufgabe,
– durch Verzicht,
– mit Eröffnung des Insolvenzverfahrens (§ 117 InsO).

Eine unwiderrufliche Handlungsvollmacht wird von der Rechtsprechung nur dann zugelassen, wenn die Vollmachtserteilung mindestens im gleichen Maße auch von den Interessen des Vollmachtnehmers oder eines Dritten gedeckt war.[74]

3. Generalvollmacht
a) Grundlagen

Die Generalvollmacht ist gesetzlich nicht geregelt. Sie basiert als allgemeine zivilrechtliche Vollmacht auf den §§ 168 ff. BGB und stellt keine dritte „handelsrechtliche Vollmacht" neben Prokura und Handlungsvollmacht dar.

Die Generalvollmacht wird, zum Teil mit unwesentlichen Abweichungen, als umfassende Vollmacht verstanden, die dem Vollmachtnehmer eine unbeschränkte Vertretungsmacht in allen den Vollmachtgeber betreffenden Angelegenheiten verschafft, bei denen Vertretung zulässig ist.[75]

---

72 *Baumbach/Hopt*, HGB, § 56 Rn 1.
73 BGH NJW 1975, 2191.
74 BGH WM 1971, 956.
75 Palandt/*Heinrichs*, § 167 Rn 7.

141 Die Generalvollmacht im kaufmännischen Geschäftsverkehr ist eine Schöpfung der Praxis, die in vielen Formen vorkommt. Wohl am meisten verbreitet ist der Typus des Generalbevollmächtigten, der in der Unternehmenshierarchie zwischen den gesetzlichen Vertretungsorganen und den Prokuristen angesiedelt ist.[76] Generalvollmachten werden aber auch Mitgliedern der Geschäftsleitung oder zusätzlich zu einer Prokura erteilt. Nicht selten werden auch Niederlassungsleiter mit einer Generalvollmacht ausgestattet, wobei eine solche Vollmacht von der Filialprokura gem. § 50 Abs. 3 HGB zu unterscheiden ist.

142 Generalvollmachten kommen auch im Zusammenhang mit **Betriebsführungsverträgen** vor.[77] Hierbei handelt es sich um Verträge, durch die eine Handelsgesellschaft einen Dritten damit betraut, ihr Unternehmen oder einzelne dazugehörige Betriebe in ihrem Namen auf ihre Rechnung zu betreiben. Das zugrunde liegende Kausalverhältnis, in aller Regel ein Geschäftsbesorgungsvertrag, ist regelmäßig mit einer sehr weitreichenden Vollmacht für die betreffenden Betriebe verbunden.

143 Von der Erteilung der Vollmacht an Unternehmensorgane oder Mitarbeiter ist die Bevollmächtigung betriebsfremder Dritter zu unterscheiden. Grund für die Beauftragung externer Personen ist häufig die Durchführung von Sanierungsmaßnahmen.

144 Generalvollmachten werden schwerpunktmäßig von größeren Unternehmen erteilt, die eine verzweigtere personelle Struktur aufweisen als kleine oder mittelständische Betriebe. Aufgrund der Vielschichtigkeit der Aufgabenbereiche besteht bei größeren Unternehmen eher das Bedürfnis, die **dreiteilige Stufenleiter** des HGB (Organ, Prokurist und Handlungsbevollmächtigter) aus organisatorischen Gründen um eine weitere Stufe zu erweitern. In mittelständischen oder kleineren Betrieben ist die Einsetzung eines Generalbevollmächtigten dann zweckmäßig, wenn die Unternehmensleitung in einer besonderen Situation – z.B. Krise oder Neuausrichtung – externes Wissen benötigt.

b) Umfang und Grenzen

145 Die grundsätzliche Zulässigkeit einer Generalvollmacht im Handelsrecht wird heute nicht mehr bestritten. Insbesondere besteht kein Typenzwang der handelsrechtlichen Vollmachten dahingehend, dass Prokura und Handelsvollmacht jede andere Vollmachtsform im Handelsrecht ausschließen.

146 Wie bereits dargelegt, kann auch eine Generalvollmacht nicht zu Handlungen ermächtigen, die zwingend den Organen der Gesellschaft vorbehalten sind. Eine Ersetzung der gesetzlichen Vertretungsorgane in deren eigenverantwortlich wahrzunehmenden Aufgabenbereich durch einen Generalbevollmächtigten ist daher nicht möglich.

147 Zulässig hingegen ist eine sog. rechtsgeschäftliche Generalvollmacht, welche die unübertragbaren organschaftlichen sowie öffentlichen Rechte und Pflichten der Vertretungsorgane unberührt lässt. Der BGH hat hierzu festgestellt, dass ein Dritter zwar kein organschaftlicher Vertreter einer juristischen Person sein kann, hierdurch jedoch nicht die Möglichkeit ausgeschlossen wird, dass er mit einer umfassenden Vollmacht (Generalvollmacht), die noch über den gesetzlich festgelegten Umfang einer Prokura hinausgeht, ausgestattet wird.[78]

148 Eine Vollmacht, mit der Organbefugnisse übertragen werden, wäre mit den Grundsätzen der **Selbstorganschaft** und des **Abspaltungsverbotes** hingegen nicht vereinbar.

149 Eine unwirksame organschaftliche Generalvollmacht kann in eine Generalhandlungsvollmacht umgedeutet werden.[79] Eine Umdeutung in eine Prokura scheidet aufgrund des Erforder-

---
[76] *Joussen*, WM 1994, 273, 275.
[77] *Huber*, ZHR 152 (1988, 1, 16 ff.).
[78] BGHZ 36, 292, 295.
[79] BGH GmbHR 1979, 271, 272; *Hübner*, ZHR 143 (1979), 1, 19.

nisses einer ausdrücklichen Erteilung (§ 48 Abs. HGB) und der Eintragungspflicht (§ 53 Abs. 1 HGB) aus.[80]

Da es sich bei der Generalvollmacht um eine allgemeine zivilrechtliche Vollmacht handelt, beruht sie gesetzlich ausschließlich auf den §§ 164 ff. BGB. Trotz ihres weitreichenden Umfanges kann die Generalvollmacht – anders als die Prokura – auch schlüssig erteilt werden. Die Generalvollmacht ist nicht eintragungsfähig. 150

Je nach Aufgabengebiet des Bevollmächtigten kommt eine Beglaubigung der Vollmacht in Betracht, da ein förmlicher **Vollmachtsnachweis** etwa für das Grundbuch – und das Handelsregisterverfahren (vgl. § 29 GBO und § 12 Abs. 2 HGB) vorgeschrieben ist. 151

c) Erlöschen

Für das Erlöschen der Vollmacht gelten die allgemeinen Regeln des § 168 BGB. 152

VI. Vollmachten bei Umwandlungsvorgängen

Die Umwandlung von Rechtsträgern nach dem Umwandlungsgesetz erfolgt in mehreren Schritten. Im Hinblick auf die Fristen gem. §§ 125, 17 Abs. 2 UmwG und § 20 Abs. 8 UmwStG (8 Monate nach Feststellung der Jahresbilanz) verbleiben oftmals nur relativ kurze Zeiträume für die Vorbereitung und Durchführung der Umwandlung mit dem Ziel, die steuerlichen Wirkungen zum 1. Januar des betreffenden Jahres beginnen zu lassen (umwandlungsrechtliches Rückwirkungsprivileg). 153

Gerade bei Umwandlungsvorgängen mit einer größeren Zahl von Anteilseignern und Vertretungsorganen ergibt sich nicht zuletzt aufgrund des Zeitdrucks häufig die Notwendigkeit, einzelne Beteiligte im Rahmen des Umwandlungsvorgangs zu vertreten.[81] 154

Gegenstand der Vertretung bei den Umwandlungsvorgängen sind insbesondere: 155
- Vertretung der Rechtsträger beim Abschluss von Spaltungs-, Verschmelzungs- oder Übernahmeverträgen bzw. bei Formwechselbeschlüssen oder Spaltungsplänen
- Vertretung beim Abschluss und bei der Feststellung von Satzungen und Gesellschaftsverträgen
- Vertretung der Anteilseigner/Gesellschafter bei der Ausübung ihres Stimmrechtes
- Vertretung der Anteilseigner/Gesellschafter bei einseitigen Rechtsgeschäften (z.B. bei Verzicht auf Verschmelzungsbericht und auf Verschmelzungsprüfung, Verzicht auf eine Vermögensaufstellung beim Formwechsel, Verzicht auf Abfindungsangebote, Verzicht auf Anfechtung und Klageerhebung)
- Vertretung der Rechtsträger und ihrer Organe bei Anmeldung zur Eintragung in das Handelsregister.

Erklärungen und Versicherungen, die strafbewehrt sind, müssen höchstpersönlich abgegeben werden. Eine Vertretung ist unzulässig. Bei Umwandlungsvorgängen muß die **Versicherung der Zustimmung von Gesellschaftern** mit Minderheiten- und Sonderrechten und die Versicherung zur Kapitaldeckung bzw. -aufbringung bei Spaltungen höchstpersönlich erfolgen. 156

Für die im Zuge von Umwandlungsvorgängen erforderlichen Vollmachten genügt regelmäßig die einfache Schriftform. Es bedarf grundsätzlich auch keiner Unterschriftenbeglaubigung. Ausnahmen stellen Umwandlungen dar, die zu Neugründung eines Rechtsträgers führen und bei denen die Gründungsvorschriften des neuen Rechtsträgers für Vollmachten eine strengere 157

---

80 *Hübner*, ZHR 143 (1979), 1, 19.
81 Umfassend hierzu: *Melchior*, GmbHR 1999, 520 ff.

Form als die einfache Schriftform verlangen. Hierunter fallen § 2 Abs. 2 GmbHG und §§ 23 Abs. 2, 218 Abs. 1 S. 3 AktG. Vollmachten für Registeranmeldungen sind, soweit eine Vertretung zulässig ist, nach § 12 Abs. 2 S. 1 HGB notariell zu beglaubigen.

VII. Checkliste: Zulässigkeit der Stellvertretung:

158 — Der Vertreter muss im Zeitpunkt der Abgabe der rechtsgeschäftlichen Erklärung (§ 130 Abs. 2 BGB) im Besitz einer wirksamen Vollmacht sein. Bei verfahrensrechtlichen Erklärungen ist der Zeitpunkt des Wirksamwerdens der Erklärung entscheidend.[82]
— Die Vertretung muss zulässig, die Vollmacht wirksam erteilt und das Vertreterverhalten vom Umfang der Vollmacht gedeckt sein.
— Im internationalen Rechtsverkehr ist das Vollmachtsstatut nach dem deutschen internationalen Privatrecht zu beachten.[83]
— Bei Insichgeschäften ist die Befreiung von den Beschränkungen des § 181 BGB zu prüfen; gleiches gilt für die Mehrvertretung.
— Nach § 167 Abs. 2 BGB bedarf die Vollmacht nicht der Form des Rechtsgeschäfts, soweit nichts anderes bestimmt ist, sie ist also grundsätzlich formfrei möglich.
— Schriftform ist vorgeschrieben für:
— Stimmrechtsvollmachten (§ 134 Abs. 3 AktG) und
— Vollmachten für Gesellschafterversammlungen (§ 47 Abs. 3 GmbHG).
— Öffentliche Beglaubigung ist vorgeschrieben für:
— Vollmachten zur Satzungsfeststellung (§ 23 Abs. 1 AktG)
— Vollmachten zur GmbH-Gründung und Kapitalerhöhung (§ 2 Abs. 2 GmbHG)
— Vollmachten zur Abgabe von Geboten (§ 71 Abs. 2 ZVG)
— Vollmachten zur Handelsregisteranmeldung (§ 12 HGB)
— Im **Grundbuchverfahren** verlangt § 29 GBO für die Eintragungsbewilligung die öffentliche Beglaubigung.
— Trotz der Regelung des § 167 Abs. 2 BGB hat sich der Grundsatz entwickelt, dass die Vollmacht immer dann **besonderer Form** bedarf, wenn eine formfreie Vollmacht zur Umgehung einer Formvorschrift oder tatsächlichen oder rechtlichen mittelbaren Bindung des Vollmachtgebers führen würde.
— In den Fällen, in denen Vollmachtsgestaltungen eine Bindung des Vollmachtgebers zur Vornahme eines **Grundstücksgeschäfts** bezwecken, hat die Rechtsprechung in teleologischer Reduktion des § 167 Abs. 2 BGB und Erweiterung des § 311b BGB eine Formbedürftigkeit der Vollmacht entwickelt. Die Vollmacht bedarf der Form des § 311b BGB, ist also selbst beurkundungspflichtig, wenn sie unwiderruflich und damit rechtlich bindend ist.[84] Dem wird die zwar rechtlich widerrufbare, tatsächlich aber bindende Vollmacht gleichgestellt.[85]

159 Bereits früher war bei Aktiengesellschaften und GmbH die Vertretungsbefugnis von Vorstand bzw. Geschäftsführern auch dann zum Handelsregister anzumelden und einzutragen, wenn diese der gesetzlichen Vertretungsregelung entsprach (§§ 8 Abs. 4, 10 Abs. 1, 39 Abs. 1 GmbHG; §§ 37 Abs. 3,

---

82 KG DNotZ 1972, 617.
83 Einen nachlesenswerten Fall hat der BGH zu der kollisionsrechtlichen Beurteilung des Erwerbs von Schiffseigentum durch Verfügung eines Nichtberechtigten im Ausland entschieden: Genehmigungsstatut; konkludente Genehmigung nach bedingter Einwilligung; Ermächtigungsstatut für Veräußerung im Ausland, BGH NJW 2001, 366, 367.
84 BGH DNotZ 1952, 477; BGH DNotZ 1966, 93.
85 BGH DNotZ 1965, 549; BGH DNotZ 1979, 684.

39 Abs. 1, 81 Abs. 1 AktG). Diese Regelung ist dann auch auf andere juristische Personen sowie auf Personengesellschaften erweitert worden. Entsprechende Änderungen der §§ 33 Abs. 2, 34 Abs. 1 und 106 HGB und § 64 BGB erfolgten durch das Gesetz über elektronische Register und Justizkosten für Telekommunikation (ERJuKoG).[86] Im Zuge der Umstellung auf elektronische Register ist damit insbesondere für ausländische Registernutzer die Vertretungsbefugnis sofort ersichtlich.

Bei der Handelsregisteranmeldung der Prokura und anderer handelsrechtlicher Vollmachten verzichtet das Gesetz über elektronische Handelsregister und Genossenschaftsregister sowie das Unternehmensregister (EHUG) auf die **Zeichnung von Namensunterschriften** zur Aufbewahrung beim zuständigen Gericht. Das Erfordernis der Hinterlegung einer Unterschriftsprobe ist vollständig **entfallen**. 160

B. Muster[87]

I. Einzelprokura

1. Muster: Erteilung einer Einzelprokura durch eine Kommanditgesellschaft   M 314

Hiermit erteilen wir Ihnen, sehr geehrte(r) Frau/Herr _____, mit sofortiger Wirkung Einzelprokura, so dass Sie berechtigt und verpflichtet sind, unser Unternehmen im Rahmen des § 49 Abs. 1 HGB zu vertreten. Im Innenverhältnis bedürfen folgende Geschäfte der vorherigen Zustimmung der Geschäftsleitung: 161
– _____
– _____
_____ (Ort, Datum, Unterschriften, Firmenstempel)

2. Muster: Anmeldung der erteilten Einzelprokura zum Handelsregister   M 315

An das Amtsgericht _____
– Registergericht –
Zu HRA Nr. _____ der Firma _____
Als persönlich haftender und vertretungsberechtigter Gesellschafter der Kommanditgesellschaft _____, die in Abteilung A des Handelsregisters unter der Nr. _____ eingetragen ist, melde ich zur Eintragung in das Handelsregister an, dass Herrn/Frau _____ Einzelprokura erteilt worden ist.
_____ (Ort, Datum)
_____ (Unterschrift des Komplementärs)
(*Es folgt die notariell Unterschriftsbeglaubigung*):[88]
UR-Nr. _____/_____
Vorstehende heute vor mir vollzogene Unterschrift des Herrn/der Frau _____, geb. am _____, wohnhaft _____, beglaubige ich hiermit als echt.
Die beiden Erschienenen wiesen sich aus durch gültige Lichtbildausweise (*alternativ*: sind von Person bekannt). Die Vorbefassungsfrage i.S.d. § 3 Abs. 1 Nr. 7 BeurkG wurde verneint.
_____ (Ort, Datum)
_____ (Notar) 162

---

[86] Vom 10.12.2001, BGBl I, 3422.
[87] *Gustavus*, NotBZ 2002, 77.
[88] Es muss je nach Sachverhalt ein Nachweis der Vertretungsberechtigung vorliegen (beglaubigter Handelsregisterauszug oder Vertretungsbescheinigung nach § 21 Abs. 1 Nr. 1 BNotO).

II. Prokuraerteilung mit Immobiliarklausel durch einen Einzelkaufmann

M 316 1. Muster: Prokuraerteilung mit Immobiliarklausel durch einen Einzelkaufmann

163 Hiermit erteile ich Ihnen, sehr geehrte(r) Frau/Herr _____, für mein Einzelhandelsgeschäft Prokura. Sie sind auch zur Belastung sowie zum An-[89] und Verkauf von Grundstücken befugt.
_____ (Ort, Datum, Unterschrift, Firmenstempel)

M 317 2. Muster: Anmeldung der erteilten Prokura zum Handelsregister

164 An das Amtsgericht _____
– Registergericht –
Zum Handelsregister HRA Nr. _____ der Firma _____ melde ich an:
Als Inhaber der Firma _____ habe ich dem Immobilienkaufmann/-kauffrau _____ Prokura erteilt.
Er/sie ist zur Veräußerung und Belastung von Grundstücken befugt.
_____ (Ort, Datum, Unterschrift des Einzelkaufmanns)
_____ (Es folgt die notarielle Unterschriftsbeglaubigung, siehe Muster bei Rn 142)

III. Prokuraerteilung – gemischte Gesamtvertretung – durch eine GmbH

M 318 1. Muster: Prokuraerteilung – gemischte Gesamtvertretung – durch eine GmbH

165 Hiermit erteile ich Ihnen, sehr geehrte(r) Herr/Frau _____, für unsere Gesellschaft Prokura in der Weise, dass Sie die Gesellschaft jeweils nur gemeinsam mit einen anderen Prokuristen oder einem Geschäftsführer vertreten.
_____ (Ort, Datum, Unterschrift des Inhabers/Vertretungsorgans des Unternehmens)

M 319 2. Muster: Anmeldung der erteilten Prokura – gemischte Gesamtvertretung – durch eine GmbH

166 An das Amtsgericht _____
– Registergericht –
Zum Handelsregister HRB Nr. _____ der _____ GmbH melde ich als deren einzelvertretungsberechtigter Geschäftsführer an:
Den kaufmännischen Angestellten Herrn/Frau _____ und Herrn/Frau _____ wurde Prokura in der Weise erteilt, dass jeder von ihnen die Gesellschaft jeweils gemeinsam mit einem anderen Prokuristen oder einem Geschäftsführer vertritt.

_____ (Ort, Datum, Unterschrift des einzelvertretungsberechtigten Geschäftsführers)
_____ (Es folgt die notarielle Unterschriftsbeglaubigung, siehe Muster bei Rn 162)

---

[89] Grundstückserwerb ist ohne zusätzliche Vollmacht bereits nach § 49 Abs. 1 HGB möglich, selbst wenn es dabei zu einer Hypothekenbestellung kommt (einheitliches Erwerbsgeschäft), vgl. dazu HK-HGB/*Ruß*, § 49 Rn 3. In der Anmeldung ist dieser Zusatz bezüglich des Ankaufs deshalb nicht mit aufzunehmen.

IV. Gesamtprokura mit Immobiliarklausel

1. Muster: Erteilung der Gesamtprokura mit Immobiliarklausel – gleichzeitig für alle Niederlassungen – durch eine GmbH **M 320**

Hiermit erteilen wir Ihnen, sehr geehrte(r) Frau/Herr _____, Gesamtprokura in der Weise, dass Sie berechtigt sind, unsere Gesellschaft gemeinsam mit einem Geschäftsführer oder einem anderen Prokuristen zu vertreten. Wir ermächtigen Sie außerdem, gemeinsam mit einer anderen vertretungsberechtigten Person Grundstücke zu veräußern und zu belasten.
Diese Prokura erstreckt sich gleichzeitig auf alle Niederlassungen unserer Gesellschaft.
_____ (Ort, Datum, Unterschriften, Firmenstempel)

167

2. Muster: Anmeldung der Gesamtprokura mit Immobiliarklausel – gleichzeitig für alle Niederlassungen – durch eine GmbH zum Handelsregister **M 321**

An das Amtsgericht _____
– Handelsregister –
Zum HRB _____ der _____ GmbH
melde ich in meiner Eigenschaft als deren einzelvertretungsbefugte(r) Geschäftsführer(in) folgendes an:
Herrn/Frau _____ ist Gesamtprokura in der Weise erteilt worden, dass er/sie die Gesellschaft gemeinsam mit einem Geschäftsführer oder einem anderen Prokuristen vertreten kann.
Er/Sie ist auch befugt, Grundstücke zu veräußern und zu belasten.
Die Bestellung zum Prokuristen ist für alle Niederlassungen unserer Gesellschaft erfolgt.
_____ (Ort, Datum, Unterschrift des einzelvertretungsberechtigten Geschäftsführers)
_____ (*Es folgt die notarielle Unterschriftsbeglaubigung, siehe Muster bei Rn 162*)

168

V. Niederlassungsgesamtprokura für eine GmbH

1. Muster: Erteilung der Niederlassungsgesamtprokura für eine GmbH **M 322**

Hiermit erteilen wir Ihnen, sehr geehrte(r) Frau/Herr _____, unter Beschränkung auf die Zweigniederlassung _____ Gesamtprokura in der Weise, dass Sie berechtigt sind, unsere Gesellschaft gemeinsam mit einem Geschäftsführer oder einem anderen Prokuristen zu vertreten.
_____ (Ort, Datum, Unterschrift, Firmenstempel)

169

2. Muster: Anmeldung der Niederlassungsgesamtprokura zum Handelsregister **M 323**

An das Amtsgericht _____
– Handelsregister –
_____ (Amtsgericht der Hauptniederlassung)
Zum HRB _____ der _____ GmbH
melde(n) wir/ich in meiner/unserer Eigenschaft als deren _____ Geschäftsführer zur Eintragung an:
Herrn/Frau _____ ist Gesamtprokura unter Beschränkung auf die Zweigniederlassung _____ in der Weise erteilt, dass er/sie die Gesellschaft gemeinsam mit einem Geschäftsführer oder einem anderen Prokuristen vertreten kann.

170

_____ (Ort, Datum, Unterschrift(en) des/der Geschäftsführer in vertretungsberechtigter Zahl)
_____ (Es folgt die notarielle Unterschriftsbeglaubigung, siehe Muster bei Rn 162)

M 324   VI. Muster: Anmeldung des Erlöschens der Prokura für eine GmbH

171 An das Amtsgericht _____
– Registergericht –
Zum Handelsregister B _____ der Firma _____ GmbH
melde ich als Geschäftsführer zur Eintragung an, dass die Prokura von _____ (Name) erloschen ist.
_____ (Ort, Datum, Unterschrift)
_____ (Es folgt die notarielle Unterschriftsbeglaubigung des/der anmeldenden Geschäftsführer(s) in vertretungsberechtigter Zahl, siehe Muster Rn 162)

M 325   VII. Muster: Einfache Handlungsvollmacht

172 Hiermit teilen wir Ihnen mit, dass wir Ihnen ab dem _____ Handlungsvollmacht[90] für Ihren Tätigkeitsbereich in der Abteilung _____ unseres Unternehmens erteilen. Die Handlungsvollmacht ist auf die gewöhnlichen in der Abteilung vorkommenden Geschäfte beschränkt. Diese Handlungsvollmacht ermächtigt nicht zu denjenigen Geschäften und Rechtshandlungen, die § 54 Abs. 2 HGB ausschließt.
Rechtsverbindliche Erklärungen, die Sie in der Zukunft für unser Unternehmen gegenüber Dritten oder intern vornehmen, bedürfen zur Wirksamkeit der Zustimmung und Gegenzeichnung durch einen Prokuristen.
Von Ihnen zu unterzeichnende Post und sonstige Schriftstücke zeichnen Sie künftig mit dem Zusatz „in Vollmacht" oder „i.V."
_____ (Ort, Datum, Unterschrift, Firmenstempel)

M 326   VIII. Muster: Handlungsvollmacht für eine Zweigniederlassung

173 Für unsere Zweigniederlassung in _____, die unter der Firmenbezeichnung _____, Zweigniederlassung _____, geführt wird, erteilen wir Ihnen Vollmacht zum Betriebe dieser Zweigniederlassung.
Sie haben diejenigen gesetzlichen Beschränkungen zu beachten, die auch für einen Prokuristen gelten (§ 54 Abs. 2 HGB).
_____ (Ort, Datum, Unterschrift, Firmenstempel)

M 327   IX. Muster: Erteilung der Befugnis zur Zeichnung „im Auftrag" („i.A."-Zeichnung)

174 Wir ermächtigen Sie hiermit, die von Ihnen als Sachgebietsleiter(in) verfassten Briefe mit dem Zusatz „i.A." zu unterzeichnen.
Diese Ermächtigung gilt nicht für Verträge und solche Schreiben, aus denen die Firma rechtlich verpflichtet wird.

---

[90] Die Handlungsvollmacht wird nicht in das Handelsregister eingetragen, wie sich aus einem Umkehrschluss aus § 53 HGB ergibt.

Mit dieser Befugnis ist nicht die Berechtigung verbunden, sich als Handlungsbevollmächtigte(r) unserer Firma zu bezeichnen.
_____ (Ort, Datum, Unterschrift, Firmenstempel)

X. Muster: Notarielle Gründungsvollmacht – Spezialhandlungsvollmacht – zur Gründung einer AG [M 328]

_____ (Notarielle Urkundsformalien)[91]

175

Der/die Erschienene erklärt, ich bestelle hiermit Herr/Frau _____ (Name des/der Bevollmächtigten) zu meinem Sonderbevollmächtigten:
Herr/Frau _____ hat die Befugnis, in meinem Namen folgende Rechtsgeschäfte und Handlungen vorzunehmen:
- Teilnahme an dem Gründungsakt einer Kapitalgesellschaft in der Rechtsform einer Aktiengesellschaft zum Zwecke des internationalen Immobilienerwerbs. Der/die Bevollmächtigte befindet über Firma, Gegenstand, Sitz, Dauer und Kapital ebenso wie über alle nötigen oder für die Wirksamkeit der Gründung erforderlichen Festlegungen;
- Übernahme einer Beteiligung an dem Gesellschaftskapital in Form von Aktien, in der Höhe, die der/die Bevollmächtigte für erforderlich hält, Erbringung dieser Beteiligung, ganz oder teilweise, in Geld oder Sacheinlagen, dies alles in der gesetzlich vorgeschriebenen Weise;
- Eingehung von Verpflichtungen hinsichtlich der Fälligkeit sowie der Art und Weise der Erbringung der übernommenen Beteiligung;
- Feststellung der für die Gesellschaft geltenden Satzung;
- Bestellung der Vorstands- und Aufsichtsorgane und Festsetzung ihrer Bezüge;
- Festlegung von Vorzugsrechten der Gründungsgesellschafter;
- Festlegung von Einschränkungen der Übertragbarkeit von Aktien;
- Erfüllung aller formalen Erfordernisse der Gründung der Gesellschaft;

Die vorstehende Aufzählung der Befugnisse des Bevollmächtigten ist beispielhaft, nicht abschließend.
_____ (Es folgt die notarielle Beurkundungsschlussformel)

XI. Muster: Eingeschränkte Generalvollmacht für eine GmbH mit Immobiliarklausel [M 329]

_____ (Notarielle Urkundsformalien)[92]

176

Wir erteilen Herrn/Frau _____ mit Wirkung ab _____ Generalvollmacht in der Weise, dass er/sie berechtigt ist, unsere Gesellschaft in vollem Umfange zu vertreten. Die Generalvollmacht erstreckt sich auf sämtliche Geschäfte und Rechtshandlungen einschließlich der Veräußerung und Belastung von Grundstücken. Ausgenommen sind solche Handlungen, die kraft Gesetzes nur den Geschäftsführern vorbehalten sind.
Jedoch bedürfen folgende Geschäfte der vorherigen Zustimmung eines der Geschäftsführer: _____
Wir ermächtigen ihn/sie gleichzeitig, Unterschriften für unsere Gesellschaft unter Verwendung des Firmenstempels zu leisten.
_____ (Es folgt die notarielle Beurkundungsschlussformel)

---

[91] Diese Vollmacht bedarf in der Regel lediglich der notariellen Beglaubigung (vgl. § 2 Abs. 2 GmbHG, § 23 Abs. 1 S. 2 AktG); da jedoch Immobiliengeschäfte getätigt werden sollen, wird wegen § 311b BGB die Beurkundung empfohlen.
[92] Die notarielle Beurkundung ist wegen der Immobiliarklausel erforderlich.

M 330 XII. Muster: Umfassende Bankvollmacht

177 Der Vollmachtgeber erteilt hiermit:
Herrn/Frau _____
Vollmacht, um im Namen und für Rechnung des Vollmachtgebers Geschäfte aller Art mit im Zollgebiet der Bundesrepublik Deutschland ansässigen Großbanken oder öffentlich-rechtlichen Kreditinstituten zu tätigen, insbesondere auch:
- Konten zu eröffnen und zu unterhalten;
- Geldbeträge einzuzahlen und abzuheben;
- Schecks auszustellen, einzulösen und zu indossieren;
- Wertpapiere und Wertsachen (Effekten) zu hinterlegen, zu entnehmen und in Verwaltung zu geben;
- Erträgnisse zu kassieren;
- Schließfächer zu öffnen und neue Schließfächer zu mieten;
- Rentenpapiere, Aktien, Schuldverschreibungen und Wertpapiere aller Art zu erwerben, zu zeichnen und zu verkaufen;
- Wertpapiergeschäfte aller Art zu tätigen;
- Devisengeschäfte zu tätigen;
- Zinsen zu vereinbaren; Pfandrechte und andere Garantien zu bestellen und anzunehmen;
- Forderungen zu erwerben und abzutreten;
- für die Schulden Dritter Bürgschaft, auch Wechselbürgschaft, zu leisten; sowie Sicherheiten aller Art zu leisten;
- Wechsel zu ziehen, zu indossieren, anzunehmen oder in Zahlung zu geben;
- Quittungen auszustellen und Abrechnungen zu genehmigen.

Diese Vollmacht bleibt in Kraft, bis der Widerruf der Vollmacht gegenüber der Bank bekannt gemacht worden ist.
_____ (Ort, Datum, Unterschrift, Firmenstempel)[93]

M 331 XIII. Muster: Handelsregistervollmacht eines Kommanditisten für die gesetzlichen Vertreter der (GmbH & Co.) KG

178 Ich, der/die Unterzeichnende _____, geboren am _____, wohnhaft in _____
bin an der _____ mbH & Co. KG als Kommanditist mit einer Kommanditeinlage von EUR _____ (in Worten: _____ EUR) beteiligt.
Ich erteile hiermit unter Befreiung von den Beschränkungen des § 181 BGB der persönlich haftenden Gesellschafterin _____ GmbH der _____ mbH & Co. KG und deren rechtmäßigen Vertretern
Vollmacht,
- meinen Eintritt zu der vorgenannten Gesellschaft zur Eintragung in das Handelsregister anzumelden mit der Maßgabe, dass mein Eintritt im Wege der Sonderrechtsnachfolge (Auflösung eines Treuhandverhältnisses) unter der aufschiebenden Bedingung des Vollzugs seiner Eintragung in das Handelsregister erfolgt;
- mich bei der Anmeldung der Gesellschaft sowie bei allen späteren Anmeldungen zum Handelsregister in der Sache der vorbezeichneten Gesellschaft in jeder Hinsicht unbeschränkt zu vertreten. Dies gilt insbesondere für Eintritt oder Ausscheiden von Gesellschaftern auch im Wege der Sonderrechtsnachfolge, sowie Erhöhung oder Herabsetzung von Gesellschaftereinlagen, Sitzverle-

---

[93] Eine solche Bankvollmacht ist grundsätzlich formfrei; aus Beweisgründen kann sich die Beglaubigung empfehlen.

gung, Änderungen der Firmenbezeichnung etc. Dies gilt auch, soweit meine Beteiligung betroffen ist, nicht jedoch mein Ausscheiden aus der Gesellschaft.
Die Vollmacht erlischt nicht durch den Tod und ist für die Dauer meiner Zugehörigkeit zu der Gesellschaft unwiderruflich.
_____ (Ort, Datum, Unterschrift)
_____ (*Es folgt die notarielle Unterschriftsbeglaubigung*)

XIV. Kraftloserklärung einer Vollmacht

1. Muster: Kraftloserklärung einer Vollmacht   M 332

Herrn/Frau _____, früher wohnhaft gewesen in _____, jetziger Aufenthaltsort unbekannt, habe ich am _____ schriftlich Vollmacht erteilt. Diese Vollmacht erkläre ich hiermit für kraftlos.
_____ (Ort, Datum, Unterschrift, Firmenstempel)

2. Muster: Antrag an das zuständige Amtsgericht   M 333

An das Amtsgericht _____
Herr/Frau _____ war in meinem Einzelhandelsunternehmen angestellt. Trotz mehrfacher schriftlicher Aufforderung, zuletzt am _____, hat er/sie die ihm/ihr überlassene Vollmachtsurkunde vom _____ innerhalb der gesetzten Frist und auch bis heute nicht an mich zurückgegeben. Ich beantrage deshalb, die öffentliche Bekanntmachung der als Anlage beigefügten Kraftloserklärung der Vollmachtsurkunde gemäß § 176 BGB zu bewilligen.
Kopie der Vollmachtsurkunde vom _____ und der bislang geführten Korrespondenz überreiche ich als Anlage.
_____ (Ort, Datum, Unterschrift, Firmenstempel)

Wolfgang Arens
§ 31 Vertretungsnachweise im Gesellschaftsrecht

Literatur

Arndt/Lerch/Sandkühler, Bundesnotarordnung, 57. Aufl. 2012; *Beck'sches Notar-Handbuch*, 5. Aufl. 2009, Kapitel G, (Bearbeiter: *Bernhard*); *Kersten/Bühling*, Formularbuch und Praxis der Freiwilligen Gerichtsbarkeit, 23. Aufl. 2010 § 17 (Bearbeiter: *Terner*); *Reithmann/Blank/Rinck*, Notarpraxis, 2. Aufl. 2001; *Röll*, Beglaubigungsvermerke in fremden Sprachen, DNotZ 1974, 423; *Röll*, Beglaubigungsvermerke in englischer Sprache, MittBayNot 1977, 107; *Schervier*, Beglaubigungsvermerke in englischer Sprache, MittBayNot 1989, 198; *Würzburger Notarhandbuch* (Bearbeiter: *Hertel*), 3. Aufl. 2012.

Inhalt

A. **Rechtliche Grundlagen** — 1
 I. Vertretungs- und andere Registerbescheinigungen — 1
  1. Registergerichtliches oder notarielles Zeugnis — 1
  2. Voraussetzungen und Wirkungen des notariellen Zeugnisses — 5
 II. Vertretungsbescheinigungen und andere Urkunden in fremder Sprache — 7
B. **Muster** — 11
 I. Muster: Beglaubigung einer Namensunterschrift nebst Vertretungsbescheinigung nach § 21 Abs. 1 Nr. 1 BNotO für eine GmbH & Co. KG — 11
 II. Muster: Firmenbescheinigung nach § 21 Abs. 1 Nr. 2 BNotO für eine Personenhandelsgesellschaft — 12
 III. Muster: Firmenbescheinigung nach § 21 Abs. 1 Nr. 2 BNotO für eine Kapitalgesellschaft — 13
 IV. Muster: Umwandlungsbescheinigung nach § 21 Abs. 1 Nr. 2 BNotO — 14
 V. Muster: Beglaubigungsvermerke und Vertretungsbescheinigungen in deutscher und englischer Sprache — 15
  1. Muster: Unterschriftsbeglaubigung mit Vertretungsbescheinigung für einen OHG-Gesellschafter — 15
  2. Muster: Unterschriftsanerkennung mit Vertretungsbescheinigung für einen Geschäftsführer einer GmbH & Co. KG — 17
  3. Muster: Unterschriftsbeglaubigung mit Vertretungsbescheinigung für gesamtvertretungsberechtigte Vertretungsorgane einer Aktiengesellschaft — 19
  4. Muster: Unterschriftsbeglaubigung mit Vertretungsbescheinigung für einen im eigenen und im fremden Namen handelnden Beteiligten — 21
  5. Muster: Einfacher Beglaubigungsvermerk für eine beglaubigte Abschrift — 23

A. Rechtliche Grundlagen

I. Vertretungs- und andere Registerbescheinigungen

1. Registergerichtliches oder notarielles Zeugnis

1 Im Rechtsverkehr, insbesondere auch gegenüber Grundbuchämtern, ist häufig der Nachweis darüber zu führen, wer
– Inhaber der im Handelsregister eingetragenen Firma eines Einzelkaufmanns
– zur Vertretung eines Einzelkaufmanns oder
– zur Vertretung einer Handelsgesellschaft (Personenhandelsgesellschaft/Kapitalgesellschaft) oder Genossenschaft (§ 156 GenG) befugt ist.[1]

---

[1] Zur Funktion und zur Bedeutung des Handelsregisters umfassend *Müther*, Das Handelsregister in der Praxis, 2. Aufl. 2007, § 1 Rn 6 ff.

Zunächst besteht die Möglichkeit, durch ein entsprechendes Zeugnis des zuständigen Register- 2
gerichts in der Form des § 31 HRVerfg.[2] den entsprechenden Nachweis zu führen. Solche Zeugnisse des Registergerichts bzw. beglaubigte Abschriften werden nach § 89 Abs. 1 und 2 KostO mit einer Gebühr von 10 EUR berechnet.[3]

In der Praxis geläufiger ist jedoch die Nachweisführung durch die sog. **notariellen Vertre-** 3
tungs- oder Firmenbescheinigung gem. § 21 BNotO. Nach § 21 BNotO ist der Notar zuständig für die Erteilung von
- Bescheinigungen über eine Vertretungsberechtigung
- Bescheinigungen über das Bestehen oder den Sitz einer juristischen Person oder Handelsgesellschaft
- Bescheinigungen über Firmenänderung, Umwandlung oder sonstige rechtserhebliche Umstände, soweit sie aus der Handelsregistereintragung oder ähnlichen Registern ersichtlich sind.

Der Notar erhält für eine solche Vertretungsfeststellung je eingesehenem Handelsregister eine 4
Gebühr in Höhe von 13 EUR nach § 150 Nr. 1 KostO. Für die Firmenbescheinigung nach § 21 Abs. 1 Nr. 2 BNotO erhält der Notar nach § 150 Nr. 2 KostO eine Gebühr von 25 EUR. Für die Einsicht in das Handelsregister bzw. die Registerakten erhält der Notar nach § 147 Abs. 1 S. 1 KostO die Mindestgebühr nach § 33 KostO i.H.v. 10 EUR, allerdings aufgrund der ausdrücklichen Neuregelung in § 147 Abs. 3 KostO nicht mehr neben der Gebühr nach § 150 KostO.[4]

2. Voraussetzungen und Wirkungen des notariellen Zeugnisses

Der Notar ist aber zur Ausstellung einer solchen Bescheinigung, die die gleiche Beweiskraft wie ein 5
Zeugnis des Registergerichts hat (§ 21 Abs. 1 S. 2 BNotO), nur dann berechtigt, wenn er sich zuvor **Gewissheit über den Inhalt der Eintragung in dem Register** verschafft hat.[5] Diese Gewissheit muss auf einer Einsichtnahme in das Register oder in eine beglaubigte Abschrift des Registers beruhen. Allerdings muss der Notar seit der Neufassung des § 21 BNotO die Gewissheit sich nicht mehr durch persönliche Einsichtnahme in das Register verschaffen. Er kann sich dazu auch geeigneter Hilfspersonen bedienen, wenn er auf deren Sorgfalt hinreichend sicher vertrauen kann.[6]

Nach § 21 Abs. 2 S. 2 BNotO muss der Notar den Tag der Feststellung in der Bescheinigung 6
ausdrücklich angeben. Nicht im Gesetz geklärt ist die Frage, wie weit der Tag der Einsichtnahme in das Register zurückliegen darf, damit die Notarbescheinigung noch den hinreichenden Nachweis liefert. Dazu wird vertreten, dass die 15-Tage-Frist des § 15 Abs. 2 S. 2 HGB entsprechend anzuwenden sei[7] bzw. dass der Zeitraum bis sechs Wochen betragen könne.[8]

II. Vertretungsbescheinigungen und andere Urkunden in fremder Sprache

Häufig werden solche Vertretungs- bzw. Registerbescheinigungen im internationalen Rechtsver- 7
kehr für die Verwendung im Ausland benötigt.[9] Urkundssprache nach dem Beurkundungsgesetz

---
2 Handelsregisterverfügung vom 12.8.1937 (abgedruckt in: Deutsche Justiz 1937, 1251).
3 Vgl. Kersten/Bühling/*Terner*, § 15 Rn 34.
4 Vgl. Kersten/Bühling/*Terner*, § 15 Rn 34 m.w.N.; Reithmann/Blank/Rinck/*Reithmann*, Teil C Rn 186.
5 Zu den Rechtswirkungen, Arndt/Lerch/Sandkühler/*Sandkühler*, § 21 Rn 4, 17.
6 Vgl. Kersten/Bühling/*Terner*, § 15 Rn 31 m.w.N.; Arndt/Lerch/Sandkühler/*Sandkühler*, § 21 Rn 23; Reithmann/Blank/Rinck/*Reithmann*, Teil C Rn 188.
7 Vgl. *Mayer*, Rpfleger 1989, 142; Arndt/Lerch/Sandkühler/*Sandkühler*, § 21 Rn 22.
8 Vgl. Meikel/Brambring, Grundbuchordnung, § 29 Rn 145; Kersten/Bühling/*Terner*, § 15 Rn 32.
9 Dazu Würzburger Notarhandbuch/*Hertel*, S. 2454 ff.

ist zwar die deutsche Sprache (§ 5 Abs. 1 BeurkG), von der **Urkundssprache** ist jedoch die **Verhandlungssprache** ohnehin zu unterscheiden. Grundsätzlich kann nämlich in jeder Sprache verhandelt werden.[10]

8 Nach § 5 Abs. 2 BeurkG soll der Notar – auf Verlangen – Urkunden auch in einer anderen Sprache aufnehmen, wenn er der fremden Sprache **„hinreichend kundig"** ist. Diese Regelung im Ersten Abschnitt des Beurkundungsgesetzes gilt sowohl für Beurkundungen von Willenserklärungen (§§ 6ff. BeurkG) als auch für „sonstige Beurkundungen" (§§ 36ff. BeurkG), also auch für Unterschriftsbeglaubigungen (§ 40 BeurkG) und Abschriftsbeglaubigungen (§ 42 BeurkG).[11] Auch für Beglaubigungsvermerke und Registerbescheinigungen ist demgemäß anerkannt, dass diese in fremder Sprache, etwa in englischer Sprache, abgefasst werden können.[12]

9 **„Hinreichend kundig"** im Sinne dieser Vorschrift ist der Notar dann, wenn seine Sprachkenntnisse ausreichen, um einen solchen Beglaubigungsvermerk in fremder Sprache abzufassen. Nicht erforderlich ist dabei, dass er auch in der Lage sein müsste, eine komplette Niederschrift (beispielsweise einen Gesellschaftsvertrag) in dieser Sprache zu beurkunden.[13] Es unterliegt dem pflichtgemäßen Ermessen des Notars festzustellen, dass er den fremdsprachigen Text vollständig versteht und für richtig befindet und die volle Verantwortung für die sachliche Richtigkeit übernehmen kann.[14]

10 Dem Notar steht für eine solche Beglaubigung in fremder Sprache keine zusätzliche Gebühr zu. § 59 Abs. 1 KostO gilt nur für die Beurkundung von Erklärungen in fremder Sprache, nicht jedoch für solche Bescheinigungen bzw. Vermerkurkunden.[15]

B. Muster

M 334 **I. Muster: Beglaubigung einer Namensunterschrift nebst Vertretungsbescheinigung nach § 21 Abs. 1 Nr. 1 BNotO für eine GmbH & Co. KG**

11 Ich beglaubige als heute vor mir geleistet die vorstehende Namensunterschrift des Herrn/der Frau _____, geboren am _____, wohnhaft _____, von Person bekannt/ausgewiesen durch _____.
Zugleich bescheinige ich nach § 21 BNotO, dass die _____ GmbH & Co. KG im Handelsregister des Amtsgerichts _____ unter HRA _____ eingetragen ist und als deren alleinige persönlich haftende Gesellschafterin die _____ Verwaltungs-GmbH.
Ferner bescheinige ich, dass die _____ Verwaltungs-GmbH im Handelsregister des Amtsgerichts _____ unter HRB _____ und Herr/Frau _____
als deren einzelvertretungsberechtigter Geschäftsführer/einzelvertretungsberechtigte Geschäftsführerin eingetragen sind.
alternativ:
als deren gemeinschaftlich vertretungsberechtigte(r) Geschäftsführer und _____ als deren Prokurist, der/die die Gesellschaft gemeinsam mit einem Geschäftsführer vertritt, eingetragen sind.
Die Einsichtnahme in das elektronische Handelsregister/in die elektronischen Handelsregister erfolgte am _____.

---

10 Vgl. Palandt/*Heinrichs*, § 5 BeurkG Rn 2; Beck'sches Notar-Handbuch/*Bernhard*, Kapitel G Rn 174.
11 Dazu *Röll*, DNotZ 1974, 423.
12 Vgl. *Röll*, DNotZ, 1974, 423 ff., der Beglaubigungsmerke in insgesamt 14 Sprachen aufführt; ferner *Röll*, MittBayNot 1977, 107 und *Schervier*, MittBayNot 1989, 198, die verschiedene Beglaubigungsvermerke in englischer Sprache darstellen sowie Würzburger Notarhandbuch/*Hertel*, S. 2454 ff., der verschiedene Muster in englischer und französischer Sprache darstellt.
13 Vgl. *Röll*, DNotZ 1974, 423; *Dumoulin*, DNotZ 1964, 417.
14 *Röll*, DNotZ 1974, 423 m.w.N.; *Mecke*, DNotZ 1968, 599.
15 Vgl. *Röll*, DNotZ 1974, 423, 424.

Die Frage nach einer Vorbefassung i.S.v. § 3 Abs. 1 Nr. 7 BeurkG wurde verneint. Ferner wurde erklärt, dass ausreichend Gelegenheit bestand, den Inhalt und die Tragweite der vorstehenden rechtsgeschäftlichen Erklärungen zu überprüfen (§ 17 BeurkG).
_____ (Ort, Datum)
_____ (Notar) _____ (Siegel)

II. Muster: Firmenbescheinigung nach § 21 Abs. 1 Nr. 2 BNotO für eine Personenhandelsgesellschaft

M 335

Aufgrund Einsichtnahme in das elektronische Handelsregister des Amtsgerichts _____ unter HRA _____ vom _____ bescheinige ich Folgendes:
Mit Beginn am gleichen Tage/mit Beginn am _____ ist die Fa. _____ als _____ (Rechtsform) in das Handelsregister eingetragen worden. Als persönlich haftende(r) Gesellschafter(in) sind/ist _____ eingetragen. (Bei Kommanditgesellschaften zusätzlich: Kommanditist ist/Kommanditisten sind _____ seit der Eintragung/seit dem _____, und zwar mit einer Kommanditeinlage von _____/mit Kommanditeinlagen von _____). Prokurist ist/Prokuristen sind laut Eintragung vom _____. Die Vertretungsmacht des Prokuristen/der Prokuristen lautet: _____ (Vertretungsverhältnis bezeichnen).
_____ (Ort, Datum)
_____ (Notar) _____ (Siegel)

12

III. Muster: Firmenbescheinigung nach § 21 Abs. 1 Nr. 2 BNotO für eine Kapitalgesellschaft

M 336

Aufgrund Einsichtnahme in das elektronische Handelsregister des Amtsgerichts _____ unter HRB _____ vom _____ bescheinige ich Folgendes:
Am _____ ist die Fa. _____ als _____ (Rechtsform) in das Handelsregister eingetragen worden. Als Geschäftsführer/Vorstand, der/die einzeln/gemeinschaftlich zur Vertretung befugt ist/sind, sind/ist _____ eingetragen. Prokurist ist/Prokuristen sind laut Eintragung vom _____. Die Vertretungsmacht des Prokuristen/der Prokuristen lautet: _____ (Vertretungsverhältnis bezeichnen).
_____ (Ort, Datum)
_____ (Notar) _____ (Siegel)

13

IV. Muster: Umwandlungsbescheinigung nach § 21 Abs. 1 Nr. 2 BNotO

M 337

Aufgrund Einsichtnahme in das elektronische Handelsregister HRA/HRB _____ (und das Handelsregister HRA/HRB _____) des Amtsgerichts _____ vom _____ (Datum) bescheinige ich:
Die Fa. _____ ist durch _____ (Art der Umwandlung, also Verschmelzung, Spaltung, Formwechsel) in eine _____ (neue Rechtsform) unter der Firmierung _____ umgewandelt worden. Persönlich haftende Gesellschafter sind/persönlich haftender Gesellschafter ist (bzw. Geschäftsführer/Vorstand ist/sind) _____ (Beruf, Name und Ort).
Die Regelung über die Vertretungsbefugnis lautet: _____ (Vertretungsbefugnis darstellen).
(Bei Personenhandelsgesellschaften zusätzlich: Die _____ hat mit ihrer Eintragung in das Handelsregister am _____ begonnen.)
(Bei Umwandlungen mit Erlöschen des übertragenden Rechtsträgers zusätzlich: Die Fa. _____ ist am gleichen Tage erloschen und im Handelsregister gelöscht worden.)
_____ (Ort, Datum)
_____ (Notar) _____ (Siegel)

14

V. Muster: Beglaubigungsvermerke und Vertretungsbescheinigungen in deutscher und englischer Sprache

M 338 1. Muster: Unterschriftsbeglaubigung mit Vertretungsbescheinigung für einen OHG-Gesellschafter

15 UR-Nr. _____/_____
Ich beglaubige hiermit die Echtheit vorstehender, heute vor mir vollzogener Unterschrift von Herrn/Frau _____, geb. am _____, wohnhaft in _____
mir persönlich bekannt/ausgewiesen durch seinen/ihren deutschen Personalausweis/Reisepass Nr. _____,
hier handelnd für die
_____ OHG mit dem Sitz in _____.
Aufgrund Einsicht in das elektronische Handelsregister des Amtsgerichts _____ Abteilung A Nr. _____ vom _____ bescheinige ich hiermit, dass Herr/Frau _____ als persönlich haftender Gesellschafter zur Vertretung der „_____ OHG" befugt ist.
Die Frage nach einer Vorbefassung i.S.v. § 3 Abs. 1 Nr. 7 BeurkG wurde verneint. Ferner wurde erklärt, dass ausreichend Gelegenheit bestand, den Inhalt und die Tragweite der vorstehenden rechtsgeschäftlichen Erklärungen zu überprüfen (§ 17 BeurkG).
_____ (Ort, Datum)
_____ (Notar)   _____ (Siegel)

16 File No. _____/_____
I hereby certify that the above is the true signature, today subscribed in my presence, of Mr./Mrs. _____, born on _____, of _____
who is personally known to me/identified by his/her German identity card/passport No. _____,
here acting on behalf of
_____ OHG, a firm having its principal place of business in _____.
From inspection of the Commercial Register of the District Court of _____, Section A, No. _____, on the _____ of _____, I hereby certify that Mr./Mrs _____ is authorized, as a partner personally responsible, to represent the said firm _____ OHG.
The question pertaining to a prior involvement within the meaning of Section 3, paragraph 1, clause 7 of the Notarial Recording Act (BeurkG) was answered in the negative. It was also declared that sufficient opportunity was given for the checking of the content and consequences of the above declarations constituting legal transactions (Section 17 of the Notarial Recording Act).
_____, the _____ day of _____
_____ (Notary Public)   _____ (L.S.)

M 339 2. Muster: Unterschriftsanerkennung mit Vertretungsbescheinigung für einen Geschäftsführer einer GmbH & Co. KG

17 UR-Nr. _____/_____
Ich beglaubige hiermit die Echtheit vorstehender, heute vor mir anerkannter Unterschrift von Herrn/Frau _____, geb. am _____, wohnhaft in _____
mir persönlich bekannt/ausgewiesen durch seinen/ihren deutschen Personalausweis/Reisepass, handelnd für die
_____ GmbH & Co. KG
mit dem Sitz in _____.

Aufgrund Einsicht in das elektronische Handelsregister des Amtsgerichts _____ vom _____ bescheinige ich hiermit,
a) dass die „_____ GmbH & Co. KG" mit dem Sitz in _____ dort in Abteilung A Nr. _____ eingetragen und die „_____ GmbH" mit dem Sitz in _____ als ihre persönlich haftende Gesellschafterin zu ihrer Vertretung befugt ist,
b) dass die „_____ GmbH" dort in Abteilung B Nr. _____ eingetragen und Herr/Frau _____ als ihr Geschäftsführer zu ihrer Vertretung befugt ist.

Die Frage nach einer Vorbefassung i.S.v. § 3 Abs. 1 Nr. 7 BeurkG wurde verneint. Ferner wurde erklärt, dass ausreichend Gelegenheit bestand, den Inhalt und die Tragweite der vorstehenden rechtsgeschäftlichen Erklärungen zu überprüfen (§ 17 BeurkG).

_____ (Ort, Datum)
_____ (Notar)   _____ (Siegel)

File No. _____/_____   18

I hereby certify that the above is the true signature, today acknowledged in my presence, of
Mr./Mrs. _____, born on _____, of _____
who is personally known to me/identified by his/her German identity card/passport,
acting on behalf of _____ GmbH & Co. KG,
a limited partnership having its principal place of business in _____.
From inspection of the Commercial Register of the District Court of _____ on the _____ of _____,
I hereby certify
a) that the said firm _____ GmbH & Co. KG, having its principal place of business in _____, is entered in Section A of the said Register under No. _____, and _____ GmbH, a company having its registered office in _____, is authorized to represent the said firm as a general partner therein;
b) that the said _____ GmbH is entered in Section B of the said Register under No. _____, and Mr./Mrs _____ as its Managing Director is authorized to represent it.

The question pertaining to a prior involvement within the meaning of Section 3, paragraph 1, clause 7 of the Notarial Recording Act (BeurkG) was answered in the negative. It was also declared that sufficient opportunity was given for the checking of the content and consequences of the above declarations constituting legal transactions (Section 17 of the Notarial Recording Act).

_____, the _____ day of _____
_____ (Notary Public)   _____ (L.S.)

3. Muster: Unterschriftsbeglaubigung mit Vertretungsbescheinigung für gesamtvertretungsberechtigte Vertretungsorgane einer Aktiengesellschaft   M 340

UR-Nr. _____/_____   19

Ich beglaubige hiermit die Echtheit vorstehender, heute vor mir vollzogener Unterschriften von
1. Herrn/Frau _____, geb. am _____, wohnhaft in _____
2. Herrn/Frau _____, geb. am _____, wohnhaft in _____
beide mir persönlich bekannt/ausgewiesen durch seinen/ihren deutschen Personalausweis/Reisepass,
handelnd für die _____ AG mit dem Sitz in _____.
Aufgrund Einsicht in einen beglaubigten Auszug aus dem Handelsregister des Amtsgerichts _____ Abteilung B Nr. _____ vom _____ bescheinige ich hiermit, dass die „_____ AG" dort eingetragen und Herr/Frau _____ als Vorstandsmitglied und Herr/Frau _____ als Prokurist gemeinsam zu ihrer Vertretung befugt sind.

Die Frage nach einer Vorbefassung i.S.v. § 3 Abs. 1 Nr. 7 BeurkG wurde verneint. Ferner wurde erklärt, dass ausreichend Gelegenheit bestand, den Inhalt und die Tragweite der vorstehenden rechtsgeschäftlichen Erklärungen zu überprüfen (§ 17 BeurkG).
_____ (Ort, Datum)
_____ (Notar) _____ (Siegel)

20 File No. _____/_____
I hereby certify that the above are the true signatures, today subsrcibed in my presence, of
1. Mr./Mrs. _____, born on _____, of _____
2. Mr./Mrs. _____, born on _____, of _____
both personally known to me/identified by his/her German identity card/passport,
acting on behalf of _____ AG, a company having its registered office in _____.
From inspection of a certified extract from the Commercial Register of the District Court of _____, Section B, Nr. _____, made on the _____ of _____, I hereby certify that the said _____ AG is there entered, and that Mr./Mrs _____ as one of its Directors and Mr./Mrs _____ as its Attorney are jointly authorized to represent it.
The question pertaining to a prior involvement within the meaning of Section 3, paragraph 1, clause 7 of the Notarial Recording Act (BeurkG) was answered in the negative. It was also declared that sufficient opportunity was given for the checking of the content and consequences of the above declarations constituting legal transactions (Section 17 of the Notarial Recording Act).
_____, the _____ day of _____
_____ (Notary Public) _____ (L.S.)

M 341 **4. Muster: Unterschriftsbeglaubigung mit Vertretungsbescheinigung für einen im eigenen und im fremden Namen handelnden Beteiligten**

21 UR-Nr. _____/_____
Ich beglaubige hiermit die Echtheit vorstehender, heute vor mir vollzogener Unterschrift von Herrn/Frau _____, geb. am _____, wohnhaft in _____
mir persönlich bekannt/ausgewiesen durch seinen/ihren deutschen Personalausweis/Reisepass,
hier handelnd
a) im eigenen Namen,
b) aufgrund der mir vorliegenden und dieser Urkunde in beglaubigter Abschrift beigefügten Vollmachtsurkunde für Herrn/Frau _____ in _____.
Die Frage nach einer Vorbefassung i.S.v. § 3 Abs. 1 Nr. 7 BeurkG wurde verneint. Ferner wurde erklärt, dass ausreichend Gelegenheit bestand, den Inhalt und die Tragweite der vorstehenden rechtsgeschäftlichen Erklärungen zu überprüfen (§ 17 BeurkG).
_____ (Ort, Datum)
_____ (Notar) _____ (Siegel)

22 File No. _____/_____
I hereby certify that the above is the true signature, today subscribed in my presence, of Mr./Mrs _____, born on _____, of _____, who is personally known to me/identified by his/her German identity card/passport,
here acting
a) in his/her own name,
b) by virtue of a power of attorney duly produced to me, whereof a certified copy is annexed hereto, for Mr./Mrs. _____ of _____.

The question pertaining to a prior involvement within the meaning of Section 3, paragraph 1, clause 7 of the Notarial Recording Act (BeurkG) was answered in the negative. It was also declared that sufficient opportunity was given for the checking of the content and consequences of the above declarations constituting legal transactions (Section 17 of the Notarial Recording Act).
_____, the _____ day of _____
_____ (Notary Public) _____ (L.S.)

5. Muster: Einfacher Beglaubigungsvermerk für eine beglaubigte Abschrift

M 342

Beglaubigte Abschrift/Certified copy
Ich beglaubige hiermit die Übereinstimmung der vorstehenden Abschrift mit der Urschrift.
I hereby certify, that the above is the true copy of the original.
_____ (Ort, Datum)/_____, the _____ day of _____
_____ (Notar) _____ (Siegel)/_____ (Notary Public) _____ (L. S.)

Kapitel 13 Handelsregistersachen und unternehmensrechtliche Verfahren

Dr. Peter-Hendrik Müther
§ 32 Die Grundlagen

Literatur

Baumbach/Hopt, Handelsgesetzbuch, Kommentar, 35. Aufl. 2012; *Baumbach/Hueck*, GmbHG, Kommentar, 19. Aufl. 2010; *Baumbach/Lauterbach/Albers/Hartmann*, ZPO, Kommentar, 70. Aufl. 2012; *Bork/Jacoby/Schwab*, FamFG, Kommentar, 2009; *Buchberger*, Anmerkung zu LG Mannheim (Rpfleger 1990, 301), Rpfleger 1990, 513; *Bumiller/Harders*, FamFG, Freiwillige Gerichtsbarkeit, Kommentar, 10. Aufl. 20011; *Drischler*, Die Handelsregisterverfügung, 5. Aufl. 1983; *Gustavus*, Handelsregister-Anmeldungen, 7. Aufl. 2009; *Heinemann*, Das Verfahren in Registersachen und das unternehmensrechtliche Verfahren nach dem FamFG, FGPrax 2009, 1; *Jansen*, FGG, Gesetz über die Freiwillige Gerichtsbarkeit, Großkommentar, 3. Aufl., 2006; *Krafka/Willer/Kühn*, Registerrecht, 8. Aufl. 2010; *Keidel*, FamFG, Familienverfahren, Freiwillige Gerichtsbarkeit, Kommentar, 17. Aufl. 2011; *Koller/Roth/Morck*, HGB, Handelsgesetzbuch, Kommentar, 7. Aufl. 2011; *Korintenberg/Lappe/Bengel/Reimann*, KostO, 18. Aufl., 2010; *Krafka*, Registerrechtliche Neuerungen durch das FamFG, NZG 2009, 650; *Malzer*, Elektronische Beglaubigung und Medientransfer durch den Notar nach dem Justizkommunikationsgesetz, DNotZ 2006, 9; *Melchior/Schulte/Schneider*, HandelsregisterVO, 2. Aufl., 2009; *Meyding/Bödeker*, Gesetzentwurf über elektronische Handelsregister und Genossenschaftsregister sowie das Unternehmensregister (EHUG-E) – Willkommen im Online-Zeitalter!, BB 2006, 1009; *Müther*, Handelsrecht, 2005; *Müther*, Das Handelsregister in der Praxis, 2. Aufl. 2007; *Müther*, Die Rechtsprechung des EuGH und der Einfluss auf das deutsche Handelsregisterwesen, Rpfleger 2000, 316; *Müther*, Die Prüfungspflichten des Registergerichts im elektronischen Handelsregister, Rpfleger 2008, 233; *Nedden/Boeger*, Das neue Registerrecht, FGPrax 2007, 1; *Nedden-Boeger*, Die Ungereimtheiten der FGG-Reform – eine kritische Bestandsaufnahme, FGPrax 2009, 144; *Noack*, Das EHUG ist beschlossen – elektronische Handels- und Unternehmensregister ab 2007, NZG 2006, 801; *Ries*, Elektronisches Handels- und Unternehmensregister, Rpfleger 2006, 233; *Ries*, Änderungen im Registerverfahren nach der Reform des Rechts der Freiwilligen Gerichtsbarkeit, Rpfleger 2009, 441; *Rossnagel/Wilke*, Die rechtliche Bedeutung eingescannter Dokumente, NJW 2006, 2145; *Schlotter*, Das EHUG ist in Kraft getreten: Das Recht der Unternehmenspublizität hat eine neue Grundlage, BB 2007, 1; *Schmidt-Kessel/Leutner/Müther*, Handelsregisterrecht, 2010; *Seibert/Deckert*, Das Gesetz über elektronische Handelsregister sowie das Unternehmensregister (EHUG) – Der Big Bang im Recht der Unternehmenspublizität, DB 2006, 2446; *Zöller*, ZPO, Kommentar, 29. Aufl. 2012.

Inhalt

A. Die Rechtsgrundlagen —— 1
I. Überblick —— 1
II. Die Regelungen des FamFG —— 2
III. Weitere Rechtsvorschriften —— 3
IV. Altfälle —— 6

B. Das Handelsregister —— 7
I. Aufgaben und Bedeutung des Handelsregisters —— 7
  1. Registerpublizität —— 7
  2. Eintragungs- und Bekanntmachungswirkungen —— 11
II. Organisation des Handelsregisters —— 15
III. Zuständigkeiten —— 18
  1. Sachliche Zuständigkeit —— 18
  2. Örtliche Zuständigkeit —— 20
  3. Funktionelle Zuständigkeit —— 22
IV. Eintragung —— 24
  1. Eintragungsfähige Tatsachen, Wirkungen der Eintragung —— 24
  2. Anmeldung zur Eintragung —— 28
    a) Bedeutung der Anmeldung —— 28
    b) Form —— 31
    c) Anmeldebefugnis —— 33
    d) Einheit der Anmeldungen —— 34
    e) Rücknahme —— 36
  3. Prüfung der Eintragungsvoraussetzungen —— 37
  4. Vertretung bei der Anmeldung —— 43
  5. Eintragungen von Amts wegen —— 47
V. Beurkundungen —— 49
  1. Beurkundung von Willenserklärungen —— 50
  2. Tatsachenbeurkundung —— 51
  3. Unterschriftsbeglaubigung —— 52
  4. Elektronische Vermerkurkunde —— 53

C. Kostenrecht —— 54
I. Grundlagen —— 54

II. Geschäftswert —— 55
III. Weitere kostenrechtliche Grundsätze —— 57

A. Die Rechtsgrundlagen

I. Überblick

1 Mit dem am 1. September 2009 in Kraft getretenen Gesetz über das Verfahren in Familiensachen und in den Angelegenheiten der freiwilligen Gerichtsbarkeit (FamFG) ist das Gesetz über die Angelegenheiten der Freiwilligen Gerichtsbarkeit (FGG) abgelöst worden. Dieses Gesetz gilt nur noch in sog. Altfällen, zur Übergangsregelung in Art. 111 FGG-ReformG, vgl. Rn 6. Das FamFG enthält dabei in § 374 eine Definition der Registersachen. Zu diesen gehören dabei nicht nur die Handelsregistersachen (§ 374 Nr. 1 FamFG), sondern auch die Genossenschaftsregistersachen (§ 374 Nr. 2 FamFG) und die Partnerschaftsregistersachen (§ 374 Nr. 3 FamFG), die hier zwar nicht behandelt werden, die aber wesentliche Parallelen zum Handelsregister aufweisen.[1] Neben den Registersachen stehen die unternehmensrechtlichen Verfahren nach § 375 FamFG, die nach altem Recht im Wesentlichen in § 145 FGG enthalten waren und die wegen ihrer Sachnähe zu den Registeraufgaben auch den mit den befassten Gerichten zugewiesen waren. Diese Verfahren werden hier mitbehandelt, soweit sie wie die gerichtliche Bestellung von Organmitgliedern oder von externen Prüfern bei der Aktiengesellschaft eine besondere Nähe zum Handelsregisterrecht aufweisen. Die Gleichschaltung der Zuständigkeit ist auch im FamFG durch § 376 FamFG ermöglicht.

II. Die Regelungen des FamFG

2 Das FamFG hat zunächst wesentliche Änderungen im allgemeinen Teil gebracht.[2] Die kursorischen Regelungen des FGG sind durch eingehende Verfahrensregelungen abgelöst worden. Dabei ist etwa nunmehr festgelegt, dass Endentscheidungen grundsätzlich durch Beschluss zu treffen sind, wenn nicht wie für das Registerverfahren in § 382 Abs. 1 FamFG Sondervorschriften gelten. Wesentliche Änderungen haben sich auch im Rechtsmittelrecht ergeben, indem eine Befristung und die Notwendigkeit einer bestimmten Beschwer eingeführt worden sind und der Instanzenzug verändert wurde. Für Beschwerden sind jetzt die jeweiligen Oberlandesgerichte zuständig (§ 119 Abs. 1 Nr. 1 lit. b GVG). Grundsätzlich möglich ist auch die Rechtsbeschwerde (§ 70 FamFG). Über diese hat der BGH zu entscheiden (§§ 13, 133 GVG). Die Registersachen und die unternehmensrechtlichen Sachen werden im Buch 5 in den §§ 374ff. FamFG behandelt. Für sie gelten die Vorschriften des allgemeinen Teils, soweit sich im Buch 5 keine abweichenden Vorschriften finden. Auf diese wird an den jeweiligen maßgeblichen Stellen hingewiesen.

III. Weitere Rechtsvorschriften

3 Neben dem FamFG enthalten die die einzelnen Gesellschaftsformen betreffenden Gesetze Vorschriften für das Handelsregister oder Tatbestände, die die Einleitung eines FamFG-Verfahrens nach den Vorschriften des fünften Buches rechtfertigen. So finden sich etwa die einzelnen Anmeldetatbestände in den Gesetzen über die GmbH (vgl. etwa §§ 7, 39, 54, 57, 65, 67, 74 GmbHG),

---
[1] Vgl. im Einzelnen *Müther*, Handelsregister, §§ 3, 14.
[2] Vgl. dazu *Heinemann*, FGPrax 2009, 1; *Krafka*, NZG 2009, 650; *Nedden-Boeger*, FGPrax 2009, 144; *Ries*, Rpfleger 2009, 441.

im Aktiengesetz (vgl. etwa §§ 36, 81, 181, 184, 188 AktG), aber auch im Handelsgesetzbuch (vgl. etwa §§ 106–108, 125 Abs. 4, 148, 157, 162, 175 HGB). Das HGB enthält darüber hinaus weitere Vorschriften über die Organisation und das Verfahren im Handelsregister (vgl. §§ 8–16 HGB). Mit dem Inkrafttreten des MoMiG am 1. November 2008 haben sich dabei insbesondere bei der GmbH und der Aktiengesellschaft wesentliche Änderungen ergeben. Dies betrifft etwa die Einführung der sog. Unternehmergesellschaft, die die Gründung einer GmbH mit einem beliebig niedrigeren Stammkapital als 25.000 EUR zulässt (§ 5a GmbHG, dazu näher § 33 Rn 52), die Veränderung der Sitzregelungen (§§ 4a GmbHG, 5 AktG, dazu § 33 Rn 30) und den Wegfall des Nachweises über das Vorliegen der öffentlich-rechtlichen Genehmigung zur Ausübung des Unternehmensgegenstandes (vgl. § 33 Rn 33). Weiter ist die Bedeutung der Gesellschafterliste erhöht worden (vgl. § 33 Rn 68), sind die Ausschlussgründe für eine Geschäftsführertätigkeit und damit der Umfang der Versicherungspflicht nach § 8 Abs. 3 S. 1 GmbHG erweitert worden (vgl. § 33 Rn 59). Schließlich sind die Regelungen über die Zusammensetzung des Stammkapitals und die Stammeinlagen verändert worden (vgl. dazu § 33 Rn 37).

Die genaue Einrichtung und Organisation des Handelsregisters ergibt sich aus der Verordnung über die Einrichtung und Führung des Handelsregisters – Handelsregisterverordnung (HRV), die die frühere sog. **Handelsregisterverfügung (HRV)** vom 12.8.1937 abgelöst hat.[3] Dabei handelt es sich um eine Rechtsverordnung, deren Ermächtigungsgrundlage nunmehr in § 387 Abs. 2 S. 1 FamFG zu finden ist. 4

Die gerichtsinterne Verteilung der Geschäfte zwischen Rechtspflegern und Richtern findet sich in §§ 3 Nr. 2d, 17 RPflG. Es handelt sich um sog. **Vorbehaltsaufgaben**. Dies bedeutet, dass der Rechtspfleger dann zuständig ist, wenn nicht eine dem Richter vorbehaltene, nach § 17 RPflG enumerativ aufgezählte Aufgabe vorliegt (vgl. näher Rn 22). § 19 Abs. 1 S. 1 Nr. 6 RPflG sieht die Möglichkeit vor, dass den Rechtspflegern durch Landesverordnung Geschäfte nach § 17 Nr. 1 und 2b RPflG übertragen werden können. Von dieser Möglichkeit haben neben Baden-Württemberg Niedersachsen, Rheinland-Pfalz und Thüringen Gebrauch gemacht.[4] 5

IV. Altfälle

Nach Art. 111 Abs. 1 FGG-Reformgesetz findet auf Verfahren, die zum Zeitpunkt des Inkrafttretens des FG-Reformgesetzes, also zum 1. September 2009, eingeleitet worden sind oder deren Einleitung beantragt war, noch das alte Recht und damit etwa das FGG Anwendung. Auf den Zeitpunkt des Antrags kommt es dabei bei den Verfahren an, die auf Antrag eingeleitet werden. Dies sind in der Regel die Eintragungsverfahren im Handelsregister. Auf die Einleitung kommt es bei den amtswegigen Verfahren an. Eingeleitet ist ein Verfahren dabei dann, wenn das Gericht eine nach außen erkennbare Handlung ergreift.[5] Die Anwendung der Verfahrensvorschriften erfasst dabei auch das gesamte Rechtsmittelrecht.[6] Findet daher auf eine Anmeldung noch das FGG-Anwendung, richtet sich auch das Rechtsmittelverfahren nach dem FGG. Die Beschwerde ist daher unbefristet und muss durch das Landgericht als Beschwerdegericht entschieden werden. Gegen die Entscheidung des Landgerichts ist die weitere Beschwerde zum Oberlandesgericht gegeben. Findet auf die Anmeldung das FamFG Anwendung, ist die befristete Beschwerde nach § 58 FamFG gegeben, über die das Oberlandesgericht als Beschwerdegericht zu entscheiden hat. 6

---

3 Handelsregisterverfügung: DJ S. 1251, zuletzt geändert durch Verordnung vom 8.12.1998 (BGBl I, 3580); die Handelsregisterverordnung ist durch das EHUG wesentlich umgestaltet worden und gilt nunmehr in der Fassung vom 10.11.2006, sie ist abgedr. unter Nebengesetze (4) bei *Baumbach/Hopt*. Vgl. dazu auch *Melchior/Schulte*.
4 Vgl. näher *Arnold/Rellermeyer*, RpflG, 7. Aufl. 2009, § 19 Rn 15ff.
5 Bork/*Jacoby*, § 24 Rn 3; Keidel/*Sternal*, § 24 Rn 4.
6 OLG Köln FGPrax 2009, 240, 241; Bork/*Müther*, vor § 58 Rn 18.

Weiteres Rechtsmittel wäre die Rechtsbeschwerde nach § 70 FamFG, wenn diese zugelassen worden ist.

B. Das Handelsregister

I. Aufgaben und Bedeutung des Handelsregisters

1. Registerpublizität

7 Das Handelsregister ist ein **öffentlich geführtes Register**, das über bestimmte im Handelsverkehr rechtserhebliche Tatsachen Auskunft erteilt.[7] So ergibt sich aus dem Register etwa, wer Gesellschafter einer offenen Handelsgesellschaft ist und damit für die Verbindlichkeiten der Gesellschaft persönlich haftet oder wer eine GmbH im Rechtsverkehr zu vertreten hat und damit in der Klageschrift für eine ordnungsgemäße Zustellung als Vertreter zu benennen ist. Diese **Publizitätsfunktion** wird dadurch verwirklicht, dass die Eintragungen in das Handelsregister in dem von der jeweiligen Landesjustizverwaltung bestimmten elektronischen Informations- und Kommunikationssystem in der zeitlichen Folge ihrer Eintragung bekannt gemacht wird (§ 10 HGB). Als derartiges elektronisches Informations- und Kommunikationssystem ist das länderübergreifende Internetportal www.Handelsregister.de eingeführt. Die vor dem In-Kraft-Treten des EHUG (siehe Rn 6) notwendige Bekanntmachung in von dem Registergericht bezeichneten Blättern (vgl. § 10 HGB a.F.) war nach Art. 61 Abs. 4 EGHGB nur noch für eine Übergangszeit bis zum 31.12.2008 vorgesehen.

8 Daneben steht jedermann ein **unbeschränktes Einsichtsrecht** in das Handelsregister und in die zum Handelsregister eingereichten Schriftstücke zu (vgl. § 9 Abs. 1 S. 1 HGB). Die Einsicht ist auch über ein elektronisches Informations- und Kommunikationssystem zu ermöglichen, § 9 Abs. 1 S. 2 HGB. Dies ist länderübergreifend über das Internetportal www.Handelsregister.de möglich. Nach § 9 Abs. 4 HGB können Ausdrucke bzw. Abschriften der zum Register eingereichten Schriftstücke verlangt werden. Das Einsichtsrecht ist nicht durch ein rechtliches Interesse oder auch nur wirtschaftliches Interesse begrenzt. Es muss allerdings Informationszwecken dienen, was jedenfalls eine wirtschaftliche Verwertung des Gesamtbestandes ausschließt.[8] Das Einsichtsrecht bezieht sich nicht auf die gesamten bei dem Registergericht geführten Akten bzw. vorhandenen Dokumente, sondern lediglich auf die eingereichten Schriftstücke wie die Anmeldungen, Gesellschafterbeschlüsse, Gesellschaftsverträge, Gesellschafterlisten, Jahresabschlüsse, einschließlich der gerichtlich angeforderten Bankbelege.[9] Zu den hiernach einsehbaren Unterlagen gehören dabei auch die ebenfalls eingereichten Übersetzungen nach § 11 Abs. 1 HGB. Soweit in die den Schriftverkehr des Gerichts und dessen Verfügungen u.Ä. enthaltenen weiteren Akten eingesehen oder Abschriften bzw. Ausdrucke hieraus gefertigt werden sollen, bedarf es für Dritte eines **berechtigten Interesses** nach § 13 Abs. 2 FamFG.[10] Dieses berechtigte Interesse ist ein nach vernünftiger Erwägung durch die Sachlage gerechtfertigtes Interesse, das auch tatsächlicher und damit wirtschaftlicher Art sein kann.[11]

9 Kein eigentlicher Bestandteil der Registerpublizität ist das mit dem EHUG eingeführte **Unternehmensregister** nach § 8b HGB. Es dient vielmehr dem vereinfachten komprimierten

---
7 *Baumbach/Hopt*, § 8 Rn 1; *Koller/Roth/Morck*, § 8 Rn 1; *Bumiller/Harders*, § 374 Rn 5.
8 Vgl. BGHZ 108, 32 = NJW 1989, 2818.
9 OLG Hamm BB 2006, 2548 = FGPrax 2007, 34. Entsprechend werden für jede Gesellschaft zwei Akten geführt. Der Sonderband bzw. Registerordner (§ 9 HRV) enthält die eingereichten Schriftstücke, der Hauptband, der nunmehr Registerakte heißt (§ 8 HRV) den übrigen Schriftverkehr, vgl. *Krafka/Willer/Kühn*, Rn 41ff.; *Melchior/Schulte/Schneider*, § 8 Rn 1ff.
10 *Baumbach/Hopt*, § 9 Rn 3; *Melchior/Schulte/Schneider*, § 8 Rn 7.
11 *Bumiller/Harders*, § 13 Rn 9.

Zugriff auf die vorhandenen Unternehmensdaten. Es enthält dabei auch Angaben zu den Eintragungen im Handelsregister, deren Bekanntmachung und die eingereichten Dokumente, § 8b Abs. 2 Nr. 1 HGB, einschließlich der entsprechenden Informationen zu den Genossenschaften und Partnerschaftsgesellschaften, § 8b Abs. 2 Nr. 2 und 3 HGB, einschließlich der Unterlagen zur Rechnungslegung und der gesellschaftsrechtlichen Bekanntmachungen.

Die Publizitätsfunktion des Handelsregisters wird aber nur dann vollständig verwirklicht, **10** wenn die Eintragungen auch bestimmte Rechtswirkungen entfalten. Das setzt voraus, dass die Eintragungen auch richtig sind oder jedenfalls als richtig gelten. Der Gesetzgeber hat dabei beide **Regelungskonzepte** eingesetzt. Er hat zum einen dem Registergericht eine Prüfungspflicht hinsichtlich der formellen und materiellen Voraussetzungen für eine Eintragung auferlegt (vgl. etwa § 12 Abs. 1 HGB, § 9c GmbHG; siehe Rn 37 ff.). Zum anderen hat er an bestimmte Eintragungen bzw. an notwendige, aber fehlende Eintragungen besondere Rechtsfolgen geknüpft (vgl. § 15 HGB; siehe Rn 11 ff.).

2. Eintragungs- und Bekanntmachungswirkungen

Während auf den Umfang der Prüfungspflicht noch später eingegangen wird (siehe Rn 37 ff.), **11** lassen sich die Wirkungen der Regelungen in **§ 15 HGB** kurz[12] wie folgt darstellen:

Der **Grundsatz** ist in § 15 Abs. 2 S. 1 HGB enthalten: Ein Dritter muss sich die Eintragungen **12** in das Register auch ohne seine Kenntnis von der Eintragung entgegenhalten lassen. Anderes gilt nach § 15 Abs. 2 S. 2 HGB nur dann, wenn die Bekanntmachung der Eintragung nicht älter als fünfzehn Tage ist und der Dritte beweist, dass er von der Eintragung keine Kenntnis hatte und auch keine Kenntnis haben konnte.

Eine sog. **negative Publizitätswirkung** verwirklicht die Regelung des **§ 15 Abs. 1 HGB**. Da- **13** nach kann sich ein zur Bewirkung der Eintragung Verpflichteter nicht auf eine Änderung eines eintragungspflichtigen Umstandes berufen, wenn diese Änderung nicht eingetragen wurde.[13] Auf die Voreintragung des Umstandes, der sich geändert hat, kommt es dabei nicht an.[14] Wird beispielsweise weder der Beitritt eines Gesellschafters zu einer OHG noch sein späteres Ausscheiden eingetragen, kann sich dieser Gesellschafter wegen § 15 Abs. 1 HGB nicht auf sein Ausscheiden berufen. Er haftet daher nicht nur nach den Regeln über die Nachhaftung nach § 160 HGB, sondern so, als ob er noch Gesellschafter wäre, also auch noch für nach seinem Austritt begründete Verbindlichkeiten in vollem Umfang. Der Dritte kann sich allerdings auch auf die wirkliche Rechtslage oder nur teilweise auf die Registerlage und im Übrigen auf die Wirklichkeit berufen (sog. **Rosinentheorie**).[15] § 15 Abs. 1 HGB wirkt sich aber grundsätzlich nur auf sog. deklaratorische Eintragungen aus (siehe Rn 28), also auf solche, bei denen sich die Rechtsänderung auch ohne Eintragung in das Handelsregister vollziehen kann.[16] Bei den sog. konstitutiven Eintragungen tritt die angestrebte Rechtsfolge ohnehin nur ein, wenn eine Eintragung erfolgt (siehe Rn 29). § 15 Abs. 1 HGB gilt schließlich nur für Umstände, die durch das Register überhaupt verlautbart werden sollen, also nicht etwa für die Geschäftsfähigkeit eines eingetragenen Geschäftsführers einer GmbH.[17] Überhaupt gilt die Vorschrift nur im Geschäftsverkehr.

---

12 Näher: *Müther*, Handelsrecht, § 7 Rn 17 ff.
13 Dies gilt aber nur, wenn die Tatsache dem Dritten nicht bekannt ist. Zu dieser Frage: OLG Oldenburg NZG 2011, 230.
14 BGHZ 55, 267, 272 = NJW 1971, 1268; BGHZ 116, 37, 44 = NJW 1992, 505; *Baumbach/Hopt*, § 15 Rn 11; *Koller/Roth/Morck*, § 15 Rn 9. Zur Notwendigkeit der Voreintragung der Bestellung eines abberufenen GmbH-Geschäftsführers, vgl. KG MDR 2012, 420.
15 BGHZ 65, 309 = NJW 1976, 569; *Baumbach/Hopt*, § 15 Rn 6.
16 *Baumbach/Hopt*, § 15 Rn 5; dazu auch *Koller/Roth/Morck*, § 15 Rn 6.
17 BGHZ 115, 78, 80 = NJW 1991, 2566; allerdings kommt hier Rechtsschein in Betracht, vgl. *Koller/Roth/Morck*, § 15 Rn 44.

14 Nach **§ 15 Abs. 3 HGB** besteht eine **positive Publizität** für die Registerbekanntmachung. Diese Regelung wird durch Gewohnheitsrecht dahin ergänzt, dass sich auch der, der eine falsche Anmeldung veranlasst, an der Erklärung gegenüber gutgläubigen Dritten festhalten lassen muss. Weiter ist der, der eine auch von ihm nicht veranlasste Falscheintragung schuldhaft nicht beseitigt, so zu behandeln, als ob die Eintragung von ihm veranlasst wäre.[18] Eine dem § 15 Abs. 3 HGB ähnelnde Regelung findet sich in Bezug auf nach § 11 HGB eingereichte Übersetzungen. Denn nach § 11 Abs. 2 HGB muss der Einreichende Abweichungen zwischen Originalfassung und Übersetzung gegen sich gelten lassen.

II. Organisation des Handelsregisters

15 Das Handelsregister ist in zwei unterschiedliche **Abteilungen (A und B)** eingeteilt. Diese werden in getrennten Registern nach unterschiedlichem Muster geführt. Der genaue Inhalt der Eintragungen ergibt sich dabei aus der schon erwähnten Handelsregisterverfügung (siehe Rn 4). Das **Register A** ist unter anderem für die Führung der Eintragungen zu den Personenhandelsgesellschaften (OHG, KG und EWIV) und das **Register B** für die Kapitalgesellschaften (GmbH, AG, KGaA, Versicherungsverein auf Gegenseitigkeit) zuständig (vgl. § 3 HRV). Der genaue Inhalt der Eintragungen zum Register A ergibt sich aus den §§ 40–42 HRV, der Inhalt derjenigen zum Register B aus den §§ 43–46 HRV.

16 Die Gesellschaften werden dabei unter ihrer jeweiligen **Registernummer** geführt (HRA 1234; HRB 5678). Soweit dieser Registernummer eine weitere Zahl vorangestellt wird, handelt es sich um eine Bezeichnung der zuständigen Abteilung innerhalb des Gerichts. Gibt es keine Voreintragungen, wird ein Aktenzeichen des allgemeinen Registers unter Angabe der Eingangszahl und des Jahreskürzels vergeben. Vorangestellt wird wieder die Bezeichnung der Abteilung (beim AG Charlottenburg Berlin also 99 AR 250/10).

17 Die **Handelsregisterverordnung**[19] enthält darüber hinaus weitere Vorschriften über die Art und Weise der Eintragung (vgl. §§ 12–22 HRV) und über die Einzelheiten der Behandlung eingehender Anmeldungen und die Bekanntmachung der Eintragungen (vgl. §§ 23–38a HRV). Die Vorschriften sind mit dem EHUG den Notwendigkeiten einer elektronischen Registerführung angepasst worden, vgl. insbesondere §§ 47 ff. HRV.

III. Zuständigkeiten

1. Sachliche Zuständigkeit

18 Nach § 8 HGB wird das Handelsregister bei den Gerichten geführt.[20] Sachlich zuständig sind insoweit die **Amtsgerichte** (vgl. § 23a Abs. 2 Nr. 3 GVG). Zuständig ist danach in erster Linie das Amtsgericht am Sitz eines Landgerichts, § 376 Abs. 1 FamFG. Es besteht aber die Möglichkeit, die Führung des Handelsregisters für mehrere Amtsgerichtsbezirke durch Rechtsverordnung einem Amtsgericht zuzuweisen, wenn dies einer schnelleren und rationelleren Registerführung dient.[21] Es können auch weitere Amtsgerichte bestimmt werden, bei denen Einsicht in die Daten ermög-

---

18 *Koller/Roth/Morck*, § 15 Rn 29; *Baumbach/Hopt*, § 15 Rn 17.
19 Zu Fassungen vor dem EHUG näher *Drischler*.
20 Zu (älteren) Überlegungen der Übertragung der Registerführung auf die Industrie- und Handelskammern: *Stumpf*, Das Handelsregister nach der HGB-Reform, BB 1998, 2380, 2381; aktuell *Jansen/v. Schuckmann*, Einl. Rn 637 f.; weitere Nachweise bei *Baumbach/Hopt*, § 8 Rn 3; *Schmidt-Kessel/Leutner/Müther*, § 8 Rn 77 ff.
21 Vgl. die Übersicht über die einschlägigen Verordnungen bei *Keidel/Heinemann*, § 376 Rn 11 ff.

licht wird und Abschriften erteilt werden können. Diese Zuständigkeitsanordnungen können auch länderübergreifend getroffen werden, vgl. im Einzelnen § 376 Abs. 2 FamFG.

Das **Landgericht** ist mit Registersachen nach der Neuregelung durch das FamFG nicht mehr befasst. Beschwerdegericht ist nunmehr das **Oberlandesgerichts, § 119 Abs. 1 Nr. 1 lit. b GVG. Der Bundesgerichtshof** ist nach § 133 GVG das zuständige Rechtsbeschwerdegericht (siehe § 37 Rn 31f.). Eine Vorlage nach Art. 234 EG-Vertrag an den EuGH durch das Registergericht kommt – anders als bei den Rechtsmittelgerichten – nicht in Betracht.[22]

19

2. Örtliche Zuständigkeit

Die örtliche Zuständigkeit ergibt sich bei Ersteintragungen im Falle der Personenhandelsgesellschaften nach § 106 Abs. 1 HGB aus dem **Ort der tatsächlichen Geschäftsführung** (siehe § 35 Rn 6) und bei den Kapitalgesellschaften aus dem **Ort des statutarischen Sitzes** (siehe § 33 Rn 30; § 34 Rn 2). Dieser kann nunmehr mit dem Inkrafttreten des MoMiG beliebig gewählt werden (siehe § 33 Rn 30). Die Beschränkung auf einen Ort, an dem die Gesellschaft einen Betrieb hat oder sich die Geschäftsleitung oder Verwaltung befindet, ist entfallen (vgl. § 4a GmbHG, § 5 AktG). Die auf die Gesellschaften nach der Ersteintragung gerichteten Anmeldungen und Verfahren sind dann am Sitzgericht einzureichen bzw. durchzuführen.

20

Im Falle der **Sitzverlegung** ist die entsprechende Anmeldung bei dem Registergericht einzureichen, bei dem die Gesellschaft bisher geführt wurde (vgl. § 13h Abs. 1 HGB). Das Gericht des alten Sitzes leitet die Anmeldung und die Unterlagen an das Gericht des neuen Sitzes weiter. Registerauszüge werden aber gleichwohl bis zur Eintragung der Gesellschaft in das Handelsregister beim Gericht des neuen Sitzes noch durch das alte Registergericht erteilt. Das Gericht des neuen Sitzes ist bei der Anmeldung auf die Prüfung beschränkt, ob der Sitz tatsächlich verlegt worden ist und ob die Firma den Anforderungen des § 30 HGB am neuen Sitz entspricht. Im Übrigen hat es die bisherigen Eintragungen zu übernehmen (vgl. § 13h Abs. 2 S. 4 HGB). Ist die Anmeldung der Sitzverlegung mit weiteren eintragungspflichtigen Umständen verbunden, kann die Anmeldung einheitlich beim Gericht des neuen Sitzes vollzogen werden.[23] Ein Streit zwischen den beteiligten Gerichten ist nach § 5 FamFG auszutragen.[24] Dieser entzündet sich häufig daran, ob das abgebende Gericht noch eine formelle Prüfung der Anmeldung vorzunehmen hat, was aber aus Praktikabilitätsgründen zu verneinen sein dürfte.[25] Ein solcher Streit kann dadurch vermieden werden, dass eine Vollzugsreihenfolge der verschiedenen Anmeldungen angegeben wird (siehe Rn 34).

21

3. Funktionelle Zuständigkeit

Die funktionelle Zuständigkeit im Handelsregisterverfahren ergibt sich aus den §§ 3 Nr. 2d, 17 RPflG. Die FGG-Handelssachen sind danach grundsätzlich dem **Rechtspfleger** übertragen. Etwas anderes gilt nur für die in § 17 RPflG dem **Richter** vorbehaltenen Geschäfte. Diese Geschäfte können allerdings nach Maßgabe des § 19 Abs. 1 Nr. 6 RPflG durch Länderverordnung teilweise ebenfalls dem Rechtspfleger übertragen werden (siehe Rn 5). Der Richter ist daher für die Ersteintragung der Kapitalgesellschaften und für die Satzungsänderungen bei diesen Gesellschaften zuständig. Er ist ferner zuständig für die diese Gesellschaften betreffenden Eintragungen von Umwandlungsvorgängen und von Unternehmensverträgen. Nach § 17 Nr. 1e und f RPflG gilt die Zuständigkeit auch für die die Kapitalgesellschaften betreffenden Verfahren nach den §§ 394,

22

---

22 EuGH NZG 2001, 1027; 2002, 127; *Müther*, Handelsregister, § 2 Rn 19.
23 OLG Hamm GmbHR 1991, 321; KG DB 1997, 221; *Melchior/Schulte/Schneider*, § 20 Rn 7.
24 Vgl. OLG Köln OLGR 2005, 29; Jansen/*Müther*, § 5 Rn 5 m.w.N.
25 *Buchberger*, Rpfleger 1990, 513; a.A. OLG Frankfurt OLGR 2005, 361 = DB 2005, 154; OLG Köln OLGR 2005, 29.

395, 397, 398, 399 FamFG. Schließlich besteht eine Zuständigkeit des Richters nach § 17 Nr. 2 RPflG vor allem auch für bestimmte, in § 375 FGG genannte Verfahren einschließlich der Bestellung der Nachtragsliquidatoren nach § 66 Abs. 5 GmbHG, § 264 Abs. 2 AktG. Der Rechtspfleger ist damit im Besonderen für die die Personenhandelsgesellschaften und die allein die Geschäftsführer und Vorstandsmitglieder betreffenden Eintragungen und Verfahren einschließlich aller Zwangsgeldverfahren zuständig. Eine Zuständigkeit des Richters kann sich in diesen Fällen nur aus § 5 RPflG oder aus § 6 RPflG ergeben, wenn ein Zusammenhang mit Anmeldungen besteht, die der Richter zu bearbeiten hat.

23 Dem **Urkundsbeamten der Geschäftsstelle** obliegen die weiteren Verrichtungen. Dabei handelt es sich insbesondere um die Erteilung der Abschriften und Ausdrucke, Zeugnisse und Bescheinigungen, sowie deren elektronische Übermittlung (§ 29 HRV).[26]

IV. Eintragung

1. Eintragungsfähige Tatsachen, Wirkungen der Eintragung

24 Das Handelsregister kann seiner Publizitätsfunktion (siehe Rn 9 ff.) nur dann nachkommen, wenn der Inhalt des Registers nicht im freien Belieben der Beteiligten steht, sondern möglichst genau vorgeschrieben ist. Als Grundsatz gilt daher: **Eintragungsfähig ist, was gesetzlich zur Eintragung vorgesehen ist.** Dies ist dadurch geschehen, dass der Gesetzgeber bestimmte Umstände zur Anmeldung zum Handelsregister bestimmt hat. Derartige Anmeldetatbestände finden sich beispielsweise in § 7 GmbHG, in § 36 AktG und in den §§ 106–108 HGB. Andere, von Amts wegen einzutragende Umstände finden sich etwa in § 65 Abs. 1 S. 3 GmbHG, in § 31 Abs. 2 S. 2 HGB und in § 263 S. 3 AktG.

25 Teilweise besteht aber ein Bedürfnis, auch noch **weitere Umstände** gegenüber der Öffentlichkeit zu offenbaren. Einer derartigen Erweiterung der eintragungsfähigen Umstände durch Analogie zu den vorhandenen Eintragungstatbeständen steht aber die begrenzte Kapazität des Handelsregisters entgegen. Die Rechtsprechung hat aus diesem Grund nur vereinzelt eine über den Gesetzeswortlaut hinausgehende **Fähigkeit zur Eintragung** in das Register angenommen. So werden etwa die aktienrechtlichen Vorschriften für die Eintragung von Unternehmensverträgen auch auf die GmbH angewandt.[27] Ebenfalls als eintragungsfähig, aber auch als eintragungspflichtig wird die Befreiung eines Vertreters von den Beschränkungen des § 181 BGB angesehen.[28] Demgegenüber werden aber die gesetzliche Vertretung von Minderjährigen, der Nacherbenvermerk, der Stellvertreterzusatz bei den GmbH-Geschäftsführern[29] oder die Bezeichnung als Sprecher der Geschäftsführung in der GmbH,[30] aber auch die Erteilung einer Handlungsvollmacht – wobei hier Ausnahmen bestehen, vgl. etwa § 13e Abs. 2 S. 4 Nr. 3 HGB – oder einer Generalvollmacht[31] als nicht eintragungsfähig angesehen.[32] Von einer fehlenden Eintragungsfähigkeit wurde bisher auch wegen der Anordnung der Testamentsvollstreckung ausgegangen.[33] Der Bundesgerichtshof hat insoweit wegen eines Kommanditanteils entschieden, dass die Dauertestamentsvollstreckung auf Antrag des Testamentsvollstreckers im Register zu vermerken sei.[34]

---

26 Näher *Krafka/Willer*, Rn 23 f.; *Schmidt-Kessel/Leutner/Müther*, § 8 Rn 59 f.
27 BGHZ 105, 324 = NJW 1989, 295; BGHZ 116, 37, 43 = NJW 1992, 505.
28 Zur GmbH & Co. KG: BayObLG Rpfleger 2000, 115, 394, 395; NJW-RR 1998, 869; OLG Hamburg BB 1986, 1255; BGH NJW 1992, 1452. Zur GmbH: BGHZ 87, 59 = NJW 1983, 1676; KG DB 2006, 1261.
29 So jedenfalls nun BGH NJW 1998, 1071.
30 OLG München NZG 2012, 429 = ZIP 2012, 672.
31 OLG Hamburg GmbHR 2009, 252.
32 *Baumbach/Hopt*, § 8 Rn 5.
33 RGZ 132, 138; KG WM 1995, 1890; a.A. LG Konstanz NJW-RR 1990, 716.
34 BGH NZG 2012, 385 = MDR 2012, 476.

Unter den eintragungsfähigen Tatsachen wird wiederum zwischen den rechtsbekundenden (deklaratorischen) Eintragungen und den rechtsbegründenden (konstitutiven) Tatsachen unterschieden. Die Wirkung einer **deklaratorischen Eintragung** vollzieht sich außerhalb des Registers. So wird eine Person bereits mit der entsprechenden Vereinbarung der Gesellschafter einer OHG deren Gesellschafter, einer Eintragung bedarf es nicht. Der neue Gesellschafter haftet bereits ab dem Zeitpunkt seiner Aufnahme für die Gesellschaftsschulden. Gleiches gilt für die Bestellung eines GmbH-Geschäftsführers. Dieser erlangt seine Organstellung bereits mit der Bestellung durch die Gesellschafterversammlung und nicht erst mit der Eintragung in das Handelsregister. Um die Beteiligten zur Eintragung einer derartigen Tatsache zu zwingen, sind mit einer fehlenden Eintragung die Wirkungen des § 15 Abs. 1 HGB verbunden (siehe Rn 13). Die Eintragung kann aber auch dadurch durchgesetzt werden, dass das Registergericht nach § 14 HGB ein Zwangsgeldverfahren gegen die eintragungspflichtigen Personen einleitet (siehe § 36 Rn 1ff.). Das sind diejenigen Personen, die nach dem Gesetz eine Anmeldung bewirken können. 26

Konstitutive Eintragungen finden sich etwa in § 7 GmbHG oder in § 36 AktG. Die Gesellschaften entstehen erst mit ihrer Eintragung in das Register (vgl. § 11 Abs. 1 GmbHG, § 41 Abs. 1 S. 1 AktG). Die Eintragungen sind **rechtsbegründend**. Eines besonderen Zwanges bedarf es hier nicht, weil die Wirkungen erst mit der Eintragung eintreten. Eine Firmenänderung wird daher erst mit der Eintragung der entsprechenden Satzungsänderung wirksam (vgl. § 54 Abs. 3 GmbHG). Erst dann darf die neue Firma im Geschäftsverkehr benutzt werden. Wird sie vorher gebraucht, liegt ein unzulässiger Firmengebrauch vor, der durch ein Verfahren nach § 392 FamFG verhindert werden kann (siehe § 36 Rn 17). 27

2. Anmeldung zur Eintragung
a) Bedeutung der Anmeldung

Dem Handelsregisterrecht liegt als **Grundsatz** das **Antragsverfahren** zugrunde.[35] Die Eintragung von Amts wegen ist demgegenüber subsidiär und nur auf die Fälle beschränkt, in denen eine Anmeldung nicht zu erlangen (vgl. § 31 Abs. 2 S. 2 HGB), nicht mehr zu erwarten ist (vgl. § 65 Abs. 1 S. 3 GmbHG) oder durch den Vollzug einer Anmeldung ein unrichtiger Eindruck hinsichtlich der gültigen Eintragungen entsteht (vgl. § 384 Abs. 2 FamFG). Im Gesetz werden diese Maßnahmen zur Einleitung des Eintragungsverfahrens als Anmeldungen bezeichnet. 28

Die Anmeldung ist in erster Linie **Verfahrenshandlung**. Dies schließt aber nicht aus, dass sie zugleich die Voraussetzungen einer Willenserklärung erfüllt (siehe § 35 Rn 2).[36] Sie enthält dabei das an das Registergericht gerichtete Begehren auf Eintragung. Als Verfahrenshandlung findet auf die Anmeldung die Vorschrift des § 181 BGB grundsätzlich keine Anwendung.[37] Anwendung findet aber § 130 BGB.[38] 29

Die Anmeldung ist aufgrund ihres gesetzlich vorgeschriebenen Inhalts zugleich **Eintragungsgrundlage**. Mit ihr machen die zur Eintragung berechtigten und verpflichteten Personen die einzutragenden Tatsachen glaubhaft. Dies gilt vor allem für die Anmeldungen zu den Personenhandelsgesellschaften, die regelmäßig durch alle Beteiligten zu bewirken sind, so dass es nicht der Vorlage weiterer Unterlagen bedarf. Weitergehende Ermittlungen kann das Registergericht daher nur bei begründeten Zweifeln anstellen. Auch wenn die Anmeldung in der Regel keinen bestimmten Wortlaut haben muss, muss sie einen klaren und bestimmten Inhalt haben. 30

---

[35] *Krafka/Willer/Kühn*, Rn 140; *Baumbach/Hopt*, § 8 Rn 6; *Bork/Müther*, § 374 Rn 3.
[36] Streitig. Diese Doppelwirkung kommt aber auch anderen Verfahrenshandlungen zu. Aus dem Zivilprozessrecht: Prozessvergleich, BGHZ 16, 388; 79, 71, st. Rspr.; Prozessaufrechnung, Zöller/*Greger*, § 145 Rn 11; Baumbach/Lauterbach/*Hartmann*, Grdz § 128 Rn 61f.
[37] BayObLG NJW 1970, 1796.
[38] BayObLG Rpfleger 2004, 51.

Dieser richtet sich nach dem jeweiligen Anmeldetatbestand. Die Anmeldung ist im Zweifel so auszulegen, dass sie Erfolg hat. Diese Auslegung kann auch durch das Gericht der weiteren Beschwerde erfolgen, weil eine Verfahrenshandlung vorliegt.[39]

Im Rahmen des § 16 Abs. 1 HGB kann eine Anmeldung durch eine Entscheidung des Prozessgerichts ersetzt, nach Abs. 2 aber auch verhindert werden.[40]

b) Form

31 Die Anmeldung bedarf nach § 12 Abs. 1 S. 1 HGB zwingend der **elektronischen Form, nachdem die auf Länderebene mögliche Übergangsregelung nach Art. 61 Abs. 1 EGHGB mit dem 31. Dezember 2009 ausgelaufen ist.** Die Errichtung einer öffentlich beglaubigten Anmeldung in elektronischer Form ist über § 39a BeurkG möglich. Die Form der öffentlichen Beglaubigung wird durch die Beurkundung einer Willenserklärung nach den §§ 6 ff. BeurkG gewahrt (vgl. § 129 Abs. 2 BGB). Aus einer Urkunde in Papierform kann der Notar dann eine elektronische Vermerkurkunde nach § 39a BeurkG erstellen, die mit einer Signatur des Notars an das Registergericht zu übermitteln ist. Die Neufassung des § 12 HGB hindert Behörden nicht, die Anmeldung über Eigenurkunden durchzuführen.[41] (Wegen der Beurkundungen im Einzelnen siehe Rn 49 ff.)

32 Sind mit der Anmeldung weitere Dokumente einzureichen, wie etwa eine Gesellschafterliste (§ 8 Abs. 1 Nr. 3 GmbHG), ein Gesellschafterbeschluss (§ 39 Abs. 2 GmbHG), eine Bankbestätigung (§ 37 Abs. 1 S. 3 AktG) oder ein Erbschein nach § 12 Abs. 1 S. 3 HGB, so reicht die Übermittlung einer elektronischen Aufzeichnung, die in der Regel durch Einscannen des Ursprungsdokumentes zu erstellen ist. Dies folgt aus § 12 Abs. 2 S. 2 HGB. Die Notwendigkeit der Vorlage in elektronischer Form ist auch hier zwingend, § 12 Abs. 2 S. 1 HGB.

c) Anmeldebefugnis

33 Eine wirksame Anmeldung setzt die **Anmeldebefugnis** der erklärenden Person voraus. Wer zur Anmeldung befugt und unter Umständen auch verpflichtet ist, ergibt sich aus den jeweiligen Anmeldetatbeständen. In der Regel ist auch eine Vertretung bei der Anmeldung möglich (siehe Rn 43 ff.). Diese ist nur ausgeschlossen, soweit Erklärungen oder Versicherungen abzugeben sind, die zivilrechtliche oder strafrechtliche Folgen nach sich ziehen können. Dies trifft etwa auf die Versicherung nach § 8 Abs. 2 GmbHG über die Einlageleistungen bei der GmbH-Gründung, aber auch auf die Versicherung nach § 8 Abs. 3 GmbHG über die Geschäftsführereignung nach § 6 Abs. 2 S. 3 und 4 GmbHG zu (siehe § 33 Rn 12, 61).

d) Einheit der Anmeldungen

34 Liegen verschiedene, auch urkundlich getrennte Anmeldungen vor, können diese und werden sie in der Regel auch gemeinsam vollzogen werden (§ 14 Abs. 2 HRV). Liegt eine einheitliche Anmeldung mit mehreren eintragungsfähigen Umständen vor, ist das Registergericht grundsätzlich an einen **einheitlichen Vollzug** gebunden, selbst wenn die angemeldeten Umstände auch getrennt eingetragen werden könnten. Ein getrennter Vollzug müsste daher geltend gemacht werden oder sich durch Auslegung aus der Anmeldung ergeben.[42] Wird aber ein abtrennbarer Teil zurückgewiesen, so ist der andere Teil einzutragen. Dieser Grundsatz des einheitlichen Voll-

---

39 BayObLG MittBayNot 2000, 331 = BB 2000, 1314.
40 Näher *Müther*, Das Handelsregister in der Praxis, § 2 Rn 46–48.
41 OLG Stuttgart Rpfleger 2009, 461.
42 BayObLG WM 1987, 502; *Gustavus*, S. 8; *Krafka/Willer/Kühn*, Rn 187 ff.

zugs führt auch dazu, dass bei einer Sitzverlegung die gesamte Anmeldung beim Gericht des neuen Sitzes zu bearbeiten ist (siehe Rn 21).

Liegen verschiedene trennbare Eintragungsumstände vor, kommt auch ein getrennter Vollzug in Betracht. Ist aber ein Eintragungsumstand in Teilen unwirksam, scheidet ein **teilweiser Vollzug** aus. Hier ist die Anmeldung insgesamt zurückzuweisen.[43] Eine solche Situation liegt etwa vor, wenn eine Prokurabestellung angemeldet wird, die angemeldete Vertretungsbefugnis aber zu beanstanden ist. Gleiches gilt, wenn eine GmbH-Satzung aufgrund eines Gesellschafterbeschlusses an mehreren Stellen geändert wird.[44]

35

e) Rücknahme

Eine Rücknahme der Anmeldung ist durch formlose Erklärung bis zum Vollzug der Eintragung möglich.[45] Soweit ein Notar die Rücknahme erklärt, ist dieser Erklärung das Dienstsiegel beizudrücken (vgl. § 24 Abs. 3 S. 2 BNotO). Damit die entsprechende Erklärung Berücksichtigung finden kann, muss sie in elektronischer Form eingereicht werden.

36

3. Prüfung der Eintragungsvoraussetzungen

Grundsätzlich anerkannt ist, dass das Registergericht die formellen und materiellen Voraussetzungen der Eintragungen zu überprüfen hat. Es gibt demgemäß eine **umfassende Prüfungspflicht**.[46] Dies folgt daraus, dass das Register nicht dazu dient, allein die Verlautbarungen der Beteiligten bekannt zu geben. Den Eintragungen liegen Rechtstatsachen zugrunde, die an weitere Voraussetzungen als nur an die Erklärung der Beteiligten geknüpft sind. Daran hat auch die elektronische Registerführung nichts geändert.[47]

37

Bei dieser Prüfung durch das Gericht handelt es sich um eine auf § 26 FamFG beruhende **Prüfung von Amts wegen**.[48] Das Gericht ist damit nicht an Beweisangebote der Beteiligten gebunden und auch nicht verpflichtet, entsprechenden Beweisanträgen nachzugehen. Auch die Art und Weise der Ermittlung ist nicht vorgegeben. Es gilt vielmehr das Freibeweisverfahren, so dass auch telefonische Auskünfte eingeholt werden können. Unberührt bleibt allerdings das Recht der Beteiligten auf rechtliches Gehör. Die durch das am 1.12.2004 in Kraft getretene Handelsregistergebühren-Neuordnungsgesetz (HRegGebNeuOG) vom 3.7.2004 zur Beschleunigung des Verfahrens eingeführte Verpflichtung zur Entscheidung binnen eines Monats, § 25 Abs. 1 HRV a.F.,[49] ist durch das EHUG dahin abgeändert, dass eine Verpflichtung zur unverzüglichen Entscheidung besteht.

38

Teilweise legt das Gesetz selbst die notwendigen Beweismittel und ihren Umfang fest. Derartige **gesetzliche Nachweisvorgaben** finden sich an vielen Stellen. So können etwa im Recht der Personenhandelsgesellschaften über die Nachweise zur Rechtsnachfolge nach § 12 Abs. 1 S. 3 HGB hinaus grundsätzlich keine weiteren als die dort genannten Unterlagen verlangt werden, weil alle Beteiligten an der Anmeldung mitwirken. Ebenso regeln die Vorschriften über die Anmeldung einer GmbH grundsätzlich abschließend, welche Beweise zum Nachweis der Erbrin-

39

---

43 BGHZ 102, 209, 217 = NJW 1988, 1087; *Krafka/Willer/Kühn*, Rn 190.
44 Nach KG HRR 1939 Nr. 1108 und auch *Gustavus*, S. 8 können aber einzelne Satzungsbestimmungen von der Eintragung ausgenommen werden, wenn dies im Register vermerkt wird. A.A. LG Dresden GmbHR 1994, 555.
45 OLG Düsseldorf Rpfleger 1989, 201; *Gustavus*, S. 8.
46 *Baumbach/Hopt*, § 8 Rn 7f.; *Koller/Roth/Morck*, § 8 Rn 22f.; umfassend *Schmidt-Kessel/Leutner/Müther*, § 8 Rn 109 ff.; zur Herleitung Müther, Rpfleger 2008, 233, 235.
47 *Müther*, Rpfleger 2008, 233, 235.
48 *Baumbach/Hopt*, § 8 Rn 8; *Koller/Roth/Morck*, § 8 Rn 23; beide aber auch für die Gesetzmäßigkeit der Verwaltung als Grundlage.
49 BGBl I, 1410; vgl. auch BT-Drucks 15/2251 und 15/2993.

gung der Einlage vorgelegt werden müssen. Dementsprechend ist das pauschale Verlangen nach Vorlage eines Kontoauszugs unzulässig, weil das Gesetz die Versicherung der Geschäftsführer nach § 8 Abs. 2 GmbHG als ausreichenden Nachweis ansieht (siehe § 33 Rn 14). Soweit Nachweise zu erbringen sind, sind diese in elektronischer Form einzureichen, § 12 Abs. 2 HGB.

40 Eine weiter gehende Berechtigung zur Ermittlung ergibt sich allerdings bei **begründeten Zweifeln**.[50] Zeigen sich etwa Hinweise, dass die neu gegründete GmbH ihren Geschäftsbetrieb bereits vor der Eintragung aufgenommen hat, kann das Registergericht geeignete Nachweise über das Vorhandensein des Stammkapitals als Reinvermögen verlangen (siehe § 33 Rn 14).[51] Von der Geschäftsfähigkeit eines Erwachsenen muss aber ohne konkrete Anhaltspunkte für das Gegenteil ausgegangen werden.[52]

41 Das Gericht ist bei der **Wahl der Beweismittel** grundsätzlich frei. Urkunden sind nach einem allgemeinen Prinzip im Registerrecht allerdings in Urschrift, Ausfertigung oder beglaubigter Abschrift einzureichen. Dieser Grundsatz gilt im elektronischen Registerverfahren allerdings nur noch eingeschränkt. Nach § 12 Abs. 2 S. 1 HGB sind Dokumente nämlich in elektronischer Form einzureichen. Erst wenn konkrete Zweifel hinsichtlich der Echtheit dieser Dokumente vorliegen, greift der allgemeine Grundsatz der Vorlage in Papierform, soweit nicht von der Papierurkunde ein Dokument i.S.d. § 39a BeurkG gefertigt und eingereicht wird. Denn derartige elektronische Dokumente haben die allgemeine Beweiskraft, vgl. § 371a Abs. 2 ZPO. Als Beweismittel kommt auch die Notarbescheinigung nach § 21 BNotO in Betracht (dazu siehe § 33 Rn 2), die allerdings auch in qualifizierter elektronischer Form eingereicht werden muss.

42 Um dem Gericht eine ausreichende Entscheidungsgrundlage vorzugeben, sieht das Gesetz teilweise eine **Möglichkeit zur Anhörung** betroffener Standesorganisationen vor. Dies ergibt sich aus § 380 Abs. 2 S. 1 FamFG. Die insoweit in Betracht kommenden Standesorganisationen sind in § 380 Abs. 1 FamFG aufgeführt. Die Stellungnahme ist nach § 23 HRV elektronisch einzuholen. Wird die Stellungnahme nicht alsbald erteilt, ist dies dem Antragsteller mitzuteilen, § 25 Abs. 1 S. 2 HRV. Eine konkrete Frist innerhalb der eine Anmeldung zu bescheiden ist, existiert nicht mehr. Nach § 25 Abs. 1 S. 1 HRV ist eine Entscheidung aber unverzüglich zu treffen.

4. Vertretung bei der Anmeldung

43 Grundsätzlich ist auch eine **Vertretung** bei der Anmeldung möglich (zu den Einschränkungen siehe Rn 33). Dann muss aber auch die Vollmacht elektronisch in **notariell beglaubigter Form** vorliegen (vgl. § 12 Abs. 1 S. 2 HGB). Zur Anmeldung ausreichend ist dabei eine Generalvollmacht.[53] Dies gilt allerdings dann nicht, wenn die Generalvollmacht von einem GmbH-Geschäftsführer an einen Nichtgeschäftsführer erteilt worden ist.[54] Denn eine derartige Generalvollmacht ist unwirksam, weil der Geschäftsführer damit unzulässigerweise seine Organstellung weitergeben würde. Die Vollmacht zur Anmeldung kann auch im Gesellschaftsvertrag enthalten sein, wenn nur die Form des § 12 Abs. 1 S. 2 HGB eingehalten ist. Darauf wird häufig bei der KG zurückgegriffen (siehe § 35 Rn 53). Eine Auslegung der Vollmacht ist möglich, darf aber über den Wortlaut nicht hinausgehen.[55]

44 Eine besondere Form der Vertretung ergibt sich aus **§ 378 Abs. 2 FamFG**. Danach kann ein **Notar**, der eine zu einer Eintragung erforderliche Erklärung beurkundet oder beglaubigt hat,

---

50 *Baumbach/Hopt*, § 8 Rn 8; *Koller/Roth/Morck*, § 8 Rn 23a; *Krafka/Willer/Kühn*, Rn 159.
51 Gleiches gilt bei einem erheblichen Zeitablauf zwischen Anmeldung und beabsichtigtem Eintragungstermin, vgl. LG Berlin, Beschl. v. 28.1.2003 – 102 T 134/02, n.v.
52 OLG Köln BB 2003, 977.
53 LG Frankfurt BB 1972, 512; zur Auslegung bei einer KG: BayObLG DB 2004, 647.
54 BGH GmbHR 1977, 5 = NJW 1977, 199.
55 KG FGPrax 2006, 17 = OLGR 2005, 630 = NZG 2005, 626 = DB 2005, 1620.

Anträge im Namen des zur Anmeldung Verpflichteten stellen.[56] Er gilt insoweit als zur Antragstellung ermächtigt, ohne dass er eine Vollmacht nach § 11 FamFG vorzulegen hätte. Teilweise wird diese Ermächtigung nur auf den Antrag zur Eintragung bezogen, der in jeder Anmeldung enthalten ist. Danach dürfte sich der Notar mit der Einreichung seiner Urkunden zum Verfahrensbevollmächtigten bestellen. Anderer und richtiger Ansicht nach ist der Notar dem Wortlaut der Norm entsprechend auch zur Ergänzung der eigentlichen Anmeldung ermächtigt. Danach kann der Notar bei der GmbH-Gründung eine fehlende abstrakte Vertretungsregelung ebenso anmelden wie die Befreiung des Geschäftsführers von den Beschränkungen des § 181 BGB.[57] Er hat allerdings entsprechend § 24 Abs. 3 S. 2 BNotO sein Dienstsiegel beizudrücken. Die bisher streitige Frage, ob sich das Anmelderecht lediglich auf Pflichtanmeldungen ist durch die Neufassung geklärt. Auch Anmeldungen, die zu einer rechtsbegründenden (konstitutiven) Eintragung führen, unterliegen dem § 378 Abs. 2 FamFG.[58] Der Notar ist weiterhin in allen Fällen als zur Einlegung von Rechtsmitteln ermächtigt anzusehen (siehe § 37 Rn 15).

Geschäftsunfähige werden bei der Anmeldung generell vertreten.[59] Die Anmeldung hat in diesem Fall durch den gesetzlichen Vertreter zu erfolgen. Weil es sich insoweit nicht um eine rechtsgeschäftliche Vertretung handelt, kann das Gericht allenfalls den Nachweis der Voraussetzungen der gesetzlichen Vertretungsmacht, nicht aber eine notariell beglaubigte Vollmacht verlangen.[60] 45

Tritt ein **Prokurist** als Anmelder auf, so ist ihm dies aufgrund der gesetzlich vorgegebenen Vertretungsmacht nur dann möglich, wenn dies im Rahmen einer organschaftlichen, sog. unechten Gesamtvertretung, erfolgt (vgl. etwa § 125 Abs. 3 S. 1 HGB und siehe § 35 Rn 11). In diesem Fall bedarf es keiner Vollmacht in der Form des § 12 Abs. 2 HGB. Das Gericht prüft lediglich, ob tatsächlich eine organschaftliche Vertretung vorliegt. Unter Umständen wird es die Vorlage eines beglaubigten Registerauszugs für die vertretene Gesellschaft verlangen, soweit nicht das Registergericht unmittelbar Einsicht in das Register nehmen kann. 46

5. Eintragungen von Amts wegen

Im Grundsatz erfolgen Eintragungen in das Handelsregister aufgrund von Anmeldungen (siehe Rn 28). Das Gesetz sieht gleichwohl verschiedentlich **als Ausnahme** die Eintragung von Amts wegen vor. Diese Ausnahmen beruhen in der Regel darauf, dass die zur Anmeldung Verpflichteten nicht (mehr) erreichbar sind (vgl. § 31 Abs. 2 S. 2 HGB) oder dass diese nicht mehr zu einer Anmeldung bewegt werden können, die Bedeutung der Eintragung für die Allgemeinheit aber so groß ist, dass eine Eintragung alsbald erfolgen muss. Dies gilt insbesondere für die im Zusammenhang mit dem Insolvenzverfahren stehenden Eintragungen (vgl. § 65 Abs. 1 S. 2 GmbHG).[61] Ähnliches gilt für die Löschungseintragungen nach den §§ 393–395 FamFG oder die Eintragungen aufgrund der Verfahren nach den §§ 397–399 FamFG. Wegen der Einzelheiten wird auf die entsprechenden Vorschriften verwiesen (zu § 384 Abs. 2 FamFG siehe Rn 28). 47

Ebenfalls von Amts wegen einzutragen sind **Berichtigungen**. Nach § 17 HRV werden etwa Schreibfehler und ähnliche offenbare Unrichtigkeiten durch einen Berichtigungsvermerk beseitigt. Unrichtigkeiten können sich aber etwa auch in der Folge von Namensänderungen oder Wohnortwechsel ergeben. Tritt eine solche Änderung ein, liegt kein anmeldepflichtiger Umstand 48

---

56 Allgemein zur Rolle des Notars, vgl. *Schmidt-Kessel/Leutner/Müther*, § 8 Rn 61 ff.
57 *Keidel/Heinemann*, § 378 Rn 5.
58 *Bork/Müther*, § 378 Rn 3; *Keidel/Heinemann*, § 378 Rn 8.
59 *Krafka/Willer/Kühn*, Rn 111.
60 Zu den Nachweisen *Baumbach/Hopt*, § 12 Rn 4: Bescheinigung des Notars entsprechend § 21 BNotO im Beglaubigungsvermerk reicht danach nicht.
61 Überhaupt zum Einfluss des Insolvenzverfahrens: *Müther*, Das Handelsregister in der Praxis, § 2 Rn 51. Zur Mitwirkung des Insolvenzverwalters: BayObLG BB 2004, 767.

vor.[62] Die Änderung ist vielmehr von Amts wegen im Register zu vermerken. Dabei wird ein geeigneter Nachweis vorzulegen sein, wobei unter Umständen eine Notarbestätigung nach § 21 BNotO reicht. Auch wenn insoweit keine Anmeldung erforderlich ist, werden insoweit die Regeln über die elektronische Form entsprechend gelten.

V. Beurkundungen[63]

49 Im Registerrecht spielen sowohl die Beurkundung von Willenserklärungen nach den §§ 6 ff. BeurkG als auch die Tatsachenbeurkundung nach den §§ 36 ff. BeurkG und die Unterschriftenbeglaubigung eine Rolle. Die Pflicht zur Zeichnung etwa nach den § 108 Abs. 2 HGB, § 81 Abs. 4 AktG, § 39 Abs. 4 GmbHG ist mit dem EHUG entfallen. Die Zeichnungsbeglaubigung nach den §§ 40, 41 BeurkG sind damit für das Registerverfahren nicht mehr von Bedeutung. Die erstellten Urkunden müssen aber jetzt beim Registergericht in elektronischer Form eingereicht werden. Um dies zu ermöglichen, ist auf § 39a BeurkG zurückzugreifen.

1. Beurkundung von Willenserklärungen

50 Die Beurkundung von Willenserklärungen nach den §§ 6 ff. BeurkG ist in den Fällen der Gründung einer GmbH (§ 2 Abs. 1 GmbHG) und einer Aktiengesellschaft (§ 23 Abs. 1 S. 1 AktG) zu beachten. Diese Form ist weiter bei der Übertragung von GmbH-Geschäftsanteilen nach § 15 Abs. 3 und 4 GmbHG zu beachten. Kernpunkt der Beurkundung ist die genaue Feststellung der Beteiligten, die eindeutige Aufnahme ihrer Erklärungen nach § 17 BeurkG und das Vorlesen, Genehmigen und Unterschreiben der Niederschrift (vgl. § 13 BeurkG).[64] Insbesondere ist auf die möglichst genaue Abfassung der Niederschrift zu achten, weil § 17 BeurkG eine extensive Auslegung der Erklärungen verhindert. Die Beurkundung von Willenserklärungen ist die stärkste Beurkundungsform. Sie ersetzt die Tatsachenbeurkundung und auch die öffentliche Beglaubigung (§ 129 Abs. 2 BGB).[65]

2. Tatsachenbeurkundung

51 Die Tatsachenbeurkundung nach §§ 36 ff. BeurkG ist für die Aufnahme der Beschlüsse der Gesellschafter- bzw. Hauptversammlungen nach den § 54 Abs. 1 GmbHG, § 130 Abs. 1 S. 1 AktG vorgesehen. Die Niederschrift ist entsprechend § 37 BeurkG zu fassen. Es bedarf vor allem keines Verlesens und keiner Genehmigung der Beteiligten, sondern nur der Unterschrift des Notars (vgl. §§ 37 Abs. 3, 13 Abs. 3 BeurkG). Die Tatsachenbeurkundung ersetzt, anders als die Beurkundung von Willenserklärungen, die notarielle Beglaubigung nach § 40 BeurkG nicht. Dies hat etwa Bedeutung für die Beurkundung einer GmbH-Kapitalerhöhung und die Aufnahme der notariell zu beglaubigenden Übernahmeerklärung nach § 55 Abs. 1 GmbHG in die Urkunde. Insoweit reicht die Tatsachenbeurkundung nicht aus.[66]

---

62 *Krafka/Willer/Kühn*, Rn 182, 201; *Melchior/Schulte/Schneider*, § 17 Rn 9 f.
63 Zu den Auslandsbeurkundungen: *Müther*, Das Handelsregister in der Praxis, § 4 Rn 9 ff.
64 Für die Unterschrift reicht nicht der Vorname: BGH BB 2003, 328; auch hinzufügen des Anfangsbuchstabens des Nachnamens reicht nicht: OLG Stuttgart MDR 2002, 145.
65 Die gleichen Wirkungen hat die Aufnahme der Erklärungen in ein nach der ZPO errichtetes gerichtliches Protokoll, vgl. § 127a BGB.
66 Baumbach/Hueck/*Zöllner*, § 55 Rn 32.

3. Unterschriftsbeglaubigung

Die Unterschriftsbeglaubigung ist die häufigste Beurkundungsform im Registerrecht, weil § 12 Abs. 1 HGB diese Form für jede Anmeldung vorschreibt. Auch eine Vielzahl von Vollmachten muss abweichend von § 167 Abs. 2 BGB dieses Formerfordernis erfüllen, etwa § 12 Abs. 2 HGB, § 2 Abs. 2 GmbHG, § 23 Abs. 1 S. 2 AktG. Die Unterschrift kann entweder vor dem Notar vollzogen werden oder vor ihm anerkannt werden, § 40 Abs. 1 BeurkG. Der Notar fertigt sodann einen Beglaubigungsvermerk, der den Anforderungen des § 40 Abs. 3 BeurkG entspricht und von ihm unterschrieben und gesiegelt wird (vgl. § 39 BeurkG). Nach einer aktuellen Entscheidung des OLG Hamm reicht für die Anmeldung auch ein notariell beglaubigtes Handzeichen aus.[67] Ein für die Übersetzung der Versicherung nach § 8 Abs. 3 GmbHG hinzugezogener Dolmetscher muss nicht vereidigt sein und die Anmeldung auch nicht unterschreiben.[68]

52

4. Elektronische Vermerkurkunde[69]

Durch das Gesetz über die Verwendung elektronischer Kommunikationsformen in der Justiz (Justizkommunikationsgesetz – JkomG)[70] ist mit Wirkung vom 1.4.2005 § 39a BeurkG eingeführt und damit ein wesentlicher Schritt in Richtung elektronisches Handelsregisterverfahren gemacht worden. Nach § 12 Abs. 2 S. 2 Hs. 2 HGB ist dem Handelsregister ein mit einem einfachen elektronischen Zeugnis nach § 39a BeurkG versehenes Dokument zu übermitteln, wenn dort ein notariell beurkundetes Dokument oder eine öffentlich beglaubigte Abschrift einzureichen ist. Durch die Einreichung eines derartigen Dokumentes werden die besonderen Beweiswirkungen öffentlicher Urkunden auch im elektronischen Registerverfahren erhalten, die bei der Einreichung einfacher elektronischer Dokumente verloren gehen.[71] Nach § 39a BeurkG ist von einer Urkunde, die nicht notariellem Ursprungs sein muss, ein elektronisches Dokument zu erstellen, soweit es sich nicht um ein originäres elektronisches Dokument handelt. Dieses Dokument ist mit einer qualifizierten elektronischen Signatur nach dem Signaturgesetz zu versehen. Das auf diese Weise erstellte Dokument ist sodann an das Registergericht in der gehörigen Form elektronisch zu übermitteln.

53

C. Kostenrecht

I. Grundlagen[72]

Die im Registerverfahren entstehenden Kosten richten sich nach der **Kostenordnung (KostO)**. Die Kostenordnung regelt dabei nicht nur die beim Gericht entstehenden Kosten, sondern auch die Kosten des Notars, § 140 S. 1 KostO. Die Kosten im Sinne der Kostenordnung erfassen nicht nur die **Gebühren**, sondern auch die **Auslagen (§ 1 KostO)**, die insbesondere beim Gericht durch die jedenfalls in einer Übergangszeit (vgl. Art. 61 Abs. 4 EGHGB) noch notwendige Veröffentlichung der Eintragung in Papierpublikationen entstehen. Das Gericht ist nach § 8 Abs. 2 S. 1 KostO berechtigt, die Eintragung von der Einzahlung eines **Kostenvorschusses** abhängig zu machen. Dies gilt je-

54

---

[67] BB 2001, 1756, 1757.
[68] OLG Karlsruhe DB 2003, 140.
[69] Im Einzelnen: *Malzer*, DNotZ 2006, 9.
[70] BGBl 2005 S. 837.
[71] Vgl. dazu *Rossnagel/Wilke*, NJW 2006, 2145.
[72] Zu den bis zum 1.7.2004 in den neuen Bundesländern geltenden Reduzierungen und zur Sonderstellung Berlins, vgl. § 162 KostO; zur Rechtslage vor dem am 1.12.2004 in Kraft getretenen Handelsregistergebühren-Neuordnungsgesetz (HRegGebNeuOG) vom 3.7.2004, BGBl I, 1410, vgl. *Müther*, Das Handelsregister in der Praxis, § 5. Zur Übergangsregelung: § 164 KostO.

denfalls für die nur eintragungsfähigen (siehe Rn 27), aber nicht eintragungspflichtigen (siehe Rn 26) Tatsachen (z.B. Eintragung der Kapitalgesellschaften oder ihrer Satzungsänderungen). Ausnahmen von der Vorschusspflicht ergeben sich aus § 8 Abs. 2 S. 2 KostO, der in Nr. 3 nunmehr auch ausdrücklich die Kostenübernahmeerklärung des Notars vorsieht. Die Nichtzahlung des Kostenvorschusses berechtigt aus Gründen der Rechtsklarheit zur Zurückweisung der Anmeldung.[73] Die Vorschusspflicht entfällt, wenn ein Notar erklärt, dass er für die Kostenschuld des Antragstellers die persönliche Haftung übernimmt, § 8 Abs. 2 S. 2 Nr. 3 KostO.

II. Geschäftswert

55 Kosten entstehen sowohl für die Anmeldungen als auch für die Eintragungen. Für die Berechnung der Gebühren nach der KostO ist dabei grundsätzlich (§ 18 Abs. 1 S. 1 KostO) von dem sog. **Geschäftswert** auszugehen. Dies galt bisher auch für die bei der Eintragung anfallenden Gerichtsgebühren, § 26 KostO a.F. Nachdem der EuGH diese wertabhängigen Regelungen als Verstoß gegen die EG-Gesellschaftssteuerrichtlinie vom 17.7.1969 angesehen hat,[74] ist die Regelung des § 26 KostO in einer Übergangszeit europarechtskonform dahin ausgelegt worden, dass die Gebühren nur bis zu dem (geschätzten) tatsächlichen Aufwand erhoben werden durften.[75] Der Gesetzgeber hat diesen Rechtszustand mit dem am 1.12.2004 in Kraft getretenen Handelsregistergebühren-Neuordnungsgesetz (HRegGebNeuOG[76]) beendet und im gesamten gerichtlichen Registerverfahren Festgebühren eingeführt, die auch für die Registerverfahren gelten, auf die die Rechtsprechung des EuGH nicht anzuwenden war. Die Gebühren ergeben sich nunmehr aus der auf der Grundlage des § 79a KostO erlassenen Handelsregistergebührenverordnung (HRegGebV). Wegen der Rückforderung der vor dem In-Kraft-Treten zuviel gezahlten Registergebühren gilt die Vorschrift des § 164 KostO.[77]

56 Keinen Einfluss hatte die Rechtsprechung des EuGH auf die Berechnung der Notargebühren für die Beglaubigung der Anmeldung und Beurkundung der Beschlüsse und Verträge.[78] Die einschlägigen Vorschriften finden sich in den §§ 41a bis 41c KostO. Insoweit verbleibt es bei der Berechnung nach den sich aus den Vorschriften ergebenden Geschäftswerten. Etwas anderes gilt lediglich für die verbeamteten Notare in Baden-Württemberg. Deren Gebühren dürfen, soweit sie den tatsächlichen Aufwand übersteigen, nicht nach den genannten Vorschriften berechnet werden, weil andernfalls ein Verstoß gegen die Gesellschaftssteuerrichtlinie vom 17.7.1969 vorliege.[79]

III. Weitere kostenrechtliche Grundsätze

57 Wie sich aus § 2 Abs. 2 S. 1 HRegGebV ergibt, entstehen **für jede einzutragende Tatsache gesonderte Gebühren**. In § 2 Abs. 1 HRegGebV finden sich insoweit Sonderregeln für die Ersteintragung; in § 2 Abs. 3 HRegGebV wird definiert, wann lediglich eine einzutragende Tatsache vor-

---

73 KG, Beschl. v. 13.2.2001 – W 8144/00, n.v.; LG Berlin, Beschl. v. 28.1.2003 – 102 T 123/02, – 102 T 132/02 und – 102 T 134/02, alle n.v.; a.A. LG Kleve NJW-RR 1996, 939, das Verfahren ruht; allg.: Korintenberg/*Lappe*, § 8 Rn 10, 35.
74 *Fantask*, ZIP 1998, 206 m. Anm. *Gustavus*, ZIP 1998. 506. Dazu auch *Müther*, Rpfleger 2000, 316, 318 ff.; näher Korintenberg/*Lappe*, §§ 79, 79a Rn 1.
75 Vgl. dazu noch Vorauflage, § 32 Rn 55; *Müther*, Das Handelsregister in der Praxis, § 5.
76 Gesetz vom 3.7.2004, BGBl I, 1410.
77 Wegen der Verjährung des Rückforderungsanspruchs und wegen einer Verzinsung: KG KGR 2005, 291.
78 Korintenberg/*Bengel/Tiedke*, § 41a Rn 1e; so auch schon OLG Zweibrücken MittBayNot 1999, 402; OLG Hamm FGPrax 2002, 269. Anders zu portugiesischen Notaren: EuGH DNotZ 1999, 936 – Modelo.
79 EuGH ZIP 2002, 663 = DNotZ 2002, 389; Korintenberg/*Bengel/Tiedke*, § 41a Rn 1f.

liegt. Allgemein ist festzuhalten, dass alle Umstände, die nur gemeinsam eingetragen werden können, eine einzutragende und damit gebührenauslösende Tatsache darstellen.

Bei den Anmeldungen gilt: **Mehrere in einer Urkunde enthaltene Anmeldungen** sind wegen der Kosten nach § 44 KostO zu beurteilen: Haben die Anmeldungen denselben Gegenstand, wird die Gebühr einmal nach dem höchsten Wert berechnet. Nur bei verschiedenen Gegenständen werden die Werte zusammengerechnet. Dabei wird für die Anmeldung eine halbe Gebühr nach § 38 Abs. 2 Nr. 7 KostO, allein für die Beglaubigung der Unterschrift eine Gebühr von einem Viertel der vollen Gebühr (vgl. § 45 KostO) erhoben. **58**

Neben den Gebühren für die Anmeldungen stehen den Notaren auch **Gebühren für die notarielle Beurkundung** der zugrunde liegenden materiellen Rechtsvorgänge zu. So gilt etwa für die Beurkundung von Gesellschafterbeschlüssen § 47 KostO. Für die Beurkundung der Verträge gilt § 36 Abs. 2 KostO. Soweit der Notar weitere Tätigkeiten übernimmt, wie die Anfertigung der Gesellschafterliste[80] oder eines Sachgründungsberichtes,[81] wird § 147 Abs. 2 KostO anzuwenden sein. **59**

Die Kosten zu tragen hat der sog. **Kostenschuldner**. Wer Kostenschuldner ist, ergibt sich aus den §§ 2, 3 KostO. Im Anmeldeverfahren ergibt sich die Kostenschuldnerschaft regelmäßig aus § 2 Nr. 1 KostO. Danach sind die Kosten von demjenigen zu tragen, der die Vornahme des Geschäfts – hier der Eintragung – beantragt hat. Danach sind etwa bei den Personengesellschaften regelmäßig alle Gesellschafter Kostenschuldner. Mehrere Kostenschuldner haften als Gesamtschuldner, § 5 KostO. Eine Verpflichtung zur vorrangigen Inanspruchnahme bestimmter Einzelner, wie etwa den neu eingetretenen Kommanditisten, bestehen nicht.[82] Als weiterer Kostenschuldner kommt nach § 3 Nr. 2 KostO der Notar in Betracht, der die Erklärung nach § 8 S. 2 Nr. 3 KostO abgegeben hat. **60**

---

80 Wert nach 10–20% des Stammkapitals, vgl. *Gustavus*, A 91 S. 86; Korintenberg/*Bengel*/*Tiedke*, § 147 Rn 113.
81 Wert nach 20–30% der Werte der Sacheinlagen ohne Schuldenabzug, vgl. *Gustavus*, A 91 S. 86; aA Korintenberg/*Bengel*/*Tiedke*, § 147 Rn 122, sie wollen § 145 KostO anwenden.
82 LG Berlin, Beschl. v. 1.11.2005 – 1 T 110/05, n.v.

Dr. Peter-Hendrik Müther
§ 33 Die GmbH im Handelsregister

Literatur

Kommentare: *Baumbach/Hopt*, Handelsgesetzbuch, 35. Aufl. 2012; *Baumbach/Hueck*, GmbHG, 19. Aufl. 2010; *Erman*, BGB, 13. Aufl. 2011; *Ulmer*, GmbHG, Großkommentar, ab 2005; *Hüffer*, AktG, 9. Aufl. 2010; *Jansen*, FGG, 3. Aufl., 2006; *Jauernig*, BGB, Bürgerliches Gesetzbuch, 14. Aufl. 2011; *Keidel*, FamFG, Familienverfahren, Freiwillige Gerichtsbarkeit, 17. Aufl. 2011; *Koller/Roth/Morck*, HGB, 7. Aufl. 2011; *Lutter/Hommelhoff*, GmbH-Gesetz, 17. Aufl. 2009; *Melchior/Schulte/Schneider*, HandelsregisterVO, 2. Aufl., 2009; *Palandt*, Bürgerliches Gesetzbuch, 71. Aufl. 2012; *Roth/Altmeppen*, GmbHG, 7. Aufl. 2012; *Rowedder*, GmbHG, 4. Aufl. 2002; *Scholz*, GmbH-Gesetz, Kommentar, mit Anhang Konzernrecht, 10. Aufl. ab 2006.

Monographien/Handbücher/Formularbücher: *Krafka/Willer/Kühn*, Registerrecht, 8. Aufl. 2010; *Goette*, Die GmbH, 2. Aufl. 2002; *Gustavus*, Handelsregister-Anmeldungen, 7. Aufl. 2009; *Müther*, Das Handelsregister in der Praxis, 2. Aufl. 2007; *ders.*, Handelsrecht, 2005; *Ulbert*, Die GmbH im Handelsregisterverfahren, 1997.

Aufsätze: *Gottwald*, Staatliche Genehmigungserfordernisse bei GmbH-Gründungen, DStR 2001, 944; *Herbarth*, Freigabeverfahren für strukturändernde Gesellschafterbeschlüsse in der GmbH – zur entsprechenden Anwendung des neuen § 246a AktG im GmbH-Recht, GmbHR 2005, 966; *Kögl*, Aktuelle Entwicklungen im Firmenrecht, Rpfleger 2000, 255; *Melchior*, Ausländer als GmbH-Geschäftsführer, DB 1997, 413; *Müther*, Überlegungen zum neuen Firmenbildungsrecht bei der GmbH, GmbHR 1998, 1058; *Müther*, Die Voreinzahlung auf die Barkapitalerhöhung bei der GmbH unter besonderer Berücksichtigung der BGH-Rechtsprechung, NJW 1999, 404; *Müther*, Zur Nichtigkeit führende Fehler bei der Einberufung der GmbH-Gesellschafterversammlung, GmbHR 2000, 966; *Müther*, Vor-GmbH – die häufigsten Praxisprobleme, MDR 2001, 366; *Müther*, Der Umfang der registerrechtlichen Prüfungspflicht bei Kapitalerhöhungen einer GmbH, BB 1997, 2234; *Müther*, Sind die GmbH-Gesellschafter bei der Wahl des Sitzes wirklich frei?, BB 1996, 2210; *Müther*, Aktuelles zur GmbH aus dem Handelsregister, Berliner AnwBl 1999, 94; *Priester*, Mantelverwendung und Mantelgründung bei der GmbH, DB 1983, 2291; *Willer/Krafka*, Die elektronische Einreichung von Handelsregisteranmeldungen aus der Sicht der Registerpraxis, DNotZ 2006, 885.

Inhalt

A. Ersteintragung der GmbH —— 1
I. Gründer und Vertretung beim Gründungsvorgang —— 1
  1. Typischer Sachverhalt —— 1
  2. Rechtliche Grundlagen —— 2
    a) Vertretungsnachweise —— 2
    b) Vertretungsprobleme —— 3
    c) Nicht voll geschäftsfähige Gründer —— 5
    d) Ausländische Gründer —— 6
  3. Checkliste Gründung —— 9
II. Kapitalaufbringung —— 10
  1. Typischer Sachverhalt —— 10
  2. Rechtliche Grundlagen —— 11
    a) Einlageversicherung —— 11
    b) Einlagenachweis —— 14
    c) Sacheinlagen —— 17
  3. Checkliste —— 21
III. Probleme bei der Gestaltung des Gesellschaftsvertrages —— 22
  1. Typischer Sachverhalt —— 22
  2. Rechtliche Grundlagen —— 23
    a) Prüfungsbefugnis und Prüfungsumfang des Registergerichts —— 23
    b) Firma —— 24
      aa) Namensfunktion —— 24
      bb) Irreführung —— 25
      cc) § 30 HGB —— 26
      dd) Firmentausch —— 27
      ee) Bezeichnung „Partner" und andere Bezeichnungen —— 28
      ff) Sonderzeichen u.ä. —— 29
    c) Sitz und inländische Geschäftsanschrift —— 30
    d) Unternehmensgegenstand —— 33
    e) Stammkapital und Stammeinlagen —— 37
    f) Gründerangabe —— 38
    g) Sonstige Satzungsbestimmungen —— 41
      aa) Prüfungsumfang —— 41

bb) Gläubigerschutzvorschriften —— 42
cc) Im öffentlichen Interesse bestehende Vorschriften —— 45
h) Satzungsänderung vor der Eintragung —— 48
3. Gründung im vereinfachten Verfahren nach § 2 Abs. 1a GmbHG —— 50
IV. Die Unternehmergesellschaft —— 52
V. Muster: Erstanmeldung einer GmbH —— 55
B. **Eintragungen zu den Geschäftsführern —— 56**
I. Bestellung von Geschäftsführern —— 56
1. Typischer Sachverhalt —— 56
2. Rechtliche Grundlagen —— 57
a) Anmeldeanlass —— 57
b) Geschäftsführereigenschaften —— 59
c) Anmeldebefugnis, Vertretungsbefugnis —— 63
d) Nachweis der Bestellung —— 65
II. Beendigung der Geschäftsführerstellung —— 70
1. Beendigungsgründe —— 70
2. Abberufung —— 71
3. Amtsniederlegung —— 74
III. Bestellung eines Notgeschäftsführers —— 78
1. Typischer Sachverhalt —— 78
2. Rechtliche Grundlagen —— 79
3. Muster: Antrag auf Bestellung eines Notgeschäftsführers —— 84
C. **Eintragung der Satzungsänderung einschließlich der Mantelverwertung —— 85**
I. Typischer Sachverhalt —— 85
II. Rechtliche Grundlagen —— 86
1. Überblick —— 86
2. Prüfungsbefugnis: Beschränkung des Prüfungsumfangs? —— 87
3. Wirksamkeit der Beschlussfassung —— 88
4. Prüfungsumfang: Die Wirksamkeit der neuen Regelung —— 92
a) Grundsatz —— 92
b) Einzelfälle —— 93
aa) Regelung über Beschlussmehrheiten —— 93
bb) Regelung der Vererbung —— 94
cc) Änderung der Geschäftsjahrregelung —— 95
dd) Gesellschafterangaben im Gesellschaftsvertrag —— 96
ee) Übernahme der Gründungskosten —— 97
ff) Registersperre —— 98
5. Die Mantelverwertung —— 99
6. Anmeldung der Satzungsänderung —— 100
7. Checkliste —— 104
D. **Satzungsändernde Kapitalmaßnahmen —— 105**
I. Überblick —— 105
II. Barkapitalerhöhung (§ 57 Abs. 1 GmbHG) —— 106
1. Typischer Sachverhalt —— 106
2. Rechtliche Grundlagen —— 107
a) Barkapitalerhöhung als Satzungsänderung —— 107
b) Beschlussanforderungen —— 108
c) Übernahmeerklärung —— 110
d) Einlagenerbringung —— 111
aa) Grundsatz —— 111
bb) Debitorisches Konto —— 112
cc) Voreinzahlungen —— 113
dd) Schütt-aus-Hol-zurück —— 115
ee) Heilung verschleierter Sachkapitalerhöhungen —— 116
e) Sonstige Anforderungen an die Anmeldung —— 118
3. Checkliste —— 120
III. Sachkapitalerhöhung (§ 57 Abs. 1 GmbHG) —— 121
1. Typischer Sachverhalt —— 121
2. Rechtliche Grundlagen —— 122
a) Sachkapitalerhöhung als Satzungsänderung —— 122
b) Beschlussanforderungen und Übernahmeerklärungen —— 123
c) Zusätzliche Erfordernisse —— 125
3. Checkliste —— 127
IV. Kapitalerhöhung aus Gesellschaftsmitteln —— 128
1. Typischer Sachverhalt —— 128
2. Rechtliche Grundlagen —— 129
a) Überblick —— 129
b) Erhöhungsbeschluss —— 130
c) Anmeldung nach § 57i GmbHG —— 134
3. Checkliste —— 137
V. Kapitalherabsetzung —— 138
1. Typischer Sachverhalt —— 138
2. Rechtliche Grundlagen —— 139
3. Checklisten —— 146
a) Checkliste: Ordentliche Kapitalherabsetzung —— 146
b) Checkliste: Vereinfachte Kapitalherabsetzung —— 147
VI. Euro-Umstellung —— 148
E. **Auflösung, Fortsetzung und Beendigung der GmbH —— 153**
I. Auflösung und Abwicklung —— 153
1. Rechtliche Grundlagen —— 153
a) Auflösungsgründe und ihre Eintragung (§ 65 GmbHG) —— 153
b) Satzungsänderungen in der Abwicklungsphase —— 155
c) Liquidatoren und ihre Anmeldung (§ 67 GmbHG) —— 157
d) Vertretungsbefugnis der Liquidatoren —— 163

aa) Vertretungsbefugnis der geborenen Liquidatoren —— 163
bb) Bestimmung der Vertretungsbefugnis durch die Gesellschafterversammlung —— 165
e) Gerichtliche Bestellung und Abberufung von Liquidatoren —— 167
2. Muster: Anmeldung der Auflösung —— 171
II. Fortsetzung —— 172
1. Rechtliche Grundlagen —— 172
   a) Voraussetzungen und die Anmeldung —— 172
   b) Beseitigung des Auflösungsgrundes —— 173
2. Muster: Anmeldung der Fortsetzung —— 175
III. Beendigung und Nachtragsliquidation —— 176
1. Anmeldung der Beendigung nach § 74 Abs. 1 GmbHG —— 176
2. Nachtragsliquidation —— 179

A. Ersteintragung der GmbH

I. Gründer und Vertretung beim Gründungsvorgang

1. Typischer Sachverhalt

1 Die X-Aktiengesellschaft beabsichtigt die Gründung einer Tochter-GmbH. Zur Gründung findet sich beim Notar der vom dem einzelvertretungsberechtigten Vorstandsmitglied Y bevollmächtigte Z ein. Die Gründung der Gesellschaft wird beurkundet und die Unterlagen werden in elektronischer Form beim zuständigen Handelsregister eingereicht. Es fehlt allerdings ein Vertretungsnachweis für Y und Z.

2. Rechtliche Grundlagen
a) Vertretungsnachweise

2 Nach § 9c Abs. 1 GmbHG hat das Registergericht die ordnungsgemäße Errichtung der Gesellschaft zu prüfen. Dies schließt neben der Prüfung der Form des § 2 Abs. 1 GmbHG[1] eine lückenlose Prüfung der **Vertretungsbefugnis der handelnden Personen** ein. Im vorliegenden Beispiel bedarf es für Y keiner Vollmacht nach § 2 Abs. 2 GmbHG. Das Vorstandsmitglied einer Aktiengesellschaft ist das gesetzliche Organ dieser Gesellschaft. Es liegt damit grundsätzlich keine rechtsgeschäftliche Vertretung vor.[2] Allerdings hat das Registergericht die Vertretungsmacht des Vorstandsmitglieds Y als Organ zu prüfen. Dazu bedurfte es bisher der Vorlage eines amtlichen Registerausdrucks der X-Aktiengesellschaft, aus dem sich die Vertretungsbefugnis des Y ergeben musste.[3] Nunmehr haben die Registergerichte elektronische Einsicht in die Register anderer Gerichte zu nehmen, so dass die Notwendigkeit der Vorlage eines Registerausdrucks entfällt, vgl. dazu § 32 Abs. 2 S. 1 GBO. Dazu sind Registergericht und Registerblatt anzugeben, § 32 Abs. 2 S. 2 GBO. Der Nachweis der Vertretungsbefugnis kann im Übrigen auch durch eine Notarbestäti-

---

[1] Zur Auslandsbeurkundung: Diese ist grundsätzlich zulässig und wirksam, wenn die ausländischen Notare eine mit den deutschen Notaren vergleichbare Ausbildung und Rechtsstellung besitzen, vgl. im Einzelnen *Müther*, § 4 Rn 9 ff. m.w.N.

[2] Allerdings ist Y bei einer Beschlussfassung über seine Bestellung zum Geschäftsführer der GmbH nach § 112 AktG ausgeschlossen, vgl. LG Berlin GmbHR 1997, 750; a.A. OLG München NZG 2012, 710. Der dennoch gefasste Beschluss ist unwirksam, vgl. BayObLG BB 2001, 13. Dieser Ausschluss kann auch nicht durch ein Handeln eines Prokuristen der Aktiengesellschaft umgangen werden, weil in der Bestellung zum Geschäftsführer ein Rechtsgeschäft mit dem entsprechenden Vorstandsmitglied liegt, das der Regelung des § 112 AktG unterfällt. Zur Anwendung des § 112 AktG bei einer GmbH mit fakultativem AR: BGH NJW-RR 2004, 330.

[3] Entsprechendes gilt bei der Vertretung durch einen Prokuristen. Insoweit liegt zwar eine rechtsgeschäftliche Vollmacht vor, diese hat aber einen gesetzlich vorgegebenen Inhalt, vgl. Scholz/*Emmerich*, § 2 Rn 29; zur Anmeldung von Gegenständen, die die Grundlagen des eigenen Handelsgeschäfts betreffen, bedarf der Prokurist einer gesonderten Vollmacht; im Übrigen nicht, vgl. BGHZ 116, 190 = NJW 1992, 975.

gung nach § 21 BNotO erfolgen. Dabei muss allerdings zur Wirksamkeit der Bestätigung der Tag der Einsichtnahme in das Register oder der Tag der Ausstellung des amtlichen Registerausdrucks, der der Bescheinigung zugrunde liegt, angegeben werden (vgl. § 21 Abs. 2 S. 2 BNotO; ausführlich hierzu siehe § 31 Rn 5f.; Muster: § 31 Rn 11). Wegen der Vertretung durch Z bedarf es des Nachweises der Vollmacht nach § 2 Abs. 2 GmbHG in elektronischer Form.

b) Vertretungsprobleme

Häufigeres Problem ist das Auftreten eines **vollmachtlosen Vertreters** bei der Gründung einer Ein-Personen-Gesellschaft. In einem solchen Fall reicht die ansonsten immer mögliche nachträgliche Zustimmung des Vertretenen in der Form des § 2 Abs. 2 GmbHG zur Heilung des Formmangels nicht aus. Nach der gesetzlichen Konzeption des GmbH-Gesetzes wird zwar auch bei der Ein-Mann-Gründung ein Gesellschaftsvertrag beurkundet, es besteht jedoch weitgehend Einigkeit darüber, dass hier ein einseitiges Rechtsgeschäft im Sinne des § 180 BGB vorgenommen wird, so dass eine Vertretung ohne Vertretungsmacht ausgeschlossen ist (ergänzend siehe § 40 Rn 3).[4] Insoweit reicht es auch nicht aus, wenn der auftretende Vertreter erklärt, er handle aufgrund einer nur mündlich erklärten oder in einfacher Schriftform erteilten Vollmacht. Die Vorschrift des § 2 Abs. 2 GmbHG hat materiell-rechtliche Wirkung und nicht nur eine Beweisfunktion, so dass derartige nicht formgerechte Vollmachten unwirksam sind.[5] 3

Bei der Beteiligung mehrerer Personen entstehen bei einer **Mehrfachvertretung** auch immer wieder Probleme aufgrund der Regelung des § 181 BGB, so dass auch insoweit auf eine ausreichende Vertretungsbefugnis oder eine nachträgliche Zustimmung der betroffenen Vertretenen zu achten ist.[6] 4

c) Nicht voll geschäftsfähige Gründer

Bei der Beteiligung von **minderjährigen Kindern** oder anderen nicht voll geschäftsfähigen Personen bei der Gründung ist die Notwendigkeit der Vorlage einer betreuungs- oder familiengerichtlichen Genehmigung nach § 1822 Nr. 3 BGB zu beachten. Wegen der Ausfallhaftung nach § 24 GmbHG greift jedenfalls bei der Mehrpersonengründung zusätzlich die Regelung des § 1822 Nr. 10 BGB.[7] Ist auch nur einer der Elternteile gleichzeitig ebenfalls als Gründungsgesellschafter beteiligt, sind beide Eltern nach den §§ 1629 Abs. 2 S. 1, 1795 Abs. 1 Nr. 1 BGB bzw. nach §§ 181, 1795 Abs. 2 BGB von der Vertretung ausgeschlossen, so dass zusätzlich ein Ergänzungspfleger nach § 1909 BGB bestellt werden muss, der die notwendigen Erklärungen bei der Gründung abgibt.[8] Bei Vormündern und Betreuern gilt entsprechendes. 5

d) Ausländische Gründer

Während die Existenz natürlicher Personen im Registerverfahren keine Probleme aufwirft, entstehen durch die Beteiligung **ausländischer Gesellschaften** häufig Nachweisschwierigkeiten, wenn nicht in Deutschland bereits eine Zweigniederlassung eingetragen sein sollte. Diese Schwierigkeiten beziehen sich nicht nur auf den Nachweis der Vertretungsbefugnis. Dieser ist in der Regel dadurch zu erbringen, dass aus den entsprechenden Unternehmensregistern Aus- 6

---

4 LG Berlin GmbHR 1996, 123; Scholz/*Emmerich*, § 1 Rn 34; Lutter/Hommelhoff/*Bayer*, § 2 Rn 20. Zu den gebührenrechtlichen Auswirkungen der Einpersonengründung: KG NZG 2004, 827, 828.
5 Scholz/*Emmerich*, § 2 Rn 24. Zur Form beim Handeln für eine Behörde: OLG Düsseldorf GmbHR 1998, 238.
6 Lutter/Hommelhoff/*Bayer*, § 2 Rn 21; Roth/Altmeppen, § 2 Rn 31; Baumbach/Hueck/*Fastrich*, § 2 Rn 21.
7 Scholz/*Emmerich*, § 2 Rn 43a; Lutter/Hommelhoff/*Bayer*, § 2 Rn 5; Baumbach/Hueck/*Fastrich*, § 2 Rn 25ff.
8 Scholz/*Emmerich*, § 2 Rn 42; Lutter/Hommelhoff, § 2 Rn 5.

drucke oder, insbesondere bei Gesellschaften aus dem anglo-amerikanischen Rechtskreis, eine Bestätigung der Gesellschaften (sog. secretary's certificate) vorgelegt werden. Maßstab für den Nachweis ist dabei immer die Frage, welche Möglichkeiten das ausländische Recht – abweichend vom deutschen Recht – zum Nachweis der Vertretungsbefugnis vorsieht (vgl. § 13d Abs. 3 HGB).[9]

7 Soweit in Deutschland nach wie vor die **Sitztheorie**[10] anzuwenden ist, bedarf es mitunter auch des Nachweises, dass die ausländische Gesellschaft auch tatsächlich im Gründungsland ihren wirklichen Sitz im Sinne eines Schwerpunktes der Geschäftstätigkeit hat. Wäre dies nicht der Fall, wäre die Gesellschaft zwar gleichwohl als (teilweise) rechtsfähig anzusehen, denn tatsächlich handelt es sich dann wenigstens um eine BGB-Gesellschaft.[11] Insoweit wären aber wegen § 3 Abs. 1 Nr. 4 GmbHG die richtigen Angaben zum Gründungsgesellschafter in den Gesellschaftsvertrag aufzunehmen. Insoweit sind bei BGB-Gesellschaften auch die Angaben zu den Gesellschaftern zu verlangen (siehe Rn 39).[12] Fehlen diese, wäre eine Beanstandung durch das Registergericht die Folge. Zum Nachweis der Existenz der Gesellschaft im Gründungsstaat werden häufig Mietverträge, Telefonrechnungen und Briefpapier verlangt. Die Sitztheorie ist nicht bei EU-Gesellschaften anzuwenden, die nach dem Recht ihres Gründungsstaates der Gründungstheorie unterliegen.[13] Entsprechende Grundsätze sind gegenüber Gesellschaften aus den EWR-Staaten anzuwenden.[14] Auch US-amerikanische Gesellschaften sind aufgrund des Deutsch-Amerikanischen Freundschaftsvertrages stets als rechtsfähig anzusehen.[15] Bei anderen Gesellschaftsformen finden sich teilweise entsprechende Auffassungen, ohne dass die vorgenannten Voraussetzungen gegeben sind.[16]

8 Hinsichtlich der Beteiligung einer **ausländischen natürlichen Person** bestehen grundsätzlich keine besonderen Bedenken gegen eine Gesellschafterstellung.[17] Allerdings hat das Kammergericht in einem Fall eine Gründung durch einen Ausländer als Alleingesellschafter einer GmbH als Umgehung ausländerrechtlicher Bestimmungen über die Zulässigkeit einer Erwerbstätigkeit angesehen, weil dieser sich auch zum alleinigen Geschäftsführer der Gesellschaft bestellt hatte, zu einer Einreise in die BRD aber nicht ohne weiteres befugt war.[18] Aus diesem Grund sollte die Gründung wegen § 134 BGB nichtig sein. Aus ähnlichen Gründen wird auch die Bestellung eines ausländischen Geschäftsführers beanstandet, wenn dieser keine Berechtigung zur selbständigen Gewerbeausübung besitzt (siehe Rn 61).

3. Checkliste Gründung

9
- Umfasst die Vollmacht die Gründung der Gesellschaft?
- Sind die Beschränkungen des § 181 BGB, § 112 AktG beachtet (siehe Rn 2, 4)?
- Ist die Vollmacht bzw. Organstellung der Handelnden ausreichend nachgewiesen (ggfls. amtlicher Registerausdruck, Notarbestätigung; siehe Rn 2)?

---

9 § 21 BNotO greift daher nicht. Denkbar ist aber eine Expert Opinion, wenn der Aussteller Kenntnis von den rechtlichen Verhältnissen geltend machen kann. Eine solche Erklärung kommt nach Krafka/Willer/Kühn, Rn. 314 in Betracht.
10 So noch BGHZ 97, 269 = GmbHR 1986, 351 = NJW 1986, 2194. Zum Streitstand: Baumbach/Hueck/*Fastrich*, Einl. Rn 59ff.
11 BGHZ 151, 204 = NJW 2002, 3539.
12 *Müther*, § 6 Rn 45.
13 BGHZ 154, 185 = NJW 2003, 1461.
14 BGHZ 164, 148 = BB 2005, 2347 = DNotZ 2006, 143 = MDR 2006, 105.
15 BGHZ 153, 353 = NJW 2003, 1607; jedenfalls soweit sie irgendeinen Bezug zu den USA haben, vgl. BGH BB 2004, 1868.
16 Vgl. etwa OLG Hamm BB 2006, 2487 zu einer Schweizer Gesellschaft.
17 Baumbach/Hueck/*Fastrich*, § 1 Rn 29.
18 KG GmbHR 1997, 412, 413; kritisch mit weiteren Nachweisen Scholz/*Emmerich*, § 2 Rn 41b.

- Bei der Beteiligung von nicht voll Geschäftsfähigen wie z.B. Kindern: Liegen die notwendigen Genehmigungen vor? Ist die Beteiligung eines Ergänzungspflegers notwendig (siehe Rn 5)?
- Bei der Beteiligung von ausländischen Gesellschaften: Ist die tatsächliche Rechtsform wegen der Angaben nach § 3 Abs. 1 Nr. 4 GmbHG geklärt und kann diese auch nachgewiesen werden (siehe Rn 6 f.)?
- Sind ausländische Gesellschafter vorhanden, die Alleingesellschafter oder Geschäftsführer sein sollen (siehe Rn 8)?
- Liegen die Unterlagen gemäß § 8 Abs. 5 GmbHG in elektronischer Form vor (siehe § 32 Rn 31 f.)?

II. Kapitalaufbringung

1. Typischer Sachverhalt

A und B gründen eine GmbH. Dabei werden Bareinlagen vereinbArt. B hat allerdings bereits ein Einzelunternehmen auf dem Gebiet des GmbH-Gegenstands betrieben. Mit der Anmeldung legen A und B auch einen auf die GmbH lautenden Kontoauszug vor, aus dem sich die versicherten Einlageleistungen ergeben. 10

2. Rechtliche Grundlagen
a) Einlageversicherung

Die Gründungsprüfung umfasst im Besonderen auch die Prüfung, ob die notwendigen Einlagen erbracht worden sind.[19] Zu diesem Zweck sieht § 8 Abs. 2 GmbHG die Abgabe einer **Versicherung über die Einlageleistungen** vor. Anhand dieser Versicherung hat das Registergericht u.a. auch zu prüfen, ob die Voraussetzungen des § 7 Abs. 2 GmbHG erfüllt worden sind, so dass in der Versicherung angegeben werden muss, welcher Gesellschafter welchen Betrag geleistet hat.[20] Sind die Gesellschafter nach dem Gesellschaftsvertrag zu einer über die Regelung des § 7 Abs. 2 GmbHG hinausgehenden Einlage verpflichtet, steht die Nichteinhaltung dieser Verpflichtung einer Eintragung nicht entgegen.[21] Auch wenn keine Bindung in der Formulierung besteht, muss aber die Versicherung unzweifelhaft eine endgültige Übertragung zur freien Verfügung ergeben.[22] Die früher notwendige Volleinzahlungs- bzw Sicherheitenbestellungspflicht bei der Bargründung durch einen Alleingesellschaft nach § 7 Abs. 2 S. 3 GmbHG a.F. ist mit dem Inkrafttreten des MoMiG entfallen. Auch bei der Einpersonengründung braucht lediglich ein Viertel der Einlagen mindestens aber 12.500 EUR eingezahlt zu werden. Sind außerdem Sacheinlagen vereinbart, die ohnehin vor der Eintragung vollständig zu erbringen sind (§ 7 Abs. 3 GmbHG), sind deren Beträge auf die einzuzahlenden Barbeträge anzurechnen (§ 7 Abs. 2 S. 2 GmbHG). Eine Volleinzahlungspflicht besteht lediglich bei der Unternehmergesellschaft, § 5a Abs. 2 S. 1 GmbHG. 11

Die Versicherung ist, wie die Erstanmeldung nach § 78 GmbHG überhaupt, durch **alle Geschäftsführer** abzugeben, also auch durch später neu gewählte Geschäftsführer.[23] Die Versicherung ist auch wegen der mit ihr verbundenen Strafandrohung höchstpersönlicher Art. Eine Vertretung kommt damit insoweit nicht in Betracht.[24] 12

---

19 Scholz/Winter/Veil, § 9c Rn 28; Lutter/Hommelhoff/Bayer, § 9c Rn 3; Roth/Altmeppen, § 9c Rn 3a.
20 Scholz/Winter/Veil, § 8 Rn 23; Lutter/Hommelhoff/Bayer, § 8 Rn 11.
21 OLG Stuttgart NZG 2011, 993.
22 LG Berlin, Beschl. v. 29.3.2000 – 98 T 78/99, n.v.
23 Baumbach/Hueck/Fastrich, § 8 Rn 11 m.w.N.; Lutter/Hommelhoff/Bayer, § 8 Rn 10; Roth/Altmeppen, § 8 Rn 18f.
24 Scholz/Winter/Veil, § 8 Rn 22; Lutter/Hommelhoff/Bayer, § 8 Rn 10; Roth/Altmeppen, § 8 Rn 18.

13   Nach der Rechtsprechung des Bundesgerichtshofs ist die Versicherung nach § 8 Abs. 2 GmbHG um Angaben zu etwaigen **Vorbelastungen** des Gesellschaftsvermögens zu ergänzen.[25] Fehlt eine entsprechende Erklärung, ist diese Ergänzung vom Registergericht nachzufordern. Eine derartige Vorbelastung stellt auch die Verpflichtung der Gesellschaft dar, die Gründungskosten zu tragen.[26] Eine Vorbelastung ist überhaupt schon dann gegeben, wenn eine Zahlungspflicht entstanden ist, eines tatsächlichen Zugriffs auf das Gesellschaftsvermögens bedarf es nicht.

b) Einlagenachweis

14   Da das Gesetz die **Versicherung** nach § 8 Abs. 2 GmbHG als **Nachweis über die Einlageleistung** vorsieht, können **weitere Nachweise** wie z.B. die Vorlage eines **Kontoauszugs** oder einer **Quittung** entgegen der Praxis einer Vielzahl von Registerrichtern nur bei begründeten Zweifeln an der Richtigkeit der Angaben verlangt werden.[27] Soweit allerdings Kontoauszüge unaufgefordert eingereicht werden, sind auch diese in die Prüfung einzubeziehen.[28] Dabei kann sich aus dem Kontoauszug etwa ergeben, dass die Gesellschaft ihren Geschäftsbetrieb bereits aufgenommen hat, weil dort bereits Abbuchungen für Gehälter oder Einzahlungen von Kunden vorhanden sind. Die Aufnahme der Tätigkeit ist der Gesellschaft vor der Eintragung nicht untersagt. Der Wegfall des sog. Vorbelastungsverbots ist aber mit einer sog. **Vorbelastungshaftung** ausgeglichen worden. Die Gesellschafter haben dafür einzustehen, dass der Gesellschaft das vereinbarte Stammkapital zum Zeitpunkt der Eintragung als Reinvermögen zur Verfügung steht. Ist dies nicht der Fall, steht der Gesellschaft ein entsprechender Anspruch auf Ausgleich gegen die Gesellschafter zu. Entgegen einer in der Literatur[29] vertretenen Auffassung verlangt die Rechtsprechung[30] aber diesen Ausgleich bereits vor der Eintragung. Ist – mit anderen Worten – das Stammkapital vorbelastet, ist eine Eintragung nur vorzunehmen, wenn die Vorbelastungen bereits ausgeglichen sind. Ist dies nicht der Fall, ist die Eintragung abzulehnen. Zur Ermittlung der Vorbelastung ist dem Registergericht regelmäßig eine sog. **Vorbelastungsbilanz** mit einem zeitnahen Stichtag zum beabsichtigten Eintragungszeitpunkt vorzulegen, aus der sich Aktiva und Passiva ergeben.[31] Dabei wird auch die Frage der Notwendigkeit einer externen Prüfung dieser Bilanz nach den Vorschriften des HGB zu entscheiden sein, so dass sie bei einer Standard-GmbH mit 25.000 EUR Stammkapital im Normalfall von den Geschäftsführern selbst aufgestellt werden kann. Eine Prüfung entsprechend § 316 HGB wird in der Regel nicht erforderlich sein. Alternativ kann die Vorlage einer Bestätigung über die Vermögensverhältnisse eines Steuerberaters ausreichen. Eine entsprechende Anwendung des § 33 Abs. 3 AktG, der eine Gründungsprüfung durch den Notar vorsieht, dürfte ausgeschlossen sein, weil die Vermögensbewertung durch den Notar gerade nicht vorgesehen ist.

15   Aus einem **Kontoauszug** ergibt sich mitunter auch, dass das Konto für die GmbH vor der Gründung der Gesellschaft eröffnet worden ist. Eine solche Kontoeröffnung ist unzulässig, weil die Bank nach dem **Grundsatz der Kontenwahrheit** (vgl. § 154 AO) ein Konto nur für eine exis-

---

25 BGHZ 80, 129, 143 = GmbHR 1981, 114 = NJW 1981, 1373; OLG Düsseldorf BB 1996, 2114 = ZIP 1996, 1705; *Lutter/Hommelhoff/Bayer*, § 8 Rn 12; *Roth/Altmeppen*, § 8 Rn 15.
26 Zu den Gründungskosten gehören nicht die Gehälter der Geschäftsführung: BGH BB 2004, 1585 zur AG. Dies hat aber nichts damit zu tun, dass es sich insoweit um Vorbelastungen handelt.
27 BayObLG GmbHR 1994, 329, OLG Düsseldorf BB 1996, 2114 = ZIP 1996, 1705; OLG Frankfurt WM 1992, 1317.
28 Auch derartige Unterlagen unterfallen § 9 Abs. 1 HGB, vgl. OLG Hamm BB 2006, 2548.
29 *Scholz/Winter/Veil*, § 9c Rn 29; *Lutter/Hommelhoff/Bayer*, § 9c Rn 19.
30 BGHZ 80, 129, 143 = GmbHR 1981, 114 = NJW 1981, 1373; BGHZ 80, 182, 184 f. = GmbHR 1981, 192 = NJW 1981, 1452.
31 Vgl. LG Berlin, Beschl. v. 7.8.2000 – 98 T 30/00, n.v.; Beschl. v. 3.3.1998 – 98 T 1/98, n.v.; Beschl. v. 7.11.1997 – 98 T 104/97, n.v.; Beschl. v. 10.9.1997 – 98 T 78/97, n.v.

tierende Person eröffnen darf. Die Vor-GmbH ist zwar kontofähig, sie entsteht aber erst mit dem notariell beurkundeten Abschluss des Gesellschaftsvertrags.[32] Hat die Bank ein Konto für eine nichtexistente Person eröffnet, ist sie nach § 154 Abs. 3 AO an einer Auszahlung des Betrags gehindert; die Einzahlungen stehen den Geschäftsführern damit nicht zur freien Verfügung, so dass das Registergericht eine Neueinzahlung der Einlagen verlangen wird.

Erfährt das Registergericht etwa durch die Einholung einer Auskunft aus dem **Schuldnerverzeichnis**, dass einer der Gesellschafter bereits die eidesstattliche Versicherung abgegeben hat, wird es mindestens Nachweise über die tatsächliche Erbringung der behaupteten Einlageleistungen verlangen. Teilweise wird aber auch die Volleinzahlung aller Stammeinlagen vor der Eintragung verlangt, um den Wegfall des bei der Vermögenslosigkeit eines Beteiligten sinnlosen Rückgriffs nach § 24 GmbHG auszugleichen.

16

c) Sacheinlagen

Besondere Schwierigkeiten ergeben sich im Eintragungsverfahren immer wieder durch sog. **verschleierte Sachgründungen** (vgl. dazu auch § 19 Abs. 4 S. 1 GmbHG).[33] Das GmbH-Gesetz sieht zwar ausdrücklich die Sachgründung als Alternative zur Bargründung vor, an eine ordentliche Sachgründung werden aber besondere Anforderungen gestellt. So müssen die Sacheinlagen[34] nicht nur bereits vor der Eintragung vollständig geleistet sein (vgl. § 7 Abs. 3 GmbHG); die Bezeichnung der Sacheinlagen ist gem. § 5 Abs. 4 S. 1 GmbHG auch ausdrücklich in den Gesellschaftsvertrag aufzunehmen. Für eine derartige Bezeichnung reicht die Bezugnahme auf eine Bilanz allein nicht aus, weil die Sacheinlage im Gesellschaftsvertrag sachenrechtlich bestimmt bezeichnet werden muss.[35] Aus einer Bilanz ergibt sich eine solche sachenrechtlich bestimmte Bezeichnung regelmäßig nicht.

17

Mit der Vereinbarung einer Sacheinlage werden auch die Prüfungsanforderungen durch das **Registergericht** erhöht. Nach § 9c Abs. 1 S. 2 GmbHG hat das Registergericht nämlich nunmehr auch die von den Gesellschaftern behauptete **Werthaltigkeit zu prüfen**.[36] Eine Beanstandung kommt nach der gesetzlichen Neufassung durch das MoMiG allerdings nur in Betracht, wenn eine nicht nur unwesentliche Überbewertung vorliegt.[37] Unwesentlich ist eine Überbewertung dann, wenn sie noch innerhalb der Bandbreit üblicher Bewertungsabweichungen liegt.[38] Da es dem Registergericht fast immer an der erforderlichen Sachkunde fehlen wird, werden entsprechende Sachverständigengutachten einzuholen sein, wenn diese nicht – was zu empfehlen ist – mit der Anmeldung eingereicht und schlüssig sind. Dies macht die Sachgründung nicht nur teuer; ist sie nicht gut vorbereitet, vergeht auch ein erheblicher Zeitraum bis zur Eintragung. Dies wiederum führt häufig wieder zu Beanstandungen durch das Registergericht, weil die von den Gesellschaftern angenommenen Werte mitunter veraltet sind, so dass weitere Bareinlagen und damit auch eine Änderung des Gesellschaftsvertrags, der den Umfang der entsprechenden Verpflichtungen anzugeben hat, notwendig werden.

18

---

32 Zum fehlenden Übergang von der Vorgründungsgesellschaft zur Vor-GmbH: Scholz/*K. Schmidt*, § 11 Rn 20; Lutter/Hommelhoff/Bayer, § 11 Rn 2; *Müther*, MDR 2001, 366, 367.
33 Keine verschleierte Sachgründung liegt vor, wenn der Einbringende im Zusammenhang mit der Gründung oder Kapitalerhöhung Dienstleistungen zu erbringen hat, vgl. BGHZ 184, 157 = NJW 2010, 1747.
34 Auch obligatorische Nutzungsrechte zur Verwertung von Namen und Logos von Sportvereinen können einlagefähig sein: BGHZ 144, 290 = NJW 2000, 2356; ebenso Nutzungsrechte an Grundstücken, BGH BB 2004, 1925. Nicht Forderungen, die sich gegen einen Gesellschafter richten, vgl. KG FGPrax 2005, 223. Zur späteren Umwandlung einer Bar- in eine Sacheinlage: KG NZG 2005, 404.
35 Scholz/Winter/Westermann, § 5 Rn 88; Baumbach/Hueck/*Fastrich*, § 5 Rn 21; a.A. zur Bilanz wohl: Lutter/Hommelhoff/Bayer, § 5 Rn 31, die allerdings Recht haben, wenn damit die Umschreibung einer Sachgesamtheit gemeint sein sollte.
36 Vgl. zur Einbringung von Gesellschaftsanteilen: LG Augsburg Rpfleger 2009, 386.
37 Zu den Gründen für die Fassung: Baumbach/Hueck/*Fastrich*, § 9c Rn 7a.
38 Lutter/Hommelhoff/Bayer, § 9c Rn 17.

19 Die Schwierigkeiten der **Sachgründung** können nicht dadurch umgangen werden, dass Bareinlagen vereinbart werden und der Gesellschafter sodann Sachgüter auf die GmbH gegen Verrechnung oder gegen Wiederauszahlung bereits geleisteter Einlagen an die Gesellschaft veräußert.[39] Derartige Handlungen sind nach § 19 Abs. 4 GmbHG i.d.F. des MoMiG zwar nicht mehr rechtsgeschäftlich unwirksam; der Gesellschafter wird aber nicht von seiner Einlageverpflichtung befreit, diese ist mit anderen Worten nicht erbracht.[40] Die Annahme derartiger verschleierter Sachgründungen durch das Registergericht ist immer dann gerechtfertigt, wenn es erfährt, dass einer der Gesellschafter bereits ein Unternehmen mit dem Unternehmensgegenstand der GmbH betrieben hat. Ein Hinweis hierauf ergibt sich mitunter durch eine Voreintragung im Handelsregister A oder durch Eintragungen im Telefonbuch. Besteht der Verdacht, müssen ihn die Beteiligten ausräumen. Dies kann unter Umständen auch durch eine **Versicherung** erfolgen, dass nicht beabsichtigt sei, aus der entsprechenden Einzelunternehmung Anlage- oder Umlaufvermögen auf die GmbH durch Wiederauszahlung geleisteter Einlagen oder durch Verrechnung mit bisher nicht geleisteten Einlagen zu erbringen.[41]

20 Auch die **Übertragung eines Einzelunternehmens** eines Gesellschafters auf die GmbH schließt eine **Bargründung** nicht in jedem Fall aus. Die Übertragung darf jedoch nicht zur Zurückzahlung von Einlagen erfolgen, so dass eine Kaufvereinbarung denkbar ist, nach der der Kaufpreis nur aus erwirtschafteten Gewinnen erbracht wird.[42] Sie kann lauten: „Der Kaufpreis wird allein durch sich aus dem festgestellten Jahresabschluss ergebende Gewinne der Gesellschaft beglichen. Bis dahin ist er gestundet." Wird die Übertragung eines Unternehmens als Sacheinlage erbracht, kann vereinbart werden, dass der den Einlagebetrag übersteigende Wert als Gesellschafterdarlehn überlassen sein soll. Einer genauen Bezifferung des Darlehensbetrages bedarf es dabei nicht.[43] Zur Heilung einer unwirksamen Einbringung, gilt das zur verschleierten Sachkapitalerhöhung Gesagte entsprechend (siehe Rn 116). Die spätere Umwandlung einer noch offenen Bareinlage in eine Sacheinlage ist möglich, soweit im Rahmen der Umwandlung deren Anforderungen erfüllt werden.[44]

3. Checkliste

21
- Ergibt sich aus der abgegebenen Versicherung, dass die Voraussetzungen des § 7 Abs. 2 GmbHG eingehalten sind (siehe Rn 11)?
- Enthält die Versicherung die notwendigen Angaben zu Vorbelastungen (siehe Rn 13)?
- Ist die Versicherung über die Einlagen und die Vorbelastungen durch alle Geschäftsführer persönlich abgegeben worden (siehe Rn 12)?
- Ist ein vorgelegter Kontoauszug widerspruchsfrei (Konto erst nach der Gründung eröffnet und ohne Vorbelastungen; siehe Rn 14 f.)?
- Sind bei der Sachgründung die Sacheinlagen sachenrechtlich bestimmt im Gesellschaftsvertrag aufgeführt und liegen die notwendigen und zeitnahen Nachweise für ihre Werthaltigkeit vor (siehe Rn 17 f.)?
- Ist die Frage einer verschleierten Sachgründung geklärt worden (siehe Rn 19 f.)?
- Ist gegebenenfalls eine Versicherung über das Nichtvorliegen einer verschleierten Sachgründung eingeholt worden (siehe Rn 19)?
- Liegen die Unterlagen in elektronischer Form vor, § 8 Abs. 5 GmbHG (siehe § 32 Rn 31 f.)?

---

[39] Näher zur AG: BGH BB 2007, 458.
[40] Zur Anrechnung: BGH NJW 2010, 1948 = NZG 2010, 702.
[41] Ebenso *Gustavus*, A 91, S. 88; ähnlich LG Berlin, Beschl. v. 27.5.2003 – 102 T 25/03, n.v.
[42] AG Charlottenburg GmbHR 1996, 685.
[43] LG München, Beschl. v. 18.12.2003 – 17 HKT 21706/03, n.v.
[44] KG GmbHR 2005, 95 = Rpfleger 2005, 145 = NJW-RR 2005, 404; Baumbach/Hueck/*Fastrich*, § 5 Rn 53.

III. Probleme bei der Gestaltung des Gesellschaftsvertrages

1. Typischer Sachverhalt

Die neu gegründete GmbH soll die Firma „B@d-GmbH" führen, der Unternehmensgegenstand umfasst den Handel mit Badartikeln, aber auch den Badausbau. Nach dem Gesellschaftsvertrag hat die Gesellschaft den Jahresabschluss in Abweichung von § 264 Abs. 1 HGB binnen sechs Monaten aufzustellen. Eine weitere Regelung des Gesellschaftsvertrages sieht die Geltendmachung von Minderheitenrechten erst ab einer Beteiligung von 20% vor. **22**

2. Rechtliche Grundlagen
a) Prüfungsbefugnis und Prüfungsumfang des Registergerichts

Durch das Handelsrechtsreformgesetz vom 22.6.1998[45] ist die Prüfungsbefugnis des Registergerichts bei der Ersteintragung der GmbH durch die Aufnahme des § 9c Abs. 2 GmbHG eingeschränkt worden. Das Registergericht ist nun nicht mehr befugt, alle Regelungen des Gesellschaftsvertrags auf ihre Wirksamkeit hin zu untersuchen.[46] Eine Gesamtprüfung darf aber wegen der Regelung in § 9c Abs. 2 Nr. 3 GmbHG dann noch vorgenommen werden, wenn der Vertrag nicht über eine salvatorische Klausel verfügt.[47] Denn die Unwirksamkeit einer Regelung hat ohne eine derartige Klausel immer die Nichtigkeit des Vertrags zur Folge, weil nach § 139 BGB die Nichtigkeit eines Teils des Rechtsgeschäfts im Zweifel zu einer Gesamtunwirksamkeit des Rechtsgeschäfts führt. **23**

b) Firma[48]
aa) Namensfunktion

Nach §§ 9c Abs. 2 Nr. 1, 3 Abs. 1 Nr. 1 GmbHG verbleibt es aber weiter bei der Prüfung der ordnungsgemäßen Firmenbildung. Dabei ist nicht nur zu prüfen, ob die Firma den Gesellschaftszusatz nach § 4 GmbHG enthält. Das Gericht prüft weiter, ob die Firma überhaupt den Anforderungen des **§ 18 Abs. 1 HGB** gerecht wird. Insoweit ist zwar durch das Handelsrechtsreformgesetz vom 22.6.1998 eine Bindung an eine Personen- oder Sachfirma aufgegeben worden. Dies bedeutet aber nicht, dass dadurch jede Bezeichnung als Firma zulässig geworden ist. Nach wie vor als unzulässig werden **Allerweltsbezeichnungen**, insbesondere Gattungsbezeichnung in Alleinstellung,[49] anzusehen sein, weil diesen Begriffen keine **Namensfunktion** zukommt. Eine „B@d-GmbH" wird es unter diesem Aspekt demnach nach jetzigem Recht nicht geben, zum @ vgl. Rn 29. **Nicht aussprechbare Buchstabenkombinationen** ohne Verkehrsgeltung in Alleinstellung sind nach der neueren Rechtsprechung des BGH allerdings zugelassen.[50] Verschiedene Begriffe, die in Alleinstellung keine Namensfunktion haben, können die Namensfunktion aber durch eine Verbindung mit anderen Begriffen erhalten, wenn die Verbindung nicht wieder eine **24**

---

45 BGBl I, 1474.
46 Dies gilt allerdings nur bei der Ersteintragung. Bei späteren Satzungsänderungen spielt diese Einschränkung keine Rolle mehr. Dies ist insbesondere dann von Bedeutung, wenn bei der Satzungsänderung aus Bequemlichkeit der Gesellschaftsvertrag „insgesamt neu gefasst" wird, obwohl nicht alle Regelungen geändert werden.
47 Lutter/Hommelhoff/*Bayer*, § 9c Rn 13; Baumbach/Hueck/*Fastrich*, § 9c Rn 5. Zu den Wirkungen einer salvatorischen Klausel: BGH NJW 2010, 1660.
48 *Kögel*, Rpfleger 2000, 255; *Müther*, § 6 Rn 28 ff; *ders.*, Handelsrecht, § 8.
49 Lutter/Hommelhoff/*Bayer*, § 4 Rn 10; Baumbach/Hueck/*Fastrich*, § 4 Rn 6b; unzulässig: „Profi-Handwerker GmbH", vgl. BayObLG DB 2003, 2382; Grundbesitz AG, vgl. OLG Frankfurt Rpfleger 2005, 366.
50 BGH GmbHR 2009, 249 = NZG 2009, 192 = Rpfleger 2009, 154; Lutter/Hommelhoff/*Bayer*, § 4 Rn 15; vgl. auch BGHZ 145, 279 = NJW 2001, 1868 zu Abkürzungen in einer Firma als Unternehmenskennzeichen. A.A. *Müther*, GmbHR 1998, 1058, 1060.

allgemein gebräuchliche Wendung ergibt. Problematisch soll unter dem Aspekt der Unterscheidungskraft auch die Verwendung von Allerweltsnamen sein.[51] Dabei handelt es sich aber eher um ein Problem des § 30 HGB. Nach einer neueren Entscheidung des OLG München darf die auf die Gesellschaftsform hinweisende Abkürzung nicht durch weitere Zusätze verwässert werden (gGmbH).[52] Diese Auffassung widerspricht jedenfalls der bisherigen Praxis einer Vielzahl von Registergerichten und ist angesichts des allgemeinen Verständnisses der Bezeichnung gGmbH für ein gemeinnütziges Unternehmen nicht zwingend.[53]

bb) Irreführung[54]

25 Eingeschränkt worden ist die Prüfung des Registergerichts hinsichtlich der Frage der **Irreführung der Firmenbezeichnung**. Die Firma darf zwar keine Angaben enthalten, die geeignet sind, über die für die angesprochenen Verkehrskreise wesentlichen geschäftlichen Verhältnisse irrezuführen. Nach § 18 Abs. 2 S. 2 HGB darf eine Eignung zur Irreführung im Registerverfahren aber nur dann berücksichtigt werden, wenn sie auch ersichtlich ist. Damit sollen umfangreiche Beweisaufnahmen verhindert werden – ein weiterer Versuch, das Eintragungsverfahren zu beschleunigen. Eine Beanstandung im Registerverfahren kommt damit nur noch in besonders groben Fällen in Betracht. Nicht zu beanstanden sein wird unter diesem Aspekt, dass die Firma die Bezeichnung einer Person enthält, diese Person aber nicht Gesellschafter der GmbH ist.[55] Auch die Verwendung einer geographischen Angabe wird ohne besondere Zusätze unabhängig von der Art der Verwendung anders als früher nicht mehr auf eine besondere Stellung des Unternehmens am Markt hindeuten.[56] Anderes kann nur gelten, wenn diese Person eine allgemein bekannte Stellung einnimmt, die auch für den Verkehr von Bedeutung ist. Die Verwendung der Bezeichnung Bau ist auch dann nicht zu beanstanden, wenn der Unternehmensgegenstand „Durchführung von Akustik- und Trockenbauarbeiten" ist.[57] Selbst ohne Beanstandung durch das Registergericht kann die Firma jedoch noch von anderer Seite angegriffen werden;[58] dies gilt es bei der Firmenwahl stets zu beachten.

cc) § 30 HGB

26 Von besonderer Bedeutung im Rahmen der Firmenprüfung ist die deutliche **Unterscheidbarkeit** der im Register eingetragenen Firmen. Die Regelung in § 30 HGB erfasst dabei nicht nur Gleichnamige. Auch eine zu starke Annäherung an eine andere Firma kann die gewählte Firma zu Fall bringen. Im Rahmen der Prüfung ist dabei zu beachten, dass der Gesellschaftsformzusatz keine Unterscheidbarkeit herbeiführt.[59] Die Firma „ABC-Bad GmbH" muss daher beanstandet werden, wenn bereits eine gleichnamige OHG im Register eingetragen ist. Diese Problematik wird auch häufiger bei der Firmenbildung einer KG und ihrer Komplementär-GmbH übersehen (siehe § 35 Rn 45). Die Regelung greift überdies auch bei Firmengruppen ein. Denn § 30 HGB be-

---

[51] Baumbach/Hueck/*Fastrich*, § 4 Rn 6b; *Koller/Roth/Morck*, § 18 Rn 4.
[52] OLG München Rpfleger 2007, 150.
[53] Bei Verwendung der Abkürzung wird regelmäßig eine Bestätigung des Finanzamtes über die Gemeinnützigkeit verlangt.
[54] Beispiele bei *Müther*, § 6 Rn 30.
[55] Vgl. OLG Oldenburg BB 2001, 1373; LG Frankfurt GmbHR 2002, 967; OLG Jena NZG 2010, 1354; sogar zur GmbH & Co KG: OLG Karlsruhe MDR 2010, 1130 = RNotZ 2010, 482.
[56] OLG München FGPrax 2010, 206 = Rpfleger 2010, 515. Zu beanstanden aber geographische Bezeichnung im Zusammenhang mit dem Begriff „Fahrzeugwerk", OLG Jena NZG 2011, 1191 = MDR 2011, 1304.
[57] KG Rpfleger 2010, 28.
[58] Vgl. *Müther*, Handelsrecht, § 8 Rn 29.
[59] BGHZ 46, 7, 12 = NJW 1966, 1813.

zweckt nicht nur den Schutz des Eingetragenen; vielmehr soll auch der Verkehr vor vermeidbaren Verwechslungen geschützt werden.[60] Eine Firma „Alltreus GmbH" kann deshalb neben einer „Alltreus Vermögensverwaltungs-GmbH" und einer „Alltreus-Bau GmbH" keinen Bestand haben, weil der Verkehr dazu neigt, Firmenbezeichnungen zu verkürzen. Allerdings hat die Liberalisierung des Firmenrechts dazu geführt, dass eine nähere Auseinandersetzung des Verkehrs mit der Firma stattfindet, so dass eine Durchnummerierung zur Unterscheidbarkeit ausreichen soll.[61] Für die Anwendung des § 30 HGB gilt das **Prioritätsprinzip**: Sind die konkurrierenden Firmen beide noch nicht in das Register eingetreten, entscheidet der Zeitpunkt des Eingangs der Anmeldung.[62]

dd) Firmentausch

Unzulässig ist der sog. **Firmentausch**. Danach nimmt eine Gesellschaft die Firma einer bereits 27 einmal im gleichen Register eingetragenen Firma an, ohne dass die Voraussetzungen des § 23 HGB vorliegen. Geschieht dies innerhalb einer Sperrfrist von sechs Monaten nach der Löschung der Firma zugunsten der ersten Gesellschaft, ist die Firma aus § 30 HGB zu beanstanden.[63]

ee) Bezeichnung „Partner" und andere Bezeichnungen

Für eine Verwendung in einer GmbH-Firma gesperrt ist die **Bezeichnung „Partner"**. Denn diese 28 ist nach § 11 Abs. 1 PartGG allein den Partnerschaften vorbehalten.[64] Sie darf zwar in einer Übergangszeit noch in Alt-Firmen verwendet werden. Dieser Bestandsschutz entfällt aber mit der Änderung der Firma.[65] Ist eine neue GmbH-Firma unzulässig mit dem Bestandteil „Partner" eingetragen, kann dagegen vorgegangen werden, weil der Gesellschaft kein Vertrauensschutz zukommt.[66] Ähnlich gesperrt ist in verschiedenen Bundesländern der Begriff Architekt.[67] Bei der RA-GmbH ist § 59k BRAO zu beachten.[68] Geschützt sind u.a. nach § 4 Abs. 1 S. 1 VAG auch die Bezeichnungen Versicherung, Versicherer und Assekuranz.[69]

ff) Sonderzeichen u.ä.

Heftig wird auch die Frage diskutiert, inwieweit **Sonderzeichen** in die Firma aufgenommen 29 werden können. Tatsächlich handelt es sich dabei aber gar nicht um ein firmenrechtliches Problem. Denn Sonderzeichen können als **Bildzeichen** nicht Bestandteil einer Firma sein, weil die Firma lediglich der sprachlichen Unterscheidung dient. Auch wenn die moderne Technik dem Registergericht jede noch so exotische Schreibweise einer Firma ermöglicht, kann etwa das **@-Zeichen nicht Teil einer Firma** sein.[70] Die Frage wird aber weiter intensiv

---

[60] BGHZ 46, 7, 12 = NJW 1966, 1813.
[61] LG Berlin, Beschl. v. 25.10.2005 – 102 T 102/05, n.v.
[62] *Koller/Roth/Morck*, § 30 Rn 4; Baumbach/Hopt, § 30 Rn 6.
[63] OLG Hamburg OLGR 1987, 191.
[64] So jetzt BGHZ 135, 257 = GmbHR 1997, 644 = NJW 1997, 1854; dies gilt auch, wenn nur die Unternehmensstrategie bezeichnet werden soll (Beispiel: Brandware Partners, vgl. dazu KG NJW-RR 2004, 976 = GmbHR 2004, 1024.
[65] OLG Stuttgart Rpfleger 2000, 336.
[66] SchlHOLG Rpfleger 2000, 278; ebenso aber Ermessen: OLG Frankfurt OLGR 2006, 202; a.A., wenn der Firmenkern nicht geändert wird: BayObLG MDR 2003, 582.
[67] OLG Frankfurt Rpfleger 2000, 219 = OLGR 2000, 95; OLG Düsseldorf OLGR 1996, 81.
[68] Vgl. dazu auch BGH BB 2004, 512 = NJW 2004, 1099.
[69] Vgl. dazu OLG München Rpfleger 2005, 608.
[70] BayObLG GmbHR 2001, 476; LG München BB 2001, 854; LG Berlin, Beschl. v. 20.3.2000 – 98 T 9/00, n.v.; *Müther*, GmbHR 1998, 1058, 1059.

diskutiert,[71] so dass jedenfalls mit einer Beanstandung durch das Registergericht gerechnet werden muss. Da die Schriftweise durch das Registergericht bestimmt wird, hat die Gesellschaft auch keinen Einfluss darauf, in welcher Weise die Firma im Handelsregister wiedergegeben wird. Ein Unterschied in der Schreibweise (z.B. bei ausschließlicher Verwendung von Großbuchstaben o.ä.)[72] bedeutet also nicht, dass die Gesellschaft im Geschäftsverkehr mit einer anderen Schreibweise auftritt. Denn ebenso wie das Registergericht nicht an die Schreibweise der Firma durch die Gesellschaft gebunden ist, bindet die Schreibweise des Registergerichts die Gesellschaft nicht. Eine **Änderung der Schreibweise von Groß- zur Kleinschreibung oder umgekehrt** stellt demnach auch keine Satzungsänderung dar.[73]

c) Sitz und inländische Geschäftsanschrift

30 Neben der Firma hat das Registergericht nach § 9c Abs. 2 Nr. 1 GmbHG i.V.m. § 3 Abs. 1 Nr. 1 GmbHG auch die Sitzbegründung zu überprüfen. Insoweit hat allerdings das MoMiG wesentliche Änderungen gebracht. Es bedarf keiner **Sitzbegründung am Betriebsort bzw. am Ort der Geschäftsleitung oder Verwaltung**[74] mehr, wie dies nach § 4 Abs. 2 GmbHG aF erforderlich war. Der Gesetzgeber hat auch nicht auf die vor dem In-Kraft-Treten des Handelsrechtsreformgesetzes geltende Regelung über den Sitz zurückgegriffen,[75] sondern lässt es ausreichend sein, wenn in der Satzung ein Ort im Inland bestimmt wird.

31 Mit dieser Neufassung soll den Gesellschaften gerade ermöglicht werden, den tatsächlichen Betriebsort oder den Ort der Geschäftsleitung oder Verwaltung an einem anderen Ort als dem Satzungssitz zu betreiben.[76] Vor allem soll der tatsächliche Sitz auch im Ausland liegen können. Diese begrüßenswerte Regelung, die die Wettbewerbsfähigkeit der Gesellschaftsformen GmbH und AktG erhöhen soll, bedeutet die Einführung der sog. Gründungstheorie für diese Gesellschaftsformen.[77] Damit wird eine – durchaus beabsichtigte – rechtliche Gleichstellung mit Gesellschaftsformen wie der englischen Ltd. hergestellt. Auch wenn die Gesellschaften tatsächlich nicht in Deutschland ansässig sind, ist ihre rechtliche Wirksamkeit anzuerkennen. Das Registergericht hat insoweit allein zu prüfen, ob der in der Satzung benannte Sitz im Inland liegt.

32 Um aber gleichwohl eine Erreichbarkeit der Gesellschaft zu gewährleisten, muss mit der Anmeldung nunmehr eine inländische Geschäftsanschrift angegeben werden (§ 8 Abs. 4 Nr. 1 GmbHG. Diese inländische Geschäftsanschrift wird in das Handelsregister eingetragen, § 10 Abs. 1 S. 1 GmbHG. Zusätzlich kann auch eine Person mit inländischer Anschrift benannt werden, die für Willenserklärungen und Zustellungen an die Gesellschaft empfangsberechtigt ist. Auch diese Angaben werden in das Register eingetragen. Um die Gesellschaft anzuhalten, über die benannte Anschrift bzw. Person auch erreichbar zu sein, bestimmt § 15a HGB, dass bei einem Fehlschlagen von Zustellungen die öffentliche Zustellung zulässig sein soll. Die Verpflichtung zur Eintragung einer inländischen Geschäftsanschrift besteht grundsätzlich auch für Altgesell-

---

71 Befürwortend jetzt: LG Berlin NZG 2004, 532; *Lutter/Hommelhoff/Bayer*, § 4 Rn 19; Baumbach/Hueck/*Fastrich*, § 4 Rn 6b.
72 Dazu OLG München Rpfleger 2011, 91 = Mitt BayNot 2010, 489.
73 KG BB 2000, 1957; LG Berlin, Beschl. v. 26.5.2000 – 98 T 14/00, n.v.; nach *Melchior/Schulte/Schneider*, § 27 Rn 6, muss aber Rücksicht auf die Bedürfnisse der Gesellschaft genommen werden.
74 Der Ort darf nicht nur untergeordnete Bedeutung haben: LG Memmingen Rpfleger 2002, 157. Ein Beschl. über die Änderung der Satzung unter Missachtung des § 4a GmbHG ist nach § 243 Nr. 3 AktG nichtig: LG Berlin, Beschl. v. 28.1.2003 – 102 T 132/02, n.v.; Beschl. v. 9.8.2005 – 102 T 72/05, n.v.
75 Vgl. *Müther*, BB 1996, 2210 ff.
76 Problematisch könnte dies bei Gerichtsstandsbestimmungen in AGB sein, vgl. dazu *Müther*, Handelsrecht, § 17 Rn 21.
77 Näher und auch zur bisher für deutsche Gesellschaften geltenden Sitztheorie: Baumbach/Hueck/*Fastrich*, Einl., Rn 59 ff.; Palandt/*Thorn*, Anh. Art 12 EGBGB Rn 1 ff.

schaften. Insoweit wird aber zunächst auf die nach § 24 Abs. 2 HRV angegebene Anschrift zurückgegriffen. Ist eine solche Anschrift vorhanden, besteht für Altgesellschaften keine Anmeldepflicht.[78] Wegen der Einzelheiten, vgl. § 3 Abs. 1 EGGmbHG.

d) Unternehmensgegenstand

Besondere Bedeutung gerade im Eintragungsverfahren kommt der Fassung des Gesellschaftsgegenstandes[79] zu. Dieser entscheidet zwar nicht mehr darüber, ob die Gesellschaft mit der Anmeldung eine **Genehmigung** oder **Vorabbescheinigung**[80] über die öffentlich-rechtliche Befugnis zur Ausübung des Unternehmensgegenstandes vorzulegen hat. Es gilt vielmehr § 7 HGB. Denn diese Regelung ist zur Beschleunigung des Registerverfahrens aufgehoben worden, was allerdings nichts daran ändert, dass entsprechende Genehmigungen gleichwohl erforderlich sind. 33

Der Unternehmensgegenstand muss aber weiter auch für den Verkehr **ausreichend informativ gefasst** sein.[81] Dies ist durch das Registergericht zu prüfen. Damit scheiden alle Gegenstandsfassungen aus und sind zu beanstanden, die einfach nur Gesetzesbestimmungen in Bezug nehmen.[82] Aus dem gleichen Grund (fehlende Informativität) sind daher Fassungen wie „Befugnis zu allen Geschäften und Rechtshandlungen, die dem Zweck der Gesellschaft dienlich sind", „jegliche kaufmännische Tätigkeit", „Produktion von Waren aller Art", „Handel mit Waren aller Art" und „Betrieb von Handelsgeschäften" unzulässig[83] und zu beanstanden,[84] soweit diese Angaben nicht durch weitere Angaben konkretisiert werden. Ob bei einer **Komplementär-GmbH** der Hinweis auf die Komplementärstellung im Unternehmensgegenstand ausreicht[85] oder ob insoweit auch der Gegenstand der KG angegeben werden muss, ist umstritten.[86] 34

Für die **Aktiengesellschaft** hat der BGH[87] schließlich entschieden, dass die Bestimmung eines **fiktiven Unternehmensgegenstandes** unwirksam ist und damit auch im Eintragungsverfahren zu beanstanden wäre. Ob die den Unternehmensgegenstand bildende Tätigkeit tatsächlich gar nicht ausgeübt werden soll, lässt sich jedoch bei der Ersteintragung regelmäßig nicht feststellen, weil die Gesellschaft nicht zu einer Tätigkeitsaufnahme vor der Eintragung verpflichtet ist. 35

Größere Bedeutung hat diese auch für die GmbH geltende Rechtsprechung daher bei der sog. Mantelverwertung. Sie wird dort näher ausgeführt (siehe Rn 99). Mit der genannten BGH-Entscheidung ist jedenfalls die sog. **offene Vorratsgründung** („Verwaltung eigenen Vermögens") gebilligt worden. 36

e) Stammkapital und Stammeinlagen

Wenig Schwierigkeiten bereitet die Festlegung der Stammkapitalziffer. Die entsprechende Angabe in Höhe von mindestens 25.000 EUR (§ 3 Abs. 1 Nr. 3 GmbHG) ist allgemein bekannt. Sie ist durch das MoMiG entgegen verschiedenen Vorschlägen nicht geändert worden. Geändert wur- 37

---

78 OLG München Rpfleger 2009, 236.
79 Insoweit ist auch sprachliche Disziplin dienlich. Häufig wird der Gegenstand auch als Zweck bezeichnet, obwohl damit nach der gesetzlichen Konzeption (auch) anderes gemeint ist, vgl. *Lutter/Hommelhoff/Bayer*, § 1 Rn 2 ff.; *Roth/Altmeppen*, § 3 Rn 9f.
80 Derartige Bescheinigungen werden ausgestellt, wenn die Erteilung der Genehmigung die Eintragung der Gesellschaft voraussetzt, vgl. etwa § 15 Abs. 4 S. 2 GüKG.
81 BayObLG DB 1993, 2225; OLG Düsseldorf NZG 2010, 1352 = Rpfleger 2011, 212.
82 Sehr häufig bei Gesellschaften, die die Steuerberatung zum Gegenstand haben.
83 Scholz/*Emmerich*, § 3 Rn 16; *Lutter/Hommelhoff/Bayer*, § 3 Rn 7; *Ulbert*, S. 66 f.
84 *Lutter/Hommelhoff/Bayer*, § 3 Rn 7; Baumbach/Hueck/*Fastrich*, § 3 Rn 10.
85 So nun jedenfalls BayObLG GmbHR 1995, 722 = NJW-RR 1996, 413; GmbHR 1996, 360; noch strenger BayObLG GmbHR 1976, 38.
86 Scholz/*Emmerich*, § 3 Rn 17; *Lutter/Hommelhoff/Bayer*, § 3 Rn 7; *Roth/Altmeppen*, § 3 Rn 6.
87 BGHZ 117, 323 = GmbHR 1992, 451 = NJW 1992, 1824; nun auch BayObLG Rpfleger 2000, 458, 459.

den aber die Regelungen über die Stammeinlagen und Geschäftsanteile: Es gibt keine Mindesteinlage mehr. Erforderlich ist lediglich ein auf volle EUR lautender Betrag; darüber hinaus kann jeder Gesellschafter mehre Geschäftsanteile übernehmen (§ 5 Abs. 2 GmbHG). Die Summe der Stammeinlagen muss bei der Gründung der Stammkapitalziffer entsprechen.[88]

f) Gründerangabe

38 Aus der Notwendigkeit der Angabe der Stammeinlagen nach § 3 Abs. 1 Nr. 4 GmbHG ergibt sich auch, dass die **Übernehmer** dieser Einlagen **angegeben** werden müssen.[89] Lediglich bei der Ein-Personen-Gründung wurde die Auffassung vertreten, dass die Angabe des Gründers im Gesellschaftsvertrag entfallen könne, weil dieser ohnehin zur Eintragung die Volleinzahlung der Einlage zu bewirken habe und keine Verwirrung hinsichtlich der Aufteilung der Einlagen entstehen könne.[90] Davon abgesehen, dass eine solche Verpflichtung nicht mehr besteht, folgt auch aus der umfassenden Einsichtsmöglichkeit durch das Internet ein Bedürfnis für eine einheitliche Handhabung dahin, dass die Gründer stets im Vertrag benannt werden. Zum Wegfall der Angaben nach der Eintragung, siehe Rn 96.

39 Die Angaben zu den Gründern müssen **klar und eindeutig** sowie zutreffend sein, was bei ausländischen Gesellschaften eine Rolle spielen kann (siehe Rn 7). BGB-Gesellschaften[91] etwa werden entsprechend § 162 Abs. 1 S. 2 HGB durch die Angabe über die Gesellschafter identifiziert.

40 Mit der Gründerangabe im Gesellschaftsvertrag verbunden ist die Frage, wie ein **Gesellschafterwechsel vor der Ersteintragung** vorzunehmen ist. Die Vor-GmbH ist zwar voll handlungsfähig, so dass die Regelungen des GmbH-Rechts in weiten Teilen bereits Anwendung finden.[92] Dies gilt aber nicht für die Vorschriften, die die Rechtsfähigkeit oder die Eintragung der Gesellschaft voraussetzen. Aus diesem Grund kommt eine Abtretung der Geschäftsanteile vor der Eintragung der Gesellschaft nach § 15 Abs. 3 GmbHG nicht in Betracht, weil Geschäftsanteile nach § 14 GmbHG erst mit der Eintragung entstehen.[93] Möglich ist nur eine auf den Eintragungszeitpunkt bezogene Abtretung zukünftiger Geschäftsanteile. Ein Gesellschafterwechsel vor der Eintragung der Gesellschaft kann sich daher nur durch eine **Vertragsänderung nach § 2 GmbHG** vollziehen, d.h. unter Mitwirkung aller Gründer und unter Änderung des Gesellschaftsvertrags erfolgen.[94]

g) Sonstige Satzungsbestimmungen
aa) Prüfungsumfang

41 Die Neufassung des § 9c GmbHG durch das Handelsrechtsreformgesetz vom 22.6.1998 schränkt die Prüfungsbefugnis des Registergerichts in Bezug auf den Gesellschaftsvertrag ein, es schließt sie aber nicht vollständig aus. Soweit eine salvatorische Klausel im Gesellschaftsvertrag vorhanden ist, kommt eine Beanstandung wegen anderer als der in § 9c Abs. 2 Nr. 1 GmbHG genannten Regelungen nur unter den Voraussetzungen des § 9c Abs. 2 Nr. 2 GmbHG in Betracht (siehe Rn 23). Danach sind nur die Regelungen zu beanstanden, die gegen **Gläubigerschutzvorschrif-**

---

[88] Im Falle einer wirksamen Einziehung kann später die Stammkapitalziffer um den Nennwert des eingezogenen Geschäftsanteils größer sein, weil dieser mit der Einziehung untergeht, vgl. Scholz/*Westermann*, § 34 Rn 62 f.
[89] OLG Hamm GmbHR 1986, 311 = NJW 1987, 263.
[90] A.A. Baumbach/Hueck/*Fastrich*, § 3 Rn 16; wohl auch *Lutter/Hommelhoff/Bayer*, § 3 Rn 31.
[91] Diese kann Gründerin einer GmbH sein, BGHZ 78, 311, 316 f. = GmbHR 1981, 188 = NJW 1981, 682.
[92] Baumbach/Hueck/*Fastrich*, § 11 Rn 6; Scholz/*K. Schmidt*, § 11 Rn 39; *Lutter/Hommelhoff/Bayer*, § 11 Rn 5.
[93] BGH GmbHR 1997, 405 = NJW-RR 1997, 1507; OLG Frankfurt GmbHR 1997, 896; *Müther*, GmbHR 2000, 966, 968.
[94] BGHZ 15, 204, 206 = GmbHR 1955, 27 = NJW 1955, 219; 21, 242, 246 = GmbHR 1956, 139 = NJW 1956, 1435; BGHZ 29, 300, 303 = GmbHR 1959, 149 = NJW 1959, 934; *Müther*, GmbHR 2000, 966, 968.

ten oder **sonstige im öffentlichen Interesse bestehende Vorschriften** verstoßen. Die Vorschrift ist in Anlehnung an die Regelung des § 241 Nr. 3 AktG gefasst worden. Nicht beanstandete Ursprungsfehler werden entsprechend § 242 Abs. 2 AktG geheilt.[95]

bb) Gläubigerschutzvorschriften

Eine derartige gläubigerschützende Vorschrift, die sich in Satzungsregelungen niederschlagen kann, stellt etwa die Vorschrift des § 264 Abs. 1 S. 3 HGB über die **Aufstellungsfrist für den Jahresabschluss** dar. Diese Aufstellungsfrist kann nach § 264 Abs. 1 S. 4 HGB nur in besonderen Fällen über die üblichen drei Monate hinaus verlängert werden. Die Regelung ist zwingend. Wird eine Frist im Gesellschaftsvertrag genannt, müssen die gesetzlichen Voraussetzungen im Gesellschaftsvertrag eingehalten werden.[96] Da dies im Ausgangsfall nicht geschehen ist, haben die Beteiligten mit einer Beanstandung durch das Registergericht zu rechnen.

42

Ebenso als gläubigerschützend wird das Verbot anzusehen sein, dass in Bezug auf die **Höhe des Auseinandersetzungsguthabens** bei der Einziehung eines Geschäftsanteils danach differenziert wird, ob der Betrag dem (ehemaligen) Gesellschafter oder einem seiner Gläubiger zufällt.[97]

43

Schließlich werden unter den Gesichtspunkt des Gläubigerschutzes auch solche Regelungen fallen, die zu einer Information der Gläubiger führen sollen. Dies gilt einmal für die Verpflichtung der Gesellschaft, die **Gründungskosten** zu tragen. Eine solche Verpflichtung ist, wenn sie wirksam sein soll, in entsprechender Anwendung des § 26 Abs. 2 AktG in den Gesellschaftsvertrag aufzunehmen. Im Vertrag sind dabei die Gründungsgesamtkosten im geschätzten Umfang anzugeben.[98] Zum anderen sind die Regelungen über die Gesellschaftsblätter (§ 12 S. 2 und 3 GmbHG) darauf hin zu prüfen, ob sie eindeutig sind. Denn mit der Bestimmung der Gesellschaftsblätter werden auch die Gläubiger betroffen, weil in diesen Blättern etwa die Gläubigeraufrufe nach den §§ 30 Abs. 2 S. 2, 52 Abs. 2 S. 2, 58 Abs. 1 Nr. 1, 65 Abs. 2 S. 2, 73 Abs. 1 und 75 Abs. 2 GmbHG bekannt zu machen sind.

44

cc) Im öffentlichen Interesse bestehende Vorschriften

Fraglich ist, was unter dem **Begriff des öffentlichen Interesses** im Sinne des § 9c Abs. 2 Nr. 2 GmbHG zu verstehen ist.[99] Interpretiert man diese Vorschrift nahe liegender weise entsprechend dem § 241 Nr. 3 AktG, ist der Begriff weit auszulegen.[100] Dies führt im Aktienrecht dazu, dass jeder Verstoß gegen eine zwingende Vorschrift des Aktienrechts unter die genannte Regelung fällt. Übertragen auf das GmbH-Recht heißt dies, dass dadurch jedenfalls Verstöße gegen die Eckpfeiler des GmbH-Rechts erfasst werden. Als ein solcher Eckpfeiler ist etwa der **Minderheitenschutz** anzusehen. So ist die Regelung in § 50 GmbHG, nach der Gesellschafter mit Anteilen von mindestens 10% die Einberufung einer Gesellschafterversammlung verlangen und unter weiteren Voraussetzungen diese selbst einberufen können, als zwingend anzusehen.[101] Eine Beschränkung dieser Rechte ist damit unzulässig und zu beanstanden.

45

---

95 BGHZ 144, 365 = GmbHR 2000, 822 = NJW 2000, 2819.
96 BayObLG GmbHR 1987, 391 = BB 1987, 869; *Koller/Roth/Morck*, § 264 Rn 5.
97 BGHZ 65, 22 = GmbHR 1975, 227 = NJW 1975, 1835; BGHZ 116, 359, 374 = GmbHR 1992, 257 = NJW 1992, 892; *Scholz/Westermann*, § 34 Rn 30.
98 BGHZ 107, 1 = GmbHR 1989, 250 = NJW 1989, 1610; LG Berlin, Beschl. v. 16.9.1999 – 98 T 54/99, n.v.; keine Gründungskosten sind die Geschäftsführergehälter: BGH BB 2004, 1585 zur AG.
99 Dazu auch *Müther*, Berliner AnwBl 1999, 94 ff.
100 Vgl. *Hüffer*, § 241 Rn 18.
101 *Lutter/Hommelhoff/Bayer*, § 50 Rn 4; *Roth/Altmeppen*, § 50 Rn 4.

46 Ebenso wird auch eine Regelung zu beanstanden sein, welche die Erhebung einer **Auflösungsklage** zu einem Grund für die Zwangseinziehung eines Geschäftsanteils macht.[102] Denn mit der Auflösungsklage wird einem Gesellschafter gerade die Berechtigung eingeräumt, die werbende Tätigkeit der Gesellschaft zu beenden. Dem können die anderen Gesellschafter nicht durch die Einziehung zuvorkommen.

47 Ähnlich bedeutsam wird die Geltung einer **Frist zur Anfechtung von Gesellschafterbeschlüssen** von mindestens einem Monat[103] sein, so dass entgegenstehende gesellschaftsvertragliche Regelungen auch im Eintragungsverfahren beanstandet werden dürfen. Bisher wurde auch der Ausschluss der Vereinbarung eines Schiedsgerichts zur Entscheidung über die Wirksamkeit von Gesellschafterbeschlüssen als per se unwirksam angesehen.[104] Diese Rechtsprechung hat der Bundesgerichtshof aufgegeben.[105] Eine Schiedsvereinbarung soll danach möglich und gültig sein, wenn bestimmte rechtsstaatliche Mindestanforderungen gewahrt sind.[106] Soweit im Gesellschaftsvertrag daher nur auf eine zu treffende oder außerhalb des Vertrages getroffene Schiedsabrede Bezug genommen wird, kommt daher eine Beanstandung durch das Registergericht nicht mehr in Betracht. Schon die Trennung der Regelungen vom Vertrag weisen darauf hin, dass ihre – mögliche – Unwirksamkeit keinen Einfluss auf die Wirksamkeit des Gesellschaftsvertrages haben sollen.

h) Satzungsänderung vor der Eintragung

48 Die Satzungsänderung vor der Eintragung der Gesellschaft in das Handelsregister unterfällt nicht den Regelungen der §§ 53 ff. GmbHG. Notwendig ist vielmehr eine **Vertragsänderung** in der Form des § 2 GmbHG.[107] Gleichwohl ist mit der Neufassung eine geänderte Satzung mit der Bescheinigung nach § 54 Abs. 1 S. 2 GmbHG einzureichen.[108] Soweit mit der Änderung nicht auch eine Änderung der Versicherungen nach § 8 Abs. 2 und 3 GmbHG verbunden ist, ist die Änderung nicht förmlich anzumelden.[109]

49 Entsprechend ist auch eine **Änderung der Stammkapitalziffer** zu behandeln. Diese erfolgt durch eine Vertragsänderung nach § 2 GmbHG, die Einlageleistungen und die Versicherung nach § 8 Abs. 2 GmbHG sind, soweit notwendig, den Veränderungen anzupassen.

3. Gründung im vereinfachten Verfahren nach § 2 Abs. 1a GmbHG

50 Mit dem MoMiG ist die Möglichkeit eingeführt worden, eine GmbH-Gründung im vereinfachten Verfahren vorzunehmen. Sie dient der Beschleunigung des Eintragungsverfahrens indem die Gründung nur in bestimmten Konstellationen mit einem vorgegebenen Inhalt des Gesellschaftsvertrages für zulässig erklärt worden ist.[110] Erste Bestrebungen, die Gründung auch von der Mitwirkung durch einen Notar unabhängig zu machen, sind aufgegeben worden. Auch die Gründung einer GmbH im vereinfachten Verfahren nach § 2 Abs. 1a GmbHG unterliegt hinsichtlich des Vertragsschlusses und der Anmeldung den gleichen Formanforderungen wie jede andere Gründung.

---

102 BayObLG GmbHR 1979, 61; LG Berlin, Beschl. v. 28.10.1997 – 98 T 85/97, n.v.; *Lutter/Hommelhoff/Kleindiek*, § 61 Rn 2; Baumbach/Hueck/*Haas*, § 61 Rn 3. Anderer Ansicht nun: OLG München DNotZ 2010, 937 = MDR 2010, 1336.
103 BGHZ 104, 66 = GmbHR 1988, 304 = NJW 1988, 1844.
104 BGHZ 132, 278 = GmbHR 1996, 437 = NJW 1996, 1753.
105 BGH ZIP 2009, 1003 = DB 2009, 1171.
106 Vgl. dazu Baumbach/Hueck/*Zöllner*, Anh § 47 Rn 36; *Lutter/Hommelhoff/Bayer*, Anh § 47 Rn 95 ff.
107 OLG Köln GmbHR 1995, 725; Scholz/*Emmerich*, § 2 Rn 21; Baumbach/Hueck/*Zöllner*, § 53 Rn 82; *Ulbert*, S. 96.
108 OLG Zweibrücken BB 2000, 2171; OLG Hamm GmbHR 1986, 311; BayObLG DB 1988, 183.
109 OLG Zweibrücken BB 2000, 2171; BayObLG DB 1978, 880.
110 Vgl. dazu *Lutter/Hommelhoff/Bayer*, § 2 Rn 36.

Die Gründung muss entsprechend den dem GmbHG beigefügten Musterprotokollen erfol- 51
gen. Sie kommt dabei nur bei der Einpersonengründung oder bei einer Mehrpersonengründung
mit bis zu drei Gesellschaftern in Betracht. Gesellschafter können natürliche und juristische Personen. Ob dies auch für rechtfähige Gesamthandsgemeinschaften gilt, ist umstritten.[111] Die Anzahl der Geschäftsführer bei der Gründung ist auf einen begrenzt.[112] Diesem ist eine Befreiung von den Beschränkungen des § 181 BGB erteilt, die allerdings bei der späteren Bestellung weiterer Geschäftsführer oder der Bestellung eines anderen alleinigen Geschäftsführers erlischt.[113] Die Alleinvertretungsbefugnis des Gesellschafters beruht allein darauf, dass er einziger Geschäftsführer ist.[114] Es dürfen keine abweichenden Satzungsregelungen getroffen werden.[115] Liegen solche Änderungen vor, kommt eine Gründung unter Verwendung des Musterprotokolls nicht mehr in Betracht; es bedarf also etwa einer getrennten Gesellschafterliste.[116] Diese Grundsätze gelten auch, wenn etwa die Zahl der Geschäftsführer oder Gesellschafter überschritten wird. Die Übernahme der Gründungskosten durch die Gesellschaft ist bei der Gründung im vereinfachten Verfahren auf 300 EUR begrenzt. Eine Sachgründung scheidet aus. Für die Bestimmung der Firma und des Unternehmensgegenstandes gelten die allgemeinen Anforderungen. Eine Vorgabe bezüglich der Anmeldung ist nicht erfolgt. Es ist fraglich, ob die Gründung im vereinfachten Verfahren tatsächlich zu einer erheblichen Verkürzung des Eintragungsverfahrens führt. Denn Firma und Unternehmensgegenstand sind weiterhin durch das Registergericht uneingeschränkt zu prüfen. Gegeben ist aber eine Kostenprivilegierung (§ 41d KostO).

IV. Die Unternehmergesellschaft

Statt der zunächst beabsichtigten Herabsetzung des Mindeststammkapitalsbetrages hat der Ge- 52
setzgeber mit dem MoMiG in § 5a GmbHG die sog. Unternehmergesellschaft eingeführt. Diese stellt eine besondere Form der GmbH dar. Für sie gilt die Regelung in § 5 Abs. 1 GmbHG nicht. Sie kann daher im Fall der Gründung mit einem Gesellschafter auch ein Stammkapital von einem EUR aufweisen. Möglich ist allerdings nur eine Bargründung (§ 5a Abs. 2 S. 2 GmbHG).[117] Die Einlage ist stets vor der Eintragung zu erbringen. Die Gesellschaft ist in Abweichung zu § 4 GmbHG nicht mit dem Zusatz GmbH, sondern mit der Bezeichnung „Unternehmergesellschaft (haftungsbeschränkt)" oder „UG (haftungsbeschränkt)" zu versehen. Im Übrigen gelten aber für die Gründung und die Gestaltung des Gesellschaftsvertrages die allgemeinen Regeln. Die Gründung bedarf daher auch hier der notariellen Form. Die Fassung des Gesellschaftsvertrags unterliegt der Prüfung nach § 9c GmbHG. Die Unternehmergesellschaft kann auch im vereinfachten Verfahren nach § 2 Abs. 1a GmbHG (vgl. dazu Rn 50) gegründet werden.[118]

Ein bedeutsamer Unterschied zur regulären GmbH besteht in der Verpflichtung zur Bildung 53
einer gesetzlichen Rücklage (vgl. § 5a Abs. 3 GmbHG), die dazu führen soll, dass die Gesellschaft irgendwann über das Mindeststammkapital von 25.000 EUR verfügt. Wird diese Ziffer tatsäch-

---

111 Vgl. dazu *Lutter/Hommelhoff/Bayer*, § 2 Rn 39.
112 Eine spätere Bestellung weiterer Geschäftsführer ist ohne weiteres möglich, OLG Rostock DNotZ 2011, 308.
113 OLG Stuttgart Rpfleger 2009, 568. Dies ist bei der Anmeldung der allgemeinen und der konkreten Vertretungsbefugnis zu berücksichtigen.
114 OLG Hamm NZG 2011, 705.
115 OLG München NZG 2010, 795. Keine relevante Änderung liegt aber vor, bei Änderung der Zeichensetzung Wortwahl oder Satzstellung: OLG München NZG 2011, 29.
116 OLG München NZG 2010, 795.
117 Zu den Folgen einer Sachgründung: *Roth/Altmeppen*, § 5a Rn 19; das Bargründungsgebot schließt auch die Gründung durch Abspaltung aus, BGH NJW 2011, 1883 = NZG 2011, 666. Eine Sacheinlage ist aber für eine spätere Kapitalerhöhung möglich, wenn diese den Betrag von 25.000 EUR erreicht, BGH NJW 2011, 1881 = NZG 2011, 664.
118 Vgl. OLG Stuttgart Rpfleger 2009, 568.

lich erreicht, ist die Umwandlung in eine reguläre GmbH möglich (§ 5a Abs. 4 Hs. 1 GmbHG). Die Gesellschaft kann dann nach § 5a Abs. 4 Hs. 2 GmbHG auch ihre bisherige Bezeichnung beibehalten. Die Umwandlung einer regulären GmbH oder auch einer anderen Gesellschaftsform in eine Unternehmergesellschaft ist nicht vorgesehen.

54 Soll es nach der Gründung der zu Änderungen des Gesellschaftsvertrages der Unternehmergesellschaft kommen, gelten allerdings die allgemeinen Regeln. Dies bedeutet etwa, dass mit der Satzungsänderung eine Satzungsneufassung mit der Bescheinigung nach § 54 Abs. 1 S. 2 GmbHG einzureichen ist.[119]

M 343 V. Muster: Erstanmeldung einer GmbH[120]

55 An das
Amtsgericht _____
– Handelsregister –
Neue Sache, GmbH-Anmeldung
Hiermit melden wir die Gründung der aufgrund notarieller Beurkundung am _____
entstehenden _____ GmbH (Urkunde des Notars _____ Nr._____/_____) und unsere Bestellung zu den Geschäftsführern der Gesellschaft an.[121, 122]
Der Gegenstand der Gesellschaft betrifft _____.
Wir versichern, dass die beiden Gesellschafter jeweils die Hälfte des als Einlage übernommenen Betrages in Höhe von 12.500 EUR, also jeweils 6.250 EUR, geleistet haben. Der Betrag von 12.500 EUR steht endgültig zu unserer freien Verfügung. Das Vermögen der Gesellschaft ist mit Ausnahme der von der Gesellschaft nach § _____ des Vertrages übernommenen Gründungskosten in Höhe von bis zu 2.000 EUR nicht vorbelastet.
Die inländische Geschäftsanschrift lautet:
(*Alternativ*: Herr/Frau ... mit der inländischen Anschrift ... ist für Willenserklärungen und Zustellungen für die Gesellschaft empfangsberechtigt).
Die Gesellschaft ist nicht befristet, für die Bekanntmachungen der Gesellschaft ist nach § _____ des Vertrages der Bundesanzeiger als Gesellschaftsblatt bestimmt worden.
Nach § _____ des Vertrages vertritt die Gesellschaft bei nur einem Geschäftsführer dieser alleine. Sind mehrere bestellt, vertreten zwei Geschäftsführer gemeinschaftlich oder ein Geschäftsführer gemeinschaftlich mit einem Prokuristen. Einzelvertretungsbefugnis kann ebenso wie die Befreiung von den Beschränkungen des § 181 BGB erteilt werden.
Wir vertreten jeder einzeln und dürfen Rechtsgeschäfte mit uns selbst oder mit Dritten abschließen.
Wir versichern – belehrt über unsere unbeschränkte Auskunftspflicht nach § 53 Abs. 2 des Gesetzes über das Zentralregister und das Erziehungsregister – jeder für sich, dass wir niemals wegen des Unterlassens der Stellung des Antrags auf Eröffnung des Insolvenzverfahrens (Insolvenzverschleppung), einer Straftat nach den §§ 283 bis 283d des Strafgesetzbuches (Insolvenzstraftaten) der falschen Angaben nach § 82 des Gesetzes betreffend die Gesellschaften mit beschränkter Haftung oder § 399 des Aktiengesetzes, der unrichtigen Darstellung nach § 400 des Aktiengesetzes, § 331 des Handelsgesetzbuches, § 313 des Umwandlungsgesetzes oder § 17 des Publizitätsgesetzes oder nach den §§ 263 bis 264a oder den §§ 265b bis 266a des Strafgesetzbuches verurteilt worden sind. Uns ist

---

119 OLG München FGPrax 2010, 45 = NZG 2010, 35.
120 Für die Beglaubigung der Anmeldung erhält der Notar eine 1/2 Gebühr nach §§ 38 Abs. 2 Nr. 7, 141 KostO. Der Geschäftswert ergibt sich aus § 26 KostO. Näher *Müther*, § 6 Rn 61 ff.
121 LG Berlin, Beschl. v. 3.9.1997 – 98 T 66/97, n.v.
122 BayObLG Rpfleger 2000, 458.

auch nicht durch gerichtliches Urteil oder durch vollziehbare Entscheidung einer Verwaltungsbehörde die Ausübung eines Berufs, Berufszweiges, Gewerbes oder Gewerbezweiges untersagt worden. Das Geschäftslokal der Gesellschaft wird sich ab dem Zeitpunkt der Eintragung befinden in _____. Dieser Anmeldung sind beigefügt:
- die Urkunde Nr. _____/_____ des Notars _____ vom _____ über die Gründung der Gesellschaft, die auch unsere Bestellung zu Geschäftsführern enthält
- die Gesellschafterliste nach § 8 Abs. 1 Nr. 3 GmbHG
- Kostenmarken in Höhe von _____
- die zustimmende Stellungnahme der IHK
- aktuelle Auszüge aus dem Schuldnerverzeichnis für die beiden Gesellschafter.
_____ (Unterschriften der Geschäftsführer)
_____ (Es folgt ein notarieller Beglaubigungsvermerk für die Unterschriften unter Angabe der Wohnanschriften der Geschäftsführer)[123]

B. Eintragungen zu den Geschäftsführern

I. Bestellung von Geschäftsführern

1. Typischer Sachverhalt

A und B treten als Gesellschafter und C als Vertreter des Gesellschafters D unter Verzicht auf Form und Fristen zu einer Gesellschafterversammlung der Y-GmbH zusammen. Sie beschließen, den bisherigen Geschäftsführer L abzuberufen und C zum neuen Geschäftsführer mit Einzelvertretungsbefugnis und Befreiung von den Beschränkungen des § 181 BGB zu bestellen. Über die Beschlüsse wird ein Protokoll gefertigt. Die Anmeldung zum zuständigen Handelsregister erfolgt. 56

2. Rechtliche Grundlagen
a) Anmeldeanlass

Nach § 39 Abs. 1 GmbHG ist jede Änderung in den Personen der Geschäftsführer sowie die Beendigung der Vertretungsbefugnis zum Handelsregister anzumelden und damit auch in das Register einzutragen. Neben der Bestellung und Beendigung der Geschäftsführerstellung ist aber in Ergänzung des Wortlautes der Norm auch die Veränderung der Vertretungsbefugnis, wie z.B. die Befreiung von den Beschränkungen des § 181 BGB oder die Erteilung von Einzelvertretungsbefugnis, zum Register anzumelden.[124] Die Eintragung in das Register ist lediglich deklaratorischer Natur. Es besteht eine Pflicht zur Eintragung, die durch das Zwangsgeldverfahren nach § 14 HGB durchgesetzt werden kann.[125] Auch die erneute Bestellung eines Geschäftsführers und die Abberufung vor der Eintragung sind anmeldepflichtig.[126] 57

Vollwertige Geschäftsführer sind auch die **stellvertretenden Geschäftsführer** nach § 44 GmbHG. Diese sind daher ebenso zur Anmeldung befugt und unter Umständen zur Anmeldung verpflichtet. Auch im Register wird die nur stellvertretende Stellung nicht vermerkt.[127] 58

---

123 Das ist für die Eintragung wichtig. Wird nur angegeben, wo der Geschäftsführer geschäftsansässig ist, klingt dies zwar gewichtig, löst aber eine zeitraubende Nachfrage des Registergerichts aus, vgl. § 43 Nr. 4 HRV.
124 OLG Frankfurt GmHR 2006, 764; *Lutter/Hommelhoff/Kleindiek*, § 39 Rn 4; Baumbach/Hueck/*Zöllner/Noack*, § 39 Rn 2.
125 Baumbach/Hueck/*Zöllner/Noack*, § 39 Rn 23.
126 *Müther*, § 6 Rn 70.
127 BGH GmHR 1998, 181 = NJW 1998, 1071.

b) Geschäftsführereigenschaften

59 Geschäftsführer kann nach § 6 Abs. 2 GmbHG jede natürliche und unbeschränkt geschäftsfähige Person sein. Auch ein Nichtgesellschafter kann nach § 6 Abs. 3 S. 1 GmbHG Geschäftsführer sein. Die Person darf in Vermögenssachen keinem Betreuungsvorbehalt nach § 1903 BGB unterliegen. Für die Dauer von fünf Jahren, gerechnet ab der Rechtskraft der entsprechenden Verurteilung, kann auch ein Straftäter nach den §§ 283 bis 283d StGB kein Geschäftsführer sein. Mit dem MoMiG ist darüber hinaus festgelegt worden, dass auch die Verurteilung wegen anderer Straftaten der Bestellung zum Geschäftsführer einer GmbH entgegen steht. Es handelt sich dabei um Straftaten wegen des Unterlassens der Stellung des Antrags auf Eröffnung des Insolvenzverfahrens (Insolvenzverschleppung), wegen falscher Angaben nach § 82 des Gesetzes betreffend die Gesellschaften mit beschränkter Haftung oder § 399 des Aktiengesetzes, wegen unrichtiger Darstellung nach § 400 des Aktiengesetzes, § 331 des Handelsgesetzbuches, § 313 des Umwandlungsgesetzes oder § 17 des Publizitätsgesetzes oder nach den §§ 263 bis 264a oder den §§ 265b bis 266a des Strafgesetzbuches, wenn die Verurteilung zu einer Freiheitsstrafe von mindestens einem Jahr erfolgt ist. Diese Erweiterung der Ausschlussgründe machte eine Übergangsregelung erforderlich, die sich in § 3 Abs. 2 EGGmbHG findet. Schließlich darf der Person nicht durch gerichtliches Urteil oder vollziehbare Entscheidung der Verwaltungsbehörde die Ausübung eines Berufs, Berufszweiges, Gewerbes oder Gewerbezweiges, der dem Unternehmensgegenstand entspricht, untersagt sein. Liegt einer der **Ausschlussgründe** vor, ist ein entgegenstehender Bestellungsbeschluss nichtig.[128] Die betroffene Person ist mit dem Eintritt des Ausschlussgrundes ohne weiteres nicht mehr Geschäftsführer.[129] Dabei führt auch das Verbot einer selbständigen Tätigkeit zur Amtsunfähigkeit als Geschäftsführer.[130] Ein späterer Wegfall des Bestellungshindernisses ändert daran nichts. Einer Kenntnis anderer Personen oder gar einer Eintragung in das Handelsregister bedarf es nicht. Weitere vorhandene Geschäftsführer in vertretungsberechtigter Anzahl sind zur entsprechenden Anmeldung verpflichtet. Kommen sie dieser Verpflichtung nicht nach, kann nach § 14 HGB ein Zwangsgeld gegen sie verhängt werden.

60 Nach einer Entscheidung des Kammergerichts besteht keine Pflicht zur Anmeldung des Nichtbestehens einer Geschäftsführerstellung der weiteren noch vorhandenen Geschäftsführer, wenn ein **Ausschlussgrund** eines eingetragenen Geschäftsführers **von Anfang an** bestand, dieser also falsche Versicherungen abgegeben hatte.[131] Nach dieser Entscheidung kann eine Löschung dieses „Geschäftsführers" nur nach Maßgabe des § 142 FGG erfolgen. Die Entscheidung wird nicht richtig sein, weil sie jede Verantwortung der Gesellschaft zur Beseitigung der Falscheintragung leugnet.[132] So handelte es sich bei dem betroffenen Geschäftsführer in dem der Entscheidung zugrunde liegenden Fall gerade auch um den Alleingesellschafter.

61 Umstritten ist, unter welchen Voraussetzungen ein **Ausländer** Geschäftsführer einer GmbH sein kann und inwieweit das Registergericht diese Voraussetzungen prüfen darf.[133] Verlangt wurde bisher häufig, dass der Ausländer eine Aufenthaltsgenehmigung für die EU besitzt,[134] teilweise aber auch, dass er ein selbständiges Gewerbe ausüben darf. Gegenüber Staatsangehörigen eines Mitgliedstaates der Europäischen Union stellt sich das Problem allerdings nicht, weil diese innerhalb

---

128 Baumbach/Hueck/*Fastrich*, § 6 Rn 17.
129 H.M.: BGHZ 115, 78, 80 = GmbHR 1991, 358 = NJW 1991, 2566; Scholz/*Schneider*, § 6 Rn 31; Lutter/Hommelhoff/*Kleindiek*, § 6 Rn 12; Roth/*Altmeppen*, § 6 Rn 23.
130 OLG Frankfurt OLGR 1994, 219.
131 KG GmbHR 1999, 861.
132 Ebenso Scholz/*Schneider*, § 39 Rn 2.
133 Scholz/*Schneider*, § 6 Rn 16–19; Lutter/Hommelhoff/*Kleindiek*, § 6 Rn 14 f.; *Melchior*, DB 1997, 413 ff.; keine Beschränkung für Ausländer: OLG Düsseldorf Rpfleger 1977, 411; OLG Frankfurt Rpfleger 1977, 211; LG Braunschweig DB 1983, 706; jedenfalls unbeschränkt US-Amerikaner: OLG Frankfurt BB 2001, 852; strenger OLG Köln DB 1999, 38; GmbHR 1999, 182; OLG Hamm Rpfleger 2000, 23; LG Duisburg Rpfleger 2002, 366.
134 OLG Hamm Rpfleger 2000, 23: Jederzeitige Einreisemöglichkeit; Scholz/*Schneider*, § 6 Rn 19.

der EU Freizügigkeit genießen und auch in allen Mitgliedstaaten einer selbständigen Tätigkeit nachgehen dürfen.[135] Beschränkungen werden aber in der neueren Zeit erkennbar abgebaut.[136]

Zur Überprüfung der Voraussetzungen des § 6 Abs. 2 S. 2 und 3 GmbHG hat der Geschäftsführer entsprechende **Versicherungen** abzugeben (vgl. § 39 Abs. 3 GmbHG). Dabei ist der Wortlaut der Versicherungen zwar nicht gesetzlich vorgegeben. Aus dem Wortlaut muss sich aber dennoch ergeben, dass dem Versichernden der Inhalt der Erklärung hinreichend deutlich geworden ist.[137] Dies setzt jedenfalls die Wiedergabe des gesetzlichen Wortlauts voraus. Bezüglich einer strafrechtlichen Verurteilung ist an den Zeitpunkt der Rechtskraft der Entscheidung anzuknüpfen.[138] Ein Hinweis auf die Norm des GmbH-Gesetzes reicht nicht. Diese Versicherungen sind strafbewehrt und können daher nicht durch einen Vertreter abgegeben werden. Es gilt das gleiche wie bei der Einlagenversicherung nach § 8 Abs. 2 GmbHG (siehe Rn 12). 62

c) Anmeldebefugnis, Vertretungsbefugnis

Anders als bei den in § 78 GmbHG aufgeführten Anmeldetatbeständen, reicht für die Anmeldung nach § 39 Abs. 1 GmbHG eine **Anmeldung durch Geschäftsführer in vertretungsberechtigter Zahl** aus.[139] Ist eine unechte oder gemischte Vertretung vorgesehen, kann auch ein Prokurist beteiligt werden. Da die Eintragung lediglich deklaratorischer Natur ist, ist ein neuer Geschäftsführer bereits anmeldebefugt, soweit die Bestellung nicht von der Eintragung abhängig gemacht worden ist oder erst ab einem späteren Zeitpunkt wirksam sein soll.[140] 63

Mit der Anmeldung nach § 39 GmbHG ist auch eine von der allgemeinen Bestimmung im Gesellschaftsvertrag **abweichende Vertretungsbefugnis** anzumelden. Üblicherweise wird die Vertretungsbefugnis aber in jedem Fall ausdrücklich in der Anmeldung wiedergegeben.[141] Zur Vertretungsbefugnis ist dabei auch die Befreiung von den Beschränkungen des § 181 BGB zu zählen, die als generelle Befreiung im Register zu vermerken ist.[142] Erteilt und damit eingetragen werden kann eine entsprechende Befugnis allerdings nur, wenn die Satzung eine entsprechende Befreiungsmöglichkeit vorsieht.[143] Überhaupt muss der Gesellschaftsvertrag eine Regelung der Vertretung enthalten, wenn diese von der gesetzlichen abweicht, die eine Gesamtvertretung durch alle Geschäftsführer vorsieht (vgl. § 35 Abs. 2 S. 2 GmbHG). Eine Öffnungsklausel derart, dass die Gesellschafterversammlung auch abweichende Regelungen treffen darf, ist unwirksam.[144] Soll einem Geschäftsführer die Befugnis zur alleinigen Vertretung auch für den Fall der Bestellung weiterer Geschäftsführer erteilt werden, empfiehlt sich die Bezeichnung als Einzelvertretungsbefugnis. Denn teilweise wird angenommen, der Begriff der Alleinvertretungsbefugnis bezeichne nur den Fall, dass lediglich ein Geschäftsführer vorhanden ist.[145] Für eine übliche Vertretungsregelung siehe das Muster „Erstanmeldung einer GmbH" (siehe Rn 55). 64

---

135 Scholz/*Schneider*, § 6 Rn 18; *Lutter/Hommelhoff/Kleindiek*, § 6 Rn 14; LG Berlin, Beschl. v. 25.3.2003 – 102 T 129/02, n.v.
136 OLG Zweibrücken NZG 2010, 1347; OLG München NZG 2010, 157 = NJW-RR 2010, 338.
137 H.M.: BayObLG GmbHR 1982, 210; BB 1984, 238; OLG Thüringen GmbHR 1995, 453; OLG Düsseldorf GmbHR 1997, 71, 72.
138 BGH NJW-RR 2011, 1257 = NZG 2011, 871.
139 Zur Anmeldebefugnis während eines Insolvenzverfahrens vgl. *Müther*, § 2 Rn 51.
140 Zur antizipierten Anmeldung: *Müther*, § 6 Rn 77; BayObLG Rpfleger 2004, 51.
141 Angabe ist notwendig: Scholz/*Winter/Veil*, § 8 Rn 27; Angabe ist überflüssig und sollte unterbleiben: *Krafka/Willer*, DNotZ 2006, 885, 889.
142 BGHZ 87, 59 = NJW 1983, 1676.
143 BGHZ 87, 59, 61 = NJW 1983, 1676; BGHZ 114, 167, 170 = NJW 1990, 1731; KG DB 2006, 1261 = FGPrax 2006, 171; OLG Nürnberg MDR 2010, 822; Scholz/*Schneider*, § 35 Rn 98; a.A. *Roth/Altmeppen*, § 35 Rn 76.
144 OLG Frankfurt OLGZ 1994, 288; OLG Hamm DB 1996, 2272.
145 So LG Neubrandenburg Rpfleger 2000, 338; vgl. auch OLG Zweibrücken GmbHR 1993, 97; OLG Naumburg DB 1993, 2277; aA OLG Brandenburg OLGR 2006, 761 – Vorlagebeschluss an den BGH.

d) Nachweis der Bestellung

66 Da das Register nicht nur die Erklärungen der Beteiligten wiedergeben soll, sondern nach Möglichkeit auch die tatsächlichen Verhältnisse, ist mit der Anmeldung auch ein **Nachweis über die Richtigkeit der behaupteten Veränderungen** einzureichen. Bei der Anmeldung nach § 39 Abs. 1 GmbHG sieht Abs. 2 insoweit auch die Vorlage entsprechender Unterlagen vor. Insoweit reicht nunmehr die Einreichung einer elektronischen Aufzeichnung, § 12 Abs. 2 S. 2 Alt. 1 HGB.

67 Für die Bestellung des Geschäftsführers ist nach § 46 Nr. 5 GmbHG, soweit im Gesellschaftsvertrag keine andere Regelung getroffen worden ist und auch kein Aufsichtsrat besteht, die **Gesellschafterversammlung** zuständig. Allein zum Nachweis der Beschlussfassung für das Registergericht bedarf es daher der Anfertigung eines Protokolls. Da hier keine gesetzliche Schriftform angeordnet ist, gilt § 126 BGB nicht, so dass es nicht notwendig ist, dass alle Gesellschafter das Protokoll unterzeichnen. Die elektronische Form kann durch Einscannen des Papierdokuments erstellt werden oder aber auch durch eine originäre elektronische Form, wenn sich aus dieser ergibt, dass es sich nicht nur um einen Entwurf handelt, vgl. dazu § 126b BGB.[146] Für den Alleingesellschafter gilt allerdings § 48 Abs. 3 GmbHG. Hier kommt nur die Einreichung des eingescannten Protokolls in Betracht.

68 Das Registergericht darf keine Eintragungen vornehmen, die auf nichtigen Beschlüssen beruhen (siehe Rn 88). Es hat daher auch zu prüfen, ob **alle Gesellschafter** ordnungsgemäß zur Gesellschafterversammlung geladen worden sind.[147] Ist dies nicht der Fall, liegt im Falle der Nichtladung oder der Ladung durch Nichtbefugte ein nichtiger Beschluss vor (vgl. § 241 Nr. 1 und 2 AktG entsprechend).[148] Diese Prüfung ist nunmehr aufgrund der Aufwertung der Gesellschafterliste[149] durch das MoMiG, wonach auf der Grundlage der Liste sogar ein gutgläubiger Erwerb möglich ist (vgl. § 16 Abs. 3 GmbHG, Übergangsregelung in § 3 Abs. 4 EGGmbHG), nur auf deren Grundlage vorzunehmen.[150]

69 Im Falle der **Anfechtbarkeit** des Beschlusses entsprechend § 243 Abs. 1 AktG gilt das später Ausgeführte[151] (siehe Rn 72).

II. Beendigung der Geschäftsführerstellung

1. Beendigungsgründe

70 Nicht nur der Erwerb der Organstellung eines Geschäftsführers vollzieht sich außerhalb des Registers. Gleiches gilt für die **Beendigung der Organstellung**. Diese tritt automatisch ein mit
– dem Tod des Geschäftsführers
– dem Eintritt eines Bestellungshinderisses

---

146 Schmidt-Kessel/Leutner/*Müther*, § 12 Rn 50 ff.
147 KG GmbHR 1997, 708, 709; OLG Hamm Rpfleger 2002, 32; OLG Köln Rpfleger 2002, 318; OLG Frankfurt FGPrax 2006, 272.
148 Einzelheiten: *Müther*, GmbHR 2000, 966.
149 Zur Fassung, vgl. § 8 Abs. 1 Nr. 3 GmbHG. Die Nummerierung der Anteile ist in späteren Listen beizubehalten: LG Augsburg Rpfleger 2009, 514. Nach BGH NJW 2011, 1809 = MDR 2011, 550 ist die Umnummerierung zulässig, wenn die Transparenz gewahrt und die Herkunft nachzuvollziehen ist. Eine Gesellschafterliste, die nur die Ankündigung einer Änderung enthält, ist nicht in den Registerordner aufzunehmen, vgl. BGH NZG 2011, 1268. Eine Gesellschafterliste hat keinen Testamentsvollstreckervermerk zu enthalten, vgl. OLG München NZG 2012, 391.
150 Baumbach/Hueck/*Zöllner*, Anh § 47 Rn 45; Rowedder/*Koppensteiner*, § 47 Rn 96. Gilt aber grundsätzlich nur für neue Listen, vgl. LG München Rpfleger 2010, 84. Zur Einreichung sind entweder die Geschäftsführer oder, wenn die Veränderungen unter Mitwirkung eines Notars erfolgen, der Notar verpflichtet. Dieser hat die Liste mit der Bescheinigung nach § 40 Abs. 2 S. 2 GmbHG zu versehen, vgl. dazu OLG München Rpfleger 2009, 623. Sie muss die Anforderungen nach § 39a BeurkG erfüllen, OLG Jena NJW-RR 2010, 1190. Zur Unterschrift durch die Geschäftsführer, vgl. OLG Jena NZG 2011, 909. Eine fehlerhafte Liste ist vom Registergericht zurückzuweisen, BGH NZG 2011, 1268.
151 Näher auch *Müther*, § 6 Rn 87.

- dem Eintritt einer Bedingung[152]
- der Amtsniederlegung oder
- der Abberufung.

2. Abberufung

Für die Abberufung ist nach § 46 Nr. 5 GmbHG ebenfalls die **Gesellschafterversammlung** zuständig. Der Abberufungsbeschluss bedarf nach der gesetzlichen Regelung der einfachen Mehrheit. Auch wenn die erste Bestellung gem. § 6 Abs. 3 GmbHG im Gesellschaftsvertrag erfolgt ist, bedeutet der Abberufungsbeschluss keine Satzungsänderung.[153] Ist der Betroffene zugleich auch Gesellschafter, hat er bei der (Ab-)Wahl ein eigenes Stimmrecht.[154] Dies gilt nur dann nicht, wenn die Abberufung auf einen wichtigen Grund gestützt wird; denn nach allgemeinem Verständnis kann niemand Richter in eigener Sache sein.[155]

71

Die Abberufung ist grundsätzlich unabhängig vom Anstellungsverhältnis sofort wirksam und kann jederzeit ohne nähere Begründung erfolgen. Dies gilt dann nicht, wenn die Abberufung im Gesellschaftsvertrag auf **wichtige Gründe** beschränkt ist (vgl. § 38 Abs. 2 GmbHG). Ein Verstoß gegen diese satzungsrechtliche Regelung ist für das Registerverfahren aber grundsätzlich ohne Bedeutung. Liegt der wichtige Grund nämlich nicht vor, macht dies den Beschluss lediglich anfechtbar. Ist der betroffene Geschäftsführer nicht selbst Gesellschafter, steht ihm ein Anfechtungsrecht nicht zu. § 245 Nr. 4 AktG wird im GmbH-Recht nicht entsprechend angewandt.[156] Ist die Angreifbarkeit des Beschlusses unklar, wird das Registergericht lediglich den Ablauf der Anfechtungsfrist abwarten. Wird keine Klage erhoben, kann die Eintragung erfolgen. Wird eine Anfechtungsklage erhoben, die nicht offensichtlich aussichtslos erscheint, wird das Registergericht das Eintragungsverfahren nach § 381 iVm § 21 FamFG aussetzen und die Entscheidung des für die Anfechtungsklage zuständigen Landgerichts abwarten.[157] Die Anfechtbarkeit entfällt, wenn ein wirksamer Bestätigungsbeschluss gefasst wird.[158]

72

Lediglich in einer Fallkonstellation ist vor der Eintragung zu überprüfen, ob der wichtige Grund für die Abberufung auch vorgelegen hat. Ist nämlich einem Geschäftsführer aufgrund einer Satzungsregelung ein **Sonderrecht auf Geschäftsführung**[159] erteilt worden und wird dieser gegen seinen Willen abberufen, kann eine Eintragung lediglich unter Vorlage einer entsprechend den §§ 117, 127 HGB erwirkten Entscheidung vorgenommen werden.[160] Eine Satzungsänderung ist aber auch in diesem Fall nicht erforderlich.[161]

73

3. Amtsniederlegung

Häufiger Beendigungsgrund der Geschäftsführerstellung ist die Amtsniederlegung. Diese ist jederzeit möglich und nicht an das Vorliegen eines wichtigen Grundes gebunden.[162] Von beson-

74

---

152 Vgl. dazu BGH BB 2006, 14 = NJW-RR 2006, 182.
153 KGJ 21 A 262.
154 Vgl. nur Baumbach/Hueck/*Zöllner*, § 47 Rn 83 f.
155 BGHZ 86, 177, 178 = NJW 1983, 938; Lutter/Hommelhoff*Kleindiek*, § 38 Rn 17; *Roth*/Altmeppen, § 47 Rn 62.
156 Lutter/Hommelhoff/*Bayer*, Anh. § 47 Rn 73; *Roth*/Altmeppen, § 47 Rn 139.
157 *Roth*/Altmeppen, § 54 Rn 19; ähnlich Lutter/Hommelhoff/*Bayer*, § 54 Rn 12; Zur Überwindung der Aussetzung durch eine einstweilige Verfügung: Baumbach/Hueck/*Zöllner*, Anh § 47 Rn 205. Insoweit dürfte aber zweifelhaft sein, ob das Registergericht an eine entsprechende Entscheidung außerhalb des § 16 HGB gebunden ist.
158 Zu den Voraussetzungen BGH DB 2004, 426.
159 Dazu Lutter/Hommelhoff/*Kleindiek*, § 38 Rn 10 ff.; näher *Müther*, § 6 Rn 93.
160 Lutter/Hommelhoff/*Kleindiek*, § 38 Rn 34; *Roth*/Altmeppen, § 38 Rn 61.
161 *Müther*, § 6 Rn 94; a.A. OLG Nürnberg BB 2000, 687.
162 BGHZ 121, 257, 260 = NJW 1993, 1198; Scholz/*Schneider*, § 38 Rn 87; *Roth*/Altmeppen, § 38 Rn 75.

derer Bedeutung für den niederlegenden Geschäftsführer ist dabei, dass er dem **Bestellungsorgan** gegenüber die Niederlegung erklärt.[163] Die häufig erfolgende Niederlegung gegenüber einem Mitgeschäftsführer reicht dabei nicht aus, wenn dieser nicht als durch die Gesellschafterversammlung zur Entgegennahme entsprechender Erklärungen als ermächtigt anzusehen sind. Grundsätzlich ist aber das Bestellungsorgan und damit die Gesellschafterversammlung Adressat des Niederlegungsschreibens. Insoweit reicht allerdings nach der neueren Rechtsprechung des BGH die Erklärung gegenüber einem Gesellschafter aus.[164]

75 Die Erklärung ist zwar grundsätzlich formfrei; sie ist dem Registergericht gegenüber aber nachzuweisen, so dass sich eine **schriftliche Erklärung empfiehlt**. Die entsprechende Absendung eines derartigen Schreibens muss unter Umständen ebenfalls gegenüber dem Registergericht nachgewiesen werden,[165] so dass sich eine Versendung als Einschreiben ggf. mit Rückschein anbietet. Dies gilt insbesondere für die Fälle, in denen der bisherige Geschäftsführer die Niederlegung noch selbst anmelden möchte (siehe Rn 77). Die Unterlagen müssen dem Registergericht in einfacher elektronischer Form präsentiert werden, § 12 Abs. 2 S. 2 Alt. 1 HGB.

76 Häufig erfolgt eine Amtsniederlegung auch durch den einzigen Geschäftsführers, der zugleich noch der **Alleingesellschafter** ist. Derartige Niederlegungen verfolgen sehr oft den Zweck, die Gesellschaft dadurch dem Verkehr zu entziehen, dass kein Vertreter mehr vorhanden ist. Dementsprechend werden derartige Niederlegungen in der Regel als **missbräuchlich** und damit unwirksam angesehen, wenn nicht zugleich ein anderer Geschäftsführer bestellt wird.[166] Denn der Alleingesellschafter könnte ohne weiteres einen anderen Geschäftsführer bestellen.[167] Der Verpflichtung zur Abgabe der eidesstattlichen Versicherung nach § 807 ZPO für die Gesellschaft kann er durch die Niederlegung jedenfalls nicht entgehen.[168] Ebenfalls unwirksam wird es sein, wenn der Alleingesellschafter sich selbst durch Beschluss abberuft.[169]

77 Gerade in schwierigen Situationen der Gesellschaft wird zwar die Geschäftsführerstellung durch eine Amtsniederlegung beendet, es kommt aber gleichwohl nicht zu einer entsprechenden Eintragung. Denn der niederlegende Geschäftsführer ist mit der Niederlegung nicht mehr vertretungsbefugt, so dass er keine **Anmeldebefugnis** mehr hat. Das Landgericht Berlin hat in einem derartigen Fall dem Geschäftsführer dadurch geholfen, dass es ihn in engem zeitlichen Zusammenhang (zwei Wochen) trotz der Niederlegung noch für anmeldebefugt gehalten hat.[170] Sicherer ist es, die Niederlegung auf den Eintragungszeitpunkt bezogen zu erklären, so dass der Geschäftsführer zum Zeitpunkt der Anmeldung noch Vertreter der Gesellschaft und damit anmeldebefugt ist.

III. Bestellung eines Notgeschäftsführers

1. Typischer Sachverhalt

78 C verkauft der X-GmbH eine Maschine unter Eigentumsvorbehalt. Die vereinbarten Raten gehen nicht ein. Der einzige Geschäftsführer der X-GmbH ist verstorben, ein neuer Geschäftsführer

---

163 Scholz/*Schneider*, § 38 Rn 91; *Goette*, § 8 Rn 45.
164 BGH BB 2001, 2547; die Amtsniederlegung ist empfangsbedürftige Willenserklärung, BGH GmbHR 2002, 26. Zur Erklärung gegenüber Gesellschaftern im Ausland, vgl. BGH NZG 2011, 907.
165 OLG Naumburg NZG 2001, 853, 854 = NJW-RR 2001, 1183; OLG Frankfurt FGPrax 2007, 33.
166 BayObLG OLGR 1999, 70 = GmbHR 1999, 980; KG GmbHR 2001, 147; Baumbach/Hueck/*Zöllner*/*Noack*, § 38 Rn 90; sogar dann, wenn der Alleingesellschafter nur Treuhänder ist: BayObLG OLGR 1992, 47.
167 Zu einer Ausnahme: OLG Düsseldorf Rpfleger 2001, 136.
168 BGH NJW-RR 2007, 185.
169 OLG München NJW-RR 2011, 773.
170 LG Berlin GmbHR 1993, 291; auch LG Köln GmbHR 1998, 183; dagegen OLG Zweibrücken OLGR 1999, 109 = GmbHR 1999, 479.

wird wegen Streitigkeiten unter den Gesellschaftern der X-GmbH nicht bestellt. C möchte nun Eilmaßnahmen ergreifen, um in den Besitz seiner Maschine zu kommen, die nach wie vor bei der X-GmbH eingesetzt wird. Für eine Klage oder eine einstweilige Verfügung fehlt der Geschäftsführer.

2. Rechtliche Grundlagen

Mitunter kann es sich als notwendig erweisen, für eine andere oder überhaupt für eine Vertretung der Gesellschaft zu sorgen. Für die Führung eines Zivilprozesses kommt dabei der Antrag auf Bestellung eines Prozesspflegers nach § 57 ZPO in Betracht. Im Übrigen fehlt es aber für die GmbH an einer etwa dem § 85 AktG entsprechenden Vorschrift. Insoweit wird die Regelung des **§ 29 BGB** aus dem Vereinsrecht auf die GmbH entsprechend angewandt.[171] Danach hat das Registergericht in dringenden Fällen auf Antrag eines Beteiligten die erforderliche Anzahl von Notgeschäftsführern zu bestellen (zum Antrag und seiner Form siehe Rn 83). 79

Die Bestellung eines Notgeschäftsführers durch den Rechtspfleger beim Registergericht ist eine **subsidiäre Maßnahme**. Sie darf daher nur bis zur Beseitigung des Mangels angeordnet werden und muss überdies **notwendig** sein. Das ist nicht allein deshalb der Fall, weil die Gesellschafter keine Versammlung einberufen wollen. Auch vorübergehende Verhinderungen eines Geschäftsführers, die aber jederzeit beendet werden könnten (Auslandsaufenthalt; unbekannter Aufenthalt[172]), rechtfertigen einen Antrag nicht. Eine schlechte Amtsführung des bisherigen Geschäftsführers reicht ebenfalls nicht.[173] Überhaupt muss die Bestellung durch das Gericht **dringend** sein. Dies setzt in der Regel unaufschiebbar notwendige Maßnahmen voraus. 80

Die Bestellung eines Notgeschäftsführers können allerdings nicht nur die Gesellschafter, sondern auch Gläubiger der Gesellschaft beantragen. Denn auch sie haben an der ordnungsgemäßen Vertretung der Gesellschaft ein Interesse und sind deshalb **Beteiligte** im Sinne der Vorschrift. Dabei ist die Beteiligtenstellung durch entsprechende Unterlagen nachzuweisen.[174] Dies gilt auch für Gesellschafter, wobei der Nachweis zumeist durch die Bezugnahme auf die beim Registergericht vorhandenen Unterlagen ausreicht. 81

Immer wieder problematisch ist die **Benennung einer zur Übernahme des Amtes eines Notgeschäftsführers bereiten Person**. Der Antrag nach § 29 BGB ist zwar nicht notwendig mit der Benennung einer solchen Person zu verbinden. Den Registergerichten stehen aber in der Regel keine geeigneten Personen zur Verfügung, so dass es sich schon zur Beschleunigung anbietet, mit dem Antrag einen Vorschlag zu unterbreiten. Die in Aussicht genommene Person muss auch die Anforderungen des § 6 Abs. 2 GmbHG erfüllen. Da die Gesellschafter weder gegenüber der Gesellschaft noch gegenüber Dritten zur Bestellung eines Geschäftsführers verpflichtet sind, können sie nicht gegen ihren Willen zum Notgeschäftsführer der Gesellschaft bestellt werden.[175] Teilweise wird von dem in Aussicht genommenen Notgeschäftsführer die Abgabe der Versicherungen nach § 8 Abs. 3 GmbHG in notariell beglaubigter Form verlangt.[176] Dies dürfte überflüssig sein, weil sich die genannten Vorschriften allein auf Anmeldungen beziehen. Der Notgeschäftsführer wird aber vom Gericht nach entsprechender Auswahl eingesetzt. 82

---

171 *Roth/Altmeppen*, § 35 Rn 8; Rechtsprechungsnachweise bei *Müther*, § 6 Rn 103 Fn 196.
172 Wegen der Möglichkeit der öffentlichen Zustellung auch im Verfahren der freiwilligen Gerichtsbarkeit, vgl. BayObLG OLGR 1998, 32. Nunmehr gelten die §§ 185 ff. ZPO aufgrund des § 15 Abs. 2 FamFG.
173 OLG Frankfurt BB 1986, 1601.
174 KG OLGR 1998, 355 zur Bestellung eines Nachtragsliquidators.
175 So jedenfalls zur Mehrpersonen-GmbH, KG KGR 2000, 280; anders und im vorliegenden Fall überzeugender die Vorinstanz: LG Berlin, Beschl. v. 30.11.1999 – 98 T 63/99, n.v.; vgl. auch Scholz/*Schneider*, § 6 Rn 56.
176 Darüber hinaus wird etwa in Berlin zusätzlich die Erklärung verlangt, dass auf eine Erstattung der Gebühren und Auslagen durch das Land verzichtet wird, vgl. LG Berlin, Beschl. v. 2.5.2003 – 102 T 95/02, n.v.

83 Die Neufassung des § 12 HGB durch das EHUG erfasst nach dem Wortlaut und der systematischen Stellung nur Anmeldungen zum Handelsregister und allenfalls noch weitere zum Handelsregister einzureichende Unterlagen, wie etwa Gesellschafterlisten (§ 40 GmbHG).[177] Das Verfahren auf Bestellung eines Notgeschäftsführers gehört nicht zu diesen Verfahren, § 375 Nr. 6 FamFG entsprechend.[178] Anträge und Unterlagen können daher auch in **Papierform** eingereicht werden.[179] Allerdings dürfte auch die Einreichung in elektronischer Form zulässig sein, weil die entsprechenden Voraussetzungen bei den Registergerichten geschaffen sind. Es gelten die allgemeinen Regeln für Verfahrensanträge nach dem FamFG.[180]

M 344 **3. Muster: Antrag auf Bestellung eines Notgeschäftsführers**

84 An das
Amtsgericht _____
– Handelsregister –
HRB _____; **Antrag auf Bestellung eines Notgeschäftsführers der** _____ **GmbH**
Sehr geehrte Damen und Herren,
hiermit beantrage ich, mit der Versicherung einer entsprechenden Bevollmächtigung, im Namen des/der _____ die Bestellung eines Notgeschäftsführers für die oben genannte Gesellschaft.
Frau/Herr ist ein Gläubiger der Gesellschaft. Die Gesellschaft hat bei ihm/ihr unter Eigentumsvorbehalt _____ erworben. Der Kaufpreis ist trotz Fälligkeit bisher nicht beglichen worden. Eine Abschrift des Kaufvertrages ist beigefügt.
Es liegt ein Fall der Dringlichkeit vor. Der letzte Geschäftsführer der Gesellschaft ist von der Gesellschafterversammlung abberufen und ein neuer Geschäftsführer bisher nicht bestellt worden. Nach den hier vorliegenden Informationen können sich die Gesellschafter nicht auf eine Neubestellung einigen.
Mein Mandant möchte nunmehr Sicherungsmaßnahmen bezüglich der Kaufgegenstände ergreifen. Zur wirksamen Durchführung dieser Maßnahmen bedarf es eines gesetzlichen Vertreters der Gesellschaft.
Zur Übernahme hat sich der Gesellschafter _____ bereit erklärt. Die entsprechende Bereitschaftserklärung mit einem Verzicht auf die Geltendmachung von Ansprüchen auf Aufwendungsersatz und Auslagen gegen das Land _____ wegen der gerichtlichen Bestellung zum Notgeschäftsführer und eine notariell beglaubigte Erklärung der Versicherungen nach § 39 Abs. 3 GmbHG sowie ein Kostenvorschuss von 52 EUR sind vorsorglich beigefügt.
Mit freundlichen Grüßen
_____ (Unterschrift)

C. Eintragung der Satzungsänderung einschließlich der Mantelverwertung

I. Typischer Sachverhalt

85 Die Gesellschafter der A-GmbH veräußern ihre Anteile an den X. Der bisherige Geschäftsführer wird durch X abberufen. Dieser bestellt sich selbst zum Geschäftsführer und beschließt eine umfassende Änderung des Gesellschaftsvertrages, insbesondere hinsichtlich der Firma, des Sitzes

---

[177] Vgl. dazu die Gesetzesbegründung: BT-Drucks 16/960, S. 45.
[178] Bork/*Müther*, § 375 Rn 13.
[179] *Müther*, Rpfleger 2008, 233, 234 f.
[180] Vgl. dazu Jansen/*von König*, § 11 Rn 22; Keidel/*Sternal*, § 23 Rn. 19.

und des Gegenstandes. Auf die entsprechende Anmeldung leitet das bisher zuständige Registergericht die Anmeldung und die Akten an das für den neuen Sitz zuständige Amtsgericht weiter.

II. Rechtliche Grundlagen

1. Überblick

Der Gesellschaftsvertrag einer GmbH kann durch einen mit einer Dreiviertelmehrheit gefassten notariell beurkundeten Beschluss[181] der Gesellschafterversammlung geändert werden. Dieser Beschluss wird nach § 54 Abs. 3 GmbHG aber erst wirksam, nachdem er zum Handelsregister angemeldet und in das Register eingetragen worden ist. Die Eintragung ist konstitutiv. Die Vorschriften über die Satzungsänderung durch Mehrheitsbeschluss gelten bei der Gründungsgesellschaft noch nicht (siehe Rn 48 f.). **86**

2. Prüfungsbefugnis: Beschränkung des Prüfungsumfangs?

Anders als bei der Anmeldung der Ersteintragung (siehe Rn 23) hat das Registergericht bei der **Anmeldung einer Satzungsänderung** keine beschränkte, sondern eine **umfassende Prüfungsbefugnis**.[182] Dies bedeutet allerdings nicht, dass die Zweckmäßigkeit der einzelnen Regelungen vom Registergericht in Frage gestellt werden könnte.[183] Das Registergericht hat vielmehr die Wirksamkeit der einzelnen Regelungen zu prüfen. Handelt es sich dabei allerdings um Regelungen, die auch für Dritte von Bedeutung sind, erstreckt sich die Überprüfung auch darauf, ob ihr Inhalt im Wesentlichen klar und zweifelsfrei ist.[184] Diese Prüfungsbefugnis bezieht sich allerdings nur auf die geänderten Bestimmungen. Aus Vereinfachungsgründen wird der Vertrag jedoch häufig unter Beibehaltung einer Vielzahl von bisherigen Regelungen vollständig neu gefasst. Dadurch erhält das Registergericht dann die Befugnis, den gesamten Vertrag – und nicht nur die geänderten Bestimmungen – zu prüfen.[185] **87**

3. Wirksamkeit der Beschlussfassung

Ebenso wie bei der Anmeldung nach § 39 Abs. 1 GmbHG (siehe Rn 56 ff.) ist auch bei der Anmeldung der Satzungsänderung die **Wirksamkeit der Beschlussfassung** zu prüfen (siehe Rn 68 f.). Nichtige Beschlüsse dürfen trotz ihrer Heilbarkeit nicht Gegenstand einer Eintragung sein.[186] Dementsprechend ist auch bei der Satzungsänderung zu prüfen, ob alle Gesellschafter ordnungsgemäß zur Versammlung geladen worden sind. Aber auch ohne ordnungsgemäße Ladung kann immer noch eine beschlussfähige Generalversammlung im Sinne des § 51 Abs. 3 GmbHG stattgefunden haben. Eine solche Generalversammlung liegt über den Wortlaut der Norm auch dann vor, wenn ein nicht anwesender Gesellschafter nach der Versammlung die Beschlussfassung entsprechend § 242 Abs. 2 S. 4 AktG genehmigt oder bereits vor der Versammlung auf eine Teilnahme verzichtet hat. Die Voraussetzungen sind dem Registergericht nachzuweisen, so dass es insoweit einer lediglich einfachen Erklärung bedarf, die auch nur als ein- **88**

---

181 Keine Beurkundung einer Willenserklärung nach §§ 6 ff. BeurkG, sondern Tatsachenbeurkundung nach §§ 36 ff. BeurkG, vgl. *Lutter/Hommelhoff/Bayer*, § 53 Rn 16. Die Beurkundung der Willenserklärung ist aber die stärkere Form und schadet daher nicht.
182 BayObLG BB 2001, 1916 = Rpfleger 2001, 500; KG Rpfleger 2006, 197.
183 *Lutter/Hommelhoff/Bayer*, § 54 Rn 13; *Roth/Altmeppen*, § 54 Rn 21.
184 OLG Zweibrücken MittRhNotK 1978, 142.
185 Häufige Fehlerquelle ist dann der unzulässige Wegfall der Regelung zu den Gründungskosten, vgl. dazu *Müther*, § 6 Rn 132.
186 *Lutter/Hommelhoff/Bayer*, § 54 Rn 9; *Roth/Altmeppen*, § 54 Rn 18, jeweils m.w.N.

fache elektronische Aufzeichnung einzureichen ist, § 12 Abs. 2 S. 2 Alt. 1 HGB. Allerdings führt selbst die Anwesenheit aller Gesellschafter nicht zu einer Generalversammlung, wenn die Einladung nicht ordnungsgemäß erfolgt ist und einer der anwesenden Gesellschafter durch sein Verhalten deutlich macht, dass er mit einer Beschlussfassung nicht einverstanden ist.[187] Zu prüfen ist auch die Unwirksamkeit einer Stimmabgabe wegen eines Verstoßes gegen § 181 BGB.[188]

89 Nach § 53 Abs. 3 GmbHG reicht in bestimmten Fällen eine Beschlussfassung mit einer Dreiviertelmehrheit der abgegebenen Stimmen nicht aus. Danach bedarf es der **Zustimmung des betroffenen Gesellschafters**, wenn er gegenüber den anderen Gesellschaftern nach der bisherigen Sachlage ungünstiger behandelt werden soll. Dies kann dadurch geschehen, dass ihm bisher bestehende Rechte genommen oder den anderen Gesellschaftern besondere Rechte eingeräumt werden sollen. Auch die spätere Einführung einer Regelung über die Zwangseinziehung der Geschäftsanteile muss zu ihrer umfassenden Wirksamkeit von allen Gesellschaftern beschlossen werden (vgl. § 34 Abs. 2 GmbHG).

90 Wird ein Gesellschafter in der Versammlung vertreten, ist auch die Vertretungsbefugnis des Vertreters nachzuweisen.[189] Nach § 47 Abs. 3 GmbHG erfordert die **Vertretung in der Versammlung** zwar eine schriftliche Vollmacht. Auf die Vorlage dieser Vollmacht kann aber materiell-rechtlich verzichtet werden.[190] Für das Registergericht ist das Vorliegen einer Vollmacht allerdings nachzuweisen. Es kann auch eine nachträgliche Bestätigung des Gesellschafters eingereicht werden. In allen Fällen reicht die Einreichung einer einfachen elektronischen Aufzeichnung nach § 12 Abs. 2 S. 1 Alt. 1 HGB.

91 Bei bloßer **Anfechtbarkeit** des Beschlusses nach § 243 Abs. 1 AktG ist eine Eintragung nach Ablauf der Anfechtungsfrist vorzunehmen. Ist Anfechtungsklage erhoben und ist deren Erfolg nach summarischer Prüfung nicht auszuschließen, muss das Eintragungsverfahren gem. § 381 FamFG ausgesetzt werden (siehe Rn 72). Durch die Einführung des § 246a AktG mit dem Gesetz zur Unternehmensintegrität und Modernisierung des Anfechtungsrechts UMAG vom 22.9.2005 (UMAG),[191] dessen Anwendung auch im Recht der GmbH in Betracht kommt,[192] soll das mit einer Klageerhebung einhergehende Problem der sog. **faktischen Registersperre** beseitigt werden. Da die Registergerichte die Eintragungsverfahren häufig auch in den Fällen aussetzen, in denen die Klage offensichtlich keinen Erfolg haben kann, besteht die Möglichkeit, im Klageverfahren ein als Eilverfahren ausgestaltetes Freigabeverfahren einzuleiten. Danach kann das Prozessgericht durch Beschluss feststellen, dass die Erhebung der Klage einer Eintragung des Beschlusses nicht entgegensteht. Die rechtskräftige Entscheidung ist für das Registergericht bindend und sie führt zu einer Bestandskraft des eingetragenen Beschlusses. Die Vorschrift des § 246a AktG ist auf Kapitalmaßnahmen (Kapitalbeschaffung und Kapitalherabsetzung) sowie Beschlüsse zu Unternehmensverträgen beschränkt (siehe § 34 Rn 42).

4. Prüfungsumfang: Die Wirksamkeit der neuen Regelung
a) Grundsatz

92 Das Gericht hat nicht nur die Wirksamkeit der Beschlussfassung zu prüfen, sondern auch die **Wirksamkeit der geänderten Regelungen**. Insoweit gilt etwa hinsichtlich der Anforderungen

---

[187] BGHZ 100, 264, 269/270 = NJW 1987, 2580.
[188] BGH NJW 1989, 169; Palandt/*Ellenberger*, § 181 Rn 11a; Erman/*Maier-Reiner*, § 181 Rn 19; *Roth/Altmeppen*, § 47 Rn 35.
[189] Anders als bei der Gründung soll hier in der Einpersonengesellschaft auch das Auftreten eines vollmachtlosen Vertreters möglich sein, vgl. OLG Frankfurt DB 2003, 654.
[190] BGHZ 49, 183, 194 = NJW 1968, 743; *Lutter/Hommelhoff/Bayer*, § 47 Rn 25; *Roth/Altmeppen*, § 47 Rn 32.
[191] BGBl I S. 2802.
[192] So *Herbarth*, GmbHR 2005, 966, 969; vorsichtig bejahend auch Baumbach/Hueck/*Zöllner*, § 54 Rn 29.

an eine Firmen-[193] und Gegenstandsänderung das Gleiche wie bei der Prüfung der Ersteintragung (siehe Rn 24 ff., 33 f.). Wegen der Vielzahl der möglichen Regelungen kann hier nur eine kleine Auswahl zu beanstandender Regelungen dargestellt werden (weitere Regelungen siehe Rn 42 ff.[194]).

b) Einzelfälle
aa) Regelung über Beschlussmehrheiten
Jeder Verstoß gegen zwingende Vorschriften des GmbH-Rechts muss zu einer Beanstandung führen. So ist etwa die Anordnung der Dreiviertelmehrheit der abgegebenen Stimmen für eine Änderung des Gesellschaftsvertrags in **§ 53 Abs. 2 GmbHG** eine zwingende Mindestanforderung, so dass gesellschaftsvertraglich lediglich Verschärfungen vorgenommen werden können.[195] Ähnliche Regelungen enthält das Umwandlungsgesetz. Nicht zwingend ist demgegenüber § 60 Abs. 1 Nr. 2 GmbHG (siehe Rn 154). 93

bb) Regelung der Vererbung
Mitunter wird durch eine gesellschaftsvertragliche Regelung auch die Möglichkeit der **Vererbung des Geschäftsanteils** ausgeschlossen, indem etwa bestimmt wird, dass die Gesellschaft ohne den verstorbenen Gesellschafter fortgesetzt wird. Der Gesellschaftsvertrag kann zwar den Eintritt des Todes als Einziehungsgrund ausgestalten, nicht ausgeschlossen werden kann aber, dass der Geschäftsanteil mit dem Tod des Gesellschafters in den Nachlass fällt.[196] Der Vorrang des Gesellschaftsrechts vor dem Erbrecht gilt nur bei den Personengesellschaften (siehe § 35 Rn 47). 94

cc) Änderung der Geschäftsjahrregelung
Soweit im Gesellschaftsvertrag keine Regelung getroffen worden ist, gilt als **Geschäftsjahr** das Kalenderjahr. Gelegentlich soll dies oder eine davon abweichende gesellschaftsvertragliche Regelung geändert werden. Dabei ist allerdings zu beachten, dass eine Änderung nicht rückwirkend erfolgen kann.[197] Teilweise wird insoweit angenommen, dass die Eintragung der Änderung noch im laufenden Geschäftsjahr erfolgen muss,[198] teilweise wird nur der Eingang der Anmeldung vor dem Änderungsstichtag verlangt.[199] Aus Registersicht nicht zu beanstanden sind Regelungen, die keine Angaben dazu enthalten, ab welchem Geschäftsjahr die Änderung gelten soll. 95

dd) Gesellschafterangaben im Gesellschaftsvertrag
Bei Änderungen in der Gesellschafterstruktur wird mitunter auch die – nicht notwendige – Änderung des Gesellschaftsvertrags hinsichtlich der **Gründerangaben** erwogen. Zu beachten ist 96

---

193 Keine Satzungsänderung, wenn nur die Schreibweise etwa von normaler in reine Groß- oder Kleinschreibung verändert werden soll: LG Berlin, Beschl. v. 7.12.1998 – 98 T 85/98, n.v.; Beschl. v. 26.5.2000 – 98 T 14/00, n.v.
194 Vgl. auch weiter gehend *Müther*, § 6 Rn 133 zu Abfindungsklauseln, Klauseln über die Gewinnverteilung, Regelungen über die Anfechtungsfrist, Schiedsklauseln und Sitzverlegungen ins Ausland.
195 *Lutter/Hommelhoff/Bayer*, § 53 Rn 13; *Roth/Altmeppen*, § 53 Rn 22.
196 Baumbach/Hueck/*Fastrich*, § 15 Rn 12.
197 SchlHOLG OLGR 2000, 316.
198 LG Mühlhausen GmbHR 1997, 313; *Lutter/Hommelhoff/Bayer*, § 53 Rn 43; Baumbach/Hueck/*Zöllner*, § 53 Rn 60.
199 SchlHOLG OLGR 2000, 316; OLG Karlsruhe Rpfleger 1975, 178; Ulmer/*Ulmer*, § 53 Rn 29.

dabei, dass auch die Änderung nicht mehr relevanter Satzungsbestandteile einer entsprechenden Beschlussfassung nach § 53 Abs. 1 GmbHG bedarf.[200] Eine Änderung, d.h. der Wegfall der Gründerangaben oder ihr Ersatz durch eine – grundsätzlich zulässige – Angabe der neuen Gesellschafter, wird dabei schon zugelassen, wenn die ursprüngliche Fassung eingetragen worden ist. Dabei ist aber bei der Angabe der neuen Gesellschafter auf die richtige Bezeichnung zu achten. Jedenfalls dann, wenn die Stammeinlagen nicht voll erbracht worden sind, darf die Bezeichnung der neuen Gesellschafter nicht dahin lauten, dass diese „Übernehmer" der Stammeinlagen seien.[201] Denn dann würde der unrichtige Eindruck erweckt werden, dass es sich um die Gründer handelt. Übernehmer einer Stammeinlage kann aber nur derjenige sein, der die Verpflichtung zur Einlage originär bei der Gründung oder einer Kapitalerhöhung übernimmt. Dies gilt auch im elektronischen Register. Die Einsichtsmöglichkeit in die Gesellschaftsunterlagen rechtfertigt es nicht, widersprüchliche Regelungen in den Vertrag aufzunehmen.

ee) Übernahme der Gründungskosten

97 Eine Änderung der im Gesellschaftsvertrag festgesetzten **Übernahme der Gründungskosten** durch die Gesellschaft unterliegt besonderen Beschränkungen. Denn insoweit ist die Regelung des § 26 AktG entsprechend anzuwenden. Danach kann eine Erweiterung der Kostentragungspflicht überhaupt nicht und ein Wegfall frühestens fünf Jahre nach Abwicklung der Rechtsverhältnisse erfolgen, die der Festsetzung zugrunde liegen (vgl. § 26 Abs. 5 AktG).[202]

ff) Registersperre

98 Mitunter verhängt der Gesetzgeber auch eine **Registersperre**, um die Gesellschaften zur Anpassung ihrer Gesellschaftsverträge anzuhalten. Satzungsänderungen können danach nur dann eingetragen werden, wenn auch bestimmte weitere Regelungen geändert oder aufgenommen werden. Eine derartige Registersperre ergibt sich etwa aus § 86 Abs. 1 S. 4 GmbHG zum Zwecke der Durchsetzung der Umstellung des Stammkapitals auf Euro. Diese Sperre bezieht sich aber lediglich auf Kapitalveränderungen (ausführlicher siehe Rn 148 ff.). Eine auf alle Satzungsänderungen bezogene Registersperre ergibt sich aus Art. 12 § 7 des Gesetzes zur Änderung des Gesetzes betreffend die Gesellschaften mit beschränkter Haftung und anderer handelsrechtlicher Vorschriften vom 4.7.1980.[203] Danach sind Gesellschaften, die vor dem 1.1.1986 in das Register eingetragen waren und deren Vertrag keine Regelung über die Gewinnverwendung enthält,[204] gezwungen, mit der Satzungsänderung darüber zu entscheiden, inwieweit eine Gewinnverteilungsregelung getroffen wird.[205]

5. Die Mantelverwertung

99 Entsprechend der vom BGH vertretenen Ansicht über die **Zulässigkeit der offenen Mantelgründung**[206] besteht mittlerweile auch kein Zweifel mehr daran, dass die Anteile an einer sog. **Mantel-GmbH** wirksam erworben werden können.[207] Der Erwerb von Anteilen an einer derartigen GmbH, die keiner Geschäftstätigkeit mehr nachgeht, dient allerdings in der Regel der Um-

---

200 OLG Brandenburg MDR 2001, 578.
201 Strenger OLG Hamm BB 1996, 921: niemals Übernehmer.
202 LG Berlin GmbHR 1993, 590.
203 BGBl I, 836.
204 BGHZ 105, 206 = GmbHR 1989, 72 = NJW 1989, 459.
205 Näher Baumbach/Hueck/*Fastrich*, GmbHG, 18. Aufl., § 29 Rn 97 ff.; Lutter/Hommelhoff, 14. Aufl., § 29 Rn 62 ff.
206 BGHZ 117, 323 = GmbHR 1992, 451 = NJW 1992, 1824.
207 Dazu auch *Priester*, DB 1983, 2291 ff.

gehung der Gründungsvorschriften. Dann aber ist es gerechtfertigt, denjenigen Maßstab an die Eintragung etwaiger Veränderungen anzulegen, der auch bei der Gründungsprüfung gilt. Dies betrifft vor allem die Frage, ob die Gesellschaft noch über das Mindeststammkapital als Reinvermögen verfügt.[208] Schwierigkeiten bereitet dabei allerdings immer die Feststellung, ob denn nun eine Mantelverwertung vorliegt. Allein auf eine Firmen- oder Gegenstandsänderung kann nicht abgestellt werden, denn eine solche Änderung kann auch im Rahmen einer ordnungsgemäßen Fortführung der Tätigkeit der GmbH erfolgen.[209] Deutliches Indiz für eine Mantelverwertung ist aber der Wechsel aller Gesellschafter, verbunden mit der Änderung von Firma und Gegenstand.[210] Häufig werden derartige Änderungen auch noch mit einer Sitzverlegung verbunden. In solchen Fällen gelten daher die Gründungsvorschriften über die Kapitalaufbringung entsprechend.[211] So kann das Registergericht etwa die Vorlage eines Jahresabschlusses verlangen, der nicht älter als sechs Monate ist. Ergibt sich aus diesem kein Reinvermögen von mehr als 25.000 EUR, kann die Eintragung der Satzungsänderungen abgelehnt werden. Verhindern können dies die Gesellschafter nur durch eine entsprechende Zuführung von Kapital als Eigenkapital.

6. Anmeldung der Satzungsänderung

Die Satzungsänderung ist nach § 54 Abs. 1 S. 1 GmbHG zum Register anzumelden. Die Anmeldung hat – soweit es nicht um eine Kapitalmaßnahme geht – durch die **Geschäftsführer in vertretungsberechtigter Anzahl** zu erfolgen. Dabei ist auch eine Anmeldung durch einen Geschäftsführer in Gemeinschaft mit einem Prokuristen möglich, wenn der Gesellschaftsvertrag diese Form der sog. unechten Gesamtvertretung als organschaftliche Vertretung vorsieht. **100**

In der Anmeldung reicht in der Regel der Hinweis auf den geänderten Gesellschaftsvertrag durch Bezugnahme auf die der Anmeldung beigefügten Unterlagen aus.[212] Dies gilt allerdings nur, soweit nicht die in **§ 10 GmbHG** genannten Punkte betroffen sind. Ist demnach die Änderung der Firma, des Gegenstands, des Sitzes, des Stammkapitals oder der Vertretungsbefugnis der Geschäftsführer beschlossen worden, ist dies zumindest stichpunktartig ebenso anzumelden wie die Aufnahme oder Änderung einer Zeitbestimmung im Sinne des § 10 Abs. 2 GmbHG.[213] **101**

Mit der Anmeldung ist der notariell beurkundete Beschluss nach § 53 Abs. 1 GmbHG in Ausfertigung oder beglaubigter Abschrift einzureichen. Zugleich ist eine Satzungsneufassung mit der Bescheinigung nach § 54 Abs. 1 S. 2 GmbHG beizufügen.[214] Die Einreichung muss in elektronischer Form erfolgen. **102**

Wird durch den Beschluss der Gesellschafterversammlung der Gegenstand geändert, bedarf es nicht mehr der Prüfung, ob die von dem Gegenstand erfasste Tätigkeit einer öffentlich-rechtlichen Genehmigung bedarf. Die in diesem Rahmen ohnehin nur entsprechend angewandte Vorschrift des § 8 Abs. 1 Nr. 6 GmbHG ist mit dem MoMiG entfallen. Ansonsten gelten aber die allgemeinen Anforderungen an die Fassung des Unternehmensgegenstands (vgl. Rn 33 ff.). **103**

---

208 BGHZ 153, 158 = BB 2003, 324 = DB 2003, 330; BGH BB 2003, 2079 = DB 2003, 2055; die davon abweichende Rspr. des BayObLG BB 1999, 971 und OLG Frankfurt GmbHR 1992, 456 ist damit hinfällig.
209 Ebenso BGH NJW 2010, 1459 = NZG 2010, 427.
210 Anders OLG Stuttgart GmbHR 1999, 610; OLG Koblenz DB 1989, 373: inhaltslose Hülle; aber auch OLG Frankfurt GmbHR 1999, 32, KG GmbHR 1998, 197: wirtschaftliche Inaktivität/Geschäftsaufgabe. So wohl jetzt auch BGH NJW 2010, 1459 = NZG 2010, 427.
211 BGHZ 153, 158 = BB 2003, 324 = DB 2003, 330; BB 2003, 2079 = DB 2003, 2055. Zur Haftung nach § 11 GmbHG: BGH NZG 2011, 1066 = MDR 2011, 1307.
212 BayObLGZ 1978, 282 = GmbHR 1979, 15; *Roth/Altmeppen*, § 54 Rn 9.
213 BGH GmbHR 1987, 423 = NJW 1987, 3191; *Roth/Altmeppen*, § 54 Rn 8; gilt auch bei einer vollständigen Neufassung: OLG Hamm BB 2001, 2496.
214 Das soll entbehrlich sein, wenn der gesamte Vertrag neu gefasst wurde, vgl. OLG Zweibrücken Rpfleger 2002, 155.

Müther

7. Checkliste

104
- Liegt ein notariell beurkundeter Beschluss vor (siehe Rn 86)?
- Sind alle tatsächlichen bzw. bekannten Gesellschafter (§ 16 GmbHG) zu dieser Versammlung ordnungsgemäß eingeladen worden (siehe Rn 88)?
- Bei fehlender ordnungsgemäßer Einladung: Lag eine Generalversammlung im Sinne des § 51 Abs. 3 GmbHG vor (siehe Rn 88)?
- Sind die Änderungen wirksam (siehe Rn 92 ff.)?
- Ist eine Anmeldung durch die Geschäftsführer in vertretungsberechtigter Zahl erfolgt (siehe Rn 100)?
- Ist die Änderung der in § 10 GmbHG genannten Punkte in der Anmeldung stichpunktartig angekündigt (siehe Rn 101)?
- Liegt der Anmeldung der notariell beurkundete Beschluss in gehöriger Form bei (siehe Rn 102)?
- Liegt der Anmeldung eine Satzungsneufassung mit der Bescheinigung nach § 54 Abs. 1 S. 2 GmbHG bei (siehe Rn 102)?
- Bei einer Gegenstandsänderung: Ist die Fassung ausreichend bestimmt (siehe Rn 103)?
- Liegen die einzureichenden Unterlagen alle in elektronischer Form nach § 12 Abs. 2 S. 2 HGB vor?

D. Satzungsändernde Kapitalmaßnahmen

I. Überblick

105 Das GmbHG sieht insgesamt vier verschiedene satzungsändernde Kapitalmaßnahmen vor, die im Registerverfahren jeweils verschiedenen Anforderungen unterliegen. Es handelt sich um:
- die (effektive) Barkapitalerhöhung (§ 57 Abs. 1 GmbHG)
- die Sachkapitalerhöhung (§ 57 Abs. 1 GmbHG)
- die (nominelle) Erhöhung aus Gesellschaftsmitteln (§ 57i GmbHG) und
- die Kapitalherabsetzung (§ 58 GmbHG).

II. Barkapitalerhöhung (§ 57 Abs. 1 GmbHG)

1. Typischer Sachverhalt

106 A und B sind mit jeweils einem Geschäftsanteil in Höhe von 12.500 EUR Gesellschafter der Z-GmbH. Sie beschließen notariell beurkundet, das Stammkapital der Gesellschaft durch Bareinlagen um insgesamt 15.000 EUR auf 40.000 EUR zu erhöhen. Jeder alte Anteil soll dabei um den Betrag von 7.500 EUR auf 20.000 EUR im Nennwert aufgestockt werden. Die Kapitalerhöhung wird angemeldet.

2. Rechtliche Grundlagen[215]

a) Barkapitalerhöhung als Satzungsänderung

107 Die Barkapitalerhöhung stellt eine **Satzungsänderung** dar, so dass neben den speziellen Anforderungen des § 57 GmbHG auch die sich aus § 53 GmbHG (Form der Satzungsänderung) und § 54

---

[215] Diese gelten auch für die Unternehmergesellschaft, vgl. OLG München FGPrax 2010, 45 = NZG 2010, 35.

GmbHG (Anmeldung und Eintragung) ergebenden allgemeinen Anforderungen an eine Satzungsänderung erfüllt sein müssen.

b) Beschlussanforderungen

Der Beschluss über die Kapitalerhöhung ist durch die **Gesellschafterversammlung** zu fassen (vgl. § 53 Abs. 1 GmbHG). Auch insoweit ist durch das Registergericht zu prüfen, ob der Beschluss nichtig oder anfechtbar ist, wobei hier § 246a AktG zu beachten ist (siehe Rn 91). Es kommt auch hier darauf an, ob alle Gesellschafter ordnungsgemäß geladen worden sind oder ob eine Generalversammlung vorliegt (siehe Rn 88). 108

Die Erhöhung kann durch die Bildung neuer Geschäftsanteile erfolgen (vgl. § 55 Abs. 3 GmbHG). Bei der Neubildung ist § 5 Abs. 2 S. 1 und Abs. 3 S. 2 GmbHG zu beachten. Die Erhöhung kann aber auch durch Aufstockung der vorhandenen Geschäftsanteile erfolgen,[216] wie dies im Ausgangsfall geschildert wird. Eine Aufstockung wird aber nur dann für zulässig erachtet, wenn der entsprechende Geschäftsanteil voll eingezahlt ist oder die Gründer noch Inhaber der Anteile sind.[217] Diese Einschränkung ergibt sich aus der Rechtsvorgängerhaftung nach § 22 GmbHG. Denn der Rechtsvorgänger kann wegen der ausstehenden Einlage in Anspruch genommen werden und würde den Geschäftsanteil im Falle seiner Zahlung nach § 22 Abs. 4 GmbHG erwerben. Die früheren Beschränkungen bei der Bildung der Geschäftsanteile sind mit dem MoMiG entfallen. Dies gilt etwa für die Teilbarkeitsregel des § 5 Abs. 3 S. 2 GmbHG aF, es gibt auch keine Regelungen über Mindestgrößen der Geschäftsanteile mehr.[218] 109

c) Übernahmeerklärung

Nach § 55 Abs. 1 GmbHG bedarf es bei der GmbH-Kapitalerhöhung einer notariell beurkundeten Übernahmeerklärung. Diese ist mit der Anmeldung dem Registergericht vorzulegen (vgl. § 57 Abs. 3 Nr. 1 GmbHG). Die Übernahmeerklärung kann nach § 129 Abs. 2 BGB auch in die notarielle Urkunde aufgenommen werden. Dies gilt aber nur in dem Maße, wie der Notar die Willenserklärungen der Beteiligten beurkundet. Nimmt er nur eine für die Satzungsänderung ausreichende Tatsachenbeurkundung nach § 39 BeurkG vor, sind die Anforderungen an eine beglaubigte Erklärung nicht erfüllt (dazu siehe Rn 86). 110

d) Einlagenerbringung
aa) Grundsatz

Auch wenn die Erbringung der Einlageleistungen den gleichen Anforderungen wie bei der Erstanmeldung unterliegt, gibt es bei der Kapitalerhöhung Unterschiede. So ist etwa anerkannt, dass die Einlageleistung lediglich zum **Zeitpunkt der Anmeldung** vorhanden sein muss. Das Registergericht prüft hier daher nicht mehr, ob die Gesellschaft noch zum Zeitpunkt der Eintragung über die Einlagen verfügt. Der BGH hat überdies seine Rechtsprechung aufgegeben, nach der zum Eintragungszeitpunkt die Einlageleistung jedenfalls dem Werte nach noch vorhanden sein musste.[219] Die Leistung muss aber gleichwohl immer zur freien Verfügung erfolgen.[220] 111

---

216 BGHZ 63, 116 = GmbHR 1975, 35 = NJW 1975, 118.
217 Baumbach/Hueck/*Zöllner*, § 55 Rn 46; *Lutter/Hommelhoff/Lutter*, § 55 Rn 15; *Roth/Altmeppen*, § 55 Rn 35.
218 Zu einem Problemfall nach altem Recht: KG KGR 2005, 592.
219 BGHZ 150, 197 = NJW 2002, 1716 = BB 2002, 957.
220 Dazu *Müther*, § 6 Rn 159.

bb) Debitorisches Konto

112 Gewisse Probleme bereitet die Einlageleistung durch Einzahlung auf ein **debitorisches Konto**. Das ist für das Registergericht allerdings nur dann erkennbar, wenn ein entsprechender Kontoauszug vorgelegt wird. Auch hier gilt der Grundsatz, dass das Registergericht ohne weitere Anhaltspunkte nicht mehr als die Versicherung nach § 57 Abs. 2 GmbHG verlangen kann. Die Einzahlung auf ein debitorisches Konto stellt aber nur dann eine **Leistung zur freien Verfügung** dar, wenn die Gesellschaft nachweist, dass sie gleichwohl über den Einlagebetrag verfügen kann, weil ihr ein entsprechender Kreditrahmen eingeräumt wurde.[221] Ein solcher **Kreditrahmen** liegt nicht vor, wenn lediglich Überziehungen durch die Bank geduldet werden. Der Nachweis des entsprechenden Kreditrahmens wird durch die Vorlage der entsprechenden Kreditunterlagen oder einer Erklärung der Bank zu erbringen sein.

cc) Voreinzahlungen

113 Auch bei der Kapitalerhöhung kommt es wegen der verschiedenen Anforderungen genau auf die Abgrenzung einer Barkapitalerhöhung von einer Sachkapitalerhöhung an. Einen damit verbundenen Problemkreis stellt die **Voreinzahlung** auf eine noch nicht ordnungsgemäß beschlossene Barkapitalerhöhung dar.[222] Denn diese Voreinzahlung kann wegen der fehlenden Forderung grundsätzlich keine Erfüllungswirkung haben, so dass ein Rückforderungsanspruch nach Bereicherungsrecht entsteht.[223] Dieser Rückforderungsanspruch müsste als Sacheinlage eingebracht werden – entsprechend der Rechtsprechung zur Kapitalerhöhung mit Darlehnsrückforderungsansprüchen der Gesellschafter. Die Rechtsprechung macht allerdings dann eine Ausnahme, wenn die Einzahlung Sanierungszwecken dient. Voraussetzung für die Erfüllungswirkung ist dabei, dass die Voreinzahlung etwa durch entsprechende schriftliche Zweckbestimmungserklärungen als Eigenkapitalleistung erkennbar war. Erforderlich ist ein enger zeitlicher Zusammenhang mit der formwirksamen Beschlussfassung über die Kapitalerhöhung, so dass der Notartermin letztlich schon zum Zeitpunkt der Zahlung feststehen muss. Die Voreinzahlung muss auch in Beschluss und Anmeldung offen gelegt werden. Und schließlich muss sich die Gesellschaft in einer existenziellen Krise befinden.[224]

114 Ob die Voreinzahlung die genannten Anforderungen erfüllt, ist jedenfalls dann unerheblich, wenn die Einlageleistung zum Zeitpunkt der Eintragung in das Handelsregister jedenfalls dem Werte nach noch vorhanden ist.[225] Es kommt damit nicht darauf an, dass die Einlageleistung auf einem Konto getrennt oder als Bargeld weiterhin vorliegt. Es ist vielmehr ein Wertvergleich vorzunehmen. Aber auch diesen Wertvergleich wird das Registergericht, wenn es eine Voreinzahlung erkennt, zu überprüfen haben, weil nur dann die Versicherung nach § 57 Abs. 2 GmbHG ordnungsgemäß erfolgt ist.

dd) Schütt-aus-Hol-zurück

115 In den Problemkreis der Abgrenzung der Sach- von der Barkapitalerhöhung gehört auch das sog. **Schütt-aus-Hol-zurück-Verfahren**.[226] Bei diesem auf steuerlichen Gründen beruhenden Vorgehen vereinbaren die Gesellschafter, dass der erwirtschaftete Gewinn zwar an die Gesellschafter

---

221 BGH GmbHR 1997, 255 = NJW 1997, 945; BGHZ 150, 197 = NJW 2002, 1716 = BB 2002, 957; BB 2005, 123.
222 *Müther*, NJW 1999, 404 ff.; aktuell: BGH BB 2006, 2707.
223 BGH NJW 1995, 460; BGHZ 158, 283 = BB 2004, 957 = NJW 2004, 2592.
224 BGH BB 2006, 2707; BGHZ 145, 150 = NJW-RR 1996, 1249; Baumbach/Hueck/*Zöllner*, § 56a Rn 9 ff.; Lutter/Hommelhoff/*Lutter*, § 56 Rn 19 ff.; *Müther*, NJW 1999, 404 ff.
225 Zuletzt BGHZ 158, 283 = BB 2004, 957 = NJW 2004, 2592.
226 Als verdeckte Sacheinlage wird es auch anzusehen sein, wenn die Bareinlage unmittelbar zur Darlehnsablösung verwandt wird: BGH NZG 2011, 667.

ausgeschüttet wird, diese aber den erhaltenen Betrag oder Teile davon alsbald wieder für eine Kapitalerhöhung einzahlen.[227] Dieses Vorgehen ist – ebenso wie das als Darlehnsgewährung anzusehende Stehenlassen von Gewinnen, die später für eine Kapitalerhöhung verwandt werden, oder die Einlageerbringung durch Verrechnung mit einem Gewinnauszahlungsanspruch – als Sachkapitalerhöhung anzusehen, so dass es grundsätzlich deren Anforderungen erfüllen muss.[228] Aus diesem Grund hat das Registergericht bei Kenntnis eines Ausschüttungs-Rückholungsvorgehens auf eine Anwendung dieser Vorschriften zu achten. Eine in dieser Weise erfolgte Einlageleistung hat bei der Barkapitalerhöhung keine Erfüllungswirkung, so dass auch eine darauf beruhende Versicherung nach § 57 Abs. 2 GmbHG inhaltlich unrichtig wäre. In seinem Urteil vom 26.5.1997[229] hat der BGH Leistungen im Wege des Schütt-aus-Hol-zurück-Verfahrens für wirksam erachtet, wenn dem Registergericht die Werthaltigkeit der Forderungen entsprechend den Grundsätzen der Kapitalerhöhung aus Gesellschaftsmitteln nachgewiesen worden ist. Hieraus kann nicht geschlossen werden, dass eine Verpflichtung des Registergerichts zur Eintragung der so nachgewiesenen Kapitalerhöhung bestünde. Denn tatsächlich liegen weder die gesetzlichen Voraussetzungen für die Eintragung einer Barkapitalerhöhung noch für die Eintragung einer Sachkapitalerhöhung oder einer Erhöhung aus Gesellschaftsmitteln vor.

ee) Heilung verschleierter Sachkapitalerhöhungen

Ist die Kapitalerhöhung zu Unrecht als Barkapitalerhöhung eingetragen worden, kommt neben der Neueinzahlung der dann ja noch offenen Einlagen auch eine andere Form der **Heilung** in Betracht. Denn nach der Rechtsprechung kann eine verdeckte Sacheinlage auch nach der Eintragung der Kapitalerhöhung in das Handelsregister durch einen satzungsändernden Mehrheitsbeschluss im Wege der Änderung der Einlagendeckung in eine Sacheinlage umgewandelt werden.[230] Dabei ist neben der entsprechenden Änderung der Satzung die Werthaltigkeit der neuen Einlage nachzuweisen und ein Erhöhungsbericht der Geschäftsführer anzufertigen. Der BGH verlangt überdies, dass die Geschäftsführer die Werthaltigkeit der Einlage versichern.[231] Eine solche Versicherung sieht das Gesetz jedoch auch für die Sachkapitalerhöhung nicht vor, so dass sie auch in diesem Fall eigentlich nicht verlangt werden kann. Der Inferent der verdeckten Sacheinlage kann unter Umständen aufgrund der gesellschafterlichen Treuepflicht die Mitwirkung der anderen Gesellschafter zur Durchführung der notwendigen Heilungsmaßnahmen verlangen.[232] **116**

Bestehen Bedenken, ob die Einlageleistung Erfüllungswirkung hatte, sollten die genauen Umstände dem Registergericht gegenüber offen gelegt werden. Dadurch kann in einem gewissen Rahmen Rechtssicherheit erlangt und der Vorwurf der Umgehungsabsicht ausgeräumt werden.[233] **117**

e) Sonstige Anforderungen an die Anmeldung

Häufig übersehen wird bei der Kapitalerhöhung, dass diese nach § 78 GmbHG nicht nur durch die Geschäftsführer in vertretungsberechtigter Zahl, sondern durch **alle Geschäftsführer** anzumelden ist. **118**

---

227 Zu den Variationsmöglichkeiten *Lutter/Hommelhoff/Lutter*, § 56 Rn 15.
228 BGHZ 113, 335 = GmbHR 1991, 255 = NJW 1991, 1754; BGHZ 135, 381 = GmbHR 1997, 788 = NJW 1997, 2516.
229 BGHZ 135, 381 = GmbHR 1997, 788 = NJW 1997, 2516.
230 BGHZ 132, 141 = GmbHG 1996, 351 = NJW 1996, 1473; BGH BB 2003, 1918; vgl. auch KG NZG 2005, 404.
231 BGHZ 132, 141, 156 = GmbHG 1996, 351 = NJW 1996, 1473.
232 BGHZ 155, 329 = NJW 2003, 3127.
233 Die Rspr. neigt in derartigen Fällen bei einer erfolgten Eintragung häufig dazu, auch die Einlageleistungen als wirksam anzusehen, vgl. etwa BGHZ 135, 381 = GmbHR 1997, 788 = NJW 1997, 2516; OLG Köln BB 2001, 1423.

119 Mit der Anmeldung ist auch eine **Liste** der die neuen Geschäftsanteile übernehmenden Gesellschafter einzureichen (vgl. § 57 Abs. 3 Nr. 2 GmbHG). Dieses Erfordernis dürfte erfüllt sein, wenn eine die Kapitalerhöhung berücksichtigende (Gesamt-)Gesellschafterliste eingereicht wird.

3. Checkliste

120
- Liegt ein notariell beurkundeter Erhöhungsbeschluss vor, der § 5 Abs. 1 und 3 GmbHG beachtet (siehe Rn 109)?
- Liegen die weiteren für eine Satzungsänderung notwendigen Voraussetzungen vor (siehe Rn 107)?
- Liegen die notwendigen Übernahmeerklärungen in der gehörigen Form vor (siehe Rn 110)?
- Sind die erforderlichen Einlageleistungen wirksam erfolgt (siehe Rn 111 ff.)?
- Ist eine Anmeldung durch alle Geschäftsführer erfolgt (siehe Rn 118)?
- Liegt die Übernehmerliste oder eine aktualisierte Gesellschafterliste vor (siehe Rn 119)?
- Liegen die einzureichenden Unterlagen alle in elektronischer Form nach § 12 Abs. 2 S. 2 HGB vor?

III. Sachkapitalerhöhung (§ 57 Abs. 1 GmbHG)

1. Typischer Sachverhalt

121 In der A-GmbH wird eine Kapitalerhöhung um 20.000 EUR beschlossen. Übernehmer der neuen Stammeinlage soll der Y sein, der sein Warenlager aus dem bisher von ihm betriebenen Einzelunternehmen einbringen soll.

2. Rechtliche Grundlagen
a) Sachkapitalerhöhung als Satzungsänderung

122 Auch die Anmeldung einer Sachkapitalerhöhung richtet sich nach § 57 GmbHG; auch insoweit müssen also die Voraussetzungen einer **Satzungsänderung** vorliegen (siehe Rn 107).

b) Beschlussanforderungen und Übernahmeerklärungen

123 Soll als Einlagegegenstand eine Sacheinlage erbracht werden, bedarf es – anders als bei der Barkapitalerhöhung – der **genauen Beschreibung der Sacheinlage**[234] im Beschluss (§ 56 Abs. 1 S. 1 GmbHG). Die Beschreibung muss dabei den Anforderungen entsprechen, die nach dem sachenrechtlichen Bestimmtheitsgrundsatz für die Übertragung beweglicher Sachen aufgestellt werden (zur Gründung siehe Rn 17). Denn die Aufnahme der Sacheinlageangaben in den Erhöhungsbeschluss entspricht dem Angebot auf Abschluss einer entsprechenden Beitragsverpflichtung, die dann durch die Übernahmeerklärung angenommen wird. Die genaue Beschreibung ist letztlich auch für die Prüfung der Werthaltigkeit von Bedeutung, weil nur so festgestellt werden kann, was denn nun tatsächlich auf die Gesellschaft übergehen soll. Im Prinzip reicht damit die Angabe einfacher äußerer Merkmale, die es einem Dritten erlauben, die Sache unschwer von anderen zu unterscheiden.[235] Bei Sachgesamtheiten reicht demgegenüber eine Sammelbezeich-

---

[234] Auch obligatorische Nutzungsrechte zur Verwertung von Namen und Logos von Sportvereinen können einlagefähig sein: BGHZ 144, 290 = NJW 2000, 2356.
[235] Palandt/*Bassenge*, § 930 Rn 2; Erman/*Michalski*, Anh. §§ 929–931 Rn 6; *Jauernig*, § 930 Rn 8.

nung aus, wenn durch diese klar erkennbar ist, welche Gegenstände übergehen sollen.[236] So würde es im Ausgangsfall als ausreichend anzusehen sein, wenn die Lage des Warenlagers beschrieben würde, soweit dort nicht noch weitere Gegenstände vorhanden sind, die gerade nicht mit übergehen sollen.

Auch bei der Sachkapitalerhöhung ist eine **Übernahmeerklärung erforderlich**, die ebenfalls eine sachenrechtlich bestimmte Beschreibung des Einlagegegenstandes enthalten muss (vgl. § 56 Abs. 1 S. 2 GmbHG). 124

c) Zusätzliche Erfordernisse

Neben den bereits beschriebenen Anforderungen an die Barkapitalerhöhung (siehe Rn 120) ist hier ein **Nachweis** zu führen, dass die vereinbarten Sacheinlagen tatsächlich den von den Gesellschaftern angenommenen Wert erreichen. Zum Zweck des Wertnachweises sind etwa auch die dem Erwerb der Sacheinlage zugrunde liegenden Verträge einzureichen (vgl. § 57 Abs. 3 Nr. 3 GmbHG). Häufig ergibt sich aus diesen Unterlagen nichts Ausreichendes, so dass sachverständige Hilfe in Anspruch genommen werden muss. Anders als das Aktienrecht (siehe § 34 Rn 50) sieht das GmbH-Recht keine externe Prüfung durch einen vom Gericht bestellten Prüfer vor, so dass die Gesellschaft selbst entsprechende Prüfungen in Auftrag geben kann und bereits mit der Anmeldung vorlegen sollte. 125

Teilweise wird angenommen, dass die Gesellschafter entsprechend § 5 Abs. 4 S. 2 GmbHG auch bei der Sachkapitalerhöhung zur Anfertigung eines **Erhöhungsberichtes** verpflichtet wären. Das Gesetz sieht die Vorlage eines entsprechenden Berichts jedoch nicht vor. Und auch die Mitwirkung aller Gesellschafter ist wegen der zur Beschlussfassung ausreichenden qualifizierten Mehrheit nicht gesichert. Dann aber kann eine Verpflichtung zur Vorlage eines entsprechenden Berichts nicht angenommen werden. Gleichwohl empfiehlt es sich häufig, dem Registergericht gegenüber alle Bewertungen der Gesellschaft offen zu legen. 126

3. Checkliste

- Sind die genannten Anforderungen (siehe Rn 120) erfüllt?
- Wird in dem Erhöhungsbeschluss die Sacheinlage sachenrechtlich bestimmt angegeben (siehe Rn 123)?
- Enhalten die Übernahmeerklärungen eine genaue Beschreibung der Sacheinlage (siehe Rn 124)?
- Ist die Sacheinlage vor der Anmeldung vollständig geleistet (siehe Rn 17)?[237]
- Liegen die Unterlagen nach § 57 Abs. 3 Nr. 3 GmbHG und ein Nachweis über die Werthaltigkeit der Anmeldung bei (siehe Rn 125)?

127

IV. Kapitalerhöhung aus Gesellschaftsmitteln

1. Typischer Sachverhalt

Die Bilanz der C-GmbH für das letzte Jahr weist einen Jahresgewinn von 11.000 EUR aus. Die zu gleichen Teilen beteiligten Gesellschafter A und B planen eine Kapitalerhöhung aus Gesellschaftsmitteln. Welcher Zeitrahmen muss angesetzt werden? Was haben A und B zu veranlassen? 128

---

[236] Palandt/*Bassenge*, § 930 Rn 3; Erman/*Michalski*, Anh. §§ 929–931 Rn 6; *Jauernig*, § 930 Rn 46 f.
[237] Baumbach/Hueck/*Zöllner*, § 56a Rn 16; LG Berlin, Beschl. v. 23.5.2003 – 102 T 29/03, n.v.

2. Rechtliche Grundlagen
a) Überblick

129 Die Kapitalerhöhung aus Gesellschaftsmitteln ist in den §§ 57c bis 57o GmbHG geregelt. Die Regelungen waren bis zum 1.1.1995 im Gesetz über die Kapitalerhöhung aus Gesellschaftsmitteln und über die Verschmelzung von Gesellschaften mit beschränkter Haftung enthalten.[238]

b) Erhöhungsbeschluss

130 Der Beschluss über die Kapitalerhöhung aus Gesellschaftsmitteln darf erst gefasst werden, wenn der Jahresabschluss für das vorangegangene Geschäftsjahr durch die Gesellschafterversammlung festgestellt worden ist oder die Voraussetzungen des § 57n Abs. 2 GmbHG vorliegen. Nach § 57c Abs. 3 GmbHG ist dem Beschluss auch eine **Bilanz** zugrunde zu legen. Dabei kann es sich um die letzte Jahresbilanz (vgl. § 57e GmbHG) oder um eine speziell zu diesem Zweck erstellte Zwischenbilanz (vgl. § 57f GmbHG) handeln. Abweichend vom allgemeinen Recht muss die dem Beschluss zugrunde liegende Bilanz auch bei einer kleinen Kapitalgesellschaft im Sinne des § 267 HGB durch Prüfer geprüft worden sein (§§ 57e Abs. 1, 57f Abs. 2 GmbHG). Die für die Erhöhung vorgesehenen Beträge müssen sich als Kapital- oder Gewinnrücklagen aus diesen Bilanzen ergeben (vgl. § 57d GmbHG). Ausreichend ist aber auch ein Gewinnverwendungsbeschluss, der die Beträge den Rücklagen zuweist, § 57d Abs. 1 GmbHG. Eine Kapitalerhöhung aus Gesellschaftsmitteln ist nur möglich, soweit die Bilanz keinen Verlustvortrag ausweist. Ausgeschlossen ist die Erhöhung demnach nur insoweit, als der Verlustvortrag die Rücklage erreicht. Der überschießende Rücklagenteil kann für eine Erhöhung verwandt werden.

131 Die Erhöhung kann durch Bildung neuer Anteile oder aber durch eine Nennbetragserhöhung erfolgen. Die entsprechende **Art der Anteilsbildung** muss im Erhöhungsbeschluss angegeben werden (vgl. § 57h Abs. 2 S. 1 GmbHG). Teileingezahlte Geschäftsanteile können nur durch eine Nennbetragserhöhung an der Kapitalerhöhung teilnehmen (vgl. § 57l Abs. 2 GmbHG). Ein bestimmter Umfang der Erhöhung ist schon wegen der Neuregelung bezüglich der Geschäftsanteile nicht erforderlich. Die neuen Geschäftsanteil und die Geschäftsanteile, deren Nennbetrag erhöht wird, müssen lediglich auf volle Euro lauten (vgl. §§ 57h Abs. 1, 57l Abs. 2 GmbHG).

132 Keine Angaben muss der Kapitalerhöhungsbeschluss darüber enthalten, wie sich die Erhöhungsbeträge verteilen. Denn die Erhöhung wirkt nach § 57j GmbHG **streng proportional**. Jede Abweichung von der verhältniswahrenden Erhöhung macht den Erhöhungsbeschluss nichtig und verhindert seine Eintragung in das Register.[239]

133 Umstritten ist, inwieweit eine Kapitalerhöhung aus Gesellschaftsmitteln mit anderen Kapitalerhöhungen kombiniert werden kann. Teilweise wird eine zeitgleiche **Kombination** für unzulässig erklärt, weil sich ein Gesellschafter zu einer Erhöhung gegen Einlagen gezwungen sehen könnte.[240] Eine derartige Gefahr ist jedenfalls in einer Einpersonengesellschaft nicht zu sehen, so dass hier eine Verbindung zuzulassen sein wird.[241]

c) Anmeldung nach § 57i GmbHG

134 Die Anmeldung hat nach § 78 GmbHG durch alle Geschäftsführer in der Form des § 12 Abs. 1 HGB zu erfolgen. In der Anmeldung haben die Geschäftsführer die Versicherung nach § 57i Abs. 1 S. 2 GmbHG abzugeben. Der Anmeldung sind beizufügen: der notariell beurkundete Beschluss über die Kapitalerhöhung einschließlich der Satzungsänderung, eine Satzungsneufassung mit der

---

[238] Vom 23.12.1959 (BGBl I, 789).
[239] Zur AG: OLG Dresden BB 2001, 1221.
[240] *Lutter/Hommelhoff/Lutter*, § 57c Rn 15; *Roth/Altmeppen*, § 57c Rn 7.
[241] Vgl. dazu auch OLG Düsseldorf NJW 1986, 2060 = GmbHR 1986, 192: Einverständnis der Gesellschafter reicht.

Bescheinigung nach § 54 Abs. 1 S. 2 GmbHG und die dem Beschluss zugrunde liegende geprüfte Bilanz.[242] Das Gesetz verlangt nicht die Vorlage einer neuen Gesellschafterliste mit der Anmeldung. Eine Verpflichtung ergibt sich aber aus § 40 Abs. 1 GmbHG. Ein Eintragungshindernis für die Kapitalerhöhung ergibt sich daraus aber nicht.

Die Anmeldung muss innerhalb von **acht Monaten** nach dem Stichtag der dem Beschluss zugrunde gelegten Bilanz beim Registergericht eingegangen sein. Jede noch so kleine Fristüberschreitung ist schädlich.[243] **135**

Ob die Anmeldung zur Fristwahrung beanstandungsfrei sein muss, ist umstritten. Nach einer Auffassung führt nur die Einreichung einer mangelfreien Anmeldung zur Fristwahrung.[244] Eine Ausnahme wird nur insoweit gemacht, als die ordnungsgemäß zugrunde gelegte Bilanz auch nach Fristablauf nachgereicht werden kann.[245] Anderer Ansicht nach reicht allein eine fristgerechte Anmeldung aus, wenn dann auf entsprechende Zwischenverfügung hin die Beanstandungen beseitigt werden und eine Eintragung erfolgt.[246] Ob insoweit mit der Einreichung der Papierunterlagen die Frist gewahrt werden kann, ist zumindest zweifelhaft, weil es bereits – wie etwa bei einer telefonischen Berufungseinlegung im Zivilprozess – überhaupt an einer wirksamen Verfahrenshandlung fehlt. **136**

3. Checkliste
- Liegt eine Anmeldung der Kapitalerhöhung durch alle Geschäftsführer vor (siehe Rn 134)? **137**
- Enthält die Anmeldung auch die Erklärung nach § 57i Abs. 1 S. 2 GmbHG (siehe Rn 134)?
- Ist der notariell beurkundete Gesellschafterbeschluss über die Kapitalerhöhung und die Satzungsänderung beigefügt (siehe Rn 134)?
- Ist eine Satzungsneufassung nach § 54 Abs. 1 S. 2 GmbHG beigefügt (siehe Rn 134)?
- Ist die dem Erhöhungsbeschluss zugrunde liegende geprüfte Bilanz beigefügt (siehe Rn 130, 134)?
- Ist die Frist von acht Monaten zum Zeitpunkt der Anmeldung schon verstrichen (siehe Rn 135)?
- War der Jahresabschluss für das vorangegangene Geschäftsjahr zum Zeitpunkt der Beschlussfassung bereits festgestellt oder lagen die Voraussetzungen des § 57n GmbHG vor (siehe Rn 130)?
- Ist die strenge Proportionalität des § 57j GmbHG eingehalten worden (siehe Rn 132)?

V. Kapitalherabsetzung

1. Typischer Sachverhalt
Der letzte Jahresabschluss der D-GmbH weist einen Verlust von 20.000 EUR bei einem Stammkapital von 100.000 EUR aus. Die Gesellschafter wollen einen Verlustvortrag vermeiden. **138**

2. Rechtliche Grundlagen
Die Kapitalherabsetzung ist bei der GmbH nach § 58 GmbHG möglich. Nach § 58a GmbHG ist zur Beseitigung von Bilanzverlusten auch eine **vereinfachte Kapitalherabsetzung** zulässig. Anders **139**

---
242 A.A. Roth/*Altmeppen*, § 57i Rn 6.
243 OLG Frankfurt BB 1981, 1253.
244 Lutter/Hommelhoff/*Lutter*, §§ 57e–g Rn 10; Ulmer/*Ulmer*, §§ 57e–g Rn 7.
245 Lutter/Hommelhoff/*Lutter*, §§ 57e–g Rn 10; Ulmer/*Ulmer*, §§ 57e–g Rn.7.
246 Baumbach/Hueck/*Zöllner*, §§ 57e Rn 4; Rowedder/*Zimmermann*, § 57g Rn 7.

als die **ordentliche Kapitalherabsetzung** sieht die vereinfachte Kapitalherabsetzung keinen Gläubigeraufruf nach § 58 Abs. 1 Nr. 1 GmbHG und auch nicht die Einhaltung der Sperrfrist von einem Jahr nach § 58 Abs. 1 Nr. 3 GmbHG vor.

140 Der **Gläubigeraufruf** im Falle der ordentlichen Kapitalherabsetzung hat dabei nach § 58 Abs. 1 Nr. 1 GmbHG in den Gesellschaftsblättern zu erfolgen. Gesellschaftsblatt ist das für die Veröffentlichungen der Gesellschaft vorgesehene Blatt, vgl. § 10 Abs. 3 GmbHG a.F. Ist dies der Bundesanzeiger, so wird dieser nunmehr durch den elektronischen Bundesanzeiger ersetzt, § 12 GmbHG. Fehlt eine Bestimmung im Gesellschaftsvertrag, hat die Bekanntmachung ebenfalls im elektronischen Bundesanzeiger erfolgen. Die Bekanntmachung muss dabei auch hinsichtlich der Angabe des Herabsetzungsbetrages zutreffend sein; ist dies nicht der Fall, liegt ein Eintragungshindernis vor.[247]

141 **Beide Kapitalherabsetzungen** erfordern im Beschluss die **Angabe des Zwecks** der Herabsetzung. Das Gesetz sieht diese Zweckangabe zwar nicht vor, insoweit wird aber die Vorschrift des § 222 Abs. 3 AktG entsprechend anzuwenden sein (siehe § 34 Rn 71).[248]

142 Die **Anmeldung** hat durch alle Geschäftsführer zu erfolgen (vgl. § 78 GmbHG).[249] Neben dem notariell beurkundeten Beschluss und der Satzungsneufassung mit der Bescheinigung nach § 54 Abs. 1 S. 2 GmbHG sind bei der ordentlichen Kapitalherabsetzung die Bekanntmachungen des Herabsetzungsbeschlusses mit dem Gläubigeraufruf in den Gesellschaftsblättern einzureichen. Die Anmeldung ist mit der Versicherung zu versehen, dass die Gläubiger, die sich bei der Gesellschaft gemeldet haben und der Herabsetzung nicht zugestimmt haben, befriedigt oder sichergestellt worden sind (vgl. § 58 Abs. 1 Nr. 4 GmbHG).

143 Bei der **vereinfachten Kapitalherabsetzung** ist die **Frist nach § 58e Abs. 3 GmbHG** zu beachten. Danach muss eine Eintragung des Beschlusses binnen drei Monaten nach der Beschlussfassung erfolgen. Das Registergericht hat auch die Voraussetzungen der vereinfachten Kapitalherabsetzung zu prüfen. Allerdings sieht das Gesetz die Vorlage entsprechender Nachweise nicht vor. Soweit das Gericht aber nicht durch bereits vorliegende Jahresabschlüsse die Voraussetzungen für den Beschluss erkennen kann, ist es nicht gehindert, entsprechende Nachweise zu verlangen. Diese können zur Vereinfachung auch bereits mit der Anmeldung durch die Geschäftsführer eingereicht werden.

144 Die vereinfachte Kapitalherabsetzung kann nach § 58a Abs. 4 GmbHG mit einer **Kapitalerhöhung verbunden** werden und dadurch zeitweise auch zu einer Unterschreitung der Mindeststammkapitalziffer von 25.000 EUR führen. In diesem Fall gilt die strenge Frist von drei Monaten für beide Beschlüsse.

145 Das Gesetz verlangt nicht die Vorlage einer neuen **Gesellschafterliste** mit der Anmeldung. Eine Verpflichtung ergibt sich aber aus § 40 Abs. 1 GmbHG. Ein Eintragungshindernis für die Kapitalerhöhung folgt daraus aber nicht.

3. Checklisten
a) Checkliste: Ordentliche Kapitalherabsetzung

146 – Liegt eine Anmeldung aller Geschäftsführer in der Form des § 12 Abs. 1 HGB vor (siehe Rn 142)?
– Enthält die Anmeldung die Versicherung nach § 58 Abs. 1 Nr. 4 GmbHG (siehe Rn 142)?
– Ist der notariell beurkundete Gesellschafterbeschluss über die Kapitalherabsetzung und die Satzungsänderung beigefügt (siehe Rn 142)?

---
247 OLG München MDR 2011, 612.
248 BayObLG GmbHR 1979, 111; *Lutter/Hommelhoff/Lutter*, § 58 Rn 8; *Ulbert*, S. 166/170; *Gustavus*, A 110, S. 114.
249 Das gilt auch im Falle der vereinfachten Kapitalherabsetzung: *Roth/Altmeppen*, § 58a Rn 15; Baumbach/Hueck/*Zöllner*, § 58a Rn 30; a.A. Scholz/*Priester*, § 58a Rn 32; *Ulbert*, S. 171: vertretungsberechtigte Anzahl.

- Liegt die Satzungsneufassung mit der Bescheinigung nach § 54 Abs. 1 S. 2 GmbHG vor (siehe Rn 142)?
- Liegen die drei Bekanntmachungen des Gläubigeraufrufs in den Gesellschaftsblättern vor (siehe Rn 142)?
- Ist die Jahresfrist nach § 58 Abs. 1 Nr. 3 GmbHG abgelaufen?

b) Checkliste: Vereinfachte Kapitalherabsetzung

147
- Liegt eine Anmeldung aller Geschäftsführer in der Form des § 12 Abs. 1 HGB vor (siehe Rn 142)?
- Ist der notariell beurkundete Gesellschafterbeschluss über die Kapitalherabsetzung und die Satzungsänderung beigefügt (siehe Rn 142)?
- Ist die Frist nach § 58e Abs. 3 GmbHG beachtet worden (siehe Rn 143)?

VI. Euro-Umstellung

Die Euro-Umstellung ist in § 86 GmbHG geregelt. Nach § 86 Abs. 1 GmbHG dürfen sog. Altgesellschaften ihr Stammkapital weiterhin in DM ausweisen. Daran sind sie auch nach dem 31. Dezember 2001 nicht gehindert. Das Gesetz sieht lediglich eine **Registersperre** für Kapitalmaßnahmen nach diesem Zeitpunkt vor, wenn nicht zugleich eine Umstellung auf EUR erfolgt. 148

Als **Umstellungsmaßnahmen** lassen sich 149
- die einfache Euro-Umstellung nach § 86 Abs. 3 S. 1 und 2 GmbHG und
- die mit weiteren Kapitalmaßnahmen verbundene Euro-Umstellung (echte Euro-Umstellung) nach § 86 Abs. 3 S. 3 GmbHG

unterscheiden.

Die **einfache Euro-Umstellung** bedeutet lediglich eine rechnerische Umstellung, die eigentlich zwar eine Satzungsänderung darstellt, nach der gesetzlichen Regelung aber weder die materiellen noch die formellen Voraussetzungen einer Satzungsänderung erfüllen muss. Ein Beschluss ist aber gleichwohl erforderlich.[250] Das bisherige Stammkapital von beispielsweise 50.000 DM wird nach der Umstellung mit 25.564,59 EUR angegeben. 150

Wird nicht der praktische Weg der einfachen Euro-Umstellung gewählt, müssen zur Glättung des krummen Betrages von 25.564,59 EUR weitere Kapitalmaßnahmen vorgenommen werden. Für diese **echte Euro-Umstellung** gelten nach § 86 Abs. 3 S. 3 GmbHG die allgemeinen Regeln. Allerdings entfallen bei einer Kapitalherabsetzung der Gläubigeraufruf, die Sperrfrist und die weiter in § 58 GmbHG aufgeführten Erfordernisse, wenn zugleich eine Kapitalerhöhung vorgenommen wird. 151

Eine Glättung der krummen Eurobeträge kommt letztlich nur durch eine **Nennbetragserhöhung** in Betracht, weil anderenfalls die Vorschrift des § 5 Abs. 3 S. 2 GmbHG verletzt würde. Eine Nennbetragserhöhung ist aber grundsätzlich dann ausgeschlossen, wenn der Geschäftsanteil noch nicht vollständig eingezahlt ist und noch ein Rückgriff auf einen Vorgänger in Betracht kommt (siehe Rn 109). Dieser Grundsatz ist durch die Regelung des § 86 GmbHG nicht entfallen. Er muss aber dahin eingeschränkt werden, dass eine Handhabung der Vorschrift nur dann Sinn macht, wenn man auch bei teileingezahlten Geschäftsanteilen eine Nennbetragserhöhung auf den nächsten durch 50 teilbaren Betrag zulässt. Bei der Euroumstellung ist schließlich zu beachten, dass zunächst das Stammkapital umgestellt wird und dann eine Anpassung der Geschäftsanteile erfolgt. 152

---

[250] OLG Frankfurt BB 2003, 2477.

E. Auflösung, Fortsetzung und Beendigung der GmbH

I. Auflösung und Abwicklung

1. Rechtliche Grundlagen
a) Auflösungsgründe und ihre Eintragung (§ 65 GmbHG)

153 Das Gesetz sieht in § 60 GmbHG verschiedene Gründe für die Auflösung einer GmbH vor.[251] Auch der Gesellschaftsvertrag kann nach § 60 Abs. 2 GmbHG weitere **Auflösungsgründe** festlegen. Als weiterer Auflösungsgrund wird angesehen, wenn die Gesellschafter die Sitzverlegung ins Ausland beschließen.[252] Die Auflösung ist in das Register einzutragen. Teilweise erfolgt dies von Amts wegen, teilweise sieht das Gesetz eine Anmeldepflicht der gesetzlichen Vertreter vor (vgl. § 65 Abs. 1 GmbHG). In der Regel ist die Eintragung der Auflösung nur deklaratorischer Natur und damit im Zwangsgeldverfahren nach § 14 HGB durchsetzbar. Lediglich wenn zur Auflösung eine Satzungsänderung notwendig ist, ist die Eintragung konstitutiv. Ihre Anmeldung entspricht der anderer Satzungsänderungen (dazu siehe Rn 85 ff.).

154 Auch die **Eintragung des Auflösungsbeschlusses** der Gesellschafterversammlung gem. § 60 Abs. 1 Nr. 2 GmbH ist deklaratorischer Natur. Es handelt sich auch nicht um eine Satzungsänderung, so dass weder das qualifizierte Mehrheitserfordernis von Dreiviertel der abgegebenen Stimmen zwingend ist noch eine notarielle Beurkundung nach § 53 Abs. 2 GmbHG erfolgen muss.[253] Anderes gilt nur dann, wenn die Gesellschaft nach dem Gesellschaftsvertrag befristet ist,[254] so dass eine vorzeitige Beendigung eine Änderung des Vertrags erfordert.[255]

b) Satzungsänderungen in der Abwicklungsphase

155 Für die Gläubiger der Gesellschaft ändert sich durch den Eintritt der Auflösung an sich nichts. Lediglich die nunmehr als Abwickler oder Liquidatoren bezeichneten Geschäftsführer sind jetzt gem. § 70 GmbHG verpflichtet, die Gesellschaft abzuwickeln, indem sie die Schulden der Gesellschaft begleichen, die Forderungen einziehen und die Vermögenswerte, soweit erforderlich, in Geld umsetzen. Im **Außenverhältnis** hat die Gesellschaft einen entsprechenden Liquidationszusatz zu tragen (vgl. § 68 Abs. 2 GmbHG).

156 Im **Innenverhältnis** gelten zwar die allgemeinen Vorschriften des GmbH-Rechts weiter (vgl. § 69 GmbHG). Dennoch ist die Befugnis der Gesellschafter zur Änderung der Satzung eingeschränkt. Denn durch die Änderung des Gesellschaftszweckes steht die Beendigung der Gesellschaft im Vordergrund. Allerdings sind **Satzungsänderungen** bei aufgelösten Gesellschaften nicht völlig ausgeschlossen;[256] sie bedürfen vielmehr einer sachlichen Rechtfertigung, die auch durch das Registergericht zu überprüfen ist.[257] So werden etwa **Firmenänderungen**[258] und **Sitzverlegungen**[259] nur unter sehr eingeschränkten Voraussetzungen möglich sein. Noch höhere

---

251 Die tatsächliche Sitzverlegung ins (auch EG-)Ausland ist nunmehr kein Auflösungsgrund mehr. Zur alten Rechtslage: OLG Hamm BB 2001, 744.
252 BayObLG NJW-RR 2004, 836; WM 1992, 1371 = NJW-RR 1993, 43; OLG Hamm ZIP 1997, 1696 = FGPrax 1997, 193; auch bei tatsächlicher Sitzverlegung: Scholz/*Westermann*, Einl Rn 154; zur Anwendung des § 144a FGG in diesen Fällen: Jansen/*Steder*, § 144a Rn 12.
253 Lutter/Hommelhoff/*Kleindiek*, § 60 Rn 5; Baumbach/Hueck/*Haas*, § 60 Rn 18.
254 Die Befristung ist nach § 10 Abs. 2 GmbHG in das Register einzutragen. Die fehlende Eintragung ändert an der Auflösung mit Fristablauf aber nichts. Im Einzelnen: *Goette*, § 10 Rn 6; Lutter/Hommelhoff/*Kleindiek*, § 60 Rn 2.
255 *Goette*, § 10 Rn 10; Baumbach/Hueck/*Haas*, § 60 Rn 15.
256 Lutter/Hommelhoff/*Kleindiek*, § 69 Rn 13; Roth/*Altmeppen*, § 69 Rn 9.
257 Roth/*Altmeppen*, § 69 Rn 9.
258 In der Regel irreführend, vgl. LG Frankfurt/Oder DB 2003, 494.
259 Die Sitzverlegung muss ersichtlich der Abwicklung dienen, ihr darf auch nicht der gebotene Schutz der Gläubiger entgegenstehen: LG Berlin DB 1999, 1158; Beschl. v. 6.4.2001 – 98 T 7/01, n.v.

Anforderungen an die sachliche Rechtfertigung einer Satzungsänderung sind dann zu stellen, wenn die Auflösung nicht auf dem Willen der Gesellschafter beruht, sondern aufgrund anderer Umstände eingetreten ist. So wird eine Gesellschaft wegen der Abweisung eines Insolvenzantrages über ihr Vermögen mangels Masse kaum einen nachvollziehbaren Anlass haben, durch eine Satzungsänderung eine Sitzverlegung herbeizuführen.

c) Liquidatoren und ihre Anmeldung (§ 67 GmbHG)

Die Abwicklung wird durch die Liquidatoren oder Abwickler durchgeführt. Mit dem Eintritt des Auflösungsgrundes werden die bestellten Geschäftsführer automatisch zu Liquidatoren (vgl. § 66 Abs. 1 GmbHG). Man bezeichnet sie aus diesem Grund auch als **geborene Liquidatoren**. Möglich ist aber auch, dass die Gesellschafterversammlung ihre bisherigen Geschäftsführer abberuft und neue Personen bestellt. Bei diesen handelt es sich dann um sog. **gekorene Liquidatoren**. 157

Während § 6 Abs. 2 S. 1 GmbHG festlegt, dass ein Geschäftsführer eine **natürliche Person** sein muss, fehlt ein entsprechender Hinweis in den Vorschriften über die Liquidatoren. § 66 Abs. 4 GmbHG schließt diese Vorschrift in seiner Verweisung auf § 6 Abs. 2 GmbHG gerade nicht ein. Daraus wird allgemein geschlossen, dass auch juristische Personen[260] und auch Personenhandelsgesellschaften[261] als Liquidatoren einer GmbH tätig werden können. Wegen ihrer fehlenden Publizität scheidet die BGB-Gesellschaft als Liquidator aus.[262] 158

Die Liquidatoren sind nach § 67 Abs. 1 GmbHG in das Register zur Eintragung anzumelden. Diese **Anmeldeverpflichtung** bezieht sich auch auf die sog. geborenen Liquidatoren, obwohl diese schon als Geschäftsführer angemeldet und eingetragen sein können.[263] Sind allerdings durch die Gesellschafterversammlung andere Personen bestellt worden, führt dies nicht zu der Verpflichtung der bisherigen Geschäftsführer zur Anmeldung. Entgegen dem Wortlaut des § 67 Abs. 1 GmbHG trifft die Anmeldepflicht hier die neuen Liquidatoren.[264] Denn die bisherigen Geschäftsführer hätten mit der Neubestellung anderer Personen ihre Vertretungsbefugnis verloren, so dass es einen unverständlichen Systembruch darstellte, ihnen noch die Anmeldeverpflichtung aufzuerlegen.[265] 159

Die Liquidatoren haben ebenso wie neue Geschäftsführer ihre Eignung zur Übernahme der Organstellung durch die Abgabe der **Versicherungen nach § 67 Abs. 3 GmbHG** nachzuweisen. Diese Verpflichtung trifft auch die sog. geborenen Liquidatoren.[266] Diese haben die entsprechende Versicherung zwar schon bei der Anmeldung der Übernahme der Geschäftsführerstellung abgegeben, das Gesetz differenziert insoweit aber nicht zwischen geborenen und gekorenen Liquidatoren. 160

Dem Registergericht wird damit die Möglichkeit gegeben, das Weiterbestehen der Amtsfähigkeit der Beteiligten zu überprüfen. 161

Mit der Anmeldung sind nach § 67 Abs. 2 GmbHG, entsprechend § 39 Abs. 2 GmbHG, die **Nachweise über die Bestellung** der Liquidatoren zu erbringen. Diese müssen in einfacher elektronischer Form erbracht werden, § 12 Abs. 2 S. 2 Alt. 1 HGB. Ein solcher Nachweis ist regelmäßig nur bei der Neubestellung von Liquidatoren notwendig, weil sich die Liquidatorenstellung ehemaliger Geschäftsführer aus dem Gesetz und der Tatsache der Auflösung der Gesell- 162

---

260 *Krafka/Willer/Kühn*, Rn 1131; OLG Dresden OLGR 1998, 1.
261 OLG Dresden OLGR 1998, 1.
262 Baumbach/Hueck/*Haas*, § 66 Rn 7.
263 *Lutter/Hommelhoff/Kleindiek*, § 67 Rn 2.
264 *Lutter/Hommelhoff/Kleindiek*, § 67 Rn 2; *Roth/Altmeppen*, § 67 Rn 5.
265 Anders aber wegen § 54 Abs. 3 GmbHG, wenn die Auflösung eine Satzungsänderung voraussetzt: BayObLG GmbHR 1994, 479.
266 BayObLG ZIP 1987, 1183; *Lutter/Hommelhoff*, § 67 Rn 8; *Roth/Altmeppen*, § 67 Rn 11.

schaft ergibt. Für die Anforderungen an den Umfang und an die Wirksamkeit des Bestellungsbeschlusses gilt das zur Geschäftsführerbestellung Gesagte entsprechend (siehe Rn 67 ff.).

d) Vertretungsbefugnis der Liquidatoren
aa) Vertretungsbefugnis der geborenen Liquidatoren

163 Es liegt nahe anzunehmen, die Regelung der Vertretung für die Geschäftsführer sei auch bei geborenen Liquidatoren als ursprüngliche Geschäftsführer weiterhin anwendbar.[267] Immerhin ist ihnen diese Befugnis bereits durch die Gesellschafterversammlung zugestanden worden. Demgegenüber wird überwiegend die Auffassung vertreten, die **Weitergeltung der Vertretungsbefugnis** ehemaliger Geschäftsführer müsse sich, wenn nicht ausdrücklich, so doch wenigstens durch Auslegung aus dem Gesellschaftsvertrag entnehmen lassen.[268] Es gebe nämlich keinen allgemeinen Grundsatz, nach dem von einer Weitergeltung auszugehen sei. Demzufolge ist bei mehreren Liquidatoren entsprechend § 68 Abs. 1 S. 2 GmbHG im Zweifel von einer Gesamtvertretung auszugehen.

164 Besondere Auswirkungen hat diese Auffassung für die Befreiung von den Beschränkungen des **§ 181 BGB**: Für eine Befreiung von der Norm wird allgemein eine entsprechende Satzungsermächtigung verlangt (siehe Rn 64). Eine Befreiung der Liquidatoren kommt daher nur dann in Betracht, wenn eine Ermächtigung auch für diese in der Satzung enthalten ist oder sich zumindest durch Auslegung aus der Satzung ergibt.[269]

bb) Bestimmung der Vertretungsbefugnis durch die Gesellschafterversammlung

165 Den **gekorenen Liquidatoren** ist mit ihrer Bestellung **Vertretungsbefugnis** zu erteilen. Soweit dies nicht geschieht, ergibt sich diese grundsätzlich aus dem Vertrag oder aus dem Gesetz. Aus der Regelung in § 68 Abs. 1 S. 1 GmbHG wird dabei geschlossen, dass die Gesellschafterversammlung bei der Festlegung der Vertretungsbefugnis der Liquidatoren gänzlich frei ist, es sei denn, der Gesellschaftsvertrag enthält entsprechende Beschränkungen.[270] Die Gesellschafterversammlung kann daher auch einem von mehreren Liquidatoren Einzelvertretungsbefugnis erteilen, auch wenn der Gesellschaftsvertrag hierfür keine Ermächtigung vorsieht.[271]

166 Diese Freiheit in der Bestimmung der **Vertretungsbefugnis** durch die Gesellschafterversammlung mit einfacher Mehrheit gilt dabei auch für den **geborenen Liquidator**. Sie kann auch später noch getroffen werden, und sie ist von einer gleichzeitigen Liquidatorenbestimmung nicht abhängig. Diese Auffassung gilt allerdings nicht für den Fall der Befreiung von den Beschränkungen des § 181 BGB (siehe Rn 164). Insoweit ist eine Satzungsermächtigung zur Befreiung notwendig.

e) Gerichtliche Bestellung und Abberufung von Liquidatoren

167 Nach § 66 Abs. 2 GmbHG kann das Registergericht **auf Antrag** aus wichtigen Gründen Liquidatoren bestellen. Diese Bestellungsmöglichkeit schließt einen Antrag auf Bestellung eines Notliqui-

---

267 So etwa *Roth/Altmeppen*, § 68 Rn 4; Baumbach/Hueck/*Haas*, § 68 Rn 4.
268 BGH ZIP 2009, 34 = Rpfleger 2009, 156; BayObLG GmbHR 1997, 13 = BB 1997, 8 = ZIP 1996, 2110; BayObLG GmbHR 1985, 392 = MDR 1985, 761; OLG Düsseldorf GmbHR 1989, 465 = NJW-RR 1990, 51; OLG Rostock ZIP 2004, 223 (LS); *Lutter/Hommelhoff/Kleindiek*, § 68 Rn 2.
269 BayObLG GmbHR 1997, 13 = BB 1997, 8 = ZIP 1996, 2110; BayObLG GmbHR 1985, 392 = MDR 1985, 761; a.A. LG Berlin Rpfleger 1987, 250; LG Bremen GmbHR 1991, 67: Befreiungsmöglichkeit für Geschäftsführer reicht.
270 *Lutter/Hommelhoff/Kleindiek*, § 68 Rn 2; Baumbach/Hueck/*Haas*, § 68 Rn 5.
271 BayObLG GmbHR 1997, 13 = BB 1997, 8 = ZIP 1996, 2110; BayObLG GmbHR 1985, 392 = MDR 1985, 761.

dators nach § 29 BGB schon deshalb nicht aus,²⁷² weil im Rahmen des § 66 Abs. 2 GmbHG nur ein Gesellschafter antragsbefugt ist, der mindestens 10% der Anteile an der Gesellschaft hält. Das Bestellungsverfahren ist ein sog. unternehmensrechtliches Verfahren nach § 375 Nr. 6 FamFG. § 12 HGB gilt in diesem Verfahren nicht (vgl. Rn 83).

Die gerichtliche Bestellung von Liquidatoren und die Abberufung von Liquidatoren, auch der durch die Gesellschafterversammlung berufenen, ist von dem Vorliegen eines **wichtigen Grundes** abhängig.²⁷³ Maßgeblich für die Beantwortung der Frage, ob ein solcher Grund vorliegt, ist die Entscheidung, ob der Abwicklungszweck andernfalls gefährdet ist.²⁷⁴ Der Abwicklungszweck ergibt sich dabei aus § 70 GmbHG. Danach sind, soweit für die Abwicklung notwendig, ausstehende Einlagen noch einzuziehen, eigenkapitalersetzende Darlehen erst nach Befriedigung aller anderen Gläubiger zurückzuzahlen und die vorhandenen Vermögenswerte zum besten Preis zu veräußern. Eine Gefährdung des Abwicklungszweckes ist daher etwa dann gegeben, wenn ein begründetes Misstrauen gegen die Unparteilichkeit des Liquidators gerechtfertigt ist. Dies kann sich auch daraus ergeben, dass erhebliche Streitigkeiten im Verhältnis zu den einzelnen Gesellschaftern vorliegen. Anlass kann auch ein Verhalten während der Geschäftsführertätigkeit des Liquidators sein. Nicht erforderlich ist ein Verschulden des Liquidators.²⁷⁵

168

Auch insoweit stehen dem Registergericht selten **geeignete Personen** zur Verfügung, so dass auch hier amtsbereite und geeignete Personen mit dem Antrag vorgeschlagen werden sollten. Insoweit muss das Gericht aber besonders Bedacht darauf nehmen, dass mit der Bestellung auch tatsächlich der Abwicklungszweck erreicht wird. Liegen die gleichen Bedenken, die zur Abberufung des bisherigen Liquidators führen sollen, auch in der Person des gerichtlich zu bestellenden Liquidators vor, kommt eine Neubestellung kaum in Betracht (hierzu Muster: siehe Rn 84).

169

Das Gericht ist bei der Bestellung und auch bei der Ausgestaltung der Vertretungsbefugnis **nicht an den Gesellschaftsvertrag gebunden**.²⁷⁶ Es kann daher auch bei einer Gesellschaft, die eine Vertretung durch mindestens zwei Liquidatoren vorsieht, einen neuen Liquidator mit Einzelvertretungsberechtigung bestellen. Die Befreiung eines gerichtlich bestellten Liquidators von den Beschränkungen des § 181 BGB wird wegen der damit verbundenen Missbrauchsmöglichkeiten nur in Ausnahmefällen in Betracht kommen.

170

2. Muster: Anmeldung der Auflösung²⁷⁷

M 345

An das
Amtsgericht _____
– Handelsregister –

_____

HRB _____; Anmeldung der Auflösung
Hiermit melden wir Folgendes zur Eintragung in das Handelsregister an:

171

---

272 *Lutter/Hommelhoff/Kleindiek*, § 66 Rn 7.
273 Näher OLG Köln BB 2003, 977; KG FGPrax 2006, 28 = GmbHR 2005, 1613.
274 OLG Düsseldorf DB 2002, 39; ZIP 1998, 334; BayObLG NJW-RR 1996, 1384.
275 KG GmbHR 2007, 1613, 1615. Im Einzelnen: Baumbach/Hueck/*Haas*, § 66 Rn 20; *Roth/Altmeppen*, § 66 Rn 44.
276 Baumbach/Hueck/*Haas*, § 68 Rn 9; Ulmer/*Paura*, § 68 Rn 11.
277 Für die Beglaubigung der Anmeldung erhält der Notar nach § 38 Abs. 2 Nr. 7 KostO eine 1/2 Gebühr aus dem Geschäftswert nach § 26 Abs. 4 Nr. 1 KostO. Aus diesem Wert wird auch eine Gerichtsgebühr fällig, § 79 Abs. 1 KostO, vgl. näher *Müther*, § 6 Rn 225 ff. und hier § 39.

A. Auflösung
Die Gesellschaft ist durch den Gesellschafterbeschluss vom _____ nach § 60 Abs. 1 Nr. 2 GmbHG aufgelöst.

B. Liquidatoren
Ich, _____, bin als bisheriger Geschäftsführer nunmehr Liquidator. Ich vertrete weiterhin stets allein und bin von den Beschränkungen des § 181 BGB befreit, weil der Gesellschaftsvertrag die Vertretungsregelung ausdrücklich auch auf die Liquidatoren bezieht.
Ich, _____, bin zusätzlich zum Liquidator bestellt. Ich vertrete aufgrund des Beschlusses der Gesellschafterversammlung vom _____ entsprechend der allgemeinen vertraglichen Regelung gemeinsam mit einem Prokuristen oder mit einem Liquidator.
Wir versichern nach einer entsprechenden Belehrung über die unbeschränkte Auskunftspflicht gegenüber dem Registergericht nach § 53 Abs. 2 des Gesetzes über das Zentralregister und das Erziehungsregister jeder für sich alleine, dass wir bisher nicht wegen einer Straftat nach den §§ 283 bis 283d StGB verurteilt worden sind. Uns ist bisher auch nicht durch gerichtliches Urteil oder vollziehbare Entscheidung einer Verwaltungsbehörde die Ausübung eines Berufs, Berufszweiges, Gewerbes oder Gewerbezweiges untersagt worden.

C. Beigefügte Unterlagen
Originalbeschluss über die Auflösung und die Bestellung des _____ zum weiteren Liquidator neben dem bisherigen Geschäftsführer _____
_____ (Unterschriften der Liquidatoren)
_____ (Es folgen die notarielle Beglaubigung dieser Unterschriften und der Zeichnung unter Angabe der Namen und der Wohnanschriften der Liquidatoren)

II. Fortsetzung

1. Rechtliche Grundlagen
a) Voraussetzungen und die Anmeldung

172 Bereits aus § 60 Abs. 1 Nr. 4 GmbHG ergibt sich, dass die Gesellschafter die aufgelöste Gesellschaft wieder in eine werbende Gesellschaft umwandeln können. Dazu sind folgende Maßnahmen erforderlich:
– die Beseitigung des Auflösungsgrundes
– ein Fortsetzungsbeschluss durch die Gesellschafterversammlung, der grundsätzlich keine Satzungsänderung darstellt[278]
– die Abberufung der Liquidatoren und die Neubestellung von Geschäftsführern
– die Anmeldung der Fortsetzung, der Abberufung der Liquidatoren und der Neubestellung der Geschäftsführer nach Maßgabe des § 39 GmbHG zur Eintragung in das Handelsregister
– die Versicherung,[279] dass mit der Verteilung des Vermögens unter den Gesellschaftern noch nicht begonnen worden ist (vgl. dazu § 274 Abs. 3 AktG).

b) Beseitigung des Auflösungsgrundes

173 Die Beseitigung des Auflösungsgrundes stellt sich mitunter als sehr einfach dar. So etwa, wenn die Auflösung allein auf einem Gesellschafterbeschluss nach § 60 Abs. 1 Nr. 2 GmbHG beruht.

---
278 Actus contrarius zu dem Beschluss nach § 60 Abs. 1 Nr. 2 GmbHG. Zu den Mehrheitsanforderungen: RGZ 118, 337, 341: Einstimmigkeit; Baumbach/Hueck/*Haas*, § 60 Rn 92: § 274 Abs. 1 AktG.
279 *Gustavus*, A 120, S. 130.

Mitunter ist eine Beseitigung der Auflösung aber ausgeschlossen. Das ist etwa dann der Fall, wenn die Beendigung der Gesellschaft bereits in das Register eingetragen ist,[280] die Eröffnung des Insolvenzverfahrens über das Vermögen der Gesellschaft mangels Masse zurückgewiesen worden ist oder im Insolvenzverfahren bereits der Schlusstermin stattgefunden hat. In den letzten beiden Fällen ist eine Fortsetzung aus Gläubigerschutzgründen nicht erwünscht.[281]

Häufiger Auflösungsgrund war bisher die fehlende Anpassung an Gesetzesänderungen. Dies betrifft etwa die Erhöhung des Stammkapitals von 25.000 DM auf 50.000 DM[282] und auch die Umstellung der auf Mark lautenden DDR-GmbH auf DM.[283] Bei der Euro-Umstellung hat der Gesetzgeber nunmehr einen anderen Weg gewählt. Die Gesellschaften sind erst dann zu einer Euro-Umstellung gezwungen, wenn sie nach dem 31.12.2001 eine Änderung des Stammkapitals in das Register eintragen lassen wollen (vgl. § 86 Abs. 1 S. 4 GmbHG; ausführlich hierzu siehe Rn 148).

174

2. Muster: Anmeldung der Fortsetzung[284]

M 346

An das
Amtsgericht _____
– Handelsregister –

175

_____

HRB _____; Anmeldung der Fortsetzung
Hiermit melde ich Folgendes zur Eintragung in das Handelsregister an:
A. Die Gesellschafter haben am _____ die Fortsetzung der Gesellschaft als werbende Gesellschaft beschlossen.
Ich versichere, dass mit der Verteilung des Vermögens der Gesellschaft unter den Gesellschaftern bisher nicht begonnen worden ist.
Das Vermögen der Gesellschaft übersteigt deren Schulden.
B. Die bisherigen Liquidatoren _____ sind abberufen.
C. Ich bin zum neuen Geschäftsführer bestellt worden. Ich vertrete die Gesellschaft stets einzeln und bin von den Beschränkungen des § 181 BGB befreit.
Ich versichere nach einer entsprechenden Belehrung über meine unbeschränkte Auskunftspflicht gegenüber dem Registergericht nach § 53 Abs. 2 des Gesetzes über das Zentralregister und das Erziehungsregister, dass ich bisher nicht wegen einer Straftat nach den §§ 283 bis 283d StGB verurteilt worden bin. Mir ist bisher auch nicht durch gerichtliches Urteil oder vollziehbare Entscheidung einer Verwaltungsbehörde die Ausübung eines Berufs, Berufszweiges, Gewerbes oder Gewerbezweiges untersagt worden.
D. Beigefügte Unterlagen
Originalbeschluss über die Fortsetzung der Gesellschaft, über die Abberufung der Liquidatoren und meine Bestellung zum Geschäftsführer.
_____ (Es folgt die Unterschrift des Geschäftsführers und die notarielle Beglaubigung der Unterschrift und der Zeichnung unter der Angabe der Wohnanschrift des Geschäftsführers)

---

280 Ulmer/Casper, § 60 Rn 109; Rowedder/Rasner, § 60 Rn 41; jedenfalls aber bei einer Löschung nach § 141a FGG (§ 394 FamFG): BGHZ 75, 178, 180; KG BB 1993, 1751; BayObLG 1995, 667.
281 BGHZ 75, 178, 180 = GmbHR 1980, 83; OLG Köln FGPrax 2010, 200.
282 Art. 12 § 1 des Gesetzes zur Änderung des Gesetzes betreffend die Gesellschaften mit beschränkter Haftung und anderer handelsrechtlicher Vorschriften vom 4.7.1980 (BGBl I, 836). Dazu Baumbach/Hueck/Haas, § 60 Rn 77.
283 § 57 DM-Bilanz-Gesetz. Vgl. Baumbach/Hueck/Haas, § 60 Rn 79.
284 Für die Beglaubigung der Anmeldung erhält der Notar nach § 38 Abs. 2 Nr. 7 KostO eine 1/2 Gebühr aus dem Geschäftswert nach § 26 Abs. 4 Nr. 1 KostO. Aus diesem Wert wird auch eine Gerichtsgebühr fällig, § 79 Abs. 1 KostO, vgl. näher Müther, § 6 Rn 233 f.

III. Beendigung und Nachtragsliquidation

1. Anmeldung der Beendigung nach § 74 Abs. 1 GmbHG

176 Während der Abwicklungsphase haben die Liquidatoren nach § 73 Abs. 1 GmbHG drei Mal einen **Gläubigeraufruf** zu veröffentlichen. Die Veröffentlichung hat nach § 12 S. 1 GmbHG im elektronischen Bundesanzeiger zu erfolgen. Sind im Gesellschaftsvertrag weitere öffentliche Blätter oder elektronische Informationsmedien als Gesellschaftsblätter bestimmt, so ist die Veröffentlichung auch in diesen Blättern vorzunehmen.[285] Enthält der Gesellschaftsvertrag die Bestimmung, dass die Veröffentlichungen im Bundesanzeiger zu erfolgen haben, was in den Altfällen schon aus Kostengründen häufig der Fall war,[286] so ist darunter mit der Einführung des § 12 GmbH in jedem Fall der elektronische Bundesanzeiger zu verstehen.[287]

177 Die **Anmeldung** nach § 74 Abs. 1 GmbHG hat, wie sich im Gegenschluss aus § 78 GmbHG ergibt, durch die Liquidatoren in vertretungsberechtigter Anzahl zu erfolgen. Mit der Anmeldung ist der Nachweis über die ordnungsgemäße Veröffentlichung des Gläubigeraufrufes zu erbringen.[288] Bei der Anmeldung ist zu beachten, dass die Eintragung nach § 73 Abs. 1 GmbHG erst nach Ablauf eines Sperrjahres nach der letzten Veröffentlichung erfolgen darf. Die Einhaltung des Sperrjahres wird teilweise dann nicht als erforderlich angesehen, wenn kein verteilungsfähiges Vermögen zur Verfügung steht.[289] Ob die Anmeldung dann darauf zu lauten hat, dass die Firma erloschen ist (entsprechend § 31 Abs. 2 S. 1 HGB) oder dass die Liquidation beendet ist (entsprechend § 273 Abs. 1 S. 1 AktG),[290] ist umstritten. Auch wenn mehr für eine Anmeldung entsprechend § 273 Abs. 1 S. 1 AktG spricht, empfiehlt es sich, beide Formulierungen in die Anmeldung aufzunehmen.[291] In der Anmeldung der Beendigung ist gleichzeitig die Erklärung der Liquidatoren zu sehen, dass ihr Amt beendet sei.[292] Ausdrücklich angemeldet werden muss die Beendigung der Liquidatorenstellung damit grundsätzlich nicht.[293]

178 Um einer Bestimmung nach § 74 Abs. 2 S. 2 GmbHG über die Verwahrung der Bücher und Schriften der Gesellschaft durch das zuständige Gericht im Verfahren nach § 375 Nr. 6 FamFG zu entgehen, bietet es sich an, bereits mit der Anmeldung nach § 74 GmbHG eine Person zu bestimmen, welche die Verwahrung der Bücher und Schriften übernimmt.[294] Notwendig ist dies aber nicht. Das Gericht kann in der Folge auf Antrag Einsicht gewähren. Durchgesetzt wird diese gerichtlich gewährte Einsicht nach § 95 FamFG iVm § 888 ZPO.[295]

2. Nachtragsliquidation

179 Stellt sich nach der Eintragung der Beendigung der Gesellschaft heraus, dass **weitere Abwicklungsmaßnahmen** erforderlich sind,[296] steht die Löschung der Gesellschaft der Vornahme ent-

---

285 Bestimmt der Gesellschaftsvertrag, der nach dem 1.4.2005 gefasst worden ist, den Bundesanzeiger zum Gesellschaftsblatt, soll darunter die Papierform des Bundesanzeigers gemeint sein: OLG München Rpfleger 2006, 21.
286 Vgl. zur Rechtslage vor dem In-Kraft-Treten des § 12 GmbHG n.F. am 1.4.2005: *Müther*, Das Handelsregister in der Praxis, 1. Aufl., § 5 Rn 235.
287 LG Bielefeld Rpfleger 2007, 32; Baumbach/Hueck/*Fastrich*, § 12 Rn 6; zur AG *Hüffer*, § 25 Rn 3; a.A. zu einer nach dem 1.4.2005 gefassten Satzungsregelung: OLG München Rpfleger 2006, 21.
288 *Gustavus*, A 121, S. 116.
289 OLG Naumburg BB 2002, 1609; OLG Köln Rpfleger 2005, 146 = GmbHR 2005, 108.
290 *Krafka/Willer/Kühn*, Rn 1149.
291 So auch *Gustavus*, A 121, S. 116.
292 OLG Hamm BB 2001, 1701, 1702.
293 BayObLG GmbHR 1994, 259.
294 *Gustavus*, A 121, S. 116.
295 OLG Oldenburg BB 1983, 1434; *Roth/Altmeppen*, § 74 Rn 20.
296 Der Anspruch auf Einsicht in Geschäftsunterlagen rechtfertigt eine Nachtragsliquidation nicht, vgl. OLG Hamm BB 2001, 1701, 1703. Ansonsten reichen alle Maßnahmen, die eine gesetzliche Vertretung erforderlich machen, vgl.

sprechender Handlungen zwar nicht entgegen, weil der endgültige Untergang der Gesellschaft nicht nur deren Löschung im Register, sondern auch absolute Vermögenslosigkeit voraussetzt.[297] Die Gesellschafterversammlung verliert aber mit der Löschung die Befugnis zur Bestellung von Vertretern der Gesellschaft.[298] Dementsprechend sieht § 66 Abs. 5 GmbHG für den Fall der Löschung wegen Vermögenslosigkeit ausdrücklich die gerichtliche Bestellung eines Nachtragsliquidators vor. Soweit die Voraussetzungen dieser Norm – etwa wegen einer Löschung nach § 74 GmbHG – nicht vorliegen, wird weiterhin auf eine entsprechende Anwendung des § 273 Abs. 4 AktG zurückgegriffen.[299] Es handelt sich dabei um ein Verfahren nach den §§ 145, 148 FGG, das nicht dem § 12 HGB unterfällt (siehe Rn 83).

Beteiligter im Sinne der Vorschrift ist wiederum jeder, der ein Interesse an der Vornahme **180** der noch notwendigen Handlung hat. Dies kann das Finanzamt sein, das noch Steuerbescheide zustellen will. Das können Gläubiger sein, die für die Durchführung der Zwangsvollstreckung in unbewegliches Vermögen der Gesellschaft einen Vertreter der Gesellschaft benötigen. Entsprechend den Anforderungen an die Bestellung eines Notgeschäftsführers ist auch bei einem Antrag nach § 66 Abs. 5 GmbHG ein Bedürfnis für die Bestellung nachzuweisen. Geht es etwa um die Verteilung von Vermögen, so ist dessen Vorhandensein substantiiert darzulegen.[300] Dem Nachtragsliquidator wird in der Regel nur eine auf die notwendigen Maßnahmen beschränkte Vertretungsbefugnis erteilt, so dass diese ihrem ungefähren Umfang nach zu beschreiben sind.

Für die Bestellung eines Nachtragsliquidators gelten die gleichen Grundsätze wie bei der **181** Notgeschäftsführerbestellung: Der Nachtragsliquidator muss geeignet sein, also die Voraussetzungen des § 6 Abs. 2 S. 3 und 4 GmbHG erfüllen. Auch muss er zur Übernahme des Amtes bereit sein. Da dem Registergericht **geeignete Personen** in der Regel nicht zur Verfügung stehen, hat ein entsprechender Antrag nur dann Erfolg, wenn mit dem Antrag eine bereite Person benannt wird. Bei Angehörigen der rechts- oder steuerberatenden Berufen kann jedenfalls beim Fehlen entsprechender Anhaltspunkte regelmäßig von einem unparteilichen Verhalten ausgehen.[301] Das Gericht kann die Bestellung von der Einzahlung eines Vorschusses für die Vergütung und die Auslagen des Nachtragsliquidators abhängig machen.

Mit der Bestellung des Nachtragsliquidators wird in der Regel keine **Wiedereintragung der** **182** **Gesellschaft in das Register** erfolgen. Der damit verbundene Arbeits- und Kostenaufwand rechtfertigt eine Wiedereintragung zumeist nicht. Die Bestellung erfolgt demgemäß durch einen Beschluss, der auch die Aufgaben des Liquidators umschreibt. Mit der Beschlussausfertigung weist der Nachtragsliquidator dann im Rechtsverkehr seine Vertretungsbefugnis nach. Die Ausfertigung ist nach dem Ende der Liquidation an das Gericht zurückzureichen.

KG Rpfleger 2007, 398; *Roth/Altmeppen*, § 74 Rn 27 m.w.N. Hauptanwendungsfall ist nach dem Gesetz das Vorhandensein von Vermögen, vgl. dazu BayObLG DB 2004, 179. Die schlichte Behauptung des Vorhandenseins von Vermögen reicht aber nicht, vgl. KG Rpfleger 2007, 398.
297 *Roth/Altmeppen*, § 65 Rn 19, 23; Baumbach/Hueck/*Haas*, § 74 Rn 16.
298 BGHZ 53, 264 = GmbHR 1970, 123 = NJW 1970, 1044.
299 BGHZ 53, 264 = GmbHR 1970, 123 = NJW 1970, 1044; KG Rpfleger 2007, 398. Dies ist wohl historisch bedingt und macht aufgrund der Angleichung der Rechtsmittelverfahren keinen Unterschied.
300 OLG Frankfurt FGPrax 2005, 271.
301 LG Berlin, Beschl. v. 10.1.2006 – 102 T 141/05, n.v.

Dr. Peter-Hendrik Müther

§ 34 Die Aktiengesellschaft im Handelsregister

Literatur

Gustavus, Handelsregister-Anmeldungen, 7. Aufl. 2009; *Heidel*, Aktienrecht und Kapitalmarktrecht, 3. Aufl. 2011 (zitiert: Heidel/*Bearbeiter*); *Hüffer*, AktG, Kommentar, 10. Aufl. 2012; *Jansen*, FGG, Kommentar, 3. Aufl., 2006; *Krafka/Willer/Kühn*, Handelsregisterrecht, 8. Aufl. 2010; *Keidel*, FamFG, Familienverfahren, Freiwillige Gerichtsbarkeit, Kommentar, 17. Aufl., 2010; *Kölner Kommentar zum Aktiengesetz*, 2. Aufl., ab 1988, 3. Aufl., ab 2004; *Melchior/Schulte/Schneider*, HandelsregisterVO, 2. Aufl., 2009; *Münchener Handbuch des Gesellschaftsrechts*, Band 4, Aktiengesellschaft, 3. Aufl. 2007 (zitiert: MünchGesR/*Bearbeiter*); *Münchener Kommentar zum Aktiengesetz*, 2. Aufl., ab 2000, 3. Aufl., ab 2008; *Müther*, Das Handelsregister in der Praxis, 2. Aufl. 2007; Müther, Die Prüfungspflichten des Registergerichts im elektronischen Handelsregister, Rpfleger 2008, 233; *Priester*, Unwirksamkeit der Satzungsänderung bei Eintragungsfehlern?, BB 2002, 2613.

Inhalt

A. **Ersteintragung der Aktiengesellschaft** — 1
I. Ersteintragung der AG und der GmbH — 1
II. Kapitalaufbringung — 5
  1. Übernahmeerklärung — 5
  2. Einlageleistungen — 8
  3. Sachgründung und Sachübernahme — 11
III. Satzungsregelungen — 14
  1. Eingeschränkte Gründungsprüfung — 14
  2. Notwendiger Satzungsinhalt — 15
IV. Gründungsbericht und (externe) Gründungsprüfung — 17
V. Checkliste — 21
VI. Nachgründung nach § 52 AktG — 22
VII. Formularmuster — 26
  1. Typischer Sachverhalt — 26
  2. Muster: Antrag auf Bestellung eines externen Gründungsprüfers — 27
  3. Muster: Erstanmeldung einer Aktiengesellschaft — 28
B. **Eintragung der Vorstandsmitglieder** — 29
I. Eignungsvoraussetzungen und weitere Anmeldevoraussetzungen — 29
II. Abberufung von Vorstandsmitgliedern — 31
III. Zur Vertretung der Vorstandsmitglieder — 32
IV. Bestellung von Not-Vorstandsmitgliedern — 33
C. **Das Handelsregister und die Aufsichtsräte** — 34
I. Rechtliche Grundlagen — 34
II. Gerichtliche Bestellung des Aufsichtsrates — 35
III. Muster: Bestellung eines Aufsichtsratsmitgliedes nach § 104 Abs. 2 AktG — 38
D. **Satzungsänderungen und Kapitalmaßnahmen** — 39
I. Allgemeine Voraussetzungen einer Satzungsänderung — 39
  1. Satzungsänderung durch Hauptversammlungsbeschluss — 39
  2. Fassungsänderung durch den Aufsichtsrat — 46
II. Änderung des Grundkapitals — 48
  1. Kapitalerhöhung gegen Einlagen (§§ 182 ff. AktG) — 48
    a) Rechtliche Grundlagen — 48
    b) Checklisten — 52
    aa) Checkliste: Anmeldung des Beschlusses über die Erhöhung des Grundkapitals nach § 184 AktG — 52
    bb) Checkliste: Anmeldung der Durchführung der Kapitalerhöhung nach § 188 AktG — 53
  2. Kapitalerhöhung aus bedingtem Kapital (§§ 192 ff. AktG) — 54
    a) Erhöhungsbeschluss und seine Anmeldung — 54
    b) Checkliste: Anmeldung des Beschlusses über die bedingte Kapitalerhöhung nach § 195 AktG — 57
    c) Anmeldung der Aktienausgabe — 58
  3. Kapitalerhöhung aus genehmigtem Kapital (§§ 202 ff. AktG) — 60
  4. Kapitalerhöhung aus Gesellschaftsmitteln (§§ 207 ff. AktG) — 64
  5. Die Kapitalherabsetzung (§§ 222 ff. AktG) — 70
    a) Ordentliche und vereinfachte Kapitalherabsetzung — 70
    b) Anmeldungen zur ordentlichen Kapitalherabsetzung — 73
    c) Anmeldungen zur vereinfachten Kapitalherabsetzung — 79
  6. Die Euro-Umstellung — 82
E. **Auflösung und Beendigung der Aktiengesellschaft** — 84

A. Ersteintragung der Aktiengesellschaft

I. Ersteintragung der AG und der GmbH

Ein Vergleich der Gründungserfordernisse bei der AG und bei der GmbH ergibt: Die AG-Gründung ist komplizierter. Dies folgt nicht nur aus der Tatsache, dass die AG notwendigerweise über ein weiteres Gesellschaftsorgan, den Aufsichtsrat, verfügt. Es bedarf auch einer nachzuweisenden Gründungsprüfung. Dennoch bestehen wesentliche Übereinstimmungen, so dass wegen bestimmter Punkte auf die Ausführungen zur GmbH verwiesen werden kann. 1

Übereinstimmungen mit der GmbH-Gründung bestehen bei: 2
- den Anforderungen an die Gründer und die Prüfung der Vertretung (siehe § 33 Rn 2ff.) und
- der Gestaltung des Gesellschaftsvertrages, soweit die Fragen der Firma, des Sitzes und des Unternehmensgegenstandes[1] betroffen sind (siehe § 33 Rn 23ff.). Auch bezüglich der AG ist nunmehr die Anmeldung einer inländischen Geschäftsanschrift erforderlich. Zusätzlich kann auch hier eine empfangsberechtigte Person mit inländischer Anschrift benannt werden, die in das Register eingetragen wird. Wegen der Übergangsregelung, vgl. § 18 Abs. 1 S. 2 EGAktG).[2]

Die Vorschriften über das elektronische Handelsregister gelten natürlich auch für die Aktiengesellschaft. Danach sind die Vorschriften über die Verpflichtung zur Einreichung einer elektronischen Anmeldung (§ 12 Abs. 1 S. 1, Abs. 2 HGB) anzuwenden (siehe § 32 Rn 31f.), was für die Anmeldung der Ersteintragung noch einmal ausdrücklich in § 37 Abs. 5 AktG festgelegt ist. 3

Der genaue **Gründungsablauf** besteht dabei im Falle der einfachen Gründung in der notariellen Beurkundung der Gründung nach § 23 AktG[3] mit der Bestellung eines Aufsichtsrates und eines Abschlussprüfers nach § 30 AktG. Die fehlende Bestellung des Abschlussprüfers stellt allerdings kein Eintragungshindernis dar.[4] Der Aufsichtsrat wiederum bestellt den Vorstand.[5] Die Gründer erstatten einen Gründungsbericht (§ 32 AktG) und Vorstand und Aufsichtsrat prüfen die Gründung gemäß § 33 AktG. Die Gründung ist nunmehr nach Maßgabe des § 37 AktG anzumelden und entsprechend § 39 AktG in das Handelsregister einzutragen und bekannt zu machen (zu besonderen Gründungsanforderungen siehe Rn 11, 19). 4

II. Kapitalaufbringung

1. Übernahmeerklärung

Anders als bei der GmbH bedarf es keiner Aufnahme der Einlageverpflichtungen in die Satzung (zur GmbH siehe § 33 Rn 38ff.). Bei der AG muss die Gründungsurkunde vielmehr selbst die **Übernahmeerklärungen** der Gründer enthalten (§ 23 Abs. 2 Nr. 1 AktG). Mit der formgerechten Abgabe dieser Erklärungen ist die AG als Vor-AG errichtet (§ 29 AktG). 5

---

[1] Das gilt trotz des engeren Wortlauts des § 23 Abs. 3 Nr. 2 AktG. Auch eine Rechtsanwalts-AG, die nicht nur Organisations-, sondern Betriebsführungsgesellschaft ist, wird über § 59c BRAO als zulässig angesehen, vgl. BGH NJW 2005, 1568 = BB 2005, 1131; BayObLG OLGR 2000, 36 = Rpfleger 2000, 337; OLG Hamm FGPrax 2006, 274.
[2] Anmeldepflicht für Altgesellschaften besteht nur, wenn keine Anschrift nach § 24 Abs. 2 HRV angegeben ist, vgl. OLG München Rpfleger 2009, 460.
[3] Beurkundung von Willenserklärung nach §§ 6ff. BeurkG, vgl. *Hüffer*, § 23 Rn 9; *Henn*, Rn 174.
[4] *Hüffer*, § 30 Rn 10.
[5] Die Bestellung bedarf keiner notariellen Beurkundung, sondern des Nachweises durch Vorlage des Protokolls nach § 107 Abs. 2 AktG, vgl. *Krafka/Willer*, Rn 1299. Zur Transformation in die elektronische Form, vgl. *Müther*, § 1 Rn 9.

6 Im Rahmen der Übernahmeerklärung bedarf es der **Verteilung der verschiedenen Aktien**. Es ist festzulegen, welcher Gründer welche Aktien übernimmt. Soweit Aktien verschiedener Gattungen (§ 11 AktG) vorhanden sind, ist auch insoweit eine Aufteilung vorzunehmen. Sind Nennbetragsaktien (§ 8 AktG) vereinbart und sollen Aktien verschiedener Nennbetragsstückelung ausgegeben werden, bedarf es nicht nur der Angabe des Gesamtnennbetrags, sondern auch der genauen Aufteilung auf die verschiedenen Stückelungen. Neben Namensaktien können zugleich Inhaberaktien ausgegeben werden.[6]

7 Nach § 23 Abs. 2 Nr. 3 AktG ist in der Gründungsurkunde ebenfalls anzugeben, welche Leistungen auf die Einlagen zu diesem Zeitpunkt erbracht sind. Aus dieser Regelung kann nicht geschlossen werden, dass bereits Vorleistungen auf die spätere Einlagepflicht möglich sind. Auch im Recht der AG gilt, dass sich die Vorgründungsgesellschaft nicht ipso iure in die Vor-AG umwandelt, so dass Bargeldleistungen, die vor der Gründung erbracht worden sind, noch als solche vorhanden sein müssen, um als Einlageleistung gelten zu können (zur GmbH siehe § 33 Rn 14).

2. Einlageleistungen

8 Das Grundkapital der AG muss nicht nur auf mindestens 50.000 EUR lauten; anders als bei der GmbH ist die Erbringung der Einlageleistung auch nachzuweisen (§ 37 Abs. 1 S. 2 AktG). Neben der Versicherung nach § 37 Abs. 1 S. 1 AktG wird der Nachweis der Einlage im Regelfall durch eine **Bankbestätigung nach § 37 Abs. 1 S. 3 AktG** erbracht. Da mit dieser Erklärung eine Haftung der Bank[7] verbunden ist, bedarf sie eines genauen Inhalts.[8] Auch wenn das Gesetz keinen bestimmten Wortlaut verlangt, muss sich aus der Bestätigung ergeben, dass das Geld noch unversehrt vorhanden ist und dass der Bank keine Gegenansprüche zustehen oder bekannt sind. Die Bankbestätigung ist in einfacher elektronischer Form nach § 12 Abs. 2 S. 2 HGB einzureichen.

9 Der Nachweis über die Erbringung der Einlageverpflichtung kann auch auf andere Art und Weise erbracht werden. Für die Überprüfung, ob der Nachweis ausreicht, ist die Vorschrift des **§ 54 Abs. 3 AktG** von Bedeutung, weil sie festlegt, wann eine Leistung erfüllende Wirkung haben kann.[9] An dieser Norm ist dann der entsprechende Nachweis auszurichten, so dass etwa auch eine Quittung des Vorstands über Barzahlungen als Nachweis in Betracht kommt. Allerdings wird der Vorstand diesen Betrag bei ordnungsgemäßem Geschäftsgebaren alsbald bei einer Bank einzuzahlen haben, so dass dann wieder eine Bankbestätigung verlangt werden könnte. Auch diese Nachweise müssen in einfacher elektronischer Form eingereicht werden.

10 Zum Zeitpunkt der Anmeldung müssen auf die Aktien bei einer Bareinlage mindestens ein Viertel der Einlage und das vollständige Agio, soweit es vereinbart ist, geleistet sein (§ 36a Abs. 1 AktG). Sacheinlagen müssen grundsätzlich vor der Anmeldung vollständig auf die Gesellschaft übertragen sein. Eine Ausnahme gilt unter den Voraussetzungen des § 36a Abs. 2 S. 2 AktG. Diese Erfordernisse der **Leistung der Einlagen** sind bei der Anmeldung nach §§ 36 Abs. 1, 37 Abs. 1 AktG vom Vorstand, den Gründern und den Aufsichtsräten zu versichern. Dabei gilt auch hier die Rechtsprechung des Bundesgerichtshofs zur Vorbelastung, so dass auch eine fehlende oder näher dargelegte Vorbelastung des Gesellschaftsvermögens in die Versicherung einzubeziehen ist (auch dazu siehe § 33 Rn 14).[10]

---

[6] *Krafka/Willer/Kühn*, Rn 1279; MüKo-AktG/*Pentz*, 2. Aufl., § 37 Rn 35; vgl. auch den Sachverhalt zu OLG Dresden BB 2001, 1221.
[7] Zum Inhalt der Haftung BGHZ 119, 177 = NJW 1992, 3300.
[8] LG Hamburg NJW 1976, 1980, 1981; *Hüffer*, § 37 Rn 3a; zur Auslegung einer Bankbestätigung im GmbH-Recht BGH GmbHR 1997, 255 = NJW 1997, 945.
[9] BGHZ 119, 177 = NJW 1992, 2200.
[10] Der BGH hat die entsprechende Anwendung dieser Rspr. auf die AG bisher offen gelassen, vgl. BGHZ 119, 177, 186 = NJW 1992, 3300. Eine entsprechende Anwendung entspricht aber allgemeiner Auffassung: OLG Karlsruhe ZIP 1998, 1961, 1963; *Hüffer*, § 41 Rn 8; Müko-AktG/*Pentz*, 2. Aufl., § 41 Rn 23; Heidel/*Höhfeld*, § 41 AktG Rn 14.

3. Sachgründung und Sachübernahme

Auch bei der AG führt die **Sachgründung**,[11] also das Versprechen der Einbringung von anderen Gegenständen als Bargeld, zu einem erweiterten Prüfungsprogramm (zur GmbH siehe § 33 Rn 17 ff.). Die Vereinbarung derartiger Einlagen ist nach § 27 Abs. 1 AktG in die Satzung aufzunehmen. Bei der Bestellung der Aufsichtsratsmitglieder ist bei einer Sachgründung die Regelung des § 31 AktG zu beachten, welche die möglichst frühzeitige Beteiligung der Arbeitnehmervertreter ermöglichen soll. Im Falle der Sachgründung ist zwingend ein externer Gründungsprüfer zu bestellen, § 33 Abs. 2 Nr. 4 AktG (siehe Rn 19). Eine Ausnahme ist nach dem neu eingeführten § 33a AktG dann gegeben, wenn bestimmte umlauffähige Gegenstände (§ 33a Abs. 1 Nr. 1 AktG) oder Gegenstände eingebracht werden sollen, deren Wertigkeit durch ein bestimmte Anforderungen erfüllendes Sachverständigengutachten nachgewiesen sind. Das Abstehen von der externen Prüfung ist in der Anmeldung ausdrücklich zu erklären (§ 37a Abs. 1 S. 1 AktG). In diesen Fällen ist die Prüfung durch das Gericht eingeschränkt (§ 38 Abs. 3 AktG). In allen anderen Fällen obliegen dem Registergericht besondere Prüfungspflichten (§ 38 Abs. 2 AktG). Als Sachgründung ist es schließlich auch anzusehen, wenn die Gesellschaft von dem Aktionär unter Anrechnung auf seine Bareinlageverpflichtung Gegenstände erwerben soll (vgl. § 27 Abs. 1 S. 2 AktG).

Ebenfalls den Sachgründungsregeln unterfallen die sog. **Sachübernahmen**. Danach soll die Gesellschaft von dem Aktionär nach dessen Erbringung einer Bareinlage oder von einem Dritten zum Vorteil des Aktionärs Sachgegenstände übernehmen.[12] Die getroffenen Regelungen können nur nach Maßgabe des § 27 Abs. 5 AktG geändert oder aufgehoben werden.

Ein Verstoß gegen diese Vorschriften konnte nach bisherigem Recht nach der Eintragung der Gesellschaft nicht mehr durch eine Satzungsänderung geheilt werden, § 27 Abs. 4 AktG aF, sondern nur durch die Einhaltung der Nachgründungsvorschriften, § 52 Abs. 10 AktG aF.[13] Die Vorschriften konnten entfallen, weil der Gesetzgeber nunmehr die Wirksamkeit der gegen die Einlagevereinbarung verstoßenden Rechtsgeschäfte angeordnet hat, vgl. § 27 Abs. 3 S. 2 AktG. Das Registergericht ist trotzdem zu der Prüfung berechtigt und verpflichtet, ob eine verschleierte Sachgründung vorliegt. Denn die ursprüngliche Einlageverpflichtung bleibt bestehen, der Gründungsvorgang unterliegt einem Fehler. Gegebenenfalls hat das Gericht die Eintragung abzulehnen.[14]

III. Satzungsregelungen

1. Eingeschränkte Gründungsprüfung

Durch das Handelsrechtsreformgesetz[15] ist auch die Gründungsprüfung des Registergerichts bei der AG eingeschränkt worden. Nach § 38 Abs. 4 AktG darf auch insoweit nicht mehr jede mangelhafte, fehlende oder nichtige Satzungsbestimmung beanstandet werden. Dabei ist zu beachten, dass eine Abweichung der AG-Satzung von den Vorschriften des Aktiengesetzes ohnehin nur unter beschränkten Voraussetzungen möglich ist (vgl. § 23 Abs. 5 AktG).[16] Wegen der Auslegung des § 38 Abs. 4 AktG wird das gleiche zu gelten haben wie im GmbH-Recht. Fehlt es an einer salvatorischen Klausel, ist jede fehlerhafte Klausel zu beanstanden. Im Übrigen kommt nur

---

11 Zur Definition siehe § 27 Abs. 2 AktG. Als Sacheinlage kommt auch die Einbringung obligatorischer Nutzungsrechte in Betracht, die zu einer Verwertung der Namensrechte und Logos von Sportvereinen berechtigen, vgl. BGHZ 144, 290 = NJW 2000, 2356.
12 Fallbeispiel: BGH BB 2007, 458.
13 Heidel/*Polley*; § 27 Rn 70 ff.
14 Hüffer, § 27 Rn 38; MüKo-AktG/*Pentz*, 2. Aufl., § 27 Rn 78; KölnKomm/*Arnold*, 3. Aufl., § 27 Rn 85.
15 Vom 22.6.1998 (BGBl I, 1474).
16 Bsp.: Zur Unwirksamkeit einer über die Vinkulierungsvorschriften hinausgehenden Beschränkung der Übertragbarkeit der Aktien, BGH BB 2004, 2482.

das Fehlen einer Regelung nach § 38 Abs. 3 Nr. 1 AktG oder der Verstoß gegen Grundlagenregelungen in Betracht (im Einzelnen siehe § 33 Rn 23, 41).

2. Notwendiger Satzungsinhalt

15 Ebenso wie bei der GmbH sind in die Satzung der AG Bestimmungen über die Firma, den Sitz, den Gegenstand und die Höhe des Grundkapitals, das mindestens 50.000 EUR betragen muss, aufzunehmen (vgl. § 23 Abs. 3 AktG). Weiter ist die genaue Zerlegung des Grundkapitals in Aktien anzugeben und auch festzulegen, ob die Aktien auf den Inhaber oder auf den Namen lauten sollen. Schließlich ist die Zahl der Vorstandsmitglieder oder die Art und Weise der Bestimmung ihrer Anzahl aufzunehmen.[17] Die Satzung hat zwingend Bestimmungen über die Form der Bekanntmachungen der Gesellschaft zu enthalten (§ 23 Abs. 4 AktG).[18] Weitere Erfordernisse ergeben sich aus § 27 AktG für den Fall einer Sachgründung oder Sachübernahme. Den sog. Gründungsaufwand, zu dem nicht die Gehälter des ersten Vorstands gehören,[19] hat die Gesellschaft nach § 26 Abs. 2 AktG nur zu tragen, wenn dieser in der Satzung festgelegt ist, ebenso können Sondervorteile nur wirksam durch eine Satzungsbestimmung vereinbart werden (§ 26 Abs. 1 AktG). Ein Fehlen derartiger Regelungen oder eine fehlerhafte Gestaltung des notwendigen Inhalts ist durch das Registergericht zu beanstanden (vgl. § 38 Abs. 4 AktG).

16 Häufig wird mit der Gründung eine Bestimmung über ein **genehmigtes Kapital** nach § 202 Abs. 1 AktG aufgenommen. Insoweit handelt es sich zwar nicht um eine notwendige Satzungsbestimmung. Erfolgt sie aber, ist die Regelung des § 202 Abs. 3 AktG über die zulässige Höhe des genehmigten Kapitals ebenso zu beachten wie die Tatsache, dass der entsprechende Umstand in der Anmeldung der Gesellschaft anzugeben ist. Verstöße sind nach § 38 Abs. 3 Nr. 1 AktG durch das Registergericht zu beanstanden, weil das genehmigte Kapital in das Register einzutragen ist (vgl. § 202 Abs. 2 AktG). Sollen Sacheinlagen auf das genehmigte Kapital erbracht werden, ist § 206 AktG zu beachten.[20]

IV. Gründungsbericht und (externe) Gründungsprüfung

17 Nach § 32 AktG haben die Gründer einen **Gründungsbericht** anzufertigen, der mit der Anmeldung zum Handelsregister einzureichen ist. Er soll dem Registergericht die Prüfung einer ordnungsgemäßen Gründung ermöglichen.

18 Neben der Vorlage eines Gründungsberichtes ist durch den Vorstand und den Aufsichtsrat eine **(interne) Gründungsprüfung** durchzuführen. Der Prüfungsbericht ist ebenfalls mit der Anmeldung der Gesellschaft einzureichen (§ 37 Abs. 4 Nr. 4 AktG). Dabei sind Gründungsbericht und Prüfungsbericht der Anmeldung beizufügen und daher in einfacher elektronischer Form nach § 12 Abs. 2 HGB einzureichen, § 37 Abs. 5 AktG.

19 In bestimmten Fällen ist zusätzlich eine **externe Gründungsprüfung** durchzuführen. Dies ist nicht nur in den Fällen der §§ 26 und 27 AktG notwendig, sondern auch dann, wenn ein Vorstands- oder Aufsichtsratsmitglied unmittelbar oder mittelbar als Gründer an der Gründung beteiligt ist (vgl. § 33 Abs. 2 AktG). Dieser Prüfer ist auf den Antrag der Gründer oder des Vorstands hin durch das Gericht nach einer zwingenden Anhörung der Industrie- und Handelskammer (IHK) zu bestellen. Das Gericht hat bei der Auswahl des Prüfers ein Auswahlermessen. Soweit keine entgegenstehenden Gründe ersichtlich sind, wird es dabei den bei der Antragstellung benannten Prüfer bestel-

---

[17] Dazu BGH BGH-Report 2002, 419 = DB 2002, 520; Heidel/*Braunfels*, § 23 Rn 37.
[18] Zum elektronischen Bundesanzeiger siehe § 25 AktG, dazu auch *Müther*, § 7 Rn 17.
[19] BGH BB 2004, 1585.
[20] Zu den Folgen der fehlerhaften Eintragungen: *Priester*, BB 2002, 2613 ff.

len. Der Prüfer muss dieselben Anforderungen erfüllen, die nach § 143 AktG an einen Sonderprüfer gestellt werden. Das Gericht hat allerdings Bestellungshindernisse nach § 33 Abs. 5 AktG zu überprüfen, so dass es eine entsprechende Erklärung des in Betracht kommenden Prüfers fordern wird. Nach § 33 Abs. 3 AktG kann in den Fällen der persönlichen Verflechtung eine Prüfung auch durch den Notar erfolgen. Einer gerichtlichen Bestellung bedarf es dann nicht.[21]

Die Einreichung einer Erklärung des vorgeschlagenen Prüfers über das Fehlen von Bestellungshindernissen nach § 33 Abs. 5 AktG zusammen mit der Antragstellung ist aus Zeitgründen ebenso zu empfehlen wie eine Vorabstimmung über die Person des Prüfers mit der IHK. Auf den Antrag ist § 12 Abs. 1 HGB nicht anzuwenden, weil es sich nicht um eine Anmeldung und damit um ein Registerverfahren handelt, sondern um ein unternehmensrechtliches Verfahren nach § 375 Nr. 3 FamFG.[22] Für dieses gelten die allgemeinen Vorschriften des FamFG, nach denen für einen Antrag keine bestimmte Form zwingend vorgeschrieben ist, vgl. §§ 23, 25 FamFG. Der Antrag kann daher in elektronischer Form, aber auch in jeder anderen Form gestellt werden.[23]

Der **Umfang der Gründungsprüfung** ergibt sich aus § 34 AktG. Bei Meinungsverschiedenheiten über die notwendige Mitwirkung der Gründer kann das Gericht angerufen werden (§ 35 Abs. 2 AktG). Auf den Antrag des externen Prüfers hin setzt das Registergericht die Auslagen und die Vergütung für die Tätigkeit fest (vgl. § 35 Abs. 3 AktG). Es handelt sich ebenfalls um ein unternehmensrechtliches Verfahren nach § 375 Nr. 3 FamFG. Der Festsetzungsbeschluss dient dann als Vollstreckungstitel (vgl. § 33 Abs. 5 S. 5 AktG i.V.m. § 794 Abs. 1 Nr. 3 ZPO).[24] **20**

V. Checkliste

- Erfüllt die Gründungsverhandlung die Anforderungen des § 23 AktG (siehe Rn 5 f., 15)? **21**
- Ist das Vorliegen einer verschleierten Sachgründung ausgeschlossen worden (siehe Rn 11 ff.)?
- Ist eine externe Gründungsprüfung notwendig (siehe Rn 19)?
- Liegen die Unterlagen nach § 37 Abs. 4 AktG vor?
- Sind die Versicherungen des Vorstands nach § 37 Abs. 2 AktG und aller Anmelder über die Einlageleistung vollständig (siehe Rn 10, 29)?
- Liegt eine ordentliche Bankbestätigung vor (siehe Rn 8)?
- Liegt eine Berechnung des Gründungsaufwandes nach § 37 Abs. 4 Nr. 2 AktG vor?
- Liegen die Unterlagen in elektronischer Form nach § 12 Abs. 1 u. 2 HGB, §§ 37 Abs. 5, 45 Abs. 2 S. 2 AktG?

VI. Nachgründung nach § 52 AktG[25]

Unter den Voraussetzungen des § 52 Abs. 1, 9 AktG sind bestimmte Rechtsgeschäfte, die innerhalb von zwei Jahren nach der Gründung der Gesellschaft abgeschlossen worden sind, unwirksam, wenn die Hauptversammlung ihrem Abschluss nicht zugestimmt hat und keine Eintragung **22**

---

21 Dem Notar steht hierfür eine Gebühr nach § 147 Abs. 2 KostO zu, vgl. Heidel/*Braunfels*, § 33 AktG Rn 13.
22 Schon zum alten Recht: *Müther*, Rpfleger 2008, 233, 234.
23 Jansen/*von König*, § 11 Rn 22; Keidel/*Sternal*, § 23 Rn 19.
24 *Hüffer*, § 35 Rn 8; MüKo-AktG/*Pentz/Doralt*, 2. Aufl., § 35 Rn 28.
25 Die Regelung ist gerade durch das Gesetz zur Namensaktie und zur Erleichterung der Stimmrechtsausübung vom 18.1.2001 (BGBl I, 123) entschärft worden. Vgl. dazu auch die Übergangsregelung in § 11 EGAktG. Zu dieser *Müther*, § 7 Rn 34. Die jetzige Fassung beruht auf dem Gesetz zur Umsetzung der Aktionärsrichtlinie vom 30.7.2009 (BGBl I, 2479).

in das Handelsregister erfolgt ist.[26] Diese Rechtsgeschäfte sind nach § 52 Abs. 4 AktG vor der Beschlussfassung durch die Hauptversammlung durch vom Gericht bestellte Prüfer zu prüfen. Für die Bestellung und die Durchführung der Prüfung gelten die Vorschriften über die externe Gründungsprüfung entsprechend, so dass hierauf verwiesen werden kann (siehe Rn 19). Keine Prüfung ist unter den Voraussetzungen des § 33a AktG erforderlich (vgl. dazu Rn 11).

23   Schließlich ist der Vertrag nach § 52 Abs. 6 AktG zur Eintragung in das Handelsregister anzumelden. Die Anmeldung hat durch den Vorstand in vertretungsberechtigter Anzahl seiner Mitglieder zu erfolgen. Der Anmeldung ist der Vertrag,[27] ein Nachgründungsbericht nach § 52 Abs. 3 AktG, der Bericht der Nachgründungsprüfer und der notariell beurkundete Beschluss der Hauptversammlung über die Zustimmung zum Abschluss der Verträge beizufügen. Der Vertragsabschluss musste dabei mindestens in Schriftform im Sinne des § 126 BGB erfolgen, eine eingescannte Version ist dem Registergericht in elektronischer Form einzureichen. Ist eine Prüfung nach § 33a AktG unterblieben, gilt für die Anmeldung § 37a AktG.

24   Das Registergericht prüft insoweit die formellen Voraussetzungen der Anmeldung. Materiellrechtlich hat es zu prüfen, ob die durch die AG erbrachten Leistungen unangemessen hoch waren. Ist dies nicht der Fall, erfolgt die Eintragung. Die Verpflichtung zur besonderen Bekanntmachung nach § 52 Abs. 8 AktG aF ist aufgrund der umfassenden Einsichtsmöglichkeiten mit dem EHUG entfallen. Liegt ein Fall des § 33a AktG vor und ist die Erklärung nach § 37a Abs. 1 AktG in der Anmeldung abgegeben worden, gilt für die Prüfung der Werthaltigkeit des Geschäfts § 38 Abs. 3 AktG.

25   Diskutiert wird weiter eine entsprechende Anwendung des § 52 AktG, wenn innerhalb von zwei Jahren seit der Eintragung eine Sachkapitalerhöhung stattfindet.[28] Die Einhaltung der Vorschriften des § 52 AktG ist zu empfehlen, soweit das Registergericht eine entsprechende Eintragung zulässt, weil die Vorschriften über die Nachgründung strenger als die Vorschriften über die Sachkapitalerhöhung sind.

VII. Formularmuster

1. Typischer Sachverhalt

26   A und B gründen notariell beurkundet die V-AG. Jeder der Beteiligten übernimmt 25.000 der Inhaberstückaktien. Das Grundkapital beträgt 50.000 EUR. Die Aktien sollen zu einem EUR das Stück ausgegeben werden. B, C und D werden in der Urkunde zu Aufsichtsräten bestellt. A und E werden vom Aufsichtsrat zu Vorstandsmitgliedern bestellt. Für die Gesellschaft wird bei der Y-Bank ein Konto eröffnet. Dort zahlen die Gründer ihre Einlagen vollständig ein. Die Bank erteilt eine Bankbestätigung.

M 347 2. Muster: Antrag auf Bestellung eines externen Gründungsprüfers[29]

27   An das
Amtsgericht _____
– Handelsregister –

_____

---

[26] Gilt auch bei der Verschmelzung, vgl. § 67 UmwG.
[27] Der dem Hauptversammlungsprotokoll als Anlage beigefügte Vertrag reicht nicht aus, weil das Registergericht prüfen soll, ob der Hauptversammlung der richtige Vertrag vorgelegt worden ist, *Krafka/Willer/Kühn*, Rn 1573.
[28] OLG Oldenburg AG 2002, 620; *Hüffer*, § 52 Rn 11; MüKo-AktG/*Pentz*, 2. Aufl., § 52 Rn 73; *Krafka/Willer/Kühn*, Rn 1397.
[29] Neben den Kosten für den externen Prüfer fallen zwei volle Gebühren nach § 121 KostO für die gerichtliche Tätigkeit an. Der Geschäftswert wird häufig mit 3.000 EUR angenommen, vgl. BayObLG JurBüro 1988, 92.

Neue Sache; AG-Gründung; Antrag nach § 33 Abs. 3 AktG
Wir sind aufgrund der beigefügten beglaubigten Abschrift der Urkunde des Notars _____ vom _____ (Urk.-Nr. _____/_____) Gründer der _____ AG.
Wir beantragen hiermit, die _____ (Anschrift) _____ zum Gründungsprüfer der Gesellschaft zu bestellen. Die Voraussetzungen des § 33 Abs. 2 AktG liegen vor. Diesem Schreiben sind weiter beigefügt:
- Eine Einverständniserklärung des vorgeschlagenen Prüfers mit einer Erklärung über die Bestellungshindernisse nach § 33 Abs. 5;
- eine die Bestellung befürwortende Stellungnahme der IHK;
- ein Kostenvorschuss in Höhe von _____ EUR.

_____ (Unterschriften der Gründer oder des Vorstands; einer Beglaubigung bedarf es nicht)

3. Muster: Erstanmeldung einer Aktiengesellschaft[30]

M 348

28

An das
Amtsgericht _____
– Handelsregister –

_____
Neue Sache; AG-Anmeldung
Hiermit melden wir die Gründung der aufgrund notarieller Beurkundung am _____ entstehenden Aktiengesellschaft (Urkunde des Notars _____ Nr. _____/_____) und die Bestellung der Vorstandsmitglieder der Gesellschaft an.
Der Gegenstand der Gesellschaft betrifft _____
Wir erklären, dass die Gründer _____ folgende auf den Inhaber lautende Aktien übernommen haben _____ Die Aktien werden zum Betrag von _____ EUR/Stück ausgegeben. Die Gründer haben hierauf _____ EUR eingezahlt. Wir versichern, dass dieser Betrag, soweit er nicht zur Bezahlung der Steuern und Gebühren verwandt worden ist, endgültig zur freien Verfügung des Vorstands steht. Die Gesellschaft hat nach § _____ auch die Gründungskosten übernommen. Wir versichern, dass weitere Vorbelastungen des Gesellschaftsvermögens nicht bestehen.
Die Gesellschaft ist nicht befristet, für die Bekanntmachungen der Gesellschaft ist nach § _____ der Satzung der elektronische Bundesanzeiger als Gesellschaftsblatt bestimmt worden.
Zu Vorstandsmitgliedern sind bestellt _____
Nach § _____ der Satzung vertritt die Gesellschaft bei nur einem Vorstandsmitglied dieses alleine. Sind mehrere Vorstandsmitglieder bestellt, so vertreten zwei gemeinschaftlich oder eines in Gemeinschaft mit einem Prokuristen. Einzelvertretungsbefugnis und Befreiung von den Beschränkungen des § 181 Alt. 2 BGB kann erteilt werden.
Wir vertreten die Gesellschaft jeweils einzeln und dürfen Rechtsgeschäfte als Vertreter eines Dritten abschließen.
Wir versichern, belehrt über unsere unbeschränkte Auskunftspflicht nach § 53 Abs. 2 des Gesetzes über das Zentralregister und das Erziehungsregister, jeder für sich, dass wir niemals niemals wegen des Unterlassens der Stellung des Antrags auf Eröffnung des Insolvenzverfahrens (Insolvenzverschleppung), einer Straftat nach den §§ 283 bis 283d des Strafgesetzbuches (Insolvenzstraftaten) der falschen Angaben nach § 82 des Gesetzes betreffend die Gesellschaften mit beschränkter Haftung oder § 399 des Aktiengesetzes, der unrichtigen Darstellung nach § 400 des Aktiengesetzes, § 331 des Handelsgesetzbuches, § 313 des Umwandlungsgesetzes oder § 17 des Publizitätsgesetzes oder nach

---

[30] Der Notar erhält für die Beglaubigung der Anmeldung 1/2 Gebühr nach § 38 Abs. 2 Nr. 7 KostO. Der Geschäftswert ergibt sich aus § 26 Abs. 1 Nr. 1 KostO. Dieser Wert gilt auch für die Berechnung der einen Gerichtsgebühr für die Eintragung nach § 79 Abs. 1 KostO. Näher *Müther*, § 7 Rn 26 ff.

den §§ 263 bis 264a oder den §§ 265b bis 266a des Strafgesetzbuches verurteilt worden sind. Uns ist auch nicht durch gerichtliches Urteil oder durch vollziehbare Entscheidung einer Verwaltungsbehörde die Ausübung eines Berufs, Berufszweiges, Gewerbes oder Gewerbezweiges untersagt worden.
Die inländische Geschäftsanschrift der Gesellschaft lautet: _____.
Dieser Anmeldung sind beigefügt:
- Die Urkunde Nr. _____/_____ des Notars _____ vom _____ über die Gründung der Gesellschaft, die auch die Aktienübernahme sowie die Bestellung der Aufsichtsräte und des Abschlussprüfers enthält;
- eine Niederschrift über den Beschluss des Aufsichtsrates über die Bestellung der Vorstandsmitglieder;
- eine Berechnung des der Gesellschaft zur Last fallenden Gründungsaufwands;
- der Gründungsbericht der Gründer nach § 32 AktG;
- der Prüfungsbericht des Vorstands und des Aufsichtsrates;
- der Prüfungsbericht des vom Gericht bestellten externen Gründungsprüfers;
- die Bankbestätigung nach § 37 Abs. 1 S. 3 AktG;
- eine zustimmende Stellungnahme der IHK.

_____ (Unterschriften der Vorstandsmitglieder, der Aufsichtsräte und der Gründer)
_____ *(Es folgt notarieller Beglaubigungsvermerk für die Unterschriften unter Angabe der Wohnanschriften der Beteiligten; bei den Vorstandsmitgliedern sind die Geburtsdaten mitzuteilen)*

B. Eintragung der Vorstandsmitglieder

I. Eignungsvoraussetzungen und weitere Anmeldevoraussetzungen

29 Ein Vorstandsmitglied einer AG muss die gleichen Anforderungen erfüllen, die an einen Geschäftsführer einer GmbH gestellt werden. Auch insoweit findet eine Überprüfung allein anhand der Versicherung des Vorstandsmitglieds bei der Anmeldung nach § 81 Abs. 3 AktG bzw. bei der Gründung nach § 37 Abs. 2 AktG statt. Ein pauschaler Hinweis auf das Fehlen von Bestellungshindernissen reicht ebenso wie bei der GmbH auch bei der AG nicht aus (siehe § 33 Rn 62).

30 Auch zur Bestellung der GmbH-Geschäftsführer gilt im Übrigen das für die Vorstandsmitglieder Gesagte entsprechend. Ein entscheidender Unterschied zwischen beiden Organen besteht in der **Bestellungs- und Abberufungszuständigkeit**. Denn hierfür ist bei der AG der **Aufsichtsrat** zuständig. Auch insoweit verlangt § 81 Abs. 2 AktG einen **Nachweis** über die angemeldete Änderung. Der Aufsichtsrat entscheidet dabei durch Beschluss. Dieser Beschluss ist dem Registergericht in elektronischer Form einzureichen. Dies kann durch Einscannen des schriftlich gefassten oder zumindest protokollierten Beschlusses erfolgen. Er kann aber auch originär in elektronischer Form erstellt werden, wenn sich erkennen lässt, dass es sich nicht nur um einen Entwurf handelt (§ 126b BGB entsprechend). Eine Überprüfung der Personen des Aufsichtsrates kann nur anhand der Protokolle der Hauptversammlung und der eingereichten Bekanntmachungen nach § 106 AktG a.F. bzw. der Listen nach § 106 AktG n.F. erfolgen. Widersprüche sind durch das Registergericht aufzuklären.

II. Abberufung von Vorstandsmitgliedern

31 Auch die Abberufung eines Vorstandsmitglieds erfolgt durch den **Aufsichtsrat**. Eine Abberufung darf nach § 84 Abs. 3 S. 1 AktG nur erfolgen, wenn ein wichtiger Grund vorliegt. Das Gericht hat von einem solchen aber auszugehen, wenn ein entsprechender Abberufungsbeschluss vorliegt, weil die Wirksamkeit bis zu einer anders lautenden rechtskräftigen Entscheidung nach

§ 84 Abs. 3 S. 4 AktG fingiert wird. Eine einstweilige Verfügung reicht nur, wenn sich aus dieser die Nichtigkeit des Abberufungsbeschlusses ergibt.[31]

III. Zur Vertretung der Vorstandsmitglieder

Auch die Vertretungsbefugnis der Vorstandsmitglieder einer AG entspricht der Vertretungsbefugnis der Geschäftsführer einer GmbH. Fehlt es daher an einer Satzungsregelung, vertreten die bestellten Mitglieder gemeinschaftlich, ist nur einer bestellt, vertritt dieser allein, § 78 Abs. 2 S. 1 AktG. Üblicherweise wird in der Satzung die Vertretung durch ein Vorstandsmitglied vorgesehen, wenn nur eines bestellt ist, im Übrigen aber die Vertretung durch zwei Vorstandsmitglieder gemeinschaftlich oder durch ein Vorstandsmitglied in Gemeinschaft mit einem Prokuristen. Einzelvertretungsbefugnis[32] kann einzelnen Vorstandsmitgliedern erteilt werden. Anders als bei der GmbH besteht für ein Vorstandsmitglied einer AG aber nicht die Möglichkeit der vollständigen Befreiung von den Beschränkungen des § 181 BGB. Denn nach § 112 AktG ist die Gesellschaft bei Rechtsgeschäften mit dem Vorstand zwingend durch den Aufsichtsrat zu vertreten. Eine Befreiung des Vorstands kann daher auch durch die Satzung nur insoweit vorgesehen werden, als der Vorstand ein Rechtsgeschäft mit der Gesellschaft als Vertreter eines Dritten vornimmt. Ein Rechtsgeschäft mit sich selbst nimmt der Vorstand auch dann vor, wenn er sich selbst in einer Tochtergesellschaft der AG zum Organ bestellen will.[33] Dass eine entsprechende Befreiungsmöglichkeit in der Satzung enthalten sein muss, kann hier nicht anders beurteilt werden als bei der GmbH (siehe § 33 Rn 64).

32

IV. Bestellung von Not-Vorstandsmitgliedern

Nach § 85 AktG kann durch das Registergericht des Sitzes auf Antrag eines Beteiligten die Bestellung eines Notvorstands vorgenommen werden. Es handelt sich um ein unternehmensrechtliches Verfahren nach § 375 Nr. 3 FamFG. Auch dieser Antrag setzt wie § 29 BGB eine besondere Dringlichkeit voraus. Der Gesellschaft, ihren Aktionären, den Gläubigern oder den Mitarbeitern der Gesellschaft müssen daher erhebliche Nachteile drohen, ohne dass die Gesellschaft selbst bzw. ihr Aufsichtsrat Abhilfe schaffen könnten. Die Voraussetzungen des Antrags einschließlich der Antragsberechtigung sind glaubhaft zu machen.[34] Ist die AG noch nicht eingetragen, scheidet die Bestellung eines Notvorstands aus.[35] Wegen der weiteren Einzelheiten und auch wegen der Form des Antrags (siehe § 33 Rn 79 ff.).

33

C. Das Handelsregister und die Aufsichtsräte

I. Rechtliche Grundlagen

Die Mitglieder des Aufsichtsrats werden, soweit kein Entsendungsrecht nach den mitbestimmungsrechtlichen Vorschriften besteht, durch die Hauptversammlung bestellt (§ 101 Abs. 1 S. 1

34

---

[31] Heidel/Oltmanns, § 84 Rn 28; siehe auch *Hüffer*, § 84 Rn 32 und 34.
[32] Die Verwendung dieses Begriffs kann sich empfehlen, weil etwa LG Neubrandenburg Rpfleger 2000, 338 die Auffassung vertritt, „Alleinvertretungsbefugnis" bedeute nur alleinige Vertretung, wenn keine weiteren Geschäftsführer vorhanden seien. Gegen diese Differenzierung aber OLG Jena OLGR 2002, 418.
[33] LG Berlin GmbHR 1997, 950.
[34] KG, Beschl. v. 20.2.2007 – 1 W 323/06.
[35] OLG Frankfurt OLGR 1995, 260.

AktG), aber weder in das Register eingetragen noch zu diesem angemeldet. Der Vorstand ist vielmehr verpflichtet, bei jeder Änderung in den Personen der Aufsichtsratsmitglieder eine Liste über die Zusammensetzung einzureichen (§ 106 AktG). Diese Verpflichtung ist mit dem EHUG eingeführt worden und ersetzt die frühere Bekanntmachung des Wechsels im Aufsichtsrat in den Gesellschaftsblättern. Die Liste ist in einfacher elektronischer Form einzureichen, auch wenn sie nicht im unmittelbaren Zusammenhang mit einer Anmeldung steht. Denn sie soll über das elektronische Einsichtsrecht eingesehen werden können. Die Verpflichtung zur Einreichung der Liste kann durch die Einleitung eines Zwangsgeldverfahrens nach § 14 HGB durchgesetzt werden.[36]

II. Gerichtliche Bestellung des Aufsichtsrates

35 Der Aufsichtsrat ist nach § 108 Abs. 2 AktG grundsätzlich **beschlussfähig**, wenn er über die Hälfte der bestimmten Mitglieder (vgl. dazu § 95 AktG) verfügt. Fehlt ihm die erforderliche Anzahl von Mitgliedern, ist er mit anderen Worten handlungsunfähig, hat das Registergericht nach § 104 Abs. 1 AktG auf Antrag des Vorstands, eines Aufsichtsratsmitglieds oder eines Aktionärs durch Beschluss die fehlende Zahl von Mitgliedern zu bestellen. Der Aufsichtsrat ist ebenfalls handlungsunfähig, wenn weniger als drei Aufsichtsräte zur Verfügung stehen. Das Aufsichtsratsbestellungsverfahren ist ein unternehmensrechtliches Verfahren nach § 375 Nr. 3 FamFG und kein Anmeldeverfahren, so dass eine Verpflichtung zur Stellung des Antrags in elektronischer Form nicht besteht (vgl. Rn 19).

36 Nach § 104 Abs. 2 AktG[37] erfolgt eine gerichtliche Bestellung bereits, wenn die eigentlich vorgesehene Anzahl der Aufsichtsratmitglieder nicht mehr gegeben ist. Dieser Antrag darf allerdings erst gestellt werden, wenn die vorgesehene Anzahl mehr als drei Monate unterschritten wird. Diese Frist gilt nicht, wenn ein dringender Fall vorliegt.[38] Soweit es um die Ergänzung eines Aufsichtsrats geht, in dem die Arbeitnehmer ein Mitbestimmungsrecht nach dem Mitbestimmungsgesetz, dem Montan-Mitbestimmungsgesetz oder nach dem Mitbestimmungsergänzungsgesetz haben, gilt die genannte Frist ebenfalls nicht (vgl. § 104 Abs. 3 Nr. 2 AktG). Unter Umständen ist eine gerichtliche Bestellung sogar ganz ausgeschlossen (vgl. § 104 Abs. 3 Nr. 1 AktG). Dass das Insolvenzverfahren über das Vermögen der Gesellschaft eröffnet ist, hindert die Bestellung eines Aufsichtsrates nach § 104 AktG nicht.[39]

37 Für das Verfahren ist § 104 Abs. 4 AktG zu beachten, aus dem sich unter bestimmten Voraussetzungen besondere Anforderungen an die Anzahl der zu bestellenden Mitglieder und **Anhörungspflichten** ergeben. Mit dem Antrag sollten wiederum Bestellungsvorschläge unterbreitet werden, die Vorgeschlagenen sollten ihre Bereitschaft zur Übernahme des Amtes erklären. Soweit Arbeitnehmervertreter für den Aufsichtsrat zu bestellen sind, sind die zum Vorschlag berechtigten Organisationen nach § 104 Abs. 4 S. 4 AktG anzugeben, damit das Gericht eine Anhörung durchführen kann. Rechtsmittel in dem Bestellungsverfahren ist die Beschwerde nach § 58 FamFG (vgl. § 104 Abs. 1 S. 5, Abs. 2 S. 4 AktG, § 375 Nr. 3 FamFG).

---

[36] Zu den weiteren Pflichten wie der Einreichung des Protokolls der Hauptversammlung und der Mitteilung nach § 42 AktG vgl. *Müther*, § 7 Rn 52 f.
[37] Die Vorschrift gilt nicht bei einer Vor-GmbH, die im Wege der Sachgründung ein Unternehmen mit mehr als 500 Arbeitnehmern weiterführt, BayObLG Rpfleger 2000, 502; sie gilt auch nicht entsprechend bei einer GmbH & Co. KG, OLG Hamm Rpfleger 2000, 338.
[38] Ist der Aufsichtsrat beschlussfähig, liegt nach AG Wiesbaden AG 1970, 174 kein dringender Fall vor – zweifelhaft.
[39] KG OLGR 2005, 823 = AG 2005, 736.

III. Muster: Bestellung eines Aufsichtsratsmitgliedes nach § 104 Abs. 2 AktG[40]

M 349

An das
Amtsgericht _____
Abt. für Handelssachen/Handelsregister

_____
_____ AG, HRB _____; Antrag nach § 104 Abs. 2 AktG
In der Handelsregistersache
_____
beantragen wir als Vorstand der oben genannten Gesellschaft,
Herrn/Frau _____ nach § 104 Abs. 2 AktG zum Aufsichtsrat der Gesellschaft zu bestellen.
Der Aufsichtsrat der Gesellschaft hat nach § _____ der Satzung aus sechs Mitgliedern zu bestehen.
Herr/Frau _____ hat ihr Amt als Aufsichtsratsmitglied mit Schreiben vom _____ niedergelegt. Das Schreiben ist beigefügt. Der Aufsichtsrat besteht damit mehr als drei Monate nicht mehr aus der nach der Satzung erforderlichen Anzahl von Mitgliedern.
(*Variante*: Eine Bestellung vor Ablauf der Drei-Monatsfrist ist aus dringenden Gründen erforderlich, weil zur Vorbereitung der nach § 92 Abs. 2 AktG einzuberufenden Hauptversammlung verschiedene für den Bestand der Gesellschaft bedeutsame Entscheidungen zu treffen sind und der Aufsichtsrat zur Zeit nicht beschlussfähig ist, vgl. § 108 Abs. 2 S. 3 AktG).
Herr/Frau _____ ist zur Übernahme des Amtes bereit. Eine entsprechende Erklärung ist beigefügt.
Mit freundlichen Grüßen
_____ (Unterschrift)
Anlagen

D. Satzungsänderungen und Kapitalmaßnahmen

I. Allgemeine Voraussetzungen einer Satzungsänderung

1. Satzungsänderung durch Hauptversammlungsbeschluss

Ebenso wie bei der GmbH wird auch die Satzungsänderung bei der AG erst mit der Eintragung in das Handelsregister wirksam (vgl. § 181 Abs. 3 AktG). Die Anmeldung hat nach § 181 Abs. 1 AktG durch Vorstandsmitglieder in vertretungsberechtigter Anzahl zum Register zu erfolgen. Da die Eintragung konstitutiven Charakter hat, ist ihre Anmeldung nicht zwangsweise durchsetzbar.[41]

Auch bei der AG darf das Registergericht **nichtige Beschlüsse** nicht in das Register eintragen.[42] Anders als bei der GmbH ist ihm bei der AG aber zumeist aus praktischen Gründen eine Prüfung verwehrt, ob tatsächlich alle Aktionäre mit der Einladung erreicht worden sind. Auch eine wirksame Übertragung der Aktien bei einem Aktionärswechsel kann durch das Gericht in der Regel nicht überprüft werden, weil etwa bei verbrieften Inhaberaktien allein die Übergabe der Aktie und bei Namensaktien die Abtretung der Mitgliedschaft und die Übergabe der Urkunde ausreicht.[43] Es fehlt damit bereits an prüfbaren Urkunden. Bei größeren Gesellschaften ist eine Durchführung wegen der Vielzahl von Aktionären auch praktisch unmöglich. Die Prüfung beschränkt sich demgemäß auf die Wirksamkeit (§ 121 Abs. 2 AktG) und ordnungsgemäße Be-

---

40 Die gerichtliche Bestellung löst Kosten nach § 121 KostO aus. Der Geschäftswert wird häufig nach § 30 KostO mit 3.000 EUR angenommen.
41 *Hüffer*, § 181 Rn 5, 24; KölnKomm/*Zöllner*, 2. Aufl., § 181 Rn 2.
42 MüKo-AktG/*Stein*, 2. Aufl. § 181 Rn 42; KölnKomm/*Zöllner*, 2. Aufl., § 181 Rn 34. Keine Nichtigkeit, weil die Teilnahmebedingungen in der Ladung falsch angegeben wurden, vgl. BGH NZG 2011, 1105.
43 MünchGesR/*Wiesner*, Bd. 4, § 14.

kanntmachung der Einberufung, die sich nach § 121 Abs. 3 und 4 AktG richtet. Entsprechende Nachweise sind der Anmeldung in einfacher elektronischer Form beizufügen, soweit sie nicht ohne weiteres für das Registergericht ermittelbar sind. Dies wäre etwa der Fall, wenn allein die Bekanntmachung im elektronischen Bundesanzeiger vorgesehen wäre.

41 Liegen im Zusammenhang mit der Beschlussfassung **Anfechtungsgründe** vor, sind auch diese für das Eintragungsverfahren nicht völlig ohne Belang. Insoweit hat das Registergericht abzuwägen, ob es eine Eintragung vornimmt, die nach erfolgreicher Durchführung eines Klageverfahrens nach § 246 AktG zu einer Löschung des Beschlusses im Register verpflichtet.[44] Dabei hat das Gericht eine überschlägige Prüfung vorzunehmen. Ist der Erfolg einer Anfechtungsklage danach aller Wahrscheinlichkeit nach ausgeschlossen, kann die Eintragung ohne weiteres erfolgen. Besteht eine Wahrscheinlichkeit für den Erfolg einer Klage, ist zunächst die Anfechtungsfrist nach § 246 Abs. 1 AktG abzuwarten. Wird innerhalb der Anfechtungsfrist keine Klage erhoben, kann die Eintragung erfolgen. Wird tatsächlich Klage erhoben, hat das Gericht das Eintragungsverfahren nach § 381 S. 1 FamFG auszusetzen (siehe § 33 Rn 72).

42 Besonderheiten ergeben sich nach § 246a AktG für Beschlüsse über Maßnahmen der Kapitalbeschaffung, der Kapitalherabsetzung (§§ 182–240 AktG) oder einen Unternehmensvertrag (§§ 291–307 AktG). Danach kann das Prozessgericht im Falle der Erhebung einer Klage gegen den Hauptversammlungsbeschluss in einem Beschlusseilverfahren, das vom Gesetz als **Freigabeverfahren** bezeichnet wird, vorab feststellen, dass die Klageerhebung der Eintragung nicht entgegen steht und dass Mängel des Hauptversammlungsbeschlusses die Wirkung der Eintragung unberührt lassen. Das Registergericht ist an eine rechtskräftige Entscheidung gebunden. Das Verfahren dient der Durchsetzung der Registereintragung.[45] Die Klageerhebung führt daher – anders als im Umwandlungsrecht (§ 16 Abs. 3 UmwG) und der Eingliederung (§ 319 Abs. 5 AktG)[46] – nicht zu einer Registersperre, sondern soll die regelmäßig angeordnete Aussetzung des Registerverfahrens nach § 381 S. 1 FamFG überwinden (siehe § 33 Rn 88).

43 Im Falle der **Gegenstandsänderung** stellt sich nicht mehr die Frage der Vorlage einer etwa notwendigen staatlichen Genehmigung (siehe § 33 Rn 33). Dennoch ist die Wirksamkeit der gewählten Fassung zu prüfen. Wegen der Unwirksamkeit einzelner Satzungsregelungen wird auf die Ausführungen zur GmbH verwiesen (siehe § 33 Rn 93ff.). Auch bei der AG gelten die Prüfungseinschränkungen des Ersteintragungsverfahrens bei der Satzungsänderung nicht. Bei der AG ist aber zu beachten, dass die Satzung ohnehin nur dann vom AktG abweichen darf, wenn das Gesetz Abweichungen zulässt oder keine abschließende Regelung enthält (vgl. § 23 Abs. 5 AktG). Darüber hinaus enthält das Gesetz auch ausdrücklich Verbote, die bei der Anmeldung einer Satzungsänderung zu beachten sind. Exemplarisch sei auf die Vorschrift des § 192 Abs. 4 AktG hingewiesen, wonach Hauptversammlungsbeschlüsse nichtig sind, wenn sie einem Beschluss über eine bedingte Kapitalerhöhung entgegenstehen.[47] Weitere zu beachtende Regelungen werden in § 241 S. 1 AktG aufgeführt.

44 Eine Änderung der Satzung hinsichtlich des **Sitzes** ist noch beim Ausgangsgericht anzumelden (§ 45 Abs. 1 AktG).[48] Das Gericht des neuen Sitzes hat die bisherigen Eintragungen zu übernehmen, soweit diese nicht geändert worden sind. Die Prüfungsbefugnis beschränkt sich daher auf eine ordnungsgemäße **Sitzverlegung** und auf eine nach § 30 HGB zulässige Firma. Ist die Gesellschaft innerhalb der letzten zwei Jahre gegründet worden, hat die Bekanntmachung alle Angaben der Gründung nach § 40 AktG zu enthalten.

---

44 *Hüffer*, § 181 Rn 17; KölnKomm/*Zöllner*, 2. Aufl., § 181 Rn 37.
45 *Hüffer*, § 246a Rn 1; vgl. auch LG München BB 2006, 459.
46 Zu den Pflichten des Registergerichts in diesen Fällen: BGH NJW 2007, 224 = DNotZ 2007, 54 = NZG 2006, 956.
47 Im Einzelnen *Hüffer*, § 192 Rn 26–28; KölnKomm/*Lutter*, 2. Aufl., § 192 Rn 32ff.
48 Eine tatsächliche Sitzverlegung ins Ausland bedeutet keine Auflösung mehr, zur früheren Rechtslage vgl. OLG Hamm BB 2001, 744 sowie BayObLG BB 2004, 570 und *Müther*, § 6 Rn 140 zur GmbH.

Zusammenfassend ergeben sich folgende in elektronischer Form (§ 12 Abs. 1 S. 1, Abs. 2 HGB) **45**
vorzulegende Unterlagen:
- Anmeldung durch den Vorstand in vertretungsberechtiger Anzahl
- notariell beurkundeter Hauptversammlungsbeschluss
- Satzungsneufassung mit der Bescheinigung nach § 181 Abs. 1 S. 2 AktG
- Nachweise über die ordnungsgemäße Einberufung der Versammlung

2. Fassungsänderung[49] durch den Aufsichtsrat

Nach § 179 Abs. 1 S. 2 AktG können Änderungen der Fassung der Satzung durch die Hauptver- **46** sammlung generell oder durch einen Einzelfallbeschluss der Hauptversammlung dem Aufsichtsrat überlassen werden. Eine **Fassungsänderung** liegt dann vor, wenn lediglich die **sprachliche Form der Satzung geändert** wird und nicht der Inhalt.[50] Das ist etwa dann der Fall, wenn sich mit der Durchführung einer Kapitalerhöhung die Grundkapitalziffer ändert.[51] Das Gleiche gilt bei der Ausnutzung genehmigten oder bedingten Kapitals.

Liegt eine Fassungsänderung vor, ist diese entsprechend § 181 Abs. 1 AktG zum Register **an-** **47** **zumelden**. Die aufgeführten Unterlagen (siehe Rn 45) sind einzureichen, allerdings ist der Hauptversammlungsbeschluss durch den Aufsichtsratsbeschluss zu ersetzen. Für diesen gilt § 107 AktG. Ein Nachweis über die ordnungsgemäße Einladung entfällt immer dann, wenn – wie regelmäßig – an dem Aufsichtsratsbeschluss alle Mitglieder mitwirken. Der Beschluss ist in einfacher elektronischer Form einzureichen.

II. Änderung des Grundkapitals

1. Kapitalerhöhung gegen Einlagen (§§ 182 ff. AktG)
a) Rechtliche Grundlagen

Die Erhöhung des Grundkapitals nach den §§ 182 ff. AktG erfolgt in zwei Schritten: Zunächst **48** beschließt die Hauptversammlung die Erhöhung des Grundkapitals um einen bestimmten Betrag oder um einen Betrag bis zu ... EUR.[52] Dieser Beschluss ist nach § 184 AktG zum Handelsregister anzumelden und dort einzutragen. Die Eintragung bereitet die Durchführung der Kapitalerhöhung vor. Mit der Zeichnung der neuen Aktien und der Leistung der notwendigen Einlagen ist die Kapitalerhöhung durchgeführt. Dies ist nach § 188 AktG zum Handelsregister anzumelden und dort einzutragen. Erst mit dieser Eintragung ist die Kapitalerhöhung wirksam. Der Beschluss über die Erhöhung und seine Durchführung können auch gemeinsam zum Register angemeldet und eingetragen werden (vgl. § 188 Abs. 4 AktG).

Nach § 186 Abs. 1 S. 1 AktG steht jedem Aktionär bei einer Kapitalerhöhung ein **Bezugsrecht** **49** entsprechend seinem bisherigen Anteil am Grundkapital zu. Dieses Bezugsrecht kann zwar nach § 186 Abs. 3 AktG im Erhöhungsbeschluss ausgeschlossen werden.[53] Dieser Ausschluss muss aber nicht nur zuvor bekannt gegeben werden (vgl. § 186 Abs. 4 S. 1), er ist auch durch den Vor-

---

[49] Für die Eintragung der Änderungen der Fassung einer Satzung ist an sich der Rechtspfleger zuständig und nicht der Richter, vgl. § 17 Nr. 1b RPflG.
[50] MüKo-AktG/Stein, 2. Aufl., § 179 Rn 159; Heidel/*Wagner*, § 179 AktG Rn 23.
[51] *Hüffer*, § 188 Rn 11; KölnKomm/*Zöllner*, 2. Aufl., § 179 Rn 131.
[52] Ist ein bestimmter Betrag angegeben, muss der Erhöhungsbetrag vollständig gezeichnet sein, weil sonst die Durchführung der Erhöhung nicht eingetragen wird, *Hüffer*, § 188 Rn 4; KölnKomm/*Lutter*, 2. Aufl., § 188 Rn 8. Auch bei der Festlegung eines Höchstbetrages ist eine Erhöhung zeitlich unbeschränkt in mehreren Tranchen unzulässig, vgl. OLG München Rpfleger 2010, 28.
[53] Ausdrückliche Erklärung notwendig: OLG Stuttgart NZG 2001, 232, 233.

stand zu begründen (vgl. § 186 Abs. 4 S. 2 AktG).[54] Die Rechtsprechung hat hieraus geschlossen, dass der **Bezugsrechtsausschluss** einer sachlichen Rechtfertigung bedarf.[55] Diese ist auch durch das Registergericht zu prüfen.[56] Eine fehlende sachliche Rechtfertigung macht den Beschluss allerdings lediglich anfechtbar (siehe Rn 41 und zum Bezugsrechtsausschluss siehe Rn 61).

50 Im Rahmen der Anmeldung der Kapitalerhöhung hat das Gericht, soweit sich Anhaltspunkte ergeben, neben den Formalien auch zu prüfen, ob nicht eine **Sachkapitalerhöhung** vorliegt.[57] Ist dies der Fall, ist die Vorschrift des § 183 AktG zu beachten. Dabei ist insbesondere auch eine externe Prüfung der Werthaltigkeit der Sacheinlage nach § 183 Abs. 3 AktG erforderlich. Ein Sachkapitalerhöhungsprüfer ist zu bestellen. Insoweit gilt das zur Gründungsprüfung Gesagte entsprechend (siehe Rn 19). Anderes gilt nur im Falle des § 183a AktG, der dem § 33a AktG entspricht (vgl. dazu Rn 11). Ist die Gesellschaft noch keine zwei Jahre im Register eingetragen, sind überdies auch die Nachgründungsvorschriften zu beachten (siehe Rn 25). Soweit die Aktien zu einem höheren Preis als dem ihrem Anteil am Grundkapital entsprechenden Wert ausgegeben werden, hat das Registergericht zu prüfen, ob dieser Preis durch die Sacheinlagen auch erreicht wird. Bei der Barkapitalerhöhung muss das Aufgeld zu Durchführung vollständig eingezahlt werden, vgl. § 188 Abs. 2 i.V.m. § 36a AktG.

51 Häufige Fehlerquelle sind die **Zeichnungsscheine**. Wenn diese nicht alle Angaben nach § 185 Abs. 1 AktG enthalten, sind sie gem. Abs. 2 nichtig. Mitunter wird im Registerverfahren auch die Vertretungsbefugnis der Zeichner geprüft, wenn diese für Dritte handeln. Dies wird jedenfalls bei vollständiger Leistung der Einlage entbehrlich sein.

b) Checklisten
aa) Checkliste: Anmeldung des Beschlusses über die Erhöhung des Grundkapitals nach § 184 AktG[58]

52
- Liegt eine Anmeldung in der Form des § 12 Abs. 1 HGB durch den Vorstand in vertretungsberechtigter Anzahl und durch den Vorsitzenden des Aufsichtsrats vor?
- Enthält die Anmeldung die Versicherung nach § 184 Abs. 1 S. 2 AktG über die noch nicht auf das Grundkapital geleisteten Einlagen?[59]
- Ist der notariell beurkundete Beschluss über die Kapitalerhöhung beigefügt?
- Ist bei einer Sachkapitalerhöhung ein Prüfer bestellt worden und liegt der Bericht vor?
- Liegen die Unterlagen in elektronischer Form vor (§ 12 Abs. 1 S. 1, Abs. 2 HGB)?

bb) Checkliste: Anmeldung der Durchführung der Kapitalerhöhung nach § 188 AktG

53
- Liegt eine Anmeldung der Durchführung der Kapitalerhöhung durch den Vorstand in vertretungsberechtigter Anzahl und durch den Vorsitzenden des Aufsichtsrats vor?
- Enthält die Anmeldung die Erklärung nach §§ 188 Abs. 2, 37 Abs. 1 AktG über die Leistung der Einlagen?
- Liegen die Zweitschriften der Zeichnungsscheine und ein vom Vorstand in vertretungsberechtigter Anzahl unterschriebenes Verzeichnis der Zeichner jeweils im Original vor?

---

54 Näher dazu *Müther*, § 7 Rn 74.
55 BGHZ 71, 40, 43 ff. = NJW 1978, 1316; BGHZ 83, 319, 325 = NJW 1982, 2444.
56 *Krafka/Willer/Kühn*, Rn 1399.
57 Die Einbringung eigener Aktien als Sacheinlage kommt nicht in Betracht, vgl. BGH NJW-RR 2011, 1670 = NZG 2011, 1271.
58 Einer Anmeldung der Änderung der Satzung hinsichtlich der Grundkapitalziffer bedarf es nicht, weil diese erst mit der Durchführung der Kapitalerhöhung erhöht und erst mit dieser eingetragen wird.
59 Grund: § 182 Abs. 4 AktG. Zum verhältnismäßig unerheblichen Umfang, vgl. *Krafka/Willer/Kühn*, Rn 1406.

- Liegt eine Berechnung der Kosten der Kapitalerhöhung,[60] aufgeschlüsselt entsprechend § 37 Abs. 4 Nr. 2 AktG, vor?
- Liegt im Fall der Barkapitalerhöhung die Bankbestätigung nach § 37 Abs. 1 S. 3 AktG vor?
- Liegen im Fall der Sachkapitalerhöhung die notwendigen Unterlagen nach § 184 Abs. 2 AktG vor?
- Liegt eine für die Kapitalerhöhung etwa erforderliche Genehmigung vor?
- Ist die Satzungsänderung hinsichtlich der Grundkapitalziffer in gehöriger Form beschlossen und angemeldet (siehe Rn 45)?[61]
- Liegt eine Anmeldung mit den notwendigen Unterlagen nach § 184 AktG in elektronischer Form (§ 12 Abs. 1 S. 1, Abs. 2 HGB) vor?[62]

2. Kapitalerhöhung aus bedingtem Kapital (§§ 192 ff. AktG)
a) Erhöhungsbeschluss und seine Anmeldung

Das Grundkapital einer AG kann auch **bedingt erhöht** werden (vgl. §§ 192–201 AktG). Die bedingte Erhöhung ist nach § 192 Abs. 3 AktG begrenzt. Die Erhöhung des Grundkapitals tritt in einem derartigen Fall außerhalb des Registers durch die Ausgabe der sog. Bezugsaktien ein (§ 200 AktG). Voraussetzung ist aber die Eintragung des entsprechenden Erhöhungsbeschlusses, der damit konstitutive Wirkung hat. Eine bedingte Kapitalerhöhung ist allerdings nur zu bestimmten Zwecken zulässig, wie sich aus § 192 Abs. 2 AktG ergibt.[63] Das Vorliegen eines **zulässigen Zwecks** ist bei der Anmeldung des Beschlusses nach § 195 AktG zu prüfen. Denkbar ist auch die Eintragung mehrerer bedingter Kapitalerhöhungen zu verschiedenen Zwecken, soweit § 192 Abs. 3 AktG beachtet wird. Das Verfahren der bedingten Kapitalerhöhung erfolgt in zwei Schritten: Zunächst wird der Beschluss über die bedingte Kapitalerhöhung eingetragen, später folgt die Anmeldung der Aktienausgabe nach § 201 AktG.

54

Die bedingte Kapitalerhöhung erfordert zwar nicht die Aufnahme einer entsprechenden gesonderten **Satzungsregelung**; dies ist aber auch nicht ausgeschlossen und wird häufig schon aus Klarstellungsgründen praktiziert.[64] Soweit zugleich die Satzung geändert wird, sind die Anforderung an eine Satzungsänderung zu erfüllen (siehe Rn 45). Die Änderung der Regelung über das Grundkapital tritt erst mit der Ausgabe der Bezugsaktien ein (§ 200 AktG). Eine entsprechende Anmeldung der Änderung des Grundkapitals kommt damit erst mit der Anmeldung nach § 201 AktG in Betracht.

55

Die bedingte Kapitalerhöhung ist auch mit **Sacheinlagen** möglich (vgl. § 194 AktG). Keine Sacheinlage stellt es dabei nach § 194 Abs. 3 AktG dar, wenn Arbeitnehmer der Gesellschaft die ihnen eingeräumte Gewinnbeteiligung zur Einlage verwenden. Auch bei der bedingten Kapitalerhöhung mit Sacheinlagen hat eine externe Pflichtprüfung stattzufinden, die vor einer Eintragung in das Handelsregister durchgeführt werden muss (vgl. § 194 Abs. 4 AktG). Die Prüfung kann auch durch einen Notar erfolgen, § 194 Abs. 5 AktG iVm § 33 Abs. 3 AktG. Insoweit kann auf die externe Gründungsprüfung verwiesen werden (siehe Rn 19). Die Werthaltigkeit der Sacheinlage ist durch das Registergericht selbständig zu prüfen. Bei der bedingten Kapitalerhöhung mit Sacheinlagen gilt § 183a AktG entsprechend, vgl. dazu Rn 11 und 50.

56

---

60 Gemeint sind Steuern, Kosten der Beurkundung und Eintragung, Druckkosten für die Herstellung der Aktienurkunden, Kosten für die Börseneinführung, also auch für die Emissionsbank und Kosten der bestellten Prüfer. Die Kosten sind zu schätzen. Vgl. *Hüffer*, § 188 Rn 15; Heidel/*Elser*, § 188 AktG Rn 23.
61 Die Verbindung mit der Anmeldung der Durchführung ist zwingend erforderlich: *Hüffer*, § 188 Rn 11; KölnKomm/*Lutter*, 2. Aufl., § 188 Rn 39.
62 Die Anmeldung nach § 184 AktG hat nämlich spätestens mit der Anmeldung nach § 188 AktG zu erfolgen.
63 Das „soll" im Wortlaut eröffnet kein Ermessen: *Hüffer*, § 192 Rn 8; *Krafka/Willer/Kühn*, Rn 1500.
64 *Hüffer*, § 192 Rn 5; MünchGesR/*Krieger*, Bd. 4, § 57 Rn 33.

b) Checkliste: Anmeldung des Beschlusses über die bedingte Kapitalerhöhung nach § 195 AktG

57
– Anmeldung der bedingten Kapitalerhöhung durch die Vorstandsmitglieder in vertretungsberechtigter Anzahl und den Vorsitzenden des Aufsichtsrates.
– Hauptversammlungsbeschluss, der den Anforderungen des § 193 AktG entsprechen muss.
– Etwaige Sonderbeschlüsse nach § 179 Abs. 3 AktG.
– Eine Kostenberechnung nach § 195 Abs. 2 Nr. 2 AktG.
– Soweit mit Sacheinlagen erhöht wird, gilt § 195 Abs. 2 Nr. 1 AktG.
– Ist eine Satzungsregelung über das bedingte Kapital geschaffen, gelten zusätzlich die Vorschriften über die Satzungsänderung.
– Vorliegen der Unterlagen in elektronischer Form (§ 12 Abs. 1 S. 1, Abs. 2 HGB).

c) Anmeldung der Aktienausgabe

58 Mit der Ausgabe der Bezugsaktien erhöht sich nach § 200 AktG das Grundkapital der Gesellschaft außerhalb des Registers. Die Ausgabe der Aktien ist nach § 201 Abs. 1 AktG jeweils einen Monat nach dem Ablauf des Geschäftsjahres anzumelden, um eine Richtigstellung der Grundkapitalziffer im Register zu bewirken. Spätestens mit der Ausgabe aller Aktien oder dem Auslaufen der Bezugsfrist bedarf es auch einer Anpassung des Satzungswortlauts an die neue Grundkapitalziffer. Insoweit handelt es sich um eine **Fassungsänderung**, so dass die entsprechende Satzungsänderung durch den Aufsichtsrat nach § 179 Abs. 1 S. 2 AktG vorgenommen werden kann, wenn eine entsprechende Ermächtigung vorliegt (siehe Rn 46f.).

59 Für die Anmeldung nach § 201 AktG gilt:
– Die Anmeldung hat durch Vorstandsmitglieder in vertretungsberechtigter Anzahl zu erfolgen.
– Die Zweitschriften der Bezugserklärungen nach § 198 AktG sind vorzulegen.
– Ein vom Vorstand unterzeichnetes Verzeichnis der ausübenden Personen ist mit den Angaben zu ihren Einlagen einzureichen (§ 201 Abs. 2 AktG).
– Der Vorstand hat in der Anmeldung die Erklärungen nach § 201 Abs. 3 AktG abzugeben.
– Mit Ablauf der Bezugsfrist oder der Ausübung aller Bezugsrechte ist zusätzlich die Satzung hinsichtlich der Grundkapitalziffer und der Einteilung des Grundkapitals zu ändern und die Änderung ist anzumelden (siehe Rn 45 oder 47).
– Vorliegen der Unterlagen in elektronischer Form (§ 12 Abs. 1 S. 1, Abs. 2 HGB).

3. Kapitalerhöhung aus genehmigtem Kapital (§§ 202ff. AktG)

60 Eine weitere Maßnahme der Kapitalbeschaffung ist die Einräumung eines sog. **genehmigten Kapitals**.[65] Dabei wird das Grundkapital bis zu einem bestimmten Nennbetrag (genehmigtes Kapital) durch Ausgabe neuer Aktien gegen Einlagen erhöht (vgl. § 202 Abs. 1 S. 1 AktG). Die Einräumung des genehmigten Kapitals kann im Wege der **Satzungsänderung** nach § 202 Abs. 2 AktG erfolgen, die Ermächtigung kann aber auch schon in der Gründungssatzung enthalten sein (siehe Rn 16). Die Höhe des genehmigten Kapitals ist nach § 202 Abs. 3 AktG begrenzt, die Ermächtigung kann nach § 202 Abs. 1 AktG nur befristet auf höchstens fünf Jahre erteilt werden. Auch die Kapitalerhöhung aus genehmigtem Kapital erfolgt in zwei Schritten: Zunächst ist die Eintragung der Ermächtigung in das Handelsregister zu bewirken; es handelt sich um eine Satzungsänderung, so dass § 181 AktG unmittelbar Anwendung findet.[66] Die Ausübung der Ermäch-

---

[65] Es besteht kein Vorrang der Erhöhung gegen Einlage. Die Gesellschaft ist in der Wahl der Kapitalerhöhungsart frei. Vgl. OLG Karlsruhe ZG 2002, 959.
[66] *Hüffer*, § 202 Rn 3; KölnKomm/*Lutter*, 2. Aufl., § 202 Rn 5; Heidel/*Groß/Fischer*, § 202 AktG Rn 98.

tigung und die Ausgabe der neuen Aktien führt dann zur **Durchführung** der Kapitalerhöhung, die nach § 203 Abs. 1 AktG entsprechend § 188 AktG anzumelden ist.

Die Ermächtigung kann auch vorsehen, dass die Kapitalerhöhung **unter Ausschluss des** 61 **Bezugsrechts** der Aktionäre erfolgt. In diesem Fall ist wichtig, dass bei der Erteilung der Ermächtigung nach § 203 Abs. 2 AktG die Vorschrift des § 186 Abs. 4 AktG beachtet wird. Danach ist die beabsichtigte Ermächtigung zum Bezugsrechtsausschluss ausdrücklich und ordnungsgemäß bekannt zu machen, und der Vorstand hat einen schriftlichen Bericht zu erstellen.[67] Im Rahmen der Ausübung des genehmigten Kapitals besteht dann aber keine Berichtspflicht.[68]

Soweit die Ermächtigung entsprechendes vorsieht, kommt nach § 205 AktG auch eine 62 Erbringung von **Sacheinlagen** im Rahmen der genehmigten Kapitalerhöhung in Betracht. Auch insoweit ist im Fall der Durchführung der Erhöhung eine externe Prüfung der Werthaltigkeit vorzunehmen (vgl. § 205 Abs. 3 AktG). Die Bestellung des Prüfers richtet sich dabei wieder nach § 33 Abs. 3 bis 5 AktG (siehe Rn 19). Es gilt auch § 183a AktG (siehe dazu Rn 11 und 50). In Betracht kommt auch, dass Verträge über die Sacheinlage auf das genehmigte Kapital bereits vor der Eintragung der Gesellschaft geschlossen werden; es gilt dann § 206 AktG.

Wegen der Anmeldung der Durchführung ist auf die Ausführungen zu § 188 AktG zu verweisen (siehe Rn 53). 63

4. Kapitalerhöhung aus Gesellschaftsmitteln (§§ 207 ff. AktG)

Im Aktienrecht ist eine Kapitalerhöhung ferner durch **Umwandlung von Kapital- und Gewinn-** 64 **rücklagen in Grundkapital** möglich. Die Einzelheiten ergeben sich aus den §§ 207 ff. AktG. Die Anmeldung ist nach § 207 Abs. 2 S. 1 i.V.m. § 184 Abs. 1 AktG durch den Vorstand in vertretungsberechtigter Anzahl und durch den Vorsitzenden des Aufsichtsrats zu bewirken. Dem Beschluss der Hauptversammlung ist nach § 207 Abs. 4 AktG eine **Bilanz** zugrunde zu legen. Diese Bilanz ist mit der Anmeldung beim Register einzureichen (vgl. § 210 Abs. 1 AktG). Handelt es sich nicht um die Jahresbilanz, ist die letzte Jahresbilanz zusätzlich einzureichen. Auch wenn das Registergericht nach § 210 Abs. 3 AktG nicht zu prüfen braucht, ob die vorgelegte Bilanz den gesetzlichen Vorschriften entspricht, ist dennoch zu prüfen, ob die Bilanz geprüft worden ist und ob der Bestätigungsvermerk des Prüfers uneingeschränkt erteilt worden ist (vgl. § 209 Abs. 1 AktG).[69] Offensichtliche Mängel der Bilanz werden aber trotz § 210 Abs. 3 AktG beanstandet werden können.

Nach § 212 S. 1 AktG erfolgt eine Erhöhung aus Gesellschaftsmitteln für die einzelnen Aktionä- 65 re verhältniswahrend. Der Umfang der Beteiligung des einzelnen Aktionärs ist von Gesetzes wegen gleich. Einer Zeichnung der Aktien bedarf es daher nicht. Der **Grundsatz der Verhältniswahrung** ist zwingend; ein Verstoß führt zur Nichtigkeit des Beschlusses (§ 212 S. 2 AktG) und steht einer Eintragung entgegen. Auf die Verhältniswahrung kann auch nicht verzichtet werden.[70]

Zum Zeitpunkt der Anmeldung darf die Bilanz nicht älter als acht Monate sein (§ 209 Abs. 2 66 S. 2 AktG). Jede auch noch so kurze Überschreitung dieser **Acht-Monats-Frist** verbietet dem Registergericht eine Eintragung des Beschlusses (vgl. § 210 Abs. 2 AktG).[71] Fraglich ist, ob die Anmeldung zur Fristwahrung völlig beanstandungsfrei sein muss.[72] Insoweit wird das gleiche zu

---

[67] BGHZ 136, 133 = NJW 1997, 2815; zum genauen Inhalt des Berichts nun LG München I BB 2001, 748, bestätigt durch OLG München BB 2002, 1976 = ZIP 2002, 1580, und weniger streng LG Heidelberg BB 2001, 1809. Näher *Müther*, § 7 Rn 74.
[68] BGHZ 164, 241 = NJW 2006, 371 = BB 2005, 2767.
[69] Eine Prüfung ist auch bei geringfügigen Erhöhungsbeträgen notwendig: BayObLG Rpfleger 2002, 525.
[70] OLG Dresden BB 2001, 1221.
[71] OLG Frankfurt GmbHR 1981, 243 = BB 1981, 1253; LG Essen GmbHR 1982, 213 = BB 1982, 1901 jeweils zu § 7 KapErhG; MünchGesR/*Krieger*, Bd. 4, § 59 Rn 16.
[72] Die Anmeldung muss einwandfrei sein: KölnKomm/*Lutter*, 2. Aufl., § 209 Rn 6.

gelten haben wie bei der GmbH (siehe § 33 Rn 136). Die Einreichung der Unterlagen in Papierform dürfte die Frist nicht wahren, weil die Einreichung in elektronischer Form zwingend ist, § 12 Abs. 2 S. 1 HGB.

67 In der Anmeldung haben die Anmeldenden eine **Versicherung** dahin abzugeben, dass nach ihrer Kenntnis seit dem Stichtag der zugrunde gelegten Bilanz bis zum Zeitpunkt der Anmeldung keine Vermögensminderung eingetreten ist, die der Kapitalerhöhung entgegenstünde, wenn sie am Tag der Anmeldung beschlossen worden wäre (§ 210 Abs. 1 S. 2 AktG).

68 Dass es sich bei der Erhöhung um eine Kapitalerhöhung aus Gesellschaftsmitteln handelt, wird in der **Registereintragung** in Spalte 6 Unterspalte a des Registers[73] ausdrücklich aufgenommen (vgl. § 210 Abs. 4 AktG).

69 Zu beachten bleibt, dass mit der Eintragung der Kapitalerhöhung aus Gesellschaftsmitteln mitunter automatisch auch die **Veränderung anderer Kapitalziffern** verbunden ist. So führt die Kapitalerhöhung aus Gesellschaftsmitteln zu einer automatischen Veränderung des bedingten Kapitals (vgl. § 218 AktG). Diese Veränderung tritt zwar kraft Gesetzes ein, dies führt aber nicht zu einer Berichtigung des Handelsregisters von Amts wegen. Die Änderung ist vielmehr durch Vorstandsmitglieder in vertretungsberechtigter Anzahl anzumelden. Die Anmeldung kann durch das Registergericht nach § 14 HGB erzwungen werden. Ist die bedingte Kapitalerhöhung als Satzungsregelung ausgestaltet, bedarf es auch einer Berichtigung der Satzung; eine entsprechende **Satzungsneufassung** mit der Bescheinigung nach § 181 Abs. 1 S. 2 AktG ist einzureichen. Eine derartige Satzungsneufassung ist aber ohnehin einzureichen, weil sich mit der Eintragung des Kapitalerhöhungsbeschlusses automatisch auch die Grundkapitalziffer verändert.

5. Die Kapitalherabsetzung (§§ 222 ff. AktG)
a) Ordentliche und vereinfachte Kapitalherabsetzung

70 Die Voraussetzungen einer **Kapitalherabsetzung** richten sich nach den §§ 222–239 AktG. Das Gesetz unterscheidet
- die **ordentliche** Kapitalherabsetzung **(§§ 222–228 AktG)** von der
- **vereinfachten** Kapitalherabsetzung **(§§ 229–236 AktG)**.

Während die vereinfachte Kapitalherabsetzung nur besonderen Zwecken, wie z.B. dem Wertminderungsausgleich, dem Verlustausgleich oder der Einstellung in die Kapitalrücklagen, dienen darf (vgl. § 229 Abs. 1 S. 1 AktG), kann die ordentliche Kapitalherabsetzung auch der Einlagenrückzahlung oder der Zwangseinziehung nach § 239 AktG dienen.

71 Der Beschluss über die Kapitalherabsetzung muss zu seiner Wirksamkeit den **Zweck der Herabsetzung** angeben (vgl. § 222 Abs. 3 AktG).[74] Durch die Kapitalherabsetzung kann jedenfalls bei der ordentlichen Kapitalherabsetzung ein Buchertrag entstehen, weil dadurch bisher gebundenes Grundkapital freigegeben wird. Dieser Buchertrag muss durch den Vorstand einer Verwendung zugeführt werden, die durch die Zweckangabe vorgegeben ist. Daher reicht als Herabsetzungszweck nicht die Angabe „zur Euro-Umstellung", weil hierdurch die fehlende Anweisung an den Vorstand, wie mit dem freigewordenen Kapital zu verfahren ist, nicht ersetzt wird.

72 Neben der Angabe des Zwecks bedarf es auch der Angabe der **Kapitalherabsetzungsart** (vgl. § 222 Abs. 4 AktG). Die Zusammenlegung von Aktien ist dabei gegenüber der Herabsetzung des Nennbetrags (Nennbetragsaktien nach § 8 Abs. 2 AktG) oder des auf die Aktie entfallenden anteiligen Betrags am Grundkapital (Stückaktien nach § 8 Abs. 3 AktG) subsidiär und kommt nur

---
[73] *Krafka/Willer/Kühn*, Rn 1441; im Einzelnen *Melchior/Schulte/Schneider*, § 43 Rn 34 ff.
[74] Die Folgen des Fehlens der Angabe sind streitig, vgl. dazu *Müther*, § 7 Rn 100: Fehlende Angabe ist Eintragungshindernis.

in Betracht, wenn die erste Alternative wegen der Unterschreitung des Nennbetrags oder Beteiligungsanteils unter 1 EUR ausscheidet.[75] Der Kapitalherabsetzungsbeschluss bedarf keiner Rechtfertigung.[76]

b) Anmeldungen zur ordentlichen Kapitalherabsetzung

Der **Beschluss über die ordentliche Kapitalherabsetzung** ist nach § 223 AktG durch den Vorstand in vertretungsberechtigter Anzahl und durch den Vorsitzenden des Aufsichtsrates zur Eintragung in das Handelsregister anzumelden. Die Anmeldung hat nach § 12 Abs. 1 S. 1, Abs. 2 HGB in elektronischer Form zu erfolgen. Der Anmeldung ist der Beschluss über die Herabsetzung in der gehörigen Form beizufügen. Die Eintragung der Herabsetzung wirkt konstitutiv; bereits mit der Eintragung des Beschlusses ist das Grundkapital herabgesetzt (§ 224 AktG). Diese Änderung der Grundkapitalziffer bedarf einer Satzungsänderung, die den oben beschriebenen Anforderungen unterliegt (siehe Rn 45). Diese ist zugleich mit der Herabsetzung anzumelden.[77] 73

Nach § 227 Abs. 1 AktG ist auch noch die **Durchführung der Kapitalherabsetzung** anzumelden. Diese erfolgt durch den Vorstand in vertretungsberechtigter Anzahl. Die Eintragung hat lediglich deklaratorische Wirkung. 74

Die Anmeldungen und Eintragungen nach §§ 223 und 227 AktG können miteinander verbunden werden (§ 227 Abs. 2 AktG). Im Fall der Herabsetzung des Nennbetrags der Aktien oder des auf die Aktie entfallenden anteiligen Betrags am Grundkapital bedarf es keiner weiteren Durchführungsmaßnahmen, so dass die Anmeldungen hier immer miteinander verbunden sind.[78] 75

Im Falle der Zusammenlegung der Aktien nach § 222 Abs. 4 S. 2 AktG sind die Maßnahmen nach § 226 AktG zu ergreifen und dem Registergericht gegenüber plausibel zu machen. Die Einreichung etwaiger Nachweise ist nicht erforderlich.[79] 76

Die **Bekanntmachung** der Eintragung des Beschusses über die Herabsetzung des Grundkapitals wird mit dem Hinweis an die Gläubiger über ihr Recht auf Sicherheitsleistung nach § 225 Abs. 1 AktG verbunden. 77

Die Einzelheiten über die **Kapitalherabsetzung durch Einziehung** sind in den §§ 237–239 AktG geregelt. 78

c) Anmeldungen zur vereinfachten Kapitalherabsetzung

Ein nach Maßgabe der §§ 229 Abs. 2, 230 AktG zulässiger Kapitalherabsetzungsbeschluss, der im Übrigen dem nach § 222 AktG zu entsprechen hat, ist nach § 229 Abs. 3 i.V.m. § 223 AktG vom Vorstand in vertretungsberechtigter Anzahl und vom Vorsitzenden des Aufsichtsrates zur Eintragung in das Handelsregister **anzumelden**. Die Ausführungen im Rahmen der ordentlichen Kapitalherabsetzung zu § 223 AktG (Anmeldung des Beschlusses) und § 227 AktG (Anmeldung der Durchführung) gelten hier entsprechend (siehe Rn 71ff.). Dem Beschluss über die Kapitalherabsetzung ist nach dem Gesetz nicht zwingend eine Bilanz zugrunde zu legen. Der Registerrichter hat aber gleichwohl die Voraussetzungen des § 229 Abs. 2 AktG zu prüfen. Soweit hierfür der letzte bereits eingereichte Jahresabschluss Aufschlüsse enthält, bedarf es keiner weiteren Vorlagen. Soweit eine Zwischenbilanz erstellt wurde, kann diese aber auch angefordert werden.[80] 79

---

75 *Hüffer*, § 222 Rn 22; MüKo-AktG/*Oechsler*, 2. Aufl., § 222 Rn 48; KölnKomm/*Lutter*, 2. Aufl., § 222 Rn 25.
76 BGHZ 138, 71 = BB 1998, 810; *Müther* § 7 Rn 102.
77 *Hüffer*, § 223 Rn 1; MüKo-AktG/*Bachner/Oechsler*, 2. Aufl., § 223 Rn 1; KölnKomm/*Lutter*, 2. Aufl., § 223 Rn 6.
78 *Hüffer*, § 227 Rn 2; MüKo-AktG/*Bachner/Oechsler*, 2. Aufl., § 227 Rn 2; KölnKomm/*Lutter*, 2. Aufl., § 227 Rn 2.
79 *Hüffer*, § 227 Rn 6; MüKo-AktG/*Bachner/Oechsler*, 2. Aufl., § 227 Rn 5.
80 *Krafka/Willer*, Rn 1550.

80 Nach § 229 Abs. 3 AktG i.V.m. § 227 AktG ist auch die **Durchführung der Herabsetzung** zum Register anzumelden. Auch insoweit gilt das bereits Ausgeführte (siehe Rn 74 f.).

81 Soweit die Kapitalherabsetzung **rückwirkende Kraft** entfalten soll, gilt § 234 AktG. Insoweit ist § 234 Abs. 3 AktG zu beachten, der eine Eintragung des Beschlusses innerhalb von drei Monaten nach seiner Fassung vorsieht. Auch wenn derartige Anmeldungen durch das Registergericht beschleunigt bearbeitet werden, empfiehlt sich hier eine vorherige Abstimmung mit dem zuständigen Gericht. Eine entsprechende Frist findet sich in § 235 Abs. 2 AktG für den Fall, dass die Kapitalherabsetzung mit einer Erhöhung verbunden wird.

6. Die Euro-Umstellung

82 Die Umstellung des Grundkapitals auf EUR ist in den §§ 3 und 4 EGAktG geregelt. Ebenso wie bei der GmbH ist eine Umstellung für Altgesellschaften nur dann notwendig, wenn diese nach dem 31.12.2001 eine Änderung des Grundkapitals eintragen lassen wollen. Besondere Bedeutung hat die Euro-Umstellung für Gesellschaften mit **Nennbetragsaktien**. Insoweit sind Erleichterungen durch Kapitalerhöhungen aus Gesellschaftsmitteln und für Kapitalherabsetzungen vorgesehen. Insoweit reicht unter anderem eine einfache Mehrheit für die Beschlussfassung aus (vgl. § 4 Abs. 2 EGAktG). Für Kapitalherabsetzungen gilt dies aber nur, wenn zumindest die Hälfte des Grundkapitals auf der Versammlung vertreten ist.

83 Wenige Probleme bereitet die Umstellung, wenn das Grundkapital in **Stückaktien** eingeteilt ist, weil für diese nach § 8 Abs. 3 AktG lediglich ein Mindestanteil von einem EUR am Grundkapital vorgeschrieben ist. Eine glatte Einteilung ist hier – anders als bei den Nennbetragsaktien – nicht erforderlich. Insoweit bietet sich vor der Euro-Umstellung eine Neueinteilung des Grundkapitals in Stückaktien an.

E. Auflösung und Beendigung der Aktiengesellschaft

84 Die Vorschriften des Aktienrechts über die Auflösung und Beendigung der AG entsprechen denen für die GmbH, so dass auf die dortigen Ausführungen verwiesen werden kann (siehe § 33 Rn 153 ff.). Die Vorschrift über die **Anmeldung der Auflösung** findet sich in § 263 AktG, die Anmeldung der Liquidatoren, die nach § 265 Abs. 2 S. 2 AktG auch juristische Personen sein können, folgt aus § 266 AktG und die **Anmeldung der Beendigung** aus § 273 Abs. 1 AktG. Auch für die AG können nach § 265 Abs. 3 AktG **gerichtliche Abwickler** und nach §§ 264 Abs. 2 S. 2, 273 Abs. 4 AktG **Nachtragsliquidatoren** gerichtlich bestellt werden. Für die **Fortsetzung** der aufgelösten AG findet sich in § 274 AktG eine eigene Regelung. Danach ist mit der Anmeldung der Fortsetzung der Gesellschaft allerdings nachzuweisen, dass mit der Verteilung des Vermögens der Gesellschaft unter den Gesellschaftern noch nicht begonnen worden ist (vgl. § 274 Abs. 3 S. 2 AktG).

Dr. Peter-Hendrik Müther
§ 35 Die Personenhandelsgesellschaften im Handelsregister

Literatur

Baumbach/Hopt, Handelsgesetzbuch, Kommentar, 35. Aufl. 2012; *Bork/Jacoby/Schwab*, FamFG, Kommentar, 2009; *Ebenroth/Boujong/Joost/Strohn*, HGB, Handelsgesetzbuch, Band 1 (§§ 1–342e), Kommentar, 2. Aufl. 2008 (zitiert: Ebenroth/*Bearbeiter*); *Erman*, BGB, Kommentar, 13. Aufl. 2011; *Gustavus*, Handelsregister-Anmeldungen, 7. Aufl. 2009; *Krafka/Willer/Kühn*, Handelsregisterrecht, 8. Aufl. 2010; *Koller/Roth/Morck*, HGB, Kommentar, 7. Aufl. 2011; *Müther*, Das Handelsregister in der Praxis, 2. Aufl., 2007; *ders.*, Handelsrecht, 2005; *Palandt*, Bürgerliches Gesetzbuch, Kommentar, 71. Aufl. 2012; *Röhricht/Graf v. Westphalen*, HGB, Kommentar, 3. Aufl. 2008 (zitiert: Röhricht/*Bearbeiter*); *Schlegelberger*, Handelsgesetzbuch, Kommentar, 5. Aufl., ab 1973.

Inhalt

A. Die offene Handelsgesellschaft —— 1
  I. Ersteintragung der OHG —— 1
    1. Rechtliche Grundlagen —— 1
       a) Handelsregistereintragung —— 1
       b) Vertragsschluss und die Gesellschafter —— 2
          aa) Grundvoraussetzungen —— 2
          bb) Minderjährige, Geschäftsunfähige —— 3
          cc) Sonstige Gesellschafter der OHG —— 4
       c) Firma und Sitz —— 5
       d) Unternehmensgegenstand —— 7
       e) Handelsgewerbe —— 8
    2. Checkliste: Anmeldung nach § 106 HGB —— 10
  II. Vertretung der OHG —— 11
    1. Rechtliche Grundlagen —— 11
    2. Anmeldung der Vertretungsregelung —— 15
  III. Änderung von Firma, Sitz, Vertretungsbefugnis oder der Gesellschafterstruktur —— 16
    1. Änderung von Firma, Sitz und Vertretungsbefugnis —— 16
    2. Eintritt eines neuen Gesellschafters —— 19
    3. Ausscheiden von Gesellschaftern sowie Gesellschafterwechsel —— 20
       a) Ausscheiden eines Gesellschafters —— 20
       b) Gesellschafterwechsel —— 25
  IV. Auflösung und Fortsetzung der Gesellschaft —— 27
    1. Auflösung —— 27
    2. Liquidatoren —— 29
    3. Fortsetzung der Gesellschaft —— 32
  V. Löschung der Gesellschaft, Nachtragsliquidation —— 35

B. Die Kommanditgesellschaft —— 37
  I. Ersteintragung der KG —— 37
    1. Die Parallelen zur offenen Handelsgesellschaft —— 37
       a) Gesetzesaufbau, Handelsregistereintragung —— 37
       b) Vertragsschluss —— 39
       c) Gesellschafter der KG —— 40
    2. Anmeldung —— 41
    3. Sitz und Firma —— 44
  II. Ein- und Austritt von Kommanditisten; Kommanditistenwechsel —— 46
    1. Rechtliche Grundlagen —— 46
    2. Anmeldung des Ein- und Austritts von Kommanditisten —— 50
    3. Anmeldung des Kommanditistenwechsels —— 54
    4. Kommanditistenwechsel unter der Beteiligung vorhandener Gesellschafter —— 58
    5. Checkliste: Anmeldung des Ein- und Austritts und des Kommanditistenwechsels —— 60
  III. Herabsetzung und Erhöhung der Kommanditeinlagen —— 61
    1. Rechtliche Grundlagen —— 61
    2. Anmeldung —— 62
  IV. Wechsel der Gesellschafterstellung —— 63
    1. Einfache Beteiligungsumwandlung —— 63
    2. Beteiligungsumwandlung mit Rechtsformwechsel —— 64
  V. Auflösung und Löschung —— 66
    1. Auflösung —— 66
    2. Fortsetzung, Löschung und Nachtragsliquidation —— 69
  VI. Die GmbH & Co. KG —— 70
  VII. Die ausländische & Co. KG —— 74

A. Die offene Handelsgesellschaft

I. Ersteintragung der OHG

1. Rechtliche Grundlagen
a) Handelsregistereintragung

1 Besteht eine offene Handelsgesellschaft, sind alle Gesellschafter nach §§ 106, 108 HGB verpflichtet, die Gesellschaft zum Handelsregister anzumelden. Die entsprechende Eintragung ist deklaratorischer Natur,[1] und die Anmeldung kann vom Registergericht mit Hilfe des Zwangsgeldverfahrens nach § 14 HGB erzwungen werden. Soweit die Gesellschaft kein Handelsgewerbe betreibt, etwa weil der Umfang zu gering ist oder eine Vermögensverwaltung vorliegt, ist die Eintragung in das Register freiwillig (vgl. § 105 Abs. 2 HGB). In diesem Fall lässt erst die Eintragung die OHG entstehen. Die Anmeldung kann daher nicht durch das Registergericht erzwungen werden, sie ist konstitutiver Natur.[2]

b) Vertragsschluss und die Gesellschafter
aa) Grundvoraussetzungen

2 Die offene Handelsgesellschaft ist nach § 105 Abs. 1 HGB eine Gesellschaft, deren Zweck auf den Betrieb eines Handelsgewerbes gerichtet ist. Die Gesellschaft muss mindestens zwei Gesellschafter haben.[3] Soweit einer der Gesellschafter in seiner Haftung gegenüber den Gesellschaftsgläubigern beschränkt sein soll, liegt eine Kommanditgesellschaft vor. Der notwendig abzuschließende **Gesellschaftsvertrag** bedarf keiner besonderen Form, soweit nicht das Geschäft über die Einlageerbringung eine besondere Form verlangt.[4] Er kann daher auch stillschweigend geschlossen werden. Allein in der Fortführung eines einzelkaufmännischen Gewerbes durch eine Erbengemeinschaft liegt aber kein solcher stillschweigender Abschluss eines Gesellschaftsvertrags.[5] Da beim Vertragsschluss keine besondere Form einzuhalten ist, verlangt das Gesetz bei der Anmeldung auch nicht die Vorlage eines entsprechenden Vertrages. Die Richtigkeit der behaupteten Angaben wird dadurch gewährleistet, dass die Anmeldungen im Register A regelmäßig durch alle Betroffenen zu bewirken sind (dazu siehe § 32 Rn 41). Lag daher vorher noch kein entsprechender Vertragsschluss vor, so findet sich dieser jedenfalls in der gemeinsamen Anmeldung zum Handelsregister.[6]

bb) Minderjährige, Geschäftsunfähige

3 Gesellschafter einer offenen Handelsgesellschaft können alle natürlichen und juristischen Personen sein. Probleme bereiten insoweit allein **Minderjährige** und **Geschäftsunfähige**, weil diese nach §§ 1643, 1822 Nr. 3 BGB für den Vertragsschluss einer **familiengerichtlichen Genehmigung** bedürfen. Sind auch die Eltern als Gesellschafter an der Gründung beteiligt, müssen die Kinder zusätzlich wegen der §§ 1795, 181 BGB durch **Ergänzungspfleger** vertreten werden. Jedes Kind ist dabei durch einen eigenen Pfleger zu vertreten; dies ergibt sich bereits aus § 181 BGB.[7] Die Problematik des **§ 181 BGB** zeigt sich überdies nicht nur bei der Vertragsbegründung, son-

---

1 *Baumbach/Hopt*, § 105 Rn 12; *Ebenroth/Wertenbruch*, § 105 Rn 28.
2 *Baumbach/Hopt*, § 105 Rn 12; *Ebenroth/Wertenbruch*, § 105 Rn 26.
3 BGHZ 65, 79, 83 = NJW 1975, 1774; *Baumbach/Hopt*, § 105 Rn 18; *Koller/Roth/Morck*, § 105 Rn 14.
4 *Koller/Roth/Morck*, § 105 Rn 6; *Baumbach/Hopt*, § 105 Rn 54 ff.
5 BGHZ 92, 259, 264 = NJW 1985, 136; Palandt/*Weidlich*, § 2032 Rn 7; Erman/*Schlüter*, § 2032 Rn 4; *Baumbach/Hopt*, § 1 Rn 38.
6 BGH WM 1984, 1605, 1606; 1985, 1229 = NJW-RR 1986, 28.
7 Palandt/*Diederichsen*, § 1795 Rn 14; Erman/*Saar*, § 1795 Rn 13.

dern auch bei den vertragsändernden Beschlüssen.[8] Lediglich bei den Geschäftsführungsmaßnahmen wird eine Anwendung des § 181 BGB abgelehnt. Eine Genehmigung des Familiengerichts ist bei der Vertragsänderung grundsätzlich nur dann erforderlich, wenn diese den Minderjährigen selbst betrifft.[9]

cc) Sonstige Gesellschafter der OHG

Neben den juristischen Personen[10] können auch Personenhandelsgesellschaften selbst wie die OHG und die KG Gesellschafter einer anderen Personenhandelsgesellschaft sein. Verneint wurde dies bisher für die **BGB-Gesellschaft**.[11] Der BGH hat der BGB-Gesellschaft aber mittlerweile zivilprozessuale Parteifähigkeit zuerkannt,[12] in der Folge dieser Entscheidung geht er nunmehr davon aus, dass eine BGB-Gesellschaft auch Kommanditistin sein kann.[13] Der Gesetzgeber ist dem gefolgt, vgl. § 162 Abs. 2 S. 1 HGB. Die flüchtige Struktur der BGB-Gesellschaft spricht aber nach wie vor dagegen, sie als Gesellschafterin einer offenen Handelsgesellschaft anzuerkennen.[14] Die Erbengemeinschaft kann ebenfalls wegen ihrer auf eine Abwicklung gerichteten Zielsetzung nicht Gesellschafterin einer OHG sein.[15] Teilweise wird aber gleichwohl angenommen, die BGB-Gesellschaft könne persönlich haftender Gesellschafter sein, weil der Gesetzgeber mit der Neufassung des § 162 Abs. 2 HGB keine Wertung für diese Frage abgeben wollte.[16] Ausländische Gesellschaften können dann Gesellschafter einer deutschen Personenhandelsgesellschaft sein, wenn sie rechtsfähig sind.[17]

4

c) Firma und Sitz

Mit der Handelsrechtsreform zum 1.7.1998[18] ist auch das Firmenrecht der Personenhandelsgesellschaften reformiert worden. Das Firmenrecht für die verschiedenen Gesellschaftsformen ist nunmehr identisch. Die **Firma der OHG** muss daher die Anforderungen des § 18 HGB erfüllen, den Rechtsformzusatz nach § 19 Abs. 1 Nr. 2 HGB und unter Umständen den Haftungsbeschränkungszusatz nach § 19 Abs. 2 HGB enthalten sowie gegenüber anderen im gleichen Register eingetragenen Firmen deutlich unterscheidbar sein (vgl. § 30 HGB). Die Pflicht zur Unterscheidbarkeit gilt dabei auch gegenüber Kapitalgesellschaften, weil der Rechtsformzusatz allein nicht unterscheidungskräftig ist[19] (wegen der Einzelheiten zur Firmenbildung siehe § 33 Rn 24 ff.).

5

---

8 BGHZ 65, 93, 96 = NJW 1976, 49; 112, 339, 342 = NJW 1991, 691; *Baumbach/Hopt*, § 119 Rn 22.
9 *BGHZ 32*, 26; *Baumbach/Hopt*, § 105 Rn 27; wohl weitergehend: Ebenroth/Wertenbruch, § 105 Rn 68 regelmäßig nicht erforderlich.
10 Diese können sogar bereits als Vorgesellschaft, also ab der Beurkundung des Gesellschaftsvertrages bzw. der Satzung, Gesellschafter sein: BGHZ 80, 129, 132 = GmbHR 1981, 114 = NJW 1981, 1373. Auch Unternehmergesellschaft nach § 5a GmbHG, vgl. KG Rpfleger 2009, 683.
11 BGHZ 46, 291, 296 = NJW 1967, 826; vgl. auch *Baumbach/Hopt*, § 105 Rn 28.
12 BGHZ 146, 341 = BB 2001, 374 = MDR 2001, 459 m. krit. Anm. *Müther*.
13 BGHZ 148, 291 = BB 2001, 1966; Vorlagebeschluss: BayObLG BB 2000, 2380; sie kann darüber hinaus nicht nur Inhaber von Immobiliarrechten sein, BGH NJW 2006, 3716, sondern ist auch grundbuchfähig, BGH NJW 2009, 594. Vgl. aber nun §§ 47 Abs. 2 GBO, 15 Abs. 1 GBV, 899a BGB.
14 Vgl. BGH NJW 2006, 2189 = Rpfleger 2006, 257 zur Stellung einer BGB-Gesellschaft als WEG-Verwalter; a.A. Baumbach/Hopt, § 105 Rn 29 mwN.
15 BGHZ 22, 192 = NJW 1957, 180; 58, 316, 317 = NJW 1972, 1755; Palandt/*Weidlich*, § 2032 Rn 8; Erman/*Schlüter*, § 2032 Rn 4; *Baumbach/Hopt*, § 105 Rn 29; zur fehlenden Parteifähigkeit: BGH Rpfleger 2007, 75.
16 LG Berlin BB 2003, 1351.
17 BayObLG NJW 1986, 3029; OLG Saarbrücken NJW 1990, 647; *Baumbach/Hopt*, § 105 Rn 28; und zwar auch ohne Eintragung einer Zweigniederlassung: OLG Frankfurt GmbHR 2008, 709.
18 Vom 22.6.1998 (BGBl I, 1474).
19 BGHZ 85, 221 = NJW 1983, 755.

6 Für den **Sitz** kommt es auf den tatsächlichen Ort der Geschäftsführung an.[20] Davon abweichende Bestimmungen im Gesellschaftsvertrag sind für das Registergericht irrelevant. Der Sitz bestimmt dabei auch die örtliche Zuständigkeit des Registergerichts (siehe § 32 Rn 20 f.). Mit der Anmeldung ist die inländische Geschäftsanschrift anzugeben (vgl. § 106 Abs. 2 Nr. 2 HGB). Diese wird eingetragen und in die Bekanntmachung aufgenommen (vgl. § 34 HRV).

d) Unternehmensgegenstand

7 Nach § 24 HRV ist mit der Anmeldung der Gesellschaft auch der Geschäftszweig anzugeben, in dem die Gesellschaft tätig wird. Diese Angabe ermöglicht dem Registergericht unter Umständen die Feststellung, dass eine Eintragung ausscheidet, weil kein Gewerbe betrieben wird. Ein **Gewerbe** liegt dann vor, wenn eine selbständige, außengerichtete und planmäßige Tätigkeit in Gewinnerzielungsabsicht vorgenommen werden soll, die nicht freiberuflicher Natur ist.[21] Eine Vermögensverwaltung kann durch eine OHG daher nur wegen § 105 Abs. 2 HGB betrieben werden. Ausgeschlossen sind überdies auch strafbare Tätigkeiten wie Schmuggel und Glücksspiel.[22] Teilweise wird auch eine fehlende Klagbarkeit wie bei der Ehemaklerei zum Anlass genommen, eine Gewerbetätigkeit zu verneinen.[23] Wird ein allgemein zulässiges Gewerbe betrieben, kommt es auf eine öffentlich-rechtliche Erlaubnis nach § 7 HGB nicht an; ihr Vorliegen wird daher auch im Registerverfahren nicht geprüft. Liegt eine freiberufliche Tätigkeit vor, kommt eine Partnerschaftsgesellschaft als Gesellschaftsform in Betracht, § 1 Abs. 2 PartGG. Der Unternehmensgegenstand der OHG ist – anders als bei den Kapitalgesellschaften – nicht in das Register einzutragen.[24]

e) Handelsgewerbe

8 Das Entstehen einer OHG setzt voraus, dass die Gesellschaft ein Handelsgewerbe betreibt. § 1 Abs. 2 HGB verlangt dafür neben einer gewerblichen Tätigkeit, dass diese zusätzlich **einen in kaufmännischer Weise eingerichteten Geschäftsbetrieb** erfordert. Entscheidend ist insoweit eine Gesamtbetrachtung. Relevante Kriterien quantitativer Art sind: der Umsatz, der Kapitaleinsatz, die Inanspruchnahme von Kredit, Umfang der Werbung und Lagerhaltung. Kriterien qualitativer Art sind: Zahlung und Funktion der Beschäftigten, Vielfalt der Waren und Geschäftsverbindungen, Internationalität des Geschäfts, Zahl der Betriebsstätten, Größe des Geschäftslokals und Vergleichbares.[25] Ist das Geschäft erst kurz zuvor aufgenommen worden, kommt es darauf an, ob der kaufmännische Umfang des Geschäftsbetriebs alsbald eindeutig zu erwarten ist.[26] Für eine genaue Einschätzung wird das Registergericht im Zweifel die Stellungnahme der IHK einholen. Orientierungsmaßstab kann aber gleichwohl die häufig genannte Umsatzschwelle von 250.000 EUR sein.[27]

---

20 KG OLGR 1997, 53 = BB 1997, 173, 174; *Krafka/Willer/Kühn*, Rn 607; *Baumbach/Hopt*, § 106 Rn 8.
21 *Baumbach/Hopt*, § 1 Rn 11–21; *Koller/Roth/Morck*, § 1 Rn 3–15; Ebenroth/*Kindler*, § 1 Rn 20–39. Zur Einstufung einer Heilpraktikertätigkeit als Gewerbe: BGHZ 144, 86 = NJW 2000, 1940 zu § 196 BGB a.F.; Softwareentwicklung ist Gewerbe: BayObLG Rpfleger 2002, 454; zu einer BauARGE: OLG Düsseldorf DB 2003, 317; Krankenhaus mit karitativem Träger: OLG Düsseldorf NJW-RR 2003, 1120; zur Mischtätigkeit: *Müther*, § 8 Rn 11; im Einzelnen: *Müther*, Handelsrecht, § 4 Rn 4 ff.
22 *Koller/Roth/Morck*, § 1 Rn 11; *Baumbach/Hopt*, § 1 Rn 21: Es fehlt nur die Eintragungsfähigkeit für das Handelsregister.
23 BayObLG NJW 1972, 1327.
24 Weder eintragungpflichtig noch eintragungsfähig: KG JW 1934, 1730; *Baumbach/Hopt*, § 8 Rn 5.
25 *Baumbach/Hopt*, § 1 Rn 23; *Koller/Roth/Morck*, § 1 Rn 44.
26 *Baumbach/Hopt*, § 105 Rn 4; Ebenroth/*Kindler*, § 1 Rn 55; *Koller/Roth/Morck*, § 1 Rn 25.
27 Ebenroth/*Kindler*, § 1 Rn 52; *Koller/Roth/Morck*, § 1 Rn 45; vgl. auch Röhricht/*Röhricht*, § 1 Rn 112 f.: in jedem Fall bei 500.000 EUR, bei 100.000 bis 500.000 EUR Frage des Einzelfalls.

Von Bedeutung ist diese Unterscheidung für die Frage, ob die Gesellschaft erst mit der Eintragung entsteht oder ob sie bereits vorher entstanden ist. Wird der Beginn der Gesellschaft ohnehin von der Eintragung im Handelsregister abhängig gemacht, bedarf es keiner weiteren Prüfung. Anders liegt der Fall aber dann, wenn der **Geschäftsbetrieb vor der Eintragung aufgenommen** worden ist und eintragungsrelevante Umstände eingetreten sind. Dies ist etwa der Fall, wenn ein ursprünglicher Gesellschafter nach der Geschäftsaufnahme, aber vor der Eintragung ausgeschieden ist. Bestand die OHG schon vor der Eintragung, dann sind seine ursprüngliche Gesellschafterstellung wie auch sein Ausscheiden gleichwohl im Register zu vermerken.[28]

2. Checkliste: Anmeldung nach § 106 HGB
- Liegt ein (Handels-)Gewerbe vor (siehe Rn 7 f.)?
- Bestehen Bedenken gegen einen wirksamen Vertragsschluss (Minderjährige; Doppelvertretung. Können alle Beteiligten Gesellschafter sein, siehe Rn 3 f.)?
- Entspricht die Firma den gesetzlichen Anforderungen (siehe Rn 5)?
- Enthält die Anmeldung die Angaben zur Vertretungsbefugnis der vertretungsbefugten Gesellschafter (zur Vertretung siehe Rn 11 ff., insb. Rn 15)?
- Liegt eine Anmeldung aller Gesellschafter in elektronischer Form nach § 12 HGB vor (siehe Rn 1 und § 32 Rn 31)?
- Enthält die Anmeldung die weiteren Angaben nach § 106 HGB, insbesondere zu Sitz und inländischer Geschäftsanschrift?
- Enthält die Anmeldung die Angabe des Geschäftszweigs, vgl. § 24 HRV?

Hinweis: Die Verpflichtung zur Angabe des Zeitpunkts eines Tätigkeitsbeginns in der Anmeldung (§ 106 Abs. 2 Nr. 3 HGB a.F.) ist bereits mit dem JuMoG v 24.8.2004[29] zum 1.9.2004 entfallen, die in § 108 Abs. 2 HGB a.F. enthaltene Verpflichtung der vertretungsberechtigten Gesellschafter zur Zeichnung ist mit dem EHUG (siehe § 32 Rn 6) aufgehoben worden.

II. Vertretung der OHG

1. Rechtliche Grundlagen
Nach § 125 Abs. 1 HGB wird die offene Handelsgesellschaft durch alle Gesellschafter vertreten. Diese besitzen dabei Einzelvertretungsbefugnis. Die Vertretungsmacht steht nur den Gesellschaftern zu, weil im Personengesellschaftsrecht bis zum Zeitpunkt der Auflösung der Gesellschaft der **Grundsatz der Selbstorganschaft** gilt (zur Vertretung während der Auflösung siehe Rn 29). Diesen Grundsatz können die Gesellschafter zwar nicht abschaffen, sie können aber Abweichungen von dem **Grundsatz der Einzelvertretungsbefugnis** aller Gesellschafter vereinbaren. Die genaue Ausgestaltung ist dabei gesetzlich nicht vorgegeben. So kann die gemeinsame Vertretung aller Gesellschafter oder die Vertretung durch zwei Gesellschafter gemeinsam vorgesehen werden. Nach § 125 Abs. 3 HGB kann auch die Beteiligung eines Prokuristen an der Vertretung vereinbart sein. Es handelt sich dabei um die **sog. gemischte oder unechte Gesamtvertretung**, die nicht mit der nichtorganschaftlichen Vertretung eines Prokuristen in Gemeinschaft mit einem Gesellschafter nach § 53 Abs. 1 S. 2 HGB verwechselt werden darf.[30] Unwirksam ist die Bindung des einzigen vertretungsberechtigten Gesellschafters an die Mitwirkung eines Prokuris-

---
[28] OLG Oldenburg GmbHR 1988, 140; *Koller/Roth/Morck*, § 143 Rn 5.
[29] BGBl I, 2198.
[30] *Baumbach/Hopt*, § 125 Rn 25.

ten oder die Bindung jeder Vertretungshandlung an die Mitwirkung eines Prokuristen.[31] Denn durch eine solche Vereinbarung würde der Grundsatz der Selbstorganschaft verletzt.

12 Einzelne Gesellschafter können auch überhaupt **von der Vertretung ausgeschlossen** werden. Dies trifft aber nicht per se für die minderjährigen Gesellschafter zu.[32] Denn diese werden durch ihre gesetzlichen Vertreter vertreten. Auch ihr Ausschluss von der Vertretung bedarf daher der Vereinbarung und Eintragung in das Handelsregister.

13 Besondere Probleme werfen im Rechtsverkehr immer wieder Fallgestaltungen auf, in denen ein Gesellschafter bei der rechtsgeschäftlichen Vertretung der Gesellschaft entweder selbst Vertragspartner der Gesellschaft sein soll oder zumindest zugleich einen Dritten vertritt. Eine derartige Vertretung ist nur unter den **Voraussetzungen des § 181 BGB** zulässig. Die entsprechende generelle Ermächtigung kann auch in das Handelsregister eingetragen werden.[33] Soweit die Gesellschaft juristische Personen als Gesellschafter besitzt, so kann auch deren Befreiung von den Beschränkungen des § 181 BGB eingetragen werden. Anerkannt ist mittlerweile auch, dass die Befreiung der Vertretungsorgane der juristischen Personen von den Beschränkungen des § 181 BGB für die Personenhandelsgesellschaften in deren Register eingetragen werden kann.[34] Verlangt wird insoweit aber, dass die Eintragung unabhängig von den Eintragungen bei der juristischen Person Bestand haben kann (näher siehe Rn 72).

14 Die vertretungsberechtigten Gesellschafter hatten nach § 108 Abs. 2 HGB a.F. ihre Unterschrift unter Angabe der Firma **zur Aufbewahrung zu zeichnen.**[35] Die entsprechende Verpflichtung ist mit dem In-Kraft-Treten des EHUG (siehe § 32 Rn 6) zum 1.1.2007 entfallen.

2. Anmeldung der Vertretungsregelung

15 Während nach früherer Rechtslage nur Abweichungen von der Einzelvertretungsbefugnis zur Eintragung anzumelden waren, ist nunmehr nach § 106 Abs. 2 Nr. 4 HGB jede Vertretungsbefugnis anzumelden und einzutragen. In der Anmeldung ist daher die jeweilige Vertretungsbefugnis anzugeben. Dies gilt daher auch dann, wenn ein Gesellschafter von der Vertretung ausgeschlossen ist. Eine Übergangsregelung findet sich in Art. 52 EGHGB.[36] Sieht der Gesellschaftsvertrag nur die Möglichkeit vor, dass ein Gesellschafter von der Vertretung ausgeschlossen wird oder eine abweichende Vertretungsbefugnis getroffen wird, ist dies nicht im Register zu vermerken.[37]

III. Änderung von Firma, Sitz, Vertretungsbefugnis oder der Gesellschafterstruktur

1. Änderung von Firma, Sitz und Vertretungsbefugnis

16 Im Falle der **Firmenänderung** gelten die Ausführungen zur Ersteintragung entsprechend. Die Firma muss damit den Anforderungen des § 18 HGB entsprechen, den Gesellschaftszusatz nach § 19 Abs. 1 Nr. 1 HGB und unter Umständen den Hinweis nach § 19 Abs. 2 HGB enthalten sowie eine deutliche Unterscheidbarkeit von den eingetragenen Firmen aufweisen (vgl. § 30 HGB). Diese Vorschriften gelten grundsätzlich auch für Firmen, die vor dem 1.7.1998 in das Register eingetragen worden sind. Allerdings durften diese ihre bisherige Firma nach Art. 38 Abs. 1 EGHGB bis zum 31.3.2003 weiterführen. Eine Umstellungspflicht, die nur den Rechtsformzusatz

---

31 *Baumbach/Hopt*, § 125 Rn 20; *Ebenroth/Hillmann*, § 125 Rn 38.
32 *Baumbach/Hopt*, § 125 Rn 10; *Ebenroth/Hillmann*, § 125 Rn 48.
33 OLG Hamm BB 1983, 858, 859; OLG Hamburg ZIP 1986, 1186, 1187; BayObLG ZIP 2000, 701f.
34 BayObLG Rpfleger 2000, 115, 394, 395.
35 Vgl. dazu noch Vorauflage, Rn 14.
36 Dazu *Müther*, § 8 Rn 25.
37 OLG Köln NJW-RR 2004, 1106; *Baumbach/Hopt*, § 106 Rn 13.

betrifft, entsteht erst später. Ein nach § 19 Abs. 2 HGB erforderlicher Zusatz muss nicht zum Register angemeldet werden, vgl. Art. 38 Abs. 2 EGHGB.

Eine **Sitzänderung** erfordert die Verlegung des tatsächlichen Geschäftsbetriebs (siehe Rn 6). Die Änderungen der Sitzregeln für die GmbH und die AktG (vgl. § 33 Rn 30 und § 34 Rn 2) sind nicht für die Personenhandelsgesellschaften übernommen worden. Die Anmeldung ist nach § 13h Abs. 1 HGB noch beim Sitz des alten Gerichts einzureichen. Dieses wird die Unterlagen an das Registergericht des neuen Sitzes weiterleiten. Bis zur Eintragung der Gesellschaft im Register des neuen Sitzes erteilt das alte Registergericht die Handelsregisterauszüge, weil es noch formell zuständig ist. Mit der Eintragung der Gesellschaft beim Registergericht des neuen Sitzes wird die Eintragung beim früheren Registergericht von Amts wegen unter Hinweis auf die Sitzverlegung gelöscht (vgl. § 13h Abs. 2 S. 6 HGB). 17

Änderungen zur **Vertretungsbefugnis** sind nach den §§ 107, 108 HGB von allen und damit auch von den nicht vertretungsbefugten Gesellschaftern anzumelden. Der Mitwirkung eines Prokuristen im Falle der Vereinbarung einer unechten oder gemischten Gesamtvertretung (siehe Rn 11) bedarf es daher nicht.[38] Die Eintragung der Vertretungsregelungen ist deklaratorisch, so dass die Anmeldung durch das Registergericht nach § 14 HGB erzwungen werden kann.[39] In Abweichung zu § 125 Abs. 4 HGB a.F. sind nunmehr alle Veränderungen in der Anmeldung anzugeben.

Die Veränderungen sind nach § 108 Abs. 1 BGB durch **alle Gesellschafter** anzumelden. Ob der jeweilige Gesellschafter vertretungsbefugt ist, spielt insoweit keine Rolle. Eine Vertretung bei der Anmeldung ist möglich; die Vollmacht muss die Form des § 12 Abs. 1 S. 2 HGB erfüllen (siehe § 32 Rn 43). 18

2. Eintritt eines neuen Gesellschafters

Die Aufnahme eines weiteren Gesellschafters stellt eine Änderung des Gesellschaftsvertrages dar und erfordert damit die **Mitwirkung aller Gesellschafter**. Zulässig ist aber auch die Vereinbarung der Aufnahme durch einen Mehrheitsbeschluss, wenn dies ausreichend bestimmt im Gesellschaftsvertrag vereinbart ist. Eine eingehende Prüfung über die Wirksamkeit des Eintritts durch das Registergericht erfolgt wiederum nicht. Denn an der Anmeldung des Eintritts des neuen Gesellschafters sind ebenfalls nach § 108 HGB alle Gesellschafter einschließlich des neuen Gesellschafters zu beteiligen. Auch ein mittlerweile ausgeschiedener Gesellschafter ist anmeldepflichtig.[40] Ist der neue Gesellschafter vertretungsbefugt und weicht die Vertretungsbefugnis von der allgemeinen Regelung ab, ist dies anzumelden (siehe Rn 15). Die Verpflichtung zur Zeichnung ist entfallen (siehe Rn 14). 19

3. Ausscheiden von Gesellschaftern sowie Gesellschafterwechsel
a) Ausscheiden eines Gesellschafters

Mit dem Handelsrechtsreformgesetz vom 22.6.1998[41] ist das Recht der OHG den praktischen Verhältnissen angepasst worden, indem der Fortbestand der Gesellschaft von dem Gesellschafterbestand abgekoppelt wurde. Der Austritt eines Gesellschafters führt mit anderen Worten in der Regel nicht mehr zur Auflösung der Gesellschaft, sondern zum **Ausscheiden des Gesellschafters unter Fortführung der Gesellschaft** (vgl. § 131 Abs. 3 Nr. 1 HGB). In Art. 41 EGHGB findet sich für Altgesellschaften eine bis zum 31.12.2001 geltende Übergangsvorschrift. Die materiell- 20

---

38 Ebenroth/*Hillmann*, 1. Aufl., § 125 Rn 54; Schlegelberger/*K. Schmidt*, § 125 Rn 57.
39 Ebenroth/*Hillmann*, 1. Aufl., § 125 Rn 54.
40 BayObLG Rpfleger 1978, 254.
41 BGBl I, 1474.

rechtliche Wirksamkeit des Ausscheidens wird regelmäßig nicht durch das Registergericht geprüft, weil die Anmeldung unter Mitwirkung des Ausscheidenden zu erfolgen hat. Beim Ausscheiden eines Gesellschafters ist aber unter Umständen hinsichtlich der Firma § 24 Abs. 2 HGB zu beachten.[42]

21   Beruht das Ausscheiden eines Gesellschafters auf der Eröffnung des Insolvenzverfahrens über sein Vermögen, erfolgt die **Anmeldung** unter Mitwirkung des Insolvenzverwalters.[43] Ist der Gesellschafter aufgrund seines Todes ausgeschieden, sind die Erben zur Anmeldung des Ausscheidens verpflichtet. Dies gilt selbst dann, wenn diese nicht als Gesellschafter eintreten, wie sich aus § 143 Abs. 3 HGB ergibt.[44] In allen diesen Fällen sind nach § 12 Abs. 1 S. 3 HGB entsprechende **Nachweise** über die Rechtsnachfolge durch öffentliche Urkunden zu verlangen. So wären etwa der Bestellungsbeschluss für den Insolvenzverwalter und im Todesfall eine Sterbeurkunde, ein Erbschein oder – in Anlehnung an § 35 Abs. 1 GBO – ein öffentlich beurkundetes Testament mit Eröffnungsprotokoll[45] einzureichen. Die beglaubigte Abschrift eines Erbscheins reichte bisher aber wegen § 2361 BGB zum Nachweis nicht aus.[46] Nach § 12 Abs. 2 HGB ist aber nunmehr die Einreichung in einfacher elektronischer Form ausreichend, so dass das Registergericht bei Zweifeln an dem Vorhandensein eines Erbscheins zum Anmeldezeitpunkt entsprechende Ermittlungen aufnehmen müsste. Soweit sich die entsprechenden Unterlagen in Akten befinden, die bei dem Gericht geführt werden, reicht eine Bezugnahme auf diese Akten aus.[47]

22   Eine Mitwirkung der Erben an der Anmeldung ist nach § 143 Abs. 3 HGB entbehrlich, wenn der Mitwirkung **besondere Hindernisse** entgegenstehen. Dies wird regelmäßig nur dann der Fall sein, wenn die Erben unbekannt sind. Sind die Erben nicht unbekannt, sind diese aber nicht erreichbar, wird wegen der Nachweise Ähnliches wie bei der öffentlichen Zustellung im Zivilprozess zu gelten haben.

23   Die **Eintragung des Ausscheidens** ist **deklaratorisch**. Sie kann durch das Zwangsgeldverfahren erzwungen werden. Führt das Ausscheiden etwa nach § 19 Abs. 2 HGB zu Beanstandungen hinsichtlich der Firma, kann die Eintragung des Ausscheidens nicht von einer Firmenänderung abhängig gemacht werden.[48] Insoweit hat das Registergericht vielmehr ein Verfahren nach § 37 Abs. 1 HGB einzuleiten (dazu siehe § 36 Rn 17 f.). Fehlt im Falle des Ausscheidens die Voreintragung des Gesellschafters, so ist diese mit der Eintragung des Ausscheidens vorzunehmen (siehe Rn 9).

24   Scheiden **alle Gesellschafter bis auf einen** aus, so geht das Gesellschaftsvermögen auf den Verbliebenen im Wege der Gesamtrechtsnachfolge über.[49] Die Gesellschaft aber erlischt in diesem Moment, weil sie aus mindestens zwei Gesellschaftern bestehen muss.[50] Daher ist nicht nur das Ausscheiden anzumelden, sondern auch das Erlöschen der Firma. Unter Umständen, wird das Handelsgeschäft durch den Verbliebenen fortgeführt, so dass auch dieses zum Register anzumelden ist.

---

42 Näher dazu *Müther*, § 8 Rn 49.
43 § 146 Abs. 3 HGB entsprechend: BGH NJW 1981, 822; *Baumbach/Hopt*, § 143 Rn 3.
44 *Baumbach/Hopt*, § 143 Rn 3.
45 Dieser Nachweis reicht nicht, wenn die Erben nicht namentlich benannt werden oder mehrere Verfügungen vorliegen, vgl. *Baumbach/Hopt*, § 12 Rn 5; Auslegungsfragen hindern aber nicht, wenn nicht weitere Ermittlungen erforderlich sind, vgl. KG OLGR 2007, 103 = Rpfleger 2007, 148; zur GBO OLG Schleswig FGPrax 2006, 248. Im Grundsatz ist aber das Nachlassgericht zur Erbenermittlung berufen: OLG Köln Rpfleger 2005, 145.
46 KGJ 26 A 92, 94.
47 OLG Hamm Rpfleger 1986, 140; *Koller/Roth/Morck*, § 12 Rn 7; *Baumbach/Hopt*, § 12 Rn 5.
48 BGH Rpfleger 1977, 359; BayObLG NJW-RR 1988, 715.
49 BGHZ 65, 79, 82 = NJW 1975, 1774; 113, 333 = NJW 1991, 844; NJW 1993, 1918.
50 BGHZ 65, 79, 82 = NJW 1975, 1774; 113, 333 = NJW 1991, 844; NJW 1993, 1918; KG ZIP 2005, 1640; *Baumbach/Hopt*, § 131 Rn 35.

b) Gesellschafterwechsel

Der Gesellschafterwechsel, also die **Übernahme einer bestehenden Mitgliedschaft durch** 25
eine andere Person, ist im Gesetz nicht vorgesehen. Sie ist aber zulässig. Sie kann dabei durch eine Vereinbarung zwischen dem Aus- und dem Eintretenden erfolgen. Diese Vereinbarung wäre durch die anderen Gesellschafter zu genehmigen.[51] Auch hier kann der Gesellschaftsvertrag Abweichungen vorsehen. Ausscheiden und Eintritt können aber auch durch Vertragsänderungen erfolgen, die zeitlich nicht zusammen fallen müssen.[52] Die **registerrechtlichen Anforderungen** ändern sich durch einen Gesellschafterwechsel nicht: Unabhängig von der Art der Durchführung des Wechsel sind unter Berücksichtigung der §§ 108, 107 HGB der Eintritt eines Gesellschafters und unter Berücksichtigung des § 143 Abs. 2 HGB der Austritt eines Gesellschafters anzumelden.

Diese Grundsätze gelten auch dann, wenn es im Todesfall zu einem Eintritt der Erben oder 26
einiger Erben kommt. Auf Grund der Neuregelung des § 131 Abs. 3 Nr. 1 HGB hat das Registergericht keinen Grund, **nähere Prüfungen** vorzunehmen als im Fall des einfachen Gesellschafterwechsels. Anderes gilt aber dann, wenn dem Registergericht der Gesellschaftsvertrag vorliegt und sich hieraus der Anlass für eine genauere Prüfung ergibt, weil etwa erkennbar andere Personen nach dem Gesellschaftsvertrag aufgrund Sondererbfolge Gesellschafter geworden wären. Denn dann hat das Registergericht Anlass zu Zweifeln an der Richtigkeit der Angaben (siehe § 32 Rn 39 ff.).

IV. Auflösung und Fortsetzung der Gesellschaft

1. Auflösung

Die Auflösung der Gesellschaft ist nach § 143 Abs. 1 HGB grundsätzlich von allen Gesellschaftern 27
zur Eintragung in das Register anzumelden. Entsprechend bedarf es grundsätzlich auch keiner Prüfung, ob ein Auflösungsgrund nach den §§ 131, 133 HGB vorliegt. Eine **Anmeldung** ist nur dann entbehrlich, wenn die Auflösung darauf beruht, dass über das Vermögen der Gesellschaft das Insolvenzverfahren eröffnet worden ist (§ 143 Abs. 1 S. 2 HGB). Ist keine natürliche Person an der Gesellschaft beteiligt, kommt auch die Ablehnung der Eröffnung des Insolvenzverfahrens in Betracht, die ebenfalls zur Auflösung der Gesellschaft führt.[53] In diesen Fällen erfolgt eine Eintragung in das Register von Amts wegen. Die Auflösung hat in der Regel aber nicht das Erlöschen einer etwa bestellten Prokura zur Folge.[54]

Umstritten ist, ob der Auflösungsbeschluss bei der Beteiligung eines **nicht Geschäftsfähi-** 28
gen einer betreuungs- oder familiengerichtlichen Genehmigung bedarf.[55] Formal gesehen handelt es sich weder um den Erwerb noch um die Veräußerung eines Erwerbsgeschäfts (§ 1822 Nr. 3 BGB). Dennoch wird teilweise die Einholung einer Genehmigung empfohlen.[56]

2. Liquidatoren

Mit der Auflösung sind die bisherigen Gesellschafter die Liquidatoren (vgl. § 146 Abs. 1 S. 1 HGB). 29
Dies gilt unabhängig davon, ob die jeweiligen Gesellschafter vor der Auflösung vertretungsberechtigt waren oder nicht. Sie vertreten die Gesellschaft nun aber gemeinschaftlich – was zum

---

51 Palandt/*Sprau*, § 736 Rn 7.
52 Palandt/*Sprau*, § 736 Rn 8.
53 Ist die Gesellschaft überhaupt vermögenslos, wird u.U. sogleich nach § 394 FamFG die Löschung eingetragen.
54 OLG München MDR 2011, 1305.
55 *Baumbach/Hopt*, § 105 Rn 26; Ebenroth/*Lorz*, § 131 Rn 17; verneinend: BGHZ 52, 316.
56 Ebenroth/*Lorz*, § 131 Rn 16.

Register anzumelden und dort einzutragen ist, wenn die Vertretung der Gesellschaft vor ihrer Auflösung eine andere war (dazu siehe Rn 11, 15). Das Gesetz lässt nun auch die Bestellung anderer Personen zur **Vertretung** zu, das Prinzip der Selbstorganschaft ist während der Auflösung aufgehoben.[57] Die Stellung eines Liquidators kann auch eine juristische Person übernehmen.[58]

30 Die jeweiligen Liquidatoren sind von allen Gesellschaftern nach § 148 Abs. 1 HGB **zum Register anzumelden**.[59] Auch für die Liquidatoren ist die Verpflichtung zur Unterschriftszeichnung (§ 148 Abs. 3 HGB a.F.) mit dem EHUG entfallen (siehe Rn 14). Die Form des § 12 Abs. 1 S. 1 HGB ist zu beachten. Wegen der Neufassung des § 106 Abs. 2 Nr. 4 HGB ist bei der Anmeldung der Liquidatoren die Übergangsregelung des Art. 52 EGHGB zu beachten.

31 Auch das Recht der OHG sieht eine **gerichtlich Bestellung von Liquidatoren** vor (zur GmbH siehe § 33 Rn 164). Voraussetzung ist nach § 146 Abs. 2 HGB das Vorliegen wichtiger Gründe. Insoweit kann auf die Ausführungen (siehe § 33 Rn 165) verwiesen werden. Bei der Antragsbefugnis ist § 146 Abs. 2 S. 2 HGB zu beachten. Eine Abberufung kann ebenfalls durch das Gericht erfolgen (§ 147 HGB). Die Liquidatoren werden von Amts wegen in das Register eingetragen. Bei den Verfahren handelt es sich um unternehmensrechtliche Verfahren nach § 375 Nr. 1 FamFG, für die § 402 FamFG und im Übrigen die allgemeinen Vorschriften gelten.[60] Eine Pflicht, die entsprechenden Anträge in elektronischer Form zu stellen, besteht damit nicht.

3. Fortsetzung der Gesellschaft

32 Bereits § 144 HGB weist darauf hin, dass auch die OHG nach der Auflösung fortgesetzt werden kann. Die **Anmeldung** der Fortsetzung hat gem. § 144 Abs. 2 HGB durch alle Gesellschafter zu erfolgen. Sie ist nicht nur im Falle des § 144 HGB möglich, sondern immer dann, wenn der Auflösungsgrund beseitigt werden kann und beseitigt worden ist.[61]

33 Auch beim Fortsetzungsbeschluss stellt sich die Frage, ob ein **nicht Geschäftsfähiger** der betreuungs- oder familiengerichtlichen Genehmigung nach § 1822 Nr. 3 BGB bedarf. Dies ist umstritten.[62] Die Fortsetzung der Gesellschaft steht aber einer Neugründung sehr nahe, so dass gute Gründe für eine Gleichstellung gegeben sind.[63]

34 Mit der Eintragung der **Löschung der Firma** scheidet eine Fortsetzung der Gesellschaft aus. Die Gesellschafter können in diesem Fall nur eine neue Gesellschaft gründen.[64]

V. Löschung der Gesellschaft, Nachtragsliquidation

35 Ist die Liquidation beendet, ist nach § 157 HGB das Erlöschen der Firma zum Register anzumelden. Mit der **Anmeldung** sollte zugleich mitgeteilt werden, wer die Bücher und Papiere der aufgelösten Gesellschaft in Verwahrung genommen hat, um eine Bestimmung des Gerichts nach § 157 Abs. 2 S. 2 HGB zu vermeiden. Ist eine Anmeldung der Löschung nicht erreichbar, hat das Registergericht die Löschung der Firma im Verfahren nach § 393 FamFG von Amts wegen zu bewirken (wegen der Einzelheiten siehe § 36 Rn 20 ff.).

---

57 *Koller/Roth/Morck*, § 146 Rn 3.
58 *Baumbach/Hopt*, § 146 Rn 4.
59 Nach BayObLG BB 2001, 1704 ist diese Anmeldung entbehrlich, wenn Auflösung und Vollbeendigung zusammen fallen.
60 Bork/*Müther*, § 375 Rn. 32.
61 Im Einzelnen *Baumbach/Hopt*, § 131 Rn 30 ff.
62 *Baumbach/Hopt*, § 105 Rn 26; Ebenroth/*Lorz*, § 131 Rn 16, 36.
63 Ebenroth/*Lorz*, § 131 Rn 36: Einholung empfohlen.
64 *Baumbach/Hopt*, § 131 Rn 33.

Stellt sich nach der Löschung die Notwendigkeit von **weiteren Abwicklungsmaßnahmen** 36 heraus, kommt die Bestellung eines **Nachtragsliquidators** in Betracht. Die Bestellung erfolgt nach Maßgabe des § 146 Abs. 2 S. 3 HGB. Eine Befugnis der Gesellschafter zur Bestellung eines Nachtragsliquidators entfällt mit der Eintragung der Löschung der Firma. Mit dem Antrag ist eine zur Übernahme des Amtes bereite Person zu benennen (im Einzelnen siehe § 33 Rn 178). Das Bestellungsverfahren ist ein unternehmensrechtliches Verfahren nach § 375 Nr. 1 FamFG und damit kein Registerverfahren, so dass keine Pflicht zur Antragstellung in elektronischer Form besteht.

B. Die Kommanditgesellschaft

I. Ersteintragung der KG

1. Die Parallelen zur offenen Handelsgesellschaft
a) Gesetzesaufbau, Handelsregistereintragung

Die Kommanditgesellschaft unterscheidet sich allein dadurch von der offenen Handelsgesell- 37 schaft, dass Gesellschafter vorhanden sind, die gegenüber Dritten lediglich beschränkt haften. Soweit also die persönlich haftenden Gesellschafter und die **Grundstruktur** der Gesellschaft betroffen sind, besteht zwischen den Gesellschaften **kein Unterschied**. Dementsprechend verweist § 161 Abs. 2 HGB auch auf die Vorschriften über die offene Handelsgesellschaft, soweit sich in den nachfolgenden Vorschriften keine Abweichungen finden. Diese Abweichungen betreffen dabei allein die Kommanditisten.

Auch die KG kann daher **vor der Eintragung entstehen**, wenn sie ein Handelsgewerbe be- 38 treibt. Dritten gegenüber wirkt allein die Haftungsbeschränkung des Kommanditisten wegen der fehlenden Eintragung nicht, wenn die Kommanditistenstellung dem Gläubiger nicht bekannt war (vgl. § 176 Abs. 1 HGB). Die Eintragung der Gesellschaft ist auch hier lediglich deklaratorischer Natur. Entsteht die Handelsgesellschaft erst mit der Eintragung der Gesellschaft, weil die Gesellschaft die Vermögensverwaltung bezweckt oder mit ihrem Gewerbebetrieb nicht die Anforderungen des § 1 Abs. 2 HGB erfüllt (siehe Rn 8 f.), wirkt die Eintragung ebenso wie bei der offenen Handelsgesellschaft konstitutiv.

b) Vertragsschluss

Die Anforderungen an den Abschluss des **Gesellschaftsvertrages** entsprechen denen bei der 39 OHG. Auch für den Abschluss eines KG-Vertrages bedürfen **nicht Geschäftsfähige** der betreuungs- oder familiengerichtlichen Genehmigung nach § 1822 Nr. 3 BGB,[65] auch die Anwendung der §§ 181, 1795 BGB ist bei den Gesellschaften identisch.

c) Gesellschafter der KG

Ebenso wie bei der OHG können auch bei der KG alle natürlichen und juristischen Personen ein- 40 schließlich der Unternehmergesellschaft nach § 5a GmbHG[66] **Gesellschafter** sein, und zwar als persönlich haftende Gesellschafter sowie als Kommanditisten. Ebenso können diese Rolle Personenhandelsgesellschaften übernehmen. Bislang bestand auch Einigkeit darin, dass sowohl Erbengemeinschaften als auch BGB-Gesellschaften weder persönlich haftende Gesellschafter

---

65 Auch wenn sie nur Kommanditist werden sollen: BGHZ 17, 160; 38, 26.
66 Vgl. KG Rpfleger 2009, 683 zur Firmenbildung.

noch Kommanditisten sein können. Nachdem unter anderem der BGH die Auffassung vertreten hat, dass die **BGB-Gesellschaft** jedenfalls auch die Stellung eines Kommanditisten einnehmen könne,[67] hat der Gesetzgeber § 162 Abs. 1 HGB nunmehr entsprechend neu gefasst. Die BGB-Gesellschaft kann daher nun Kommanditist sein. Die BGB-Gesellschafter sind entsprechend § 106 Abs. 2 Nr. 1 HGB zu behandeln, Veränderungen im Gesellschafterbestand sind ebenfalls anzumelden und einzutragen. Eheliche Gütergemeinschaften kommen aber nach wie vor nicht als Gesellschafter in Betracht.[68] Entsprechendes gilt für die Erbengemeinschaft.[69] Zur BGB-Gesellschaft als Komplementär, vgl. Rn 4.

2. Anmeldung

41 Über § 162 Abs. 1 HGB i.V.m. § 161 Abs. 2 HGB erfolgt eine Verweisung auf die §§ 106, 108 HGB. Ergänzend zur Anmeldung bei der OHG sind in die Anmeldung Angaben zu den Kommanditisten aufzunehmen. Diese sind ebenfalls dem § 106 Abs. 2 Nr. 1 HGB zu entnehmen: Name, Vorname, Geburtsdatum und Wohnort. Zusätzlich sind Angaben zur **Hafteinlage** erforderlich. Mit der Hafteinlage ist der in den §§ 171, 172 HGB genannte Betrag gemeint, der nicht mit der zwischen den Gesellschaftern vereinbarten Einlage nach § 706 BGB übereinzustimmen braucht.[70]

42 Angaben dazu, ob die **Einlage erbracht** ist oder nicht, bedarf es nicht. Dem Registergericht steht eine Prüfung nicht zu. Die KG ist nicht mit den Kapitalgesellschaften zu vergleichen, bei denen im Gegenzug zur gewährten Haftungsbeschränkung der Gesellschafter die Einhaltung der sog. Normativbestimmungen über die Kapitalaufbringung verlangt wird. Ein ausreichender Schutz Dritter ist im Grundsatz dadurch gewährleistet, dass zumindest eine Person unbeschränkt haftet.

43 Nach § 170 HGB ist der Kommanditist von der **Vertretung** ausgeschlossen. Nach allgemeiner Meinung ist die Vorschrift zwingend, so dass die Gesellschafter auch nichts anderes vereinbaren können.[71] Eine Angabe der Vertretungsverhältnisse für die Kommanditisten scheidet damit aus. Der Kommanditist kann daher lediglich als Prokurist[72] auftreten und als solcher eingetragen werden.

3. Sitz und Firma

44 Hinsichtlich des **Sitzes** gilt das zur OHG Gesagte entsprechend (siehe Rn 6): Der Sitz liegt am Ort der tatsächlichen Geschäftsführung. Auch bei der KG ist die inländische Geschäftsanschrift anzumelden und einzutragen.

45 Auch das zur **Firma** bei der OHG Ausgeführte gilt für die Kommanditgesellschaft in gleicher Weise.[73] Bei der Kommanditgesellschaft ergibt sich eine weitere Fragestellung für den Fall, dass der Komplementär ebenfalls im Handelsregister eingetragen ist und die KG den Namen des Komplementärs tragen soll, wie dies nach alter Rechtslage sogar vorgeschrieben war. Sind beide Beteiligte im gleichen Handelsregister eingetragen, ist nämlich für die Firmenbildung die Vorschrift des § 30 HGB zu beachten. Nicht möglich ist es daher, dass die Firma der Kommanditgesellschaft aus dem Namen der Komplementärin mit einem Zusatz besteht, während sich die Fir-

---

[67] BGHZ 148, 291 = BB 2001, 1966; so aber auch schon BayObLG BB 2000, 2380.
[68] BayObLG DB 2003, 715.
[69] *Baumbach/Hopt*, § 161 Rn 4; zur fehlenden Parteifähigkeit: BGH Rpfleger 2007, 75.
[70] BGH NJW 1995, 197.
[71] *Koller/Roth/Morck*, § 170 Rn 1.
[72] Zum Prokuristen im Handelsregister vgl. *Müther*, § 11.
[73] Insoweit stellt sich etwa die Frage, ob die Aufnahme des Namens des Kommanditisten in die Firma irreführend sein kann, vgl. dazu OLG Stuttgart BB 2001, 14 = DB 2001, 695. Ist pHG eine Unternehmergesellschaft nach § 5a GmbHG ist die Rechtsformbezeichnung „GmbH & Co KG" unzulässig, vgl. KG Rpfleger 2009, 683.

ma der Komplementärin allein durch den Zusatz zur Gesellschaftsform von der KG unterscheidet (siehe § 33 Rn 26). Denn die Zusätze zur Gesellschaftsform sind nicht unterscheidungskräftig.[74] Dieses Problem wird allerdings auch bei den Registergerichten häufig übersehen.

II. Ein- und Austritt von Kommanditisten; Kommanditistenwechsel

1. Rechtliche Grundlagen

Für den Ein- und Austritt eines Kommanditisten und für den Kommanditistenwechsels gilt das gleiche wie bei den entsprechenden Fallgestaltungen unter Beteiligung eines persönlich haftenden Gesellschafters: Der Ein- und Austritt bedarf einer Vertragsänderung,[75] der Gesellschaftsvertrag kann insoweit festlegen, dass diese **Vertragsänderung** durch (mehrheitlichen[76]) Gesellschafterbeschluss erfolgt. Dieser rechtsgeschäftliche Kommanditistenwechsel, also die Übertragung der Kommanditistenstellung auf eine andere Person, kann auch durch ein sog. gesellschaftsrechtliches Verfügungsgeschäft erfolgen: Veräußerer und Erwerber schließen eine Vereinbarung über den Übergang der Gesellschafterstellung (Abtretung) und die übrigen Gesellschafter stimmen diesem Geschäft zu, wobei auch hier durch den Gesellschaftsvertrag Erleichterungen geschaffen werden können. Liegt ein echter Kommanditistenwechsel vor, tritt der Erwerber vollständig in die Stellung des Veräußerers ein. **46**

Verstirbt ein Kommanditist, geht seine Gesellschafterstellung gem. § 177 HGB im Wege der **Sondererbfolge** auf die einzelnen Erben entsprechend ihrer Erbquote über,[77] weil die Erbengemeinschaft selbst nicht Gesellschafter werden kann (siehe Rn 4, 40). Die Gesellschaft wird durch den Tod nicht aufgelöst, sie wird mit den Erben fortgesetzt. Der Gesellschaftsvertrag kann Abweichungen festlegen. **47**

Umfassend diskutiert wird die Frage, inwieweit eine Beteiligung an einer Personenhandelsgesellschaft der **Testamentsvollstreckung** unterliegt. Während die Anordnung der (Dauer-)Testamentsvollstreckung bei einem persönlich haftenden Gesellschafter jedenfalls registerrechtlich ohne Folgen bleibt,[78] wird eine Anordnung bei den Kommanditanteilen für zulässig erachtet mit der Folge, dass der Testamentsvollstrecker auch die Anmeldungen zum Register vornehmen muss[79] (siehe § 36 Rn 50). Voraussetzung ist aber, dass die Mitgesellschafter mit der Anordnung einer Testamentsvollstreckung einverstanden waren oder es jedenfalls jetzt sind. Diese Zustimmung kann auch konkludent dadurch geschehen sein, dass der Gesellschaftsvertrag dem Gesellschafter bei der Nachfolgeregelung freie Hand gelassen hat.[80] Eine Eintragung des Testamentsvollstreckers oder eines Vollstreckungsvermerks in das Register erfolgt aber nicht.[81] **48**

Die Eintragung des Ein- und Austritts von Kommanditisten wurde bisher nur eingeschränkt bekannt gemacht. Entgegen der früheren Rechtslage ist § 162 Abs. 2 HGB[82] dahin geändert wor- **49**

---

74 BGHZ 46, 12; *Baumbach/Hopt*, § 30 Rn 5; *Röhricht/Ammon/Ries*, § 30 Rn 16;.
75 *Baumbach/Hopt*, § 161 Rn 8; *Röhricht/v. Gerkan*, § 173 Rn 2.
76 Dabei ist allerdings der Bestimmtheitsgrundsatz zu beachten, nach dem sich entsprechende Befugnisse der Gesellschafterversammlung unzweideutig aus dem Vertrag ergeben müssen, wenn auch nur durch Auslegung: *Baumbach/Hopt*, § 119 Rn 37 f.; *Palandt/Sprau*, § 705 Rn 16; Ausnahme: Publikumsgesellschaften.
77 *Baumbach/Hopt*, § 177 Rn 3; *Ebenroth/Strohn*, § 177 Rn 8; *Röhricht/v. Gerkan/Haas*, § 177 Rn 6.
78 Nur die übertragbaren Vermögensrechte unterliegen der Testamentsvollstreckung, *Baumbach/Hopt*, § 139 Rn 21.
79 BGHZ 108, 187 = NJW 1989, 3152; *Baumbach/Hopt*, § 139 Rn 28. Nach LG Berlin ZEV 2004, 29 auch zum Vollzug der Teilungsanordnung.
80 BGHZ 68, 225, 241 = NJW 1977, 1339.
81 KG WM 1995, 1890 = NJW-RR 1996, 227; a.A. LG Konstanz NJW-RR 1990, 716.
82 Gesetz zur Namensaktie und zur Erleichterung der Stimmrechtsausübung (NaStraG) v. 18.1.2001, BGBl I, 123.

Müther

den, dass Angaben zu den Kommanditisten in die **Bekanntmachung** überhaupt nicht mehr aufgenommen werden. § 15 HGB gilt nach der Neuregelung insoweit nicht.

2. Anmeldung des Ein- und Austritts von Kommanditisten

50 Der Ein- und Austritt eines Kommanditisten ist in das Handelsregister einzutragen. Die Eintragung wirkt nur deklaratorisch.[83] Die **Anmeldung des Eintritts** richtet sich nach den §§ 162 Abs. 3, Abs. 1, 107, 108 Abs. 1 HGB. Die Anmeldung hat dementsprechend durch alle Gesellschafter einschließlich des neuen zu erfolgen. Sie muss die Angaben nach § 106 Abs. 2 Nr. 1 HGB zu dem neuen Kommanditisten und zum Haftbetrag enthalten. Häufig wird der Eintritt wegen der Haftung nach § 176 HGB unter der aufschiebenden Bedingung der Eintragung in das Handelsregister vereinbart.[84] Diese Bedingung muss in der Anmeldung nicht angegeben werden, weil der Zeitpunkt der Wirksamkeit des Beitritts nicht im Register vermerkt wird. Ihre Angabe schadet aber auch nicht.

51 Die **Anmeldung des Austritts** eines Kommanditisten richtet sich nach den §§ 162 Abs. 3 S. 1, 143 Abs. 2 HGB. Außer der Angabe zum Austritt bedarf es grundsätzlich keiner weiteren Hinweise. Die Anmeldung hat wiederum durch alle Gesellschafter zu erfolgen, den ausscheidenden eingeschlossen.

52 Weil das Gesetz eine Anmeldung aller Beteiligten vorsieht, bedarf es in der Regel bei den Anmeldungen keiner weiteren **registergerichtlichen Prüfungen** als der Formeinhaltung. Dies kann in Ausnahmefällen aber auch anders sein. Ein derartiger Sachverhalt ist etwa dann gegeben, wenn abweichend von § 177 HGB das Ausscheiden eines verstorbenen Kommanditisten angemeldet wird, ohne einen auch nur vorübergehenden Eintritt der Erben. Eine dafür notwendige Eintrittssperre erfordert jedoch eine dem § 131 Abs. 3 Nr. 1 HGB entsprechende Regelung im Gesellschaftsvertrag bereits zum Zeitpunkt des Todes des Gesellschafters. Diese ist durch eine entsprechende Erläuterung der Anmeldenden nachzuweisen. Auch die mit dem Tod des Kommanditisten verbundene Rechtsnachfolge ist gem. § 12 Abs. 2 S. 2 HGB durch öffentliche Urkunden nachzuweisen (siehe Rn 21).

53 Soweit der **Gesellschaftsvertrag** Erleichterungen bei der Aufnahme oder beim Austritt von Gesellschaftern vorsieht, stellt sich die Frage, inwieweit diese Erleichterungen auch auf die Handelsregisteranmeldungen durchschlagen. Von besonderer Bedeutung ist dies vor allem bei den sog. Publikumsgesellschaften, bei denen eine Vielzahl von Gesellschaftern vorhanden ist. Die Möglichkeit, gesellschaftsvertraglich Erleichterungen durch Mehrheitsbeschlüsse oder Entscheidungsdelegation zu schaffen, ändert an der Verpflichtung zur Anmeldung aller Beteiligten nichts.[85] Die Anmeldung des Ein- und Austritts von Gesellschaftern ist aber nicht höchstpersönlicher Natur, so dass eine Vertretung möglich ist. Insoweit ist lediglich die Form des § 12 Abs. 1 S. 2 HGB zu beachten. Danach muss auch die Vollmacht zur Registeranmeldung notariell beglaubigt sein. Eine derartige Vollmachterteilung kann auch im Gesellschaftsvertrag erfolgen.[86] Eine Regelung in dem Gesellschaftsvertrag einer Publikums-KG, nach der die Gesellschafter nach ihrer Wahl Handelsregisteranmeldungen zu unterzeichnen oder der Komplementärin eine nur aus wichtigem Grund widerrufbare General-Anmeldevollmacht zu erteilen haben, ist wirksam.[87]

---

83 Schlegelberger/*Martens*, § 162 Rn 25; Röhricht/*v. Gerkan/Haas*, § 162 Rn 21.
84 BGHZ 82, 209, 212 = NJW 1982, 883; NJW 1983, 229; *Baumbach/Hopt*, § 176 Rn 1; Schlegelberger/*Martens*, § 176 Rn 29.
85 *Baumbach/Hopt*, § 162 Rn 7.
86 OLG Frankfurt BB 1973, 722; nach OLG Schleswig BB 2003, 1811 bei der Umwandlung einer AG in eine KG auch durch Mehrheitsbeschluss der Hauptversammlung der AG möglich.
87 BGH NJW 2006, 2854.

3. Anmeldung des Kommanditistenwechsels

Besonderheiten ergeben sich bei der Anmeldung eines Kommanditistenwechsels. Gesetzestechnisch liegt nämlich wiederum ein Ausscheiden bei gleichzeitigem Eintritt eines Kommanditisten vor. Eine entsprechende Eintragung riefe aber den unzutreffenden Eindruck hervor, dass ein weiterer Kommanditist vorhanden wäre, der neben dem nachhaftenden austretenden Gesellschafter bis zur Hafteinlage herangezogen werden könnte. Tatsächlich aber tritt der neue Gesellschafter nur in die Gesellschafterstellung des alten Gesellschafters ein und übernimmt damit alle Rechte und Pflichten.[88] Er kann sich dementsprechend auch auf die Leistung der Hafteinlage durch den alten Kommanditisten berufen.[89] Die Eintragung ist aus diesem Grund mit einem **Rechtsnachfolgevermerk** bei dem neuen Gesellschafter zu versehen, der den Schluss zulässt, dass kein weiterer Kommanditist eingetreten ist, sondern lediglich ein Wechsel in der Mitgliedschaft vorliegt.[90] Diese geschieht durch den Hinweis auf einen Eintritt „im Wege der Sonderrechtsnachfolge" oder „im Wege der Rechtsnachfolge". Um sicherzustellen, dass der Vermerk aufgenommen wird, hat auch die Anmeldung bereits den Hinweis auf eine Übertragung einer bestehenden Mitgliedschaft zu enthalten. Die Notwendigkeit eines Vermerks ist nicht durch die Änderung des § 162 Abs. 3 HGB entfallen.[91]

54

Ein Gesellschafterwechsel liegt dabei nicht nur im Fall der rechtsgeschäftlichen Übertragung der Mitgliedschaft vor, sondern **in allen Fällen der Rechtsnachfolge**,[92] die etwa auch durch die Vererbung der Kommanditistenstellung eintreten kann, wenn der Gesellschaftsvertrag keine von § 177 HGB abweichende Regelung enthält.

55

Möglich ist auch die **teilweise Übertragung der Gesellschafterstellung**. Der Eintretende erhält eine vollständige Gesellschafterstellung. Bezogen auf den ihm übertragenen Anteil erlangt er die Rechte und Pflichten des Altgesellschafters, die Kommanditeinlage des Altgesellschafters wird in dem übertragenen Umfang herabgesetzt. War der Übernehmende bereits Kommanditist, liegt eine Erhöhung seiner Kommanditeinlage vor (zur Erhöhung und Herabsetzung siehe Rn 61 f.).

56

Seit einer Entscheidung des großen Senats des Reichsgerichts[93] wird **in der Anmeldung** eines rechtsgeschäftlichen Kommanditistenwechsels zusätzlich noch die **Versicherung** verlangt, dass der ausscheidende Gesellschafter keinerlei Abfindung von der Gesellschaft erhalten hat und ihm auch keine versprochen worden ist. Diese von vielen Registergerichten[94] nach wie vor verlangte Versicherung ist entbehrlich.[95] Das Gesetz sieht diese – vom BGH allerdings gebilligte Praxis[96] – nicht vor, das Registergericht hat Leistungen auf die Hafteinlage oder Rückzahlungen an die Gesellschafter nicht zu überprüfen. Für die materiell-rechtliche Wirksamkeit der Übertragung der Mitgliedschaft ist die Abfindungszahlung ebenfalls unerheblich. Das Gesetz schließt eine derartige Rückzahlung gerade nicht aus, sondern verbindet sie mit einem Wiederaufleben der Haftung. Soweit man eine Versicherung gleichwohl verlangt, stellt sich die Frage, wer diese abzugeben hat und ob bei der Abgabe eine Vertretung möglich ist. Da die Auszahlung eine Maßnahme der Geschäftsführung ist, wird die Versicherung von allen vertretungsberechtigten Ge-

57

---

[88] BGHZ 45, 221 = NJW 1966, 1307; 79, 376, 378 = NJW 1981, 1213; 81, 82, 89 = NJW 1981, 2747 (zur KG).
[89] *Baumbach/Hopt*, § 173 Rn 11; Ebenroth/*Strohn*, § 173 Rn 13.
[90] OLG Köln ZIP 2004, 507; OLG Zweibrücken Rpfleger 2002, 156, jeweils m.w.N. Nach OLG Köln ZIP 2004, 507, ist auch ein Hinweis beim Ausscheidenden erforderlich, zw.
[91] OLG Köln ZIP 2004, 507.
[92] Schlegelberger/*Martens*, § 162 Rn 20.
[93] RG DNotZ 1944, 44, 201 = WM 1964, 1130.
[94] Zuletzt OLG Zweibrücken Rpfleger 2002, 156; LG Berlin, Beschl. v. 31.10.2003 – 102 T 74/03, n.v.; weitere Nachweise bei *Müther*, § 9 Rn 29 Fn 35.
[95] AG Charlottenburg DNotZ 1988, 519.
[96] BGH NJW-RR 2006, 107 = Rpfleger 2006, 79; entgegen dem Vorlagebeschluss KG BB 2004, 1521 = NZG 2004, 809.

sellschaftern und von dem ausscheidenden Gesellschafter verlangt.[97] Die Versicherung ist aber anders als etwa die Versicherung nach § 8 Abs. 2 GmbHG nicht strafbewehrt, so dass man eine Vertretung für zulässig erachten kann. Dafür spricht im Übrigen auch das Vorstehende. Die obergerichtliche Rechtsprechung sieht dies allerdings anders.[98] Da die Versicherung dem Nachweis des Übergangs der Mitgliedschaft dient, ist sie Teil der Anmeldung und unterliegt damit auch den Formerfordernissen des § 12 HGB.[99] Der Inhalt der Versicherung kann nicht in das Register eingetragen werden.[100]

4. Kommanditistenwechsel unter der Beteiligung vorhandener Gesellschafter

58   Wird ein Kommanditistenwechsel unter Beteiligung bereits **vorhandener Kommanditisten** vorgenommen, liegen darin eine Erhöhung der Kommanditeinlage und das Ausscheiden eines Kommanditisten. Wird nur ein Teil der Kommanditeinlage übertragen, liegt auf Seiten des übertragenden Kommanditisten eine Herabsetzung seiner Kommanditeinlage vor (für die Anmeldung des Ausscheidens siehe Rn 51, für die Erhöhung und Herabsetzung von Kommanditeinlagen siehe Rn 61 f.).

59   Geht ein Kommanditanteil im Ganzen oder teilweise auf einen **persönlich haftenden Gesellschafter** über, wird allein das Ausscheiden des Kommanditisten bzw. die Herabsetzung seiner Kommanditeinlage eingetragen.[101] Der persönlich haftende Gesellschafter kann nämlich aufgrund der Einheitlichkeit seiner Gesellschafterstellung nicht zugleich auch Kommanditist sein.[102] In der Anmeldung wird zwar der Übergang des Anteils auf den persönlich haftenden Gesellschafter zu erwähnen sein. Aber der Versicherung über eine fehlende Rückzahlung bedarf es hier auch nach der Auffassung des Reichsgerichts nicht. Ist der ausscheidende Gesellschafter der letzte Kommanditist gewesen, wandelt sich die Gesellschaft in eine offene Handelsgesellschaft um (dazu siehe Rn 2). Dies ist entsprechend anzumelden. Handelte es sich um eine zweigliedrige Gesellschaft, endet diese mit dem Ausscheiden des Kommanditisten (siehe Rn 24).

5. Checkliste: Anmeldung des Ein- und Austritts und des Kommanditistenwechsels

60   – Ist die Anmeldung in der Form des § 12 Abs. 1 HGB durch alle Gesellschafter einschließlich des neuen und des alten Gesellschafters erfolgt (siehe Rn 50 f.)?
   – Soweit der Kommanditist verstorben ist: Sind die erforderlichen Nachweise nach § 12 Abs. 2 HGB in der gehörigen Form beigefügt (siehe Rn 52)?
   – Ist bei einem Ausscheiden durch Tod eine Dauertestamentsvollstreckung angeordnet: Hat der Testamentsvollstrecker angemeldet (siehe Rn 48)?
   – Ist in der Anmeldung klargestellt, dass es sich um eine Rechtsnachfolge handelt (siehe Rn 54)?
   – Ist in der Anmeldung im Falle der rechtsgeschäftlichen Übertragung des Geschäftsanteils eine Versicherung über eine fehlende Abfindung oder Abfindungsvereinbarung mit der Gesellschaft abgegeben worden (siehe Rn 57)?
   – Hat der Kommanditistenwechsel unter Beteiligung vorhandener Gesellschafter stattgefunden (siehe Rn 58 f.)?

---

97 Schlegelberger/*Martens*, § 162 Rn 18.
98 KG Rpfleger 2009, 570 m.w.N.
99 A.A. Schlegelberger/*Martens*, § 162 Rn 18; KG Rpfleger 2009, 570.
100 BGHZ 81, 82, 87 = NJW 1981, 2747.
101 BayObLG Rpfleger 1983, 115 = BB 1983, 334.
102 OLG Jena NZG 2011, 1301.

III. Herabsetzung und Erhöhung der Kommanditeinlagen

1. Rechtliche Grundlagen

Aus den §§ 174, 175 HGB ergibt sich, dass die Kommanditeinlage sowohl erhöht als auch herabgesetzt werden kann. Auch insoweit liegt eine **Vertragsänderung** vor. Die Eintragung in das Handelsregister wirkt hier nach allgemeiner Meinung konstitutiv.[103] Die entsprechende Anmeldung kann daher nicht durch ein Zwangsgeldverfahren durchgesetzt werden. Dies ergibt sich jedenfalls aus dem ausdrücklichen Ausschluss in § 175 S. 2 HGB. Das ist auch unproblematisch, weil die für die Gläubiger bedeutsame Herabsetzung nach § 174 HGB ohnehin erst mit ihrer Eintragung wirkt. In der Praxis fallen Erhöhungen und Herabsetzung häufig mit der teilweisen Anteilsübertragung zusammen. In diesem Fall sind die Ausführungen zur Anmeldung des Kommanditistenwechsels zu beachten (siehe Rn 54 ff.).

61

2. Anmeldung

Nach § 175 S. 1 HGB sind Erhöhungen und Herabsetzungen durch **alle Gesellschafter** anzumelden. In der Anmeldung ist der neue Haftbetrag anzugeben. Im Falle der Herabsetzung wird häufig in die Anmeldung ein Hinweis des Notars aufgenommen, dass die Herabsetzung nach § 174 HGB erst mit der Eintragung in das Register Dritten gegenüber Wirkung entfaltet. Registerrechtlich ist dieser Hinweis entbehrlich. Eine Prüfung der Einlageleistungen durch das Registergericht erfolgt auch in diesem Fall nicht.

62

IV. Wechsel der Gesellschafterstellung

1. Einfache Beteiligungsumwandlung

§ 139 HGB sieht für den Fall der Vereinbarung einer einfachen Nachfolgeklausel für den Todesfall im Vertrag einer offenen Handelsgesellschaft die Möglichkeit einer Beteiligungsumwandlung vor. Der Erbe, der eigentlich persönlich haftender Gesellschafter werden müsste, hat einen Anspruch auf Umwandlung seiner Gesellschafterstellung in die eines Kommanditisten. Über den Anwendungsbereich des § 139 HGB hinaus kann durch entsprechende vertragliche Vereinbarung jede Gesellschafterstellung umgewandelt werden. Gesetzestechnisch handelt es sich um einen Austritt aus der einen Gesellschafterstellung und um einen Eintritt in die andere Gesellschafterstellung. Die Beteiligungsumwandlung ist entsprechend anzumelden. Ein hiervon abweichender Wortlaut der Anmeldung soll aber nicht schädlich sein,[104] lediglich die Eintragung ist entsprechend vorzunehmen. Wird der persönlich haftende Gesellschafter in einer KG zum Kommanditisten, gelten die §§ 162 Abs. 3, Abs. 1, 108 Abs. 1, 107 HGB für den Eintritt als Kommanditist und § 143 Abs. 2 HGB für den Austritt als persönlich haftender Gesellschafter.

63

2. Beteiligungsumwandlung mit Rechtsformwechsel

Gibt der einzige Kommanditist seine Stellung auf und wird er persönlich haftender Gesellschafter, wandelt sich die Gesellschaft in eine offene Handelsgesellschaft um. Dies ist neben dem Austritt als Kommanditist und dem Eintritt als persönlich haftender Gesellschafter durch alle Gesellschafter anzumelden. Der ehemalige Kommanditist ist nun vertretungsberechtigt, was entsprechend anzumelden ist. Die Verpflichtung zur Zeichnung, § 108 Abs. 2 HGB ist entfallen (siehe Rn 14).

64

---

103 *Baumbach/Hopt*, § 174 Rn 1; *Ebenroth/Strohn*, § 175 Rn 1. Systematisch spricht mehr dafür, dass es sich um eine deklaratorische Eintragung handelt, die nicht im Zwangsgeldverfahren durchgesetzt werden kann.
104 BayObLG NJW 1970, 1796; WM 1988, 710; *Baumbach/Hopt*, § 162 Rn 10.

65 Wählt ein bisheriger persönlich haftender Gesellschafter in einer OHG die Kommanditistenstellung, ist neben seinem Ausscheiden als persönlich haftender Gesellschafter und seinem Eintritt als Kommanditist auch der Wechsel der Rechtform der Gesellschaft anzumelden.

V. Auflösung und Löschung

1. Auflösung

66 Für die Auflösung geltend die Vorschriften zur OHG entsprechend. Die Auflösungsgründe ergeben sich auch hier aus den §§ 131 Abs. 1 und 2, 133 HGB. Auch bei der KG richtet sich die Anmeldung nach § 143 Abs. 1 HGB. Im Fall des § 143 Abs. 1 S. 2 HGB erfolgt die Eintragung von Amts wegen, einer Anmeldung bedarf es nicht.

67 Scheidet der einzige persönlich haftende Gesellschafter aus der Gesellschaft aus, so ist diese aufgelöst, wenn nicht ein anderer die Stellung des persönlich haftenden Gesellschafters übernimmt. Führen die Kommanditisten die Gesellschaft werbend weiter, so wandelt sich diese in eine OHG um.[105]

68 Ist die Gesellschaft aufgelöst, so wird die Gesellschaft durch alle Gesellschafter einschließlich der Kommanditisten als Liquidatoren vertreten. Es kann aber Abweichendes vereinbart werden. Dies muss allerdings entsprechend § 125 Abs. 4 HGB zum Register angemeldet und eingetragen werden.

2. Fortsetzung, Löschung und Nachtragsliquidation

69 Wegen der Frage der Fortsetzung, der Löschung und der Nachtragsliquidation kann auf die Ausführungen zur offenen Handelsgesellschaft verwiesen werden (siehe Rn 32 ff., 35, 36). Auch die Kommanditisten haben das Erlöschen anzumelden.[106] Bei der Publikums-KG ist der Nachtragsliquidator entsprechend § 273 Abs. 4 AktG zu bestellen.[107]

VI. Die GmbH & Co. KG

70 Gesellschafter einer Personenhandelsgesellschaft können nicht nur natürliche Personen, sondern auch juristische Personen sein. In der Praxis besonders häufig kommt die GmbH & Co. KG vor. Dabei übernimmt eine GmbH als einzige die Stellung eines persönlich haftenden Gesellschafters, die weiteren Gesellschafter sind Kommanditisten. Möglich ist auch die Übernahme der Komplementärstellung durch eine Unternehmergesellschaft nach § 5a GmbHG.[108] Diese Gesellschaftsform wird registerrechtlich mehr und mehr den Kapitalgesellschaften gleichgestellt (vgl. etwa § 394 Abs. 4 FamFG), obwohl es sich um eine **Personenhandelsgesellschaft** handelt, die auch in das Register A eingetragen wird. Auf die Gesellschaft finden damit die allgemeinen Vorschriften Anwendung. Die KG ist damit nicht Formkaufmann im Sinne des § 6 Abs. 2 HGB, nur weil eine GmbH Gesellschafter ist.[109] Die Gesellschaft muss die Anforderungen nach §§ 1 bis 3 HGB erfüllen. Eine GmbH & Co. KG kann auch nur eigenes Vermögen verwalten (§ 105 Abs. 2 HGB).

---

105 BGH NJW 1979, 1706; *Baumbach/Hopt*, § 177 Rn 1.
106 BayObLG DB 2004, 647.
107 BGHZ 155, 121 = NJW 2003, 2676 = Rpfleger 2003, 508; OLG Hamm NJW-RR 2003, 32; BayObLG ZIP 1993, 1086, 1088.
108 Vgl. KG Rpfleger 2009, 683.
109 BayObLG NJW 1985, 982 = DB 1985, 271; *Baumbach/Hopt*, Anh § 177a Rn 1.

Ist eine GmbH persönlich haftender Gesellschafter, ist sie durch ihre Geschäftsführer vertre- **71** tungsberechtigt. Die Verpflichtung zur Zeichnung und die damit zusammenhängenden Probleme sind mit dem EHUG (dazu siehe § 32 Rn 6) entfallen.[110]

Ebenso wie ein Geschäftsführer einer GmbH bei deren Vertretung von den Beschränkungen **72** des § 181 BGB befreit werden kann (siehe § 33 Rn 61), kann die GmbH bei der Vertretung der KG von § 181 BGB befreit werden. Dies ist als besondere Vertretungsregelung nach § 125 Abs. 4 HGB zum Register anzumelden und einzutragen. Anderes gilt aber für die Einzelfallbefreiung. Diese Befreiung muss nicht und wird auch nicht in das Register eingetragen. Sie ist auch möglich, wenn der Gesellschaftsvertrag der KG eine solche nicht vorsieht.[111] Diese Befreiung führt allerdings nicht dazu, dass die Geschäftsführer selbst nun auch von § 181 BGB befreit sind. Treten diese rechtsgeschäftlich mit der KG, vertreten durch die GmbH, in Kontakt, ist das Rechtsgeschäft schwebend unwirksam. Aus diesem Grund besteht auch die Möglichkeit, die Befreiung der Geschäftsführer der Komplementär-GmbH von den Beschränkungen des § 181 BGB für die KG in das Register der KG einzutragen. Allerdings muss sich aus dem Registerblatt der KG selbst ergeben, wann die Geschäftsführer befreit sind. Die Formulierung „die Geschäftsführer der Komplementärin sind von den Beschränkungen des § 181 BGB befreit, falls diese bei der GmbH ebenfalls befreit sind" reicht nicht aus.[112] Eine namentliche Eintragung des jeweiligen Geschäftsführers kommt aber ebenfalls nicht in Betracht.[113]

Ist ein Geschäftsführer der GmbH zugleich auch Kommanditist, muss sich aus der Anmel- **73** dung eindeutig ergeben, dass er seine Erklärungen nicht nur als Geschäftsführer, sondern auch als Kommanditist abgibt.[114]

VII. Die ausländische & Co. KG

Neben einer GmbH kommt auch eine ausländische Gesellschaftsform als persönlich haftender **74** Gesellschafter einer KG in Betracht.[115] Voraussetzung ist insoweit, dass die Rechtsfähigkeit der ausländischen Gesellschaftsform nach deutschem Recht anerkannt wird.[116] Dies erfolgt nach den Regeln des deutschen Internationalen Privatrechts. Dies setzt weiterhin nach der insoweit anzuwendenden Sitztheorie einen tatsächlichen Hauptsitz im Ausland voraus. Ausnahmen gelten nach der Rechtsprechung des EuGH für Gesellschaften, die aus der Europäischen Union stammen.[117] Für diese ist aufgrund der Niederlassungsfreiheit entscheidend, ob nach ihrem Heimatrecht die Gründungstheorie maßgebend ist oder nicht. Dies gilt etwa für das englische Recht, so dass auch allein in Deutschland tätige Ltds als persönlich haftende Gesellschafter einer deutschen Personengesellschaft in Betracht kommen. Nach neuerer Rechtsprechung des BGH gelten die gleichen Grundsätze auch für Gesellschaften aus den USA[118] und dem EWR-Raum.[119]

---

110 Vgl. zur alten Rechtslage: OLG Celle Rpfleger 1979, 313 = BB 1980, 223; BayObLG GmbHR 1973, 32 = BB 1972, 1525; BayObLG NJW 1988, 2051; OLG Saarbrücken OLGZ 1977, 294; OLG Hamm OLGZ 1983, 257.
111 OLG Düsseldorf GmbHR 2005, 105.
112 BayObLG Rpfleger 2000, 115; 394, 395.
113 BayObLG Rpfleger 2000, 394, 395.
114 BayObLG Rpfleger 1978, 255.
115 *Baumbach/Hopt*, Anh. § 177a Rn 11.
116 Vgl. BayObLG NJW 1986, 3029 (englische Ltd.); OLG Saarbrücken NJW 1990, 647 (AG nach schweizer Recht); OLG Stuttgart JZ 1995, 795.
117 Vgl. EuGH NJW 1999, 2027 – Centros; BGHZ 154, 185 = NJW 2003, 1461.
118 BGHZ 153, 353 = NJW 2003, 1607; jedenfalls soweit sie irgendeinen Bezug zu den USA haben, vgl. BGH BB 2004, 1868.
119 BGH BB 2005, 2347 = DNotZ 2006, 143; zu Gesellschaften aus der Schweiz: OLG Hamm BB 2006, 2487.

75 Auch mit einer ausländischen Gesellschaft als persönlich haftender Gesellschafterin ist die gegründete KG als deutsche Gesellschaftsform anzusehen. Für sie gelten daher die allgemeinen Regeln. Danach sind insbesondere die §§ 19 Abs. 5, 125a, 129a, 130a und 130b HGB zu beachten.[120] Eine englische Ltd kann als persönlich haftende Gesellschafterin auch von den Beschränkungen des § 181 BGB befreit sein, was in das Register einzutragen ist.[121] Für die Eintragung der KG muss die Auslandsgesellschaft auch nicht mit einer Zweigniederlassung in das Register eingetragen sein. Denn die Frage der Verpflichtung zur Eintragung einer Zweigniederlassung[122] ist von der Frage zu unterscheiden, ob eine wirksam gegründete KG vorliegt.

---

[120] *Baumbach/Hopt*, Anh. § 177a Rn 11.
[121] OLG Frankfurt FGPrax 2006, 273 = RPfleger 2007, 31.
[122] Zu den Anforderungen bei einer Ltd.: OLG Hamm FGPrax 2006, 276.

Dr. Peter-Hendrik Müther
§ 36 Das Zwangs- und Ordnungsgeldverfahren sowie die Verfahren auf Eintragungen von Amts wegen

Literatur

Baumbach/Hopt, Handelsgesetzbuch, Kommentar, 35. Aufl. 2012; *Baumbach/Hueck*, GmbHG, Kommentar, 19. Aufl. 2010; *Bumiller/Harders*, FamFG, Kommentar, 10. Aufl. 2011; *Jansen*, FGG, Kommentar, 3. Aufl. 2006; *Keidel*, FamFG, Familienverfahren, Freiwillige Gerichtsbarkeit, Kommentar, 17. Aufl. 2010; *Krafka/Willer/Kühn*, Registerrecht, 8. Aufl. 2010; *Koller/Roth/Morck*, HGB, Kommentar, 7. Aufl. 2011; *Lutter/Hommelhoff*, GmbHG, Kommentar, 17. Aufl. 2009; *Melchior/Schulte/Schneider*, HandelsregisterVO, 2. Aufl. 2009; *Müther*, Das Handelsregister in der Praxis, 2. Aufl. 2007; *Müther*, Die Löschung juristischer Personen wegen Vermögenslosigkeit – Ein Problemkind der Praxis?, Rpfleger 1999, 10–13; *Schmidt-Kessel/Leutner/Müther*, Handelsregisterrecht, 2010; *Scholz*, GmbH-Gesetz, Kommentar, mit Anhang Konzernrecht, 10. Aufl., ab 2006.

Inhalt

A. Das Zwangs- und Ordnungsgeldverfahren nach den §§ 388 ff. und 392 FamFG —— 1
I. Das Zwangsgeldverfahren nach den §§ 388–391 FamFG —— 1
  1. Anwendungsbereich —— 1
  2. Verfahren und Einspruch —— 4
    a) Zuständigkeit —— 4
    b) Pflicht zur Verfahrenseinleitung —— 5
    c) Zwangsgeldandrohung —— 6
  3. Fehlender oder verfristeter Einspruch —— 8
  4. Rechtzeitiger Einspruch —— 12
  5. Rechtsmittel —— 15
II. Das Ordnungsgeldverfahren nach den § 392 FamFG —— 16
  1. Anwendungsbereich —— 16
  2. Einzelheiten des Verfahrens nach § 392 FamFG —— 17
B. Die Löschungsverfahren nach den §§ 393 ff. FamFG —— 20
I. Das Löschungsverfahren nach § 393 FamFG —— 20
  1. Voraussetzungen des Erlöschens einer Firma —— 20
  2. Das Verfahren —— 24
II. Die Löschung wegen Vermögenslosigkeit nach § 394 FamFG —— 27
  1. Voraussetzungen für die Löschung nach § 394 FamFG —— 27
  2. Das Verfahren —— 31
III. Die Löschung unzulässiger Eintragungen nach § 395 FamFG —— 34
  1. Anwendungsbereich —— 34
  2. Das Verfahren vor dem Amtsgericht —— 35
  3. Das Verfahren vor dem Landgericht nach § 143 FGG a.F. —— 38
IV. Die Löschung nichtiger Gesellschaften oder Beschlüsse nach den §§ 397, 398 FamFG —— 39
  1. Anwendungsbereich —— 39
  2. Die Verfahren —— 42
C. Das Mangelfeststellungsverfahren nach § 399 FamFG —— 45
I. Eintragung der Auflösung wegen eines Satzungsmangels nach § 399 FamFG —— 45
  1. Anwendungsbereich —— 45
  2. Das Verfahren —— 46
II. Das früher Mangelfeststellungsverfahren nach § 144b FGG —— 48
D. Muster —— 49
I. Einspruch gegen eine Zwangsgeldandrohung —— 49
  1. Typischer Sachverhalt —— 49
  2. Muster: Einspruch gegen ein Zwangsgeld —— 50
II. Widerspruch gegen eine Löschungsankündigung nach § 394 FamFG —— 51
  1. Typischer Sachverhalt —— 51
  2. Muster: Widerspruch gegen eine Löschungsankündigung nach § 394 FamFG —— 52

A. Das Zwangs- und Ordnungsgeldverfahren nach den §§ 388 ff. und 392 FamFG

I. Das Zwangsgeldverfahren nach den §§ 388–391 FamFG

1. Anwendungsbereich

1 Nach § 388 Abs. 1 FamFG hat das Registergericht durch die Androhung eines Zwangsgeldes die Einhaltung der in der Norm aufgeführten Verpflichtungen durchzusetzen. Mit dem EHUG ist die Pflicht der Vertretungsberechtigten zur Zeichnung (vgl. §§ 53 Abs. 2, 108 Abs. 2 HGB, § 39 Abs. 3 GmbHG jeweils a.F.) entfallen, so dass insoweit auch kein Zwangsgeldverfahren mehr in Betracht kommt. Verändert wurde auch das System der Offenlegung der Jahresabschlüsse (früher § 140a FGG). Für die Jahresabschlüsse für Geschäftsjahre, die nach dem 31.12.2005 beginnen, besteht keine Zuständigkeit der Registergerichte mehr, so dass auch insoweit keine Anwendung des Zwangsgeldverfahrens nach §§ 388 ff. FamFG vorgesehen ist, Art. 61 Abs. 5 EGHGB (dazu siehe Rn 16). Ein Verstoß gegen die Aufstellungs- und Offenlegungsvorschriften ist nunmehr mit einer Geldbuße bedroht. Bei den verbliebenen Verpflichtungen[1] handelt es sich nunmehr noch um:
- die Anmeldepflichten im Sinne des § 14 HGB (Beispiel: Anmeldung einer OHG, Eintritt und Ausscheiden eines Gesellschafters, Geschäftsführerwechsel bei der GmbH; aber nicht: die in § 175 HGB, in § 316 Abs. 2 UmwG, in § 79 Abs. 2 GmbHG oder in § 407 Abs. 2 AktG aufgeführten Anmeldungen);
- die Pflicht zur Einreichung von Schriftstücken zum Handelsregister (Beispiel: Gesellschafterliste nach § 40 Abs. 1 S. 1 GmbHG;[2] Liste der Mitglieder des Aufsichtsrats, § 106 AktG n.F.[3]);
- die Verpflichtung zur Einhaltung der Anforderungen an das Geschäftspapier in den §§ 37a Abs. 4, 125a Abs. 2, 177a HGB, §§ 35a, 71 Abs. 5 GmbHG und §§ 80, 268 Abs. 4 AktG;
- die weiteren Pflichten nach § 407 Abs. 1 AktG[4] (Beispiel: Pflicht zur Auslage von Unterlagen zur Einsicht für die Aktionäre u.Ä.);
- die Pflichten, die in § 316 Abs. 1 des UmwG genannt sind (Abschriftenerteilung der Verträge und Beschlüsse, die den Umwandlungsvorgang betreffen);
- und die Pflichten nach § 12 des EWIV-Ausführungsgesetzes.

2 Eine erweiternde Auslegung dieses Katalogs kommt nicht in Betracht.[5] Zu beachten ist, dass die verschiedenen Verweisungsnormen unterschiedliche Höhen von Zwangsgeldern zulassen.[6]

3 Das Verfahren richtet sich gegen den **Verpflichteten**. Dabei handelt es sich bei den Kapitalgesellschaften um die gesetzlichen Vertreter[7] – soweit Aufsichtsratsmitglieder zu handeln haben, auch um diese;[8] bei den Personenhandelsgesellschaften zusätzlich um die nicht vertretungsberechtigten Gesellschafter, wenn diese an der vorzunehmenden Handlung mitzuwirken

---

[1] Das EHUG enthält keine allgemeinen Übergangsregelungen in Bezug auf die noch anhängigen Altverfahren. Insoweit wird zu differenzieren sein. Sind die entsprechenden Pflichten (z.B. Zeichnung) ersatzlos entfallen, sind auch die Altverfahren einzustellen. Ist die Pflicht lediglich verändert worden (z.B.: § 106 AktG) dürfte die bisher bestehende Pflicht weitergelten; vgl. auch Art. 61 Abs. 5 EGHGB wegen der Offenlegung der Jahresabschlüsse.
[2] Keine Pflicht des Notars, vgl. OLG München Rpfleger 2009, 623.
[3] Vor dem EHUG: Einreichung der Bekanntmachungen.
[4] § 408 AktG betrifft die KGaA.
[5] BayObLG NJW 1986, 140 = Rpfleger 1985, 404; *Krafka/Willer/Kühn*, Rn 2355; *Bumiller/Harders*, § 388 Rn 1; *Keidel/Heinemann*, § 388 Rn 6.
[6] Soweit keine Bestimmung vorliegt, gilt Art. 6 Abs. 1 EGStGB: Mindestmaß 5 EUR und Höchstmaß 1.000 EUR.
[7] Also auch dann nicht um einen Prokuristen, wenn der Gesellschaftsvertrag eine organschaftliche Vertretung durch einen Geschäftsführer und einen Prokuristen zulässt; vgl. *Krafka/Willer/Kühn*, Rn 2363; *Schmidt-Kessel/Leutner/Müther*, § 14 Rn 14.
[8] BayObLGZ 1968, 118, 122; *Krafka/Willer/Kühn*, Rn 2363.

haben. Dies ist etwa der Fall bei den Anmeldungen nach §§ 106, 107 HGB (vgl. § 108 HGB). Nicht Beteiligte sind der Vorstand, der Aufsichtsrat oder die Geschäftsführung als Ganzes oder die Gesellschaften.[9] Zur Einspruchsbefugnis der Gesellschaften, vgl. Rn 12, zur Beschwerdebefugnis, § 37 Rn 24. Das Zwangsgeldverfahren richtet sich nur gegen die Personen, die ihrer Verpflichtung nicht nachkommen.

2. Verfahren und Einspruch
a) Zuständigkeit
Für die Durchführung des Zwangsgeldverfahrens ist das Amtsgericht – Registergericht – des Sitzes der Gesellschaft **sachlich** und **örtlich** zuständig. Das Gericht der Zweigniederlassung ist allein für die Zweigniederlassungen ausländischer Gesellschaften zuständig;[10] die bisherige Zuständigkeit für die Prüfung der Firma nach § 30 HGB ist durch das EHUG dem Gericht der Hauptniederlassung übertragen worden, vgl. § 13 HGB. **Funktionell** zuständig ist der Rechtspfleger. Dementsprechend kann sich eine Zuständigkeit des Registerrichters nur über § 5 RPflG oder im Falle eines Rechtsbehelfs nach § 11 Abs. 2 RPflG[11] ergeben, wenn der Beschwerdewert (§ 61 FamFG) nicht erreicht wird. 4

b) Pflicht zur Verfahrenseinleitung
Das Gericht ist **zum Einschreiten verpflichtet**, wenn es glaubhaft von einem Sachverhalt erfährt, der die Einleitung des Verfahrens rechtfertigt. Es bedarf keiner sicheren Erkenntnis des Gerichts; der genaue Sachverhalt kann vielmehr innerhalb des Verfahrens geklärt werden.[12] Eine Verpflichtung des Gerichts, von sich aus Tatsachen zu ermitteln, die die Einleitung eines Zwangsgeldverfahrens rechtfertigen könnten, besteht nicht. Die Amtsermittlungspflicht nach § 26 FamFG entsteht erst dann, wenn dem Gericht ausreichende Tatsachen bekannt sind.[13] Dies können sich aus den Registerakten selbst oder aus Hinweisen Dritter, wie den berufsständischen Organen, ergeben. 5

c) Zwangsgeldandrohung
Das Verfahren beginnt mit der **Bekanntmachung** einer Verfügung an den Verpflichteten in der Form des § 15 Abs. 2 FamFG. In der Verfügung des Gerichts ist die vorzunehmende Verpflichtung, eine Vornahme- bzw. Einspruchsfrist aufzunehmen und ein zahlenmäßig bestimmtes Zwangsgeld anzudrohen.[14] Dabei ist eine Zwangsgeldfestsetzung nur zulässig, wenn sowohl die vorzunehmende Verpflichtung als auch das angedrohte Zwangsgeld bestimmt bezeichnet sind. Der Lauf der gesetzten Frist beginnt nur bei **ordnungsgemäßer** förmlicher Bekanntgabe, die nach dem neuen Recht auch durch Aufgabe zur Post möglich ist,[15] und auch nur dann ist das Gericht zur Festsetzung des Zwangsgeldes berechtigt. 6

Mit der **Vornahme der geforderten Handlung** durch den Verpflichteten erledigt sich das Zwangsgeldverfahren, ohne dass es einer Aufhebung oder Rücknahme der Aufforderungsverfügung bedarf.[16] Die gesetzte Erfüllungs- und Einspruchsfrist kann auf Antrag verlängert werden. Voraussetzung dafür ist der Eingang des Verlängerungsantrags innerhalb der noch laufenden 7

---
9 *Krafka/Willer/Kühn*, Rn 2363; Jansen/*Steder*, § 132 Rn 90.
10 *Krafka/Willer/Kühn*, Rn 2359; Jansen/*Steder*, § 132 Rn 62 f.
11 Dazu Bork/*Müther*, vor § 58 Rn 12.
12 *Bumiller/Harders*, § 388 Rn 15; *Keidel/Heinemann*, § 388 Rn 26; Jansen/*Steder*, § 132 Rn 70.
13 Vgl. OLG Hamm OLGZ 1989, 148; Bork/*Müther*, § 388 Rn. 18.
14 Bork/*Müther*, § 388 Rn 21 f.; *Keidel/Heinemann*, § 388 Rn 36 ff.
15 Vgl. dazu § 8 Abs. 1 S. 2 InsO.
16 *Bumiller/Harders*, § 389 Rn 2; *Krafka/Willer/Kühn*, Rn 2368; Jansen/*Steder*, § 133 Rn 2.

3. Fehlender oder verfristeter Einspruch

8 Wird die geforderte Verpflichtung nicht erfüllt und innerhalb der gesetzten Frist kein Einspruch eingelegt, ist das angedrohte Zwangsgeld festzusetzen und ein weiteres Zwangsgeld anzudrohen (vgl. § 389 FamFG). Mit der **Festsetzung des Zwangsgeldes** ist nach § 389 Abs. 2 FamFG eine Kostentragungspflicht des Beteiligten auszusprechen. Wird die Verpflichtung nach dem Erlass des Festsetzungsbeschlusses vorgenommen, ist sie auf einen Einspruch gegen die erneute Androhung nach § 390 Abs. 6 FamFG hin wegen veränderter Umstände aufzuheben.[18] Die Erfüllung kann auch im Beschwerdeverfahren gegen die Festsetzung geltend gemacht werden, obwohl dort die Beschwerdegründe begrenzt sind (§ 391 Abs. 2 FamFG).[19]

9 Wird der **Einspruch verspätet** eingelegt, ist über diesen grundsätzlich nicht mehr zu entscheiden; er ist so zu behandeln, als ob er nicht eingelegt worden wäre. Anderes gilt nur dann, wenn eine Wiedereinsetzung in den vorigen Stand nach den §§ 17–19 FamFG zu gewähren ist. Aufgrund der Angleichung der Vorschriften an die ZPO bedarf es keines ausdrücklichen Wiedereinsetzungsantrags mehr.[20] Zudem hat der Verpflichtete bei der Entscheidung der Frage, ob die Fristversäumung verschuldet war, nach § 11 S. 2 FamFG i.V.m. § 85 Abs. 2 ZPO auch für das Verschulden seines Verfahrensbevollmächtigten einzustehen.[21] Im Übrigen erfolgt die Zurechnung aus allgemeinen Grundsätzen.

10 Wird die **Wiedereinsetzung** gewährt, ist nach den § 390 FamFG zu verfahren. Gegen die Versagung der Wiedereinsetzung ist kein Rechtsmittel gegeben, vgl. Rn 15. Es ist vielmehr gegen die Festsetzung Beschwerde einzulegen, § 391 Abs. 1 FamFG. Besondere Bedeutung hat die Zulässigkeit des Einspruchs wegen der Regelung in § 391 Abs. 2 FamFG: War der Einspruch verfristet, kann die sofortige Beschwerde gegen die Zwangsgeldfestsetzung grundsätzlich nicht darauf gestützt werden, dass die Androhungsverfügung nicht gerechtfertigt war.

11 Auf die Rechtzeitigkeit des Einspruchs soll es aber dann nicht ankommen, wenn das Registergericht eine Verpflichtung durchzusetzen beabsichtigt, die überhaupt nicht mit dem Zwangsgeld durchgesetzt werden kann. Denn dann sei gegen den entsprechenden Beschluss die **Beschwerde** möglich.[22] Dies ist wegen der Regelung in § 58 Abs. 1 FamFG äußerst zweifelhaft. Richtiger Weise wird es daher bei § 391 Abs. 1 FamFG verbleiben müssen. Im Rahmen dieses Rechtsmittels kann dann auch geltend gemacht werden, dass kein von § 388 FamFG erfasster Fall vorliegt.

4. Rechtzeitiger Einspruch

12 Legt der Verpflichtete oder die betroffene Gesellschaft, der ebenfalls das Recht zum Einspruch zuerkannt wird,[23] gegen die Androhungsverfügung **fristgerecht Einspruch** ein, so hat das Gericht nach § 390 FamFG zu verfahren. Der Einspruch muss dabei nicht in elektronischer Form eingereicht werden, weil für ihn § 12 HGB nicht gilt.[24] Er bedarf vielmehr keiner besonderen

---

17 *Keidel/Heinmann*, § 389 Rn 3; Jansen/*Steder*, § 133 Rn 8.
18 LG Waldshut BB 1962, 386; *Keidel/Heinmann*, § 389 Rn 37; *Schmidt-Kessel/Leutner/Müther*, § 14 Rn 26.
19 BayObLG Rpfleger 1979, 215; Jansen/*Steder*, § 139 Rn 7.
20 Zur alten Rechtslage. Vorauflage § 36 Rn. 9.
21 *Bumiller/Harders*, § 390 Rn 12; Bork/Löhning, § 17 Rn. 8.
22 OLG Hamm Rpfleger 1985, 302, 303; *Bumiller/Harders*, § 391 Rn 3.
23 BayObLGZ 1955, 197, 198; 1962, 107, 111; Rpfleger 1984, 105; *Keidel/Heinmann*, § 390 Rn 3.
24 Bork/*Müther*, § 389 Rn 4.

Form[25] und kann daher mündlich, schriftlich und auch – soweit die technischen Voraussetzungen vorliegen – elektronisch eingereicht werden. § 23 FamFG gilt für den Einspruch nicht.

Das Gericht hat einen **Termin zur mündlichen Erörterung** anzuberaumen und abzuhalten. Auf eine Anwesenheit des Verpflichteten kommt es nicht an, auch das FamFG sieht kein Versäumnisverfahren vor. Nach der Durchführung des Termins ist nach Maßgabe des § 390 Abs. 3 und 4 FamFG eine Entscheidung über den Einspruch zu treffen. Ist der Einspruch erfolglos, hat zugleich eine erneute Aufforderung und Androhung im Sinne des § 388 Abs. 1 FamFG zu erfolgen (§ 390 Abs. 5 FamFG). 13

Gem. § 390 Abs. 6 FamFG kann der Einspruch auch noch gegen **spätere Androhungsverfügungen** nach § 389 FamFG erfolgen. Voraussetzung ist insoweit, dass das Verfahren nach § 390 Abs. 1 FamFG noch nicht stattgefunden hat, dass also die Androhung nicht auf § 390 Abs. 5 FamFG, sondern auf § 389 FamFG beruht.[26] Ist dies der Fall, kann das Registergericht nach § 390 Abs. 6 FamFG auch vorhergehende Zwangsgeldfestsetzungen aufheben oder ein geringeres Zwangsgeld festsetzen. Ist das Ausgangsgericht nicht so verfahren, steht die Befugnis dem Beschwerdegericht zu.[27] 14

5. Rechtsmittel

Nach § 391 Abs. 1 FamFG ist gegen die Festsetzung eines Zwangsgeldes, aber auch gegen die Verwerfung eines Einspruchs nach § 390 Abs. 4 S. 1 FGG das Rechtsmittel der Beschwerde nach § 58 FamFG gegeben. Die Androhungsverfügung ist nach § 58 Abs. 1 FamFG nicht angreifbar, weil es sich nicht um eine Endentscheidung handelt. Über den verspätet eingelegten Einspruch ist nicht zu entscheiden, auf ihn folgt vielmehr eine Zwangsgeldfestsetzung, die nach § 391 Abs. 1 FGG anzugreifen ist. Gegen die Entscheidung über den Antrag auf Wiedereinsetzung in den vorigen Stand ist nun das Rechtsmittel der Hauptsache gegeben (vgl. § 19 Abs. 3 FamFG). Es ist daher Beschwerde gegen die Festsetzung einzulegen und geltend zu machen, dass rechtzeitig Einspruch eingelegt worden sei. 15

II. Das Ordnungsgeldverfahren nach den § 392 FamFG

1. Anwendungsbereich

Nach § 392 FamFG findet unter den Voraussetzungen des § 37 Abs. 1 HGB ein Ordnungsgeldverfahren bei einem unbefugten Firmengebrauch statt. Das früher nach § 140a FGG vorgesehene Ordnungsgeldverfahren wegen der Verpflichtungen nach den §§ 335a, 340o und 341o HGB, auch i.V.m. § 335b HGB betreffen, ist bereits mit dem Inkrafttreten des EHUG entfallen. Dabei handelt es sich um Verpflichtungen im Zusammenhang mit der Offenlegung von Jahresabschlüssen.[28] Die Regelung des § 140a FGG gilt aber nur noch für die Jahresabschlüsse, die die Geschäftsjahre betreffen, die vor dem 31.12.2005 begonnen haben (vgl. Art. 61 Abs. 5 EGHGB). Nach diesem Zeitpunkt sind die entsprechenden Verpflichtungen bußgeldbewehrt. Die Verfolgung der Ordnungswidrigkeiten erfolgt durch das neu eingerichtete Bundesamt für Justiz, dem gegenüber auch die entsprechenden Offenlegungen der Jahresabschlüsse zu erfolgen haben. 16

---

25 Jansen/*Steder*, § 133 Rn 15; *Keidel/Heinemann*, § 390 Rn 3.
26 *Keidel/Heinemann*, § 390 Rn 31; Jansen/*Steder*, § 136 Rn 5.
27 LG Berlin, Beschl. v. 30.11.1999 – 98 T 72/99, n.v.; *Bumiller/Harders*, § 390 Rn 8.
28 Der Verpflichtete kann sofort zur Einreichung beim Registergericht aufgefordert werden. Die Aufstellung des Abschlusses muss nicht zuvor zwangsweise durchgesetzt werden, vgl. OLG Köln Rpfleger 2000, 552.

2. Einzelheiten des Verfahrens nach § 392 FamFG

17 Im Verfahren nach § 392 FamFG geht es – anders als im Verfahren nach § 388 FamFG – nicht um die Durchsetzung einer aktiv zu erfüllenden Verpflichtung. Verfahrensgegenstand ist vielmehr die Durchsetzung einer Unterlassungspflicht. Dementsprechend legt § 392 Abs. 1 Nr. 1 FamFG fest, dass die entsprechende Verfügung die Aufforderung zu enthalten hat, dass sich der Beteiligte des Weiteren Gebrauchs der Firma zu enthalten hat. Weil es um die Durchsetzung einer Unterlassungspflicht geht, kommt eine Festsetzung des Ordnungsgeldes auch nur dann in Betracht, wenn der Beteiligte der ihm bekannt gegebenen Unterlassungsverfügung zuwider gehandelt hat. Im Übrigen gelten die Vorschriften der §§ 388 bis 391 FamFG entsprechend.

18 Auch im Verfahren nach § 392 FamFG bedarf es keines Antrags. Das Gericht wird von Amts wegen tätig. Gestellte Anträge sind in Anregungen zur Verfahrenseinleitung umzudeuten. Nach allgemeiner Meinung ist das Registergericht nicht zum Einschreiten verpflichtet, es kann auch eine unzulässige Firma aufgrund einer Interessenabwägung unbeanstandet lassen. Diese Ermessensentscheidung kann im Rechtsmittelzug nur in den Tatsacheninstanzen voll und im Übrigen nur auf Ermessensfehler hin untersucht werden. Zivilrechtlich steht dem durch den Firmengebrauch Verletzten die Klage aus § 37 Abs. 2 HGB offen.

19 Gegeben ist ein unbefugter Firmengebrauch, wenn eine firmenmäßige Verwendung einer Bezeichnung vorliegt, die sich als Verletzung der Vorschriften des Firmenrechts darstellt. Diese kann einerseits in der Verwendung einer Firma durch eine nicht befugte Person liegen.[29] Erfasst wird aber auch der Gebrauch einer unzulässigen Firma (vgl. dazu § 33 Rn 24 ff.).[30] Ein objektiver Verstoß reicht, Verschulden ist nicht erforderlich.[31]

B. Die Löschungsverfahren nach den §§ 393 ff. FamFG

I. Das Löschungsverfahren nach § 393 FamFG

1. Voraussetzungen des Erlöschens einer Firma

20 Die Eintragung des Erlöschens einer Firma von Amts wegen nach § 31 Abs. 2 HGB kommt bei den Personenhandelsgesellschaften etwa dann in Betracht, wenn die Liquidation vollständig durchgeführt worden ist. Selbst **Restmaßnahmen dürfen nicht mehr erforderlich sein.**[32] Ein gegen die Gesellschaft geführter Prozess verhindert die Löschung ebenso wie noch zu verteilendes Vermögen oder die Notwendigkeit der Mitwirkung im Besteuerungsverfahren.

21 Früher führte auch das **Herabsinken des Gewerbebetriebes** zu einem Gewerbebetrieb mit einem kleingewerblichen Umfang dazu, dass die Firma erlosch. Nunmehr kann aber auch ein derartiger Gewerbebetrieb nach § 2 HGB in das Handelsregister aufgenommen werden. In der Literatur wird zwar die Auffassung vertreten, § 2 HGB komme nur insoweit zur Anwendung, als ein positiver Willensakt des Eingetragenen vorliege.[33] Dieser Willensakt wird aber bereits in der Aufrechterhaltung der Eintragung zu sehen sein. Dann aber kann eine Veränderung des Betriebes nur dann zum Erlöschen der Firma führen, wenn durch die Veränderung die Gewerbevoraussetzungen entfallen sind und keine reine Vermögensverwaltung im Sinne des § 105 Abs. 2 HGB vorliegt. Überhaupt führt die Einstellung des Gewerbes, wenn sie nicht nur vorübergehen-

---

29 OLG Karlsruhe NJW-RR 1986, 582; *Schmidt-Kessel/Leutner/Müther*, § 14 Rn 38.
30 BGH NJW 1991, 2024.
31 BayObLG OLGR 1992, 13.
32 Deshalb führt auch ein Insolvenzverfahren über das Vermögen der Gesellschaft nicht zum Erlöschen der Firma, vgl. BayObLG Rpfleger 1979, 214 = DB 1979, 831.
33 *Baumbach/Hopt*, § 5 Rn 2; *Koller/Roth/Morck*, § 5 Rn 1.

der Natur ist, zu einem Erlöschen der Firma.³⁴ Dem steht die Veräußerung des Geschäftsbetriebs ohne die Firma oder die Übernahme des Geschäftsbetriebes durch einen Gesellschafter ohne Firmenfortführung gleich.

Die Verpflichtung nach § 31 Abs. 2 S. 1 HGB, das Erlöschen der Firma zur Eintragung ins Handelsregister anzumelden, betrifft im hier interessierenden Zusammenhang nur die **Personenhandelsgesellschaften**. Bei den Kapitalgesellschaften ist dagegen der Schluss der Abwicklung zur Eintragung in das Handelsregister anzumelden und die Gesellschaft dann zu löschen (vgl. § 273 Abs. 1 AktG; § 74 Abs. 1 GmbHG). 22

Die Löschung der Firma einer Personenhandelsgesellschaft von Amts wegen nach § 31 Abs. 2 S. 2 HGB kommt nur in Betracht, wenn die entsprechende **Anmeldung nach § 31 Abs. 2 S. 1 HGB** nicht zu erlangen ist. Dies ist der Fall, wenn die Durchführung eines Zwangsgeldverfahrens deshalb unmöglich ist, weil einer der Anmeldepflichtigen unbekannten Aufenthalts ist oder das Zwangsgeld wegen einer Vermögenslosigkeit des Verpflichteten nicht durchführbar erscheint. Bei vermögenslosen Kapitalgesellschaften und solchen Personengesellschaften, die keine natürliche Person als persönlich haftenden Gesellschafter besitzen, gilt dagegen die Vorschrift des § 394 FamFG.

Anmeldepflichtig für das Erlöschen der Firma sind nach § 157 HGB nicht alle Gesellschafter, sondern die Liquidatoren. Allerdings kann die Anmeldung statt durch die Liquidatoren auch durch alle Gesellschafter erfolgen.³⁵ 23

2. Das Verfahren

Das Verfahren ist von Amts wegen oder auf Antrag der berufsständischen Organe einzuleiten (§ 393 Abs. 1 S. 1 FamFG). Nach § 393 Abs. 1 S. 2 FamFG sind die Inhaber der Firma oder ihre Rechtsnachfolger von der beabsichtigten Löschung der Firma zu benachrichtigen. Zugleich ist ihnen mit der **Löschungsankündigung** eine Frist von nicht weniger als drei Monaten für die Geltendmachung des Widerspruchs zu gewähren. Allein wegen dieser Fristsetzung ist das gerichtliche Schreiben nach § 15 Abs. 2 FamFG förmlich bekannt zu geben (vgl. dazu auch Rn 6). 24

Sind die anzuhörenden Personen oder ihr Aufenthalt unbekannt, so ist die **Löschungsabsicht in den Bekanntmachungsorganen nach § 10 HGB bekannt zu machen**. Das Recht des Gerichts die Veröffentlichung in weiteren Blättern zu bestimmen, ist mit dem EHUG entfallen. Nach § 394 Abs. 2 FamFG reicht für die Befugnis der Veröffentlichung der Bekanntmachung aus, dass ein inländischer Aufenthalt unbekannt ist. Diese Regelung ist im Rahmen des § 393 Abs. 2 FGG jedenfalls insofern entsprechend anzuwenden, als eine Zustellung im Ausland undurchführbar ist oder unzumutbaren Aufwand erfordert.³⁶ Bei den Personenhandelsgesellschaften kommen als Anhörungsadressaten immer mehrere Personen in Betracht. Dabei wird in der Regel die Anhörung eines vertretungsberechtigten Gesellschafters ausreichen, weil insoweit die Regelung des § 170 Abs. 3 ZPO gilt.³⁷ 25

Wird **Widerspruch** nicht erhoben, ist die Löschung nach § 393 Abs. 5 FamFG von Amts wegen vorzunehmen. Wird hingegen Widerspruch eingelegt, so ist über ihn zunächst nach § 393 Abs. 3 FamFG durch Beschluss zu entscheiden. Der Widerspruch ist an keine Form gebunden und kann damit auch weiterhin schriftlich eingereicht werden. Für ihn gelten § 12 HGB, § 64 Abs. 2 FamFG nicht. Gibt das Gericht dem Widerspruch statt, kommt eine Löschung nicht in Betracht. Weist es ihn durch Beschluss zurück, wird die Löschung nach dem Eintritt der 26

---

34 BayObLG BB 1984, 22 = RPfleger 1984, 67.
35 *Baumbach/Hopt*, § 157 Rn 2; *Koller/Roth/Morck*, § 157 Rn 1.
36 Im Ergebnis auch Keidel/Heinemann, § 393 Rn 18.
37 *Bumiller/Harders*, § 15 Rn 6; vgl. auch BGH BB 2001, 2547.

Rechtskraft vorgenommen. Gegen diesen Beschluss ist die Beschwerde nach § 58 FamFG gegeben, § 393 Abs. 3 S. 2 FamFG. Entsprechendes gilt, wenn einem Löschungsantrag nicht stattgegeben wird.

II. Die Löschung wegen Vermögenslosigkeit nach § 394 FamFG

1. Voraussetzungen für die Löschung nach § 394 FamFG

27 Die Vorgängervorschrift des § 394 FamFG, § 141a FGG, ist durch das Einführungsgesetz zur Insolvenzordnung (EGInsO) vom 5.10.1994[38] in das Gesetz eingefügt worden und mit der Insolvenzordnung am 1.1.1999 in Kraft getreten. Diese Vorschrift hat die früher in § 2 des Gesetzes über die Auflösung und Löschung von Gesellschaften und Genossenschaften vom 9.10.1934[39] enthaltenen Regelungen nahezu wortgleich übernommen. Allerdings findet das Verfahren seither auch auf Personenhandelsgesellschaften Anwendung, die keine natürliche Person als persönlich haftenden Gesellschafter besitzen (vgl. § 394 Abs. 4 S. 1 FGG).

28 Voraussetzung für eine Löschung ist die **Vermögenslosigkeit** der Gesellschaft. Vermögenslosigkeit ist noch nicht notwendig dann gegeben, wenn ein Antrag auf Eröffnung des Insolvenzverfahrens mangels Masse nach § 26 Abs. 1 InsO abgewiesen worden ist. Denn Vermögenslosigkeit liegt nur dann vor, wenn die Gesellschaft über kein nennenswertes Aktivvermögen mehr verfügt.[40] Dies ist für die Frage der Eröffnung eines Insolvenzverfahrens aber unerheblich, weil dort nur geprüft wird, ob mit den vorhandenen Vermögenswerten oder alsbald realisierbaren Forderungen die Kosten des Verfahrens gedeckt sind. Hierauf kommt es aber bei der Frage der Vermögenslosigkeit nicht an.

29 In der obergerichtlichen Rechtsprechung wird insoweit eine positive Feststellung dahin verlangt, dass die Gesellschaft nicht mehr über Vermögen verfügt.[41] Die Praxis der Registergerichte muss sich demgegenüber wegen der Unmöglichkeit einer derartigen positiven Erkenntnis mit der Feststellung begnügen, dass nach Erschöpfung der Ermittlungsmöglichkeiten Hinweise auf vorhandenes Vermögen nicht vorliegen.[42] Besondere Bedeutung kommt dabei der **Anhörung nach § 394 Abs. 2 FamFG** zu. Denn vor allem die Vertreter der Gesellschafter sind in der Lage, der Absicht einer Löschung unter entsprechender Angabe von Gegengesichtspunkten zu widersprechen. Im Übrigen wird das Registergericht, das zur Amtsermittlung verpflichtet ist, Auskünfte aus dem Schuldnerverzeichnis verlangen und Erkundigungen über etwaige Insolvenzverfahren anstellen, um möglicherweise aus den Akten der entsprechenden Verfahren Hinweise zu erlangen.

30 Liegt Vermögenslosigkeit vor, ist **von einer Löschung gleichwohl dann abzusehen**, wenn noch Maßnahmen durch die Vertreter der Gesellschaft zu ergreifen sind.[43] Dies ist etwa der Fall, wenn die Gesellschaft noch Erklärungen im Steuerfestsetzungsverfahren abzugeben und Zustellungen entgegenzunehmen hat.[44] Denn andernfalls müsste alsbald nach der Löschung ein Nachtragsliquidator bestellt werden (dazu siehe § 33 Rn 179). Dann aber ist es gerechtfertigt, die Gesellschaft vorerst nicht zu löschen.

---

38 BGBl I, 2911.
39 RGBl I, 914.
40 BayObLG GmbHR 1999, 414; BB 1984, 315 f.; OLG Frankfurt Rpfleger 1993, 249; OLG Düsseldorf Rpfleger 1997, 171; *Müther*, Rpfleger 1999, 10, 13/14; *Lutter/Hommelhoff/Kleindiek*, § 60 Rn 16; Baumbach/Hueck/*Haas*, Anh. § 77 Rn 5.
41 Beispielsweise OLG Düsseldorf Rpfleger 1997, 171.
42 *Müther*, Rpfleger 1999, 10, 13/14; KG BB 1997, 172; LG Berlin, Beschl. v. 14.3.2003 – 102 T 3/03, Beschl. v. 30.9.2003 – 102 T 37/03, beide n.v.
43 Die Löschung liegt im pflichtgemäßen Ermessen des Registergerichts, vgl. OLG Frankfurt Rpfleger 1978, 22.
44 Aber auch rechtsgeschäftlicher Erklärungen: OLG Hamm BB 2001, 1701; *Müther*, § 15 Rn 35 m.w.N.

2. Das Verfahren

Das Löschungsverfahren hat das Registergericht **von Amts wegen** zu betreiben. Allein den 31 Steuerbehörden und den berufsständigen Organen (§ 380 Abs. 1 FamFG) steht ein Antragsrecht zu. Im Übrigen sind Anträge als Anregung zur Einleitung eines Löschungsverfahrens aufzufassen, § 24 Abs. 1 FamFG. Ebenso wie in einem Verfahren nach § 393 FamFG hat das Registergericht die Absicht der Löschung wegen Vermögenslosigkeit bekannt zu geben. Es hat dabei ebenfalls eine Frist zum Widerspruch zu setzen, deren Länge allerdings gesetzlich nicht festgelegt ist. Die **Löschungsankündigung** ist an die gesetzlichen Vertreter der Gesellschaft zu richten. Sie muss gem. § 15 Abs. 2 FamFG förmlich bekannt gemacht werden. Ob primärer Adressat der Anhörung die Gesellschaft oder der gesetzliche Vertreter ist, kann aufgrund der Änderungen des Zustellrechts und der Möglichkeit, das Schreiben durch Aufgabe zur Post bekannt zu machen, offen bleiben, weil die Zustellung nunmehr unmittelbar bei den gesetzlichen Vertretern direkt vorgenommen werden bzw. eine direkte Übersendung erfolgen kann.[45] Neben den gesetzlichen Vertretern sind zwingend die berufsständischen Organe nach § 380 Abs. 1 FamFG, soweit sie betroffen sind, zu hören (vgl. § 394 Abs. 2 S. 4 FamFG). Im Löschungsverfahren wird auch regelmäßig eine Stellungnahme der zuständigen Finanzbehörden eingeholt, soweit dieses nicht den Löschungsantrag gestellt hat.

Ist eine Anhörung der gesetzlichen Vertreter unmöglich, weil deren Aufenthalt unbekannt 32 ist, oder halten sich diese im Ausland auf, kann das Gericht nach seiner Wahl auf eine Anhörung ganz verzichten oder – was die Regel darstellt[46] – die **Löschungsabsicht in den Bekanntmachungsorganen nach § 10 HGB veröffentlichen**. In diesem Fall kann sogar jeder der Löschung widersprechen, der ein berechtigtes Interesse an der Nichtlöschung geltend machen kann.[47]

Wird **Widerspruch** (zur Form, siehe Rn 26) erhoben, ist das Verfahren entweder einzustel- 33 len oder der Widerspruch durch Beschluss zurückzuweisen.[48] Eine Entscheidung durch Beschluss erfolgt auch, wenn dem Antrag eines Antragsberechtigten nicht statt gegeben wird, § 394 Abs. 3 i.V.m. § 393 Abs. 3 S. 1 FamFG. In diesen Fällen ist das Rechtsmittel der Beschwerde nach § 58 FamFG gegeben (vgl. §§ 394 Abs. 3, 393 Abs. 3 S. 2 FamFG). Fehlt es an einem Widerspruch oder ist der Widerspruch rechtskräftig zurückgewiesen, ist die Löschung in das Register von Amts wegen einzutragen. Wird das Verfahren auf den Widerspruch hin eingestellt, ist dies den Beteiligten in einfacher Form mitzuteilen, wenn nicht ein Antrag des Finanzamtes oder der berufsständischen Organe gestellt war. Besondere Formvorschriften für die Mitteilung gibt es nicht. Die Einstellung kann grundsätzlich nicht mit der Beschwerde angegriffen werden. Will das Registergericht nach einer Einstellung wieder ein Löschungsverfahren bedarf es einer erneuten Ankündigung, die auch nicht im Beschwerdeverfahren durch das Beschwerdegericht nachgeholt werden kann.[49]

III. Die Löschung unzulässiger Eintragungen nach § 395 FamFG

1. Anwendungsbereich

Die erfolgte Eintragung kann nicht mehr mit der Beschwerde angegriffen werden. Es gilt der 34 **Grundsatz der Erhaltung der Eintragung**. Eine unzulässige Eintragung ist aber nach Maßgabe

---

45 Zum früheren Recht vgl. *Müther*, § 15 Rn 36.
46 BayObLG GmbHR 1995, 531.
47 Die öffentliche Bekanntmachung ist aber keine Voraussetzung für dieses Widerspruchsrechts, BayObLG FGPrax 1995, 46; str., vgl. dazu Bork/*Müther*, § 394 Rn 6.
48 Zu dem Fall der Löschung ohne Entscheidung über den Widerspruch: OLG Zweibrücken NZG 2002, 426; *Müther*, § 15 Rn 39. Die Gesellschaft hat kein Beschwerderecht, wenn ihre Anregung auf Löschung keinen Erfolg hat: OLG München NZG 2011, 709.
49 Vgl. KG, Beschl. v. 30.1.2007 – 1 W 214/06, n.v.

des § 395 FamFG im Register zu löschen. Bei der Eintragung ist § 19 HRV zu beachten.[50] Unzulässig ist eine erfolgte Eintragung dann, wenn sie sachlich unrichtig ist oder aber auf einen Verstoß gegen Verfahrensvorschriften zurückzuführen ist.[51] Auch eine eingetragene Löschung kann nach § 395 FamFG beseitigt werden.[52] Entscheidend für die Beurteilung der Unzulässigkeit ist nicht der Zeitpunkt der Eintragung. Es kommt vielmehr auf den **Zeitpunkt der Entscheidung** nach § 395 FamFG an. War die Eintragung daher unzulässig, entspricht sie aber nunmehr der Rechtslage, kommt eine Löschung nicht in Betracht: Es gilt der **Grundsatz der materiellen Richtigkeit** des Registers.[53] Unzulässig ist beispielsweise die Eintragung eines Geschäftsführers, obwohl dieser wegen § 6 Abs. 2 S. 3 GmbHG von vornherein amtsunfähig war.[54] Eine rechtsbegründende Eintragung wie eine Satzungsänderung ist dann als unzulässig zu löschen, wenn die Eintragung unter Verletzung wesentlicher Verfahrensvorschriften erfolgt ist.[55] Dies ist etwa der Fall, wenn es an einer Anmeldung gefehlt hat.[56] Im Anwendungsbereich der §§ 397, 398 FamFG ist eine Löschung nach § 395 FamFG ausgeschlossen.[57]

2. Das Verfahren vor dem Amtsgericht

35 Das Verfahren wird durch das Registergericht **von Amts wegen** eingeleitet. Etwaige Löschungsanträge sind als Anregungen zur Einleitung eines entsprechenden Verfahrens anzusehen. Lediglich die berufsständischen Organe (§ 380 Abs. 1 FamFG) sind zu einem Löschungsantrag befugt, der dann auch förmlich beschieden werden muss, wenn ihm nicht stattgegeben wird. Das Gericht ist allerdings zu einer Löschung nicht verpflichtet. Es hat vielmehr ein Ermessen. Insoweit sind die Schäden gegeneinander abzuwägen, die durch ein Bestehen bleiben bzw. durch eine Löschung der Eintragung eintreten.

36 Die **Löschungsabsicht** ist den Beteiligten anzukündigen. Die Ankündigung ist damit nicht nur an die eingetragene Gesellschaft zu richten, sondern muss auch denjenigen mitgeteilt werden, die noch von der Löschung betroffen werden können. Betroffen in diesem Sinn ist etwa der eingetragene Geschäftsführer einer GmbH oder der eingetragene Gesellschafter einer OHG, deren Eintragung im Register gelöscht werden soll.

37 Die Löschungsankündigung ist mit einer Frist zum **Widerspruch** zu versehen, so dass sie nach § 15 Abs. 2 FamFG förmlich bekannt gemacht werden muss. Im Übrigen gelten nach § 395 Abs. 3 FamFG die Regelungen in § 393 Abs. 3 bis 5 FamFG entsprechend (siehe Rn 33). Widerspruchsbefugt sind etwa bei der KG auch deren Gesellschafter[58] (zur Beschwerdebefugnis siehe § 37 Rn 26).

3. Das Verfahren vor dem Landgericht nach § 143 FGG a.F.

38 Gem. § 143 FGG konnte das Löschungsverfahren nach § 142 FGG a.F. (jetzt § 395 FamFG) auch durch das dem Amtsgericht übergeordnete Landgericht durchgeführt werden. Dabei war, soweit

---

50 Dazu *Melchior/Schulte/Schneider*, § 19 Rn 1 ff.
51 *Bumiller/Harders*, § 395 Rn 8.
52 BGH NJW 1979, 1987; OLG Frankfurt GmbHR 1997, 1004; 1998, 893; SchlHOLG GmbHR 2000, 776; *Bumiller/Harders*, § 395 Rn 2.
53 BayObLG Rpfleger 1995, 465; *Bumiller/Harders*, § 395 Rn 13; *Keidel/Heinemann*, § 395 Rn 18.
54 Fraglich ist insoweit, ob in diesem Fall neben dem Verfahren nach § 395 FamFG auch ein Zwangsgeldverfahren gegen weitere Geschäftsführer eingeleitet werden kann. Verneinend: KG GmbHR 1999, 861; a.A. Scholz/*Schneider*, § 39 Rn 2; nach einer weiteren Auffassung ist ein Verfahren nach § 398 FamFG durchzuführen.
55 OLG Düsseldorf GmbHR 1999, 237; *Keidel/Heinemann*, § 395 Rn 18; *Bumiller/Harders*, § 395 Rn 13.
56 Nicht allerdings bei Anmeldung auf deklaratorische Eintragung: Jansen/*Steder*, § 142 Rn 30; Bork/*Müther*, § 395 Rn 9; LG Berlin, Beschl. v. 20.12.2002 – 102 T 112/02, n.v.
57 *Bumiller/Harders*, vor §§ 397–399 Rn 4.
58 Jansen/*Steder*, § 141 Rn 33; LG Berlin, Beschl. v. 20.12.2002 – 102 T 112/02, n.v.

eine solche vorhanden ist, die Kammer für Handelssachen zuständig. Die Zuständigkeiten der Gerichte konkurrierten, allerdings hatte das Verfahren des Amtsgerichts Vorrang, wenn es eingeleitet wurde.[59] Diese Doppelzuständigkeit, die zunächst noch in § 396 FamFG vorgesehen war, ist beseitigt worden, weil sie nicht zu dem neuen Instanzenzug passte und im Übrigen – allerdings zu Unrecht – als für die Praxis nicht bedeutsam angesehen wurde.

IV. Die Löschung nichtiger Gesellschaften oder Beschlüsse nach den §§ 397, 398 FamFG

1. Anwendungsbereich

Nach § 275 AktG kann jeder Aktionär, jedes Vorstands- oder Aufsichtsratsmitglied einer Aktiengesellschaft **Klage auf die Nichtigerklärung der Gesellschaft** erheben. Erfolg kann die Klage dabei nur haben, wenn die Satzung keine Bestimmung über die Höhe des Grundkapitals oder über den Gegenstand enthält oder wenn die Regelung über den Gegenstand nichtig ist. Dies ist dann der Fall, wenn die in der Satzung als Gegenstand aufgeführte Unternehmenstätigkeit überhaupt nicht ausgeübt wird.[60] Folge einer erfolgreichen Nichtigkeitsklage ist allerdings nicht, dass die Gesellschaft im Register gelöscht würde. Der Begriff der Nichtigkeit entspricht in den Rechtsfolgen nicht dem des Zivilrechts. Es wird vielmehr die Nichtigkeit im Register vermerkt, und die Gesellschaft ist nach § 277 Abs. 1 AktG nach den Vorschriften über die Abwicklung aufzulösen (siehe § 34 Rn 84). Entsprechende Vorschriften sieht das GmbHG in § 75 für die GmbH vor. Neben der Klage nach § 275 AktG, § 75 GmbHG besteht die Möglichkeit, dass das Registergericht nach § 397 FamFG gegen die Gesellschaft vorgeht. Das Gericht kann dabei selbst dann nach § 397 FamFG vorgehen, wenn die Frist für die Klage nach § 275 Abs. 3 AktG abgelaufen ist. 39

Hintergrund dieser einschränkenden Regelungen über die Nichtigkeit der Gesellschaft ist die **besondere Bestandskraft**, die der Gesetzgeber den Eintragungen der juristischen Personen beigegeben hat. Die Gründe sind in den Schwierigkeiten der Rückabwicklung einer zu Unrecht erfolgten Eintragung und in der besonderen Rücksichtnahme auf das Vertrauen der Öffentlichkeit in den Bestand der eingetragenen Gesellschaften zu sehen.[61] 40

Nach § 398 FamFG kann auch ein in das Register **eingetragener Beschluss** als nichtig gelöscht werden, wenn er durch seinen Inhalt zwingende Vorschriften des Gesetzes verletzt und seine Beseitigung im öffentlichen Interesse erforderlich erscheint. Die Vorschrift soll dabei nicht nur auf Beschlüsse über Änderungen der Satzung oder des Gesellschaftsvertrages beschränkt sein. Sie erfasst vielmehr jeden Beschluss, der wie die Geschäftsführerbestellung oder Abberufung einer Eintragung bedarf.[62] Auch hier steht die Heilungsmöglichkeit nach § 242 AktG der Durchführung des Verfahrens nicht entgegen.[63] 41

2. Die Verfahren

Sowohl § 397 FamFG als auch § 398 FamFG verweisen auf § 395 FamFG **Die frühere Mindestwiderspruchsfrist von drei Monaten** ist entfallen. Sie kann aber immer noch als Orientierung dienen. Denn die Frist dient dazu, dass die Gesellschaft den Nichtigkeitsgrund nach § 276 AktG, 42

---

59 Bumiller/Winkler, FGG, 8. Aufl., § 143 Rn 2.
60 Zur Gegenstandsänderung durch Veräußerung von Unternehmensteilen: OLG Stuttgart BB 2001, 794, 795.
61 Nach Bumiller/Harders, § 397 Rn 1, ist die Vorschrift deshalb abschließend und keiner Ausdehnung fähig. Fallbeispiele bei *Müther*, § 15 Rn 51.
62 BayObLG GmbHR 1992, 304; 1996, 441; OLG München NZG 2010, 474 = MDR 2010, 582; Bumiller/Harders, § 398 Rn 2. Die Verletzung der Vorschriften über die Einberufung oder Abstimmung bezüglich einer Geschäftsführerbestellung berühren allerdings nicht das öffentliche Interesse, vgl. OLG München NZG 2010, 474 = MDR 2010, 582.
63 Bumiller/Harders, § 398 Rn 3.

§ 76 GmbHG unter Umständen durch entsprechende Beschlüsse der Haupt- oder Gesellschafterversammlung beseitigen kann. Setzt das Registergericht, und zwar der zuständige Richter (vgl. § 17 Nr. 1e RPflG), eine zu kurze Frist, ändert dies an der Zulässigkeit der späteren Eintragung nichts, wenn der Mangel nicht gerügt wird.

43   Das Vorliegen der Voraussetzungen zum Einschreiten bedeutet noch **keine Pflicht**. Die Einleitung und die Durchführung des Verfahrens unterliegen vielmehr dem pflichtgemäßen Ermessen des Gerichts. Dabei kann unter Umständen der Bestandsschutz an der Eintragung überwiegen.

44   Mit der fehlenden Übernahme einer dem § 143 FGG entsprechenden Vorschrift, vgl. dazu oben Rn 38, besteht auch in diesen Verfahren die früher gegebene Doppelzuständigkeit von Amts- und Landgericht nicht mehr.

C. Das Mangelfeststellungsverfahren nach § 399 FamFG

I. Eintragung der Auflösung wegen eines Satzungsmangels nach § 399 FamFG

1. Anwendungsbereich

45   Während § 397 FamFG nur bestimmte Satzungsmängel erfasst, gilt § 399 FamFG für weitere Mängel der notwendigen Satzungsbestandteile. Auch diese Vorschrift betrifft die Aktiengesellschaft sowie die Kommanditgesellschaft auf Aktien (vgl. § 399 Abs. 1 FamFG) und auch die GmbH (vgl. § 399 Abs. 4 FamFG). Die Vorschrift greift bei der Aktiengesellschaft ein, wenn die Satzung keine Bestimmung zur Firma oder zum Sitz (§ 23 Abs. 3 Nr. 1 AktG) enthält oder die Angaben zur Zerlegung des Grundkapitals (§ 23 Abs. 3 Nr. 4 AktG) fehlen. Der Anwendungsbereich der Norm ist auch eröffnet, wenn die Satzung keine Bestimmung über Inhaber- oder Namensaktien (§ 23 Abs. 3 Nr. 5 AktG) enthält oder die Regelung über die Zahl der Vorstandsmitglieder oder die Regeln, nach denen die Zahl festgelegt wird, fehlen. § 399 FamFG greift auch ein, wenn eine der genannten Bestimmungen zwar getroffen wurde, diese aber oder auch die Bestimmung über das Grundkapital (§ 23 Abs. 3 Nr. 3 AktG) nichtig sind. Bei der Anwendung auf die GmbH kommt es ebenfalls auf das Fehlen einer Bestimmung zur Firma oder zum Sitz (§ 3 Abs. 1 Nr. 1 GmbHG), das Fehlen der Regelung über den Betrag der von jedem Gesellschafter zu übernehmenden Einlage (§ 3 Abs. 1 Nr. 4 GmbH) oder auf die Nichtigkeit dieser Bestimmungen oder der Bestimmung über den Betrag des Stammkapitals an (§ 3 Abs. 1 Nr. 3 GmbHG). Aufgrund der Sitzregelungen durch das MoMiG findet § 399 FamFG keine Anwendung, wenn eine AG oder eine GmbH ihren Sitz verlegt, ohne dies durch eine entsprechende Satzungsänderung zu legitimieren. Unwirksam und nichtig wäre die Satzungsregelung aber wegen Verstoßes gegen § 5 AktG, § 4a GmbHG, wenn der benannte Sitz nicht im Inland liegen würde.[64]

2. Das Verfahren

46   Anders als bei den §§ 397, 398 FamFG liegt im Falle des § 399 FamFG das Einschreiten des Registergerichts nicht in seinem Ermessen. Nach dem Gesetzeswortlaut ist das Gericht vielmehr **zum Einschreiten verpflichtet**. Lehnt das Gericht ein Einschreiten ab, steht gegen diese Entscheidung, die durch Beschluss zu treffen ist (§ 38 Abs. 1 FamFG), die Beschwerde nach § 58 Abs. 1

---

[64] Das gilt aufgrund der Fassung der Vorschriften unabhängig davon, ob die Sitztheorie gilt oder nicht. Zur Problematik der Verlegung des tatsächlichen Sitzes nach altem Recht: BGH ZIP 2008, 1627; LG Memmingen Rpfleger 2002, 157; Jansen/*Steder*, § 144a Rn 12. BayObLG NZG 2002, 828 = BB 2002, 907; LG Mannheim GmbHR 2000, 874.

FamFG zur Verfügung. Wird das Verfahren eingeleitet, hat das Gericht die Gesellschaft aufzufordern, den Mangel durch eine Satzungsänderung zu beseitigen oder die Unterlassung durch einen Widerspruch zu rechtfertigen. Kommt die Gesellschaft der **Aufforderung** nicht nach, wird die Gesellschaft mit der Rechtskraft der Feststellung des Satzungsmangels durch das Gericht nach § 399 Abs. 2 FamFG aufgelöst (vgl. § 262 Abs. 1 Nr. 5 AktG, § 60 Abs. 1 Nr. 6 GmbHG). Auf diese Rechtsfolge ist die Gesellschaft in der Ausgangsverfügung hinzuweisen.

Wird **Widerspruch** (zur Form siehe Rn 26) erhoben, so hat das Gericht über diesen Widerspruch auch dann zu entscheiden, wenn dieser nicht innerhalb der gesetzten Frist eingeht, ein gerichtlicher Feststellungsbeschluss aber noch nicht getroffen worden ist. Vertritt es nunmehr die Auffassung, dass ein Satzungsmangel nicht (mehr) vorliegt, stellt es das Verfahren ein. Einer förmlichen Entscheidung bedarf es insoweit nicht.[65] Ist es der Auffassung, dass der Mangel nach wie vor besteht, weist es den Widerspruch zurück und stellt zugleich die Mangelhaftigkeit der Satzung fest (vgl. § 399 Abs. 2 S. 2 FamFG). Gegen diese Entscheidung steht der Gesellschaft nach § 399 Abs. 3 FamFG die Beschwerde nach § 58 FamFG zu. Mit der Rechtskraft der Feststellungsverfügung wird diese von Amts wegen in das Register eingetragen (vgl. § 263 S. 2 AktG, § 65 Abs. 1 S. 2 GmbHG). Dies hindert die Gesellschafter aber nicht, den Satzungsmangel zu einem späteren Zeitpunkt zu beseitigen und die Fortsetzung zu beschließen (zur Fortsetzung siehe § 33 Rn 172 ff. und § 34 Rn 84). 47

II. Das früher Mangelfeststellungsverfahren nach § 144b FGG

Nach § 144b FGG war ein dem § 144a FGG (jetzt § 399 FamFG) entsprechendes Mangelfeststellungsverfahren einzuleiten, wenn sich innerhalb von drei Jahren nach der Eintragung einer Gesellschaft mit beschränkter Haftung in das Handelsregister alle Geschäftsanteile in der Hand eines Gesellschafters vereinigten oder daneben in der Hand der Gesellschaft lagen. Dieser Gesellschafter hatte dann innerhalb von drei Monaten seit der Vereinigung der Geschäftsanteile alle Geldeinlagen voll einzuzahlen oder der Gesellschaft für die Zahlung der noch ausstehenden Beträge eine Sicherung zu bestellen (vgl. § 19 Abs. 4 GmbHG). Fehlte der Nachweis über die Einhaltung dieser Verpflichtung, war ein Verfahren nach § 144b FGG einzuleiten. Mit dem Inkrafttreten des MoMiG ist die Verpflichtung zur Volleinzahlung für den Alleingesellschafter entfallen. Die Vorschrift des § 144b FGG ist dementsprechend aufgehoben worden. 48

D. Muster

I. Einspruch gegen eine Zwangsgeldandrohung

1. Typischer Sachverhalt

D, einer der Kommanditisten der XY-KG, verstirbt und wird allein von E beerbt. D hat Dauertestamentsvollstreckung angeordnet. Das Registergericht ist trotz des Hinweises von E auf die Testamentsvollstreckung (siehe § 35 Rn 48) der Auffassung, dass E das Ausscheiden des D gem. § 143 Abs. 3 HGB ebenfalls anzumelden hätte (dazu siehe § 35 Rn 21, 51). Es fordert daher in der Folge den E dazu auf, die Anmeldung binnen einer Frist von zehn Tagen vorzunehmen oder sein Unterlassen in dieser Frist durch einen Einspruch zu rechtfertigen. Zugleich droht es die Verhängung eines Zwangsgeldes von 650 EUR an. Die Verfügung wird dem E zugestellt. Nach Ablauf der Frist setzt das Registergericht das angedrohte Zwangsgeld fest und droht im Falle der 49

---

[65] *Bumiller/Harders*, § 399 Rn 11; aA wohl *Jansen/Steder*, § 144a Rn 35.

Nichtvornahme der Anmeldung binnen drei Wochen ein Zwangsgeld von 1.000 EUR an. E lässt durch seinen Anwalt binnen zwei Wochen nach der Zustellung der zweiten Verfügung das folgende Schreiben[66] beim Registergericht einreichen.

M 350

2. Muster: Einspruch gegen ein Zwangsgeld[67]

50 An das
Amtsgericht _____
– Handelsregister –
_____

In der Handelsregistersache der _____, HRA _____,
lege ich hiermit im Namen und in Vollmacht des _____
1. gegen die Zwangsgeldandrohung über 650 EUR Einspruch ein,
hilfsweise beantrage ich insoweit Wiedereinsetzung in den vorigen Stand.
2. Zugleich lege ich gegen die weitere Zwangsgeldandrohung über 1.000 EUR Einspruch ein sowie Beschwerde gegen die Zwangsgeldfestsetzung über 650 EUR.[68]

Begründung:
Die Androhung eines Zwangsgeldes über 650 EUR war nicht gerechtfertigt. Nach § 143 Abs. 3 HGB haben zwar grundsätzlich auch die Erben das Ausscheiden und – bei der Kommanditgesellschaft – ihren Eintritt als Gesellschafter anzumelden. Im vorliegenden Fall hat der Erblasser aber eine Dauertestamentsvollstreckung angeordnet, die von den anderen Gesellschaftern gebilligt wird. Dies zeigt der beigefügte Schriftverkehr. In einem solchen Fall obliegt die Anmeldung des Gesellschafterwechsels nicht dem Erben, sondern dem Testamentsvollstrecker.[69] Eine im Zwangsgeldverfahren durchsetzbare Verpflichtung meines Mandanten besteht daher nicht.

Über diesen Einspruch ist auch noch nach Maßgabe des § 390 FamFG zu entscheiden. Die in der Erstverfügung gesetzte Frist von zehn Tagen ist nämlich noch nicht abgelaufen, weil die Zustellung unwirksam war. Die Zustellung erfolgte nämlich durch Niederlegung in der Wohnung _____. Dabei handelt es sich lediglich um ein Wochenendhaus, das nur in der Sommerzeit bewohnt wird. Mein Mandant hielt sich dort zum Zeitpunkt der Zustellung nicht auf. Seine eigentliche Wohnanschrift lautet: _____.

Soweit das Gericht gleichwohl eine ordnungsgemäße Zustellung annehmen sollte, wird hilfsweise Wiedereinsetzung in den vorigen Stand beantragt. Mein Mandant musste nicht mit einer Zustellung rechnen, nachdem er das Registergericht bereits zuvor auf die Rechtslage hingewiesen hatte. Dann aber musste er keine Vorsorge dafür treffen, dass er rechtzeitig von Zustellungen in der von ihm nur gelegentlich genutzten Wohnung _____ Kenntnis erlangt.

Aus den oben genannten Gründen für die fehlende Verpflichtung zur Anmeldung ist auch die weitere Zwangsgeldandrohung aufzuheben.

---

66 Das dargestellte Vorgehen wirkt übertrieben, weil bereits der Einspruch gegen die zweite Verfügung zu einem Vorgehen des Registergerichts nach § 390 FamFG und damit zu einer sachlichen Überprüfung führt. Eine Aufhebung der Zwangsgeldfestsetzung über 650 EUR ist damit aber nicht zwingend erreicht. Denn diese Aufhebung richtet sich nach § 390 Abs. 6 FamFG und steht damit im Ermessen des Gerichts. Auch die sofortige Beschwerde gegen die Zwangsgeldfestsetzung ändert hieran nichts. Denn diese kann nach § 391 Abs. 2 FamFG nicht auf ihre sachliche Berechtigung, sondern nur auf Verfahrensfehler hin überprüft werden.
67 Wegen der Gerichtsgebühren gilt § 119 KostO, näher *Müther*, § 15 Rn 17; die anwaltliche Gebühr ergibt sich aus § 2 Abs. 2 S. 1 RVG i.V.m. Nr. 3100 ff. VV.
68 Das Zwangsgeld bestimmt zugleich die Beschwer. Liegt diese nicht über 600 EUR ist die Beschwerde unzulässig (§ 61 Abs. 1 FamFG). Es ist daher die Rechtspflegererinnerung nach § 11 Abs. 2 RPflG einzulegen, vgl. dazu Bork/*Müther*, vor § 58 Rn. 12.
69 Vgl. BGHZ 108, 187; *Baumbach/Hopt*, HGB, § 139 Rn 28.

Das festgesetzte Zwangsgeld in Höhe von 650 EUR ist jedenfalls deshalb aufzuheben, weil die gesetzte Frist von zehn Tagen zu kurz bemessen war. Mein Mandant musste sich zunächst über die Rechtslage informieren. Es bestand überdies kein besonderes Eilbedürfnis, nachdem das Registergericht mit der Einleitung des Zwangsgeldverfahrens bereits so lange zugewartet hatte.
_____ (Unterschrift)

II. Widerspruch gegen eine Löschungsankündigung nach § 394 FamFG

1. Typischer Sachverhalt

Der Antrag auf Eröffnung des Insolvenzverfahrens über das Vermögen der B-GmbH ist nach § 26 Abs. 1 InsO mangels Masse abgewiesen worden. Dies ist im Register der B-GmbH bereits vermerkt. Das Registergericht hat dem letzten Geschäftsführer (und jetzigen Liquidator) Y eine Löschungsankündigung übersandt.

2. Muster: Widerspruch gegen eine Löschungsankündigung nach § 394 FamFG[70]

M 351

An das
Amtsgericht _____
– Handelsregister –

_____
In der Handelsregistersache der _____, HRB _____,
lege ich hiermit im Namen und in Vollmacht der Gesellschaft
Widerspruch
gegen die angekündigte Löschung nach § 394 FamFG ein.
Begründung:
Eine Löschung der Gesellschaft kommt nur dann in Betracht, wenn diese über kein Aktivvermögen mehr verfügt und auch keine weiteren Abwicklungsmaßnahmen durchzuführen sind. Dies ist nicht der Fall. Ausweislich des beigefügten Kontoauszugs verfügt die Gesellschaft noch über einen Betrag von mindestens _____. Darüber hinaus stehen der Gesellschaft aufgrund ihrer Bautätigkeit noch verschiedene Sicherungseinbehalte zu, die erst in den nächsten Jahren fällig werden. Eine Kurzübersicht ist beigefügt. Die Gesellschaft ist auch noch als Eigentümerin des Grundstücks in _____ eingetragen. In das Grundstück wird zurzeit die Zwangsvollstreckung betrieben, so dass noch Zustellungen an die Gesellschaft zu erfolgen haben.
_____ (Unterschrift)

---

[70] Wegen der Gerichtsgebühren gilt § 88 KostO; die anwaltliche Gebühr ergibt sich aus § 118 BRAGO, seit dem 1.7.2004 gilt § 2 Abs. 2 S. 1 RVG i.V.m. Nr. 3100 ff. VV.

Dr. Peter-Hendrik Müther
§ 37 Die Rechtsbehelfe und Rechtsmittel

Literatur

Baumbach/Hopt, Handelsgesetzbuch, Kommentar, 35. Aufl. 2012; *Baumbach/Hueck*, GmbHG, Kommentar, 19. Aufl. 2010; *Bork/Jacoby/Schwab*, FamFG, 2009; *Bumiller/Harders*, FamFG, Freiwillige Gerichtsbarkeit, Kommentar, 10. Aufl. 2011; *Erman*, BGB, Kommentar, 13. Aufl. 2011; *Ulmer*, GmbHG, Großkommentar, ab 2005; *Hüffer*, AktG, Kommentar, 9. Aufl. 2010; *Jansen*, FGG, 3. Aufl. 2006; *Keidel*, FamFG, Familienverfahren, Freiwillige Gerichtsbarkeit, 17. Aufl. 2010; *Krafka/Willer/Kühn*, Registerrecht, 8. Aufl. 2010; *Koller/Roth/Morck*, HGB, Kommentar, 7. Aufl. 2011; *Korintenberg/Lappe/Bengel/Reimann*, KostO, 18. Aufl., 2010; *Lutter/Hommelhoff*, GmbHG, Kommentar, 17. Aufl. 2009; *Müther*, Das Handelsregister in der Praxis, 2. Aufl. 2007; *Palandt*, BGB, Kommentar, 71. Aufl. 2012; *Schmidt-Kessel/Leutner/Müther*, Handelsregisterrecht, 2010; *Scholz*, GmbH-Gesetz, Kommentar, mit Anhang Konzernrecht, 10. Aufl. ab 2006.

Inhalt

A. Rechtliche Grundlagen — 1
I. Die Beschwerde — 1
 1. Übersicht — 1
 2. Statthaftigkeit der Beschwerde — 4
  a) Überblick — 4
  b) Die Endentscheidung — 5
  c) Zwischenverfügungen — 8
  d) Verfahrensleitende Anordnungen — 9
  e) Verzicht, Verwirkung, Ausschluss der Beschwerde — 11
 3. Einlegung der Beschwerde — 12
  a) Zuständigkeit — 12
  b) Beschwerdeschrift — 13
  c) Rücknahme der Beschwerde — 16
 4. Frist und Beschwer — 17
 5. Beschwerdeberechtigung, § 59 FamFG — 19
  a) Grundsatz — 19
  b) Anmeldungen bei den Kapitalgesellschaften — 20
  c) Anmeldungen bei den Personenhandelsgesellschaften — 22
  d) Das Zwangsgeldverfahren nach den §§ 388 ff. FamFG — 24
  e) Sonstige Verfahren — 25
  f) Das Beschwerderecht nach § 380 Abs. 5 FamFG — 27
 6. Abhilfeentscheidung — 28
 7. Entscheidung des Beschwerdegerichts — 30

II. Die Rechtsbeschwerde — 32
 1. Beschränkte Überprüfung — 32
 2. Zuständigkeit — 33
 3. Zulässigkeitsvoraussetzungen — 35
 4. Kein Abhilfeverfahren — 36
III. Die sofortige Beschwerde nach der ZPO — 37
 1. Anwendungsfälle — 37
 2. Frist — 39
 3. Neuer Tatsachenvortrag — 40
IV. Rechtsmittel und Rechtsbehelfe gegen Rechtspflegerentscheidungen — 41
V. Die Kosten des Beschwerdeverfahrens und die Rechtsbehelfe in Kostensachen — 43

B. Muster — 45
I. Beschwerde gegen den Zurückweisungsbeschluss bei der Ersteintragung einer GmbH — 45
 1. Typischer Sachverhalt — 45
 2. Muster: Beschwerde gegen einen Zurückweisungsbeschluss bei der Ersteintragung einer GmbH — 46
II. Beschwerde gegen die Bestellung eines Notgeschäftsführers entsprechend § 29 BGB — 47
 1. Typischer Sachverhalt — 47
 2. Muster: Beschwerde gegen die Bestellung eines Notgeschäftsführers entsprechend § 29 BGB — 48

A. Rechtliche Grundlagen

I. Die Beschwerde

1. Übersicht

Die Registersachen sind als Verfahren in den Angelegenheiten der freiwilligen Gerichtsbarkeit 1
anzusehen, § 374 Nr. 1 FamFG. Für diese gelten die allgemeinen Rechtsmittelvorschriften des
FamFG. Nach diesen findet gegen Entscheidung der Gerichte der freiwilligen Gerichtsbarkeit
grundsätzlich die Beschwerde nach § 58 Abs. 1 FamFG statt. Insoweit gelten wesentliche Unterschiede zum bisherigen Recht. Die Beschwerde ist im Grundsatz nur noch gegen Endentscheidungen gegeben (vgl. § 58 Abs. 1 FamFG und zu den Ausnahmen, Rn 8). Die anfechtbaren erstinstanzlichen Entscheidungen sind mit einer Rechtsbehelfsbelehrung zu versehen (§ 39 FamFG).
Die Beschwerde ist jetzt grundsätzlich befristet (§ 63 FamFG), in vermögensrechtlichen Angelegenheiten bedarf es einer Mindestbeschwer, wenn die Beschwerde nicht wegen grundsätzlicher
Bedeutung durch das Ausgangsgericht zugelassen ist (§ 61 FamFG). Die Beschwerde kann auch
nur noch beim Ausgangsgericht eingelegt werden (§ 64 Abs. 1 FamFG). Beschwerdegericht ist
nicht mehr das Landgericht, sondern das Oberlandesgericht (§ 119 Abs. 1 Nr. 1 lit. b GVG).[1] Soweit eine erstinstanzliche Zuständigkeit des Rechtspflegers begründet ist, ist gegen seine Entscheidung das Rechtsmittel gegeben, das sich aus den allgemeinen Vorschriften ergibt (vgl. § 11
Abs. 1 RPflG). Die frühere Rechtspflegererinnerung ist durch das Dritte Gesetz zur Änderung des
Rechtspflegergesetzes und anderer Gesetze vom 6.8.1998[2] abgeschafft worden. Sie findet sich
nach § 11 Abs. 2 RPflG nur noch dann, wenn ein Rechtsmittel nach den allgemeinen Vorschriften
nicht gegeben ist (im Einzelnen siehe Rn 41f.).

In bestimmten Verfahren sind nach dem FamFG zunächst **andere Rechtsbehelfe** als die 2
Beschwerde einschlägig. So sehen etwa das Zwangsgeldverfahren (§ 388 FamFG) oder das Firmenmissbrauchsverfahren nach § 392 FamFG als ersten Schritt den sog. **Einspruch** vor (vgl.
§§ 388 Abs. 1, 392 Abs. 1 FamFG). Die Verfahren bei Eintragungen von Amts wegen wie z.B. das
Firmenlöschungsverfahren nach § 393 FamFG, das Verfahren auf Löschung wegen Vermögenslosigkeit nach § 394 FamFG, das Verfahren zur Löschung unzulässiger Eintragungen oder nichtiger Gesellschaften bzw. Beschlüsse nach §§ 395, 397, 398 FamFG und das Verfahren zur Eintragung der Auflösung von Kapitalgesellschaften nach § 399 FamFG verlangen vor der Einlegung
der Beschwerde übereinstimmend ein Widerspruchsverfahren. Diese besonderen Rechtsbehelfe
sind bei den jeweiligen Verfahren beschrieben (ausführlich hierzu siehe § 36).

Die Beschwerde kommt im FamFG-Verfahren nur noch als **befristete Beschwerde** vor. Zu 3
unterscheiden sind aber die Beschwerde nach § 58 FamFG mit der Beschwerdefrist nach § 61
FamFG und die sofortige Beschwerde nach der ZPO, die in Nebenverfahren wie dem Ablehnungsverfahren (§ 6 Abs. 2 FamFG) oder in Verfahren über die Aussetzung (§ 21 Abs. 2 FamFG)
Anwendung findet (vgl. Rn 37).

2. Statthaftigkeit der Beschwerde
a) Überblick

Die umfassende Umgestaltung des Rechtsmittelrechts durch das FamFG zeigt sich auch an § 58 4
Abs. 1 FamFG. Danach ist eine Beschwerde nur dann zulässig, wenn sie sich gegen eine erstinstanzliche Endentscheidung (§ 38 Abs. 1 S. 1 FamFG) richtet oder durch das Gesetz ausdrücklich
zugelassen ist. Dies bedeutet eine Änderung des Gesetzes, weil nach § 19 Abs. 1 FGG Beschwer-

---

[1] Das GVG findet nunmehr auf die Verfahren der fG uneingeschränkt Anwendung, vgl. § 13 GVG.
[2] BGBl I, 2030.

de gegen alle sachlichen Entscheidungen des Gerichts der ersten Instanz statthaft war, gleichgültig, ob diese Entscheidungen auf formell-rechtlichen oder materiell-rechtlichen Gründen beruhten.[3] Dies schloss auch Entscheidungen ein, die nicht zu einem Verfahrensabschluss führten.

b) Die Endentscheidung

5   Die Beschwerde ist nach § 58 Abs. 1 FamFG statthaft namentlich bei einer **Zurückweisungsentscheidung**, mit der die Eintragung auf eine Anmeldung abgelehnt wird. Diese Zurückweisungsentscheidung ist im Registerverfahren durch Beschluss nach § 382 Abs. 3 FamFG zu treffen und nach § 38 Abs. 3 S. 1 FamFG mit Gründen zu versehen. Sie hat nach § 39 FamFG eine Rechtsbehelfsbelehrung zu enthalten.

6   Nicht anfechtbar ist die **Eintragung**.[4] Insoweit gilt der Grundsatz der Erhaltung der Eintragung, der sich aus der Publizität des Registers und einem damit einhergehenden erhöhten Bestandsschutz ergibt. Dies ist nunmehr durch § 383 Abs. 3 FamFG auch ausdrücklich bestimmt. Die Beseitigung einer Eintragung kann daher nur nach Maßgabe der §§ 395, 397, 398 FamFG erfolgen. Die (unzulässige) Beschwerde gegen eine Eintragung ist aus diesem Grund in eine Anregung zur Einleitung eines entsprechenden Amtslöschungsverfahrens umzudeuten.[5] In einer derartigen Beschwerde kann unter Umständen auch eine Neuanmeldung zu sehen sein, wenn sich die Einwendungen dagegen wenden, dass eine bestimmte Fassung der Anmeldung nicht übernommen worden ist.[6] Da die Eintragungsverfügung den Beteiligten – anders als die Eintragung – nicht bekannt gemacht wird, kommen Beschwerden gegen diese vor Vollzug i.d.R. nicht vor. Ist dies ausnahmsweise anders, wird also Beschwerde gegen die Eintragungsverfügung schon vor Durchführung der Eintragung eingelegt, wurde eine solche Beschwerde bisher als zulässig angesehen.[7] Dies erscheint angesichts des § 58 Abs. 1 FamFG aber zweifelhaft, weil das Gesetz in § 382 FamFG nur die Zurückweisung, die durch mit Rechtsbehelfsbelehrung versehenen Beschluss zu erfolgen hat, und die Eintragung selbst als Endentscheidung ansieht.[8] Auch wenn es bezüglich der Beanstandung einer Gesellschafterliste durch das Registergericht an einer Endentscheidung fehlen dürfte, wird diese als mit der Beschwerde anfechtbar angesehen.[9] Insoweit soll auch der Notar, der seiner Einreichungspflicht nach § 40 Abs. 2 Satz 2 GmbHG nachkommt, in eigenem Namen beschwerdebefugt sein.[10]

7   Unter den Voraussetzungen des § 17 HRV können Eintragungen **berichtigt** werden (siehe § 32 Rn 48). Der entsprechende Anspruch auf Berichtigung von Tatsachenangaben kann auch im Rechtsmittelverfahren verfolgt werden.[11] Als zulässig wird auch eine sog. **Fassungsbeschwerde** angesehen. Dies kann – wegen der Unangreifbarkeit der Eintragung mit der Beschwerde – aber nur insoweit gelten, als mit der Beschwerde eine Klarstellung einer unklar oder unzureichend gefassten Eintragung begehrt wird.[12]

---

3 Jansen/*Briesemeister*, § 19 Rn 20.
4 BGHZ 104, 61, 63 = NJW 1988, 1840; OLG Köln ZIP 2004, 505, 506 m.w.N.; *Koller/Roth/Morck*, § 8 Rn 25; *Baumbach/Hopt*, § 8 Rn 10.
5 OLG Köln ZIP 2004, 505; BayObLG Rpfleger BB 2000, 477; BayObLG DB 1986, 1796 = DNotZ 1986, 48; *Bumiller/Harders*, § 395 Rn 2; *Krafka/Willer/Kühn*, Rn 2441.
6 BayObLG DB 1986, 1796 = DNotZ 1986, 48; *Krafka/Willer/Kühn*, Rn 2441.
7 *Keidel/Kuntze/Winkler*, FGG, 15. Aufl., § 19 Rn 16; a.A. Jansen/*Briesemeister*, § 19 Rn 13. Für eine Zulässigkeit auch nach neuem Recht: *Holzer*, ZNoP 2008, 266, 271f.
8 *Keidel/Heinemann*, § 382 Rn 4.
9 BGH NJW 2011, 1809 = MDR 2011, 550; OLG München Rpfleger 2009, 623; OLG München NZG 2012, 391; OLG Jena NJW-RR 2010, 1190; NZG 2011, 909.
10 BGH NJW 2011, 1809 = MDR 2011, 550.
11 *Krafka/Willer/Kühn*, Rn 2443; BayObLG NJW-RR 1986, 1161.
12 *Krafka/Willer/Kühn*, Rn 2444.

c) Zwischenverfügungen

Neben den das Verfahren abschließenden Verfügungen enthalten aber auch die sog. **Zwischenverfügungen**, die nunmehr in § 382 Abs. 4 FamFG geregelt sind, sachliche Entscheidungen, weil den Beteiligten mit der Verfügung die behebbaren Eintragungshindernisse mitgeteilt werden, die zur Zeit nach Auffassung des Gerichts einer Eintragung entgegenstehen.[13] Sie sind nach § 382 Abs. 4 S. 2 FamFG ausdrücklich anfechtbar und unterliegen damit der Beschwerde nach § 58 Abs. 1 FamFG. Darunter fallen aber nicht einfache Meinungsäußerungen,[14] etwa dass eine Satzungsregelung unwirksam sei, aber wegen § 9c Abs. 2 GmbHG nicht beanstandet werde. Ebenso sind Stellungnahmen zu vorgelegten Entwürfen oder die Aufforderung, die Anmeldung zurückzunehmen, nicht beschwerdefähig.[15] Auch ein Hinweis auf nicht behebbare Eintragungshindernisse reicht nicht aus.[16] Ob eine anfechtbare Zwischenverfügung nur dann vorliegt, wenn diese eine Fristsetzung enthält und die Zurückweisung der Anmeldung androht,[17] dürfte zweifelhaft sein. Grundsätzlich wird es ausreichen, wenn erkennbar ist, dass das Registergericht die Eintragung von der Behebung des benannten Hindernisses abhängig machen will.[18] Einer Rechtsbehelfsbelehrung bedarf die Zwischenverfügung allerdings nicht, weil § 39 FamFG nur für Beschlüsse gilt.[19] Allein weil eine Verfügung mit einer (falschen) Rechtsbehelfsbelehrung versehen ist, ist sie aber noch nicht anfechtbar.[20]

d) Verfahrensleitende Anordnungen

Zu einer Verzögerung können auch **verfahrensleitende Anordnungen** führen. Eine solche Anordnung kann etwa in der Gutachteneinholung bei der IHK nach § 23 HRV zu sehen sein.[21] Solange derartige Anordnungen aber im inneren Dienst erfolgen und nur für diesen bestimmt sind, sich also nicht an einen Beteiligten richten, sind diese nicht mit der Beschwerde anfechtbar.

In Betracht kommt lediglich die Erhebung der sog. **Dienstaufsichtsbeschwerde**.[22] Sie richtet sich gegen ein vom Gericht im Verfahren geübtes Verhalten, das der äußeren Ordnung und dem dienstlichen Betrieb widerspricht und in den Bereich der Justizverwaltung fällt. Hierzu gehört auch die Beanstandung der Untätigkeit oder unzulässig verzögerten Bearbeitung durch den zuständigen Sachbearbeiter.[23] Selbständig anfechtbar ist allerdings die Aussetzung nach § 381 S. 1 FamFG.[24] Rechtsmittel ist allerdings die sofortige Beschwerde nach der ZPO, § 21 Abs. 2 FamFG.

e) Verzicht, Verwirkung, Ausschluss der Beschwerde

Unstatthaft ist die Beschwerde nach § 67 Abs. 1 FamFG, wenn auf sie **verzichtet** worden ist. Erforderlich ist eine nach der Bekanntgabe der anzufechtenden Entscheidung abgegebene Erklä-

---

13 *Krafka/Willer/Kühn*, Rn 2439; *Keidel/Heinemann*, § 382 Rn 220.
14 OLG Hamm FGPrax 2006, 276; OLG Köln Rpfleger 1978, 21; OLG Hamm Rpfleger 1973, 172; *Krafka/Willer/Kühn*, Rn 2439.
15 BayObLG NJW-RR 1988, 869; *Schmidt-Kessel/Leutner/Müther*, § 8 Rn 179.
16 OLG Hamm FGPrax 2006, 276. Anfechtbare – fehlerhafte – Zwischenverfügung aber, wenn eine Frist zur Beseitigung gesetzt wird und Rechtsmittelbelehrung erteilt wird: KG FGPrax 2005, 132.
17 So aber OLG Frankfurt OLGR 1998, 192.
18 Vgl. nur: LG Berlin, Beschl. v. 17.11.1998 – 98 T 68/99, n.v.; Beschl. v. 30.11.1999 – 98 T 62/99, n.v.; Beschl. v. 28.1.2003 – 102 T 141/02, n.v. Ebenso *Krafka/Willer/Kühn*, Rn 2439.
19 So wohl auch Bork/*Elzer*, § 39 Rn 1; a.A. Keidel/*Meyer-Holz*, § 39 Rn 3.
20 Bork/*Müther*, § 58 Rn 13.
21 In eiligen Fällen ist ohnehin eine vorherige Absprache der Beteiligten direkt mit der IHK zu empfehlen, so dass eine Stellungnahme schon mit der Anmeldung eingereicht werden kann.
22 Dazu Jansen/*Briesemeister*, vor §§ 19–30 Rn 32.
23 Zur (problematischen) Untätigkeitsbeschwerde: Jansen/*Briesemeister*, § 19 Rn 11; Bork/*Müther*, § 58 Rn. 11.
24 *Bumiller/Harders*, § 381 Rn 14; Jansen/*Steder*, § 127 Rn 31.

rung gegenüber dem Gericht. Unzulässig ist die Beschwerde nach allgemeinen Regeln auch, wenn das Beschwerderecht verwirkt ist.[25] Eine Verwirkung wird aber wegen der allgemeinen Befristung der Rechtsmittel nach dem FamFG wohl weitgehend ausgeschlossen sein. Ebenfalls unzulässig ist eine Beschwerde in Fällen, in denen sie gesetzlich **ausgeschlossen** worden ist. Dies ist etwa im Zwangsgeldverfahren der Fall. Dort wird die Beschwerde gegen die Androhung der Festsetzung eines Zwangsgeldes durch den Einspruch ersetzt (vgl. § 391 Abs. 1 FamFG; siehe Rn 2).

3. Einlegung der Beschwerde
a) Zuständigkeit

12 Die Einlegung der Beschwerde kann nach dem FamFG nur noch bei dem Gericht erfolgen, dessen Entscheidung angegriffen wird, § 64 Abs. 1 FamFG.[26] Zuständiges Beschwerdegericht ist nunmehr das Oberlandesgericht (vgl. § 119 Abs. 1 Nr. 1 lit. b GVG). Eine Zuweisung an einen mit Handelssachen befassten Senat, wie es nach § 30 Abs. 1 S. 2 FGG durch die Zuständigkeit der Kammer für Handelssachen vorgesehen war, ist nicht erfolgt.

b) Beschwerdeschrift

13 Die Beschwerde wird eingelegt durch die Einreichung einer **Beschwerdeschrift**. Sie kann auch zu Protokoll einer Geschäftsstelle erhoben werden (vgl. § 64 Abs. 2 FamFG). Die Beschwerdeeinlegung zu Protokoll einer anderen Geschäftsstelle als der des Ausgangsgerichts ist nach § 25 Abs. 2 FamFG möglich, zu beachten ist aber, dass die Beschwerdefrist erst mit dem Eingang des Protokolls beim Ausgangsgericht gewahrt ist.[27] Die Beschwerdeschrift (§ 64 Abs. 2 S. 4 FamFG) oder das Protokoll müssen unterschrieben sein, für das Protokoll reicht die Unterschrift des Urkundsbeamten.[28] Die Einlegung der Beschwerde in Registersachen und unternehmensrechtlichen Verfahren unterliegt keinem Anwaltszwang.[29] Für die Beschwerde gilt nicht § 12 HGB. Dies schließt eine Einlegung in elektronischer Form nicht aus, vgl. § 14 Abs. 2 FamFG. Insoweit sind aber die Anforderungen nach § 130a ZPO zu erfüllen.

14 Auch wenn das Gesetz keinen genauen **Inhalt** der Beschwerde vorschreibt, so muss sich aus ihr gleichwohl ergeben, gegen welche Entscheidung sie sich richtet und dass eine Überprüfung durch die übergeordnete Instanz erwartet wird, § 64 Abs. 2 S. 3 FamFG. Auch das FamFG sieht keine Begründungspflicht vor. Die Beschwerde soll nur begründet werden. Ein Fehlen der Begründung bleibt aber sanktionslos. Eine Begründung empfiehlt sich jedenfalls dann, wenn die Fehlerhaftigkeit der Entscheidung nicht sogleich ins Auge sticht. Eines bestimmten Antrags bedarf es nicht.[30] Die Beschwerde kann allerdings nicht auf einen neuen Eintragungsantrag gestützt werden, weil das Verfahren nur so in der Beschwerde anfällt, wie es vom Amtsgericht entschieden worden ist.[31]

15 Die Beschwerde kann auch durch einen Vertreter eingelegt werden, § 64 Abs. 2 S. 4 FamFG. Eine **Vollmacht** ist vorzulegen, wenn nicht ein Rechtsanwalt auftritt. Bei der Beschwerdeeinlegung ist anders als in den Fällen des § 378 Abs. 1 FamFG § 10 Abs. 2 FamFG zu beachten. Tritt ein danach Unbefugter auf, sind seine Handlungen allerdings wirksam. Er ist aber vom Gericht zu-

---

[25] Vgl. Jansen/*Briesemeister*, § 21 Rn. 38.
[26] Das Beschwerdegericht ist nicht zu einer Weiterleitung der Beschwerde an das Ausgangsgericht verpflichtet, vgl. allgemein Jansen/*Müther*, § 7 Rn 6 ff.
[27] Bork/*Müther*, § 64 Rn 3; Keidel/*Sternal*, § 64 Rn 19.
[28] Bork/*Jacoby*, § 25 Rn 4 f.; Keidel/*Sternal*, § 25 Rn 20.
[29] Bork/*Müther*, § 64 Rn 9; Keidel/*Sternal*, § 64 Rn 50.
[30] Keidel/*Sternal*, § 64 Rn 34; Jansen/*Briesemeister*, § 21 Rn 12.
[31] KG OLGR 2005, 506 = AG 2004, 537.

rückzuweisen, § 10 Abs. 3 FamFG. Ein Notar kann in den Fällen des § 378 Abs. 2 FamFG auch ohne Vollmachtnachweis Beschwerde einlegen. Im Falle der Vertretung ist deutlich zu machen, in wessen Namen die Beschwerde eingelegt wird, weil nur dann geprüft werden kann, ob eine Beschwerdeberechtigung besteht. Die Beschwerde eines Notars ist im Zweifel als im Namen der Gesellschaft eingelegt anzusehen.[32]

c) Rücknahme der Beschwerde

Die Beschwerde kann bis zur Entscheidung des Beschwerdegerichts zurückgenommen werden. Die **Rücknahme** durch den Notar kann unter den Voraussetzungen des § 24 Abs. 3 BNotO erfolgen. Dabei hat er den Schriftsatz zu unterschreiben und sein Dienstsiegel beizufügen. § 12 HGB gilt für die Beschwerde und damit auch für deren Rücknahme nicht. Die Rücknahme einer nicht formgerecht eingelegten Beschwerde, bedarf ebenfalls nicht der Form.

16

4. Frist und Beschwer

Durch das FamFG ist eine allgemeine Befristung der Rechtsmittel eingeführt worden. Die Beschwerdefrist beträgt dabei einen Monat nach ordnungsgemäßer Bekanntgabe der anzufechtenden Entscheidung, § 63 Abs. 1 FamFG. Sie beginnt spätestens fünf Monate nach Erlass des Beschlusses, § 63 Abs. 3 S. 2 FamFG. Aufgrund der Verpflichtung zur Aufnahme einer Rechtsbehelfsbelehrung in den jeweiligen Beschluss wird der Betroffene ausdrücklich auf die Beschwerdefrist hingewiesen. Wird die Frist versäumt, kommt unter den Voraussetzungen des § 17 FamFG eine Wiedereinsetzung in den vorigen Stand in Betracht. Danach muss die Fristversäumnis unverschuldet sein. Eine unverschuldete Fristversäumung ist zu vermuten, wenn die Rechtsbehelfsbelehrung fehlte oder fehlerhaft gewesen ist, § 17 Abs. 2 FamFG.[33]

17

Nach § 61 FamFG ist eine Beschwerde in einer vermögensrechtlichen Angelegenheit nur zulässig, wenn der Wert des Beschwerdegegenstands 600 EUR übersteigt. Als vermögensrechtliche Angelegenheit ist dabei gegeben, wenn der Beschwerdeführer ein Recht verfolgt das auf Geld oder Geldeswert gerichtet ist oder auf einer vermögensrechtlichen Beziehung beruht. Letzteres dürfte in Registerangelegenheiten und den unternehmensrechtlichen Verfahren regelmäßig der Fall sein. Die Bewertung hat dabei in entsprechender Anwendung der ZPO-Vorschriften (§§ 3–9 ZPO) zu erfolgen und wird regelmäßig oberhalb von 600 EUR liegen. Ist dies ausnahmsweise nicht der Fall, ist die Beschwerde zulässig, wenn sie vom Amtsgericht nach Maßgabe des § 61 Abs. 3 FamFG zugelassen worden ist. Wird die Beschwer nicht erreicht und stammt die anzufechtende Entscheidung von einem Rechtspfleger, ist die Rechtspflegererinnerung nach § 11 Abs. 2 RPflG gegeben (vgl. dazu Rn 41).

18

5. Beschwerdeberechtigung, § 59 FamFG
a) Grundsatz

Nach § 59 Abs. 1 FamFG steht das Recht zur Beschwerde nur dem zu, der durch die Entscheidung in seinen Rechten beeinträchtigt ist. Soweit eine Entscheidung nur auf Antrag ergeht, steht sie sogar nur dem **Antragsteller** zu, § 59 Abs. 2 FamFG.[34] Dies ist im **Registerverfahren bei den Anmeldungen** stets der Fall. Die zu der Frage der Beeinträchtigung eines eigenen Rechts ergangene Rechtsprechung ist sehr unübersichtlich.

19

---

32 OLG Frankfurt Rpfleger 1978, 411; KG NZG 2004, 809 = BB 2004, 1521 = DB 2004, 1821.
33 Widerlegliche Vermutung: Bork/Löhnig, § 17 Rn. 7; Bumiller/Harders, § 17 Rn. 19.
34 Zu den Ausnahmen: BGH NJW 1993, 662; KG NJW-RR 1990, 1292.

b) Anmeldungen bei den Kapitalgesellschaften

20 Die auf eine **konstitutive Eintragung** gerichtete Anmeldung hat bei den Kapitalgesellschaften im Namen der Gesellschaft zu erfolgen. Dementsprechend ist die Beschwerde auch im Namen der Gesellschaft einzulegen, diese ist beschwerdeberechtigt.[35] Dies betrifft nicht nur die Anmeldung einer Satzungsänderung, sondern bereits die Ersteintragung. Insoweit wird die Ansicht vertreten, dass die Beschwerde unabhängig von § 78 GmbHG immer durch die Vertreter in vertretungsberechtigter Anzahl erfolgen kann.[36] Tatsächlich handelt es sich bei dem Beschwerdeverfahren aber um die Fortsetzung des Anmeldeverfahrens, so dass es richtigerweise einer Beschwerde durch alle der zur Anmeldung Verpflichteten bedarf.[37] Den Gesellschaftern und den Vertretern steht kein eigenes Beschwerderecht zu.[38] Dies gilt auch für den Insolvenzverwalter, soweit nicht die Insolvenzmasse betroffen ist.[39]

21 Bei den nur **deklaratorisch wirkenden Eintragungen** wie z.B. der Eintragung eines GmbH-Geschäftsführers wird ebenfalls ein alleiniges Beschwerderecht der Gesellschaft befürwortet, so dass die Beschwerde im Namen der Gesellschaft durch die Vertreter in vertretungsberechtigter Anzahl zu erfolgen hat.[40] Für ein Beschwerderecht des einzelnen Vertretungsorgans soll es an dessen persönlicher Beeinträchtigung fehlen. Andere wiederum erkennen die Anmeldepflicht als persönliche Pflicht des Vertreters an, so dass er auch durch eine Zurückweisung oder Aufl. selbst beeinträchtigt wird.[41] Bei genauerer Betrachtung verneint das Registergericht in diesem Fall aber gerade eine Pflicht des Vertreters. Er ist insoweit seinen Pflichten nachgekommen, als er an der Anmeldung mitgewirkt hat. Dass diese nicht zu einer Eintragung führt, trifft seine Person nicht.

c) Anmeldungen bei den Personenhandelsgesellschaften

22 Bei Anmeldungen, die durch alle Gesellschafter einer Personenhandelsgesellschaft vorgenommen werden müssen, sind nur alle diese Gesellschafter gemeinsam beschwerdeberechtigt. Nur sie gemeinsam sind die **Antragsteller** im Sinne des § 59 Abs. 2 FamFG.[42] Ob die Beschwerde insoweit eigentlich der Gesellschaft zusteht, kann dahinstehen, weil sich jedenfalls durch Auslegung ergeben würde, dass die Beschwerde im Namen der Gesellschaft eingelegt sein soll.

23 Soweit die Anmeldung durch **Vertreter in vertretungsberechtigter Anzahl** erfolgen kann, wie dies bei der Anmeldung einer Zweigniederlassung oder einer Prokura der Fall ist, reicht auch die Beschwerde im Namen der Gesellschaft durch Vertreter in vertretungsberechtigter Anzahl aus.[43] Soweit danach eine Beteiligung durch Prokuristen möglich ist, reicht diese für die Beschwerde ebenfalls aus.[44]

---

35 BGHZ 105, 324 = NJW 1989, 295; BGHZ 107, 1 = NJW 1989, 1610; BGHZ 117, 323 = NJW 1992, 1824; BayObLG BB 2004, 797; Scholz/Winter, § 9c Rn 41; Hüffer, § 38 Rn 17; eine dem entgegenstehende st. Rspr. des BayObLG und anderer OLG ist damit hinfällig.
36 Krafka/Willer/Kühn, Rn 2453.
37 Hüffer, § 38 Rn 17; Scholz/Winter, § 9c Rn 41.
38 BGHZ 105, 324 = NJW 1989, 295; OLG Hamm BB 1997, 753; Scholz/Winter, § 9c Rn 41; Keidel/Meyer-Holz, § 59 Rn 86.
39 BayObLG BB 2004, 797; allgemein zum Insolvenzverfahren: Müther, § 2 Rn 51.
40 Krafka/Willer/Kühn, Rn 2454; Ulmer/Casper, § 78 Rn 12.
41 BayObLG BB 2000, 10; OLG Köln BB 2001, 2180; KG BB 2003, 2644; OLG Nürnberg MDR 2010, 822; Lutter/Hommelhoff/Kleindiek, § 78 Rn 8; Baumbach/Hopt, § 14 Rn 2.
42 KG DNotZ 2006, 550, 551; Krafka/Willer/Kühn, Rn 2455.
43 Krafka/Willer/Kühn, Rn 2456.
44 Krafka/Willer/Kühn, Rn 2456.

d) Das Zwangsgeldverfahren nach den §§ 388 ff. FamFG

Dass grundsätzlich die Gesellschaft selbst betroffen und damit allein beschwerdebefugt ist, gilt **24** aber dann nicht, wenn das Registergericht durch eine entsprechende Zwangsgeldandrohung eine Anmeldepflicht durchzusetzen beabsichtigt. Denn das Zwangsgeld betrifft den einzelnen Vertreter persönlich, so dass ihm ein Beschwerderecht zusteht.[45] Auch wenn sich dieses Verfahren demnach nicht gegen die Gesellschaft richtet, wird ihr dennoch ein eigenes Recht zum Einspruch (siehe § 36 Rn 12) und ein eigenes Beschwerderecht eingeräumt.[46]

e) Sonstige Verfahren

Soweit das Registergericht auf Antrag tätig zu werden hat, wie dies bei der Notgeschäftsführer- **25** bestellung nach § 29 BGB, der Notvorstandsbestellung nach § 85 AktG oder der Liquidatorenbestellung nach § 66 Abs. 2 GmbHG der Fall ist, gilt die Regelung des § 59 Abs. 2 FamFG. Wird dem Antrag stattgegeben, sind jedenfalls die Gesellschafter beschwerdeberechtigt, weil ihnen ihr Bestellungsrecht durch Gesellschafterbeschluss durch die gerichtliche Bestellung oder Abberufung genommen wird.[47] Dabei wird nicht nur den Gesellschaftern mit Beschlussmehrheit, sondern jedem einzelnen Gesellschafter ein Beschwerderecht eingeräumt.[48] Ebenfalls beschwerdebefugt sollen im Falle des § 66 Abs. 2 GmbHG der abberufene Vertreter und die Gesellschaft sein.[49] Keine Beschwerdebefugnis wird einem Schuldner der Gesellschaft zukommen, weil seine Rechtsstellung unbeeinträchtigt bleibt.[50] Das gilt auch dann, wenn er zugleich Gesellschafter der Gesellschaft ist.[51] Wird eine Person durch das Gericht gegen ihren Willen zum Vertreter bestellt, so soll ihr wegen des Eingriffs in ihre Rechtssphäre ein Beschwerderecht zustehen.[52] Dem kann man entgegenhalten, dass die Pflicht zur Amtsausübung erst mit der Annahme des Amtes entsteht. Allein die Mitteilung des Bestellungsbeschlusses nach § 41 FamFG reicht für die Erlangung der Organstellung grundsätzlich nicht aus.[53]

Widerspruchsberechtigt[54] und damit auch beschwerdebefugt sind beim Verfahren nach **26** § 393 FamFG die Gesellschafter und die Gesellschaft selbst.[55] Im Verfahren nach § 394 FamFG wird das Widerspruchs- und damit Beschwerderecht der Gesellschaft, aber auch – jedenfalls im Fall der öffentlichen Bekanntmachung der Löschungsabsicht – den Gesellschaftern und Gesellschaftsgläubigern eingeräumt (vgl. § 394 Abs. 2 S. 2 FamFG). Im Falle des § 395 FamFG hat jeder ein Beschwerderecht, dessen Rechte durch die Löschung oder durch die Ablehnung der Löschung beeinträchtigt sein können. Bei Gesellschaften ist dies der einzelne Gesellschafter aber nur, wenn ihn die entsprechende Eintragung auch betrifft.[56] Entsprechendes gilt

---

[45] *Krafka/Willer/Kühn*, Rn 2460; *Koller/Roth/Morck*, § 14 Rn 3.
[46] *Keidel/Sternal*, § 59 Rn 86; Jansen/*Steder*, § 139 Rn 16.
[47] Ein Beschwerderecht des GmbH-Gesellschafters im Falle der Nachtragsliquidatorbestellung verneint LG Berlin, Beschl. v. 30.5.1997 – 98 T 22/97; dafür spricht in der Tat, dass die Gesellschafter nach der Löschung der Gesellschaft kein Bestellungsrecht mehr besitzen.
[48] BayObLG GmbHR 1996, 860; *Lutter/Hommelhoff/Kleindiek*, § 66 Rn 6; Baumbach/Hueck/*Haas*, § 66 Rn 22.
[49] KG FGPrax 2006, 28; zu § 66 GmbHG: *Lutter/Hommelhoff/Kleindiek*, § 66 Rn 6; zu § 29 BGB: *Keidel/Meyer-Holz*, § 59 Rn 86; a.A. für den abberufenen Liquidator: LG Berlin, Beschl. v. 26.8.2003 – 102 T 20/03, n.v.
[50] OLG Köln DB 1983, 100; LG Berlin, Beschl. v. 1.2.2000 – 98 T 75/99, n.v. – zur Bestellung eines Nachtragsliquidators.
[51] KG FGPrax 2006, 28.
[52] KG OLGR 2000, 280 = BB 2000, 998; a.A. LG Berlin, Beschl. v. 30.11.1999 – 98 T 63/99, n.v.
[53] Vgl. BayObLG NJW 1981,995; Erman/*Westermann*, § 29 Rn 3; Palandt/*Ellenberger*, § 29 Rn 6.
[54] Jansen/*Steder*, § 141 Rn 45; a.A. *Keidel/Sternal*, § 393 Rn 21.
[55] Die Gesellschaft soll aber kein Beschwerderecht haben, wenn ihrer Anregung auf Löschung wegen Vermögenslosigkeit nicht gefolgt wird, vgl. OLG München NZG 2011, 709.
[56] *Keidel/Heinemann*, § 395 Rn 44; Jansen/*Steder*, § 142 Rn 62; das soll bei den Gesellschaftern einer KG der Fall sein, vgl. LG Berlin, Beschl. v. 20.12.2002–102 T 112/02, n.v.

in den Verfahren nach §§ 397–399 FamFG, so dass in erster Linie die Gesellschaft betroffen ist.[57]

f) Das Beschwerderecht nach § 380 Abs. 5 FamFG

27 Ein von den Voraussetzungen des § 59 Abs. 1 FamFG unabhängiges Beschwerderecht steht nach § 380 Abs. 5 FamFG den an dem Registerverfahren zu beteiligenden Organen des Handelsstandes, des Handwerksstandes und des land- und forstwirtschaftlichen Berufsstandes zu. Dieses Beschwerderecht wird mit dem FamFG auch auf andere Vertretungsorgane von Berufsständen ausgeweitet. So ist auch den Rechtsanwaltskammern bei Eintragungen ein Beschwerderecht nach § 380 Abs. 5 FamFG eingeräumt, wenn es um eine Rechtsanwalts-GmbH geht.[58] Allerdings gilt § 59 Abs. 2 FamFG auch im Rahmen des § 380 Abs. 5 FamFG: Die Berufsstände können keine Beschwerde einlegen, soweit ein Antrag erforderlich ist, den sie selbst nicht stellen können. Gegen die Ablehnung der Löschung einer Eintragung nach § 395 FamFG kann sich die IHK jedenfalls dann wenden, wenn sie der Eintragung widersprochen hat.[59]

6. Abhilfeentscheidung

28 Das Ausgangsgericht hat nach § 68 Abs. 1 S. 1 FamFG zu prüfen, ob es der Beschwerde abhilft. Das kommt vor allem dann in Betracht, wenn mit der Beschwerde neue Tatsachen und Beweise vorgebracht werden (vgl. § 65 Abs. 3 FamFG), insbesondere etwaige Aufl.n nunmehr erledigt werden. Die ablehnende Abhilfeentscheidung, mit der die Sache dem Landgericht zur Entscheidung über die Beschwerde vorgelegt wird (vgl. § 571 ZPO entsprechend), ist dann, wenn die Beschwerde neuen Vortrag enthält, zu begründen. Diese Entscheidung ist den Beteiligten bekannt zu machen (§ 15 Abs. 1 FamFG). Davon wird in der Praxis häufig abgesehen und die Sache mit dem Vermerk, dass der Beschwerde nicht abgeholfen wird, dem Landgericht vorgelegt. Dies entspricht zwar nicht den gesetzlichen Anforderungen, die darauf abzielen, das Rechtsmittelgericht zu entlasten. Eine formgerechte Nichtabhilfeentscheidung kann aber vom Beschwerdegericht auch nicht erzwungen werden. Insoweit kommt allenfalls eine Zurückverweisung wegen eines wesentlichen Verfahrensfehlers in Betracht, wobei aber auch die weiteren Voraussetzungen des § 69 Abs. 1 FamFG vorliegen müssen.

29 Das Abhilfeverfahren ist in allen Fällen vorgesehen. Lediglich das Beschwerdegericht kann einer Rechtsbeschwerde nicht abhelfen.

7. Entscheidung des Beschwerdegerichts

30 Ist die Beschwerde unzulässig, so ist sie als unzulässig zu verwerfen, § 68 Abs. 2 S. 2 FamFG. Ist die Beschwerde unbegründet, ist sie zurückzuweisen. Eine teilweise Begründetheit bei einer einheitlichen Anmeldung kommt nur insoweit in Betracht, wie die Anmeldung teilbar ist. So kann eine zurückgewiesene einheitliche Satzungsänderung bei einer GmbH nicht in Teilen eintragungsfähig und in anderen nicht eintragungsfähig sein. Anderes gilt aber, wenn beispielsweise mit der Satzungsänderung auch Änderungen nach § 39 GmbHG angemeldet worden sind. Diese sind selbständig vollziehbar, so dass auch eine Beschwerdeentscheidung entsprechend

---

57 *Keidel/Heinemann*, § 397 Rn 23, § 398 Rn 26; Jansen/*Steder*, § 144 Rn 51; im Fall des § 144 Abs. 2 FGG aber auch das von der Löschung bedrohte Vertretungsorgan (Beispiel: Löschung eines GmbH-Geschäftsführers wegen angeblichen Verlustes der Amtsfähigkeit).
58 Vgl. schon BayObLGZ 1996, 188 = NJW 1996, 3217; für Architekten-GmbH und Architektenkammer: OLG Frankfurt NJW-RR 2001, 172; allgemein: Jansen/*Steder*, § 126 Rn 18 ff.
59 OLG Hamm OLGR 1998, 179.

teilbar wäre (zu den Anmeldungen siehe § 32 Rn 33f.). Im Übrigen enthält die Beschwerdeentscheidung im Falle der Begründetheit in erster Linie die Aufhebung der Entscheidung der Vorinstanz, weil das Landgericht die Eintragung nicht selbst verfügen kann.[60] Unter Umständen enthält die Entscheidung auch die notwendigen Weisungen an das Amtsgericht zum Vollzug. Dies kann etwa die Anweisung zum Vollzug durch eine besonders gefasste Eintragung sein. Bei schwerwiegenden Mängeln des Verfahrens oder unzureichender Aufklärung des Sachverhalts kann das Beschwerdegericht nach § 69 Abs. 1 S. 2 FamFG die Sache, wenn eine aufwändige Beweiserhebung notwendig wäre und die Zurückverweisung beantragt worden ist, unter Aufhebung der Entscheidung der Vorinstanz zur anderweitigen Entscheidung zurückverweisen. Eine Zurückverweisung ist auch möglich, wenn das Amtsgericht noch nicht in der Sache entschieden hat. Das Ausgangsgericht ist in diesem Fall an die Rechtsauffassung des Beschwerdegerichts gebunden.[61]

Soweit das Amtsgericht den Weisungen des Landgerichts folgt, ist hiergegen keine Beschwerde möglich. Dies gilt aber nur soweit, wie sich die Sachlage nicht geändert hat oder dies zumindest in der Beschwerde nicht behauptet wird. **31**

II. Die Rechtsbeschwerde

1. Beschränkte Überprüfung

Das FamFG hat die bisherige weitere Beschwerde durch die Rechtsbeschwerde nach § 70 FamFG **32** ersetzt, die allerdings einer Zulassung durch das Beschwerdegericht nach Maßgabe des § 70 Abs. 2 FamFG bedarf. Auch die Rechtsbeschwerde kann nach § 72 Abs. 1 FamFG **nur auf Rechtsverletzungen** gestützt werden, wobei auch die Regelung des § 547 ZPO über die absoluten Rechtsverletzungen nach § 72 Abs. 3 FamFG entsprechend gilt. Mit der Beschränkung auf Rechtsverletzungen geht eine Beschränkung im Tatsachenstoff einher. Das Gericht der weiteren Beschwerde ist grundsätzlich an die Tatsachenfeststellungen des Beschwerdegerichts gebunden (vgl. § 74 Abs. 2 S. 4 FamFG i.V.m. § 559 ZPO). Eine Ausnahme gilt für die Verfahrensvoraussetzungen und wegen der Verfahrensfehler § 559 Abs. 1 S. 2 ZPO.[62] In bestimmten Fällen kann das Rechtsbeschwerdegericht auch eine selbständige Auslegung rechtsrelevanter Erklärungen vornehmen. Dies gilt insbesondere für Gesellschaftsverträge und Satzungen juristischer Personen.[63]

2. Zuständigkeit

Über die Rechtsbeschwerde entscheidet der **Bundesgerichtshof** (vgl. § 132 GVG). Die Rechtsbeschwerde kann nur beim Bundesgerichtshof eingelegt werden. Sie muss von einem beim BGB zugelassenen Rechtsanwalt unterzeichnet sein (vgl. § 10 Abs. 4 FamFG). Die Möglichkeit der Einlegung durch einen Notar, der in der ersten Instanz einen Antrag, nicht notwendigerweise den verfahrenseinleitenden Antrag, gestellt hat (vgl. § 29 Abs. 1 S. 3 FGG), ist entfallen. **33**

Mit der Neuregelung des Rechtsmittelrechts ist auch die Möglichkeit der Vorlage eines **34** Rechtsmittelverfahrens durch das Oberlandesgericht, wie es nach § 28 Abs. 3 i.V.m. Abs. 2 FGG vorgesehen war, weggefallen. Soweit das Oberlandesgericht in einem Beschwerdeverfahren von einer Entscheidung eines anderen Obergerichts oder des Bundesgerichtshofs in einer entscheidungserheblichen Rechtsfrage abweichen will,[64] muss es die Rechtsbeschwerde zulassen, an die

---

60 *Bumiller/Harders*, § 69 Rn 8; Jansen/*Briesemeister*, § 25 Rn 20.
61 *Bumiller/Harders*, § 69 Rn 8; Jansen/*Briesemeister*, § 25 Rn 24.
62 Bork/*Müther*, § 72 Rn 9, 13.
63 KG NZG 2004, 1172; Rpfleger 2006, 197. Vgl. allgemein Bork/*Müther*, § 72 Rn 12.
64 Vgl. BGH NJW-RR 2003, 1585. Für die Maßgeblichkeit der Entscheidungen des Reichsgerichts: BGH NJW-RR 2006, 107 = Rpfleger 2006, 79. Allgemein: Bork/*Müther*, § 70 Rn 8ff.

der Bundesgerichtshof gebunden ist, vgl. § 70 Abs. 2 FamFG. Eine Nichtzulassungsbeschwerde ist nicht vorgesehen.

3. Zulässigkeitsvoraussetzungen

35 Die Rechtsbeschwerde ist durch einen beim Bundesgerichtshof zugelassenen Rechtsanwalt (§ 10 Abs. 4 FamFG) binnen eines Monats beim Bundesgerichtshof einzulegen. Die Rechtsbeschwerde muss darüber hinaus binnen der Monatsfrist in der Form des § 71 Abs. 2 und 3 FamFG zu begründen. Insoweit werden nunmehr an das Rechtsmittel erhöhte Formerfordernisse gestellt.

4. Kein Abhilfeverfahren

36 Die Ausgangsgerichte dürfen der Rechtsbeschwerde nicht abhelfen. Dem Gericht der Rechtsbeschwerde stehen die **gleichen Entscheidungsbefugnisse** zu wie dem Beschwerdegericht. Allerdings kann eine **Ermessensentscheidung** nur daraufhin überprüft werden, ob das Ermessen überhaupt ausgeübt worden ist und ob es missbraucht wurde. Liegt zwar eine Rechtsverletzung vor, ist die Entscheidung des Beschwerdegerichts aber aus anderen Gründen richtig, ist die Rechtsbeschwerde nach § 74 Abs. 2 FamFG zurückzuweisen.

III. Die sofortige Beschwerde nach der ZPO

1. Anwendungsfälle

37 In einigen Fällen ist in Verfahren der freiwilligen Gerichtsbarkeit nicht die Beschwerde nach § 58 FamFG, sondern die sofortige Beschwerde nach den §§ 567 bis 572 ZPO als Rechtsmittel vorgesehen. Dies betrifft durchweg nur Nebenverfahren. Es handelt sich dabei um folgende Fälle:
- Entscheidungen in Ablehnungsverfahren (§ 6 Abs. 2 FamFG)
- Entscheidung über die Beteiligung am Verfahren (§ 7 Abs. 3 FamFG)
- Aussetzungsentscheidungen (§ 21 Abs. 2 FamFG)
- Rechtsmittel gegen Ordnungsmittelentscheidungen (§ 33 Abs. 3 S. 4 FamFG)
- Berichtigungsentscheidung (§ 42 Abs. 3 S. 2 FamFG)
- Entscheidungen im Verfahrenskostenhilfeverfahren (§ 79 S. 2 FamFG)
- Entscheidungen im Vollstreckungsverfahren (§ 87 Abs. 2 FamFG)
- Rechtsmittel gegen Kostenfestsetzungsentscheidungen (§ 85 FamFG iVm § 104 Abs. 3 ZPO

38 Das Beschwerdeverfahren nach der ZPO unterscheidet sich von der Beschwerde nach § 58 FamFG vor allem in der nur zweiwöchigen Beschwerdefrist nach § 569 Abs. 1 ZPO und der originären Einzelrichterzuständigkeit nach § 568 ZPO. Trotz der fehlenden Verweisung auf die §§ 567 bis 572 ZPO ist die Rechtsbeschwerde zulässig.[65] Im Rahmen der Kostenfestsetzung ist die Rechtsbeschwerde gegeben, weil dort über § 85 FamFG § 104 Abs. 3 ZPO gilt, der uneingeschränkt auf die Beschwerdevorschriften der ZPO verweist. Zu beachten ist noch, dass die sofortige Beschwerde nach der ZPO auch beim Beschwerdegericht wirksam eingelegt werden kann (§ 569 Abs. 1 S. 1 ZPO) und die Beschwerdeschrift weniger strengen Anforderungen unterliegt (§ 569 Abs. 2 ZPO).

---

[65] BGH FamRZ 2012, 619; wohl auch Keidel/*Meyer-Holz*, § 70 Rn 2, der die Rechtsbeschwerde nach § 70 FamFG anwenden will.

2. Frist

Die sofortige Beschwerde ist binnen einer **Frist von zwei Wochen** einzulegen (vgl. § 569 Abs. 1 S. 1 ZPO). Ob sich der Fristbeginn nach § 569 Abs. 1 S. 2 ZPO oder § 16 Abs. 1 FamFG iVm § 15 Abs. 2 FamFG, der auch die Bekanntgabe durch Aufgabe zur Post vorsieht, ist unklar. Jedenfalls lässt erst die **ordnungsgemäße Bekanntgabe** den Lauf der Frist beginnen. Nach Maßgabe des § 17 Abs. 1 FamFG kann bei einer Fristversäumung Wiedereinsetzung in den vorigen Stand beantragt werden. Aufgrund des § 39 FamFG muss nunmehr jeder Beschluss eine Rechtsbehelfsbelehrung erhalten, so dass ein Antrag auf Wiedereinsetzung auf eine fehlende oder fehlerhafte Rechtsbehelfsbelehrung gestützt werden kann.[66] Dies ist nunmehr auch in § 17 Abs. 2 FamFG vorgesehen, wonach bei einer fehlerhaften oder fehlenden Rechtsbehelfsbelehrung ein fehlendes Verschulden an der Fristversäumnis zu vermuten ist. Diese Vermutung ist allerdings widerleglich.[67] Sie gilt im Übrigen uneingeschränkt und damit auch bei anwaltlicher Vertretung.

3. Neuer Tatsachenvortrag

Das Ausgangsgericht ist wie im Beschwerdeverfahren nach § 58 FamFG zu einer **Abhilfe** befugt, § 572 Abs. 1 S. 1 ZPO. Auch die sofortige Beschwerde kann auf **neue Tatsachen und Beweise** gestützt werden, § 571 Abs. 1 S. 1 ZPO.

IV. Rechtsmittel und Rechtsbehelfe gegen Rechtspflegerentscheidungen

In Registersachen und unternehmensrechtlichen Verfahren werden die Entscheidungen häufig durch den **Rechtspfleger** getroffen, weil die entsprechenden Aufgaben dem Rechtspfleger als Vorbehaltsaufgaben übertragen worden sind (vgl. § 3 Nr. 2d RPflG; siehe § 32 Rn 22). Die früher gegen die Entscheidung des Rechtspflegers vorgesehene Rechtspflegererinnerung nach § 11 Abs. 1 RPflG ist durch das Dritte Gesetz zur Änderung des Rechtspflegergesetzes und anderer Gesetze vom 6.8.1998[68] abgeschafft worden. Die alte Fassung des § 11 RPflG gilt nur noch nach Maßgabe des § 39 RPflG für vor dem 1.10.1998 getroffene Entscheidungen.

Nach der jetzt geltenden Regelung finden die **allgemeinen Rechtsmittelvorschriften** nun auch auf die Entscheidungen des Rechtspflegers (vgl. § 11 Abs. 1 RPflG) Anwendung. Die Ausführungen (siehe Rn 4–27) sind daher hier entsprechend heranzuziehen. Anderes gilt nur dann, wenn ein Rechtsmittel gegen die Entscheidung nach den allgemeinen Vorschriften nicht gegeben ist, § 11 Abs. 2 RPflG. Das kommt insbesondere dann in Betracht, wenn der Beschwerdewert nicht erreicht wird.[69]

V. Die Kosten des Beschwerdeverfahrens und die Rechtsbehelfe in Kostensachen

Die Gerichtsgebühren eines **Beschwerdeverfahrens** richten sich nach § 131 Abs. 1 KostO. Der Gebührenwert ist nach § 30 KostO zu bestimmen (§ 131 Abs. 4 KostO, wobei häufig von dem Schätzwert von 3.000 EUR nach § 30 Abs. 2 S. 1 KostO auszugehen sein wird. Im Übrigen werden keine Gebühren erhoben, § 131 Abs. 3 KostO. Für das Zwangs- und Ordnungsgeldverfahren gilt § 119 KostO. Die Gebühr wird nach dem festgesetzten Zwangs- oder Ordnungsgeld berechnet,

---

[66] Verneinend: OLG Frankfurt NZG 2004, 95; bejahend: OLG Hamm OLGR 2003, 302.
[67] Bork/*Löhnig*, § 17 Rn. 7; *Bumiller/Harders*, § 17 Rn. 19.
[68] BGBl I, 2030.
[69] Wobei allerdings in Handelssachen nur über § 20a FGG Beschwerdewerte gelten.

§ 119 Abs. 2, Abs. 5 S. 1 KostO.[70] Für die Rechtsbeschwerde gilt § 131 Abs. 2 KostO. Im Beschwerdeverfahren kann der Rechtsanwalt die Gebühren nach § 2 Abs. 2 S. 1 RVG i.V.m. Nr. 3500 VV ansetzen.[71] Eine Kostenerstattung kommt im Verfahren der freiwilligen Gerichtsbarkeit nach §§ 81, 84 FGG nur bei der Beteiligung von mehreren Personen in Betracht und setzt auch eine entsprechende Erstattungsanordnung durch das Gericht voraus. Denn auch nach der Neuordnung des Verfahrensrechts gilt der Grundsatz, dass in der Regel jeder seine eigenen Kosten zu tragen hat.[72] Ist eine Erstattungsanordnung getroffen, gelten über § 85 FamFG die Vorschriften über die Kostenfestsetzung der ZPO.

44 Die **Kostenerinnerung** nach § 14 KostO ist der Rechtsbehelf gegen die Kostenrechnungen des Gerichts. Gegen eine (überhöhte) Vorschussanforderung ist die Beschwerde nach § 8 Abs. 3 KostO zulässig.[73] Ist eine Anmeldung wegen der fehlenden Vorschusszahlung zurückgewiesen worden, ist allerdings die Sachbeschwerde zu erheben, die auch auf die nachträgliche Zahlung des Vorschusses gestützt werden kann.[74] Gegen die Rechnung des Notars, aus der dieser nach Erteilung einer Vollstreckungsklausel vollstrecken kann, sind die in § 156 KostO genannten Rechtsbehelfe möglich.

B. Muster

I. Beschwerde gegen den Zurückweisungsbeschluss bei der Ersteintragung einer GmbH

1. Typischer Sachverhalt

45 Die Geschäftsführer der neu gegründeten X-GmbH melden die Gesellschaft und ihre Bestellung zur Eintragung in das Register an. Das Registergericht verlangt mit einer Verfügung die Einzahlung eines Kostenvorschusses sowie den Nachweis der Erbringung der in der Versicherung nach § 8 Abs. 2 GmbHG angegebenen Einlagen (siehe § 33 Rn 14). Zugleich beanstandet es eine Regelung im Gesellschaftsvertrag, nach der der Geschäftsanteil eines Gesellschafters eingezogen werden kann, wenn dieser die Auflösungsklage erhebt (dazu siehe § 33 Rn 46). Die Einzahlung des Vorschusses erfolgt. Im Übrigen wird die Anmeldung nach einer Fristsetzung zurückgewiesen.

M 352 #### 2. Muster: Beschwerde gegen einen Zurückweisungsbeschluss bei der Ersteintragung einer GmbH[75]

46 An das
Amtsgericht _____
– Handelsregister –
_____

Aktenzeichen _____ AR _____ / _____
In der Handelsregistersache
der _____ GmbH i.Gr.

---

[70] BayObLG Rpfleger 1969, 254.
[71] BGH Rpfleger 1969, 163; *Krafka/Willer*, 7. Aufl., Rn 2487.
[72] *Bork/Müther*, § 81 Rn 6; unklar: *Keidel/Zimmermann*, § 81 Rn 50; zum FGG: *Jansen/von König*, § 13a Rn 9.
[73] Vgl. dazu OLG Saarbrücken Rpfleger 2004, 105.
[74] *Korintenberg/Lappe*, § 8 Rn 35.
[75] Es entstehen bei einer erfolglosen Beschwerde oder ihrer Rücknahme Gerichtsgebühren nach § 131 Abs. 1 KostO. Der Geschäftswert wird häufig mit 3.000 EUR angenommen, vgl. §§ 131 Abs. 4, 30 Abs. 2 S. 1 KostO. Der Rechtsanwalt erhält Gebühren nach § 2 Abs. 2 S. 1 RVG i.V.m. Nr. 3500 VV.

lege ich gegen den Zurückweisungsbeschluss des Gerichts vom _____ im Namen der Gesellschaft
Beschwerde
ein.
Gründe:
Soweit die Zurückweisung darauf gestützt wird, dass die Gesellschaft die Einzahlung der Einlagen nicht durch einen Kontoauszug oder durch andere Beweismittel nachgewiesen hat, widerspricht die Aufl. dem Gesetz. Nach § 8 Abs. 2 GmbHG bedarf es zum Nachweis der Einlageerbringung zunächst allein der Versicherung der Geschäftsführer. Diese ist hier mit der Anmeldung vom _____ eingereicht worden. Weitere Nachweise darf das Gericht nur bei begründeten Zweifeln erheben (vgl. BayObLG GmbHR 1994, 329; OLG Düsseldorf ZIP 1996, 1705; OLG Frankfurt WM 1992, 1317). Derartige Zweifel sind nicht erkennbar und werden auch in dem Beschluss/in der Zwischenverfügung vom _____ nicht benannt.
Die Zurückweisung kann weiter nicht auf die Regelung in § 14 Abs. 2 Nr. 3 des Vertrages gestützt werden. Dabei kann dahinstehen, ob die Regelung, mit der die Möglichkeit der Zwangseinziehung an die Erhebung der Auflösungsklage nach § 61 GmbHG geknüpft wird, tatsächlich nach § 9c Abs. 2 GmbHG beanstandet werden kann. Die Gesellschafter haben die Regelung mit dem notariell beurkundeten Beschluss vom _____ aus dem Vertrag entfernt. Eine Satzungsneufassung mit der Bescheinigung nach § 54 Abs. 1 S. 2 GmbHG ist beigefügt. Einer Anmeldung der Satzungsänderung bedarf es nicht (vgl. BayObLG Rpfleger 1978, 143 = DB 1978, 880).
In elektronischer Form des § 12 Abs. 2 HGB gehen Ihnen gesondert zu:
– Gesellschafterbeschluss vom _____, meine Ur-Nr. _____
– Satzungsneufassung mit der Bescheinigung nach § 54 Abs. 1 S. 2 GmbHG
_____ (Unterschrift Notar)

II. Beschwerde gegen die Bestellung eines Notgeschäftsführers entsprechend § 29 BGB

1. Typischer Sachverhalt

Der Hauptgesellschafter und einige Geschäftsführer der Y-GmbH ist verstorben, seine Erben sind unbekannt. Ein Gläubiger der Gesellschaft will seine Ansprüche gegen die Gesellschaft sichern und beantragt die Bestellung eines von ihm bezeichneten Notgeschäftsführers. Die dem Gericht bekannten Gesellschafter werden angehört, äußern sich jedoch nicht. Die benannte Person wird bestellt.

2. Muster: Beschwerde gegen die Bestellung eines Notgeschäftsführers entsprechend § 29 BGB[76]

M 353

An das
Amtsgericht _____
_____

Aktenzeichen: _____, HRB _____; Notgeschäftsführerbestellung
In der Handelssache der _____ GmbH lege ich hiermit im Namen und in Vollmacht des Herrn _____
Beschwerde
gegen den Beschluss über die Bestellung des Herrn _____ zum Notgeschäftsführer ein.

---

[76] Es entstehen bei einer erfolglosen Beschwerde oder ihrer Rücknahme Gerichtsgebühren nach § 131 Abs. 1 KostO. Der Geschäftswert wird häufig mit 3.000 EUR angenommen, vgl. §§ 131 Abs. 2, 30 Abs. 2 S. 1 KostO. Der Rechtsanwalt erhält Gebühren nach § 118 BRAGO, vgl. BGH Rpfleger 1969, 163; seit 1.7.2004 § 2 Abs. 2 S. 1 RVG i.V.m. Nr. 3500 VV.

Gründe:
Der von mir ausweislich der beigefügten beglaubigten Vollmacht vertretene Herr _____ ist Gesellschafter der oben genannten GmbH. Die Gesellschafterstellung ergibt sich aus der in der Handelsregisterakte befindlichen Gründungsurkunde der Gesellschaft. Meinem Mandanten wurde am _____ der Beschluss über die Bestellung des Herrn _____ zum Notgeschäftsführer der Gesellschaft zugestellt.
Die Bestellung des Herrn _____ zum Notgeschäftsführer ist aufzuheben. Die Berufung zum Notgeschäftsführer war nicht gerechtfertigt, weil zeitgleich oder zumindest nachfolgend ein wichtiger Grund für die sofortige Abberufung des Notgeschäftsführers bestand. Es entspricht nicht den Interessen der Gesellschaft, dass ein von einem Gläubiger benannter Notgeschäftsführer bestellt wird. Dies gilt jedenfalls dann, wenn dieser nicht die notwendige Gewähr für eine unparteiliche und gewissenhafte Prüfung der von dem Antragsteller gegen die Gesellschaft geltend gemachten Forderungen mitbringt. Diese fehlende Unparteilichkeit ist aber bei dem Herrn _____ anzunehmen, weil dieser Angestellter des antragstellenden Gläubigers ist. Gegen die Berufung des Herrn _____ zum Notgeschäftsführer bestehen auch deshalb Bedenken, weil der Gläubiger und die Gesellschaft in einem Konkurrenzverhältnis stehen. Sie vertreiben beide Computerhardware, so dass der Verrat von Geschäftsgeheimnissen wie Lieferanten- und Abnehmerdaten durch den bestellten Notgeschäftsführer nicht auszuschließen ist.
Von der Benennung eines anderen Notgeschäftsführer wird abgesehen, weil mit einem Beschluss vom _____ durch das Nachlassgericht _____ (Az.: _____; Kopie des Beschlusses anbei) ein Nachlasspfleger für die unbekannten Erben nach Herrn _____ bestellt worden ist. Dieser ist zu einer Gesellschafterversammlung am _____ formgerecht eingeladen worden. Tagesordnungspunkt dieser Gesellschafterversammlung ist die Bestellung des Herrn _____ zum neuen Geschäftsführer der Gesellschaft.
Die Beschwerde ist auch erforderlich. Mit der Bestellung eines Geschäftsführers entfällt zwar das Amt des Notgeschäftsführers. Nach dem Gesellschaftsvertrag beträgt die Einladungsfrist für die Gesellschafterversammlung aber einen Monat, so dass eine gerichtliche Abberufung aus den oben genannten Gründen jetzt erforderlich ist.
_____ (Unterschrift)

Kapitel 14 Notarkosten im Gesellschaftsrecht

Klaus Sommerfeldt
§ 38 Grundlagen des notariellen Kostenrechts

Literatur

Kommentare: *Assenmacher/Mathias* (vormals *Göttlich/Mümmler*), Kostenordnung, Kommentar, 16. Aufl. 2008; *Eylmann/Vaasen*, Bundesnotarordnung, Beurkundungsgesetz, 2. Aufl. 2004 (zitiert: Eylmann/Vaasen/*Bearbeiter*); *Filzek*, Notarkostenfibel, 5. Aufl. 2001; *Filzek*, KostO, Kommentar, 4. Aufl. 2009; *Korintenberg/Lappe/Bengel/Reimann*, Kostenordnung, Kommentar, 18. Aufl. 2010 (zitiert: Korintenberg/*Bearbeiter*); *Lutter/Hommelhoff*, GmbH-Gesetz, 17. Aufl. 2009; *Notarkasse München* (Hrsg.), Streifzug durch die Kostenordnung, 9. Aufl. 2012 (zitiert: *Notarkasse*, Streifzug); *Prölss*, Versicherungsaufsichtsgesetz, Kommentar, 11. Aufl. 1997; *Rohs/Wedewer*, Kostenordnung, Kommentar, Loseblatt, Stand: Dez. 2011; *Schippel*, Bundesnotarordnung, Kommentar, 7. Aufl. 2000; *Waldner*, Die Kostenordnung für Anfänger, 6. Aufl. 2002.

Aufsätze: *Bengel/Tiedtke*, Die Kostenrechtsprechung 2002 und 2003, DNotZ 2004, 258; *Haeder/Wegerhoff*, Umsatzsteuerliche und notarkostenrechtliche Behandlung verauslagter Registergebühren, JurBüro 2006, 119; *Lappe*, Die Entwicklung des Gerichts- und Notarkostenrechts im Jahre 2002, NJW 2003, 559; im Jahre 2003, NJW 2004, 489; im Jahre 2005, NJW 2006, 270; im Jahre 2006, NJW 2007, 273; im Jahre 2007, NJW 2008, 485; im Jahre 2009, NJW 2010, 420; *Kroiß*, Die Entwicklulng des Gerichtskosten- und Notarkostenrechts im Jahre 2010, NJW 2011, 498.

Inhalt

A. Das Amt des Notars —— 1
I. Funktion des Notars —— 1
II. Pflicht zur Beurkundung, freiwillige Übernahme von Nebentätigkeiten —— 4

B. Gebühren des Notars im Gesellschaftsrecht —— 5
I. Einführung —— 5
II. Anwendung der Kostenordnung —— 7
III. Gebührenarten —— 8
IV. Geschäftswert —— 11
   1. Maßgebender Bewertungszeitpunkt —— 12
   2. Hauptgegenstand als Geschäftswert —— 13
   3. Schuldenabzugsverbot (Bruttowertprinzip) —— 14
V. Gebührenrechtliche Sonderregelungen —— 15
VI. Übersicht über die wichtigsten Bestimmungen —— 16
VII. Einzelne notarielle Urkundstätigkeiten —— 20
   1. Beurkundung, Unterschriftsbeglaubigung —— 20
   2. Entwurf von Erklärungen —— 23
      a) Entwurf von rechtsgeschäftlichen Erklärungen —— 24
      b) Entwurf von anderen Erklärungen und Beschlüssen —— 25
VIII. Mehrere Erklärungen in einer Urkunde —— 26
   1. Gegenstandsgleichheit und Gegenstandsverschiedenheit —— 26
   2. Anwendungsbereich des § 44 KostO —— 28
      a) Rechtsgeschäftliche Erklärungen unter Lebenden —— 28
      b) Beschlüsse —— 29
   3. Zusammentreffen von rechtsgeschäftlichen Erklärungen und Beschlüssen —— 30
   4. „Erklärung" i.S.v. § 44 KostO – Abgrenzung zur unselbständigen Willenserklärung —— 31
   5. Erklärungen, die in einem Austauschverhältnis stehen —— 32
   6. Berechnungsgrundsätze in § 44 KostO —— 33
   7. Teilweise Gegenstandsgleichheit (§ 44 Abs. 1 S. 2 KostO) —— 34
      a) Gleicher Gebührensatz —— 34
      b) Unterschiedliche Gebührensätze —— 35
IX. Fälligkeit der Gebühren —— 37
X. Auslagen —— 38
   1. Dokumentenpauschale —— 39
      a) Anfall —— 39
      b) Höhe —— 41
      c) Kostenfreie Vertragsexemplare —— 43
      d) Dokumentenpauschale bei Unterschriftsbeglaubigung —— 44
   2. Dokumentenpauschale im elektronischen Rechtsverkehr —— 45

- a) Entstehen und Höhe der Dokumentenpauschale des § 136 Abs. 3 KostO —— 45
- b) Anwendung des § 136 Abs. 4 KostO —— 51
3. Besondere Gebühren bei elektronischer Handelsregisteranmeldung —— 52
   - a) Zusatzgebühr für die Erstellung von Struktur (XML-)Dateien —— 52
   - b) Beglaubigungsgebühr (§ 55 KostO) für elektronische Signatur —— 56
4. Sonstige Auslagen —— 58
5. Reisekosten —— 59
6. Sonstiges —— 60
7. Mehrwertsteuer —— 61
XI. Formalien der Kostenrechnung —— 62
1. Geschäftswert —— 63
2. Vollständige Angabe aller Kostenvorschriften —— 64
3. Hinweis auf Gerichtskostenteil und Gebührentabelle —— 66
4. Kurze Bezeichnung des jeweiligen Gebührentatbestandes —— 67
5. Angabe der Gebühren- und Auslagenbeträge, verauslagte Gerichtskosten —— 68
6. Empfangene Vorschüsse —— 69
7. Durchlaufende Posten —— 71
8. Grundbuchabrufkosten, Handelsregisterabrufgebühren, Gebühren für die Eintragung in das Zentrale Vorsorgeregister —— 72
   - a) Grundbuchabrufgebühren (maschinelles Grundbuch § 133 GBO) —— 72
   - b) Handelsregisterabrufgebühren —— 74
   - c) Gebühren für Eintragung in das Zentrale Vorsorgeregister —— 76
9. Kostenschuldner —— 78
   - a) Allgemeine Kostenschuldnerschaft —— 78
   - b) Vertreter ohne Vertretungsmacht —— 79
   - c) Übernahmeschuldner —— 80
   - d) Kostenschuldner kraft Gesetzes —— 81
   - e) Mehrere Kostenschuldner —— 82
   - f) Unterschiedliche Haftung —— 85
   - g) Unterschiedliche Anträge —— 86
10. Mehrere Urkunden —— 87
11. Mangelnde Bestandskraft einer formwidrigen Kostenberechnung —— 88
12. Umsatzsteuerrechtliche Angaben —— 89
13. Einwendungen gegen die Kostenberechnung des Notars —— 90

A. Das Amt des Notars

I. Funktion des Notars

1 Funktion und Stellung des Notars sind in der Bundesnotarordnung BNotO festgelegt. Die Notare sind unabhängige **Träger eines öffentlichen Amtes auf dem Gebiet der vorsorgenden Rechtspflege** und damit Hoheitsträger (§ 1 BNotO). Der Notar steht den Vertragspartnern im Rahmen seiner Aufgaben, vornehmlich der Beurkundung von Rechtsgeschäften, als unparteiischer Berater für die oft komplizierten und folgenreichen Rechtsangelegenheiten zur Verfügung. Er hat die wichtige Aufgabe, durch seine Tätigkeit Rechtsstreitigkeiten zwischen den Beteiligten, welche aus dem Abschluss solcher weit reichenden Rechtsgeschäfte entstehen könnten, „vorsorgend" zu vermeiden. Ihm sind bei der Beurkundung von rechtsgeschäftlichen Erklärung deshalb besondere **Prüfungs- und Belehrungspflichten** auferlegt (§ 17 BeurkG).[1] Darin unterscheidet sich die Notartätigkeit von dem Beruf des Rechtsanwalts, der in erster Linie die einseitigen Interessen seiner Mandanten vertritt.

2 Viele gesetzliche Vorschriften bestimmen ausdrücklich, dass besonders wichtige (Vertrags-)Angelegenheiten nur wirksam sind, wenn sie vor einem Notar abgeschlossen, d.h. von diesem beurkundet oder die Unterschriften der Erklärenden beglaubigt worden sind. Solche **Rechtsgeschäfte von besonderer Bedeutung**, und zwar sowohl für die Vertragsbeteiligten als auch für den allgemeinen Rechtsverkehr, sind im Gesellschaftsrecht zum Beispiel:
- Gründung einer Kapitalgesellschaft oder die Beteiligung hieran,

---

1 Zur Prüfungs- und Belehrungspflicht des Notars vgl. Eylmann/Vaasen/*Frenz*, § 17 BeurkG Rn 7–21.

- Verträge nach dem Umwandlungsgesetz,
- Beschlussfassungen zu Unternehmensverträgen.

Die notarielle Form ist darüber hinaus gesetzlich vorgeschrieben bei allen **Erklärungen gegenüber öffentlichen Registern der Freiwilligen Gerichtsbarkeit**, wie zum Beispiel bei allen Anmeldungen zum Handels-, Genossenschafts- oder Vereinsregister. Hier genügt in der Regel die Beglaubigung der Unterschriften der Beteiligten. Neben der Klärung des Sachverhalts und der Beratung der Beteiligten geht es hier um die sachgerechte und eindeutige Formulierung der Anträge an das jeweilige Registergericht. Durch die Beglaubigung der Unterschriften unter solchen Anträgen wird zudem sichergestellt, dass die Eintragungen in den Registern ausschließlich von Personen veranlasst werden, die dazu berechtigt oder verpflichtet sind. 3

II. Pflicht zur Beurkundung, freiwillige Übernahme von Nebentätigkeiten

Der Notar, der – von Ausnahmefällen abgesehen – allein zur Beurkundung zuständig ist, darf seine Amtstätigkeit, die Beurkundung, nicht ohne ausreichenden Grund[2] verweigern (§ 15 Abs. 1 BNotO). Dies gilt auch für den Vollzug eines beurkundeten Rechtsgeschäftes (sog. **Pflichtvollzug**). Er ist jedoch **nicht** zur Übernahme **von weiteren Betreuungstätigkeiten** verpflichtet, auch wenn sie mit dem Hauptgeschäft im Zusammenhang stehen. Hierunter fallen beispielsweise Fälligkeitsmitteilungen, Verwahrung von Geld oder Urkunden usw.[3] Derartige Tätigkeiten werden vom Notar allerdings regelmäßig mit erledigt und lösen zumeist entsprechende Nebengebühren aus, welche nachstehend erörtert werden. 4

B. Gebühren des Notars im Gesellschaftsrecht

I. Einführung

Die **Notargebühren** sind in der **Kostenordnung** (KostO) geregelt, die Kosten (Gebühren und Auslagen) im Bereich der freiwilligen Gerichtsbarkeit sowohl für das Gericht, als auch für den Notar gesetzlich festgelegt. Der Notar hat dementsprechend seine Kosten ausschließlich (und zwar richtig und vollständig) nach diesem Gesetz zu erheben. **Gebührenvereinbarungen** sind **nicht zulässig** (§ 140 KostO). 5

Die Wahl des „richtigen" Notars ist somit keine Kostenfrage. Allerdings bestehen zu einzelnen Kostenproblemen regional höchst unterschiedliche Auffassungen. Zudem erfolgt in einigen Fällen eine Wertschätzung durch den jeweiligen Notar. Es ergeben sich dadurch zwangsläufig unterschiedliche Kostenabrechnungen. Zumindest in den jeweiligen Landgerichtsbezirken ist durch die **Notarkostenprüfungen** der Dienstaufsicht bzw. die Notarkassen dennoch eine weitgehende einheitliche Handhabung in notariellen Kostenfragen sichergestellt.[4] 6

II. Anwendung der Kostenordnung

Die Kostenordnung gliedert sich in drei Teile. Der 1. Teil (§§ 1–139) betrifft Gerichtskosten, Teil 2 (§§ 140–157) die Kosten der Notare, Teil 3 (§§ 158–162) beinhaltet Schluss- und Über- 7

---

[2] Vgl. hierzu Eylmann/Vaasen/*Frenz*, § 15 BNotO Rn 7 ff.
[3] Eylmann/Vaasen/*Frenz*, § 15 BNotO Rn 14–16.
[4] Zur Belehrungspflicht des Notars über seine eigenen Kosten vgl. Schippel/*Vetter*, § 17 BNotO Rn 12 ff.

gangsvorschriften. Gem. § 141 KostO gilt jedoch der Teil 1 (Gerichtskosten) für Notare entsprechend, soweit – so die Vorschrift – nicht in den nachstehenden Vorschriften (des notariellen Teiles der Kostenordnung) etwas anderes bestimmt ist. Eine solche Bestimmung enthält § 143 KostO in seinen beiden Absätzen für Notare, denen die Gebühren für ihre Tätigkeit selbst zufließen. Dort sind eine ganze Reihe von Vorschriften von der entsprechenden Anwendung ausgenommen.

III. Gebührenarten

8 Die Gebühren richten sich in den meisten Fällen nach dem **Wert des Geschäftes** und Art und Umfang der Tätigkeit. Der Mindestbetrag einer Gebühr ist gem. § 33 KostO mit 10 EUR festgelegt. Die wichtigsten Gebührenvorschriften sind die **Vertragsgebühr** von 20/10 gem. § 36 Abs. 2 KostO, die **Gebühr für einseitige Erklärung** von 10/10 gem. § 36 Abs. 1 KostO und die **Beschlussgebühr** gem. § 47 KostO mit einem Gebührensatz von 20/10.

9 Ein ganzes Bündel von überwiegend **lediglich formellen Erklärungen** ist mit weiteren ermäßigten Gebührentatbeständen in § 38 Abs. 2 KostO zusammengefasst und mit einem reduzierten Gebührensatz von 5/10 normiert. Daneben gibt es noch weitere besondere Gebührenbestimmungen, die – soweit sie gesellschaftsrechtlichen Bezug haben – nachfolgend im Rahmen der verschiedenen kostenrechtlichen Probleme erörtert werden.

10 Der Betrag einer vollen Gebühr, also der mit einem Gebührensatz von 10/10, ergibt sich für die einzelnen **Geschäftswerte**, letztlich **gestaffelt nach Gebührenstufen**, aus § 32 KostO. Eine hieran anknüpfende **Gebührentabelle** ist der Kostenordnung als Anlage beigefügt.

IV. Geschäftswert

11 Die Grundlagen der Geschäftswertberechnung ergeben sich aus den §§ 18–30 KostO, wovon **§ 18 KostO als grundlegende Wertbestimmung** näher erläutert werden soll.

1. Maßgebender Bewertungszeitpunkt

12 Nach § 18 Abs. 1 KostO werden die Gebühren nach dem Wert berechnet, den der Gegenstand des Geschäfts im **Zeitpunkt der Fälligkeit** der Gebühr hat. Dieser bestimmt sich nach § 7 KostO (Näheres siehe Rn 37).

2. Hauptgegenstand als Geschäftswert

13 Bei der Geschäftswertberechnung ist nur der **Hauptgegenstand des Geschäfts** zu berücksichtigen. Früchte, Nutzungen, Zinsen, Vertragsstrafen, Kosten werden nur berücksichtigt, wenn sie Gegenstand eines besonderen Geschäfts sind (§ 18 Abs. 2 KostO).

3. Schuldenabzugsverbot (Bruttowertprinzip)

14 Von besonderer Bedeutung ist das in § 18 Abs. 3 KostO geregelte Schuldenabzugsverbot. Nach dieser Bestimmung (Grundsatz des Bruttowertprinzips) dürfen **Verbindlichkeiten**, die auf dem Gegenstand lasten, bei der Wertermittlung in der Regel nicht abgezogen werden. Beispielsweise werden bei Grundstücksgeschäften die eingetragenen Belastungen nicht berücksichtigt; bei Bewertung von Unternehmen ist das **Aktivvermögen** maßgebend.

Bei Übertragung von Kommanditanteilen ist nach Auffassung des BGH Schuldenabzug geboten.[5] Dies widerspricht der langjährigen früheren h.M.,[6] wird aber mittlerweile anerkannt.[7]

V. Gebührenrechtliche Sonderregelungen

Für einige Urkundsgeschäfte enthält die Kostenordnung bezüglich des Geschäftswertes und der Gebühren vereinzelt besondere Regelungen. Neben der bereits genannten **Mindestgebühr** und den **Wertgebühren** gibt es auch noch **Höchst- und Festgebühren** sowie Höchst- und Mindestwerte.

15

VI. Übersicht über die wichtigsten Bestimmungen

Höchstgebühren gelten bei

16

Unterschriftsbeglaubigung	§ 45 Abs. 1 S. 1 KostO	130 EUR
Beurkundung von (auch mehreren) Beschlüssen von Gesellschaftsorganen	§ 47 S. 2 KostO	5.000 EUR
Rücknahme eines Beurkundungsauftrags vor Verhandlung	§ 130 Abs. 2 KostO	250 EUR (ab 1.9.2009, früher 20 €)
erfolglose Verhandlung	§ 57 KostO	50 EUR
Auswärts- und Unzeitgebühr	§ 58 Abs. 1 und 3 KostO	jeweils 30 EUR, höchstens der Betrag der Hauptgebühr
Fremdsprachengebühr	§ 59 Abs. 1 KostO	30 EUR

Festgebühren gelten etwa bei

17

Beglaubigung von Abschriften (Ausnahme § 132 KostO)	§ 55 Abs. 1 KostO	0,50 EUR je Seite mind. die Mindestgebühr
Einsicht öffentlicher Register und Akten (isoliert), vgl. § 147 Abs. 3 KostO	§ 147 Abs. 1 S. 1 KostO	Mindestgebühr
Vertretungsbescheinigung nach § 21 Abs. 1 Nr. 1 BNotO	§ 150 Nr. 1 KostO	13 EUR
Registerbescheinigung nach § 21 Abs. 1 Nr. 2 BNotO	§ 150 Nr. 2 KostO	25 EUR
Sicherstellung der Zeit zu einer Privaturkunde	§ 56 KostO	13 EUR

---

5 BGH, Beschl. v. 20.10.09 – VIII ZB 13/08 –, BeckRS 2009 89532 (entgegen früher h.M.).
6 BayObLG in st. Rspr., zuletzt ZEV 2004, 510, 512; OLG Braunschweig Rpfleger 1964, 67; OLG Celle DNotZ 1969, 631 f.; OLG Zweibrücken OLGR 2002, 83 ff.; *Schwarz* in: Korintenberg/ Lappe/Bengel/Reimann, KostO, 17. Aufl., § 18 RdNr. 27 f.; *Assenmacher/ Mathias*, KostO, 16. Aufl., Kommanditgesellschaft 2.3, Gesellschaftsanteile 2.; *Rohs* in: Rohs/Wedewer, KostO, Stand April 2009, § 18 RdNr. 9; *Hartmann*, Kostengesetze, 39. Aufl., KostO § 18 RdNr. 7; *Tiedtke*, ZNotP 2004, 453, 454.
7 *Rohs* in: Rohs/Wedewer, KostO, Stand November 2011, § 18 Rn. 9; Notarkasse, Streifzug, Rn. 1026.

18 **Höchstwerte/Mindestwerte** gelten bei

Gesellschaftsverträgen, Satzungen, Plänen und Verträgen nach dem Umwandlungsgesetz	§ 39 Abs. 5 KostO	Mindestens 25.000,– EUR, höchstens 5 Mio. EUR
Beschlüssen von Organen bestimmter Gesellschaften **ohne** bestimmten Geldwert	§ 41c Abs. 4 KostO	Höchstens 500.000 EUR
Anmeldungen zum Handelsregister (allgemein)	§ 39 Abs. 5 KostO	Höchstens 500.000 EUR
Vollmachten	§ 41 Abs. 4 KostO	Höchstens 500.000 EUR
Bestimmte Handelsregisteranmeldungen	§ 41a Abs. 1 und Abs. 4 KostO	Mindestens 25.000,– EUR

19 Besondere Regelungen mit **Mindestwerten, Höchstwerten und Festwerten** gelten bei bestimmten Anmeldungen zum Handelsregister (vgl. im Einzelnen § 41a Abs. 4, 5 und 6 KostO). Ferner enthält § 30 Abs. 2 KostO, welcher ggf. bei einer Wertschätzung durch den Notar heranzuziehen ist, den **Regelwert** von 3.000 EUR und den **Höchstwert** von 500.000 EUR. Mit Einfügung des Satz 2 in § 18 Abs. 1 KostO durch das am 1.7.2004 in Kraft getretene Kostenrechtsmodernisierungsgesetz[8] wurde schließlich zum **1.7.2004** eine absolute **Höchstwertgrenze** von 60 Mio. EUR festgelegt.

VII. Einzelne notarielle Urkundstätigkeiten

1. Beurkundung, Unterschriftsbeglaubigung

20 Die Kostenordnung unterscheidet bei der Abrechnung der Urkundstätigkeit des Notars in erster Linie zwischen der **Beurkundung einer Erklärung** und der **Beglaubigung einer Unterschrift**. In den einzelnen Bestimmungen der Kostenordnung, die die Gebühren für bestimmte Urkundsgeschäfte regeln, ist immer von der (notariellen) „Beurkundung" der entsprechenden Erklärung die Rede. Allerdings werden in der täglichen Praxis viele Erklärungen nicht notariell beurkundet, sondern nur die Unterschrift des Erklärenden beglaubigt. Dies gilt beispielsweise für eine Reihe der in § 38 Abs. 2 KostO genannten Erklärungen, etwa Zustimmungserklärungen (Nr. 1), Vollmachten (Nr. 4), Grundbucherklärungen (Nr. 5) und Anmeldungen zum Handelsregister oder ähnlichen Registern (Nr. 7).

21 Die Form der Unterschriftsbeglaubigung (§ 129 BGB) reicht für die genannten Erklärungen auch völlig aus, da das Gesetz hierfür keine stärkere Beurkundungsform vorschreibt (vgl. § 29 Abs. 1 GBO, § 12 HGB, § 1945 Abs. 1 BGB). Eine notarielle Beurkundung solcher Erklärungen kommt allenfalls dann in Betracht, wenn sie in einer Vertragsverhandlung zusammen mit anderen Erklärungen abgegeben und zweckmäßigerweise (oft **kostenneutral**) **zusammen beurkundet** werden.

22 Für die **Beglaubigung einer Unterschrift oder eines Handzeichens** wird nach § 45 Abs. 1 KostO ein Viertel der vollen Gebühr, höchstens jedoch ein Betrag von 130 EUR erhoben. Zu beachten ist hierbei, dass § 45 KostO nur dann gilt, wenn sich die Tätigkeit des Notars auf die bloße Beglaubigung einer oder mehrerer Unterschriften beschränkt und er darüber hinaus keine weitere Tätigkeit vornimmt.

---

8 BGBl I 2004, 718.

2. Entwurf von Erklärungen

Der Ansatz einer Gebühr nach § 45 KostO kommt nicht in Frage, wenn der Notar die Erklärung, unter der sich die zu beglaubigende Unterschrift befindet, im Auftrag des oder der Beteiligten entworfen und sodann die Unterschriften beglaubigt hat. Es kommt dann das Entstehen anderer Gebühren in Betracht.

a) Entwurf von rechtsgeschäftlichen Erklärungen

Bei einem **Entwurf** von Erklärungen findet § 145 Abs. 1 S. 1 KostO Anwendung, d.h., für den Entwurf der Erklärung wird die gleiche Gebühr erhoben, die im Falle der förmlichen Beurkundung der Erklärung entstanden wäre. Vorrangig wird es sich dabei um **rechtsgeschäftliche Erklärungen** handeln, d.h. Erklärungen, die unter einen der Gebührentatbestände der §§ 36–45, 46 KostO fallen würden. Erfolgt eine **spätere Beurkundung**, wird die Entwurfsgebühr voll auf die Beurkundungsgebühr angerechnet, entfällt also (§ 145 Abs. 1 S. 3 KostO).

Für die erste evtl. **nachfolgende Unterschriftsbeglaubigung** (auch mehrerer Unterschriften) wird eine besondere Gebühr nicht erhoben (§ 145 Abs. 1 S. 4 KostO).

b) Entwurf von anderen Erklärungen und Beschlüssen

Auch auf sonstige Erklärungen, z.B. auf **Beschlüsse von Gesellschaftsorganen**, ist § 145 KostO nach neuerer Rechtsprechung anwendbar. Dies gilt z.B. für den
- Entwurf von Gesellschafterbeschlüssen,
- Entwurf von Bescheinigungen und Tatsachen,
- Entwurf von eidesstattlichen Versicherungen.[9]

VIII. Mehrere Erklärungen in einer Urkunde

1. Gegenstandsgleichheit und Gegenstandsverschiedenheit

Es kommt nicht selten vor, dass in einer notariellen Verhandlung mehrere Erklärungen der Beteiligten beurkundet werden. Die kostenrechtliche Abwicklung regelt § 44 KostO, in dem unterschieden wird zwischen Erklärungen mit demselben Gegenstand und solchen, die verschiedene Gegenstände betreffen. Unter dem im Gesetz enthaltenen Begriff „**Gegenstand**" ist trotz des Wortlautes nicht das betroffene Wirtschaftsgut zu verstehen, sondern das jeweils betroffene **Recht oder Rechtsverhältnis**.

Eine Auslegung des Begriffes „Gegenstand" in der Vorschrift anhand der dort genannten Beispiele ergibt, dass bei der Beurteilung der Frage der Gegenstandsgleichheit auf das entsprechende **Hauptgeschäft abgestellt** wird, zu dem andere Erklärungen in einem inneren Zusammenhang stehen. Entsprechend ist die Frage der **Gegenstandsgleichheit** auch von der Rechtsprechung beantwortet worden. Wenn auch nicht für jeden zu beurteilenden Einzelfall passend, ist zur Beurteilung folgende, von der Rechtsprechung[10] bereits frühzeitig entwickelte **Formel** recht hilfreich:

„Denselben Gegenstand betreffen alle zur Begründung, Feststellung, Anerkennung, Aufhebung, Erfüllung oder Sicherung eines Rechtsverhältnisses niedergelegten Erklärungen der Partner eines Rechtsverhältnisses samt allen Erfüllungs- und Sicherungsgeschäften auch dritter Personen oder zugunsten dritter Personen."

---

9 *Rohs/Wedewer*, § 145 KostO, Rn. 8.
10 OLG Hamm Rpfleger 1951, 625; OLG Oldenburg DNotZ 1953, 317; OLG München DNotZ 1958, 439; OLG Düsseldorf DNotZ 1956, 106; BayObLG DNotZ 1987, 176.

2. Anwendungsbereich des § 44 KostO
a) Rechtsgeschäftliche Erklärungen unter Lebenden

28 § 44 KostO regelt nur die **Zusammenbeurkundung** von rechtsgeschäftlichen Erklärungen unter Lebenden, d.h. die Erklärungen, welche nach den §§ 36–38, 42 und 43 KostO abzurechnen sind. Auf entsprechende Unterschriftsbeglaubigungen ist die Vorschrift aufgrund des § 45 S. 2 KostO ebenfalls anzuwenden. Auch bei Entwürfen ist § 44 KostO zu berücksichtigen, da nach § 145 Abs. 1 S. 1 KostO die für die Beurkundung bestimmte Gebühr zu erheben ist. Nicht anzuwenden ist § 44 KostO bei den in den §§ 46–54 geregelten Urkundsgeschäften.

b) Beschlüsse

29 Bei der Beurkundung von mehreren Beschlüssen in einer Urkunde ist eine entsprechende Anwendbarkeit der Grundsätze des § 44 KostO in § 41c Abs. 3 S. 1 und 2 KostO bestimmt. Dies betrifft z.B.:
– Formwechselnden Umwandlungsbeschluss und Beschluss über Kapitalerhöhung,
– Sitzverlegung und Geschäftsführerbestellung,
– Firmenänderung und Zustimmung zur Veräußerung eines Geschäftsanteils.

3. Zusammentreffen von rechtsgeschäftlichen Erklärungen und Beschlüssen

30 Bei Zusammentreffen von rechtsgeschäftlichen Erklärungen und Beschlüssen ist § 44 KostO nicht anwendbar. Jedoch ist für die Bewertung mehrerer rechtsgeschäftlicher Erklärungen § 44 KostO heranzuziehen. Dasselbe gilt für mehrere Beschlüsse. Die **für jede „Erklärungsart"** vorgesehene Gebühr ist jedoch **gesondert zu erheben**. Als Beispiele sind zu nennen:
– GmbH-Gründung und Beschluss über erste Geschäftsführerbestellung;
– Abtretungsvertrag über mehrere Geschäftsanteile im Wert von jeweils 25.000 EUR und entsprechende Zustimmungsbeschlüsse der Gesellschaft. Hier ist die Vertragsgebühr nach § 36 Abs. 2 KostO von einem (gem. § 44 Abs. 2b KostO addierten) Geschäftswert von 50.000 EUR zu erheben. Geschäftswert für die zu erhebende Beschlussgebühr nach § 47 KostO ist ebenfalls der addierte Wert von 50.000 EUR;
– Verschmelzungsvertrag und Zustimmungsbeschlüsse der beteiligten Gesellschaften.

4. „Erklärung" i.S.v. § 44 KostO – Abgrenzung zur unselbständigen Willenserklärung

31 Voraussetzung für eine Anwendung des § 44 KostO ist, dass in einer Urkunde mehrere selbständige Erklärungen enthalten sind. Hierunter sind nicht alle einzelnen Willenserklärungen zu verstehen, die zur Gestaltung eines Rechtsgeschäfts erforderlich sind, sondern die Gesamtheit der Erklärungen, die zur Gestaltung eines Gegenstandes (Rechtsverhältnisses) dienen.[11] Alle **Willenserklärungen zur Gestaltung eines einheitlichen Rechtsgeschäfts**, auch soweit sie über das gesetzlich notwendige hinausgehen, bilden eine Erklärung i.S.v. § 44 KostO. Nur bei Vorliegen mehrerer solcher Erklärungen i.S.v. § 44 KostO ist diese Vorschrift heranzuziehen und die Frage der Gegenstandsgleichheit zu entscheiden.

5. Erklärungen, die in einem Austauschverhältnis stehen

32 Bei Vorliegen mehrerer selbständiger Erklärungen ist – bevor eine Anwendung des § 44 KostO in Betracht kommt – das Vorliegen eines Austauschverhältnisses zu prüfen. Stehen Erklärungen,

---

11 Korintenberg/*Bengel/Tiedtke*, § 44 Rn 15.

welche eine Leistungsverpflichtung beinhalten, in einem gegenseitigen Austauschverhältnis, ist nach § 39 Abs. 2 KostO nur der Wert der **höheren Erklärung** als Geschäftswert anzusetzen. Zu einer Anwendung des § 44 KostO kommt es dann nicht mehr.

6. Berechnungsgrundsätze in § 44 KostO
§ 44 KostO findet Anwendung, wenn mehrere Erklärungen in einer Urkunde vorliegen, die bei getrennter Beurkundung jeweils für sich eine Gebühr auslösen würden. 33

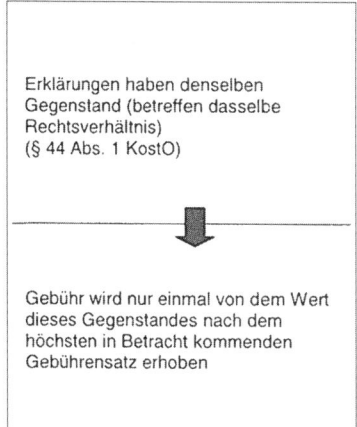
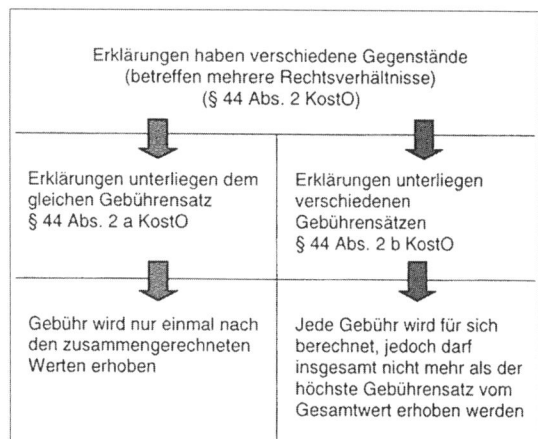

7. Teilweise Gegenstandsgleichheit (§ 44 Abs. 1 S. 2 KostO)
a) Gleicher Gebührensatz
Es wird die Gebühr vom **höchsten** in Betracht kommenden **Geschäftswert** erhoben. 34

b) Unterschiedliche Gebührensätze
Es wird die Gebühr nach dem **höchsten** in Betracht kommenden **Gebührensatz** vom **höchsten** in Betracht kommenden **Geschäftswert** erhoben. 35

Wenn jedoch eine getrennte Abrechnung (als ob getrennte Urkunden aufgenommen worden wären) günstiger ist, erfolgt eine **getrennte Berechnung**. Eine getrennte Berechnung kann als kostengünstigere Abrechnung dann in Betracht kommen, wenn die Erklärung mit dem geringeren Gebührensatz den ganzen (höheren) Gegenstand betrifft. 36

IX. Fälligkeit der Gebühren

Notarielle Gebühren werden **mit der Beendigung des gebührenpflichtigen Geschäfts** fällig (§ 7 KostO), somit 37
- bei der Beurkundung mit Unterzeichnung der Urkunde durch den Notar,
- bei selbständigen Entwürfen nach § 145 Abs. 1 KostO mit der Fertigstellung des Entwurfs,
- bei Entwürfen nach § 145 Abs. 3 KostO mit der Aushändigung des Entwurfs,
- bei Unterschriftsbeglaubigung mit Aushändigung des Schriftstücks,

Sommerfeldt

– die Vollzugsgebühr nach § 146 Abs. 1 KostO mit der Beendigung der letzten die Gebühr auslösenden Vollzugstätigkeit. Da es sich um eine Pauschalgebühr handelt, die sämtliche Vollzugstätigkeit abgilt, ist erst **mit Abschluss sämtlicher Vollzugstätigkeit** des Notars das gebührenpflichtige Geschäft i.S.v. § 7 KostO beendet.

X. Auslagen

38 Neben seinen Gebühren ist der Notar berechtigt und auch verpflichtet, die gesetzlich vorgeschriebenen Auslagen zu erheben. Diese werden **sofort nach** ihrer **Entstehung fällig** (§ 7 KostO), jedoch regelmäßig erst zusammen mit den entstandenen Gebühren erhoben. Als Auslagen kommen insbesondere in Betracht
- Dokumentenpauschale für bestimmte Ausfertigungen/Ablichtungen gem. §§ 136, 152 KostO,
- sonstige Auslagen gem. § 137 KostO,
- Reisekosten.

1. Dokumentenpauschale
a) Anfall

39 Der Notar erhält eine Dokumentenpauschale gem. § 136 Abs. 1 KostO in folgenden Fällen:
- für auf Antrag erteilte, angefertigte oder per Telefax übermittelte Ausfertigungen oder Ablichtungen und
- für Ausfertigungen oder Ablichtungen, die angefertigt werden müssen, weil zu den Akten gegebene Urkunden, von denen eine Abschrift zurückbehalten werden muss, zurückgefordert werden.

40 Darüber hinaus fällt die Dokumentenpauschale auch an für Ablichtungen und Mitteilungen, die der Notar aufgrund **besonderer Vorschriften** an Behörden übersenden muss (§ 152 Abs. 1 KostO). Die somit auch abrechenbaren Mitteilungen müssen lediglich aufgrund besonderer Vorschrift erforderlich sein. Hier genügen Verwaltungsvorschriften, eine gesetzliche Regelung ist nicht erforderlich. Auch die Veräußerungsanzeige bei Grundstücksgeschäften an das Finanzamt fällt hierunter. Allerdings löst die bislang übliche Fertigung dieser Anzeige im Durchschreibeverfahren die Dokumentenpauschale für nur eine Seite aus. Die damit angefertigten Kopien bleiben unberücksichtigt.[12]

b) Höhe

41 Die Höhe der Pauschale ergibt sich aus § 136 Abs. 2 KostO. Unabhängig von der Art der Herstellung betragen die Auslagen für Ausfertigungen oder Ablichtungen nach § 136 Abs. 1 und nach § 152 Abs. 1 KostO in derselben Angelegenheit für die ersten 50 Seiten 0,50 EUR pro Seite und für jede weitere Seite 0,15 EUR. Mit derselben Angelegenheit ist hier das einzelne Urkundsgeschäft gemeint. Für die Überlassung von **elektronisch gespeicherten Dateien** anstelle der in § 136 Abs. 1 Nr. 1 genannten Ausfertigungen oder Ablichtungen beträgt die Dokumentenpauschale gem. § 136 Abs. 3 KostO je Datei 2,50 EUR.

42 Auslagen für Aufwendungen für eine **besondere Ausstattung** einer Urkunde (z.B. Verwendung besonderen Papiers oder sog. Schmuckumschläge) können (entgegen früherer Regelung) nicht mehr erhoben werden.

---

[12] Korintenberg/*Reimann*, § 152 Rn 23, 24.

c) Kostenfreie Vertragsexemplare

Zu beachten ist, dass nach § 136 Abs. 4 KostO bei der Beurkundung von Verträgen **zwei** Ausfertigungen oder Ablichtungen und bei sonstigen Beurkundungen (das sind in aller Regel einseitige Erklärungen) **eine** Ausfertigung oder Ablichtung **kostenfrei** zu erteilen sind, d.h. hierfür keine Dokumentenpauschale erhoben werden darf. Auch bei Verträgen mit mehr als zwei Beteiligten sind lediglich zwei Ausfertigungen oder Ablichtungen frei von Dokumentenpauschalen, nicht etwa eine für jeden einzelnen Beteiligten.   43

d) Dokumentenpauschale bei Unterschriftsbeglaubigung

Bei Unterschriftsbeglaubigungen gibt es **keine Freiexemplare** nach § 136 Abs. 4 KostO. Es ist jedoch zu beachten, dass der Notar, nachdem die „Urschrift" der Unterschriftsbeglaubigung ausgehändigt worden ist, für das Vermerkblatt oder die Abschrift, die er für seine **Urkundensammlung** fertigt, **keine Auslagen** erheben darf. Solche können nur daher nur entstehen, wenn neben dem auszuhändigenden Original weitere Ablichtungen der Urkunde erbeten werden.   44

2. Dokumentenpauschale im elektronischen Rechtsverkehr
a) Entstehen und Höhe der Dokumentenpauschale des § 136 Abs. 3 KostO

Die Bestimmung sieht „anstelle" der alt bekannten Dokumentenpauschale des § 136 Abs. 1 Nr. 1 KostO, (Berechnungsmodalitäten in Abs. 2) für die „Überlassung einer elektronisch gespeicherten Datei" eine Pauschale von 2,50 EUR vor.[13] Die Pauschale entsteht für jede überlassene Datei gesondert. Andererseits kommt es im Hinblick auf den Pauschalcharakter auf deren Umfang nicht an. Ein Ersatz von Trägermaterialien, etwa einer CD-ROM, sieht das Gesetzt nicht vor.   45

Der Begriff „anstelle" bedeutet nicht, dass sich die Berechnung einer Dokumentenpauschale nach § 136 Abs. 2 und Abs. 4 KostO ausschließen würden, d.h. bei einem einheitlichen Vorgang nicht nebeneinander entstehen könnten. Es handelt sich zwar in beiden Fällen begrifflich um eine Dokumentenpauschale, zu deren Entstehen jedoch unterschiedliche Voraussetzungen gegeben sein müssen.   46

Die althergebrachte Dokumentenpauschale (ursprünglich Schreibauslagen, dann Ablichtungen) wird für den mechanischen Vorgang des Duplizierens erhoben, worunter im EDV-Zeitalter auch das Einscannen zwecks weiterer Verwendung im elektronischen Rechtsverkehr oder elektronischer Weiterbearbeitung fällt.[14] Sofern ein Einscannen eigener Textdateien nicht notwendig ist, kommt eine Dokumentenpauschale natürlich nicht in Betracht.   47

Neben dem Einscannen wird für die Übermittlung der Dateien nach Erstellen der elektronischen Signatur und Strukturdaten an das Registergericht je Datei eine weitere Dokumentenpauschale von 2,50 EUR erhoben werden können (§ 136 Abs. 3 KostO).   48

Die Dokumentenpauschale des § 136 Abs. 3 KostO entsteht für das Überlassen von Daten (Übersenden per E-Mail, Überlassen mittels CD-ROM, USB-Stick, Speicherkarte o.Ä.), gilt also eine andere Tätigkeit ab. Der Anfall beider Pauschalen ist daher nebeneinander denkbar.[15] Beispielsweise dann, wenn ein Schriftstück in Papierform eingescannt, elektronisch signiert und sodann **einem Dritten** zur Verfügung gestellt wird.

Für Aushändigung des Ausdrucks **einer eigenen** elektronischer Signierung an den **Auftraggeber** ist eine Dokumentenpauschale nicht zu erheben. Als Ergebnis einer Beglaubigung (auch nach einer solchen in elektronischer Form) dürfte für den Auftraggeber immer ein auslagenfreier Anspruch auf Aushändigung in Papierform bestehen. Wenn also der Auftraggeber das   49

---

13 *Waldner*, KostO, Rn 351.
14 *Filzek*, KostO, § 136 Rn 22 ff.
15 *Filzek*, KostO, § 136 Rn 22 ff.

Sommerfeldt

zu beglaubigende Schriftstück (§ 55 KostO) mitgebracht hat, steht ihm auch ein kostenfreier Ausdruck nach Beglaubigung zu. Entsprechendes gilt für die Unterschriftsbeglaubigung (§ 45 KostO) unter eine vom Auftraggeber selbst gefertigte Erklärung.

50 Erfolgt statt eines Ausdrucks auf Verlangen die Aushändigung in elektronischer Form, wird ebenfalls **keine** Dokumentenpauschale (dann des § 136 Abs. 3 KostO) zu erheben sein. Für den Ausdruck einer **bereits vorhandenen**, vom Auftraggeber mitgebrachten elektronischen Signatur kann hingegen die Dokumentenpauschale erhoben werden.

b) Anwendung des § 136 Abs. 4 KostO

51 Die Bestimmung gilt für beide Arten der Dokumentenpauschale. Bei Zusammentreffen beider Pauschalarten wird zugunsten des Kostenschuldners die für diesen teurere Pauschale zuerst als Freiexemplar anzusehen sein, d.h. bei einer Seitenzahl von mehr als fünf Seiten ist das Freikontingent der nach § 136 Abs. 2 KostO berechneten Dokumentpauschale zuzuordnen.

3. Besondere Gebühren bei elektronischer Handelsregisteranmeldung
a) Zusatzgebühr für die Erstellung von Struktur (XML-)Dateien

52 Die in der Literatur[16] diskutierte Zusatzgebühr gem. § 147 Abs. 2 KostO (zugebilligt neben den Beurkundungsgebühren, § 36 Abs. 2 oder Abs. 1 KostO und bei Beschlussfassung(en) § 47 KostO) soll für die Erstellung der Strukturdaten (XML-Dateien) erhoben werden können. Diese vor dem Hintergrund von Billigkeitserwägungen (unbestritten erhöhter Mehraufwand im Notariat) zugebilligte Gebühr wird jedoch nur zuzubilligen sein, wenn auch eine rechtssystematische Einordnung möglich ist. Die obergerichtliche Rechtsprechung hat sich jedoch dagegen ausgesprochen und die Erstellung der xml-Strukturdatei als Nebengeschäft gem. § 147 Abs. 3, § 45 KostO eingeordnet.[17]

53 Nebentätigkeiten des Notars sind (sofern nicht sonstige spezielle Gebührentatbestände gegeben sind) entweder als gebührenfreies Nebengeschäft (§ 35 KostO) anzusehen (wozu auch – außer bei den in § 146 Abs. 1 KostO genannten, insbesondere Grundstücksgeschäften – die Vollzugstätigkeit zählt) oder unter § 147 Abs. 2 KostO zu subsumieren. Hinsichtlich der eigentlichen Übermittlung ist durch § 147 Abs. 4 Nr. 1 und 2 KostO eine Gebührenfreiheit klargestellt. Eine Zusatzgebühr nach § 147 Abs. 2 KostO kommt nach übereinstimmender Auffassung generell nur dann in Betracht, wenn eine Tätigkeit **ausschließlich** zwecks Regelung eines Rechtsverhältnisses unter den Beteiligten vorgenommen wird. Sofern die Tätigkeit **auch** dem Vollzug einer Urkunde dient und hierunter wird nicht nur der dingliche Vollzug i.s.v. § 146 Abs. 1 KostO zu verstehen sein, sondern der Vollzug jeder notariellen Urkunde, kann eine Zusatzgebühr nach § 147 Abs. 2 KostO nicht erhoben werden. Der Vollzug ist vielmehr durch die jeweilige Beurkundungsgebühr abgegolten und zu diesem als gebührenfreies Nebengeschäft anzusehen (anders bei reinen Beglaubigungen).

54 Nach diesen Grundsätzen kommt bereits vom Ansatz her die Zusatzgebühr des § 147 Abs. 2 KostO nicht in Betracht. Hinzu tritt, dass es für diese zusätzliche Gebühr eines besonderen Auftrags des Mandanten bedarf. Nach dessen Vorstellungen erstreckt sich sein Auftrag in der Regel jedoch ausschließlich auf den Vollzug, wozu auch zwecks Beschleunigung das Erstellen der Strukturdaten zählen dürfte. Ein zweiter Auftrag – in Erwartung von Mehrkosten – kann also regelmäßig nicht unterstellt werden. Zudem würde die aufgrund dessen ausgeübte Tätigkeit (Erstellung der Strukturdateien) – wie vorstehend ausgeführt – auch dem (ggfs. schnelleren) Vollzug der Urkunde dienen. Nach alledem dürfte die angedachte Zusatzgebühr gem. § 147 Abs. 2 KostO für die Erstellung der Strukturdateien nicht entstanden sein.

---

16 *Tiedtke/Sikora*, MittBayNot 2006, 393; *Otto*, JurBüro 2007, 120.
17 OLG Hamm MittBayNot 2009, 325, OLG Düsseldorf NJOZ 2010, 242, OLG Celle FGPrax 2009, 279; OLG Stuttgart BeckRS 2010, 02419; OLG Hamm, Beschl. v. 15.6.2012 – 15 W 233/11, n.rk.

Zu erwähnen ist auch, dass die Übermittlung der Strukturdaten in der Regel auf Vereinbarungen zwischen den Landesjustizverwaltungen und den Notarkammern beruht, die Notare deshalb letztlich zu einer Übermittlung im Rahmen ihrer Eintragungsanträge gehalten sind. Die Mandanten haben zumeist (so z.B. in NRW) nicht die Möglichkeit, die Anmeldung und/oder Strukturdaten selbst dem Registergericht zu übermitteln.[18]

b) Beglaubigungsgebühr (§ 55 KostO) für elektronische Signatur

Für die elektronische Signatur von Dokumenten erhält der Notar eine Gebühr nach § 55 KostO. Es darf sich jedoch nicht um eigene Dokumente (Urkunden) handeln. Letzteres ergibt sich zweifelsfrei aus § 132 KostO, welcher auch für den Notar anwendbar ist.

Werden bei der Übermittlung von Dateien an das elektronische Handelsregister auch Originale eingescannt und übersandt, welche keiner Signatur bedürfen, kann eine Beglaubigungsgebühr auch nicht erhoben werden. Dies ist beispielsweise bei der mit einzureichenden Liste der Gesellschafter einer GmbH der Fall (§ 12 Abs. 2 S. 2 HGB, § 8 Abs. 1 S. 3 GmbHG).[19] Wenn eine Signatur auch derartiger Dateien von einigen Registergerichten verlangt wird, mag dies aus Unkenntnis oder der Einfachheit halber geschehen, kann jedoch – sofern die Signatur zweifelsfrei nicht notwendig ist – nicht zu einem Gebührenansatz führen.

4. Sonstige Auslagen

Sonstige Auslagen können nur in den in § 137 Nr. 1–8 und Nr. 10–16 KostO genannten Fällen erhoben werden sowie für die in § 152 Abs. 2 KostO genannten Auslagen bei Mitteilungen an Behörden. Von Bedeutung für den Notar sind lediglich Entgelte für
- **Telekommunikationsdienstleistungen** (nicht Telefon) gem. § 152 Abs. 2 Nr. 2 KostO;
- **Postdienstleistungen** gem. § 152 Abs. 2 Nr. 1 KostO in dort genannten Fällen, d.h. nur für die Übersendung von auf Antrag erteilten Ausfertigungen und Ablichtungen und für aufgrund besonderer Vorschriften obliegenden Mitteilungen an Behörden (§ 152 Abs. 1 KostO).

5. Reisekosten

Nach § 153 Abs. 1 KostO erhält der Notar Reisekosten, wenn er **im Auftrag eines Beteiligten** eine Geschäftsreise unternimmt. Eine Geschäftsreise liegt dann vor, wenn das **Reiseziel außerhalb der politischen Gemeinde** liegt, in der sich der Amtssitz oder die Wohnung des Notars befindet. Als Reisekosten werden erhoben (Stand 1.7.2004):[20]
- **Fahrtkosten** gem. § 153 Abs. 2 S. 1 Nr. 1 KostO:
  Bei Benutzung des eigenen PKWs werden für jeden gefahrenen Kilometer werden 0,30 EUR sowie regelmäßig anfallende Auslagen, insbesondere Parkgebühren, erstattet (§ 153 Abs. 4 KostO), bei Benutzung anderer Verkehrsmittel die tatsächlichen Aufwendungen, soweit sie angemessen sind,
- **Tage- und Abwesenheitsgeld** gem. § 153 Abs. 2 S. 1 Nr. 2 KostO:
  bei einer Abwesenheit

bis 4 Stunden:	20 EUR;
von mehr als 4 Stunden bis 8 Stunden:	35 EUR;
von mehr als 8 Stunden:	60 EUR.

---

18 Vgl. § 2 Abs. 1 S. 2 VO über den elektronischen Rechtsverkehr in NRW v. 21.4.2006 (GVBl NRW 2006, 148).
19 Vgl. zum Meinungsstreit insoweit *Otto*, JurBüro 2007, 121 Rn 23.
20 Letzte Änderung durch KostRModG, BGBl I 2004, 718.

Zu beachten ist, dass die **Hälfte** des Tage- und Abwesenheitsgeldes auf die in § 58 Abs. 1 KostO bestimmte Zusatzgebühr (**„Auswärtsgebühr"**) **anzurechnen**, d.h. diese Zusatzgebühr in entsprechend reduzierter Höhe zu erheben ist. Die Zusatzgebühr nach § 58 Abs. 1 KostO entsteht auch bei „auswärtiger" Tätigkeit des Notars innerhalb der politischen Gemeinde.
– **Übernachtungskosten**, soweit sie angemessen sind (§ 153 Abs. 2 S. 1 Nr. 3 KostO).

6. Sonstiges

60 Die Auslagen des Notars sind in den §§ 136, 137, 152 und 153 KostO **abschließend geregelt**, d.h. außer den dort ausdrücklich genannten Fällen darf der Notar keine weiteren Auslagen erheben. Sonstige Bürokosten (z.B. für Briefumschläge, Register, Aktenumschläge oder ähnliches) können nicht erhoben werden. Dies gilt auch für Portoauslagen. Diese können nur in den in § 152 Abs. 2 Nr. 1 KostO ausdrücklich genannten Fällen erhoben werden.

7. Mehrwertsteuer

61 Nach § 151a KostO hat der Notar auf seine Kosten Mehrwertsteuer (derzeit 19 %) zu erheben.

XI. Formalien der Kostenrechnung

62 Für (die weit überwiegende Anzahl der) Notare, denen die Gebühren selbst zufließen, gilt für die Formalien einer notariellen Kostenberechnung § 154 KostO.[21] Nach Absatz 1 dieser Vorschrift sind die Kosten mit einer vom Notar selbst oder seinem amtlichen Vertreter (Sozius reicht nicht[22]) **unterschriebenen Berechnung** der Gebühren und Auslagen einzufordern. § 154 Abs. 2 KostO bestimmt, welche **inhaltliche Anforderungen** an eine notarielle Kostenrechnung zu stellen sind.

1. Geschäftswert

63 Erforderlich ist die Angabe des für berechnete Wertgebühren zugrunde gelegten Geschäftswertes. Bei unterschiedlichen Werten ist die Angabe **für jede Gebühr** vorzunehmen.[23] Eine **Angabe der angewandten Wertbestimmungen** der Kostenordnung ist zwar **formell nicht gefordert**. Dies kann jedoch im Einzelfall zum Verständnis der Kostenberechnung **zweckmäßig** sein. Eine Entscheidung des BGH hält eine entsprechende Anordnung der Dienstaufsicht auch für rechtens.[24] Hieraus kann jedoch m.E. keine generelle Erweiterung der notwendigen Formalien des § 154 Abs. 2 KostO gefolgert werden.

2. Vollständige Angabe aller Kostenvorschriften

64 Anzuführen sind ferner die angewandten Kostenvorschriften (sog. **Zitiergebot**). Seit dem KostÄndG 1994[25] sind nicht nur die **Gebührenbestimmungen**, sondern auch die **Auslagenvorschriften** zu zitieren, also z.B. auch § 151a KostO (= Mehrwertsteuer), was häufig unterbleibt. Bei

---

21 Für Amtsnotare gilt § 14 KostO mit der Maßgabe, dass sie ihre Kosten selbst ansetzen.
22 BayObLG DNotZ 1981, 317.
23 Korintenberg/*Bengel/Tiedtke*, § 154 Rn 8; *Rohs/Wedewer*, § 154 Rn 13.
24 BGH NJW 2003, 976 = DNotZ 2003, 234.
25 KostÄndG 1994 v. 24.6.1994, BGBl I, 1325.

Fehlen von Auslagenvorschriften wie z.B. § 151a KostO, wird die Kostennote zwar nicht als formunwirksam anzusehen sein, wenn sich aus den Gesamtumständen **zweifelsfrei** ergibt, welche konkreten Auslagen der Notar ersetzt verlangt.[26] Andernfalls führt die Nichtbeachtung der in § 154 Abs. 2 KostO normierten Formalien jedoch zur Unwirksamkeit der gesamten Kostennote (Näheres siehe Rn 88).

Soweit eine Vorschrift **mehrere Absätze oder weitere Untergliederungen** enthält, so sind auch diese genau und vollständig zu zitieren.[27] Nach bisher nahezu einhelliger Ansicht in Rechtsprechung und Schrifttum genügte es z.B. nicht, etwa §§ 36, 38, 145, 146, 147 KostO **ohne Angabe des Absatzes bzw. Satzes** anzuführen, da die Gebühren in den einzelnen Absätzen bzw. Sätzen unterschiedlich sind. Findet § 38 KostO Anwendung, so ist auch anzugeben, welche der sieben **Nummern** dieses Absatzes in Betracht kommt.[28] Entsprechendes galt für § 145 KostO, welcher in seinen Absätzen verschiedene Möglichkeiten des Entstehens einer Gebühr beinhaltet, weshalb die Angabe des Absatzes in der Regel zwingend erforderlich ist,[29] bei Absatz 1 auch die Angabe des zutreffenden Satzes 1 oder 2. Die Untergliederungen sind nach einer Entscheidung des BGH [30] jedoch dann nicht aufzuführen, wenn aufgrund der Bezeichnung des Gebührentatbestands klar ist, auf welchem Absatz oder welchem Gliederungspunkt die angesetzten Kosten beruhen.[31] Kann der Kostenberechnung auf Grund der Bezeichnung der berechneten Auslagen eindeutig entnommen werden, auf welchem Absatz oder welchem Gliederungspunkt der jeweils mit ihrem Paragrafen benannten gesetzlichen Vorschrift die angesetzten Kosten beruhen, ist die Angabe des Absatzes oder Gliederungspunktes der Vorschrift entbehrlich.[32] 65

3. Hinweis auf Gerichtskostenteil und Gebührentabelle
Bei Anwendung von Gebührenvorschriften des ersten Teils der Kostenordnung (Gerichtskosten) ist die Angabe des § 141 KostO nach einer Entscheidung des BGH nicht mehr zwingend erforderlich, bei Anwendung der Tabelle zur Kostenordnung wird jedoch auch die Angabe des § 32 KostO zu erfolgen haben.[33] 66

4. Kurze Bezeichnung des jeweiligen Gebührentatbestandes
Durch Art. 2 des KostÄndG 1994 vom 24.6.1994 ist § 154 Abs. 2 KostO dahin gehend geändert worden, dass eine **kurze Bezeichnung des jeweiligen Gebührentatbestandes** in die Kostenrechnung aufzunehmen ist. Die gewählte Kurzbezeichnung sollte dem Kostenschuldner eine Zuordnung der berechneten Gebühr zu der ausgeübten Tätigkeit ermöglichen, beispielsweise bei der Zusatzgebühr nach § 147 Abs. 2 KostO eine **konkrete Tätigkeitangabe** erfolgen (Fälligkeitsmitteilung, Beratung zu Gesellschafterbeschlüssen, Entwurf der Gesellschafterliste, Einholen der IHK-Genehmigung usw.). 67

---

26 OLG Hamm JurBüro 1997, 100; a.A. LG Hannover JurBüro 1995, 102.
27 BayObLG JurBüro 1984, 914 = DNotZ 1984, 646.
28 *Rohs/Wedewer*, § 154 Rn 13b; *Korintenberg/Bengel/Tiedtke*, § 154 Rn 8a.
29 BayObLG JurBüro 1984, 914 = DNotZ 1984, 1228; BayObLG JurBüro 1986, 430; OLG Zweibrücken DNotZ 1982, 579; OLG Zweibrücken JurBüro 1986, 1700; OLG Düsseldorf JurBüro 1983, 1244; OLG Oldenburg JurBüro 1987, 1698; OLG Celle NdsRpfl 1987, 199; SchlH OLG JurBüro 1989, 659; OLG Köln JurBüro 1990, 745; OLG Hamm JurBüro 1993, 309; *Assenmacher/Mathias*, S. 628 „Kostenberechnung"; **a.A.** KG JurBüro 1974, 875 = DNotZ 1974, 505; OLG Düsseldorf JurBüro 1975, 810 = DNotZ 1976, 253.
30 BGH NJW-RR 2007, 784.
31 *Rohs/Wedewer*, § 154 Rn 13b.
32 BGH DNotZ 2007, 546.
33 BGH NJW 2008, 2192.

5. Angabe der Gebühren- und Auslagenbeträge, verauslagte Gerichtskosten

68 Die **Beträge** der angesetzten Gebühren und Auslagen sind **in Euro** anzugeben. Soweit **Gerichtskosten verauslagt** worden sind, können auch diese Beträge in die notarielle Kostenberechnung mit aufgenommen werden, jedoch **keine anderen Fremdauslagen** (durchlaufende Posten). Eine **Aufschlüsselung** der geforderten Beträge ist in einer Art vorzunehmen, die zum Verständnis der Kostenrechnung durch den Empfänger notwendig ist.[34] Auch sollte der **Umsatzsteuersatz** angegeben werden, weil dieser Posten hierdurch vereinfacht nachvollziehbar ist.

6. Empfangene Vorschüsse

69 Der Notar ist **berechtigt**, vom Kostenschuldner für seine Tätigkeit einen Vorschuss zu fordern. Die dies rechtfertigende Vorschrift des § 8 Abs. 1 KostO gilt nach § 141 KostO auch für den Notar. Ob er hierzu ggf. sogar **verpflichtet** ist, wird regional uneinheitlich beantwortet. Nach § 8 Abs. 2 S. 2 KostO kann insbesondere hiervon abgesehen werden, wenn ein Vorschussverlangen nicht angebracht erscheint. In Anwendung dieser Bestimmung wird in der Praxis sehr häufig von einer Vorschusserhebung abgesehen, zumal oftmals Unterlagen zur Wertermittlung zunächst fehlen (z.B. Bilanzen, Brandversicherungspolicen usw.), die Voraussetzung für eine angemessene **Vorschusserhebung** ist.

70 Gezahlte Vorschüsse sind **in der Kostenberechnung anzugeben**, d.h. es ist nicht etwa nur der Restbetrag von Gebühren zwecks noch erforderlicher Einziehung anzufordern.

7. Durchlaufende Posten

71 Durchlaufende Posten (insbesondere Kosten eines anderen Notars) **gehören nicht in die notarielle Kostenrechnung**. Sie unterliegen nicht der Umsatzsteuerpflicht des Notars nach § 151a KostO und können **nicht** im Rahmen der **Vollstreckung** nach § 155 KostO mit beigetrieben werden.[35]

8. Grundbuchabrufkosten, Handelsregisterabrufgebühren, Gebühren für die Eintragung in das Zentrale Vorsorgeregister[36]

a) Grundbuchabrufgebühren (maschinelles Grundbuch § 133 GBO)

72 Auch als Grundbuchkosten einzuordnen sind die jeweils entstandenen Grundbuchabrufgebühren.[37] Die Beträge können somit auch in der notariellen Kostenrechnung mit eingezogen werden. Zu beachten ist allerdings, dass nur die konkreten Abrufgebühren dem Mandanten in Rechnung gestellt werden können. Die Einrichtungsgebühr und monatlichen Grundgebühren zählen nicht hierzu.[38]

73 Nach der Stellungnahme des Bundesfinanzministeriums vom 20.6.2005 (Aktenzeichen IV A 5 – S 7200 – 30/05) unterliegt der Ersatz verauslagter Grundbuch**abrufgebühren**, anders als bei verauslagten Grundbuch**eintragungsgebühren**, der Umsatzsteuer, weil Notare im elektronischen Abrufverfahren selbst Gebührenschuldner sind. Entsprechend wird bei der Kostenberechnung die Umsatzsteuer zu berücksichtigen sein.

---

34 BayObLG DB 1985, 487.
35 Korintenberg/*Bengel*/*Tiedtke*, § 154 Rn 2.
36 Vgl. ausführlich *Haeder*/*Wegerhoff*, JurBüro 2006, 119.
37 BayObLG JurBüro 2005, 149; LG Halle RNotZ 2004, 318; OLG Zweibrücken MittBayNot 2006, 265.
38 *Rohs*/*Wedewer*, § 154 Rn 15.

b) Handelsregisterabrufgebühren

Die Kosten für den Abruf der Eintragungen aus dem maschinell geführten Handelsregister (Kostenziffern 400–404 der Anlage zur JVKostO) können ebenfalls in der notariellen Kostenrechnung mit einbezogen werden. **74**

Handelsregisterabrufgebühren (KV 401–404 JVKostO) dürften ebenfalls der Mehrwertsteuerpflicht unterliegen, da auch hier der Notar gem. § 7b JVKostO selbst Kostenschuldner ist. Diese Vorschrift lautet wie folgt: **75**

„Zur Zahlung der in Abschnitt 4 des Gebührenverzeichnisses bestimmten Gebühren ist derjenige verpflichtet, der den Abruf tätigt. Erfolgt der Abruf unter einer Kennung, die auf Grund der Anmeldung zum Abrufverfahren vergeben worden ist, ist Schuldner der Kosten derjenige, der sich zum Abrufverfahren angemeldet hat."

Damit dürfte die eigene Stellung des Notars als Kostenschuldner und damit die Mehrwertsteuerpflicht auch der Handelsregisterabrufgebühren gegeben sein.[39]

c) Gebühren für Eintragung in das Zentrale Vorsorgeregister

Da es sich hierbei nicht um verauslagte Gerichtskosten (vgl. § 154 Abs. 2 KostO) handelt, ist eine Aufnahme in die notarielle Kostenrechnung nicht möglich. Die verauslagten Beträge können zwar selbstverständlich vom Ersatzpflichtigen angefordert, jedoch nicht im Wege der Vollstreckung nach § 155 KostO mit einbezogen werden, da sie nicht der formellen Kostennote i.S.v. § 154 Abs. 2 KostO zugeordnet werden können. **76**

Kostenschuldner der Eintragungsgebühr ist nach § 2 der Vorsorgeregister-Gebührensatzung (VRegGebS) der Antragsteller und derjenige der für die Gebührenschuld eines anderen Kraft Gesetzes haftet, mithin nicht der Notar. Dementsprechend handelt es sich bei Verauslagung durch den Notar um einen durchlaufenden Posten. Dieser unterliegt nicht der Umsatzsteuerpflicht. **77**

9. Kostenschuldner
a) Allgemeine Kostenschuldnerschaft

Aus der Kostenberechnung muss **zweifelsfrei erkennbar** sein, wer als **Kostenschuldner** in Anspruch genommen wird. Als Grundlage für eine Inanspruchnahme kommt zumeist die **Antragstellerhaftung** nach § 2 Nr. 1 KostO in Betracht. Der dort enthaltene Zusatz, dass bei der Beurkundung von Rechtsgeschäften insbesondere jeder, dessen Erklärung beurkundet worden ist, zur Zahlung verpflichtet ist, bedeutet nicht dessen alleinige Haftung. Es kommt auch bei einer Beurkundung ohne Weiteres die Haftung von Personen in Betracht, deren Erklärungen nicht beurkundet worden sind.[40] **78**

b) Vertreter ohne Vertretungsmacht

Wer den Notar beauftragt und die **Erklärung im fremden Namen**, jedoch ohne Vertretungsmacht abgibt, kann – je nach Lage des Einzelfalles – auch selbst als Antragsteller in Anspruch genommen werden (Rechtsgedanke des § 179 Abs. 1 BGB).[41] Häufig ist bei **Entwurfsaufträgen** **79**

---

[39] So jetzt auch *Haeder*, JurBüro 2006, 297, der hinsichtlich der Handelsregisterabrufgebühren zuvor (*Haeder/Wegerhoff*, JurBüro 2006, 119) eine andere Auffassung vertreten hatte. Siehe auch *Haeder*, DNotZ 2006, 479 f.
[40] BayObLG JurBüro 1974, 486; KG JurBüro 1983, 1073 = DNotZ 1984, 446; a.A. OLG Köln JurBüro 1979, 86.
[41] OLG Köln JurBüro 1976, 1681; OLG Köln JurBüro 1986, 1226; OLG Düsseldorf JurBüro 1978, 275; OLG Stuttgart JurBüro 1979, 1345.

die Frage der Bevollmächtigung Gegenstand eines gerichtlichen Nachprüfungsverfahrens nach § 156 KostO.

c) Übernahmeschuldner

80 Eine weitere Möglichkeit der Inanspruchnahme ergibt sich aus § 3 Nr. 2 KostO (Übernahmeschuldner). Erforderlich ist jedoch, dass eine **Erklärung gegenüber dem Notar** abgegeben wird, aus welcher sich eine Kostenübernahme eindeutig ergibt.[42] Eine Kostenübernahme in einem **Vertrag** stellt nur eine Regelung unter den Beteiligten dar und begründet **keine neue selbständige Kostenverpflichtung** gegenüber dem Notar.[43] Andererseits ist der Notar auch nicht an eine solche Vereinbarung gebunden.[44]

d) Kostenschuldner kraft Gesetzes

81 Nach § 3 Nr. 3 KostO ist auch derjenige Kostenschuldner, welcher nach den **Vorschriften des bürgerlichen Rechts** für die Kostenschuld eines anderen haftet, z.B.:
- BGB-Gesellschafter gem. §§ 714, 738 Abs. 1 S. 1 BGB,
- persönlich haftender Gesellschafter (OHG, KG) gem. §§ 128, 129, 171 HGB,
- Testamentsvollstrecker gem. § 2213 BGB (begrenzt auf den Nachlass).

e) Mehrere Kostenschuldner

82 Mehrere Kostenschuldner haften nach § 5 KostO als **Gesamtschuldner**. Dem Notar steht es grundsätzlich frei, welchen Schuldner er bevorzugt in Anspruch nimmt. Eine Reihenfolge der Inanspruchnahme ist gesetzlich nicht vorgesehen.[45]

83 Die gesamtschuldnerische Haftung kann **nicht durch eine Vereinbarung** mit dem Notar **ausgeschlossen** werden.[46] Dieser kann also von jedem Schuldner die volle Kostenschuld beanspruchen (§ 421 BGB), es sei denn, es bestünde nach § 5 Abs. 1 S. 2 KostO eine eingeschränkte Haftung.

84 Kann von einem Kostenschuldner die Kostenforderung nicht eingezogen werden, ist er jedoch verpflichtet, seine Kosten auch gegenüber den anderen Kostenschuldnern geltend zu machen. Eine andere Handhabung würde einen **unzulässigen Gebührenverzicht** nach § 140 KostO darstellen.

f) Unterschiedliche Haftung

85 Betreffen die beurkundeten Erklärungen verschiedene Gegenstände, so beschränkt sich die Haftung des einzelnen Beteiligten auf den Betrag, der entstanden wäre, wenn die übrigen Erklärungen nicht beurkundet worden wären (§ 5 Abs. 1 S. 2 KostO).

g) Unterschiedliche Anträge

86 Besondere gebührenauslösende Anträge einzelner Beteiligter fallen ausschließlich diesen zur Last (§ 5 Abs. 2 KostO).

---

42 SchlH OLG JurBüro 1982, 429, SchlH OLG 1982, 894.
43 OLG Karlsruhe DNotZ 1965, 372; OLG Stuttgart BWNotZ 1986, 89; *Assenmacher/Mathias*, S. 650 „Übernahmeschuldner".
44 OLG Düsseldorf JurBüro 1994, 498.
45 BayObLG DNotZ 1992, 591 = MittBayNot 1992, 231.
46 OLG Frankfurt/M. DNotZ 1970, 442 = Rpfleger 1970, 180.

Sommerfeldt

Beispiel
Die Beurkundung eines Gesellschaftsvertrages erfolgt aufgrund des Wunsches eines der Beteiligten nach 18:00 Uhr. Die sog. „Unzeitgebühr" gem. § 58 Abs. 3 KostO kann ausschließlich von diesem Vertragsbeteiligten erhoben werden.

10. Mehrere Urkunden

Für **jede** notarielle **Urkunde** als selbständiger notarieller Vorgang ist eine **gesonderte Kostenrechnung** zu erstellen,[47] welche jeweils den Formerfordernissen des § 154 Abs. 2 KostO entsprechen muss. Zu beachten ist, dass konsequenterweise auch **Auslagenbeträge** nicht in einer Summe für mehrere Urkunden angefordert werden, sondern **der jeweiligen konkreten notariellen Tätigkeit zugeordnet** werden müssen. Entsprechendes gilt auch für die **Umsatzsteuer** nach § 151a KostO. Dies wird in der Praxis oftmals nicht beachtet und erhält erhöhte Bedeutung im Hinblick auf die neu eingeführte Verzinsungspflicht nach § 154a KostO, welche die Zustellung einer formell einwandfreien Kostenrechnung voraussetzt. Allerdings begegnet es keinerlei Bedenken, wenn die getrennten Kostenabrechnungen dem Kostenschuldner in einem Schreiben präsentiert (dort zusammengefasst) werden.

87

11. Mangelnde Bestandskraft einer formwidrigen Kostenberechnung

Die Kostenberechnung des Notars ist ein zur Vollstreckung fähiger Titel (vgl. § 155 KostO). Sie steht in den Wirkungen einem gerichtlichen Urteil gleich. Ein Mangel in einer der in § 154 Abs. 2 KostO bestimmten Formalien führt dazu, dass die Rechnung im gerichtlichen Nachprüfungsverfahren **insgesamt** ohne sachliche Prüfung aufgehoben wird.[48]

88

12. Umsatzsteuerrechtliche Angaben

Nach § 14 Abs. 4 UStG muss die Kostenrechnung folgende Angaben enthalten[49]
- Namen und Anschrift des Rechnungsempfängers
- Steuernummer bzw. Umsatzsteuer-Identifikationsnummer
- Ausstellungsdatum
- Rechnungsnummer
- Beschreibung der erbrachten Leistungen oder gelieferten Waren
- etc.

89

13. Einwendungen gegen die Kostenberechnung des Notars

Gegen die Kostenberechnung des Notars einschließlich der Verzinsungspflicht, die Zahlungspflicht und gegen die Erteilung der Vollstreckungsklausel kann auf Antrag die Entscheidung des Landgerichts herbeigeführt werden, in dessen Bezirk der Notar seinen Amtssitz hat (§ 156 Abs. 1 KostO).

90

Seit Inkrafttreten des neuen Verfahrensgesetzes in Familiensachen und in Angelegenheiten der freiwilligen Gerichtsbarkeit (FamFG) am 1.9.2009[50] kann gegen die Entscheidung des Land-

91

---

47 OLG Hamm JurBüro 1971, 756; BayObLG JurBüro 1980, 756; Korintenberg/*Bengel/Tiedtke*, § 154 Rn 7; *Assenmacher/Mathias*, S. 583 „Kostenberechnung".
48 OLG Hamm JurBüro 1993, 308; OLG Düsseldorf RNotZ 2001, 174; kritisch hierzu: *Grauel*, ZNotP 2001, 206; *Tiedtke*, MDR 2001, 175.
49 Ausführlich in *Rohs/Wedewer*, § 154 Rn 16 m.w.N.
50 BGBl. I 2008, S. 2586.

gerichts, ohne Rücksicht auf den Wert des Beschwerdegegenstandes, Beschwerde beim Oberlandesgericht eingelegt werden (§ 156 Abs. 3 KostO). Das Beschwerdeverfahren richtet sich nach § 58 ff. FamFG, sodass die Beschwerdefrist einen Monat beträgt (§ 63 Abs. 1 FamFG).

92   Unter den Voraussetzungen der §§ 70 ff. FamFG kann gegen die Entscheidung des OLG Rechtsbeschwerde zum BGH eingelegt werden.

93   Da die Auffassung und Handhabung zu verschiedenen Kostenfragen – sowohl aus Sicht der Mandanten als auch der Notariate **leider** – nach wie vor regional höchst unterschiedlich ist, insbesondere beim Ansatz der Gebühren für die „sog." Nebentätigkeiten des Notars (ausführlich dazu siehe § 45 Rn 1 ff.), wird nach wie vor eine möglichst einheitliche Rechtsprechung anzustreben sein.

94   Bislang wurde eine zunehmende Vereinheitlichung der Rechtsprechung und damit der Kostenberechnung dadurch erreicht, dass für die Oberlandesgerichte im Verfahren der weiteren Beschwerde eine Vorlagepflicht zum BGH dann bestand, wenn sie von einer auf eine weitere Beschwerde ergangenen Entscheidung eines anderen Oberlandesgerichts abweichen wollten (früherer § 156 Abs. 4 S. 4 KostO).

Diese Vorlagepflicht ist jedoch zum 1.9.2009 abgeschafft worden.

Klaus Sommerfeldt

§ 39 Anmeldungen zum Handelsregister

Inhalt
- A. Grundlagen — 1
- B. Geschäftswertermittlung — 4
- C. Einzelfälle — 13
- I. Anmeldungen mit bestimmtem Geldwert, § 41a Abs. 1 KostO — 14
  1. Erstanmeldung einer Kapitalgesellschaft (Abs. 1 Nr. 1) — 16
  2. Erstanmeldung eines VVaG (Abs. 1 Nr. 2) — 22
  3. Anmeldung der Erhöhung oder Herabsetzung des Stammkapitals einer GmbH (Abs. 1 Nr. 3) — 23
  4. Anmeldung eines Beschlusses der Hauptversammlung einer AG oder einer KG a.A. zu Kapitalmaßnahmen (Abs. 1 Nr. 4) — 24
  5. Erste Anmeldung oder Eintragung einer KG (Abs. 1 Nr. 5) — 29
  6. Eintritt oder Ausscheiden eines Kommanditisten (Abs. 1 Nr. 6) — 33
  7. Erhöhung oder Herabsetzung einer Kommanditeinlage (Abs. 1 Nr. 7) — 39
- II. Erstanmeldungen unbestimmten Geldwerts, § 41a Abs. 3 KostO — 41
  1. Erstanmeldung eines Einzelkaufmanns (Abs. 3 Nr. 1) — 42
  2. Erstanmeldung bei zwei Gesellschaftern einer OHG — 51
  3. Erstanmeldung einer juristischen Person nach § 33 HGB (Abs. 3 Nr. 3) — 54
- III. Spätere Anmeldungen unbestimmten Geldwerts, § 41a Abs. 4 KostO — 55
  1. Anmeldung zu einer Kapitalgesellschaft (Abs. 4 Nr. 1) — 56
  2. Anmeldung zu einem VVaG (Abs. 4 Nr. 2) — 67
  3. Anmeldung zu einer Personenhandelsgesellschaft (Abs. 4 Nr. 3) — 68
  4. Anmeldung zu einem Einzelkaufmann oder einer juristischen Person (Abs. 4 Nr. 4) — 71
- IV. Besonderheiten bei Zweigniederlassungen, § 41a Abs. 5 KostO — 75
  1. Grundsätze — 75
  2. Mehrere Anmeldungen zu Zweigniederlassungen — 83
  3. Anmeldungen, die sowohl die Hauptniederlassung als auch die Zweigniederlassung/en betreffen — 84
  4. Zweigniederlassungen von Unternehmen mit Sitz im Ausland — 96
  5. Unternehmen mit inländischem Doppelsitz — 98
- V. Anmeldungen ohne wirtschaftliche Bedeutung, § 41a Abs. 6 KostO — 99
- VI. Mehrheit von Anmeldungen — 106
  1. Rechtliche Grundlagen — 106
  2. Einzelfälle — 110
     a) Derselbe Gegenstand — 110
     b) Verschiedene Gegenstände — 111
  3. Weitere Erklärungen in einer Anmeldeurkunde — 112
  4. Änderung des Gesellschaftsvertrages vor der Eintragung — 114
  5. Anmeldungen zu sonstigen Registern — 115
     a) Anmeldung zum Partnerschaftsregister, § 41b KostO — 115
     b) Anmeldung zum Güterrechtsregister, § 28 KostO — 118
     c) Sonstige Anmeldungen zu einem Register, § 29 KostO — 119
     d) Anmeldungen zum Genossenschaftsregister — 122
     e) Anmeldungen zum Vereinsregister — 123

A. Grundlagen

Zur Anmeldung zum Handelsregister ist in der Regel eine entsprechende **unterschriftsbeglaubigte Erklärung des/der Anmeldenden** erforderlich (§ 12 Abs. 1 HGB, § 129 BGB). Dies gilt auch für die Einreichung der beim Gericht aufzubewahrenden Zeichnungen von Unterschriften. Nach § 12 Abs. 2 HGB bedürfen auch **Vollmachten** zu Anmeldungen zum Handelsregister der beglaubigten Form. Die entsprechende **Beglaubigungsgebühr** des Notars ist in § 45 KostO normiert und beträgt 1/4 der vollen Gebühr, höchstens 130 EUR (§ 45 Abs. 1 S. 1 KostO). 1

Regelmäßig wird allerdings vorab der **Entwurf** der Anmeldung durch den Notar gefertigt. Hierfür entsteht gem. § 145 Abs. 1 S. 1 KostO die für die Beurkundung von Anmeldungen bestimmte Gebühr (§ 38 Abs. 2 Nr. 7 KostO). Für die erste Unterschriftsbeglaubigung wird (auch bei 2 mehreren gleichzeitigen Unterschriften) daneben keine Gebühr erhoben (§ 145 Abs. 1 S. 4 KostO). Zu erheben ist daher regelmäßig eine Entwurfsgebühr gem. §§ 141, 32, 145 Abs. 1 S. 1, 38 Abs. 2 Nr. 7 KostO **(vollständiges Gebührenzitat gem. § 154 Abs. 2 KostO)** nach dem jeweiligen Geschäftswert.

3   Bei der bloßen **Überprüfung** einer vom Mandanten selbst gefertigten Erklärung entsteht gem. § 145 Abs. 1 S. 2 KostO die Hälfte der für die Beurkundung bestimmten Gebühr, mindestens jedoch eine 1/4 Gebühr. Die Höhe der Gebühr ist mithin identisch mit der Gebühr für die bloße Unterschriftsbeglaubigung.

B. Geschäftswertermittlung

4   **Bis zum 30.11.2004** galt für die Geschäftswertermittlung der zu erhebenden Notargebühr § 26 KostO. Diese Bestimmung (letztmalig neu gefasst durch Art. 2 des am 1.1.1997 in Kraft getretenen 2. Gesetzes zur Änderung des Rechtspflegeanpassungsgesetzes – RpflAnpG – und anderer Gesetze vom 30.12.1996)[1] wurde mit In-Kraft-Treten des Gesetzes zur Neuordnung der Gebühren in Handels-, Partnerschafts- und Genossenschaftsregistersachen (Handelsregistergebühren-Neuordnungsgesetz – HRegGebNeuOG)[2] aufgehoben.

5   **Seit dem 1.12.2004** ist für die Geschäftswertermittlung anstelle des aufgehobenen § 26 KostO der neu eingefügte § 41a KostO maßgeblich. Die im früheren § 26 KostO enthaltenen Regelungen wurden dort inhaltlich weitestgehend übernommen. Soweit sich Änderungen ergeben haben, wird dies bei der nachstehenden Kommentierung hervorgehoben. Zahlreiche herangezogenen Fundstellen beziehen sich zwar noch auf den bis zum 30.11.2004 gültigen § 26 KostO, sind aufgrund der weitgehenden Identität der Vorschriften jedoch weiterhin gültig.

6   Die recht umfangreiche Bestimmung des § 41a KostO gliedert sich in sechs Absätze mit weiteren zahlreichen Untergliederungen. Es ist zu unterscheiden zwischen
- Anmeldungen, aufgrund derer ein **bestimmter Geldbetrag** in das Handelsregister einzutragen ist; Diese Anmeldungen sind ausschließlich und abschließend in § 41a Abs. 1 KostO geregelt (früher § 26 Abs. 1 KostO);
- Anmeldungen, welche zu einer Eintragung **keines bestimmten Geldbetrages** führen (Anmeldungen unbestimmten Geldwertes) gem. § 41a Abs. 2 KostO (früher § 26 Abs. 2 KostO).

7   Bei Anmeldungen unbestimmten Geldwertes wiederum wird unterschieden zwischen
- **Erstanmeldungen** mit unbestimmtem Geldwert gem. § 41a Abs. 3 KostO (früher § 26 Abs. 3 KostO) und
- **späteren Anmeldungen** mit unbestimmtem Geldwert gem. § 41a Abs. 4 KostO (früher § 26 Abs. 4 KostO).

8   § 41a Abs. 5 KostO regelt die Anmeldungen und Eintragungen, welche **Zweigniederlassungen** betreffen.

9   § 41a Abs. 6 KostO (früher § 26 Abs. 7 KostO) betrifft die relativ seltenen Fälle der Anmeldung oder Eintragung von Fällen **ohne wirtschaftliche Bedeutung** (z.B. Änderung des Ortsnamens).

10 Mit Inkrafttreten des Gesetzes zur Modernisierung des GmbH-Rechts und zur Bekämpfung von Missbräuchen (MoMiG)[3] am 1.11.2008 wurde im Zusammenhang mit der neu eingeführten Unternehmergesellschaft (haftungsbeschränkt), welche bereits ab 1 € Stammkapital gegrün-

---

[1] BGBl I 1996, 2090 ff.
[2] BGBl I 2004, 1410 ff.
[3] BGBl 2008, 2026.

Sommerfeldt

det werden kann (§ 5a GmbHG), die Möglichkeit eröffnet, in besonders einfach gelagerten Standardfällen eine GmbH mittels eines Musterprotokolls zu gründen (§ 2 Abs. 1a GmbHG).

Für die Erstanmeldung einer Kapitalgesellschaft ist deshalb in § 41 a Abs. 1 Nr. 1 KostO ein neuer **Mindestwert** von 25.000 € eingeführt worden. Der Mindestwert gilt für die Anmeldung einer jeden Kapitalgesellschaft, also z.B. auch für die engl. Limited.

Ausnahme: Die in § 41 a KostO bestimmten Mindestwerte gelten seit Inkrafttreten des MoMiG (vgl. Rn 10) nicht, wenn eine GmbH (auch UG haftungsbeschränkt) mittels Musterprotokoll (§ 2 Abs. 1a GmbHG) gegründet wird (§ 41 d KostO). **11**

Der **Höchstwert** für Anmeldungen jedweder Art (auch für **mehrere** Anmeldungen in derselben Urkunde) beträgt gem. § 39 Abs. 5 Hs. 2 KostO **500.000 EUR**. **12**

C. Einzelfälle

Für Anmeldungen mit bestimmtem Geldwert richtet sich der Geschäftswert nach § 41a Abs. 1 KostO, für sämtliche sonstigen Anmeldungen (= Fälle unbestimmten Geldwerts) gem. § 41a Abs. 2 KostO nach den Absätzen 3 bis 7. **13**

I. Anmeldungen mit bestimmtem Geldwert, § 41a Abs. 1 KostO

Bei Anmeldungen mit bestimmtem Geldwert (§ 41a Abs. 1 KostO) bestimmt sich der Geschäftswert nach diesem Geldbetrag. Maßgeblich ist daher der einzutragende Geldbetrag bzw. bei Änderungen der Unterschiedsbetrag zwischen dem eingetragenen und dem stattdessen einzutragenden Geldwert. **14**

Die in Betracht kommenden Fälle sind in den Nummern 1 bis 7 des § 41a KostO **abschließend** aufgezählt. Sämtliche sonstigen Anmeldungen, welche ebenfalls auf einen bestimmten Geldbetrag zurückgeführt werden können, sind somit als Anmeldungen mit unbestimmtem Geldwert einzuordnen und zu bewerten. **15**

1. Erstanmeldung einer Kapitalgesellschaft (Abs. 1 Nr. 1)
Die Einzelfälle **16**
- **Neuanmeldung einer AG oder KGaA:** Der Geschäftswert für die Anmeldung berechnet sich nach dem jeweiligen Grundkapital. Ein in der Satzung bestimmtes genehmigtes Kapital ist dem Grundkapital hinzuzurechnen.
- Neuanmeldung einer AG mit gleichzeitiger **Ermächtigung des Vorstandes** zur Erhöhung des Grundkapitals: Maßgebender Geschäftswert ist das einzutragende Grundkapital zuzüglich genehmigtem Kapital.
- **Neuanmeldung einer GmbH:** Der Geschäftswert für die Anmeldung berechnet sich gem. § 41a Abs. 1 Nr. 1 KostO nach dem einzutragenden Stammkapital
- **Neuanmeldung einer engl. Limited:** Es handelt sich um die Anmeldung einer Kapitalgesellschaft, so dass auch für die engl. Limited (mangels anderer spezieller gesetzlicher Regelung) § 41a Abs. 1 Nr. 1 KostO anzuwenden sein wird.

Auch **Zweigniederlassungen ausländischer Unternehmen** sind nach überwiegender Meinung wie inländische **Haupt**niederlassungen zu behandeln.[4] Es ist daher für die Anmeldung der Zweig- **17**

---
[4] BayObLG NJW 1999, 654, 655; *Rohs/Wedewer*, § 41a Rn 57; *Korintenberg/Bengel/Tiedtke*, § 41a Rn 74–76; *Notarkasse*, Streifzug, Rn 902; a.A. OLG Düsseldorf Rpfleger 1999, 100 f., das ausländische Zweigniederlassungen kostenrechtlich wie inländische behandeln will.

niederlassung einer englischen Limited vom einzutragenden Stammkapital, d.h. dem oft geringen Betrag in englischen Pfund (GBP), der in Euro umzurechnen ist, auszugehen.

18 **Mindestwert für die Anmeldung von Kapitalgesellschaften:**
Der Mindestwert für die Anmeldung einer jeden Kapitalgesellschaft beträgt seit dem 1.11.2008 allerdings 25.000 € (§ 41a Abs. 1 Nr. 1 KostO). Damit ist dem früheren Missstand, dass die engl. Ltd, welche oftmals mit einem wesentlich geringeren Betrag gegründet worden ist, was zu sehr geringen – keinesfalls den Aufwand deckenden – Notariatsgebühren geführt hat, durch den Gesetzgeber abgeholfen worden.

19 **Ausnahme vom Mindestwert:**
Für die Anmeldung einer GmbH gilt der o.g. Mindestwert jedoch nicht, wenn die Gesellschaft mittels Musterprotokoll (§ 2 Abs. 1a GmbHG) gegründet worden ist (vgl. § 41d KostO). In Betracht kommt dies für die Unternehmergesellschaft (haftungsbeschränkt).

20 Der Mindestwert gilt nur dann nicht, wenn von dem vom Gesetzgeber konkret vorgegebenen Muster nicht abgewichen worden ist, d.h. es dürfen keine vom Gesetz abweichenden Bestimmungen getroffen werden, § 2 Abs. 1a S. 3 GmbHG.

21 Nicht um „abweichende Bestimmungen" in diesem Sinne handelt es sich jedoch, wenn in der Urkunde Feststellungen getroffen und Erklärungen abgegeben werden, die den Inhalt des Gesellschaftsvertrages sowie die Bestimmungen über die Geschäftsführung nicht betreffen. Dies sind z.B. Angaben zur notariellen Identitätsfeststellung zum Güterstand, zur Vertretung eines Gründungsmitglieds, die Zustimmung eines Ehegatten u.ä.

Unschädlich ist selbstverständlich auch ein Vorbefassungsvermerk nach § 3 Abs. 1 Satz 2 BeurkG.

2. Erstanmeldung eines VVaG (Abs. 1 Nr. 2)

22 Beim Versicherungsverein auf Gegenseitigkeit handelt es sich um eine versicherungsspezifische Rechtsform einer Kapitalgesellschaft.[5] Der (private) rechtsfähige VVaG erlangt seine Rechtsfähigkeit nicht erst mit der Eintragung ins Handelsregister, sondern bereits mit der Zulassung zum Geschäftsbetrieb durch die Aufsichtsbehörde (§ 15 Hs. 2 VAG), bedarf jedoch der Eintragung. Als bestimmter Geldwert ist der in der Satzung vorgesehene **Gründungsstock** (Gründungsfond) heranzuziehen.[6] Maßgebend ist dessen Nennbetrag.

3. Anmeldung der Erhöhung oder Herabsetzung des Stammkapitals einer GmbH (Abs. 1 Nr. 3)

23 Als Geschäftswert für die zu erhebende Gebühr ist der Unterschiedsbetrag zum eingetragenen Kapitalbetrag anzusetzen. Maßgebend ist der jeweilige Nominalbetrag. Bei gleichzeitiger Erhöhung und Herabsetzung hat eine Addition der Werte zu erfolgen.[7]

4. Anmeldung eines Beschlusses der Hauptversammlung einer AG oder einer KG a.A. zu Kapitalmaßnahmen (Abs. 1 Nr. 4)

24 – Maßnahmen der **Kapitalbeschaffung** (§§ 182 bis 221 AktG): Dem Beschluss über die genehmigte Kapitalerhöhung steht der Beschluss über die Verlängerung der Frist, innerhalb derer der Vorstand das Kapital erhöhen kann, gleich.
– Maßnahmen der **Kapitalherabsetzung** (§§ 222 bis 240 AktG).

---

5 Vgl. *Prölss*, Vor § 15 Rn 22.
6 *Otto*, JurBüro 1997, 61; *Tiedtke*, MittBayNot 1997, 14 f.
7 *Rohs/Wedewer*, § 41a Rn 13 m.w.N.

Beispiele 25
(1) Angemeldet wird die Beschlussfassung über die Erhöhung des Grundkapitals (§ 182 AktG). Der Geschäftswert für die Anmeldung berechnet sich gem. § 41a Abs. 1 Nr. 4 KostO nach dem Erhöhungsbetrag. Entsprechendes gilt für die Beschlussfassung über eine bedingte Kapitalerhöhung. (§ 192 AktG) oder die Herabsetzung des Grundkapitals (§ 222 AktG). Es ist der jeweilige Unterschiedsbetrag zum eingetragenen Kapitalbetrag anzusetzen. Maßgebend ist der jeweilige Nominalbetrag. Bei gleichzeitiger Erhöhung und Herabsetzung des Grundkapitals (§ 235 AktG) sind die Beträge zu addieren (§ 44 Abs. 2 Buchst. a) KostO).
(2) Angemeldet wird die **Ermächtigung des Vorstandes** einer Aktiengesellschaft das eingetragene Grundkapital zu erhöhen. Der Geschäftswert für die Anmeldung bestimmt sich gem. § 41a Abs. 1 Nr. 4 KostO nach dem Ermächtigungsbetrag. Entsprechendes gilt für die Verlängerung der Frist, binnen derer der Vorstand das Kapital erhöhen kann.
(3) Angemeldet wird die **Ermächtigung** zur Kapitalerhöhung und **zugleich deren Durchführung**. Beispielsweise wird das Grundkapital aufgrund der Ermächtigung zugleich um 300.000 EUR erhöht. Der Geschäftswert für diese Anmeldungen beträgt gem. § 41a Abs. 1 Nr. 4 KostO 300.000 EUR. Werden die aufgrund des Kapitalerhöhungsbeschlusses erteilte Ermächtigung zur Kapitalerhöhung und deren Durchführung in derselben Urkunde angemeldet, so betreffen beide Anmeldungen kostenrechtlich denselben Gegenstand. Es liegt Gegenstandsgleichheit i.S.v. § 44 Abs. 1 KostO vor. Geschäftswert für diese Anmeldungen ist somit lediglich der Geldbetrag der Ermächtigung von 300.000 EUR (nicht 600.000 EUR).[8] Zu erheben ist daher bei Entwurfsfertigung (geboten ist ein einheitlicher Entwurf) eine Entwurfsgebühr gem. §§ 141, 32, 145 Abs. 1 S. 1, 38 Abs. 2 Nr. 7 KostO zum Geschäftswert von 300.000 EUR.

Für alle **Anmeldungen zur Kapitalveränderung** gilt: Gleichzeitig mit angemeldete, sich aus 26 einer Kapitalveränderung ergebende Satzungsänderungen sind als gegenstandsgleich i.S.v. § 44 Abs. 1 KostO einzuordnen und nicht zu bewerten.

Der Geschäftswert für den Fall einer erst später gebotenen, gesonderten **Anmeldung der** 27 **Durchführung** einer Kapitalerhöhung bestimmt sich nach § 41a Abs. 4 Nr. 1 KostO. Es liegt dann also eine Anmeldung **unbestimmten** Geldwertes vor.

Entsprechendes gilt auch für die Anmeldung des Vorstandes nach § 201 AktG über die Ausgabe 28 von Bezugsaktien, sowie weitere, nicht in § 41a Abs. 1 Nr. 4 KostO genannte Maßnahmen zur Kapitalbeschaffung wie Verkürzung der Ermächtigungsdauer, Änderung des Erhöhungsbetrages, Aufhebung der Ermächtigung (Analogieverbot). Auch diese Anmeldungen sind gem. § 41a Abs. 2 KostO als solche **unbestimmten** Geldwertes anzusehen und fallen unter § 41a Abs. 4 Nr. 1 KostO.[9]

5. Erste Anmeldung oder Eintragung einer KG (Abs. 1 Nr. 5)
Maßgebend ist die Summe der Kommanditeinlagen; hinzuzurechnen sind 25.000 EUR für den 29 ersten und 12.500 EUR für jeden weiteren persönlich haftenden Gesellschafter.

Beispiele 30
(1) Angemeldet wird die Errichtung einer Kommanditgesellschaft. Kommanditisten sind A, B und C mit einer Einlage von jeweils 20.000 EUR. Persönliche haftende Gesellschafter sind D und F. Der Geschäftswert für diese Anmeldungen berücksichtigt die besondere Stellung einer Kommanditgesellschaft als Personengesellschaft mit Kapitalbeteiligung(en). Für beides ist gem. § 41a Abs. 1 Nr. 5 KostO ein Geschäftswertanteil vorgesehen.
Der Geschäftswert errechnet sich nach der genannten Bestimmung wie folgt:

Kommanditeinlagen (gesamt):	60.000 EUR
erster persönlich haftender Gesellschafter	25.000 EUR
ein weiterer persönlich haftender Gesellschafter	12.500 EUR
Geschäftswert (gesamt):	97.500 EUR.

---
8 Korintenberg/Bengel/Tiedtke, § 41a Rn 26.
9 Rohs/Wedewer, § 41a Rn 14.

Zu erheben ist daher die Entwurfsgebühr gem. §§ 141, 32, 145 Abs. 1 S. 1, 38 Abs. 2 Nr. 7 KostO zum Geschäftswert von 97.500 EUR.

(2) Angemeldet wird die Errichtung einer Kommanditgesellschaft. Kommanditisten sind A mit einer Einlage von 200.000 EUR und B mit einer Einlage von 250.000 EUR. Persönliche haftende Gesellschafter sind die ABC-GmbH, welche über ein eingetragenes Stammkapital von 100.000 EUR verfügt, sowie die XY-GmbH mit einem eingetragenen Stammkapital von 200.000 EUR.

Der Geschäftswert errechnet sich nach § 41a Abs. 1 Nr. 5 KostO wie folgt:

Kommanditeinlagen (gesamt)	450.000 EUR
erster persönlich haftender Gesellschafter	25.000 EUR
ein weiterer persönlich haftender Gesellschafter	12.500 EUR
Geschäftswert (gesamt):	487.500 EUR

Zu berücksichtigen ist, dass bei der Geschäftswertermittlung auch hier für die persönlich haftenden Gesellschafter die Erhöhungsbeträge nach § 41a Abs. 1 Nr. 5 KostO maßgebend sind. Das jeweilige Stammkapital ist unerheblich.

Zu erheben ist daher eine Entwurfsgebühr gem. §§ 141, 32, 145 Abs. 1 S. 1, 38 Abs. 2 Nr. 7 KostO zum Geschäftswert von 487.500 EUR.

31 Die Vorschrift gilt auch für Anmeldung einer engl. Limited & Co. KG. Es handelt sich um eine deutsche Kommanditgesellschaft, lediglich der Komplementär ist eine englische Kapitalgesellschaft.

32 Die **Umwandlung einer OHG in eine KG** durch Eintritt eines oder mehrerer Kommanditisten ist nicht als Erstanmeldung einer Kommanditgesellschaft einzuordnen. Die Geschäftswertberechnung bestimmt sich vielmehr nach § 41a Abs. 1 Nr. 6 KostO, da keine neue Rechtspersönlichkeit angemeldet wird. Gleiches gilt auch für den umgekehrten Fall der Beteiligungsumwandlung.[10]

6. Eintritt oder Ausscheiden eines Kommanditisten (Abs. 1 Nr. 6)

33 Geregelt sind die Fälle des **Eintretens** oder **Ausscheiden** eines Kommanditisten, Kommanditistenwechsel im Wege der **Sonderrechtsnachfolge** sowie die Fälle der **Beteiligungsumwandlung**. Ist ein Kommanditist als **Nachfolger** eines anderen, ein bisher persönlich haftender Gesellschafter als Kommanditist oder ein bisheriger Kommanditist als persönlich haftender Gesellschafter einzutragen, ist die einfache Kommanditeinlage maßgebend.

34 **Beispiele**
(1) Angemeldet werden das Ausscheiden des Kommanditisten A mit einer Kommanditeinlage von 50.000 EUR sowie der Eintritt des Kommanditisten F mit einer Kommanditeinlage von 100.000 EUR.
Der Geschäftswert für diese Anmeldungen berechnet sich nach § 41a Abs. 1 Nr. 6 KostO.
Kommanditeinlage A = 50.000 EUR
Kommanditeinlage B = 100.000 EUR
Es handelt sich um voneinander unabhängige Kommanditistenwechsel. Ausscheiden und Eintritt sind deshalb besonders zu bewerten. Die Kommanditeinlagen sind sodann nach § 44 Abs. 2 Buchst. a) KostO zu addieren.[11]
Zu erheben ist daher eine Entwurfsgebühr gem. §§ 141, 32, 145 Abs. 1 S. 1, 38 Abs. 2 Nr. 7 KostO zum Geschäftswert von 150.000 EUR.

35 (2) Angemeldet wird das Ausscheiden des Kommanditisten A mit einer Einlage von 300.000 EUR. An dessen Stelle ist der Kommanditist mit einer Einlage von 300.000 EUR eingetreten.
Bei einem Kommanditisten im Wege der Sonderrechtsnachfolge oder Gesamtrechtsnachfolge ist für die Anmeldung des Kommanditistenwechsels die einfache Kommanditeinlage als Geschäftswert anzusetzen.[12]

---

10 OLG Düsseldorf DNotZ 1978, 756 = Rpfleger 1978, 394; Korintenberg/*Bengel/Tiedtke*, § 41a Rn 51; *Rohs/Wedewer*, § 41a Rn 15.
11 *Rohs/Wedewer*, § 41a Rn 16; Notarkasse, Streifzug, Rn 809.
12 Korintenberg/*Bengel/Tiedtke*, § 41a Rn 38, 39; *Rohs/Wedewer*, § 41a Rn 17; Notarkasse, Streifzug, Rn 804.

Zu erheben ist daher eine Entwurfsgebühr gem. §§ 141, 32, 145 Abs. 1 S. 1, 38 Abs. 2 Nr. 7 KostO zum Geschäftswert von 300.000 EUR.

(3) Angemeldet wird hinsichtlich des Kommanditisten A dessen Ausscheiden als Kommanditist mit einer Kommanditeinlage von 600.000 EUR und Eintreten als persönlich haftender Gesellschafter. **36**
Als Geschäftswert ist nach § 41a Abs. 1 Nr. 6 KostO die (einfache) Kommanditeinlage des Kommanditisten A anzusetzen (Beteiligungsumwandlung).[13]

Der Höchstwert für jede Anmeldung nach § 41a Abs. 1 Nr. 6 KostO beträgt jedoch 500.000 EUR. Bei mehreren Anmeldungen gilt gem. § 39 Abs. 4 Hs. 2 KostO ebenfalls ein Höchstwert von 500.000 EUR. Zu erheben ist daher eine Entwurfsgebühr gem. §§ 141, 32, 145 Abs. 1 S. 1, 38 Abs. 2 Nr. 7 KostO zum Geschäftswert von 500.000 EUR. **37**
Entsprechendes gilt für den Fall des Ausscheidens als persönlich haftender Gesellschafter und Eintreten als Kommanditist. Auch dann ist die einfache Kommanditeinlage als Geschäftswert anzusetzen.

(4) Angemeldet wird hinsichtlich des Kommanditisten A dessen Ausscheiden als Kommanditist mit einer Kommanditeinlage von 300.000 EUR und Eintreten als persönlich haftender Gesellschafter. Ferner wird das Ausscheiden des persönlich haftenden Gesellschafters B und dessen Eintreten als Kommanditist mit einer Kommanditeinlage von 100.000 EUR angemeldet. **38**
Der Geschäftswert für diese Anmeldungen berechnet sich jeweils nach § 41a Abs. 1 Nr. 6 KostO. Es handelt sich um voneinander unabhängige Beteiligungsumwandlungen.

Beteiligungsumwandlung A 300.000 EUR
Beteiligungsumwandlung B 100.000 EUR

Die Kommanditeinlagen sind sodann nach § 44 Abs. 2 Buchst. a) KostO zu addieren. Zu erheben ist daher eine Entwurfsgebühr gem. §§ 141, 32, 145 Abs. 1 S. 1, 38 Abs. 2 Nr. 7 KostO zum Geschäftswert von 400.000 EUR.

7. Erhöhung oder Herabsetzung einer Kommanditeinlage (Abs. 1 Nr. 7)

Als Geschäftswert für die zu erhebende Gebühr ist der Unterschiedsbetrag zum eingetragenen Kapitalbetrag anzusetzen. Maßgebend ist der jeweilige Nominalbetrag. **39**

Beispiel
Angemeldet wird die Erhöhung der Kommanditeinlage des A von 120.000 EUR auf 200.000 EUR. Der Geschäftswert für diese Anmeldung beläuft sich nach § 41a Abs. 1 Nr. 7 KostO auf einen Betrag von 80.000 EUR. Zu erheben ist daher eine Entwurfsgebühr gem. §§ 141, 32, 145 Abs. 1 S. 1, 38 Abs. 2 Nr. 7 KostO zum Geschäftswert von 80.000 EUR.

Entsprechendes gilt für die **Herabsetzung** einer Kommanditeinlage. **Mehrere Erhöhungen bzw. Herabsetzungen** sind gem. § 44 Abs. 2 Buchst. a) KostO zu addieren. Der Höchstwert des § 39 Abs. 4 Hs. 2 KostO ist hierbei zu beachten. **40**

II. Erstanmeldungen unbestimmten Geldwerts, § 41a Abs. 3 KostO

§ 41a Abs. 3 KostO regelt die nachfolgenden Fälle von sonstigen **Erstanmeldungen**. **41**

1. Erstanmeldung eines Einzelkaufmanns (Abs. 3 Nr. 1)

Neben der erstmaligen Anmeldung eines Einzelhandelsunternehmens liegt eine Erstanmeldung auch dann vor, wenn ein bestehendes Einzelhandelsunternehmen auf eine neue Rechtspersönlichkeit übergeht. Der Geschäftswert beträgt 25.000 EUR. **42**

---

[13] Korintenberg/*Bengel/Tiedtke*, § 41a Rn 38, 39, 39; *Rohs/Wedewer*, § 41a Rn 17; Notarkasse, Streifzug, Rn 806.

43 **Beispiele**
(1) Übergang aufgrund Rechtsgeschäftes unter Lebenden wie Veräußerung des Unternehmens, Verpachtung, Nießbrauch oder ähnliches (§ 22 Abs. 2 HGB). Irrelevant ist hierbei, ob die Firma des bisherigen Inhabers ohne Änderungen oder mit einem Namenszusatz fortgeführt wird (§ 18 Abs. 2 S. 3 HGB) oder der neue Inhaber mit einer neuen Firma startet. Sofern die Firma nicht fortgeführt wird, ist die Anmeldung des Erlöschens der bisherigen Firma besonders und zwar nach § 41a Abs. 4 Nr. 4 KostO (spätere Anmeldung unbestimmten Geldwertes) zu bewerten. Es ergibt sich in diesem Fall eine Werteverdoppelung auf 50.000 EUR (§ 44 Abs. 2 Buchst. a) KostO.[14] Ebenfalls unerheblich ist, ob ein Haftungsausschluss gem. § 25 Abs. 2 HGB erfolgt oder nicht.

44 (2) Übergang des Unternehmens einer OHG oder KG auf einen Gesellschafter als Einzelunternehmen.[15] Die Anmeldung des Erlöschens der bisherigen Firma ist auch hier besonders zu bewerten.

45 (3) Auflösung einer OHG oder KG und Fortführung des Unternehmens durch einen der bisherigen Gesellschafter. Die Anmeldung des Einzelhandelsunternehmens ist auch in diesem Fall eine Anmeldung nach § 41a Abs. 3 Nr. 1 KostO. Die Anmeldung der Auflösung und Fortführung des Unternehmens bei der OHG und KG ist hingegen eine (spätere) Anmeldung nach § 41a Abs. 4 Nr. 3 KostO.[16] Es ergibt sich daher auch für diesen Fall eine Werteverdoppelung auf 50.000 EUR (§ 44 Abs. 2 Buchst. a) KostO).[17]

46 (4) Ebenfalls eine Werteverdoppelung entsteht bei Anmeldung eines bislang nicht eingetragenen Einzelhandelsunternehmens und der gleichzeitigen Erstanmeldung des Erwerbers dieses Unternehmens.

47 (5) Übergang und Fortführung des Unternehmens durch einen Erben; auch bei Fortführung durch eine ungeteilte Erbengemeinschaft (ohne Gründung einer Personenhandelsgesellschaft).[18]

48 (6) Vermögensübergang einer Kapitalgesellschaft (AG, KGaA, GmbH) auf einen Gesellschafter bzw. Aktionär gem. § 120 UmwG.[19]

49 (7) Sitzverlegung eines ausländischen Einzelkaufmanns in die Bundesrepublik.

50 (8) Anmeldung der Unternehmensführung durch einen Testamentsvollstrecker im eigenen Namen.[20]

2. Erstanmeldung bei zwei Gesellschaftern einer OHG

51 Der Geschäftswert beträgt 37.500 EUR. Hat die Gesellschaft mehr als zwei Gesellschafter, erhöht sich der Wert für den dritten und jeden weiteren Gesellschafter um jeweils 12.500 EUR.

52 Eine Anmeldung nach dieser Bestimmung liegt auch vor, wenn durch Eintritt eines Gesellschafters in ein Einzelunternehmen oder durch Formwechsel einer Kapitalgesellschaft eine OHG entsteht. Bei Umwandlung einer KG in eine OHG aufgrund einer Beteiligungsumwandlung des einen oder sämtlicher Kommanditisten (Ausscheiden als Kommanditist und Eintritt als persönlich haftender Gesellschafter) ist hingegen § 41a Abs. 1 Nr. 6 KostO anwendbar.[21]

53 Die Vorschriften der OHG für die Erstanmeldung gelten auch für die Anmeldung einer Europäischen wirtschaftlichen Interessenvereinigung (§ 1 EWIV-Ausführungsgesetz).[22]

3. Erstanmeldung einer juristischen Person nach § 33 HGB (Abs. 3 Nr. 3)

54 Hierunter fallen die gem. § 1 HGB ins Handelsregister einzutragenden wirtschaftliche Vereine oder ideelle Vereine mit kaufmännischem Geschäftsbetrieb, privatrechtliche Stiftungen, öffentlich-rechtliche Anstalten, Stiftungen und Körperschaften.[23] Der Geschäftswert beträgt 50.000 EUR.

---

14 *Notarkasse*, Streifzug, Rn 813, *Rohs/Wedewer*, § 41a Rn 19.
15 LG Osnabrück KostRsp Nr. 23 zu § 26.
16 *Rohs/Wedewer*, § 41a Rn 19; LG Osnabrück KostRsp Nr. 9 zu § 26 m. Anm. *Lappe*.
17 *Korintenberg/Reimann*, § 41a Rn 63.
18 *Rohs/Wedewer*, § 41a Rn 19; *Korintenberg/Reimann*, § 41a Rn 48.
19 *Rohs/Wedewer*, § 41a Rn 19.
20 *Korintenberg/Reimann*, § 41a Rn 48.
21 *Rohs/Wedewer*, § 41a Rn 21.
22 *Korintenberg/Bengel/Tiedtke*, § 41a Rn 53.
23 *Rohs/Wedewer*, § 41a Rn 23.

III. Spätere Anmeldungen unbestimmten Geldwerts, § 41a Abs. 4 KostO

Spätere sonstige Anmeldungen sind in § 41a Abs. 4 KostO (bis 30.11.2004: § 26 Abs. 4 KostO) geregelt. Abhängig davon, zu welcher Art von Unternehmen eine derartige Anmeldung erfolgt, ist der anzusetzende Geschäftswert unterschiedlich zu bestimmen. 55

1. Anmeldung zu einer Kapitalgesellschaft (Abs. 4 Nr. 1)

Wenn die Anmeldung eine Kapitalgesellschaft betrifft, beträgt der Geschäftswert eins vom Hundert des eingetragenen Grund- oder Stammkapitals, mindestens 25.000 EUR. 56

Da der Wortlaut der Vorschrift auf das **eingetragene** Kapital abstellt, sind zugleich angemeldete Kapitalveränderungen unberücksichtigt zu lassen.[24] Die in § 26 Abs. 4 Nr. 1 KostO (gültig bis zum 30.11.2004) enthaltenen Höchst- und Mindestwerte sind entfallen, da die Eintragungsgebühren des Gerichts nunmehr anderweitig festgelegt werden (§ 79a KostO) und der Höchstwert für Anmeldungen sich aus § 39 Abs. 4 KostO ergibt.

Ausnahme vom Mindestwert bei Änderungen des Musterprotokolls einer GmbH: 57

Nach dem ausdrücklichen Wortlaut § 41 d KostO gilt der Mindestwert von 25.000 € nicht für Anmeldungen von Änderungen des Gesellschaftsvertrages einer GmbH, wenn diese mittels Musterprotokoll gegründet worden ist und mit den angemeldeten Änderungen inhaltlich nicht von dem gesetzlich vorgeschriebenen Muster abgewichen wird (§ 41 d KostO).

Der Geschäftswert beträgt somit auch dann nur 1% des eingetragenen Grund- oder Stammkapitals, wenn sich ein geringerer Betrag als 25.000 € ergibt.

Fraglich ist, ob nur die sich im Rahmen der Neugründung ergebende Änderungen oder generell (auch spätere) Änderungen des Gesellschaftsvertrages kostenrechtlich privilegiert sind. 58

Der Wortlaut des § 41d KostO differenziert hier nicht, spricht also dafür, dass der Mindestwert generell dann nicht gilt, wenn Änderungen des Gesellschaftsvertrags angemeldet werden. Allerdings müssen sich alle Änderungen im Rahmen des ursprünglichen Musterprotokolls bewegen.

Dies bedeutet, dass, wenn eine Gesellschaft mittels Musterprotokoll gegründet wurde, und – ggf Jahre später oder in kurzer Folge immer wieder – eine Änderung des Gesellschaftsvertrags angemeldet wird, die lediglich Firma, Sitz oder/und Gegenstand des Unternehmens betreffen, lediglich mit 1% des Stammkapitals zu bewerten ist (kein Mindestwert). Dies gilt nicht nur für die UG, sondern auch für alle anderen GmbH´s, die mit Musterprotokoll gegründet wurden. 59

Hierunter dürften dann auch Beschlüsse über die Abberufung und Neubestellung des Geschäftsführers fallen, da die Erstbestellung mittels Musterprotokoll erfolgt.[25]

Anmeldung der inländischen Geschäftsanschrift: 60

Seit Inkrafttreten des MoMiG zum 1.11.2008 besteht die generelle Verpflichtung zur Ameldung einer inländischen Geschäftsanschrift (bzgl. GmbH vgl. §§ 10 Abs. 1 Satz 1, 8 Abs. 4 Nr. 1 GmbHG

Zweck inbesondere:
- Ermöglichen einer ordnungsgemäßen Insolvenz und Liquidation
- Ermöglichen von Zustellungen, § 35 Abs. 2 GmbHG
- erleichterte öffentliche Zuständigkeit, § 185 Nr. 2 ZPO

Änderungen der inländischen Geschäftsanschrift sind ebenfalls anmelde- und eintragungspflichtig 61

---

24 *Otto*, JurBüro 1997, 61, 63.
25 *Rohs/Wedewer*, KostO, § 41d Rn 5; a.A. *Sikora/Tiedtke/Regler*, MittBayNot 2008, 437 ff., die das Kostenprivileg nicht für den späteren Geschäftsführerwechsel zubilligen.

62 Pflicht zur Anmeldung gilt insbes. auch für
– Aktiengesellschaft
– für alle im HGB geregelten Gesellschaften, Bsp.: OHG, § 106, § 108 HGB, KG, § 161 HGB i.V.m. §§ 106, 108 HGB

Anmeldepflicht bestand auch für bestehende Gesellschaften mit der ersten Anmeldung nach Inkrafttreten des MoMiG, spätestens bis zum 31.10.2009, § 3 Abs. 1 EGGmbHG.

63 Zur Erforderlichkeit der Anmeldung einer inländischen Geschäftsanschrift bei Altgesellschaften vgl. OLG München.[26]

64 Es handelt sich um eine spätere Anmeldung unbestimmten Geldwertes i.S.v. § 41a Abs. 4 Nr. 1 KostO.[27]

65 Eine Anmeldung ohne wirtschaftliche Bedeutung scheidet m.E. angesichts der erheblichen wirtschaftlichen Bedeutung einer zutreffenden Geschäftsanschrift für das Unternehmen aus.[28] Auch wird dem Gläubigerschutz Rechnung getragen, da die inländische Geschäftsanschrift Registerinhalt (§ 10 Abs. 1 Satz 1 GmbHG) wird, was die Zustellung an die Gesellschaft nach den durch die Reform ebenfalls neu gefassten Zustellungs- und Zugangsregelungen erheblich erleichtert.[29]

66 Bei der Erstanmeldung einer GmbH ist die inländische Geschäftsanschrift zwingender Bestandteil der Anmeldung (§ 8 GmbHG) und daher als gegenstandsgleich nicht zu bewerten.

2. Anmeldung zu einem VVaG (Abs. 4 Nr. 2)

67 Betrifft die Anmeldung einen Versicherungsverein auf Gegenseitigkeit, beträgt der Geschäftswert 50.000 EUR.

3. Anmeldung zu einer Personenhandelsgesellschaft (Abs. 4 Nr. 3)

68 Wenn die Anmeldung eine Personenhandelsgesellschaft betrifft, beträgt der Geschäftswert 25.000 EUR; bei Eintritt oder Ausscheiden von mehr als zwei persönlich haftenden Gesellschaftern sind als Wert 12.500 EUR für jeden eintretenden und ausscheidenden Gesellschafter anzunehmen. Die Regelung ist auch auf die Europäische wirtschaftliche Interessenvereinigung (**EWIV**) anwendbar, da gem. § 1 EWIV-Ausführungsgesetz die Vorschriften über die OHG entsprechende Anwendung finden.

69 Die besondere Regelung für Eintritt und Ausscheiden von Komplementären geht als lex specialis dem § 44 Abs. 2 KostO vor. Derartige Anmeldungen sind als gegenstandsgleich und mit den genannten Festbeträgen zu bewerten. Die Vorschrift wird zur Vermeidung der Merkwürdigkeit, dass Ein- und Austritt von zwei Komplementären einen höheren Geschäftswert ergäbe als derselbe Vorgang bei drei persönlich haftenden Gesellschaftern, zutreffend überwiegend so ausgelegt, dass die Anmeldung von bis zu zwei Komplementären noch mit dem (einmaligen) Geschäftswert von 25.000 EUR zu bewerten ist, während für jeden weiteren Gesellschafter ein Mehrbetrag von 12.500 EUR vorgesehen ist.[30] Ein Vergleich mit der Erstanmeldung einer OHG (§ 41a Abs. 3 Nr. 2 KostO) und einer Kommanditgesellschaft (§ 41a Abs. 1 Nr. 5 KostO), bei denen sich bei zwei Komplementären jeweils Geschäftswerte von 37.500 EUR (als Endwert bzw. Hinzu-

---

26 OLG München DNotZ 2009, 232 m. Anm. *Kanzleiter*.
27 *Rohs/Wedewer*, § 41a, Rn. 26a; *Sikora/Tiedtke*, MittbayNot 2009, 209 ff,; Ländernotarkasse Leipzig, NotBZ 2009, 56.
28 A.A.: *Filzek*, KostO, § 41d Rn 7.
29 Vgl. BT-Drucks 16/6140, 35; *Wedemann*, GmbHR 2008, 1131.
30 *Korintenberg/Bengel/Tiedtke*, § 41a Rn 66; *Rohs/Wedewer*, § 41a Rn 45; ausführlich *Filzek*, § 41a Rn 15.

rechungsbetrag) ergeben, könnten jedoch hieran zweifeln lassen. Allerdings weicht der Gesetzeswortlaut erheblich voneinander ab.

Eine Klärung dieser Zweifelsfrage, welche bereits zum früheren § 26 Abs. 1 Nr. 3 KostO bestand, ist leider auch nicht durch das zum 1.12.2004 in Kraft getretene Handelsregistergebühren-Neuordnungsgesetz (HRegGebNeuOG)[31] erfolgt, in welches die bisherige Vorschrift kommentarlos übernommen wurde. Der Wille des Gesetzgebers ist auch nicht aus der Gesetzesbegründung hierzu[32] zu entnehmen. 70

4. Anmeldung zu einem Einzelkaufmann oder einer juristischen Person (Abs. 4 Nr. 4)

Betrifft die Anmeldung einen Einzelkaufmann oder eine juristische **Person** (§ 3 HGB), beträgt der Geschäftswert 25.000 EUR. 71

Beispiele
- Firmenänderung oder Verlegung der Hauptniederlassung im Inland (Einzelhandelsunternehmen, Personengesellschaft). Hingegen ist als Erstanmeldung (§ 41a Abs. 1 und 3 KostO) die Verlegung des Sitzes eines ausländischen Unternehmens in den Bereich der Bundesrepublik Deutschland zu bewerten.
- Satzungsänderung einer GmbH oder AG (z.B. Änderung der Firma, des Unternehmensgegenstandes, Sitzverlegung im Inland); auch Satzungsänderung mit bestimmtem Geldbetrag (z.B. Vergütung von Aufsichtsrat, Beirat usw.) fallen hierunter.[33]

Lediglich die auch eine Satzungsänderung erforderlichen Kapitalveränderungen nach § 41a Abs. 1 Nr. 3 und 4 KostO sind (ausschließlich) als solche mit bestimmtem Geldbetrag zu bewerten. 72

Die **Bestellung des Beirates** selbst ist nicht zur Eintragung anzumelden. Es erfolgt lediglich eine informatorische Mitteilung an das Registergericht. 73

Die **Durchführung** der Kapitalerhöhung **aufgrund vorheriger Ermächtigung** das eingetragene Grundkapital einer Aktiengesellschaft zu erhöhen, ist eine Anmeldung mit unbestimmtem Geldwert nach § 41a Abs. 4 Nr. 1 KostO.[34]

Eine **Satzungsänderung in mehreren Punkten** ist – entsprechend der Anmeldung einer völligen Satzungsneufassung – als einheitliche Anmeldung anzusehen.[35]

Besonderheiten ergeben sich bei Änderungen im Umfang der Vertretungsbefugnisse von gesetzlichen oder gewillkürten Vertretern, insbesondere bei Neuanmeldung und Ausscheiden von Geschäftsführern oder Prokuristen: 74

- Die **Neuanmeldung einer Prokura** ist auch dann eine „spätere Anmeldung" i.S.v. § 41a Abs. 4 KostO, wenn diese zugleich bereits mit der Erstanmeldung einer Firma erfolgt, da die Prokuraanmeldung eine bereits bestehende Firma voraussetzt und zur Ersteintragung (im Gegensatz zu gesetzlichen Vertretungsorganen) nicht notwendig ist.[36] Bei der **Erstanmeldung** einer Gesellschaft ist die gleichzeitige Anmeldung des gesetzlich vorgesehenen Vertretungsorgans, z.B. Geschäftsführer gegenstandsgleich und nicht besonders zu bewerten.
- Jede **Veränderung zur organschaftlichen Vertretung** (z.B. Ausscheiden und Neueintritt von persönlich haftenden Gesellschaftern, Geschäftsführern oder Prokuristen) ist – im Gegensatz zu den betreffenden Gesellschafterbeschlüssen (vgl. insoweit § 41c Abs. 3 S. 3

---

31 BGBl I 2004, 1410 ff.
32 BT-Drucks 15/2251.
33 OLG Hamm JurBüro 1979, 1359 = Rpfleger 1979, 397 = MittBayNot 1979, 197.
34 *Rohs/Wedewer*, § 41a Rn 14.
35 Korintenberg/*Bengel/Tiedtke*; § 41a Rn 58.
36 OLG Frankfurt JurBüro 1963, 549 = Rpfleger 1963, 304; OLG Düsseldorf JMBl 1961, 287.

KostO, bis 30.11.04: § 27 Abs. 3 S. 3 KostO) – nach einer der ersten Entscheidungen des Bundesgerichtshofs zum notariellen Kostenrecht ein **besonders** zu bewertender Vorgang.[37] Die hierzu bislang unterschiedlichen Auffassungen (teils wurde zur Vertretungsberechtigung eines Unternehmens ein einheitlicher Vorgang angenommen, teils unterschieden zwischen gesetzlicher und gewillkürter Vertretung) sind durch den Bundesgerichtshof nunmehr im Sinne der m.E. zutreffenden überwiegenden Auffassung entschieden worden.[38]

- Für die Anmeldung von Prokuren gilt die **Wertbestimmung** des § 41a Abs. 4 KostO. Die früheren Festwerte nach § 26 Abs. 5 KostO galten – bereits nach dem eindeutigen Wortlaut der Vorschrift – **nur** für die Eintragungsgebühren des Gerichts und sind seit dem 1.12.2004 entfallen.
- Bei **Sitzverlegung** eines im Inland ansässigen Unternehmens ist eine bereits bestehende Prokura nicht neu anzumelden.[39]
- Bei der Anmeldung der **Liquidation** ist die gleichzeitige **Anmeldung des Liquidators** gegenstandsgleich (siehe nachfolgende Ausführungen zu „mehreren" Anmeldungen).
- Bei der Anmeldung des **Erlöschens einer Firma** ist eine Anmeldung des dadurch bedingten **Erlöschens einer Prokura** (wie auch des gesetzlichen Vertreters) nicht erforderlich.[40]

IV. Besonderheiten bei Zweigniederlassungen, § 41a Abs. 5 KostO

1. Grundsätze

75 Die Besonderheiten bei Zweigniederlassungen sind in § 41a Abs. 5 (bis zum 30.11.2004: § 26 Abs. 6) KostO geregelt. Betrifft eine Anmeldung eine Zweigniederlassung, so beträgt der Geschäftswert lediglich die Hälfte des nach § 41a Abs. 1, 3 oder 4 KostO bestimmten Wertes. Es ist also zunächst der Geschäftswert so zu ermitteln, als ob das gesamte Unternehmen betroffen wäre. Wenn **eine Zweigniederlassung** besteht, ist dieser Wert alsdann zu halbieren.

76 Anzuknüpfen ist nach dem ausdrücklichen Gesetzeswortlaut an den nach den in den Abs. 1, 3 oder 4 zu bestimmenden Werten. Soweit dort ein bestimmter Geldwert vorgesehen ist, z.B. bei der Erstanmeldung einer Kapitalgesellschaft (Abs. 1 Nr. 1) oder aufgrund einer besonderen Wertbestimmung (z.B. Abs. 1 Nr. 5), ist diese Bestimmung heranzuziehen und der sich sodann ergebende Wert nach Abs. 5 zu reduzieren.

77 Der abweichenden Ansicht des OLG Schleswig-Holstein[41] sowie des OLG Düsseldorf[42] ist – übereinstimmend mit der überwiegenden Auffassung in der Literatur[43] – nicht zu folgen. Die entsprechenden Ausführungen von *Rohs/Wedewer*[44] sind überzeugend und bestätigen sich nunmehr durch die Gesetzesbegründung zu dem zum 1.12.2004 in Kraft getretenen HRegGebNeuOG.[45] Der Entwurf der Bundesregierung stellt die Intention des Gesetzgebers bereits zu dem bis zum 30.11.2004 gültigen § 26 Abs. 6 KostO in der Begründung zu Nr. 6 des Entwurfes (Abs. 2) ausdrücklich klar.

---

37 BGH BGHZ 153, 22 = MDR 2003, 355 = Rpfleger 2003, 266 = JurBüro 2003, 270.
38 **Bestätigt:** OLG Karlsruhe DNotZ 1963, 500; OLG Frankfurt DNotZ 1967, 332; OLG Hamm JurBüro 1971, 349; KG MittRhNotK 2000, 260; OLG Zweibrücken FGPrax 2000, 252; LG Hannover JurBüro 2002, 91; LG Kassel JurBüro 2001, 151; **entgegen:** OLG Celle JurBüro 1966, 692; OLG Stuttgart JurBüro 1988, 1371; LG Kleve DB 1988, 1007; LG Hannover JurBüro1993, 432.
39 OLG Frankfurt JurBüro 1980, 257 = Rpfleger 1980, 340 = KostRsp § 26 KostO Nr. 34; OLG Köln JurBüro 1987, 1699 = Rpfleger 1987, 28; a.A. BayObLG, Rpfleger 1987, 163 = KostRsp § 26 KostO Nr. 37.
40 OLG Oldenburg NJW-RR 1996, 1180 m.w.N.; a.M.: OLG Köln MittRhNotk 1977, 181.
41 SchlH OLG Büro 1998, 205 = KostRsp § 26 KostO Nr. 47m. zust. Anm. *Lappe*.
42 OLG Düsseldorf Rpfleger 1998, 489 = JurBüro 1999, 323.
43 *Rohs/Wedewer*, § 41a Rn 53; *Assenmacher/Mathias*, S. 1202 „Zweigniederlassung inländischer Unternehmen"; *Korintenberg/Bengel/Tiedtke*, § 41a Rn 72.
44 *Rohs/Wedewer*, § 41a Rn 53.
45 Vgl. BT-Drucks 15/2251.

Hat das Unternehmen **mehrere Zweigniederlassungen**, so ist der Wert für jede Zweignie- 78
derlassung durch Teilung des nach Satz 1 bestimmten Betrages durch die Anzahl der eingetragenen Zweigniederlassungen zu ermitteln (§ 41a Abs. 5 S. 2 KostO). Die Größe oder Bedeutung der jeweiligen Zweigniederlassung ist – entgegen früherer Rechtslage – ohne Belang. Dies galt bereits für den bis zum 30.11.2004 gültigen § 26 Abs. 6 KostO. Ebenfalls ohne Bedeutung ist, welche Zweigniederlassungen von einer Anmeldung betroffen sind. Abzustellen ist rein schematisch auf die Anahl **aller** Zweigniederlassungen.

§ 41a Abs. 5 S. 2 Hs. 2 KostO bestimmt zudem, dass bei der ersten Anmeldung von Zweigniederlassungen auch diese (bei der Ermittlung des Divisors) mitzuzählen sind.

Da in dem bis zum 30.11.2004 gültigen § 26 Abs. 2 KostO der Wortlaut der Bestimmung dies lediglich für die erste „Eintragung" formulierte, wurde in der Literatur teilweise die Auffassung vertreten, dies gelte aufgrund des ausdrücklichen Gesetzeswortlautes nur für die Eintragungsgebühren.[46] Dieser Auffassung war jedoch nicht zu folgen. Eine **differenzierte Bewertung von Anmelde- und Eintragungsgebühren** ist durch nichts gerechtfertigt und vom Gesetzgeber so nicht gewollt. Die Gesetzesbegründung zum bis zum 30.11.2004 gültigen § 26 Abs. 6 KostO[47] gibt hierfür nichts her. Vielmehr sollte hiernach in § 26 Abs. 6 KostO die Höhe des Geschäftswertes für Eintragungen **und** Anmeldungen geregelt werden.[48] Auch bei der Wertermittlung für die Anmeldung sind somit neu einzutragende Zweigniederlassungen auch bei Anwendung des § 26 Abs. 6 KostO mitzuzählen.

Die Anwendbarkeit der genannten Bestimmung auch auf Anmeldungen ist auch nach Auf- 79
fassung von *Rohs/Wedewer* geboten.[49] Dies ist nunmehr in den neuen § 41a Abs. 5 KostO, welcher ausschließlich die Geschäftswerte der Anmeldungen regelt, ausdrücklich so aufgenommen worden.[50] Der Entwurf der Bundesregierung hierzu stellt dies in der Begründung zu Nr. 6 des Entwurfes (Abs. 3) ausdrücklich fest.

Die **Höhe** der Eintragungsgebühren des Gerichts wird nach § 79a KostO seit dem 1.12.2004 80
durch eine Handelsregistergebührenverordnung geregelt, um den Vorgaben der Rechtsprechung des EuGH (im Fall „Fantask")[51] Rechnung zu tragen.

Bei der Anmeldung der Errichtung von Zweigniederlassungen sind für die Wertermittlung 81
somit sowohl die bereits bestehenden Zweigniederlassungen als auch die neu einzutragenden Zweigniederlassungen bei der vorzunehmenden Division (§ 41a Abs. 5 S. 2 KostO) zu berücksichtigen. Bei der Aufhebung einer Zweigniederlassung gilt entsprechendes. Zu berücksichtigen ist jeweils allerdings der **Mindestwert** von 12.500 EUR nach § 41a Abs. 5 S. 3 KostO, der auch bei dem Vorhandensein von mehreren Zweigniederlassungen nicht unterschritten werden darf, wie sich aus der Formulierung „Der Wert nach den vorstehenden Sätzen ..." zweifelsfrei entnehmen lässt.

In § 39 Abs. 5 Hs. 2 KostO ist für die Anmeldungsgebühren des § 38 Abs. 2 Nr. 7 KostO (auch 82
für mehrere Anmeldungen) ein Höchstwert von 500.000 EUR vorgesehen.[52] Dieser Höchstwert gilt auch bei Anmeldungen, welche **Zweigniederlassungen** betreffen. Hier beträgt der Höchstwert nicht etwa lediglich 250.000 EUR (oder bei mehreren Zweigniederlassungen noch geringer). Die Höchstwertvorschrift des § 39 Abs. 4 KostO greift also erst ein, wenn der Wert der Anmeldung, wie er nach Abs. 5 ermittelt wird, den Betrag von 500.000 EUR überschreitet. Hieran ändert auch die Gesetzesformulierung *„die Hälfte des nach den Absätzen 1, 3 oder 4 bestimmten*

---

46 Korintenberg/Bengel/Tiedtke, 15. Aufl. § 26 Rn 72; *Assenmacher/Mathias*, S. 1202 „Zweigniederlassung inländischer Unternehmen".
47 Vgl. BT-Drucks 13/6408 v. 4.12.1996.
48 So ausdrücklich die Begründung des BT-Rechtsausschusses zur Änderung von § 26 KostO.
49 *Rohs/Wedewer*, § 41a Rn 53.
50 Vgl. BT-Drucks 15/2251.
51 EuGH, Urt. v. 2.12.1997 – Rs 188/95, ZIP 1998, 206 = NJW 1998, 2809 (LS).
52 *Rohs/Wedewer*, § 41a Rn 47; Korintenberg/Bengel/Tiedtke, § 41a Rn 80 a.E.

Wertes" nichts, denn die Vorschrift des § 39 Abs. 4 KostO fungiert – völlig losgelöst und unabhängig von der Art oder Anzahl der Anmeldungen, also auch unabhängig von § 41a Abs. 5 KostO – als absolute Höchstgrenze.[53]

2. Mehrere Anmeldungen zu Zweigniederlassungen

83   Bei mehreren Anmeldungen zu einer Zweigniederlassung oder mehreren Zweigniederlassungen hat eine Wertermittlung für jeden Vorgang nach dem vorstehend erläuterten Schema zu erfolgen. Sodann erfolgt eine **Werteaddition** nach § 44 Abs. 2 Buchst. a KostO.[54]

3. Anmeldungen, die sowohl die Hauptniederlassung als auch die Zweigniederlassung/en betreffen

84   Unterschiedliche Meinungen gibt es für den Fall, dass „eine Anmeldung" sowohl die Hauptniederlassung als auch die Zweigniederlassung(en) betrifft. Literatur findet sich für den bis zum 30.11.2004 gültigen § 26 Abs. 6 KostO. Nach einer Auffassung,[55] findet für diese Fälle § 26 Abs. 6 KostO keine Anwendung.

85   *Rohs/Wedewer* führen dazu aus, die Ermäßigung (Halbierung des Geschäftswertes) gelte gesetzessystematisch nur dann, wenn **ausschließlich** Zweigniederlassungen betroffen seien, wie sich aus dem Zusammenhang der einzelnen Absätze (Bezugnahme auf die Abs. 1–5 (letzterer lediglich für Eintragungsgebühren) ergebe.[56] Die seit dem 1.1.1997 gültige Neufassung habe insoweit keine Änderung gebracht, sondern habe lediglich die bisherige Rechtslage vereinfachen sollen.[57] Eine Gebührensteigerung sei nicht beabsichtigt gewesen.

86   Zudem dürfe sich die Anmeldung nur auf die Zweigniederlassung auswirken. § 26 Abs. 6 KostO finde daher keine Anwendung, wenn sich die Anmeldung sowohl auf die Hauptniederlassung als auch auf die Zweigniederlassung auswirke. Vielmehr sei in diesen Fällen der Wert für die Erstanmeldung nach den Abs. 1 und 3, für die späteren Anmeldungen nach Abs. 4 (ggf. nach Abs. 1) festzusetzen; eine Werterhöhung trete nicht dadurch ein, dass eine Zweigniederlassung vorhanden sei (§ 44 Abs. 1 KostO). Dies treffe z.B. zu, wenn eine Firma zusammen mit der gleichzeitig errichteten Zweigniederlassung angemeldet werde, oder wenn Vorstandsmitglieder für das Gesamtunternehmen angemeldet werden, oder die Löschung des Hauptunternehmens.

87   Ein niedrigerer Wert nach Abs. 6 komme vielmehr nur für solche Anmeldungen in Betracht, die sich nur auf die Zweigniederlassungen auswirkten (z.B. Anmeldung der Errichtung der Zweigniederlassung einer bereits früher in dem Register des Hauptsitzes eingetragenen Firma; Anmeldung einer Prokura, die auf die Zweigniederlassung beschränkt sei). Ohne Bedeutung sei in diesen Fällen, dass die Eintragung auch im Register des Hauptsitzes erfolge (§§ 13 und 13a HGB).

88   Nach anderer Auffassung[58] kann die früher (vor dem 1.1.1997) herrschende Auffassung, § 26 Abs. 6 KostO beziehe sich nur auf Anmeldungen, welche ausschließlich Zweigniederlassungen betreffen, nicht mehr aufrechterhalten werden: Der neue § 26 Abs. 6 KostO gebe den Anmeldungen, welche Zweigniederlassungen betreffen, eine selbständige gebührenrechtliche Bedeutung.

---

53   *Rohs/Wedewer*, § 41a Rn 47; **a.A.** Korintenberg/Bengel/Tiedtke, § 41a Rn 79a (anders wiederum bei mehreren Anmeldungen, § 41a Rn 79b); OLG Düsseldorf JurBüro 99, 323.
54   *Otto*, JurBüro 1997, 63; *Filzek*, KostO, § 41a, Rn 18.
55   *Rohs/Wedewer*, § 41a Rn 50, 51; *Assenmacher/Mathias*, S. 1202 „Zweigniederlassung inländischer Unternehmen".
56   *Otto*, JurBüro 1997, 61, 63.
57   BT-Drucks 13/6408.
58   Korintenberg/*Bengel/Tiedtke*, § 41a Rn 80, 81, 83.

Es sei daher bei gleichzeitiger Anmeldung von Hauptniederlassung und Zweigniederlassung eine Werteaddition gem. § 44 Abs. 2a KostO vorzunehmen.

Nach meiner Auffassung wird im Ergebnis der zweiten Meinung der Vorzug zu geben sein, wobei die Beurteilung des zutreffenden Geschäftswertes m.E. allerdings nicht davon abhängig ist, ob sich Erklärungen ausschließlich auf eine Zweigniederlassung beziehen oder sich ausschließlich insoweit auswirken, sondern allein von der Frage der Gegenstandsgleichheit solcher mehrerer Anmeldungen i.S.v. § 44 KostO. **89**

Während sich früher – nach dem bis zum 31.12.1996 geltenden Recht – die Gebühren an den annähernd tatsächlichen Unternehmenswerten orientierten, da die Bewertung nach der Höhe des Betriebsvermögen erfolgte, entfernte sich die Geschäftswertermittlung seitdem von den tatsächlichen Vermögenswerten eines Unternehmens. Jedenfalls die **Vorgänge unbestimmten Geldwertes** werden nunmehr – unabhängig vom tatsächlichen Vermögensstand des Unternehmens – pauschal, nämlich mit 1% des eingetragenen Grund- oder Stammkapitals oder mit pauschalen Festbeträgen bewertet (bisher § 26 Abs. 3 und 4 KostO, seit dem 1.12.2004: § 41a Abs. 3 und 4 KostO). Auch bei Anmeldungen zu Zweigniederlassungen ist diese Pauschalierung vorgesehen, wobei der Geschäftswert entsprechend den Bestimmungen geringer anzunehmen ist. Bei Vorhandensein mehrerer Zweigniederlassungen wurde zwischenzeitlich noch in der vom 1.1.1997 bis zum 30.6.1998 geltenden Fassung berücksichtigt, welche Zweigniederlassung(en) durch eine Anmeldung betroffen war(en). Dies ist in der seit dem 1.7.1998 geltenden aktuellen Neufassung auch nicht mehr der Fall. Eine Teilung durch die Anzahl der Zweigniederlassung erfolgt ohne Rücksicht darauf, welche Zweigniederlassung von einer Anmeldung betroffen ist. **90**

Spätestens nach Neufassung des § 26 Abs. 6 KostO zum 1.7.1998 (jetzt weitgehend unverändert fortgeschrieben im seit dem 1.12.2004 gültigen § 41a Abs. 5 KostO) ist eine von tatsächlichen Werten einer entsprechenden Anmeldung von oder zu einer Zweigniederlassung völlig unabhängige **Wertpauschalierung** eingeführt worden. Es ist somit nicht mehr so, dass Anmeldungen zum Gesamtunternehmen, also solche, welche Haupt- und Zweigniederlassung betreffen, wertmäßig die Zweigniederlassung bereits beinhalten würden, was der wesentliche Grund dafür gewesen sein dürfte, dass nach allgemeiner Auffassung zu früherer Rechtslage bei Anmeldungen sowohl zum Hauptunternehmen, als auch zur Zweigniederlassung letztere wertmäßig unberücksichtigt geblieben sind. **91**

Aufgrund der neuen Rechtslage wird nach meiner Auffassung bei der Beurteilung der Frage, welcher Geschäftswert einer Anmeldung nach § 41a KostO beizumessen ist, ausschließlich darauf abzustellen sein, ob es sich bei den mehreren Erklärungen (Anmeldungen) in einer Urkunde um **gegenstandsgleiche** oder um **gegenstandsverschiedene** Erklärungen i.S.v. § 44 KostO handelt. Es ist unbestritten, dass § 44 KostO auch auf Anmeldungen Anwendung findet.[59] Zu untersuchen ist, ob dasselbe Recht oder Rechtsverhältnis betroffen ist.[60] **92**

Erfolgt bei der Anmeldung der Errichtung einer Hauptniederlassung **zugleich** auch die Anmeldung der Errichtung einer **Zweigniederlassung**, so liegen unter Berücksichtigung der Grundsätze der Wertermittlung bei mehreren Erklärungen i.S.v. § 44 KostO m.E. **gegenstandsverschiedene** Erklärungen nach § 44 Abs. 2 KostO vor. Hier kann keine andere Beurteilung zutreffend sein, als wenn die Zweigniederlassung später gesondert angemeldet worden wäre.[61] Entsprechendes gilt für die **Löschung** einer Zweigniederlassung.[62] **93**

Bei der Anmeldung einer **Prokura** für das Gesamtunternehmen wird hingegen von einer **Gegenstandsgleichheit** auszugehen sein. Eine Werterhöhung aufgrund des Vorhandenseins von Zweigniederlassungen findet nicht statt. **94**

---

59 Explizit: Korintenberg/*Bengel/Tiedtke*, § 41a Rn 111.
60 Statt aller: Korintenberg/*Bengel/Tiedtke*, § 44 Rn 15, 16.
61 Korintenberg/*Bengel/Tiedtke*, § 41a Rn 80.
62 Korintenberg/*Bengel/Tiedtke*, § 41a Rn 81.

95   Bei **Kapitalerhöhungsmaßnahmen** betreffend Haupt- und Zweigniederlassung wird, sofern Gegenstandsverschiedenheit vorliegt, wiederum hinsichtlich der Zweigniederlassung § 41a Abs. 5 KostO anzuwenden sein.[63]

4. Zweigniederlassungen von Unternehmen mit Sitz im Ausland

96   Eine inländische Zweigniederlassung eines ausländischen Unternehmens wird registertechnisch und damit kostenrechtlich wie eine Hauptniederlassung eines inländischen Unternehmens behandelt. § 41a Abs. 5 KostO ist nicht anwendbar, weil eine Zweigniederlassung begrifflich und rechtlich das Bestehen einer Hauptniederlassung im Inland voraussetzt.[64] Für die Geschäftswertermittlung von entsprechenden Anmeldungen von ausländischen Unternehmen sind somit die Vorschriften des § 41a Abs. 1–4 KostO anzuwenden.[65]

97   Soweit ein ausländisches Unternehmen **mehrere** Zweigniederlassungen im Inland unterhält, ist jede dieser Niederlassungen als Hauptniederlassung anzusehen und entsprechend registertechnisch und kostenrechtlich zu behandeln.[66]

5. Unternehmen mit inländischem Doppelsitz

98   Die Bestimmungen über Zweigniederlassungen sind auch hier nicht anwendbar. Es handelt sich um **zwei Hauptniederlassungen**, welche registertechnisch und damit auch kostenrechtlich entsprechend zu behandeln sind. Die vorzunehmenden Anmeldungen sind an jede dieser Hauptniederlassungen zu richten. Jede Anmeldung hat selbständige Bedeutung. § 44 Abs. 1 KostO ist, obwohl dasselbe Unternehmen betroffen ist, nicht anzuwenden.[67]

V. Anmeldungen ohne wirtschaftliche Bedeutung, § 41a Abs. 6 KostO

99   Ist eine Anmeldung oder Eintragung nur deshalb erforderlich, weil sich der Ortsname geändert hat, oder handelt es sich um eine ähnliche Anmeldung oder Eintragung, die für das Unternehmen keine wirtschaftliche Bedeutung hat, so beläuft sich der Geschäftswert nach § 41a Abs. 6 (bis 30.11.2004: § 26 Abs. 7) KostO auf einen **Festbetrag** von 3.000 EUR.

100   Die Vorschrift nennt als Beispiel die Änderung des Ortsnamens und stellt ähnlich gelagerte Fälle gleich. In Betracht kommen daher in der gebotenen engen Auslegung der Vorschrift nur Anmeldungen mit **lediglich formellem oder berichtigendem Charakter** ohne wirtschaftliche Bedeutung. Beispielsweise gehören hierher:
– Firmenänderung wegen Änderung des Namens des Unternehmensinhabers aufgrund Verheiratung oder Änderung des Ortsnamens (z.B. durch eine kommunale Neugliederung),
– neue Berufsbezeichnung des Gesellschafters einer OHG oder des persönlich haftenden Gesellschafters einer KG,[68]
– Namensänderung eines Gesellschafters,
– Anpassung des Firmennamens an den Sprachgebrauch,
– Veränderung des Geschäftsjahres,[69]

---

63 Korintenberg/*Bengel*/*Tiedtke*, § 41a Rn 83.
64 BayObLG NJW 1999, 654.
65 *Rohs*/*Wedewer*, § 41a Rn 57.
66 BayObLG Rpfleger 1986, 111.
67 Korintenberg/*Bengel*/*Tiedtke*, § 41a Rn 76; *Rohs*/*Wedewer*, § 41a Rn 58.
68 OLG Hamm Rpfleger 1960, 309.
69 *Rohs*/*Wedewer*, § 41a Rn 60 m.w.N.

Sommerfeldt

- isolierte Anmeldung der abstrakten Vertretungsbefugnis,[70]
- sonstige Satzungsänderung technischer oder redaktioneller Art, aber ohne wirtschaftlichen Wert,
- bloße Euroumstellung ohne Glättung oder sonstige Satzungsänderungen.[71]

Eine **bloße Anmeldung der Euroumstellung** ist jedoch formfrei möglich, wird im Notariat zudem kaum isoliert auftreten und dürfte daher selten sein.

101 **Nicht** unter § 41a Abs. 6 KostO fallen beispielsweise:
- das Ausscheiden von Vorstandsmitgliedern bei der AG, von Geschäftsführern bei der GmbH,
- andere Veränderungen bei der gesetzlichen Vertretung eines Unternehmens,
- Veränderungen bei Prokuren, insbesondere deren Erlöschen. Dies gilt auch dann, wenn eine Vertretungsberechtigung infolge des Todes einer Person erloschen ist oder aufgrund Wechsels der Art der Vertretungsberechtigung, denn ob derartige Vorgänge im Einzelfall lediglich deklaratorische Bedeutung haben, ist unerheblich. Abzustellen ist allein auf die abstrakte Vertretungsbefugnis einer bestimmten Person, die im Handelsregister verlautbart wird und die für ein Unternehmen erhebliche wirtschaftliche Bedeutung haben kann.
- Firmenänderung, Sitzverlegung oder sonstige Satzungsänderungen nicht nur redaktioneller oder technischer Art.

102 Soweit **Satzungsänderungen** aufgrund eines anderen anzumeldenden Vorgangs, beispielsweise aufgrund einer Kapitalerhöhung erforderlich werden, ist § 41a Abs. 6 KostO ebenfalls nicht anwendbar. Es liegt dann zwar unter Umständen eine rein technische, redaktionelle Satzungsänderung vor. Sofern jedoch derselbe Gegenstand (§ 44 Abs. 1 KostO) gegeben ist, entfällt in derartigen Fällen eine Wertbemessung gänzlich.[72]

103 **Mehrere Satzungsänderungen** sind als einheitlicher Vorgang unbestimmten Geldwertes i.S.v. § 41a Abs. 4 KostO anzusehen, welcher nur einmal bewertet werden kann, denn es hätte genauso gut die völlige Neufassung der Satzung angemeldet werden können.

104 Explizit **ausgenommen** hiervon sind Vorgänge zur **Kapitalveränderung** (§ 41a Abs. 1 Nr. 3 KostO) oder der Kapitalbeschaffung bzw. -herabsetzung (§ 41a Abs. 1 Nr. 4 KostO). In diesen Fällen ist ein bestimmter Geldbetrag gegeben und ein entsprechender Geschäftswert anzusetzen. Die insoweit erforderliche Anpassung der Satzung ist dann unbewertet zu lassen.[73]

105 Bei **mehreren Anmeldungen** i.S.v. § 41a Abs. 6 KostO ist für jeden Vorgang der Festwert von 3.000 EUR anzusetzen. Bei entsprechender Anmeldung zu einer Zweigniederlassung ist dieser Wert ist nicht etwa gem. Abs. 6 zu reduzieren; die dort vorgesehenen Ermäßigungen beziehen sich nur auf die (so der Wortlaut) nach den Abs. 1, 3 oder 4 bestimmten Werte.

VI. Mehrheit von Anmeldungen

1. Rechtliche Grundlagen

106 Sind in einer Urkunde mehrere Anmeldungen enthalten, erfolgt die Bewertung dieser mehreren Erklärungen nach übereinstimmender Auffassung unter Anwendung des § 44 KostO.[74]

107 Betreffen die mehreren Anmeldungen in einer Urkunde **denselben Rechtsgegenstand**, so wird die halbe Gebühr des § 38 Abs. 2 Nr. 7 KostO vom Wert dieses Gegenstandes erhoben (§ 44

---

70 Korintenberg/*Bengel*/*Tiedtke*, § 41a Rn 87 m.w.N.
71 Art. 45 Abs. 2 EGHGB.
72 *Rohs*/*Wedewer*, § 41a Rn 60 a.E.
73 *Rohs*/*Wedewer*, § 41a Rn 28.
74 Korintenberg/*Bengel*/*Tiedtke*, § 41a Rn 111; *Rohs*/*Wedewer*, § 44 Rn 2.

Sommerfeldt

Abs. 1 KostO); betreffen sie **verschiedene Gegenstände**, so wird die halbe Gebühr vom addierten Wert dieser mehreren Rechtsgegenstände berechnet (§ 44 Abs. 2a KostO).

Derselbe Gegenstand i.S.v. § 44 KostO liegt vor, wenn sich die mehreren Erklärungen in der Urkunde auf **dasselbe Recht oder Rechtsverhältnis** oder dieselbe Veränderung eines solchen Rechtsverhältnisses beziehen.[75] Ob aufgrund von Erklärungen eine oder mehrere Eintragungen erforderlich werden, ist nicht bedeutsam.

108 Als gegenstandsgleich anzusehen sind die gesetzlich geforderten mit der eigentlichen Anmeldung abzugebenden Erklärungen, welche im Rahmen der Anmeldung zwingend erforderlich sind, wie z.B. Bezeichnung der Gesellschafter, ihrer Vertretungsberechtigung, die Bezeichnung der Kommanditisten und ihrer Einlagen sowie die abzugebenden Unterschriftsleistungen von Vertretungsberechtigten und Ähnliches.

109 Ob derselbe Gegenstand (dasselbe Rechtsverhältnis) betroffen ist oder verschiedene Gegenstände i.S.v. § 44 Abs. 2 KostO gegeben sind, ist nicht immer leicht zu entscheiden. Häufig vorkommende Einzelfälle sind durch die Rechtsprechung entschieden worden. Der Praxis ist daher mit einer Übersicht über die am häufigsten vorkommenden Fälle am besten gedient.

2. Einzelfälle
a) Derselbe Gegenstand

110 Um denselben Gegenstand handelt es sich
- bei der Anmeldung einer OHG: die Bezeichnung der Gesellschafter und ihrer Vertretungsberechtigung sowie entsprechende Unterschriftsleistung;
- bei der Anmeldung einer KG: die Bezeichnung der Kommanditisten und ihrer Einlagen;
- bei der Anmeldung einer GmbH: die Geschäftsführer und ihrer Vertretungsberechtigung sowie die Versicherung über die Einzahlung auf das Stammkapital;
- bei der Anmeldung einer AG: die Bezeichnung der Vorstandsmitglieder und ihre entsprechende Unterschriftsleistung sowie die Erklärung über die Einzahlung des Grundkapitals;
- bei der Anmeldung einer Kapitalerhöhung oder -herabsetzung einer GmbH (bestimmter Geldwert nach § 41a Abs. 1 Nr. 3 KostO): die entsprechende Satzungsänderung (nicht jedoch weiter gehende Satzungsänderungen);
- bei der Anmeldung einer Kapitalerhöhung einer AG: das mit einzureichende Aktionärverzeichnis und die Berechnung der durch die Aktienausgabe entstehenden Kosten;
- bei der Anmeldung einer Ermächtigung zur Kapitalerhöhung einer AG: die gleichzeitige Mitanmeldung der Durchführung;
- bei der Anmeldung der Änderung der Satzung in mehreren Punkten, z.B. EUR-Umstellung mit anderen Satzungsänderungen oder der völligen Neufassung der Satzung; eine Ausnahme bilden Kapitalveränderungen (auch zur Glättung bei EUR-Umstellung), welche neben sonstigen Satzungsänderungen (§ 41a Abs. 4 KostO) als Anmeldungen bestimmten Geldwertes besonders zu bewerten sind (§ 41a Abs. 1 Nr. 3 und 4 KostO);
- bei der Anmeldung eines Prokuristen: die Angabe seiner Vertretungsberechtigung (Einzelprokura, Gesamtprokura oder Ermächtigung zu Grundstücksgeschäften nach § 49 Abs. 2 HGB);
- bei der Anmeldung des Kommanditistenwechsels (Ein- und Ausscheiden) oder eines persönlich haftenden Gesellschafters im Wege der Gesamt- oder Sonderrechtsnachfolge;
- bei der Anmeldung des Übergang eines Unternehmens auf einen anderen Inhaber unter Fortführung der Firma: die Einwilligung des bisherigen Firmeninhabers in die Firmenfortführung sowie ggf. abweichende Vereinbarungen nach §§ 25 Abs. 2 oder 28 Abs. 2 HGB;

---

[75] Korintenberg/*Bengel/Tiedtke*, § 44 Rn 15, 16; *Rohs/Wedewer*, § 44 Rn 5.

- bei der Anmeldung der Auflösung einer Gesellschaft: die Bestellung des Liquidators;
- bei der Anmeldung der Fortsetzung einer Gesellschaft: die Bestellung des Geschäftsführers;
- gleichzeitige Anmeldung der Auflösung und des Erlöschens einer Gesellschaft.

b) Verschiedene Gegenstände

Gegenstandsverschieden sind   111
- jegliche Anmeldung der Veränderung einer organschaftlichen Vertretung, z.B. Ausscheiden und Neueintritt von persönlich haftenden Gesellschaftern, Geschäftsführern oder Prokuristen im Gegensatz zu den betreffenden Gesellschafterbeschlüssen (vgl. insoweit § 41c Abs. 3 S. 3 KostO);[76]
- das Ausscheiden des einzigen Geschäftsführers einer GmbH und die Neubestellung eines anderen;
- die Anmeldung des Ausscheidens eines Prokuristen und dessen gleichzeitige Bestellung zum Vorstandsmitglied oder umgekehrt, auch wenn es sich um dieselbe Person handelt;
- die Anmeldung mehrerer Prokuren, gleich ob Einzel- oder Gesamtprokura erteilt wird;
- die Anmeldung einer Prokura zugleich mit der Neuanmeldung des Unternehmens;
- die Anmeldung eines unabhängigen Kommanditistenwechsel (nicht bei Sonderrechtsnachfolge);
- die Anmeldung des Erlöschens einer Personengesellschaft und die Fortführung als Einzelunternehmen;
- die Erhöhung und die gleichzeitige Herabsetzung von Grund- oder Stammkapital – hier ist nicht etwa der Differenzbetrag als Geschäftswert anzusetzen;
- die Anmeldung einer Satzungsänderung und einer Änderung im Vorstandes;
- die Anmeldungen von Zweigniederlassungen zugleich mit der Anmeldung des Hauptunternehmens;
- die Anmeldungen zu verschiedenen Unternehmen, auch soweit diese aufgrund eines einheitlichen Rechtsgeschäftes zu erfolgen haben (z.B. Verschmelzung);[77]
- die Anmeldung einer Verschmelzung durch Aufnahme und einer gleichzeitigen Kapitalerhöhung (§§ 66, 69 UmwG);
- die Anmeldung einer Abspaltung und gleichzeitige Kapitalherabsetzung (§§ 139, 145 UmwG).
- die Anmeldung einer Satzungsänderung und der Anmeldung der inländischen Geschäftsanschrift. Dies gilt auch für die Anmeldung einer Sitzverlegung und gleichzeitiger Anmeldung der dadurch geänderten inländischen Geschäftsanschrift, da letztere kein Satzungsbestandteil nach § 3 GmbHG ist.[78] Der Geschäftswert der Anmeldung der inländischen Geschäftsanschrift beträgt nach § 41 a Abs. 4 KostO, beträgt also mindestens 25.000 €. Es handelt sich nicht um eine Anmeldung ohne wirtschaftliche Bedeutung i.S.v. § 41 a Abs. 6 KostO.
- bei der Anmeldung der Auflösung der Gesellschaft nebst Anmeldung der inländischen Geschäftsanschrift wird ebenfalls von Gegenstandsverschiedenheit auszugehen sein, weil sich allein der Zweck der Gesellschaft (von werbend in abwickelnd) geändert hat und keine Neuanmeldung einer GmbH mit der Folge der Gegenstandsgleichheit vorliegt.[79]

---

[76] Divergenzvorlagenentscheidung des BGH BGHZ 153, 22 = MDR 2003, 355 = JurBüro 2003, 270.
[77] *Rohs/Wedewer*, § 44 Rn 12.
[78] Ländernotarkasse Leipzig NotBZ 2009, 56; **a.A.** *Sikora/Tiedtke* MittBayNot 2009, 209 ff.
[79] A.A. *Sikora/Tiedtke*, MittBayNot 2009, 209 ff.

3. Weitere Erklärungen in einer Anmeldeurkunde

112 Wird zusammen mit einer Handelsregisteranmeldung eine andere rechtsgeschäftliche Erklärung beurkundet, erfolgt die Wertermittlung aller Erklärungen nach § 44 Abs. 2 KostO. Bei Beurkundung einer Handelsregisteranmeldung **zusammen mit dem zugrunde liegenden Rechtsgeschäft**, z.B. dem Gesellschaftsvertrag über die Errichtung einer GmbH, liegt Gegenstandsgleichheit i.S.v. § 44 Abs. 1 KostO vor, d.h. die Anmeldung würde kostenfrei mitbeurkundet.

Allerdings wird man eine Zusammenbeurkundung **allein aus Kostengründen** nicht verlangen können, auch nicht unter dem Gesichtspunkt des § 16 KostO. Die Handelsregisteranmeldung hat nämlich im Verhältnis zum Gesellschaftsvertrag eine eigenständige Bedeutung. Auch ohne Anmeldung und spätere Eintragung im Handelsregister ist die Gründungsverhandlung wirksam, wenn auch unvollendet. Dies gilt vor allem für die GmbH, bei welcher die handelnden Personen bei der Gründung und Anmeldung unterschiedlich sein können.

113 Bei Zusammenbeurkundung mit **Gesellschafterbeschlüssen** (z.B. den Beschlussfassungen, welche der Anmeldung zugrunde liegen) werden getrennte Gebühren erhoben, da § 44 KostO insoweit keine Anwendung findet.

4. Änderung des Gesellschaftsvertrages vor der Eintragung

114 Umstritten ist die Frage, ob eine Änderung des Gesellschaftsvertrages vor Eintragung der GmbH förmlich zum Handelsregister anzumelden ist. Der Notar ist zwar grundsätzlich verpflichtet, bei mehreren Verfahrensmöglichkeiten den für die Beteiligten kostengünstigsten Weg zu wählen. Eine Kosten sparende Verfahrensweise darf jedoch **nicht zu Lasten der Sicherheit** gehen. Fertigt der Notar angesichts der unsicheren Rechtslage zur Frage der Notwendigkeit der Anmeldung von Änderungen und der hierdurch gegebenen Gefahr von Verzögerungen den Entwurf der Registeranmeldung, so kann ihm deshalb keine unrichtige Sachbehandlung (§ 16 KostO) vorgeworfen werden. Die Entwurfsgebühr gem. §§ 145 Abs. 1 S. 1, 38 Abs. 2 Nr. 7 KostO kann daher erhoben werden.

5. Anmeldungen zu sonstigen Registern
a) Anmeldung zum Partnerschaftsregister, § 41b KostO

115 Für die Anmeldungen zum Partnerschaftsregister gelten die **Wertvorschriften** für die Anmeldungen zum Handelsregister, soweit sie auf die OHG anzuwenden ist, entsprechend. Dies bedeutet für die Erstanmeldung einer Partnerschaft einen **Mindestwert** von 37.500 EUR. Bei mehr als zwei Partnern erhöht sich der Wert für jeden weiteren Partner um 12.500 EUR (vgl. § 41a Abs. 3 Nr. 2 KostO).

116 Beim **Eintritt oder Ausscheiden** von einem oder zwei Partnern gilt der Festwert von 25.000 EUR. Bei gleichzeitigem Eintritt oder Ausscheiden weiterer Partner sind jeweils 12.500 EUR für jeden eintretenden oder ausscheidenden Partner hinzuzurechnen (vgl. § 41a Abs. 4 Nr. 3 KostO).[80]

117 Bei **Anmeldungen ohne wirtschaftliche Bedeutung** i.S.v. § 41a Abs. 6 KostO ist auch diese Bestimmung anwendbar.

Bei **mehreren Anmeldungen** erfolgt die Wertbemessung der einzelnen Erklärungen nach den Grundsätzen des § 44 KostO.

---

80 Zur Wertproblematik vgl. Rn 51.

b) Anmeldung zum Güterrechtsregister, § 28 KostO

Bei Anmeldungen zum Güterrechtsregister bestimmt sich der Wert nach § 30 Abs. 2 KostO. Der Geschäftswert beträgt somit **regelmäßig 3.000 EUR**. Er kann (und sollte) aber auch **nach Lage des Einzelfalles niedriger oder höher**, jedoch nicht über 500.000 EUR, angenommen werden. Der Mindestwert beträgt 1.000 EUR, die Mindestgebühr 10 EUR (§§ 32, 33 KostO). 118

c) Sonstige Anmeldungen zu einem Register, § 29 KostO

Für sonstige **Anmeldungen ohne bestimmten Geldbetrag** zu einem Register sowie **Beschlüssen unbestimmten Geldwertes** bestimmt sich der Wert nach § 30 Abs. 2 KostO. Der Geschäftswert beträgt somit regelmäßig 3.000 EUR. Er kann (und sollte) aber auch nach Lage des Einzelfalles niedriger oder höher, jedoch nicht über 500.000 EUR, angenommen werden. Der Mindestwert beträgt 1.000 EUR, die Mindestgebühr bei Anmeldungen 10 EUR, bei Beschlüssen 20 EUR (§§ 32, 33 KostO). Es handelt sich bei der Vorschrift um eine Auffangnorm, welche die sonstigen, nicht in den §§ 41a bis 41c und § 28 KostO erfassten Fälle regeln soll.[81] 119

Bei diesen **sonstigen Anmeldungen** kommen vor allem solche zum **Vereinsregister** (jetzt ausdrücklich genannt) und **Genossenschaftsregister** in Betracht. Ferner fallen unter § 29 KostO Anmeldungen zum Musterregister, Kartellregister sowie zum Schiffs- und Schiffsbauregister. 120

Bei den „**sonstigen**" **Beschlüssen** sind solche gemeint, welche nicht unter § 41c KostO fallen. Zudem muss es sich um Beschlüsse **unbestimmten Geldwertes** handeln. Bei Beschlüssen mit bestimmtem Geldwert ist dieser konkrete Betrag als Geschäftswert anzunehmen, also § 29 KostO nicht anwendbar. In Betracht für eine Bewertung von Beschlüssen nach § 29 KostO kommen insbesondere Beschlüsse von Genossenschaften, privatrechtlichen Stiftungen, rechtsfähigen Vereinen sowie auch Beschlüsse von Personenvereinigungen ohne eigene Rechtspersönlichkeit wie die BGB-Gesellschaft, der nicht rechtsfähige Verein, die Wohnungseigentümergemeinschaft oder die Partnerschaftsgesellschaft.[82] 121

d) Anmeldungen zum Genossenschaftsregister

Bei eingetragenen Genossenschaften, z.B. bei Volks- und Raiffeisenbanken, erscheint es angemessen, als Grundlage für die Wertschätzung nach § 30 Abs. 2 KostO die Bewertungsmaßstäbe des § 41a KostO heranzuziehen und den Geschäftswert nicht unter 25.000 EUR anzusetzen.[83] Auch hier beträgt der **Höchstwert** 500.000 EUR (allerdings nach § 30 Abs. 2 KostO). 122

e) Anmeldungen zum Vereinsregister

Im **Regelfall** bemisst sich der Geschäftswert gem. § 30 Abs. 2 KostO mit 3.000 EUR. Dieser Wert ist bei durchschnittlichen Idealvereinen anzunehmen. Ein **Abweichen** ist jedoch je nach Lage des Einzelfalles möglich. 123

Insbesondere bei wirtschaftlichen Vereinen mit größerem Vermögen (z.B. Profifußballvereinen) kann ein Abweichen nach oben angezeigt sein. Hier sollte ein wesentlich **höherer Wert** angenommen werden. Bei einer ggf. vorzunehmenden höheren Bewertung sind beispielsweise neben dem Vereinsvermögen und der Mitgliederzahl auch die Höhe der Mitgliedsbeiträge sowie der Zweck des Vereins von Bedeutung.

---

81 BT-Drucks 13/6408.
82 *Rohs/Wedewer*, § 29 Rn 3a.
83 *Tiedtke*, MittBayNot 1997, 14, 21; *Notarkasse*, Streifzug, Rn 918; *Rohs/Wedewer*, § 29 Rn 7; *Korintenberg/Bengel/Tiedtke*, § 29 Rn 6.

Dient ein nicht wirtschaftlicher Verein ausschließlich einem gemeinnützigen oder gar sozialen Zweck, so kann auch eine **Wertreduzierung** angezeigt sein.[84] Bei einer Mehrheit von Anmeldungen in einer Urkunde ist § 44 KostO zu beachten, wobei die Anmeldung der Neubestellung und Abberufung von Vorstandsmitgliedern als gegenstandsverschieden zu bewerten ist.[85]

Unter § 29 KostO fällt auch der Beschluss einer **Wohnungseigentümer-Gemeinschaft** über die Bestellung des Verwalters gem. § 26 Abs. 4 WEG.[86] Für den Regelfall ist auch hier gem. § 30 Abs. 2 KostO ein Wert von 3.000 EUR anzunehmen. § 30 Abs. 1 KostO ist nicht anwendbar.[87] Trotz Anwendung des § 30 Abs. 2 KostO sind allerdings Abweichungen vom Regelwert nach Lage des Einzelfalls möglich, so dass sich bei größeren Wohnanlagen durchaus ein erhöhter Wert ergeben kann.[88]

124   Nicht unter § 29 KostO fallen Beschlüsse von derartigen Vereinigungen, soweit ein **bestimmter Geldwert** in Betracht kommt. Geschäftswert ist dann der Geldbetrag, der Beschlussgegenstand ist, oder der Wert des Rechtsgeschäftes, dem durch Beschluss zugestimmt wird.

---

84 *Assenmacher/Mathias*, S. 1005 „Vereine" m.w.N.; BayObLG JurBüro 1979, 1691; *Rohs/Wedewer*, § 29 Rn 6.
85 *Rohs/Wedewer*, § 29 Rn 8; OLG Hamm MittBayNot 2009, 486.
86 *Assenmacher/Mathias*, S. 170 „Beschlüsse von Gesellschaftsorganen".
87 OLG Düsseldorf JurBüro 1992, 551.
88 BGH DNotZ, 2009, 315; *Korintenberg/Reimann*, § 30 Rn 88 m.w.N; a.A. OLG Hamm JurBüro 1983, 1554; OLG Stuttgart JurBüro 1988, 1200.

Klaus Sommerfeldt

§ 40 Errichtung von Gesellschaften, Gesellschaftsbeteiligungen, Eintritt und Ausscheiden von Gesellschaftern, Mitbeurkundung von Beschlüssen

Inhalt

- A. **Errichtung von Gesellschaften** — 1
  - I. Gesellschaftsvertrag — 1
  - II. Einseitige Errichtungserklärung – Ein-Personen-GmbH, Ein-Personen-AG — 3
  - III. Bewertung der Einlageverpflichtungen — 6
  - IV. Ausgleichsverpflichtungen — 12
  - V. Sonstige Einlageverpflichtungen — 14
  - VI. Erfüllungsgeschäfte — 17
  - VII. Partnerschaftsverträge — 19
  - VIII. Gesellschaft bürgerlichen Rechts — 20
  - IX. Nachträgliche Beurkundung des Gesellschaftsvertrages — 22
  - X. Änderung eines Gesellschaftsvertrages — 24
  - XI. Änderung bei einer GmbH vor Eintragung — 26
  - XII. Geschäftswert von Änderungen — 30
  - XIII. Neues Rechtsverhältnis nach Änderung — 35
  - XIV. Änderung des Gesellschaftsvertrages nach Eintragung — 36
  - XV. Mindestwert (§ 39 Abs. 5 KostO) — 37
  - XV. Ausnahme vom Mindestwert (§ 41d KostO) — 39
  - XVI. Höchstwert — 41
- B. **Eintritt und Ausscheiden von Gesellschaftern** — 44
  - I. Eintritt eines Gesellschafters — 44
  - II. Ausscheiden eines Gesellschafters — 46
  - III. Bestellung des ersten Geschäftsführers einer GmbH — 48
    1. Bestellung in der Satzung — 48
    2. Bestellung durch Beschluss — 49
    3. Bestellung bei GmbH-Gründung mittels Musterprotokoll (§ 2 Abs. 1 GmbHG) — 54
- C. **Beschlussfassung über die Bestellung des ersten Aufsichtsrates einer AG** — 55
- D. **Übertragung eines Gesellschaftsanteils** — 57
- E. **Stille Gesellschaft** — 61
  - I. Typische stille Gesellschaft — 62
  - II. Atypisch stille Gesellschaft — 64
- F. Unterbeteiligungen — 65
- G. Bauherrenmodell — 67
- H. Gesellschaftsrechtliche Rahmenverträge — 69
- I. Konsortialverträge zur Beherrschung einer GmbH — 70
- J. Kooperationsvereinbarungen — 73
- K. Poolvereinbarungen — 76
- L. **Mitwirkungspflicht des Kostenschuldners bei der Wertermittlung, Wertschätzung** — 79
- M. **Nebengebühren im Zusammenhang mit Gesellschaftsverträgen** — 80
  - I. Sachgründungsbericht — 81
  - II. Unbedenklichkeitsbescheinigung der Industrie- und Handelskammer — 82
  - III. Liste der Gesellschafter — 83
    1. Neuanmeldung der GmbH — 83
    2. Beurkundung von Veränderungen im Gesellschafterbestand — 87
    3. Sonstige Fälle (Entstehen der Zusatzgebühr) — 90
    4. Mitteilung der Abtretung an die an die Gesellschaft — 92
    5. Bescheinigung des Notars zur Gesellschafterliste — 93
  - IV. Liste der Übernehmer bei Kapitalveränderungen — 98
  - V. Bescheinigung des neuen Satzungswortlauts nach § 54 Abs. 1 S. 2 GmbHG — 100
  - VI. Bescheinigung und Zusatzgebühr für vorheriges Zusammenstellen des neuen Satzungswortlauts — 104
  - VII. Belehrung des Geschäftsführers über die unbeschränkte Auskunftspflicht — 105
  - VIII. Vertretungsbescheinigung nach § 21 BNotO — 108
  - IX. Anfall der Gebühr des § 147 Abs. 2 KostO für vorherige Registereinsicht, Einsicht in einen beglaubigten Registerauszug — 112
  - X. Notwendigkeit der Vertretungsbescheinigung — 113

A. Errichtung von Gesellschaften

I. Gesellschaftsvertrag

1 Der **Geschäftswert** für die Beurkundung eines Gesellschaftsvertrages bestimmt sich nach dem addierten Wert aller Einlagen der Gesellschafter (§ 39 Abs. 1 KostO). Dies gilt auch dann, wenn bei einer bestehenden Personengesellschaft **erstmals** der Gesellschaftsvertrag beurkundet wird.[1] Verbindlichkeiten werden aufgrund des **Bruttowertprinzips** nach § 18 Abs. 3 KostO nicht abgezogen. Zu erheben ist eine 20/10 Vertragsgebühr gem. § 36 Abs. 2 KostO.

2 Bei der **Bewertung der Einlageverpflichtungen** ist unerheblich, ob die Einlagen sofort oder erst später geleistet werden. Es ist allein der Umfang der schuldrechtlichen Verpflichtungerklärungen maßgebend.[2]

II. Einseitige Errichtungserklärung – Ein-Personen-GmbH, Ein-Personen-AG –

3 Für die Errichtung einer sog. „Ein-Personen-GmbH" gilt hinsichtlich der Einlage Entsprechendes. Es ist jedoch lediglich eine 10/10 Gebühr gem. § 36 Abs. 1 KostO zu erheben, da die Errichtung durch einseitige Erklärung des Gründers erfolgt.[3]

4 Sofern jedoch **vertragliche Vereinbarungen** mit der in Gründung befindlichen Gesellschaft **mitbeurkundet** werden, z.B. bei einer Sachgründung die beurkundungspflichtige Auflassung von Grundbesitz, so ist insoweit eine 20/10 Gebühr gem. § 36 Abs. 2 KostO entstanden.
Die Bewertung hat nach den Grundsätzen des § 44 Abs. 1 KostO zu erfolgen.[4]

5 Die gleichen Grundsätze sind anzuwenden für die Gründung einer Ein-Personen-AG.[5]

III. Bewertung der Einlageverpflichtungen

6 Bei **Bargründung** sind die sofort oder später zu leistenden Einlagebeträge zu addieren und vom Gesamtwert die zutreffende Beurkundungsgebühr zu erheben. Vereinbaren die Gesellschafter eine **spätere Einlageerhöhung** und/oder eine **Nachschusspflicht** (z.B. nach § 26 GmbHG), so sind auch diese Verpflichtungen bei der Geschäftswertbemessung erhöhend zu berücksichtigen.[6]

Ist für eine Nachschusspflicht ein **Höchstbetrag** festgelegt, so ist dieser als Geschäftswert maßgebend. Der Wert einer **unbeschränkten Nachschusspflicht** wird gem. § 30 Abs. 1 KostO zu schätzen sein. Im Hinblick auf die Möglichkeit der Gesellschafter nach § 27 Abs. 1 GmbHG, sich bei Volleinzahlung der Stammeinlage von der Nachschusspflicht zu befreien (Geschäftsanteil kann der Gesellschaft zur Verfügung gestellt werden), wird höchstens der Betrag des Stammkapitals hierfür angesetzt werden können.[7]

7 Bei der **Bewertung von eingebrachtem Grundbesitz** ist § 19 Abs. 2 KostO zu beachten. In der Vorschrift ist zwar noch der Einheitswert genannt. Dieser wird aber **immer** durch einen konkret zu ermittelnden Verkehrswert ersetzt. Dieser ist auch bei der Bewertung einer entsprechenden Einlageverpflichtung maßgebend.

---

1 KG MittBayNot 1972, 185.
2 Korintenberg/Bengel/Tiedtke, § 39 Rn 56 ff.
3 OLG Hamm Rpfleger 1984, 38; KG Rpfleger 1984, 248; BayObLG DNotZ 1983, 252 = MittBayNot 1983, 29.
4 Korintenberg/Bengel/Tiedtke, § 36 Rn 6; Rohs/Wedewer, § 36 Rn 10.
5 Korintenberg/Bengel/Tiedtke, § 36 Rn 6; Rohs/Wedewer, § 36 Rn 10a.
6 Korintenberg/Bengel/Tiedtke, § 39 Rn 56 ff.; Rohs/Wedewer, § 39 Rn 20.
7 Notarkasse, Streifzug, Rn 1041, 1042.

Wird ein **Handelsgeschäft oder** ein **Gewerbebetrieb** in die Gesellschaft **eingebracht**, be- 8
stimmt sich der insoweit festzustellende Geschäftswert nach dem **Aktivvermögen** des Unternehmens. Zur Wertermittlung dieser Sacheinlage kann die aktuelle Bilanz herangezogen werden. Zugrundegelegt werden kann zumeist die Summe der Aktiva. Von der Aktivseite der Bilanz sind jedoch **Verlustvorträge** oder ein Minuskapital (**Fehlbetrag**) abzuziehen, da damit der Wert des auf der Aktivseite ausgewiesenen Vermögens des Unternehmens unmittelbar gemindert wird.[8]

Soweit **Verluste auf Gesellschafterkonten** (zumeist bei KGs) genannt sind, kann kein Abzug 9
von der Aktivsumme erfolgen. In diesem Falle handelt es sich um Forderungen der Gesellschaft gegenüber dem betreffenden Gesellschafter, also um einen echten Aktivposten der Gesellschaft.

Sind auf der Aktivseite der Bilanz „nicht abgerechnete, angefangene oder fertige Arbeiten" 10
ausgewiesen, sind diese mit dem Passivposten „Anzahlungen von Kunden oder ähnlich" zu saldieren, wenn es sich um **echte Wertberichtigungen** handelt. Solche Bilanzpositionen mit Wertberichtigungscharakter können regelmäßig bei Bauunternehmen angenommen werden und bei Unternehmen, die ihre Arbeiten überwiegend auf fremdem Grund und Boden ausführen.[9]

Grundbesitz eines eingebrachten Unternehmens ist stets mit seinem **Verkehrswert** an- 11
zusetzen (§ 19 Abs. 2 KostO). Schuldenabzug erfolgt gem. § 18 Abs. 3 KostO nicht. Der Wert des Aktivvermögens des eingebrachten Unternehmens ist zur Ermittlung des Wertes dieser Sacheinlage um die **Differenz des Buchwertes zum Verkehrswert** des Betriebsgrundstücks zu erhöhen.

IV. Ausgleichsverpflichtungen

Die zu bewertenden **Sacheinlagen** sind auch dann mit ihrem vollen Wert zu berücksichtigen, 12
wenn ein eventueller **Wertunterschied** zwischen Höhe der Einlageverpflichtung und tatsächlichem Wert der Einlage **ausgeglichen** wird, da dann auch die insoweit getroffene Vereinbarung geschäftswerterhöhend zu berücksichtigen ist.

Bei Einbringung eines Unternehmens ist dessen Aktivvermögen auch dann maßgebend, 13
wenn ein Wertausgleich zum Nominalbetrag erfolgt.[10]

Der später in das Handelsregister einzutragende Betrag (Stammkapital, Grundkapital, Kommanditanteil) ist in keinem Fall maßgebend.

V. Sonstige Einlageverpflichtungen

Bei der Geschäftswertbemessung sind auch **sonstige Einlageverpflichtungen** der Gesell- 14
schaftsgründer zu berücksichtigen. Zu bewerten sind beispielsweise:
- eine Verpflichtung zur Gewährung eines **Darlehens**. Maßgebender Geschäftswert ist die Höhe des Darlehensbetrages, ggf. dessen Höchstbetrag;
- der Betrag einer **eingebrachten Forderung** und Abtretung zugunsten der Gesellschaft;[11]
- die Übernahme einer **Bürgschaft** zugunsten der Gesellschaft. Der Geschäftswert bemisst sich nach dem Bürgschaftsbetrag, ggf. dem Höchstbetrag der eingegangenen Bürgschaftsverpflichtung.[12]

---

8 Notarkasse, Streifzug, Rn 1039.
9 Notarkasse, Streifzug, Rn 1040; Korintenberg/*Bengel/Tiedtke*, § 39 Rn 60.
10 OLG Düsseldorf DNotZ 1980, 189.
11 *Assenmacher/Mathias*, S. 483 „Gesellschaftsverträge".
12 BayObLG MittBayNot 1981, 44 = JurBüro 1981, 264; LG Nürnberg-Fürth MittBayNot 1983, 193 = MittRhNotK 1983, 201; Korintenberg/*Bengel/Tiedtke*, § 30 Rn 27.

Eine Verpflichtung zu einer **persönlichen Dienstleistung** ist nur dann wertmäßig zu berücksichtigen, wenn diese ausdrücklich als Einlage bewertet wird. Der Geschäftswert ist dann nach § 25 Abs. 2 KostO zu bestimmen (höchstens dreifacher Jahresbetrag). Die Geschäftsführung für die gegründete Gesellschaft ist regelmäßig keine zu bewertende Dienstleistung.[13]

15 Bei der Geschäftswertermittlung sind auch bereits konkret festgelegte, beabsichtigte **spätere Einlageerhöhungen** zu berücksichtigen.

16 Wenn im Gesellschaftsvertrag ein Gesellschafter bereits ausdrücklich ermächtigt wird, weitere Gesellschafter in eine Publikumsgesellschaft (zumeist in der Form einer GbR oder KG) aufzunehmen und dabei die gesellschaftsrechtlichen Beziehungen zu den künftigen Gesellschaftern bereits verbindlich ausgestaltet sind, so ist diese konkret vorgesehene Vermögensausweitung der errichteten Gesellschaft ebenfalls werterhöhend zu berücksichtigen.[14] Etwas anderes gilt, wenn einem Gesellschafter lediglich eine Vollmacht zur **Aufnahme weiterer Gesellschafter** erteilt wird.[15]

VI. Erfüllungsgeschäfte

17 Die nach den vorstehenden Grundsätzen zu bewertenden Einlageverpflichtungen sind auch dann maßgebend, wenn deren **Erfüllung** (z.B. bei der Einbringung von Grundbesitz) **in einer gesonderten Urkunde** erfolgt. Soweit möglich, sollte jedoch im Hinblick auf § 16 KostO (Gebot der kostensparenden Handhabung) eine **Zusammenbeurkundung** erfolgen. Erfolgt eine Zusammenbeurkundung der Erfüllung der Einlageverpflichtung mit dem Gesellschaftsvertrag, so ist diese gegenstandsgleich mit der Gründungsverhandlung und daher gem. § 44 Abs. 1 KostO nicht besonders zu bewerten.[16]

18 Eine **gleichzeitig mitbeurkundete Schenkung** zwecks Einbringung in die Gesellschaft ist gegenstandsverschieden nach § 44 Abs. 2 KostO und gesondert zu bewerten, auch wenn die Errichtung der Gesellschaft eine Auflage des Schenkers ist.[17]

Beispiel

A schenkt seinem Sohn B seinen Kommanditanteil an einer KG mit einem Wert von 40.000 EUR oder einen entsprechenden Barbetrag mit der Auflage, diesen in eine andere zu gründende Gesellschaft einzubringen. Schenkung und zugleich beurkundete Unternehmensgründung sind gegenstandsverschieden nach § 44 Abs. 2 KostO. Bei vertraglicher Errichtung des neuen Unternehmens erfolgt zur Geschäftswertermittlung der Urkunde eine Werteaddition nach § 44 Abs. 2a KostO.

VII. Partnerschaftsverträge

19 Bei den Partnerschaftsgesellschaften für Angehörige freier Berufe, z.B. Ärzten, Zahnärzten, Rechtsanwälten, Steuerberatern u.a. handelt es sich um eine Personengesellschaft, jedoch keine Handelsgesellschaft (§ 1 Abs. 1 S. 2 PartGG). Die **Bewertung** entsprechender Gesellschaftsverträge erfolgt nach den **Grundsätzen der Personengesellschaft**. Der addierte Geschäftswert aller

---

13 Korintenberg/Bengel/Tiedtke, § 39 Rn 56 ff.; Assenmacher/Mathias, S. 483 „Gesellschaftsverträge".
14 OLG Köln MittRhNotK 1999, 29 m.w.N.; BayObLG MittBayNot 2001, 581.
15 OLG Hamm DNotZ 1974, 493.
16 OLG Düsseldorf MittRhNotK 1989, 25 = JurBüro 1988, 1201; Korintenberg/Bengel/Tiedtke, § 44 Rn 61.
17 Korintenberg/Bengel/Tiedtke, § 44 Rn 168; Assenmacher/Mathias, S. 710 „Mehrere Erklärungen (Gesellschaften)"; BayObLG MittBayNot 1971, 328; 1988, 97; LG München I MittBayNot 1972, 314.

zu erbringenden Leistungen ist für die Vertragsgebühr des § 36 Abs. 2 KostO zugrundezulegen (§ 39 Abs. 1 KostO).

VIII. Gesellschaft bürgerlichen Rechts

Bei der Errichtung einer BGB-Gesellschaft handelt es sich ebenfalls über einen Vertrag über die Vereinigung von Leistungen. Der **Geschäftswert** ist dementsprechend auch hier der Wert aller **Leistungen der Gesellschafter ohne Schuldenabzug** (§ 18 Abs. 3 KostO). Hinsichtlich der Bewertung von Einlageverpflichtungen gelten die gleichen Grundsätze wie bei der Errichtung von anderen Personengesellschaften. 20

Bei **Grundstücks-BGB-Gesellschaften** ist zu unterscheiden: 21
- Erfolgt die Gründung **vor Abschluss eines Grundstückskaufvertrages**, d.h. ergibt sich aus dem Gesellschaftsvertrag noch keine konkrete Einlageverpflichtung, so ist der Geschäftswert nach § 30 Abs. 1 KostO zu schätzen. Sofern für eine Schätzung konkrete Anhaltspunkte gegeben sind, z.B. die Verpflichtung zur Kreditaufnahme in bestimmter Höhe, sind diese hierbei heranzuziehen.
- Wird die BGB-Gesellschaft erst **nach Abschluss des Grundstückskaufvertrages** beurkundet, d.h. der Erwerb des Grundstücks erfolgt bereits in BGB-Gesellschaft, ist als Geschäftswert nicht mehr die Summe der Einlageverpflichtungen (ggf. geschätzt) maßgebend, sondern das Aktivvermögen der Gesellschaft (Verkehrswert des Grundstücks ohne Schuldenabzug).[18]

IX. Nachträgliche Beurkundung des Gesellschaftsvertrages

Wird ein **Gesellschaftsvertrag über eine schon bestehende Personengesellschaft** erstmals **(nach)beurkundet**, so bestimmt sich der Geschäftswert (sofern keine weitere Vermögenserhöhung erfolgt) nach dem Aktivvermögen der Gesellschaft zum Zeitpunkt der Beurkundung (§ 18 Abs. 1 KostO). Verbindlichkeiten sind gem. § 18 Abs. 3 KostO nicht abzuziehen. 22

Betriebsgrundstücke sind ist nach § 19 Abs. 2 KostO mit dem **Verkehrswert** anzusetzen. Das Aktivvermögen laut Bilanz ist somit um die Differenz zwischen Buchwert und Verkehrswert der Betriebsgrundstücke zu erhöhen. 23

X. Änderung eines Gesellschaftsvertrages

Bei Änderung eines Gesellschaftsvertrages einer Personengesellschaft, soweit diese **rechtsgeschäftlich** erfolgt, ist eine 10/10 Gebühr zu erheben gem. § 42 KostO in Verbindung mit der zutreffenden Beurkundungsgebühr, also § 36 Abs. 1 oder Abs. 2 KostO. 24

Änderungen bei eingetragenen Kapitalgesellschaften erfolgen in **Beschlussform** (§ 179 AktG, § 53 GmbHG), weshalb eine Beschlussgebühr gem. § 47 KostO zu erheben ist. 25

XI. Änderung bei einer GmbH vor Eintragung

Bei Änderung des Gesellschaftsvertrages einer GmbH vor der Eintragung ins Handelsregister ist § 42 KostO anzuwenden, wonach **lediglich eine 10/10 Gebühr** zu erheben ist, sofern es sich 26

---

[18] BayObLG MittBayNot 1995, 245; Korintenberg/Bengel/Tiedtke, § 39 Rn 57.

nicht um einen neuen Gesellschaftsvertrag handelt (z.B. bei Auswechslung der Gesellschafter, völlig neue Vertragsgestaltung).

27 Die Frage ob der vor Eintragung der GmbH **geänderte Gesellschaftsvertrag** entsprechend § 54 Abs. 1 S. 1 GmbHG zur Eintragung ins Handelsregister **anzumelden** ist, wird in Rechtsprechung und Literatur unterschiedlich beantwortet.[19]

28 Sofern man das Erfordernis einer Anmeldung von Änderungen bejaht, bestimmt sich der Geschäftswert nach § 41a KostO, d.h. sofern es sich um eine **Änderung mit bestimmten Geldwert** handelt nach § 41a Abs. 1 KostO, bei **Änderungen mit unbestimmtem Geldwert** nach § 41a Abs. 4 Nr. 1 KostO. Geschäftswert ist dann somit ein Prozent des einzutragenden Stammkapitals. Zu erheben ist eine Gebühr gem. § 38 Abs. 2 Nr. 7 KostO, sofern der Notar den Entwurf gefertigt hat.

29 Sofern der Notar im Hinblick auf die unterschiedlichen Auffassungen zur Anmeldepflicht die Anmeldung zum Handelsregister vorsieht, kann hierin **keine unrichtige Sachbehandlung** gesehen werden.[20] § 16 KostO ist nicht anwendbar, da kein eindeutiger Verstoß gegen gesetzliche Normen gegeben oder dem Notar ein offensichtliches Versehen unterlaufen ist. Nur in diesen Fällen sind entsprechende notarielle Kosten nach dieser Vorschrift außer Ansatz zu lassen.[21] Hier kann dem Notar nicht vorgeworfen werden, dass er angesichts der unsicheren Rechtslage sicherheitshalber den Weg der Registeranmeldung gewählt hat.

XII. Geschäftswert von Änderungen

30 Der Geschäftswert einer rechtsgeschäftlichen Änderung ist **einzelfallbezogen** nach dem Umfang der vorgenommenen Änderung zu bestimmen. Auch bei mehreren **zusammen beurkundeten Änderungen** darf der Wert des betroffenen Rechtsverhältnisses nicht überschritten werden (§ 39 Abs. 1 S. 2 KostO).

---

31 **Beispiel**
Änderung des Sitzes einer GmbH (10% des Wertes des Gesellschaftsvertrags, §§ 39 Abs. 1, 30 Abs. 1, 39 Abs. 5): 2.500,- €, Gebühr gem. § 42 KostO (10/10): 26,- €

---

32 Bei Gründung der Gesellschaft mit Musterprotokoll gilt für die Änderung des Gesellschaftsvertrags (= des Musters), §§ 41d, 39 Abs. 4, 39 Abs. 1 (10% der Einlagen), bei einem Stammkapital von z.B. 1.000,- € ergibt sich ein Wert von 100,- €. Es ist demnach die Mindestgebühr anzusetzen.[22]

33 Bezieht sich die Änderung auf einen **bestimmten Geldwert**, ist dieser maßgebend.
Bei **Änderungen unbestimmten Geldwertes** ist § 30 Abs. 1 KostO heranzuziehen. Bei der vorzunehmenden Schätzung ist vom Aktivvermögen der Gesellschaft auszugehen, von welchem ein angemessener Prozentsatz anzusetzen ist. Dieser kann bei einfachen, unbedeutenden Punkten lediglich 5% betragen, bei Firmenänderung 10–20% bis hin zu bedeutsamen, sehr umfangreichen Änderungen, deren Wert mit annähernd 100% bemessen werden kann. Bei umfassenden Änderungen wird jedoch zumeist vom Vorliegen eines neuen Rechtsverhältnisses (Gesell-

---

[19] Vgl. hierzu BayObLG MittBayNot 1987, 11; 1974, 228; OLG Zweibrücken MittBayNot 2001, 230; Korintenberg/*Bengel/Tiedtke*, § 41a Rn 118 m.w.N.
[20] So aber OLG Zweibrücken MittBayNot 2001, 230.
[21] Vgl. hierzu BGH NJW 1962, 2107; BayObLGZ 1981, 165; BayObLG JurBüro 1983, 592; Korintenberg/*Bengel/Tiedtke*, § 16 Rn 2 m.w.N.
[22] *Rohs/Wedewer*, § 41d Rn 5.

schaftsvertrages) auszugehen sein. Dann ist § 42 KostO nicht anwendbar, sondern § 36 Abs. 2 KostO (siehe Rn 33).

Eine Änderung unbestimmten Geldwertes ist auch gegeben bei **Änderung der Stellung eines Gesellschafters** (persönlich haftender Gesellschafter wird Kommanditist oder umgekehrt).[23] 34

XIII. Neues Rechtsverhältnis nach Änderung

Wird ein bestehender Gesellschaftsvertrag so weitgehend verändert, dass von einer **Identität** nicht mehr gesprochen werden kann, z.B. durch Aufnahme weiterer Gesellschafter, wesentliche Änderungen hinsichtlich der Gewinnverteilung, Kontrollrechte, Beschlussfassung usw., liegt kostenrechtlich ein neues Rechtsverhältnis vor. § 42 KostO ist in derartigen Fällen nicht anwendbar. Statt dessen ist für den dann vorliegenden neuen Gesellschaftsvertrag eine 20/10 Gebühr gem. § 36 Abs. 2 KostO zu erheben.[24] Die Wertbemessung erfolgt entsprechend der Einlagen **aller** Gesellschafter. 35

XIV. Änderung des Gesellschaftsvertrages nach Eintragung

Zur Änderung des Gesellschaftsvertrags nach Eintragung bedarf es eines Gesellschafterbeschlusses. Es entsteht eine Gebühr gem § 47 KostO nach einem Wert gem. § 41 c KostO. Anwendbar ist damit § 41 a Abs. 4 Nr. 1 KostO. Eine Ausnahme vom dort genannten Mindestwert enthält wiederum § 41 d KostO. Einzelheiten sind kommentiert im Kapital dieses Buches über Beschlüsse von Gesellschaftsorganen (§ 41 Rn 6 ff.). 36

XV. Mindestwert (§ 39 Abs. 5 KostO)

Bei der Beurkundung von Gesellschaftsverträgen beträgt der Geschäftswert seit dem 1.11.2008[25] mindestens 25.000,– €. Dies bedeutet, dass bei der Beurkundung von Gesellschaftsverträgen (GmbH, Ltd, UG, KG u.a.) weiterhin die Summen der Einlagen der Gesellschafter als Geschäftswert anzunehmen sind; mindestens ist jedoch ein Betrag von 25.000,– € anzusetzen. 37

Dies führt zu einer Verteuerung bei den Gesellschaftsverträgen einer Ltd. und u.U. auch bei den KG-Verträgen (Kommanditeinlagen unter 25.000,– €). Dies erschien dem Gesetzgeber jedoch hinnehmbar (BT-Drucks 16/6140, 59). Auch für Unternehmergesellschaften, welche ohne Musterprotokoll gegründet werden, gilt der Mindestwert des § 39 Abs. 5 KostO. 38

XV. Ausnahme vom Mindestwert (§ 41 d KostO)

Gründung einer GmbH mittels Musterprotokoll: Gem. § 41d KostO gilt der in § 39 Abs. 5, KostO bestimmte Mindestwert nicht für die Gründung einer Gesellschaft gemäß § 2 Abs. 1a GmbHG (vereinfachtes Verfahren), also mittels Musterprotokoll. 39

Bei der Gründung einer „normalen" GmbH mit Musterprotokoll führt dies zu keiner Vergünstigung, da der Betrag der Bareinlagen weiterhin mindestens 25.000,– € betragen muss. 40

---

23 *Assenmacher/Mathias*, S. 484 „Gesellschaftsverträge" Nr. 2.2.
24 KG DNotZ 1973, 185 = MittBayNot 1972, 185; Korintenberg/*Bengel/Tiedtke*, § 42 Rn 23, 23a, 23b u. 32; *Assenmacher/Mathias*, S. 484 „Gesellschaftsverträge" Nr. 2.2.
25 G v. 23.10.2008 (BGBl. I, 2026)

Wird eine UG (haftungsbeschränkt) mittels Musterprotokoll gegründet, ist der geringere Wert der Einlagen als Geschäftswert für die Beurkundung maßgebend.
Der Mindestwert des § 39 Abs. 5 KostO gilt also nicht.

XVI. Höchstwert

41 Der Geschäftswert eines Gesellschaftsvertrages ist gem. § 39 Abs. 5 KostO auf den Höchstwert von 5 Mio. EUR begrenzt.

42 Bei der regelmäßig gebotenen **Mitbeurkundung der Erfüllungsgeschäfte** (z.B. der Auflassung bei Einbringung eines Grundstücks oder Übernahmeerklärungen von Gründern einer AG) gilt der Höchstwert des § 39 Abs. 5 KostO auch für diese (gegenstandsgleichen) Erklärungen.

43 Bei gebotener **späterer Beurkundung von Erfüllungsgeschäften** dürfte die Höchstwertgrenze des § 39 Abs. 4 KostO hingegen nicht mehr anwendbar sein, da es sich dann nicht mehr um ein in der Vorschrift genanntes Geschäft handelt.[26] Auch aus diesem Grunde sollte möglichst eine Zusammenbeurkundung angestrebt werden. Eine sachlich **nicht gerechtfertigte Getrenntbeurkundung** kann erhebliche Gebührenunterschiede verursachen und eine Anwendung des § 16 Abs. 1 KostO erforderlich machen.

B. Eintritt und Ausscheiden von Gesellschaftern

I. Eintritt eines Gesellschafters

44 Bei Eintritt eines Gesellschafters in eine bereits bestehende Personengesellschaft ist der **Wert der Einlage** ohne Schuldenabzug (§ 18 Abs. 3 KostO) festzustellen. Dem ermittelten Betrag ist der mit dieser Einlage verkörperte Anteil am Aktivvermögen der Gesellschaft gegenüberzustellen. Auch hier erfolgt also **kein Schuldenabzug** (§ 18 Abs. 3 KostO). Der höhere Wert ist als Geschäftswert anzusetzen.[27] Die Geschäftswertermittlung erfolgt mithin nach den Grundsätzen des **Austauschvertrages** (§ 39 Abs. 2 KostO).

---

45 Beispiel
In eine bereits zwischen A und B bestehende Kommanditgesellschaft tritt der neue Gesellschafter C ein mit einer Kommanditeinlage von 80.000 EUR ein. Er ist mit dieser Einlage zu 25 % an der Gesellschaft beteiligt. Das Aktivvermögen der Gesellschaft beträgt 400.000 EUR. Der entsprechende Vertrag zwischen den bisherigen und dem neuen Gesellschafter ist bei Beurkundung durch den Notar mit einer 20/10 Gebühr gem. § 36 Abs. 2 KostO zu besteuern. Geschäftswert ist 25 % vom Aktivvermögen der Gesellschaft (hier: 100.000 EUR), da dieser Betrag höher ist als der Wert der Einlage von 80.000 EUR.

II. Ausscheiden eines Gesellschafters

46 Beim Ausscheiden eines Gesellschafters aus einer **Personengesellschaft** bestimmt sich der Geschäftswert nach dem **Wert des Anteils** des ausscheidenden Gesellschafters **am Aktivvermögen** der Gesellschaft (ohne Abzug von Verbindlichkeiten, § 18 Abs. 3 KostO).

---

26 *Rohs/Wedewer*, § 39 Rn 53; *Korintenberg/Bengel/Tiedtke*, § 39 Rn 144a.
27 *Rohs/Wedwer*, § 39 Rn 26; *Korintenberg/Bengel/Tiedtke*, § 39 Rn 62; *Assenmacher/Mathias*, S. 482 „Gesellschaftsanteile", S. 611 „Kommanditgesellschaft".

Wenn jedoch eine als Gegenleistung gewährte **Abfindung** einen höheren Wert ergibt, ist dieser Betrag gem. § 39 Abs. 2 KostO nach den Prinzipien des Austausches von Leistungen als Geschäftswert anzusetzen.[28]

Beispiel 47
Der Kommanditist C, welcher eine Kommanditeinlage von 80.000 EUR hält, scheidet aus der Gesellschaft aus. Das Aktivvermögen der Gesellschaft beträgt 200.000 EUR. C ist mit 25% an der Gesellschaft beteiligt. Er erhält als Abfindung eine Summe von 60.000 EUR. Der entsprechende Vertrag zwischen den Gesellschaftern ist bei Beurkundung durch den Notar mit einer 20/10 Gebühr gem. § 36 Abs. 2 KostO zu besteuern. Bei der Geschäftswertbemessung ist der Wert der Kommanditeinlage, welcher 50.000 EUR beträgt (= 25% vom Aktivvermögen der Gesellschaft) mit dem Abfindungsbetrag von 60.000 EUR zu vergleichen. Da der letztgenannte Betrag höher als der Wert der Einlage ist, beträgt der Geschäftswert 60.000 EUR.

III. Bestellung des ersten Geschäftsführers einer GmbH

1. Bestellung in der Satzung

Erfolgt bei Gründung einer GmbH die Bestellung des Geschäftsführers in der Satzung (§ 6 Abs. 3 48 S. 2 Alt. 1 GmbHG), ist diese nach § 44 Abs. 1 KostO **gegenstandsgleich mit der Gründung** und daher nicht besonders zu bewerten. Die Bestellung eines Geschäftsführers ist zwingend notwendig und bei der späteren Anmeldung anzugeben.

2. Bestellung durch Beschluss

Wird der Geschäftsführer bei Gründung der GmbH entsprechend dem dritten Abschnitt des 49 GmbHG durch Beschluss bestellt (d.h. nicht als Inhalt der Satzung bestimmt), entsteht neben der Gebühr für die Gesellschaftsgründung zusätzlich eine **Beschlussgebühr** nach § 47 KostO.[29] § 44 KostO findet im Verhältnis rechtsgeschäftlicher Erklärungen zu Beschlüssen keine Anwendung. Dies gilt auch bei der Beschlussfassung bereits bei der Neuerrichtung.

Trotz der **kostenrechtlichen Mehrbelastung** gegenüber der satzungsmäßigen Bestellung 50 kann in einer Bestellung durch Beschluss nach h.M. keine unrichtige Sachbehandlung gesehen werden. Eine solche Behandlung ist jedenfalls dann immer sachgerecht, wenn im Gesellschaftsvertrag eine Geschäftsführerbestellung durch Beschluss vorgesehen ist und/oder **Befreiung von** den Beschränkungen des **§ 181 BGB** erteilt werden kann und dieses sogleich erfolgt. Zudem bestehen auch in den Wirkungen der unterschiedlichen Bestellungsarten erhebliche Unterschiede. Bei der Aufhebung einer satzungsmäßigen Bestellung wäre eine **Satzungsänderung** erforderlich, welche nach § 53 Abs. 2 GmbHG der notariellen Beurkundung und einer drei Viertel Mehrheit der Gesellschafter bedarf.[30] Die Bestellung mittels Beschluss ist damit regelmäßig sachgerecht und in der Praxis auch die Regel.

Der **Geschäftswert** für den Beschluss bestimmt sich nach § 41c Abs. 1 i.V.m. § 41a Abs. 4 51 Nr. 1 KostO. Hiernach ist 1% des einzutragenden Stammkapitals als Geschäftswert anzusetzen. **Mindestwert** ist ein Betrag von 25.000 EUR. Dies gilt auch bei der Gründung einer UG (haftungsbeschränkt).

---

[28] *Rohs/Wedwer*, § 39 Rn 27; *Korintenberg/Bengel/Tiedtke*, § 39 Rn 63; *Assenmacher/Mathias*, S. 482 „Gesellschaftsanteile", S. 611 „Kommanditgesellschaft".
[29] KG MDR 2000, 908 = MittBayNot 2000, 338 = MittRhNotK 2000, 260; KG JurBüro 1983, 1551 = DNotZ 1984, 116; OLG Stuttgart JurBüro 1990, 1634; *Assenmacher/Mathias*, S. 165 „Beschlüsse von Gesellschaftsorganen", S. 467 „Gesellschaft mit beschränkter Haftung"; *Korintenberg/Bengel/Tiedtke*, § 44 Rn 6; *Rohs/Wedewer*, § 44 Rn 2.
[30] vgl. *Korintenberg/Bengel/Tiedtke*, § 41c Rn 108 m.w.N.

52 Die **Bestellung mehrerer Geschäftsführer** gilt nach § 41c Abs. 3 S. 3 KostO als einheitlicher Beschluss.

53 Auch bei der Errichtung einer **Ein-Personen-GmbH** entsteht bei einer entsprechenden Beschlussfassung eine 20/10 Gebühr gem. § 47 KostO.[31]

3. Bestellung bei GmbH-Gründung mittels Musterprotokoll (§ 2 Abs. 1 GmbHG)

54 Die Geschäftsführerbestellung (es ist nur ein Geschäftsführer möglich) ist hier Inhalt des Musterprotokolls und damit des Gesellschaftsvertrages/Satzung (§ 2 Abs. 1a Satz 5 GmbHG). Es besteht Gegenstandsgleichheit i.S.v. § 44 Abs. 1 KostO. Die Bestellung ist daher kostenneutral. Dies gilt nicht nur für die Unternehmergesellschaft (UG haftungsbeschränkt), sondern auch für die klassische GmbH, deren Gründung ebenfalls im vereinfachten Verfahren möglich ist.

C. Beschlussfassung über die Bestellung des ersten Aufsichtsrates einer AG

55 Wird bei der Gründung einer Aktiengesellschaft in der Gründungsurkunde bereits der erste Aufsichtsrat bestellt, so liegt in jedem Fall ein Beschluss vor, für den eine Gebühr nach § 47 KostO neben der Gebühr für die Gründungsverhandlung zu erheben ist. § 44 KostO ist nicht anwendbar.[32]

56 Die **Gründerversammlung** ist notwendiges Organ der Vor-AG. Für sie gelten daher die Versammlungs- und Beschlusserfordernisse des § 118 AktG, weshalb immer – unabhängig von der Bezeichnung in der Urkunde – von einem Beschluss ausgegangen werden kann.[33] Entsprechendes gilt für die **Bestellung eines Beirates oder Abschlussprüfers**.

D. Übertragung eines Gesellschaftsanteils

57 Bei Übertragung eines Gesellschaftsanteils an einer **Personengesellschaft** handelt es sich regelmäßig um einen **Austauschvertrag** gem. § 39 Abs. 2 KostO. Dementsprechend ist der kostenrechtliche Wert des übertragenen Geschäftsanteils dem Wert der hierfür erbrachten Gegenleistung gegenüberzustellen. Der höhere Betrag ist als Geschäftswert anzusetzen.

58 Der Wert des Gesellschaftsanteils besteht in der dadurch verkörperten **Mitberechtigung (Anteil) am Aktivvermögen** der Gesellschaft. Es gilt das Schuldenabzugsverbot des § 18 Abs. 3 KostO. Gegenleistungen sind nach den Wertvorschriften der §§ 18 ff. KostO zu bewerten.

59 Bei der Veräußerung eines **Kommanditanteils** ist nach einer neueren Entscheidung des BGH[34] entgegen der bis dahin weit verbreiteten Auffassung in Rechtsprechung und Literatur[35] ein Abzug von Verbindlichkeiten vorzunehmen.

60 Bei der **Bewertung wiederkehrender Leistungen** kommt die Wertvergünstigung des § 24 Abs. 3 KostO nicht zur Anwendung, wenn diese (auch) durch die Gesellschafter zu erbringen sind. Verpflichten sich hingegen einzelne Gesellschafter zu einer wiederkehrende Leistung, so

---

[31] Assenmacher/Mathias, S. 165 „Beschlüsse von Gesellschaftsorganen".
[32] OLG Zweibrücken JurBüro 2002, 492 = MittBayNot 2002, 312; Assenmacher/Mathias, S. 35 „Aktiengesellschaft".
[33] Notarkasse, Streifzug, Rn 984 m.w.N.
[34] BGH, Beschl. v. 20.10.2009, VIII ZB 13/08, NJW 2010, 2218.
[35] OLG München DNotZ 1941, 502; BayObLG, ZEV 2004, 510; OLG Braunschweig Rpfleger 1964, 67; OLG Celle DNotZ 1969, 631.

ist die Vergünstigung des § 24 Abs. 3 KostO zu berücksichtigen, wenn ein **Verwandtengeschäft** vorliegt.[36]

E. Stille Gesellschaft

Hier handelt es sich um die Beteiligung an einem Handelsgeschäft in Form einer sog. **Innengesellschaft**. Es ist bei der Prüfung der Ausgestaltung des abgeschlossenen Gesellschaftsvertrages zu unterscheiden zwischen der sog. typisch stillen Gesellschaft und der atypisch stillen Gesellschaft   61

I. Typische stille Gesellschaft

Bei Eintritt eines typisch stillen Gesellschafters in ein bereits bestehendes Handelsgeschäft ist der wesentliche Inhalt des Gesellschaftsvertrages, dass der stille Gesellschafter eine bestimmte Einlage zu leisten hat und er damit am Gewinn oder Verlust des Handelsgeschäfts beteiligt ist. Ein eigenes Gesellschaftsvermögen wird hierdurch nicht gebildet. Als Geschäftswert für den Gesellschaftsvertrag ist daher der **Wert der Einlage** anzusetzen.[37] Sofern sich der eintretende Gesellschafter auch zu **Dienstleistungen** verpflichtet, ist diese Vereinbarung dem Geschäftswert der zu leistenden Einlagen hinzuzurechnen, da der stille Gesellschafter zu einer solchen Dienstleistung nicht verpflichtet ist.[38]   62

Bei notwendiger Mitbeurkundung von Vereinbarungen über die Zuwendung der vom stillen Gesellschafter einzubringenden Vermögenseinlage im Wege der **Schenkung** liegen **gegenstandsverschiedene Rechtsverhältnisse** i.S.v. § 44 Abs. 2 KostO vor, da der Schenkungsvertrag kein Erfüllungs- oder Durchführungsgeschäft zum Gesellschaftsvertrag darstellt, sondern erst dessen wirtschaftliche Voraussetzungen schafft (anders bei der atypischen Gesellschaft).[39] Der Wert der Schenkung ist dem Wert für die Errichtung der stillen Gesellschaft hinzuzurechnen.   63

II. Atypisch stille Gesellschaft

Bei der atypisch stillen Gesellschaft ist der Gesellschaftsvertrag dergestalt gefasst, dass der stille Gesellschafter einen schuldrechtlichen Anspruch erhält, wonach er bei der Auflösung der Gesellschaft und Auseinandersetzung über das Gesellschaftsvermögen so gestellt werden soll, als ob er an diesem Gesellschaftsvermögen unmittelbar beteiligt wäre. In diesen Fällen richtet sich der Geschäftswert nicht nur nach dem Einlagebetrag des stillen Gesellschafters, sondern nach dessen schuldrechtlichen Ansprüchen, d.h. dessen **prozentueller Beteiligung am Gesellschaftsvermögen**. Ausgangswert für die Wertermittlung ist das **Aktivvermögen** des Unternehmens. Schuldenabzug findet nach § 18 Abs. 3 KostO nicht statt.[40] Gleicher Auffassung ist auch das BayObLG. Wegen der nur schuldrechtlichen Beteiligung des (atypisch) stillen Gesellschafters am Unternehmen hält dieses Gericht jedoch einen Wertabschlag für veranlasst.[41] Ein Wertabschlag von etwa 20–30% dürfte angemessen sein.   64

---

36 *Rohs/Wedewer*, § 39 Rn 28.
37 Korintenberg/Bengel/Tiedtke, § 39 Rn 64; *Rohs/Wedewer*, § 39 Rn 28.
38 *Rohs/Wedewer*, § 39 Rn 28.
39 *Assenmacher/Mathias*, S. 933 „Stille Gesellschaft".
40 Korintenberg/Bengel/Tiedtke, § 39 Rn 65; *Assenmacher/Mathias*, S. 933 „Stille Gesellschaft".
41 BayObLG MittBayNot 1983, 31.

F. Unterbeteiligungen

65 Der Geschäftswert von Unterbeteiligungen an einem Gesellschaftsanteil bemisst sich wie bei stillen Beteiligungen. Bei Beteiligung **in atypischer Form** ist für eine Bewertung der prozentuale Anteil des Hauptbeteiligten am Aktivvermögen der Gesellschaft maßgebend.

66 Erfolgt eine Unterbeteiligung an einem Gesellschaftsanteil in der Form der **typischen stillen Beteiligung**, so ist die Bewertung nach den kostenrechtlichen Grundsätzen einer typischen stillen Gesellschaft vorzunehmen. Der Geschäftswert bestimmt sich in diesem Falle nach der Höhe der Einlage des Unterbeteiligten.

G. Bauherrenmodell

67 Schließen sich mehrere Bauherren zu Errichtung einer **Wohnungseigentumsanlage** zu einer **Bauherrengemeinschaft** zusammen (sog. Bauherrenmodell) und werden in diesem Zusammenhang mehrere an sich eigenständige Verträge, wie die Begründung von Wohnungseigentum, der Grundstückskaufvertrag, ein Baubetreuungsvertrag sowie der Gesellschaftsvertrag der Bauherren zusammen beurkundet, so betreffen alle Erklärungen, obschon es sich um mehrere Rechtsverhältnisse handelt, denselben Gegenstand i.S.v. § 44 Abs. 1 KostO. Alle genannten Verträge stehen in einem untrennbaren rechtlichen Zusammenhang, da sie nach dem Willen der Vertragspartner voneinander abhängig sind. Sie bilden daher ein eigenes **einheitliches Rechtsverhältnis** eigener Art.[42]

68 Nach nahezu einhelliger Auffassung in Rechtsprechung und Schrifttum ist für die **Geschäftswertsbemessung** dieses einheitlichen Rechtsgeschäftes der mitbeurkundete Gesellschaftsvertrag heranzuziehen. Der Geschäftswert bestimmt sich daher nach der **Summe der Gesamtaufwendungen aller Bauherren** für das Bauobjekt.[43] Eine andere Auffassung vertreten das BayObLG[44] und KG,[45] welche eine Schätzung nach § 30 Abs. 1 KostO vornehmen wollen. Bezugswert sollen zwar auch die Gesamtaufwendungen aller Mitgesellschafter, von diesen Betrag allerdings nur ein angemessener Prozentsatz (ca. 20–40%, Obergrenze 50%) als Geschäftswert anzusetzen sein.

H. Gesellschaftsrechtliche Rahmenverträge

69 Hierhin gehören alle Nebenverträge und Ergänzungsvereinbarungen zur Satzung von Gesellschaften und Verträge, die lediglich die schuldrechtlichen Rechtsverhältnisse der Gesellschafter untereinander und zur Gesellschaft außerhalb der Satzung der Gesellschaft regeln. Diese Verträge werden zumeist in **Form einer Gesellschaft bürgerlichen Rechts** abgeschlossen (§§ 705ff. BGB). Dies sind beispielsweise die nachfolgenden schuldrechtlichen Verträge.[46]

---

[42] BayObLG MittBayNot 1982, 85 = JurBüro 1982, 899; BayObLG MittBayNot 1982, 88 = JurBüro 1982, 1234; BayObLG MittBayNot 1982, 91 = JurBüro 1982, 1230; OLG Hamm DNotZ 1983, 569 = JurBüro 1983, 1231; *Rohs/Wedewer*, § 39 Rn 21.
[43] OLG Hamm DNotZ 1983, 569 = JurBüro 1983, 1231; BayObLG MittBayNot 1985, 270 = JurBüro 1986, 259 = DNotZ 1986, 111; Korintenberg/*Bengel/Tiedtke*, § 39 Rn 44; *Rohs/Wedewer*, § 39 Rn 21.
[44] DNotZ 1982, 765 (aufgegeben mit BayObLG MittBayNot 1985, 270).
[45] JurBüro 1983, 1366.
[46] Vgl. Korintenberg/*Bengel/Tiedtke*, § 39 Rn 86ff.

I. Konsortialverträge zur Beherrschung einer GmbH

Ein solcher Vertrag regelt insbesondere die **Einflussmöglichkeiten** der Muttergesellschaft auf 70
die Tochtergesellschaft, die auch auf wirtschaftlicher Zusammenarbeit in Bezug auf die individuellen Geschäftsinteressen der Gesellschaften bestehen kann. Geregelt werden können z.B. Vereinbarungen über Kapitalzufuhr, Beschlüsse über Investitionen, Finanzpläne, Produktionen, Vertrieb, Anbietungspflicht, Vorkaufsrechte, Verfügungsbeschränkungen und Ähnliches.

Der **Geschäftswert** eines derartigen Konsortialvertrages ist nach §§ 39 Abs. 1, 30 Abs. 1 71
KostO zu schätzen. **Anhaltspunkt** für die Wertermittlung ist das Aktivvermögen der Tochtergesellschaft. Da keine unmittelbare Verfügungsbefugnis über das Vermögen der Tochtergesellschaft besteht, sondern lediglich schuldrechtliche Vereinbarungen getroffen werden, ist nur ein Teilwert des Aktivvermögens maßgebend. Regelmäßig kann ein **Bruchteil von ca. 50% des Aktivvermögens der Tochtergesellschaft** als angemessen angesehen werden. Im Einzelfall kann jedoch – je nach Umfang und Bedeutung des Konsortialvertrages – ein geringerer oder auch höherer Wert angemessen sein.

Die getroffenen Vereinbarungen erfolgen im Regelfall in der Rechtsform einer Gesellschaft 72
bürgerlichen Rechts. Deshalb ist auch die **Höchstwertbegrenzung** von 5 Mio. EUR zu beachten (§ 39 Abs. 5 KostO).[47]

J. Kooperationsvereinbarungen

In einem Kooperationsvertrag werden insbesondere Vereinbarungen von Gesellschaften zur För- 73
derung einer langfristigen Kooperation getroffen. Geregelt werden können z.B. detaillierte Vereinbarungen zur gemeinsamen Entwicklungstätigkeit, gegenseitigen Auftragsvergabe, Vertriebs- und Lizenzpolitik, Geheimhaltung und Weitergabe von Entwicklungsergebnissen und Ähnliches.

Der **Geschäftswert** eines Kooperationsvertrages ist nach §§ 39 Abs. 1, 30 Abs. 1 KostO zu 74
schätzen. Anhaltspunkt für die Wertermittlung ist das **Auftragsvolumen**, welches die Kooperationspartner für die Dauer der vereinbarten Kooperation anstreben. Regelmäßig kann ein **Bruchteil von ca. 20–30%** dieses Betrages als angemessen angesehen werden.

Da die getroffenen Vereinbarungen im Regelfall in der Rechtsform einer Gesellschaft bürger- 75
lichen Rechts erfolgen, ist die **Höchstwertbegrenzung** von 5 Mio. EUR zu beachten (§ 39 Abs. 5 KostO).

K. Poolvereinbarungen

Im Poolvertrag wird zumeist das **Verhältnis zwischen Mehrheitsgesellschaftern** festgelegt. 76
Die Gesellschafter schließen sich im Regelfall hierzu zumeist zu einer übergeordneten Gesellschaft bürgerlichen Rechts zusammen. Zweck des Pools ist die **Sicherstellung des Einflusses** der Mehrheitsgesellschafter dadurch, dass die Pool-Mitglieder die wesentlichen Fragen untereinander abklären und das Stimmrecht sodann einheitlich ausüben.

Der **Geschäftswert** eines Poolvertrages ist nach §§ 39 Abs. 1, 30 Abs. 1 KostO zu schätzen. Bei 77
der Bewertung ist in angemessener Weise einerseits der **wirtschaftliche Vorteil** der den Teilnehmern der Poolvereinbarung erwächst und andererseits die **Einschränkungen der Gesellschaftsrechte** zu berücksichtigen.[48] Im Einzelfall kann jedoch – je nach Umfang und Bedeutung

---

47 Korintenberg/*Bengel*/*Tiedtke*, § 30 Rn 53.
48 Korintenberg/*Bengel*/*Tiedtke*, § 30 Rn 62.

des Konsortialvertrages – ein geringerer oder auch höherer Wert angemessen sein. Ein Schätzwert von **20–30 % des Aktivvermögens der betroffenen Gesellschaft** erscheint angemessen.

78 Haben sich die Poolbeteiligten in Bezug auf ihre Beteiligungen auch **Verfügungs- und Verwaltungsbeschränkungen** unterworfen, kann im Hinblick auf die dadurch bedingte erhöhte Bedeutung ein **Bruchteil von ca. 50%** als angemessen angesehen werden.[49]

L. Mitwirkungspflicht des Kostenschuldners bei der Wertermittlung, Wertschätzung

79 Die Beteiligten trifft bei der vorzunehmenden Wertermittlung eine Mitwirkungspflicht dergestalt, dass sie die hierzu **notwendigen Unterlagen beizubringen** oder **entsprechende Erklärungen abzugeben** haben, beispielsweise ist bei einer Vermögensübertragung die letzte Bilanz vorzulegen. Ist der Notar zur Geschäftswertbestimmung auf die Mitwirkung des Kostenschuldners angewiesen und bleibt dieser untätig oder gibt nur unzureichend Auskunft, so kann der Notar **nach angemessener Wartefrist** (etwa drei Monate) eine **Schätzung** nach § 30 Abs. 1 KostO vornehmen.[50]

M. Nebengebühren im Zusammenhang mit Gesellschaftsverträgen

80 Sofern der Notar Tätigkeiten wahrnimmt, die nicht unmittelbar mit dem gebührenpflichtigen Amtsgeschäft zusammenhängen oder nicht dessen Vorbereitung, Durchführung oder zum Vollzug dienlich sind, kommt das Entstehen von zusätzlichen Nebengebühren in Betracht. Dies wird regelmäßig eine Gebühr nach § 147 Abs. 1 oder Abs. 2 KostO oder § 150 KostO sein können.

I. Sachgründungsbericht

81 Bei einer Sachgründung ist dem Registergericht ein sog. Sachgründungsbericht einzureichen (vgl. § 5 Abs. 4 S. 2 GmbHG). Die Fertigung dieses Berichtes obliegt nicht dem Notar. Wird diese Erklärung **vom Notar entworfen**, wurde in der Vergangenheit eine Gebühr nach § 147 Abs. 2 KostO erhoben Nunmehr wird – in Anlehnung an die Rechtsprechung des BGH zur Verweisungsurkunde und des LG Dresden[51] – für diese Tätigkeit zunehmend eine Gebühr gemäß § 145 KostO zugebilligt. Dem ist zuzustimmen. Als **Geschäftswert** erscheint ein Betrag von ca. 20–30% des Wertes der Sacheinlage (gem. § 18 Abs. 3 KostO) ohne Schuldenabzug angemessen.[52]

II. Unbedenklichkeitsbescheinigung der Industrie- und Handelskammer

82 Wenn der Notar im Auftrag der Gründungsgesellschafter die Unbedenklichkeitsbescheinigung der Industrie- und Handelskammer zur Firmengestaltung einholt, handelt es sich um eine gebührenpflichtige Tätigkeit nach § 147 Abs. 2 KostO.[53]

---

49 Korintenberg/Bengel/Tiedtke, § 39 Rn 89.
50 BayObLG DNotZ 1970, 372; Korintenberg/Bengel/Tiedtke, § 143 Rn 9; Assenmacher/Mathias, S. 1132 „Wertangabe".
51 LG Dresden DNotZ 2006, 382; NotBZ 2007, 300, s. auch allg. Rohs/Wedewer, § 145, Rn 8.
52 Korintenberg/Bengel/Tiedtke, § 147 Rn 122; Notarkasse, Streifzug, Rn 1258.
53 BGH Beschl. v. 14.2.2012 – II ZB 18/10, DNotZ 2012, 389; OLG Oldenburg JurBüro 1982, 1714; Assenmacher/Mathias, S. 202 „Betreuungsgebühr"; Korintenberg/Bengel/Tiedtke, § 147 Rn 129; a.A. OLG Frankfurt JurBüro 1987, 590; Rohs/Wedewer, § 41a Rn 11.

III. Liste der Gesellschafter

1. Neuanmeldung der GmbH

Der Anmeldung einer GmbH ist nach § 8 Abs. 1 Nr. 3 GmbHG eine Liste der Gesellschafter mit 83
den Beträgen der jeweils übernommenen Stammeinlagen beizufügen. Ob der Entwurf dieser
Gesellschafterliste durch den Notar eine Gebühr nach § 147 Abs. 2 KostO auslöst, wird in Rechtsprechung und Schrifttum unterschiedlich beantwortet. § 145 KostO ist jedenfalls nicht anwendbar.[54]

Sofern eine Gebühr bejaht wird, ist der **Geschäftswert** für die zu erhebenden Zusatzgebühr 84
nach § 30 Abs. 1 KostO zu bemessen und mit 10–20 % des betroffenen Rechtsverhältnisses angemessen bestimmt. Bemessungsgrundlage für eine Schätzung ist bei der Neuerrichtung einer
Gesellschaft das einzutragende Stammkapital, bei späteren Anmeldungen der nach § 41a KostO
jeweils zu bestimmende Wert der Anmeldung der Veränderung im Gesellschafterbestand. Hiervon ist jeweils ein angemessener Bruchteil anzusetzen.

Bei **Verwendung des Musterprotokolls** stellt das Muster zugleich auch die Gesellschafter- 85
liste dar (§ 2 Abs. 1a S. 4 GmbHG). Die Fertigung einer gesonderten Gesellschafterliste ist somit
nicht erforderlich. Eine Zusatzgebühr entsteht insoweit nicht.

Eine **Bescheinigung nach § 40 II GmbHG** ist bei der Gründung der Gesellschaft ebenfalls 86
nicht erforderlich. Die Verpflichtung des Notars, diese Bescheinigung zu erteilen, besteht nur,
wenn er bei **Änderung** der Beteiligungsverhältnisse, nicht aber bei erstmaliger Festlegung der
Beteiligungsverhältnisse mitwirkt. Zum Einreichen einer Gesellschafterliste (§ 8 Abs. 1 Nr. 3
GmbHG) ist allein der Geschäftsführer verpflichtet.

2. Beurkundung von Veränderungen im Gesellschafterbestand

Gemäß § 40 Abs. 1 GmbHG ist bei Veränderungen im Gesellschafterbestand eine aktualisierte 87
Liste der Gesellschafter dem Registergericht einzureichen. Ob diese Liste, falls der Notar sie
fertigt, eine Zusatzgebühr gem. § 147 Abs. 2 KostO auslösen kann, wird positiv zu beurteilen
sein.

Der Notar ist in diesem Fall gem. § 40 Abs. 2 GmbHG verpflichtet, die Veränderungen unver- 88
züglich nach deren Wirksamwerden ohne Rücksicht auf etwaige später eintretende Unwirksamkeitsgründe die Liste anstelle der Geschäftsführer zu unterschreiben, zum Handelsregister einzureichen und eine Abschrift der geänderten Liste an die Gesellschaft zu übermitteln. Die an das
Registergericht zu übermittelnde Liste muss mit der Bescheinigung des Notars versehen sein,
dass die geänderten Eintragungen den Veränderungen entsprechen, an denen er mitgewirkt hat,
und die übrigen Eintragungen mit dem Inhalt der zuletzt im Handelsregister aufgenommenen
Liste übereinstimmen.

Diese von Amts wegen vorzunehmenden Tätigkeiten können nur mittels vorliegender „Liste 89
der Gesellschafter" wahrgenommen werden, welche somit notfalls von Amts wegen ebenfalls zu
fertigen ist, falls sie nicht vom Geschäftsführer der GmbH zur Verfügung gestellt wird.

Für die Fertigung der Gesellschafterliste wird eine gesonderte Gebühr gem. § 147 Abs. 2
KostO zu erheben sein.[55]

---

[54] Für eine Gebühr nach § 147 Abs. 2: OLG Celle JurBüro 1994, 41; OLG Stuttgart JurBüro 1984, 1078; OLG Saarbrücken MittBayNot 1984, 215; Korintenberg/*Bengel/Tiedtke*, § 147 Rn 113; Notarkasse, Streifzug, Rn 1257; *Assenmacher/Mathias*, S. 202 „Betreuungsgebühr". Für ein gebührenfreies Nebengeschäft: BGH (Fn. 53) für die Rechtslage vor Inkrafttreten des MoMiG; OLG Hamm ZNotP 2002, 123; OLG Frankfurt/M. DNotZ 1987, 641; OLG Karlsruhe Rpfleger 1977, 228; *Rohs/Wedewer*, § 41 a Rn 11.
[55] OLG Hamm, Beschl. v. 31.5.2012 – 15 W 687/10 –.

Durch die erfolgte Neufassung des GmbH-Gesetzes erfährt die Gesellschafterliste eine wesentlich größere Bedeutung, weshalb die Fertigung dieser Liste durch den Notar vom BGH[56] (Beschlussgründe) und OLG Hamm[57] m.E. zutreffend nunmehr als gebührenrelevant angesehen wird.

3. Sonstige Fälle (Entstehen der Zusatzgebühr)

90 Dies gilt jedoch nicht für „Altfälle", d.h. für eine Fertigung der Gesellschafterliste für Beurkundungsvorgänge vor Inkrafttreten des MoMiG.[58]

91 Als Geschäftswert der Zusatzgebühr gem. § 147 Abs. 2 KostO (bestimmt nach § 30 Abs. 1 KostO) wird ein Bruchteil des jeweils betroffenen Rechtsverhältnisses von etwa 10% bis 20% für angemessen erachtet.

4. Mitteilung der Abtretung an die an die Gesellschaft

92 Vor Inkrafttreten des MoMiG zum 1.11.2008 konnte Notar für die auftragsgemäße Anzeige der Abtretung an die Gesellschaft (§ 16 Abs. 1 GmbHG) eine Gebühr gem. § 147 Abs. 2 KostO erheben. Seitdem verpflichtet ihn bereits § 40 Abs. 2 GmbHG, die neue Liste an die Gesellschaft von Amts wegen zu übermitteln.

Eine Gebühr gem. § 147 Abs. 2 wird der Notar deshalb hierfür nicht mehr ansetzen können.

5. Bescheinigung des Notars zur Gesellschafterliste

93 Die Gesellschafterliste muss der Notar mit der Bescheinigung versehen, dass die geänderten Eintragungen den Veränderungen entsprechen, an denen er mitgewirkt hat und die übrigen Eintragungen mit dem Inhalt der zuletzt im Handelsregister aufgenommenen Liste übereinstimmen (§ 40 Abs. 2 GmbHG). Ob diese Bescheinigung kostenpflichtig ist, ist umstritten. Von der Rechtsprechung wurde eine Gebühr überwiegend nicht zugebilligt.[59]

94 Die Literatur[60] ist anderer Auffassung. Für diese Ansicht spricht, dass die genannte Bescheinigung zwar der Satzungsbescheinigung gem. § 54 Abs. 1 S. 2 GmbHG nachgebildet ist, für die Bescheinigung nach § 54 GmbHG der Notar, wenn er die Änderung des Gesellschaftsvertrages beurkundet, jedoch nur kraft ausdrücklicher besonderer Regelung (§ 47 KostO) keine Gebühr erheben darf.

Da für die Bescheinigung des § 40 Abs. 2 GmbHG im Falle der Abtretung von Gesellschaftsanteilen eine entsprechende Regelung in der KostO nicht getroffen wurde, könnte (arg.) der Notar eine Gebühr gem. § 50 Abs. 1 S. 1 KostO (Tatsachenbescheinigung) ansetzen.

95 Sofern eine Zusatzgebühr gem. § 147 Abs. 2 KostO für das Fertigen der Gesellschafterliste für gerechtfertigt gehalten wird (vgl. Rn 89), dürfte die Bescheinigung hierzu als gebührenfreies Nebengeschäft anzusehen sein, da sonst die insoweit vom Notar vorzunehmenden Tätigkeiten als Einheit anzusehen und damti nicht doppelt besteuert werden können.[61]

---

56 Vgl. BGH DNotZ 2012, 389.
57 Vgl. OLG Hamm, Beschl. v. 31.5.2012 – 15 W 687/10 –.
58 BGH DNotZ 2012, 389; OLG Hamm ZNotP 2002, 123; OLG Frankfurt/M. DNotZ 1987, 641; OLG Karlsruhe Rpfleger 1977, 228; Rohs/*Wedewer* § 41a Rn. 11.
59 OLG Hamm, Beschl. v. 31.5.2012 – 15 W 687/10 –; OLG Celle NZG 2010, 959, OLG Stuttgart ZNotP 2009, 448, OLG Brandenburg, Beschl. v. 16.11.2010 – 7 Wx 25/10 und LG Dortmund, Beschl. v. 25.8.2010 – 9 T 266/10.
60 Korintenberg/Lappe/Bengel/*Reimann*, KostO, 19. Aufl., § 50, Rn 6a, 21a; Rohs/*Wedewer*, KostO, Stand April 2012, § 50, Rn 3; Streifzug, 9. Aufl., Rn. 1014, 1015; *Sikora/Tiedtke*, MittBayNot 2009, 209 ff.
61 Vgl. OLG Hamm, Beschl. v. 31.5.2012 – 15 W 687/10 –.

Zu berücksichtigen ist, dass lediglich eine Bescheinigung zu der an das Registergericht zu 96
übersendenden Liste erforderlich ist. An die Gesellschaft ist (lediglich) eine Abschrift der Liste
zu übermitteln. Hier wird der Notar von Amts wegen Tätigkeit. Eine Gebühr entsteht nicht.

Sofern eine Bescheinigungsgebühr für zutreffend erachtet wird oder ausnahmsweise ent- 97
steht, kann m.E. als Geschäftswert 10% bis 20% des Wertes der Abtretung als angemessen angesehen werden (§ 30 Abs. 1 KostO); da die Bescheinigung nur die Übereinstimmung der neuen
Gesellschafterliste mit der tatsächlichen Rechtslage bestätigen soll.[62]

IV. Liste der Übernehmer bei Kapitalveränderungen

Die vorstehenden Ausführungen zur Gesellschafterliste gelten auch für die ggf. einzureichende 98
Liste der Übernehmer bei Veränderungen im Kapitalbestand (§ 57 GmbHG), sofern eine solche
Liste vom Registergericht verlangt wird. Da bei Kapitalveränderung bei den einzelnen Gesellschaftern eine Änderung der ursprünglichen Liste des § 8 Abs. 1 Nr. 3 GmbHG vorliegt, denn bei
dieser sind bereits die Beträge der übernommenen Stammeinlagen anzugeben, ist eine gebührenrechtliche Gleichbehandlung geboten[63].

Sofern eine Gebühr bejaht wird, ist Anknüpfungspunkt für die **Geschäftswertbemessung** 99
der Kapitalerhöhungsbetrag bzw. die sich ergebenden Kapitalveränderungen. Als Geschäftswert
erscheinen hiervon wiederum 10–20% angemessen (vgl. vorst. Rn 97).

V. Bescheinigung des neuen Satzungswortlauts nach § 54 Abs. 1 S. 2 GmbHG

Bei der Anmeldung der Änderung des Gesellschaftsvertrages eines Unternehmens (Satzungsän- 100
derung) ist nach § 54 Abs. 1 S. 2 GmbHG eine Bescheinigung des Notars über den neuen vollständigen Wortlaut der Satzung oder des Gesellschaftsvertrages beizufügen. Diese Bescheinigung ist nach § 47 S. 1 Hs. 2 KostO gebührenfreies Nebengeschäft und daher nicht zu vergüten.
Dies gilt jedoch nur für den Notar, der die Satzungsänderung oder die Änderung des Gesellschaftsvertrages beurkundet hat.

Gibt ein **anderer Notar**, auch derjenige, welcher die Anmeldung zum Handelsregister beur- 101
kundet oder entworfen hat, die entsprechende Erklärung ab oder verlautbart die Bescheinigung
andere als vom Notar beurkundete Satzungsänderungen, ist kein Fall eines gebührenfreien Nebengeschäftes gegeben. Es liegt dann für diesen Notar vielmehr eine **selbständige Tatsachenbescheinigung** i.S.v. § 50 KostO vor, weshalb eine Gebühr nach § 50 Nr. 1 KostO zu erheben ist.[64]

Der **Geschäftswert** bestimmt sich nach § 30 Abs. 1 KostO und wird je nach Lage des Einzel- 102
falls zu schätzen sein. Als Ausgangswert für eine Wertbestimmung kommt der Geschäftswert der
Anmeldung in Betracht. Hiervon wird ein angemessener Bruchteil anzusetzen sein. *Reimann*[65]
nennt hier einen Wert von 10 bis höchstens 50% dieses Beziehungswertes.

Unterschiedliche Auffassungen werden dazu vertreten, nach welchen Kriterien die Bemes- 103
sung des Geschäftswertes zu erfolgen hat. Während *Reimann*[66] den Wert je nach der Schwierigkeit der Satzungsfassung und der Verantwortlichkeit des Notars bestimmen will, halten Rohs/

---

62 S. auch Rohs/*Wedewer* § 50, Rn 8a m.w.N.; *Sikora/Tiedtke*, MittBayNot 2008, 444 hält einen Geschäftswert
zwischen 20% und 50% für angemessen.
63 *Rohs/Wedewer*, § 41a Rn 13, § 147 Rn 28a.
64 *Rohs/Wedewer*, § 47 Rn 8; Notarkasse, Streifzug, Rn 246, 964; Korintenberg/*Bengel/Tiedtke*, § 147 Rn 131;
Korintenberg/*Reimann*, § 47 Rn 16.
65 Korintenberg/*Reimann*, § 47 Rn 18.
66 Korintenberg/*Reimann*, § 47 Rn 18.

Wedewer[67] diese Kriterien für irrelevant und wollen stattdessen als Anhaltspunkte für eine Schätzung in erster Linie die Größe des betreffenden Unternehmens sowie die wirtschaftliche und rechtliche Bedeutung der Satzungsänderung heranziehen.

VI. Bescheinigung und Zusatzgebühr für vorheriges Zusammenstellen des neuen Satzungswortlauts

104 Wird der Notar mit der Fertigung des Entwurfs des neuen Wortlautes der Satzung beauftragt, ist umstritten, ob hierfür eine Gebühr gem. § 147 Abs. 1 KostO erhoben werden darf.[68] Sofern man das Entstehen der **Zusatzgebühr** gem. § 147 KostO bejaht, bestimmt sich der **Geschäftswert** nach § 30 Abs. 1 KostO. Die Höhe des Geschäftswertes wird man nach der Schwierigkeit der Satzungsfassung, dem Umfang der Tätigkeit und der Verantwortung des Notars bemessen. Für einfach gelagerte Fälle wird ein Bruchteil von 10%, bei umfangreicheren Tätigkeiten ein Bruchteil von höchstens 50% anzusetzen sein. **Beziehungswert** für die Geschäftswertsbemessung ist der nach § 41a Abs. 4 KostO zu bestimmende Wert für den Entwurf der Anmeldung.[69]

VII. Belehrung des Geschäftsführers über die unbeschränkte Auskunftspflicht

105 Die in § 8 Abs. 3 GmbHG vorgesehene Belehrung der Geschäftsführer der GmbH über ihre unbeschränkte Auskunftspflicht wird nach h.M. als ein **gebührenfreies Nebengeschäft** zu Registeranmeldung i.S.v. § 35 KostO angesehen.[70]

106 Sofern der Notar die Registeranmeldung beurkundet, entworfen, den ihm vorgelegten Entwurf überprüft und/oder geändert bzw. ergänzt hat (und damit Gebühren nach § 38 Abs. 2 Nr. 7 oder § 145 Abs. 1 S. 2 KostO entstanden sind), kann damit für diese Belehrung eine Gebühr nach § 147 Abs. 2 KostO nicht erhoben werden.

107 Der Notar, welcher **lediglich die Unterschrift** unter dem ihm vorgelegten Entwurf **beglaubigt** hat (Gebühr gem. § 45 KostO) kann hingegen für eine solche Belehrung die Gebühr des § 147 Abs. 2 KostO erheben. Der Geschäftswert für die Gebühr ist gem. § 30 Abs. 1 KostO zu bestimmen. Als Geschäftswert wird ein Bruchteil von **10–20 % des Wertes der Registeranmeldung** angesetzt werden können.[71]

VIII. Vertretungsbescheinigung nach § 21 BNotO

108 Gem. § 150 Nr. 1 KostO erhält der Notar für die Erteilung einer Bescheinigung nach § 21 Abs. 1 Nr. 1 BNotO eine **Festgebühr** von 13 EUR. Diese Gebühr entsteht unabhängig von der Beurkundungs- oder Beglaubigungsgebühr.

109 Sofern eine Vertretungsbescheinigung für mehrere, **gemeinsam vertretungsbefugte Personen** erstellt wird, handelt es sich nicht um mehrere Bescheinigungen. Die Gebühr des § 150

---

67 *Rohs/Wedewer*, § 47 Rn 8.
68 Für das Entstehen einer Gebühr: OLG Stuttgart JurBüro 1984, 1078; OLG Saarbrücken MittBayNot 1984, 215; OLG Celle JurBüro 1992, 342 und 1994, 41; Korintenberg/*Reimann*, § 47 Rn 17. Verneinend: OLG Frankfurt Rpfleger 1980, 203; LG Hannover NdsRpfl 1991, 93; OLG Celle JurBüro 1992, 342; OLG Zweibrücken JurBüro 2001, 105; LG Stuttgart BWNotZ 2002, 45; *Assenmacher/Mathias*, S. 471 „Gesellschaft mit beschränkter Haftung"; *Notarkasse*, Streifzug, Rn 1272.
69 Korintenberg/*Bengel/Tiedtke*, § 47 Rn 48.
70 OLG Oldenburg JurBüro 1998, 322; OLG Celle JurBüro 1992, 343; Korintenberg/*Bengel/Tiedtke*, § 147 Rn 123; *Assenmacher/Mathias*, S. 471 „Gesellschaft mit beschränkter Haftung".
71 Korintenberg/*Bengel/Tiedtke*, § 147 Rn 123.

Nr. 1 KostO entsteht daher nur einmal.[72] Dies gilt auch, wenn eine Bescheinigung für mehrere Geschäfte Verwendung finden soll.

Anders ist die Rechtslage zu beurteilen, wenn der Notar für mehrere Personen jeweils eine **Einzelvertretungsmacht** bescheinigt. In diesem Fall ist für jede Bescheinigung die Gebühr des § 150 Nr. 1 KostO gesondert zu berechnen. Dies gilt auch dann, wenn die Bescheinigung in einer einheitlichen Urkunde vorgenommen wird. 110

Ebenfalls zwei Gebühren nach § 150 Nr. 1 KostO fallen an, wenn beispielsweise eine **Vertretungsbescheinigung für mehrere Unternehmen** erteilt wird (auch Vertretung durch eine Person), so auch bei der **GmbH & Co. KG**; hier handelt es sich um zwei Bescheinigungen, nämlich eine für die GmbH und eine für die KG.[73] 111

IX. Anfall der Gebühr des § 147 Abs. 2 KostO für vorherige Registereinsicht, Einsicht in einen beglaubigten Registerauszug

Für die vor Erteilung der Bescheinigung vorgenommene **Registereinsicht** fällt neben der Gebühr des § 150 Nr. 1 KostO eine Zusatzgebühr nach § 147 Abs. 2 KostO nicht an, sondern gilt als **(vorbereitende) Nebentätigkeit** zur Vertretungsbescheinigung (§ 147 Abs. 3 KostO). Dies dürfte spätestens mit der Anpassung der Gebührenhöhen durch Gesetz vom 31.8.1998[74] klargestellt sein.[75] Entsprechendes gilt für die **Einsichtnahme in beglaubigte Handelsregisterauszüge** oder den Ausdruck aufgrund erfolgter **Online-Registereinsicht**. 112

X. Notwendigkeit der Vertretungsbescheinigung

Einer Vertretungsbescheinigung bedarf es nur, wenn die Bescheinigung zu einer Urkunde abgegeben wird, welche bei einem **anderen Gericht** als dem des Handelsregisters oder ähnlichen Registers verwendet wird. So z.B. bei Anträgen zum Grundbuch, etwa wenn Grundbuch und Register nicht bei demselben Gericht geführt werden (vgl. § 34 i.V.m. §§ 32, 33 GBO bzw. in entsprechender Anwendung § 34 GBO i.V.m. § 26 Abs. 2 GenG). 113

Im Gegensatz hierzu genügt z.B. zur Legitimation des **Vorstandes einer Genossenschaft** im Grundbuchverkehr gegenüber dem Grundbuchamt die Bezugnahme auf das Genossenschaftsregister, wenn das Grundbuch und das Register bei demselben Gericht geführt werden. Die Notwendigkeit einer Vertretungsbescheinigung besteht dann nicht. Die Gebühr des § 150 Nr. 1 KostO wird dementsprechend gem. § 16 Abs. 1 KostO (unrichtige Sachbehandlung) nicht erhoben werden können. 114

Nach § 32 Abs. 2 GBO kann bei Anträgen gegenüber dem Grundbuchamt der Nachweis der Vertretungsberechtigung auch durch bloße Bezugnahme auf Eintragungen im Handels-, Genossenschafts-, Partnerschafts- oder Vereinsregister erfolgen, sofern diese Register bereits in elektronischer Form geführt werden. In der Regel wird der Notar unter dem Gesichtspunkt kostensparender Handhabung hiervon auch Gebrauch zu machen haben. Eine Vertretungsbescheinigung mit der Folge des Anfalls der Gebühr des § 150 KostO erscheint dann entbehrlich. 115

---

72 OLG Hamm JurBüro 1980, 1879; *Mümmler*, JurBüro 1979, 1137.
73 Korintenberg/*Reimann*, § 150 Rn 3; *Assenmacher/Mathias*, S. 1065 „Vertretungsbescheinigung nach § 21 BNotO".
74 BGBl I, 2585.
75 *Rohs/Wedewer*, § 147 Rn 4d, § 150 Rn 7; Korintenberg/*Reimann*, § 150 Rn 5, *Assenmacher/Mathias*, S. 1021 „Vertretungsbescheinigung nach § 21 BNotO"; vgl. zum früheren Streit: OLG Hamm MittBayNot 1989, 46; OLG Celle Rpfleger 1990, 43; KG DNotZ 1993, 278 = JurBüro 1992, 55 = Rpfleger 1992, 409; *Hansens*, JurBüro 1988, 561; PrüfAbt MittBayNot 1987, 1 ff; a.A. OLG Zweibrücken JurBüro 1988, 1051; OLG Bremen DNotZ 1990, 680; OLG Schleswig JurBüro 1991, 1367.

Klaus Sommerfeldt
§ 41 Beschlüsse von Gesellschaftsorganen

Inhalt

A. Allgemeines — 1
B. Beschlussorgane — 6
C. Berechnung des Geschäftswertes von Beschlüssen mit bestimmtem Geldwert — 8
D. Beschlüsse mit unbestimmtem Geldwert — 9
I. Anwendungsbereich des § 41c KostO — 10
II. Anwendungsbereich des § 29 KostO — 12
III. Berechnung des Geschäftswertes von Beschlüssen unbestimmten Geldwertes — 14
IV. Höchstwert für Beschlüsse unbestimmten Geldwertes — 19
V. Höchstgebühr des § 47 S. 2 KostO für Beschlüsse jedweder Art — 20
VI. Einzelfälle — 21
  1. Beschlüsse mit bestimmtem Geldwert — 21
    a) Beschlüsse über Maßnahmen der Kapitalerhöhung oder -herabsetzung (Grund- oder Stammkapital) — 21
    aa) Kapitalerhöhung — 21
    bb) Kapitalherabsetzung und Verbindung von Kapitalerhöhung und Kapitalherabsetzung — 26
    b) Beschlüsse über Änderung der Einlageform — 27
    c) Sonstige Fälle mit bestimmtem Geldwert — 28
    d) Zustimmungsbeschlüsse zu Unternehmensverträgen — 29
  2. Beschlüsse mit unbestimmtem Geldwert — 30
VII. Mehrere Beschlüsse in einer Urkunde — 31
  1. Allgemeines — 31
  2. Berechnungsweise — 33
  3. Einzelfälle — 36
    a) Derselbe Gegenstand — 36
    b) Verschiedene Gegenstände (mehrere Beschlüsse) — 39
VIII. Zusammenbeurkundung mit rechtsgeschäftlichen Erklärungen — 40
IX. Satzungsbescheinigungen — 42
X. Sonstige Tätigkeiten anlässlich der Beurkundung von Beschlüssen — 45
  1. Raterteilung — 46
  2. Entwurf von Gesellschafterbeschlüssen — 47
XI. Unvollendetes Geschäft (unterbliebene Beurkundung) — 49

A. Allgemeines

1 Für die Beurkundung von Beschlüssen von **Hauptversammlungen**, **Aufsichtsräten** und sonstigen Organen von Aktiengesellschaften sowie anderen Vereinigungen und Stiftungen wird gem. § 47 S. 1 KostO eine 20/10 Gebühr erhoben.

2 Der **Geschäftswert** richtet sich danach, worüber eine Beschlussfassung erfolgt ist, denn dies ist Gegenstand der Beschlussfassung, nicht das erreichte Ergebnis. Entsprechend ermittelt sich der Geschäftswert für die zu erhebende Beschlussgebühr.[1] Dementsprechend haben auch Negativbeschlüsse oder Beschlüsse, mit welchen frühere Beschlussfassungen aufgehoben werden, den gleichen Wert wie Beschlüsse positiver Art.

3 Eine Beschlussfassung über die **Erteilung einer Vollmacht** bestimmt sich ebenfalls nach § 47 KostO. Dementsprechend sind die hierfür maßgebenden Geschäftswertsbestimmungen, also nicht die §§ 40, 41 KostO heranzuziehen.

4 Bei Beschlüssen handelt es sich um einen **Akt der Willensbildung**, nicht um eine Willenserklärung, weshalb § 42 KostO (Änderung von Willenserklärungen) keine Anwendung findet.[2]

---

[1] Korintenberg/*Bengel/Tiedtke*, § 41c Rn 22; *Rohs/Wedewer*, § 41c Rn 12.
[2] Korintenberg/*Reimann*, § 47 Rn 9.

Durch die Beschlussgebühr des § 47 KostO ist die **gesamte** zur Aufnahme des Protokolls 5
notwendige **Tätigkeit des Notars abgegolten**. Gebührenfreies Nebengeschäft sind beispielsweise die Feststellung der ordnungsgemäßen Einladung zur Versammlung, die Zahl der erschienenen oder vertretenen Aktionäre, die Feststellungen zum Teilnehmerverzeichnis, die Vorlegung der Bilanz und Erstattung des Geschäftsberichtes, die Beurkundung des Widerspruchs gegen einen Beschluss, das Absetzen von Tagesordnungspunkten, soweit dieses nicht beschlussmäßig erfolgt, und ähnliche Erklärungen.[3]

B. Beschlussorgane

Als Beschlussorgane kommen je nach **Rechtsform** bzw. Struktur des Unternehmens z.B. 6
in Betracht: Hauptversammlung, Aufsichtsrat, Beirat, Gründerversammlung bei der Vor-AG, Versammlung der Aktionäre, Gesellschafterversammlung, Mitgliederversammlung, Beirat.

Eine Beschlussfassung liegt auch vor, wenn diese durch den einzigen Gesellschafter einer 7
Ein-Personen-GmbH erfolgt, da keine (einseitige) rechtsgeschäftliche Erklärung vorliegt. Es ist daher, obwohl der Beschluss (Entschluss) durch eine einzige Person gefasst wird, eine 20/10 Gebühr gem. § 47 KostO zu erheben.[4]

C. Berechnung des Geschäftswertes von Beschlüssen mit bestimmtem Geldwert

Sofern ein Beschluss einen **bestimmten Geldwert (Betrag)** betrifft, ist dieser Betrag als Ge- 8
schäftswert anzunehmen. Die Wertermittlung erfolgt in diesem Fall nach den – im Einzelfall zu treffenden – allgemeinen Wertvorschriften der §§ 18 ff. KostO. Ein Beschluss mit bestimmtem Geldwert ist gegeben, wenn ein bestimmter Betrag feststeht, auch wenn er aus gegebenen Rechnungsfaktoren oder anhand von Unterlagen, welche dem Notar oder den Beteiligten vorliegen, erst ermittelt werden muss.[5] Eine Ermittlung dieses bestimmten Geldwertes muss nach den Vorschriften der Kostenordnung erfolgen können. Eine **Schätzung** eines Wertes nach § 30 KostO ist nicht zulässig und widerspricht dem Vereinfachungsgedanken der Regelung in § 41c Abs. 1 (bis zum 30.11.2004: § 27 Abs. 1) KostO für dann vorliegende Beschlüsse unbestimmten Geldwertes.[6]

D. Beschlüsse mit unbestimmtem Geldwert

Die Bewertung von Beschlüssen **unbestimmten Geldwertes** ist in §§ 41c KostO (bis zum 9
30.11.2004: § 27 KostO) und 29 KostO geregelt. Für die Einordnung ist maßgeblich, durch welche Art einer Personenvereinigung die Beschlussfassung erfolgt.

---

[3] *Assenmacher/Mathias*, S. 143 „Beschlüsse von Gesellschaftsorganen" Nr. 2.2; Korintenberg/*Bengel/Tiedtke*, § 47 Rn 11.
[4] Korintenberg/*Bengel/Tiedtke*, § 41c Rn 13.
[5] BayObLG DNotZ 1991, 401, 403 = JurBüro 1990, 1495, 1497.
[6] BayObLG DNotZ 1991, 401 = JurBüro 1990, 1495; OLG Hamm JurBüro 1994, 355 = DNotZ 1994, 127; vgl. auch *Assenmacher/Mathias*, S. 166 „Beschlüsse von Gesellschaftsorganen" Nr. 4.2.1.

Sommerfeldt

I. Anwendungsbereich des § 41c KostO

10 § 41c KostO gilt für die dort genannten Beschlüsse von Organen von **Kapitalgesellschaften** (Aktiengesellschaft, Kommanditgesellschaft auf Aktien, GmbH), **Personenhandelsgesellschaften** (OHG, Kommanditgesellschaft), für **Versicherungsvereine auf Gegenseitigkeit** sowie juristische Personen, welche nach § 33 HGB in das Handelsregister einzutragen sind. In Betracht kommen **Vereine mit kaufmännischem Geschäftsbetrieb**, privatrechtliche **Stiftungen** sowie entsprechende **öffentlich-rechtliche Körperschaften**.

11 Anzuwenden ist § 41c KostO auch auf Beschlussfassungen von **Vorgesellschaften**, wie die in Gründung befindliche Aktiengesellschaft oder die Vor-GmbH. Beispielsweise gilt § 41c KostO auch für Beschlussfassungen der Gründerversammlung über die Zusammensetzung des Vorstandes der gegründeten Aktiengesellschaft oder die Beschlussfassung über die erste Geschäftsführerbestellung der neu gegründeten GmbH.[7] Teilweise wurde bereits nach Neufassung des § 27 KostO (seit dem 1.12.2004: § 41c KostO) auch die Auffassung vertreten, es sei bei der Vor-GmbH § 29 KostO anwendbar und damit eine Bewertung nach § 30 Abs. 2 KostO vorzunehmen. Selbst dann wäre jedoch aus Gründen der Gleichbehandlung mit einem entsprechenden Vorgang (Geschäftsführerbestellung) bei der bereits eingetragenen GmbH ebenfalls eine Bewertung nach den Bemessungsgrundsätzen des § 41c Abs. 4 KostO vorzunehmen.[8]

II. Anwendungsbereich des § 29 KostO

12 Nach § 29 KostO werden insbesondere Beschlüsse unbestimmten Geldwertes von **Genossenschaften**, privatrechtlichen **Stiftungen**, rechtsfähigen **Vereinen** sowie auch Beschlüsse von Personenvereinigungen ohne eigene Rechtspersönlichkeit wie **BGB-Gesellschaften**, der nicht rechtsfähigen Vereine, **Wohnungseigentümergemeinschaften** oder **Partnerschaftsgesellschaften** bewertet.[9]

13 Für Vorgänge nach dem Umwandlungsgesetz soll nach Auffassung von *Bengel/Tiedtke*[10] auch für **Partnerschaftsgesellschaften** zwingend § 41c Abs. 2 KostO (früher § 27 Abs. 2 KostO) anwendbar sein entsprechend den Vorschriften für die offene Handelsgesellschaft. Eine entsprechende Anwendung der OHG-Vorschriften ist jedoch nur für die Anmeldevorgänge in § 41b KostO (bis zum 30.1.2004: § 26a KostO) ausdrücklich bestimmt. Allerdings werden auch hier die Grundsätze der **Geschäftswertbemessung** bei der OHG (und damit auch des § 41c Abs. 2 KostO) auf die vergleichbare Partnerschaftsgesellschaft trotz Anwendung der §§ 29, 30 KostO heranzuziehen sein.

III. Berechnung des Geschäftswertes von Beschlüssen unbestimmten Geldwertes

14 Für Beschlüsse unbestimmten Geldwertes – soweit § 41c KostO (ggf. entsprechend) anzuwenden ist – berechnet sich der **Geschäftswert** gem. § 41c Abs. 1 KostO in entsprechender Anwendung des § 41a Abs. 4 KostO. Es erfolgt also eine Bewertung wie bei späteren Anmeldungen zum Handelsregister ohne bestimmten Geldwert.

---

7 *Rohs/Wedewer*, § 41c Rn 3a; *Assenmacher/Mathias*, S. 35 „Aktiengesellschaft" Nr. 1.4 sowie S. 467 „GmbH" Nr. 2.1.
8 Korintenberg/*Bengel/Tiedtke*, § 41c Rn 20.
9 *Rohs/Wedewer*, § 29 Rn 3a.
10 Korintenberg/*Bengel/Tiedtke*, § 41c Rn 19a.

Je nach **Art des Unternehmens** kommen folgenden Geschäftswerte in Betracht: 15
- bei einer Kapitalgesellschaft 1% des eingetragenen Grund- oder Stammkapitals, mindestens 25.000 EUR,
- bei einem Versicherungsvereinen auf Gegenseitigkeit ein Festbetrag von 50.000 EUR,
- bei einer Personenhandelsgesellschaft (OHG, Kommanditgesellschaft) ein Festbetrag von 25.000 EUR,
- bei einer juristischen Person nach § 33 HGB ein Festbetrag von 25.000 EUR.

Ausnahmen vom Mindestwert: Beschlussfassungen über Satzungsänderungen von GmbH und 16 Unternehmergesellschaft (haftungsbeschränkt), welche mittels Musterprotokoll gegründet worden sind, unterliegen nicht dem o.g. Mindestwert, wenn sich die beschlossenen Änderungen im Rahmen des gesetzlich festgelegten Musterprotokolls halten.

Die Ausnahmevorschrift des § 41d KostO m.E. auch hierauf anwendbar. Der Wortlaut des § 41d ist insoweit eindeutig. Entgegen zu halten wäre, dass lediglich die Neugründung von Gesellschaften erleichtert werden sollte (Konkurrenzverbesserung zur Limited), also lediglich Änderungen vor Eintragung der Gesellschaft nicht dem Mindestwert unterliegen (bzw. einem Teilwert davon). Hier ist anzumerken, dass dies zwar im Gesetzgebungsverfahren vielfach angeklungen, jedoch dem Wortlaut des § 41d KostO in keiner Weise zu entnehmen ist.[11]

Dies gilt m.E. auch für Änderungen des mittels Musterprotokolls bestellten Geschäftsfüh- 17 rers:

Zur Begründung: Die Bestellung des ersten Geschäftsführers erfolgt nach den Grundsätzen des GmbH-Rechts (§ 6 Abs. 3 GmbHG) entweder im Gesellschaftsvertrag oder nach Maßgabe der Bestimmungen des 3. Abschnitts des GmbH-Gesetzes, also durch Beschluss. Da auf das Musterprotokoll die Vorschriften über den Gesellschaftsvertrag entsprechende Anwendung finden (§ 2 Abs. 1a S. 5 GmbHG), erfolgt bei Verwendung des Musterprotokolls die Bestellung des Geschäftsführers in der Satzung – unabhängig davon, ob echter oder unechter Satzungsbestandteil.[12] Eine spätere Auswechselung des Geschäftsführers ist damit Satzungsänderung und § 41d KostO m.E. daher auch für spätere Auswechselungen des Geschäftsführers anwendbar.[13]

Fazit: Sofern sich die Änderungen im Rahmen des gesetzlich vorgesehen Musterprotokolls 18 halten, gilt (auch für Geschäftsführerwechsel) für die Beschlussgebühr des § 41c KostO gem. § 41d KostO der Mindestwert des § 41 a Abs. 4 Nr. 1 KostO nicht.

IV. Höchstwert für Beschlüsse unbestimmten Geldwertes

Für Beschlüsse unbestimmten Geldwertes ist in § 41c Abs. 4 KostO ein Höchstwert von 19 500.000 EUR vorgesehen. Dies gilt auch bei mehreren Beschlüssen mit unbestimmtem Geldwert.

V. Höchstgebühr des § 47 S. 2 KostO für Beschlüsse jedweder Art

Für **sämtliche Beschlüsse** in einer Urkunde (also sowohl Beschlüsse bestimmten als auch un- 20 bestimmten Geldwertes und **auch mehrere**, welche nach § 41c Abs. 3 S. 1 und 2 KostO in entsprechender Anwendung des § 44 KostO zu addieren sind), kann nach § 47 S. 2 KostO höchstens ein Gebührenbetrag von 5.000 EUR angesetzt werden.

---

11 So auch *Sikora* u.a., MittBayNot 2008, 442; a.A. *Filzek*, KostO, § 41d Rn 9.
12 Vgl. auch *Römermann*, GmbHR, Sonderheft MoMiG, 22.
13 So auch Rohs/Wedewer § 41d, Rn 5; a.A. *Sikora* pp. Fn 11.

VI. Einzelfälle

1. Beschlüsse mit bestimmtem Geldwert
a) Beschlüsse über Maßnahmen der Kapitalerhöhung oder -herabsetzung (Grund- oder Stammkapital)
aa) Kapitalerhöhung

21 Grundsätzlich ist **mindestens der Nennbetrag der Kapitalerhöhung** als Geschäftswert anzusetzen. Sofern bei einer Kapitalerhöhung eine Ausgabe „über pari" erfolgt, ist der höhere, also der wahre wirtschaftliche Wert maßgebend.[14]

22 Bei Kapitalerhöhung durch **Sacheinlage** ist der Wert dieser Sache maßgebend, wenn er höher ist als der Nennbetrag der Kapitalerhöhung.[15] Dies gilt sowohl für den Erhöhungsbeschluss als auch für die Übernahmeerklärung des einbringenden Gesellschafters oder den Einbringungsvertrag über ein **Grundstück**.[16] Ein **Schuldenabzug** findet dabei nicht statt (§ 18 Abs. 3 KostO).

23 Bei **Einbringung eines Unternehmens** ist das Aktivvermögen desselben nach dem aktuellen Vermögensstand maßgebend. Ein **Schuldenabzug** findet gem. § 18 Abs. 3 KostO auch hier nicht statt.[17]

24 Es ergeben sich damit für Kapitalerhöhungen durch Sacheinlagen zumeist höhere Werte als die Erhöhungsnennbeträge. Dies ist jedoch in der KostO aufgrund des gültigen **Bruttowertprinzips** (§ 18 Abs. 3 KostO) so vorgesehen und letztlich bilden die höheren Sacheinlagen auch Gegenstand der notariellen Urkunde.

25 Die vorstehenden Bewertungsgrundsätze gelten auch bei einer **Kapitalerhöhung aus Gesellschaftsmitteln** (§ 57c GmbHG, §§ 207–220 AktG), bei einer **Bedingten Kapitalerhöhung** (§§ 192–201 AktG) und bei **Genehmigtem Kapital** (§§ 202–206 AktG). Bei letzterem ist grundsätzlich der vorgesehene Höchstbetrag als Geschäftswert anzusetzen. Gleiches gilt für die Beschlussfassung über eine Verlängerung der Frist, binnen derer der Vorstand eine Kapitalerhöhung vornehmen kann.[18]

bb) Kapitalherabsetzung und Verbindung von Kapitalerhöhung und Kapitalherabsetzung

26 Bei der **Kapitalherabsetzung** ist in jedem Fall der entsprechende Nennbetrag maßgebend. Der Kurswert ist hier irrelevant.[19]

Erfolgt **gleichzeitig Kapitalerhöhung und -herabsetzung**, so sind die Werte zu addieren, nicht etwa der Unterschiedsbetrag als Geschäftswert anzunehmen.

b) Beschlüsse über Änderung der Einlageform

27 Beschlüsse über die **Änderung der Einlageform** werden auch als solche mit bestimmtem Geldwert angesehen, z.B. für den Fall der Heilung einer verdeckten Sacheinlage,[20] Umwandlung von Sach- in Geldeinlage oder umgekehrt, Austausch von Sacheinlagen.[21]

---

14 Korintenberg/Bengel/Tiedtke, § 41c Rn 32; Rohs/Wedewer, § 41c Rn 17; Assenmacher/Mathias, S. 166 „Beschlüsse von Gesellschaftsorganen" Nr. 4.2.2.1.
15 Assenmacher/Mathias, S. 596 „Kapitalerhöhung durch Sacheinlage".
16 Korintenberg/Bengel/Tiedtke, § 41c Rn 33.
17 Vgl. Bsp. bei Korintenberg/Bengel/Tiedtke, § 41c Rn 39.
18 Rohs/Wedewer, § 41c Rn 17.
19 Korintenberg/Bengel/Tiedtke, § 41c Rn 36; Rohs/Wedewer, § 41c Rn 17; Assenmacher/Mathias, S. 598 „Kapitalherabsetzung".
20 BGHZ 132, 141.
21 Korintenberg/Bengel/Tiedtke, § 41c Rn 34; für den Fall der verdeckten Sacheinlage (§ 183 Abs. 1 AktG): Rohs/Wedewer, § 41c Rn 17.

c) Sonstige Fälle mit bestimmtem Geldwert

Als sonstige Fälle mit bestimmtem Geldwert gelten 28
- Kapitalglättung nach Euro-Umstellung, da ein konkreter Geldbetrag feststeht und die Annahme eines unbestimmten Geldwertes zu unbilligen Ergebnissen führen würde,[22]
- Beschlüsse über Gewinnverwendung oder Verlustdeckung,[23]
- Zustimmungsbeschlüsse oder Ermächtigungsbeschlüsse zu Rechtsgeschäften der Vertretungsorgane. Diese haben stets den Wert des Rechtsgeschäfts, dem zugestimmt wird,[24] z.B. Veräußerung von Geschäftsanteilen, Abtretung von Namensaktien.[25]
- Beschlüsse über Geltendmachung oder Verzicht von Ersatzansprüchen gegenüber Gründern, Vorstand, Aufsichtsrat, sofern bestimmte Geldbeträge im Raum stehen,
- Beschlüsse über Kreditaufnahmen oder Kreditlinien,
- Beschlüsse über Bewilligung oder Veränderung von Vergütungen für Vorstand oder Aufsichtsrat. Soweit es sich um Vergütungen für die Zukunft handelt, ist die Bewertung umstritten.[26] Wenn bestimmte Vergütungsbeträge bewilligt werden und auch die Dauer eindeutig feststeht, spricht m.E. nichts gegen die Annahme eines bestimmten Geldwertes. Im Gegenteil wird dann eine solche Bewertung stets sachgerechter sein als eine solche mit unbestimmtem Geldwert und auch den Grundsätzen der Kostenordnung eher gerecht. Abzustellen ist darauf, ob nach dem konkreten Einzelfall ein Betrag feststeht[27] oder zumindest zweifelsfrei, insbesondere ohne Schätzung nach § 30 KostO, bestimmbar ist. Bei der Wertermittlung ist ggf. § 24 Abs. 1 Buchst. a) oder b) KostO anzuwenden.
- Beschlüsse nach dem Umwandlungsgesetz.[28] Nach der Neufassung des § 27 KostO (seit dem 1.12.2004: § 41c KostO) ergibt sich das zweifelsfrei aus Abs. 2 der Vorschrift auch für formwechselnde Umwandlungen. Geschäftswert ist das Aktivvermögen des übertragenden bzw. formwechselnden Rechtsträgers. Bei Abspaltungen oder Ausgliederungen ist natürlich lediglich der Wert des übergehenden Aktivvermögens maßgebend.

d) Zustimmungsbeschlüsse zu Unternehmensverträgen

Die Bewertung von Zustimmungsbeschlüssen zu Unternehmensverträgen (**Beherrschungs-** 29 **und/oder Gewinnabführungsverträgen**) ist umstritten. In der Rechtsprechung wird überwiegend von einem Beschluss unbestimmten Geldwertes ausgegangen.[29] Das BayObLG[30] geht dann von einem Beschluss mit bestimmtem Geldwert aus, wenn er sich auf einen Unternehmensvertrag bezieht, dessen **vergangene Laufzeit 13 Jahre oder mehr** beträgt. Dann könnten die Beträge unter Anwendung des Vervielfältigers nach § 24 Abs. 1 Buchst. b) KostO zweifelsfrei ermittelt werden. Sofern der Unternehmensvertrag, welchem zugestimmt wird, entweder erst geschlossen wurde oder in der Vergangenheit weniger als 13 Jahre bestanden hat, ist auch nach Auffassung des BayObLG ein Beschluss unbestimmten Geldwertes gegeben.[31] Die erforderliche **Anmeldung** eines Unternehmensvertrages zum Handelsregister der beherrschten Gesellschaft ist immer unbestimmten Geldwertes.[32]

---

22 Rohs/Wedewer, § 41c Rn 17; a.A. Lappe, NJW 2000, 1148.
23 Ausführlich: Korintenberg/Bengel/Tiedtke, § 41c Rn 40–48.
24 Korintenberg/Bengel/Tiedtke, § 41c Rn 29.
25 Auch zur Bewertung: Rohs/Wedewer, § 41c Rn 14.
26 Vgl. hierzu Korintenberg/Bengel/Tiedtke, § 41c Rn 31; Rohs/Wedewer, § 41c Rn 21 und 31.
27 Notarkasse, Streifzug, Rn 846, 934.
28 Korintenberg/Bengel/Tiedtke, § 41c Rn 57; Rohs/Wedewer, § 41c Rn 38 ff.
29 OLG Hamm DNotZ 1994, 126; OLG Karlsruhe BWNotZ 1995, 69; OLG Stuttgart FGPrax 1997, 115.
30 BayObLG MittBayNot 1990, 268, 379 = DNotZ 1991, 401 = JurBüro 1990, 1495 = MittRhNotK 1990, 205.
31 Notarkasse, Streifzug, Rn 1276–1281.
32 Notarkasse, Streifzug, Rn 1284.

2. Beschlüsse mit unbestimmtem Geldwert

30 Beschlüsse unbestimmten Geldwertes sind z.B.:
- Beschlüsse über die Bestellung und/oder Abberufung von Vertretungsorganen, z.B. Vorstand, Geschäftsführer, Prokurist,
- Entlastung von Vorstand und Aufsichtsrat. Mehrere Wahlen oder Wahlen zusammen mit Beschlüssen über die Entlastung von Verwaltungsträgern, also sämtliche Beschlüsse zur Wahl oder Abberufung von Vertretungsorganen einschließlich deren Entlastung, sind an sich verschiedene Vorgänge. Sie gelten jedoch nach § 41c Abs. 3 S. 3 KostO (lex specialis zu § 44 KostO) kostenrechtlich als ein einheitlicher Beschluss,
- Beschlüsse über Satzungsänderungen, wie Änderung der Firma, des Unternehmenssitzes, Gegenstand des Unternehmens, Dauer der Gesellschaft, Zusammenlegung von Geschäftsanteilen,[33] Auflösung oder Fortführung der aufgelösten Gesellschaft. Eine Ausnahme bilden die Satzungsänderungen hinsichtlich einer beschlossenen Kapitalerhöhung. Hierbei handelt es sich um einen Beschluss mit bestimmtem Geldwert, die entsprechende Satzungsanpassung aufgrund des Kapitalerhöhungsbeschlusses hat demgegenüber keine kostenrechtliche Bedeutung. Mehrere Satzungsänderungen gelten als einheitlicher Beschluss.
- Umstellung des Grund- oder Stammkapitals auf EUR. § 41a Abs. 6 KostO ist nicht anwendbar, da nach § 41c KostO lediglich Abs. 4 des § 41a KostO in Bezug genommen ist. Die Sonderbestimmung des Art. 45 Abs. 2 EGHGB gilt nur für Anmeldungen und Eintragungen,[34]
- Befreiung eines Vertretungsorgans von den Beschränkungen des § 181 BGB,
- Beschlüsse über die Feststellung des Jahresabschlusses (§ 173 AktG)
- Beschlüsse über die Vergütung von Vorstand oder Aufsichtsrat, sofern kein bestimmter Geldwert feststeht oder bestimmbar ist,
- Zustimmungsbeschlüsse zu einem Beherrschung- und Gewinnabführungsvertrag,
- Beschlüsse über wesentliche Regularien einer Versammlung, z.B. Vertagung der Versammlung, beschlussmäßiger Verzicht auf gesetzliche Förmlichkeiten, Beschluss über Vertagung oder Absetzung eines Tagesordnungspunktes.[35]

VII. Mehrere Beschlüsse in einer Urkunde

1. Allgemeines

31 Werden in einer Verhandlung mehrere Beschlüsse beurkundet, so gilt nach § 41c Abs. 3 S. 1 KostO der § 44 KostO entsprechend. Unerheblich ist, ob die mehreren Beschlüsse einen bestimmten Geldwert haben, einen unbestimmtem Geldwert oder ob **Beschlüsse unterschiedlicher Art** zusammentreffen (§ 41c Abs. 3 S. 2 KostO). Dies gilt auch bei Beschlüssen von verschiedenen Organen derselben Gesellschaft. Diese müssen natürlich in einer Verhandlung beurkundet worden sein.[36]

32 Bei Umwandlungsvorgängen sind die Zustimmungsbeschlüsse der Gesellschaftergremien der beteiligten Unternehmen, sofern sie in derselben Verhandlung beurkundet werden, kostenrechtlich gegenstandsgleich i.S.v. § 44 Abs. 1 KostO.

2. Berechnungsweise

33 Zunächst ist jeder einzelne Beschluss zu bewerten. Anschließend ist zu prüfen, ob derselbe Gegenstand i.S.v. § 44 Abs. 1 KostO oder verschiedene Gegenstände i.S.v. § 44 Abs. 2 KostO gegeben

---

33 OLG Hamm JurBüro 1975, 639.
34 *Tiedtke*, MittBayNot 1999, 166; *Rohs/Wedewer*, § 41c Rn 36b.
35 Korintenberg/*Bengel*/*Tiedtke*, § 41c Rn 51; Streifzug, Rn 944.
36 Korintenberg/*Bengel*/*Tiedtke*, § 41c Rn 88, 95; *Rohs/Wedewer*, § 41c Rn 43.

sind. Maßgebend ist nicht die Anzahl der Beschlüsse (Tagesordnungspunkte), sondern der **innere Zusammenhang** der verschiedenen Beschlussgegenstände.

Bei Vorliegen verschiedener Gegenstände ist eine **Werteaddition** vorzunehmen und vom Gesamtwert die Beschlussgebühr zu erheben.

Da für Beschlüsse **unbestimmten Geldwertes** (auch für mehrere Beschlüsse dieser Art) ein Höchstwert von 500.000 EUR gilt (§ 41c Abs. 4 KostO), hat bei mehreren Beschlüssen unterschiedlicher Art zunächst eine getrennte Addition gem. § 44 Abs. 2 Buchst. a) KostO zu erfolgen. Für die Beschlüsse unbestimmten Geldwertes ist der addierte Wert ggf. auf 500.000 EUR zu reduzieren. Hinzuzurechnen sind die addierten Geschäftswerte der Beschlüsse mit bestimmtem Geldwert (keine Höchstwertbeschränkung). 34

Als **Höchstgebühr** für alle Beschlüsse (gleich welcher Art) in einer Verhandlung ist gem. § 47 S. 2 KostO ein Betrag von 5.000 EUR vorgesehen. 35

3. Einzelfälle
a) Derselbe Gegenstand
Denselben Gegenstand haben 36
- der Beschluss über eine Kapitalerhöhung oder Herabsetzung und der jeweilige Beschluss über die dadurch bedingte Satzungsänderung. Hierbei handelt es sich jeweils um eine Beschlussfassung mit bestimmtem Geldwert (Betrag der Kapitalveränderung);
- der Beschluss über eine Firmenänderung und der Beschluss über die dadurch bedingte Satzungsänderung;
- der Beschluss über eine Sitzverlegung und der Beschluss über die dadurch bedingte Satzungsänderung;
- der Beschluss über die Änderung des Stimmrechts und der Beschluss über die damit verbundene Satzungsänderung;
- der Beschluss über eine völlige Neufassung der Satzung.[37] Bei Beschlüssen über Satzungsänderung in mehreren Punkten (ausgenommen hiervon sind Kapitalveränderungen, also Beschlüsse bestimmten Geldwertes) liegt nach einheitlicher neuer Auffassung insgesamt ein einheitlicher Beschluss vor.[38] Wenn die völlige Neufassung der Satzung als einheitlicher Beschluss anzusehen ist, kann auch die mehrfacher Änderung der Satzung in einzelnen Punkten nicht anders beurteilt werden.[39] Oftmals erfolgt die Euro-Umstellung, welche ebenfalls eine Satzungsänderung darstellt, zusammen mit Beschlüssen über andere Satzungsänderungen und ist daher kostenneutral;
- der Beschluss über die bloße Zusammenlegung von mehreren Geschäftsanteilen, auch von mehreren Gesellschaftern. Er ist ebenfalls ein einheitlicher Beschluss unbestimmten Geldwertes, da es sich um Satzungsänderungen handelt.[40]

Nach § 41c Abs. 3 S. 3 KostO gelten **mehrere Wahlen** oder Wahlen zusammen mit Beschlüssen über die **Entlastung der Verwaltungsträger** als einheitlicher Beschluss. Hierbei handelt es sich um eine lex specialis zu § 44 KostO. Anzuwenden ist die Bestimmung auf Wahlen jeglicher Art und/oder Entlastungsbeschlüsse. Dies können Vorstandsmitglieder, Aufsichtsratsmitglieder, Geschäftsführer, Prokuristen sein, aber auch Wirtschaftsprüfer oder sonstige Sachverständige.[41] 37

---
37 *Rohs/Wedewer*, § 41c Rn 27.
38 *Assenmacher/Mathias*, S. 171 „Beschlüsse von Gesellschaftsorganen"; *Rohs/Wedewer*, § 41c Rn 27; *Notarkasse*, Streifzug, Rn 985, 986.
39 *Korintenberg/Bengel/Tiedtke*, § 41c Rn 91.
40 *Vgl. Notarkasse*, Streifzug, Rn 945.
41 *Rohs/Wedewer*, § 41c Rn 39a.

Unter den Begriff „Wahlen" fällt auch die „Abwahl" der genannten Personen, da bei einem Beschluss nach § 47 KostO nur maßgeblich ist, **worüber** eine Beschlussfassung erfolgt.[42]

38 Die Vorschrift ist – trotz des insoweit nicht eindeutigen Gesetzeswortlautes – auch dann anzuwenden, wenn mehrere **Entlastungsbeschlüsse ohne gleichzeitige Wahlen** erfolgen; auch, wenn Entlastung für mehrere Geschäftsjahre und/oder unter mehreren Tagesordnungspunkten erfolgt.[43]

b) Verschiedene Gegenstände (mehrere Beschlüsse)

39 Verschiedene Gegenstände bei mehreren Beschlüssen liegen vor bei
– Zusammentreffen von Beschlüssen mit bestimmtem Geldwert und unbestimmtem Geldwert, sofern kein innerer Zusammenhang besteht, z.B. Kapitalerhöhung und Sitzverlegung, Vergütungsbewilligung für den Vorstand und Zusammenlegung von Geschäftsanteilen u.Ä.;
– Zusammentreffen von Beschlüssen mit verschiedenem bestimmtem Geldwert, z.B. Beschlüsse über die Vergütung von verschiedenen Vertretungsorganen, wie Vergütung von Geschäftsführer, Vorstand, Aufsichtsrat, Beirat. Sofern eine Beschlussfassung über bestimmte oder bestimmbare Beträge erfolgt (zumeist Vergütungsbewilligungen für die Vergangenheit), liegen Beschlüsse bestimmten Geldwertes vor, ansonsten wird jeder Beschluss nach §§ 41c Abs. 1, 41a Abs. 4 KostO zu bewerten sein;[44]
– Beschlüsse über eine gleichzeitige Kapitalherabsetzung und -erhöhung.

VIII. Zusammenbeurkundung mit rechtsgeschäftlichen Erklärungen

40 Werden in einer Verhandlung Beschlüsse von Gesellschaftsorganen zugleich mit rechtsgeschäftlichen Erklärungen beurkundet, so sind getrennte Gebühren zu erheben, da § 44 KostO insoweit nicht anwendbar ist. Kostenrechtlich ist so zu verfahren als ob getrennte Urkunden aufgenommen worden wären.[45]

---

41 **Beispiele**
– Gründung einer GmbH und gleichzeitige Beschlussfassung über die Bestellung des ersten Geschäftsführers,
– Beschluss über die Erhöhung des Stammkapitals einer GmbH zusammen mit der gleichzeitig abgegebenen Erklärung des Gesellschafters über die Übernahme des Erhöhungsbetrages,
– Gründung einer Aktiengesellschaft und Beschlussfassung der Gründungsversammlung über den ersten Aufsichtsrat,[46]
– Beurkundung der Abtretung eines Geschäftsanteils und gleichzeitiger Zustimmungsbeschluss der Gesellschafterversammlung,
– formwechselnder Umwandlungsbeschluss und entsprechende Anmeldung zum Handelsregister.

---

42 Korintenberg/*Bengel*/*Tiedtke*, § 41c Rn 102; *Rohs*/*Wedewer*, § 41c Rn 39a.
43 Korintenberg/*Bengel*/*Tiedtke*, § 41c Rn 92.
44 *Rohs*/*Wedewer*, § 41c Rn 21, 31, 42.
45 *Assenmacher*/*Mathias*, S. 165 „Beschlüsse von Gesellschaftsorganen"; Korintenberg/*Bengel*/*Tiedtke*, § 44 Rn 6; *Rohs*/*Wedewer*, § 44 Rn 2.
46 OLG Zweibrücken NZG 2002, 787.

IX. Satzungsbescheinigungen

Nach § 47 S. 1 Hs. 2 KostO gilt bei Änderungen einer Satzung oder eines Gesellschaftsvertrages **42** die für die Anmeldungen zum Handelsregister erforderliche Bescheinigung des neuen vollständigen Wortlautes der Satzung oder des Gesellschaftsvertrages als **gebührenfreies Nebengeschäft**.[47]

Diese Bestimmung gilt jedoch nur für den Notar, der den satzungsändernden Beschluss be- **43** urkundet hat. Dieser hat die Bescheinigung kostenfrei vorzunehmen. Der Notar, der nur die entsprechende Handelsregisteranmeldung beurkundet, entworfen oder beglaubigt hat, erhält hingegen, da es dann an einem vorherigen Hauptgeschäft fehlt, für diese Bescheinigung die **Gebühr des § 50 Nr. 1 KostO**.

Der **Geschäftswert** ist nach § 30 Abs. 1 KostO zu bestimmen. Als angemessener Geschäfts- **44** wert wird je nach Umfang und Schwierigkeit bis zu 50% des Beziehungswertes, d.h. des nach § 41a Abs. 4 KostO zu berechnenden Geschäftswertes anzusetzen sein.[48]

X. Sonstige Tätigkeiten anlässlich der Beurkundung von Beschlüssen

Die Tätigkeit des Notars beschränkt sich bei der Beurkundung von Verhandlungen zwecks **45** Beschlussfassungen lediglich in einer Tatsachenbeurkundung, insbesondere der Wiedergabe der Willensbildungen. Zu einer Beratung, Belehrung oder sonstigen Einwirkung auf die Beschlussfassungen sowie zum Entwerfen von Beschlüssen, Anträgen oder sonstigen Erklärungen besteht keine Verpflichtung. Dementsprechend kommt für derartige, anlässlich der Beurkundung von Beschlüssen vorgenommene Tätigkeiten das Entstehen weiterer Gebühren in Betracht.

1. Raterteilung

Beratungs-, Prüfung- und Belehrungspflichten bestehen für den Notar – anders als bei der Beur- **46** kundung von rechtsgeschäftlichen Erklärungen – bei der Beurkundung von Beschlüssen nicht. Soweit **auf besonderen Wunsch** eine Raterteilung erfolgt, ist daher hierfür eine Gebühr gem. § 147 Abs. 2 KostO entstanden. Der **Geschäftswert** bemisst sich nach § 30 Abs. 1 KostO und ist je nach Art, Umfang und Schwierigkeit der ausgeübten Tätigkeit mit einem angemessenen Prozentsatz des Bezugswert, d.h. des Wertes der Beschlussfassung, zu bestimmen.

2. Entwurf von Gesellschafterbeschlüssen

Für den **auftragsgemäßen** Entwurf eines Beschlusses (nicht bei der der Effizienz dienen- **47** den Vorbereitung der beabsichtigten Beurkundung!) erhält der Notar eine Gebühr gem. § 145 KostO.

Der **Geschäftswert** für die Gebühr des § 145 KostO ist in gleicher Weise zu bestimmen wie **48** für den Beschluss im Falle einer Beurkundung.[49]

---

[47] Korintenberg/*Bengel/Tiedtke*, § 47 Rn 16; *Assenmacher/Mathias*, S. 172 „Satzungsbescheinigungen".
[48] Korintenberg/*Bengel/Tiedtke*, § 47 Rn 18; *Notarkasse*, Streifzug, Rn 1151.
[49] *Notarkasse*, Streifzug, Rn 445, 467405; Korintenberg/*Bengel/Tiedtke* § 145 Rn. 8.

XI. Unvollendetes Geschäft (unterbliebene Beurkundung)

49 Ein unvollendetes Geschäft ist nur gegeben, wenn von den nach der Tagesordnung vorgesehenen Beschlüssen auch nicht ein Beschluss gefasst worden ist. Bei Vorliegen auch nur eines einzigen Beschlusses, sei es auch nur des Vertagungsbeschlusses, ist § 47 KostO anzuwenden.[50]

50 Wenn die Verhandlung bereits begonnen, d.h. die Versammlung eröffnet ist, eine **Beschlussfassung** jedoch **nicht zustande kommt**, ist § 57 KostO anzuwenden. Hiernach entsteht die **Hälfte der vollen Gebühr**. Die Höchstgebühr beträgt 50 EUR. Dies gilt jedoch nur dann, wenn eine Verhandlungsniederschrift **nicht** gefertigt wird.

Wenn eine Verhandlungsniederschrift angefertigt wird, ist § 50 Abs. 1 Nr. 1 KostO anzuwenden.[51] Es entsteht eine **volle Gebühr** nach dieser Vorschrift.

51 Unterbleibt die vorgesehene Verhandlung aufgrund einer Antragsrücknahme gänzlich, entsteht die Rücknahmegebühr des § 130 Abs. 2 KostO. In diesem Fall entsteht eine **Viertel Gebühr**. Die Höchstgebühr nach dieser Vorschrift beträgt seit dem 1.9.2009 250 EUR.

52 Der Geschäftswert bestimmt sich für alle Gebühren in den Fällen eines unvollendeten Geschäfts (§§ 50, 57, 130 Abs. 2 KostO) nach §§ 41c Abs. 1, 41a Abs. 4 KostO.

---

50 Korintenberg/*Bengel/Tiedtke*, § 47 Rn 14.
51 Korintenberg/*Bengel/Tiedtke*, § 47 Rn 15.

Klaus Sommerfeldt
§ 42 Gesellschaftsbeteiligungen, Geschäftswertfragen

Inhalt
A. **Allgemeines** — 1
B. **Geschäftsanteil an einer GmbH** — 2
 I. Ermittlung des Geschäftswertes — 2
 II. Betriebsgrundstücke — 6
 III. Nominalwert — 7
 IV. Sonstiges — 8
 V. Gemeinnützige GmbH — 9
C. **Treuhandvertrag über einen Geschäftsanteil** — 10
 I. Anteilsübertragung mit Neubegründung des Treuhandverhältnisses — 10
 II. Rückübertragung bei Beendigung des Treuhandverhältnisses — 12
 III. Geschäftswert — 13
D. **Verkauf eines Geschäftsanteils an einer GmbH** — 14
E. **Zustimmung zur Abtretung eines Geschäftsanteils** — 17
 I. Rechtsgeschäftliche Zustimmungserklärung — 17
 II. Zustimmung durch Gesellschafterbeschluss — 19
 III. Gesonderte Gebühr auch bei Zusammenbeurkundung — 20
 IV. Geschäftswert — 21
F. **Information der Gesellschaft über die Geschäftsanteilsabtretung** — 22
G. **Aktiengesellschaft** — 23
H. **Gesellschaftsanteil an einer Personengesellschaft** — 26

A. Allgemeines

Bei der Bewertung von Geschäftsanteilen an Unternehmen, insbesondere auch bei **Abtretung** **1** **oder Verkauf** von Gesellschaftsanteilen oder im Rahmen der Bewertung von Vermögensmassen, ist zu unterscheiden, ob der Gesellschaftsanteil dem Berechtigten eine **unmittelbare Beteiligung** an den zum Gesellschaftsvermögen gehörenden Gegenständen einräumt, oder ob es sich bei der Beteiligung nur um ein **Mitgliedschaftsrecht an einer juristischen Person** handelt, die ihrerseits selbst Inhaber der Vermögensgegenstände ist.

Letzteres ist gegeben bei Geschäftsanteilen an einer **Kapitalgesellschaft**, also an einer Aktiengesellschaft, GmbH, eingetragenen Genossenschaft oder einem Versicherungsverein auf Gegenseitigkeit. Hier besteht für den Anteilsinhaber keine eigene unmittelbare Berechtigung an den zu den Vermögensmassen gehörenden Gegenständen.

B. Geschäftsanteil an einer GmbH

I. Ermittlung des Geschäftswertes

Der Wert eines Geschäftsanteils an einer GmbH ist nach § 30 Abs. 1 KostO **nach freiem Ermes-** **2** **sen** zu schätzen. Da keine unmittelbare Beteiligung an den Wirtschaftsgegenständen besteht, ist § 18 Abs. 3 KostO nicht anzuwenden. Die Wertermittlung hat **nach objektiven Gesichtspunkten** zu erfolgen und soll möglichst mit dem tatsächlichen im Wirtschaftsleben gültigen Wert übereinstimmen.[1]

Die **Wertermittlung** kann je nach Lage des Einzelfalles wie folgt vorgenommen wer- **3** den:[2]

---
[1] BayObLG JurBüro 1992, 183.
[2] Korintenberg/*Bengel/Tiedtke*, § 18 Rn 25, § 30 Rn 12; *Assenmacher/Mathias*, S. 480 ff „Gesellschaftsanteile".

- Wenn bekannt, ist regelmäßig der **Kurs**, notfalls der Steuerkurs als Wert maßgebend. Dieser wird regelmäßig nach dem gültigen Stuttgarter Verfahren[3] ermittelt werden können.[4]
- Ist weder ein Kurs noch ein Steuerkurs vorhanden, kann der Wert auch **aus anderweitigen Verkäufen** abgeleitet werden, die mit der Bewertung in einem angemessenen zeitlichen Zusammenhang stehen (weniger als ein Jahr).

4 Liegen die vorstehenden und auch keine anderen verwertbaren Anhaltspunkte zur Wertbestimmung vor, kann der Wert des Geschäftsanteils entsprechend dem anteiligen Wert am Unternehmen unter **Berücksichtigung des Vermögens** und ggf. anhand der **Ertragsaussichten** der Gesellschaft bestimmt werden.

5 Maßgebend ist der **Anteil am Reinvermögen**. Hier erfolgt also **Schuldenabzug**, da (siehe Rn 2) § 18 Abs. 3 KostO keine Anwendung findet. Für die Ermittlung des Reinvermögens des Unternehmens kann die **letzte Vermögensbilanz** herangezogen werden.[5]

II. Betriebsgrundstücke

6 Bei vorhandenen Betriebsgrundstücken ist entsprechend den allgemeinen Wertermittlungsgrundsätzen in § 19 Abs. 2 KostO deren **tatsächlicher Verkehrswert**, nicht der Buchwert im Rahmen der Wertermittlung zugrundezulegen.

III. Nominalwert

7 Der Nominalwert eines Geschäftsanteils hat grundsätzlich keine Aussagekraft für die Wertbestimmung eines Geschäftsanteils bei der GmbH.[6] Eine Ausnahme besteht lediglich für die Neugründung mit Bareinlagen.

IV. Sonstiges

8 **Veräußerungserschwernisse** (z.B. bei Familiengesellschaften), **Treuhandauflagen** oder **Rückübertragungsverpflichtungen** bleiben bei der Wertermittlung unberücksichtigt.[7] Diese Grundsätze sind auch dann maßgebend, wenn sämtliche Anteile übertragen werden.[8]

V. Gemeinnützige GmbH

9 Die Bewertung eines Anteils an einer gemeinnützigen GmbH bestimmt sich nach den gleichen Grundsätzen. Es besteht **keinerlei Gebührenermäßigung** für Notarkosten. § 144 KostO ist nicht einschlägig, insbesondere gilt Abs. 3 der Vorschrift nur für Körperschaften, Vereinigungen oder Stiftungen, die **ausschließlich und unmittelbar mildtätige und kirchliche Zwecke** verfolgen.

---

3 Abschnitt 77 ff. VStR.
4 Vgl. Korintenberg/*Reimann*, § 30 Rn 12 a.E.
5 Korintenberg/*Schwarz*, § 18 Rn 26; Rohs/*Wedewer*, § 18 Rn 8; BayObLG MittBayNot 1977, 139; BayObLG MittBayNot 1982, 141; BayObLG MittBayNot 1983, 246; BayObLG JurBüro 1988, 1199.
6 BayObLG JurBüro 1977, 1122; BayObLG MittBayNot 1982, 141; Korintenberg/*Reimann*, § 30 Rn 12.
7 BayObLG JurBüro 1985, 583; Korintenberg/*Schwarz*, § 18 Rn 25; *Notarkasse*, Streifzug, Rn 997.
8 *Notarkasse*, Streifzug, Rn 995.

Es soll jedoch gerechtfertigt sein, zur Bewertung eines gemeinnützigen Unternehmens einen Abschlag von ca. 10–30% vorzunehmen.[9]

C. Treuhandvertrag über einen Geschäftsanteil

I. Anteilsübertragung mit Neubegründung des Treuhandverhältnisses

Bei der Übertragung eines Geschäftsanteils an einen **Treuhänder** gelten die gleichen Geschäftswertbemessungsgrundsätze wie vorstehend erörtert. Zu bewerten ist nur die Geschäftsanteilsübertragung. **10**

Eine zusätzliche Bewertung des zugleich abgeschlossenen Treuhandvertrages erfolgt nicht, da die Bedingungen des Treuhandverhältnisses als Vertragsbestandteil der Geschäftsanteilsübertragung anzusehen sind, dem **Treuhandvertrag** somit **kein eigener wirtschaftlicher Wert** beizumessen ist. Dies gilt auch für die Verpflichtung des Treuhänders nach Beendigung des Treuhandverhältnisses den Geschäftsanteil **zurückzuübertragen**.[10] **11**

II. Rückübertragung bei Beendigung des Treuhandverhältnisses

Erfolgt – nachdem sämtliche schuldrechtlichen Vereinbarungen bereits vorab bei der Begründung des Treuhandverhältnisses beurkundet worden sind – **lediglich** eine **dingliche Rückübertragung**, entsteht eine 5/10 Gebühr gem. § 38 Abs. 2 Nr. 6d KostO. Werden hingegen schuldrechtliche Vereinbarungen mit beurkundet, entsteht eine 20/10 Gebühr gem. § 36 Abs. 2 KostO. **12**

III. Geschäftswert

Maßgebend für die Geschäftswertberechnung ist nach den allgemeinen kostenrechtlichen Grundsätzen (hier § 18 Abs. 1 KostO), der **Wert des Geschäftsanteils** im Zeitpunkt der Beurkundung der Rückübertragung. **13**

D. Verkauf eines Geschäftsanteils an einer GmbH

Beim Verkauf eines Geschäftsanteils handelt es sich um einen **Austauschvertrag** i.S.v. § 39 Abs. 2 KostO. Der nach den vorstehenden Grundsätzen ermittelte Wert des Geschäftsanteils ist zu vergleichen mit dem Wert der Gegenleistungen des Käufers. Der höhere Wert ist als Geschäftswert maßgebend. **14**

Hierbei wird regelmäßig der Kaufpreis dem **objektiven Verkehrswert** des Geschäftsanteils entsprechen.[11] Lediglich bei **Verwandtengeschäften** oder einem sonstigen **Verkauf unter Wert** ist eine andere Beurteilung geboten. Der in diesen Fällen höhere Verkehrswert des verkauften Geschäftsanteils kann und muss dann gem. § 39 Abs. 2 KostO zugrunde gelegt werden. **15**

Verpflichtet sich der Käufer zu **weiteren Leistungen** gegenüber dem Verkäufer, sind diese mit ihrem jeweiligen Wert dem Kaufpreis hinzuzurechnen. Weitere Leistungen liegen z.B. vor: **16**

---

9 BayObLG JurBüro 1992, 183; Korintenberg/*Reimann*, § 30 Rn 12; *Notarkasse*, Streifzug, Rn 998.
10 BayObLG JurBüro 1985, 583; Korintenberg/*Schwarz*, § 18 Rn 25.
11 BGH NJW 1975, 1417; BayObLG JurBüro 1992, 183; Korintenberg/*Bengel/Tiedtke*, § 39 Rn 11.

- bei Übernahme der **Verpflichtung zur Einzahlung** einer bereits fälligen, jedoch noch nicht eingezahlten Stammeinlage oder Freistellung aus der Zahlungspflicht im Innenverhältnis;[12]
- bei Freistellung von **Bürgschaftsverpflichtungen**. Der Geschäftswert bestimmt sich in diesem Fall nach dem Nennbetrag, ggf. dem Höchstbetrag der eingegangenen Bürgschaftsverpflichtungen.[13] Ist die Forderung, welche durch die Bürgschaft gesichert werden soll, jedoch nie entstanden oder weggefallen, kann nach zutreffender Literaturmeinung[14] lediglich ein Bruchteil des Bürgschaftsbetrages (Höchstbetrages) angesetzt werden. Ein Teilwert von ca. 10–20% dürfte hier angemessen sein;[15]
- bei **Übernahme von Verbindlichkeiten** mit schuldbefreiender Wirkung;
- bei einer Verpflichtung die GmbH **liquiditätsmäßig** so zu stellen, dass die GmbH bereits bestehende Verpflichtungen aus einem Kaufvertrag erfüllen kann. Die Geschäftswertberechnung erfolgt nicht nach § 23 Abs. 1 KostO, sondern nach § 30 Abs. 1 KostO mit einem Schätzwert. Angemessen erscheint ein Bruchteil von ca. 20–30% der Liquiditätssumme.[16]

E. Zustimmung zur Abtretung eines Geschäftsanteils

I. Rechtsgeschäftliche Zustimmungserklärung

17 Wenn nach dem Gesellschaftsvertrag zur Veräußerung eines Geschäftsanteils die **Zustimmung der Gesellschaft oder aller Gesellschafter** notwendig ist und in derselben Urkunde mit erklärt wird, liegt Gegenstandsgleichheit gem. § 44 Abs. 1 KostO vor. Eine **kostenneutrale Mitbeurkundung** wird daher möglichst anzustreben sein.

18 Wird die Zustimmungserklärung gesondert beurkundet oder entworfen, entsteht eine 5/10 Gebühr gem. § 38 Abs. 2 Nr. 1 KostO. Der **Geschäftswert** dieser Erklärung bestimmt sich gem. § 40 Abs. 2 KostO nach dem Bruchteil des oder der Zustimmenden am Wert des veräußerten Geschäftsanteils.

II. Zustimmung durch Gesellschafterbeschluss

19 Stimmen die Gesellschafter einer Geschäftsanteilsveräußerung durch Gesellschafterbeschluss zu, entsteht die **Beschlussgebühr** nach § 47 KostO (20/10 Gebühr).

III. Gesonderte Gebühr auch bei Zusammenbeurkundung

20 Wird der Zustimmungsbeschluss zusammen mit dem Veräußerungsvertrag beurkundet, ist die **Beschlussgebühr neben der Vertragsgebühr** des § 36 Abs. 2 KostO zu erheben, da § 44 KostO bei Zusammentreffen von rechtsgeschäftlichen Erklärungen mit Beschlüssen keine Anwendung findet (siehe § 41 Rn 40, 41).

---

12 OLG Frankfurt DNotZ 1987, 179 = JurBüro 1986, 1071.
13 OLG Köln ZNotP 2000, 445 = FGPrax 2000, 126; LG München I MittBayNot 1992, 418; BayObLG MittBayNot 1981, 44; Korintenberg/*Reimann* § 30 Rn 27.
14 *Notarkasse*, Streifzug, Rn 1003.
15 A.A. LG München II ZNotP 2001, 406 (Regelwert gem. § 30 Abs. 2 KostO).
16 OLG Köln ZNotP 2000, 445 m.w.N. = FGPrax 2000, 126.

IV. Geschäftswert

Da ein Zustimmungsbeschluss zu einem Rechtsgeschäft **mit bestimmtem Geldwert** vorliegt, ist auch der Beschluss entsprechend zu bewerten (Beschluss mit bestimmtem Geldwert).[17] **21**

F. Information der Gesellschaft über die Geschäftsanteilsabtretung

Mit Wirkung vom 1.11.2008 ist § 16 GmbHG geändert worden. Die zuvor bisweilen vom Notar vorgenommene Anzeige der Geschäftsanteilsabtretung an die Gesellschaft (§ 16 Abs. 1 GmbHG a.F.) gibt es nicht mehr. Eine **gebührenpflichtige Tätigkeit** nach § 147 Abs. 2 KostO besteht deshalb **nicht** mehr. Im Verhältnis zur Gesellschaft gilt nunmehr im Fall einer Veränderung in den Personen der Gesellschafter oder des Umfangs ihrer Beteiligung als Inhaber eines Geschäftsanteils nur, wer als solcher in der im Handelsregister aufgenommenen Gesellschafterliste (§ 40) eingetragen ist, § 16 Abs. 1 S. 1 GmbHG n.F. **22**

Der Notar muss vielmehr bereits von Amts wegen gem. § 40 Abs. 2 GmbHG eine Abschrift der geänderten Liste an die Gesellschaft zu übermitteln. Einen für eine Gebührenabrechnung nach § 147 Abs. 2 KostO unbedingt erforderlichen Auftrag gibt es nicht, da sich die Verpflichtung des Notars bereits unmittelbar aus dem Gesetz ergibt.

G. Aktiengesellschaft

Aktien sind mit ihrem **notierten Kurswert** zu bewerten, notfalls mit dem amtlich veröffentlichten **Steuerkurswert**. Bei nicht notierten Papieren ist der **Freikurs**, bei Bezugsrechten der **Bezugsrechtskurs** anzusetzen. **23**

Ist der Kurswert **nicht zu ermitteln**, können Anhaltspunkte für eine Bewertung, welche möglichst dem tatsächlichen gültigen Wert nahe kommen soll, auch aus anderweitigen Verkäufen abgeleitet werden, die mit der Bewertung in einem angemessenen zeitlichen Zusammenhang stehen (weniger als ein Jahr). **24**

Ggf. ist eine **Schätzung der Beteiligung** nach § 30 Abs. 1 KostO vorzunehmen, wobei das **Vermögen** und die **Ertragslage** des Unternehmens, an welchem eine Beteiligung besteht, zu berücksichtigen sind.[18] Maßgebend ist das **Reinvermögen**. Hier erfolgt also **Schuldenabzug**, da (siehe Rn 2) § 18 KostO, also auch dessen Abs. 3, keine Anwendung findet. Für die Ermittlung des Reinvermögens des Unternehmens kann die letzte Vermögensbilanz herangezogen werden.

Bei vorhandenen **Betriebsgrundstücken** ist entsprechend den allgemeinen Bewertungsgrundsätzen in § 19 Abs. 2 KostO deren tatsächlicher **Verkehrswert**, nicht nur der Buchwert im Rahmen der Wertermittlung zugrundezulegen. **25**

H. Gesellschaftsanteil an einer Personengesellschaft

Der **Geschäftswert** eines Anteils an einer Personengesellschaft (OHG, KG, BGB-Gesellschaft, Partnerschaftsgesellschaft) ist nach § 30 Abs. 1 KostO zu schätzen. **26**

Der Geschäftswert bestimmt sich nach dem Anteil des Gesellschafters am **Aktivvermögen** der Gesellschaft. Da grundsätzlich eine unmittelbare Beteiligung an dem zum Gesellschaftsver- **27**

---

[17] Korintenberg/*Bengel/Tiedtke*, § 41c Rn 29; *Rohs/Wedewer*, § 41c Rn 14.
[18] Korintenberg/*Schwarz*, § 18 Rn 24.

mögen gehörenden Gegenstände besteht, gilt das **Bruttowertprinzip** des § 18 Abs. 3 KostO. Verbindlichkeiten sind somit nicht abzuziehen.[19] Konzernverbindlichkeiten sind ebenfalls nicht abzuziehen.[20]

28   Gegen die h.M. lässt der *BGH* in seiner Entscheidung vom 20.10.2009[21] bei der Übertragung von Kommanditanteilen die Anwendung des Schuldenabzugsverbots nach § 18 Abs. 3 KostO nicht mehr zu.[22]

29   Die vom BGH vorgenommene Bewertung des Geschäftswerts des Kommanditanteils ohne Anwendung des Abzugsverbots führt auch zu sachgerechten Ergebnissen. Damit wird vermieden, dass der kostenrechtliche Wert von dem tatsächlichen Wert abweicht, von dem die Bet. bei wirtschaftlicher Betrachtungsweise regelmäßig ausgehen. Erfolgt die Bewertung nach der h.M. in Rechtsprechung und Literatur[23], ergeben sich u.U. erhebliche Unterschiede zwischen dem kostenrechtlichen und dem tatsächlichen Wert eines Anteils, was zu einer Vielzahl von Entscheidungen hierzu geführt hat.[24] Das **Schuldenabzugsverbot** nach § 18 Abs. 3 KostO verstößt jedoch nicht gegen Verfassungsrech[25] Abgesehen von den Fällen der Übertragung eines Kommanditanteils ist somit § 18 Abs. 3 KostO anzuwenden.

30   Die Ermittlung der Werte von Geschäftsanteilen erfolgt bei Personenhandelsgesellschaften (OHG, KG) nach dem Verhältnis ihrer Kapitalanteile (**festes Kapitalkonto**). Bei Gesellschaften bürgerlichen Rechts kann **im Zweifel** von einer Beteiligung **zu gleichen Teilen** ausgegangen werden (§§ 706 Abs. 1, 722, 734 BGB).[26] Notfalls kann der Wert nach dem Anteil am Gewinn und Verlust berechnet werden.[27]

31   Für die Ermittlung des **Geschäftswertes** ist die letzte Bilanz heranzuziehen. Darin enthaltener **Grundbesitz** ist mit dem Verkehrswert zu berücksichtigen (siehe § 40 Rn 11).

---

19 BayObLG DNotZ 1991, 400; LG München I MittBayNot 1998, 277; OLG Zweibrücken, Beschluss v. 13.9.2001 – 3 W 96/01; Korintenberg/*Schwarz*, § 18 Rn 27, 28.
20 OLG Düsseldorf MittBayNot 1998, 464 = NJW-RR 1999, 399; BayObLG Rpfleger 1975, 268.
21 *BGH*, v. 20.10.2009 – VIII ZB 13/08.
22 BGH NZG 2010, 154.
23 OLG München DNotZ 1941, 502; BayObLG Rpfleger 1955, 198; st. Rspr., zuletzt ZEV 2004, 510; OLG Braunschweig Rpfleger 1964 67; OLG Celle DNotZ 1969, 631; OLG Zweibrücken OLG-Report 2002, 83; Korintenberg/Lappe/Bengel/Reimann, § 18 Rn 27f.; *Assenmacher/Mathias*, KostO, KG 2.3, Gesellschaftsanteile 2.; *Rohs/Wedewer*, KostO, § 18 Rn 9; *Hartmann*, KostenG, KostO § 18 Rdnr 7; Tiedtke, ZNotP 2004, 453 [454]; *ders.*, in: FS Spiegelberger, 2009, S. 1517, 1530 f.).
24 Vgl. hierzu Korintenberg/*Schwarz*, § 18 Rn 28 m. zahlr.N.
25 BayObLG ZNotP 1997, 38.
26 Korintenberg/*Schwarz*, § 18 Rn 29.
27 *Notarkasse*, Streifzug, Rn 1027, 1029.

Klaus Sommerfeldt
§ 43 Umwandlungsvorgänge

Inhalt

A. **Allgemeines** — 1
B. **Verschmelzung (§§ 2–122 UmwG)** — 2
I. Verschmelzung durch Aufnahme — 2
II. Verschmelzung durch Neugründung — 7
III. Mehrere Verschmelzungen — 9
  1. Gegenstandsgleiche Verschmelzungen — 9
  2. Gegenstandsverschiedene Verschmelzungen — 11
IV. Kettenverschmelzungen — 16
V. Einzelheiten der Geschäftswertermittlung bei Verschmelzungen — 17
VI. Höchstwert — 20
VII. Zustimmungsbeschlüsse der Gesellschafter — 21
VIII. Zusammenbeurkundung der Zustimmungsbeschlüsse — 23
IX. Gleichzeitige Kapitalerhöhung — 26
X. Verzichtserklärungen, Zustimmungserklärungen — 27
  1. Mitbeurkundung im Verschmelzungsvertrag — 28
  2. Mitbeurkundung beim Zustimmungsbeschluss — 29
XI. Geschäftswert der rechtsgeschäftlichen Erklärungen — 34
  1. Zustimmungserklärungen der Anteilsinhaber — 34
  2. Verzichtserklärungen — 38
XII. Registeranmeldungen — 41
  1. Bei Verschmelzung durch Aufnahme — 41
  2. Beim neu gegründeten Rechtsträger — 42
  3. Gleichzeitige Anmeldung von Kapitalerhöhungsmaßnahmen — 45
  4. Höchstwert — 46
  5. Gebühr — 47
C. **Spaltung (§§ 123–173 UmwG)** — 48
I. Aufspaltung/Abspaltung durch Aufnahme — 49
  1. Allgemeine Geschäftswertberechnung — 50
  2. Geschäftswertberechnung bei Abspaltung von Gesellschaftsbeteiligungen — 54
II. Aufspaltung/Abspaltung zur Neugründung — 56
III. Höchstwert — 58
IV. Anzahl der Rechtsgeschäfte bei Aufspaltung und Abspaltung — 59
  1. Aufspaltung — 60
  2. Abspaltung — 61
V. Kettenspaltungen — 62
D. **Ausgliederung** — 64
E. **Zustimmungsbeschlüsse zur Spaltung (Aufspaltung/Abspaltung), Ausgliederung** — 66
F. **Kapitalerhöhung beim aufnehmenden Rechtsträger** — 68
G. **Kapitalherabsetzung beim übertragenden Rechtsträger** — 69
H. **Mehrheit von Zustimmungsbeschlüssen** — 70
I. **Höchstgebühr** — 72
J. **Verzichtserklärungen, Zustimmungserklärungen zur Spaltung** — 73
I. Allgemeines — 73
II. Geschäftswert der rechtsgeschäftlichen Erklärungen — 75
  1. Zustimmungserklärungen der Anteilsinhaber — 75
  2. Verzichtserklärungen — 78
III. Registeranmeldungen — 80
  1. Allgemeines — 80
  2. Geschäftswert — 81
  3. Gleichzeitige Anmeldung der Kapitalherabsetzung — 83
  4. Gleichzeitige Anmeldung von Kapitalerhöhungsmaßnahmen — 84
K. **Gebührenermäßigung bei Umwandlungsvorgängen der öffentlichen Hand** — 85
L. **Vermögensübertragung (§§ 178–189 UmwG)** — 87
M. **Formwechsel (§§ 190–304 UmwG)** — 88
I. Allgemeines — 88
II. Geschäftswert — 89
N. **Zustimmungserklärungen, Verzichtserklärungen bei Formwechsel** — 93
I. Gebührensatz — 93
II. Geschäftswert von Zustimmungserklärungen — 97
III. Geschäftswert von Verzichtserklärungen — 98
IV. Verzicht auf Sonderrechte — 99
V. Mehrere rechtsgeschäftliche Erklärungen — 100
VI. Zusammenbeurkundung mit dem Formwechselbeschluss — 101
VII. Gebührenermäßigung — 102
O. **Nebentätigkeiten des Notars bei Umwandlungsvorgängen** — 103
I. Kostenpflichtige Beratungs- und Entwurfstätigkeiten des Notars — 103

1. Entwurfstätigkeiten —— 103
2. Isolierte Beratungstätigkeiten —— 109
   a) Allgemeines —— 109
   b) Belehrungs- und Prüfungspflichten bei Entwurf von Beschlüssen —— 110
   c) Höchstwert und Höchstgebühr der Entwurfsgebühr nach § 145 Abs. 1 KostO —— 111
3. isolierte Beratungstätigkeit —— 112
II. Einzelbeispiele —— 114
III. Feststellung des neuen Gesellschaftsvertrages (Satzung) bei Formwechsel —— 115
IV. Vorheriger Entwurf des Gesellschaftsvertrages bei Formwechsel —— 116
P. **Grundbuchberichtigungsanträge —— 118**
I. Grundbuchberichtigung bei Verschmelzung, Spaltung, Ausgliederung, Vermögensübertragung —— 119

1. Mitbeurkundung bei der Umwandlung —— 119
2. Getrennte Beurkundung —— 120
3. Geschäftswert —— 121
II. Grundbuchberichtigung bei Formwechsel —— 122
1. Gesonderte Gebühr —— 122
2. Geschäftswert —— 123
III. Höchstwertgrenze nach § 39 Abs. 5 KostO —— 124
Q. **Berichtigung des Handelsregisters —— 125**
I. Allgemeines —— 125
II. Geschäftswert —— 127
1. Geschäftswert bei Rechtsnachfolge —— 128
2. Bei Formwechsel —— 130

A. Allgemeines

1 Durch In-Kraft-Treten des Umwandlungsgesetzes 1995[1] am 1.1.1995 sind die bisherigen gesellschaftsrechtlichen Vorschriften zur Umwandlung von Unternehmen zusammengefasst, systematisch geordnet und erheblich erweitert worden. Im Umwandlungsgesetz 1995 sind folgende Umwandlungsmöglichkeiten geregelt:
- Verschmelzung (durch Aufnahme oder Neugründung, siehe dazu § 19);
- Spaltung (Aufspaltung, Abspaltung, Ausgliederung, jeweils durch Aufnahme oder Neugründung, siehe dazu § 20);
- Formwechsel (siehe dazu § 21);
- Vermögensübertragung (siehe dazu § 22).

Alle diese Vorgänge bedürfen der notariellen Beurkundung und werden (auch bei Personengesellschaften) erst durch die Eintragung der Umwandlung im jeweiligen Register wirksam.

B. Verschmelzung (§§ 2–122 UmwG)

I. Verschmelzung durch Aufnahme

2 Die Verschmelzung erfolgt durch **vertragliche Vereinbarung** der beteiligten Rechtsträger, weshalb eine 20/10 Gebühr gem. § 36 Abs. 2 KostO zu erheben ist. Der Geschäftswert ist nach § 39 Abs. 1 KostO zu bestimmen. Auszugehen ist vom **Aktivvermögen** des übertragenden Rechtsträgers. Schuldenabzug erfolgt gem. § 18 Abs. 3 KostO nicht.

3 Für die Ermittlung des **Geschäftswertes** ist die Verschmelzungsbilanz maßgebend. Vorhandener **Grundbesitz** ist nach den Vorschriften des § 19 KostO mit dem tatsächlichen Verkehrswert zu berücksichtigen, welcher vom Notar anstelle des bilanziellen Buchwertes anzusetzen ist.

4 Werden bei der Verschmelzung durch Aufnahme den Anteilsinhabern des übertragenden Unternehmens **Gegenleistungen** gewährt, beispielsweise Gesellschaftsrechte, Mitgliedsrechte

---

[1] Art. 1 des Gesetzes zur Bereinigung des Umwandlungsrechts v. 8.11.1994, BGBl I, 3209.

oder Aktien am Vermögen des aufnehmenden Rechtsträgers, so liegt ein **Austauschvertrag** i.S.v. § 39 Abs. 2 KostO vor. Der Geschäftswert des Vertrages richtet sich dann nach dem Aktivvermögen des übertragenden Rechtsträgers (ohne Schuldenabzug) oder, wenn die Gegenleistungen höher sind, nach diesem höheren Wert.[2]

Sofern anlässlich des Verschmelzungsvertrages die **Satzung** des aufnehmenden Unternehmens rechtsgeschäftlich geändert wird, liegt Gegenstandsgleichheit i.S.v. § 44 Abs. 1 KostO vor. Etwas anderes gilt, wenn eine Satzungsänderung durch Gesellschafterbeschluss erfolgt. 5

Ein Verschmelzungsvertrag liegt auch dann vor, wenn der **Alleingesellschafter** einer Kapitalgesellschaft deren Vermögen übernimmt. Es ist auch dann eine Vertragsgebühr nach § 36 Abs. 2 KostO nach dem nach den vorstehenden Ausführungen ermittelten Geschäftswert zu erheben.[3] 6

II. Verschmelzung durch Neugründung

Bei der Verschmelzung durch Neugründung liegt ebenfalls ein **Austauschvertrag** nach § 39 Abs. 2 KostO vor. Gegenüberzustellen sind die Werte der Anteilsinhaber des übertragenden Unternehmens an der neu gegründeten Gesellschaft und das Aktivvermögen des übertragenden Rechtsträgers. Der höhere Wert ist gem. § 39 Abs. 2 KostO als **Geschäftswert** für die Vertragsgebühr des § 36 Abs. 2 KostO anzusetzen. Ein Schuldenabzug erfolgt auch hier nicht (§ 18 Abs. 3 KostO). 7

Die Feststellung der **Satzung** des neu errichteten Unternehmens ist gem. § 44 Abs. 1 KostO gegenstandsgleich mit dem Verschmelzungsvertrag.[4] 8

III. Mehrere Verschmelzungen

1. Gegenstandsgleiche Verschmelzungen

Bei Verschmelzung von mehreren Rechtsträgern ist dann von einem einheitlichen Verschmelzungsvorgang i.S.v. § 44 Abs. 1 KostO auszugehen, wenn die Verschmelzungen zu einer **Rechtseinheit** verbunden sind, d.h. der rechtliche Bestand jeder Verschmelzung von der anderen abhängt. Der **Geschäftswert** bestimmt sich nach den vorstehenden Grundsätzen, wobei der Höchstwert des § 39 Abs. 5 KostO nur **einmal** anzusetzen ist. 9

Beispiel 10
GmbH A und GmbH B verschmelzen mit der aufnehmenden GmbH C. Es wird hierüber ein einheitlicher Verschmelzungsvertrag abgeschlossen. Die Verschmelzungen von der GmbH A und GmbH B sollen rechtlich voneinander abhängig sein. Geschäftswert sind die addierten Aktivwerte der übertragenden Gesellschaften, sofern die gewährten Gegenleistungen nicht höher sind. Höchstwert gem. § 39 Abs. 5 KostO ist ein Betrag von 5 Mio. EUR.

---

2. Gegenstandsverschiedene Verschmelzungen

Gegenstandsverschiedenheit nach § 44 Abs. 2 KostO liegt vor, wenn es sich um Verschmelzungen handelt, die **rechtlich voneinander unabhängig** sind, d.h. die Verschmelzung der einen Gesellschaft unabhängig von den weiteren Verschmelzungen rechtswirksam sein soll.[5] Jede 11

---

[2] BayObLG DNotZ 1975, 676; BayObLG DNotZ 1993, 273; Korintenberg/Bengel/Tiedtke, § 39 Rn 67; *Assenmacher/Mathias*, S. 1041 „Verschmelzung".
[3] Korintenberg/Bengel/Tiedtke, § 39 Rn 69.
[4] BayObLG DNotZ 1975, 676.
[5] Korintenberg/Bengel/Tiedtke, § 39 Rn 145; *Tiedtke*, ZNotP 2001, 226.

selbständige Verschmelzung ist dann zunächst gesondert zu bewerten. Die Höchstwertvorschrift des § 39 Abs. 5 KostO kommt hierbei **mehrfach** zum Ansatz.[6]

12 Bei Beurkundung der Erklärungen **in einer einheitlichen Urkunde** sind die einzelnen Geschäftswerte gem. § 44 Abs. 2a KostO zu addieren und von Gesamtwert ist eine einheitliche Gebühr gem. § 36 Abs. 2 KostO zu erheben.

Werden mehrere rechtlich voneinander unabhängige Verschmelzungsvorgänge **in getrennten Niederschriften** beurkundet, liegt keine unrichtige Sachbehandlung des Notars vor.

13 Erfolgt auf Verlangen der Parteien eine **Zusammenbeurkundung**, ist nach § 44 Abs. 2a KostO eine Addition der Werte vorzunehmen, auch wenn der einzige Grund der Zusammenbeurkundung in der Gebührenersparnis liegt.[7]

14 Regelmäßig wird auch bei der Verschmelzung mehrerer Rechtsträger ein **wirtschaftlicher Zusammenhang** bestehen, wenn es sich bei allen Verschmelzungen um den gleichen aufnehmenden Rechtsträger handelt, so dass ein Verstoß gegen § 140 KostO (Verbot der Gebührenvereinbarung) nicht in Betracht kommt.[8]

15 **Beispiel**
GmbH A und GmbH B verschmelzen mit der aufnehmenden GmbH C. Die Verschmelzungen der GmbH A und GmbH B sollen jedoch rechtlich voneinander unabhängig sein. Die Erklärungen zu beiden Verschmelzungsvorgängen werden dennoch auf Wunsch zusammen beurkundet. Der Geschäftswert ist zunächst zu jedem einzelnen Verschmelzungsvorgang besonders zu berechnen, wobei der Höchstwert gem. § 39 Abs. 5 KostO von 5 Mio. EUR für jeden einzelnen Umwandlungsvorgang zu berücksichtigen ist. Sodann erfolgt Werteaddition nach § 44 Abs. 2a KostO.

IV. Kettenverschmelzungen

16 Kettenverschmelzungen sind gegenstandsverschieden nach § 44 Abs. 2 KostO.

Beispiel
GmbH A wird mit GmbH B verschmolzen, anschließend wird GmbH B mit GmbH C verschmolzen.[9]

V. Einzelheiten der Geschäftswertermittlung bei Verschmelzungen

17 Grundlage für die Ermittlung des Geschäftswertes ist die Verschmelzungsbilanz. Dabei ist grundsätzlich von der **Aktivsumme der Bilanz** auszugehen ohne Abzug von Schulden (§ 18 Abs. 3 KostO). Das **Schuldenabzugsverbot** verstößt nicht gegen Verfassungsrecht.[10] Es ist jedoch die Bilanz dahin gehend zu überprüfen, ob die Kostenordnung für bestimmte Bilanzpositionen einen anderen Wert vorsieht.

18 Bei **Grundstücken**, deren Bewertung nach den Grundsätzen des § 19 Abs. 2 KostO zu erfolgen hat, ist es nach allgemeiner Auffassung ausreichend, wenn der Notar für den bilanzierten Grundbesitzwert einschließlich Gebäude den **Verkehrswert** an die Stelle des Buchwertes setzt.

---

6 OLG Hamm ZNotP 2003, 319 = MittBayNot 2004, 68.
7 BayObLG DNotZ 1970, 184.
8 Korintenberg/*Bengel*/*Tiedtke*, § 39 Rn 145.
9 OLG Düsseldorf MittBayNot 1998, 464 = ZNotP 1998, 471; Korintenberg/*Bengel*/*Tiedtke*, § 39 Rn 146.
10 BayObLG MittBayNot 1997, 252.

Unterlässt der Notar eine diesbezügliche Prüfung, könnte dies als Verstoß gegen § 140 KostO (Verbot der Gebührenvereinbarung) angesehen werden.[11]

Die Positionen „angefangene und noch nicht abgerechnete Arbeiten" sind mit den „erhaltenen Anzahlungen" zu saldieren, sofern diese Positionen einer Wertberichtigung gleichkommen.[12] Eingehendere Bilanzprüfungen können jedoch nicht verlangt werden, zumal es zumeist an den hierzu notwendigen detaillierten Fachkenntnissen und Überprüfungsmöglichkeiten fehlen wird.[13]

VI. Höchstwert

Nach § 39 Abs. 5 KostO beträgt der Geschäftswert bei Plänen und Verträgen nach dem Umwandlungsgesetz (ebenso wie bei der Beurkundung von Gesellschaftsverträgen und Satzungen sowie Statuten) höchstens 5 Mio. EUR.

VII. Zustimmungsbeschlüsse der Gesellschafter

Für die Zustimmungsbeschlüsse der Gesellschafter der beteiligten Unternehmen ist eine Gebühr gem. § 47 KostO (20/10) zu erheben. Die Zustimmungsbeschlüsse bei dem übertragenden und auch bei dem aufnehmenden Rechtsträger sind **Beschlüsse mit bestimmtem Geldwert**. Der Geschäftswert bestimmt sich nach § 41c Abs. 2 KostO. Als Geschäftswert ist der **Wert des Aktivvermögens** des übertragenden Rechtsträgers anzusetzen. Schuldenabzug erfolgt nach § 18 Abs. 3 KostO nicht. Der **Höchstwert** des § 39 Abs. 5 KostO gilt hier nicht. Es ist jedoch die Höchstgebühr nach § 47 KostO von 5.000 EUR zu berücksichtigen.[14]

Bei **Verschmelzung mehrerer Rechtsträger** bestimmt sich der Geschäftswert der einzelnen Zustimmungsbeschlüsse der übertragenden Unternehmen nur nach dem jeweils übertragenen Aktivvermögen, nicht nach dem Gesamtwert des Verschmelzungsvertrages.[15]

VIII. Zusammenbeurkundung der Zustimmungsbeschlüsse

Die Zustimmungsbeschlüsse aller beteiligten Unternehmen **eines einheitlichen Verschmelzungsvorgangs** sind möglichst in einer Urkunde zusammenzufassen.

Bei Aufnahme der Zustimmungsbeschlüsse **in getrennte Urkunden** kann eine unrichtige Sachbehandlung gem. § 16 KostO vorliegen.[16] Allerdings wird oftmals eine getrennte Beurkundung der Zustimmungsbeschlüsse aus sachlichen Gründen erforderlich sein. Die **Höchstgebühr** des § 47 KostO wird in diesen Fällen mehrfach entstehen können.

Werden mehrere Zustimmungsbeschlüsse zu **rechtlich selbständigen** Verschmelzungen gesondert beurkundet, kann hierin keine unrichtige Sachbehandlung des Notars gesehen werden.[17]

Erfolgt eine **Zusammenbeurkundung** von Zustimmungsbeschlüssen bezieht sich die Höchstgebühr nach § 47 KostO von 5.000 EUR, obwohl mehrere Unternehmen zustimmen, nach

---

11 Lappe/Schulz, NotBZ 1997, 54 ff.
12 Korintenberg/Bengel/Tiedtke, § 39 Rn 67.
13 Notarkasse, Streifzug, Rn 1141.
14 Korintenberg/Bengel/Tiedtke, § 41c Rn 68, 69; BayObLG MittBayNot 1992, 417.
15 Notarkasse, Streifzug, Rn 1148.
16 BayObLG MittBayNot 1990, 61.
17 Lappe, NotBZ 2000, 332; Korintenberg/Bengel/Tiedtke, § 41c Rn 70.

allgemeinem Verständnis immer auf die Beschlussniederschrift als Ganzes, kommt somit nur einmal in Betracht.[18]

IX. Gleichzeitige Kapitalerhöhung

26 Wird beim aufnehmenden Rechtsträger zugleich eine Erhöhung des Kapitals (Stammkapital oder Grundkapital) beschlossen, so ist dieser Beschluss **gegenstandsverschieden** zur Verschmelzung. Der Betrag der Kapitalerhöhung ist daher dem Geschäftswert für die Verschmelzung hinzuzurechnen. § 44 Abs. 2a KostO ist in derartigen Fällen gem. § 41c Abs. 3 S. 1 KostO entsprechend anzuwenden.[19] Zu beachten ist die **Höchstgebühr** gem. § 47 KostO von 5.000 EUR.

X. Verzichtserklärungen, Zustimmungserklärungen

27 Im Zusammenhang mit Umwandlungsvorgängen kommt es häufig auch der Abgabe von rechtsgeschäftlichen Erklärungen der Anteilsinhaber der Unternehmen. Der notariellen Beurkundung bedürfen z.B. die Verzichtserklärungen auf den **Verschmelzungsbericht** nach § 8 Abs. 3 UmwG und den **Prüfungsbericht** nach §§ 9 Abs. 3, 12 Abs. 3 i.V.m. § 8 Abs. 3 UmwG, Verzicht auf **Klagerhebung** nach § 16 Abs. 2 S. 2 UmwG. Gleiches dürfte für die **Zustimmungserfordernisse** in besonderen Fällen gelten, z.B. §§ 13 Abs. 1, 50 S. 2, 51 S. 1 UmwG.

1. Mitbeurkundung im Verschmelzungsvertrag

28 Werden diese Verzichts- und/oder Zustimmungserklärungen im Verschmelzungsvertrag mitbeurkundet, liegt **Gegenstandsgleichheit** nach § 44 Abs. 1 KostO vor. Eine Bewertung kommt dann nicht in Betracht.[20] Eine sachlich nicht erforderliche getrennte Beurkundung allein aus Gründen der Urkundsklarheit kann eine unrichtige Sachbehandlung i.S.v. § 16 KostO sein.[21]

2. Mitbeurkundung beim Zustimmungsbeschluss

29 Erfolgt aus sachlichen Gründen eine Mitbeurkundung von rechtsgeschäftlichen Erklärungen zusammen mit den in gesonderter Urkunde aufgenommenen Zustimmungsbeschlüssen, findet § 44 KostO wegen Zusammentreffen der Gebührentatbestände von Beschlüssen (Gebühr gem. § 47 KostO) und rechtsgeschäftlichen Erklärungen (§ 36 KostO) keine Anwendung. Diese rechtsgeschäftlichen Erklärungen sind dann **gesondert abzurechnen**.[22] Neben der Beschlussgebühr entsteht eine Gebühr gem. § 36 Abs. 1 KostO (10/10).

30 Auch für **Zustimmungserklärungen** von Anteilsinhabern ist eine 10/10 Gebühr gem. § 36 Abs. 1 KostO zu erheben. § 38 Abs. 2 Nr. 1 KostO findet keine Anwendung, da diese Bestimmung nur für Zustimmungserklärungen zu bereits beurkundeten rechtsgeschäftlichen Erklärungen gilt.

31 Unabhängig von der Frage, ob dem eigentlichen Gesellschafterbeschluss oder den hierzu erforderlichen Stimmabgaben der anderen Gesellschafter – letztere wären die für eine Anwendung des § 38 Abs. 2 Nr. 1 KostO zu fordernden rechtsgeschäftlichen Erklärungen – zugestimmt wird,

---

18 *Tiedtke*, ZNotP 2001, 228.
19 Korintenberg/*Bengel*/*Tiedtke*, § 41c Rn 69 ff.
20 OLG Hamm MittBayNot 2002, 210 = DB 2002, 2002, 1314; OLG Zweibrücken JurBüro 2003, 148; Korintenberg/*Bengel*/*Tiedtke*, § 44 Rn 66; *Notarkasse*, Streifzug, Rn 1155.
21 OLG Zweibrücken JurBüro 2003, 148.
22 *Notarkasse*, Streifzug, Rn 1156, 1157.

fehlt es für eine Anwendung der Ermäßigungsvorschrift jedenfalls an einer vorherigen Beurkundung.

Ausreichend wäre auch ein vorheriger Entwurf, da hierfür die entsprechende Beurkundungsgebühr zu erheben ist. Nicht erforderlich ist, dass die Beurkundung oder der Entwurf vor demselben Notar erfolgt ist.[23]

Wird die Zustimmung eines Anteilsinhabers bereits vor der Haupterklärung beurkundet, kommt bereits begrifflich § 38 Abs. 2 Nr. 1 KostO nicht in Betracht.[24] Zu erheben ist deshalb eine 10/10 Gebühr nach § 36 Abs. 1 KostO. **32**

Nach *Korintenberg*[25] soll hier eine Umdeutung in eine Vollmacht in Betracht kommen, was eine ermäßigte Gebührenvorschrift nach § 38 Abs. 2 Nr. 4 KostO bedeuten würde. Diese Auffassung vermag ich für den hier konkret angesprochenen Fall nicht zu teilen. **33**

XI. Geschäftswert der rechtsgeschäftlichen Erklärungen

1. Zustimmungserklärungen der Anteilsinhaber

Der Geschäftswert für die gesondert oder mit dem Verschmelzungsbeschluss beurkundeten Zustimmungserklärungen ist nach § 40 Abs. 2 KostO zu bestimmen. Geschäftswert ist somit der **Wert des Anteils** des jeweils zustimmenden Anteilsinhabers am Aktivvermögen des übertragenden Rechtsträgers ohne Schuldenabzug. **34**

Sofern bei einer Verschmelzung durch Aufnahme aufgrund gewährter **Gegenleistungen** für die bisherigen Anteilsinhaber sich gegenüber dem Aktivvermögen der übertragenden Gesellschaft ein **erhöhter Geschäftswert** des Umwandlungsvertrages ergibt, dürfte der jeweilige Anteil hieran festzustellen und als Geschäftswert für die einzelne Zustimmungserklärung zugrundezulegen sein. Dies ergibt sich bereits daraus, dass bei Zustimmungserklärungen generell der Wert des Geschäftes maßgebend ist, auf welches sich die Zustimmungserklärung bezieht (§ 40 Abs. 1 KostO), bei einer gegenwärtigen oder künftigen **Mitberechtigung** nach dem entsprechenden Anteil. Dies gilt auch für Zustimmungserklärungen zu Umwandlungsvorgängen (§ 40 Abs. 2 S. 2 KostO). Bei gleichzeitiger Zustimmung aller Anteilsinhaber ist der volle Wert des Verschmelzungsvertrages maßgebend. **35**

Bei der Kapitalerhöhung zur Durchführung einer Verschmelzung kommt einer Übernahmeerklärung des Rechtsträgers des übertragenden Unternehmens keine rechtlich selbständige Bedeutung zu. Ein Gebührenansatz bzw. eine Werterhöhung findet dadurch somit nicht statt.[26] **36**

Höchstwert für den Verschmelzungsvertrag und damit auch für die Zustimmungserklärungen ist nach § 39 Abs. 5 KostO der Betrag von 5 Mio. EUR.[27] **37**

2. Verzichtserklärungen

Werden nur Verzichtserklärungen beurkundet, ist nach überwiegender Auffassung der **Geschäftswert** nach § 30 Abs. 1 KostO **zu schätzen**. Ein Bruchteil von ca. 10% des Anteils des Anteilsinhabers wird in diesen Fällen als angemessen angesehen.[28] *Rohs/Wede-* **38**

---

23 Vgl. hierzu Korintenberg/*Schwarz*, § 38 Rn 23, 24; OLG Düsseldorf JurBüro 1983, 1239; *Assenmacher/Mathias*, S. 1196 „Zustimmungserklärungen".
24 *Assenmacher/Mathias*, S. 1195 „Zustimmungserklärungen".
25 Korintenberg/*Schwarz*, § 38 Rn 24.
26 OLG Hamm FGPrax 2002, 86.
27 *Notarkasse*, Streifzug, Rn 1019.
28 Notarkasse, Streifzug, Rn 1160; *Tiedtke*, MittBayNot 1997, 212; LG Stuttgart Justiz 2001, 217; Notarkasse München, Rundschreiben v. 23.10.1995.

wer[29] differenzieren zutreffenderweise nach Art der Erklärung und plädieren für eine grundsätzliche Anwendung des § 30 Abs. 2 KostO, sehen hierbei jedoch den Regelwert von 3.000 EUR als untere Wertgrenze. **Beziehungswert** ist wiederum der **Wert des Verschmelzungsvertrages**, wobei der Höchstwert des § 39 Abs. 5 KostO von 5 Mio. EUR zu beachten ist.

39 Werden Verzichte und/oder Zustimmungen **in einer Urkunde** erklärt, liegt **Gegenstandsgleichheit** nach § 44 Abs. 1 KostO vor.[30] Die zu erhebende Gebühr (§ 36 Abs. 1 KostO) ist bei unterschiedlichen Werten der einzelnen Erklärungen des jeweiligen Anteilsinhabers vom höchsten in Betracht kommenden Geschäftswert zu erheben.

40 Erklärungen mehrerer Anteilsinhaber unterliegen der **Werteaddition** gem. § 44 Abs. 2a KostO. Der **Höchstwert** des § 39 Abs. 4 KostO ist zu beachten.

XII. Registeranmeldungen

1. Bei Verschmelzung durch Aufnahme

41 Die Verschmelzung ist sowohl beim Register des übertragenden als auch beim Register des aufnehmenden Rechtsträger anzumelden. Beim **übertragenden Rechtsträger** liegt immer eine **Anmeldung ohne bestimmten Geldwert** vor. Der Geschäftswert bestimmt sich daher nach § 41a Abs. 4 KostO. Je nach Art des Rechtsträgers kommt eine der dort genannten Ziffern in Betracht. Beim aufnehmenden Rechtsträger – soweit dieser bereits besteht – liegt ebenfalls eine Anmeldung ohne bestimmten Geldwert vor. Der Geschäftswert bestimmt sich daher auch nach der einschlägigen Nr. des § 41a Abs. 4 KostO.

2. Beim neu gegründeten Rechtsträger

42 Bei einer Verschmelzung auf einen neu gegründeten Rechtsträger sind die Vorschriften über die **Erstanmeldung** von Unternehmen heranzuziehen, d.h. je nach Art des neu gegründeten Unternehmens ergeben sich unterschiedliche Geschäftswerte.

43 Diese ermitteln sich wie folgt:
- bei einer **Kapitalgesellschaft** (GmbH, Aktiengesellschaft, KGaA) mit 1% des einzutragenden Grund- oder Stammkapitals, mindestens 25.000 EUR (§ 41a Abs. 1 Nr. 1 KostO);
- bei einer **OHG** mit zwei Gesellschaftern mit 37.500 EUR. Für jeden weiteren Gesellschafter sind 12.500 EUR hinzuzurechnen (§ 41a Abs. 3 Nr. 2 KostO);
- bei einer **KG** mit der Summe der Einlagen der Kommanditisten. Hinzuzurechnen sind 25.000 EUR für den ersten und 12.500 EUR für jeden weiteren persönlich haftenden Gesellschafter (§ 41a Abs. 1 Nr. 5 KostO).

Der Höchstwert für die drei vorstehend genannten Anmeldungen ist nach § 39 Abs. 4 KostO mit einem Betrag von 500.000 EUR festgelegt.

44 Nach § 29 KostO erfolgt die Bewertung
- bei einer **Genossenschaft**. Als Grundlage für die vorzunehmende Wertschätzung nach § 30 Abs. 2 KostO können die Bewertungsmaßstäbe des § 41a KostO herangezogen werden. Der Geschäftswert dürfte danach nicht unter 25.000 EUR anzusetzen sein.[31] Der Höchstwert beträgt auch hier 500.000 EUR (allerdings nach § 30 Abs. 2 S. 2 KostO);

---

[29] § 30 Rn 39a; vgl. auch *Rohs/Wedewer*, § 40 Rn 13, 14.
[30] Notarkasse, Streifzug, Rn 1155.
[31] *Tiedtke*, MittBayNot 1997, 14, 21; *Rohs/Wedewer*, § 29 Rn 7; Korintenberg/Bengel/Tiedtke, § 29 Rn 6; Notarkasse, Streifzug, Rn 918.

– bei einem **eingetragenen Verein**. Im Regelfall bemisst sich der Geschäftswert gem. § 30 Abs. 2 KostO mit 3.000 EUR. Dieser Wert ist bei durchschnittlichen Idealvereinen anzunehmen. Ein Abweichen ist jedoch je nach Lage des Einzelfalles möglich und insbesondere bei wirtschaftlichen Vereinen mit größerem Vermögen (z.B. Profifußballvereinen) angebracht. Hier kann ein erheblich höherer Wert angesetzt werden. Bei einer höheren Bewertung sind z.B. neben dem Vereinsvermögen und der Mitgliederzahl auch die Höhe der Mitgliedsbeiträge sowie der Zweck des Vereins von Bedeutung. Dient ein nicht wirtschaftlicher Verein ausschließlich einem gemeinnützigen oder sozialen Zweck, so kann auch eine Wertreduzierung angezeigt sein.[32]

3. Gleichzeitige Anmeldung von Kapitalerhöhungsmaßnahmen

Wird bei einer Kapitalgesellschaft gleichzeitig eine Kapitalerhöhung angemeldet, liegt eine **gegenstandsverschiedene Anmeldung** i.S.v. § 44 Abs. 2 KostO vor. Der **Nennbetrag** der Erhöhung (Unterschiedsbetrag) ist dem nach § 41a Abs. 4 Nr. 1 KostO ermittelten Wert zuzurechnen. 45

4. Höchstwert

Der Höchstwert für jegliche Registeranmeldungen ist nach § 39 Abs. 5 KostO mit 500.000 EUR festgelegt. Dies gilt insbesondere auch bei mehreren zusammen beurkundeten Anmeldungen. 46

5. Gebühr

Zu erheben ist eine 5/10 Gebühr gem. § 38 Abs. 2 Nr. 7 KostO, sofern vom Notar der entsprechende Entwurf gefertigt wurde (§ 145 Abs. 1 S. 1 KostO). 47

C. Spaltung (§§ 123–173 UmwG)

Bei der Spaltung ist zunächst zu unterscheiden zwischen den einzelnen **Spaltungsarten** (Aufspaltung, Abspaltung, Ausgliederung) einerseits und der Spaltung durch Aufnahme und der Spaltung durch Neugründung andererseits. 48

I. Aufspaltung/Abspaltung durch Aufnahme

Die Aufspaltung oder Abspaltung zur Aufnahme erfolgt durch einen Vertrag der beteiligten Gesellschaften (§ 126 UmwG). Es ist somit eine 20/10 Gebühr nach § 36 Abs. 2 KostO zu erheben. 49

1. Allgemeine Geschäftswertberechnung

Für die Geschäftswertberechnung gelten dieselben Grundsätze wie bei der Verschmelzung durch Aufnahme. Der Geschäftswert ist bei der Aufspaltung/Abspaltung durch Aufnahme nach § 39 Abs. 1 KostO zu bestimmen. Auszugehen ist vom **Aktivvermögen** des übertragenden Rechtsträgers. Schuldenabzug erfolgt gem. § 18 Abs. 3 KostO nicht. 50

Für die Ermittlung des Geschäftswertes ist die für den Spaltungs- und Übernahmevertrag zugrunde liegende **Bilanz** maßgebend.[33] Vorhandener **Grundbesitz** ist nach den Vorschriften 51

---

[32] *Assenmacher/Mathias*, S. 1006 „Vereine" m.w.N.; BayObLG JurBüro 1979, 1691; *Rohs/Wedewer*, § 29 Rn 6.
[33] BayObLG MittBayNot 1997, 54; Korintenberg/*Bengel/Tiedtke*, § 39 Rn 73.

des § 19 KostO mit dem tatsächlichen **Verkehrswert** zu berücksichtigen, welcher vom Notar an die Stelle des bilanztechnischen Buchwertes zu setzen ist.

52 Werden den Anteilsinhabern des übertragenden Unternehmens **Gegenleistungen** gewährt, beispielsweise Gesellschaftsrechte, Mitgliedsrechte oder Aktien am Vermögen des aufnehmenden Rechtsträgers, so liegt ein **Austauschvertrag** i.S.v. § 39 Abs. 2 KostO vor. Der Geschäftswert des Vertrages richtet sich in diesem Fall nur dann nach dem Aktivvermögen des übertragenden Rechtsträgers (ohne Schuldenabzug), wenn die Gegenleistungen nicht höher sind.[34]

53 Sofern anlässlich des Spaltungs- und Übernahmevertrages die **Satzung** des aufnehmenden Unternehmens rechtsgeschäftlich geändert wird, liegt Gegenstandsgleichheit i.S.v. § 44 Abs. 1 KostO vor. Etwas anderes gilt, wenn eine Satzungsänderung durch Gesellschafterbeschluss erfolgt.

2. Geschäftswertberechnung bei Abspaltung von Gesellschaftsbeteiligungen

54 Maßgeblich ist nicht der bilanzielle Buchwert des Geschäftsanteils, sondern dessen nach § 30 Abs. 1 KostO zu schätzender **Verkehrswert**.[35]

55 Bei einer **Kapitalgesellschaft** ist der in der Beteiligung verkörperte Anteil am Reinvermögen des übertragenden Unternehmens zu ermitteln, anders bei einem Anteil an einer **Personengesellschaft**. Da hier die Verbindlichkeiten unmittelbar (anteilig) auf dem Gesellschaftsanteil lasten, gilt das Schuldenabzugsverbot gem. § 18 Abs. 3 KostO, d.h. es ist der entsprechende Anteil am Aktivvermögen der Gesellschaft als Geschäftswert zugrundezulegen.[36]

II. Aufspaltung/Abspaltung zur Neugründung

56 Bei der Spaltung zur Neugründung tritt der **Spaltungsplan** an die Stelle des Spaltungs- und Übernahmevertrages (§ 136 UmwG). Es ist somit eine einseitige Erklärung gegeben, für welche eine 10/10 Gebühr gem. § 36 Abs. 1 KostO zu erheben ist.[37]

57 **Geschäftswert** ist der Wert des auf den oder die neu gegründeten Rechtsträger übergehenden **Aktivvermögens ohne Schuldenabzug**. Bei mehreren Abspaltungen ist die Gesamtsumme der Aktiva maßgebend. Die im Spaltungsplan zu regelnde **Satzung** des neu zu gründenden Rechtsträgers ist mit diesem **gegenstandsgleich** und daher nicht besonders zu bewerten.[38]

III. Höchstwert

58 Der Höchstwert für einen Spaltungsvertrag oder Spaltungsplan beträgt gem. § 39 Abs. 5 KostO 5 Mio. EUR. Dieser Höchstwert kommt bei mehreren selbständigen Rechtsgeschäften mehrfach zum Tragen.

---

[34] Für den vergleichbaren Fall der Verschmelzung: BayObLG DNotZ 1975, 676; BayObLG DNotZ 1993, 273; Korintenberg/*Bengel/Tiedtke*, § 39 Rn 67, *Assenmacher/Mathias*, S. 1041 ff. „Verschmelzung".
[35] BayObLG JurBüro 1992, 183; ausführlich Korintenberg/*Bengel/Tiedtke*, § 39 Rn 74.
[36] BayObLG DNotZ 1991, 400 m.w.N.; Korintenberg/*Bengel/Tiedtke*, § 39 Rn 75.
[37] Notarkasse, Streifzug, Rn 1174; Korintenberg/*Bengel/Tiedtke*, § 39 Rn 79.
[38] BayObLG MittBayNot 1997, 54.

IV. Anzahl der Rechtsgeschäfte bei Aufspaltung und Abspaltung

Bei der Spaltung ist neben der vorstehend erläuterten Unterscheidung in Spaltung durch Aufnahme und solche zur Neugründung ferner zu unterscheiden zwischen der Aufspaltung des Unternehmens und der Abspaltung (ggf. mehrfach) von Vermögensteilen des übertragenden Unternehmens. **59**

1. Aufspaltung

Bei der Aufspaltung erlischt der übertragende Rechtsträger, weshalb eine Aufspaltung immer zwingend als **einheitliches Rechtsgeschäft** zu behandeln ist. Hierbei ist für die Beurteilung des Vorliegens von mehreren Rechtsgeschäften unerheblich, ob eine Übertragung auf einen oder mehrere andere Rechtsträger erfolgt. Der Höchstwert des § 39 Abs. 4 KostO von 5 Mio. EUR kommt daher nur einmal in Betracht. **60**

2. Abspaltung

Bei der Abspaltung bleibt der übertragende Rechtsträger bestehen. Somit können bei mehreren Abspaltungen mehrere Rechtsverhältnisse gegeben sein und damit der **Höchstwert** gem. § 39 Abs. 4 KostO mehrfach in Betracht kommen. Dies ist dann der Fall, wenn mehrere Abspaltungen rechtlich selbstständig sind, d.h. in ihrem Bestand nicht voneinander abhängen.[39] Andernfalls, d.h. bei Vorliegen eines einheitlichen Rechtsgeschäfts, kommt der einfache Höchstwert nach § 39 Abs. 4 KostO zum Tragen. Die vorstehenden Ausführungen zur Anzahl der Rechtsgeschäfte gelten sowohl für die Spaltung durch Aufnahme als auch für die Spaltung zur Neugründung. **61**

V. Kettenspaltungen

Bei Kettenspaltungen sind immer **mehrere Rechtsgeschäfte** gegeben, unabhängig davon, ob es sich um Aufspaltungen oder Abspaltungen handelt. Für jedes selbständige Rechtsgeschäft gilt die Höchstwertgrenze des § 39 Abs. 5 KostO gesondert.[40] **62**

Beispiel **63**
Aufspaltung von GmbH A auf GmbH B und GmbH C (erstes Rechtsgeschäft), danach Aufspaltung von GmbH B auf GmbH D und E (zweites Rechtsgeschäft).

D. Ausgliederung

Die Ausgliederung stellt eine Unterform der Spaltung dar. Die insoweit geltenden Vorschriften zur **Geschäftswertermittlung** können daher entsprechend angewendet werden.[41] **64**

Für den **Gebührensatz** ist zu unterscheiden, ob eine Ausgliederung auf ein bereits bestehendes Unternehmen erfolgt oder ein neuer Rechtsträger gegründet wird: **65**
– Bei Ausgliederung auf ein bereits bestehendes Unternehmen ist die Vertragsgebühr gem. § 36 Abs. 2 KostO zu erheben. Dies gilt selbst dann, wenn ein Einzelkaufmann auf eine bereits bestehende GmbH ausgliedert, dessen einziger Gesellschafter er ist.

---

[39] Korintenberg/Bengel/Tiedtke, § 39 Rn 147.
[40] Korintenberg/Bengel/Tiedtke, § 39 Rn 147.
[41] Korintenberg/Bengel/Tiedtke, § 39 Rn 83.

– Bei einer Ausgliederung zur Neugründung liegt eine einseitige Erklärung gem. § 36 Abs. 1 KostO vor.[42]

E. Zustimmungsbeschlüsse zur Spaltung (Aufspaltung/Abspaltung), Ausgliederung

66 Für Zustimmungsbeschlüsse zu Spaltungen und Ausgliederungen ist eine 20/10 Gebühr gem. § 47 KostO zu erheben. Die **Geschäftswertbestimmung** erfolgt nach § 41c Abs. 2 KostO. Danach ist das **Aktivvermögen** des übertragenden Rechtsträgers (gem. § 18 Abs. 3 KostO **ohne Schuldenabzug**), bei Abspaltungen oder Ausgliederungen der Wert des übergehenden Aktivvermögens als Geschäftswert anzusetzen.

67 Beschlussfassungen zur **Satzung** eines neu gegründeten Rechtsträgers sind **gegenstandsgleich** und daher nicht besonders zu bewerten.[43]

F. Kapitalerhöhung beim aufnehmenden Rechtsträger

68 Wird bei dem aufnehmenden Rechtsträger das Kapital erhöht, ist dieses **gegenstandsverschieden zum Zustimmungsbeschluss**. Der beschlossene Erhöhungsbetrag ist daher dem Zustimmungsbeschluss (Spaltungsbeschluss) hinzuzurechnen (§ 44 Abs. 2a KostO).

G. Kapitalherabsetzung beim übertragenden Rechtsträger

69 Wird zur Durchführung der Abspaltung eine Herabsetzung des Stammkapitals einer übertragenden GmbH (§ 139 UmwG) oder des Grundkapitals einer übertragenden AG oder KG.a.A. (§ 145 UmwG) beschlossen, ist dieses ebenfalls **gegenstandsverschieden** zum Zustimmungsbeschluss. Der beschlossene Herabsetzungsbetrag ist dem Zustimmungsbeschluss (Spaltungsbeschluss) hinzuzurechnen (§ 44 Abs. 2a KostO).

H. Mehrheit von Zustimmungsbeschlüssen

70 Bei Zusammenbeurkundung mehrerer Zustimmungsbeschlüsse **zu einem einheitlichen Spaltungsvorgang** liegt Gegenstandsgleichheit nach § 44 Abs. 1 KostO vor. In diesem Fall ist eine Zusammenbeurkundung geboten. Erfolgt sie nicht, kann unrichtige Sachbehandlung i.S.v. § 16 KostO vorliegen, sofern nicht ausreichende sachliche Gründe für eine getrennte Beurkundung vorliegen. Der Geschäftswert bemisst sich nach § 41c Abs. 2 KostO nach dem Wert des (übergehenden) Aktivvermögens.

71 Werden Zustimmungsbeschlüsse zu **rechtlich selbständigen Abspaltungen** in einer Urkunde zusammengefasst, sind die Geschäftswerte der einzelnen Zustimmungsbeschlüsse zu addieren. § 44 KostO gilt gem. § 41c Abs. 3 S. 1 KostO entsprechend. Vom Gesamtwert ist eine einheitliche Gebühr nach § 47 KostO erheben. Eine stattdessen erfolgte getrennte Beurkundung unterfällt jedoch nicht der unrichtigen Sachbehandlung i.S.v. § 16 KostO.[44]

---

42 Korintenberg/*Bengel*/*Tiedtke*, § 39 Rn 83; Notarkasse, Streifzug, Rn 1051.
43 *Tiedtke*, MittBayNot 1997, 209; *Tiedtke*, ZNotP 2001, 226 ff.
44 Korintenberg/*Bengel*/*Tiedtke*, § 41c Rn 75.

I. Höchstgebühr

Bei **Zusammenbeurkundung** von mehreren Beschlüssen (gleich welcher Art) ist die Beschlussgebühr gem. § 47 S. 2 KostO auf den Höchstbetrag von 5.000 EUR begrenzt. 72

J. Verzichtserklärungen, Zustimmungserklärungen zur Spaltung

I. Allgemeines

Beurkundete Verzichtserklärungen und Zustimmungserklärungen sind bei der Spaltung in gleicher Weise abzurechnen **wie bei der Verschmelzung**. Es entsteht eine 10/10 Gebühr gem. § 36 Abs. 1 KostO (ausführlich siehe Rn 27 ff.). 73

Bei Beurkundung im Spaltungsvertrag bzw. im Spaltungsplan sind diese **gegenstandsgleich** 74 und daher nicht zu bewerten. Bei gesonderter Beurkundung oder Mitbeurkundung bei Gesellschafterbeschlüssen entstehen gesonderte Gebühren gem. § 36 Abs. 1 KostO (siehe Rn 27 ff.).

II. Geschäftswert der rechtsgeschäftlichen Erklärungen

1. Zustimmungserklärungen der Anteilsinhaber

Der Geschäftswert für die gesondert oder mit dem Verschmelzungsbeschluss beurkundeten Zustimmungserklärungen ist nach § 40 Abs. 2 KostO zu bestimmen. Es gelten dieselben Grundsätze wie bei der Verschmelzung (siehe Rn 34 ff.). Geschäftswert ist der **Wert des Anteils** des jeweils zustimmenden Anteilsinhabers am Wert des (übergehenden) Aktivvermögens **ohne Schuldenabzug**. **Höchstwert** ist auch für die Zustimmungserklärungen bei Spaltungen und Ausgliederungen gem. § 39 Abs. 5 KostO der Betrag von 5 Mio. EUR. 75

Sofern bei der Spaltung oder Ausgliederung aufgrund gewährter **Gegenleistungen** für die 76 bisherigen Anteilsinhaber sich gegenüber dem übergehenden Aktivvermögen ein erhöhter Geschäftswert ergibt, dürfte der jeweilige Anteil hieran festzustellen und als Geschäftswert für die einzelne Zustimmungserklärung zugrunde zu legen sein (siehe hierzu Rn 35).

Bei **gleichzeitiger Zustimmung aller Anteilsinhaber** ist der volle Wert des übergehenden 77 Aktivvermögens maßgebend.

2. Verzichtserklärungen

Verzichtserklärungen sind in gleicher Weise zu bewerten wie bei der Verschmelzung (siehe hierzu 78 Rn 38 ff.). Werden Verzichte und/oder Zustimmungen in einer Urkunde erklärt, liegt für die Erklärungen eines jeden Anteilsinhabers **Gegenstandsgleichheit** nach § 44 Abs. 1 KostO vor.[45] Die zu erhebende Gebühr (§ 36 Abs. 1 KostO) ist bei unterschiedlichen Werten der einzelnen Erklärungen des jeweiligen Anteilsinhabers vom höchsten in Betracht kommenden Geschäftswert zu erheben.

Erklärungen **mehrerer Anteilsinhaber** haben verschiedene Gegenstandswerte und unter- 79 liegen der **Werteaddition** nach § 44 Abs. 2a KostO. Der Höchstwert des § 39 Abs. 5 KostO ist zu beachten.

---

45 Notarkasse, Streifzug, Rn 1188 bis 1190.

III. Registeranmeldungen

1. Allgemeines

80 Die Spaltung ist sowohl beim abspaltenden als auch beim aufnehmenden Rechtsträger anzumelden. Die Registeranmeldungen sind in gleicher Weise zu abzurechnen **wie bei der Verschmelzung** (siehe hierzu Rn 41ff.). Zu erheben ist eine 5/10 Gebühr gem. § 38 Abs. 2 Nr. 7 KostO, sofern vom Notar der entsprechende Entwurf gefertigt wurde (§ 145 Abs. 1 S. 1 KostO).

2. Geschäftswert

81 Beim **abspaltenden Rechtsträger** liegt immer eine Anmeldung ohne bestimmten Geldwert vor. Der Geschäftswert bestimmt sich daher nach § 41a Abs. 4 KostO. Je nach Art des Rechtsträgers kommt eine der dort genannten Ziffern in Betracht. Beim **aufnehmenden Rechtsträger** – soweit dieser bereits besteht – ist ebenfalls eine Anmeldung ohne bestimmten Geldwert gegeben. Der Geschäftswert bestimmt sich daher nach der einschlägigen Nr. des § 41a Abs. 4 KostO.

82 Bei einer Übertragung **auf einen neu gegründeten Rechtsträger** sind die Vorschriften über die Erstanmeldung heranzuziehen, d.h. je nach Art des neu gegründeten Unternehmens ist die entsprechende Nr. des § 41a Abs. 1 oder Abs. 3 KostO heranzuziehen.

3. Gleichzeitige Anmeldung der Kapitalherabsetzung

83 Wird beim abspaltenden oder ausgliedernden Unternehmen zugleich eine Kapitalherabsetzung angemeldet, liegen **gegenstandsverschiedene** Anmeldungen vor. Dem Geschäftswert für die Anmeldung der Abspaltung oder Ausgliederung ist der Geschäftswert der Kapitalherabsetzung (§ 41a Abs. 1 Nr. 3 oder 4 KostO) hinzuzurechnen (§ 44 Abs. 2a KostO).[46]

4. Gleichzeitige Anmeldung von Kapitalerhöhungsmaßnahmen

84 Wird bei einer Kapitalgesellschaft gleichzeitig eine Kapitalerhöhung angemeldet, liegt ebenfalls eine **gegenstandsverschiedene** Anmeldung i.S.v. § 44 Abs. 2 KostO vor. Der Nennbetrag der Erhöhung (Unterschiedsbetrag) ist dem nach § 41a Abs. 4 Nr. 1 KostO ermittelten Wert hinzuzurechnen.

K. Gebührenermäßigung bei Umwandlungsvorgängen der öffentlichen Hand

85 Bei Umwandlungsvorgängen der öffentlichen Hand ist ggf. eine **Gebührenermäßigung** nach § 144 Abs. 1 KostO zu berücksichtigen. Privilegiert sind die dort genannten **Kostenschuldner**, nämlich Bund, Länder, öffentliche Körperschaften und Anstalten, Gemeinden, Gemeindeverbände, sonstige Gebietskörperschaften sowie Kirchen und sonstige Religions- oder Weltanschauungsgemeinschaften. Die Gebühren sind jedoch nur dann zu ermäßigen, wenn es sich bei dem betroffenen Rechtsträger nicht um ein wirtschaftliches Unternehmen handelt.

86 Als **wirtschaftliche Unternehmen** (Rechtsträger mit wirtschaftlicher Zielsetzung) sind solche Unternehmen anzusehen, welche auch von privaten Unternehmen mit der Absicht, dauernde Einnahmen zu erzielen, betrieben werden könnten, nicht jedoch solche, zu denen die öffentliche Hand gesetzlich verpflichtet ist oder bei denen eine gemeinnützige Aufgabe zu erfüllen ist, z.B. Krankenhäuser, Friedhöfe, Straßenreinigungsbetriebe, Schulen, Museen, Theater und ähnliche Einrichtungen. Hingegen sind als wirtschaftliche Unternehmen anzusehen: Verkehrs- und

---

46 Notarkasse, Streifzug, Rn 1189 (Beispiel).

Parkhausbetriebe, Versorgungs- und Entsorgungsunternehmen, Müllverbrennungsanlagen, Schlachthöfe usw.[47]

L. Vermögensübertragung (§§ 178–189 UmwG)

Bei einer Vermögensübertragung gelten die vorstehenden Ausführungen entsprechend. Das bedeutet: 87
- Bei einer **Vollübertragung** sind die Vorschriften der Verschmelzung entsprechend anzuwenden (§ 176 UmWG), (siehe Rn 2–47).
- Bei einer **Teilübertragung** gelten gem. § 177 UmWG die Spaltungsvorschriften, (siehe Rn 48–61).

M. Formwechsel (§§ 190–304 UmwG)

I. Allgemeines

Bei einem Formwechsel wechselt das betroffene Unternehmen unter **Wahrung der Identität** 88 lediglich „das Rechtskleid". Eine Vermögensübertragung ist daher nicht erforderlich und findet dementsprechend nicht statt. Der zu beurkundende Formwechselbeschluss löst eine Gebühr gem. § 47 KostO aus.

Die Gebühr ist nach den allgemeinen Grundsätzen gem. § 47 S. 2 KostO auf einen Betrag von höchstens 5.000 EUR begrenzt, auch wenn mehrere Beschlüsse (Formwechselbeschluss und andere) zusammen beurkundet werden.

II. Geschäftswert

Beim **Formwechselbeschluss** handelt es sich um einen Beschluss **mit bestimmtem Geldwert**. 89 Entgegen früherem Recht, nach welchem (nach dem Inhalt des Beschlusses folgerichtig) von einem unbestimmtem Geldwert ausgegangen wurde, ist nach Neufassung des § 27 Abs. 2 KostO zum 27.6.1997[48] (seit dem 1.12.2004: § 41c Abs. 2 KostO) nunmehr als Geschäftswert auch bei einem Formwechsel das **Aktivvermögen** des formwechselnden Rechtsträgers ohne Schuldenabzug (§ 18 Abs. 3 KostO) anzusetzen. Grundlage für die Geschäftswertbemessung ist die für den Formwechsel maßgebliche **Bilanz** des Unternehmens. Hinsichtlich hierbei zu beachtender Einzelheiten wird auf die Ausführungen unter Rn 17 ff. verwiesen.

Die Feststellung der **Satzung** des neuen Rechtsträgers ist in dem nach dem UmwG geforderten Umfang Teil des Umwandlungsbeschlusses und daher nicht zusätzlich zu bewerten. 90

Die Wertbestimmung nach dem Aktivvermögen des betroffenen Rechtsträgers gilt auch bei 91 Umwandlung eines rechtsfähigen **Vereins** und einer eingetragenen **Genossenschaft**.

Die Vorschrift des § 29 KostO gilt hier für diese Unternehmen nicht, da es sich – wie vorstehend ausgeführt – um einen Beschluss mit bestimmtem Geldwert handelt. § 29 KostO gilt nur für Beschlüsse unbestimmten Geldwertes (und Anmeldungen jeglicher Art) der genannten Unternehmen.[49] 92

---

[47] Vgl. hierzu Korintenberg/*Bengel*/*Tiedtke*, § 144 Rn 13 ff.
[48] Gesetz v. 18.6.1997, BGBl I, 1430.
[49] Korintenberg/*Bengel*/*Tiedtke*, § 41c Rn 80.

N. Zustimmungserklärungen, Verzichtserklärungen bei Formwechsel

I. Gebührensatz

93 Bei Beurkundung von Zustimmungserklärungen und Verzichtserklärungen (z.B. Verzicht auf Klageerhebung nach § 195 UmwG, auf Vorlage des **Umwandlungsberichtes** gem. § 192 Abs. 3 UmwG, auf ein **Abfindungsgebot** nach § 201 UmwG und die **Zustimmungserklärungen** nach §§ 193 Abs. 1, 233, 241 und 303 UmwG) ist eine 10/10 Gebühr gem. § 36 Abs. 1 KostO zu erheben.[50]

94 Für Zustimmungserklärungen **nicht erschienener Gesellschafter** zum Formwechselbeschluss halten *Bengel/Tiedtke*[51] eine 5/10 Gebühr für zutreffend, da den anderen Stimmabgaben (mithin rechtsgeschäftlichen Erklärungen) zugestimmt werde, nicht dem Formwechselbeschluss. Die Autoren des *Streifzugs durch die Kostenordnung*[52] sehen in dieser „**Nachgenehmigung**" im „Einzelfall" eine Vollmacht oder Vollmachtsbestätigung zur Stimmabgabe mit der Folge einer Wertbegrenzung nach § 41 Abs. 3 KostO auf den Betrag von 500.000 EUR und hält ebenfalls eine 5/10 Gebühr nach § 38 Abs. 2 Nr. 1 und 4 für zutreffend.

95 Eine Anwendbarkeit des § 38 Abs. 2 Nr. 1 KostO halte ich für nicht zutreffend. Ausdrückliche Voraussetzung für eine ermäßigte Gebühr nach § 38 Abs. 2 Nr. 1 KostO ist die Zustimmung zu einer (zuvor) bereits anderweitig beurkundeten Erklärung. An einer vorherigen Beurkundung fehlt es jedenfalls. Auch für derartige Fälle halte ich daher eine 10/10 Gebühr gem. § 36 Abs. 1 KostO für zutreffend[53] (vgl. auch Rn 30–33).

96 Ein Anwendbarkeit des § 38 Abs. 2 Nr. 4 KostO dürfte nur bei Bevollmächtigung zur eigenen Stimmabgabe zutreffend sein d.h. wenn ein Anteilsinhaber eine für ihn selbst abgegebene Erklärung (eigene Stimmabgabe) entweder bestätigt bzw. hierzu vorherige Vollmacht erteilt.

II. Geschäftswert von Zustimmungserklärungen

97 Für die Zustimmungserklärungen (z.B. §§ 193 Abs. 3, 233 UmwG) bestimmt sich der Geschäftswert nach § 40 Abs. 2 KostO nach dem **Bruchteil der Beteiligung** des Anteilsinhabers am Vermögen des formwechselnden Rechtsträgers. Bei Erklärungen mehrerer Anteilsinhaber erfolgt **Werteaddition** gem. § 44 Abs. 2a KostO.

III. Geschäftswert von Verzichtserklärungen

98 Sofern ausschließlich Verzichtserklärungen beurkundet oder mitbeurkundet werden, hat eine Wertschätzung nach § 30 Abs. 1 KostO zu erfolgen. Der zu bestimmende **Teilwert** sollte so hierbei so bemessen werden, dass die Gebühr für die Verzichtserklärungen eines Teilhabers in einem angemessenen **Verhältnis zum Hauptgeschäft**, also der Beschlussgebühr steht.[54]

---

[50] So auch Korintenberg/*Bengel/Tiedtke*, § 41c Rn 83.
[51] Korintenberg/*Bengel/Tiedtke*, § 41c Rn 83.
[52] Notarkasse, Streifzug, Rn 1207, 1208.
[53] So auch Korintenberg/*Schwarz*, § 38 Rn 23.
[54] *Tiedtke*, MittBayNot 1997, 209; *ders.*, ZNotP 2001, 260.

IV. Verzicht auf Sonderrechte

Für die Zustimmung eines Anteilsinhabers, die nur zum Schutz einer besonderen mitgliedschaftlichen Position erforderlich ist (Verzicht auf Sonderrechte), kann nur dieses Recht als betroffen i.S.v. § 39 Abs. 1 S. 1 KostO angesehen werden. Als **Geschäftswert** ist daher der konkrete Wert der betroffenen Sonderrechte anzunehmen.[55]   99

V. Mehrere rechtsgeschäftliche Erklärungen

In derselben Urkunde aufgenommene Zustimmungserklärungen und Verzichtserklärungen **desselben Anteilsinhabers** sind nach § 44 Abs. 1 KostO **gegenstandsgleich**. Bei unterschiedlicher Geschäftswertbemessung ist der höchste Geschäftswert maßgeblich. Werden Verzichts- und Zustimmungserklärungen **mehrerer Anteilsinhaber** beurkundet, so sind diese **gegenstandsverschieden** nach § 44 Abs. 2a KostO mit der Folge der Werteaddition.[56] Zur Geschäftswertbemessung von Zustimmungs- und Verzichtserklärungen siehe auch Rn 34 ff.   100

VI. Zusammenbeurkundung mit dem Formwechselbeschluss

Werden rechtsgeschäftliche Erklärungen zusammen mit dem Formwechselbeschluss beurkundet, entsteht die Gebühr für die rechtsgeschäftlichen Erklärungen neben der Beschlussgebühr des § 47 KostO. § 44 KostO findet bei Zusammenbeurkundung von Beschlüssen und rechtsgeschäftlichen Erklärungen keine Anwendung.[57]   101

VII. Gebührenermäßigung

Wird eine nach dem **Haushaltsplan** und **für Rechnung des Bundes oder eines Landes** verwaltete Körperschaft oder Anstalt des Bundes oder eines Landes (§ 144 Abs. 1 S. 1 Nr. 1 KostO) umgewandelt (§§ 301 ff. UmwG), kommt eine Gebührenermäßigung nach der genannten Vorschriften in Betracht (vgl. hierzu Rn 85, 86).   102

O. Nebentätigkeiten des Notars bei Umwandlungsvorgängen

I. Kostenpflichtige Beratungs- und Entwurfstätigkeiten des Notars

1. Entwurfstätigkeiten

Bei der Fertigung von Entwürfen ist war nach früher herrschender Auffassung § 145 KostO nur anwendbar auf **rechtsgeschäftliche Erklärungen**, welche bei einer Beurkundung eine der in §§ 36, 37, 38, 41, 42, 43, 46 KostO genannten Gebührenvorschriften auslösen würden. Auf Entwürfe von Versammlungsbeschlüssen, Bescheinigungen und Tatsachenprotokollen, deren Gebührenfolgen in den §§ 47 ff. KostO geregelt sind, wurde § 145 KostO hingegen nicht ange-   103

---

55 Notarkasse, Streifzug, Rn 1206 ff.
56 Notarkasse, Streifzug Rn 1209.
57 Korintenberg/*Bengel/Tiedtke*, § 44 Rn 6; *Rohs/Wedewer*, § 44 Rn 2; *Assenmacher/Mathias*, S. 701 „Mehrere Erklärungen"; Notarkasse, Streifzug, Rn 1753 ff.

wandt.[58] Stattdessen wurde eine Zusatzgebühr gem. § 147 Abs. 2 KostO für gerechtfertigt erachtet. Der **Geschäftswert** für diese Gebühr wurde einzelfallbezogen mit einem angemessenen Prozentsatz des betroffenen Rechtsgeschäfts bemessen.

104   Spätestens nach der Entscheidung des BGH[59] zur Abrechnung von Verweisungsurkunden und der Entscheidung des LG Dresden[60] zur Abrechnung des Entwurfes eines Beschlusses kippte die o.g. h.A. Mittlerweile wird in auch in der Literatur[61] weitestgehend die Auffassung vertreten, dass unter den Geltungsbereich des § 145 KostO auch der Entwurf nicht rechtsgeschäftlicher Erklärungen (z.B. Beschlüsse oder Verweisungsurkunden, eidesstattliche Versicherungen, Tatsachenbescheinigungen, Anträgen oder Beschwerdeschriften) fällt[62] Unerheblich ist auch, ob Beurkundungspflicht besteht oder nicht.

105   Auch der Entwurf einer privatschriftlichen Vereinbarung, zu der eine Beurkundungspflicht nicht besteht, ist nach § 145 Abs. 1 KostO abzurechnen.[63]

106   Erfolgt eine spätere Beurkundung, wird die Entwurfsgebühr voll auf die Beurkundungsgebühr angerechnet, entfällt also (§ 145 Abs. 1 S. 3 KostO).

107   Für die erste evtl. nachfolgende Unterschriftsbeglaubigung (auch mehrer Unterschriften) wird eine besondere Gebühr nicht erhoben (§ 145 Abs. 1 S. 4 KostO).

108   Nicht unter § 145 Abs. 1 KostO fallen weiterhin:
Schriftstücke, deren Beurkundung insbesondere mangels konkreten Bezugs auf ein bestimmtes Rechtsgeschäft nicht in Betracht kommt, wie
– Formulare
– Vertragsmuster
Ferner die Fertigung folgender Schriftstücke:
– Gesellschafterliste (soweit überhaupt abrechenbar)
– Übernehmerliste (soweit überhaupt abrechenbar)
– Allgemeine Geschäftsbedingungen usw.

2. Isolierte Beratungstätigkeiten
a) Allgemeines
109 Bei der Beurkundung von Willenserklärungen ergeben sich Inhalt und Umfang der Amtstätigkeit des Notars aus den §§ 8ff. BeurkG. Nach § 17 BeurkG hat der Notar Belehrungs- und Prüfungspflichten; die Erfüllung dieser Pflichten ist mit der Beurkundungsgebühr abgegolten. Es entsteht für diese zwingend auferlegten Prüfungs- und Belehrungstätigkeiten keine zusätzliche Gebühr.

b) Belehrungs- und Prüfungspflichten bei Entwurf von Beschlüssen
110 Zwar bestehen hier keine Belehrungspflichten i.S.v. § 17 BeurkG. Allerdings sind die vom Notar beurkundeten Beschlussfassungen von Hauptversammlungen und Gesellschafterversammlungen in der Regel ausreichend vorzubereiten, teils im Detail genau vorzuformulieren. Dies ist – neben der bestehenden Haftung des Notars – einer der Gründe dafür, dass eine Entwurfsgebühr nach § 145 Abs. 1 KostO für gerechtfertigt erachtet wird. Andererseits implementiert dies

---

58 OLG Düsseldorf DNotZ 1976, 678; BayObLG DNotZ 1985, 272; KG JurBüro 1987, 587.
59 BGH DNotZ 2006, 382.
60 LG Dresden NotBZ 2007, 300.
61 Korintenberg/Bengel/*Tiedtke*, § 145 Rn 11 ff.; *Rohs/Wedewer*, § 145 Rn 8 ff.
62 Vgl. bereits OLG Düsseldorf DNotZ 1976, 678
63 Notarkasse, Streifzug, 7. Aufl., Rn 410; Korintenberg/Lappe/Bengel/Reimann, 17. Aufl., § 147 Rn 7; vgl. *Lappe*, NotBZ 2003, 194 und NotBZ 2000, 332, **a.A.** OLG Celle ZNotP 2005, 197 mit abl. Anm. *Tiedtke*.

auch eine den Vorbereitungstätigkeiten zum jeweiligen Entwurf zuzuordnende Belehrungs- und Prüfungspflichten des Notars. Hierfür kann neben der Entwurfsgebühr nach § 145 Abs. 1 KostO eine Zusatzgebühr gem. § 147 Abs. 2 KostO nicht erhoben werden.

c) Höchstwert und Höchstgebühr der Entwurfsgebühr nach § 145 Abs. 1 KostO

Bei Entwürfen von Gesellschafterbeschlüssen ist die Gebührenbegrenzung des § 47 S. 2 KostO auf den Betrag von 5.000 EUR und die Geschäftswertbegrenzung nach § 41c Abs. 4 KostO auf eine Summe von 500.000 EUR (letzteres ausschließlich für Beschlüsse mit unbestimmtem Geldwert) zu beachten. Das ergibt sich zweifellos aus der in der Vorschrift normierten „Bezugnahme auf die Beurkundungsgebühr". 111

3. isolierte Beratungstätigkeit

Wird der Notar vor Erteilung eines Entwurfsauftrages, also von diesem unabhängig, beratend tätig, fällt für eine derartige zusätzlichen Tätigkeiten mangels der Einordnung als gebührenfreies Nebengeschäft eine Zusatzgebühr nach § 147 Abs. 2 KostO an. 112

Der Geschäftswert für eine solche Betreuungsgebühr nach § 147 Abs. 2 KostO ist nach § 30 Abs. 1 KostO einzelfallbezogen nach Art und Umfang der Tätigkeit mit einem Prozentsatz des betroffenen Rechts oder Rechtsverhältnisses zu bestimmen. 113

II. Einzelbeispiele

Für das Entstehen einer Zusatzgebühr gem. § 147 Abs. 2 KostO kommen beispielsweise in Betracht:[64] 114
- Beratung bzw. mitwirkende Tätigkeit bei der Fassung des neuen Gesellschaftsvertrages (Satzung) bei Beurkundung eines Formwechselbeschlusses – der Geschäftswert beträgt ca. 20–50% des Wertes der Satzung;[65]
- Fertigung der bei der Anmeldung zum Handelsregister erforderlichen Liste der Gesellschafter bei GmbH-Neugründung oder Veränderung im Gesellschafterbestand – der Geschäftswert beträgt ca. 10–20% des Wertes der Anmeldung,[66] d.h. ein Teilwert vom einzutragenden Stammkapital (§ 41a Abs. 1 Nr. 1 KostO) oder (bei späterer Anmeldung) vom Wert des § 41a Abs. 4 Nr. 1 KostO;
- Fertigung der Liste der Übernehmer bei anzumeldenden Kapitalerhöhungen – der Geschäftswert beträgt ca. 10–20% des Erhöhungsbetrages (Wert nach § 41a Abs. 1 Nr. 3 KostO);
- Entwurf des Teilnehmerverzeichnisses[67] – der Geschäftswert beträgt ca. 10–30% des Wertes der Beschlüsse;
- Vorbereitung der Haupt- oder Gesellschafterversammlung zur Beschlussfassung zu einem Verschmelzungsvertrag, wie Entwurf der Beschlussvorlage, der Tagesordnung, des Einladungsschreibens o.Ä. – der Geschäftswert beträgt ca. 10–30% des Beschlusswertes; der vorbereitende Entwurf der Gesellschafterversammlung selbst fällt unter § 145 KostO (vgl. vorst. Rn 104).

---

[64] Vgl. Korintenberg/Bengel/Tiedtke, § 147 Rn 113 ff.
[65] Korintenberg/Bengel/Tiedtke, § 174 Rn 132.
[66] OLG Zweibrücken MittRhNotK 1984, 222; OLG Stuttgart DNotZ 1985, 121; OLG Celle GmbHR 1993, 294; Mümmler, JurBüro 1984, 1080; Mümmler, JurBüro 1989, 770; Korintenberg/Bengel/Tiedtke, § 147 Rn 113, 122; a.A.: OLG Frankfurt DNotZ 1987, 641; OLG Hamm ZNotP 2002, 123; Rohs/Wedewer, § 147 Rn 29.
[67] Tiedtke, ZNotP 2001, 226.

- Entwurf von Anträgen einzelner Aktionäre – der Geschäftswert beträgt ca. 10–30% des für den Antrag in Betracht kommenden Wertes;
- Überprüfung der Ermittlung des Abstimmungsergebnisses und der dabei verwendeten Methoden, Geräte und Hilfsmittel – der Geschäftswert beträgt ca. 10–20% des Wertes der Beschlüsse;
- Beratung des Versammlungsleiters vor oder während der Gesellschafterversammlung – der Geschäftswert beträgt ca. 10–20% des Wertes der Beschlüsse;
- Steuerliche Beratung – die Geschäftswertbemessung erfolgt nach § 30 Abs. 1 KostO, und der Geschäftswert entspricht je nach Umfang der beratenden Tätigkeit 10–30% des Beratungsgegenstandes.

III. Feststellung des neuen Gesellschaftsvertrages (Satzung) bei Formwechsel

115 Teil eines Formwechselbeschlusses ist auch die **Satzung** des neuen Rechtsträgers, soweit nach den einschlägigen Vorschriften des Umwandlungsgesetzes erforderlich.

IV. Vorheriger Entwurf des Gesellschaftsvertrages bei Formwechsel

116 Fertigt der Notar, welcher die Beschlussfassung über einen Formwechsel einer Gesellschaft beurkundet hat, **zuvor** einen Entwurf des neuen Gesellschaftsvertrages, so liegt in jedem Fall eine selbständige Entwurfstätigkeit nach § 145 KostO vor.[68] Zu erheben ist eine 20/10 Gebühr gem. §§ 145 Abs. 1, 36 Abs. 2 KostO.

117 Da neben dem Entwurfsauftrag ein Auftrag zur Beurkundung der späteren Beschlussfassung vorliegt, kein Auftrag zur Beurkundung des Gesellschaftsvertrages, ist ein sog. **Doppelauftrag** i.S.v. § 145 Abs. 3 KostO nicht gegeben. Diese Vorschrift mit der Folge der Reduzierung der Gebührenhöhe auf 10/10 (§ 145 Abs. 2, 3 KostO) ist daher nicht anwendbar. Auch eine Anrechnung auf die Beurkundungsgebühr des § 47 KostO ist nicht möglich.[69]

P. Grundbuchberichtigungsanträge

118 Gehört zum Vermögen des übertragenden oder formwechselnden Rechtsträgers Grundbesitz, so ist im Anschluss an die Umwandlung eine Berichtigung des Grundbuchs in Abteilung I erforderlich.

I. Grundbuchberichtigung bei Verschmelzung, Spaltung, Ausgliederung, Vermögensübertragung

1. Mitbeurkundung bei der Umwandlung

119 Bei Mitbeurkundung im Verschmelzungsvertrag, Spaltungs- und Übernahmevertrag, Ausgliederungsvertrag, Vertrag über die Vermögensübertragung, Spaltungsplan oder Ausgliederungsplan, d.h. bei Umwandlungsvorgängen **durch rechtsgeschäftliche Erklärungen**, ist § 44 KostO anzuwenden. Es liegt **Gegenstandsgleichheit** nach § 44 Abs. 1 KostO vor. Eine zusätzliche Berechnung kommt nicht in Betracht.

---

68 Korintenberg/*Bengel/Tiedtke*, § 145 Rn 7.
69 Korintenberg/*Bengel/Tiedtke*, § 41c Rn 85.

2. Getrennte Beurkundung

Bei (sachlich gebotener) getrennter Beurkundung entsteht eine 5/10 Gebühr gem. § 38 Abs. 2 Nr. 5a KostO. **120**

3. Geschäftswert

Als Geschäftswert ist gem. § 39 Abs. 1 KostO der (volle) **Verkehrswert des Grundbesitzes** nach § 19 Abs. 2 KostO anzusetzen, da ein Eigentumswechsel auf einen neuen Rechtsträger vorliegt.[70] Da durch eine getrennte Beurkundung Mehrkosten entstehen, sollte der Notar im Hinblick auf § 16 KostO jedoch möglichst eine **Zusammenbeurkundung** vornehmen. **121**

II. Grundbuchberichtigung bei Formwechsel

1. Gesonderte Gebühr

Bei einem Formwechsel erfolgt die Umwandlung durch Beschluss. § 44 KostO findet auf das Zusammentreffen von Beschlüssen und rechtsgeschäftlichen Erklärungen keine Anwendung.[71] Der Antrag auf Grundbuchberichtigung löst daher in jedem Fall eine Gebühr nach § 38 Abs. 2 Nr. 5a KostO aus, also auch dann, wenn der **Grundbuchberichtigungsantrag** mit dem Formwechselbeschluss zusammen beurkundet wird. **122**

2. Geschäftswert

Der Geschäftswert für die Gebühr des § 38 Abs. 2 Nr. 5a KostO ist in diesem Fall jedoch lediglich mit einem **Teilwert des betroffenen Grundbesitzes** zu bemessen. Beim Formwechsel findet kein Identitätswechsel statt, der formwechselnde Rechtsträger besteht in der in dem Umwandlungsbeschluss bestimmten Rechtsform weiter (§ 202 Abs. 1 Nr. 1 UmwG). Der Geschäftswert ist daher nach § 30 Abs. 1 KostO zu bestimmen, wobei ein Ansatz von ca. 10–20% des Verkehrswertes des Grundbesitzes (§ 19 Abs. 2 KostO) als angemessen und vertretbar angesehen wird.[72] **123**

III. Höchstwertgrenze nach § 39 Abs. 5 KostO

Für den Grundbuchberichtigungsantrag dürfte die Wertbegrenzung nach § 39 Abs. 4 auf den Betrag von 5 Mio. EUR gelten, da es sich um eine **Durchführungserklärung zu einem Umwandlungsvorgang** handelt.[73] Dies dürfte auch bei getrennter Beurkundung oder Entwurf des Grundbuchberichtigungsantrages gelten. **124**

---

70 OLG Hamm JurBüro 1992, 547 = Rpfleger 1993, 42.
71 Vgl. z.B. Korintenberg/*Bengel/Tiedtke*, § 44 Rn 6.
72 BayObLG MittBayNot 1995, 325; Korintenberg/*Bengel/Tiedtke*, § 30 Rn 35; OLG Oldenburg NJW-RR 1997, 1129; *Tiedtke*, ZNotP 2001, 267.
73 *Notarkasse*, Streifzug, Rn 1218; vgl. auch BayObLG DNotZ 1964, 552 für den vergleichbaren Fall der Mitbeurkundung einer Auflassung im Gesellschaftsvertrag.

Q. Berichtigung des Handelsregisters

I. Allgemeines

125 Gehört zum Vermögen des übertragenden oder formwechselnden Rechtsträgers eine **Beteiligung an einer Personenhandelsgesellschaft** (OHG oder KG) oder an einer **Partnerschaftsgesellschaft**, so muss das betreffende Register berichtigt werden.

126 Eine **gesonderte Gebühr** entsteht unter Heranziehung der oben erläuterten Grundsätze zur Grundbuchberichtigung, wenn eine gesonderte Beurkundung bzw. Entwurfsfertigung oder eine Zusammenbeurkundung mit einem Formwechselbeschluss erfolgt (vgl. Rn 114–118). Zu erheben ist eine Gebühr nach § 38 Abs. 2 Nr. 7 KostO (bei Entwurf i.V.m. § 145 Abs. 1 S. 1 KostO).

II. Geschäftswert

127 Die Bewertung der entsprechenden Registeranmeldung hat nach den Grundsätzen des § 41a KostO zu erfolgen.

1. Geschäftswert bei Rechtsnachfolge

128 Bei Rechtsnachfolge hinsichtlich einer **Kommanditbeteiligung** bestimmt sich der Geschäftswert nach § 41a Abs. 1 Nr. 6 KostO mit dem einfachen Kommanditanteil. Der Geschäftswert ist gem. § 39 Abs. 4 KostO auf höchstens 500.000 EUR begrenzt.

129 Bei einer **OHG** und **Partnerschaftsgesellschaft** liegt bei Rechtsnachfolge eine Anmeldung mit unbestimmtem Geldwert vor. Es ist daher eine Geschäftswertbestimmung nach § 41a Abs. 4 Nr. 3 KostO (bei einer Partnerschaftsgesellschaft i.V.m. § 41b KostO) vorzunehmen. Geschäftswert ist somit ein Festbetrag von 25.000 EUR.

2. Bei Formwechsel

130 Bei einem bloßen Formwechsel bleibt die Identität des formwechselnden Rechtsträgers gewahrt. Die Anmeldung betrifft daher keine Rechtsnachfolge, sondern nur eine bloße Namensberichtigung, die daher nach § 41a Abs. 6 KostO (Anmeldung ohne wirtschaftliche Bedeutung) zu bewerten ist. Der Geschäftswert beträgt in diesem Fall 3.000 EUR.[74]

---

[74] Notarkasse, Streifzug, Rn 1220.

Klaus Sommerfeldt
§ 44 Euro-Umstellung

Inhalt

A. Allgemeines —— 1
B. Umstellung ohne Kapitaländerung bei einer GmbH —— 2
I. Beschlussfassung —— 2
 1. Gebührensatz —— 3
   a) Entwurf —— 3
   b) Beurkundung —— 4
 2. Geschäftswert —— 6
   a) Entwurfsgebühr nach § 145 1 KostO —— 6
   b) Beschlussgebühr nach § 47 KostO —— 7
 3. Anwendung des Art. 45 Abs. 2 EGHGB —— 8
II. Anmeldung —— 9
C. Umstellung mit Kapitaländerung bei einer GmbH —— 11
I. Euro-Umstellung und Mindestglättung —— 11
 1. Gebührensatz —— 11
 2. Geschäftswert —— 12
II. Euro-Umstellung mit weiteren Kapitalerhöhungsmaßnahmen —— 15
III. Übernahmeerklärungen —— 19
 1. Allgemeines —— 19
 2. Geschäftswert —— 21
IV. Anmeldung —— 22
 1. Allgemeines —— 22
 2. Kapitalerhöhung zur Glättung —— 23
   a) Erhöhung aus Gesellschaftsmitteln —— 23
   b) Kapitalerhöhung durch Übernahme —— 24
 3. Bewertung der mehreren Anmeldungen zur Euro-Umstellung —— 25
V. Euro-Umstellung bei der Aktiengesellschaft —— 27
 1. Umstellung ohne Kapitalveränderung bei der AG —— 27
 2. Umstellung mit Kapitalveränderungen —— 29
VI. Kommanditgesellschaft —— 31

A. Allgemeines

Nach dem Gesetz zur Einführung des Euro[1] sind seit dem 1.1.2002 alle bestehenden Kapitalgesellschaften mit Grund- oder Stammkapital in DM verpflichtet, spätestens bei Beschlüssen über Kapitalmaßnahmen das Grund- oder Stammkapital auf Euro umzustellen (vgl. für die GmbH § 86 Abs. 1 S. 4 GmbHG, für die AG § 3 Abs. 5 EGAktG). **1**

Hierfür bestehen zwei Möglichkeiten:
– Bloße **rechnerische Umstellung** auf Euro ohne Änderung des Kapitals;
– Umstellung auf Euro mit **Änderung des Kapitals** (Glättung, Kapitalherabsetzung oder -erhöhung).

B. Umstellung ohne Kapitaländerung bei einer GmbH

I. Beschlussfassung

Für die rein **rechnerische Umstellung** des Stammkapitals auf Euro genügt ein Umstellungsbeschluss, welcher mit einfacher Mehrheit gefasst werden kann (§ 86 Abs. 3 S. 1 Hs. 1 GmbHG). Eine **notarielle Beurkundung** dieses Beschlusses war **nicht erforderlich** (§ 86 Abs. 3 S. 1 Hs. 2 GmbHG). § 86 GmbHG wurde im Zuge der Reform durch das MoMiG zum 1.11.2008 jedoch aufgehoben. Dementsprechend ist seitdem eine Beschlussfassung mittels Zwei- **2**

---

[1] EuroEG, BGBl I 1998, 1942.

Drittel-Mehrheit sowie eine Beurkundung dieser Satzungsänderung erforderlich (§ 53 Abs. 2 GmbHG).

1. Gebührensatz
a) Entwurf
3 Fertigt der Notar auf Verlangen den Entwurf des **Umstellungsbeschlusses**, ist eine Gebühr nach § 145 KostO zu erheben.

b) Beurkundung
4 Für die Beurkundung des Umstellungsbeschlusses, ist eine Gebühr gem. § 47 KostO entstanden.
5 Die **Mitbeurkundung von weiteren Satzungsänderungen** unbestimmten Geldwertes ist kostenneutral, da mehrere Satzungsänderungen als einheitlicher Vorgang angesehen werden (siehe hierzu § 41 Rn 33).

2. Geschäftswert
a) Entwurfsgebühr nach § 145 1 KostO
6 Der Geschäftswert für die Entwurfsgebühr nach § 145 KostO ist wie bei der Beurkundung zu bestimmen. Durch die Fertigung des Entwurfs übernimmt der Notar die gleiche Verantwortung für den Inhalt, weshalb eine Wertreduzierung nicht gerechtfertigt ist.[2]

Zu beachten ist (ebenso wie bei der Beurkundung) § 41c Abs. 4 KostO (Höchstwert von 500.000 Euro bei unbestimmten Geldwerten) sowie § 47 Satz 1 KostO (Höchstbetrag von 5000 Euro).

b) Beschlussgebühr nach § 47 KostO
7 Bei Beurkundung berechnet sich der Geschäftswert für die Beschlussgebühr des § 47 KostO nach §§ 41c Abs. 1, 41a Abs. 4 KostO, da ein **Beschluss unbestimmten Geldwertes** gegeben ist. Der Höchstwert beträgt 500.000 € (§ 41c Abs. 4 KostO), die Höchstgebühr 5.000 € (§ 47 Satz 2 KostO).

3. Anwendung des Art. 45 Abs. 2 EGHGB
8 Art. 45 Abs. 2 EGHGB, der auf § 26 Abs. 7 KostO (seit dem 1.12.2004: § 41a Abs. 6 KostO) verweist (= 3.000 EUR Geschäftswert), gilt ausschließlich für Anmeldungen zum Handelsregister und Eintragungen in das Handelsregister. Für die Beurkundung des Umstellungsbeschlusses erfolgt eine Bewertung daher ausschließlich nach den §§ 41c Abs. 1, 41a Abs. 4 Nr. 1 KostO. Geschäftswert ist dann 1% des eingetragenen Grund- oder Stammkapitals, mindestens 25.000 EUR.

II. Anmeldung
9 Die Anmeldung einer rein rechnerischen Umstellung auf Euro ist **formlos** möglich (Art. 45 Abs. 1 EGHGB).
10 Erfolgt eine **Beurkundung** oder die Erstellung eines Entwurfes auf Verlangen durch den Notar, entsteht eine 5/10 Gebühr gem. § 38 Abs. 2 Nr. 7 KostO (bei Entwurf i.V.m. § 145 Abs. 1 S. 1

---

[2] Korintenberg/*Bengel*/*Tiedtke*, § 145 Rn 17.

KostO). Da es sich um eine Anmeldung ohne wirtschaftliche Bedeutung handelt, ist der **Geschäftswert** nach § 41a Abs. 6 KostO in beiden Fällen mit 3.000 EUR anzusetzen. Dies regelt auch Art. 45 Abs. 2 EGHGB, wo ausdrücklich zwar lediglich für die **Eintragung** der Euro-Umstellung auf § 26 Abs. 7 KostO (seit dem 1.12.2004: § 41a Abs. 6 KostO) verwiesen wird. Die Vorschrift gilt jedoch auch für Anmeldungen zum Handelsregister, welche keine wirtschaftliche Bedeutung haben.[3]

C. Umstellung mit Kapitaländerung bei einer GmbH

I. Euro-Umstellung und Mindestglättung

1. Gebührensatz
Zu erheben ist eine Gebühr nach § 47 KostO. 11

2. Geschäftswert
Der Geschäftswert einer **Glättungsmaßnahme** ist nach § 39 Abs. 1 KostO zu bestimmen. Kapitaländerungen sind Beschlüsse mit bestimmtem Geldwert. Geschäftswert somit (der geringe) **Nennbetrag der Kapitalherabsetzung oder -erhöhung**.[4] 12

Der Beschluss über die Glättungsmaßnahme ist gegenstandsverschieden zur ggf. mit beurkundeten Beschlussfassung über die rein rechnerische Umstellung.[5] Die Geschäftswerte wären dann zu addieren. 13

Erfolgt die Beurkundung von Umstellungsbeschluss und Glättung jedoch regelmäßig mit **weiteren Satzungsänderungen** unbestimmten Geldwertes, ist die Euro-Umstellung **kostenneutral**, da mehrere Satzungsänderungen als einheitlicher Beschluss anzusehen sind. 14

II. Euro-Umstellung mit weiteren Kapitalerhöhungsmaßnahmen

Die anlässlich der Euro-Umstellung ebenfalls oft vorkommenden **weiter gehenden Kapitalveränderungen** (zumeist -erhöhungen) sind ebenfalls nach § 39 Abs. 1 KostO mit dem entsprechenden Kapitalveränderungsbetrag zu bewerten. Kapitaländerungen sind Beschlüsse mit bestimmtem Geldwert. **Geschäftswert** ist somit der Betrag der Kapitalherabsetzung oder -erhöhung. 15

In diesen Fällen fällt die **Mitbeurkundung** des Umstellungsbeschlusses (besonders zu bewerten nach §§ 41c Abs. 1, 41a Abs. 4 KostO) zumeist nicht ins Gewicht, so dass sich die Frage einer unrichtigen Sachbehandlung (§ 16 KostO) nicht stellt. 16

Erfolgt eine Erhöhung durch **Sacheinlage**, so ist insoweit der Wert dieser Sacheinlage ohne Schuldenabzug maßgebend (§ 18 Abs. 3 KostO), wenn dieser Wert höher ist als der Nennbetrag der entsprechenden Kapitalübernahme (siehe § 41 Rn 19–22). 17

Bei einem Beschluss über einen sog. **Kapitalschnitt** (vereinfachte Kapitalherabsetzung bei gleichzeitiger Kapitalerhöhung gegen Bareinlage) sind die Kapitalwerte der Herabsetzung und Erhöhung zusammenzurechnen.[6] Art. 45 Abs. 2 EGHGB, der auf § 26 Abs. 7 KostO (seit dem 1.12.2004: § 41a Abs. 6 KostO) verweist (Geschäftswert = 3.000 EUR), gilt ausschließlich für Anmeldungen zum Handelsregister und Eintragungen in das Handelsregister und ist daher nicht anwendbar. 18

---

3 Korintenberg/*Bengel/Tiedtke*, § 41c Rn 104; Notarkasse, Streifzug, Rn 1237.
4 Korintenberg/*Bengel/Tiedtke*, § 41c Rn 105; *Rohs/Wedewer*, § 41c Rn 17; a.A. *Lappe*, NJW 2000, 1148.
5 Notarkasse, Streifzug, Rn 1227, 1228.
6 Notarkasse, Streifzug, Rn 1228.

III. Übernahmeerklärungen

1. Allgemeines

19 Erfolgt eine beschlossene **Kapitalerhöhung** (zumeist bei Glättung) **aus Gesellschaftsmitteln** ist diese Regelung Inhalt des Erhöhungsbeschlusses und daher nicht besonders zu bewerten.
Die Umsetzung der Glättung erfolgt durch Aufstockung der bestehenden Geschäftsanteile. Einer Übernahmeerklärung bedarf es nicht.

20 Bei **Übernahme** (Einbringung von Einlagen) durch einen Gesellschafter bedarf es einer entsprechenden **Übernahmeerklärung** durch den Übernehmer. Hierbei handelt es sich um eine rechtsgeschäftliche einseitige Erklärung, welche nach § 36 Abs. 1 KostO mit einer 10/10 Gebühr zu belegen ist. Sofern ein **Einbringungsvertrag** geschlossen wird, entsteht jedoch eine 20/10 Gebühr nach § 36 Abs. 2 KostO.

2. Geschäftswert

21 Der Geschäftswert für diese rechtsgeschäftlichen Erklärungen bestimmt sich nach dem **Nennbetrag** der entsprechenden Kapitalerhöhung. Bei **Sacheinlagen** sind deren Werte maßgebend, falls sie höher sind. Hierbei gilt das Schuldenabzugsverbot des § 18 Abs. 3 KostO (siehe § 38 Rn 14).

IV. Anmeldung

1. Allgemeines

22 Die Anmeldung von Kapitalveränderungen sind Anmeldungen bestimmten Geldwertes nach § 41a Abs. 1 Nr. 3 KostO. Maßgebend sind die **Nennbeträge** der angemeldeten Kapitalveränderungen. Zu erheben ist die Beurkundungsgebühr gem. § 38 Abs. 2 Nr. 7 KostO (bei Entwürfen i.V.m. § 145 Abs. 1 S. 1 KostO).

2. Kapitalerhöhung zur Glättung
a) Erhöhung aus Gesellschaftsmitteln

23 Bei Kapitalveränderungen zur Glättung regelt die Ausnahmebestimmung in Art. 45 Abs. 3 EGHGB, dass in diesem Fall ausnahmsweise **nur die Hälfte** des sich aus § 41a Abs. 1 Nr. 3 (GmbH) oder Nr. 4 (Aktiengesellschaft) als Geschäftswert anzusetzen ist. Dies gilt nach dem ausdrücklichen Wortlaut der Vorschrift bei Kapitalerhöhungen jedoch nur dann, wenn eine **Erhöhung aus Gesellschaftsmitteln** erfolgt.

b) Kapitalerhöhung durch Übernahme

24 Bei Übernahme durch Gesellschafter ist der **volle Nennbetrag** der Kapitalerhöhung maßgebend.

3. Bewertung der mehreren Anmeldungen zur Euro-Umstellung

25 Die zugleich erfolgte Anmeldung der rechnerischen Euro-Umstellung ist nach Art. 45 Abs. 2 EGHGB, der auf § 26 Abs. 7 KostO (seit dem 1.12.2004: § 41a Abs. 6 KostO) verweist, mit einem **Betrag von 3.000 EUR** zu bewerten.

26 Die mehreren Anmeldungen (Umstellung und Kapitalveränderung) sind gegenstandsverschieden i.S.v. § 44 Abs. 2a KostO. Vom **addierten Geschäftswert** entsteht somit die Beurkundungsgebühr des § 38 Abs. 2 Nr. 7 KostO (bei Entwurf i.V.m. § 145 Abs. 1 S. 1 KostO).

V. Euro-Umstellung bei der Aktiengesellschaft

1. Umstellung ohne Kapitalveränderung bei der AG

Auch bei der rein rechnerischen Umstellung auf Euro handelt es sich bei der Aktiengesellschaft um eine Satzungsänderung, welche jedoch **mit einfacher Mehrheit beschlossen** werden kann (§ 4 Abs. 1 S. 1 EGAktG). 27

Bei der **sog. kleinen Aktiengesellschaft** ist zudem aufgrund der bei einem bloßen Umstellungsbeschluss ausreichende einfache Mehrheit eine notarielle Beurkundung nicht erforderlich (§ 130 Abs. 1 S. 3 AktG). Seit dem 1.1.2002 ist zu einer entsprechenden Änderung der Satzung kraft Gesetzes der Aufsichtsrat ermächtigt (§ 4 Abs. 1 S. 2 EGAktG). 28

2. Umstellung mit Kapitalveränderungen

Bei Umstellungsbeschluss mit **Folgeänderungen**, insbesondere auch Kapitalveränderungen ist zwar auch nur eine einfache Mehrheit erforderlich, bei Kapitalherabsetzung jedoch nur dann, wenn mindestens die Hälfte des Grundkapitals vertreten ist (§ 4 Abs. 2 S. 1 EGAktG). 29

Es bedarf in jedem Fall (im Gegensatz zur bloßen Umstellung) allerdings einer **notariellen Beurkundung**, da § 130 Abs. 1 S. 3 AktG nicht anwendbar ist (§ 4 Abs. 2 S. 3 EGAktG). 30

VI. Kommanditgesellschaft

Bei der Anmeldung der rein rechnerischen Umstellung der Kommanditeinlage auf Euro ohne **Glättungsmaßnahmen** handelt es sich um eine Anmeldung ohne wirtschaftliche Bedeutung. 31

Wenn der Notar – trotz der nach Art. 45 Abs. 1 EGHGB formlos möglichen Anmeldung – mit dem Entwurf oder der Beurkundung der entsprechenden Anmeldung beauftragt wird, berechnet sich die zu erhebende Gebühr des § 38 Abs. 2 Nr. 7 KostO (unabhängig von der Höhe der Kommanditeinlage) mit **3.000 EUR** (Art. 45 Abs. 2 EGHGB). 32

Wird zugleich eine **Erhöhung oder Herabsetzung der Kommanditeinlage** angemeldet, ist dieses gegenstandsverschieden i.S.v. § 44 Abs. 2a KostO und dementsprechend zusätzlich zu bewerten. Die Bewertung erfolgt mit der vollen Summe der Veränderungsbeträge, auch bei einer bloßen Glättung. Artikel 45 Abs. 3 EGHGB findet nach dem ausdrücklichen Wortlaut nur auf Veränderung von Grund- und Stammkapital Anwendung, nicht auf Kommanditeinlagen. 33

Klaus Sommerfeldt
§ 45 Nebentätigkeiten

Inhalt

A. Zusatzgebühr („Betreuungsgebühr") gem. § 147 Abs. 2 KostO — 1
I. Allgemeines — 1
II. Voraussetzungen für das Entstehen einer Zusatzgebühr gem. § 147 Abs. 2 KostO — 2
  1. Abgrenzung zu anwaltlicher Tätigkeit — 3
  2. Subsidiärer Charakter der Gebühr — 4
  3. Gebührenfreie Vollzugstätigkeiten — 5
  4. Abgrenzung zum gebührenfreien Nebengeschäft — 6
  5. Regelbestimmung des § 147 Abs. 3 KostO — 9
  6. Beispiele für gebührenfreie Nebengeschäfte — 10
  7. Beispielsfälle in § 147 Abs. 4 KostO — 11
III. Ansatz der Betreuungsgebühr gem. § 147 Abs. 2 KostO — 12
IV. Mehrheit von Geschäften nach § 147 Abs. 1 und 2 KostO — 13
V. Geschäftswert — 15
VI. Kostenschuldner — 17
VII. Beispielsfälle für das Entstehen der Zusatzgebühr gem. § 147 Abs. 1 und Abs. 2 KostO im Gesellschaftsrecht — 18
  1. Einsicht und Mitteilung vom Inhalt öffentlicher Register — 18
  2. Vertretungsbescheinigung — 20
  3. Zusatzgebühr gem. § 147 Abs. 2 KostO im Gesellschaftsrecht — 23
    a) Sachgründungsbericht — 23
    b) Verschmelzungsbericht — 24
    c) Prüfungsbericht bei Verschmelzung — 25
    d) Entwurf des Verzeichnisses der Zeichner (Aktiengesellschaft) — 26
    e) Einholen der Bescheinigung über erbrachte Einlageleistung(en) — 27
    f) Unbedenklichkeitsbescheinigung der Industrie- und Handelskammer — 28
    g) Liste der Gesellschafter — 29
    h) Liste der Übernehmer bei Kapitalveränderungen — 33
    i) Bescheinigung des neuen Satzungswortlauts nach § 54 Abs. 1 S. 2 GmbHG — 34
    j) Bescheinigung und Zusatzgebühr für das Zusammenstellen des neuen Satzungswortlauts — 39
    k) Belehrung des Geschäftsführers über die unbeschränkte Auskunftspflicht — 41
    l) Genehmigungserklärungen von Beteiligten — 43
      aa) Mittelbar Beteiligte — 43
      bb) Unmittelbar Beteiligte — 45
    m) Bloße Entgegennahme von Genehmigungen — 47
    n) Steuerrechtliche Beratung — 50
    o) Weitere Fälle des § 147 Abs. 2 KostO — 51
  4. Sonstige Tätigkeiten anlässlich der Beurkundung von Beschlüssen — 52
    a) Problemstellung — 52
    b) Raterteilung — 55
    c) Entwurf von Anträgen einzelner Aktionäre — 57
    d) Beratung des Versammlungsleiters — 58
    e) Überprüfung der Ermittlung des Abstimmungsergebnisses — 59
    f) Entwurf des Zeichnungsscheines — 60
B. Bescheinigungen gem. § 150 KostO — 61
I. Gebühr gem. § 150 Nr. 1 KostO — 61
II. Gebühr gem. § 150 Nr. 2 KostO — 65
C. Bescheinigung nach § 40 Abs. 2 GmbHG — 66

A. Zusatzgebühr („Betreuungsgebühr") gem. § 147 Abs. 2 KostO

I. Allgemeines

1 Soweit für eine im Auftrage eines Beteiligten ausgeübte Tätigkeit in der KostO eine Gebühr nicht bestimmt ist, erhält der Notar eine besondere Gebühr nach § 147 Abs. 2 KostO, die so genannte Betreuungsgebühr. Diese hat den **Charakter einer Auffangnorm**, die immer dann in Betracht kommt, wenn in der Kostenordnung für eine als gebührenpflichtig einzuordnende notarielle Tätigkeit kein Gebührentatbestand normiert ist. Hieraus ergibt sich auch der **subsidiäre Cha-**

rakter dieser Gebühr, die nur dann entstehen kann, wenn die betreffende Tätigkeit des Notars nicht bereits durch andere Gebührennormen abgegolten wird.

II. Voraussetzungen für das Entstehen einer Zusatzgebühr gem. § 147 Abs. 2 KostO

Sofern die ausgeübte **Tätigkeit** nicht **im Zusammenhang mit einer Beurkundung** erfolgt, muss es sich zur Einordnung in den Bereich der Kostenordnung um eine Tätigkeit des Notars auf dem Gebiet der vorsorgenden Rechtspflege handeln. Im Anwaltsnotariat ist dementsprechend im Einzelfall zu prüfen, ob es sich um eine **anwaltliche oder notarielle Tätigkeit** handelt. 2

1. Abgrenzung zu anwaltlicher Tätigkeit

Zu den Aufgaben des Notars gehört neben den eigentlichen Amtsgeschäften nach den §§ 20–23 BNotO, nämlich Beurkundung, Entwürfe, Beglaubigung von Unterschriften und Handzeichen usw., auch die **Tätigkeit der sonstigen Betreuung auf dem Gebiete vorsorgender Rechtspflege** (§ 24 BNotO). 3

Was unter diesem Begriff zu verstehen ist, wird weder in der Bundesnotarordnung gesagt noch enthält die Kostenordnung dafür eine Legaldefinition. Rechtsprechung und Schrifttum haben diesen Begriff dahin gehend entwickelt, dass es sich dann um eine Rechtsbetreuung handelt, wenn diese der Gestaltung von rechtlichen Beziehungen zwischen den Beteiligten zum Zwecke der **Rechtssicherheit** und der **Verhütung von Streitigkeiten** dient. Den Gegensatz hierzu stellt die Wahrnehmung subjektiver Interessen einzelner Beteiligter dar (einseitige Interessenvertretung), die dem Aufgabenbereich des Notars entzogen und der anwaltlichen Tätigkeit zuzuordnen ist.

2. Subsidiärer Charakter der Gebühr

Die Gebühr nach § 147 Abs. 2 KostO scheidet infolge ihres subsidiären Charakters aus, wenn die Tätigkeit des Notars durch eine andere Norm der KostO abgegolten wird. Als solche Bestimmungen kommen die §§ 145, 146, 148, 149, 150 KostO und bei Zurücknahme eines Antrags § 130 Abs. 2 KostO in Betracht. Für die Praxis besonders bedeutungsvoll ist – insbesondere im Bereich des Immobilienrechts – die Konkurrenz zwischen den Gebühren der §§ 146, 147 und 149 KostO. 4

3. Gebührenfreie Vollzugstätigkeiten

Die auftragsgemäße Vollzugstätigkeit zu anderen Geschäften, **d.h. solcher, die nicht unter § 146 Abs. 1 KostO fallen,** ist gem. § 35 KostO gebührenfreies Nebengeschäft. Eine Gebühr nach § 147 Abs. 2 kann dann insoweit nicht erhoben werden.[1] Etwas anderes gilt für auftragsgemäß ausgeübte Vollzugstätigkeiten bei bloßer Unterschriftsbeglaubigung. Hier fehlt es an dem zu fordernden Hauptgeschäft i.S.v. § 35 KostO. 5

4. Abgrenzung zum gebührenfreien Nebengeschäft

Die Entstehung der Gebühr nach § 147 Abs. 1 oder Abs. 2 KostO ist dann ausgeschlossen, wenn die Tätigkeit des Notars als gebührenfreies Nebengeschäft (§ 35 KostO) anzusehen ist, welches 6

---

[1] *Rohs/Wedewer*, § 147 Rn 28; BayObLG MittBayNot 1979, 249 = Rpfleger 1980, 122 = JurBüro 1980, 420; BayObLG MittBayNot 1980, 38 = JurBüro 1980, 751; OLG Düsseldorf JurBüro 1991, 1216; PrüfAbt MittBayNot 1980, 59.

durch eine dem Notar für das Hauptgeschäft oder für eine erfolglose Verhandlung (§ 57 KostO) zustehende Gebühr abgegolten wird (§ 147 Abs. 3 KostO).

7   Als Nebengeschäft ist ein Geschäft zu verstehen, das für sich allein genommen gebührenpflichtig wäre, das aber mit dem Hauptgeschäft in einem derartigen **Zusammenhang** steht, dass es nicht als ein selbständiges Geschäft anzusehen ist, sondern nur vorgenommen wird, um das Hauptgeschäft vorzubereiten oder zu fördern.

8   Ein solches Nebengeschäft liegt jedoch nicht vor, wenn dieses zwar anlässlich einer Beurkundung erfolgt, aber nicht zur Vorbereitung oder Abwicklung dieses Geschäfts, also dessen Vollzug dient, sondern ausschließlich zur Regelung des zwischen den Beteiligten bestehenden Rechtsverhältnisses. Derartige Tätigkeiten unterfallen der Gebührenvorschrift des § 147 Abs. 2 KostO.

5. Regelbestimmung des § 147 Abs. 3 KostO

9   Nach der allgemeinen Regel des **§ 147 Abs. 3 KostO** wird die Gebühr nach § 147 Abs. 2 KostO dann ausgeschlossen, wenn es sich um eine das Notargeschäft **vorbereitende oder fördernde Tätigkeit** handelt, wobei gleichgültig ist. ob diese Tätigkeit vor oder nach der Beurkundung ausgeübt wird.

6. Beispiele für gebührenfreie Nebengeschäfte

10 Beispiele für gebührenfreie Nebengeschäfte im Gesellschaftsrecht sind
    - Raterteilung oder Besprechung und Belehrung über Durchführung und Gestaltung eines Rechtsverhältnisses im Zusammenhang mit einer Beurkundung eines Rechtsgeschäfts;
    - Einsicht öffentlicher Bücher, unabhängig davon, ob die Einsicht bei einem auswärtigen Amtsgericht erfolgen muss, ob der Gläubiger oder Schuldner sie verlangt, ferner ob sie vor oder nach der Beurkundung erfolgt, da der Beurkundungsauftrag fast immer stillschweigend den Auftrag zur Einsicht öffentlicher Bücher umfasst – **anders** wenn es sich um eine isolierte, **nicht** mit einer Beurkundung bei dem betroffenen Notar zusammenhängende Einsicht handelt, dann gilt § 147 Abs. 1 S. 1 KostO;
    - Beschaffen von Beurkundungsunterlagen (Messungsverzeichnissen, Einheitswertbescheiden, Schätzungen usw.), soweit sie die Beurkundung selbst und nicht nur das Rechtsverhältnis der Beteiligten fördern;
    - Schriftverkehr mit den Beteiligten, dem Grundbuch- und Registergericht, die Entgegennahme einer Genehmigung nach § 177 Abs. 1 BGB;[2]
    - Einholung einer Genehmigung (Währungsgesetz, Vormundschaftsgericht, Nachlassgericht, Kirchenaufsichtsbehörde usw.) zu Beurkundungsvorgängen, **die nicht unter § 146 Abs. 1 KostO fallen (anders** bei bloßer Unterschriftsbeglaubigung ohne Entwurffertigung, hier gilt § 146 Abs. 2 oder § 147 KostO);[3]
    - wenn der Notar anlässlich des Entwurfs eines Beschlusses der Gesellschafterversammlung über dessen Zweckmäßigkeit belehrt (gebührenfreies Nebengeschäft **zum Entwurf**, nicht zur einer ggf. späteren Beurkundung).

7. Beispielsfälle in § 147 Abs. 4 KostO

11 Nach § 147 Abs. 4 KostO sind folgende Tätigkeiten des Notars eine **gebührenfreie Nebentätigkeit:**

---

[2] OLG Düsseldorf MittBayNot 1974, 233, OLG Zweibrücken DNotZ 1993, 765.
[3] BayObLG MittBayNot 1979, 249; BayObLG MittBayNot 1980, 38.

Sommerfeldt

- Übermittlung von Anträgen an das Grundbuchamt und das Registergericht;
- Stellung von Anträgen im Namen der Beteiligten beim Grundbuchamt oder beim Registergericht aufgrund gesetzlicher Ermächtigung. Die gesetzliche Ermächtigung muss sich aus §§ 15 GBO, 129 FGG ergeben;
- Aufsuchen von Urkunden. Müssen Urkunden erst durch den Notar angefordert werden, so entfällt hierfür die Gebühr nach § 147 Abs. 2 KostO;
- Legalisation der eigenen Unterschrift. Das gesamte Verfahren ist gebührenfrei, auch die Erledigung von Beanstandungen einschließlich des Beschwerdeverfahrens. Für die Tätigkeit zur Legalisation der Urkunde eines anderen Notars entsteht die Gebühr nach § 147 Abs. 2 KostO;
- Erledigung von Beanstandungen im Zusammenhang mit der Durchführung des eigenen Amtsgeschäfts, einschließlich des Beschwerdeverfahrens, soweit es sich um eine eigene Urkunde, einen eigenen Entwurf oder um die Überprüfung eines Entwurfes handelt.
- Übermittlung von Anträgen oder Stellung von Anträgen im Namen der Beteiligten zum Zentralen Vorsorgeregister, soweit dies mit einer anderen gebührenpflichtigen Tätigkeit im Zusammenhang steht.

III. Ansatz der Betreuungsgebühr gem. § 147 Abs. 2 KostO

Liegt kein gebührenfreies Nebengeschäft vor (beispielsweise eine der in § 147 Abs. 3 und 4 KostO genannten Tätigkeiten) und kommt auch eine sonstige Gebührenvorschrift für die zu beurteilende Tätigkeit nicht in Betracht, insbesondere die **Vollzugsgebühren** nach § 146 Abs. 1 und 2 KostO, so fällt die Betreuungsgebühr an. 12

IV. Mehrheit von Geschäften nach § 147 Abs. 1 und 2 KostO

Die Gebühr des § 147 Abs. 1 und 2 KostO kann, anders als die Vollzugsgebühr des § 146 Abs. 1 KostO, welche einen Pauschalcharakter inne hat, für mehrere Tätigkeiten des Notars **mehrmals** entstehen. Grundsätzlich ist davon auszugehen, dass jede unter § 147 Abs. 1 und 2 KostO fallende Tätigkeit des Notars als selbständiges Geschäft zu behandeln ist und deshalb jeweils mit einer besonderen Betreuungsgebühr zu besteuern ist. Ob ein einheitlicher Auftrag vorliegt und ob die mehreren Tätigkeiten demselben wirtschaftlichen Zweck dienen, ist in diesem Zusammenhang unerheblich. 13

Es ist jedoch dann lediglich eine **einheitliche Zusatzgebühr** zu erheben, wenn zwischen den einzelnen Tätigkeiten ein Auftrags- und innerer Zweckzusammenhang besteht oder eine ähnliche Beziehung festzustellen ist. Selbst dann, wenn die Tätigkeiten zeitlich auseinander fallen, schließt dies nicht schlechthin die Einheitlichkeit des Geschäfts aus. Entscheidend ist für die Beurteilung der Mehrheit der Nebentätigkeiten des Notars, dass es sich um mehrere, gleichwertige, selbständige, nicht irgendwie in persönlicher oder sachlicher Hinsicht zusammenhängende Tätigkeiten handelt.[4] 14

---

[4] OLG Düsseldorf JurBüro 1978, 279 = MittRheinNotK 1977, 186; OLG Zweibrücken JurBüro 1982, 904; LG Berlin JurBüro 1982, 273; *Mümmler*, JurBüro 1974, 976; LG Köln DNotZ 1975, 677; LG Lübeck JurBüro 1988, 1206; ausführlich: Korintenberg/*Bengel/Tiedtke*, § 147 Rn 176 ff. und *Assenmacher/Mathias*, S. 204 f. „Betreuungsgebühr".

V. Geschäftswert

15 Der Geschäftswert ist regelmäßig nach der Auffangbestimmung des § 30 Abs. 1 KostO zu bemessen, da es sich zumeist **nicht um die Begründung oder Übertragung eines Rechtsverhältnisses** handelt, sondern um **begleitende Nebentätigkeiten** des Notars, wie Prüfungs-, Mitteilungs- oder Überwachungstätigkeiten. Die Wertbemessung erfolgt nach allen Umständen des Einzelfalles, wobei im Wesentlichen von dem Interesse des Auftraggebers an der Vornahme der Tätigkeit des Notars, deren Auswirkung auf die Beteiligten, die Vermögens- und Einkommensverhältnisse des Kostenschuldners und von der rechtlichen oder tatsächlichen Schwierigkeit der Angelegenheit und der damit für den Notar verbundenen Verantwortung sowie vom Umfang der ausgeübten Tätigkeit auszugehen ist.[5]

16 Im Allgemeinen wird ein **Prozensatz des betroffenen Rechtsverhältnisses**, also des Hauptgeschäftes angenommen. Die anzusetzenden Werte liegen meist zwischen 10 und 30 %, können jedoch auch höher angenommen werden und im Ausnahmefall sogar den Wert des Hauptgeschäftes erreichen, z.B. wenn die Tätigkeit des Notars für den Antragsteller von außerordentlicher Bedeutung und für den Notar von besonderer Schwierigkeit ist.[6]

VI. Kostenschuldner

17 Kostenschuldner der Gebühr des § 147 Abs. 1 oder Abs. 2 KostO ist allein der **Auftraggeber** (§ 2 Nr. 1 KostO). Mehrere Auftraggeber haften im Rahmen der erteilten Aufträge als **Gesamtschuldner** (§ 5 KostO).

VII. Beispielsfälle für das Entstehen der Zusatzgebühr gem. § 147 Abs. 1 und Abs. 2 KostO im Gesellschaftsrecht

1. Einsicht und Mitteilung vom Inhalt öffentlicher Register

18 § 147 Abs. 1 S. 1 KostO bestimmt für die Einsicht öffentlicher Register und von Akten und für eine im Auftrage eines Beteiligten erfolgte Mitteilung über den Inhalt des Grundbuchs, des öffentlichen Registers das Entstehen der **Mindestgebühr**. Diese beträgt nach § 33 KostO 10 EUR. Eine solche notarielle Tätigkeit darf nicht im Zusammenhang mit einer Beurkundung des Notars stehen, da dann der Ausschlusstatbestand des § 147 Abs. 3 KostO vorliegt.

19 Die Gebühr fällt auch dann nicht an, wenn diese Tätigkeit als Nebengeschäft zu einer anderen Gebührenvorschrift einzuordnen ist, beispielsweise zu der Vollzugsgebühr nach § 146 Abs. 2 KostO oder der Zusatzgebühr nach § 147 Abs. 2 KostO. Lediglich bei einer isolierten – von einer anderen Tätigkeit unabhängigen – Einsicht öffentlicher Register und Akten kann die Gebühr des § 147 Abs. 1 S. 1 KostO entstehen.

2. Vertretungsbescheinigung

20 Für die Erteilung einer Vertretungsbescheinigung nach § 21 Abs. 1 Nr. 1 BNotO entsteht gem. § 150 Abs. 1 KostO eine Gebühr i.H.v. 13 EUR. Wenn der Notar zwecks Erteilung der Bescheinigung zuvor das Register oder beglaubigte Abschriften von Handelsregistereintragungen ein-

---

[5] OLG Oldenburg Rpfleger 1968, 348; OLG Zweibrücken DNotZ 1974, 109; KG JurBüro 1975, 805; OLG Köln Rpfleger 1980, 491.
[6] Ausführlich zur Geschäftswertbemessung des § 147 KostO: *Rohs/Wedewer*, § 147 Rn 21; Korintenberg/*Bengel/Tiedtke*, § 147 Rn 186 ff.; *Assenmacher/Mathias*, S. 186 „Betreuungsgebühr", jeweils m.w.N.

sieht, kann hierfür keine weitere Gebühr, insbesondere nach § 147 Abs. 1 S. 1 KostO erhoben werden.

Die Einsicht des Registers ist **gebührenfreies Nebengeschäft** zur Vertretungsbescheinigung (§ 35 und § 147 Abs. 3 KostO). Dies dürfte spätestens mit der Anpassung der Gebührenhöhen durch das Gesetz vom 31.8.1998[7] klargestellt sein.[8] Entsprechendes gilt für die Einsichtnahme in beglaubigte Handelsregisterauszüge oder den Ausdruck aufgrund erfolgter **Online-Registereinsicht**.

Nach § 32 Abs. 2 GBO kann bei Anträgen gegenüber dem Grundbuchamt der Nachweis der Vertretungsberechtigung auch durch bloße Bezugnahme auf Eintragungen im Handels-, Genossenschafts-, Partnerschafts- oder Vereinsregister erfolgen, sofern diese Register bereits in elektronischer Form geführt werden. In der Regel wird der Notar unter dem Gesichtspunkt kostensparender Handhabung hiervon auch Gebrauch zu machen haben. Eine Vertretungsbescheinigung mit der Folge des Anfalls der Gebühr des § 150 KostO erscheint dann entbehrlich.

3. Zusatzgebühr gem. § 147 Abs. 2 KostO im Gesellschaftsrecht
a) Sachgründungsbericht
Bei einer Sachgründung ist dem Registergericht ein sog. Sachgründungsbericht einzureichen (vgl. § 5 Abs. 4 S. 2 GmbHG). Die Fertigung dieses Berichtes obliegt nicht dem Notar, welcher die Anmeldung entworfen hat, und stellt hierzu keine gebührenfreie Nebentätigkeit dar. Wird diese Erklärung vom Notar <u>entworfen</u>, ist dies daher gebührenpflichtig.

Nach neuerer Auffassung in der Literatur entsteht hierfür nicht mehr die Zusatzgebühr des § 147 Abs. 2 KostO, sondern die Entwurfsgebühr des § 145 Abs. 1 KostO.[9] Für die Anwendbarkeit dieser Vorschrift ist hiernach – im Gegensatz zur früher h.M. nicht mehr erforderlich, dass es sich um beurkundungspflichtige rechtsgeschäftliche Erklärungen handelt. Als **Geschäftswert** für die hierfür zu erhebende Zusatzgebühr erscheint ein Betrag von ca. 20–30% des Wertes der Sacheinlage (gem. § 18 Abs. 3 KostO) ohne Schuldenabzug angemessen.[10]

b) Verschmelzungsbericht
Für den Entwurf des Verschmelzungsberichtes gelten die gleichen Grundsätze wie bei der Fertigung eines Sachgründungsberichtes. Zu erheben ist eine Entwurfsgebühr gem. § 145 Abs. 1 KostO. Der **Geschäftswert** ist nach § 30 Abs. 1 KostO zu schätzen. Als angemessen wird ein Teilwert von ca. 20–30% des Wertes des Verschmelzungsvertrages angesehen.

c) Prüfungsbericht bei Verschmelzung
Auch für den Entwurf des Prüfungsberichtes gelten die gleichen Grundsätze wie für den Entwurf des Verschmelzungsberichtes. Es entsteht die Entwurfsgebühr gem. § 145 Abs. 1 KostO, angemessener **Geschäftswert** sind 20–30% des Verschmelzungsvertrages.

---

7 BGBl I, 2585.
8 *Rohs/Wedewer*, § 147 Rn 4d, § 150 Rn 7; Korintenberg/*Reimann*, § 150 Rn 5, *Assenmacher/Mathias*, S. 1021 „Vertretungsbescheinigung nach § 21 BNotO". Vgl. zum früheren Streit: OLG Hamm MittBayNot 1989, 46; OLG Celle Rpfleger 1990, 43; KG DNotZ 1993, 278 = JurBüro 1992, 55 = Rpfleger 1992, 409; *Hansens*, JurBüro 1988, 561; PrüfAbt MittBayNot 1987, 1; a.A. OLG Zweibrücken JurBüro 1988, 1051; OLG Bremen DNotZ 1990, 680; OLG Schleswig JurBüro 1991, 1367.
9 Vgl. hierzu: Notarkasse, Rn 1258, Korintenberg/*Bengel/Tiedtke*, § 147 Rn 7; *Lappe*, NotBZ 2003, 194; **a.A.** OLG Celle ZNotP 2005, 197.
10 Korintenberg/*Bengel/Tiedtke*, § 147 Rn 122; *Assenmacher/Mathias*, S. 436 „Gesellschaft mit beschränkter Haftung"; Notarkasse, Streifzug, Rn 1258.

d) Entwurf des Verzeichnisses der Zeichner (Aktiengesellschaft)

26 Für den Entwurf des Verzeichnisses der Zeichner entsteht eine Zusatzgebühr gem. § 147 Abs. 2 KostO. Als angemessener **Geschäftswert** werden 10–20% des Grundkapitals (bei Neugründung) oder des Kapitalerhöhungsbetrages angesehen. Der Geschäftswert bestimmt sich nach § 39 Abs. 1 KostO und bemisst sich nach dem Wert der gezeichneten Aktien. Maßgebend ist deren Nennbetrag oder der höhere Ausgabewert.

e) Einholen der Bescheinigung über erbrachte Einlageleistung(en)

27 Für die Einholung der Bescheinigung über erbrachte Einlageleistungen entsteht eine Zusatzgebühr gem. § 147 Abs. 2 KostO. Angemessener **Geschäftswert** ist ein Teilwert von 20–30% des Wertes der bescheinigten Einlageleistungen.

f) Unbedenklichkeitsbescheinigung der Industrie- und Handelskammer

28 Wenn der Notar auftragsgemäß die Unbedenklichkeitsbescheinigung der Industrie- und Handelskammer zur Firmengestaltung einholt, handelt es sich um eine **gebührenpflichtige Tätigkeit** nach § 147 Abs. 2 KostO.[11] Obwohl auch das Registergericht von sich aus eine entsprechende Stellungnahme einzuholen hat, ist eine vorherige Abklärung der möglichen Firmengestaltung sachgerecht und kann dementsprechend nicht als unrichtige Sachbehandlung (§ 16 KostO) angesehen werden. Als **Geschäftswert** sind gem. § 30 Abs. 1 KostO ca. 10% des Wertes des Hauptgeschäftes anzusetzen, d.h. des Wertes der maßgebenden Nr. des § 41a Abs. 1 oder Abs. 4 KostO.

g) Liste der Gesellschafter

29 Der **Anmeldung einer GmbH** ist nach § 8 Abs. 1 Nr. 3 GmbHG eine Liste der Gesellschafter mit den Beträgen der jeweils übernommenen Stammeinlagen beizufügen. Ob der Entwurf dieser Gesellschafterliste durch den Notar eine Gebühr nach § 147 Abs. 2 KostO auslöst, wird in Rechtsprechung und Schrifttum unterschiedlich beantwortet.[12]

Die Rechtsprechung des OLG Hamm – in Anlehnung an die Begründung des BGH zur Betreuungsgebühr bei Fertigung der Gesellschafterliste infolge Anteilsabtretung – (vgl. nachfolgend Rn 31) ist auf den Fall der Neuanmeldung der GmbH nicht ohne weiteres übertragbar.

30 Bei der Gesellschafterliste, die der Notar nach einer Geschäftsanteilsabtretung fertigt, muss der Notar – so das OLG Hamm – die Wirksamkeit der Abtretung bezogen auf den Zeitpunkt der Einreichung der Liste, die die Veränderungen enthält, materiell prüfen und bejahen. Dies kann im Einzelfall zu einem erheblichen Prüfungsaufwand z.B. bei aufschiebend bedingten Anteilsabtretungen führen. Nach § 40 Abs. 2 GmbHG ist es zudem eine Amtspflicht des Notars, die Gesellschafterliste zeitnah zu erstellen und einzureichen. Verletzt der Notar diese Pflicht, kann daraus eine Schadensersatzpflicht nach § 19 BNotO entstehen. Diese Grundsätze gelten nicht bei Erstanmeldung einer GmbH, da der – unverändert gebliebene – § 8 Abs. 1 GmbHG eine solche Verpflichtung des Notars wie in § 40 Abs. 2 GmbHG nicht vorsieht.

Die Fertigung der Gesellschafterliste wird bei Neuanmeldung einer GmbH deshalb als gebührenfreies Nebengeschäft nach § 35 KostO anzusehen sein, zumal sich der Gesellschafterbe-

---

11 OLG Oldenburg JurBüro 1982, 1714; *Assenmacher/Mathias*, S. 182 „Betreuungsgebühr"; Korintenberg/*Bengel/Tiedtke*, § 147 Rn 129; a.M. OLG Frankfurt JurBüro 1987, 590.
12 Für eine Gebühr nach § 147 Abs. 2: OLG Celle JurBüro 1994, 41; OLG Stuttgart JurBüro 1984, 1078; OLG Saarbrücken MittBayNot 1984, 215; Korintenberg/*Bengel/Tiedtke*, § 147 Rn 113; Notarkasse, Streifzug, Rn 1257; Assenmacher/*Mathias*, S. 182 „Betreuungsgebühr". Für ein gebührenfreies Nebengeschäft: OLG Hamm ZNotP 2002, 123; OLG Frankfurt/M. DNotZ 1987, 641; OLG Karlsruhe Rpfleger 1977, 228; Rohs/*Wedewer*, § 41a Rn 11.

stand ohne weiteres aus der Satzung ergibt. Die vor Inkrafttreten des MoMiG hierzu ergangene Rechtsprechung (vgl. Fn 12) ist m.E. weiterhin anwendbar.

Bei einer **Geschäftsanteilsübertragung** wird für die Fertigung der Gesellschafterliste eine 31
gesonderte Gebühr gem. § 147 Abs. 2 KostO zu erheben sein.[13]

Durch die erfolgte Neufassung des GmbH-Gesetzes erfährt die Gesellschafterliste eine wesentlich größere Bedeutung. Zudem entsteht der vorstehend erläuterte Prüfungsaufwand, weshalb die Fertigung dieser Liste durch den Notar vom BGH[14] (Beschlussgründe) und OLG Hamm[15] m.E. zutreffend nunmehr als gebührenrelevant angesehen wird.

Dies gilt jedoch nicht für „Altfälle", d.h. für eine Fertigung der Gesellschafterliste für Beurkundungsvorgänge vor Inkrafttreten des MoMiG.

Sofern eine Gebühr bejaht wird, ist der **Geschäftswert** für die zu erhebende Zusatzgebühr 32
nach § 30 Abs. 1 KostO zu bemessen und mit 10–20% des betroffenen Rechtsverhältnisses angemessen bestimmt. Bemessungsgrundlage für eine Schätzung ist bei der Neuerrichtung einer Gesellschaft das einzutragende Stammkapital, bei späteren Anmeldungen der nach § 41a KostO jeweils zu bestimmende Wert der Anmeldung der Veränderung im Gesellschafterbestand. Hiervon ist jeweils ein angemessener Bruchteil anzusetzen.

h) Liste der Übernehmer bei Kapitalveränderungen

Die Grundsätze bei der Bewertung der Liste der Gesellschafter gelten auch für die ggf. einzurei- 33
chende Liste der Übernehmer bei Veränderungen im Kapitalbestand, sofern eine solche Liste vom Registergericht verlangt wird. Da die Registergerichte hier unterschiedlich verfahren, kann eine vorsorgliche Fertigung nicht als unrichtige Sachbehandlung (§ 16 KostO) angesehen werden, jedenfalls bei Beteiligung auswärtiger Registergerichte. Da bei Kapitalveränderung bei den einzelnen Gesellschaftern eine Änderung der ursprünglichen Liste des § 8 Abs. 1 Nr. 3 GmbHG vorliegt, denn bei dieser sind bereits die Beträge der übernommenen Stammeinlagen anzugeben, ist eine gebührenrechtliche Gleichbehandlung geboten. Anknüpfungspunkt für die Geschäftswertbemessung (10–20%) ist in diesem Fall der Kapitalerhöhungsbetrag bzw. die sich ergebenden Kapitalveränderungen.

i) Bescheinigung des neuen Satzungswortlauts nach § 54 Abs. 1 S. 2 GmbHG

Bei der Anmeldungen der **Änderung des Gesellschaftsvertrages** einer GmbH (Satzungsände- 34
rung) ist nach § 54 Abs. 1 S. 2 GmbHG eine Bescheinigung des Notars über den neuen vollständigen Wortlaut der Satzung oder des Gesellschaftsvertrages beizufügen. Nach § 47 S. 1 Hs. 2 KostO ist diese Bescheinigung des neuen vollständigen Wortlautes der Satzung oder des Gesellschaftsvertrages vom Notar **gebührenfrei** zu erteilen.[16]

Diese Bestimmung gilt jedoch nur für den Notar, der den satzungsändernden Beschluss be- 35
urkundet hat. Dieser hat die Bescheinigung kostenfrei vorzunehmen. Gibt ein **anderer Notar**, auch derjenige welcher die Anmeldung zum Handelsregister beurkundet oder entworfen hat, die entsprechende Erklärung ab oder verlautbart die Bescheinigung andere als vom Notar beurkundete Satzungsänderungen, ist kein Fall eines **gebührenfreien Nebengeschäftes** gegeben. Es

---

[13] OLG Hamm, Beschl. v. 31.5.2012 – 15 W 687/10 – BeckRS 2012, 18 884.
[14] Vgl. BGH DNotZ 2012, 389.
[15] Vgl. OLG Hamm, Beschl. v. 31.5.2012 – 15 W 687/10 – BeckRS 2012, 18 884; OLG Hamm, Beschl. v. 31.5.2012 – 15 W 687/10 –.
[16] Korintenberg/*Bengel*/*Tiedtke*, § 47 Rn 16; *Assenmacher*/*Mathias*, S. 153 „Satzungsbescheinigungen".

liegt dann für diesen Notar vielmehr eine selbständige Tatsachenbescheinigung i.S.v. § 50 KostO vor, weshalb eine Gebühr nach § 50 Nr. 1 KostO zu erheben ist.[17]

36 Entsprechendes gilt, wenn die Bescheinigung nicht nur die beurkundete Satzungsänderung betrifft, sondern **weitere Änderungen**, die vom Notar, welcher die Bescheinigung erteilt, nicht beurkundet wurden.

37 Der **Geschäftswert** bestimmt sich nach § 30 Abs. 1 KostO und wird je nach Lage des Einzelfalls zu schätzen sein. Als Ausgangswert für eine Wertbestimmung kommt der **Geschäftswert** der Anmeldung in Betracht. Hiervon wird ein angemessener Bruchteil anzusetzen sein. *Reimann*[18] nennt hier einen Wert von 10 bis höchstens 50% dieses Beziehungswertes, d.h. des nach § 41a Abs. 4 KostO zu berechnenden Geschäftswertes. In *Streifzug durch die Kostenordnung* werden 50–100% des Beschlusswertes, höchstens 500.000 EUR, als angemessen angesehen.[19]

38 Besonders zu betrachten sind die **Auslagen**. Eine **Dokumentenpauschale** fällt für die Bescheinigung selbst nicht an. Für die Herstellung der der Bescheinigung beizufügenden Urschrift der Satzung fällt jedoch eine Dokumentenpauschale an, da die Beteiligten verpflichtet sind, den Wortlaut der neuen Satzung zu liefern.[20] Ferner entsteht die Dokumentenpauschale auch für das Zusammenstellen des neuen Satzungswortlautes, ebenso wie sonstige Auslagen nach §§ 137 und 152 Abs. 2 KostO. Die Gebührenfreiheit einer Satzungsbescheinigung nach §§ 47 S. 1 Hs. 2, 35 KostO erstreckt sich nicht auf Auslagen.

j) Bescheinigung und Zusatzgebühr für das Zusammenstellen des neuen Satzungswortlauts

39 Wird der Notar mit der Fertigung des Entwurfs des neuen Wortlautes der Satzung beauftragt, ist umstritten, ob hierfür eine Gebühr gem. § 147 Abs. 1 KostO erhoben werden darf.[21]

40 Sofern man das Entstehen der Zusatzgebühr gem. § 147 KostO bejaht, bestimmt sich der **Geschäftswert** nach § 30 Abs. 1 KostO. Die Höhe des Geschäftswertes wird man nach der Schwierigkeit der Satzungsfassung, dem Umfang der Tätigkeit und der Verantwortung des Notars bemessen. Für einfach gelagerte Fälle wird ein Bruchteil von 10%, bei umfangreicheren Tätigkeiten ein Bruchteil von höchstens 50% anzusetzen sein. Beziehungswert für die Geschäftswertsbemessung ist der nach § 41a Abs. 4 KostO zu bestimmende Wert für den Entwurf der Anmeldung.[22]

k) Belehrung des Geschäftsführers über die unbeschränkte Auskunftspflicht

41 Die in § 8 Abs. 3 GmbHG vorgesehene Belehrung der Geschäftsführer der GmbH über ihre unbeschränkte Auskunftspflicht wird nach herrschender Meinung als ein **gebührenfreies Nebengeschäft** zur Registeranmeldung i.S.v. § 35 KostO angesehen.[23] Sofern der Notar die Registeranmeldung beurkundet, entworfen, den ihm vorgelegten Entwurf überprüft und/oder geändert bzw. ergänzt hat (und damit Gebühren nach § 38 Abs. 2 Nr. 5a oder § 145 Abs. 1 KostO entstanden sind), kann für diese Belehrung eine Gebühr nach § 147 Abs. 2 KostO nicht erhoben werden.

---

17 *Rohs/Wedewer*, § 47 Rn 8; *Notarkasse, Streifzug*, Rn 1271; *Korintenberg/Bengel/Tiedtke*, § 147 Rn 131; *Korintenberg/Reimann*, § 47 Rn 16.
18 *Korintenberg/Reimann*, § 47 Rn 18.
19 *Notarkasse, Streifzug*, Rn 1271.
20 *Korintenberg/Reimann*, § 47 Rn 17; *Mümmler*, JurBüro 1992, 342; a.A. OLG Zweibrücken ZNotP 2001, 167.
21 Für das Entstehen einer Gebühr: OLG Stuttgart JurBüro 1984, 1078; OLG Saarbrücken MittBayNot 1984, 215; OLG Celle JurBüro 1992, 342 und 1994, 41; *Korintenberg/Reimann*, § 47 Rn 17; *Notarkasse, Streifzug*, Rn 1272 (anders bis zur 5. Auflage). Verneinend: OLG Frankfurt Rpfleger 1980, 203; LG Hannover NdsRpfl 1991, 93; OLG Celle JurBüro 1992, 342; OLG Zweibrücken JurBüro 2001, 105; LG Stuttgart BWNotZ 2002, 45; *Rohs/Wedewer*, § 47 Rn 9; *Assenmacher/Mathias*, S. 435 „Gesellschaft mit beschränkter Haftung".
22 *Korintenberg/Bengel/Tiedtke*, § 47 Rn 48.
23 OLG Oldenburg JurBüro 1998, 322; OLG Celle JurBüro 1992, 343; *Korintenberg/Bengel/Tiedtke*, § 147 Rn 123; *Assenmacher/Mathias*, S. 436 „Gesellschaft mit beschränkter Haftung".

Der Notar welcher lediglich die Unterschrift unter dem ihm vorgelegten Entwurf beglaubigt 42
hat (Gebühr gem. § 45 KostO) kann hingegen für eine solche Belehrung die Gebühr des § 147
Abs. 2 KostO erheben. Der **Geschäftswert** für die Gebühr ist gem. § 30 Abs. 1 KostO zu bestimmen. Als Geschäftswert wird ein Bruchteil von 10–20% des Wertes der Registeranmeldung angesetzt werden können.[24]

l) Genehmigungserklärungen von Beteiligten
aa) Mittelbar Beteiligte
Das Einholen von Genehmigung lediglich mittelbar Beteiligter fällt nach übereinstimmender 43
Auffassung als **Vollzugstätigkeit** unter § 146 Abs. 1 oder § 146 Abs. 2 KostO. Bei den in § 146
Abs. 1 und 2 genannten Geschäften ist hierfür pauschal die entsprechende Vollzugsgebühr entstanden. Bei Geschäften, die in den genannten Bestimmungen nicht genannt sind, ist jedwede
Vollzugstätigkeit, also auch das Einholen derartiger Genehmigungen, als **gebührenfreies Nebengeschäft** i.S.v. § 35 KostO einzuordnen.[25]

Zu beachten ist, dass bei Entstehen der Vollzugsgebühr im Hinblick auf deren Pauschalcha- 44
rakter diese auch bei mehreren Vollzugstätigkeiten nur einmal entstehen kann. Die ggf. zu erhebende Vollzugsgebühr entsteht nicht, wenn vom Notar die entsprechende Erklärung auch entworfen wird, also die **Entwurfsgebühr** gem. § 145 Abs. 1 S. 1 KostO entstanden ist.[26]

bb) Unmittelbar Beteiligte
Das Einholen von Genehmigungserklärungen, Vollmachtsbestätigungen usw. nicht erschienener, 45
unmittelbar am Rechtsgeschäft Beteiligter wird überwiegend als **kostenpflichtige Nebentätigkeit**
nach § 147 Abs. 2 KostO eingeordnet.[27] Jedoch darf auch hier kein Entwurf gefertigt worden sein.[28]

Sofern das Entstehen der Zusatzgebühr nach § 147 Abs. 2 KostO bejaht wird, bemisst sich der 46
Geschäftswert in Anwendung des § 30 KostO mit einem Teilwert von 20–30% des Wertes der
Erklärungen, welchen zugestimmt wird.[29] Bei **Mitberechtigungen** jedoch lediglich ein prozentualer Anteil aus dem Wert der Mitberechtigung (§ 40 Abs. 2 KostO). Sind mehrere Genehmigungserklärungen bzw. Vollmachtsbestätigungen einzuholen, sind getrennte Gebühren nach
§ 147 Abs. 2 KostO zu erheben.

m) Bloße Entgegennahme von Genehmigungen
Handelt ein **vollmachtloser Vertreter** bei der Beurkundung eines Vertrages für einen anderen 47
Vertragsteil, dann ist zur Herbeiführung der Wirksamkeit des Vertrags die Einholung der Genehmigung des Vertretenen erforderlich. Wird diese auf Antrag durch den Notar nur entgegengenommen, also weder eingeholt noch ein Entwurf gefertigt, so liegt hierin nach überwiegender

---

24 Korintenberg/*Bengel*/*Tiedtke*, § 147 Rn 123.
25 Korintenberg/*Bengel*/*Tiedtke*, § 146 Rn 23 m.w.N.; *Notarkasse*, Streifzug, Rn 1822 ff. insbes. Rn 1827.
26 OLG Düsseldorf Rpfleger 1974, 411; OLG Zweibrücken DNotZ 1993, 765 = JurBüro 1994, 165; *Filzek*, S. 296;
Korintenberg/*Bengel*/*Tiedtke*, § 146 Rn 23; *Rohs*/*Wedewer*, § 146 Rn 28.
27 Korintenberg/*Bengel*/*Tiedtke*, § 146 Rn 22, § 147 Rn 112; *Lappe*, DNotZ 1990, 328; Notarkasse,
Streifzug Rn 1874; Notarkasse, MittBayNot 1980, 60; OLG Köln RNotZ 2003, 528; a.A. OLG Hamm JurBüro 1987,
418.
28 Korintenberg/*Bengel*/*Tiedtke*, § 146 Rn 22, § 147 Rn 112; OLG Düsseldorf Rpfleger 1974, 411; OLG Zweibrücken
DNotZ 1993, 765 = JurBüro 1994, 165; *Filzek*, S. 296.
29 Notarkasse, Streifzug, Rn 1875.

Auffassung ein gebührenfreies Nebengeschäft.[30] Nach anderer Auffassung entsteht die Gebühr des § 147 Abs. 2 KostO.[31]

48 Überwiegend wird die Zusatzgebühr gem. § 147 Abs. 2 KostO dann für gerechtfertigt erachtet, wenn der Notar auftragsgemäß die **Genehmigung des Vormundschaftsgerichts** als Bevollmächtigter des Vormunds entgegennimmt (§ 1829 BGB), um ihr im Wege des Selbstkontrahierens mit sich als Bevollmächtigter des anderen Vertragsteils Wirksamkeit zu verschaffen (sog. Doppelvollmacht).[32]

49 Sofern in den vorstehenden Fällen eine Zusatzgebühr angesetzt wird, dürfte der **Geschäftswert** nach § 30 KostO mit ca. 20–30% des betroffenen Rechtsgeschäftes angemessen bestimmt sein.

n) Steuerrechtliche Beratung

50 Eine Beratung in steuerrechtlicher Hinsicht durch den Notar löst die Zusatzgebühr des § 147 Abs. 2 KostO aus.[33] Der **Geschäftswert** ist nach § 30 KostO zu bestimmen und nach dem Umfang der Beratung zu schätzen, wobei etwa 10–30% des Wertes des Hauptgeschäftes angemessen sein dürften.

o) Weitere Fälle des § 147 Abs. 2 KostO

51 Weitere Beispielsfälle für das Entstehen der Zusatzgebühr gem. § 147 Abs. 2 KostO im Gesellschaftsrecht sind:
- selbständige Raterteilung und selbständige Rechtsauskünfte;
- Aufsuchen von Urkunden, die **nicht** vom Notar aufgenommen oder verwahrt worden sind;
- sonstige auftragsgemäße Beschaffung von Urkunden durch den Notar, sofern keine Vollzugstätigkeit gegeben ist;
- Einholen der Genehmigung zu einer Vereinbarung der Gesellschafter einer GmbH über die Art der Geschäftsführung;[34]
- Beistandsleistungen bei gerichtlichen Terminen, bei Vertragsabschlüssen, bei Ausfüllen von Formularen;
- Überprüfung von Schriftstücken nach Inhalt und Zweckmäßigkeit;
- Fertigung des Antrages auf Bestellung eines Nachgründungsprüfers (§ 67 UmwG i.V.m. § 52 Abs. 4 AktG) – der Geschäftswert wird mit ca. 10 % des Wertes des Umwandlungsvorganges angemessen bestimmt sein;
- Gründungsprüfung durch den Notar gem. § 33 Abs. 3 AktG[35] – der Geschäftswert wird je nach Umfang der Tätigkeit in Anwendung des § 30 Abs. 1 KostO nach pflichtgemäßem Ermessen zu bestimmen sein. Auf die bisherigen Grundsätze der Vergütungsfestsetzung bei Bestimmung durch das Registergericht kann m.E. nicht zurückgegriffen werden. Die Höchstwertvorschrift des § 39 Abs. 4 KostO ist nicht anwendbar.[36]

---

30 KG DNotZ 1973, 39; OLG Düsseldorf JurBüro 1974, 1023; LG Koblenz MittRhNotK 1996, 107; OLG Zweibrücken JurBüro 1994, 165; *Rohs/Wedewer*, § 146 Rn 29.
31 OLG Düsseldorf MittBayNot 1974, 233; *Assenmacher/Mathias*, S. 412 „Genehmigung".
32 Für eine Gebühr gem. § 147 Abs. 2 KostO: *Mümmler*, JurBüro 1989, 315; *Korintenberg/Bengel/Tiedtke*, § 147 Rn 64; OLG Stuttgart Rpfleger 1964, 132 und 1965, 184; *Bund*, DNotZ 1997, 35; a.A. KG DNotZ 1973, 39.
33 *Korintenberg/Bengel/Tiedtke*, § 147 Rn 119; *Tiedtke*, ZNotP 2001, 226 ff.
34 OLG Düsseldorf JurBüro 1979, 893.
35 Eingefügt durch Gesetz v. 19.7.2002, BGBl I, 2681.
36 *Assenmacher/Mathias*, S. 19 „Gründungsprüfung durch den Notar" m.w.N.

4. Sonstige Tätigkeiten anlässlich der Beurkundung von Beschlüssen
a) Problemstellung

Inhalt und Umfang der Amtstätigkeit des Notars, soweit er bei der Beurkundung über Willenserklärungen tätig wird, ergeben sich aus den §§ 8 ff. BeurkG. Gem. § 17 BeurkG sind dem Notar dabei **Belehrungs- und Prüfungspflichten** auferlegt. Diese Tätigkeiten sind mit der Beurkundungsgebühr abgegolten, es kann also **keine zusätzliche Gebühr** hierfür angesetzt werden. 52

Etwas anderes gilt bei der **Beurkundung von Beschlüssen**. Die Tätigkeit des Notars beschränkt sich bei der Beurkundung von Verhandlungen zwecks Beschlussfassungen lediglich in einer Tatsachenbeurkundung, insbesondere der Wiedergabe der Willensbildungen. Zu einer Beratung, Belehrung oder sonstigen Einwirkung auf die Beschlussfassungen sowie zum Entwerfen von Beschlüssen, Anträgen oder sonstigen Erklärungen besteht keine Verpflichtung, da §§ 36 ff. BeurkG keine den §§ 8 ff. BeurkG vergleichbaren Vorschriften beinhalten. 53

Oftmals wird sich die Tätigkeit des Notars im Rahmen der Beurkundung eines Beschlusses jedoch nicht nur auf die Protokollierung des Beschlusses beschränken. Dementsprechend kommt für derartige, anlässlich der Beurkundung von Beschlüssen vorgenommene Tätigkeiten das Entstehen weiterer Gebühren in Betracht. 54

b) Raterteilung

Beratungs-, Prüfung- und Belehrungspflichten bestehen für den Notar – anders als bei der Beurkundung von rechtsgeschäftlichen Erklärungen – bei der Beurkundung von Beschlüssen nicht. Soweit **auf besonderen Wunsch** eine Raterteilung erfolgt, ist daher hierfür eine Gebühr gem. § 147 Abs. 2 KostO entstanden. 55

Der **Geschäftswert** bemisst sich nach § 30 Abs. 1 KostO und ist je nach Art, Umfang und Schwierigkeit der ausgeübten Tätigkeit mit einem angemessenen Prozentsatz des Bezugswertes, d.h. des Wertes der Beschlussfassung, zu bestimmen. 56

c) Entwurf von Anträgen einzelner Aktionäre

Für das Entwerfen von Anträgen einzelner Aktionäre ist der **Geschäftswert** nach § 30 Abs. 1 zu schätzen. Ausgangswert ist der für den Antrag in Betracht kommende Wert, davon anzusetzen ist ein Bruchteil von ca. 5–30 %.[37] 57

d) Beratung des Versammlungsleiters

Auch bei der Beratung des Versammlungsleiters liegt **keine** das Hauptgeschäft fördernde oder **vorbereitende Nebentätigkeit** vor. Der **Geschäftswert** ist nach § 30 Abs. 1 zu schätzen. Der Bruchteil ist nach dem Umfang der Tätigkeit zu bemessen, wobei 10 % des Wertes der Beschlüsse als untere Grenze anzunehmen sein dürften. 58

e) Überprüfung der Ermittlung des Abstimmungsergebnisses

Häufig wird dem Notar im Rahmen einer Gesellschafterversammlung die Überprüfung der Ermittlung des Abstimmungsergebnisses und der dabei verwendeten Geräte und Hilfsmittel, insbesondere bei Großveranstaltungen, übertragen. Der **Geschäftswert** ist nach § 30 Abs. 1 KostO zu schätzen. Etwa 10–30 % des Wertes der Beschlüsse sind angemessen. 59

---

37 Notarkassse, Streifzug, Rn. 1253.

f) Entwurf des Zeichnungsscheines

60 Bei dem Entwurf des Zeichnungsscheines handelt es sich um ein **Vertragsangebot des Zeichners**. Die **Annahme** der Aktiengesellschaft erfolgt durch die Bestätigung der Zeichnung. Es handelt sich somit um eine **echte rechtsgeschäftliche Erklärung**, dessen Entwurf nach § 145 Abs. 1 S. 1 KostO zu berechnen ist. Obwohl es sich um ein Angebot handelt, ist dennoch eine 10/10 Gebühr gem. § 36 Abs. 1 KostO zu erheben, da es sich nicht um ein formbedürftiges Rechtsgeschäft handelt, bei welchem bei einem Angebot eine 15/10 Gebühr gem. § 37 KostO zu erheben wäre.[38] § 37 KostO ist nicht anwendbar.

B. Bescheinigungen gem. § 150 KostO

I. Gebühr gem. § 150 Nr. 1 KostO

61 Für eine Bescheinigung nach § 21 Abs. 1 Nr. 1 BNotO (Vertretungsbescheinigung) erhält der Notar neben einer anfallenden Beurkundungs- oder Beglaubigungsgebühr eine Gebühr von 13 EUR. Der Ansatz der Gebühr des § 150 Nr. 1 KostO setzt voraus, dass der Notar unter den Voraussetzungen und in der Form des § 21 Abs. 2 BNotO eine Vertretungsbescheinigung erteilt hat. Wird die Bescheinigung in einer **gesonderten Urkunde** erteilt, müssen die Formerfordernisse des § 39 BeurkG beachtet werden.

62 Neben der Gebühr nach § 150 Nr. 1 KostO entsteht die Gebühr nach § 147 Abs. 1 S. 1 KostO **nicht**, wenn der Notar zwecks Erteilung der Bescheinigung zuvor das Register eingesehen hat (siehe Rn 21).

63 Die Gebühr entsteht nur einmal, wenn der Notar **eine Bescheinigung** für mehrere gemeinsam zur Vertretung befugte Personen ausstellt. Werden hingegen **mehrere Vertretungsbescheinigungen** zusammengefasst, z.B. bei Vertretung der KG durch die Komplementär-GmbH und der GmbH durch ihren Geschäftsführer, entsteht die Gebühr mehrfach, auch wenn die Bescheinigungen äußerlich in einer Urkunde zusammengefasst sind.[39] § 44 KostO ist nicht anwendbar.

64 Bei Antragstellung gegenüber dem Grundbuchamt bedarf es einer Vertretungsbescheinigung nur, wenn Grundbuch und Register **nicht bei demselben Gericht** geführt werden (vgl. § 34 i.V.m. § 32 GBO) bzw. in entsprechender Anwendung § 34 GBO i.V.m. § 26 Abs. 2 GenG. So genügt z.B. zur Legitimation des Vorstandes einer Genossenschaft im Grundbuchverkehr gegenüber dem Grundbuchamt die Bezugnahme auf das Genossenschaftsregister, wenn das Grundbuch und das Register bei demselben Gericht geführt werden. Sofern in derartigen Fällen eine Vertretungsbescheinigung nicht erforderlich ist, kann eine unrichtige Sachbehandlung i.S.v. § 16 KostO in Betracht kommen. Die künftige Entwicklung im Hinblick auf die fortschreitende Möglichkeit einer Online-Registereinsicht durch die Grundbuchämter bleibt abzuwarten.

II. Gebühr gem. § 150 Nr. 2 KostO

65 Eine Gebühr in Höhe von 25 EUR entsteht für eine Bescheinigung nach § 21 Abs. 1 Nr. 2 BNotO über rechtserhebliche Umstände, die sich aus dem Handelsregister oder einem ähnlichen Register ergeben. Hierunter fallen z.B. Bescheinigungen über das Bestehen oder den Sitz einer juristischen Person oder Handelsgesellschaft, die Firmenänderung, eine Umwandlung oder sonstige rechtserhebliche Umstände.

---

[38] Vgl. Korintenberg/*Reimann*, § 37 Rn 4.
[39] OLG Hamm JurBüro 1980, 1879.

C. Bescheinigung nach § 40 Abs. 2 GmbHG

Bei Veränderungen im Gesellschafterbestand muss der Notar die Gesellschafterliste von Amts wegen mit der Bescheinigung versehen, dass die vorgesehenen Eintragungen den Veränderungen entsprechen, an denen er mitgewirkt hat und die übrigen Eintragungen mit dem Inhalt der zuletzt im Handelsregister aufgenommenen Liste übereinstimmen. 66

Diese Bescheinigung ist der Satzungsbescheinigung gem. § 54 Abs. 1 S. 2 GmbHG nachgebildet. Für die Satzungsbescheinigung kann nach der ausdrücklichen Regelung in § 47 KostO keine Gebühr erhoben werden. 67

Auch die Bescheinigung nach § 40 Abs. 2 GmbHG wird nach überwiegender Ansicht in der Rechtsprechung als gebührenfreies Nebengeschäft angesehen.[40] Anderer Auffassung ist weitgehend die Literatur.[41] Sofern eine Bescheinigungsgebühr erhoben wird, dürfte jedoch der Ansatz einer Gebühr für die Fertigung der Gesellschafterliste daneben in Betracht kommen (vgl. § 40 Rn 95).

Sofern eine Gebühr nach § 50 KostO bejaht wird, entsteht das Problem des Geschäftswertes. Ein angemessener, den Umständen des Einzelfalles entsprechender Geschäftswert wird anzusetzen sein (§ 30 Abs. 1 KostO). Ein Geschäftswert von 10–30% des Wertes der konkreten Anteilsübertragung erscheint angemessen.[42] Sikora[43] schlägt zwischen 30 und 100% dieses Wertes vor. 68

Soweit in der Literatur eine Anknüpfung an den Wert aller Geschäftsanteile oder an das Stammkapital vertreten wird,[44] dürfte dem nicht zu folgen sein, denn die Bescheinigung verhält sich gerade zum Eintritt der Wirksamkeit der konkreten Anteilsübertragung oder Kapitalmaßnahme. 69

Zu berücksichtigen ist, dass lediglich eien Bescheinigung zu der an das Registergericht zu übersendenden Liste erforderlich ist. An die Gesellschaft ist lediglich eine Abschrift der Liste (ohne eine derartige Bescheinigung) zu übermitteln. 70

---

40 OLG Stuttgart RNotZ 615; OLG Brandenburg JurBüro 2011, 208; OLG Celle JurBüro 2010, 658; OLG Hamm, Beschl. v. 31.5.2012 – 15 W 687/10 – BeckRS 2012, 18884.
41 Korintenberg/Lappe/Bengel/*Reimann*, KostO, 19. Aufl., § 50, Rn 6a, 21a; Rohs/*Wedewer*, KostO, Stand April 2012, § 50, Rn 3; Streifzug, 9. Aufl., Rn 1014, 1015; *Sikora/Tiedtke*, MittBayNot 2009, 209 ff.
42 Rohs/*Wedewer*, KostO, Stand April 2012, § 50 Rn 3 unter 9.
43 *Sikora/Tiedtke*, MittBayNot 2009, 209 ff.
44 Vgl. hierzu *Sikora/Tiedtke*, MittBayNot 2009, 209 ff.; *Filzek*, KostO, 4. Aufl. § 50 Rn 1.

Stichwortverzeichnis

Die fetten Zahlen verweisen auf die Paragraphen, die mageren Zahlen verweisen auf die Randnummern.

Abberufung Geschäftsführer
- Begründung **5** 671
- Beschluss **5** 675
- Beschlussfassung **5** 676
- einschränkende Satzungsregelungen **5** 672
- Einschränkung außerhalb der Satzung **5** 673
- einstweiliger Rechtsschutz **5** 682
- Fremdgeschäftsführer **5** 680
- gerichtliche Anfechtung **5** 679
- Gesellschafter-GF **5** 677
- Gesellschafterversammlung GmbH **5** 285
- Handelsregistereintragung **5** 678
- Inhalt der einstweiligen Verfügung **5** 687
- Scheitern **5** 688
- Verfügungsanspruch **5** 685
- Verfügungsgrund **5** 686
- Vollzug **5** 682
- vorläufige Weiterführung **5** 683
- wechselseitige **5** 691
- aus wichtigem Grund **5** 674
- Zwei-Personen-GmbH **5** 690

Abfärbewirkung **1** 118

Abfindung
- Anspruch auf Rechnungslegung **5** 648
- Anteilsbewertung **17** 166
- Bemessung bei Ausschluss **5** 664
- Darlegungs- und Beweislast bei Ausschluss **5** 665
- Einziehung von Geschäftsanteilen **5** 647
- EWIV **29** 43
- GbR **2** 86
- GmbH **5** 110, **5** 118
- Innengesellschaft **12** 13
- KG **4** 48, **4** 137
- Leistungsklage **5** 648
- OHG **3** 118
- Stufenklage **5** 648
- Umwandlung **17** 161
- Vollstreckungsabwehrklage **5** 649

Abgeltungssteuer **1** 38, **1** 55

Abkauf von Wettbewerb **25** 60

Abschirmungswirkung
- Kapitalgesellschaft **1** 15
- Personenunternehmen **1** 12, **1** 18

Abschlussprüfer **6** 38

Abspaltung **20** 20–21 *siehe auch* Spaltung

Abwicklung **3** 169

Actio pro socio
- GbR **2** 11
- GmbH **5** 538
- OHG **3** 62

Actio pro socio, Subsidiarität der **5** 540

AG
- Ablauf der Gründung **6** 19
- Ablauf Kapitalerhöhung **6** 87
- Abschlussprüfer **6** 38
- Agio **6** 24
- Aktienoptionen mittels eigener Aktien **6** 339
- Aktienoptionsplan **6** 327
- Aktienoptionspläne **6** 321
- Aktie *siehe dort*
- Anfangsvermögen **6** 30
- Aufnahme des Geschäftsbetriebs **6** 18
- Aufsichtsrat **6** 5
- auf Vorrat **6** 14
- Ausgestaltung der Aktienoptionspläne **6** 322
- Ausübungssperre der Rechte **6** 401
- Bargründung **6** 1
- Bedienung eines Optionsplans **6** 323
- Befreiungsverbot **6** 30
- Beherrschungsvertrag, grenzüberschreitender **28** 5
- Bekanntmachungen **6** 36
- Börse **6** 7
- Checkliste Ausnutzung des genehmigten Kapitals **6** 120
- Checkliste Bargründung **6** 42
- Checkliste Erwerb/Veräußerung eigener Aktien **6** 382
- Checkliste Vorstandsbericht Kapitalerhöhung **6** 119
- Doppelsitzverbot **6** 27
- Eigenkapital **6** 82
- Einbringungsvertrag **6** 59
- Einflussnahmemöglichkeiten **6** 6
- eingeschränkte Gestaltungsfreiheit **6** 4
- Ein-Mann-AG **6** 3
- Ein-Mann-Gründung **6** 13
- Einteilung des Grundkapitals **6** 85
- Errichtungsurkunde **6** 21
- erster Aufsichtsrat **6** 38, **6** 60
- Erwerb eigener Aktien *siehe dort*
- Euro-Umstellung **44** 27
- Euro-Umstellung mit Kapitaländerung **44** 29
- Familien-AG **6** 3
- Firma **6** 26
- Formkaufmann **6** 2
- fortbestehende Geldleistungsverpflichtung **6** 64
- Freiberuflergesellschaften **15** 3
- gegenläufiges Sacherwerbsgeschäft **6** 64
- Geheimnisse der Gesellschaft **6** 170

gemischte Sacheinlage 6 56
genehmigtes Kapital 6 114
Geschäftsführungsauftrag 6 28
gesetzliche Mitteilungspflichten 6 398
Gewinnthesaurierung 6 82
Gründer 6 20, 6 38, 6 61
Grundkapitalziffer 6 32
Gründungsbericht 6 61
Gründungskosten 6 37
Gründungsprüfer 6 38, 6 61
Haftungsbeschränkung 6 7
Handelsregisteranmeldung 6 40
Handelsregistereintragung 6 41
Handelsregister siehe dort
Hauptversammlung 6 5
Hin- und Herzahlen 6 64
Individualisierung der Geschäftstätigkeit 6 29
Innenfinanzierung 6 82
Kapitalbeschaffung 6 82–83
Kapitalerhöhung aus Gesellschaftsmitteln 6 83, 6 116
Kapitalerhöhung siehe dort
Kapitalherabsetzung 6 84
Kapitalmaßnahmen 6 82
kleine AG 6 8 siehe auch dort
Leistung der Sacheinlage 6 62
Mantelgesellschaft 6 15
Mehrheitseingliederung 6 388
Mindesteinlageleistung 6 39
Mindestinhalt der Satzung 6 25–35, 6 57
Mindestnennbetrag 6 22
Mindestvermögen 6 31
Mitteilung, unterlassene 6 401
Mitteilung der Beteiligungsverhältnisse 6 400
Mitteilung Directors' Dealings 6 409
Mitteilung einer Mehrheitsbeteiligung 6 399
Mitteilung einer Schachtelbeteiligung 6 399
Mitteilung Ein-Personen-AG 6 402
Mitteilung nach WpHG 6 403–408
Muster Anfechtungsklage 6 319
Muster Antrag/Bericht Nachgründungsprüfer und Sachkapitalerhöhung 6 78–79
Muster Aufsichtsrat Corporate Governance Kodex 6 259
Muster Befreiung Offenlegung Vorstandsbezüge 6 196
Muster Bekanntmachung Anfechtungsklage 6 320
Muster Bekanntmachung der Beteiligung 6 414
Muster Bekanntmachung Übernahme Beteiligung 6 419
Muster Bekanntmachung Wechsel Aufsichtsrat 6 257
Muster Bekanntmachung Zusammensetzung Aufsichtsrat 6 255
Muster Bericht des Gründungsprüfers 6 51

Muster Bericht Gründungsprüfer Sachgründung 6 71
Muster Bestätigung über die Einlageleistung 6 47
Muster Bestellungsantrag Gründungsprüfer 6 50
Muster Bestellung des ersten Vorstands 6 46
Muster Bestellung Vorstandsmitglieds 6 190
Muster Einbringungsvertrag 6 68
Muster Einladung HV (Ausgabe Optionen) 6 342
Muster Einladung HV (Erwerb eigener Aktien) 6 384
Muster Einladung HV (Inhaber-/Namensaktien) 6 126
Muster Einladung HV (Nennbetrags-/Stückaktien) 6 124
Muster Einladung HV (Squeeze Out) 6 396
Muster Einladung HV (Vorzugs-/Stammaktien) 6 125
Muster Einladung zur KapitalerhöhungsHV 6 122
Muster Einladung zur NachgründungsHV 6 80
Muster Einreichung Bekanntmachung Aufsichtsrat 6 258
Muster Erklärung zum Corporate Governance Kodex 6 195
Muster Festsetzungen der Sacheinlage 6 67
Muster Feststellungsantrag Zusammensetzung Aufsichtsrat 6 256
Muster Gegenantrag eines Aktionärs 6 316
Muster gerichtlicher Antrag Auskunftsrecht 6 318
Muster Geschäftsordnung des Vorstands 6 194
Muster Gründungsbericht 6 49
Muster Gründungsbericht Sachgründung 6 69
Muster Gründungsprotokoll 6 44
Muster Gründungsprotokoll Sachgründung 6 66
Muster Gründungsprüfungsbericht von Vorstand/Aufsichtsrat 6 70
Muster Liste der Aufsichtsratsmitglieder 6 52
Muster Meldung BaFin (Erwerb eigener Aktien) 6 385
Muster Mitteilung BaFin Abgabe Beteiligung 6 416
Muster Mitteilung BaFin Übernahme Beteiligung 6 417
Muster Mitteilung Beteiligungsabgabe 6 413
Muster Mitteilung Beteiligungserwerb 6 412
Muster Mitteilung Ein-Mann-AG 6 415
Muster Mitteilung über Directors' Dealings 6 420
Muster Nachgründungsbericht des Aufsichtsrats 6 77
Muster Nachgründungs-/Einbringungsvertrag 6 76
Muster Registeranmeldung Bargründung 6 53
Muster Registeranmeldung Bestellung Vorstand 6 191
Muster Registeranmeldung Nachgründung/Kapitalerhöhung 6 81

Muster Registeranmeldung Sachgründung 6 72
Muster Registeranmeldung Squeeze Out 6 397
Muster Registeranmeldung Widerruf Vorstand
 6 193
Muster Satzung der AG 6 54
Muster Satzung der Vorrats-AG 6 45
Muster Verlangen auf Squeeze Out 6 395
Muster Veröffentlichung Abgabe Beteiligung
 6 418
Muster Veröffentlichung über Directors' Dealings
 6 421
Muster Vorstandsbeschluss Erwerb eigener Aktien
 6 386
Muster Widerruf Bestellung Vorstand 6 192
Muster Zeichnungsschein 6 123
Muster Zugänglichmachen eines Gegenantrags
 6 317
Muster Zustimmung Aufsichtsrat Erwerb eigener
 Aktien 6 387
Nachgründung 6 73
Nachgründungsbericht 6 74
Nachgründungsvertrag 6 74
nackte Optionen 6 321, 6 326
Namensaktie 6 33
Nennbetragsaktien 6 24
Optionsanleihen 6 337
Phantom Stocks 6 324
Prinzip der realen Kapitalaufbringung 6 30
Prokura 30 113
Publikums-AG 6 3
Rechtsträgerkontinuität 6 10
Sacheinlage 6 55–56
Sachgründung 6 55
Sachübernahme 6 56
Satzungspublizität 6 55, 6 58
Sitz 6 27
Squeeze out *siehe dort*
Stock Appreciation Rights 6 324
Stückaktien 6 23
Trias der Organe 6 5
Übernahme der Aktien 6 21
Umwandlung Aktienarten 6 86
Unternehmensgegenstand 6 28
Verbot der Einlagenrückgewähr 6 343
Verbriefungsanspruch 6 34
verdeckte Sacheinlage 6 64
Vinkulierung 6 33
virtuelle Optionen 6 324
Vorgesellschaft 6 11
Vorstand 6 5
Vorstand *siehe dort*
Wandelschuldverschreibungen 6 337
Wartezeit Optionen 6 325
wirtschaftliche Neugründung 6 16
Zahl der Vorstandsmitglieder 6 35

Agio 12 99–100
Aktie
 Betriebsgrundstück 42 25
 Bezugsrechtskurs 42 23
 Freikurs 42 23
 nicht ermittelbarer Kurswert 42 24
 notierter Kurswert 42 23
 Reinvermögen 42 24
 Schätzung der Beteiligung 42 24
 Schuldenabzug 42 24
 Steuerkurswert 42 23
 Wertermittlung 42 23
Aktienoptionsplan 6 327
Akzessorische Haftung 2 71
Allklauseln 20 11–12
Anfechtungsklage
 GmbH 5 582
 Hauptversammlung 6 304
 Rechtsschutzbedürfnis 5 667
 Übertragung von Geschäftsanteilen 5 710
 Vorstand 6 176
Ankaufsrecht 5 101
Anrechnungsverfahren 1 37
Anwartschaftsbarwert 18 60
Asset Deal 25 15
Aufgeld 12 113
Auflösung
 EWIV 29 52
 GbR 2 104
 GmbH 5 632
 Handelsregister 33 153, 34 84
 Innengesellschaft 12 13
 OHG 3 168
 Stille Gesellschaft 12 64
 Unterbeteiligung 12 188
 Verein 8 46, 8 85
 VVaG 9 31
Auflösungsgründe 4 54
Auflösungsklage 5 633
Aufsichtsrat
 Aktienoptionen Vorstand 6 152
 Amtsniederlegung 6 224
 Amtszeit 6 220–221
 Anstellungsvertrag Vorstand 6 152
 Arbeitsweise der Ausschüsse 6 247
 Aufgaben 6 197
 Ausschuss 6 241
 Ausübung des Stimmrechts 6 236
 automatische Beendigung 6 225
 Beendigung der Aufsichtsratsmitgliedschaft
  6 222
 Bekanntmachung fehlerhafte Errichtung 6 204
 Beschlussfähigkeit 6 234
 Beschlussfassung 6 230
 Beschlussgebühr 41 1

Beschlussmehrheiten 6 235
Besetzung von Ausschüssen 6 246
Bestellung 6 215
Bestellung Vorstand 6 131
Business Judgement Rule 6 250
Dienst- oder Werkverträge mit Mitgliedern 6 249
doppelte Anrechnung von Aufsichtsratsmandaten 6 212
drittelparitätische Mitbestimmung 6 201
Durchsetzung der Haftung des Vorstands 6 185
Eignung 6 208
Eignung nach der Satzung 6 209
Einberufung von Sitzungen 6 231
Entsendung 6 217
Entsprechens-Erklärung 6 174
Ersatzmitglied 6 218
erster 6 38, 6 60
fehlerhafte Beschlüsse 6 238
gerichtliche Abberufung 6 223
gerichtliche Bestellung 6 219
Gesamtaufsichtsratsaufgaben 6 242
Geschäftsordnung 6 229
Größe 6 199
heilbare Beschlüsse 6 239
Höchstzahl der Aufsichtsratsmandate 6 210
Höchstzeit 6 221
Klagebefugnis als Organ 6 253
Klagebefugnis einzelner Mitglieder 6 251
Konzernprivileg 6 211
Mitbestimmung 6 200
Muster *siehe* Muster AG
nichtige Beschlüsse 6 239
Prüfungsausschuss 6 243
Repräsentant 6 227
Sitzungsleitung 6 233
Sitzungsprotokoll 6 237
Sorgfaltsmaßstab 6 250
Sorgfaltspflicht 6 250
Statusverfahren 6 203
Stellvertreter des Vorsitzenden 6 228
Teilnahme Dritter 6 233
Überkreuzverflechtung 6 214
Vergütung 6 248
Verlangen auf Sitzungseinberufung 6 232
Vermittlungsausschuss 6 244
Vorsitzender 6 227
VVaG 9 24
Wahl 6 216
weitere Beendigungsgründe 6 226
Zusammensetzung 6 199
Zustimmungsvorbehalt 6 165
Aufspaltung 20 18–19 *siehe auch* Spaltung
Aufwendungsersatz
EWIV 29 24
Kapitalgesellschaft 1 97

Auseinandersetzung
GbR 2 105–107
KG 4 137
OHG 3 173
Auseinandersetzungsguthaben 2 12
Ausscheiden eines Gesellschafters
KG 4 46
OHG 3 111
Ausschließung eines Kommanditisten 4 134
Ausschließung eines Komplementärs 4 133
Ausschließungsklage
KG 4 132
OHG 3 112
Ausschluss eines Gesellschafters
Abfindung 5 655
Abwägung 5 651
Ausschlussklage 5 658
Ausschlussklageberechtigte 5 661
Ausschlussurteil 5 666
einstweiliger Rechtsschutz 5 668
Gestaltungsurteil 5 663
GmbH 5 650
KG 4 131
OHG 3 111
Rechtsmittel 5 657
Satzungregelung 5 656
Treuhandverhältnis 5 653
Verfügungsanspruch 5 669
Verfügungsgrund 5 669
Verwirkung 5 654
wichtiger Grund 5 650
Ausschlussklage 5 658
Außengesellschaft 2 108
Außenstehende Aktionäre 24 36
Außerordentliche Kündigung 2 82
Austrittsrecht 5 111, 5 113

Bau-ARGE 2 112
Beauty Contest 25 5
Beendigung
KG 4 53
OHG 3 168
Beherrschungsidentität 1 74
Beherrschungsvertrag 24 22 *siehe* Organschaftsvertrag
Beschlussgeschäftswert 41 29
Beherrschungsvertrag, grenzüberschreitender
Abfindung 28 27
Abwicklungsverluste 28 25
AG 28 5
Arbeitnehmervertreter 28 20
Ausgleichszahlung 28 26
außenstehende Aktionäre 28 26
Barangebot 28 27
fehlerhafte Gesellschaft 28 15

fester Ausgleich 28 28
Gläubigerschutz 28 23
Grenzen der Leitungsmacht 28 22
Insolvenzverfahren 28 24
Konzernverrechnungspreise 28 6
Leitungsmacht 28 4
maßgebliches Gesellschaftsstatut 28 12
Muster 28 30
Organzuständigkeiten 28 17
Rückwirkung 28 15
Sitztheorie 28 11
Squeeze out 28 7
Stand-alone-Prinzip 28 27
Unternehmensmitbestimmung 28 19
variabler Ausgleich 28 29
Weisungsrecht 28 16
Wirksamkeit im deutschen Recht 28 15
Wirkung 28 9
Zulässigkeit 28 10
Zustimmungspflicht 28 13

Beirat, freiwilliger
Ad-hoc-Ausschüsse 16 47
Aufgabe eines Projektteams 16 16
Außenhaftung 16 67
Auswahl der Kompetenzen 16 10
Beiratsausschüsse 16 45
Beiratsgeschäftsordnung 16 41
Benennungsrechte 16 38
Berichtswesen 16 52
Beteiligung außenstehender Kapitalgeber 16 6
Bilanzausschuss 16 49
Checkliste zustimmungspflichtige Geschäfte 16 80
Corporate Governance 16 24
Delegation 16 51
D & O-Versicherungen 16 71
duales Unternehmensführungssystem 16 30
ehemaliger Geschäftsführer 16 30
Ehrenmitglieder 16 33
Einrichtung von Beiratsausschüssen 16 50
Entsenderechte 16 38
Erfolgsfaktoren 16 12
Erfolgsvergütungen 16 44
Errichtung 16 20
Ertragschancen 16 14
Fachwissen 16 31
fakultativer Aufsichtsrat 16 60
freiwilliger Aufsichtsrat 16 21
Geschäftsführungsarbeit 16 8
Größe 16 9
Haftung 16 58
Haftung (Beispiele) 16 65
Haftungsbeschränkung 16 69
Haftungsfreistellung 16 70
Haftungsgrundlagen 16 60–65

Haftungsumfang 16 63
Hauptkompetenzen 16 13
Informationsrechte 16 54
Innenhaftung 16 68
Interessenkollision 16 55
Körperschaftsteuer 16 44
Langfristplanung 16 15
Machtbalance 16 56
Marketingeffekte 16 6
Mitarbeiterbeteiligung 16 6
Mitwirkungsrecht 16 15
Muster ausführliche Beiratssatzung (GmbH & Co. KG) 16 79
Muster einfache Beiratssatzung 16 78
Muster Geschäftsordnung 16 82
Muster moderne Beiratssatzung (GmbH) 16 81
Muster Satzung beratender Beirat 16 77
Muster Vereinbarung Beiratsmitglied 16 76
Niederlegung 16 39
Organisationsverschulden 16 66
personalistisch strukturierte Gesellschaft 16 62
Präsidium 16 48
Publikumsgesellschaft 16 61
Qualifikation der Mitglieder 16 22
Risikomanagement 16 74
risikoorientierter Überwachungsansatz 16 18
Schiedsgericht 16 19
Sitzungsgeld 16 43
Sorgfaltsmaßstab 16 64
ständige Ausschüsse 16 47
strategische Allianz 16 6
strategische Unternehmensplanung 16 14
Unternehmenskrise 16 6
Unternehmensnachfolgebegleitung 16 6
Vergütung 16 42
Verschwiegenheitspflicht 16 36
Vielzahl von Gesellschaftern 16 6
Wahlverfahren 16 37
wirtschaftliche Unabhängigkeit 16 28
Wirtschaftsprüfer 16 17
Zertifizierung 16 3–4
zusätzliche Beratungstätigkeit 16 57

Beiträge
GbR 2 36, 2 38
OHG 3 59
Unterbeteiligung 12 174

Beitragspflicht 2 12
Bekanntmachungspflichten 5 128
Belegschaftsaktien 6 346
Berichtspflichten 6 280
Berufsausübungsgesellschaften 14 10
Beschluss eines Gesellschaftsorgans
Beschlussfassung 41 6
Beschlussgebühr *siehe dort*
Beurkundungsberatung durch Notar 41 45–46

Ein-Personen-GmbH 41 6
Entwurf durch Notar 41 45, 41 47–48
Geschäftswert 41 2
Beschlussfähigkeit 5 213, 5 243
Beschlussgebühr
Absetzen von Tagesordnungspunkten 41 5
Akt der Willenserklärung 41 4
Antragsrücknahme 41 51
Aufsichtsrat 41 1
Beschlussgeschäftswert *siehe dort*
Beurkundung 41 1
Beurkundung eines Widerspruchs 41 5
derselbe Gegenstand 41 36
eingetragene juristische Person 41 10
Entlastung der Verwaltungsträger 41 38
Erteilung einer Vollmacht 41 3
Feststellung der Anzahl der Aktionäre 41 5
Feststellung der ordnungsgemäßen Ladung 41 5
Feststellung zum Teilnehmerverzeichnis 41 5
GbR 41 12
gebührenfreies Nebengeschäft 41 5, 41 42
Genossenschaft 41 12
Geschäftsbericht 41 5
Geschäftswert 41 2 *siehe auch dort*
Hauptversammlung 41 1
Höchstgebühr 41 20
Kapitalerhöhung 41 39
Kapitalgesellschaft 41 10
mehrere Beschlüsse 41 35
mehrere Gegenstände 41 39
mehrere Wahlen 41 37
Negativbeschluss 41 2
nicht rechtsfähiger Verein 41 12
öffentlich-rechtliche Körperschaft 41 10
Partnergesellschaft 41 12–13
Personenhandelsgesellschaft 41 10
Personenvereinigung 41 12
privatrechtliche Stiftung 41 10
Privatrechtliche Stiftung 41 12
rechtsfähiger Verein 41 12
Rücknahmegebühr 41 51
Satzungsbescheinigung 41 42–43
Sitzverlegung 41 39
Tätigkeit des Notars 41 5
Umwandlungsgesetz 41 13
unterbliebende Beurkundung 41 50
unvollendetes Geschäft 41 50
Verein mit kaufm. Geschäftsbetrieb 41 10
Versicherungsverein auf Gegenseitigkeit 41 10
Vorgesellschaft 41 11
Vorlegung der Bilanz 41 5
Wahlen der Verwaltungsträger 41 38
Wohnungseigentümergemeinschaft 41 12
Beschlussgeschäftswert
Änderung der Einlageform 41 26

Änderung GmbH Geschäftsführer 41 17–18
Aufhebung Selbstkontrahierungsverbot 41 30
Ausnahme vom Mindestwert 41 16–17
bedingte Kapitalerhöhung 41 25
Beherrschungsvertrag 41 29
bestimmter Geldwert 41 28
bestimmter/unbestimmter Geldwert 41 39
Bewilligung von Vergütungen 41 28
Bruttowertprinzip 41 24
Einbringung eines Unternehmens 41 23
Entlastung von Vorstand und Aufsichtsrat 41 30
Ermächtigung der Vertretungsorgane 41 28
Ersatzansprüche 41 28
Feststellung des Jahresabschlusses 41 30
genehmigtes Kapital 41 25
Gewinnabführungsvertrag 41 29
Gewinnverwendung 41 28
gleichzeitige Kapitalerhöhung-/herabsetzung
  41 26, 41 39
Höchstwert 41 19
Höchstwert mehrerer Beschlüsse 41 34
innerer Zusammenhang 41 33
juristische Person nach § 33 HGB 41 15
Kapitalerhöhung 41 21
Kapitalerhöhung aus Gesellschaftsmitteln
  41 25
Kapitalerhöhung durch Grundstück 41 22
Kapitalerhöhung durch Sacheinlage 41 22
Kapitalgesellschaft 41 15
Kapitalglättung 41 28
Kapitalherabsetzung 41 26
Kreditaufnahme 41 28
Kreditlinie 41 28
mehrere Beschlüsse 41 33
Mindestwert 41 15
Musterprotokoll 41 16–18
Personenhandelsgesellschaft 41 15
Registeranmeldung des Unternehmensvertrages
  41 29
Regularien einer Versammlung 41 30
Satzungsänderung 41 30
Satzungsänderung GmbH 41 16
Satzungsänderung UG 41 16
Satzungsbescheinigung 41 42–43, 41 44
Schuldenabzug bei Kapitalerhöhung 41 22–23
Umstellung auf EUR 41 30
Umwandlung 41 32
Umwandlungsgesetz 41 28
Umwandlungsvorgang 41 32
unbestimmter Geldwert 41 14
unterbliebene Beurkundung 41 52
unvollendetes Geschäft 41 52
Veränderung von Vergütungen 41 28
Vergütungsbewilligung für den Vorstand 41 39
Vergütung von Vorstand oder Aufsichtsrat 41 30

Verlustdeckung **41** 28
Versicherungsverein auf Gegenseitigkeit **41** 15
Werteaddition **41** 33
Zusammenbeurkundung **41** 40–41
Zusammenlegung von Geschäftsanteilen **41** 39
Zustimmung Beherrschungs-/Gewinnabführungsvertrag **41** 30
Zustimmung zum Unternehmensvertrag **41** 29
Zustimmung zu Rechtsgeschäften **41** 28
Beschwerdeberechtigung
 Berufsstände **36** 27
 deklaratorische Eintragung Kapitalgesellschaft **36** 21
 konstitutive Eintragung Kapitalgesellschaft **36** 20
 Personenhandelsgesellschaften **36** 22–23
 in sonstigen Verfahren **36** 25–26
 im Zwangsgeldverfahren **36** 24
Bestellung eines Geschäftsführers **5** 287
Besteuerung
 GbR **2** 58
 GmbH & Co. KG **4** 172
 KG **4** 9
 Stille Gesellschaft **12** 82
 Übersicht Einkommen-/Körperschaftsteuer **1** 266–268
 Übersicht Erbschaft- und Schenkungsteuer **1** 271–273
 Übersicht Gewerbesteuer **1** 269–270
 Unterbeteiligung **12** 193
Besteuerung der Schenkung **3** 150
Bestimmtheitsgrundsatz **3** 91
Best practice **6** 174
Beteiligungsidentität **1** 74
Betreuungsgebühr
 Abgrenzung anwaltliche Tätigkeit **45** 3
 Ansatz **45** 12
 Belehrung des Geschäftsführers **45** 41
 Belehrungs- und Prüfpflicht **45** 54
 Beratung Beschlussbeurkundung **45** 55
 Bescheinigung Einlageleistung **45** 27
 Bescheinigung Satzungsänderung **45** 35
 einheitliche Zusatzgebühr **45** 14
 Entgegennahme von Genehmigungen **45** 47–48
 Fertigung Gesellschafterliste **45** 29
 gebührenfreies Nebengeschäft **45** 5
 gebührenfreie Vollzugstätigkeit **45** 5
 Genehmigung mittelbar Beteiligter **45** 43
 Genehmigung unmittelbar Beteiligter **45** 45
 Geschäftswert **43** 113
 Geschäftswertbestimmung **45** 15–16
 Kostenschuldner **45** 17
 Mehrheit von Geschäften **45** 13
 Mindestgebühr **45** 18
 Nebengeschäft **45** 7–8
 Nebentätigkeit **45** 1
 Register-/Akteneinsicht **45** 18
 Sachgründungsberichtsentwurf **45** 23
 Satzungsentwurf **45** 39
 steuerrechtliche Beratung **45** 50
 Subsidiarität **45** 1, **45** 4
 Unbedenklichkeitsbescheinigung IHK **45** 28
 Verschmelzungsberichtsentwurf **45** 24
 Verschmelzungsprüfungsbericht **45** 25
 Vertretungsbescheinigung **45** 20
 Voraussetzung **45** 2
 vorsorgende Rechtspflege **45** 2–3
 Zusatzgebühr **45** 1
Betrieb **17** 205
Betriebsaufgabe **11** 83
Betriebsaufspaltung **1** 62
 Arten **11** 1
 Aufdeckung stiller Reserven **11** 65
 Aufgabe der Gepräge-Rechtsprechung **11** 49
 Ausstrahlung gewerbliche Tätigkeit **1** 68, **11** 4, **11** 61
 Beendigung **1** 79, **11** 82
 Befreiung von der Gewerbesteuer **11** 15
 Beherrschung **11** 21
 Beherrschungsidentität **1** 74, **11** 19
 Besitzunternehmen **11** 1–2
 Beteiligungsidentität **1** 74, **11** 18
 Betriebsaufgabe **1** 79, **11** 83
 Betriebsgesellschaft **11** 1
 Betriebsunterbrechung **11** 88
 Betriebsverpachtung **1** 77
 Billigkeitsregelung **1** 78
 Checkliste **11** 92
 Dauervollstreckung **11** 22
 echte **1** 71, **11** 6
 einheitlicher Betätigungswille **11** 3, **11** 18, **11** 31
 einheitlicher geschäftlicher Betätigungswille **1** 63
 Einstimmigkeitserfordernis **11** 25
 Entflechtung **11** 82
 Entstehungsform **11** 52
 Erbbaurechtsgewährung **1** 73
 Ergebnisabführung **11** 72
 Formen **11** 5
 funktionale Betrachtungsweise **1** 72, **11** 38, **11** 42
 Gewerblichkeit des Besitzunternehmens **11** 59
 gewerblich geprägte **11** 77
 gewerblich geprägte Personengesellschaft **1** 80, **11** 81
 Gewinnrealisation **11** 83
 Gründe **11** 11–17
 Haftungsvorteile **11** 67
 hälftige Hinzurechnung von Pachtzinsen **11** 16
 Identität der Firmierung **11** 44
 Interessenausgleich **17** 252
 kapitalistische **11** 9

Klarenberg-Entscheidung 17 254
Kollisionsprobleme 11 75
mitunternehmerische 11 10
Muster Aufhebungs-/Übernahmevereinbarung 11 108
Muster ergebnis-/umsatzbezogener Mietvertrag 11 107
Muster Vertrag entschädigungslose Rückgabe Firmenwert 11 105
Muster Vertrag Nichtmitverpachtung Firmenwert 11 101
Muster Vertrag Nichtvorhandensein Firmenwert 11 102
Muster Vertrag Pachthöhe 11 103
Muster Vertrag (teil-)entgeltliche Rückgabe Firmenwert 11 106
Muster Vertrag unentgeltliche Überlassung Firmenwert 11 104
Muster Vertrag Verpachtung Gesamtbetrieb 11 99
Muster Vertrag Verpachtung Teilbetrieb 11 100
Nur-Besitzgesellschafter 11 27
Organschaftsverhältnis 11 71
personelle Verflechtung 1 70, 1 74, 11 18
Personengruppentheorie 11 32
Progressionsmilderung 11 86
ruhender Gewerbebetrieb 1 77, 11 87
sachliche Gewerbesteuerpflicht 11 14, 11 62
sachliche Verflechtung 1 70, 1 72, 11 34
Sale-and-lease-back 11 40
Schwester-Personengesellschaften 11 78
Steuerbarkeit von Einzelrisiken 11 66
Steuerfolgen 11 45
Steuerfolgen der klassischen 11 68
Steuerfolgen der mitunternehmerischen 11 74
steuerliche Motive 11 12
steuerliche Qualifizierung der Einkünfte/Vermögen 11 59
stille Reserven 1 77
Übertragung von Einzelwirtschaftsgütern 11 55
umgekehrte 11 8, 11 73
Umqualifizierung der Einkünfte 11 17
Umwandlung 17 240
unechte 1 71, 11 7
Unternehmensnachfolge 11 80
Unwesentlichkeitsgrenze 11 43
verdeckte Gewinnausschüttung 11 41, 11 47
Vorteile im gewerbesteuerlichen Bereich 11 13
Wahlrecht bei Verpachtung 11 89
wesentliche Betriebsgrundlage 11 35–38
Wesentlichkeit 11 42
wirtschaftliche Betrachtungsweise 1 66
zivilrechtliche Motive 11 11
zulässige Rechtsfortbildung 11 53
Zuordnung der Arbeitnehmer 17 252
Betriebsführungsvertrag 24 22

Betriebsgrundstück
  Aktie 42 25
  Geschäftsanteil 42 6
Betriebspachtvertrag 24 25
Betriebsrat
  Restmandat 17 279
  Übergangsmandat 17 279
  Umwandlung 17 72
  Unterrichtung bei Umwandlung 17 257
Betriebsteilübergang 17 230
Betriebsunterbrechung 11 88
Betriebsvereinbarungen 25 75
Betriebsverpachtung 1 77
Beurkundung
  Beschlussgebühr 41 1
  Elektronische Vermerkurkunde 32 53
  Euro-Umstellung 44 2
  Firmenbescheinigung 31 3
  Glättung 44 12
  hinreichend kundig 31 9
  Klageverzicht 43 27
  Kosten der Vertretungsbescheinigung 31 4
  mehrere Beschlüsse 41 31
  qualifizierte elektronische Signatur 32 53
  Registerrecht 32 49
  Tatsachenbeurkundung 32 51
  Umstellungsbeschluss 44 14
  Unterschriftsbeglaubigung 32 52
  unvollendetes Geschäft 41 49
  Veräußerung 42 19–22
  Vertretungsbescheinigung 31 3
  Vertretungsbescheinigung in fremder Sprache 31 8
  Verzicht Verschmelzungsbericht 43 27
  Willenserklärungen 32 50
  Zeichnungsbeglaubigung 32 49
  Zustimmungsbeschluss 43 30–33
  Zustimmungserklärung 42 17–18
Beweislast
  GmbH 5 562
  Vorstand 6 181
Bewertungsmethode 4 95
Bezugsrechtskurs 42 23
Bilanz
  GmbH 5 92
  KG 4 42
Bilanzfeststellung 2 53
Branchenschutzklauseln 3 127
Buchführung 2 51
Buchwertklausel
  GbR 2 87
  GmbH 5 123
  OHG 3 120
Bundesanzeiger 5 129
Business Judgement Rule 6 181

Cartesio-Entscheidung 17 25
Change of Control Clause 25 55
Checkliste
    AG Bargründung 6 42
    AG Erwerb/Veräußerung eigener Aktien 6 382
    AG Hauptversammlung 6 295
    Beirat zustimmungspflichtige Geschäfte 16 80
    Betriebsaufspaltung 11 92
    Formwechsel Bericht AG in GmbH 21 93
    Formwechsel GmbH in GmbH & Co. KG 21 55
    Genossenschaft Ablauf der Verschmelzung 7 28
    Genossenschaft Ausgliederung zur Neugründung 7 36
    Handelsregister AG-Gründung 34 21
    Handelsregister Beschlussanmeldung bedingte Erhöhung 34 57
    Handelsregister Ein-/Austritt und Kommanditistenwechsel 35 60
    Handelsregister Einlageversicherung 33 21
    Handelsregister Erhöhungsbeschlussanmeldung 34 52
    Handelsregister Erhöhungsdurchführungsanmeldung 34 53
    Handelsregister Gründung GmbH 33 9
    Handelsregister Kapitalerhöhung 33 120
    Handelsregister Kapitalerhöhung aus Gesellschaftsmitteln 33 137
    Handelsregister OHG Gründung 35 10
    Handelsregister ord. Kapitalherabsetzung 33 146
    Handelsregister Sachkapitalerhöhung 33 127
    Handelsregister Satzungsänderung 33 104
    Handelsregister vereinfachte Kapitalherabsetzung 33 147
    Joint Venture Vertragsabschluss 26 24
    Joint Venture Vertragsverhandlungen 26 21–23
    Joint Venture Vorüberlegungen 26 19
    KGaA Gründung 6 442
    OHG Gesellschaftsvertrag 3 41–43
    Spaltung Ablauf der Abspaltung 20 41
    Spaltung Ablauf der Ausgliederung 20 57
    Spaltung + Ausgliederung 20 72
    Stiftung Errichtung selbständige Stiftung 10 96
    Umwandlung Stationen des Verfahrens 17 294
    Verb. Unternehmen Betriebsführungsvertrag 24 221
    Verb. Unternehmen Betriebspachtvertrag 24 210
    Verb. Unternehmen Organschaftsvertrag 24 192
    Verschmelzung Ablauf 19 33
    Vertretung Zulässigkeit 30 158
Closing 25 64
Contractual Joint Venture 26 7
Corporate Citizens 10 59
Corporate Governance 6 174
    VVaG 9 56

Dauer 5 82
Deliktische Haftung 2 73
Delisting 6 262
Deregulierung des Wirtschaftsrechts 1 7
Derogation 27 26
Destinatäre 10 18
Differenzhaftung 17 143
Directors' Dealings 6 409
Discounted-Cashflow-Methode 5 119
Doppelsitz 23 42
Doppelte Buchwertverknüpfung 18 191
Doppelverpflichtungs-Theorie 2 71
Doppelvollmacht 12 207
D & O-Versicherungen 16 71
Down-stream merger 18 97
Drittbeziehungen 4 36
Duales Unternehmensführungssystem 16 30
Due Diligence 6 172, 25 20
    Ablauf der Legal Due Diligence 25 34
    Auftaktgespräch 25 34
    Auswirkungen 25 36
    Bericht 25 34
    Beweissicherungsfunktion 25 27
    Checkliste 25 34, 25 43–44
    Datenraum 25 34
    Funktion 25 24
    Garantieausschluss 25 36
    Garantien 25 30
    Gestaltungsfunktion 25 30
    Gewährleistungsfunktion 25 28
    Offenlegungsverbote AG 25 40
    Offenlegungsverbote GmbH 25 41
    Offenlegung von Informationen 25 39
    Reparaturfunktion 25 29
    Risikoermittlungsfunktion 25 25
    Schadensersatzpflicht bei Unterlassung 25 42
    Schlussbesprechung 25 34
    Umfang 25 22
    Vorkenntnis 25 38
    Wertermittlungsfunktion 25 26

Earn out Clause 25 57
Ehelicher Güterstand 3 129
Eigenkapitalersetzende Dienstleistung 1 147
Einbringung 18 19–20
    Ansatz zum Buchwert 18 161
    Anteilstausch 18 151, 18 184
    Ausgliederung 18 15
    Auslandsbezug 18 154
    Bilanzansatz der eingebrachten Anteile 18 188
    doppelte Buchwertverknüpfung 18 191
    Einbringender 18 205
    einbringungsgeborene Anteile 18 177
    Einbringungsgewinn I 18 178
    Einbringungsgewinn II 18 182

Einzelrechtsnachfolge **18** 153, **18** 204
Gegenleistung **18** 174
Gesamtrechtsnachfolge **18** 152, **18** 202
Grunderwerbssteuer **18** 170
Kapitalgesellschaft **18** 147
Mantelkauf **18** 169
Mitunternehmeranteil **18** 150
neu erhaltene Anteile **18** 194
Personengesellschaft **18** 8, **18** 200
Rückwirkung **18** 157
stille Reserven **18** 162
technische Rückwirkung **18** 207
Teilbetriebserfordernis **18** 22
Unternehmensidentität **18** 213
Unternehmeridentität **18** 213
Veräußerungsfiktion **18** 179
Veräußerungsgewinn nach Tausch **18** 197
Veräußerungspreis **18** 171
Verlustvortrag **18** 169
wesentliche Betriebsgrundlage **18** 149
Zuzahlung Gesellschaftsvermögen (Beispiele) **18** 216–223
Zuzahlung Privatvermögen (Beispiel) **18** 224–227
Einbringung der Beiträge **2** 37
Einbringungsvertrag **6** 59
Eingeschränkte Kommanditistenhaftung **1** 126
Einheitlicher geschäftlicher Betätigungswille **1** 63
Einheitliche & gesonderte Gewinnfeststellung **1** 18
Einheitsgesellschaft
Abberufung eines Geschäftsführers **1** 165
Errichtung **1** 158
fehlende gewerbliche Prägung **1** 167
Gepägeschädlichkeit **1** 169
Gläubigerschutz **1** 166
GmbH & Co. KG **1** 157, **4** 163
Kapitalschutz **1** 166
Kommanditistenversammlung **1** 164
Nachteile **1** 162
originäre Errichtung **1** 159
Vertretung **1** 163
Vertretungsregelung **1** 164
Vorteile **1** 161
Einkommensteuer
Freiberuflergesellschaften **14** 139
KG **4** 10
Unternehmenskaufvertrag **25** 90
Einkünfte aus Gewerbebetrieb
OHG **3** 21
Stille Gesellschaft **12** 95
Einkünfte aus Kapitalvermögen
Stille Gesellschaft **12** 89
Unterbeteiligung **12** 198
Einlage
KG **4** 73

OHG **3** 59
Unterbeteiligung **12** 174
Ein-Personen-AG **1** 212
Anmeldepflichtiger **1** 224
Fünf-Jahres-Frist **1** 216
Handelsregisteranmeldung **1** 220
Kapitalerhöhung **1** 219
mittelbarer Anteilsbesitz **1** 223
nachträgliches Entstehen **1** 221
Nennkapital **1** 214
Sacheinlage **1** 215
Sicherheitenbestellung **1** 217
Eintritt
GbR **2** 95
KG **4** 49
Einzelgeschäftsführung **2** 17
Einzelrecht **2** 10
Einzelrechtsnachfolge
Einbringung **18** 153, **18** 204
Vermögensübertragung **18** 4
Einzelvertretungsbefugnis **5** 18
Einzelwirtschaftsgüter **1** 34
Einziehung **6** 350
Einziehung von Geschäftsanteilen
Abfindung **5** 647
Anfechtbarkeit **5** 642
Anfechtungsklage **5** 645
Einzahlung der Stammeinlage **5** 639
Feststellungsklage **5** 643
Gesellschafterbeschluss **5** 640
GmbH **5** 106, **5** 635
Gründe **5** 637
Hinauskündigungsklausel **5** 638
Leistungsklage **5** 648
Nachschieben von Gründen **5** 646
Nebenintervention **5** 644
Wirksamkeit **5** 641
Zwangseinziehung **5** 636
Entflechtung **11** 82
Entlastung
Beschlussgebühr **41** 38
Beschlussgeschäftswert **41** 30
Hauptversammlung **6** 264
Entlastungsbetrag **1** 29
Entnahmen
OHG **3** 102
Stille Gesellschaft **12** 61
Unterbeteiligung **12** 182
Entnahmerecht **2** 56
Entnahmesperre **1** 149
Entnahme- und Einlageverhalten **1** 18
Entziehung der Vertretungsbefugnis **2** 23
Equity Joint Venture **26** 9
Erbschafts-/Schenkungsteuer
KG **4** 10

Nießbrauch 13 50
OHG 3 28
Ergebnisabführungsvertrag 24 78
Ergebnisverteilung
    GbR 2 54
    GmbH 5 95
    KG 4 41
    OHG 3 100
Ergebnisverteilungsregelung 1 27
Erlassvertrag 5 466
Ermächtigungsbeschluss Aktienerwerb
    Anteil am Grundkapital 6 355
    Aufteilung der Bezugsrechte 6 365
    Ausschluss des gesetzlichen Bezugsrechts 6 363
    fehlende Angaben 6 357
    Gleichbehandlungsgebot 6 361
    Grenzen Gegenwert 6 354
    Inhalt 6 353
    Tätigkeit des Vorstandes 6 366
    Veränderung Grundkapitalziffer 6 356
    vereinfachter Bezugsrechtsausschluss 6 364
    zulässige Erwerbszwecke 6 359
    zulässige Erwerbszwecke (Auswahl) 6 360
    Zustimmung des Aufsichtsrats 6 367
Errichtung
    Beirat, freiwilliger 16 20
    GbR 2 1
    GmbH 5 4
    Innengesellschaft 12 7
    Stille Gesellschaft 12 44
Ersatzansprüche
    Gesellschafterversammlung GmbH 5 291
Ertragsnießbrauch 13 6
Ertragssteuer 3 21
Ertragswertklauseln
    GmbH 5 126
    OHG 3 120
Ertragswertverfahren 14 25
Erwerb eigener Aktien
    Abfindung von Aktionären 6 347
    auf Rechnung der AG 6 378
    Belegschaftsaktien 6 346
    Einkaufskommission 6 348
    Einziehung 6 350
    Ermächtigungsbeschluss *siehe dort*
    Fähigkeit zur Rücklagenbildung 6 370
    Gesamtrechtsnachfolge 6 349
    10%-Grenze 6 369
    Handelsbestand 6 351
    Hauptversammlung 6 352
    Insiderhandelsverbot 6 379
    Mitteilungspflichten 6 379, 6 381
    Neutralisierung der Mitgliedschaftsrechte 6 376
    Schadensabwehr 6 345
    Schranken des Erwerbs 6 368
    tatsächliche Rücklagenbildung 6 372
    Tochterunternehmen 6 378
    unentgeltlicher Erwerb 6 348
    Unterrichtung der Hauptversammlung 6 374
    unzulässiger Erwerb 6 377
    Verbot der Kurs- und Marktmanipulation 6 379
Erwerbsgesellschaften 2 109
Euro-Glättung 5 336, 5 360
Euro-Umstellung
    AG 44 27
    Anmeldung 44 9
    Anmeldungsgeschäftswert 44 10
    Beschlussfassung 44 2
    Beschlussgeschäftswert 44 7
    Beurkundung 44 2
    Beurkundungsgebühr 44 4
    Entwurfsgebühr 44 3
    Entwurfsgeschäftswert 44 6
    Höchstgebühr 44 6
    Höchstgeschäftswert 44 6–7
    KG 44 31
    kleine AG 44 28
    mit Kapitaländerung *siehe dort*
    rechnerische Umstellung 44 1
    Satzungsänderung 44 5
Euro-Umstellung mit Kapitaländerung 44 1
    AG 44 29
    Anmeldegebühr 44 22
    Einlageneinbringung 44 20
    Entwurfsgebühr 44 22
    Erhöhung aus Gesellschaftsmitteln 44 19
    Gebühr 44 11
    Gebühr Einbringungsvertrag 44 20
    Gebühr Übernahmeerklärung 44 20
    Geschäftswert 44 12, 44 22–26
    Glättungsmaßnahme 44 12
    GmbH 44 11
    Kapitalschnitt 44 18
    KG 44 33
    Mindestglättung 44 11
    weitere Kapitalerhöhungsmaßnahme 44 16–17
EWIV
    Abfindung 29 43
    Abtretung der Mitgliedschaft 29 39
    Abwicklung 29 54
    Altverbindlichkeiten 29 44
    Anwendungsbeispiele 29 1–3
    Auflösung 29 8, 29 52
    Auflösungsgründe 29 53
    Aufnahme neuer Mitglieder 29 44
    Aufwendungsersatz 29 24
    Auskunftsrecht 29 24
    Ausscheiden eines Mitglieds 29 42
    Beitragspflicht 29 26
    Beschäftigungsverbot 29 8

Beteiligungsverbot **29** 8
Einschränkung der Vertretungsbefugnis **29** 35–36
einstimmige Beschlüsse **29** 30
Einstimmigkeit **29** 29
Entnahmerecht **29** 24
EWIV-VO **29** 4
fakultative Organe **29** 37
Firma **29** 13
Freiberufler **29** 10
Gemeinschaft der Mitglieder **29** 28
gesamtschuldnerische Haftung **29** 48
Gesamtvertretung **29** 33
Geschäftsführung **29** 32
Gesellschaftsstatut **29** 11
Gewinnanspruch **29** 24
Grundsatz der Einzelvertretung **29** 33
Haftung der Mitglieder **29** 46
Haftung der Neu-Mitglieder **29** 49
Handelsgesellschaft **29** 5
Hilfsfunktion **29** 7
Hinterlegung von Urkunden **29** 16
Holdingverbot **29** 8
Insolvenz **29** 55
Kapitalmarktverbot **29** 8
Konzernleitungsverbot **29** 8
Kreditgewährungsverbot **29** 8
Mehrheitsbeschlüsse **29** 31
Mindestkapital **29** 45
Mindestmitgliederzahl **29** 23
Mitglieder **29** 21
Mitgliederwechsel **29** 38
Muster Gründungsvertrag **29** 56
Muster Registeranmeldung **29** 57
Nachhaftung **29** 50
Nichtigkeit **29** 51
Offenlegungspflichten **29** 16
Organe **29** 27
Publizitätspflicht **29** 19
Publizitätspflichten **29** 19
Rechte der Mitglieder **29** 24
Rechtsquellen **29** 6
Registereintragung **29** 15–16
Stimmrecht **29** 24
subsidiäre Haftung **29** 47
Tätigkeitsverbote **29** 8
Teilhabe an der Kooperation **29** 24
Treuepflicht **29** 25
Umfang der Vertretungsmacht **29** 34
Vererblichkeit der Mitgliedschaft **29** 41
Verlustausgleichspflicht **29** 26
Vertretung **29** 33
Vornahme der Offenlegung **29** 20
Vor-Vereinigung **29** 17
wirtschaftliche Tätigkeit **29** 22
Zweck **29** 7

FamFG 32 2
Abhilfeentscheidung **37** 28
Altfälle **32** 6
Aufforderung zur Satzungsänderung **36** 46
Ausschluss der Beschwerde **37** 11
Beschwerde **37** 1
Beschwerdeberechtigung *siehe dort*
Beschwerdefrist **37** 17
Beschwerdeschrift **37** 13
Bundesgerichtshof **37** 33
Dienstaufsichtsbeschwerde **37** 10
Einleitungspflicht bei Mangelfeststellung **36** 46
Einspruch **37** 2
Eintragung **37** 6
Eintragungsberichtigung **37** 7
Entscheidung des Beschwerdegerichts **37** 29
Fassungsbeschwerde **37** 7
Frist der sofortigen Beschwerde **37** 39
früheres Mangelfeststellungsverfahren **36** 48
Gebühren eines Beschwerdeverfahrens **37** 43
Grundsatz der Erhaltung der Eintragung **37** 6
Handelsregisterverordnung **32** 4
Inhalt der Beschwerde **37** 14
Kostenerinnerung **37** 44
Löschungsverfahren *siehe dort*
Mangelfeststellungsverfahren **36** 45
Muster Beschwerde Bestellung Notgeschäftsführer **37** 48
Muster Beschwerde Zurückweisungsbeschluss **37** 46
Muster Einspruch gegen Zwangsgeld **36** 50
Muster Widerspruch gegen Löschungsankündigung **36** 52
notwendige Beschwer **37** 18
Ordnungsgeldverfahren *siehe dort*
Rechtsbeschwerde **37** 32
Rechtsbeschwerdefrist **37** 35
Rechtsbeschwerdeschrift **37** 35
Rechtsmittel gegen Rechtspflegerentscheidungen **37** 41–42
Rechtsverletzungen **37** 32
Rücknahme der Beschwerde **37** 16
sofortige Beschwerde nach der ZPO **37** 37
Statthaftigkeit der Beschwerde **37** 4
verfahrensleitende Anordnungen **37** 9
Verwirkung der Beschwerde **37** 11
Verzicht auf Beschwerde **37** 11
Vollmacht **37** 15
Widerspruch **36** 47
Zulassung Rechtsbeschwerde **37** 34
Zurückverweisung **37** 29
Zurückweisungsentscheidung **37** 5
zuständiges Beschwerdegericht **37** 12
Zuständigkeit Rechtsbeschwerde **37** 33

Zwangsgeldverfahren *siehe dort*
Zwischenverfügungen 37 8
Familiengesellschaft 4 7
Fehlbetragsbeschluss 4 116
Fehlende Offenlegung 1 88
Fehlerhafte Gesellschaft
    Beherrschungsvertrag, grenzüberschreitender 28 15
    OHG 3 135
    Organschaftsvertrag 24 70
    stille Gesellschaft 12 65
Feststellungsklage
    Einziehung von Geschäftsanteilen 5 643
    GmbH 5 605
    Übertragung von Geschäftsanteilen 5 712
    Verein 8 60, 8 74
Firma
    AG 6 26
    EWIV 29 13
    GbR 2 4
    GmbH 5 43
    OHG 3 52
Firmenwahrheit 3 52
Forderungsverzicht 5 462
Form des Gesellschaftsvertrages
    GbR 2 3
    GmbH 5 7
    KG 4 14
    OHG 3 33, 3 136
Formwechsel 21 3
    Abspaltung mit Buchwertfortführung 21 37
    Acht-Monats-Frist 21 40
    AG in GmbH 21 44
    Berichtsmindestinhalt 21 12
    Beschlussmindestinhalt 21 16
    Checkliste Bericht AG in GmbH 21 93
    Checkliste GmbH in GmbH & Co. KG 21 55
    Einheitlichkeit der Beteiligung 21 65
    Eintragungshindernis 21 14
    erweitertes Anwachsungsmodell 21 63, 21 70
    Firmierung 21 31
    formwechselnde Rechtsträger 21 9
    Geschäftswert 21 5
    GmbH in AG: Ablauf 21 42
    GmbH in AG: Beschlussinhalt 21 43
    Grundbuchberichtigungsantrag 43 118
    Grunderwerbsteuer 21 54
    Gründungsvorschriften des Aktienrechts 21 39
    Hauptanwendungsfall 21 23
    Höchstgebühr 43 88
    Identitätsgrundsatz 21 25
    Identitätswahrung 21 4
    Muster AG in GmbH Beschluss 21 90
    Muster Beschluss Beitrittsmodell 21 58
    Muster Beschluss Identitätsgrundsatz 21 57

    Muster Einladung zur Hauptversammlung 21 92
    Muster GmbH & Co.KG in GmbH Beschluss 21 79
    Muster GmbH in AG Beschluss 21 84
    Muster GmbH in GmbH & Co. KG Treuhandvertrag 21 56
    Muster Gründungsbericht AG 21 85
    Muster Gründungsprüfungsbericht AG 21 86
    Muster KG in GmbH Beschluss 21 77
    Muster Registeranmeldung 21 59–61, 21 78, 21 80–81, 21 88, 21 91
    Muster Sitzungsprotokoll Aufsichtsrat 21 87
    nicht-verhältniswahrender 21 19
    Publikums-AG 21 20
    Rechtsträger neuer Rechtsform 21 10
    Registeranmeldung 21 21–22
    Spaltungsmodell 21 35
    Steuerbilanz 21 13
    Treuhandmodell 21 29–30
    Übernahme der persönlichen Haftung 21 27–28
    Umwandlung GmbH in AG 21 38
    Umwandlungsvertrag/-plan 21 17
    Verlustmitnahme 21 52
    Vermögensaufstellung 21 13
    Verschmelzungsmodell 21 33
    Verwechslungsgefahr 21 31
    VVaG 9 49
    Wirksamwerden 21 51
Fortbestehende Geldleistungsverpflichtung 6 64
Fortsetzungsklausel
    GbR 2 85, 2 94
    OHG 3 107
Freiberuflergesellschaften
    Abfindung 14 103
    Abfindungsbeschränkungen 14 35
    Abwerbeverbot 14 41
    AG 15 3
    Alleinhandeln 14 75
    Altverbindlichkeiten 14 79
    Anwalts-AG 14 57
    Anwalts-GmbH 14 57
    Architekten 14 165
    Ärztekammer 14 161
    Aufnahme neuer Sozien 14 101
    Auseinandersetzungsguthaben 14 103
    Beiträge 14 65
    Berufsausübungsgesellschaft 14 47, 14 50
    Berufsausübungsgesellschaft (Beispiele) 14 55
    Berufsausübungsgesellschaften 14 10
    Berufshaftpflicht 14 85
    Berufsrechtsvorbehaltsaufgaben 14 19
    Beschränkung der Geschäftsführung 14 51
    Bewertung 14 24
    Bilanzierungspflicht 15 5
    Bürogemeinschaft 14 132

Einkaufsmodell **14** 101
Einkommensteuer **14** 139
Einnahme-Überschussrechnung **14** 93
Entstehung **14** 63
erlaubte Soziierungen **14** 16
Erprobungsphase **14** 102
Ertragswertverfahren **14** 25
Fördergesellschaften **14** 59, **14** 137
Gegenstand der Gesellschaft **14** 9
gemeinsamer Briefbogen **14** 134
gemeinsame Willensbildung **14** 52
Gemeinschaftsmandat **14** 17
Gemeinschaftsmandate **14** 54
Gemeinschaftspraxis **14** 160
Genossenschaft **15** 3
Gesellschafterversammlung **14** 76
Gesellschaftszweck **14** 64
Gewerbesteuer **14** 141, **15** 7
Gewinnaufbaumodell **14** 98, **14** 101, **14** 153
Gewinnvergemeinschaftungsgesellschaften **14** 11, **14** 57
Gewinnverteilung **14** 94
Goodwill **14** 24
Haftung **14** 22, **14** 78
Haftungsbeschränkung **14** 82
Haftung von Scheinsozien **14** 23
Hinauskündigung **14** 102
IBT-Methode **14** 34
interne Aufgabenteilung **14** 67
interprofessionelle Sozietäten **14** 20–21
Ist-Versteuerung **14** 143
kalkulatorischer Unternehmerlohn **14** 34
Kapitalgesellschaften **15** 1
Kappungsgrenze **14** 104
Kaufpreisersatzmodell **14** 101
Kfz **14** 100, **14** 145–147
Kooperationen **14** 59
Körperschaftsteuer **15** 4
Kostenumlagegesellschaften **14** 6, **14** 11, **14** 58, **14** 130
Krankheit **14** 88
Kündigungsregelungen **14** 106
Lockstep-System **14** 95
Mandantenübernahmeklauseln **14** 41
Mandatsanrechnungsklauseln **14** 39
Mandatsschutzklauseln **14** 40
modifiziertes Ertragswertverfahren **14** 26
Muster Berechnungsbeispiel Praxiswert **14** 171
Muster Registeranmeldung WP/StB-GmbH **15** 16
Muster Schiedsvertrag Rechtsanwälte **14** 157
Muster Sozietätsvertrag fünf RAe **14** 159
Muster Sozietätsvertrag zwei RAe **14** 156
Muster Vertrag einer Bürogemeinschaft **14** 174
Muster Vertrag WP/StB-GmbH **15** 15
Muster Vertrag Zusammenarbeit RA/StB **14** 176

Nachhaftung **14** 80
Name **14** 71
Organisationsgesellschaften **14** 10, **14** 56
Partnerschaftsgesellschaft **14** 61, **14** 108 siehe auch dort
Pension **14** 104
Praxisbewertung **14** 153
Praxisgemeinschaft **14** 160
Praxiswert **14** 35
produktivitätsorientierte Systeme **14** 96
Punktzahlsystem **14** 95
rainmaker **14** 96
Rechtsanwalts-GmbH **15** 1–2
Schein-Außensozietät **14** 133
Scheinsozietät **14** 70
Schrankentrias **14** 41
Sekundärhaftung **14** 86
Selbstorganschaft **14** 74
Sozien **14** 68
Sozietät **14** 60
Spezialisierung **14** 3
spezifischer Zweck **14** 48
Sternsozietät **14** 68
Steuerbelastungsvergleich Sozietät/GmbH **15** 10
Steuerberater **14** 5
Steuersparmodell **15** 11
Teilmitnahme des Mandantenstamms **14** 37
Übergewinnverrentung **14** 26
Überleitung des Mandantenstamms **14** 30
Überörtliche Sozietät **14** 107
Übersicht Steuerbelastung **15** 13
Umsatzsteuer **14** 142, **15** 8
Umsatzwertverfahren **14** 25
Unternehmensberatungsgesellschaften **14** 7
verdeckte Gewinnausschüttung **15** 7
Verjährung **14** 86
Verschwiegenheitspflicht **14** 135
Versorgungsregelungen **14** 104
Werbung **14** 90
Wettbewerbsverbot **14** 41, **14** 89
Wirtschaftsjahr **14** 92
Wirtschaftsprüfer **14** 5
Freiberufler-Personenhandelsgesellschaft 1 105
Abfärbwirkung **1** 118
Amtslöschung mit Wirkung für die Zukunft **1** 125
berufsrechtliche Zulässigkeit **1** 110
eingeschränkte Kommanditistenhaftung **1** 126
Eintragungsfähigkeit **1** 106
Formkaufleute **1** 120
gewerblich geprägte Personengesellschaft **1** 119
Gleichbehandlungsgrundsatz **1** 120
Haftungsbeschränkung der Kommanditisten **1** 112
Kleingewerbe **1** 122
reine Freiberufler-KG **1** 113

Treuhandtätigkeit **1** 121
überwiegende Treuhandtätigkeit **1** 108, **1** 122
Überwiegenserfordernis **1** 116
Vollhaftung aller Gesellschafter **1** 112
Freigabeverfahren 5 364
Hauptversammlung **6** 305
Freikurs 42 23
Fremdgeschäftsführerbestellung 1 199
Fremdhandlungswille 30 20
Fremdvergleich 4 87
Fünftelungsregelung
Kapitalgesellschaft **1** 56
Personenunternehmen **1** 23

GbR
Abfindung **2** 86
Actio pro socio **2** 11
Aktivprozess **2** 78
akzessorische Haftung **2** 71
Auflösung **2** 104
Auseinandersetzung **2** 105–107
Auseinandersetzungsguthaben **2** 12
Ausschließung **2** 84
Außengesellschaft **2** 108
außerordentliche Kündigung **2** 82
Bau-ARGE **2** 112
Beiträge **2** 36, **2** 38
Beitragspflicht **2** 12
Belastung des Gesellschaftsanteils **2** 91
Beschlussgebühr **41** 12
Besteuerung **2** 58
Bilanzfeststellung **2** 53
Buchführung **2** 51
Buchwertklausel **2** 87
Dauergesellschaften **2** 109
deliktische Haftung **2** 73
Doppelverpflichtungs-Theorie **2** 71
Einbringung der Beiträge **2** 37
einfache Nachfolgeklausel **2** 97
Eintrittsklausel **2** 95
Einzelgeschäftsführung **2** 17
Einzelrecht **2** 10
Entnahmerecht **2** 56
Entziehung der Vertretungsbefugnis **2** 23
erbrechtliche Regelung **2** 100
Ergebnisverteilung **2** 54
Ermittlung der Mitunternehmereinkünfte **2** 61
Errichtung **2** 1
Erwerb durch Surrogation **2** 41
Erwerbsgesellschaften **2** 109
Erwerb von Gegenständen und Rechte **2** 40
Firma **2** 4
Form des Gesellschaftsvertrags **2** 3
Fortsetzungsklausel **2** 85, **2** 94
Gelegenheitsgesellschaften **2** 109

gemeinsamer Zweck **2** 8
Gesamtgeschäftsführung **2** 16
Gesamthandsgemeinschaft **2** 24
Gesamthandsvermögen **2** 24
Gesamtrechtsnachfolge **2** 42
Geschäftsführung **2** 14
Gesellschafterkonten **2** 46
Gesellschaftsvermögen **2** 24
Gesellschaftsvertrag **2** 2
gesetzliche Auflösungsgründe **2** 104
gesetzliche Haftung **2** 71
Gewerbesteuer **2** 65
Gewerbesteuer bei gemischter Betätigung **2** 68
Gewerbesteuerumlage **2** 55
Gewinnanspruch **2** 12
Gewinnvoraus **2** 19
Grundbuchfähigkeit **2** 28
Grunderwerbsteuer **2** 70
Grundlagengeschäfte **2** 15
Haftung des Geschäftsführers **2** 19
Haftung des Neu-Gesellschafters **2** 74
Haftungsbeschränkung **2** 75
Handelsgewerbe **2** 8
Handwerker **2** 111
Individualansprüche **2** 11
Informations- und Kontrollrecht **2** 12
Innengesellschaft **2** 108
juristische Personen **2** 7
Kapitalanteil **2** 44
Kapitalkonto I **2** 46
Kapitalkonto II **2** 47
Kontoarten **2** 47
Kreditkonsortium **2** 116
Kündigung bei Volljährigkeit **2** 83
Kündigungsrecht **2** 12
Liquidation **2** 106
Mindestanzahl Gesellschafter **2** 5
Mindestinhalt des Gesellschaftsvertrags **2** 4
Mitwirkung bei Geschäftsführung **2** 12
Mitwirkung bei Liquidation **2** 12
Mitwirkung bei Vertretung **2** 12
Mitwirkungsrechte und -pflichten **2** 9
Muster Grundstücksverwaltungsgesellschaft **2** 119
Muster kapitalistische Vertragsgestaltung **2** 119
Muster personalistische Vertragsgestaltung **2** 121
Muster Unternehmenstragende Erwerbsgesellschaft **2** 121
Nachfolgeklausel **2** 96
Nachhaftung **2** 74
Nachschusspflicht **2** 106
natürliche Personen **2** 6
ordentliche Kündigung **2** 81
Parteifähigkeit **2** 76
Passivprozess **2** 78

Personenvereinigungen 2 7
Pflichtteilsansprüche 2 103
qualifizierte Nachfolgeklausel 2 98
Rechnungsabschluss 2 51
Rechtsfähigkeit 2 25–33
Schiedsgutachterklausel 2 90
Selbstorganschaft 2 14
Sicherheitenpool 2 116
Sozialansprüche 2 11
Stammrecht 2 10
Stellung des Gesellschafter-GF 2 19
steuerliche Erfassung 2 57
Steuerrechtssubjekt 2 30
Stimmrecht 2 12
Tod eines Gesellschafters 2 92
Treuepflicht 2 13
Übertragung des Gesellschaftsanteils 2 91
Umfang der Geschäftsführungsbefugnis 2 18
Umfang der Vertretungsbefugnis 2 21
Umsatzsteuer 2 69
Vergütung des Geschäftsführers 2 19
Vermögensgesellschaften 2 113
Vermögensrechte und -pflichten 2 10, 2 12
vermögensverwaltende 2 62
Vertretungsbefugnis des Geschäftsführers 2 20
Verwaltungsrechte und -pflichten 2 9, 2 12
Widerspruchsrecht 2 12

GbR mbH
Beschränkung der Vertretungsmacht 1 171
Formfreiheit 1 170
Geschäftsführungsbefugnis 1 171
Gestaltungsfreiheit des Innenverhältnisses 1 170
GmbH & Co. GbR mbH 1 173
Haftungsbeschränkung 1 171

Gebühr
Abspaltung zur Aufnahme 43 49
Abspaltung zur Neugründung 43 56
Aufspaltung zur Aufnahme 43 49
Aufspaltung zur Neugründung 43 56
Belehrungs-/Prüfungspflicht 43 110
Entwurfshöchstgebühr 43 111
Euro-Umstellung 44 3
Euro-Umstellung mit Kapitaländerung 44 11
Fertigung Gesellschafterliste 45 29
Formwechselbeschluss 43 88
Genehmigung mittelbar Beteiligter 45 43
isolierte Beratung 43 112
isolierte Beurkundung 43 108
Kapitalmaßnahmen Spaltung 43 68–69
nicht erschienener Gesellschafter 43 94–96
öffentliche Hand 43 85
Registeranmeldung Spaltung 43 80
Registerberichtigung Umwandlung 43 125
Registereintragung Umwandlung 43 126
Umwandlungsentwürfe 43 103–104

Unterschriftsbeglaubigung Umwandlung 43 107
Verbot der Gebührenvereinbarung 43 14
Vermögensübertragung 43 87
Verschmelzung 43 21, 43 23
Vertragsentwurf Formwechsel 43 116–117
Verzichtserklärung Formwechsel 43 93
Verzichtserklärung zur Spaltung 43 73–74
Zeichnerverzeichnisentwurf 45 26
Zeichnungsscheinsentwurf 45 60
Zusammenbeurkundung auf Verlangen 43 13
Zustimmungsbeschluss Ausgliederung 43 66
Zustimmungsbeschluss Spaltung 43 66
Zustimmungserklärung Formwechsel 43 93
Zustimmungserklärung zur Spaltung 43 73–74

Gegenläufiges Sacherwerbsgeschäft 6 64
Gelatine-Entscheidungen 6 263
Gemeinnützige Zwecke 7 123
Gemeinsamer Zweck
GbR 2 8
OHG 3 56
Gemeinschaftspraxis 14 160
Generalhandlungsvollmacht 30 122–123
Generalvollmacht
Abspaltungsverbot 30 148
Beglaubigung 30 151
betriebsfremde Dritte 30 143
Betriebsführungsverträge 30 142
Erlöschen 30 152
Ersetzung der Vertretungsorgane 30 146
Niederlassungsleiter 30 141
rechtsgeschäftliche 30 147
schlüssige Erteilung 30 150
Selbstorganschaft 30 148
Stufenleiter des HGB 30 144
Umdeutung 30 149
Zulässigkeit 30 145

Genossenschaft
Arten der Verschmelzung 7 27
Ausgliederung zur Neugründung 7 35
begrenzte Übertragbarkeit 7 13
Beschlussgebühr 41 12
Beteiligungsfonds 7 12
Checkliste Ablauf der Verschmelzung 7 28
Checkliste Ausgliederung zur Neugründung 7 36
Entwicklung 7 4
Förderzweck 7 3
Freiberuflergesellschaften 15 3
Kann-Aufgaben 7 19
Marktgenossenschaft 7 7
Merkmale 7 1
Mindestmitgliederzahl 7 6
Muster Beurkundung Ausgliederungsbeschlusses
  7 39
Muster Beurkundung Verschmelzungsbeschlusses
  7 32

Muster Gemeinsamer Verschmelzungsbericht 7 30
Muster Gutachten bei Ausgliederung 7 38
Muster Registeranmeldung 7 33
Muster Registeranmeldung Ausgliederung 7 40
Muster Satzung 7 25
Muster Spaltungsplan 7 37
Muster Verschmelzungsgutachten 7 31
Muster Verschmelzungsvertrag 7 29
Personenbezug 7 23
Prüfer 7 18
Prüfungsverband 7 6, 7 15
Verschmelzung 7 26
Zugang zum Kapitalmarkt 7 8
Gerichtsstandsvereinbarung 3 138
Gesamtgeschäftsführung
GbR 2 16
GmbH 5 66
Gesamthandsgemeinschaft
GbR 2 24
GmbH 5 10
OHG 3 7
Gesamthandsvermögen
GbR 2 24
Innengesellschaft 12 3
Gesamtrechtsnachfolge
Einbringung 18 152, 18 202
GbR 2 42
KG 4 137
Vermögensübertragung 18 4
Gesamtvertretung 5 18, 5 66
Geschäftsanteil
Abtretung 42 22
Abtretungsgegenstand 5 312
Anteil am Reinvermögen 42 5
atypische Ausgestaltung des Pfandrechts 5 326
ausländischer Notar 5 310
Austauschvertrag 42 14
Berücksichtigung des Vermögens 42 4
Beschlussgebühr 42 19
Beschlussgeschäftswert 42 21
Bestellung eines Pfandrechts 5 324
Betriebsgrundstück 42 6
Einziehung 5 635 *siehe auch dort*
Einziehungsgründe 5 637
Ertragsaussichten 42 4
Form der Abtretung 5 308
Form der Option 5 322
Garantie bei Veräußerung sämtlicher Anteile 5 318
Garantien 5 316
gemeinnützige GmbH 42 8
Geschäftswert 42 2
Gesellschafterliste 5 319
Gewinnbezugsrecht 5 314

gutgläubiger Erwerb 5 320
Haftung für Mängel 5 316
Heilung eines Formmangels 5 309
Kapitalgesellschaft 42 1
Kaufpreis 5 313, 42 15
Kosten Abtretungszustimmung 42 17
Muster Optionsvertrag 5 328
Muster Verkaufs- und Abtretungsvertrag 5 327
Muster Verpfändung für Ansprüche aus Geschäftsverbindung 5 329
Muster Verpfändung für Darlehensansprüche 5 330
Neugründung mit Bareinlage 42 7
Nominalwert 42 7
Notarkosten 42 2
Option 5 321
Personenunternehmen *siehe dort*
Position des Anteilsinhabers 5 317
Rückübertragungsverpflichtung 42 8
Schuldenabzug 42 5
tatsächlicher Verkehrswert 42 6
Teilung 5 311
Treuhandauflage 42 8
Treuhänder 42 10, 42 12
Treuhandvertrag 42 11
Umfang der Option 5 323
unmittelbare Beteiligung 42 1
unterjähriger Gewinnanspruch 5 314
Veräußerbarkeit 5 307
Veräußerung 42 19
Veräußerungserschwernis 42 8
Verkauf 42 14
weitere Käuferleistungen 42 16
Wertermittlung 42 3
Wertermittlung bei Treuhandvertrag 42 13
Wirkung eines Pfandrechts 5 325
Zwangseinziehung 5 636
Geschäftsführerbestellung 5 68
Geschäftsführervergütung
GmbH & Co. KG 1 130
Stille Gesellschaft 12 86
Geschäftsführung
EWIV 29 32
GbR 2 14
GmbH 5 65
Innengesellschaft 12 12
KG 4 37
KGaA 6 430
OHG 3 76
Partnerschaftsgesellschaft 14 124
Stille Gesellschaft 12 55
UG (haftungsbeschränkt) 5 177
Unterbeteiligung 12 167
Vorstand 6 127, 6 160

Geschäftsführung durch Kommanditisten
    GmbH & Co. KG **1** 153
    Sondervergütung **1** 156
Geschäftsführungsbefugnis 1 171
Geschäftsjahr 5 80
Geschäftswert
    Abspaltung von Beteiligungen **43** 54–55
    Abtretungszustimmung **42** 18
    Aktivvermögen **38** 14
    Änderung bei einer GmbH vor Eintragung **40** 26
    Änderung des Gesellschaftsvertrages nach Eintragung **40** 36
    Änderung eines Gesellschaftsvertrages **40** 24
    Änderungen der Vertretungsbefugnisse **39** 74
    Änderungen Musterprotokoll GmbH **39** 57
    Änderung Kommanditeinlage **39** 39
    Anmeldung Änderung Stammkapital GmbH **39** 23
    Anmeldung Beschluss AG Kapitalmaßnahmen **39** 24
    Anmeldung Durchführung Kapitalerhöhung **39** 27
    Anmeldung inländischen Geschäftsanschrift **39** 60
    Anmeldungen Genossenschaftsregister **39** 122
    Anmeldung Güterrechtsregister **39** 118
    Anmeldung Haupt- und Zweig-NL **39** 84
    Anmeldung ohne wirtschaftliche Bedeutung **39** 99
    Anmeldung Partnerschaftsregister **39** 115
    Anmeldung Vereinsregister **39** 123
    Anmeldungen zu sonstigen Registern **39** 115
    atypisch stille Gesellschaft **40** 64
    Aufhebungsbeschluss **41** 2
    Ausgleichsverpflichtungen **40** 12
    Ausgliederung **43** 64
    Ausnahme vom Mindestwert **40** 39
    Ausscheiden eines Gesellschafters **40** 46
    Austauschvertrag **43** 52
    Austauschvertrag bei Verschmelzung **43** 4, **43** 7
    Bauherrenmodell **40** 67
    Beispiel **45** 51
    Belehrung des Geschäftsführers **45** 42
    Beratung Beschlussbeurkundung **45** 56
    Beratung Versammlungsleiter **45** 58
    Bescheinigung Einlageleistungserbringung **45** 27
    Bescheinigung neuer Satzungswortlaut **40** 100
    Bescheinigung Satzungsänderung **45** 37
    Beschluss eines Gesellschaftsorgans **41** 2
    Bestellung erster GmbH-GF Beschluss **40** 49
    Bestellung erster GmbH-GF Musterprotokoll **40** 54
    Bestellung erster GmbH-GF Satzung **40** 48
    bei bestimmtem Betrag **41** 8
    Betreuungsgebühr **43** 113

    Beurkundung eines Gesellschaftsvertrages **40** 1
    Bewertung der Einlageverpflichtungen **40** 6
    Bruttowertprinzip **38** 14
    Derselbe Gegenstand **39** 107
    Derselbe Gegenstand (Beispiele) **39** 110
    Ein-/Austritt Kommanditist **39** 33
    Einseitige Errichtungserklärung **40** 3
    Eintritt eines Gesellschafters **40** 44
    Entgegennahme von Genehmigungen **45** 49
    Erfüllungsgeschäfte **40** 17
    Erstanmeldung Einzelkaufmann **39** 42
    Erstanmeldung jur. Person nach § 33 HGB **39** 54
    Erstanmeldung Kapitalgesellschaft **39** 16
    Erstanmeldung Kapitalgesellschaft Mindestwert **39** 18
    Erstanmeldung KG **39** 29
    Erstanmeldung VVaG **39** 22
    Erstanmeldung zwei Gesellschafter OHG **39** 51
    Erteilung einer Vollmacht **41** 3
    Euro-Umstellung mit Kapitaländerung **44** 12
    Fertigung Gesellschafterliste **45** 31–32
    Feststellung der Verschmelzungssatzung **43** 8
    Formwechsel **21** 5
    Formwechselbilanz **43** 91–92
    GbR **40** 20
    Gegenleistung bei Verschmelzung **43** 4
    Gegenstand der Beschlussfassung **41** 2
    gegenstandsgleiche Verschmelzung **43** 9–10
    gegenstandsverschiedene Verschmelzung **43** 11
    Genehmigung mittelbar Beteiligter **45** 43
    Geschäftsanteil **42** 26
    Gesellschafterliste geänderter Gesellschafterbestand **40** 87
    Gesellschafterliste Neuanmeldung GmbH **40** 83
    Gesellschafterliste Zusatzgebühr **40** 90
    Grundbesitz **43** 51
    Grundbuchberichtigungsantrag **43** 121–123
    Grundstück **43** 18
    Handelsregisteranmeldung **39** 7
    Handelsregistersachen **38** 19
    Hauptgegenstand des Geschäfts **38** 13
    Höchstwert **40** 41
    Höchstwert bei Umwandlung **43** 20
    Höchstwert für Anmeldungen **39** 12
    Höchstwert Spaltungsvertrag/-plan **43** 58
    Kettenspaltungen **43** 62
    Kettenverschmelzung **43** 16
    Kommanditanteil **42** 28–29
    Konsortialverträge **40** 70
    Kooperationsvereinbarungen **40** 73
    Liste der Übernehmer **40** 98
    mehrere Abspaltungen **43** 57
    mehrere Anmeldungen **39** 105
    mehrere Anmeldungen zu Zweig-NL **39** 83

mehrere Anteilsinhaber **43** 40
mehrere Satzungsänderungen **39** 103
mehrere Zweig-NL **39** 78
mehrere Zweig-NL Mindestwert **39** 81
Mehrheit von Anmeldungen **39** 106
Mindestwert **40** 37
Mitwirkungspflicht des Kostenschuldners **40** 79
nachträgliche Beurkundung des Gesellschaftsvertrages **40** 22
Negativbeschluss **41** 2
Neues Rechtsverhältnis nach Änderung **40** 35
Partnerschaftsverträge **40** 19
Personengesellschaft **42** 26
Poolvereinbarungen **40** 76
Rahmenverträge **40** 69
rechtsgeschäftliche Änderung **40** 30
Registeranmeldung Formwechsel **43** 130
Registeranmeldung Rechtsnachfolge **43** 128–129
Registeranmeldung Spaltung **43** 81
Registeranmeldung Umwandlung **43** 127
Registeranmeldung Verschmelzung **43** 41–44
Sachgründungsbericht **40** 81
Satzungsänderung bei Verschmelzung **43** 5
Satzungsänderungen **39** 102
Satzungsentwurf **45** 40
Schätzung **41** 8
Schuldenabzugsverbot **38** 14
sonstige Einlageverpflichtungen **40** 14
Spaltung **20** 34
Spaltung durch Aufnahme **43** 50
Spaltungsbilanz **43** 51
Spaltung zur Neugründung **43** 57
spätere Anmeldung Einzelkaufmann/juristische Person **39** 71
spätere Anmeldung Kapitalgesellschaft **39** 56
spätere Anmeldung Personenhandelsgesellschaft **39** 68
spätere Anmeldung VVaG **39** 67
Spruchverfahren **23** 84
steuerrechtliche Beratung **45** 50
Typische stille Gesellschaft **40** 62
Überprüfung Abstimmungsergebnis **45** 59
Übertragung eines Gesellschaftsanteils **40** 57
Umwandlungsentwürfe **43** 103–104
Unbedenklichkeitsbescheinigung IHK **45** 28
bei unbestimmtem Geldwert **41** 9
Unterbeteiligungen **40** 65
Unternehmen mit inländischem Doppelsitz **39** 98
Unterschriftsbeglaubigung **40** 107
Vermögensübertragung **43** 87
Verschiedene Gegenstände (Beispiele) **39** 111
Verschmelzung durch Aufnahme **43** 2–3
Verschmelzung durch Neugründung **43** 7
Verschmelzung mehrerer Rechtsträger **43** 22
Verschmelzung mit Kapitalerhöhung **43** 26

Verschmelzungsberichtsentwurf **45** 24
Verschmelzungsbilanz **43** 17
Verschmelzungsprüfungsbericht **45** 25
Verschmelzungszustimmung **43** 21
Verschmelzungszustimmungserklärung **43** 34–36
Verzichtserklärung **43** 38
Verzichtserklärung Formwechsel **43** 98
Verzichtserklärung Spaltung **43** 78–79
Vorgänge zur Kapitalveränderung **39** 104
vorheriges Zusammenstellen des neuen Satzungswortlauts **40** 104
Wertpauschalierung **39** 91
Zeichnerverzeichnisentwurf **45** 26
Zeitpunkt der Fälligkeit **38** 12
Zusammenbeurkundung andere Erklärungen **39** 112
Zusammenbeurkundung Formwechsel **43** 101
Zustimmungserklärung Formwechsel **43** 97
Zustimmungserklärung Spaltung **43** 75–77
ZweigNL **39** 8, **39** 75
ZweigNL von ausländischen Unternehmen **39** 96

Gesellschafterbeschluss
Einziehung **5** 108
GmbH **5** 74
Verlust der Mitgliedschaft **5** 109

Gesellschafter-Fremdfinanzierung **1** 81

Gesellschafterkonten
GbR **2** 46
OHG **3** 69

Gesellschafterliste
Geschäftsanteil **5** 319
Kapitalherabsetzung GmbH **5** 432

Gesellschafterversammlung
GmbH **5** 70
OHG **3** 86

Gesellschafterversammlung GmbH
Abberufung eines Geschäftsführers **5** 285
Ablauf **5** 240–248
Adressat des Einberufungsverlangens **5** 224
Adressat des Informationsverlangens **5** 254
Adressaten der Einberufung **5** 201
Adressaten selbstvorgenommenen Einberufung **5** 231
Anforderung der Nachschüsse **5** 280
Ankündigung von Gegenständen zur Beschlussfassung **5** 234
Antragsbeteiligte bei Informationsbegehren **5** 272
Anwesenheit eines Notars **5** 212
Aufgabenkreis **5** 189–190
Aufwand der Auskunftserteilung **5** 265
Auskunfts- und Einsichtsverlangen **5** 252
Auskunft/Einsicht durch Bevollmächtigte **5** 253
Befugnis zur Antragstellung **5** 274
Beginn **5** 242

berechtigtes Informationsbedürfnis 5 261
Beschlussfähigkeit 5 213, 5 243
Beschluss über Informationsverweigerung 5 267
Beschlusszuständigkeit 5 210–211
Bestellung eines Geschäftsführers 5 287
Bestimmtheit Antrag Auskunftserteilung 5 275
Drei-Tage-Frist 5 237
Durchsetzung Ankündigungsverlangen 5 236
Durchsetzung des Informationsbegehrens 5 269
Eilbedürftigkeit der angekündigten Gegenstände 5 235
Einberufender Gesellschafter 5 232
Einberufung durch Minderheit 5 219
Einberufungsberechtigte 5 220
Einberufungskosten 5 233
Einberufungsverlangen 5 221
Einberufung zur zweiten 5 217
Eingangsbestätigung Ankündigungsverlangen 5 239
Ein-Personen-Gesellschafter 5 194
Einzahlung von Stammeinlagen 5 279
Einziehung von Geschäftsanteilen 5 284
Ende 5 248
Entscheidung über Informationsgewährung 5 268
Ersatzansprüche 5 291
fehlendes Informationsbedürfnis 5 260
Feststellung des Beschlussergebnisses 5 248
Form der Einberufung 5 197
Form des Einberufungsverlangens 5 221
Form des Selbstvornahme 5 229
förmliche Einberufung 5 196
Form und Frist der Auskunftserteilung 5 255
freiwillige Gerichtsbarkeit 5 270
Frist der Tagesordnung 5 208
Gegenstand des Informationsverlangens 5 254
Generalhandlungsvollmacht 5 290
Information für gesellschaftsfremde Zwecke 5 257–259
Inhalt der selbstvorgenommenen Einberufung 5 230
Inhalt der Tagesordnung 5 209
Inhalt des Einberufungsverlangens 5 222, 5 225–226
Katalog der zustimmungspflichtigen Maßnahmen 5 191
Lauf der Ladungsfrist 5 198–200
Informationsverweigerung 5 257
missbräuchlicher Einsatz des Informationsrechts 5 266
Muster Ankündigung zur TO durch Minderheit 5 301
Muster Antwortschreiben Auskunfts- und Einsichtsrecht 5 304
Muster Aufnahme von TOP durch Minderheitsgesellschafter 5 300

Muster Auskunfts- und Einsichtsklage 5 306
Muster Beschlussmitteilung Auskunfts-/Einsichtsrecht 5 305
Muster Einberufung durch Minderheit 5 299
Muster Einberufung einer Gesellschafterversammlung 5 277
Muster Einberufung einer zweiten 5 297
Muster Einberufungsverlangen einer Minderheit 5 298
Muster Protokoll der Gesellschafterversammlung 5 302
Muster Verlangen auf Auskunft und Einsicht 5 303
Notwendigkeit 5 193
Notwendigkeit der Information 5 264
Ort 5 206
Prokura 5 289
Protokoll 5 245
Prüfung/Überwachung der GF 5 288
Quorum 5 214
Reihenfolge der TOP 5 249
Rückzahlung geleisteter Nachschüsse 5 281
Selbstvornahme der Einberufung 5 227
Stimmabgabe 5 247
Tagesordnung 5 246
Tagesordnungspunkte (Beispiele) 5 278–295
Tagesordnung zur zweiten 5 218
Teilnahme der Geschäftsführer 5 202
Teilnahmerecht 5 251
Teilnahmerecht Dritter 5 251
Teilung eines Geschäftsanteils 5 282
Umfang des Einsichtsrechts 5 256
Universalversammlung 5 195
Unverzüglichkeit 5 228
Verlust der Hälfte des Stammkapitals 5 294
Versammlungsleiter 5 244
Vertagung 5 248
Vertretung bei Ersatzansprüchen 5 293
Verwirkung des Informationsanspruchs 5 273
Wartepflicht 5 242
wechselseitiger Ausschluss 5 250
Willensbildung 5 192
Zeit 5 205
zuständiges Gericht für Informationsbegehren 5 271
zweite 5 215
Gesellschafterwechsel 4 50
Gesellschaftsvermögen 2 24
Gesellschaftsvertrag 2 2
Gesetzliche Haftung GbR 2 71
Gespaltene Protokollführung 1 235
Gewerbesteuer
   Anrechnung 1 48
   Freiberuflergesellschaften 14 141
   GbR 2 65

GmbH & Co. KG **4** 175
Kapitalgesellschaft **1** 52
KG **4** 10, **4** 116
OHG **3** 25
Personenunternehmen **1** 21
Staffeltarif **1** 21
steuerliche Organschaft **24** 103, **24** 157–160
Stille Gesellschaft **12** 84
Unternehmenskaufvertrag **25** 91
Verein **8** 182
Verschmelzung **18** 82
Verschmelzung (UmwStG) **18** 129
Gewerbesteuermessbetrag 3 25
Gewerbesteuerumlage 2 55
Gewerblich geprägte Personengesellschaft
Betriebsaufspaltung **1** 80, **11** 81
Freiberufler-Personenhandelsgesellschaft **1** 119
GmbH & Co. GbR mbH **1** 176
Gewinnabführungsvertrag 24 20, **24** 22
Beschlussgeschäftswert **41** 29
Gewinnanspruch 2 12
Gewinnausschüttungen 1 48
Gewinnbeteiligung 12 57
Gewinnrealisierung 18 2
Gewinnverteilung
Freiberuflergesellschaften **14** 94
Kapitalgesellschaft **1** 43
Gewinnverteilungsabrede 12 75
Gewinnverwendung
Beschlussgeschäftswert **41** 28
Hauptversammlung **6** 264
Kapitalgesellschaft **1** 43
Gewinnvoraus 2 19
Gläubigerschutz
Einheitsgesellschaft **1** 166
Kapitalherabsetzung GmbH **5** 446
Gleichbehandlungsgrundsatz 1 120
Gleichlaufklausel 6 139
GmbH
Abberufung des Geschäftsführers **5** 69
Abfindung **5** 110, **5** 118
Abfindungsklauseln **5** 118, **5** 121
Abtretung **5** 97
Abtretungspflicht des Erben **5** 104
Actio pro socio **5** 538
Actio pro socio, Subsidiarität der **5** 540
allgemeiner Gerichtsstand **5** 531
Altverbindlichkeiten **5** 35
Ankaufsrecht **5** 101
anteilige Innenhaftung **5** 34
Arten der Geschäftsführerbestellung **5** 17
auflösend bedingter Forderungsverzicht **5** 472
Auflösung **5** 632
Auflösungsklage **5** 633

Aufstellung des Jahresabschlusses **5** 94
Ausfall eines Prozessbevollmächtigten **5** 525
Ausfallhaftung **5** 30
ausländische Gesellschafter **5** 11–12
ausländischer Geschäftsführer **5** 16
Ausschluss eines Gesellschafters *siehe dort*
Austrittsrecht **5** 111, **5** 113
Ausübung Stimmrecht nach Kündigung **5** 117
Auswahl des Notgeschäftsführers **5** 528
Bareinlage **5** 55
Bargründung **5** 56
Beendigung der Tätigkeit des Notgeschäftsführers **5** 529
Befreiung vom Selbstkontrahierungsverbot **5** 21, **5** 23, **5** 66
Bekanntmachungspflichten **5** 128
Benennungsrecht **5** 67
Berufs- und Gewerbeverbote **5** 137
Beschlussfähigkeit der Gesellschafterversammlung **5** 73
Beschlussfassung ohne Gesellschafterversammlung **5** 72
Besserungsleistungen **5** 469
Beteiligung am Rechtsstreit **5** 519
Beweiserleichterungen **5** 563
Beweislast Bareinlageschuld **5** 565
Beweislast Eigenkapitalersatzregeln **5** 567
Beweislast Unterbilanzhaftung **5** 566
Beweislastverteilung **5** 562
Bilanz **5** 92
bilanzielles Eigenkapital **5** 331
Billigkeitsmaßnahmen **5** 486
Buchwertklausel **5** 123
Bundesanzeiger **5** 129
Dauer **5** 82
Discounted-Cashflow-Methode **5** 119
echte modifizierte Gesamtvertretung **5** 18
echte Satzungsbestandteile **5** 40
Einberufung der Gesellschafterversammlung **5** 71
Einbringungsbilanz **5** 143
Einzahlungsnachweise **5** 132
Einzelvertretungsbefugnis **5** 18
Einziehungsrecht im Erbfall **5** 104
Einziehung von Geschäftsanteilen **5** 106
Ergebnisverwendung **5** 95
Ergebnisverwendungsbeschluss **5** 96
Erlassvereinbarung bei Insolvenz **5** 463
Erlassvertrag **5** 466
Errichtung **5** 4
Erträge aus Erlass **5** 467
Ertragswertklausel **5** 126
Ertragswertverfahren **5** 119
Euro-Umstellung mit Kapitaländerung **44** 11
Falschangaben **5** 31–32
Feststellung des Jahresabschlusses **5** 94

Firma 5 43
Förderpflicht des Geschäftsführers 5 83
Forderungsverzicht 5 462
Forderungsverzicht gegen Besserungsschein 5 471
Form der Abtretung 5 97
Form der Einziehung 5 108
Form der Handelsregisteranmeldung 5 130
Form des Gesellschaftsvertrages 5 7
Formkaufmann 5 3
Freiberufler 5 3
freie Verfügbarkeit der Einlage 5 133
freiwillige Einziehung 5 107
freiwilliger Aufsichtsrat 5 79
Geltendmachung von Einlageleistungen 5 521
Geltendmachung von Ersatzansprüchen 5 522
gerichtliche Zuständigkeit Notbestellung 5 527
Gerichtsstand der Niederlassung 5 532
Gesamtgeschäftsführungbefugnis 5 66
Gesamthandsgemeinschaft 5 10
Gesamtvertretung 5 18, 5 66
Geschäftsanteil
Geschäftsführerbestellung 5 15, 5 68
Geschäftsführung 5 65
Geschäftsjahr 5 80
Gesellschafterbeschluss 5 74
Gesellschafterliste 5 142
Gesellschaftervereinbarungen 5 40
Gesellschafterversammlung 5 70 *siehe auch dort*
gewillkürte Prozessstandschaft 5 535
GmbH als Prozessstandschafter 5 536
GmbH-Mantel 5 38
Größenmerkmale 1 84
Gründungsprotokoll 5 8
Gründungsvollmacht 5 13
Gutachten der IHK 5 145
Haftungsbeschränkung 5 28
haftungsloses Darlehen 5 477, 5 481
Handelndenhaftung 5 29
Handelsregister *siehe dort*
Heilung einer verdeckten Sacheinlage 5 64
hinreichende Aussicht auf Erfolg 5 545
Hin- und Herzahlen 5 62
Hinweise des Notars 5 24–27
Höchststimmrechte 5 75
Inhalt der registerrechtlichen Versicherungen 5 136–138
irreführende Bezeichnungen 5 44
Jahresabschluss 5 92
Joint Venture 26 10
juristische Personen 5 10
Kammer für Handelssachen 5 534
Kapitalausstattungsanspruch 5 489
Kapitalerhöhung GmbH
Kapitalherabsetzung GmbH

Kapitalrückzahlung 5 470
Kosten der Notgeschäftsführerbestellung 5 530
Kündigung 5 111
Kündigungsrecht im Gesellschaftsvertrag 5 112
Lagebericht 5 92
Lauf von Rechtsmittelfristen 5 549
Liquidationswert 5 119
Liquidatoren 5 632
Mahnverfahren 5 534
Mehrstimmrechte 5 75
Mindestangaben der Satzung 5 41
Mindeststammkapital 5 51
Mischeinlage 5 55
Mischgründung 5 61
Mitverkaufsrechte 5 102
Muster Anmeldung der Barkapitalerhöhung 5 505
Muster Anmeldung der Liquidation 5 718
Muster Anmeldung der Vollbeendigung 5 719
Muster Anmeldung Kapitalerhöhung aus Gesellschaftsmitteln 5 507
Muster Anmeldung Kapitalerhöhung/-herabsetzung 5 515
Muster Anmeldung ord. Kapitalherabsetzung 5 511
Muster Anmeldung Schütt-aus-hol-zurück-Verfahren 5 509
Muster Anmeldung vereinfachte Kapitalherabsetzung 5 513
Muster Auflösungsklage 5 721
Muster Ausschlussklage 5 720
Muster Beschluss ord. Kapitalherabsetzung 5 510
Muster Beschluss vereinfachte Kapitalherabsetzung 5 512
Muster Durchsetzung der Abberufung mit einstweiliger Verfügung 5 725
Muster Einfache Barkapitalerhöhung 5 504
Muster Einpersonen-GmbH Bargründung Gesellschafterliste 5 149
Muster Einpersonen-GmbH Bargründung Gesellschaftsvertrag 5 147
Muster Einpersonen-GmbH Bargründung Gründungsprotokoll 5 146
Muster Einpersonen-GmbH Bargründung Handelsregisteranmeldung 5 148
Muster Einstweiliger Rechtsschutz gegen Abberufungsbeschluss 5 724
Muster Forderungsverzicht gegen Besserungsschein 5 516
Muster Kapitalerhöhung aus Gesellschaftsmitteln 5 506
Muster Kapitalerhöhung/-herabsetzung 5 514
Muster Liquidationsbeschluss 5 717
Muster Mehrpersonen-GmbH Bargründung Gesellschaftsvertrag 5 151

Muster Mehrpersonen-GmbH Bargründung Gründungsprotokoll 5 150
Muster Mehrpersonen-GmbH Bargründung Handelsregisteranmeldung 5 152
Muster Mehrpersonen-GmbH Sachgründung Gesellschaftsvertrag 5 154
Muster Mehrpersonen-GmbH Sachgründung Gründungsprotokoll 5 153
Muster Mehrpersonen-GmbH Sachgründung Handelsregisteranmeldung 5 156
Muster Mehrpersonen-GmbH Sachgründung Sachgründungsbericht 5 155
Muster Nichtigkeitsfeststellungsklage 5 723
Muster Nichtigkeitsklage 5 722
Muster Ordentliche Kündigung der Gesellschaft 5 716
Musterprotokoll 5 9
Muster Rangrücktrittsvereinbarung 5 517
Muster Schütt-aus-hol-zurück-Verfahren 5 508
nachtragliche Anschaffungskosten 5 499
nachvertragliches Wettbewerbsverbot 5 89
natürliche Personen 5 10
nominelle Aufstockung 5 109
Notgeschäftsführer im Rechtsstreit 5 526
notwendige Unterlagen zur Handelsregisteranmeldung 5 140–145
obligatorischer Aufsichtsrat 5 78
offene Vorratsgründung 5 37
öffentlichen Zustellung 5 551
Öffnungsklausel 5 19, 5 85
Option 5 308
Organisationsvertrag 5 39
Organstellung 5 65
pactum de non petendo 5 473
Passivierung des Darlehens 5 474
Passivierungsverbot (Rechtsansichten) 5 478–482
Patronatserklärungen, befristete 5 490
Patronatserklärungen, harte 5 489
Patronatserklärungen, weiche 5 488
Prokura 30 112
Prozesskostenhilfe 5 541
Prozesskostenhilfeberechtigte 5 548
Prozesskostenhilfe im Insolvenzverfahren 5 547
Prozesspfleger 5 525
qualifizierter Rangrücktritt 5 476
Rangrücktritt 5 462, 5 473
Rechtsformzusatz 5 43
Rechtspersönlichkeit 5 3
Rechtsschutz GmbH *siehe dort*
Registergericht 5 131
registerrechtliche Versicherungen der Geschäftsführer 5 134
Registervollmacht 5 24
Sacheinlage 5 55

Sacheinlage (Auswahl) 5 57
Sachgründung 5 57
Sachgründungsbericht 5 58
sachlichen Zuständigkeit 5 534
Sanierungsmaßnahmen 5 461
Sanierungszuschuss 5 500
Satzung 5 39
Schadensersatzanspruch gegen Patron 5 494
Schädigung durch Einlagen oder Gründungsaufwand 5 33
Schulderlass als verdeckte Einlage 5 468
Schuldübernahme 5 496
Schutz von Minderheitsgesellschaftern 5 74
schwebend unwirksame Rechtsgeschäfte 5 22
Selbständigkeit der Geschäftsanteils 5 54
Sitz 5 45
Sitzverlegung 5 46
Sonderrecht auf Geschäftsführung 5 67
staatliche Genehmigung 5 50
statutarisches Eigenkapital 5 331
Stimmkraft 5 75
Stimmverbot 5 76
Stuttgarter Verfahren 5 124
Substanzwert 5 119
Teilnahmerechte von Beratern 5 73
Teilung eines Geschäftsanteils 5 105
Teilwertabschreibung 5 499, 5 502
Treuhandvertrag 5 53
überbewertete Sacheinlage 5 36
Übertragung von Geschäftsanteilen 5 97
unbeschränkte persönliche Außenhaftung 5 35
unechte Gesamtvertretung 5 18
unechte Satzungsbestandteile 5 40
unechte Vorgesellschaft 5 35
Unterbilanzhaftung 5 34, 5 38
Unternehmensgegenstand 5 47
Unterscheidungskraft 5 44
verdeckte Einlage 5 497
verdeckte Gewinnausschüttung 5 21
verdeckte Sacheinlage 5 63 *siehe auch dort*
verdeckte Sachgründung 5 62
Vererbung von Geschäftsanteilen 5 103
Verlustausgleichspflicht 5 492
Verlustdeckungshaftung 5 34–35
Verrechnungsfälle 5 62
Vertragsänderungen vor Eintragung 5 9
Vertreter ohne Vertretungsmacht 5 14
Vertretung im Rechtsstreit 5 524
Verwaltungssitz 5 45
Verwertung durch Übertragung oder Einziehung 5 116
Vinkulierung 5 98, 5 307
Vollständigkeit der Sacheinlage 5 59
Vorabausschüttungen 5 96
Vorbelastungshaftung 5 34

Vorgesellschaft 5 4–5
Vorgründungsgesellschaft 5 6
Vorkaufsrecht 5 100
Vorratsgesellschaft 5 37
Wettbewerbsverbot 5 83
wirtschaftlich Beteiligte 5 542
wirtschaftliche Neugründung 5 37
wirtschaftliches Unvermögen 5 541
Zeitpunkt der Handelsregisteranmeldung 5 132
Zusammenlegung der Geschäftsanteile 5 54
Zustellung an Aufsichtsrat 5 557
Zustellung an besonderen Vertreter 5 556
Zustellung an Notgeschäftsführer 5 553
Zustellung bei Anteilsübergang 5 558
Zustellung nach Auflösung 5 560
Zustellungserleichterungen 5 561
Zustellung von Schriftstücken 5 549
Zustimmung zur Übertragung 5 99
Zwangseinziehung 5 107
Zweigniederlassung 5 49
GmbH & atypisch Still 12 118
    steuermindernde Berücksichtigung von Verlusten 12 122
GmbH & Co. GbR mbH 1 173
    befristete Vertrauensschutzregelung 1 178
    gewerblich geprägte Personengesellschaft 1 176
    Haftungsbeschränkung 1 177
GmbH & Co. KG 4 160
    atypische Ehegatten-GmbH & Co. KG 4 172
    Aufwand 1 133
    Besteuerung 4 172
    Betriebsausgaben 4 173
    eigenkapitalersetzende Dienstleistung 1 147
    Einheitsgesellschaft 1 157, 4 163
    Einpersonen-GmbH & Co. KG 4 163
    Entnahmesperre 1 149
    Familien-GmbH & Co. KG 4 172
    Form des KG-Vertrags 4 166
    Geschäftsführergehälter 1 130, 4 173
    Geschäftsführung durch Kommanditisten 1 153
    Gewerbesteuer 4 175
    Gleichlauf der Beteiligung 4 163
    Gleichlauf der Firmierung 4 167
    Insolvenzantragspflicht 4 171
    Insolvenzgründe 4 171
    insolvenzrechtliche Haftung 1 147
    Joint Venture 26 10
    Kapitalerhaltung 4 170
    Konzentrationsprinzip im Insolvenzverfahren 1 152
    Lagergrundstücks-Entscheidungen 1 147
    Managementleistungen 1 135
    Muster Gesellschaftsvertrag der GmbH 4 178
    Muster Gesellschaftsvertrag der KG 4 179
    Muster Handelsregisteranmeldung GmbH 4 180
    Muster Handelsregisteranmeldung KG 4 181
    negatives Kapitalkonto 1 150
    Pensionsrückstellungen 1 130, 4 173
    Rechtsform 1 129
    Rechtsformzusatz 4 167
    Saldierungsverbot 1 131
    Selbstkontrahierungsverbot 4 165
    Sonderbetriebseinnahmen 1 134
    Sondervergütung 1 156
    Stimmrecht 4 168
    Tätigkeitsvergütungen 1 131
    typische 4 172
    Überentnahmen 1 151
    Umsatzsteuer 4 176
    Unterfinanzierung 4 169
    verdeckte Gewinnausschüttung der GmbH 4 174
    Vergütung der Komplementär-GmbH 1 138, 4 174
        siehe auch dort
    Vorabgewinne 1 131
    Vorabvergütung 1 133, 1 134
    Vorausgewinn 4 173
    Zeitpunkt der Gründung der KG 4 164
    Zinsansprüche 1 136
    Zulässigkeit 4 162
GmbH & Co. KGaA
    Gestaltungsmöglichkeiten 1 250
    Vorstand 1 248
    Zulässigkeit 1 248
GmbH-Mantel 5 38
GmbH & Still 12 117
    Abschlusskompetenz 12 123, 12 128
    Ein-Personen-Gesellschaft 12 140
    Entstehung 12 123
    Freibetrag beim Gewerbeertrag 12 144
    gewinnabhängige Vergütung 12 134
    Gewinnverteilung 12 142
    Kapitalersatzfunktion 12 117
    Kündigung eines Unternehmensvertrages 12 137
    minderjährige Kinder 12 139
    notwendiges Sonderbetriebsvermögen 12 145
    Pensionsrückstellungen 12 146
    Pflegerbestellung 12 139
    Prüfung der Angemessenheit 12 141
    Siemens-Beschluss 12 131
    Sondervergütung 12 146
    Steuerliche Anerkennung 12 141
    Steuerliche Vor- und Nachteile 12 143
    Supermarkt-Beschluss 12 131
    Teilgewinnabführungsverträge 12 124
    Unternehmensvertrag 12 127
    Verbandsorganisation der GmbH 12 130
    verdeckte Gewinnausschüttung 12 141
    Vermögensverlagerung 12 118
    Zustimmung Gesellschafterversammlung 12 130

Goodwill **14** 24
Grundbuchfähigkeit **2** 28
Grunderwerbssteuer
    Einbringung **18** 170
    Formwechsel **21** 54
    GbR **2** 70
    KG **4** 10, **4** 118
    OHG **3** 29
    steuerliche Organschaft **24** 187
    Unternehmenskaufvertrag **25** 92
    Verschmelzung **18** 83
Grundlagengeschäfte
    GbR **2** 15
    OHG **3** 77
Grundsätze des fehlerhaften Arbeitsverhältnisses **6** 151
Gründungskosten
    AG **6** 37
    UG (haftungsbeschränkt) **1** 201, **1** 203
Gutgläubiger Erwerb **5** 320

Haftung
    Beirat, freiwilliger **16** 58
    EWIV **29** 46
    KG **4** 21
    Stille Gesellschaft **12** 59
    Unterbeteiligung **12** 185
Haftung der Gesellschafter **3** 6
Haftung des Geschäftsführers **2** 19
Haftung des Neu-Gesellschafters **4** 49
Haftungsbeschränkung
    GbR **2** 75
    GbR mbH **1** 171
    GmbH **5** 28
Halbeinkünfteverfahren **1** 54
Handelsbilanzergebnis **24** 144
Handelsgewerbe **2** 8
Handelsregister 32 7
    Abberufung GF **33** 71
    Abteilung **32** 15
    abweichende Vertretungsbefugnis **33** 64
    Acht-Monats-Frist **34** 66
    Allerweltsbezeichnungen **33** 24
    Amtsniederlegung **33** 74
    Amtsniederlegung, missbräuchliche **33** 76
    Amtsniederlegung, schriftliche **33** 75
    Änderung der Geschäftsführer **33** 57
    Änderung der Schreibweise **33** 29
    Änderung der Stammkapitalziffer **33** 49
    Änderungen zur Vertretungsbefugnis **35** 17
    Änderungsanmeldung durch alle Gesellschafter **35** 18
    Anfechtbarkeit Satzungsänderung **33** 91
    Anfechtungsgründe HV-Beschluss **34** 41
    Anfechtung von Gesellschafterbeschlüssen **33** 47

    Anhörungspflichten **34** 37
    Anmeldebefugnis GF-Änderung **33** 63
    Anmeldebefugnis nach Amtsniederlegung **33** 77
    Anmeldeverpflichtung Liquidatoren **33** 159
    Anmeldung der Aktienausgabe **34** 58–59
    Anmeldung der Beendigung **33** 177
    Anmeldung der Erhöhung aus Gesellschaftsmitteln **33** 134
    Anmeldung der Satzungsänderung **33** 100–103
    Anmeldung der Vertretungsregelung **35** 15
    Anmeldung des Insolvenzverwalters **35** 21
    Anmeldung Ein-/Austritt Kommanditist **35** 50–51
    Anmeldungen zur vereinfachten Kapitalherabsetzung **34** 79
    Anmeldung Hafteinlage **35** 41
    Anmeldung Kommanditeinlagenänderung **35** 62
    Anmeldungsfrist **33** 135
    Anmeldung *siehe* Handelsregisteranmeldung
    Antragsberechtigung Notgeschäftsführerbestellung **33** 81
    Art der Anteilsbildung **33** 131
    Auflösung **34** 84
    Auflösung durch Geschäftsunfähige **35** 28
    Auflösung GmbH **33** 153
    Auflösung KG **35** 66
    Auflösung OHG **35** 25
    Auflösungsbeschluss **33** 154
    Aufsichtsratsbeschluss Vorstandsabberufung **34** 31
    Aufsichtsratsbeschluss Vorstandsbestellung **34** 30
    Auslagen **32** 54
    Ausländer als Geschäftsführer **33** 61
    ausländische & Co. KG **35** 74
    ausländische Gesellschaft **33** 6
    ausländische natürliche Person **33** 8
    Ausscheiden eines Gesellschafters **35** 20
    Ausschluss des Bezugsrechts **34** 61
    Ausschlussgründe Geschäftsführer **33** 59
    Ausschluss von der Vertretung **35** 12
    Bankbestätigung **34** 8
    Barkapitalerhöhung **33** 107
    bedingte Kapitalerhöhung mit Sacheinlagen **34** 56
    Beendigung **34** 84
    Beendigung der Organstellung **33** 70
    Bekanntmachung Kapitalherabsetzung **34** 77
    Benennung Notgeschäftsführerkandidat **33** 82
    berechtigtes Interesse **32** 8
    Beschlussfassung Gesellschafterversammlung **33** 67
    Beschlussfassung Satzungsänderung **33** 88
    Beschlussmehrheitenregelung **33** 93
    Beschluss über die ordentliche Kapitalherabsetzung **34** 73

Beschreibung der Sacheinlage im Beschluss 33 123
Beschwerdegericht 32 19
Beseitigung des Auflösungsgrundes 33 173
besondere Hindernisse der Erbenmitwirkung 35 22
Bestellung des Aufsichtsrates 34 34
Bestellung eines Notgeschäftsführers 33 80
Bestellung eines Not-Vorstands 34 33
Bestellungsfrist Aufsichtsrat 34 36
Bestellungsnachweis der Liquidatoren 33 162
Beteiligungsumwandlung mit Rechtsformwechsel 35 64
Bezeichnung „Partner" 33 28
Bezugsrechtsausschluss 34 49
Bildzeichen 33 29
Checkliste AG-Gründung 34 21
Checkliste Beschlussanmeldung bedingte Erhöhung 34 57
Checkliste Ein-/Austritt und Kommanditistenwechsel 35 60
Checkliste Einlageversicherung 33 21
Checkliste Erhöhungsbeschlussanmeldung 34 52
Checkliste Erhöhungsdurchführungsanmeldung 34 53
Checkliste Gründung GmbH 33 9
Checkliste Kapitalerhöhung 33 120
Checkliste Kapitalerhöhung aus Gesellschaftsmitteln 33 137
Checkliste OHG Gründung 35 10
Checkliste ordentliche Kapitalherabsetzung 33 146
Checkliste Sachkapitalerhöhung 33 127
Checkliste Satzungsänderung 33 104
Checkliste vereinfachte Kapitalherabsetzung 33 147
debitorisches Konto 33 112
Durchführung der Kapitalherabsetzung 34 74, 34 80
echte Euro-Umstellung 33 151
Eignung des Vorstandes 34 29
einfache Beteiligungsumwandlung 35 63
einfache Euro-Umstellung 33 150
eingeschränkte Gründungsprüfung 34 14
Einlagenachweis 33 14
Einlagenerbringung 33 111
Einlageversicherung 33 11
Einsichtsrecht 32 8
Einteilung 32 15
Eintragung OHG 35 1
Eintragung siehe Handelsregistereintragung
Eintragungswirkung 32 12
Eintritt eines neuen Gesellschafters 35 19
Entstehung KG vor Eintragung 35 38
Erfüllungswirkung 33 117

Ergänzungspfleger 33 5, 35 3
Erhöhungsbericht 33 126
Erhöhungsbeschluss 33 130
Erleichterungen bei Ein-/Austritt 35 53
Euro-Umstellung 34 82
Euro-Umstellungsmaßnahmen 33 149
externe Gründungsprüfung 34 19
faktische Registersperre 33 91
familiengerichtliche Genehmigung 35 3
Fassungsänderung 34 46, 34 58
fehlende Informativität 33 34
fiktiver Unternehmensgegenstand 33 35
Firma 33 24
Firma der KG 35 45
Firma der OHG 35 5
Firmenänderung 35 16
Firmentausch 33 27
Fortsetzung der GmbH 33 172
Fortsetzung der OHG 35 32
Fortsetzung KG 35 69
Freigabeverfahren Kapitalmaßnahmen 34 42
Frist der vereinfachten Kapitalherabsetzung 33 143
funktionelle Zuständigkeit 32 22
geborene Liquidatoren 33 157
Gebühren 32 54
Gebühren der Beurkundung 32 59
Gegenstandsänderung 34 43
gekorene Liquidatoren 33 157
gemischte Gesamtvertretung 35 11
genehmigte Kapitalerhöhung mit Sacheinlagen 34 62
genehmigtes Kapital 34 16
gerichtliche Bestellung von Liquidatoren 35 31
gerichtliche Abberufung der Liquidatoren 33 168
gerichtliche Bestellung der Liquidatoren 33 167
gerichtliche Bestellung des Aufsichtsrates 34 35
Gesamtrechtsnachfolge 35 24
Geschäftsbetrieb vor Eintragung 35 9
Geschäftsjahrregelung 33 95
Geschäftsunfähige 35 3
Geschäftswert 32 55
Gesellschafterangaben 33 96
Gesellschafterbeschluss Kapitalerhöhung 33 108
Gesellschafter der KG 35 40
Gesellschafterwechsel 35 25
Gesellschafterwechsel vor der Ersteintragung 33 40
Gesellschaftsvertrag KG 35 39
Gesellschaftsvertrag OHG 35 2
Gläubigeraufruf 33 140
Gläubigeraufruf in der Abwicklung 33 176
gläubigerschützende Vorschriften 33 42
GmbH & Co. KG 35 70
Gründerangabe 33 38–39

Grundsatz der Einzelvertretungsbefugnis 35 11
Grundsatz der Kontenwahrheit 33 15
Grundsatz der Selbstorganschaft 35 11
Grundsatz der Verhältniswahrung 34 65
Gründungsablauf AG 34 4
Gründungsbericht 34 17
Gründungskosten 33 44
Gründungsprüfungsbericht 34 18
Handelsgewerbe 35 8
Heilung verdeckter Sachkapitalerhöhungen 33 116
Herabsetzungsanmeldung 33 142
Höchstpersönlichkeit der Einlageversicherung 33 12
inländische Geschäftsanschrift 33 32
In-sich-Geschäft 35 13
irreführende Firmenbezeichnung 33 25
Kapitalerhöhung aus bedingtem Kapital 34 54
Kapitalerhöhung aus genehmigtem Kapital 34 60
Kapitalerhöhung aus Gesellschaftsmitteln 33 129, 34 64
Kapitalerhöhung gegen Einlagen 34 48
Kapitalherabsetzung 33 139
Kapitalherabsetzung durch Einziehung 34 78
Kapitalherabsetzungsart 34 72
Kommanditistenwechsel 35 54
Kosten der Anmeldung 32 58
Kostenordnung 32 54
Kostenschuldner 32 60
Kostenvorschuss 32 54
Ladung zur Gesellschafterversammlung 33 68
Liquidationszusatz 33 155
Liquidatoren 35 29, 35 68
als Liquidatoren geeignete Personen 33 169
Liste der übernehmenden Gesellschafter 33 119
Löschung der Firma 35 34
Löschung KG 35 69
Mantelverwertung 33 99
Mehrfachvertretung 33 4
Minderheitenschutz 33 45
Minderjährige 33 5, 35 3
Muster Anmeldung der Auflösung 33 171
Muster Antrag Bestellung externer Gründungsprüfer 34 27
Muster Antrag Bestellung Notgeschäftsführer 33 84
Muster Bestellung Aufsichtsrat 34 38
Muster Erstanmeldung einer AG 34 28
Muster Erstanmeldung einer GmbH 33 55
Nachgründung 34 22
Nachgründungsbericht 34 23
Nachtragsliquidation 33 179, 35 36
Nachtragsliquidationsbeteiligte 33 180
Nachweis der Einlagen 34 8–9
Nachweise über Rechtsnachfolge 35 21

Nachweis über Richtigkeit der Veränderung 33 66
Namensfunktion 33 24
negative Publizitätswirkung 32 13
Nennbetragserhöhung 33 152
neue Gesellschafterliste nach Herabsetzung 33 145
Neuregelung Gründungskostenübernahme 33 97
nicht aussprechbare Buchstabenkombinationen 33 24
nichtige Hauptversammlungsbeschlüsse 34 40
nicht verhältniswahrende Erhöhung 33 132
nicht voll geschäftsfähige Gründer 33 5
Notargebühren 32 56
notwendiger Satzungsinhalt 34 15
notwendige Unterlagen bei Satzungsänderung 34 45
offene Vorratsgründung 33 35
öffentliches Interesse 33 45
ordentliche Kapitalherabsetzung 34 70
Ort der tatsächlichen Geschäftsführung 32 20
Ort des statutarischen Sitzes 32 20
örtliche Zuständigkeit 32 20
positive Publizitätswirkung 32 14
Prioritätsprinzip 33 26
Prüfung der geänderten Regelungen 33 92
Prüfung der Satzung 33 41
Prüfungsbefugnis Ersteintragung GmbH 33 23
Prüfungsbefugnis Satzungsänderung 33 87
Publizitätsfunktion 32 7
Rechtsnachfolgevermerk 35 54
Rechtspfleger 32 22
Regelungskonzepte 32 10
Register A 32 15
Register B 32 15
Registernummer 32 16
Registersperre für Satzungsänderungen 33 98
Rosinentheorie 32 13
Sachgründung 33 11
Sachkapitalerhöhung 33 122, 34 50
sachliche Zuständigkeit 32 18
Sachübernahmen 34 12
satzungsändernde Kapitalmaßnahmen 33 105
Satzungsänderung 33 86
Satzungsänderung AG 34 39
Satzungsänderungen nach Auflösung 33 156
Satzungsregelung bedingtes Kapital 34 55
Schuldnerverzeichnis 33 16
Schütt-aus-Hol-zurück-Verfahren 33 115
Sitzänderung 35 17
Sitzbegründung 33 30
Sitz der KG 35 44
Sitz der OHG 35 6
Sitzverlegung 32 21, 34 44
Sondererbfolge 35 47

Sonderrecht auf Geschäftsführung **33** 73
Sonderzeichen **33** 29
sonstige Gesellschafter der OHG **35** 4
Stammkapitalziffer **33** 37
stellvertretende Geschäftsführer **33** 58
teilweise Übertragung der Gesellschafterstellung
 35 56
Testamentsvollstreckung **35** 48
Übergang auf Komplementär **35** 59
Übernahmeerklärung bei Kapitalerhöhung **33** 110
Übernahmeerklärung bei Sachkapitalerhöhung
 33 124
Übernahmeerklärungen der Gründer **34** 5
Übertragung eines Einzelunternehmens **33** 20
UG **33** 52–54
Umfang der Gründungsprüfung **34** 20
Umgehung der **33** 18
Unternehmensgegenstand **33** 33, **35** 7
Unternehmensregister **32** 9
Unterscheidbarkeit **33** 26
Urkundsbeamten der Geschäftsstelle **32** 23
Veränderung anderer Kapitalziffern **34** 69
Verbindung Kapitalherabsetzung/-erhöhung
 33 144
vereinfachte Kapitalherabsetzung **34** 70
vereinfachtes Gründungsverfahren **33** 50–51
Vererbungsregelung **33** 94
Verordnung **32** 4, **32** 17
verschleierte Sachgründung **33** 17, **33** 19, **34** 13
Versicherung Abfindungsnichtleistung **35** 57
Versicherung ausländischer Geschäftsführer
 33 62
Versicherung der Leistung der Einlagen **34** 10
Versicherungen der Liquidatoren **33** 160
Versicherung über Vermögensminderung **34** 67
Verteilung der verschiedenen Aktien **34** 6
Vertragsänderung **33** 48
Vertragsänderung Ein-/Austritt Kommanditist
 35 46
Vertragsänderung Kommanditeinlagenänderung
 35 61
Vertretung durch Kommanditist **35** 43
Vertretungsbefugnis der Handelnden **33** 2
Vertretungsbefugnis der Liquidatoren **33** 163–166
Vertretungsbefugnis Satzungsänderung **33** 90
Vertretungsbefugnis Vorstand **34** 32
Verwahrung der Bücher und Schriften **33** 178
vollmachtsloser Vertreter **33** 3
Vorbehaltsaufgaben **32** 5
Vorbelastungen des Gesellschaftsvermögens
 33 13
Vorbelastungsbilanz **33** 14
Vorbelastungshaftung **33** 14
Voreinzahlungen **33** 113
Wechsel vorhandener Kommanditisten **35** 58

Werthaltigkeit der Sacheinlage **33** 18
Wertnachweis Sacheinlage **33** 125
@-Zeichen **33** 29
Zeichnungsscheine **34** 51
zulässiger Zweck **34** 54
Zusammenlegung der Aktien **34** 76
Zustimmung Satzungsänderung **33** 89
Zweck der Herabsetzung **33** 141, **34** 71
Handelsregisteranmeldung siehe auch Handelsregister
 AG **6** 40
 Anmeldebefugnis **32** 33
 Antragsverfahren **32** 28
 Auslegung **32** 30
 begründete Zweifel **32** 40
 Berichtigungen **32** 48
 Beschlussgeschäftswert des Unternehmens-
  vertrages **41** 29
 Bestellung/Abberufung von Vertretungsorganen
  41 30
 Einbringungsbilanz **5** 143
 einheitliche **32** 34
 einheitlicher Vollzug **32** 34
 Eintragungsgrundlage **32** 30
 Eintragung von Amts wegen **32** 47
 Euro-Umstellung **44** 9
 Form **32** 31
 Gebühr bei Verschmelzung **43** 47
 Geschäftsunfähige **32** 45
 Gesellschafterliste **5** 142
 gesetzliche Nachweisvorgaben **32** 39
 getrennter Vollzug **32** 35
 GmbH **5** 130
 Gutachten der IHK **5** 145
 Höchstgeschäftswert **43** 46
 Kapitalerhöhung GmbH **5** 391
 Möglichkeit zur Anhörung **32** 42
 Notar als Bevollmächtigter **32** 44
 notwendige Unterlagen **5** 140–145
 OHG **3** 42, **3** 44
 Organschaftsvertrag **24** 66
 Prokura **30** 85, **30** 96
 Prokurist **32** 46
 Prüfung der Werthaltigkeit der Sacheinlage
  5 143
 Prüfungspflicht **32** 37
 Prüfung von Amts wegen **32** 38
 Rücknahme **32** 36
 Spaltung mit Kapitalmaßnahme **43** 83–84
 Standesorganisationen **32** 42
 UG (haftungsbeschränkt) **1** 200
 Verfahrenshandlung **32** 29
 Vertretung **30** 159–160, **32** 43
 Wahl der Beweismittel **32** 41
 weitere Dokumente **32** 32
 Zurückweisung **32** 35

Stichwortverzeichnis — 1959

Handelsregistereintragung *siehe auch* Handelsregister
  Abberufung eines Geschäftsführers 5 678
  AG 6 41
  deklaratorische 32 26
  eintragungsfähige Tatsachen 32 24
  Geschäftsführer UG 5 163
  Kapitalerhöhung 5 363, 6 107
  Kapitalherabsetzung GmbH 5 440, 5 454
  konstitutive 32 27
  OHG 3 5
  Organschaftsvertrag 24 59, 24 67
  Umwandlung 17 121
  Vertretung 30 159–160
  von Amts wegen 32 47
  VVaG 9 17
  weitere eintragungsfähige Umstände 32 25
Handlungsvollmacht
  Abschlussvollmacht 30 130
  angestellte Abschlussvertreter 30 131
  Anscheinsvollmacht 30 119
  Arthandlungsvollmacht 30 125
  Bevollmächtigte 30 117
  branchenübliche Geschäfte 30 121
  Definition 30 114
  Duldungsvollmacht 30 119
  Erlöschensgründe 30 137
  Erteilung 30 116
  Generalhandlungsvollmacht 30 122–123
  gesetzliche Beschränkung 30 127
  Handelsvertreter 30 131
  Handlungsgehilfen 30 131
  Ladenvollmacht 30 135
  Rechtsscheinhaftung 30 115
  selbständiger Abschlussvertreter 30 131
  Spezialhandlungsvollmacht 30 126
  Umdeutung in 30 124
  Umfang 30 120
  unwiderrufliche 30 138
  Verkaufsvollmacht 30 135
Hauptversammlung
  Ablauf 6 288
  abweichende Wahlvorschläge 6 299
  Aktionärsforum 6 300
  anfechtbare Beschlüsse 6 303
  Anfechtungsausschluss 6 304
  Anfechtungsbefugnis 6 304
  Anfechtungsbeschränkungen 6 304
  Anfechtungsfrist 6 304
  Anfechtungsgründe 6 304
  Anfechtungsklage 6 304
  Anmeldung 6 286
  Aufgaben 6 260
  Auskunftsrecht der Aktionäre 6 302
  Auskunftsrechtsverstoß 6 302

  Auslegungspflichten 6 277
  Auslegungspflichten bei wesentlichen Entscheidungen 6 281
  Auslegungspflichtsausnahmen 6 278
  außerordentliche 6 265
  Bankbescheinigung 6 286
  Bekanntmachungsinhalt 6 275
  Bekanntmachungspflichten 6 273
  Berichtspflichten 6 280
  Beschlussfassung 6 291
  Beschlussgebühr 41 1
  Beschlussmehrheit 6 294
  Beschlussvorschläge Vorstand/Aufsichtsrat 6 276
  Checkliste Vorbereitung und Durchführung 6 295
  Delisting 6 262
  Einberufungsform 6 271
  Einberufungsfrist 6 270
  Einberufungsgründe 6 266
  Einberufungsinhalt 6 271
  Einberufungszuständigkeit 6 269
  Einberufung zur Unterrichtung 6 268
  Entlastung 6 264
  Ersatzansprüche 6 305
  Erwerb eigener Aktien 6 352
  externe Prüfungsberichte 6 282
  Freigabeverfahren 6 305
  Gegenanträge 6 299
  Gelatine-Entscheidungen 6 263
  Gewinnverwendung 6 264
  grobe Pflichtverletzung 6 310
  Hinterlegung 6 286
  Holzmüller-Entscheidung 6 261
  Jahresabschluss 6 264
  Kapitalerhöhung, bedingte *siehe dort*
  Klagezulassungsverfahren 6 306
  Konzernabschluss 6 264
  Legitimationsnachweis 6 286
  Leitfaden 6 288
  Macrotron-Entscheidung 6 262
  Minderheitsverlangen auf Einberufung 6 298
  Minderheitsverlangen zusätzliche Beschlussgegenstände 6 298
  Mitteilungspflichten 6 283
  Muster *siehe* AG, Muster
  nichtige Beschlüsse 6 303
  Nichtigkeitsklage 6 303
  ordentliche 6 264
  Ordnungsbefugnis des Versammlungsleiters 6 289
  Pflicht zur Übersendung von Abschriften 6 277
  Rechtsschutz gegen Vorstand/Aufsichtsrat 6 313
  Record Date 6 286
  Rederecht 6 301
  Sonderprüfung 6 312

Stimmenauszählung **6** 292
Stimmrecht **6** 285
Stimmrechtsausschluss **6** 293
Störung **6** 290
Teilnahmerecht **6** 284
Teilnehmer **6** 284
Teilnehmerverzeichnis **6** 287
überwiegende Gründe des Gesellschaftswohls **6** 311
ungeschriebene Zuständigkeiten **6** 261
Vergütung Vorstand **6** 260
Veröffentlichungen auf der Internetseite **6** 272
weitere Minderheitsrechte **6** 314
Zustimmungsvorbehalt **6** 274
zwingende Zuständigkeit **6** 288
Hinauskündigungsklausel 5 638
Hin- und Herzahlen 5 62
    AG **6** 64
    Anrechnung der Sacheinlage auf Geldeinlageschuld **5** 418
    Bareinlage **5** 420
    GmbH & Co. KG **5** 415
    Rückzahlung des Darlehens **5** 417
    verdeckte Sacheinlage **5** 414
Holzmüller-Entscheidung 6 261

Identität der übertragenen Einheit 17 230
Identitätsgrundsatz 21 25
Individualansprüche
    GbR **2** 11
    KG **4** 36
Informations- und Kontrollrecht 2 12
Innengesellschaft 12 1
    Abfindung **12** 13
    Arten **12** 17
    Auflösung **12** 13
    ausdrücklicher Abschluss **12** 23
    Auseinandersetzung **12** 31
    Ausgleichsbeziehungen **12** 4
    Außenverhältnis **12** 10
    Durchsetzungssperre **12** 14
    Ehegatten **12** 19
    Einkunftsquelle **12** 36
    Entstehung zwischen Ehegatten **12** 21
    Errichtung **12** 7
    Erwerb zum Bruchteilseigentum **12** 24
    Familienheim **12** 24
    fehlerhafte Gesellschaft **12** 15
    GbR **2** 108
    gemeinsame Zweckverfolgung **12** 29
    gemeinschaftliche Wertschöpfung **12** 28
    Gesamthandsvermögen **12** 3
    Geschäftsführung **12** 12
    Gesellschaftszweck **12** 23
    Gesellschaftsvertrag **12** 7

    Innenverhältnis **12** 12
    Institut der ehebedingten Zuwendung **12** 33
    Konkludenter Abschluss **12** 25
    Konkludenter Abschluss (Beispiele) **12** 27
    Lebensgemeinschaft **12** 9
    Lebenspartner **12** 19
    Mitunternehmerschaft **12** 26
    Scheitern der Ehe **12** 31
    steuerliche Anerkennung **12** 34
    Stille Gesellschaft **12** 37
    Teilnahme am Rechtsverkehr **12** 2
    Verjährung Ausgleichsansprüche **12** 32
    Zugewinnausgleich **12** 20
Insolvenzverfahren 3 170
Insolvenzverwalter 5 568
Institut der ehebedingten Zuwendung 12 33
Internationale Schiedsvereinbarungen
    Ad-hoc-Schiedsgericht **27** 24
    Auswahl der Schiedsrichter **27** 9
    Auswirkungen auf die Gesellschaft **27** 7
    Dauer des Verfahrens **27** 5
    Derogation **27** 26
    einstweilige Anordnung **27** 33
    einvernehmliche Streitbeilegung **27** 7
    Flexibilität **27** 10
    Geheimhaltung **27** 6
    Gerichtsstandsvereinbarung **27** 26
    grenzüberschreitende Sachverhalte **27** 14
    Kosten **27** 12
    lex causae **27** 28
    lex fori **27** 28
    Mehrparteienverfahren **27** 8
    Muster Ad-hoc-Schiedsvereinbarung deutsch **27** 44
    Muster Ad-hoc-Schiedsvereinbarung englisch **27** 45
    Muster Antrag auf Schiedsverfahren ZPO **27** 46
    Muster Standardschiedsklausel DIS deutsch **27** 38
    Muster Standardschiedsklausel DIS englisch **27** 39
    Muster Standardschiedsklausel ICC deutsch **27** 40
    Muster Standardschiedsklausel ICC englisch **27** 41
    Muster Standardschiedsklausel UNCITRAL deutsch **27** 42
    Muster Standardschiedsklausel UNCITRAL englisch **27** 43
    parallele Rechtswegbeschreitung **27** 21
    Präzedenzwirkung **27** 13
    Prorogation **27** 26
    satzungsrechtliche Streitigkeiten **27** 30
    schiedsfähige Streitigkeiten **27** 30–32
    Schiedsfähigkeit **27** 27

Schiedsgericht **27** 3
Schiedsinstitution **27** 25
Schiedsinstitutionen (Auswahl) **27** 37
Schiedsordnung **27** 15
Schiedsordnung (Herausgeberauswahl) **27** 16
Schiedsrichtervertrag **27** 22
Verfahrensgestaltung **27** 10
Verfahrensrecht **27** 28
Verfahrenssprache **27** 11
Verhältnis zum Hauptvertrag **27** 20
Vollstreckbarkeit von Schiedssprüchen **27** 36
Zivilprozessrecht **27** 18
Inter-omnes-Wirkung 23 81
Jahresabschluss
GmbH **5** 92
Hauptversammlung **6** 264
Joint Venture
Anwendungsbeispiele **26** 1–3
Checkliste Vertragsabschluss **26** 24
Checkliste Vertragsverhandlungen **26** 21–23
Checkliste Vorüberlegungen **26** 19
Contractual Joint Venture **26** 7
Doppelgesellschaft **26** 9
Equity Joint Venture **26** 9
GmbH **26** 10
GmbH & Co. KG **26** 10
Gründungstheorie **26** 13
Haftungsrisiko **26** 8
Innengesellschaft **26** 9
internationales **26** 6
IPR **26** 13
Kartellrecht **26** 17–18
Letter of Intent **26** 20
Muster Agreement **26** 27
Muster Gemeinschaftsunternehmen **26** 26
Muster Product Development **26** 28
OHG **26** 11
Projektteam **26** 21
Rechtswahl **26** 15
Ressourcenoptimierung **26** 6
Schiedsklausel **26** 16
Sitztheorie **26** 13
Statut **26** 14
stille Gesellschaft **26** 11
Streitentscheidung **26** 16
Unternehmenskooperation **26** 4
US-Formen **26** 12
vertragliches **26** 7
Vertragsinhalt **26** 24
Vertraulichkeitsverpflichtung **26** 20
weitere Verträge **26** 22
Juristische Personen
GbR **2** 7
GmbH **5** 10
KG **4** 4

Mitgliedschaftsrecht **42** 1
OHG **3** 48
Kammer für Handelssachen 5 534
Kapitalanteil 2 44
Kapitalerhöhung
AG **6** 87
Ausgliederung **20** 31
Bezugsrechtsausschluss **6** 91–92
gesetzliches Bezugsrecht **6** 90
Handelsregistereintragung **6** 107
Kapitalerhöhungsbeschluss **6** 88–89 *siehe auch dort*
Mindesteinlageleistung **6** 106
Mitteilungspflichten WpHG **6** 108
Umwandlung **17** 141
Verschmelzung **19** 20
wohlverstandenes Interesse **6** 92
Kapitalerhöhung, bedingte
Aufteilung der Bezugsrechte **6** 330
Ausgabebetrag **6** 331
Ausübungszeiträume **6** 334
Bezugsaktien **6** 112
Erfolgsziele **6** 333
Erwerbszeiträume **6** 334
Handelsregistereintragung **6** 111
Hauptversammlungsbeschluss **6** 328
Höchstnennbetrag **6** 110
Kreis der Bezugsberechtigten **6** 329
Mitteilungspflichten WpHG **6** 113
Satzungsänderung **6** 111
Umtauschrecht **6** 109
Verfall der Bezugsrechte **6** 336
Vorabgeschenk **6** 332
Wartezeit **6** 335
Kapitalerhöhung aus Gesellschaftsmitteln 6 83, **6** 116
Kapitalerhöhung GmbH
Abschlussprüfer **5** 381
Anmeldungsversicherung **5** 392
Anschaffungskosten **5** 350
Art der Anteilsbildung **5** 383
Ausgabe zum Nennwert **5** 343
Bereicherung **5** 346
Beschluss der Gesellschafterversammlung **5** 337
Beschlussgebühr **41** 39
Beschlussgeschäftswert **41** 21
Bestand der Rücklagen **5** 376
Bestätigungsvermerk des Prüfers **5** 382
Bestimmtheit **5** 342
bis-zu-Kapitalerhöhungen **5** 368
debitorisches Konto **5** 358
einfache **5** 334
erhöhte Anteile **5** 384

Erhöhungsbeschluss 5 387
EURO-Glättung 5 336, 5 360
Freigabeverfahren 5 364
genehmigtes Kapital 5 366
Gesamtwertmethode 5 349
aus Gesellschaftsmitteln 5 374
Gewinnbezugsrecht 5 386
Grundsatz der beteiligungsproportionalen Zuordnung 5 374
Handelsregisteranmeldung 5 391
Handelsregistereintragung 5 340, 5 363
Kombination verschiedener Erhöhungen 5 390
Maßgebliche Bilanz 5 378, 5 382
Mindesterhöhungsbetrag 5 371
nicht ausgeübte Bezugsrechte 5 372
Nichtteilnahme 5 352
Schenkung 5 343
Schütt-aus-hol-zurück-Verfahren 5 397
Sonderkonto 5 355
Spekulationsfrist 5 350
streng proportionale Erhöhung 5 389
Substanzspaltung 5 349
Tilgungswirkung der Voreinzahlung 5 357
Treuepflicht 5 341
Übernahmeerklärung 5 338
Übernehmerliste 5 362
Umwandlung von Rücklagen 5 375
verdeckte Gewinnausschüttung 5 352
verdeckte Sacheinlage 5 397
Vertrag mit körperschaftlichem Charakter 5 339
Verzicht auf Bezugsrecht 5 345, 5 348
Vorbehalt des Wirksamwerdens 5 340
Voreinzahlungen 5 353
Zulassung der Übernehmer 5 337

Kapitalerhöhungsbeschluss
Aktiengattung 6 96
Art der neuen Aktien 6 96
Ausgabebetrag 6 99
Bareinlage 6 102
Bekanntmachung 6 101
Bezugsrecht 6 100
Durchführungsfrist 6 97
Gewinnberechtigung 6 98
Kapitalerhöhungsbetrag 6 95
Prüfung der Sacheinlage 6 104
Sacheinlage 6 102–103
Vorzugsaktien 6 96

Kapitalerhöhung UG
Aufstockung des Stammkapitals 5 405, 5 408
Mindeststammkapital der GmbH 5 404
Sacheinlagenverbot bei Aufstockung 5 409

Kapitalersatzfunktion 12 117

Kapitalgesellschaft 1 14
Abgeltungsteuer 1 38, 1 55
Abschirmungswirkung 1 15, 1 44
Aufwendungsersatz 1 97
Ausschüttung 1 15
Ausschüttungen im Konzern 1 49
Ausschüttungs- bzw. Thesaurierungspolitik 1 45
Beschlussgebühr 41 10
Beschlussgeschäftswert 41 15
Betriebs-Kapitalgesellschaft 1 62
fehlende Offenlegung 1 88
Freibeträge 1 47
Fünftelungsregelung 1 56
Geschäftsanteil 42 1
Gesellschafter-Fremdfinanzierung 1 81
Gewerbesteuer 1 52
Gewerbesteueranrechnung 1 48
Gewinnausschüttungen 1 48
Gewinnverwendung 1 43
Größenmerkmale für GmbH 1 84
Halbeinkünfteverfahren 1 54
Jedermannantrag 1 89
Körperschaftsteuer 1 37
Offenlegungspflicht 1 85
Offenlegungspflicht, Umfang 1 90
Ordnungsgeldverfahren 1 88
Progressionsmilderung 1 47
Publizitätspflicht 1 83
schuldrechtliche Parallelbeziehungen 1 41
Spekulationsfrist 1 42, 1 53
steuerliche Betriebsaufspaltung 1 42
steuerliches Trennungsprinzip 1 15, 1 36
Strohmann 1 93
Tätigkeitsvergütungen 1 50
Teilbetriebsübertragung 1 60
Teileinkünfteverfahren 1 39, 1 55
Teilwertabschreibung 1 57
Trennungsprinzip 1 15
Treuhänder 1 97
Veräußerungsverluste 1 58
verdeckte Gewinnausschüttungen 1 51
Verlustabzugsmöglichkeiten 1 60
Verlustsaldierung 1 81
Versorgungszusagen 1 50
Vorteile 1 98
Wertaufholungsgebot 1 61
Wesentlichkeitsgrenze 1 53
Zuflussprinzip 1 37

Kapitalgesellschaftsanteile
Stuttgarter Verfahren 1 30
wesentliche Beteiligung 1 33

Kapitalglättung
Beschlussgeschäftswert 41 28

Kapitalherabsetzung
AG 6 84
Beschlussgeschäftswert 41 26
Erwerb eigener Aktien 6 350

Umwandlung 17 144
vereinfachte 17 146
Kapitalherabsetzung GmbH
    Abfindungszahlung 5 438
    Anmeldung 5 451
    Anmeldungsanlagen 5 452
    Arten 5 434
    Auszahlungen vor Eintragung 5 456
    Beschluss 5 439
    Beschlussanfechtungsklage 5 444
    effektive 5 433
    Frist der vereinfachten 5 459
    Gesellschafterliste 5 432
    Gläubigerschutz 5 446
    gleichzeitige Kapitalerhöhung 5 431
    Handelsregistereintragung 5 440, 5 454
    Inhalt des Beschlusses 5 441–442
    Mindesteinlageverpflichtung 5 437
    nominelle 5 433
    ordentliche 5 429
    Sperrjahr 5 450
    Treuepflicht 5 443
    unrichtige Versicherungen 5 453
    vereinfachte 5 429, 5 457
    Verlustdeckung 5 436
    Veröffentlichung 5 446
    Vollzug 5 455
    Widerspruch 5 449
    Zulässigkeit der vereinfachten 5 458
    Zweck 5 435
    Zweckangabe 5 430
Kapitalkonto 4 43
Kapitalkonto I 3 71
Kapitalkonto II 3 72
Katalog der zustimmungspflichtigen Maßnahmen 5 191
Kaufmann 1 101, 4 6
Kaufmännisch geführtes Gewerbe 3 5
Kernbereichslehre 3 91
Kettenverschmelzung 17 41
KG
    Abfindung 4 48, 4 137
    Abgrenzung zur OHG 4 2
    Abwägung der Ausschließung 4 135
    angemessene Gewinnverteilung 4 85
    Angemessenheitskriterien 4 86
    Angemessenheitsprognose 4 106
    Angemessenheitsprüfung 4 108, 4 110
    Anwendung der Angemessenheitsregelung 4 93–94
    Auseinandersetzung 4 137
    Ausscheiden eines Gesellschafters 4 46
    Ausscheidungsgründe 4 47
    Ausschließung eines Kommanditisten 4 134
    Ausschließung eines Komplementärs 4 133
    Ausschließungsklage 4 129, 4 132
    Ausschließungsklage gegen mehrere Gesellschafter 4 139
    Ausschluss der Mitunternehmerschaft 4 69
    Ausschluss durch Gesellschafterbeschluss 4 131
    außergewöhnliche Geschäfte 4 39
    Ausübung des Einsichtsrechts 4 149
    Beendigung 4 53
    Besitzer 4 24
    Besteuerung 4 9
    Beteiligung von Familienangehörigen 4 122
    Beteiligung von Mitarbeitern 4 121
    Bewertungsmethode 4 95
    Bilanz 4 42
    bisheriger Inhaber 4 101
    bloße Nutzungsüberlassungen 4 118
    Buchwertfortführung 4 112
    Definition 4 3
    doppelte Verjährung 4 158
    Doppelvertrag 4 50
    Doppelvollmacht 4 66
    Drittbeziehungen 4 36
    drohender Schadenseintritt 4 150
    Einbringung eines Grundstücks 4 118
    Einkommensteuer 4 10
    Einlage 4 73
    Einsichtsrecht des Kommanditisten 4 144, 4 146
    Eintritt 4 49
    Einzelvertretungsmacht 4 19
    Entstehung 4 13
    Entstehung im Außenverhältnis 4 17
    Entstehung im Innenverhältnis 4 13
    Erbschafts- und Schenkungsteuer 4 10
    Ergebnisverteilung 4 41
    Erlöschen der Haftung des Kommanditisten 4 31
    erweiterter Verlustausgleich 4 83
    Euro-Umstellung 44 31
    familiengerichtliche Genehmigung 4 65
    Familiengesellschaft 4 7
    Fehlbetragsbeschluss 4 116
    Form der Schenkung 4 64
    Form des Gesellschaftsvertrages 4 14, 4 60
    fortlaufende Ausgewogenheitsprüfung 4 96
    Fremdkapitalgeber 4 120
    Fremdvergleich 4 85, 4 87
    geerbte Kommanditbeteiligungen 4 110
    gemischte Schenkung 4 114
    Gerichtsstand der Ausschließungsklage 4 141
    Gesamtrechtsnachfolge 4 137
    Geschäftsführung 4 37
    Gesellschafterwechsel 4 50
    gesetzliche Auflösungsgründe 4 54
    gesetzliches Wettbewerbsverbot 4 153
    Gewerbesteuer 4 10, 4 116
    gewöhnliche Geschäfte 4 38

Grunderwerbsteuer 4 10, 4 118
Hafteinlage 4 30
Haftung 4 21
Haftung des Kommanditisten 4 27
Haftung des Kommanditisten nach Eintragung 4 29
Haftung des Kommanditisten vor Eintragung 4 28
Haftung des Komplementärs 4 25–26
Haftung des Neu-Gesellschafters 4 49
Haftung Minderjähriger 4 33
Handelsregister *siehe dort*
Immobilienfonds 4 123
indirekte Methode 4 95
Individualansprüche 4 36
Informationsrecht des Kommanditisten 4 145
Innenverhältnis 4 34
juristische Personen 4 4
Kapitalkonto 4 43
Kaufmann 4 6
Kernbereichstheorie 4 59
Klage auf Mitwirkung 4 139
Kontrollrecht des Kommanditisten 4 143
Korrektur der Gewinnverteilung 4 105
Liquidation 4 55
Minderjährige 4 4, 4 61
Mindestinhalt des Gesellschaftsvertrages 4 15
Mitunternehmerrisiko 4 73
Mitunternehmerstellung 4 57, 4 76–78
Muster Ausschließungsklage 4 142
Muster ausführlicher Gesellschaftsvertrag 4 126
Muster Auskunftsklage des Kommanditisten 4 152
Muster einfacher Gesellschaftsvertrag 4 125
Muster Gesellschaftsvertrag mit Schiedsklausel und Beirat 4 127
Muster Handelsregisteranmeldung 4 128
Muster Unterlassungsklage des Kommanditisten 4 159
Nachfolgevermerk 4 51
Nachhaftung 4 48
Nachschusspflicht 4 44, 4 56
natürliche Personen 4 4
nichteheliche Lebensgemeinschaft 4 115
Notwendigkeit der Haftungsbeschränkung 4 120
Organhaftung 4 23
partiarisches Darlehensverhältnis 4 102
Personenhandelsgesellschaft 4 5
Pflichteinlage 4 30
Prokura 30 111
Publikumsgesellschaft 4 11
Rechte und Pflichten im Innenverhältnis 4 35
Rechtsfähigkeit 4 6
Rechtsfolgen der Wettbewerbsverbotsverletzung 4 156–157
Rechtsstellung des Kommanditisten 4 67
Rückübertragungspflicht bei Schenkung 4 71
Schein-KG 4 32

Schwestergesellschaften 4 97
Selbstorganschaft 4 19
Sonderverfahren nach FamFG 4 151
Sozialansprüche 4 36
Sozialverpflichtungen 4 36
steuerliche Anerkennung 4 57
steuerliche Nichtanerkennungsfähigkeit 4 101
Steuersubjektsfähigkeit 4 116
tatsächliche Durchführung 4 79
Testamentsvollstreckung 4 52
Tod eines Gesellschafters 4 46
Transparenzprinzip 4 9
Treuhänder 4 12
typische stille Gesellschaft 4 102
Übernahmeklage 4 136
Umfang des Einsichtsrechts 4 147
Umsatzsteuer 4 117
unentgeltlicher Erwerb 4 107
Unterbeteiligung 4 103
Unternehmerinitiative 4 68
Unterzeichnung des Jahresabschlusses 4 148
unwesentliche Mitarbeit nach Schenkung 4 90
verdeckte Entnahme 4 98
Verletzung einer wesentlichen Verpflichtung 4 133
Verlustabzugsbeschränkung 4 82
Vermögensübergang zwischen Angehörigen 4 111
Vermutung für die Unentgeltlichkeit 4 111
Vertretung 4 18–20
Vertretung bei Ausschließungsklage 4 138
Vollbeendigung 4 56
Vorabausschüttungen 4 88
wesentliche Veränderung der Verhältnisse 4 96
Wettbewerbshandlungen 4 155
Wettbewerbsverbot des Komplementärs 4 154
wichtiger Grund 4 132, 4 150
Zweipersonengesellschaft 4 48

KGaA
Aufsichtsrat 6 433
Aufsichtsrat, mitbestimmter 6 435
Checkliste Gründung 6 442
Einheits-KGaA 6 425
Ein-Mann-KGaA 6 425
Formkaufmann 6 423
Geschäftsführung 6 430
gesetzestypische 6 424
Gestaltungsspielraum 6 427
GmbH & Co. KGaA 6 438
Gründung 6 441
Hauptversammlung 6 436
kapitalistische 6 425
Muster Satzung GmbH & Co. KGaA 6 444
Organe 6 429
persönlich haftender Gesellschafter 6 430
Publikums- 6 425
Regelungsregime 6 426

Stimmrecht **6** 436
Stimmverbot **6** 436
Typenmischungen **6** 432
Vertretung **6** 430
Vor- und Nachteile **6** 428
Wettbewerbsverbot **6** 431
Zustimmungsvorbehalt des ph-Gesellschafters **6** 437
Klage auf Mitwirkung **4** 139
Klarenberg-Entscheidung **17** 254
Kleine AG
Bezugsrecht der Vorzugsaktionäre **1** 243
Bezugsrechtsausschluss **1** 244
Doppelwahl **1** 247
Ein-Mann-Gründung **6** 13
Ein-Personen-AG **1** 212 *siehe auch dort*
Einzelverbriefung der Aktien **1** 227
erleichterte Anmeldung **1** 226
Euro-Umstellung **44** 28
Falscheinladungen **1** 231
gespaltene Protokollführung **1** 235
Gewinnverwendung **1** 239
Hauptversammlung **1** 229
Inhaberaktien **1** 230
Meldeobliegenheit des neuen Aktionärs **1** 232
Mitbestimmung **1** 246
Namensaktien **1** 230
Niederschrift **1** 234
Rechtsgrundlage **1** 207
Registerpublizität **1** 221
Sonderbeschlüsse der Vorzugsaktionäre **1** 237
Verbot der Einlagenrückgewähr **1** 241
Verbot der Vermögensrückgewähr **1** 241
Vollversammlung **1** 233
Vollversammlungsprivileg **1** 210
wesentliche Änderungen **1** 210
Kollektivvereinbarungen **25** 73
Kollusion **6** 155
Kommanditist *siehe* KG
Kommanditistenversammlung **1** 164
Kommission der EU **25** 69
Komplementär *siehe* KG
Mitteilung des Jahresabschlusses **4** 146
Konzentrationsprinzip im Insolvenzverfahren **1** 152
Konzern **24** 12
Konzernbildungskontrolle **24** 39
Kooptationsprinzip **9** 26
Korb II-Gesetz **24** 153
Körperschaftsteuer
Anrechnungsverfahren **1** 37
Beirat, freiwilliger **16** 44
einheitlicher, proportionaler Steuersatz **1** 37
Kapitalgesellschaft **1** 37
steuerliche Organschaft **24** 117
Steuersatz **1** 46

Unternehmenskaufvertrag **25** 90
Verein **8** 115
Kreditaufnahme
Beschlussgeschäftswert **41** 28
Kreditkonsortium **2** 116
Kreditlinie
Beschlussgeschäftswert **41** 28
Kundenschutzklauseln **3** 127
Kündigung
GmbH **5** 111
OHG **3** 115
Kündigungsrecht **2** 12

Lagergrundstücks-Entscheidungen **1** 147
Lehre von der fehlerhaften Organstellung **6** 134
Leistungsaustausch **1** 140
Letter of Confidentiality **25** 7
Letter of Intent
AG **6** 172
Joint Venture **26** 20
Unternehmenskauf **25** 13
Lex causae **27** 28
Lex fori **27** 28
Limited
Ein-Personen-Limited **1** 255
Gründungsstatut **1** 255
Nachteile **1** 258
Niederlassungsfreiheit **1** 253
Rechtsquellen **1** 256
Vorteile **1** 258
Linotype-Entscheidung **23** 34
Liquidation
GbR **2** 106
KG **4** 55
OHG **3** 125, **3** 169
Verein **8** 46, **8** 85
VVaG **9** 32
Liquidationsfirma **3** 174
Liquidationswert **5** 119
Liquidatoren **5** 632
Löschungsverfahren
Absehen von Löschung **36** 30
Anhörung **36** 29
Anmeldepflicht **36** 22
Anmeldepflichtige **36** 23
Bekanntmachung der Löschungsabsicht **36** 25, **36** 32
Beschwerde **36** 26
besondere Bestandskraft der Eintragungen **36** 40
Doppelzuständigkeit **36** 38
eingetragener Beschluss **36** 41
Einleitungspflicht **36** 31, **36** 35
Einstellung des Gewerbes **36** 21
Erlöschen der Firma **36** 20
Grundsatz der Erhaltung der Eintragung **36** 34

Grundsatz der materiellen Richtigkeit 36 34
Herabsinken des Gewerbebetriebes 36 21
Klage auf die Nichtigerklärung der Gesellschaft 36 39
Löschung nichtiger Gesellschaften/Beschlüsse 36 39
Löschungsankündigung 36 24, 36 31, 36 36
Löschung unzulässiger Eintragungen 36 34
Löschung wegen Vermögenslosigkeit 36 27
Verfahrenseinleitung 36 24, 36 43
Vermögenslosigkeit 36 28
Widerspruch 36 26, 36 33, 36 37

Macrotron-Entscheidung 6 262
Mandantenschutzklauseln 3 127
Mantelgesellschaft 6 15
Maßgeblichkeitsprinzip 18 48
Mehrheitsbeteiligung 24 7
Minderjährige 4 4, 4 61
Mindestanzahl Gesellschafter
    GbR 2 5
    OHG 3 47
Mindesteinlageleistung 6 39
Mindestinhalt des Gesellschaftsvertrages
    GbR 2 4
    GmbH 5 41
    KG 4 15
    OHG 3 41–42
Mindestkapital
    EWIV 29 45
    OHG 3 12
Mindestlohnsummenregelung 1 274–275
Mindeststammkapital
    GmbH 5 51
    UG (haftungsbeschränkt) 1 185
Mischeinlage 5 55
Mitbestimmung
    Aufsichtsrat 6 200
    OHG 3 14
Mitgliedschaft 9 19
Mitteilungspflichten 6 283
Mitternachtsgeschäfte 24 125
Mitternachtskomplementär 1 92
Mitunternehmererlass 1 34
Mitunternehmerprinzip 1 12
Mitunternehmerrisiko 4 73
Mitwirkung bei Geschäftsführung 2 12
Mitwirkung bei Liquidation 2 12
Mitwirkung bei Vertretung 2 12
Mitwirkungsrechte und -pflichten 2 9
Modifiziertes Ertragswertverfahren 14 26
Muster
    notarielle Doppelvollmacht 12 212
    notarieller Vermerk Genehmigungsbeschluss 12 213

Muster Abspaltung
    Aufnahme Registeranmeldungen 20 48–49
    Aufnahme Vertrag/Beschluss 20 47
    Neugründung Registeranmeldung 20 44–45
    Neugründung Sachgründungsbericht 20 43
    Neugründung Umwandlungsurkunde 20 42
Muster AG
    Anfechtungsklage 6 319
    Antrag Bestellung Gründungsprüfer 6 50
    Antrag/Bericht Nachgründungsprüfer und Sachkapitalerhöhung 6 78–79
    Aufsichtsrat Corporate Governance Kodex 6 259
    Aufsichtsrat Erwerb eigener Aktien 6 387
    Bekanntmachung Anfechtungsklage 6 320
    Bekanntmachung der Beteiligung 6 414
    Bekanntmachung Übernahme Beteiligung 6 419
    Bekanntmachung Wechsel Aufsichtsrat 6 257
    Bekanntmachung Z.setzung Aufsichtsrat 6 255
    Bericht des Gründungsprüfers 6 51
    Bestätigung über die Einlageleistung 6 47
    Bestellung des ersten Vorstands 6 46
    Bestellung eines Vorstandsmitglieds 6 190
    Einberufung ordentliche HV 6 297
    Einbringungsvertrag 6 68
    Einladung zur HV (Ausgabe Optionen) 6 342
    Einladung zur HV (Erwerb eigener Aktien) 6 384
    Einladung zur HV (Inhaber-/Namensaktien) 6 126
    Einladung zur HV (Nennbetrags-/Stückaktien) 6 124
    Einladung zur HV (Squeeze Out) 6 396
    Einladung zur HV (Vorzugs-/Stammaktien) 6 125
    Einladung zur KapitalerhöhungsHV 6 122
    Einladung zur NachgründungsHV 6 80
    Einreichung Bekanntmachung Aufsichtsrat 6 258
    Erklärung Corporate Governance Kodex 6 195
    Festsetzungen der Sacheinlage 6 67
    Feststellungsantrag Zusammensetzung Aufsichtsrat 6 256
    Gegenantrag eines Aktionärs 6 316
    gerichtlicher Antrag bzgl Auskunftsrecht 6 318
    Geschäftsordnung des Vorstands 6 194
    Gründungsbericht 6 48
    Gründungsbericht bei Sachgründung 6 69
    Gründungsprotokoll 6 44
    Gründungsprotokoll einer Sachgründung 6 66
    Gründungsprüfungsbericht von Vorstand/Aufsichtsrat 6 49, 6 70
    Handelsregisteranmeldung Bargründung 6 53
    Handelsregisteranmeldung Bestellung Vorstand 6 191
    Handelsregisteranmeldung Nachgründung/Kapitalerhöhung 6 81
    Handelsregisteranmeldung Sachgründung 6 72
    Handelsregisteranmeldung Squeeze Out 6 397

Handelsregisteranmeldung Widerruf Vorstand
6 193
Liste der Aufsichtsratsmitglieder 6 52
Mitteilung Abgabe einer Beteiligung 6 413
Mitteilung BaFin Abgabe Beteiligung 6 416
Meldung BaFin Erwerb eigener Aktien 6 385
Mitteilung BaFin Übernahme Beteiligung 6 417
Mitteilung Ein-Mann-AG 6 415
Mitteilung Erwerb einer Beteiligung 6 412
Mitteilung über Directors' Dealings 6 420
Muster Einberufung ordentliche HV 6 297
Nachgründungsbericht des Aufsichtsrats 6 77
Nachgründungs-/Einbringungsvertrag 6 76
Satzung der AG 6 54
Satzung der Vorrats-AG 6 45
TOP Befreiung Offenlegung Bezüge 6 196
Verlangen auf Squeeze Out 6 395
Veröffentlichung Abgabe Beteiligung 6 418
Veröffentlichung über Directors' Dealings 6 421
Vorstandsbeschluss Erwerb eigener Aktien 6 386
Widerruf Bestellung Vorstand 6 192
Zeichnungsschein 6 123
Zugänglichmachen eines Gegenantrags 6 317

Muster Aufspaltung
Registeranmeldungen 20 52–54
Sachgründungsbericht 20 55
Vertrag/-plan und Beschluss 20 51

Muster Beherrschungsvertrag 28 30

Muster Beirat, freiwilliger
ausführliche Beiratssatzung 16 79
einfache Beiratssatzung 16 78
Geschäftsordnung 16 82
moderne Beiratssatzung (GmbH) 16 81
Satzung eines beratenden Beirats 16 77
Vereinbarung Beiratsmitglied 16 76

Muster Betriebsaufspaltung
Aufhebungs-/Übernahmevereinbarung 11 108
ergebnis-/umsatzbezogener Mietvertrag 11 107
Vertrag entschädigungslose Rückgabe Firmenwert
11 105
Vertrag Nichtmitverpachtung Firmenwert 11 101
Vertrag Nichtvorhandensein Firmenwert 11 102
Vertrag Pachthöhe 11 103
Vertrag (teil-)entgeltliche Rückgabe Firmenwert
11 106
Vertrag unentgeltliche Überlassung Firmenwert
11 104
Vertrag Verpachtung Gesamtbetrieb 11 99
Vertrag Verpachtung Teilbetrieb 11 100

Muster EWIV
Gründungsvertrag 29 56
Handelsregisteranmeldung 29 57

Muster FamFG
Beschwerde Bestellung Notgeschäftsführer
37 48

Beschwerde Zurückweisungsbeschluss 37 46
Einspruch gegen ein Zwangsgeld 36 50
Widerspruch gegen Löschungsankündigung
36 52

Muster Formwechsel
AG in GmbH Beschluss 21 90
Beschluss Beitrittsmodell 21 58
Beschluss Identitätsgrundsatz 21 57
Einladung zur Hauptversammlung 21 92
GmbH & Co.KG in GmbH Beschluss 21 79
GmbH in AG Beschluss 21 84
GmbH in GmbH & Co. KG Treuhandvertrag 21 56
Gründungsbericht AG 21 85
Gründungsprüfungsbericht AG 21 86
KG in GmbH Beschluss 21 77
Registeranmeldung 21 78, 21 88, 21 91
Registeranmeldungen 21 59–61, 21 80–81
Sitzungsprotokoll Aufsichtsrat 21 87

Muster Freiberuflergesellschaften
Berechnungsbeispiel Praxiswert 14 171
Handelsregisteranmeldung WP/StB-GmbH 15 16
Schiedsvertrag Rechtsanwälte 14 157
Sozietätsvertrag fünf Rechtsanwälte 14 159
Sozietätsvertrag zwei Rechtsanwälte 14 156
Vertrag einer Bürogemeinschaft 14 174
Vertrag WP/StB-GmbH 15 15
Vertrag Zusammenarbeit RA/StB 14 176

Muster GbR
Grundstücksverwaltungsgesellschaft 2 119
kapitalistische Vertragsgestaltung 2 119
personalistische Vertragsgestaltung 2 121
unternehmenstragende Erwerbsgesellschaft 2 121

Muster Genossenschaft
Beurkundung des Ausgliederungsbeschl. 7 39
Beurkundung des Verschmelzungsbeschl. 7 32
Gemeinsamer Verschmelzungsbericht 7 30
Gutachten bei Ausgliederung 7 38
Registeranmeldung 7 33
Registeranmeldung Ausgliederung 7 40
Satzung 7 25
Spaltungsplan 7 37
Verschmelzungsgutachten 7 31
Verschmelzungsvertrag 7 29

Muster GmbH
Ankündigung von Gegenständen zur TO 5 296
Ankündigung zur TO durch Minderheit 5 301
Anmeldung der Barkapitalerhöhung 5 505
Anmeldung der Liquidation 5 718
Anmeldung der Vollbeendigung 5 719
Anmeldung Kapitalerhöhung aus Gesellschaftsmitteln 5 507
Anmeldung Kapitalerhöhung/-herabsetzung
5 515
Anmeldung ord. Kapitalherabsetzung
5 511

Anmeldung Schütt-aus-hol-zurück-Verfahren 5 509
Anmeldung vereinfachte Kapitalherabsetzung 5 513
Antwortschreiben Auskunfts-/Einsichtsrecht 5 304
Auflösungsklage 5 721
Aufnahme TOP Minderheitsgesellschafter 5 300
Auskunfts- und Einsichtsklage 5 306
Ausschlussklage 5 720
Beschlussmitteilung Auskunfts-/Einsichtsrecht 5 305
Beschluss ordentliche Kapitalherabsetzung 5 510
Beschluss vereinfachte Kapitalherabsetzung 5 512
Durchsetzung der Abberufung mit einstweiliger Verfügung 5 725
Einberufung Gesellschafterversammlung 5 277
Einberufung Minderheitsgesellschafter 5 299
Einberufungsverlangen einer Minderheit 5 298
einfache Barkapitalerhöhung 5 504
Einpersonen-Bargründung Handelsregisteranmeldung 5 148
Einpersonen-GmbH Gesellschafterliste 5 149
Einpersonen-GmbH Gesellschaftsvertrag 5 147
Einpersonen-GmbH Gründungsprotokoll 5 146
Einstweiliger Rechtsschutz Abberufungsbeschluss 5 724
Forderungsverzicht Besserungsschein 5 516
Kapitalerhöhung aus Gesellschaftsmitteln 5 506
Kapitalerhöhung/-herabsetzung 5 514
Liquidationsbeschluss 5 717
Mehrpersonen-Bargründung Gesellschaftsvertrag 5 151
Mehrpersonen-Bargründung Gründungsprotokoll 5 150
Mehrpersonen-Bargründung Handelsregisteranmeldung 5 152
Mehrpersonen-Sachgründung Gesellschaftsvertrag 5 154
Mehrpersonen-Sachgründung Gründungsprotokoll 5 153
Mehrpersonen-Sachgründung Handelsregisteranmeldung 5 156
Mehrpersonen-Sachgründung Sachgründungsbericht 5 155
Nichtigkeitsfeststellungsklage 5 723
Nichtigkeitsklage 5 722
Optionsvertrag Geschäftsanteil 5 328
Ordentliche Kündigung der Gesellschaft 5 716
Protokoll der Gesellschafterversammlung 5 302
Rangrücktrittsvereinbarung 5 517
Schütt-aus-hol-zurück-Verfahren 5 508
Verkaufs-/Abtretungsvertrag Geschäftsanteil 5 327

Verlangen auf Auskunft und Einsicht 5 303
Verpfändung für Ansprüche aus Geschäftsverbindung 5 329
Verpfändung für Darlehensansprüche 5 330
zweite Gesellschafterversammlung 5 297
Muster GmbH & Co. KG
Gesellschaftsvertrag der GmbH 4 178
Gesellschaftsvertrag der KG 4 179
Handelsregisteranmeldung GmbH 4 180
Handelsregisteranmeldung KG 4 181
Muster Handelsregister
Anmeldung der Auflösung 33 171
Anmeldung der Fortsetzung 33 175
Antrag Bestellung externer Gründungsprüfer 34 27
Antrag Bestellung Notgeschäftsführer 33 84
Bestellung Aufsichtsrat 34 38
Erstanmeldung einer AG 34 28
Erstanmeldung einer GmbH 33 55
Muster Internationale Schiedsvereinbarungen
Ad-hoc-Schiedsvereinbarung deutsch 27 44
Ad-hoc-Schiedsvereinbarung englisch 27 45
Antrag auf Schiedsverfahren ZPO 27 46
Standardschiedsklausel DIS deutsch 27 38
Standardschiedsklausel DIS englisch 27 39
Standardschiedsklausel ICC deutsch 27 40
Standardschiedsklausel ICC englisch 27 41
Standardschiedsklausel UNCITRAL deutsch 27 42
Standardschiedsklausel UNCITRAL englisch 27 43
Muster Joint Venture
Agreement 26 27
Gemeinschaftsunternehmen 26 26
Product Development 26 28
Muster KG
Auschließungsklage 4 142
ausführlicher Gesellschaftsvertrag 4 126
Auskunftsklage des Kommanditisten 4 152
einfacher Gesellschaftsvertrag 4 125
Gesellschaftsvertrag mit Schiedsklausel und Beirat 4 127
Handelsregisteranmeldung 4 128
Unterlassungsklage des Kommanditisten 4 159
Muster Nießbrauch
Schenkung Quotennießbrauch 13 64
Schenkung unter Nießbrauchvorbehalt 13 62
Schenkung Zuwendungsnießbrauch 13 60
Vermächtnisnießbrauch 13 66
Muster OHG
Anmeldung der Anteilsübertragung 3 155
Anmeldung der Liquidation 3 185
Anmeldung des Erlöschens der Firma 3 190
Beschluss über Anteilsverpfändung 3 166
Beschluss über Liquidation 3 184
Gesellschaftsvertrag 3 140
Handelsregisteranmeldung 3 141

Schenkung eines Anteils **3** 154
Verpfändungsvertrag **3** 167
Muster Partnerschaftsgesellschaft
Partnerschaftsregisteranmeldung **14** 172
Vertrag interprofessionelle Partnerschaft **14** 170
Mustersatzung GmbH & Co. KGaA 6 444

Muster Spaltung
Ausgliederung HRegisteranmeldung **20** 59–60
Ausgliederungsplan **20** 58
Spaltung + Ausgliederung Registeranmeldungen **20** 74–76
Spaltung-/Ausgliederungsvertrag/Beschluss **20** 73
Muster Spruchverfahren
Antrag auf bare Zuzahlung **23** 93
Muster Stiftung
Errichtung rechtsfähigen St. zu Lebzeiten **10** 151
Errichtung unselbständigen St. zu Lebzeiten **10** 152
Mustersatzung nach der Abgabenordnung **10** 158
Satzung selbstständige Stiftung **10** 154
Satzung steuerbegünstigte Stiftung **10** 156
unternehmensverbundene Stiftung **10** 160
Muster Stille Gesellschaft
Errichtung atypische und GmbH & Co. KG **12** 218
Errichtung GmbH & atypisch Still **12** 220
Errichtung typische stille Gesellschaft **12** 216
Muster UG
Anstellungsvertrag Fremdgeschäftsführer **5** 187
Anstellungsvertrag Gesellschafter-GF **5** 188
Handelsregisteranmeldung Einpersonen-UG **5** 160
Mustergründungsprotokoll Einpersonen-UG **5** 159
Muster Umwandlung
Antrag Bestellung Gründungsprüfer **17** 298
Empfangsquittung Betriebsrat **17** 296
Empfangsquittung Betriebsrat Fristverzicht **17** 297
Unterrichtung über Betriebsübergang **17** 299
Vollmacht Umwandlung **17** 295
Muster Unterbeteiligung
Ermittlung Gewinn GmbH & atypisch Still **12** 225
Schenkung typische U. Kommanditanteil **12** 224
Schenkung typische U. Komplementäranteil **12** 222
Muster Unternehmenskaufvertrag
Due Diligence Checkliste **25** 100
Geheimhaltungsvereinbarung **25** 98
Kauf AG **25** 102
Kauf GmbH **25** 101
Kauf GmbH & Co. KG **25** 103
Kauf (Teil-)Betrieb **25** 104
Letter of Intent **25** 99
Muster Verbundene Unternehmen
Betriebsführungsvertrag **24** 222

Betriebspachtvertrag **24** 211
Handelsregisteranmeldung **24** 196, **24** 201, **24** 214
isolierter Ergebnisabführungsvertrag **24** 198
Organschaftsvertrag **24** 193
Zustimmungsbeschlüsse **24** 194–195, **24** 199–200, **24** 212–213
Muster Verein
Anerkennung Gemeinnützigkeit **7** 149
Anerkennung steuerfreie Erlöse **7** 152
Anfrage wegen Zweckbetriebseinordnung **7** 178
Antrag vorläufige Spendenempfangsbescheinigung **7** 121
Bewertung von Sachspenden **7** 201
Eigenverbrauch **7** 188
Erläuterung Werbeaufwand **7** 133
Hinweis auf steuerfreie Spendeneinnahmen **7** 199
Mitteilung über Verlustausgleich **7** 164
Niederschrift Gründung Verein **8** 25
Registeranmeldung Auflösung/Liquidatorenbestellung **7** 48
Registeranmeldung Satzungsänderung **7** 44
Registeranmeldung Verein **8** 26
Registeranmeldung Vorstandsänderung **7** 40
Satzung eingetragener, gemeinnütziger Verein **8** 37
Satzung nichtrechtsfähiger, gemeinnütziger Verein **8** 96
Schiedsgerichtsordnung **7** 114
Spenden in Form von Sachleistungen **7** 202
Unschädlichkeit Aufwendungsersatz **7** 132
Vollmacht Registeranmeldung **7** 35
Zuwendungsbestätigung **7** 211
Zuwendungsbestätigung Sachzuwendungen **7** 212
Muster Vermögensübertragung
Ausgliederungserklärung/-plan **22** 14
Registeranmeldung **22** 15
Sachgründungsbericht **22** 16
Muster Verschmelzung
Beschluss übernehmender Rechtsträger **19** 36
Beschluss übertragender Rechtsträger **19** 37
Konzernv. Bundesanzeiger **19** 45
Konzernv. Einladung Mutter-AG **19** 44
Konzernv. Entwurf zum Register **19** 46
Konzernv. Vertrag **19** 47
Registeranmeldung erlöschender Rechtsträger **19** 39
Registeranmeldung übernehmender Rechtsträger **19** 38, **19** 43, **19** 49
Registeranmeldung übertragende GmbH **19** 48
Registeranmeldung übertragender Rechtsträger **19** 42
Vertrag GmbH-Alleingesellschafter **19** 41
Vertrag GmbH-GmbH **19** 35

Muster Vertretung
   Antrag Kraftloserklärung Vollmacht **30** 180
   Befugniserteilung i.A.-Zeichnung **30** 174
   einfache Handlungsvollmacht **30** 172
   einfacher Beglaubigungsvermerk **31** 23
   eingeschränkte Generalvollmacht **30** 176
   Einzelprokura Handelsregisteranmeldung **30** 162
   Einzelprokura Kommanditgesellschaft **30** 161
   Erlöschen der Prokura Anmeldung **30** 171
   Gesamtprokura Immobilarklausel **30** 167–168
   Handelsregistervollmacht Kommanditist **30** 178
   Handlungsvollmacht Zweigniederlassung **30** 173
   Kraftloserklärung Vollmacht **30** 179
   NLgesamtprokura **30** 169
   NLgesamtprokura Anmeldung **30** 170
   notarielle Firmenbescheinigung GmbH/AG **31** 13
   notarielle Firmenbescheinigung OHG/KG **31** 12
   notarielle Gründungsvollmacht **30** 175
   notarielle Umwandlungsbescheinigung **31** 14
   notarielle Vertretungsbescheinigung **31** 11
   Prokura gemischte Gesamtvertretung **30** 165–166
   Prokura Handelsregisteranmeldung **30** 164
   Prokura Immobiliarklausel **30** 163
   umfassende Bankvollmacht **30** 177
   Unterschriftsbeglaubigung Handeln im fremden Namen **31** 21–22
   Vertretungsbescheinigung Gesellschafter deutsch **31** 15
   Vertretungsbescheinigung Gesellschafter englisch **31** 16
   Vertretungsbescheinigung GF deutsch **31** 17
   Vertretungsbescheinigung GF englisch **31** 18
   Vertretungsbescheinigung Organe deutsch **31** 19
   Vertretungsbescheinigung Organe englisch **31** 20
Muster VVaG
   Anmeldung Formwechsel **9** 67
   Anzeige Beteiligung Gründungsstock **9** 69
   Beschluss Formwechsel **9** 66
   Eintragung Satzungsänderung/Vorstandsbestellung **9** 65
   Satzung eines großen VVaG **9** 63
   Voranfrage BaFin Satzungsänderung **9** 64

Nachfolgeklausel
   GbR **2** 96
   OHG **3** 107
Nachhaftung
   EWIV **29** 50
   Freiberuflergesellschaften **14** 80
   GbR **2** 74
   KG **4** 48
   OHG **3** 153
   Partnerschaftsgesellschaft **14** 128
   Umwandlung **17** 186
Nachhaftungsbegrenzungsgesetz 17 182
Nachschusspflicht 4 44, **4** 56
Namensaktie 6 33
Natürliche Personen
   GbR **2** 6
   GmbH **5** 10
   KG **4** 4
   OHG **3** 48
Negativbeschluss 41 2
Negativerklärung 17 48
Nicht entnommener Gewinn 1 18
Nichtigkeitsklage
   GmbH **5** 574
   Hauptversammlung **6** 303
Nicht rechtsfähiger Verein
   Beschlussgebühr **41** 12
Nießbrauch 13 3
   abgeleitetes Stimmrecht **13** 8
   an Wertpapieren **13** 28
   Arten **13** 2
   außerordentliche Erträge **13** 45
   Beteiligung Minderjähriger **13** 14
   eigenes Stimmrecht **13** 8
   Einkommensverwendung **13** 28
   entgeltlicher **13** 31
   Entnahmebeschränkungen **13** 43
   Erbschaftsteuer **13** 50
   Ertragsnießbrauch **13** 6
   Form **13** 12
   Grundgeschäft **13** 3
   Handelsbilanzgewinn **13** 37
   Interne Gewinnverteilung **13** 42
   Mitunternehmerinitiative **13** 35
   Mitunternehmerstellung **13** 34
   Muster Schenkung Quotennießbrauch **13** 64
   Muster Schenkung Zuwendungsnießbrauchs **13** 60
   Muster Vermächtnisnießbrauch **13** 66
   nicht entnahmefähige Gewinne **13** 45
   parallele Mitunternehmerschaften **13** 40
   Pfleger **13** 14
   Quotennießbrauch **13** 4
   Regelungsinhalte **13** 18
   Rückforderungsrecht im Scheidungsfall **13** 26
   Schenkungsteuer **13** 53
   Separierungsprinzip **13** 24
   Sonderbetriebsvermögen **13** 48
   Sondervergütungen **13** 46
   Stellung des Bestellers **13** 9–10
   steuerliche Anerkennung **13** 19
   Surrogationsprinzip **13** 30

tatsächliches Innehaben der Einkunftsquelle 13 19
Tauglicher Gegenstand 13 6
Treuhandverhältnis 13 38
Umfang 13 7
unentgeltlicher 13 28
unter Familienangehörigen 13 24
Unternehmensnießbrauch 13 6
verdeckte Einkommensverwendung 13 27
Verschonungen 13 54
Vollrechtsnießbrauch 13 6
Vorbehaltsnießbrauch 13 5, 13 33
vorzeitiger unentgeltlicher Verzicht 13 53
wesentliche Mitverwaltungsrechte 13 20
wirtschaftlicher Eigentümer 13 21
Zurechnung von Betriebsvermögen 13 56
Zustimmung 13 11
Zuwendungsnießbrauch 13 5

Nominalwert 42 7
Notar *siehe auch* Beurkundung
anderen Erklärungen/Beschlüsse 38 25
Angabe aller Kostenvorschriften 38 64–65
Angabe des Geschäftswertes 38 63
Auslagen 38 38
Beglaubigung einer Unterschrift 38 20–22
Beglaubigungsgebühr 39 1
Beglaubigungsgebühr elektronische Signatur 38 56
Berechnungsgrundsätze mehreren Erklärungen 38 33
Betreuungsgebühr *siehe dort*
Beurkundung einer Erklärung 38 20
Dokumentenpauschale 38 39
Dokumentenpauschale für Übersendung an Behörden 38 40
durchlaufende Posten 38 71
Einscannen 38 47
Eintragungsgebühren in das Zentrale Vorsorgeregister 38 76
Einwendungen Kostenberechnung 38 90
empfangene Vorschüsse 38 69
Entwurf von Erklärungen 38 23
Erklärungen im Austauschverhältnis 38 32
Erklärungen öffentliche Register 38 3
Fälligkeit der Gebühren 38 37
Formalien der Kostenrechnung 38 62
formwidrige Kostenberechnung 38 88
Funktion 38 1
Gebührenarten 38 8
Gebühren für Nebentätigkeiten 38 53
Gebührenhöhen/-grundlagen (Übersicht) 38 16–18
gebührenrechtlicher Regel-/Höchstwert 38 19
gebührenrechtliche Sonderregelungen 38 15
Gebührenstufen 38 10
Gebührenvereinbarungen 38 5
Gebühr *siehe auch* Geschäftswert
Gebühr *siehe dort*
Gegenstand 38 26
Gegenstandsgleichheit 38 27
Geschäftswert Handelsregistersachen 39 6
Geschäftswert *siehe dort*
getrennte Berechnung 38 36
gleicher Gebührensatz 38 34
Grundbuchabrufgebühren 38 72
Handelsregisterabrufgebühren 38 74
Höhe der Dokumentenpauschale 38 41
kostenfreie Vertragsexemplare 38 43
Kostenordnung 38 5, 38 7
Kostenschuldner 38 78
Kostenschuldner kraft Gesetzes 38 81
kurze Bezeichnung des Gebührentb. 38 67
mehrere Kostenschuldner 38 82
mehrere Urkunden 38 87
Mehrwertsteuer 38 61
Notargebühren 38 5
Notarkostenprüfungen 38 6
Pauschale bei Unterschriftsbeglaubigung 38 44
Pauschale im elektronischen Rechtsverkehr 38 45
Pflichtvollzug 38 4
Pflicht zur Beurkundung 38 4
Prüfungs- und Belehrungspflichten 38 1
Rechtsgeschäfte von besonderer Bedeutung 38 2
rechtsgeschäftliche Erklärungen 38 24
Reisekosten 38 59
sonstige Auslagen 38 58
teilweise Gegenstandsgleichheit 38 34
Überlassen von Daten 38 48
Übernahmeschuldner 38 80
Überprüfung einer Erklärung 39 3
umsatzsteuerrechtliche Angaben 38 89
unselbständige Willenserklärung 38 31
unterschiedliche Anträge 38 86
unterschiedliche Gebührensätze 38 35
unterschiedliche Haftung 38 85
verauslagte Gerichtskosten 38 68
Vertreter ohne Vertretungsmacht 38 79
Zusammenbeurkundung Erklärungen Beschlüsse 38 30
Zusammenbeurkundung unter Lebenden 38 28
Zusammenbeurkundung von Beschlüssen 38 29
Zusatzgebühr Strukturdateien 38 52
Zusatzgebühr *siehe* Betreuungsgebühr

Null-Ausgleich 24 36
Nutzungspfandrecht 3 163

Offene Vorratsgründung 5 37
Offenlegungspflicht
Bilanzstichtag 1 91
Kapitalgesellschaft 1 85

Lagebericht 1 90
Mitternachtskomplementär 1 92
Rechtsmissbrauch 1 92
Umfang 1 90
Öffentlich-rechtliche Körperschaft
Beschlussgebühr 41 10
OHG
Abfindung 3 118
Abfindung in Raten 3 124
Ablauf der Liquidation 3 180
Abschichtungsbilanz 3 118
abweichende Regelungen zur Kündigung 3 115
Abwicklung 3 169
actio pro socio 3 62
Änderungen im Gesellschafterbestand 3 18
Anmeldung der Auflösung 3 174
Anrechnung der Gewerbesteuer 3 27
Anzeige der Verpfändung 3 159
Anzeige des Erlöschens der Firma 3 188
Auflagen der Schenkung 3 149
Auflösung 3 168
Auflösungsbeschluss 3 172
Auseinandersetzung 3 106, 3 173
Ausfall eines Gesellschafters 3 85
Ausgleichsanspruch im Scheidungsfall 3 131
Ausscheiden eines Gesellschafters 3 111
Ausschließlichkeitsrecht 3 87
Ausschließungsklage 3 112
Ausschluss eines Gesellschafters 3 111
Ausschluss mittels Beschluss 3 113
außergewöhnliche Geschäfte 3 76
Ausübung des Stimmrechts 3 94
Beendigung 3 68, 3 168
Befugnisse der Liquidatoren 3 176
Beginn 3 67
Beiträge 3 59
Belastung des Gesellschaftsanteils 3 104
Beschränkung der Vertretung 3 80–82
Besteuerung der allmählichen Abwicklung 3 183
Besteuerung der Betriebsaufgabe 3 183
Besteuerung der Schenkung 3 150
Besteuerung des Verkaufs 3 147
Bestimmtheitsgrundsatz 3 91
Bewertung der Beiträge 3 61
Branchen 3 32
Branchenschutzklauseln 3 127
Buchwertklauseln 3 120
Checkliste Gesellschaftsvertrag 3 41–43
Dauer 3 68
Drei-Konten-Modell 3 75
Ehelicher Güterstand 3 129
Ehevertrag 3 133
Einkünfte aus Gewerbebetrieb 3 21
Einlage 3 59

Einstimmigkeit 3 89
Eintragung der Vertretungsbeschränkung 3 81
Entnahmen 3 102
Erbengemeinschaft 3 110
erbrechtliche Regelung der Gesellschafter 3 109
Erbschaftsteuer/Schenkungsteuer 3 28
Ergänzungsbilanz 3 97
Ergebnisverteilung 3 100
Ertragsteuer 3 21
Ertragswertklauseln 3 120
Familiengesellschaften 3 37
Fantasiefirma 3 53
Firma 3 52
Firmenwahrheit 3 52
Form der Verpfändung 3 160
Form des Gesellschaftsvertrages 3 33, 3 136
Form des Kausalgeschäft 3 145
Form des Verfügungsgeschäfts 3 151
Fortführung der Firma 3 152
Fortsetzungsklausel 3 107
gemeinsamer Zweck 3 56
Genehmigungserfordernisse 3 34
Gerichtsstandsvereinbarung 3 138
Gesamthandsgesellschaft 3 7
Geschäftsfähigkeit 3 50
Geschäftsführung 3 76
Geschäftsjahr 3 96
Gesellschafterbeschluss 3 89
Gesellschafterkonten 3 69
Gesellschafterversammlung 3 86
gesetzliches Wettbewerbsverbot 3 126
Gewerbesteuer 3 25
Gewerbesteuermessbetrag 3 25
Gewinnausschüttung 3 22
gewinnunabhängige Tätigkeitsvergütung 3 84
gewöhnliche Geschäfte 3 76
Grunderwerbsteuer 3 29
Grundlagengeschäfte 3 77
Grundsatz der fehlerhaften Gesellschaft 3 135
Haftung der Gesellschafter 3 6
Haftung der Liquidatoren 3 178
Haftung des Neu-Gesellschafters 3 153
Handelsregister 35 1
Handelsregisteranmeldung 3 42, 3 44
Handelsregistereintragung 3 5
Handelsregistereintragung Ausscheiden 3 113
höchstpersönliches Recht 3 94
Insolvenzverfahren 3 170
Jahresabschluss 3 97
Joint Venture 26 11
juristische Personen 3 48
Kapitalkonto I 3 71
Kapitalkonto II 3 72
kaufmännisch geführtes Gewerbe 3 5

Kausalgeschäft der Übertragung 3 144
Kernbereichslehre 3 91
Kosten des Gesellschaftsvertrages 3 137
Kreditwürdigkeit 3 11
Kundenschutzklauseln 3 127
Kündigung 3 115
Leistungsklage auf Abfindung 3 118
Liquidation 3 125, 3 169
Liquidationsfirma 3 174
Liquidatoren 3 175
Mandantenschutzklauseln 3 127
Mängelrechte 3 146
Mehrheitsbeschlüsse 3 90
Mindestanzahl der Gesellschafter 3 47
Mindestinhalt Gesellschaftsvertrag 3 41–42
Mindestkapital 3 12
Mitbestimmung 3 14
modifizierende Bestimmungen zur Abfindung 3 119
modifizierte Zugewinngemeinschaft 3 132
Muster Anmeldung Anteilsübertragung 3 155
Muster Anmeldung der Liquidation 3 185
Muster Anmeldung Erlöschen Firma 3 190
Muster Beschluss über Anteilsverpfändung 3 166
Muster Beschluss über Liquidation 3 184
Muster Gesellschaftsvertrag 3 140
Muster Handelsregisteranmeldung 3 141
Muster Schenkung eines Anteils 3 154
Muster Verpfändungsvertrag 3 167
Nachfolgeklausel 3 107
Nachhaftung 3 153
Nachschuss in der Liquidation 3 181
Nachschusspflichten 3 62
Nachtragsliquidation 3 189
natürliche Personen 3 48
Nutzungspfandrecht 3 163
Offenlegungspflicht 3 14
öffentliche Versteigerung 3 164
Organisationsstruktur 3 17
Personenfirma 3 53
Pfandrechtsbestellung 3 158
Privatkonto 3 73
Prokura 30 107
Protokollierung 3 88
Rechtsfähigkeit 3 7
Rechtsformzusatz 3 55
Regelungsfreiheit 3 35
Sacheinlage 3 24
Sachfirma 3 53
Sachleistungen 3 60
Sach- oder Rechtsmängel 3 63
salvatorische Klausel 3 135

Schenkung 3 148
Schiedsgerichtsvereinbarung 3 139
Schlussbilanz 3 182
Selbstorganschaft 3 19, 3 78
Sicherungswirkung des Pfandrechtes 3 162
Sitz 3 65
Sonderbetriebseinnahmen 3 21
Sonderbetriebsvermögen 3 64
Sonderbetriebsvermögen im Todesfall 3 23
Steuerbilanz 3 97
steuerrechtliche Bewertung Abfindungsklausel 3 122
Stimmrecht 3 92
stimmrechtsfester Bereich 3 91
Stufenklage auf Abfindung 3 118
Substanzwertklauseln 3 120
Tätigkeitsvergütungen 3 23
Tod eines Gesellschafters 3 19, 3 106
Übergang zu Lebzeiten 3 108
Übertragung des Gesellschaftsanteils 3 103, 3 143
Umfang der Übertragung 3 152
Umsatzsteuer 3 30
unbeschränkte Haftung 3 10
Unternehmensgegenstand 3 57–58
unterschiedliche Stimmrechte 3 93
Unwirksamkeit einer Abfindungsklausel 3 121
Vergütung der Liquidatoren 3 178
Verkäuferhaftung 3 146
Verlustvortragkonto 3 74
Verpfändung eines Anteils 3 157
Vertragsstrafe 3 128
Vertretung 3 80
Verwertung des gepfändeten Anteils 3 164
verzichtsfester Bereich 3 91
Vollbeendigung 3 187
Vordividende 3 100
Widerruf der Schenkung 3 149
Widerspruch gegen Jahresabschluss 3 98
Zugewinngemeinschaft 3 129
Zurechnung von Verlusten 3 23
Zustimmung des Ehepartners 3 130
Zustimmung Dritter zur Übertragung 3 144
Option
AG 6 321
Geschäftsanteil 5 321
GmbH 5 308
Kapitalerhöhung, bedingte siehe dort
Optionsverschonung 1 29
Ordentliche Kündigung 2 81
Ordnungsgeldverfahren
Festsetzung des Ordnungsgeldes 36 17
Kapitalgesellschaft 1 88
Pflichtverletzung 36 19
unbefugter Firmengebrauch 36 16

Unterlassungspflicht 36 17
Verfahrenseinleitung 36 18
Organschaftsvertrag
    Abfindung 24 51
    Abhängigkeitsbericht 24 94
    actus contrarius 24 76
    Anmeldepflicht 24 84
    Anrechenbarkeit 24 52
    Aufhebung 24 76
    Ausgleichszahlungen 24 51
    Barabfindung 24 51
    Beendigung 24 76
    Beendigung aus wichtigem Grund 24 78
    Beendigungsanmeldung 24 81
    Beherrschungsvertrag 24 50
    Berechnungsmaßstab 24 53
    Berichtspflichten 24 85
    Beschlussfassung 24 61–62
    Beschlussfassung GmbH 24 63
    Ergebnisabführungsvertrag 24 78
    Ertragswert 24 54
    Existenzvernichtung 24 96
    faktischer Konzern 24 92
    fehlerhafte Gesellschaft 24 70, 24 76
    Form 24 60
    Gesamtrechtsnachfolge 24 83
    Gewinnabführungsvertrag 24 51
    GmbH-Konzernrecht 24 56
    Haftende 24 90
    Handelsregisteranmeldung 24 66
    Handelsregistereintragung 24 59, 24 67
    Insolvenzverfahren 24 80
    isolierte Kündigung 24 77
    Kündigung 24 76
    Lagebericht zum Jahresabschluss 24 95
    Laufzeit 24 73
    materielle Prüfung 24 70
    Minderheitenschutz 24 64
    Mindestlaufzeit 24 78
    nachteilige Weisungen 24 86
    Nachteilsausgleich 24 92
    Obergesellschaft 24 61
    Organisationsvertrag 24 50
    Prüfung 24 85
    Prüfungsberichte 24 85
    qualifiziert faktischer Konzern 24 96
    Referenzkurs 24 53
    rückwirkende Aufhebung 24 76
    Rüttgers AG-Entscheidung 24 52
    Schadenersatzansprüche 24 88
    Sicherheitsleistung 24 58
    Siemens-Beschluss 24 57
    Spruchverfahren 24 55
    steuerliche Wirksamkeit 24 74
    stille Beteiligung 24 69
    Stimmverbot 24 65
    Supermarkt-Entscheidung 24 57
    Untergesellschaft 24 62
    Verjährungsfrist 24 93
    Verlustübernahmeregelung 24 75
    Verschmelzung 24 82
    Vertragsabschluss 24 60
    Vertragsbericht 24 72
    Vertragsprüfung 24 72
    Vertretung 24 60
    Weisungsrecht 24 49, 24 86
    wiederkehrende Geldleistung 24 51
Organwaltertheorie 1 139

Pactum de non petendo 5 473
Parteifähigkeit GbR 2 76
Partielle Gesamtrechtsnachfolge 20 4, 22 11
Partnerschaftsgesellschaft
    Entstehung 14 116
    firmenrechtliche Grundsätze des HGB 14 121
    Form des Partnerschaftsvertrages 14 118
    Geschäftsführung 14 124
    Haftung 14 125
    Haftungsbeschränkung 14 112
    identitätswahrender Rechtsformwechsel 14 113
    Muster Partnerschaftsregisteranmeldung 14 172
    Muster Vertrag interprofessionelle Partnerschaft 14 170
    Nachfolgerzusatz 14 123
    Nachhaftung 14 128
    Name 14 119
    Partnerschaftsregistereintragung 14 117
    Vertretung 14 124
Passivierungsverbot für Verbindlichkeiten 5 477
Patronatserklärungen 5 488
Pensionsrückstellungen 1 130
Personengesellschaft siehe Personenunternehmen
Personengruppentheorie 11 32
Personenhandelsgesellschaft
    Beschlussgebühr 41 10
    Beschlussgeschäftswert 41 15
    KG 4 5
Personenunternehmen 1 11–13
    Abschirmungswirkung 1 12, 1 18
    Aktivvermögen 42 27
    Besitz-Personenunternehmen 1 62
    Betriebsvermögen 1 13
    Bruttowertprinzip 42 27
    einheitliche/gesonderte Gewinnfeststellung 1 18
    Einzelwirtschaftsgüter 1 34
    Entlastungsbetrag 1 29
    Entnahme- und Einlageverhalten 1 18
    Ergebnisverteilungsregelung 1 27
    Fünftelungsregelung 1 23

Geschäftsanteil 42 27–31
Gewerbesteuer 1 21
Grundbesitz 42 27
Mitunternehmererlass 1 34
Mitunternehmerprinzip 1 12
nicht entnommener Gewinn 1 18
Optionsverschonung 1 29
Realteilung 1 34–35
Recht zur Steuerentnahme 1 20
Regelverschonung 1 29
Schuldenabzugsverbot 42 27
Sonderbetriebsausgaben 1 25
Sonderbetriebseinnahmen 1 25
Sonderbetriebsvermögen 1 22
Tarifbegrenzung 1 29
Thesaurierungs-/Ausschüttungsverhalten 1 18
Unternehmernachfolge 1 29
Verlustausgleichsbeschränkungen 1 28
Personenvereinigung
Beschlussgebühr 41 12
Personenvereinigungen 2 7
Pflicht-Gesellschaftsblatt 6 36
Pflichtvollzug 38 4
Phantom Stocks 6 148, 6 324
Phasengleiche Berücksichtigung 12 110
Pool-GbR 16 1
Post-Merger-Integration 25 96
Praxisgemeinschaft 14 160
Prinzip der realen Kapitalaufbringung 6 30
Prioritätsprinzip 23 42, 33 26
Privatrechtliche Stiftung
Beschlussgebühr 41 10, 41 12
Progressionsmilderung 1 47
Prokura
Abstraktionsprinzip 30 100
AG 30 113
Arten 30 94
Außenverhältnis 30 87
Beendigung des Dienstverhältnisses 30 104
Bestellungshindernisse 30 86
Duldung 30 83
Erlöschen 30 102
Erteilung 30 83, 30 107–113
Filialprokura 30 93
Gesamtprokura 30 94–95
GmbH 30 112
Grundlagengeschäfte 30 90
Handelsregisteranmeldung 30 85, 30 96
Handelsvollmachten 30 84
Inhaberwechsel 30 104
KG 30 111
Namensunterschrift 30 98
Namenszusatz 30 87
nicht alltägliche Rechtsgeschäfte 30 88
OHG 30 107

Rechtsscheinhaftung 30 99
Schranken 30 89–92
Umfang 30 88
Widerruf 30 100
Widerruf, vertragswidriger 30 101
Zweigniederlassung 30 93
Prorogation 27 26
Protokoll Gesellschafterversammlung 5 245
Prozesskostenhilfe 5 541
Publikumsgesellschaft 4 11
Publizitätspflicht
EWIV 29 19
Kapitalgesellschaft 1 83

Quotennießbrauch 13 4

Rainmaker 14 96
Rangrücktritt 5 462
GmbH 5 473
Realakt 30 9
Realisationsprinzip 18 1
Realteilung 18 246
Personenunternehmen 1 34–35
Rechnungsabschluss 2 51
Rechtsfähiger Verein
Beschlussgebühr 41 12
Rechtsfähigkeit
GbR 2 25–33
KG 4 6
OHG 3 7
Stiftung 10 14
Verein 8 5
VVaG 9 16
Rechtsform
freiwillige Handelsregistereintragung 1 103
GmbH & Co. KG 1 129
Kaufmann 1 101
Mischformen 1 99
Umwandlung 1 104
Rechtsformneutralität des Steuerrechts 1 3
Rechtsformwahl
Kapitalgesellschaft 1 10
Personenunternehmen 1 10–13
steuerliche Überlegungen 1 9
Übersicht Gründung/Änderung/Ein-/Austritt 1 260
Übersicht Haftung 1 261
Übersicht Insolvenzantragspflicht 1 264
Übersicht Mitbestimmung 1 262
Übersicht Prüfung und Publizität 1 263
Übersicht Sozialversicherung und betriebliche Altersversorgung 1 265
Rechtsformzusatz
GmbH 5 43
GmbH & Co. KG 4 167

OHG 3 55
UG (haftungsbeschränkt) 1 191, 5 157
Rechtsschutz GmbH
    Anfechtungsfrist als Klagevoraussetzung 5 597
    Anfechtungsklage 5 582
    Anfechtungsklageberechtigte 5 591
    Anfechtungsklage gegen Jahresabschluss 5 613
    Anfechtungsurteil 5 598
    Anlehnung an das Aktienrecht 5 572
    Antragsteller 5 620, 5 627
    Bemessung der Frist 5 595
    Beschlussfassungsmängel 5 583
    Beschlussfeststellungsklage, positive 5 600
    Beschlussfeststellungsklageberechtigte 5 601
    Darlegung des Verfügungsanspruchs/-grundes 5 621
    deliktischer Unterlassungsanspruch 5 692
    Einstweiliger 5 619
    Erstreben von Sondervorteilen 5 589
    Feststellungsinteresse 5 608
    Feststellungsinteresse bei Jahresabschluss 5 614
    Feststellungsklage 5 605
    Feststellungsklageberechtigte 5 607
    gegen ausführungsbedürftigen Beschluss 5 623
    gegen eintragungsbedürftige Beschlüsse 5 622
    gegen festgestellten Jahresabschluss 5 611
    gegen satzungsauslegende Beschlüsse 5 610
    gegen Stimmrechtsbindung 5 625
    gegen Wahl von Aufsichtsratsmitgliedern 5 616–618
    Grundsatz der Subsidiarität 5 634
    Grundsatz gleichmäßiger Behandlung 5 585
    Heilung der Nichtigkeit 5 579
    Informations- und Partizipartionsinteresse 5 584
    Leitbildfunktion der Monatsfrist 5 593
    Möglichkeiten (Übersicht) 5 573
    Monatsfrist 5 594
    Nichtigkeit Ergebnisverwendungsbeschluss 5 615
    Nichtigkeitsklage 5 574
    Nichtigkeitsklageberechtigte 5 575
    Nichtigkeitsklagefrist 5 578
    notwendige Streitgenossenschaft 5 577
    praktische Hinweise 5 630
    rechtsgestaltendes Urteil 5 581, 5 604, 5 609
    Rechtsschutzinteresse 5 580
    Rechtsschutzziel 5 599
    schwebende Unwirksamkeit 5 606
    Treuepflichtverletzung 5 586
    Unterlassungsklageberechtigte 5 693
    Unterlassungsklagefrist 5 695
    bei Veräußerung von Geschäftsanteilen 5 697
    Verstöße gegen die Gesellschaftssatzung 5 588
    Verstoß gegen die guten Sitten 5 587

Rechtswahl 26 15
Recht zur Steuerentnahme 1 20
Record Date 6 286
Reformatio in peius 23 72
Regelverschonung 1 29
Reine Freiberufler-KG 1 113
Rentnergesellschaften 17 244
Rosinentheorie 32 13
Ruhender Gewerbebetrieb 11 87
    Betriebsaufspaltung 1 77
Rüttgers AG-Entscheidung 24 52

Sacheinlage 6 103
    AG 6 55–56
    GmbH 5 55
    OHG 3 24, 3 60
    UG (haftungsbeschränkt) 1 187, 1 189
Sachgründung 1 187
Saldierungsverbot 1 132
    GmbH & Co. KG 1 131
Sale-and-lease-back-Gestaltungen 11 40
Satzungsänderung
    Beschlussgeschäftswert 41 30
Satzungsbescheinigung
    Beschlussgeschäftswert 41 42–43
Schein-Außensozietät 14 133
Schenkung
    Kapitalerhöhung 5 343
    OHG 3 148
Schenkungsteuer *siehe* Erbschaft-/Schenkungsteuer
Schiedsgericht 27 23
    Ad-hoc-Schiedsgericht 27 24
    Auswahl internationales 27 37
    Schiedsinstitution 27 25
Schiedsvereinbarungen
    einstweilige Anordnung 27 33
    Form 27 31
    internationale *siehe dort*
    Joint Venture 26 16
    OHG 3 139
    Verein 8 79
    Vollstreckbarkeit von Schiedssprüchen 27 35
Schuldübernahme 5 496
Schütt-aus-hol-zurück-Verfahren 5 397
Schwester-Personengesellschaften 11 78
Selbstkontrahierungsverbot 6 159
Selbstorganschaft
    Freiberuflergesellschaften 14 74
    GbR 2 14
    Generalvollmacht 30 148
    KG 4 19
    OHG 3 19, 3 78
    Vertretung 30 73
Separierungsprinzip 13 24
Share Deal 25 15

Sicherheitenpool 2 116
Side-stream merger 18 97
Siemens-Beschluss 12 131, 24 57
Sitz
    AG 6 27
    GmbH 5 45
    OHG 3 65
    Stiftung 10 85
Sitzverlegung
    Beschlussgebühr 41 39
Solvency II-Richtlinie 9 58
Sonderbetriebsausgaben 1 25
Sonderbetriebseinnahmen
    GmbH & Co. KG 1 134
    OHG 3 21
    Personenunternehmen 1 25
Sonderbetriebsvermögen 1 22
Sonderbetriebsvermögen II 12 114
Sozialansprüche
    GbR 2 11
    KG 4 36
Sozialplan 17 217
Sozialverpflichtungen 4 36
Spaltung
    Abspaltung 20 20–21
    Allklauseln 20 11–12
    Anzahl der Rechtsgeschäfte 43 59
    Arten 20 1
    zur Aufnahme 20 3
    Aufspaltung 20 18–19
    Ausgliederung 20 22–23
    ausgliederungsfähige Rechtsträger 20 24
    beteiligte Rechtsträger 20 7
    Bezugsurkunden 20 12
    Checkliste Ablauf der Abspaltung 20 41
    Checkliste Ablauf der Ausgliederung 20 57
    Checkliste Spaltung + Ausgliederung 20 72
    einheitliches Rechtsgeschäft 43 60
    Einzelkaufmann 20 26
    Geschäftswert 20 34
    Grundstück 20 13
    Handelsregister 20 28
    Kapitalerhöhung 20 31
    Mischformen 20 33
    Muster Absp. Aufnahme Registeranmeldungen 20 48–49
    Muster Absp. Aufnahme Vertrag/Beschluss 20 47
    Muster Absp. Neugründung Registeranmeldung 20 44–45
    Muster Absp. Neugründung Sachgründungsbericht 20 43
    Muster Absp. Neugründung Umwandlungsurkunde 20 42
    Muster Aufsp. Registeranmeldungen 20 52–54
    Muster Aufsp. Sachgründungsbericht 20 55
    Muster Aufsp.vertrag/-plan und Beschluss 20 51
    Muster Ausgliederung Registeranmeldung 20 59–60
    Muster Ausgliederungsplan 20 58
    Muster Spaltung + Ausgliederung Registeranmeldungen 20 74–76
    Muster Spaltungs-/Ausgliederungsvertrag und Beschluss 20 73
    zur Neugründung 20 3
    nicht verhältniswahrende 20 9
    Notarkosten 20 36–38
    partielle Gesamtrechtsnachfolge 20 4
    Prozessrechtsverhältnis 20 6
    Rückwirkungsprivileg 20 32
    Sachgründungsbericht 20 29
    Steuerschuldverhältnis 20 6
    Teilbetrieb 20 17
    übertragende Rechtsträger 20 25
    Vertragsmindestinhalt 20 11
    Verzichtserklärung 20 37
    VVaG 9 51
Spekulationsfrist
    Kapitalerhöhung 5 350
    Kapitalgesellschaft 1 42, 1 53
Spruchverfahren
    abfindungswertbezogene Informationsmängel 23 20
    Abhilfeverfahren 23 77
    Amtsermittlungspflicht 23 8
    Analogiefähigkeit 23 29
    Anfechtungsausschluss 23 17, 23 26
    Angemessenheitsmaßstab 23 15
    Anschlussbeschwerde 23 77
    Anträge 23 6
    Antragsberechtigte 23 45
    antragsberechtigter Anteilsinhaber 23 52
    Antragsberechtigung trotz Veräußerung 17 157
    Antragsfrist 23 48
    Antragsgegner 23 47
    Antragsrücknahme 23 64
    Antragsschrift 23 44
    Anwaltszwang 23 75
    Ausnahme Vertreterbestellung 23 60
    außenstehender Anteilsinhaber 23 51
    außergerichtliche Kosten 23 86
    Barabfindung 23 1
    bare Zuzahlungen 23 1
    Bekanntmachung 23 49
    Bekanntmachung der Vertreterbestellung 23 55
    berechtigte Zustellungsempfänger 23 74
    Beschwerde 23 75
    Beschwerdebefugte 23 76
    Beschwerdeverfahren 23 56
    Bewertung des Unternehmens 23 2
    Doppelsitz 23 42

Ertragswert 23 16
fehlendes Barabfindungsangebot 23 21
Feststellungsbeschluss 23 73
Feststellungslast 23 67
Fortführungsberechtigung Vertreter 23 62, 23 77
freiwillige Gerichtsbarkeit 23 8
gemeinsamer Vertreter 23 51
gemeinsamer Vertreter (Übersicht) 23 63
Gerichtskosten 23 82
Gerichtstandsvereinbarung 23 43
Geschäftswert 23 84
grenzüberschreitende Verschmelzung 23 7
Hauptzweck 23 14
inter-omnes-Wirkung 23 81
Klageausschluss 23 19
Kosten des Beschwerdeverfahrens 23 87
Kosten des gemeinsamen Vertreters
  23 89
Kostenentscheidung Billigkeit
  23 85
Kosten für ein Privatgutachten 23 88
Kostenvorschüsse 23 82
Leistungsklage 23 73
Linotype-Entscheidung 23 34
Muster Antrag auf bare Zuzahlung 23 93
Organschaftsvertrag 24 55
Prioritätsprinzip 23 42
rechtliches Gehör 23 68
Rechtsbeschwerde 23 79
Rechtskraft 23 80
rechtsmissbräuchliche Antragstellung 23 86
Rechtsmittel 23 75
Referenzkurs 23 15
reformatio in peius 23 72
Squeeze-out 6 390, 23 21
Stellung als Aktionär 23 46
Streitfragen 23 4
Tätigkeit des gemeinsamen Vertreters 23 58–59
Tenorierung 23 70
übertragende Auflösung 23 28
Umtauschverhältnis 23 1
Umwandlung 17 155
Umwandlungsbericht 23 25
Umwandlungsprüfungsbericht 23 25
Verbot der Schlechterstellung 23 72
verbundene Unternehmen 24 3
Verfahrensablauf 23 11–13
Verfahrensförderungspflicht 23 10
Vergleich 23 66
Verletzung von Auskunftsrechten 23 23
Verzinsung 23 71
Verzinsung der Barabfindung 23 36
Vorschusszahlungen 23 91
weitere Tatsacheninstanz 23 77
Zivilprozessweg 23 3

Zurückverweisung 23 78
zuständiges Gericht 23 39
Zustellung 23 74
Zweck 23 3
Squeeze-out 6 388, 23 21
  Ablauf 6 393
  Barabfindung 6 390
  Beherrschungsvertrag, grenzüberschreitender
    28 7
  Beteiligungsquote 6 389
  Prüfung der Barabfindung 6 390
  Spruchverfahren 6 390
  Übertragungsbeschluss 6 392
  Verlangen an den Vorstand 6 391
Stammkapital 1 186
Stammrecht 2 10
Stand-alone-Prinzip 28 27
Stellung des Gesellschafter-GF 2 19
Stellvertretung siehe Vertretung
Steuerkurswert 42 23
Steuerliche Organschaft
  Anrechnung der Gewerbesteuer 24 160
  ausländische Kapitalgesellschaften 24 113
  ausländisches Unternehmen 24 107
  Beendigung der umsatzsteuerlichen 24 174
  Berichtigungszeitraum 24 183
  definitive Ertragsteuerbelastung 24 151
  Dividenden 24 152
  Entfallen der 24 132
  Ergebniszurechnung 24 148
  fehlende Durchführung 24 145
  finanzielle Eingliederung 24 119, 24 164
  Freiberufler 24 110
  geänderte Dividendenbesteuerung 24 151
  Geschäftsleitung im Inland 24 106
  Gewerbesteuer 24 103
  gewerbesteuerliche 24 157–160
  gewerbesteuerliche Zwangsorganschaft
    4 156
  Gewerblichkeit kraft Rechtsform 24 108
  Gewinnabführungsvertrag 24 127
  Grunderwerbsteuer 24 187
  Haftung der Organgesellschaft 24 184
  Handelsbilanzergebnis 24 144
  Holding-Kapitalgesellschaften 24 108
  Insolvenz des Organträgers 24 177
  Korb II-Gesetz 24 153
  körperschaftsteuerliche 24 102, 24 117
  Landwirte 24 110
  Leistungsaustauschbeziehung 24 178
  Liquidation der Organgesellschaft 24 175
  Mehrheit der Stimmrechte 24 119
  Mehrmütterorganschaft 24 116
  mittelbare Beteiligung 24 123, 24 150
  Mitternachtsgeschäfte 24 125

nachorganschaftliche Verluste **24** 141
neues Organschaftsverhältnis **24** 134
Organgesellschaft **24** 104, **24** 111
organisatorische Eingliederung **24** 167–171
Organkreis **24** 104
Organträger **24** 104–106
Personengesellschaften **24** 106, **24** 109
Rumpfwirtschaftsjahr **24** 130
selbständiges Steuersubjekt **24** 158
step-up **24** 155
Steuerart **24** 101
steuerpflichtige Organgesellschaft **24** 149
Stimmbindungsverträge **24** 120
Stimmrechtsverbote **24** 122
Stimmrechtsvollmachten **24** 120
tatsächliche Durchführung **24** 143
Umsatzsteuer **24** 107
umsatzsteuerliche **24** 114, **24** 161
umsatzsteuerlich einheitliches Unternehmen **24** 172
unbeachtliche Innenumsätze **24** 172
unbeschränkten Haftung **24** 142
unentgeltlicher Unternehmensführungsvertrag **24** 128
unmittelbare Zurechnung **24** 98
verbundene Unternehmen **24** 98
verdeckte Gewinnausschüttung **24** 146
Verlust der Haftungsbeschränkung **24** 156
Verlustübernahme **24** 142
Verlustübernahmepflicht **24** 135
Verlustübernahmeregelung **24** 137
Vermögenslosigkeit der Organgesellschaft **24** 176
Verschmelzungsgewinn **24** 148
Vorgesellschaft **24** 111
Vorgründungsgesellschaften **24** 112
vororganschaftliche Verluste **24** 139–140
Vorsteuerabzug **24** 180
Vorsteuerberichtigungsansprüche **24** 181
Wechsel der Grundstückszuordnung **24** 190
wichtige Gründe **24** 133
wirtschaftliche Eingliederung **24** 165
wirtschaftliche Einheit **24** 98
wirtschaftliches Eigentum **24** 121
zivilrechtliche Wirksamkeit **24** 147
Zwangsorganschaft **24** 102
Zweigniederlassung **24** 107
Steuerlicher Übertragungsstichtag 18 32
Steuerneutralität von Umwandlungsvorgängen 1 4
Steuersubjektsfähigkeit 4 116
Steuerverstrickte Wirtschaftsgüter 18 1
Stiftung
    Abzugshöchstbetrag **10** 48
    Amtspflichten **10** 110
    Änderungen der Stiftungssatzung **10** 79
    Anerkennung **10** 74, **10** 83

Anfechtung **10** 98
angemessene Vermögensausstattung **10** 102
Auflagen **10** 89
ausländische **10** 137
Ausschüttungspolitik **10** 145
Außenhaftung **10** 104
Außensteuergesetz **10** 138
Auswahl des Stiftungsträgers **10** 117
Auswahl von Leitungspersonen **10** 80
Begünstigtenkreis **10** 21
Besteuerungsgrenze **10** 53
Beteiligungsträgerstiftung **10** 25, **10** 130
Bewirtschaftung des Stiftungsvermögens **10** 103
Bürgerstiftung **10** 58
Checkliste Errichtung selbständige Stiftung **10** 96
Corporate Citizens **10** 59
Corporate Governance **10** 104
Definition **10** 18
Destinatäre **10** 18
Doppelstiftung **10** 126
Dotationsquelle **10** 26
D & O-Versicherungen **10** 111
Durchgriffshaftung **10** 123
Erbersatzsteuer **10** 140
erbrechtliche Formvorschriften **10** 71
Erbvertrag **10** 72
Errichtung **10** 15
Errichtung einer unselbständigen **10** 115
Errichtungsdotation **10** 47
Errichtung von Todes wegen **10** 71
Errichtung zu Lebzeiten **10** 77
Ersatzerbschaftsteuer **10** 22
Ersatzformen **10** 65
europäische **10** 62
Familienstiftung **10** 20
Familienstiftungen **10** 139
Familientreuhänder **10** 27
Flexibilität **10** 35
Förderung der Allgemeinheit **10** 41
förderungswürdige Zwecke **10** 54
Form des Stiftungsgeschäfts **10** 91
Freistellungsanspruch **10** 106
gegenseitige Funktionsbezogenheit **10** 128
gemeinnützige **10** 38
gemeinnützige Zwecke **10** 40
Gemeinnützigkeit **10** 114
gemeinwohlkonforme Allzweckstiftung **10** 18
Geprägetheorie **10** 43
Grundsatz der Vermögenserhaltung **10** 102
Haftung **10** 105
Haftung der Aufsichtsbehörde **10** 109
Haftungsbeschränkungen **10** 106
Haftungsfreistellung **10** 106
Haftungsmaßstab **10** 105

Hilfen für Helfer **10** 50
Höchstgrenzen für Spendenabzug **10** 51
Honorarfrage **10** 1
Ideen-Spender **10** 58
Innenhaftung **10** 104
Kapitalbeschaffung **10** 37
laufende Zuwendung **10** 47
Mildtätige Zwecke **10** 42
Mindestinhalt des Stiftungsgeschäfts **10** 93
Mitarbeiterbeteiligung **10** 129
Mitbestimmung **10** 124
Muster Errichtung rechtsfähige St. zu Lebzeiten **10** 151
Muster Errichtung unselbständige St. zu Lebzeiten **10** 152
Mustersatzung nach der Abgabenordnung **10** 158
Muster Satzung selbstständige Stiftung **10** 154
Muster Satzung steuerbegünstigte Stiftung **10** 156
Muster unternehmensverbundene Stiftung **10** 160
Nachlasspfleger **10** 76
Name einer unselbständigen **10** 119
neues Stiftungssteuerrecht **10** 45
Nichtigkeit **10** 99
Öffnungsklausel **10** 54
Organisationsvertrag **10** 115
Ort der Geschäftsleitung **10** 142
Outsourcing **10** 43
Pflichtteilsansprüche **10** 7
Pflicht Erhaltung Stiftungsvermögen **10** 105
Pflicht Verwirklichung Stiftungszweck **10** 105
Prüfungspflicht **10** 63
Publizität **10** 125
Rechnungslegung **10** 63
Rechtsaufsicht **10** 11
Rechtsfähigkeit **10** 14
Rechtssitz **10** 86
Richtigkeitsgewähr **10** 92
Satzungsmindestinhalt **10** 15, **10** 100
schlicht privatnützige **10** 18
Sicherung der Unternehmenskontinuität **10** 31
Sinn-Stiftung **10** 128
Sitz **10** 85
steuerbefreite Familienstiftung **10** 44
Steuerbefreiung **10** 39
Stifter **10** 87
Stifterfreiheit **10** 13
Stifterwille **10** 60
Stiftung & Co. (KG) **10** 121
Stiftungsaufsicht **10** 11
Stiftungsberater **10** 148
Stiftungsgeschäft **10** 83, **10** 88
Stiftungskonstruktion **10** 33–34
Stiftungsreife **10** 16, **10** 147
Stiftungssatzung **10** 10
Stiftungsverfassung **10** 120

Testamentsvollstrecker **10** 75
treuhänderische **10** 49
Treuhandvertrag **10** 135
Trustee **10** 135
Trusts **10** 133
Übungsleiterfreibetrag **10** 56
Umschichtungen des Stiftungsvermögens **10** 102
Unentgeltlichkeit der Tätigkeit **10** 108
unselbständige, treuhänderische **10** 112
Unternehmensnachfolge **10** 131
Unternehmensträgerstiftung **10** 25
unternehmensverbundene **10** 19
Unterstiftungen **10** 87
Verewigung des Stifterwillens **10** 12
Vermögen der Stiftung **10** 102
Vermögensausstattung **10** 93
Vermögenssicherung **10** 3
Vermögensstockspende **10** 55
Vermögensstockspendenbetrag **10** 55
Vermögensverselbständigung **10** 68
Vermögensverwaltung **10** 43
Vermögens-Zweck-Beziehung **10** 61
Verstoß gegen Zweck/Satzung **10** 145
Verwaltungssitz **10** 86
Widerruf **10** 97
wirtschaftlicher Geschäftsbetrieb **10** 43
Wirtschaftsprüfer **10** 63
Zeit-Spender **10** 58
Zweckschenkung **10** 115
zwingendes Organ **10** 100
Stille Gesellschaft
Abschichtungsbilanz **12** 114
Agio **12** 99–100
Angemessenheit der Gewinnbeteiligung **12** 74
Anwendung **12** 38
atypische **12** 39
Aufgeld **12** 90, **12** 113
Aufgeld als Vergütung für Einwilligung **12** 113
Auflösung **12** 64
Außenverhältnis **12** 54
Besteuerung **12** 82
Betriebsausgaben **12** 91
eigenkapitalersetzendes Gesellschafterdarlehen **12** 53
eingeschränkte Kontrollrechte **12** 56
einheitliche/gesonderte Gewinnfeststellung **12** 39, **12** 96
Einkünfte aus Gewerbebetrieb **12** 95
Einkünfte aus Kapitalvermögen **12** 89
Entnahmen **12** 61
Ermittlung des Gewerbeertrags **12** 41
Ermittlung des tatsächlichen Wertes **12** 78
Errichtung **12** 44
ertragsteuerliche Verluste **12** 107
erweiterter Verlustausgleich **12** 98, **12** 104

familiengerichtliche Genehmigung 12 52
fehlerhafte Gesellschaft 12 65
Festverzinsung 12 41
Form des Gesellschaftsvertrages 12 45
Freibetrag 12 85
freie Verfügung 12 67
Fremdkapital 12 39, 12 91
Fremdvergleich 12 81
Genussrecht 12 42
Geschäftsführervergütung 12 86
Geschäftsführung 12 55
Gewerbesteuer 12 84
Gewinnbeteiligung 12 57
Gewinnverteilungsabrede 12 75
Gläubiger des Inhabers 12 60
GmbH & atypisch Still 12 118
GmbH & Still 12 117 siehe auch dort
Haftung 12 59
Innengesellschaft 12 37
Insichgeschäft 12 51
Joint Venture 26 11
Kaufmann 12 44
Kontrollrechte 12 69
Kündigungserschwernisse 12 70
Mehrwert der stillen Reserven 12 115
Mitunternehmer 12 95
Muster Errichtung atyp. und GmbH & Co. KG
    12 218
Muster Errichtung GmbH & atypisch Stil 12 220
Muster Errichtung typische stille Gesellschaft
    12 216
negatives Kapitalkonto 12 97
partiarisches Darlehen 12 40
phasengleiche Berücksichtigung 12 110
Rückzahlungsbeschränkung 12 72
Schenkung an minderjährige Kinder 12 49
schenkweise Einräumung 12 46
Sicherung der Einlage 12 71
sofortiger Verlustabzug 12 109
Sonderbetriebsvermögen II 12 114
steuerliche Anerkennung 12 66
Tatsächliche Durchführung 12 73
Tod des Geschäftsinhabers 12 62
typische 12 39
Übernahme von Darlehensverbindlichkeiten
    12 103
Übertragung des Geschäftsanteils 12 63
unbeachtliche Zuwendung 12 77
Unternehmerrisiko 12 39
Vereinbarung von Kontrollrechten 12 41
Verlustanteile 12 92
Verlustbeteiligung 12 41, 12 58
Verlustvortrag 12 87
Verlustzurechnung 12 97
Vermögenseinlage 12 53

Vertragswille 12 43
Vorausabtretung 12 63
vorgezogene Einlagen 12 101
vorverlagerte Verlustzurechnung 12 102
Zinsvereinbarung 12 80
Stille Reserven 1 77
Stimmabgabe 5 247
Stimmkraft 5 75
Stimmrecht
    GbR 2 12
    Hauptversammlung 6 285
    OHG 3 92
Stock Appreciation Rights 6 148, 6 324
Strohmann 1 93
Stuttgarter Verfahren 5 124
    Kapitalgesellschaftsanteile 1 30
Substanzspaltung 5 349
Substanzwertklauseln 3 120
Supermarkt-Beschluss 12 131
Supermarkt-Entscheidung 24 57
Surrogationsprinzip 13 30
Synergiefahrplan 17 83

Tagesordnung 5 246
Tarifbegrenzung 1 29
Tätigkeitsvergütungen
    Kapitalgesellschaft 1 50
    OHG 3 23
Teilbetriebsübertragung 1 60
Teileinkünfteverfahren 1 6
    Kapitalgesellschaft 1 39, 1 55
Teilnahmerecht 5 251
Teilwertabschreibung 1 57
Thesaurierung 6 82
Thesaurierungs- und Ausschüttungsverhalten 1 18
Tod eines Gesellschafters
    KG 4 46
    OHG 3 19, 3 106
Transparenzprinzip 4 9
Treaty-Override 18 118
Treuepflicht
    GbR 2 13
    Kapitalerhöhung 5 341
    Kapitalherabsetzung GmbH 5 443
Treuhandauflage 42 8
Treuhänder
    Geschäftsanteil 42 10, 42 12
    Kapitalgesellschaft 1 97
Treuhandverhältnis 12 148
Trias der Organe 6 5
Trusts 10 133

Überentnahmen
    GmbH & Co. KG 1 151
Übergewinnverrentung 14 26

Überkreuzverflechtung 6 214
Übernahmebilanz 25 56
Übernahmeklage 4 136
Übernehmerliste 5 362
Übersichten
    Besteuerung 1 266–273 *siehe auch dort*
    Rechtsformwahl 1 260–265 *siehe auch dort*
Übertragende Auflösung 23 28
Übertragung von Geschäftsanteilen
    Anfechtungsklage 5 710
    Anspruch auf Genehmigungserteilung 5 699
    ermessensfehlerhafte Entscheidung 5 701
    Ersetzungsfunktion des Urteils 5 714
    Feststellung der Ermessensfehlerhaftigkeit 5 715
    Feststellungsklage 5 712
    GbR 2 91
    Genehmigungserteilung 5 698
    Genehmigungsvorbehalt 5 697
    GmbH 5 97
    Klagebefugnis 5 707
    Leistungsklage auf Genehmigungserteilung 5 709
    Missbrauch der Vertretungsmacht 5 705
    OHG 3 103, 3 143
    positiven Beschlussfeststellungsklage 5 710
    Stille Gesellschaft 12 63
    Zustimmungsvoraussetzungen 5 706
UG (haftungsbeschränkt)
    Abschluss des Geschäftsführervertrages 5 175
    Abspaltung 1 188
    Amtsniederlegung 5 162
    Änderung der Mustersatzung 1 193
    Angemessenheit der Vergütung 5 180
    Anstellungsverhältnis GF 5 164–165
    Besteuerung des Geschäftsführers 5 167
    Dienstleistungssektor 1 180
    Dienstwagen 5 182
    Direktversicherung 5 183
    Doppelstellung des Geschäftsführers 5 161
    Ein- oder Mehrpersonen-Gesellschaft 1 184
    Ersatzfunktion der Mustersatzung 1 198
    Form des Geschäftsführervertrages 5 176
    Fremdgeschäftsführerbestellung 1 199
    Gründerlohn 1 203
    Gründung 1 182
    Gründung im vereinfachten Verfahren 5 158
    Gründungskosten 1 201, 1 203
    Handelsregister 33 52–54
    Handelsregisteranmeldung 1 200
    Handelsregistereintragung GF 5 163
    individuelle Satzung 1 192
    Inhalt des Anstellungsvertrages 5 164
    Kapitalerhöhung UG
    Kaufmann kraft Rechtsform 1 183
    Mindeststammkapital 1 185
    Muster Anstellungsvertrag Fremd-GF 5 187
    Muster Anstellungsvertrag Gesellschafter-GF 5 188
    Muster Handelsregisteranmeldung Einpersonen-UG 5 160
    Muster Mustergründungsprotokoll Einpersonen-UG 5 159
    Mustersatzung 1 192, 1 197
    Nachvertragliches Wettbewerbsverbot 5 186
    Niederlassungsfreiheit 1 179
    Organ 5 162
    Pensionszusagen 5 183
    Pensionszusagen bei Insolvenz 5 184
    Rechtsformzusatz 1 191, 5 157
    Rücklagenbildung 1 190
    Sacheinlagen 1 187, 1 189
    Sachgründung 1 187
    Seriositätsschwelle 1 191
    Sozialversicherungspflicht FremdGF 5 171
    Sozialversicherungspflicht GF 5 170
    Sozialversicherungspflicht Gesellschafter-GF 5 172
    Sozialversicherungspflicht des Minderheitsgesellschafter-GF 5 173
    Stammkapital 1 186
    Statusauskunft Sozialversicherungsträger 5 174
    Tantiemevereinbarung 5 181
    Transparenz der Vergütung 5 179
    Umfang der Geschäftsführerbefugnis 5 177
    Unternehmensgegenstand 1 195
    verdeckte Gewinnausschüttung 5 168, 5 181
    Vergleich Gründung UG/GmbH 1 206
    Vergütung des Geschäftsführes 5 178
    Wettbewerbsverbot 5 185
    Widerruf der Bestellung 5 162
Umfang der Geschäftsführungsbefugnis 2 18
Umfang der Vertretungsbefugnis 2 21
Umsatzsteuer
    Freiberuflergesellschaften 14 142
    GbR 2 69
    GmbH & Co. KG 4 176
    KG 4 117
    OHG 3 30
    steuerliche Organschaft 24 107, 24 161
    Verein 8 184
    Verschmelzung 18 85
Umsatzwertverfahren 14 25
Umwandlung
    Abfindung 17 161
    Abfindunghöhe 17 163
    Abfindungverzicht 17 162
    Absichtserklärungen 17 44

Abspaltung **18** 11
Acht-Monats-Frist **17** 115
Amtshaftungsansprüche **17** 58
Amtslöschungsverfahren **17** 55
Änderung der Haftungsmasse **17** 238
Änderung des Vertrags **17** 94
Anfechtbarkeit des Beschlusses **17** 178
Anfechtbarkeitsausschluss **17** 178
Anfechtung des Umwandlungsbeschlusses **17** 273
Ansprüche aus dem Arbeitsverhältnis **17** 237
Anteile am neuen Rechtsträger **17** 164
Anteilsbewertung **17** 166
Anteilsinhaberschutz **17** 152
arbeitnehmerloser Rechtsträger **17** 259
arbeitsrechtliche Folgen der Eintragung **17** 122
Aufspaltung **18** 9
Ausgliederung **18** 13
Ausschüttungsverbot **17** 151
Barabfindung **17** 160
Barabfindungshöhe **17** 82
bare Zuzahlung **17** 169
Beibehaltung Mitbestimmung **17** 293
Bekanntmachungspflicht **17** 47, **17** 127
Bemessungsschutz **17** 241
Berechnungsdurchgriff **17** 241
Berichtsform **17** 77
Berichtsinhalt **17** 81
Berichtspflicht **17** 75
Berichtspflichtsausnahmen **17** 76
Berichtsunterzeichnung **17** 78
Beschlussgeschäftswert **41** 32
Besitzwechselsteuer **17** 128
Bestandsschutz **17** 57
Beteiligung Dritter **17** 173
Betrieb **17** 205
Betriebsänderungen **17** 201
Betriebsratsbeteiligung **17** 72
Betriebsteilübergang **17** 230
Betriebsvereinbarungen **17** 234
Bewertungsmethode **17** 82
Checkliste Verfahrensstationen **17** 294
Differenzhaftung **17** 143, **17** 197
Eilentscheidung **17** 52
einheitlicher Leitungsapparat **17** 207
Einschränkungen des Klagerechts **17** 154
Eintragungssperre **17** 50
Erfüllungsgefährdung **17** 191
Erhalt der kündigungsrechtlichen Stellung **17** 250
Erleichterungen zu Gründungsvorschriften **17** 137
Fiktion des Fortbestehens **17** 225
Firmentarifvertrag **17** 236
Form Umwandlungsplan **17** 66
Formwechsel **18** 16
Fortgeltung von Betriebsratsrechten **17** 284
Führungsvereinbarung **17** 208

Geheimhaltungsinteresse **17** 85
gemeinsamer Betrieb **17** 207
gerichtlicher Rechtsschutz **17** 153
Gesamtbetriebsrat **17** 262, **17** 269
Gesamtbetriebsvereinbarungen **17** 287
Gesamt-Jugend-/Auszubildendenvertretung **17** 288
gesamtschuldnerische Haftung **17** 187
Gesamtschwerbehindertenvertretung **17** 289
Gesellschafterversammlung **17** 93
Gläubigerschutzmechanismen **17** 181
gleich lautende Beschlüsse **17** 68
Grundbuchberichtigung **17** 128
Gründer **17** 140
Haftung der Vertretungsorgane **17** 196
Haftungsmasse **17** 185
Handelsregistereintragung **17** 45, **17** 121
Herabsetzung des Stammkapitals **17** 149
Identität der übertragenen Einheit **17** 230
Informationspflicht des Unternehmers **17** 216
Interessenausgleich **17** 277
Kapitalerhöhung **17** 141
Kapitalherabsetzung **17** 144
Klagen gegen die Umwandlung **17** 48
kollektiver Widerspruch **17** 227
kreuzender Formwechsel **17** 120
Kündigung durch den Insolvenzverwalter **17** 249
Kündigungsregeln **17** 246
Mängel nach Eintragung **17** 123
Mehrheitsverhältnisse Kapitalgesellschaft **17** 99
Mehrheitsverhältnisse Personengesellschaft **17** 98
Mehrheitsverhältnisse Publikums-AG **17** 101
Minderheitenschutzrecht **17** 175
Mitbestimmungsrechte **17** 204
Mithaftung der Besitzgesellschaft **17** 240
Mithaftungsfrist Versorgungspflicht **17** 244
Mitteilungspflicht des Notars **17** 133
mittelbare Überprüfung der Pflichtangaben **17** 275
Modifikationen Sachkapitalerhöhungen **17** 142
Muster Antrag Bestellung Gründungsprüfer **17** 298
Muster Quittung Betriebsrat **17** 296
Muster Quittung Betriebsrat Fristverzicht **17** 297
Muster Unterrichtung Betriebsübergang **17** 299
Muster Vollmacht Umwandlung **17** 295
Nachhaftung **17** 186
Nachhaftungsbegrenzungsgesetz **17** 182
Nachweis über Betriebsratsinformation **17** 110
Negativerklärung **17** 48
Netto-Buchwert **17** 144
Neubildung von Nennkapital **17** 150
neue Spekulationsfrist **17** 165
nicht verhältniswahrende **17** 172
Organhaftung **17** 179

Pensionssicherungsverein 17 194
Prüfung auf Verlangen 17 92
Prüfungskompetenz des Registergerichts 17 118
Prüfungspflicht 17 88
Recht auf vorzugsweise Befriedigung 17 193
Rechtsbeschwerde 17 54
rechtsformspezifische Gründungsvorschriften 17 135
Rechtspfleger 17 59
Rechtsträgerinsolvenz 17 194
rechtzeitige Zuleitung 17 263
Registeranmeldung 17 104
Registeranmeldungsunterlagen 17 105–106
Rentnergesellschaften 17 244
Restmandat des Betriebsrats 17 279
Sacheinlagenverbot bei UG-Abspaltung 17 136
Schlussbilanz 17 117
Sicherheitsleistung 17 191, 17 239
Sonderrechtsinhaberschutz 17 152, 17 180
Sozialplan 17 217, 17 277
Sozialplanpflicht 17 286
Spaltungsplan 17 64
Spaltungsvertrag 17 63
Spruchverfahren 17 155
staatliche Genehmigungsurkunden 17 113
Synergiefahrplan 17 83
Tarifverträge 17 234
Trennungsprinzip 17 202
typische Betriebsaufspaltung 17 240
Übergangsmandat des Betriebsrats 17 279
Überprüfung der Gegenleistung 17 156
Umfang der Unterrichtspflicht 17 261
umfassende Informationsfunktion 17 78
Umtauschverhältnis 17 168
Umwandlungsbeschluss 17 62
Umwandlungsplan 17 61
Umwandlungsvertrag 17 61
Umwandlungsvertragsmindestinhalt 17 70
Unbedenklichkeitsbescheinigung 17 132
Unternehmen 17 211
unternehmerische Mitbestimmung 17 214
Unterrichtung des Betriebsrats 17 257
Verbot einer Unterpariemission 17 198
vereinfachte Kapitalherabsetzung 17 146
Verfügungen über künftiges Vermögen 17 67
Vermögensübergang 17 65
Vermögensübertragung 18 3
Vermutungsb. gemeinsamer Betrieb 17 209
Verschmelzung 18 6
Versorgungsverpflichtungen 17 243
Vertretung 30 153
Verwässerungsschutz 17 180
Verzicht auf Monatsfrist 17 271
vollständige Umwandlungsurkunde 17 265
Vollübertragung 17 184

Vorlage Anteilsinhaber 17 80
Vorlagefrist 17 72
Vorschriften außerhalb des UmwG 17 43
VVaG 9 45
Wahrung der Beteiligungsidentität 17 171
wechselseitige Abstimmung 17 44
Widerspruchsrecht des Arbeitnehmers 17 221
wirksame Zuleitung 17 264
Wirkung der Eintragung 17 46
Wirkungen der Eintragung 17 125
Wirtschaftsausschuss 17 214, 17 290
Zuleitungspflicht 17 258
Zuordnung der Arbeitnehmer 17 252
Zustimmungsbeschluss 17 93
Zustimmungserklärungen 17 114
Umwandlungsgesetz 1995
Änderungsgesetze 17 36–39
Anwendungsbereich 17 21
Cartesio-Entscheidung 17 25
Gesamtrechtsübertragung 17 34
Kettenverschmelzung 17 41
Kombinationen von Umwandlungen 17 40
Niederlassungsfreiheit 17 23
Numerus clausus 17 33
Oberbegriff 17 31
Vermögensübertragung 17 35
Wechsel des Rechtskleides 17 35
Umwandlungsrecht
Alternativformen 17 17
Gesetzgeberische Motive 17 5
Gesetzgebungsverfahren 17 1
Harmonisierung Gesellschafts-/Steuerrecht 17 14
Rechtsformneutralität des Steuerrechts 17 10
RL grenzüberschreitende Verschmelzung 17 24
Steuerersparnis 17 18
Steuerneutralität der Umwandlung 17 11
Umwandlung neben dem Umwandlungsrecht 17 15
Umwandlungsgesetz 1995 17 2 *siehe auch dort*
Umwandlungssteuergesetz 17 3 *siehe auch dort*
Umwandlungssteuerrecht
Abspaltung 18 12
Anpassung der Kapitalkonten 18 251
Anwachsung 18 231
Anwachsungsmodell 18 244
Anwendbarkeit UmwStG 18 27
Aufspaltung 18 10
Ausgliederung 18 13
Auslandsbezug 18 30
Barabfindung in Betriebsvermögen 18 242
Barabfindung in Privatvermögen 18 233
Beispiel Realteilung Anwaltssozietät 18 256–258
Besteuerungsausnahmen 18 23
Beteiligungsidentität 18 89
Bewertungswahlrecht 18 132

Einbringung 18 8, 18 15, 18 17 *siehe auch dort*
Einheitstheorie 18 248
fiktive Teilbetriebe 18 137
Formwechsel 18 17, 18 89, 18 145
funktional wesentlich 18 136
Gewinnrealisierung 18 2
grenzüberschreitende Umstrukturierung 18 24
Gründung SCE 18 30
Gründung SE 18 30
Haltefrist 18 138
Identitätsprinzip 18 89
Organschaftsmodell 18 96
Praxisprobleme bei Realteilung 18 252
Realisationsprinzip 18 1
Realteilung 18 246
Realteilungsgemeinschaft 18 249
Rückwirkung 18 32
Rückwirkungszeitraum 18 36
Sachwertabfindung in Betriebsvermögen 18 236
Sachwertabfindung in Privatvermögen 18 234
SEStEG 18 24
Spaltung 18 14, 18 86–88, 18 131
Spitzenausgleich 18 247
steuerlicher Übertragungsstichtag 18 32
steuerverstrickte Wirtschaftsgüter 18 1
Teilbetrieb 18 136
Teilbetriebserfordernis 18 135
Trennungstheorie 18 239
Trennung von Gesellschafterstämmen 18 141
Übernahmeergebnis 18 144
Umwandlungsmodell 18 95
Unternehmenskauf 18 94
Verlustnutzung 18 35
Vermögensübertragung 18 18
Verschmelzung (UmwStG) *siehe auch dort*
weiße Einkünfte 18 35
Zentralfunktion des Stammhauses 18 25
Unterbeteiligung 12 147
    Arten 12 153
    atypische 12 155
    Auflösung 12 188
    Auflösungsgründe 12 189
    Auflösung von stillen Reserven 12 177
    Beiträge 12 174
    Besteuerung 12 193
    Bindungswirkung 12 210
    Dauerbeteiligung 12 149
    doppeltes Gesellschaftsverhältnis 12 168
    Doppelvollmacht 12 207
    Ehegatten 12 163
    Eigenurkunde des Notars 12 211
    Einkünfte aus Kapitalvermögen 12 198
    Einkunftsart wie beim Hauptbeteiligten 12 200
    Einlage 12 156, 12 174
    Entnahmebeschränkungen 12 183

Entnahmen 12 182
Entstehung 12 156
Ergänzungspfleger 12 205
Ergebnisermittlung 12 176
familiengerichtliche Genehmigung 12 159, 12 206
Familiengesellschaft 12 151
Geschäftsführung 12 167
gesonderten Feststellung der Einkünfte 12 201
gestufte 12 157
gewerbliche Einkünfte 12 198
Gewinn- und Verlustbeteiligung 12 175
Haftung 12 185
jährliche Bilanz 12 171
Kontroll- und Informationsrechte 12 171
Kündigung 12 190
Insichgeschäfte 12 205
mittelbare Beteiligung 12 158
Mitwirkungsrechte 12 169
Muster Ermittlung Gesamtgewinn GmbH & atypisch Still 12 225
Muster Schenkung typische U. Kommanditanteil 12 224
Muster Schenkung typische U. Komplementäranteil 12 222
Nutzungsvergütung 12 179
schenkweise Einräumung 12 158
Sonderbetriebsausgaben 12 199
Treuepflicht 12 168, 12 172
Treuhandverhältnis 12 148
typische 12 154
Übertragung 12 184
Veräußerung 12 202
Verlustbeteiligung 12 181
Verteilungsschlüssel 12 180
Vertragsmindestinhalt 12 164
Vertretung 12 170
Vollzug der Schenkung 12 161
vorweggenommene Erbfolge 12 152
Wettbewerbsverbot 12 173
wirtschaftlicher Eigentümer 12 194
zusammen veranlagte Ehegatten 12 201
zwischen nahen Angehörigen 12 162
Unternehmen 17 211
Unternehmensgegenstand
    AG 6 28
    GmbH 5 47
    OHG 3 57–58
Unternehmenskauf
    Abhängigkeit vom Eigenkapital 25 16
    Asset Deal 25 15
    Beauty Contest 25 5
    begrenzte Bindungswirkung 25 13
    Bindungswirkung 25 18
    Caveat Emptor 25 21
    Due Diligence 25 20 *siehe auch dort*

Geheimhaltungsvereinbarung 25 7–8
gesetzliches Haftungsregime 25 2
Interessenkonflikt 25 6
Kaufgegenstand 25 15
Kaufpreis 25 16
Letter of Confidentiality 25 7
Letter of Intent 25 13
Schlüsselverträge 25 10
Share Deal 25 15
Stationen 25 3
Transaktionskalender 25 17
Unternehmenskaufvertrag *siehe dort*
Vertragsstrafen 25 18
vertrauliche Informationen 25 8
Vorprüfung 25 19
Vorvereinbarung 25 11
wesentliche Informationen 25 9
Zustimmung Dritter 25 17

Unternehmenskaufvertrag
Abkauf von Wettbewerb 25 60
Abwicklungsklausel 25 64, 25 96
Altersversorgungszusagen 25 72
Anzeige Bundeskartellamt 25 68
Autor 25 46
Bestimmtheitsgrundsatz 25 61
Betriebsvereinbarungen 25 75
Bodensanierungen 25 79
Bodenschutzrecht 25 79
Change of Control Clause 25 55
Closing 25 64
deutsche Marke 25 82
Deutsche Patent- und Musterrechte 25 84
dingliche Übertragung 25 61
Earn out Clause 25 57
Einkommensteuer 25 90
erster Vertragsentwurf 25 45
fast halber Steuersatz 25 90
Form 25 48
Garantien 25 58–59
geistiges Eigentum 25 81
Gemeinschaftsgeschmacksmuster 25 84
Gemeinschaftsmarke 25 83
gemeinschaftsweite Bedeutung 25 69
Gewerbesteuer 25 91
Grunderwerbsteuer 25 92
Hauptprüfungsverfahren 25 67
Inhalt 25 53
IR-Marke 25 83
kartellrechtliche Anmeldung 25 65
Kaufpreis 25 57
Know-how 25 86
Kollektivvereinbarungen 25 73
Kommission der EU 25 69
Körperschaftsteuer 25 90
Kostentragung 25 62

Kündigung von Arbeitsverhältnissen 25 76
MAC-Klauseln 25 59
Muster Due Diligence Checkliste 25 100
Muster Geheimhaltungsvereinbarung
    25 98
Muster Kauf AG 25 102
Muster Kauf GmbH 25 101
Muster Kauf GmbH & Co. KG 25 103
Muster Kauf (Teil-)Betrieb 25 104
Muster Letter of Intent 25 99
Notargebühren 25 49
Parteien 25 54
Post-Merger-Integration 25 96
Rechtsinhaberschaft 25 71
Rücktritt 25 59
Sprache 25 47
Steuergarantien 25 59
Steuern 25 62
Steuerpflichten des Unternehmens 25 88
Stichtag 25 56
Störer 25 79
Tarifnormen 25 74
Transfergesellschaft 25 77
Übergang der bestehenden Arbeitsverhältnisse
    25 72
Übernahmebilanz 25 56
Urheberrechte 25 85
Verhandlungen 25 93
Vertragsgegenstand 25 55
Vertragsschluss 25 94
Wettbewerbsverbot 25 60
Züricher Notariatsverordnung 25 51
Unternehmensmitbestimmung 28 19
Unternehmensnachfolge 11 80
Unternehmensnießbrauch 13 6
Unternehmensverträge
andere 24 25
Betriebspachtvertrag 24 25
Betriebsüberlassungsvertrag 24 25
Einzelnachteilsausgleich 24 32
Gewinngemeinschaft 24 25
Lizenzverträge 24 30
Mitarbeiterbeteiligungen 24 30
durch Nebenbestimmungen 24 27
Rechtsformänderungen 24 23
stille Beteiligung 24 28–29
Teilgewinnabführungsvertrag 24 25
Übergang zwischen Unternehmensverträgen
    24 23
untaugliche Abgrenzungskriterien 24 26
Unternehmernachfolge 1 29
Up-stream merger 18 69

Veräußerungsverluste 1 58
Verbandsorganisation der GmbH 12 130

Verbot der Einlagenrückgewähr 1 241
Verbundene Unternehmen
    Abfindungen 24 36–37
    Abhängigkeit 24 10
    Arbeitsrecht 24 43
    Arten der Konzernierung 24 16
    Aufrechnung 24 41
    außenstehende Aktionäre 24 36
    Beherrschungsvertrag 24 22 *siehe auch* Organschaftsvertrag
    Beherrschungsvertrag, grenzüberschreitender *siehe dort*
    Betriebsführungsvertrag 24 22, 24 215
    Betriebspachtvertrag 24 202
    Betriebsrenten 24 45
    Betriebsübergang 24 218
    Betriebsüberlassung 24 204
    Checkliste Betriebsführungsvertrag 24 221
    Checkliste Betriebspachtvertrag 24 210
    Checkliste Organschaftsvertrag 24 192
    Eingliederung 24 35
    einheitliche Leitungsmacht 24 12
    faktischer Konzern 24 31
    Firmenfortführung 24 206
    Form des Betriebsführungsvertrages 24 219
    Gewinnabführungsvertrag 24 22 *siehe auch* Organschaftsvertrag
    Gläubigerschutz 24 40
    Gleichordnungskonzern 24 15
    Gründe 24 2
    Haftungsdurchgriff der Arbeitnehmer 24 44
    Innenpacht 24 205
    Kodifizierung 24 1
    Konzern 24 12
    Konzernbetriebsrat 24 48
    Konzernbildungskontrolle 24 39
    Kündigungsschutzrecht 24 43
    Mehrheitsbeteiligung 24 7
    Mindestbeschäftigtenzahl 24 46
    Mitbestimmung, betriebliche 24 48
    Muster Betriebsführungsvertrag 24 222
    Muster Betriebspachtvertrag 24 211
    Muster Handelsregisteranmeldung 24 196, 24 201, 24 214
    Muster isolierter Ergebnisabführungsvertrag 24 198
    Muster Organschaftsvertrag 24 193
    Muster Zustimmungsbeschlüsse 24 194–195, 24 199–200
    Muster Zustimmungsbschlüsse 24 212–213
    Nachteilsausgleichsregelungen 24 40
    Null-Ausgleich 24 36
    Organschaftsvertrag 24 21
    qualifiziert faktischer Konzern 24 33
    Rechnungslegung im Konzern 24 4
    Schutz der GmbH-Gesellschafter 24 38
    Schutz der Minderheitsgesellschafter 24 3, 24 36
    Sicherheitsleistung 24 42
    Spruchverfahren 24 3
    steuerliche Organschaft
    Stimmenzurechnung Dritter 24 8
    Teilbetriebsführungsvertrag 24 216
    Teilkonzernspitze 24 47
    Übergang zwischen Unternehmensverträgen 24 23
    Unternehmensmitbestimmung 24 46
    Unternehmensverträge 24 20, 24 22 *siehe auch dort*
    Unterordnungskonzern 24 14
    Verlustausgleich 24 41
    Vertragskonzern 24 20
    Vollbetriebsführungsvertrag 24 216
    wechselseitige Beteiligung 24 18
    Weltabschlussprinzip 24 4
Verdeckte Einkommensverwendung 13 27
Verdeckte Gewinnausschüttung
    Betriebsaufspaltung 11 41, 11 47
    Freiberuflergesellschaften 15 7
    GmbH & Still 12 141
    Kapitalerhöhung 5 352
    Kapitalgesellschaft 1 51
    steuerliche Organschaft 24 146
    UG (haftungsbeschränkt) 5 181
    Verein 8 132
    VVaG 9 37
Verdeckte Sacheinlage
    AG 6 64
    Anrechnung der Sacheinlage auf Geldeinlageschuld 5 418
    Hin- und Herzahlen 5 414
    Kapitalerhöhung GmbH 5 397
    stehen gelassene Vergütungsansprüche 5 427
    Treuhandverhältnisse 5 424
    Übernahme eines Warenlagers 5 423
Verein
    abziehbare Zuwendungen 8 206
    altrechtlicher 8 8
    Amtslöschung 8 91
    Anfechtung der Vollzugsmaßnahmen 8 109
    Anfechtungsklage gegen Verbot 8 107
    Anmeldungsbeglaubigung 8 30
    Anschlussverein 8 18
    Anwaltskosten schiedsgerichtliches Verfahren 8 82
    Anwaltsnotar 8 28
    Auflösung 8 46, 8 85
    aufschiebende Wirkung 8 72
    Aufwandsspende 8 200
    Ausschließlichkeit 8 134
    Ausstellerhaftung 8 215

begünstigte Zuwendungen 8 195
begünstigte Zwecke 8 204
Bemessungskriterien Streitwert 8 67
Beschlagnahme des Vereinsvermögens 8 105
Beschlussgebühr 41 10
Beschlussmängel 8 55
Bestimmtheit der Satzungszwecke 8 138
Beweislast für Beschlussmängel 8 57
Bezahlung von Sportlern 8 168, 8 173–174
Bilanzerstellung 8 181
Bildung von Rücklagen 8 137
Buchwertprivileg 8 197
bürgerlich-rechtlicher Vereinsbegriff 8 2
– nach DDR-Recht 8 9, 8 14
– eingetragener 8 6
einstweiliger Rechtsschutz 8 77
Elektronische Registeranmeldung 8 36
Entzug der Rechtsfähigkeit 8 90, 8 95
Erfüllung der steuerbegünstigten Zwecke 8 142
Ermittlung des steuerpflichtigen Gewinns 8 159
Feststellungsklage 8 60, 8 74
Förderverein 8 136
Freigabe eines Sportlers 8 176
Freistellungsbescheid 8 120
Freistellung von einer Verbindlichkeit 8 83
Gegenstandswert Gründung 8 29
Gegenstandswert Versammlungsteilnahme 8 51
Gegenüberstellung Einnahmen/Ausgaben 8 180
gemeinnütziger 8 20
gemeinnützige Zwecke 8 123
Gerichtskosten Auflösungseintragung 8 49
Gerichtskosten Ersteintragung 8 31
Gerichtskosten Satzungsänderung 8 45
Gerichtskosten Vorstandsänderung 8 41
Geschäftswert 8 32
gestufte Mitgliedschaft 8 19
Gewerbesteuer 8 182
Gewinne aus Werbung 8 156
Gewinnermittlung 8 179
Grundrechtsverwirkung 8 93
Grundsatz der Vermögensbindung 8 131
Gutglaubensschutz des Zuwendenden 8 214
Hilfsbedürftigkeit 8 127
Idealverein 8 76
Ideeller Bereich 8 150
Insolvenzverfahren 8 92
intertemporaler Verlustausgleich 8 161
Katalog der gemeinnützigen Zwecke 8 124
Kirchliche Zwecke 8 129
Klagefrist 8 111
Kleinbetragsregelung 8 192
Kleinunternehmerregelung 8 193
Körperschaftsteuer 8 115, 8 146
Körperschaftsteuergesetz 8 114
Kostenfestsetzung/-ausgleichung 8 81

Liquidation 8 46, 8 85
mehrere steuerbegünstigte Zwecke 8 135
Mildtätige Zwecke 8 127
Mindestbesteuerung § 10 UStG 8 189
Mindestpersonenanzahl 8 21
Mitgliederversammlung 8 3
Mitgliedsbeiträge 8 203
Mittelbeschaffungskörperschaft 8 136
Muster Anerkennung als gemeinnützige Körperschaft 8 149
Muster Anerkennung steuerfreie Erlöse 8 152
Muster Anfrage Zweckbetriebseinordnung 8 178
Muster Antrag vorläufige Spendenempfangsbescheinigung 8 121
Muster Bewertung von Sachspenden 8 201
Muster Eigenverbrauch 8 188
Muster Erläuterung Werbeaufwand 8 133
Muster Hinweis steuerfreie Spendeneinnahmen 8 199
Muster Mitteilung über Verlustausgleich 8 164
Muster Niederschrift Gründung Verein 8 25
Muster Registeranmeldung Auflösung/Liquidatorenbestellung 8 48
Muster Registeranmeldung Satzungsänderung 8 44
Muster Registeranmeldung Verein 8 26
Muster Registeranmeldung Vorstandsänderung 8 40
Muster Sachleistungen als Spenden 8 202
Muster Satzung eingetragener, gemeinnütziger Verein 8 37
Muster Satzung nicht-rechtsfähiger, gemeinnütziger Verein 8 96
Muster Schiedsgerichtsordnung 8 114
Muster Unschädlichkeit Aufwendungsersatz 8 132
Muster Vollmacht Registeranmeldung 8 35
Muster Zuwendungsbestätigung 8 211
Muster Zuwendungsbestätigung Sachzuwendungen 8 212
nichtige Beschlüsse 8 53
nichtrechtsfähige 8 10–12
nichtunternehmerischer Bereich 8 186
nichtvermögensrechtliche Streitigkeit 8 64
Notarkosten 8 30
Notarkosten Unterschriftsbeglaubigung 8 41, 8 45, 8 49
öffentliches Vereinsrecht 8 97
öffentlich-rechtlicher Vereinsbegriff 8 4, 8 98
Ordnungsmaßnahme 8 71
politische Parteien 8 15
Rechnungsmindestinhalt 8 192
Rechtsanwaltsgebühren FamFG-Rechtsmittel 8 34
Rechtsanwaltsgebühren Gründung 8 27
Rechtsfähigkeit 8 5

Registeranmeldung Satzungsänderung **8** 42
Registeranmeldung Vorstandsänderung **8** 38
Relevanz der Beschlussmängel **8** 56
Religionsgemeinschaften **8** 130
Religions-/Weltanschauungsgemeinschaften
　8 17
Sachspende **8** 197
Satzungsautonomie **8** 100
Satzungsmindestinhalt **8** 23
Satzungssitzverlegung **8** 86
Schadensersatzansprüche eines Mitglieds **8** 84
Schiedsgericht **8** 79
schiedsgerichtliches Verfahren **8** 80
Schiedshängigkeit **8** 80
Schiedsklausel **8** 79
Selbstlosigkeit **8** 131
Spenden **8** 196
Spendenempfänger **8** 198
Spendenhaftung **8** 215
Spendenrücktrag **8** 207
Spendensammelverein **8** 136
Splitting der Einnahmen **8** 157
steuerbegünstigte Zwecke **8** 122
Steuerlich unschädliche Betätigungen **8** 136
Steuervergünstigung **8** 119
Strafgesetzwidriges Verhalten **8** 102
Streitwert Ausschlussklage **8** 76
Streitwertfestsetzung **8** 81
Streitwert Feststellungsklage **8** 61
struktureller Inlandsbezug **8** 198
Teilorganisationen **8** 106
Treuepflicht **8** 50
Umfang der gerichtlichen Nachprüfung **8** 75
Umsatzsteuer **8** 184
Umsatzsteuersatz **8** 190
unentgeltliche Leistungen **8** 200
unentgeltliche Nutzung **8** 200
Unrichtigkeit der Zuwendungsbestätigung **8** 214
unternehmerischer Bereich **8** 187
verbandsinterne Sanktionen **8** 70
Verbotsbehörde **8** 104
Verbotserstreckung **8** 106
Verbotsgründe **8** 101–103
Verbotsverfügung **8** 105
verdeckte Gewinnausschüttung **8** 132
Vereinsautonomie **8** 6, **8** 99
Vereinsfreiheit **8** 99
Vereinsgesetz **8** 97
vereinsinterner Rechtsmittelweg **8** 72
Vereinsstrafe **8** 69
Vereinsverbände **8** 18
Vereinsverbot **8** 94
Verfahrensfehler **8** 54
verfassungswidriges Verhalten **8** 101
Verlustausgleich **8** 160

Vermögensanfallklausel **8** 140
vermögensrechtliche Streitigkeit **8** 64
Verschiedene Bereiche **8** 148
Verschmelzung **8** 87
Vertretung des Mitglieds **8** 50
Verwaltungssitzverlegung **8** 86
Verwendungsfrist **8** 144
Verwirkung **8** 58
Verzicht auf die Rechtsfähigkeit **8** 88
Verzicht auf Zweckbetriebsgrenze **8** 171
völkerrechtswidriges Verhalten **8** 103
Vorschaltverfahren **8** 59
Vorsteuer **8** 190
Vorsteuerpauschalierung **8** 191
Vorverein **8** 10
Wegfall sämtlicher Mitglieder **8** 89
Widerspruchsverfahren **8** 110
wirtschaftlicher Geschäftsbetrieb **8** 153
wirtschaftlicher Geschäftsbetrieb (Beispiel) **8** 155
Wirtschaftsverein **8** 7
Zentralverbände **8** 19
Zurechnung des Verhaltens der Mitglieder **8** 102
Zuständigkeit Verbotsanfechtungsklage **8** 108
Zuwendungsbestätigung **8** 209
Zuwendungsbestätigungen **8** 145
Zuwendungsbestätigung Aufwandsverzicht **8** 200
Zweckbetrieb **8** 154, **8** 165
Zweckbetrieb (Beispiele) **8** 169
Zweckbetriebsgrenze **8** 167
zwingende Vorschriften **8** 6
Zwischenverfügung **8** 33
Vererbung von Geschäftsanteilen 5 103
Vergütung
　Beirat, freiwilliger 16 42
　GbR 2 19
　Vorstand 6 147
Vergütung der Komplementär-GmbH
　Angemessenheit 1 138
　Gesellschafter-GF 1 145
　GmbH & Co. KG 1 138
　Leistungsaustausch 1 140
　Liquidatorin gegen Entgelt 1 141
　Organschaftsverhältnis 1 144
　Organwaltertheorie 1 139
　Umsatzsteuerpflicht 1 143
Verlustabzugsmöglichkeiten 1 60
Verlustausgleichsbeschränkungen 1 28
Verlustbeteiligung 12 58
Verlustdeckung
　Beschlussgeschäftswert 41 28
Verlustdeckungshaftung 5 34–35
Verlust der Mitgliedschaft 5 109
Verlustvortragkonto 3 74
Vermögensgesellschaften 2 113
Vermögensrechte und -pflichten 2 10, 2 12

Vermögensübertragung
    Arten 22 1
    Einzelrechtsnachfolge 18 4
    Gesamtrechtsnachfolge 18 4
    Kreis der Rechtsträger 22 12
    Muster Ausgliederungserklärung/-plan 22 14
    Muster Registeranmeldung 22 15
    Muster Sachgründungsbericht 22 16
    Teilübertragung 22 4
    Teilübertragung, abspaltende 22 7–8
    Teilübertragung, aufspaltende 22 5–6
    Teilübertragung, ausgliedernde 22 9–10
    Umwandlung 18 3
    Umwandlungssteuerrecht 18 18
    Vollübertragung 22 2–3
Verpfändung eines Anteils 3 157
Verschmelzung 18 6
    Aktivvermögen 19 26
    Anteilsgewährungspflicht 19 24
    durch Aufnahme 19 2
    Bilanzsaldierung 43 19
    Checkliste Ablauf der Verschmelzung 19 33
    fehlerhafte Gesellschaft 19 12
    Fortsetzungsbeschluss 19 10
    Gebührentatbestände 19 29–32
    gegenstandsgleiche 43 8
    gegenstandsverschiedene 43 11
    Geschäftswert 19 26, 43 2–7
    getrennte Urkunden 43 23
    Höchstgeschäftswert 43 20
    Kapitalerhöhung 19 20
    Kapitalerhöhungsverbote 19 22
    Kapitalerhöhungswahlrechte 19 23
    Kettenverschmelzung 43 16
    Konzernverschmelzung 19 19
    Muster Beschluss übernehmender Rechtsträger 19 36
    Muster Beschluss übertragender Rechtsträger 19 37
    Muster Konzernverschmelzung Bundesanzeiger 19 45
    Muster Konzernverschmelzung Einladung Mutter-AG 19 44
    Muster Konzernverschmelzung Entwurf zum Register 19 46
    Muster Konzernverschmelzung Vertrag 19 47
    Muster Registeranmeldung erlöschender Rechtsträger 19 39
    Muster Registeranmeldung übernehmender Rechtsträger 19 38, 19 43, 19 49
    Muster Registeranmeldung übertragende GmbH 19 48
    Muster Registeranmeldung übertragender Rechtsträger 19 42
    Muster Vertrag GmbH-Alleingesellschafter 19 41
    Muster Vertrag GmbH-GmbH 19 35
    durch Neugründung 19 3
    Schutz vor Ausfallhaftung 19 18
    übernehmende Rechtsträger 19 6
    Überschuldung 19 8
    übertragende Rechtsträger 19 9
    Verein 8 87
    verschmelzungsfähige Rechtsträger 19 5
    Vertragsmindestinhalt 19 13
    VVaG 9 51
    Wirkung 19 4
    Zustimmungserfordernis 19 16–17
Verschmelzung (UmwStG)
    andere Wirtschaftsgüter 18 65
    Ansatz zum Buchwert 18 120
    Anwartschaftsbarwert 18 60
    Barabfindung 18 125
    Besteuerung offener Rücklagen 18 67
    Dividendenteil 18 72
    Down-stream merger 18 97, 18 101–103
    Durchgangserwerb 18 102
    Fusionsrichtlinie 18 118
    Gebäude 18 64
    gemeiner Wert 18 38
    Gesamthandsbilanz 18 58
    Gesamtrechtsnachfolge 18 62
    Gewerbesteuer 18 82, 18 129
    Grunderwerbsteuer 18 83
    Körperschaftsteuererhöhung 18 53
    Maßgeblichkeitsprinzip 18 48
    Mindestbesteuerung 18 56
    Nebensteuern 18 130
    Pensionsrückstellung 18 59–61
    Pensionsrückstellungen 18 39
    schädlicher Beteiligungserwerb 18 128
    Side-stream merger 18 97
    Treaty-Override 18 118
    Übergang negative Einkünfte/Verlustvorträge 18 54
    Übernahmeergebnis 18 70, 18 105
    Übernahmegewinn 18 107
    Übernahmegewinn 2. Stufe 18 71
    Übernahmegewinnberechnung 18 109–113
    Übernahmeverlust 18 73–74
    Übernahmeverlust (Beispiel) 18 76–78
    Übertragungsgewinn 18 38, 18 47
    Übertragung zum Buchwert 18 63, 18 99
    Umsatzsteuer 18 85
    up-stream merger 18 69
    Veräußerungsteil 18 72
    Verlustvortrag 18 126
    Wertansatz über dem Buchwert 18 64
    wesentliche Beteiligung 18 79
    Zuzahlung 18 125

Zwischenwertansatz **18** 41, **18** 44
Zwischenwertansatz (Beispiel) **18** 45
Verschonungsabschlag **1** 274–275
Versicherungsverein auf Gegenseitigkeit
   Beschlussgebühr **41** 10
   Beschlussgeschäftswert **41** 15
Versorgungszusagen **1** 50
Vertragsstrafe **3** 128
Vertretung *siehe auch* Vollmacht
   Abspaltungsverbot **30** 76
   Anscheinsvollmacht **30** 47
   Außenvollmacht **30** 26
   Checkliste Zulässigkeit **30** 158
   Duldungsvollmacht **30** 44
   Eigengeschäft **30** 14
   einseitige Rechtsgeschäfte **30** 35
   Einzelvollmacht **30** 27
   Erlöschen der Vollmacht **30** 55
   EWIV **29** 33
   Form **30** 28
   Formzwang **30** 29
   Fremdhandlungswille **30** 20
   Fremdorganschaft **30** 73
   Generalvollmacht **30** 61
   Generalvollmacht *siehe dort*
   Gesamtvollmacht **30** 27
   Geschäft für den, den es angeht **30** 18
   gesetzliche **30** 22
   Grundbucheintragung **30** 34
   Grundstückskaufvertrag **30** 31
   Gutgläubigkeit **30** 42
   handelsrechtliche Vollmachten **30** 78
   Handelsregisteranmeldung **30** 159–160, **32** 43
   Handelsregistereintragung **30** 159–160
   Handelsregistervollmacht **30** 80
   Handlungsvollmacht *siehe dort*
   hinreichender Unternehmensbezug **30** 16
   hinreichend kundig **31** 9
   Höchstpersönlichkeit **30** 10–11, **30** 156
   Identität des Vertretenen **30** 13
   Innenvollmacht **30** 26
   Insichgeschäfte **30** 51
   internationale Vollmachtsformulare **30** 65
   interne Geschäftsführungsbefugnisse **30** 75
   KG **4** 18–20
   KGaA **6** 430
   Kompetenzverlagerung **30** 70
   konkludente Vollmachtserteilung **30** 48
   Kraftloserklärung **30** 59
   Kündigungsrecht **30** 71
   Mehrvertretung **30** 52
   Muster Antrag Kraftloserklärung Vollmacht **30** 180
   Muster Befugniserteilung i.A.-Zeichnung **30** 174
   Muster einfache Handlungsvollmacht **30** 172
   Muster einfacher Beglaubigungsvermerk **31** 23
   Muster eingeschränkte Generalvollmacht **30** 176
   Muster Einzelprokura Handelsregisteranmeldung **30** 162
   Muster Einzelprokura Kommanditgesellschaft **30** 161
   Muster Erlöschen der Prokura Anmeldung **30** 171
   Muster Gesamtprokura Immobilarklausel **30** 167
   Muster Gesamtprokura Immobilarklausel Anmeldung **30** 168
   Muster Handelsregistervollmacht Kommanditist **30** 178
   Muster Handlungsvollmacht ZweigNL **30** 173
   Muster Kraftloserklärung Vollmacht **30** 179
   Muster NL-Gesamtprokura **30** 169
   Muster NL-Gesamtprokura Anmeldung **30** 170
   Muster not. Firmenbescheinigung GmbH/AG **31** 13
   Muster not. Firmenbescheinigung OHG/KG **31** 12
   Muster not. Gründungsvollmacht **30** 175
   Muster not. Umwandlungsbescheinigung **31** 14
   Muster notarielle Vertretungsbescheinigung **31** 11
   Muster Prokura gemischte Gesamtvertretung **30** 165
   Muster Prokura gemischte Gesamtvertretung Anmeldung **30** 166
   Muster Prokura Handelsregisteranmeldung **30** 164
   Muster Prokura Immobiliarklausel **30** 163
   Muster umfassende Bankvollmacht **30** 177
   Muster Unterschriftsbeglaubigung Handeln im fremden Namen **31** 21–22
   Muster Vertretungsbescheinigung Gesellschafter deutsch **31** 15
   Muster Vertretungsbescheinigung Gesellschafter englisch **31** 16
   Muster Vertretungsbescheinigung GF deutsch **31** 17
   Muster Vertretungsbescheinigung GF englisch **31** 18
   Muster Vertretungsbescheinigung Organe deutsch **31** 19
   Muster Vertretungsbescheinigung Organe englisch **31** 20
   notarielle Bescheinigung **31** 3
   notarielle Bescheinigung in fremder Sprache **31** 8
   notarielle Registerkenntnis **31** 5–6
   Notarkosten Bescheinigung **31** 4
   Offenkundigkeit **30** 12
   OHG **3** 80
   organschaftliche Vertretungsmacht **30** 68, **30** 73

Organschaftsvertrag 24 60
Organtheorie 30 67
Partnerschaftsgesellschaft 14 124
Prokura *siehe dort*
Realakt 30 9
rechtlich vorteilhaft 30 53
Rechtsscheingrundsätze 30 49
registergerichtlicher Nachweis 31 2
Repräsentationsprinzip 30 2
Schutz des Erklärungsempfängers 30 39–41
Selbstkontrahieren 30 52
Selbstorganschaft 30 73
Übertragung von Organbefugnissen 30 69
Umfang der Vollmacht 30 37
Umwandlung 30 153
Unterbeteiligung 12 170
unternehmensbezogene Geschäfte 30 15
unwiderrufliche Vollmacht 30 60
Vertretene bei Umwandlung 30 155
Vertretungsmacht 30 21
Vollmachtserteilung 30 25
Vollmachtsstatut 30 62
Vollmachtsurkunde 30 36
Vorstand 6 127, 6 155
Widerruf der Vollmacht 30 57
Wirkungslandprinzip 30 63
Zulässigkeit 30 9
Vertretungsbefugnis des Geschäftsführers 2 20
Verwaltungsrechte und -pflichten 2 9, 2 12
Vinkulierung 5 98
GmbH 5 307
Vollbeendigung
KG 4 56
OHG 3 187
Vollmacht *siehe auch* Vertretung
Schutz der Verkehrssicherheit 30 5
Umfang 30 4
Vollrechtsnießbrauch 13 6
Vollversammlungsprivileg 1 210
Vorabgewinne 1 131
Vorbehaltsaufgaben 32 5
Vorbehaltsnießbrauch 13 33
Vorgesellschaft 5 4–5
Beschlussgebühr 41 11
steuerliche Organschaft 24 111
Vorgezogene Einlagen 12 101
Vor-GmbH
Prozesskostenhilfe 5 546
Zustellung von Schriftstücken 5 559
Vorgründungsgesellschaft 5 6
Prozesskostenhilfe 5 546
Zustellung von Schriftstücken 5 559
Vorgründungsgesellschaften 24 112
Vorkaufsrecht 5 100
Vorratsgesellschaft 5 37

Vorstand
Abschluss des Anstellungsvertrags 6 152
Aktienoptionen 6 148
Amtsniederlegung 6 142
Anfechtungsklage 6 176
Anstellungsverhältnis 6 145
Arbeitnehmerschutzrecht 6 151
Arbeitsdirektor 6 187
Arten der Vertretung 6 156
Ausführungspflicht HV-Beschlüsse 6 175
Berichtspflichten 6 167
Beschlussfassung 6 163
Bestellung 6 131
Bestellungszeitraum 6 152
best practice 6 174
Beweislast 6 181
Buchführungspflichten 6 179
Business Judgement Rule 6 181
CEO 6 162
Corporate Governance 6 174
Doppelmandat 6 130
Due Diligence Prüfung 6 172
Eignung 6 130
Einzelvertretungsbefugnis 6 158
Entsprechens-Erklärung 6 174
Ermächtigungsbeschluss Aktienerwerb 6 366
Fehlerhafte Bestellung 6 134
Geheimhaltungsverpflichtung 6 169
Gerichtliche Bestellung 6 133
Geschäftsführung 6 127, 6 160
Geschäftsordnung 6 161
gesetzliches Wettbewerbsverbot 6 177
Gleichlaufklausel 6 139
Grundsätze über das fehlerhafte Arbeitsverhältnis 6 151
Haftung 6 180
Haftungsausschluss 6 183
internes Kontroll-/Revisionssystem 6 166
Kollusion 6 155
Kündigung 6 153
Lehre von der fehlerhaften Organstellung 6 134
Leitungspflichten 6 166
Letter of Intent 6 172
Mängel der Stimmabgabe 6 164
Mängel des Beschlusses 6 164
modifizierte Gesamtvertretung 6 157
Muster *siehe* AG, Muster
nachvertragliches Wettbewerbsverbot 6 177
Offenlegung der Vergütung 6 150
Offenlegungs-/Veröffentlichungspflichten 6 173
Phantom Stocks 6 148
Rechtsschutz gegen Widerruf 6 141
Risikomanagementsystem 6 166
Selbstkontrahierungsverbot 6 159

Sprecher 6 162
Stichentscheidsrecht 6 163
Stock Appreciation Rights 6 148
Suspendierung 6 143
Umfang der Vertretungsmacht 6 155
unechte Gesamtvertretung 6 157
Unterbesetzung 6 129
Vergütung 6 147
Verjährung von Ersatzansprüchen 6 184
Verschuldensmaßstab 6 182
Vertretung 6 127, 6 155
Vetorecht 6 163
Vorsitzender 6 162
vorzeitige Wiederbestellung 6 132
VVaG 9 23
Weitere Beendigungsgründe 6 142, 6 154
weitere Pflichten 6 178–179
wichtiger Grund 6 135–136
Widerruf der Bestellung 6 135
Widerrufsfrist 6 138
Wiederbestellung 6 132
Wirksamwerden des Widerrufs 6 139
Zahl 6 127
Zurechnung des Verschuldens 6 182
Zustimmungsvorbehalt 6 165
Vorweggenommene Erbfolge 1 64
VVaG
   Änderung der Rechtsform 9 61
   Auflösung 9 31
   Aufrechnungsverbot 9 29
   Aufsichtsrat 9 24
   Beiträge 9 29
   Bestandsübertragung 9 48
   Besteuerung 9 34
   Compliance 9 56
   Corporate Governance 9 56
   dauerhafte Unabhängigkeit 9 59
   Demutualisierung 9 46
   dreigliedriger Unternehmensaufbau 9 22
   Erlaubnis zum Geschäftsbetrieb 9 16, 9 68
   Europäische Gegenseitigkeitsgesellschaft 9 54
   Formwechsel 9 49
   Gegenseitigkeitsversicherung 9 12
   Genussscheine 9 30
   Gesamtvermögensübertragung 9 50
   Gleichordnungskonzern 9 36, 9 42
   Gründung 9 13
   Gründung neuer Sparte 9 62
   Gründungsakt 9 14
   Gründungsstock 9 15
   Haftung 9 18
   Halbeinkünfteverfahren 9 35
   Handelsregistereintragung 9 17
   Kaufmann 9 7
   Kompositversicherer 9 40
   Konzerneinbindung 9 40
   Kooptationsprinzip 9 26
   Liquidation 9 32
   Liquidationsverein 9 33
   Marktbehauptung 9 11
   Mitgliederverein 9 7
   Mitgliedervertretung 9 25
   Mitgliedschaft 9 6, 9 19
   Muster Anmeldung Formwechsel 9 67
   Muster Anzeige Beteiligung Gründungsstock 9 69
   Muster Beschluss Formwechsel 9 66
   Muster Eintragung Satzungsänderung/Vorstandsbestellung 9 65
   Muster Satzung eines großen VVaG 9 63
   Muster Voranfrage BaFin Satzungsänderung 9 64
   Nachschüsse 9 20
   als Obergesellschaft 9 41
   Oberste Vertretung 9 25
   Organschaft 9 35
   Rechtsfähigkeit 9 16
   Rechtsnatur 9 5
   Risikomanagement 9 56
   Satzungsautonomie 9 8
   Schachtelprivileg 9 35
   Sicherungsvermögen 9 58
   Solvency II-Richtlinie 9 58
   Spaltung 9 51
   steuerliche Organschaft 9 36
   Teilvermögensübertragung 9 51
   Treuepflicht 9 21
   Überschuss 9 12
   Überschussbeteiligung 9 12
   Umlagen 9 29
   Umwandlung 9 45
   Unternehmensverbindungen 9 39
   Unternehmensverbund 9 38
   Unterordnungskonzern 9 43
   verdeckte Gewinnausschüttung 9 37
   Verschmelzung 9 51
   Versicherung auf Prämien 9 9
   Versicherungsaktiengesellschaft 9 9
   Versicherungsaufsicht 9 44
   Vorstand 9 23
   Vorstandswechsel 9 60
   VVaG & Co. KGaA 9 43
   Zuständigkeit der Mitgliedervertretung 9 27
   Zwischenholding 9 42

Wahrung der Beteiligungsidentität 17 171
Weiße Einkünfte 18 35
Weltabschlussprinzip 24 4
Wertaufholungsgebot 1 61
Wesentliche Beteiligung 1 33
Wesentlichkeitsgrenze 1 53

Wettbewerbsverbot
   Freiberuflergesellschaften 14 41, 14 89
   Fremdgeschäftsführer 5 87
   GmbH 5 83
   Kundenschutzklausel 5 91
   Öffnungsklausel 5 85
   OHG 3 126
   persönlich haftender Gesellschafter 6 431
   Sittenwidrigkeit 5 90
   UG (haftungsbeschränkt) 5 185
   Unterbeteiligung 12 173
   Unternehmenskaufvertrag 25 60
   verdeckte Gewinnausschüttung 5 86
   Vertragsstrafe 5 88
   Vorstand 6 177
Widerspruchsrecht 2 12
Wirtschaftsausschuss 17 290
Wohlverstandenes Interesse 6 92

Zeichnungsvertrag 6 105
Zinsschranke 1 6

Zuflussprinzip 1 37
Züricher Notariatsverordnung 25 51
Zwangseinziehung 5 107
Zwangsgeldverfahren
   Bekanntmachung der Verfügung 36 6
   Beschwerde 36 11
   durchzusetzende Pflichten 36 1
   fehlender Einspruch 36 8
   Festsetzung des Zwangsgeldes 36 8
   Pflicht zur Verfahrenseinleitung 36 5
   Rechtsmittel 36 15
   rechtzeitiger Einspruch 36 12
   spätere Androhungsverfügungen 36 14
   Termin zur mündlichen Erörterung 36 13
   verfristeter Einspruch 36 9
   Verpflichtete 36 3
   Vornahme der geforderten Handlung 36 7
   Wiedereinsetzung 36 10
   Zuständigkeit 36 4
   Zwangsgeldandrohung 36 6
Zweckbetrieb 7 165